www.omsels.info
(Online-Kommentar zum UWG)

Dr. Heid & Partner
RECHTSANWÄLTE · VEREID. BUCHPRÜFER
36043 FULDA, FRANZOSENWÄLDCHEN 2
TEL. (0661) 2 50 61-0, FAX 2 50 61-11

Köhler/Bornkamm

Gesetz gegen den unlauteren Wettbewerb

Beck'sche Kurz-Kommentare

Band 13 a

Gesetz gegen den unlauteren Wettbewerb

Preisangabenverordnung • Unterlassungsklagengesetz
• Dienstleistungs-Informationspflichten-Verordnung

Kommentiert von

Dr. Helmut Köhler

o. Professor an der Universität München
Richter am OLG München a. D.

Dr. Joachim Bornkamm

Vorsitzender Richter am Bundesgerichtshof
Honorarprofessor an der Universität Freiburg i. Br.

29., neu bearbeitete Auflage

des von Dr. Adolf Baumbach begründeten und von
Prof. Dr. jur. Dr. h. c. Wolfgang Hefermehl
bis zur 22. Auflage bearbeiteten Werkes

Verlag C. H. Beck München 2011

Es haben bearbeitet

Prof. Dr. Helmut Köhler
Einleitung, §§ 1–4, Anh zu § 3 III Einf., Nr. 11, 13, 16, 17, 20–22,
§§ 6, 7, § 8 Kap. 2–5, §§ 9–11, 12 Kap. 2–7
§§ 13–15, §§ 17–20 UWG, Preisangabenverordnung, Unterlassungsklagengesetz,
Dienstleistungs-Informationspflichten-Verordnung

Prof. Dr. Joachim Bornkamm
Anh zu § 3 III Einf., Nr. 1–10, 12, 14, 15, 18, 19, 23, 24,
§§ 5, 5 a, § 8 Kap. 1, § 12 Kap. 1, § 16 UWG

Zitiervorschlag
Köhler/Bornkamm UWG § 6 Rdn 3
Köhler/*Bornkamm* UWG § 5 Rdn 3.12
Köhler/*Bornkamm* UWG Anh zu § 3 III Rdn 0.4

Verlag C. H. Beck im Internet:
beck.de

ISBN 978 3 406 61005 9

© 2011 Verlag C. H. Beck oHG
Wilhelmstraße 9, 80801 München
Satz und Druck: Druckerei C. H. Beck, Nördlingen
(Adresse wie Verlag)

Gedruckt auf säurefreiem, alterungsbeständigem Papier
(hergestellt aus chlorfrei gebleichtem Zellstoff)

Vorwort zur 29. Auflage

Das Lauterkeitsrecht hat sich auch im Jahr 2010 geradezu stürmisch fortentwickelt. In der Neuauflage waren die zahlreichen Neuerungen und Änderungen im Bereich des europäischen und des deutschen Rechts zu berücksichtigen. Auf europäischer Ebene gehören dazu insbesondere die Ersetzung des EG-Vertrags durch den Vertrag über die Arbeitsweise der Europäischen Union (AEUV) und den Vertrag über die Europäische Union (EUV) einschließlich der Grundrechtecharta sowie die Richtlinie 2010/13/EU über audiovisuelle Mediendienste. Auf nationaler Ebene gehören dazu die 13. und 14. Änderung des Rundfunkstaatsvertrags sowie die in Umsetzung der Dienstleistungsrichtlinie 2006/123/EG erlassene Dienstleistungs-Informationspflichten-Verordnung (DL-InfoV) vom 12. 3. 2010. Wegen ihrer praktischen Bedeutung wurde diese Verordnung vollständig kommentiert.

Bei der Kommentierung der verbraucherschützenden Bestimmungen des UWG galt es, den noch nicht abgeschlossenen Prozess der Auslegung des UWG anhand der Vorgaben der *Richtlinie über unlautere Geschäftspraktiken* darzustellen und voranzubringen. Vollständig überarbeitet wurden daher die Erläuterungen zu § 3 UWG, zum Anhang zu § 3 III UWG und zu § 4 Nr. 1, 2 und 6 sowie zu § 5 II UWG.

Im Übrigen wurde, wie in den Vorauflagen, die Fülle von neuen Entscheidungen des Europäischen Gerichtshofs, des Bundesgerichtshofs, aber auch der Instanzgerichte sowie von wissenschaftlichen Veröffentlichungen ausgewertet. Dabei war insbesondere den Herausforderungen durch die Nutzung des Internet Rechnung zu tragen.

Zur Erleichterung des Gebrauchs sind im Anschluss an die Kommentierung die wichtigsten europäischen und deutschen Rechtsquellen abgedruckt, einschließlich der Begründung des Regierungsentwurfs zur UWG-Novelle 2008. Das Fundstellenverzeichnis zur Rechtsprechung des EuGH und des BGH, das Fälleverzeichnis und das Sachverzeichnis wurden überarbeitet und aktualisiert.

Die Kommentierung befindet sich auf dem Stand November 2010. Auch in Zukunft werden Verlag und Verfasser bemüht sein, durch regelmäßig erscheinende Neuauflagen die Aktualität der Darstellung des Wettbewerbsrechts zu gewährleisten.

Für Anregungen und Kritik sind die Verfasser stets dankbar. Mitteilungen werden erbeten an *Joachim@Bornkamm.de* und *H.Koehler@jura.uni-muenchen.de*.

München und Freiburg i. Br., im November 2010   Helmut Köhler/Joachim Bornkamm

Inhaltsverzeichnis

	Seite
Abkürzungsverzeichnis	XIII
Literaturverzeichnis	XXIII
Gesetz gegen den unlauteren Wettbewerb (UWG) (Gesetzestext)	1

Einleitung

1. Kapitel. Wettbewerb und Wettbewerbsordnung	15
1. Abschnitt. Wettbewerb und Wettbewerbskonzeptionen	16
2. Abschnitt. Wettbewerbsordnung	29
2. Kapitel. Grundlagen des deutschen Wettbewerbsrechts (Lauterkeitsrechts)	36
3. Kapitel. Lauterkeitsrecht und Unionsrecht	47
1. Abschnitt. Grundlagen des Unionsrechts – Unmittelbare und vorrangige Geltung	50
2. Abschnitt. Die Bedeutung des primären Unionsrechts für das Lauterkeitsrecht	54
3. Abschnitt. Sekundäres Unionsrecht und Lauterkeitsrecht	60
4. Kapitel. Wettbewerbsrecht im Ausland	67
5. Kapitel. Internationales Wettbewerbsrecht und Verfahrensrecht	80
6. Kapitel. Lauterkeitsrecht und Kartellrecht	95
7. Kapitel. Lauterkeitsrecht und Bürgerliches Recht	102

Gesetz gegen den unlauteren Wettbewerb (UWG)

Kapitel 1. Allgemeine Bestimmungen

§ 1 Zweck des Gesetzes	115
A. Allgemeines	117
B. Schutz der Mitbewerber	119
C. Schutz der Verbraucher und sonstigen Marktteilnehmer	120
D. Schutz des Allgemeininteresses an einem unverfälschten Wettbewerb	128
E. Das Verhältnis der Schutzzwecke zueinander	130
§ 2 Definitionen	132
A. Allgemeines	137
B. Geschäftliche Handlung (§ 2 I Nr 1)	137
C. Marktteilnehmer (§ 2 I Nr 2)	163
D. Mitbewerber (§ 2 I Nr 3)	163
E. Nachricht (§ 2 I Nr 4)	171
F. Verhaltenskodex (§ 2 I Nr 5)	172
G. Unternehmer (§ 2 I Nr 6)	173
H. Fachliche Sorgfalt (§ 2 I Nr 7)	176
J. Verbraucher (§ 2 II iVm § 13 BGB)	178
§ 3 Verbot unlauterer geschäftlicher Handlungen	181
A. Allgemeines	186
B. „Stets unzulässige" geschäftliche Handlungen (§ 3 III)	193
C. Wegen Verstoßes gegen die „fachliche Sorgfalt" unzulässige geschäftliche Handlungen (§ 3 II 1)	196
D. Sonstige unzulässige geschäftliche Handlungen (§ 3 I)	203
E. Die Rechtsfolgen	227
Anhang zu § 3 Abs 3	229
§ 4 Beispiele unlauterer geschäftlicher Handlungen	269
Vorbemerkung	278
1. Kapitel. Unlautere Beeinträchtigung der Entscheidungsfreiheit	281
1. Abschnitt. Allgemeines	289
2. Abschnitt. Die Art 8 und 9 UGP-Richtlinie als Maßstab der richtlinienkonformen Auslegung	290

Inhaltsverzeichnis

	Seite
3. Abschnitt. Der Tatbestand des § 4 Nr. 1	294
4. Abschnitt. Verkaufsförderungsmaßnahmen	312
5. Abschnitt. Einsatz von Verkaufsförderern	333
6. Abschnitt. Gefühlsbezogene Werbung	344
7. Abschnitt. Sonstige Werbe- und Marketingmaßnahmen	353
8. Abschnitt. Geschäftliche Handlungen bei und nach Vertragsschluss	360
2. Kapitel. Ausnutzung besonderer Umstände	363
3. Kapitel. Verschleierung des Werbecharakters von geschäftlichen Handlungen	379
4. Kapitel. Transparenz der Bedingungen für die Inanspruchnahme von Verkaufsförderungsmaßnahmen	402
5. Kapitel. Teilnahmebedingungen für Preisausschreiben und Gewinnspiele	409
6. Kapitel. Kaufabhängige Teilnahme an Preisausschreiben und Gewinnspielen	414
7. Kapitel. Herabsetzung von Mitbewerbern	422
8. Kapitel. Anschwärzung	434
9. Kapitel. Lauterkeitsrechtlicher Nachahmungsschutz („Ergänzender wettbewerbsrechtlicher Leistungsschutz")	443
10. Kapitel. Gezielte Behinderung	482
1. Abschnitt. Allgemeines	488
2. Abschnitt. Absatzbehinderung	495
3. Abschnitt. Nachfragebehinderung	512
4. Abschnitt. Werbebehinderung	512
5. Abschnitt. Behinderung durch Kennzeichenverwendung	515
6. Abschnitt. Behinderung durch Mitarbeiterabwerbung	526
7. Abschnitt. Boykott	532
8. Abschnitt. Missbrauch der Nachfragemacht	539
9. Abschnitt. Vergleichende Werbung ohne erkennbare Bezugnahme auf Mitbewerber	541
10. Abschnitt. Betriebsstörung	548
11. Abschnitt. Preisunterbietung	559
12. Abschnitt. Diskriminierung	565
13. Abschnitt. Rechtsfolgen	568
11. Kapitel. Rechtsbruch	569
1. Abschnitt. Allgemeines	574
2. Abschnitt. Tatbestand	582
3. Abschnitt. Einzelne Regelungen	593
4. Abschnitt. Rechtsfolgen und Konkurrenzen	638
12. Kapitel. Allgemeine Marktbehinderung	639
13. Kapitel. Wettbewerb der öffentlichen Hand	650
1. Abschnitt. Allgemeines	652
2. Abschnitt. Wettbewerbsschutz für die öffentliche Hand	653
3. Abschnitt. Wettbewerbsschutz gegenüber der öffentlichen Hand	653
4. Abschnitt. Unlauterkeit des Handelns der öffentlichen Hand	660
§ 5 Irreführende geschäftliche Handlungen	673
1. Kapitel. Grundlagen des Irreführungsverbots	677
2. Kapitel. Tatbestand der irreführenden Werbung	713
3. Kapitel. Beweisfragen	772
4. Kapitel. Irreführung über die Merkmale der Waren oder Dienstleistungen (produktbezogene Irreführung)	780
5. Kapitel. Irreführung über geschäftliche Verhältnisse (unternehmensbezogene Irreführung)	848
6. Kapitel. Irreführung über den Anlass des Verkaufs, über die Bezugsart und die Bezugsquelle	892
7. Kapitel. Irreführung über die Preisbemessung und die Vertragsbedingungen	904
8. Kapitel. Irreführung über angemessene Bevorratung	944
§ 5a Irreführung durch Unterlassen	951
I. Überblick	953
II. Herkömmliche Irreführung durch Unterlassen (§ 5a I)	955

Inhaltsverzeichnis

	Seite
III. Verletzung von allgemeinen und speziellen Informationspflichten (§ 5 a II, III und IV)	960
§ 6 Vergleichende Werbung	964
I. Entstehungsgeschichte und frühere Rechtslage	968
II. Auslegungsgrundsätze, Normzweck und Anwendungsbereich	971
III. Begriff der vergleichenden Werbung	980
IV. Unlauterkeit der vergleichenden Werbung	993
V. Beweislast und Rechtsfolgen	1015
VI. Anhang: Vergleichende Waren- und Dienstleistungstests	1016
§ 7 Unzumutbare Belästigungen	1025
A. Allgemeines	1031
B. Der Grundtatbestand des § 7 I 1	1034
C. Der Beispielstatbestand des § 7 I 2	1038
D. Fallgruppen zu § 7 I	1039
E. Die Tatbestände des § 7 II	1054

Kapitel 2. Rechtsfolgen

	Seite
§ 8 Beseitigung und Unterlassung	1086
1. Kapitel. Wettbewerbsrechtliche Abwehransprüche (§ 8 I)	1088
2. Kapitel. Die Schuldner der Abwehransprüche	1117
1. Abschnitt. Allgemeine Grundsätze	1120
2. Abschnitt. Die Haftung des Unternehmensinhabers für Mitarbeiter und Beauftragte (§ 8 II)	1134
3. Kapitel. Die Gläubiger der Abwehransprüche	1140
4. Kapitel. Missbräuchliche Geltendmachung von Abwehransprüchen	1163
5. Kapitel. Auskunftsanspruch	1172
§ 9 Schadensersatz	1173
1. Kapitel. Der Schadensersatzanspruch (Satz 1)	1176
2. Kapitel. Die Verantwortlichkeit der Presse	1195
3. Kapitel. Der Bereicherungsanspruch	1201
4. Kapitel. Ansprüche auf Auskunft, Rechnungslegung und Besichtigung	1203
§ 10 Gewinnabschöpfung	1217
1. Abschnitt. Allgemeines	1218
2. Abschnitt. Tatbestand	1221
3. Abschnitt. Rechtsfolgen	1225
§ 11 Verjährung	1228
1. Kapitel. Verjährung	1231
2. Kapitel. Wettbewerbsrechtliche Einwendungen	1243

Kapitel 3. Verfahrensvorschriften

	Seite
§ 12 Anspruchsdurchsetzung, Veröffentlichungsbefugnis, Streitwertminderung	1253
1. Kapitel. Abmahnung und Unterwerfung (§ 12 I)	1255
2. Kapitel. Erkenntnisverfahren	1308
3. Kapitel. Einstweilige Verfügung	1348
4. Kapitel. Urteilsveröffentlichung	1369
5. Kapitel. Streitwert	1374
6. Kapitel. Zwangsvollstreckung	1380
7. Kapitel. Vorgehen bei innergemeinschaftlichen Verstößen gegen Verbraucherschutzgesetze (VSchDG)	1386
§ 13 Sachliche Zuständigkeit	1389
§ 14 Örtliche Zuständigkeit	1391
§ 15 Einigungsstellen	1396
Anhang: Verordnung über Einigungsstellen zur Beilegung bürgerlicher Rechtsstreitigkeiten auf Grund des Gesetzes gegen den unlauteren Wettbewerb	1407

Inhaltsverzeichnis

Seite

Kapitel 4. Straf- und Bußgeldvorschriften

§ 16 Strafbare Werbung	1409
A. Allgemeines	1411
B. Strafbare irreführende Werbung (Abs 1)	1412
C. Progressive Kundenwerbung (Abs 2)	1418
Vorbemerkung vor §§ 17–19 Schutz von Betriebsgeheimnissen	1424
§ 17 Verrat von Geschäfts- und Betriebsgeheimnissen	1426
I. Allgemeines	1428
II. Das Geschäfts- oder Betriebsgeheimnis	1429
III. Der Geheimnisverrat (§ 17 I)	1433
IV. Betriebsspionage (§ 17 II Nr 1)	1435
V. Geheimnisverwertung (§ 17 II Nr 2)	1436
VI. Zivilrechtliche Folgen	1437
VII. Strafrechtliche Folgen	1441
§ 18 Verwertung von Vorlagen	1443
§ 19 Verleiten und Erbieten zum Verrat	1445
§ 20 Bußgeldvorschriften	1447
Anhang zu § 3 Abs. 3	1449

Preisangabenverordnung (PAngV)

Gesetzestext	1451
Kommentierung	1459

Gesetz über Unterlassungsklagen bei Verbraucherrechts- und anderen Verstößen (Unterlassungsklagengesetz – UKlaG)

Gesetzestext	1501
Kommentierung	1507

Verordnung über Informationspflichten für Dienstleistungserbringer (Dienstleistungs-Informationspflichten-Verordnung – DL-InfoV)

Gesetzestext	1541
Kommentierung	1544

Anhang. Gesetzestexte und sonstige Rechtsquellen

I. Europäisches Recht
    1. Verordnung (EG) Nr. 2006/2004 des Europäischen Parlaments und des Rates vom 27. Oktober 2004 über die Zusammenarbeit zwischen den für die Durchsetzung der Verbraucherschutzgesetze zuständigen nationalen Behörden (Verordnung über die Zusammenarbeit im Verbraucherschutz) 1557
    2. Richtlinie 2006/114/EG des Europäischen Parlaments und des Rates vom 12. Dezember 2006 über irreführende und vergleichende Werbung 1569
    3. Richtlinie 97/7/EG des Europäischen Parlaments und des Rates vom 20. Mai 1997 über den Verbraucherschutz bei Vertragsabschlüssen im Fernabsatz 1576
    4. Richtlinie 1999/44/EG des Europäischen Parlaments und des Rates vom 25. Mai 1999 zu bestimmten Aspekten des Verbrauchsgüterkaufs und der Garantien für Verbrauchsgüter 1585
    5. Richtlinie 2000/31/EG des Europäischen Parlaments und des Rates vom 8. Juni 2000 über bestimmte rechtliche Aspekte der Dienste der Informationsgesellschaft, insbesondere des elektronischen Geschäftsverkehrs, im Binnenmarkt (Richtlinie über den elektronischen Geschäftsverkehr) 1592
    6. Richtlinie 2002/58/EG des Europäischen Parlaments und des Rates vom 12. Juli 2002 über die Verarbeitung personenbezogener Daten und den Schutz

Inhaltsverzeichnis

Seite

der Privatsphäre in der elektronischen Kommunikation (Datenschutzrichtlinie für elektronische Kommunikation) 1611

7. Richtlinie 2005/29/EG des Europäischen Parlaments und des Rates vom 11. Mai 2005 über unlautere Geschäftspraktiken von Unternehmen gegenüber Verbrauchern im Binnenmarkt und zur Änderung der Richtlinie 84/450/EWG des Rates, der Richtlinien 97/7/EG, 98/27/EG und 2002/65/EG des Europäischen Parlaments und des Rates sowie der Verordnung (EG) Nr. 2006/2004 des Europäischen Parlaments und des Rates (Richtlinie über unlautere Geschäftspraktiken) 1628

8. Verordnung (EG) Nr. 1924/2006 des Europäischen Parlaments und des Rates vom 20. Dezember 2006 über nährwert- und gesundheitsbezogene Angaben über Lebensmittel 1643

9. Richtlinie 2010/13/EU des Europäischen Parlaments und des Rates vom 10. März 2010 zur Koordinierung bestimmter Rechts- und Verwaltungsvorschriften der Mitgliedstaaten über die Bereitstellung audiovisueller Mediendienste (Richtlinie über audiovisuelle Mediendienste) 1665

II. Deutsches Recht
10. Gesetz über den Verkehr mit Arzneimitteln (AMG) – Auszug 1692
11. Gesetz über Medizinprodukte (Medizinproduktegesetz – MPG) 1714
12. Gesetz über die Werbung auf dem Gebiete des Heilwesens (HWG) 1742
13. Lebensmittel-, Bedarfsgegenstände- und Futtermittelgesetzbuch (Lebensmittel- und Futtermittelgesetzbuch – LFBG) – Auszug 1749
14. Staatsvertrag über den Schutz der Menschenwürde und den Jugendschutz in Rundfunk und Telemedien (JMStV) 1783
15. Telemediengesetz (TMG) 1796
16. Gesetz über den Ladenschluss (LadSchlG) 1804
17. EG-Verbraucherschutzdurchsetzungsgesetz (VSchDG) 1812

III. Sonstige Rechtsquellen
18. ZAW-Richtlinien redaktionell gestaltete Anzeigen 1822
19. Wettbewerbsrichtlinien der Versicherungswirtschaft 1824
20. Amtliche Begründung zum Entwurf eines Gesetzes gegen den unlauteren Wettbewerb – BT-Drucks. 15/1487 1835
21. Amtliche Begründung zum Entwurf eines Ersten Gesetzes zur Änderung des Gesetzes gegen den unlauteren Wettbewerb – BT-Drucks. 16/10145 1861
22. Gesetz gegen den unlauteren Wettbewerb aF 1903

Schlussanhang

Fundstellenverzeichnis für Entscheidungen des Europäischen Gerichtshofs (EuGH) 1911
Fundstellenverzeichnis für Entscheidungen des Bundesgerichtshofs 1919
Fälleverzeichnis 1983
Sachverzeichnis 2007

Abkürzungsverzeichnis

aA	anderer Ansicht
aaO	am angegebenen Ort
Abk	Abkommen
ABl	Amtsblatt
ABl EG	Amtsblatt der Europäischen Gemeinschaften (Jahr, Nummer und Seite)
abgedr	abgedruckt
abw	abweichend
AcP	Archiv für die civilistische Praxis (Band, Jahr, Seite)
aE	am Ende
AEUV	Vertrag über die Arbeitsweise der Europäischen Union
aF	alte Fassung
AfP	Archiv für Presserecht (Jahr und Seite)
AG	Aktiengesellschaft, Amtsgericht, Zeitschrift „Die Aktiengesellschaft" (Jahr und Seite)
AGG	Allgemeines Gleichbehandlungsgesetz
AgV	Arbeitsgemeinschaft der Verbraucherverbände
Ahrens/Bearbeiter	Ahrens (Hrsg), Der Wettbewerbsprozess, 6. Aufl, 2009
AIG	Gesetz über steuerliche Maßnahmen bei Auslandsinvestitionen der deutschen Wirtschaft (Auslandsinvestitionsgesetz)
AktG	Aktiengesetz
allg	allgemein
AllgT	Allgemeiner Teil
aM	anderer Meinung
AMG	Gesetz über den Verkehr mit Arzneimitteln (Arzneimittelgesetz)
AMPreisV	Arzneimittelpreisverordnung
Amtl Begr	Amtliche Begründung
AmV	Amsterdamer Vertrag
Anh	Anhang
Anl	Anlage
Anm	Anmerkung
AnwBl	Anwaltsblatt
AO	Abgabenordnung
AöR	Archiv des öffentlichen Rechts (Band und Seite)
AP	Arbeitsrechtliche Praxis
ApoBetrO	Verordnung über den Betrieb von Apotheken (Apothekenbetriebsordnung)
ApothekenG	Gesetz über das Apothekenwesen (Apothekengesetz)
ARB	Allgemeine Bedingungen für die Rechtsschutzversicherung
ArbG	Arbeitsgericht
ArbGeb	Der Arbeitgeber (Jahr und Seite)
ArbGG	Arbeitsgerichtsgesetz
ArbnErfG	Gesetz über Arbeitnehmererfindungen
arg	Argument aus
Art	Artikel
Aufl	Auflage
AÜG	Arbeitnehmerüberlassungsgesetz
AWD	Außenwirtschaftsdienst des Betriebs-Beraters (Jahr und Seite)
AWG	Außenwirtschaftsgesetz
AZG	Arbeitszeitgesetz
BAnz	Bundesanzeiger (Jahr und Seite)
BÄO	Bundesärzteordnung
BayAnwGH	Bayerischer Anwaltsgerichtshof
BayGO	Bayerische Gemeindeordnung
BayObLG	Bayerisches Oberstes Landesgericht
BayVBl	Bayerische Verwaltungsblätter
BayVerfGH	Bayerischer Verfassungsgerichtshof
BB	Betriebs-Berater (Jahr und Seite)
BB (AWD)	Betriebs-Berater, Außenwirtschaftsdienst (Jahr und Seite)
Bd	Band
BDI	Bundesverband der Deutschen Industrie
BDSG	Bundesdatenschutzgesetz
BDZV	Bund Deutscher Zeitungsverleger

Abkürzungsverzeichnis

Beater	Unlauterer Wettbewerb, 2002
Begr	Begründung
Bek	Bekanntmachung
Bekl	Beklagter
ber	berichtigt
Berlit	Wettbewerbsrecht, 7. Aufl, 2009
bes	besonders, besondere
Beschl	Beschluss
betr	betreffend
BetrVG	Betriebsverfassungsgesetz
BFH	Bundesfinanzhof
BFStrG	Bundesfernstraßengesetz
BGB	Bürgerliches Gesetzbuch
BGB-InfoV	Verordnung über Informations- und Nachweispflichten nach bürgerlichem Recht (BGB-Informationspflichten-Verordnung)
BGBl	Bundesgesetzblatt
BGH	Bundesgerichtshof
BGH-Rp	Bundesgerichtshof-Report
BGHSt	Entscheidungen des Bundesgerichtshofs in Strafsachen (Band und Seite)
BGHZ	Entscheidungen des Bundesgerichtshofs in Zivilsachen (Band und Seite)
BHO	Bundeshaushaltsordnung
BKartA	Bundeskartellamt
Bl(PMZ)	Blatt für Patent-, Muster- und Zeichenwesen (Jahr und Seite)
BliWVG	Blindenwarenvertriebsgesetz
BNotO	Bundesnotarordnung
BO	Berufsordnung
BOKraft	Verordnung über den Betrieb von Kraftfahrunternehmen im Personenverkehr
BORA	Berufsordnung für Rechtsanwälte
BOStB	Berufsordnung der Bundessteuerberaterkammer
BPatG	Bundespatentgericht
BRAGO	Bundesrechtsanwaltsgebührenordnung (aufgehoben)
BranntwMonG	Branntweinmonopolgesetz
BRAO	Bundesrechtsanwaltsordnung
BR-Drucks	Bundesrats-Drucksache
BSG	Bundessozialgericht
Bspr	Besprechung
bspw	beispielsweise
BStBl	Bundessteuerblatt
BT-Drucks	Bundestags-Drucksache
BTÄO	Bundestierärzteordnung
BT-Drucks	Bundestags-Drucksache
BVerfG	Bundesverfassungsgericht
BVerfGE	Entscheidungen des Bundesverfassungsgerichts (Band und Seite)
BVerwG	Bundesverwaltungsgericht
BVerwGE	Entscheidungen des Bundesverwaltungsgerichts
BzAngVO	Verordnung über die Auszeichnung der Qualitäten von Ottokraftstoffen und der Bekanntgabe durch Anforderungen an Ottokraftstoffe (Benzinqualitätsangabeverordnung)
BzBlG	Gesetz zur Verminderung von Luftverunreinigungen durch Bleiverbindungen in Ottokraftstoffen für Kraftfahrzeugmotore (Benzinbleigesetz)
Cass	Cour de Cassation, Paris
CC	Code Civil (franz)
CMR	Übereinkommen über den Beförderungsvertrag im internationalen Straßengüterverkehr
CR	Computer und Recht (Jahr und Seite)
DAZ	Deutsche Apotheker Zeitung (Jahr und Seite)
DB	Der Betrieb (Jahr und Seite)
DBGM	Deutsches Bundesgebrauchsmuster
DBP	Deutsches Bundespatent
ders	derselbe
DFG	Deutsche Freiwillige Gerichtsbarkeit (Jahr und Seite)
dgl	dergleichen
DGWR	Deutsches Gemein- und Wirtschaftsrecht (Jahr und Seite)
dies	dieselbe, dieselben

Abkürzungsverzeichnis

diff	differenzieren, differenzierend
DIGH	Deutsches Institut zum Schutz von geographischen Herkunftsangaben eV
DIHT	Deutscher Industrie- und Handelstag
Diss	Dissertation
DJ	Deutsche Justiz (Jahr und Seite)
DJZ	Deutsche Juristenzeitung (Jahr und Seite)
DL-InfoV	Dienstleistungs-Informationspflichten-Verordnung
DLR	Deutsche Lebensmittel Rundschau (Jahr und Seite)
DÖV	Die Öffentliche Verwaltung (Jahr und Seite)
DPMA	Deutsches Patent- und Markenamt, München
DR	Deutsches Recht (Jahr und Seite)
DRiG	Deutsches Richtergesetz
DRiZ	Deutsche Richterzeitung (Jahr und Seite)
Drucks	Drucksache
DRZ	Deutsche Rechtszeitschrift (Jahr und Seite)
DSW	Deutscher Schutzverband gegen Wirtschaftskriminalität
DuD	Datenschutz und Datensicherung
DVBl	Deutsches Verwaltungsblatt (Jahr und Seite)
DVO	Durchführungsverordnung
DW	Der Wettbewerb (Jahr Nr und Seite)
DZWir	Deutsche Zeitschrift für Wirtschaftsrecht (Jahr und Seite)
EASA	European Advertising Standards Alliance, Brüssel
EEA	Einheitliche Europäische Akte von 1986 (EUR 1986, 175)
EG	Bezeichnung des entsprechenden Artikels des Vertrages zur Gründung der Europäischen Gemeinschaft gemäß der Nummerierung nach der Fassung durch den Amsterdamer Vertrag
EGBGB	Einführungsgesetz zum Bürgerlichen Gesetzbuch
EGInsO	Einführungsgesetz zur Insolvenzordnung
EGKS	Europäische Gemeinschaft für Kohle und Stahl
EGMR	Europäischer Gerichtshof für Menschenrechte
EGStGB	Einführungsgesetz zum Strafgesetzbuch
EGV	Vertrag zur Gründung der Europäischen Gemeinschaft
Einf	Einführung
Einl	Einleitung
EKMR	Europäische Kommission für Menschenrechte
EMRK	Europäische Konvention für Menschenrechte
endg	endgültig
Entsch	Entscheidung
entspr	entsprechend
Entw	Entwurf
Erg	Ergebnis
ErgBd	Ergänzungsband
Erl	Erläuterung
ErstrG	Gesetz über die Erstreckung von gewerblichen Schutzrechten (Erstreckungsgesetz)
ES-HWG	Entscheidungssammlung Heilmittelwerbegesetz
EU	Europäische Union
EuG	Gericht der Europäischen Union
EuGH	Gerichtshof der Europäischen Union
EuGVÜ	Übereinkommen der Europäischen Gemeinschaft über die gerichtliche Zuständigkeit und die Vollstreckung gerichtlicher Entscheidungen in Zivil- und Handelssachen (abgelöst durch EuGVVO)
EuGVVO	Verordnung (EG) Nr 44/2001 des Rates über die gerichtliche Zuständigkeit und die Anerkennung und Vollstreckung von Entscheidungen in Zivil- und Handelssachen
EuR	Europarecht (Jahr und Seite)
EuroEG	Euro-Einführungsgesetz
EUV	Vertrag über die Europäische Union
EuZW	Europäische Zeitschrift für Wirtschaftsrecht (Jahr und Seite)
eV	eingetragener Verein; einstweilige Verfügung
EWG	Europäische Wirtschaftsgemeinschaft
EWGV	Vertrag zur Gründung der Europäischen Wirtschaftsgemeinschaft
EWiR	Entscheidungen zum Wirtschaftsrecht
EWR	Vertrag über einen einheitlichen Wirtschaftsraum
EWS	Europäisches Wirtschafts- und Steuerrecht (Jahr und Seite)

Abkürzungsverzeichnis

FAG	Fernmeldeanlagegesetz
FamFG	Gesetz über das Verfahren in Familiensachen und in den Angelegenheiten der freiwilligen Gerichtsbarkeit
Fezer/*Bearbeiter*	Fezer (Hrsg), Lauterkeitsrecht, 2. Aufl, 2010
FG	Festgabe
FIW-Schriftenreihe	Schriftenreihe des Forschungsinstituts für Wirtschaftsverfassung und Wettbewerb eV, Köln
FLF	Finanzierung Leasing Factoring (Jahr und Seite)
Fn	Fußnote
fr	früher
FS	Festschrift
GA	Gutachterausschuss für Wettbewerbsfragen (Nr/Jahr); Generalanwalt
GaststG	Gaststättengesetz
GATT	General Agreement on Tariffs and Trade
GBl	Gesetzblatt
GbR	Gesellschaft bürgerlichen Rechts
GebrMG	Gebrauchsmustergesetz
gem	gemäß
GerätesicherheitsG	Gesetz über technische Arbeitsmittel (Gerätesicherheitsgesetz)
GeschmMG	Geschmacksmustergesetz
GesR	Gesundheitsrecht (Jahr und Seite)
GewArch	Gewerbearchiv (Jahr und Seite)
GewO	Gewerbeordnung
GG	Grundgesetz der Bundesrepublik Deutschland
GGVO	Gemeinschaftsgeschmacksmusterverordnung
ggf	gegebenenfalls
GjS	Gesetz über die Verbreitung jugendgefährdender Schriften
GK/*Bearbeiter*	Großkommentar zum UWG, herausgegeben von Rainer Jacobs, Walter F. Lindacher, Otto Teplitzky, 1991–2000
GKG	Gerichtskostengesetz
glA	gleicher Ansicht
GmbH	Gesellschaft mit beschränkter Haftung
GmbHR	GmbH-Rundschau (Band und Seite)
GMBl	Gemeinsames Ministerialblatt
GmS-OGB	Gemeinsamer Senat der obersten Gerichtshöfe des Bundes
GO	Gemeindeordnung
GOÄ	Gebührenordnung für Ärzte
Grds; grds	Grundsatz; grundsätzlich
GRUR	Gewerblicher Rechtsschutz und Urheberrecht (Jahr und Seite)
GRUR Int	Gewerblicher Rechtsschutz und Urheberrecht – Auslands- und Internationaler Teil (Jahr und Seite)
GRUR-Prax	Gewerblicher Rechtsschutz und Urheberrecht – Praxis im Immaterialgüter- und Wettbewerbsrecht
GRUR-RR	GRUR-Rechtsprechungs-Report (Jahr und Seite)
GrZS	Großer Zivilsenat des RG oder des BGH
GS	Großer Zivilsenat des BGH
GüKG	Güterkraftverkehrsgesetz
GVBl	Gesetz- und Verordnungsblatt
GVG	Gerichtsverfassungsgesetz
GVO	Gruppenfreistellungsverordnung
GWB	Gesetz gegen Wettbewerbsbeschränkungen
Harte/Henning/*Bearbeiter*	Harte-Bavendamm/Henning-Bodewig, UWG, 2. Aufl, 2009
HandwO	Handwerksordnung
Hdb	Handbuch
HdbWettbR/*Bearbeiter*	Gloy/Loschelder/Erdmann, Handbuch des Wettbewerbsrechts, 4. Aufl, 2010
HDE	Hauptgemeinschaft des Deutschen Einzelhandels
HdSW	Handwörterbuch der Sozialwissenschaften
HGB	Handelsgesetzbuch
HK/*Bearbeiter*	Heidelberger Kommentar zum Wettbewerbsrecht, herausgegeben von Friedrich L. Ekey, Diethelm Klippel, Jost Kotthoff, Astrid Meckel ua, 2. Aufl, 2005
HKG	Handelsklassengesetz
hins	hinsichtlich
hL	herrschende Lehre

Abkürzungsverzeichnis

hM	herrschende Meinung
HOAI	Honorarordnung für Architekten und Ingenieure
HPG	Heilpraktikergesetz
HRefG	Handelsrechtsreformgesetz
HRR	Höchstrichterliche Rechtsprechung (Band und Nr)
HS	Halbsatz
HWG	Gesetz über die Werbung auf dem Gebiet des Heilwesens
IATA	International Air Transport Association
ICC	International Chamber of Commerce
idF	in der Fassung
idR	in der Regel
iErg	im Ergebnis
IHK	Industrie- und Handelskammer
IM/*Bearbeiter* GWB	Immenga/Mestmäcker (Hrsg), Kommentar zum deutschen Kartellrecht, 4. Aufl, 2007
IM/*Bearbeiter* EG-WettbR	Immenga/Mestmäcker (Hrsg), Wettbewerbsrecht EG/Teil 1 und 2, Kommentar zum Europäischen Kartellrecht, 4. Aufl, 2007
Ingerl/Rohnke	Ingerl/Rohnke, Markengesetz, 3. Aufl, 2010
INN	International nonproprietary names
insbes	insbesondere
InsO	Insolvenzordnung
IntHK	Internationale Handelskammer
IPRax	Praxis des Internationalen Privat- und Verfahrensrechts (Jahr und Seite)
iSd	im Sinne des; … der
iSe	im Sinne eines; … einer
iSv	im Sinne von
IuKDG	Gesetz zur Regelung der Rahmenbedingungen für Informations- und Kommunikationsdienste
iVm	in Verbindung mit
iwS	im weiteren Sinne
iZw	im Zweifel
Jb Junger ZivWiss	Jahrbuch Junger Zivilrechtswissenschaftler
JMinBl (JMBl)	Justizministerialblatt (Jahr und Seite)
JMStV	Jugendmedienschutz-Staatsvertrag
JO	Journal Officiel
JÖSchG	Gesetz zum Schutze der Jugend in der Öffentlichkeit
JR	Juristische Rundschau (Jahr und Seite)
jurisPK/*Bearbeiter*	Ullmann (Hrsg) juris Praxiskommentar UWG, 2. Aufl, 2009
JuS	Juristische Schulung (Jahr und Seite)
JW	Juristische Wochenschrift (Jahr und Seite)
JZ	Juristenzeitung (Jahr und Seite)
K & R	Kommunikation und Recht, Betriebsberater für Medien, Telekommunikation, Multimedia (Jahr und Seite)
KAGG	Kapitalanlagegesellschaftsgesetz
KartVO	Kartellverordnung
KG	Kammergericht; Kommanditgesellschaft
KG-Rp	Kammergericht-Report
KGaA (KAG)	Kommanditgesellschaft auf Aktien
Komm	Kommentar
krit	kritisch
KUG	Gesetz betreffend das Urheberrecht an Werken der bildenden Künste und der Photographie
KWG	Kreditwesengesetz
LadSchlG	Ladenschlussgesetz
LAG	Landesarbeitsgericht
Lettl	Wettbewerbsrecht, 2009
LFBG	Lebensmittel-, Bedarfsgegenstände und Futtermittelgesetzbuch
LG	Landgericht
lit	litera
LM	Nachschlagewerk des Bundesgerichtshofes in Zivilsachen, herausgegeben von Lindenmaier/Möhring
LMK	Kommentierte BGH-Rechtsprechung Lindenmaier-Möhring

Abkürzungsverzeichnis

LMBG	Gesetz über den Verkehr mit Lebensmitteln, Tabakerzeugnissen, kosmetischen Mitteln und sonstigen Bedarfsgegenständen (Lebensmittel- und Bedarfsgegenständegesetz)
LMKV	Lebensmittelkennzeichnungsverordnung
LPrG	Landespressegesetz
LRE	Lebensmittelrechtliche Entscheidungen (Sammlung)
LS	Leitsatz
LUA	Lissabonner Abkommen über den Schutz von Ursprungsbezeichnungen und ihre internationale Registrierung
LUG	Gesetz betreffend das Urheberrecht an Werken der Literatur und der Tonkunst
MA	Der Markenartikel (Jahr und Seite)
MarkenG	Gesetz über den Schutz von Marken und sonstigen Kennzeichen (Markengesetz)
maW	mit anderen Worten
MBl	Ministerialblatt
MD	Magazindienst des Verbandes Sozialer Wettbewerb
MDR	Monatsschrift für Deutsches Recht (Jahr und Seite)
MHA	Madrider Herkunftsabkommen
Mitt	Mitteilungen des Verbandes deutscher Patentanwälte
MittBl (MBl)	Mitteilungsblatt der Deutschen Vereinigung für gewerblichen Rechtsschutz und Urheberrecht (Jahr und Seite)
MMA	Madrider Markenabkommen betr internationale Registrierung von Fabrik- und Handelsmarken
MMR	MultiMedia und Recht (Jahr und Seite)
Mot	Motive zum BGB
MRK	s. EMRK
MTVO (MinTVO)	Verordnung über natürliches Mineralwasser, Quellwasser und Tafelwasser (Mineral- und Tafelwasserverordnung)
MünchKommUWG/*Bearbeiter*	Münchener Kommentar zum Lauterkeitsrecht, 2006
MuR	Medien und Recht (Jahr und Seite)
MuW	Markenschutz und Wettbewerb (Jahr und Seite)
MV	Markenverband
mwN	mit weiteren Nachweisen
Nachw	Nachweis
nF	neue Fassung
NJOZ	Neue Juristische Online-Zeitschrift (Jahr und Seite)
NJW	Neue Juristische Wochenschrift (Jahr und Seite)
NJW-CoR	NJWCOMPUTERREPORT (Jahr und Seite)
NJWE-WettbR	NJW-Entscheidungsdienst Wettbewerbsrecht (Jahr und Seite)
NJW-RR	NJW-Rechtsprechungs-Report Zivilrecht (Jahr und Seite)
Nov	Novelle
Nr	Nummer
NRWGO	Nordrhein-Westfälische Gemeindeordnung
NStZ	Neue Zeitschrift für Strafrecht (Jahr und Seite)
NVersZ	Neue Zeitschrift für Versicherung und Recht (Jahr und Seite)
NVG	Österreichisches Bundesgesetz zur Verbesserung der Nahversorgung und der Wettbewerbsbedingungen
NZA	Neue Zeitschrift für Arbeits- und Sozialrecht (Jahr und Seite)
NZB	Nichtzulassungsbeschwerde
NZG	Neue Zeitschrift für Gesellschaftsrecht (Jahr und Seite)
NZS	Neue Zeitschrift für Sozialrecht (Jahr und Seite)
oÄ	oder Ähnliches
ÖBl	Österreichische Blätter für gewerblichen Rechtsschutz und Urheberrecht (Jahr und Seite)
ÖstJBl	Österreichische Juristische Blätter
östUWG	Österreichisches Gesetz gegen den unlauteren Wettbewerb
og	oben genannt
OHG	offene Handelsgesellschaft
ÖJZ	Österreichische Juristenzeitung (Band und Seite)
OLG	Oberlandesgericht
OLG-Rp	OLG-Report

Abkürzungsverzeichnis

OLGSt	Entscheidungen der Oberlandesgerichte zum Straf- und Strafverfahrensrecht
ÖOGH	Österreichischer Oberster Gerichtshof
Ordo	Ordo, Jahrbuch für die Ordnung von Wirtschaft und Gesellschaft (Jahr und Seite)
OVG	Oberverwaltungsgericht
OWi	Ordnungswidrigkeit
OWiG	Gesetz über Ordnungswidrigkeiten
ÖZW	Österreichische Zeitschrift für Wirtschaftsrecht (Jahr und Seite)
Palandt/*Bearbeiter*	Palandt, BGB, 69. Aufl, 2010
PAngV	Verordnung zur Regelung der Preisangaben (Preisangabenverordnung)
PatG	Patentgesetz
PBefG	Personenbeförderungsgesetz
Piper/Ohly/Sosnitza	Piper/Ohly/Sosnitza UWG, 5. Aufl, 2010
PKW-EnVKV	Energieverbrauchskennzeichnungsverordnung
Pos	Position
Prop Ind	La Propriété Industrielle, Zeitschrift des Internationalen Büros zum Schutz des gewerblichen Eigentums
PrPG	Gesetz zur Stärkung des Schutzes des geistigen Eigentums und zur Bekämpfung der Produktpiraterie (Produktpirateriegesetz)
PVÜ	Pariser Verbandsübereinkunft zum Schutze des Gewerblichen Eigentums
RabattG	Gesetz über Preisnachlässe (Rabattgesetz), aufgehoben durch Art 1 Gesetz zur Aufhebung des Rabattgesetzes und zur Anpassung anderer Rechtsvorschriften vom 23. Juli 2001 (BGBl I 1663)
RabelsZ	Zeitschrift für ausländisches und internationales Privatrecht, begründet von Rabel (Jahr und Seite)
RAL	Vereinbarungen des Ausschusses für Lieferbedingungen und Gütesicherungen beim Deutschen Normenausschuss
RBerG	Gesetz zur Verhütung von Missbräuchen auf den Gebieten der Rechtsberatung (Rechtsberatungsgesetz) (aufgehoben)
RDG	Rechtsdienstleistungsgesetz
Rdn	Randnummer
Recht	Das Recht (Jahr und Seite)
RegBl	Regierungsblatt
RegE	Regierungsentwurf
RfStV	Rundfunkstaatsvertrag
RG	Reichsgericht
RGBl	Reichsgesetzblatt
RGSt	Entscheidungen des Reichsgerichts in Strafsachen (Band und Seite)
RGZ	Entscheidungen des Reichsgerichts in Zivilsachen (Band und Seite)
RhPfGO	Rheinland-Pfälzische Gemeindeordnung
RhPfVerfGH	Rheinland-Pfälzischer Verfassungsgerichtshof
RiStBV	Richtlinien für das Strafverfahren und das Bußgeldverfahren
Riv Dir Ind	Rivista di diritto industriale (Italien)
RIW	Recht der Internationalen Wirtschaft (Jahr und Seite)
rkräft	rechtskräftig
Rom II-VO	Verordnung (EG) Nr. 864/2007 über das auf außervertragliche Schuldverhältnisse anzuwendende Recht („Rom II")
Rspr	Rechtsprechung
RVG	Rechtsanwaltsvergütungsgesetz
RVO	Reichsversicherungsordnung
S	Seite; Satz
s	siehe
SAE	Sammlung Arbeitsrechtlicher Entscheidungen
SchlHolst	Schleswig-Holstein
SchwArbG	Gesetz zur Bekämpfung der Schwarzarbeit
SchweizBG	Schweizerisches Bundesgericht
SchweizBGE	Entscheidungen des schweizerischen Bundesgerichts (Band und Seite)
SchweizMitt	Schweizerische Mitteilungen über gewerblichen Rechtsschutz und Urheberrecht, Zürich
SchweizOR	Schweizerisches Obligationenrecht
SchweizUWG	Schweizerisches Bundesgesetz über den unlauteren Wettbewerb
SchweizZGB	Schweizerisches Zivilgesetzbuch
sec	Section

Abkürzungsverzeichnis

SGB	Sozialgesetzbuch
SGb	Die Sozialgerichtsbarkeit (Zeitschrift; Jahr und Seite)
SigG	Signaturgesetz
Slg	Sammlung der Rechtsprechung des Gerichtshofs der Europäischen Gemeinschaften (Jahr und Seite)
sog.	sogenannte
StabG	Gesetz zur Förderung der Stabilität und des Wachstums der Wirtschaft
StBerG	Gesetz über die Rechtsverhältnisse der Steuerberater und Steuerbevollmächtigten (Steuerberatungsgesetz)
StGB	Strafgesetzbuch
StPO	Strafprozessordnung
str.	streitig
Ströbele/Hacker/*Bearbeiter*	Ströbele/Hacker, Markengesetz, 9. Aufl, 2009
StrS	Strafsenat
stRspr	ständige Rechtsprechung
StVO	Straßenverkehrsordnung
SVO	Sachverständigenordnung
TabakStG	Tabaksteuergesetz
TabKTHmV	Verordnung über die Kennzeichnungspflicht von Tabakerzeugnissen und über Höchstmengen von Teer im Zigarettenrauch
TDG	Teledienstegesetz (aufgehoben)
Teplitzky	Teplitzky, Wettbewerbsrechtliche Ansprüche und Verfahren, 9. Aufl, 2007
TextilKG	Textilkennzeichnungsgesetz
ThürGO	Thüringer Gemeindeordnung
TKG	Telekommunikationsgesetz
TKV	Telekommunikations-Kundenschutzverordnung
TMG	Telemediengesetz
ua	unter anderem
Üb	Übersicht
Ufita	Archiv für Urheber-, Film-, Funk- und Theaterrecht (Band und Seite)
UGP-Richtlinie	Richtlinie 2005/29/EG über unlautere Geschäftspraktiken
UKlaG	Gesetz über Unterlassungsklagen bei Verbraucherrechts- und anderen Verstößen (Unterlassungsklagengesetz)
UmwG	Umwandlungsgesetz
unzutr	unzutreffend
UrhG	Gesetz über Urheberrecht und verwandte Schutzrechte
ursprüngl	ursprünglich
Urt	Urteil
UTR	Jahrbuch des Umwelt- und Technikrechts (Band, Jahr, Seite)
uU	unter Umständen
UWG	Gesetz gegen den unlauteren Wettbewerb
v	von; vom
VerpackV	Verpackungsverordnung
VersR	Versicherungsrecht (Jahr und Seite)
VerstVO	Versteigererverordnung
VG	Verwaltungsgericht
VGH	Verwaltungsgerichtshof
vgl	vergleiche
VO	Verordnung
VRS	Verkehrsrechtsammlung (Band und Seite)
VuR	Verbraucher und Recht (Band und Seite)
VvA	Vertrag von Amsterdam zur Änderung des Vertrags über die Europäische Union, der Verträge zur Gründung der Europäischen Gemeinschaften sowie einiger damit zusammenhängender Rechtsakte
VVG	Versicherungsvertragsgesetz
VWBl	Wirtschaftsrechtliche Blätter (Jahr und Seite)
VwGO	Verwaltungsgerichtsordnung
VwVfG	Verwaltungsverfahrensgesetz
VwZG	Verwaltungszustellungsgesetz
vzbv	Verbraucherzentrale Bundesverband
WA	Wirtschaftsausschuss
WährG	Währungsgesetz

Abkürzungsverzeichnis

wbl	wirtschaftsrechtliche blätter – Zeitschrift für österreichisches und europäisches Wirtschaftsrecht (Jahr und Seite)
WeinG	Weingesetz
weit Nachw	weitere Nachweise
WHO	Weltgesundheitsorganisation
WiB	Wirtschaftsrechtliche Beratung (Jahr und Seite)
1. WiKG	Erstes Gesetz zur Bekämpfung der Wirtschaftskriminalität
2. WiKG	Zweites Gesetz zur Bekämpfung der Wirtschaftskriminalität
WIPO	World Intellectual Property Organization
WiPolA	Wirtschaftspolitischer Ausschuss des Bundestages
WiRO	Wirtschaft und Recht in Osteuropa (Jahr und Seite)
WiStG	Wirtschaftsstrafgesetz
wistra	Zeitschrift für Wirtschaft – Steuer – Strafrecht
WiVerw	Wirtschaft und Verwaltung – Vierteljahresbeilage zum Gewerbearchiv (Jahr und Seite)
WM	Wertpapier-Mitteilungen (Jahr und Seite)
WpHG	Wertpapierhandelsgesetz
WPO	Wirtschaftsprüferordnung
WRP	Wettbewerb in Recht und Praxis (Jahr und Seite)
WTO	World Trade Organisation
WuB	Wirtschafts- und Bankrecht (Jahr und Seite)
WuW	Wirtschaft und Wettbewerb (Jahr und Seite)
WuW/E	WuW-Entscheidungssammlung zum Kartellrecht
WZG	Warenzeichengesetz (aufgehoben)
zahlr	zahlreich(e)
ZAP	Zeitschrift für Anwaltspraxis (Jahr und Seite)
ZAW	Zentralverband der deutschen Werbewirtschaft ZAW eV
zB	zum Beispiel
ZBB	Zeitschrift für Bankrecht und Bankwirtschaft (Jahr und Seite)
Zentrale	Zentrale zur Bekämpfung unlauteren Wettbewerbs
ZEuP	Zeitschrift für Europäisches Privatrecht (Jahr und Seite)
ZfHF	Zeitschrift für Handelswissenschaftliche Forschung
ZfRV	Zeitschrift für Rechtsvergleichung, Internationales Privatrecht und Europarecht (Jahr und Seite)
ZHR	Zeitschrift für das gesamte Handelsrecht und Wirtschaftsrecht (Band, Jahr, Seite)
ZIP	Zeitschrift für Wirtschaftsrecht und Insolvenzpraxis (Jahr und Seite)
ZLR	Zeitschrift für das gesamte Lebensmittelrecht (Jahr und Seite)
ZPO	Zivilprozessordnung
ZRP	Zeitschrift für Rechtspolitik (Jahr und Seite)
ZS	Zivilsenat
zT	zum Teil
ZugabeVO	Zugabeverordnung (aufgehoben)
ZUM	Zeitschrift für Urheber- und Medienrecht/Film und Recht (Jahr und Seite)
zust	zustimmend
zutr	zutreffend
ZVglRWiss	Zeitschrift für vergleichende Rechtswissenschaft (Jahr und Seite)
ZVP	Zeitschrift für Verbraucherpolitik (Band und Seite)
zw	zweifelhaft
ZwV	Zwangsvollstreckung

Literaturverzeichnis

1. Kommentare

Büscher/Dittmer/Schiwy, Gewerblicher Rechtsschutz, Urheberrecht, Medienrecht, Kommentar, 2008
Ekey/Klippel/Kotthoff, Kommentar zum Wettbewerbsrecht, 2. Aufl 2005
Fezer, Lauterkeitsrecht (UWG), 2. Aufl 2010
Götting/Nordemann, UWG, 2009
Harte-Bavendamm/Henning-Bodewig, UWG, Gesetz gegen den unlauteren Wettbewerb, 2. Aufl 2009
Matutis, Praktikerkommentar zum Gesetz gegen unlauteren Wettbewerb, 2. Aufl 2009
Lehmler, UWG Kommentar zum Wettbewerbsrecht, 2007
Münchener Kommentar UWG, Kommentar zum Lauterkeitsrecht, 2006
Piper/Ohly/Sosnitza, UWG, Gesetz gegen den unlauteren Wettbewerb, 5. Aufl 2010
Ullmann, juris-Praxiskommentar, UWG, Gesetz gegen den unlauteren Wettbewerb, 2. Aufl 2009

2. Handbücher, Lehrbücher, Fallsammlungen

Berlit, Wettbewerbsrecht, 7. Aufl 2009
Boesche, Wettbewerbsrecht, 3. Aufl 2009
Ekey, Grundriss des Wettbewerbs- und Kartellrechts, 3. Aufl 2009
Emmerich, Unlauterer Wettbewerb, 8. Aufl 2009
Emmerich/Sosnitza, Fälle zum Wettbewerbs- und Kartellrecht, 5. Aufl 2007
Gloy/Loschelder/Erdmann, Handbuch des Wettbewerbsrechts, 4. Aufl 2010
Götting, Wettbewerbsrecht, 2005
Himmelsbach, Beck sches Mandatshandbuch Wettbewerbsrecht, 2010
Hönn, Klausurenkurs im Wettbewerbs- und Kartellrecht, 5. Aufl 2010
Hönn, Examens-Repetitorium Wettbewerbs- und Kartellrecht, 2. Aufl 2009
Jestaedt, Wettbewerbsrecht, 2008
Köhler/Alexander, Fälle zum Wettbewerbsrecht, 2009
Koos/Menke/Ring, Praxis des Wettbewerbsrechts, 2009
Lehr, Wettbewerbsrecht, 3. Aufl 2007
Lettl, Wettbewerbsrecht, 2009
Nordemann, Wettbewerbs- und Markenrecht, 11. Aufl 2010
Rittner/Kulka, Wettbewerbs- und Kartellrecht, 7. Aufl 2008
Schwintowski, Wettbewerbs- und Kartellrecht, 4. Aufl 2007

3. Wettbewerbsverfahrensrecht, Prozesspraxis

Ahrens, Der Wettbewerbsprozess, 6. Aufl 2009
Ahrens/Spätgens, Einstweiliger Rechtsschutz und Vollstreckung in UWG-Sachen, 4. Aufl 2001
Baumgärtel, Handbuch der Beweislast im Privatrecht, Bd 3, UWG, bearbeitet von Gustav-Adolf Ulrich, 1986
Berneke, Die einstweilige Verfügung in Wettbewerbssachen, 2. Aufl 2003
Graf Lambsdorff, Handbuch des Wettbewerbsverfahrensrechts, 2000
Melullis, Handbuch des Wettbewerbsprozesses, 3. Aufl 2000
Mes, Münchener Prozessformularbuch, Bd 5, Gewerblicher Rechtsschutz, Urheber- und Prozessrecht, 2. Aufl 2005
Teplitzky, Wettbewerbsrechtliche Ansprüche und Verfahren, 9. Aufl 2007

4. Ergänzende Werke

Beck'sche Formularsammlung zum gewerblichen Rechtsschutz und Urheberrecht, 4. Aufl 2009
Bechtold, GWB, Kartellgesetz, Gesetz gegen Wettbewerbsbeschränkungen, 5. Aufl 2008
Bechtold/Bosch/Brinker/Hirsbrunner, EG-Kartellrecht, 2. Aufl 2009
Bender, Europäisches Markenrecht, 2008
Brömmelmyer, Internetwettbewerbsrecht, 2007
Büchting/Heussen, Rechtsanwalts-Handbuch, 9. Aufl 2007
Bülow/Ring, Heilmittelwerbegesetz, 3. Aufl 2005
Bunte, Kartellrecht, 2. Aufl 2008
Calliess/Ruffert (Hrsg), Kommentar zu EU-Vertrag und EG-Vertrag, 3. Aufl 2007
Dauses, Handbuch des EU-Wirtschaftsrechts, Loseblatt, Stand: März 2009
Doepner, Heilmittelwerbegesetz, 2. Aufl 2000
Dreier/Schulze, Urheberrechtsgesetz, 3. Aufl 2008

Literaturverzeichnis

Ekey/Klippel/Bender, Markenrecht, Band 1: MarkenG und Markenrecht ausgewählter ausl. Staaten, 2. Aufl 2009
Emmerich, Kartellrecht, 11. Aufl 2008
Fezer, Markenrecht, 4. Aufl 2009
Geiger, EUV/EGV, 5. Aufl 2010
Grabitz/Hilf/Nettesheim, Kommentar zum Recht der Europäischen Union (vormals Kommentar zum EG-Vertrag), Loseblatt, Stand: Juli 2010
Gröning, Heilmittelwerberecht, Loseblatt, Stand: 2009
Hacker, Markenrecht, 2007
Hasselblatt, Münchener Anwaltshandbuch Gewerblicher Rechtsschutz, 3. Aufl 2009
Härting, Internetrecht, 3. Aufl 2008
Hoeren/Sieber, Handbuch Multimedia-Recht, Loseblatt, Stand: Oktober 2008
Immenga/Mestmäcker Wettbewerbsrecht, Bd I und 2, 4. Aufl 2007
Ingerl/Rohnke, Markengesetz, Kommentar, 3. Aufl 2010
Lange, Marken- und Kennzeichenrecht, 2006
Langen/Bunte, Kommentar zum deutschen und europäischen Kartellrecht, 11. Aufl 2010
Löffler, Presserecht, Kommentar, fortgeführt von Wenzel und Sedlmaier, 5. Aufl 2006
Löffler/Ricker, Handbuch des Presserechts, 5. Aufl 2005
Loewenheim/Meessen/Riesenkampff, Kartellrecht, 2. Aufl 2009
Mestmäcker/Schweitzer, Europäisches Wettbewerbsrecht, 2. Aufl 2004
Münchener Kommentar, Kommentar zum Bürgerlichen Gesetzbuch, 5. Aufl 2006
Münchener Kommentar, Kommentar zur ZPO, 3. Aufl 2007 ff
Musielak, Kommentar zur ZPO, 7. Aufl 2009
Palandt, Kommentar zum Bürgerlichen Gesetzbuch, 69. Aufl 2010
Schricker/Loewenheim (Hrsg.), Urheberrecht, 4. Aufl 2010
Schricker, Verlagsgesetz, 3. Aufl 2001
Schröder/Jakob/Mederer, Kommentar zum Europäischen Wettbewerbsrecht, 2003
Schwarze, EU-Kommentar, 2008
Ströbele/Hacker, Markengesetz, 9. Aufl 2009
Streinz, EUV/EGV, 2003
Völker, Preisangabenrecht, 2. Aufl 2002
Wandtke (Hrsg), Medienrecht, 2008
Wenzel, Das Recht der Wort- und Bildberichterstattung, Handbuch des Äußerungsrechts, 5. Aufl 2003
Zöller, Kommentar zur ZPO, 27. Aufl 2009

5. Ältere Werke

Ackermann, Wettbewerbsrecht, 1997
Beater, Unlauterer Wettbewerb, 2002
Borck, Die anwaltliche Praxis in Wettbewerbssachen, 1992
v Gamm, Gesetz gegen den unlauteren Wettbewerb, 3. Aufl 1993
Jacobs/Lindacher/Teplitzky, UWG, Großkommentar, 1.–14. Lieferung, 1991–2000
Kling/Thomas, Grundkurs Wettbewerbs- und Kartellrecht, 2004
Köhler/Piper, Gesetz gegen den unlauteren Wettbewerb, 3. Aufl 2002
Lange/Spätgens, Rabatte und Zugaben im Wettbewerb, 2001
Lehmler, Das Recht des unlauteren Wettbewerbs, 2002
Nirk/Kurtze, Wettbewerbsstreitigkeiten, 2. Aufl 1992
Piper/Ohly, Gesetz gegen den unlauteren Wettbewerb, 4. Aufl 2006
Säcker, Fallbuch Kartellrecht, Wettbewerbsrecht, Markenrecht, 2001
Speckmann, Wettbewerbsrecht, 3. Aufl 2000
Walter/Grüber, Anwaltshandbuch Wettbewerbsrecht, 1998

6. Ausländisches Wettbewerbsrecht

Baudenbacher, Lauterkeitsrecht (SchweizUWG), 2001
Gumpoldsberger/Baumann, Bundesgesetz gegen den unlauteren Wettbewerb (ÖstUWG), 2006
Koppensteiner, Österreichisches und europäisches Wettbewerbsrecht, 3. Aufl 1997
E. Ulmer, Das Recht des unlauteren Wettbewerbs in den Mitgliedstaaten der Europäischen Wirtschaftsgemeinschaft, 1965–1994
Wiltschek, Gesetz gegen den unlauteren Wettbewerb (ÖstUWG), 7. Aufl 2003

Gesetz gegen den unlauteren Wettbewerb (UWG)[1]

In der Fassung der Bekanntmachung vom 3. März 2010
(BGBl. I S. 254)
FNA 43–7

Kapitel 1. Allgemeine Bestimmungen

§ 1 Zweck des Gesetzes

[1]Dieses Gesetz dient dem Schutz der Mitbewerber, der Verbraucherinnen und Verbraucher sowie der sonstigen Marktteilnehmer vor unlauteren geschäftlichen Handlungen. [2]Es schützt zugleich das Interesse der Allgemeinheit an einem unverfälschten Wettbewerb.

§ 2 Definitionen

(1) Im Sinne dieses Gesetzes bedeutet
1. „geschäftliche Handlung" jedes Verhalten einer Person zugunsten des eigenen oder eines fremden Unternehmens vor, bei oder nach einem Geschäftsabschluss, das mit der Förderung des Absatzes oder des Bezugs von Waren oder Dienstleistungen oder mit dem Abschluss oder der Durchführung eines Vertrags über Waren oder Dienstleistungen objektiv zusammenhängt; als Waren gelten auch Grundstücke, als Dienstleistungen auch Rechte und Verpflichtungen;
2. „Marktteilnehmer" neben Mitbewerbern und Verbrauchern alle Personen, die als Anbieter oder Nachfrager von Waren oder Dienstleistungen tätig sind;
3. „Mitbewerber" jeder Unternehmer, der mit einem oder mehreren Unternehmen als Anbieter oder Nachfrager von Waren oder Dienstleistungen in einem konkreten Wettbewerbsverhältnis steht;
4. „Nachricht" jede Information, die zwischen einer endlichen Zahl von Beteiligten über einen öffentlich zugänglichen elektronischen Kommunikationsdienst ausgetauscht oder weitergeleitet wird; dies schließt nicht Informationen ein, die als Teil eines Rundfunkdienstes über ein elektronisches Kommunikationsnetz an die Öffentlichkeit weitergeleitet werden, soweit die Informationen nicht mit dem identifizierbaren Teilnehmer oder Nutzer, der sie erhält, in Verbindung gebracht werden können;
5. „Verhaltenskodex" Vereinbarungen oder Vorschriften über das Verhalten von Unternehmern, zu welchem diese sich in Bezug auf Wirtschaftszweige oder einzelne geschäftliche Handlungen verpflichtet haben, ohne dass sich solche Verpflichtungen aus Gesetzes- oder Verwaltungsvorschriften ergeben;
6. „Unternehmer" jede natürliche oder juristische Person, die geschäftliche Handlungen im Rahmen ihrer gewerblichen, handwerklichen oder beruflichen Tätigkeit vornimmt, und jede Person, die im Namen oder Auftrag einer solchen Person handelt;
7. „fachliche Sorgfalt" der Standard an Fachkenntnissen und Sorgfalt, von dem billigerweise angenommen werden kann, dass ein Unternehmer ihn in seinem Tätigkeitsbereich gegenüber Verbrauchern nach Treu und Glauben unter Berücksichtigung der Marktgepflogenheiten einhält.

(2) Für den Verbraucherbegriff gilt § 13 des Bürgerlichen Gesetzbuchs entsprechend.

---

[1] Dieses Gesetz dient der Umsetzung der Richtlinie 2005/29/EG des Europäischen Parlaments und des Rates vom 11. Mai 2005 über unlautere Geschäftspraktiken von Unternehmen gegenüber Verbrauchern im Binnenmarkt und zur Änderung der Richtlinie 84/450/EWG des Rates, der Richtlinien 97/7/EG, 98/27/EG und 2002/65/EG des Europäischen Parlaments und des Rates sowie der Verordnung (EG) Nr. 2006/2004 des Europäischen Parlaments und des Rates (Nr. L 149 vom 11. 6. 2005, S. 22; berichtigt im ABl. L 253 vom 25. 9. 2009, S. 18) sowie der Richtlinie 2006/114/EG des Europäischen Parlaments und des Rates vom 12. Dezember 2006 über irreführende und vergleichende Werbung (kodifizierte Fassung) (ABl. L 376 vom 27. 12. 2006, S. 21). Es dient ferner der Umsetzung von Artikel 13 der Richtlinie 2002/58/EG des Europäischen Parlaments und des Rates vom 12. Juli 2002 über die Verarbeitung personenbezogener Daten und den Schutz der Privatsphäre in der elektronischen Kommunikation (ABl. L 201 vom 31. 7. 2002, S. 37), der zuletzt durch Artikel 2 Nummer 7 der Richtlinie 2009/136/EG (ABl. L 337 vom 18. 12. 2009, S. 11) geändert ist.
Die Verpflichtungen aus der Richtlinie 98/34/EG des Europäischen Parlaments und des Rates vom 22. Juni 1998 über ein Informationsverfahren auf dem Gebiet der Normen und technischen Vorschriften und der Vorschriften für die Dienste der Informationsgesellschaft (ABl. L 204 vom 21. 7. 1998, S. 37), die zuletzt durch die Richtlinie 2006/96/EG (ABl. L 363 vom 20. 12. 2006, S. 81) geändert worden ist, sind beachtet worden.

§ 3 Verbot unlauterer geschäftlicher Handlungen

(1) Unlautere geschäftliche Handlungen sind unzulässig, wenn sie geeignet sind, die Interessen von Mitbewerbern, Verbrauchern oder sonstigen Marktteilnehmern spürbar zu beeinträchtigen.

(2) ¹Geschäftliche Handlungen gegenüber Verbrauchern sind jedenfalls dann unzulässig, wenn sie nicht der für den Unternehmer geltenden fachlichen Sorgfalt entsprechen und dazu geeignet sind, die Fähigkeit des Verbrauchers, sich auf Grund von Informationen zu entscheiden, spürbar zu beeinträchtigen und ihn damit zu einer geschäftlichen Entscheidung zu veranlassen, die er andernfalls nicht getroffen hätte. ²Dabei ist auf den durchschnittlichen Verbraucher oder, wenn sich die geschäftliche Handlung an eine bestimmte Gruppe von Verbrauchern wendet, auf ein durchschnittliches Mitglied dieser Gruppe abzustellen. ³Auf die Sicht eines durchschnittlichen Mitglieds einer auf Grund von geistigen oder körperlichen Gebrechen, Alter oder Leichtgläubigkeit besonders schutzbedürftigen und eindeutig identifizierbaren Gruppe von Verbrauchern ist abzustellen, wenn für den Unternehmer vorhersehbar ist, dass seine geschäftliche Handlung nur diese Gruppe betrifft.

(3) Die im Anhang dieses Gesetzes aufgeführten geschäftlichen Handlungen gegenüber Verbrauchern sind stets unzulässig.

§ 4 Beispiele unlauterer geschäftlicher Handlungen

Unlauter handelt insbesondere, wer

1. geschäftliche Handlungen vornimmt, die geeignet sind, die Entscheidungsfreiheit der Verbraucher oder sonstiger Marktteilnehmer durch Ausübung von Druck, in menschenverachtender Weise oder durch sonstigen unangemessenen unsachlichen Einfluss zu beeinträchtigen;
2. geschäftliche Handlungen vornimmt, die geeignet sind, geistige oder körperliche Gebrechen, das Alter, die geschäftliche Unerfahrenheit, die Leichtgläubigkeit, die Angst oder die Zwangslage von Verbrauchern auszunutzen;
3. den Werbecharakter von geschäftlichen Handlungen verschleiert;
4. bei Verkaufsförderungsmaßnahmen wie Preisnachlässen, Zugaben oder Geschenken die Bedingungen für ihre Inanspruchnahme nicht klar und eindeutig angibt;
5. bei Preisausschreiben oder Gewinnspielen mit Werbecharakter die Teilnahmebedingungen nicht klar und eindeutig angibt;
6. die Teilnahme von Verbrauchern an einem Preisausschreiben oder Gewinnspiel von dem Erwerb einer Ware oder der Inanspruchnahme einer Dienstleistung abhängig macht, es sei denn, das Preisausschreiben oder Gewinnspiel ist naturgemäß mit der Ware oder der Dienstleistung verbunden;
7. die Kennzeichen, Waren, Dienstleistungen, Tätigkeiten oder persönlichen oder geschäftlichen Verhältnisse eines Mitbewerbers herabsetzt oder verunglimpft;
8. über die Waren, Dienstleistungen oder das Unternehmen eines Mitbewerbers oder über den Unternehmer oder ein Mitglied der Unternehmensleitung Tatsachen behauptet oder verbreitet, die geeignet sind, den Betrieb des Unternehmens oder den Kredit des Unternehmers zu schädigen, sofern die Tatsachen nicht erweislich wahr sind; handelt es sich um vertrauliche Mitteilungen und hat der Mitteilende oder der Empfänger der Mitteilung an ihr ein berechtigtes Interesse, so ist die Handlung nur dann unlauter, wenn die Tatsachen der Wahrheit zuwider behauptet oder verbreitet wurden;
9. Waren oder Dienstleistungen anbietet, die eine Nachahmung der Waren oder Dienstleistungen eines Mitbewerbers sind, wenn er
    a) eine vermeidbare Täuschung der Abnehmer über die betriebliche Herkunft herbeiführt,
    b) die Wertschätzung der nachgeahmten Ware oder Dienstleistung unangemessen ausnutzt oder beeinträchtigt oder
    c) die für die Nachahmung erforderlichen Kenntnisse oder Unterlagen unredlich erlangt hat;
10. Mitbewerber gezielt behindert;
11. einer gesetzlichen Vorschrift zuwiderhandelt, die auch dazu bestimmt ist, im Interesse der Marktteilnehmer das Marktverhalten zu regeln.

§ 5 Irreführende geschäftliche Handlungen

(1) ¹Unlauter handelt, wer eine irreführende geschäftliche Handlung vornimmt. ²Eine geschäftliche Handlung ist irreführend, wenn sie unwahre Angaben enthält oder sonstige zur Täuschung geeignete Angaben über folgende Umstände enthält:

1. die wesentlichen Merkmale der Ware oder Dienstleistung wie Verfügbarkeit, Art, Ausführung, Vorteile, Risiken, Zusammensetzung, Zubehör, Verfahren oder Zeitpunkt der Herstellung, Lieferung oder Erbringung, Zwecktauglichkeit, Verwendungsmöglichkeit, Menge, Beschaffenheit, Kundendienst und Beschwerdeverfahren, geographische oder betriebliche Herkunft, von der Verwendung zu erwartende Ergebnisse oder die Ergebnisse oder wesentlichen Bestandteile von Tests der Waren oder Dienstleistungen;
2. den Anlass des Verkaufs wie das Vorhandensein eines besonderen Preisvorteils, den Preis oder die Art und Weise, in der er berechnet wird, oder die Bedingungen, unter denen die Ware geliefert oder die Dienstleistung erbracht wird;
3. die Person, Eigenschaften oder Rechte des Unternehmers wie Identität, Vermögen einschließlich der Rechte des geistigen Eigentums, den Umfang von Verpflichtungen, Befähigung, Status, Zulassung, Mitgliedschaften oder Beziehungen, Auszeichnungen oder Ehrungen, Beweggründe für die geschäftliche Handlung oder die Art des Vertriebs;
4. Aussagen oder Symbole, die im Zusammenhang mit direktem oder indirektem Sponsoring stehen oder sich auf eine Zulassung des Unternehmers oder der Waren oder Dienstleistungen beziehen;
5. die Notwendigkeit einer Leistung, eines Ersatzteils, eines Austauschs oder einer Reparatur;
6. die Einhaltung eines Verhaltenskodexes, auf den sich der Unternehmer verbindlich verpflichtet hat, wenn er auf diese Bindung hinweist oder
7. Rechte des Verbrauchers, insbesondere solche auf Grund von Garantieversprechen oder Gewährleistungsrechte bei Leistungsstörungen.

(2) Eine geschäftliche Handlung ist auch irreführend, wenn sie im Zusammenhang mit der Vermarktung von Waren oder Dienstleistungen einschließlich vergleichender Werbung eine Verwechslungsgefahr mit einer anderen Ware oder Dienstleistung oder mit der Marke oder einem anderen Kennzeichen eines Mitbewerbers hervorruft.

(3) Angaben im Sinne von Absatz 1 Satz 2 sind auch Angaben im Rahmen vergleichender Werbung sowie bildliche Darstellungen und sonstige Veranstaltungen, die darauf zielen und geeignet sind, solche Angaben zu ersetzen.

(4) ¹Es wird vermutet, dass es irreführend ist, mit der Herabsetzung eines Preises zu werben, sofern der Preis nur für eine unangemessen kurze Zeit gefordert worden ist. ²Ist streitig, ob und in welchem Zeitraum der Preis gefordert worden ist, so trifft die Beweislast denjenigen, der mit der Preisherabsetzung geworben hat.

§ 5 a Irreführung durch Unterlassen

(1) Bei der Beurteilung, ob das Verschweigen einer Tatsache irreführend ist, sind insbesondere deren Bedeutung für die geschäftliche Entscheidung nach der Verkehrsauffassung sowie die Eignung des Verschweigens zur Beeinflussung der Entscheidung zu berücksichtigen.

(2) Unlauter handelt, wer die Entscheidungsfähigkeit von Verbrauchern im Sinne des § 3 Absatz 2 dadurch beeinflusst, dass er eine Information vorenthält, die im konkreten Fall unter Berücksichtigung aller Umstände einschließlich der Beschränkungen des Kommunikationsmittels wesentlich ist.

(3) Werden Waren oder Dienstleistungen unter Hinweis auf deren Merkmale und Preis in einer dem verwendeten Kommunikationsmittel angemessenen Weise so angeboten, dass ein durchschnittlicher Verbraucher das Geschäft abschließen kann, gelten folgende Informationen als wesentlich im Sinne des Absatzes 2, sofern sie sich nicht unmittelbar aus den Umständen ergeben:
1. alle wesentlichen Merkmale der Ware oder Dienstleistung in dem dieser und dem verwendeten Kommunikationsmittel angemessenen Umfang;
2. die Identität und Anschrift des Unternehmers, gegebenenfalls die Identität und Anschrift des Unternehmers, für den er handelt;
3. der Endpreis oder in Fällen, in denen solcher ein Preis auf Grund der Beschaffenheit der Ware oder Dienstleistung nicht im Voraus berechnet werden kann, die Art der Preisberechnung sowie gegebenenfalls alle zusätzlichen Fracht-, Liefer- und Zustellkosten oder in Fällen, in denen diese Kosten nicht im Voraus berechnet werden können, die Tatsache, dass solche zusätzlichen Kosten anfallen können;
4. Zahlungs-, Liefer- und Leistungsbedingungen sowie Verfahren zum Umgang mit Beschwerden, soweit sie von Erfordernissen der fachlichen Sorgfalt abweichen und
5. das Bestehen eines Rechts zum Rücktritt oder Widerruf.

(4) Als wesentlich im Sinne des Absatzes 2 gelten auch Informationen, die dem Verbraucher auf Grund gemeinschaftsrechtlicher Verordnungen oder nach Rechtsvorschriften zur Umsetzung gemeinschaftsrechtlicher Richtlinien für kommerzielle Kommunikation einschließlich Werbung und Marketing nicht vorenthalten werden dürfen.

§ 6 Vergleichende Werbung

(1) Vergleichende Werbung ist jede Werbung, die unmittelbar oder mittelbar einen Mitbewerber oder die von einem Mitbewerber angebotenen Waren oder Dienstleistungen erkennbar macht.

(2) Unlauter handelt, wer vergleichend wirbt, wenn der Vergleich

1. sich nicht auf Waren oder Dienstleistungen für den gleichen Bedarf oder dieselbe Zweckbestimmung bezieht,
2. nicht objektiv auf eine oder mehrere wesentliche, relevante, nachprüfbare und typische Eigenschaften oder den Preis dieser Waren oder Dienstleistungen bezogen ist,
3. im geschäftlichen Verkehr zu einer Gefahr von Verwechslungen zwischen dem Werbenden und einem Mitbewerber oder zwischen den von diesen angebotenen Waren oder Dienstleistungen oder den von ihnen verwendeten Kennzeichen führt,
4. den Ruf des von einem Mitbewerber verwendeten Kennzeichens in unlauterer Weise ausnutzt oder beeinträchtigt,
5. die Waren, Dienstleistungen, Tätigkeiten oder persönlichen oder geschäftlichen Verhältnisse eines Mitbewerbers herabsetzt oder verunglimpft oder
6. eine Ware oder Dienstleistung als Imitation oder Nachahmung einer unter einem geschützten Kennzeichen vertriebenen Ware oder Dienstleistung darstellt.

§ 7 Unzumutbare Belästigungen

(1) ¹Eine geschäftliche Handlung, durch die ein Marktteilnehmer in unzumutbarer Weise belästigt wird, ist unzulässig. ²Dies gilt insbesondere für Werbung, obwohl erkennbar ist, dass der angesprochene Marktteilnehmer diese Werbung nicht wünscht.

(2) Eine unzumutbare Belästigung ist stets anzunehmen

1. bei Werbung unter Verwendung eines in den Nummern 2 und 3 nicht aufgeführten, für den Fernabsatz geeigneten Mittels der kommerziellen Kommunikation, durch die ein Verbraucher hartnäckig angesprochen wird, obwohl er dies erkennbar nicht wünscht;
2. bei Werbung mit einem Telefonanruf gegenüber einem Verbraucher ohne dessen vorherige ausdrückliche Einwilligung oder gegenüber einem sonstigen Marktteilnehmer ohne dessen zumindest mutmaßliche Einwilligung;
3. bei Werbung unter Verwendung einer automatischen Anrufmaschine, eines Faxgerätes oder elektronischer Post, ohne dass eine vorherige ausdrückliche Einwilligung des Adressaten vorliegt, oder
4. bei Werbung mit einer Nachricht, bei der die Identität des Absenders, in dessen Auftrag die Nachricht übermittelt wird, verschleiert oder verheimlicht wird oder bei der keine gültige Adresse vorhanden ist, an die der Empfänger eine Aufforderung zur Einstellung solcher Nachrichten richten kann, ohne dass hierfür andere als die Übermittlungskosten nach den Basistarifen entstehen.

(3) Abweichend von Absatz 2 Nummer 3 ist eine unzumutbare Belästigung bei einer Werbung unter Verwendung elektronischer Post nicht anzunehmen, wenn

1. ein Unternehmer im Zusammenhang mit dem Verkauf einer Ware oder Dienstleistung von dem Kunden dessen elektronische Postadresse erhalten hat,
2. der Unternehmer die Adresse zur Direktwerbung für eigene ähnliche Waren oder Dienstleistungen verwendet,
3. der Kunde der Verwendung nicht widersprochen hat und
4. der Kunde bei Erhebung der Adresse und bei jeder Verwendung klar und deutlich darauf hingewiesen wird, dass er der Verwendung jederzeit widersprechen kann, ohne dass hierfür andere als die Übermittlungskosten nach den Basistarifen entstehen.

Kapitel 2. Rechtsfolgen

§ 8 Beseitigung und Unterlassung

(1) ¹Wer eine nach § 3 oder § 7 unzulässige geschäftliche Handlung vornimmt, kann auf Beseitigung und bei Wiederholungsgefahr auf Unterlassung in Anspruch genommen werden. ²Der Anspruch auf Unterlassung besteht bereits dann, wenn eine derartige Zuwiderhandlung gegen § 3 oder § 7 droht.

(2) Werden die Zuwiderhandlungen in einem Unternehmen von einem Mitarbeiter oder Beauftragten begangen, so sind der Unterlassungsanspruch und der Beseitigungsanspruch auch gegen den Inhaber des Unternehmens begründet.

(3) Die Ansprüche aus Absatz 1 stehen zu:
1. jedem Mitbewerber;
2. rechtsfähigen Verbänden zur Förderung gewerblicher oder selbstständiger beruflicher Interessen, soweit ihnen eine erhebliche Zahl von Unternehmern angehört, die Waren oder Dienstleistungen gleicher oder verwandter Art auf demselben Markt vertreiben, soweit sie insbesondere nach ihrer personellen, sachlichen und finanziellen Ausstattung imstande sind, ihre satzungsmäßigen Aufgaben der Verfolgung gewerblicher oder selbstständiger beruflicher Interessen tatsächlich wahrzunehmen und soweit die Zuwiderhandlung die Interessen ihrer Mitglieder berührt;
3. qualifizierten Einrichtungen, die nachweisen, dass sie in die Liste qualifizierter Einrichtungen nach § 4 des Unterlassungsklagengesetzes oder in dem Verzeichnis der Kommission der Europäischen Gemeinschaften nach Artikel 4 der Richtlinie 98/27/EG des Europäischen Parlaments und des Rates vom 19. Mai 1998 über Unterlassungsklagen zum Schutz der Verbraucherinteressen (ABl. EG Nr. L 166 S. 51) eingetragen sind;
4. den Industrie- und Handelskammern oder den Handwerkskammern.

(4) Die Geltendmachung der in Absatz 1 bezeichneten Ansprüche ist unzulässig, wenn sie unter Berücksichtigung der gesamten Umstände missbräuchlich ist, insbesondere wenn sie vorwiegend dazu dient, gegen den Zuwiderhandelnden einen Anspruch auf Ersatz von Aufwendungen oder Kosten der Rechtsverfolgung entstehen zu lassen.

(5) ¹§ 13 des Unterlassungsklagengesetzes und die darin enthaltene Verordnungsermächtigung gelten mit der Maßgabe entsprechend, dass an die Stelle der Klageberechtigten nach § 3 Absatz 1 Nummer 1 und 3 des Unterlassungsklagengesetzes die gemäß § 8 Absatz 3 Nummer 3 und 4 zur Geltendmachung eines Unterlassungsanspruchs Berechtigten, an die Stelle der Klageberechtigten nach § 3 Absatz 1 Nummer 2 des Unterlassungsklagengesetzes die gemäß § 8 Absatz 3 Nummer 2 zur Geltendmachung eines Unterlassungsanspruchs Berechtigten und an die Stelle der in den §§ 1 und 2 des Unterlassungsklagengesetzes geregelten Unterlassungsansprüche die in § 8 bestimmten Unterlassungsansprüche treten.² ²Im Übrigen findet das Unterlassungsklagengesetz keine Anwendung, es sei denn, es liegt ein Fall des § 4a des Unterlassungsklagengesetzes vor.

§ 9 Schadensersatz

¹Wer vorsätzlich oder fahrlässig eine nach § 3 oder § 7 unzulässige geschäftliche Handlung vornimmt, ist den Mitbewerbern zum Ersatz des daraus entstehenden Schadens verpflichtet. ²Gegen verantwortliche Personen von periodischen Druckschriften kann der Anspruch auf Schadensersatz nur bei einer vorsätzlichen Zuwiderhandlung geltend gemacht werden.

§ 10 Gewinnabschöpfung

(1) Wer vorsätzlich eine nach § 3 oder § 7 unzulässige geschäftliche Handlung vornimmt und hierdurch zu Lasten einer Vielzahl von Abnehmern einen Gewinn erzielt, kann von den gemäß § 8 Absatz 3 Nummer 2 bis 4 zur Geltendmachung eines Unterlassungsanspruchs Berechtigten auf Herausgabe dieses Gewinns an den Bundeshaushalt in Anspruch genommen werden.

---

² § 8 Absatz 5 Satz 1 gilt gemäß Artikel 8 Absatz 6 in Verbindung mit Artikel 11 Absatz 2 Satz 1 des Gesetzes vom 29. Juli 2009 (BGBl. I S. 2355) ab 31. Oktober 2009 in folgender Fassung:
„§ 13 des Unterlassungsklagengesetzes ist entsprechend anzuwenden; in § 13 Absatz 1 und 3 Satz 2 des Unterlassungsklagengesetzes treten an die Stelle des Anspruchs gemäß § 1 oder § 2 des Unterlassungsklagengesetzes die Unterlassungsansprüche nach dieser Vorschrift."

(2) ¹Auf den Gewinn sind die Leistungen anzurechnen, die der Schuldner auf Grund der Zuwiderhandlung an Dritte oder an den Staat erbracht hat. ²Soweit der Schuldner solche Leistungen erst nach Erfüllung des Anspruchs nach Absatz 1 erbracht hat, erstattet die zuständige Stelle des Bundes dem Schuldner den abgeführten Gewinn in Höhe der nachgewiesenen Zahlungen zurück.

(3) Beanspruchen mehrere Gläubiger den Gewinn, so gelten die §§ 428 bis 430 des Bürgerlichen Gesetzbuchs entsprechend.

(4) ¹Die Gläubiger haben der zuständigen Stelle des Bundes über die Geltendmachung von Ansprüchen nach Absatz 1 Auskunft zu erteilen. ²Sie können von der zuständigen Stelle des Bundes Erstattung der für die Geltendmachung des Anspruchs erforderlichen Aufwendungen verlangen, soweit sie vom Schuldner keinen Ausgleich erlangen können. ³Der Erstattungsanspruch ist auf die Höhe des an den Bundeshaushalt abgeführten Gewinns beschränkt.

(5) Zuständige Stelle im Sinn der Absätze 2 und 4 ist das Bundesamt für Justiz.

§ 11 Verjährung

(1) Die Ansprüche aus den §§ 8, 9 und 12 Absatz 1 Satz 2 verjähren in sechs Monaten.

(2) Die Verjährungsfrist beginnt, wenn
1. der Anspruch entstanden ist und
2. der Gläubiger von den den Anspruch begründenden Umständen und der Person des Schuldners Kenntnis erlangt oder ohne grobe Fahrlässigkeit erlangen müsste.

(3) Schadensersatzansprüche verjähren ohne Rücksicht auf die Kenntnis oder grob fahrlässige Unkenntnis in zehn Jahren von ihrer Entstehung, spätestens in 30 Jahren von der den Schaden auslösenden Handlung an.

(4) Andere Ansprüche verjähren ohne Rücksicht auf die Kenntnis oder grob fahrlässige Unkenntnis in drei Jahren von der Entstehung an.

Kapitel 3. Verfahrensvorschriften

§ 12 Anspruchsdurchsetzung, Veröffentlichungsbefugnis, Streitwertminderung

(1) ¹Die zur Geltendmachung eines Unterlassungsanspruchs Berechtigten sollen den Schuldner vor der Einleitung eines gerichtlichen Verfahrens abmahnen und ihm Gelegenheit geben, den Streit durch Abgabe einer mit einer angemessenen Vertragsstrafe bewehrten Unterlassungsverpflichtung beizulegen. ²Soweit die Abmahnung berechtigt ist, kann der Ersatz der erforderlichen Aufwendungen verlangt werden.

(2) Zur Sicherung der in diesem Gesetz bezeichneten Ansprüche auf Unterlassung können einstweilige Verfügungen auch ohne die Darlegung und Glaubhaftmachung der in den §§ 935 und 940 der Zivilprozessordnung bezeichneten Voraussetzungen erlassen werden.

(3) ¹Ist auf Grund dieses Gesetzes Klage auf Unterlassung erhoben worden, so kann das Gericht der obsiegenden Partei die Befugnis zusprechen, das Urteil auf Kosten der unterliegenden Partei öffentlich bekannt zu machen, wenn sie ein berechtigtes Interesse dartut. ²Art und Umfang der Bekanntmachung werden im Urteil bestimmt. ³Die Befugnis erlischt, wenn von ihr nicht innerhalb von drei Monaten nach Eintritt der Rechtskraft Gebrauch gemacht worden ist. ⁴Der Ausspruch nach Satz 1 ist nicht vorläufig vollstreckbar.

(4) Bei der Bemessung des Streitwerts für Ansprüche nach § 8 Absatz 1 ist es wertmindernd zu berücksichtigen, wenn die Sache nach Art und Umfang einfach gelagert ist oder wenn die Belastung einer der Parteien mit den Prozesskosten nach dem vollen Streitwert angesichts ihrer Vermögens- und Einkommensverhältnisse nicht tragbar erscheint.

§ 13 Sachliche Zuständigkeit

(1) ¹Für alle bürgerlichen Rechtsstreitigkeiten, in denen ein Anspruch auf Grund dieses Gesetzes geltend gemacht wird, sind die Landgerichte ausschließlich zuständig. ²Es gilt § 95 Absatz 1 Nummer 5 des Gerichtsverfassungsgesetzes.[3)]

---

[3] Nr. **95**.

(2) ¹Die Landesregierungen werden ermächtigt, durch Rechtsverordnung für die Bezirke mehrerer Landgerichte eines von ihnen als Gericht für Wettbewerbsstreitsachen zu bestimmen, wenn dies der Rechtspflege in Wettbewerbsstreitsachen, insbesondere der Sicherung einer einheitlichen Rechtsprechung, dienlich ist. ²Die Landesregierungen können die Ermächtigung auf die Landesjustizverwaltungen übertragen.

§ 14 Örtliche Zuständigkeit

(1) ¹Für Klagen auf Grund dieses Gesetzes ist das Gericht zuständig, in dessen Bezirk der Beklagte seine gewerbliche oder selbstständige berufliche Niederlassung oder in Ermangelung einer solchen seinen Wohnsitz hat. ²Hat der Beklagte auch keinen Wohnsitz, so ist sein inländischer Aufenthaltsort maßgeblich.

(2) ¹Für Klagen auf Grund dieses Gesetzes ist außerdem nur das Gericht zuständig, in dessen Bezirk die Handlung begangen ist. ²Satz 1 gilt für Klagen, die von den nach § 8 Absatz 3 Nummer 2 bis 4 zur Geltendmachung eines Unterlassungsanspruches Berechtigten erhoben werden, nur dann, wenn der Beklagte im Inland weder eine gewerbliche oder selbstständige berufliche Niederlassung noch einen Wohnsitz hat.

§ 15 Einigungsstellen

(1) Die Landesregierungen errichten bei Industrie- und Handelskammern Einigungsstellen zur Beilegung von bürgerlichen Rechtsstreitigkeiten, in denen ein Anspruch auf Grund dieses Gesetzes geltend gemacht wird (Einigungsstellen).

(2) ¹Die Einigungsstellen sind mit einer vorsitzenden Person, die die Befähigung zum Richteramt nach dem Deutschen Richtergesetz hat, und beisitzenden Personen zu besetzen. ²Als beisitzende Personen werden im Falle einer Anrufung durch eine nach § 8 Absatz 3 Nummer 3 zur Geltendmachung eines Unterlassungsanspruchs berechtigte qualifizierte Einrichtung Unternehmer und Verbraucher in gleicher Anzahl tätig, sonst mindestens zwei sachverständige Unternehmer. ³Die vorsitzende Person soll auf dem Gebiet des Wettbewerbsrechts erfahren sein. ⁴Die beisitzenden Personen werden von der vorsitzenden Person für den jeweiligen Streitfall aus einer alljährlich für das Kalenderjahr aufzustellenden Liste berufen. ⁵Die Berufung soll im Einvernehmen mit den Parteien erfolgen. ⁶Für die Ausschließung und Ablehnung von Mitgliedern der Einigungsstelle sind die §§ 41 bis 43 und § 44 Absatz 2 bis 4 der Zivilprozessordnung entsprechend anzuwenden. ⁷Über das Ablehnungsgesuch entscheidet das für den Sitz der Einigungsstelle zuständige Landgericht (Kammer für Handelssachen oder, falls es an einer solchen fehlt, Zivilkammer).

(3) ¹Die Einigungsstellen können bei bürgerlichen Rechtsstreitigkeiten, in denen ein Anspruch auf Grund dieses Gesetzes geltend gemacht wird, angerufen werden, wenn der Gegner zustimmt. ²Soweit die Wettbewerbshandlungen Verbraucher betreffen, können die Einigungsstellen von jeder Partei zu einer Aussprache mit dem Gegner über den Streitfall angerufen werden; einer Zustimmung des Gegners bedarf es nicht.

(4) Für die Zuständigkeit der Einigungsstellen ist § 14 entsprechend anzuwenden.

(5) ¹Die der Einigungsstelle vorsitzende Person kann das persönliche Erscheinen der Parteien anordnen. ²Gegen eine unentschuldigt ausbleibende Partei kann die Einigungsstelle ein Ordnungsgeld festsetzen. ³Gegen die Anordnung des persönlichen Erscheinens und gegen die Festsetzung des Ordnungsgeldes findet die sofortige Beschwerde nach den Vorschriften der Zivilprozessordnung an das für den Sitz der Einigungsstelle zuständige Landgericht (Kammer für Handelssachen oder, falls es an einer solchen fehlt, Zivilkammer) statt.

(6) ¹Die Einigungsstelle hat einen gütlichen Ausgleich anzustreben. ²Sie kann den Parteien einen schriftlichen, mit Gründen versehenen Einigungsvorschlag machen. ³Der Einigungsvorschlag und seine Begründung dürfen nur mit Zustimmung der Parteien veröffentlicht werden.

(7) ¹Kommt ein Vergleich zustande, so muss er in einem besonderen Schriftstück niedergelegt und unter Angabe des Tages seines Zustandekommens von den Mitgliedern der Einigungsstelle, welche in der Verhandlung mitgewirkt haben, sowie von den Parteien unterschrieben werden. ²Aus einem vor der Einigungsstelle geschlossenen Vergleich findet die Zwangsvollstreckung statt; § 797 a der Zivilprozessordnung ist entsprechend anzuwenden.

(8) Die Einigungsstelle kann, wenn sie den geltend gemachten Anspruch von vornherein für unbegründet oder sich selbst für unzuständig erachtet, die Einleitung von Einigungsverhandlungen ablehnen.

(9) ¹Durch die Anrufung der Einigungsstelle wird die Verjährung in gleicher Weise wie durch Klageerhebung gehemmt. ²Kommt ein Vergleich nicht zustande, so ist der Zeitpunkt, zu dem das Verfahren beendet ist, von der Einigungsstelle festzustellen. ³Die vorsitzende Person hat dies den Parteien mitzuteilen.

(10) ¹Ist ein Rechtsstreit der in Absatz 3 Satz 2 bezeichneten Art ohne vorherige Anrufung der Einigungsstelle anhängig gemacht worden, so kann das Gericht auf Antrag den Parteien unter Anberaumung eines neuen Termins aufgeben, vor diesem Termin die Einigungsstelle zur Herbeiführung eines gütlichen Ausgleichs anzurufen. ²In dem Verfahren über den Antrag auf Erlass einer einstweiligen Verfügung ist diese Anordnung nur zulässig, wenn der Gegner zustimmt. ³Absatz 8 ist nicht anzuwenden. ⁴Ist ein Verfahren vor der Einigungsstelle anhängig, so ist eine erst nach Anrufung der Einigungsstelle erhobene Klage des Antragsgegners auf Feststellung, dass der geltend gemachte Anspruch nicht bestehe, nicht zulässig.

(11) ¹Die Landesregierungen werden ermächtigt, durch Rechtsverordnung die zur Durchführung der vorstehenden Bestimmungen und zur Regelung des Verfahrens vor den Einigungsstellen erforderlichen Vorschriften zu erlassen, insbesondere über die Aufsicht über die Einigungsstellen, über ihre Besetzung unter angemessener Beteiligung der nicht den Industrie- und Handelskammern angehörenden Unternehmern (§ 2 Absatz 2 bis 6 des Gesetzes zur vorläufigen Regelung des Rechts der Industrie- und Handelskammern in der im Bundesgesetzblatt Teil III, Gliederungsnummer 701-1, veröffentlichten bereinigten Fassung) und über die Vollstreckung von Ordnungsgeldern sowie Bestimmungen über die Erhebung von Auslagen durch die Einigungsstelle zu treffen. ²Bei der Besetzung der Einigungsstellen sind die Vorschläge der für ein Bundesland errichteten, mit öffentlichen Mitteln geförderten Verbraucherzentralen zur Bestimmung der in Absatz 2 Satz 2 genannten Verbraucher zu berücksichtigen.

(12) Abweichend von Absatz 2 Satz 1 kann in den Ländern Brandenburg, Mecklenburg-Vorpommern, Sachsen, Sachsen-Anhalt und Thüringen die Einigungsstelle auch mit einem Rechtskundigen als Vorsitzendem besetzt werden, der die Befähigung zum Berufsrichter nach dem Recht der Deutschen Demokratischen Republik erworben hat.

Kapitel 4. Straf- und Bußgeldvorschriften

§ 16 Strafbare Werbung

(1) Wer in der Absicht, den Anschein eines besonders günstigen Angebots hervorzurufen, in öffentlichen Bekanntmachungen oder in Mitteilungen, die für einen größeren Kreis von Personen bestimmt sind, durch unwahre Angaben irreführend wirbt, wird mit Freiheitsstrafe bis zu zwei Jahren oder mit Geldstrafe bestraft.

(2) Wer es im geschäftlichen Verkehr unternimmt, Verbraucher zur Abnahme von Waren, Dienstleistungen oder Rechten durch das Versprechen zu veranlassen, sie würden entweder vom Veranstalter selbst oder von einem Dritten besondere Vorteile erlangen, wenn sie andere zum Abschluss gleichartiger Geschäfte veranlassen, die ihrerseits nach der Art dieser Werbung derartige Vorteile für eine entsprechende Werbung weiterer Abnehmer erlangen sollen, wird mit Freiheitsstrafe bis zu zwei Jahren oder mit Geldstrafe bestraft.

§ 17 Verrat von Geschäfts- und Betriebsgeheimnissen

(1) Wer als eine bei einem Unternehmen beschäftigte Person ein Geschäfts- oder Betriebsgeheimnis, das ihr im Rahmen des Dienstverhältnisses anvertraut worden oder zugänglich geworden ist, während der Geltungsdauer des Dienstverhältnisses unbefugt an jemand zu Zwecken des Wettbewerbs, aus Eigennutz, zugunsten eines Dritten oder in der Absicht, dem Inhaber des Unternehmens Schaden zuzufügen, mitteilt, wird mit Freiheitsstrafe bis zu drei Jahren oder mit Geldstrafe bestraft.

(2) Ebenso wird bestraft, wer zu Zwecken des Wettbewerbs, aus Eigennutz, zugunsten eines Dritten oder in der Absicht, dem Inhaber des Unternehmens Schaden zuzufügen,

1. sich ein Geschäfts- oder Betriebsgeheimnis durch
    a) Anwendung technischer Mittel,
    b) Herstellung einer verkörperten Wiedergabe des Geheimnisses oder
    c) Wegnahme einer Sache, in der das Geheimnis verkörpert ist, unbefugt verschafft oder sichert oder

2. ein Geschäfts- oder Betriebsgeheimnis, das er durch eine der in Absatz 1 bezeichneten Mitteilungen oder durch eine eigene oder fremde Handlung nach Nummer 1 erlangt oder sich sonst unbefugt verschafft oder gesichert hat, unbefugt verwertet oder jemandem mitteilt.

(3) Der Versuch ist strafbar.

(4) [1] In besonders schweren Fällen ist die Strafe Freiheitsstrafe bis zu fünf Jahren oder Geldstrafe. [2] Ein besonders schwerer Fall liegt in der Regel vor, wenn der Täter
1. gewerbsmäßig handelt,
2. bei der Mitteilung weiß, dass das Geheimnis im Ausland verwertet werden soll, oder
3. eine Verwertung nach Absatz 2 Nummer 2 im Ausland selbst vornimmt.

(5) Die Tat wird nur auf Antrag verfolgt, es sei denn, dass die Strafverfolgungsbehörde wegen des besonderen öffentlichen Interesses an der Strafverfolgung ein Einschreiten von Amts wegen für geboten hält.

(6) § 5 Nummer 7 des Strafgesetzbuches gilt entsprechend.

§ 18 Verwertung von Vorlagen

(1) Wer die ihm im geschäftlichen Verkehr anvertrauten Vorlagen oder Vorschriften technischer Art, insbesondere Zeichnungen, Modelle, Schablonen, Schnitte, Rezepte, zu Zwecken des Wettbewerbs oder aus Eigennutz unbefugt verwertet oder jemandem mitteilt, wird mit Freiheitsstrafe bis zu zwei Jahren oder mit Geldstrafe bestraft.

(2) Der Versuch ist strafbar.

(3) Die Tat wird nur auf Antrag verfolgt, es sei denn, dass die Strafverfolgungsbehörde wegen des besonderen öffentlichen Interesses an der Strafverfolgung ein Einschreiten von Amts wegen für geboten hält.

(4) § 5 Nummer 7 des Strafgesetzbuches gilt entsprechend.

§ 19 Verleiten und Erbieten zum Verrat

(1) Wer zu Zwecken des Wettbewerbs oder aus Eigennutz jemanden zu bestimmen versucht, eine Straftat nach § 17 oder § 18 zu begehen oder zu einer solchen Straftat anzustiften, wird mit Freiheitsstrafe bis zu zwei Jahren oder mit Geldstrafe bestraft.

(2) Ebenso wird bestraft, wer zu Zwecken des Wettbewerbs oder aus Eigennutz sich bereit erklärt oder das Erbieten eines anderen annimmt oder mit einem anderen verabredet, eine Straftat nach den §§ 17 oder 18 zu begehen oder zu ihr anzustiften.

(3) § 31 des Strafgesetzbuches gilt entsprechend.

(4) Die Tat wird nur auf Antrag verfolgt, es sei denn, dass die Strafverfolgungsbehörde wegen des besonderen öffentlichen Interesses an der Strafverfolgung ein Einschreiten von Amts wegen für geboten hält.

(5) § 5 Nummer 7 des Strafgesetzbuches gilt entsprechend.

§ 20 Bußgeldvorschriften

(1) Ordnungswidrig handelt, wer vorsätzlich oder fahrlässig entgegen § 7 Absatz 1 in Verbindung mit Absatz 2 Nummer 2 gegenüber einem Verbraucher ohne dessen vorherige ausdrückliche Einwilligung mit einem Telefonanruf wirbt.

(2) Die Ordnungswidrigkeit kann mit einer Geldbuße bis zu fünfzigtausend Euro geahndet werden.

(3) Verwaltungsbehörde im Sinne des § 36 Absatz 1 Nummer 1 des Gesetzes über Ordnungswidrigkeiten ist die Bundesnetzagentur für Elektrizität, Gas, Telekommunikation, Post und Eisenbahnen.

Anhang
(zu § 3 Absatz 3)

Unzulässige geschäftliche Handlungen im Sinne des § 3 Absatz 3 sind
1. die unwahre Angabe eines Unternehmers, zu den Unterzeichnern eines Verhaltenskodexes zu gehören;

2. die Verwendung von Gütezeichen, Qualitätskennzeichen oder Ähnlichem ohne die erforderliche Genehmigung;
3. die unwahre Angabe, ein Verhaltenskodex sei von einer öffentlichen oder anderen Stelle gebilligt;
4. die unwahre Angabe, ein Unternehmer, eine von ihm vorgenommene geschäftliche Handlung oder eine Ware oder Dienstleistung sei von einer öffentlichen oder privaten Stelle bestätigt, gebilligt oder genehmigt worden, oder die unwahre Angabe, den Bedingungen für die Bestätigung, Billigung oder Genehmigung werde entsprochen;
5. Waren- oder Dienstleistungsangebote im Sinne des § 5a Absatz 3 zu einem bestimmten Preis, wenn der Unternehmer nicht darüber aufklärt, dass er hinreichende Gründe für die Annahme hat, er werde nicht in der Lage sein, diese oder gleichartige Waren oder Dienstleistungen für einen angemessenen Zeitraum in angemessener Menge zum genannten Preis bereitzustellen oder bereitstellen zu lassen (Lockangebote). Ist die Bevorratung kürzer als zwei Tage, obliegt es dem Unternehmer, die Angemessenheit nachzuweisen;
6. Waren- oder Dienstleistungsangebote im Sinne des § 5a Absatz 3 zu einem bestimmten Preis, wenn der Unternehmer sodann in der Absicht, stattdessen eine andere Ware oder Dienstleistung abzusetzen, eine fehlerhafte Ausführung der Ware oder Dienstleistung vorführt oder sich weigert zu zeigen, was er beworben hat, oder sich weigert, Bestellungen dafür anzunehmen oder die beworbene Leistung innerhalb einer vertretbaren Zeit zu erbringen;
7. die unwahre Angabe, bestimmte Waren oder Dienstleistungen seien allgemein oder zu bestimmten Bedingungen nur für einen sehr begrenzten Zeitraum verfügbar, um den Verbraucher zu einer sofortigen geschäftlichen Entscheidung zu veranlassen, ohne dass dieser Zeit und Gelegenheit hat, sich auf Grund von Informationen zu entscheiden;
8. Kundendienstleistungen in einer anderen Sprache als derjenigen, in der die Verhandlungen vor dem Abschluss des Geschäfts geführt worden sind, wenn die ursprünglich verwendete Sprache nicht Amtssprache des Mitgliedstaats ist, in dem der Unternehmer niedergelassen ist; dies gilt nicht, soweit Verbraucher vor dem Abschluss des Geschäfts darüber aufgeklärt werden, dass diese Leistungen in einer anderen als der ursprünglich verwendeten Sprache erbracht werden;
9. die unwahre Angabe oder das Erwecken des unzutreffenden Eindrucks, eine Ware oder Dienstleistung sei verkehrsfähig;
10. die unwahre Angabe oder das Erwecken des unzutreffenden Eindrucks, gesetzlich bestehende Rechte stellten eine Besonderheit des Angebots dar;
11. der vom Unternehmer finanzierte Einsatz redaktioneller Inhalte zu Zwecken der Verkaufsförderung, ohne dass sich dieser Zusammenhang aus dem Inhalt oder aus der Art der optischen oder akustischen Darstellung eindeutig ergibt (als Information getarnte Werbung);
12. unwahre Angaben über Art und Ausmaß einer Gefahr für die persönliche Sicherheit des Verbrauchers oder seiner Familie für den Fall, dass er die angebotene Ware nicht erwirbt oder die angebotene Dienstleistung nicht in Anspruch nimmt;
13. Werbung für eine Ware oder Dienstleistung, die der Ware oder Dienstleistung eines Mitbewerbers ähnlich ist, wenn dies in der Absicht geschieht, über die betriebliche Herkunft der beworbenen Ware oder Dienstleistung zu täuschen;
14. die Einführung, der Betrieb oder die Förderung eines Systems zur Verkaufsförderung, das den Eindruck vermittelt, allein oder hauptsächlich durch die Einführung weiterer Teilnehmer in das System könne eine Vergütung erlangt werden (Schneeball- oder Pyramidensystem);
15. die unwahre Angabe, der Unternehmer werde demnächst sein Geschäft aufgeben oder seine Geschäftsräume verlegen;
16. die Angabe, durch eine bestimmte Ware oder Dienstleistung ließen sich die Gewinnchancen bei einem Glücksspiel erhöhen;
17. die unwahre Angabe oder das Erwecken des unzutreffenden Eindrucks, der Verbraucher habe bereits einen Preis gewonnen oder werde ihn gewinnen oder werde durch eine bestimmte Handlung einen Preis gewinnen oder einen sonstigen Vorteil erlangen, wenn es einen solchen Preis oder Vorteil tatsächlich nicht gibt, oder wenn jedenfalls die Möglichkeit, einen Preis oder sonstigen Vorteil zu erlangen, von der Zahlung eines Geldbetrags oder der Übernahme von Kosten abhängig gemacht wird;
18. die unwahre Angabe, eine Ware oder Dienstleistung könne Krankheiten, Funktionsstörungen oder Missbildungen heilen;

19. eine unwahre Angabe über die Marktbedingungen oder Bezugsquellen, um den Verbraucher dazu zu bewegen, eine Ware oder Dienstleistung zu weniger günstigen Bedingungen als den allgemeinen Marktbedingungen abzunehmen oder in Anspruch zu nehmen;
20. das Angebot eines Wettbewerbs oder Preisausschreibens, wenn weder die in Aussicht gestellten Preise noch ein angemessenes Äquivalent vergeben werden;
21. das Angebot einer Ware oder Dienstleistung als „gratis", „umsonst", „kostenfrei" oder dergleichen, wenn hierfür gleichwohl Kosten zu tragen sind; dies gilt nicht für Kosten, die im Zusammenhang mit dem Eingehen auf das Waren- oder Dienstleitungsangebot oder für die Abholung oder Lieferung der Ware oder die Inanspruchnahme der Dienstleistung unvermeidbar sind;
22. die Übermittlung von Werbematerial unter Beifügung einer Zahlungsaufforderung, wenn damit der unzutreffende Eindruck vermittelt wird, die beworbene Ware oder Dienstleistung sei bereits bestellt;
23. die unwahre Angabe oder das Erwecken des unzutreffenden Eindrucks, der Unternehmer sei Verbraucher oder nicht für Zwecke seines Geschäfts, Handels, Gewerbes oder Berufs tätig;
24. die unwahre Angabe oder das Erwecken des unzutreffenden Eindrucks, es sei im Zusammenhang mit Waren oder Dienstleistungen in einem anderen Mitgliedstaat der Europäischen Union als dem des Warenverkaufs oder der Dienstleistung ein Kundendienst verfügbar;
25. das Erwecken des Eindrucks, der Verbraucher könne bestimmte Räumlichkeiten nicht ohne vorherigen Vertragsabschluss verlassen;
26. bei persönlichem Aufsuchen in der Wohnung die Nichtbeachtung einer Aufforderung des Besuchten, diese zu verlassen oder nicht zu ihr zurückzukehren, es sein denn, der Besuch ist zur rechtmäßigen Durchsetzung einer vertraglichen Verpflichtung gerechtfertigt;
27. Maßnahmen, durch die der Verbraucher von der Durchsetzung seiner vertraglichen Rechte aus einem Versicherungsverhältnis dadurch abgehalten werden soll, dass von ihm bei der Geltendmachung seines Anspruchs die Vorlage von Unterlagen verlangt wird, die zum Nachweis dieses Anspruchs nicht erforderlich sind, oder dass Schreiben zur Geltendmachung eines solchen Anspruchs systematisch nicht beantwortet werden;
28. die in eine Werbung einbezogene unmittelbare Aufforderung an Kinder, selbst die beworbene Ware zu erwerben oder die beworbene Dienstleistung in Anspruch zu nehmen oder ihre Eltern oder andere Erwachsene dazu zu veranlassen;
29. die Aufforderung zur Bezahlung nicht bestellter Waren oder Dienstleistungen oder eine Aufforderung zur Rücksendung oder Aufbewahrung nicht bestellter Sachen, sofern es sich nicht um eine nach den Vorschriften über Vertragsabschlüsse im Fernabsatz zulässige Ersatzlieferung handelt, und
30. die ausdrückliche Angabe, dass der Arbeitsplatz oder Lebensunterhalt des Unternehmers gefährdet sei, wenn der Verbraucher die Ware oder Dienstleistung nicht abnehme.

Einleitung

Gesamtübersicht[1]

Rdn

1. Kapitel. Wettbewerb und Wettbewerbsordnung

1. Abschnitt. Wettbewerb und Wettbewerbskonzeptionen	1.1–1.34
I. Allgemeine Bedeutung	1.1
II. Wirtschaftlicher Wettbewerb	1.2–1.25
III. Wettbewerbsfreiheit	1.26–1.34
2. Abschnitt. Wettbewerbsordnung	1.35–1.51
I. Grundformen	1.35, 1.36
II. Entwicklung	1.37–1.41
III. Die gegenwärtige Wirtschaftsverfassung	1.42–1.45
IV. Gegenwärtige Wirtschaftsordnung	1.46–1.51

2. Kapitel. Grundlagen des deutschen Wettbewerbsrechts (Lauterkeitsrechts)

I. Entwicklung des Rechts gegen den unlauteren Wettbewerb	2.1–2.22 e
II. Die Durchsetzung des Lauterkeitsrechts	2.23–2.38

3. Kapitel. Lauterkeitsrecht und Unionsrecht

1. Abschnitt. Grundlagen des Unionsrechts – Unmittelbare und vorrangige Geltung	3.1–3.13
I. Grundsatz	3.1
II. Quellen des Unionsrechts	3.2–3.6
III. Das Vorabentscheidungsverfahren	3.7–3.10
IV. Die Auslegung des Unionsrechts	3.11–3.13
2. Abschnitt. Die Bedeutung des primären Unionsrechts für das Lauterkeitsrecht	3.14–3.36
I. Allgemeines	3.14–3.16
II. Der Schutz des freien Warenverkehrs	3.17–3.26
III. Ungeschriebene Rechtfertigungsgründe in Art 34 AEUV	3.27–3.32
IV. Rechtfertigungsgründe nach Art 36 AEUV	3.33
V. Der Schutz des freien Dienstleistungsverkehrs	3.34–3.36
3. Abschnitt. Sekundäres Unionsrecht und Lauterkeitsrecht	3.37–3.70
I. Regelungstechniken	3.37–3.40
II. Einzelne Richtlinien zum materiellen Lauterkeitsrecht	3.41–3.64
III. Regelungen zur Durchsetzung des Lauterkeitsrechts	3.65–3.70

4. Kapitel. Wettbewerbsrecht im Ausland

I. Australien	4.1
II. Belgien	4.2
III. Bulgarien	4.3
IV. China	4.4
V. Dänemark	4.5
VI. Finnland	4.6
VII. Frankreich	4.7
VIII. Griechenland	4.8
IX. Großbritannien	4.9

---

[1] Detaillierte Übersichten finden sich zu Beginn der jeweiligen Kapitel.

	Rdn
X. Irland	4.10
XI. Italien	4.11
XII. Japan	4.12
XIII. Korea	4.13
XIV. Luxemburg	4.14
XV. Niederlande	4.15
XVI. Norwegen	4.16
XVII. Österreich	4.17
XVIII. Polen	4.18
XIX. Portugal	4.19
XX. Rumänien	4.20
XXI. Russland	4.21
XXII. Schweden	4.22
XXIII. Schweiz	4.23
XXIV. Slowakei	4.24
XXV. Slowenien	4.25
XXVI. Spanien	4.26
XXVII. Tschechien	4.27
XXVIII. Türkei	4.28
XXIX. Ukraine	4.29
XXX. Ungarn	4.30
XXXI. Vereinigte Staaten von Amerika	4.31

5. Kapitel. Internationales Wettbewerbsrecht und Verfahrensrecht

I. Überblick über das internationale Wettbewerbsrecht (Kollisionsrecht)	5.1–5.3 b
II. Das bis zum 11. 1. 2009 geltende Kollisionsrecht (Art 40–42 EGBGB)	5.4–5.26
III. Das ab dem 11. 1. 2009 geltende Kollisionsrecht (Rom II-VO)	5.27–5.48
IV. Internationales Verfahrensrecht	5.49–5.59

6. Kapitel. Lauterkeitsrecht und Kartellrecht

I. Aufgabe des Kartellrechts	6.1
II. Rechtsquellen des Kartellrechts	6.2–6.10
III. Lauterkeitsrecht und Kartellrecht als Gesamtordnung des Wettbewerbs	6.11–6.13
IV. Einzelfragen	6.14–6.19

7. Kapitel. Lauterkeitsrecht und Bürgerliches Recht

I. Allgemeines	7.1
II. Lauterkeitsrecht und Deliktsrecht	7.2–7.7
III. Lauterkeitsrecht und Vertragsrecht	7.8–7.13 a
IV. Bürgerlichrechtlicher Schutz des Unternehmens	7.14–7.38

1. Kapitel. Wettbewerb und Wettbewerbsordnung

Übersicht

	Rdn
1. Abschnitt. Wettbewerb und Wettbewerbskonzeptionen	1.1–1.34
I. Allgemeine Bedeutung	1.1
II. Wirtschaftlicher Wettbewerb	1.2–1.25
1. Grundlagen	1.2–1.4
a) Volkswirtschaftsbezug	1.2
b) Marktbezug	1.3
c) Unternehmensbezug	1.4
2. Methodische Erfassung	1.5–1.7
a) Wesen	1.5
b) Definitionsversuche	1.6
c) Der Begriff des Wettbewerbs im UWG	1.7
3. Wettbewerb als zweiseitiges Phänomen	1.8–1.10
a) Ausgangspunkt	1.8
b) Wettbewerbsverhältnis	1.9
c) Austauschverhältnis	1.10
4. Wettbewerbspolitische Konzeptionen	1.11–1.16
a) Allgemeines	1.11
b) Vollkommener Wettbewerb	1.12
c) Workable Competition	1.13
d) Funktionsfähiger Wettbewerb	1.14
e) Konzeption der Wettbewerbsfreiheit	1.15
f) „More economic approach"	1.15 a
g) Würdigung	1.16
5. Grundvoraussetzungen	1.17
6. Wettbewerb als Verhaltensprozess	1.18–1.20
a) Tatbestand	1.18
b) Erscheinungsformen	1.19
c) Potenzieller Wettbewerb	1.20
7. Wettbewerb als Ausleseprozess	1.21, 1.22
a) Kundenverlust als Folge des Wettbewerbs	1.21
b) Marktaustritt als Folge des Wettbewerbs	1.22
8. Zusammenfassung	1.23–1.25
a) Problematik	1.23
b) Wettbewerb als Verhaltensprozess	1.24
c) Wettbewerb als Ordnungsprinzip	1.25
III. Wettbewerbsfreiheit	1.26–1.34
1. Elemente der Wettbewerbsfreiheit	1.26–1.28
a) Wettbewerbsfreiheit als Vertragsfreiheit	1.26
b) Wettbewerbsfreiheit als Freiheit des Marktzutritts	1.27
c) Wettbewerbsfreiheit als Freiheit des Marktaustritts	1.28
2. Die Wettbewerbsfreiheit als rechtlich gebundene Freiheit	1.29
3. Einschränkungen der Wettbewerbsfreiheit	1.30–1.32
a) Staatliche Beschränkungen der Wettbewerbsfreiheit	1.31
b) Vertragliche und machtbedingte Beschränkungen der Wettbewerbsfreiheit	1.32
4. Normative Sicherung der Wettbewerbsfreiheit	1.33
5. Verfassung	1.34
2. Abschnitt. Wettbewerbsordnung	1.35–1.51
I. Grundformen	1.35, 1.36
1. Ausgangspunkt	1.35
2. Wirtschaftsformen	1.36
II. Entwicklung	1.37–1.41
1. Liberalismus des 19. Jahrhunderts	1.37
2. Zeitraum bis zum Ersten Weltkrieg	1.38
3. Zeitraum während des Ersten Weltkriegs	1.39
4. Zeitraum bis zum Zweiten Weltkrieg	1.40
5. Nachkriegszeit	1.41

	Rdn
III. Die gegenwärtige Wirtschaftsverfassung	1.42–1.45
1. Europäische Wirtschaftsverfassung	1.42
2. Deutsche Wirtschaftsverfassung	1.43–1.45
a) Die wirtschaftspolitische Neutralität des Grundgesetzes	1.43
b) Rahmenordnung	1.44
c) Grundrechte	1.45
IV. Gegenwärtige Wirtschaftsordnung	1.46–1.51
1. Kennzeichnung	1.46–1.48
a) Grundgedanke	1.46
b) Entstehung	1.47
c) Korrekturen	1.48
2. Globalsteuerung	1.49
3. Strukturpolitische Maßnahmen	1.50
4. Zusammenfassung	1.51

1. Abschnitt. Wettbewerb und Wettbewerbskonzeptionen

Schrifttum: *Bartling,* Leitbilder der Wettbewerbspolitik, 1980; *Böge,* Der „more economic approach" und die deutsche Wettbewerbspolitik, WuW 2004, 726; *Böhm,* Wettbewerb und Monopolkampf, 1933; *Borchardt/Fikentscher,* Wettbewerb, Wettbewerbsbeschränkung, Marktbeherrschung, 1957; *Christiansen,* Die Ökonomisierung der EG-Fusionskontrolle: Mehr Kosten als Nutzen?, WuW 2005, 285; *Everling,* Zur Wettbewerbskonzeption in der neuen Rechtsprechung des Gerichtshofs der Europäischen Gemeinschaften, WuW 1990, 995; *v Hayek,* Der Wettbewerb als Entdeckungsverfahren, in Freiburger Studien, Gesammelte Aufsätze von F. A. von Hayek, 1969; *Herdzina,* Wettbewerbspolitik, 5. Aufl 1999; *Hildebrand,* Der „more economic approach" in der Wettbewerbspolitik, WuW 2005, 513; *Hoppmann,* Behinderungsmißbrauch, 1980; *ders,* Wirtschaftsordnung und Wettbewerb, 1988; *ders,* Workable Competition als wettbewerbspolitisches Konzept, FS Wessels, 1967, 150; *Kantzenbach,* Die Funktionsfähigkeit des Wettbewerbs, Wirtschaftspolitische Studien aus dem Institut für Europäische Wirtschaftspolitik der Universität Hamburg, Heft 1, 1966; *Mestmäcker,* Der verwaltete Wettbewerb, 1984; *ders,* Schnittstellen von Wettbewerb und Regulierung im europäischen Recht, FS Zuleeg, 2005, 397; *Möschel,* Die Wettbewerbsordnung als Grundelement der Sozialen Marktwirtschaft, FS Nörr, 2003, 609; *ders,* Juristisches versus ökonomisches Verständnis eines Rechts der Wettbewerbsbeschränkungen, FS Tilmann, 2003, 705; *ders,* Wettbewerb zwischen Handlungsfreiheiten und Effizienzzielen, FS Mestmäcker, 2006, 356; *I. Schmidt,* Wettbewerbspolitik und Kartellrecht, 8. Aufl 2005; *ders,* More economic approach: Ein wettbewerbspolitischer Fortschritt?, FS Bechtold, 2006, 409; *Schmidtchen,* Effizienz als Leitbild der Wettbewerbspolitik, in Oberender (Hrsg), Effizienz und Wettbewerb, 2005, 9; *ders,* Der „more economic approach" in der Wettbewerbspolitik, WuW 2006, 1; *Schünemann,* Ökonomische Analyse der europäischen und deutschen Regelung, in Krejci/Kessler/Augenhofer (Hrsg), Lauterkeitsrecht im Umbruch, 2005; *Thouvenin,* Funktionale Systematisierung von Wettbewerbsrecht (UWG) und Immaterialgüterrechten, 2007.

I. Allgemeine Bedeutung

1.1 Das Wort **Wettbewerb** ist eine seit langem eingebürgerte Verdeutschung des Wortes Konkurrenz, das seinerseits auf dem Umweg über das französische concurrence vom lateinischen concurrere, zusammenlaufen, sich in einen Kampf einlassen, stammt (lat. competitio, davon das englische competition). Man bewirbt sich mit anderen um die Wette. Jeder Wettbewerber strebt (petit), eilt (court) nach demselben Ziel. Jeder will die anderen überholen, mindestens aber mit ihnen Schritt halten; denn Stillstand bedeutet, wenn alles vorwärts eilt, Zurückbleiben. Kein Gesetz gibt eine Begriffsbestimmung dieser Urkraft menschlichen Handelns. Da es sich um ein natürliches Phänomen handelt, ist eine exakte Begriffsbestimmung kaum möglich; der Begriff lässt sich nur allgemein umschreiben. Nach dem gewöhnlichen Sprachgebrauch ist Wettbewerb ein Verhalten mehrerer Personen, dadurch gekennzeichnet, dass der eine das zu gewinnen strebt, was ein anderer zu gleicher Zeit zu gewinnen strebt (rivalry for the same thing). Aus der Gleichheit des Ziels, das mehrere zu erreichen suchen, ergibt sich zwangsläufig der Wettbewerb. Er findet sich im menschlichen Leben auf den verschiedensten Gebieten: in der Kunst, im Sport, im Beruf, in der Politik, in der Wirtschaft. Er zeigt sich in den verschiedensten Arten und Graden. In seiner stärksten Form wird der Wettbewerb zum Kampf der Konkurrenten, in seiner schwächsten Form führt er zur Verständigung der Konkurrenten. Zwischen den Konkurrenten können demnach Beziehungen verschiedenster Art entstehen, die Ausdruck ihrer gegensätzlichen Interessen sind. Unter den zahlreichen Gebieten, in denen der Wettbewerb als Form aktiver Entfaltung (type of action) auftritt, kommt bes Bedeutung dem Wettbewerb auf **wirtschaftlichem** Gebiet zu. Nur dieser interessiert hier.

II. Wirtschaftlicher Wettbewerb

1. Grundlagen

Der Begriff Wettbewerb (Konkurrenz) wird in dreifacher Beziehung gebraucht: 1.2

a) Volkswirtschaftsbezug. In diesem Sinne durchzieht das Wettbewerbsprinzip in einem marktwirtschaftlichen System – von Ausnahmebereichen abgesehen – die ganze Wirtschaft und bewirkt durch seine Ergebnisse den gesamtwirtschaftlichen Prozess. Überlegene Erzeugnisse und Leistungen verdrängen die weniger geeigneten oder beliebten. Es geht primär um die Konkurrenz zwischen verschiedenen, aber substituierbaren Gütern (zB Heizöl – Erdgas), nicht zwischen Anbietern oder Nachfragern dieser Güter auf einem bestimmten Markt.

b) Marktbezug. In Beziehung auf den Markt für bestimmte Waren oder Dienstleistungen 1.3 dient der Wettbewerbsbegriff zur Umschreibung der Marktlage. Das Kriterium für das Bestehen von Wettbewerb auf einem bestimmten Markt ist das Vorhandensein von Alternativen für die Marktgegenseite. *„Competition consists in access by buyers and sellers to a substantial number of alternatives and in their ability to reject those which are relatively unsatisfactory"* (*C. D. Edwards,* Maintaining Competition, 9). Das Auftreten von Substitutionsgütern wirkt sich als Vermehrung der Alternativen aus und kann den Konkurrenzgrad des Marktes erhöhen. Bei dieser Betrachtung wird an Wirkungen angeknüpft, die der Wettbewerb auf einem bestimmten Markt auslöst.

c) Unternehmensbezug. In Beziehung auf ein einzelnes Unternehmen sind die horizontalen Wettbewerbsbeziehungen zu Unternehmen derselben Marktstufe und die vertikalen Austauschbeziehungen zu Unternehmen der vor- und nachgeordneten Wirtschaftsstufen und zu den Endverbrauchern zu unterscheiden. Aus der Sicht des einzelnen Unternehmens besteht Wettbewerb, wenn es einen oder mehr Mitbewerber hat, die ihm den Abschluss von Geschäften mit Dritten (Marktpartnern) streitig machen. Für diese ergeben sich aus dem wettbewerblichen Verhalten der Anbieter oder Nachfrager Alternativen, zwischen denen sie wählen können. Unter beiden Aspekten, dem des Verhaltens mehrerer Unternehmen auf einer Marktseite und dem Bestehen von Alternativen auf der Marktgegenseite ist der Wettbewerb zu begreifen. Solange Nachfrager auf andere Anbieter unschwer ausweichen können, ist der Markt nicht vermachtet und kann der Wettbewerb seine Steuerungsfunktion entfalten. Während der Verbraucher typischerweise nur als Nachfrager auf einem bestimmten Markt auftritt, werden Unternehmen, insbes solche des Handels, gewöhnlich als Anbieter und als Nachfrager auf verschiedenen Märkten tätig. Beide Tätigkeiten stehen in enger Beziehung zueinander. Mit dem Verhalten des einzelnen Wettbewerbers befasst sich, soweit es um die Verhinderung unlauterer geschäftlicher Handlungen geht, das Lauterkeitsrecht, soweit es um den Schutz des Wettbewerbs vor Beschränkungen geht, das Kartellrecht. Der Wettbewerb ist demnach eine komplexe Erscheinung, die sich in einer Vielfalt von Beziehungen und Wirkungen manifestiert. 1.4

2. Methodische Erfassung

a) Wesen. Das Verhalten selbstständiger Unternehmen, die zum Geschäftsabschluss mit Dritten zu gelangen suchen, macht den Kern des wirtschaftlichen Wettbewerbs aus. Man erstrebt dadurch die Förderung des eigenen Unternehmens, insbes die Erzielung von Gewinn. Ein solches Verhalten tritt sowohl auf der Seite der Anbieter als auch auf der Seite der Nachfrager auf. Beim Wettbewerb der Anbieter geht es um die Verwertung einer Ware oder Leistung auf einem bestimmten Markt, im weitesten Sinne ökonomisch betrachtet um die Kaufkraft des Kunden, da jeder Markt sich wieder einem größeren zuordnen lässt. Beim Wettbewerb der Nachfrager geht es um den Erwerb, um die Beschaffung einer Ware oder Leistung auf einem bestimmten Markt, im weiteren Sinne um die Leistungskraft des Lieferanten. Das Bemühen zweier oder mehrerer Unternehmen um das „Geschäft", den „gewinngerichteten Leistungsaustausch", die „Förderung des Wirtschaftserfolges" eines Gewerbetreibenden kennzeichnet den wirtschaftlichen Wettbewerb. Die Unternehmer, die sich im geschäftlichen Verkehr um denselben Abnehmer oder Lieferanten bemühen und sich im wettbewerblichen Parallelprozess gegenseitig zu verdrängen suchen, sind die Mitbewerber (Konkurrenten). Ohne eine äußere Tätigkeit, ein tatsächliches Wetteifern durch Einsatz von Wettbewerbsmitteln, lässt sich das Streben nach Geschäftsabschlüssen, nach Gewinn und Vorteil nicht verwirklichen. Wettbewerb als Vorgang ist daher stets ein Verhalten mehrerer Unternehmen (Handeln oder Unterlassen) auf einem bestimmten Markt. Das kompetitive Verhalten kann sich im Bereich des Absatzes oder der Beschaffung auf mannigfache Art und Weise vollziehen. So wird der Wettbewerb der Absatzleistungen mit Preisen, 1.5

Rabatten, Konditionen, aber auch mit der Qualität und der Produktpalette, mit dem Service und der Werbung geführt. Häufig wird ein Wettbewerber seine Mitbewerber dadurch zu übertreffen suchen, dass er den Marktpartnern im Austauschverhältnis günstigere Bedingungen bietet, um ihn zum Geschäftsabschluss zu bestimmen, zB ein Anbieter bei Käufermarkt durch niedrigere Preise, bessere Qualität oder neue Erzeugnisse, ein Nachfrager bei Verkäufermarkt dadurch, dass er einen höheren Preis als andere Nachfrager bietet oder sich mit geringerer Qualität begnügt.

1.6 **b) Definitionsversuche.** Es gab im Schrifttum zahlreiche Versuche, den wirtschaftlichen Wettbewerb zu definieren (vgl *Baur* ZHR 134 (1970), 97 ff; *Sandrock* S 102 ff; 130 ff; *Knöpfle* S 97; Langen/Bunte, Kartellrecht, Einf zum GWB, Rdn 63 ff.). Der WiPolA hat in seinem Bericht zu § 1 GWB (BT-Drucks 2/3644) unter wirtschaftlichem Wettbewerb *jede Art wirtschaftlicher Handlung* verstanden, *die darauf gerichtet ist, sich im Wirtschaftskampf auf Kosten eines Mitbewerbers einen Vorteil zu verschaffen.* Fragwürdig ist dabei, ob der Vorteil stets „auf Kosten der Mitbewerber" erzielt sein muss. Denn bei wachsenden Märkten ist es möglich, dass Unternehmen ihre Umsätze erhöhen, ohne dass dies auf Kosten der Mitbewerber geht. Es handelt sich insoweit um eine von der Marktlage abhängige Folge, nicht aber um eines der Wesensmerkmale des Wettbewerbs. Ausgewogener ist die Definition von *Fikentscher* (WuW 1961, 788, 798): „Wirtschaftlicher Wettbewerb ist das selbstständige Streben sich gegenseitig im Wirtschaftserfolg beeinflussender Anbieter oder Nachfrager (Mitbewerber) nach Geschäftsverbindung mit Dritten (Kunden oder Lieferanten) durch Inaussichtstellen günstig erscheinender Geschäftsbedingungen." Aber kommt es wirklich auf die „Selbstständigkeit" des Strebens und die tatsächliche gegenseitige Beeinflussung an, so dass bei Fehlen eines dieser Merkmale kein Wettbewerb vorliegen kann? Viele Definitionen kranken daran, dass sie entweder die Grundgegebenheiten, unter denen Wettbewerb bestehen kann, in den Wettbewerbsbegriff einbeziehen oder an bes Erscheinungsformen des Wettbewerbs anknüpfen, die indessen nicht unbedingt vorzuliegen brauchen. Zu einem wertfreien Begriff lässt sich auf diese Weise nicht gelangen. Unter Aussonderung der Monopol- und anderer Nicht-Wettbewerbsverhältnisse definiert *Sandrock* (S 129) den wirtschaftlichen Wettbewerb als „das selbstständige Streben von Unternehmen nach Geschäftsabschlüssen mit Kunden oder Lieferanten, wenn das einzelne Unternehmen dabei in seinem Geschäftserfolg von dem Verhalten anderer, ihm als Einzelunternehmen oder als Gruppe zur Seite stehender Unternehmen fühlbar abhängig ist und wenn es sein marktstrategisches Verhalten deshalb nach dem Verhalten dieser anderen Unternehmen, zu denen auch potenzielle Wettbewerber zu rechnen sind, ausrichten muss, indem es bei der Vornahme von Wettbewerbshandlungen zur Förderung des Absatzes/Bezuges die entspr Wettbewerbshandlungen der anderen Unternehmen berücksichtigt". So überlegt diese Definition auch ist, sie umreißt nur eine Erscheinungsform des Wettbewerbs. Sie rechtfertigt nicht die Annahme, dass bei Fehlen eines dieser Merkmale kein Wettbewerb vorläge. Nach *I. Schmidt* (S 1) ist Wettbewerb als das Streben von zwei oder mehr Personen bzw Gruppen nach einem Ziel zu verstehen, wobei der höhere Zielerreichungsgrad des einen idR einen geringeren Zielerreichungsgrad des anderen bedingt. – Mittlerweile dürfte sich die Einsicht durchgesetzt haben, dass eine **Definition des Wettbewerbs als reales Phänomen nicht möglich** ist (vgl *Hoppmann*, Schriften für Sozialpolitik N. F. Bd 48, 1968, 9; *Köhler* S 1 ff; Immenga/Mestmäcker/*Zimmer* GWB § 1 Rdn 137 mwN). Denn Wettbewerb setzt Freiheit der Marktteilnehmer voraus und aus diesem Grunde lässt sich nicht vorhersagen, welche Art von Marktprozessen sich aus der Ausübung dieser Freiheit ergeben. Wettbewerb ist in diesem Sinne ein Such-, Lern- und Informationsprozess. Jeder Versuch einer Definition läuft Gefahr, dass bestimmte Maßnahmen entweder nicht als wettbewerbsschädlich erfasst werden oder aber als wettbewerbsfremd eingestuft werden.

1.7 **c) Der Begriff des Wettbewerbs im UWG.** Im neuen **Lauterkeitsrecht** geht es nicht mehr wie früher um die Beurteilung von Wettbewerbshandlungen, sondern um die Beurteilung von **geschäftlichen Handlungen** (§ 2 I Nr 1), die sich ohne vorherige Bestimmung des Wettbewerbs als solche feststellen lassen. Das **UWG** definiert folgerichtig den Begriff Wettbewerb nicht, sondern verwendet ihn lediglich bei der Schutzzweckbestimmung (§ 1 S 2) und bei der Definition des Mitbewerbers (§ 2 I Nr 3). Als **geschäftliche Handlung** definiert § 2 I Nr 1 „jedes Verhalten einer Person zugunsten des eigenen oder eines fremden Unternehmens vor, während oder nach einem Geschäftsabschluss, das mit der Förderung des Absatzes oder des Bezugs von Waren oder Dienstleistungen oder mit dem Abschluss oder der Durchführung eines Vertrags über Waren oder Dienstleistungen objektiv zusammenhängt; als Waren gelten auch Grundstücke, als Dienstleistungen auch Rechte und Pflichten". Mit der Erwähnung des „Bezugs" von Waren oder Dienstleistungen wird zum Ersten klargestellt, dass auch der **Nach-**

fragewettbewerb zu den vom UWG geschützten Erscheinungsformen des Wettbewerbs gehört. Zum Zweiten wird zum Ausdruck gebracht, dass eine geschäftliche Handlung auch dann vorliegen kann, wenn die Maßnahme einem anderen Unternehmen nicht zum **Nachteil** gereicht, sei es, dass auf dem Markt überhaupt kein Mitbewerber vorhanden ist (vgl § 19 II Nr 1 GWB: „ohne Wettbewerber ist"), sei es, dass (wie zB bei wachsenden Märkten) Mitbewerber nicht betroffen sind. Zum Dritten ergibt sich daraus, dass auch **Dritte** (zB Verbände oder Private), die nicht selbst unternehmerisch tätig sind, geschäftliche Handlungen vornehmen können, wenn sie zu Gunsten eines Unternehmens tätig werden. – Aber auch der Grundbegriff des Kartellrechts, die **Wettbewerbsbeschränkung,** setzt keine Definition des Wettbewerbs voraus, der Gegenstand der Beschränkung ist. Das Kartellrecht will den Wettbewerb gegen bestimmte, tatbestandlich genau festgelegte Beschränkungen schützen, die die wirtschaftliche Betätigungs- und Entscheidungsfreiheit der Marktteilnehmer einengen. Es genügt ein allgemeines Vorstellungsbild vom wirtschaftlichen Wettbewerb, das seinen Bezug in der **Wettbewerbsfreiheit** hat, die für beide Rechtsgebiete, das Lauterkeits- und das Kartellrecht, den rechtlichen Ansatzpunkt bietet. Während das Kartellrecht die Wettbewerbsfreiheit als solche gegen Beschränkungen schützt, schützt das Lauterkeitsrecht sie gegen unlautere geschäftliche Handlungen. Im Regelfall geht es um das Verhalten von Unternehmen, die auf einem bestimmten Markt unter Anwendung der verschiedensten Mittel (Aktionsparameter) zu Geschäftsabschlüssen mit Dritten (Kunden/Lieferanten) zu gelangen suchen. Dieser kompetitive Verhaltensprozess ist in seinen Bedingungen, Zusammenhängen und Wirkungen zu erfassen.

3. Wettbewerb als zweiseitiges Phänomen

a) **Ausgangspunkt.** Der wirtschaftliche Wettbewerb vollzieht sich zwischen Wettbewerbern (Konkurrenten) untereinander und erstreckt sich gemäß seiner Zielsetzung auf die Marktpartner (Abnehmer, Lieferanten), mit denen sich der einzelne Wettbewerber verständigen muss, um zum Geschäftsabschluss zu gelangen. Die wirtschaftliche Bedeutung des Wettbewerbs für die Erzeugung von Gütern und Leistungen sowie für die Verteilung und die Versorgung des Verbrauchers im Parallel- und Austauschprozess wird in diesen marktlichen Funktionen evident, wobei unter „Markt" die Gesamtheit der wirtschaftlichen Beziehungen zwischen Anbietern und Nachfragern in Bezug auf ein bestimmtes Gut (einschließlich der Substitutionsgüter) zu verstehen ist. Während sich die juristische Wertung nach Lauterkeitsrecht in der Vergangenheit vor allem auf das kompetitive Verhalten der Wettbewerber untereinander bezog und nur gelegentlich, meist allein im engen Rahmen der §§ 138, 826 BGB, die Austauschbeziehungen zu den Marktpartnern berücksichtigt wurden, ging die ökonomische Wertung von jeher von den Wirkungen des Wettbewerbs auf den Markt aus und suchte sie unter den verschiedensten Aspekten zu erfassen, wobei der Ausdruck „Wettbewerb" als Metapher dient. Erst die funktionsorientierte Beurteilung der Rechtsinstitute des Zivilrechts und des Kartellrechts führten dazu, dass in die wettbewerbsrechtliche Wertung einer Wettbewerbshandlung auch ihre Wirkungen auf den Markt einbezogen wurden. Die Rechtsanwendung wurde dadurch vor neue Aufgaben gestellt. Schon für die Generalklausel des § 1 aF **UWG 1909** war anerkannt, dass sie unter dem Gesichtspunkt des Wettbewerbs als Ordnungsprinzip nicht einseitig in Begrenzung auf die Beziehungen der Wettbewerber untereinander, sondern auch im Hinblick auf die Beziehungen der Wettbewerber zu ihren Marktpartnern (Anbietern oder Nachfragern) sowie den Bestand eines seine Aufgaben erfüllenden Wettbewerbs zu praktizieren war. Im **UWG 2004** ist dies durch die Schutzzweckbestimmung in § 1 ausdrücklich festgeschrieben worden. Die **UWG-Novelle 2008** hat daran in der Sache nichts geändert. Aus der Doppelfunktion des wirtschaftlichen Wettbewerbs folgt, dass zwischen den horizontalen Beziehungen der Wettbewerber untereinander und den vertikalen Beziehungen der Wettbewerber zu den Marktpartnern zu unterscheiden ist.

b) **Wettbewerbsverhältnis.** Wettbewerber, die sich auf einem bestimmten Markt um Geschäftsabschlüsse bemühen und deshalb in ihrem Verhalten meist gegenseitig oder einseitig beeinflussen, stehen in einer durch den Wettbewerb begründeten Beziehung zueinander, die man im Lauterkeitsrecht als **konkretes Wettbewerbsverhältnis** bezeichnet (vgl § 2 I Nr 3). Es setzt mindestens zwei Wettbewerber als Anbieter oder Nachfrager und einen Dritten (Kunden, Lieferanten) voraus. Nicht nötig ist es, dass sich Wettbewerber um den Absatz oder die Beschaffung des gleichen (homogenen) Gutes bemühen. Der Wettbewerb erstreckt sich auch auf Substitutionsgüter, die geeignet sind, ein anderes Gut zu ersetzen oder gar zu verdrängen. Hierbei kann der Grad der Substitutionsfähigkeit differieren und sich im Laufe der Zeit verändern (vgl § 6 Rdn 34; EuGH GRUR 2007, 511 Tz 28, 32 – *de Landtsheer*). Auch Anbieter oder Nachfrager heterogener Güter können nach Lage des Falles miteinander konkurrieren (§ 2 Rdn 101). Zwar stehen alle Gewerbetreibenden mit ihren verschiedenartigsten Gütern und Leistungen miteinander im Wettbewerb um die Kaufkraft des Kunden (§ 2 Rdn 97; *Beater* § 11 Rdn 32 ff). Dieser sog Kaufkraftwettbewerb bleibt jedoch außer Betracht. Wenn auch der Verbraucher in der Lage ist, an Stelle eines Gutes ein völlig andersartiges zu kaufen, zB statt eines Kühlschrankes einen Fernsehapparat, so folgt daraus nicht, dass deshalb die Anbieter dieser Güter miteinander konkurrieren. Das Bestehen von Wahlmöglichkeiten aus der Sicht des Kunden begründet allein noch keine Wettbewerbsbeziehung zwischen den Anbietern, solange diese sich nicht auch als Wettbewerber um Kunden bemühen. Erst wenn ein Anbieter sein Angebot auf dem Markt durchzusetzen und das von einem anderen Anbieter gemachte Angebot zu verdrängen sucht, um selbst zum Geschäftsabschluss zu gelangen, liegt ein wettbewerblicher Tatbestand vor. Ausreichend für ein konkretes Wettbewerbsverhältnis ist aber nicht die Gleichheit oder Gleichartigkeit der angebotenen Waren oder Leistungen, vielmehr muss noch der gleiche Abnehmerkreis hinzukommen (vgl § 2 Rdn 103). Das bedeutet aber nicht, dass der Anwendungsbereich des Lauterkeitsrechts auf das Vorliegen eines Wettbewerbsverhältnisses zwischen Wettbewerbern um denselben Kundenkreis beschränkt ist. Vielmehr erfasst das UWG geschäftliche Handlungen auch dann, wenn Mitbewerber davon nicht betroffen sind.

1.10 **c) Austauschverhältnis.** Von dem zwischen Wettbewerbern als Anbietern oder Nachfragern untereinander bestehenden Wettbewerbsverhältnis ist das zwischen Anbietern und Nachfragern bestehende Austausch- oder **Vertikalverhältnis** zu trennen. Es ist kein Wettbewerbsverhältnis. Es handelt sich im Gegensatz zu den meist horizontalen Beziehungen der Wettbewerber untereinander um die vertikalen Beziehungen zwischen Verkäufern und Käufern, also zwischen Hersteller und Großhändler, Groß- und Einzelhändler, allen diesen und dem letzten Verbraucher. Die Einwirkung auf die Marktgegenseite, deren Alternativen bestimmt werden, ist eine essentielle Funktion des wirtschaftlichen Wettbewerbs, macht aber die Marktpartner des jeweiligen Austauschverhältnisses nicht zu Wettbewerbern untereinander. Zwar stehen auch sie in einem Interessengegensatz, der ein Spannungsverhältnis begründet. Aber sie verfolgen nicht wie Wettbewerber gleiche, sondern konträre Ziele. Hierin liegt der grds Unterschied. Sie wollen sich nicht wie Wettbewerber gegenseitig überflügeln oder gar verdrängen, sondern in einem Vertrag verbinden. Das Verhältnis von Wettbewerbern im Parallelprozess hat distrahierende, das Spannungsverhältnis der Marktpartner im Austauschprozess kontrahierende Tendenz. Zwischen beiden Verhältnissen besteht jedoch ein innerer Zusammenhang. Ohne Angebot und Nachfrage gibt es keinen Wettbewerb. Das Inbeziehungtreten von Anbietern zu Nachfragern und umgekehrt beeinflusst wechselseitig den Wettbewerb der Anbieter und Nachfrager untereinander, da Gegenstand des Wettbewerbs der Geschäftsabschluss ist. Das kompetitive Verhältnis zwischen den Wettbewerbern und das kooperative Verhältnis zwischen den Marktpartnern sind demnach einerseits zu unterscheiden, andererseits in ihrem Beziehungszusammenhang zu werten. Da Unternehmen sowohl als Nachfrager gegenüber Anbietern der vorgeordneten, als auch als Anbieter gegenüber Nachfragern der nachgeordneten Marktstufe auftreten, ist es möglich, dass sie insoweit mit Anbietern der vorgeordneten Marktstufe im Wettbewerb stehen. Das ist der Fall, wenn ein Hersteller seine Waren nicht nur an Einzelhändler, sondern auch an letzte Verbraucher direkt verkauft. Der grds Unterschied zwischen Wettbewerbs- und Austauschverhältnis wird dadurch nicht berührt.

4. Wettbewerbspolitische Konzeptionen

1.11 **a) Allgemeines.** In der Wirtschaftswissenschaft wird der Begriff „Wettbewerb" oder „Konkurrenz" wegen seines Bezugs auf die Austauschbeziehungen zwischen anbietenden und nachfragenden Wirtschaftssubjekten zur Kennzeichnung bestimmter Marktformen verwendet, die sich unter gewissen Gegebenheiten einstellen können. Versteht man den Wettbewerb, wie oben näher dargelegt, als einen Prozess sich laufend verändernder Verhaltensweisen, so ist die Marktform „Wettbewerb" lediglich ein für einen bestimmten Augenblick gedachter Wettbewerbszustand, demnach nicht mit dem Wettbewerb als Verhaltensprozess zu identifizieren. Für die Einteilung der Märkte hat die Marktformenlehre Modelle entwickelt, die von gegebenen Formen des Wettbewerbs auf einem bestimmten Markt ausgehen und dazu dienen, vor allem Preisbildungsprozesse theoretisch zu analysieren. Diese Typen sind Denkmodelle, die über ihre rein erkenntnistheoretische Funktion hinaus wirtschaftspolitische Bedeutung erlangen, sobald angestrebt wird, das reale Wirtschaftsgeschehen nach ihnen normativ auszurichten. Über die

Entwicklung wettbewerbspolitischer Konzeptionen unterrichtet ein umfangreiches Schrifttum (vor Rdn 1). Instruktiv die Darstellung von *I. Schmidt* S 1 ff. Im Folgenden ein kurzer Überblick.

b) Vollkommener Wettbewerb. Die Preislehre der klassischen Nationalökonomie ging von den Grenzfällen des vollkommenen Wettbewerbs und des vollkommenen Monopols aus. Der Begriff des vollkommenen (reinen, perfekten) Wettbewerbs wird durch Negation des Monopolbegriffs gewonnen. Je weiter der eine verstanden wird, umso enger erscheint der andere. Man sieht den Wettbewerb als vollkommen an, wenn auf der Angebots- und der Nachfrageseite eine möglichst große Zahl von Marktpartnern annähernd gleicher Größe vorhanden ist, die angebotenen Güter homogen, dh in der Meinung der Abnehmer völlig gleichwertig sind und keine Präferenzen irgendwelcher Art (qualitative, räumliche, zeitliche) aufweisen, ein einheitlicher Preis besteht und die Märkte allen offen stehen. Unter diesen vier Voraussetzungen sind die einzelnen Marktteilnehmer machtlos. Es bilden sich einheitliche Marktpreise, die jeder als „Datum" hinnehmen muss, da er keinen irgendwie entscheidenden Einfluss auf den Preis hat. Damit entsteht ein Gleichgewichtszustand zwischen Angebot und Nachfrage, dem sich jeder mengenmäßig anpassen muss. Es herrscht „atomistische" Konkurrenz. Von der Vorstellung eines vollkommenen Wettbewerbs als Idealbild gingen vor allem die Vertreter der Freiburger Schule (*Eucken, Böhm* ua) aus, Rdn 71. Noch in der amtlichen Begründung zum GWB-Entwurf heißt es unter A. V: „Es darf als sichere wirtschaftliche Erkenntnis angesehen werden, dass die Marktverfassung des freien Wettbewerbs das Vorhandensein der Marktform des vollkommenen Wettbewerbs als wirtschaftliche Gegebenheit zur Voraussetzung hat, dh die Zahl der Marktteilnehmer muss so groß sein, dass der Marktpreis für den Unternehmer eine von seinem Verhalten im Wesentlichen unabhängige Größe ist. Soweit diese Voraussetzung zutrifft bzw herstellbar ist, muss der Gesetzgeber dafür Sorge tragen, dass der vollständige Wettbewerb nicht durch beschränkende Maßnahmen beeinträchtigt wird." Die gegensätzliche Marktform ist danach das Monopol, das „vollkommen" ist, wenn nur ein einziger (individueller oder kollektiver) Anbieter (bzw Nachfrager) eines nicht substitutionsfähigen Gutes vorhanden und der Markt geschlossen ist. In der Wirklichkeit kommen diese beiden Grenzfälle nicht vor. Es sind gedankliche Modelle, Idealtypen, die zwar für die Bestimmung des niedrigsten Preises homogener Güter erkenntnistheoretischen Wert besitzen, jedoch nicht auf die wirtschaftliche Wirklichkeit zugeschnitten sind. Bei ihr gibt es kein starres System unveränderter Bedingungen. Weder finden sich auf allen Märkten zahlreiche und ungefähr gleich große Anbieter oder Nachfrager, noch gibt es, zumal in der Endproduktion, völlig homogene Güter ohne irgendwelche Substitute und Präferenzen, noch existiert ein einheitlicher Preis, noch besteht vollkommene Markttransparenz mit freiem Zutritt zum Markt für alle. Das statische Modell des vollkommenen Wettbewerbs widerspricht der wirtschaftlichen Wirklichkeit. Man darf nicht den vollkommenen Wettbewerb als die normale Marktform und das Monopol als Ausnahme betrachten. Die Antithese „Wettbewerb" und „Monopol" kann höchstens als Maßstab für die Bewertung einer bestimmten Marktkonstellation verwendet werden (*Borchardt/Fikentscher* S 18). In der wirtschaftlichen Wirklichkeit ist der Wettbewerb nicht vollkommen im Sinne eines gedanklichen Modells.

c) Workable Competition. Der wirkliche Wettbewerb ist unvollkommen. Kennzeichnend für ihn sind die geringe Zahl der Marktteilnehmer, die Heterogenität der Güter, Preisdifferenzen, unzulängliche Markttransparenz und kein völlig freier Marktzugang. Nur wenn sich die Marktteilnehmer durch ihr Verhalten beeinflussen, bedrohen und unter Druck setzen, ist in der Wirklichkeit und nach dem Sprachgebrauch des Lebens auf einem bestimmten Markt Wettbewerb vorhanden. Der wirkliche Wettbewerb enthält monopolistische und kompetitive Elemente. Je nach den Mischungsgraden dieser Elemente können sich die unterschiedlichsten Marktstrukturen ergeben. Treffend sprechen *E. H. Chamberlin* („The Theory of Monopolistic Competition", 7th ed 1956) und *J. Robinson* („The Economics of Imperfect Competition", 5th ed 1954) zur Kennzeichnung dieser Marktform von einer „monopolistischen" Konkurrenz, die sich auf die für die moderne Wirtschaft typische Produktdifferenzierung gründet. Damit war die statische Betrachtung nicht aufgegeben, da man dem Idealbild vollständiger Konkurrenz durch Beseitigung der Unvollkommenheiten nahe kommen wollte. Aber mit statischen Modellen lässt sich der Wettbewerb der Realität nicht sachgerecht beurteilen. Damit wird dem wirtschaftlichen und technischen Fortschritt ungenügend Rechnung getragen. Der Wettbewerb als Koordinator des Marktgeschehens ist ein dynamischer Prozess, in dem die Beseitigung unvollkommener Elemente nicht stets zu guten ökonomischen Ergebnissen zu führen braucht, sondern im Gegenteil der Fortschritt durch monopolistische Elemente gefördert werden kann. Von dieser Erkenntnis ausgehend ist der Wettbewerb unvollkommen und mit monopolistischen Elementen durchsetzt.

Clark („Towards a Concept of Workable Competition", The American Economic Review, Vol XXX, 1940; Competition as a Dynamic Process, 1961) bezeichnet diesen Wettbewerb der Realität als **Workable Competition** und später als **effective competition**. Das Bild des vorstoßenden und nachfolgenden Wettbewerbs steht in fundamentalem Gegensatz zum statischen Modell des vollkommenen Wettbewerbs, das auf einen bestimmten Zeitpunkt fixiert ist. Unter dem Aspekt der Zeitdimension entwickelt sich der Markt in Phasen, die das wettbewerbliche Verhalten der Unternehmen bestimmen. Bei einem Erzeugnis lassen sich die Experimentierungs-, die Expansions-, die Ausreifungs- und die Stagnations- und Rückbildungsphase unterscheiden (*Heuß*, Allgemeine Markttheorie, 1965, 40 ff). Zur Beurteilung der Wettbewerbsprozesse sind zahlreiche Kriterien entwickelt worden, die sich auf die Marktstruktur, die Marktergebnisse und das Marktverhalten beziehen.

1.14 **d) Funktionsfähiger Wettbewerb.** Ausgehend von der Konzeption der *Workable Competition* (Rdn 1.13) muss der Wettbewerb nach *Kantzenbach* (Funktionsfähigkeit des Wettbewerbs, 1965) fünf Funktionen erfüllen. Es sind drei statische und zwei dynamische: die funktionelle Einkommensverteilung nach der Marktleistung, die Lenkung des Angebots durch die Nachfrage, die Optimalkombination der Produktionsverfahren sowie die Anpassung der Produktionskapazität an außerwirtschaftliche Daten und die Durchsetzung des technischen Fortschritts. Diese Marktergebnisse sollen in optimaler Weise von *weiten Oligopolen* mit mäßiger Produktdifferenzierung und beschränkter Markttransparenz erreicht werden. Das Konzept *Kantzenbachs* ist auf starke Kritik gestoßen (*Hoppmann*, Jahrbücher für Nationalökonomie und Statistik, Bd 179, Heft 4, 1966; *F. U. Willeke*, Grundsätze wettbewerbspolitischer Konzeptionen, 1973, 69 ff; *Schmidtchen* S 83 ff), hat aber in hohem Maße das neue Leitbild des „funktionsfähigen Wettbewerbs" beeinflusst (BGHZ 41, 42, 51 – *Fensterglas*; *Kartte* S 33 ff). Danach hat die Wettbewerbspolitik die Aufgabe, bis zum jeweiligen Optimum hin erwünschte Unvollkommenheiten der Märkte iSd Modells vollkommener Konkurrenz zu ermöglichen, jenseits des Optimums aber mit der gleichen Konsequenz zu bekämpfen. Der auf optimale Leistung gerichtete „funktionsfähige Wettbewerb" soll der Erreichung volkswirtschaftlich erwünschter Ziele, insbes dem Wohlstand und Fortschritt dienen. Die unternehmerische Entscheidungsfreiheit ist nur so lange maßgebend, als ihr Gebrauch nicht zur Vermachtung der Märkte und damit zur Beseitigung des Wettbewerbs und der Freiheit anderer führt (Begr RegE, BT-Drucks VI/2520 S 16). Aufgabe der Wettbewerbspolitik ist es, den Wettbewerb in möglichst allen Wirtschaftsbereichen durchzusetzen und vor Vermachtung durch enge Oligopole und marktbeherrschende Stellungen zu schützen. – In neuerer Zeit wird verstärkt zwischen den **ökonomischen** und den **gesellschaftspolitischen Funktionen** des Wettbewerbs unterschieden. Zu den ersteren gehören die Steuerungsfunktion des Wettbewerbs hinsichtlich des Wirtschaftsablaufs; die Ordnungs- und Koordinierungsfunktion hinsichtlich der Entscheidungen der Wirtschaftssubjekte; die Antriebs- und Leistungsfunktion hinsichtlich der Herstellung und des Vertriebs von Wirtschaftsgütern sowie die Schutzfunktion hinsichtlich der Auswahlentscheidung von Anbietern und Nachfragern und die Einkommensverteilungsfunktion. Zu den letzteren gehören die Entmachtungsfunktion und der Freiheitssicherungsfunktion (vgl Langen/*Bunte* Kartellrecht, Einf zum GWB, Rdn 66, 67).

1.15 **e) Konzeption der Wettbewerbsfreiheit.** Sie wird als normativer Bezugspunkt von *Hoppmann* (Workable Competition, 159 ff, 172 ff) negativ dahin bestimmt, dass künstliche Wettbewerbshindernisse, die von den Marktteilnehmern selbst oder dem Staat geschaffen werden (Wettbewerbsbeschränkungen), fehlen. Solange nur natürliche Hindernisse vorliegen, ist der Wettbewerb zwar unvollkommen iSd Abweichung von einem statischen Modell des Gleichgewichtszustandes, ist aber ein freier, unbeschränkter Wettbewerb, der durch den Abbau der natürlichen Wettbewerbshindernisse gefördert werden kann. Nach der neoklassischen Konzeption wird der Wettbewerb als Entdeckungsverfahren (*v Hayek*, Freiburger Studien, 1969, 249 ff) begriffen. Seine Ergebnisse sind ungewiss und lassen sich nicht im Voraus ermitteln. Eine Orientierung an ökonomischen Performance-Vorstellungen wird abgelehnt. Man vertraut auf die Selbstregulierungskräfte des Wettbewerbs und beschränkt ordnungspolitische Eingriffe auf ein Minimum (*Möschel* Pressekonzentration, 42 f, 47 ff). Ist der Wettbewerb ein langfristiger zeitlicher Prozess, so gibt es zwischen freiem Wettbewerb und wirtschaftlichem Fortschritt grds kein Dilemma. Der Wettbewerb gewährleistet allen Marktteilnehmern einen Mindestgrad an wirtschaftlicher Freiheit und führt über die Möglichkeiten freier Entscheidung zu guten ökonomischen Ergebnissen und damit zu wirtschaftlichem Wohlstand (*Hoppmann* aaO). Fragwürdig ist, ob der freie Wettbewerb in einer sozialen Marktwirtschaft das alleinige Koordinationsmittel sein kann. Zur Kritik gegenüber der neoklassischen Konzeption s *Gotthold* ZHR 145 (1981), 286 und ZHR 146 (1982), 55; zur Ablehnung dieser Kritik s *Möschel* ZHR 145 (1981), 590.

f) „More economic approach". Aus der Diskussion über das amerikanische Antitrust-Recht ist die Forderung nach einem **„more economic approach"** auch nach Europa getragen worden und hat Einfluss auf die Auslegung der (jetzt) Art 101 und 102 AEUV und der Vorschriften über die Fusionskontrolle (vgl Art 2 II, III VO 139/2004) durch die Kommission gewonnen. Danach soll bei Anwendung kartellrechtlicher Vorschriften eine zu juristische Betrachtungsweise durch eine stärker ökonomische abgelöst werden (vgl Weißbuch der Kommission über die Modernisierung der Vorschriften zur Anwendung der Art 81 ff EGV, ABl EG C 132 v 12. 5. 1999, Tz 78). Dahinter steht eine Orientierung der Wettbewerbspolitik an **Effizienzkriterien** (Marktergebnissen), wobei der **Verbrauchernutzen** (consumer welfare; Konsumentenwohlfahrt) als Ziel der Wettbewerbspolitik im Vordergrund steht (dazu *Schmidtchen* WuW 2006, 6). Die Problematik ist dabei, dass sich kaum verlässliche Aussagen über die gesamtwirtschaftliche Effizienz wettbewerblicher Handlungen machen lassen (dazu *Möschel*, FS Mestmäcker, 2006, 356 ff; *Christiansen* WuW 2005, 285) und dass dadurch die **Justiziabilität** der Normen und die **Rechtssicherheit** leidet (dazu *I. Schmidt* FS Bechtold, 2006, 409; *Basedow* WuW 2007, 712).

1.15a

g) Würdigung. Zu unterscheiden sind zwei ordnungspolitische Grundrichtungen: Die eine betrachtet den Wettbewerb als ein Instrument zur Erreichung bestimmter gesamtwirtschaftlicher Ziele. Sie geht davon aus, dass zwischen dem normativen Ziel der Wettbewerbsfreiheit und dem Ziel guter ökonomischer Ergebnisse ein Konflikt besteht (Dilemma-These), so dass es gerechtfertigt sei, die wirtschaftliche Freiheit zu beschränken, um ökonomische Marktergebnisse zu erreichen, die der Zielsetzung staatlicher Wirtschaftspolitik entsprechen. Der Wettbewerb wird „instrumentalisiert". Er ist nicht nur Ausdruck persönlicher Freiheit, sondern ein gesamtwirtschaftliches Koordinierungsinstrument. Demgegenüber stellt die „neoklassische Konzeption" unter Berufung auf *v Hayek* auf die Wettbewerbsfreiheit als Norm der Wettbewerbspolitik ab und leugnet einen Zielkonflikt. Die Konzeption des funktionsfähigen Wettbewerbs und die Konzeption der Wettbewerbsfreiheit sind die beiden heute vorherrschenden und umstrittenen Grundrichtungen der Wettbewerbstheorie. Für die Beurteilung von Wettbewerbshandlungen nach Lauterkeitsrecht besitzen allerdings wettbewerbs- und wirtschaftspolitische Konzeptionen keine rechtliche Bedeutung. Der Richter ist im Rahmen der Lauterkeitsprüfung nicht zu ihrer Durchsetzung berufen. Einen justiziablen Ansatz bietet nur die Konzeption der Wettbewerbsfreiheit, die die Handlungs- und Entscheidungsfreiheit aller Marktteilnehmer im Parallel- und Austauschprozess verlangt, wobei die Freiheit eines Marktteilnehmers durch die Freiheit seiner Konkurrenten und Marktpartner relativiert wird. Sie bietet die Grundlage für die Wertung, ob ein Verhalten im Wettbewerb lauter ist oder nicht.

1.16

5. Grundvoraussetzungen

Wettbewerb setzt den freien Zugang zum Markt und die Möglichkeit freier wirtschaftlicher Betätigung voraus. Anbieter müssen ihre Leistungen in Bezug auf Preis, Güte, Service und andere Aktionsparameter frei bestimmen, Nachfrager die ihnen angebotenen Leistungen frei auswählen können. Die Freiheit dieser Betätigung erfordert eine selbstständige Willensbildung, die sich auf die Werbung, die Wahl des Vertragspartners sowie den Abschluss und die inhaltliche Gestaltung des Vertrages beziehen muss. Ohne Handlungsfreiheit kann Wettbewerb weder entstehen noch sich entfalten. Erst durch sie wird der dynamische Wettbewerbsprozess ausgelöst, der den einzelnen Anbieter zwingt, seine Leistung zu verbessern, und dem Nachfrager Alternativen verschafft, zwischen denen er frei wählen kann. Die Freiheit aller Marktteilnehmer, der Wettbewerber im Parallelprozess und der Marktpartner im Austauschprozess, ist eine unerlässliche Voraussetzung dafür, dass auf einem bestimmten Markt Wettbewerb herrscht. Ohne Handlungsfreiheit kann Wettbewerb weder entstehen noch sich entfalten. Soweit diese Grundvoraussetzung beseitigt wird – sei es durch staatliche Maßnahmen, sei es durch Abreden oder das Verhalten der Marktteilnehmer –, ist der Wettbewerb eingeschränkt. Jede Einengung der wirtschaftlichen Betätigungsfreiheit bewirkt notwendig eine Beschränkung des Wettbewerbs. Eine Rechtsordnung, die den Wettbewerb als Ordnungsprinzip für die Steuerung des Marktgeschehens will, muss den Zutritt zu den Märkten für alle Unternehmen offen halten und die Beschränkungen wirtschaftlicher Betätigungsfreiheit auf den Märkten soweit wie möglich beseitigen. Ob sich der Einzelne seiner Freiheit bedient, ist jedoch seine Sache. In einer freiheitlichen Wirtschaft ist niemand gezwungen, sich wirtschaftlich zu betätigen. Es besteht kein Zwang zum

1.17

Wettbewerb. Aber die Möglichkeit, sich auf einem bestimmten Markt wirtschaftlich und damit wettbewerblich mit anderen Unternehmen zu betätigen, muss offen gehalten werden. Vereinbarungen zwischen Unternehmen, die darauf gerichtet sind, den Wettbewerb zu vermeiden und andere am Wettbewerb zu hindern, können deshalb in einer Wettbewerbswirtschaft grds keine rechtliche Anerkennung finden (Art 101 AEUV; §§ 1 ff GWB).

6. Wettbewerb als Verhaltensprozess

1.18 **a) Tatbestand.** Besteht wirtschaftliche Betätigungsfreiheit, so kann sich „Wettbewerb" als Erscheinungsform eines bestimmten Verhaltens zweier oder mehrerer Unternehmen auf einem bestimmten Markt einstellen. Ihr Verhalten ist kompetitiv, wenn sie durch Einsatz von Wettbewerbsmitteln das erreichen oder zu erreichen suchen, was zu gleicher Zeit ein anderes Unternehmen zu erreichen sucht oder erreicht, nämlich Geschäfte mit Marktpartnern zu schließen. Dabei handelt es sich nicht um einen momentanen Zustand, sondern einen Prozess oder Geschehensablauf (*Lukes* FS Böhm, 1965, 199, 217 ff), der sich in einem differenzierten und komplexen System ständig sich wandelnder Verhaltensweisen offenbart. Jeder Wettbewerber strebt danach, einen Vorsprung vor dem anderen zu erlangen, den er möglicherweise auch erreicht, ohne deshalb schon ein „Monopol" zu haben, wenn er jederzeit wieder von einem Mitbewerber eingeholt oder überholt werden kann. Solange der wettbewerbliche Prozess des Vorstoßens und Gleichziehens der Wettbewerber und die Auswahlfreiheit ihrer Marktpartner auf einem bestimmten Markt bestehen, ist gewährleistet, dass sich der Wettbewerber mit der besseren Leistung gegenüber dem Mitbewerber mit der weniger guten Leistung durchsetzen kann.

1.19 **b) Erscheinungsformen.** Der Wettbewerb mehrerer Unternehmen offenbart sich in den vielfältigsten Formen, die sich nicht generell erfassen lassen. Die Zahl der Wettbewerber kann groß oder klein, ihr wettbewerbliches Verhalten als aktiv oder passiv zu werten sein. Der Wettbewerb kann lauter oder unlauter, beschränkt oder unbeschränkt, funktionsfähig oder funktionsunfähig sein. Es handelt sich um Erscheinungsformen existenten Wettbewerbs. Gleichgültig ist, ob der Vorteil eines Unternehmens auf Kosten anderer Unternehmen erzielt wird oder ob überhaupt Vorteile erzielt werden. Auch der für den Wettbewerb typische Spannungszustand, der die Mitbewerber nach ihrem Gutdünken zu einer Zug-um-Zug-Strategie – wenn nicht veranlasst, so doch – veranlassen kann, ist Ausdruck bestehenden oder möglichen Wettbewerbs. Angesichts der Dynamik des Wettbewerbs ist der Grad – die Intensität – des zwischen mehreren Mitbewerbern bestehenden Spannungszustandes ständigen Schwankungen ausgesetzt. Sie sind von der Zahl der Mitbewerber, ihrem Marktverhalten, dem Vorhandensein oder Auftreten von Substitutionsgütern, dem Verhalten der Marktgegner wie den Schwankungen der Konjunktur abhängig. Keinesfalls ist die Wettbewerbsintensität auf einem Markt am heftigsten, auf dem eine Vielheit von Wettbewerbern auftritt. So können auf einem Markt nur wenige Wettbewerber vorhanden sein, die aufs Schärfste miteinander rivalisieren, während die Wahlmöglichkeiten für die Marktgegner nur gering sind. Auch Kartelle können sich in scharfem Wettbewerb mit Außenseitern befinden; trotzdem kann der Markt als solcher vermachtet sein, weil der Marktgegenseite mögliche Alternativen genommen sind.

1.20 **c) Potenzieller Wettbewerb.** Besteht kein Wettbewerb, so kann dies darauf beruhen, dass Wettbewerb entweder überhaupt nicht möglich ist, zB infolge einer gesetzlichen Marktregelung, oder zwar möglich ist, jedoch noch nicht ausgeübt wird. In diesem Fall spricht man von „potenziellem" Wettbewerb. Es kann sich entweder um das mögliche Auftreten neuer Wettbewerber auf einem bestimmten Markt oder um mögliche Maßnahmen vorhandener Wettbewerber handeln, die sich bisher nicht wettbewerblich verhalten haben. Der Ausdruck darf indessen nicht missverstanden werden. Der „potenzielle" Wettbewerb ist – für den Augenblick betrachtet – kein bestehender Wettbewerb. Es werden noch keine Wettbewerbsmittel eingesetzt. Im Gegensatz zu einem nicht möglichen Wettbewerb kann der potenzielle Wettbewerb jedoch, sofern er greifbar ist, jederzeit in aktuellen Wettbewerb umschlagen. Hierauf beruht es, dass sich der für den Wettbewerb typische Spannungszustand auch schon bei potentiellem Wettbewerb auswirken kann. Diese Wirkung zeigt sich nicht erst, wenn das Streben, den Mitbewerber zu überflügeln, offen hervortritt, zB in akuten Maßnahmen oder Kampfsituationen (*Abbott*: „continuous struggle"), sondern schon dann, wenn das kompetitive Verhalten lediglich droht („continuous existence of potential struggle"). Unternehmer fühlen sich bereits kraft der latenten Ausstrahlungskraft möglichen Wettbewerbs in ihrem Gewinnstreben bedroht und werden in ihrem Verhalten auf dem Markt dadurch beeinflusst, dass Konkurrenten plötzlich auftreten können. Potenzielle Wettbewerber gehören zum relevanten Markt (*Hoppmann,* Wirtschaftsordnung und Wettbewerb,

1988, 495). Ein auf die Herstellung freier Konkurrenz bedachtes Wirtschaftssystem muss auch Beschränkungen des künftig möglichen Wettbewerbs zu verhindern suchen. Das geschieht im Kartellrecht durch das grds Verbot von Kartellverträgen und -beschlüssen (§ 1 GWB). Auch nach Lauterkeitsrecht werden künftige Wettbewerbsbeziehungen berücksichtigt, wenn sie greifbar sind (BGH GRUR 1955, 342, 344 – *Holländische Obstbäume;* BGH GRUR 1961, 535, 537 – *arko*). Es ist nicht erforderlich, dass der Wettbewerb schon in bestimmter naher Zukunft aufgenommen werden soll (BGH aaO – *Holländische Obstbäume;* § 2 Rdn 71).

7. Wettbewerb als Ausleseprozess

a) Kundenverlust als Folge des Wettbewerbs. Zum Wesen des wirtschaftlichen Wettbewerbs gehört es, Kunden zu gewinnen, mit denen der Mitbewerber rechnet, oder ihm Kunden abzunehmen, die er schon hat. Die ganze Wirtschaft und die Unternehmer leben davon. Keiner hat Anspruch auf die Wahrung seiner Position. Bei freiem Wettbewerb muss jeder Gewerbetreibende es hinnehmen, dass der Absatz und Vertrieb seiner Waren sowie die Verwertung seiner Leistungen durch die wettbewerbliche Tätigkeit der Mitbewerber beeinträchtigt werden. Die Beeinträchtigung ist eine Folgeerscheinung der freien wettbewerblichen Betätigung von Unternehmen, die um Absatz oder Beschaffung ringen. Soweit freier Wettbewerb besteht, kann weder das bloße Eindringen in den fremden Kundenkreis noch das Vereiteln seiner Vermehrung unerlaubt sein (hM; vgl § 4 Rdn 10.33 mwN). Der Kundenkreis ist kein geschütztes Rechtsgut. Es ist daher nicht wettbewerbswidrig, wenn ein Wettbewerber die von einem erfolgreichen Mitbewerber ausgelöste Nachfrage für sich ausnutzt. Nicht nur der schöpferische, sondern auch der nachahmende Wettbewerb ist grds erlaubt (vgl § 4 Nr 9). Erst durch das Zusammenwirken von schöpferischem und nachahmendem Wettbewerb entsteht der dynamische Prozess des Wettbewerbs. Ohne den nachahmenden Wettbewerb würde der Wettbewerb in Monopolstellungen erstarren. Auch die Ausnutzung eines vom Mitbewerber mit Mühe und Kosten errungenen Arbeitsergebnisses ist erlaubt, falls nicht Ausschlussrechte verletzt werden oder bes Umstände vorliegen, die dem Verhalten den Stempel des Unlauteren aufdrücken. Hier tritt der Satz zutage, der im Grunde das gesamte Wettbewerbsrecht enthält: Jede Beeinträchtigung des Mitbewerbers ist erlaubt, die der Wettbewerb seiner Natur nach mit sich bringt, vorausgesetzt, dass dies mit erlaubten Mitteln geschieht. Erst die Art und Weise, wie zur Verbesserung der eigenen Wettbewerbsstellung neue Kunden gewonnen und alte zurück gewonnen werden, kann eine Wettbewerbshandlung unzulässig machen. Der Wettbewerbsbegriff als solcher ist ein wertfreier, insbes ethisch neutraler Begriff. Wo Wettbewerb stattfindet, kann er erwünscht oder unerwünscht, erlaubt oder unerlaubt, lauter oder unlauter sein.

b) Marktaustritt als Folge des Wettbewerbs. Folge des Wettbewerbs kann nicht nur die Beeinträchtigung, sondern auch das endgültige Ausscheiden von Mitbewerbern sein, die mit ihren Leistungen nicht Schritt halten können. Der Ausleseprozess mag für die Betroffenen hart sein, liegt aber im Wesen des Wettbewerbs begründet, der der besseren Leistung zum Siege verhelfen will. Unrichtig wäre es aber, die Verdrängung oder Vernichtung des Mitbewerbers, die eine mögliche Folge des Wettbewerbs sein können und zwangsläufig in Kauf zu nehmen sind, zum Sinn des Wettbewerbs zu machen. Träfe dies zu, so wäre der Wettbewerb gemeinschaftsschädlich. Zur Erhaltung eines funktionsfähigen, die Gesamtwirtschaft fördernden Wettbewerbs ist es unerlässlich, dass möglichst viele Einzelwettbewerber auf dem Markt als Anbieter oder Nachfrager auftreten und der Markt nicht vermachtet wird. Ein Vorgehen, das darauf zielt, nicht durch bessere Leistung, sondern wirtschaftliche Macht den Mitbewerber vom Markt zu verdrängen, um freie Bahn für den eigenen Absatz zu haben, widerspricht dem Sinn und Zweck des wirtschaftlichen Wettbewerbs. Er besteht darin, den Mitbewerber durch die bessere Leistung zu überflügeln, nicht aber ihn durch den Missbrauch einer marktstarken Stellung vom Markt auszuschließen. Es ist für die wettbewerbsrechtliche Beurteilung gleichgültig, ob die Verdrängung des Mitbewerbers von einem Kartell oder marktstarken Einzelunternehmen betrieben wird. Ein solcher allein auf Machtvorteilen beruhender Verdrängungswettbewerb, der sich gezielt auf die Ausschaltung von Mitbewerbern richtet, ist wettbewerbswidrig, weil er die dem Wettbewerb eigenen Wirkungen nicht zur Geltung kommen lässt, sondern das Wetteifern der Mitbewerber vereitelt. Der Schutz des Wettbewerbs in seinem Bestand ist nicht nur eine Aufgabe des Kartell- sondern auch des Lauterkeitsrechts. So verstoßen Werbemaßnahmen, wie das Verschenken von Originalware zu Erprobungszwecken, gegen § 3 UWG, wenn sie geeignet sind, den Bestand des Wettbewerbs, an dessen Aufrechterhaltung ein Allgemeininteresse besteht, dadurch aufzuheben, dass sie den Mitbewerbern die Möglichkeit nehmen, an dem grds allen offen stehenden Wettbewerb teilzunehmen (vgl § 4 Rdn 12.1 ff).

8. Zusammenfassung

1.23 a) **Problematik.** Sie liegt darin, dass es sich bei dem wirtschaftlichen Wettbewerb um einen äußerst komplexen Sachverhalt handelt, der einmal gewisse Gegebenheiten voraussetzt, damit er überhaupt eintreten und sich entfalten kann, zum anderen aber wegen seiner vielfältigen Funktionen unter den verschiedensten Aspekten und mit verschiedenen Zielvorstellungen gewürdigt werden kann. Hieraus erklärt sich, dass der Begriff Wettbewerb sowohl zur Charakterisierung der Verhaltensprozesse mehrerer Unternehmen auf einem bestimmten Markt und der sich für sie daraus ergebenden Beziehungen untereinander und zu den Marktpartnern auf der Marktgegenseite, als auch zur Umschreibung der Marktsituation eines bestimmten Erzeugnisses einschließlich seiner Substitutionsgüter sowie zur Kennzeichnung eines die gesamte Wirtschaft beherrschenden Ordnungsprinzips dient. Um Missverständnisse zu vermeiden, ist es deshalb erforderlich, sich darüber im Klaren zu sein, wofür man den Begriff Wettbewerb verwendet.

1.24 b) **Wettbewerb als Verhaltensprozess.** Es geht um das Verhalten mehrerer Unternehmen, die auf einem bestimmten Markt miteinander um Geschäftsabschlüsse mit Dritten wetteifern. Von diesem natürlichen Vorstellungsbild eines in Funktion befindlichen dynamischen Wettbewerbs ist im Lauterkeits- und im Kartellrecht auszugehen. Der rechtliche Ansatzpunkt für die Beurteilung nach Lauterkeitsrecht ist die einzelne Wettbewerbshandlung („geschäftliche Handlung" iSv § 2 I Nr 1 UWG) eines Gewerbetreibenden, die nach Maßgabe bestimmter objektiver Verhaltensregeln auf ihre Lauterkeit oder Unlauterkeit hin zu prüfen ist. Was „Wettbewerb" begrifflich ist, braucht hierfür nicht beantwortet zu werden. Es genügt die Feststellung einer geschäftlichen Handlung iSd § 2 I Nr 1. Die rechtlichen Ansatzpunkte für die Beurteilung nach Kartellrecht sind die künstlichen Maßnahmen oder Zustände, die den freien Wettbewerb auf den Märkten einschränken. Jede Wettbewerbshandlung ist Markthandlung, jeder Wettbewerbsprozess als Verhaltensprozess ein Marktprozess.

1.25 c) **Wettbewerb als Ordnungsprinzip.** Soweit Wettbewerb herrscht, werden den Marktpartnern auf der Marktgegenseite Alternativen geboten, zwischen denen sie frei wählen können. Der einzelne Unternehmer ist genötigt, die Leistungen seiner Mitbewerber zu übertreffen, zumindest mit ihnen Schritt zu halten. Wer mit seinen Leistungen nachlässt, fällt zurück und wird, wenn er sich nicht wieder fängt und Besseres leistet, aus dem Wettbewerb verdrängt. Unter diesem Gesichtspunkt dient der Wettbewerb der Leistungssteigerung und wird als Triebfeder der wirtschaftlichen Evolution zum entscheidenden Faktor des Fortschritts. Er besitzt Steuerungsfunktion. Auch planwirtschaftliche Wirtschaftssysteme pflegen sich die stimulierende Funktion des Wettbewerbs auf verschiedene Weise nutzbar zu machen. Eine bes Funktion gewinnt der Wettbewerb jedoch in einem auf dem Fundament freier wirtschaftlicher Betätigung beruhenden marktwirtschaftlichen Wirtschaftssystem, wenn er durch die Rechtsordnung zu einer geschützten Veranstaltung erhoben wird. Dann wirkt der Wettbewerb nicht nur als Antrieb zur Steigerung der Leistung, sondern auch als Regulator des wirtschaftlichen Gesamtprozesses. Angebot und Nachfrage individueller Wettbewerber werden durch den Wettbewerb vom Markt bestimmt. In diesem Sinne ist der Wettbewerb ein Ordnungsprinzip für die gesamte Volkswirtschaft. In der Bundesrepublik ist der Wettbewerb durch das GWB als Institution einer marktwirtschaftlich orientierten Wirtschaftsordnung rechtlich geschützt. Das fundamentum competitionis ist die **Freiheit wirtschaftlicher Betätigung.** Sie wird durch die Rechtsordnung ermöglicht und vor Beschränkung durch kollektive oder individuelle Machtgebilde geschützt, damit eine freiheitliche Ordnung der sozialen Beziehungen aller Marktbeteiligten gewährleistet ist. Der Wettbewerb wirkt als „Entmachtungsinstrument". Er übt gesamtwirtschaftlich gesehen eine soziale Kontrolle über die Wettbewerber als Inhaber von Machtpositionen aus. Der einzelne Wettbewerber muss das Verhalten seiner Mitbewerber beachten, die ihn durch ihr Verhalten hindern, zu hohe Preise zu verlangen und seine Gewinne zu maximieren. Absprachen, die den Wettbewerb beschränken, werden nicht verboten, um die beteiligten Unternehmer vor einer Selbstaufgabe ihrer wirtschaftlichen Betätigungsfreiheit zu schützen, sondern um zu verhindern, dass durch Selbstfesselung die Betätigungsmöglichkeiten der Marktpartner und außerhalb des Vertrages stehender Dritter beeinträchtigt werden. Wettbewerb ist insoweit nicht Selbstzweck, sondern Koordinator der vertraglichen Beziehungen der Marktpartner und damit Regulator eines sich selbst steuernden Marktprozesses. Die kompetitiven Beziehungen zwischen den Wettbewerbern müssen erhalten bleiben, damit in einer arbeitsteiligen Wirtschaft die kooperativen

Beziehungen zwischen den Marktpartnern auf Grund beiderseits freier Entschließung gestaltet werden. Um seine Ordnungs- und Steuerungsaufgabe zu erfüllen, muss der Wettbewerb in Funktion gesetzt werden. Der Markt darf nicht strukturell vermachtet werden, weil sonst ein Ungleichgewicht eintritt, das einen Wettbewerb ausschließt und Vertragsgerechtigkeit nicht mehr gewährleistet.

III. Wettbewerbsfreiheit

1. Elemente der Wettbewerbsfreiheit

a) Wettbewerbsfreiheit als Vertragsfreiheit. Der Wettbewerb ist frei, wenn es jedem erlaubt ist, sich auf einem bestimmten Markt mit anderen Wirtschaftssubjekten um Geschäftsabschlüsse mit Marktpartnern zu bewerben. Von den Rahmenbedingungen hängt es ab, ob man sich auch wirtschaftlich frei betätigen kann. Fehlt es an dieser Grundvoraussetzung, so kann der wettbewerbliche Marktmechanismus nicht funktionieren.   1.26

b) Wettbewerbsfreiheit als Freiheit des Marktzutritts. Wettbewerbsfreiheit ist auch die Freiheit des Marktzutritts. Es muss jeder in der Lage sein, als neuer Wettbewerber (Anbieter oder Nachfrager) auf einem bestimmten Markt aufzutreten. Der Markt muss offen sein, so dass jeder potenzielle Verkäufer oder Käufer freien Zugang hat und die Gruppe der schon vorhandenen Marktteilnehmer vermehren kann. Zum anderen muss jeder Marktteilnehmer seine Entschlüsse auf dem Markt frei fassen und durchführen können. Die Anbieter müssen in der Lage sein, ihre Preise und Erzeugnisse jederzeit nach eigenem Gutdünken zu variieren, so dass die Nachfrager zwischen verschiedenen, wenn auch einander verwandten Erzeugnissen zu unterschiedlichen Preisen wählen können.   1.27

c) Wettbewerbsfreiheit als Freiheit des Marktaustritts. Die Freiheit, sich im wirtschaftlichen Verkehr frei zu betätigen, umfasst auch das Recht, von dieser Freiheit keinen Gebrauch zu machen. Es besteht kein Zwang, sich wirtschaftlich zu betätigen und am Wettbewerb zu beteiligen. Eine andere Frage ist es, ob man auf seine Freiheit, allein und selbstständig zu handeln, ganz oder teilweise wirksam verzichten kann. In einer Marktwirtschaft, deren Ordnungsprinzip der Wettbewerb ist, können solche Verzichte keine rechtliche Anerkennung finden (vgl Art 101 AEUV; § 1 GWB).   1.28

2. Die Wettbewerbsfreiheit als rechtlich gebundene Freiheit

Eine gesetzlich verbotene wettbewerbliche Betätigung ist nicht frei. Nur im Rahmen des erlaubten Verhaltens ist die Wettbewerbsfreiheit durch die Rechtsordnung gewährleistet. Die Lauterkeit bzw Unlauterkeit eines Verhaltens ist jedoch nicht isoliert, sondern im Kontext der Verfassung und der bestehenden Wirtschaftsordnung, insbes der Wertungen des europäischen und deutschen Kartellrechts, zu bestimmen. Nur in diesem Sinne ist der Satz zu verstehen, dass der vom Kartellrecht geschützte freie Wettbewerb nur der lautere und erlaubte Wettbewerb ist.   1.29

3. Einschränkungen der Wettbewerbsfreiheit

Die Wettbewerbsfreiheit ist eingeschränkt, soweit für den Einzelnen die Möglichkeit, sich auf einem Wirtschaftsgebiet wettbewerblich zu betätigen, nicht besteht. Im wirtschaftlichen Bereich steht der Einzelne nicht nur in einer Beziehung zum Staat, sondern auch zu Verbänden, Organisationen und anderen Wirtschaftssubjekten. Die Wettbewerbsfreiheit kann deshalb aus den verschiedensten Gründen beseitigt sein.   1.30

a) Staatliche Beschränkungen der Wettbewerbsfreiheit. Der Staat kann die freie wirtschaftliche Betätigung auf bestimmten Wirtschaftsgebieten ganz oder teilweise ausschließen, zB durch Beschränkung der Niederlassungsfreiheit, Konzessionszwang oder Bildung von Monopolen (Branntwein und früher Post, Eisenbahn) oder bestimmter Marktordnungen. Wenn der Staat in Notzeiten einem Händler einen Kundenkreis garantiert, indem er den Verkauf nur an Stammkunden zulässt, so schaltet er den Wettbewerb insoweit nahezu aus; der Händler wird als Verteiler zum Staatsfunktionär. Durch Maßnahmen des Staates kann der freie Wettbewerb weitgehend ausgeschlossen werden und an die Stelle des Wettbewerbs als Koordinator des Marktgeschehens der Plan treten. Auf die Dauer wird sich allerdings kein Staat erlauben können, auf den wirtschaftlichen Wettbewerb seiner Bürger völlig zu verzichten. Ob und inwieweit in einer Wirtschaft freier Wettbewerb besteht, ist eine rechts- und wirtschaftspolitische Grundsatzfrage von größter Tragweite. Sie steht in engstem Zusammenhang mit dem Verhältnis von Staat und   1.31

Wirtschaft, das sich im Laufe der Entwicklung mehrfach gewandelt hat. Typisch für die Staaten der westlichen Welt ist das Nebeneinanderbestehen eines öffentlichen und eines privaten Bereichs. Der private Bereich gründet sich auf die freie wirtschaftliche Betätigung des Einzelnen und das Privateigentum. Der öffentliche Bereich kann dem Staat entweder eine Monopolstellung geben, die eine private Betätigung überhaupt ausschließt, oder ihn zum Konkurrenten der privaten Wirtschaft machen (§ 4 Rdn 13.1 ff).

1.32 **b) Vertragliche und machtbedingte Beschränkungen der Wettbewerbsfreiheit.** Die Wirtschaft selbst kann in dem ihr vorbehaltenen privaten Bereich den freien Wettbewerb mit den Mitteln des Vertragsrechts künstlich durch wettbewerbsbeschränkende Vereinbarungen, insbes Kartelle, ausschließen. Weiter kann der freie Wettbewerb durch das Verhalten von Wettbewerbern (Art 101 AEUV; §§ 1 ff GWB) und das Bestehen von marktbeherrschenden Unternehmen (Art 102 AEUV; §§ 19 ff GWB) beschränkt werden. Der Staat kann solche Beschränkungen des Wettbewerbs durch die Wirtschaft dulden oder sogar, um eigene Lenkungsmaßnahmen durchzusetzen, fördern. Er kann aber auch zur Wiederherstellung und Sicherung des freien Wettbewerbs intervenieren und die Beseitigung kollektiver und individueller Machtstellungen anstreben, die Preis und Ertrag maßgebend bestimmen und die Freiheit anderer Marktpartner beeinträchtigen. Ob und in welchem Ausmaß und mit welchen Mitteln eine staatliche Intervention erfolgt, um die Voraussetzungen für einen freien Wettbewerb zu schaffen, ist eine komplexe Frage. Sie birgt verfassungs-, gesellschafts-, wirtschafts- und steuerrechtliche Probleme in sich. Ihre Beantwortung kann verschieden ausfallen. Letzten Endes geht es um eine Grundsatzfrage: die Schaffung einer freiheitlichen Ordnung.

4. Normative Sicherung der Wettbewerbsfreiheit

1.33 Soll der Wettbewerb nicht nur als Antrieb zur Leistungssteigerung, sondern auch als Regulator der wirtschaftlichen Beziehungen zwischen Anbietern und Nachfragern auf dem Markt funktionieren, so muss die Freiheit des Wettbewerbs normativ gesichert werden. Hierbei ergibt sich eine doppelte Schwierigkeit: Einmal ist ein direkter Zwang zu wettbewerblichem Verhalten in einer auf dem Freiheitsgedanken beruhenden Marktwirtschaft nicht durchführbar, zum anderen kann gerade der in Aktion gesetzte Wettbewerb zu Monopolstellungen führen und dadurch den Automatismus des Wettbewerbs außer Kraft setzen. Der Wettbewerb selbst kann den Wettbewerb beseitigen. Gesetzliche Maßnahmen müssen diesen Erkenntnissen angepasst sein und die Rahmenbedingungen für die Förderung und Entfaltung des Wettbewerbs schaffen. Sie können nur anstreben, bestimmte Formen der Beschränkung des Wettbewerbs entweder von vornherein zu verhindern oder nachträglich durch ein Verbot missbräuchlichen Verhaltens zu kontrollieren. Die Akzente lassen sich verschieden setzen. Das Kartellrecht sucht in erster Linie präventiv zu verhindern, dass bestehender oder möglicher Wettbewerb künstlich durch Vertrag, Beschluss oder ein aufeinander abgestimmtes Verhalten von Unternehmen (Art 101 AEUV; §§ 1 ff GWB) oder durch Druck, Bestechung, Boykott oder Diskriminierung (§§ 21 II, III; 20 I, II GWB) beseitigt wird. Eine Kontrolle von Zusammenschlüssen (FKVO; §§ 35 ff GWB) dient der Erhaltung des Wettbewerbs. Nutzt ein marktbeherrschendes Unternehmen, das keinem wesentlichen Außenwettbewerb ausgesetzt ist, seine Marktstellung missbräuchlich aus, so wird repressiv eingegriffen. Hierbei ist es gleichgültig, ob es sich um ein Einzelunternehmen oder um zwei oder mehr Unternehmen handelt, zwischen denen aus tatsächlichen Gründen kein Wettbewerb besteht (Oligopol). Ferner sichert die Lauterkeitskontrolle des UWG die Freiheit wirtschaftlicher Betätigung.

5. Verfassung

1.34 Die Wettbewerbsfreiheit ist durch die Grundrechte der **Handlungsfreiheit,** der **Meinungsfreiheit** und der **freien Berufswahl** und **Berufsausübung** nur in begrenztem Umfang rechtlich gesichert. Das Grundgesetz ist wirtschaftspolitisch neutral (Rdn 1.43). Der Staat kann durch gesetzliche Regelung in den Ablauf des wirtschaftlichen Geschehens eingreifen und den Wettbewerb durch Herstellung günstigerer oder ungünstigerer Chancen, insbes durch Beihilfen, beeinflussen. Auch durch Steuergesetze kann die Wirtschaft gelenkt werden (BVerfGE 12, 341, 347). Zu beachten sind bei gesetzlichen Lenkungsmaßnahmen nicht nur die durch das Grundgesetz, sondern auch die durch das **Unionsrecht** gezogenen Schranken, insbes hins der Grundfreiheiten, Art 24 ff AEUV (= ex-Art 28 ff EG) und der Beihilfen, Art 107 f AEUV (= ex-Art 87 f EG).

2. Abschnitt. Wettbewerbsordnung

Schrifttum: *Badura*, Wirtschaftsverfassung und Wirtschaftsverwaltung, 1971; *Bleckmann*, Begründung und Anwendungsbereich des Verhältnismäßigkeitsprinzips, NJW 1994, 177; *di Fabio*, Wettbewerbsprinzip und Wirtschaftsverfassung, 2007; *Hoffmann*, Staatliche Wirtschaftsregulierung und grundrechtlicher Schutz der Unternehmensfreiheit durch Art. 12 Abs. 1 GG und Art. 2 Abs. 1 GG, BB 1995, 53; *Kisseler*, Die Werbeselbstkontrolle in Deutschland, FS Piper, 1996, 283; *Scholz*, Europäische Union und Grundgesetz, NJW 1993, 1690.

I. Grundformen

1. Ausgangspunkt

Staatliche Planwirtschaft (Verwaltungswirtschaft) oder freie Marktwirtschaft (Verkehrswirtschaft) sind die bekannten Wirtschaftsformen, mit denen seit jeher die politische Auseinandersetzung um die Gestaltung der Wirtschaft geführt wird. In einer freien Marktwirtschaft kann der Einzelne selbst entscheiden, ob, in welcher Form, in welchem Ausmaß, auf welchem Vertriebsweg und wo er sich wirtschaftlich betätigen will. Er hat freien Zugang zum Markt, um zu Geschäftsabschlüssen zu gelangen. Als Anbieter oder Nachfrager steht er mit anderen Marktteilnehmern im Wettbewerb. Dieser ist eine Grundvoraussetzung für die Funktionsfähigkeit einer Marktwirtschaft. Er koordiniert die Beziehungen der Marktpartner zueinander mit der Wirkung, dass der Marktprozess sich selbst steuert. Es besteht Wirtschaftsfreiheit, deren Grundelemente Wettbewerbs-, Vertrags-, Berufs-, Vereinigungs- und Konsumfreiheit sind. Das Wirtschaftsrecht ist vorwiegend privat gesetztes Vertragsrecht. In einer reinen Planwirtschaft ordnet dagegen der Staat die wirtschaftliche Betätigung. An die Stelle des Wettbewerbs als Koordinationsmittel tritt der Plan. Der Staat bestimmt, ob, in welcher Form, in welchem Umfang und wo sich der Einzelne wirtschaftlich betätigen darf. Es besteht ein geschlossenes Wirtschaftssystem. Das Wirtschaftsrecht ist hier vorwiegend öffentliches Recht.

1.35

2. Wirtschaftsformen

Die Gegenüberstellung von freier Marktwirtschaft und Planwirtschaft besitzt eine gewisse theoretische Anschaulichkeit. Von ihr geht *Eucken* (Grundsätze der Wirtschaftspolitik, 1952) aus, der zwei Grundtypen der Wirtschaftsverfassung herausstellt: die freie Marktwirtschaft, beruhend auf der Initiative der einzelnen Wirtschaftssubjekte, und die Zentralverwaltungswirtschaft, beruhend auf der Autorität des Staates. Aber die Zurückführung auf zwei reine Grundformen birgt die Gefahr in sich, die realen Gegebenheiten zu übersehen. Beide Wirtschaftssysteme haben in dieser Form niemals bestanden. Es sind Verfassungsmodelle, die der Wirklichkeit nicht entsprechen. Weder kann ein privatwirtschaftliches System ohne jede staatliche Ordnung auskommen noch kann ein planwirtschaftliches System jede freie Erwerbstätigkeit beseitigen. Wohl aber kann, wie die historische Entwicklung gezeigt hat, in bestimmten Epochen das eine oder das andere System dominieren. Die meisten Wirtschaftssysteme der westlichen Welt beruhen auf einem Mischungsverhältnis. Dieses stellt eine jederzeit veränderliche Größe dar, wie der folgende Überblick über die Entwicklung der Wirtschaftsverfassung in Europa und Deutschland zeigt.

1.36

II. Entwicklung

1. Liberalismus des 19. Jahrhunderts

Für den Entwicklungsverlauf der europäischen Wirtschaft im 19. Jahrhundert ist der Grundsatz des *„Laissez faire, laissez aller, le monde va de lui-même"* kennzeichnend. Er besagt, dass sich eine vernünftige Wirtschaftsordnung am besten frei von jeder staatlichen Einmischung dadurch verwirklichen lässt, dass im Rahmen des Rechts alles dem „freien Spiel der Kräfte" überlassen bleibt. Die Freiheit wirtschaftlicher Betätigung ist nicht nur ein ökonomisches, sondern auch ein naturrechtliches Postulat. Wenn der Mensch frei sein soll, so muss dies auch für seine wirtschaftliche Betätigung gelten, die den größten Teil des menschlichen Lebens ausmacht. Vom Standpunkt der klassischen Nationalökonomie *(Adam Smith)* aus bewirkt die „vollständige Konkurrenz" die höchste Leistung des Unternehmers und zugleich die beste Versorgung des Verbrauchers. Sie führt zur „sozialen Harmonie" und dient dem Gesamtwohl. Die Liberalisierung brachte einen grds Wandel. Während der Staat in der vorliberalen Zeit die Zunftverfassungen förderte und alle Privilegien, Rechtsmonopole und Ausschlussrechte der Zünfte anerkannte,

1.37

wurde jetzt die ungleiche Machtverteilung der feudalen und merkantilistischen Gesellschaft durch Aufhebung der noch bestehenden öffentlich-rechtlichen Gewerbebeschränkungen beseitigt. In Preußen begann die neue Ära mit der *Stein/Hardenbergschen Reform* (1810/1811). Zugleich mit der Aufhebung der feudalen Agrarverfassung gingen die mittelalterliche Zunftverfassung und das fürstliche Privilegienwesen unter. Unter diesen geistigen Einflüssen wurde 1869 die Reichsgewerbeordnung erlassen, die in § 1 den Grundsatz der Gewerbefreiheit verkündete. Dieser Grundsatz wurde sodann in der alten Reichsverfassung sowie in der Weimarer Verfassung (Art 151 III WV) verankert. Um das Funktionieren einer nach dem Freiheitsideal orientierten Wirtschaft zu ermöglichen, wurden Vertragsfreiheit, Eigentum und Erbrecht gewährleistet. Die am Ende des liberalen Zeitalters in Kraft getretenen großen Kodifikationen des Privatrechts bauen auf diesem Gedankengut auf.

2. Zeitraum bis zum Ersten Weltkrieg

1.38 Bis 1914 herrschte in Deutschland die liberalistische Wirtschaftskonzeption. Sie führte zu einem starken Aufblühen des Wirtschaftslebens und zur fortschreitenden Industrialisierung Deutschlands. Aber die Verabsolutierung der wirtschaftlichen Freiheit zeigte auch ihre Schattenseiten. Es entbrannte ein rücksichtsloser Konkurrenzkampf, der zwangsläufig zur Anwendung unlauterer Kampfmittel führte, um den Mitbewerber auszuschalten. Das staatliche Recht bot keinen Schutz gegen unlauteren Wettbewerb. Die alten Schranken der Zunftordnung waren gebrochen. Die Rspr war hilflos. Sie sah im Wettbewerb jedes Mittel für erlaubt an, das nicht durch besonderes Gesetz verboten war (RGZ 3, 67), und wagte nicht, durch Aufstellung von Schranken den soeben errungenen Grundsatz der Gewerbefreiheit wieder einzuengen. Um diesen Notstand zu beseitigen, schritt die Wirtschaft zur Selbsthilfe. Schon in den siebziger Jahren entstanden Zusammenschlüsse rechtlich und wirtschaftlich selbstständiger Unternehmen, um unter Ausschaltung gegenseitigen Wettbewerbs den Wirtschaftsablauf zu regulieren, insbes die Produktion an den Bedarf anzugleichen und Konjunkturschwankungen zu mildern. Es begann der industrielle Konzentrationsprozess, dessen Schwerpunkt zunächst bei den Kartellen lag, die sich neben Fachverbänden bildeten oder aus ihnen hervorgingen. Ein bes Anreiz zur Kartellbildung lag darin, dass sich durch die Entwicklung Deutschlands vom Agrar- zum Industriestaat die Wirtschaftsverhältnisse in steigendem Maße komplizierten. Die fortschreitende Kartellierung, vor allem in der Eisen- und Stahlindustrie, schuf wirtschaftliche Machtträger, die die freie Konkurrenz mehr und mehr beseitigten. Widerstrebende Außenseiter wurden niedergekämpft. Diese Entwicklung wurde durch die Rspr begünstigt, die trotz des Grundsatzes der Gewerbefreiheit die Rechtsgültigkeit von Kartellen anerkannte und damit die Ausschaltung freien Wettbewerbs durch Verträge zuließ. Die 1897 ergangene Entscheidung des Reichsgerichts (RGZ 38, 155), insbes ihre Vereinbarkeit mit § 1 GewO, ist vielfach kritisiert worden. Als Rechtstatsache ist hier allein festzustellen, dass die kartellfreundliche Entscheidung des Reichsgerichts die wirtschaftspolitische Entwicklung maßgebend bestimmt hat. Die Wettbewerbsfreiheit konnte auf Grund der Vertragsfreiheit eingeengt oder aufgehoben werden. Ein paradoxes Ergebnis, das darauf beruhte, dass man versäumt hatte, die bestehenden Freiheitsrechte in ihrem Sinnzusammenhang zu werten. Die Gewerbefreiheit wurde lediglich als staatsbezogener Grundsatz verstanden. Damit wurde die Freiheit des Wettbewerbs unter einzelnen Wirtschaftssubjekten zu einer Fata Morgana. Die vom klassischen Liberalismus erwartete natürliche Harmonie stellte sich nicht ein. Trotz, ja gerade wegen der Politik des *Laissez faire* verengte sich das Feld des freien Wettbewerbs immer mehr. Das System freier Konkurrenz geriet ins Wanken. Eine weitgehend merkantile Richtung begann das „Manchestertum" des 19. Jahrhunderts abzulösen (*Isay* S 33 f). Vereinbarungen zwischen selbstständigen Unternehmen zum Zwecke der Konkurrenzbegrenzung waren unbeschränkt zulässig. Das bedeutete zwar nicht das Ende einer „Marktwirtschaft", wohl aber das Ende einer „Konkurrenzwirtschaft", in der die Märkte durch den Wettbewerbsmechanismus geregelt werden. Eine in den Jahren 1903 bis 1906 vom Reichstag durchgeführte Kartellenquete ließ zwar die wirtschaftliche Bedeutung der Kartelle erkennen, gab jedoch keinen Anstoß zu staatlichen Maßnahmen gegen Kartellbildungen. Die private Vermachtung der Wirtschaft setzte sich mehr und mehr durch. Deutschland wurde zum klassischen Land der Kartelle.

3. Zeitraum während des Ersten Weltkriegs

1.39 Bis zum Ersten Weltkrieg bestand in Deutschland freie Wirtschaft, deren Kennzeichen in der Freiheit vom staatlichen Zwang lag. Die einzelnen Wirtschaftssubjekte konnten ihre individuellen Interessen in fast unbegrenztem Umfang durchsetzen. Es bestand Kartellfreiheit. Erst die kriegswirtschaftlichen Verhältnisse machten planwirtschaftliche Regelungen und Eingriffe erforderlich. Bewirtschaftung, Beschlagnahmen, Verteilung, Höchstpreise, Kontrahierungszwang und Kontingentierungen waren der Ausdruck dieser kriegsbedingten Maßnahmen. Es lag in der Natur der Sache, dass der Staat sich bei seinen Eingriffen in die Wirtschaft weitgehend der Verbände und Kartelle bediente, um das vorhandene Wirtschaftspotenzial auszuschöpfen. Die Kartelle als vorhandene Machtgebilde wurden zu Instrumenten staatlicher Intervention.

4. Zeitraum bis zum Zweiten Weltkrieg

Nach dem Kriege setzte eine zwiespältige Wirtschaftspolitik ein, die teils sozialistischem, teils liberalistischem Gedankengut entstammte. Der Sozialismus strebte eine staatlich geordnete Wirtschaft und damit eine starke Begrenzung der Freiheit auf wirtschaftlichem Gebiet an. *Rathenau* und *Möllendorf* entwickelten die Konzeption einer umfassenden Planwirtschaft, die alle Gewerbezweige zu Selbstverwaltungskörpern zusammenschließen sollte (*Isay* S 34 f). Dieser Gedanke wurde jedoch nur im Bereich der Kohle- und Kaliwirtschaft zu verwirklichen versucht. Bei allen sonstigen Wirtschaftszweigen verzichtete man auf eine Sozialisierung. Die Zwangswirtschaft des Krieges wurde abgebaut und die liberalistische Konzeption der Vorkriegszeit wieder aufgegriffen. Die Konzentrationsbewegung schritt weiter vor; neben die Kartellbildung trat die Konzernbildung. Der Konzern wurde als steuerliche Einheit anerkannt. Um dem Missbrauch wirtschaftlicher Machtstellungen zu begegnen, wurde die KartellVO v 2. 11. 1923 (RGBl I 1067) erlassen. Sie erkannte die Kartelle als grds nützlich und unvermeidbar an, wirkte daher keinesfalls hemmend, sondern eher fördernd auf die Kartellbildung. Durch die staatliche Missbrauchsaufsicht und Kontrolle gerieten die Kartelle aber wieder in das öffentlichrechtliche Fahrwasser. Ergänzungen brachten die KartNotVO v 26. 7. 1930 (RGBl I 328) und die VO v 20. 10. 1942 (RGBl I 619). Die sich unter staatlicher Anerkennung vollziehende private Vermachtung der Wirtschaft (über 3000 Kartelle) führte zwangsläufig zu einer immer stärker werdenden staatlichen Einmischung in die Wirtschaft, die nach 1933 im nationalsozialistischen Staat zur Planwirtschaft wurde. An die Stelle der Verbände trat eine nach fachlichen Gesichtspunkten gegliederte Gruppenorganisation (vgl Gesetz v 27. 2. 1934, RGBl I 185) mit Pflichtmitgliedschaft sowie festen Über- und Unterordnungsverhältnissen. Zugleich wandelten sich Sinn und Zweck der Kartellbildung. Die Kartelle wurden zu Trägern staatlicher Wirtschaftslenkung, faktisch zu Staatsorganen. Nach dem Ausbruch des Zweiten Weltkrieges wurden die Kartelle durch die VO v 20. 10. 1942 (RGBl I 619) dem Reichswirtschaftsminister unterstellt. Dieser konnte in marktregelnde und marktbeeinflussende Verträge eingreifen, jedoch nicht um den freien Wettbewerb zu sichern, sondern um die Kriegswirtschaft zu stärken. Die Kriegswirtschaft des Zweiten Weltkrieges (1939–1945) stellte sich lediglich als Fortführung des bereits 1933 begonnenen zwangswirtschaftlichen Systems dar. Im Zuge der Kriegswirtschaft wurde der freie Wettbewerb nahezu vollständig ausgeschaltet. Die Zwangswirtschaft dominierte.

5. Nachkriegszeit

Nach 1945 hatten die Besatzungsmächte durch die **Dekartellierungsgesetzgebung** eine grds Wende der deutschen Wirtschaftspolitik im Bundesgebiet eingeleitet. Angestrebt wurde die Dekonzentrierung (Entflechtung) und Dekartellierung der deutschen Wirtschaft. Nach dem Vorbild des USA-Antitrustrechts wurden wettbewerbsbeschränkende Abreden jeder Art verboten. Weiter wurde die Entflechtung von Großunternehmen und Konzernen, soweit sie als übermäßige Konzentrationen anzusehen waren, angeordnet. Zur Durchführung ergingen für bestimmte Industriezweige und einige Großunternehmen bes Entflechtungsgesetze. Seit der Währungsreform (27. 6. 1948) lag die allgemeine Linie der deutschen Wirtschaftspolitik im Bundesgebiet in der Richtung eines Abbaus der Reste staatlicher Planwirtschaft und der Herstellung einer freien Marktwirtschaft. Wiederaufbau und Wachstum ergaben das Phänomen des „deutschen Wirtschaftswunders". Die DekartG blieben nach Aufhebung des Besatzungsstatuts (5. 5. 1955) zunächst weiterhin in Kraft. Am 1. 1. 1958 trat nach langen Vorarbeiten das Gesetz gegen Wettbewerbsbeschränkungen (GWB) v 27. 7. 1957 (BGBl I 1081) zugleich mit dem Vertrag zur Gründung der Europäischen Wirtschaftsgemeinschaft (EWG-Vertrag) v 25. 3. 1957 (BGBl II 753) in Kraft, das in den Art 85, 86 (jetzt: Art 101, 102 AEUV) das Kartellrecht der Gemeinschaft regelte.

III. Die gegenwärtige Wirtschaftsverfassung

1. Europäische Wirtschaftsverfassung

1.42 Die Europäische Wirtschaftsverfassung ist im Vertrag über die Arbeitsweise der Union (AEUV) niedergelegt. Nach Art 119 AEUV umfasst die Tätigkeit der Mitgliedstaaten und der Union „nach Maßgabe der Verträge die Einführung einer Wirtschaftspolitik, die auf einer engen Koordinierung der Wirtschaftspolitik der Mitgliedstaaten, dem Binnenmarkt und der Festlegung gemeinsamer Ziele beruht und dem Grundsatz einer offenen Marktwirtschaft mit freiem Wettbewerb verpflichtet ist". Der **Binnenmarkt** umfasst nach Art 26 II AEUV (= ex-Art 14 II EG) einen „Raum ohne Binnengrenzen, in dem der freie Verkehr von Waren, Personen, Dienstleistungen und Kapital gemäß den Bestimmungen der Verträge gewährleistet ist". Die Säulen des Binnenmarkts sind demnach die **vier Grundfreiheiten,** nämlich die **Freiheit des Warenverkehrs** (Art 34 ff AEUV = ex-Art 28 ff EG), die **Freiheit des Personenverkehrs** (Art 45 ff AEUV = ex-Art 39 ff EG), die **Dienstleistungsfreiheit** (Art 56 ff AEUV = ex-Art 49 ff EG) und die **Freiheit des Kapital- und Zahlungsverkehrs** (Art 63 ff AEUV = ex-Art 56 ff EG). Diese Grundfreiheiten binden nicht nur den nationalen Gesetzgeber, sondern gewähren zugleich **subjektive Rechte.** Der Einzelne kann sich also gegenüber den nationalen Gerichten und Behörden unmittelbar auf die Grundfreiheiten berufen (vgl EuGH Slg 1963, 1, 24 ff). Neben den Grundfreiheiten bilden die Regelungen der Art 101 ff, 107 ff AEUV ein tragendes Element der Europäischen Wirtschaftsverfassung. Kernelemente sind das Verbot wettbewerbsbeschränkender Vereinbarungen zwischen Unternehmen, soweit sie geeignet sind, den Handel zwischen den Mitgliedstaaten zu beeinträchtigen (Art 101 AEUV) sowie das **Verbot des Missbrauchs einer marktbeherrschenden Stellung,** soweit dieser den Handel zwischen den Mitgliedstaaten beeinträchtigen kann (Art 102 AEUV). Hinzu kommen die Regelungen über **staatliche Beihilfen** (Art 107–109 AEUV). Danach sind staatliche Beihilfen (Subventionen), die mit dem Binnenmarkt unvereinbar sind, grds verboten und nur ausnahmsweise erlaubt oder freistellungsfähig. Um das Ziel des Binnenmarktes (Art 26 AEUV) zu erreichen, geben die Art 114 ff AEUV der Union eine Kompetenz zur **Rechtsangleichung.** Die Rechtsangleichung wird typischerweise durch **Richtlinien** herbeigeführt, die einen unterschiedlichen Grad der Harmonisierung, von der absoluten Angleichung (zB Richtlinie 97/55/EG) bis zur Mindestangleichung (zB Richtlinie 354/84/EWG) haben können.

2. Deutsche Wirtschaftsverfassung

1.43 **a) Die wirtschaftspolitische Neutralität des Grundgesetzes.** Das Grundgesetz ist wirtschaftspolitisch neutral (BVerfGE 4, 7, 17 – *Investitionshilfe;* BVerfGE 7, 377, 400 – *Apotheken*). Das bedeutet: Wirtschaftsgesetze können der jeweils sachgemäß erscheinenden Wirtschaftspolitik dienen, sofern dabei nur die Grenzen des Grundgesetzes beachtet werden. Unter diesem Vorbehalt kann der Gesetzgeber die ihm richtig erscheinende Wirtschaftspolitik verfolgen, insbes sich für ein bestimmtes Wirtschaftssystem entscheiden und es durch Gesetze instituieren. Dieses System braucht kein wettbewerblich-marktwirtschaftliches, insbes nicht das der „Sozialen Marktwirtschaft" zu sein (BVerfGE 4, 7, 17; 39, 210, 225; 50, 290, 337 – *Mitbestimmung*). Es besteht im Rahmen der durch das Grundgesetz gezogenen Grenzen ein weitgehender Gestaltungsspielraum. Auch bei der Wahl der technischen Mittel, mit denen in den Ablauf des wirtschaftlichen Geschehens eingegriffen wird, hat der Gesetzgeber innerhalb der Grenzen des Grundgesetzes freie Hand. Aus bestimmten wirtschaftspolitischen Auffassungen und Lehrmeinungen lassen sich keine verfassungsrechtlichen Folgen ableiten. Die Wirtschaft kann demnach auch mit nicht marktkonformen Mitteln gesteuert werden, wenn es um die Gestaltung der sozialen Ordnung geht. Auch die Einführung einer Marktordnung für bestimmte Produkte ist zulässig. Zwar stellt im System der Marktwirtschaft eine solche Marktordnung einen Fremdkörper dar. Aber Einschränkungen der wirtschaftlichen Betätigungsfreiheit sind zulässig, soweit überwiegende Gründe des Gemeinwohls sie rechtfertigen oder gar gebieten (BVerfGE 18, 315). Die Kompetenz des Bundes und der Länder zur Wirtschaftslenkung ergibt sich aus Art 74 Nr 11, 70 GG. Zum „Recht der Wirtschaft" gehören nicht nur organisatorische, sondern alle das wirtschaftliche Leben und die wirtschaftliche Betätigung als solche regelnden Gesetze, wie zB das StabilitätsG v 8. 6. 1967 (BGBl I 582), insbes aber auch Normen, die sich in irgendeiner Form auf die Erzeugung, Herstellung und Verteilung von Gütern des wirtschaftlichen Bedarfs beziehen (BVerfGE 8, 143, 148; 28, 119, 146). Bei ihrer Haushaltswirtschaft haben Bund und Länder den Erfordernissen des gesamtwirtschaftlichen Gleichgewichts Rechnung zu tragen (Art 109 II GG).

Sie haben nach § 1 S 2 StabilitätsG ihre Maßnahmen so zu treffen, dass sie im Rahmen der marktwirtschaftlichen Ordnung gleichzeitig zur Stabilität des Preisniveaus, zu einem hohen Beschäftigungsstand und außenwirtschaftlichem Gleichgewicht bei stetigem und angemessenem Wirtschaftswachstum beitragen. Durch das „magische Viereck" wird die gesamte staatliche Tätigkeit am gesamtwirtschaftlichen Gleichgewicht für Gegenwart und Zukunft ausgerichtet. Die Entwicklung vollzieht sich hierbei im Rahmen des Binnenmarkts und der Annäherung der Wirtschaftspolitik der Mitgliedstaaten (Art 119 AEUV).

b) Rahmenordnung. Wenn auch das Grundgesetz kein bestimmtes Wirtschaftssystem festlegt, so enthält es doch eine wegweisende Grundkonzeption. Sie lässt sich aus verschiedenen Einzelartikeln des Grundgesetzes erschließen, die in ihrem Sinnzusammenhang zu werten sind. Es treten dann zwei große Verfassungsprinzipien hervor, die auch für die Wirtschaftskonzeption bedeutsam sind: das Individualprinzip, das sich in der Statuierung zahlreicher Freiheitsrechte des Einzelnen zeigt, und das Sozialprinzip, das die Gemeinschaftsgebundenheit jedes Individualrechts in einem demokratischen und sozialen Bundesstaat zum Ausdruck bringt (Art 20, 28, 79 III GG). Beide Komponenten, die freiheitlich-liberale und die soziale, sind gleichwertig und zu einer sinnvollen Ordnung zu fügen. Eine bestimmte Wirtschaftsordnung wird dadurch nicht festgelegt. Aus der gleichrangigen Geltung des Individual- und Sozialprinzips lässt sich lediglich folgern, dass extrem planwirtschaftliche ebenso wie extrem liberale Wirtschaftssysteme verfassungsrechtlich nicht erlaubt sind. Innerhalb der beiden Pole ist der Gesetzgeber in der Ausgestaltung der Wirtschafts- und Sozialordnung insoweit frei, als es das Grundgesetz zulässt. Von bes Bedeutung ist die Bindung an die Grundrechte (Art 1–19, 28 GG), die auch auf wirtschaftlichem Gebiet gelten. Das Grundgesetz ist demnach hins der Gestaltung der Wirtschaftsordnung relativ offen (BVerfGE 50, 290, 337 – *Mitbestimmung*). Zusammenfassend ist festzustellen: Das Grundgesetz schreibt weder ein bestimmtes Wirtschaftssystem noch eine bestimmte wirtschaftspolitische Konzeption vor. Es steckt aber den Gesamtrahmen für eine dualistische Wirtschaftsordnung ab, die auf den Prinzipien individueller Freiheit und sozialer Gebundenheit beruht. Insoweit liegt eine wirtschaftsverfassungsrechtliche Grundentscheidung vor, die den Gesetzgeber bindet. Die Grundrechte und das Sozialstaatsprinzip bestimmen die Grundlagen der offenen Wirtschaftsverfassung des Grundgesetzes.

c) Grundrechte. Grundrechte, welche die freie wirtschaftliche Betätigung des Einzelnen auf dem Markt ermöglichen und sichern sollen, sind vor allem die Rechte auf freie Entfaltung der Persönlichkeit (Art 2 I GG), auf freie Meinungsäußerung (Art 5 GG), auf freie Berufswahl und Berufsausübung (Art 12 GG), auf Vereinigungs- und Koalitionsfreiheit (Art 9 GG), auf Freizügigkeit (Art 11 GG) sowie die Garantie des Eigentums (Art 14 GG). Diese Rechtsprinzipien sind zwar nicht Ausdruck eines bestimmten Wirtschaftssystems, setzen aber der wirtschaftspolitischen Gesetzgebung und der Wirtschaftsverwaltung Grenzen. Sie gewährleisten für die wirtschaftliche Betätigung die Marktfreiheiten. Ihre Wirkung ist noch dadurch verstärkt, dass sie auch dort, wo ein Gesetzesvorbehalt besteht, in ihrem Wesensgehalt unantastbar sind, Art 19 II GG. Dazu tritt als Fundament der rechtsstaatlichen Ordnung der Gleichheitssatz (Art 3 GG), mit dem jedes Gesetz und jede Verwaltungsmaßnahme im Einklang stehen muss, sowie der Grundsatz der Verhältnismäßigkeit (Übermaßverbot). Im *Lüth*-Urteil betonte das BVerfG, dass die Grundrechte in erster Linie Abwehrrechte des Bürgers gegen den Staat seien und eine unmittelbare Drittwirkung deshalb nicht bestehe (BVerfGE 7, 198, 204 ff). Die nach den Grundrechten bestehenden Bindungen des Staates gegenüber dem Einzelnen passen nicht für das Verhältnis der einzelnen Privatrechtssubjekte untereinander, denen allen als Grundrechtsträgern eine staatlich geschützte Freiheitssphäre verbürgt ist. Unter dem Aspekt der Einheit der Gesamtordnung bejahte das BVerfG jedoch eine „Ausstrahlungswirkung" der Grundrechte auf das Privatrecht insoweit, als das Grundgesetz eine objektive Wertordnung aufgerichtet hat, die als verfassungsrechtliche Grundentscheidung für alle Bereiche des Rechts Geltung beansprucht. Diese Wertordnung beeinflusst die Auslegung wertausfüllungsbedürftiger Begriffe des Privatrechts, wie „gute Sitten", „Treu und Glauben" und „Unlauterkeit". Durch das Medium der Generalklauseln (§§ 242, 826 BGB, § 3 UWG), die nach den Wertentscheidungen des Grundgesetzes ausgefüllt werden, wirken die Grundrechtsartikel mittelbar auf das Privatrecht ein (BVerfGE 7, 198, 207; 34, 269, 280; 61, 1, 6; 73, 261, 263, 269).

IV. Gegenwärtige Wirtschaftsordnung

1. Kennzeichnung

a) Grundgedanke. In der Bundesrepublik ist ein Wirtschaftssystem verwirklicht worden, das als **Soziale Marktwirtschaft** bezeichnet wird (vgl Präambel und Art 1 III 1 des Staatsvertrags zwischen der BRD und der DDR v 31. 8. 1990). Es ist seinem Kern nach ein marktwirtschaftliches Wirtschaftssystem. Es beruht darauf, dass selbstständige Wirtschaftssubjekte vorhanden sind, die freien Zugang zum Markt haben und sich als Anbieter und Nachfrager im Markt wirtschaftlich frei betätigen können. Der Wirtschaftsablauf bestimmt sich nach den autonomen Dispositionen der einzelnen Marktteilnehmer. Die Steuerung des Ausgleichs zwischen Angebot und Nachfrage erfolgt durch den Wettbewerb. Ohne ihn kann eine Marktwirtschaft nicht funktionieren. Sinn des Wettbewerbs ist es, die Wirtschaftssubjekte auf einem freien Markt selbsttätig zu koordinieren. Ein Individualrecht auf freie wirtschaftliche und damit wettbewerbliche Betätigung folgt aus Art 2 I, 12 I GG. Jedermann steht es frei, mit anderen als Anbieter oder Nachfrager in Wettbewerb zu treten. Im Gegensatz zur klassisch-liberalen Wirtschaftspolitik des 19. Jahrhunderts wird jedoch in einer „Sozialen Marktwirtschaft" auch der Bestand des freien Wettbewerbs normativ gesichert, damit der Wettbewerb die Funktion der Marktregelung erfüllen kann. Der Liberalismus alter Prägung ging davon aus, dass sich auch ohne jede staatliche Intervention und Vorsorge der freie Wettbewerb als Ordnungsprinzip von selbst einstellen werde und soziale Harmonie bewirke. Das Kartell- und Monopolproblem hat den Irrtum dieser Ideologie erwiesen. Zwar würde es dem freiheitlichen Charakter einer Wirtschaftsordnung widersprechen, den Einzelnen zu zwingen, sich wettbewerblich zu betätigen. Aber es muss verhindert werden, dass der Einzelne auf seine Wettbewerbsfreiheit verzichtet, und Unternehmen, die marktbeherrschend sind, ihre Stellung im Markt missbrauchen. Ein solches Wirtschaftssystem lässt sich ohne eine darauf zielende Rechtsordnung nicht erreichen. Sie wird durch das europäische und deutsche Kartellrecht gewährleistet. Die **Wettbewerbsfreiheit** ist damit als Ordnungsform des wirtschaftlichen Gesamtprozesses rechtlich gewährleistet. Die Rechtfertigung des Konkurrenzprinzips gründet sich auf die Erkenntnisse der Wirtschaftswissenschaft. Wettbewerb zwingt die Anbieter, das Bestmögliche zu leisten, und verschafft den Nachfragern Alternativen, zwischen denen sie frei wählen können. Das Wirtschaftssystem des freien Wettbewerbs bewirkt die volkswirtschaftlich beste Versorgung und damit „Wohlstand für alle". Daraus erklärt sich zugleich der von *Müller-Armack* geprägte Name „Soziale Marktwirtschaft".

1.47 **b) Entstehung.** Das gegenwärtige Wirtschaftssystem der „Sozialen Marktwirtschaft" ist aus zwei Wurzeln erwachsen, die in ihren Zielsetzungen teilweise paradox waren: Die Dekartellierungs- und Entflechtungsgesetze der Besatzungsmächte bezweckten die deutsche Wirtschaft durch das Verbot von Kartellen und die Entflechtung von Konzernen zu entmachten sowie die Grundlage für den Aufbau einer gesunden und demokratischen Wirtschaft zu schaffen. Im Laufe der Zeit trat allmählich die Verfolgung des letzten Ziels in den Vordergrund: Die Umgestaltung der deutschen Wirtschaft in eine Wettbewerbswirtschaft nach dem Vorbild des USA-Antitrustrechts, das im Sherman Act (1890), im Federal Trade Commission Act und im Clayton Act (beide 1914) seine Grundlage hat. Hier begegnete sich die Zielsetzung des Dekartellierungsrechts mit den ökonomischen Zielen der Freiburger Schule (Hauptvertreter: *Eucken, Böhm, Röpke* ua). Sie erstrebte mit dem Wettbewerbsprinzip, die deutsche Wirtschaft nach dem Zusammenbruch wiederaufzurichten und zu stärken. Es ist ihr Verdienst, mit Erfolg die Abkehr von dem zwangswirtschaftlichen System der Kriegs- und Nachkriegsjahre durchgesetzt zu haben. Der politischen Freiheit des Einzelnen muss die wirtschaftliche Freiheit entsprechen, da die Freiheit selbst unteilbar ist. Nach der „neoliberalen" Lehre hat der Staat die Aufgabe, den Wettbewerb als Ordnungsprinzip des wirtschaftlichen Lebens zu sichern. Zu diesem Zweck werden individuelle und kollektive Monopole bekämpft, da sie die Konkurrenz als Entmachtungsinstrument beschränken oder ausschalten. Ohne Konkurrenz besteht die Gefahr, dass der Markt nur der Ausbeutung der einen durch die andere Marktseite dient. Erst bei Konkurrenz wird der Markt funktionsfähig. Die von der Freiburger Schule erstrebte Wirtschaftsordnung freier Konkurrenz wird zugleich als die Gesellschaftsordnung betrachtet, die der menschlichen Würde in einer Gemeinschaft freier Menschen am meisten entspricht. Der Wettbewerb soll eine staatlich geschützte Veranstaltung sein, nicht zur Verwirklichung eines planwirtschaftlichen, sondern im Gegenteil zur sinnvollen Regulierung eines auf der Freiheit aller Beteiligten beruhenden marktwirtschaftlichen Systems. Die Auffassungen der Freiburger Schule haben sich weitgehend in dem „Grundgesetz" der deutschen Wirtschaft, dem GWB, durchgesetzt. Man hat es jedoch auch vermieden, die stark theoretische Grundkonzeption der sozialen Marktwirtschaft auf allen Wirtschaftsgebieten doktrinär zu verwirklichen. Das Ideal eines freien Wettbewerbs kann durch die Rechtsordnung ohnehin nicht verwirklicht werden. Die Mittel des Rechts sind begrenzt.

1.48 **c) Korrekturen.** Staatliche Eingriffe sind unbedenklich, wenn sie dazu dienen, den Wettbewerb zu verbessern, insbes dort zu korrigieren, wo die Wettbewerbswirtschaft auf Grund von

Unvollkommenheiten des Marktes nicht funktioniert. In den meisten Wirtschaftsbereichen ist der freie Wettbewerb der Regulator des Marktgeschehens. Dieses Ordnungsprinzip gilt in einem Sozialstaat nur unter gleichzeitiger Wahrung der Belange der Verbraucher, der Arbeitnehmer und der Allgemeinheit. Wie die geschichtliche Entwicklung gezeigt hat, wirkt die Steuerung von Angebot und Nachfrage durch den Wettbewerb nicht immer sozialgerecht. Das Sozialstaatsprinzip kann auch die Durchsetzung nicht-marktkonformer Maßnahmen erforderlich machen, und zwar nicht nur auf bestimmten Wirtschaftsgebieten, wie zB der Landwirtschaft oder der Wohnungswirtschaft, sondern auf allen Wirtschaftsgebieten, wenn der Wettbewerb zu sozialwidrigen Verhältnissen führt, zB bei einer Verknappung lebenswichtiger Waren. Was der Wettbewerb im Markt nicht selbstständig steuern kann, kann im Wege sozialgerechter Intervention geordnet werden.

2. Globalsteuerung

1.49 Für die Regelung der wirtschaftlichen Beziehungen der einzelnen Wirtschaftssubjekte im Bereich der Mikrorelationen reicht der Wettbewerb als Steuerungsmittel aus. Es bedarf jedoch flankierender Maßnahmen, um in einer Wettbewerbsordnung bestimmte gesamtwirtschaftliche Ziele zu verwirklichen. Für den Bereich der Makrorelationen ist deshalb eine systematische globale Steuerung des gesamtwirtschaftlichen Kreislaufs vorgesehen, durch die indirekt die Funktionsfähigkeit des Wettbewerbs als Regulator der Mikrobeziehungen gesteigert wird. Die Rechtsgrundlage für diese Wirtschaftspolitik wurde im Zusammenhang mit einer Änderung des Art 109 GG durch das StabilitätsG v 8. 6. 1967 (BGBl I 582) geschaffen. Bund und Länder haben nach Art 109 II GG bei ihrer Haushaltswirtschaft den Erfordernissen des gesamtwirtschaftlichen Gleichgewichts Rechnung zu tragen. Im Rahmen der marktwirtschaftlichen Ordnung sollen vier Ziele in ein ausgeglichenes Verhältnis zueinander gebracht werden: die Stabilität des Preisniveaus, ein hoher Beschäftigungsstand, außenwirtschaftliches Gleichgewicht sowie stetiges und angemessenes Wirtschaftswachstum, § 1 StabG. Die Herstellung der Harmonie unter diesen vier Zielen (magisches Viereck) erfordert ständige Korrekturen der Wirtschaftsprozesse. Zur Verwirklichung dieser Ziele steht den politischen Organen des Bundes und der Länder ein weiter Beurteilungsspielraum zu. Im Falle der Gefährdung eines der Ziele des magischen Vierecks stellt die Bundesregierung Orientierungsdaten für ein gleichzeitiges, aufeinander abgestimmtes Verhalten (konzertierte Aktion) der Gebietskörperschaften, Gewerkschaften und Unternehmensverbände zur Erreichung der Ziele zur Verfügung, § 3 StabG. Die Zuständigkeit der konzertierten Aktion als Mittel der Globalsteuerung erfasst die gesamte Wirtschaftspolitik (vgl *Hoppmann,* Wirtschaftsordnung und Wettbewerb, 1988, 39 ff).

3. Strukturpolitische Maßnahmen

1.50 Die Durchsetzung eines funktionierenden Wettbewerbs auf den Märkten setzt voraus, dass er vor Vermachtung geschützt wird. Dies ist die Aufgabe des europäischen und deutschen Kartellrechts (Art 101 ff AEUV; §§ 1 ff, 19 ff, 35 ff GWB).

4. Zusammenfassung

1.51 Der Schwerpunkt der gegenwärtigen Wirtschaftsordnung liegt auf dem marktwirtschaftlichen Prinzip. In den meisten Wirtschaftsbereichen ist der freie Wettbewerb der Regulator der einzelwirtschaftlichen Beziehungen. Zur Durchsetzung einer sozialgerechten Ordnung ist die staatliche Intervention nicht auf marktkonforme Mittel beschränkt, die nur dem Schutz der Marktwirtschaft dienen. Der Gesetzgeber hat vielmehr im Rahmen des Grundgesetzes freie Hand. Zur Regelung aller Konflikte ist der Marktmechanismus nicht geeignet. Für einige Wirtschaftsbereiche, insbes für die Ernährungs- und Landwirtschaft, die Verkehrs- und Energiewirtschaft, gelten staatliche Marktordnungen und Festpreissysteme. Weiter bestehen vereinzelt staatliche Monopole, wie das Post- und Telegrafenmonopol der früheren Deutschen Bundespost kraft befristeter Verleihung an die Deutsche Post AG und die Deutsche Telekom AG (Art 143 b II 1 GG) oder das Branntweinmonopol der Bundesmonopolverwaltung. Für die Erreichung der großen gesamtwirtschaftlichen Ziele, wie Stabilität des Preisniveaus, hoher Beschäftigungsstand, außenwirtschaftliches Gleichgewicht und stetiges angemessenes Wachstum, setzt der Staat das Mittel der Globalsteuerung ein. Solange der Dirigismus die Freiheit der unternehmerischen Einzelentscheidungen im Markt nicht antastet, besteht ein marktwirtschaftliches Wirtschaftssystem. Hierbei darf jedoch nicht übersehen werden, dass das **Unionsrecht** die Verpflichtungen aus Art 109 II GG sowie des § 1 StabG überlagert und die Wirtschaftsziele des magischen Vierecks im Einklang mit den Aufgaben der Union (Art 2 ff AEUV) zu verwirklichen sind.

2. Kapitel. Grundlagen des deutschen Wettbewerbsrechts (Lauterkeitsrechts)

Übersicht

	Rdn
I. Entwicklung des Rechts gegen den unlauteren Wettbewerb	2.1–2.22 e
1. Verwirklichung der Gewerbefreiheit und Versagen der Rspr	2.1
2. Erste gesetzliche Regelungen	2.2
3. Das UWG 1909	2.3–2.9
a) Einführung einer Generalklausel	2.3
b) Konkretisierung der Generalklausel durch Richterrecht	2.4
c) Ergänzung durch Spezialtatbestände	2.5
d) Aufbau des UWG 1909	2.6
e) Weitere Entwicklung	2.7–2.9
aa) Änderungen in der Vorkriegszeit	2.8
bb) Änderungen und Änderungsbestrebungen in der Nachkriegszeit	2.9
4. Das UWG 2004	2.10–2.21
a) Vorarbeiten	2.10
b) Grundzüge der Reform	2.11–2.21
aa) Rechtspolitische Anliegen	2.11–2.15
(1) Modernisierung	2.12
(2) Europäisierung	2.13
(3) Kodifizierung	2.14
(4) Intensivierung	2.15
bb) Gesetzesaufbau	2.16
cc) Schutzzwecke	2.17
dd) Generalklausel	2.18
ee) Beispielstatbestände	2.19
ff) Sanktionen	2.20
gg) Strafrecht	2.21
5. Die UWG-Novelle 2008	2.22–2.22 d
a) Umsetzung der Richtlinie über unlautere Geschäftspraktiken als Ziel	2.22
b) Erweiterung des Anwendungsbereichs des UWG	2.22 a
c) Änderung der Generalklausel	2.22 b
d) Änderung einzelner Unlauterkeitstatbestände	2.22 c
e) Einführung von Per-Se-Tatbeständen	2.22 d
6. Das Gesetz zur Bekämpfung unerlaubter Telefonwerbung	2.22 e
II. Die Durchsetzung des Lauterkeitsrechts	2.23–2.38
1. Möglichkeiten der Durchsetzung	2.23–2.25
a) Anforderungen des Gemeinschaftsrechts	2.24
b) Rechtslage in Deutschland	2.25
2. Die Rolle der Gerichte	2.26
3. Die Rolle der Einigungsstellen	2.27
4. Die Rolle der Verbände	2.28–2.33
a) Allgemeines	2.28
b) Zentrale zur Bekämpfung unlauteren Wettbewerbs	2.29
c) Deutscher Schutzverband gegen Wirtschaftskriminalität	2.30
d) Schutzverband gegen Unwesen in der Wirtschaft e. V.	2.31
e) Verbraucherzentrale Bundesverband e. V.	2.32
f) Weitere Verbände	2.33
5. Die Rolle sonstiger Organisationen	2.34–2.38
a) Industrie- und Handelskammern (IHK)	2.34
b) Handwerkskammern	2.35
c) Gutachterausschuss für Wettbewerbsfragen (GA)	2.36
d) Zentralausschuss der Werbewirtschaft e. V. (ZAW)	2.37
e) Markenverband	2.38

I. Entwicklung des Rechts gegen den unlauteren Wettbewerb

Schrifttum: *Beater,* Verbraucherschutz und Schutzzweckdenken im Wettbewerbsrecht, 2000 (dazu Bspr *Kisseler* WRP 2001, 183); *ders,* Entwicklungen des Wettbewerbsrechts durch die gesetzgebende und die rechtsprechende Gewalt, FS Erdmann, 2002, 513; *ders,* Verbraucherverhalten und Wettbewerbsrecht, FS Tilmann, 2003, 87; *Borck,* UWG-Deregulierung als Reformersatz, WRP 1994, 349; *H. G. Borck,* „Überprüfung" der „Überprüfung des Wettbewerbsrechts", WRP 1997, 399; *ders,* Gesetz zur Änderung des Gesetzes gegen den unlauteren Wettbewerb, WRP 1994, 719; *Bornkamm,* Wettbewerbs- und Kartellrechtsprechung zwischen nationalem und europäischem Recht, FS 50 Jahre Bundesgerichtshof, 2000, 343; *Dieselhorst,* Der „unmittelbar Verletzte" im Wettbewerbsrecht nach der UWG-Novelle, WRP 1995, 1; *Gloy,* Brauchen wir eine neue UWG-Novelle?, FS Vieregge, 1995, 297; *ders,* Die Entwicklung des Wettbewerbsrechts und seiner Nebengebiete, FS Gewerblicher Rechtsschutz und Urheberrecht in Deutschland, 1991, 855; *Gröning,* 100 Tage UWGÄndG, WRP 1994, 775; *ders,* Notwendigkeit und Spielräume einer Reform von § 1 UWG, WRP 1996, 1135; *ders,* Vom Saulus zum Paulus – Der Wettbewerbsrichter in einem geänderten UWG, WRP 1994, 435; *Kisseler,* Die UWG-Novelle 1994 in der Praxis, WRP 1994, 768; *ders,* Die Verantwortung der Rechtsprechung für den lauteren Wettbewerb, WRP 1999, 274; *v Linstow,* Klagebefugnis und Gerichtsstand nach der UWG-Novelle, WRP 1994, 787; *Loschelder,* Die Novellierung des Gesetzes gegen den unlauteren Wettbewerb, GR 1994, 535; *Nacken,* Anmerkungen zu den Änderungen des UWG, WRP 1994, 791; *Niederleithinger,* Die vernachlässigte Einheit der Rechtsordnung im Wettbewerbsrecht, GRUR Int 1996, 467; *Ohly,* Richterrecht und Generalklausel im Recht des unlauteren Wettbewerbs; Ein Methodenvergleich des englischen und deutschen Rechts, 1997 – Bericht der Arbeitsgruppe „Überprüfung des Wettbewerbsrechts", GRUR 1997, 201; *Schill,* Der Einfluss der Wettbewerbsideologie des Nationalsozialismus auf den Schutzzweck des UWG, 2004; *Schliesky,* Über Notwendigkeit und Gestalt eines Öffentlichen Wettbewerbsrechts, DVBl 1999, 78; *Schricker,* Deregulierung im Recht des unlauteren Wettbewerbs, GRUR Int 1994, 586; *ders,* 100 Jahre Gesetz gegen den unlauteren Wettbewerb – Licht und Schatten, GRUR Int 1996, 473; *ders,* Reformen im Recht des unlauteren Wettbewerbs, ZRP 1994, 430; *v Stechow,* Das Gesetz zur Bekämpfung des unlauteren Wettbewerbs vom 27. Mai 1896, 2002; *Tilmann,* Die UWG-Novelle 1994, BB 1994, 1793; *Zöller,* Ansätze zur Bekämpfung des Abmahnvereinunwesens, WRP 1994, 156.

1. Verwirklichung der Gewerbefreiheit und Versagen der Rspr

Die Proklamierung der **Gewerbefreiheit** durch § 1 der Gewerbeordnung von 1869 setzte die Kräfte des wirtschaftlichen Wettbewerbs frei. Die wachsende Produktion und das Entstehen neuer Absatzformen verbunden mit einer Verschlechterung der Konjunktur ab Mitte der 70er Jahre des 19. Jahrhunderts führten zu einer Verschärfung des Konkurrenzkampfs. Damit kam es verstärkt zu unlauteren Verhaltensweisen im Wettbewerb. Dass die Gewerbefreiheit auch missbraucht werden kann, wurde allerdings der Rspr lange Zeit nicht bewusst. Es gelang ihr nicht, einen Mindestschutz gegen unerlaubten Wettbewerb zu entwickeln. Zwar machten die Instanzgerichte des französischen Rechtsgebiets im Deutschen Reich verheißungsvolle Ansätze zur Bekämpfung der „concurrence déloyale" (vgl *Beater* § 3 Rdn 60 ff mwN). Dem bereitete das Reichsgericht aber in der *Apolinaris*-Entscheidung v 30. 11. 1880 (RGZ 3, 67, 69) durch einen fragwürdigen Umkehrschluss ein Ende: Weil der Gesetzgeber ein MarkenschutzG (30. 11. 1874) geschaffen habe (ein Gesetz, das nur ein Sondergebiet regelte), sei alles erlaubt, was dort nicht verboten sei. Anders als in Frankreich und England, wo die Gerichte unlauteren Wettbewerb durch eine kluge Fortbildung des Bürgerlichen Rechts bekämpften, gab es für lange Zeit in Deutschland praktisch keinen wirksamen Schutz vor unlauterem Wettbewerb.

2. Erste gesetzliche Regelungen

Die Erste gesetzliche Regelung des unlauteren Wettbewerbs war in den §§ 15, 16 des Gesetzes zum Schutz der Warenbezeichnung v 12. 5. 1894 enthalten. Danach war es verboten, eine fremde Ausstattung, die sich im Verkehr durchgesetzt hat, nachzuahmen und unrichtige Ursprungsangaben bei Waren zu verwenden. Dieser Schutz reichte nicht aus. Es folgte das **UWG 1896,** nämlich das Gesetz zur Bekämpfung des unlauteren Wettbewerbs v 27. 5. 1896 (dazu *Beater* § 3 Rdn 68 ff; *v Stechow; Wadle* JuS 1996, 1064). Dieses erste Wettbewerbsgesetz war ganz auf Einzelfallbestimmungen zugeschnitten, kannte keine Generalklausel und war darum wenig brauchbar.

3. Das UWG 1909

a) Einführung einer Generalklausel. Das Gesetz gegen unlauteren Wettbewerb v 7. 6. 1909 (RGBl 499) sollte für fast einhundert Jahre die gesetzliche Grundlage des Lauterkeitsrechts bilden (dazu *Beater* § 3 Rdn 84 ff; GK/*Schünemann* Einl Rdn B 17 ff). Es suchte die Fehler des

Gesetzes von 1896 zu vermeiden, indem es an die Spitze des Gesetzes die berühmte Generalklausel (§ 1 UWG aF) stellte. Sie lautete: „Wer im geschäftlichen Verkehr zu Zwecken des Wettbewerbs Handlungen vornimmt, die gegen die guten Sitten verstoßen, kann auf Unterlassung und Schadensersatz in Anspruch genommen werden."

2.4 b) Konkretisierung der Generalklausel durch Richterrecht. Im Laufe der Zeit entwickelte sich die Generalklausel von einer die Einzeltatbestände nur ergänzenden zur beherrschenden Vorschrift des Rechts gegen den unlauteren Wettbewerb. Der auf die guten Sitten im Wettbewerb bezogene Tatbestand machte das Wettbewerbsrecht zu einem weitgehend offenen Recht. Was als lauter oder als unlauter anzusehen ist, ergab sich erst auf Grund einer Konkretisierung der Generalklausel durch die Rspr. Dementsprechend entwickelte sich das Wettbewerbsrecht weithin zu einem Richterrecht. Die Rspr entwickelte bestimmte Leitnormen für das Verhalten im Wettbewerb und gab damit der Generalklausel das nötige Maß an Rationalität und Berechenbarkeit.

2.5 c) Ergänzung durch Spezialtatbestände. Außer der Generalklausel des § 1 UWG aF, die das ganze Wettbewerbsrecht beherrschte, enthielt das Gesetz eine Reihe von Einzeltatbeständen (§§ 3 ff aF), darunter die kleine Generalklausel zur irreführenden Werbung (§ 3 UWG aF).

2.6 d) Aufbau des UWG 1909. Das Gesetz wies – von den Schlussbestimmungen (§§ 21 ff aF) abgesehen – eine Zweiteilung auf. Der erste Teil (§§ 1 ff) bezog sich auf Wettbewerbshandlungen gegenüber einer unbestimmten Mehrheit von Mitbewerbern. Es waren dies das generelle Verbot sittenwidriger Wettbewerbshandlungen (§ 1 aF), die Regelung vergleichender Werbung (§ 2 aF), das Verbot irreführender Werbung (§ 3 aF), das Verbot der irreführenden Werbung beim Insolvenzwarenverkauf (§ 6 aF), das Verbot des Hinweises auf die Hersteller- oder Großhändlereigenschaft (§ 6 a aF), das Verbot des Kaufscheinhandels (§ 6 b aF), das Verbot der progressiven Kundenwerbung (§ 6 c aF), die Regelung der Sonderveranstaltungen (§§ 7, 8 aF). Bei diesen Tatbeständen waren zur Erhebung der Unterlassungsklage nicht nur der unmittelbar Verletzte, sondern auch abstrakt betroffene Mitbewerber (§ 13 II Nr 1 aF) berechtigt, Verbände zur Förderung gewerblicher Interessen (§ 13 II Nr 2 aF) und Verbände, zu deren satzungsgemäßen Aufgaben es gehört, die Interessen der Verbraucher durch Aufklärung und Beratung wahrzunehmen (§ 13 II Nr 3 aF), sowie Industrie- und Handelskammern und Handwerkskammern (§ 13 II Nr 4 aF). – Der zweite Teil (§§ 14 ff aF) bezog sich auf Wettbewerbshandlungen gegenüber bestimmten Mitbewerbern. Es waren dies die Tatbestände der Anschwärzung (§§ 14, 15 aF) und des Verrats von Geschäfts- und Betriebsgeheimnissen (§§ 17–20 a aF).

2.7 e) Weitere Entwicklung. Das UWG 1909 galt mit einigen Änderungen nicht grds Art bis zum Inkrafttreten des UWG 2004. Im Folgenden soll die weitere Rechtsentwicklung kurz dargestellt werden (eingehend dazu *Beater* § 3 Rdn 84 ff; GK/*Schünemann* Einl Rdn B 17 ff).

2.8 aa) Änderungen in der Vorkriegszeit. In der Kaiserzeit und der Zeit der Weimarer Republik wurde das Wettbewerbsrecht weitgehend als Sonderrecht der Kaufmannschaft zum Schutze der Mitbewerber verstanden (vgl *Beater* § 3 Rdn 84 ff). Erst ab Ende der 30er Jahre des vorigen Jahrhunderts brach sich der Gedanke Bahn, dass der (Leistungs-)Wettbewerb auch im Interesse der Verbraucher und der Allgemeinheit zu schützen sei (sog sozialrechtliches Verständnis des UWG; vgl RGZ 120, 47, 49; 128, 330, 343; RG GRUR 1933, 782, 786). Im Zuge der Verschärfung der Wettbewerbssituation nach Ausbruch der Weltwirtschaftskrise kam es zu verstärkter Gesetzgebung. So wurden durch die Notverordnung v 9. 3. 1932 (RGBl I 121) die §§ 7–10, 17 und 18 neu gefasst und die §§ 7 a, b, 20 a und 27 a eingefügt. Einschneidende Bedeutung bis in die jüngste Zeit brachten die zum Schutze des Mittelstands erlassene Zugabe-VO v 9. 3. 1932 (RGBl I 121) und das RabattG v 25. 11. 1933 (RGBl 1011). Durch das Gesetz zur Änderung des UWG v 26. 2. 1935 (RGBl I 311) wurden die §§ 7, 7a, 8 Nr 2, 9, 10 geändert und die §§ 7 c, 9 a eingefügt. Für die Praxis gewannen die Richtlinien des Werberats der deutschen Wirtschaft maßgebliche Bedeutung (dazu *Beater* § 3 Rdn 93 f). Das nationalsozialistische Gedankengut gewann über die Generalklausel des § 1 allmählich Einfluss auf die Entscheidungspraxis (vgl einerseits RGZ 150, 298, andererseits RG JW 1939, 429, 430 zum Hinweis auf jüdische Abstammung eines Mitbewerbers).

2.9 bb) Änderungen und Änderungsbestrebungen in der Nachkriegszeit. Der nach der Währungsreform einsetzende wirtschaftliche Aufschwung und das Bekenntnis zur Freiheit des Wettbewerbs, wie es insbes im Erlass des Gesetzes gegen Wettbewerbsbeschränkungen (GWG) zum Ausdruck kam, brachten zunächst keine Wandlungen in der Beurteilung des unlauteren Wettbewerbs mit sich (vgl *Beater* § 3 Rdn 112 ff; GK/*Schünemann* Einl B Rdn B 36 ff). Kleinere

Änderungen brachten das Gesetz v 11. 3. 1957 (BGBl I 172), das § 27 a neu fasste; das Gesetz v 21. 7. 1965 (BGBl I 625), das § 13 I a (Klagebefugnis der Verbraucherverbände) einfügte; der Art 55 des 1. StrRG v 25. 6. 1969 (BGBl I 645), der § 23 änderte; das Gesetz v 26. 6. 1969 (BGBl I 633), das die §§ 3, 23, 24 änderte und die §§ 6 a und 6 b sowie § 27 II–IV neu einfügte; das Gesetz v 23. 6. 1970 (BGBl I 805), das § 27 a XI änderte, das EGStGB v 2. 3. 1974 (BGBl I 469), das §§ 4 I, 6 II, 8, 10, 12, 15 I, 17 I und III, 18, 20 a, 22, 23 I, 27 a V und XI aF änderte und §§ 11 IV, 26 aF aufhob, sowie das Gesetz v 10. 3. 1975 (BGBl I 685), das § 7 d aF einführte. – Eine Verbesserung des Rechtsschutzes gegen unlauteren Wettbewerb wurde vor allem unter dem Gesichtspunkt des Verbraucherschutzes angestrebt. Im Mai 1978 legte die Bundesregierung dem Bundesrat den Entwurf eines Gesetzes zur Änderung des UWG nebst Begründung vor. Der Entwurf ging auf einen vom BJM am 6. 12. 1977 veröffentlichten Referentenentwurf eines Gesetzes zur Änderung des UWG nebst Begründung (abgedruckt in WRP 1978, 277) zurück. Die CDU/CSU-Bundestagsfraktion hatte im März 1978 einen eigenen Entwurf eingebracht (dazu *Gaedertz* WRP 1977, 681). Der RegE 1978 konnte in der 8. Wahlperiode nicht verabschiedet werden und wurde in der 9. Wahlperiode erneut vorgelegt. Auch der 2. RegE wurde nicht verabschiedet. Erst 1986 konnten verschiedene Änderungen im Rahmen zweier Artikelgesetze verwirklicht werden: Durch das 2. Gesetz zur Bekämpfung der Wirtschaftskriminalität v 15. 5. 1986 (BGBl I 721) – 2. WiKG – wurde in Art 4 Nr 1 der Straftatbestand des § 6 c eingefügt, der die progressive Kundenwerbung verbietet, und in Art 4 Nr 3 der Tatbestand des § 17 über den Geheimnisverrat erweitert. – Durch das Gesetz zur Änderung wirtschafts-, verbraucher-, arbeits- und sozialrechtlicher Vorschriften v 25. 7. 1986 (BGBl I 1169, berichtigt 1987 I 565) wurden die §§ 6 d und 6 e neu eingefügt (Art 1 Nr 1). Sie verboten die öffentliche Werbung mit mengenbeschränkenden Angaben und mit Gegenüberstellungen eigener Preise mit vorher höheren eigenen Preisen. – Das Sonderveranstaltungsrecht wurde zusammenfassend in §§ 7 und 8 neu geregelt (Art 1 Nr 2). Die §§ 7 a–7 d sowie §§ 9, 9 a, 10 und 11 wurden aufgehoben (Art 1 Nr 3 und 5). – § 13 wurde zum besseren Verständnis redaktionell umgestaltet und in § 13 II Nr 4 UWG die Klagebefugnis der Industrie- und Handelskammern sowie der Handwerkskammern ausdrücklich festgelegt (Art 1 Nr 6). In § 13 a wurde ein Rücktrittsrecht für Abnehmer vorgesehen, die durch unwahre Werbung zum Vertragsschluss bestimmt wurden. Ferner wurde in § 23 a die Streitwertminderung erleichtert. – Durch das am 1. 8. 1994 in Kraft getretene Gesetz zur Änderung des UWG (UWGÄndG) v 25. 7. 1994 (BGBl I 1738) – die „kleine UWG-Reform" – wurden die §§ 6 d und 6 e wieder aufgehoben und die Klagebefugnis der „abstrakt" betroffenen Gewerbetreibenden und der Wirtschaftsverbände nach § 13 II Nr 1, 2 eingeschränkt sowie der „fliegende Gerichtsstand" durch den neuen § 24 II 2 weitgehend beseitigt. – Durch Art 25 MarkenrechtsreformG v 25. 10. 1994 (BGBl I 3082) wurde § 16 aufgehoben. Der Schutz geschäftlicher Bezeichnungen wurde auf Grund Art 1 des Markenrechtsreform G im MarkenG (§§ 1 Nr 2, 5, 6, 15) geregelt, das am 1. 1. 1995 in Kraft trat. – § 12 wurde durch Art 4 des Gesetzes zur Bekämpfung der Korruption v 13. 8. 1997 (BGBl I 2039 ff) aufgehoben. – Etwa seit 1996 kam es, verstärkt auf Grund der Einflussnahme des Gemeinschaftsrechts auf die deutsche Gesetzgebung und Rspr, zu einer sog Deregulierung des Wettbewerbsrechts. Durch Gesetz v 1. 9. 2000 (BGBl I 1374) wurde in § 2 die vergleichende Werbung in Umsetzung der Richtlinie 97/55 geregelt. Im Juli 2001 wurden das RabattG und die ZugabeVO ersatzlos aufgehoben. Auf der Ebene der Rspr ist sinnfälligster Ausdruck die Abkehr vom Leitbild des unkritischen Verbrauchers hin zum mündigen Verbraucher (vgl § 1 Rdn 24 ff).

4. Das UWG 2004

Schrifttum: *Deutsche Vereinigung für gewerblichen Rechtsschutz und Urheberrecht,* Stellungnahme zum Entwurf für eine europäische Richtlinie und ein deutsches Gesetz gegen unlauteren Wettbewerb von Köhler/Bornkamm/Henning-Bodewig, GRUR 2003, 127; *Engels/Salomon,* Vom Lauterkeitsrecht zum Verbraucherschutz: UWG-Reform 2003, WRP 2004, 32; *Fezer,* Modernisierung des deutschen Rechts gegen den unlauteren Wettbewerb auf der Grundlage einer Europäisierung des Wettbewerbsrechts, WRP 2001, 989; *ders,* Das wettbewerbsrechtliche Vertragsauflösungsrecht in der UWG-Reform, WRP 2003, 127; *Geis,* Das Lauterkeitsrecht in der rechtspolitischen Diskussion, FS Tilmann, 2003, 121; *Henning-Bodewig,* Richtlinienvorschlag über unlautere Geschäftspraktiken und UWG-Reform, GRUR Int 2004, 183; *dies,* Das neue Gesetz gegen den unlauteren Wettbewerb; *Köhler,* UWG-Reform und Verbraucherschutz, GRUR 2003, 265; *ders,* Das neue UWG, NJW 2004, 2121; *Köhler/Bornkamm/Henning-Bodewig,* Vorschlag für eine Richtlinie zum Lauterkeitsrecht und eine UWG-Reform, WRP 2002, 1317; *Köhler/Lettl,* Das geltende europäische Lauterkeitsrecht, der Vorschlag für eine EG-Richtlinie über unlautere Geschäftspraktiken und die UWG-Reform, WRP 2003, 1019; *Lettl,* Das neue UWG, 2004; *Micklitz/Keßler,* Funktionswandel des UWG, WRP 2003, 919; *Münker/Kaestner,* Das reformierte UWG im Überblick – Die Sicht der Praxis, BB 2004, 1689; *Sack,* Regierungsentwurf einer UWG-Novelle – ausgewählte Probleme, BB 2003, 1073; *ders*, Vergleichende Werbung und die Erheblichkeitsschwelle in § 3 des Regierungsentwurfs einer UWG-Novelle, WRP 2004, 30; *Schnorr/Wissing*, Reform des Gesetzes gegen den unlauteren Wettbewerb, ZRP 2002, 143; *Schricker/Henning-Bodewig*, Elemente einer Harmonisierung des Rechts des unlauteren Wettbewerbs in der Europäischen Union, WRP 2001, 1392; *Sosnitza*, Das Koordinatensystem des Rechts des unlauteren Wettbewerbs im Spannungsfeld zwischen Europa und Deutschland, GRUR 2003, 739; *Ullmann*, Das Koordinatensystem des Rechts des unlauteren Wettbewerbs im Spannungsfeld von Europa und Deutschland, GRUR 2003, 817.

2.10 **a) Vorarbeiten.** Das BMJ setzte 2001 eine Arbeitsgruppe Unlauterer Wettbewerb ein. Ziel war die weitere Liberalisierung und europakonforme Modernisierung des Wettbewerbsrechts (vgl BT-Drucks 15/1487 v 22. 8. 2003 S 12). Zur Ermittlung der rechtstatsächlichen Grundlagen für die Gesetzgebung holte das BMJ Gutachten von *Fezer* (WRP 2001, 989) und *Schricker/Henning-Bodewig* (WRP 2001, 1367) ein. Die Mitglieder der Arbeitsgruppe *Köhler, Bornkamm* und *Henning-Bodewig* erstellten im Mai 2002 einen Entwurf für ein vollständig neues UWG (WRP 2002, 1317), der dann Grundlage der weiteren Beratungen und in weiten Teilen vom Gesetzgeber übernommen wurde. Der Regierungsentwurf für das neue UWG wurde im Mai 2003 veröffentlicht. Der Bundesrat nahm dazu am 20. 6. 2003 Stellung und forderte eine Reihe von Änderungen (BT-Drucks 15/1487 S 29 ff). In der Gegenäußerung der Bundesregierung (BT-Drucks 15/1487 S 40 ff) wurden einige dieser Änderungsvorschläge aufgegriffen. Am 14. 1. 2004 erfolgte eine Sachverständigenanhörung vor dem Rechtsausschuss des Bundestags. In den Beratungen des Bundestags wurden die Vorschläge der Bundesregierung weitgehend berücksichtigt.

2.11 **b) Grundzüge der Reform. aa) Rechtspolitische Anliegen.** Der Gesetzgeber verfolgte mit der Novelle die Ziele der Modernisierung, Europäisierung, Kodifizierung und Intensivierung des Wettbewerbsrechts.

2.12 **(1) Modernisierung.** Nach der Abschaffung von RabattG und ZugabeVO im Jahre 2001 setzte der Gesetzgeber die Politik der Deregulierung und Modernisierung des Wettbewerbsrechts konsequent fort. Die abstrakten Gefährdungstatbestände der §§ 6 aF (Insolvenzwarenverkauf), 6a aF (Hersteller- und Großhändlerwerbung), 6b aF (Einkaufsausweise) und die Vorschriften über Sonderveranstaltungen (§§ 7, 8 aF) wurden nicht in das neue UWG übernommen. Der Handel darf also das ganze Jahr über Werbeaktionen durchführen. Eine Grenze setzt lediglich das Irreführungsverbot, insbes das Verbot, mit Preisherabsetzungen zu werben, wenn der ursprüngliche Preis nur für eine unangemessen kurze Zeit gefordert worden ist (§ 5 IV).

2.13 **(2) Europäisierung.** Der Gesetzgeber setzte die von der Rspr seit etwa 1995 eingeleitete Annäherung an die Regelungen und Wertmaßstäbe des Gemeinschaftsrechts fort. Sinnfälliger Ausdruck ist die redaktionelle Anpassung des § 5 UWG (Irreführung) an Art 3 der Richtlinie 84/450/EWG über irreführende Werbung. In § 7 II und III UWG wird die Datenschutzrichtlinie 2002/58/EG für elektronische Kommunikation umgesetzt. Die Regelungen in § 4 Nr 4 und 5 UWG knüpfen an entspr Vorschriften in der Richtlinie 2000/31/EG über den elektronischen Geschäftsverkehr an. Das vom EuGH entwickelte und vom Bundesgerichtshof übernommene Verbraucherleitbild („durchschnittlich informierter, aufmerksamer und verständiger Durchschnittsverbraucher") wird in der Begründung zum RegE (BT-Drucks 15/1487 S 19) ausdrücklich aufgegriffen und der Regelung des § 5 UWG zugrunde gelegt. Die parallel zur deutschen Gesetzgebung betriebenen Vorhaben der Kommission, nämlich der Erlass einer Richtlinie über unlautere Geschäftspraktiken und einer Verordnung über Verkaufsförderung im Binnenmarkt, haben dagegen auf den Inhalt des UWG 2004 keinen nennenswerten Einfluss genommen.

2.14 **(3) Kodifizierung.** In Konkretisierung und Ergänzung des geschriebenen Rechts hatte die Rspr zahlreiche Rechtssätze entwickelt, die der Gesetzgeber in das UWG 2004 übernahm, um das Wettbewerbsrecht transparenter zu machen. Dazu gehören insbes viele Beispielstatbestände in § 4 und auch § 7. Kodifiziert wurden auch der Beseitigungsanspruch und der vorbeugende Unterlassungsanspruch (§ 8 I) sowie die Rechtsinstitute der Abmahnung und Unterwerfung (§ 12 I).

2.15 **(4) Intensivierung.** Um die Durchsetzung des Lauterkeitsrechts auch und gerade im Interesse der Verbraucher zu intensivieren, wurde in § 10 ein Gewinnabschöpfungsanspruch eingeführt. Damit sollen vorsätzliche Wettbewerbsverstöße, bei denen zu Lasten einer Vielzahl von Abnehmern ein Gewinn erzielt wird, geahndet werden. Da der Gewinn an den Bundeshaushalt abzuführen ist, wird auch die Neigung der anspruchsberechtigten Verbände, auf eigenes Risiko einen Prozess zu führen, nicht sehr groß sein. Überdies sind die Schwierigkeiten beim Nachweis der Anspruchsvoraussetzungen nicht zu unterschätzen. Vermutlich wird der Anspruch daher wohl nur in einfach gelagerten Fällen (zB Mogelpackungen, Adressbuchschwindel) geltend gemacht werden. Dagegen sah der Gesetzgeber davon ab, Individualansprüche auch im Vertikalverhältnis anzuerkennen, da insoweit die Regelungen des Bürgerlichen Rechts einen ausdifferenzierten und angemessenen Schutz gewähren.

bb) Gesetzesaufbau. Das UWG 2004 gliederte sich in fünf Kapitel. Das erste Kapitel hat „Allgemeine Bestimmungen" zum Gegenstand. Der Schutzzweckbestimmung (§ 1 UWG) folgen Definitionen zentraler Begriffe (§ 2 UWG). Die eigentlichen materiellrechtlichen Regelungen finden sich in § 3 UWG (Generalklausel) und den §§ 4–7 UWG (Beispielstatbestände). Das zweite Kapitel regelt die „Rechtsfolgen", nämlich die Ansprüche auf Unterlassung und Beseitigung, Schadensersatz und Gewinnherausgabe sowie die Verjährung (§§ 8–11 UWG). Das dritte Kapitel enthält „Verfahrensvorschriften" (§§ 12–15 UWG). Das vierte Kapitel fasst die „Strafvorschriften" (§§ 16–19) zusammen. Das fünfte Kapitel gibt „Schlussbestimmungen" (§§ 20–22). 2.16

cc) Schutzzwecke. In § 1 UWG wurden – in Anlehnung an Art 1 der Richtlinie 84/450/EWG über irreführende Werbung und an Art 1 SchweizUWG – die Schutzzwecke des Wettbewerbsrechts verdeutlicht. Neben dem Schutz der Mitbewerber wurde ausdrücklich auch der Schutz der „Verbraucherinnen und Verbraucher" erwähnt. Dies entspricht der bisherigen Rechtslage. Praktisch bedeutsamer ist die Schutzzweckpräzisierung in § 1 S 2 UWG. Darin wird auch das Allgemeininteresse als Schutzzweck erwähnt, jedoch nur im Hinblick auf einen unverfälschten Wettbewerb. Der Schutz sonstiger Allgemeininteressen (wie zB Umweltschutz, Gesundheitsschutz, Schutz der Rechtspflege, Arbeitnehmerschutz) wurde daher nicht als Aufgabe des Wettbewerbsrechts angesehen. Allenfalls wurden diese Allgemeininteressen reflexartig mitgeschützt, soweit ein Wettbewerbsverstoß auch derartige Interessen berührt. 2.17

dd) Generalklausel. Die neue Generalklausel in § 3 UWG verwendete nicht mehr den antiquierten und Missverständnissen ausgesetzten Begriff der „guten Sitten", sondern sprach nur noch von „unlauteren Wettbewerbshandlungen". Damit war aber keine Änderung der Wertmaßstäbe verbunden. Neu war dagegen, dass unlautere Wettbewerbshandlungen nicht schlechthin verboten wurden, sondern nur dann, wenn sie „geeignet sind, den Wettbewerb zum Nachteil der Mitbewerber, der Verbraucher oder der sonstigen Marktbeteiligten nicht unerheblich zu beeinträchtigen". Die Verfolgung von Bagatellverstößen war also generell ausgeschlossen. 2.18

ee) Beispielstatbestände. Die zu § 1 UWG 1909 von der Rspr entwickelten Fallgruppen standen Pate bei der Ausformulierung einer Reihe von Beispielstatbeständen in den §§ 4–7 UWG. Einige von diesen Beispielstatbeständen hatten ihrerseits den Charakter von kleinen Generalklauseln (zB das Verbot der unangemessenen unsachlichen Beeinflussung der Entscheidungsfreiheit von Verbrauchern, § 4 Nr 1 UWG, und das Verbot der gezielten Behinderung von Mitbewerbern, § 4 Nr 10 UWG). Bei ihrer Auslegung ließ sich an die bisherige Fallgruppen-Rspr anknüpfen, jedoch nur soweit sie sich an dem Leitbild des durchschnittlich informierten, (situationsadäquat) aufmerksamen und verständigen Verbrauchers orientiert. Das gilt auch für die irreführende Werbung, die ebenfalls als Beispielstatbestand unlauteren Handelns geregelt wurde (§ 5 UWG). 2.19

ff) Sanktionen. Der Gesetzgeber hielt am bewährten System der Durchsetzung des Wettbewerbsrechts mit Hilfe von zivilrechtlichen Ansprüchen fest. Als klassische Ansprüche wurden der Unterlassungsanspruch (§ 8 I UWG), der Beseitigungsanspruch (§ 8 I UWG) und der Schadensersatzanspruch (§ 9 UWG) vorgesehen. Hinzu trat der Gewinnabschöpfungsanspruch (§ 10 UWG). Die Verjährung wurde in § 11 UWG unter Anpassung an das neue Verjährungsrecht des BGB (§§ 195, 199 BGB) geregelt. Aus dem Kreis der Anspruchsberechtigten schied der „abstrakt" verletzte Gewerbetreibende (§ 13 II Nr 1 UWG1909) aus, dafür wurde der Anspruch des (unmittelbar verletzten) Mitbewerbers in § 8 III Nr 1 UWG kodifiziert. Die auch dem Schuldnerinteresse dienenden, gewohnheitsrechtlich anerkannten Rechtsinstitute der Abmahnung und Unterwerfung wurden in § 12 I UWG geregelt. Auch der Anspruch auf Aufwendungsersatz bei berechtigter Abmahnung wurde geregelt und braucht daher nicht, wie früher, auf die Grundsätze der Geschäftsführung ohne Auftrag gestützt zu werden. 2.20

gg) Strafrecht. Die in den §§ 16 ff UWG enthaltenen Straftatbestände entsprachen dem früheren Recht. Nicht übernommen wurde lediglich § 15 UWG 1909. 2.21

5. Die UWG-Novelle 2008

Schrifttum: *Köhler,* „Wettbewerbshandlung" und „Geschäftspraktiken", WRP 2007, 1393; *ders,* Vom deutschen zum europäischen Lauterkeitsrecht, NJW 2008, 3032; *ders,* Die UWG-Novelle 2008, WRP 2009, 109; *Köhler/Lettl,* Das geltende europäische Lauterkeitsrecht, der Vorschlag für eine EG-Richtlinie über unlautere Geschäftspraktiken und die UWG-Reform, WRP 2003, 1019; *Keßler/Micklitz,* Das neue UWG – auf halbem Wege nach Europa?, VuR 2009, 88; *Kulka,* Der Entwurf eines „Ersten Gesetzes zur Änderung des Gesetzes gegen den unlauteren Wettbewerb", DB 2008, 1548; *Lettl,* Das neue UWG, GRUR-RR 2009, 41; *Sosnitza,* Der Gesetzentwurf zur Umsetzung der Richtlinie über unlautere Geschäftspraktiken, WRP 2008, 1014; *Stuyck/Terryn/van Dyck,* Confidence through fairness? The new Directive on unfair Business-to-Consumer Commercial Practices in the Internal Market, CML Rev 43 (2006), 107.

2.22 **a) Umsetzung der Richtlinie über unlautere Geschäftspraktiken als Ziel.** Das am 8. 7. 2004 in Kraft getretene UWG 2004 musste bereits nach wenigen Jahren erneut geändert werden. Das „Erste Gesetz zur Änderung des Gesetzes gegen den unlauteren Wettbewerb" (UWG-Novelle 2008) dient der (verspäteten) Umsetzung der **Richtlinie 2005/29/EG über unlautere Geschäftspraktiken** (dazu Einl Rdn 3.56 ff). Da diese Richtlinie in ihrem Anwendungsbereich (Art 3 I) eine Vollharmonisierung vorsieht, hatte der deutsche Gesetzgeber keinen sachlichen Gestaltungsspielraum. Er konnte den Aufbau des Gesetzes weitgehend unangetastet lassen, sah sich jedoch im Einzelnen zu einschneidenden Änderungen veranlasst.

2.22a **b) Erweiterung des Anwendungsbereichs des UWG.** Das bisherige UWG regelte nur das Verhalten im Wettbewerb, genauer das Marktverhalten. Die UGP-Richtlinie machte eine Ausweitung des Anwendungsbereichs auf das unternehmerische Verhalten gegenüber Verbrauchern (und folgerichtig auch gegenüber sonstigen Marktteilnehmern) während und nach Vertragsschluss erforderlich. Dementsprechend konnte auch der Begriff der Wettbewerbshandlung nicht beibehalten werden, sondern musste durch den weitergehenden Begriff der geschäftlichen Handlung, definiert in § 2 I Nr 1 UWG, ersetzt werden.

2.22b **c) Änderung der Generalklausel.** Auch die Generalklausel des § 3 UWG wurde tiefgreifend umgestaltet. In § 3 I UWG wurde die bisherige Bagatellklausel auf ihre eigentliche Bedeutung reduziert und von dem eher irreführenden Tatbestandsmerkmal der „nicht nur unerheblichen Beeinträchtigung des Wettbewerbs" befreit. In § 3 II UWG trug der Gesetzgeber den speziellen Anforderungen des Art 5 II, III UGP-Richtlinie an die Beurteilung der Zulässigkeit von geschäftlichen Handlungen gegenüber Verbrauchern Rechnung. In § 3 III UWG erfolgte ein Hinweis darauf, dass die im Anh des Gesetzes aufgeführten geschäftlichen Handlungen gegenüber Verbrauchern („Schwarze Liste") stets unzulässig sind, eine Berücksichtigung der Umstände des Einzelfalls also ausgeschlossen ist.

2.22c **d) Änderung einzelner Unlauterkeitstatbestände.** Während § 4 UWG weitgehend (von § 4 Nr 2 UWG abgesehen) unangetastet blieb, wurde der Irreführungstatbestand des § 5 UWG neu formuliert und ein neuer § 5a UWG hinsichtlich der „Irreführung durch Unterlassen" eingeführt. Die Regelungen spiegeln die Art 6 und 7 UGP-Richtlinie wider. Der bisherige Unlauterkeitstatbestand des § 7 UWG wurde zum selbstständigen Tatbestand einer Zuwiderhandlung erhoben und punktuell (in § 7 II Nr 1 UWG) ergänzt.

2.22d **e) Einführung von Per-Se-Tatbeständen.** Im Anh zu § 3 III UWG sind 30 Tatbestände aufgeführt, deren Verwirklichung eine stets unzulässige geschäftliche Handlung darstellt. Damit trug der Gesetzgeber dem Anh I der UGP-Richtlinie Rechnung. Neben eher skurrilen Beispielen enthält dieser Anh im Großen und Ganzen Tatbestände, deren Unlauterkeit nicht zweifelhaft sein kann.

6. Das Gesetz zur Bekämpfung unerlaubter Telefonwerbung

Schrifttum: *Köhler,* Neue Regelungen zum Verbraucherschutz bei Telefonwerbung und Fernabsatzverträgen, NJW 2009, 2567.

2.22e Das G zur Bekämpfung unerlaubter Telefonwerbung und zur Verbesserung des Verbraucherschutzes bei besonderen Vertriebsformen v 29. 7. 2009 (BGBl I 2413) fügte in § 7 II Nr 2 UWG das Erfordernis einer „ausdrücklichen" Einwilligung des Verbrauchers in eine Telefonwerbung ein und schuf zugleich – unter Aufhebung der bisherigen §§ 20–22 UWG – einen entsprechenden Bußgeldtatbestand in § 20 UWG. Davon versprach sich der Gesetzgeber zusammen mit der Ausweitung der Widerrufsrechte bei bestimmten Vertragsschlüssen eine wirksamere Eindämmung der unerlaubten Telefonwerbung gegenüber Verbrauchern.

II. Die Durchsetzung des Lauterkeitsrechts
1. Möglichkeiten der Durchsetzung

Die Anforderungen des Lauterkeitsrechts an die Wirtschaft lassen sich mit unterschiedlichen rechtlichen Instrumenten durchsetzen. In Betracht kommen staatliche Sanktionen mit den Mitteln des Zivilrechts, des Strafrechts und des öffentlichen Rechts sowie ergänzend eine freiwillige Selbstkontrolle der Wirtschaft. Alle diese Regelungsmodelle finden sich in Europa. 2.23

a) Anforderungen des Gemeinschaftsrechts. Die Richtlinie 84/450/EWG über irreführende und vergleichende Werbung überließ es den Mitgliedstaaten, welche Möglichkeiten sie dabei wählen. Diese Möglichkeiten mussten aber nach Art 4 I 2 Rechtsvorschriften umfassen, die es Personen oder Organisationen, die nach dem nationalen Recht ein berechtigtes Interesse am Verbot irreführender Werbung oder an der Regelung vergleichender Werbung haben, gestatten, gerichtlich gegen eine solche Werbung vorzugehen und/oder eine solche Werbung vor eine Verwaltungsbehörde zu bringen, die zuständig ist, über Beschwerden zu entscheiden oder geeignete gerichtliche Schritte einzuleiten. Eine Neufassung dieser Richtlinie erfolgte durch die Richtlinie 2006/114/EG über irreführende und vergleichende Werbung (Werberichtlinie). – Die Richtlinie 2005/29/EG über unlautere Geschäftspraktiken v 11. 5. 2005 (UGP-Richtlinie) erweitert diese Regelung auf alle Fälle von unlauteren Geschäftspraktiken. – In der Verordnung (EG) Nr 2006/2004 über die Zusammenarbeit im Verbraucherschutz ist die Einrichtung von nationalen Behörden zur Zusammenarbeit bei der Durchsetzung von Verbraucherschutznormen vorgesehen. 2.24

b) Rechtslage in Deutschland. In Deutschland steht seit jeher die Durchsetzung des Lauterkeitsrechts vor den staatlichen Gerichten mit den Mitteln des zivilrechtlichen Anspruchs im Vordergrund. Auch das UWG 2004 folgte diesem Regelungsmodell (§§ 8 bis 10 UWG). Das Interesse der Allgemeinheit an einem unverfälschten Wettbewerb (§ 1 S 2 UWG) wird dadurch gewahrt, dass auch bestimmte Verbände der Wirtschaft und der Verbraucher Wettbewerbsverstöße verfolgen dürfen (§ 8 III Nr 2 bis UWG). Um zeitraubende und kostspielige Gerichtsverfahren zu vermeiden, hat sich in der Praxis die außergerichtliche Streitbeilegung mittels Abmahnung und Unterwerfung (§ 12 I UWG) eingebürgert. Eine vergleichbare Funktion hat, wenn es bereits zum Erlass einer einstweiligen Verfügung gekommen ist, das sog Abschlussverfahren mittels Abschlussschreiben und Abschlusserklärung (vgl § 12 Rdn 3.69 ff). Die meisten Wettbewerbsstreitigkeiten werden auf diese Weise erledigt. Daneben gibt es die Möglichkeit der zivilrechtlichen Streitschlichtung durch die Einigungsstellen bei den Industrie- und Handelskammern (§ 15 UWG; dazu Rdn 2.27). Das Strafrecht als ultima ratio ergänzt das zivilrechtliche Lauterkeitsrecht, kommt aber nur bei einigen schwerwiegenden Zuwiderhandlungen (§§ 16–21) zum Einsatz. – In der Praxis spielt ferner die freiwillige Selbstkontrolle der Wirtschaft eine nicht unbedeutende Rolle. Es ist das erklärte Ziel der UGP-Richtlinie (vgl Erwägungsgrund 20), diese Selbstkontrolle anhand von Verhaltenskodizes zu stärken. 2.25

2. Die Rolle der Gerichte

Die Durchsetzung lauterkeitsrechtlicher Ansprüche erfolgt durch gerichtliche Geltendmachung vor den **ordentlichen Gerichten,** sei es durch Erhebung einer Klage, sei es durch Antrag auf Erlass einer einstweiligen Verfügung. Eingangsgericht ist nach § 13 I UWG, unabhängig vom Streitwert, stets das **Landgericht (LG).** Durch Rechtsverordnung kann für die Bezirke mehrerer Landgerichte eines von ihnen als Gericht für Wettbewerbsstreitsachen bestimmt werden, wenn dies der Rechtspflege in Wettbewerbsstreitsachen, insbes der Sicherung einer einheitlichen Rspr dienlich ist (§ 13 II UWG). Im Instanzenzug folgen das **Oberlandesgericht (OLG)** als Berufungsgericht und der **Bundesgerichtshof (BGH)** als Revisionsgericht. Berufung gegen Urteile des Landgerichts ist nach § 511 ZPO möglich, wenn der Streitwert 600 € übersteigt oder das Landgericht die Berufung zugelassen hat. Revision gegen Urteile des Oberlandesgerichts ist nach § 543 I ZPO möglich, wenn sie das Oberlandesgericht oder das Revisionsgericht auf Beschwerde gegen die Nichtzulassung zugelassen hat. – Gegen Entscheidungen der ordentlichen Gerichte kann unter dem Gesichtspunkt der Verletzung von Grundrechten Verfassungsbeschwerde zum **Bundesverfassungsgericht (BVerfG)** erhoben werden. Dies kam in jüngerer Zeit immer häufiger vor. Für die Auslegung des Lauterkeitsrechts am Maßstab der Grundrechte hat die Rspr des Bundesverfassungsgerichts immer größere Bedeutung gewonnen. Sie führte zu einer weitreichenden Liberalisierung des Lauterkeitsrechts. Allerdings scheidet eine Berufung auf deutsche Grundrechte aus, soweit das deutsche Recht lediglich einer europäischen Richtlinie nachkommt 2.26

und dementsprechend richtlinienkonform auszulegen ist. – Zunehmende Bedeutung für das deutsche Lauterkeitsrecht kommt der Rspr des **Europäischen Gerichtshofs (EuGH)** zu (vgl Rdn 3.11 ff). Er entscheidet zwar nur über die Auslegung des primären und sekundären Unionsrechts. Soweit das Lauterkeitsrecht auf Richtlinien der Union fußt, ist auf Grund des Gebots der richtlinienkonformen Auslegung des nationalen Rechts seine Rspr auch für das deutsche Lauterkeitsrecht maßgeblich.

3. Die Rolle der Einigungsstellen

2.27 In gewissem Umfang entlasten die bei den Industrie- und Handelskammern errichteten **Einigungsstellen** die ordentlichen Gerichte. Zu Einzelheiten vgl § 15 Rdn 1 ff.

4. Die Rolle der Verbände

2.28 **a) Allgemeines.** Bei der Durchsetzung lauterkeitsrechtlicher Ansprüche vor den Gerichten (und den Einigungsstellen) spielen neben den verletzten Mitbewerbern (§ 8 III Nr 1 UWG) auch und vor allem die Wirtschafts- und Wettbewerbsverbände (§ 8 III Nr 2 UWG), in geringerem Maße auch die Verbraucherverbände (qualifizierte Einrichtungen iSd § 8 III Nr 3 UWG), die Industrie- und Handelskammern sowie die Handwerkskammern (§ 8 III Nr 4 UWG) dagegen praktisch keine Rolle. Die Wirtschafts- und Wettbewerbsverbände werden teils von sich aus, teils auf Anregung von betroffenen Unternehmen oder Verbrauchern tätig. Sie haben durch ihr Wirken maßgeblich zu einer wirksamen Kontrolle des unlauteren Wettbewerbs und zugleich zur Konkretisierung des Lauterkeitsrechts durch die Rspr beigetragen. Zu den wichtigsten Verbänden gehören die „Zentrale zur Bekämpfung unlauteren Wettbewerbs" (Rdn 1.29) und der „Deutsche Schutzverband gegen Wirtschaftskriminalität" (Rdn 1.30). Daneben gibt es noch eine Vielzahl von Wettbewerbsvereinen, wie etwa den „Schutzverband gegen Unwesen in der Wirtschaft" (Rdn 1.31).

2.29 **b) Zentrale zur Bekämpfung unlauteren Wettbewerbs.** Die Zentrale zur Bekämpfung unlauteren Wettbewerbs eV, Bad Homburg vdH **(Wettbewerbszentrale)** wurde am 13. 2. 1912 in Berlin gegründet und hat ihren Sitz in Frankfurt und ihre Verwaltung in Bad Homburg (Anschrift: Landgrafenstraße 24 B, 61348 Bad Homburg vdH oder Postfach 22 55, 61295 Bad Homburg vdH). Zur Gesamtentwicklung und Bedeutung ihrer Arbeit vgl FS „75 Jahre Zentrale zur Bekämpfung unlauteren Wettbewerbs", 1987. Im Bundesgebiet unterhält die Wettbewerbszentrale fünf Büros, und zwar in Berlin, Dortmund, Hamburg, München und Stuttgart. Ferner ist die Wettbewerbszentrale dazu übergegangen, die regionale Arbeit nicht nur durch die Zweigstellen in den Ballungsgebieten, sondern auch durch eine sehr intensive Zusammenarbeit mit Industrie- und Handelskammern auszubauen und so den gleichen Erfolg wie mit Zweigstellen zu erzielen. Das Aufgabengebiet der Zentrale, die mit den Spitzenverbänden der gewerblichen Wirtschaft zusammenarbeitet, ist die Bekämpfung unlauterer geschäftlicher Handlungen, die Beteiligung an der Rechtsforschung sowie die Aufklärung und Belehrung zur Förderung des lauteren Geschäftsverkehrs. Wirtschaftspolitische Aufgaben obliegen ihr nicht. Sie hat keine Zwangsbefugnisse, aber sie kann bei Verstößen gegen § 3 und § 7 UWG sowie gegen §§ 1 und 2 UKlaG den Anspruch auf Unterlassung geltend machen (§ 8 III Nr 2 UWG, § 3 I Nr 2 UKlaG). Auf Grund ihrer Mitgliederstruktur hat die Wettbewerbszentrale die umfassende Verbandsklagebefugnis für das gesamte Bundesgebiet (BGH GRUR 1995, 122 – *Laienwerbung für Augenoptiker*). Die Bedeutung der Wettbewerbszentrale ist in den letzten Jahren, auch durch die Ausweitung ihrer Anspruchsberechtigung auf unwirksame allgemeine Geschäftsbedingungen und verbraucherschutzgesetzwidrige Praktiken und die Einräumung eines Auskunftsanspruchs durch §§ 3 I Nr 2, 13 I iVm V Nr 1 UKlaG, weiter stark gestiegen. Hinzugekommen ist die Tätigkeit als Beauftragte iSd § 7 VSchDG bei der Bekämpfung innergemeinschaftlicher Wettbewerbsverstöße. Der Wettbewerbszentrale gehören heute über 1600 Mitglieder an, insbes alle Industrie- und Handelskammern des Bundesgebietes, die Handwerkskammern und etwa 400 Verbände. Ihre Beratung beschränkt sich jedoch nicht auf die Mitglieder (vgl Nr 260 Abs 3 RiStBV). Etwa 20 000 Beschwerdefälle werden der Wettbewerbszentrale und ihren Büros im Jahr zur Begutachtung und Schlichtung vorgelegt. Daneben gibt der Verein Publikationen für seine Mitglieder und die Öffentlichkeit zur Unterrichtung über als im wettbewerbsrechtlichen Bereich bedeutsamen Rechtsentwicklungen heraus und veranstaltet öffentliche Seminare. Offizielles Organ der Wettbewerbszentrale ist die Zeitschrift *WRP*. Hierin berichtet sie über ihre eigene Tätigkeit unter der Rubrik „Aus der Praxis – Für die Praxis". Unter dieser Rubrik erscheinen auch die Mitteilungen des jetzt in die Wettbewerbszentrale integrierten „*Förderkreises für internationales Wettbewerbsrecht*", der früheren selbstständigen deutschen Landesgruppe der „Internationalen Liga für Wettbewerbsrecht". Die Wettbewerbszentrale ist Mitglied der „Internationalen Liga für Wettbewerbsrecht" mit Sitz in Genf und Verwaltung in Paris. – Zur Prozessführung der Wettbewerbszentrale vor dem BGH vgl *Piper* WRP 1996, 484.

c) Deutscher Schutzverband gegen Wirtschaftskriminalität. Der Deutsche Schutzverband gegen Wirtschaftskriminalität eV, Bad Homburg vdH (DSW) wurde 1911 als Verein gegen das Bestechungsunwesen eV in Berlin gegründet, jedoch 1944 durch Anordnung des RWM aufgelöst. Im Hinblick auf verschiedene Bestechungsfälle wurde der Verein auf Wunsch weiter Wirtschaftskreise am 25. 2. 1955 in Bonn neu gegründet. Am 1. 1. 1973 erhielt der Verein den gleichen Verwaltungssitz wie die Wettbewerbszentrale (Anschrift: Landgrafenstraße 24 B, 61348 Bad Homburg vdH). Durch Beschluss der Mitgliederversammlung v 14. 6. 1973 wurde der Zweck des Vereins wesentlich erweitert. Er führte seitdem den Namen „Verein gegen Bestechung und Wirtschaftskriminalität eV". Eine nochmalige Erweiterung des Aufgabenkreises erfolgte durch die Mitgliederversammlung am 1. 12. 1977. Zugleich wurde auch die Aufgabenstellung der Deutschen Zentrale zur Bekämpfung der Schwindelfirmen eV, HH, übernommen. Der Verband bekämpft das Bestechungs- und Schmiergeldunwesen in allen seinen Erscheinungsformen. Neben den Bestechungsfällen nach §§ 298 ff StGB verfolgt der Verband jetzt auch die strafbare bzw ordnungswidrige Werbung, zB nach § 16 UWG. Der DSW hat die umfangreiche Verbandsklagebefugnis nach § 8 III Nr 2 UWG, § 3 I Nr 2 UKlaG und einen Auskunftsanspruch gegen Anbieter von Post-, Telekommunikations-, Tele- oder Mediendiensten nach § 13 I iVm V Nr 2 UKlaG. Darüber hinaus bekämpft er Schwindelfirmen und die verschiedenen Formen der Wirtschaftskriminalität. Durch Belehrung und Aufklärung wird Verstößen vorgebeugt. Er unterstützt weiter die Tätigkeit der Strafverfolgungsbehörden und erstattet Gutachten (vgl auch Nr 260 c RiStBV). Seine Mitgliederstruktur ist vor allen Dingen dadurch geprägt, dass die bedeutenden Spitzenverbände der gewerblichen Wirtschaft, nämlich der Deutsche Industrie- und Handelskammertag, der Bundesverband der Deutschen Industrie, der Hauptverband des Deutschen Einzelhandels, der Zentralverband des Deutschen Handwerks und der Deutsche Handwerkskammertag den DSW tragen. Im Übrigen entspricht die Mitgliedschaft in der Struktur der Mitgliedschaft der Wettbewerbszentrale, und zwar ebenfalls für das gesamte Bundesgebiet. Zur Gesamtentwicklung des Verbandes s *Kisseler* WRP 1986, 589; Tätigkeitsbericht WRP 1994, 342; *Münker* MA 1996, 88; zur Arbeit des Verbandes s WRP 2001, 666; 2002, 487. Bei Wettbewerbsverstößen ist der Verband nach § 8 III Nr 2 UWG klagebefugt, da ihm nicht nur zahlreiche Industrie- und Handelskammern, sondern auch die oben genannten Spitzenverbände angehören (BGH GRUR 1995, 358 – *Folgeverträge II*).

d) Schutzverband gegen Unwesen in der Wirtschaft e. V. Der Münchener Schutzverband ist 1962 auf Initiative der beiden Landesverbände Bayern und Baden-Württemberg des Deutschen Gewerbeverbandes im Bund der Selbstständigen (DGV) gegründet worden und repräsentiert über die verschiedenen korporativen Mitgliedschaften heute die Interessen von mehr als 70 000 Gewerbetreibenden. Ferner gehören ihm zahlreiche Einzelunternehmen unterschiedlichster Branchen und Größenordnung an sowie zahlreiche andere Fachverbände, zB aus der Bauwirtschaft, der Verlage und Buchhandlungen. Im Rahmen seiner Tätigkeit gibt der Schutzverband einen informativen Tätigkeitsbericht heraus. – Kontaktadresse: Schutzverband gegen Unwesen in der Wirtschaft eV, Schwanthalerstraße 110, 80339 München, Tel: 0 89/5 40 56–1 50.

e) Verbraucherzentrale Bundesverband e. V. Der vzbv ist die bundesweite Dachorganisation der 16 Verbraucherzentralen und von weiteren 22 verbraucherorientierten Verbänden und ist seinerseits Mitglied des europäischen Verbraucherverbandes BEUC. Er wird vom Bundesministerium für Verbraucherschutz finanziert und vertritt die Interessen der Verbraucher gegenüber Politik und Wirtschaft. Im Bereich des Wettbewerbsrechts wird der vzbv durch Abmahnungen und Klagen gegen unlautere Werbung tätig. – Kontaktadresse: Markgrafenstraße 66, 10969 Berlin, Tel: 0 30/2 58 00–0. E-Mail: info@vzbv.de

f) Weitere Verbände. Eine Auflistung weiterer Verbände findet sich in der Liste „qualifizierter Einrichtungen" nach § 4 UKlaG und dem Verzeichnis der Kommission nach Art 4 Richtlinie 98/27/EG über Unterlassungsklagen zum Schutz der Verbraucherinteressen (ABlEG Nr l 166 S 51).

5. Die Rolle sonstiger Organisationen

2.34 **a) Industrie- und Handelskammern (IHK).** Auf dem Gebiet des Wettbewerbsrechts sind die IHK beratend und begutachtend tätig. Besondere Bedeutung hat die Gutachter- und Auskunftstätigkeit für die Feststellung von Handelsbräuchen sowie für das Bestehen einer Verkehrsgeltung; vgl auch Nr 260 c RiStBV. Die IHK können auf Grund ihrer in § 8 III Nr 4 ausdrücklich anerkannten Anspruchsberechtigung bei Wettbewerbsverstößen den Anspruch an § 8 I auf Unterlassung und Beseitigung geltend machen. Darüber hinaus fungieren die IHK auf dem Gebiet des Wettbewerbsrechts als Träger der Einigungsstellen zur Beilegung von Wettbewerbsstreitigkeiten (§ 15).

2.35 **b) Handwerkskammern.** Sie sind Körperschaften des öffentlichen Rechts. Ihre Rechtsstellung und Aufgaben beruhen auf den §§ 90 ff HandwO idF v 28. 12. 1965 (BGBl 1966 I S 1). Auf dem Gebiet des Wettbewerbsrechts erfüllen sie die gleichen Aufgaben wie die Industrie- und Handelskammern (Rdn 1.32). Auch sind sie nach § 8 III Nr 4 in den Fällen des § 3 zur Klage auf Unterlassung und Beseitigung befugt.

2.36 **c) Gutachterausschuss für Wettbewerbsfragen (GA).** Dieser Ausschuss ist bei der Dachorganisation aller Kammern, dem Deutschen Industrie- und Handelskammertag (DIHK), gebildet worden. Träger des Ausschusses sind alle Spitzenorganisationen der Wirtschaft. Die Mitglieder des Ausschusses setzen sich vorwiegend aus Unternehmern und Geschäftsführern von Unternehmerverbänden und Kammern zusammen, die von den Spitzenorganisationen in den Ausschuss entsandt werden. Mitglied ist weiter der Hauptgeschäftsführer der Zentrale (Rdn 1.30). Der Gutachterausschuss wird von Gerichten, Kammern, Wirtschaftsverbänden und Unternehmen in Anspruch genommen. Die in Grundsatzfragen des Wettbewerbsrechts erstatteten Gutachten werden in einer bes Schriftenreihe veröffentlicht. Sie sind nicht nur für Kammern und Einigungsstellen, sondern vor allem auch für die Gerichte und Kartellbehörden eine wichtige Erkenntnisquelle bei der Beurteilung von Wettbewerbsfragen.

2.37 **d) Zentralausschuss der Werbewirtschaft e. V. (ZAW).** Der Zentralverband der Werbewirtschaft (ZAW) ist die Dachorganisation der deutschen Werbewirtschaft. Er wurde am 19. 1. 1949 in Wiesbaden gegründet und hat seinen Sitz in Berlin. Es handelt sich rechtlich um einen freiwilligen Zusammenschluss aller an der Werbung beteiligten Wirtschaftskreise aus den Bereichen Werbungtreibende, Medien, Werbeagenturen und Marktforschung. Er ist der „runde Tisch" für die Erarbeitung gemeinsamer Positionen gegenüber Politik und Gesellschaft sowie für den ordnenden Interessenausgleich aller am Werbegeschäft Beteiligten. Er vertritt die deutsche Werbewirtschaft in allen grds Belangen nach außen. Angesichts des weiter voranschreitenden Integrationsprozesses der Gemeinschaft hin zur Europäischen Union hat dies in den letzten Jahren zur gleichberechtigten Einbeziehung der europäischen Rechts- und Wirtschaftspolitik geführt. Organe des ZAW sind das Präsidium und der Präsidialrat, in dem die Mitgliederorganisationen durch Angehörige der einzelnen Gruppen vertreten sind. Innerhalb des Dachverbandes der deutschen Werbewirtschaft wurde 1972 der Deutsche Werberat gegründet (dazu *Wiethoff* MA 1975, 224; *Beckmann* WRP 1991, 702; *Nickel* WRP 1994, 474). Er setzt sich aus dreizehn Mitgliedern des ZAW-Präsidiums zusammen. Seine Aufgabe ist es, im Rahmen freiwilliger Selbstverantwortung die Werbung im Hinblick auf Inhalt, Aussage und Gestaltung weiterzuentwickeln, Missstände im Werbewesen festzustellen und zu beseitigen sowie als ständiges Ansprechorgan für verbraucherbezogene Werbeprobleme im Vorfeld der gesetzlichen Bestimmungen zur Verfügung zu stehen. Mit der Zentrale zur Bekämpfung unlauteren Wettbewerbs eV besteht ein wechselseitiges Kooperationsverhältnis. Außer der Beurteilung einzelner Werbemaßnahmen obliegt ihm die Erstellung von Grundsatzempfehlungen, Leitlinien und Verhaltensregeln, die vom Präsidialrat des ZAW verabschiedet werden. So sind am 1. 1. 1974 Verhaltensregeln für die Werbung mit und vor Kindern im Werbefunk und Werbefernsehen und im Juni 1976 Verhaltensregeln über die Werbung für alkoholische Getränke in Kraft getreten, beide heute idF von 1998. Der Deutsche Werberat will im Rahmen der Selbstregulierung durch Aufklärung und Selbstkritik der Branchenbeteiligten auf eine in Form und Inhalt einwandfreie, den gesellschaftlichen Grundüberzeugungen entspr Wirtschaftswerbung hinwirken. Über die Entscheidungspraxis des Gremiums geben die jährlich erscheinenden Jahrbücher Deutscher Werberat Auskunft (vgl *Ruess* in Witt/Casper/Bednarz ua (Hrsg), Jb Junger ZivWiss 2002, 209). Die Verlautbarungen des Deutschen Werberats haben zwar nur empfehlenden Charakter, sind aber wertvoll für die Beurteilung dessen, was anständige Berufskreise für lauter im Wettbewerb halten (vgl *Lehmann* GRUR Int 2006, 123). – Am 20. 6. 1991 haben sich in Brüssel nationale

Instanzen der Werbewirtschaft aus allen EG-Mitgliedstaaten, einschließlich der neueren Beitrittsländer, der Schweiz und einer Reihe weiterer Staaten (zB Russland, USA, Kanada) zur Allianz der europäischen Werbeselbstkontrolle – Alliance for Advertising Standards in Europe (EASA) – zusammengeschlossen. Deutschland wird darin durch den Deutschen Werberat vertreten. Hauptaufgabe der EASA ist die Durchführung eines Verfahrens, das eine selbstdisziplinäre Behandlung grenzüberschreitender Werbung ermöglicht.

e) Markenverband. Der Markenverband eV ist ein überfachlicher, freiwilliger Zusammenschluss namhafter Hersteller von Markenartikeln aus verschiedenen Wirtschaftszweigen. Die Mitgliedsunternehmen stehen größtenteils nicht miteinander im Wettbewerb, sie haben aber gleiche wirtschaftliche Belange und Ziele, die sich aus der Herstellung und dem Vertrieb von Markenartikeln ergeben. Zweck des Markenverbandes ist es, die gewerblichen Interessen seiner Mitglieder zu fördern. Der Verband wurde am 3. 10. 1903 in Berlin als „Verband der Fabrikanten von Markenartikeln" gegründet und erhielt ab 1911 den Namen „Markenschutzverband". Sein Aufgabengebiet beschränkte sich im Wesentlichen auf den Schutz der Preis- und Absatzbindungen seiner Mitglieder. Nach dem Kriege wurde der „**Markenverband eV**" am 10. 3. 1948 in Rüdesheim von 73 Firmen fortgesetzt. Die Aufgaben des heutigen Markenverbands (Anschrift: 10117 Berlin, Unter den Linden 42) beziehen sich auf alle wirtschaftlichen, rechtlichen und technischen Fragen, die sich aus Herstellung und Absatz von Markenartikeln ergeben. Dem Markenverband gehören heute über 300 Unternehmen verschiedener Wirtschaftszweige an.

2.38

3. Kapitel. Lauterkeitsrecht und Unionsrecht

Übersicht

	Rdn
1. Abschnitt. Grundlagen des Unionsrechts – Unmittelbare und vorrangige Geltung	3.1–3.13
I. Grundsatz	3.1
II. Quellen des Unionsrechts	3.2–3.6
1. Primäres Unionsrecht	3.2
2. Sekundäres Unionsrecht	3.3–3.6
a) Verordnungen	3.3
b) Richtlinien	3.4
c) Beschlüsse	3.5
d) Empfehlungen und Stellungnahmen	3.6
III. Das Vorabentscheidungsverfahren	3.7–3.10
1. Vorlagerecht und Vorlagepflicht	3.7
2. Entfallen der Vorlagepflicht	3.8
3. Verletzung der Vorlagepflicht	3.9
4. Wirkung der Vorabentscheidung	3.10
IV. Die Auslegung des Unionsrechts	3.11–3.13
1. Allgemeines	3.11
2. Auslegung des sekundären Unionsrechts	3.12
3. Richtlinienkonforme Auslegung des nationalen Rechts	3.13
2. Abschnitt. Die Bedeutung des primären Unionsrechts für das Lauterkeitsrecht	3.14–3.36
I. Allgemeines	3.14–3.16
1. Lauterkeitsrechtlich bedeutsame Bestimmungen des primären Unionsrechts	3.14
2. Auswirkungen auf das nationale Lauterkeitsrecht	3.15
3. Problem der Inländerdiskriminierung	3.16
II. Der Schutz des freien Warenverkehrs	3.17–3.26
1. Überblick	3.17
2. Die Dassonville-Entscheidung (Maßnahmen gleicher Wirkung)	3.18
3. Die Cassis de Dijon-Entscheidung (ungeschriebene Rechtfertigungsgründe)	3.19
4. Die Keck-Entscheidung (Unterscheidung zwischen warenbezogenen Regelungen und Regelungen von Verkaufsmodalitäten)	3.20–3.26
a) Grundsatz	3.20

	Rdn
b) Warenbezogene Regelungen	3.21
c) Regelungen von Verkaufsmodalitäten	3.22–3.25
aa) Begriff der Verkaufsmodalitäten	3.23
bb) Universalität	3.24
cc) Neutralität	3.25
d) Abgrenzung	3.26
III. Ungeschriebene Rechtfertigungsgründe in Art 34 AEUV	3.27–3.32
1. Allgemeines	3.27
2. Lauterkeit des Handelsverkehrs	3.28
3. Verbraucherschutz	3.29
4. Angemessenheit und Verhältnismäßigkeit	3.30
5. Beispiele	3.31, 3.32
a) Zulässige nationale Regelungen	3.31
b) Unzulässige nationale Regelungen	3.32
IV. Rechtfertigungsgründe nach Art 36 AEUV	3.33
V. Der Schutz des freien Dienstleistungsverkehrs	3.34–3.36
1. Allgemeines	3.34
2. Begriff der Dienstleistung	3.35
3. Rechtfertigung von Beschränkungen der Dienstleistungsfreiheit	3.36
3. Abschnitt. Sekundäres Unionsrecht und Lauterkeitsrecht	**3.37–3.70**
I. Regelungstechniken	3.37–3.40
1. Regelung durch Verordnungen	3.37
2. Regelung durch Richtlinien	3.38–3.40
a) Allgemeines	3.38
b) Voll- und Teilharmonisierung	3.39
c) Herkunftslandprinzip	3.40
II. Einzelne Richtlinien zum materiellen Lauterkeitsrecht	3.41–3.64
1. Die Richtlinie über irreführende und vergleichende Werbung (2006/114/EG)	3.41–3.45
a) Inhalt	3.41–3.43
aa) Regelungsgegenstand	3.41
bb) Teilharmonisierung des Rechts der irreführenden Werbung	3.42
cc) Vollharmonisierung des Rechts der vergleichenden Werbung	3.43
b) Umsetzung	3.44, 3.45
aa) Recht der irreführenden Werbung	3.44
bb) Recht der vergleichenden Werbung	3.45
2. Die Richtlinie über den elektronischen Geschäftsverkehr (2000/31/EG)	3.46–3.50
a) Inhalt	3.46–3.49
aa) Regelungsgegenstand	3.46
bb) Herkunftslandprinzip	3.47
cc) Informationspflichten	3.48
dd) Nicht angeforderte kommerzielle Kommunikation	3.49
b) Umsetzung	3.50
3. Richtlinie über audiovisuelle Mediendienste (2010/13/EU)	3.51–3.53
a) Inhalt	3.51, 3.52
aa) Regelungsgegenstand	3.51
bb) Herkunftslandprinzip	3.52
b) Umsetzung	3.53
4. Datenschutzrichtlinie für elektronische Kommunikation (2002/58/EG)	3.54, 3.55
a) Inhalt	3.54
b) Umsetzung	3.55
5. Richtlinie über unlautere Geschäftspraktiken (2005/29/EG)	3.56–3.64
a) Inhalt	3.56–3.63
aa) Grundkonzept	3.56
bb) Schutzzweck	3.57
cc) Grundbegriffe	3.58–3.60
(1) „Geschäftspraktiken"	3.58
(2) „Verbraucher"	3.59
(3) „Gewerbetreibender"	3.60
dd) Generelles Verbot unlauterer Geschäftspraktiken	3.61
ee) Beispielstatbestände	3.62
ff) Binnenmarktprinzip	3.63

3. Kap. Lauterkeitsrecht und Unionsrecht **Einl UWG**

	Rdn
b) Auslegung	3.63a
c) Umsetzung	3.64
III. Regelungen zur Durchsetzung des Lauterkeitsrechts	3.65–3.70
1. Richtlinie (98/27/EG) über Unterlassungsklagen zum Schutz der Verbraucherinteressen	3.65, 3.66
a) Inhalt	3.65
b) Umsetzung	3.66
2. VO (EG) Nr 2006/2004 über die Zusammenarbeit im Verbraucherschutz	3.67–3.70
a) Inhalt	3.67–3.69
b) Umsetzung durch das VSchDG	3.70

Schrifttum: *Ackermann,* Vollharmonisierung im Wettbewerbsrecht, in: Gsell/Herresthal, Vollharmonisierung im Privatrecht, 2009, 289; *Ahlfeld,* Zwingende Erfordernisse im Sinne der Cassis de Dijon-Rechtsprechung des EuGH zu Art 30 EGV, 1997; *Ahrens,* Die Auswirkungen des Urteils des Bundesgerichtshofes vom 5. Februar 1998 – „Testpreisangebot" und des Urteils des Gerichtshofs der Europäischen Gemeinschaften vom 16. Juli 1998 – „Gut Springenheide" auf die deutsche Rechtsprechung zur irreführenden Werbung, WRP 1999, 389; *Albrecht,* Europäisches Werberecht und seine Auswirkungen auf das deutsche Wettbewerbsrecht, WRP 1997, 926; *Apostolopoulos,* Neuere Entwicklungen im europäischen auterkeitsrecht: Problematische Aspekte und Vorschläge, WRP 2004, 841; *ders,* Einige Gedanken zur Auslegung der nationalen Generalklausel im Hinblick auf eine Vollharmonisierung des europäischen Lauterkeitsrechts, WRP 2005, 152; *Beater,* Zum Verhältnis von europäischem und nationalem Wettbewerbsrecht, GRUR Int 2000, 963; *Becker,* Von „Dassonville" über „Cassis" zu „Keck", EuR 1994, 162; *Bernreuther,* Die Rechtsdurchsetzung des Herkunftslandsrechts nach Art. 3 Abs. II EC-RiL und das Grundgesetz, WRP 2001, 384; *Bodewig,* Elektronischer Geschäftsverkehr und Unlauterer Wettbewerb, GRUR Int 2000, 475; *Bornkamm,* Anmerkung (zu *Keck und Mithouard),* GRUR 1994, 297; *Brechmann,* Die richtlinienkonforme Auslegung, 1994; *Deutsch,* Noch einmal: das Verbraucherleitbild des EuGH und das „Nissan"-Urteil, GRUR 1997, 44; *Doepner,* Verbraucherleitbilder zur Auslegung des wettbewerbsrechtlichen Irreführungsverbots, FS Lieberknecht, 1997, 165; *Dreher,* Der Verbraucher – Das Phantom in den opera des europäischen und deutschen Rechts, JZ 1997, 167; *Ebenroth,* Gewerblicher Rechtsschutz und europäische Warenverkehrsfreiheit, 1992; *Fezer,* Europäisierung des Wettbewerbsrechts, JZ 1994, 317; *Füller,* Grundlagen und inhaltliche Reichweite der Warenverkehrsfreiheit von der Staatsbürgerschaft, 2000; *Funke,* Das deutsche Wettbewerbsrecht im europäischen Binnenmarkt, WRP 1991, 550; *Gamerith,* Der Richtlinienvorschlag über unlautere Praktiken – Möglichkeiten einer harmonischen Umsetzung, WRP 2005, 391; *Glöckner,* Richtlinienvorschlag über unlautere Geschäftspraktiken, deutsches UWG oder die schwierige Umsetzung von europarechtlichen Generalklauseln, WRP 2004, 936; *ders,* Ist die Union reif für die Kontrolle an der Quelle?, WRP 2005, 795; *ders,* Europäisches Lauterkeitsrecht, 2006; *Hammer,* Handbuch zum freien Warenverkehr in der EG, 1998; *Hauschild,* Das neue „Frühwarnsystem" für den freien Warenverkehr in der EG, EuZW 1999, 236; *Heermann,* Auswirkungen der Europäischen Rechtsentwicklung auf das deutsche Wettbewerbsrecht, WRP 1993, 578; *ders,* Das deutsche Wettbewerbsrecht und die „Keck"-Rechtsprechung des EuGH, WRP 1999, 381; *ders,* Art. 30 EGV im Lichte der „Keck"-Rechtsprechung, GRUR Int 1999, 579; *ders,* Warenverkehrsfreiheit und deutsches Unlauterkeitsrecht, 2004; *Henning-Bodewig,* Werbung nach der Fernsehrichtlinie, in Schwarze (Hrsg), Werbung und Werbeverbot im Lichte des europäischen Gemeinschaftsrechts, 1999, 170; *dies,* Herkunftslandprinzip im Wettbewerbsrecht: Erste Erfahrungen, GRUR 2004, 822; *dies,* Richtlinienvorschlag über unlautere Geschäftspraktiken und UWG-Reform, GRUR Int 2004, 183; *dies,* EU-Richtlinie zum unlauteren Wettbewerb, GRUR Int 2005, 629; *dies,* Europäisches Lauterkeitsrecht und nationale Eigenständigkeit, GRUR Int 2010, 549; *Heselhaus,* Rechtfertigung unmittelbar diskriminierender Eingriffe in die Warenverkehrsfreiheit, EuZW 2001, 645; *Heß,* Die Einwirkungen des Vorabentscheidungsverfahrens nach Art 177 EGV auf das deutsche Zivilprozeßrecht, ZZP 108 (1995), 59; *Höpfner/Rüthers,* RGrundlagen einer europäischen Methodenlehre, AcP 209 (2009), 1; *Hösch,* Der Einfluß der Freiheit des Warenverkehrs (Art. 30 EWGV) auf das Recht des unlauteren Wettbewerbs, 1994; *Hohmann,* Einwirkungen des Gemeinschaftsrechts auf die Auslegung von § 3 UWG unter besonderer Berücksichtigung des „becel"-Urteils des BVerwG, WRP 1993, 225; *Hucke,* Erforderlichkeit der Harmonisierung des Wettbewerbsrechts, 2001; *Jestaedt/Kästle,* Kehrtwende oder Rückbesinnung in der Anwendung von Art. 30 EGV: Das Keck-Urteil, EWS 1994, 26; *Joliet,* Das Recht des unlauteren Wettbewerbs und der freie Warenverkehr, GRUR Int 1994, 1; *Keßler,* Wettbewerbsrechtliches Irreführungsverbot und Verbraucherinformation, WRP 1993, 571; *ders,* Das System der Warenverkehrsfreiheit im Gemeinschaftsrecht, 1997; *Keßler/Micklitz,* Der Richtlinienvorschlag über unlautere Praktiken im binnenmarktinternen Geschäftsverkehr, BB 2003, 2073; *Kieninger,* Verbot des Multi-Level-Marketing – Verstoß gegen die Warenverkehrsfreiheit?, EWS 1998, 277; *Kingreen,* Die Struktur der Grundfreiheiten des EG-Rechts, 1999; *Kisseler,* Das deutsche Wettbewerbsrecht im Binnenmarkt, WRP 1994, 1; *Köhler,* EG-Recht, nationales Wettbewerbsrecht und Verbraucherschutz, JuS 1993, 447; *ders,* Irreführungs-Richtlinie und deutsches Wettbewerbsrecht, GRUR Int 1994, 396; *ders,* Zur Umsetzung der Richtlinie über unlautere Geschäftspraktiken, GRUR 2005, 793; *Köhler/Lettl,* Das geltende europäische Lauterkeitsrecht, der Vorschlag für eine EG-Richtlinie über unlautere Geschäftspraktiken und die UWG-Reform, WRP 2003, 1019; *Koos,* Europäischer Lauterkeitsmaßstab und globale Integration, 1996; *Leistner,* Bestand und Entwicklungsperspektiven des Europäischen Lauterkeitsrechts, ZEuP 2009, 56; *Lettl,* Gemeinschaftsrecht und neues UWG, WRP 2004, 1079; *Lüde,* Mars: Zwischen Keck und Cassis, EuZW 1995, 609; *ders,* Die Grenzen der Keck-Rechtsprechung, EuZW 1996, 615; *Kur,* Das Herkunftsland der E-Commerce-Richtlinie: Chancen und Risiken, FS Erdmann, 2002, 629; *Lenz,* Warenverkehrsfreiheit nach der DocMorris-Entscheidung zum Versand von Arzneimitteln, NJW 2004, 332; *Mand,* EU-und grundrechtliche Vorgaben für die Anwendung und Auslegung des nationalen Werberechts, JZ 2010, 337; *Meier,* Die Lauterkeit des Handelsverkehrs: Zur Einwirkung des Art 30 EWGV auf Auslegung und Anwendung der Generalklauseln des deutschen Wettbewerbsrechts, GRUR Int 1993, 219; *ders,* Produktspezifische Werberegelungen in Deutschland und der Europäischen Gemeinschaft, 1996; *Micklitz/Keßler,* Europäisches Lauterkeitsrecht, GRUR Int 2002, 885; *Micklitz/Schirmbacher,* Distanzkommunikation im europäischen Lauterkeitsrecht, WRP 2006, 148; *Millarg,* Die Schranken des freien Warenverkehrs in der EG, 2001; *Möllering,* Das Recht des unlauteren Wettbewerbs in Europa: Eine neue Dimension, WRP 1990, 1; *Möschel,* Einflüsse der europäischen auf die deutsche Wirtschaftsordnung, FS Zöllner, 1999, 395; *Ohly,* Das Herkunftslandprinzip im Bereich vollständig angeglichenen Wettbewerbsrechts, WRP 2006, 1401; *Oliver,* Some further reflections on the scope of Articles 28–30 (ex 30–36) EC, CMLRev 1999, 783; *ders,* Free movement of goods in the EU, 4. Aufl 2002; *Piper,* Zu den Auswirkungen des EG-Binnenmarktes auf das deutsche Recht gegen den unlauteren Wettbewerb, WRP 1992, 685; *Ranacher,* Grundfreiheiten und Spürbarkeitstheorie, ZfRV 2001, 95; *Reese,* Das „6-Korn-Eier"-Urteil des EuGH – Leitentscheidung für ein Leitbild?, WRP 1998, 1035; *Reich,* Rechtsprobleme grenzüberschreitender irreführender Werbung im Binnenmarkt, RabelsZ 56 (1992), 444, 490 ff; *Reuthal,* Verstößt das deutsche Irreführungsverbot gegen Art 30 EGV?, WRP 1997, 1154; *Roth,* Zur Tragweite der Harmonisierung im Recht des unlauteren Wettbewerbs, FS Mestmäcker, 1996, 725; *ders,* Freier Warenverkehr nach „Keck", FS Großfeld, 1999, 929; *ders,* Diskriminierende Regelungen des Warenverkehrs und Rechtfertigung durch die „zwingenden Erfordernisse" des Allgemeininteresses, WRP 2000, 979; *ders,* Die richtlinienkonforme Auslegung, EWS 2005, 385; *Rüffler,* Aspekte primärrechtskonformer und sekundärrechtskonformer Auslegung nationalen Lauterkeitsrechts, in Schulze (Hrsg), Auslegung europäischen Privatrechts und angeglichenen Rechts, 1999; *Sack,* Auswirkungen der Art 30, 36 und 59 ff EG-Vertrag auf das Recht gegen den unlauteren Wettbewerb, GRUR 1998, 871; *ders,* Die Berücksichtigung der Richtlinie 97/55/EG über irreführende und vergleichende Werbung bei der Anwendung der §§ 1 und 3 UWG, WRP 1998, 241; *ders,* Das Verbraucherleitbild und das Unternehmerleitbild im europäischen und deutschen Wettbewerbsrecht, WRP 1998, 264; *ders,* Die Präzisierung des Verbraucherleitbildes durch den EuGH, WRP 1999, 399; *ders,* Die Erschöpfung von gewerblichen Schutzrechten und Urheberrechten nach europäischem Recht, GRUR 1999, 193; *ders,* Herkunftslandprinzip und internationale elektronische Werbung nach der Novellierung des Teledienstgesetzes (TDG), WRP 2002, 271; *ders,* Staatliche Werbebeschränkungen und die Art. 30 und 59 EG-Vertrag, WRP 1998, 103; *Schmitz,* Die kommerzielle Kommunikation im Binnenmarkt im Lichte der neueren Rechtsprechung zur Warenverkehrsfreiheit, 2000; *Schneider,* Die öffentliche Ordnung als Schranke der Grundfreiheiten im EG-Vertrag, 1998; *Schroeder,* Die Auslegung des EU-Rechts, JuS 2003, 180; *ders,* Verbraucherleitbild-Verbraucherverantwortung-Verbrauchererziehung, ZLR 2002, 275; *Schulte-Nölke/Busch,* Der Vorschlag der Kommission für eine Richtlinie über unlautere Geschäftspraktiken KOM (2003) 356 endg, ZEuP 2004, 99; *Schwarze,* Werbung im Gemeinschaftsrecht – Rechtsbestand und Grundfragen, in Schwarze (Hrsg), Werbung und Werbeverbote im Lichte des europäischen Gemeinschaftsrechts, 1999, 9; *Solbach,* Staatliche Regelungen von Verkaufsmodalitäten als Maßnahmen gleicher Wirkung wie mengenmäßige Beschränkungen im Sinne des Art 30 EGV, 1996; *Steindorff,* Unlauterer Wettbewerb im System des EG-Rechts, WRP 1993, 139; *ders,* EG-Vertrag und Privatrecht, 1996; *Streinz,* Das Verbot des Apothekenversandhandels mit Arzneimitteln, EuZW 2003, 37; *Streinz/Leible,* Die unmittelbare Drittwirkung der Grundfreiheiten, EuZW 2000, 459; *Streinz,* Grundrechte und Grundfreiheiten, in: Merten/Papier (Hrsg), Handbuch der Grundrechte, Bd VI/1, 2010, S 663; *Stuyk,* Das Recht des unlauteren Wettbewerbs und der Freie Waren- und Dienstleistungsverkehr in der Europäischen Union, WRP 1994, 578; *Tilmann,* Grenzüberschreitende vergleichende Werbung, GRUR Int 1993, 133; *ders,* Der „verständige" Verbraucher, FS Piper, 1996, 481; *Timmermans,* Werbung und Grundfreiheiten, in Schwarze (Hrsg), Werbung und Werbeverbote im Lichte des europäischen Gemeinschaftsrechts, 1999, 26; *Ullmann,* Der Verbraucher – ein Hermaphrodit, GRUR 1991, 789; *ders,* Muss das deutsche Recht gegen den unlauteren Wettbewerb im Rahmen der EG-Harmonisierung dereguliert werden?, in Harmonisierung des Rechts gegen den unlauteren Wettbewerb in der EG?, FIW-Heft 156 (1993), 53; *ders,* Die Europäische Union und das nationale Wettbewerbs- und Urheberrecht, JZ 1994, 928; *Veelken,* Nationales Lauterkeitsrecht und Europäisches Gemeinschaftsrecht, ZVglRWiss 92 (1993), 241; *ders,* Kundenfang gegenüber dem Verbraucher, WRP 2004, 1; *ders,* Maßnahmen gleicher Wirkung wie mengenmäßige Beschränkungen, EuR 1997, 311; *Weatherill,* After Keck: Some thoughts on how to clarify the clarification, CMLRev 1996, 885; *Wunderle,* Verbraucherschutz im Europäischen Lauterkeitsrecht, 2010.

1. Abschnitt. Grundlagen des Unionsrechts – Unmittelbare und vorrangige Geltung

I. Grundsatz

3.1 Das (primäre und sekundäre) Unionsrecht (früher: Gemeinschaftsrecht) gilt in den Mitgliedstaaten **unmittelbar** und **vorrangig** vor widerstreitendem innerstaatlichem Recht (EuGH Slg

1964, 1251, 1269 f – *Costa/ENEL;* EuGH Slg 1978, 629, 644; BGH GRUR 1994, 794, 796 – *Rolling Stones*). Für den Bereich des Rechts des unlauteren Wettbewerbs ist die Union zur Rechtssetzung befugt (Art 4 lit a und f AEUV)). Sie hat diese Befugnis bisher nur für Teilbereiche genutzt, eine umfassende Regelung des Lauterkeitsrechts steht noch aus. Immerhin wurden durch die Richtlinie 2005/29/EG über unlautere Geschäftspraktiken die unlauteren Geschäftspraktiken von Unternehmen gegenüber Verbrauchern (B2C) abschließend geregelt (Rdn 3.58 ff). Das nationale Lauterkeitsrecht unterliegt darüber hinaus vielfältigen Einwirkungen des Unionsrechts, und zwar sowohl auf der Ebene des primären Unionsrechts (Rdn 3.14 ff) als auch auf der Ebene des sekundären Unionsrechts (Rdn 3.37 ff).

II. Quellen des Unionsrechts

1. Primäres Unionsrecht

Zum primären Unionsrecht gehört der **Vertrag über die Europäische Union (EUV)** sowie der **Vertrag über die Arbeitsweise der Europäischen Union (AEUV)**. Sie sind am 1. 10. 2009 in Kraft getreten (ABl EG 2007 Nr C 306/1 v 17. 12. 2007) und haben den EG-Vertrag samt seinen späteren Ergänzungen und Änderungen (Fassung durch den Amsterdamer Vertrag v 2. 10. 1997) abgelöst. Für das Lauterkeitsrecht (iSd Rechts des unlauteren Wettbewerbs) sind aus dem Bereich des EUV insbes von Bedeutung: Art 3 III EUV (=ex-Art 2 EG) [Binnenmarkt], Art 4 III EUV (= ex-Art 10 EG) [Loyalitätsgrundsatz], Art 6 EUV [Grundrechte der EU-Grundrechte-Charta und des EMRK]. Aus dem Bereich des AEUV sind von Bedeutung: Art 18 AEUV (= ex-Art 12 EG) [Diskriminierungsverbot], dazu EuGH GRUR 1994, 280 – *Collins/Imtrat;* EuGH EuZW 1991, 758 – *Francovich;* BGH GRUR 1994, 794, 795 – *Rolling Stones*); Art 34 ff AEUV (= ex-Art 28 ff EG) [freier Warenverkehr]; dazu Rdn 3.17 ff; Art 56 ff AEUV (= ex-Art 49 ff EG) [freier Dienstleistungsverkehr], dazu Rdn 3.34 ff; sowie Art 120 AEUV (= ex-Art 98EG) [Koordinierung der Wirtschaftspolitik]. Die in ex-Art 3 lit g EG enthaltene Zielbestimmung findet sich nur noch ansatzweise in der Präambel zum AEUV „*In der Erkenntnis … einen redlichen Wettbewerb zu gewährleisten*".

2. Sekundäres Unionsrecht

a) Verordnungen. Verordnungen des Rats oder der Kommission haben allgemeine Geltung, sind in allen ihren Teilen verbindlich und gelten unmittelbar in jedem Mitgliedstaat (Art 288 II AEUV = ex-Art 249 II EG).

b) Richtlinien. Richtlinien des Rats oder der Kommission sind für jeden Mitgliedstaat, an den sie gerichtet werden, hins des zu erreichenden Zieles, nicht aber hins der Form und der Mittel verbindlich (Art 288 III AEUV = ex-Art 249 III EG). Sie haben daher grds keine unmittelbare Geltung, sondern bedürfen der Umsetzung in innerstaatliches Recht. Nach Ablauf einer in der Richtlinie gesetzten Frist wirkt die Richtlinie außerdem unmittelbar. Abweichendes innerstaatliches Recht darf dann nicht zum Nachteil des Betroffenen angewendet werden. Begünstigt die Richtlinie den Einzelnen, ist sie ferner inhaltlich unbedingt und ausreichend genau, so kann sich der Einzelne unmittelbar darauf berufen (EuGH Slg 1986, 723, 749). Belastet die Richtlinie dagegen den Einzelnen, so kann er daraus nicht in Anspruch genommen werden (EuGH Slg 1987, 3969, 3985 f). Die nicht rechtzeitige Umsetzung einer Richtlinie begründet eine Schadensersatzpflicht gegenüber dem Einzelnen (EuGH NJW 1992, 165, 166 f; vgl weiter EuGH NJW 1996, 1267). Allerdings entfaltet eine nicht umgesetzte Richtlinie keine unmittelbare Wirkung zwischen Privatpersonen (EuGH NJW 1996, 1401).

c) Beschlüsse. Beschlüsse sind in allen ihren Teilen verbindlich. Sind sie nur an bestimmte Adressaten gerichtet, so sind sie nur für diese verbindlich (Art 288 IV AEUV = ex-Art 249 IV EG).

d) Empfehlungen und Stellungnahmen. Empfehlungen und Stellungnahmen sind nicht verbindlich (Art 289 V AEUV = ex-Art 249 V EG).

III. Das Vorabentscheidungsverfahren

1. Vorlagerecht und Vorlagepflicht

Das nationale Gericht hat bei der Anwendung des nationalen Rechts den Vorrang des Unionsrechts zu beachten. Es muss daher prüfen, ob einem auf das nationale Wettbewerbsrecht gestützten Begehren nicht Unionsrecht entgegensteht. Hält ein nicht letztinstanzliches Gericht die Rechtsfrage für entscheidungserheblich, so kann es sie dem EuGH zur Vorabentscheidung vorlegen (Art 267 II AEUV = ex-Art 234 II EG). Das letztinstanzlich entscheidende Gericht ist dagegen zur Vorlage verpflichtet (Art 267 III = ex-Art 234 III EG).

2. Entfallen der Vorlagepflicht

3.8 Eine Vorlagepflicht **entfällt** nur, wenn **(1)** die Rechtsfrage **nicht entscheidungserheblich** ist oder **(2) bereits Gegenstand einer Auslegung durch den EuGH** war oder **(3)** die **richtige Anwendung** des Unionsrechts derart **offenkundig** ist, dass für einen vernünftigen Zweifel kein Raum ist (EuGH Slg 1982, 3415 Tz 14 ff = NJW 1983, 1257 – *CILFIT;* BVerfG NJW 1988, 1456; BGH NJW 2008, 1229 Tz 34). Bei der Beurteilung der Offenkundigkeit sind die Eigenheiten des Unionsrechts, die besonderen Schwierigkeiten seiner Auslegung und die Gefahr abweichender Gerichtsentscheidungen innerhalb der Union zu berücksichtigen (EuGH Slg 2005, I-8191 Tz 33 – *Intermodal Transports*). Ob Offenkundigkeit in diesem Sinne vorliegt, bleibt allerdings allein der Beurteilung des nationalen Gerichts überlassen (EuGH Slg 2005, I-8191 Tz 37 – *Intermodal Transports*). – Eine Vorlagepflicht besteht auch nicht im **Eilverfahren**, weil die Parteien das Hauptverfahren betreiben können (EuGH NJW 1977, 1585; KG GRUR 1986, 471).

3. Verletzung der Vorlagepflicht

3.9 Der EuGH ist gesetzlicher Richter iSv Art 101 I 2 GG (BVerfG GRUR 1999, 247, 250 – *Metro*). Ein Verstoß gegen Art 101 I 2 GG wird vom BVerfG aber nur angenommen, wenn die Vorlagepflicht durch ein letztinstanzliches Gericht in offensichtlich unhaltbarer Weise gehandhabt wurde (BVerfGE 82, 159, 195; BVerfG aaO – *Metro*). Dies wird in drei Fällen angenommen: **(1) „grds Verkennung der Vorlagepflicht":** Das Gericht legt trotz der – nach seiner Auffassung bestehenden – Entscheidungserheblichkeit der unionsrechtlichen Frage und trotz eigener Zweifel an ihrer richtigen Beantwortung nicht vor. **(2) „bewusstes Abweichen ohne Vorlagebereitschaft":** Das Gericht weicht bewusst von der Rspr des EuGH zu entscheidungserheblichen Fragen ab und legt gleichwohl nicht (neuerlich) vor. **(3) „Unvollständigkeit der Rspr":** In der einschlägigen Rspr des EuGH ist die entscheidungserhebliche Frage noch nicht oder möglicherweise nicht erschöpfend behandelt oder eine Fortentwicklung der Rspr des EuGH erscheint nicht nur als entfernte Möglichkeit und das Gericht überschreitet seinen Beurteilungsspielraum in unvertretbarer Weise und legt aus diesem Grund nicht vor (BVerfG NJW 1988, 1456, 2173; BVerfG GRUR 1999, 247, 250 – *Metro*). Es ist dann Verfassungsbeschwerde möglich.

4. Wirkung der Vorabentscheidung

3.10 Hat der EuGH eine Auslegungsfrage entschieden, so sind an sich nur die im Ausgangsverfahren befassten staatlichen Gerichte an diese Auslegung gebunden (EuGH Slg 1977, 163, 183, 184). Im Interesse einer einheitlichen Auslegung des Europarechts in allen Mitgliedstaaten sind jedoch (zumindest) die letztinstanzlichen Gerichte iSd Art 267 III AEUV (= ex-Art 234 III EG) gehalten, das Unionsrecht in der Auslegung durch den EuGH anzuwenden oder aber die Auslegungsfrage erneut vorzulegen (EuGH Slg 1982, 3415, 3430; BGH GRUR 1994, 794, 795 – *Rolling Stones*). Nicht dagegen entscheidet der EuGH im Vorlageverfahren über die Vereinbarkeit einer innerstaatlichen Norm mit den Unionsverträgen (EuGH GRUR Int 1991, 215 – *Pall/ Dahlhausen*). Vorabentscheidungen des EuGH haben grds Rückwirkung, sofern die Entscheidung keine zeitliche Einschränkung enthält (EuGH Slg 1980, 1205, 1222 f; EuGH Slg 1988, 355, 375; BGH GRUR 1994, 794, 795 – *Rolling Stones*).

IV. Die Auslegung des Unionsrechts

1. Allgemeines

3.11 Die verbindliche Auslegung des Unionsrechts ist dem EuGH vorbehalten (sog **Auslegungsmonopol des EuGH;** Art 19 III lit b EUV; Art 344 AEUV = ex-Art 220, 292 EG). Dazu hat er bestimmte Grundsätze entwickelt: So ist jede Vorschrift des Unionsrechts im Lichte des gesamten Unionsrechts und seiner Ziele auszulegen (EuGH Slg 1982, 3415 Tz 20 – *CILFIT*). Die Auslegung (einschließlich der Rechtsfortbildung) muss sich „vom Geist der Vorschriften, von ihrer Systematik und von ihrem Wortlaut" leiten lassen (EuGH Slg 1963, 1, 17 – *van Gend en Loos*). Das entspricht in der deutschen Methodenlehre der teleologischen, systematischen und grammatikalischen Auslegung. Die sog historische, nach den Vorstellungen des Gesetzgebers fragende Auslegung spielt hingegen bei der Auslegung des Unionsrechts, jedenfalls des Primärrechts, keine Rolle. Was den **Wortlaut** angeht, ist zu beachten, dass das Unionsrecht vielfach eigene Rechtsbegriffe entwickelt hat, deren Inhalt nicht mit entspr Begriffen in den nationalen Rechten übereinstimmen muss. Die Auslegung muss daher in der Union autonom und einheitlich unter Berücksichtigung des Regelungszusammenhangs und des mit der Regelung verfolgten Zwecks erfolgen (EuGH GRUR 2003, 425, 427 – *Ansul/Ajax*). Die Bedeutung von im Unionsrecht nicht näher definierten Begriffen ist entspr ihrem Sinn nach dem gewöhnlichen Sprachgebrauch und unter Berücksichtigung des Zusammenhangs, in dem sie verwendet werden, und der mit der Regelung verfolgten Ziele zu bestimmen (EuGH Slg 2005, I-1947 Tz 21 – *easy car (UK) Ltd* = EuZW 2005, 245). Das Problem der **Mehrsprachigkeit** des Unionsrechts ist, da alle Sprachfassungen gleichermaßen verbindlich sind, durch Vergleich der unterschiedlichen Fassungen unter Berücksichtigung des Aufbaus und des Zwecks der Regelung zu lösen (stRspr; vgl EuGH GRUR 2010, 733 Tz 33–35 – *Internetportal und Marketing/Schlicht*). – Von mehreren möglichen Auslegungen ist diejenige vorzuziehen, die allein geeignet ist, die praktische Wirksamkeit der betreffenden Vorschrift zu sichern und damit die Ziele des Unionsrechts zu verwirklichen (Gebot des **effet utile**; EuGH Slg 1998, I-4951 Tz 35 – *Edis;* EuGH Slg 1999, I-7089 Tz 24 – *Adidas*).

2. Auslegung des sekundären Unionsrechts

Das sekundäre Unionsrecht, insbes auch die Richtlinien, ist im Lichte des primären Unionsrechts, insbes der **Grundfreiheiten** und **Grundrechte** (Art 6 EUV) und der allgemeinen Grundsätze des Unionsrechts wie dem **Grundsatz der Verhältnismäßigkeit,** auszulegen (EuGH Slg 1992, I-3669 Tz 26 – *Delhaize et Le Lion;* EuGH Slg 1994, I-312 Tz 12 – *Clinique;* EuGH Slg 2000, I-117 – Tz 26 ff – *Estée Lauder;* vgl auch Erwägungsgrund 62 Richtlinie 2009/136/EG). Die Auslegung einer Richtlinie kann zum Gegenstand einer Vorlage zum EuGH gemacht werden (Rdn 3.7 ff; EuGH Slg 1982, 2771; EuGH WRP 1998, 290, 292 ff – *Inter-Environnement Wallonie*). – Eine Überprüfung des sekundären Unionsrechts am Maßstab der **deutschen** Grundrechte ist grds (vgl BVerfG NJW 2000, 3124) ausgeschlossen (OLG Hamburg GRUR-RR 2010, 74, 77), weil (und soweit) ein ausreichender Schutz durch die europäischen Grundrechte gewährleistet ist.

3. Richtlinienkonforme Auslegung des nationalen Rechts

Das nationale Recht ist dem Unionsrecht untergeordnet. Daher ist es im Lichte des Wortlauts und der Ziele des Unionsrechts auszulegen und anzuwenden (EuGH Slg 2004, I-8835 Tz 114 – *Pfeiffer*). Daraus (und aus Art 288 III AEUV = ex-Art 249 III EG) folgt auch die Verpflichtung, Bestimmungen des nationalen Rechts im Regelungsbereich der Richtlinie **richtlinienkonform,** dh im Lichte des Wortlauts und Zwecks der Richtlinie auszulegen (vgl EuGH Slg 1984, 1909 Tz 28 – *von Colson und Kamann;* EuGH NJW 2006, 2465 Tz 108 – *Adelener;* BGH NJW 2009, 427 Tz 19 – *Quelle*). Das impliziert eine Auslegung der Richtlinie selbst. Die Auslegung der nationalen Norm darf sich aber nicht auf eine Auslegung der Richtlinie stützen, die im Widerspruch zu den EU-Grundrechten oder allgemeinen Grundsätzen des Unionsrechts wie dem Grundsatz der Verhältnismäßigkeit stehen würde. Das Gebot der richtlinienkonformen Auslegung gilt auch dann, wenn eine fristgerechte Umsetzung einer inhaltlich eindeutigen Richtlinie nicht erfolgt ist (EuGH NJW 2006, 2465 Tz 115 – *Adelener;* BGH WRP 1998, 600 – *SAM;* BGH GRUR 1998, 824, 827 – *Testpreis-Angebot*). Ggf darf das der Richtlinie entgegenstehende nationale Recht nicht mehr angewendet werden (BGH GRUR 1998, 824, 827 – *Testpreis-Angebot* zur vergleichenden Werbung). – Das Gebot der richtlinienkonformen Auslegung gilt unabhängig davon, ob im zu Grunde liegenden Fall der zwischenstaatliche Handel berührt ist oder ob ein reiner Inlandssachverhalt vorliegt. – Ob und inwieweit eine richtlinienkonforme Auslegung möglich ist, beurteilt sich nach dem Beurteilungsspielraum, dh nach den Auslegungsgrundsätzen des jeweiligen nationalen Rechts, und nach den Kompetenzen der jeweiligen nationalen Gerichte (vgl EuGH Slg 1994, I-3325, 3357 Tz 26 – *Faccini Dori*). Für das deutsche Recht bedeutet das, dass die dazu anerkannten Grundsätze der **Gesetzesauslegung** und der **Gesetzesfortbildung** heranzuziehen sind, um ein Ergebnis zu erreichen, das den Vorgaben der Richtlinie entspricht (vgl BGH NJW 2009, 427 Tz 21 – *Quelle; Roth* EWS 2005,

385). Der Wortlaut der nationalen Regelung bildet dabei keine Grenze. Eine richtlinienkonforme Rechtsfortbildung im Wege der teleologischen Reduktion setzt aber eine verdeckte Regelungslücke im Sinne einer planwidrigen Unvollständigkeit des Gesetzes voraus. Letztere kann sich auch aus der unrichtigen Annahme des Gesetzgebers ergeben, eine richtlinienkonforme Regelung zu schaffen (BGH NJW 2009, 427 Tz 22 ff – *Quelle*). Eine Auslegung **contra legem** iS einer Unzulässigkeit richterlicher Rechtsfortbildung nach nationalen Methoden ist allerdings nicht gerechtfertigt (EuGH NJW 2006, 2465 Tz 110 – *Adelener*; BGH NJW 2009, 427 Tz 21 – *Quelle*; *Canaris* FS Bydlinski, 2002, 47, 81 f). Ab Erlass der Richtlinie dürfen die Gerichte das innerstaatliche Recht nicht mehr in einer Weise auslegen, die die Ziele der Richtlinie ernsthaft gefährden würde (EuGH NJW 2006, 2465 Tz 124 – *Adelener*).

2. Abschnitt. Die Bedeutung des primären Unionsrechts für das Lauterkeitsrecht

I. Allgemeines

1. Lauterkeitsrechtlich bedeutsame Bestimmungen des primären Unionsrechts

3.14 Das primäre Unionsrecht wirkt vornehmlich über die **Grundfreiheiten** und die **Grundrechte,** darüber hinaus auch über das **Diskriminierungsverbot** (Art 18 AEUV = Art 12 EG-ex) auf das nationale Lauterkeitsrecht (Wettbewerbsrecht ieS) ein. Aus dem Bereich der Grundfreiheiten sind insbes die Regelungen zum Schutze des **freien Warenverkehrs** (Art 34 ff AEUV = Art 28 ff EG-ex) und des **freien Dienstleistungsverkehrs** (Art 56 ff AEUV = Art 49 ff EG-ex) für das Lauterkeitsrecht von Bedeutung. Die **Grundrechte** ergeben sich nach Art 6 EUV aus der **Charta der Grundrechte der Europäischen Union (GR-Charta)** und der **Europäischen Konvention zum Schutze der Menschenrechte und Grundfreiheiten (EMRK)**. Für das Lauterkeitsrecht sind insbes die **Freiheit der Meinungsäußerung** und die **Freiheit der Medien** (Art 11 GR-Charta) sowie die **Berufsfreiheit** (Art 15 GR-Charta) und die **unternehmerische Freiheit** (Art 16 GR-Charta) in Betracht zu ziehen. Die Anwendung des nationalen Rechts muss sich an diesen Regelungen messen lassen. Allerdings sind nationale Regelungen in einem Bereich, der auf Unionsebene abschließend harmonisiert wurde, anhand der betreffenden Harmonisierungsmaßnahmen und nicht des primären Unionsrechts zu beurteilen (EuGH NJW 2004, 131, 133 Tz 64 – *DocMorris*). – Die Grundrechte spielen in der – sich weitgehend auf eine Prüfung der Verhältnismäßigkeit des Eingriffs beschränkende – Rspr des EuGH bis jetzt nur eine geringe Rolle (dazu *Mand* JZ 2010, 337, 340 f).

2. Auswirkungen auf das nationale Lauterkeitsrecht

3.15 Würde die Anwendung einer nationalen Vorschrift gegen das primäre Unionsrecht verstoßen, so führt dies nicht zur Nichtigkeit dieser Vorschrift. Jedoch darf das nationale Gericht sie nicht anwenden. Geschieht dies gleichwohl, so hat der Mitgliedstaat dem Geschädigten den daraus entstehenden Schaden zu ersetzen (vgl EuGH Slg 1996, I-1029 Tz 54 – *Brasserie du Pecheur*).

3. Problem der Inländerdiskriminierung

3.16 Die Nichtanwendung von Wettbewerbsnormen auf Ausländer auf Grund des primären Unionsrechts kann zu einer Wettbewerbsverzerrung im Inland führen, soweit diese Normen für Inländer weiterhin gelten. Diese sog **Inländerdiskriminierung** verstößt nicht gegen das unionsrechtliche Diskriminierungsverbot des Art 18 AEUV = ex-Art 12 EG (EuGH Slg 1981, 1993 ff – *Oebel*), ihre Beseitigung ist nicht Aufgabe des Unionsrechts (EuGH Slg 1986, 3238, 3376; EuGH Slg 1994, I-2715 Tz 9 – *Steen*; dazu *Beater* § 7 Rdn 112 ff). – Die weitere Anwendung des innerstaatlichen Lauterkeitsrechts auf Inländer verstößt auch nicht gegen Art 3 GG, es sei denn, diese Differenzierung ist willkürlich, weil sich schlechterdings kein sachlich einleuchtender Grund dafür erkennen lässt (BGH GRUR 1985, 886 – *Cocktail-Getränk*; offen gelassen in BGH WRP 1996, 284, 285 – *Wegfall der Wiederholungsgefahr II*; vgl auch *Ullmann* JZ 1994, 928, 935). Sofern eine unionsrechtskonforme, einschränkende Auslegung der entspr nationalen Vorschrift durch die Gerichte nicht möglich ist, bleibt daher nur der Weg über eine Änderung der innerstaatlichen Gesetzgebung. Ein Beispiel dafür ist die auf Grund der *Yves Rocher*-Entscheidung (EuGH GRUR 1993, 747, 748 Tz 12 – *Yves Rocher*) erfolgte Abschaffung der §§ 6 d, 6 e UWG 1909 durch das UWGÄndG v 25. 7. 1994 (BGBl I 1738), die ausdrücklich mit der sonst drohenden Ungleichbehandlung von Inländern begründet wurde (vgl Amtl Begr S 8).

II. Der Schutz des freien Warenverkehrs

1. Überblick

Nach Art 34 AEUV (= ex-Art 28 EG) sind mengenmäßige Einfuhrbeschränkungen sowie **Maßnahmen gleicher Wirkung** zwischen den Mitgliedstaaten verboten. Dieses grds Verbot wird durch Art 36 AEUV (= ex-Art 30 EG) eingeschränkt. Darauf aufbauend hat der EuGH in vier Grundsatzentscheidungen *(Dassonville; Cassis de Dijon; Keck; DocMorris)* Leitlinien zur Beurteilung solcher nationaler Vorschriften des Lauterkeitsrechts entwickelt, die sich im Handel zwischen den Mitgliedstaaten als Hemmnis erweisen können.

2. Die Dassonville-Entscheidung (Maßnahmen gleicher Wirkung)

Als „Maßnahme mit gleicher Wirkung" iSd Art 34 AEUV (= ex-Art 28 EG) ist jede Regelung der Mitgliedstaaten anzusehen, **die geeignet ist, den innergemeinschaftlichen Handel zwischen den Mitgliedstaaten unmittelbar oder mittelbar, tatsächlich oder potenziell zu behindern** (stRspr seit EuGH Slg 1974, 837 Tz 5 = GRUR Int 1974, 467 – *Dassonville;* EuGH NJW 2004, 131, 133 Tz 66 – *DocMorris;* EuGH ZRL 2007, 499 Tz 32 – *Rosengren;* EuGH NJW 2008, 3693 Tz 28 – *Kommission/Deutschland)*. Es ist also nicht erforderlich, dass die nationale Regelung bezweckt, den Handel zwischen den Mitgliedstaaten zu regeln. Vielmehr kommt es lediglich darauf an, wie sich die Regelung tatsächlich oder potenziell auf den innergemeinschaftlichen Handel auswirkt. Eine spürbare Beeinträchtigung des Handels im Binnenmarkt ist nicht erforderlich (EuGH aaO – *Dassonville;* EuGH Slg 1993, I-2261 Tz 21). Nach diesen Grundsätzen kann die Anwendung nationaler Lauterkeitsnormen in den Verbotsbereich des Art 36 AEUV (= ex-Art 28 EG) fallen, vorausgesetzt, dass ein Rechtsgefälle zum Ursprungsland vorliegt, dh eine Harmonisierung noch nicht vollständig erfolgt ist (vgl EuGH NJW 2004, 131, 134 Tz 64, 78, 102 – *DocMorris)*.

3. Die Cassis de Dijon-Entscheidung (ungeschriebene Rechtfertigungsgründe)

Nach der *Cassis de Dijon*-Entscheidung (EuGH Slg 1979, 649 Tz 14 f – *Cassis de Dijon)* sind auch solche Regelungen als Maßnahmen gleicher Wirkung anzusehen, die sich nicht auf eingeführte Waren beziehen, sondern **unterschiedslos** für ausländische und inländische Waren gelten, sofern sie die Einfuhr solcher ausländischen Waren behindern, die nach ausländischem Recht rechtmäßig hergestellt und in den Verkehr gebracht werden. Allerdings können solche Regelungen nicht nur nach Art 36 AEUV (= ex-Art 30 EG), sondern auch nach ungeschriebenen Rechtfertigungsgründen zulässig sein (Rdn 3.27 ff).

4. Die Keck-Entscheidung (Unterscheidung zwischen warenbezogenen Regelungen und Regelungen von Verkaufsmodalitäten)

a) Grundsatz. Seit der sog *Keck*-Entscheidung (EuGH Slg 1993, I-6097 Tz 15 – *Keck und Mithouard)* ist zu unterscheiden zwischen Regelungen, welche die Merkmale der Ware selbst, und solchen, die lediglich Modalitäten des Verkaufs der Ware betreffen (vgl dazu *Beater* § 7 Rdn 18 ff; *Glöckner* Europäisches Lauterkeitsrecht S 89 ff; *Steindorff* S 173 ff; *Sack* GRUR 1998, 871, 872 f; *Heermann* GRUR Int 1999, 579; *ders* WRP 1999, 381).

b) Warenbezogene Regelungen. Soweit sich Hemmnisse für den freien Warenverkehr daraus ergeben, dass Waren aus anderen Mitgliedstaaten, die dort rechtmäßig hergestellt und in den Verkehr gebracht worden sind, bestimmten Vorschriften entsprechen müssen, sind sie selbst, wenn diese Vorschriften unterschiedslos für alle Erzeugnisse gelten, nach Art 34 AEUV verbotene Maßnahmen mit gleicher Wirkung, es sei denn, dass sich ihre Anwendung durch einen Zweck rechtfertigen lässt, der im Allgemeininteresse liegt und den Erfordernissen des freien Warenverkehrs vorgeht (EuGH Slg 1979, 649 Tz 6, 14 f – *Cassis de Dijon;* EuGH Slg 1993, I-6097 Tz 15 – *Keck und Mithouard;* EuGH Slg 1997, I-3689 Tz 8 = EuZW 1997, 470 – *Familiapress;* EuGH NJW 2004, 133 Tz 67 – *DocMorris)*. Als warenbezogene Regelung sind ua anzusehen: Regelungen, die Waren bestimmten Anforderungen, etwa Bezeichnung, Form, Abmessung, Gewicht, Zusammensetzung, Aufmachung, Etikettierung und Verpackung, unterstellen (EuGH aaO – *Keck und Mithouard;* EuGH Slg 1994, I-317 Tz 13 = GRUR 1994, 303 – *Clinique;* EuGH Slg 1995, I-1923 Tz 13 = WRP 1995, 677 – *Mars*). Dies schließt die Werbung auf der Verpackung (EuGH aaO – *Mars*) und den werblichen Inhalt einer Zeitschrift ein (EuGH WRP 1997, 706 – *Zeitschriften-Gewinnspiel;* dazu *Reuthal* WRP 1997, 1154, 1157).

3.22 **c) Regelungen von Verkaufsmodalitäten.** Soweit eine Vorschrift nicht die Merkmale der Ware selbst regelt, sondern nur bestimmte Modalitäten ihres Verkaufs beschränkt oder verbietet, stellt sie eine Maßnahme gleicher Wirkung iSd Art 34 AEUV nur dann dar, wenn sie zwei Voraussetzungen nicht genügen: Sie müssen erstens für alle betroffenen Wirtschaftsteilnehmer gelten, die ihre Tätigkeit im Inland ausüben und sie müssen zweitens den Absatz der inländischen Erzeugnisse und der Erzeugnisse aus anderen Mitgliedstaaten rechtlich wie tatsächlich in gleicher Weise berühren (stRspr seit EuGH Slg 1993, I-6097 Tz 16 = GRUR 1994, 296 – *Keck und Mithouard;* EuGH NJW 2004, 131, 133 Tz 68 – *DocMorris;* EuGH NJW 2008, 3693 Tz 46 – *Kommission/Deutschland*).

3.23 **aa) Begriff der Verkaufsmodalitäten.** Als „bestimmte" Verkaufsmodalitäten sind insbes anzusehen Maßnahmen, die das Wer, Wo, Wann und Wie der Produktvermarktung regeln. Dazu gehört das Verbot einer bestimmten **Preisgestaltung,** etwa des Weiterverkaufs zu Verlustpreisen (EuGH Slg 1993 I-6097 – *Keck und Mithouard;* EuGH Slg 1995, I-2467, 2490 Tz 12 – *Belgapom*) oder der Einhaltung von gesetzlich vorgeschriebenen Festpreisen (§ 78 II 2 AMG iVm 3 I AMPreisV; dazu OLG München GRUR-RR 2010, 53, 54). Weiter gehören dazu **Werbebeschränkungen** und **-verbote,** etwa bezüglich der Fernsehwerbung (EuGH Slg 1995, I-179 = WRP 1995, 470 – *Leclerc-Siplec;* EuGH Slg 1997, I-3843 = GRUR Int 1997, 913, 917 – *de Agostini*), der Werbung für Apothekerwaren außerhalb der Apotheke (EuGH GRUR 1994, 299 – *Hünermund*); der Arzneimittelwerbung (BGH GRUR 2009, 509 Tz 13 – *Schoenenberger Artischockensaft*); **Ladenschlussregelungen** (EuGH Slg 1994, I-2355 – *Punto Casa;* EuGH Slg 1994, I-2199 – *'t Heukske und Boermans*); Sonntagsverkaufsverbote (EuGH Slg 1996, I-2975, 3004 f); das Verbot des **Versandhandels** mit apothekenpflichtigen Arzneimitteln (EuGH NJW 2004, 131 – *DocMorris;* dazu *Lenz* NJW 2004, 332); die Anforderungen an den **Arzneimittelversorgungsvertrag** gem § 14 V, VI ApoG (EuGH NJW 2008, 3693 Tz 31 – *Kommission/Deutschland*). Für das deutsche Wettbewerbsrecht ist festzuhalten, dass die meisten Tatbestände unlauteren Wettbewerbs, die unzumutbare Belästigung (zB durch unerbetene Telefonwerbung iSd § 7 II Nr 2; vgl auch ÖOGH ÖBl 1995, 12), die getarnte Werbung (§ 4 Nr 3), die unangemessene unsachliche Beeinflussung (§ 4 Nr 1), die Kampfpreisunterbietung (§ 4 Nr 10) usw, idR bloße Vertriebsmodalitäten betreffen (vgl *Sack* GRUR 1998, 871, 872).

3.24 **bb) Universalität.** Nationale Regelungen werden idR für alle betroffenen inländischen und ausländischen Wirtschaftsteilnehmer gelten.

3.25 **cc) Neutralität.** Schwieriger zu beurteilen ist, ob eine nationale Regelung von Verkaufsmodalitäten den Absatz inländischer und ausländischer Erzeugnisse rechtlich wie tatsächlich in gleicher Weise berührt und daher aus diesem Grund nicht in den Anwendungsbereich des Art 28 EG fällt. Hier ist zunächst die Reichweite der nationalen Regelung durch Auslegung zu ermitteln (vgl EuGH Slg 1993, I-6787 Tz 19 – *Hünermund;* EuGH Slg 1995, I-179 Tz 22 – *Leclerc-Siplex;* EuGH Slg 1997, I-3843 – *de Agostini;* EuGH Slg 2001, I-1795 Tz 21–24 – *Gourmet International Products;* EuGH GRUR 2004, 174, 176 Tz 71 f – *DocMorris*). Sodann kommt es darauf an, wie sich die Regelung tatsächlich auswirkt. Dies hängt auch von den (geänderten) Möglichkeiten der Vermarktung (zB über das Internet) ab (vgl EuGH GRUR 2004, 174, 177 Tz 73 – *DocMorris*). Von einer stärkeren Behinderung des Marktzutritts für ausländische Erzeugnisse ist auszugehen, wenn eine nationale Regelung sich dahin auswirkt, dass einem ausländischen Unternehmen der Zutritt zum inländischen Markt unmöglich gemacht oder doch wesentlich erschwert wird, weil ihm andere, wirtschaftlich gleichwertige und zumutbare Werbemöglichkeiten nicht zur Verfügung stehen (vgl EuGH aaO – *de Agostini; Steindorff* S 181 ff, 208; *Heermann* WRP 1999, 381, 386). Es reicht sogar aus, dass die nationale Regelung **geeignet** sein könnte, den Marktzugang für Waren aus anderen Mitgliedstaaten stärker zu behindern als für inländische Erzeugnisse (EuGH GRUR 2004, 174, 175 Tz 74, 75 – *DocMorris;* dazu *Lenz* NJW 2004, 332). Damit wird der früher vom betroffenen Marktteilnehmer verlangte Nachweis, dass die nationale Regelung ihn stärker belastet als inländische Mitbewerber (EuGH EuGH Slg 1997, I-3843 Tz 44 = GRUR Int 1997, 913, 917 – *de Agostini;* dazu *Heermann* GRUR Int 1999, 579, 587) entbehrlich.

d) Abgrenzung. Die Abgrenzung der warenbezogenen von den Verkaufsmodalitäten ist im Einzelfall schwierig (vgl *Bornkamm* GRUR 1994, 297, 298). Einen Grenzfall stellt zB die Herstellergarantie für ein Kraftfahrzeug dar (zutr für Warenbezogenheit: *Leible* WRP 1997, 517, 527; *Heermann* WRP 1999, 381, 382; für Vertriebsbezogenheit: OLG Dresden GRUR 1997, 231, 233). Auch sonst dürfte es Vorschriften geben, die sich weder der einen noch der anderen Kategorie eindeutig zuordnen lassen. So etwa das Verbot des Vertriebs von Produktnachahmungen (§§ 3, 4 Nr 9). Art 28 EG sollte letztlich immer dann eingreifen, soweit durch die nationale Vorschrift der Zugang zum nationalen Markt gehemmt oder erschwert wird (vgl Streinz/ Schroeder Art 28 EGV Rdn 54; *Heermann* WRP 1998, 381, 383). 3.26

III. Ungeschriebene Rechtfertigungsgründe in Art 34 AEUV

1. Allgemeines

Der EuGH hat den Anwendungsbereich des Art 34 AEUV (= ex-Art 28 EG) durch ungeschriebene Rechtfertigungsgründe eingeschränkt (EuGH Slg 1979, 649 – *Cassis de Dijon*; EuGH GRUR 1990, 955, 956 – *GB-Inno*; EuGH GRUR Int 1991, 215, 216 – *Pall/Dahlhausen*; EuGH Slg 1995, I-1923 Tz 15 = WRP 1995, 677, 678 – *Mars*; vgl auch EuGH GRUR Int 1997, 913, 917 Tz 46 – *de Agostini*): Nationale Regelungen, die unterschiedslos für einheimische wie für eingeführte Erzeugnisse gelten, aber zu Hemmnissen für den freien Binnenhandel führen, müssen in Ermangelung einer unionsrechtlichen Regelung hingenommen werden, wenn sie notwendig sind, um **zwingende Gründe des Allgemeininteresses**, insbes des **Verbraucherschutzes**, des Schutzes der Gesundheit von Menschen, der **Lauterkeit des Handelsverkehrs** und des Umweltschutzes, gerecht zu werden. Das Vorliegen einer solchen Rechtfertigung ist im Lichte der allgemeinen Rechtsgrundsätze und der Grundrechte der Union, insbes des Art 11 GR-Charta, auszulegen (EuGH Slg 1997, I-3689 Tz 8 = GRUR Int 1997, 829 – *Familiapress*). Das Ziel der jeweiligen nationalen Regelung muss daher mit dem Unionsrecht vereinbar sein. Anders gewendet: Lauterkeits- und Verbraucherschutz haben einen unionsrechtlichen Inhalt. Dies wirkt sich insbes bei der Frage des Verbraucherleitbildes aus (§ 1 Rdn 19 ff). Derartige Regelungen sind außerdem nur dann zulässig, wenn sie dem Grundsatz der **Verhältnismäßigkeit** entsprechen, also in einem angemessenen Verhältnis zum verfolgten Zweck stehen, und wenn dieser Zweck nicht durch Maßnahmen erreicht werden kann, die den Handel im Binnenmarkt weniger beschränken (EuGH Slg 1989, 1235 Tz 7 – *Buet*; EuGH GRUR 1993, 747 – *Yves Rocher*; EuGH Slg 1994, I-317 Tz 16 = GRUR 1994, 303 – *Clinique*; EuGH WRP 1995, 677, 678 Tz 15 – *Mars*; EuGH GRUR Int 1997, 912, 917 Tz 45 – *de Agostini*). 3.27

2. Lauterkeit des Handelsverkehrs

Die Lauterkeit des Handelsverkehrs beurteilt der EuGH unter „allseitiger Achtung lauterer Praktiken und herkömmlicher Übungen in den verschiedenen Mitgliedstaaten" (vgl dazu *Beater* § 7 Rdn 67). Dazu gehört insbes der Schutz vor unlauterem Wettbewerb, ohne dass damit notwendig alle einzelstaatlichen Lauterkeitskriterien hingenommen werden. Da der Schutz des lauteren Wettbewerbs in den meisten Wettbewerbsrechten auch dem Schutz des Verbrauchers dient, überschneiden sich beide Zwecke. Der EuGH trennt daher auch nicht klar zwischen Lauterkeitsschutz und Verbraucherschutz, sondern behandelt ihn häufig gemeinsam mit dem Verbraucherschutz (vgl *Ahlfeld* S 97 ff, 129 ff). Selbstständige Bedeutung hat der Lauterkeitsschutz hins des Schutzes anderer Marktteilnehmer, insbes der Mitbewerber (vgl EuGH Slg 1989, 229 Tz 12 ff und 17 ff). 3.28

3. Verbraucherschutz

Den Verbraucherschutz versteht der EuGH als Schutz des „**durchschnittlich informierten, aufmerksamen und verständigen Durchschnittsverbrauchers**" (vgl näher § 1 Rdn 19; EuGH WRP 1998, 848, 850 Tz 31 – *Gut Springenheide* zur Auslegung der Irreführungsrichtlinie; EuGH WRP 1999, 307 – *Sektkellerei Kessler*). Allerdings sind, wenn es um die Beurteilung einer Irreführungsgefahr geht, auch „soziale, kulturelle oder sprachliche Eigenheiten" der Verbraucher in den jeweiligen Mitgliedstaaten zu berücksichtigen (EuGH Slg 2000, I-117 Tz 27 f = WRP 2000, 289, 292– *Lifting-Creme*), so dass es nicht darauf ankommt, wie eine Werbung in anderen Mitgliedstaaten verstanden wird (bedenklich daher EuGH Slg 1994, I-317 Tz 21 = GRUR 1994, 303 – *Clinique*). Auch kann nicht unberücksichtigt bleiben, dass bestimmte Verbrauchergruppen (zB Kinder; geschäftlich Unerfahrene) eines bes Schutzes bedürfen (vgl EuGH Slg 1989, 3.29

1235 Tz 7 – *Buet*). Der Verbraucherschutzgedanke legitimiert andererseits nicht die Verfestigung überkommener Verbrauchergewohnheiten zugunsten bestimmter Produkte und Hersteller (EuGH Slg 1987, 1227, 1271 – *Bier*). Durch die UGP-Richtlinie und – in ihrer Umsetzung in § 3 II 2, 3 UWG – wurde zwischenzeitlich für das Verhältnis von Unternehmer zu Verbraucher eine vollständige Rechtsangleichung erzielt.

4. Angemessenheit und Verhältnismäßigkeit

3.30 Die nationale Regelung muss in einem angemessenen Verhältnis zum verfolgten Zweck (Verbraucherschutz usw) stehen und dieser Zweck darf nicht durch Maßnahmen erreichbar sein, die den Handel im Binnenmarkt weniger beschränken (EuGH Slg 1989, 1235 Tz 11 – *Buet*; EuGH WRP 1995, 677, 678 Tz 15 – *Mars*). Eine nationale Regelung, die dem Schutze des Verbrauchers vor Irreführung dient, ist zB dann nicht angemessen, wenn sie auch wahre Werbung verbietet und dem Verbraucher nützliche Informationen vorenthält (EuGH GRUR 1993, 747, 748 Tz 12 – *Yves Rocher* zum früheren § 6 e aF). Übermäßig strenge Anforderungen an den Schutz vor Irreführung, wie sie in der Vergangenheit das deutsche Lauterkeitsrecht auszeichneten, wären mit dem Verbraucherleitbild des Unionsrechts nicht vereinbar. Die neuere deutsche Rspr zu § 3 UWG 1909 hatte dem aber bereits Rechnung getragen und bei der Bejahung der Irreführungsgefahr deutlich zurückgesteckt (vgl BGH GRUR 1994, 519, 521 – *Grand Marnier*; BGH GRUR 1995, 612, 614 – *Sauerstoff-Mehrschritt-Therapie*; BGH GRUR 1996, 910, 912 – *Der meistverkaufte Europas*; BGH GRUR 2000, 619 – *Orient-Teppichmuster*; weit Nachw bei § 1 Rdn 24). Mit der an die Irreführungs-Richtlinie angepassten Regelung der irreführenden Werbung in § 5 UWG 2004 und dem Bekenntnis zum gemeinschaftsrechtlichen Verbraucherleitbild hatte der deutsche Gesetzgeber zu erkennen gegeben, dass insoweit eine Angleichung an die Standards des (jetzt) Unionsrechts beabsichtigt war. In den §§ 5, 5a UWG 2008 wurde dann – in Umsetzung der UGP-Richtlinie – eine vollständige Rechtsangleichung vollzogen. Eine andere Frage ist, ob der EuGH den Schutz vor Irreführung zu sehr beschränkt hatte (vgl EuGH WRP 1993, 233 – *Nissan*; dazu krit *Piper* WRP 1992, 685, 690 unter Hinweis auf BGH GRUR 1992, 171 – *Vorgetäuschter Vermittlungsauftrag*). Das früher auf § 1 UWG 1909 gestützte Verbot der verdeckten Laienwerbung, sofern es überhaupt unter Art 34 AEUV (= ex-Art 28 EG) fiel, war jedenfalls nicht unverhältnismäßig (vgl BGH GRUR 1992, 622, 625 – *Verdeckte Laienwerbung*).

5. Beispiele

3.31 **a) Zulässige nationale Regelungen.** Als zulässig wurden angesehen: (niederländisches) Verbot sklavischer Verwechslungen hervorrufender Nachahmungen (EuGH Slg 1982, 707 = WRP 1982, 455 – *Multi Cable Transit*); (damaliges niederländisches) Zugabeverbot (EuGH Slg 1982, 4575 – *Oosthoek*); (deutsches) Verbot einer irreführenden und die Volksgesundheit gefährdenden Werbung (OLG Hamburg GRUR 1988, 66); (französisches) Verbot bestimmter Haustürgeschäfte (EuGH GRUR Int 1990, 459); (deutsches) Verbot der verdeckten Laienwerbung (BGH GRUR 1992, 622, 625 – *Verdeckte Laienwerbung*); (deutsches) Verbot der Preisgegenüberstellung (BGH WRP 1996, 284 – *Wegfall der Wiederholungsgefahr II*).

3.32 **b) Unzulässige nationale Regelungen.** Als grds unzulässig wurden Einfuhrbeschränkungen angesehen, soweit sich der damit bezweckte Schutz des Verbrauchers vor Irreführung auch durch eine geeignete Warenkennzeichnung erreichen ließ. So zB der Schutz einer bestimmten Flaschenform zugunsten bestimmter einheimischer Erzeuger, sofern die Verwendung dieser Form im Ursprungsland lauterer Praxis und herkömmlicher Übung entspricht, weil eine Verwechslungsgefahr durch entspr Etikettierung vermieden wird (EuGH Slg 1984, 1299, 1301 – *Bocksbeutel*; vgl weiter EuGH GRUR Int 1987, 404 – *Bier*; EuGH NJW 1988, 2169 – *Teigwaren*; EuGH NJW 1989, 2184 – *Milcherzeugnisse*). Unzulässig ist ein Verbot der Verwendung eines in einem anderen Mitgliedstaat rechtmäßig verwendeten Firmensignets (EuGH Slg 1984, 3651 zu § 3 aF), des Hinweises auf ein Warenzeichen, das lediglich im Ursprungsland eingetragen ist (EuGH GRUR Int 1991, 215 – *Pall/Dahlhausen* zu § 3 aF), oder das Verbot, ein kosmetisches Mittel mit „*Clinique*" zu bezeichnen (EuGH GRUR 1994, 303 – *Clinique*). Problematisch war die *Nissan*-Entscheidung des EuGH (EuGH Slg 1992, I-131 = WRP 1993, 233 – *Nissan*): Danach war eine unzulässige Irreführung offenbar erst dann anzunehmen, wenn eine bedeutsame Zahl von Verbrauchern tatsächlich einer Täuschung beim Kauf erlegen ist (vgl demgegenüber BGH GRUR 1992, 171 – *Vorgetäuschter Vermittlungsauftrag*).

IV. Rechtfertigungsgründe nach Art 36 AEUV

Die Prüfung einer Rechtfertigung nach Art 36 AEUV (= ex-Art 30) EG hat an sich vor der **3.33** Prüfung der immanenten Einschränkungen von Art 34 AEUV (= ex-Art 28 EG) zu erfolgen. Denn „zwingende Erfordernisse" iSd *Cassis de Dijon*-Rspr sind nur solche, die nicht in Art 36 AEUV aufgeführt sind (EuGH Slg 1991, I-4151, 4184 Tz 13 – *Aragonesa;* EuGH EuZW 1993, 129 – *Michel Debus*). Jedoch fällt der Schutz des lauteren Wettbewerbs nicht unter den Begriff des „gewerblichen und kommerziellen Eigentums" und der „öffentlichen Ordnung" iSd Art 36 AEUV, sieht man von Einzeltatbeständen (zB Schutz von Geschäftsgeheimnissen; str) ab (vgl *Sack* GRUR 1998, 871, 874 f mwN zum Streitstand). Im Übrigen ist diese Vorschrift **eng auszulegen** (EuGH Slg 1981, 1625 Tz 8 = GRUR Int 1982, 117, 120 – *Irische Souvenirs;* EuGH GRUR 2008, 271, 274 Tz 88 – *Knoblauch-Extrakt-Pulver-Kapsel*). Sie ist nicht anzuwenden, wenn Richtlinien die Harmonisierung der Maßnahmen vorsehen, die zur Verwirklichung des konkreten Ziels, das durch Rückgriff auf Art 36 AEUV erreicht werden soll, erforderlich sind (EuGH GRUR 2008, 271, 274 Tz 83 – *Knoblauch-Extrakt-Pulver-Kapsel*). Außerdem ist der Grundsatz der **Verhältnismäßigkeit** zu beachten (EuGH GRUR 2008, 271, 274 Tz 96 – *Knoblauch-Extrakt-Pulver-Kapsel*). – Der **ergänzende wettbewerbsrechtliche Leistungsschutz** nach § 3 I iVm § 4 Nr 9 weist zwar Parallelen zum Immaterialgüterrecht auf (dreifache Schadensberechnung des Verletzten), begründet jedoch keine subjektiven Ausschließlichkeitsrechte und fällt daher nicht unter den Begriff des „gewerblichen und kommerziellen Eigentums" (aA *Sack* aaO; diff *Beater* § 7 Rdn 41). Auch der EuGH hat in einem vergleichbaren Fall eine Regelung zum Schutze vor sklavischer Nachahmung nur danach beurteilt, ob sie gegen zwingende Erfordernisse des Verbraucherschutzes und der Lauterkeit des Handelsverkehrs verstößt (EuGH Slg 1982, 707 = WRP 1982, 455 – *Multi Cable Transit*). – Bei dem in Art 36 S 1 AEUV erwähnten Rechtfertigungsgrund des **„Schutzes der Gesundheit"** ist zu berücksichtigen, dass es Sache der Mitgliedstaaten ist, in den durch den Vertrag gezogenen Grenzen zu bestimmen, auf welchem Niveau sie den Schutz der Bevölkerung gewährleisten wollen und wie dieses Niveau erreicht werden soll (EuGH NJW 2008, 3693 Tz 46 – *Kommission/Deutschland;* vgl auch Art 3 III UGR-Richtlinie).

V. Der Schutz des freien Dienstleistungsverkehrs

1. Allgemeines

Lauterkeitsrechtliche Regelungen können auch in den freien Dienstleistungsverkehr (Art 56 ff **3.34** AEUV = ex-49 ff EG) eingreifen (vgl EuGH Slg 1994, I-1039 = NJW 1994, 2013 – *Schindler: Werbung für Lotterien;* EuGH Slg 1995, I-1141 = NJW 1995, 2541 – *Alpine Investments: Telefonwerbung;* EuGH Slg 2003, I-13031 = NJW 2004, 139, 140 Tz 54 – *Gambelli:* Internet-Sportwetten; EuGH MMR 2009, 823 – *Liga Portuguesa;* EuGH WRP 2010, 859 Tz 16 – *Ladbrokes Betting & Gaming:* Internet-Glücksspiele). Betrifft die Regelung zugleich den freien Warenverkehr, so kommt es darauf an, ob eine der beiden Freiheiten der anderen zugeordnet werden kann und ihr gegenüber völlig zweitrangig ist. In diesem Fall ist nur die vorrangige Grundfreiheit Prüfungsmaßstab (EuGH Slg 1994, I-1039 Tz 22 – *Schindler;* EuGH Slg 2002, I-607 Tz 31 – *Canal Satéllite Digital;* EuGH BB 2004, 903 Tz 46 – *Karner*). Danach ist zB eine Werbebeschränkung für bestimmte Waren ausschließlich nach Art 34 AEUV zu beurteilen. Art 56 AEUV erfasst auch Dienstleistungen, die ein Leistungserbringer potenziellen Leistungsempfängern, die in anderen Mitgliedstaaten ansässig sind, **telefonisch** oder über das **Internet** anbietet und die er ohne Ortswechsel von dem Mitgliedstaat aus erbringt, in dem er ansässig ist (EuGH Slg 1995, I-1141 = NJW 1995, 2541 – *Alpine Investments;* EuGH NJW 2004, 139, 140 Tz 54 – *Gambelli*). Außerdem erfasst Art 56 AEUV die Freiheit des Leistungserbringers, Leistungsempfängern, die in einem anderen Mitgliedstaat ansässig sind, Dienstleistungen anzubieten und zu erbringen sowie die Freiheit, als Leistungsempfänger von einem Leistungserbringer mit Sitz in einem anderen Mitgliedstaat angebotene Dienstleistungen zu empfangen oder in Anspruch zu nehmen (vgl EuGH Slg 1999, I-7447 Tz 33 und 34 – *Eurowings Luftverkehr;* EuGH WRP 2010, 859 Tz 15 – *Ladbrokes Betting & Gaming*). Art 56 AEUV erstreckt sich schließlich auch auf das bloße Angebot von Dienstleistungen (EuGH Slg 1995, I-1141 Tz 19 – *Alpine Investments*).

2. Begriff der Dienstleistung

Dienstleistungen sind nach Art 57 AEUV (= ex-Art 50 EG) Leistungen, die idR gegen **3.35** Entgelt erbracht werden, soweit sie nicht den Vorschriften über den freien Waren- und Kapitalverkehr und über die Freizügigkeit von Personen unterliegen. Dazu gehören zB Reiseleistungen (EuGH Slg 1987, 3801 Tz 32), Fernsehsendungen (EuGH Slg 1974, 409 Tz 6), Kreditvermittlungen (EuGH Slg 1995, I-1141 – *Alpine Investments*).

3. Rechtfertigung von Beschränkungen der Dienstleistungsfreiheit

3.36 Beschränkungen der Dienstleistungsfreiheit sind nach der Rspr des EuGH zulässig, wenn sie aus **zwingenden Gründen des Allgemeininteresses** oder zur Erreichung eines der Ziele des Art 52 AEUV (= ex-Art 46 EG) erforderlich sind, hierzu in einem angemessenen Verhältnis stehen und diese zwingenden Gründe oder Ziele nicht durch weniger einschneidende Maßnahmen hätten erreicht werden können (EuGH Slg 1995, I-4165 Tz 37 – *Gebhard;* EuGH Slg 1997, I-3843 Tz 52 – *de Agostini;* EuGH Slg 2003, I-13031 Tz 64 und 65 – *Gambelli;* EuGH WRP 2010, 859 Tz 17 ff - *Ladbrokes Betting & Gaming*). Stets müssen die Beschränkungen in nicht diskriminierender Weise angewandt werden (EuGH Slg 2003, I-13031 Tz 65 – *Gambelli*). Zu den „zwingenden Gründen des Allgemeininteresses" zählen, wie bei Art 34 AEUV, insbes die **Lauterkeit des Handelsverkehrs,** der **Schutz der Verbraucher,** der Betrugsvorbeugung, der Vermeidung von Anreizen für Bürger zu überhöhten Ausgaben für das Spielen und der Verhütung von Störungen der sozialen Ordnung im Allgemeinen(EuGH Slg 1997, I-3843 Tz 53 = GRUR Int 1997, 913, 917 – *de Agostini;* EuGH Slg 1995, I-1141 = WRP 1995, 801 – *Alpine Investments;* EuGH Slg 2003, I-13031 Tz 67 – *Gambelli;* EuGH WRP 2010, 859 Tz 118 – *Ladbrokes Betting & Gaming*). Mit Rücksicht auf die sittlichen, religiösen oder kulturellen Besonderheiten steht den Mitgliedstaaten ein Ermessensspielraum zu, um festzulegen, welche Erfordernisse sich aus dem Schutz der Verbraucher ergeben (EuGH WRP 2010, 859 Tz 19 – *Ladbrokes Betting & Gaming*). – Zur Frage, ob und inwieweit die *Keck*-Doktrin auch auf Art 56 AEUV anwendbar ist (ablehnend *Sack* GRUR 1998, 871, 874; diff *Timmermans* S 33 f), ist noch keine Entscheidung ergangen. Die dafür herangezogene *Alpine Investments*-Entscheidung (EuGH Slg 1995, I-1141 = WRP 1995, 801 – *Alpine Investments*) betraf lediglich die Beschränkung der Telefonwerbung durch das Herkunftsland.

3. Abschnitt. Sekundäres Unionsrecht und Lauterkeitsrecht

I. Regelungstechniken

1. Regelung durch Verordnungen

3.37 Die Wahl des Instruments der Verordnung hat aus Sicht der Europäischen Union den Vorzug, dass die betreffende Regelung sofort, unmittelbar und mit gleichem Inhalt in allen Mitgliedstaaten Geltung hat. Gleichwohl wird im Bereich des Lauterkeitsrechts von diesem Instrument kaum Gebrauch gemacht. Für den Bereich des Lauterkeitsrechts ist **VO (EG) Nr 1008/2008 über Luftverkehrsdienste** zu erwähnen. - Der Vorschlag für eine **Verordnung über Verkaufsförderung im Binnenmarkt** v 2. 10. 2001 (KOM [2001] 546 endg; geänderte Fassung KOM [2002] 585 endg und geänderte Fassung v 15. 5. 2003 [9416/03] wurde 2006 von der Kommission zurückgezogen. Er hat daher für den Anwendungsbereich der UGP-Richtlinie keine Bedeutung (vgl EuGH GRUR 2010, 244 Tz 33 – *Plus Warenhandelsgesellschaft*). Der Vorschlag hatte sich auf eine Regelung bestimmter Verkaufsförderungsmaßnahmen (sales promition), nämlich Rabatte (Art 2 lit e), unentgeltliche Zuwendungen (Art 2 lit f), Zugaben (Art 2 lit g), Preisausschreiben (Art 2 lit h) sowie Gewinnspiele (Art 2 lit i) beschränkt. Diese Maßnahmen sollten grds erlaubt sein. Der Verbraucher sollte jedoch durch weitreichende Informationspflichten (aufgelistet im Anh zur Verordnung) geschützt werden. Die Verletzung dieser Informationspflichten sollte wie eine irreführende Werbung geahndet werden. – Die **Verordnung (EG) Nr 2006/2004 über die Zusammenarbeit im Verbraucherschutz** v 27. 10. 2004 bezweckt, die Durchsetzung verbraucherschützender Vorschriften im grenzüberschreitenden Verkehr zu verbessern. Dazu schreibt sie die Einrichtung entsprechender Behörden in den Mitgliedstaaten vor. Die Umsetzung dieser VO erfolgte durch das EG-VerbraucherschutzdurchsetzungsG (VSchDG) v 21. 12. 2006 (BGBl I 3367). Zu den Einzelheiten vgl 3.58 ff.

2. Regelung durch Richtlinien

a) Allgemeines. Die Regelung des Lauterkeitsrechts durch Richtlinien hat den Vorzug, dass 3.38 die Mitgliedstaaten die jeweilige Regelung bruchlos in ihr Rechtssystem einfügen und gewisse Spielräume bei der Umsetzung nutzen können.

b) Voll- und Teilharmonisierung. Das klassische Instrument zur Angleichung des Lauter- 3.39 keitsrechts in den Mitgliedstaaten ist die Harmonisierung durch Richtlinien (vgl *Micklitz/Kessler* GRUR Int 2002, 885, 886 f). Je nach dem Grad des erzielten Konsenses kann dabei eine Voll- oder Teilharmonisierung angestrebt sein. Als Beispiel für eine Vollharmonisierung ist die Richtlinie 2005/29/EG über unlautere Geschäftspraktiken anzuführen. Als Beispiel für eine Teilharmonisierung gilt die Regelung über die irreführende Werbung (vgl Art 7 I der Richtlinie über irreführende und vergleichende Werbung). Weitere Beispiele sind die Richtlinie 2010/13/EU über audiovisuelle Mediendienste (früher: Fernsehrichtlinie), die Datenschutzrichtlinie, die Preisangabenrichtlinie und die Fernabsatzrichtlinie.

c) Herkunftslandprinzip. Soweit eine Vollharmonisierung (noch) nicht möglich ist, ver- 3.40 sucht die Kommission die Verwirklichung des Binnenmarkts durch Einführung des Herkunftslandprinzips zu fördern (dazu ua *Köhler/Lettl* WRP 2003, 1019, 1030; *Kur,* FS Erdmann, 2002, 629; *Ohly* GRUR 2001, 899; *Micklitz/Kessler* GRUR 2002, 885, 888 f; *Glöckner* WRP 2005, 795). Dieses Prinzip besagt, dass die Zulässigkeit einer geschäftlichen Handlung nicht strenger beurteilt werden darf als nach dem Recht des Mitgliedstaates, in dem der Handelnde seinen Sitz hat. Der Handelnde soll sich grds nur an seinem Heimatrecht orientieren müssen und nicht bei grenzüberschreitenden Aktivitäten das Recht aller Mitgliedstaaten berücksichtigen müssen, in denen sich seine Handlung auswirkt. Dadurch soll eine Doppelkontrolle des unternehmerischen Verhaltens sowohl nach dem Recht des Heimatstaates als auch nach dem Recht des Empfangsstaates vermieden werden. – Rechtspolitisch ist die Einführung des Herkunftslandprinzips sehr umstritten (vgl *Fezer/Koos* IPRax 2000, 349; *Groeschke/Kiethe* WRP 2001, 230; *Micklitz/Kessler* GRUR Int 2002, 885, 886; *Schricker/Henning-Bodewig* WRP 2001, 1367, 1370). Denn zum einen werden die Verbraucher mit unterschiedlichen Schutzstandards konfrontiert, je nachdem, in welchem Mitgliedstaat das werbende Unternehmen seinen Sitz hat. Zum anderen werden Unternehmen, die ihren Sitz in einem Staat mit strengen wettbewerbsrechtlichen Anforderungen haben, dadurch gegenüber solchen Unternehmen benachteiligt, die ihren Sitz in einem Staat mit geringeren wettbewerbsrechtlichen Anforderungen haben. Die Benachteiligung wirkt sich aber auch dann aus, wenn ein Unternehmen nur im Export in Länder tätig ist, die geringere wettbewerbsrechtliche Standards kennen (vgl *Glöckner* WRP 2005, 795, 804 f). Diese Ungleichbehandlung (Inländerdiskriminierung) mag das Abwandern von Unternehmen aus Mitgliedstaaten mit einem hohen Schutzniveau begünstigen (vgl *Mankowski* GRUR Int 1999, 909, 914; *Schricker/Henning-Bodewig* WRP 2001, 1367, 1370). Sie kann auch einen politischen Druck auf diese Mitgliedstaaten ausüben, ihr Schutzniveau abzusenken (sog „race to the bottom"). Das Herkunftslandprinzip findet sich erstmals in der früheren **Fernsehrichtlinie** (Art 2, 2 a, 3), jetzt **Richtlinie über audiovisuelle Mediendienste** (Richtlinie 2010/13/EU), und wurde sodann in der **Richtlinie über den elektronischen Geschäftsverkehr** (Art 3; § 3 II TMG) verankert. In der **Richtlinie über unlautere Geschäftspraktiken** (2005/29/EG) ist es dagegen nicht mehr vorgesehen. Die Binnenmarktklausel des Art 4 UGP-Richtlinie verbietet lediglich den Mitgliedstaaten, den freien Waren- und Dienstleistungsverkehr aus Gründen einzuschränken, die mit dem angeglichenen Bereich zusammenhängen (dazu *Brömmelmeyer* GRUR 2007, 295).

II. Einzelne Richtlinien zum materiellen Lauterkeitsrecht

1. Die Richtlinie über irreführende und vergleichende Werbung (2006/114/EG)

a) Inhalt. aa) Regelungsgegenstand. Die **Richtlinie 2006/114/EG über irreführende** 3.41 **und vergleichende Werbung** v 12. 12. 2006 hat die mehrfach geänderte Richtlinie 84/450/ EWG abgelöst. Sie bezweckt nach Art 1 den Schutz der **Gewerbetreibenden** vor irreführender Werbung und deren unlautere Auswirkungen sowie die Festlegung der Bedingungen für zulässige vergleichende Werbung. Der Schutz der **Verbraucher** vor Irreführung ist in der **Richtlinie 2005/29/EG über unlautere Geschäftspraktiken** (UGP-Richtlinie) abschließend geregelt (vgl Art 6, 7 sowie Anh I Nr 1–23 UGP-Richtlinie).

3.42 **bb) Teilharmonisierung des Rechts der irreführenden Werbung.** Die Richtlinie beschränkt sich nach Art 8 I auf eine **Mindestharmonisierung** der nationalen Rechtsvorschriften über **irreführende Werbung**. Die Mitgliedstaaten sind danach nicht gehindert, Bestimmungen aufrechtzuerhalten oder zu erlassen, die bei irreführender Werbung einen weiterreichenden Schutz der Gewerbetreibenden und Mitbewerber vorsehen. Die Richtlinie enthält nach Erwägungsgrund 7 lediglich objektive Mindestkriterien, anhand derer sich feststellen lässt, ob eine Werbung irreführend ist, und sie stellt Mindestanforderungen in Bezug auf die Einzelheiten des Schutzes gegen eine solche Werbung (EuGH Slg 1990, I-4827 – *Pall/Dallhausen;* EuGH Slg 1994, I-317 = GRUR 1994, 303 – *Clinique;* EuGH GRUR 2003, 533, 536 Tz 40 – *Pippig Augenoptik/Hartlauer*). Gleichwohl ist auch dieser Teil der Richtlinie im Lichte des AEUV, insbes des Art 34 AEUV (= ex-Art 28 EG), auszulegen (vgl dazu EuGH Slg 1992, I-131 = WRP 1993, 233 – *Nissan; Köhler* GRUR Int 1994, 396). Zu beachten ist allerdings, dass die Irreführung im Verhältnis von Unternehmern zu **Verbrauchern abschließend** geregelt ist (Rdn 3.41).

3.43 **cc) Vollharmonisierung des Rechts der vergleichenden Werbung.** Für den Bereich der **vergleichenden Werbung** ist im Anwendungsbereich der Werberichtlinie eine abschließende Harmonisierung erfolgt, wie sich aus Art 8 Abs 1 Unterabs 2 ergibt (vgl EuGH GRUR 2003, 533, 536 Tz 43, 44 – *Pippig Augenoptik/Hartlauer;* § 6 Rdn 3). Daher ist es unzulässig, strengere nationale Vorschriften zum Schutze vor Irreführung auf vergleichende Werbung anzuwenden (EuGH aaO – *Pippig Augenoptik/Hartlauer*).

3.44 **b) Umsetzung. aa) Recht der irreführenden Werbung.** Den Anforderungen der Richtlinie 2006/114/EG hinsichtlich der irreführenden Werbung ist durch die §§ 5, 5a I UWG Genüge getan, zumal darin Art 3 der Werberichtlinie weitgehend übernommen ist. Soweit es den Schutz der Verbraucher vor Irreführung betrifft, ist die UGP-Richtlinie einschlägig.

3.45 **bb) Recht der vergleichenden Werbung.** Den Anforderungen der Richtlinie 2006/114/EG und der UGP-Richtlinie ist in den § 5 II, III und § 6 UWG Rechnung getragen. Vergleichende Werbung (§ 6 I UWG) ist danach nur unter bestimmten, abschließend geregelten Voraussetzungen (§§ 5 III, 6 II UWG) unlauter.

2. Die Richtlinie über den elektronischen Geschäftsverkehr (2000/31/EG)

3.46 **a) Inhalt. aa) Regelungsgegenstand.** Die Richtlinie 2000/31/EG über den elektronischen Geschäftsverkehr v 4. 5. 2000 (ABl EG Nr 178, S 1) schafft einen einheitlichen Rechtsrahmen für den elektronischen Geschäftsverkehr (**electronic commerce**). Sie regelt ua die elektronisch, insbes über Internet und E-Mail abgewickelte „kommerzielle Kommunikation" (zur Definition vgl Art 2 lit f; § 2 Nr 5 TMG) zwischen „Diensteanbietern" (zur Definition vgl Art 2 lit b; § 2 Nr 1 TMG) und „Nutzern" (zur Definition Art 2 lit d; § 2 Nr 3 TMG). Darunter fallen insbes Maßnahmen der Werbung und des Marketing.

3.47 **bb) Herkunftslandprinzip.** Ein Kernelement der Richtlinie ist die Einführung des Herkunftslandprinzips in Art 3 (dazu Rdn 3.40), das in § 3 TMG (früher: § 4 TDG) umgesetzt wurde (dazu *Sack* WRP 2002, 271; *Spindler* RIW 2002, 183). Danach hat der Staat, in dem der Werbende („Diensteanbieter") seine Niederlassung hat, dafür zu sorgen, dass sein innerstaatliches Recht, bezogen auf den koordinierten Bereich, eingehalten wird (Art 3 I; vgl § 3 I TMG). Die anderen Mitgliedstaaten dürfen den freien Verkehr von Diensten der Informationsgesellschaft, insbes die kommerzielle Kommunikation, nicht aus Gründen einschränken, die den koordinierten Bereich betreffen (Art 3 II; vgl § 3 II TMG). Für die Werbung im Internet bedeutet dies, dass der Mitgliedstaat, in dem der Verbraucher die Information abruft („Nutzer"), zwar grds sein Recht auf diese Werbung anwenden darf. Allerdings darf dies nicht dazu führen, dass die Maßnahme strenger beurteilt wird als nach dem Recht des Herkunftslandes. Der Richter, der nach den Grundsätzen des deutschen IPR deutsches Wettbewerbsrecht anzuwenden hat, muss daher gleichzeitig prüfen, ob die Werbung im Heimatstaat des Werbenden zulässig ist (vgl dazu OLG Hamburg GRUR 2004, 880; *Henning-Bodewig* GRUR 2004, 822). Ist dies der Fall, darf er die Werbung nicht untersagen. Allerdings setzt sich hier das mildere Recht des Herkunftslandes durch. Das Herkunftslandprinzip kann angesichts des Rechtsgefälles innerhalb der Union zur Inländerdiskriminierung (Rdn 3.17) führen. Ausgenommen ist nach Art 3 III iVm Anh ua die Regelung der Zulässigkeit nicht angeforderter kommerzieller Kommunikation mittels elektronischer Post. Jedoch ist insoweit eine Harmonisierung durch Art 13 der **Datenschutzrichtlinie für elektronische Kommunikation** (2002/58/EG, geändert durch die Richtlinie 2009/136/

EG v 25. 11. 2009) erfolgt. Zu weiteren Ausnahmen vom Herkunftslandprinzip vgl Art 3 IV und V TMG (dazu *Sack* WRP 2002, 271, 280). Von Bedeutung ist insoweit der Verbraucherschutz (§ 3 V S 1 Nr 3 TMG; dazu *Spindler* RIW 2002, 182, 184). Gänzlich von der Geltung der Richtlinie ausgenommen ist das „Kartellrecht" (Art 1 V lit c sowie § 3 IV Nr 8 TMG).

cc) Informationspflichten. In Art 5 stellt die Richtlinie allgemeine Informationspflichten, ua hins des Namens und der Adresse des Diensteanbieters auf (umgesetzt in § 5 TMG). In Art 6 werden für die kommerzielle Kommunikation zusätzliche Informationspflichten begründet (umgesetzt in § 6 TMG). Zu Einzelheiten vgl *Micklitz/Schirmbacher* WRP 2006, 148, 152 ff. Das UWG 2004 hat die Regelungen der Art 6 lit a, c und d in verallgemeinerter Form übernommen (vgl § 4 Nr 3–5). **3.48**

dd) Nicht angeforderte kommerzielle Kommunikation. Für die „nicht angeforderte kommerzielle Kommunikation mittels elektronischer Post" (= unerbetene E-Mail-Werbung) stellt Art 7 Mindestanforderungen auf. Jedoch ist diese Regelung durch Art 13 der Datenschutzrichtlinie für elektronische Kommunikation überholt (vgl Rdn 3.54). **3.49**

b) Umsetzung. Die Richtlinie wurde durch Art 1 des Gesetzes über rechtliche Rahmenbedingungen für den elektronischen Geschäftsverkehr (Elektronischer Geschäftsverkehr-Gesetz – EGG) v 14. 12. 2001 unter Änderung des **Teledienstegesetzes** (TDG) und durch den **Mediendienstestaatsvertrag** (idF v 1. 4. 2003) umgesetzt. Die entsprechenden Regelungen sind nunmehr im **Telemediengesetz (TMG)** enthalten. Lauterkeitsrechtliche Bedeutung erlangen diese Regelungen über den Tatbestand der Irreführung durch Unterlassen (§ 5 a IV UWG iVm §§ 5, 6 TMG) und über den Rechtsbruchtatbestand (§ 4 Nr 11 UWG). **3.50**

3. Richtlinie über audiovisuelle Mediendienste (2010/13/EU)

a) Inhalt. aa) Regelungsgegenstand. Die Richtlinie 2010/13/EU über audiovisuelle Mediendienste (früher: Fernsehrichtlinie 89/552/EWG, geändert ua durch die Richtlinie 2007/65/EG) sieht ua in den Art 9 - 11 allgemeine Beschränkungen der audiovisuellen Kommunikation und in den Art 19–26 allgemeine Regelungen für die Fernsehwerbung und das Teleshopping vor. **3.51**

bb) Herkunftslandprinzip. Nach Art 2 I hat jeder Mitgliedstaat dafür zu sorgen, dass alle audiovisuellen Mediendienste, die von seiner Rechtshoheit unterworfenen Mediendiensteanbietern übertragen werden, den Vorschriften des Rechtssystems entsprechen, die auf für die Allgemeinheit bestimmte audiovisuelle Mediendienste in ihrem Mitgliedstaat anwendbar sind **(Verantwortlichkeit des Sendestaats).** Der Empfangsstaat muss nach Art 3 I den freien Empfang gewährleisten und darf die Weiterverbreitung von audiovisuellen Mediendiensten aus anderen Mitgliedstaaten in ihrem Hoheitsgebiet aus Gründen behindern, die Bereiche betreffen, die durch die Richtlinie koordiniert sind. Es gilt also nur das Lauterkeitsrecht des Sendestaates, soweit es nach den Art 9 ff, 19 ff koordiniert ist. Allerdings ist in den Art 9 ff das Lauterkeitsrecht nicht abschließend koordiniert (EuGH Slg 1997, I-3843 = GRUR Int 1997, 913 – *de Agostini*), insbes ist die irreführende und vergleichende Werbung nicht erfasst (*Sack* WRP 2000, 269, 284). In diesem verbleibenden Bereich hindert Art 3 I die Empfangsstaaten nicht, ihr Lauterkeitsrecht für anwendbar zu erklären (vgl Art 31). **3.52**

b) Umsetzung. Die seinerzeitige Fernsehrichtlinie wurde umgesetzt im **Rundfunkstaatsvertrag** (RStV) und im **Jugendmedienschutz-Staatsvertrag** (JMStV). Die Umsetzung der Vorgänger- Richtlinie 2007/65/EG erfolgte durch den **13. Rundfunkänderungsstaatsvertrag**. Lauterkeitsrechtliche Bedeutung erlangen diese Regelungen insbes über § 4 Nr 3 und über den Rechtsbruchtatbestand (§ 4 Nr 11). **3.53**

4. Datenschutzrichtlinie für elektronische Kommunikation (2002/58/EG)

a) Inhalt. Die Richtlinie 2002/58/EG v 12. 7. 2002 über die Verarbeitung personenbezogener Daten und den Schutz der Privatsphäre in der elektronischen Kommunikation, geändert durch die Richtlinie 2009/136/EG v 25. 11. 2009 (Datenschutzrichtlinie für elektronische Kommunikation) regelt in Art 13 die **„unerbetenen Nachrichten"** (zur früheren Fassung *Micklitz/Schirmbacher* WRP 2006, 148, 154, 157 ff). Dadurch sollen natürliche Personen als Teilnehmer eines elektronischen Kommunikationssystems vor einer Verletzung ihrer **Privatsphäre** durch unerbetene Nachrichten für Zwecke der Direktwerbung geschützt werden (vgl Erwägungsgründe 40–45). Im Einzelnen gilt: Die Verwendung von automatischen Anrufmaschi- **3.54**

nen, Faxgeräten oder elektronischer Post für die Zwecke der Direktwerbung gegenüber natürlichen Personen darf nach **Art 13 I** nur bei vorheriger Einwilligung der Teilnehmer oder Nutzer gestattet werden. Eine Ausnahme davon macht **Art 13 II** für die Direktwerbung mittels elektronischer Post, wenn der Werbende die E-Mail-Adresse des Kunden im Zusammenhang mit dem Verkauf eines Produkts oder einer Dienstleistung erhalten hat, sofern die Kunden klar und deutlich die Möglichkeit erhalten, eine solche Nutzung ihrer E-Mail-Adresse bei der Erhebung und bei jeder Übertragung gebührenfrei und problemlos abzulehnen, wenn der Kunde diese Nutzung nicht von vornherein abgelehnt hat. Für die individuelle Telefonwerbung eröffnet **Art 13 III** den Mitgliedstaaten die Möglichkeit sowohl der opt-in- als auch der opt-out-Lösung. Sowohl gegenüber natürlichen als auch juristischen Personen ist es nach **Art 13 IV** verboten, eine E-Mail zu Zwecken der Direktwerbung zu verschicken, in der die Identität des Absenders verschleiert oder verheimlicht wird, bei der gegen Art 6 der Richtlinie über den elektronischen Geschäftsverkehr (= § 7 TMG) verstoßen oder bei der keine gültige Adresse vorhanden ist, an die der Empfänger eine Aufforderung zur Einstellung solcher Nachrichten richten kann, oder in denen der Empfänger aufgefordert wird, Websites zu besuchen, die gegen den genannten Artikel verstoßen. **Art 13 V 2** hält die Mitgliedstaaten dazu an, dafür Sorge zu tragen, dass die berechtigten Interessen anderer Teilnehmer als natürlicher Personen vor unerbetenen Nachrichten ausreichend geschützt werden. Bemerkenswert an der Regelung des Art 13 ist, dass bei den Empfängern der Werbung nicht zwischen Verbrauchern und Unternehmern, sondern zwischen natürlichen und juristischen Personen unterschieden wird. – Zum Verhältnis der Richtlinie 2002/58/EG zu den Richtlinien 97/7/EG, 2000/31/EG und 2002/65/EG vgl *Köhler/Lettl* WRP 2003, 1019, 1025; *Leistner/Pohlmann* WRP 2003, 815, 824 f.

3.55 b) **Umsetzung.** Art 13 wurde durch § 7 II und III UWG umgesetzt (vgl § 7 Rdn 34 ff).

5. Richtlinie über unlautere Geschäftspraktiken (2005/29/EG)

3.56 a) **Inhalt. aa) Grundkonzept.** Die **Richtlinie 2005/29/EG über unlautere Geschäftspraktiken** v 11. 5. 2005 (ABl Nr L 149 S 22) strebt für unlautere Geschäftspraktiken von Unternehmen gegenüber Verbrauchern (Business to Consumer = B2C) eine **Vollharmonisierung** des Lauterkeitsrechts an, beansprucht aber im Verhältnis zu Vorschriften des Unionsrechts, die besondere Aspekte unlauterer Geschäftspraktiken regeln, nur subsidiäre Geltung (Art 3 IV). Sie gliedert sich in vier Kapitel. Kapitel 1 enthält „Allgemeine Bestimmungen", Kapitel 2 Regelungen über „Unlautere Geschäftspraktiken", Kapitel 3 eine Regelung über „Verhaltenskodizes" und Kapitel 4 „Schlussbestimmungen", insbes Sanktionen und Durchsetzungsmaßnahmen. – Zur rechtspolitischen Bewertung der Richtlinie vgl insbes *Henning-Bodewig* GRUR Int 2005, 829; *Gamerith* WRP 2005, 391; *Glöckner* WRP 2004, 936; *Keßler/Micklitz* BB 2003, 2073; *Köhler/Bornkamm/Henning-Bodewig* WRP 2002, 1317, 1324; *Köhler/Lettl* WRP 2003, 1019; *Lettl* WRP 2004, 1079; *Schulte-Nölke/Busch* ZEuP 2004, 99; *Veelken* WRP 2004, 1. – Zur Umsetzung der Richtlinie vgl *Henning-Bodewig/Glöckner* WRP 2005, 1311; *Köhler* GRUR 2005, 793; *Seichter* WRP 2005, 1087; *Sosnitza* WRP 2006, 1.

3.57 bb) **Schutzzweck.** Nach Art 1 besteht der Zweck der Richtlinie darin, durch die Angleichung des Rechts über unlautere Geschäftspraktiken, die die **wirtschaftlichen Interessen der Verbraucher** beeinträchtigen, zu dem reibungslosen Funktionieren des gemeinsamen Marktes und dem Erreichen eines hohen Verbraucherschutzniveaus beizutragen. Sie beschränkt sich sonach auf das Verhältnis **Unternehmer zu Verbraucher (B2C)** und klammert das Verhältnis von Unternehmern zu Unternehmern (B2B) und zu sonstigen Marktteilnehmern völlig aus, und zwar sowohl im Horizontalverhältnis als auch im Vertikalverhältnis. Der Schutz der Verbraucher vor unlauteren Geschäftspraktiken gewährleistet lediglich mittelbar einen Schutz der Mitbewerber und des lauteren Wettbewerbs (Erwägungsgrund 8 S 2). Der Richtlinie geht es überdies nur um den Schutz der **wirtschaftlichen,** nicht auch sonstiger **Interessen** des Verbrauchers. Sie will eine **freie und „informierte" geschäftliche Entscheidung** des Verbrauchers gewährleisten. Dagegen lässt sie es den Mitgliedstaaten unbenommen, Geschäftspraktiken aus Gründen der „guten Sitten und des Anstands" („taste and decency") zu verbieten, auch wenn diese Praktiken die Wahlfreiheit des Verbrauchers nicht beeinträchtigen (Erwägungsgrund 7 S 5). Das gilt insbes für bloße Belästigungen, ohne Rücksicht darauf, ob sie Einfluss auf die Entscheidungsfreiheit des Verbrauchers haben. Aus diesem Grund ist § 7 UWG mit der UGP-Richtlinie vereinbar.

3.58 cc) **Grundbegriffe. (1) „Geschäftspraktiken".** Die Richtlinie umschreibt die zu regelnden Verhaltensweisen mit den Begriffen der „Geschäftspraxis" bzw „Geschäftspraktiken". Nach Art 2 lit d fällt darunter „jede unmittelbar mit der Absatzförderung, dem Verkauf oder der Lieferung eines Produkts an Verbraucher zusammenhängende Handlung, Unterlassung, Verhaltensweise oder Erklärung, kommerzielle Mitteilung einschließlich Werbung und Marketing eines Gewerbetreibenden". Der Begriff der „Geschäftspraxis" schließt also den in der Irreführungsrichtlinie verwendeten Begriff der „Werbung" und den in der Richtlinie 2000/31/EG über den elektronischen Geschäftsverkehr verwendeten Begriff der „kommerziellen Kommunikation" ein. Erfasst werden alle Geschäftspraktiken unabhängig davon, ob sie vor, bei oder nach Abschluss eines auf ein Produkt bezogenen Rechtsgeschäfts angewandt werden (Art 3 I). Erfasst sind also nicht nur die Vertragsanbahnung, sondern auch der Abschluss und die Durchführung eines Vertrages. – Zum Verhältnis der Begriffe „geschäftliche Handlung" (§ 2 I Nr 1) und „Geschäftspraxis" vgl § 2 Rdn 7–9.

(2) „**Verbraucher**". Verbraucher ist nach Art 2 lit a jede natürliche Person, die im Geschäftsverkehr zu Zwecken handelt, die nicht ihrer gewerblichen, handwerklichen oder beruflichen Tätigkeit zugerechnet werden können. **Durchschnittsverbraucher** ist nach Erwägungsgrund 18 im Anschluss an die Rspr des EuGH der „Durchschnittsverbraucher, der angemessen gut unterrichtet und angemessen aufmerksam und kritisch ist". Diese Begriffsbestimmung sollte auch im deutschen Recht künftig anstelle der Formel vom „durchschnittlich informierten, aufmerksamen und verständigen Durchschnittsverbrauchers" verwendet werden. **3.59**

(3) „**Gewerbetreibender**". Gewerbetreibender ist nach Art 2 lit b nicht nur jede Person, die im Rahmen ihrer gewerblichen, handwerklichen oder beruflichen Tätigkeit handelt, sondern auch jede Person, die **im Namen oder Auftrag** des Gewerbetreibenden handelt. Auch Mitarbeiter oder Beauftragte eines Unternehmens können daher zur Verantwortung gezogen werden (vgl § 8 II). **3.60**

dd) **Generelles Verbot unlauterer Geschäftspraktiken.** Nach Art 5 I sind „unlautere Geschäftspraktiken" verboten. Was unter einer „unlauteren" Geschäftspraktik zu verstehen ist, wird in Art 5 II definiert. Danach gilt eine Geschäftspraxis als unlauter, wenn sie dem Gebot der beruflichen Sorgfaltspflicht widerspricht und sie in Bezug auf das jeweilige Produkt das wirtschaftliche Verhalten des Durchschnittsverbrauchers, den sie erreicht oder an den sie sich richtet oder des durchschnittlichen Mitglieds einer Gruppe von Verbrauchern, wenn sich eine Geschäftspraxis an eine bestimmte Gruppe von Verbrauchern wendet, wesentlich beeinflusst oder dazu geeignet ist, es wesentlich zu beeinflussen. Die Begriffe der „beruflichen Sorgfaltspflicht" und der „wesentlichen Beeinflussung des wirtschaftlichen Verhaltens des Verbrauchers" werden im Definitionenkatalog des Art 2 näher beschrieben. Die Generalklausel soll die in den Mitgliedstaaten bestehenden unterschiedlichen Generalklauseln und Rechtsprinzipien ersetzen, um Hemmnisse für den Binnenmarkt zu beseitigen (Erwägungsgrund 13). **3.61**

ee) **Beispielstatbestände.** Art 5 IV nennt als Beispielstatbestände („insbes") **irreführende** und **aggressive Geschäftspraktiken**. Art 5 V enthält durch Verweis auf Anh I eine Liste jener Geschäftspraktiken, die unter allen Umständen als unlauter anzusehen sind. Der in Art 5 IV lit a genannte Beispielstatbestand der Irreführung wird in Art 6 für irreführende Handlungen, in Art 7 für irreführendes Unterlassen konkretisiert. Der in Art 5 IV lit b genannte Beispielstatbestand der aggressiven Geschäftspraktiken wird in den Art 8 und 9 konkretisiert. Art 8 kennt als aggressive Geschäftspraktiken die Tatbestände der Belästigung, Nötigung und unzulässigen Beeinflussung. Sie werden durch Art 9 näher erläutert. Da die Art 6–8 bereits selbst die Unlauterkeit einer Geschäftspraxis iSd Art 5 I begründen, bedarf es für die darin genannten Fälle nicht zusätzlich des Nachweises der Voraussetzungen des Art 5 II. Dasselbe gilt für die in Anh I genannten Einzelfälle („**Schwarze Liste**"), da diese unter allen Umständen (also ohne Berücksichtigung der Umstände des Einzelfalls, dh ohne Rücksicht auf die geschäftliche Relevanz) als unlauter gelten (Art 5 V) und daher in allen Mitgliedstaaten verboten sind (dazu EuGH GRUR 2010, 244 Tz 45 – *Plus Warenhandelsgesellschaft*). Das nationale Lauterkeitsrecht der Mitgliedstaaten muss diese Fallgestaltungen erfassen, als unlauter beurteilen und verbieten. – Welche Fallgestaltungen nicht mit den Beispielstatbeständen, sondern nur mit der Generalklausel des Art 5 II erfasst werden können, bedarf noch der Klärung (dazu § 3 Rdn 53). **3.62**

ff) **Binnenmarktprinzip.** Nach Art 4 dürfen die Mitgliedstaaten den freien Dienstleistungsverkehr und den freien Warenverkehr nicht aus Gründen, die mit dem durch diese Richtlinie angeglichenen Bereich zusammenhängen, einschränken (Erwägungsgrund 9), selbst wenn mit solchen Maßnahmen ein höheres Verbraucherschutzniveau erreicht werden soll (EuGH GRUR 2010, 244 Tz 50 – *Plus Warenhandelsgesellschaft*). Dies gilt insbes für per-se-Verbote, die nicht in der **3.63**

Schwarzen Liste des Anh I aufgeführt sind. Unberührt bleibt dagegen die Befugnis der Mitgliedstaaten, unter Berufung auf den Schutz der Gesundheit und der Sicherheit der Verbraucher Beschränkungen aufrechtzuerhalten oder einzuführen (vgl Art 3 III; Erwägungsgrund 9). Art 4 führt nicht das Herkunftslandprinzip ein, sondern stellt nur die Vollharmonisierung des koordinierten Bereichs sicher (dazu *Ackermann* S 296 ff; *Brömmelmeyer* GRUR 2007, 295; *Leistner* ZEuP 2009, 56, 67 f; *Ohly* WRP 2006, 1401; MünchKommBGB/*Drexl* IntUnlWettbR Rdn 88).

3.63a   b) **Auslegung.** Die Auslegung der Richtlinie hat im Einklang mit dem primären Unionsrecht und unter Berücksichtigung des sonstigen sekundären Unionsrechts zu erfolgen. Zur verbindlichen Klärung von Auslegungsfragen ist der EuGH berufen (vgl EuGH GRUR 2009, 599 – *VTB/Total Belgium u. Galatea/Sanoma;* EuGH GRUR 2010, 244 – *Plus Warenhandelsgesellschaft*). Die Kommission hat – ohne sich insoweit zu binden – am 3. 12. 2009 eine Auslegungshilfe in Gestalt einer „*Guidance on the Implementation/Application of Directive 2005/29/EC on Unfair Commercial practices*" veröffentlicht (http://ec.europa.eu/atwork/programmes/docs/execution_report_2009.pdf).

3.64   c) **Umsetzung.** Die Umsetzung der Richtlinie hätte nach Art 19 innerhalb von 24 Monaten nach ihrem Inkrafttreten erfolgen müssen. Die entspr Vorschriften wären 30 Monate nach dem Inkrafttreten der Richtlinie, nämlich ab dem 12. 12. 2007, anzuwenden gewesen. Der deutsche Gesetzgeber hat erst mit dem Ersten Gesetz zur Änderung des UWG (**UWG-Novelle 2008**) die Umsetzung vollzogen. Sie brachte vor allem Änderungen im Definitionenkatalog (§ 2), bei der Generalklausel (§ 3), beim Irreführungstatbestand (§§ 5, 5 a), beim Belästigungstatbestand (§ 7) sowie eine weitgehende Übernahme der im Anh I aufgeführten Beispielstatbestände von unter allen Umständen unlauteren Geschäftspraktiken im Anh zu § 3 III mit sich (vgl Rdn 2.22–2.22 d). Bei den Sanktionen waren dagegen keine Änderungen veranlasst (*Alexander* GRUR Int 2005, 809). Im Übrigen ist der Richtlinie durch richtlinienkonforme Auslegung des UWG seit dem 12. 12. 2007 Rechnung zu tragen.

III. Regelungen zur Durchsetzung des Lauterkeitsrechts

1. Richtlinie (98/27/EG) über Unterlassungsklagen zum Schutz der Verbraucherinteressen

3.65   a) **Inhalt.** Die Richtlinie 98/27/EG über Unterlassungsklagen zum Schutz der Verbraucherinteressen v 19. 5. 1998 (ABl EG Nr L 166 S 51) ordnet an, dass „**qualifizierten Einrichtungen**" die Möglichkeit eröffnet wird, „zum Schutz der Kollektivinteressen der Verbraucher" in anderen Mitgliedstaaten Unterlassungsklage wegen Verstoßes gegen die im Anh der Richtlinie aufgeführten Richtlinien zu erheben (Art 1, 3). Dazu gehört auch die Richtlinie über irreführende und unzulässig vergleichende Werbung. Hinter dem Begriff der „qualifizierten Einrichtung" stehen zwei unterschiedliche Rechtsschutzkonzepte, die durch die Zusammenfassung unter einem gemeinsamen Oberbegriff rechtlich für gleichwertig erklärt werden. Den Mitgliedstaaten ist es freigestellt, sich nur für eine oder auch für beide Möglichkeiten gleichzeitig zu entscheiden (vgl Erwägungsgrund 10). Die erste Art des Rechtsschutzes ist die Klage von Verbänden („Organisationen"), deren Zweck auf den Verbraucherschutz gerichtet ist (Art 3 lit b). Darüber hinaus eröffnet die Richtlinie als zweite Art des Rechtsschutzes den Mitgliedstaaten die Möglichkeit, speziell für den Verbraucherschutz zuständige „öffentliche Stellen" mit den in der Richtlinie vorgesehenen Handlungsbefugnissen zu betrauen.

3.66   b) **Umsetzung.** Das deutsche Lauterkeitsrecht trägt den Anforderungen der Unterlassungsklagenrichtlinie in **§ 8 III Nr 3** (früher § 13 II Nr 3 UWG 1909) sowie im **UKlaG** Rechnung.

2. VO (EG) Nr 2006/2004 über die Zusammenarbeit im Verbraucherschutz

3.67   a) **Inhalt.** Die VO über die Zusammenarbeit im Verbraucherschutz v 27. 10. 2004 (abgedr unter Nr 9) hat das Ziel, die Zusammenarbeit von Verwaltungsbehörden untereinander und mit der Kommission bei der Feststellung, Ermittlung und Bekämpfung von **innergemeinschaftlichen Verstößen gegen Gesetze zum Schutz der Verbraucherinteressen** zu verbessern. Dadurch soll das reibungslose Funktionieren des Binnenmarkts und der Schutz der Verbraucher gewährleistet werden (vgl Art 1 und Erwägungsgrund 7). Im Kern geht es um Regelungen der **innergemeinschaftlichen Amtshilfe**. Dazu muss jeder Mitgliedstaat die **zuständigen Behörden** und eine zentrale Verbindungsstelle benennen, die für die Anwendung der VO zuständig sind (Art 4 I). Jede zuständige Behörde muss die entsprechenden Ermittlungs- und Durchsetzungsbefugnisse haben und diese im Einklang mit den nationalen Rechtsvorschriften ausüben (Art 4 III).

Der **sachliche Anwendungsbereich** der VO beschränkt sich auf innergemeinschaftliche Verstöße gegen Gesetze zum Schutze der Verbraucherinteressen. **„Gesetze zum Schutze der Verbraucherinteressen"** sind alle im Anh aufgeführten Richtlinien in der in die innerstaatliche Rechtsordnung der Mitgliedstaaten umgesetzten Form und die dort aufgeführten Verordnungen (Art 3 lit a). Dazu gehört das UWG, soweit es die Richtlinie über irreführende und vergleichende Werbung, die Fernsehrichtlinie, die Richtlinie über den elektronischen Geschäftsverkehr und die Richtlinie über unlautere Geschäftspraktiken umsetzt. Ein **„innergemeinschaftlicher Verstoß"** ist jede Handlung oder Unterlassung, die gegen Gesetze zum Schutze der Verbraucherinteressen verstößt und die Kollektivinteressen von Verbrauchern schädigt oder schädigen kann, die in einem anderen Mitgliedstaat oder anderen Mitgliedstaaten als dem Mitgliedstaat ansässig sind, in dem die Handlung oder Unterlassung ihren Ursprung hatte oder stattfand, oder in dem der verantwortliche Verkäufer oder Dienstleistungserbringer niedergelassen ist, oder in dem Beweismittel oder Vermögensgegenstände betreffend die Handlung oder Unterlassung vorhanden sind (Art 3 lit b). 3.68

Die Amtshilfe erfolgt durch **Informationsaustausch** zwischen den Behörden mit und ohne Ersuchen (Art 6 und 7) und durch Tätigwerden auf Grund eines **Durchsetzungsersuchens** einer anderen Behörde (Art 8). Die **Befugnisse der zuständigen Behörden** umfassen insbes das Recht, in Bezug auf den innergemeinschaftlichen Verstoß einschlägige Unterlagen einzusehen, von jedermann Auskünfte zu verlangen, Ermittlungen vor Ort durchzuführen und gegen die verantwortlichen Verkäufer und Dienstleistungserbringer vorzugehen, um die Einstellung oder das Verbot des Verstoßes zu erreichen (Art 4 VI). Auf Antrag einer ersuchenden Behörde trifft die ersuchte Behörde alle erforderlichen Durchsetzungsmaßnahmen, um unverzüglich eine Einstellung oder ein Verbot des innergemeinschaftlichen Verstoßes zu bewirken (Art 8 I). Die ersuchte Behörde kann nach Art 8 III ihren Verpflichtungen auch dadurch nachkommen, dass sie eine Stelle, die ein legitimes Interesse an der Einstellung oder dem Verbot solcher Verstöße hat, anweist, alle ihr zur Verfügung stehenden Befugnisse auszuüben, um die Einstellung oder das Verbot solcher Verstöße zu bewirken. (Damit wird Rücksicht auf die deutsche Rechtstradition genommen, die die Bekämpfung von Verstößen gegen Verbraucherschutzgesetze den Wirtschafts- und Verbraucherverbänden überlässt.) Falls diese Stelle die Einstellung oder das Verbot nicht unverzüglich bewirkt, bleibt die Verpflichtung der zuständigen Stelle zum Tätigwerden bestehen (Art 8 III 2). 3.69

b) Umsetzung durch das VSchDG. Der deutsche Gesetzgeber hat die Verpflichtungen aus der VO (EG) Nr 2006/2004 im **EG-Verbraucherschutzdurchsetzungsgesetz (VSchDG)** v 21. 12. 2006 (abgedr unter Nr 17) umgesetzt. Vgl dazu die Erläuterungen in § 12 Rdn 7.1 ff. 3.70

4. Kapitel. Wettbewerbsrecht im Ausland

Übersicht

	Rdn
I. Australien	4.1
II. Belgien	4.2
III. Bulgarien	4.3
IV. China	4.4
V. Dänemark	4.5
VI. Finnland	4.6
VII. Frankreich	4.7
VIII. Griechenland	4.8
IX. Großbritannien	4.9
X. Irland	4.10
XI. Italien	4.11
XII. Japan	4.12
XIII. Korea	4.13
XIV. Luxemburg	4.14

	Rdn
XV. Niederlande	4.15
XVI. Norwegen	4.16
XVII. Österreich	4.17
XVIII. Polen	4.18
XIX. Portugal	4.19
XX. Rumänien	4.20
XXI. Russland	4.21
XXII. Schweden	4.22
XXIII. Schweiz	4.23
XXIV. Slowakei	4.24
XXV. Slowenien	4.25
XXVI. Spanien	4.26
XXVII. Tschechien	4.27
XXVIII. Türkei	4.28
XXIX. Ukraine	4.29
XXX. Ungarn	4.30
XXXI. Vereinigte Staaten von Amerika	4.31

I. Australien

Schrifttum: *Buck,* Das Recht des unlauteren Wettbewerbs in Australien, GRUR Int 2006, 374; *Harland,* Zur Verbraucherklage gegen irreführende Werbung in Australien, GRUR Int 1992, 193; *Lücke,* Wettbewerbsbeschränkungen, unlauterer Wettbewerb und Verbraucherschutz in Australien, GRUR Int 1976, 147, 281.

4.1 Die Bekämpfung unlauteren Wettbewerbs richtet sich hauptsächlich nach dem *Trade Practices Act 1974,* der am 1. 10. 1974 in Kraft getreten ist. Das Gesetz beruht auf nordamerikanischem Vorbild und befasst sich neben dem Kartellrecht im 5. Teil unter dem Titel „Verbraucherschutz" auch mit unlauteren Praktiken. Nach der Generalklausel der sec 52 ist einer Handelsgesellschaft irreführendes Geschäftsgebaren in Handel oder Wettbewerb untersagt. Einzeltatbestände unlauteren Geschäftsgebarens enthalten sec 53–75. Neben weiteren Spezialgesetzen (zB dem Spam Act 2003) ist das *common law* von Bedeutung, das Klagen wegen *passing off, injurious falsehood* und *defamation* zulässt. Die Selbstkontrolle der Wirtschaft erfolgt durch *Industry Codes.*

II. Belgien

Schrifttum: *Bodewig,* Die Reform des belgischen Gesetzes über Handelspraktiken von 1978, GRUR Int 1979, 461; *Bodewig/Henning-Bodewig,* Rabatte und Zugaben in den Mitgliedstaaten der EU, WRP 2000, 1342; *Braun,* Das belgische Gesetz über Handelspraktiken, WRP 1972, 221; *Buydens,* Produktpiraterie und unlauterer Wettbewerb – Die Situation in Belgien und Frankreich mit Hinweisen auf die Rechtslage in Deutschland, GRUR Int 1995, 15; *Francq,* Le Décloisonnement progressif du Droit relatif à la concurrence déloyale en Belgique, GRUR Int 1996, 448; *Heitkamp* in Heidelberger Kommentar zum Wettbewerbsrecht, Belgien, 2004, S 847; *Henning-Bodewig,* Die Bekämpfung unlauteren Wettbewerbs in den EU-Mitgliedstaaten: eine Bestandsaufnahme, GRUR Int 2010, 273; *dies* in Schricker (Hrsg), Recht der Werbung in Europa, 1995 ff, Bd I, Belgien, 1995; *Kocks* in Schotthöfer (Hrsg), Handbuch des Werberechts in den EU-Staaten, 1997, Belgien, S 113; *Lettl,* Der lauterkeitsrechtliche Schutz von irreführender Werbung in Europa, 2004; *Schricker,* Das belgische Gesetz über Handelspraktiken, GRUR Int 1972, 184; *Stuyck,* Vier Jahre Rechtsprechung zum belgischen Gesetz über die Handelspraktiken, GRUR Int 1976, 520; *Ulmer/Schricker,* Das Recht des unlauteren Wettbewerbs in den Mitgliedstaaten der EWG, Band II, 1, Belgien, 1967; *van den Bergh,* Das neue belgische Gesetz über die Handelspraktiken und die Information und den Schutz des Verbrauchers, GRUR Int 1992, 803; *ders,* Wettbewerbsrechtliche Grenzen des Preiswettbewerbs nach belgischem Recht, GRUR Int 1991, 192; *Wohlgemuth,* Das Recht des unlauteren Wettbewerbs in Belgien, WRP 1992, 457.

4.2 Das Recht des unlauteren Wettbewerbs ist seit 1991 im *Gesetz über die Handelspraktiken und die Information und den Schutz des Verbrauchers* v 14. 7. 1991 geregelt (GRUR Int 1992, 623). Dieses Gesetz setzte die EG-Richtlinie 84/450/EWG (jetzt 2006/114/EG) um. Eine neuerliche Änderung erfolgte durch das Gesetz v 5. 6. 2007, das die Richtlinie 2005/29/EG über unlautere Geschäftspraktiken umsetzte. Gegen Verstöße ist eine Unterlassungsklage (action en cessation), auch durch Verbraucher, möglich.

III. Bulgarien

Schrifttum: *Bakardjieva,* Das neue Wettbewerbsgesetz in Bulgarien, GRUR Int 1999, 395; *Bakardjieva,* Das Recht des unlauteren Wettbewerbs in Bulgarien, GRUR Int 1994, 671; *Bakardjieva-Engelbrekt* in Schricker (Hrsg), Recht der Werbung in Europa, 1995 ff, Bd I, Bulgarien, 2002; *Chivarorov,* Länderbericht Bulgarien, in Beier/Bastian/Kur (Hrsg), Wettbewerbsrecht und Verbraucherschutz in Mittel- und Osteuropa, 1992, 98; *Dietz,* Die Einführung von Gesetzen gegen den unlauteren Wettbewerb in ehemals sozialistischen Staaten Mittel- und Osteuropas, GRUR Int 1994, 649; *Dimitrov,* Die Neuregelung des Wettbewerbsrechts in Bulgarien, GRUR Int 1994, 676; *Verny,* Wettbewerbs- und Kartellrecht in Bulgarien, WiRO 1993, 381.

Im Zuge des Übergangs zur Marktwirtschaft (seit 1989) wurde das Wettbewerbsrecht durch das Gesetz zum Schutz des Wettbewerbs (GSW) v 13. 5. 1991 neu geregelt. Ein zweites Gesetz zum Schutz des Wettbewerbs (GSW) v 8. 5. 1998 ist am 11. 5. 1998 in Kraft getreten. Die Umsetzung der Richtlinie 2005/29/EG erfolgte im Zuge der Novellierung der Verbraucherschutzgesetze. **4.3**

IV. China

Schrifttum: *Au,* Das Wettbewerbsrecht der VR China, 2004; *Fikentscher,* Die Rolle von Markt und Wettbewerb in der Volksrepublik China: Kulturspezifisches Wirtschaftsrecht, GRUR Int 1993, 901; *Guo Shoukang,* TRIPS and Intellectual Property in the Peoples Republic of China, GRUR Int 1996, 292; *Han,* Die gegenwärtige Regelung der Werbung in der VR China, GRUR Int 2001, 703; *ders,* Die Regelung der irreführenden Werbung in der VR China, GRUR Int 2000, 192; *ders,* Die Regelung der vergleichenden Werbung in der VR China, GRUR Int 1998, 947; *Maier,* Das Lauterkeitsrecht in der Bundesrepublik Deutschland im Vergleich zur Rechtslage in der VR China, 2009; *Qiao,* Das Recht des unlauteren Wettbewerbs in China im Vergleich zu Deutschland, 2000; *Shao,* Irreführende Werbung als unlautere Wettbewerbshandlung im chinesischen UWG, GRUR Int 1995, 752; *Zhou,* Neue Rechtsprechung gegen unlauteren Wettbewerb und Markenpiraterie in der VR China, GRUR Int 2009, 201.

Es gilt das Gesetz gegen den unlauteren Wettbewerb v 2. 9. 1993 (deutsche Übersetzung in GRUR Int 1994, 1001). Es enthält in § 2 eine Generalklausel. Die §§ 5–15 enthalten Einzeltatbestände, wie die Verwendung von verwechslungsfähigen Bezeichnungen, irreführende falsche Angaben auf der Ware oder in der Werbung, Verletzung von Geschäftsgeheimnissen, Verkauf unter dem Selbstkostenpreis, unlautere Verbindung mit Prämien und Anschwärzung durch Verbreitung falscher Tatsachen. Zur Erläuterung einzelner Tatbestände und Begriffe wurden Auslegungsregelungen mit Wirkung ab 1. 2. 2007 erlassen (dazu *Zhou* GRUR Int 2009, 201, 202 f). **4.4**

Daneben trifft auch das Werbegesetz v 27. 10. 1994 (GRUR Int 1995, 176) in den §§ 3 ff Regelungen über unlautere Werbung im Wettbewerb. – Zum MarkenG der VR China vgl GRUR Int 2002, 489; *Blasek,* Markenrecht in der Volksrepublik China, 2007.

V. Dänemark

Schrifttum: *Eckhardt-Hansen* in Schotthöfer (Hrsg), Handbuch des Werberechts in den EU-Staaten, 1997, Dänemark, S 147; *Keyßner,* Täuschung durch Unterlassen – Informationspflichten in der Werbung, Rechtsvergleichende Untersuchung zum deutschen, schwedischen und dänischen Recht, 1986; *Krüger-Andersen,* Unlauterer Wettbewerb und Verbraucherschutz in Dänemark – Das neue dänische Gesetz vom 14. Juli 1974 über Marktverhalten, GRUR Int 1976, 322; *Kur* in Schricker (Hrsg), Recht der Werbung in Europa, 1995 ff, Bd I, Dänemark, 1998; *dies,* Rundfunkwerbung in den nordischen Ländern, GRUR Int 1989, 368; *dies,* Neuere Entwicklungen im Verbraucherschutzrecht der skandinavischen Länder, GRUR Int 1979, 510; *Lettl,* Der lauterkeitsrechtliche Schutz vor irreführender Werbung in Europa, 2004; *Reinel,* Wettbewerbsrecht in Dänemark, WRP 1990, 92; *Schneider,* Werbe- und Marketingrecht in Dänemark, WRP 1975, 570.

Der unlautere Wettbewerb in Dänemark wird durch das „Markedsforingsloven"-Lovbkg. Nr 55 v 28. 1. 1987 geregelt. Dieses enthält in § 1 eine Generalklausel, in § 2 ein Verbot irreführender Werbung und in den §§ 4 ff verschiedene Einzeltatbestände. Die Umsetzung der Richtlinie 2005/29/EG erfolgte durch ein Änderungsgesetz (Lov om ændring af lov om markedsføring). Die Änderungen traten am 1. 12. 2007 in Kraft. **4.5**

VI. Finnland

Schrifttum: *Castren,* EU-Suomen markkinaoikeus, 1997; *Erme,* Markkinointioikeus, 1990; *Fahlund/Salmi* in Schotthöfer (Hrsg), Handbuch des Werberechts in den EU-Staaten, 1997, Finnland, S 217; *Kaulamo* in Schricker (Hrsg), Recht der Werbung in Europa, 1995 ff, Bd I, Finnland, 2002; *Kaulamo,* Probleme des finnischen Wettbewerbs- und Marketingrechts, 2004; *Kocher,* Ungenügende Harmonisierung im Bereich der irreführenden Werbung am Beispiel der finnischen Rechtsprechung über Tiefstpreisgarantien, GRUR Int

2002, 707; *Koivuhovi,* Das Wettbewerbsrecht in Finnland, in Heidelberger Kommentar, IV Finnland, S 705; *Kur,* Neuere Entwicklungen im Verbraucherschutzrecht der skandinavischen Länder, GRUR Int 1979, 510; *dies,* Rundfunkwerbung in den nordischen Ländern, GRUR Int 1989, 368; *dies,* Das Recht des unlauteren Wettbewerbs in Finnland, Norwegen und Schweden, GRUR Int 1996, 38; *dies,* Die „geschlechtsdiskriminierende Werbung" im Recht der nordischen Länder, WRP 1995, 790; *Lettl,* Der lauterkeitsrechtliche Schutz vor irreführender Werbung in Europa, 2004.

4.6 Sowohl das Gesetz über unlauteres Verhalten im Geschäftsverkehr (SopMenL = „Laki sopimattomasta menettelystä elinkeinotoiminnassa") v 22. 12. 1978 als auch das Verbraucherschutzgesetz (KS L = „Kuluttajansuojalaki") v 20. 1. 1978 enthalten Vorschriften gegen den unlauteren Wettbewerb. Dabei wird das Verhältnis zwischen Gewerbetreibenden in Ersterem, das Verhältnis zwischen Gewerbetreibenden und Verbrauchern in Letzterem geregelt. Inhaltlich sind die Vorschriften jedoch weit gehend gleich. Sie enthalten eine Generalklausel und verschiedene Einzeltatbestände. Das SopMenL wendet sich gegen Verstöße gegen die guten Sitten oder unlautere Handlungen gegenüber Gewerbetreibenden. Das KS L knüpft an die guten Sitten sowie die Interessen der Verbraucher an. Für die Überwachung von Verstößen gegen das Verbraucherschutzgesetz ist ein Ombudsmann für Verbraucherschutz zuständig, während die Gewerbetreibenden untereinander auf Privatklagen vor dem Marktordnungsgericht angewiesen bleiben. Neben diesen gesetzlichen Regelungen behält die Selbstkontrolle der Gewerbetreibenden, insbes durch die Handelskammer, große Bedeutung.

VII. Frankreich

Schrifttum: *Baudenbacher/Klauer,* Der Tatbestand der „concurrence déloyale" des französischen Rechts und der Vertrieb selektiv gebundener Ware durch einen Außenseiter, GRUR Int 1991, 799; *Buydens,* Produktpiraterie und unlauterer Wettbewerb – Die Situation in Belgien und Frankreich mit Hinweisen auf die Rechtslage in Deutschland, GRUR Int 1995, 15; *Chouchuana/Ehlers,* Das Wettbewerbsrecht in Frankreich, in Heidelberger Kommentar zum UWG, 2000, Länderbericht Frankreich, S 711; *Dehlfing,* Das Recht der irreführenden Werbung in Deutschland, Großbritannien und Frankreich, 1999; *Dreier/v Lewinski* in Schricker (Hrsg), Recht der Werbung in Europa, 1995 ff, Bd I, Frankreich, 1995; *Ebenroth,* Französisches Wettbewerbs- und Kartellrecht im Markt der Europäischen Union, 1995; *Fischer,* Das französische Rechtsschutzsystem gegen irreführende Werbung im Vergleich mit dem deutschen Recht, 1998; *Großerichter/Regeade,* Französische Gesetzgebung und Rechtsprechung zum Handels- und Wirtschaftsrecht im Jahr 2001, RIW 2002, 866; *Heuer,* Der Code de la consommation, 2002; *Langer,* Das französische Wettbewerbsrecht, WRP 1991, 11; *Lettl,* Der lauterkeitsrechtliche Schutz vor irreführender Werbung in Europa, 2004; *Lewinski* in Schricker (Hrsg) Recht der Werbung in Europa, Bd I, Frankreich, 1995; *Ludwig,* Irreführende und vergleichende Werbung in der Europäischen Gemeinschaft, 1993; *Puttfarken/Franke,* Die action civile der Verbände in Frankreich, in Basedow/Hopt/Kötz/Baetge (Hrsg), Die Bündelung gleichgerichteter Interessen im Prozeß: Verbandsklage und Gruppenklage, 1999, 149; *Ranke* in Schotthöfer (Hrsg), Handbuch der Werberechts in den EU-Staaten, 1997, Frankreich, S 245; *v Sachsen Gessaphe,* Das kränkelnde deutsche Adhäsionsverfahren und sein französischer Widerpart der action civile, ZZP 1999, 3; *Schlötter,* Der Schutz von Betriebs- und Geschäftsgeheimnissen und die Abwerbung von Arbeitnehmern, 1997; *Schmidt-Szalewski,* Der Unterschied zwischen der Klage wegen Verletzung gewerblicher Schutzrechte und der Wettbewerbsklage in der französischen Rechtsprechung, GRUR Int 1997, 1; *Schricker,* Die Bekämpfung der irreführenden Werbung in den Mitgliedstaaten der EG, GRUR Int 1990, 112; *Sonnenberger/Dammann,* Französisches Handels- und Wirtschaftsrecht, 3. Aufl 2008; *Stadelmann,* Die Entwicklung der kritisierenden vergleichenden Werbung in Deutschland und in Frankreich, 1999; *Szönyi,* Das französische Werbe- und Verbraucherrecht, GRUR Int 1996, 83; *ders,* Die Neufassung des Kartell- und Wettbewerbsrechts in Frankreich, GRUR Int 2002, 105; *Thiébart* in Campbell (Hrsg), Unfair Trading Practices, 1997, France, S 91; *Victor-Granzer* in Heidelberger Kommentar zum Wettbewerbsrecht, Frankreich, 2004, S 871; *Vogel,* Französisches Wettbewerbs- und Kartellrecht, 2003; *Witz/Wolter,* Das neue französische Verbrauchergesetzbuch, ZEuP 1995, 33.

4.7 Grundlagen des eher unübersichtlichen französischen Lauterkeitsrechts sind die Art 1382 und 1383 Code Civil. Die Generalklausel des Art 1382 Code Civil lautet : „Tout fait quelconque de l'homme, qui cause à autrui un dommage, oblige celui par la faute duquel il est arrivé, à le réparer." Es handelt sich dabei um eine Blankettnorm von ähnlicher Allgemeinheit wie § 3 UWG oder § 826 BGB. In Frankreich gibt es somit kein besonderes Gesetz gegen den unlauteren Wettbewerb.

Auf den deliktischen Generalklauseln hat sich ein umfangreiches Richterrecht aufgebaut. Gemeinhin werden innerhalb der Generalklausel vier Fallgruppen unlauteren Verhaltens unterschieden: **(1)** Herabsetzung eines Mitbewerbers (dénigrement); **(2)** Irreführung (confusion); **(3)** Rufausbeutung (parasitisme); **(4)** Störung des Konkurrenzunternehmens (désorganisation de l'entreprise rivale) oder des Marktes; (désorganisation du marché). Hinzu kommen Verstöße gegen spezialgesetzliche Verbotstatbestände (concurrence interdite). Der Verbraucherschutz wird durch den Code de la Consommation (Gesetz Nr 93–494 v 26. 7. 1993) geregelt. In Titel II des Code de la consommation v 26. 7. 1993 sind bestimmte Handelspraktiken aufgeführt, die per se als wettbewerbswidrig angesehen werden. Dazu gehören ua Verkaufs- und Dienstleistungsverweigerung, Koppelungsgeschäfte, Verkauf unbestellter Waren, „Schneeballsysteme" und der Missbrauch von Schwächen und Unerfahrenheit. Diese Regelungen bleiben jedoch lückenhaft, so dass nach wie vor auf den CC zurückgegriffen werden muss (vgl *Szönyi* GRUR Int 1996, 83, 86). Zugaben sind grundsätzlich nicht erlaubt, wohl aber Rabatte (vgl *Bodewig/Henning-Bodewig* WRP 2001, 1341, 1349). Der Verkauf unter Einstandspreis (vente à perte) ist grds untersagt. Das Verhältnis von Industrie und Handel, insbes die missbräuchliche Ausnutzung von Nachfragemacht, ist in Art L 410–1 bis Art L 470–8 Code de Commerce durch die Loi relative aux nouvelles regulations economiques v 15. 5. 2001 geregelt. Als wirtschaftspolitisches Gesetz ist außerdem noch das Loi de Modernisation de l'Economie v 4. 8. 2008 (Loi n° 2008–776) zu nennen. – Bei Wettbewerbsverstößen kann neben Schadensersatz (dommages-intérets) auch Unterlassung (cessation) und Beseitigung verlangt werden. Einstweiliger Rechtsschutz ist möglich gemäß Art 809 iVm Art 873 NCPC. Die Umsetzung der **UGP-Richtlinie 2005/29/EG** erfolgte in den Code de la Consommation durch Gesetz v 3. 1. 2008 (Loi n° 2008–3 pour le développement de la concurrence au service des consommateurs).

VIII. Griechenland

Schrifttum: *Alexandridou,* Consumer Protection Act of 1994, GRUR Int 1996, 400; *ders,* Die gesetzgeberische Entwicklung des Verbraucherschutz- und Wettbewerbsrechts in Griechenland, GRUR Int 1992, 1209; *ders,* Die Liberalisierung des griechischen Lauterkeitsrechts im Rahmen der europäischen Rechtsangleichung, 2007; *Cocalis* in Campbell (Hrsg), Unfair Trading Practices, 1997, Greece, S 123; *Gonskos,* Die Beurteilung des Verkaufs mit Zugaben nach dem griechischen Gesetz gegen den unlauteren Wettbewerb, GRUR Int 2000, 38; *Gouga,* Die Klagebefugnis der Verbraucherschutzverbände nach dem neuen griechischen Verbraucherschutzgesetz Nr. 1961/1991 in der Fassung vom 24. 1. 1991, GRUR Int 1992, 822; *Kambouroglou,* Unlauterer Wettbewerb in Griechenland, 1989; *Koutsonassios,* Das Wettbewerbsrecht in Griechenland, in Heidelberger Kommentar zum UWG, 2000, IV Griechenland, S 715; *Muchtaris* in Schotthöfer (Hrsg), Handbuch des Werberechts in den EU-Staaten, 1997, Griechenland, S 303; *Lettl,* Der lauterkeitsrechtliche Schutz vor irreführender Werbung in Europa, 2004; *Papathoma-Baetge,* Die Verbandsklage im griechischen Recht, in Basedow/Hopt/Kötz/Baetge (Hrsg), Die Bündelung gleichgerichteter Interessen im Prozeß: Verbandsklage und Gruppenklage, 1999, 187; *Selekos,* Die Preisunterbietung als Mittel des unlauteren Wettbewerbs nach griechischem Recht, GRUR Int 1994, 121; *Ulmer/Beier/Schricker/Alexandridou,* Das Recht des unlauteren Wettbewerbs in den Mitgliedstaaten der EWG, Bd VII, Griechenland, 1994.

Das griechische Lauterkeitsrecht ist zweispurig angelegt: Das Gesetz Nr 146/1914 über den unlauteren Wettbewerb v 21. 1. 1914 schützt die Mitbewerber vor unlauteren Wettbewerbshandlungen (und allenfalls reflexartig die Verbraucher). Es ähnelt dem deutschen UWG, was sich insbes in den Generalklauseln der Art 1 und 3 Gr UWG zeigt. Rundfunk- und Fernsehwerbung werden gesondert erfasst durch das Präsidialdekret Nr 1730/87. Das Verbraucherschutzgesetz Nr 2251/1994 v 16. 11. 1994 (GRUR Int 1995, 894) bezweckt, „die Gesundheit und Sicherheit des Verbrauchers zu gewährleisten und ihre wirtschaftlichen Interessen zu schützen. In Art 9 werden die unlautere, irreführende, vergleichende und direkte Werbung geregelt. Die Werbung mit Zugaben ist nicht generell untersagt. Auch für Griechenland gilt das Gebot der Gesetzesauslegung im Lichte der Richtlinie über unlautere Geschäftspraktiken. Die Umsetzung der Richtlinie 2005/29/EG erfolgte durch Änderung des Gesetzes Nr 2251/1994.

IX. Großbritannien

Schrifttum: *Boyle,* Das Recht des unlauteren Wettbewerbs in Großbritannien, WRP 1990, 159; *Cornish,* Der Geheimnisschutz im englischen Recht, GRUR Int 1975, 153; *Dehlfing,* Das Recht der irreführenden Werbung in Deutschland, Großbritannien und Frankreich, 1999; *Engel,* Grenzen des Direktmarketing aus europarechtlicher, rechtsvergleichender und wettbewerbsrechtlicher Sicht, 2000; *Fröndhoff,* Die Inhaltsbeschränkungen irreführender und vergleichender Werbung in England und Deutschland im Vergleich, 2002; *Groom* in Schotthöfer (Hrsg), Handbuch des Werberechts in den EU-Staaten, 1997, Großbritannien, S 325; *Hasselblatt,* Die vergleichende Werbung, 2002, S 111; *Huntley* in Campbell (Hrsg), Unfair Trading Practices, 1997, United Kingdom, S 315; *Jergolla,* Der neue British Code of Advertising, Sales Promotion and Direct Marketing, WRP 2003, 606; *dies,* Die britische Werbeselbstkontrolle anhand des Advertising Code – eine Gegenüberstellung mit der Rechtslage in Deutschland, WRP 2003, 431; *dies,* Die Werbeselbstkontrolle in Großbritannien, 2003; *Kampermann Sanders,* Unfair Competition Law, Oxford, 1997; *Kilian,* Direktmarketing in Großbritannien nach der Umsetzung der EU-Richtlinie 97/66, GRUR Int 2000, 198; *Lettl,* Der lauterkeitsrechtliche Schutz vor irreführender Werbung in Europa, 2004; *Ludwig,* Irreführende und vergleichende

Werbung in der Europäischen Gemeinschaft, 1993; *Mountstephens,* Das Markenrecht in Großbritannien und Nordirland, 2003; *ders/Ohly* in Schricker/Bastian/Knaak (Hrsg), Gemeinschaftsmarke und Recht der EU-Mitgliedstaaten, 2006, S 616, Vereinigtes Königreich von Großbritannien; *Obermair,* Der Schutz des Verbrauchers vor unlauterer Werbung in Deutschland und Großbritannien, 2005; *Ohly,* Die vergleichende Werbung im britischen Recht, GRUR Int 1993, 730; *ders,* Generalklausel und Richterrecht, AcP 201 (2001), 1; *ders* in Schricker (Hrsg), Recht der Werbung in Europa, 1995 ff, Bd II, Vereinigtes Königreich von Großbritannien, 1995; Richterrecht und Generalklausel im Recht des unlauteren Wettbewerbs, 1997; *ders,* Persönlichkeitsschutz im englischen Recht, RabelsZ 65 (2001), 39; *ders/Spence,* Vergleichende Werbung: Die Auslegung der Richtlinie 97/55/EG in Deutschland und Großbritannien, GRUR Int 1999, 681; *Schricker,* Die Bekämpfung der irreführenden Werbung in den Mitgliedstaaten der EG, GRUR Int 1990, 112; *v Westerholt,* Die Passing-Off-Klage im englischen Recht, 1976; *Vorpeil,* Neuere Entwicklungen im englischen Handels- und Wirtschaftsrecht, RIW 1999, 693, 866; *de Vrey,* Towards a European Unfair Competition Law, 2006.

4.9 Lange Zeit kam die englische Rspr, abgesehen vom Markenschutz, der durch den Trade Marks Act (1994) geordnet ist, ohne ein Gesetz gegen unerlaubten Wettbewerb aus. Auch der Begriff „unfair competition" wurde kaum verwendet. Auf Grund entsprechender Richtlinien des Europarechts (Richtlinie über irreführende und vergleichende Werbung; Richtlinie über unlautere Geschäftspraktiken) wurden jedoch die *Control of Misleading Advertisements Regulations 2000* und die *Consumer Protection from Unfair Trading Regulations 2008* erlassen. Die Rechtslage im Bereich Business-to-Business (B2B) ist dagegen noch sehr unübersichtlich. Nach allgemeinem Deliktsrecht kann ein Mitbewerber insbes mit der passing-off-Klage vorgehen, die umfassend gegen das Hervorrufen einer Verwechslungsgefahr im geschäftlichen Verkehr schützt (vgl *Erven Warnink v Townend & Sons* GRUR Int 1980, 120; *Reckitt & Colman v Borden* GRUR Int 1991, 142; *British Telecommunications v One In A Million* GRUR Int 1999, 551; *Irvine v Talksport* GRUR Int 2003, 255). Mit der injurious-falsehood-Klage kann er gegen vorsätzlich oder grob fahrlässig aufgestellte schädigende Falschangaben vorgehen. Zur Bekämpfung aller Arten von Anschwärzung des Mitbewerbers und der Herabsetzung seiner Waren dienen die Klagen aus *slander* oder *libel of title and slander* oder *libel of goods* (*Honig* GRUR Int 1959, 286; *Otto* GRUR Int 1961, 32). Hinzu kommen einige Spezialgesetze mit Bezug zum Wettbewerbsrecht, etwa der *Trade Descriptions Act 1968,* der *Unsolicited Goods and Services Act 1971,* der *Fair Trading Act 1973,* der *Consumer Credit Act 1974,* der *Financial Services Act 1986* und der *Consumer Protection Act 1987.* – Von großer praktischer Bedeutung für die Rechtsdurchsetzung ist die **Selbstkontrolle** der Werbewirtschaft (insbes durch die *Advertising Standard Authority*) anhand von Verhaltenskodizes. Dazu gehören der *British Code of Advertising, Sales Promotion and Direct Marketing* sowie der *Radio Advertising Standard Code* und der *Television Advertising Standard Code.* Zu den Sanktionen gehört die öffentliche Bekanntgabe von Verstößen.

X. Irland

Schrifttum: *Bodewig,* Unlauterer Wettbewerb in Irland, GRUR Int 2004, 827; *Conrads-Hassel,* Das Wettbewerbsrecht in der Republik Irland, WRP 1990, 223; *Grehan* in Schotthöfer (Hrsg), Handbuch des Werberechts in den EU-Staaten, 1997, Irland, S 367.

4.10 Die Rechtslage ist der in Großbritannien dahingehend vergleichbar, als es an einer wettbewerbsrechtlichen Gesamtkodifikation fehlt und so eine Regulierung nur über case law und einige Spezialregelungen erfolgt. Am wichtigsten sind der Consumer Information Act von 1978, der irreführende Werbung jeder Art verbietet, und die European Communities (Misleading Advertising) Regulations von 1988. Die Durchsetzung erfolgt durch das „Office of the Director of Consumer Affairs". In der Praxis steht die Selbstkontrolle nach dem *Code of Advertising Standards for Ireland (CAS I)* und dem *Code of Sales Promotion Practices* im Vordergrund. Die Umsetzung der Richtlinie 2005/29/EG erfolgte durch den Consumer Protection Act 2007.

XI. Italien

Schrifttum: *Bastian* in Schricker (Hrsg), Recht der Werbung in Europa, 1995 ff, Bd I, Italien, 1997; *Bastian,* Werberecht in Italien, 1996; *Engel,* Grenzen des Dirkektmarketing aus europarechtlicher, rechtsvergleichender und wettbewerbsrechtlicher Sicht, 2000; *Fabbio,* Die Umsetzung der Richtlinie 98/71/EG über den rechtlichen Schutz von Mustern und Modellen in Italien, GRUR Int 2002, 914; *Fauceglia,* Die Werbesendung im neuen italienischen Rundfunkgesetz, GRUR Int 1992, 271; *Francetti* in Campbell (Hrsg), Unfair Trading Practices, 1997, Italy, S 209; *Hofer/Lösch/Torricelli/Genta* in Schotthöfer (Hrsg), Handbuch des Werberechts in den EU-Staaten, 1997, Italien, S 389; *Kindler,* Italienisches Handels- und Wirtschaftsrecht, 2002; *Lehmann,* Werbeselbstkontrolle in Italien und Deutschland – Vor- und Nachteile der Systeme freiwilliger Selbstregulierung im Vergleich, GRUR Int 2006, 123; *Lettl,* Der lauterkeitsrechtliche Schutz vor irreführender Werbung in Europa, 2004; *Liuzzo,* Prozessuale Aspekte des italienischen Werberechts, GRUR Int 1992, 559;

XIII. Korea   4.11–4.13 **Einl UWG**

Omodeí-Salé, Der neue italienische Codice del consumo: Echte Kodifikation oder reine Kompilation?, ZEuP 2007, 785; *Preussler,* Das Wettbewerbsrecht in Italien, in Heidelberger Kommentar zum UWG, 2000, IV Italien, S 727; *Schaltenberg,* Die Bekämpfung irreführender und unlauterer Werbung in Italien, 1988; *Schellenberg/Cavezza,* Die Verfolgung von Vertriebsbindungen im italienischen Recht, WRP 1997, 697; *Schricker,* Die Bekämpfung der irreführenden Werbung in den Mitgliedstaaten der EG, GRUR Int 1990, 116; *Schulz,* Das Recht des unlauteren Wettbewerbs in Italien, WRP 1991, 556; *Somariello,* Vergleichende und irreführende Werbung in Italien nach Umsetzung der Richtlinie 97/55/EG, GRUR Int 2003, 29; *Ulmer/Schricker,* Das Recht des unlauteren Wettbewerbs in den Mitgliedstaaten der EWG, Band V, Italien, 1965.

Den Schutz gegen unlauteren Wettbewerb (della concorrenza sleale) gewähren Art 2598–   **4.11**
2601 des Codice Civile. Zentrale Norm ist Art 2598 CC, der in drei Einzeltatbestände und eine Generalklausel mit ergänzender Funktion gegliedert ist. Nr 1 regelt das Hervorrufen einer Verwechslungsgefahr (confusione) durch Benutzung von Namen oder Unterscheidungszeichen, durch sklavische Nachahmung der Erzeugnisse eines Wettbewerbers (imitazione servile) und durch Verwendung anderer Mittel. Nr 2 regelt die Anschwärzung (denigrazione) und die Anmaßung von Vorzügen (appropiazione di pregi). Die Generalklausel in Nr 3 verbietet alle Handlungen, die gegen die Grundsätze der beruflichen Korrektheit verstoßen und geeignet sind, das Unternehmen eines anderen zu schädigen. Diese Generalklausel greift jedoch nur ergänzend ein, wenn keiner der Einzeltatbestände des Art 2598 Nr 1 und 2 CC erfüllt ist (*Corte di Appello di Milano* GRUR Int 1961, 200 Nr 607). – Zugaben und Rabatte sind erlaubt, dürfen aber nicht irreführen. – Durch VO 74/1992 (GRUR Int 1992, 479, 825) ist die Richtlinie 84/450 EWG über irreführende Werbung, durch VO 67/2000 (GRUR Int 2003, 51) die Richtlinie über vergleichende Werbung umgesetzt worden (dazu *Somariello* GRUR Int 2003, 29). Das italienische Lauterkeitsrecht steht im Zeichen des Mitbewerberschutzes, der Verbraucherschutzaspekt ist noch unterentwickelt. Verbraucher und Verbraucherverbände sind jedoch bei irreführender und unzulässiger vergleichender Werbung auf Grund der VO Nr 74 v 25. 1. 1992 klagebefugt. – Die Rechtsdurchsetzung, einschließlich der einstweiligen Verfügung (Art 700 c. p. c.), erfolgt durch Anrufung der ordentlichen Gerichte. Für die Praxis von Bedeutung ist die freiwillige Selbstkontrolle nach dem „Codice di Autodisciplina Pubblicitaria". – Im Bereich der irreführenden und vergleichenden Werbung ist die Autorità Garante della Concorrenza e del Mercato zuständig; die freiwillige Selbstkontrolle wird durch die Giuri wahrgenommen. Inwieweit das durch das Gesetz Nr 281 v 30. 6. 1998 zur Regelung der Rechte der Verbraucher eingeführte Klagerecht der Verbraucherverbände gegen Verbraucherinteressen verletzende Handlungen auch unlautere Wettbewerbshandlungen iSd Art 2598 GG erfasst, ist noch ungeklärt. Die Richtlinie 2005/29/EG wurde durch Decreto Legislativo Nr. 146 v 2. 8. 2007 umgesetzt.

XII. Japan

Schrifttum: *Heath,* Zur Reform des japanischen Gesetzes gegen den unlauteren Wettbewerb (UWG), GRUR Int 1993, 740; *ders,* Der Verbraucherschutz im japanischen Wettbewerbs- und Warenzeichenrecht, GRUR Int 1993, 841; *ders,* Bürgerliches Recht, Wettbewerbsrecht und Kartellrecht in Japan, WuW 1995, 93; *Rahn,* Das Japanische am japanischen UWG, GRUR Int 1992, 362.

Es gilt das Gesetz gegen den unlauteren Wettbewerb (Fusei kyósó bóshi hó) v 27. 3. 1934 idF   **4.12**
v 19. 5. 1993 (deutsche Übersetzung in GRUR Int 1993, 754), ferner das Gesetz zur Verhinderung unlauterer Zugaben und Bereicherungen v 15. 5. 1972. Das japanische UWG enthält keine Generalklausel. § 2 enthält eine abschließende Aufzählung der verbotenen Verhaltensweisen. Das UWG hat in Japan nur einen geringen Stellenwert. Ziel ist der Schutz des lauteren Wettbewerbs zwischen Unternehmen und die Einhaltung internationaler Verpflichtungen. Der Verbraucherschutz ist nur ein Reflex, eine Klagebefugnis von Verbraucherverbänden besteht daher nicht. Um die Verbraucher zu schützen, wurde das „Gesetz zur Verhinderung unlauterer Zugaben und Bereicherungen" erlassen, dessen Durchsetzung einer Behörde, der Fair Trade Commission, aufgetragen ist.

XIII. Korea

Schrifttum: *Schünemann,* Koreas Wettbewerbsrecht im Zeichen wirtschaftlicher Globalisierung, RIW 2007, 81.

Es gilt der „Market Regulation and Fair Trade Act" (Gesetz gegen den unlauteren Wett-   **4.13**
bewerb) v 31. 12. 1991 (deutsche Übersetzung abgedr in GRUR Int 1996, 1035).

XIV. Luxemburg

Schrifttum: *Birden,* Das Wettbewerbsrecht in Luxemburg, in Heidelberger Kommentar, IV Luxemburg, S 731; *Emering,* Das Recht des unlauteren Wettbewerbs in Luxemburg, WRP 1991, 72; *Henning-Bodewig,* Das Wettbewerbsrecht in Luxemburg, GRUR Int 1994, 809; *dies/Decker* in Schricker (Hrsg), Recht der Werbung in Europa, 1995 ff, Bd I, Luxemburg, 2002; *Lettl,* Der lauterkeitsrechtliche Schutz vor irreführender Werbung in Europa, 2004; *Ulmer/Schricker/Wunderlich,* Das Recht des unlauteren Wettbewerbs in den Mitgliedstaaten der EWG, Bd II/1 Luxemburg, 1967.

4.14 Die Rechtsgrundlage für den Schutz gegen unlauteren Wettbewerb bietet das Gesetz v 27. 11. 1986 über bes Gepflogenheiten im Handel und Maßnahmen gegen den unlauteren Wettbewerb (GRUR Int 1988, 768). Das Gesetz trat am 1. 12. 1986 in Kraft und wurde geändert durch Gesetz v 14. 5. 1992 (GRUR Int 1994, 144) sowie – in Umsetzung der Irreführungsrichtlinie – das Gesetz v 16. 8. 2002. Das am 14. 8. 2000 verabschiedete Gesetz zum „commerce électronique" hat in Art 48 die Regelung des Art 7 der Richtlinie über den elektronischen Geschäftsverkehr zu den nicht angeforderten kommerziellen Kommunikationen übernommen (GRUR Int 2001, 371). Das luxemburgische UWG definiert den unlauteren Wettbewerb in einer Generalklausel und verschiedenen Einzeltatbeständen. Es ist ähnlich streng wie das deutsche, allerdings wesentlich mehr als Strafgesetz konzipiert. Nach Art 16 begeht eine Handlung unlauteren Wettbewerbs jeder Kaufmann, Gewerbetreibende oder Handwerker, der durch eine Handlung, die entweder gegen die anständigen Gebräuche auf kaufmännischem oder gewerblichem Gebiet oder aber gegen eine vertragliche Verpflichtung verstößt, seinen Konkurrenten oder einem von ihnen einen Teil ihrer Kunden wegnimmt oder wegzunehmen versucht oder ihre Wettbewerbsfähigkeit angreift oder anzugreifen versucht. Schadensersatzansprüche für den Konkurrenten können sich nur aus Art 1382 f *Code Civil* ergeben. Zugaben sind grds verboten (Art 19), Rabatte sind mit Einschränkungen erlaubt, Verkäufe unter oder wenig über Einstandspreis sind grds verboten.

XV. Niederlande

Schrifttum: *Engel,* Grenzen des Direktmarketing aus europarechtlicher, rechtsvergleichender und wettbewerbsrechtlicher Sicht, 2000; *Frenk/Boele-Woelki,* Die Verbandsklage in den Niederlanden, in Basedow/Hopt/Kötz/Baetge (Hrsg), Die Bündelung gleichgerichteter Interessen im Prozeß: Verbandsklage und Gruppenklage, 1999, 213; *Henning-Bodewig,* Das neue (alte) Recht des unlauteren Wettbewerbs der Niederlande, GRUR Int 1993, 126; *dies/Limperg,* Die Reform des Rechts zur Bekämpfung der irreführenden Werbung in den Niederlanden, GRUR Int 1981, 429; *dies/Quaedvlieg/Verkade* in Schricker (Hrsg), Recht der Werbung in Europa, 1995 ff, Bd II, Niederlande, 1995; *Lettl,* Der lauterkeitsrechtliche Schutz vor irreführender Werbung in Europa, 2004; *Mehring,* Das Recht des unlauteren Wettbewerbs in den Niederlanden, WRP 1990, 477; *Nillessen/v d Zandt* in Campbell (Hrsg), Unfair Trading Practices, 1997, The Netherlands, S 251; *Quaedvlieg,* Leistungsschutz in den Niederlanden, GRUR Int 1997, 971; *Ribbink* in Schotthöfer (Hrsg), Handbuch des Werberechts in den EU-Staaten, 1997, Niederlande, S 445; *Ulmer/Baeumer,* Das Recht des unlauteren Wettbewerbs in den Mitgliedstaaten der EWG, Bd II, 2, Niederlande, 1967; *van Veen,* Das Wettbewerbsrecht in den Niederlanden, in Heidelberger Kommentar zum UWG, 2000, IV Niederlande, S 735.

4.15 Vgl die eingehende Darstellung bei Harte/Henning/*Henning-Bodewig* Einl E XV. Ein umfassendes Spezialgesetz gegen unlauteren Wettbewerb existiert nicht. Im Mittelpunkt steht die nunmehr auf das B2B-Verhältnis beschränkte deliktsrechtliche Generalklausel in Art 6:162 des am 1. 1. 1992 in Kraft getretenen neuen Bürgerlichen Gesetzbuches (Burgerlijk Wetboek). Die Richtlinie 2005/29/EG über unlautere Geschäftspraktiken wurde durch die neu eingefügten Art 6:193 a-j BW gemäß dem Anpassungsgesetz v 25. 9. 2008 umgesetzt. Die bisherigen Vorschriften über irreführende Werbung in Art 6:194–196 BW gelten nach der Umsetzung noch im B2B-Verhältnis. Flankierend gilt das Täuschungsverbot gem Art 328bis *Wetboek van Strafrecht* (Strafgesetzbuch). Die wettbewerbsrechtlichen Straftatbestände stellen Schutzgesetze für Unterlassungs- und Schadensersatzklagen der geschädigten Mitbewerber dar. Zur Bekämpfung der irreführenden Werbung ist das Institut der Verbandsklage eingeführt worden. Die Zugaberegelung von 1977 *(Wet beperking Cadeaustelsel)* wurde 1997 aufgehoben; Rabatte und Zugaben sind grds zulässig. Für die Praxis bedeutsam ist die Selbstkontrolle insbes im Bereich der Werbung *("Nederlands Reclame Code")*. Die vergleichende Werbung ist in Art 6: 194 a ff BW geregelt. Fabrik- und Handelsmarken sind durch Merkenwet v 30. 9. 1893 (mehrfach geändert) geschützt. Besonderer Firmenschutz wird durch Handelsnaamwet v 5. 7. 1921 (mehrfach geändert) gewährt.

XVI. Norwegen

Schrifttum: *Kur*, Neuere Entwicklungen im Verbraucherschutzrecht der skandinavischen Länder, GRUR Int 1979, 510; *dies,* Rundfunkwerbung in den nordischen Ländern, GRUR Int 1989, 368; *dies,* Das Recht des unlauteren Wettbewerbs in Finnland, Norwegen und Schweden, GRUR Int 1996, 38; *dies,* in Schricker (Hrsg), Recht der Werbung in Europa, 1995 ff, Bd II, Norwegen, 1997; *Lochen* in Schotthöfer (Hrsg), Handbuch des Werberechts in den EU-Staaten, 1997, Norwegen, S 467.

Es gilt das „Markedsføringslov" von 1972. Soweit der Verbraucherschutz betroffen ist, findet auch hier das Ombudsmann-Modell Anwendung. Das Gesetz enthält eine Generalklausel sowohl gegen unlauteres Geschäftsgebaren im Allgemeinen, als auch gegen irreführende Werbung. Daneben gibt es typische Einzeltatbestände wettbewerbswidrigen Verhaltens. Eine Novellierung der Regelung ist in Vorbereitung. **4.16**

XVII. Österreich

Schrifttum: *Fehringer/Freund,* Die Umsetzung der RL über unlautere Geschäftspraktiken in das UWG, MR 2007, 115; *Fitz/Gamerith* Wettbewerbsrecht, 2000; *Gamerith,* Der Richtlinienvorschlag über unlautere Geschäftspraktiken – Möglichkeiten einer harmonischen Umsetzung in die nationale Rechtsordnung, WRP 2005, 391; *ders,* Wettbewerbsrecht I, 2008; *Griss/Wiebe,* UWG, 2009; *Gumpoldsberger/Baumann,* UWG, 2006; *Kofler* in Schotthöfer (Hrsg), Handbuch des Werberechts in den EU-Staaten, 1997, Österreich, S 481; *Koppensteiner,* Österreichisches und europäisches Wettbewerbsrecht, 3. Aufl 1997; *ders,* Das UWG nach der Novelle 2007, in Augenhofer (Hrsg), Die Europäisierung des Kartell- und Lauterkeitsrechts, 2009, 85; *Kucsko,* Österreichisches und europäisches Wettbewerbs-, Marken-, Muster- und Patentrecht, 1995; *Lettl,* Der lauterkeitsrechtliche Schutz vor irreführender Werbung in Europa, 2004; *Pöch* in Campbell (Hrsg), Unfair Trading Practices, 1997, Austria, S 1; *Schuhmacher,* Die UWG-Novelle 2007, wbl 2007, 557; *Wiltschek,* Wettbewerbs- und Markenrecht in Österreich, WRP 1996, 665; WRP 1998, 698; WRP 1999, 709; WRP 2000, 675; WRP 2001, 750; WRP 2002, 763; *Wiltschek /Reitböck,* Wettbewerbs- und Markenrecht in Österreich, WRP 2003, 785; *Wiltschek/Heine-Geldern,* Wettbewerbs- und Markenrecht in Österreich, WRP 2004, 946; *Wiltschek /Merckens,* Wettbewerbs- und Markenrecht in Österreich, WRP 2005, 769; WRP 2006, 919; WRP 2007, 880; *Wiltschek/Majchrzak,* Wettbewerbs- und Markenrecht in Österreich, WRP 2008, 987; WRP 2009, 875; WRP 2010, 963; *Wiltschek* UWG, 7. Aufl 2003.

Das östUWG ist in weiten Teilen dem deutschen UWG von 1909 ähnlich, insgesamt aber **4.17** sehr viel detaillierter und damit auch engmaschiger angelegt. In der **UWG-Novelle 2007** v 17. 10. 2007 (BGBl I 79), in Kraft getreten am 12. 12. 2007, wurde die Richtlinie 2005/29/EG über unlautere Geschäftspraktiken weitgehend detailgetreu umgesetzt (dazu *Schuhmacher* wbl 2007, 557). Der 1. Abschnitt enthält zivil- und strafrechtliche Bestimmungen. In den §§ 1–12 werden unlautere Geschäftspraktiken geregelt. Am Anfang steht eine zweigeteilte Generalklausel, die sich einerseits an Art 5 UGP-Richtlinie anlehnt, andererseits aber auch unlautere Handlungen zum Nachteil von Unternehmen (B2B) erfasst. Aggressive und irreführende Geschäftspraktiken sind in den §§ 1 a und 2 beschrieben. Die vergleichende Werbung ist in § 2a geregelt. Die §§ 8 und 9 regeln den Schutz von geografischen Herkunftsangaben und von Unternehmenskennzeichen. Ein grundsätzliches (allerdings mit der UGP-Richtlinie unvereinbares) Verbot von Zugaben enthält § 9a. Die Ausgabe von Einkaufsausweisen an Verbraucher wird durch § 9c untersagt. Den Schutz vor Bestechung und vor Verrat von Geschäftsgeheimnissen und Vorlagen gewährleisten die §§ 10–12. Daran schließen sich Regelungen der Rechtsfolgen an (§§ 14–26). Der 2. Abschnitt enthält „Verwaltungsrechtliche Bestimmungen", insbes über die Ankündigung von Ausverkäufen (§§ 33 a–33 f). Eine Fülle von **Kennzeichnungsverordnungen** auf der Grundlage des § 32 reglementieren die Herstellung und den Handel mit Konsumgütern. Im Anh ist die „Schwarze Liste" unter allen Umständen unlauterer Geschäftspraktiken wiedergegeben. – Zum östUWG tritt das **NahversorgungsG** hinzu, das in § 1 II ua das sog Anzapfen von Lieferanten verbietet. Der Schutz der Marke ist im **MarkenschutzG,** der Schutz des freien Wettbewerbs im **KartellG** geregelt. – Die wettbewerbsrechtliche Praxis wird vornehmlich durch die Entscheidungen des ÖOGH geprägt, die auch in Deutschland weithin Beachtung finden (umfangreiche Nachw in den periodischen Rspr-Berichten in der WRP; s Schrifttum).

XVIII. Polen

Schrifttum: *Gralla,* Polen: Gesetz über die Bekämpfung des unlauteren Wettbewerbs, WiRO 1993, 304; *Kepinski,* Geographische Bezeichnungen im polnischen Recht des gewerblichen Eigentums, GRUR Int 2003, 37; *Metzlaff/Schröder,* Das neue polnische Kartellrecht, GRUR Int 2002, 399; *Skubisz,* Das Recht des unlauteren Wettbewerbs in Polen, GRUR Int 1994, 681; *Szwaja,* Die Genese der Generalklausel des neuen polnischen UWG, GRUR Int 1996, 484; *Wiszniewska* in Schricker (Hrsg), Recht der Werbung in Europa, 1995 ff, Bd II, Polen, 1999; *Wiszniewska,* Novellierung des polnischen Gesetzes zur Bekämpfung unlauteren Wettbewerbs, GRUR Int 2001, 213.

4.18 Im Prozess der Umwandlung der zentral gelenkten Wirtschaft in die Marktwirtschaft ist das polnische UWG v 16. 4. 1993 (GRUR Int 1994, 148), novelliert durch Gesetz v 16. 3. 2000 (GRUR Int 2001, 218), ua zwecks Anpassung an die Richtlinie über irreführende und vergleichende Werbung (GRUR Int 2001, 193), geändert durch Gesetz v 5. 7. 2002 eine der jüngsten Regelungen in Ost- und Mitteleuropa, die sich durch die eigenständige Regelung des Rechts gegen den unlauteren Wettbewerb am deutlichsten diesem in Mitteleuropa üblichen Regelungstypus anschließt. Das polnische UWG schützt den lauteren Wettbewerb im Interesse der Allgemeinheit, der Unternehmer und Kunden, insbes der Verbraucher. Es enthält in Art 3 eine dem deutschen § 1 UWG vergleichbare Generalklausel. Im 2. Kapitel (Art 5–17) werden einzelne unlautere Wettbewerbshandlungen aufgeführt (Irreführung; Verrat von Unternehmensgeheimnissen; Verleitung zum Vertragsbruch; Nachahmung; Verbreitung falscher Information; Behinderung und Boykott; unlautere Werbung). Im 3. Kapitel (Art 18–22) wird die zivilrechtliche Verantwortlichkeit (Ansprüche; Klageberechtigung; Verjährung; einstweilige Verfügung) geregelt, das 4. Kapitel (Art 23–27) enthält Strafvorschriften. Insgesamt sind starke Parallelen zum deutschen Recht des unlauteren Wettbewerbs festzustellen. Die Umsetzung der Richtlinie 2005/29/EG erfolgte durch Gesetz v 23. 9. 2007 (Ustawa o przeciwdziałaniu nieuczciwym praktykom rynkowym).

XIX. Portugal

Schrifttum: *Jalles/Dein* in Schotthöfer (Hrsg), Handbuch des Werberechts in den EU-Staaten, 1997, Portugal, S 507; *Kuhlmann,* Der unlautere Wettbewerb im portugiesischen Recht, 1988; *Lettl,* Der lauterkeitsrechtliche Schutz vor irreführender Werbung in Europa, 2004; *Möllering,* Das Recht des unlauteren Wettbewerbs in Portugal, WRP 1991, 634; *Oliveira Ascensão,* Das Recht des unlauteren Wettbewerbs in den Mitgliedstaaten der Europäischen Wirtschaftsgemeinschaft, Bd VIII, Portugal, 2005; *Schricker,* Einführung in das portugiesische Recht des unlauteren Wettbewerbs, GRUR Int 1994, 819.

4.19 Grundlage der Bekämpfung des unlauteren Wettbewerbs sind die strafrechtliche Generalklausel des Art 260 des Código da Propriedade Industrial v 24. 1. 1995 (Gesetz über das gewerbliche Eigentum) sowie die Art 11 und 16 des Código da Publicidade v 23. 10. 1990 (Werbegesetz), die die irreführende und vergleichende Werbung regeln. Die Richtlinie 2005/29/EG wurde umgesetzt durch Decreto-Lei n.° 57/2008 v 26. 3. 2008.

XX. Rumänien

Schrifttum: *Eminescu,* Das Recht des unlauteren Wettbewerbs in Rumänien, GRUR Int 1994, 688.

4.20 Das neue rumänische UWG von 1991 knüpft an die Vorkriegsregelung von 1932 an und gehört ebenfalls zum Typus der Separatregelung. Es enthält eine an die Sittenwidrigkeit anknüpfende Generalklausel, aber auch verschiedene Einzeltatbestände. Die Umsetzung der Richtlinie 2005/29/EG erfolgte durch Gesetz v 21. 12. 2007 (Lege privind combaterea practicilor incorecte ale comercianţilor în relaţia cu consumatorii °i armonizarea reglementărilor cu legislaţia europeană privind protecţia consumatorilor).

XXI. Russland

Schrifttum: *Dillenz,* Der aktuelle Entwicklungsstand des Rechts gegen den unlauteren Wettbewerb in der Russischen Föderation, GRUR Int 1997, 16; *Dillenz,* Das russische Wettbewerbsrecht, 1999; *Malkov,* Unlauterer Wettbewerb in Rußland – Paradoxe Wirkungen der Umwälzungsprozesse, GRUR Int 1994, 692.

4.21 Es gilt das Gesetz v 22. 3. 1991 über den Wettbewerb und die Eindämmung monopolistischer Tätigkeit auf den Warenmärkten (Antimonopolgesetz). Es handelt sich um ein umfassendes Gesetz zum Schutz des Wettbewerbs, das auch eine Regelung des unlauteren Wettbewerbs enthält und vom Schutzsystem her dem Standard westlicher Regelungswerke entspricht. Das Gesetz wurde durch die Novelle v 25. 5. 1995 (SZ RF, 1995, Nr 22, Pos 1977) sowie das Gesetz über Werbung v 18. 7. 1995 (SZ RF, 1995, Nr 30, Pos 2864; GRUR Int 1996, 1206) grundlegend geändert (*Dillenz* GRUR Int 1997, 16). Die jüngste Änderung erfolgte durch Gesetz v 9. 10. 2002 (*Dietz/Sevillano* GRUR Int 2003, 90).

XXII. Schweden

Schrifttum: *Bernitz,* Das neue schwedische Marktgesetz – insbesondere der Schutz von Gewerbetreibenden gegen Nachahmung, GRUR Int 1996, 433; *ders,* Schwedisches Verbraucherschutzrecht, RabelsZ 40 (1976), 593; *Deichsel,* Verbraucherschutz im Lauterkeitsrecht in Skandinavien und Deutschland – Der verhältnismäßige Verbraucherschutz als Eingriffsmaßstab im nationalen und europäischen Lauterkeitsrecht, 2005; *Dopffel/Scherpe,* „Grupptalan" – Die Bündelung gleichgerichteter Interessen im schwedischen Recht, in Basedow/Hopt/Kötz/Baetge (Hrsg), Die Bündelung gleichgerichteter Interessen im Prozeß: Verbandsklage und Gruppenklage, 1999, 429; *Keyßner,* Täuschung durch Unterlassen – Informationspflichten in der Werbung, Rechtsvergleichende Untersuchung zum deutschen, schwedischen und dänischen Recht, 1986; *Kur,* Das Recht des unlauteren Wettbewerbs in Finnland, Norwegen und Schweden, GRUR Int 1996, 38; *dies,* Die „geschlechtsdiskriminierende Werbung" im Recht der nordischen Länder, WRP 1995, 790; *dies* in Schricker (Hrsg), Recht der Werbung in Europa, 1995 ff, Bd II, Schweden, 1995; *dies,* Neuere Entwicklungen im Verbraucherschutzrecht der skandinavischen Länder, GRUR Int 1979, 510; *dies,* Rundfunkwerbung in den nordischen Ländern, GRUR Int 1989, 368; *Lettl,* Der lauterkeitsrechtliche Schutz vor irreführender Werbung in Europa, 2004; *Plogell* in Schotthöfer (Hrsg), Handbuch des Werberechts in den EU-Staaten, 1997, Schweden, S 527; *Treis,* Recht des unlauteren Wettbewerbs und Marktvertriebsrecht in Schweden, 1991.

4.22 Als neueste Regelung in Skandinavien ist hier das Marktvertriebsgesetz vom April 1995 (GRUR Int 1996, 37) am 1. 1. 1996 in Kraft getreten (Prop 1994/95: 123 Ny Marknadsföringslag). Es ermöglicht neben der primären Sanktion der Unterlassungsanordnung die Verhängung einer sog „Marktstörungsabgabe" in variabler Höhe bis zu 5 Millionen Skr. Daneben kann Schadensersatz eingeklagt werden, und zwar sowohl von Gewerbetreibenden als auch von Verbrauchern. Materiell enthält auch das neue schwedische Recht eine Generalklausel, daneben jedoch auch mehrere Einzeltatbestände, insbes über irreführende Werbung, sonstige Irreführungen, Zugaben etc. Die Umsetzung der Richtlinie 2005/29/EG erfolgte durch Änderung des Marktvertriebsgesetzes (Prop 2007/08: 115). Die Änderungen traten am 1. 7. 2008 in Kraft.

XXIII. Schweiz

Schrifttum: *Baudenbacher,* Das neue schweizerische UWG in der europäischen Rechtsentwicklung, 1988; *ders* (Hrsg), Das UWG auf neuer Grundlage, 1989; *ders* (Hrsg), Lauterkeitsrecht, 2001; *v Büren/David,* Schweizerisches Immaterial- und Wettbewerbsrecht, Bd 5/1, Wettbewerbsrecht 1998; *von Büren/Marbach/Ducrey,* Immaterialgüter- und Wettbewerbsrecht, 3. Aufl 2008; *DavidJacobs,* Schweizerisches Wettbewerbsrecht, 4. Aufl, 2005; *Frick,* Das neue schweizerische Markenrecht, RIW 1993, 372; *Fountoulakis,* Tupperware-Parties und Co. – die wettbewerbsrechtliche Beurteilung des Vertriebs unter Einsatz von Laien, GRUR Int 2009, 979; *Gonzenbach,* Vertragsrechtlicher Flankenschutz für das schweizerische UWG im Direktwerbebereich, WRP 1992, 87; *Hofer* in Schotthöfer (Hrsg), Handbuch des Werberechts in den EU-Staaten, 1997, Schweiz, S 545; *Hotz,* Die Bedeutung des neuen schweizerischen Bundesgesetzes gegen den unlauteren Wettbewerb für die Berichterstattung der Massenmedien, GRUR Int 1990, 214; *Knaak* in Schricker (Hrsg), Recht der Werbung in Europa, 1995 ff, Bd II, Schweiz, 1996; *Knaak/Ritscher,* Das Recht der Werbung in der Schweiz, 1996; *Pedrazzini,* Unlauterer Wettbewerb, 1992; *Troller/Hering* in Campbell (Hrsg), Unfair Trading Practices, 1997, Switzerland, S 279.

4.23 Es gilt das BundesG gegen den unlauteren Wettbewerb v 19. 12. 1986 (BBl 1987 I 27). Das Gesetz, das nach Art 1 bezweckt, den lauteren und unverfälschten Wettbewerb im Interesse aller Beteiligten zu gewährleisten, geht wie bisher von einer Generalklausel aus, die im Gegensatz zur deutschen Generalklausel UWG nicht auf Unlauterkeit abstellt. Unlauterer Wettbewerb ist nach Art 2 jedes täuschende oder in anderer Weise gegen den Grundsatz von Treu und Glauben verstoßende Verhalten oder Geschäftsgebaren, welches das Verhältnis zwischen Mitbewerbern oder zwischen Anbietern und Abnehmern beeinflusst. Der Generalklausel ist ein Katalog einzelner Verbotstatbestände angeschlossen (Art 3–8). Für Ausverkäufe und ähnliche Veranstaltungen sieht Art 21 eine Bewilligungspflicht vor. Die Klagebefugnis der Mitbewerber, Verbraucher und Verbände ist in den Art 9 und 10 geregelt. Der Markenschutz beruht auf dem MarkenschutzG v 28. 8. 1992, das am 1. 4. 1993 in Kraft getreten ist (*Frick* RIW 1993, 372), und der MarkenschutzVO v 23. 12. 1992 (BlPMZ 1993, 422, 429).

XXIV. Slowakei

4.24 Das Gesetz über Werbung (Nr 147/2001 Gbl), in Kraft getreten am 1. 5. 2001, legt die Anforderungen an die Zulässigkeit der Werbung, insbes für bestimmte Produktgruppen, fest und statuiert den Schutz von Verbrauchern und Unternehmern vor irreführender und unzulässiger vergleichender Werbung (deutsche Übersetzung in GRUR Int 2003, 714). Die Richtlinie 2005/29/EG wurde umgesetzt durch das Gesetz Nr 250/2007.

XXV. Slowenien

Schrifttum: *Krneta,* Die Neuregelung des Wettbewerbsrechts in Slowenien, GRUR Int 1994, 289; *Strauss,* Das Recht des unlauteren Wettbewerbs in Slowenien mit Hinweisen auf die Rechtslage in Kroatien, GRUR Int 1994, 700.

4.25 Das slowenische Wettbewerbsschutzgesetz v 25. 3. 1993 enthält eine umfassende Regelung zum Schutz von Freiheit und Lauterkeit des Wettbewerbs und weist große Ähnlichkeit mit den Regelungen in Ungarn und Bulgarien auf. Der UWG-Teil knüpft an das jugoslawische Gesetz über den Handel v 8. 8. 1990 an. Die Umsetzung der Richtlinie 2005/29/EG erfolgte durch das Gesetz zum Schutz der Verbraucher vor unlauterem Wettbewerb v 31. 5. 2007.

XXVI. Spanien

Schrifttum: *Adomeit/Frühbeck,* Einführung in das spanische Recht, 2001; *Berg,* Das neue spanische Gesetz gegen den unlauteren Wettbewerb von 1991, 1997; *Chiulia,* Das spanische Gesetz gegen den unlauteren Wettbewerb im Meinungsstreit, GRUR Int 1994, 14; *Devesa,* Der Schutz des Verbrauchers im Allgemeinen Werbegesetz Spaniens, GRUR Int 1990, 208; *Dominguez Pérez,* Nachahmung und ungerechtfertigte Ausnutzung fremder Leistung im spanischen Recht gegen unlauteren Wettbewerb, GRUR Int 2001, 1017; *Freyer,* Das neue spanische Gesetz gegen unlauteren Wettbewerb, ZVglRWiss 91 (1992), 96; *Fröhlingsdorf,* Das neue spanische Verbraucherschutzgesetz, RIW 1985, 99; *ders,* Neue spanische Gesetzgebung zum unlauteren Wettbewerb, RIW 1991, 987; *Kieninger,* Die Verbandsklage in Spanien, in Basedow/Hopt/Kötz/Baetge (Hrsg), Die Bündelung gleichgerichteter Interessen im Prozeß: Verbandsklage und Gruppenklage, 1999, 253; *Knothe/Penadés,* Der einstweilige Rechtsschutz im spanischen Wettbewerbsrecht, GRUR Int 1998, 667; *Lastres,* Das neue spanische Gesetz gegen unlauteren Wettbewerb, GRUR Int 1992, 183; *Leible,* Bedeutung und Bestimmung der Verkehrsauffassung im spanischen Recht des unlauteren Wettbewerbs, WRP 1992, 1; *ders,* Das neue spanische Gesetz gegen den unlauteren Wettbewerb, ZfRV 1992, 257; *Lettl,* Der lauterkeitsrechtliche Schutz vor irreführender Werbung in Europa, 2004; *Mascaray Marti/Schmidt,* Das Wettbewerbsrecht in Spanien, in Heidelberger Kommentar zum UWG, 2000, IV Spanien, S 767; *Nordemann,* Das neue spanische Werbegesetz im Vergleich zum deutschen Wettbewerbsrecht, FS v Gamm, 1990, 109; *Rauscher,* Neue verbraucherfreundliche „Spielregeln" im spanischen Markt, RIW 1998, 26; *Röhrenbach/Meister,* Wettbewerbsrecht in Spanien, WRP 1990, 307; *v Schiller* in Schotthöfer (Hrsg), Handbuch des Werberechts in den EU-Staaten, 1997, Spanien, S 571; *Tato Plaza,* Das neue System zur Selbstkontrolle der Werbung in Spanien, GRUR Int 1999, 853; *Wirth,* Die Werbeselbstkontrolle in Spanien, WRP 1994, 94; *Wirth,* Das neue Recht des unlauteren Wettbewerbs in Spanien, 1996.

4.26 Das neue, zum 31. 1. 1991 in Kraft getretene Gesetz 3/1991 zum unlauteren Wettbewerb v 10. 1. 1991 (GRUR Int 1991, 551) bezweckt den Schutz des Wettbewerbs im Interesse aller Marktteilnehmer durch das Verbot von Handlungen, die einen unlauteren Wettbewerb darstellen (Art 1). Als unlauter gilt nach der Generalklausel (Art 5) grds jede Verhaltensweise, die offensichtlich gegen den Grundsatz der gutgläubigen Rechtsausübung gerichtet ist (Art 7 Codigo Civil). Außer der Generalklausel sind in Art 6–17 eine Reihe von Einzeltatbeständen aufgezählt. – Nach dem allgemeinen Gesetz über Werbung v 11. 11. 1988 gilt jede Werbung als unlauter, die gegen die Menschenwürde verstößt oder verfassungsrechtlich anerkannte Grundwerte und Rechte verletzt, insbes hins Kindern, Jugendlichen und Frauen, sowie jede irreführende, unlautere oder verführerische Werbung (Art 3). Dazu treten Einzeltatbestände unlauterer Werbung (Art 4–7).

XXVII. Tschechien

Schrifttum: *Opltová,* Das Recht des unlauteren Wettbewerbs in der Tschechischen Republik, GRUR Int 1994, 710; *Winter,* Pravo a reklama, 1996.

4.27 Der unlautere Wettbewerb ist unter der Überschrift „Wirtschaftlicher Wettbewerb" im 5. Kapitel des HGB v 5. 11. 1991 geregelt. Das Gesetz enthält in § 44 I eine Generalklausel, in §§ 45–52 ausführliche, aber nicht erschöpfende Einzeltatbestände. Es kennt ua den Tatbestand der Gefährdung von Gesundheit und Umwelt (§ 52), der den unlauteren Wettbewerbsvorsprung durch Nichtbeachtung umweltschutz- und gesundheitsbezogener Vorschriften verhindern will. Des Weiteren sind verboten die täuschende Werbung (§ 45), die täuschende Bezeichnung von Waren und Dienstleistungen (§ 46) sowie die Verletzung von Betriebsgeheimnissen (§ 51). Wahre vergleichende Werbung ist zulässig. Unternehmer- und Verbraucherverbände sind klagebefugt. Nach dem Überleitungsrecht gilt dieses Handelsgesetzbuch sowohl in Tschechien als auch in der Slowakei weiter. Das Kartellrecht ist in einem separaten Gesetz zum Schutz des wirtschaftlichen Wettbewerbs geregelt (Gesetz v 30. 1. 1991), das nach der Überleitung ebenfalls weiter gilt. Ein Verbot der Verbrauchertäuschung und eine zusammenfassende Regelung der unerlaubten Werbung sind im Verbraucherschutzgesetz v 16. 12. 1992 enthalten. Hinzu kommen Spezialregelungen, zB das Gesetz zur Regulierung der Werbung (Nr 40/1995 GS). Mit Gesetz v 17. 1. 2008 wurde die Richtlinie 2005/29/EG umgesetzt (Nr. 36/2008).

XXVIII. Türkei

Schrifttum: *Bulut,* Das Antidumping-Recht innerhalb der Zollunion EG – Türkei, 2002; *Tekinalp/Camoglu,* Türk Ticaret Kanunu ve Mevzuat [Das Türkische Handelsrecht und andere Handelsregelungen], 1998.

Der Schutz vor unlauterem Wettbewerb ist in den Art 56 ff des türkischen Handelsgesetzbuchs geregelt. Art 56 enthält eine dem deutschen § 1 UWG vergleichbare Generalklausel und lautet: „Jede täuschende Handlung im Wettbewerb oder jede Handlung, die im Widerspruch zu den Regeln des guten Glaubens steht, stellt einen Missbrauch der Wettbewerbsfreiheit dar und ist daher unlauterer Wettbewerb." Art 57 enthält Spezialtatbestände unlauteren Wettbewerbs. Die Rechtsfolgen (Unterlassungs- und Schadensersatzanspruch) und die prozessuale Durchsetzung sind ähnlich wie im deutschen Wettbewerbsrecht geregelt. Das Kartellrecht ist in einem Gesetz gegen Wettbewerbsbeschränkungen (Türk Rekabet Hukuku) geregelt, das die Art 81, 82 EG und die VO Nr 17 inhaltlich übernimmt.

XXIX. Ukraine

Schrifttum: *Deringer,* Die Antimonopolpolitik der Ukraine, WuW 1996, 788.

Es gelten das Gesetz gegen den unlauteren Wettbewerb v 7. 6. 1996 – in Kraft getreten am 1. 1. 1997 – sowie das Gesetz über Werbung v 3. 7. 1996 – mit Veröffentlichung in Kraft getreten (GRUR Int 1996, 1214; 1997, 432).

XXX. Ungarn

Schrifttum: *Darázs* in Campbell (Hrsg), Unfair Trading Practices, 1997, Hungary, S 183; *Hegyi,* Neuere Entwicklungen im Kartell- und Wettbewerbsrecht Ungarns unter Berücksichtigung der ungarischen Gruppenfreistellungsverordnung, GRUR Int 1999, 312; *Graf Lambsdorff,* Das Recht des unlauteren Wettbewerbs in Ungarn, GRUR Int 1994, 714; *Levente,* Das ungarische Wettbewerbsgesetz, RIW 1998, 929; *Petsche,* Die Generalklausel des unlauteren Wettbewerbs in Ungarn, WiRO 1998, 12; *Tilmann,* Neuere Entwicklungen im ungarischen Wirtschaftsrecht, GRUR Int 1992, 814; *Vida,* Das Recht des unlauteren Wettbewerbs in Ungarn, WRP 1991, 465; *ders,* Wettbewerbs- und Warenzeichenrecht in der ungarischen Rechtsprechung, GRUR Int 1991, 791; *ders,* Die unlautere Nachahmung im ungarischen Wettbewerbsrecht, WRP 2010, 44.

Es gilt das Gesetz Nr LVII/1997 v 26. 6. 1996 über das Verbot des unlauteren Wettbewerbs und der Wettbewerbsbeschränkungen (GRUR Int 2001, 1025), das an Stelle des Gesetzes Nr LXXXVI/1990 über das Verbot unlauteren Marktverhaltens am 1. 7. 1997 in Kraft getreten ist. Das neue Gesetz hat die bisherige Regelung des Verbots des unlauteren Wettbewerbs im Wesentlichen übernommen. Es enthält eine dem deutschen Recht ähnliche Generalklausel. Gesondert geregelt sind etwa die Rufschädigung, der Schutz von Geschäftsgeheimnissen, der Boykottaufruf, die Nachahmung und die unlautere Versteigerung. Die Regelungen entsprechen weithin den Vorschriften des EU-Vertrages und den übrigen Wettbewerbsregeln der EU.

XXXI. Vereinigte Staaten von Amerika

Schrifttum: *Baetge/Eichholtz,* Die Class Action in den USA, in Basedow/Hopt/Kötz/Baetge (Hrsg), Die Bündelung gleichgerichteter Interessen im Prozeß: Verbandsklage und Gruppenklage, 1999, 287; *Baums,* Rechtsnorm und richterliche Entscheidung im Wettbewerbsrecht, GRUR Int 1992, 1; *Bernstein,* Das Wettbewerbsrecht in den USA, in Heidelberger Kommentar zum UWG, 2000, IV USA, S 777; *Deutsch,* Virtuelle Werbung im US-amerikanischen Recht, GRUR Int 2001, 400; *Frank,* Neue U. S. Werberichtlinien für Empfehlungen und Testimonials, GRUR Int 2010, 125; *Heilein,* Patent und Copyright, GRUR Int 2001, 377; *Mandel* in Campbell (Hrsg), Unfair Trading Practices, 1997, United States, S 361; *Peukert,* Ende der Expansion des Copyright, GRUR Int 2002, 1012; *Pietzke,* Die Verbraucherschadensatzklage im amerikanischen Antitrustrecht, GRUR Int 1979, 543; *Pitofsky,* Verbraucherschutz und Kontrolle der Werbung in den USA, GRUR Int 1977, 304; *Thiedemann/Maxeiner* in Schotthöfer (Hrsg), Handbuch des Werberechts in den EU-Staaten, 1997, Vereinigte Staaten von Amerika, S 589.

Die amerikanische Rspr über den unerlaubten Wettbewerb beruht auf Equity-Recht; sie hat den der englischen Rspr in dieser Allgemeinheit unbekannten Begriff der unfair competition ausgebildet, der sich im Allgemeinen mit der concurrence déloyale et illicite deckt. Die wesentlichen Quellen des amerikanischen Lauterkeitsrechts sind zum einen § 43 (a) Lanham Act, der falsche Angaben über die Herkunft oder die wesentlichen Merkmale von Waren und Dienstleistungen verbietet und Klagen von Wettbewerbern ermöglicht (15 U. S. C. § 1125 (a) sowie der Federal Trade Commission Act, der unfaire und irreführende Handlungen oder Praktiken verbietet, soweit sie im Wirtschaftsverkehr erfolgen oder sich auf diesen auswirken, und von der Federal Trade Commission durchgesetzt wird (15 U. S. C. § 45 a (1)). Die Federal Trade Commission hat darüber hinaus zahlreiche Vorschriften zur Zulässigkeit bestimmter Werbemaßnahmen erlassen. Dass die Federal Trade Commission, eine zuvörderst zur Entscheidung in Fragen des Antitrust-Rechts berufene wirtschaftspolitische Behörde, auch unlautere Wettbewerbshandlungen in einem bes Verfahren verbieten kann, erklärt manche Eigenart des amerikanischen Rechts. Hinzu kommen die Gesetze der Einzelstaaten über „unfair and deceptive acts and practices", deren Beachtung sowohl von Mitbewerbern als auch von Verbrauchern eingeklagt werden kann. Hinzu kommt das common law der Einzelstaaten als Richterrecht. Die wichtigsten Klagen zum Schutz gegen unfair competition sind ebenso wie in England die Klagen aus passing-off und false advertising. Unter den Begriff der unfair competition fallen im Gegensatz zum deutschen Begriff des unlauteren Wettbewerbs aber auch Verstöße gegen das Antitrust-Recht. Dessen Grundlagen beruhen auf dem Sherman Act (1890), der Magna Charta der wirtschaftlichen Freiheit, dem Federal Trade Commission Act und dem Clayton Act (1914), dem Miller Tidings Act (1937) sowie dem Robinson-Patman Act (1936).

5. Kapitel. Internationales Wettbewerbsrecht und Verfahrensrecht

Übersicht

	Rdn
I. Überblick über das internationale Wettbewerbsrecht (Kollisionsrecht)	5.1–5.3 b
1. Funktion	5.1
2. Rechtsquellen	5.2–5.3 b
a) Internationale Verträge zum Schutz gegen unlauteren Wettbewerb . .	5.2
b) Unionsrecht	5.3, 5.3 a
aa) Art 34 ff AEUV	5.3
bb) Rom II-VO	5.3 a
c) Deutsches IPR	5.3 b
II. Das bis zum 11. 1. 2009 geltende Kollisionsrecht (Art 40–42 EGBGB) . . .	5.4–5.26
1. Grundlagen	5.4
2. Geltung des Marktortprinzips für marktbezogene Wettbewerbshandlungen	5.5–5.14
a) Rechtsentwicklung	5.5, 5.6
b) Präzisierung des Marktortprinzips	5.7
c) Besonderheiten bei Multi-state-Wettbewerbshandlungen (Streudelikten)	5.8
d) Anwendung des Marktortprinzips auf Teilnahmehandlungen	5.9
e) Vorrang des Marktortprinzips	5.10–5.14
aa) Ort der Vorbereitungshandlung	5.11
bb) Ort der Vertragsabwicklung oder des Schadenseintritts	5.12
cc) Staatsangehörigkeit, Wohnsitz und gewöhnlicher Aufenthalt . . .	5.13
dd) Sitz der beteiligten Unternehmen	5.14
3. Anknüpfung an den Handlungs- und Erfolgsort bei fehlender Markteinwirkung (Art 40 I EGBGB)	5.15–5.18
a) Gezielte Behinderung von Mitbewerbern	5.16
b) Rechtsbruch	5.17
c) Unlautere Produktnachahmung	5.18
4. Zulässigkeit einer Rechtswahlvereinbarung (Art 42 S 1 EGBGB)?	5.19
5. Anwendbarkeit der Ausweichklausel (Art 41 I EGBGB)?	5.20
6. Verdrängung des Marktortprinzips durch das Herkunftslandprinzip . . .	5.21–5.23
a) Elektronischer Geschäftsverkehr	5.22
b) Audiovisuelle Mediendienste	5.23
7. Keine Rück- und Weiterverweisung	5.24
8. Unvereinbarkeit mit dem ordre public	5.25
9. Schutzklausel (Art 40 III EGBGB)	5.26
III. Das ab dem 11. 1. 2009 geltende Kollisionsrecht (Rom II-VO)	5.27–5.48
1. Allgemeines	5.27, 5.28
a) Vereinheitlichung des Kollisionsrechts innerhalb der Union	5.27
b) Zeitliche und territoriale Geltung	5.28

5. Kap. Internationales Wettbewerbsrecht und Verfahrensrecht **Einl UWG**

	Rdn
2. Die allgemeine Regel des Art 6 I Rom II-VO	5.29–5.43
a) Norm und Normzweck	5.29
b) Grundbegriffe	5.30–5.32
aa) Außervertragliches Schuldverhältnis	5.30
bb) Unlauteres Wettbewerbsverhalten	5.31
cc) Beeinträchtigung	5.32
c) Maßgeblicher Ort der Beeinträchtigung	5.33–5.36
aa) Handlungen vor Vertragsschluss	5.34
bb) Handlungen bei Vertragsschluss	5.35
cc) Handlungen nach Vertragsschluss	5.36
d) Behandlung der multi-state-Fälle	5.37–5.43
aa) Vielzahl gleichartiger Handlungen	5.38
bb) Unteilbare Handlungen	5.39–5.41
cc) Werbung in Funk und Fernsehen	5.42
dd) Werbung im Internet	5.43
3. Die Sonderregel des Art 6 II Rom II-VO	5.44, 5.45
a) Anwendungsbereich	5.44
b) Verweisung auf Art 4 Rom II-VO	5.45
4. Unzulässigkeit einer Rechtswahlvereinbarung (Art 6 IV Rom II-VO)	5.46
5. Ausschluss der Rück- und Weiterverweisung (Art 24 Rom II-VO)	5.47
6. Unvereinbarkeit mit dem ordre public (Art 26 Rom II-VO)	5.48
IV. Internationales Verfahrensrecht	5.49–5.59
1. Gerichtsbarkeit	5.49
2. Internationale Zuständigkeit	5.50–5.59
a) Grundsatz	5.50
b) EuGVVO	5.51–5.58
aa) Vorrangige Geltung	5.51
bb) Zuständigkeiten	5.52–5.58
(1) Wohnsitz oder Sitz des Beklagten (Art 2 EuGVVO; Art 60 EuGVVO)	5.52
(2) Erfüllungsort (Art 5 Nr 1 EuGVVO)	5.53
(3) Begehungsort einer unerlaubten Handlung (Art 5 Nr 3 EuGVVO)	5.54
(4) Zweigniederlassung, Agentur oder sonstige Niederlassung (Art 5 Nr 5 EuGVVO)	5.55
(5) Beklagtenmehrheit (Art 6 Nr 1 EuGVVO)	5.56
(6) Zuständigkeit bei Verbrauchersachen	5.57
(7) Zuständigkeitsvereinbarungen	5.58
c) Prüfung	5.59

Schrifttum: *Ahrens,* Das Herkunftslandprinzip in der E-Commerce-Richtlinie, CR 2000, 835; *ders,* Die internationale Verbandsklage in Wettbewerbssachen, WRP 1994, 649; *Apel/Grapperhaus,* Das Offline-Online-Chaos oder wie die Europäische Kommission den grenzüberschreitenden Werbemarkt zu harmonisieren droht, WRP 1999, 1247; *Arndt/Köhler,* Elektronischer Handel nach der E-Commerce-Richtlinie, EWS 2001, 102; *Basedow,* Der kollisionsrechtliche Gehalt der Produktfreiheiten im europäischen Binnenmarkt: favor offerentis, RabelsZ 59 (1995), 1; *Bernhard,* Cassis de Dijon und Kollisionsrecht – am Beispiel des unlauteren Wettbewerbs, EuZW 1992, 437; *ders,* Das Internationale Privatrecht des unlauteren Wettbewerbs in den Mitgliedstaaten der EG, 1994; *Bodewig,* Elektronischer Geschäftsverkehr und unlauterer Wettbewerb, GRUR Int 2000, 475; *Bornkamm,* Gerichtsstand und anwendbares Recht bei Kennzeichen- und Wettbewerbsverstößen im Internet, in Bartsch/Lutterbeck (Hrsg), Neues Recht für neue Medien, 1998, 99; *Brannekämper,* Wettbewerbsstreitigkeiten mit Auslandsbeziehung im Verfahren der einstweiligen Verfügung, WRP 1994, 661; *Brödermann/Iversen,* Europäisches Gemeinschaftsrecht und Internationales Privatrecht, 1994; *Bröhl,* EGG-Gesetz über rechtliche Rahmenbedingungen des elektronischen Geschäftsverkehrs, MMR 2001, 67; *Buchner,* Rom II und das Internationale Immaterialgüter- und Wettbewerbsrecht, GRUR Int 2005, 1004; *Coester-Waltjen,* Der Eskimo-Mantel aus Spanien – Ist der kollisionsrechtliche Verbraucherschutz zu kurz gestrickt?, FS Lorenz, 1991, 297; *Dethloff,* Ausländisches Wettbewerbsrecht im einstweiligen Rechtsschutz, RabelsZ 62 (1998), 286; *dies,* Europäisches Kollisionsrecht des unlauteren Wettbewerbs, JZ 2000, 179; *dies,* Europäisierung des Wettbewerbsrechts, 2001; *dies,* Marketing im Internet und Internationales Wettbewerbsrecht, NJW 1998, 1596; *Dieselhorst,* Anwendbares Recht bei internationalen Online-Diensten, ZUM 1998, 293; *Drasch,* Das Herkunftslandprinzip im internationalen Privatrecht, 1997; *Fezer,* Europäisierung des Wettbewerbsrechts, JZ 1994, 317; *Fezer/Koos,* Das gemeinschaftsrechtliche Herkunftslandprinzip und die e-commerce-Richtlinie, IPRax 2000, 349; *Fritze/Holzbach,* Die Electronic-Commerce-Richtlinie, WRP 2000, 872; *Gierschmann,* Die E-Commerce-Richtlinie, DB 2000, 1315; *Glöckner,* Wettbewerbsverstöße im Internet – Grenzen einer kollisionsrechtlichen Problemlösung, ZVglRWiss 99 (2000), 278; *Grandpierre,* Herkunftsprinzip kontra Marktortanknüpfung, 1999; *Habermeier,* Neue Wege zum Wirtschaftskollisionsrecht, 1997; *Handig,* Neues im Internationalen Wettbewerbsrecht – Auswirkungen der Rom II–Verordnung, GRUR Int 2008, 24; *Härting,* Gesetzentwurf zur Umsetzung der e-commerce-Richtlinie, CR 2001, 271; *Höder,* Die kollisionsrechtliche Behandlung unteilbarer Multistate-Verstöße, 2002; *Hoeren,* Cybermanners und Wettbewerbsrecht – Einige Überlegungen zum Lauterkeitsrecht im Internet, WRP 1997, 993; *ders,* Grundzüge des Internetrechts, 2001; *ders,* Vorschlag für eine EU-Richtlinie zum E-commerce, MMR 1999, 192; *Junker,* Die Rom II-Verordnung: Neues Internationales Deliktsrecht auf europäischer Grundlage, NJW 2007, 3675; *Karenfort/Weißgerber,* Lauterkeit des Wirtschaftsverkehrs in Gefahr?, MMR Beilage 7/2000, 38; *Koch,* Internationale Gerichtszuständigkeit und Internet, CR 1999, 121; *Koos,* Grundsätze des Lauterkeitskollisionsrechts im Lichte der Schutzzwecke des UWG, WRP 2006, 499; *Kort,* Zur „multistate"-Problematik grenzüberschreitender Fernsehwerbung, GRUR Int 1994, 594; *Kotthoff,* Das Tatortprinzip des internationalen Deliktsrechts und Europäisches Gemeinschaftsrecht, FS Koppensteiner, 2001, 609; *ders,* Die Anwendbarkeit des deutschen Wettbewerbsrechts auf Werbemaßnahmen im Internet, CR 1997, 676; *Kur,* Das Herkunftslandprinzip der E-Commerce-Richtlinie: Chancen und Risiken, FS Erdmann, 2002, 629; *Lindacher,* Die internationale Verbandsklage in Wettbewerbssachen, FS Lüke, 1997, 377; *ders,* Internationale Zuständigkeit in Wettbewerbssachen, FS Nakamura, 1996, 321; *ders,* Zum Internationalen Privatrecht des unlauteren Wettbewerbs, WRP 1996, 645; *ders,* Zur Anwendung ausländischen Rechts, FS Beys, 2003, 909; *ders,* Die internationale Dimension lauterkeitsrechtlicher Unterlassungsansprüche: Marktterritorialität versus Universalität, GRUR Int 2008, 453; *Löffler,* Werbung im Cyberspace – Eine kollisionsrechtliche Betrachtung, WRP 2001, 379; *Mankowski,* Das Herkunftslandprinzip als Internationales Privatrecht der e-commerce-Richtlinie, ZVglRWiss 100 (2001), 137; *ders,* Fernabsatzrecht: Informationen über das Widerrufsrecht und die Widerrufsbelehrung bei Internetauftritten, CR 2001, 767; *ders,* Herkunftslandprinzip und Günstigkeitsvergleich in § 4 TDG-E, CR 2001, 630; *ders,* Internet und Internationales Wettbewerbsrecht, GRUR Int 1999, 909; *ders,* Zur Anwendbarkeit des Art. 5 Nr. 3 EuGVÜ auf vorbeugende Unterlassungsklagen, EWS 1994, 305; *ders,* Was soll der Anknüpfungspunkt des (europäischen) Internationalen Wettbewerbsrechts sein?, GRUR Int 2005, 634; *Martiny,* Die Anknüpfung an den Markt, FS Drobnig, 1999, 390; *Ohly,* Herkunftslandprinzip und Kollisionsrecht, GRUR Int 2001, 899; *Paefgen,* Unlauterer Wettbewerb im Ausland, GRUR Int 1994, 99; *Pichler,* Internationale Gerichtszuständigkeit im Online Bereich, Jb Junger ZivWiss, 1998, 229; *Piekenbrock,* Die Bedeutung des Herkunftslandsprinzips im europäischen Wettbewerbsrecht, GRUR Int 2005, 997; *Radicati di Brozolo,* L'influence sur les conflits de lois des principes de droit communautaire en matière de liberté de circulation, Revue critique de droit international privé 82 (1993), 401; *Reger,* Der internationale Schutz gegen unlauteren Wettbewerb und das TRIPS-Übereinkommen, 1999; *Rüßmann,* Wettbewerbshandlungen im Internet – Internationale Zuständigkeit und anwendbares Recht, K&R 1998, 422; *Sack,* Art. 30, 36 EWGV und das internationale Wettbewerbsrecht, WRP 1994, 281; *ders,* Das Wettbewerbs- und Immaterialgüterrecht nach der EGBGB-Novelle, WRP 2000, 269; *ders,* Internationales Lauterkeitsrecht nach der Rom II-VO, WRP 2008, 845; *ders,* Das Herkunftslandprinzip der E-Commerce-Richtlinie und der Vorlagebeschluss des BGH vom 10. 11. 2009, EWS 2010, 70; *Schack,* Internationale Urheber-, Marken- und Wettbewerbsrechtsverletzungen im Internet – Internationales Privatrecht, MMR 2000, 59; *Sieber,* Verantwortlichkeit im Internet, 1999; *Spindler,* Der Entwurf zur Umsetzung der E-Commerce-Richtlinie, ZRP 2001, 203; *ders,* E-commerce in Europa, Die E-Commerce-Richtlinie in ihrer endgültigen Fassung, MMR Beilage 7/2000, 4; *Stadler,* Die internationale Durchsetzung von Gegendarstellungsansprüchen, JZ 1994, 642; *Stagl,* Multistate-Werbung im Internet, ÖBl 2004, 244; *Thünken,* Die EG-Richtlinie über den elektronischen Geschäftsverkehr und das internationale Privatrecht des unlauteren Wettbewerbs, IPRax 2001, 15; *Wagner,* Die neue Rom II-Verordnung, IPRax 2008, 1.

I. Überblick über das internationale Wettbewerbsrecht (Kollisionsrecht)

1. Funktion

5.1 Vom räumlichen Geltungsbereich eines Gesetzes, der sich bei deutschen Gesetzen regelmäßig auf das Gebiet der Bundesrepublik Deutschland erstreckt, ist dessen Anwendungsbereich zu unterscheiden, der sich nach den kollisionsrechtlichen Regeln des Internationalen Privatrechts richtet. Der Begriff Internationales Wettbewerbs(privat)recht bezeichnet das Kollisionsrecht des unlauteren Wettbewerbs. Es regelt die Frage nach der internationalprivatrechtlichen Anknüpfung lauterkeitsrechtlicher Sachverhalte mit Auslandsbezug. Mit dieser Anknüpfung wird das auf den Sachverhalt anwendbare nationale Recht, das **Wettbewerbsstatut,** ermittelt. Das Wettbewerbsstatut entscheidet über die Voraussetzungen und Rechtsfolgen eines Wettbewerbsverstoßes.

2. Rechtsquellen

5.2 **a) Internationale Verträge zum Schutz gegen unlauteren Wettbewerb.** Zu nennen ist insbes die **Pariser Verbandsübereinkunft (PVÜ)** zum Schutze des gewerblichen Eigentums v 20. 3. 1983, die zwischenzeitlich mehrfach revidiert wurde. Für die Bundesrepublik ist die Stockholmer Fassung v 14. 7. 1967 verbindlich (BGBl 1970 II 1073, berichtigt 1971 II 1015). Nach Art 2 II PVÜ hat der Schutz des gewerblichen Eigentums auch „die Unterdrückung des

II. Das bis zum 11. 1. 2009 geltende Kollisionsrecht   5.3–5.4   **Einl UWG**

unlauteren Wettbewerbs" zum Gegenstand. Dies wird in Art 10bis I PVÜ näher präzisiert. Danach sind die Verbandsländer gehalten, den Verbandsangehörigen einen wirksamen Schutz gegen unlauteren Wettbewerb zu gewähren (Art 10bis I PVÜ). Als unlauterer Wettbewerb wird jede Wettbewerbshandlung, die den anständigen Gepflogenheiten im Gewerbe oder Handel zuwiderläuft, angesehen (Art 10bis II PVÜ). Eine beispielhafte Aufzählung erfolgt in Art 10bis III PVÜ (dazu näher MünchKommBGB/*Drexl* IntUnlWettbR Rdn 21 ff). Das Kernstück der PVÜ liegt im Grundsatz der Inländerbehandlung (Art 2 PVÜ). Angehörige anderer Verbandsländer genießen den gleichen Rechtsschutz wie Inländer. Das gilt zB auch für den ergänzenden wettbewerbsrechtlichen Leistungsschutz (BGH GRUR 1992, 523, 524 – *Betonsteinelemente*) oder für die Klagebefugnis von Verbänden nach § 8 III Nr 2 und 3. Ausländische Verbandsangehörige haben darüber hinaus noch den Anspruch auf Gewährung der Mindestrechte, wie sie die PVÜ vorsieht („unbeschadet der durch diese Übereinkunft vorgesehenen Rechte"), ohne Rücksicht darauf, ob auch Inländer diesen Schutz genießen. – Das **TRIPS**-Übereinkommen v 15. 4. 1994 (BGBl II 1730) hat nicht den Schutz vor unlauterem Wettbewerb als solchem zum Regelungsgegenstand, sondern regelt nur Einzelsachverhalte durch Verweisung auf PVÜ-Regelungen (vgl Art 22 lit b zu geografischen Herkunftsangaben; Art 39 I zu Know-how; zum Ganzen *Reger*, Der internationale Schutz gegen unlauteren Wettbewerb und das TRIPS-Übereinkommen, 1999). – Weder die PVÜ noch das TRIPS-Übereinkommen enthalten allerdings wettbewerbsrechtliche Kollisionsnormen, sondern lediglich fremdenrechtliche Regelungen. Dasselbe gilt für die meisten bilateralen Verträge. Lediglich die zweiseitigen Abkommen über den Schutz von Herkunftsangaben, Ursprungsbezeichnungen und anderen geografischen Angaben, die mit Frankreich, Italien, Spanien, Griechenland und der Schweiz geschlossen wurden, enthalten vorrangige Kollisionsnormen in Form des Schutzlandprinzips/Ursprungslandprinzips. – Eine umfassende internationale Regelung des unlauteren Wettbewerbs steht noch aus (zum Entwurf eines solchen Gesetzes durch die WIPO vgl Model Provisions on Protection Against Unfair Competition – Articles and Notes, WIPO Publication No 832 (E), 1996).

b) Unionsrecht. aa) Art 34 ff AEUV. Die Art 34 ff AEUV (= ex-Art 28 ff EG) haben mangels internationalprivatrechtlichen Gehalts keine Auswirkungen auf das Wettbewerbskollisionsrecht (hM; zuletzt eingehend *Höder* S 143–179, aA *Brödermann/Iversen* Rdn 409; *Basedow* RabelsZ 59 (1995), 1 ff für ein Günstigkeitsprinzip; *Drasch* S 312). Vielmehr setzen sie den lauterkeitsrechtlichen Sachnormen des Einfuhrlandes Schranken (vgl EuGH Slg 1990, I-667 = GRUR Int 1990, 995 – *GB-INNO; Sack* WRP 2000, 269, 280 ff; MünchKommBGB/*Drexl* IntUnlWettbR Rdn 48). Zu dem in einigen Richtlinien verwirklichten Herkunftslandprinzip vgl Rdn 5.21 ff.   5.3

bb) Rom II-VO. Eine unionsrechtliche Regelung des Internationalen Deliktsrechts enthält die sog **ROM-II VO** (VO des Europäischen Parlaments und des Rates vom 11. 7. 2007 über das auf außervertragliche Schuldverhältnisse anwendbare Recht). Sie ersetzt nach ihrem Inkrafttreten am 11. 1. 2009 (Art 32) die Art 38–42 EGBGB. Die allgemeine Kollisionsnorm für unerlaubte Handlungen ist in Art 4 Rom II-VO enthalten. Für außervertragliche Schuldverhältnisse aus **unlauterem Wettbewerbsverhalten** trifft Art 6 besondere Regelungen (dazu Rdn 5.27 ff).   5.3a

c) Deutsches IPR. Das deutsche Internationale Wettbewerbsrecht wurde zuletzt durch das Gesetz zum Internationalen Privatrecht für außervertragliche Schuldverhältnisse und für Sachen v 21. 5. 1999 (BGBl I 1026) in den Art 40–42 EGBGB geregelt. Diese Bestimmungen (Rdn 5.4 ff) gelten jedoch nach dem Inkrafttreten der Rom II-VO (Rdn 5.27 ff) am 11. 1. 2009 nur noch für Ereignisse bis zu diesem Zeitpunkt („Altfälle").   5.3b

II. Das bis zum 11. 1. 2009 geltende Kollisionsrecht (Art 40–42 EGBGB)

1. Grundlagen

Wettbewerbsverstöße sind nach deutschem Rechtsverständnis unerlaubte Handlungen (vgl nur BGH WRP 2002, 532, 533 – *Meißner Dekor*). Daran ändert es nichts, dass das UWG auch dem Schutz der Verbraucher und des Interesses der Allgemeinheit an einem unverfälschten Wettbewerb (§ 1) dient. Das **deutsche Internationale Wettbewerbsrecht** ist dementsprechend ein **Teil des Internationalen Deliktsrechts** (BGHZ 35, 329, 333 – *Kindersaugflaschen;* MünchKommBGB/*Kreuzer* Art 38 EGBGB aF Rdn 226). Dies bestätigte die IPR-Reform von 1999, bei der der Gesetzgeber die für außervertragliche Schuldverhältnisse geltenden Kollisionsregeln kodifizierte, jedoch von der Schaffung einer eigenen Norm für das Internationale Wettbewerbsrecht absah. Auf Wettbewerbsverstöße sind daher seit dem 1. 6. 1999 die **Art 40, 41 EGBGB**   5.4

anwendbar. Nach Art 40 I 1 EGBGB unterliegen Ansprüche aus unerlaubter Handlung grds dem Recht des Staates, in dem der Ersatzpflichtige gehandelt hat (**Handlungsort**). Jedoch kann der Verletzte nach Art 40 I 2 EGBGB verlangen, dass anstelle dieses Rechts das Recht des Staates angewandt wird, in dem der Erfolg eingetreten ist (**Erfolgsort**). Insofern besteht also ein Wahlrecht. Allerdings gelten für marktbezogene Wettbewerbsverstöße Besonderheiten (**Marktortprinzip;** Rdn 5.5 ff). Sonderregelungen enthalten die Art 40 II 2–4, vor allem aber Art 41 I EGBGB.

2. Geltung des Marktortprinzips für marktbezogene Wettbewerbshandlungen

5.5 **a) Rechtsentwicklung.** Die deutsche Rspr hatte bereits unter Geltung des Art 38 EGBGB aF bei **marktbezogenen** Wettbewerbshandlungen als Recht des **Begehungsorts** der unerlaubten Handlung den **Marktort** anerkannt. Dem lag die Erwägung zu Grunde, unlauterer Wettbewerb könne nur an dem Ort begangen werden, an dem die **wettbewerblichen Interessen der Mitbewerber aufeinander träfen** (BGHZ 35, 329, 333 f = GRUR 1962, 243 – *Kindersaugflaschen;* BGH GRUR 1988, 453, 454 – *Ein Champagner unter den Mineralwässern;* BGHZ 113, 11, 15 = GRUR 1991, 463, 464 – *Kauf im Ausland;* BGH GRUR 1998, 945, 946 – *Co-Verlagsvereinbarung;* BGH WRP 2010, 1146 Tz 10 – *Ausschreibung in Bulgarien*). Denn nur an diesem Ort werde das Anliegen des Wettbewerbsrechts, im Interesse der Mitbewerber, der Abnehmer und der Allgemeinheit unlauteren Wettbewerb zu verhindern, berührt. Auch sollen Wettbewerber, die in einem Markt aufeinander treffen, grds den gleichen Regeln unterworfen sein (BGHZ 35, 329, 333 f – *Kindersaugflaschen*). Die wettbewerbliche Interessenkollision finde an dem Ort statt, an dem durch die Wettbewerbsmaßnahme im Wettbewerb mit anderen Unternehmen auf die Kundenentschließung eingewirkt werden solle (BGH GRUR 1991, 463, 464 – *Kauf im Ausland;* BGH GRUR 1998, 419, 420 – *Gewinnspiel im Ausland;* BGH WRP 2010, 1146 Tz 10 – *Ausschreibung in Bulgarien*) bzw an dem die Konkurrenzprodukte einander begegneten (BGH GRUR 1982, 495, 497 – *Domgarten-Brand*). Diese Grundsätze sollten auch für den Nachfragewettbewerb, also für die wettbewerbswidrige Einwirkung von Nachfragern auf Anbieter, gelten (BGH GRUR 1988, 916, 917 – *PKW-Schleichbezug*).

5.6 Rspr und hL hielten auch unter der Geltung der Art 40, 41 EGBGB am Marktortprinzip fest (vgl BGH GRUR 2004, 1035, 1036 – *Rotpreis-Revolution;* BGH GRUR 2006, 736 Tz 25 – *Arzneimittelwerbung im Internet;* BGH GRUR 2007, 245 Tz 11 – *Schulden Hulp;* BGH WRP 2010, 1146 Tz 10 – *Ausschreibung in Bulgarien;* MünchKommBGB/*Drexl* IntUnlWettbR Rdn 112 ff; MünchKommBGB/*Junker* Art 40 Rdn 83; Palandt/*Thorn* BGB Art 40 EGBGB Rdn 11; *Sack* WRP 2000, 269, 272). Strittig war nur die Begründung. Nach einer Auffassung war das Marktortprinzip aus der Ausweichklausel des Art 41 I EGBGB abzuleiten (Begr RegE BT-Drucks 14/343 Rdn 11; *Thünken* IPRax 2001, 15, 16). Nach anderer Auffassung sollen bei **marktbezogenen Wettbewerbshandlungen** Handlungsort und Erfolgsort iSd Art 40 I EGBGB zusammenfallen (*v Bar,* Internationales Privatrecht, Bd 2, Rdn 696; *Bornkamm* S 110; *Dethloff* Europäisierung, 2001, 64; *Sack* WRP 2000, 269, 272). Nach wohl richtiger Auffassung war die Marktortanknüpfung im Wege teleologischer Reduktion in Art 40 I EGBGB zu verankern (*Mankowski* GRUR Int 1999, 909, 910 mwN). Dies rechtfertigte sich aus den Besonderheiten des Wettbewerbsrechts. Denn während das allgemeine Internationale Deliktsrecht dem Individualrechtsschutz verpflichtet ist, schützt das Wettbewerbsrecht das Interesse aller Marktteilnehmer und das Interesse der Allgemeinheit an einem unverfälschten Wettbewerb (§ 1). Eines Rückgriffs auf die Ausweichklausel des Art 41 EGBGB bedurfte es nicht, da sie nicht dazu dient, eine Sonderanknüpfung für ein ganzes Rechtsgebiet ins Werk zu setzen, sondern vielmehr die Korrektur eines Anknüpfungsergebnisses im Einzelfall ermöglichen soll (*Mankowski* GRUR Int 1999, 909, 910). – Das Marktortprinzip hatte zwar im Schrifttum Kritik erfahren. Der Vorschlag, es durch das **kartellrechtliche Auswirkungsprinzip** (§ 130 II GWB) zu ersetzen (vgl *Koos* WRP 2006, 499), hat sich jedoch nicht durchsetzen können. Auch die Rom II-VO trennt zwischen dem unlauteren Wettbewerbsverhalten (Art 6 I, II Rom II-VO) und dem den Wettbewerb einschränkenden Verhalten (Art 6 III Rom II-VO).

5.7 **b) Präzisierung des Marktortprinzips.** Das Marktortprinzip bedarf allerdings der Präzisierung. Mit dem Marktortprinzip lassen sich bspw nicht die Fälle des Tätigwerdens eines Monopolisten auf einem Markt erfassen. Das Kollisionsrecht muss aber berücksichtigen, dass das Wettbewerbsrecht nicht nur dem Schutz der Mitbewerber, sondern auch dem Schutz der sonstigen Marktteilnehmer, insbes der Verbraucher, und dem Schutz der Allgemeinheit verpflichtet ist (vgl § 1). Daher wurde vorgeschlagen, auf den Ort der Einwirkung auf die Marktgegenseite, also auf

II. Das bis zum 11. 1. 2009 geltende Kollisionsrecht 5.8 **Einl UWG**

das Aufeinandertreffen von Anbieterinteressen einerseits und Abnehmerinteressen andererseits abzustellen. Der Marktort wurde demnach als „Markteinwirkungsort" verstanden (*Dethloff* Europäisierung, 2001, 65, ähnlich MünchKommBGB/*Kreuzer* Art 38 EGBGB aF Rdn 240, der vom „Wettbewerbshandlungsort" sprach). Ein vermittelnder Vorschlag ging dahin, den Marktort in zwei Schritten zu bestimmen: Zunächst sei zu fragen, ob die Marktgegenseite von der Wettbewerbsmaßnahme beeinflusst werden könnte. Im Falle der Werbung setze dies die Möglichkeit der Kenntnisnahme der Werbung voraus. Sodann sei zu prüfen, ob auf dem betreffenden Markt ein (zumindest potenzieller) Substitutionsdruck durch Konkurrenzprodukte bestehe. Dies setze die Möglichkeit des Bezugs des beworbenen Produkts, wenngleich nicht notwendig vom Werbenden, voraus (*Höder* S 35). Richtigerweise kann es aber auf einen aktuellen oder potenziellen Substitutionsdruck nicht ankommen, weil die Marktgegenseite auch dann vor unlauteren Handlungen (zB irreführende Werbung; Belästigung) zu schützen ist, wenn der Handelnde nicht einmal potenziellem Wettbewerb ausgesetzt ist. Maßgebend ist daher allein, ob **(1)** die angesprochenen Marktteilnehmer von der Wettbewerbshandlung beeinflusst werden können und ob **(2)** sie eine Bezugsmöglichkeit haben, da es sonst schon an einem Markt fehlt. Die Bezugsmöglichkeit setzt im Übrigen nicht voraus, dass die Leistung gerade auf dem geografischen Heimatmarkt des Verbrauchers im herkömmlichen Handel erhältlich ist. Ausreichend ist jede Bezugsmöglichkeit, auch über Dritte (grundlegend BGH GRUR 1971, 153 – *Tampax;* vgl weiter *Höder* S 34 f mit Beispielen). Auch bei einem Auseinanderfallen von Absatzmarkt einerseits und Werbemarkt andererseits führte diese Anknüpfung zu einem klaren Ergebnis: Maßgeblichkeit kommt grds nur dem Werbemarkt zu, hier findet die maßgebliche Interessenkollision infolge einer Einwirkung auf die Marktgegenseite statt. Die Beeinträchtigung der Absatzinteressen anderer Mitbewerber auf dem Absatzmarkt ist lediglich eine Auswirkung und daher schon aus Gründen der Rechtssicherheit nicht zu beachten (BGHZ 113, 11, 15 – *Kauf im Ausland;* BGH GRUR 2004, 1035, 1036 – *Rotpreis-Revolution*). Diese Regel gilt aber nur dann uneingeschränkt, wenn die wettbewerbsrechtliche Beurteilung der Werbung nicht davon abhängt, ob das beworbene Absatzgeschäft unlauter ist. Anders verhält es sich, wenn sich der Vorwurf der Unlauterkeit der Werbung ausschließlich darauf gründen kann, dass das beworbene im Ausland stattfindende Geschäft unlauter ist. Daher kann die Werbung für ein im Ausland abzuschließendes Geschäft nicht mit der Begründung im Inland untersagt werden, dass der Geschäftsabschluss – wenn er im Inland stattfände – unter dem Gesichtspunkt des Rechtsbruchs zu untersagen wäre (BGH aaO – *Rotpreis-Revolution;* dazu MünchKommBGB/*Drexl* IntUnlWettbR Rdn 136).

c) Besonderheiten bei Multi-state-Wettbewerbshandlungen (Streudelikten). Probleme 5.8
ergeben sich bei der gleichzeitigen Einwirkung auf Märkte in mehreren Ländern (Multi-state-Wettbewerb), wie zB beim grenzüberschreitenden Vertrieb einer **Zeitschrift**, bei grenzüberschreitender **Fernsehwerbung** – ob gewollt oder bloßer *overspill* – und bei Marketingmaßnahmen im **Internet**. Grundsätzlich ist auch in diesen Fällen vom **Marktortprinzip** auszugehen, sofern nicht kraft ausdrücklicher gesetzlicher Regelung das Herkunftslandprinzip gilt (dazu Rdn 3.47 und 5.21 ff). Es ist also nicht der Sitz des werbenden Unternehmens (Herkunftslandprinzip) maßgeblich, und zwar auch nicht beschränkt auf die Mitgliedstaaten der Europäischen Union (aA *Dethloff* Europäisierung, 2001, 284 ff). Denn dadurch würde eine wenig praktikable doppelt gespaltene Kollisionsregel geschaffen, nämlich mit Differenzierungen zum einen nach Art des Verstoßes und zum anderen nach dem inner- oder außereuropäischen Sitz des Wettbewerbers (vgl *Mankowski* GRUR Int 1999, 909, 914; *Höder* S 204–226). – Folglich können bei Multi-state-Wettbewerbshandlungen mehrere Rechte nebeneinander zur Anwendung gelangen. Jedoch ist zu unterscheiden: Beim **Schadensersatzanspruch** ist stets eine getrennte Betrachtung für die einzelnen Märkte nach dem jeweiligen Recht vorzunehmen (Schadensparzellierung). Eine Gesamtschadensliquidation nach einem Marktrecht scheidet aus (*Sack* WRP 2000, 269, 274 mwN). Insoweit kommt es, von Beweisfragen abgesehen, idR nicht zu Problemen. Anders liegt es beim **Unterlassungsanspruch.** Hier ist nach der Art des Mediums zu differenzieren: Lässt sich das Marketing territorial unterschiedlich gestalten, zB bei verschiedenen Ausgaben einer Zeitschrift in Deutschland und im Ausland, so sind die verschiedenen Rechte nebeneinander anzuwenden, jeder Teil der Maßnahme unterliegt der Beurteilung nach seinem Marktrecht. Bei Unteilbarkeit der Maßnahme, wie insbes im **Rundfunk** und im **Internet,** kann es hingegen grds zu einer Kumulation anwendbarer Rechte kommen, soweit nicht das Herkunftslandprinzip (vgl § 3 TMG) eingreift (*Dethloff* NJW 1998, 1596). So kommen bei der Werbung in **Funk** und **Fernsehen** alle Gebiete als Marktort in Betracht, in denen die Sendung ausgestrahlt wird (vgl BGH GRUR 1994, 530, 532 – *Beta;* BGH GRUR 1998, 495, 496 – *Co-Verlagsvereinbarung; Sack* WRP 1994, 281,

284 f). Bei der Werbung im **Internet** kommen sogar alle Staaten in Betracht, da Internet-Mitteilungen weltweit abgerufen werden können. Dementsprechend könnte sich der Kläger iErg am strengsten Recht orientieren. Dies aber würde gerade bei den neuen Medien zu einer starken Einschränkung der Wettbewerbsfreiheit führen. Der Kreis der anwendbaren Rechte ist daher einzuschränken. Dafür bietet sich das Kriterium der **Spürbarkeit** an (vgl *Mankowski* GRUR Int 1999, 909, 915 ff; *Sack* WRP 2000, 269, 277; eingehend *Höder* S 60 ff; aA *Löffler* WRP 2001, 379, 383: Prüfung der Spürbarkeit erst im Rahmen des anzuwendenden Sachrechts). Ist ein Markt nämlich nicht spürbar betroffen, so wäre es unverhältnismäßig, das betreffende Marktortrecht anzuwenden. Die Spürbarkeit beurteilt sich danach, ob die Maßnahme die Kaufentscheidung des Kunden beeinflussen kann. Dabei ist nach Art des Mediums zu differenzieren. **(1)** Bei der Werbung in grenzüberschreitend vertriebenen **Zeitschriften** und sonstigen Druckschriften kommt es auf das tatsächliche Verbreitungsgebiet an (vgl BGH GRUR 1971, 153, 154 – *Tampax:* Die nur gelegentliche Verbreitung einiger weniger Exemplare einer Zeitschrift in einem anderen Land begründen dort keinen Marktort). **(2)** Bei der Werbung im **Internet** und im **Rundfunk** ist bes zu berücksichtigen, dass sie unteilbar sind, ein von einem deutschen Gericht ausgesprochenes Verbot also dazu führt, dass die Werbung gänzlich zu unterlassen ist, selbst wenn sie im Ausland zulässig wäre. Dem Bedürfnis nach der Nutzung solcher Freiräume ist Rechnung zu tragen (*Bornkamm* S 115). Daher kommen als Marktorte nur die Staaten in Betracht, in denen die ganze oder doch ein nicht unwesentlicher Teil der Bevölkerung **bestimmungsgemäß** oder **gezielt als mögliche Kunden angesprochen** werden (vgl dazu BGH GRUR 2005, 431, 432 – *HOTEL MARITIME;* BGH WRP 2006, 736 Tz 25 – *Arzneimittelwerbung im Internet; Apel/Grapperhaus* WRP 1999, 1247, 1250; *Bornkamm* S 114; *Sack* WRP 2000, 269, 277). Ob dies der Fall ist, ist unter Berücksichtigung aller Umstände des Einzelfalls zu ermitteln. Vielfach lässt sich eine erste Eingrenzung schon auf Grund der in der Werbung verwendeten **Sprache** vornehmen (vgl *Bornkamm* S 116; *Höder* S 70 ff). Nur wenn ein beträchtlicher Teil der potenziellen Empfänger in einem bestimmten Gebiet diese Sprache versteht, kommt Spürbarkeit in Betracht. Weitere Einschränkungen können sich aus der konkreten Ausgestaltung der Homepage, aus den Besonderheiten des Produkts (zB begrenzte Versendbarkeit) und des Angebots (zB Beschränkung des Liefergebiets; Preisangaben in bestimmter Währung), dem Zuschnitt des Unternehmens, dem Einsatz von **Disclaimern** usw ergeben. Spürbarkeit ist jedenfalls dann zu verneinen, wenn Kunden eines bestimmten Landes das beworbene Produkt aus welchen Gründen auch immer gar nicht beziehen können (vgl *Bornkamm* S 115; *Löffler* WRP 2001, 379, 383; *Höder* S 76 ff). Spürbarkeit ist umgekehrt zu bejahen, wenn tatsächlich geschäftliche Kontakte und Lieferungen in das betreffende Gebiet vorliegen (*Bornkamm* S 116). Beim Einsatz von **Disclaimern,** dh der Erklärung, dass das Angebot sich nicht an Kunden in bestimmten Ländern richte, kommt es daher darauf an, ob die Erklärung überhaupt ernst gemeint ist und ob der Werbende sich auch daran hält und keine Lieferungen in dieses Land vornimmt (BGH WRP 2006, 736 Tz 25 – *Arzneimittelwerbung im Internet;* OGH ÖBl 2003, 31 – *BOSS-Zigaretten; Stagl* ÖBl 2004, 244, 253 ff). – Ist nach diesen Grundsätzen neben dem deutschen noch das Wettbewerbsrecht eines anderen Staates berufen, so ist es (vorbehaltlich des **Vorrangs des Europarechts**) unerheblich, dass die Wettbewerbshandlung nach ausländischem Recht zulässig ist und umgekehrt (BGH GRUR 1998, 945, 946 – *Co-Verlagsvereinbarung;* vgl aber BGH GRUR 1988, 453 – *Ein Champagner unter den Mineralwässern*). Dies führt faktisch zur Anwendung des strengeren Rechts. Es ist auch nicht rechtsmissbräuchlich, wenn der Kläger seine Ansprüche auf die ihm am geeignetsten erscheinende Rechtsordnung stützt (BGH GRUR 1971, 153, 155 – *Tampax;* BGH GRUR 1987, 172, 174 – *Unternehmensberatungsgesellschaft I*).

5.9 **d) Anwendung des Marktortprinzips auf Teilnahmehandlungen.** Der Marktort ist auch maßgebend, soweit es um die eigenverantwortliche Förderung **fremden** Wettbewerbs (BGH GRUR 1971, 153, 154 – *Tampax*) und um **Anstiftung** und **Beihilfe** zu einem Wettbewerbsverstoß geht, sofern sich diese Akte nicht bereits als selbstständige unerlaubte Handlungen nach dem Recht des Orts ihrer Vornahme darstellen (BGH GRUR 1982, 495, 497 – *Domgarten-Brand*). Entsprechendes gilt für eine etwaige **Störerhaftung** (dazu § 8 Rdn 2.11 ff) eines inländischen Beteiligten (BGH GRUR 1998, 419, 420 – *Gewinnspiel im Ausland*). Begeht der inländische Käufer beim Import der Ware nach Deutschland einen Wettbewerbsverstoß, haftet der ausländische Verkäufer nicht als Störer, wenn der Verkauf im Ausland nach dem dortigen Recht zulässig ist (OLG Karlsruhe GRUR 1999, 354, 356).

5.10 **e) Vorrang des Marktortprinzips.** Kommt das Marktortprinzip zur Anwendung, so scheiden für die Anknüpfung aus:

aa) Ort der Vorbereitungshandlung. Auch bei der Beurteilung von Vorbereitungshandlungen gilt das Marktortprinzip. Maßgebend ist also der Ort, wo die beabsichtigte Einwirkung auf die Marktgegenseite stattfinden soll (BGH GRUR 1998, 419, 420 – *Gewinnspiel im Ausland*). Hierher gehören etwa die Absendung eines Werbeschreibens (BGH GRUR 1964, 316, 318 – *Stahlexport;* BGH aaO – *Gewinnspiel im Ausland*), die Kennzeichnung der Ware (BGH GRUR 1982, 495, 497 – *Domgarten-Brand*) und die Warendurchfuhr (BGHZ 23, 100, 102, 106 – *Pertussin I*). 5.11

bb) Ort der Vertragsabwicklung oder des Schadenseintritts. Diese Vorgänge stellen bloße Auswirkungen des Wettbewerbsverstoßes dar (BGHZ 113, 11, 15 – *Kauf im Ausland;* BGH GRUR 1998, 419, 420 – *Gewinnspiel im Ausland*). 5.12

cc) Staatsangehörigkeit, Wohnsitz und gewöhnlicher Aufenthalt. Unerheblich sind weiter die Staatsangehörigkeit, der Wohnsitz oder der gewöhnliche Aufenthalt der angesprochenen Kunden (BGHZ 113, 11, 15 – *Kauf im Ausland;* BGH GRUR 1998, 419, 420 – *Gewinnspiel im Ausland*). 5.13

dd) Sitz der beteiligten Unternehmen. An sich ist nach Art 40 II 2 EGBGB bei unerlaubten Handlungen das Recht des gemeinsamen Unternehmenssitzes maßgebend. Jedoch kann diese Regel nicht für Wettbewerbsverstöße gelten. Art 40 II 2 ist insoweit einschränkend auszulegen (BGH WRP 2010, 1146 Tz 11 – *Ausschreibung in Bulgarien*). Zwar hatte die Rspr zum früheren Recht statt des Marktortprinzips das Recht des gemeinsamen Unternehmenssitzes in zwei Fällen angewendet. Zum einen im Fall des **Auslandswettbewerbs deutscher Unternehmen,** sofern sich dieser Wettbewerb im Ausland zwischen diesen Unternehmen abspielt. Zum anderen im Falle der **gezielten Behinderung** eines im Ausland tätigen inländischen Mitbewerbers (BGHZ 40, 39 – *Stahlexport;* bestätigt durch BGH GRUR 1982, 495 – *Domgarten-Brand*). Allerdings sollte im zweiten Fall doch das (ausländische) Marktortrecht einschlägig sein, wenn die Maßnahme vorwiegend die Interessen der ausländischen Allgemeinheit gefährdet (BGH IPRax 1983, 118, 120). Die erste Ausnahme war als einseitige Regel ausgestaltet, eine Sonderanknüpfung an ein gemeinsames ausländisches Personalstatut beim Wettbewerb von Ausländern in Deutschland wurde nämlich stets abgelehnt (BGHZ 41, 55 – *Klemmbausteine;* BGH GRUR 1988, 453, 454 – *Ein Champagner unter den Mineralwässern*). Diese Inkonsequenz führte aber zu einer Beeinträchtigung des internationalen Entscheidungseinklangs. Auch ist nicht einsichtig, warum ein Verhalten unterschiedlich zu beurteilen sein soll, je nachdem, ob auf dem ausländischen Markt noch weitere, dort angesiedelte Konkurrenten tätig sind. Auch wird dies zumeist nicht ohne weiteres aufklärbar sein. Davon unabhängig haben die sonstigen Marktteilnehmer ein Interesse an der Anwendung ihres Marktortrechts, unabhängig davon, ob die Mitbewerber ihren Sitz in diesem Land haben oder nicht. Im zweiten Fall würde es im Verhältnis zu den anderen Mitbewerbern zu einem Verstoß gegen die *par condicio concurrentium* und damit zu einer Wettbewerbsverzerrung kommen. Die genannten Ausnahmen vom Marktortprinzip sind daher abzulehnen (so die hL, MünchKommBGB/*Drexl* IntUnlWettbR Rdn 95; Staudinger/*Fezer/Koos* (Sept 2006) IntWirtschR Rdn 396 ff; *Bornkamm* S 111; *Höder* S 36 f mwN; *Lindacher* WRP 1996, 645, 648 f; *Sack* GRUR Int 1988, 320, 326; aA noch MünchKommBGB/*Junker* Art 40 EGBGB Rdn 83; Palandt/*Thorn* BGB Art 40 EGBGB Rdn 11). Der BGH hat sich der Kritik angeschlossen und seine bisherige Rspr ausdrücklich aufgegeben (BGH WRP 2010, 1146 Tz 11 ff – *Ausschreibung in Bulgarien*). 5.14

3. Anknüpfung an den Handlungs- und Erfolgsort bei fehlender Markteinwirkung (Art 40 I EGBGB)

Das Marktortprinzip als Abweichung vom internationaldeliktsrechtlichen Ubiquitätsprinzip setzt eine Einwirkung auf die Marktgegenseite voraus. Fehlt diese Einwirkung, sind auf die Wettbewerbsmaßnahme die „klassischen" Regeln des Internationalen Deliktsrechts anzuwenden (vgl Staudinger/*v Hoffmann*, 1998 Art 38 EGBGB aF Rdn 516 f; MünchKommBGB/*Kreuzer* Art 38 EGBGB aF Rdn 247; *Sack* WRP 2000, 269, 273). Es kommt dann auf den Handlungs- bzw Erfolgsort (Art 40 EGBGB) des Wettbewerbsverstoßes an. Zwar wird bei Vorliegen einer Wettbewerbshandlung iSd § 2 I Nr 1 aF im Regelfall eine Einwirkung auf die Marktgegenseite vorliegen. Jedoch gibt es davon Ausnahmen (aA MünchKommBGB/*Drexl* IntUnlWettbR Rdn 117). 5.15

a) Gezielte Behinderung von Mitbewerbern. Bei Wettbewerbsmaßnahmen, die sich gezielt gegen einen Mitbewerber richten (sog **„bilaterale Wettbewerbshandlungen"**), kommt 5.16

es darauf an, ob damit eine Einwirkung auf die Marktgegenseite verbunden ist oder nicht ("marktvermittelte Behinderung"). Das ist ua zu bejahen bei der Herabsetzung (§ 4 Nr 7) und Anschwärzung (§ 4 Nr 8) von Mitbewerbern, bei der Abwerbung von Kunden oder Mitarbeitern, beim Boykottaufruf gegenüber Kunden sowie bei der unberechtigten Schutzrechtsverwarnung gegenüber Abnehmern (§ 4 Nr 10 bzw § 823 BGB). In diesen Fällen gilt das Marktortprinzip, ohne dass es darauf ankäme, ob die betreffenden Tatbestände allein den Mitbewerberschutz bezwecken (BGH WRP 2010, 1146 Tz 18 – *Ausschreibung in Bulgarien*). Dagegen fehlt es an einer Einwirkung auf die Marktgegenseite bsw bei der Betriebsspionage und bei der unberechtigten Schutzrechtsverwarnung gegenüber dem Hersteller als Mitbewerber.

5.17 b) **Rechtsbruch.** Wird ein Rechtsbruch (§ 4 Nr 11) ohne Einwirkung auf die Marktgegenseite begangen (zB bei der Bestechung eines Angestellten eines Mitbewerbers; § 299 StGB), so ist Handlungsort der Ort, an dem die Gesetzesverletzung stattfindet. Erfolgsort ist der Sitz des betroffenen Unternehmens.

5.18 c) **Unlautere Produktnachahmung.** Liegt die Unlauterkeit bereits in der Herstellung bzw Kennzeichnung als einer selbstständigen Teilhandlung, wie bei der Verletzung von Schutzrechten, so ist der betreffende Ort der Handlungsort (vgl *Sack* GRUR Int 1988, 320, 324). Liegt die Unlauterkeit erst im Absatz (vgl § 4 Nr 9), so ist der Marktort maßgebend, also der Ort, an dem sich die Konkurrenzerzeugnisse begegnen (BGHZ 35, 329, 334 – *Kindersaugflaschen;* BGH GRUR 1982, 495, 497 – *Domgarten-Brand;* OLG Köln GRUR 1993, 763).

4. Zulässigkeit einer Rechtswahlvereinbarung (Art 42 S 1 EGBGB)?

5.19 Art 42 S 1 EGBGB sieht die Möglichkeit einer (nachträglichen) Rechtswahlvereinbarung vor. Diese Vorschrift ist nach hM auf das Internationale Wettbewerbsrecht nicht anwendbar (Staudinger/*Fezer* IntWirtschR Rdn 470–475 mwN, MünchKommBGB/*Drexl* IntUnlWettbR Rdn 99; *Sack* WRP 2000, 269, 285 mwN; *Bornkamm* S 107). Gegen die Parteiautonomie im Internationalen Wettbewerbsrecht sollen vor allem die Rechtsanwendungsinteressen des Marktstaates und der anderen Marktteilnehmer sowie der Grundsatz der Gleichbehandlung aller Wettbewerber (par condicio concurrentium) sprechen. Im Hinblick auf die zunehmende Geltung des Herkunftslandsprinzips auch für Wettbewerbsverstöße können diese Argumente jedoch nicht mehr überzeugen. Wenn weiter angeführt wird, es sollten Parallelprozesse mit unterschiedlich anwendbaren Rechten vermieden werden (*Sack* WRP 2000, 269, 285 mwN), ist dem entgegenzuhalten, dass es das Risiko des Beklagten ist, sich auf eine solche Vereinbarung einzulassen und damit einen Parallelprozess mit strengerem Recht zu provozieren. Denn nach Art 42 S 2 EGBGB bleiben die Rechte Dritter unberührt. Einem anderen Klagebefugten bleibt es daher unbenommen, gegen den Verletzer nach dem anwendbaren Wettbewerbsrecht vorzugehen. Eine Rechtswahlvereinbarung ist daher grds auch für Wettbewerbsverstöße möglich, wenngleich idR wenig sinnvoll. Sie kann allerdings, wenn ein strengeres Recht berufen wird, uU gegen das Kartellverbot (Art 101 I AEUV; § 1 GWB) verstoßen.

5. Anwendbarkeit der Ausweichklausel (Art 41 I EGBGB)?

5.20 Eine Ausnahme vom Marktortprinzip kommt nach Art 41 I EGBGB in Betracht, wenn zum Recht eines anderen Staates eine „**wesentlich engere Beziehung**" besteht. Diese Frage stellt sich insbes, wenn deutsche Unternehmer gezielt deutsche Touristen im Ausland ansprechen und zum Abschluss eines Vertrages veranlassen, der beiderseitig erst in Deutschland zu erfüllen ist (sog **Gran-Canaria-Fälle**). Gleichwohl ist auch in solchen Fällen das Marktortprinzip anzuwenden (hM; vgl BGHZ 113, 11, 16 – *Kauf im Ausland;* MünchKommBGB/*Drexl* IntUnlWettbR Rdn 98; *Lindacher* WRP 1996, 645, 649; aA *Sack* WRP 2000, 269, 273 mwN). Denn wer sich ins Ausland begibt, hat sich auf das dort geltende Recht – im Guten wie im Schlechten – einzustellen. Anders liegt es, wenn – wie zB bei Kaffeefahrten ins benachbarte Ausland – Inländer gezielt ins Ausland gebracht werden, wo die Werbeveranstaltung durchgeführt wird (offen gelassen in BGHZ 113, 11, 16 – *Kauf im Ausland*). Art 41 I EGBGB kann anwendbar ist, wenn ein deutsches Unternehmen eine gezielt gegen einen deutschen Mitbewerber gerichtete einheitliche Wettbewerbshandlung auf einer Vielzahl von Auslandsmärkten begeht (offengelassen in BGH WRP 2010, 1146 Tz 20 – *Ausschreibung in Bulgarien*).

6. Verdrängung des Marktortprinzips durch das Herkunftslandprinzip

Das Herkunftslandprinzip besagt, dass nur das (Wettbewerbs-)Recht des Staates anwendbar ist, in dem der Handelnde seinen Sitz hat. Insoweit handelt es sich um eine kollisionsrechtliche Regelung. Derzeit ist das Herkunftslandprinzip in der Union nur für Teilbereiche wirtschaftlicher Tätigkeit vorgesehen. Bestrebungen der Kommission, das Herkunftslandprinzip für weitere nicht harmonisierte Bereiche einzuführen, um die Verwirklichung des Binnenmarktes zu beschleunigen, sind bislang gescheitert (vgl Art 4 der Richtlinie 2005/29/EG über unlautere Geschäftspraktiken v 11. 5. 2005). Im Folgenden ist kurz auf die Bereiche des elektronischen Geschäftsverkehrs und der Fernsehwerbung einzugehen. 5.21

a) Elektronischer Geschäftsverkehr. Für den Bereich des elektronischen Geschäftsverkehrs ist in § 3 TMG (Telemediengesetz) in Umsetzung von Art 3 der Richtlinie über den elektronischen Geschäftsverkehr (2000/31/EG) das sog **Herkunftslandprinzip** angeordnet (dazu BGH WRP 2006, 736 Tz 29 – *Arzneimittelwerbung im Internet*). Nach § 3 I TMG gilt für **deutsche Diensteanbieter** auch dann deutsches Recht, wenn sie ihre Teledienste in einem anderen Staat im Geltungsbereich der Richtlinie anbieten oder erbringen. Dies bedeutet, dass deutsche, im Bereich des elektronischen Geschäftsverkehrs tätige Unternehmen, auch wenn sie grenzüberschreitend innerhalb der EU tätig werden, ausschließlich deutsches Recht zu beachten haben. Die Umsetzung enthält mit der Unterwerfung deutscher Diensteanbieter unter deutsches Recht an sich Kollisionsregel (entgegen der aus der Richtlinie übernommenen Beteuerung in § 1 V TMG, derzufolge keine Regelung im Bereich des IPR geschaffen werde). Allerdings besteht in dieser Frage noch keine Klarheit (vgl MünchKommBGB/*Drexl* IntUnlWettbR Rdn 78 ff; BGH GRUR 2006, 513 – *Arzneimittelwerbung im Internet*). – Für **ausländische Diensteanbieter** auf dem deutschen Markt gilt hingegen nicht das Entsprechende. Nach § 3 II 1 TMG wird ihre Dienstleistungsfreiheit durch nationale Vorschriften, die im Herkunftsland nicht gelten, nicht eingeschränkt, soweit sie ihre Dienste in der Bundesrepublik anbieten. Hier ist, nach dem herkömmlichen Mechanismus des Europarechts, in zwei Schritten vorzugehen. Internationalprivatrechtlich findet – mangels Spezialnorm im TMG – das Marktortprinzip Anwendung. Soweit danach deutsches Wettbewerbsrecht maßgeblich ist, ist in einem zweiten Schritt das konkrete Ergebnis der Rechtsanwendung am Europarecht zu messen. Liegt ein Verstoß gegen die Dienstleistungsfreiheit vor, weil das deutsche Recht den Anbieter im Vergleich zu seinem Heimatrecht unzulässig beschränkt, so kann die entspr deutsche UWG-Regel keine Anwendung finden (Günstigkeitsprinzip; dazu *Bornkamm/Seichter* CR 2005, 747, 748). Andernfalls bleibt es bei ihrer Anwendung. Dabei ist allerdings kein abstrakter Vergleich der Normen vorzunehmen, vielmehr geht es um die Überprüfung des konkreten Ergebnisses der Rechtsanwendung. Für das deutsche Recht liegt damit eine „halbe Kollisionsregel" vor, die unbefriedigend ist. – Zur Ausnahmevorschrift des § 3 II 2 TMG vgl BGH GRUR 2006, 513 Tz 29 – *Arzneimittelwerbung im Internet*. 5.22

b) Audiovisuelle Mediendienste. Nach Art 2 I Richtlinie 2010/13/EU über audiovisuelle Mediendienste (früher Richtlinie 89/552/EWG idF der Richtlinie 2007/65/EG) unterliegt Werbung in audiovisuellen Mediendiensten, insbes also im **Fernsehen,** grds dem gesamten Lauterkeitsrecht des Sendelandes. Es gilt also das Herkunftslandprinzip. Soweit nach den Art 9 ff, 19 ff Richtlinie über audiovisuelle Mediendienste das Lauterkeitsrecht koordiniert ist, darf das Empfangsland nach Art 3 Richtlinie über audiovisuelle Mediendienste nur in Ausnahmefällen den freien Empfang und die Weiterverbreitung von audiovisuellen Mediendiensten einschränken (vgl auch EuGH Slg 1997, I-3846 Tz 57 ff = GRUR Int 1997, 913 – *de Agostini*). Dadurch soll eine Doppelkontrolle im Sendeland und in den Empfangsländern grds ausgeschlossen werden. Allerdings ist in den Art 9 ff, 19 ff Richtlinie über audiovisuelle Mediendienste das Lauterkeitsrecht nicht abschließend koordiniert (vgl EuGH aaO – *de Agostini*), insbes ist die irreführende und vergleichende Werbung nicht erfasst (*Sack* WRP 2000, 269, 284). In diesem verbleibenden Bereich hindert Art 3 I Richtlinie über audiovisuelle Mediendienste die Empfangsländer nicht, ihr Lauterkeitsrecht für anwendbar zu erklären. Im Ausland ausgestrahlte Fernsehsendungen, die im Inland spürbar empfangen werden können, unterliegen daher nach dem Marktortprinzip dem deutschen Lauterkeitsrecht (*Sack* WRP 2000, 269, 284). 5.23

7. Keine Rück- und Weiterverweisung

Die wettbewerbsrechtliche Kollisionsnorm ist eine Sachnormverweisung auf das anwendbare materielle Wettbewerbsrecht. Die marktordnungsrechtlichen Aspekte sprechen gegen eine Ge- 5.24

samtverweisung iSv § 4 I 1 EGBGB, so dass Rück- und Weiterverweisungen ausscheiden (hM; vgl MünchKommBGB/*Kreuzer* Art 38 EGBGB aF Rdn 239).

8. Unvereinbarkeit mit dem ordre public

5.25 Ausländisches Wettbewerbsrecht ist nach Art 6 EGBGB nicht anzuwenden, wenn es zu einem mit wesentlichen Grundsätzen des deutschen Rechts offensichtlich unvereinbaren Ergebnis führt. Das ist jedoch noch nicht der Fall, wenn eine nach Auslandsrecht zulässige Maßnahme gegen das UWG verstößt. Vielmehr greift die **Ordre-public-Klausel** nur in Ausnahmefällen ein, in denen das ausländische Recht keinen Rechtsschutz gegenüber krass unlauteren Verhaltensweisen gewährt (BGHZ 35, 329, 337 = GRUR 1962, 243 – *Kindersaugflaschen*). Innerhalb der EU dürfte dies nicht der Fall sein.

9. Schutzklausel (Art 40 III EGBGB)

5.26 Nach dieser Regelung (dazu *Sack* WRP 2000, 269, 287 f) können Ansprüche, die dem Recht eines anderen Staates unterliegen, ua nicht geltend gemacht werden, soweit sie **(1)** wesentlich weiter gehen als zur angemessenen Entschädigung des Verletzten erforderlich ist oder **(2)** offensichtlich anderen Zwecken als einer angemessenen Entschädigung des Verletzten dienen. Es werden also die sich aus dem ausländischen Recht ergebenden Rechtsfolgen (zB punitive damages) beschränkt.

III. Das ab dem 11. 1. 2009 geltende Kollisionsrecht (Rom II-VO)

1. Allgemeines

5.27 **a) Vereinheitlichung des Kollisionsrechts innerhalb der Union.** Durch die VO (EG) Nr 864/2007 v 11. 7. 2007 **(Rom II-VO)** wird sichergestellt, dass in allen Mitgliedstaaten – mit Ausnahme Dänemarks – dieselben Verweisungen zur Bestimmung des anzuwendenden Lauterkeitsrechts gelten, unabhängig von dem Staat, in dem der Anspruch geltend gemacht wird. Damit ist bezweckt, den Ausgang von Rechtsstreitigkeiten vorhersehbarer zu machen und die Sicherheit in Bezug auf das anzuwendende Recht sowie den freien Verkehr gerichtlicher Entscheidungen zu fördern (vgl Erwägungsgrund 6 der Rom II-VO). Dänemark hat die Rom II-VO nicht angenommen, so dass sie für diesen Mitgliedstaat weder bindend noch anwendbar ist (vgl Erwägungsgrund 40 der Rom II-VO).

5.28 **b) Zeitliche und territoriale Geltung.** Die Kollisionsregelungen der Rom II-VO gelten nur für **Ereignisse ab dem 11. 1. 2009** (Art 31, 32 Rom II-VO). Für „Altfälle" gelten weiterhin die Art 40 ff EGBGB (BGH WRP 2010, 1146 Tz 10 – *Ausschreibung in Bulgarien*). Die Kollisionsregelungen der Rom II-VO gelten nicht nur im Verhältnis der Mitgliedstaaten untereinander, sondern haben **universelle Geltung**. Das nach der Rom II-VO bezeichnete Recht ist daher auch dann anzuwenden, wenn es nicht das Recht eines Mitgliedstaates ist (Art 3 Rom II-VO).

2. Die allgemeine Regel des Art 6 I Rom II-VO

5.29 **a) Norm und Normzweck.** Nach Art 6 I Rom II-VO ist auf außervertragliche Schuldverhältnisse aus unlauterem Wettbewerbsverhalten das Recht des Staates anzuwenden, in dessen Gebiet die Wettbewerbsbeziehungen oder die kollektiven Interessen der Verbraucher beeinträchtigt worden sind oder wahrscheinlich beeinträchtigt werden. Diese spezielle Kollisionsnorm soll die Wettbewerber, die Verbraucher und die Öffentlichkeit schützen und das reibungslose Funktionieren der Marktwirtschaft sicherstellen (Erwägungsgrund 21 S 2 der Rom II-VO).

5.30 **b) Grundbegriffe. aa) Außervertragliches Schuldverhältnis.** Der Begriff des „außervertraglichen Schuldverhältnisses" ist als autonomer Begriff des Europarechts zu verstehen (Erwägungsgrund 11 der Rom II-VO) und entsprechend auszulegen. Durch Art. 6 I Rom II-VO ist allerdings klargestellt, dass unlauteres Wettbewerbsverhalten eine „besondere unerlaubte Handlung" darstellt (vgl Erwägungsgrund 19 der Rom II-VO) und dementsprechend ein außervertragliches Schuldverhältnis begründen kann. Auf strafrechtliche Bestimmungen (zB §§ 16 ff) bezieht sich die VO nicht.

5.31 **bb) Unlauteres Wettbewerbsverhalten.** Der Begriff des **unlauteren Wettbewerbsverhaltens** ist ebenfalls ein autonomer Begriff des Unionsrechts, dessen verbindliche Auslegung letztlich dem EuGH obliegt. Er dürfte sich allerdings weitgehend mit dem Anwendungsbereich des UWG decken (zu möglichen Abweichungen vgl *Sack* WRP 2008, 845, 846). Inbes wird auch der von der Richtlinie 2005/29/EG über unlautere Geschäftspraktiken (UGP-Richtlinie) und der von der Richtlinie 2006/114/EG über irreführende und vergleichende Werbung abgedeckte Bereich erfasst. Problematisch könnten allenfalls die Fälle der unzumutbaren Belästigung sein, soweit sie ohne Rücksicht darauf untersagt sind, ob sie die wirtschaftlichen Interessen der angesprochenen Marktteilnehmer beeinträchtigen (§ 7). Da die UGP-Richtlinie es den Mitgliedstaaten aber ausdrücklich freistellt, „aus Gründen der guten Sitten und des Anstands" entsprechende Verbote aufzustellen (vgl Erwägungsgrund 7 S 3 und 4 der UGP-Richtlinie), wird man auch diese Verhaltensweisen noch dem unlauteren Wettbewerb zurechnen können. Insoweit können dann die Unterschiede zum Lauterkeitsrecht anderer Mitgliedstaaten zum Tragen kommen.

cc) **Beeinträchtigung.** Von einer **Beeinträchtigung der Wettbewerbsbeziehungen** ist auszugehen, wenn das betreffende unlautere Verhalten im Wettbewerb die Marktchancen von Mitbewerbern beeinträchtigt. Von einer **Beeinträchtigung der kollektiven Interessen der Verbraucher** ist auszugehen, wenn das betreffende unlautere Verhalten die Interessen mehrerer Verbraucher schädigt oder schädigen kann (vgl Art 3 lit k VO (EG) Nr 2006/2004. Das ist stets anzunehmen, wenn sich die Maßnahme an eine Vielzahl von Verbrauchern richtet (zB Zeitungs- oder Plakatwerbung). Es genügt aber auch eine gegenüber einem einzelnen Verbraucher vorgenommene Handlung, wenn sie ihrer Art nach auf Fortsetzung angelegt ist und damit in ihrem Gewicht und ihrer Bedeutung über den Einzelfall hinausreicht (zB unerbetene E-Mail-Werbung oder Telefonwerbung gegenüber einem einzelnen Verbraucher). – Art 6 I Rom II-VO dürfte **entsprechend anwendbar** sein, wenn sich die Maßnahme gegen **andere Marktteilnehmer als Verbraucher** wendet (zB Werbung eines Herstellers gegenüber Händlern). – Es genügt, dass das unlautere Verhalten entweder die Wettbewerbsbeziehungen **oder** die kollektiven Interessen der Verbraucher beeinträchtigt. Damit ist sichergestellt, dass auch das Verhalten von Monopolisten erfasst wird. – Der tatsächlichen Beeinträchtigung steht die **wahrscheinliche** gleich. Es genügt also ein Verhalten, von dem die Gefahr einer Beeinträchtigung droht (vgl Erwägungsgrund 21 S 2 der Rom II-VO). Damit ist sichergestellt, dass auch Unterlassungsansprüche wegen eines drohenden unlauteren Verhaltens von der Kollisionsnorm erfasst werden. – Die Regel des Art 6 I Rom II-VO ist nicht als Ausnahme, sondern als Präzisierung der allgemeinen Regel des Art 4 zu verstehen (Erwägungsgrund 21 S 1 der Rom II-VO; BGH WRP 2009, 1545 Tz. 19). Daher ist der Ort der „Beeinträchtigung" als Ort des „Schadenseintritts" anzusehen. Im Fall der Verwendung missbräuchlicher AGB, durch die kollektive Interessen von Verbrauchern beeinträchtigt werden oder beeinträchtigt werden können, ist demnach der Ort maßgebend, an dem die von der Rechtsordnung missbilligten AGB verwendet worden sind oder wahrscheinlich verwendet werden (BGH WRP 2009, 1545 Tz 19).

c) **Maßgeblicher Ort der Beeinträchtigung.** Es ist das Recht des Staates anzuwenden, in dessen Gebiet sich die Beeinträchtigung der Wettbewerbsbeziehungen oder der kollektiven Verbraucherinteressen ereignet oder ereignen kann. Zu einer Beeinträchtigung kommt es, wenn der Handelnde in unlauterer Weise auf die Mitbewerber oder die Marktgegenseite einwirkt. Maßgebend ist also der Ort, an dem diese Einwirkung stattfindet. In Fortsetzung der bisherigen deutschen Rspr (Rdn 5.5 ff) wird in Deutschland insoweit vom **Marktort** gesprochen (vgl *Handig* GRUR Int 2008, 24, 27; *Junker* NJW 2007, 3675, 3679; *Sack* WRP 2008, 845, 846 ff). Da auf Grund der UGP-Richtlinie unlautere Verhaltensweisen nicht nur **vor,** sondern auch **bei** und **nach Vertragsschluss** erfasst werden, ist der bisher verwendete Begriff des Marktorts zu eng. Als Oberbegriff bietet sich der Begriff des **Einwirkungsorts** an. Im Einzelnen ist nach der Art des Wettbewerbsverhaltens zu unterscheiden.

aa) **Handlungen vor Vertragsschluss.** Bei Handlungen vor Vertragsschluss ist Einwirkungsort der Ort, an dem auf die potenziellen Vertragspartner eingewirkt wird. Diesen Ort kann man, wie bisher, als **Marktort** bezeichnen (BGH WRP 2010, 1146 Tz 19 – *Ausschreibung in Bulgarien*). Für die Bestimmung dieses Orts, soweit es die **Werbung** betrifft, ist auf das jeweilige Werbemedium und seine Verbreitung abzustellen (Werbeplakat; Zeitungsanzeige; Briefwerbung; Prospektwerbung usw). Bei der Einwirkung durch Übermittlung von Informationen ist der Ort maßgebend, an dem die Information die betreffenden Verkehrskreise bestimmungsgemäß erreicht oder doch den Umständen nach erreichen kann. Bei anderen Handlungen, wie zB unerbetenen persönlichen Ansprache von Verbrauchern in der Öffentlichkeit oder in ihrer Wohnung, ist der Ort maßgeblich, an dem die Kontaktaufnahme stattfindet. Bei **Absatzhand-**

lungen ist Einwirkungsort der Ort, an dem das Produkt zum Kauf angeboten wird. Bei behaupteten Verstößen gegen **Marktverhaltensregelungen** (§ 4 Nr 11 UWG) ist Einwirkungsort der Ort, an dem das betreffende Marktverhalten auf die Mitbewerber oder Verbraucher einwirkt. Nach dem Recht dieses Ortes ist zu bestimmen, ob das Marktverhalten unlauter ist. Bei der **Mitbewerberbehinderung,** soweit sie nicht ausschließlich die Interessen eines bestimmten Mitbewerbers beeinträchtigt (dann Art 6 II), ist Einwirkungsort der Ort, an dem auf die Marktgegenseite eingewirkt wird. Dazu gehören zB die Fälle der allgemeinen Marktbehinderung.

5.35 **bb) Handlungen bei Vertragsschluss.** Bei Handlungen bei Vertragsschluss, insbes bei der Abgabe von Willenserklärungen, ist Einwirkungsort der Ort, an dem die Erklärung dem potenziellen Vertragspartner in der Weise nahegebracht wird, dass er von ihr Kenntnis erlangt oder doch den Umständen nach erlangen kann. Am Beispiel der Übersendung von Briefen mit Vertragsangeboten: Maßgebend ist der Ort, an dem die Erklärung dem Empfänger zugeht. Unerheblich ist, ob und wie der Empfänger darauf reagiert.

5.36 **cc) Handlungen nach Vertragsschluss.** Bei Handlungen nach Vertragsschluss, etwa Zahlungsaufforderungen oder Erklärungen über das (Nicht-)Bestehen von Verbraucherrechten, ist Einwirkungsort ebenfalls der Ort, an dem die Erklärung dem Vertragspartner in der Weise nahegebracht wird, dass er von ihr Kenntnis erlangt oder doch den Umständen nach erlangen kann.

5.37 **d) Behandlung der multi-state-Fälle.** Bei Handlungen, die die Interessen von Verbrauchern oder sonstigen Marktteilnehmern in mehreren Staaten beeinträchtigen, ist zu unterscheiden.

5.38 **aa) Vielzahl gleichartiger Handlungen.** Vielfach nimmt ein Unternehmer gleichartige Handlungen gegenüber einer Vielzahl von Verbrauchern oder sonstigen Marktteilnehmern vor. So etwa bei einer Telefon-, Fax- oder E-Mail-Werbung oder beim Ansprechen von Passanten in der Öffentlichkeit. In diesem Fall ist jeder Ort, an dem auf einen Verbraucher oder sonstigen Marktteilnehmer eingewirkt wird, relevant. Liegen diese Orte im Gebiet mehrerer Staaten, führt dies dazu, dass das Recht jedes dieser Staaten anwendbar ist. So kann beispielsweise die unerbetene Telefonwerbung nach dem Recht des einen Staates zu verbieten, nach dem Recht eines anderen Staates zuzulassen sein.

5.39 **bb) Unteilbare Handlungen.** Eine besondere Problematik ergibt sich, wenn sich ein Unternehmer für seine Werbung eines Mediums bedient, das eine unbestimmte Vielzahl von Verbrauchern oder sonstigen Marktteilnehmern gleichzeitig in mehreren Staaten anspricht (multi-state-Wettbewerbshandlungen). So etwa beim grenzüberschreitenden Vertrieb einer Zeitschrift, bei grenzüberschreitender Fernsehwerbung – ob gewollt oder bloßer *overspill* – und bei Marketingmaßnahmen im Internet. In Art 6 I Rom II-VO ist dazu keine besondere Regelung getroffen. Grundsätzlich ist daher auch in diesen Fällen vom Marktortprinzip auszugehen (*Handig* GRUR Int 2008, 24, 28; *Sack* WRP 2008, 845, 851 ff), sofern nicht kraft ausdrücklicher gesetzlicher Regelung das Herkunftslandprinzip gilt (dazu Rdn 3.47; 5.21 ff). Folglich können bei Multi-state-Wettbewerbshandlungen mehrere Rechte nebeneinander zur Anwendung gelangen. Jedoch ist zu unterscheiden:

5.40 Beim **Schadensersatzanspruch** ist stets eine getrennte Betrachtung für die einzelnen Märkte nach dem jeweiligen Recht vorzunehmen (Schadensparzellierung). Die nach Art 2 EuGVVO zuständigen Gerichte am Wohn- oder Geschäftssitz des Beklagten können aber über sämtliche Schäden in den betreffenden Märkten entscheiden (EuGH Slg 1995, I-415 Tz 33 – *Fiona Shevill*; *Sack* WRP 2008, 845, 853 mwN auch zur Gegenansicht). Insoweit kommt es, von Beweisfragen abgesehen, idR nicht zu Problemen. Die nach Art 5 Nr 3 EuGVVO zuständigen Gerichte des Einwirkungsorts sind dagegen nur zur Entscheidung über den Ersatz der Schäden berufen, die im Staat des angerufenen Gerichts verursacht worden sind (EuGH aaO – *Fiona Shevill*).

5.41 Anders liegt es beim **Unterlassungsanspruch.** Hier ist nach der Art des Mediums zu differenzieren: Lässt sich das Marketing in den einzelnen Staaten unterschiedlich gestalten, zB bei verschiedenen Ausgaben einer Zeitschrift in Deutschland und im Ausland, so sind die verschiedenen Rechte nebeneinander anzuwenden, jeder Teil der Maßnahme unterliegt der Beurteilung nach seinem Marktrecht. Bei Unteilbarkeit der Maßnahme, wie insbes im Rundfunk und im Internet, kann es hingegen grds zu einer Kumulation anwendbarer Rechte kommen, soweit nicht das **Herkunftslandprinzip** (vgl § 3 TMG) eingreift. Dann ist iErg nach dem jeweils strengsten anwendbaren Sachrecht über die Zulässigkeit der Maßnahme zu entscheiden. Darauf,

III. Das ab dem 11. 1. 2009 geltende Kollisionsrecht

ob die Einwirkung auf Interessen der Mitbewerber oder Verbraucher „unmittelbar und wesentlich" ist (wie noch in den früheren Vorschlägen zur Rom II-VO vorgesehen), kommt es nicht an. Vielmehr entscheidet sich nach dem jeweiligen Sachrecht (in Deutschland also nach den §§ 3, 7), ob eine **fehlende Spürbarkeit** der Einwirkung zu berücksichtigen ist (*Sack* WRP 2008, 845, 854).

cc) **Werbung in Funk und Fernsehen.** Bei der Werbung in Funk und Fernsehen kommen alle Gebiete als Marktort in Betracht, in denen die Sendung ausgestrahlt wird (vgl BGH GRUR 1994, 530, 532 – *Beta;* BGH GRUR 1998, 495, 496 – *Co-Verlagsvereinbarung*). Allerdings ist dabei das **Herkunftslandprinzip** zu beachten, wie es in den **Art 2 I, 3 I Richtlinie über audiovisuelle Mediendienste (2010/13/EU)** geregelt ist. Dieses Prinzip gilt aber nur für Mediendiensteanbieter, insbes Fernsehveranstalter, und nur für den „koordinierten Bereich", wie er in den Art 9 ff, 19 ff geregelt ist, also bspw nicht für irreführende oder unzulässig vergleichende Werbung.

dd) **Werbung im Internet.** Werbung im Internet ist grds überall abrufbar, so dass grds überall eine Einwirkung auf die Interessen der Mitbewerber und der Verbraucher möglich ist. Allerdings ist auch hier das Herkunftslandprinzip zu beachten, wie es in **Art 3 Richtlinie über den elektronischen Geschäftsverkehr** und in Umsetzung dieser Richtlinie in **§ 3 TMG** geregelt ist. Über die Rechtsnatur (Sachnormverweisung oder Gesamtverweisung) und die Reichweite des Herkunftslandsprinzips herrscht allerdings Streit (vgl die Nachw bei BGH GRUR 2006, 513 Tz 29 – *Arzneimittelwerbung im Internet; Sack* WRP 2008, 845, 855). Durch den Einsatz von **Disclaimern,** dh der Erklärung, dass das Angebot sich nicht an Kunden in bestimmten Ländern richte, kann allerdings der Werbende das Risiko, dass seine Werbung auf Grund des strengeren Sachrechts in einem bestimmten Staat untersagt wird, begrenzen. Vorausgesetzt ist jedoch, dass die Erklärung überhaupt ernst gemeint ist und dass der Werbende sich auch daran hält und keine Lieferungen in dieses Land vornimmt (BGH WRP 2006, 736 Tz 25 – *Arzneimittelwerbung im Internet;* ÖOGH ÖBl 2003, 31 – *BOSS-Zigaretten*).

3. Die Sonderregel des Art 6 II Rom II-VO

a) **Anwendungsbereich.** Nach Art 6 II Rom II-VO ist die allgemeine Kollisionsnorm des Art 4 Rom II-VO anwendbar, wenn ein unlauteres Wettbewerbsverhalten ausschließlich die Interessen eines bestimmten Wettbewerbers beeinträchtigt. Man spricht insoweit von **„unternehmensbezogenen", „betriebsbezogenen"** oder **„bilateralen Handlungen".** Dazu gehören unstr Handlungen **ohne Marktbezug** wie Sabotageakte gegenüber dem Mitbewerber (Beschädigung oder Zerstörung von Betriebseinrichtungen, Rohstoffen oder Waren), Betriebsspionage, Verrat von Betriebsgeheimnissen oder unlautere Abwerbung von Mitarbeitern (vgl KOM [2003] 427 endg, S 18; *Handig* GRUR Int 2008, 24, 27; *Lindacher* GRUR Int 2008, 453, 457). Ist allerdings ein unternehmensbezogener Eingriff mit **unmittelbar marktvermittelten Einwirkungen auf die geschäftlichen Entscheidungen der ausländischen Marktgegenseite** verbunden, wie zB die Anschwärzung eines Mitbewerbers oder Boykottaufrufe gegen einen Mitbewerber, so bleibt Art 6 I Rom II-VO anwendbar (BGH WRP 2010, 1146 Tz 19 – *Ausschreibung in Bulgarien; Sack* WRP 2008, 845, 850, 851; MünchKommBGB/*Drexl* IntUnlWettbR Rdn 150–156). Es kommt also darauf an, ob im Einzelfall neben den Interessen des betroffenen Mitbewerbers auch noch die Interessen sonstiger Mitbewerber oder der Verbraucher beeinträchtigt sind. **Beispiele:** Wird bei einem Boykottaufruf gegenüber Verbrauchern zugleich auf die Verbraucher Druck ausgeübt, den Boykottaufruf zu befolgen, oder werden zur Begründung des Aufrufs irreführende Behauptungen über den Mitbewerber aufgestellt, ist Art 6 I Rom II-VO anwendbar. Wird gegenüber Abnehmern des Produkts eines Mitbewerbers eine unbegründete Schutzrechtsverwarnung ausgesprochen, werden dadurch zugleich ihre Interessen berührt, so dass Art 6 I Rom II-VO anwendbar ist.

b) **Verweisung auf Art 4 Rom II-VO.** Die Verweisung in Art 6 II Rom II-VO bezieht sich auf alle drei Absätze des Art 4 Rom II-VO. Nach Art 4 I Rom II-VO ist grds das Recht des Staates anwendbar, in dem der Schaden eintritt (Erfolgsort), unabhängig davon, in welchem Staat das schadensbegründende Ereignis (Handlungsort) oder indirekte Schadensfolgen eingetreten sind. Maßgebend ist also grds der Sitz des betroffenen Unternehmens (dazu *Lindacher* GRUR Int 2008, 453, 457 ff).

4. Unzulässigkeit einer Rechtswahlvereinbarung (Art 6 IV Rom II-VO)

5.46 Nach Art 6 IV Rom II-VO kann von den Art 6 I-III Rom II-VO nicht durch eine Vereinbarung gem Art 14 Rom II-VO abgewichen werden. Eine Rechtswahlvereinbarung ist also ausgeschlossen. Dies rechtfertigt sich daraus, dass an der Verfolgung von Wettbewerbsverstößen auch ein Interesse Dritter und ein öffentliches Interesse bestehen kann.

5. Ausschluss der Rück- und Weiterverweisung (Art 24 Rom II-VO)

5.47 Nach Art 24 Rom II-VO sind unter dem nach dieser Vorschrift anzuwendenden Recht eines Staates die in diesem Staat geltenden Rechtsnormen unter Ausschluss derjenigen des Internationalen Privatrechts zu verstehen. Eine Rück- oder Weiterverweisung auf ein anderes Recht ist daher ausgeschlossen.

6. Unvereinbarkeit mit dem ordre public (Art 26 Rom II-VO)

5.48 Nach Art 26 Rom II-VO kann die Anwendung des nach dieser Verordnung bezeichneten Rechts nur versagt werden, wenn ihre Anwendung mit der öffentlichen Ordnung („ordre public") des Staates des angerufenen Gerichts offensichtlich unvereinbar ist (dazu *Sack* WRP 2008, 845, 862 ff). Das ist jedoch noch nicht der Fall, wenn eine nach Auslandsrecht zulässige Maßnahme gegen das UWG verstößt. Vielmehr greift die **Ordre-public-Klausel** nur in Ausnahmefällen ein, in denen das ausländische Recht keinen Rechtsschutz gegenüber krass unlauteren Verhaltensweisen gewährt (BGHZ 35, 329, 337 = GRUR 1962, 243 – *Kindersaugflaschen*). Innerhalb der Union dürfte dies nicht der Fall sein.

IV. Internationales Verfahrensrecht

1. Gerichtsbarkeit

5.49 Deutsche Gerichte sind befugt, über Auslandssachverhalte unter Anwendung ausländischen Rechts zu urteilen, sofern sie nach den Regeln über die internationale Zuständigkeit zuständig sind. Die Gerichtsbarkeit fehlt nur dann, wenn die Souveränität eines fremden Staates betroffen wird oder die Parteien Exterritoriale (§§ 18 ff GVG) sind.

2. Internationale Zuständigkeit

5.50 **a) Grundsatz.** Ob ein deutsches oder ein ausländisches Gericht zur Entscheidung berufen ist, bestimmt sich nach den Regeln über die **örtliche** Zuständigkeit (Doppelfunktionalität; BGH GRUR 1987, 172, 173 – *Unternehmensberatungsgesellschaft I*). Grundsätzlich ist daher ein (nach § 14 bzw den §§ 12 ff ZPO) örtlich zuständiges deutsches Gericht auch international zuständig (BGH RIW 1992, 673; OLG Koblenz GRUR 1993, 763). § 39 ZPO (rügelose Einlassung) ist entspr anwendbar (OLG Koblenz aaO). Die Zuständigkeit ist nicht davon abhängig, dass tatsächlich eine Verletzungshandlung erfolgt ist. Vielmehr reicht es aus, dass eine Verletzung behauptet wird und diese nicht von vornherein ausgeschlossen werden kann (BGH GRUR 2005, 431, 432 – *HOTEL MARITIME*).

5.51 **b) EuGVVO. aa) Vorrangige Geltung.** Die Vorschriften der EuGVVO (VO Nr 44/2001 v 22. 12. 2000 über die gerichtliche Zuständigkeit und die Anerkennung und Vollstreckung von Entscheidungen in Zivil- und Handelssachen; ABl EG 2001 L 12) haben in ihrem Anwendungsbereich **Vorrang** vor dem nationalen Recht. Zu beachten ist, dass die EuGVVO erst mit Wirkung v 1. 3. 2002 für die Mitgliedstaaten mit Ausnahme Dänemarks (dazu BGH GRUR 2005, 431 – *HOTEL MARITIME*) an die Stelle des Europäischen Gerichtsstands- und Vollstreckungsübereinkommens (EuGVÜ; BGBl 1972 II 774; 1986 II 1020) getreten ist, so dass für früher erhobene Klagen noch das EuGVÜ gilt (BGH WRP 2006, 736 Tz 890 – *Arzneimittelwerbung im Internet*).

5.52 **bb) Zuständigkeiten. (1) Wohnsitz oder Sitz des Beklagten (Art 2 EuGVVO; Art 60 EuGVVO).** Für natürliche Personen ist deren Wohnsitz, ohne Rücksicht auf die Staatsangehörigkeit, maßgebend (Art 2 I EuGVVO). Bei juristischen Personen ist deren Sitz maßgeblich (Art 60 EuGVVO).

5.53 **(2) Erfüllungsort (Art 5 Nr 1 EuGVVO).** Die Regelung gilt auch bei Streit über das Zustandekommen des Vertrages (EuGH GRUR Int 1982, 443 – *Patentanwaltshonorar* zum EuGVÜ). Der Erfüllungsort bestimmt sich nach dem Recht, das nach den Kollisionsnormen des angerufenen Gerichts für die streitige Verpflichtung maßgebend ist (EuGH NJW 1995, 183 zum EuGVÜ).

(3) Begehungsort einer unerlaubten Handlung (Art 5 Nr 3 EuGVVO). Dazu zählen **5.54** auch Wettbewerbsverstöße (BGH GRUR 1988, 483, 485 – *AGIAV;* BGH GRUR 2005, 431 – *HOTEL MARITIME;* BGH GRUR 2005, 519 – *Vitamin-Zell-Komplex;* BGH GRUR 2008, 275 Tz 18 – *Versandhandel mit Arzneimitteln*) und die Verwendung missbräuchlicher AGB (BGH WRP 2009, 1545 Tz 12 – *Klauseln in AGB ausländischer Luftverkehrsunternehmen*), **Begehungsort** („Ort ... an dem das schädigende Ereignis eingetreten ist oder einzutreten droht") **ist sowohl der Handlungsort als auch der Erfolgsort** (EuGH Slg 1995, I-415 = GRUR Int 1998, 298 Tz 20 – *Shevill;* EuGH Slg 2004, I-1417 – *DFDS Torline;* BGH GRUR 2006, 513 Tz 21 – *Arzneimittelwerbung im Internet*). Das ist so zu verstehen, dass nicht jeder Ort in Betracht kommt, an dem sich irgendeine (bloße) Schadensfolge verwirklicht hat. Vielmehr kommt neben dem Handlungsort nur noch der Ort der tatbestandsmäßigen Deliktsvollendung in Betracht (BGHZ 98, 263, 275; *Brannekämper* WRP 1994, 661, 662). Durch die Worte „oder einzutreten droht" ist klargestellt, dass die Vorschrift auch für die vorbeugende Unterlassungsklage gilt. – Bei Wettbewerbsverstößen im **Internet** ist der Erfolgsort im Inland belegen, wenn sich der Internet-Auftritt bestimmungsgemäß dort auswirken soll (BGH GRUR 2006, 513 Tz 21 – *Arzneimittelwerbung im Internet;* OLG München GRUR 2010, 53; vgl auch Cour de cassation GRUR Int 2008, 606 mit Anm *Well-Szönyi*).

(4) Zweigniederlassung, Agentur oder sonstige Niederlassung (Art 5 Nr 5 EuGV- **5.55** **VO).** Ein selbstständiger Vermittlungsvertreter fällt nicht darunter (EuGH NJW 1982, 507 zum EuGVÜ). Vgl weiter *Thorn* IPRax 1997, 98.

(5) Beklagtenmehrheit (Art 6 Nr 1 EuGVVO). Die Klage kann vor dem Gericht erhoben **5.56** werden, in dessen Bezirk ein Beklagter seinen Sitz hat, sofern zwischen beiden Klagen ein sachlicher Zusammenhang besteht.

(6) Zuständigkeit bei Verbrauchersachen. Vgl Art 15–17 EuGVVO. Die Regelungen **5.57** beziehen sich nur auf Verbraucherverträge.

(7) Zuständigkeitsvereinbarungen. Sie sind zulässig, bedürfen aber der Schriftform bzw **5.58** der schriftlichen Bestätigung (Art 23 I lit a EuGVVO) und dürfen nicht den Art 13, 17 und 21 EuGVVO zuwiderlaufen. Fremdsprachige Abrede ist zulässig (EuGH NJW 1982, 507). Nach Art 24 EuGVVO führt die rügelose Einlassung (dazu EuGH NJW 1982, 1213: hilfsweise Einlassung unschädlich) ebenfalls zur Zuständigkeit des angerufenen Gerichts, soweit keine ausschließliche Zuständigkeit nach Art 22 EuGVVO begründet ist.

c) Prüfung. Die internationale Zuständigkeit ist eine selbstständige Prozessvoraussetzung, die **5.59** – auch unter Geltung des § 545 II ZPO – in jeder Lage des Verfahrens, auch noch in der Revisionsinstanz, von Amts wegen zu prüfen ist (BGHZ 162, 246, 249 = GRUR 2005, 519 – *Vitamin-Zell-Komplex;* BGHZ 167, 91 Tz 20 = GRUR 2006, 513 – *Arzneimittelwerbung im Internet;* BGH GRUR 2008, 275 Tz 18 – *Versandhandel mit Arzneimitteln*). Die §§ 512 a, 549 II ZPO gelten daher nicht (BGHZ 98, 263, 270), ebenso wenig § 281 ZPO (OLG Karlsruhe NJW-RR 1989, 187). Für die Zuständigkeitsbeurteilung ist die Richtigkeit des Klagevorbringens zu unterstellen, wenn die Behauptungen, die die Zuständigkeit begründen, zugleich notwendige Tatbestandsmerkmale des Anspruchs selbst sind (BGH GRUR 1987, 172, 173 – *Unternehmensberatungsgesellschaft I*). Die schlüssige Behauptung eines Wettbewerbsverstoßes genügt daher zur Begründung des inländischen Gerichtsstands des Begehungsortes (BGH GRUR 1980, 227, 230 – *Monumenta Germaniae Historica*).

6. Kapitel. Lauterkeitsrecht und Kartellrecht

Übersicht

	Rdn
I. Aufgabe des Kartellrechts	6.1
II. Rechtsquellen des Kartellrechts	6.2–6.10
1. Unionsrecht	6.2–6.4
a) Allgemeines	6.2

	Rdn
b) Kartellverbot	6.3
c) Missbrauch einer marktbeherrschenden Stellung	6.4
2. Deutsches Recht	6.5–6.10
a) Rechtsentwicklung	6.5
b) Kartellverbot	6.6
c) Freistellung vom Kartellverbot	6.7
d) Entsprechende Anwendung der Gruppenfreistellungsverordnungen	6.8
e) Verbot des Missbrauchs von Marktmacht	6.9
f) Sonstige wettbewerbsbeschränkende Verhaltensweisen	6.10
III. Lauterkeitsrecht und Kartellrecht als Gesamtordnung des Wettbewerbs	6.11–6.13
1. Einheitliche Erfassung	6.11
2. Zusammenhänge	6.12
3. Schutzgegenstand	6.13
IV. Einzelfragen	6.14–6.19
1. Kartellverbot	6.14, 6.15
a) Horizontalvereinbarungen	6.14
b) Vertikalvereinbarungen	6.15
2. Boykottverbot	6.16
3. Behinderungsverbot	6.17
4. Verbot des Missbrauchs einer marktbeherrschenden Stellung	6.18
5. Unterschiedliche Verjährungsfristen	6.19

Schrifttum: *Alexander,* Die Probeabonnement-Entscheidung des BGH – Schnittbereich kartellrechtlicher, lauterkeitsrechtlicher und medienrechtlicher Aspekte, ZWeR 2007, 239; *Emmerich,* Überlegungen zum Verhältnis von Kartellrecht und Lauterkeitsrecht aus deutscher Sicht, in Augenhofer (Hrsg), Die Europäisierung des Kartell- und Lauterkeitsrechts, 2009, 73; *Fikentscher,* Das Verhältnis von Kartellrecht und Recht des unlauteren Wettbewerbs, GRUR Int 1966, 161; *Hefermehl,* Grenzen des Lauterkeitsschutzes, GRUR 1983, 507; *Hirtz,* Die Relevanz der Marktmacht bei der Anwendung des UWG, GRUR 1980, 93; *Köhler,* Zur Konkurrenz lauterkeitsrechtlicher und kartellrechtlicher Normen, WRP 2005, 645; *Koenigs,* Wechselwirkungen zwischen GWB und Recht des unlauteren Wettbewerbs, NJW 1961, 1041; *Knöpfle,* Die marktbezogene Unlauterkeit, 1983; *Merz,* Die Vorfeldthese, 1988; *Mestmäcker,* Der verwaltete Wettbewerb, 1984; *Pichler,* Das Verhältnis von Kartell- und Lauterkeitsrecht, 2009; *Tilmann,* Über das Verhältnis von GWB und UWG, GRUR 1979, 825; *Möschel,* Pressekonzentration und Wettbewerbsgesetz, 1978; *E. Ulmer,* Sinnzusammenhänge im modernen Wettbewerbsrecht, 1932; *P. Ulmer,* Der Begriff „Leistungswettbewerb" und seine Bedeutung für die Anwendung von GWB- und UWG-Tatbeständen, GRUR 1977, 565; *ders,* Kartellrechtliche Schranken der Preisunterbietung nach § 26 Abs. 4 GWB, FS v Gamm, 1990, 677; *Wolf,* Das Recht gegen Wettbewerbsbeschränkungen (GWB) und das Recht gegen unlauteren Wettbewerb – ein Vergleich, WRP 1995, 543; *Wrage,* UWG-Sanktionen bei GWB-Verstößen, 1984.

I. Aufgabe des Kartellrechts

6.1 Das Kartellrecht soll die Freiheit des Wettbewerbs schützen und wirtschaftliche Macht dort beseitigen, wo sie die Wirksamkeit des Wettbewerbs und die ihm innewohnenden Tendenzen zur Leistungssteigerung beeinträchtigt und die bestmögliche Versorgung des Verbrauchers in Frage stellt (vgl Begr zum Entwurf GWB 1957 Einl A I). Es reicht über den Kartelltatbestand weit hinaus, so dass jede Gleichsetzung nur Verwirrung schafft. Das Kartellrecht ist lediglich ein wichtiger Teil dieses der Sicherung und Förderung des Wettbewerbs schlechthin dienenden Rechtsgebiets. Seine Zielsetzung ist einmal eine **wirtschaftspolitische**: die Schaffung eines marktwirtschaftlich-wettbewerblichen Wirtschaftssystems. Der „freie Wettbewerb" wird deshalb nicht nur ermöglicht, sondern zu einer staatlich geschützten Veranstaltung erhoben, damit eine automatische Koordination der Wirtschaftssubjekte auf dem Markt gewährleistet ist. Folgerichtig wendet sich das Kartellrecht gegen Beschränkungen der Wettbewerbsfreiheit. Zum anderen soll neben der ökonomischen zugleich eine **gesellschaftspolitische** Zielsetzung verwirklicht werden: die Schaffung einer freiheitlichen Ordnung für alle Marktteilnehmer. Sie macht die Wertmaxime des Grundgesetzes, die freie menschliche Persönlichkeit (Art 1, 2 GG), auch auf wirtschaftlichem Gebiet wahr. Der Wettbewerb garantiert allen Marktteilnehmern ein Mindestmaß an wirtschaftlicher Freiheit, so dass sie unter mehreren Entscheidungsmöglichkeiten wählen können. Ohne Wettbewerb besteht die Gefahr, dass der Markt der Ausbeutung der einen Marktseite durch die andere dient. Daher wird die Möglichkeit, am Wettbewerb teilzunehmen, für jedes Wirtschaftssubjekt als ein zwingendes Rechtsprinzip statuiert.

II. Rechtsquellen des Kartellrechts

1. Unionsrecht

a) Allgemeines. Das Kartellrecht der Europäischen Union ist in den **Wettbewerbsregeln** **der Art 101–106 AEUV (= ex Art 81–86 EG)** sowie in den dazu ergangenen Verordnungen niedergelegt. Das Unionsrecht hat in seinem Anwendungsbereich Vorrang vor dem nationalen Kartellrecht. Es ist allerdings nur anwendbar, soweit die betreffenden Maßnahmen geeignet sind, den zwischenstaatlichen Handel zu beeinträchtigen. Da diese Zwischenstaatlichkeitsklausel vom EuGH und von der Kommission sehr weit ausgelegt wird, fallen mittlerweile nahezu alle wettbewerbsbeschränkenden Verhaltensweisen von einigem Gewicht in den Anwendungsbereich des Europarechts. Die Grundpfeiler des europäischen Kartellrechts sind die **Art 101 und 102 AEUV**. Der Durchführung der Wettbewerbsregeln dient die **VO Nr 1/2003** v 16. 12. 2002 (ABl EG Nr L 1, S 1). Sie löst die frühere VO Nr 17 v 6. 2. 1962 ab und ist seit 1. 5. 2004 in Kraft.

b) Kartellverbot. Nach Art 101 I AEUV sind grds alle Vereinbarungen zwischen Unternehmen, Beschlüsse von Unternehmensvereinigungen und aufeinander abgestimmte Verhaltensweisen, welche den Handel zwischen Mitgliedstaaten zu beeinträchtigen geeignet sind und eine Verhinderung, Einschränkung oder Verfälschung des Wettbewerbs innerhalb des Binnenmarkts bezwecken oder bewirken, verboten. Dieses sog Kartellverbot gilt unterschiedslos für horizontale und vertikale Wettbewerbsbeschränkungen, greift jedoch nur bei **spürbaren** Auswirkungen auf den Wettbewerb ein. Vereinbarungen oder Beschlüsse, die gegen Art 1011 I AEUV verstoßen, sind nach Art 101 II AEUV nichtig. Verstöße gegen Art 101 I AEUV lösen zivilrechtliche Ansprüche gem § 33 GWB aus (vgl EuGH Slg 2006, 6619 Tz 60 ff – *Manfredi;* EuGH Slg 2001, 6297 Tz 26 f – *Courage;* dazu *Köhler* GRUR 2004, 99; *Lettl* ZHR 167 (2003), 473). **Legalausnahmen** vom Kartellverbot sind in Art 101 III AEUV vorgesehen. Auf Grund der Regelung in Art 1 II VO Nr 1/2003 bedarf es nicht mehr der Freistellung vom Verbot des Art 101 I AEUV durch die Kommission. Durch eine Reihe von **Gruppenfreistellungsverordnungen** (GVO), insbes die Vertikal-GVO, wird die Reichweite des Art 101 III AEUV näher bestimmt.

c) Missbrauch einer marktbeherrschenden Stellung. Die missbräuchliche Ausnutzung einer beherrschenden Stellung auf dem Gemeinsamen Markt oder auf einem wesentlichen Teil desselben durch ein oder mehrere Unternehmen ist nach Art 102 S 1 AEUV verboten, soweit dies dazu führen kann, den Handel zwischen den Mitgliedstaaten zu beeinträchtigen. Einige Beispielsfälle des Missbrauchs werden in Art 102 S 2 AEUV geregelt.

2. Deutsches Recht

a) Rechtsentwicklung. Die Rechtsgrundlage des deutschen Kartellrechts ist das **Gesetz gegen Wettbewerbsbeschränkungen** (GWB) v 27. 7. 1957 (BGBl I 1081) idF der Bekanntmachung v 15. 7. 2005 (BGBl I 2114), geändert durch sieben Novellen. Es trat am 1. 1. 1958 in Kraft. Die Vorschriften, die auf die Verhinderung wettbewerbsbeschränkender Verträge und Praktiken gerichtet waren, reichten indessen nicht aus, um einen funktionsfähigen Wettbewerb zu sichern, der gewährleistet, dass die jeweils beste Leistung auf dem Markt zur Geltung kommt. Zum Schutz des Wettbewerbs musste einer zunehmenden Vermachtung der Märkte begegnet werden. Diesem strukturpolitischen Ziel dienten die GWB-Novellen v 3. 1. 1966 (BGBl I 37) und 3. 8. 1973 (BGBl I 917). Die **1. GWB-Novelle** führte die Freistellungsfähigkeit von Spezialisierungskartellen ein (§ 5 GWB), schaffte einen allgemeinen Machtmissbrauchstatbestand in § 22 III GWB und präzisierte und erweiterte die Anzeigepflichten für Unternehmenszusammenschlüsse. Die **2. GWB-Novelle** führte eine Zusammenschlusskontrolle ein (§§ 23 ff GWB) und verstärkte die Eingriffsmöglichkeiten gegenüber marktbeherrschenden und marktmächtigen Unternehmen (§§ 22 I, III, 26 II GWB). Die vertikale Preisbindung für Markenwaren wurde abgeschafft und zur Ausschaltung künstlicher Wettbewerbsbeschränkungen wurden auch aufeinander abgestimmte Verhaltensweisen verboten (§ 25 I GWB) sowie die Missbrauchsaufsicht über marktbeherrschende Unternehmen verbessert. Die **3. GWB-Novelle** v 28. 6. 1976 (BGBl I 1697) verschärfte die Zusammenschlusskontrolle für die Pressemärkte. Die **4. GWB-Novelle** v 26. 4. 1980 (BGBl I 458) verbesserte das kartellrechtliche Instrumentarium (BT-Drucks 8/2136 und 8/3690). Zum einen wurden die Zusammenschlusskontrolle und die Missbrauchsaufsicht über marktbeherrschende Unternehmen verschärft, zum anderen der Wettbewerb durch eine Erweiterung des Diskriminierungs- und Behinderungsverbots (§ 26 II S 3, III, § 37 a III GWB) gesichert. Durch die **5. GWB-Novelle** v 22. 12. 1989 (BGBl I 2486) wurde im Interesse des Handels den Gefahren der Konzentration und des Machtmissbrauchs durch eine Verbesserung der Fusionskontrolle (§ 22 I Nr 2 GWB) und der Verhaltenskontrolle (§ 26 I–IV GWB) begegnet und die Ausnahmebereiche des GWB (Verkehr, Banken, Versicherungen) stärker auf das europäische Kartellrecht ausgerichtet. Die **6. GWB-Novelle** v 26. 8. 1998 (BGBl I 2546) brachte eine Neufassung des GWB unter Einbeziehung des Vergaberechts (§§ 97 ff GWB). Inhaltlich wurden die Regelungen über Kartelle (§§ 1 ff GWB) präzisiert und gestrafft. Der Tatbestand des Missbrauchs einer marktbeherrschenden Stellung (§ 19 I GWB) wurde in ein unmittelbar wirkendes Verbot umgestaltet; als weiterer Beispielsfall des Missbrauchs wurde die missbräuchliche Zugangsverweigerung zu Netzen oder Infrastruktureinrichtungen eingeführt (§ 19 IV Nr 4 GWB). Auch wurde der Verkauf unter Einstandspreis geregelt (§ 20 IV 2 GWB). Die Zusammenschlusskontrolle wurde weiter verschärft. – Die **7. GWB-Novelle** v 7. 7. 2005 (BGBl I 1954) wurde auf Grund der Vorgaben des Art 3 II der VO Nr 1/2003 v 16. 12. 2002 (Rdn 6.2) erforderlich. Danach darf das nationale Kartellrecht nicht zum Verbot von Vereinbarungen, Beschlüssen oder abgestimmten Verhaltensweisen führen, welche den Handel zwischen den Mitgliedstaaten zu beeinträchtigen geeignet sind, aber den Wettbewerb iSd Art 101 I AEUV nicht einschränken oder die Bedingungen des Art 101 III EG erfüllen oder durch eine Gruppenfreistellungsverordnung erfasst sind. Strengere Vorschriften dürfen die Mitgliedstaaten nur hins der Unterbindung oder Ahndung einseitiger Handlungen von Unternehmen erlassen oder anwenden. Zugleich wird die Zusammenarbeit der Kartellbehörden verbessert. Dementsprechend wurden das Kartellverbot des § 1 GWB auch auf vertikale Vereinbarungen ausgedehnt und die Vorschriften über Vertikalvereinbarungen aufgehoben. Die Freistellung vom Kartellverbot ist in § 2 GWB entspr den Grundsätzen des Art 101 III AEUV und den dazu ergangenen Gruppenfreistellungsverordnungen geregelt. Ein Überbleibsel aus dem früheren Recht ist die Freistellung von Mittelstandskartellen nach § 3 GWB. Die Vorschriften über die Marktbeherrschung und einseitiges wettbewerbsbeschränkendes Verhalten wurden präzisiert und zum Teil (§ 20 III GWB) verschärft. Die Vorschriften über die Wettbewerbsregeln (§§ 24 ff GWB) wurden dahin abgeändert, dass eine Genehmigung durch die Kartellbehörde keine Freistellung vom Kartellverbot begründet, sondern nur zum Inhalt hat, dass die Kartellbehörde dagegen nicht vorgehen wird. Die Befugnisse der Kartellbehörden wurden in den §§ 32–32 e GWB stark erweitert, so wurde ua die Befugnis zu Beseitigungsverfügungen, zu einstweiligen Maßnahmen, zur Bindenderklärung von Verpflichtungszusagen von Unternehmen und zur Untersuchung einzelner Wirtschaftszweige und einzelner Arten von Vereinbarungen eingeführt. Darüber hinaus wurde die Vorteilsabschöpfung durch die Kartellbehörde verschärft (§ 34 GWB) und zugleich den Wirtschaftsverbänden ein entspr Anspruch eingeräumt (§ 34 a GWB). – Die jüngste Änderung des GWB erfolgte durch das **Gesetz zur Bekämpfung von Preismissbrauch im Bereich der Energieversorgung und des Lebensmittelhandels** v 18. 12. 2007 (BGBl I 2966). Darin wurde insbes das Verbot des Verkaufs unter Einstandspreis weit gehend neu geregelt (§ 20 IV 2–4 GWB). Des Weiteren wurde § 29 GWB verschärft, um einen Missbrauch durch überhöhte Energiepreise wirksam bekämpfen zu können.

6.6 b) **Kartellverbot.** Nach § 1 GWB sind Vereinbarungen zwischen Unternehmen, Beschlüsse von Unternehmensvereinigungen und aufeinander abgestimmte Verhaltensweisen, die eine Verhinderung, Einschränkung oder Verfälschung des Wettbewerbs bezwecken oder bewirken, verboten. Das entspricht der Regelung des Art 101 I AEUV. Anders als im früheren Recht gilt dieses Kartellverbot unterschiedslos für horizontale und vertikale Vereinbarungen. Ausgenommen vom Kartellverbot ist die Preisbindung bei Zeitungen und Zeitschriften (§ 30 GWB).

6.7 c) **Freistellung vom Kartellverbot.** Nach § 2 I GWB sind wettbewerbsbeschränkende Vereinbarungen kraft Gesetzes vom Kartellverbot freigestellt, wenn sie bestimmte Voraussetzungen erfüllen. Diese Voraussetzungen entsprechen denen des Art 101 III AEUV. Nach § 3 GWB gelten diese Voraussetzungen bei Mittelstandskartellen als erfüllt.

6.8 d) **Entsprechende Anwendung der Gruppenfreistellungsverordnungen.** Bei der Anwendung des Freistellungstatbestands des § 2 I GWB sind nach § 2 II GWB die sog Gruppenfreistellungsverordnungen entspr anwendbar. Von Bedeutung ist insoweit vor allem die Vertikal-GVO.

6.9 e) **Verbot des Missbrauchs von Marktmacht.** In § 19 GWB wird der Missbrauch einer marktbeherrschenden Stellung verboten. Die unbillige Behinderung und die sachlich nicht gerechtfertigte Ungleichbehandlung sind nach § 20 I und II GWB nicht nur marktbeherrschenden Unternehmen untersagt, sondern auch marktstarken Unternehmen im Verhältnis zu den von ihnen abhängigen Unternehmen. Nach § 20 III GWB ist diesen Unternehmen auch untersagt, solche Unternehmen zur Gewährung von sachlich nicht gerechtfertigten Vorteilen aufzufordern oder zu veranlassen. In § 20 IV 1 GWB wird das Verbot der unbilligen Behinderung auch auf Unternehmen erstreckt, die im Verhältnis zu kleinen und mittleren Wettbewerbern eine überlegene Marktmacht besitzen. Eine unbillige Behinderung liegt nach § 20 IV 2 Nr 2 GWB insbes dann vor, wenn Unternehmen Waren oder Dienstleistungen nicht nur gelegentlich unter Einstandspreis anbieten, es sei denn, dies ist sachlich gerechtfertigt.

f) Sonstige wettbewerbsbeschränkende Verhaltensweisen. In § 21 GWB werden bestimmte wettbewerbsbeschränkende Verhaltensweisen, ua der Boykott (§ 21 I GWB), ohne Rücksicht auf das Bestehen von Marktmacht verboten.

III. Lauterkeitsrecht und Kartellrecht als Gesamtordnung des Wettbewerbs

1. Einheitliche Erfassung

Das Kartellrecht und das Lauterkeitsrecht sind einander ergänzende Regelungen zum Schutze des Wettbewerbs vor Beeinträchtigungen. Sie haben auch keine unterschiedlichen, sondern übereinstimmende Schutzzwecke, nämlich den Schutz des Wettbewerbs im Allgemeininteresse und im Interesse der Marktteilnehmer. Der Schutz des freien und der Schutz des lauteren Wettbewerbs sind dementsprechend keine Gegensätze. Vielmehr handelt es sich dabei um zwei Aufgabenbereiche einer in ihrem Sinnzusammenhang einheitlichen Gesamtordnung (vgl *Köhler* WRP 2005, 645). Das Kartellrecht schützt die Freiheit des Wettbewerbs gegen Beschränkungen, das Lauterkeitsrecht die Lauterkeit des Wettbewerbs vor unlauteren Wettbewerbsmethoden. Beide Rechtsbereiche stehen in einer wechselseitigen Abhängigkeit. Freiheit und Lauterkeit des Wettbewerbs sind in einer marktwirtschaftlichen Ordnung keine Gegensätze, sondern korrelative Postulate. Mit einer einheitlichen Erfassung der Wettbewerbsordnung sollen nicht die Verschiedenheiten geleugnet werden, die zwischen Kartellrecht und Lauterkeitsrecht in ihren Anwendungsbereichen und Wertungen bestehen. Insoweit ist es aus systematischer Sicht nötig, die Einzelmaterien zu trennen. Zu vermeiden ist jedoch, beide Rechtsbereiche antithetisch zu begreifen. Die Freiheit wirtschaftlicher Betätigung besteht nur insoweit, als die Lauterkeit gewahrt ist. Die Anforderungen an die Lauterkeit von geschäftlichen Handlungen müssen jedoch mit dem Grundziel des Kartellrechts, den freien Wettbewerb und dessen Funktionsfähigkeit zu gewährleisten, im Einklang stehen. Es darf deshalb die Wettbewerbsfreiheit zum einen nicht durch eine Verschärfung der wettbewerblichen Verhaltensregeln eingeengt, zum anderen nicht mit unlauteren Mitteln beeinträchtigt werden. Freiheits- und Lauterkeitsschutz sind im Rahmen einer einheitlichen Wettbewerbsordnung einander bedingende Schutzformen.

2. Zusammenhänge

Die beiden großen Zweige des Rechts zur Ordnung des wirtschaftlichen Wettbewerbs, das Recht gegen unlauteren Wettbewerb und das Recht gegen Wettbewerbsbeschränkungen, regeln den Wettbewerb demnach unter verschiedenen Aspekten. Einmal geht es um die Bekämpfung unlauterer geschäftlicher Handlungen, zum anderen um die Sicherung wettbewerblicher Marktstrukturen. Trotz ihrer verschiedenen Zielsetzungen stehen beide Rechtsgebiete in einem Funktionszusammenhang. Dies folgt daraus, dass sie auf ein und dasselbe Phänomen, den Wettbewerb, bezogen sind und sich bei der Verhinderung missbräuchlicher Verhaltensweisen wechselseitig beeinflussen. Das Lauterkeitsrecht ist deshalb materiell nicht als eine „Beschränkung" der Wettbewerbsfreiheit zu werten (aA *Emmerich* UnlWb § 5/8). Eine Wettbewerbsbeschränkung liegt erst vor, wenn für das einzelne Unternehmen die Möglichkeit zu freier, nicht wettbewerbswidriger wirtschaftlicher Betätigung eingeengt wird. Die Wettbewerbsfreiheit allein ist nicht in der Lage, unlautere Geschäftspraktiken zu verhindern. Da sich der Einzelne nur mit und neben anderen wirtschaftlich betätigen kann, ist ein wirksamer Schutz gegen unlautere wettbewerbliche Betätigung unerlässlich. Je härter der Wettbewerb, umso größer die Gefahr unlauterer Praktiken. Der Wettbewerb als Ordnungsprinzip einer marktwirtschaftlich orientierten Wirtschaftsordnung rechtfertigt nicht die Aufgabe des Lauterkeitsprinzips. Im Gegenteil, die Lauterkeit des Wettbewerbs ist der allerbeste Schutz des Einzelnen und der Allgemeinheit. Gerade hier zeigt sich die Korrelation beider Rechtsgebiete. Einerseits braucht die Wettbewerbsfreiheit den notwendigen Spielraum und darf nicht durch eine isolierte Erfassung und Überspannung des Unlauterkeitsbegriffs über Gebühr eingeengt werden, andererseits gibt die Wettbewerbsfreiheit keinen Freibrief für unlautere Verhaltensweisen. Die Verbote des Lauterkeitsrechts sind hierbei jedoch nicht als einseitige Beschränkung der durch das Kartellrecht garantierten Wettbewerbsfreiheit aufzufassen, sondern ihrerseits im Kontakt mit den Grundwertungen des Kartellrechts auszulegen. Es besteht nur ein schmaler Grat. Werden die Anforderungen an die Lauterkeit gesteigert und dadurch der Bereich unlauteren Wettbewerbs ausgedehnt, so wird der Bereich freier wirtschaftlicher Betätigung eingeschränkt; wird umgekehrt die wirtschaftliche Betätigung ungehemmt zugelassen, so werden die Anforderungen an die Lauterkeit herabgesetzt und der Verbotsbereich unlauteren Wettbewerbs eingeengt. Die Korrelation beider Rechtsgebiete ist somit evident. Sie richtig zu bestimmen, ist die schwierige Aufgabe bei der Handhabung der Generalklausel des § 3 UWG und der dazugehörigen Beispielstatbestände der §§ 4–6.

3. Schutzgegenstand

6.13 Beide Rechtsgebiete schützen, wenn auch mit unterschiedlicher Zielrichtung, den Wettbewerb. Dieser Schutz umfasst die Interessen der Mitbewerber, Verbraucher und der sonstigen Marktteilnehmer und der Allgemeinheit. Während das Kartellrecht den freien Wettbewerb als Koordinator der Marktbeziehungen vorwiegend unter wirtschaftspolitischen Gesichtspunkten gegen Beschränkungen schützt, steht im Lauterkeitsrecht der Schutz der Marktteilnehmer gegen unlautere Wettbewerbshandlungen einzelner Unternehmen im Vordergrund. Beide Ziele schließen sich im Hinblick auf die Dualität der zu schützenden individuellen und kollektiven Interessen nicht aus. Vielmehr dienen beide Rechte sowohl dem Schutz der Individualinteressen der Marktteilnehmer (für das GWB vgl § 33 GWB; für Art 101 AEUV vgl EuGH Slg 2006, 6619 Tz 60 f – *Manfredi;* EuGH Slg 2001, 6297 Tz 26 f – *Courage;* für das UWG vgl § 1 S 1, § 8 III) als auch dem Schutz des Allgemeininteresses (für das UWG vgl § 1 S 2). Es besteht daher heute Einigkeit darüber, dass beide Normkomplexe einander ergänzen und dementsprechend so auszulegen und zu handhaben sind, dass Wertungswidersprüche vermieden werden (vgl GK/*Köhler* § 1 aF Rdn D 11 ff mwN; *Köhler* WRP 2005, 645). Insbes bei der Auslegung der Generalklausel des § 3, aber auch bei der Auslegung der Beispielstatbestände der §§ 4–6, ist darauf zu achten, dass die freiheitssichernde Zielsetzung des Kartellrechts nicht beeinträchtigt wird (BGH GRUR 2004, 602, 603 – *20 Minuten Köln*). Daher kann es nicht Aufgabe des Lauterkeitsrechts sein, vorhandene Wettbewerbsstrukturen zu sichern und neuartige Entwicklungen nur deshalb zu verbieten, weil sie bestehende Wettbewerbskonzeptionen in Frage stellen (BGH GRUR 1999, 256, 258 – *1000,– DM Umweltbonus;* BGH GRUR 2004, 602, 603 f – *20 Minuten Köln*). Dem ist die Rspr insgesamt gerecht geworden (fragwürdig allerdings zB BGH GRUR 1977, 619, 621 – *Eintrittsgeld* zum „Anzapfen" als einem „funktionswidrigen" Händlerverhalten). Der Prozess der fortschreitenden Annäherung von Kartellrecht und Lauterkeitsrecht hin zu ihrer Verschränkung findet seinen Niederschlag aber nicht nur in der Rspr, sondern auch (zumindest verbal) in der Gesetzgebung (vgl zum GWB etwa § 24 I GWB „Grundsätze des lauteren Wettbewerbs"; zum UWG etwa § 1 S 2 („Interesse der Allgemeinheit an unverfälschtem Wettbewerb"). Ob und inwieweit Ansprüche für den einzelnen Marktteilnehmer begründet werden, ergibt sich aus dem Schutzzweck der verletzten Vorschrift. Das Kartellrecht ist kein Sonderrecht gegenüber dem Lauterkeitsrecht, das dessen Anwendung ausschließt. Allerdings kann es notwendig sein, beide Rechtsgebiete auf Grund der unterschiedlichen privatrechtlichen Sanktionen aufeinander abzustimmen (BGHZ 166, 154 = GRUR 2006, 773 Tz 13 ff – *Probeabonnement;* dazu *Alexander* ZWeR 2007, 239 ff). Beide Rechtsgebiete dienen gemeinsam dem Schutz der Wettbewerbsordnung, unterscheiden sich aber in den rechtlichen Ansatzpunkten und Schutzzielen. Weder ist jede kartellrechtswidrige Maßnahme unlauterer Wettbewerb noch umgekehrt unlauteres Verhalten stets kartellrechtswidrig. Wohl aber können im Einzelfall beide Rechtsgebiete nebeneinander zur Anwendung gelangen, wenn dasselbe Verhalten sowohl gegen Lauterkeits- als auch gegen Kartellrecht verstößt (stRspr; BGHZ 13, 33, 37 – *Warenkredit;* BGH GRUR 2004, 602, 603 – *20 Minuten Köln*). Allerdings dürfen die einer kartellrechtlichen Norm zu Grunde liegenden Wertungen nicht dadurch unterlaufen werden, dass vermeintliche Schutzlücken mit Hilfe der lauterkeitsrechtlichen Generalklausel des § 3 I geschlossen werden (*Köhler* WRP 2005, 645, 647).

IV. Einzelfragen

1. Kartellverbot

6.14 **a) Horizontalvereinbarungen.** Die unlautere Behinderung von Mitbewerbern iSv § 4 Nr 10 wird nicht dadurch ausgeschlossen, dass sie auf einer wettbewerbsbeschränkenden Vereinbarung iSv Art 101 I AEUV oder § 1 GWB beruht. Dies gilt unzweifelhaft dann, wenn sich das

IV. Einzelfragen

Kartell gezielt gegen Außenseiter als Mitbewerber richtet (GK/*Köhler* § 1 aF Rdn D 19). Dies gilt aber auch dann, wenn sich die Maßnahme gegen ein Kartellmitglied richtet. Dass es der Kartellabsprache (uU unter Zwang) zugestimmt hat, ändert daran nichts, da die Vereinbarung verboten und unwirksam ist (vgl *Mestmäcker* S 131 f). Nur beim Schadensersatzanspruch kann die freiwillige Mitwirkung am Kartell als Mitverschulden zu berücksichtigen sein. Das Kartellverbot schützt allerdings nur den rechtlich zulässigen Wettbewerb. Unlautere Verhaltensweisen können daher vertraglich verboten werden, ohne dass Art 101 I AEUV (vgl EuGH Slg 1966, 457, 483; EuGH Slg 1981, 181, 194 Tz 15 f) oder § 1 GWB tangiert wäre (vgl BGH WuW/E BGH 2347 – *Aktion Rabattverstoß*). Die eigentliche Problematik besteht in der Feststellung, ob ein vertraglich geregeltes Verhalten unzulässigen oder zulässigen Wettbewerb betrifft (Problem der Grauzonen). Das Risiko für die Unternehmen ist im deutschen Kartellrecht allerdings derzeit noch dadurch gemildert, dass Wirtschafts- und Berufsvereinigungen **Wettbewerbsregeln** aufstellen können, die den Zweck verfolgen, „einem den Grundsätzen des lauteren oder der Wirksamkeit eines leistungsgerechten Wettbewerbs zuwiderlaufenden Verhalten im Wettbewerb entgegenzuwirken" (§ 24 II GWB). Derartige Regeln können aber seit der 7. Kartellnovelle nicht mehr durch die Kartellbehörde vom Kartellverbot freigestellt werden Die Anerkennung durch die Kartellbehörde beschränkt sich vielmehr darauf, dass für die Kartellbehörde kein Anlass besteht, Einwände gegen die Wettbewerbsregeln zu erheben (§ 26 I 2 GWB). Soweit die Wettbewerbsregeln auf Sachverhalte anzuwenden sind, die den zwischenstaatlichen Handel betreffen, sind sie ohnehin bereits auch am Maßstab des Art 101 AEUV zu messen.

b) Vertikalvereinbarungen. Das Verbot des Art 101 I AEUV und des § 1 GWB gilt auch **6.15** für wettbewerbsbeschränkende Vertikalvereinbarungen, wie insbes Preis- und Konditionenbindungen, soweit sie nicht nach Art 1011 III AEUV oder § 2 II GWB iVm der VertikalGVO freigestellt sind. Ein Verstoß gegen diese das Marktverhalten regelnden Normen kann aber nicht zugleich nach §§ 3, 4 Nr 11 UWG geahndet werden. Denn das Kartellrecht ist als abschließende Regelung zu begreifen (vgl § 4 Rdn 11.12; BGHZ 166, 154 = GRUR 2006, 773 Tz 13 ff – *Probeabonnement* mwN). Die abweichende frühere Rspr ist damit überholt. Die Unlauterkeit eines Verstoßes gegen das Preis- und Konditionenbindungsverbot lässt sich daher nur aus den Wertungen des Lauterkeitsrechts selbst begründen.

2. Boykottverbot

Die Aufforderung zum Boykott verstößt gegen § 21 I GWB, wenn sie von der Absicht **6.16** getragen wird, bestimmte Unternehmen unbillig zu beeinträchtigen. Soweit der Aufruf zur Förderung des eigenen Wettbewerbs erfolgt, ist in aller Regel auch der Tatbestand des § 3 I iVm § 4 Nr 10 erfüllt (vgl § 4 Rdn 10.116 ff; BGH GRUR 1980, 242, 243 – *Denkzettelaktion*). Die Unbilligkeit kann aber nicht mit Hilfe der Wertungen des UWG konkretisiert werden, vielmehr sind es dieselben Wertmaßstäbe, die sowohl bei den §§ 3, 4 Nr 10 UWG wie bei § 21 I GWB zu Grunde zu legen sind (vgl *Mestmäcker* S 135 f). Wird der Boykott befolgt, greifen auch die Art 101 AEUV, §§ 1, 2 GWB ein (vgl § 4 Rdn 10.127; *Werner*, Wettbewerb und Boykott, 2008, S 175).

3. Behinderungsverbot

In den Fällen der individuellen Behinderung von Mitbewerbern (§ 4 Rdn 10.1 ff) und der **6.17** allgemeinen Marktbehinderung (§ 4 Rdn 12.1 ff) begegnen sich die Verbotsbereiche des Lauterkeitsrechts und des Kartellrechts. Die Behinderung von Mitbewerbern kann sowohl unter den Tatbestand des § 3 I iVm § 4 Nr 10 UWG als auch unter die Tatbestände des Art 102 AEUV sowie der §§ 19 IV, 20 I, II, III, IV GWB fallen. Für die Prüfung, ob ein Verhalten unlauterer Wettbewerb ist, ist jedoch nur Raum, wenn eine geschäftliche Handlung (§ 2 I Nr 1 UWG) vorliegt. Liegt keine geschäftliche Handlung vor, so kann ein durch wettbewerbsbeschränkendes Verhalten betroffenes Unternehmen nur aus § 33 GWB oder §§ 1004, 823 II BGB Unterlassungs- und Ersatzansprüche haben. – Die von der Rspr verwendeten Wertmaßstäbe zur Feststellung, ob eine unlautere oder unbillige Behinderung vorliegt, sind weitgehend identisch (vgl § 4 Rdn 10.18; BGH GRUR 1985, 883 – *Abwehrblatt I*; BGH GRUR 1986, 397 – *Abwehrblatt II*; BGHZ 107, 40 – *Krankentransportbestellung*; BGH GRUR 1990, 685 – *Anzeigenpreis I*; BGH WRP 1999, 105, 109 – *Schilderpräger im Landratsamt*; krit *Ulmer*, FS v Gamm 1990, 677, 691 ff). Nur bei Vorliegen bes Umstände kann sich eine unterschiedliche Beurteilung nach §§ 19 IV, 20 I, II GWB einerseits und § 3 iVm § 4 Nr 10 UWG andererseits ergeben (BGHZ

56, 327, 336 f – *Feld und Wald I;* BGH GRUR 1986, 397 – *Abwehrblatt II*). Die im GWB gezogenen Grenzen einer Verhaltenskontrolle (Anknüpfung des Behinderungsverbots an eine bestimmte Marktmacht) dürfen allerdings nicht durch eine extensive Auslegung des § 3 iVm § 4 Nr 10 beiseite geschoben werden. Das ist jedoch im Hinblick auf die strengen Anforderungen der lauterkeitsrechtlichen Rspr etwa an die Unlauterkeit einer Preisunterbietung (Vernichtungsabsicht oder Gefährdung des Wettbewerbsbestands; dazu § 4 Rdn 10.188 ff und 12.14 ff) nicht der Fall. Bedenklich wäre dagegen eine Absenkung der Eingriffsschwelle, etwa mit Hilfe der sog Vorfeldthese, die „nicht leistungsgerechte" geschäftliche Handlungen mittels § 3 bereits im Vorfeld kartellrechtlicher Missbrauchstatbestände bekämpft wissen will (vgl näher § 4 Rdn 12.2). Erst recht wäre es nicht statthaft, aus § 3 iVm § 4 Nr 10 UWG ein allgemeines Diskriminierungsverbot abzuleiten. Allerdings können die Verhaltensanforderungen der §§ 19, 20 GWB strenger sein als die des § 4 Nr 10 UWG, da sie sich nicht an jedermann, sondern nur an marktmächtige Unternehmen richten (dazu *Wolf* WRP 1995, 543, 545; *Ulmer* aaO).

4. Verbot des Missbrauchs einer marktbeherrschenden Stellung

6.18 Ein Verstoß gegen das Verbot des Art 102 AEUV oder des § 19 GWB stellt nicht zwangsläufig zugleich einen Wettbewerbsverstoß dar (dazu auch *Immenga/Mestmäcker/Möschel* GWB § 19 Rdn 254 ff). Das ist evident bei einem Preismissbrauch iSd Art 102 S 2 lit a AEUV und des § 19 IV Nr 2 GWB. Vielmehr kommt es darauf an, ob der Machtmissbrauch sich nach den Wertungen des UWG als unlautere geschäftliche Handlung darstellt. Im Übrigen stellt das Kartellrecht eine abschließende Regelung dar (vgl § 4 Rdn 11.12). Die Unlauterkeit eines Verstoßes gegen das Missbrauchsverbot lässt sich daher nur aus den Wertungen des Lauterkeitsrechts selbst begründen, aber nicht aus dem Kartellrecht ableiten.

5. Unterschiedliche Verjährungsfristen

6.19 Ansprüche aus Wettbewerbsverstößen unterliegen der (kurzen) Verjährungsfrist des § 11 UWG, Ansprüche aus Kartellrechtsverstößen dagegen der Verjährungsfrist der §§ 195, 199 BGB.

7. Kapitel. Lauterkeitsrecht und Bürgerliches Recht

Übersicht

	Rdn
I. Allgemeines	7.1
II. Lauterkeitsrecht und Deliktsrecht	7.2–7.7
1. Lauterkeitsrecht als Sonderdeliktsrecht	7.2
2. Konkurrenz zwischen lauterkeitsrechtlichen und bürgerlichrechtlichen Ansprüchen	7.3–7.7
a) Allgemeines	7.3
b) Ansprüche aus § 823 I BGB	7.4
c) Ansprüche aus § 823 II BGB	7.5
d) Ansprüche aus § 824 BGB	7.6
e) Ansprüche aus § 826 BGB	7.7
III. Lauterkeitsrecht und Vertragsrecht	7.8–7.13 a
1. Wettbewerbsverstoß und Vertragsunwirksamkeit nach den §§ 134, 138 BGB	7.8, 7.9
a) Grundsatz	7.8
b) Ausnahmen	7.9
2. Wettbewerbsverstoß und Vertragsanfechtung	7.10
3. Wettbewerbsverstoß und Vertragswiderruf	7.11
4. Wettbewerbsverstoß und Sachmängelhaftung	7.12
5. Wettbewerbsverstoß und culpa in contrahendo	7.13
6. Unlautere geschäftliche Handlungen bei und nach Vertragsschluss	7.13 a
IV. Bürgerlichrechtlicher Schutz des Unternehmens	7.14–7.38
1. Allgemeines	7.14
2. Entwicklung der Rspr und dogmatische Kritik	7.15–7.17
a) Rspr des Reichsgerichts	7.15
b) Fortentwicklung durch den Bundesgerichtshof	7.16
c) Kritik	7.17

II. Lauterkeitsrecht und Deliktsrecht 7.1–7.3 **Einl UWG**

	Rdn
3. Inhalt	7.18–7.24
a) Schutzgegenstand	7.18, 7.19
aa) Allgemeines	7.18
bb) Einzelheiten	7.19
b) Rechtsträger	7.20
c) Eingriff und Begrenzung des Schutzbereichs	7.21–7.24
aa) Allgemeines	7.21
bb) Unmittelbarkeit und Betriebsbezogenheit des Eingriffs	7.22
cc) Erfassung des Unrechtsgehalts	7.23, 7.24
(1) Offener Tatbestand	7.23
(2) Güter- und Interessenabwägung	7.24
4. Anwendungsfälle	7.25–7.38
a) Eingriffe innerhalb des Wettbewerbs	7.25–7.27
aa) Grundauffassung	7.25
bb) Ergänzende Funktion	7.26
cc) Subsidiarität	7.27
b) Eingriffe außerhalb des Wettbewerbs	7.28–7.38
aa) Grundauffassung	7.28
bb) Fallgruppen	7.29–7.38
(1) Geschäftsschädigende Äußerungen	7.29
(2) Kritische Berichterstattung und Warentests	7.30
(3) Boykott	7.31
(4) Streik	7.32
(5) Blockade	7.33
(6) Unberechtigte Schutzrechtsverwarnung	7.34
(7) Unberechtigte Abmahnung	7.35
(8) Unberechtigtes gerichtliches Vorgehen	7.36
(9) Verwässerung von Marken und Unternehmenskennzeichen	7.37
(10) Unerwünschte Werbezusendungen	7.38

I. Allgemeines

Der Gesetzgeber hat die Bekämpfung des unlauteren Wettbewerbs mit den Gestaltungsmitteln des Privatrechts (und des Strafrechts) organisiert. Das Wettbewerbsrecht ist insoweit ein **Sonderprivatrecht**, das die Normen des Bürgerlichen Rechts überlagert. Soweit das Wettbewerbsrecht keine abschließenden Regelungen trifft, greift daher ergänzend und konkurrierend das Bürgerliche Recht ein. Ob und inwieweit das Lauterkeitsrecht bestimmte Sachverhalte abschließend regelt, ist durch **Auslegung** zu ermitteln. Die Besonderheiten des Wettbewerbsgeschehens sind allerdings auch bei der Auslegung und Anwendung des Bürgerlichen Rechts zu berücksichtigen (zB bei der Schadensberechnung oder bei der Verwirkung). Den Lauterkeitsschutz ergänzende Funktion hat insbes der Schutz des Rechts am Unternehmen nach § 823 I BGB (Rdn 7.14 ff). 7.1

II. Lauterkeitsrecht und Deliktsrecht

1. Lauterkeitsrecht als Sonderdeliktsrecht

Das Lauterkeitsrecht verbietet bestimmte Handlungen und bezweckt damit den Schutz nicht nur der Institution Wettbewerb (§ 1 S 2), sondern auch und vor allem den Schutz von Individualinteressen (§ 1 S 1). Insoweit ist das Lauterkeitsrecht als Sonderdeliktsrecht zu begreifen (BGH GRUR 1982, 495, 497 – *Domgarten-Brand;* BGH GRUR 1999, 751, 754 – *Güllepumpen;* BGH WRP 2002, 532, 533 – *Meißner Dekor; Teplitzky* Kap 4 Rdn 11; *Reichold* AcP 193 (1993), 204; krit GK/*Schünemann* Einl Rdn E 65). Auf lauterkeitsrechtliche Ansprüche finden daher ergänzend die Normen des allgemeinen Deliktsrechts (etwa die §§ 827–829, §§ 830, 831, 840 BGB) Anwendung, sofern das UWG keine Sonderregelung (zB § 8 II) bereithält. 7.2

2. Konkurrenz zwischen lauterkeitsrechtlichen und bürgerlichrechtlichen Ansprüchen

a) Allgemeines. Ein und dieselbe Handlung kann den Tatbestand sowohl lauterkeitsrechtlicher als auch bürgerlichrechtlicher Abwehr- bzw Ersatzansprüche erfüllen. Dabei ist jedoch zu unterscheiden. Wer nicht zum Kreis der nach § 8 III Anspruchsberechtigten gehört, kann bürgerlichrechtliche Ansprüche selbstverständlich auch dann geltend machen, wenn die tatbestandsmäßige Handlung zugleich einen Wettbewerbsverstoß darstellt. So etwa der Letztver- 7.3

braucher, der durch wettbewerbswidrige Werbemaßnahmen in seinem Eigentum oder seinem allgemeinen Persönlichkeitsrecht verletzt wird. Das Lauterkeitsrecht schränkt diesen Schutz nicht ein. Die Konkurrenzproblematik stellt sich nur im Hinblick auf Personen, die nach § 8 III anspruchsberechtigt sind. Im Wesentlichen geht es dabei um die Anspruchsverjährung: Wettbewerbsrechtliche Ansprüche verjähren in der (kurzen) Frist des § 11, bürgerlichrechtliche dagegen in den (längeren) Fristen der §§ 195, 199 BGB. Die Frage, ob bürgerlichrechtliche Ansprüche bzw die für sie geltende Verjährungsregelung vom Lauterkeitsrecht verdrängt werden, lässt sich nicht generell beantworten, sondern ist für jeden einzelnen Anspruch zu beurteilen. Es ist jeweils zu prüfen, ob eine der Regelungen als erschöpfende und deshalb die anderen ausschließende Regelung der jeweiligen Teilfrage anzusehen ist. Dies gilt auch und insbes für die Verjährung (BGH GRUR 1962, 312, 314 – *Gründerbildnis;* GRUR 1984, 820, 822 – *Intermarkt II;* § 11 Rdn 1.8 ff).

7.4 **b) Ansprüche aus § 823 I BGB.** Stellt der Wettbewerbsverstoß zugleich eine rechtswidrige Verletzung der Gesundheit, der Freiheit, des Eigentums oder des allgemeinen Persönlichkeitsrechts des Betroffenen dar, so ist § 823 I BGB neben § 3 anwendbar (aA GK/*Schünemann* Einl Rdn E 70, 74). Denn insoweit ist eine Privilegierung des Verletzers (§ 11 UWG statt §§ 195, 199 BGB), nur weil er im Wettbewerb gehandelt hat, nicht gerechtfertigt. Auf eine Verletzung des **„Rechts am eingerichteten und ausgeübten Gewerbebetrieb"** kann sich der von einem Wettbewerbsverstoß betroffene Mitbewerber dagegen nicht berufen. Denn dieses Recht stellt einen „Auffangtatbestand" (BGHZ 105, 346, 350) dar und hat lediglich subsidiäre, lückenfüllende Funktion (BGH GRUR 1972, 189, 191 – *Wandsteckdose II;* BGH GRUR 1983, 467, 468 – *Photokina;* BGH GRUR 2004, 877, 880 – *Werbeblocker; Sack* VersR 2006, 1001). Soweit der Verletzte daher einen Anspruch aus den §§ 8, 9 geltend machen kann, ist er darauf beschränkt. Ob er wenigstens dann auf § 823 I BGB zurückgreifen kann, wenn zwar ein Wettbewerbsverhältnis besteht, aber die §§ 8 ff nicht eingreifen (so BGHZ 38, 200 – *Kindernähmaschinen* für die „unberechtigte Schutzrechtsverwarnung"), erscheint zweifelhaft. Richtigerweise ist zu fragen, ob derartige Fälle – falls überhaupt – nicht doch unter §§ 3, 8 ff zu subsumieren sind (vgl näher § 4 Rdn 10.178 ff).

7.5 **c) Ansprüche aus § 823 II BGB.** Schutzgesetze iSd § 823 II BGB sind nicht die §§ 3 und 7. Ansprüche und Anspruchsberechtigung wegen eines Verstoßes gegen § 3 und gegen § 7 sind nämlich abschließend in den §§ 8–10 geregelt (vgl Begr RegE UWG 2004 zu § 8, BT-Drucks 15/1487 S 22; Harte/Henning/*Ahresn/Brüning* Einl F Rdn137). Dagegen stellen die Straftatbestände des Lauterkeitsrechts (§§ 16 ff) und des allgemeinen Strafrechts sehr wohl Schutzgesetze iSd § 823 II BGB dar, da diese Bestimmungen keine – abschließenden - Regelungen der zivilrechtlichen Rechtsfolgen enthalten (BGH GRUR 2008, 818 Tz 87 – *Strafbare Werbung im Versandhandel; Alexander* WRP 2004, 407, 420; § 16 Rdn 29). Dazu gehören ua strafbare Behinderungshandlungen gegenüber Mitbewerbern, wie Nötigung, Erpressung oder Sachbeschädigung (vgl BGH GRUR 1960, 135, 136 f – *Druckaufträge).* Ansprüche aus § 823 II BGB werden insoweit nicht vom Lauterkeitsrecht verdrängt (aA GK/*Schünemann* Einl Rdn E 79). Durch Auslegung der jeweiligen Normen ist auch zu ermitteln, welche Personen Ansprüche aus § 823 II BGB geltend machen können.

7.6 **d) Ansprüche aus § 824 BGB.** Sie sind neben § 3 iVm § 4 Nr 8 möglich (BGH GRUR 1962, 312, 314 – *Gründerbildnis* zu § 14 aF; aA GK/*Schünemann* Einl Rdn E 73). Darin liegt kein Wertungswiderspruch: Da § 824 BGB dem Verletzten den Beweis für die Unwahrheit aufbürdet, also strengere Anforderungen als § 4 Nr 8 stellt, ist es gerechtfertigt, diesen Anspruch (mit der Folge der Verjährung nach den §§ 195, 199 BGB) neben lauterkeitsrechtlichen Ansprüchen zu gewähren.

7.7 **e) Ansprüche aus § 826 BGB.** Sie sind (mit Folge der §§ 195, 199 BGB) neben Ansprüchen aus dem UWG möglich. Denn § 826 BGB stellt strengere Voraussetzungen (Schädigungsvorsatz!) als das Lauterkeitsrecht auf (BGH GRUR 1962, 312, 314 – *Gründerbildnis;* BGH GRUR 1977, 539, 541 – *Prozessrechner).* Der Schädiger darf nicht privilegiert werden, nur weil er (auch) in Wettbewerbsabsicht gehandelt hat (aA GK/*Schünemann* Einl Rdn E 74, 75). Allerdings ist der Begriff der „Unlauterkeit" in § 3 I und der Begriff der „guten Sitten" in § 826 BGB schon im Hinblick auf die Funktionsunterschiede beider Normen nicht identisch (vgl BGH GRUR 1999, 751, 753 – *Güllepumpen;* BGHZ 150, 343, 347 – *Elektroarbeiten* zu § 1 UWG 1909). Sittenwidrigkeit setzt eine besondere Verwerflichkeit des Handelns voraus, die nicht schon bei jedem unlauteren Handeln gegeben ist (vgl auch BGH GRUR 2009, 871 Tz 39 – *Ohrclips).*

III. Lauterkeitsrecht und Vertragsrecht

Schrifttum: *Alexander,* Vertrag und unlauterer Wettbewerb, 2002; *Bernreuther,* Sachmängelhaftung durch Werbung, WRP 2002, 368; *Busch,* Informationspflichten im Wettbewerbs- und Vertragsrecht, 2008; *Fezer,* Das wettbewerbsrechtliche Vertragsauflösungsrecht in der UWG-Reform, WRP 2003, 127; *Köhler,* UWG-Reform und Verbraucherschutz, GRUR 2003, 265; *ders,* Unzulässige geschäftliche Handlungen bei Abschluss und Durchführung eines Vertrags, WRP 2009, 898; *ders,* Die Durchsetzung des Vertragsrechts mit den Mitteln des Lauterkeitsrechts, FS Medicus, 2009, 225; *ders,* Wettbewerbsverstoß und Vertragsnichtigkeit, JZ 2010, 767; *Leistner,* Richtiger Vertrag und lauterer Wettbewerb, 2007; *Tiller,* Gewährleistung und Irreführung, 2005; *Weiler,* Ein lauterkeitsrechtliches Vertragslösungsrecht des Verbrauchers?, WRP 2003, 423.

1. Wettbewerbsverstoß und Vertragsunwirksamkeit nach den §§ 134, 138 BGB

a) Grundsatz. Die Verbote der §§ 3 und 7 können grds **Verbotsgesetze** iSd **§ 134 BGB** sein (BGH GRUR 2009, 606 Tz 11 – *Buchgeschenk vom Standesamt*). Allerdings führen Wettbewerbsverstöße nicht automatisch zur Nichtigkeit eines damit zusammenhängenden Vertrages nach § 134 BGB. Denn Nichtigkeit tritt nur dann ein, „wenn sich nicht aus dem Gesetz ein anderes ergibt" (dazu *Köhler* JZ 2010, 767). Wettbewerbsverstöße führen auch nicht automatisch zur Nichtigkeit damit zusammenhängender Verträge nach **§ 138 BGB,** zumal die Begriffe der „Unlauterkeit" in § 3 I und der „guten Sitten" in § 138 I BGB nicht deckungsgleich sind (vgl BGH GRUR 1990, 522, 528 – *HBV-Familien- und Wohnrechtsschutz;* BGH GRUR 1998, 415 – *Wirtschaftsregister;* BGH GRUR 1998, 945, 946 – *Co-Verlagsvereinbarung*). Verträge, die infolge eines Wettbewerbsverstoßes zustandekommen (sog **Folgeverträge**) sind daher grds wirksam (zu Einzelheiten § 3 Rdn 155 f).

b) Ausnahmen. Sog **Basisverträge,** also Verträge, die zu einem wettbewerbswidrigen Handeln verpflichten, sind der Rspr zufolge nach **§ 134 BGB** nichtig. Voraussetzung ist jedoch, dass der rechtsgeschäftlichen Verpflichtung selbst das wettbewerbswidrige Verhalten innewohnt (BGH GRUR 1998, 945, 947 – *Co-Verlagsvereinbarung;* BGH GRUR 2009, 606 Tz 13 – *Buchgeschenk vom Standesamt*). Die bloße Gefahr, dass eine vertragliche Verpflichtung mit wettbewerbswidrigem Verhalten erfüllt wird, reicht nicht aus (BGH aaO – *Co-Verlagsvereinbarung*); ebenso wenig, dass es bei Durchführung des Vertrages im Einzelfall zu wettbewerbswidrigem Verhalten kommen kann (BGH GRUR 2009, 606 Tz 22 – *Buchgeschenk vom Standesamt*). Sachangemessener, auch im Interesse des vom Wettbewerbsverstoß betroffenen Vertragspartners, erscheint es jedoch, auf diese Fälle nicht § 134 BGB, sondern die Grundsätze über die **anfängliche (rechtliche) Unmöglichkeit** der Leistung (§ 311 a BGB) anzuwenden (*Köhler* JZ 2010, 767, 769 f). – Bei Verstößen gegen § 3 iVm § 4 Nr 2 kann der auf Grund dieses Verhaltens zustande gekommene Vertrag nach § 138 II BGB nichtig sein. Voraussetzung ist jedoch, dass Leistung und Gegenleistung in einem auffälligen Missverhältnis zueinander stehen.

2. Wettbewerbsverstoß und Vertragsanfechtung

Geschäftliche Handlungen, die nach § 4 Nr 1 (Druckausübung usw) oder §§ 5, 5a (Irreführung) unlauter sind, können zugleich die Anfechtbarkeit des Folgevertrages nach § 123 BGB begründen. Dabei ist jedoch zu beachten, dass die widerrechtliche Drohung und arglistige Täuschung iSd § 123 I BGB Vorsatz voraussetzen, während für die Unlauterkeit innewohnen den § 4 Nr 1, §§ 5, 5 a bereits die objektive Eignung der geschäftlichen Handlung zur Druckausübung oder zur Irreführung ausreicht. Kommt ein Vertrag durch eine strafbare Werbung iSd § 16 I zustande, dann ist dieser Vertrag regelmäßig wegen arglistiger Täuschung nach § 123 BGB anfechtbar (s § 16 Rdn 29).

3. Wettbewerbsverstoß und Vertragswiderruf

Besteht der Wettbewerbsverstoß in der Verletzung von Informationspflichten über bestehende gesetzliche Widerrufsrechte (zB bei Fernabsatzverträgen oder Haustürgeschäften), so führt dies dazu, dass die Widerrufsfrist nicht zu laufen beginnt (vgl § 355 III BGB).

4. Wettbewerbsverstoß und Sachmängelhaftung

Die irreführende Werbung über Produkteigenschaften begründet nach §§ 437 ff BGB unter den Voraussetzungen des § 434 I 3 BGB eine Einstandspflicht des Verkäufers für das Vorhandensein dieser Eigenschaften nach Sachmängelrecht (zu Einzelheiten vgl *Bernreuther* WRP 2002, 368; *Lehmann* DB 2002, 1090; *Leistner* S 750, 761 ff; *Tiller* S 25 ff).

5. Wettbewerbsverstoß und culpa in contrahendo

7.13 Unlautere Werbung, etwa in Gestalt irreführender Angaben (§ 5 UWG) oder unangemessener unsachlicher Beeinflussung (§ 4 Nr 1) kann im Einzelfall eine culpa in contrahendo (Verschulden bei Vertragsverhandlungen) darstellen. Daraus kann sich nach den §§ 311 II, 241 II, 280, 249 I BGB ein Anspruch auf Vertragsaufhebung ergeben, sofern der Vertrag für den Käufer einen Vermögensschaden bewirkt (vgl *Ahrens* AcP 208 (2008), 135, 138; *Alexander* S 134 ff; *Köhler* GRUR 2003, 265, 268; *Leistner* S 931 ff).

6. Unlautere geschäftliche Handlungen bei und nach Vertragsschluss

7.13a Da sich der Begriff der geschäftlichen Handlung (§ 2 I Nr 1) auch auf Verhaltensweisen bei und nach Geschäftsabschluss erstreckt und die Unlauterkeitstatbestände des § 4 Nr 1 sowie der §§ 5, 5 a auch solche Verhaltensweisen erfassen, stellt sich die Frage, ob diese Regelungen auch Einfluss auf das Vertragsrecht haben, etwa das Zustandekommen des Vertrages beeinflussen oder vertragliche Rechte der Verbraucher begründen können. Das ist im Grundsatz zu verneinen. Denn die der Neuregelung zu Grunde liegende UGP-Richtlinie sieht in Art 3 II vor, dass sie „das Vertragsrecht und insbes die Bestimmungen über die Wirksamkeit, das Zustandekommen oder die Wirkungen eines Vertrages unberührt" lässt. Das schließt es zwar nicht aus, dass die Wertungen des Lauterkeitsrechts zumindest längerfristig in die Auslegung der vertragsrechtlichen Bestimmungen des BGB einfließen. Jedenfalls begründen die Regelungen des UWG keine unmittelbaren bürgerlichrechtlichen Rechtsfolgen.

IV. Bürgerlichrechtlicher Schutz des Unternehmens

Schrifttum: *Assmann/Kübler,* Testhaftung und Testwerbung, ZHR 142 (1987), 413; *Beater,* Der Schutz von Eigentum und Gewerbebetrieb vor Fotografien, JZ 1998, 1101; *Brinkmann,* Gewerbekritik zwischen freier Meinungsäußerung und Warentest, NJW 1987, 2721; *ders,* Der äußerungsrechtliche Unternehmensschutz in der Rechtsprechung des Bundesgerichtshofs, GRUR 1988, 516; *Buchner,* Die Bedeutung des Rechts am eingerichteten und ausgeübten Gewerbebetrieb für den deliktsrechtlichen Unternehmensschutz, 1971; *ders,* Konsolidierung des deliktsrechtlichen Unternehmensschutzes, DB 1979, 169; *v Caemmerer,* Wandlungen des Deliktsrechts, FS 100 Jahre Deutscher Juristentag, Bd 2, 49 = Gesammelte Schriften, Bd 1, 452; *Fikentscher,* Das Unternehmen in der Rechtsordnung, FG Kronstein, 1967, 262; *Grell/Paschke,* Unternehmensschutz gegenüber Marktforschungsstudien und Rankings, K&R 2000, 125; *Katzenberger,* Recht am Unternehmen und unlauterer Wettbewerb, 1967; *Kisseler,* Auswirkungen und Bedeutung des Rechts am Unternehmen, Diss Bonn, 1962; *Krings,* Haben §§ 14 Abs. 2 Nr. 3 und 15 Abs. 3 MarkenG den Schutz der berühmten Marke sowie des berühmten Unternehmenskennzeichens aus §§ 12, 823 Abs. 1, 1004 BGB ersetzt?, GRUR 1996, 624; *Larenz/Canaris,* Lehrbuch des Schuldrechts II/2, § 81; *Löwisch/Meier-Rudolph,* Das Recht am eingerichteten und ausgeübten Gewerbebetrieb in der Rechtsprechung des BGH und des BAG, JuS 1982, 237; *Möschel,* Der Schutzbereich des Eigentums nach § 823 I BGB, JuS 1977, 1; *Th. Raiser,* Das Unternehmen als Organisation, 1969; *Sack,* Das Recht am Gewerbebetrieb, 2007; *Schildt,* Der deliktische Schutz des Rechts am Gewerbebetrieb, WM 1996, 2261; *K. Schmidt,* Integritätsschutz von Unternehmen nach § 823 BGB – Zum „Recht am eingerichteten und ausgeübten Gewerbebetrieb", JuS 1993, 985; *Schramm,* Der eingerichtete und ausgeübte Gewerbebetrieb, GRUR 1973, 75; *Schrauder,* Wettbewerbsverstöße als Eingriffe in das Recht am Unternehmen, 1970; *Schricker,* Öffentliche Kritik an gewerblichen Erzeugnissen und beruflichen Leistungen, AcP 172 (1972), 203; *Stadtmüller,* Schutzbereich und Schutzgegenstände des Rechts am Unternehmen, 1985; *Werner,* Wettbewerbsrecht und Boykott, 2008.

1. Allgemeines

7.14 Das deutsche Deliktsrecht kennt mit den §§ 823 II, 824, 826 BGB nur einen eng begrenzten Schutz von Vermögensinteressen. Das Recht am eingerichteten und ausgeübten Gewerbebetrieb (moderner: Recht am Unternehmen), das den sonstigen Rechten des § 823 I BGB zugeordnet wird, dient dem Schutz der unternehmerischen Tätigkeit vor Vermögensschäden auf Grund spezifischer Beeinträchtigungen (*Schild* WM 1996, 2261, 2264; Staudinger/*Hager* § 823 BGB Rdn D 2; MünchKommBGB/*Wagner* § 823 Rdn 184). Da ein Unternehmer in einer freien und auf Wettbewerb ausgerichteten Wirtschaftsordnung keinen Anspruch auf Erhalt seiner Marktposition, seines Kundenstamms, seiner Erwerbschancen und auf Schutz vor Konkurrenz haben kann, besteht das Hauptproblem in einer sachgerechten Ausgestaltung und Eingrenzung des zivilrechtlichen Unternehmensschutzes. Erst durch die Ausfüllung des generalklauselartigen „Rahmenrechts" (*Fikentscher/Heinemann* Schuldrecht, 10. Aufl 2006, Rdn 1571; näher zur dogmatischen Einordnung Staudinger/*Hager* § 823 BGB Rdn D 3) gewinnt das Recht am Unternehmen die zur Rechtsanwendung notwendigen Konturen.

2. Entwicklung der Rspr und dogmatische Kritik

a) Rspr des Reichsgerichts. Nach anfänglichen Versuchen, das Recht am Unternehmen 7.15 über § 1 GewO zu schützen (RGZ 45, 61), erkannte das Reichsgericht ein Recht am eingerichteten und ausgeübten Gewerbebetrieb an, und zwar als sonstiges Recht iSd § 823 I BGB: „Dadurch, dass es sich bei dem bestehenden selbstständigen Gewerbebetrieb nicht bloß um die freie Willensbetätigung des Gewerbetreibenden handelt, sondern dieser Wille bereits seine gegenständliche Verkörperung gefunden hat, ist die feste Grundlage für die Annahme eines subjektiven Rechts an diesem Betrieb gegeben." (RGZ 58, 29). Das Reichsgericht bejahte zunächst nur dann, wenn sich der Eingriff unmittelbar gegen den Bestand des eingerichteten und ausgeübten Gewerbebetriebs richtete. Der von der Rspr geforderte Eingriff in den Bestand des Unternehmens erwies sich allerdings als ein wenig leistungsfähiges Kriterium, wie RG MuW 1929, 378, 380 – *Aspirin* zeigt. Dort hatten Krankenkassen von Apotheken verlangt, diese sollten auf ärztliche Verordnung eines teureren Originalmittels ein billigeres Ersatzmittel verabfolgen. Das RG verbot dies iErg zwar zu Recht aus § 823 I BGB, „weil das Verhalten bewusst den Bestand des auf Herstellung des streitigen Arzneimittels gerichteten Gewerbebetriebs gefährde, indem es bei voller Auswirkung die Klägerin zu Betriebseinschränkungen zwinge". Das tut aber jeder Beliebige ernsthafte Wettbewerbsverstoß, wie zB die nachdrückliche Benutzung einer fremden geschäftlichen Bezeichnung oder die Anschwärzung des fremden Unternehmens, gleichviel, ob sich der Angriff gegen den Bestand oder die Betätigung des Gewerbebetriebs richtet. Wie problematisch die Begrenzung war, zeigte RG LZ 1930, 1185 – *Kohlekompretten*, wo § 823 I BGB in einem ähnlichen Fall abgelehnt wurde. In RG GRUR 1935, 577 – *Bandmotiv* wurde daher mit Recht die Beschränkung des Unternehmensschutzes auf den Bestandsschutz aufgegeben, zunächst allerdings nur für das Gebiet des Marken- und Lauterkeitsrechts (RGZ 158, 377 – *Rundfunkeinrichtungen;* RGZ 163, 21, 32 – *Taxi*). Hier wurde ein Schadenersatzanspruch gegen jede schuldhafte Beeinträchtigung der gewerblichen Betätigung anerkannt, ohne dass ein unmittelbar gegen den Bestand des Betriebs gerichteter Eingriff stattgefunden haben musste.

b) Fortentwicklung durch den Bundesgerichtshof. Der BGH hat die Rspr des Reichs- 7.16 gerichts weiterentwickelt. Die Voraussetzung eines unmittelbaren Eingriffs in den Bestand des Betriebs wurde auch außerhalb des Gebiets des Wettbewerbs und der gewerblichen Schutzrechte aufgegeben. Jede Beeinträchtigung des Rechts am eingerichteten und ausgeübten Gewerbebetrieb genügte, wenn sie einen unmittelbaren Eingriff in den gewerblichen Tätigkeitsbereich darstellte (BGHZ 3, 270, 279 – *Constanze I;* BGHZ 8, 142, 144 – *Schwarze Listen;* BGHZ 24, 200 – *Spätheimkehrer;* BGHZ 29, 65, 69 – *Stromunterbrechung I;* BGHZ 41, 210 – *ÖTV;* BGHZ 69, 128, 138 – *Fluglotsen;* BGH GRUR 1956, 212 – *Wirtschaftsarchiv;* BGH GRUR 1957, 360 – *Phylax-Apparate;* BGH GRUR 1963, 277, 278 – *Maris;* BGH GRUR 1983, 398, 399 – *Photokina;* BGH GRUR 1989, 222, 223 – *Filmbesprechung*). Ebenso wie das Eigentum soll das Recht am eingerichteten und ausgeübten Gewerbebetrieb nicht nur in seinem eigentlichen Bestand, sondern auch in seinen einzelnen Erscheinungsformen, wozu der gesamte gewerbliche Tätigkeitskreis („die freie gewerbliche Entfaltung des Unternehmens") zu rechnen ist, vor unmittelbaren rechtswidrigen Störungen geschützt sein.

c) Kritik. Wenngleich das Recht am Unternehmen in Rspr und Schrifttum mittlerweile ganz 7.17 überwiegend Anerkennung gefunden hat, ist die grds Kritik nicht verstummt. Deshalb lässt sich auch nicht von einer gewohnheitsrechtlichen Verfestigung des Rechts am Gewerbebetrieb sprechen (Erman/*Schiemann* § 823 BGB Rdn 50). Insbes von *Canaris* wird gegen das Recht am Unternehmen eingewandt, es handele sich in Wahrheit nicht um ein absolutes Recht, sondern um die Entwicklung gebündelter Verhaltenspflichten auf Grund einer ungeschriebenen Generalklausel (Larenz/*Canaris* SchuldR II/1, 545). Die bislang von der Rspr anerkannten Anwendungsfälle seien durch eine Rückbesinnung auf das Regelungsmodell des BGB (aaO S 547 ff, 560 ff) sowie durch Heranziehung des UWG sachgerecht und dogmatisch überzeugender zu lösen (aaO S 554 ff). Aus lauterkeitsrechtlicher Sicht wird gegen den deliktsrechtlichen Unternehmensschutz vor allem vorgebracht, dass dieser sich neben der lauterkeitsrechtlichen Generalklausel des § 1 UWG aF (jetzt: § 3) zu einer Art „Sonderwettbewerbsrecht" entwickelt habe, was unnötige Friktionen mit sich bringe (*Beater* § 28 Rdn 34). Die Kritik hat aus heutiger Sicht viel Überzeugungskraft. Doch ist zu berücksichtigen, dass zum Zeitpunkt der Entwicklung des Rechts am Unternehmen weder ein spezieller Schutz für die unternehmerische Betätigung bestand noch ein konturiertes Persönlichkeitsrecht existierte, so dass ein legitimes Bedürfnis für das Ausfüllen der zu Tage getretenen Schutzlücken bestand. Eine völlige Umkehrung des seit mehr als

100 Jahren etablierten deliktischen Unternehmensschutzes ist nicht zu erwarten (Münch-KommBGB/*Wagner* § 823 BGB Rdn 182; Erman/*Schiemann* § 823 Rdn 50). Der Kritik ist aber dadurch Rechnung zu tragen, dass im konkreten Einzelfall anstelle des Rechts am Unternehmen andere, leistungsfähigere Alternativen geprüft werden, zB beim Schutz berühmter Marken (Rdn 7.37) und beim Schutz vor unerwünschten Werbezusendungen (Rdn 7.38).

3. Inhalt

7.18   **a) Schutzgegenstand. aa) Allgemeines.** Das Unternehmen umfasst sachlich eine Vielzahl einzelner Rechte und Güter und stellt gewissermaßen die Verkörperung der wirtschaftlichen Betätigung des Unternehmers dar. Bei formaler Betrachtung würde jeder Eingriff in einen dem Unternehmen zugeordneten Einzelwert zugleich eine Verletzung des Unternehmens selbst sein. Bei wertender Prüfung trifft das nicht zu. Das Recht am Unternehmen dient dem Zweck, das Unternehmen als Organismus in seiner wirtschaftlichen Betätigung zu schützen. Aus dieser Zweckrichtung folgt, dass eine Beeinträchtigung des gewerblichen Tätigkeitsbereichs nur vorliegt, wenn das „Funktionieren" des Unternehmens irgendwie in Mitleidenschaft gezogen ist. Die Verletzung einzelner zum Unternehmen zählender Güter und Rechte beinhaltet grds nicht zugleich eine Verletzung des Rechts am Unternehmen selbst (BGH NJW 1983, 812 f). Ob das verletzte Einzelgut selbstständigen Rechtsschutz genießt oder nicht, ist ohne Belang. Der wirtschaftliche Tätigkeitsbereich wird nicht dadurch gestört, dass jederzeit auswechselbare Einzelwerte (ähnlich *Hubmann* ZHR 117 [1955], 89) oder vom Gewerbebetrieb ohne weiteres ablösbare Rechte oder Rechtsgüter betroffen werden (BGHZ 29, 65, 74). Es bedarf deshalb stets einer genauen Prüfung, ob sich ein Eingriff auf die Verletzung unternehmensgebundener Einzelwerte beschränkt, für deren Ausfall sich unschwer Ersatz beschaffen lässt, oder ob der Wirkungsbereich des Unternehmens, das „fonctionnement", angegriffen ist. Daher stellt die Verletzung eines Arbeitnehmers oder des geschäftsführenden Gesellschafters einer Personengesellschaft keine Verletzung des Rechts am Unternehmen dar (BGHZ 7, 30, 51 – *Laderampe;* OLG Celle BB 1960, 117), ebenso nicht die Beschädigung oder Zerstörung eines Lieferautos (BGHZ 29, 65, 74 – *Stromunterbrechung I*). Wenn durch Verletzung eines dem Unternehmen zugehörigen Einzelguts der Wirkungsbereich des Unternehmens im Ganzen – sein „Funktionieren" – betroffen wird, hat grds der spezielle Einzelrechtsschutz den Vorrang vor dem Gesamtrechtsschutz, so zB bei Eigentumsschädigung (BGHZ 41, 123, 127) oder Kennzeichenverletzung (BGHZ 8, 387, 394 – *Fernsprechnummer*). Der wegen rechtswidriger und schuldhafter Verletzung eines Einzelguts geschädigte Unternehmensinhaber wird mit seinem Ersatzanspruch gewöhnlich auch den Schaden ersetzt verlangen können, der ihm im Wirkungsbereich des Unternehmens entstanden ist.

7.19   **bb) Einzelheiten.** Das Unternehmen wird in seinen Funktionen geschützt, nach herkömmlicher Betrachtungsweise wurde das Schutzobjekt als eingerichteter und ausgeübter Gewerbebetrieb umschrieben. Unter dem Gewerbebetrieb ist all das zu verstehen, was in seiner Gesamtheit den Gewerbebetrieb zur Entfaltung und Betätigung in der Wirtschaft befähigt, also nicht nur Betriebsräume und -grundstücke, Warenvorräte, Maschinen und sonstige Einrichtungen, sondern auch Geschäftsverbindungen, Kundenkreis und Außenstände (BGHZ 29, 65, 70 – *Stromunterbrechung I*). Es muss eine auf Dauer angelegte Organisation schon bestehen. Hierunter fällt auch der Ausbau eines schon bestehenden Betriebs sowie die Aufnahme eines im Rahmen der Entwicklung des Unternehmens liegenden neuen Produktionszweiges, nicht aber ein erst „werdendes", im Aufbau befindliches neues Unternehmen. In diesem Fall geht es nämlich um den Schutz der freien wirtschaftlichen Betätigung schlechthin, also unabhängig vom Bestehen eines Unternehmens. Diese wird als ein wichtiger Teil des Rechts auf freie Entfaltung der Persönlichkeit durch das allgemeine Persönlichkeitsrecht geschützt (*Puttfarcken* GRUR 1962, 500, 502; *Hubmann* Persönlichkeitsrecht, 131 ff; aM *Fikentscher*, FG Kronstein, 1967, 263, 281 ff, der auch den Schutz eines lediglich potenziellen Unternehmens nach § 823 I BGB bejaht; ähnlich Staudinger/*Hager* § 823 Rdn D 10). Die Rspr beschränkt den Schutz des Rechts am Gewerbebetrieb auf die gewerbliche Betätigung in einem bestehenden Unternehmen (BGH NJW 1969, 1207, 1208 – *Hydrokultur*).

7.20   **b) Rechtsträger.** Geschützt ist der Inhaber des Unternehmens, der Unternehmer. Inhaber ist derjenige, unter dessen Namen der Gewerbebetrieb betrieben wird, nicht der Vorstand oder ein Angestellter. Es kann sich um eine natürliche Person, eine Personenhandelsgesellschaft oder eine juristische Person handeln. Unerheblich ist, ob auch die Produktionsfaktoren im Eigentum des Inhabers stehen. Auch ein Pächter ist Betriebsinhaber. Die traditionelle Ausgrenzung der freien Berufe aus dem Schutzbereich (RGZ 153, 280 für Anwalt; 64, 155; 155, 239 für Arzt) ist sachlich

IV. Bürgerlichrechtlicher Schutz des Unternehmens   7.21, 7.22   **Einl UWG**

nicht gerechtfertigt (*v Caemmerer* DJT-FS, Bd 2, 90; *Puttfarcken* GRUR 1962, 500; *Buchner* S 126; *Schramm* GRUR 1973, 75; Staudinger/*Hager* § 823 BGB Rdn D 6; MünchKommBGB/*Wagner* § 823 Rdn 183), denn auch das auf wettbewerbliche Beziehungen begrenzte UWG erfasst jede Erwerbstätigkeit. Geschützt sind daher bsw auch Ärzte (OLG Köln VersR 1996, 234, 235) und Künstler (OLG Hamburg NJW-RR 1999, 1060). Jeder Inhaber eines Unternehmens, nicht nur eines Gewerbebetriebs, muss das Recht haben, vor widerrechtlichen Störungen bewahrt zu bleiben, die sein Unternehmen nicht zur vollen, in der Gesamtheit seiner materiellen und immateriellen Elemente begründeten Entfaltung kommen lassen.

c) Eingriff und Begrenzung des Schutzbereichs. aa) Allgemeines. Die Begrenzung des   7.21
Schutzbereiches des Rechts am Unternehmen erfolgt im Wesentlichen auf drei verschiedenen Stufen. Die erste Einschränkung betrifft die Eingriffsqualität, da das Recht am Unternehmen nur vor betriebsbezogenen Eingriffen schützt. Weiterhin erfordert die Rechtswidrigkeitsprüfung eine umfassende Abwägung der betroffenen Güter und Interessen und schließlich tritt ein deliktischer Unternehmensschutz hinter spezialgesetzliche Schutzvorschriften zurück (Grundsatz der Subsidiarität).

bb) Unmittelbarkeit und Betriebsbezogenheit des Eingriffs. Um eine sachwidrige Aus-   7.22
dehnung der Haftung zu vermeiden, verlangt die Rspr in tatbestandlicher Hinsicht einen unmittelbaren Eingriff in den gewerblichen Tätigkeitsbereich (BGHZ 3, 280 – *Constanze I;* BGHZ 8, 394 – *Fernsprechnummer;* BGHZ 24, 200 – *Spätheimkehrer;* BGHZ 29, 65, 70 – *Stromunterbrechung I;* BGHZ 41, 123, 127 – *Küken;* BGHZ 52, 393, 397 – *Fotowettbewerb;* 65, 325, 339 f – *Warentest II;* BGH NJW 1970, 378, 380 – *Sportkommission;* BGH GRUR 1971, 46 – *Bubi Scholz;* BGH GRUR 1977, 805, 807 – *Klarsichtverpackung*). Dieses Erfordernis beruht auf dem Gedanken, dass nach dem deliktischen Haftungssystem des BGB ein mittelbarer Schaden, der bei Dritten als Folge einer Schädigung der Rechte oder Rechtsgüter der Person entsteht, gegen die das Delikt begangen ist, grds nicht ersetzt wird. Aber die Abgrenzungsschwierigkeiten zwischen unmittelbaren und mittelbaren Eingriffen sind bei dem komplexen Begriff des Unternehmens naturgemäß bes groß. Die meisten Beeinträchtigungen des unternehmerischen Tätigkeitsbereiches werden erst über Zwischenursachen effektiv. Die Rspr lehnt es deshalb mit Recht ab, die Unmittelbarkeit eines Eingriffs allein unter dem Aspekt der Kausalität zu beantworten (BGHZ 29, 65, 71 – *Stromunterbrechung I*). Um Umfang und Grenzen des Rechtsschutzes zu ermitteln, gibt der Rspr insbes der Begriff der „Unmittelbarkeit" eine bes Deutung. Unmittelbare Eingriffe in das Recht am bestehenden Gewerbebetrieb sollen nur diejenigen sein, die irgendwie gegen den Betrieb als solchen gerichtet, also betriebsbezogen sind und nicht vom Gewerbebetrieb ohne weiteres ablösbare Rechte oder Rechtsgüter betreffen (BGHZ 29, 65, 71 – *Stromunterbrechung I;* BGHZ 41, 123, 127 – *Küken;* BGHZ 55, 153, 161; BGHZ 65, 325, 340 – *Warentest II;* BGHZ 86, 152, 156). Die Unterbrechung der Stromzufuhr durch Beschädigung eines Stromkabels auf einem nicht zum betroffenen Unternehmen gehörenden Grundstück, die zur zeitweisen Stilllegung eines Betriebs führte, wurde daher grds nicht als betriebsbezogener Eingriff in den Tätigkeitskreis dieses Betriebs angesehen, obwohl vom Erfolg her betrachtet der Betriebsstillstand die stärkste Einwirkung auf einen Betrieb darstellt. Nur soweit der Stromausfall den Untergang von Sachen bewirkt hat, würde der Verletzer des Stromkabels für den Betriebsausfallschaden als einen aus der Eigentumsverletzung hervorgehenden Folgeschaden in vollem Umfang haften (BGHZ 41, 123, 127 für im Brutofen einer Geflügelfarm auf Grund des Stromausfalls eingegangene Küken). Die Differenzierung je nachdem, ob eine Eigentumsverletzung vorliegt oder nicht, überzeugte iErg nicht. Der BGH suchte deshalb in den Stromkabelfällen dem geschädigten Unternehmen nach § 823 II BGB zu helfen, indem er die Vorschriften der jeweiligen Landesbauordnung als Schutzgesetze zugunsten der Stromabnehmer ansah (BGH NJW 1968, 1279; BGH VersR 1969, 542). Damit wurde der Schutzzweck dieser Vorschriften jedoch überspannt (BayObLG NJW 1972, 1085; OLG Hamm NJW 1973, 760). Mit Recht hat der BGH den Schutzzweck der Bauordnungen zugunsten von Stromabnehmern verneint, die bei Beschädigung eines Kabels durch Stromausfall Vermögensschäden erleiden (BGHZ 66, 388 ff; auch BGH NJW 1977, 1147 f zu § 317 StGB und BGH NJW 1977, 2208). Ebenfalls zu Recht verneint wird ein widerrechtlicher Eingriff in den Gewerbebetrieb eines Veranstalters von Berufsboxkämpfen, wenn längere Zeit nach der Veranstaltung ohne seine Genehmigung kurze Ausschnitte aus den Kämpfen im Fernsehen auf Grund von Filmmaterial ausgestrahlt werden, dessen Herstellung der Veranstalter Filmwochenschauen gestattet hatte (BGH GRUR 1971, 46 – *Bubi Scholz* mit krit Anm *Wenzel*).

7.23 **cc) Erfassung des Unrechtsgehalts. (1) Offener Tatbestand.** Die Feststellung, wann eine Beeinträchtigung des gewerblichen Tätigkeitsbereichs einer Person rechtswidrig ist, stößt bei dem rechtsschöpferisch anerkannten Recht am Unternehmen auf bes Schwierigkeiten. Von einer Unrechtsindikation des tatbestandlichen Eingriffs kann bei den nur im äußeren Gewand eines absoluten Rechts auftretenden Generalklauseln, die dem Schutz des Unternehmens, aber etwa auch der Persönlichkeit dienen, keine Rede sein. Das ist evident, wenn man die Rechtswidrigkeit stets nach dem Verhalten einer Person beurteilt. Der Eingriff in das Unternehmen ist als solcher nicht rechtswidrig. Das wird aber auch von denen anerkannt, die bei den klassischen Rechten und Rechtsgütern des § 823 I BGB davon ausgehen, dass mit der Verwirklichung des Tatbestands die Rechtswidrigkeit indiziert wird. Das Recht am Unternehmen lässt sich nicht dem Eigentumsrecht an einer Sache gleichstellen, wenn es um den Schutz des Unternehmens geht. Dem Herrschaftsrecht des Eigentümers an einer Sache kommt ein anderer Inhalt zu als dem Recht am Unternehmen. Die Verschiedenheit des Rechtsgegenstandes wirkt sich auf die Berechtigung selbst aus. Im Gegensatz zur Sache ist das Unternehmen ein Organismus, der gemäß seinem dynamischen Charakter ständigen Veränderungen unterliegt. Es besitzt zudem eine Doppelstellung. Es ist nicht nur Gegenstand des privaten Rechtsverkehrs, sondern auch Teil der Gesamtwirtschaft, in die es eingegliedert ist. Deren Ordnung bestimmt deshalb das Unternehmen und das Recht an ihm. In einer nach dem Konkurrenzprinzip ausgerichteten Marktwirtschaft ist eine Herrschaftsposition, wie sie dem Sacheigentümer zukommt, für den Inhaber eines Unternehmens unmöglich. Sie kann nicht gegen jeden Eingriff geschützt sein. Beeinträchtigungen, die sich im Wettbewerb als die natürliche Folge erlaubter Handlungen der Mitbewerber ergeben, müssen hingenommen werden (BGH GRUR 1960, 243 – *Süßbier*). Bei statischen Rechtsgütern, wie dem Sacheigentum, kann die Tatbestandsmäßigkeit die Rechtswidrigkeit indizieren, nicht dagegen bei dynamischen Rechtsgütern, wie dem Unternehmen, das mit anderen Unternehmen im wirtschaftlichen Wettbewerb steht. Die Beeinträchtigung des gewerblichen Tätigkeitsbereichs ist für sich allein betrachtet rechtlich neutral, so dass die Rechtswidrigkeit anhand bes Wertungen positiv bestimmt werden muss. Für den Schutz des Rechts am Unternehmen enthält § 823 I BGB – nicht anders wie § 826 BGB – einen nach Umfang und Inhalt offenen Haftungstatbestand („generalklauselartigen Auffangtatbestand", BGHZ 65, 325, 328 – *Warentest II*). Was das Gesetz offen lässt, ist durch Richterrecht auszufüllen (BVerfGE 66, 116, 138). Ob ein rechtswidriger Eingriff vorliegt, kann erst auf Grund einer wertenden Beurteilung der Eingriffshandlung, der Art der Schädigung und des Schutzzwecks des verletzten Rechts erschlossen werden.

7.24 **(2) Güter- und Interessenabwägung.** Die Rechtswidrigkeit eines Verhaltens, das als Eingriff in einen Gewerbebetrieb zu werten ist, muss nach den für die Lösung von Interessenkonflikten geltenden Grundsätzen der Güter- und Interessenabwägung unter Würdigung aller relevanten Umstände des Einzelfalles bestimmt werden (stRspr; BGHZ 3, 270, 281 – *Constanze I;* BGHZ 29, 65, 74 – *Stromunterbrechung I;* BGHZ 59, 30 – *Demonstrationsschaden;* BGH GRUR 1963, 277 – *Maris;* BGH GRUR 1965, 547, 549 – *Zonenbericht*). Nicht rechtswidrig handelt danach derjenige, dem ein höherwertiges schutzwürdiges Interesse zur Seite steht. Es muss sich stets um ein Interesse handeln, das weder gegen die Rechtsordnung noch gegen die Lauterkeit im Wettbewerb verstößt. Niemals ist ein schutzwürdiges Interesse bsw für Äußerungen anzuerkennen, deren objektive Unrichtigkeit bereits feststeht. Der Handelnde muss ferner zur Wahrung des Interesses berechtigt sein. Das ist stets der Fall, wenn es sich um ein eigenes berechtigtes Interesse handelt. Zur Wahrnehmung fremder Interessen ist der Handelnde nur berechtigt, wenn sie ihm irgendwie persönlich nahe gehen; dann sind es im weiteren Sinne zugleich seine eigenen Interessen. Berechtigte Interessen der Allgemeinheit gehen auch den einzelnen Staatsbürger unmittelbar an, woraus folgt, dass sie jedermann grds wahrnehmen kann (BVerfGE 12, 113 – *Schmid/Spiegel*). Interessenverbände dürfen die Interessen ihrer Mitglieder wahrnehmen. Der Handelnde muss schließlich zum Zweck der Interessenwahrnehmung tätig werden, also nicht primär das Ziel verfolgen, den Betroffenen zu schädigen. Das zur Wahrnehmung der Interessen eingesetzte Mittel braucht jedoch nicht das schonendste zu sein; es reicht vielmehr aus, dass das Mittel vertretbar ist und den Betroffenen nicht in unnötiger Weise verletzt (BGHZ 45, 296, 307 – *Höllenfeuer*).

4. Anwendungsfälle

7.25 **a) Eingriffe innerhalb des Wettbewerbs. aa) Grundauffassung.** Liegt ein Wettbewerbsverstoß vor, der sich gegen eine oder mehrere bestimmte Personen richtet, wie zB eine Herab-

IV. Bürgerlichrechtlicher Schutz des Unternehmens   7.26–7.28   **Einl UWG**

setzung oder eine Boykottmaßnahme, so wird gewöhnlich tatbestandlich auch ein Eingriff in den Bestand oder den Tätigkeitsbereich eines Unternehmens vorliegen (§§ 1004, 823 I BGB). Die meisten Wettbewerbsverstöße beeinträchtigen (zumindest auch) die Unternehmen der Mitbewerber. Was der eine gewinnt, verliert der andere. Unabhängig von der Frage, wie die Rechtswidrigkeit des Eingriffs zu bestimmen ist, ergibt sich damit ein Konkurrenzproblem. Dieses ist grds dahin zu lösen, dass die Vorschriften des Lauterkeitsrechts insoweit den Vorrang haben, als die geschäftliche Handlung keinen über den Tatbestand der Sonderregelung hinausreichenden Eingriff in das Recht am Unternehmen enthält (Subsidiarität). Es besteht dann kein Anlass, noch zusätzlich die allgemeinen deliktsrechtlichen Vorschriften heranzuziehen (Rdn 7.4). Auch soweit diese eine abweichende Regelung vorsehen, müssen aus rechtspolitischen Gründen die Sondervorschriften des Wettbewerbsrechts maßgebend sein (vgl BGH GRUR 2004, 877, 880 – *Werbeblocker*). Dazu gehören außer den Vorschriften des UWG auch die des GWB, insbes die §§ 20 ff GWB.

bb) Ergänzende Funktion. Eine Anwendung der §§ 1004, 823 I BGB unter dem Gesichtspunkt der Verletzung des Rechts am Unternehmen kann nur in Betracht kommen, wenn es nötig ist, Lücken zu schließen, die durch den Tatbestand der lauterkeitsrechtlichen Sonderregelung nicht gedeckt und regelungsbedürftig sind. Diese Auffassung wird dem Zweck des von der Rspr und Lehre entwickelten Unternehmensschutzes gerecht, der dazu bestimmt ist, den wettbewerbsrechtlichen Schutz zu ergänzen. So hat schon die Rspr des RG auf die §§ 1004, 823 I BGB nur zurückgegriffen, um Lücken zur Wahrung schutzwürdiger Interessen zu schließen (RGZ 132, 311, 316). Auch die Rspr des BGH betont, dass dem § 823 I BGB im Lauterkeitsrecht nur lückenausfüllender Charakter zukommt (BGHZ 36, 252, 256 – *Gründerbildnis*; BGHZ 45, 296, 307 – *Höllenfeuer*; BGH GRUR 1965, 692, 694 – *Facharzt*; BGH GRUR 1969, 479, 481 – *Colle de Cologne*; BGH GRUR 1983, 398, 399 – *Photokina*; BGH GRUR 2004, 877, 880 – *Werbeblocker*). Ein ergänzender Schutz kann in Betracht kommen, wenn es an der für die Anwendung der §§ 3 ff erforderlichen geschäftlichen Handlung gem § 2 I Nr 1 fehlt. Zweifelhaft ist jedoch, ob eine regelungsbedürftige Lücke angenommen werden kann, wenn keine geschäftliche Handlung vorliegt. Die Rspr hat dies bei **unberechtigten Schutzrechtsverwarnungen** (BGHZ 2, 387, 393 – *Mülltonnen*; BGHZ 13, 210, 216 – *Prallmühle*; BGHZ 14, 286 – *Farina Belgien*; BGHZ 28, 203 – *Berliner Eisbein*; BGHZ 38, 200 – *Kindernähmaschinen*; BGHZ 164, 1 = GRUR 2005, 882 – *Unberechtigte Schutzrechtsverwarnung*; BGH GRUR 2006, 433 Tz 17 – *Unbegründete Abnehmerverwarnung*; BGH GRUR 2006, 432 Tz 20 – *Verwarnung aus Kennzeichenrecht II*; dazu näher § 4 Rdn 10.172 ff).

cc) Subsidiarität. Bei Wettbewerbsverstößen verdrängt die lauterkeitsrechtliche Regelung den deliktsrechtlichen Unternehmensschutz nach §§ 823 I, 1004 BGB. Eine geschäftliche Handlung, die nicht gegen lauterkeitsrechtliche Vorschriften verstößt, ist nicht schon deshalb rechtswidrig, weil sie den Tätigkeitsbereich eines Unternehmens beeinträchtigt. Lautere geschäftliche Handlungen stellen schon tatbestandsmäßig keinen Eingriff in Konkurrenzunternehmen dar (BGH GRUR 2004, 877, 880 – *TV-Werbeblocker*). Diese Beeinträchtigungen sind nach der Grundordnung des freien Wettbewerbs hinzunehmen. Der Kundenkreis als solcher ist kein geschütztes Rechtsgut (§ 4 Rdn 10.24). Da § 3 UWG nur unlautere geschäftliche Handlungen verbietet, geht es nicht an, zulässige geschäftliche Handlungen als rechtswidrige Beeinträchtigung fremder Unternehmen zu werten, denn das wäre ein offener Widerspruch, zumal wenn man bedenkt, dass die meisten geschäftlichen Handlungen typischerweise die Tätigkeitsbereiche anderer Unternehmen berühren. Das Unwerturteil der Widerrechtlichkeit in § 823 I BGB, das sich aus der Verletzung von Verhaltensregeln ergibt, müsste sich mit dem der Unlauterkeit in § 3 decken. Hieraus folgt aber, dass bei Vorliegen einer nach § 3 unlauteren geschäftliche Handlung eine zusätzliche Heranziehung der §§ 1004, 823 I BGB ausscheidet. Es besteht Gesetzeskonkurrenz iSv Subsidiarität. Nur soweit Lücken bestehen, kann eine ergänzende Anwendung der §§ 1004, 823 I BGB in Betracht kommen. Das wird bei geschäftlichen Handlungen, wenn überhaupt, nur selten zutreffen. Anders liegt es bei nicht wettbewerblichen Eingriffen in den Bestand oder den Tätigkeitsbereich eines Unternehmens. Hier befindet sich das Hauptfeld für die Anwendung der §§ 1004, 823 I BGB. Doch geht § 824 BGB dem Recht am Unternehmen aus §§ 1004, 823 I BGB vor (BGH NJW 1966, 2010 – *Teppichkehrmaschine*; BGH NJW 1972, 1658 – *Geschäftsaufgabe*; BGH GRUR 1975, 89, 91 – *Brüning-Memoiren I*, nicht jedoch § 826 BGB, BGHZ 36, 252, 256 – *Gründerbildnis*; BGHZ 69, 128, 139 – *Fluglotsen*).

b) Eingriffe außerhalb des Wettbewerbs. aa) Grundauffassung. Liegt keine geschäftliche Handlung vor, so können, wenn Sondervorschriften fehlen, und auch § 826 BGB nicht eingreift, rechtswidrige Eingriffe in den Bestand oder Tätigkeitsbereich eines Unternehmens nach §§ 1004, 823 I BGB abgewehrt werden. Für die Rechtswidrigkeit eines Eingriffs genügt es jedoch nicht, dass eine Störung oder Beeinträchtigung des Unternehmens verursacht worden ist. Vielmehr kommt es, weil der Tatbestand der Unternehmensbeeinträchtigung nicht das Unrecht indizieren kann, auf die Bewertung der Handlung des Verletzers an. Diese muss im Hinblick auf die Beeinträchtigung des fremden Unternehmens widerrechtlich sein. Erst der Handlungsunwert begründet bei Eingriffen in den gewerblichen Tätigkeitsbereich den Unrechtsgehalt. Auch außerhalb des wettbewerblichen Bereichs gibt es zahlreiche Handlungen, die zwar zur Beeinträchtigung eines fremden Unternehmens führen, aber keine Haftung des Handelnden begründen, weil er sich sachgerecht verhalten hat. Die Grenze zwischen erlaubten und unerlaubten Eingriffen lässt sich nur nach den für die Lösung von Interessenkonflikten geltenden Grundsätzen der Güter- und Pflichtenabwägung unter Würdigung aller relevanten Umstände des Einzelfalls bestimmen. Im Folgenden werden die wichtigsten Fallgruppen aus dem Bereich außerwettbewerblicher Eingriffe in den Gewerbebetrieb genannt.

7.29 **bb) Fallgruppen. (1) Geschäftsschädigende Äußerungen.** Unwahre Tatsachenbehauptungen, die geeignet sind, den Kredit eines anderen zu gefährden oder sonstige Nachteile für dessen Erwerb oder Fortkommen herbeizuführen, können im außerwettbewerblichen Bereich eine Ersatzpflicht nach § 824 BGB begründen. Der Schädiger muss jedoch die Unwahrheit gekannt haben oder hätte sie zumindest kennen müssen; der Geschädigte muss Unwahrheit und Verschulden beweisen. Günstiger für den Geschädigten ist § 4 Nr 8 UWG, der voraussetzt, dass eine geschäftliche Handlung des Verletzers vorliegt; er ist schon dann ersatzpflichtig, wenn er die Wahrheit der behaupteten Tatsachen nicht beweisen kann. Bei geschäftsschädigenden Werturteilen und bei Behauptung nachteiliger, aber wahrer Tatsachen greift § 824 BGB nicht ein. Wohl aber kann unter bes Umständen in beiden Fällen – abgesehen von § 826 BGB – ein Eingriff in das Recht am Unternehmen vorliegen, der nach § 823 I BGB zum Schadensersatz verpflichtet, wenn er widerrechtlich und schuldhaft vorgenommen wurde (stRspr: BGHZ 3, 270, 279 – *Constanze I*; BGHZ 8, 142, 144 – *Schwarze Listen*; BGHZ 24, 200, 205 – *Spätheimkehrer*; BGHZ 45, 296, 306 – *Höllenfeuer*; BGH GRUR 1957, 360 – *Phylax-Apparate*; BGH GRUR 1970, 465 – *Prämixe*). Die Problematik dieser Fallgruppe liegt in der Beurteilung der Rechtswidrigkeit. Sie erfordert grds eine Interessenabwägung, bei der die Frage Bedeutung gewinnt, ob die geschäftsschädigende Äußerung durch das Grundrecht der Meinungsäußerungs- und Pressefreiheit (Art 5 I GG) gedeckt ist. Hierbei kommt es darauf an, ob die Meinungsäußerung als Mittel zum geistigen Meinungskampf in einer die Öffentlichkeit wesentlich berührenden Frage dient, es dem Handelnden also um eine argumentative Auseinandersetzung über politische, soziale, kulturelle oder wirtschaftliche Belange der interessierten Öffentlichkeit geht, oder die Äußerung nur als Mittel zum Zweck der Förderung privater Wettbewerbsinteressen eingesetzt wird (BVerfGE 25, 256, 264 – *Blinkfüer*; BVerfG GRUR 1984, 357, 359 – *„marktintern"*; BGH GRUR 1984, 214, 215 – *Copy-Charge*).

7.30 **(2) Kritische Berichterstattung und Warentests.** Die kritische Berichterstattung über unternehmerische Leistungen, insbes zum Zwecke der Verbraucherinformation, gehört zur Funktionsfähigkeit des Wettbewerbs. Der Unternehmer muss eine sachliche Kritik daher grds hinnehmen (BGH NJW 1998, 2141, 2143; 1987, 2746, 2747; BGH GRUR 1966, 633, 635 – *Teppichkehrmaschine*) und kann für sich kein ausschließliches Recht auf eigene Außendarstellung und uneingeschränkte Selbstdarstellung auf dem Markt in Anspruch nehmen. Dies gilt insbes für Warentests, deren Veröffentlichung nach der stRspr zulässig ist, wenn die dem Bericht zugrunde liegenden Untersuchungen neutral, objektiv und sachkundig durchgeführt worden sind und sowohl die Art des Vorgehens bei der Prüfung als auch die aus den Untersuchungen gezogenen Schlüsse vertretbar, das heißt diskutabel, erscheinen (BGH GRUR 1997, 942, 943 – *Druckertest*; BGHZ 65, 325, 328, 334 f; BGH VersR 1987, 783 f; 1989, 521 f). Auch die Art und Weise der Durchführung des Tests sowie die Darstellung der Testergebnisse unterliegt einem erheblichen Ermessensfreiraum der Tester (BGH GRUR 1997, 942, 943 – *Druckertest*; BGH NJW 1987, 2222, 2224; OLG Karlsruhe NJW-RR 2003, 177, 178 f; OLG Frankfurt NJW-RR 2002, 1697). Die Grundsätze zu Warentests finden auch für sonstige Tests und Bewertungen Anwendung (*Assmann/Kübler* ZHR 142 [1978], 413, 423 ff), zB in der Gastronomiekritik, die naturgemäß stark von subjektiven Faktoren geprägt ist. Die Grenze der kritischen Berichterstattung ist jedenfalls dort zu ziehen, wo der Unternehmer durch Schmähkritik herabgesetzt wird (sehr anschaulich OLG Frankfurt NJW 1990, 2002, wo die in einem Lokal angebotenen Gerichte als „wie eine Portion Pinscherkot" in den Teller „hineingeschissen" und „zum Kotzen", die

IV. Bürgerlichrechtlicher Schutz des Unternehmens   7.31–7.36   **Einl UWG**

Bedienungen als „radikal vor sich hindämmernd" und vor dem „ersten Herzinfarkt" stehend, die Zustände in dem Lokal als „heilloses Chaos" usw bezeichnet worden waren).

(3) Boykott. Ob ein aus sittlichen, sozialen, religiösen oder politischen Gründen veranstalteter Boykott als widerrechtlicher Eingriff in das Recht am eingerichteten Gewerbebetrieb anzusehen ist, beurteilt sich auf Grund einer Interessenabwägung. Hierbei dürfen Mittel und Zweck nicht getrennt, sondern müssen im Verhältnis zueinander gewertet werden. Wegen der schwerwiegenden Folgen und weil jedenfalls nicht das notwendige und mildeste Mittel eingesetzt wurde, hat der BGH eine Aufforderung zum Boykott ebenso wie die Ausübung einer Boykottmaßnahme grds als widerrechtlichen Eingriff angesehen (BGHZ 24, 200, 206 – *Spätheimkehrer* im Anschluss an BGHZ 3, 270, 279 – *Constanze I*). Nur in Ausnahmefällen kann die Wahrnehmung berechtigter Interessen einen Boykott rechtfertigen. Unter dem Einfluss des Art 5 I GG misst die Rspr den Unternehmerinteressen keinen absoluten Vorrang mehr bei, sondern stellt auf Grund einer Interessenabwägung darauf ab, ob die Art und Weise der Schädigung zu missbilligen ist (BVerfGE 7, 198, 212 – *Lüth*; BVerfGE 12, 113 – *Schmid/Spiegel*; BVerfGE 25, 256 – *Blinkfüer*; BVerfGE 62, 230, 244 – *Denkzettel-Aktion*; BGH GRUR 1984, 461 f – *Kundenboykott*; BGH GRUR 1985, 470 – *Mietboykott*). Wegen der äußerst nachteiligen Folgen für den Betroffenen wird eine Boykottmaßnahme jedoch nur selten das angemessene Mittel zur Durchsetzung ideeller Ziele sein. Sie darf nicht zur Vernichtung der wirtschaftlichen Existenz des Betroffenen führen (BGH GRUR 1964, 77, 81 – *Blinkfüer*).   7.31

(4) Streik. Als arbeitsrechtliches Kampfmittel wird der Streik von der Rspr unter dem Gesichtspunkt des Eingriffs in das Recht am Unternehmen beurteilt, wobei die Sozialadäquanz als Rechtfertigungsgrund dient (BAGE 1, 291, 306; 2, 75, 77; 6, 322; 15, 174, 197; 22, 162, 166). Auch der von einer Gewerkschaft durchgeführte Streik ist nicht nur ausnahmsweise erlaubt. Es bedarf der Interessenabwägung als Grundlage des Unwerturteils. Aber es ist fragwürdig, ob überhaupt eine Lücke im Rechtsschutz besteht, die eine Anwendung des § 823 I BGB unter dem Gesichtspunkt des Eingriffs in den Gewerbebetrieb rechtfertigt. §§ 826 und 823 II BGB bilden die geeignete Rechtsgrundlage für Boykott und Streik (eingehend dazu Staudinger/*Richardi* Vorbem §§ 611 ff BGB Rdn 873 ff; Münchener Hdb ArbR/*Otto*, 2. Aufl. 2000, Bd. 3, § 289 Rdn 4 ff). Ein sog wilder Streik, der von der Gewerkschaft nicht übernommen wurde, wird von der Rspr allgemein als rechtswidrig angesehen (BAGE 22, 162, 166).   7.32

(5) Blockade. Im Rahmen politischer Demonstrationen sind wiederholt Unternehmen durch Blockademaßnahmen beeinträchtigt worden, insbes Zeitungsverlage und kommunale Verkehrsunternehmen. Die auf Schadenersatz in Anspruch genommenen Demonstranten stützen sich zur Rechtfertigung der von ihnen begangenen Akte aktiver oder passiver Gewalt auf die Grundrechte der freien Meinungsäußerung und das Demonstrationsrecht (Art 5, 8 GG). Beide Rechte sind auf den geistigen Kampf der Meinungen angelegt. Sie rechtfertigen nicht die Anwendung von Gewalt im Rahmen einer Demonstration (BGHZ 59, 30 – *Demonstrationsschaden*; BGH NJW 1972, 1571; s auch BVerfG NJW 1985, 2395 – *Brokdorf*).   7.33

(6) Unberechtigte Schutzrechtsverwarnung. Dazu grds BGHZ 164, 1 = GRUR 2005, 882 – *Unberechtigte Schutzrechtsverwarnung*; zu Einzelheiten Rdn 7.26 und § 4 Rdn 10.169 ff.   7.34

(7) Unberechtigte Abmahnung. Dazu § 4 Rdn 10.166 ff.   7.35

(8) Unberechtigtes gerichtliches Vorgehen. Wird gegen den Inhaber eines Gewerbebetriebs eine unbegründete Klage erhoben oder ein unbegründeter Mahnbescheid erwirkt, so kann sich das auf den gewerblichen Tätigkeitsbereich schädigend auswirken. Meist wird angenommen, dass die Ingangsetzung eines gesetzlich vorgesehenen und geregelten gerichtlichen Verfahrens, das zur objektiven Klärung der Sach- und Rechtslage führt, nicht als eine gegen die Rechtsordnung verstoßende Handlung anzusehen sei. Es wurde daher ein widerrechtlicher Eingriff für den Fall verneint, dass ein unbegründeter Rückerstattungsantrag auf Rückgabe eines Grundstücks zu dessen treuhänderischer Verwaltung nach MRG 52 führte (BGH LM BGB § 823 (Da) Nr 4). Auch wer gegen den Inhaber eines Gewerbebetriebs fahrlässig einen unbegründeten Insolvenzantrag stellt, handelt nach BGHZ 36, 18 nicht rechtswidrig, es sei denn, dass eine vorsätzlich sittenwidrige Schädigung iSd § 826 BGB vorliegt. Zwar fehlt es auch hier nicht an der „Unmittelbarkeit" oder „Betriebsbezogenheit" des Eingriffs, aber die Ingangsetzung eines mit den notwendigen Garantien für den Schuldner ausgestatteten Verfahrens wird grds nicht als rechtswidrig angesehen (BGH NJW 2003, 1934, 1935 mwN; *v Caemmerer* DJT-FS, Bd 2, 97 f; aA *Hopt* aaO S 243 ff).   7.36

7.37 **(9) Verwässerung von Marken und Unternehmenskennzeichen.** Mit Inkrafttreten des MarkenG hat sich die frühere Rspr zum deliktischen Schutz berühmter Warenzeichen und Unternehmenskennzeichen gegen Verwässerung weitgehend erledigt (vgl § 4 Rdn 10.101). Sie bleibt nur noch für Altfälle relevant und für Fälle, in denen es an einer zeichenmäßigen Verwendung iSd § 15 III MarkenG fehlt.

7.38 **(10) Unerwünschte Werbezusendungen.** Unerwünschte Werbezusendungen können einen rechtswidrigen Eingriff in das Recht aus eingerichteten und ausgeübten Gewerbebetrieb des Adressaten darstellen, weil und soweit sie den Betriebsablauf beeinträchtigen. Die gebotene Interessenabwägung kann anhand der Maßstäbe des § 7 erfolgen. Daher stellt bereits die einmalige unverlangte Zusendung einer E-Mail mit Werbung einen solchen Eingriff dar (BGH GRUR 2009, 980 Tz 12 ff – *E-Mail-Werbung II*).

Gesetz gegen den unlauteren Wettbewerb (UWG)

In der Fassung der Bekanntmachung vom 3. März 2010 (BGBl I 254)

Kapitel 1. Allgemeine Bestimmungen

Zweck des Gesetzes

1 ¹Dieses Gesetz dient dem Schutz der Mitbewerber, der Verbraucherinnen und Verbraucher sowie der sonstigen Marktteilnehmer vor unlauteren geschäftlichen Handlungen. ²Es schützt zugleich das Interesse der Allgemeinheit an einem unverfälschten Wettbewerb.

Übersicht

	Rdn
A. Allgemeines	1–8
I. Entstehungsgeschichte	1–5
1. UWG 1909	1–3
a) Rspr des Reichsgerichts	1
b) Rspr des Bundesgerichtshofs	2
c) Rspr des Bundesverfassungsgerichts	3
2. UWG 2004	4
3. UWG-Novelle 2008	5
II. Funktion der Schutzzweckbestimmung	6–8
1. Allgemeines	6, 7
2. Ermittlung der geschützten Interessen	8
B. Schutz der Mitbewerber	9–13
I. Allgemeines	9
II. Geschützte Interessen	10
III. Schutzhöhe	11
IV. Schutzsanktionen	12, 13
1. Individueller Mitbewerberschutz	12
2. Kollektiver Mitbewerberschutz	13
C. Schutz der Verbraucher und sonstigen Marktteilnehmer	14–39
I. Allgemeines	14
II. Geschützte Interessen	15–20
1. Durch das Unionsrecht geschützte Interessen	15
2. Durch das UWG geschützte Verbraucherinteressen	16–20
a) Schutz der geschäftlichen Entscheidungsfreiheit	17–19
aa) Gewährleistung richtiger und pflichtgemäßer Informationen	18
bb) Gewährleistung der freien Willensbildung	19
b) Schutz sonstiger Rechte und Rechtsgüter	20
III. Schutzhöhe (Verbraucherleitbild)	21–38
1. Fragestellung	21
2. Das Verbraucherleitbild im Unionsrecht	22–28
a) Grundsatz	22–24
b) Konkretisierung	25–28
aa) Informiertheit des Verbrauchers	26
bb) Aufmerksamkeit des Verbrauchers	27
cc) Verständigkeit des Verbrauchers	28
3. Das Verbraucherleitbild im UWG	29–38
a) Rechtsentwicklung	29
b) Gegenwärtige Rechtslage	30
c) Konkretisierung des Verbraucherleitbilds	31–37
aa) Allgemeines	31–33
(1) Maßgeblichkeit der jeweiligen Zielgruppe	32
(2) Schutz von Minderheiten	33
bb) Der angemessen gut unterrichtete Verbraucher	34

	Rdn
cc) Der angemessen aufmerksame Verbraucher	35
dd) Der angemessen kritische Verbraucher	36
ee) Der durchschnittlich empfindliche Verbraucher	37
d) Feststellung der Auffassung des Durchschnittsverbrauchers	38
IV. Schutzsanktionen	39
D. Schutz des Allgemeininteresses an einem unverfälschten Wettbewerb	40–44
I. Fragestellung	40
II. Abgrenzung zu sonstigen Allgemeininteressen	41
III. Schutz des Wettbewerbs als Institution	42–44
1. Allgemeines	42
2. Begriff des unverfälschten Wettbewerbs	43, 44
a) Unionsrechtliche Grundlagen	43
a) Abgrenzung zum Begriff des „Leistungswettbewerbs"	44
E. Das Verhältnis der Schutzzwecke zueinander	45–51
I. Gleichrangigkeit des Schutzes der Mitbewerber und des Schutzes der Verbraucher und sonstiger Marktteilnehmer	45–47
1. Parallelität der Schutzzwecke	45
2. Selbstständigkeit der Schutzzwecke	46
3. Konflikt der geschützten Interessen	47
II. Verhältnis des Institutionsschutzes zum Marktteilnehmerschutz	48–51
1. Ergänzungsfunktion	48–50
a) Allgemeines	48
b) Institutionsschutz auf der Tatbestandsebene	49
c) Institutionsschutz auf der Rechtsfolgenebene	50
2. Begrenzungsfunktion	51

Schrifttum: *Ahrens,* Verwirrtheiten juristischer Verkehrskreise zum Verbraucherleitbild einer „normativen" Verkehrsauffassung, WRP 2000, 812; *Beater,* Verbraucherschutz und Schutzzweckdenken im Wettbewerbsrecht, 2000 (dazu Bspr *Kisseler* WRP 2001, 183); *ders,* Entwicklungen des Wettbewerbsrechts durch die gesetzgebende und die rechtsprechende Gewalt, FS Erdmann, 2002, 513; *ders,* Verbraucherverhalten und Wettbewerbsrecht, FS Tilmann, 2003, 87; *Bornkamm,* Wettbewerbs- und Kartellrechtsprechung zwischen nationalem und europäischem Recht, FS 50 Jahre Bundesgerichtshof, 2000, 343; *ders,* Die Feststellung der Verkehrsauffassung im Wettbewerbsprozess, WRP 2000, 830; *Drexl,* Die wirtschaftliche Selbstbestimmung des Verbrauchers, 1998; *Engels/Salomon,* Vom Lauterkeitsrecht zum Verbraucherschutz: UWG-Reform 2003, WRP 2004, 32; *Fezer,* Modernisierung des deutschen Rechts gegen den unlauteren Wettbewerb auf der Grundlage einer Europäisierung des Wettbewerbsrechts, WRP 2001, 989; *ders,* Das wettbewerbsrechtliche Vertragsauflösungsrecht in der UWG-Reform, WRP 2003, 127; *ders,* Der Dualismus der Lauterkeitsrechtsordnungen des b2c-Geschäftsverkehrs und des b2b-Geschäftsverkehrs, WRP 2009, 1163; *Geis,* Das Lauterkeitsrecht in der rechtspolitischen Diskussion, FS Tilmann, 2003, 121; *Groeschke/Kiethe,* Die Ubiquität des europäischen Verbraucherleitbildes – Der europäische Pass des informierten und verständigen Verbrauchers, WRP 2001, 230; *Helm,* Das Verbraucherleitbild des Europäischen Gerichtshofs und des Bundesgerichtshofs im Vergleich, FS Tilmann, 2003, 135; *ders,* Der Abschied vom „verständigen" Verbraucher, WRP 2005, 931; *Kemper/Rosenow,* Der Irreführungsbegriff auf dem Weg nach Europa, WRP 2001, 370; *Keßler,* Vom Recht des unlauteren Wettbewerbs zum Recht der Marktkommunikation – Individualrechtliche und institutionelle Aspekte des deutschen und europäischen Lauterkeitsrechts, WRP 2005, 1203; *Köhler,* UWG-Reform und Verbraucherschutz, GRUR 2003, 265; *Köhler/Bornkamm/Henning-Bodewig,* Vorschlag für eine Richtlinie zum Lauterkeitsrecht und eine UWG-Reform, WRP 2002, 1317; *Köhler/Lettl,* Das geltende europäische Lauterkeitsrecht, der Vorschlag für eine EG-Richtlinie über unlautere Geschäftspraktiken und die UWG-Reform, WRP 2003, 1019; *Lettl,* Der lauterkeitsrechtliche Schutz vor irreführender Werbung in Europa, 2004; *A. H. Meyer,* Das Verbraucherleitbild des Europäischen Gerichtshofs – „Abkehr vom flüchtigen Verbraucher"– WRP 1993, 1215; *Niemöller,* Das Verbraucherleitbild in der deutschen und europäischen Rechtsprechung, 1999; *Nordemann,* Wie sich die Zeiten ändern – Der Wandel der Rechtsprechung zum Verbraucherleitbild in § 3 UWG, WRP 2000, 977; *Ohly,* Richterrecht und Generalklausel im Recht des unlauteren Wettbewerbs, 1997; *ders,* Irreführende vergleichende Werbung, GRUR 2003, 641; *Ohly,* Das neue UWG – Mehr Freiheit für den Wettbewerb, GRUR 2004, 889; *Oppermann/Müller,* Wie verbraucherfreundlich muss das neue UWG sein?, GRUR 2005, 280; *Peukert,* Die Ziele des Primärrechts und ihre Bedeutung für das Europäische Lauterkeitsrecht: Auflösungserscheinungen eines Rechtsgebiets?, in Hilty/Henning-Bodewig, Lauterkeitsrecht und Acquis Communautaire, 2009, 27; *Pichler,* Das Verhältnis von Kartell- und Lauterkeitsrecht, 2009; *Podszun,* Der „more economic approach" im Lauterkeitsrecht, WRP 2009, 509; *Roth,* Zur Tragweite der Harmonisierung im Recht des unlauteren Wettbewerbs, FS Mestmäcker, 1996, 725; *Rüffler,* Verbraucherschutz durch Lauterkeitsrecht, in Aicher/Holoubek (Hrsg), Der Schutz von Verbraucherinteressen, 2000, 193;

A. Allgemeines   1–3 § 1 UWG

Sack, Regierungsentwurf einer UWG-Novelle – ausgewählte Probleme, BB 2003, 1073; *Sack*, Folgeverträge unlauteren Wettbewerbs, GRUR 2004, 625; *ders*, Die neue deutsche Formel des europäischen Verbraucherleitbilds, WRP 2005, 462; *Schricker/Henning-Bodewig*, Elemente einer Harmonisierung des Rechts des unlauteren Wettbewerbs in der Europäischen Union, WRP 2001, 1392; *Sosnitza*, Das Koordinatensystem des Rechts des unlauteren Wettbewerbs im Spannungsfeld zwischen Europa und Deutschland, GRUR 2003, 739; *Ullmann*, Das Koordinatensystem des Rechts des unlauteren Wettbewerbs im Spannungsfeld von Europa und Deutschland, GRUR 2003, 817; *v Ungern-Sternberg*, Wettbewerbsbezogene Anwendung des § 1 UWG und normzweckgerechte Auslegung der Sittenwidrigkeit, FS Erdmann, 2002, 741; *Wunderle*, Verbraucherschutz im Europäischen Lauterkeitsrecht, 2010.

A. Allgemeines

I. Entstehungsgeschichte

1. UWG 1909

a) Rspr des Reichsgerichts. Das frühere UWG enthielt keine Schutzzweckbestimmung. **1** Vielmehr wurden die Schutzzwecke des Lauterkeitsrechts erst im Laufe der Zeit von Rspr und Schrifttum herausgearbeitet (vgl GK/*Schünemann* Einl Rdn C 4 ff). Ursprünglich war das UWG als reiner **Mitbewerberschutz** konzipiert (vgl *Baumbach* Wettbewerbsrecht, 1929, 128). Erst allmählich setzte sich die Auffassung durch, dass das Lauterkeitsrecht nicht nur das Individualinteresse von Mitbewerbern, sondern auch das Interesse der **Allgemeinheit** an der Lauterkeit des Wettbewerbs schützt (vgl *Kisseler* WRP 1972, 557; *Ulmer* GRUR 1937, 772 f; sog **sozialrechtliches Verständnis**). So führte das Reichsgericht aus, die Unterlassungsklage solle „nicht nur den Wettbewerber schützen, sondern, wie das ganze Wettbewerbsgesetz, auch im öffentlichen Interesse den Auswüchsen des Wettbewerbs überhaupt, dh auf irgendeinem Gebiet, entgegentreten" (RGZ 128, 330, 342). Unter dem Interesse der Allgemeinheit wurde insbes auch das Interesse der Verbraucher (Publikums) verstanden (vgl RG MuW 1930, 231: „Das UWG dient sowohl der Reinerhaltung des Verkehrs im Interesse des Publikums als auch dem Schutz der Mitbewerber.").

b) Rspr des Bundesgerichtshofs. Der Bundesgerichtshof setzte die vom Reichsgericht **2** eingeschlagene Linie fort (vgl BGHZ 19, 392 – *Anzeigenblatt*; BGHZ 23, 371 – *Suwa*; BGHZ 43, 278 – *Kleenex*; BGHZ 54, 188, 190 – *Telefonwerbung*; BGHZ 56, 18, 21 – *Grabsteinaufträge II*; BGHZ 65, 68, 72 – *Vorspannangebote*; BGH GRUR 1965, 315, 316 – *Werbewagen*; BGH GRUR 1969, 295 – *Goldener Oktober*; BGH GRUR 1972, 40, 42 – *Feld und Wald I*; BGH GRUR 1976, 637 – *Rustikale Brettchen*; BGH GRUR 1977, 608 – *Feld und Wald II*). Allmählich wurde, auch unter dem Einfluss der Irreführungsrichtlinie (84/450/EWG; jetzt: 2006/114/EG), explizit der Verbraucherschutz (und der Schutz der sonstigen Marktteilnehmer) als Schutzzweck des Lauterkeitsrechts anerkannt (vgl *Burmann* WRP 1968, 258, der zwischen konkurrentenbezogener, verbraucherbezogener und marktbezogener Unlauterkeit unterschied). Damit gelangte man zu der sog Schutzzwecktrias: Das UWG schütze die Lauterkeit des Wettbewerbs im Interesse der Mitbewerber, der sonstigen Marktteilnehmer, insbes der Verbraucher, und der Allgemeinheit (vgl BGHZ 123, 330, 334 – *Folgeverträge*; BGHZ 140, 134, 138 – *Hormonpräparate*; BGHZ 144, 255, 265 = GRUR 2000, 1076 – *Abgasemissionen*; BGH GRUR 2000, 237, 238 – *Giftnotruf-Box*; BGHZ 147, 296, 303 = GRUR 2001, 1178 – *Gewinn-Zertifikat*; BGH GRUR 2001, 1181, 1182 – *Telefonwerbung für Blindenwaren*; BGH GRUR 2002, 360, 362 – *H. I. V. POSITIVE II*; BGH GRUR 2002, 825, 826 – *Elektroarbeiten*). Auch das Schrifttum folgte dem im Grundsatz (vgl Köhler/*Piper* Einf Rdn 271), wenngleich es nicht an kritischen Stimmen fehlte (vgl *Beater* § 10 Rdn 11; GK/*Schünemann* Einl Rdn G 1 ff).

c) Rspr des Bundesverfassungsgerichts. Das Bundesverfassungsgericht billigte die Schutz- **3** gutbestimmung des UWG durch den BGH (vgl BVerfG GRUR 2002, 455 – *Tier- und Artenschutz*; BVerfG GRUR 2003, 965, 966 – *Interessenschwerpunkt „Sportrecht"*; BVerfG GRUR 2008, 81, 82 – *Pharmakartell*). Es hatte allerdings angemahnt, dass die Bezugnahme auf anerkannte Fallgruppen unlauteren Handelns, möge ihnen auch eine praktische Indizwirkung für die Unlauterkeit eines Handelns zukommen, nicht Feststellungen zur tatsächlichen Gefährdung des Schutzguts (Leistungs-)Wettbewerb ersetze (vgl BVerfG GRUR 2002, 455, 456 – *Tier- und Artenschutz*). Das Lauterkeitsrecht schütze nicht die „guten Sitten" als solche, sondern nur als Grundlage der „Funktionsfähigkeit des Leistungswettbewerbs". Missbilligt würden im Interesse des Schutzes der Wettbewerber und der sonstigen Marktbeteiligten, allen voran der Verbraucher, Verhaltensweisen, welche die Funktion des an der Leistung orientierten Wettbewerbs im wettbewerblichen Handeln einzelner Unternehmen oder als Institution stören (BVerfG GRUR 2008, 81, 82 – *Pharmakartell*). – Zur Kritik am Begriff des Leistungswettbewerbs vgl Rdn 44.

2. UWG 2004

4   Das **UWG 2004** übernahm in § 1 die in Rspr und Schrifttum entwickelte **Schutzzwecktrias** (vgl Begr RegE UWG 2004 zu § 1, BT-Drucks 15/1487 S 15 f). Gesetzestext und Begründung lehnen sich eng an den Vorschlag von *Köhler/Bornkamm/Henning-Bodewig* (WRP 2002, 1317, dort § 1 sowie Erläuterungen 3 und 4) an. Allerdings weist § 1 S 2 eine Präzisierung des Allgemeininteresses auf: Geschützt wird nicht jedes beliebige Allgemeininteresse, sondern nur das Interesse der Allgemeinheit an einem unverfälschten Wettbewerb (dazu Rdn 35). Mit der Aufnahme des Verbraucherschutzes in die Schutzzweckbestimmung war keine inhaltliche Neuausrichtung des Lauterkeitsrechts verbunden, wie teils befürchtet (*Engel/Salomon* WRP 2004, 32: Paradigmenwechsel), teils kritisiert wurde. Vielmehr wurde nur der schon früher bestehende Rechtszustand wiedergegeben.

3. UWG-Novelle 2008

5   Die **UWG-Novelle 2008** diente der **Umsetzung** der **Richtlinie 2005/29/EG über unlautere Geschäftspraktiken** (UGP-Richtlinie). Sie änderte die Zweckbestimmung in § 1 dahin, dass an die Stelle des Schutzes vor unlauterem Wettbewerb der Schutz vor unlauteren geschäftlichen Handlungen trat. Damit sollte der Begriff der „geschäftlichen Handlung" (§ 2 I Nr 1) als zentraler Begriff des UWG hervorgehoben werden (Begr RegE UWG 2008 zu § 1, BR-Drucks 345/08 S 38). Die Änderung stellt keine Einschränkung, sondern eine Erweiterung der Schutzzweckbestimmung und des Anwendungsbereichs des UWG dar. Sie wurde erforderlich, um den Anforderungen der UGP-Richtlinie gerecht zu werden. Die UGP-Richtlinie erfasst nämlich auch unlautere Handlungen während und nach Vertragsschluss und diese Handlungen haben nicht notwendigerweise einen Bezug zum Wettbewerb. Daher ist das UWG kein reines Wettbewerbsrecht mehr, sondern ein Recht der unlauteren geschäftlichen Handlungen. Dies rechtfertigt, ja gebietet es, künftig das UWG als **Lauterkeitsrecht** zu bezeichnen. Jedenfalls im Hinblick auf die Normen des UWG, die der Umsetzung der UGP-Richtlinie und der Richtlinie 2006/114/EG über irreführende und vergleichende Werbung dienen, kann die Rspr des BVerfG (Rdn 3) zur Orientierung an der Funktionsfähigkeit des Leistungswettbewerbs keine Geltung mehr beanspruchen (Rdn 44). Denn insoweit steht der Schutz der Mitbewerber, der Verbraucher und sonstigen Marktteilnehmer, auch in ihrer Eigenschaft als Vertragspartner, im Vordergrund und wird der Schutz des unverfälschten Wettbewerbs nur mittelbar bezweckt (Rdn 8). Diese unionsrechtlichen Schutzzwecke werden durch das UWG voll abgedeckt.

II. Funktion der Schutzzweckbestimmung

1. Allgemeines

6   Die Schutzzweckbestimmung des § 1 soll nicht nur das Gesetz gegen unlauteren Wettbewerb wirtschafts- und verbraucherpolitisch legitimieren, sondern zugleich dem Richter einen **verlässlichen** und zugleich **bindenden** Maßstab für die **(teleologische) Auslegung** und Fortbildung des UWG geben. Das schließt es nicht aus, auch andere Auslegungskriterien (Wortlaut, Entstehungsgeschichte, Gesetzessystematik, bes Normzwecke; Unionsrecht) heranzuziehen. Wohl aber nimmt die Schutzzweckbestimmung des § 1 einen bes Rang ein (vgl allgemein *Larenz* Methodenlehre, 6. Aufl 1991, 343 ff). Sie ermöglicht es dem Richter, die **Wertungen** für die Beurteilung von geschäftlichen Handlungen **offen** zu legen (vgl *Beater* § 10 Rdn 11 ff mwN), ohne auf Gemeinplätze („kaufmännischer Anstand"; „Verwilderung der Wettbewerbssitten"; „Vergiftung des Wettbewerbs", „Auswüchse" usw) zurückgreifen zu müssen. Im Übrigen indiziert gerade die Verwendung solcher Gemeinplätze in aller Regel ein Argumentationsdefizit (vgl einerseits BGH GRUR 2002, 360, 362 – *H. I. V. POSITIVE II*, andererseits BVerfG GRUR 2003, 442 – *Benetton-Werbung II*).

7   Die Schutzzweckbestimmung gilt nicht nur für einzelne, sondern für alle Bestimmungen des UWG (arg „§ 1 S 1: „Dieses Gesetz dient..."), also nicht nur für die Generalklausel des § 3, einschließlich der darin enthaltenen Bagatellklausel (vgl Begr RegE UWG zu § 3, BT-Drucks 15/1487 S 17), sondern auch für die Beispielstatbestände der §§ 4–6, für den Tatbestand des § 7 und für die Rechtsfolgenregelungen der §§ 8 ff.

2. Ermittlung der geschützten Interessen

In § 1 wird nicht erläutert, welche Interessen der Mitbewerber und der Verbraucher vor einer **8** Beeinträchtigung durch unlautere geschäftliche Handlungen geschützt werden und wie sich das Verhältnis zum Schutz des Allgemeininteresses an einem unverfälschten Wettbewerb gestaltet. Die Schutzzweckbestimmung des § 1 ist daher nicht nur Auslegungsmaßstab, sondern ihrerseits auslegungsfähig und auslegungsbedürftig. Wichtige Anhaltspunkte ergeben dafür die Beispielstatbestände der §§ 4–6. Umgekehrt erschließt sich die Bedeutung dieser Regelungen vollständig erst aus der Schutzzweckbestimmung des § 1. Die Schutzzweckbestimmung des § 1 und die Beispielstatbestände der §§ 4–6 stehen insoweit in einem hermeneutischen Zusammenhang der wechselseitigen Erhellung (allg dazu *Larenz* Methodenlehre, 6. Aufl 1991, 206 ff). Bei der Auslegung sind auch die einschlägigen Richtlinien zu berücksichtigen (Rdn 15). Innerhalb ihres Anwendungsbereichs gibt die **UGP-Richtlinie** eine wichtige Orientierung. Sie bezweckt nach ihrem Art 1 eine Angleichung der Vorschriften der Mitgliedstaaten über unlautere Geschäftspraktiken, die die **wirtschaftlichen Interessen der Verbraucher** beeinträchtigen. Nach Erwägungsgrund 8 schützt sie **unmittelbar** die wirtschaftlichen Interessen der Verbraucher vor unlauteren Geschäftspraktiken im Geschäftsverkehr zwischen Unternehmen und Verbrauchern und **mittelbar** auch rechtmäßig handelnde Unternehmen vor Mitbewerbern, die sich nicht an die Regeln der Richtlinie halten, und gewährleistet damit einen lauteren Wettbewerb in dem durch sie koordinierten Bereich. – Die **Richtlinie 2006/114/EG über irreführende und vergleichende Werbung** schützt in erster Linie die Gewerbetreibenden vor irreführender und unzulässiger vergleichender Werbung, mittelbar aber auch das Allgemeininteresse an einem unverfälschten Wettbewerb (vgl Art 5 I und III). – Die **Datenschutzrichtlinie 2002/58/EG für elektronische Kommunikation** ist bei der Auslegung des § 7 und damit auch des § 1 heranzuziehen.

B. Schutz der Mitbewerber

I. Allgemeines

Dieser Schutzzweck betrifft das **Horizontalverhältnis** zwischen einem Unternehmen und **9** seinen Mitbewerbern (zum Begriff des Mitbewerbers vgl § 2 I Nr 3). Der Schutz der Mitbewerber steht in § 4 Nr 1, 7–11 sowie in § 6 II Nr 3–6 im Vordergrund. Aber auch die primär verbraucherschützenden Beispielstatbestände (wie zB §§ 5, 6 II Nr 1 und 2, § 7) dienen **mittelbar** dem Schutz der Mitbewerber. Das kommt zB auch in Art 2 lit b der Richtlinie 2006/114/EG über irreführende und vergleichende Werbung bei der Definition der irreführenden Werbung zum Ausdruck: „… aus diesen Gründen einen Mitbewerber schädigt oder zu schädigen geeignet ist.").

II. Geschützte Interessen

Das Interesse der Mitbewerber ist auf den Schutz ihrer **wettbewerblichen Entfaltungs-** **10** **freiheit** gerichtet. Diese Freiheit beschränkt sich nicht darauf, das eigene Angebot ungehindert am Markt zur Geltung zu bringen, sondern erstreckt sich auf **alle wettbewerblichen Aktionsparameter** (insbes Forschung und Entwicklung, Einkauf, Herstellung, Personal, Finanzierung, Außendarstellung, Produktwerbung, Vertrieb usw; vgl BGH GRUR 2004, 877, 879 – *Werbeblocker* zum Tatbestand des § 4 Nr 10). Das schließt den Schutz der wirtschaftlichen Interessen des Mitbewerbers (vgl § 4 Nr 7, 8) und den Schutz des Unternehmens und seiner Bestandteile (zB Geschäftsgeheimnisse; Schutzrechte) als Vermögensgegenstand (Bestandsschutz) vor Beeinträchtigungen ein (vgl *Schünemann* WRP 2004, 925, 932). Das Lauterkeitsrecht dient also auch dem Schutz der wirtschaftlichen Interessen des Unternehmers und dem Schutz des Unternehmens (zum früheren Streit über diese Frage vgl *Baumbach/Hefermehl*, 22. Aufl, Einl Rdn 44 ff). Allerdings begründet das Lauterkeitsrecht keine entspr subjektiven Rechte der Mitbewerber, und zwar auch nicht beim ergänzenden Leistungsschutz iSd § 4 Nr 9. Vielmehr stellt es objektive Verhaltensnormen auf, deren Verletzung Ansprüche der verletzten Mitbewerber (iSd § 2 I Nr 3) sowie der Verbände und Kammern (§ 8 III Nr 2–4) auslöst. Seiner Struktur nach ist das Lauterkeitsrecht also nicht dem Regelungsmodell des § 823 I BGB, sondern dem des § 823 II BGB vergleichbar.

III. Schutzhöhe

11 Bei der Frage nach der Schutzhöhe geht es um das Maß an **Schutzbedürftigkeit** des Mitbewerbers oder – aus der Sicht des Handelnden – um das Maß an **Rücksicht** des Handelnden gegenüber dem Mitbewerber. Darüber sagt § 1 S 1 unmittelbar nichts aus. Es existiert auch (noch) kein Mitbewerberleitbild, an dem sich die Rspr ähnlich wie beim Verbraucherleitbild orientieren könnte. Wenn in der Rspr zu § 1 aF bisweilen die Rede vom „verständigen Durchschnittsgewerbetreibenden" ist, bezieht sich dies nicht auf den Schutz des Mitbewerbers, sondern auf die Feststellung dessen, was dem „Anstandsgefühl" dieser Kreise entspricht (vgl zB BGH GRUR 1995, 595, 597 – *Kinderarbeit*). Das Maß an Schutz für den betroffenen Mitbewerber ist vielmehr durch eine **Abwägung und Bewertung der Interessen** des Handelnden, des betroffenen Mitbewerbers und der sonstigen Marktteilnehmer und des Interesses der Allgemeinheit an einem unverfälschten Wettbewerb anhand insbes der **verfassungsrechtlichen** und **unionsrechtlichen** Wertungen und des Grundsatzes der **Verhältnismäßigkeit** (eines Verbots) zu ermitteln. **Nicht schutzwürdig** sind insbes folgende Interessen des Mitbewerbers: das Interesse an der Erhaltung des bestehenden Kunden- oder Mitarbeiterstamms (vgl § 4 Rdn 10.33 und 10.103); das Interesse, vor Preisunterbietungen verschont zu werden; das Interesse, auch von sachlicher Kritik ihres Unternehmens und ihrer Leistungen verschont zu bleiben (vgl § 4 Rdn 7.16 und 7.21); das Interesse, keiner für sie nachteiligen vergleichenden Werbung ausgesetzt zu werden (vgl § 6 Rdn 8); das Interesse, vor Testkäufen von Mitbewerbern zur Feststellung von Wettbewerbsverstößen bewahrt zu bleiben (§ 4 Rdn 10 161); das Interesse, vor Störungen des selektiven Vertriebs durch Außenseiter bewahrt zu bleiben (vgl § 4 Rdn 10.63); das Interesse, vor deep links zum eigenen Internet-Angebot verschont zu bleiben (vgl § 4 Rdn 1.209; BGH GRUR 2003, 958 – *Paperboy*). Die Auffassungen des „durchschnittlich empfindlichen Mitbewerbers" können bei der Bewertung von Maßnahmen hilfreich sein, die sich im weiteren Sinn als Belästigung darstellen (zB unerbetene Vertreterbesuche; telefonische Mitarbeiterabwerbung).

IV. Schutzsanktionen

1. Individueller Mitbewerberschutz

12 Nur solche Mitbewerber können individuelle Unterlassungs-, Beseitigungs- und Schadensersatzansprüche gegen den Verletzer geltend machen, die in einem konkreten Wettbewerbsverhältnis zu ihm stehen (§ 2 I Nr 3; zum unionsrechtlichen Mitbewerberbegriff in § 6 vgl § 6 Rdn 34) und damit als unmittelbar Verletzte anzusehen sind. Anders als im UWG 1909 (vgl § 13 II Nr 1 aF) reicht ein nur abstraktes Wettbewerbsverhältnis dazu nicht aus. Die nur abstrakt betroffenen Konkurrenten sind darauf beschränkt, eine der in § 8 III Nr 2–4 anspruchsberechtigten Organisationen zur Bekämpfung eines Wettbewerbsverstoßes einzuschalten (vgl Begr RegE UWG zu § 8 Abs 3 Nr 1, BT-Drucks 15/1487 S 23).

2. Kollektiver Mitbewerberschutz

13 Unabhängig davon, ob die verletzten Mitbewerber ihre Ansprüche geltend machen, können die in § 8 III Nr 2–4 genannten Organisationen auch deren Interessen wahrnehmen und insoweit einen kollektiven Mitbewerberschutz gewährleisten. Eine andere Frage ist es, ob diese Anspruchsberechtigung auch dann besteht, wenn sich die Verletzung unmittelbar gegen einen ganz bestimmten Mitbewerber richtet, wie zB bei der Herabsetzung (§ 4 Nr 7; § 6 Nr 5), bei der Rufausbeutung (§ 6 II Nr 4), bei der Anschwärzung (§ 4 Nr 8), bei der unlauteren Leistungsübernahme (§ 4 Nr 9; vgl auch § 5 II, § 6 II Nr 3 und 6) sowie in vielen Fällen der gezielten Behinderung (§ 4 Nr 10) und des Rechtsbruchs (§ 4 Nr 11). Insoweit muss es dem verletzten Mitbewerber überlassen bleiben, ob er sich gegen den Verstoß zur Wehr setzt (vgl § 8 Rdn 3.5 f), es sei denn, dass die Verletzung auch zu einer Wettbewerbsbeeinträchtigung und damit zu einer Beeinträchtigung der Interessen Dritter, insbes der Verbraucher führt.

C. Schutz der Verbraucher und sonstigen Marktteilnehmer

I. Allgemeines

14 Nach § 1 S 1 dient das Gesetz auch dem Schutz der **„Verbraucherinnen und Verbraucher"** sowie der **„sonstigen Marktteilnehmer"**. Im Folgenden soll – wie auch in den übrigen Bestimmungen des UWG – nur von Verbrauchern die Rede sein (zum Begriff des

Verbrauchers vgl § 2 Rdn 133 ff; zum Begriff der „sonstigen Marktteilnehmer" vgl § 2 Rdn 89 ff). Der Schutz der Verbraucher und sonstigen Marktteilnehmer vor unlauteren geschäftlichen Handlungen betrifft das **Vertikalverhältnis** zu (potenziellen) Marktpartnern (Anbietern oder Nachfragern). Typischerweise treten Verbraucher als Nachfrager auf. Jedoch können Verbraucher auch Anbieter gegenüber Unternehmern sein (zB beim Verkauf privater Gegenstände an Händler).

II. Geschützte Interessen

1. Durch das Unionsrecht geschützte Interessen

Nach Art 169 AEUV (= ex-153 I EG) soll die Union einen Beitrag zur Förderung der Interessen der Verbraucher und zur Gewährleistung eines hohen Verbraucherschutzniveaus zum Schutze ua der **wirtschaftlichen Interessen** der Verbraucher und ihres **Rechts auf Information** leisten. Dem Schutz der wirtschaftlichen Interessen der Verbraucher dient insbes die **Richtlinie 2005/29/EG über unlautere Geschäftspraktiken** (vgl Art 1 UGP-Richtlinie), die für die Auslegung des UWG von besonderer Bedeutung ist. Sie soll die Verbraucher vor unlauteren, insbes irreführenden oder aggressiven Geschäftspraktiken schützen, die ihre Entscheidungs- oder Verhaltensfreiheit beeinträchtigen und sie dazu veranlassen können, geschäftliche Entscheidungen zu treffen, die sie andernfalls nicht getroffen hätten (vgl Art 5–9). Den Schutz sonstiger Verbraucherinteressen, insbes das Interesse an der Respektierung ihrer Privatsphäre, bezweckt die UGP-Richtlinie nicht, überlässt dies vielmehr dem nationalen Gesetzgeber (vgl Erwägungsgrund 7). Auch die **Datenschutzrichtlinie** (2002/58/EG) bezweckt den Schutz der wirtschaftlichen Interessen der Verbraucher, indem sie bestimmte Maßnahmen der Direktwerbung verbietet oder nur unter engen Voraussetzungen zulässt.

2. Durch das UWG geschützte Verbraucherinteressen

In Übereinstimmung mit dem Unionsrecht (Rdn 12) ist der Verbraucherschutz im UWG auf den **Schutz der geschäftlichen Entscheidungsfreiheit** (Begr RegE UWG, BT-Drucks 15/1487 S 13) und daneben auf den **Schutz der sonstigen Rechte und Rechtsgüter des Verbrauchers** gerichtet.

a) **Schutz der geschäftlichen Entscheidungsfreiheit.** Der Verbraucher soll in seinen geschäftlichen Entscheidungen (iSd Art 2 lit k UGP-Richtlinie) frei sein. Er soll also frei entscheiden können, ob er sich mit einem Angebot näher befassen will und ob und zu welchen Bedingungen er mit einem Unternehmer einen Vertrag über den Kauf (oder Verkauf) einer Ware oder Dienstleistung schließt. Auch soll er frei entscheiden können, wie er sich bei Durchführung des Vertrages verhält, insbes ob und welche Rechte er aus einem Vertrag geltend macht. Das bedeutet nicht, dass jegliche Beeinflussung des Verbrauchers unzulässig ist. Denn Wettbewerb ist ohne Einflussnahme auf den Verbraucher nicht möglich. Beim Schutz der Entscheidungsfreiheit geht es darum, die Grenzen der noch zulässigen Beeinträchtigung der freien Entscheidung aufzuzeigen. Diese Grenzen sind überschritten, wenn der Verbraucher auf Grund des Verhaltens des Unternehmers zu einer **informierten** und **rationalen Entscheidung** außerstande ist (ebenso KG NJW 2007, 2266, 2268). In der **UGP-Richtlinie**, die im Wege der richtlinienkonformen Auslegung zu berücksichtigen ist, wird dies mit dem Erfordernis der „**wesentlichen Beeinflussung des wirtschaftlichen Verhaltens des Verbrauchers**" (Art 5 II) umschrieben, die ihrerseits definiert wird als „**Anwendung einer Geschäftspraxis, um die Fähigkeit des Verbrauchers, eine informierte Entscheidung zu treffen, spürbar zu beeinträchtigen, und damit den Verbraucher zu einer geschäftlichen Entscheidung zu veranlassen, die er andernfalls nicht getroffen hätte**" (Art 2 lit e). – Das ist zum einen der Fall, wenn ihm nicht die Informationen zur Verfügung gestellt werden, die er für eine sachgerechte Entscheidung benötigt, zum anderen, wenn ihm die Möglichkeit zu einer rationalen Willensbildung genommen wird. Während das **Vertragsrecht** eine unzulässige Beeinflussung des Verbrauchers repressiv durch Gewährung von Vertragslösungsrechten (Anfechtungs-, Widerrufs-, Rücktrittsrechten usw) und Ausgleichsansprüchen (zB aus Mängelhaftung oder culpa in contrahendo) bekämpft, ist es Aufgabe des **Lauterkeitsrechts,** den Verbraucher generalpräventiv vor unzulässigen Beeinflussungen vor, bei oder nach Vertragsschluss zu schützen und damit seine (rechtsgeschäftliche) Entscheidungsfreiheit zu gewährleisten. Dies dient nicht nur dem Schutz des Verbrauchers, sondern mittelbar auch dem Schutz der Mitbewerber und gewährleistet einen unverfälschten Wettbewerb. Denn zur Freiheit des Wettbewerbs gehört nicht nur die freie Entfaltungsmöglichkeit der Mitbewerber, sondern auch die freie Entscheidung der Verbraucher darüber, ob und welches Angebot sie annehmen (**Konsumentensouveränität**). Hier wird vielfach von einer **Schiedsrichterfunktion** des Verbrauchers gesprochen (vgl *Beater* FS Tilmann, 2003, 87; *Lettl* S 88 ff).

18   aa) **Gewährleistung richtiger und pflichtgemäßer Informationen.** Das Lauterkeitsrecht hat zum einen dafür zu sorgen, dass der Unternehmer den „durchschnittlichen Verbraucher" nicht falsch informiert, zum anderen dafür, dass der Unternehmer alle Informationen liefert, die „der durchschnittliche Verbraucher je nach den Umständen benötigt, um eine informierte geschäftliche Entscheidung zu treffen" (Art 7 I UGP-Richtlinie). Dem tragen § 4 Nr 1–5 und die §§ 5, 5a und 6 Rechnung. Informationspflichten können sich als geschriebene (vgl § 4 Nr 4 und 5) oder ungeschriebene Pflichten (vgl § 5a, § 4 Rdn 1.38 f) aus dem UWG ergeben. Soweit sie in anderen Gesetzen (zB dem BGB) angeordnet sind, kann ihre Einhaltung über den Rechtsbruchtatbestand (§ 4 Nr 11) lauterkeitsrechtlich sanktioniert werden.

19   bb) **Gewährleistung der freien Willensbildung.** Der Unternehmer will auf die Willensbildung des Verbrauchers Einfluss nehmen. Dabei ist das Verhalten des Unternehmers nicht nur **vor,** sondern auch **bei** und **nach Vertragsschluss** (arg Art 3 I UGP-Richtlinie) zu berücksichtigen. Um den Verbraucher zu erreichen, wird er idR nicht bei der Bereitstellung von Informationen über das Unternehmen und sein Angebot stehen bleiben. Er wird auch versuchen, den Willen des Verbrauchers zu beeinflussen. Das kann im Rahmen der Werbung insbes durch die Schaffung von Kaufmotiven geschehen. Dass diese Motive vielfach „unsachlich" sind, also mit dem Kaufgegenstand als solchem nichts zu tun haben, macht die Beeinflussung aber nach heutigem Verständnis nicht ohne weiteres unlauter. Vielmehr ist ein Großteil der Werbung durch das Bestreben gekennzeichnet, durch gefühlsbezogene („gefühlsbetonte") Motive Aufmerksamkeit zu erregen und Sympathie zu gewinnen (vgl BVerfG GRUR 2001, 170 – *Schockwerbung;* BVerfG GRUR 2002, 455, 456 – *Tier- und Artenschutz;* näher dazu § 4 Rdn 1.138 ff). Dementsprechend heißt es in der Begründung zum RegE UWG 2004, „dass der Versuch einer gewissen unsachlichen Beeinflussung der Werbung nicht fremd und auch nicht per se unlauter ist" (Begr RegE UWG 2004 zu § 4 Nr 1, BT-Drucks 15/1487 S 17). Unlauterkeit ist demnach, wenn nicht einer der per-se-Tatbestände des Anh zu § 3 III erfüllt ist, erst dann anzunehmen, wenn das Verhalten entweder den Tatbestand des § 4 Nr 1 oder 2 oder des § 3 II 1 erfüllt, wobei diese Vorschriften richtlinienkonform am Maßstab der Art 5 II und IV UGP-Richtlinie auszulegen sind.

20   b) **Schutz sonstiger Rechte und Rechtsgüter.** Wettbewerbsmaßnahmen können einen Eingriff in sonstige Rechte (allgemeines Persönlichkeitsrecht; Eigentum; Besitz) und Rechtsgüter (Gesundheit, Freiheit, Vermögen) des Verbrauchers darstellen (Fälle der **Belästigung** iSd § 7). Davor soll ihn das Lauterkeitsrecht auch dann schützen, wenn seine Entscheidungsfreiheit nicht beeinträchtigt wird. Denn jedenfalls werden seine Zeit, seine Aufmerksamkeit und vielfach auch seine Ressourcen ohne oder sogar gegen seinen Willen in Anspruch genommen. Das Problem ist dabei, festzulegen, von welchem Punkt an die Belästigung für den Verbraucher **unzumutbar** wird (vgl § 7 I). Dies lässt sich nur unter Berücksichtigung des jeweils eingesetzten Kommunikationsmittels (Ansprechen auf öffentlichen Verkehrswegen, Vertreterbesuch, Telefonwerbung, Faxwerbung, E-Mail-Werbung usw) beurteilen. Dementsprechend sieht § 7 II und III eine differenzierte Regelung vor, die freilich nicht alle Formen der belästigenden Werbung erfasst. Soweit eine geschäftliche Handlung eine unerlaubte Handlung iSd §§ 823 ff BGB gegenüber dem Verbraucher darstellt, wird dadurch auch ihre Unlauterkeit indiziert.

III. Schutzhöhe (Verbraucherleitbild)

1. Fragestellung

21   Bei der Frage nach der Schutzhöhe geht es um das Maß an **Schutzbedürftigkeit** des Verbrauchers. Das ist eine Frage der Wertung und die Antwort darauf hängt von den jeweils herrschenden wirtschafts- und gesellschaftspolitischen Anschauungen ab. Damit ist das sog **Verbraucherleitbild** angesprochen. Die Funktion des Verbraucherleitbilds und seine Rechtsnatur sind nicht eindeutig geklärt. Auszugehen ist davon, dass das Lauterkeitsrecht Verhaltensnormen aufstellt und dementsprechend Verhaltensanforderungen an den Unternehmer stellt. Es geht also um die Sicht aus der Warte des Unternehmers, genauer um das **Maß an Rücksicht auf den Verbraucher,** das er aufzubringen hat. Damit wird auch klar, dass es beim Verbraucherleitbild in

Wahrheit um eine **Abwägung der Interessen des Unternehmers und der Verbraucher** geht. Bezogen auf die **Informationen,** die der Verbraucher für eine sachgerechte Entscheidung benötigt, ist zu fragen, welchen Informationsstand und welches Informationsbemühen der Unternehmer beim Verbraucher voraussetzen darf. Bezogen auf die **Willensbildung** ist zu fragen, in welchem Maße der Unternehmer auf den Willen des Verbrauchers Einfluss nehmen darf. Bezogen auf die **sonstigen Rechte und Rechtsgüter** des Verbrauchers ist zu fragen, welches Maß an Einwirkung der Verbraucher hinnehmen muss.

2. Das Verbraucherleitbild im Unionsrecht

a) **Grundsatz.** Der EuGH stellt bei der Auslegung des primären und sekundären Unionsrechts auf das Kriterium des „**durchschnittlich informierten, aufmerksamen und verständigen Durchschnittsverbrauchers**" ab (vgl EuGH Slg 1998, I-4657 Tz 31, 37 = GRUR Int 1998, 795 – *Gut Springenheide;* EuGH Slg 1999, I-513 = GRUR Int 1999, 345 – *Sektkellerei Kessler;* EuGH GRUR 1999, 723 – *Windsurfing Chiemsee;* EuGH GRUR Int 1999, 734 – *Lloyds/Loints;* EuGH Slg 2000, I-117 Tz 27 f = GRUR Int 2000, 354 – *Lifting-Creme;* EuGH GRUR 2002, 354, 356 Tz 52 – *Toshiba/Katun;* EuGH GRUR 2003, 533, 536 Tz 55 – *Pippig Augenoptik/Hartlauer*). Diese Formulierung ist unterschiedlichen Auslegungen zugänglich. So ist zB umstritten, ob sich das Adverb „durchschnittlich" nur auf das Adjektiv „informiert" bezieht (so *Ackermann* WRP 2000, 807, 808) oder auch auf die Adjektive „aufmerksam" und „verständig" (so *Bornkamm,* FS 50 Jahre BGH, 2000, 343, 361; *Helm,* FS Tilmann, 2003, 135, 140 ff; *Lettl* S 93 f; *Sack* WRP 2000, 327, 339; *Spätgens* WRP 2000, 1023, 1026 f). Zum besseren Verständnis der Formel des EuGH sind daher ergänzend die entspr, in gleicher Weise verbindlichen Fassungen anderer Amtssprachen, insbes die englischen und französischen Fassung, heranzuziehen (vgl EuGH Slg 1997, I-1111 Tz 30 – *Ebony*). Sie lauten: „Average consumer who is reasonably well-informed and reasonably observant and circumspect" und „consommateur moyen, normalement informé et raisonnablement attentif et avisé" (vgl WRP 1998, 1213, 1214; eingehend dazu *Helm,* FS Tilmann, 2003, 135 ff). Gemeint sein dürfte daher der „durchschnittlich informierte und in vernünftigem Umfang aufmerksame und verständige" (vgl *Bornkamm* WRP 2000, 830, 835; *Lettl* S 94) oder der „normal informierte und angemessen aufmerksame und umsichtige Durchschnittsverbraucher" (*Helm,* FS Tilmann, 2003, 135, 142). In neueren Entscheidungen des EuGH ist denn auch die Rede vom „**normal informierten, aufmerksamen und verständigen Durchschnittsverbraucher**" (vgl EuGH GRUR 2003, 604, 607 Tz 46 – *Libertel*) und vom „**normal informierten und angemessen aufmerksamen und verständigen Durchschnittsverbraucher**" (vgl EuGH GRUR Int 2005, 44, 45 Tz 24). Dieses Verbraucherleitbild lag bereits dem englischen und französischen Recht zu Grunde (vgl *Köhler/Lettl* WRP 2003, 1019, 1032). Es beruht letztlich auf einer Abwägung zwischen den Gefahren einer Wettbewerbsmaßnahme für den Verbraucher einerseits und den Erfordernissen des freien Waren- und Dienstleistungsverkehrs (Art 34, 56 AEUV) andererseits und trägt insoweit dem Grundsatz der **Verhältnismäßigkeit** von Eingriffen in die unternehmerische Freiheit Rechnung (vgl EuGH Slg 2000, I-117 Tz 27, 28 = GRUR Int 2000, 354 – *Lifting-Creme* sowie Erwägungsgrund 18 S 2 UGP-Richtlinie: „Dem Verhältnismäßigkeitsprinzip entsrechend …").

Die **Richtlinie 2005/29/EG über unlautere Geschäftspraktiken (UGP-Richtlinie)** spricht vom „**Durchschnittsverbraucher, der angemessen gut unterrichtet und angemessen aufmerksam und kritisch ist**" (vgl Erwägungsgrund 18 S 2; dazu *Helm* WRP 2005, 931). Damit ist aber kein sachlicher Unterschied zu den vom EuGH gewählten Formulierungen verbunden. Vielmehr handelt es sich nur um unterschiedliche deutsche Übersetzungen ein und desselben englischen und französischen Textes.

Die Grundsätze zum Verbraucherleitbild gelten sinngemäß auch für **sonstige Marktteilnehmer** (vgl EuGH GRUR 2002, 354, 356 Tz 52 – *Toshiba Europe:* „durchschnittlich informierte, aufmerksame und verständige Person", betreffend eine an Fachhändler gerichtete vergleichende Werbung).

b) **Konkretisierung.** Das Leitbild des „durchschnittlich informierten, aufmerksamen und verständigen Durchschnittsverbrauchers" könnte dahin verstanden werden, dass gerade die **unterdurchschnittlich** informierten, aufmerksamen und verständigen Verbraucher durch das Wettbewerbsrecht nicht mehr ausreichend geschützt werden („*The poor pay more";* vgl *Beater* § 13 Rdn 43 ff; *Köhler* GRUR 2001, 1067, 1069). Dies dürfte indessen nicht der Intention des EuGH entsprechen. Vielmehr ist seiner Rspr durchaus zu entnehmen, dass es darauf ankommt, ob das Angebot an jedermann oder an eine bestimmte **Zielgruppe** gerichtet ist und welches **Produkt** beworben wird (vgl EuGH Slg 1989, I-1235, 1252 – *Buet;* EuGH Slg 1999, I-3819 Tz 26 = GRUR Int 1999, 734, 736 Tz 26 – *Lloyd;* EuGH Slg 2000, I-117 Tz 29 = GRUR Int 2000, 354 – *Lifting-Creme;* EuGH GRUR 2003, 604, 607 Tz 46 – *Libertel*). Dem trägt auch die **UGP-Richtlinie** in **Art 5 III 1** für Geschäftspraktiken gegenüber Gruppen besonders schutzbedürftiger Verbraucher Rechnung. – Im Übrigen sind stets die **Umstände des Einzelfalles** zu berücksichtigen (EuGH aaO Tz 30 – *Lifting-Creme*). Dazu gehören – wie auch in Erwägungsgrund 18 S 2 der UGP-Richtlinie betont – insbes soziale, kulturelle und sprachliche Eigenheiten (EuGH Slg 2000, I-117 Tz 29 – *Lifting-Creme*). Ferner ist die Situation, in der die Werbung dem Verbraucher gegenübertritt, zu berücksichtigen (vgl *Bornkamm,* FG 50 Jahre BGH, 2000, 343, 359 ff). – Zu Einzelheiten vgl *Helm,* FS Tilmann, 2003, 135, 138 ff; *Lettl* S 94 ff.

26   aa) **Informiertheit des Verbrauchers.** Bei der Informiertheit des Verbrauchers geht es darum, welchen Informationsstand der Unternehmer beim Verbraucher voraussetzen darf (*Lettl* S 93). Da dieser Informationsstand bei den einzelnen Verbrauchern unterschiedlich hoch sein kann, braucht sich der Unternehmer grds nur an dem (bezogen auf die von ihm angesprochene Zielgruppe; vgl Art 5 II lit b, III UGP-Richtlinie) „durchschnittlich" oder „normal" oder „angemessen gut" informierten Verbraucher zu orientieren. Weiter gehende Informationen braucht er dann nicht zu geben. **Beispiel:** Wird für eine Erdbeerkonfitüre mit der Angabe „naturrein" geworben, weiß der Durchschnittsverbraucher, dass dies nicht auch die Freiheit von jeglichen Cadmium- und Bleirückständen bedeuten kann. Denn diese Stoffe sind infolge der Verschmutzung von Luft und Wasser in der natürlichen Umwelt vorhanden. Folglich wird er insoweit durch die Angabe „naturrein" auch nicht irregeführt (EuGH Slg 2000, I-2297 Tz 27, 28 = WRP 2000, 489, 492 – *darbo*).

27   bb) **Aufmerksamkeit des Verbrauchers.** Bei der Aufmerksamkeit des Verbrauchers geht es darum, inwieweit der Unternehmer vom Verbraucher erwarten darf, dass er die ihm angebotenen Produktinformationen auch wahrnimmt, also verarbeitet und bei seiner Entscheidung berücksichtigt (*Lettl* S 93). Hier darf der Unternehmer von einer „durchschnittlichen" bzw „angemessenen" Aufmerksamkeit ausgehen. Selbst wenn also eine Information in einer Fremdsprache abgefasst ist, ist dies unschädlich, wenn sie für den Verbraucher leicht verständlich oder die Unterrichtung des Verbrauchers durch andere Maßnahmen gewährleistet ist (EuGH Slg 1991, I-2971 Tz 31 – *Piageme I;* EuGH Slg 1995, I-2955 Tz 31 – *Piageme II;* EuGH Slg 2000, I-6579 Tz 23 und 28 – *Geffroy*). Nimmt der Verbraucher die ihm angebotenen Informationen – etwa aus Uninteressiertheit – nicht zur Kenntnis, ist das sein Risiko. Ihm kann eine gewisse Selbstverantwortung nicht abgenommen werden (vgl *Köhler* GRUR 2001, 1067, 1069). **Beispiel:** Ist auf einer Erdbeerkonfitüre im Zutatenverzeichnis das Geliermittel Pektin aufgelistet, so ist davon auszugehen, dass der Verbraucher, der sich bei seiner Kaufentscheidung nach der Zusammensetzung des Produkts richtet, zunächst das Zutatenverzeichnis liest. Die Angabe „naturrein" kann den Verbraucher nicht deswegen irreführen, weil die Konfitüre dieses Geliermittel enthält (EuGH Slg 2000, I-2297 Tz 22 = WRP 2000, 489, 491 – *darbo*).

28   cc) **Verständigkeit des Verbrauchers.** Bei der Verständigkeit (Umsichtigkeit, Kritikfähigkeit) des Verbrauchers geht es vornehmlich darum, wie **kritisch** er mit den ihm angebotenen Informationen umgeht, insbes, ob er die Vor- und Nachteile eines Angebots sachgerecht würdigen kann (*Lettl* S 93). **Beispiel:** Werden Schokoladenriegel mit dem Aufdruck „+ 10%" versehen, so ist dieser Aufdruck nicht deshalb irreführend, weil er flächenmäßig größer ist als die Mengensteigerung. Denn der „verständige" Verbraucher weiß, dass zwischen der Größe von Werbeaufdrucken, die auf eine Erhöhung der Menge des Erzeugnisses hinweisen, und dem Ausmaß dieser Erhöhung nicht notwendig ein Zusammenhang besteht (EuGH Slg 1995, I-1923 Tz 24 – *Mars*). – Verständigkeit bedeutet aber auch die Bereitschaft zum **Lernen** und **Umdenken** bei neu auf den Markt kommenden Produkten, die vom Verbraucher erwartet wird (vgl EuGH Slg 1980, 417 Tz 14 – *Kommission/Vereinigtes Königreich;* EuGH Slg 1987, 1227 Tz 32 – *Reinheitsgebot;* EuGH GRUR 2007, 511 Tz 37–41 – *de Landtsheer; Steindorff* WRP 1993, 139, 147).

3. Das Verbraucherleitbild im UWG

29   a) **Rechtsentwicklung.** Ursprünglich legte die Rspr bei der Anwendung des UWG das Leitbild des **„flüchtigen"** bzw **„unkritischen"** Verbrauchers zu Grunde (vgl BGH GRUR 1982, 564, 566 – *Elsässer Nudeln;* BGH GRUR 1984, 741, 742 – *patented;* BGH GRUR 1990,

604, 605 – *Dr. S.-Arzneimittel;* BGH GRUR 1992, 450, 452 f – *Beitragsrechnung*). Davon löste sie sich allmählich seit Mitte der 90er Jahre. **Beispiele** für einen **Wechsel der Rspr:** einerseits BGH GRUR 1972, 829 – *Der meistgekaufte der Welt,* andererseits BGH GRUR 1996, 910, 912 – *Der meistverkaufte Europas;* einerseits BGH GRUR 1986, 622 – *Umgekehrte Versteigerung I,* andererseits BGH GRUR 2003, 626, 627 – *Umgekehrte Versteigerung II.* In der Folgezeit übernahm die Rspr das (jetzt) **unionsrechtliche Verbraucherleitbild,** und zwar nicht nur für den Bereich der irreführenden Werbung, sondern auch für das gesamte **Lauterkeitsrecht** (stRspr; vgl BGH GRUR 2000, 619 – *Orient-Teppichmuster;* BGH GRUR 2001, 1061, 1063 – *Mitwohnzentrale.de;* GRUR 2002, 81, 83 – *Anwalts- und Steuerkanzlei;* BGH GRUR 2002, 182, 183 – *Das Beste jeden Morgen;* BGH GRUR 2002, 550, 552 – *Elternbriefe;* BGH GRUR 2002, 548, 550 – *Mietwagenkostenersatz;* BGH GRUR 2002, 715, 716 – *Scannerwerbung;* BGH GRUR 2002, 902, 905 – *Vanity-Nummer;* BGH GRUR 2002, 828, 829 – *Lottoschein;* BGH GRUR 2002, 976, 978 – *Kopplungsangebot I;* BGH GRUR 2002, 979, 981 – *Kopplungsangebot II;* BGH GRUR 2003, 163, 164 – *Computerwerbung II;* BGH GRUR 2003, 249 – *Preis ohne Monitor;* BGH GRUR 2003, 361, 362 – *Sparvorwahl;* BGH GRUR 2003, 626, 627 – *Umgekehrte Versteigerung II*). Eine entspr Entwicklung vollzog sich im **Markenrecht** (vgl BGH GRUR 2000, 506, 508 – *ATTACHÉ/ TISSERAND;* BGH GRUR 2000, 875, 877 – *Davidoff;* BGH GRUR 2002, 160, 162 – *Warsteiner III;* BGH GRUR 2002, 809, 811 – *FRÜHSTÜCKS-DRINK I;* BGH GRUR 2002, 812, 813 – *FRÜHSTÜCKS-DRINK II;* BGH GRUR 2002, 814, 815 – *Festspielhaus;* BGH GRUR 2002, 1067, 1070 – *DKV/OKV;* BGH GRUR 2003, 332, 334 – *Abschlussstück;* BGH GRUR 2003, 340, 341 – *Mitsubishi*), ferner im **Arzneimittel-** und **Lebensmittelrecht** (vgl BGH GRUR 2002, 528, 529 – *L-Carnitin*).

b) Gegenwärtige Rechtslage. Bereits bei der Aufhebung des Rabattgesetzes und der Zugabeverordnung war der Gesetzgeber von dem unionsrechtlichen Verbraucherleitbild ausgegangen (vgl BT-Drucks 14/5441 sowie BT-Drucks 14/4424). Die Begründung zum UWG 2004 knüpft an die neuere Rspr des BGH an und bekennt sich ausdrücklich zum Leitbild des „**durchschnittlich informierten und verständigen Verbrauchers..., der das Werbeverhalten mit einer der Situation angemessenen Aufmerksamkeit verfolgt**" (vgl Begr RegE UWG zu § 5, BT-Drucks 15/1487 S 19). In den von Richtlinien erfassten Bereichen des Lauterkeitsrechts entspricht dies dem Gebot der **richtlinienkonformen Auslegung** (dazu Einl Rdn 3.13). So legt die **UGP-Richtlinie** in Erwägungsgrund 18 als „Maßstab" für die Rechtsanwendung den „Durchschnittsverbraucher, der angemessen gut unterrichtet und angemessen aufmerksam und kritisch ist", zu Grunde. In der UWG-Novelle 2008 wurde mit Einführung des § 3 II 2 und 3 dieser Ansatz übernommen. Dies gilt nicht nur für die Tatbestände des Anh zu § 3 III, sondern auch für den Bereich der irreführenden geschäftlichen Handlungen und der vergleichenden Werbung (§§ 5, 6) und auch für sonstige geschäftliche Handlungen, die auf die Entscheidung des Verbrauchers einwirken (§ 4 Nr 1 - 6). Hinsichtlich der Einwirkung auf die Privatsphäre des Verbrauchers durch Belästigung iSd § 7 (vgl § 7 Rdn 10) ist auf den **durchschnittlich (normal) empfindlichen** Verbraucher abzustellen (Rdn 32). – Die Grundsätze zum Verbraucherleitbild gelten, wie im Unionsrecht (vgl EuGH GRUR 2002, 355 Tz 52 – *Toshiba Europe;* Rdn 19), sinngemäß auch für **sonstige Marktteilnehmer.**

c) Konkretisierung des Verbraucherleitbilds. aa) Allgemeines. Das Verbraucherleitbild bedarf der Konkretisierung durch die Gerichte unter stetiger Beachtung der Rspr des EuGH (vgl auch die Darstellung in § 5 Rdn 1.46 ff). Dabei stehen die Verantwortlichkeit des Werbenden und die Selbstverantwortung des Verbrauchers in einem Spannungsverhältnis. Was den Verbraucher angeht, ist zu fragen, welche Anstrengungen ihm möglich und zumutbar sind, sich vor nachteiligen Geschäften zu schützen. Was den Werbenden angeht, ist zu fragen, welche Anforderungen an die konkrete Gestaltung seiner Werbung ihm zumutbar sind. Vom Werbenden ist nicht zu verlangen, dass er auf die intellektuellen und sozialen Besonderheiten eines jeden Einzelnen Rücksicht nimmt. Andernfalls wäre ihm eine Werbung praktisch nicht möglich und nicht finanzierbar. Vielmehr darf er sich grds an dem durchschnittlich informierten, aufmerksamen und verständigen Durchschnittsverbraucher orientieren. Allerdings sind folgende Präzisierungen geboten (vgl hierzu eingehend auch *Lettl* S 94 ff):

(1) Maßgeblichkeit der jeweiligen Zielgruppe. Das Abstellen auf den „Durchschnitt" bedeutet nicht, dass es auf den Durchschnitt der Bevölkerung insgesamt ankommt. Maßgebend ist vielmehr der Durchschnitt der von einer Wettbewerbsmaßnahme angesprochenen Verkehrskreise, also der Zielgruppe (§ 3 II 2). Wendet sich der Werbende gezielt an eine bestimmte Bevölkerungsgruppe (zB Fachleute, Kinder und Jugendliche, Rentner, Aussiedler, Kranke, Arbeitslose, Hochschulabsolventen), so muss er sich an einem durchschnittlich informierten, aufmerksamen und verständigen Angehörigen dieser Gruppe orientieren (ebenso BGH GRUR 2006, 776 Tz 19 – *Werbung für Klingeltöne*). Ist diese Gruppe bes schutzbedürftig (zB Kinder, Kranke, geschäftlich Unerfahrene), sind dementsprechend höhere Anforderungen zu stellen (vgl § 3 II 3, der Art 5 III 1 UGP-Richtlinie umsetzt, sowie Erwägungsgrund 18 und 19 UGP-Richtlinie; vgl ferner § 4 Nr 2 und dazu BGH GRUR 2006, 776 Tz 19 – *Werbung für Klingeltöne*). Es sind aber auch Fälle denkbar, bei denen es nicht auf die Unterscheidung nach bes schutzbedürftigen Verbrauchergruppen ankommt. **Beispiel:** Die Werbung mit Einkaufsgutscheinen über 5,– Euro aus Anlass des Geburtstags von Kunden führt nicht zu einer Beeinträchtigung der Entscheidungsfreiheit der Verbraucher durch unangemessenen unsachlichen Einfluss (§ 4 Nr 1 UWG). Dies gilt unabhängig davon, an welchen Personenkreis sich die Werbung richtet. Es kommt daher nicht darauf an, ob sich die Werbung nur an Kunden mit geringem Einkommen wie Rentner, in Ausbildung befindliche Jugendliche, Arbeitslose und Sozialhilfeempfänger oder an die Allgemeinheit wendet (vgl zu § 1 UWG 1909 BGH GRUR 2003, 1057 – *Einkaufsgutschein*).

33 (2) **Schutz von Minderheiten.** Soweit sich eine geschäftliche Handlung nicht auf eine besonders schutzbedürftige und eindeutig identifizierbare Gruppe beschränkt (§ 3 II 3), ist auf den Durchschnittsverbraucher abzustellen (§ 3 II 2). Das hat zunächst zur Folge, dass der Werbende auf die Kenntnis- und Verständnismöglichkeiten von Minderheiten, die unterdurchschnittlich informiert, verständig und aufmerksam sind, an sich nicht Rücksicht nehmen muss (BGH GRUR 2002, 550, 552 – *Elternbriefe*). Das kann aber dann nicht gelten, wenn der Werbende **bewusst** unwahre oder missverständliche Behauptungen aufstellt und er darauf spekuliert, dass ein gewisser Teil der Angesprochenen auf sein Angebot „hereinfällt". Hier geht es nämlich nicht um den Schutz des Werbenden vor unzumutbaren Anforderungen und das berechtigte Informationsinteresse der Mehrheit der angesprochenen Verbraucher, sondern um den Schutz der sozial und intellektuell schwächeren Schichten der Bevölkerung. Schutz verdienen aber auch die Personen, bei denen der Werbende darauf spekuliert, dass sie nicht die Zeit aufbringen, sein Angebot kritisch zu überprüfen (wie zB beim Adressbuchschwindel). – Aber auch durchschnittlich informierte und verständige Verbraucher können eine Werbeaussage unterschiedlich auffassen (BGH GRUR 2004, 162, 163 – *Mindestverzinsung*). In diesem Fall genügt es für eine Irreführung iSd § 5 nicht, dass nur etwa 15 bis 20% der angesprochenen Verbraucher irregeführt werden. Vielmehr muss die Werbeaussage geeignet sein, einen erheblichen Teil der durchschnittlich informierten, aufmerksamen und verständigen Durchschnittsverbraucher irrezuführen (BGH aaO – *Mindestverzinsung*). Das bedeutet eine erhebliche Absenkung der Schutzschwelle gegenüber der älteren Rspr.

34 bb) **Der angemessen gut unterrichtete Verbraucher.** Maßgebend ist der Wissensstand, den der Werbende bei einem Durchschnittsverbraucher voraussetzen darf (*Lettl* S 93). Dies hängt zum einen davon ab, ob der Werbende jedermann oder nur eine bestimmte Zielgruppe anspricht. Bei einer Werbung, die sich nur an Fachleute richtet, darf ein höherer Wissensstand vorausgesetzt werden als bei einer Werbung, die an jedermann gerichtet ist. Wendet sich die Werbung hingegen an Gruppen, bei denen typischerweise ein geringerer Wissensstand vorliegt, muss der Werbende darauf Rücksicht nehmen. Zum anderen hängt der Wissensstand von der Art des Produkts ab. (Darauf zielt die betriebswirtschaftliche Unterscheidung zwischen sog Erfahrungs-, Such- und Vertrauensgütern ab; vgl *Beater* § 15 Rdn 143 ff mwN.) **Beispiel:** Wird beim Abschluss eines Netzkartenvertrages ein Mobiltelefon (nahezu) unentgeltlich hinzugegeben, so weiß der durchschnittlich informierte Verbraucher, dass er dieses Gerät letztlich nicht geschenkt bekommt, sondern über die Gebühren des Netzkartenvertrags finanziert (BGH GRUR 1999, 261, 263 – *Handy-Endpreis*). – Die Frage, inwieweit von den angesprochenen Verkehrskreisen die Beschaffung weiterer Informationen zu erwarten ist, stellt sich dagegen erst beim Kriterium der Verständigkeit.

35 cc) **Der angemessen aufmerksame Verbraucher.** Die Aufmerksamkeit bezieht sich auf die Wahrnehmung des Angebots und der darin enthaltenen Informationen (*Lettl* S 93). Werden dem Durchschnittsverbraucher die Informationen in verkehrsüblicher Weise so nahe gebracht, dass er sie unschwer zur Kenntnis nehmen kann, so ist von ihm eine entspr Kenntnisnahme auch zu erwarten (vgl auch BGH GRUR 2002, 160, 162 – *Warsteiner III* zu den Informationen auf den Rück-Etiketten auf Bierflaschen). Der Grad der Aufmerksamkeit, den der Verbraucher einer Werbung entgegenbringt, ist jedoch abhängig von der jeweiligen Situation, in der er mit ihr konfrontiert wird (sog **situationsadäquate Aufmerksamkeit;** vgl BGH GRUR 2000, 619, 621 – *Orient-Teppichmuster;* BGH GRUR 2002, 182, 183 – *Das Beste jeden Morgen;* BGH GRUR

2002, 81, 83 – *Anwalts- und Steuerkanzlei;* BGH GRUR 2002, 550, 552 – *Elternbriefe;* BGH GRUR 2003, 249 – *Preis ohne Monitor;* BGH GRUR 2004, 162, 163 – *Mindestverzinsung;* BGH GRUR 2004, 605, 606 – *Dauertiefpreise*). Dies stellt keinen Gegensatz zum unionsrechtlichen Verbraucherleitbild, sondern lediglich eine Präzisierung dar (vgl *Bornkamm* WRP 2000, 830, 834 f; *Helm*, FS Tilmann, 2003, 135, 143 ff). Von Bedeutung ist dabei vor allem, welche Waren oder Dienstleistungen angeboten werden. Geht es um den Erwerb geringwertiger Gegenstände des täglichen Bedarfs (sog **Erfahrungsgüter**), wird sich auch der verständige Verbraucher meist nicht die Zeit für eine gründliche Prüfung des Angebots nehmen, sich ihm also nur „flüchtig" zuwenden. Die Begriffe „verständig" und „flüchtig" schließen sich daher nicht aus (BGH aaO – *Orient-Teppichmuster;* BGH aaO – *Anwalts- und Steuerkanzlei*). Anders verhält es sich beim Angebot nicht nur geringwertiger Gegenstände. Hier wird der Verbraucher die Werbung idR mit größerer Aufmerksamkeit wahrnehmen. Dies gilt vor allem für Waren von nicht unerheblichem Preis und nicht nur kurzer Lebensdauer (sog **Suchgüter**). Bei ihnen wird der Verbraucher eine Werbung nicht nur flüchtig betrachten, sondern sich ihr mit normaler Aufmerksamkeit zuwenden und seine Kaufentscheidung erst dann treffen, wenn er sich weiter informiert hat. Mögliche Missverständnisse flüchtiger oder uninteressierter Leser sind daher unerheblich (BGH GRUR 2000, 619, 621 – *Orient-Teppichmuster*). Allerdings entbindet dies den Werbenden nicht davon, wichtige Informationen mit der gebotenen Klarheit und Deutlichkeit zu übermitteln. **Beispiele:** Wer blickfangmäßig einen Preis herausstellt, den der Verbraucher auf das Komplettangebot, nämlich PC mit Monitor, bezieht, kann sich nicht damit salvieren, dass er an anderer Stelle im Zusammenhang mit der Produktbeschreibung darauf hinweist, der Preis gelte nur für einen Teil der Geräte, nämlich den PC ohne Monitor (BGH GRUR 2003, 249 – *Preis ohne Monitor*). – Von Bedeutung ist auch die **Zeitspanne**, die dem Verbraucher zur nähere Prüfung des Angebots zur Verfügung steht. **Beispiel:** Wirbt ein Buchclub in einer Werbebroschüre Mitglieder mit dem Angebot der unentgeltlichen Überlassung von fünf Büchern und kann der Verbraucher die Broschüre zu Hause in Ruhe durchsehen und hat er nach Erhalt der fünf Testbücher noch zehn Tage Zeit, um sich zu entscheiden, ob er die Bücher behalten und Mitglied werden will, so stellt dies keine unangemessene unsachliche Beeinflussung dar (BGH GRUR 2003, 890, 891 – *Buchclub-Kopplungsangebot*).

dd) Der angemessen kritische Verbraucher. Bei der Kritikfähigkeit (= Verständigkeit = Umsichtigkeit) des Verbrauchers geht es – wie im Unionsrecht (Rdn 23) – vornehmlich um seine Fähigkeit, Informationen richtig einzuordnen und daraus zutreffende Schlüsse zu ziehen (*Lettl* S 93). Mit der Formel vom „angemessen kritischen" Verbraucher ist das Maß an Kritikfähigkeit (Verständigkeit, Umsichtigkeit) gemeint, das **vernünftigerweise** bei den angesprochenen Verbraucherkreisen vorausgesetzt werden darf. Dabei sind insbes folgende Umstände von Bedeutung: (1) **Zielgruppe.** Es macht einen Unterschied, ob der Werbende sich an jedermann oder nur an eine bestimmte Zielgruppe (Fachleute, Kinder und Jugendliche, Immigranten, Aussiedler, usw) wendet. Im letzteren Fall kommt es auf die Verständigkeit eines durchschnittlichen Mitglieds der Gruppe an. (2) **Angebot.** Von Bedeutung ist weiter, welches Produkt zu welchen Bedingungen der Werbende anbietet, welche Vor- und Nachteile für den Verbraucher damit verbunden sind und wie es um Vergleichsmöglichkeiten bestellt ist. Beim Kauf **hochwertiger** und **langlebiger** Güter ist vom verständigen Verbraucher zu erwarten, dass er seine Entscheidung erst nach reiflicher Überlegung und Prüfung von Vergleichsangeboten trifft. Eine unangemessene unsachliche Beeinflussung iSd § 4 Nr 1 ist daher noch nicht in einer „umgekehrten Versteigerung" von Gebrauchtwagen anzunehmen (vgl BGH GRUR 2003, 626, 627 – *Umgekehrte Versteigerung II*). Der verständige Verbraucher wird bei Buchung einer Flugreise, wenn ihm mitgeteilt wird, dass die anfallenden Steuern und Gebühren vom jeweiligen Flugziel und der Flugroute abhängen und der endgültige Flugpreis nach der Auswahl der gewünschten Flugverbindung angezeigt wird, den dort angegebenen Preis als Endpreis iSd PAngV auffassen (BGH WRP 2003, 1222, 1223 – *Internet-Reservierungssystem*). Aus der Sicht des verständigen Verbrauchers ist es auch zu beurteilen, ob Produkte substituierbar sind und daher iSd § 6 verglichen werden dürfen (vgl BGH GRUR 2002, 828, 830 – *Lottoschein*). (3) **Werturteile.** Vom verständigen Verbraucher ist zu erwarten, dass er zwischen humorvollen, nicht ernst gemeinten Behauptungen und echter Kritik zu unterscheiden weiß (vgl BGH GRUR 2002, 982, 984 – *DIE „STEINZEIT" IST VORBEI!;* BGH GRUR 2010, 161 Tz 20 23 – *Gib mal Zeitung*). Dem entspricht es, wenn der (nicht umgesetzte) Art 5 III 2 UGP-Richtlinie „die übliche und rechtmäßige Werbepraxis, übertriebene Behauptungen oder nicht wörtlich zu nehmende Behauptungen aufzustellen", als nicht unlauter ansieht.

37 **ee) Der durchschnittlich empfindliche Verbraucher.** Soweit es um die Beeinträchtigung der sonstigen Rechte und Rechtsgüter des Verbrauchers durch **belästigende** geschäftliche Handlungen (§ 7) geht (Rdn 37), hilft der Maßstab des durchschnittlich informierten, aufmerksamen und verständigen Durchschnittsverbrauchers nicht weiter, weil er auf den Schutz der (insbes rechtsgeschäftlichen) Entscheidungsfreiheit zugeschnitten ist. Maßgebend ist insoweit der (gegenüber belästigenden Wettbewerbsmaßnahmen) **durchschnittlich (normal) empfindliche** Verbraucher (oder sonstige Marktteilnehmer), der also weder bes feinfühlig reagiert noch bes unempfindlich ist.

38 **d) Feststellung der Auffassung des Durchschnittsverbrauchers.** Der Begriff des Durchschnittsverbraucher beruht nicht auf einer statistischen Grundlage (Erwägungsgrund 18 S 5 UGP-Richtlinie). Vielmehr müssen sich die Gerichte „auf ihre eigene Urteilsfähigkeit unter Berücksichtigung der Rechtsprechung des Gerichtshofs verlassen" (Erwägungsgrund 18 S 6 UGP-Richtlinie). Der Richter kann also, wenn er sich kein sicheres Urteil zutraut, eine **Verkehrsbefragung** durchführen (vgl EuGH Slg 1998, I-4657 Tz 32 = GRUR Int 1998, 795 – *Gut Springenheide;* dazu eingehend *Lettl* S 109 ff mwN; vgl weiter § 5 Rdn 3.1 ff; § 12 Rdn 2.76 ff).

IV. Schutzsanktionen

39 Dass § 1 S 1 den Schutz der Verbraucher (und sonstigen Marktteilnehmer) als Zweck des UWG anführt, rechtfertigt nicht den Schluss, es müssten ihnen aus einem Wettbewerbsverstoß auch lauterkeitsrechtliche Ansprüche erwachsen. Es besteht insoweit auch kein Sanktionsdefizit gegenüber dem Schutz der Mitbewerber (so aber *Fezer* WRP 2003, 127, 128). Es ist nämlich zwischen den Gefahren unlauteren Wettbewerbs für Mitbewerber (Horizontalverhältnis) einerseits und für Verbraucher und sonstige Marktteilnehmer (Vertikalverhältnis) andererseits zu unterscheiden. Beim Schutz der Mitbewerber geht es darum, die Beeinträchtigung von Wettbewerbschancen zu bekämpfen. Das ist sachlich gerechtfertigt, weil die Unternehmen die Träger des Wettbewerbs sind und es um die Erhaltung ihrer Wettbewerbsfähigkeit geht. Beim Schutz der Verbraucher und sonstigen Marktteilnehmer geht es vornehmlich um den Schutz vor Beeinträchtigungen ihrer rechtsgeschäftlichen Entscheidungsfreiheit und ihrer Berufs- und Privatsphäre. Dieser Schutz wird generalpräventiv gewährleistet durch den lauterkeitsrechtlichen Unterlassungsanspruch. Dass dieser Anspruch nur den Mitbewerbern (§ 8 III Nr 1) und bestimmten Verbänden und Kammern (§ 8 III Nr 2–4) eingeräumt wird und nicht auch dem einzelnen Verbraucher, hat seinen Grund darin, die Risiken einer Popularklage zu vermeiden. Andernfalls müsste im Interesse der Wirtschaft vor übermäßigen Belastungen durch eine Vielzahl von Klagen wegen (angeblicher) Wettbewerbsverstöße das lauterkeitsrechtliche Schutzniveau abgesenkt werden (Begr RegE UWG 2004 zu § 8, BT-Drucks 15/1487 S 22). Im Übrigen ist der Verbraucher ausreichend durch das Bürgerliche Recht geschützt, das ein sorgfältig abgestuftes und ausdifferenziertes System von vertraglichen und deliktischen Ansprüchen des Verbrauchers bereithält (vgl näher § 8 Rdn 3.4, § 9 Rdn 1.10; BGH GRUR 2009, 980 Tz 10 ff – *E-Mail-Werbung II;* OLG Oldenburg GRUR-RR 2004, 209, 210; *Köhler* GRUR 2003, 265, 267; *Weiler* WRP 2003, 415; *Engels/Salomon* WRP 2004, 32, 33; *Lettl* GRUR 2004, 449, 460; Harte/Henning/*Keller* § 2 Rdn 173). Eine Schutzlücke ist nicht erkennbar und sollte sie künftig einmal entstehen, müsste sie im Bürgerlichen Recht und nicht etwa im Lauterkeitsrecht geschlossen werden. Wollte man dem Verbraucher zusätzlich ein lauterkeitsrechtliches Vertragsauflösungsrecht oder einen lauterkeitsrechtlichen Schadensersatzanspruch einräumen, so würde das bürgerlichrechtliche Sanktionensystem empfindlich gestört. Aus diesem Grund hat der Gesetzgeber völlig zu Recht klargestellt, dass § 3 nicht als Schutzgesetz iSd § 823 II BGB anzusehen ist, vielmehr die §§ 8–10 die lauterkeitsrechtlichen Sanktionen von Wettbewerbsverstößen abschließend regeln (aA *Sack* GRUR 2004, 625, 629 f; *ders* WRP 2009, 1330; krit auch Fezer/*Fezer* Einl E Rdn 103; Piper/Ohly § 1 Rdn 11; *Säcker* WRP 2004, 1199, 1219). Eine Ausnahme gilt insoweit nur für die Strafbestimmungen der §§ 16–19, da insoweit keine erschöpfende Regelung der zivilrechtlichen Rechtsfolgen erfolgt ist (vgl Begr RegE UWG 2004 zu § 8, BT-Drucks 15/1487 S 22).

D. Schutz des Allgemeininteresses an einem unverfälschten Wettbewerb

I. Fragestellung

40 Als weiteren Schutzzweck führt § 1 S 2 UWG das „Interesse der Allgemeinheit an einem unverfälschten Wettbewerb" an. Was das im Einzelnen bedeutet, bedarf noch der Klärung (vgl dazu Harte/Henning/*Schünemann* § 1 Rdn 85 ff; *Pichler* S 143 ff).

II. Abgrenzung zu sonstigen Allgemeininteressen

Die ältere Rspr hatte der Generalklausel des § 1 UWG 1909 noch die Funktion beigemessen zu verhindern, dass Wettbewerb „*unter Missachtung gewichtiger Interessen der Allgemeinheit*" betrieben wird (BGH GRUR 1997, 761, 764 – *Politikerschelte;* BGHZ 140, 134, 138 f = GRUR 1999, 1128 – *Hormonpräparate;* BGHZ 144, 255, 266 – *Abgasemissionen;* BGH GRUR 2000, 237, 238 – *Giftnotrufbox;* BGH GRUR 2002, 360, 362 – *H. I. V. POSITIVE II*). Dabei blieb aber unklar, was unter solchen Allgemeininteressen zu verstehen war. Seit In-Kraft-Treten des UWG 2004 ist diese Frage geklärt. Der klare Wortlaut des § 1 S 2 („Interesse der Allgemeinheit an einem unverfälschten Wettbewerb" schließt eine Deutung aus, auch sonstige, außerhalb der Schutzzwecke des UWG liegende Allgemeininteressen mittels des Lauterkeitsrechts zu schützen. Dass die europäischen und deutschen Grundrechte den Anwendungsbereich des § 3 einschränken können, steht auf einem anderen Blatt. Vielmehr geht es in § 1 S 2 ausschließlich um das Allgemeininteresse an einem unverfälschten Wettbewerb. Wie in der Begründung des RegE UWG 2004 ausgeführt, ist der Schutz „sonstiger Allgemeininteressen weiterhin nicht Aufgabe des Wettbewerbsrechts" (vgl Begr RegE UWG 2004 zu § 1, BT-Drucks 15/1487 S 16; dazu krit Fezer/*Fezer* § 1 Rdn 46 ff). Das Lauterkeitsrecht soll und darf nicht zu Zwecken instrumentalisiert werden, die außerhalb seines Regelungsbereichs, nämlich des **Marktverhaltens**, liegen (*Köhler* NJW 2002, 2761, 2763; *Ullmann* GRUR 2003, 817, 821). Anliegen etwa des Schutzes der **Rechtspflege,** des **Arbeitnehmerschutzes,** des **Umweltschutzes,** des **Tierschutzes** usw lassen sich mit dem Instrumentarium des Lauterkeitsrechts durchsetzen, soweit nicht die Interessen der Marktteilnehmer und der Wettbewerb als solcher betroffen sind (ähnlich Harte/Henning/*Schünemann* § 1 Rdn 87). „Das UWG hat den Wettbewerb zu schützen. Andere Gesetze haben andere Schutzzwecke" (*Geis*, FS Tilmann, 2003, 121, 128). Dies gilt auch dann, wenn solche Allgemeininteressen grundgesetzlich geschützt sind. Auch wenn eine Werbung in die Menschenwürde (vgl § 4 Nr 1 „in menschenverachtender Weise") oder die sonstigen Grundrechte Dritter eingreifen würde, ist dies lauterkeitsrechtlich nur insoweit relevant, als dadurch auch die Interessen der Marktteilnehmer spürbar beeinträchtigt werden (vgl § 3 Rdn 78; aA *Scherer* WRP 2007, 594, 597 ff). Diese Selbstbeschränkung des Lauterkeitsrechts auf seine eigentliche Funktion als Regelung des Marktverhaltens kommt auch in der Generalklausel (§ 3 I) sowie im Beispielstatbestand des Rechtsbruchs (§ 4 Nr 11) zum Ausdruck. Unlautere geschäftliche Handlungen sind nämlich nach § 3 I nicht schlechthin verboten, sondern nur insoweit, als sie geeignet sind, die Interessen von Mitbewerbern, Verbrauchern oder sonstigen Marktteilnehmern spürbar zu beeinträchtigen. Für den Rechtsbruchtatbestand des § 4 Nr 11 kommen nur solche Normen in Betracht, die dazu bestimmt sind, im Interesse der Marktteilnehmer das Marktverhalten zu regeln.

III. Schutz des Wettbewerbs als Institution

1. Allgemeines

Die getrennte Erwähnung des Interesses der Allgemeinheit an einem unverfälschten Wettbewerb in § 1 S 2 macht deutlich, dass es noch um mehr geht als um den Schutz der Marktteilnehmer und deren individuelle oder kollektive Interessen: Es geht um den Schutz des Wettbewerbs als **Institution.** Das ist aber keine neue Einsicht, vielmehr war dies bereits zum früheren Lauterkeitsrecht anerkannt (vgl BVerfG GRUR 2002, 455 – *Tier- und Artenschutz; Baumbach/Hefermehl*, 22. Aufl, Einl Rdn 51; *Raiser* Institutionenschutz, 156; *Möschel*, Pressekonzentration und Wettbewerbsgesetz, 1978, 133 ff).

2. Begriff des unverfälschten Wettbewerbs

a) Unionsrechtliche Grundlagen. Der Begriff des „unverfälschten Wettbewerbs" in § 1 S 2 knüpft an die Terminologie des Unionsrechts an. Das gilt zunächst für das primäre Unionsrecht (vgl ex-Art 3 lit g EG: „Schutz des Wettbewerbs vor Verfälschungen"; nunmehr Protokoll Nr 27 über den Binnenmarkt und den Wettbewerb v 13. 12. 2007, ABl C 306, S 156: „Der Binnenmarkt umfasst ein System, das den Wettbewerb vor Verfälschungen schützt"). Er bezieht sich insoweit nicht nur auf das Kartellrecht (vgl Art 101 I AEUV: „Verfälschung des Wettbewerbs"), sondern auch auf das Markenrecht (vgl EuGH GRUR 2003, 604, 607 Tz 48 – *Libertel*) und vor allem auf das Lauterkeitsrecht. Das gilt weiter für das sekundäre Unionsrecht. So heißt es in Erwägungsgrund 3 der Werberichtlinie 2006/114/EG, dass irreführende und unzulässig vergleichende Werbung geeignet sei, „zur Verfälschung des Wettbewerbs im Binnenmarkt zu führen". In Erwägungsgrund 8 S 2 UGP-Richtlinie heißt es „... und gewährleistet damit einen lauteren

Wettbewerb ...". - Der Begriff des unverfälschten Wettbewerbs bringt damit zum Ausdruck, dass der reale Wettbewerbsprozess auf Grund eines wettbewerbswidrigen Verhaltens eines Marktteilnehmers einen anderen Verlauf nimmt oder doch nehmen kann. Unverfälscht ist der Wettbewerb in Bezug auf das Lauterkeitsrecht folglich dann, wenn er nicht durch unlautere geschäftliche Handlungen verzerrt wird und sich sonach frei entfalten kann Der Schutz des unverfälschten Wettbewerbs ist daher iErg nichts anderes als der Schutz des **freien Wettbewerbs** (vgl BGH GRUR 2002, 825 – *Elektroarbeiten;* Harte/Henning/*Schünemann* § 1 Rdn 102 ff; *v Ungern-Sternberg,* FS Erdmann, 2002, 741, 763).

44 **b) Abgrenzung zum Begriff des „Leistungswettbewerbs".** Nicht dagegen geht es in § 1 S 2 um den Schutz des sog **Leistungswettbewerbs,** dh des Wettbewerbs mit Preis und Qualität einer Ware oder Dienstleistung. Dieser Begriff wurde zwar (seit RGZ 134, 342) auch in der Schutzzweckdiskussion zum UWG vielfach (heute noch Fezer/*Fezer* § 3 Rdn 218 ff) und auch vom BGH und vom BVerfG verwendet (vgl BGHZ 51, 236, 242 – *Stuttgarter Wochenblatt;* BGH GRUR 1971, 322, 323 – *Lichdi-Center;* BVerfG GRUR 2001, 1058, 1059 f – *Therapeutische Äquivalenz;* BVerfG 2002, 455 – *Tier- und Artenschutz;* BVerfG GRUR 2008, 81, 82 – *Pharmakartell*). Doch kann der Begriff des Leistungswettbewerbs von vornherein bestimmte Erscheinungsformen des Wettbewerbs, wie zB den Nachfragewettbewerb oder den Wettbewerb um die Aufmerksamkeit des Kunden, nicht erfassen (vgl BGH GRUR 2002, 360, 367 – *H. I. V. POSITIVE II:* „Leistungswettbewerb..., auf dessen Schutz sich der Zweck des Wettbewerbsrechts allerdings nicht beschränkt"). Auch ist der Begriff unklar, weil es an praktikablen Kriterien zur Konkretisierung dessen, was „Leistung" sein soll, fehlt, wie sich vor allem am Beispiel der Aufmerksamkeitswerbung und der Preisunterbietung zeigt (vgl *Köhler,* Wettbewerbs- und kartellrechtliche Kontrolle von Nachfragemacht, 1979, 23 ff). Auf viele Fragestellungen (zB Beurteilung belästigender Werbung) ist er von vornherein nicht zugeschnitten. Vor allem lässt sich der Begriff dazu missbrauchen, geschäftliche Handlungen, die nicht einem tradierten Wettbewerbsverständnis entsprechen, als „Nichtleistungswettbewerb" und damit als unlauter zu brandmarken. Dies gilt nicht nur für das Kartellrecht (vgl Immenga/Mestmäcker/*Möschel* GWB § 19 Rdn 102 ff; Immenga/Mestmäcker/*Markert* GWB § 20 Rdn 15 ff), sondern auch für das Lauterkeitsrecht (ganz hM; vgl *Beater* § 12 Rdn 82 ff; G/L/E/*Leistner* § 4 Rdn 21 ff; Harte/Henning/*Schünemann* § 3 Rdn 228 ff; *Hartwig* NJW 2002, 38; *ders* WRP 2003, 119, 1196; *Ohly* S 219 ff; Schricker/Henning-Bodewig WRP 2001, 1367, 1396; Piper/Ohly/*Sosnitza* § 1 Rdn 5; *Sosnitza,* Wettbewerbsbeschränkungen durch die Rspr, 1995, 76 ff, 84 f; *v Ungern-Sternberg,* FS Erdmann, 2002, 741, 759). Auch dem Unionsrecht ist der Begriff des Leistungswettbewerbs fremd. Er sollte daher aufgegeben werden.

E. Das Verhältnis der Schutzzwecke zueinander

I. Gleichrangigkeit des Schutzes der Mitbewerber und des Schutzes der Verbraucher und sonstiger Marktteilnehmer

1. Parallelität der Schutzzwecke

45 Nach § 1 S 1 stehen der Schutz der Mitbewerber (Horizontalverhältnis) und der Schutz der Verbraucher und sonstigen Marktteilnehmer (Vertikalverhältnis) **gleichrangig** nebeneinander. Nach § 1 S 2 soll das UWG damit zugleich das Interesse der Allgemeinheit an der Erhaltung eines unverfälschten und damit funktionsfähigen Wettbewerbs schützen (vgl Begr RegE UWG 2004 zu § 1, BT-Drucks 15/1487 S 16). Dies wird als **„integriertes Modell eines gleichberechtigten Schutzes der Mitbewerber, der Verbraucher und der Allgemeinheit"** bezeichnet (Begr RegE UWG zu § 1 aaO). In den meisten Fällen werden durch eine unlautere geschäftliche Handlung die Interessen nicht nur der Mitbewerber, sondern auch der Marktgegenseite (Verbraucher und sonstige Marktteilnehmer), wenngleich vielfach in unterschiedlichem Ausmaß, berührt. Die Bekämpfung der Maßnahme dient dann dem Schutz aller Marktteilnehmer.

2. Selbstständigkeit der Schutzzwecke

46 Gleichrangigkeit bedeutet aber auch **Selbstständigkeit** der Schutzzwecke. Unlauterkeit kann daher auch dann vorliegen, wenn entweder nur die Interessen der Mitbewerber oder nur die Interessen der Marktgegenseite berührt sind. So kann der Vertrieb einer Produktnachahmung

E. Das Verhältnis der Schutzzwecke zueinander

unlauter sein, auch wenn ausschließlich die Interessen des Originalherstellers als Mitbewerber betroffen sind (vgl § 4 Nr 9 lit c), die Interessen der Verbraucher dagegen in keiner Weise berührt werden. Umgekehrt kann die Werbemaßnahme eines Monopolisten unter dem Aspekt des Verbraucherschutzes (zB wegen Irreführung) unlauter sein, obwohl davon keine Mitbewerber betroffen sind. Auch bei Maßnahmen der belästigenden Werbung (§ 7) kann es sich so verhalten, dass Interessen der Mitbewerber nicht oder nur am Rande betroffen sind.

3. Konflikt der geschützten Interessen

Problematisch sind allein Fälle, in denen es zu einem **Konflikt** der Interessen zwischen den betroffenen Mitbewerbern einerseits und den Interessen der Marktgegenseite andererseits kommt. Vielfach ist der Konflikt durch eine klare gesetzliche Entscheidung gelöst. So etwa bei Verstößen gegen das Ladenschlussgesetz, die nach § 4 Nr 11 lauterkeitsrechtlich sanktioniert sind. Zwar haben Verbraucher ein Interesse an längeren Ladenschlusszeiten. Doch dieses Interesse hat der Gesetzgeber zu Gunsten des Schutzes der Arbeitnehmer und der Mitbewerber bewusst zurückgestellt. In anderen Fällen muss der Konflikt durch Auslegung der betreffenden Norm entschieden werden. Am Beispiel einer vergleichenden Preiswerbung, bei der der Werbende immer wieder gezielt solche Produkte aus dem Sortiment eines Mitbewerbers auswählt, bei denen der Preisunterschied überdurchschnittlich groß ist (vgl EuGH GRUR 2003, 533, 538 Tz 82 – *Pippig Augenoptik/Hartlauer*): Daraus mag der Verkehr den Eindruck gewinnen, dass die vom Mitbewerber geforderten Preise generell überhöht seien und darin könnte man eine „Herabsetzung" des Mitbewerbers iSd § 6 II Nr 5 erblicken. Andererseits besteht ein Interesse der Verbraucher daran, die tatsächlichen Preisunterschiede bei den verglichenen Produkten und nicht nur den durchschnittlichen Unterschied zwischen den vom Werbenden und den vom Mitbewerber verlangten Preisen zu erfahren. – Die Lösung solcher Konflikte hat letztlich anhand einer **Abwägung der Interessen** der Mitbewerber und der Verbraucher zu erfolgen (vgl auch BGHZ 139, 378, 383 f – *Vergleichen Sie*). Im konkreten Fall hat der EuGH (aaO – *Pippig Augenoptik/Hartlauer*) zu Gunsten der Verbraucherinteressen entschieden, weil vergleichende Werbung dazu beitragen solle, die Vorteile der verschiedenen vergleichbaren Erzeugnisse objektiv herauszustellen (vgl Erwägungsgrund 6 der Richtlinie 2006/114/EG über irreführende und vergleichende Werbung).

II. Verhältnis des Institutionsschutzes zum Marktteilnehmerschutz

1. Ergänzungsfunktion

a) Allgemeines. Mit dem Schutz der Marktteilnehmer vor unlauterem Wettbewerb wird zugleich auch immer der Wettbewerb als Institution geschützt (ebenso Harte/Henning/*Schünemann* § 1 Rdn 112). Zutr heißt es in der Begründung zum RegE UWG 2004, der eigentliche Zweck des UWG liege darin, das Marktverhalten der Unternehmen im Interesse der Marktteilnehmer, insbes der Mitbewerber und der Verbraucher und damit (!) zugleich das Interesse der Allgemeinheit an einem unverfälschten Wettbewerb zu regeln (Begr RegE UWG 2004 zu § 1, BT-Drucks 15/1487 S 16). Auch die UGP-Richtlinie steht auf diesem Standpunkt (vgl Erwägungsgrund 8 S 2). Umgekehrt ist eine Verfälschung des Wettbewerbs ohne gleichzeitige nachteilige Auswirkungen auf Mitbewerber, Verbraucher oder sonstige Marktteilnehmer nicht vorstellbar. Dementsprechend verbietet § 3 I unlautere geschäftliche Handlungen nicht schlechthin, sondern nur dann, wenn sie geeignet sind, die Interessen von Mitbewerbern, Verbrauchern oder sonstigen Marktteilnehmern spürbar zu beeinträchtigen. Dennoch ist der Schutz der Institution Wettbewerb nicht die bloße Folge des Schutzes der Marktteilnehmer. Eigenständige ergänzende Bedeutung als Schutzzweck kommt dem Allgemeininteresse an einem unverfälschten Wettbewerb sowohl auf der Tatbestandsebene als auch auf der Rechtsfolgenebene zu.

b) Institutionsschutz auf der Tatbestandsebene. Ein Rückgriff auf das Allgemeininteresse an einem unverfälschten Wettbewerb ist insbes in den Fällen der **allgemeinen Marktbehinderung** (dazu näher § 4 Rdn 12.1 ff) unerlässlich (aA *Ohly* GRUR 2004, 891, 894). Es geht dabei um geschäftliche Handlungen, die zwar nicht von vornherein unlauter, aber doch wettbewerblich bedenklich sind. Wenn solche Handlungen entweder für sich allein oder iVm den zu erwartenden gleichartigen Maßnahmen von Mitbewerbern die ernstliche Gefahr einer Ausschaltung des Wettbewerbs auf dem betreffenden Markt begründen, rechtfertigt dies nach der Rspr unter dem Gesichtspunkt des Institutionsschutzes das Unlauterkeitsurteil (vgl BGHZ 114, 82 = GRUR 1991, 616, 617 – *Motorboot-Fachzeitschrift;* BGH GRUR 2001, 80, 81 – *ad-hoc-Meldung;*

BGH GRUR 2001, 752, 753 – *Eröffnungswerbung;* BGH GRUR 2004, 960, 961 – *500 DM-Gutschein für Autokauf*). Die Ergänzungsfunktion kommt ferner dann zum Tragen, wenn der Nachteil einer unlauteren geschäftlichen Handlung für den einzelnen Marktteilnehmer für sich gesehen unbedeutend ist, aber in der Summe doch wettbewerbsverzerrend ins Gewicht fällt und damit „spürbar" iSd § 3 I ist.

50 **c) Institutionsschutz auf der Rechtsfolgenebene.** Das Allgemeininteresse an einem unverfälschten Wettbewerb rechtfertigt auch die Anspruchsberechtigung der in § 8 III Nr 2–4 genannten Verbände, Einrichtungen und Kammern (vgl BGH GRUR 2000, 1089, 1090 – *Missbräuchliche Mehrfachverfolgung;* BGH GRUR 2002, 357, 358 – *Missbräuchliche Mehrfachabmahnung; Beater* § 11 Rdn 20). Es rechtfertigt weiter die bundesweite Geltung eines Verbots auf Grund eines sich nur regional auswirkenden Wettbewerbsverstoßes (vgl BGH GRUR 1999, 509, 510 – *Vorratslücken*).

2. Begrenzungsfunktion

51 Dem Interesse der Allgemeinheit an einem unverfälschten Wettbewerb kann aber auch eine den Schutz der Mitbewerber oder der sonstigen Marktteilnehmer **begrenzende** Funktion zukommen. Insoweit kann es in der Tat zu **Schutzzweckkonflikten** kommen. So werden dem Interesse eines Herstellers, vor Produktnachahmungen geschützt zu werden, durch das Interesse der Mitbewerber und der Verbraucher am Vertrieb von Nachahmungen Grenzen gezogen (vgl § 4 Rdn 9.4).

Definitionen

2 (1) Im Sinne dieses Gesetzes bedeutet
1. „geschäftliche Handlung" jedes Verhalten einer Person zugunsten des eigenen oder eines fremden Unternehmens vor, bei oder nach einem Geschäftsabschluss, das mit der Förderung des Absatzes oder des Bezugs von Waren oder Dienstleistungen oder mit dem Abschluss oder der Durchführung eines Vertrags über Waren oder Dienstleistungen objektiv zusammenhängt; als Waren gelten auch Grundstücke, als Dienstleistungen auch Rechte und Verpflichtungen;
2. „Marktteilnehmer" neben Mitbewerbern und Verbrauchern alle Personen, die als Anbieter oder Nachfrager von Waren oder Dienstleistungen tätig sind;
3. „Mitbewerber" jeder Unternehmer, der mit einem oder mehreren Unternehmern als Anbieter oder Nachfrager von Waren oder Dienstleistungen in einem konkreten Wettbewerbsverhältnis steht;
4. „Nachricht" jede Information, die zwischen einer endlichen Zahl von Beteiligten über einen öffentlich zugänglichen elektronischen Kommunikationsdienst ausgetauscht oder weitergeleitet wird; dies schließt nicht Informationen ein, die als Teil eines Rundfunkdienstes über ein elektronisches Kommunikationsnetz an die Öffentlichkeit weitergeleitet werden, soweit die Informationen nicht mit dem identifizierbaren Teilnehmer oder Nutzer, der sie erhält, in Verbindung gebracht werden können;
5. „Verhaltenskodex" Vereinbarungen oder Vorschriften über das Verhalten von Unternehmern, zu welchen diese sich in Bezug auf Wirtschaftszweige oder einzelne geschäftliche Handlungen verpflichtet haben, ohne dass sich solche Verpflichtungen aus Gesetzes- oder Verwaltungsvorschriften ergeben;
6. „Unternehmer" jede natürliche oder juristische Person, die geschäftliche Handlungen im Rahmen ihrer gewerblichen, handwerklichen oder beruflichen Tätigkeit vornimmt, und jede Person, die im Namen oder Auftrag einer solchen Person handelt;
7. „fachliche Sorgfalt" der Standard an Fachkenntnissen und Sorgfalt, von dem billigerweise angenommen werden kann, dass ein Unternehmer ihn in seinem Tätigkeitsbereich gegenüber Verbrauchern nach Treu und Glauben unter Berücksichtigung der Marktgepflogenheiten einhält.

(2) Für den Verbraucherbegriff gilt § 13 des Bürgerlichen Gesetzbuchs entsprechend.

Übersicht

	Rdn
A. Allgemeines	1, 2
I. Entstehungsgeschichte	1
II. Normzweck und Auslegung	2

Definitionen § 2 UWG

	Rdn
B. Geschäftliche Handlung (§ 2 I Nr 1)	3–88
I. Allgemeines	3–6
1. Funktion	3
2. Entstehungsgeschichte	4–6
a) UWG 1909	4
b) UWG 2004	5
c) UWG-Novelle 2008	6
II. Verhältnis zum Begriff der „Geschäftspraktiken"	7–9
1. Reichweite der Definition der Geschäftspraktiken	7
2. Geschäftliche Handlung als weiterreichender Begriff	8
3. Gebot der richtlinienkonformen Auslegung	9
III. „Verhalten einer Person"	10–16
1. Begriff des Verhaltens einer Person	10, 11
2. Unterlassen	12
3. Einzelne Aktivitäten	13–16
a) „Kommerzielle Mitteilung"	14
b) „Werbung"	15
c) „Marketing"	16
IV. „Zugunsten des eigenen oder eines fremden Unternehmens"	17–30a
1. Allgemeines	17
2. Abgrenzung zu Handlungen ohne Unternehmensbezug	18, 19
a) Handlungen von Verbrauchern	18
b) Hoheitliche Handlungen	19
3. Begriff des Unternehmens	20–30a
a) Abgrenzung zum Begriff des Unternehmers	20
b) Merkmale des Unternehmensbegriffs	21–27
c) Rechtsform	28
d) Sachliche Reichweite	29
e) Zeitliche Reichweite	30
f) Beweislast	30a
V. Handlungen „vor, bei und nach einem Geschäftsabschluss"	31–33
1. Allgemeines	31
2. Bedeutung	32
3. Geschäftsabschluss	33
VI. Objektiver Zusammenhang mit der Förderung des Absatzes oder Bezugs von Waren oder Dienstleistungen	34–53
1. Allgemeines	34
2. Erforderlichkeit eines Marktbezugs der Handlung	35
3. Abgrenzung zu unternehmensinternen Handlungen	36
4. Förderung des Absatzes oder Bezugs von Waren oder Dienstleistungen	37–41
a) Objektive Eignung zur Förderung des Absatzes oder Bezugs	37
b) Absatz und Bezug	38
c) Waren und Dienstleistungen	39
d) Abgrenzung	40, 41
aa) Mitgliederwerbung	40
bb) Spendenwerbung	41
5. Allgemeines zum „objektiven Zusammenhang"	42
6. Objektiver Zusammenhang bei geschäftlichen Handlungen gegenüber Verbrauchern und sonstigen Marktteilnehmern	43–51
a) Gebot der richtlinienkonformen Auslegung	43
b) Kein Handeln zum Nachteil eines Mitbewerbers erforderlich	44
c) Ziel der Förderung des Absatzes oder Bezugs	45
d) Keine Wettbewerbsförderungsabsicht erforderlich	46
e) Kein unmittelbarer Kausalzusammenhang erforderlich	47
f) Funktionaler Zusammenhang erforderlich	48
g) Erfüllung gesetzlicher Pflichten	49
h) Beispiele für einen „objektiven Zusammenhang"	50
i) Fehlen eines „objektiven Zusammenhangs" bei nichtgeschäftlichen Zielen	51
7. Objektiver Zusammenhang bei geschäftlichen Handlungen gegenüber Mitbewerbern	52, 53
a) Allgemeines	52
b) Vorliegen eines „objektiven Zusammenhangs"	53

	Rdn
VII. Handeln zur Förderung eines fremden Unternehmens	54–62
1. Allgemeines	54
2. Personenkreis	55–62
a) Gesetzliche Vertreter, Mitarbeiter und Beauftragte	55
b) Unternehmen	56
c) Unternehmensverbände	57, 58
aa) Förderung von Mitgliedsunternehmen	57
bb) Förderung von außenstehenden Unternehmen	58
d) Öffentliche Hand	59
e) Verbraucherverbände	60
f) Sonstige Organisationen	61
g) Private	62
VIII. Besonderheiten bei Medienunternehmen	63–69
1. Allgemeines	63
2. Redaktionelle Beiträge	64–67
a) Früheres Recht	64–66
b) Jetziges Recht	67
3. Anzeigengeschäft	68
4. Kundenwerbung	69
IX. Handlungen bei und nach Vertragsschluss als geschäftliche Handlungen	70–88
1. Früheres Recht	70–73
a) Überblick	70
b) Vertragsbezogene Maßnahmen zur Erhaltung des Kundenstamms	71
c) Verletzung vertraglicher Pflichten	72
d) Geltendmachung von Vertragsansprüchen	73
2. Jetziges Recht	74–76
a) Allgemeines	74
b) Gebot der richtlinienkonformen Auslegung	75
c) Vertrag über Waren oder Dienstleistungen	76
3. Objektiver Zusammenhang mit dem Abschluss eines Vertrags über Waren oder Dienstleistungen	77–79
a) Allgemeines	77
b) Fallgruppen	78, 79
aa) Zustandekommen des Vertrages	78
bb) Änderung oder Beendigung des Vertrages	79
4. Objektiver Zusammenhang mit der Durchführung eines Vertrags über Waren oder Dienstleistungen	80–85 a
a) Allgemeines	80
b) Fallgruppen	81–85 a
aa) Vertragspflichtverletzungen durch den Unternehmer	81–83
(1) Nicht- oder Schlechtleistung	81, 81 a
(2) Schutzpflichtverletzungen	82
(3) Verletzung von Wettbewerbsverboten	83
bb) Geltendmachung von Erfüllungsansprüchen gegen den Vertragspartner	84
cc) Abwehr vertraglicher Rechte des Vertragspartners	85, 85 a
5. Geltendmachung von Unterlassungsansprüchen	86
6. Verhältnis zum Vertragsrecht	87, 88
a) Allgemeines	87
b) Verhältnis der lauterkeitsrechtlichen zu den vertragsrechtlichen Sanktionen	88
C. Marktteilnehmer (§ 2 I Nr 2)	89
D. Mitbewerber (§ 2 I Nr 3)	90–111
I. Allgemeines	90–92
1. Die Legaldefinition und ihr Anwendungsbereich	90
2. Einheitliche oder normzweckgeleitete Auslegung des Mitbewerberbegriffs?	91
3. Abgrenzung zum Begriff des Wettbewerbers im Kartellrecht	92
II. Unternehmer	93
III. Konkretes Wettbewerbsverhältnis	94–111
1. Was bedeutet „konkret"?	94

	Rdn
2. Allgemeine Grundsätze zur Feststellung eines konkreten Wettbewerbsverhältnisses	95–96 h
a) Grundsatz der weiten Auslegung	95
b) Anknüpfung an die konkrete geschäftliche Handlung	96, 96 a
c) Unerheblichkeit unterschiedlicher Branchenangehörigkeit	96 b, 96 c
d) Unerheblichkeit unterschiedlicher Wirtschaftsstufenangehörigkeit	96 d, 96 e
e) Berücksichtigung potenziellen Wettbewerbs	96 f
f) Förderung fremden Wettbewerbs	96 g
g) Nachfragewettbewerb	96 h
3. Voraussetzungen eines konkreten Wettbewerbsverhältnisses	97–105
a) Meinungsstand	97–99
aa) Absatz gleicher oder gleichartiger Waren innerhalb desselben Abnehmerkreises	97 a
bb) Tätigkeit auf demselben relevanten Markt	98
cc) Wechselbeziehung zwischen Absatzförderung und Absatzbeeinträchtigung	99
b) Notwendigkeit einer Unterscheidung nach dem jeweiligen Normzweck (Behinderungswettbewerb und Substitutionswettbewerb)	100–104
aa) Mitbewerberbezogene Verhaltensnormen des § 4 Nr 7–10	101, 102
bb) Mitbewerberbezogene Verhaltensnormen der § 3 III Nr 13, § 5 II, § 6 I, II	103
cc) Mitbewerberbezogene Sanktionsnormen der § 8 III Nr 1, § 9 S 1	104
c) Zusammenfassung	105
4. Das konkrete Wettbewerbsverhältnis beim Substitutionswettbewerb	106–107
a) Sachlich relevanter Markt	106 a, 106 b
b) Räumlich relevanter Markt	106 c, 106 d
c) Zeitlich relevanter Markt	107
5. Das konkrete Wettbewerbsverhältnis beim Behinderungswettbewerb	108–111
a) Herabsetzung (§ 4 Nr 7) und Anschwärzung (§ 4 Nr 8)	109
b) Unlautere Produktnachahmung (§ 4 Nr 9)	110
c) Gezielte Behinderung (§ 4 Nr 10)	111
E. Nachricht (§ 2 I Nr 4)	112
F. Verhaltenskodex (§ 2 I Nr 5)	113–117
I. Begriff, Funktion und Verbreitung von Verhaltenskodizes	113
II. Wirksamkeit von Verhaltenskodizes	114
III. Bedeutung von Verhaltenskodizes	115–117
1. Materiellrechtliche Bedeutung	115
2. Verhältnis der Selbstkontrolle zur gerichtlichen Rechtsdurchsetzung	116
3. Irreführende Berufung auf einen Verhaltenskodex	117
G. Unternehmer (§ 2 I Nr 6)	118–125
I. Funktionen des Unternehmerbegriffs	118
II. Entstehungsgeschichte	119
III. Unternehmensinhaber als Unternehmer	120
IV. Vertreter und Beauftragte als Unternehmer	121–124
1. Begrenzter Anwendungsbereich der Legaldefinition	121, 122
2. Verhältnis zu anderen Regelungen	123, 124
a) Verhältnis zu § 2 I Nr 1 (Handeln „zugunsten eines fremden Unternehmens")	123
b) Verhältnis zu § 8 II (Verantwortlichkeit für Mitarbeiter und Beauftragte)	124
V. Einzelfragen	125
H. Fachliche Sorgfalt (§ 2 I Nr 7)	126–132
I. Funktion	126
II. Entstehungsgeschichte	127
III. Gebot der richtlinienkonformen Auslegung	128
IV. Bestandteile der Definition der „fachlichen Sorgfalt"	129–132
1. „Tätigkeitsbereich gegenüber Verbrauchern"	129
2. „Standard an Fachkenntnissen und Sorgfalt"	130
3. „Treu und Glauben unter Berücksichtigung der Marktgepflogenheiten"	131

	Rdn
4. Anforderungen an die Einhaltung des Standards durch den Unternehmer	132
J. Verbraucher (§ 2 II UWG iVm § 13 BGB)	133–144
I. Funktion	133
II. Die Legaldefinition des § 13 BGB	134
III. Voraussetzungen und Abgrenzung	135–140
1. Natürliche Person	135
2. Keine Zurechnung des Rechtsgeschäfts zur gewerblichen oder selbstständigen beruflichen Tätigkeit	136–140
a) Funktionaler Verbraucherbegriff	137
b) Objektiver Verbraucherbegriff	138
c) Marktbezogener Verbraucherbegriff	139
d) Abgrenzung zum Arbeitnehmer	140
IV. Verhältnis zum Verbraucherbegriff im Unionsrecht	141, 142
1. Unionsrechtliche Verbraucherdefinitionen	141
2. Abweichung des deutschen vom europäischen Recht	142
V. Verhältnis zum Begriff des Abnehmers	143
VI. Beweislast	144

Schrifttum: *J. Bauer,* Handeln zu Zwecken des Wettbewerbs, 1991; *Beater,* Mitbewerber und sonstige unternehmerische Marktteilnehmer, WRP 2009, 768; *Berneke,* Absicht und Versehen bei Massengeschäften, FS Doepner, 2008, 3; *Borck,* Das Prokrustesbett „Konkrete Verletzungsform", GRUR 1996, 522; *Bornkamm,* Das Wettbewerbsverhältnis und das Sachbefugnis des Mitbewerbers, GRUR 1996, 927; *Bürglen,* Die Verfremdung bekannter Marken zu Scherzartikeln, FS Gaedertz, 1992, 71; *Dohrn,* Die Generalklausel der Richtlinie über unlautere Geschäftspraktiken – ihre Interpretation und Umsetzung, 2008; *Dreyer,* Verhaltenskodizes im Referentenentwurf eines Ersten Gesetzes zur Änderung des Gesetzes gegen unlauteren Wettbewerb, WRP 2007, 1294; *dies,* Konvergenz oder Divergenz – Der deutsche und der europäische Mitbewerberbegriff im Wettbewerbsrecht, GRUR 2008, 123; *Drexl,* Die wirtschaftliche Selbstbestimmung des Verbrauchers, 1998; *ders,* Verbraucherschutz und Electronic Commerce in Europa, in Lehmann (Hrsg), Electronic Business in Europa, 2002, 473; *Engels/Stulz-Herrnstadt,* Aktuelle Rechtsfragen des Direktmarketings nach der UWG-Reform, WRP 2005, 1218; *Fezer,* Objektive Theorie der Lauterkeit im Wettbewerb, FS Schricker, 2005, 671; *ders,* Plädoyer für eine offensive Umsetzung der Richtlinie über unlautere Geschäftspraktiken in das deutsche UWG, WRP 2006, 781; *Glöckner,* Der gegenständliche Anwendungsbereich des Lauterkeitsrechts nach der UWG-Novelle 2008 – ein Paradigmenwechsel mit Folgen, WRP 2009, 1175; *Glöckner/Henning-Bodewig,* EG-Richtlinie über unlautere Geschäftspraktiken: Was wird aus dem neuen UWG?, WRP 2005, 1311; *Gomille,* Äußerungsfreiheit und geschäftliche Handlung, WRP 2009, 525; *Henning-Bodewig,* Richtlinienvorschlag über unlautere Geschäftspraktiken und UWG-Reform, GRUR Int 2004, 183; *dies,* Die Richtlinie 2005/29/EG über unlautere Geschäftspraktiken, GRUR Int 2005, 629; *Herresthal,* Scheinunternehmer und Scheinverbraucher im BGB, JZ 2006, 695; *Hoeren,* Das neue UWG und dessen Auswirkungen auf den B2B-Bereich, WRP 2009, 789; *Isele,* Von der „Wettbewerbshandlung" zur „geschäftlichen Handlung": Hat die „Änderung der Voreinstellung" ausgedient?, GRUR 2009, 727; *Kessler/Micklitz* Das neue UWG – auf halbem Wege nach Europa?, VuR 2009, 88; *Klöhn,* Wettbewerbswidrigkeit von Kapitalmarktinformation?, ZHR 172 (2008), 388; *Köhler,* „Wettbewerbshandlung" und „Geschäftspraktiken", WRP 2007, 1393; *ders,* Spendenwerbung und Wettbewerbsrecht, GRUR 2008, 281; *ders,* Die Unlauterkeitstatbestände des § 4 UWG und ihre Auslegung im Lichte der Richtlinie über unlautere Geschäftspraktiken, GRUR 2008, 841; *ders,* Vom deutschen zum europäischen Lauterkeitsrecht – Folgen der Richtlinie über unlautere Geschäftspraktiken für die Praxis, NJW 2008, 3032; *ders,* Der „Mitbewerber", WRP 2009, 499; *ders,* Unzulässige geschäftliche Handlungen bei Abschluss und Durchführung eines Vertrags, WRP 2009, 898; *ders,* Die Durchsetzung des Vertragsrechts mit den Mitteln des Lauterkeitsrechts, FS Medicus, 2009, 225; *ders,* Der „Unternehmer" im Lauterkeitsrecht, FS Hopt, 2010, 2825; *Köhler/Lettl,* Das geltende europäische Lauterkeitsrecht, der Vorschlag für eine EG-Richtlinie über unlautere Geschäftspraktiken und die UWG-Reform, WRP 2003, 1019; *Kulka,* Der Entwurf eines „Ersten Gesetzes zur Änderung des Gesetzes gegen den unlauteren Wettbewerb", DB 2008, 1548; *Lettl,* Das neue UWG, GRUR-RR 2009, 41; *Messer,* Wettbewerbsrechtliche Beurteilung von Presseäußerungen, FS v Gamm, 1990, 95; *Nägele,* Das konkrete Wettbewerbsverhältnis – Entwicklungen und Ausblick, WRP 1996, 977; *Nippe,* Bestätigung zwischen Wettbewerbshandlung und Werbung, WRP 2006, 951; *Pfeiffer,* Der Verbraucher nach § 13 BGB, in Schulze/Schulte-Noelke (Hrsg), Schuldrechtsreform vor dem Hintergrund des Gemeinschaftsrechts, 2001, 177; *v Randow,* Rating und Wettbewerb, ZBB 1996, 85; *Rohlfing,* Unternehmer qua Indizwirkung?, MMR 2006, 271; *Sack,* Der Mitbewerberbegriff des § 6 UWG, WRP 2008, 1141; *ders,* Individualschutz gegen unlauteren Wettbewerb, WRP 2009, 1330; *Scherer,* Lauterkeitsrecht und Leistungsstörungsrecht – Veränderung des Verhältnisses durch § 2 I Nr. 1 UWG?, WRP 2009, 761; *Schmidhuber,* Verhaltenskodizes im neuen UWG, WRP 2010, 593; *K. Schmidt,* Verbraucherbegriff und Verbrauchervertrag – Grundlagen des § 13 BGB, JuS 2006, 1; *Schubert,* Fragen der wettbewerbsrechtlichen

B. Geschäftliche Handlung (§ 2 I Nr 1)

Aktivlegitimation und des Wettbewerbsverhältnisses, ÖBl 1991, 5; *Sosnitza*, Der Gesetzentwurf zur Umsetzung der Richtlinie über unlautere Geschäftspraktiken, WRP 2008, 1014; *Stuyck/Terryn/van Dyck*, Confidence through fairness? The new Directive on unfair Business-to-Consumer Commercial Practices in the Internal Market, CML Rev 43 (2006), 107; *Tiller*, Gewährleistung und Irreführung, 2005; *Ultsch*, Der einheitliche Verbraucherbegriff, 2006; *Veelken*, Kundenfang gegenüber Verbrauchern, WRP 2004, 1; *Voigt*, Spendenwerbung – ein Fall für das Lauterkeitsrecht?, GRUR 2006, 466; *Wilhelm*, Unlauterer Wettbewerb und Wettbewerbsverhältnis, ZIP 1992, 1139; *ders*, Der durch unlauteren Wettbewerb Verletzte, FS Musielak, 2004, 675.

A. Allgemeines

I. Entstehungsgeschichte

Während das frühere Recht keine Definitionen kannte, die Konkretisierung der im Gesetz verwendeten zentralen Begriffe vielmehr der Rspr und Lehre überließ, stellt die UWG-Novelle 2004 in § 2 – weitgehend dem Entwurf von *Köhler/Bornkamm/Henning-Bodewig* (WRP 2002, 1317; dort § 2) folgend – eine Reihe von Begriffsbestimmungen auf. Das entspricht der europäischen Gesetzgebungstechnik (vgl etwa Art 2 Richtlinie über irreführende und vergleichende Werbung; Art 2 Richtlinie über den elektronischen Geschäftsverkehr; Art 2 Datenschutzrichtlinie für elektronische Kommunikation; Art 2 UGP-Richtlinie). Der Definitionenkatalog in § 2 ist nicht abschließend. Insbesondere fehlt eine Definition des zentralen Begriffs der Unlauterkeit (dazu § 3 Rdn 63 ff) und der Werbung (dazu Rdn 15). Andererseits finden sich auch an anderer Stelle im Gesetz Definitionen (zB in § 5 III, § 6 I und § 15 I). 1

II. Normzweck und Auslegung

Die Aufstellung von Begriffsbestimmungen dient der **Rechtsklarheit** für Rechtsanwender und Rechtsunterworfene. Dies soll eine einheitliche Auslegung ein und desselben Begriffs, der vom Gesetz an mehreren Stellen verwendet wird, gewährleisten. Allerdings bedürfen diese Definitionen wegen ihres Abstraktionsgrades ihrerseits der **Auslegung**, um sie für den Einzelfall anwendbar zu machen. Daher ist es auch theoretisch nicht ausgeschlossen, je nach dem Regelungszusammenhang, in dem der einzelne Begriff steht, zu einer speziellen Auslegung zu gelangen. Außerdem kann der Zweck der einzelnen Regelung ggf eine Erweiterung (Analogie) oder Einschränkung (teleologische Reduktion) des Anwendungsbereichs erforderlich machen. Die Auslegung hat sich ferner am einschlägigen Unionsrecht, insbes an der Richtlinie über unlautere Geschäftspraktiken (UGP-Richtlinie) zu orientieren. 2

B. Geschäftliche Handlung (§ 2 I Nr 1)

I. Allgemeines

1. Funktion

Der Begriff der **geschäftlichen Handlung** ist – neben dem Begriff der Unlauterkeit – der **Zentralbegriff** des UWG. Er dient dazu, den Anwendungsbereich des Lauterkeitsrechts gegenüber dem allgemeinen Deliktsrecht (§§ 823 ff BGB) abzugrenzen. Denn nur bei Vorliegen einer geschäftlichen Handlung kann das Lauterkeitsrecht Anwendung finden. Ist das zu verneinen, stellt sich die Frage nach der Unzulässigkeit des Verhaltens iSd § 3 und § 7 gar nicht. Das UWG verwendet – anders als etwa § 1 I östUWG („unlautere Geschäftspraktik oder sonstige unlautere Handlung" – einen einheitlichen Begriff des lauterkeitsrechtlich relevanten Verhaltens, der sowohl für das Verhalten im Vertikalverhältnis gegenüber Verbrauchern und sonstigen Marktteilnehmern als auch für das Verhalten im Horizontalverhältnis zu Mitbewerbern Geltung beansprucht (vgl Begr RegE UWG 2008 zu § 2, BT-Drucks 16/10 145 S 20). 3

2. Entstehungsgeschichte

a) **UWG 1909.** Das **UWG 1909** verwendete in den §§ 1, 3 aF den Begriff des **Handelns im geschäftlichen Verkehr zu Zwecken des Wettbewerbs.** Dieser Begriff wurde weit ausgelegt. Er erfasste alle Maßnahmen (positives Tun, konkludentes Handeln, Unterlassen, soweit eine Verpflichtung zum Tätigwerden besteht), die auf die Förderung eines beliebigen – auch fremden – Geschäftszwecks gerichtet sind, dh jede selbstständige, der Verfolgung eines wirtschaftlichen 4

Zwecks dienende Tätigkeit, in der eine Teilnahme am Wettbewerb irgendwie zum Ausdruck gelangt (stRspr; vgl BGH GRUR 1960, 384, 386 – *Mampe Halb und Halb I;* BGH GRUR 1964, 208, 209 – *Fernsehinterview;* BGH GRUR 1995, 595, 596 – *Kinderarbeit;* Köhler/*Piper,* 3. Aufl, Einl Rdn 194).

5 **b) UWG 2004.** Das **UWG 2004** ersetzte den Begriff des Handelns im geschäftlichen Verkehr zu Zwecken des Wettbewerbs durch den der **Wettbewerbshandlung** und definierte ihn in § 2 I Nr 1 als „jede Handlung einer Person mit dem Ziel, zugunsten des eigenen oder eines fremden Unternehmens den Absatz oder den Bezug von Waren oder die Erbringung oder den Bezug von Dienstleistungen, einschließlich unbeweglicher Sachen, Rechte und Verpflichtungen zu fördern" (vgl Begr RegE UWG 2004 zu § 2 Abs 1 Nr 1, BT-Drucks 15/1487 S 16). Begriff und Definition gingen zurück auf den Entwurf von *Köhler/Bornkamm/Henning-Bodewig* (WRP 2002, 1317; dort § 2 Nr 1). Inhaltlich lehnte sich die Definition an die Begriffsbestimmung der Werbung in Art 2 Nr 1 (jetzt: Art 2 lit a) der Richtlinie über irreführende und vergleichende Werbung an, ging aber darüber hinaus. Der Begriff der Wettbewerbshandlung und seine Definition sind weiterhin bei den Handlungen zu berücksichtigen, die vor dem Inkrafttreten der UWG-Novelle 2008 und, soweit es Handlungen gegenüber Verbrauchern betrifft, vor dem 12. 12. 2007 (Gebot der Auslegung im Lichte der UGP-Richtlinie) stattgefunden haben.

6 **c) UWG-Novelle 2008.** Die **UWG-Novelle 2008** ersetzte den Begriff der Wettbewerbshandlung durch den der **geschäftlichen Handlung** (vgl den Vorschlag von *Köhler* WRP 2007, 1393, 1397) und passte die Definition in § 2 I Nr 1 aF den Anforderungen der UGP-Richtlinie an. Die neue Definition lehnt sich an Art 2 lit d und Art 3 I UGP-Richtlinie an (Rdn 7 ff). Der in der Richtlinie verwendete Begriff der „Geschäftspraktiken" wurde absichtlich nicht übernommen, weil ihm in der deutschen Sprache eine abwertende Bedeutung zukommt (vgl Begr RegE UWG 2008 zu § 1, BT-Drucks 16/10145 S 20), der Begriff der geschäftlichen Handlung dagegen wertungsneutral ist. Wesentlicher Unterschied zur früheren Regelung im UWG 2004 ist die Ersetzung des (ungeschriebenen) Tatbestandsmerkmals der Wettbewerbsförderungsabsicht durch das Erfordernis des objektiven Zusammenhangs und die Erstreckung auf Handlungen, die in objektivem Zusammenhang mit dem Abschluss oder der Durchführung eines Vertrages über Waren oder Dienstleistungen stehen.

II. Verhältnis zum Begriff der „Geschäftspraktiken"

1. Reichweite der Definition der Geschäftspraktiken

7 Die Richtlinie 2005/29/EG über unlautere Geschäftspraktiken (UGP-Richtlinie) verwendet zur Beschreibung des relevanten Verhaltens den Begriff der „Geschäftspraktiken" (in der Einzahl: „Geschäftspraxis" und – sprachlich wohl richtiger – „Geschäftspraktik"). Sie definiert diesen Begriff in Art 2 lit d wie folgt:

„Geschäftspraktiken im Geschäftsverkehr zwischen Unternehmen und Verbrauchern" (nachstehend auch „Geschäftspraktiken" genannt) jede Handlung, Unterlassung, Verhaltensweise oder Erklärung, kommerzielle Mitteilung einschließlich Werbung und Marketing eines Gewerbetreibenden, die unmittelbar mit der Absatzförderung, dem Verkauf oder der Lieferung eines Produkts zusammenhängt".

2. Geschäftliche Handlung als weiterreichender Begriff

8 Der Begriff der geschäftlichen Handlung reicht in mehrfacher Hinsicht weiter als der unionsrechtliche Begriff der Geschäftspraktiken. Denn er erfasst auch (1) Maßnahmen im Vertikalverhältnis gegenüber Unternehmern und sonstigen Marktteilnehmern; (2) Maßnahmen, die sich unmittelbar gegen Mitbewerber richten; (3) Maßnahmen beim Bezug von Waren und Dienstleistungen; (4) Maßnahmen Dritter zur Förderung des Absatzes oder Bezugs eines fremden Unternehmens, die nicht im Namen oder im Auftrag des Unternehmers handeln. Die weiter reichende Definition der geschäftlichen Handlung steht nicht im Widerspruch zur UGP-Richtlinie. Denn auch die UGP-Richtlinie beschränkt sich nicht auf den reinen Verbraucherschutz. Nach Erwägungsgrund 8 schützt die Richtlinie zwar unmittelbar nur die wirtschaftlichen Interessen von Verbrauchern. Sie schützt aber „somit auch mittelbar rechtmäßig handelnde Unternehmen vor Mitbewerbern, die sich nicht an die Regeln dieser Richtlinie halten, und gewährleistet damit einen lauteren Wettbewerb in dem durch sie koordinierten Bereich".

3. Gebot der richtlinienkonformen Auslegung

Der Begriff der geschäftlichen Handlung ist, soweit es Handlungen von Unternehmen gegenüber Verbrauchern angeht, im Lichte der Definition der Geschäftspraktiken in Art 2 lit d UGP-Richtlinie und der Beispielstatbestände der UGP-Richtlinie auszulegen. Um Wertungswidersprüche zu vermeiden, muss diese Auslegung grds auch für geschäftliche Handlungen gegenüber sonstigen Marktpartnern gelten.

III. „Verhalten einer Person"

1. Begriff des Verhaltens einer Person

Erste Voraussetzung für das Vorliegen einer geschäftlichen Handlung ist das **Verhalten einer Person**. Anders als im UWG 2004 hat der Gesetzgeber nicht den Begriff der „Handlung" als Anknüpfungspunkt gewählt, sondern den umfassender erscheinenden Begriff des **„Verhaltens"**. Er soll zum Ausdruck bringen, dass als geschäftliche Handlung gleichermaßen ein positives Tun wie auch ein Unterlassen in Betracht kommen (Begr RegE UWG 2008 zu § 2, BT-Drucks 16/10145 S 20). Die Einführung dieses neuen Begriffs ist aus Sicht der deutschen Rechtsterminologie an sich überflüssig und eher verwirrend, weil seit jeher (und auch im allgemeinen Deliktsrecht) der Begriff des Handelns als Oberbegriff nicht nur das positive Tun, sondern auch das pflichtwidrige Unterlassen umfasste. Im Folgenden wird daher der Begriff der Handlung gleichsinnig mit dem des Verhaltens verwendet.

Der Begriff des Verhaltens ist weit zu fassen und erstreckt sich auf alle menschlichen Verhaltensweisen, auf positives Tun und Unterlassen, auf Äußerungen und rein tatsächliche Handlungen. Diese Auslegung entspricht den Vorgaben des Art 2 lit d UGP-Richtlinie, die unter Geschäftspraktiken „jede Handlung, Unterlassung, Verhaltensweise oder Erklärung, kommerzielle Mitteilung einschließlich Werbung und Marketing" erfasst. Beim **positiven Tun** ist erforderlich, dass das Verhalten von einem natürlichen Handlungswillen getragen ist. Verhaltensweisen, die nicht vom Bewusstsein gesteuert sind, wie zB Reflexhandlungen oder Handlungen im Schlaf oder in Hypnose, stellen kein Verhalten iSd § 2 I Nr 1 dar, jedenfalls ist die betreffende Person dafür nicht verantwortlich (vgl auch § 827 BGB). Dass das Tun unter Einfluss äußeren psychischen oder körperlichen Zwangs erfolgt, ist dagegen unerheblich. Das Verhalten muss von einer **natürlichen** oder **juristischen Person** ausgehen. Bei juristischen Personen ist das Verhalten ihrer Organe maßgeblich (§ 31 BGB).

2. Unterlassen

In Art 2 lit d UGP-Richtlinie ist die „Unterlassung" der „Handlung" gleichgestellt. Allerdings gilt dies nur für die Fälle, in denen das Unterlassen einer Tätigkeit oder das Vorenthalten einer Information im jeweiligen Tatbestand einer unlauteren Geschäftspraktik berücksichtigt ist (vgl den Tatbestand der „irreführenden Unterlassungen" in Art 7 UGP-Richtlinie; vgl ferner die Nr 5, 8, 19, 25, 26 des Anh I UGP-Richtlinie. Das Gleiche gilt für die entsprechenden Regelungen im UWG (vgl § 5a sowie Nr 5, 8, 20, 26, 27 des Anh zu § 3 III). Im Übrigen steht das **Unterlassen** dem positiven Tun nur dann gleich, wenn eine **Erfolgsabwendungspflicht** besteht. Unter Erfolg ist dabei der Eintritt einer den Tatbestand des § 3 oder § 7 erfüllenden Beeinträchtigung der Interessen von Mitbewerbern, Verbrauchern oder sonstigen Marktteilnehmern zu verstehen. Die Erfolgsabwendungspflicht kann sich aus Gesetz, Vertrag oder vorangegangenem Gefahr begründendem – auch schuldlosem – Tun ergeben (BGH GRUR 2001, 82, 83 – *Neu in Bielefeld I*). Sie kann vor allem darin bestehen, einen Dritten an einem unlauteren Verhalten zu hindern (insbes Fälle der **wettbewerbsrechtlichen Verkehrspflichten;** vgl BGH GRUR 2007, 890 Tz 22, 26 ff – *Jugendgefährdende Medien bei eBay;* OLG Hamburg WRP 2008, 1569, 1582; dazu näher bei § 8 Rdn 2.5 ff). – Von der Haftung für eigenes pflichtwidriges Unterlassen (wozu auch § 831 BGB gehört) zu unterscheiden ist die **Haftung für fremdes Verhalten kraft Zurechnung,** wie sie sich zB aus § 8 II oder aus § 31 BGB ergeben kann.

3. Einzelne Aktivitäten

In Art 2 lit UGP-Richtlinie ist als konkretes Beispiel einer Geschäftspraktik die **„kommerzielle Mitteilung einschließlich Werbung und Marketing"** angeführt. Dies ist im Wege der richtlinienkonformen Auslegung auch bei der Auslegung des Begriffs der geschäftlichen Handlung zu berücksichtigen.

14 a) „**Kommerzielle Mitteilung**". Der Begriff der geschäftlichen Handlung umfasst ebenso wie der Begriff der Geschäftspraktiken auch die „kommerzielle Mitteilung". Dieser Begriff ist gleichbedeutend mit dem der „kommerziellen Kommunikation" („commercial communication"). Er umfasst nach der Definition in Art 2 lit f der Richtlinie 2000/31/EG über den elektronischen Geschäftsverkehr (e-Commerce-Richtlinie) „alle Formen der Kommunikation, die der unmittelbaren oder mittelbaren Förderung des Absatzes von Waren und Dienstleistungen oder des Erscheinungsbildes eines Unternehmens, einer Organisation oder einer natürlichen Person dienen, die eine Tätigkeit in Handel, Gewerbe, Handwerk oder einen reglementierten Beruf ausübt". Dieser Begriff wurde in § 2 Nr 5 TMG in das deutsche Recht übernommen. – Im Gegensatz zum weitergehenden Begriff der geschäftlichen Handlung in § 2 I Nr 1 werden nur Akte der Kommunikation, also der Mitteilung von Äußerungen, erfasst. Auch ist nur der Absatz, nicht auch der Bezug von Waren oder Dienstleistungen erwähnt. Die eigentliche Bedeutung der Definition der kommerziellen Mitteilung liegt aber darin, dass auch solche Formen der Kommunikation erfasst werden, die lediglich der **„mittelbaren Förderung"** des Absatzes dienen, wozu insbes die Aufmerksamkeitswerbung, einschließlich des Sponsoring, gehört. Darin könnte ein Widerspruch zur Definition der „Geschäftspraktiken" liegen, da diese einen „unmittelbaren Zusammenhang" mit der Absatzförderung voraussetzt. Ob dieses Problem bei Abfassung der Definition der Geschäftspraktiken gesehen worden ist, ist nicht bekannt. Da allerdings die UGP-Richtlinie ausdrücklich auch das Sponsoring in Art 6 I lit c erwähnt, ist davon auszugehen, dass auch Maßnahmen der mittelbaren Absatzförderung als Geschäftspraktiken und damit auch als geschäftliche Handlungen anzusehen sind. Das Kriterium des unmittelbaren Zusammenhangs hat eine andere Abgrenzungsfunktion (vgl Rdn 42 ff).

15 b) „**Werbung**". Werbung ist ein Unterfall der kommerziellen Mitteilung, damit auch der Geschäftspraktiken und insoweit auch der geschäftlichen Handlung. Mangels einer Definition in der UGP-Richtlinie ist auf Art 2 Nr 1 der Richtlinie 2006/114/EG über irreführende und vergleichende Werbung zurückzugreifen. Werbung ist danach „jede Äußerung bei der Ausübung eines Handels, Gewerbes, Handwerks oder freien Berufs mit dem Ziel, den Absatz von Waren oder die Erbringung von Dienstleistungen, einschließlich unbeweglicher Sachen, Rechte und Verpflichtungen zu fördern". Auch hier stellt sich das Problem der Abstimmung mit der Definition der Geschäftspraktiken, die nicht vom „Ziel" der Absatzförderung spricht, sondern vom „unmittelbaren Zusammenhang" damit. Mindestens ist immer dann, wenn eine Äußerung dem „Ziel" der Absatzförderung dient, auch ein „unmittelbarer Zusammenhang" iSd der Definition der Geschäftspraktiken und damit auch ein „objektiver Zusammenhang" iSd der Definition der geschäftlichen Handlung gegeben. Der Begriff der „(vergleichenden) Werbung" in § 5 II, § 6, § 7 I 2, II und in Nr 28 des Anh zu § 3 III ist ohnehin am Maßstab der Definition in Art 2 Nr 1 der Richtlinie über irreführende und vergleichende Werbung auszulegen. Umgekehrt kann ein „objektiver Zusammenhang" mit der Absatzförderung auch dann vorliegen, wenn die Äußerung nicht dem Ziel der Absatzförderung dient, wie zB der Boykottaufruf, die Mitarbeiterabwerbung, der Testkauf oder die Betriebsspionage. Darüber hinaus ist es geboten, den Begriff der Werbung auch auf die **Nachfragewerbung** zu erstrecken, da § 2 I Nr 1 ausdrücklich auch den Bezug von Waren oder Dienstleistungen erfasst (vgl auch § 7 Rdn 129; BGH GRUR 2008, 923 Tz 9 ff – *Faxanfrage im Autohandel;* BGH GRUR 2008, 925 Tz 12 ff – *FC Troschenreuth* mit Anm *Köhler* zum Begriff der Werbung in § 7 II).

16 c) „**Marketing**". Der Begriff des „Marketing" ist in der UGP-Richtlinie nicht definiert. Allerdings sprechen Art 6 II UGP-Richtlinie von der „Vermarktung eines Produkts, einschließlich vergleichender Werbung" und dementsprechend § 5 II von der „Vermarktung von Waren oder Dienstleistungen einschließlich vergleichender Werbung". Daraus erhellt bereits, dass die Grenzen zum Begriff der Werbung fließend sind. Erfasst werden insbes auch Maßnahmen der Verkaufsförderung, wie etwa Preisnachlässe, Zugaben, Werbegeschenke, Gewinnspiele, Preisausschreiben.

IV. „Zugunsten des eigenen oder eines fremden Unternehmens"

1. Allgemeines

17 Das Verhalten muss, um eine geschäftliche Handlung zu sein, zugunsten des **eigenen** oder eines **fremden Unternehmens** erfolgen, es muss also einen **Unternehmensbezug** haben. Zum Begriff des Unternehmens vgl Rdn 20 ff. Zum Fehlen eines Unternehmensbezug vgl Rdn 18, 19. Zum Handeln für ein fremdes Unternehmen vgl Rdn 55 ff.

B. Geschäftliche Handlung (§ 2 I Nr 1) 18–23 § 2 UWG

2. Abgrenzung zu Handlungen ohne Unternehmensbezug

a) Handlungen von Verbrauchern. Handelt eine natürliche Person nicht als Unternehmer, 18 also als Inhaber eines Unternehmens oder als Vertreter oder Beauftragter eines Unternehmers (§ 2 I Nr 6) und auch sonst nicht zugunsten eines fremden Unternehmens, sondern als Verbraucher im Eigeninteresse, so liegt von vornherein keine geschäftliche Handlung vor. Es fehlt an der Förderung eines Unternehmens. Dazu gehören **Privatkäufe und -verkäufe,** wie sie insbes auf der Internet-Plattform von eBay getätigt werden (dazu Rdn 23). Sie stellen auch dann keine geschäftlichen Handlungen dar, wenn sie ein Unternehmer in seiner Eigenschaft als Privatmann vornimmt. Bietet zB ein Immobilienmakler ein Grundstück aus seinem Privatbesitz in Zeitungsanzeigen zum Kauf an, so handelt er nicht als Unternehmer, auch wenn durch den Verkauf die Liquidität im geschäftlichen Bereich verbessert wird; er begeht auch keine Irreführung, wenn er in der Zeitungsanzeige nicht auf seine berufliche Tätigkeit als Immobilienmakler hinweist (BGH GRUR 1993, 760, 761 – *Makler-Privatangebot; Gröning* WRP 1993, 621). – Dem Handeln von Verbrauchern steht grds das Handeln solcher **Organisationen** gleich, die **keine Unternehmereigenschaft** besitzen, wie zB Idealvereine, Stiftungen oder religiöse Körperschaften (zu Ausnahmen vgl Rdn 24).

b) Hoheitliche Handlungen. Rein hoheitliche Handlungen stellen mangels Unterneh- 19 mensbezugs ebenfalls keine geschäftlichen Handlungen dar. Dazu gehört das Handeln der öffentlichen Hand auf Grund gesetzlicher Ermächtigung, nicht aber die erwerbswirtschaftliche Betätigung oder die allgemeine öffentliche Aufgabenerfüllung ohne ausdrückliche gesetzliche Ermächtigung (BGH GRUR 2006, 428 Tz 12 – *Abschleppkosten-Inkasso*). Zu Einzelheiten vgl § 4 Rdn 13.19 ff.

3. Begriff des Unternehmens

a) Abgrenzung zum Begriff des Unternehmers. Das Gesetz verwendet sowohl den Be- 20 griff des **Unternehmens** (vgl § 2 I Nr 1; § 4 Nr 8; § 8 II; § 17) als auch den des **Unternehmers** (vgl § 2 I Nr 3 und 6; § 4 Nr 8; § 8 III Nr 2; § 15 II). Mit dem Begriff des Unternehmens wird die betriebliche Tätigkeit und Organisation umschrieben, mit dem Begriff des Unternehmers (§ 2 I Nr 6) der Inhaber des Unternehmens und die in seinem Namen oder Auftrag handelnde Person. Besonders deutlich kommt dies in § 4 Nr 8, aber auch in § 17 II zum Ausdruck. Gesetzliche Vertreter, wie zB der Geschäftsführer einer GmbH oder der Vorstand einer AG, sind zwar iSd Definition des § 2 I Nr 6 „Unternehmer", ihr Handeln erfolgt jedoch zugunsten eines fremden, nämlich des von ihnen vertretenen Unternehmens (dazu Rdn 121, 122).

b) Merkmale des Unternehmensbegriffs. Der Begriff des Unternehmens ist weit auszule- 21 gen. Geboten ist eine wirtschaftliche Betrachtungsweise, die nicht auf die Rechtsform, sondern auf die tatsächliche Stellung im Wettbewerb abhebt (BGH GRUR 1976, 370, 371 – *Lohnsteuerhilfevereine I*). Erforderlich ist lediglich eine **auf eine gewisse Dauer angelegte, selbstständige wirtschaftliche Betätigung, die darauf gerichtet ist, Waren oder Dienstleistungen gegen Entgelt zu vertreiben** (vgl BGH GRUR 1995, 697, 699 – *FUNNY PAPER;* BGH GRUR 2009, 871 Tz 33 – *Ohrclips;* BGHZ 167, 40 Tz 40; BAG GRUR 2006, 244, 245). Im Markenrecht entspricht dem das Erfordernis des Handelns „im geschäftlichen Verkehr" (§ 14 II MarkenG).

Selbstständig ist die Tätigkeit, wenn der Handelnde sie in eigener Verantwortung gestaltet 22 (vgl § 84 I HGB zum selbstständigen **Handelsvertreter;** BGH NJW 1998, 2058; OLG Karlsruhe GRUR-RR 2010, 51, 52).

Auf Dauer angelegt (und damit **planmäßig**) ist die Tätigkeit, wenn sie nicht bloß gelegent- 23 lich erfolgt, also sich nicht in gelegentlichen Geschäftsakten erschöpfen soll. Verkäufe aus Privatvermögen, mögen sie auch einen gewissen Umfang erreichen (zB Haushaltsauflösung), begründen daher keine Unternehmenseigenschaft. Die Abgrenzung ist vor allem beim **Verkauf über Internet-Plattformen** (zB **eBay**) von Bedeutung. Dabei sind die Umstände des Einzelfalls in einer Gesamtschau zu würdigen. Anhaltspunkte für eine unternehmerische Tätigkeit sind wiederholte, gleichartige Angebote, ggf auch von neuen Gegenständen, Angebote erst kurz zuvor erworbener Waren, eine ansonsten gewerbliche Tätigkeit des Anbieters, häufige Bewertungen („Feedbacks") und Verkaufsaktivitäten für Dritte (BGH GRUR 2009, 871 Tz 23–25, 33 – *Ohrclips;* OLG Frankfurt GRUR 2004, 1043, 1044; OLG Koblenz NJW 2006, 1438; OLG Karlsruhe WRP 2006, 1039, 1041; LG Berlin MMR 2007, 401; *Szczesny/Holthusen* NJW 2007,

2586). – Die **Anmeldung** und **Eintragung einer Marke** reicht nicht aus, um die Unternehmenseigenschaft zu begründen, mag auch die Möglichkeit der Veräußerung oder Lizenzvergabe bestehen. Erst recht nicht lässt sich aus der Eintragung der Marke für bestimmte Waren der Schluss ziehen, der Markeninhaber treibe mit diesen Waren Handel (BGH GRUR 1995, 697, 699 – *FUNNY PAPER*). – Ausreichend ist dagegen der Erwerb mehrerer **Domain-Namen** in der Absicht, sie an Interessenten gegen Entgelt abzugeben (**Domain-Grabbing;** dazu § 4 Rdn 10.94).

24 **Entgeltlich** ist die Tätigkeit, wenn sie auf Erzielung einer Gegenleistung gerichtet ist. Die rechtliche Gestaltung ist unerheblich, so dass das Entgelt auch in der Zahlung von **Mitgliedsbeiträgen** bestehen kann (BGH GRUR 1976, 370, 371 – *Lohnsteuerhilfevereine I*: Mitgliedsbeitrag als „pauschaliertes Leistungsentgelt"; BAG GRUR 2006, 244, 245). Dementsprechend sind auch **Idealvereine** als Unternehmen anzusehen, soweit sie gegenüber ihren **Mitgliedern** für sich gesehen unentgeltliche, aber durch den Mitgliedsbeitrag abgedeckte Leistungen erbringen, die auch auf dem Markt gegen Entgelt angeboten werden (BGH GRUR 1976, 370 – *Lohnsteuerhilfevereine I;* BGH GRUR 1978, 180 – *Lohnsteuerhilfevereine II;* BGH GRUR 1983, 120, 124 – *ADAC-Verkehrsrechtsschutz;* BGH GRUR 1984, 283, 284 – *Erbenberatung;* BAG GRUR 2006, 244, 246; aA OLG Koblenz GRUR-RR 2002, 114). Für Lohnsteuerhilfevereine ist das unstreitig, da sie mit ihren Beratungsleistungen in Wettbewerb zu Steuerberatern treten (BGH GRUR 1976, 370 – *Lohnsteuerhilfevereine I*). Aber auch Sportvereine können daher im lauterkeitsrechtlichen Sinne Unternehmen sein, soweit sie ihren Mitgliedern Leistungen anbieten, die auch von privaten Unternehmern (Fitnessstudios; Tennisplatzbetreiber usw) erbracht werden und damit mit ihnen in Wettbewerb treten. Ob derartige Tätigkeiten vom Vereinszweck (einschließlich des sog Nebenzweckprivilegs) gedeckt sind, der Verein also in Erfüllung seiner satzungsmäßigen Aufgaben handelt, ist für die lauterkeitsrechtliche Beurteilung unerheblich (BGH GRUR 1972, 40, 42 – *Feld und Wald I;* aA OLG Nürnberg NJWE-WettbR 1998, 178, 179). Erst recht sind Idealvereine als Unternehmen anzusehen, wenn sie – sei es auch in Verwirklichung ihres Satzungszwecks – Waren oder Dienstleistungen an **Dritte** gegen Entgelt abgeben (OLG Stuttgart NJWE-WettbR 1996, 197, 198; offen gelassen für den UNICEF e. V. in BGH GRUR 1976, 38, 310 – *UNICEF-Grußpostkarten*). – Für die Entgeltlichkeit reicht es ferner aus, wenn ein Entgelt (zB für Heilkundeleistungen) zwar nicht gefordert, aber angenommen wird (BGH GRUR 1981, 665, 666 – *Knochenbrecherin*). Eine **Gewinnerzielungsabsicht** ist – jedenfalls im Lauterkeitsrecht – nicht erforderlich (BGH GRUR 1962, 254, 255 – *Fußballprogrammheft;* BGH GRUR 1974, 733, 734 – *Schilderverkauf;* BGH GRUR 1976, 370, 371 – *Lohnsteuerhilfevereine I;* BGH GRUR 1981, 823, 825 – *Ecclesia-Versicherungsdienst;* BGHZ 82, 375, 395 = GRUR 1982, 425, 430 – *Brillen-Selbstabgabestellen;* BGH GRUR 2008, 810 Tz 21 – *Kommunalversicherer;* vgl auch BGHZ 95, 158, 160). Auch **gemeinnützige** (zB auch kirchliche) Unternehmen unterliegen daher dem Lauterkeitsrecht. Maßgeblich ist nämlich nicht der Anlass und Grund für ein Tätigwerden im Wettbewerb, sondern die tatsächliche Stellung im Wettbewerb (BGH GRUR 1981, 823, 825 – *Ecclesia-Versicherungsdienst*). Bei **Gewerkschaften** ist die Unternehmenseigenschaft zu verneinen, soweit sich ihre Tätigkeit im Rahmen des Satzungszwecks bewegt, wozu auch die Gewährung von Rechtsschutz für die Mitglieder gehört (offen gelassen in BAG GRUR 2006, 244, 246; vgl ferner BGH GRUR 1980, 309 – *Straßen- und Autolobby:* Aufruf einer Eisenbahnergewerkschaft zur Unterstützung der Bahn). – Unerheblich für die Unternehmenseigenschaft ist es, wenn ein Unternehmen im Einzelfall, etwa im Rahmen einer Werbeaktion, Waren oder Dienstleistungen unentgeltlich abgibt (vgl BGH GRUR 1975, 320, 321 – *Werbegeschenke*).

25 Die Tätigkeit muss (auch) auf den **Absatz** von Waren oder Dienstleistungen gerichtet sein. Nicht ausreichend ist daher eine **reine Beschaffungstätigkeit,** mag sie auch – wie zB bei der öffentlichen Hand (vgl § 4 Rdn 13.18) – einen großen Umfang haben (*Köhler* FS Hopt, 2010, 2825, 2830). Dies entspricht der Rspr des EuGH zum funktionalen Unternehmensbegriff im europäischen Kartellrecht (vgl EuGH Slg 2006, I-6295 – *FENIN*). Danach ist unter einem Unternehmen jede eine wirtschaftliche Tätigkeit ausübende Einheit und unter wirtschaftlicher Tätigkeit das Angebot von Waren und Dienstleistungen auf einem bestimmten Markt zu verstehen.

26 Unerheblich ist die **Größe** des Unternehmens. Sie spielt nur im Kartellrecht eine Rolle, wo kleine und mittlere Unternehmen besonderen Schutz genießen (vgl § 3 I Nr 2, § 20 II, IV 1 GWB).

27 Unerheblich ist grds auch, ob die unternehmerische Tätigkeit im Einzelfall **rechtlich erlaubt** ist, zB die erforderliche öffentlich-rechtliche Erlaubnis vorliegt (BGH GRUR 2005, 519, 520 – *Vitamin-Zell-Komplex; Ahrens/Jestaedt* Kap 18 Rdn 16; offen gelassen in BGH GRUR 2005, 176

B. Geschäftliche Handlung (§ 2 I Nr 1) 28–30a § 2 UWG

– *Nur bei Lotto;* vgl auch OLG Hamburg WRP 1982, 533; OLG Bremen GRUR 1988, 137, 138). Auch derjenige, der sein Unternehmen oder seinen Produktabsatz in rechtlich unzulässiger Weise betreibt, kann ein schutzwürdiges Interesse an der Unterbindung unlauteren Wettbewerbs durch Mitbewerber haben, zumal dadurch auch das Allgemeininteresse an unverfälschtem Wettbewerb geschützt wird (§ 1 S 2; BGH aaO – *Vitamin-Zell-Komplex*). Daher kann zB auch der Hersteller eines Produkts, dessen Vertrieb unzulässig ist, Ansprüche gegen einen Mitbewerber unter dem Gesichtspunkt des „ergänzenden wettbewerbsrechtlichen Leistungsschutzes" (§ 4 Nr 9) geltend machen (BGH aaO – *Vitamin-Zell-Komplex*). Dagegen kann der Entgang des Gewinns aus einer verbotenen Betätigung grds nicht verlangt werden (BGH aaO – *Vitamin-Zell-Komplex;* § 9 Rdn 1.35). Auch kann im Einzelfall die Geltendmachung des Unterlassungsanpruchs unlauter oder missbräuchlich sein (BGH aaO – *Vitamin-Zell-Komplex*).

c) Rechtsform. Unerheblich ist die Rechtsform, in der das Unternehmen betrieben wird. **28** Auch **Idealvereine** (§ 21 BGB) können daher Unternehmer sein, soweit sie sich tatsächlich – erlaubt („Nebenzweckprivileg") oder nicht – unternehmerisch betätigen (vgl BGH GRUR 1962, 254 – *Fußball-Programmheft;* BGH GRUR 1976, 370, 371 – *Lohnsteuerhilfevereine I;* OLG Köln WRP 1985, 660; ÖOGH ÖBl 1998, 335; ÖOGH wbl 1997, 307, 308). Entsprechendes gilt für die **öffentliche Hand** (vgl § 4 Rdn 13.2). Unerheblich ist auch, ob es sich um ein inländisches oder **ausländisches** Unternehmen handelt.

d) Sachliche Reichweite. Der Unternehmensbegriff ist nicht auf Gewerbetreibende (Han- **29** del, Handwerk, Industrie, Banken, Versicherungen) im engeren Sinne beschränkt, sondern erfasst auch die **selbstständige berufliche Tätigkeit,** insbes die **freiberuflichen Tätigkeit,** etwa der Ärzte, Anwälte, Steuerberater, Architekten usw, (so auch die frühere Rspr zum Begriff des Gewerbetreibenden; BGH GRUR 1981, 529 – *Rechtsberatungsanschein;* BGH GRUR 1993, 675, 676 – *Kooperationspartner*), die Tätigkeit von **Berufssportlern,** soweit sie selbstständig gegen Entgelt ihre Leistung vermarkten (dazu *Frisinger/Summerer* GRUR 2007, 554, 555; *Figura* Doping, 2009, 212 ff) sowie **wissenschaftliche** und **künstlerische Tätigkeiten** (OLG Frankfurt GRUR 1962, 323 – *Zauberkünstler*) und die **Land-** und **Forstwirtschaft.** Auch die Verwertung von Immaterialgüterrechten (gewerblichen Schutzrechten und Urheberrechten) und sonstigen Vermögensgegenständen kann Gegenstand eines Unternehmens sein (vgl BGHZ 26, 58 – *Sherlock Holmes*). Dagegen stellt die bloße Verwaltung von Vermögen noch keine unternehmerische Tätigkeit dar (vgl BGH NJW 2002, 368; *Pfeiffer* NJW 1999, 169, 172).

e) Zeitliche Reichweite. Das eigene oder fremde Unternehmen, für das gehandelt wird, **30** muss im Zeitpunkt des Handelns schon und noch **existent** sein. Allerdings ist dafür eine Aufnahme des eigentlichen Geschäftsbetriebs nicht erforderlich. Es reicht aus, dass **konkrete Vorbereitungshandlungen** zur Aufnahme des Geschäftsbetriebs getroffen wurden, also ein Markteintritt unmittelbar bevorsteht (BGH GRUR 1984, 823 f – *Charterfluggesellschaften;* BGH WRP 1993, 396, 397 – *Maschinenbeseitigung;* aA Ahrens/Jestaedt Kap 18 Rdn 14). Denn auch die Vorbereitung künftigen Wettbewerbs ist eine geschäftliche Handlung (vgl BGH GRUR 1984, 823 f – *Charterfluggesellschaften;* BGH WRP 1993, 396, 397 – *Maschinenbeseitigung*). Vorbereitungshandlungen sind zB: Ladenanmietung; Ankauf von Waren; Erwerb von Maschinen (BGH WRP 1993, 396, 397 – *Maschinenbeseitigung*); Einstellung von Mitarbeitern; Anmeldung zum Handelsregister; Ankündigung der Geschäftseröffnung durch Anzeigen oder Plakate usw (OLG Hamm GRUR 1988, 241 LS; aA KG WRP 1981, 461; vgl auch OLG Hamburg WRP 1982, 533); gewerbepolizeiliche Anmeldung eines Gewerbes, mag dazu auch eine öffentlich-rechtliche Verpflichtung bestehen (vgl OLG Brandenburg GRUR-RR 2006, 167, 168; MünchKommUWG/ *Veil* § 2 Rdn 58; aA zu § 13 II Nr 1 aF BGH GRUR 1995, 697, 699 – *FUNNY PAPER*). Die Anmeldung oder Eintragung einer Marke reicht hingegen für sich allein nicht aus. Denn dies rechtfertigt noch nicht den Schluss, der Inhaber der Marke beabsichtige die Aufnahme einer dauernden unternehmerischen Betätigung (BGH GRUR 1995, 697, 699 – *FUNNY PAPER*). Das Unternehmen **endet,** wenn die Geschäftstätigkeit vollständig aufgegeben wird (BGH GRUR 1995, 697, 699 – *FUNNY PAPER*), es also endgültig aus dem Markt ausgeschieden ist. Das ist noch nicht der Fall, wenn sich das Unternehmen noch im Abwicklungsstadium oder im Insolvenzverfahren befindet, weil eine Wiederaufnahme des Geschäftsbetriebs in diesem Stadium noch möglich ist.

f) Beweislast. Grds trifft den Kläger die Darlegungs- und Beweislast dafür, dass der Beklagte **30a** zugunsten des eigenen oder eines fremden Unternehmens gehandelt hat. Jedoch trifft den Beklagten insoweit eine **sekundäre Darlegungslast** (BGH GRUR 2009, 871 Tz 27 – *Ohrclips;* BGH GRUR 2008, 702 Tz 47 – *Internet-Versteigerung III*), wenn der Kläger keine weitergehende

Kenntnis von den näheren Umständen des Handelns der Beklagten hat, während der Beklagte
ohne weiteres Aufklärung leisten kann.

V. Handlungen „vor, bei oder nach einem Geschäftsabschluss"

1. Allgemeines

31   Der für das UWG 2004 zentrale Begriff der Wettbewerbshandlung war auf Verhaltensweisen
beschränkt, die der Förderung des Absatzes oder Bezugs von Waren oder Dienstleistungen
dienten. Er deckte damit nur den Zeitraum vor Geschäftsabschluss mit einem Nachfrager oder
Anbieter ab, mochten diese auch bereits Vertragspartner sein (vgl zB BGH GRUR 2007, 805
Tz 13 – *Irreführender Kontoauszug*). Die UGP-Richtlinie erfasst hingegen nach ihrem Art 3 I alle
unlauteren Geschäftspraktiken „zwischen Unternehmen und Verbrauchern vor, während und
nach Abschluss eines auf ein Produkt bezogenes Handelsgeschäfts". Die Pflicht zur Umsetzung
der UGP-Richtlinie zwang daher den Gesetzgeber dazu, in der UWG-Novelle 2008 die
Definition der geschäftlichen Handlung auch auf Verhaltensweisen bei und nach einem Geschäftsabschluss zu erstrecken. Damit wurde der Anwendungsbereich des UWG grundlegend
erweitert: Es regelt nicht mehr nur Verhalten im Wettbewerb oder allgemeiner das Marktverhalten, sondern auch das geschäftliche Verhalten gegenüber Verbrauchern und sonstigen Marktteilnehmern bei und nach Abschluss eines Vertrages über Waren oder Dienstleistungen, also in
einer Phase, in der der Wettbewerb um Anbieter oder Abnehmer an sich bereits abgeschlossen
ist. Das UWG 2008 ist daher **kein reines Wettbewerbsrecht** mehr, sondern ein **Recht der
unlauteren geschäftlichen Handlungen** (vgl § 1 S 1). Folgerichtig sollte die – ohnehin mehrdeutige, weil auch für das europäische Kartellrecht gebrauchte – Bezeichnung Wettbewerbsrecht
durch die Bezeichnung **Lauterkeitsrecht** abgelöst werden.

2. Bedeutung

32   Die Erwähnung der Phasen „vor, während und nach einem Geschäftsabschluss" hat Bedeutung nur für das geschäftliche Verhalten im **Vertikalverhältnis,** also gegenüber Nachfragern
oder Anbietern als (potenziellen) Vertragspartnern. Während die UGP-Richtlinie allerdings nur
das Verhalten gegenüber Verbrauchern regelt, bezieht das UWG 2008 auch das Verhalten gegenüber „sonstigen Marktteilnehmern" iSd 2 I Nr 2 ein. Das ist nur folgerichtig, weil insoweit grds
gleiche Wertmaßstäbe gelten müssen. Für das Verhalten im **Horizontalverhältnis,** also Handlungen gegenüber Mitbewerbern ohne Einwirkung auf Marktpartner (Fälle des Art 6 II Rom-
II-VO) ist die Erweiterung des Anwendungsbereichs über die Förderung des Absatzes oder
Bezugs von Waren oder Dienstleistungen hinaus dagegen bedeutungslos.

3. Geschäftsabschluss

33   Unter „Geschäftsabschluss" ist nur der Abschluss eines Vertrages eines Unternehmers mit
einem Verbraucher oder sonstigen Marktteilnehmer über Waren oder Dienstleistungen zu verstehen. Das ergibt sich aus dem weiteren Bestandteil der Definition („mit dem Abschluss oder
der Durchführung eines Vertrages über Waren oder Dienstleistungen"). Sonstige Geschäftsabschlüsse, wie etwa der Abschluss von Kartell-, Kooperations- oder Gesellschaftsverträgen,
Beherrschungsverträgen, Stimmbindungsverträgen, familien- und erbrechtlichen Verträgen werden nicht erfasst, sofern sie sich nicht als Umgehungsgeschäfte zu Absatz- oder Bezugsverträgen
darstellen und daher wie solche zu behandeln sind (vgl auch § 306 a BGB).

VI. Objektiver Zusammenhang mit der Förderung des Absatzes oder Bezugs von Waren oder Dienstleistungen

1. Allgemeines

34   Die wichtigste Erscheinungsform der geschäftlichen Handlung ist ein **„Verhalten ..., das
mit der Förderung des Absatzes oder Bezugs von Waren oder Dienstleistungen ...
objektiv zusammenhängt".** Zu einer Förderung des Absatzes oder des Bezugs kann es aber
nur kommen, wenn das fragliche Verhalten nach **außen** in Erscheinung tritt. Die Handlung muss
also einen **Marktbezug** aufweisen (Rdn 35) und darf sich nicht auf unternehmensinterne
Vorgänge beschränken (Rdn 36).

2. Erforderlichkeit eines Marktbezugs der Handlung

Damit ein Verhalten überhaupt den Tatbestand einer geschäftlichen Handlung erfüllen kann, **35** muss es eine Außenwirkung haben, genauer: einen **Marktbezug** aufweisen, wie dies auch schon zum Tatbestand der Wettbewerbshandlung im UWG 2004 anerkannt war (vgl BGH GRUR 2007, 987 Tz 22 – *Änderung der Voreinstellung I;* BGH GRUR 2007, 805 Tz 16 – *Irreführender Kontoauszug*). Ein Marktbezug liegt dann vor, wenn die Handlung ihrer Art nach auf die Marktteilnehmer (Mitbewerber, Verbraucher und sonstige Marktteilnehmer) einwirken und damit das Marktgeschehen beeinflussen kann. Dagegen ist nicht erforderlich, dass der Maßnahme eine „gewisse Breitenwirkung" zukommt (so aber *Glöckner* WRP 2009, 1175, 1181).

3. Abgrenzung zu unternehmensinternen Handlungen

Mangels Marktbezug, also Einwirkung auf die Marktteilnehmer, stellen auch rein **unter-** **36** **nehmensinterne** (betriebsinterne) **Handlungen** keine geschäftlichen Handlungen dar (vgl BGH GRUR 1971, 119, 120 – *Branchenverzeichnis;* BGH GRUR 1974, 666, 667 f – *Reparaturversicherung;* BGHZ 144, 255, 262 – *Abgasemissionen;* OLG Hamburg WRP 1985, 652; OLG Koblenz WRP 1988, 557, 558; *Mees,* FS Traub, 1994, 275, 278 f; *Sack* WRP 1998, 683, 686 f). Dazu gehören bspw interne Anweisungen an Mitarbeiter oder Beauftragte, bestimmte Werbebehauptungen zu verwenden (BGH GRUR 1971, 119, 120 – *Branchenverzeichnis;* OLG Hamburg WRP 1985, 652), soweit sie (noch) keine Außenwirkung entfalten. Erst wenn die Anweisung befolgt wird, liegt eine geschäftliche Handlung vor. – Entsprechendes gilt für die Herstellung von Waren. Nicht schon ihre Herstellung, sondern erst ihr Vertrieb stellt eine geschäftliche Handlung dar (BGH GRUR 1971, 119 f – *Branchenverzeichnis;* BGHZ 144, 255, 262 – *Abgasemissionen;* § 4 Rdn 9.80). Soweit solche Maßnahmen Außenwirkung entfalten sollen, stellen sie Vorbereitungshandlungen dar, die die Erstbegehungsgefahr und damit einen vorbeugenden Unterlassungsanspruch (§ 8 I 2) begründen können, nicht aber als solche verboten werden können. – Maßnahmen innerhalb eines **Konzerns** (zB Warenlieferungen an ein anderes Konzernunternehmen; Weisungen an abhängige Unternehmen) stellen ebenfalls unternehmensinterne Handlungen dar (BGH GRUR 1969, 479, 480 – *Colle de Cologne*), es sei denn, das Konzernunternehmen steht bei der Belieferung mit anderen Lieferanten in Wettbewerb (BGH GRUR 1958, 544 – *Colonia*). – Bei kritischen Äußerungen über Mitbewerber innerhalb eines Unternehmens ist zu unterscheiden: Dienen sie dazu, Mitarbeiter zu informieren und zu motivieren, liegt eine rein interne Maßnahme vor; dienen sie dagegen dazu, Mitarbeiter von einem Überwechseln zu dem Mitbewerber abzuhalten, ist eine Außenwirkung anzunehmen (vgl OLG Stuttgart WRP 1983, 446: Unternehmen wendet sich in einem Rundschreiben an seine Außendienstmitarbeiter gegen Abwerbeversuche von Mitbewerbern; OLG München WRP 1971, 280: Bank, die Investmentanteile vertreibt, stellt herabsetzende Behauptungen über einen Mitbewerber in einer für ihre Mitarbeiter bestimmten Informationsschrift auf). Auch Maßnahmen, die der Anwerbung von fremden Mitarbeitern oder Beauftragten dienen, haben Außenwirkung (BGH GRUR 1974, 666, 667 f – *Reparaturversicherung*). – **Verbandsinterne Mitteilungen** (zB Bericht eines Verbandes an seine Mitglieder über günstige Gerichtsentscheidungen) haben idR ebenfalls keinen geschäftlichen Bezug, weil sie nicht in das Marktgeschehen eingreifen (vgl OLG Brandenburg GRUR-RR 2006, 199, 200; OLG Brandenburg GRUR 2008, 356).

4. Förderung des Absatzes oder Bezugs von Waren oder Dienstleistungen

a) Objektive Eignung zur Förderung des Absatzes oder Bezugs. Die Handlung muss **37** dagegen **objektiv geeignet** sein, den Absatz oder Bezug des eigenen oder eines fremden Unternehmens zu fördern. Denn nur dann kann sie Auswirkungen auf die Mitbewerber oder die geschäftlichen Entscheidungen der Verbraucher und sonstigen Marktteilnehmer haben. Die bloße Absicht als Wunschvorstellung reicht daher nicht aus. Eine **Förderung** kann sowohl durch erstmaligen Absatz oder Bezug von Waren oder Dienstleistungen, als auch durch die Steigerung oder die bloße Erhaltung der Absatz- oder Bezugsmengen erfolgen. Gleichbedeutend ist es, wenn man auf die **Gewinnung, Erweiterung** oder **Erhaltung des Kundenstammes** abstellt (BGH GRUR 1959, 488, 489 – *Konsumgenossenschaften;* BGH GRUR 1970, 465, 467 – *Prämixe;* BGH GRUR 1986, 615, 618 – *Reimportierte Kraftfahrzeuge;* KG GRUR-RR 2005, 162). Ob es tatsächlich zu einer Förderung des Absatzes oder Bezugs kommt, ist unerheblich. Auch kommt es nicht darauf an, ob den Unternehmer eine gesetzliche Pflicht trifft, bestimmte Waren oder Dienstleistungen abzusetzen oder zu beziehen. Ein gewerblicher Pfandverleiher kann sich daher nicht auf eine gesetzliche Verpflichtung berufen, Waren innerhalb einer bestimmten Frist zu verkaufen (OLG Düsseldorf GRUR-RR 2006, 99).

38 **b) Absatz und Bezug.** Mit den Begriffen des Absatzes und des Bezugs stellt das Gesetz klar, dass nicht nur Maßnahmen des **Absatzwettbewerbs,** sondern auch Maßnahmen des **Nachfragewettbewerbs** geschäftliche Handlungen sein können (vgl Begr RegE UWG 2004 zu § 2 Abs 1 Nr 1, BT-Drucks 15/1487 S 16). Damit geht § 2 I Nr 1 über die Vorgaben des Art 2 lit d UGP-Richtlinie hinaus, der nur Maßnahmen der Absatzförderung erfasst (BGH NJW-RR 2010, 399 Tz 12 – *Blutspendedienst*), den Bezug von Waren und Dienstleistungen aber nicht erfasst, obwohl an sich auch Verbraucher als Anbieter von Waren oder Dienstleistungen an Unternehmer auftreten können.

39 **c) Waren und Dienstleistungen.** Das UWG verwendet anders als die UGP-Richtlinie nicht den Oberbegriff des „**Produkts**" (Art 2 lit c UGP-Richtlinie), um damit „jede Ware oder Dienstleistung, einschließlich Immobilien, Rechte und Verpflichtungen" zu bezeichnen, sondern den der Waren oder Dienstleistungen. Die Begriffe Waren und Dienstleistungen sind in einem **weiten Sinne** zu verstehen, wie schon die Erwähnung der Grundstücke, Rechte und Verpflichtungen in § 2 I Nr 1 zeigt. **Waren** sind – anders als etwa im HGB – nicht nur bewegliche Sachen, sondern kraft ausdrücklicher gesetzlicher Regelung auch **Grundstücke** und darüber hinaus alle Wirtschaftsgüter, die auf einen anderen übertragen oder ihm zur Verfügung gestellt werden können, wie etwa Energie (Wärme; Strom). **Dienstleistungen** (im UWG 1909: gewerbliche Leistungen, vgl zB § 13 II Nr 1 und 2 UWG 1909) sind alle geldwerten unkörperlichen Leistungen (BGH GRUR 2007, 981 Tz 27 – *150% Zinsbonus*), wie zB die Reparatur, Montage, Wartung oder Vermietung von Sachen, die Finanzierung, die Kapitalanlage, die Versicherung von Risiken, die rechtliche und sonstige Beratung, die ärztliche Behandlung (vgl auch die Definition in Art 50 EG). Auf die rechtliche Qualifikation des zugrunde liegenden Vertrags kommt es nicht an (BGH GRUR 2007, 981 Tz 27 – *150% Zinsbonus*). Auch die Nachfrage nach Arbeitskräften, etwa in Stellenanzeigen (BGH GRUR 2005, 877, 879 – *Werbung mit Testergebnis;* OLG Nürnberg WRP 1991, 521; *Schlosser* WRP 2004, 145, 146) oder in Gestalt einer Abwerbung (zur Unlauterkeit vgl § 4 Rdn 10.103 ff) stellt im Rechtssinne eine Nachfrage nach Dienstleistungen dar. Als Waren bzw Dienstleistungen gelten nach der ausdrücklichen Regelung im Gesetz ganz allgemein auch **Rechte** (zB gewerbliche Schutzrechte; übertragbare Namensrechte, wie Domain-Namen; beschränkte dingliche Rechte; Wertpapiere; Forderungen; Gesellschaftsanteile) und **Verpflichtungen** (zB aus Kreditverträgen). Schwierig ist die Zuordnung von **Immaterialgütern,** die (noch) keine Rechte darstellen (zB Werbeideen; geheimes technisches oder kaufmännisches Wissen [= Know-how], unpatentierte Erfindungen). Man wird sie wohl den Rechten gleichstellen müssen. – Eine genaue Abgrenzung der beiden Begriffe Waren und Dienstleistungen ist aber entbehrlich, da das Gesetz beide gleich behandelt. (Zum Begriff der Waren und Dienstleistungen im Markenrecht vgl Ströbele/*Hacker* MarkenG § 3 Rdn 8–13.)

40 **d) Abgrenzung. aa) Mitgliederwerbung.** Nicht unter den Begriff des Absatzes oder Bezugs von Waren oder Dienstleistungen fällt die **Mitgliederwerbung** von Verbänden aller Art (vgl BGHZ 42, 210, 218; BGH GRUR 1968, 205, 207 – *Teppichreinigung;* BGH NJW 1970, 378, 380 – *Sportkommission;* BGH GRUR 1971, 591, 592 – *Sabotage;* BGH GRUR 1972, 427, 428 – *Mitgliederwerbung;* BGH GRUR 1973, 371 – *Gesamtverband;* BGH GRUR 1980, 309 – *Straßen- und Autolobby;* BGH GRUR 1984, 283, 285 – *Erbenberatung;* BAG GRUR 2006, 244, 246 [zu Gewerkschaften]; OLG Köln WRP 1990, 544; OLG Nürnberg NJWE-WettbR 1998, 178, 179; ÖOGH wbl 2000, 239 – *L-Nachrichten; Ellscheid* GRUR 1972, 284, 286). Allerdings kann die Mitgliederwerbung im Einzelfall zugleich der Förderung des Absatzes eigener oder fremder Waren oder Dienstleistungen dienen. Das ist anzunehmen, wenn die Werbung der Förderung des Wettbewerbs von Mitgliedsunternehmen dient (BGH GRUR 1972, 427, 428 – *Mitgliederwerbung*), etwa wenn die Mitglieder in irgendeiner Beziehung als leistungsfähiger oder aus anderen Gründen gegenüber den Mitbewerbern als den Vorzug verdienend hervorgehoben werden (BGH aaO – *Mitgliederwerbung*). Soweit der Verband seinerseits unternehmerisch tätig ist, kann mit der Mitgliederwerbung eine Förderung des eigenen Wettbewerbs verbunden sein. Das ist zB der Fall, wenn ein Verband von Wertpapierbesitzern sich nicht auf die reine Mitgliederwerbung beschränkt, sondern im Wettbewerb mit anderen gewerblich tätigen Beratern ein Beratungsangebot auf dem Gebiet der Wertpapieranlage an die Mitglieder für deren Erben richtet, ohne Rücksicht darauf, ob diese dem Verein beitreten (BGH GRUR 1984, 283, 285 – *Erbenberatung*). – Die Werbung von **Lohnsteuerhilfevereinen** um Mitglieder dient gleichzeitig dem Zweck der Erbringung von Dienstleistungen an die Mitglieder und ist daher eine geschäftliche Handlung (BGH GRUR 2005, 877, 879 – *Werbung mit Testergebnis*). – Die Werbung von gesetzlichen **Krankenkassen** um Mitglieder dient dem Absatz von Waren und Dienstleistungen an die Mitglieder, so dass ebenfalls eine geschäftliche Handlung vorliegt (vgl OLG Celle GRUR-RR 2010, 86; *Köhler* WRP 1997, 373).

bb) Spendenwerbung. Auf dem sog **Spendenmarkt** stehen insbes gemeinnützige, mildtätige und kirchliche Einrichtungen untereinander in Wettbewerb um Geld- oder Sachspenden (vgl *Hoffrichter-Daunicht,* FS v Gamm, 1990, 39 ff; *Köhler* GRUR 2008, 281; Piper/Ohly/*Sosnitza* § 2 Rdn 39; *Ullmann,* FS Traub, 1994, 411, 413; *Voigt* GRUR 2006, 466 und WRP 2007, 44). Eine **geschäftliche Handlung** stellt die Spendenwerbung nur dann dar, wenn damit zugunsten des eigenen oder eines fremden Unternehmens der Absatz oder der Bezug von Waren oder die Erbringung oder der Bezug von Dienstleistungen gefördert wird. Bei der reinen Spendenwerbung ist dies unter folgenden Voraussetzungen anzunehmen (*Köhler* GRUR 2008, 281, 282 ff): (1) Die Einrichtung muss eine *Dienstleistung* erbringen. Dafür reicht es aus, dass sie die Verwendung der Spenden für einen bestimmten Zweck verspricht (aA LG Köln GRUR-RR 2008, 198, 199). (2) Die Dienstleistung muss gegen *Entgelt* erfolgen. Dafür reicht es aus, dass die Einrichtung die Aufwendungen für ihre Mitarbeiter (Gehalt, Honorar, Provision usw) aus dem Spendenaufkommen finanziert. (3) Die Einrichtung muss, um *Unternehmenseigenschaft* zu haben, die Spendenwerbung und Spendenverwendung *dauerhaft,* dh planmäßig und nicht nur gelegentlich, betreiben. – Bei Spendenaufrufen von Kirchen und anderen Religionsgemeinschaften ist das Grundrecht der Religionsfreiheit zu beachten (vgl BVerfGE 24, 236 = GRUR 1969, 137, 138 – *Aktion Rumpelkammer*). – Ruft ein Unternehmer seine Lieferanten einmalig zu Spenden für einen Verein auf, stellt dies keine geschäftliche Handlung dar, da insoweit weder sein eigener Absatz oder Bezug noch der Absatz der Lieferanten gefördert wird (BGH GRUR 1983, 374, 376 – *Spendenbitte* mit Anm *Tilmann*). – Bietet eine gemeinnützige Einrichtung gelegentlich Waren oder Dienstleistungen unentgeltlich, aber verbunden mit der Bitte um eine Spende, an, fehlt es idR an der Unternehmenseigenschaft und damit an einer geschäftlichen Handlung.

5. Allgemeines zum „objektiven Zusammenhang"

Das Verhalten muss nach dem Wortlaut des § 2 I Nr 1 in einem „objektivem Zusammenhang" mit der Förderung des Absatzes oder des Bezugs von Waren oder Dienstleistungen stehen. Mit dieser Formulierung beabsichtigte der Gesetzgeber, einerseits den Anforderungen der UGP-Richtlinie in Bezug auf Geschäftspraktiken gegenüber Verbrauchern Rechnung zu tragen, andererseits aber gleichzeitig Handlungen gegenüber Mitbewerbern zu erfassen (vgl Rdn 3). Dass es sich dabei – notgedrungen – um einen **sehr unbestimmten neuen Rechtsbegriff** handelt, ist hinzunehmen. Es ist Aufgabe von Rspr und Wissenschaft, dem Begriff klare Konturen zu verleihen und inhaltlich zu konkretisieren. Dabei ist grds zu unterscheiden zwischen Handlungen im **Vertikalverhältnis** und Handlungen im **Horizontalverhältnis.** Zu ersteren gehören Handlungen, die in erster Linie auf Verbraucher (oder sonstige Marktteilnehmer) einwirken sollen (Rdn 43 ff). Zu letzteren gehören Handlungen, die in erster Linie auf Mitbewerber einwirken sollen (Rdn 52 ff). Dass viele Handlungen gleichermaßen das Vertikalverhältnis und das Horizontalverhältnis berühren, macht die Unterscheidung nicht überflüssig.

6. Objektiver Zusammenhang bei geschäftlichen Handlungen gegenüber Verbrauchern und sonstigen Marktteilnehmern

a) Gebot der richtlinienkonformen Auslegung. Soweit es geschäftliche Handlungen gegenüber Verbrauchern betrifft, wird mit dem Begriff des „objektiven Zusammenhangs" das Abgrenzungskriterium des „unmittelbaren Zusammenhangs" aus der Definition der Geschäftspraktiken in Art 2 lit d UGP-Richtlinie umgesetzt. Für die Auslegung des Begriffs des „objektiven Zusammenhangs" ist insoweit daher maßgebend, wie der unionsrechtliche Begriff des „unmittelbaren Zusammenhangs" zu verstehen ist. Allerdings ist dieser Begriff seinerseits in hohem Maße unbestimmt und auslegungsbedürftig und damit Missverständnissen ausgesetzt (vgl *Henning-Bodewig* GRUR Int 2004, 183, 189; *Glöckner/Henning-Bodewig* WRP 2005, 1311, 1326; *Köhler/Lettl* WRP 2003, 1019. 1034 f; *Stuyck/Terrin/Van Dyck* CML Rev 43 (2006) 107, 122; *Köhler* WRP 2007, 1393 und WRP 2009, 109; *Kulka* DB 2008, 1548, 1551; *Sosnitza* WRP 2008, 1014, 1016 ff; *Scherer* WRP 2009, 761). Eine verbindliche Klärung kann nur durch den EuGH im Rahmen von Vorabentscheidungsverfahren erfolgen. Solange dies nicht geschehen ist, muss versucht werden, die Frage anhand der Schutzzwecke der UGP-Richtlinie und der einzelnen Unlauterkeitstatbestände unter Berücksichtigung der Erwägungsgründe und des Sachzusammenhangs mit anderen Richtlinien zu beantworten. Für die **Auslegung** sind jedenfalls die **Erwägungsgründe** der UGP-Richtlinie (teleologische Auslegung) und **einzelne Regelungen** (systematische Auslegung) heranzuziehen. Nach Erwägungsgrund 7 der UGP-Richtlinie sollen solche Geschäftspraktiken erfasst werden, „die in unmittelbarem Zusammenhang mit der Beeinflussung der geschäftlichen Entscheidung des Verbrauchers in Bezug auf Produkte stehen". Ferner heißt es, die Richtlinie beziehe „sich nicht auf Geschäftspraktiken, die vorrangig anderen Zielen dienen, wie etwa bei kommerziellen, für Investoren gedachten Mitteilungen, wie Jahresberichten und Unternehmensprospekten". Schließlich sollen bei der Anwendung der Richtlinie „die Umstände des Einzelfalls umfassend gewürdigt werden". Aus einzelnen Regelungen der Richtlinie lässt sich zudem erschließen, ob bestimmte Verhaltensweisen als Geschäftspraktiken anzusehen sind (vgl zB Art 6 I lit c zum Sponsoring). – Zur Vermeidung von Wertungswidersprüchen sollten die gleichen Erwägungen auch für Handlungen von Unternehmern gegenüber sonstigen Marktteilnehmern iSd § 2 I Nr 2 gelten.

44 **b) Kein Handeln zum Nachteil eines Mitbewerbers erforderlich.** Wie im bisherigen Recht (vgl BGH GRUR 2007, 805 Tz 16 – *Irreführender Kontoauszug*) ist es nicht erforderlich, dass das Handeln für einen Mitbewerber Nachteile mit sich bringt. Es ist also nicht einmal – anders als bei der Definition des Mitbewerbers in § 2 I Nr 3 – ein konkretes Wettbewerbsverhältnis zu einem anderen Unternehmen erforderlich. Das Lauterkeitsrecht gilt daher auch für **Monopolunternehmen,** die keinem Wettbewerb ausgesetzt sind (vgl Begr RegE UWG 2004 zu § 2 Abs 1 Nr 1, BT-Drucks 15/1487 S 16). Das ist vor allem für die Tatbestände der Unlauterkeit im **Vertikalverhältnis** (unlautere Einflussnahme auf Verbraucher und andere Marktteilnehmer) von Bedeutung. Gerade wenn die Verbraucher wegen Fehlens jeden Wettbewerbs in höchstem Maße schutzbedürftig sind, muss das Lauterkeitsrecht helfend eingreifen.

45 **c) Ziel der Förderung des Absatzes oder Bezugs.** Die objektive Eignung zur Förderung des Absatzes oder Bezugs reicht allerdings noch nicht aus, um einen „objektiven Zusammenhang" anzunehmen. Die eigentliche Bedeutung des Begriffs erschließt sich aus Erwägungsgrund 7 S 1 und 2 der UGP-Richtlinie („Diese Richtlinie bezieht sich auf Geschäftspraktiken, die in unmittelbarem Zusammenhang mit der Beeinflussung der geschäftlichen Entscheidungen des Verbrauchers in Bezug auf Produkte stehen. Sie bezieht sich nicht auf Geschäftspraktiken, die vorrangig anderen Zielen dienen, ..."). Daraus ist zu schließen, dass ein **„objektiver Zusammenhang"** zwischen der Handlung und der Absatzförderung nur anzunehmen ist, wenn sie das **Ziel** hat, die **geschäftlichen Entscheidungen des Verbrauchers** in Bezug auf Produkte zu beeinflussen. Für diese Auslegung spricht auch die Erwähnung der „Werbung" als Beispielsfall einer kommerziellen Mitteilung in Art 2 lit d UGP-Richtlinie. Denn darunter ist nach Art 2 lit a der Richtlinie über irreführende und vergleichende Werbung jede „Äußerung ... mit dem Ziel, den Absatz von Waren oder die Erbringung von Dienstleistungen ... zu fördern", zu verstehen. Der **Begriff** der **geschäftlichen Entscheidung** ist iSd Definition in Art 2 lit k UGP-Richtlinie zu verstehen.

46 **d) Keine Wettbewerbsförderungsabsicht erforderlich.** Anders als die „Wettbewerbshandlung" im UWG 2004 setzt die geschäftliche Handlung, auch dann, wenn man für den „objektiven Zusammenhang" ein Ziel der Handlung zur Beeinflussung der Entscheidung des Verbraucher oder sonstigen Marktteilnehmer verlangt, eine **Wettbewerbsförderungsabsicht (= Wettbewerbsabsicht)** nicht voraus. Zwar wäre eine entsprechende Auslegung des § 2 I Nr 1 auch unter der Geltung der UGP-Richtlinie denkbar. Jedoch ist der Gesetzesbegründung (Begr RegE UWG 2008 zu § 2, BT-Drucks 16/10145 S 20 f) zu entnehmen, dass es auf einen „finalen Zurechnungszusammenhang" nicht mehr ankommen soll, womit offensichtlich das Erfordernis einer Wettbewerbsförderungsabsicht gemeint ist. Auch lässt sich die wesentliche Funktion dieses Kriteriums, nämlich Handlungen mit anderen als geschäftlichen Zielsetzungen aus dem Anwendungsbereich des Lauterkeitsrechts auszunehmen, durch objektive Kriterien gewährleisten. Daher ist für den Tatbestand der geschäftlichen Handlung eine **Wettbewerbsförderungsabsicht entbehrlich** (vgl *Henning-Bodewig* GRUR Int 2005, 629, 630; *Fezer* WRP 2006, 781, 786; *Köhler* GRUR 2005, 793, 795). Der Verzicht auf dieses Kriterium fällt umso leichter, als auch im bisherigen Recht bei der Eignung der Handlung eines Unternehmers zur Wettbewerbsförderung eine entsprechende Wettbewerbsabsicht vermutet wurde. (Auch die Rspr zu § 4 Nr 10 interpretiert das Tatbestandsmerkmal der „gezielten" Behinderung zutr nicht im Sinne einer entsprechenden Absicht; vgl BGH GRUR 2007, 800 Tz 22 – *Außendienstmitarbeiter*).

e) Kein unmittelbarer Kausalzusammenhang erforderlich. Das Merkmal des „objekti- 47 ven Zusammenhangs" setzt keinen unmittelbaren Kausalzusammenhang zwischen Handlung und Förderung des Absatzes oder Bezugs voraus. Es spielt keine Rolle, ob der Handelnde unmittelbar oder mittelbar auf die Entscheidung des Verbrauchers einwirkt. Dies ergibt sich nicht zuletzt aus der Erwähnung der „kommerziellen Mitteilung" in der Definition der Geschäftspraktiken in Art 2 lit d UGP-Richtlinie (vgl Rdn 11). Denn unter dem inhaltsgleichen Begriff der „kommerziellen Kommunikation" (in der englischen Fassung ist jeweils von „commercial communication" die Rede) versteht Art 2 lit f E-Commerce-Richtlinie alle Formen der Kommunikation, die der unmittelbaren oder mittelbaren Förderung des Absatzes von Waren und Dienstleistungen oder des Erscheinungsbilds eines Unternehmens ... dienen". Ein „objektiver Zusammenhang" der Handlung mit der Absatzförderung kann daher auch bei der Aufmerksamkeitswerbung (Rdn 50; Begr RegE UWG 2008 zu § 2, BT-Drucks 16/10145 S 21) oder bei der Verbreitung unwahrer Tatsachenbehauptungen über einen Mitbewerber gegeben sein.

f) Funktionaler Zusammenhang erforderlich. Das Merkmal des „objektiven Zusammen- 48 hangs" (und damit auch des „Ziels") ist richtigerweise **funktional** zu verstehen. Dafür spricht entscheidend der Erwägungsgrund 7 S 1 und 2 der UGP-Richtlinie. Danach bezieht sich die Richtlinie „auf Geschäftspraktiken, die in unmittelbarem Zusammenhang mit der Beeinflussung der geschäftlichen Entscheidungen des Verbrauchers in Bezug auf Produkte stehen. Sie bezieht sich nicht auf Geschäftspraktiken, die vorrangig anderen Zielen dienen ...". Die Handlung muss daher bei **objektiver Betrachtung darauf gerichtet sein, durch Beeinflussung der geschäftlichen Entscheidungen der Verbraucher (oder sonstigen Marktteilnehmer) den Absatz oder Bezug zu fördern** (ebenso OLG Hamm MMR 2008, 750, 751; OLG Karlsruhe GRUR-RR 2010, 47, 48; HdbWettbR/*Erdmann* § 31 Rdn 59). Dabei sind die Umstände des Einzelfalls zu berücksichtigen. Auf die subjektiven Vorstellungen des Handelnden kommt es grds nicht an. Der Begriff der **geschäftlichen Entscheidung** ist iSd Definition in Art 2 lit k UGP-Richtlinie zu verstehen. Darunter fällt also „jede Entscheidung eines Verbrauchers darüber, ob, wie und unter welchen Bedingungen er einen Kauf tätigen ... will, unabhängig davon, ob der Verbraucher beschließt, tätig zu werden oder ein Tätigwerden zu unterlassen". Der Begriff ist demnach in einem **weiten Sinne** zu verstehen. Selbst die Entscheidung, sich näher mit einem Produkt oder einem Angebot näher zu befassen, insbes auch ein Geschäft aufzusuchen, stellt in diesem Sinne eine geschäftliche Entscheidung dar. In Zweifelsfällen ist darauf abzustellen, ob der Handelnde an der Beeinflussung der geschäftlichen Entscheidung des Verbrauchers ein **wirtschaftliches Interesse** hat (ebenso OLG Karlsruhe GRUR-RR 2010, 47, 48; vgl auch KG GRUR-RR 2005, 162, 163). Ist ein solches Interesse nicht nachweisbar, kann es ein Indiz für eine geschäftliche Handlung sein, wenn die Handlung in bewusst irreführender Weise auf die geschäftliche Entscheidung des Verbrauchers Einfluss nimmt. Bei der Beurteilung von Einzelfällen dürften sich dabei kaum Unterschiede zum bisherigen Recht ergeben. Soweit daher unter dem bisherigen Recht eine Wettbewerbsförderungsabsicht bejaht wurde, wird idR auch ein „unmittelbarer Zusammenhang" iSd UGP-Richtlinie anzunehmen sein.

g) Erfüllung gesetzlicher Pflichten. Ein „unmittelbarer Zusammenhang" und damit eine 49 geschäftliche Handlung können auch dann gegeben sein, wenn die Handlung zugleich der **Erfüllung einer gesetzlichen Pflicht** dient. Eine andere Frage ist es, wann derartige Handlungen unlauter sind. Das ist jedenfalls dann anzunehmen, wenn die in Erfüllung einer gesetzlichen Verpflichtung gemachten Angaben irreführend sind. **Beispiele: ad-hoc-Mitteilungen** nach § 15 I 1 WpHG (OLG Hamburg GRUR-RR 2006, 377, 378, ausführl *Lettl* ZGR 2003, 853, 859 f; *Klöhn* ZHR 172 (2008), 388, 402 ff); **gesetzliche Produktkennzeichnungspflichten** (vgl BGH GRUR 1988, 832, 834 – *Benzinwerbung* zu § 2 a BzBlG; § 1 BzAngVO).

h) Beispiele für einen „objektiven Zusammenhang". Ein „objektiver Zusammenhang" 50 besteht auch bei der **Aufmerksamkeitswerbung** (Imagewerbung), die zwar nicht das konkrete Waren- und Dienstleistungsangebot anspricht, aber dazu dient, den Namen des werbenden Unternehmens im Verkehr bekannt zu machen oder dessen Verkehrsbekanntheit zu steigern und damit mittelbar dessen Absatz zu fördern. Davon geht auch die UGP-Richtlinie aus, wenn sie in Art 6 I lit c „Aussagen oder Symbole jeder Art, die im Zusammenhang mit direktem oder indirektem Sponsoring stehen" und in Art 6 I lit f Angaben über „die Person, die Eigenschaften oder Rechte eines Gewerbetreibenden ..." als Anknüpfungspunkte für eine Irreführung auflistet. – Diese Beurteilung entspricht der früheren Rechtslage in Deutschland (vgl BGH GRUR 1995, 595, 596 – *Kinderarbeit;* BGHZ 130, 196, 199 = GRUR 1995, 598, 599 – *Ölverschmutzte Ente;* BGH GRUR 1997, 761, 763 – *Politikerschelte;* KG GRUR-RR 2005, 162; MünchKomm-

UWG/*Veil* § 2 Rdn 62; krit *Engels/Stulz-Herrnstadt* WRP 2005, 1218, 1220). Eine solche Aufmerksamkeitswerbung kann auch in einem **Sponsoring** oder in einem **Spendenaufruf** (AG Hannover GRUR-RR 2003, 322) enthalten sein; ferner in einer **Stellenanzeige**, sofern neben dem Stellenangebot auch das Unternehmen selbst dargestellt wird und dieser Zweck der Selbstdarstellung nicht völlig hinter der Suche nach Arbeitskräften zurücktritt (BGH GRUR 2003, 540, 541 – *Stellenanzeige;* BGH WRP 2005, 1242, 1245 – *Werbung mit Testergebnis*). Dazu gehören weiter Maßnahmen, die der Aufrechterhaltung des guten Rufs des Unternehmens oder seiner Produkte dienen (BGH GRUR 1962, 45, 47 – *Betonzusatzmittel*). Wird in einer Fachzeitschrift für Apotheker ein sog Entwesungsverfahren (Befreiung von tierischen Schädlingen bei Lebensmittelrohstoffen, Kräutern und Teedrogen) für in Apotheken verkaufte Erzeugnisse unter Umweltschutzgesichtspunkten beschrieben, so können die Veröffentlichungen, auch wenn sie sich nur an Apotheker und damit an Wiederverkäufer und nicht an Letztverbraucher richten, geeignet sein, die Bestellentscheidung der Apotheker zu beeinflussen (BGH GRUR 1996, 798, 799 – *Lohnentwesungen*). – Veranstaltet ein Unternehmer eine **Meinungsumfrage,** um seine Werbung zu intensivieren, so ist dies eine den eigenen Absatz fördernde Maßnahme, gleichgültig, ob es sich um eine echte oder getarnte Umfrage handelt (BGH GRUR 1973, 268, 269 – *Verbraucher-Briefumfrage* mit Anm *Kraft*).

51 **i) Fehlen eines „objektiven Zusammenhangs" bei nichtgeschäftlichen Zielen.** An einem „objektiven Zusammenhang" (und meist schon an einem Handeln zugunsten des eigenen oder eines fremden Unternehmens) fehlt es dann, wenn die Handlung sich zwar auf die geschäftlichen Entscheidungen von Verbrauchern und sonstigen Marktteilnehmern tatsächlich **auswirken** kann, aber vorrangig anderen Zielen als der Förderung des Absatzes oder Bezugs dient (ebenso OLG Karlsruhe GRUR-RR 2010, 47, 48: Änderung eines Internet-Auftritts als vorrangiges Ziel). Das ist insbes bei Handlungen anzunehmen, die der (insbes redaktionellen) **Unterrichtung der Öffentlichkeit,** insbes der **Verbraucher,** oder **weltanschaulichen, religiösen, kirchlichen, sozialen, karitativen, erzieherischen, verbraucherpolitischen, wissenschaftlichen oder künstlerischen Zielen** dienen (vgl Begr RegE UWG 2008 zu § 2, BT-Drucks 16/10145 S 40; OLG Hamburg GRUR-RR 2007, 206, 208; KG WRP 2009, 1296 [LS 1]). Eine derartige Zielsetzung schließt indessen nicht aus, dass die Handlung **gleichzeitig** dem Ziel der Förderung des Absatzes oder Bezugs dient. Ist auf Grund einer Würdigung der Umstände des Einzelfalls bei objektiver Betrachtung vorrangig ein solches Ziel anzunehmen, so liegt eine geschäftliche Handlung vor. Maßgebliches Indiz ist, ob ein **wirtschaftliches Interesse** des Handelnden an einer Beeinflussung der Verbraucherentscheidung besteht (vgl BGH GRUR 1986, 812 – *Gastrokritiker*). Ist ein solches Interesse nicht nachweisbar, kann es ein Indiz für eine geschäftliche Handlung sein, wenn die Handlung in **bewusst irreführender** Weise auf die geschäftliche Entscheidung des Verbrauchers Einfluss nimmt. Das entspricht in der Sache der bisherigen Rspr (vgl BGH GRUR 1990, 373, 374 – *Schönheits-Chirurgie;* BGH GRUR 1992, 450, 452 – *Beitragsrechnung;* BGH WRP 1996, 1099 – *Testfotos II;* BGH GRUR 1997, 761, 763 – *Politikerschelte;* BGH GRUR 2002, 987, 993 – *Wir Schuldenmacher;* BGH GRUR 2003, 800, 801 – *Schachcomputerkatalog*). Damit ist auch den europäischen und – soweit anwendbar – deutschen **Grundrechten** der **Meinungs- und Informationsfreiheit** sowie der **Kunstfreiheit** (dazu BGHZ 130, 205, 213 = GRUR 1995, 744 – *Feuer, Eis & Dynamit I*) und der **Wissenschaftsfreiheit** (dazu BGH GRUR 1996, 798 – *Lohnentwesungen;* BGH GRUR 2002, 633, 634 – *Hormonersatztherapie;* KG GRUR-RR 2005, 162, 163) Rechnung getragen. Deren Bedeutung ist dann im Rahmen der Unlauterkeitsprüfung zu würdigen (dazu *Glöckner* WRP 2009, 1175, 1183 ff). Näher zur Beurteilung redaktioneller Äußerungen in **Medienunternehmen** bei Rdn 63 ff.

7. Objektiver Zusammenhang bei geschäftlichen Handlungen gegenüber Mitbewerbern

52 **a) Allgemeines.** Anders als die UGP-Richtlinie bezieht das UWG auch das Verhältnis des Unternehmers zu seinen Mitbewerbern **(Business-to-Business = B2B)** ein. Die UGP-Richtlinie verwehrt es dem nationalen Gesetzgeber aber auch nicht, „über den Regelungsbereich der Richtlinie hinausgehende lauterkeitsrechtliche Bestimmungen zu erlassen, die das Verhältnis der Unternehmen zu ihren Mitbewerbern betreffen (Begr RegE UWG 2008 zu § 2, BT-Drucks 16/10145 S 21). Daher können Handlungen, die sich primär auf das Verhältnis des Unternehmers zu seinen Mitbewerbern beziehen, ebenfalls geschäftliche Handlungen iSd § 2 I Nr 1 sein (Rdn 3, 42). Das Erfordernis des „objektiven Zusammenhangs" ist insoweit aber autonom

anhand der Regelungen und Wertungen des UWG auszulegen. Soweit allerdings Handlungen, die traditionell dem Tatbestand der „gezielten Behinderung" von Mitbewerbern zugeordnet werden, wie zB das unlautere Abwerben von Kunden, zugleich geschäftliche Handlungen gegenüber Verbrauchern (oder sonstigen Marktteilnehmern) sind, gelten für sie die Maßstäbe der UGP-Richtlinie (vgl Erwägungsgrund 6 § 3 UGP-Richtlinie; dazu § 4 Rdn 10.36 ff).

b) Vorliegen eines „objektiven Zusammenhangs". Ein Verhalten gegenüber Mitbewerbern weist dann einen „objektiven Zusammenhang" mit der Förderung des Absatzes oder Bezugs zugunsten des eigenen Unternehmens auf, wenn es den Umständen nach darauf gerichtet ist, durch Einwirkung auf die wettbewerblichen Interessen von Mitbewerbern den eigenen Absatz oder Bezug zu fördern. Dazu gehören insbes die Fälle der „gezielten Behinderung" von Mitbewerbern iSv § 4 Nr 10 (vgl Begr RegE UWG 2008 zu § 2, BT-Drucks 16/10145 S 21). Da solche Praktiken, wie etwa Betriebsstörungen, unberechtigte Schutzrechtsverwarnungen, Absatz- oder Werbebehinderungen, vielfach keine unmittelbaren Auswirkungen auf geschäftliche Entscheidungen der Kunden oder Lieferanten und damit auf den Absatz oder Bezug des betroffenen Unternehmens haben, war insoweit das Kriterium des „unmittelbaren Zusammenhangs" aus Art 2 lit d UGP-Richtlinie zu ihrer Erfassung nicht geeignet. Dementsprechend wählte der Gesetzgeber den weiter reichenden Begriff des „objektiven Zusammenhangs". Ein solcher „objektiver Zusammenhang" zwischen derartigen Praktiken und dem Absatz oder dem Bezug von Waren und Dienstleistungen soll deshalb bestehen, weil der Absatz oder der Bezug von Waren und Dienstleistungen durch derartige Verhaltensweisen regelmäßig – ggf mit einer gewissen zeitlichen Verzögerung – zugunsten des unlauter handelnden Unternehmens beeinflusst werden kann. Eine entsprechende Wettbewerbsförderungsabsicht ist ebenso wenig erforderlich wie bei der „gezielten Behinderung" iSd § 4 Nr 10 (vgl BGH GRUR 2007, 800 Tz 22 – *Außendienstmitarbeiter*). Dies folgt aus dem insoweit klaren und eindeutigen Gesetzeswortlaut („„objektiver Zusammenhang") und auch aus der Gesetzesbegründung (Begr RegE UWG 2008 zu § 2, BT-Drucks 16/10145 S 21).

VII. Handeln zur Förderung eines fremden Unternehmens

1. Allgemeines

Schwieriger zu beurteilen sind die Fälle der Förderung des Absatzes oder Bezugs eines **fremden Unternehmens** durch Dritte. Hier kann ein geschäftlicher Bezug nicht von vornherein verneint werden (OLG Hamburg GRUR-RR 2002, 113, 114). Bereits zum UWG 1909 war anerkannt, dass Normadressat auch Personen sein können, die lediglich fremden Wettbewerb fördern (vgl BGH GRUR 1964, 210, 212 – *Landwirtschaftsausstellung;* BGH GRUR 1964, 392, 394 – *Weizenkeimöl*). Im UWG 2004 war durch § 2 I Nr 1 auch im Gesetzeswortlaut („zugunsten des eigenen oder eines fremden Unternehmens") klargestellt, dass eine Wettbewerbshandlung nicht nur bei Förderung des eigenen, sondern auch eines **fremden** Unternehmens vorliegen kann. Wer sich zugunsten eines fremden Unternehmens in den Wettbewerb einmischt, soll nicht anders behandelt werden, als wenn er selbst Unternehmer wäre. Daran hat auch die Definition der geschäftlichen Handlung in der UWG-Novelle 2008 nichts geändert. Die UGP-Richtlinie steht dem nicht entgegen. Soweit es um Personen geht, die im Namen oder Auftrag von Gewerbetreibenden handeln, ist dies schon durch die weite Definition des Begriffs des Gewerbetreibenden in Art 2 lit b UGP-Richtlinie erfasst. Eine Erstreckung des Anwendungsbereichs des UWG auf sonstige Dritte liegt außerhalb des Regelungsbereichs der UGP-Richtlinie und ist damit zulässig (ebenso BGH GRUR 2009, 878 Tz 11 – *Fräsautomat*). Die Förderung braucht nicht auf ein bestimmtes Unternehmen gerichtet zu sein; es genügt die Förderung einer Unternehmensvereinigung oder eines Wirtschaftszweiges, weil und soweit dadurch mittelbar auch die Mitglieder oder Branchenangehörigen gefördert werden (BGH GRUR 1962, 47 – *Betonzusatzmittel*). Die eigentliche Schwierigkeit besteht in der Feststellung des „objektiven Zusammenhangs" zwischen der Handlung und der Förderung des Absatzes oder Bezugs des fremden Unternehmens. Dabei spielt die jeweilige Stellung des Handelnden im Wirtschaftsleben und seine Zielsetzung eine maßgebliche Rolle.

2. Personenkreis

a) Gesetzliche Vertreter, Mitarbeiter und Beauftragte. Nach der Legaldefinition in § 2 I Nr 6 ist als Unternehmer nicht nur der Unternehmensinhaber anzusehen, sondern darüber hinaus „jede Person, die im Namen oder Auftrag einer solchen Person handelt". Dazu gehören alle Personen, die gesetzliche Vertreter des Unternehmers sind (zB AG-Vorstand; GmbH-Geschäftsführer) oder von ihm bevollmächtigt sind (zB Prokuristen; Verkäufer; Einkäufer) sowie alle Personen, die in einem irgendwie gearteten Auftragsverhältnis (zB Geschäftsbesorgungsvertrag) zum Unternehmer stehen. Das bedeutet aber zunächst nur, dass sie selbst Normadressaten sind. (Nach § 8 II bzw § 31 BGB ist der Unternehmensinhaber auch für ihr Handeln verantwortlich. Davon zu trennen ist die Frage, ob sie zugunsten des eigenen (so zB *Rittner/Kulka*, Wettbewerbs- und Kartellrecht, § 2 Rdn 16) oder eines fremden Unternehmens handeln. Richtigerweise ist ein Handeln zugunsten eines fremden Unternehmens anzunehmen, wenn sie im Namen oder Auftrag des anderen Unternehmers tätig werden. Fällt die fragliche Handlung in ihren Aufgabenkreis, ist nach der Lebenserfahrung ein Handeln zur Förderung eines fremden Unternehmens zu **vermuten** (ebenso OLG München GRUR-RR 2006, 268, 271 zur Wettbewerbsabsicht). Anders verhält es sich, wenn die Handlung nicht in den typischen Aufgabenkreis dieser Personen fällt, wie zB die Veröffentlichung einer wissenschaftlichen Untersuchung (BGH GRUR 1962, 45, 48 – *Betonzusatzmittel*). Hier ist das Vorliegen einer geschäftlichen Handlung positiv festzustellen (vgl BGH GRUR 1996, 798, 800 – *Lohnentwesungen* zur Wettbewerbsabsicht). Dafür ist es ein Indiz, wenn der Handelnde sich dessen bewusst ist, dass er den Wettbewerb des Unternehmens fördert und er nicht alles vermeidet, was eine werbliche Auswirkung begründen könnte. Daher kann auch die private Äußerung eines Mitarbeiters in einem Internet-Blog eine geschäftliche Handlung zugunsten des (fremden) Unternehmens sein (OLG Hamm MMR 2008, 757).

56 **b) Unternehmen.** Der Absatz oder Bezug eines fremden Unternehmens kann auch durch ein anderes Unternehmen gefördert werden. Eine geschäftliche Handlung zugunsten des fremden Unternehmens ist zu **vermuten,** wenn das betreffende Unternehmen von dem fremden Unternehmen damit **beauftragt** worden ist. Dagegen ist es nur ein **Indiz** für eine geschäftliche Handlung zugunsten des fremden Unternehmens, wenn das Unternehmen mit dem geförderten Unternehmen in einer **sonstigen geschäftlichen Beziehung** (zB als Abnehmer, Lieferant, Kreditgeber) steht oder eine solche anstrebt und es sich von der Handlung einen **eigenen wirtschaftlichen Vorteil** verspricht. Hierher gehört der Fall, dass ein Hersteller für seine Vertragshändler wirbt; aber auch der Fall, dass ein Unternehmer bei seinen Arbeitnehmern für eine bestimmte Krankenkasse wirbt (vgl OLG Stuttgart GRUR-RR 2006, 20). Auch ein Geschäftsmann, der sich rein privat im Wirtshaus unterhält, kann durch seine Äußerungen den Wettbewerb eines Unternehmens fördern, an dessen Umsatzsteigerung er als Lieferant oder Handelsvertreter interessiert ist (BGH GRUR 1953, 293 – *Fleischbezug;* BGH GRUR 1960, 384, 386 – *Mampe Halb und Halb*). Ferner kann eine Agentur, die aus Anlass der Emission von Schuldverschreibungen ein unerbetenes Rating (Beurteilung der Bonität) eines Unternehmens vornimmt, zur Förderung des Wettbewerbs dieses Unternehmens handeln, wenn sie es als zukünftigen Kunden gewinnen möchte (vgl *v Randow* ZBB 1996, 85). Ein Meinungsforschungsunternehmen, das im Auftrag eines Pharmaherstellers Ärzte gegen Zahlung eines Entgelts zur Behandlung bestimmter Krankheiten befragt, fördert damit dessen Wettbewerb (OLG Oldenburg GRUR-RR 2006, 239). – Fehlt es an einem eigenen wirtschaftlichen Interesse des Handelnden, ist ein Handeln zugunsten eines fremden Unternehmens grds – auch schon im Hinblick auf das Grundrecht der **Meinungsfreiheit** – zu verneinen. Gegen eine geschäftliche Handlung spricht es insbes, wenn das Unternehmen mit einer Äußerung vorrangig einen im Allgemeininteresse liegenden Zweck verfolgt, mag sie sich auch zugunsten eines fremden Unternehmens auswirken.

57 **c) Unternehmensverbände. aa) Förderung von Mitgliedsunternehmen.** Soweit Unternehmensverbände kraft **Satzung** die Belange ihrer **Mitgliedsunternehmen** fördern (und damit nach § 8 III Nr 2 klagebefugt sein können), ist bei entsprechenden Maßnahmen eine geschäftliche Handlung **zu vermuten** (vgl BGH GRUR 1962, 45, 47 – *Betonzusatzmittel;* BGH GRUR 1973, 371, 372 – *Gesamtverband;* BGH GRUR 1992, 707, 708 – *Erdgassteuer*). Zu derartigen Fördermaßnahmen gehört zB die Herstellung von Geschäftsverbindungen mit Dritten, aber auch schon die Verwendung des Vereinsnamens in diesem Zusammenhang (BGH GRUR 1973, 371, 372 – *Gesamtverband;* BGH GRUR 1975, 377, 378 – *Verleger von Tonträgern*); ferner ein Boykottaufruf zum Nachteil von Mitbewerbern der Mitgliedsunternehmen. Ein Verband, der satzungsgemäß die wirtschaftlichen Interessen seiner Mitglieder wahrnimmt, nimmt auch dann eine geschäftliche Handlung vor, wenn er zwar in einer bundesweiten Anzeigenaktion ein bestimmtes wirtschaftspolitisches Ziel verfolgt (hier: Ablehnung der Einführung einer Erdgassteuer), in dem Inhalt der Anzeige aber nicht nur eine Meinungskundgabe als Mittel zum geistigen Meinungs-

B. Geschäftliche Handlung (§ 2 I Nr 1)

kampf in einer die Interessen der Öffentlichkeit berührenden Frage zu sehen ist, sondern die Anzeige darüber hinaus auch geeignet und darauf gerichtet ist, die wettbewerblichen Interessen der im Verband zusammengeschlossenen Wirtschaftsunternehmen zu fördern (BGH GRUR 1992, 707 – *Erdgassteuer*). – Die Geltendmachung von lauterkeitsrechtlichen Ansprüchen durch die in § 8 III Nr 2–4 genannten **Verbände** ist nicht auf die Förderung des Absatzes oder Bezugs von Waren oder Dienstleistungen gerichtet und stellt somit keine geschäftliche Handlung dar (vgl OLG Hamburg GRUR 1983, 389). Die auf die Erzielung von Einnahmen gerichtete Abmahntätigkeit von „Abmahnvereinen" lässt sich daher nicht mit den Mitteln des Lauterkeitsrechts bekämpfen. Insoweit hilft allein § 8 IV.

bb) Förderung von außenstehenden Unternehmen. Unternehmensverbände können aber auch den Wettbewerb **außenstehender** Unternehmen fördern. **Fälle:** Ein Landwirtschaftsverband, der an einem Fachverlag beteiligt ist, liefert eine Fachzeitschrift dieses Verlages auf seine Kosten an seine Mitglieder. Dadurch erleidet eine andere Fachzeitschrift empfindliche Einbußen im Absatz und im Inseratengeschäft (BGH GRUR 1972, 40, 42 – *Feld und Wald I*). – Ein Fachverband für Windenergie-Erzeuger weist seine Mitglieder darauf hin, er habe für sie den bestimmten Versicherungen „beste Versicherungsbedingungen" erreicht. Denn dadurch wird der Wettbewerb der betreffenden Versicherungsgesellschaften gefördert (OLG Hamburg GRUR-RR 2002, 113).

d) Öffentliche Hand. Dazu näher unter § 4 Rdn 13.17 ff.

e) Verbraucherverbände. Das Handeln von Verbraucherverbänden („qualifizierte Einrichtungen" iSv § 8 III Nr 3) kann objektiv geeignet und darauf gerichtet sein, den Absatz oder Bezug eines fremden Unternehmens zu fördern. Es fehlt jedoch an einem „objektiven Zusammenhang" und damit an einer geschäftlichen Handlung, wenn sich der Verband im Rahmen seiner satzungsmäßigen Aufgaben hält und sich um eine objektive Information der Verbraucher bemüht (vgl BGH GRUR 1976, 268 – *Warentest II;* BGH GRUR 1981, 658 – *Preisvergleich* mit Anm *Schulze zur Wiesche;* OLG München NJW 1963, 2129). Auch handelt ein Verbraucherverband nicht zur Förderung fremden Wettbewerbs, wenn er ein von ihm in einer Wettbewerbssache erzieltes, noch nicht rechtskräftiges Urteil veröffentlicht (KG BB 1978, 468 mit Anm *Brinkmann*). – Nur wenn ein Verbraucherverband gezielt zu Gunsten einzelner Unternehmen in den Wettbewerb eingreift, ist eine geschäftliche Handlung zu bejahen. **Beispiele:** Gezielte Werbung für Produkte einzelner Hersteller; gezielte Auswahl von Anwälten durch Mieterverein für Streitigkeiten seiner Mitglieder (BGH WRP 1990, 282, 283 – *Anwaltswahl durch Mieterverein*); Boykottaufruf mit dem Ziel, dadurch den Absatz eines bestimmten Unternehmens zu fördern; Veröffentlichung eines Warentests oder Preisvergleichs; Nachweis von günstigen Bezugsmöglichkeiten; Ausstellen von Mitgliedsausweisen, die zum Kauf bei bestimmten Vertragshändlern berechtigen (OLG Celle WRP 1974, 273); Empfehlung bestimmter Anwälte.

f) Sonstige Organisationen. Auch das Handeln sonstiger Organisationen und Einrichtungen (**Parteien, Kirchen, Gewerkschaften, Umweltschutzorganisationen** usw) kann objektiv geeignet und darauf gerichtet sein, den Wettbewerb eines fremden Unternehmens zu fördern. Jedoch besteht keine Vermutung für eine geschäftliche Handlung (vgl BGHZ 110, 156, 160 = GRUR 1990, 522, 524 – *HBV-Familien- und Wohnungsrechtsschutz*). Dass ein Boykottaufruf hins bestimmter Lebensmittel den Absatz nichtboykottierter Produkte fördern kann, ist nicht Ziel, sondern nur Nebenfolge der Maßnahme (OLG Stuttgart GRUR-RR 2006, 20, 21).

g) Private. Der Handelnde kann, muss aber nicht selbst Unternehmer iSd § 2 I Nr 6 sein. Grundsätzlich kann daher auch ein **Privater** das Tatbestandsmerkmal der geschäftlichen Handlung erfüllen (aA Piper/Ohly/*Sosnitza* § 2 Rdn 28), sofern nur sein Handeln objektiv geeignet und darauf gerichtet ist, den Wettbewerb eines fremden Unternehmens zu fördern. **Beispiel:** Empfehlung der Produkte des einen oder Herabsetzung der Produkte des anderen Unternehmens im Rahmen eines Gesprächs). Private verfolgen allerdings gewöhnlich ihre eigenen privaten Interessen und handeln daher nicht zur Förderung des Wettbewerbs eines bestimmten Unternehmens. Das Vorliegen einer geschäftlichen Handlung wird daher nicht vermutet, sondern ist im Einzelfall festzustellen. Ein sicheres Indiz für eine geschäftliche Handlung (und letztlich für die Unternehmereigenschaft des Handelnden) ist es jedoch, wenn der Private für seine Handlung ein **Entgelt** bekommt. Liegt dem Handeln ein **Auftrag** des Unternehmers zugrunde, wird der Handelnde ohnehin als Unternehmer tätig. Dazu gehören die Fälle der **Laienwerbung** (§ 4 Rdn 1.172 ff), aber auch der **Starwerbung**, bei der Film-, Fernseh- oder Sportstars gegen Entgelt in einer Leitfigurwerbung auftreten.

VIII. Besonderheiten bei Medienunternehmen

1. Allgemeines

63 Die Medien (Presse, Rundfunk) haben die bes Aufgabe, die Öffentlichkeit über Vorgänge von allgemeiner Bedeutung zu unterrichten und zur öffentlichen Meinungsbildung beizutragen. Das ist bei der Anwendung des Lauterkeitsrechts zu berücksichtigen, und zwar auch im Rahmen der richtlinienkonformen Auslegung. Denn die Meinungs- sowie Presse- und Rundfunkfreiheit gehören sowohl zu den deutschen (vgl Art 5 I GG), als auch zu den europäischen Grundrechten (vgl Art 11 GRC und Art 10 EMRK; vgl *Köhler* GRUR 2005, 273, 276; *Gomille* WRP 2009, 525). Jedoch ist nach den jeweiligen Aktivitäten und der vorrangigen Zielsetzung des Medienunternehmens zu unterscheiden.

2. Redaktionelle Beiträge

64 **a) Früheres Recht.** Bei redaktionellen Beiträgen trug die bisherige Rspr dem Grundrecht der Presse- und Rundfunkfreiheit in der Weise Rechnung, dass sie eine **Wettbewerbsabsicht** des Medienunternehmens bzw des betreffenden Redakteurs oder Journalisten **nicht vermutete** (BGH GRUR 1983, 379, 380 – *Geldmafiosi*; BGH GRUR 1984, 461, 462 – *Kundenboykott*; BGH GRUR 1986, 812, 813 – *Gastrokritiker*; BGH GRUR 1990, 373, 374 – *Schönheits-Chirurgie*; BGH GRUR 1995, 270, 272 – *Dubioses Geschäftsgebaren*; BGH GRUR 1997, 912, 913 – *Die Besten I*; BGH GRUR 1997, 914, 915 – *Die Besten II*; BGH GRUR 1998, 167, 168 – *Restaurantführer*; BGH WRP 1998, 169, 171 – *Auto '94*; BGH WRP 1998, 595, 596 – *AZUBI '94*; BGH GRUR 2000, 703, 706 – *Mattscheibe*; BGH GRUR 2002, 987, 993 – *Wir Schuldenmacher*; BGH GRUR 2004, 693, 694 – *Schöner Wetten*; BGH GRUR 2006, 875 Tz 23 – *Rechtsanwalts-Ranglisten*). Es mussten deshalb konkrete Umstände vorliegen, die erkennen ließen, dass neben der Wahrnehmung der publizistischen Aufgabe die Absicht des Presseorgans, eigenen oder fremden Wettbewerb zu fördern, eine größere als nur eine notwendigerweise begleitende Rolle, gespielt hatte (BGH GRUR 1990, 373 – *Schönheits-Chirurgie*; BGH GRUR 1992, 707, 708 – *Erdgassteuer*; BGH GRUR 1994, 441, 442 – *Kosmetikstudio*; BGH WRP 1994, 862 – *Bio-Tabletten*; BGH GRUR 1997, 473 – *Versierter Ansprechpartner*; BGH GRUR 1997, 912, 913 – *Die Besten I*; BGH GRUR 1997, 907 – *Emil-Grünbär-Klub*; BGH WRP 1998, 42 – *Unbestimmter Unterlassungsantrag III*; BGH WRP 1998, 48 – *Restaurantführer*; BGH GRUR 2002, 987, 993 – *Wir Schuldenmacher*; BGH GRUR 2006, 875 Tz 23 – *Rechtsanwalts-Ranglisten*; OLG Frankfurt GRUR-RR 2007, 16; OLG Köln GRUR-RR 2008, 404).

65 Im Laufe der Zeit zeigte sich die Rspr bei der Bejahung einer Wettbewerbsabsicht und damit einer geschäftlichen Handlung zurückhaltender. Eine Wettbewerbsabsicht und damit eine „Werbung im redaktionellen Gewand" wurde für den Fall verneint, dass in einem Online-Pressebericht über ein Unternehmen ein Hyperlink zu dessen Internet-Adresse gesetzt wurde (BGH GRUR 2004, 693, 694 – *Schöner Wetten*). – Einem positiven Bericht über einen Unternehmer, der eine Person des öffentlichen Interesses war, wurde ebenfalls nicht die Absicht zugesprochen, auch für sein Unternehmen zu werben (BGH GRUR 2004, 693, 694 – *Schöner Wetten*). – Bei einem Redakteur, der in einem Pressebericht aus Anlass der Übergabe eines Neubaus an einen Rechtsanwalt zur Benutzung als Anwaltskanzlei dessen berufliche Betätigung im Vergleich zu einem anderen Rechtsanwalt gleichen Namens an demselben Ort positiv herausstellte, wurde die Wettbewerbsförderungsabsicht verneint, weil er primär seiner journalistischen Pflicht zur Berichterstattung in Erfüllung der öffentlichen Aufgabe der Presse nachkommen wollte und die Förderung des Wettbewerbs des gelobten Anwalts nicht sein wesentlicher Beweggrund war, er vielmehr nur den anderen Anwalt *schädigen* wollte (BGH GRUR 1986, 898 – *Frank der Tat* mit Anm *Tilmann*). – Bei einem redaktionellen Bericht in einem Anzeigenblatt über die Ausbildungsmöglichkeiten in der Region wurde eine Wettbewerbsabsicht verneint, obwohl darin inserierende Unternehmen namentlich erwähnt und beschrieben wurden. Im Hinblick auf das Informationsinteresse der Allgemeinheit an Ausbildungsstellen wurde die etwaige Wettbewerbsförderungsabsicht des Anzeigenblattes als eine notwendige Nebenfolge der Presseberichterstattung angesehen (BGH WRP 1998, 595 – *AZUBI '94*). – Bei der Veröffentlichung eines Verlags, in der Anwälte nach den Recherchen des Verlags in einer Reihenfolge auf Grund einer subjektiven, aber einer kritischen Würdigung zugänglichen Einschätzung ihrer Reputation aufgeführt werden, wurde eine Absicht, den Wettbewerb der genannten Anwälte zu fördern, verneint (BGH GRUR 2006, 785 – *Rechtsanwalts-Ranglisten*). – Dagegen wurde eine Wettbewerbsabsicht bejaht, wenn die Äußerung **übermäßig werbenden Charakter** hatte und

damit der Boden sachlicher Information verlassen wurde (BGH GRUR 1997, 912, 913 – *Die Besten I;* BGH GRUR 1997, 914, 915 – *Die Besten II*). Das wurde insbes angenommen, wenn das Unternehmen eines Anzeigenkunden oder seine Waren oder Dienstleistungen namentlich genannt und angepriesen wurden (BGH GRUR 1992, 463, 465 – *Anzeigenplatzierung;* BGH WRP 1998, 164, 168 – *Modenschau im Salvator-Keller;* BGH WRP 1998, 595, 596 – *AZUBI '94*). Doch wurde auch hier auf die Umstände des Einzelfalls, insbes auf die Aufmachung, den Inhalt und die Zielsetzung des Beitrags sowie darauf abgestellt, inwieweit die Erwähnung der werbenden Unternehmen für eine die Allgemeinheit interessierende Information erforderlich war. – Auch wurde eine Wettbewerbsabsicht für den Fall bejaht, dass in einem redaktionell aufgemachten Zeitschriftenbeitrag einzelne Erzeugnisse unter **bewusst unrichtigen** Preisangaben herausgestellt wurden (BGH WRP 1994, 862 – *Bio-Tabletten*). Desgleichen für den Fall, dass ein Testbericht eine **klare und deutliche Irreführung** der Leser enthielt (OLG Frankfurt GRUR-RR 2007, 16, 17).

Bei der **Medienkritik** an einem Unternehmen wurde idR eine Wettbewerbsabsicht verneint, **66** und zwar auch dann, wenn die Kritik sich nach Inhalt und Form nicht im Rahmen des Erforderlichen hielt. Denn auch bei polemisch überspitzten, subjektiv einseitigen oder gar gewollt herabsetzend gehaltenen Beiträgen konnte durchaus die Absicht einer öffentlichen Information und Meinungsbildung bestehen oder eine andere Motivation im Spiele sein, die ihrerseits keinen Wettbewerbsbezug aufwies (BGH GRUR 1995, 270, 273 – *Dubioses Geschäftsgebaren*). – Aus einer kritischen Äußerung über Sonderangebote eines Kaufhauses durch einen Online-Dienst mit redaktionellem Bereich wurde ebenfalls nicht auf eine Wettbewerbsabsicht geschlossen (OLG Hamburg GRUR-RR 2005, 385, 386). – Eine Wettbewerbsabsicht wurde bejaht bei der nicht näher begründeten Äußerung in der Öffentlichkeit, ein Mitbewerber sei unseriös (BGH GRUR 1982, 234, 236 – *Großbanken-Restquoten*); bei der Warnung vor dem Bezug weltlicher Zeitschriften durch den Redakteur eines Kirchenblatts, der dabei auch das Ziel verfolgt, die Werbung für die Lesemappe einer anderen Organisation zu fördern (BGHZ 14, 170 – *Constanze II*). – Bei einer Filmkritik im Rundfunk, in der lediglich die Verleihfirma in dem Kommentar namentlich genannt und die Art, wie sie den Film auf den Markt gebracht hat, als „fix und clever" bezeichnet wurde, wurde eine Wettbewerbsabsicht verneint (BGH GRUR 1968, 314 – *fix und clever*). – Ein Gastrokritiker, der sich über Eindrücke in einem Weinlokal negativ geäußert hatte, förderte dadurch objektiv fremden Wettbewerb. Dies brauchte aber, auch wenn er sich dessen bewusst war, deshalb noch nicht in Wettbewerbsabsicht zu geschehen. Grund für seine Äußerung konnte das Anliegen der Presse sein, die Öffentlichkeit über Vorgänge von allgemeiner Bedeutung zu unterrichten und zur öffentlichen Meinungsbildung beizutragen, nicht aber in den individuellen Bereich des Wettbewerbs bestimmter Konkurrenten einzugreifen (BGH GRUR 1986, 812, 813 – *Gastrokritiker*).

b) Jetziges Recht. Da eine geschäftliche Handlung keine Wettbewerbsförderungsabsicht, **67** sondern einen „objektiven Zusammenhang" zwischen Handlung und Absatzförderung erfordert, sind auch redaktionelle Beiträge nach diesem Kriterium zu beurteilen. Ein „objektiver Zusammenhang" mit der Förderung des Absatzes eines fremden Unternehmens ist zu verneinen, wenn der redaktionelle Beitrag nur der Information und Meinungsbildung der Leser, Zuschauer oder Zuhörer dient (vgl Begr RegE UWG 2008 zu § 2, BT-Drucks 16/10145 S 21). In der Sache ergeben sich dabei kaum Unterschiede jedenfalls zur jüngeren Rspr (vgl BGH GRUR 2006, 875 Tz 23 ff – *Rechtsanwalts-Ranglisten*). Die entscheidende Frage ist indessen, wann ein redaktionell gestalteter Beitrag nur der Information und Meinungsbildung oder aber vorrangig der Werbung für ein fremdes Unternehmen dient. Von einer Werbung ist – schon im Hinblick auf die Presse- und Rundfunkfreiheit – nicht bereits dann auszugehen, wenn der Beitrag objektiv geeignet und darauf gerichtet ist, den Absatz eines fremden Unternehmens zu fördern. Stets liegt dagegen eine geschäftliche Handlung vor, wenn das durch den redaktionellen Beitrag geförderte Unternehmen dem Medienunternehmen (oder dem Redakteur) dafür ein **Entgelt** (Geldbetrag oder sonstigen wirtschaftlichen Vorteil, wie etwa einen Anzeigenauftrag oder „Geschenke") versprochen oder gewährt hat. (In diesem Fall ist auch der Tatbestand der Nr 11 des Anh zu § 3 III erfüllt.) Dagegen reicht ein allgemeines Interesse des Medienunternehmens an der Erlangung von Anzeigen- oder Werbeaufträgen nicht aus (BGH GRUR 2006, 875 Tz 28 – *Rechtsanwalts-Ranglisten*). Lässt sich – wie zumeist – eine konkrete Verknüpfung von redaktioneller Berichterstattung und Vorteilsgewährung nicht nachweisen, kommt es auf den Inhalt des Beitrags unter Berücksichtigung der Begleitumstände an. Für einen „objektiven Zusammenhang" mit der Absatzförderung spricht es, wenn der Beitrag jede Objektivität und Unvoreingenommenheit gegenüber dem Unternehmen und seinen Produkten vermissen lässt und einseitig und unkritisch deren Vorzüge herausstreicht. Insbes kann es ein Indiz für eine geschäftliche Handlung sein, wenn der Beitrag irreführende Behauptungen über das geförderte Unternehmen oder seine Produkte enthält. Dagegen kommt es nicht darauf an, ob der durchschnittlich informierte, aufmerksame und verständige Leser, Zuschauer oder Zuhörer erkennen kann, dass die Äußerung der Absatzförderung dient (aA *Gomille* WRP 2009, 525, 530). Denn es ist idR gerade das Ziel der redaktionellen Werbung, dass sie als solche nicht erkennbar ist. – Die bloße **Kritik** an einem Unternehmen oder an seinen Produkten stellt dagegen für sich allein auch dann noch keine geschäftliche Handlung dar, wenn sie unsachlich und übertrieben ist. Vielmehr muss sich die Kritik als Mittel darstellen, den Wettbewerb eines Mitbewerbers zu fördern. Dies aber ist wiederum grds nur dann anzunehmen, wenn sich das Medienunternehmen (oder der Redakteur) dafür einen Vorteil versprechen oder gewähren lässt.

3. Anzeigengeschäft

68   Beim **Anzeigengeschäft** der Presse handelt es sich um eine typisch wettbewerbsfördernde Maßnahme, die außerhalb des meinungsbildenden und informierenden Aufgabenbereichs liegt. Für eine Förderung des Absatzes oder Bezugs des Auftraggebers spricht daher eine tatsächliche Vermutung (vgl BGH GRUR 1973, 201, 204 – *Badische Rundschau;* BGH GRUR 1990, 1012, 1013 – *Pressehaftung I;* BGH GRUR 1993, 53, 54 – *Ausländischer Inserent;* BGH GRUR 1994, 841, 842 – *Suchwort;* BGH GRUR 1995, 595 – *Kinderarbeit;* BGH GRUR 1995, 600, 601 – *H. I. V. POSITIVE;* BGH GRUR 1997, 909, 910 – *Branchenbuch-Nomenklatur*). – Doch kann der Schutz der Pressefreiheit nach Art 5 I 2 GG, der auch für das Anzeigengeschäft gilt (BVerfGE 21, 271, 278), zu einer einschränkenden Haftung des Presseunternehmens Anlass geben, insbes bei wettbewerbswidrigen Anzeigen Dritter (§ 9 Rdn 2.11 ff).

4. Kundenwerbung

69   Soweit Medienunternehmen Werbung um Abonnenten oder Anzeigenkunden oder Werbung für eigene Waren oder Dienstleistungen treiben, liegt stets eine geschäftliche Handlung vor (vgl BGH GRUR 1971, 259, 269 – *W. A. Z;* BGH GRUR 2000, 703, 706 – *Mattscheibe;* BGH GRUR 2002, 987, 993 – *Wir Schuldenmacher;* OLG Frankfurt GRUR-RR 2007, 16, 18). Ein Zeitschriftenverlag, der in einer Programmzeitschrift, die sich ganz überwiegend mit dem Angebot der frei empfangbaren Fernsehsender („Free-TV") befasst, Filme als „TV-Premiere" ankündigt, die zuvor schon im Pay-TV gesendet wurden, nimmt damit eine geschäftliche Handlung zugunsten des eigenen Absatzes und zugunsten des Absatzes der frei empfangbaren Fernsehsender vor (OLG Köln GRUR-RR 2008, 404).

IX. Handlungen bei und nach Vertragsschluss als geschäftliche Handlungen

1. Früheres Recht

70   **a) Überblick.** Mit Abschluss eines Vertrages ist an sich der Wettbewerb um diesen Kunden beendet. Maßnahmen, die der Durchführung, Beendigung oder Rückabwicklung eines Vertragsverhältnisses dienen, haben daher idR keinen Marktbezug. Nach bisherigem Recht stellten sie demgemäß keine Wettbewerbshandlung dar (vgl OLG Jena GRUR-RR 2008, 83). Dasselbe galt für Maßnahmen der inhaltlichen Präzisierung oder Umgestaltung von Vertragsverhältnissen, wie zB die Ausübung von vertraglichen Leistungsbestimmungsrechten (vgl §§ 315 ff BGB) oder die Änderungskündigung. Es wurde daher auch nicht als Wettbewerbshandlung angesehen, wenn ein Versicherer in einem Rundschreiben an seine Versicherungsnehmer für unwirksam erklärte Versicherungsbedingungen durch andere Bedingungen ersetzte, die lediglich die Pflichten der Versicherungsnehmer betrafen (BGH WRP 2003, 76, 77 – *Ersetzung unwirksamer Versicherungsbedingungen;* aA *Schünemann* WRP 2003, 16, 17). Ebenso wenig stellte die bes Ausgestaltung einer Rechnung eine Wettbewerbshandlung dar (OLG Dresden NJW-WettbR 1997, 241, 243: Zusammenfassung von amtlichen Gebühren und fiskalischen Forderungen in einer Rechnung).

71   **b) Vertragsbezogene Maßnahmen zur Erhaltung des Kundenstamms.** Dagegen waren auch nach bisherigem Recht Maßnahmen, die der Aufrechterhaltung, Erweiterung oder Fortsetzung eines bestehenden Vertragsverhältnisses dienten, insbes entspr Angebote, grds Wettbewerbshandlungen, weil und soweit der Kunde die Wahl hatte, ob er sich darauf einließ oder seinen Bedarf anderweit deckte. Denn der Wettbewerb beschränkt sich nicht auf die Gewinnung neuer

Kunden, sondern erstreckt sich auch auf die Erhaltung des bisherigen Kundenstamms. Auch vertragsbezogene Maßnahmen, die verhindern sollten, dass Kunden zu Mitbewerbern abwandern, wurden folglich als Wettbewerbshandlungen angesehen (BGH GRUR 1970, 465, 467 – *Prämixe;* BGH GRUR 1992, 450, 452 – *Beitragsrechnung;* OLG Jena GRUR-RR 2008, 83, 84). Dazu gehörten zB auch die Fälle, dass wider besseres Wissen die Wirksamkeit einer Kündigung bestritten oder ein Kunde aufgefordert wurde, eine Kündigung zurückzunehmen. Folgerichtig konnten auch Kulanzmaßnahmen, wie zB die Mängelbeseitigung nach Ablauf der Garantiefrist, Wettbewerbshandlungen sein. Entscheidend war letztlich immer, ob die Maßnahme bezweckte, den Kunden zu einer geschäftlichen Entscheidung für oder gegen das Unternehmen zu veranlassen.

c) Verletzung vertraglicher Pflichten. Die Verletzung vertraglicher Pflichten, insbes die **72** Nicht- oder Schlechterfüllung, stellte nach bisherigem Recht für sich gesehen keine Wettbewerbshandlung dar (BGH GRUR 2002, 1093, 1094 – *Kontostandsauskunft*). Denn die Durchführung von Verträgen hat in aller Regel keinen Bezug auf die Mitbewerber und jedenfalls keine unmittelbaren Auswirkungen auf den Wettbewerb (BGH GRUR 1986, 816, 818 – *Widerrufsbelehrung bei Teilzahlungskauf I;* BGH GRUR 1987, 180 f – *Ausschank unter Eichstrich II;* OLG Frankfurt GRUR 2002, 727, 728). Eine Wettbewerbshandlung wurde nur bei schwerwiegenden Vertragsverletzungen angenommen (BGH GRUR 2007, 987 Tz 24 – *Änderung der Voreinstellung I*). So etwa, wenn ein Unternehmer von vornherein auf eine Übervorteilung seiner Kunden abzielte und diese planmäßige Kundentäuschung zum Mittel seines Wettbewerbs machte (BGHZ 123, 330, 333 = GRUR 1994, 126 – *Folgeverträge I;* BGH GRUR 1987, 180, 181 – *Ausschank unter Eichstrich II;* BGH GRUR 1995, 358, 360 – *Folgeverträge II;* BGH GRUR 2002, 1093, 1094 – *Kontostandsauskunft;* OLG Frankfurt GRUR 2002, 727, 728). Eine Wettbewerbshandlung wurde ferner dann angenommen, wenn das vertragswidrige Handeln auf eine Neubegründung oder Erweiterung von Vertragspflichten, insbes von Zahlungspflichten des Kunden gerichtet war (BGH GRUR 2007, 805 Tz 13 ff – *Irreführender Kontoauszug;* OLG Frankfurt GRUR 2002, 727, 728). – **Beispiele:** Wettbewerbshandlung *bejaht:* Ausgestaltung einer Rechnung in der Weise, dass sie den Vertragspartner oder Dritte zu weiteren Bestellungen veranlassen konnte (vgl BGH GRUR 1990, 609, 611 – *Monatlicher Ratenzuschlag:* Irreführende Angabe über monatliche Belastung in der Rechnung). – Erteilung unrichtiger automatisierter Kontostandsauszüge durch eine Bank, weil dies den Kunden zu Kontoüberziehungen und damit zur Inanspruchnahme von Dienstleistungen der Bank veranlassen kann (BGH GRUR 2002, 1093, 1094 – *Kontostandsauskunft;* BGH GRUR 2007, 805 Tz 13 ff – *Irreführender Kontoauszug*). – Täuschung über das Bestehen eines Widerrufsrechts, wenn es sich um einen Teil eines planmäßigen Gesamtverhaltens handelt, das bereits bei Vertragsanbahnung, zB durch Verwendung irreführender Vertragsbedingungen, begonnen hatte (BGH GRUR 1986, 816, 818 – *Widerrufsbelehrung bei Teilzahlungskauf I*). – Täuschung über eine angeblich zulässige Erhöhung des Reisepreises wegen gestiegener Treibstoffkosten (OLG Frankfurt GRUR 2002, 727, 728).

d) Geltendmachung von Vertragsansprüchen. Auch die **Geltendmachung von** (beste- **73** henden oder angeblichen) **Vertragsansprüchen** wurde für sich gesehen noch nicht als Wettbewerbshandlung angesehen (OLG Frankfurt GRUR 2002, 727, 728). Etwas anderes wurde angenommen, wenn der Unternehmer es von vornherein darauf angelegt hatte, Kunden über das Bestehen eines Vertrages zu täuschen oder sie durch Irreführung zum Vertragsschluss zu veranlassen, und er mittels Geltendmachung der (wirklichen oder angeblichen) Vertragsansprüche die Früchte seines Tuns ernten wollte (vgl BGH GRUR 2000, 731, 733 – *Sicherungsschein;* BGHZ 147, 296, 302 f = GRUR 2001, 1178 = LM UWG § 1 Nr 851 mit Anm *Köhler* – *Gewinn-Zertifikat;* BGH GRUR 1998, 415, 416 – *Wirtschaftsregister;* krit *Sack* GRUR 2004, 625, 633).

2. Jetziges Recht

a) Allgemeines. Nach der Legaldefinition in § 2 I Nr 1 ist das Verhalten einer Person **74** zugunsten des eigenen oder eines fremden Unternehmens auch dann eine geschäftliche Handlung, wenn es **„mit dem Abschluss oder der Durchführung eines Vertrags über Waren oder Dienstleistung objektiv zusammenhängt".** Die Regelung dient der Umsetzung der entsprechenden Vorgaben der UGP-Richtlinie. Denn nach der Definition in Art 2 lit d UGP-Richtlinie gehört zu den Geschäftspraktiken auch jedes Verhalten, das „mit dem Verkauf oder der Lieferung eines Produkts an Verbraucher unmittelbar zusammenhängt". Dementsprechend bezieht Art 3 I UGP-Richtlinie unlautere Geschäftspraktiken „vor, während und nach Abschluss eines auf ein Produkt bezogenen Handelsgeschäfts" in den Geltungsbereich der Richtlinie ein. Nicht erforderlich ist insoweit – und dies ist der wesentliche Unterschied zum bisherigen Recht –, dass Handlungen des Unternehmers bei und nach Vertragsschluss zugleich auf eine **Förderung des Absatzes oder Bezugs** gerichtet sein müssen. Damit erledigen sich schwierige Abgrenzungs- und Beweisfragen, wie sie der Begriff der Wettbewerbshandlung aufgeworfen hatte. Das UWG regelt daher nicht mehr nur das eigentliche **Marktverhalten im Wettbewerb,** sondern auch das **Verhalten gegenüber Vertragspartnern.** Sein Anwendungsbereich wird dadurch wesentlich erweitert. Es beschränkt sich nicht mehr auf ein „Wettbewerbsrecht", sondern hat sich zu einem Lauterkeitsrecht in Bezug auf das Verhalten bei Abschluss und die Durchführung von Verträgen weiterentwickelt. Dem entspricht die Neufassung der Relevanzklausel in § 3 I, die nicht mehr von der „nicht nur unerheblichen Beeinträchtigung des Wettbewerbs" spricht. Eine „gewisse Breitenwirkung" der Maßnahme in dem Sinne, dass eine Mehrzahl von Verbrauchern betroffen ist, ist nicht erforderlich (aA *Glöckner* WRP 2009, 1175, 1181).

75 **b) Gebot der richtlinienkonformen Auslegung.** Die Regelung ist anhand der UGP-Richtlinie, insbes anhand der Definition der Geschäftspraktiken in Art 2 lit d UGP-Richtlinie, der Festlegung ihres Geltungsbereichs in Art 3 I UGP-Richtlinie und der Erwägungsgründe, auszulegen. Dabei ist auch zu beachten, dass die Richtlinie nach Art 3 II „das Vertragsrecht und insbes die Bestimmungen über die Wirksamkeit, das Zustandekommen oder die Wirkungen eines Vertrags unberührt" lässt. Von besonderer Bedeutung für die Auslegung ist Erwägungsgrund 7 S 1 und 2 der UGP-Richtlinie. Danach bezieht sich die Richtlinie „auf Geschäftspraktiken, die in unmittelbarem Zusammenhang mit der Beeinflussung der geschäftlichen Entscheidungen des Verbrauchers in Bezug auf Produkte stehen. Sie bezieht sich nicht auf Geschäftspraktiken, die vorrangig anderen Zielen dienen …". Um dies zu verstehen, ist wiederum die Definition der „geschäftlichen Entscheidung" in Art 2 lit k UGP-Richtlinie heranzuziehen. Dazu gehört „jede Entscheidung eines Verbrauchers darüber, ob, wie und unter welchen Bedingungen er einen Kauf tätigen, eine Zahlung insgesamt oder teilweise leisten, ein Produkt behalten oder abgeben oder ein vertragliches Recht im Zusammenhang mit dem Produkt ausüben will, unabhängig davon, ob der Verbraucher beschließt, tätig zu werden oder ein Tätigwerden zu unterlassen". Diese Präzisierung ist gerade für das Verhalten bei Abschluss und Durchführung eines Vertrages von entscheidender Bedeutung. Wie die Vorgaben der UGP-Richtlinie ihrerseits im Einzelnen auszulegen sind, ist – wie stets – der Entscheidung des EuGH vorbehalten. Eine endgültige Klärung von Zweifelsfragen lässt sich daher nur im Wege von Vorabentscheidungsverfahren herbeiführen. – Im Interesse einheitlicher Beurteilungsmaßstäbe sind die Ergebnisse der richtlinienkonformen Auslegung nicht nur im Verhältnis zu Verbrauchern (B2C), sondern grds auch im Verhältnis zu **sonstigen Marktteilnehmern** (B2B) anzuwenden.

76 **c) Vertrag über Waren oder Dienstleistungen.** Das Verhalten muss sich auf einen Vertrag eines **Unternehmers** über Waren oder Dienstleistungen beziehen. Während die UGP-Richtlinie sich aber auf das Verhalten gegenüber Verbrauchern als Nachfrager beschränkt, reicht der Anwendungsbereich des § 2 I Nr 1 weiter: Erfasst werden auch Verträge mit Verbrauchern als Anbieter und mit **sonstigen Marktteilnehmern.** Auch bei letzteren ist es unerheblich, ob der Unternehmer den Vertrag in seiner Eigenschaft als Anbieter oder **Nachfrager** von Waren oder Dienstleistungen abschließt. Es muss sich um einen **schuldrechtlichen** Vertrag über die Lieferung oder den Bezug von Waren oder Dienstleistungen handeln. Auch **Arbeitsverträge** können erfasst sein, wobei allerdings – wie im Recht der AGB (vgl § 310 IV 2 BGB) – die Besonderheiten des Arbeitsrechts und ggf die Zuständigkeit der Arbeitsgerichte zu berücksichtigen sind. **Unerheblich** ist dagegen, ob der Vertrag eine **Gegenleistung** vorsieht und ob er **zivilrechtlich wirksam** ist. Nicht erfasst werden horizontale Vereinbarungen, wie etwa Kartellverträge oder Gesellschaftsverträge (zum Ganzen vgl *Köhler* WRP 2009, 898, 900).

3. Objektiver Zusammenhang mit dem Abschluss eines Vertrags über Waren oder Dienstleistungen

77 **a) Allgemeines.** Unter dem **Abschluss** eines Vertrages ist sein Zustandekommen zu verstehen. Ein Verhalten steht dann in einem „objektiven Zusammenhang mit dem Abschluss eines Vertrags über Waren oder Dienstleistungen" und ist damit eine geschäftliche Handlung, wenn es sich um eine auf den **Vertragsschluss bezogene Erklärung oder Mitteilung handelt, die objektiv darauf gerichtet ist, die geschäftlichen Entscheidungen des (potenziellen) Vertragspartners zu beeinflussen.** Dabei sind die Umstände des Einzelfalls zu berücksichtigen. Ob ein solches Verhalten bürgerlichrechtlich wirksam ist oder nicht, ist unerheblich. Vielfach

wird ein solches Verhalten **gleichzeitig ein Verhalten zur Förderung des Absatzes** oder Bezugs einer Ware oder Dienstleistung darstellen. Eine genaue Abgrenzung der beiden Erscheinungsformen der geschäftlichen Handlung ist aber entbehrlich, da die rechtliche Bewertung gleich ist. Daher braucht der Rechtsanwender nicht mehr das Vorliegen eines objektiven Zusammenhangs mit der Absatzförderung zu prüfen, wenn bereits ein objektiver Zusammenhang mit dem Vertragsschluss gegeben ist. So ist die Abgabe eines Verkaufsangebots nicht nur eine Maßnahme zur Förderung des Absatzes, sondern zugleich ein Akt, der in einem objektiven Zusammenhang mit dem Vertragsschluss steht. Eigenständige Bedeutung kommt dem Kriterium des „objektiven Zusammenhangs" mit dem Vertragsschluss zu, wenn das Werben um den Kunden bereits beendet ist, weil dieser seine Kaufentscheidung bereits getroffen, etwa ein Kaufangebot abgegeben hat. Auch eine genaue dogmatische Abgrenzung der Verhaltensweisen im Zusammenhang mit dem Vertragsschluss oder mit der Durchführung des Vertrages ist entbehrlich, weil die rechtliche Beurteilung gleich ist. Im Folgenden sollen einige Fallgruppen erörtert werden, wobei im Einzelnen durchaus Überschneidungen möglich oder andere dogmatische Zuordnungen (wie zB bei der Beurteilung des Widerrufs nach § 355 BGB) vertretbar sind.

b) Fallgruppen. aa) Zustandekommen des Vertrages. Hierher gehören zunächst die Fälle der Abgabe eines **Vertragsangebots**. Es handelt sich dabei um eine geschäftliche Handlung schon deshalb, weil das Angebot darauf gerichtet ist, die Entscheidung des Verbrauchers oder sonstigen Marktteilnehmers, den Vertrag abzuschließen, zu beeinflussen. Die Unlauterkeit dieser Handlung kann sich zB daraus ergeben, dass das Angebot, sei es in Form von beigefügten AGB, sei es in Form individueller Formulierung, unwirksame Klauseln zum Nachteil des Vertragspartners enthält, und es somit geeignet ist, ihn über seine ihm gesetzlich zustehenden vertraglichen Rechte zu täuschen (vgl § 4 Nr 11; § 5 I 2 Nr 7). Hierher gehören weiter die Fälle, dass der Unternehmer in einer **Auftragsbestätigung** (= Annahmeerklärung) oder einem **kaufmännischen Bestätigungsschreiben** auf seine Allgemeinen Geschäftsbedingungen Bezug nimmt (dazu § 4 Rdn 11.156a – 11.156f; *Köhler* NJW 2008, 177 und WRP 2009, 898, 904) oder seine Annahme unter sonstigen Einschränkungen (und damit ein neues Angebot) abgibt (vgl § 150 II BGB), unabhängig davon, ob und zu welchen Bedingungen dann ein Vertrag zustande kommt. Denn diese Akte sind darauf gerichtet, dass der Kunde sie akzeptiert. Auch eine fehlende gesetzlich vorgeschriebene Widerrufsbelehrung in der Annahmeerklärung stellt einen Anwendungsfall dar (zur fehlenden Widerrufsbelehrung in der „Aufforderung zur Angebotsabgabe" vgl § 5 III Nr 4). Denn sie ist darauf gerichtet, den Kunden von einem Widerruf abzuhalten. Ein Verhalten, das in einem objektiven Zusammenhang mit dem Vertragsschluss steht, liegt, unabhängig davon, ob es zugleich der Absatzförderung dient, stets auch dann vor, wenn es darauf gerichtet ist, für den Vertragspartner zusätzliche oder weiter gehende vertragliche Pflichten zu begründen. Das entspricht der bisherigen Rechtslage (vgl BGH GRUR 2007, 805 Tz 13ff – *Irreführender Kontoauszug*). Hierher gehören auch die aus dem bisherigen Recht bekannten Fälle der Ausgestaltung einer Rechnung in der Weise, dass sie den Vertragspartner oder Dritte zu weiteren Bestellungen veranlassen kann (vgl BGH GRUR 1990, 609, 611 – *Monatlicher Ratenzuschlag*: Irreführende Angabe über monatliche Belastung in der Rechnung) sowie der Erteilung unrichtiger automatisierter Kontostandsauszüge durch eine Bank, weil dies den Kunden zu Kontoüberziehungen und damit zur Inanspruchnahme von Dienstleistungen der Bank veranlassen kann (BGH GRUR 2002, 1093, 1094 – *Kontostandsauskunft*; BGH GRUR 2007, 805 Tz 13 ff – *Irreführender Kontoauszug*).

bb) Änderung oder Beendigung des Vertrages. Auch Erklärungen oder Mitteilungen des Unternehmers, die auf die Änderung oder Beendigung des Vertrages gerichtet sind, stellen geschäftliche Handlungen dar, die sich iwS noch auf den Abschluss des Vertrages beziehen. Hierher gehören die Fälle, in denen der Unternehmer ein Angebot zu einer nachträglichen Vertragsänderung oder Vertragsauflösung abgibt oder sich einseitig vom Vertrag, etwa durch Anfechtung, Rücktritt oder Kündigung, löst, sofern man diese Fälle nicht dem Bereich der „Durchführung" des Vertrags zuschlägt.

4. Objektiver Zusammenhang mit der Durchführung eines Vertrags über Waren oder Dienstleistungen

a) Allgemeines. Unter der **Durchführung** eines Vertrages sind die Handlungen der Vertragsparteien zu verstehen, die im Zeitraum zwischen dem Abschluss des Vertrages und seiner vollständigen Beendigung vorgenommen werden, gleichgültig ob sie der Erfüllung vertraglicher Pflichten dienen oder nicht. Ein „objektiver Zusammenhang mit der Durchführung eines

Vertrags über Waren oder Dienstleistungen" ist dann gegeben, wenn das **Verhalten des Unternehmers objektiv darauf gerichtet ist, die geschäftlichen Entscheidungen des Vertragspartners bei Durchführung des Vertrages zu beeinflussen** (ebenso HdbWettbR/*Erdmann* § 31 Rdn 84). Dagegen wird zwar eingewandt, damit werde ein Tatbestandsmerkmal der Unlauterkeit oder Unzulässigkeit (vgl Art 5 II lit b UGP-Richtlinie) in den Tatbestand der geschäftlichen Handlung vorverlagert (*Scherer* WRP 2009, 761, 766; *Sosnitza* WRP 2008, 1014, 1017; Piper/Ohly/*Sosnitza* § 2 Rdn 22). Indessen geht es nicht um die tatsächliche Eignung zur Beeinflussung der Verbraucherentscheidung, sondern nur um die Zielrichtung der Handlung. Erfasst wird insbes die Einwirkung auf Entscheidungen des Vertragspartners hinsichtlich der Vertragserfüllung (Zahlung) und hinsichtlich der Geltendmachung von vertraglichen Rechten, wie sich aus der Definition der geschäftlichen Entscheidung in Art 2 lit. k UGP-Richtlinie ergibt. Dabei sind die Umstände des Einzelfalls zu berücksichtigen. Ob und welche bürgerlichrechtlichen Folgen die Handlung des Unternehmers auslöst, ist unerheblich. Die lauterkeitsrechtliche Bewertung einer Handlung ist grds auch ohne Bedeutung für ihre bürgerlichrechtliche Bewertung, wie sich aus einer richtlinienkonformen Auslegung (vgl Art 3 II UGP-Richtlinie) ergibt.

81 b) **Fallgruppen. aa) Vertragspflichtverletzungen durch den Unternehmer. (1) Nichtoder Schlechtleistung.** Erfüllt der Unternehmer seine vertragliche Hauptleistungspflicht nicht, nicht rechtzeitig oder nicht ordnungsgemäß (zB auch durch Lieferung einer mangelhaften oder einer anderen als der bestellten Ware), stellt dies keine geschäftliche Handlung dar. Denn dieses Verhalten (pflichtwidriges Unterlassen) ist nicht auf die Beeinflussung einer geschäftlichen Entscheidung des Vertragspartners gerichtet. Die bloße Nicht- oder Schlechterfüllung einer vertraglichen Leistungspflicht kann daher nur vertragsrechtliche Rechtsfolgen (insbes Schadensersatz- oder Gewährleistungsansprüche des Vertragspartners) auslösen, nicht aber mit den Mitteln des Lauterkeitsrechts (Unterlassungsanspruch; Beseitigungsanspruch; Schadensersatzanspruch des Mitbewerbers) sanktioniert werden. Die unter Geltung des UWG 2004 zum Begriff der „Wettbewerbshandlung" entwickelte **Unterscheidung** zwischen **bloß versehentlichen Vertragsverletzungen** und solchen **von besonderem Gewicht** in Umfang und Ausmaß (BGH GRUR 2007, 987 Tz 24 – *Änderung der Voreinstellung I;* dazu krit *Berneke*, FS Doepner, 2008, 3) ist unter Geltung des UWG 2008 **obsolet** geworden (*Köhler* WRP 2009, 898, 902 ff; anders Harte/ Henning/*Keller* § 2 Rdn 36 sowie *Isele* GRUR 2009, 727, der aber das Tatbestandsmerkmal „bei Durchführung eines Vertrages" überhaupt nicht anspricht).

81a Allerdings kann im **Einzelfall** eine Vertragspflichtverletzung auf die Beeinflussung einer geschäftlichen Entscheidung des Verbrauchers gerichtet sein und damit in einem objektiven Zusammenhang mit der **Absatzförderung** oder der **Vertragsdurchführung** stehen. Das ist bspw anzunehmen, wenn eine Bank irreführende Angaben über den Kontostand macht und dies den Kunden veranlassen kann, sein Konto zu überziehen und damit einen Überziehungskredit in Anspruch zu nehmen (BGH GRUR 2007, 805 Tz 13 ff – *Irreführender Kontoauszug*). Denn dies fördert den Absatz der Bank. – Ein Fall der Absatzförderung ist ferner anzunehmen, wenn ein Unternehmer einen Auftrag des Kunden zur Umstellung des Telefonanschlusses auf einen anderen Anbieter **(Preselection-Auftrag)** nicht ausführt, weil dann zunächst die vertragliche Bindung dieses Kunden weiter besteht und die Maßnahme objektiv darauf gerichtet ist, diese Bindung und damit den Absatz aufrechtzuerhalten (vgl den Fall BGH GRUR 2007, 987 – *Änderung der Voreinstellung I*). Das Gleiche gilt, wenn ein Unternehmer einen solchen Auftrag auftragswidrig so ausführt, dass nicht die Dienstleistungen des erwünschten Anbieters, sondern nur die eigenen in Anspruch genommen werden können (vgl den Fall BGH GRUR 2009, 876 Tz 10 – *Änderung der Voreinstellung II*) oder wenn ein Unternehmer einen Preselection-Auftrag eines Kunden an einen Mitbewerber weiterleitet, obwohl der Kunde diesen Auftrag bereits widerrufen hat (OLG Düsseldorf MMR 2009, 565; OLG Frankfurt WRP 2009, 348, 349), weil damit dieser Kunde gewonnenen werden soll. Der Tatbestand der geschäftlichen Handlung zur Absatzförderung setzt zwar voraus, dass die Handlung objektiv darauf gerichtet ist, durch Beeinflussung der geschäftlichen Entscheidungen der Verbraucher (oder sonstigen Marktteilnehmer) den Absatz oder Bezug zu fördern (Rdn 48). Die angestrebte geschäftliche Entscheidung des Verbrauchers besteht hier aber darin, Dienstleistungen in Anspruch zu nehmen und damit einen Vertrag über diese Leistungen abzuschließen oder eine vertragliche Bindung nicht zu beenden. In Fällen des „Ausschanks unter Eichstrich" (BGH GRUR 1987, 180, 181 – *Ausschank unter Eichstrich II*) führt die darin liegende Pflichtverletzung allerdings nicht ohne Weiteres zur Förderung des weiteren Absatzes beim Gast, sondern eher zu seiner Verärgerung. Unlauter handelt ein

Gastwirt in solchen Fällen nur, wenn er entweder den Verbraucher vor Vertragsschluss irreführt, nämlich über seine Bereitschaft, einen Vertrag korrekt zu erfüllen (zu einem vergleichbaren Fall vgl Nr 6 Anh zu § 3 III), oder wenn er sich weigert nachzuschenken (so der Fall in BGH GRUR 1987, 180, 181 – *Ausschank unter Eichstrich II*). Nur im Hinblick auf die Irreführung vor Vertragsschluss kann es von Bedeutung sein, ob der Unternehmer planmäßig oder systematisch handelt. Im Hinblick auf die Weigerung, dem Nachschenkverlangen nachzukommen, und damit den Gast an der „Ausübung seiner vertraglichen Rechte" (Art 9 lit d UGP-Richtlinie) abzuhalten (dazu Rdn 85), spielt dies dagegen keine Rolle. - Darauf, ob die Vertragsverletzung **bewusst** oder nur **versehentlich** erfolgt, kann es nach dem UWG 2008 beim verschuldensunabhängigen Unterlassungsanspruch nicht ankommen (vgl *Köhler* WRP 2009, 898, 902 f; anders noch zum UWG 2004 BGH GRUR 2009, 876 Tz 27 – *Änderung der Voreinstellung II*). Auch wenn es sich nur um einen Einzelfall handelt, ist das UWG anwendbar. Allenfalls kann in Ausnahmefällen die Vermutung der Wiederholungsgefahr entkräftet sein. Faktische Grenzen der Rechtsverfolgung können sich auch aus dem Erfordernis der Bestimmtheit des Klageantrags und der Schwierigkeit einer Verallgemeinerung des Verbotsantrags ergeben.

(2) Schutzpflichtverletzungen. Auch sonstige Pflichtverletzungen gegenüber einem Vertragspartner, wie etwa die Verletzung von Schutzpflichten in Bezug auf das sonstige Vermögen oder die Gesundheit des Vertragspartners, fallen nicht in den Anwendungsbereich des UWG, weil sie nicht geeignet sind, eine geschäftliche Entscheidung des Vertragspartners zu beeinflussen.

(3) Verletzung von Wettbewerbsverboten. Wer unter Verletzung eines vertraglichen Wettbewerbsverbots auf dem Markt Waren oder Dienstleistungen anbietet, erfüllt den Tatbestand der geschäftlichen Handlung in Gestalt eines Verhaltens, das in einem objektiven Zusammenhang mit der Absatzförderung (!) steht. Dagegen stellt die Verletzungshandlung kein Verhalten dar, das mit der Durchführung des Vertrags (!) objektiv zusammenhängt. Denn es ist nicht auf die Beeinflussung einer geschäftlichen Entscheidung des Vertragspartners des Wettbewerbsverbots (!) gerichtet.

bb) Geltendmachung von Erfüllungsansprüchen gegen den Vertragspartner. Die Geltendmachung von Erfüllungsansprüchen, insbes von Zahlungs- oder Abnahmeansprüchen (vgl § 433 II BGB), durch den Unternehmer steht stets in einem objektiven Zusammenhang mit der Vertragsdurchführung (ebenso OLG München WRP 2010, 295, 297). Denn zu den geschäftlichen Entscheidungen des Vertragspartners gehört auch „die Entscheidung eines Verbrauchers, darüber, ob, wie und unter welchen Umständen er ...eine Zahlung insgesamt oder teilweise leisten, ein Produkt behalten oder abgeben ... will, unabhängig davon, ob der Verbraucher beschließt, tätig zu werden oder ein Tätigwerden zu unterlassen" (Art 2 lit k UGP-Richtlinie). Dies ist im Wege der richtlinienkonformen Auslegung zu berücksichtigen. Unlauter ist die Maßnahme (zB Zahlungsaufforderung) aber nur dann, wenn der Unternehmer den Vertragspartner (zB über die Kaufpreishöhe) irreführt oder seine Entscheidungsfreiheit durch Ausübung von Druck oder durch sonstigen unangemessenen unsachlichen Einfluss beeinträchtigt (vgl *Köhler* GRUR 2008, 841, 843 f und WRP 2009, 898, 904). Die Auffassung, eine geschäftliche Entscheidung des Kunden liege nicht vor, wenn er lediglich seine Vertragspflicht, zB Zahlungspflicht, erfülle (*Scherer* WRP 2009, 761, 767), ist mit Art 2 lit k UGP-Richtlinie nicht vereinbar.

cc) Abwehr vertraglicher Rechte des Vertragspartners. Eine geschäftliche Handlung bei Durchführung eines Vertrages liegt auch dann vor, wenn die Handlung objektiv geeignet und darauf gerichtet ist, den Vertragspartner an der Geltendmachung vertraglicher Rechte zu hindern. Denn auch dies gehört zu den geschäftlichen Entscheidungen des Vertragspartners, die vom Unternehmer beeinflusst werden können. Dies ergibt sich aus einer richtlinienkonformen Auslegung (vgl Art 2 lit k UGP-Richtlinie: „... die Entscheidung des Verbrauchers darüber, ob, wie und unter welchen Bedingungen er ... ein vertragliches Recht im Zusammenhang mit dem Produkt ausüben will"). Zu den vertraglichen Rechten des Vertragspartners gehören insbes **Erfüllungs-, Schadensersatz- und Gewährleistungsansprüche** sowie **Anfechtungs-, Rücktritts-, Kündigungs- und Widerrufsrechte.** Wie die Beeinflussung des Vertragspartners erfolgt, ist unerheblich. Sie kann durch **rechtsgeschäftliche Erklärungen,** durch **tatsächliche Mitteilungen** oder durch **schlichtes Untätigbleiben** gegenüber dem Vorbringen des Vertragspartners erfolgen. Zu den rechtsgeschäftlichen Erklärungen gehört bspw die Abgabe eines Vergleichs- oder Verzichtsangebots. Zu den tatsächlichen Mitteilungen gehört insbes die Behauptung, die tatsächlichen oder rechtlichen Voraussetzungen des vertraglichen Rechts seien nicht gegeben (vgl OLG Jena GRUR-RR 2008, 83 zur Mitteilung, ein Rücktrittsrecht bestehe nicht). Zu den Mitteilungen über die tatsächlichen Voraussetzungen eines Rechts gehört etwa die

Behauptung, ein Sachmangel liege nicht vor oder man sei dafür nicht verantwortlich; zu den Mitteilungen über die rechtlichen Voraussetzungen gehört etwa die Behauptung, das Recht könne wegen wirksamen vertraglichen Ausschlusses (zB durch **AGB**) oder Verjährung oder Fristablaufs nicht mehr geltend gemacht werden. Ein schlichtes Untätigbleiben gegenüber dem Vorbringen des Vertragspartners liegt vor, wenn der Unternehmer entweder überhaupt nicht oder nur ausweichend reagiert (vgl den Beispielstatbestand der Nr 27 Anh zu § 3 III). Unlauter ist ein solches Verhalten aber nur dann, wenn es in einem Rechtsbruch (§ 4 Nr 11), einer Irreführung (§§ 5, 5 a), einer Druckausübung oder einer sonstigen unangemessenen unsachlichen Beeinflussung (§ 4 Nr 1) oder eines Sorgfaltsverstoßes iSd § 3 II 1 besteht.

85a Das eigentliche Problem dieser Fälle ist: Sind derartige Maßnahmen zur Abwehr vertraglicher Rechte des Verbrauchers mit den Mitteln des **Lauterkeitsrechts** zu bekämpfen oder soll ein Streit über das Bestehen vertraglicher Rechte allein zwischen den Vertragsparteien ausgetragen werden? An sich ist es nicht Aufgabe der Wettbewerbsgerichte, vertragsrechtliche Streitigkeiten zu entscheiden. Allerdings sind Verbraucher in aller Regel nicht willens oder in der Lage, ihre vertraglichen Rechte gerichtlich durchzusetzen. Das ermöglicht es Unternehmern, Verbraucher um ihre Rechte zu bringen. Daher ist das Lauterkeitsrecht anwendbar (vgl auch Rdn 88). Das Wettbewerbsgericht hat die bürgerlichrechtliche Frage als Vorfrage zu entscheiden. Zum Problem der Wiederholungsgefahr vgl Rdn 86.

5. Geltendmachung von Unterlassungsansprüchen

86 Erfüllt eine geschäftliche Handlung bei oder nach Vertragsschluss einen der Tatbestände des § 3, können die nach § 8 III anspruchsberechtigten Mitbewerber und Verbände grds einen Unterlassungsanspruch nach § 8 I 1 gegen den Unternehmer geltend machen, sofern Wiederholungsgefahr besteht. Dabei stellt sich die Frage, ob ein Unterlassungsanspruch schon dann gegeben ist, wenn es zu einem einmaligen Fehlverhalten des Unternehmers gekommen ist. (**Beispiel:** Ein Unternehmer bestreitet zu Unrecht die tatsächlichen oder rechtlichen Voraussetzungen eines Gewährleistungsanspruchs eines Kunden. Der Kunde wendet sich an einen Verbraucherverband um Abhilfe.) Das Problem sollte auf der Ebene der Wiederholungsgefahr gelöst werden. Es kommt also darauf an, ob **Wiederholungsgefahr** iSv § 8 I 1 für die Vornahme der gleichen oder einer kerngleichen Handlung besteht. Die sonst geltende Vermutung für das Bestehen einer Wiederholungsgefahr sollte nicht gelten, wenn und soweit das Handeln des Unternehmers auf die Besonderheiten des konkreten Falles bezogen ist, wie zB beim Bestreiten eines Sachmangels in einem Einzelfall. Insoweit sollte die Wiederholungsgefahr positiv nachgewiesen werden. Dagegen ist dann von einer Wiederholungsgefahr auszugehen, wenn das konkrete Handeln des Unternehmers seiner Art nach wiederholbar ist, wie zB beim Bestreiten des Gewährleistungsanspruchs unter Berufung auf unwirksame Allgemeine Geschäftsbedingungen. Denn in solchen Fällen ist davon auszugehen, dass der Unternehmer auch in gleich gelagerten Fällen so verfahren wird (vgl *Köhler* WRP 2009, 898, 903).

6. Verhältnis zum Vertragsrecht

87 **a) Allgemeines.** Die Erstreckung des Anwendungsbereichs des UWG auf geschäftliche Handlungen des Unternehmers bei und nach Vertragsschluss wirft die Frage nach dem Verhältnis zum Vertragsrecht auf. Die UGP-Richtlinie lässt nach Art 3 II das Vertragsrecht und insbes die Bestimmungen über die Wirksamkeit, das Zustandekommen oder die Wirkungen eines Vertrages unberührt. Das würde auf Grund des Gebots der richtlinienkonformen Auslegung auch für das UWG gelten. Allerdings ist durchaus denkbar, dass unter dem Gesichtspunkt der Vermeidung von Wertungswidersprüchen zwischen dem Bürgerlichen Recht und dem Lauterkeitsrecht die lauterkeitsrechtlichen Wertungen auch auf das Bürgerliche Recht, etwa im Bereich der Anfechtungstatbestände oder der Schutzpflichtverletzung, ausstrahlen (dazu *Leistner*, Richtiger Vertrag und lauterer Wettbewerb, 2007, 525 ff; *Köhler* WRP 2009, 898, 912).

88 **b) Verhältnis der lauterkeitsrechtlichen zu den vertragsrechtlichen Sanktionen.** Eine für die Praxis wichtige Frage ist das Verhältnis der lauterkeitsrechtlichen zu den vertragsrechtlichen Sanktionen. Ob und wie der Vertragspartner sich gegen vertragliche Rechte und Ansprüche des Unternehmers zur Wehr setzt oder eigene vertragliche Rechte und Ansprüche durchsetzt, bleibt grds seiner freien Entscheidung überlassen (vgl Erwägungsgrund 9 S 1 UGP-Richtlinie). Aufgabe des Lauterkeitsrechts ist es nicht, den Vertragspartner, insbes den Verbraucher insoweit zu bevormunden. Wohl dagegen ist es Aufgabe des Lauterkeitsrechts und der zu seiner

D. Mitbewerber (§ 2 I Nr 3)

Durchsetzung berufenen Mitbewerber und Verbände (§ 8 III), das unlautere Verhalten des Unternehmers bei und nach Vertragsschluss als solches für die Zukunft zu unterbinden. Es nimmt daher nur Einfluss auf das **künftige** Verhalten des Unternehmers. Das Lauterkeitsrecht sorgt insoweit für einen **präventiven kollektiven Verbraucherschutz** (*Köhler* WRP 2009, 898, 912). **Beispiel:** Mittels des Lauterkeitsrechts (und des UKlaG) kann es einem Unternehmer verboten werden, bestimmte unwirksame AGB zu verwenden. Es bleibt Sache des Vertragspartners, ob er seine durch die AGB nicht wirksam beschränkten vertraglichen Ansprüche durchsetzt.

C. Marktteilnehmer (§ 2 I Nr 2)

„**Marktteilnehmer**" sind nach der Definition in § 2 I Nr 2 neben Mitbewerbern (§ 2 I Nr 3) und Verbrauchern (§ 2 II UWG iVm § 13 BGB) alle Personen, die als Anbieter oder Nachfrager von Waren oder Dienstleistungen tätig sind. Der Begriff wird ua verwendet in § 1, § 3, § 4 Nr 1 und 11, § 7 I. Er soll in diesen Bestimmungen vor allem gewährleisten, dass der Schutz vor unlauterem Wettbewerb im **Vertikalverhältnis** nicht auf Verbraucher beschränkt, sondern auf die sonstigen Personen erstreckt wird, die als Abnehmer (oder Anbieter) in Betracht kommen, wie zB Arbeitnehmer (BGH GRUR 2005, 877, 879 – *Werbung mit Testergebnis*), Unternehmen, juristische Personen des öffentlichen Rechts, Verbände, Stiftungen und sonstige Organisationen. – Der Begriff des **Kunden** in § 7 III ist nicht auf Verbraucher beschränkt, sondern bezieht sich auch auf sonstige Marktteilnehmer.

D. Mitbewerber (§ 2 I Nr 3)

I. Allgemeines

1. Die Legaldefinition und ihr Anwendungsbereich

Mitbewerber ist nach der Legaldefinition in § 2 I Nr 3 **jeder Unternehmer, der mit einem oder mehreren Unternehmern als Anbieter oder Nachfrager von Waren oder Dienstleistungen in einem konkreten Wettbewerbsverhältnis steht.** Der Begriff des Mitbewerbers findet sich in einigen Verhaltensnormen (§ 3 I; § 3 III Anh Nr 13; § 4 Nr 7–10; § 5 II; § 6 I, II), in einigen Sanktionsnormen (§ 8 III Nr 1, § 9 S 1) und in der Schutzzweckbestimmung (§ 1 S 1) des UWG. Mittelbar ist er auch in den Normen angesprochen, die dem Schutze aller Marktteilnehmer dienen (§ 4 Nr 11; § 7 I).

2. Einheitliche oder normzweckgeleitete Auslegung des Mitbewerberbegriffs?

Die Legaldefinition beansprucht an sich Geltung für alle Normen des UWG, die einen Mitbewerberbezug aufweisen. Das schließt es aber nicht aus, bei der Auslegung der jeweiligen mitbewerberbezogenen Norm deren jeweiligen Zweck zu berücksichtigen. Dabei ist zwischen den **Verhaltensnormen** (§§ 3–7) und den **Sanktionsnormen** (§§ 8, 9) zu unterscheiden (vgl *Köhler* WRP 2009, 499). Innerhalb der Verhaltensnormen ist wiederum zwischen den **unionsrechtlich** geprägten und den rein **nationalen** Normen des UWG zu trennen. Für die unionsrechtlich geprägten Verhaltensnormen mit Mitbewerberbezug (§ 3 III Anh 13, § 5 II, III; § 6 I, II) ist auf Grund des Gebots der richtlinienkonformen Auslegung der unionsrechtliche Mitbewerberbegriff (Art 2 lit c, Art 4 lit d, f, h Richtlinie 2006/114/EG) in seiner Auslegung durch den EuGH (vgl EuGH GRUR 2007, 511 Tz 27–42 – *de Landtsheer* sowie § 6 Rdn 34) zugrunde zu legen. Für die rein nationalen Verhaltensnormen mit Mitbewerberbezug (§§ 3 I, 4 Nr 7–11; § 7 I) ist eine Übernahme des unionsrechtlichen Mitbewerberbegriffs nicht zwingend geboten (ebenso *Blankenburg* WRP 2008, 186, 191; *Dreyer* GRUR 2008, 123; *Sack* WRP 2008, 1141; *Piper/Ohly/Sosnitza* § 2 Rdn 52). Vielmehr kommt es insoweit auf den jeweiligen Schutzzweck der Norm an (dazu *Köhler* WRP 2009, 499, 502 ff). Bei der Anspruchsberechtigung des Mitbewerbers nach § 8 III Nr 1, § 9 S 1 kommt es darauf an, gegen welche Verhaltensnorm verstoßen wurde.

3. Abgrenzung zum Begriff des Wettbewerbers im Kartellrecht

Sowohl das europäische als auch das deutsche Kartellrecht verwenden den Begriff des **Wettbewerbers**. Eine unionsrechtliche Definition wurde vom EuGH (Slg 1983, 3461 – *Michelin*) entwickelt. Eine spezifisch für die Zwecke der Vertikal-GVO Nr 330/2010 v 20. 4. 2010 geltende Definition des Begriffs des Wettbewerbers enthält Art 1 lit c Vertikal-GVO. Für das deutsche Kartellrecht (vgl §§ 19 II, 20 IV 1 GWB) existiert keine Definition. Jedoch orientiert sich die Rspr am Unionsrecht (BGH GRUR 2009, 514 Tz 7 – *Stadtwerke Uelzen*). Die Funktion des Wettbewerberbegriffs im Kartellrecht ist allerdings eine andere als die des Mitbewerberbegriffs im Lauterkeitsrecht (vgl auch Schlussanträge GA Mengozzi in der Rs C-381/05 Tz 61 ff – *de Landtsheer/CIVC*). Im Kartellrecht geht es um die Feststellung, inwieweit Unternehmen auf demselben relevanten Markt tätig sind und dazu ist vorab eine Marktabgrenzung erforderlich (BGH GRUR 2009, 514 Tz 7 – *Stadtwerke Uelzen*). Im Lauterkeitsrecht geht es dagegen vornehmlich um die Beurteilung von konkreten Maßnahmen zur Gewinnung von Kunden, die sich zum Nachteil anderer Unternehmen auswirken können. Daher sind kartellrechtliche Aussagen zum Begriff des Wettbewerbers und zum relevanten Markt nur bedingt auf den lauterkeitsrechtlichen Begriff des Mitbewerbers übertragbar. – Der Begriff des **Mitbewerbers** in der Sanktionsnorm des § 33 I 3 GWB ist offensichtlich aus dem UWG übernommen worden und hat eine ähnliche Funktion wie in den § 8 III Nr 1 und § 9 S 1 UWG. Er ist jedoch autonom auszulegen (bedenklich daher *Emmerich* in Immenga/Mestmäcker, Wettbewerbsrecht, 4. Aufl, § 33 GWB Rdn 25).

II. Unternehmer

93 Mitbewerber kann nur ein Unternehmer in seiner Eigenschaft als Anbieter oder Nachfrager von Waren oder Dienstleistungen sein. Damit ist der Unternehmensinhaber gemeint. Allg zum Begriff des Unternehmers vgl Rdn 20 ff, 118 ff. Mangels Unternehmereigenschaft kann aber Mitbewerber auf einem Beschaffungsmarkt nicht sein, wer nur Waren oder Dienstleistungen nachfragt, aber nicht selbst anbietet (Rdn 25). **Beispiel:** Gemeinde möchte für Rathausbau ein Grundstück erwerben, für das sich auch Bauträger interessieren. Sie kann – ebenso wie ein Privatmann, der sich für das Grundstück interessiert – nur Schutz nach allgemeinem Deliktsrecht beanspruchen.

III. Konkretes Wettbewerbsverhältnis

1. Was bedeutet „konkret"?

94 Der Begriff des **konkreten Wettbewerbsverhältnisses** geht zurück auf die Rspr zum UWG 1909. Im früheren Recht reichte für die Klagebefugnis von Gewerbetreibenden nach § 13 II Nr 1 UWG 1909 das Vorliegen eines **abstrakten** Wettbewerbsverhältnisses aus. Es setzte den Vertrieb von Waren oder gewerblichen Leistungen gleicher oder verwandter Art voraus (vgl zB BGH GRUR 2001, 260, 261 – *Vielfachabmahner*). Das Vorliegen eines konkreten Wettbewerbsverhältnisses war dagegen für die sich aus der verletzten Norm ergebende (gegenüber § 13 II Nr 1 aF weiter reichende) Klagebefugnis des „unmittelbar Verletzten" von Bedeutung (vgl BGH GRUR 1990, 375, 376 – *Steuersparmodell;* BGH GRUR 2001, 260 – *Vielfachabmahner; Bornkamm* GRUR 1996, 527 mwN). Diese Unterscheidung hat sich mit der Regelung im UWG 2004 erledigt. Im Hinblick darauf war die Einbeziehung des Merkmals „konkret" überflüssig; es fand lediglich auf Grund einer (eher unbedachten) Intervention des Bundesrats Eingang in das UWG 2004 (vgl *Köhler* WRP 2009, 499, 503 f). Allerdings lässt sich dem Merkmal „konkret" eine neue, sinnvollere Bedeutung beimessen: Es macht deutlich, dass bei der Feststellung eines Wettbewerbsverhältnisses an die **konkrete geschäftliche Handlung** anzuknüpfen ist (Rdn 96). Andere wollen hingegen das Merkmal „konkret" dahin verstehen, dass lauterkeitsrechtlich geschützte Interessen eines anderen Unternehmers irgendwie fassbar negativ betroffen werden können (Harte/Henning/*Keller* § 2 Rdn 125). Dies ist jedoch kein Kriterium des Mitbewerberbegriffs, sondern entweder der Lauterkeit oder der Spürbarkeit iSd § 3 I.

2. Allgemeine Grundsätze zur Feststellung eines konkreten Wettbewerbsverhältnisses

95 **a) Grundsatz der weiten Auslegung.** Grundsätzlich sind im Interesse eines wirksamen lauterkeitsrechtlichen Individualschutzes an das Bestehen eines konkreten Wettbewerbsverhältnisses iSd § 2 I Nr 3 **keine hohen Anforderungen** zu stellen (BGHZ 93, 96, 97 = GRUR 1985, 553 – *DIMPLE;* BGH GRUR 2004, 877, 878 – *Werbeblocker;* BGH GRUR 2006, 1042 Tz 16 – *Kontaktanzeigen;* MünchKommUWG/*Veil* § 2 Rdn 132; vgl auch *Sack* WRP 2008,

1141, 1144 ff). Allerdings ist dabei stets der jeweilige Zweck der Norm, die den Begriff des Mitbewerbers verwendet, zu berücksichtigen (Rdn 91).

b) Anknüpfung an die konkrete geschäftliche Handlung. Die Mitbewerbereigenschaft 96 eines Unternehmers lässt sich nicht abstrakt feststellen, vielmehr ist an die **jeweilige konkrete geschäftliche Handlung** anzuknüpfen. Sie entscheidet darüber, ob sich der handelnde Unternehmer zu einem anderen Unternehmer in Wettbewerb stellt. Der Mitbewerberbegriff des Lauterkeitsrechts ist also **handlungsbezogen** (ebenso Harte/Henning/*Keller* § 2 Rdn 122). Das entspricht auch der bisherigen Rspr (vgl BGH GRUR 1990, 375, 376 – *Steuersparmodell;* BGH WRP 1998, 42, 45 – *Unbestimmter Unterlassungsantrag;* BGH WRP 2000, 517, 518 – *Orientteppichmuster;* BGH GRUR 2001, 260, 261 – *Vielfachabmahner;* BGH GRUR 2007, 978 Tz 17 – *Rechtsberatung durch Haftpflichtversicherer;* BGH WRP 2009, 1001 Tz 40 – *Internet-Videorecorder;* OLG Hamm GRUR-RR 2007, 282, 283; KG GRUR-RR 2010, 22, 26).

Beispiele: Ein Anlageberater, der mit steuerlichen Gründen für ein von ihm entworfenes 96a Immobilienanlagenmodell wirbt, tritt in Wettbewerb zu Steuerberatern, weil deren Tätigkeit auch die Wirtschaftsberatung umfasst (BGH aaO – *Steuersparmodell*). – Ebenso tritt ein Kaffeehersteller, der für Kaffee als Geschenk mit dem Hinweis „statt Blumen ONKO-Kaffee" wirbt, in Wettbewerb mit Blumenhändlern (vgl Begr RegE UWG 2004 zu § 2 Nr 3, BT-Drucks 15/1487 S 16 im Anschluss an BGH GRUR 1972, 553 – *Statt Blumen ONKO-Kaffee;* vgl noch ÖOGH ÖBl 1998, 26, 28 – *Entec 2500*). – Ein Fernsehsender steht in Wettbewerb mit dem Anbieter eines Videorecorders zur Aufzeichnung von Fernsehsendungen (BGH GRUR 2009, 845 Tz 40 – *Internet-Videorecorder*). Man spricht insoweit auch von einem „*mittelbaren*" Wettbewerbsverhältnis (Begr RegE UWG 2004 zu § 2 Nr 3, BT-Drucks 15/1487 S 16).

c) Unerheblichkeit unterschiedlicher Branchenangehörigkeit. Unerheblich ist, dass die 96b Beteiligten unterschiedlichen Branchen angehören (BGH GRUR 1972, 553 – *Statt Blumen ONKO-Kaffee;* BGH GRUR 1997, 934, 935 – *50% Sonder-AfA;* BGH GRUR 2001, 260, 261 – *Vielfachabmahner;* BGH GRUR 2004, 877, 878 – *Werbeblocker;* BGH GRUR 2006, 1042 Tz 16 – *Kontaktanzeigen;* BGH GRUR 2007, 978 Tz 17 – *Rechtsberatung durch Haftpflichtversicherer;* BGH GRUR 2009, 845 Tz 40 – *Internet-Videorecorder*).

Beispiele: Im Hinblick auf Immobilienangebote können Makler, Bauträger und Bauunter- 96c nehmer Mitbewerber sein (BGH GRUR 1997, 934, 935 – *50% Sonder-AfA;* BGH GRUR 2001, 260, 261 – *Vielfachabmahner*). – Der Vertreiber von Werbeblockern kann Mitbewerber eines werbefinanzierten TV-Senders sein, da eine geringere Anzahl von Werbezuschauern die Attraktivität der Werbesendungen und damit deren Absatz behindern kann (BGH GRUR 2004, 877, 878 – *Werbeblocker*). Prostituierte, die mit Kontaktanzeigen werben, stehen in einem konkreten Wettbewerbsverhältnis zum Betreiber einer Bar, in der sexuelle Kontakte ermöglicht werden (BGH GRUR 2006, 1042 Tz 16 – *Kontaktanzeigen*). Haftpflichtversicherer, die Rechtsrat erteilen, stehen in einem konkreten Wettbewerbsverhältnis zu Rechtsanwälten (BGH aaO – *Rechtsberatung durch Haftpflichtversicherer*).

d) Unerheblichkeit unterschiedlicher Wirtschaftsstufenangehörigkeit. Unerheblich ist 96d weiter, dass die Beteiligten auf unterschiedlichen Wirtschaftsstufen (zB Hersteller/Händler; Hersteller/Handwerker) tätig sind, sofern sie sich nur iErg an den gleichen Abnehmerkreis wenden (Begr RegE UWG 2004 zu § 2 Nr 3, BT-Drucks 15/1487 S 16; KG GRUR 2010, 22, 26). Dies war auch schon zum früheren Recht anerkannt (BGH GRUR 1986, 618, 620 – *Vorsatz-Fensterflügel;* BGH GRUR 1993, 563, 564 – *Neu nach Umbau;* BGH GRUR 1999, 69, 70 – *Preisvergleichsliste II;* BGH GRUR 1999, 1122, 1123 – *EG-Neuwagen I;* BGH GRUR 2001, 448 – *Kontrollnummernbeseitigung II*). Zwar sind die Kunden des Einzelhändlers die Verbraucher und die Kunden des Herstellers sind die Händler. Aber mittelbar sind die Kunden des Händlers auch Kunden des Herstellers, um die dieser meist selbst wirbt. Ein konkretes Wettbewerbsverhältnis zwischen einem Hersteller und einem Händler wird sonach nicht stets dadurch ausgeschlossen, dass dieser nur an letzte Verbraucher, jener nur an Händler liefert.

Beispiele: Bejaht wurde ein konkretes Wettbewerbsverhältnis: zwischen einem Hersteller 96e und einem Einzelhändler, der unter dem Einstandspreis verkaufte (BGH GRUR 1984, 204 – *Verkauf unter Einstandspreis II*); zwischen einem Großhändler und einem Händler, der das Produkt in einer vergleichenden Werbung kritisierte (BGH GRUR 1986, 618, 620 – *Vorsatz-Fensterflügel;* BGH GRUR 1993, 563, 564 – *Neu nach Umbau*); zwischen einem Hersteller und einem Warenvermittler (OLG Zweibrücken GRUR 1997, 77, 78); zwischen einem Alleinimporteur und einem von der Belieferung ausgeschlossenen Händler, der Ware vertreibt, bei der die vom Hersteller angebrachten Kontrollnummern entfernt worden sind (BGH GRUR 1988,

826, 827 – *Entfernung von Kontrollnummern II;* BGH GRUR 2001, 448 – *Kontrollnummernbeseitigung II*); zwischen einem Spirituosenhersteller und einem Gastwirt (BGH GRUR 1957, 347 – *Underberg*); zwischen dem Produzenten einer Fernsehsendung und einem Fernsehsender (BGH GRUR 2000, 703, 706 – *Mattscheibe*); zwischen einem Anlageberater, der für ein von ihm entworfenes Immobilienanlagemodell mit steuerlichen Gründen wirbt, und Steuerberatern, weil zu deren Berufsbild auch die Wirtschaftsberatung, insbes in betriebswirtschaftlichen Angelegenheiten, gehört (BGH GRUR 1990, 375, 376 – *Steuersparmodell*); zwischen einem Rentenberater und einer Zeitschrift, die Rentenberatungen anbietet (BGH GRUR 1987, 373 – *Rentenberater;* zwischen einem Vergeber von Vertragslizenzen und einem Zeitungsverlag (BGHZ 18, 175, 182 – *Werbeidee*); zwischen einem Verleger, der seine Bücher auch über Buchgemeinschaften vertreibt, und einer Buchgemeinschaft, die ein zum Erfolgsschlager gewordenes Buch als Werbeprämie ihren Mitgliedern für die Werbung neuer Mitglieder gewährt (BGH GRUR 1969, 413, 414 – *Angélique II*); zwischen einem Arzt, der Lizenzen an Schuhfabriken vergibt, und dem Inhaber eines ebenfalls durch Lizenzvergabe und Eigenproduktion ausgewerteten Patents für eine Schuheinlage (BGH GRUR 1962, 34, 36 – *Torsana*); zwischen der Gema und einem Hersteller und Verkäufer GEMA-freier Schallplatten wegen der Einbuße von Lizenzgebühren (BGH GRUR 1965, 309 – *gemafrei*); zwischen einer Tageszeitung und einer Werbeagentur auf dem Anzeigenmarkt (OLG Hamm WRP 1979, 477); zwischen einem Hersteller von Kraftfahrzeugen, der diese nur an Endabnehmer vertreibt, und einem Erwerber, der nur zum Schein als „Endabnehmer" auftritt, jedoch die Fahrzeuge zum Zweck des Weiterverkaufs erwirbt (BGH GRUR 1988, 916 – *PKW-Schleichbezug*); zwischen einem Anwalt und einem Abschleppunternehmer, der die ihm abgetretene Forderungen eines Privaten gegen den Kfz-Halter geltend macht (OLG Naumburg GRUR-RR 2006, 169); zwischen dem Anbieter einer Filtersoftware, die „Spams" erkennbar macht, und dem Anbieter von Leistungen, die als „Spam" gekennzeichnet werden (OLG Hamm GRUR-RR 2007, 282, 283); zwischen den Anbietern von Glücksspielen und den Anbietern von Anteilen an GbRs, die an Glücksspielen teilnehmen (KG GRUR 2010, 22, 26). – **Verneint** wurde ein konkretes Wettbewerbsverhältnis zwischen einer *Diskothek,* in der Musik aufgeführt und getanzt wird, mit einer *Rundfunkanstalt,* die im Hörfunkprogramm neuere Unterhaltungsmusik sendet (BGH GRUR 1982, 431, 433 – *POINT*); zwischen einem Anbieter von Call by Call – Tarifen und einem Anbieter von Gewinnspielen, der einen Mehrwertdienstanschluss unterhält (OLG Düsseldorf GRUR 2005, 523).

96f   **e) Berücksichtigung potenziellen Wettbewerbs.** Mitbewerber iSd § 2 I Nr 3 kann auch ein Unternehmen sein, das sich erst anschickt, auf einem bestimmten Markt tätig zu werden, und somit ein **potenzieller Mitbewerber** ist (vgl § 8 Rdn 3.29; BGH GRUR 2002, 828, 829 – *Lottoschein;* BGH GRUR 1995, 697, 699 – *FUNNY PAPER;* MünchKommUWG/*Veil* § 2 Rdn 138; vgl auch EuGH GRUR 2007, 511 Tz 42 – *de Landtsheer;* aA Harte/Henning/*Keller* § 2 Rdn 138). Allerdings reicht die bloß abstrakte Möglichkeit eines Marktzutritts (etwa durch Erweiterung oder Umstellung der Produktion oder Änderung des Nachfrageverhaltens) nicht aus. Sie hatte in der Vergangenheit Bedeutung für das abstrakte Wettbewerbsverhältnis iSd § 13 II Nr 1 aF (vgl BGHZ 13, 244, 249 – *Cupresa-Kunstseide;* BGHZ 24, 238, 244 – *tabu I;* BGH GRUR 1964, 389, 391 – *Fußbekleidung;* BGH GRUR 1997, 681, 682 – *Produktwerbung*). Vielmehr muss die konkrete Wahrscheinlichkeit eines Marktzutritts bestehen (OLG Braunschweig MMR 2010, 252, 253).

96g   **f) Förderung fremden Wettbewerbs.** Geht es um die Förderung fremden Wettbewerbs, muss das konkrete Wettbewerbsverhältnis zwischen dem geförderten Unternehmen und dessen Mitbewerber bestehen (OLG Düsseldorf GRUR 2006, 782, 783). Der betroffene Mitbewerber ist dann nach § 8 III Nr 1 berechtigt, gegen den Dritten vorzugehen.

96h   **g) Nachfragewettbewerb.** Ein konkretes Wettbewerbsverhältnis kommt nach der Legaldefinition auch beim Bezug von Waren oder Dienstleistungen in Betracht (vgl BGH GRUR 1967, 138, 141 – *Streckenwerbung;* OLG Karlsruhe GRUR-RR 2010, 51, 52; Harte/Henning/*Keller* § 2 Rdn 136; Piper/Ohly/*Sosnitza* § 2 Rdn 70). Praktische Bedeutung kann der **Nachfragewettbewerb** vor allem bei knappem Angebot erlangen (BGH WRP 2009, 803 Rdn 40 – *ahd.de:* Nachfrage nach Domainnamen; BGH NJW-RR 2010, 399 – *Blutspendedienst:* Nachfrage nach Blutspenden); OLG Karlsruhe GRUR-RR 2010, 51, 52: Nachfrage nach Vertriebspartnern als Dienstleistern). Dann kann es dazu kommen, dass Nachfrager im Bezug behindert oder gestört werden, etwa wenn Mitnachfrager sie mit unlauteren Maßnahmen (zB Herabsetzung oder Anschwärzung beim Lieferanten; Täuschung über ihre Zahlungsfähigkeit oder

Bezugsberechtigung; gezielte Behinderung wie Boykottaufruf) am Bezug hindern wollen. Mitbewerber beim Bezug von Dienstleistungen sind Unternehmen auch, soweit sie **Arbeitskräfte** nachfragen (vgl Rdn 39; BGH GRUR 2003, 540, 541 – *Stellenanzeige*). Im Nachfragewettbewerb um Arbeitskräfte sind daher ebenfalls unlautere geschäftliche Handlungen möglich (zB Abwerbung unter unlauterer Verleitung zum Vertragsbruch; vgl § 4 Rdn 10.103 ff). Nicht erforderlich ist es, dass die Unternehmen zugleich in Absatzwettbewerb stehen. Unlauter iSd § 4 Nr 10 kann daher eine Abwerbemaßnahme auch dann sein, wenn sie sich gegen ein Unternehmen richtet, das auf einem ganz anderen Absatzmarkt tätig ist. Nicht als Mitbewerber sind aber Einrichtungen anzusehen, die von vornherein nur Güter nachfragen, aber nicht absetzen, wie zB Behörden, weil es insoweit bereits an der Unternehmereigenschaft fehlt (vgl Rdn 93).

3. Voraussetzungen eines konkreten Wettbewerbsverhältnisses

a) Meinungsstand. Einigkeit besteht zwar darüber, dass das bloße Bestehen eines **Kaufkraftwettbewerbs,** dh eines Wettbewerbs um die Kaufkraft des Verbrauchers, nicht ausreicht. Diese Rechtsfigur war in der Vergangenheit bemüht worden, ua um auch das Marktverhalten von Monopolisten erfassen zu können (vgl *Beater* § 11 Rdn 32 ff mwN in Fn 72). Welche Voraussetzungen für ein konkretes Wettbewerbsverhältnis iSd § 2 I Nr 3 vorliegen müssen, ist hingegen nicht abschließend geklärt. Es werden dazu mehrere Ansätze („tests") teils nebeneinander, teils für sich allein verwendet.

aa) Absatz gleicher oder gleichartiger Waren innerhalb desselben Abnehmerkreises. Nach einigen Entscheidungen kommt es darauf an, ob die beteiligten Unternehmen die gleichen oder gleichartige Waren oder Dienstleistungen innerhalb desselben Abnehmerkreises abzusetzen versuchen mit der Folge, dass die beanstandete geschäftliche Handlung das andere Unternehmen (Mitbewerber) beeinträchtigen, dh in seinem Absatz behindern oder stören kann (BGH GRUR 2001, 258 – *Immobilienpreisangaben*; BGH GRUR 2001, 260 – *Vielfachabmahner*; BGH GRUR 2004, 877, 878 – *Werbeblocker*; BGH GRUR 2005, 520, 521 – *Optimale Interessenvertretung*; BGH GRUR 2006, 1042 Tz 14 – *Kontaktanzeigen*; BGH GRUR 2007, 978 Tz 16 – *Rechtsberatung durch Haftpflichtversicherer*; BGH GRUR 2007, 884 Tz 35 – *Cambridge Institute*; BGH GRUR 2007, 1079 Tz 18 – *Bundesdruckerei*; BGH GRUR 2009, 845 Tz 40 – *Internet-Videorecorder*; BGH GRUR 2009, 980 Tz 9 – *E-Mail-Werbung II*). Die Schwäche dieser Definition liegt in ihrer Beschränkung auf den Absatzwettbewerb und innerhalb des Absatzwettbewerbs in der Beschränkung auf den Absatz „gleicher oder gleichartiger Waren oder Dienstleistungen". Dieses – heute noch in § 8 III Nr 2 verwendete – Merkmal ist nicht hinreichend präzis. Denn es bleibt offen, nach welchen Gesichtspunkten die Gleichartigkeit zu bestimmen ist. Außerdem geht die Rspr darüber hinweg, wenn dies im Einzelfall erforderlich erscheint.

bb) Tätigkeit auf demselben relevanten Markt. Nach anderen Entscheidungen ist entscheidend, ob die beteiligten Unternehmen auf demselben sachlich, räumlich und zeitlich relevanten Markt tätig sind (BGH GRUR 2001, 78 – *Falsche Herstellerpreisempfehlung*; BGH GRUR 2007, 1079 Tz 18 – *Bundesdruckerei*) oder zumindest werden wollen (potenzieller Wettbewerb; BGH GRUR 2002, 828, 829 – *Lottoschein* OLG Koblenz GRUR-RR 2006, 380, 381). Nach diesem – offensichtlich dem Kartellrecht entlehnten – Kriterium kommt es darauf an, ob die angebotenen oder beworbenen Waren oder Dienstleistungen aus der Sicht der angesprochenen Verkehrskreise **austauschbar (substituierbar)** sind. Man kann insoweit von **Substitutionswettbewerb** sprechen. Unerheblich ist, ob sich der Kundenkreis und das Angebot von Waren und Dienstleistungen völlig oder nur teilweise decken (BGH GRUR 1990, 375, 377 – *Steuersparmodell*; BGH GRUR 2007, 1079 Tz 22 – *Bundesdruckerei*). – Mit Hilfe dieser Formel lassen sich in der Praxis die meisten Streitfälle adäquat erfassen. Ihr Nachteil besteht allerdings darin, dass sie bestimmte Fallkonstellationen nicht adäquat zu erfassen vermag (vgl den Fall BGH GRUR 2004, 877 – *Werbeblocker*).

cc) Wechselbeziehung zwischen Absatzförderung und Absatzbeeinträchtigung. Nach einem allgemeiner gefassten Ansatz liegt ein konkretes Wettbewerbsverhältnis dann vor, wenn zwischen den Vorteilen, die jemand durch eine Maßnahme für sein Unternehmen oder das eines Dritten zu erreichen versucht, und den Nachteilen, die ein anderer dadurch erleidet, eine Wechselbeziehung in dem Sinne besteht, dass der eigene Wettbewerb gefördert und der fremde Wettbewerb beeinträchtigt werden kann (vgl Begr RegE UWG 2004 zu § 2 Abs 1 Nr 3, BT-Drucks 15/1487 S 16; MünchKommUWG/*Veil* § 2 Rdn 100, 130; *Fezer/Fezer* § 2

Rdn 99). Dieser Ansatz reicht in seinem Anwendungsbereich viel weiter als ein marktbezogener Ansatz. Allerdings bleibt unklar, ob eine derartige Wechselbeziehung eine Tätigkeit auf demselben relevanten Markt voraussetzt oder nicht. Das gilt auch für vergleichbare Ansätze im Schrifttum (Harte/Henning/*Keller* § 2 Rdn 119: *„verdichtete Wettbewerbsbeziehung";* Dreyer GRUR 2008, 123, 126: *„gesteigerte Nähebeziehung").*

100 b) **Notwendigkeit einer Unterscheidung nach dem jeweiligen Normzweck (Behinderungswettbewerb und Substitutionswettbewerb).** Die unterschiedlichen Auffassungen machen deutlich, wie notwendig es ist, nach dem Zweck der jeweiligen mitbewerberbezogenen Norm zu unterscheiden (vgl Rdn 91). Dabei zeigt sich, dass von zwei Grundformen des Wettbewerbs auszugehen ist: dem **Behinderungswettbewerb** und dem **Substitutionswettbewerb**. Der Behinderungswettbewerb zielt darauf, einen anderen Unternehmer in seiner Geschäftstätigkeit zu behindern. Der Substitutionswettbewerb zielt darauf, den Verbrauchern (und sonstigen Marktteilnehmern) eine Ware oder Dienstleistung anzubieten, die mit der eines anderen Unternehmers austauschbar (substitutierbar) ist.

101 aa) **Mitbewerberbezogene Verhaltensnormen des § 4 Nr 7–10.** Bei den mitbewerberbezogenen Verhaltensnormen des § 4 Nr 7, 8, 9 und 10 handelt es sich um Normen, die den Schutz eines Unternehmers vor bestimmten Maßnahmen des Behinderungswettbewerbs bezwecken (dazu näher Rdn 108 ff). Eine unlautere Behinderung kann auch dann eintreten, wenn der betroffene Unternehmer nicht auf demselben relevanten Markt tätig ist wie der handelnde Unternehmer. Das mag an einem bekannten *Beispiel* deutlich werden (zu weiteren Beispielen vgl Rdn 108 ff): Wenn Tchibo Billigimitationen von Rolex-Uhren vertreibt, sind Tchibo und Rolex zwar – mangels Austauschbarkeit der Produkte aus der Sicht der Verbraucher – nicht auf demselben relevanten Markt tätig. Gleichwohl bringt es der Absatz der Billigimitationen notwendigerweise mit sich, dass der Absatz der Rolex-Uhren beeinträchtigt wird (vgl BGH GRUR 1985, 876 – *Tchibo/Rolex I*). Im Interesse eines wirksamen lauterkeitsrechtlichen Individualschutzes (Rdn 95) ist in solchen Fällen von einem konkreten Wettbewerbsverhältnis auszugehen (ebenso *Beater* WRP 2009, 768, 777).

102 Damit stellt sich die Aufgabe, die Fälle des Behinderungswettbewerbs von denen des Substitutionswettbewerbs abzugrenzen. Ein konkretes Wettbewerbsverhältnis liegt in den Fällen des **Behinderungswettbewerbs** vor, wenn die **konkrete geschäftliche Handlung objektiv geeignet und darauf gerichtet ist, den Absatz (oder Bezug) des Handelnden zum Nachteil des Absatzes (oder Bezugs) eines anderen Unternehmers zu fördern** (vgl *Köhler* WRP 2009, 499, 505 ff). Dazu ist keine entsprechende Behinderungsabsicht erforderlich, es genügt, dass sich die Handlung ihrer Art nach notwendigerweise nachteilig für den Wettbewerb eines bestimmten anderen Unternehmers auswirkt oder auswirken kann. Ist dies der Fall, so besteht zu diesem Unternehmer ein konkretes Wettbewerbsverhältnis, unabhängig davon, ob die betreffenden Unternehmer auf demselben relevanten Markt tätig sind oder nicht. Auch die **Intensität** der Auswirkungen der geschäftlichen Handlung auf den Absatz oder Bezug eines Mitbewerbers spielt keine Rolle (ebenso KG GRUR 2010, 22, 26). Sie ist erst im Rahmen der Prüfung der Unlauterkeit oder der Spürbarkeit iSd § 3 I zu prüfen.

103 bb) **Mitbewerberbezogene Verhaltensnormen der § 3 III Nr 13, § 5 II, § 6 I, II.** Bei den mitbewerberbezogenen Verhaltensnormen der §§ 5 II, III, 6 I, II ist, da sie auf Unionsrecht beruhen, der unionsrechtliche Mitbewerberbegriff zugrunde zu legen. Insoweit ist der **Substitutionswettbewerb** maßgebend. Es kommt also darauf an, ob die angebotenen Waren oder Dienstleistungen aus der Sicht der angesprochenen Verkehrskreise mit denen eines anderen Unternehmers austauschbar sind. Dabei ist die Auslegung durch den EuGH maßgeblich (dazu § 6 Rdn 34).

104 cc) **Mitbewerberbezogene Sanktionsnormen der § 8 III Nr 1, § 9 S 1.** Bei den mitbewerberbezogenen Sanktionsnormen der § 8 III Nr 1, § 9 S 1 kommt es darauf an, gegen welche Verhaltensnorm verstoßen wurde. Bei Verstößen gegen allgemeine Verhaltensnormen (§§ 3, 4 Nr 1–6, 11; § 5 I, IV, § 5 a, § 7 I) ist das Vorhandensein eines Substitutionswettbewerbs maßgebend. Nur der Unternehmer ist insoweit als Mitbewerber anzusehen, dessen Waren oder Dienstleistungen mit denen des handelnden Unternehmers aus der Sicht der angesprochenen Verkehrskreise austauschbar sind und der somit auf demselben relevanten Markt wie der Verletzer tätig ist. Bei Verstößen gegen unionsrechtlich geprägte mitbewerberbezogene Verhaltensnormen ist der unionsrechtliche Mitbewerberbegriff maßgebend, der allerdings ebenfalls auf den Substitutionswettbewerb abstellt (Rdn 103). Bei Verletzung der sonstigen mitbewerberbezogenen

Verhaltensnormen (§§ 3, 4 Nr 7–10) ist der dort maßgebliche Begriff des Behinderungswettbewerbs zugrunde zu legen.

c) Zusammenfassung. Je nach dem Zweck der Norm ist für das Vorliegen eines konkreten **105** Wettbewerbsverhältnisses entscheidend, ob es um Substitutionswettbewerb oder Behinderungswettbewerb geht. Bezweckt die Norm den Schutz vor Behinderungswettbewerb, wie in den Fällen des § 4 Nr 7–10, so reicht es aus, dass die konkrete geschäftliche Handlung objektiv geeignet und darauf gerichtet ist, den Absatz (oder Bezug) des Handelnden zum Nachteil des Absatzes (oder Bezugs) eines anderen Unternehmers zu fördern. In allen anderen Fällen ist erforderlich, dass die beteiligten Unternehmen auf demselben relevanten Markt tätig sind. Dabei sind die Besonderheiten des unionsrechtlichen Mitbewerberbegriffs zu beachten.

4. Das konkrete Wettbewerbsverhältnis beim Substitutionswettbewerb

In den Fällen des Substitutionswettbewerbs, in denen eine Tätigkeit auf demselben relevanten **106** Markt erforderlich ist (Rdn 106 ff), ist eine **Marktabgrenzung** erforderlich. Sie darf aber nicht abstrakt erfolgen, sondern muss an die konkrete geschäftliche Handlung anknüpfen (Rdn 96). Üblicherweise wird der relevante Markt sachlich, räumlich und zeitlich abgegrenzt.

a) Sachlich relevanter Markt. Für die **sachliche Marktabgrenzung** kommt es nach dem **106a** im Kartellrecht entwickelten sog **Bedarfsmarktkonzept** darauf an, ob sich die von den beteiligten Unternehmen angebotenen Waren oder Dienstleistungen nach ihren Eigenschaften, ihrem Verwendungszweck und ihrer Preislage so nahe stehen, dass sie der durchschnittlich informierte, situationsadäquat aufmerksame und verständige Nachfrager als **austauschbar** ansieht (vgl BGH GRUR 2002, 228, 829 – *Lottoschein;* Immenga/Mestmäcker/*Möschel* GWB § 19 Rdn 24 mwN; ähnlich die Definition des „Wettbewerbers" in Art 1 lit a VO (EG) Nr 2790/1999 v 22. 12. 1999 über vertikale Vereinbarungen). Mitbewerber ist ein Unternehmen also nur, wenn es Waren oder Dienstleistungen anbietet, die mit denen des Handelnden gleich oder aus der Sicht verständiger Abnehmer jedenfalls austauschbar sind. Ob Austauschbarkeit zu bejahen ist, hängt von den jeweiligen Umständen des Einzelfalls (konkrete Maßnahme; derzeitige und künftige Verbrauchergewohnheiten und Marktverhältnisse usw) ab. Die Anforderungen an den Grad der Austauschbarkeit dürfen nicht zu hoch angesetzt werden (vgl Rdn 95). Insoweit ist durchaus eine Annäherung an den Mitbewerberbegriff des Unionsrechts möglich (vgl § 6 Rdn 34; EuGH GRUR 2007, 511 Tz 47 – *De Landtsheer:* „gewisser Grad an Substitution" ausreichend). Es genügt bereits, dass sich die Beeinträchtigung eines anderen Unternehmens aus der irrigen Annahme des Verkehrs von der Substituierbarkeit der angebotenen Güter ergeben kann (BGH GRUR 1981, 529, 530 – *Rechtsberatungsanschein*). Dagegen ist ein Unternehmer, der zwar die gleiche Vertriebsform oder -methode verwendet wie ein anderer Unternehmer, aber auf einem anderen Markt tätig ist, kein Mitbewerber ISd § 8 III Nr 1 (so auch [zu § 13 II Nr 1 und 2 UWG 1909] BGH GRUR 1997, 478 – *Haustürgeschäft II;* OLG Karlsruhe NJWE-WettbR 1997, 42, 43).

Beispiele: Vgl zunächst die Angaben bei Rdn 96 a, 96 c, 96 e. Zwischen einem Kfz-Sach- **106b** verständigen und einer Kfz-Haftpflichtversicherung kann ein konkretes Wettbewerbsverhältnis bestehen, jedenfalls soweit die Versicherung ihrerseits Sachverständigengutachten anbietet und zum Boykott des Sachverständigen aufruft (OLG Nürnberg WRP 2007, 202, 203). – Kein konkretes Wettbewerbsverhältnis besteht zwischen einem Fernsehsender und einem Unternehmer, der es Internetnutzern ermöglicht, Sendungen aus Fernsehprogrammen auszuwählen und zeitversetzt auf dem PC anzusehen, weil dem Fernsehsender dadurch keine Zuschauer verloren gehen (OLG Köln GRUR-RR 2006, 5, 6). Ebenso wenig besteht ein konkretes Wettbewerbsverhältnis zwischen den Anbietern von Waren und dem Betreiber eines Online-Marktplatzes für derartige Waren (OLG Koblenz GRUR-RR 2006, 380, 381; aA *Weber* GRUR-RR 2007, 65) sowie zwischen einem Anbieter von Herrenbekleidung und einem Anbieter von Damenkleidung (OLG Braunschweig MMR 2010, 252).

b) Räumlich relevanter Markt. Für die **räumliche Marktabgrenzung** ist ebenfalls von **106c** der Geschäftstätigkeit des werbenden Unternehmens auszugehen (BGH WRP 1998, 42, 45 – *Unbestimmter Unterlassungsantrag III;* BGH GRUR 2000, 619, 620 – *Orient-Teppichmuster;* BGH GRUR 2001, 260, 261 – *Vielfachabmahner*) und zu fragen, ob die Werbemaßnahme sich zumindest auf den tatsächlichen oder potenziellen Kundenkreis des Gewerbetreibenden auswirken kann (vgl OLG Frankfurt WRP 1995, 333; OLG Karlsruhe WRP 1995, 413; OLG Köln GRUR 1997, 316, 317). Es kommt also darauf an, ob sich die Gebiete decken oder überschneiden, in denen die Beteiligten Kunden haben oder zu gewinnen suchen. Der räumlich relevante Markt kann daher – je nach den Umständen – örtlich oder regional begrenzt sein (vgl BGH GRUR 2001, 78 – *Falsche Herstellerpreisempfehlung* zu Verbrauchermärkten), aber auch – etwa bei bundesweiter Werbung, wie zB im Fernsehen oder im Internet – das ganze Bundesgebiet erfassen (BGH GRUR 1996, 804, 805 – *Preisrätselgewinnauslobung III;* BGH GRUR 1997, 479, 480 – *Münzangebot;* BGH GRUR 1998, 170 – *Händlervereinigung;* BGH WRP 2000, 389, 391 – *Gesetzeswiederholende Unterlassungsanträge; Gloy* WRP 1999, 34, 36). Ob mit einiger Wahrscheinlichkeit eine Auswirkung der Wettbewerbsmaßnahme auf einen anderen Unternehmer gegeben oder zu befürchten ist, beurteilt sich nach den Umständen des Einzelfalls. Hierbei sind die Marktstellung (Größe, Bekanntheit usw) des werbenden Unternehmens, der Inhalt und die Attraktivität seines Angebots, die Vertriebsart (Versandhandel oder Ladengeschäft) sowie die Art, die Reichweite und die Dauer der Werbung von Bedeutung (BGH GRUR 1997, 379, 380 – *Münzangebot;* BGH GRUR 1998, 170 – *Händlervereinigung*). Letztlich kommt es darauf an, ob trotz der räumlichen Entfernung des Kunden zum Anbieter noch ein Vertragsschluss möglich erscheint.

106d **Beispiele:** Bei Ladengeschäften für den täglichen Bedarf ist der jeweilige örtliche Einzugsbereich und die Entfernung zum Mitbewerber maßgebend (BGH GRUR 1998, 1039, 1040 – *Fotovergrößerungen;* BGH GRUR 2001, 78 – *Falsche Herstellerpreisempfehlung*). – Bei Anwälten kommt es, auch soweit es Internet-Werbung betrifft, auf die Ausrichtung und die Größe der Kanzleien an (BGH GRUR 2005, 520, 521 – *Optimale Interessenvertretung:* konkretes Wettbewerbsverhältnis zwischen mittelgroßen Kanzleien in benachbarten Städten bejaht; OLG Dresden NJW 1999, 144, 145: konkretes Wettbewerbsverhältnis zwischen überörtlichen Sozietäten in Sachsen bejaht; LG Hamburg GRUR-RR 2001, 95, 96: konkretes Wettbewerbsverhältnis zwischen Anwälten in Berlin und Flensburg verneint). Privatleute werden, soweit es nicht bedeutsame Angelegenheiten betrifft, idR nur ortsnahe Kanzleien aufsuchen (OLG Frankfurt GRUR-RR 2003, 248). – Beim Kfz-Händler ist der räumliche Markt nicht auf den Ort seiner Niederlassung begrenzt, vielmehr sind jedenfalls auch die umliegenden Gemeinden noch erfasst (BGH GRUR 1998, 170 – *Händlervereinigung*); bei seltenen Modellen („Oldtimer") kann der räumliche Markt auch größer sein. – Die Reichweite der Zeitung, in der geworben wird, bildet zwar regelmäßig, aber nicht notwendig den räumlich relevanten Markt für das beworbene Produkt (OLG München WRP 1995, 1057, 1059; OLG Celle GRUR 1998, 77, 78; *Gloy* WRP 1999, 34, 36), doch kommt es auch hier auf das beworbene Produkt und seine potenziellen Abnehmer an. Andererseits dürfen auch bei überregionalen Blättern keine zu strengen Maßstäbe angelegt werden. Jedoch dürfte es ausgeschlossen sein, dass zB in einer Werbung eines Münchner Immobilienmaklers in einer überregionalen Zeitung für Immobilien in München auch ein Berliner Immobilienmakler im Hinblick auf die von ihm angebotenen Berliner Immobilien betroffen sein kann (vgl BGH GRUR 2001, 260, 261 – *Vielfachabmahner;* BGH GRUR 2001, 258, 259 – *Immobilienpreisangaben*). – Beim Zeitungsverlegerwettbewerb ist zu berücksichtigen, dass sich die Verbreitungsgebiete von Zeitungen nicht exakt abgrenzen lassen und es Überschneidungsgebiete gibt, insbes beim Wettbewerb um Anzeigenkunden (BGH WRP 1998, 42, 45 – *Unbestimmter Unterlassungsantrag III*).

107 **c) Zeitlich relevanter Markt.** Bei der zeitlichen Marktabgrenzung geht die Fragestellung dahin, ob die Angebote des einen Unternehmers auch in zeitlicher Hinsicht mit dem Angebot eines anderen Unternehmers austauschbar sind. Das spielt aber in der Praxis kaum eine Rolle.

5. Das konkrete Wettbewerbsverhältnis beim Behinderungswettbewerb

108 In den Fällen des Behinderungswettbewerbs (§ 4 Nr 7–10) ist ausnahmsweise eine Tätigkeit auf demselben relevanten Markt nicht erforderlich. Vielmehr reicht es aus, dass die konkrete geschäftliche Handlung objektiv geeignet und darauf gerichtet ist, den Absatz (oder Bezug) des Handelnden zum Nachteil des Absatzes (oder Bezugs) eines anderen Unternehmers zu fördern (Rdn 102). Dazu lassen sich – beispielhaft – einige Fallgruppen bilden:

109 **a) Herabsetzung (§ 4 Nr 7) und Anschwärzung (§ 4 Nr 8).** Die Tatbestände des § 4 Nr 7 und 8 setzen eine Herabsetzung oder eine Anschwärzung eines **Mitbewerbers** voraus. Dafür ist aber nicht erforderlich, dass der herabgesetzte oder angeschwärzte Unternehmer auf demselben relevanten Markt wie der Anschwärzende tätig ist (aA OLG Brandenburg GRUR-RR 2009, 140, 141). Behauptet bspw ein Unternehmer, er sei der einzige Unternehmer am Ort, der seine Kunden nicht betrüge, erfüllt dies den Tatbestand des § 4 Nr 7 und ggf des § 4 Nr 8, auch wenn die anderen Unternehmer völlig andere Produkte vertreiben. § 4 Nr 7 ist auch dann anwendbar, wenn ein Autoreparaturunternehmen vor einem bestimmten Versicherungsunternehmen mit herabsetzenden oder unrichtigen Äußerungen „warnt". Folgt man der weiten Auslegung des Mitbewerberbegriffs nicht, sind die §§ 823 I, 824 BGB heranzuziehen (OLG Brandenburg GRUR-RR 2009, 140, 141).

b) Unlautere Produktnachahmung (§ 4 Nr 9). Der Tatbestand des § 4 Nr 9 setzt voraus, dass Waren oder Dienstleistungen angeboten werden, die eine Nachahmung der Waren oder Dienstleistungen eines Mitbewerbers sind. Der Begriff des Mitbewerbers ist dabei iSd Behinderungswettbewerbs zu verstehen. Es ist daher zwar ausreichend, aber nicht erforderlich, dass der Unternehmer, dessen Produkt nachgeahmt wird, auf demselben relevanten Markt tätig ist wie der Nachahmer. Das wird an folgenden **Beispielen** deutlich:

(1) Massenhafte Nachahmung eines Luxusprodukts. Beim Vertrieb von Billigimitationen eines exklusiven Luxusprodukts (zu Rolex-Uhren vgl BGH GRUR 1985, 876 – *Tchibo/Rolex I;* zu Hermès-Handtaschen vgl BGH GRUR 2007, 795 – *Handtaschen*) ist schon wegen des eklatanten Preisunterschieds ein Substitutionswettbewerb idR ausgeschlossen. Gleichwohl ist der Hersteller des Luxusprodukts Mitbewerber des Nachahmers, weil der Vertrieb der Nachahmung zu seinen Lasten geht (Rdn 102; ebenso *Beater* WRP 2009, 768, 777).

(2) Herstellung eines Vorprodukts. Ahmt ein Autohersteller ein Vorprodukt (zB Autofelgen) eines anderen Unternehmers nach, das Teil des von ihm angebotenen Endprodukts (Kraftfahrzeug) ist, so ist der andere Unternehmer (Felgenhersteller) Mitbewerber iSd § 4 Nr 9. Denn der Absatz des Endprodukts geht letztlich auch zu Lasten des Absatzes seines Vorprodukts an diesen oder andere Unternehmer.

(3) Lizenzerteilung. Stellt ein Unternehmer ein Produkt nicht selbst her, sondern erteilt er lediglich eine Lizenz zur Herstellung, so ist er Mitbewerber des Unternehmers, der eine Produktnachahmung vertreibt. Denn letztlich hängt sein Absatzerfolg als Lizenzgeber vom Absatzerfolg des lizenzierten Produkts ab.

c) Gezielte Behinderung (§ 4 Nr 10). *(1) Gekoppelte Märkte.* Ein Unternehmer setzt ein Produkt auf einem Markt ab, der mit einem anderen Markt gekoppelt ist. Er ist Mitbewerber des Unternehmers, der nur auf dem anderen Markt tätig ist. **Beispiel:** Private Fernsehsender, die auf dem Werbemarkt ihre Leistungen entgeltlich anbieten, aber den Fernsehzuschauern ihr Programm kostenlos anbieten, sind Mitbewerber der Vertreibers von TV-Werbeblockern an Fernsehzuschauer (BGH GRUR 2004, 877, 878 f – *Werbeblocker*). Denn der Absatzerfolg der Fernsehsender auf dem Werbemarkt hängt davon ab, dass die Fernsehzuschauer auch die Werbung betrachten. Der Absatz der Werbeblocker kann daher den Absatz auf dem Werbemarkt beeinträchtigen. Eine andere Frage ist es, ob diese Beeinträchtigung unlauter ist.

(2) Beeinträchtigung fremder Werbung. Die Beeinträchtigung fremder Werbung im Rahmen einer geschäftlichen Handlung kann den Tatbestand des § 4 Nr 10 erfüllen. Voraussetzung dafür ist, dass dies einen Mitbewerber betrifft. Wenn ein Unternehmer mit seinem Werbeplakat ein Werbeplakat eines anderen Unternehmers überklebt, ist dieser als Mitbewerber anzusehen. Denn diese Maßnahme bringt notwendigerweise einen Nachteil für die Werbung dieses Unternehmers mit sich, auch wenn beide Unternehmer nicht auf demselben relevanten Markt tätig sind.

(3) Rufausbeutung. Ein Unternehmer beutet den Ruf des Produkts eines anderen Unternehmers für den Absatz seines Produkts aus, ohne dass ein Fall der Produktnachahmung (§ 4 Nr 9) bzw der Tätigkeit auf demselben relevanten Markt vorliegt. Der Nachteil für den anderen Unternehmer kann im Entgang von Lizenzeinnahmen (vgl BGH GRUR 1994, 732 – *McLaren;* BGH GRUR 1983, 247, 249 – *Rolls Royce;* BGHZ 93, 967, 969 – *DIMPLE*) oder in der Beeinträchtigung des Absatzes seines Produkts bestehen (vgl BGH GRUR 1988, 455 – *Ein Champagner unter den Mineralwässern*). Allerdings ist in diesen Fällen stets zu prüfen, ob eine Kennzeichenverletzung vorliegt, die durch § 14 II Nr 3, § 15 III MarkenG abschließend geregelt ist (Harte/Henning/*Keller* § 2 Rdn 137).

E. Nachricht (§ 2 I Nr 4)

Die Definition des Begriffs der Nachricht ist im Hinblick auf § 7 II Nr 4 (Werbung mit elektronischen Nachrichten) erforderlich. Sie ist – im Wege der Umsetzung – aus Art 2 lit d Datenschutzrichtlinie für elektronische Kommunikation (2002/58/EG) übernommen. Der Begriff des elektronischen Kommunikationsdienstes erfasst im Wesentlichen die Sprachtelefone, Faxgeräte und die elektronische Post, also E-Mail, SMS und MMS.

F. Verhaltenskodex (§ 2 I Nr 5)

I. Begriff, Funktion und Verbreitung von Verhaltenskodizes

113 Der **Begriff** der Verhaltenskodizes ist in § 2 I Nr 5 definiert als „Vereinbarungen oder Vorschriften über das Verhalten von Unternehmern, zu welchem diese sich in Bezug auf Wirtschaftszweige oder einzelne geschäftliche Handlungen verpflichtet haben, ohne dass sich solche Verpflichtungen aus Gesetzes- oder Verwaltungsvorschriften ergeben". Das entspricht im Großen und Ganzen der Definition in Art 2 lit f UGP-Richtlinie, die wie folgt lautet:

„Im Sinne dieser Richtlinie bezeichnet der Ausdruck ... f) „Verhaltenskodex" eine Vereinbarung oder einen Vorschriftenkatalog, die bzw. der nicht durch die Rechts- und Verwaltungsvorschriften eines Mitgliedstaates vorgeschrieben ist und das Verhalten der Gewerbetreibenden definiert, die sich in Bezug auf eine oder mehrere spezielle Geschäftspraktiken oder Wirtschaftszweige auf diesen Kodex verpflichten;"

Die **Funktion** der Verhaltenskodizes besteht nach Erwägungsgrund 20 S 1 UGP-Richtlinie darin, es den Gewerbetreibenden ermöglichen, „die Grundsätze dieser Richtlinie in spezifischen Wirtschaftsbranchen wirksam anzuwenden", also die Anforderungen der Richtlinie an lauteres geschäftliches Handeln branchenspezifisch zu verdeutlichen und zu konkretisieren. Dies gilt insbes für die Konkretisierung der beruflichen Sorgfalt anhand der für bestimmte Branchen geltenden „zwingenden Vorschriften ..., die das Verhalten von Gewerbetreibenden regeln" (Erwägungsgrund 20 S 2 UGP-Richtlinie). Nach Art 3 VIII UGP-Richtlinie sind sogar strengere „berufsständische Verhaltenskodizes oder andere spezifische Regeln für reglementierte Berufe" zulässig. Den Urhebern eines Verhaltenskodexes bleibt es im Übrigen unbenommen, auch bestehende lauterkeitsrechtliche Rechtsvorschriften zu wiederholen (*Dreyer* WRP 2007, 1294, 1297), um entsprechende vertragliche Sanktionen bei Verstößen zu ermöglichen. – Verhaltenskodizes müssen auf die Lauterkeit des geschäftlichen Handelns bezogen sein (Anh zu § 3 III Rdn 1.6). Nicht unter den Begriff des Verhaltenskodexes fallen daher Vereinbarungen über Art und Umfang der Geschäftstätigkeit von Unternehmen, wie etwa selektive Vertriebssysteme oder F & E-Verträge (wie hier iErg *Schmidhuber* WRP 2010, 593, 597 f; aA *Hoeren* WRP 2009, 789, 793; *Lamberti/Wendel* WRP 2009, 1479, 1481). Verhaltenskodizes sollen den Kunden signalisieren, dass die angeschlossenen Unternehmen sich freiwillig über die gesetzlichen Verpflichtungen hinaus zu einem fairen Verhalten verpflichten. – Verhaltenskodizes sind vor allem in Großbritannien und den skandinavischen Ländern, in geringerem Umfang auch in Deutschland verbreitet. **Beispiele:** Werberichtlinien des ZAW (www.zaw.de und www.werberat.de); Wettbewerbsrichtlinien der Versicherungswirtschaft; Regelungen der Freiwilligen Selbstkontrolle Film (FSK), der Multimedia-Dienstleister (FSM), der Telefonmehrwertdienste (FST) und der Freiwilligen Selbstkontrolle Fernsehen (FSF).

II. Wirksamkeit von Verhaltenskodizes

114 Verhaltenskodizes können die gesetzlichen Anforderungen an das unternehmerische Verhalten gegenüber Verbrauchern wiederholen, aber auch im Hinblick auf die Besonderheiten bestimmter Branchen oder geschäftlicher Handlungen konkretisieren. Ihrer Rechtsnatur nach sind sie – je nach Ausgestaltung – Verträge oder Satzungen, die bestimmte Verhaltensregelungen für Unternehmer einer bestimmten Branche aufstellen, und zu deren Einhaltung sich die Unterzeichner verpflichten. Allerdings dürfen sie sich nicht über bestehende **gesetzliche Vorschriften** der Union oder der Mitgliedstaaten hinwegsetzen. Dementsprechend sind nach Art 11 I Unterabs 4 lit b UGP-Richtlinie und Art 5 II Unterabs 2 lit b Irreführungsrichtlinie die Mitgliedstaaten berechtigt, Rechtsbehelfe gegen den Urheber eines Verhaltenskodex zuzulassen, **„wenn der betreffende Kodex der Nichteinhaltung rechtlicher Vorschriften Vorschub leistet".** Typischerweise handelt es sich bei Verhaltenskodizes um besondere Erscheinungsformen der in den §§ 24 ff GWB geregelten **Wettbewerbsregeln** (vgl § 5 Rdn 5.163). Die Wirksamkeit solcher Bindungen beurteilt sich daher auch nach Art 101 I AEUV und § 1 GWB (vgl BGHZ 166, 154 = GRUR 2006, 773 Tz 19, 20 – *Probeabonnement*). Die Urheber eines Verhaltenskodexes können daher nicht die kartellrechtlichen Grenzen für wettbewerbsbeschränkende Vereinbarungen unterlaufen.

III. Bedeutung von Verhaltenskodizes

1. Materiellrechtliche Bedeutung

Verhaltenskodizes können, wie erwähnt (Rdn 114), Erscheinungsformen der in den §§ 24–27 GWB geregelten **Wettbewerbsregeln** sein. Es sind dies nach § 24 II GWB „Bestimmungen, die das Verhalten im Wettbewerb regeln zu dem Zweck, einem den Grundsätzen des lauteren oder der Wirksamkeit eines leistungsgerechten Wettbewerbs zuwiderlaufenden Verhalten im Wettbewerb entgegenzuwirken und ein diesen Grundsätzen entsprechendes Verhalten anzuregen". Derartige Wettbewerbsregeln können unter bestimmten Voraussetzungen von der Kartellbehörde nach § 26 GWB anerkannt werden. Die Anerkennung bedeutet aber nur, dass die Kartellbehörde von ihren Untersagungsbefugnissen keinen Gebrauch machen wird (§ 26 I 2 GWB). Es tritt daher nur eine Selbstbindung der Kartellbehörde, nicht dagegen eine Bindung der Gerichte ein. Verhaltenskodizes können auch nicht mit verbindlicher Wirkung festlegen, ob bestimmte Verhaltensweisen unlauter sind oder nicht. Es kommt ihnen allenfalls eine Indizwirkung zu (BGHZ 166, 154 = GRUR 2006, 773 Tz 19 – *Probeabonnement;* 5 Rdn 5.166; vgl auch *Kocher* GRUR 2005, 647). Auch stellen sie, selbst wenn sie von der Kartellbehörde anerkannt worden sind, keine gesetzlichen Vorschriften iSd § 4 Nr 11 dar (BGH aaO Tz 20 – *Probeabonnement*). Ein Verstoß gegen einen Verhaltenskodex stellt daher auch nicht, auch nicht unter dem Gesichtspunkt des Rechtsbruchs eine Zuwiderhandlung gegen § 3 oder § 7 dar. Vielmehr ist das Vorliegen einer Zuwiderhandlung ohne Rücksicht auf das Bestehen eines Verhaltenskodexes zu prüfen. Verhaltenskodizes, auf deren Einhaltung sich Unternehmer verpflichtet haben, dienen daher in erster Linie der **Selbstkontrolle** der Wirtschaft. Die Überwachung der Einhaltung der Vorschriften eines Kodexes durch seine Urheber kann die Anrufung von Gerichten oder Verwaltungsbehörden zur Unterbindung unlauterer geschäftlicher Handlungen überflüssig machen (vgl Erwägungsgrund 20 S 3 UGP-Richtlinie). – Verhaltenskodizes können darüber hinaus die Grundlage von (anständigen) **„Marktgepflogenheiten"** iSd § 2 I Nr 7 sein (§ 2 Rdn 131).

2. Verhältnis der Selbstkontrolle zur gerichtlichen Rechtsdurchsetzung

Die Kontrolle unlauterer geschäftlicher Handlungen erfolgt grds durch die Gerichte (bzw Verwaltungsbehörden). Jedoch ist es zulässig, zusätzlich die Möglichkeit einer Selbstkontrolle der Wirtschaft durch Gründung entsprechender Einrichtungen zu schaffen (vgl Art 10 S 1 UGP-Richtlinie). Allerdings bedeutet die Inanspruchnahme derartiger Kontrolleinrichtungen keinen Verzicht auf die gerichtliche Rechtsdurchsetzung, wie Art 10 S 2 UGP-Richtlinie klarstellt. Die Mitgliedstaaten können andererseits vorsehen, dass vor einem gerichtlichen Verfahren ein Verfahren zur Regelung von Beschwerden vor derartigen Einrichtungen durchgeführt wird (Art 11 I Unterabs 3 UGP-Richtlinie).

3. Irreführende Berufung auf einen Verhaltenskodex

Die Berufung auf einen Verhaltenskodex kann für ein Unternehmen ein wirksames Werbemittel sein. Denn gibt ein Unternehmen in seiner Werbung an, es habe sich auf die Einhaltung eines bestimmten Verhaltenskodexes verpflichtet oder ein Verhaltenskodex sei von einer amtlichen oder sonstigen Stelle gebilligt worden, so kann dies den Eindruck von besonderer Seriosität und Zuverlässigkeit erwecken. Daran knüpfen die Irreführungstatbestände des § 5 I 2 Nr 6 (vgl § 5 Rdn 5.163 ff) und der Nr 1 und 3 des Anh zu § 3 III (vgl dort) an. Die Regelungen entsprechen den Art 6 II lit b und Nr 1 und 3 Anh I UGP-Richtlinie.

G. Unternehmer (§ 2 I Nr 6)

I. Funktionen des Unternehmerbegriffs

Das UWG verwendet den Begriff des Unternehmers an vielen Stellen (vgl § 2 I Nr 3, § 3 II, § 4 Nr 8, § 5 I 2 Nr 3, 4 und 6, § 5a III Nr 2, § 7 III 1, § 8 III Nr 2, § 15 II (vgl auch § 8 II und § 17 II, die vom „Inhaber des Unternehmens" sprechen). Der Begriff dient zum einen dazu, den Kreis der verantwortlichen und der geschützten Personen, zum anderen den Kreis der Anspruchsberechtigten (§ 8 III Nr 1 iVm § 2 I Nr 3) zu beschränken.

II. Entstehungsgeschichte

119 Während das **UWG 1909** noch den altertümlichen und (im Hinblick auf die freien Berufe) zu eng gefassten Begriff des „Gewerbetreibenden" verwendet hatte, benutzte das **UWG 2004** den modernen Begriff des Unternehmers und verwies zu seiner Umschreibung in § 2 II UWG 2004 auf die Definition in § 14 BGB. Nach § 14 I BGB ist Unternehmer eine natürliche oder juristische Person oder eine rechtsfähige Personengesellschaft, die bei Abschluss eines Rechtsgeschäfts in Ausübung ihrer gewerblichen oder selbstständigen beruflichen Tätigkeit handelt. Diese Definition war schon damals für die Zwecke des UWG wenig brauchbar, da das UWG auch und vor allem das Verhalten des Unternehmers vor Abschluss eines Rechtsgeschäfts regelt. In der **UWG-Novelle 2008** wurde diese Begriffsbestimmung daher durch eine neue Definition ersetzt, die sich eng an die Definition des „Gewerbetreibenden" in Art 2 lit b UGP-Richtlinie anlehnt und dementsprechend auch Personen einbezieht, die im Namen oder Auftrag des Gewerbetreibenden handeln. Der Begriff des Unternehmers erfasst daher sowohl den Inhaber des Unternehmens als auch den für das Unternehmen als Vertreter oder Beauftragter handelnden Dritten (zur Kritik vgl *Sosnitza* WRP 2008, 1014, 1015). Die grds persönliche Verantwortlichkeit von Vertretern oder Beauftragten eines Unternehmensinhabers war allerdings schon im bisherigen Recht anerkannt. Sie galten insoweit als Personen, die „zugunsten eines fremden Unternehmens" handelten. Ihre persönliche Verantwortlichkeit wird in der Zurechnungsnorm des § 8 II „Mitarbeiter und Beauftragte" vorausgesetzt (zu Einzelheiten vgl § 8 Rdn 2.32 ff). In der UWG-Novelle 2008 ist nunmehr ausdrücklich geregelt, dass auch Personen, die „im Namen oder Auftrag" eines Unternehmer handeln, als Unternehmer gelten (§ 2 I Nr 6). Die Neuregelung lässt indessen nicht den Umkehrschluss zu, dass sonstige Dritte (Private, Behörden, Verbände), die zugunsten eines fremden Unternehmens handeln, nicht mehr lauterkeitsrechtlich zur Verantwortung gezogen werden könnten.

III. Unternehmensinhaber als Unternehmer

120 Unternehmer ist jede natürliche oder juristische Person, die geschäftliche Handlungen im Rahmen ihrer gewerblichen, handwerklichen oder beruflichen Tätigkeit vornimmt. Das ist zunächst der **Unternehmensinhaber.** Unter beruflicher Tätigkeit ist dabei die **selbstständige** berufliche Tätigkeit, wie sie insbes für die freien Berufe kennzeichnend ist, zu verstehen. Das wird durch die englische Fassung des Art 2 lit b UGP-Richtlinie bestätigt („acting for purposes relating to his trade, business, craft or profession"). Die unselbstständige berufliche Tätigkeit wird durch die zweite Alternative (Handeln als Vertreter oder Beauftragter) erfasst (Rdn 121). Zum Begriff der geschäftlichen Handlung vgl § 2 I Nr 1. Zu den juristischen Personen gehören in richtlinienkonformer Auslegung auch rechtsfähige Personengesellschaften (vgl § 14 II BGB).

IV. Vertreter und Beauftragte als Unternehmer

1. Begrenzter Anwendungsbereich der Legaldefinition

121 Nach der Legaldefinition in § 2 I Nr 6 werden aber auch die Personen als Unternehmer behandelt, die **„im Namen oder Auftrag"** des Unternehmers handeln. Die Vorschrift ist zunächst richtlinienkonform im Einklang mit Art 2 lit b UGP-Richtlinie auszulegen (engl Fassung „acting in the name of or on behalf of a trader"; frz Fassung: „"agissant au nom ou pour le compte d'un professionel"). Dafür bieten sich zwei Auslegungsmöglichkeiten an. Zum einen könnten damit Personen gemeint sein, die für sich gesehen bereits Unternehmer sind, aber als „Intermediäre" im Geschäftsverkehr auftreten, wie zB selbstständige Handelsvertreter oder Kommissionäre. Zum anderen könnten damit auch bloße Mitarbeiter gemeint sein, die „im Namen", also als Vertreter, oder „im Auftrag" des Unternehmers handeln. Für diese weite Auslegung spricht jedenfalls die Nr 30 des Anh I UGP-Richtlinie („Arbeitsplatz") und die Nr 23 („Vertreterbesuch"). Selbst wenn aber die UGP-Richtlinie nur Intermediäre erfassen sollte, schließt dies nicht aus, den § 2 I Nr 6 in diesem weiteren Sinne zu verstehen. Denn die UGP-Richtlinie trifft insoweit keine abschließende Regelung und im deutschen Lauterkeitsrecht waren auch schon früher Mitarbeiter persönlich für Wettbewerbsverstöße verantwortlich (arg § 8 II). Für die Qualifikation als Vertreter oder Beauftragter kommt es daher nicht darauf an, ob es sich für sich gesehen um unselbstständig oder selbstständig Tätige (zB angestellte oder selbstständige Handelsvertreter; vgl § 84 HGB) handelt und ob ihre Vertretungsmacht auf Gesetz (zB GmbH-Geschäftsführer) oder Vollmacht (zB Handlungsvollmacht iSd § 54 HGB) beruht. Ferner kommt

G. Unternehmer (§ 2 I Nr 6)

es nicht darauf an, ob die Vertretungsmacht oder der Auftrag wirksam erteilt worden sind. Allerdings kann die Legaldefinition in § 2 I Nr 6 nicht uneingeschränkt für alle Regelungen des UWG gelten, in denen der Begriff des Unternehmers verwendet wird. Vielmehr beschränkt sich diese Erweiterung des Unternehmerbegriffs grds auf die Regelungen im UWG, in denen es um die **lauterkeitsrechtliche Verantwortlichkeit** dieser Hilfspersonen geht (§§ 3–6). Aber auch bei diesen Regelungen ist jeweils durch **Auslegung** zu ermitteln, ob sie sich nur auf den **Unternehmensinhaber** oder aber auch auf unselbstständige **Vertreter und Beauftragte** beziehen. So ist zB unter Unternehmer iSd § 5 I Nr 3 auch der Vertreter und der Beauftragte zu verstehen (**Beispiel:** Angestellter macht im Verkaufsgespräch irreführende Angaben über seine Qualifikation oder Berufserfahrung). Dagegen dürfte sich der Unternehmerbegriff in § 5 I Nr 4 („Zulassung des Unternehmers") und in § 5 I Nr 6 (Verpflichtung des Unternehmers auf einen Verhaltenskodex) nicht auf unselbstständige Vertreter und Beauftragte erstrecken. In § 5 a III Nr 2 dürfte sich die erste Alternative nur auf den Unternehmensinhaber beziehen; die zweite Alternative betrifft ohnehin nur den Fall, dass ein Vertreter oder Beauftragter es unterlässt, die Identität und Anschrift seines Geschäftsherrn anzugeben. Bei den Tatbeständen des **Anh zu § 3 III** ist ebenfalls jeweils durch Auslegung zu ermitteln, ob sie sich nur auf den Unternehmensinhaber (zB Nr 1, 4, 15) oder – wie idR - auch auf unselbstständige Mitarbeiter beziehen (bes deutlich in Nr 30 Anh § 3 III (arg „Arbeitsplatz").

Nicht dagegen ist die erweiterte Begriffsbestimmung heranzuziehen, wenn es um die **von einer unlauteren geschäftlichen Handlung betroffenen „Unternehmer"** geht. In diesen Fällen ist in einschränkender Auslegung unter Unternehmer nur der Unternehmensinhaber zu verstehen. Dazu gehört der **Unternehmerbegriff** in § 4 Nr 8. Denn diese Vorschrift schützt „Unternehmer und Mitglieder der Geschäftsleitung" und den „Kredit des Unternehmers"; sie will damit sonstige Mitarbeiter des Unternehmens gerade nicht erfassen. Ebenso wenig ist die erweiterte Begriffsbestimmung heranzuziehen bei § 8 III Nr 2 und § 15 II. Vor allem aber eignet sie sich **nicht** zur Konkretisierung des Begriffs des **Mitbewerbers** (§ 2 I Nr 3), der ebenfalls an den Unternehmerbegriff anknüpft und in § 3 I, in § 4 Nr 7, 8, 9, 10, 11, in § 6 I, II Nr 3, 4 und 5 und in § 8 III Nr 1, § 9 S 1 verwendet wird. Denn Mitbewerber kann nur der Inhaber eines Unternehmens sein.

2. Verhältnis zu anderen Regelungen

a) Verhältnis zu § 2 I Nr 1 (Handeln „zugunsten eines fremden Unternehmens"). Das „Handeln zugunsten ... eines fremden Unternehmens" erfasst bereits die Personen, die im Namen oder Auftrag eines Unternehmers" handeln, so dass insoweit eine Doppelregelung vorliegt. Allerdings geht § 2 I Nr 1 – in zulässiger Weise – darüber hinaus. Als sonstige Personen, die nicht im Namen oder im Auftrag eines Unternehmers handeln, kommen insbes Privatpersonen, Verbände oder Behörden in Betracht, die aus eigener Initiative tätig werden.

b) Verhältnis zu § 8 II (Verantwortlichkeit für Mitarbeiter und Beauftragte). Die Vorschrift setzt die persönliche Verantwortlichkeit von Mitarbeitern und Beauftragten für die von ihnen begangenen Zuwiderhandlungen voraus. Sie lässt im Wege der Zurechnung unter bestimmten Voraussetzungen („Zuwiderhandlung in einem Unternehmen") „auch", also zusätzlich, den Inhaber des Unternehmens für diese Zuwiderhandlungen haften.

V. Einzelfragen

Wird das Unternehmen von einer **Gesellschaft** betrieben, ist Unternehmer nur die Gesellschaft, nicht der einzelne Gesellschafter (OLG Stuttgart WRP 1996, 63, 64 zur GmbH; *Teplitzky* Kap 13 Rdn 8 zur Personenhandelsgesellschaft). Ob es sich um eine **Kapital- oder Personengesellschaft** (OHG, KG, BGB-Gesellschaft; Partnerschaftsgesellschaft usw) handelt, spielt keine Rolle. Der einzelne Gesellschafter kann also nur namens der Gesellschaft, nicht aber in eigenem Namen Ansprüche aus § 8 III Nr 1 geltend machen. Die bloße finanzielle Beteiligung (zB als stiller Gesellschafter) oder ein sonstiges mittelbares Interesse an einem Unternehmen (zB als Lizenzgeber, Verpächter, Kreditgeber) genügt nicht zur Begründung der Unternehmereigenschaft, da es insoweit an der Ausübung einer gewerblichen oder selbstständigen beruflichen Tätigkeit fehlt (aA Ahrens/*Jestaedt* Kap 18 Rdn 13). Unternehmereigenschaft haben auch die **gesetzlichen Verwalter** eines Unternehmens, wie zB Insolvenz-, Zwangs-, Nachlassverwalter und Testamentsvollstrecker.

H. Fachliche Sorgfalt (§ 2 I Nr 7)

I. Funktion

126 Vgl auch § 3 Rdn 36 ff. Das UWG 2004 hatte noch davon abgesehen, den Zentralbegriff der „Unlauterkeit" zu definieren und sich auf die Aufstellung von Beispielstatbeständen unlauteren Handelns in den §§ 4–7 beschränkt. In der UGP-Richtlinie wurde demgegenüber der Versuch unternommen, die Unlauterkeit in Art 5 II lit b mittels eines anderen Begriffs, nämlich des der „beruflichen Sorgfalt" und der wesentlichen Beeinflussung des wirtschaftlichen Verhaltens des Verbrauchers zu definieren und den Begriff der beruflichen Sorgfalt wiederum mittels einer Legaldefinition in Art 2 lit h UGP-Richtlinie (Rdn 128) zu präzisieren. Die UWG-Novelle 2008 hat – eher nolens, als volens – dieses Vorgehen übernommen. Der Begriff und damit die Definition der **„fachlichen Sorgfalt"** sind unmittelbar zum einen im Rahmen der Generalklausel des § 3 für die Prüfung der Unzulässigkeit einer geschäftlichen Handlung (§ 3 II 1), zum anderen bei der Prüfung der Unlauterkeit einzelner geschäftlicher Handlungen (vgl § 5a III Nr 4) von Bedeutung. Darüber hinaus kommt der Definition mittelbar Bedeutung bei der Auslegung der einzelnen Unlauterkeitstatbestände der §§ 4–5 a zu. Denn nach der Konzeption der UGP-Richtlinie, auf die die Regelung zurückgeht (Rdn 127), sind die Tatbestände der irreführenden und der aggressiven Geschäftspraktiken (Art 5 IV und Art 6–9 UGP-Richtlinie) nur besondere Erscheinungsformen eines Verstoßes gegen die „Erfordernisse der beruflichen Sorgfalt" iSd Art 5 II lit b UGP-Richtlinie. In Art 7 IV lit d UGP-Richtlinie wird der Begriff der „beruflichen Sorgfalt" noch einmal erwähnt. Diese Regelungen sind bei der richtlinienkonformen Auslegung der §§ 4–5 a zu berücksichtigen.

II. Entstehungsgeschichte

127 Der Begriff der **„fachlichen Sorgfalt"** war im bisherigen deutschen Lauterkeitsrecht nicht verwendet worden. Er wurde im Zuge der Umsetzung der UGP-Richtlinie eingeführt, die allerdings den Begriff der **„beruflichen Sorgfalt"** (engl „professional diligence"; frz „diligence professionnelle") verwendet und in Art 2 lit h definiert. Die sprachliche Abweichung erklärt sich daraus, dass nach der deutschen Rechtsterminologie angeblich nur natürliche Personen einen Beruf ausüben können, die Sorgfaltspflichten iSd Richtlinie aber auch juristische Personen treffen (Begr RegE UWG 2008 zu § 2 I Nr 5–7, BT-Drucks 16/10145 S 21/22; dazu § 3 Rdn 39). Sachgerechter wäre wohl die Bezeichnung **„unternehmerische Sorgfalt"** gewesen. Eine Parallele im deutschen Recht findet sich in § 347 I HGB („Sorgfalt eines ordentlichen Kaufmanns").

III. Gebot der richtlinienkonformen Auslegung

128 Die Definition der „fachlichen Sorgfalt" in § 2 I Nr 7 soll die Definition der „beruflichen Sorgfalt" in Art 2 lit h UGP-Richtlinie umsetzen, die wie folgt lautet:

> Im Sinne der Richtlinie bezeichnet der Ausdruck ... h) „berufliche Sorgfalt" der Standard an Fachkenntnissen und Sorgfalt, bei denen billigerweise davon ausgegangen werden kann, dass der Gewerbetreibende sie gegenüber dem Verbraucher gemäß den anständigen Marktgepflogenheiten und/oder dem allgemeinen Grundsatz von Treu und Glauben in seinem Tätigkeitsbereich anwendet.

An dieser Definition (dazu eingehend *Dohrn*, Die Generalklausel der Richtlinie über unlautere Geschäftspraktiken – ihre Interpretation und Umsetzung, 2008, 81 ff) muss sich auch die Auslegung der Definition der „fachlichen Sorgfalt" in § 2 I Nr 7 orientieren (dazu näher § 3 Rdn 39–47). Dies ist deshalb von besonderer Bedeutung, weil der deutsche Gesetzgeber die unionsrechtliche Definition nicht vollständig übernommen hat. In § 2 I Nr 7 ist nämlich die Rede von „Treu und Glauben unter Berücksichtigung der Marktgepflogenheiten", während Art 2 lit h UGP-Richtlinie von den „anständigen Marktgepflogenheiten und/oder dem allgemeinen Grundsatz von Treu und Glauben" spricht (dazu Rdn 131). Anscheinend hat sich der deutsche Gesetzgeber an der Formel von „Treu Glauben mit Rücksicht auf die Verkehrssitte" (§§ 157, 242 BGB) orientiert.

IV. Bestandteile der Definition der „fachlichen Sorgfalt"

1. „Tätigkeitsbereich gegenüber Verbrauchern"

Vgl auch § 3 Rdn 42. Die Definition beschränkt ihren Anwendungsbereich auf den **Tätigkeitsbereich** eines Unternehmers gegenüber Verbrauchern und zwar auf Vorgänge **„vor, bei oder nach einem Geschäftsabschluss"** mit einem Verbraucher (vgl § 2 I Nr 1). Sie bezieht sich dagegen nicht auf das Horizontalverhältnis zu den Mitbewerbern und nach dem Wortlaut auch nicht auf das Vertikalverhältnis zu anderen Marktteilnehmern iSd § 2 I Nr 2. Dies schließt es nicht aus, die Grundsätze der „fachlichen Sorgfalt" auch gegenüber sonstigen Marktteilnehmern anzuwenden, sofern dies nach den Umständen des Einzelfalls geboten ist (vgl auch die Parallelproblematik bei der Verwendung von AGB gegenüber Unternehmern und ihre Regelung in § 310 I BGB). Praktische Bedeutung dürfte der Definition insbes auch bei geschäftlichen Handlungen eines Unternehmers „bei oder nach einem Geschäftsabschluss" zukommen.

2. „Standard an Fachkenntnissen und Sorgfalt"

Vgl auch § 3 Rdn 41. Mit dem Begriff des „Standards an Fachkenntnissen und Sorgfalt" („standard of special skill and care"; „le niveau de compétence spécialisée et de soins") werden die jeweiligen **Anforderungen an das Verhalten** eines Unternehmers gegenüber Verbrauchern in seinem Tätigkeitsbereich vor, bei oder nach einem Geschäftsabschluss umschrieben. Es geht darum, die **Grenzen des zulässigen Einflusses auf geschäftliche Entscheidungen** des Verbrauchers festzulegen. Der „Standard an Fachkenntnissen und Sorgfalt" bildet den Maßstab dafür, ob eine geschäftliche Handlung unlauter ist, sofern im Gesetz nicht speziellere Verhaltensanforderungen aufgestellt sind. Diese Anforderungen beziehen sich sowohl auf das **Können** und **Wissen** des Unternehmers als auch auf das Maß an **Rücksicht** auf die Interessen und die Schutzbedürftigkeit der jeweils angesprochenen Verbraucherkreise. Ihr Ausmaß hängt von der jeweiligen **Geschäftspolitik,** von der jeweiligen **Branche,** in der der Unternehmer tätig ist, und dem jeweiligen **Vertragstypus** ab. **Beispiele:** Geht es um die Irreführung über die „Notwendigkeit einer Leistung, eines Ersatzteils, eines Austauschs oder einer Reparatur" iSv § 5 I 2 Nr 5, so beurteilt sich die Frage der Notwendigkeit nach dem Können und Wissen, das die angesprochenen Verkehrskreise in der betreffenden Branche (zB Kfz-Branche) oder Berufszweig (zB Ärzte) von einem Unternehmer billigerweise erwarten dürfen. – Geht es um die Beurteilung von Werbemaßnahmen mit aleatorischen Reizen, kommt es auf darauf an, welches Maß an Rücksicht auf die jeweils angesprochenen Verbrauchergruppen zu nehmen ist.

3. „Treu und Glauben unter Berücksichtigung der Marktgepflogenheiten"

Vgl auch § 3 Rdn 43–46. Als Beurteilungsmaßstab für den maßgeblichen Standard von Fachkenntnissen und Sorgfalt" dient der Grundsatz von „Treu und Glauben unter Berücksichtigung der Marktgepflogenheiten." Das entspricht nicht ganz den Vorgaben des Art 2 lit h UGP-Richtlinie, der auf das Handeln „gemäß dem allgemeinen Grundsatz von Treu und Glauben und/oder den anständigen Marktgepflogenheiten" abstellt. Diese Unterscheidung ist auch durchaus sinnvoll. Denn es gibt gerade im Wettbewerb immer wieder neuartige Werbe- und Vertriebsmethoden außerhalb bestehender „Marktgepflogenheiten". Für sie bleibt nur der Wertungsmaßstab des Grundsatzes von Treu und Glauben. Im Übrigen macht es einen Unterschied, ob man ein Verhalten nach den bestehenden „Marktgepflogenheiten" oder nach den „anständigen Marktgepflogenheiten" beurteilt (aA *Kulka* DB 2008, 1548, 1553). Denn der Wettbewerb würde in bedenklicher Weise beschränkt, „wenn das Übliche zur Norm erhoben würde" (BGHZ 166, 154 = GRUR 2006, 773 Tz 18 – *Probeabonnement*). Zu den Begriffen von „Treu und Glauben" und „anständige Marktgepflogenheiten" vgl § 3 Rdn 43ff. Indizien für „anständige Marktgepflogenheiten" können auch Verhaltenskodizes iSv § 2 I Nr 5 sein, sofern sie kartellrechtlich unbedenklich sind (§ 2 Rdn 115). Der Hinweis auf den Grundsatz von Treu und Glauben bedeutet, dass das erforderliche Maß an Sorgfalt auch durch eine **Abwägung** der **wirtschaftlichen Interessen** der **Unternehmer** und der **Verbraucher** zu bestimmen ist.

4. Anforderungen an die Einhaltung des Standards durch den Unternehmer

Vgl auch § 3 Rdn 47. Der Standard an Fachkenntnissen und Sorgfalt ist nicht schlechthin bei der Beurteilung der Unlauterkeit einer geschäftlichen Handlung zugrunde zu legen, sondern nur insoweit, als „billigerweise angenommen werden kann, dass der Unternehmer ihn … einhält".

Unter **„billigerweise"** ist unter Berücksichtigung der englischen und französischen Fassung der UGP-Richtlinie („reasonable"; „raisonablement") so viel wie **„vernünftigerweise"** zu verstehen (vgl den entsprechenden englischen und französischen Begriff in Art 5 III 1, der in der deutschen Fassung ebenfalls mit „vernünftigerweise" wiedergegeben wird). Maßgebend ist daher, welches Verhalten der Verbraucher vom Unternehmer vernünftigerweise erwarten darf. Dabei ist auf den **„angemessen gut unterrichteten und angemessen aufmerksamen und kritischen Durchschnittsverbraucher"** abzustellen. Ist eine besonders schutzbedürftige Gruppe von Verbrauchern angesprochen, kommt es auf die Sichtweise eines durchschnittlichen Mitglieds dieser Gruppe an (§ 3 II 3). Ein **Verschulden** des Unternehmers ist keinesfalls erforderlich.

J. Verbraucher (§ 2 II UWG iVm § 13 BGB)

I. Funktion

133   Der Verbraucher gehört neben den Mitbewerbern und den sonstigen Marktteilnehmern zu den **Schutzsubjekten** des UWG (vgl § 1 S 1). Er gilt als schutzbedürftiger als sonstige Marktteilnehmer. Zu seinem Schutz stellt das UWG daher vielfach strengere Verhaltensanforderungen auf als gegenüber sonstigen Marktteilnehmern (vgl § 3 II und III; § 4 Nr 1 und Nr 6; § 7 II Nr 2 und 2; Anh zu § 3 III).

II. Die Legaldefinition des § 13 BGB

134   Für den Begriff des „Verbrauchers" gilt auf Grund der Verweisung in § 2 II an sich die Legaldefinition des § 13 BGB. Danach ist Verbraucher **„jede natürliche Person, die ein Rechtsgeschäft zu einem Zweck abschließt, der weder ihrer gewerblichen noch ihrer selbstständigen beruflichen Tätigkeit zugerechnet werden kann"**. Diese Definition ist jedoch insoweit nicht genau, als es im Lauterkeitsrecht nicht nur um bereits abgeschlossene Verträge mit Verbrauchern geht, sondern auch und vor allem um geschäftliche Handlungen, die den Verbraucher zum Abschluss eines Vertrages bewegen sollen. Selbst für das Bürgerliche Recht wird die Definition als (offensichtlich) verfehlt kritisiert (vgl Palandt/*Ellenberger* BGB § 13 Rdn 5). Denn viele Bestimmungen zum Schutze des Verbrauchers knüpfen nicht an den Abschluss eines Rechtsgeschäfts an (vgl §§ 241 a, 312 c, 482, 661 a BGB). Auch die **unionsrechtlichen Definitionen** des Verbrauchers in Art 2 lit e der Richtlinie über den elektronischen Geschäftsverkehr sowie in Art 2 lit a der UGP-Richtlinie setzen nicht den Abschluss eines Rechtsgeschäfts voraus. (Dazu, dass diese Definitionen nur von einer beruflichen, nicht aber von einer selbstständigen beruflichen Tätigkeit sprechen, vgl Rdn 140). Im Wege **richtlinienkonformer Auslegung** ist daher als Verbraucher anzusehen **„jede natürliche Person, die zu Zwecken handelt, die nicht ihrer gewerblichen oder selbstständigen beruflichen Tätigkeit zugerechnet werden können"**.

III. Voraussetzungen und Abgrenzung

1. Natürliche Person

135   Nur eine natürliche Person kann Verbraucher sein (ebenso EuGH NJW 2002, 205 zur Definition des Verbrauchers in Art 2 lit b der Richtlinie über missbräuchliche Klauseln in Verbraucherverträgen). – **Juristische Personen** fallen daher nicht unter den Begriff des Verbrauchers, auch wenn sie nicht unternehmerisch tätig sind, wie Idealvereine, Stiftungen, juristische Personen des öffentlichen Rechts, Kirchen (BGH ZGS 2010, 230 Tz 18). Sie gehören vielmehr zu den „sonstigen Marktteilnehmern" iSd § 2 I Nr 2. – Die Abgrenzung zwischen natürlicher und juristischer Person ist schwierig bei der **Gesellschaft bürgerlichen Rechts,** wenn sie aus natürlichen Personen besteht. Mit der hM (BGH NJW 2002, 368 mwN; aA *Fehrenbacher/Herr* BB 2002, 1006; *Krebs* DB 2002, 517) ist von einer natürlichen Person auszugehen, mag auch die Gesellschaft bürgerlichen Rechts in der rechtlichen Behandlung weitgehend einer juristischen Person angenähert sein. Denn im Rahmen des Lauterkeitsrechts geht es allein um die Schutzbedürftigkeit des Verbrauchers und diese Schutzbedürftigkeit besteht unabhängig davon, ob nur eine natürliche Person oder mehrere, zu einer Gesellschaft verbundenen Personen von einer geschäftlichen Handlung betroffen sind. Auf Größe und innere Struktur der Gesellschaft kommt es nicht an (BGH NJW 2002, 368, 369).

2. Keine Zurechnung des Rechtsgeschäfts zur gewerblichen oder selbstständigen beruflichen Tätigkeit

Die Handlung muss auf die Vornahme einer geschäftlichen Entscheidung gerichtet sein, deren Zweck weder der gewerblichen noch der selbstständigen beruflichen Tätigkeit der angesprochenen Person zuzurechnen ist. Daraus folgt:

a) Funktionaler Verbraucherbegriff. Entscheidend für die Anwendung des Verbraucherbegriffs ist die **Rolle,** die eine natürliche Person in der konkret angestrebten oder bestehenden Geschäftsbeziehung einnimmt. Daher ist auch ein Unternehmer Verbraucher, sofern der angestrebte Vertrag der Deckung seines privaten Bedarfs (zB Krankenversicherung) dienen soll (ebenso LG Münster WRP 2005, 639). Bei Verträgen, die sowohl dem privaten als auch dem geschäftlichen Bedarf dienen, wie beim Kauf eines Autos, das beruflich wie privat genutzt werden soll (sog **dual use**), kommt es für die lauterkeitsrechtliche Beurteilung darauf an, ob der Kunde (auch) in seiner Privatsphäre (dann Verbraucher) oder (nur) in seiner Geschäftssphäre (dann Unternehmer) angesprochen wird. – Dient der Vertrag dem Aufbau eines Unternehmens **(Existenzgründung)** des Vertragspartners, handelt dieser nicht als Verbraucher (arg § 507 BGB e contrario; BGHZ 162, 253, 256 f = NJW 2005, 1273; MünchKommUWG/*Sosnitza* § 2 Rdn 243; str). Anders liegt es bei Verträgen, die lediglich die Entscheidung über eine Existenzgründung ermöglichen sollen, wie zB einem Vertrag über eine steuerliche Beratung (BGH NJW 2008, 435 = WRP 2008, 111). Hier ist der Vertragspartner noch als Verbraucher anzusehen. Zum Verbraucherbegriff iSd § 16 II vgl § 16 Rdn 36.

b) Objektiver Verbraucherbegriff. Maßgebend für die Anwendung des Verbraucherbegriffs ist weiter, ob die zu Werbezwecken angesprochene Person **objektiv** die Verbrauchereigenschaft besitzt. Es kommt nicht darauf an, ob der Werbende diese Person auch für einen Verbraucher hält (vgl auch BGH, NJW 2009, 3780). Ein Irrtum des Werbenden über die Verbrauchereigenschaft kann nur bei der verschuldensabhängigen Schadensersatzhaftung eine Rolle spielen. **Beispiel:** Telefonwerbung gegenüber einem Privaten, den der Werbende irrtümlich für einen Unternehmer hält. – Eine andere Beurteilung ist aber dann angezeigt, wenn ein Verbraucher **vortäuscht** oder sonst in zurechenbarer Weise den **Anschein erweckt,** er sei Unternehmer (zB Verwendung einer Firma im Briefkopf). Dann ist dieser Verbraucher nach Rechtsscheinsgrundsätzen als Unternehmer zu behandeln („Scheinunternehmer"; vgl *Herresthal* JZ 2006, 695; *Köhler* FS Hopt, 2010, 2825, 2831 f) und eine Anwendung der verbraucherschützenden Unlauterkeitstatbestände auf diesen Sachverhalt scheidet insoweit aus. Beruft sich der Verbraucher später auf seine objektive Verbrauchereigenschaft, so handelt er wegen widersprüchlichen Verhaltens (venire contra factum proprium) rechtsmissbräuchlich (vgl BGH NJW 2005, 1045 zum Verbrauchsgüterkauf). – Täuscht umgekehrt ein Unternehmer vor, er sei Verbraucher oder er sei nicht für Zwecke seine Geschäfts, Handels, Gewerbes oder Berufs tätig („Scheinverbraucher"), so kann er sich damit seiner Verantwortung als Unternehmer nicht entziehen. Im Übrigen erfüllt das Vortäuschen bereits den Tatbestand der Nr 23 des Anh zu § 3 III.

c) Marktbezogener Verbraucherbegriff. Der Verbraucherbegriff beschränkt sich nicht auf die **private Nachfrage** (Kauf) von Waren oder Dienstleistungen, sondern erstreckt sich vielmehr nach dem insoweit eindeutigen Wortlaut des § 13 BGB auch auf das **private Angebot** (Verkauf) von Waren oder Dienstleistungen. Verbraucher ist also auch, wer in seiner Eigenschaft als nicht gewerblich oder selbstständig beruflich tätiger Anbieter von Waren oder Dienstleistungen angesprochen wird. **Beispiel:** Ruft ein Antiquitätenhändler bei Privatpersonen an, um sie zum Verkauf von alten Möbeln zu veranlassen (Fall der „Nachfragewerbung"; vgl BGH GRUR 2008, 923 Tz 11 – *Faxanfrage im Autohandel;* BGH GRUR 2008, 925 Tz 12 ff – *FC Troschenreuth*), so stellt dies eine unzumutbare Belästigung von Verbrauchern iSv § 7 II Nr 2 dar, wenn er nicht deren vorherige ausdrückliche Einwilligung eingeholt hat. Dass Art 2 lit d UGP-Richtlinie nur solche geschäftlichen Handlungen von Unternehmen erfasst, die auf den Absatz, den Verkauf oder die Lieferung eines Produkts gerichtet sind, somit also auf derartige Fallgestaltungen nicht anwendbar ist, ist unerheblich. Denn die UGP-Richtlinie beansprucht nur innerhalb ihres Anwendungsbereichs Geltung. – Bietet eine natürliche Person Waren oder Dienstleistungen nur gelegentlich, also nicht gewerblich oder selbstständig beruflich an, so stellt dies allerdings keine geschäftliche Handlung dar. Sie wird dadurch also nicht zum Adressaten des Lauterkeitsrechts wird (dazu Rdn 18).

d) Abgrenzung zum Arbeitnehmer. Nach dem Gesetzeswortlaut erstreckt sich der Verbraucherbegriff auch auf die Anbahnung von Verträgen, die der **unselbstständigen** beruflichen

Tätigkeit einer Person zuzurechnen sind. **Beispiel:** Eine Werbung gegenüber einem Verbraucher liegt auch dann vor, wenn eine Person zum Kauf von Gegenständen für ihre arbeitsvertragliche Tätigkeit (zB Kauf von Arbeitskleidung) bestimmt werden soll. – Kein Verbraucher iSd Lauterkeitsrechts ist allerdings der **Arbeitnehmer,** soweit es die Begründung, Änderung oder Aufhebung eines Arbeitsverhältnisses angeht. Insofern ist eine teleologische Reduktion des Verbraucherbegriffs geboten. Denn die Interessen des Arbeitnehmers in Bezug auf sein Arbeitsverhältnis unterscheiden sich grundlegend von denen des „normalen" Verbrauchers von Waren und Dienstleistungen (vgl auch BAG NZA 145, 149 zu § 312 BGB). Hinzu kommt, dass der Arbeitnehmer den besonderen Schutz des Arbeitsrechts genießt. Diese Auslegung steht auch im Einklang mit dem unionsrechtlichen Verbraucherbegriff (Rdn 142; Art 2 lit a UGP-Richtlinie). Danach ist Verbraucher jede natürliche Person, die im Geschäftsverkehr zu Zwecken handelt, die nicht ihrer gewerblichen, handwerklichen oder beruflichen Tätigkeit zugerechnet werden können. Unter beruflicher Tätigkeit ist dabei im Gegensatz zu § 13 BGB auch die unselbstständige berufliche Tätigkeit zu verstehen. Betrifft also eine geschäftliche Handlung einen Arbeitnehmer in Bezug auf sein Arbeitsverhältnis (**Beispiel:** Telefonische Aufforderung zum Stellenwechsel), so ist er nicht als Verbraucher, sondern als sonstiger Marktteilnehmer anzusehen (vgl § 7 Rdn 146, 175).

IV. Verhältnis zum Verbraucherbegriff im Unionsrecht

1. Unionsrechtliche Verbraucherdefinitionen

141 Soweit es Regelungen betrifft, die einen Bezug zum Wettbewerb haben, sind zunächst die Begriffsbestimmungen in der **Richtlinie über den elektronischen Geschäftsverkehr** und in der **Fernabsatzrichtlinie** zu erwähnen. Danach ist Verbraucher „jede natürliche Person, die zu Zwecken handelt, die nicht zu ihren gewerblichen, geschäftlichen oder beruflichen Tätigkeiten gehören" (Art 2 lit e Richtlinie über den elektronischen Geschäftsverkehr), bzw „jede natürliche Person, die beim Abschluss von Verträgen iSd Richtlinie zu Zwecken handelt, die nicht ihrer gewerblichen oder beruflichen Tätigkeit zugerechnet werden können" (Art 2 Nr 2 Fernabsatzrichtlinie). Sachliche Unterschiede bestehen zwischen beiden Definitionen trotz der terminologischen Abweichungen nicht, insbes kommt dem Merkmal der „geschäftlichen" Tätigkeit keine eigenständige Bedeutung zu. – Die für elektronische Werbemaßnahmen wichtige **Datenschutzrichtlinie über die elektronische Kommunikation** verwendet in Art 13 nur die Begriffe natürliche und juristische Person, unterscheidet also nicht zwischen Verbraucher und Unternehmer. – Die **Richtlinie über unlautere Geschäftspraktiken** (UGP-Richtlinie) definiert in Art 2 lit a den Verbraucher als „jede natürliche Person, die im Geschäftsverkehr zu Zwecken handelt, die nicht ihrer gewerblichen, handwerklichen oder beruflichen Tätigkeit zugerechnet werden können". Diese Definitionen sind auf Grund des Gebots der richtlinienkonformen Auslegung auch bei der Auslegung des Verbraucherbegriffs im UWG zu berücksichtigen (Rdn 76).

2. Abweichung des deutschen vom europäischen Recht

142 Der Verbraucherbegriff des europäischen Rechts ist enger als der des deutschen Rechts, weil danach die Verbrauchereigenschaft bereits dann zu verneinen ist, wenn eine natürliche Person zu Zwecken ihrer beruflichen, also nicht notwendig selbstständigen beruflichen Tätigkeit handelt. Dies zwingt allerdings den deutschen Gesetzgeber im Rahmen der Umsetzung der UGP-Richtlinie nicht dazu, den Verbraucherbegriff entspr einzuengen. Denn die Richtlinie verbietet es nicht, den lauterkeitsrechtlichen Verbraucherschutz auch auf solche Personen zu erstrecken, die keine Verbraucher iSd Art 2 lit a sind (vgl Begr RegE UWG 2008, BT-Drucks 16/10145 S 17). Kauft ein Arbeitnehmer daher bspw einen PC zur Ausübung seines Berufs, so wird er nach dem UWG als Verbraucher geschützt. Verkauft derselbe Arbeitnehmer später diesen PC an einen Privatmann, so handelt er ebenfalls als Verbraucher iSd § 2 II, er unterliegt daher nicht den Verhaltensanforderungen des UWG an Unternehmer. Das könnte nach der UGP-Richtlinie anders zu beurteilen sein (vgl *Kulka* DB 2008, 1548, 1553). Daher erschiene eine Anpassung an das europäische Recht sinnvoll (vgl *Köhler* GRUR 2005, 793, 795). – Zu Einzelheiten der Arbeitsvertragsproblematik vgl Rdn 140.

V. Verhältnis zum Begriff des Abnehmers

143 Will das Gesetz nur auf die Nachfrage nach Waren oder Dienstleistungen abstellen, so spricht es von **Abnehmern** (vgl § 4 Nr 9 lit a; § 10 I). Dieser Begriff bezieht sich unterschiedslos auf Verbraucher und sonstige Marktteilnehmer iSv § 2 I Nr 3.

Verbot unlauterer geschäftlicher Handlungen § 3 UWG

VI. Beweislast

Die Beweislast trägt im Prozess derjenige, der sich auf die Verbrauchereigenschaft des Angesprochenen beruft. **144**

Verbot unlauterer geschäftlicher Handlungen

3 (1) **Unlautere geschäftliche Handlungen sind unzulässig, wenn sie geeignet sind, die Interessen von Mitbewerbern, Verbrauchern oder sonstigen Marktteilnehmern spürbar zu beeinträchtigen.**

(2) ¹Geschäftliche Handlungen gegenüber Verbrauchern sind jedenfalls dann unzulässig, wenn sie nicht der für den Unternehmer geltenden fachlichen Sorgfalt entsprechen und dazu geeignet sind, die Fähigkeit des Verbrauchers, sich auf Grund von Informationen zu entscheiden, spürbar zu beeinträchtigen und ihn damit zu einer geschäftlichen Entscheidung zu veranlassen, die er andernfalls nicht getroffen hätte. ²Dabei ist auf den durchschnittlichen Verbraucher oder, wenn sich die geschäftliche Handlung an eine bestimmte Gruppe von Verbrauchern wendet, auf ein durchschnittliches Mitglied dieser Gruppe abzustellen. ³Auf die Sicht eines durchschnittlichen Mitglieds einer auf Grund von geistigen oder körperlichen Gebrechen, Alter oder Leichtgläubigkeit besonders schutzbedürftigen und eindeutig identifizierbaren Gruppe von Verbrauchern ist abzustellen, wenn für den Unternehmer vorhersehbar ist, dass seine geschäftliche Handlung nur diese Gruppe betrifft.

(3) **Die im Anhang dieses Gesetzes aufgeführten geschäftlichen Handlungen gegenüber Verbrauchern sind stets unzulässig.**

Übersicht

	Rdn
A. Allgemeines	1–23
I. Entstehungsgeschichte der Generalklausel	1–4
1. UWG 1909	1
2. UWG 2004	2, 3
3. UWG-Novelle 2008	4
II. Anwendungsbereich der Generalklausel	5–9
1. Überblick	5
2. Der Anwendungsbereich der Einzeltatbestände des § 3 und ihr Verhältnis zueinander	6–9
a) Der Anwendungsbereich des § 3 III und sein Verhältnis zu § 3 I und II 1	6
b) Der Anwendungsbereich des § 3 II 1 und sein Verhältnis zu § 3 I	7–8 h
aa) Persönlicher Anwendungsbereich des § 3 II 1	7
bb) Sachlicher Anwendungsbereich des § 3 II 1	8
cc) Abgrenzung von § 3 II 1 und § 3 I	8 a–8 h
c) Der verbleibende Anwendungsbereich des § 3 I	9
III. Die geschäftliche Relevanz und der Beurteilungsmaßstab des § 3 II 2 und 3	10–20
1. Konzeptionelle Unterschiede zwischen der UGP-Richtlinie und dem UWG	10
2. Unterschiedliche Anforderungen an die geschäftliche Relevanz unlauterer geschäftlicher Handlungen	11
3. Geltung des § 3 II 2 und 3 für alle unlauteren geschäftlichen Handlungen	12
4. Die Beurteilungsmaßstäbe des § 3 II 2 und 3	13–20
a) Der allgemeine Beurteilungsmaßstab des § 3 II 2	13
b) Der besondere Beurteilungsmaßstab des § 3 II 3	14–20
aa) Allgemeines	14–16
bb) Besondere Schutzbedürftigkeit von Verbrauchern	17
cc) Eindeutige Identifizierbarkeit	18
dd) Vorhersehbarkeit	19
ee) Schutzgrenzen	20
IV. Auslegung der Generalklausel	21–23
1. Überblick	21
2. Anwendungsbereich der richtlinienkonformen Auslegung	22
3. Anwendungsbereich der verfassungskonformen Auslegung	23

	Rdn
B. „Stets unzulässige" geschäftliche Handlungen (§ 3 III)	24–30
I. Entstehungsgeschichte und Normzweck	24, 25
1. Entstehungsgeschichte	24
2. Normzweck	25
II. Auslegung	26, 27
1. Gebot der richtlinienkonformen Auslegung	26
2. Gebot der engen Auslegung oder Verbot der verallgemeinernden Auslegung?	27
III. Tatbestand	28, 29
1. „Geschäftliche Handlung"	28
2. Geschäftliche Handlung „gegenüber Verbrauchern"	29
IV. Rechtsfolgen	30
C. Wegen Verstoßes gegen die „fachliche Sorgfalt" unzulässige geschäftliche Handlungen (§ 3 II 1)	31–54
I. Entstehungsgeschichte und Normzweck	31, 32
1. Entstehungsgeschichte	31
2. Normzweck	32
II. Auslegung	33, 34
1. Gebot der richtlinienkonformen Auslegung	33
2. Unterschiede in der Fassung des § 3 II 1 und des Art 5 II UGP-Richtlinie	34
III. Tatbestand	35–53
1. „Geschäftliche Handlungen gegenüber Verbrauchern"	35
2. Verstoß gegen die „für den Unternehmer geltende fachliche Sorgfalt"	36–38
a) Verstoß gegen die „fachliche Sorgfalt" als Unlauterkeitskriterium	36
b) Verhältnis sorgfaltswidriger zu irreführenden und aggressiven Verhaltensweisen	37
c) Objektiver Sorgfaltsverstoß ausreichend	38
3. Begriff und Definition der „fachlichen Sorgfalt"	39–47
a) Begriff	39
b) Definition	40–47
aa) Die Legaldefinition in § 2 I Nr 7	40
bb) „Standard an Fachkenntnissen und Sorgfalt"	41
cc) „Tätigkeitsbereich"	42
dd) „Treu und Glauben"	43
ee) „Unter Berücksichtigung der Marktgepflogenheiten"	44–46
ff) „Billigerweise"	47
4. Geschäftliche Relevanz bei § 3 II 1	48–52
a) Begriff und Bedeutung	48
b) Eignung zur spürbaren Beeinträchtigung der Fähigkeit, sich auf Grund von Informationen zu entscheiden	49–51
aa) Eignung	49
bb) „Fähigkeit, sich auf Grund von Informationen zu entscheiden"	50
cc) Eignung zur „spürbaren Beeinträchtigung"	51
c) Eignung zur Veranlassung zu einer „geschäftlichen Entscheidung"	52
5. Beispiele	53
IV. Rechtsfolgen	54
D. Sonstige unzulässige geschäftliche Handlungen (§ 3 I)	55–153
I. Entstehungsgeschichte und Normzweck	55, 56
1. Entstehungsgeschichte	55
2. Normzweck	56
II. Auslegung	57–59
1. Gebot der richtlinienkonformen Auslegung	57
2. Gebot der verfassungskonformen Auslegung	58, 59
a) Verfassungsrechtliche Zulässigkeit der Generalklausel des § 3 I	58
b) Verfassungsrechtliche Grenzen der Generalklausel des § 3 I	59
III. Tatbestand	60–62
1. Überblick	60
2. „Geschäftliche Handlungen"	61
3. „Unlauterkeit"	62

Verbot unlauterer geschäftlicher Handlungen **§ 3 UWG**

	Rdn
IV. Die Unlauterkeit	63–107
1. Konkretisierung des Begriffs der Unlauterkeit durch Beispielstatbestände	63
2. Auffangfunktion der Generalklausel	64–66
a) Marktverhaltensnormen außerhalb der Beispielstatbestände	65–65 b
aa) Allgemeines	65
bb) Unzulässiger Rückgriff auf § 3 I	65 a
cc) Zulässiger Rückgriff auf § 3 I	65 b
b) Marktverhaltensnormen auf der Grundlage von neuen EU-Richtlinien	66
3. Konkretisierung der Generalklausel durch den Richter	67, 68
a) Befugnis zur Konkretisierung	67
b) Inhaltliche Anforderungen an die Konkretisierung	68
4. Konkretisierung anhand des Unionsrechts	69–71
a) Primäres Unionsrecht	70
b) Sekundäres Unionsrecht, insbes UGP-Richtlinie	71
5. Konkretisierung anhand der Grundrechte	72–95
a) Die Grundrechte als Schranken	72
b) Der Maßstab des Art 1 GG (Menschenwürde)	73–78
aa) Verletzung der Menschenwürde als Kriterium der Unlauterkeit	73
bb) Verhältnis zu § 4 Nr 1	74
cc) Verhältnis zu § 4 Nr 7, 8 und 10	75
dd) Verhältnis zu § 4 Nr 11	76
ee) Verbleibender Anwendungsbereich des § 3 I	77
ff) Erfordernis einer spürbaren Beeinträchtigung der Interessen von Marktteilnehmern	78
c) Der Maßstab des Art 2 I GG (Handlungsfreiheit)	79
d) Der Maßstab des Art 3 I GG (Gleichheitsgrundsatz)	80
e) Der Maßstab des Art 4 GG (Glaubens- und Gewissensfreiheit)	81
f) Der Maßstab des Art 5 I GG (Meinungs- und Pressefreiheit)	82–86
aa) Reichweite	82
bb) Einschränkung durch das UWG als allgemeines Gesetz	83–86
g) Der Maßstab des Art 5 III GG (Kunstfreiheit; Wissenschaftsfreiheit)	87–89
h) Der Maßstab des Art 12 GG (Berufsfreiheit)	90, 91
i) Der Maßstab des Art 13 GG (Unverletzlichkeit der Wohnung)	92
j) Der Maßstab des Art 14 GG (Eigentumsfreiheit)	93
k) Verfassungsgerichtliche Kontrolle fachgerichtlicher Entscheidungen	94, 95
6. Konkretisierung anhand der Schutzzweckbestimmung des § 1	96–98
a) Grundsatz	96
b) Schutzzwecke als Legitimation	97
c) Schutzzwecke als Begrenzung	98
7. Konkretisierung anhand außerwettbewerbsrechtlicher Vorschriften?	99
8. Konkretisierung mittels des „Anstandsgefühls des verständigen Gewerbetreibenden" und der „Missbilligung durch die Allgemeinheit"?	100, 101
9. Konkretisierung durch Interessenabwägung	102
10. Erfordernis einer Gesamtwürdigung aller Umstände des Einzelfalls	103
11. Erforderlichkeit eines subjektiven Tatbestands?	104–107
a) Frühere Rechtslage	104, 105
b) Jetzige Rechtslage	106, 107
V. Die Eignung zur spürbaren Beeinträchtigung der Interessen von Marktteilnehmern	108–153
1. Entstehungsgeschichte, Normzweck und Auslegung der Relevanzklausel (Bagatellklausel)	108–115
a) Entstehungsgeschichte	108–113
aa) UWG 1909	108
bb) UWG 2004	109–112
cc) UWG-Novelle 2008	113
b) Normzweck	114
c) Auslegung	115
2. Eignung zur Beeinträchtigung der Interessen von Marktteilnehmern	116, 117
a) Eignung	116
b) Interessen von Mitbewerbern, Verbrauchern oder sonstigen Marktteilnehmern	117

	Rdn
3. Spürbare Beeinträchtigung der Interessen von Mitbewerbern	118, 119
a) Interessen von Mitbewerbern	118
b) Spürbare Beeinträchtigung	119
4. Spürbare Beeinträchtigung der Interessen von Verbrauchern und sonstigen Marktteilnehmern	120–122
a) Interessen von Verbrauchern und sonstigen Marktteilnehmern	120, 121
b) Spürbare Beeinträchtigung	122
5. Mögliche Beurteilungskriterien	123–132
a) Art der Handlung?	123
b) Schwere der Handlung?	124
c) Häufigkeit oder Dauer der Handlung?	125
d) Stoßrichtung der Handlung?	126
e) Marktmacht?	127
f) Wiederholungsgefahr?	128
g) Nachahmungsgefahr?	129–131
aa) Frühere Rechtslage	129, 130
bb) Jetzige Rechtslage	131
h) Behördliche Sanktionen?	132
6. Rechtsnatur und Beweislast	133, 134
a) Rechtsnatur	133
b) Beweislast	134
7. Verfahren der Prüfung	135
8. Spürbarkeit als ungeschriebenes Tatbestandsmerkmal der Unlauterkeit?	136–153
a) Allgemeines	136
b) Drohung und unangemessener unsachlicher Einfluss (§ 4 Nr 1)	137
c) Ausnutzung besonderer Umstände (§ 4 Nr 2)	138
d) Verschleierung des Werbecharakters (§ 4 Nr 3)	139
e) Transparenz von Verkaufsförderungsmaßnahmen (§ 4 Nr 4)	140
f) Transparenz von Preisausschreiben und Gewinnspielen (§ 4 Nr 5)	141
g) Kaufabhängige Teilnahme an Preisausschreiben oder Gewinnspielen (§ 4 Nr 6)	142
h) Herabsetzung von Mitbewerbern (§ 4 Nr 7)	143
i) Anschwärzung (§ 4 Nr 8)	144
j) Ergänzender Leistungsschutz (§ 4 Nr 9)	145
k) Gezielte Mitbewerberbehinderung (§ 4 Nr 10)	146
l) Rechtsbruch (§ 4 Nr 11)	147–149
m) Allgemeine Marktbehinderung	150
n) Irreführende Werbung (§§ 5, 5 a)	151
o) Vergleichende Werbung (§ 6)	152, 153
E. Die Rechtsfolgen	154–159
I. Lauterkeitsrechtliche Rechtsfolgen	154
II. Bürgerlichrechtliche Rechtsfolgen	155–159
1. Folgeverträge	155–157
a) Unwirksamkeit von Folgeverträgen nach § 134 BGB?	156
b) Unwirksamkeit von Folgeverträgen nach § 138 BGB?	157
2. Basisverträge	158
3. Bürgerlichrechtliche Ansprüche aus Zuwiderhandlungen?	159

Älteres Schrifttum (bis 2002): *Ahrens,* Benetton und Busengrapscher – ein Test für die wettbewerbsrechtliche Sittenwidrigkeitsklausel und die Meinungsfreiheit, JZ 1995, 1096; *Beater,* Schutzzweckdenken im Recht gegen den unlauteren Wettbewerb, JZ 1997, 916; *v Becker,* Werbung Kunst Wirklichkeit, GRUR 2001, 1101; *Bleckmann,* Grundzüge des Wirtschaftsverfassungsrechts der Bundesrepublik Deutschland, JuS 1991, 536; *Brechmann,* Die richtlinienkonforme Auslegung, 1994; *Calliess,* Werbung, Moral und Europäische Menschenrechtskonvention, AfP 2000, 248; *Canaris,* Grundrechte und Privatrecht, 1999; *ders,* Die richtlinienkonforme Auslegung und Rechtsfortbildung im System der juristischen Methodenlehre, FS Bydlinski, 2002, 47; *Dohrn,* Die Generalklausel der Richtlinie über unlautere Geschäftspraktiken – ihre Interpretation und Umsetzung, 2008; *Fezer,* Diskriminierende Werbung – Das Menschenbild der Verfassung im Wettbewerbsrecht, JZ 1998, 265; *ders,* Imagewerbung mit gesellschaftskritischen Themen im Schutzbereich der Meinungs- und Pressefreiheit, NJW 2001, 580; *Gröning,* Notwendigkeit und Spielräume einer Reform von § 1 UWG, WRP 1996, 1135; *Hartwig,* Meinungsfreiheit und lauterer Wettbewerb, GRUR 2003, 924; *ders,* H. I. V. POSITIVE II – zugleich Abschied vom Verbot „gefühlsbetonter Werbung?, WRP 2003, 582; *ders,* Neuere Literatur zum Verhältnis von Werbung und Meinungsfreiheit, WRP 2003, 1193; *Hefermehl,* Die Konkretisierung der wettbewerbsrechtlichen Generalklausel durch Rechtsprechung und Lehre, FS Gewerblicher Rechtsschutz und

Urheberrecht in Deutschland, 1991, 897; *Hoffmann-Riem,* Kommunikationsfreiheit für Werbung, ZUM 1996, 1; *Kaplan,* Das Interesse der Allgemeinheit bei der Konkretisierung der Generalklausel des § 3 UWG, 2008; *Kießling/Kling,* Die Werbung mit Emotionen, WRP 2002, 615; *Kloepfer/Michael,* Vergleichende Werbung und Verfassung, Meinungsgrundrechte als Grenze von Werbebeschränkungen, GRUR 1991, 170; *Koppensteiner,* Sittenwidrigkeit und Wettbewerbswidrigkeit, WBl 1995, 1; *Kraft,* Interessenabwägung und gute Sitten im Wettbewerbsrecht, 1963; *Kübler/Kübler,* Werbefreiheit nach „Benetton", FS Ulmer, 2003, 907; *Manssen,* Verfassungswidriges Verbot der Benetton-Schockwerbung, JuS 2001, 1169; *Mayer-Maly,* Was leisten die guten Sitten?, AcP 194 (1994), 105; *v Münch,* Benetton: bene oder male?, NJW 1999, 2413; *Nolte,* Werbefreiheit und Europäische Menschenrechtskonvention, RabelsZ 63 (1999), 507; *Ohly,* Richterrecht und Generalklausel im Recht des unlauteren Wettbewerbs, 1997; *Paulus,* Wirtschaftswerbung und Meinungsfreiheit – Inhalt und Schranken von Art 5 Abs 1 S 1 Grundgesetz (GG), WRP 1990, 22; *Ruess/Voigt,* Wettbewerbsrechtliche Regelung von diskriminierenden Werbeaussagen – Notwendigkeit oder andauernde Geschmackszensur?, WRP 2002, 171; *Schricker,* Deregulierung im Recht des unlauteren Wettbewerbs, GRUR 1994, 586; *ders,* Hundert Jahre Gesetz gegen den unlauteren Wettbewerb, GRUR Int 1996, 473; *Sosnitza,* Wettbewerbsbeschränkungen durch die Rechtsprechung, 1995; *Tilmann,* Das UWG und seine Generalklausel, GRUR 1991, 796; *Ullmann,* Der Verbraucher – ein Hermaphrodit, GRUR 1991, 789; *v Ungern-Sternberg,* Wettbewerbsbezogene Anwendung des § 1 UWG und normzweckgerechte Auslegung der Sittenwidrigkeit, FS Erdmann, 2002, 741; *Wassermeyer,* Schockierende Werbung, GRUR 2002, 126; *Weber,* Einige Gedanken zur Konkretisierung von Generalklauseln durch Fallgruppen, AcP 192 (1992), 516.

Neueres Schrifttum (ab 2003): *Ahrens,* Die Benetton-Rechtsprechung des BVerfG und die UWG-Fachgerichtsbarkeit, JZ 2004, 763; *ders,* Menschenwürde als Rechtsbegriff im Wettbewerbsrecht, FS Schricker, 2005, 619; *Apostolopoulos,* Einige Gedanken zur Auslegung der nationalen Generalklausel im Hinblick auf eine Vollharmonisierung des europäischen Lauterkeitsrechts, WRP 2005, 152; *Berlit,* Das neue Gesetz gegen den unlauteren Wettbewerb: Von den guten Sitten zum unlauteren Verfälschen, WRP 2003, 563; *Dohrn,* Die Generalklausel in Art. 5 der Richtlinie über unlautere Geschäftspraktiken zwischen Unternehmen und Verbrauchern – ihre Interpretation und Umsetzung, 2008; *Dröge,* Lauterkeitsrechtliche Generalklauseln im Vergleich, 2007; *Fezer,* Das wettbewerbsrechtliche Vertragsauflösungsrecht in der UWG-Reform, WRP 2003, 127; *ders,* Der Dualismus der Lauterkeitsordnungen des b2 c-Geschäftsverkehrs und des b2 b-Geschäftsverkehrs im UWG, WRP 2009, 1163; *ders,* Eine Replik: Die Auslegung der UGP-RL vom UWG aus?, WRP 2010, 677; *Gamerith,* Der Richtlinienvorschlag über unlautere Geschäftspraktiken – Möglichkeiten einer harmonischen Umsetzung, WRP 2005, 391; *Glöckner,* Wettbewerbsbezogenes Verständnis der Unlauterkeit und Vorsprungserlangung durch Rechtsbruch, GRUR 2008, 960; *Heermann,* Die Erheblichkeitsschwelle iSd § 3 UWG-E, GRUR 2004, 94; *Helm,* Die Bagatellklausel im neuen UWG, FS Bechtold, 2006, 155; *Helm,* Die Bagatellklausel im neuen UWG, FS Bechtold, 2006, 155; *von Jagow,* Sind Verstöße gegen lebensmittelrechtliche Vorschriften lauterkeitsrechtlich immer relevant?, FS Doepner, 2008, 21; *ders,* Auswirkungen der UWG-Reform 2008 auf die Durchsetzung wettbewerbsrechtlicher Ansprüche im Gesundheitsbereich, GRUR 2010, 190; *Henning-Bodewig,* UWG und Geschäftsethik, WRP 2010, 1094; *Kaplan,* Das Interesse der Allgemeinheit bei der Konkretisierung der Generalklausel des § 3 UWG, 2008; *Kessler/Micklitz,* Die Harmonisierung des Lauterkeitsrechts in den Mitgliedstaaten der Europäischen Gemeinschaft und die Reform des UWG, 2010; *dies,* Das neue UWG – auf halbem Wege nach Europa, VuR 2009, 88; *Köhler,* Die „Bagatellklausel" in § 3 UWG, GRUR 2005, 1; *ders,* Die UWG-Novelle 2008, WRP 2009, 109; *ders,* Zur richtlinienkonformen Auslegung und Neuregelung der „Bagatellklausel" in § 3 UWG, WRP 2008, 10; *ders,* Die Durchsetzung des Vertragsrechts mit den Mitteln des Lauterkeitsrecht, FS Medicus, 2009, 225; *ders,* Neujustierung des UWG am Beispiel der Verkaufsförderungsmaßnahmen, GRUR 2010, 761; *ders,* Grenzstreitigkeiten im UWG – Zum Anwendungsbereich der Verbotstatbestände des § 3 Abs. 1 UWG und des § 3 Abs. 2 S. 1 UWG, WRP 2010, 1293; *Kulka,* Der Entwurf eines „Ersten Gesetzes zur Änderung des Gesetzes gegen den unlauteren Wettbewerb", DB 2008, 1548; *Nasall,* Lauterkeit und Sittlichkeit – Zivilrechtliche Konsequenzen unlauterer Wettbewerbshandlungen, NJW 2006, 127; *Ohly,* Das neue UWG – Mehr Freiheit für den Wettbewerb?, GRUR 2004, 889; *Sack,* Regierungsentwurf einer UWG-Novelle – ausgewählte Probleme, BB 2003, 1073; *Sack,* Folgeverträge unlauteren Wettbewerbs, GRUR 2004, 625; *ders,* Die lückenfüllende Funktion der Generalklausel des § 3 UWG, WRP 2005, 531; *ders,* Vergleichende Werbung und die Erheblichkeitsschwelle in § 3 des Regierungsentwurfs einer UWG-Novelle, WRP 2004, 30; *ders,* Individualschutz gegen unlauteren Wettbewerb, WRP 2009, 1330; *Scherer,* Die „Verbrauchergeneralklausel" des § 3 II 1 UWG – eine überflüssige Norm, WRP 2010, 586; *Schlemmer,* Die Europäisierung des UWG, 2005; *Schmidt,* Unlauter und darüber hinaus …, GRUR 2009, 353; *Schöttle,* Aus eins mach zwei – die neuen Generalklauseln im Lauterkeitsrecht, GRUR 2009, 546; *Schünemann,* Generalklausel und Regelbeispiele, JZ 2005, 271; *Seichter,* Der Umsetzungsbedarf der Richtlinie über unlautere Geschäftspraktiken, WRP 2005, 1087; *Sosnitza,* Das Koordinatensystem des Rechts des unlauteren Wettbewerbs im Spannungsfeld zwischen Europa und Deutschland, GRUR 2003, 739; *ders,* Der Gesetzentwurf zur Umsetzung der Richtlinie über unlautere Geschäftspraktiken, WRP 2008, 1014; *Steinbeck,* Der Beispielskatalog des § 4 UWG – Bewährungsprobe bestanden?, GRUR 2008, 848; *Teplitzky,* Die große Zäsur, GRUR 2004, 900; *Ullmann,* Das Koordinatensystem des Rechts des unlauteren Wettbewerbs im Spannungsfeld von Europa und Deutschland, GRUR 2003, 817.

A. Allgemeines

I. Entstehungsgeschichte der Generalklausel

1. UWG 1909

1 Das **UWG 1909,** das für fast einhundert Jahre die gesetzliche Grundlage des deutschen Lauterkeitsrechts bildete, enthielt in seinem § 1 die berühmte Generalklausel: *„Wer im geschäftlichen Verkehr zu Zwecken des Wettbewerbs Handlungen vornimmt, die gegen die guten Sitten verstößt, kann auf Unterlassung und Schadensersatz in Anspruch genommen werden."* (dazu Einl Rdn 2.1 ff). Die Gerichte bauten diese Generalklausel von einer die Einzeltatbestände nur ergänzenden zur beherrschenden Vorschrift des Rechts gegen den unlauteren Wettbewerb aus und konkretisierten sie durch die Bildung von Fallgruppen unlauteren Verhaltens im Wettbewerb.

2. UWG 2004

2 Bei den Vorarbeiten zur UWG-Reform 2004 und im Gesetzgebungsverfahren selbst bestand Einigkeit darüber, an einer Generalklausel festzuhalten. In der Begründung zum RegE UWG 2004 heißt es dazu: *„Ein solches allgemein gehaltenes Verbot ist deshalb sinnvoll, weil der Gesetzgeber nicht alle denkbaren Fälle unlauteren Handelns im Einzelnen regeln kann. Auch soll der Rechtsanwender die Möglichkeit haben, neuartige Wettbewerbsmaßnahmen sachgerecht zu beurteilen. Zudem kann dadurch den sich wandelnden Anschauungen und Wertmaßstäben in der Gesellschaft besser Rechnung getragen werden."* (Begr RegE UWG 2004 zu § 1, BT-Drucks 15/1487 S 16). Die Frage war nur, ob man an der früheren Generalklausel des § 1 UWG 1909 festhalten (dafür *Sack* BB 2003, 1073) oder ihr eine andere Fassung geben sollte (vgl zB den Vorschlag von *Fezer* WRP 2003, 127, 142). Der Gesetzgeber übernahm im **UWG 2004** jedoch im Wesentlichen den Entwurf einer Generalklausel von *Köhler/Bornkamm/Henning-Bodewig* WRP 2002, 1317 (dort § 3) und gab ihr in § 3 folgende Fassung: *„Unlautere Wettbewerbshandlungen, die geeignet sind, den Wettbewerb zum Nachteil der Mitbewerber, der Verbraucher oder der sonstigen Marktteilnehmer nicht nur unerheblich zu beeinträchtigen, sind unzulässig".*

3 Diese Generalklausel wich in vier Punkten von der früheren Generalklausel des § 1 UWG 1909 ab: **(1)** Während in § 1 UWG 1909 von Handlungen im geschäftlichen Verkehr zu Zwecken des Wettbewerbs die Rede war, sprach § 3 von „Wettbewerbshandlungen". **(2)** Der Begriff des Verstoßes „gegen die guten Sitten" (Sittenwidrigkeit) in § 1 UWG 1909 wurde durch den Begriff der „Unlauterkeit" ersetzt. Für diesen Wechsel der Terminologie waren zwei Erwägungen maßgebend: Zum einen wirkte der Maßstab der guten Sitten in heutiger Zeit antiquiert, weil er den Wettbewerber unnötig mit dem Makel der Unsittlichkeit belastet. Zum anderen verbesserte die Verwendung des Begriffs der Unlauterkeit die Kompatibilität mit dem Unionsrecht, da dieser Begriff in vielen Vorschriften, insbes auch in der Richtlinie 2005/29/EG über unlautere Geschäftspraktiken verwendet wird (vgl Begr RegE UWG 2004 zu § 1, BT-Drucks 15/1487 S 16; *Köhler/Bornkamm/Henning-Bodewig* WRP 2002, 1317, 1324, Rdn 4). **(3)** Anders als in § 1 UWG 1909 wurde in § 3 UWG 2004 unlauterer Wettbewerb nicht schlechthin verboten, sondern nur dann, wenn die Handlung geeignet war, den Wettbewerb zum Nachteil der Mitbewerber, der Verbraucher oder der sonstigen Marktteilnehmer nicht nur unerheblich zu verfälschen. Eine vergleichbare Regelung enthielt das frühere UWG nur in § 13 II Nr 1 und 2 UWG 1909 für die Anspruchsberechtigung von abstrakt verletzten Gewerbetreibenden und von Wirtschaftsverbänden („Handlung, die geeignet ist, den Wettbewerb auf diesem Markt wesentlich zu beeinträchtigen"). Für Verbraucherverbände (§ 13 II Nr 3 UWG 1909) galt die Einschränkung, dass die Zuwiderhandlung „wesentliche Belange der Verbraucher" berühren musste. **(4)** Anders als § 1 UWG 1909 enthielt § 3 UWG 2004 auch keine konkrete Rechtsfolgenanordnung (Unterlassungs- und Schadensersatzanspruch), sondern lediglich ein allgemeines Verbot („unzulässig"). Die Rechtsfolgen eines Verstoßes gegen § 3 UWG wurden in den §§ 8–10 geregelt.

3. UWG-Novelle 2008

4 Die **UWG-Novelle 2008** gestaltete im Zuge der Umsetzung der Richtlinie 2005/29/EG über unlautere Geschäftspraktiken (UGP-Richtlinie) den § 3 tiefgreifend um. Statt eines Verbots enthält die Generalklausel nunmehr deren drei mit unterschiedlicher Struktur und unterschiedlichen Funktionen. Die Regelung in § 3 I entspricht im Großen und Ganzen dem früheren § 3

A. Allgemeines 5–7 § 3 UWG

UWG 2004, wenngleich in einer gestrafften Fassung, die auf das sachlich entbehrliche Merkmal einer Beeinträchtigung des Wettbewerbs verzichtet. Die Regelung in § 3 dient der Umsetzung der Generalklausel des Art 5 II UGP-Richtlinie und des Maßstabs des Art 5 III 1 UGP-Richtlinie. Die Regelung in § 3 III bezweckt die Umsetzung des Art 5 V UGP-Richtlinie iVm dem Anh I UGP-Richtlinie. Die Erweiterung des Anwendungsbereichs des UWG auf geschäftliche Handlungen bei und nach Vertragsschluss brachte eine entsprechende Erweiterung des Anwendungsbereichs des § 3 mit sich. Durch die Umwandlung des Beispielstatbestands der unzumutbaren Belästigung in § 7 UWG 2004 zu einem selbstständigen Verbotstatbestand in § 7 UWG 2008 wurde die Generalklausel des § 3 von dieser Fallgruppe entlastet.

II. Anwendungsbereich der Generalklausel

1. Überblick

Grundvoraussetzung für die Anwendung der Generalklausel des § 3 ist das Vorliegen einer 5 „**geschäftlichen Handlung**" iSd § 2 I Nr 1. Damit wird der Anwendungsbereich des Lauterkeitsrechts von dem des allgemeinen Deliktsrechts abgegrenzt (vgl Begr RegE UWG 2004 zu § 1, BT-Drucks 15/1487 S 16). Die Generalklausel in § 3 ihrerseits gliedert sich in drei Einzeltatbestände unzulässiger geschäftlicher Handlungen (zu diesem Begriff vgl § 2 Rdn 3 ff). Der erste, in § 3 I geregelte Tatbestand übernimmt die Generalklausel des § 3 UWG 2004, allerdings in einer gestrafften Fassung. Der zweite, in § 3 II geregelte Tatbestand dient der Umsetzung der Generalklausel des Art 5 II und III UGP-Richtlinie. Der dritte, in § 3 III geregelte Tatbestand bezweckt die Umsetzung des Art 5 V UGP-Richtlinie iVm Anh I UGP-Richtlinie („Schwarze Liste"). Der Tatbestand der unzumutbaren Belästigung ist in § 7 als selbstständiger Verbotstatbestand geregelt.

2. Der Anwendungsbereich der Einzeltatbestände des § 3 und ihr Verhältnis zueinander

a) Der Anwendungsbereich des § 3 III und sein Verhältnis zu § 3 I und II 1. § 3 III 6 bezieht sich nur „auf die im Anh dieses Gesetzes aufgeführten geschäftlichen Handlungen gegenüber Verbrauchern" und erklärt sie für „stets unzulässig". Diese im Anh aufgeführten Beispielstatbestände werden vielfach (und auch in der Begr zum RegE zu § 3 [BT-Drucks 16/10145 S 22]) als „Verbote ohne Wertungsvorbehalt" bezeichnet. Das ist aber nicht ganz zutr, da zahlreiche Tatbestände sehr wohl Begriffe enthalten, deren Ausfüllung eine Wertung erfordert (vgl zB Nr 5 „angemessener" Zeitraum; „angemessene Menge"; Nr 6 „vertretbare Zeit"; Nr 7 „sehr begrenzte Zeit"; Nr 13 „ähnlich"; Nr 19 „angemessenes Äquivalent"; Nr 20 „unvermeidbar"; Nr 27 „vernünftigerweise"). Gemeint ist, dass eine Prüfung der „Spürbarkeitsschwelle", besser der „geschäftlichen Relevanz" der geschäftlichen Handlung für das Verhalten des Verbrauchers nicht stattfindet. Sie wird vielmehr unwiderleglich vermutet (arg Art 5 V 1 UGP-Richtlinie „Geschäftspraktiken, die unter allen Umständen als unlauter anzusehen" und damit nach Art 5 I UGP-Richtlinie „verboten" sind). Das bedeutet, dass in diesen Fällen eine Prüfung nach § 3 I und II 1 nicht stattfindet. § 3 III ist insoweit eine **Spezialregelung zu § 3 I und II 1**. Ist dieser Tatbestand verwirklicht, so ist die betreffende geschäftliche Handlung unzulässig, ohne Rücksicht darauf, ob sie auch einen der beiden anderen Tatbestände erfüllt. Die Begr zum RegE UWG 2009 zu § 3 [BT-Drucks 16/10145 S 22] rechtfertigt die Beschränkung auf geschäftliche Handlungen gegenüber Verbrauchern damit, dass die betreffenden Regelungen aus Gründen des Verbraucherschutzes besonders streng ausgefallen seien. Es wäre daher nicht gerechtfertigt, den kaufmännischen Verkehr mit derart starren Regeln zu belasten (vgl auch Anh zu § 3 III Einl Rdn 11).

b) Der Anwendungsbereich des § 3 II 1 und sein Verhältnis zu § 3 I. aa) Persönlicher 7 **Anwendungsbereich des § 3 II 1.** § 3 II 1 erfasst nur geschäftliche Handlungen von Unternehmern gegenüber **Verbrauchern**. Die Regelung dient zwar der Umsetzung des Art 5 II UGP-Richtlinie, geht aber über deren Anwendungsbereich hinaus. Denn die UGP-Richtlinie regelt ausweislich der Definition der Geschäftspraktiken in Art 2 lit d UGP-Richtlinie („Absatzförderung", „Verkauf" und „Lieferung" eines Produkts) nur das Verhältnis zu Verbrauchern in ihrer Eigenschaft als **Nachfrager** von Waren oder Dienstleistungen. § 3 II 1 erfasst dagegen auch das Verhältnis von Unternehmern zu Verbrauchern in deren Eigenschaft als **Anbieter** von Waren oder Dienstleistungen. Für geschäftliche Handlungen gegenüber **Mitbewerbern** (§ 2 I Nr 3) und gegenüber **sonstigen Marktteilnehmern** (§ 2 I Nr 2) gilt allein § 3 I.

8   **bb) Sachlicher Anwendungsbereich des § 3 II 1.** § 3 II 1 erfasst nur die Fälle unlauteren Handelns gegenüber Verbrauchern, die in den Anwendungsbereich der Generalklausel des **Art 5 II UGP-Richtlinie** fallen. Dies ergibt sich aus der Entstehungsgeschichte und dem Wortlaut des § 3 II 1. In der Begr zum RegE zu § 3 (BT-Drucks 16/10145, S 22) heißt es dazu: „Die Generalklausel wird in § 3 UWG-E durch einen zweiten Absatz ergänzt, der der Umsetzung von Artikel 5 Abs. 2 und 3 der Richtlinie dient." Dagegen erstreckt sich § 3 II 1 **nicht** auf geschäftliche Handlungen, die zu den **irreführenden** oder **aggressiven** Geschäftspraktiken iSd Art 5 IV, 6–9 und des Art 5 V UGP-Richtlinie gehören(so iErg auch BGH GRUR 2009, 888 Tz 18 – *Thermoroll;* OLG Frankfurt ZLR 2010, 458 Tz 21; aA Piper/Ohly/*Sosnitza* § 3 Rdn 80; *Fezer* WRP 2009, 1163, 1171 und WRP 2010, 677; *Kulka* DB 2008, 1552, 1554). Dies wird durch den Wortlaut des § 3 II 1 („jedenfalls") bestätigt. Dagegen lässt sich auch nicht einwenden, dass Art 5 II UGP-Richtlinie letztlich auch die Fälle des Art 5 IV, 6–9 UGP-Richtlinie umfasse (so aber *Fezer* WRP 2010, 677, 682 f). Denn die Tatbestände der irreführenden und aggressiven Geschäftspraktiken weisen jeweils eigene, sich untereinander und auch von Art 5 II lit b UGP-Richtlinie nicht unwesentlich unterscheidende „Relevanzklauseln" auf, wie sich aus den Art 6 I und II, Art 7 I und II, Art 8 UGP-Richtlinie ergibt (*Köhler* WRP 2010, 1293, 1297 ff). Insbesondere wird der Schutz der „Verhaltens- und Entscheidungsfreiheit" des Verbrauchers vor einer erheblichen Beeinträchtigung nur in Art 8, nicht aber in Art. 5 II iVm Art 2 lit e UGP-Richtlinie angesprochen. Davon zu unterscheiden ist die Frage, ob § 3 II 1 überflüssig und daher zu ignorieren ist (so *Scherer* WRP 2010, 586, 592). Daran ist richtig, dass § 3 I angesichts seiner weiten Fassung grds auch die Funktion der Generalklausel des Art 5 II UGP-Richtlinie übernehmen könnte. (Bis zur UWG-Novelle 2008 musste in der Tat § 3 UWG 2004 ab dem 12. 12. 2007 diese Funktion übernehmen). Andererseits stellt § 3 II 1 gerade eine präzisere Umsetzung dieser Bestimmung als § 3 I dar und ist daher keineswegs überflüssig.

8a **cc) Abgrenzung von § 3 II 1 und § 3 I.** Eine genaue Abgrenzung wäre dann entbehrlich, wenn beide Vorschriften nebeneinander anwendbar wären (so offenbar BGH GRUR 2010, 852 Tz 20 – *Gallardo Spyder*). Die Unterschiede verwischen sich zwar, sofern man eine spürbare Beeinträchtigung von Verbraucherinteressen iSd § 3 I stets, aber auch nur dann annimmt, wenn die Handlung iSd § 3 II 1 geeignet ist, den Verbraucher zu einer geschäftlichen Entscheidung zu veranlassen, die er ansonsten nicht getroffen hätte (so für die Tatbestände der §§ 5, 5 a BT-Drucks 16/10145, S 23 ff). Allerdings wird zu wenig berücksichtigt, dass der Tatbestand des § 3 II 1 noch weitere Voraussetzungen hat, als die Eignung der Handlung zu einer Beeinflussung der geschäftlichen Entscheidung. Geht man davon aus, dass sich der Anwendungsbereich des § 3 II 1 auf die Fälle beschränkt, die von der Generalklausel des Art 5 II UGP-Richtlinie erfasst werden, muss folglich der Tatbestand des § 3 II 1 deutlich von dem des § 3 I unterschieden werden (*Köhler* WRP 2010, 1293, 1298 f; *Schöttle* GRUR 2009, 546, 550/551). Die Abgrenzung ist vor allem für die Zuordnung der Unlauterkeitstatbestände der §§ 4–6 UWG von Bedeutung. Denn sie konkretisieren nur das Tatbestandsmerkmal der Unlauterkeit iSd § 3 I:

8b (1) Die Tatbestände des **§ 4 Nr 1 und 2** sind in richtlinienkonformer Auslegung auf aggressive Geschäftspraktiken iSd Art 8 UGP-Richtlinie zu beschränken (vgl *Köhler* GRUR 2010, 767, 771 f; grds auch BGH WRP 2010, 1288 Tz 16 – *Ohne 19% Mehrwertsteuer*). Insoweit verbleibt es bei der Anwendung des § 3 I. Da die nach dem Maßstab des Art 8 UGP-Richtlinie zu beurteilende geschäftliche Relevanz bereits ein ungeschriebenes Tatbestandsmerkmal des § 4 Nr 1 und 2 darstellt, wird allerdings eine zusätzliche Prüfung der Eignung zu einer spürbaren Beeinträchtigung der Verbraucherinteressen iSd § 3 I entbehrlich.

8c (2) Die Tatbestände des **§ 4 Nr 3, 4 und 5** fallen in den Bereich der irreführenden Geschäftspraktiken. Auch insoweit verbleibt es bei der Anwendung des § 3 I. Die nach dem Maßstab der Art 6, 7 UGP-Richtlinie zu beurteilende geschäftliche Relevanz stellt wie bei § 5 (vgl Rdn 8 f; § 5 Rdn 2.21) und § 5 a (Rdn 8 g) ein ungeschriebenes Tatbestandsmerkmal dar. Daher ist eine zusätzliche Prüfung der Eignung zu einer spürbaren Beeinträchtigung der Verbraucherinteressen iSd § 3 I entbehrlich (§ 4 Rdn 1.83).

8d (3) Der Tatbestand des **§ 4 Nr 6** ist in der bisherigen Auslegung als per-se-Verbot (BGH GRUR 2008, 807 Tz 16 ff – *Millionen-Chance*) mit der UGP-Richtlinie unvereinbar (EuGH GRUR 2010, 244 – *Plus Warenhandelsgesellschaft;* dazu *Köhler* GRUR 2010, 177 und GRUR 2010, 767). Die Zulässigkeit der Kopplung von Absatzgeschäft und Gewinnspiel beurteilt sich, da derartige Angebote keine aggressiven Handlungen iSd § 4 Nr 1 darstellen, nach den Maßstäben des Art 5 II UGP-Richtlinie. Dieses Ergebnis lässt sich entweder in richtlinienkonformer

A. Allgemeines 8e, 8f § 3 UWG

Reduktion der §§ 3 I, 4 Nr 6 oder besser noch durch unmittelbaren Rückgriff auf § 3 II 1 erreichen (vgl *Köhler* GRUR 2010, 177, 180 f und GRUR 2010, 767, 774).

(4) Beim Rechtsbruchtatbestand des **§ 4 Nr 11** ist zu unterscheiden: An sich konkretisiert diese Norm nur das Tatbestandsmerkmal der Unlauterkeit in § 3 I, so dass die Relevanzklausel dieser Vorschrift maßgebend ist, und zwar auch im Hinblick auf Verstöße gegen Marktverhaltensregelungen, die (auch) dem Schutz der Interessen der Verbraucher dienen. Allerdings ist fraglich ob die Relevanzklausel einer richtlinienkonformen Auslegung am Maßstab der UGP-Richtlinie bedarf. Hierbei ist zu unterscheiden: **(a)** Eine richtlinienkonforme Auslegung des § 3 I ist dann nicht geboten, wenn das geregelte Marktverhalten gegenüber Verbrauchern gar nicht in den Anwendungsbereich der UGP-Richtlinie fällt. Das ist bspw der Fall bei Regelungen, die dem Schutz der Gesundheit oder Sicherheit der Verbraucher dienen (vgl. Art 3 V UGP-Richtlinie) oder die besondere Verhaltenspflichten für reglementierte Berufe aufstellen (vgl Art 3 VIII UGP-Richtlinie). Eine andere Frage ist es, ob man das Kriterium der spürbaren Beeinträchtigung der Interessen von Verbrauchern und sonstigen Marktteilnehmer unabhängig vom Geltungsbereich der UGP-Richtlinie dahin konkretisiert, dass es auf die Eignung zur Beeinflussung der geschäftlichen Entscheidung ankommt. **(b)** Fallen Marktverhaltensregeln dagegen in den Anwendungsbereich der UGP-Richtlinie, wie bspw die Regelungen über die Verwendung von Allgemeinen Geschäftsbedingungen, sind sie grundsätzlich als Gebote der „beruflichen Sorgfalt" iSv Art 5 II lit a UGP-Richtlinie (und damit als Gebote der „fachlichen Sorgfalt" iSv § 3 II 1 UWG) zu werten (ebenso BGH, Urt v 31. 3. 2010 – I ZR 34/08 Tz 17 – *Gewährleistungsausschluss im Internet*). In diesem Fall ist die Relevanzklausel des § 3 I UWG richtlinienkonform am Maßstab des Art 5 II lit b UGP-Richtlinie iVm Art 2 lit e UGP-Richtlinie auszulegen. Es kommt also darauf an, ob die Pflichtverletzung geeignet ist, die Fähigkeit des Verbrauchers, eine informierte Entscheidung zu treffen, spürbar zu beeinträchtigen und damit den Verbraucher zu einer geschäftlichen Entscheidung zu veranlassen, die er ansonsten nicht getroffen hätte. Das entspricht wiederum den Anforderungen des § 3 II 1. In diesen Fällen besteht daher eine echte Konkurrenz zwischen den Verbotstatbeständen des § 3 I und des § 3 II 1, so dass es in der Sache gerechtfertigt ist, § 3 II 1 neben § 3 I heranzuziehen. **(c)** Eine Besonderheit ist allerdings bei Marktverhaltensregelungen in Gestalt von **Informationspflichten** zu berücksichtigen. Denn Informationspflichten, die sich auf die „**kommerzielle Kommunikation einschließlich Werbung und Marketing**" beziehen, sind durch Art. 7 V UGP-Richtlinie in den Anwendungsbereich des Art 7 I und II UGP-Richtlinie einbezogen. Das aber bedeutet, dass nicht die Relevanzklausel des Art 5 II lit. b UGP-Richtlinie, sondern die des Art 7 UGP-Richtlinie eingreift. Übertragen auf die Ebene des UWG bedeutet dies, dass in solchen Fällen neben § 4 Nr 11 zugleich § 5 a II iVm § 5 a IV anwendbar ist. Um den Vorrang der Wertungen der UGP-Richtlinie zu gewährleisten, darf die Anwendung des § 4 Nr 11 UWG zu keinen anderen Ergebnissen führen als die des § 5 a II i. V. mit § 5 a IV. Es sind daher dieselben Maßstäbe anzulegen, wie sie für die Irreführung durch Unterlassen gelten. Dementsprechend kommt es in richtlinienkonformer Auslegung der Relevanzklausel § 3 I auch bei Anwendung des § 4 Nr 11 nur darauf an, ob die Verletzung der Informationspflicht „einen Durchschnittsverbraucher zu einer geschäftlichen Entscheidung veranlasst oder zu veranlassen geeignet ist, die er sonst nicht getroffen hätte". Dagegen ist nicht noch zusätzlich zu prüfen, ob sie geeignet ist, die Fähigkeit des Verbrauchers, eine informierte Entscheidung zu treffen, spürbar zu beeinträchtigen (nicht eindeutig insoweit BGH GRUR 2010, 852 Tz 20, 21 – *Gallardo Spyder*).

(5) Der Tatbestand des **§ 5** fällt in den Bereich der irreführenden Geschäftspraktiken iSd Art 6 UGP-Richtlinie. Da er nur das Tatbestandsmerkmal der Unlauterkeit konkretisiert, verbleibt es insoweit bei der Anwendung des § 3 I. Allerdings ist die geschäftliche Relevanz in Übereinstimmung mit der Rspr zu § 5 UWG 2004 (BGH GRUR 2009, 888 Tz 18 – *Thermoroll*) bereits innerhalb des § 5 als ungeschriebenes Merkmal des Irreführungstatbestands zu berücksichtigen (§ 5 Rdn 2.21; Ohly/Piper/*Sosnitza* § 5 Rdn 210; *Köhler* WRP 2008, 10, 12; aA Harte/Henning/*Dreyer* § 5 Rdn 162; vgl auch BT-Drucks 16/10145, S 23 [zu § 5 Abs. 1 Satz 1 aE]). Geschäftliche Relevanz liegt in richtlinienkonformer Auslegung am Maßstab des Art 6 UGP-Richtlinie stets dann vor, wenn die Handlung geeignet ist, den Verbraucher zu einer geschäftlichen Entscheidung zu veranlassen, die er ansonsten nicht getroffen hätte. (Der Begriff der geschäftlichen Entscheidung ist dabei in einem weiten Sinne zu verstehen und erstreckt sich auch auf Vorstufen zur endgültigen Entscheidung, wie etwa die Entscheidung, ein Geschäft zu betreten). Eine zusätzliche Prüfung der geschäftlichen Relevanz am Maßstab der Relevanzklausel des § 3 I erübrigt sich daher. Sie könnte im Übrigen auch zu keinem anderen Ergebnis führen, da § 3 I wiederum richtlinienkonform am Maßstab des Art 6 UGP-Richtlinie auszulegen ist.

Erst recht ist nicht auf § 3 II 1 zurückzugreifen, da diese Norm nur einen Auffangtatbestand für die Fälle eines weder aggressiven noch irreführenden Verhaltens darstellt (Rdn 8).

8g (6) Der Tatbestand des **§ 5 a II** fällt in den Bereich der irreführenden Geschäftspraktiken (Art 7 I, II UGP-Richtlinie). Er weist insoweit eine Besonderheit auf, als er auf **§ 3 II** Bezug nimmt. Indessen hatte der Gesetzgeber damit nicht eine Gesamtverweisung auf den Tatbestand des § 3 II beabsichtigt (wovon allerdings BGH GRUR 2010, 248 Tz 31 – *Kamerakauf im Internet* ausgeht). Vielmehr sollte lediglich klargestellt werden, dass „die vorenthaltenen Informationen auch geeignet sind, den Verbraucher zu einer geschäftlichen Entscheidung zu veranlassen, die er ansonsten nicht getroffen hätte" (BT-Drucks 16/10145, S 25 [zu § 5 a Abs 2 aE]). Das entspricht aber dem Relevanzerfordernis in Art 7 I, II UGP-Richtlinie. Der Tatbestand des § 5 a II setzt daher nicht voraus, dass zugleich der Tatbestand des § 3 II 1 vollständig erfüllt ist. Dies liefe auf eine Verquickung von Art 7 I, II (Spezialtatbestand) mit Art 5 II UGP-Richtlinie (Auffangtatbestand) hinaus. In Übereinstimmung mit dem Willen des Gesetzgebers und in richtlinienkonformer Reduktion des § 5 a II iVm § 3 II kommt es daher nur auf das Relevanzkriterium des Art 7 I, II UGP-Richtlinie an, also darauf, ob das Vorenthalten der Information geeignet ist, den Verbraucher zu einer geschäftlichen Entscheidung zu veranlassen, die er ansonsten nicht getroffen hätte.

8h (7) Der Tatbestand des **§ 6 II** fällt nicht in den Anwendungsbereich der Generalklausel des Art 5 II UGP-Richtlinie, da die zugrunde liegende Werberichtlinie 2006/114/EG der UGP-Richtlinie vorgeht (Erwägungsgrund 6 S 4 UGP-Richtlinie). Es verbleibt daher bei der Anwendung des § 3 I (dazu § 6 Rdn 19–22).

9 **c) Der verbleibende Anwendungsbereich des § 3 I.** Aus dem oben Gesagten ergibt sich zugleich der verbleibende Anwendungsbereich des § 3 I gegenüber § 3 II 1. Er bezieht sich zum einen auf alle Fälle geschäftlicher Handlungen gegenüber **Mitbewerbern** und **sonstigen Marktteilnehmern** und zum anderen auch auf die Fälle geschäftlicher Handlungen gegenüber **Verbrauchern,** deren Unlauterkeit sich aus den **§ 4 Nr 1–5, § 5 und § 6** ergibt. Bei § 4 Nr 11 gelten Besonderheiten (Rdn 8 e). Bei § 5 a II ist die gesetzliche Verweisung auf § 3 II zu berücksichtigen (Rdn 8 g). Geschäftliche Handlungen, die weder von den §§ 4–6 noch von § 3 II 1 erfasst werden, können nicht auf den Umweg über § 3 I verboten werden (*Köhler* WRP 2010, 1293, 1299).

III. Die geschäftliche Relevanz und der Beurteilungsmaßstab des § 3 II 2 und 3

1. Konzeptionelle Unterschiede zwischen der UGP-Richtlinie und dem UWG

10 Nach Art 5 I UGP-Richtlinie sind unlautere Geschäftspraktiken verboten. Dem liegt das Konzept zugrunde, dass die Unlauterkeit ein zweigliedriger Tatbestand ist, der sich aus einem zu missbilligenden Verhalten und der geschäftlichen Relevanz, also der Auswirkung dieses Verhaltens auf den Verbraucher, zusammensetzt. Dementsprechend sind sowohl die Generalklausel des Art 5 II als auch die Beispielstatbestände der Art 6–9 UGP-Richtlinie zweigliedrig aufgebaut. Es wird bei jedem Beispielstatbestand gesondert angegeben, worin die erforderliche geschäftliche Relevanz besteht (vgl Art 5 II lit b, Art 6 I und II, Art 7 I und II und Art 8 UGP-Richtlinie). Lediglich die Beispielstatbestände der **Schwarzen Liste** im Anh I UGP-Richtlinie enthalten keine entsprechende Relevanzklausel (Bagatellklausel). Insoweit wird die geschäftliche Relevanz **unwiderleglich vermutet.** Der deutsche Gesetzgeber hat bei der Umsetzung der UGP-Richtlinie dieses Konzept nicht übernommen, sondern an dem bisherigen Konzept einer Trennung zwischen dem zu missbilligenden Verhalten (Unwortkriterium) und seiner Auswirkung auf die Marktteilnehmer (Relevanzkriterium) festgehalten. Das zeigt sich an der allgemeinen Regelung in § 3 I und an der besonderen Regelung in § 3 II 1. Das zu missbilligende Verhalten wird in § 3 I mit dem Begriff der „Unlauterkeit" und in § 3 II 1 mit dem Begriff des Verstoßes gegen die „fachliche Sorgfalt" umschrieben. Die geschäftliche Relevanz wird in § 3 I anders umschrieben als in § 3 II 1. Hinzu kommt noch der spezielle Beurteilungsmaßstab des § 3 II 2 und 3. Diese Regelung spiegelt das Bemühen wider, einerseits am alten Konzept festzuhalten, andererseits den Anforderungen der UGP-Richtlinie gerecht zu werden. Bei den Beispielstatbeständen des Anh zu § 3 III wird die geschäftliche Relevanz unwiderleglich vermutet.

2. Unterschiedliche Anforderungen an die geschäftliche Relevanz unlauterer geschäftlicher Handlungen

11 Um Klarheit zu gewinnen, welche Anforderungen an die geschäftliche Relevanz eines unlauteren Verhaltens im Einzelfall zu stellen sind, ist daher zu unterscheiden: Für die von § 3 II 1 erfassten unlauteren Verhaltensweisen ist ausschließlich die in dieser Vorschrift umschriebene geschäftliche Relevanz maßgeblich. Für alle sonstigen unlauteren geschäftlichen Handlungen gilt hingegen das in § 3 I umschriebene Relevanzerfordernis. Dazu gehören grds alle von den §§ 4–6 erfassten geschäftlichen Handlungen, soweit sie ihre unionsrechtliche Grundlage in den Art 6–9 UGP-Richtlinie, Art 4 Irreführungsrichtlinie oder Art 6 E-Commerce-Richtlinie haben. Das Relevanzerfordernis des § 3 II 1 beschränkt sich daher auf die eher seltenen Fälle, in denen eine geschäftliche Handlung entweder keinen der Unlauterkeitstatbestände der §§ 4–6 erfüllt oder zwar einen dieser Tatbestände erfüllt, aber dieser Tatbestand seine Grundlage nur in der Generalklausel des Art 5 II UGP-Richtlinie (Verstoß gegen die „berufliche Sorgfalt") findet. Dabei ist allerdings zu berücksichtigen, dass diese bes Unlauterkeitstatbestände im Lichte der entsprechenden Regelungen der UGP-Richtlinie und anderer einschlägiger Richtlinien zu sehen sind und die darin aufgestellten Relevanzerfordernisse bereits als ungeschriebene Tatbestandsmerkmale der §§ 4–6 anzusehen sind (dazu Rdn 136 ff). Das Problem besteht daher nur darin, diese Relevanzerfordernisse in Einklang mit dem Relevanzerfordernis des § 3 I zu bringen (dazu *Köhler* WRP 2010, 1293, 1299 ff).

3. Geltung des § 3 II 2 und 3 für alle unlauteren geschäftlichen Handlungen

Die Regelungen in § 3 II 2 und 3 dienen der Umsetzung des Art 5 II und III UGP-Richtlinie. Dabei ist allerdings zu beachten, dass Art 5 III UGP-Richtlinie nicht nur für die Generalklausel des Art 5 II UGP-Richtlinie, sondern für **alle** Tatbestände unlauterer Geschäftspraktiken Geltung beansprucht. Da § 3 II 1 indessen nur für die Fälle unlauterer geschäftlicher Handlungen gilt, die ausschließlich von Art 5 II UGP-Richtlinie, nicht aber in den Bestimmungen der Art 6–9 UGP-Richtlinie und anderer Richtlinien erfasst sind (Rdn 8), hätten die Regelungen in § 3 II 2 und 3 an sich in einen eigenen Absatz aufgenommen werden müssen. Die Umsetzung ist auch insoweit unvollkommen, als Art 5 III 2 UGP-Richtlinie („übertriebene Behauptungen" usw) ignoriert wurde. In richtlinienkonformer Auslegung des Art 5 II lit b und III UGP-Richtlinie ist daher § 3 II 2 und 3 auf **alle** unlauteren geschäftlichen Handlungen gegenüber Verbrauchern anzuwenden, gleichgültig woraus sich die Unlauterkeit ergibt. § 3 II 2 und 3 gilt also insbes auch für die Tatbestände der §§ 4, 5, 5 a (vgl § 5 a II) und – um Wertungswidersprüche zu vermeiden – auch für den Tatbestand des § 6 II.

4. Die Beurteilungsmaßstäbe des § 3 II 2 und 3

a) Der allgemeine Beurteilungsmaßstab des § 3 II 2. Nach § 3 II 2 ist bei der Beurteilung der geschäftlichen Relevanz einer unlauteren geschäftlichen Handlung „auf den durchschnittlichen Verbraucher oder, wenn sich die geschäftliche Handlung an eine bestimmte Gruppe von Verbrauchern wendet, auf ein durchschnittliches Mitglied dieser Gruppe abzustellen". Entsprechend Erwägungsgrund 18 der UGP-Richtlinie ist der **Durchschnittsverbraucher** als Maßstab zu nehmen, „der angemessen gut unterrichtet und angemessen aufmerksam und kritisch ist", wobei soziale, kulturelle und sprachliche Faktoren zu berücksichtigen sind. Das entspricht der bisherigen Rechtslage (vgl Begr RegE UWG 2004, BT-Drucks 15/1487 S 19; Begr RegE UWG 2008, BT-Drucks 16/10145 S 22). Was für den Verbraucher gilt, hat zur Vermeidung von Wertungswidersprüchen grds auch für den sonstigen Marktteilnehmer als Adressat einer geschäftlichen Handlung zu gelten. Es kommt also auf den **durchschnittlichen sonstigen Marktteilnehmer** an.

b) Der besondere Beurteilungsmaßstab des § 3 II 3. aa) Allgemeines. Nach § 3 II 3 ist auf die Sicht eines durchschnittlichen Mitglieds einer auf Grund von geistigen oder körperlichen Gebrechen, Alter oder Leichtgläubigkeit besonders schutzbedürftigen und eindeutig identifizierbaren Gruppe von Verbrauchern abzustellen, wenn für den Unternehmer vorhersehbar ist, dass seine geschäftliche Handlung nur diese Gruppe betrifft. Diese Vorschrift dient der Umsetzung des Art 5 III 1 UGP-Richtlinie. Zwar ist die Regelung in § 3 II 3 sprachlich knapper und damit an sich verständlicher gefasst als die zu Grunde liegende Bestimmung der UGP-Richtlinie, sie trifft aber in einem wesentlichen Punkt nicht deren Sinn und Zweck: Nach dem Wortlaut des § 3 II 3 kommt es darauf an, dass die geschäftliche Handlung „nur diese Gruppe betrifft". Die UGP-Richtlinie spricht aber von „Geschäftspraktiken, die ... das wirtschaftliche Verhalten nur einer ... Gruppe von Verbrauchern wesentlich beeinflussen". Das macht einen großen Unterschied. Von Art 5 III 1 UGP-Richtlinie werden auch solche Geschäftspraktiken erfasst, die sich zwar an die Allgemeinheit richten, aber eben nicht den Durchschnittsverbraucher, sondern nur eine ganz bestimmte Gruppe schutzbedürftiger Verbraucher in ihrem wirtschaftlichen Verhalten beeinflussen kann. (**Beispiel:** Werbung für Süßigkeiten, die voraussichtlich und für den Unternehmer vorhersehbar auch von Kindern verzehrt werden können. Bei der Frage, ob die Werbeaussage irreführend oder sonst unlauter ist, kommt es dementsprechend auf die Sichtweise eines durchschnittlichen Kindes an.) Dies ist im Wege der richtlinienkonformen Auslegung des § 3 II 3 zu berücksichtigen und entspricht letztlich auch der Intention des Gesetzgebers (vgl Begr RegE UWG 2008, BT-Drucks 16/10145 S 22: „dass seine geschäftliche Handlung das wirtschaftliche Verhalten gerade dieser Verbraucher beeinflussen werde"). Damit wird zwar für den Unternehmer eine zusätzliche Hürde aufgebaut. Er muss nämlich bei der Gestaltung einer Werbemaßnahme berücksichtigen, dass sie auch die Entscheidungsfähigkeit einer bestimmten Gruppe schutzbedürftiger Verbraucher nicht unlauter beeinträchtigt, selbst wenn der Durchschnittsverbraucher von ihr nicht wesentlich beeinflusst wird. Den notwendigen Ausgleich zwischen den Interessen des Unternehmers und den Interessen der besonders schutzbedürftigen Verbraucher stellt Art 5 III 1 UGP-Richtlinie dadurch her, dass es erstens die Geschäftspraxis „voraussichtlich" das wirtschaftliche Verhalten dieser Verbraucher wesentlich beeinflusst, dass dies zweitens in einer „für den Gewerbetreibenden vernünftigerweise vorhersehbaren Art und Weise" geschieht und dass drittens „nur eine eindeutig identifizierbare" Gruppe von aus ganz bestimmten Gründen schutzbedürftigen Verbrauchern betroffen ist. Damit sind die Risiken, denen sich ein Unternehmer bei seiner Werbung aussetzt, einigermaßen beherrschbar und in dieser Weise auch für ihn zumutbar.

15 Der Beurteilungsmaßstab des § 3 II 3 ist in § 4 Nr 2 zu einem selbstständigen Unlauterkeitstatbestand erhoben worden, der in der Sache einen Spezialtatbestand zu § 4 Nr 1 darstellt. Doch ist § 3 II 3 dessen ungeachtet auf **alle Unlauterkeitstatbestände,** auch auf diejenigen der Schwarzen Liste im Anh zu § 3 III, anzuwenden, soweit sie das Verhalten gegenüber Verbrauchern betreffen (vgl dazu auch Erwägungsgrund 19 UGP-Richtlinie).

16 Im Unterschied zu § 3 II 2 spielt es bei § 3 II 3 keine Rolle, ob sich die geschäftliche Handlung an die betreffende Gruppe schutzbedürftiger Verbraucher „wendet", dh sie gezielt anspricht. Vielmehr genügt es, wenn für den Unternehmer vorhersehbar ist, dass seine geschäftliche Handlung das wirtschaftliche Verhalten gerade dieser Verbraucher beeinflussen wird (Begr RegE UWG 2008, BT-Drucks 16/10145 S 22).

17 bb) **Besondere Schutzbedürftigkeit von Verbrauchern.** Eine besondere Schutzbedürftigkeit von Verbrauchern liegt nur vor, wenn sie **„auf geistigen oder körperlichen Gebrechen, Alter oder Leichtgläubigkeit"** beruht. Es muss sich also um persönliche Eigenschaften der Verbraucher handeln (vgl Erwägungsgrund 19 UGP-Richtlinie). Nicht erfasst sind sonstige Umstände, wie zB eine Zwangslage (dazu § 4 Nr 2). Unter „geistigen oder körperlichen Gebrechen" (dazu § 4 Nr 2 Rdn 2.20) sind solche geistigen oder gesundheitlichen Einschränkungen zu verstehen, die sich auf die Fähigkeit dieser Verbraucher zu einer „informierten" Entscheidung beziehen. Das Gleiche gilt für das „Alter" (vgl § 4 Rdn 2.21), wobei sowohl ein besonders niedriges (unter 18 Jahre) als auch ein hohes Alter in Betracht kommt, und für die „Leichtgläubigkeit" (dazu § 4 Rdn 2.44). Die Schutzbedürftigkeit kann sich, wie sich aus einer richtlinienkonformen Auslegung am Maßstab des Art 5 III UGP-Richtlinie und des Erwägungsgrunds 19 („besonders anfällig") ergibt, sowohl auf das Produkt als auch auf die betreffende geschäftliche Handlung beziehen.

18 cc) **Eindeutige Identifizierbarkeit.** Um den besonderen, nämlich strengeren Beurteilungsmaßstab des § 3 II 3 anwenden zu können, muss die geschäftliche Handlung so beschaffen sein, dass sie **voraussichtlich** nur das wirtschaftliche Verhalten einer **„eindeutig identifizierbaren Gruppe"** von besonders schutzbedürftigen Verbrauchern beeinflussen kann. Eindeutig identifizierbar als Gruppe sind etwa Kinder, Jugendliche, Blinde, Taube, Kranke, Analphabeten oder der deutschen Sprache nicht mächtige Personen.

19 dd) **Vorhersehbarkeit.** Für den Unternehmer muss **„vorhersehbar"** sein, dass seine geschäftliche Handlung das wirtschaftliche Verhalten der betreffenden Verbrauchergruppe wesentlich beeinflussen kann. Nur so ist gewährleistet, dass er sein Werbeverhalten entsprechend steuern kann. Dabei ist in richtlinienkonformer Auslegung ein objektiver Maßstab anzulegen (vgl Art 5 III 1 UGP-Richtlinie: „vernünftigerweise vorhersehbar"). Es kommt also nicht darauf an, ob der betreffende Unternehmer tatsächlich die Wirkung seiner geschäftlichen Handlung vorhersehen kann, sondern ob dies von einem Unternehmer dieser Branche entsprechend seiner „fachlichen Sorgfalt" iSd § 2 I Nr 7 zu erwarten ist (§ 4 Rdn 2.15).

20 ee) **Schutzgrenzen.** Auch die besonders schutzbedürftigen Verbrauchergruppen genießen aber keinen uneingeschränkten Schutz. Dies ergibt sich aus Art 5 III 2 UGP-Richtlinie. Danach bleibt auch im Verhältnis zu besonders schutzbedürftigen Verbrauchergruppen, **„die übliche**

und rechtmäßige Werbepraxis, übertriebene Behauptungen oder nicht wörtlich zu nehmende Behauptungen aufzustellen,... unberührt". Diese Bestimmung ist zwar nicht umgesetzt worden, ist aber im Wege richtlinienkonformer Auslegung bei der Anwendung des § 3 II 3 zu berücksichtigen.

IV. Auslegung der Generalklausel

1. Überblick

Während früher für die lauterkeitsrechtliche Generalklausel nur das Gebot der **verfassungs-** 21
konformen Auslegung galt, gilt nunmehr in dem durch EU-Richtlinien koordinierten Bereich das Gebot der **richtlinienkonformen** Auslegung. Das Gebot der richtlinienkonformen Auslegung hat dabei Vorrang vor dem Gebot der verfassungskonformen Auslegung, da das Unionsrecht grds Vorrang vor dem nationalen Verfassungsrecht hat (dazu Einl Rdn 3.11 ff; OLG Hamburg GRUR-RR 2010, 74, 77). Da die Richtlinien als sekundäres Unionsrecht ihrerseits am Maßstab der **europäischen Grundrechte** (Art 6 EUV) auszulegen sind (vgl Erwägungsgrund 25 UGP-Richtlinie), wird insoweit auch das Anliegen der verfassungskonformen Auslegung verwirklicht.

2. Anwendungsbereich der richtlinienkonformen Auslegung

Das Gebot der richtlinienkonformen Auslegung (Art 288 III AEUV; EuGH Slg 1984, I-1891, 22
1909 – *von Colson und Kamann;* EuGH Slg 1984, I-1921, 1942 – *Harz;* EuGH WRP 1998, 290, 293 Tz 40 – *Inter-Environment Wallonie/Région wallone;* zu Einzelheiten Einl Rdn 3.13) gilt für den Bereich der Generalklausel, der in den Regelungsbereich der UGP-Richtlinie fällt und ihrer Umsetzung dient. Das ist zum Ersten die Regelung des § 3 III; zum Zweiten die Regelung des § 3 II; zum Dritten die Regelung des § 3 I, soweit sie sich auf geschäftliche Handlungen gegenüber Verbrauchern beziehen, deren Unlauterkeit sich aus den Art 6–9 UGP-Richtlinie, aus Art 4 Richtlinie 2006/114/EG über irreführende und vergleichende Werbung (Werberichtlinie) oder aus sonstigen Richtlinien ergibt. Zu beachten ist, dass die Richtlinien ihrerseits in hohem Maße auslegungsbedürftig sind, zu deren verbindlichen Auslegung aber nur der EuGH befugt ist.

3. Anwendungsbereich der verfassungskonformen Auslegung

Das Gebot der verfassungskonformen Auslegung beschränkt sich nach dem Gesagten auf die 23
Regelung des § 3 I, soweit es um die Unzulässigkeit geschäftlicher Handlungen gegenüber **Mitbewerbern** (dazu BGH WRP 2010, 764 Tz 60 – *WM-Marken*) und **sonstigen Marktteilnehmern** und gegenüber **Verbrauchern,** die von einer geschäftlichen Handlung als (potenzielle) **Anbieter** von Waren oder Dienstleistungen betroffen sind, geht.

B. „Stets unzulässige" geschäftliche Handlungen (§ 3 III)

I. Entstehungsgeschichte und Normzweck

1. Entstehungsgeschichte

(Vgl auch Anh zu § 3 III Rdn 0.1, 0.2.) § 3 III wurde im Zuge der Umsetzung der UGP- 24
Richtlinie in das UWG eingefügt. Die Vorschrift ordnet an, dass die im Anh zum UWG aufgeführten geschäftlichen Handlungen gegenüber Verbrauchern „stets unzulässig" sind. Sie dient damit der Umsetzung des Art 5 V 1 UGP-Richtlinie, der seinerseits auf einen Anh I und damit auf eine Liste jener Geschäftspraktiken verweist, „die unter allen Umständen als unlauter anzusehen sind" (sog „Schwarze Liste") und damit nach Art 5 I UGP-Richtlinie unzulässig sind. Die im Anh zu § 3 III aufgeführten geschäftlichen Handlungen entsprechen weitgehend in Reihenfolge und Wortlaut dem Anh I der UGP-Richtlinie. Die Nr 31 des Anh I der UGP-Richtlinie wurde allerdings – systematisch richtig, da es sich nicht um eine aggressive, sondern um eine irreführende Geschäftspraxis handelt – in die Nr 17 überführt. Damit verschoben sich die in Nr 17–25 geregelten Tatbestände der UGP-Richtlinie jeweils um eine Nummer. Die Nr 26 der Richtlinie wurde nicht übernommen, da bereits eine entsprechende Regelung in § 7 II findet. Folgerichtig entsprechen die Nr 27–30 wiederum denen der UGP-Richtlinie. Abweichungen in den Formulierungen erklären sich teils aus der Notwendigkeit, die Regelun-

gen mit den Definitionen in § 2 und ganz allgemein mit der deutschen Rechtsterminologie in Einklang zu bringen, teils aus den sprachlichen Mängeln der deutschen Fassung der UGP-Richtlinie (vgl Begr RegE UWG 2008 zu Nr 12, BT-Drucks 16/10145 S 30).

2. Normzweck

25 Die Regelung in § 3 III soll die **Rechtssicherheit** fördern (vgl Erwägungsgrund 17 UGP-Richtlinie: *"..., um größere Rechtssicherheit zu schaffen"* sowie Begr RegE UWG 2008 zu Nr 12 [BT-Drucks 16/10145 S 30]). Dazu werden die im Anh zu § 3 III aufgeführten Beispiele von geschäftlichen Handlungen für **„stets unzulässig"** erklärt. Eine Prüfung der **„geschäftlichen Relevanz",** also der Auswirkungen auf die geschäftliche Entscheidung des Verbrauchers, hat daher zu unterbleiben. Ähnlich äußert sich auch der RegE zu § 3 III, in dem es heißt: *„Es handelt sich um per se Verbote ohne Relevanzprüfung."* In diesem Sinne ist es auch zu verstehen, wenn es in Erwägungsgrund 17 heißt, es handle sich „um die einzigen Geschäftspraktiken, die ohne eine Beurteilung des Einzelfalls anhand der Bestimmungen der Art 5–9 als unlauter gelten können". Allerdings darf diese Bemerkung nicht zur Annahme verleiten, es handle sich bei diesen Tatbeständen um „Verbote ohne Wertungsvorbehalt" (so Begr RegE UWG 2008 zu § 3 III, BT-Drucks 16/10145 S 30). Das Gegenteil ist der Fall (Rdn 6). Das soll – pars pro toto – am Beispiel der „Lockangebote" iSd Nr 5 S 1 Anh zu § 3 III verdeutlicht werden. Als stets unzulässig gelten danach „Waren- und Dienstleistungsangebote iSd § 5 a Abs 3 zu einem bestimmten Preis, wenn der Unternehmer nicht darüber aufklärt, dass er hinreichende Gründe für die Annahme hat, er werde nicht in der Lage sein, diese oder gleichartige Waren oder Dienstleistungen für einen angemessenen Zeitraum in angemessener Menge zum genannten Preis bereitzustellen oder bereitstellen zu lassen". Die Subsumtion eines konkreten Falles unter diese Norm ist ohne eine Würdigung der Umstände des Einzelfalls und eine normative Wertung („hinreichende Gründe"; „gleichartig"; „angemessen") nicht möglich. Der Beitrag zu mehr Rechtssicherheit für die Marktteilnehmer (Unternehmer, Mitbewerber und Verbraucher) besteht daher ausschließlich darin, dass eine Prüfung der „geschäftlichen Relevanz" nicht erforderlich ist, diese vielmehr **unwiderleglich vermutet** wird.

II. Auslegung

1. Gebot der richtlinienkonformen Auslegung

26 (Vgl auch Anh zu § 3 III Rdn 0.3–0.9.) Bei der Auslegung des § 3 III und der „Schwarzen Liste" im Anh zu § 3 III ist das Gebot der richtlinienkonformen Auslegung zu beachten, die Vorrang vor der verfassungskonformen Auslegung hat (Rdn 21). Die richtlinienkonforme Auslegung erfordert ihrerseits wiederum eine Auslegung der Richtlinie anhand der Maßstäbe der unionsrechtlichen Auslegungsgrundsätze (Einl Rdn 3.11 ff). Dabei sind die Regelungen in den Art 6–9 und die Regelungen im Anh I UGP-Richtlinie im systematischen Zusammenhang zu sehen und wechselseitig bei der Auslegung zu berücksichtigen („hermeneutischer Zirkel"). Bei der **Auslegung** der Schwarzen Liste ist zu berücksichtigen, dass sich der Sinn und Zweck des jeweiligen Beispielstatbestands häufig erst aus einem Vergleich der deutschen Fassung mit anderen Fassungen, insbes der **englischen** und **französischen,** erschließt. Auch weisen viele Beispielstatbestände unbestimmte Rechtsbegriffe auf, die ihrerseits **auslegungsbedürftig** sind. Eine verbindliche Klärung von Zweifelsfragen kann nur durch den EuGH erfolgen.

2. Gebot der engen Auslegung oder Verbot der verallgemeinernden Auslegung?

27 Die Tatbestände des Anh I der UGP-Richtlinie und dementsprechend des Anh zu § 3 III sind sehr eng und kasuistisch gefasst. Aus ihnen spricht der Wille des Richtliniengebers, sie nicht als verallgemeinerungsfähige Regelungen anzusehen. Daher sieht Art 5 V 2 UGP-Richtlinie auch vor, dass diese Liste in allen Mitgliedstaaten einheitlich gilt und nur durch eine Änderung dieser Richtlinie abgeändert werden kann. Das gebietet zwar **nicht notwendig eine enge Auslegung** der Tatbestände (iSd der deutschen Methodenlehre, die zwischen Auslegung, Analogie und teleologischer Reduktion unterscheidet). Vielmehr hat sich die Auslegung am jeweiligen **Zweck** der Regelung zu orientieren. Wohl aber ist eine **verallgemeinernde Auslegung** iSe **analogen** Anwendung der Tatbestände auf vergleichbare Sachverhalte **ausgeschlossen** (Anh zu § 3 III Rdn 0.8). Nur dies gewährleistet die vom Richtliniengeber angestrebte einheitliche Rechtsanwendung in allen Mitgliedstaaten. Es handelt sich also um eine **abschließende,** nicht der Analogie fähige Regelung. Selbstverständlich ist den Beispielstatbeständen der „Schwarzen Liste"

andererseits nicht durch Umkehrschluss zu entnehmen, dass ein von ihnen nicht erfasstes Verhalten zulässig wäre. Vielmehr greift dann die Prüfung nach den allgemeinen Bestimmungen des § 3 I, II iVm den §§ 4–6 ein.

III. Tatbestand

1. „Geschäftliche Handlung"

Die Anwendung des § 3 III setzt eine „geschäftliche Handlung" voraus. Entsprechend der Legaldefinition in § 2 I Nr 1 muss es sich also grds um ein Verhalten einer Person zugunsten des eigenen oder eines fremden Unternehmens vor, während oder nach einem Geschäftsabschluss handeln, das mit der Förderung des Absatzes oder des Bezugs von Waren oder Dienstleistungen oder mit dem Abschluss oder der Durchführung eines Vertrags über Waren oder Dienstleistungen objektiv zusammenhängt". Vom Wortlaut des § 3 III miterfasst sind daher auch solche geschäftliche Handlungen, die sich auf den **Bezug** von Waren oder Dienstleistungen beziehen. Zwar erfasst die UGP-Richtlinie nach ihrem Art 2 lit d UGP-Richtlinie nur Verhaltensweisen, die sich auf den Absatz von Waren oder Dienstleistungen und auf den Abschluss und die Durchführung entsprechender Verträge beziehen. Es verstößt aber nicht gegen die UGP-Richtlinie außerhalb ihres Anwendungsbereiches zusätzliche per-se-Verbote aufzustellen. Allerdings ist einzuräumen, dass der Gesetzgeber sich dieser Problematik nicht bewusst war und die Frage daher von der Rspr zu klären ist.

2. Geschäftliche Handlung „gegenüber Verbrauchern"

Es muss sich weiter um eine geschäftliche Handlung **„gegenüber Verbrauchern"** handeln. Der Begriff des Verbrauchers wird in § 2 II durch einen Verweis auf die Legaldefinition in § 13 BGB definiert (dazu § 2 Rdn 133 ff). Das entbindet nicht davon, auch diesen Begriff richtlinienkonform, nämlich im Lichte der Definition des Art 2 lit a UGP-Richtlinie auszulegen. **Nicht** zu den Verbrauchern in diesem Sinne gehören die **„sonstigen Marktteilnehmer"** iSd § 2 I Nr 2, insbes also **Unternehmer** in ihrer Eigenschaft als (potenzielle) Kunden. Dass sie möglicherweise im Einzelfall in gleicher Weise schutzbedürftig sind wie Verbraucher (wie zB Kleingewerbetreibende; Kleinvereine), ändert daran nichts. Zwar würde die UGP-Richtlinie einer Analogie nicht entgegenstehen, da sie sich auf die Regelung des Verhältnisses von Unternehmer zu Verbraucher beschränkt. Indessen ist zu beachten, dass die Schutzwürdigkeit eines „sonstigen Marktteilnehmers" im konkreten Fall erst ermittelt werden müsste und dies mit dem Zweck der Vorschrift, die Rechtssicherheit zu fördern, nicht im Einklang stünde. Den Interessen der sonstigen Marktteilnehmer lässt sich im Übrigen im Rahmen des § 3 I angemessen Rechnung tragen. Denn die den Beispielstatbeständen des Anh zu § 3 III zugrunde liegenden Wertungen lassen sich idR auch für die Beurteilung von geschäftlichen Handlungen gegenüber sonstigen Marktteilnehmern heranziehen, soweit eine entsprechende Schutzbedürftigkeit besteht. Allerdings sind dabei stets die Umstände des Einzelfalls zu berücksichtigen.

IV. Rechtsfolgen

Da nach § 3 III die im Anh aufgeführten geschäftlichen Handlungen gegenüber Verbrauchern „stets unzulässig" sind, handelt es sich bei diesen Tatbeständen um **per-se-Verbote**. Auf die „geschäftliche Relevanz" der Handlung für das Verhalten des Verbrauchers kommt es also nicht an (Rdn 25). Daher kann grds jede Verwirklichung eines der Beispielstatbestände des Anh zu § 3 III die Rechtsfolgen der §§ 8–10 auslösen, auch wenn im Einzelfall die Spürbarkeitsschwelle des § 3 I oder II nicht überschritten ist. Allerdings soll auch insoweit der Grundsatz der **Verhältnismäßigkeit** gelten. Aus diesem Grund soll es Fallgestaltungen geben können, „bei denen ein nach § 3 Abs 3 ... unlauteres Verhalten gleichwohl keine wettbewerbsrechtlichen Sanktionen auslöst" (Begr RegE UWG 2008 zum Anh zu § 3 III, BT-Drucks 16/10145 S 30). Das ist an sich durch Art 13 UGP-Richtlinie gedeckt, der von den Mitgliedstaaten verlangt, dass die festzulegenden Sanktionen „wirksam, verhältnismäßig und abschreckend" sein müssen. Allerdings darf mit Hilfe des Verhältnismäßigkeitsgrundsatzes nicht gleichsam durch die Hintertür doch wieder eine Relevanzprüfung in den § 3 III eingeführt werden. Die bloße Tatsache, dass es sich um einen versehentlichen Verstoß gehandelt hat, kann für sich allein niemals ausreichen, um von Sanktionen abzusehen. Im Übrigen sind durch das Erfordernis der Wiederholungsgefahr beim Verletzungsunterlassungsanspruch (§ 8 I 1) einerseits und durch den Missbrauchstatbestand des § 8 IV andererseits bereits Sicherungen vorhanden, die einer unverhältnismäßigen Rechtsdurchsetzung vorbeugen.

C. Wegen Verstoßes gegen die „fachliche Sorgfalt" unzulässige geschäftliche Handlungen (§ 3 II 1)

I. Entstehungsgeschichte und Normzweck

1. Entstehungsgeschichte

31 § 3 II 1 **ergänzt** die allgemeine Regelung in § 3 I und dient der Umsetzung des Art 5 II und III UGP-Richtlinie (Begr RegE UWG 2008 zu § 3, BT-Drucks 16/10145 S 30; KG GRUR-RR 2010, 22, 29). Zur Umsetzung des Art 5 III UGP-Richtlinie vgl auch Rdn 12 ff.

2. Normzweck

32 Die Vorschrift soll solche geschäftlichen Handlungen gegenüber Verbrauchern erfassen, die weder irreführend noch aggressiv iSd Art 5 IV, 6–9 UGP-Richtlinie und damit auch nicht unlauter iSd § 4 Nr 1–5, §§ 5, 5 a sind, aber gleichwohl aus sonstigen Gründen zu verbieten sind. Sie dient insofern als **Auffangtatbestand** für die Fallgestaltungen, die weder durch § 3 III noch durch § 1 iVm §§ 4–6 abgedeckt sind (vgl Rdn 7–9, 56). Ihr Anwendungsbereich hängt insbes davon ab, ob man § 4 Nr 1 auf Fälle aggressiver Geschäftspraktiken iSd Art 8 und 9 UGP-Richtlinie beschränkt (vgl *Köhler* GRUR 2010, 177). Allerdings sind die Regelungen in **§ 3 II 2 und 3** auch bei der Anwendung der §§ 4–6 heranzuziehen. Denn sie enthalten allgemeine Grundsätze zur Beurteilung der geschäftlichen Relevanz eines unlauteren Verhaltens (Rdn 12 ff).

II. Auslegung

1. Gebot der richtlinienkonformen Auslegung

33 Für § 3 II 1 gilt das Gebot der richtlinienkonformen Auslegung, die Vorrang vor der verfassungskonformen Auslegung hat (Rdn 21). Da § 3 II 1 der Umsetzung des Art 5 II UGP-Richtlinie dient, hat sich die richtlinienkonforme Auslegung vornehmlich an dieser Regelung zu orientieren. Allerdings ist auch diese in hohem Maße auslegungsbedürftig. Dafür gelten die Maßstäbe der Auslegung des Unionsrechts (Einl 3.11 ff). Zweifelsfragen sind letztlich vom EuGH zu klären.

2. Unterschiede in der Fassung des § 3 II 1 und des Art 5 II UGP-Richtlinie

34 Der deutsche Gesetzgeber hat bei der Umsetzung des Art 5 II UGP-Richtlinie nicht den Wortlaut dieser Regelung übernommen. Zwar ist für den nationalen Gesetzgeber nach Art 288 III AEUV bei der Umsetzung einer Richtlinie nur deren Ziel verbindlich, wohingegen er bei der Wahl der Form und der Mittel der Umsetzung frei ist. Allerdings bringt die abweichende Formulierung in § 3 II 1 für den Rechtsanwender das Problem mit sich, dass er sich bei dessen Auslegung doch wieder am Wortlaut und am Sinn und Zweck des Art 5 II UGP-Richtlinie orientieren muss, um dem Gebot der richtlinienkonformen Auslegung Rechnung zu tragen. Der Vorzug der schlankeren Gesetzesfassung des § 3 II 1 im Hinblick auf Anschaulichkeit und Verständlichkeit der Regelung hat daher seinen Preis.

III. Tatbestand

1. „Geschäftliche Handlungen gegenüber Verbrauchern"

35 Die Anwendung des § 3 II 1 setzt eine geschäftliche Handlung gegenüber **Verbrauchern** voraus. Es gelten insoweit die gleichen Grundsätze wie zu § 3 III (Rdn 28, 29). Eine entsprechende Anwendung auf geschäftliche Handlungen gegenüber sonstigen Marktteilnehmern würde zwar nicht gegen die UGP-Richtlinie verstoßen, ist aber entbehrlich, weil insoweit die Generalklausel des § 3 I eingreift. Hervorzuheben ist, dass § 3 II 1 insbes auch bei geschäftlichen Handlungen bei und nach Vertragsschluss Bedeutung erlangen kann.

2. Verstoß gegen die „für den Unternehmer geltende fachliche Sorgfalt"

a) Verstoß gegen die „fachliche Sorgfalt" als Unlauterkeitskriterium. Erste Voraussetzung für die Unzulässigkeit von geschäftlichen Handlungen gegenüber Verbrauchern nach § 3 II 1 ist, dass „sie nicht der für den Unternehmer geltenden fachlichen Sorgfalt entsprechen" (dazu § 2 Rdn 126 ff; BGH GRUR 2010, 248 Tz 31 – *Kamerakauf im Internet; Dohrn* S 81 ff; *Dröge* S 71 ff). Die Regelung dient der Umsetzung von Art 5 II lit a UGP-Richtlinie. Danach ist eine Geschäftspraktik unlauter, „wenn sie den Erfordernissen der beruflichen Sorgfalt widerspricht". In der deutschen Rechtsterminologie hat der Begriff der beruflichen Sorgfaltspflicht bislang nur im Vertragsrecht (vgl § 276 BGB) und im Deliktsrecht (§ 823 BGB) eine Rolle gespielt, nicht dagegen im Lauterkeitsrecht. Auch dem damaligen Gemeinschaftsrecht war dieser Begriff bis dahin fremd. Mit der Einführung des Begriffs der „fachlichen Sorgfalt" in § 3 II 1 wurde ein neues Kriterium zur Beurteilung der Unlauterkeit eines Verhaltens geschaffen. Inwieweit es zu einer Konkretisierung des Begriffs der „Unlauterkeit" jenseits der Tatbestände irreführender und aggressiver Verhaltensweisen beitragen kann, bleibt abzuwarten (zweifelnd *Glöckner* WRP 2004, 936; *Köhler/Lettl* WRP 2003, 1019, 1036 f; *Köhler* GRUR 2005, 793, 796; *Seichter* WRP 2005, 1087, 1090). Desgleichen, ob damit wesentlichen Änderungen gegenüber der bisherigen Rechtslage in Deutschland verbunden sind (vgl Begr RegE UWG 2008, BT-Drucks 16/10145 S 15). Dem Begriff der „beruflichen Sorgfalt" kommt zunächst eine **Harmonisierungsfunktion** zu. Sie besteht darin, „die in den Mitgliedstaaten existierenden unterschiedlichen Generalklauseln und Rechtsgrundsätze zu ersetzen" (Erwägungsgrund 13 S 1). Außerdem trägt der Begriff dazu bei, Fehldeutungen des Maßstabs der Unlauterkeit (zB Anknüpfung an eine moralische Verwerflichkeit oder an die Unüblichkeit eines Verhaltens) zu vermeiden (vgl *Köhler* GRUR 2005, 793, 796). Das ist insbes für Mitgliedstaaten von Bedeutung, die bis dahin kein ausgeprägtes Lauterkeitsrecht, insbes keine Generalklausel besaßen. Die **inhaltliche Konkretisierung** des Begriffs der „beruflichen Sorgfalt" kann zwar auch durch den jeweiligen nationalen Gesetzgeber (BGH GRUR 2008, 807 Tz 20 – *Millionen-Chance*) und muss im Einzelfall durch die nationalen Gerichte erfolgen. Ob dies in zulässiger Weise geschehen ist, unterliegt letztlich der Kontrolle durch den EuGH. Die eigentliche Problematik besteht darin, dass der Begriff der beruflichen Sorgfalt sowohl an „anständige Marktgepflogenheiten" als auch an bestehende gesetzliche Anforderungen für bestimmte Wirtschaftszweige anknüpft, heisst es doch in Erwägungsgrund 20 S 2 UGP-Richtlinie: „In Branchen, in denen es spezifische zwingende Vorschriften gibt, die das Verhalten von Gewerbetreibenden regeln, ist es zweckmäßig, dass aus diesen auch die Anforderungen an die berufliche Sorgfalt in dieser Branche ersichtlich sind." Auch geht die Richtlinie in Erwägungsgrund 20 S 1 davon aus, dass die Anforderungen an die berufliche Sorgfalt in „spezifischen Wirtschaftsbranchen" durch Verhaltenskodizes konkretisiert wird, die allerdings „nicht der Nichteinhaltung rechtlicher Vorschriften Vorschub leisten" dürfen (Art 11 I Unterabs 4 lit b UGP-Richtlinie). Daraus ist zu folgern, dass der Maßstab der beruflichen Sorgfalt von Mitgliedstaat zu Mitgliedstaat unterschiedlich sein kann, sofern es dazu noch keine harmonisierten Regelungen gibt. Soweit es um „Informationsanforderungen in Bezug auf kommerzielle Kommunikation einschließlich Werbung und Marketing" geht, ist allerdings die Sonderregelung in Art 7 V UGP-Richtlinie iVm Erwägungsgrund 15 zu beachten.

b) Verhältnis sorgfaltswidriger zu irreführenden und aggressiven Verhaltensweisen. (Vgl dazu auch Rdn 8 ff.) Aus der Definition der Unlauterkeit einer Geschäftspraxis in Art 5 II UGP-Richtlinie und dem Hinweis in Art 5 IV UGP-Richtlinie, wonach unlautere Geschäftspraktiken insbes solche sind, die irreführend iSd Art 6 und 7 oder aggressiv iSd Art 8 und 9 UGP-Richtlinie sind, geht hervor, dass der Richtliniengeber **irreführende** und **aggressive** Verhaltensweisen als Verstöße gegen die Erfordernisse der beruflichen Sorgfalt wertet. Sie stellen lediglich **besondere Erscheinungsformen** eines Verstoßes gegen die Erfordernisse der beruflichen Sorgfaltspflicht dar (vgl auch Art 6 IV lit d UGP-Richtlinie, in dem die Formel des Art 5 II lit a UGP-Richtlinie wiederholt wird). Da sie aber gesondert geregelt sind, ist der Anwendungsbereich des Art 5 II UGP-Richtlinie auf Geschäftspraktiken beschränkt, die weder von der „Schwarzen Liste" im Anh I noch von den Tatbeständen der Art 6 und 7 oder der Art 8 und 9 UGP-Richtlinie erfasst sind. Dementsprechend ist der Anwendungsbereich des § 3 II 1 auf solche geschäftlichen Handlungen gegenüber Verbrauchern begrenzt, die nicht bereits unzulässig iSd § 3 III oder unlauter iSd § 4 Nr 1–6, § 5, § 5 a und § 6 sind (*Köhler* WRP 2010, 1293). Allerdings sind die Tatbestände der § 4 Nr 1–6, §§ 5, 5 a gerade wegen der Existenz des § 3 II 1 ihrerseits richtlinienkonform iSd der Art 6–9 UGP-Richtlinie auszulegen und ggf im Wege richtlinienkonformer Reduktion in ihrem (bisherigen) Anwendungsbereich zu beschränken. Das ist nicht nur für den Tatbestand des § 4 Nr 6 (dazu EuGH GRUR 2010, 244 – *Plus Warenhandelsgesellschaft*), sondern insbes auch für die (auf aggressive Verhaltensweisen zu beschränkenden) Tatbestände des § 4 Nr 1 und 2 von Bedeutung (dazu *Köhler* GRUR 2010, 767). Eine Sonderrolle spielt § 4 Nr 11. (Dazu näher bei Rdn 8–8 h.) Im Ergebnis handelt es sich bei § 3 II 1 daher um einen Auffangtatbestand, der vor allem dann eingreifen kann, wenn sich eine geschäftliche Handlung nicht zweifelsfrei oder nicht vollständig einem der genannten Tatbestände zuordnen lässt. Allerdings kommt diesen Tatbeständen auch eine Begrenzungsfunktion zu. Der Begriff des sorgfaltswidrigen Handelns sollte daher nur solche geschäftliche Handlungen erfassen, die einen vergleichbaren Unrechtsgehalt aufweisen wie diese Tatbestände.

38   **c) Objektiver Sorgfaltsverstoß ausreichend.** Da die Unlauterkeit einer geschäftlichen Handlung lediglich voraussetzt, dass sie nicht der für den Unternehmer geltenden Sorgfalt entspricht, genügt ein objektiver Sorgfaltsverstoß. Ob der Unternehmer persönlich in der Lage war, diesen Erfordernissen nachzukommen, ist unerheblich. Ein persönliches Verschulden ist lediglich beim Schadensersatzanspruch nach § 9 S 1 vorausgesetzt, wobei allerdings ein „Übernahmeverschulden" genügt, so dass in aller Regel auch Verschulden zu bejahen ist.

3. Begriff und Definition der „fachlichen Sorgfalt"

39   **a) Begriff.** Der Gesetzgeber verwendete bewusst nicht den in Art 5 II lit a UGP-Richtlinie verwendeten Begriff der „beruflichen Sorgfalt" („professional diligence"; „diligence professionelle"), weil ein Beruf nach den Begriffsbestimmungen des deutschen Rechts nur von einer natürlichen Person ausgeübt werden könne, die Sorgfaltspflichten iSd UGP-Richtlinie aber auch juristische Personen treffen sollen (Begr RegE UWG 2008 zu § 2 I Nr 5–7, BT-Drucks 16/10145 S 21, 22). Diese Begründung ist zwar nicht unbedenklich, da das Grundrecht der Berufsfreiheit (Art 12 GG) auch für juristische Personen gilt und bspw auch eine juristische Person „Kaufmann" oder „Gewerbetreibender" sein kann. Da aber § 2 I Nr 7 eine Legaldefinition des Begriffs der „fachlichen Sorgfalt" bereitstellt (dazu § 2 Rdn 126 ff), hat die von der UGP-Richtlinie abweichende Terminologie keine sachliche Bedeutung.

40   **b) Definition. aa) Die Legaldefinition in § 2 I Nr 7.** „Fachliche Sorgfalt" ist nach § 2 I Nr 7 „der Standard an Fachkenntnissen und Sorgfalt, von dem billigerweise angenommen werden kann, dass ein Unternehmer ihn in seinem Tätigkeitsbereich gegenüber Verbrauchern nach Treu und Glauben unter Berücksichtigung der Marktgepflogenheiten einhält". Damit soll die Legaldefinition der „beruflichen Sorgfalt" in Art 2 lit h UGP-Richtlinie umgesetzt werden. Aus der Sicht der Kommission sollte mit dem Begriff der „beruflichen Sorgfalt" an den in den meisten Mitgliedstaaten bekannten Begriff des „ordnungsgemäßen Geschäftsgebarens" oder der „Sorgfalt eines ordentlichen Kaufmanns" (vgl § 347 I HGB) angeknüpft werden (vgl den Richtlinienvorschlag der Kommission v 18. 6. 2003 (KOM (2003) 356 endg). Die einzelnen Elemente der Definition sind aber in ihrem Bedeutungsgehalt schwer zu erschließen, da sie mehr auf einem Kompromiss zwischen den unterschiedlichen dogmatischen und rechtspolitischen Vorstellungen der Mitgliedstaaten als auf einem schlüssigen Konzept beruht (vgl *Dohrn* S 179). Die Umsetzung in § 2 I Nr 7 ist insofern nicht exakt erfolgt, als das Kriterium der „anständigen Marktgepflogenheiten und/oder des allgemeinen Grundsatzes von Treu und Glauben" nicht vollständig übernommen wurde (zur Bedeutung dieses Unterschieds vgl Rdn 44 ff sowie § 2 Rdn 131).

41   **bb) „Standard an Fachkenntnissen und Sorgfalt".** Vgl auch § 2 Rdn 130. Mit dem Begriff des „Standards an Fachkenntnissen und Sorgfalt" (engl „standard of special skill and care"; frz „le niveau de compétence spécialisée et de soins") werden die fachlichen Anforderungen an das Verhalten eines Unternehmers gegenüber Verbrauchern in seinem Tätigkeitsbereich vor, während und nach dem Geschäftsabschluss umschrieben. Er bildet den Maßstab dafür, ob eine geschäftliche Handlung unlauter ist, sofern in den §§ 4–6 nicht spezielle Verhaltensanforderungen aufgestellt sind. Diese Anforderungen beziehen sich zum einen auf die „Fachkenntnisse", zum anderen auf die „Sorgfalt". Unter dem Begriff der **„Fachkenntnisse"** ist nicht nur das fachliche **Wissen,** sondern auch das fachliche **Können** (Fähigkeit) eines **Unternehmers** zu verstehen, wie ein Blick auf die englische und französische Fassung des Art 2 lit h UGP-Richtlinie („special skill"; „compétence spécialisée") bestätigt. Der Begriff der **„Sorgfalt"** (eng „care; frz „soins") umfasst alle Pflichten zur **Rücksicht** auf die wirtschaftlichen Interessen und die Schutzbedürftigkeit der jeweils angesprochenen Verbraucherkreise bei Vornahme einer geschäftlichen Handlung vor, während und nach Vertragsschluss. Dabei geht es letztlich darum, die konkrete **Einflussnahme des Unternehmers auf das wirtschaftliche Verhalten des Ver-**

brauchers, nämlich seine Fähigkeit, eine informierte geschäftliche Entscheidung zu treffen, zu beurteilen (vgl *Dohrn* S 175). Der Begriff der geschäftlichen Entscheidung ist dabei richtlinienkonform iSd Definition in Art 2 lit k UGP-Richtlinie zu verstehen (Rdn 52). Das Ausmaß der Verhaltensanforderungen hängt von der jeweiligen **Branche,** in der der Unternehmer tätig ist (vgl Erwägungsgrund 20 UGP-Richtlinie: „Anforderungen an die berufliche Sorgfalt in dieser Branche"), und dem jeweiligen **Vertragstypus** ab (vgl Rdn 42). Der aus der englischen Fassung des Art 5 II lit a UGP-Richtlinie übernommene Begriff des „**Standards**" bedeutet mehr als bloßes „Maß" (wie noch in einem früheren Richtlinienentwurf, der von „measure" sprach, angenommen). Er soll zum Ausdruck bringen, dass es auf einen objektiven und normativen Maßstab ankommt. Es ist also das von einem Unternehmer zu erwartende Mindestmaß an Fachkenntnissen und Sorgfalt gemeint.

cc) „**Tätigkeitsbereich**". Vgl auch § 2 Rdn 129. Nach § 2 I Nr 7 kommt es bei der Bestimmung des anzuwendenden Standards an Fachkenntnissen und Sorgfalt gegenüber Verbrauchern auf den jeweiligen „**Tätigkeitsbereich**" (in der englischen und französischen Fassung des Art 2 lit h UGP-Richtlinie: „field of activity; „domaine d'activité") des Unternehmers an. Unter Tätigkeit ist dabei das Verhalten vor, bei und nach einem Geschäftsabschluss zu verstehen. Maßgebend ist also die jeweilige Werbe- und Marketingstrategie sowie der jeweilige **Typus des Vertrages,** der mit dem Verbraucher abgeschlossen wurde oder werden soll. Soweit der Unternehmer – wie idR – einer bestimmten **Branche** angehört, bestimmt diese den Tätigkeitsbereich.

dd) „**Treu und Glauben**". Vgl auch § 2 Rdn 131. Nach Art 2 lit h UGP-Richtlinie ist bei der Konkretisierung des Begriffs der beruflichen Sorgfaltspflicht und damit der Unlauterkeit auch der „allgemeine Grundsatz von Treu und Glauben" zu berücksichtigen. Dieses Kriterium wird auch in § 2 I Nr 7 aufgegriffen. Da der Begriff von Treu und Glauben neben („und/oder") dem Begriff der „anständigen Marktgepflogenheiten" verwendet wird, kann er eine eigenständige Bedeutung letztlich nur dann entfalten, wenn es keine einschlägigen Marktgepflogenheiten gibt. Es sind dies hauptsächlich die Fälle **neu entstandener Berufe oder Geschäftszweige** oder **neu entwickelter Markt- oder Verhandlungsstrategien,** wie sie etwa das Internet ermöglicht hat. Der Maßstab von „Treu und Glauben" ermöglicht es – ebenso wie der Maßstab der „anständigen Marktgepflogenheiten" –, die Lauterkeit einer geschäftliche Handlung unter **Abwägung der Interessen aller Beteiligten** einschließlich der Allgemeinheit und unter Berücksichtigung der Wertungen des geltenden Rechts, insbes der Zielsetzungen des Unionsrechts, und des Grundsatzes der **Verhältnismäßigkeit** zu beurteilen.

ee) „**Unter Berücksichtigung der Marktgepflogenheiten**". (1) Die „**anständigen Marktgepflogenheiten**" als Maßstab. Vgl auch § 2 Rdn 131. Als Beurteilungsmaßstab für den maßgeblichen Standard von Fachkenntnissen und Sorgfalt sind nach § 2 I Nr 7 neben dem Grundsatz von „Treu und Glauben" auch die „Marktgepflogenheiten" zu berücksichtigen. Das entspricht nicht ganz den Vorgaben des Art 2 lit h UGP-Richtlinie, der auf das Handeln „gemäß dem allgemeinen Grundsatz von Treu und Glauben und/oder den **anständigen** Marktgepflogenheiten" abstellt. Auch wurde bereits in der Begr zum RegE UWG 2004 klargestellt, dass alle Handlungen unlauter sind, „die den anständigen Gepflogenheiten in Handel, Gewerbe, Handwerk oder selbstständiger beruflicher Tätigkeit zuwiderlaufen" (Begr RegE UWG 2004, BT-Drucks 15/1487 S 16; Begr RegE UWG 2008, BT-Drucks 16/10145 S 15). Diese Unterscheidung zwischen „Marktgepflogenheiten" und „anständigen Marktgepflogenheiten" ist auch durchaus sinnvoll. Denn es gibt gerade im Wettbewerb immer wieder neuartige Werbe- und Vertriebsmethoden außerhalb bestehender „Marktgepflogenheiten". Für sie bleibt nur der Wertungsmaßstab des Grundsatzes von Treu und Glauben. Im Übrigen macht es einen Unterschied, ob man ein Verhalten nach den bestehenden „Marktgepflogenheiten" oder nach den „anständigen Marktgepflogenheiten" beurteilt (aA *Kulka* DB 2008, 1548, 1553). Denn der Wettbewerb würde in bedenklicher Weise beschränkt, „wenn das Übliche zur Norm erhoben würde" (BGHZ 166, 154 = GRUR 2006, 773 Tz 18 – *Probeabonnement*). Als „Marktgepflogenheiten" in § 2 I Nr 7 sind daher in richtlinienkonformer Auslegung nur die „**anständigen Marktgepflogenheiten**" zu verstehen. Dieser Begriff dürfte auf **Art 10**[bis] **II PVÜ** zurückzuführen sein. Danach ist unlauterer Wettbewerb jede geschäftliche Handlung, die den **anständigen Gepflogenheiten in Gewerbe oder Handel** zuwiderläuft." *(„tout acte de concurrence contraire aux usages honnêtes en matière industrielle ou commerciale").* An diese Definition knüpfte seinerzeit auch die Begründung zum RegE des UWG 2004 an (Begr RegE UWG zu § 1, BT-Drucks 15/1487 S 16). Bei der **richtlinienkonformen Auslegung** des § 3 II 1 ist dementsprechend dieser Aspekt bei der Konkretisierung des Begriffs der Unlauterkeit zu berücksichtigen (vgl BGH

GRUR 2006, 1042 Tz 29 – *Kontaktanzeigen*). Dabei hilft die Rspr des EuGH zum Tatbestandsmerkmal der „anständigen Marktgepflogenheiten" in Art 6 I lit c der Markenrechtsrichtlinie 89/104/EWG allerdings nicht sehr viel weiter, da der EuGH dieses Tatbestandsmerkmal als „Pflicht, den berechtigten Interessen des Markeninhabers nicht in unlauterer Weise zuwiderzuhandeln", begreift (EuGH Slg 1999, I-905 Tz 65 – *BMW*; EuGH GRUR 2004, 234 Tz 24 – *Gerolsteiner/Putsch*). Denn damit dreht man sich im Kreis. Anhaltspunkte lassen sich immerhin der Rspr zu § 1 UWG 1909 entnehmen (vgl BGH GRUR 1982, 56, 57 – *Sommerpreis*; BGH GRUR 1984, 664, 665 – *Winterpreis*; BGH GRUR 2001, 1181, 1183 – *Telefonwerbung für Blindenwaren*; BGHZ 103, 349, 352 = GRUR 1998, 838 – *Kfz-Versteigerung*; vgl auch ÖOGH GRUR Int 1993, 811, 812 – *Metro-Post*). Ein Verstoß gegen § 3 II 1 liegt nicht schon dann vor, wenn Glücksspiele in den gleichen Räumlichkeiten wie Süßwaren vertrieben werden (KG GRUR 2010, 22, 29).

45 (2) **Marktgepflogenheiten.** Ein erster Schritt bei der Konkretisierung des Begriffs ist demnach die tatsächliche Feststellung, ob es tatsächlich eine bestimmte „Marktgepflogenheit" gibt. Darunter ist eine nicht gesetzlich normierte Marktverhaltensregelung für einen bestimmten Beruf oder Geschäftszweig zu verstehen, die ein bestimmtes Marktverhalten gebietet, verbietet oder erlaubt. Die Regelung muss, um Berücksichtigung finden zu können, in dem betreffenden Beruf oder Geschäftszweig anerkannt sein und auch angewendet werden. Unerheblich ist dagegen, ob sie auch in einem Regelwerk niedergelegt ist und ob sich die betreffenden Unternehmen zu ihrer Einhaltung verpflichtet haben. Es können darunter Übungen, Verkehrssitten, Handelsbräuche, Traditionen, Usancen, Verbandsrichtlinien, Wettbewerbsregeln oder Standessitten fallen. Dazu gehören insbes auch die „Verhaltenskodizes" iSv § 2 I Nr 5, sofern sie nicht gegen bestehende Rechtsvorschriften, insbes auch des Kartellrechts, verstoßen.

46 (3) **Anständigkeit.** Ist eine Marktgepflogenheit als Tatsache ermittelt, so ist in einem weiteren Schritt der rechtlichen Würdigung zu prüfen, ob sie als „anständige" Marktgepflogenheit anzusehen ist. Denn die UGP-Richtlinie (und früher schon die Gesetzesbegründung zu § 3 UWG 2004) stellt – entspr Art 10bis II PVÜ – nicht auf die üblichen (dh bestehenden), sondern auf die „anständigen" Marktgepflogenheiten ab. Zwar können bestehende Marktgepflogenheiten ein Indiz dafür sein, was als anständig anzusehen ist. Aber dies ist nicht zwingend. Schon die Rspr zu § 1 UWG 1909 hatte die Gefahr gesehen, dass die in bestimmten Regelwerken enthaltenen außerrechtlichen Marktverhaltensregelungen („Verhaltenskodices" iSd § 2 I Nr 5) die Wettbewerbsfreiheit in einem Maß beschränken, das durch das Gebot der Lauterkeit des Wettbewerbs nicht gefordert wird, und daher letztlich Kartelle darstellen. Sie prüfte daher, wenn eine derartige Regel ein Verhalten als unlauter bezeichnete, stets, ob es auch vom Standpunkt der Allgemeinheit aus als unlauter erschien (vgl BGH GRUR 1991, 462, 463 – *Wettbewerbsrichtlinie der Privatwirtschaft*). Dementsprechend unterschied sie zwischen rechtlich anerkennenswerten und missbräuchlichen Gepflogenheiten (vgl BGHZ 30, 7, 15 – *Caterina Valente*; BGH GRUR 1971, 320, 321 – *Schlankheitskur*). Unter der Herrschaft des § 3 UWG 2004 stellte die Rspr (am Beispiel von – sogar kartellbehördlich anerkannten – Wettbewerbsregeln) klar, dass die Beurteilung der Unlauterkeit nicht davon abhängen kann, ob eine Verkehrssitte und damit eine im Verkehr herrschende tatsächliche Übung verletzt wurde (BGHZ 166, 154 = GRUR 2006, 773 Tz 19 – *Probeabonnement*). – Das Kriterium der „Anständigkeit" hat vielmehr die Aufgabe, eine bestehende Marktgepflogenheit darauf zu überprüfen, ob sie mit den derzeitigen grundlegenden **rechtlichen Wertungen,** insbes mit den Zielsetzungen des Unionsrechts, des GWB und des UWG, in Einklang steht und einen **angemessenen Interessenausgleich** zwischen allen beteiligten Marktteilnehmern gewährleistet. Es ist also eine Interessenabwägung vorzunehmen. Damit wird zugleich sichergestellt, dass der Richter bei der Prüfung der Anständigkeit rational und nachprüfbar argumentiert.

47 ff) **„Billigerweise".** Vgl auch § 2 Rdn 132. Der Standard an Fachkenntnissen und Sorgfalt ist nicht schlechthin bei der Beurteilung der Unlauterkeit einer geschäftlichen Handlung zugrunde zu legen, sondern nur insoweit, als „billigerweise angenommen werden kann, dass der Unternehmer ihn ... einhält". Unter **„billigerweise"** ist unter Berücksichtigung der englischen und französischen Fassung der UGP-Richtlinie („reasonable"; „raisonnablement") so viel wie **„vernünftigerweise"** zu verstehen (vgl den entsprechenden englischen und französischen Begriff in Art 5 III 1 UGP-Richtlinie, der in der deutschen Fassung ebenfalls mit „vernünftigerweise" wiedergegeben wird.) Maßgebend ist daher, welches Verhalten der Verbraucher vom Unternehmer vernünftigerweise erwarten darf. Dabei ist auf den „durchschnittlichen Verbraucher" oder ein „durchschnittliches Mitglied" der angesprochenen Verbrauchergruppe" abzustellen (§ 3 II 2). Ist eine besonders schutzbedürftige Gruppe von Verbrauchern angesprochen, kommt es auf die Sichtweise eines durchschnittlichen Mitglieds dieser Gruppe an (§ 3 II 3). Letztlich soll der Begriff „billigerweise" verdeutlichen, dass es auf eine **Abwägung** zwischen den **Interessen** des Unternehmers und den von ihm angesprochenen Verbrauchern anhand objektiver Maßstäbe ankommt.

4. Geschäftliche Relevanz bei § 3 II 1

a) Begriff und Bedeutung. Eine geschäftliche Handlung ist nicht schon dann unzulässig iSv **48** § 3 II 1, wenn sie nicht der für den Unternehmer geltenden Sorgfalt entspricht. Vielmehr muss sie darüber hinaus dazu **geeignet** sein, **„die Fähigkeit des Verbrauchers, sich auf Grund von Informationen zu entscheiden, spürbar zu beeinträchtigen und ihn damit zu einer geschäftlichen Entscheidung zu veranlassen, die er andernfalls nicht getroffen hätte".** Dieses Tatbestandsmerkmal lässt sich als **„geschäftliche Relevanz"** bezeichnen. Es dient der Umsetzung von Art 5 II lit b UGP-Richtlinie, der von der wesentlichen Beeinflussung des wirtschaftlichen Verhaltens des Verbrauchers spricht und dieses Tatbestandsmerkmal in Art 2 lit e UGP-Richtlinie definiert. Letztlich wird damit der Inhalt dieser Bestimmungen zwar in geraffter Form, aber ohne Substanzverlust wiedergegeben. – Die geschäftliche Relevanz hat demnach zwei Voraussetzungen: Zum einen die Eignung der geschäftlichen Handlung, die Fähigkeit des Verbrauchers, sich auf Grund von Informationen zu entscheiden, spürbar zu beeinträchtigen; zum anderen die Eignung, den Verbraucher zu einer geschäftlichen Entscheidung zu veranlassen, die er andernfalls nicht getroffen hätte. Diese Umschreibung der geschäftlichen Relevanz gilt wohlgemerkt nur für solche geschäftlichen Handlungen gegenüber Verbrauchern, die nicht schon von den §§ 4–6 erfasst werden, weil (und soweit!) für diese Tatbestände auf Grund des Gebots der richtlinienkonformen Auslegung anhand der Art 6–9 UGP-Richtlinie und der Irreführungsrichtlinie andere Relevanzkriterien gelten (dazu Rdn 115 ff). - Eine nur schwer mit der UGP-Richtlinie zu vereinbarende Ausnahme bildet § 5 a II, der auf **§ 3 II** verweist. Denn § 5 a II konkretisiert nur das Tatbestandsmerkmal der Unlauterkeit in § 3 I (arg „Unlauter handelt …"), so dass es dem Wortlaut nach zu einer doppelten Relevanzprüfung am Maßstab des § 3 I und des § 3 II kommt. Im Übrigen enthält der dem § 5 a II zu Grunde liegende Art 7 I UGP-Richtlinie eine eigene Relevanzklausel, die auf Grund des Gebots der richtlinienkonformen Auslegung des § 5 a II vorrangig zu berücksichtigen ist. Jedenfalls ist die Verweisung auf § 3 II in § 5 a II nur auf das Relevanzkriterium zu beziehen und nicht auch auf das Kriterium der Nichteinhaltung der fachlichen Sorgfalt (*Köhler* WRP 2010, 1293, 1300 f; aA BGH GRUR 2010, 248 Tz 31 – *Kamerakauf im Internet*). Der BGH hat es in dieser Entscheidung als Gebot der fachlichen Sorgfalt angesehen, „mit Testergebnissen nur zu werben, wenn dem Verbraucher dabei die Fundstelle eindeutig und leicht zugänglich angegeben und ihm so eine einfache Möglichkeit eröffnet wird, den Test selbst zur Kenntnis zu nehmen. Der Entscheidung ist zwar iErg zuzustimmen, in der Begründung wäre aber besser darauf abgestellt worden, dass eine „wesentliche Information" vorenthalten wurde. – Die beiden Tatbestandsmerkmale des Sorgfaltsverstoßes und der geschäftlichen Relevanz stehen nicht unverbunden nebeneinander. Vielmehr ist von einer Art **Wechselwirkung** auszugehen: Je intensiver der Sorgfaltsverstoß, desto geringere Anforderungen sind an die geschäftliche Relevanz zu stellen und umgekehrt.

b) Eignung zur spürbaren Beeinträchtigung der Fähigkeit, sich auf Grund von In- 49 formationen zu entscheiden. aa) Eignung. Durch den Begriff der Eignung wird klargestellt, dass ein positiver Nachweis einer tatsächlichen Beeinträchtigung der Fähigkeit, sich auf Grund von Informationen zu entscheiden, nicht erforderlich ist. Es genügt die objektive Wahrscheinlichkeit, die auf Grund einer Würdigung aller Umstände des konkreten Falles festzustellen ist.

bb) „Fähigkeit, sich auf Grund von Informationen zu entscheiden". Damit soll **50** sprachlich korrekter die entsprechende Formulierung in Art 2 lit e UGP-Richtlinie („Fähigkeit des Verbrauchers, eine informierte Entscheidung zu treffen") wiedergegeben werden (vgl Begr RegE UWG 2008, BT-Drucks 16/10 145 S 19). Der Inhalt des Begriffs der „informierten Entscheidung" erschließt sich auch aus seiner Verwendung in Art 2 lit j und Art 7 I UGP-Richtlinie sowie in den Erwägungsgründen 6 und 14. Gemeint ist die Fähigkeit des Verbrauchers zu einer **autonomen rational-kritischen** Entscheidung auf der Grundlage der ihm zur Verfügung stehenden Informationen. Diese Fähigkeit kann unterschiedlich ausgeprägt sein. Maßgebend ist das „angemessen gut informierte und angemessen aufmerksame und kritische" durchschnittliche Mitglied der angesprochenen Gruppe von Verbrauchern (§ 3 II 2 und 3).

cc) Eignung zur „spürbaren Beeinträchtigung". Eine Eignung zu einer spürbaren Be- **51** einträchtigung ist dann anzunehmen, wenn sie nicht lediglich theoretisch, sondern tatsächlich möglich ist. Dabei darf man aber nicht bei einer bloßen Kausalitätsbetrachtung stehen bleiben; vielmehr ist ein normativer Maßstab anzulegen. Es kommt darauf an, wie sich die geschäftliche Handlung auf den „angemessen gut informierten und angemessen aufmerksamen und kritischen" Durchschnittsverbraucher, bezogen auf die jeweilige Zielgruppe (iSd § 3 II 2 und 3), auswirkt oder auswirken kann.

52 **c) Eignung zur Veranlassung zu einer „geschäftlichen Entscheidung".** Eine Eignung zu einer spürbaren Beeinträchtigung der Entscheidungsfähigkeit reicht für die geschäftliche Relevanz noch nicht aus. Es muss noch die Eignung hinzukommen, den Verbraucher zu einer geschäftlichen Entscheidung zu veranlassen, die er andernfalls nicht getroffen hätte. Dieses Tatbestandsmerkmal dient dazu, den Bezugspunkt der spürbaren Beeinträchtigung der Entscheidungsfähigkeit klarzustellen. Der Begriff der **geschäftlichen Entscheidung** ist richtlinienkonform anhand der Legaldefinition in Art 2 lit k UGP-Richtlinie und damit denkbar **weit auszulegen.** Diese Definition umfasst nämlich „jede Entscheidung eines Verbrauchers darüber, ob, wie und unter welchen Bedingungen er einen Kauf tätigen, eine Zahlung insgesamt oder teilweise leisten, ein Produkt behalten oder abgeben oder ein vertragliches Recht im Zusammenhang mit dem Produkt ausüben will, unabhängig davon, ob der Verbraucher beschließt, tätig zu werden oder ein Tätigwerden zu unterlassen". Geschäftliche Relevanz einer geschäftlichen Handlung ist daher auch dann zu bejahen, wenn der Verbraucher veranlasst werden kann, ein Tätigwerden zu unterlassen, etwa eine Kündigung nicht auszusprechen.

5. Beispiele

53 Die große Masse aller unlauteren geschäftlichen Handlungen gegenüber Verbrauchern wird bereits durch die (richtlinienkonform auszulegenden) Beispielstatbestände der §§ 4–6 erfasst. Dem § 3 II 1 kommt daher nur die Funktion eines **Auffangtatbestandes** zu (Rdn 37; *Köhler* GRUR 2010, 767). Welche Fälle damit erfasst werden, ist noch weitgehend ungeklärt. Im Entwurf zur UGP-Richtlinie hatte die Kommission (KOM (2003) 356 endg, Tz 40 und 50) zwei Beispiele angeführt, die sich angeblich (nur) über die Generalklausel erfassen ließen. Dazu gehört zum einen der Fall, dass „ein Gewerbetreibender Pauschalreisen nur unter der Bedingung verkauft, dass diese auch eine Reiserücktrittsversicherung und eine Reiseversicherung abschließen", wobei offen bleibt, ob solche Kopplungsangebote eine unlautere Geschäftspraxis darstellen. Zum anderen wird der Fall genannt, dass „eine Internetseite die Internetverbindung eines Verbrauchers auf einen Server in einem entfernten Land umleitet, so dass dem Verbraucher unerwartet hohe Telefongebühren in Rechnung gestellt werden". Einen praktisch wichtigen Anwendungsbereich können **Verkaufsförderungsmaßnahmen** bilden, die zwar weder aggressiv iSd Art 8, 9 UGP-Richtlinie noch irreführend iSd Art 6, 7 UGP-Richtlinie sind, aber den Verbraucher überrumpeln. Das könnte dann anzunehmen sein, wenn eine Verkaufsförderungsmaßnahme ohne sachlichen Grund zeitlich sehr begrenzt wird, „um so den Verbraucher zu einer sofortigen Entscheidung zu verleiten, so dass er weder Zeit noch Gelegenheit hat, eine informierte Entscheidung zu treffen" (vgl Nr. 7 Anh I UGP-Richtlinie). Was die Kopplung von Absatzgeschäften mit Gewinnspielen angeht, hat der BGH dem EuGH die Frage vorgelegt, ob der Beispielstatbestand des § 4 Nr 6 mit der UGP-Richtlinie vereinbar ist und in diesem Zusammenhang auch den Begriff der „beruflichen Sorgfalt" ins Spiel gebracht (vgl BGH GRUR 2008, 807 Tz 7 ff, 18 – *Millionen-Chance*). Der EuGH hat aber zum Begriff der „beruflichen Sorgfalt" und zum Anwendungsbereich des Art 5 II UGP-Richtlinie keine konkreten Aussagen gemacht (EuGH GRUR 2010, 244 – *Plus Warenhandelsgesellschaft*). Das schließt es aber nicht aus, solche Verkaufsförderungsmaßnahmen nach § 3 II 1 zu beurteilen (vgl *Köhler* GRUR 2010, 177, 180 f und GRUR 2010, 767). – Ein weiteres praktisch wichtiges Beispiel kann die **Verwendung unwirksamer AGB** bei einem Vertragsschluss sein, sofern man sie nicht der Fallgruppe des Rechtsbruchs iSv § 4 Nr 11 zuordnet oder § 5 I Nr 2 eingreifen lässt (dazu § 4 Rdn 11.156 e; ÖOGH ecolex 2010, 471 – *zero intern; Köhler* NJW 2008, 177, 178; *Tüngler/Ruess* WRP 2009, 1336, 1341). Vor allem aber kann § 3 II 1 in den Fällen Bedeutung erlangen, in denen sich eine geschäftliche Handlung nicht zweifelsfrei einem der Tatbestände der §§ 4–6 zuordnen lässt.

IV. Rechtsfolgen

54 Geschäftliche Handlungen, sind **„jedenfalls dann unzulässig",** wenn sie den Tatbestand des § 3 II 1 erfüllen. Die Formulierung „jedenfalls dann" ist nicht ganz eindeutig. Gemeint ist,

dass die von § 3 II 1 erfassten geschäftlichen Handlungen auf jeden Fall unzulässig sind, selbst wenn sie es nach § 3 I nicht wären. Es handelt sich also lediglich um eine Klarstellung. Die sich aus einer Zuwiderhandlung gegen § 3 II 1 ergebenden Rechtsfolgen sind in den §§ 8–10 geregelt.

D. Sonstige unzulässige geschäftliche Handlungen (§ 3 I)

I. Entstehungsgeschichte und Normzweck

1. Entstehungsgeschichte

Zur Vorläufernorm des § 1 UWG 1909 vgl Rdn 1; zur Fassung des § 3 im UWG 2004 vgl Rdn 2. § 3 I geht in seiner jetzigen Fassung auf die UWG-Novelle 2008 zurück (dazu Rdn 4). Die Bedeutung der Vorschrift ist dadurch eingeschränkt, dass in § 3 II 1 und III weitere Tatbestände unzulässiger geschäftlicher Handlungen geregelt sind. Zum Verhältnis der einzelnen Tatbestände des § 3 zueinander vgl Rdn 6–9. Die UWG-Novelle 2008 ersetzte den Begriff der „Wettbewerbshandlungen" durch den der „geschäftlichen Handlungen" und änderte die sog Bagatellklausel, besser Relevanzklausel. Es wurde „das unklare Merkmal der Beeinträchtigung des Wettbewerbs zum Nachteil von Marktteilnehmern zugunsten der Einführung der Beeinträchtigung ihrer Interessen aufgegeben" und „der sachliche und sprachliche Gleichklang zu den Regelungen in § 1 Satz 2 UWG, § 4 Nr. 11 UWG und § 8 Abs. 3 Nr. 22 UWG hergestellt". Außerdem wurde „das sperrige Tatbestandsmerkmal der nicht nur unerheblichen ‚Beeinträchtigung' durch das Merkmal Spürbarkeit', das auch in der Definition der wesentlichen Beeinflussung des Verbraucherverhaltens in Artikel 2 Buchstabe e der Richtlinie enthalten ist," ersetzt (Begr RegE UWG 2008 zu § 3, BT-Drucks 16/10145 S 22).

2. Normzweck

Der § 3 I bezweckt das Verbot unlauterer geschäftlicher Handlungen, die geeignet sind, die Interessen von Mitbewerbern, Verbrauchern oder sonstigen Marktteilnehmer spürbar zu beeinträchtigen. Von § 3 I erfasst sind danach einmal alle unlauteren geschäftlichen Handlungen, die nur die Interessen von Mitbewerbern oder sonstigen Marktteilnehmern berühren; zum anderen alle geschäftlichen Handlungen gegenüber Verbrauchern, deren Unlauterkeit sich aus den §§ 4–6 ergibt. Daher stellt § 3 I auch nach der Umsetzung der UGP-Richtlinie noch die Zentralnorm des UWG dar. Zum Verhältnis von § 3 I zu § 3 II vgl Rdn 7, 8–9, 32. Zum Verhältnis von § 3 I zu den §§ 4–6 vgl Rdn 64.

II. Auslegung

1. Gebot der richtlinienkonformen Auslegung

Soweit der Anwendungsbereich der UGP-Richtlinie sich auch auf die Regelung in § 3 I erstreckt, ist das Gebot der richtlinienkonformen Auslegung zu beachten. Da die UGP-Richtlinie sich auf das Verhältnis von Unternehmern zu Verbrauchern beschränkt, beansprucht sie keine Geltung für das in § 3 I geregelte Verhältnis zwischen Unternehmern und Mitbewerbern (Horizontalverhältnis) und zwischen Unternehmern und sonstigen Marktteilnehmern (Vertikalverhältnis). Insoweit kann der UGP-Richtlinie allenfalls mittelbare Auswirkung zukommen, nämlich soweit es darum geht, **Wertungswidersprüche** zu vermeiden. Dagegen ist die UGP-Richtlinie zu beachten, soweit § 3 I auch das Verhältnis von Unternehmern zu Verbrauchern regelt. In ihrem Anwendungsbereich hat die richtlinienkonforme Auslegung Vorrang vor der verfassungskonformen Auslegung.

2. Gebot der verfassungskonformen Auslegung

a) Verfassungsrechtliche Zulässigkeit der Generalklausel des § 3 I. Die Generalklausel des § 3 I verstößt ebenso wenig wie ihre Vorgängernormen gegen das verfassungsrechtliche **Bestimmtheitsgebot**. Denn angesichts der unübersehbaren Vielfalt möglicher Verhaltensweisen im Wettbewerb ist dem Gesetzgeber eine abschließende Regelung aller missbilligenswerten geschäftliche Handlungen nicht möglich (vgl BVerfGE 32, 311, 317 = GRUR 1972, 358 – *Grabsteinwerbung*; BVerfGE 102, 347, 360 f = GRUR 2001, 170, 173 – *Schockwerbung*; BVerfG GRUR 2001, 1058, 1059 – *Therapeutische Äquivalenz* zu § 1 UWG 1909). Durch die Aufnahme von Beispielstatbeständen unlauteren Handelns in den §§ 4–6 hat der Gesetzgeber überdies für eine weitreichende Konkretisierung gesorgt. Dass auch neuartige, von den Beispielstatbeständen nicht erfasste Fallgestaltungen unter die Generalklausel subsumiert werden können und müssen, liegt in der Funktion und dem Wesen der Generalklausel begründet. Andernfalls könnte sie der Vielgestaltigkeit der Lebenssachverhalte, die der Normzweck erfassen will, nicht gerecht werden (BVerfG GRUR 2001, 170, 173 – *Schockwerbung*). Auch das Regelungsziel der Generalklausel, unzulässige Praktiken im Wettbewerb zu verhindern und bei Eintritt eines Schadens diesen auszugleichen, steht mit der Wertordnung des Grundgesetzes im Einklang (BVerfG GRUR 2001, 1058, 1059 – *Therapeutische Äquivalenz* mwN).

59   **b) Verfassungsrechtliche Grenzen der Generalklausel des § 3 I.** Obwohl § 3 I verfassungsrechtlich unbedenklich ist (Rdn 58), kann doch die Anwendung der Generalklausel im Einzelfall grundrechtsbeschränkend wirken. Die Gerichte müssen daher bei der Anwendung der Generalklausel (und der sie konkretisierenden Beispielstatbestände der §§ 4–7) auf die verfassungsrechtlichen Grundentscheidungen Rücksicht nehmen (BVerfGE 96, 375, 394f = NJW 1998, 519, 521). Diese **verfassungskonforme Auslegung** wahrt den Vorrang der Grundrechte auch auf der Ebene der richterlichen Entscheidung (BVerfG GRUR 1993, 751 – *Großmarkt-Werbung I* mwN; BVerfG WRP 2001, 1160, 1161 – *Therapeutische Äquivalenz*; BGH GRUR 1995, 595, 597 – *Kinderarbeit*; BGH WRP 1997, 1054, 1058 – *Kaffeebohne*). Die sog Ausstrahlungswirkung der Grundrechte besteht in Schutzgeboten einerseits und Eingreifverboten andererseits (dazu *Canaris*, Grundrechte und Privatrecht, 1999). Das kann sowohl zur Bejahung als auch zur Verneinung der Unlauterkeit eines Verhaltens führen. Übersehen oder verkennen die Gerichte die Ausstrahlungswirkung der Grundrechte im konkreten Fall, so verletzen sie als Träger öffentlicher Gewalt die dadurch betroffene Prozesspartei in ihren Grundrechten (BVerfGE 89, 214, 229 f = NJW 1994, 36). Allerdings hat die **richtlinienkonforme Auslegung** in einem Konfliktsfall **Vorrang vor der verfassungskonformen Auslegung** (dazu *Ahrens* JZ 2004, 763, 773 f.). Dann muss versucht werden, die Verfassung ihrerseits richtlinienkonform auszulegen (vgl dazu *Canaris*, FS Bydlinski, 2002, 47, 79 f.). Das kann bspw bei der Auslegung der §§ 3, 4 Nr 1 und § 6 (vergleichende Werbung), insbes im Hinblick auf die UGP-Richtlinie und die Irreführungsrichtlinie, an Bedeutung gewinnen. Insoweit scheidet eine verfassungskonforme Auslegung am Maßstab der deutschen Grundrechte und damit auch die Kontrollzuständigkeit des BVerfG aus (verkannt in BVerfG GRUR 2008, 81, 82 – *Pharmakartell*). Dagegen behält die verfassungskonforme Auslegung außerhalb des durch die UGP-Richtlinie und andere Richtlinien harmonisierten Bereichs ihre volle Bedeutung. Das gilt nicht nur für alle Marktverhaltensregelungen gegenüber den Mitbewerbern (B2B), sondern auch für solche Marktverhaltensregelungen gegenüber Verbrauchern, die nicht den Schutz wirtschaftlicher Interessen der Verbraucher (vgl § 7) oder sonstige Verhaltensanforderungen „in Fragen der guten Sitten und des Anstands" (vgl Erwägungsgrund 7 UGP-Richtlinie) zum Gegenstand haben.

III. Tatbestand

1. Überblick

60   Die Generalklausel des § 3 I hat drei Tatbestandsmerkmale: Es muss erstens eine geschäftliche Handlung (dazu Rdn 61) vorliegen, die zweitens unlauter (dazu Rdn 62 ff) und drittens geeignet ist, die Interessen von Mitbewerbern, Verbrauchern oder sonstigen Marktteilnehmern spürbar zu beeinträchtigen (dazu Rdn 108 ff). Die Regelung in § 3 I ist streng von der Generalklausel des Art 5 I UGP-Richtlinie („Unlautere Geschäftspraktiken sind verboten.") zu unterscheiden. Nach Erwägungsgrund 13 soll diese Generalklausel die in den Mitgliedstaaten existierenden Generalklauseln und Rechtsgrundsätze ersetzen. Da sich die UGP-Richtlinie aber auf eine Regelung des Verhältnisses von Unternehmern zu Verbrauchern beschränkt, konnte der deutsche Gesetzgeber der Umsetzungspflicht mit der Einfügung des § 3 II 1 nachkommen und brauchte insoweit die Generalklausel des § 3 I nicht umzugestalten.

2. „Geschäftliche Handlungen"

61   Der Anwendungsbereich des § 3 I beschränkt sich auf geschäftliche Handlungen. Dazu gehören ausweislich der Legaldefinition in § 2 I Nr 1 nicht nur Handlungen, die in einem objektiven Zusammenhang mit der Förderung des Absatzes oder Bezugs von Waren oder Dienstleistungen stehen, sondern auch solche die sich auf den Abschluss oder die Durchführung entsprechender Verträge beziehen.

3. „Unlauterkeit"

Die geschäftliche Handlung muss **unlauter** sein. Ob eine Handlung unlauter ist oder nicht, war und ist die zentrale Frage des Lauterkeitsrechts (dazu Rdn 63 ff). Der Gesetzgeber hat von einer Definition abgesehen. Die Problematik der Konkretisierung dieses unbestimmten Rechtsbegriffs ist aber durch die Spezialregelungen in § 3 II 1 und III einerseits und durch den Katalog von Beispielen unlauterer geschäftlicher Handlungen in den §§ 4–6 andererseits weitgehend entschärft worden. **62**

IV. Die Unlauterkeit

1. Konkretisierung des Begriffs der Unlauterkeit durch Beispielstatbestände

Durch die Aufstellung eines Katalogs von **Beispielstatbeständen** in den §§ 4, 5, 5a und 6 ist der **Richter** von der Aufgabe einer Konkretisierung des Tatbestandsmerkmals der Unlauterkeit weitgehend **entlastet**. Dass der Gesetzgeber dabei weitgehend die von der Rspr und dem Schrifttum im Laufe der Zeit herausgearbeiteten Fallgruppen übernommen hat, steht auf einem anderen Blatt. Allerdings weist der Katalog auch einige **Beispielstatbestände mit generalklauselartigem Charakter** auf, wie insbes § 4 Nr 1 („unangemessene unsachliche Beeinflussung") und § 4 Nr 10 („gezielte Behinderung") auf, die dann wiederum der Konkretisierung durch die Rspr bedürfen (vgl § 4 Rdn 0.5). Dafür gelten die nachfolgenden Ausführungen (Rdn 67 ff) sinngemäß. – Die Straftatbestände der §§ 16–19 stellen keine eigentlichen Beispielstatbestände dar (aA *Schünemann* JZ 2005, 271, 272), sondern können nur über § 4 Nr 11 Berücksichtigung finden, müssen also dessen Voraussetzungen erfüllen. **63**

2. Auffangfunktion der Generalklausel

Dem Unlauterkeitstatbestand der Generalklausel des § 3 I kommt auf Grund des Beispielskatalogs der §§ 4–6 nur eine **Auffangfunktion** zu (ebenso zu § 3 UWG 2004 OLG Saarbrücken GRUR 2007, 344, 347; MünchKommUWG/*Sosnitza* § 3 Rdn 9). Für eine unmittelbare Legitimation aus diesem Tatbestandsmerkmal des § 3 I verbleiben zwei Arten von Marktverhaltensnormen („Fallgruppen"): **64**

a) Marktverhaltensnormen außerhalb der Beispielstatbestände. aa) Allgemeines. Hier geht es um die Bewertung von geschäftlichen Handlungen, die von den Beispielstatbeständen nicht erfasst sind. Dazu gehören insbes die von der Rspr zu § 1 UWG 1909 entwickelten, aber nicht in den Beispielskatalog des § 4 aufgenommenen Fallgruppen wie die **allgemeine Marktbehinderung** (§ 4 Rdn 4.12 ff) und der **Wettbewerb der öffentlichen Hand** (§ 4 Rdn 4.13 ff; BGH GRUR 2009, 1080 Tz 11, 18 – *Auskunft der IHK*). Wegen des generalklauselartigen Charakters einiger zentraler Beispielstatbestände und wegen der Möglichkeit der **Analogie** zu einzelnen Beispielstatbeständen (dazu § 4 Rdn 9) besteht außerhalb dieser anerkannten (und vom Gesetzgeber nicht in Frage gestellten) Fallgruppen wohl nur selten eine Notwendigkeit, unmittelbar auf § 3 I zurückzugreifen. Je enger man allerdings die Beispielstatbestände auslegt, desto größer ist der Freiraum für einen Rückgriff auf § 3 I (vgl zB *Omsels* WRP 2004, 136 und *Sack* WRP 2005, 531, 534 zur Reichweite des § 4 Nr 10; noch weiter gehend Piper/Ohly/*Sosnitza* § 3 Rdn 64–75). **65**

bb) Unzulässiger Rückgriff auf § 3 I. Dabei ist zunächst der **Vorrang der UGP-Richtlinie** zu beachten, da sie in ihrem Anwendungsbereich eine vollständige Rechtsangleichung (Vollharmonisierung) vorsieht. Es dürfen also über § 3 I keine geschäftlichen Handlungen gegenüber Verbrauchern verboten werden, die nach der UGP-Richtlinie nicht zu beanstanden sind. Auch im Übrigen ist es nicht Aufgabe des Wettbewerbsrichters, bestehende Verhaltensstandards unter Rückgriff auf die Generalklausel des § 3 I zu verschärfen und damit dem **Gesetzgeber** vorzugreifen. Mindestens muss das nach der Generalklausel zu verbietende Verhalten vom Unrechtsgehalt her den in den Beispielstatbeständen erfassten Verhaltensweisen entsprechen (vgl BGH GRUR 2005, 1067, 1070 – *Konsumentenbefragung* zur Auslegung der Richtlinie 2001/83/EG) und den „anständigen Gepflogenheiten in Handel und Gewerbe" widersprechen (vgl BGH GRUR 2006, 1042 Tz 29 – *Kontaktanzeigen*; BGH GRUR 2009, 1080 Tz 13 – *Auskunft der IHK*; § 3 Rdn 36 a–37). Dass etwa eine Werbung „sich am Rande strafwürdigen Tuns" bewegt, **65a**

reicht nicht aus, um sie als unlauter zu beurteilen (zutr BGH GRUR 1997, 761, 764 – *Politikerschelte*). Ebenso wenig reicht es aus, dass in einer Werbung „Ekel erregende, Furcht einflößende oder jugendgefährdende Bilder gezeigt werden" (aA wohl, wenngleich nur beiläufig BVerfG GRUR 2001, 170, 174 – *Schockwerbung*). Eine derartige Inhaltskontrolle muss anderen Normen (Strafrecht; Medienrecht; Jugendschutzrecht) überlassen bleiben. Insbes ist § 3 I nicht schon dann heranzuziehen, wenn die unlauterkeitsbegründenden Umstände schon bei den Beispielstatbeständen zu prüfen sind, sie aber diese nicht verwirklichen (OLG Frankfurt GRUR 2005, 1064, 1066). Denn dadurch würden die den Beispielstatbeständen zu Grunde liegenden Wertungen unterlaufen. **Beispiele:** Fehlt es an einer Produktnachahmung iSd § 4 Nr 9, so kann die Unlauterkeit einer Handlung nicht schon damit begründet werden, dass eine Herkunftstäuschung oder eine Rufausbeutung vorliegt (BGH GRUR 2008, 115 Tz 32 – *ICON*). Liegt umgekehrt zwar eine Nachahmung einer Leistung vor, ist aber weder der Tatbestand des § 4 Nr 9 noch der des § 4 Nr 10 erfüllt, kann der Vertrieb der Nachahmung nicht unter Berufung auf § 3 I untersagt werden, auch wenn dies rechtspolitisch wegen des Fehlens eines Sonderrechtsschutzes für diese Leistung wünschenswert erscheint (§ 4 Rdn 9 c; aA *Ohly* GRUR 2010, 487, 492 f). – Verstöße gegen **außerwettbewerbsrechtliche Normen,** die keine Marktverhaltensregelungen iSd § 4 Nr 11 sind, können nicht unter Zuhilfenahme des Vorsprungsgedankens über § 3 I für unlauter erklärt werden (vgl auch Rdn 99; ebenso BGH WRP 2010, 876 Tz 25 – *Zweckbetrieb* mwN; aA *Glöckner* GRUR 2008, 960). Vielmehr hat der Gesetzgeber in § 4 Nr 11 zu erkennen gegeben, dass Verstöße gegen außerwettbewerbsrechtliche Rechtsnormen nur unter den bes Voraussetzungen dieser Vorschrift als unlauter anzusehen sind. Denn es kann nicht Aufgabe des Lauterkeitsrechts sein, alle nur denkbaren Gesetzesverstöße im Zusammenhang mit geschäftlichen Handlungen (auch) lauterkeitsrechtlich zu sanktionieren, mögen sie auch zu einem Wettbewerbsvorsprung führen (vgl Begr RegE UWG 2004 zu § 4 Nr 11, BT-Drucks 15/1487 S 19). Ist der Tatbestand des Rechtsbruchs (§ 4 Nr 11) nicht erfüllt, weil eine – wenngleich rechtswidrige – Genehmigung vorliegt, kann das Handeln nicht kurzerhand nach § 3 I für unlauter erklärt werden, weil damit der Vorrang der verwaltungsgerichtlichen Kontrolle von Verwaltungsakten ausgeschaltet würde (vgl OLG Saarbrücken GRUR-RR 2007, 344, 347).

65b   cc) **Zulässiger Rückgriff auf § 3 I.** Ein Rückgriff auf § 3 I ist dann geboten, wenn die Beispielstatbestände zwar bestimmte, wenn auch wesentliche Gesichtspunkte der lauterkeitsrechtlichen Beurteilung erfassen, aber keine umfassende Beurteilung der Interessen aller Marktteilnehmer ermöglichen (BGH GRUR 2006, 426 Tz 16 – *Direktansprache am Arbeitsplatz II;* BGH GRUR 2008, 262 Tz 9 – *Direktansprache am Arbeitsplatz III;* BGH GRUR 2009, 1080 Tz 13 – *Auskunft der IHK*). – Ferner kann mit Rücksicht auf die Wertungen des § 6 II ein Verhalten auch dann nach § 3 I unlauter sein, wenn die Voraussetzungen des § 6 I nicht erfüllt sind (vgl OLG Hamburg WRP 2007, 557, 558 zur Werbung mit Testhinweisen Dritter ohne Fundstellenangabe; § 6 Rdn 102). – Ein Rückgriff auf die Generalklausel ist schließlich dann geboten, wenn es um die Verantwortlichkeit von Personen geht, die durch ihr Handeln im geschäftlichen Verkehr die ernsthafte Gefahr begründen, dass Dritte durch das Wettbewerbsrecht geschützte Interessen von Marktteilnehmern verletzen. Aus dieser Gefahrenbegründung folgt nämlich eine lauterkeitsrechtliche Verkehrspflicht, diese Gefahr im Rahmen des Möglichen und Zumutbaren zu begrenzen. **Verstöße gegen eine lauterkeitsrechtliche Verkehrspflicht** stellen eine unlautere geschäftliche Handlung dar (vgl BGH GRUR 2007, 890 Tz 22, 36 ff – *Jugendgefährdende Medien bei eBay*). – Im Übrigen kommt ein Rückgriff auf § 3 I bei Verletzungen der **Menschenwürde,** die nicht von den Beispielstatbeständen abgedeckt sind (Rdn 23), und bei **neuartigen** geschäftlichen Handlungen, für die sich aus den Beispielstatbeständen keine Bewertungsmaßstäbe ableiten lassen, in Betracht.

66   b) **Marktverhaltensnormen auf der Grundlage von neuen EU-Richtlinien.** Die Umsetzung von Richtlinien ist an sich Aufgabe des Gesetzgebers. Das schließt es aber nicht aus, dass die Rspr in richtlinienkonformer Auslegung des § 3 I auf Grund neuer, noch nicht umgesetzter Richtlinien neue Verhaltensnormen gestützt auf die Generalklausel entwickelt. Dies ist in der Vergangenheit bspw bei der damals noch nicht umgesetzten Richtlinie über die vergleichende Werbung geschehen (vgl BGHZ 138, 55 = GRUR 1998, 824 – *Testpreis-Angebot* sowie § 6 Rdn 4).

3. Konkretisierung der Generalklausel durch den Richter

67   a) **Befugnis zur Konkretisierung.** Trotz des begrenzten unmittelbaren Anwendungsbereichs der Generalklausel des § 3 I ist sie für eine Gesetzesanwendung iSe bloßen Subsumtion eines Lebenssachverhalts unter eine gesetzliche Regelung nicht ausreichend. Der Begriff der Unlauterkeit bedarf der Konkretisierung durch die Rspr. Dabei geht es nicht (allein) um die klassische Aufgabe der Gesetzesauslegung, sondern um die Aufstellung von konkreten Verhaltensvorschriften, in der Sache also um Rechtssetzung. Mit dem Verzicht des Gesetzgebers auf eine (vollständige) Konkretisierung des Tatbestandsmerkmals der Unlauterkeit geht eine entspr **Delegation der Rechtssetzungsbefugnis auf die Gerichte** einher: Die Gerichte sind befugt, die Generalklausel des § 3 I zu konkretisieren (vgl BVerfG GRUR 2001, 170, 173 – *Schockwerbung; Ohly* S 247 ff). Davon ist auch der Gesetzgeber beim UWG 2004 ausgegangen (vgl Begr RegE UWG zu § 3, BT-Drucks 15/1487 S 16: „Wie bislang auch wird es weiterhin Aufgabe der Rspr sein, im Einzelnen zu konkretisieren, welche Handlungsweisen als unlauter anzusehen sind. Gegenüber der bisherigen Rechtslage wird dies dadurch erleichtert, dass in § 4 die Generalklausel durch einen Beispielskatalog präzisiert wird." – Die Konkretisierung erfolgt durch Entscheidungen der höchstrichterlichen Rspr (**Präjudizien**), die sich zur Herausarbeitung rechtssatzförmiger Regeln verdichten können (vgl *Ohly* S 252 ff). Die zur Entstehung eines richterlichen Rechtssatzes führende Rechtsbildung vollzieht sich stets im Zusammenhang mit der Entscheidung eines konkreten Falles. Rechtsbildung und Wertung beeinflussen sich daher gegenseitig. Ein übergeordneter Rechtssatz, der über den konkreten Fall hinauswirkt, wird idR nicht stets ad hoc entstehen, sondern erst in einem allmählich sich vollziehenden Reife- und Prüfungsprozess auf Grund einer Mehrheit von Präjudizien Gestalt gewinnen. Die für typisierte Fallgruppen gewonnenen Rechtssätze sind jedoch nur Leitnormen; sie dürfen deshalb nicht dazu verleiten, die bes Umstände des einzelnen Streitfalls zu übersehen. Eine der Dynamik des Wettbewerbs widersprechende Schematisierung will die Generalklausel des § 3 I gerade verhindern. Richterrecht als Ergebnis richterlicher Normbildung steht im Gegensatz zum Gesetzesrecht unter dem Vorbehalt ständiger Überprüfung seiner Richtigkeit bei der Entscheidung künftiger Einzelfälle. Es besitzt, sofern es nicht zu Gewohnheitsrecht erstarkt ist, daher nicht die gleiche normative Verbindlichkeit wie Gesetzesrecht. Frühere von der Rspr aufgestellte Rechtssätze können anhand neuer Fälle geändert, ergänzt oder aufgehoben werden. Ein Gericht kann und muss von einer früheren, auch seiner eigenen Entscheidung abweichen, wenn es von deren sachlichen Richtigkeit nicht mehr überzeugt ist (dazu *Larenz* Methodenlehre, 6. Aufl 1991, 429 ff). Allerdings sollte es seine Abweichung in nachvollziehbarer Weise begründen. Sonst läuft die Rspr Gefahr, in eine situationsbedingte Einzelfallrechtsprechung abzugleiten, die keine sichere Beurteilungsgrundlage gewährleistet und keine Prognose künftiger richterlicher Entscheidungen ermöglicht. Gerade in den letzten Jahren hat der BGH seine frühere Rspr in vielen Bereichen korrigiert. Dies geschah selten offen (etwa BGHZ 144, 255 – *Abgasemissionen*), zumeist verdeckt, etwa mit der Wendung, soweit einer bestimmten Entscheidung etwas anderes zu entnehmen sein sollte, werde daran nicht festgehalten (vgl BGH GRUR 2003, 626, 627 – *Umgekehrte Versteigerung II*). Immer häufiger hat auch das BVerfG dem BGH Anlass zu einer Änderung seiner Rspr gegeben (vgl etwa BVerfG GRUR 2001, 170 – *Schockwerbung*; BVerfG GRUR 2001, 1058 – *Therapeutische Äquivalenz*; BVerfG GRUR 2002, 455 – *Tier- und Artenschutz*; BVerfG GRUR 2003, 442 – *Benetton-Werbung II*).

b) Inhaltliche Anforderungen an die Konkretisierung. Die Gerichte nehmen bei der Konkretisierung der Generalklausel und der generalklauselartigen Beispielstatbestände in der Sache Aufgaben der Rechtssetzung wahr. Sie müssen daher auch den Anforderungen an die legislative Rechtssetzung genügen. An erster Stelle steht dabei die **Bindung an die verfassungsmäßige Ordnung, insbes die Grundrechte** und, soweit einschlägig, an das **Unionsrecht**. Weitere Postulate bei der Aufstellung wettbewerbsrechtlicher Verhaltensnormen durch die Gerichte sind die Ausrichtung an den **Schutzzwecken** des Gesetzes (vgl BVerfG WRP 2003, 69, 71 – *Veröffentlichung von Anwalts-Ranglisten; Weber* AcP 192 [1992], 517, 535 ff). Bei der Aufstellung einzelner Marktverhaltensregeln für typische Sachverhalte (Fallgruppenbildung) sind das auf Art 20 GG gestützte Gebot der **Rechtssicherheit** und das auf Art 3 GG gestützte Gebot der **Widerspruchsfreiheit** zu wahren. Rechtssicherheit bedeutet dabei, dass die Adressaten des Lauterkeitsrechts hinreichende Klarheit haben, wie sie ihr Verhalten einrichten müssen, um nicht dem Vorwurf der Unlauterkeit ausgesetzt zu sein. Widerspruchsfreiheit bedeutet insbes, dass der Richter sich bei der Aufstellung neuer Verhaltensnormen nicht in Widerspruch zu den Regelungen und Wertungen der Beispielstatbestände der §§ 4–7 setzen darf. Insbes können nicht im Unrechtsgehalt weniger schwerwiegende geschäftliche Handlungen unter Rückgriff auf § 3 verboten werden.

4. Konkretisierung anhand des Unionsrechts

69 Bei der Konkretisierung des Tatbestandsmerkmals der Unlauterkeit in § 3 I (und der Beispielstatbestände in den §§ 4–6) ist der **Vorrang des Unionsrechts** vor dem nationalen Recht zu berücksichtigen.

70 **a) Primäres Unionsrecht.** Das primäre Unionsrecht ist, wenngleich vielfach unbestimmt, zur Konkretisierung heranzuziehen (vgl *Steindorff*, EG-Vertrag und Privatrecht, 1996, 167 ff). Dies gilt in erster Linie für die Beurteilung von geschäftlichen Handlungen mit grenzüberschreitender Wirkung. Dabei sind insbes die Grundfreiheiten der Art 34, 49 und 56 AEUV, die Wettbewerbsregeln der Art 101 ff AEUV und die europäischen Grundrechte (vgl Art 6 EUV und Erwägungsgrund 25 UGP-Richtlinie) zu berücksichtigen. Verstößt zB ein selektives Vertriebssystem gegen Art 101 AEUV, so kann das Verleiten zum Vertragsbruch nicht als unlautere geschäftliche Handlung gewertet werden. Verstößt eine nationale Regelung gegen Unionsrecht, so kann ihre Verletzung keinen Rechtsbruch iSd § 4 Nr 11 darstellen (vgl BGH WRP 2008, 661 Tz 16, 24 – *ODDSET* zum BayLotterieG iVm § 284 StGB). Soweit das Recht der Mitgliedstaaten vollständig harmonisiert ist, wie insbes im Bereich der vergleichenden Werbung und der unlauteren Geschäftspraktiken gegenüber Verbrauchern, kommt freilich ein Verstoß des entsprechenden nationalen Rechts gegen primäres Unionsrecht nicht in Betracht. Vielmehr ist dann allenfalls zu fragen, ob das sekundäre Unionsrecht mit dem primären vereinbar ist. – Zu den europäischen **Grundrechten** vgl Rdn 72.

71 **b) Sekundäres Unionsrecht, insbes UGP-Richtlinie.** Das Gebot der richtlinienkonformen Auslegung gilt auch für die Generalklausel des § 3 I, soweit sie sich auf Sachverhalte bezieht, die in den Anwendungsbereich von lauterkeitsrechtlichen Richtlinien fallen. Dazu gehören insbes geschäftliche Handlungen gegenüber Verbrauchern, deren Unlauterkeit sich aus den Art 6–9 UGP-Richtlinie, aus Art 4 Werberichtlinie oder aus sonstigen Richtlinien ergibt. – Da die Konkretisierung auch dem Gebot der **Widerspruchsfreiheit** genügen muss, kann die richtlinienkonforme Auslegung einzelner Bestimmungen dazu führen, dass die entspr Wertungen auf vergleichbare, aber in der Richtlinie nicht geregelte Sachverhalte anzuwenden ist (vgl auch EuGH Slg 1990, I-4135, 4159 Tz 9, 13 – *Marleasing*). Das Problem wird sich bei den Regelungen des UWG stellen, die nicht nur das Verhältnis des Unternehmers zum Verbraucher (B2C), sondern auch das Verhältnis zu Mitbewerbern und sonstigen Marktteilnehmern regeln. Dies gilt nicht nur für den Anwendungsbereich der UGP-Richtlinie, sondern auch für sonstige Richtlinien. **Beispiel:** Die Beurteilung der allgemeinen vergleichenden Werbung (§ 4 Rdn 10.137 ff) muss sich, um Wertungswidersprüche zur Regelung der vergleichenden Werbung in § 6 zu vermeiden, an deren Wertungen orientieren. Es gelten insoweit dieselben Grundsätze, wie sie für die analoge Anwendung von Rechtssätzen entwickelt wurden. Soweit es sich dagegen um nicht vergleichbare Sachverhalte handelt, ist daher eine Übernahme der Wertungen einer Richtlinienregelung ausgeschlossen (vgl BGH GRUR 2001, 1181, 1183 – *Telefonwerbung für Blindenwaren*).

5. Konkretisierung anhand der Grundrechte

72 **a) Die Grundrechte als Schranken.** Die Generalklausel des § 3 I ermächtigt den Richter zum Verbot von geschäftlichen Handlungen. Ein solches Verbot kann in die Grundrechte des Handelnden eingreifen. Der Richter muss daher im Rahmen der grundrechtskonformen Auslegung (dazu Rdn 23) bei der Auslegung und Anwendung des Begriffs der Unlauterkeit in § 3 I die Grundrechte der Art 1 ff GG beachten, um zu vermeiden, dass seine Entscheidung in unzulässiger Weise in Grundrechte von Beteiligten eingreift. Dies ist im Folgenden anhand der Einzelnen einschlägigen deutschen Grundrechte zu untersuchen. – Soweit das Lauterkeitsrecht auf **EU-Richtlinien** beruht, sind zu deren Auslegung die entsprechenden **europäischen Grundrechte** (Art 6 EUV iVm Charta der Grundrechte; vgl auch Erwägungsgrund 25 UGP-Richtlinie) heranzuziehen (OLG Hamburg GRUR-RR 2010, 253, 256; Rdn 21).

73 **b) Der Maßstab des Art 1 GG (Menschenwürde). aa) Verletzung der Menschenwürde als Kriterium der Unlauterkeit.** Enthält eine geschäftliche Handlung (§ 2 I Nr 1) einen Angriff auf die Menschenwürde, etwa durch Erniedrigung, Brandmarkung, Verfolgung, Ächtung und andere Verhaltensweisen, so ist sie schon aus diesem Grunde unlauter. Der Handelnde kann sich dann nicht auf eigene Grundrechte berufen. Denn die Menschenwürde als Fundament aller Grundrechte ist mit keinem Einzelgrundrecht abwägungsfähig. Insbes setzt die Menschenwürde auch der Meinungsfreiheit (Art 5 I GG) im Lauterkeitsrecht eine absolute Grenze (BVerfG

GRUR 2001, 170, 174 – *Schockwerbung;* BVerfG GRUR 2003, 442, 443 – *Benetton-Werbung II; Ahrens,* FS Schricker, 2005, 619). Die entscheidende Frage ist indessen, unter welchen Voraussetzungen eine Verletzung der Menschenwürde durch geschäftliche Handlungen, insbes durch Werbung anzunehmen ist. In der Vergangenheit ist der BGH mit dem Vorwurf der Verletzung der Menschenwürde schnell bei der Hand gewesen. Erinnert sei an die Entscheidungen, die den Vertrieb von Likörfläschchen mit Etiketten, auf denen die Bezeichnungen „*Busengrapscher*" und „*Gipfelstürmer*" mit sexuell anzüglichen Bilddarstellungen von Frauen enthalten waren, verboten hatten (vgl BGH GRUR 1995, 592, 594 – *Busengrapscher* zu § 1 aF). Auch bei der Bewertung eines Plakats, das ein menschliches Gesäß mit dem Stempelaufdruck „H. I. V. POSITIVE" zeigte und mit einem Firmenlogo versehen war, nahm der BGH eine Verletzung der Menschenwürde an (BGHZ 130, 196 = GRUR 1995, 600 – *H. I. V. POSITIVE I* und BGH GRUR 2002, 360 – *H. I. V. POSITIVE II*). Da aber die Grundrechte insgesamt Konkretisierungen des Prinzips der Menschenwürde sind, bedarf es stets einer sorgfältigen Begründung, wenn angenommen werden soll, dass der Gebrauch eines Grundrechts (Art 5, 12 GG) durch den Handelnden die unantastbare Menschenwürde verletzt (BVerfGE 102, 347 = GRUR 2001, 170, 174 – *Schockwerbung;* BVerfG GRUR 2003, 442, 443 – *Benetton-Werbung II*). Andernfalls gelangt man schnell zu einer „Inflationierung" und damit Entwertung der Menschenwürde. In den vom BGH entschiedenen Fällen war eine Verletzung der Menschenwürde wohl zu Unrecht bejaht worden (zur Kritik vgl ua *Hartwig* WRP 2003, 582, 587 ff; *Kübler/Kübler,* FS Ulmer, 2003, 907, 926). Das BVerfG urteilt hier mit Recht deutlich zurückhaltender (vgl BVerfGE 102, 347 = GRUR 2001, 170 – *Schockwerbung;* BVerfG GRUR 2003, 442 – *Benetton-Werbung II*). Es orientiert sich an folgenden Grundsätzen: Grundlage für die Bewertung einer Meinungsäußerung ist die **Ermittlung ihres Sinns.** Dabei kommt es nicht auf nach außen nicht erkennbare Absichten des Urhebers der Äußerung, sondern auf die Sichtweise eines verständigen Empfängers unter Berücksichtigung der für ihn wahrnehmbaren, den Sinn der Äußerung mitbestimmenden Umstände an. Wie bestimmte Minder- oder Mehrheiten von Empfängern die Äußerung tatsächlich verstehen, kann ein Argument, muss aber nicht entscheidend sein. Die Beachtung des Grundgesetzes erfordert lediglich, dass der Kontext berücksichtigt und der Äußerung kein zur Verurteilung führender Sinn zugeschrieben wird, den sie objektiv nicht haben kann. Bei mehrdeutigen Äußerungen müssen sich die Gerichte im Bewusstsein der Mehrdeutigkeit mit den verschiedenen Deutungsmöglichkeiten auseinandersetzen und für die gefundene Lösung nachvollziehbare Gründe angeben. – Dient eine Meinungsäußerung zugleich **Werbezwecken,** so ist der Werbezweck als solcher keine Meinungsäußerung. Allerdings gehört der Werbezweck zum Kontext einer Äußerung und kann insoweit ihre Deutung beeinflussen. Das bedeutet indessen nicht, dass auf Grund des gleichzeitig verfolgten Werbezweckes eine Verletzung der Menschenwürde schon dann anzunehmen ist, wenn der Werbende ein Reizthema (zB die Darstellung menschlichen Leids) unkommentiert darstellt und die Interpretation dem Betrachter überlässt. Denn dies führt noch nicht dazu, dass die Botschaft den gebotenen Respekt vor der Menschenwürde vermissen ließe, indem sie etwa die Betroffenen verspottet, verhöhnt oder erniedrigt oder das dargestellte Leid verharmlost, befürwortet oder in einen lächerlichen oder makabren Kontext stellt. Es ist also unerheblich, dass der Werbende die mit seiner Äußerung erzeugte öffentliche Aufmerksamkeit gleichzeitig auf das eigene Unternehmen zu lenken und damit kommerziell auszunutzen versucht.

bb) Verhältnis zu § 4 Nr 1. In § 4 Nr 1 werden ua geschäftliche Handlungen für unlauter erklärt, die geeignet sind, die Entscheidungsfreiheit der Verbraucher oder sonstiger Marktteilnehmer **„in menschenverachtender Weise"** zu beeinträchtigen (dazu § 4 Rdn 1.37 ff). Es handelt sich dabei aber nur um einen Beispielstatbestand und keine abschließende Regelung der Voraussetzungen, unter denen die Verletzung der Menschenwürde unlauter ist. Von § 4 Nr 1 wird insbes nicht der Fall erfasst, dass die geschäftliche Handlung die **Menschenwürde Dritter** verletzt, ohne die Entscheidungsfreiheit der Verbraucher und sonstiger Marktteilnehmer zu beeinträchtigen. Dieser Fall wäre bei bloßen Maßnahmen der **Aufmerksamkeitswerbung** gegeben. Denn eine solche Werbung mag zwar die Bekanntheit des werbenden Unternehmens steigern, beeinträchtigt aber deswegen noch nicht die Entscheidungsfreiheit der Verbraucher. Es bleibt jedoch für diesen Fall der Rückgriff auf § 3 I, soweit die Interessen von Mitbewerbern spürbar beeinträchtigt werden (können).

cc) Verhältnis zu § 4 Nr 7, 8 und 10. Unzweifelhaft unlauter sind auch geschäftliche Handlungen, welche die Menschenwürde eines **Mitbewerbers** verletzen. Soweit dies durch Meinungsäußerungen oder unwahre Tatsachenbehauptungen geschieht, lassen sich derartige

Fälle ohne Weiteres von § 4 Nr 7 (Herabsetzung und Verunglimpfung) und § 4 Nr 8 (Anschwärzung) erfassen. Hilfreich ist die Bezugnahme auf die Menschenwürde nur insoweit, als der Handelnde sich zur Rechtfertigung seines Tuns nicht auf eigene Grundrechte, insbes die Meinungsfreiheit, berufen kann. Soweit die Verletzung der Menschenwürde des Mitbewerbers auf anderen, als den durch § 4 Nr 7 und 8 erfassten geschäftlichen Handlungen beruht, ist der Anwendungsbereich des § 4 Nr 10 eröffnet.

76 **dd) Verhältnis zu § 4 Nr 11.** Vgl dazu § 4 Rdn 11.47.

77 **ee) Verbleibender Anwendungsbereich des § 3 I.** Eine Beurteilung eines geschäftlichen Verhaltens als unlauter iSd § 3 I ist nach dem Gesagten nur dann erforderlich, wenn es nicht schon durch § 4 Nr 1, 7, 8, 9 oder 10 erfasst wird, wenn es also die Menschenwürde Dritter verletzt, ohne gleichzeitig die Entscheidungsfreiheit der Verbraucher oder die Persönlichkeit oder die Freiheit der wettbewerblichen Entfaltung eines Mitbewerbers zu beeinträchtigen.

78 **ff) Erfordernis einer spürbaren Beeinträchtigung der Interessen von Marktteilnehmern.** Selbst wenn eine geschäftliche Handlung die Menschenwürde Dritter verletzt und damit unlauter iSd § 3 I ist, ist sie damit nicht schon lauterkeitsrechtlich unzulässig (aA *Scherer* WRP 2007, 594, 598). Zu § 1 UWG 1909 hat zwar das BVerfG ausgeführt, der Schutz der Menschenwürde rechtfertige unabhängig vom Nachweis einer Gefährdung des Leistungswettbewerbs ein Werbeverbot, wenn die Werbung wegen ihres Inhalts auf die absolute Grenze der Menschenwürde stoße (BVerfG GRUR 2003, 442, 443 – *Benetton-Werbung II*; vgl weiter BVerfG GRUR 2001, 170, 174 – *Schockwerbung*; vgl auch BGH GRUR 1995, 592, 594 – *Busengrapscher*; BGH GRUR 1995, 600, 601 – *H.I.V. POSITIVE I*; *Ullmann* GRUR 2003, 817, 821). Jedenfalls unter Geltung der Generalklausel des § 3 I lässt sich diese Aussage aber nicht aufrechterhalten. Denn nach § 3 I sind unlautere geschäftliche Handlungen nur dann unzulässig, wenn sie geeignet sind, die Interessen von Mitbewerbern, Verbrauchern und sonstigen Marktteilnehmern spürbar zu beeinträchtigen. Bei menschenverachtender Werbung wird dies vermutlich selten der Fall sein. Denn derartige Werbung dürfte die Verbraucher eher abstoßen als anziehen. (So verhielt es sich wohl auch in den Benetton-Fällen, wie die Schadensersatzklagen der Vertragshändler von Benetton wegen Umsatzeinbußen bestätigen; vgl BGH NJW 1997, 3304, 3309; *Kübler/Kübler*, FS Ulmer, 2003, 907, 913 f). Werden die Interessen von Marktteilnehmern aber nicht spürbar beeinträchtigt, so besteht auch keine Möglichkeit, die Werbung nach **Lauterkeitsrecht** zu verbieten. Ein staatliches Vorgehen gegen derartige menschenverachtende Werbung lässt sich dann nur auf andere Vorschriften, vornehmlich des Strafrechts und des Medienrechts, stützen.

79 **c) Der Maßstab des Art 2 I GG (Handlungsfreiheit).** Die Handlungsfreiheit (Art 2 I GG) wird durch speziellere Grundrechte, wie etwa des Art 4 GG (BVerfG GRUR 1969, 137, 140 – *Aktion Rumpelkammer*) oder des Art 12 I GG, verdrängt (BVerfG GRUR 1993, 751, 753 – *Großmarkt-Werbung I*). Dieses Grundrecht kommt daher nur ergänzend zum Zuge, etwa soweit die Normen des Lauterkeitsrechts auch das Verhalten von ausländischen Gewerbetreibenden oder von Privatpersonen außerhalb der beruflichen Sphäre erfassen. Wegen der Begrenzung dieses Grundrechts durch die „verfassungsmäßige Ordnung" sind jedoch Eingriffe mindestens im gleichen Umfang zulässig wie bei Art 12 GG.

80 **d) Der Maßstab des Art 3 I GG (Gleichheitsgrundsatz).** Der Gleichheitsgrundsatz in seiner Ausprägung als Willkürverbot bei der Rechtsanwendung ist erst tangiert, wenn die richterliche Entscheidung bei verständiger Würdigung der das Grundgesetz beherrschenden Gedanken nicht mehr verständlich ist und sich daher der Schluss aufdrängt, dass sie auf sachfremden Erwägungen beruht (BVerfGE 67, 90, 94; BVerfG GRUR 1993, 751, 753 – *Großmarkt-Werbung I*). Art 3 I GG kann aber auch dann verletzt sein, wenn das Gericht eine Gruppe von Normadressaten im Vergleich zu anderen Normadressaten anders behandelt, obwohl zwischen beiden Gruppen keine Unterschiede von solcher Art und solchem Gewicht bestehen, dass sie die ungleiche Behandlung rechtfertigen könnten (BVerfGE 55, 72, 88; 83, 395, 401; BVerfG GRUR 1993, 751, 753 – *Großmarkt-Werbung I*). Nicht dagegen richtet sich der Gleichheitsgrundsatz an den Werbenden. Er kann, sofern er nur die Menschenwürde wahrt, seine Kunden oder Lieferanten grds ungleich behandeln, zB einzelne Kunden von der Belieferung ausschließen oder ihnen unterschiedliche Preise berechnen. Grenzen setzen insoweit nur die zivilrechtlichen Benachteiligungsverbote der §§ 19, 20 AGG, die über § 4 Nr 11 auch im Lauterkeitsrecht zu beachten sind, die kartellrechtlichen Machtmissbrauchsverbote der §§ 19 und 20 GWB sowie § 826 BGB. Die Fälle sog „diskriminierender Werbung" (dazu *Fezer* JZ 1998, 265) sind nur insoweit grundrechtsrelevant, als sich darin eine Verletzung der Menschenwürde manifestiert (ebenso Münch-KommUWG/*Sosnitza* § 3 Rdn 70).

e) Der Maßstab des Art 4 GG (Glaubens- und Gewissensfreiheit). Das Grundrecht der Glaubens- und Gewissensfreiheit ist bei der Frage nach dem Vorliegen einer geschäftlichen Handlung (§ 2 I Nr 1), aber auch bei der Auslegung des Begriffs der Unlauterkeit zu berücksichtigen. Von Bedeutung ist dies zB bei Sammlungen für kirchliche oder religiöse Zwecke und der Kanzelwerbung hierfür (BVerfGE 24, 236 = GRUR 1969, 137, 138 – *Aktion Rumpelkammer*).

f) Der Maßstab des Art 5 I GG (Meinungs- und Pressefreiheit). aa) Reichweite. Das Grundrecht der Meinungs-, Informations- und Pressefreiheit (Art 5 I GG) gilt auch für kommerzielle Meinungsäußerungen und die Wirtschaftswerbung, soweit sie einen wertenden, meinungsbildenden Inhalt hat oder Angaben enthält, die der Meinungsbildung dienen (BVerfGE 71, 162, 175; BVerfGE WRP 1997, 424, 426 – *Rauchen schadet der Gesundheit*; BVerfG GRUR 2001, 170, 172 – *Schockwerbung*; BVerfG GRUR 2001, 1058, 1059 – *Therapeutische Äquivalenz*; BVerfG GRUR 2003, 442 – *Benetton-Werbung II*; BVerfG NJW 2003, 2229; BGH GRUR 1995, 593, 595 – *Kinderarbeit*; BGH WRP 1997, 1054, 1058 – *Kaffeebohne*; BGHZ 169, 340 Tz 15 – *Rücktritt des Finanzministers*). **Produktwerbung** besitzt meinungsbildenden Charakter schon deshalb, weil sie ein Produkt zum Kauf empfiehlt (vgl *Kloepfer/Michael* GRUR 1991, 170, 173; *Ackermann* WRP 1998, 665, 668; *Köhler* WRP 1998, 455, 460; *v Becker* GRUR 2001, 1101, 1102). Aber auch **Aufmerksamkeitswerbung** (Imagewerbung) eines Unternehmens kann eine Meinungsäußerung enthalten, und zwar selbst dann, wenn sie lediglich mit meinungsbildenden Bildern arbeitet (BVerfG GRUR 2001, 170, 173 – *Schockwerbung*; BVerfG GRUR 2003, 442 – *Benetton-Werbung II*). Denn auch in Bildern kann eine Meinungsäußerung (Ansicht, Werturteil oder Anschauung) zum Ausdruck kommen. Darauf, ob das Bild kommentiert wird oder in einem Werbekontext steht, kommt es nicht an (BVerfG GRUR 2003, 442 – *Benetton-Werbung II*). Das Grundrecht aus Art 5 I GG wird zwar durch § 3 I berührt. Jedoch handelt es sich dabei um ein allgemeines Gesetz iSv Art 5 II GG (BVerfG GRUR 2001, 170, 173 – *Schockwerbung*; BVerfG GRUR 2001, 1058, 1059 – *Therapeutische Äquivalenz*), da sich diese Norm nicht gegen die Äußerung der Meinung als solche richtet, vielmehr dem Schutz eines schlechthin, ohne Rücksicht auf eine bestimmte Meinung zu schützenden Rechtsguts dient (vgl BVerfG GRUR 1984, 357, 359 – *markt-intern*; BVerfG GRUR 1992, 866, 870 – *Hackethal*; BGH GRUR 1984, 461, 463 – *Kundenboykott*; BGH GRUR 1986, 812, 813 – *Gastrokritiker*; *Kloepfer/Michael* GRUR 1991, 170, 175 ff; GK/*Lindacher* § 3 UWG 1909 Rdn 10). Auch hier stellt sich die verfassungsrechtliche Problematik nicht auf der Ebene der Gesetzgebung, sondern der der Gesetzesauslegung (Rdn 28 f).

bb) Einschränkung durch das UWG als allgemeines Gesetz. Die Normen des Lauterkeitsrechts stellen zwar „allgemeine Gesetze" iSd Art 5 II GG dar (BVerfG GRUR 2001, 170, 173 – *Schockwerbung*; BVerfG GRUR 2007, 1083 – *Dr. R's Vitaminprogramm*; BVerfG GRUR 2008, 81, 82 – *Pharmakartell* – jeweils zu § 1 UWG 1909). Sie sind jedoch ihrerseits im Lichte der wertsetzenden Bedeutung dieses Grundrechts zu sehen und so in ihrer grundrechtsbeschränkenden Wirkung selbst wieder einzuschränken (BVerfGE 12, 124 f; BGH GRUR 1995, 593, 597 – *Kinderarbeit*). Die durch das Grundrecht und die durch ein „allgemeines Gesetz" geschützten Rechtsgüter und Interessen sind daher gegeneinander abzuwägen. Eine Einschränkung der Meinungs- und Pressefreiheit (und des Informationsinteresses der Allgemeinheit) durch das Lauterkeitsrecht setzt, da die freie Meinungsäußerung für eine freiheitlich demokratische Staatsordnung schlechthin konstituierend ist, eine Rechtfertigung durch hinreichend gewichtige Gemeinwohlbelange oder schutzwürdige Interessen Dritter voraus (BVerfG GRUR 2001, 170, 173 – *Schockwerbung*). Bei der Prüfung, ob eine Äußerung Grundrechtsschutz genießt, ist sie unter Einbeziehung ihres (auch situativen) Kontexts auszulegen. Es darf ihr keine Bedeutung zugeschrieben werden, die sie objektiv nicht haben kann. Bei mehrdeutigen Äußerungen muss sich das Gericht mit den verschiedenen Deutungsmöglichkeiten auseinandersetzen und für die gefundene Lösung nachvollziehbare Gründe angeben (BVerfG GRUR 2001, 170, 174 – *Schockwerbung*). Dient die Äußerung der Durchsetzung wirtschaftlicher Interessen gegen andere wirtschaftliche Interessen, sind insbes die Motive, Ziele und Zwecke der Äußerung zu bewerten (BVerfG GRUR 1984, 357, 360 – *markt-intern* zum Boykottaufruf). Je weniger daher eine Äußerung zur Meinungsbildung in einer die Öffentlichkeit berührenden Frage beiträgt und je mehr sie eigennützigen Interessen dient, desto weniger schutzwürdig ist sie. Dem Vorliegen einer Wettbewerbsförderungsabsicht, insbes bei Presseartikeln, kommt daher maßgebliche Bedeutung zu und ihre Feststellung bedarf eingehender Prüfung (BGH GRUR 1986, 812, 813 – *Gastrokritiker;* BGH GRUR 1986, 898, 899 – *Frank der Tat;* BGH WRP 1995, 186, 189 – *Dubioses Geschäftsgebaren;* BVerfG GRUR 2008, 81, 82 – *Pharmakartell).* – Umgekehrt gilt, dass Meinungsäußerungen (sei es auch in der Werbung), die wirtschaftliche, politische, soziale und kulturelle Probleme zum Gegenstand haben, den Schutz des Art 5 I GG in besonderem Maße genießen (BVerfG GRUR 2001, 170, 173 – *Schockwerbung;* BVerfG GRUR 2008, 81, 82 – *Pharmakartell).*

84 Eine Werbung, die Mitgefühl mit schwerem Leid erweckt und ausnutzt, rechtfertigt im Lichte des Art 5 I 1 GG kein lauterkeitsrechtliches Verbot, da dadurch keine Gemeinwohlbelange oder schutzwürdige Interessen Privater berührt werden (BVerfG GRUR 2001, 170, 174 – *Schockwerbung).* Hinzu kommt, dass durch die **Schutzzweckbestimmung** des § 1 S 2 bereits eine erhebliche Eingrenzung der berücksichtigungsfähigen Gemeinwohlbelange und schutzwürdigen Interessen Dritter erfolgt (dazu § 1 Rdn 41). (Dies konnte in der *Schockwerbung*-Entscheidung des BVerfG zu § 1 UWG 1909 noch nicht berücksichtigt werden). Im Rahmen der Anwendung des § 3 I ist daher zB für die Berücksichtigung des Umweltschutzes oder des Arbeitnehmerschutzes kein Raum.

85 Bei der Abwägung ist der Grundsatz der **Verhältnismäßigkeit** zu beachten, ein Verbot muss also geeignet, erforderlich und angemessen sein. Eine Abwägung ist nicht erforderlich, wenn die Äußerung eine **Schmähkritik** darstellt, also nicht mehr die Auseinandersetzung in der Sache, sondern die Diffamierung der Person im Vordergrund steht. Dafür reicht aber die bloße Überspitztheit einer Äußerung oder ihre teilweise Unsachlichkeit nicht aus. Insbes ist eine Äußerung nicht allein deswegen unzulässig, weil sie weniger scharf oder sachlicher hätte formuliert werden können, und zwar auch dann, wenn Unternehmen angegriffen werden (BVerfG GRUR 2008, 81, 82 – *Pharmakartell).* – Die Pressefreiheit kann auch verletzt sein, wenn einem Verleger die Veröffentlichung einer Anzeige untersagt wird, für die der Werbende den Schutz der Meinungsfreiheit genießt (BVerfG GRUR 2001, 170, 172 – *Schockwerbung).*

86 Der Schutz der Meinungsfreiheit nach **Art 10 EMRK** ist auch auf wettbewerbliche Äußerungen zu erstrecken (EGMR GRUR Int 1984, 631 – *Barthold;* EGMR GRUR Int 1985, 468 – *Tierärztlicher Nachtdienst II;* EGMR NJW 1995, 857 – *Jacubowski;* EGMR NJW 2003, 497 – *Stambuk).* Jedoch darf Werbung in bestimmten Fällen Beschränkungen unterworfen werden, um insbes unlauteren Wettbewerb und unwahre oder irreführende Werbung zu verhindern. Unter bestimmten Umständen kann sogar die Veröffentlichung sachlicher und wahrheitsgemäßer Werbung Beschränkungen unterworfen werden, um Rechte Dritter zu schützen oder weil die Beschränkung wegen bes Umstände bei bestimmten Geschäftstätigkeiten oder Berufen geboten sind. Dabei ist der Grundsatz der Verhältnismäßigkeit zu beachten. Allerdings haben die staatlichen Gerichte einen Beurteilungsspielraum bei der Frage, ob ein Verbot einer Äußerung notwendig iSv Art 10 II EMRK ist (EGMR 2003, 497 f – *Stambuk).*

87 **g) Der Maßstab des Art 5 III GG (Kunstfreiheit; Wissenschaftsfreiheit).** Das Grundrecht der Kunst- und Wissenschaftsfreiheit (Art 5 III 1 GG) kann auch für die Werbung Bedeutung erlangen. Denn sie kann sich auch als „Kunstwerk" (insbes in Form von Film und Fotografie) darstellen (zum Kunstbegriff vgl BVerfGE 67, 213, 226 f; BVerfG NJW 1985, 261, 262). Dann greift Art 5 III GG als das speziellere Grundrecht gegenüber der Meinungsfreiheit ein (BVerfGE 81, 278, 291; *v Becker* GRUR 2001, 1101, 1102 f). Das hat zur Folge, dass die Schrankenbestimmung des Art 5 II GG nicht anwendbar ist. Das Grundrecht findet jedoch seine Grenzen in den Grundrechten Dritter (BVerfGE 30, 191), so dass im Rahmen der Anwendung des Lauterkeitsrechts eine Abwägung der kollidierenden Grundrechte (insbes mit Art 2 GG) vorzunehmen ist. Gegen die Verbreitung „künstlerischer" Werbung kann daher nur vorgegangen werden, wenn dadurch Grundrechte Dritter, etwa das Grundrecht Dritter auf freie, dh auch von Manipulationen unbeeinflusste, Entfaltung der Persönlichkeit beeinträchtigt werden (BGH GRUR 1995, 744, 749 f – *Feuer, Eis & Dynamit I;* in der Begründung bedenklich BGH GRUR 1995, 598, 600 – *Ölverschmutzte Ente;* vgl auch *Fikentscher/Möllers* NJW 1998, 1337 zur negativen Informationsfreiheit). Dabei ist aber der Grundsatz der Verhältnismäßigkeit zu beachten. Es kann daher nicht die Aufführung des Films, der getarnte Werbung enthält, untersagt werden, weil die Auflage, auf den werblichen Charakter des Films hinzuweisen, ausreicht (BGH GRUR 1995, 750, 751 – *Feuer, Eis & Dynamit II).*

88 Ein auf § 3 I gestützter Eingriff ist daher nur zulässig, soweit es dem Schutz der freien, dh auch von Manipulation unbeeinflussten, Entfaltung der eigenen Persönlichkeit dient und dieser Schutz im Einzelfall vorrangig ist (BVerfGE 77, 240, 255; BGH GRUR 1995, 744, 748 f – *Feuer, Eis & Dynamit I).* Auf das Grundrecht aus Art 5 III GG kann sich nicht nur der Schöpfer, sondern auch

der Vertreiber des Kunstwerks berufen, soweit er nicht nur eine rein wirtschaftliche Verwertung, sondern zugleich die kommunikative Vermittlung des Kunstwerks als solches anstrebt (wie zB die Vorführung eines Films) (BGH GRUR 1995, 744, 748 – *Feuer, Eis & Dynamit I*). Diese Grundsätze gelten auch für die künstlerische Gestaltung von Werbung. Daher kann sich auch der Träger der künstlerisch gestalteten Werbung auf Art 5 III GG berufen, wenn er mindestens zugleich und gleichermaßen notwendiger Vermittler dieser Werbung ist (einschränkend *v Becker* GRUR 2001, 1101: Einflussnahme auf Kunstwerk erforderlich).

Auf die **Wissenschaftsfreiheit** kann sich der Handelnde jedenfalls dann nicht berufen, wenn seine Handlung tatsächlich nur kommerziellen Interessen und nicht der Forschung dient (OLG Oldenburg GRUR-RR 2006, 239). 89

h) Der Maßstab des Art 12 GG (Berufsfreiheit). Zur Berufsfreiheit einschließlich der Berufsausübungsfreiheit gehört in der bestehenden, durch das Prinzip der Freiheit des Wettbewerbs geprägten Wirtschaftsverfassung auch das unternehmerische Verhalten im Wettbewerb, einschließlich der Werbung (BVerfGE 32, 311, 317; 65, 237, 247; 94, 372, 389; BVerfG GRUR 1993, 751 – *Großmarkt-Werbung I*; BGH GRUR 1999, 1014, 1015 – *Verkaufsschütten vor Apotheken*). Das in § 3 I aufgestellte Verbot unlauterer geschäftlicher Handlungen stellt daher zwar einen Eingriff in die Freiheit der Berufsausübung des **handelnden** Unternehmers dar. Jedoch genügt es den Anforderungen des Art 12 I 2 GG und ist daher verfassungsgemäß (BVerfG GRUR 1972, 358, 360 – *Grabsteinwerbung*; BVerfG GRUR 1993, 751 – *Großmarkt-Werbung I* zu § 1 aF). Allerdings ist bei der verfassungskonformen Auslegung des § 3 I und der sie konkretisierenden Beispielstatbestände darauf zu achten, dass die für Berufsausübungsregelungen geltenden Grundsätze (Rechtfertigung durch hinreichende Gründe des Gemeinwohls, Geeignetheit und Erforderlichkeit der gewählten Mittel und Zumutbarkeit der Beschränkung für den Betroffenen) berücksichtigt werden (vgl BVerfG GRUR 1993, 751 – *Großmarkt-Werbung I*; BVerfG GRUR 1999, 247, 249 – *Metro*; BVerfG GRUR 2008, 806 – *Architektur*). – Bei der verfassungskonformen Auslegung des § 3 I am Maßstab des Art 12 GG ist zwar auch die Berufsfreiheit des von der Handlung **betroffenen** Unternehmers zu berücksichtigen (BGH WRP 2010, 764 Tz 60 – *WM-Marken*). Zu diesem Grundrecht gehört auch das Recht zur wirtschaftlichen Verwertung der beruflich erbrachten Leistung, einschließlich der Möglichkeit, Werbeeinnahmen zu erzielen. Allerdings entfaltet Art 12 GG Schutzwirkung nur gegenüber solchen Normen oder Akten, die sich entweder unmittelvar auf die Berufstätigkeit beziehen oder zumindest eine objektiv berufsregelnde Tendenz haben (BVerfGE 97, 228, 553 f). Ein Unternehmer, der nur mittelbar von einer geschäftlichen Handlung eines Mitbewerbers betroffen ist, kann daher nicht gestützt auf Art 12 GG Schutz nach § 3 I begehren, wenn keiner der Beispielstatbestände unlauteren Handelns erfüllt ist (BGH WRP 2010, 764 Tz 60 – *WM-Marken*). 90

Spezielle **Werbeverbote** sind ebenfalls Regelungen der Berufsausübung, die dann zulässig sind, wenn sie durch ausreichende Gründe des Gemeinwohls gerechtfertigt sind und dem Grundsatz der Verhältnismäßigkeit entsprechen. Insoweit kommt es darauf an, ob das gewählte Mittel zur Erreichung des verfolgten Zwecks geeignet und auch erforderlich ist und bei einer Gesamtabwägung zwischen der Schwere des Eingriffs und dem Gewicht der ihn rechtfertigenden Gründe die Grenze der Zumutbarkeit noch gewahrt ist (BVerfGE 85, 248, 259; 94, 372, 390; BGH GRUR 1999, 1014, 1015 – *Verkaufsschütten vor Apotheken*). Berufsrechtliche Werbeverbote sind nur dann mit Art 12 GG vereinbar, wenn sie sich auf das Verbot berufswidriger Werbung beschränken. Berufswidrig ist Werbung, die keine interessengerechte und sachangemessene Information darstellt. Dementsprechend darf ein auf § 3 I gestütztes Werbeverbot nur berufswidrige Werbung erfassen (BVerfG GRUR 2004, 68 – *Werbung einer Zahnarzt-GmbH*). Verstößt eine Marktverhaltensregelung (zB § 284 StGB iVm einer landesrechtlichen Regelung) gegen Art 12 GG, stellt eine Zuwiderhandlung auch keine unlautere Handlung iSv §§ 3, 4 Nr 11 dar (BGH WRP 2008, 661 Tz 14 ff – *ODDSET*). 91

i) Der Maßstab des Art 13 GG (Unverletzlichkeit der Wohnung). „Wohnung" iSd Art 13 Abs 1 GG sind auch Geschäftsräume (BVerfGE 32, 68 ff; 42, 219; 44, 371). Der Wertgehalt dieses Grundrechts wird aber nicht schon dadurch beeinträchtigt, dass das von einem Gewerbetreibenden ausgesprochene generelle Hausverbot für Testkäufer als unlauter gewertet wird (vgl BGH GRUR 1979, 859, 860 – *Hausverbot II*; krit GK/*Schünemann* Einl Rdn A 97). 92

j) Der Maßstab des Art 14 GG (Eigentumsfreiheit). Das Grundrecht der Eigentumsfreiheit (Art 14 I GG) wird durch das Lauterkeitsrecht nicht berührt. Lauterkeitsrechtliche Marktverhaltensregeln können zwar Erwerbschancen oder eine bereits bestehende Marktstellung eines Unternehmens beeinträchtigen, doch genießen diese durch den Wettbewerb konstituierten 93

Positionen keinen Eigentumsschutz (BVerfGE 51, 193, 221 f; 78, 205, 211). Denn dieses Grundrecht schützt nur Rechtspositionen, die einem Rechtssubjekt bereits zustehen, also grds nicht in der Zukunft liegende Chancen und Verdienstmöglichkeiten (BVerfG WRP 1997, 424, 428 – *Rauchen schadet der Gesundheit*). Art 14 I GG garantiert daher auch nicht die Beibehaltung einer einmal erreichten Marktstellung gegenüber Mitbewerbern (BVerfG GRUR 1993, 751, 753 – *Großmarkt-Werbung I*). Dementsprechend wird das Grundrecht aus Art 14 GG nicht schon dann berührt, wenn gerichtliche Unterlassungsgebote das Handeln im Wettbewerb beschränken und dabei nur bloße Erwerbschancen berührt werden.

94 **k) Verfassungsgerichtliche Kontrolle fachgerichtlicher Entscheidungen.** Das BVerfG überlässt es grds den Fachgerichten, den Sachverhalt festzustellen und das einfache Gesetzesrecht auszulegen und anzuwenden. Es gesteht den Fachgerichten einen gewissen Spielraum bei der Auslegung zu und verlangt nur, dass sie nachvollziehbar, vertretbar und widerspruchsfrei ist. Insbes sind die Fachgerichte befugt, zu den lauterkeitsrechtlichen Generalklauseln Fallgruppen zu entwickeln (BVerfG GRUR 2001, 1058, 1060 – *Therapeutische Äquivalenz*). Wie die Fachgerichte etwa sich ihre Überzeugung von der Unlauterkeit eines Verhaltens bilden und welche Erkenntnisquellen sie dabei benutzen, bleibt grds ihnen überlassen (BVerfG GRUR 1972, 358, 360 – *Grabsteinwerbung*). Eine Überprüfung erfolgt grds nur unter dem Aspekt, ob die grundrechtlichen Normen und Maßstäbe beachtet wurden, insbes, ob die Entscheidung den Umfang des Schutzbereichs und der Ausstrahlungswirkung des Grundrechts richtig erfasst und iErg nicht zu einer unverhältnismäßigen Beschränkung der grundrechtlichen Freiheit geführt hat (BVerfG WRP 2000, 720, 721 – *Sponsoring*; BVerfG GRUR 2001, 170, 173 – *Schockwerbung*). Auch müssen etwaige Auslegungsfehler von einigem Gewicht für die konkreten Rechtsfälle sein (BVerfGE 42, 143, 148 f; BVerfG GRUR 1984, 357, 359 – *markt-intern*; BVerfG GRUR 2001, 1058, 1059 – *Therapeutische Äquivalenz*). Die Überprüfung durch das BVerfG ist umso eingehender, je intensiver die gerichtliche Entscheidung in die Grundrechte des Betroffenen eingreift (BVerfG GRUR 1993, 751 – *Großmarkt-Werbung I*). Greift ein auf § 3 I gestütztes Verbot in ein Grundrecht des Werbenden (zB aus Art 5 I GG) ein, so genügt es zur Rechtfertigung des Verbots nicht, dass sich die Maßnahme einer von den Gerichten in abstrakt-typisierender Auslegung entwickelten Fallgruppe unlauteren Verhaltens zuordnen lässt. Vielmehr kommt diesen Fallgruppen nur Indizwirkung zu, die eine Interessenabwägung im konkreten Fall nicht ausschließen darf.

95 Nicht (mehr) zu folgen ist dem BVerfG aber, wenn es verlangt, stets auch zu prüfen, ob die verbotene Maßnahme zu einer hinreichenden Gefährdung des Leistungswettbewerbs führt. Denn die „Lauterkeit des Leistungswettbewerbs" ist kein selbstständig und unabhängig von den Interessen der Marktteilnehmer geschütztes Schutzgut des § 3 I. Erst wenn der Tatbestand des § 3 I verwirklicht ist, ist für Erwägungen zur Verhältnismäßigkeit (Eignung, Erforderlichkeit und Angemessenheit) eines Unterlassungsgebots Raum (BVerfG GRUR 2001, 1058, 1060 – *Therapeutische Äquivalenz*). – Für das BVerfG ergibt sich daraus eine Kontrollkompetenz, die allerdings auf verfassungsrechtliche Fragen beschränkt ist. Sie betrifft nur Auslegungsfehler, die eine grds unrichtige Auffassung von der Bedeutung eines Grundrechts, insbes vom Umfang seines Schutzbereichs, erkennen lassen und auch in ihrer materiellen Tragweite von einigem Gewicht sind (BVerfGE 85, 248, 257 f = NJW 1992, 2341; BVerfGE 90, 22, 25 = NJW 1994, 993; BVerfGE 96, 375, 394 f = NJW 1998, 519, 521; BVerfG NJW 2003, 229; BVerfG GRUR 2003, 442 – *Benetton-Werbung II*). – Die Bedeutung der verfassungsrechtlichen Kontrolle durch das BVerfG reduziert sich allerdings in dem Umfang, in dem das UWG durch Unionsrecht, insbes durch die UGP-Richtlinie, geprägt wird.

6. Konkretisierung anhand der Schutzzweckbestimmung des § 1

96 **a) Grundsatz.** Schon in der Rspr zu § 1 UWG 1909 war anerkannt, dass sich die Beurteilung der Lauterkeit eines Wettbewerbsverhaltens am Schutzzweck des Gesetzes ausrichten muss (BVerfG WRP 2003, 69, 71 – *Veröffentlichung von Anwalts-Ranglisten*; BGHZ 144, 255, 266 – *Abgasemissionen*; BGH GRUR 2001, 1181, 1182 – *Telefonwerbung für Blindenwaren*). Durch die Aufnahme der Schutzzweckbestimmung in das Gesetz (§ 1) ist dem Richter ein Maßstab an die Hand gegeben, schutzzweckkonforme Verhaltensnormen zu entwickeln. Zugleich wird es ihm ermöglicht, seine Wertungen offen zu legen (vgl *Weber* AcP 192 (1992), 517, 560 ff). Den Schutzzwecken kommt dabei sowohl eine legitimierende als auch eine begrenzende Aufgabe zu.

97 **b) Schutzzwecke als Legitimation.** Nur die Schutzzwecke des § 1 können eine Marktverhaltensnorm legitimieren. Der Richter kann also im Zuge der Konkretisierung des Tat-

bestandsmerkmals der Unlauterkeit (einschließlich der Beispielstatbestände) eine lauterkeitsrechtliche Verhaltensnorm nicht auf sonstige Allgemeininteressen (zB Umweltschutz, Kinderschutz, Tierschutz, Arbeitnehmerschutz, Blindenschutz usw) stützen (vgl § 1 Rdn 36). Das war auch in der Rspr zu § 1 UWG 1909 bereits anerkannt, wenngleich nicht immer konsequent verwirklicht (vgl BGH GRUR 2001, 1181, 1183 – *Telefonwerbung für Blindenwaren* zu „allgemein sozialpolitischen Gesichtspunkten").

c) Schutzzwecke als Begrenzung. Der Richter kann sich nicht damit begnügen, eine Norm mit einem oder mehreren der in § 1 genannten Schutzzwecke zu rechtfertigen. Vielmehr hat er stets zu prüfen, ob die aufzustellende Norm auch tatsächlich erforderlich und geeignet ist, diese Schutzzwecke zu verwirklichen. Denn Marktverhaltensnormen und ihre Anwendung greifen in Grundrechte des Handelnden ein und müssen daher dem verfassungsrechtlichen Grundsatz der **Verhältnismäßigkeit** genügen. 98

7. Konkretisierung anhand außerwettbewerbsrechtlicher Vorschriften?

Soweit außerwettbewerbsrechtliche Vorschriften das Marktverhalten regeln, erfolgt ihre Übernahme in das Lauterkeitsrecht über den Rechtsbruchtatbestand des § 4 Nr 11. Es erübrigt sich also, die Generalklausel des § 3 mit Hilfe außerwettbewerbsrechtlicher Normen zu konkretisieren. Erst recht können Verstöße gegen sonstige Vorschriften, die nicht einmal das Marktverhalten regeln, nicht durch Rückgriff auf § 3 I wettbewerbsrechtlich sanktioniert werden. Dies gilt auch, soweit sich Unternehmer durch Verletzung solcher Normen (zB Produktionsvorschriften; Straßenverkehrsvorschriften; Steuervorschriften; reine Marktzutrittsregelungen usw) einen **Wettbewerbsvorsprung** vor ihren Mitbewerbern verschaffen können (Rdn 65 a; BGH WRP 2010, 876 Tz 25 – *Zweckbetrieb;* aA *Glöckner* GRUR 2008, 960). Es kann nicht Aufgabe des UWG sein, alle erdenklichen Gesetzesverstöße, die einen solchen Vorsprung begründen können, zu sanktionieren. Die Einführung des § 4 Nr 11 zeigt gerade, dass dieser Ansatz überwunden werden sollte. 99

8. Konkretisierung mittels des „Anstandsgefühls des verständigen Gewerbetreibenden" und der „Missbilligung durch die Allgemeinheit"?

Zur Konkretisierung des Verstoßes gegen die **„guten Sitten"** in § 1 UWG 1909 wurde – ähnlich wie bei den §§ 138, 826 BGB – darauf abgestellt, ob die geschäftliche Handlung dem **Anstandsgefühl eines verständigen Durchschnittsgewerbetreibenden widerspricht** oder **von der Allgemeinheit missbilligt und für untragbar gehalten** wird (BGHZ 81, 291, 295 f = GRUR 1982, 53 – *Bäckerfachzeitschrift;* BGH GRUR 1988, 614, 615 – *Btx-Werbung;* BGH GRUR 1994, 220, 222 – *PS-Werbung II;* BGH GRUR 1995, 592, 593 f – *Busengrapscher;* BGH GRUR 2001, 1181, 1182 – *Telefonwerbung für Blindenwaren;* vgl aber *v Ungern-Sternberg,* FS Erdmann, 2002, 741). Was die **„Anstandsformel"** angeht, mag sie in der Vergangenheit nützliche Dienste geleistet haben, weil und soweit ein Grundkonsens über die sittliche Bewertung bestimmter Wettbewerbsmaßnahmen bestanden hatte. Die Auflösung tradierter Wertvorstellungen in den Branchen und in der Gesellschaft und die stärkere Betonung der Wettbewerbsfreiheit stellten aber diesen Grundkonsens immer mehr in Frage. Es dürfte in der heutigen Zeit kaum noch allgemein konsentierte Wertvorstellungen geben, anhand derer sich die Zulässigkeit von geschäftlichen Handlungen in **Grenzfällen** beurteilen ließe. Um einen Fall aus der österr Rspr (vgl ÖOGH ÖBl 1995, 211, 214 – *Falschparker-Strafzettel)* aufzugreifen: Es dürfte kaum eine einheitliche Auffassung darüber bestehen, dass ein Kaufmann seinen Kunden Geldbußen wegen vorschriftwidrigen Parkens nicht erstatten darf (ein Verstoß gegen § 4 Nr 1 dürfte nicht vorliegen). Selbst wenn es eine solche Auffassung aber gäbe, wäre sie wohl mit dem Prinzip der Wettbewerbsfreiheit nicht vereinbar (§ 1 Rdn 38). Daher hilft der Rückgriff auf die Auffassungen der Allgemeinheit gerade in den Grenzfällen nicht entscheidend weiter. Zu Recht hat daher die Rspr davon abgesehen, eine Verkehrsbefragung zur Ermittlung der Anschauungen der angesprochenen Verkehrskreise zuzulassen (BGH GRUR 1995, 595, 597 – *Kinderarbeit).* Letztlich waren Begründungen, die sich auf das „Anstandsgefühl des verständigen Durchschnittsgewerbetreibenden", die „Untragbarkeit" einer geschäftlichen Handlung, die Gefahr einer „Verwilderung der Wettbewerbssitten", die Bewahrung der Allgemeinheit vor „Auswüchsen des Wettbewerbs" usw stützen, letztlich aus dem **Rechtsgefühl** gespeist. Zwar sollte es sich dabei um einen „symbolhaften" Ausdruck einer rechtlichen Wertung des Richters handeln, die er unter Berücksichtigung vorhandener Sozialnormen auf Grund der Rechtsordnung, insbes der Wert- 100 prinzipien der Verfassung, unter Abwägung der schutzwürdigen Interessen und Güter der Verkehrsbeteiligten trifft (so BGH GRUR 1995, 595, 597 – *Kinderarbeit*). Wenn dem aber so ist, so sollte es nicht schwer fallen, diese rechtliche Wertung offen darzulegen. Jedenfalls ersetzen derartige Leerformeln nicht eine rationale und damit nachprüfbare Begründung des Unlauterkeitsurteils. Dass im Übrigen dem Rechtsgefühl oft nur persönliche Wertungen des zur Entscheidung berufenen Richters zu Grunde liegen, zeigen die divergierenden Urteile des BGH und des BVerfG in den Fällen der Benetton-Werbung (vgl BGH GRUR 1995, 595 – *Kinderarbeit;* BGH GRUR 1995, 600 – *H. I. V. POSITIVE I;* BGH GRUR 2002, 360 – *H. I. V. POSITIVE II* einerseits; BVerfG GRUR 2001, 170 – *Schockwerbung I;* BVerfG GRUR 2003, 442 – *Benetton-Werbung II* andererseits). Auch verstellt der Rückgriff auf das „Anstandsgefühl der verständigen Gewerbetreibenden" und die „Anschauungen der Allgemeinheit" vielfach den Blick dafür, dass es letztlich allein darauf ankommt, ob eine Handlung den Wettbewerb nicht nur unerheblich verfälscht. Ist dies nicht der Fall, so kann sie auch dann nicht nach Lauterkeitsrecht untersagt werden, wenn es von der Allgemeinheit missbilligt und als untragbar angesehen wird (vgl auch BGHZ 130, 182 – *Legehennenhaltung; v Ungern-Sternberg,* FS Erdmann, 2002, 741, 744).

101 Jedenfalls unter **Geltung der UWG-Novelle 2008** in richtlinienkonformer Auslegung lässt sich daher die Unlauterkeit nicht länger mit derartigen Formeln begründen (so nunmehr auch BGHZ 166, 154 = GRUR 2006, 773 Tz 19 – *Probeabonnement*). Damit erübrigt es sich auch, in den Fällen widerstreitender Anschauungen der Branchenangehörigen und der Verbraucher oder der Allgemeinheit der einen oder der anderen im Vorrang einräumen zu müssen (vgl dazu BGH GRUR 1955, 541 – *Bestattungswerbung*). Vielmehr sind die oben (Rdn 36 ff) dargestellten Maßstäbe der „anständigen Marktgepflogenheiten" und des „allgemeinen Grundsatzes von Treu und Glauben" heranzuziehen.

9. Konkretisierung durch Interessenabwägung

102 Im Hinblick auf die widerstreitenden Interessen des Handelnden und der übrigen Marktteilnehmer sowie der Allgemeinheit lässt sich die Unlauterkeit eines Marktverhaltens idR nicht ohne eine Abwägung und Bewertung dieser Interessen vornehmen (ganz hM; vgl BGHZ 81, 291, 295 f = GRUR 1982, 53 – *Bäckerfachzeitschrift;* BGH GRUR 1994, 220, 222 – *PS-Werbung II;* BGH GRUR 2001, 1181, 1182 – *Telefonwerbung für Blindenwaren;* BGH WRP 2006, 577 Tz 16 – *Direktansprache am Arbeitsplatz II; Kraft* S 101 ff; *Ohly* S 225 ff; Harte/Henning/*Schünemann* § 3 Rdn 279 ff; *Sack* WRP 2005, 531, 533). Das setzt zunächst eine Feststellung der betroffenen Interessen und Bestimmung ihrer Schutzwürdigkeit voraus. Daran schließt sich die Bewertung und Entscheidung des Interessenkonflikts anhand der verfassungsrechtlichen, unionsrechtlichen und lauterkeitsrechtlichen Bewertungsmaßstäbe an. Ein Rückgriff auf die Generalklausel ist dann unerlässlich, wenn die Beispielstatbestände nicht *alle* für die Interessenabwägung bedeutsamen Gesichtspunkte, insbes nicht die Interessen sonstiger Marktteilnehmer, berücksichtigen (BGH GRUR 2006, 426 Tz 16 – *Direktansprache am Arbeitsplatz II*). Allerdings lässt gerade der Beispielstatbestand des § 4 Nr 10 im Rahmen der Konkretisierung des Tatbestandsmerkmals „gezielt" eine Interessenabwägung zu, bei der auch die Interessen sonstiger Marktteilnehmer berücksichtigt werden können (vgl auch *Steinbeck* GRUR 2008, 848, 854).

10. Erfordernis einer Gesamtwürdigung aller Umstände des Einzelfalls

103 Bei der Prüfung der Unlauterkeit einer geschäftlichen Handlung sind **alle Umstände des Einzelfalls umfassend zu würdigen.** Das entspricht auch den Anforderungen der UGP-Richtlinie, wie sich aus Erwägungsgrund 7 ergibt, und war schon unter der Geltung des UWG 1909 anerkannt (vgl BGH GRUR 2006, 75 Tz 19 – *Artenschutz* zu § 4 Nr 1). Die Beurteilung erforderte nach der Rspr regelmäßig eine am Schutzzweck des Gesetzes ausgerichtete Würdigung des Gesamtcharakters des Verhaltens nach seinem konkreten Anlass, seinem Zweck, den eingesetzten Mitteln, seinen Begleitumständen und Auswirkungen (BGHZ 144, 255, 266 – *Abgasemissionen*). Der Richter durfte sich also nicht auf die Würdigung von einzelnen Aspekten beschränken (BGH GRUR 1992, 622, 623 – *Verdeckte Laienwerbung*). Die Gesamtwürdigung konnte dazu führen, dass auf Grund bes Umstände des Einzelfalls eine sonst anzunehmende Unlauterkeit zu verneinen war (vgl BGH GRUR 2000, 237, 238 – *Giftnotrufbox;* BGHZ 140, 134, 138 f – *Hormonpräparate*). Sie konnte aber auch dazu führen, dass dadurch erst die Unlauterkeit begründet wurde. Hier sollte insbes die Gefahr der Nachahmung eines insgesamt bedenklichen Verhaltens durch Mitbewerber und der hiervon ausgehenden Beeinträchtigung des Wettbewerbs einzubeziehen sein (BGHZ 43, 278, 282 f = GRUR 1965, 489 – *Kleenex;* BGH GRUR 1981, 655 – *Laienwerbung für Maklerauftrage;* BGH GRUR 1991, 150 – *Laienwerbung für Kreditkarten;* BGH GRUR 1992, 622, 623 – *Verdeckte Laienwerbung).* Ließe man nämlich ein bestimmtes, bereits für sich gesehen bedenkliches Verhalten zu, so würde es nachgeahmt. Die negativen Auswirkungen würden sich vervielfachen und damit für die Verbraucher nicht mehr hinnehmbar sein. Allerdings ist durch die Einführung der Beispielstatbestände und der Relevanzklausel (Bagatellklausel) ein Großteil dieser richterrechtlichen Erwägungen hinfällig geworden.

11. Erforderlichkeit eines subjektiven Tatbestands?

a) Frühere Rechtslage. Unter der Geltung des § 1 UWG 1909 setzte nach ganz hM der Vorwurf der Sittenwidrigkeit ein subjektives Tatbestandsmerkmal voraus. Zwar wurde nicht gefordert, dass sich der Handelnde der Sittenwidrigkeit seines Handelns bewusst war oder dass er dies hätte wissen müssen. Wohl aber musste der Handelnde grds alle Tatumstände gekannt haben, die bei objektiver Würdigung die Sittenwidrigkeit seiner geschäftlichen Handlung begründeten (vgl BGH GRUR 1983, 587 f – *Letzte Auftragsbestätigung;* BGH GRUR 1991, 914, 915 – *Kastanienmuster;* BGHZ 117, 115, 117 f = GRUR 1992, 448, 449 – *Pullovermuster;* BGH GRUR 1995, 693, 695 – *Indizienkette;* Köhler/*Piper* Einf Rdn 294; *Teplitzky* Kap 5 Rdn 15; aA Baumbach/*Hefermehl,* 22. Aufl, Einl Rdn 128; GK/*Schünemann* Einl Rdn D 122 ff; *Sack* WRP 1985, 1, 12). Der Vorwurf an den Handelnden ging dahin, er habe trotz Kenntnis der Tatumstände gehandelt. Dementsprechend schloss Unkenntnis oder Irrtum über die Tatumstände die Sittenwidrigkeit aus. Erlangte der Handelnde erst nachträglich Kenntnis von den Tatumständen, die sein Verhalten sittenwidrig machten, so handelte er erst von diesem Augenblick an sittenwidrig (BGH GRUR 1960, 200, 201 – *Abitz II;* BGH GRUR 1967, 596, 597 – *Kuppelmuffenverbindung;* BGH GRUR 1977, 614, 615 – *Gebäudefassade;* BGH GRUR 1992, 448, 449 – *Pullovermuster).* – Der positiven Kenntnis von den sittenwidrigkeitsbegründenden Umständen wurde es gleich erachtet, wenn der Handelnde mit dem Vorliegen solcher Umstände rechnete (bedingter Vorsatz) oder sich der Kenntnis bewusst verschloss (BGH GRUR 1983, 587 f – *Letzte Auftragsbestätigung;* BGH GRUR 1995, 693, 695 – *Indizienkette).* – In Abgrenzung zum zivilrechtlichen Vorsatzbegriff, der das Bewusstsein der Rechtswidrigkeit einschließt, wurde der Vorsatz zum bloßen Tatbestandsmerkmal erklärt, das nicht Verschuldensmerkmal sei (vgl Köhler/*Piper* Einf Rdn 294 aE).

Im Gesetzgebungsverfahren zum **UWG 2004** wurde das Erfordernis eines subjektiven Tatbestands der Unlauterkeit erörtert. Während der Bundesrat sich dafür einsetzte, darauf zu verzichten und dies auch in eindeutiger Weise klarzustellen (BT-Drucks 15/1487 S 30), erklärte die Bundesregierung in ihrer Gegenäußerung, es handle sich um eine dogmatische Frage, deren Klärung der Rspr und Literatur überlassen bleiben könne, zumal die praktische Relevanz gering sei (BT-Drucks 15/1487 S 40). In der Folgezeit setzte sich die Auffassung durch, dass es für die grds Beurteilung nicht auf eine subjektive, das Verhalten aus der Sicht des Handelnden wertende, sondern nur eine funktionelle, dh am Schutzzweck des Lauterkeitsrechts ausgerichtete und damit objektive Betrachtung ankommt (vgl BGH GRUR 2007, 800 Tz 21 – *Außendienstmitarbeiter* mwN).

b) Jetzige Rechtslage. An der objektiven Deutung der Unlauterkeit, wie sie sich bereits unter Geltung des UWG 2004 durchsetzte, hat sich durch die UWG-Novelle 2008 nichts geändert (BGH GRUR 2009, 1080 Tz 21 – *Auskunft der IHK).* Das Tatbestandsmerkmal der Unlauterkeit ist objektiv zu verstehen. Es ist also weder ein Bewusstsein der Unlauterkeit noch eine Kenntnis der unlauterkeitsbegründenden Umstände erforderlich. Da es die Aufgabe des Lauterkeitsrechts ist, das Marktverhalten im Interesse der Marktteilnehmer, insbes der Verbraucher und Mitbewerber zu regeln (vgl Begr RegE UWG 2004 zu § 1, BT-Drucks 15/1487 S 15), kann die Feststellung der Unlauterkeit nicht von der Kenntnis der objektiven, die Unlauterkeit begründenden Umstände abhängen (BGH WRP 2007, 951 Tz 21 – *Außendienstmitarbeiter).* Umgekehrt wird eine objektiv zulässige Beeinträchtigung von Marktteilnehmern nicht deshalb unlauter, weil sie in Kenntnis ihrer Wirkungen herbeigeführt wird (BGH WRP 2007, 951 Tz 21 – *Außendienstmitarbeiter).* Entscheidend ist allein, ob eine geschäftliche Handlung geeignet ist, die Interessen von Marktteilnehmern spürbar zu beeinträchtigen (in dieser Richtung bereits BGH WRP 2007, 951 Tz 21 – *Außendienstmitarbeiter),* nicht auch, ob der Handelnde Kenntnis von den die Unlauterkeit begründenden Umständen hatte oder nicht. Dem entspricht es, dass auch das Tatbestandsmerkmal der geschäftlichen Handlung nach der Definition in § 2 I Nr 1 kein subjektives Element voraussetzt. Objektiv zu missbilligende Handlungen sind daher grds ohne

Rücksicht auf den Wissensstand des Handelnden mit dem (verschuldensunabhängigen) Unterlassungs- und Beseitigungsanspruch (§ 8 I) zu bekämpfen. Fehlende Kenntnis von den unlauterkeitsbegründenden Umständen kann nur im Rahmen der verschuldensabhängigen Schadensersatz- und Gewinnabschöpfungsansprüche (§§ 9, 10) eine Rolle spielen. Für diese objektive Deutung der Unlauterkeit spricht nicht zuletzt die UGP-Richtlinie, die spätestens seit dem 12. 12. 2007 im Wege der richtlinienkonformen Auslegung des UWG zu berücksichtigen ist. Nach Art 11 II 1 UGP-Richtlinie ist der Nachweis von „Vorsatz oder Fahrlässigkeit des Gewerbetreibenden" für das Verbot einer unlauteren Geschäftspraxis nicht erforderlich. Auch der Definition der Unlauterkeit in Art 5 II lit a UGP-Richtlinie ist kein subjektives Tatbestandsmerkmal zu entnehmen (vgl Rdn 38). – Die praktischen Konsequenzen dieser Auffassung zeigen sich auch bei der Abmahnung (§ 12 I). Denn die Abmahnung ist nach dieser Auffassung schon dann berechtigt (mit der Folge eines Aufwendungsersatzanspruchs nach § 12 I 2), wenn der Handelnde objektiv unlauter handelt, mag er auch von den unlauterkeitsbegründenden Umständen keine Kenntnis haben.

107 Eine **Ausnahme** vom objektiven Verständnis der Unlauterkeit ist nur dann zu machen, wenn einzelne Beispielstatbestände der Unlauterkeit subjektive Tatbestandsmerkmale aufweisen oder fordern. Das gilt zB für § 4 Nr 2, der die Ausnutzung bestimmter Umstände und damit deren Kenntnis voraussetzt. Auch bei bestimmten Fallgruppen des § 4 Nr 10 kann die Unlauterkeit von der Kenntnis bestimmter Umstände abhängen. So etwa bei der Verleitung zum Vertragsbruch, die Kenntnis von der vertraglichen Bindung voraussetzt, oder bei der gezielten Preisunterbietung, die eine entsprechende Absicht voraussetzt. Dagegen ist beim Rechtsbruchtatbestand des § 4 Nr 11 grds ein Irrtum über die Sach- und Rechtslage unerheblich (vgl BGHZ 163, 265, 270 – *Atemtest;* allg dazu § 4 Rdn 11.51 ff). Am *Beispiel* des LadenschlussG als einer Marktverhaltensregelung: Selbst wenn der Ladeninhaber beim Verstoß einem Tatsachenirrtum unterlag, etwa weil er die Umstellung von Sommer- auf Winterzeit übersah und deshalb länger als zulässig geöffnet hielt, liegt ein die Unlauterkeit begründender objektiver Gesetzesverstoß iSd § 4 Nr 11 vor.

V. Die Eignung zur spürbaren Beeinträchtigung der Interessen von Marktteilnehmern

1. Entstehungsgeschichte, Normzweck und Auslegung der Relevanzklausel (Bagatellklausel)

108 **a) Entstehungsgeschichte. aa) UWG 1909.** Das UWG 1909 wies zwar keine allgemeine Relevanzklausel (Bagatellklausel) wie nunmehr § 3 I auf. Es bot aber drei rechtliche Anknüpfungspunkte, Bagatellfälle von der Verfolgung auszunehmen (dazu *Köhler* GRUR 2005, 1 f): **(1)** Die Verneinung der Anspruchsberechtigung von (abstrakt betroffenen) Gewerbetreibenden und Wirtschaftsverbänden gem § 13 II Nr 1 und 2 UWG 1909. Der geltend gemachte Anspruch musste eine Handlung betreffen, „die geeignet ist, den Wettbewerb auf diesem Markt wesentlich zu beeinträchtigen" (dazu eingehend BGH GRUR 1995, 122, 123 f – *Laienwerbung für Augenoptiker*). Die Anspruchsberechtigung des sog unmittelbar Verletzten und der Industrie- und Handelskammern sowie der Handwerkskammern (§ 13 II Nr 4 UWG 1909) blieb davon unberührt (vgl BGH WRP 1999, 512, 516 – *Aktivierungskosten*). **(2)** Die Verneinung der Anspruchsberechtigung von Verbraucherverbänden („qualifizierte Einrichtungen") gem § 13 II Nr 3 UWG 1909 (vgl BGH GRUR 2004, 435, 436 – *FrühlingsgeFlüge*). Der geltend gemachte Anspruch musste eine Handlung betreffen, „durch die wesentliche Belange der Verbraucher berührt werden". **(3)** Die Verneinung der Sittenwidrigkeit iSd § 1 UWG 1909 (vgl BGH GRUR 1992, 617 – *Briefkastenwerbung;* BGH GRUR 1995, 427 – *Zollangaben;* BGHZ 140, 134, 139 ff = GRUR 1999, 1128 – *Hormonpräparate;* BGH GRUR 2000, 237 – *Giftnotruf-Box*).

109 **bb) UWG 2004.** Die im UWG 2004 neu geschaffene Generalklausel des § 3 UWG 2004 enthielt bereits eine **allgemeine Relevanzklausel (= Bagatellklausel).** Danach waren unlautere Wettbewerbshandlungen unzulässig, wenn sie geeignet waren, den Wettbewerb zum Nachteil der Mitbewerber, der Verbraucher oder der sonstigen Marktteilnehmer nicht nur unerheblich zu beeinträchtigen. Diese Regelung knüpfte nicht mehr an die Anspruchsberechtigung an, sondern schränkte bereits den Tatbestand der Zuwiderhandlung ein. Sie diente dazu, die unnötige Inanspruchnahme des unlauter Handelnden und damit auch der Gerichte zu verhindern, weil an der Verfolgung von Bagatellfällen kein schutzwürdiges Interesse besteht. – Die Formulierung der Relevanz- bzw Bagatellklausel ging zurück auf den Entwurf von *Köhler/Bornkamm/Henning-Bodewig* (WRP 2002, 1317; dort § 3). Die mit diesem Entwurf übereinstimmende Fassung im

D. Sonstige unzulässige geschäftliche Handlungen (§ 3 I)

RegE UWG wurde im Gesetzgebungsverfahren auf Grund einer Intervention des Bundesrats dahin umformuliert, dass statt „nicht unerheblich" der Ausdruck „nicht nur unerheblich" und statt „verfälschen" der Begriff „beeinträchtigen" gewählt wurde. Es sollte sich dabei um eine sprachliche Verbesserung handeln, da der Wettbewerb an sich weder richtig noch falsch sein, sondern nur beschränkt oder behindert werden könne. Auch entspreche die Änderung der bisherigen Gesetzesterminologie des § 13 II Nr 1 und 2 UWG 1909 (vgl Stellungnahme des Bundesrats, BT-Drucks 15/1487 S 30).

Diese Begründung war schon deshalb nicht überzeugend, da sowohl der europäische wie der deutsche Gesetzgeber den Begriff der Wettbewerbsverfälschung kennen (vgl Art 3 I lit g, 81 I EG; § 1 GWB) und dieser Begriff auch im UWG selbst (§ 1 S 2) enthalten ist. Der Begriff der Beeinträchtigung des Wettbewerbs konnte jedoch zu dem Schluss verleiten, dass tatsächliche Feststellungen zum Ausmaß der Auswirkungen auf das Marktgeschehen erforderlich seien. Solche Feststellungen sind – jedenfalls in einem zivilrechtlichen Verfahren – aber angesichts der Vielfältigkeit der Einflüsse auf das Marktgeschehen gar nicht möglich. Auch war eine solche – kartellrechtlich geprägte – Betrachtungsweise dem UWG fremd (eine Ausnahme gilt nur für die – ohnehin problematische – Fallgruppe der allgemeinen Marktbehinderung). In § 1 S 1 war (und ist) klargestellt, dass das UWG nicht die Sicherung wettbewerblicher Marktstrukturen und Marktergebnisse, sondern den Schutz der Mitbewerber, Verbraucher und sonstigen Marktteilnehmer vor unlauteren Handlungen bezweckt. Das UWG 2004 betrachtete den Wettbewerb nur unter dem Blickwinkel des Verhaltens von Unternehmen im Wettbewerb, wie schon die Definition der Wettbewerbshandlung in § 2 I Nr 1 nahelegte. Der Wettbewerb zwischen Unternehmen wird aber verfälscht und in diesem Sinne auch beeinträchtigt, wenn ein Marktteilnehmer in den Wettbewerb mit unlauteren Mitteln eingreift.

Schon zu § 3 UWG 2004 war daher die Annahme gerechtfertigt, dass jede unlautere Wettbewerbshandlung ihrer Natur nach eine Beeinträchtigung des Wettbewerbs darstellt. Dem Tatbestandsmerkmal der „Beeinträchtigung des Wettbewerbs" kam daher schon damals keine eigenständige Bedeutung zu (*Köhler* GRUR 2005, 1, 3; aA *Helm*, FS Bechtold, 2006, 155, 160). Als entscheidend wurde vielmehr angesehen, ob die unlautere Wettbewerbshandlung geeignet war, sich nicht nur unerheblich zum Nachteil von Mitbewerbern, Verbrauchern oder sonstigen Marktteilnehmern auszuwirken und damit zu einer Beeinträchtigung geschützter Interessen der Marktteilnehmer zu führen." (Begr RegE UWG 2004 zu § 3, BT-Drucks 15/1487 S 17 im Anschluss an *Köhler/Bornkamm/Henning-Bodewig* WRP 2002, 1317, 1325 Rdn 7).

Spätestens seit dem 12. 12. 2007 war die Bagatellklausel des § 3 UWG 2004 ohnehin richtlinienkonform anhand der Vorgaben der UGP-Richtlinie auszulegen, soweit es das Verhältnis Unternehmer zu Verbraucher (B2C) betrifft. Dabei war zu beachten, dass diese Richtlinie die Auswirkungen einer Geschäftspraxis auf das Verbraucherverhalten bereits im Tatbestandsmerkmal der Unlauterkeit berücksichtigt. Für die richtlinienkonforme Auslegung der Bagatellklausel des § 3 UWG 2004 bedeutete dies zweierlei. Zum einen war darauf abzustellen, ob die Wettbewerbshandlung die Relevanzkriterien der Unlauterkeitstatbestände des Art 5 II lit b UGP-Richtlinie bzw der Art 6 I, II, 7 I, II, 8 UGP-Richtlinie iVm Art 5 IV UGP-Richtlinie erfüllte. In dem durch die Richtlinie harmonisierten Bereich war die Bagatellklausel daher in diesem Sinne auszulegen. Zum anderen waren die Wettbewerbshandlungen, die im Anh I der UGP-Richtlinie als „Geschäftspraktiken, die unter allen Umständen als unlauter gelten", bezeichnet werden, stets als „nicht nur unerheblich" anzusehen.

cc) **UWG-Novelle 2008.** In der UWG-Novelle 2008 wurde der bisherige § 3 UWG 2004 in den § 3 I überführt. Dabei wurde der Begriff der Wettbewerbshandlungen durch den der geschäftlichen Handlungen ersetzt. Darüber hinaus wurde die bisherige „Bagatellklausel" von dem überflüssigen, ja irreführenden Tatbestandsmerkmal der „nicht nur unerheblichen Beeinträchtigung des Wettbewerbs" befreit (vgl 26. Aufl § 3 Rdn 51, 52; Begr RegE UWG 2008, BT-Drucks 16/10145 S 22: „unklares Merkmal der Beeinträchtigung des Wettbewerbs") und durch das Merkmal der Eignung zur spürbaren Beeinträchtigung der Interessen von Mitbewerbern, Verbrauchern oder sonstigen Marktteilnehmern ersetzt (vgl dazu den entsprechenden Gesetzgebungsvorschlag bei *Köhler* WRP 2008, 10, 14). Der Begriff der **Spürbarkeit** wurde schon unter dem UWG 2004 zur Umschreibung der „nicht nur unerheblichen Beeinträchtigung" iSd § 3 UWG 2004 verwendet (vgl 26. Aufl § 3 Rdn 53–56). Er ist auch in der Definition der „wesentlichen Beeinträchtigung des wirtschaftlichen Verhaltens des Verbrauchers" in Art 2 lit e UGP-Richtlinie enthalten. Damit ist zugleich klargestellt, dass die Spürbarkeit anders als im Kartellrecht **nicht marktbezogen, sondern marktteilnehmerbe-**

zogen zu verstehen ist. Eine spürbare Auswirkung auf die Marktstrukturen ist also nicht erforderlich.

114 **b) Normzweck.** Die Relevanzklausel (Bagatellklausel) hat den Zweck, solche Fälle unlauterer geschäftlicher Handlungen von der Verfolgung auszunehmen, die praktisch keine Auswirkungen auf die anderen Marktteilnehmer haben. Denn die Aufgabe des Lauterkeitsrechts ist es nicht, unlautere Handlungen um ihrer selbst willen zu verbieten. Daran besteht auch kein Interesse der Allgemeinheit. Ein Verbot ist nur dann gerechtfertigt, wenn dies der Schutz der Mitbewerber, der Verbraucher oder der sonstigen Marktteilnehmer erfordert. Das ist aber nur dann der Fall, wenn sich die unlautere geschäftliche Handlung tatsächlich auf die anderen Marktteilnehmer auswirkt oder doch auswirken kann. Die Relevanzklausel des § 3 I ist daher durch den **Schutzzweck** des UWG (§ 1 S 1) und zugleich durch den Grundsatz der **Verhältnismäßigkeit** (vgl Erwägungsgrund 6 S 2 UGP-Richtlinie) gerechtfertigt.

115 **c) Auslegung.** Soweit sich § 3 I auch auf unlautere geschäftliche Handlungen erstreckt, die nicht durch § 3 II 1 erfasst sind, also die Fälle der §§ 4–6, die eine irreführende oder aggressive geschäftliche Handlung oder eine unzulässige vergleichende Werbung zum Gegenstand haben, ist das Gebot der richtlinienkonformen Auslegung am Maßstab der einschlägigen Richtlinien zu beachten. Dazu gehören insbes die UGP-Richtlinie und die Werberichtlinie, daneben auch die E-Commerce-Richtlinie (Richtlinie 2000/31/EG über den elektronischen Geschäftsverkehr).

2. Eignung zur Beeinträchtigung der Interessen von Marktteilnehmern

116 **a) Eignung.** Es ist nach dem klaren Wortlaut des § 3 I nicht erforderlich, dass die unlautere geschäftliche Handlung tatsächlich die Interessen anderer Marktteilnehmer spürbar beeinträchtigt. Vielmehr genügt dazu die bloße Eignung. Eine **Eignung** ist dann anzunehmen, wenn eine **objektive Wahrscheinlichkeit** besteht, dass die konkrete Handlung zu einer spürbaren Beeinträchtigung solcher Interessen führt. Dass die bloße Eignung genügt, rechtfertigt sich aus der Schwierigkeit für den Anspruchsberechtigten, im Einzelfall eine tatsächliche Beeinträchtigung nachzuweisen, zumal sich eine unlautere geschäftliche Handlung oft erst nach längerer Zeit auswirkt. Der Kläger muss also nicht den tatsächlichen Eintritt einer spürbaren Interessenbeeinträchtigung beweisen, sondern lediglich die entsprechende Eignung. Beim vorbeugenden Unterlassungsanspruch (§ 8 I 2) kann es ohnehin nicht auf den tatsächlichen Eintritt einer Interessenbeeinträchtigung ankommen.

117 **b) Interessen von Mitbewerbern, Verbrauchern oder sonstigen Marktteilnehmern.** Bei Anwendung des § 3 I kommt es nur auf eine mögliche Beeinträchtigung der Interessen von Mitbewerbern, Verbrauchern oder sonstigen Marktteilnehmern an. Das **Interesse der Allgemeinheit** an einem unverfälschten Wettbewerb (§ 1 S 2) als selbstständiges Relevanzkriterium bleibt unberücksichtigt; es wird nur reflexartig mitgeschützt. Von vornherein ausgeschlossen ist die Berücksichtigung von **sonstigen Allgemeininteressen** (ebenso OLG Hamm MMR 2010, 548). Deren Schutz ist nicht Aufgabe des UWG (§ 1 Rdn 41). Insbes bedarf es keiner Feststellungen möglicher Auswirkungen auf das Marktgeschehen (Rdn 52). Die Feststellung, ob eine Auswirkung „spürbar" ist, lässt sich nicht quantitativ treffen, sondern erfordert eine Wertung anhand der Schutzzwecke des UWG (vgl zu § 3 UWG 2004 BGH GRUR 2008, 186 Tz 25 – *Telefonaktion;* vgl auch BGH GRUR 2001, 258, 259 – *Immobilienpreisangaben;* BGH GRUR 2002, 360, 366 – *H. I. V. POSITIVE II*) unter Berücksichtigung des Art 5 II lit b UGP-Richtlinie.

3. Spürbare Beeinträchtigung der Interessen von Mitbewerbern

118 **a) Interessen von Mitbewerbern.** Zum Begriff des **Mitbewerbers** vgl die Legaldefinition in § 2 I Nr 3. Bei den **Interessen** der Mitbewerber muss es sich um lauterkeitsrechtlich geschützte Interessen (§ 1 S 1; dazu § 1 Rdn 10) und somit um **wirtschaftliche** Interessen handeln (vgl auch Erwägungsgrund 6 S 1 und 8 S 2 UGP-Richtlinie). Sie bestehen in der Erhaltung ihres **Unternehmens** als „eingerichteter und ausgeübter Gewerbebetrieb" iSd Rspr zu § 823 I BGB (dazu Einl Rdn 7.14 ff), einschließlich der damit verbundenen Rechte und Rechtsgüter, in den **wettbewerblichen Entfaltungsmöglichkeiten** und damit in ihren **Marktchancen.**

119 **b) Spürbare Beeinträchtigung.** Die Interessen der Mitbewerber können dann **beeinträchtigt** sein oder werden, wenn sie einen **Schaden** in Gestalt einer Einbuße an vorhandenen

Rechten oder Rechtsgütern oder in Gestalt einer Minderung ihrer Marktchancen erleiden oder erleiden können, wenn maW der Wert ihres Unternehmens gemindert wird oder werden kann. Dazu ist **nicht** ein **bestimmtes Ausmaß** der Beeinträchtigung erforderlich. Spürbar ist die Beeinträchtigung vielmehr bereits dann, wenn sie nicht bloß theoretisch möglich ist, sondern **tatsächlich** eintritt oder eintreten kann. Dafür ist eine gewisse Wahrscheinlichkeit des Schadenseintritts erforderlich. (Auf der Ebene des Prozessrechts entspricht dies den Anforderungen an die Zulässigkeit einer Schadensersatzfeststellungsklage; vgl § 12 Rdn 2.55). Maßstab dafür ist aber nicht die subjektive Beurteilung durch den betroffenen Mitbewerber, sondern die Sichtweise eines **Durchschnittsunternehmers,** der die Sachlage verständig beurteilt. Richtet sich die Handlung unmittelbar gegen einen oder mehrere bestimmte Mitbewerber, so ist idR Spürbarkeit ohne Weiteres zu bejahen. Wendet sich die Handlung dagegen unmittelbar an Verbraucher oder sonstige Marktteilnehmer und wirkt sie sich nur mittelbar auf den Mitbewerber aus (vgl Erwägungsgrund 8 S 1 UGP-Richtlinie), so kommt eine spürbare Beeinträchtigung der Interessen der Mitbewerber nur dann in Betracht, wenn die geschäftliche Handlung die Verbraucher oder sonstigen Marktteilnehmer dazu veranlassen kann, eine geschäftliche Entscheidung zu treffen, die sie sonst nicht getroffen hätten. Dann ist allerdings ohnehin schon die geschäftliche Relevanz gegeben, so dass es einer zusätzlichen Prüfung der spürbaren Beeinträchtigung der Interessen von Mitbewerbern gar nicht mehr bedarf. Je stärker der Wettbewerb zwischen dem Handelnden und dem Mitbewerber ist, desto eher kommt eine spürbare Interessenbeeinträchtigung in Betracht und umgekehrt. Soweit es die Tatbestände des § 4 Nr 7, 8, 9 und 10 angeht, ist die Spürbarkeit der Interessenbeeinträchtigung bereits im Tatbestand selbst vorausgesetzt. Insoweit bedarf es gar keiner zusätzlichen Spürbarkeitsprüfung nach § 3 I mehr (vgl Rdn 143–146). Insgesamt sind daher an die Spürbarkeit der Interessenbeeinträchtigung keine großen Anforderungen zu stellen. – Das Erfordernis der „spürbaren Beeinträchtigung der Interessen der Mitbewerber" ist auch bei der Auslegung des **§ 8 II Nr 2** („soweit die Zuwiderhandlung die Interessen ihrer Mitglieder berührt") zu berücksichtigen.

4. Spürbare Beeinträchtigung der Interessen von Verbrauchern und sonstigen Marktteilnehmern

a) Interessen von Verbrauchern und sonstigen Marktteilnehmern. Auch insoweit gilt, 120 dass nur die lauterkeitsrechtlich geschützten Interessen von Verbrauchern und sonstigen Mitbewerbern in Betracht kommen. Die UGP-Richtlinie beschränkt sich zwar auf den Schutz der **wirtschaftlichen** Interessen der Verbraucher (vgl Art 1 UGP-Richtlinie), damit kann aber der Schutz sonstiger Interessen, insbes das Interesse am Schutz der **Gesundheit** und **Sicherheit** verbunden sein (vgl die Beispielstatbestände der Nr 12 und 17 Anh I UGP-Richtlinie). Auch bleiben nach Art 3 III UGP-Richtlinie Rechtsvorschriften der Gemeinschaft (jetzt: Union) oder der Mitgliedstaaten in Bezug auf Gesundheits- oder Sicherheitsaspekte von Produkten unberührt. Die Mitgliedstaaten sind, wie sich aus Erwägungsgrund 9 UGP-Richtlinie ergibt, darin frei, „unter Berufung auf den Schutz der Gesundheit und der Sicherheit der Verbraucher in ihrem Hoheitsgebiet für Geschäftspraktiken Beschränkungen aufrecht[zu]erhalten oder ein[zu]führen oder diese Praktiken zu verbieten, beispielsweise im Zusammenhang mit Spirituosen, Tabakwaren und Arzneimitteln" (vgl auch Art 3 III UGP-Richtlinie). Das Interesse am Schutz der **Privatsphäre** ist vornehmlich durch § 7 geschützt.

Da sich der Anwendungsbereich des Begriffs der geschäftlichen Handlung auch auf Vorgänge 121 bei und nach Vertragsschluss erstreckt, sind folgerichtig die Interessen der Verbraucher und sonstigen Marktteilnehmer nicht nur bei **Anbahnung** eines Vertrages, sondern auch bei **Abschluss** und **Durchführung** des Vertrags zu berücksichtigen.

b) Spürbare Beeinträchtigung. Von einer spürbaren Beeinträchtigung der Interessen der 122 Verbraucher (und folgerichtig der sonstigen Marktteilnehmer) ist dann auszugehen, wenn die geschäftliche Handlung geeignet ist, sie zu einer geschäftlichen Entscheidung zu veranlassen, die sie sonst nicht getroffen hätten. Spürbarkeit in diesem Sinne ist wiederum zu bejahen, wenn die geschäftliche Handlung geeignet ist, eine solche Wirkung nicht nur theoretisch, sondern auch **tatsächlich** mit einer gewissen Wahrscheinlichkeit herbeizuführen. Dazu bedarf es aber keiner Feststellungen möglicher Auswirkungen auf das reale Marktgeschehen. Dem UWG geht es nicht um den Schutz von wettbewerblichen Strukturen der Marktverhältnisse, sondern um das Verbot unlauterer Verhaltensweisen. Die Feststellung, ob eine Auswirkung „spürbar" ist, lässt sich daher nicht quantitativ treffen, sondern erfordert eine Wertung anhand der Schutzzwecke des UWG (vgl zu § 3 UWG 2004 BGH GRUR 2008, 186 Tz 25 – *Telefonaktion;* vgl auch BGH GRUR

2001, 258, 259 – *Immobilienpreisangaben;* BGH GRUR 2002, 360, 366 – *H. I. V. POSITIVE II*) unter Berücksichtigung der Wertungen der UGP-Richtlinie und der sonstigen einschlägigen Richtlinien.

5. Mögliche Beurteilungskriterien

123 **a) Art der Handlung?** Ihrer Art nach weisen bestimmte unlautere geschäftliche Handlungen von vornherein die erforderliche Eignung iSd des § 3 I auf. Das sind die in Rdn 137 ff erwähnten Beispielstatbestände unlauterer geschäftlicher Handlungen, soweit bei ihnen die Eignung iSd § 3 I **tatbestandsimmanent** ist.

124 **b) Schwere der Handlung?** Die Schwere einer unlauteren Handlung ist, wenn man darunter die **Intensität** des Eingriffs in geschützte Interessen bestimmter Marktteilnehmer versteht, sicher ein geeignetes Beurteilungskriterium. Bei Werbemaßnahmen kann dementsprechend der Grad der Anreizwirkung für die Umworbenen eine Rolle spielen (BGH GRUR 2000, 1087, 1089 – *Ambulanter Schlussverkauf*). Spürbarkeit kann danach zu verneinen sein, wenn die unlautere geschäftliche Handlung lediglich geeignet ist, für den Handelnden irgendeinen geringfügigen Wettbewerbsvorsprung zu begründen (BGH WRP 1999, 845, 846 – *Herabgesetzte Schlussverkaufspreise;* BGH WRP 2000, 1135, 1137 – *Ambulanter Schlussverkauf;* BGH WRP 2001, 258, 259 – *Immobilienpreisangaben;* BGH GRUR 2001, 1166, 1169 – *Fernflugpreise*). Das ist aber nicht quantitativ zu verstehen, sondern iSe nur geringfügigen, letztlich nicht spürbaren Beeinflussung der Verbraucherentscheidung. – Der **Unrechtsgehalt** einer unlauteren Handlung kann, insbes wenn es um Rechtsbruchsachverhalte (Rdn 147 ff) geht, ein Indiz für die Spürbarkeit sein. – Der **Verschuldensgrad** (fehlendes Verschulden, Fahrlässigkeit, Vorsatz) spielt dagegen keine Rolle (Harte/Henning/*Schünemann* § 3 Rdn 412), zumal der Unterlassungsanspruch kein Verschulden voraussetzt. Jedenfalls reicht es für die Verneinung der Spürbarkeit nicht aus, wenn der Unternehmer sich auf ein Versehen oder einen nicht zu vermeidenden „**Ausreißer**" beruft (ebenso jurisPK-UWG/*Ullmann* § 3 Rdn 69; aA Piper/Ohly/*Sosnitza* § 3 Rdn 58). Denn es kommt nicht auf die Verhältnisse im Unternehmen des Verletzers an, sondern auf die Auswirkung seines Verhaltens auf die Marktteilnehmer.

125 **c) Häufigkeit oder Dauer der Handlung?** Die Häufigkeit oder Dauer der unlauteren Handlung kann eine erhöhte Spürbarkeit begründen. Daraus ist aber nicht der Umkehrschluss zu ziehen, eine unlautere Handlung sei schon deshalb nicht „spürbar", weil sie nur einmal oder nur für kurze Zeit vorgenommen worden sei. Denn dies fällt in den Bereich der Wiederholungsgefahr, die erst beim Unterlassungsanspruch zu prüfen ist (§ 8 I 1).

126 **d) Stoßrichtung der Handlung?** Richtet sich die Handlung nicht unmittelbar gegen Mitbewerber (zB Abreißen von Werbeplakaten), können gleichwohl Interessen von Verbrauchern und sonstigen Marktteilnehmern als potenziellen Kunden spürbar beeinträchtigt sein. Denn ihnen wird damit die Möglichkeit der Information über ein konkurrierendes Angebot und damit die Möglichkeit einer anderweitigen geschäftlichen Entscheidung genommen. Von Bedeutung ist dies für die Anspruchsberechtigung von „qualifizierten Einrichtungen" iSd § 8 III Nr 3.

127 **e) Marktmacht?** Die Marktmacht kann zwar unter bestimmten Voraussetzungen die Unlauterkeit einer Handlung begründen (zB bei der unangemessenen unsachlichen Beeinflussung iSd § 4 Nr 1 oder bei der gezielten Behinderung iSd § 4 Nr 10 oder bei der allgemeinen Marktbehinderung). Allerdings wird in solchen Fällen die Eignung iSd § 3 I bereits tatbestandsimmanent sein, so dass für eine gesonderte Prüfung im Rahmen des § 3 I kein Raum mehr ist. Nicht auszuschließen ist freilich, dass in bestimmten Fällen erst eine gewisse Marktmacht des Handelnden die Interessen von Mitbewerbern, Verbrauchern oder sonstigen Marktteilnehmern spürbar beeinträchtigen kann.

128 **f) Wiederholungsgefahr?** Die Wiederholungsgefahr ist Voraussetzung für den Verletzungsunterlassungsanspruch (§ 8 I 1) und daher erst dann zu prüfen, wenn die Spürbarkeit und damit die Zuwiderhandlung feststehen. Folglich kann sie kein Kriterium zur Beurteilung der Spürbarkeit sein.

129 **g) Nachahmungsgefahr? aa) Frühere Rechtslage.** Unter Geltung des **UWG 1909** war nach der Rspr zu § 1 UWG 1909 die Nachahmungsgefahr unter dem Gesichtspunkt der „Verwilderung der Wettbewerbssitten" noch als Indiz für die Sittenwidrigkeit einer Handlung angesehen worden (vgl BGH GRUR 1967, 430, 431 – *Grabsteinaufträge I;* BGH GRUR 1970, 523 – *Telefonwerbung I*). Später wurde bei Anwendung des § 13 II Nr 1 und 2 UWG 1909 die

D. Sonstige unzulässige geschäftliche Handlungen (§ 3 I)   130–132   § 3 UWG

Nachahmungsgefahr berücksichtigt (vgl BGH GRUR 1995, 122, 124 – *Laienwerbung für Augenoptiker;* BGH GRUR 1997, 767, 769 – *Brillenpreise II;* BGH WRP 1999, 845, 846 – *Herabgesetzte Schlussverkaufspreise;* BGH GRUR 2001, 1166, 1169 – *Fernflugpreise;* BGH GRUR 2004, 253, 254 – *Rechtsberatung durch Automobilclub*). Nach der Rspr musste von der Wettbewerbsmaßnahme eine Sogwirkung in der Weise ausgehen, dass Wettbewerber veranlasst würden, ein solches Verhalten deshalb zu übernehmen, weil sie sonst erhebliche Nachteile im Wettbewerb befürchten müssten (BGH GRUR 2001, 1166, 1169 – *Fernflugpreise*). Die Nachahmungsgefahr sollte aber nicht einfach unterstellt, sondern anhand konkreter Umstände festgestellt werden. Dazu gehörte die bes Werbewirksamkeit einer Wettbewerbsmaßnahme (BGH GRUR 1997, 767, 770 – *Brillenpreise II*); ferner die Möglichkeit einer Kosteneinsparung, etwa durch Nichtbeachtung gesetzlicher Vorschriften (vgl OLG Köln GRUR 1999, 1023, 1024: Nichtangabe des Mindesthaltbarkeitsdatums).

Unter Geltung des **§ 3 UWG 2004** sollte nach einer Auffassung eine für sich gesehen **130** unbedeutende Auswirkung auf den Wettbewerb und die Marktteilnehmer im Falle einer nicht unerheblichen Nachahmungsgefahr gleichwohl geeignet sein, den Wettbewerb nicht nur unerheblich zum Nachteil der Mitbewerber, Verbraucher oder sonstigen Marktteilnehmer zu beeinträchtigen (Begr RegE UWG 2004 zu § 3, BT-Drucks 15/1487 S 17; OLG Jena GRUR 2006, 246, 247). Gegen diese Auffassung sprach schon damals, dass damit letztlich wieder eine quantitative Spürbarkeit verlangt wurde. Auch wurde eingewandt, dass in vielen Fällen der beweisbelastete Anspruchsberechtigte sich nur auf einen Fall stützen könne. Würde von ihm der Nachweis einer konkreten Nachahmungsgefahr verlangt, würde dies die Durchsetzung des Lauterkeitsrechts erheblich erschweren (*Köhler* GRUR 2005, 1, 5; ebenso OLG Koblenz GRUR-RR 2007, 23, 24; vgl weiter *Helm,* FS Bechtold, 2006, 155, 166; Harte/Henning/ *Schünemann* § 3 Rdn 214, 250).

bb) Jetzige Rechtslage. Da § 3 I das frühere Tatbestandsmerkmal der „nicht nur unerheb- **131** lichen Beeinträchtigung des Wettbewerbs" nicht mehr aufweist, ist das Kriterium der Spürbarkeit **nicht** (mehr) **quantitativ** iSe tatsächlichen Auswirkung auf die Marktverhältnisse oder den Wettbewerb zu verstehen (aA Harte/Henning/*Schünemann* § 3 Rdn 402 ff; Piper/Ohly/*Sosnitza* § 3 Rdn 52). Daher spielt auch die **Nachahmungsgefahr keine Rolle** (ebenso Piper/Ohly/ *Sosnitza* § 3 Rdn 55), zumal sie praktisch immer behauptet werden und daher kein zusätzliches Relevanzkriterium darstellen kann. Für die Verwirklichung des Tatbestands des § 3 I genügt es, wenn auch nur in einem Fall die Eignung zur spürbaren Beeinträchtigung der Interessen **eines** einzigen Marktteilnehmers gegeben ist (vgl OLG Frankfurt GRUR-RR 2009, 65, 67). Denn sein Schutz kann nicht davon abhängen, ob durch das beanstandete Verhalten andere in gleicher Weise betroffen sind. Im Übrigen sind Aussagen über eine konkrete Nachahmungsgefahr weitgehend spekulativ. Es lässt sich kaum verlässlich feststellen, ob eine bestimmte unlautere geschäftliche Handlung Nachahmer finden wird oder nicht. Auch der Rückgriff auf die allgemeine Lebenserfahrung hilft hier nicht weiter. Im Bereich der **richtlinienkonformen Auslegung** des § 3 I am Maßstab der Relevanzkriterien der UGP-Richtlinie und der Werberichtlinie kann es darauf ohnehin nicht ankommen. Insoweit kann allenfalls eine Kontrolle am Maßstab des Grundsatzes der Verhältnismäßigkeit weiterhelfen.

h) Behördliche Sanktionen? Nach der Rspr zu § 3 UWG 2004 konnte bei der Prüfung der **132** „Erheblichkeit" von Bedeutung sein, ob, inwieweit, wie rasch und wie effektiv ein Rechtsverstoß iSd § 4 Nr 11 von den zuständigen Behörden verfolgt werden konnte und ob daher das Interesse der Allgemeinheit an lauterkeitsrechtlichen Sanktionen in den Hintergrund trat (vgl BGH GRUR 2001, 258, 259 – *Immobilienpreisangaben;* BGH GRUR 2001, 1166, 1169 – *Fernflugpreise*). Diese Auffassung hatte aber schon damals Ablehnung erfahren (OLG Jena GRUR 2006, 246, 247; *Doepner* GRUR 2003, 832; *Heermann* GRUR 2004, 94, 96; *Köhler* GRUR 2005, 1, 5). Sie kann erst recht nicht mehr für die Anwendung des 3 I Geltung beanspruchen (ebenso Piper/Ohly/*Sosnitza* § 3 Rdn 54 und nunmehr wohl auch BGH GRUR 2010, 251 Tz 20 – *Versandkosten bei Froogle*). Wenn der Rechtsverstoß die Interessen der betroffenen Mitbewerber, Verbraucher oder sonstigen Marktteilnehmer spürbar beeinträchtigt, kommt es nicht darauf an, ob zusätzlich noch ein Allgemeininteresse an der Verfolgung besteht. IdR ist auch ein behördliches Verfahren schon wegen seiner Dauer nicht geeignet, unzulässige Handlungen rasch abzustellen. Auch geht es nicht an, dass sich Wettbewerbsgerichte und Verwaltungsbehörden gegenseitig die Verantwortung für die Bekämpfung von Zuwiderhandlungen zuschieben. Dass eine Behörde untätig bleibt, ist von vornherein kein Indiz für den Bagatellcharakter einer Handlung, denn für das Untätigbleiben kann es viele Gründe geben (aA *Helm,* FS Bechtold, 2006, 155, 166). Aber auch dann, wenn eine Behörde die Zuwiderhandlung verfolgt, reicht dies nicht aus (aA Harte/ Henning/*Schünemann* § 3 Rdn 409). Selbst wenn die Behörde den Verstoß tatsächlich abstellt, erledigt sich dadurch eine lauterkeitsrechtliche Streitigkeit nicht ohne Weiteres (aA Harte/ Henning/*Schünemann* § 3 Rdn 409). Vielmehr ist dann immer noch zu prüfen, ob die Wiederholungsgefahr beseitigt wurde.

6. Rechtsnatur und Beweislast

133 **a) Rechtsnatur.** Die Eignung zur spürbaren Beeinträchtigung der Interessen von Mitbewerbern, Verbrauchern oder sonstigen Marktteilnehmern (Relevanzklausel = Bagatellklausel) stellt neben der Unlauterkeit der geschäftlichen Handlung ein weiteres **Tatbestandsmerkmal** des Wettbewerbsverstoßes iSd § 3 I dar. Sie ist auch nicht schon begriffsnotwendig bei Unlauterkeit einer geschäftlichen Handlung anzunehmen (so bereits zu § 13 II Nr 1 und 2 UWG 1909 BGH GRUR 1995, 122, 123 f – *Laienwerbung für Augenoptiker*). Andernfalls wäre die Regelung in § 3 I überflüssig. Allerdings ist bei einigen Unlauterkeitstatbeständen der §§ 4–6 diese Eignung bereits tatbestandsimmanent, so dass sich eine zusätzliche Prüfung der Eignung im Rahmen des § 3 I erübrigt (vgl auch Harte/Henning/*Schünemann* § 3 Rdn 422 ff). Dazu unten Rdn 136 ff. Die Relevanzklausel des § 3 I betrifft also die Begründetheit des Anspruchs und stellt nicht etwa nur eine Voraussetzung der Klagebefugnis dar (so bereits die Rspr zu § 13 II Nr 1 und 2 UWG 1909; vgl nur BGH GRUR 1995, 122, 123 – *Laienwerbung für Augenoptiker;* BGH WRP 1995, 591, 593 – *Gewinnspiel II;* BGH GRUR 2000, 1087, 1089 – *Ambulanter Schlussverkauf;* BGH GRUR 2001, 258, 259 – *Immobilienpreisangaben*).

134 **b) Beweislast.** Nach allgemeinen Grundsätzen hat der Kläger die Tatsachen **darzulegen** und zu **beweisen,** aus denen sich ergibt, dass die beanstandete geschäftliche Handlung geeignet ist, die Interessen von Mitbewerbern, Verbrauchern oder sonstigen Marktteilnehmern spürbar zu beeinträchtigen (so auch schon zu § 3 UWG 2004 *Heermann* GRUR 2004, 94; *Köhler* GRUR 2005, 1, 5 f; aA juris PK-UWG/*Ullmann* § 3 Rdn 72).

7. Verfahren der Prüfung

135 Abgesehen von den Fällen, in denen die Eignung zur spürbaren Interessenbeeinträchtigung zum Tatbestand der Unlauterkeit gehört (Rdn 136 ff), ist die Spürbarkeit gesondert festzustellen (Rdn 123 ff). Dazu bedarf es einer umfassenden rechtlichen **Wertung** unter Berücksichtigung aller **Umstände des Einzelfalls** (BGH GRUR 2000, 1087, 1089 – *Ambulanter Schlussverkauf*), der **Schutzzwecke** des **UWG** (BGH GRUR 2008, 186 Tz 25 – *Telefonaktion;* vgl auch BGH GRUR 2001, 258, 259 – *Immobilienpreisangaben;* BGH GRUR 2002, 360, 366 – *H. I. V. POSITIVE II*) und der einschlägigen **Richtlinien.**

8. Spürbarkeit als ungeschriebenes Tatbestandsmerkmal der Unlauterkeit?

136 **a) Allgemeines.** Die Eignung zur spürbaren Beeinträchtigung der Interessen von Marktteilnehmern muss an sich zur Unlauterkeit der geschäftlichen Handlung hinzutreten, um eine Zuwiderhandlung gegen § 3 I zu begründen. Dies gilt aber nur insoweit, als die Spürbarkeit nicht bereits ein Tatbestandsmerkmal der Unlauterkeit ist **(tatbestandsimmanente Spürbarkeit).** In den **Beispielstatbeständen** des **Anh zu § 3 III** ist dies stets anzunehmen. (Allenfalls kann im Einzelfall der Grundsatz der Verhältnismäßigkeit gebieten, von einer Verfolgung der Zuwiderhandlung Abstand zu nehmen; Rdn 85, 114). Ob dies auch bei den einzelnen **Beispielstatbeständen der §§ 4–6** der Fall ist, ist durch (insbes richtlinienkonforme) Auslegung des jeweiligen Tatbestands zu ermitteln. Dazu sogleich.

137 **b) Drohung und unangemessener unsachlicher Einfluss (§ 4 Nr 1).** Wird die Entscheidungsfreiheit der Verbraucher oder der sonstigen Marktteilnehmer durch Drohung, in menschenverachtender Weise oder sonstigen unangemessenen unsachlichen Einfluss beeinträchtigt (§ 4 Nr 1), begründet dies eine spürbare Beeinträchtigung der Interessen der Betroffenen. Eine zusätzliche Spürbarkeitsprüfung nach § 3 I ist daher zwar möglich (vgl zu § 3 UWG 2004 BGH GRUR 2006, 953 Tz 22 – *Warnhinweis II*), im Grunde aber bei richtlinienkonformer Auslegung des § 4 Nr 1 am Maßstab des Art 8 UGP-Richtlinie entbehrlich (§ 4 Rdn 1.83; *Köhler* GRUR 2010, 767, 771).

138 **c) Ausnutzung besonderer Umstände (§ 4 Nr 2).** Die Ausnutzung bes Umstände iSd § 4 Nr 2 begründet eine spürbare Beeinträchtigung der Interessen der betroffenen Verbraucher, da dieses Verhalten geeignet ist, ihre Kaufentscheidung spürbar zu beeinflussen. Eine zusätzliche Spürbarkeitsprüfung nach § 3 I ist daher bei richtlinienkonformer Auslegung des § 4 Nr 2 am Maßstab des Art 8 UGP-Richtlinie entbehrlich.

d) Verschleierung des Werbecharakters (§ 4 Nr 3). Die Verschleierung des Werbecharakters von geschäftlichen Handlungen ist nicht von vornherein geeignet, die wirtschaftliche Entscheidung der Umworbenen spürbar zu beeinflussen. Es kommt insoweit auf die Umstände des Einzelfalls an. Etwas anderes gilt für die in Nr 11 und Nr 23 Anh zu § 3 III geregelten Fälle. 139

e) Transparenz von Verkaufsförderungsmaßnahmen (§ 4 Nr 4). Die unzureichende Angabe der Bedingungen für die Inanspruchnahme von Verkaufsförderungsmaßnahmen ist nicht von vornherein geeignet, die Kaufentscheidung des Kunden spürbar zu beeinflussen. Vielmehr hängt dies davon ab, wie wichtig die betreffende Information für die Umworbenen ist. Insoweit muss die Spürbarkeit im Rahmen von § 3 I festgestellt werden (ebenso OLG Köln GRUR-RR 2006, 57, 59). Spürbarkeit ist zu bejahen, wenn nur die Zugabe, nicht aber auch die Hauptware mit der nicht eindeutigen Einschränkung angeboten wird, „solange der Vorrat reicht" (OLG Köln GRUR-RR 2006, 57, 59). 140

f) Transparenz von Preisausschreiben und Gewinnspielen (§ 4 Nr 5). Die unzureichende Information über die Teilnahmebedingungen bei Preisausschreiben und Gewinnspielen begründet nicht von vornherein die Eignung, die Teilnahmeentscheidung spürbar zu beeinflussen. Vielmehr hängt dies davon ab, wie wichtig die betreffende Information für die Umworbenen ist. Insoweit muss die Spürbarkeit im Rahmen von § 3 I festgestellt werden (ebenso *Helm*, FS Bechtold, 2006, 155, 164). 141

g) Kaufabhängige Teilnahme an Preisausschreiben oder Gewinnspielen (§ 4 Nr 6). Wird die Teilnahme an einem Preisausschreiben oder Gewinnspiel entgegen § 4 Nr 6 vom Bezug einer Ware oder Dienstleistung abhängig gemacht, hängt es von den Umständen des Einzelfalls ab, ob dies geeignet ist, die Kaufentscheidung wesentlich zu beeinflussen. Eine Prüfung der Relevanz, sei es nach § 3 I, sei es nach § 3 II 1, ist daher erforderlich. 142

h) Herabsetzung von Mitbewerbern (§ 4 Nr 7). Wird ein Mitbewerber herabgesetzt, begründet dies zugleich eine spürbare Beeinträchtigung der Interessen des betroffenen Unternehmers. Eine zusätzliche Spürbarkeitsprüfung nach § 3 I ist daher entbehrlich. 143

i) Anschwärzung (§ 4 Nr 8). Die zur Verwirklichung des Tatbestands erforderliche Eignung, der Äußerung, den Betrieb des Unternehmens oder den Kredit des Unternehmers zu schädigen, begründet zugleich eine spürbare Beeinträchtigung der Interessen dieses Unternehmers. Eine zusätzliche Spürbarkeitsprüfung nach § 3 I ist daher entbehrlich. 144

j) Ergänzender Leistungsschutz (§ 4 Nr 9). Die in § 4 Nr 9 umschriebenen Tathandlungen begründen ihrer Natur nach eine spürbare Beeinträchtigung der Interessen der umworbenen Abnehmer oder des betroffenen Herstellers des Originals. Eine zusätzliche Spürbarkeitsprüfung nach § 3 I ist daher entbehrlich. 145

k) Gezielte Mitbewerberbehinderung (§ 4 Nr 10). Wird ein Mitbewerber gezielt behindert, so begründet dies stets eine spürbare Beeinträchtigung der Interessen dieses Unternehmers. Eine zusätzliche Spürbarkeitsprüfung nach § 3 I ist daher entbehrlich (vgl *Köhler* WRP 2009, 109, 113; ebenso BGH GRUR 2009, 876 Tz 26 – *Änderung der Voreinstellung II*). 146

l) Rechtsbruch (§ 4 Nr 11). Die Verletzung einer Marktverhaltensregelung iSd § 4 Nr 11 begründet nicht notwendig eine spürbare Beeinträchtigung der Interessen der von der Norm geschützten Marktteilnehmer. Dies hängt vielmehr von den konkreten Auswirkungen des Rechtsverstoßes ab (vgl KG GRUR 2007, 515, 516 f; OLG Hamm MMR 2010, 548, 549). Vom Unrechtsgehalt her gesehen geringfügige Rechtsverstöße, wie sie etwa in Kleinanzeigen häufig vorkommen, werden idR die Interessen der Verbraucher nicht spürbar beeinträchtigen. 147

Bei Verstößen gegen die **PAngV** ist zu unterscheiden. **Spürbarkeit ist zu verneinen:** Generell dann, wenn es sich um einen geringfügigen Verstoß handelt (vgl BGH GRUR 1998, 955, 956 – *Flaschenpfand II;* BGH GRUR 2001, 258, 259 – *Immobilienpreisangaben*). Das ist bspw anzunehmen: wenn bei einer Werbung für Flüge in einer übersichtlich gestalteten Anzeige der Verbraucher die genannten Preise („ab"-Preise plus Steuern) als Bestandteile der Endpreise ohne Weiteres einander zuordnen und die Endpreise ohne Schwierigkeiten berechnen kann (BGH GRUR 2004, 435, 436 – *FrühlingsgeFlüge;* OLG Karlsruhe WRP 2005, 1188, 1190; vgl auch § 1 II PAngV); wenn die Ware mit einem höheren als dem beworbenen und tatsächlich berech- 147a neten Preis ausgezeichnet ist (BGH WRP 2008, 659 Tz 14, 15 – *Fehlerhafte Preisauszeichnung*), da sich die Angabe des zu hohen Preises allenfalls zu Lasten, nicht aber zugunsten des Unternehmers auswirkt; wenn der Unternehmer gegen die Pflicht zur Grundpreisangabe nach § 2 I, III PAngV verstößt, weil der Verbraucher idR den Grundpreis leicht selbst errechnen kann (OLG Koblenz GRUR-RR 2007, 23, 24; aA OLG Jena GRUR 2006, 246, 247). – **Spürbarkeit ist zu bejahen:** Generell dann, wenn der Verstoß den Verbraucher irreführt oder ihm die Möglichkeit des Preisvergleichs erheblich erschwert (BGH GRUR 2001, 1166, 1169 – *Fernflugpreise:* „alle Preise zuzüglich Steuer"; OLG Karlsruhe WRP 2005, 1188, 1191). Das ist bspw anzunehmen: wenn die Versandkosten nicht nach § 1 II, VI PAngV bzw nach § 5 a III Nr 3 erkennbar gemacht werden (BGH GRUR 2010, 251 Tz 18, 19 – *Versandkosten bei Froogle;* OLG Köln GRUR 2005, 89, 90; OLG Hamm MMR 2007, 663; anders für einen Einzelfall KG MMR 2010, 549); wenn nur für einen Teil der Leistung der Preis angegeben (oder dieser unentgeltlich angeboten) wird, ohne zugleich auf das Entgelt für den anderen Teil hinzuweisen (BGH GRUR 2002, 979, 981 – *Kopplungsangebot II;* BGH GRUR 2009, 73 Tz 18, 21 – *Sammelaktion für Schoko-Riegel*); wenn die MwSt entgegen § 1 II Nr 1 PAngV nicht ausgewiesen wird (*Köhler* GRUR-RR 2006, 305, 306; OLG Hamburg MMR 2008, 44, 45; grds auch BGH GRUR 2008, 532 Tz 22 ff – *Umsatzsteuerhinweis;* wohl auch BGH GRUR 2008, 84 Tz 34 – *Versandkosten;* aA OLG Frankfurt MMR 2009, 69; OLG Jena GRUR-RR 2006, 283, 284; zu einer bes Fallgestaltung vgl OLG Hamburg GRUR-RR 2007, 167, 169); wenn bei einer Werbung für einen Kredit nicht der effektive Jahreszins nach § 6 I PAngV angegeben wird (OLG Köln WRP 2008, 679 LS). – Zu einem Grenzfall bei einem Verstoß gegen § 1 I PAngV durch einen RA vgl OLG Naumburg GRUR-RR 2008, 173, 175.

148 Ein Verstoß gegen die **PKW-EnVKV** (VO über Verbraucherinformationen zu Kraftstoffverbrauch und CO^2-Emissionen neuer Personenkraftwagen) v 28. 5. 2004 (dazu § 4 Rdn 11.131 a) ist regelmäßig auch geeignet, die gesetzlich geschützten Informationsinteressen von Verbrauchern oder sonstigen Marktteilnehmern **spürbar** zu beeinträchtigen und sie zu einer geschäftlichen Entscheidung zu veranlassen, die sie andernfalls nicht getroffen hätten (§ 3 I, II 1; BGH GRUR 2010, 852 Tz 20 – *Gallardo Spyder* mwN; aA *Helm,* FS Bechtold, 2006, 155, 165 f). Dafür spricht auch, dass die betreffenden Informationen als wesentlich iSd § 5 a II anzusehen sind (BGH GRUR 2010, 852 Tz 21 – *Gallardo Spyder*).

149 Die Spürbarkeitsschwelle ist idR überschritten, wenn **Informationspflichten** gegenüber dem Verbraucher verletzt werden. Das gilt insbes bei unrichtiger oder unvollständiger Belehrung der Verbraucher über ein etwaiges **Widerrufs-** oder **Rückgaberecht** (vgl OLG Hamburg GRUR-RR 2002, 232, 234; OLG Hamburg WRP 2007, 1498, 1501). Bei Verstößen gegen die **Impressumpflicht** (zB nach § 5 I TMG) kommt es dagegen darauf an, ob noch eine zuverlässige Kontaktaufnahme zum Anbieter gewährleistet ist (OLG Hamburg MD 2008, 665). – Bei Verstößen gegen das **RDG** ist im Hinblick auf das Interesse der Rechtsuchenden an zuverlässiger **Rechtsberatung** grds Spürbarkeit zu bejahen (vgl BGH WRP 2009, 1380 Tz 28 – *Finanz-Sanierung;* zum RBerG BGH GRUR 2004, 253, 254 – *Rechtsberatung durch Automobilclub*). Desgleichen bei Verstößen gegen Normen, die dem Schutz der **Sicherheit** (BGH GRUR 2006, 82, 86 – *Betonstahl*), der **Gesundheit** (BGHZ 163, 265, 274 = GRUR 2005, 778 – *Atemtest*) oder der **medizinischen Versorgung** der Verbraucher dienen (vgl BGH GRUR 2005, 875, 877 – *Diabeteststreifen*).

150 **m) Allgemeine Marktbehinderung.** Die allgemeine Marktbehinderung setzt eine Gefährdung des Wettbewerbsbestands voraus (vgl § 4 Rdn 12.3). Sie begründet daher notwendig eine erhebliche Beeinträchtigung der Interessen der betroffenen Mitbewerber. Eine gesonderte Spürbarkeitsprüfung ist daher entbehrlich. Dies entspricht iErg der Rspr zu § 1 UWG 1909 (vgl BGHZ 43, 278, 284 – *Kleenex;* BGHZ 51, 236, 240 ff = GRUR 1969, 287 – *Stuttgarter Wochenblatt I;* BGH GRUR 1971, 477 – *Stuttgarter Wochenblatt II;* BGH GRUR 1969, 295 f – *Goldener Oktober;* BGH GRUR 1972, 40 – *Verbandszeitschrift;* BGH GRUR 1982, 53, 55 – *Bäckerfachzeitschrift;* BGH GRUR 1982, 425, 430 – *Brillen-Selbstabgabestellen*); BGH GRUR 1979, 321, 323 – *Verkauf unter Einstandspreis I;* BGH GRUR 1984, 204, 206 – *Verkauf unter Einstandspreis II;* BGH GRUR 1985, 881, 882 – *Bliestal-Spiegel; Sambuc,* Folgenerwägungen im Richterrecht, 94 ff; *Ohly* S 226 f).

151 **n) Irreführende Werbung (§§ 5, 5 a).** Bei der irreführenden Werbung ist die geschäftliche Relevanz bereits im Tatbestand selbst zu prüfen (vgl § 5 Rdn 2.172, 7.2). Eine gesonderte Spürbarkeitsprüfung im Rahmen des § 3 I ist daher regelmäßig entbehrlich (vgl § 5 Rdn 2.20, 2.21, 2.169; zu § 5 UWG 2004 vgl BGH GRUR 2008, 186 Tz 26 – *Telefonaktion;* BGH GRUR

2009, 788 Tz 23 – *20% auf alles;* BGH GRUR 2009, 888 Tz 18 – *Thermoroll;* OLG Hamm WRP 2007, 1276, 1280; aA *Helm,* FS Bechtold, 2006, 155, 166 f). Allerdings ist die Relevanz nach den Anforderungen der Art 6 I und II, 7 I und II UGP-Richtlinie sowie des Art 2 lit b Werberichtlinie zu beurteilen.

o) Vergleichende Werbung (§ 6). Vgl auch § 6 Rdn 13 a–13 c. Bei der nach § 6 II (und § 5 II und III) unlauteren vergleichenden Werbung stellt sich das Problem, dass die entsprechenden Regelungen in der Irreführungsrichtlinie 2006/114/EG abschließend sind, der nationale Gesetzgeber also davon nicht abweichen darf. In Art 4 Irreführungsrichtlinie ist aber – anders als in der UGP-Richtlinie – an sich keine Relevanzklausel enthalten. Das Spürbarkeitserfordernis des § 3 I ist daher eigentlich mit der Irreführungsrichtlinie nicht vereinbar (so bereits *Sack* WRP 2004, 30, 31; *Ohly* GRUR 2004, 889, 896). Dann entspräche es dem Gebot der richtlinienkonformen Auslegung, das Spürbarkeitserfordernis nicht auf die nach § 6 II unlautere vergleichende Werbung anzuwenden und damit in § 6 II letztlich ein per-se-Verbot zu sehen (so Harte/Henning/*Sack* § 6 Rdn 221 aE; *Köhler* WRP 2008, 10, 11). Dagegen ließe sich allenfalls ins Feld führen, dass es gegen den unionsrechtlichen Grundsatz der Verhältnismäßigkeit verstieße, auch solche Werbemaßnahmen zu verbieten, die die Interessen des Marktteilnehmer nicht spürbar beeinträchtigen (vgl *Köhler* GRUR 2005, 1, 7 Fn 69; *Lettl* WRP 2004, 1079, 1120; *Koos* WRP 2005, 1096, 1097 ff; krit Harte/Henning/*Sack* § 6 Rdn 218). Indessen enthält bereits die Irreführungsrichtlinie selbst die Lösung des Problems: Nach Erwägungsgrund 9 S 1 soll die Richtlinie Bedingungen für zulässige vergleichende Werbung vorsehen, *„mit denen festgelegt wird, welche Praktiken der vergleichenden Werbung den Wettbewerb verzerren, die Mitbewerber schädigen und die Entscheidung der Verbraucher negativ beeinflussen können".* Nach der Auffassung des Richtliniengebers begründet also eine vergleichende Werbung, die nicht die Zulässigkeitsvoraussetzungen des Art 4 Werberichtlinie erfüllt, Gefahren für den Wettbewerb, die Mitbewerber und die Verbraucher. Das schließt es aber nicht aus, sondern gebietet es vielmehr, bei der **Auslegung** der Zulässigkeitsvoraussetzungen zu fragen, ob eine bestimmte Werbemaßnahme geeignet ist, **die Mitbewerber zu schädigen oder die Entscheidung der Verbraucher negativ zu beeinflussen.** Dementsprechend nimmt der EuGH einen Verstoß gegen (jetzt) Art 4 lit a Irreführungsrichtlinie nur dann an, wenn die Werbemaßnahme „die Entscheidung des Käufers spürbar beeinträchtigen kann" (EuGH GRUR 2003, 533 Tz 53 – *Pippig Augenoptik).* Diese Auslegung vermeidet auch einen Widerspruch zur UGP-Richtlinie, nach der Geschäftspraktiken grundsätzlich nur dann unzulässig sind, wenn sie das wirtschaftliche Verhalten der Verbraucher wesentlich beeinflussen können (vgl Art 5 II lit b UGP-Richtlinie).

Das Spürbarkeitserfordernis des § 3 I ist daher auf Grund des Gebots der richtlinienkonformen Auslegung bei § 6 II **nicht** zu berücksichtigen. In der Sache ist es jedoch **innerhalb der Tatbestände des § 6 II** zu prüfen. Daraus folgt: Ist eine Schädigung der Mitbewerber und eine negative Beeinflussung der Entscheidung der Verbraucher im Einzelfall ausgeschlossen, so ist bereits die Unlauterkeit der vergleichenden Werbung zu verneinen. Ein Verbot nach § 3 I scheidet dann von vornherein aus. Ist umgekehrt die Unlauterkeit der vergleichenden Werbung zu bejahen, so steht damit zugleich ihre Unzulässigkeit fest. Allerdings setzt die Unlauterkeit nach § 6 II nur eine Schädigung der Mitbewerber **oder** eine negative Beeinflussung der Entscheidung der Verbraucher voraus. Unlauterkeit iSd Nr 4–6 des § 6 II kann daher auch dann vorliegen, wenn die vergleichende Werbung nur die Mitbewerber schädigen, aber nicht zugleich die Entscheidung der Verbraucher negativ beeinflussen kann.

E. Die Rechtsfolgen

I. Lauterkeitsrechtliche Rechtsfolgen

Anders als § 1 UWG 1909 ordnet § 3 nicht konkrete Rechtsfolgen an, sondern belässt es bei der Feststellung, dass eine den Tatbestand des § 3 erfüllende geschäftliche Handlung **„unzulässig",** dh verboten ist. Die Rechtsfolgen unzulässiger geschäftlicher Handlungen sind im „Kapitel 2. Rechtsfolgen" (§§ 8 ff) geregelt. Zuwiderhandlungen gegen § 3 können verschuldensunabhängige Ansprüche (Unterlassungs- und Beseitigungsansprüche; § 8 I) und verschuldensabhängige Ansprüche (Schadensersatz- und Gewinnherausgabeansprüche; §§ 9 und 10) begründen. Im Falle einer berechtigten Abmahnung kann der Abmahner außerdem Ersatz der erforderlichen Aufwendungen verlangen (§ 12 I 2). Anspruchsberechtigt sind nur Mitbewerber und bestimmte Verbände (§ 8 III), nicht dagegen einzelne Verbraucher und sonstige Marktteilnehmer. Anders als im früheren Recht (§ 13 a UWG 1909) ist auch kein Vertragsauflösungsrecht für Verbraucher vorgesehen. Vielmehr bleibt es insoweit bei den bürgerlichrechtlichen Rechten und Ansprüchen (dazu *Köhler* GRUR 2003, 265 ff; *Sack* GRUR 2004, 625 ff).

II. Bürgerlichrechtliche Rechtsfolgen

Schrifttum: *Alexander,* Vertrag und unlauterer Wettbewerb, 2002; *Bernreuther,* Sachmängelhaftung durch Werbung, WRP 2002, 368; *Busch,* Informationspflichten im Wettbewerbs- und Vertragsrecht, 2008; *Fezer,* Das wettbewerbsrechtliche Vertragsauflösungsrecht in der UWG-Reform, WRP 2003, 127; *Köhler,* UWG-Reform und Verbraucherschutz, GRUR 2003, 265; *ders,* Unzulässige geschäftliche Handlungen bei Abschluss und Durchführung eines Vertrags, WRP 2009, 898; *ders,* Die Durchsetzung des Vertragsrechts mit den Mitteln des Lauterkeitsrechts, FS Medicus, 2009, 225; *ders,* Wettbewerbsverstoß und Vertragsnichtigkeit, JZ 2010, 767; *Leistner,* Richtiger Vertrag und lauterer Wettbewerb, 2007; *Tiller,* Gewährleistung und Irreführung, 2005; *Weiler,* Ein lauterkeitsrechtliches Vertragslösungsrecht des Verbrauchers?, WRP 2003, 423.

1. Folgeverträge

155 Unter Folgeverträgen sind die Verträge zu verstehen, die auf Grund einer Zuwiderhandlung gegen § 3 (oder § 7) zustande kommen. **Beispiel:** Auf Grund einer irreführenden Werbung schließt ein Verbraucher einen Kaufvertrag. Die Frage ist dann, ob die vorangegangene Zuwiderhandlung zur Unwirksamkeit des Folgevertrags führt.

156 **a) Unwirksamkeit von Folgeverträgen nach § 134 BGB?** Der Verstoß gegen § 3 oder § 7 führt für sich allein nicht zur Nichtigkeit des Folgevertrages nach § 134 BGB (vgl zu § 1 UWG 1909 BGHZ 110, 156, 161 = GRUR 1990, 522, 528 – *HBV-Familien- und Wohnrechtsschutz;* OLG Hamburg GRUR 1994, 65; Staudinger/*Sack* § 134 Rdn 4, 6 und 304; *Alexander* S 88 ff mwN; aA *Reichelsdorfer* WRP 1998, 142). Denn § 3 und § 7 sind keine Verbotsgesetze iSd § 134 BGB. Sinn und Zweck der Normen gebieten nicht die Unwirksamkeit des Vertrages. Dies folgt schon daraus, dass selbst massivere Formen der unzulässigen Beeinflussung des Marktpartners, wie die arglistige Täuschung und die widerrechtliche Drohung (§ 123 BGB), nur zur Anfechtbarkeit des Rechtsgeschäfts führen. Auch würde die Annahme der Nichtigkeit dazu führen, dass der unlauter geworbene Kunde auch dann keine Ansprüche aus dem Vertrag ableiten könnte, wenn er den Vertrag für vorteilhaft erachtet. Was den Schutz der Mitbewerber angeht, sind deren Interessen durch die lauterkeitsrechtlichen Ansprüche aus den §§ 8 und 9 ausreichend gewahrt. Auch das Allgemeininteresse gebietet nicht die Rechtsfolge der Nichtigkeit. Vielmehr würde gerade der Rechtsverkehr verunsichert, weil vielfach nicht klar ist, ob die zum Vertragsschluss führende geschäftliche Handlung unzulässig ist oder nicht, und dementsprechend Unklarheit über die Wirksamkeit der betreffenden Folgeverträge herrschen würde (vgl *Traub* GRUR 1980, 673, 675).

157 **b) Unwirksamkeit von Folgeverträgen nach § 138 BGB?** Unlauteres Handeln macht den Folgevertrag auch nicht automatisch sittenwidrig und damit nichtig iSv § 138 BGB (BGHZ 117, 280, 286 – *Verschweigen der Wiederverkaufsabsicht;* BGHZ 110, 156, 174 = GRUR 1990, 552 – *HBV-Familien- und Wohnungsrechtsschutz;* BGH GRUR 1998, 945, 946 – *Co-Verlagsvereinbarung;* MünchKommUWG/*Sosnitza* § 3 Rdn 14; *Alexander* S 98 ff; *Bernreuther* WRP 2003, 846, 870). Denn § 138 BGB wendet sich primär gegen den Inhalt des Rechtsgeschäfts, nicht gegen die Art und Weise seines Zustandekommens (vgl Staudinger/*Sack* § 138 Rdn 1 ff), während sich umgekehrt § 3 gerade auch gegen die unlautere Anbahnung des Rechtsgeschäfts wendet. Die unlautere Beeinflussung der Kaufentscheidung des Kunden reicht daher grds nicht aus (aA *Nasall* NJW 2006, 127, 129), zumal selbst arglistige Täuschung oder widerrechtliche Drohung nur zur Anfechtbarkeit (§ 123 BGB) führen (BGH NJW 2008, 982 Tz 11). Auch die UGP-Richtlinie zielt nicht auf eine Regelung der Wirksamkeit von Verträgen (Art 3 II UGP-Richtlinie). Daher kann allenfalls bei Vorliegen bes Umstände im Einzelfall ein Folgevertrag nach § 138 BGB nichtig sein (vgl BGH NJW 2005, 2991). Das setzt voraus, dass das Rechtsgeschäft seinem Inhalt nach mit den grundlegenden Werten der Sitten- und Rechtsordnung unvereinbar ist (BGH GRUR 1998, 945, 946 – *Co-Verlagsvereinbarung*). Dies ist zB bei einem sittenwidrigen Monopolmissbrauch oder bei einer unzulässigen progressiven Kundenwerbung (§ 16 II; vgl BGH WRP 1997, 783, 784 – *Sittenwidriges Schneeballsystem*) anzunehmen, aber nicht schon dann, wenn der Vertrag die Vornahme unlauterer geschäftliche Handlungen zwar einschließt, aber nicht gebietet (BGH GRUR 1998, 945, 946 – *Co-Verlagsvereinbarung*).

2. Basisverträge

Unter Basisverträgen sind Verträge zu verstehen, die zur Begehung wettbewerbswidriger **158** Handlungen verpflichten. Sie sind der Rspr zufolge nach § 134 BGB nichtig, sofern der rechtsgeschäftlichen Verpflichtung selbst das wettbewerbswidrige Verhalten innewohnt (BGHZ 110, 156, 175 = GRUR 1990, 522 – *HBV-Familien- und Wohnungsrechtsschutz;* BGH GRUR 1998, 945, 947 – *Co-Verlagsvereinbarung;* BGH WRP 2009, 611 Tz 13 – *Buchgeschenk vom Standesamt;* OLG Stuttgart NJW-RR 1997, 266, 267; OLG München GRUR 2006, 603 zum Product Placement). Ein Verstoß gegen § 134 BGB liegt zB nicht schon dann vor, wenn sich ein Standesamt gegenüber einem Verlag verpflichtet, allen Heiratswilligen bei Anmeldung einer Eheschließung ein vom Verlag herausgegebenes, durch Werbung finanziertes Kochbuch zu übergeben (BGH WRP 2009, 611 Tz 13 – *Buchgeschenk vom Standesamt*). Etwas anderes würde gelten, wenn es sich um eine Exklusivvereinbarung handelte, die Mitbewerber von dieser Werbemöglichkeit ausschlösse (vgl BGH WRP 2009, 611 Tz 19 ff – *Buchgeschenk vom Standesamt*). – Sachangemessener, auch zum Schutze des vom Wettbewerbsverstoß betroffenen Vertragspartners, erscheint es jedoch, statt § 134 BGB die Grundsätze über die anfängliche (rechtliche) Unmöglichkeit (§§ 311a, 326, 280 ff BGB) anzuwenden (*Köhler* JZ 2010, 767, 769 f). Denn Sinn und Zweck des § 3 und des § 7 erfordern nicht die Nichtigkeit des zu Grunde liegenden Vertrags. Vielmehr lassen sich die Schutzzwecke des UWG über die Vorschriften über die anfängliche Unmöglichkeit sogar noch effektiver verwirklichen als über die Nichtigkeitssanktion des § 134 BGB.

3. Bürgerlichrechtliche Ansprüche aus Zuwiderhandlungen?

Sind (im Horizontalverhältnis) **Mitbewerber** von einer Zuwiderhandlung betroffen, stehen **159** ihnen neben den lauterkeitsrechtlichen Ansprüchen aus den §§ 8–10 bürgerlichrechtliche Ansprüche nur ausnahmsweise zu (zB nach §§ 824, 826 BGB). Ansprüche aus dem Gesichtspunkt des Eingriffs in das Recht am Unternehmen (§ 823 I BGB) scheiden wegen der Subsidiarität des bürgerlichrechtlichen Unternehmensschutzes aus (näher dazu Einl Rdn 7.2 ff). Sind (im Vertikalverhältnis) **Marktpartner** (**Verbraucher** oder **sonstige Marktteilnehmer**) von einer Zuwiderhandlung betroffen, können ihnen daraus, soweit sie gleichzeitig den Tatbestand vertragsrechtlicher oder deliktsrechtlicher Normen erfüllt, Vertragsauflösungsrechte und Ansprüche erwachsen. Dagegen stellt § 3 (und auch § 7) **kein Schutzgesetz iSd § 823 II BGB** dar (näher dazu § 8 Rdn 3.4; aA *Sack* WRP 2009, 1330). Art 11 I UGP-Richtlinie gibt keine Veranlassung, daran etwas zu ändern (aA *Fezer* WRP 2006, 781, 788; WRP 2007, 1021).

Anhang zu § 3 Abs 3

Schrifttum: *Büllesbach,* Auslegung der irreführenden Geschäftspraktiken des Anhangs I der Richtline 2005/29/EG über unlautere Geschäftspraktiken, 2008; *Fezer,* Plädoyer für eine offensive Umsetzung der Richtlinie über unlautere Geschäftspraktiken in das deutsche UWG, WRP 2006, 781; *Gamerith,* Der Richtlinienvorschlag über unlautere Geschäftspraktiken – Möglichkeiten einer harmonischen Umsetzung, WRP 2005, 391; *Glöckner/Henning-Bodewig,* EG-Richtlinie über unlautere Geschäftspraktiken: Was wird aus dem neuen UWG?, WRP 2005, 1311; *Hecker,* Die Richtlinie über unlautere Geschäftspraktiken: Einige Gedanken zu den „aggressiven Geschäftspraktiken" – Umsetzung in das deutsche Recht, WRP 2006, 640; *Henning-Bodewig,* Die Richtlinie 2005/29/EG über unlautere Geschäftspraktiken, GRUR Int 2005, 629; *Hoeren,* Das neue UWG – der Regierungsentwurf im Überblick, BB 2008, 1182; *ders,* Das neue UWG und dessen Auswirkungen auf den B2B-Bereich, WRP 2009, 789; *Keßler/Micklitz,* Das neue UWG – auf halbem Weg nach Europa, VuR 2009, 88; *Köhler,* Zur Umsetzung der Richtlinie über unlautere Geschäftspraktiken, GRUR 2005, 793; *Köhler/Lettl,* Das geltende europäische Lauterkeitsrecht, der Vorschlag für eine Richtlinie über unlautere Geschäftspraktiken und die UWG-Reform, WRP 2003, 1019; *Leible,* Auswirkungen der UWG-Reform 2008 auf die Durchsetzung wettbewerbsrechtlicher Ansprüche im Gesundheitsbereich – Die Bedeutung der „black list", GRUR 2010, 183; *Sachs,* Werbung für kosmetische Mittel mit Studien- und Fachveröffentlichungen, WRP 2010, 26; *Scherer,* Die „Schwarze Liste" als neuer UWG-Anhang, NJW 2009, 324; *Schöttle,* Die Schwarze Liste – Übersicht über die neuen Spezialtatbestände des Anhangs zu § 3 Abs 3 UWG, WRP 2009, 673; *Seichter,* Der Umsetzungsbedarf der Richtlinie über unlautere Geschäftspraktiken, WRP 2005, 1087; *Sosnitza,* Der Gesetzentwurf zur Umsetzung der Richtlinie über unlautere Geschäftspraktiken, WRP 2008, 1014; *Steinbeck,* Richtlinie über unlautere Geschäftspraktiken: Irreführende Geschäftspraktiken – Umsetzung in das deutsche Recht, WRP 2006, 632; *Stillner,* Das UWG – ein Zukunftsmodell?, VuR 2010, 81; *Veelken,* Kundenfang gegenüber dem Verbraucher – Bemerkungen zum EG-Richtlinienentwurf über unlautere Geschäftspraktiken, WRP 2004, 1.

Einführung

(Bearbeiter: Köhler/Bornkamm)

1. Entstehungsgeschichte

0.1 Der Anh zu § 3 III wurde im Zuge der **Umsetzung der UGP-Richtlinie** in das UWG eingefügt. Er entspricht im Wesentlichen dem Anh I der UGP-Richtlinie, in dem die irreführenden und aggressiven Geschäftspraktiken aufgeführt sind, die unter allen Umständen unlauter iSd Art 5 V 1 UGP-Richtlinie und damit unzulässig iSd Art 5 I UGP-Richtlinie sind. Der deutsche Gesetzgeber hat diese **„Schwarze Liste"** im Großen und Ganzen in Reihenfolge und Wortlaut unverändert übernommen. Die Nr 31 des Anh I der UGP-Richtlinie wurde allerdings – systematisch richtig, da es sich nicht um eine aggressive, sondern um eine irreführende Geschäftspraxis handelt – in die Nr 17 überführt. Damit verschoben sich die in Nr 17–25 geregelten Tatbestände der Richtlinie jeweils um eine Nummer. Die Nr 26 der UGP-Richtlinie wurde nicht übernommen, da nach Auffassung des Gesetzgebers die entsprechende Regelung in § 7 II getroffen wurde. (Das ist insofern nicht richtig, als sich die Nr 26 der UGP-Richtlinie – entgegen dem deutschen Wortlaut (*„geworben"*), aber in Übereinstimmung mit anderen Sprachfassungen (engl *„solicitations"*) auch auf nachvertragliche Verhaltensweisen (zB telefonische Zahlungsaufforderungen) erstreckt, während § 7 II sich eindeutig auf Fälle der „Werbung" beschränkt. Die Nrn 27–30 wiederum denen der Richtlinie. Die Nr 1–24 sind dementsprechend den irreführenden, die Nr 25–30 den aggressiven Geschäftspraktiken zuzuordnen.

0.2 Der Gesetzgeber konnte und wollte von der Schwarzen Liste der UGP-Richtlinie **nicht inhaltlich abweichen** (vgl Begr RegE UWG 2008 zu Nr 12, BR-Drucks 345/08 S 61). Abweichungen in der Formulierung erklären sich teils aus der Notwendigkeit, die Regelungen mit den Definitionen in § 2 und ganz allgemein mit der deutschen Rechtsterminologie in Einklang zu bringen, teils aus den sprachlichen Mängeln der deutschen Fassung der UGP-Richtlinie (vgl Begr RegE UWG 2008 zu Nr 12, BR-Drucks 345/08 S 61). Zur Nichtumsetzung der Nr 26 der UGP-Richtlinie vgl Rdn 0.1.

2. Gebot der richtlinienkonformen Auslegung

0.3 Bei der **Auslegung und** Anwendung der Tatbestände des Anh zu § 3 III ist das Gebot der richtlinienkonformen Auslegung zu beachten (dazu § 3 Rdn 26). **Dies wiederum setzt Klarheit über die Struktur, den Anwendungsbereich und den Zweck der Regelungen in Anh I der UGP-Richtlinie voraus.**

0.4 a) **Systematische Stellung des Anhangs I innerhalb der UGP-Richtlinie.** Zur **Konkretisierung der Generalklausel** des Art 5 I UGP-Richtlinie und der in Art 5 IV erwähnten Beispielstatbestände der irreführenden und aggressiven Geschäftspraktiken verweist Art 5 V 1 UGP-Richtlinie auf den Anh I. Die Tatbestände in den Nr 1–23 werden unter der Bezeichnung **„Irreführende Geschäftspraktiken",** die Tatbestände in den Nr 24–31 unter der Bezeichnung **„Aggressive Geschäftspraktiken"** zusammengefasst (Nr 31 gehört allerdings zu den irreführenden Geschäftspraktiken). Die Tatbestände werden als „Geschäftspraktiken, die unter allen Umständen als unlauter anzusehen sind", bezeichnet. Es handelt sich nach Erwägungsgrund 17 „um die einzigen Geschäftspraktiken, die ohne Beurteilung des Einzelfalls anhand der Bestimmungen der Art 5–9 als unlauter gelten können" (dazu EuGH GRUR 2009, 599 Tz 56, 61 – *Total und Sanoma;* EuGH GRUR 2010, 244 Tz 45 – *Plus Warenhandelsgesellschaft*). Damit soll die Rechtssicherheit erhöht werden. Gemeint kann aber nur sein, dass keine Prüfung anhand der Umstände des Einzelfalls stattfinden darf, ob das Verhalten geeignet ist, das wirtschaftliche Verhalten des Verbrauchers wesentlich zu beeinflussen. Denn die Feststellung, ob ein Tatbestand des Anhangs I verwirklicht ist, kann vielfach nur unter Berücksichtigung der Umstände des Einzelfalls erfolgen, insbes dann, wenn diese Tatbestände wertende Begriffe wie „angemessen", „vertretbar" usw verwenden (vgl EuGH GRUR 2010, 244 Tz 44 – *Plus Warenhandelsgesellschaft;* Köhler GRUR 2009, 445, 448 und GRUR 2010, 177, 179; Rdn 0.10). Nur die Eignung zur Beeinflussung des Verbraucherverhaltens wird gewissermaßen **unwiderleglich vermutet** (vgl auch § 3 Rdn 25; § 5 Rdn 1.27). Der Unternehmer kann also nicht einwenden, im Einzelfall seien die Voraussetzungen der Art 6–9 nicht erfüllt. Deswegen werden die in der sog „Schwarzen Liste" zusammengestellten Tatbestände auch **Per-se-Verbote für bestimmte Handlungsweisen** genannt (§ 3 Rdn 25).

Schwarze Liste   **Einf Anh zu § 3 III**

Für die Rechtsanwendung bedeutet dies: Zunächst ist stets zu prüfen, ob ein Sachverhalt 0.5
von einem der Tatbestände des Anhangs I erfasst wird. Trifft dies nicht zu, so ist in einem zweiten
Schritt zu prüfen, ob er sich unter die in den Art 5, IV, 6–9 geregelten Tatbestände subsumieren
lässt. Ist auch dies nicht möglich, so muss in einem dritten Schritt geprüft werden, ob er unter die
Generalklausel des Art 5 II fällt.

b) Zweck der Regelung und Auslegung der Tatbestände. Zweck der Schwarzen Liste 0.6
ist es nach Erwägungsgrund 17, „größere Rechtssicherheit zu schaffen". Nach Art 5 V 2 UGP-
Richtlinie gilt diese Liste einheitlich in allen Mitgliedstaaten und kann nur durch eine Änderung
dieser Richtlinie abgeändert werden. Es handelt sich also um eine **abschließende Regelung.**
Eine Erweiterung der Liste durch die Mitgliedstaaten ist damit ausgeschlossen. Damit soll eine
einheitliche Rechtsanwendung in allen Mitgliedstaaten gewährleistet werden. (Allerdings können sich weitere Per-se-Verbote aus unionsrechtlichen Regelungen ergeben, die nach Art 3 IV
UGP-Richtlinie vorrangig gelten (wie zB die Werbeverbote des Art 3 e I lit b, c der Richtlinie
über audiovisuelle Mediendienste).

Bei der **Auslegung** ist zu berücksichtigen, dass sich der Sinn der jeweiligen Regelung häufig 0.7
erst durch einen Vergleich der deutschen Fassung mit anderen Fassungen, insbes der englischen
und französischen, erschließt. Auch weisen viele Beispielstatbestände unbestimmte Rechtsbegriffe auf, die **auslegungsbedürftig** sind. Die Auslegung hat nach den Grundsätzen der unionsrechtlichen Gesetzesauslegung zu erfolgen. Dabei sind die Regelungen in den Art 6–9 und die
Regelungen im Anh I im Zusammenhang zu sehen und **wechselseitig** bei der Auslegung zu
berücksichtigen („hermeneutischer Zirkel"). Eine verbindliche Klärung von Zweifelsfragen kann
nur durch den EuGH erfolgen.

Die Tatbestände des Anh I sind so **eng und kasuistisch gefasst,** dass aus ihnen der Wille des 0.8
Richtliniengebers spricht, sie nicht als verallgemeinerungsfähige Beispielsfälle anzusehen. Das
gebietet zwar nicht eine enge Auslegung der Tatbestände (so aber Harte/Henning/*Henning-
Bodewig* Anh § 3 III Vorb Rdn 12). Vielmehr hat sich die Auslegung am jeweiligen Zweck der
Regelung zu orientieren. Wohl aber ist eine **analoge Anwendung** der Tatbestände auf vergleichbare Sachverhalte idR (maßgebend ist nicht die deutsche, sondern die europäische Lehre
von der Gesetzesauslegung; Rdn 0.7) **ausgeschlossen.** Andererseits lässt sich den Tatbeständen
auch nicht durch Umkehrschluss entnehmen, dass ein von ihnen nicht erfasstes Verhalten
hingenommen werden müsste. Vielmehr greift dann die Prüfung nach den allgemeinen Bestimmungen über unlautere, insbes irreführende und aggressive Geschäftspraktiken (Art 5–9 UGP-
Richtlinie) ein.

c) Geschäftspraxis als gemeinsames Tatbestandsmerkmal. Allen Tatbeständen des An- 0.9
hangs I ist gemeinsam, dass es sich um **Geschäftspraktiken im Geschäftsverkehr zwischen
Unternehmen und Verbrauchern** handeln muss. Dies ergibt sich unzweifelhaft aus der für alle
Tatbestände des Anhangs geltenden Überschrift („Geschäftspraktiken, die unter allen Umständen
als unlauter gelten") und der Definition in Art 2 lit d UGP-Richtlinie. Dort wird zum einen
klargestellt, dass in der Richtlinie mit dem Begriff „Geschäftspraktiken" stets Geschäftspraktiken
im Geschäftsverkehr zwischen Unternehmen und Verbrauchern gemeint sind. Zum anderen
enthält diese Bestimmung eine **Legaldefinition:** Eine Geschäftspraxis iSd Richtlinie ist danach
„jede Handlung, Unterlassung, Verhaltensweise oder Erklärung, kommerzielle Mitteilung einschließlich Werbung und Marketing eines Gewerbetreibenden, die unmittelbar mit der Absatzförderung, dem Verkauf oder der Lieferung eines Produkts an Verbraucher zusammenhängt"
(dazu *Köhler* WRP 2007, 1293).

3. Anwendungsbereich und Rechtsnatur der Tatbestände des Anhangs

Die Tatbestände des Anhangs zu § 3 III gelten – übereinstimmend mit der UGP-Richtlinie – 0.10
nur für geschäftliche Handlungen iSd § 2 I Nr 1 gegenüber **Verbrauchern.** Da nach § 3 III die
im Anh aufgeführten geschäftlichen Handlungen gegenüber Verbrauchern stets unzulässig sind,
handelt es sich bei diesen Tatbeständen um **Per-se-Verbote.** Das bedeutet, dass es auf die geschäftliche (oder wettbewerbliche) Relevanz der Handlung für das Verhalten des Verbrauchers nicht
ankommt (Rdn 0.4). Die Überschreitung der Spürbarkeitsschwelle des § 3 I und II ist also gar
nicht mehr zu prüfen (vgl Rdn 0.4). Dass einzelne Tatbestände des Anhangs unbestimmte
Rechtsbegriffe enthalten (wie zB Nr 5, und 20 „angemessen"; Nr 6 „vertretbar"; Nr 13 „ähnlich"; Nr 21 „unvermeidbar"; Nr 27 „systematisch"), die nur wertend und unter Berücksichtigung der Umstände des Einzelfalls konkretisiert werden können, steht auf einem anderen Blatt.

Allerdings kann im Einzelfall die Verfolgung einer Zuwiderhandlung gegen den Grundsatz der **Verhältnismäßigkeit** verstoßen (Begr RegE UWG 2008 zu Nr 12, BR-Drucks 345/08 S 60).

0.11 Während Anh I der UGP-Richtlinie nur die mit dem **Absatz von Waren und Leistungen** verbundenen Tätigkeiten umfasst, regeln die Tatbestände des Anh zu § 3 III auch die **Tätigkeit eines Unternehmens als Nachfrager** von Waren oder Leistungen. Das kann zB bei Nr 23 (Vortäuschen der Verbrauchereigenschaft) eine Rolle spielen. Damit reicht der Anwendungsbereich der „Schwarzen Liste" des UWG weiter als der Anwendungsbereich der Richtlinie (§ 3 Rdn 28). Die Richtlinie steht dem nicht entgegen, da sie nur die Absatztätigkeit der Unternehmen im Verhältnis zum Verbraucher regelt. Für die Nachfragetätigkeit fehlt eine europäische Regelung mit der Folge, dass es den Mitgliedstaaten freisteht, insofern weitergehende Regelungen zu treffen.

4. Bedeutung des Anhangs für die Beurteilung von geschäftlichen Handlungen im Verhältnis zwischen Unternehmen

0.12 Obwohl der Anh zu § 3 III – in Übereinstimmung mit dem Anh I der UGP-Richtlinie – **nur geschäftliche Handlungen im Verhältnis zwischen Unternehmen und Verbrauchern** regelt, lassen sich die den Beispielstatbeständen zugrunde liegenden Wertungen auch für die Beurteilungen von geschäftlichen Handlungen zwischen Unternehmen (B2B) fruchtbar machen (§ 3 Rdn 29; ebenso *Hoeren* WRP 2009, 789, 792). Dies gilt jedenfalls, soweit es sonst zu ungerechtfertigten Wertungswidersprüchen käme. Allerdings bleibt in diesen Fällen die Wertungsmöglichkeit. Doch stellt der Umstand, dass das fragliche Verhalten im Verhältnis zum Verbraucher stets einen Lauterkeitsverstoß darstellt, ein starkes Indiz dafür dar, dass es auch dann nicht unter die Bagatellklausel fällt, wenn im Einzelfall ein Unternehmen betroffen ist.

Unzulässige geschäftliche Handlungen im Sinne des § 3 Abs 3 sind.

Nr. 1 *(Bearbeiter: Bornkamm)*

die unwahre Angabe eines Unternehmers, zu den Unterzeichnern eines Verhaltenskodexes zu gehören;

Die Regelung entspricht der Nr 1 des Anh I UGP-Richtlinie:

Die Behauptung eines Gewerbetreibenden, zu den Unterzeichnern eines Verhaltenskodex zu gehören, obgleich dies nicht der Fall ist.

Schrifttum: *Bechtold,* Probeabonnement – Anmerkung zum Urteil des BGH v 7. Februar 2006, KZR 33/04, WRP 2006, 1162; *Dreyer,* Verhaltenskodizes im Referentenentwurf eines Ersten Gesetzes zur Änderung des Gesetzes gegen unlauteren Wettbewerb – Wird das Wettbewerbsrecht zum Motor für die Durchsetzung vertraglicher Verpflichtungen?, WRP 2007, 1294; *Lamberti/Wendel,* Verkäufe außerhalb von Vertriebsbindungssystemen – Bringt die UWG-Reform neue Handlungsmöglichkeiten gegen „Außenseiter"?, WRP 2009, 1479; *Sosnitza,* Wettbewerbsregeln nach §§ 24 ff GWB im Lichte der 7. GWB-Novelle und des neuen Lauterkeitsrechts, FS Bechtold, 2006, 515; *Schmidhuber,* Verhaltenskodizes im neuen UWG – Überlegungen zur Bedeutung für die lauterkeitsrechtliche Praxis in Deutschland, WRP 2010, 593.

1. Allgemeines

1.1 Die UGP-Richtlinie stellt in Art 10 klar, dass sie die Möglichkeit, unlautere geschäftliche Handlungen durch einen **Verhaltenskodex** zu bekämpfen, nicht verdrängt. Andererseits ist die **Bedeutung eines Verhaltenskodexes** begrenzt; ihm kann keine konstituierende, sondern **nur eine indizielle Bedeutung** zukommen (s § 5 Rdn 5.164 und 5.166). Das Gesetz behandelt daher in Übereinstimmung mit der Richtlinie konsequent Verhaltenskodizes nur unter dem Gesichtspunkt der Irreführung. Als einen Bezugspunkt der Irreführung (vgl § 5 Rdn 1.93) nennt § 5 I 2 Nr 6 nunmehr den Fall, dass sich ein Unternehmen damit brüstet, einem Verhaltenskodex unterworfen zu sein, dann aber gegen die Verpflichtungen verstößt, die sich aus diesem Verhaltenskodex ergeben. In einem solchen Fall bleiben aber die materiellen Voraussetzungen der Irreführung zu prüfen.

2. Tatbestand

1.2 **a) Unterzeichner eines Verhaltenskodexes.** Von eher untergeordneter Bedeutung ist der Fall, den das Gesetz in Nr 1 **als per se unlauter** behandelt wissen will: Es ist dies der Fall, dass ein Unternehmen im Verkehr mit Verbrauchern fälschlich vorgibt, es habe einen **Verhaltenskodex** iSv § 2 I Nr 5 (= Art 2 lit f UGP-Richtlinie) unterzeichnet. In diesem Fall kann sich das Unternehmen beispielsweise nicht mehr damit verteidigen, es fehle an der Relevanz der Irreführung, weil alle Verpflichtungen, die sich aus dem Verhaltenskodex ergäben, eingehalten worden seien.

Zum **Begriff** des Verhaltenskodexes s § 2 Rdn 113 ff, § 5 Rdn 5.163; zur **Bedeutung** von Verhaltenskodizes s § 2 Rdn 115 ff, § 5 Rdn 5.164, zur **kartellrechtlichen Problematik** von Verhaltenskodizes s § 2 Rdn 114, § 5 Rdn 5.165. 1.3

b) **Unwahre Angabe.** Der Tatbestand der Nr 1 setzt voraus, dass es sich um eine **ausdrückliche Behauptung** handelt. Bei den Tatbeständen des Anhangs zu § 3 III wird klar unterschieden zwischen den Fällen, in denen eine „unwahre Angabe" erforderlich ist (vgl Nr 1, 3, 4, 7, 12, 15, 18 und 19), und den Fällen, in denen eine „unwahre Angabe oder das Erwecken des unzutreffenden Eindrucks" verlangt wird, in denen also bereits das „Erwecken des unzutreffenden Eindrucks" ausreicht, ohne dass eine unwahre Angabe gegeben sein muss (vgl die Nr 9, 10, 17, 23 und 24). Das UWG setzt insofern zwar nicht wörtlich, gleichwohl aber doch noch präzise die Richtlinie um, die in einigen Tatbeständen eine „Behauptung ..., obgleich dies nicht der Fall ist", eine „falsche Behauptung" oder die „Erteilung sachlich falscher Informationen" verlangt (Nr 1, 3, 4, 7, 12, 15, 17 und 18), in anderen Tatbeständen dagegen bei uneinheitlicher, in der Sache aber eindeutiger Terminologie neben der falschen Behauptung das anderweitige Herbeiführung des falschen Eindrucks ausreichen lässt (Nr 9, 10, 22, 23 und 31). Daraus kann man nur den Schluss ziehen, dass immer dann, wenn ein Tatbestand nur von der „unwahren Angabe" spricht, eine ausdrückliche Äußerung gemeint ist (so auch Harte/Henning/*Dreyer* Anh § 3 III Nr 1 Rdn 8 und Nr 3 Rdn 7; Fezer/*Peifer* Anh UWG Nr 17 Rdn 34; aA Piper/Ohly/*Sosnitza* Anh zu § 3 III Rdn 5). Nicht ausreichend ist es also, wenn lediglich unterschwellig der Eindruck erweckt wird, das Unternehmen gehöre zu den Unterzeichnern des Verhaltenskodexes. Eine solche Äußerung ist unter dem Gesichtspunkt des § 5 zu prüfen. Dort ist allein das Verkehrsverständnis maßgeblich (s § 5 Rdn 2.67 ff), so dass auch eine zwischen den Zeilen gemachte, aber eben nicht ausdrückliche unwahre Äußerung erfasst werden kann. 1.4

c) **Geschäftliche Handlung.** Der Tatbestand der Nr 1 ist nur erfüllt, wenn es sich bei der fraglichen Behauptung um eine **geschäftliche Handlung** handelt (vgl Anh zu § 3 III Rdn 0.9). 1.5

d) **Verhaltenskodex.** Der Begriff des Verhaltenskodexes ist **in § 2 I Nr 5 definiert** (s oben § 2 Rdn 113). Gemeint sind **nur (horizontale) Verhaltensmaßregeln,** die sich auf die **Lauterkeit des geschäftlichen Handelns** beziehen (s oben § 2 Rdn 113). Dies kommt in der UGP-Richtlinie (Erwägungsgrund 20) deutlich zum Ausdruck. Die Regeln in einem selektiven Vertriebssystem sind deshalb kein Verhaltenskodex iS dieser Bestimmung (§ 2 Rdn 113; *Schmidhuber* WRP 2010, 593, 597 f; aA *Hoeren* WRP 2009, 789, 793 f; *Lamberti/Wendel* WRP 2009, 1479, 1481 ff). Aber auch Vereinbarungen, mit denen bestimmte Qualitätsstandards („wir verarbeiten nur frische Produkte aus der Region") oder Handelsprinzipien (keine Kinderarbeit, fairer Handel, kein Tropenholz) aufgestellt werden, sind keine Verhaltenskodizes in diesem Sinne. Die Frage ist freilich von begrenzter Bedeutung. Denn die Behauptung eines Außenseiters, der sich als autorisierter Handelspartner des Herstellers geriert (vgl *Lamberti/Wendel* WRP 2009, 1479, 1488), lässt sich ohne weiteres über das Irreführungsverbot erfassen. Nichts anderes gilt für die unwahre Behauptung, zu den Mitgliedern eines Verbandes zu gehören, die sich dem fairen Handel oÄ verschrieben hätten. In all diesen Fällen ist an der Relevanz der Irreführung (vgl § 5 Rdn 2.169 ff) nicht zu zweifeln, so dass das Per-se-Verbot keinen neuen Anwendungsbereich eröffnen würde. 1.6

Nr. 2 *(Bearbeiter: Bornkamm)*

die Verwendung von Gütezeichen, Qualitätskennzeichen oder Ähnlichem ohne die erforderliche Genehmigung;

Die Regelung entspricht der Nr 2 des Anh I UGP-Richtlinie:

Die Verwendung von Gütezeichen, Qualitätskennzeichen oder Ähnlichem ohne die erforderliche Genehmigung.

1. Allgemeines

Zu den Bezugspunkten der Irreführung (s § 5 Rdn 1.25 a ff und 1.93 f) gehören schon seit eh und je **Auszeichnungen und Ehrungen** (§ 5 I 2 Nr 3; Art 6 I lit f UGP-Richtlinie). Sie sind 2.1

im Gesetzestext (§ 5 I 2 Nr 3) ebenso wie im Text der Irreführungs- (Art 3 lit c) und der UGP-Richtlinie (Art 6 lit f) als typische unternehmensbezogene Eigenschaften aufgeführt (vgl insofern § 5 Rdn 5.158 ff), können aber als **Gütezeichen oder -siegel** oder als **Qualitätskennzeichen** ebenso auch produktbezogen sein (vgl § 5 Rdn 2.165 und 4.45 ff).

2. Gütezeichen, Qualitätskennzeichen oder Ähnliches

2.2   Bei den in Rede stehenden Zeichen oder Bezeichnungen handelt es sich um **unternehmens- oder produktbezogene Auszeichnungen,** die auf Grund einer **objektiven Prüfung** vergeben werden und im Verkehr als Hinweis auf eine besondere **Güte oder Qualität** verstanden werden. Klassische Zeichen dieser Art sind **Zertifikate,** die auf Grund von Zertifizierungsverfahren vergeben werden, mit denen ein bestimmter Standard – etwa hinsichtlich der Ausbildung der Mitarbeiter, des Qualitätsmanagements in der Industrie, der Informationssicherheit, der Einhaltung von Umwelt- und Sozialstandards, der Computersicherheit – geprüft wird (vgl OLG München WRP 1999, 965: Zertifizierung eines Qualitätsmanagementsystems; LG Hamburg NJW-RR 2002, 206: Hinweis einer Arztpraxis auf Zertifizierung; OLG Hamburg GRUR-RR 2002, 360: Zertifizierung eines Pigmentiergeräts; OLG Oldenburg GRUR-RR 2003, 259: Zertifikat für den Pfosten eines Fußballtors; LG und OLG Frankfurt WRP 2006, 1541: Zertifizierung einer Praxis für Tropen- oder für Reisemedizin; OLG Schleswig ArztuR 2006, 123: Werbung von Zahnärzten mit Qualitätssiegel). Zu den Güte- und Qualitätskennzeichen gehört das nach § 7 Geräte- und ProduktsicherheitsG (GPSG) vergebene **GS-Zeichen,** mit dem die Gerätesicherheit bestätigt wird. Die **CE-Kennzeichnung** (zB § 6 Geräte- und ProduktsicherheitsG – GPSG –, § 9 MedizinprodukteG – MPG –, § 12 BauproduktenG – BauPG –, § 9 G über Funkanlagen und Telekommunikationsendeinrichtungen – FTEG –), mit der der Hersteller die Konformität des Produktes mit den EG-Bestimmungen bestätigt, ist zwar kein Güte- oder Qualitätszeichen, könnte aber als ähnliche Kennzeichnung ebenfalls unter diese Bestimmung fallen, wenn sie nicht vom Hersteller in eigener Verantwortung angebracht würde, so dass es an einer Genehmigung iSd Nr 2 fehlt (vgl Rdn 2.4).

3. Vergabe durch staatliche oder private Stellen

2.3   Dabei ist gleichgültig, ob die Vergabe des Zertifikats oder der Auszeichnung **durch staatliche oder private Stellen** erfolgt. Es muss sich aber stets um Zeichen oder Bezeichnungen handeln, die nur mit Zustimmung der vergebenden Stelle verwendet werden dürfen. Nicht unter diese Bestimmung fallen daher **allgemeine Produktbezeichnungen** wie „Cashmere", „18 Karat Gold", „frisch gepresst" etc, mag ihre Verwendung auch von noch so klaren Bedingungen abhängen. Jedoch kommen auch Auszeichnungen und Ehrungen in Betracht, die dem Verkehr nicht unbedingt bekannt sind, die aber ihrer Aussage nach ein entsprechendes Auswahl- und Vergabeverfahren voraussetzen („Beste Fischtheke 2008").

4. Genehmigung

2.4   Unter diese Bestimmung fallen nur Zeichen, die **ausdrücklich verliehen** werden und deren Verwendung von der **Genehmigung der vergebenden Stelle** abhängt. An einer Genehmigung fehlt es beispielsweise, wenn die den Standard setzende Stelle lediglich die Bedingungen für die Verwendung einer bestimmten Bezeichnung aufstellt und die Einhaltung der Bedingungen überwacht, ohne eine Genehmigung für die Verwendung der Bezeichnung zu erteilen oder ein entsprechendes Recht einzuräumen (zB die CE-Kennzeichnung: dazu Rdn 2.2). Wie die Genehmigung ausgestaltet ist – ob **öffentlich-rechtlich,** etwa als Verwaltungsakt oder **zivilrechtlich,** etwa als Lizenz (zB als Lizenz zur Benutzung einer Marke wie im Falle des „Grünen Punkts") – spielt keine Rolle. Auch dort, wo die Gestattung zivilrechtlich erfolgt, darf der Begriff der Genehmigung **nicht iSd § 184 I BGB** als nachträgliche Zustimmung verstanden werden. Aus dem Sinn und Zweck der Vorschrift, die gerade nicht auf die materiellen Voraussetzungen, sondern allein auf das Vorliegen der förmlichen Berechtigung abstellt, ergibt sich vielmehr, dass die Genehmigung zum Zeitpunkt der Verwendung des Zeichens vorliegen muss (vgl Rdn 2.5).

5. Fehlen der erforderlichen Einwilligung

2.5   Der Tatbestand der Nr 2 ist bereits erfüllt, wenn das fragliche Zeichen **ohne Zustimmung der vergebenden Stelle** verwendet worden ist. Unerheblich ist, ob das auf diese Weise geschmückte Unternehmen oder Produkt die **Voraussetzungen erfüllt,** die für die Vergabe des Zeichens vorliegen müssen. Die Erfüllung des Per-se-Tatbestands hängt nicht davon ab, ob die angebotenen Waren oder Dienstleistungen die durch das Zeichen verbürgte Qualität aufweisen (vgl Begr RegE UWG 2008, BT-Drucks 16/10145 S 31). Auch wenn dies der Fall ist, möglicherweise sogar ein Rechtsanspruch auf eine Zustimmung zur Verwendung des Zeichens besteht, ist der Tatbestand erfüllt, wenn die erforderliche Genehmigung nicht zuvor erteilt worden ist. Der Vorwurf knüpft allein an die Behauptung an, zu den autorisierten Verwendern des Zeichens zu gehören.

6. Geschäftspraxis

Der Tatbestand der Nr 1 ist nur erfüllt, wenn es sich bei der fraglichen Behauptung um eine Geschäftspraxis handelt (vgl Anh zu § 3 III Rdn 0.9). 2.6

Nr. 3 *(Bearbeiter: Bornkamm)*

die unwahre Angabe, ein Verhaltenskodex sei von einer öffentlichen oder anderen Stelle gebilligt;

Die Regelung entspricht der Nr 3 des Anh I UGP-Richtlinie:

Die Behauptung, ein Verhaltenskodex sei von einer öffentlichen oder anderen Stelle gebilligt, obgleich dies nicht der Fall ist.

Schrifttum: wie vor Rdn 1.1

1. Allgemeines

Ein **Verhaltenskodex** (zum Begriff Rdn 1.6; § 2 Rdn 113; § 5 Rdn 5.163; zur Bedeutung s § 2 Rdn 115 ff, § 5 Rdn 5.164, zur kartellrechtlichen Problematik s § 2 Rdn 114, § 5 Rdn 5.165; ferner Anh zu § 3 III Rdn 1.1 ff.) kann von einer öffentlichen Stelle, von der Verbandsspitze, von einer Zertifizierungsstelle oÄ gebilligt werden. Ein Beispiel für eine solche Billigung bietet die Regelung in § 24 GWB: Danach können Wirtschafts- und Berufsvereinigungen für ihren Bereich Wettbewerbsregeln aufstellen und deren **Anerkennung durch das Bundeskartellamt** beantragen (§ 24 III GWB). 3.1

2. Billigung

Die **Billigung oder Anerkennung** verleiht der in dem Verhaltenskodex liegenden Selbstverpflichtung einen offiziellen Anstrich. Trifft die Aussage nicht zu, wird der Verbraucher über eine wesentliche Eigenschaft des Verhaltenskodexes getäuscht (vgl Begr RegE UWG 2008, BT-Drucks 16/10145 S 31). Eine Behauptung, die der Wahrheit zuwider mit einer solchen Billigung wirbt, ist – sofern es sich um eine **Geschäftspraxis** eines Unternehmens gegenüber einem Verbraucher handelt (vgl Anh zu § 3 III Rdn 0.9) – stets wettbewerbswidrig. Es kommt also nicht darauf an, ob in der unrichtigen Behauptung liegende Irreführung für das Marktverhalten des Verbrauchers in irgendeiner Weise relevant ist. 3.2

3. Behauptung

Auch der Tatbestand der Nr 3 setzt voraus, dass es sich um eine **ausdrückliche Behauptung** handelt (vgl Anh zu § 3 III Rdn 1.4). Auch hier reicht es nicht aus, wenn nur unterschwellig der Eindruck erweckt wird, der Verhaltenskodex sei von einer öffentlichen oder privaten Stelle gebilligt oder anerkannt. 3.3

Nr. 4 *(Bearbeiter: Bornkamm)*

die unwahre Angabe, ein Unternehmer, eine von ihm vorgenommene geschäftliche Handlung oder eine Ware oder Dienstleistung sei von einer öffentlichen oder privaten Stelle bestätigt, gebilligt oder genehmigt worden, oder die unwahre Angabe, den Bedingungen für die Bestätigung, Billigung oder Genehmigung werde entsprochen;

Die Regelung entspricht der Nr 4 des Anh I UGP-Richtlinie:

Die Behauptung, dass ein Gewerbetreibender (einschließlich seiner Geschäftspraktiken) oder ein Produkt von einer öffentlichen oder privaten Stelle bestätigt, gebilligt oder geneh-

migt worden sei, obwohl dies nicht der Fall ist, oder die Aufstellung einer solchen Behauptung, ohne dass den Bedingungen für die Bestätigung, Billigung oder Genehmigung entsprochen wird.

1. Allgemeines

4.1 Der Tatbestand der Nr 4 betrifft **zwei unterschiedliche Fälle:** Bei der **ersten Variante** geht es um den Fall, dass ein Unternehmen der Wahrheit zuwider behauptet, für eine bestimmte (Verkaufs-)ßnahme, eine bestimmte Ware oder eine bestimmte Dienstleistung liege eine Bestätigung, Billigung oder Genehmigung einer öffentlichen oder privaten Stelle vor. Die **zweite Variante** betrifft die Konstellation, dass eine solche Bestätigung, Billigung oder Genehmigung zwar vorliegt, das Unternehmen aber der Wahrheit zuwider behauptet, es halte die dort gestellten Bedingungen ein (vgl *Büllesbach,* Auslegung der irreführenden Geschäftspraktiken des Anhangs I der Richtline 2005/29/EG über unlautere Geschäftspraktiken, S 56 f).

2. Variante 1, Fall 1: Falsche Behauptung in Bezug auf Unternehmen oder Produkt

4.2 Die unwahre Behauptung, dass von einer öffentlichen oder privaten Stelle eine Bestätigung, Billigung oder Genehmigung erfolgt sei, kann sich auf das **Unternehmen** oder auf eine bestimmte **Ware** oder **Dienstleistung** beziehen. Insoweit weist dieser Tatbestand eine enge Verwandtschaft zu Nr 2 auf, die die Verwendung von Güte- und Qualitätszeichen ohne die erforderliche Zustimmung betrifft. Nicht selten werden beide Tatbestände zusammenfallen, wenn die unternehmens- oder produktbezogene Auszeichnung, beispielsweise der Hinweis auf eine erfolgte Zertifizierung, nicht nur verwendet, sondern gleichzeitig auch noch werbend auf sie hingewiesen wird. Der Tatbestand der Nr 4 ist freilich nur erfüllt, wenn es sich um eine ausdrückliche Behauptung handelt (vgl Anh zu § 3 III Rdn 1.3).

3. Variante 1, Fall 2: Falsche Behauptung in Bezug auf Verkaufsmaßnahme

4.3 Der Tatbestand der Nr 4 bezieht sich aber nicht nur auf Auszeichnungen für das Unternehmen oder für ein Produkt. Die unwahre Behauptung über die von einer öffentlichen oder staatlichen Stelle erfolgte Bestätigung, Billigung oder Genehmigung kann sich auch auf eine **Verkaufsförderungsmaßnahme** beziehen, so etwa, wenn fälschlich behauptet wird, der Räumungsverkauf sei bei der Industrie- und Handelskammer angemeldet worden, die Ziehung der angeblichen Gewinne sei unter Notaraufsicht erfolgt oder die Versteigerung sei vom Regierungspräsidium genehmigt.

4. Variante 2: Nicht eingehaltene Bedingungen

4.4 Die zweite Variante der Nr 4 betrifft den Fall, dass ein Unternehmen auf eine solche Bestätigung, Billigung oder Genehmigung hinweist, obwohl die **Bedingungen,** unter denen diese Bestätigung, Billigung oder Genehmigung, für das Unternehmen selbst, für ein Produkt oder für eine Verkaufsmaßnahme erteilt worden ist, **nicht vorliegen.** Eindeutig vom Tatbestand erfasst sind damit **zwei Fallkonstellationen,** in denen zu Unrecht werbend auf die Bestätigung, Billigung oder Genehmigung hingewiesen wird: (1) Die erteilende Stelle hat die Voraussetzungen für die Erteilung **geprüft** und bejaht, das Unternehmen wirbt dann aber mit dieser Bestätigung, Billigung oder Genehmigung, obwohl die Bedingungen für die Erteilung nicht (mehr) vorliegen, beispielsweise weil das Produkt, für das das GS-Zeichen („geprüfte Sicherheit") erteilt worden ist, in einem maßgeblichen Punkt verändert worden ist. (2) Die erteilende Stelle hat die Bestätigung, Billigung oder Genehmigung nur **unter dem Vorbehalt erteilt,** dass bestimmte Voraussetzungen erfüllt sind. Nun wird mit dieser Äußerung geworben, ohne dass die Bedingungen erfüllt sind.

4.5 Eine dritte Fallkonstellation fällt dagegen nicht unter den Tatbestand der Nr 4. Sie betrifft den Fall, dass die erteilende Stelle die **Bestätigung, Billigung oder Genehmigung zu Unrecht erteilt** hat. Auch in einem solchen Fall kommt grds eine Irreführung nach § 5 in Betracht. Dies hat der BGH noch zu § 3 UWG in der bis 2004 geltenden Fassung für den Fall eines zu Unrecht von einer Behörde erteilten GS-Zeichens entschieden (BGH GRUR 1998, 1043, 1044 – GS-Zeichen), freilich bezogen auf einen Fall, in dem das mit dem GS-Zeichen werbende Unternehmen von der Prüfstelle darauf hingewiesen worden war, dass sie bei der Erteilung möglicherweise von falschen Voraussetzungen ausgegangen war und deswegen die falschen Vorschriften herangezogen hätte. Ist aber die vergebende Stelle irrtümlich von falschen Voraussetzungen für die Erteilung der

Schwarze Liste Nr. 5 **Anh zu § 3 III**

Bestätigung, Billigung oder Genehmigung ausgegangen und werden diese – objektiv unrichtigen – Voraussetzungen erfüllt, entspricht das Unternehmen jedenfalls den Bedingungen, unter denen die Bestätigung, Billigung oder Genehmigung nun einmal erteilt worden ist. Damit ist der Tatbestand der Nr 4 in diesen Fällen nicht erfüllt. Auch eine entsprechende Anwendung scheidet vom Sinn und Zweck der Vorschrift aus (vgl Anh zu § 3 III Rdn 0.8).

Nr. 5 *(Bearbeiter: Bornkamm)*

Waren- oder Dienstleistungsangebote im Sinne des § 5a Abs. 3 zu einem bestimmten Preis, wenn der Unternehmer nicht darüber aufklärt, dass er hinreichende Gründe für die Annahme hat, er werde nicht in der Lage sein, diese oder gleichartige Waren oder Dienstleistungen für einen angemessenen Zeitraum in angemessener Menge zum genannten Preis bereitzustellen oder bereitstellen zu lassen (Lockangebote). Ist die Bevorratung kürzer als zwei Tage, obliegt es dem Unternehmer, die Angemessenheit nachzuweisen;

Die Regelung entspricht der Nr 5 des Anh I UGP-Richtlinie:

Aufforderung zum Kauf von Produkten zu einem bestimmten Preis, ohne dass darüber aufgeklärt wird, dass der Gewerbetreibende hinreichende Gründe für die Annahme hat, dass er nicht in der Lage sein wird, dieses oder ein gleichwertiges Produkt zu dem genannten Preis für einen Zeitraum und in einer Menge zur Lieferung bereitzustellen oder durch einen anderen Gewerbetreibenden bereitstellen zu lassen, wie es in Bezug auf das Produkt, den Umfang der für das Produkt eingesetzten Werbung und den Angebotspreis angemessen wäre (Lockangebote).

1. Allgemeines

Obwohl sich die Fälle der **unzureichenden Vorratshaltung** (dazu § 5 Rdn 8.1 ff) kaum für schematische Regelungen eignen (vgl § 5 Rdn 8.12 ff), enthält der Anh zu § 3 III ein Per-se-Verbot für derartige Fälle. Dabei ist allerdings auch der Gesetzgeber nicht ohne unbestimmte Begriffe ausgekommen, die einer **wertenden Ausfüllung** bedürfen („hinreichende Gründe für die Annahme", „diese oder gleichwertige Waren oder Dienstleistungen", „für einen angemessenen Zeitraum", „in angemessener Menge"). In einem Katalog, der sich gerade dadurch auszeichnet, dass die Wertungsmöglichkeit ausgeschlossen sein soll, stellt sich eine solche Bestimmung als Fremdkörper dar. – Im Hinblick auf ihre Bedeutung werden die Fälle unzureichender Vorratshaltung auch unter Berücksichtigung des Per-se-Verbots der Nr 5 **bei § 5 Kap 8 behandelt**. Im Rahmen dieser Kurzdarstellung wird daher jeweils auf die ausführlichere Kommentierung bei § 5 verwiesen.

5.1

2. Waren- oder Dienstleistungsangebote zu einem bestimmten Preis

Der Tatbestand der Nr 5 verwendet anders als die UGP-Richtlinie nicht den Begriff der **Aufforderung zum Kauf,** der in Art 2 lit i UGP-Richtlinie definiert ist. Statt dessen nimmt er auf § 5a III Bezug, wo der deutsche Gesetzgeber ebenfalls den Begriff der Aufforderung zum Kauf aus der entspr Bestimmung des Art 7 IV UGP-Richtlinie umschrieben hat. Ein sachlicher Unterschied ist damit nicht verbunden. Insbes verwendet die Richtlinie den Begriff „Kauf" nicht nur für den Warenkauf, sondern auch für den „Kauf" von Dienstleistungen. Ein **Waren- oder Dienstleistungsangebot iSd Nr 5** ist danach ein Angebot von Waren oder Dienstleistungen, das in einer dem verwendeten Kommunikationsmittel angemessenen Weise auf Merkmale und Preis des angebotenen Produkts hinweist, so dass der durchschnittliche Verbraucher das Geschäft abschließen kann. Der Sache nach entspricht dies dem Begriff der Aufforderung zum Kauf, wie er in Art 2 lit i UGP-Richtlinie definiert ist. Ausreichend ist also jede den Preis nennende werbende Information über ein Produkt; es muss sich nicht um ein Sonderangebot handeln. Freilich entstehen die Probleme mangelnder Bevorratung in der Praxis meist im Zusammenhang mit Sonderangeboten, weil sie idR eine besonders große Nachfrage auslösen. Ebenso wie das allgemeine Irreführungsverbot (§ 5 I 2 Nr 1; dazu § 5 Rdn 8.19 f) erfasst auch das Per-se-Verbot der Nr 5 die **mangelnde Verfügbarkeit angebotener Dienstleistungen** (Beispiel: Billigflüge).

5.2

3. Kern der Unlauterkeit: mangelnde Aufklärung

Der Tatbestand der Nr 5 stellt die **mangelnde Aufklärung** in den Mittelpunkt. Der Vorwurf der Unlauterkeit gründet sich also nicht auf die mangelnde Vorratshaltung selbst, sondern darauf,

5.3

dass der Kaufmann den Verbraucher hiervon nicht in Kenntnis setzt. Dies entspricht der bisherigen Rspr zu § 5 V UWG 2004: Es geht letztlich um Werbung (in Nr 5 als Waren- oder Dienstleistungsangebot umschrieben), deren Irreführungspotential hinsichtlich der vom Verbraucher erwarteten Warenverfügbarkeit durch aufklärende Hinweise neutralisiert werden kann (vgl BGH GRUR 2000, 911 – *Computerwerbung I;* BGH GRUR 2003, 163 – *Computerwerbung II*). Nr 5 postuliert also **keine uneingeschränkte Verpflichtung** des Kaufmanns, beworbene Ware in einem bestimmten Umfang **vorrätig zu halten.**

4. „Dieses oder ein gleichwertiges Produkt"

5.4 Die Regelung der Nr 5 enthält insofern eine Erleichterung für den Unternehmer, als er nicht unbedingt genau das beworbene Produkt entsprechend der erwarteten Nachfrage vorrätig halten muss; vielmehr reicht auch ein **gleichwertiges Produkt.** Die Erleichterung ist aber nur gering. Gleichwertig sind andere Produkte nur, wenn sie aus der Sicht des Verbrauchers **nach Preis und Qualität austauschbar** sind (vgl Begr RegE UWG 2008, BT-Drucks 16/10145 S 31). Damit wird der Unternehmer selten dienen können. Hat er ein Markenprodukt im Sonderangebot beworben, liegt dem häufig ein günstiger Einkauf zugrunde. Andere gleichwertige Markenprodukte wird er nicht ohne weiteres so günstig kalkulieren können. Keinesfalls kann man ihm gestatten, die durch ein besonders attraktives Angebot generierte Nachfrage nach Produkt A durch ein deutlich weniger attraktives Angebot von Produkt B zu befriedigen; denn das wäre der klassische Fall, der Ködertechnik (bait and switch), die in Nr 6 geregelt ist (vgl Begr RegE UWG 2008, BT-Drucks 16/10145 S 31).

5. Darlegungs- und Beweislast

5.5 Die verschlungene Formulierung der Nr 5 (mangelnde Aufklärung darüber, „dass der Unternehmer hinreichende Gründe für die Annahme hat, er werde nicht in der Lage sein …") erweckt den Eindruck, als ob dem Werbenden der Verstoß nur schwer bewiesen werden könnte. Der Sache nach geht es aber auch hier nur um die **mangelnde Aufklärung über die unzureichende Bevorratung der beworbenen Ware,** die nach den allgemeinen Grundsätzen dargelegt und bewiesen werden muss (s § 5 Rdn 3.23, 3.27, 8.12). Der **Gläubiger** braucht lediglich vorzutragen, dass der Warenvorrat unzureichend war und dass auf diesen Umstand auch nicht hinreichend hingewiesen worden ist. Nun muss der **Schuldner** darlegen, dass er keine Anhaltspunkte dafür gehabt hat, dass die Ware nicht ausreichen werde. Beispielsweise kann er darlegen, er habe angemessen disponiert, der Vorrat habe aber wegen einer unerwartet hohen Nachfrage nicht gereicht (vgl BGH GRUR 1987, 371, 372 – *Kabinettwein;* BGH GRUR 1989, 609, 610 – *Fotoapparate*), oder es seien unvorhergesehene, von ihm nicht zu vertretende Lieferschwierigkeiten eingetreten (s § 5 Rdn 8.14 mwN). Zur Darlegungs- und Beweislast hinsichtlich des angemessenen Zeitraums s Rdn 5.6 f und § 5 Rdn 8.12 ff.

6. Angemessener Zeitraum (Nr 5 S 2)

5.6 Welcher Zeitraum angemessen ist, bemisst sich nach der Art des Produktes. Sie ist naturgemäß bei schnell verderblicher Ware wesentlich kürzer bemessen als bei Anlagegütern. Eine feste Frist kann es unter diesen Umständen an sich nicht geben. Da auch die UGP-Richtlinie keine feste Frist enthält, war es dem deutschen Gesetzgeber auch verwehrt, eine solche vorzusehen. Dennoch hat der Gesetzgeber die in § 5 V 2 UWG 2004 vorgesehene **Zwei-Tages-Frist** („Angemessen ist im Regelfall ein Vorrat für zwei Tage, es sei denn, der Unternehmer weist Gründe nach, die eine geringere Bevorratung rechtfertigen") als Beweislastregel übernommen: „Ist die Bevorratung kürzer als zwei Tage, obliegt es dem Unternehmer, die Angemessenheit nachzuweisen" (Nr 5 S 2). Hiergegen bestehen keine Bedenken, weil die Regelung der Beweislast grds den Mitgliedstaaten überlassen ist und die Bestimmung der Nr 5 S 2 im Übrigen mit Art 12 lit a UGP-Richtlinie im Einklang steht.

5.7 Auch wenn die Zwei-Tages-Frist nur die Beweislast regelt, wirkt sie doch in vielen Grenzfällen wie eine feste Frist. Insbes wird es dem Unternehmer häufig schwer fallen darzutun, dass eine kürzere Frist als zwei Tage angemessen ist (vgl § 5 Rdn 8.13). Dies hat für den Unternehmer zur Konsequenz, dass er entsprechend aufklären muss, wenn er damit rechnet, dass der vorgesehene Vorrat vor Ablauf von zwei Tagen abverkauft sein wird. Umgekehrt muss der Gläubiger des Anspruchs die Angemessenheit einer längeren Frist dartun. Da die Frist von zwei Tagen für viele Güter unterhalb der Verbrauchererwartung liegt, darf die Bestimmung in Nr 5 S 2 nicht als

Regel verstanden werden, von der nur ausnahmsweise abgewichen werden kann. Auf eine längere Frist können vor allem die Art des Produkts sowie die Art der Werbung hinweisen (vgl § 5 Rdn 8.15 f).

7. Verhältnis zu § 5 UWG

Auch hier gilt die Regel, dass in einem **ersten Schritt** zu prüfen ist, ob ein Sachverhalt von dem **Tatbestand in Anh zu § 3 III** – hier Nr 5 – erfasst ist (s Anh zu § 3 III Rdn 0.5). Erst in einem zweiten Schritt stellt sich die Frage, ob der Sachverhalt unter § 5 I 2 Nr 1 (Verfügbarkeit der Ware oder Dienstleistung) fällt. Dabei ist abzusehen, dass für das allgemeine Verbot der Irreführung über die Verfügbarkeit von Waren oder Leistungen kaum noch ein eigenständiger Anwendungsbereich bleibt. Die Konsequenz ist, dass die **Erheblichkeitsschwelle** (Relevanz der Irreführung, dazu § 5 Rdn 2.169 ff) in diesen Fällen keine Rolle mehr spielt. Denn bei den Per-se-Verboten des Anh zu § 3 III gilt das Verbot, wenn die Merkmale dieses Tatbestands erfüllt sind (vgl Anh zu § 3 III Rdn 0.10).

5.8

Nr. 6 *(Bearbeiter: Bornkamm)*

Waren- oder Dienstleistungsangebote im Sinne des § 5 a Absatz 3 zu einem bestimmten Preis, wenn der Unternehmer sodann in der Absicht, stattdessen eine andere Ware oder Dienstleistung abzusetzen, eine fehlerhafte Ausführung der Ware oder Dienstleistung vorführt oder sich weigert zu zeigen, was er beworben hat, oder sich weigert, Bestellungen dafür anzunehmen oder die beworbene Leistung innerhalb einer vertretbaren Zeit zu erbringen;

Die Regelung entspricht der Nr 6 des Anh I UGP-Richtlinie:

Aufforderung zum Kauf von Produkten zu einem bestimmten Preis und dann
a) **Weigerung, dem Verbraucher den beworbenen Artikel zu zeigen, oder**
b) **Weigerung, Bestellungen dafür anzunehmen oder innerhalb einer vertretbaren Zeit zu liefern, oder**
c) **Vorführung eines fehlerhaften Exemplars**
in der Absicht, stattdessen ein anderes Produkt abzusetzen („bait-and-switch"-Technik).

1. „Ködern und Umlenken"

Mit dem Lockangeboten der Nr 5 sind die Fälle der Nr 6, für die die Richtlinie auch in der deutschen Fassung den Begriff **„Bait-and-Switch-Technik"** („bait and switch" lässt sich am besten mit „ködern und umlenken" übersetzen) verwendet, eng verwandt. Die „Bait-and-Switch-Technik" der Nr 6 unterscheidet sich von den Lockangeboten der Nr 5 in zwei Punkten: **(1)** Die Bevorratung oder Verfügbarkeit des beworbenen Produkts spielt keine Rolle. Stattdessen setzt der Händler andere Mittel ein, um den durch die Werbung angezogenen Verbraucher **von dem beworbenen** (Erst-)**Produkt abzubringen**. **(2)** Die ganze Aktion dient dazu, die Verbraucher **mit einem Produkt anzulocken,** um sie dann zu bewegen, **ein anderes** (Zweit-)**Produkt abzunehmen.**

6.1

In der deutschen Praxis haben derartige Fälle in der Vergangenheit bislang **keine Rolle** gespielt. Die zweite Komponente (Umlenken des Verbraucherinteresses auf ein anderes Produkt) steht zwar beim Tatbestand der Nr 5 und bei § 5 I 2 Nr 1 (Irreführung über die Verfügbarkeit der Waren oder Dienstleistungen), also beim Vorwurf der mangelnden Bevorratung beworbener Produkte, ebenfalls im Raum. Dort muss aber eine entsprechende Absicht nicht nachgewiesen werden.

6.2

2. Waren- oder Dienstleistungsangebote zu einem bestimmten Preis

Auch der Tatbestand der Nr 6 umschreibt den von der Richtlinie verwendeten Begriff der Aufforderung durch Kauf mit dem **Waren- und Dienstleistungsangebot iSv § 5 a III** (dazu Anh zu § 3 III Rdn 5.2).

6.3

3. Abhalten vom beworbenen Angebot

Der Tatbestand der Nr 6 nennt **drei Methoden,** mit denen der Unternehmer den Versuch unternimmt, den angelockten Verbraucher von dem beworbenen Angebot abzuhalten: **(1)** das

6.4

Anh zu § 3 III Nr. 7

Vorführen einer fehlerhaften Ausführung der Ware oder Dienstleistung, (2) die Weigerung, den beworbenen **Artikel zu zeigen,** sowie (3) die Weigerung, eine entsprechende **Bestellung entgegenzunehmen** oder innerhalb vertretbarer Zeit zu liefern. Eine dieser drei Möglichkeiten muss verwirklicht sein. Setzt der Unternehmer andere Mittel ein, stellt er beispielsweise die Nachteile des besonders günstigen (Erst-)Produkts heraus, das Gegenstand der Werbung war, und betont dabei die Vorteile eines anderen, teureren (Zweit-)Produkts, ist der Tatbestand der Nr 6 nicht verwirklicht.

4. Auf den Absatz eines anderen Produkts gerichtete Absicht

6.5 Mit der Absicht, das Interesse des angelockten Verbrauchers auf ein anderes (möglicherweise teureres) (Zweit-)Produkt umzulenken, enthält der Tatbestand der Nr 6 ein **subjektives Element,** das dennoch keine großen Schwierigkeiten bereiten wird, wenn die sonstigen Tatbestandsmerkmale (Aufforderung zum Kauf, Abhalten vom beworbenen Angebot, Umlenkung des Interesses des Verbrauchers auf ein Zweitprodukt) vorliegen. Denn aus diesen **objektiven Umständen** wird man idR **auf eine entsprechende Absicht schließen** können. Werden keine anderen plausiblen Gründe ins Feld geführt, liegt die Absicht auf der Hand, wenn ein Kaufmann nicht bereit ist, einem Kaufinteressenten die beworbene Ware vorzuführen, wenn er sich weigert, Bestellungen entgegenzunehmen, oder wenn er ein fehlerhaftes Exemplar der beworbenen Ware vorführt, um anschließend dem Interessenten den Erwerb eines anderen Produkts nahezulegen.

6.6 Das Merkmal der Absicht ist nur erfüllt, wenn derjenige, der die Kaufforderung ausspricht, und derjenige, der den angelockten Verbraucher umlenkt, **identisch sind oder auf Grund eines gemeinsamen Plans handeln.** Nicht vom Tatbestand der Nr 6 erfasst ist also eine Fallkonstellation, wie sie in ähnlicher Form der Entscheidung „Weltreiterspiele" des BGH zugrunde lag (GRUR 2007, 991). Der Uhrenhersteller Rolex wirbt aus Anlass der Weltreiterspiele unter Angabe des empfohlenen Preises (im BGH-Fall enthielt die Werbung keine Preisangabe) für das Uhrenmodell „Rolex GMT-Master II", das nur auf Bestellung hergestellt wird und für das eine Lieferfrist von zwei Jahren besteht. Sucht ein Kaufinteressent einen Vertragshändler von Rolex auf und erfährt er von der langen Warteliste (Weigerung innerhalb vertretbarer Zeit zu liefern), wird er uU für das Angebot anderer, sofort lieferbarer Uhren von Rolex oder anderer Hersteller empfänglich sein. Die Werbung mit der Kaufaufforderung stammt nicht von dem Händler, der in dieser Situation das Kaufinteresse auf ein sofort lieferbares Modell umleitet. In einer solchen Situation kann nicht davon ausgegangen werden, dass bereits bei der Kaufforderung die Absicht verfolgt wurde, das geweckte Interesse auf andere Modelle umzulenken.

Nr. 7 *(Bearbeiter: Bornkamm)*

die unwahre Angabe, bestimmte Waren oder Dienstleistungen seien allgemein oder zu bestimmten Bedingungen nur für einen sehr begrenzten Zeitraum verfügbar, um den Verbraucher zu einer sofortigen geschäftlichen Entscheidung zu veranlassen, ohne dass dieser Zeit und Gelegenheit hat, sich auf Grund von Informationen zu entscheiden;

Die Regelung entspricht der Nr 7 des Anh I UGP-Richtlinie:

Falsche Behauptung, dass das Produkt nur eine sehr begrenzte Zeit oder nur eine sehr begrenzte Zeit zu bestimmten Bedingungen verfügbar sein werde, umso den Verbraucher zu einer sofortigen Entscheidung zu verleiten, so dass er weder Zeit noch Gelegenheit hat, eine informierte Entscheidung zu treffen.

1. Allgemeines

7.1 Bei diesem Tatbestand handelt es sich um einen klassischen Fall der Irreführung, in dem der Verbraucher **durch Täuschung verleitet** wird, **sofort eine Kaufentscheidung zu treffen.** Die mit einer solchen Situation verbundene starke Anlockwirkung macht das Verhalten für sich genommen noch nicht unlauter. Anders verhält es sich, wenn der Zeitdruck in Wirklichkeit nicht besteht und dem Verbraucher nur vorgetäuscht wird.

2. Unwahre Angabe

7.2 Der Tatbestand setzt eine **ausdrückliche Behauptung** voraus (vgl Anh zu § 3 III Rdn 1.4), die **objektiv unrichtig** ist. Bei den Tatbeständen des Anhangs zu § 3 III wird klar unterschieden zwischen den Fällen, in denen eine „unwahre Angabe" erforderlich ist (vgl Nr 1, 3, 4, 7, 12, 15, 18 und 19), und den Fällen eine „unwahre Angabe oder das Erwecken des unzutreffenden Eindrucks" verlangt wird (vgl die Nr 9, 10, 17, 23 und 24), so dass immer dann, wenn ein Tatbestand nur von der „unwahren Angabe" spricht, eine ausdrückliche Äußerung gemeint ist. Ist die Aussage objektiv zutr, wird sie aber vom Verkehr falsch verstanden, reicht das für die Erfüllung dieses Tatbestands ebenfalls nicht aus.

3. „Sehr begrenzte Zeit"

Der Gesetzeswortlaut stellt in Übereinstimmung mit dem Text der Richtlinie darauf ab, dass der Zeitraum, innerhalb dessen das Angebot gilt, nicht nur begrenzt, sondern sehr begrenzt sein muss. Dies bedeutet, dass der Zeitraum – etwa eines Sonderangebots – **unter dem Zeitrahmen** liegen muss, der **für ein derartiges Angebot üblich** ist. Besteht beispielsweise im Lebensmittelhandel die Übung, die Geltung eines Sonderangebots auf eine Woche zu erstrecken, ist ein Angebot für ein oder zwei Tage „sehr begrenzt". Dies bedeutet umgekehrt, dass bei einer Geltung des Sonderangebots von einer Woche oder darüber der Tatbestand der Nr 7 noch nicht verwirklicht ist, wenn ein Lebensmittelhändler eine der für das Sonderangebot im Preis herabgesetzten Waren auch danach noch für den günstigen Sonderangebotspreis anbietet. 7.3

4. „Umso den Verbraucher zu einer sofortigen Entscheidung zu verleiten"

Aus der Formulierung wird deutlich, dass der Kaufmann mit der zeitlichen Begrenzung des Angebots bereits die **Absicht** verfolgen muss, den **Verbraucher zu einer sofortigen Entscheidung zu veranlassen** (vgl *Büllesbach,* Auslegung der irreführenden Geschäftspraktiken des Anhangs I der Richtline 2005/29/EG über unlautere Geschäftspraktiken, S 70). Dies eröffnet dem Kaufmann die Möglichkeit, sich in geeigneten Fällen damit zu verteidigen, der Preis sei nach Ablauf der Frist versehentlich nicht wieder heraufgesetzt worden (etwa bei einer Vielzahl von Angeboten im Lebensmittelhandel), oder deswegen, weil sich herausgestellt habe, dass der höhere Preis im Markt nicht durchzusetzen sei. Auch im Falle einer **nachträglichen Verlängerung des Sonderangebots** (beispielsweise wird im Speisewagen die „Happy Hour" verlängert, in der Getränke zum halben Preis erworben werden können) ist dieser Tatbestand nicht anwendbar. 7.4

5. Keine Gelegenheit, sich auf Grund von Informationen zu entscheiden

Der Tatbestand der Nr 7 verlangt als **weitere Einschränkung** zusätzlich, dass der Verbraucher weder Zeit noch Gelegenheit hat, sich **auf Grund von Informationen zu entscheiden**. Die Einschränkung bedeutet, dass der Tatbestand auf Sachverhalte keine Anwendung findet, in denen sich der Verbraucher auch innerhalb kurzer Zeit auf Grund von Informationen entscheiden kann. Auch wenn das Sonderangebot im Speisewagen oder in der Hotelbar nur eine Stunde gilt („Happy Hour"), ist eine wohlüberlegte und auf ausreichenden Informationen beruhende Entscheidung des Verbrauchers möglich. Ebenso verhält es sich bei Waren des täglichen Bedarfs; für den Entschluss, sie zu erwerben, braucht es keiner langen Überlegungszeit. 7.5

Nr. 8 *(Bearbeiter: Bornkamm)*

Kundendienstleistungen in einer anderen Sprache als derjenigen, in der die Verhandlungen vor dem Abschluss des Geschäfts geführt worden sind, wenn die ursprünglich verwendete Sprache nicht Amtssprache des Mitgliedstaats ist, in dem der Unternehmer niedergelassen ist; dies gilt nicht, soweit Verbraucher vor dem Abschluss des Geschäfts darüber aufgeklärt werden, dass diese Leistungen in einer anderen als der ursprünglich verwendeten Sprache erbracht werden;

Die Regelung entspricht der Nr 8 des Anh I UGP-Richtlinie:

Verbrauchern, mit denen der Gewerbetreibende vor Abschluss des Geschäfts in einer Sprache kommuniziert hat, bei der es sich nicht um eine Amtssprache des Mitgliedstaats handelt, in dem der Gewerbetreibende niedergelassen ist, wird eine nach Abschluss des Geschäfts zu erbringende Leistung zugesichert, diese Leistung wird anschließend aber nur in einer anderen Sprache erbracht, ohne dass der Verbraucher eindeutig hierüber aufgeklärt wird, bevor er das Geschäft tätigt.

1. Allgemeines

8.1 Der Tatbestand der Nr 8 bringt die Vorgabe, die die UGP-Richtlinie liefert, mit dem **Begriff der Kundendienstleistung** auf die richtige Spur. Der entsprechende Tatbestand der UGP-Richtlinie (Anh I Nr 8) gehört aus der deutscher Sicht eher zu den **skurrilen Verboten**, die die „Schwarze Liste" bereithält. Denn es ist aus der deutschen Fassung der Richtlinie nicht erkennbar, welche von mehreren möglichen Fallkonstellationen der Tatbestand erfassen möchte. Auch hier soll es sich um den Unterfall einer Irreführung handeln. Es geht darum, dass etwa der deutsche Verbraucher, der mit einem ausländischen Unternehmer in seiner eigenen Sprache verhandelt hat, im Unklaren darüber gelassen wird, dass eine vertraglich geschuldete Leistung in einer anderen Sprache als deutsch erbracht werden wird. Dabei ist es nach dem Wortlaut von Nr 8 unerheblich, was im Vertrag hinsichtlich der Sprache vereinbart worden ist. Auch wenn sich aus dem Vertrag ergibt, dass der Unternehmer die Leistung in seiner Sprache erbringen kann, kann der Tatbestand der Nr 8 erfüllt sein. Aus dem Verbot führt nur die Aufklärung darüber, dass die fragliche Leistung nur in fremder Sprache erbracht wird.

2. Kundendienstleistungen

8.2 Nicht aus der deutschen, sehr wohl aber aus der englischen („after sales service") und aus der französischen Textfassung („service après-vente") der Richtlinie ergibt sich unmissverständlich, dass es bei dieser Bestimmung **allein um Kundendienstleistungen** geht, also um Serviceleistungen, die **nach Erfüllung eines Kaufvertrags** erbracht werden sollen (zum Begriff des Kundendienstes § 5 Rdn 6.36). Dementsprechend verwendet das UWG 2008 den Begriff der Kundendienstleistungen und macht damit deutlich, dass um eine Leistung nach Vertragsschluss geht, die in einer anderen Sprache erbracht wird als der, mit der der Verbraucher auf Grund der Vertragsverhandlungen rechnet.

8.3 Der Tatbestand der Nr 8 regelt damit doch ein **bekanntes Phänomen,** wie sich an folgendem Beispiel aufzeigen lässt: Ein deutscher Verbraucher hat in deutscher Sprache per Telefon oder im Internet bei einem Unternehmen mit Sitz in Irland ein Notebook bestellt. Zum Umfang der vertraglich geschuldeten Leistung gehört eine Hotline, die der Käufer im Falle von Bedienungsschwierigkeiten anrufen kann. Als der Käufer sich bei der Hotline meldet, stellt sich heraus, dass der Kundendienst nur in englischer Sprache angeboten wird, worauf der Käufer vor Vertragsschluss nicht hingewiesen worden ist.

3. Nicht erfasst: Im Rahmen der Vertragserfüllung geschuldete Leistungen

8.4 **Sprachliche Schwierigkeiten,** die sich **im Rahmen der Vertragserfüllung** ergeben, werden vom Tatbestand der Nr 8 nicht erfasst, weil es sich nicht um Kundendienstleistungen („after sales service") handelt (zum Begriff des Kundendienstes § 5 Rdn 6.36). Kein Fall der Nr 8 liegt beispielsweise vor, wenn der elsässische Bauunternehmer dem Bauherrn in Freiburg, mit dem er in deutscher Sprache verhandelt hat, lauter Bauhandwerker schickt, die kein deutsch können und sich daher weder mit dem Architekt noch mit dem Bauherrn verständigen können. Ebenfalls kein Fall von Nr 8 ist gegeben, wenn die **Bedienungsanleitung** oder die Garantiebedingungen des in Irland bestellten Notebook in Englisch abgefasst sind.

4. Keine Verpflichtung zu Kundendienstleistungen in bestimmter Sprache

8.5 Dem Tatbestand der Nr 8 kann man **keine Verpflichtung** der Unternehmen entnehmen, Kundendienstleistungen in der Sprache zu erbringen, in der sie mit den Kunden verhandelt haben. Sie müssen lediglich den Käufer vor Vertragsschluss darüber **aufklären,** dass der zugesagte Kundendienst in einer anderen als der bei den Vertragsverhandlungen verwendeten Sprache erbracht wird.

Nr. 9 *(Bearbeiter: Bornkamm)*

die unwahre Angabe oder das Erwecken des unzutreffenden Eindrucks, eine Ware oder Dienstleistung sei verkehrsfähig.

Die Regelung entspricht der Nr 9 des Anh I UGP-Richtlinie:

Behauptung oder anderweitige Herbeiführung des Eindrucks, ein Produkt könne rechtmäßig verkauft werden, obgleich dies nicht der Fall ist.

Schwarze Liste   Nr. 9   **Anh zu § 3 III**

Schrifttum: *v Jagow,* Auswirkungen der UWG-Reform 2008 auf die Durchsetzung wettbewerbsrechtlicher Ansprüche im Gesundheitsbereich, GRUR 2010, 190; *Leible,* Auswirkungen der UWG-Reform 2008 auf die Durchsetzung wettbewerbsrechtlicher Ansprüche im Gesundheitsbereich – Die Bedeutung der „black list", GRUR 2010, 183.

1. Allgemeines

Einem Produkt, das nicht rechtmäßig in Verkehr gebracht werden darf, fehlt die Verkehrsfähigkeit. Die Bestimmung betrifft also die **Irreführung hinsichtlich der Verkehrsfähigkeit** einer Ware oder Dienstleistung (vgl § 5 Rdn 4.87). Es unterliegt keinem Zweifel, dass ein Unternehmen weder behaupten noch sonst den Eindruck erwecken darf, eine von ihm beworbene oder zum Verkauf angebotene Ware sei verkehrsfähig, wenn dies nicht der Fall ist. 9.1

Da es sich bei Verboten, ein bestimmtes Produkt in Verkehr zu bringen, um Marktverhaltensregeln handelt, wird die Frage diskutiert, ob es sich bei Nr 9 um einen **verdeckten Rechtsbruchtatbestand** (§ 4 Nr 11) handelt (vgl *Leible* GRUR 2010, 183, 185 f.). Das ist schon deshalb zu verneinen, weil Nr 9 dann ausgeschlossen ist, wenn nicht der Eindruck der Verkehrsfähigkeit erweckt wird (vgl auch *v Jagow* GRUR 2010, 190, 192 f). 9.2

2. Tatbestand

a) **Erwecken des unzutreffenden Eindrucks.** Auch für den Tatbestand der Nr 9 reicht es aus, wenn der Unternehmer den **unzutreffenden Eindruck erweckt,** die angebotene Ware sei verkehrsfähig (vgl Anh zu § 3 III Rdn 1.4). Im Übrigen gehört nicht viel dazu, beim Verbraucher den Eindruck zu erwecken, das angebotene Produkt sei verkehrsfähig. Denn dies wird der Verbraucher in aller Regel schon deswegen annehmen, weil das Produkt zum Verkauf angeboten wird. Stellt der Unternehmer diesen Irrtum nicht richtig und weist er nicht ausdrücklich auf das Fehlen der Verkehrsfähigkeit (zB der Betriebserlaubnis) hin, ist der Tatbestand der Nr 9 erfüllt. Ein teilweise im Schrifttum (Harte/Henning/*Weidert* Anh § 3 III Nr 9 Rdn 8) verlangtes aktives Tun wird in einem solchen Fall schon im Angebot des nicht verkehrsfähigen Produkts liegen (*Leible* GRUR 2010, 183, 185). 9.3

b) **Fehlende Verkehrsfähigkeit.** Das Fehlen der Verkehrsfähigkeit muss sich generell **auf das Produkt beziehen.** Nicht ausreichend ist es daher, wenn etwa ein Nichtapotheker apothekenpflichtige Arzneimittel verkauft. Denn das Produkt kann rechtmäßig in Verkehr gebracht werden (*Leible* GRUR 2010, 183, 188; Harte/Henning/*Weidert* Anh § 3 III Nr 9 Rdn 12). Ähnlich verhält es sich mit Waffen, deren Inverkehrbringen – anders als bspw das Inverkehrbringen von Atomwaffen (§ 17 I Nr 1 KrWaffG) – nicht generell verboten ist, die vielmehr nur von bestimmten Personen (Waffenhändler) und nur an bestimmte Personen (Inhaber von Waffenscheinen) verkauft werden dürfen (§ 2 III WaffG; Harte/Henning/*Weidert* Anh § 3 III Nr 9 Rdn 13; aA *Leible* GRUR 2010, 183, 188). 9.4

Worauf das **Fehlen der Verkehrsfähigkeit beruht,** spielt im Rahmen dieser Bestimmung keine Rolle. Die Anwendung von Nr 9 ist entgegen der Auffassung *v Jagows* (GRUR 2010, 190, 192) nicht beschränkt auf Fälle, in denen das Fehlen der Verkehrsfähigkeit auf einer **Irreführung** oder auf vergleichbaren Gründen beruht Das Beispiel des Sichtfeldgebots des § 3 III LMKV, das *v Jagow* anführt, überzeugt im Übrigen nicht; denn die Verpflichtung, die Verkehrsbezeichnung des Produkts, das Mindesthaltbarkeitsdatum, ggf den Alkoholgehalt und Füllmengenangabe „leicht verständlich, deutlich lesbar und unverwischbar" in einem Sichtfeld anzugeben, soll es zumindest auch dem Verbraucher erleichtern, notwendige Informationen aufzunehmen und damit Fehlvorstellungen vorzubeugen. Allein der Umstand, dass das Produkt nicht in Verkehr gebracht werden darf, ist für den Verbraucher von Interesse (vgl hierzu auch *Leible* GRUR 2010, 183, 185 f). 9.5

Die Anwendbarkeit der Nr 9 ist – entgegen der Auffassung von *Leible* (GRUR 2010, 183, 186 f) – aber auch nicht umgekehrt gerade in den Fällen ausgeschlossen, in denen das Fehlen der Verkehrsfähigkeit auf dem **Verstoß gegen eine die Entscheidungsfreiheit des Verbrauchers sichernde Vorschrift** beruht. *Leible* führt als Beispiel den Fall an, dass ein billiger Fusel fälschlich als Qualitätswein gekennzeichnet ist, was nach § 25 WeinG zum Verlust der Verkehrsfähigkeit führt. In diesem Fall mag das Verbot, gegen das verstoßen wurde, nicht dem Schutz der Gesundheit, sondern dem Schutz einer informationsgeleiteten Verbraucherentscheidung dienen. Es ist aber kein vernünftiger Grund erkennbar, warum gerade in diesem Fall das Per-se-Verbot der Nr 9 nicht gelten sollte. 9.6

9.7 **c) Fehlende Verkehrsfähigkeit in anderen Mitgliedstaaten.** Wird der Eindruck erweckt, ein Produkt sei verkehrsfähig, bezieht sich diese Angabe idR **nicht auf alle Mitgliedstaaten,** sondern nur auf den Mitgliedstaat, in dem das fragliche Produkt angeboten und beworben wird. Das Fehlen eines Hinweises, dass die Verkehrsfähigkeit in anderen Mitgliedstaaten möglicherweise eingeschränkt ist, kann im Allgemeinen nicht verlangt werden (vgl *Büllesbach* Auslegung der irreführenden Geschäftspraktiken des Anhangs I der Richtline 2005/29/EG über unlautere Geschäftspraktiken, S 75 f). Es bestehen so vielfältige Einschränkungen der generellen Verkehrsfähigkeit (Arzneimittelzulassung, unterschiedlicher Patent-, Marken- oder Musterschutz, Warnhinweise in verschiedenen Sprachen etc), dass der Verbraucher nicht ohne weiteres von einer allgemeinen Verkehrsfähigkeit in allen Mitgliedstaaten ausgehen kann. Für ihn ist die Verkehrsfähigkeit in anderen Mitgliedstaaten auch nur von eingeschränktem Interesse.

3. Beispiele

9.8 Neben den bereits angeführten Beispielen (§ 3 III LMKV, § 25 WeinG, § 17 I Nr 1 KrWaffG) gibt es eine **Vielzahl anderer Gründe,** die zum **Fehlen der Verkehrsfähigkeit** führen können, bspw die Verbote des Inverkehrbringens nicht zugelassener Arzneimittel (§ 21 I 1 AMG), von Lebensmitteln ohne das erforderliche Mindesthaltbarkeitsdatum (§ 3 I Nr 4 LMKV), von Medizinprodukten ohne CE-Kennzeichnung (§ 6 I MPG), von gesundheitsschädlichen Stoffen als Lebensmittel (§ 5 II Nr 1 LFGB), von Lebensmitteln (§ 11 I LFGB) oder von Kosmetika (§ 27 I LFGB) unter irreführender Bezeichnung, von neuartigen Lebensmitteln ohne die erforderliche Genehmigung (§ 3 I Neuartige-Lebensmittel-VO iVm Art 3, 4 Novel-Food-VO).

Nr. 10 *(Bearbeiter: Bornkamm)*

die unwahre Angabe oder das Erwecken des unzutreffenden Eindrucks, gesetzlich bestehende Rechte stellten eine Besonderheit des Angebots dar;

Die Regelung entspricht der Nr 10 des Anh I UGP-Richtlinie:

Den Verbrauchern gesetzlich zugestandene Rechte werden als Besonderheit des Angebots des Gewerbetreibenden präsentiert.

10.1 Der Tatbestand der Nr 10 betrifft einen Fall der **irreführenden Werbung mit Selbstverständlichkeiten** (vgl § 5 Rdn 2.115 ff). Dadurch, dass der Unternehmer die dem Verbraucher von Gesetzes wegen zustehenden Rechte – wie zB Widerrufs- oder Gewährleistungsrechte – als eine Besonderheit, als eine kennzeichnende Eigenschaft („distinctive feature", „une caractéristique propre") seines Angebots herausstreicht, erweckt es den unzutreffenden Eindruck, sein Angebot zeichne sich gegenüber den Angeboten seiner Wettbewerber durch diese Besonderheit aus (vgl *Büllesbach* Auslegung der irreführenden Geschäftspraktiken des Anhangs I der Richtline 2005/29/EG über unlautere Geschäftspraktiken, S 78 f). Der Tatbestand ist dagegen nicht erfüllt, wenn der Unternehmer nur auf die gesetzlich verbrieften Rechte hinweist. Werden die den Verbrauchern von Rechts wegen zustehenden Rechte in der Werbung hervorgehoben, werden sie regelmäßig als Besonderheit des Angebots präsentiert.

Nr. 11 *(Bearbeiter: Köhler)*

der vom Unternehmer finanzierte Einsatz redaktioneller Inhalte zu Zwecken der Verkaufsförderung, ohne dass sich dieser Zusammenhang aus dem Inhalt oder aus der Art der optischen oder akustischen Darstellung eindeutig ergibt (als Information getarnte Werbung);

Die Regelung entspricht der Nr 11 des Anh I UGP-Richtlinie:

Es werden redaktionelle Inhalte in Medien zu Zwecken der Verkaufsförderung eingesetzt und der Gewerbetreibende hat diese Verkaufsförderung bezahlt, ohne dass dies aus dem Inhalt oder aus den für den Verbraucher klar erkennbaren Bildern und Tönen eindeutig hervorgehen würde (als Information getarnte Werbung). Die Richtlinie 89/552/EWG[1)] bleibt davon unberührt.

[1)] **Amtl Anm:** Richtlinie 89/552/EWG des Rates vom 3. Oktober 1989 zur Koordinierung bestimmter Rechts- und Verwaltungsvorschriften der Mitgliedstaaten über die Ausübung der Fernsehtätigkeit (ABl L 298 vom 17. 10. 1989 S 23). Geändert durch die Richtlinie 97/36/EG des Europäischen Parlaments und des Rates (ABl L 202) vom 30. 7. 1997, S 60).

Nr. 11　**Anh zu § 3 III**

1. Allgemeines

Die Vorschrift setzt voraus, dass (1) redaktionelle Inhalte in Medien zu Zwecken der Verkaufs- 11.1
förderung eingesetzt werden, (2) der Unternehmer diese Verkaufsförderung finanziert hat und
(3) dies weder aus dem Inhalt noch aus klar erkennbaren Bildern und Tönen eindeutig hervorgeht. Sie regelt damit eine wichtige Erscheinungsform der getarnten Werbung, nämlich die **„als Information getarnte Werbung"**, die im deutschen Lauterkeitsrecht traditionell als „redaktionelle Werbung" bezeichnet wird (vgl § 4 Rdn 3.20 ff). Zu den Medien gehören insbes Presse, Rundfunk, Telemedien, Internet und Film. Der Verbraucher (Leser, Hörer, Zuschauer) erwartet im redaktionellen Teil eine objektiv-kritische, nicht von fremden unternehmerischen Interessen geleitete Information. Er misst daher einem redaktionellen Beitrag, der Äußerungen über ein Unternehmen oder seine Produkte enthält, regelmäßig größere Beachtung bei und steht ihm weniger kritisch gegenüber, als wenn es sich um eine Werbung des betreffenden Unternehmens handelt. Aus diesem Grund kann die als Information getarnte Werbung weitaus wirksamer sein als eine Werbung, die als solche erkennbar ist. Der Verbraucher wird aber in seiner Erwartung einer redaktionellen Berichterstattung getäuscht, wenn ihm stattdessen bezahlte Werbung nahe gebracht wird.

2. „Redaktionelle Inhalte"

Redaktionelle Inhalte setzen ein Medium zur Verbreitung von Informationen voraus. Zu den 11.2
Medien gehören nicht nur die Printmedien (Presse), sondern auch die elektronischen Medien, insbes Hörfunk, Fernsehen, Film, Telemedien und Internet, soweit sie einen **„redaktionellen"** Teil aufweisen, also eine Berichterstattung und Auseinandersetzung über Themen von allgemeinem Interesse durch eine unabhängige und neutrale Redaktion als Beitrag zur Unterrichtung und Meinungsbildung enthalten. Ein Beitrag hat einen **redaktionellen Inhalt,** wenn er seiner Gestaltung nach als objektive neutrale Berichterstattung durch das Medienunternehmen selbst erscheint (ebenso OLG Düsseldorf WRP 2009, 1155 und WRP 2009, 1311, 1312). Ob der Beitrag vom werbenden Unternehmen selbst verfasst und vom Redakteur übernommen wurde oder ob der Redakteur ihn verfasst hat, ist unerheblich (offengelassen von OLG München WRP 2010, 161). Eine „als Information getarnte Werbung" liegt dann vor, wenn der redaktionelle Inhalt **Werbung** für ein Unternehmen oder seine Waren oder Dienstleistungen enthält und damit der Verkaufsförderung dient. Die Werbung kann sich insbes in Gestalt einer lobenden Berichterstattung zeigen. Nicht erfasst ist dagegen der Fall, dass der Unternehmer einen Interviewpartner eines Journalisten bezahlt, damit dieser getarnte Werbung betreibt. Insoweit bleibt § 4 Nr 3 anwendbar.

3. Einsatz zu Zwecken der Verkaufsförderung

Der Begriff der Verkaufsförderung ist **weit** auszulegen. Er umfasst alle Maßnahmen, die 11.3
unmittelbar oder mittelbar dazu dienen, den Absatz der Waren oder Dienstleistungen eines Unternehmens zu fördern. Dazu kann auch eine bloße **Aufmerksamkeitswerbung,** wie etwa die Erwähnung des Namens eines Unternehmens oder Produkts oder das **Product Placement** gehören (Begr RegE UWG 2008 zu Nr 11, BT-Drucks 16/10145 S 32). Ein Einsatz zu Zwecken der Verkaufsförderung ist dann anzunehmen, wenn ein Unternehmer die Absicht hat, mittels des bezahlten redaktionellen Beitrags den Absatz seiner Waren oder Dienstleistungen zu fördern. Von einer solchen Absicht ist stets auszugehen, wenn der Beitrag objektiv eine Werbung enthält. Eine gleichzeitige Verkaufsförderungsabsicht des Medienunternehmens oder des für den Beitrag verantwortlichen Redakteurs ist nicht erforderlich, ist aber anzunehmen, wenn sie dafür eine Bezahlung annehmen. Ob der zuständige Redakteur den Beitrag selbst verfasst oder (ggf sogar ungelesen) von dem werbenden Unternehmen übernommen hat, ist unerheblich.

4. Finanzierung durch den Unternehmer

Der Unternehmer muss den redaktionellen Inhalt **finanziert** haben. Dieser Begriff ist, um 11.4
Gesetzesumgehungen vorzubeugen, weit auszulegen (aA Harte/Henning/*Frank* § 4 Nr 3 Rdn 21). Es fällt darunter jede Gegenleistung, sei es in Geld, sei es in Form von Waren oder Dienstleistungen oder sonstigen Vermögenswerten (ebenso OLG Hamburg WRP 2010, 1183,

1184). Dazu kann auch das Versprechen eines Anzeigenauftrags gehören. Die Problematik der Anwendung der Vorschrift besteht nur im **Nachweis** einer „Finanzierung". Denn weder der zahlende Unternehmer noch der bezahlte Medienunternehmer oder der verantwortliche Redakteur haben ein Interesse daran, die Finanzierung publik zu machen. Die bloße Tatsache, dass ein Unternehmen in dem Medium gleichzeitig regulär, zB mittels Anzeigen, wirbt, lässt noch keinen Rückschluss zu, dass dies ein Entgelt für eine redaktionelle Werbung darstellt (ebenso OLG Hamburg WRP 2010, 1183, 1184). Lässt sich der Nachweis einer Finanzierung nicht führen, so greift Nr 11 nicht ein. Jedoch kann dann immer noch § 4 Nr 3 anwendbar sein, da insoweit dieser Nachweis nicht zwingend erforderlich ist.

5. Keine eindeutige Erkennbarkeit des Werbecharakters des redaktionellen Inhalts

11.5   Zu einer Irreführung des Verbrauchers kommt es nicht, wenn der Werbecharakter des redaktionellen Beitrags für den Verbraucher eindeutig erkennbar ist. Die Erkennbarkeit kann sich unmittelbar aus dem **Inhalt** ergeben. Bei schriftlichen Beiträgen kann dies durch die Kennzeichnung als „Anzeige" oder durch einen vergleichbaren Begriff geschehen. Die Kennzeichnung muss aber derart sein, dass beim situationsadäquat aufmerksamen Durchschnittsleser kein Zweifel am werblichen Charakter des Beitrags aufkommen kann(ebenso OLG Hamburg WRP 2010, 1183, 1184). Es genügt also nicht, den Hinweis an versteckter Stelle oder kaum lesbar anzubringen oder lediglich einen Hinweis auf die Adresse des geförderten Unternehmens zu geben. **Beispiel:** Nicht ausreichend ist die Abtrennung des Beitrags durch einen vertikalen Strich und die kontrastarm in weißer Schrift auf hellem Hintergrund in kleiner Schrift angebrachte Kennzeichnung mit dem Wort „Werbung" (OLG Düsseldorf WRP 2009, 1155). Bei Beiträgen in Bild und/oder Ton kann der werbliche Charakter auch durch „für den Verbraucher klar erkennbare Bilder und Töne" erfolgen, etwa durch vorherige Einblendung des Begriffs „Werbung" oder durch Verlesen eines entsprechenden Textes.

11.6   Die Erkennbarkeit setzt, obwohl der Wortlaut der Vorschrift insoweit nicht eindeutig ist, keine Unterrichtung des Verbrauchers darüber voraus, dass ein bestimmter Unternehmer für die redaktionelle Werbung bezahlt hat und was gezahlt worden ist. Es genügt, dass der Beitrag nicht eindeutig als Werbung kenntlich gemacht wurde.

6. Spezialregelungen

11.7   Nach S 2 der Nr 11 Anh I UGP-Richtlinie bleibt die **Fernsehrichtlinie** 89/552/EG von der Regelung in S 1 unberührt. Da damit lediglich dem Art 3 IV UGP-Richtlinie Rechnung getragen wird, brauchte der Gesetzgeber diese Regelung nicht zu übernehmen (vgl Begr RegE UWG 2008 zu Nr 11, BT-Drucks 16/10145 S 32). Die Fernsehrichtlinie wurde mittlerweile abgelöst durch die **Richtlinie über audiovisuelle Mediendienste** 2010/13/EU v 10. 3. 2010. Nach **Art 9 I lit a S 1** dieser Richtlinie muss audiovisuelle Kommunikation leicht als solche erkennbar sein und nach **Art 19 I** müssen Fernsehwerbung und Teleshopping als solche leicht erkennbar und vom redaktionellen Inhalt unterscheidbar sein. Ferner müssen Fernsehwerbung und Teleshopping durch optische und/oder akustische und/oder räumliche Mittel eindeutig von anderen Sendungsteilen abgesetzt sein. Zu den entsprechenden Regelungen im deutschen Recht vgl § 7 III RStV (dazu § 4 Rdn 3.38 ff). Diese Regelungen gehen weiter als Nr 11, weil sie nicht den Nachweis der Bezahlung der getarnten Werbung voraussetzen.

7. Kreis der Verantwortlichen

11.8   Für einen Verstoß gegen Nr 11 iVm § 3 III sind nicht nur die Unternehmen verantwortlich, die diese Werbung finanziert haben, sondern als Teilnehmer auch das Medienunternehmen oder der zuständige Redakteur, die sich haben bezahlen lassen.

Nr. 12 *(Bearbeiter: Bornkamm)*

   unwahre Angaben über Art und Ausmaß einer Gefahr für die persönliche Sicherheit des Verbrauchers oder seiner Familie für den Fall, dass er die angebotene Ware nicht erwirbt oder die angebotene Dienstleistung nicht in Anspruch nimmt;

Schwarze Liste   Nr. 13   **Anh zu § 3 III**

Die Regelung entspricht der Nr 12 des Anh I UGP-Richtlinie:

Aufstellen einer sachlich falschen Behauptung über die Art und das Ausmaß der Gefahr für die persönliche Sicherheit des Verbrauchers oder seiner Familie für den Fall, dass er das Produkt nicht kauft.

1. Allgemeines

Der Tatbestand der Nr 12 betrifft einen qualifizierten Fall der Irreführung. Die Irreführung wird dabei eingesetzt, um Angst zu erzeugen, die **Rationalität der Nachfrageentscheidung** zu beeinträchtigen (ähnlich wie bei Nr 7 und Nr 15) und dadurch den Absatz eines der persönlichen Sicherheit dienenden Produkts (Ware oder Dienstleistung, s Rdn 12.4) zu fördern. Dies lässt sich eigentlich nicht bestreiten, vor allem nicht mit dem Argument, dass es sich – wenn zutreffend – um eine für den Verbraucher wichtige und nützliche Information handele (so aber *Scherer* NJW 2009, 324, 327 f). 12.1

2. Sachlich falsche Behauptung

Der Tatbestand setzt eine **ausdrückliche (Tatsachen-)Behauptung** voraus (vgl Anh zu § 3 III Rdn 1.4), die objektiv unrichtig ist. Ist die Aussage objektiv zutr, wird sie aber vom Verkehr falsch verstanden, reicht das für die Erfüllung dieses Tatbestands nicht aus. 12.2

3. Gefahr für die persönliche Sicherheit

Die Aussage muss sich auf die **persönliche Sicherheit** des Verbrauchers und/oder seiner Familie beziehen. Gefahren für die persönliche Sicherheit sind Gefahren für Leib und Leben durch Krankheit, Unfall, Kriminalität, Brand, Naturkatastrophen oÄ (vgl *Büllesbach*, Auslegung der irreführenden Geschäftspraktiken des Anhangs I der Richtline 2005/29/EG über unlautere Geschäftspraktiken, S 90 f). Nicht zu den persönlichen Gefahren zählen dagegen materielle Beeinträchtigungen wie Gefahren für das Vermögen, die Renten oder die Sicherheit des Arbeitsplatzes (ebenso Piper/Ohly/*Sosnitza* Anh zu § 3 III Rdn 30; aA *Büllesbach* aaO). 12.3

4. Im Falle des Nichtabschlusses

Der Tatbestand stellt klar, dass es nicht nur um den **Kauf von Sicherheitsvorrichtungen** (zB von Feuerlöschern, Fahrradhelmen, Sicherheitsbindungen, Airbags im Auto, Blitzableitern, Verteidigungsmitteln) geht, sondern auch um den **Abschluss anderer Verträge, zB eines Werk- oder Dienstvertrags** (Einbau von Sicherheitsvorkehrungen gegen Einbruch, Bewachung oÄ). Unter die Vorschrift fällt nicht eine entsprechende Irreführung im Zusammenhang mit dem Absatz von **Versicherungen.** Denn eine Versicherung dient nicht unmittelbar der persönlichen Sicherheit (so auch *Scherer* NJW 2009, 324, 328). 12.4

Nr. 13 *(Bearbeiter: Köhler)*

Werbung für eine Ware oder Dienstleistung, die der Ware oder Dienstleistung eines Mitbewerbers ähnlich ist, wenn dies in der Absicht geschieht, über die betriebliche Herkunft der beworbenen Ware oder Dienstleistung zu täuschen;

Die Regelung entspricht der Nr 13 des Anh I UGP-Richtlinie:

Werbung für ein Produkt, das einem Produkt eines bestimmten Herstellers ähnlich ist, in einer Weise, die den Verbraucher absichtlich dazu verleitet, zu glauben, das Produkt sei von jenem Hersteller hergestellt worden, obwohl dies nicht der Fall ist.

Schrifttum: *Büllesbach,* Auslegung der irreführenden Geschäftspraktiken des Anhangs I der Richtline 2005/29/EG über unlautere Geschäftspraktiken, 2008; *Fezer,* Imitationsmarketing als irreführende Produktvermarktung, GRUR 2009, 451; *Köhler,* Der Schutz vor Produktnachahmung im Markenrecht, Geschmacksmusterrecht und neuen Lauterkeitsrecht, GRUR 2009, 445; *Scherer,* Das Verhältnis des lauterkeitsrechtlichen Nachahmungsschutzes nach § 4 Nr. 9 UWG zur europarechtlichen Vollharmonisierung der irreführenden oder vergleichenden Werbung, WRP 2009, 1446.

Anh zu § 3 III   Nr. 13

1. Zweck, Auslegung und Anwendungsbereich der Norm

13.1   Der Tatbestand der Nr 13 stellt innerhalb des UWG einen Ausschnitt aus dem Regelungsbereich des § 4 Nr 9 lit a, des § 5 I 2 Nr 1 („betriebliche Herkunft"), des § 5 II und des § 6 II Nr 3 dar. Er regelt einen besonders krassen Fall der **irreführenden Werbung** für ein dem Produkt eines anderen Herstellers (im Folgenden: „Originalprodukt") ähnliches Produkt. Die Vorschrift schützt unmittelbar den **Verbraucher** vor **Irreführung,** mittelbar aber auch den Hersteller des Originalprodukts vor einer Gefährdung seiner Absatzchancen und damit auch seines Erscheinungsbilds (Image), insbes wenn das beworbene Produkt minderwertig ist. Die Auslegung der Norm hat richtlinienkonform zu erfolgen. Dabei sind insbes die zugrunde liegende Regelung in Nr 13 des Anh I sowie Erwägungsgrund 14 und 17 der UGP-Richtlinie zu berücksichtigen. Nicht, auch nicht analog anwendbar ist die Norm auf eine Werbung gegenüber **sonstigen Marktteilnehmern,** insbes Unternehmern. Insoweit verbleibt es bei der Anwendung der § 4 Nr 9, § 5 I 2 Nr 1, II und § 6 II Nr 3.

2. Tatbestand

13.2   a) **Ware oder Dienstleistung eines Mitbewerbers.** Die Vorschrift bezieht sich auf Waren oder Dienstleistungen (dazu Art 2 lit c UGP-Richtlinie und § 2 Rdn 39) eines Mitbewerbers. Sie setzt insofern die Nr 13 Anh I UGP-Richtlinie nicht genau um, als diese Vorschrift nicht vom Mitbewerber, sondern nur vom **„Hersteller"** spricht. Der betroffene Hersteller ist aber nicht zwangsläufig auch Mitbewerber iSd § 2 I Nr 3. Dies ist in richtlinienkonformer Auslegung zu berücksichtigen. Ob das Originalprodukt im In- oder Ausland hergestellt wird, ist unbeachtlich. Es muss bereits existent, braucht aber noch nicht abgesetzt worden sein. Es genügt also, wenn es bspw in einer Werbeveranstaltung gezeigt worden ist. Nicht erforderlich ist, dass das Originalprodukt im Zeitpunkt der Werbung für das ähnliche Produkt noch auf dem Markt erhältlich ist. Denn der Tatbestand der Nr 13 will nicht den Mitbewerber oder Hersteller schützen, sondern nur den Verbraucher, der glauben soll, er erwerbe das Originalprodukt. Eine bestimmte Beschaffenheit oder Qualität ist ebenfalls nicht erforderlich, insbes ist – wie bei § 5 II – auch keine „wettbewerbliche Eigenart" iSd Rspr zu § 4 Nr 9 UWG notwendig (*Köhler* GRUR 2009, 445, 450). Daher muss das Produkt keinen Hinweis auf die Herkunft von einem bestimmten Hersteller enthalten.

13.3   b) **Ähnlichkeit der beworbenen Ware oder Dienstleistung.** Das Produkt, für das geworben wird, muss von einem anderen als dem Originalhersteller herrühren und es muss dessen Produkt **„ähnlich"** sein. Für die Beurteilung sind – wie im Markenrecht (vgl EuGH GRUR 1998, 922 Tz 23 – *Canon*) – alle erheblichen Umstände, die das Verhältnis der Produkte zueinander kennzeichnen, insbes die Art und der Verwendungszweck sowie die Nutzung und die Eigenart als miteinander konkurrierende oder einander ergänzende Waren oder Dienstleistungen, heranzuziehen (*Köhler* GRUR 2009, 445, 448). Ähnlichkeit setzt danach ein gewisses Maß an **Übereinstimmung** in der **Gestaltung** oder **Funktion** der Produkte aus der Sicht der angesprochenen Verbraucher voraus. IdR wird es sich dabei um **Produktnachahmungen** iSd § 4 Nr 9 handeln, doch ist dies – ebenso wie bei § 5 II – für die Anwendung der Nr 13 nicht zwingend erforderlich (*Köhler* GRUR 2009, 445, 448; jurisPK/*Ullmann* Anh zu § 3 III Nr 13 Rdn 5). Das Gleiche gilt für die **Substituierbarkeit** der Produkte aus der Sicht der angesprochenen Verbraucher (anders noch 27. Aufl; *Büllesbach* Auslegung der irreführenden Geschäftspraktiken des Anhangs I der Richtline 2005/29/EG über unlautere Geschäftspraktiken, S 93 ff). Daher können auch als solche erkennbare Billigimitate von Prestigeprodukten, die aus Verbrauchersicht für sich gesehen nicht austauschbar sind, unter Nr 13 fallen, sofern nur die übrigen Voraussetzungen erfüllt sind. Ähnlichkeit setzt auch nicht voraus, dass die Produkte für sich gesehen verwechslungsfähig sind (wie hier Harte/Henning/*Dreyer* Anh § 3 III Nr 13 Rdn 13; aA jurisPK/*Ullmann* Anh zu § 3 III Nr 13 Rdn 10). Die Verwechslungsgefahr ist vielmehr selbstständig zu prüfen und kann sich auch aus der produktbezogenen Werbung ergeben. Die bloße Verwendung der Marke des Originalherstellers zur Kennzeichnung des beworbenen Produkts genügt andererseits für sich allein nicht, um die Ähnlichkeit des Produkts zu begründen, und zwar auch dann nicht, wenn der Verbraucher glauben könnte, es handle sich aus diesem Grund um ein Produkt des Originalherstellers. **Beispiel:** Schuhhersteller verwendet Marke eines Anzugherstellers.

13.4   c) **Werbung für die ähnliche Ware oder Dienstleistung.** Es muss für das ähnliche Produkt geworben werden. **Werbung** ist dabei iSd Art 2 lit a der Richtlinie 2006/114/EG über irreführende und vergleichende Werbung zu verstehen. Sie kann in Begleitinformationen zum Produkt, aber auch in der Gestaltung oder Präsentation des Produkts selbst enthalten sein. Nicht erforderlich ist, dass das Produkt unmittelbar zum Kauf angeboten wird. Ob der Werbende zugleich Hersteller des Nachahmungsprodukts ist, ist unerheblich. Auch ein Händler oder sonstiger Absatzmittler kann den Tatbestand verwirklichen.

d) Absicht der Täuschung über die betriebliche Herkunft. Die Werbung muss in der Absicht erfolgen, den Verbraucher über die betriebliche Herkunft der beworbenen Ware oder Dienstleistung zu täuschen. Das ist zwar richtlinienkonform dahin zu verstehen, dass der Verbraucher absichtlich dazu verleitet wird, zu glauben, das ähnliche Produkt sei vom Hersteller des Originalprodukts hergestellt worden, obwohl dies nicht der Fall ist. Allerdings ist die deutsche Fassung der Nr 13 Anh I UGP-Richtlinie nicht ganz eindeutig. Ein Blick auf die englische („in such a manner as deliberately to mislead the consumer in believing") und die französische Fassung („de manière à inciter délibérément le consommateur à penser") zeigt, dass eine tatsächliche Täuschung des Verbrauchers nicht erfolgt sein muss, um den Tatbestand zu verwirklichen. Vielmehr genügt bereits die Absicht der Täuschung und eine entsprechende Eignung zur Täuschung. So gesehen entspricht die Umsetzung der Nr 13 UGP-Richtlinie in das deutsche Recht dem Zweck der UGP-Richtlinie besser als die deutsche Fassung des Richtlinientexts. 13.5

Die Täuschung muss sich, wie sich aus einer richtlinienkonformen Auslegung ergibt, auf das Produkt eines **„bestimmten"** Herstellers beziehen. Es muss also aus der Sicht des Verbrauchers das beworbene Produkt einem identifizierbaren Hersteller zuzuordnen sein. Dazu braucht der Originalhersteller in der Werbung nicht namentlich genannt zu werden; es genügt, wenn er für den Verbraucher zumindest auf Grund der Werbung erkennbar ist. Allerdings ist für den Verbraucher häufig nicht erkennbar, wie Unternehmen organisiert und wirtschaftlich verflochten sind. Daher muss es genügen, dass dem Verbraucher vorgetäuscht wird, das Produkt sei von einem mit dem Originalhersteller **konzernmäßig** verbundenen Unternehmen hergestellt worden. Dagegen reicht es nicht aus, wenn dem Verbraucher eine **Lizenzberechtigung** vorgetäuscht wird. Dieser Fall ist nach § 5 I 2 Nr 3 zu beurteilen (jurisPK/*Ullmann* Anh zu § 3 III Nr 13 Rdn 11). Andererseits kann sich der Werbende, wenn der Tatbestand der Nr 13 erfüllt ist, nicht darauf berufen, er sei kraft Lizenzvertrags mit dem Originalhersteller berechtigt, das beworbene Produkt herzustellen. Denn es macht für den Verbraucher (und meist auch objektiv) einen Unterschied, ob ihm das Originalprodukt oder ein Lizenzprodukt angeboten wird. Behauptet der Werbende lediglich zu Unrecht, er sei zum Vertrieb der Originalware berechtigt, fällt dies nicht in den Anwendungsbereich der Nr 13 (jurisPK/*Ullmann* Anh zu § 3 III Nr 13 Rdn 13). 13.6

Der Werbung muss die **Absicht** zugrunde liegen, den Verbraucher über die betriebliche Herkunft des beworbenen Produkts zu täuschen. Der Werbende handelt absichtlich (engl Fassung *„deliberately"*; französ Fassung *„delibérément"*), wenn er weiß, dass es sich um ein ähnliches Produkt handelt, und wenn er den Verbraucher bewusst darüber täuschen will, dass es kein Produkt des Originalherstellers ist. Dem steht es gleich, wenn der Werbende sich einer entsprechenden Einsicht bewusst verschließt. Bedingter Vorsatz genügt, nicht dagegen Fahrlässigkeit und erst recht nicht bloße Eignung zur Irreführung (ganz hL, zB jurisPK/*Ullmann* Anh zu § 3 III Nr 13 Rdn 14; Piper/Ohly/*Sosnitza* Anh zu § 3 Abs 3 Rdn 34; aA *Fezer* GRUR 2009, 451, 458). Ein Händler, der für ein bestimmtes Produkt wirbt, erfüllt also nicht den Tatbestand, wenn er – sei es auch fahrlässig – nicht weiß, dass es sich um ein Produkt eines anderen Herstellers handelt. Der Nachweis der Absicht obliegt dem Anspruchsteller. Er lässt sich idR nur anhand objektiver Indizien führen. Soweit das Produkt nicht ausdrücklich als eines des Originalherstellers bezeichnet wird, ist eine Gesamtbetrachtung anzustellen. Dabei sind insbes der Grad der Ähnlichkeit der Waren, die Bekanntheit des Originalprodukts, die Art und Inhalt der Werbung sowie die Verpackung zu berücksichtigen (*Köhler* GRUR 2009, 445, 448). Die bloße Produktnachahmung und eine damit verbundene Verwechslungsgefahr dürften für den Nachweis nicht ausreichen. Allenfalls eine identische Übernahme der fremden Produktgestaltung lässt den Schluss auf eine Absicht zu. - Anders als bei §§ 3 I, 5 II ist bei § 3 III iVm Anh Nr 13 allerdings nicht erforderlich, dass die Täuschungshandlung auch tatsächlich geeignet ist, den Verbraucher zu einer geschäftlichen Entscheidung zu veranlassen. Das entspricht der Rechtsnatur der Nr 13 als eines Per-se-Verbots. Fehlt es indessen an einer solchen Eignung, ist dies als Indiz für das Fehlen einer Täuschungsabsicht zu werten, zumal dann Verbraucherinteressen gar nicht beeinträchtigt werden können. 13.7

3. Verhältnis zum Sonderrechtsschutz und zum lauterkeitsrechtlichen Nachahmungsschutz

13.8 Die Vorschrift ist unabhängig davon anwendbar, ob der Sachverhalt gleichzeitig den Tatbestand einer Vorschrift des Sonderrechtsschutzes, insbes des Markenrechts, oder den des lauterkeitsrechtlichen Nachahmungsschutzes (§ 4 Nr 9) erfüllt (vgl *Köhler* GRUR 2009, 445, 451). Der Schutz des Verbrauchers vor Irreführung hat insoweit Vorrang vor einem etwaigen Interesse des Rechtsinhabers, nicht gegen die Produktnachahmung vorzugehen.

Nr. 14 *(Bearbeiter: Bornkamm)*

die Einführung, der Betrieb oder die Förderung eines Systems zur Verkaufsförderung, das den Eindruck vermittelt, allein oder hauptsächlich durch die Einführung weiterer Teilnehmer in das System könne eine Vergütung erlangt werden (Schneeball- oder Pyramidensystem);

Die Regelung entspricht der Nr 14 des Anh I UGP-Richtlinie:

Einführung, Betrieb oder Förderung eines Schneeballsystems zur Verkaufsförderung, bei dem der Verbraucher die Möglichkeit vor Augen hat, eine Vergütung zu erzielen, die hauptsächlich durch die Einführung neuer Verbraucher in ein solches System und weniger durch den Verkauf oder Verbrauch von Produkten zu erzielen ist.

Schrifttum: *Brammsen/Leible,* Multi-Level-Marketing im System des deutschen Lauterkeitsrechts, BB 1997, Beilage 10 zu Heft 32; *Finger,* Strafbarkeitslücken bei so genannten Kettenbrief-, Schneeball- und Pyramidensystemen, ZRP 2006, 159; *Hartlage,* Progressive Kundenwerbung – immer wettbewerbswidrig?, WRP 1997, 1; *Leible,* Multi-Level-Marketing ist nicht wettbewerbswidrig!, WRP 1998, 18; *Mäsch/Hesse,* Multi-Level-Marketing im straffreien Raum – Veränderungen der strafrechtlichen Beurteilung von Direktvertriebssystemen durch die UWG-Novelle 2004, GRUR 2010, 10; *Olesch,* § 16 II: Ein Schiff ohne Wasser, WRP 2007, 908; *Otto,* „Geldgewinnspiele" und verbotene Schneeballsysteme nach § 6c UWG, wistra 1997, 81; *ders,* Wirtschaftliche Gestaltung am Strafrecht vorbei – Dargestellt am Beispiel des § 6c UWG, Jura 1999, 97; *ders,* Zur Strafbarkeit der progressiven Kundenwerbung nach UWG § 6 c, wistra 1998, 227; *Thume,* Multi-Level-Marketing, ein stets sittenwidriges Vertriebssystem?, WRP 1999, 280; *Többens,* Die Straftaten nach dem Gesetz gegen den unlauteren Wettbewerb (§§ 16–19 UWG), WRP 2005, 552; *Wegner,* Reform der Progressiven Kundenwerbung (§ 6c), wistra 2001, 171; *Willingmann,* Sittenwidrigkeit von Schneeballsystem-Gewinnspielen und Kondiktionsausschluss, NJW 1997, 2932. – **Weiteres Schrifttum** vor § 16 Rdn 31.

1. Allgemeines

14.1 Der Tatbestand des Nr 14 ordnet die **progressive Kundenwerbung,** die das deutsche Recht in § 16 II als Straftatbestand ausgestaltet hat, die aber auch mit den zivilrechtlichen Mitteln des Wettbewerbsrechts bekämpft werden kann (s § 16 Rdn 50), der irreführenden Werbung zu und unterstellt sie einem Per-se-Verbot, das in Zukunft bei der zivilrechtlichen Verfolgung von Sachverhalten der progressiven Kundenwerbung im Vordergrund stehen wird.

2. „Schneeballsystem"

14.2 Nach der im deutschen Recht, vor allem im Rahmen des § 16 II, üblichen Terminologie sind Schneeballsysteme eine Erscheinungsform der **progressiven Kundenwerbung,** zu der daneben noch die sog Pyramidensysteme gehören (s § 16 Rdn 32): Beim sog **Schneeballsystem** schließt der Veranstalter den Vertrag mit den von ihm unmittelbar geworbenen Erstkunden und sodann mit den durch deren Vermittlung geworbenen weiteren Kunden ab, während beim **Pyramidensystem** die vom Veranstalter geworbenen Erstkunden ihrerseits mit weiteren Kunden gleichartige – systemtypische – Verträge abschließen, die ihrerseits wiederum mit Kunden auf der dritten Stufe derartige Verträge schließen usw, wobei jeder Teilnehmer durch eine Provision an den Verträgen wirtschaftlich beteiligt ist, die die von ihm direkt oder indirekt angeworbenen Teilnehmer abschließen. Primär geht es um den Absatz von Waren, Dienstleistungen oder Rechten, da von diesem Absatz die erhofften Vorteile und Gewinnchancen abhängen. Durch das Kettenelement erlangt die Werbung einen von Stufe zu Stufe fortschreitenden progressiven Charakter. Beim sog Schneeballsystem liegt der bes Vorteil für den Laienwerber gewöhnlich darin, dass er sich als Käufer einer Ware von seiner Kaufpreisschuld durch Werbung weiterer Kunden befreien kann. Beim Pyramidensystem profitieren die Teilnehmer von Provisionszahlungen der von ihnen direkt oder indirekt angeworbenen Teilnehmer: umso höher ein Teilnehmer in der Pyramide steht und umso mehr Teilnehmer von ihm direkt oder indirekt angeworben worden sind, umso reichlicher fließen die Provisionszahlungen.

Der Tatbestand der Nr 14 erfasst **beide Formen der progressiven Kundenwerbung.** Dies ergibt sich nicht nur aus der **Definition** im Richtlinientext (ein System, „bei dem der Verbraucher die Möglichkeit vor Augen hat, eine Vergütung zu erzielen, die hauptsächlich durch die Einführung neuer Verbraucher in ein solches System und weniger durch den Verkauf oder Verbrauch von Produkten zu erzielen ist"), die eben nicht nur Schneeballsysteme im engeren Sinne, sondern auch Pyramidensysteme umfasst, sondern auch daraus, dass **andere Sprachfassungen der Richtlinie** nicht von Schneeballsystem, sondern von Pyramidensystem sprechen („a pyramid promotional scheme", „un système de promotion pyramidale"). 14.3

Aus dem Umstand, dass die Angeworbenen im Rahmen der weiteren Absatzmittlung unternehmerisch und damit nicht als Verbraucher tätig werden, kann nicht geschlossen werden, es ginge gar nicht um einen **B2C-,** sondern um einen **B2B-Geschäftsverkehr** (so aber *Mäsch/ Hesse* GRUR 2010, 10, 14 f; *Olesch* WRP 2009, 908, 911). Maßgeblich ist, ob die umworbenen Laien zum Zeitpunkt der Anwerbung die **Verbrauchereigenschaft** erfüllen (s § 16 Rdn 36). 14.3a

3. Verhältnis zu legalen Formen des Strukturvertriebs

Wie im Rahmen des § 16 II nötigt der Begriff der progressiven Kundenwerbung dazu, die illegale Formen von legalen Formen des Strukturvertriebs abzugrenzen (dazu § 16 Rdn 42 f mwN). Hierzu kann uneingeschränkt auf Rspr und Literatur zu § 16 II zurückgegriffen werden: Bei **legalen Formen des Strukturvertriebs** verhält es sich so, dass ein Produkt (zB Kosmetika oder Kühlhalteboxen) im Wege des Direktvertriebs an Verbraucher verkauft wird und der Verbraucher Gelegenheit erhält, seinerseits als Verkäufer tätig zu werden und im Wege des Direktmarketing seinerseits entsprechende Produkte an von ihm anzuwerbende Verbraucher zu verkaufen (vgl den Sachverhalt der Entscheidung BGHZ 158, 26 = GRUR 2004, 607 – *Genealogie der Düfte;* dort rekrutierten sich die als Verkäufer tätigen „Teampartner" aus den angeworbenen Verbrauchern). Die entscheidende Frage ist, ob das **Vergütungssystem progressiv** ausgestaltet ist. Solange der im Strukturvertrieb tätige Verkäufer neben der Marge aus dem Verkauf einmal eine Provisionen dafür erhält, dass er einen neuen Verkäufer angeworben hat, fehlt das progressive Element (LG Offenburg WRP 1998, 85, 86; *Hartlage* WRP 1997, 1; *Leible* WRP 1998, 18; *Thume* WRP 1999, 280, 284 f). Wenn aber auf jeder Stufe alle vorangegangenen Stufen mit Provisionen bedacht werden müssen, muss das zu verkaufende Produkt auf Dauer immer teurer werden, damit die Provisionen finanziert werden können. Dann wird auch niemand mehr aus Interesse an der Ware kaufen, sondern nur noch, um seinerseits an der wundersamen Geldvermehrung teilzuhaben. Spätestens dann ist auch das im Tatbestand der Nr 14 genannte Merkmal erfüllt, wonach die Vergütung „hauptsächlich durch die Einführung neuer Verbraucher in ein solches System und weniger durch den Verkauf oder Verbrauch von Produkten zu erzielen ist". 14.4

4. Verhältnis zu § 16 II

Die **zivilrechtliche Durchsetzung** des Verbots der progressiven Kundenwerbung wird in Zukunft weitgehend auf den Tatbestand der Nr 14 zurückgreifen, so dass die Durchsetzung über § 4 Nr 11 iVm § 16 II zurücktreten wird. Auch wenn sich die Auslegung europäischen Rechts nicht nach einer deutschen Norm richten kann, wird man sich bei der Auslegung der Nr 14 im Hinblick auf die Gleichgerichtetheit der verfolgten gesetzgeberischen Ziele doch **an § 16 II orientieren** können. Für eine eigenständige Anwendung des § 16 II wird daher im Rahmen der zivilrechtlichen Durchsetzung im Zweifel kein Raum sein. Die Verfolgung der progressiven Kundenwerbung als **Straftatbestand** bleibt naturgemäß unberührt. 14.5

Nr. 15 *(Bearbeiter: Bornkamm)*

die unwahre Angabe, der Unternehmer werde demnächst sein Geschäft aufgeben oder seine Geschäftsräume verlegen;

Die Regelung entspricht der Nr 15 des Anh I UGP-Richtlinie:

Behauptung, der Gewerbetreibende werde demnächst sein Geschäft aufgeben oder seine Geschäftsräume verlegen, obwohl er dies keineswegs beabsichtigt.

1. Allgemeines

15.1 Der Tatbestand der Nr 15 betrifft einen Fall des sog **Scheinräumungsverkaufs,** wobei kurioserweise die Verkaufsförderungsmaßnahme, die durch die Aussage der Geschäftsaufgabe gefördert werden soll, gar nicht erwähnt wird. Man wird aber davon ausgehen können, dass die falsche Behauptung der bevorstehenden Geschäftsaufgabe – soweit die Voraussetzungen einer Geschäftspraxis vorliegen (dazu Anh zu § 3 III Rdn 0.9) – stets im Zusammenhang mit der Absatzförderung stehen wird.

2. Unwahre Behauptung der Geschäftsaufgabe oder -verlegung

15.2 Die **Schwierigkeit** in den Fällen des Scheinräumungsverkaufs liegt darin zu beweisen, dass die Aussage der bevorstehenden Geschäftsaufgabe oder -verlegung – erforderlich ist insofern eine ausdrückliche Angabe (s oben Anh zu § 3 III Rdn 1.4) – falsch ist. Das lässt sich regelmäßig erst feststellen, wenn die besondere **Verkaufsaktion abgeschlossen** ist (hierzu § 5 Rdn 6.9). Nach dem Wortlaut der deutschen Bestimmung scheint die **objektive Unrichtigkeit** der Aussage zu genügen, ohne dass es auf ein subjektives Element ankommt. Danach wäre der Tatbestand auch dann erfüllt, wenn ein Kaufmann die Geschäftsaufgabe oder -verlegung in gutem Glauben ankündigt, später aber seine Pläne aus triftigen Gründen ändert, etwa weil er überraschend zu Geld gekommen ist und ihm daher die dringend erforderlichen Investitionen möglich sind oder weil die Räumlichkeiten, in die er umziehen möchte, wider Erwarten doch nicht zur Verfügung stehen.

15.3 Anders als der Wortlaut der deutschen Vorschrift stellt Nr 15 des Anh I UGP-Richtlinie („... obwohl er dies keineswegs beabsichtigt") auf eine entsprechende **Täuschungsabsicht** bei der Erklärung ab (vgl *Büllesbach,* Auslegung der irreführenden Geschäftspraktiken des Anhangs I der Richtlinie 2005/29/EG über unlautere Geschäftspraktiken, S 110 ff). Da das deutsche Recht nicht strenger sein darf als die europäische Vorgabe, ist eine **richtlinienkonforme Auslegung** geboten (so auch OLG Köln GRUR-RR 2010, 250). Zu der objektiven Unrichtigkeit muss daher eine entsprechende Absicht kommen: Nur derjenige, der die Aufgabe oder die Verlegung des Geschäfts wider besseres Wissen ankündigt, verstößt gegen den Tatbestand der Nr 15. Damit stehen dem Kaufmann, der sein Geschäft nach einem Räumungsverkauf fortführt, alle möglichen Ausreden offen, und es bestehen im Rahmen des Per-se-Verbots der Nr 15 dieselben Beweisschwierigkeiten wie bei § 5 (dazu § 5 Rdn 6.9). Es ist daher bereits abzusehen, dass diesem Tatbestand keine große praktische Bedeutung zukommen wird.

Nr. 16 *(Bearbeiter: Köhler)*

die Angabe, durch eine bestimmte Ware oder Dienstleistung ließen sich die Gewinnchancen bei einem Glücksspiel erhöhen;

Die Regelung entspricht der Nr 16 des Anh I UGP-Richtlinie:
Behauptung, Produkte könnten die Gewinnchancen bei Glücksspielen erhöhen.

1. Normzweck

16.1 Die Vorschrift will verhindern, dass Verbraucher Produkte erwerben, die angeblich ihre **Gewinnchancen bei einem Glücksspiel erhöhen.** Denn es ist davon auszugehen, dass solche Produkte nicht den versprochenen Nutzen haben, leichtgläubige, insbes abergläubische Verbraucher aber auf solche Behauptungen hereinfallen können. – Die Vorschrift zielt dagegen nicht auf die Fälle der Kopplung von Absatzgeschäften mit Gewinnspielen oder Preisausschreiben ab.

2. Tatbestand

16.2 a) **Geschäftliche Handlung.** Die Vorschrift setzt unausgesprochen, weil selbstverständlich, voraus, dass der Behauptung eine **geschäftliche Handlung** iSv § 2 I Nr 1 zu Grunde liegt. Die Behauptung muss also von einem Unternehmer ausgehen und in einem unmittelbaren Zusammenhang mit der Förderung des Absatzes des Produkts stehen.

16.3 b) **Angabe.** Eine Angabe setzt eine Äußerung, gleichgültig in welcher Form, voraus, der der Verbraucher entnehmen kann, das beworbene Produkt könne die **Gewinnchancen bei Glücksspielen erhöhen.** Wie schon der Wortlaut („ließen" bzw nach der UGP-Richtlinie

„könnten") nahe legt, ist es nicht erforderlich, dass der Unternehmer diese Wirkung als sicher hinstellt. Vielmehr genügt es, dass er diese Wirkung als möglich bezeichnet. Der Tatbestand setzt nicht voraus, dass die Angabe falsch ist. Das ergibt sich bereits aus einem Umkehrschluss zu den Nr 1, 3, 4, 7, 9, 10, 12, 15, 17, 18, 19, 23, 24. Dagegen lässt sich nicht einwenden, dass die Nr 16 zu den irreführenden Geschäftspraktiken gehöre (so aber Piper/Ohly/*Sosnitza* Anh zu § 3 III Rdn 38). Die Irreführung wird vielmehr unwiderleglich vermutet. Im Prozess hat also der Kläger nicht zu beweisen, dass das Produkt wirkungslos ist. Umgekehrt kann sich der Beklagte aber auch nicht dadurch entlasten, dass er den Nachweis führt, das Produkt könne die Gewinnchancen tatsächlich erhöhen. Offenbar ging der Richtliniengeber davon aus, dass dieser Beweis ohnehin nicht geführt werden könne.

c) Glücksspiel. Der Begriff des „Glücksspiels" wird in der UGP-Richtlinie nicht definiert. **16.4** Er kann auch nicht, da es sich um einen unionsrechtlichen Begriff handelt, ohne Weiteres vom deutschen Rechtsverständnis (vgl § 284 StGB sowie die Definition in § 3 I GlüStV) her ausgelegt werden. Jedoch gibt Art 1 V lit d der Richtlinie 2000/31/EG über den elektronischen Geschäftsverkehr darüber einen gewissen Aufschluss. Danach ist das Glücksspiel eine besondere Erscheinungsform des Gewinnspiels, der Gewinn also vom **Zufall** abhängt, aber darüber hinaus für die Gewinnchance ein **Entgelt** zu leisten ist. Dazu gehören vor allem auch **Lotterien** und **Wetten**. Das Glücksspiel weist danach zwei Voraussetzungen auf: Die Aussicht auf einen Gewinn setzt einen geldwerten Einsatz voraus und der Eintritt des Gewinns hängt vom Zufall ab. Darauf, ob es sich um ein rechtlich zulässiges oder unzulässiges Glücksspiel handelt, kommt es nicht an. – Dass in der deutschen Fassung nicht etwa versehentlich statt des Begriffs des Gewinnspiels der des Glücksspiels gebraucht wurde, ergibt sich aus einem Vergleich mit der englischen und französischen Fassung der Nr 16 Anh I UGP-Richtlinie („*games of chance*" und „*jeux de hasard*"). Auch ist eine analoge Anwendung der Vorschrift auf bloße Gewinnspiele nach allgemeinen Grundsätzen (Anh zu § 3 III Rdn 0.8) ausgeschlossen. Insoweit kommt nur der allgemeine Irreführungstatbestand des § 5 I Nr 1 (Irreführung über die „Zwecktauglichkeit") in Betracht.

d) Erhöhung der Gewinnchancen durch die Ware oder Dienstleistung. Der Ware oder **16.5** Dienstleistung muss die (mögliche) **Wirkung einer Erhöhung der Gewinnchancen** bei Glücksspielen zugeschrieben werden. Der Verbraucher soll also glauben, durch den Einsatz des Produkts würden sich seine Gewinnchancen erhöhen. Das kann bspw der Fall sein, wenn ihm Computerprogramme angeboten werden, anhand derer sich die „richtigen" Lottozahlen oder die „richtige" Zahl beim Roulette ermitteln lassen soll. Oder aber, so ein Fall aus der Praxis, wenn ein „Bio-Lotto-Programm" angeboten wird, anhand derer sich angeblich die persönlichen Lotto-Glückszahlen ermitteln lassen (vgl KG GRUR 1988, 223; vgl weiter OLG Stuttgart NJW-RR 1998, 934 zur „astrologischen Berechnung der persönlichen Lotto-Gewinntage").

e) Abgrenzung. Nicht unter den Tatbestand der Nr 16 fallen Produkte, die es dem Ver- **16.6** braucher ermöglichen sollen, den **Ablauf des Glücksspiels** selbst zu **beeinflussen** und auf diese betrügerische Weise seine Gewinnchancen zu erhöhen. So bspw der Verkauf von „gezinkten" Spielkarten für das Pokerspiel (aA *Sosnitza* WRP 2008, 1014, 1024) oder der Verkauf von Magneten zur Manipulation von Geldspielautomaten. Denn ein Verbraucher, der sich auf solche Geschäfte einlässt, ist nicht schutzwürdig. Dies gilt auch dann, wenn die verkauften Produkte wirkungslos sind, der Verbraucher also getäuscht wurde.

Nr. 17 *(Bearbeiter: Köhler)*

die unwahre Angabe oder das Erwecken des unzutreffenden Eindrucks, der Verbraucher habe bereits einen Preis gewonnen oder werde ihn gewinnen oder werde durch eine bestimmte Handlung einen Preis gewinnen oder einen sonstigen Vorteil erlangen, wenn es einen solchen Preis oder Vorteil tatsächlich nicht gibt, oder wenn jedenfalls die Möglichkeit, einen Preis oder sonstigen Vorteil zu erlangen, von der Zahlung eines Geldbetrags oder der Übernahme von Kosten abhängig gemacht wird;

Die Regelung entspricht der Nr 31 des Anh I UGP-Richtlinie:

Erwecken des fälschlichen Eindrucks, der Verbraucher habe bereits einen Preis gewonnen, werde einen Preis gewinnen oder werde durch eine bestimmte Handlung einen Preis oder einen Vorteil gewinnen, obwohl:

– es in Wirklichkeit keinen Preis oder sonstigen Vorteil gibt, oder

– die Möglichkeit des Verbrauchers, Handlungen in Bezug auf die Inanspruchnahme des Preises oder eines sonstigen Vorteils vorzunehmen, in Wirklichkeit von der Zahlung eines Betrags oder der Übernahme von Kosten durch den Verbraucher abhängig gemacht wird.

1. Allgemeines

17.1 Die Vorschrift regelt einen Fall der irreführenden Werbung im Bereich der **Gewinnspiele, Preisausschreiben und sonstigen Verkaufsförderungsmaßnahmen.** Eine Kopplung mit dem Warenabsatz ist möglich (zB: Versprechen eines Preises an die ersten zwanzig Kunden), wird aber nicht vorausgesetzt (wie hier *Sosnitza* WRP 2008, 1014, 1024; aA offenbar Begr RegE UWG 2008 zu Nr 17, BT-Drucks 16/10145 S 33). Von der Regelung in Nr 20 unterscheidet sich die Vorschrift dadurch, dass dem Verbraucher nicht bloß eine Gewinnchance, sondern ein wirklicher Gewinn versprochen wird.

2. Fehlen eines Preises oder sonstigen Vorteils

17.2 Die **erste Variante,** dass es entgegen der Ankündigung in Wirklichkeit keinen Preis oder sonstigen Vorteil gibt, ist ein Fall der Irreführung durch positives Tun. Ein Verschulden des Werbenden ist nicht erforderlich. Nicht erfasst wird jedoch der Fall, dass nach der Ankündigung die Preise oder Vorteile wegfallen (zB Diebstahl oder Untergang der Sachpreise).

3. Abhängigkeit von Zahlung oder Kostenübernahme

17.3 Die **zweite Variante,** dass der Verbraucher nur dann in den Genuss des Preises oder Vorteils gelangt, wenn er dafür Zahlungen leistet oder Kosten übernimmt, ist ein Fall der Irreführung durch Unterlassen. Sie erfasst auch und gerade den Fall, dass der Verbraucher am Telefon über einen Gewinn unterrichtet und gleichzeitig veranlasst wird, bei dem Veranstalter zurückzurufen und dabei einen kostspieligen **Mehrwertdienst** in Anspruch zu nehmen. Die Vorschrift greift nicht ein, wenn der Verbraucher darüber unterrichtet wird, dass die Erlangung des Preises oder des Vorteils von der Zahlung eines Betrags oder von der Übernahme bestimmter Kosten abhängig ist. Allerdings muss die Unterrichtung hinreichend klar und genau sein, darf also den Verbraucher nicht im Unklaren lassen, welche Belastungen auf ihn zukommen. Das gilt nicht nur für den Inhalt der Information, sondern auch für ihre Wahrnehmbarkeit durch den Verbraucher. Die Vorschrift greift auch dann nicht ein, wenn sich aus der Natur des Vorteils ergibt, dass bei seiner Inanspruchnahme Kosten entstehen (zB Anreisekosten) und der Verbraucher darüber nicht im Unklaren sein kann (aA Fezer/*Hecker* Anh UWG Nr 17 Rdn 34). Insoweit ist die Regelung in Nr 21 anzuwenden, die einen vergleichbaren Sachverhalt betrifft. Danach bleiben die Kosten außer Betracht, die „im Zusammenhang mit dem Eingehen auf das Waren- oder Dienstleistungsangebot oder für die Abholung oder Lieferung der Ware oder die Inanspruchnahme der Dienstleistung unvermeidbar sind".

Nr. 18 *(Bearbeiter: Bornkamm)*

die unwahre Angabe, eine Ware oder Dienstleistung könne Krankheiten, Funktionsstörungen oder Missbildungen heilen;

Die Regelung entspricht der Nr 17 des Anh I UGP-Richtlinie:

Falsche Behauptung, ein Produkt könne Krankheiten, Funktionsstörungen oder Missbildungen heilen.

Schrifttum: *v Jagow,* Auswirkungen der UWG-Reform 2008 auf die Durchsetzung wettbewerbsrechtlicher Ansprüche im Gesundheitsbereich, GRUR 2010, 190; *Leible,* Auswirkungen der UWG-Reform 2008 auf die Durchsetzung wettbewerbsrechtlicher Ansprüche im Gesundheitsbereich – Die Bedeutung der „black list", GRUR 2010, 183.

1. Andere Verbote der irreführenden Gesundheitswerbung

18.1 Der Tatbestand der Nr 18 betrifft den **sensiblen Bereich der Gesundheitswerbung.** Hier konkurriert das Verbot der Nr 18 nicht nur mit dem **allgemeinen Irreführungsverbot** (dazu § 5 Rdn 4.181 ff), sondern auch mit drei sondergesetzlichen Irreführungsverboten, die über § 4 Nr 11 als Marktverhaltensregelungen uneingeschränkt mit wettbewerbsrechtlichen Mitteln verfolgt werden können: Es sind dies: **(1)** Das arzneimittelrechtliche Irreführungsverbot des § 8 I Nr 2 lit a AMG, das gilt, wenn „Arzneimitteln eine therapeutische Wirksamkeit oder Wirkungen beigelegt werden, die sie nicht haben" (§ 8 I Nr 2 lit a AMG). **(2)** Für die **Heilmittelwerbung** enthält § 3 HWG eine fast gleich lautende Bestimmung (§ 3 Nr 2 lit a HWG). **(3)** Im **Lebensmittelrecht** besteht neben dem allgemeinen Irreführungsverbot des § 11 I LFBG das generelle Verbot, mit Aussagen zu werben, die sich auf die Beseitigung, Linderung oder Verhütung von Krankheiten beziehen, das im Gesetz sogar als absolutes, keine Irreführung voraussetzendes Verbot ausgestaltet ist (§ 12 I Nr 1 LFGB). Die Gerichte legen die Norm aber im Hinblick auf die Rspr des EuGH zu der entspr Bestimmung in Art 2 I der Etikettierungs-Richtlinie 2000/13/EG mit Recht restriktiv aus und verlangen auch für § 12 I Nr 1 LFGB ein irreführendes Element (dazu § 5 Rdn 4.181).

Auch wenn diese sondergesetzlichen Irreführungsverbote selbst **keine Wertungsmöglichkeiten** enthalten und die Bagatellklausel in § 3 im Bereich der Gesundheitswerbung keine Rolle spielt (BGHZ 163, 265, 274 = GRUR 2005, 778 – *Atemtest;* vgl § 3 Rdn 79), bleibt es bei der Regel (Anh zu § 3 III Rdn 0.5), dass zunächst die Per-se-Verbote des Anh zu § 3 III – und damit auch der Tatbestand der Nr 18 – zu prüfen sind. 18.2

2. Falsche Behauptung

Der Tatbestand setzt eine **ausdrückliche Behauptung** voraus (vgl Rdn 1.4), die **objektiv unrichtig** ist (aA offenbar *v Jagow* GRUR 2010, 190, 191, der hier auch das Erwecken des unzutreffenden Eindrucks ausreichen lassen möchte). Bei den Tatbeständen des Anhangs I wird klar unterschieden zwischen „Behauptung" und „Erwecken des fälschlichen Eindrucks", so dass immer dann, wenn ein Tatbestand nur von „Behauptung" spricht, eine ausdrückliche Äußerung gemeint ist. Ist die Aussage objektiv zutr, wird sie aber vom Verkehr falsch verstanden, reicht das für die Erfüllung dieses Tatbestands ebenfalls nicht aus. 18.3

3. Krankheiten, Funktionsstörungen oder Missbildungen

Der Begriff der Krankheit ist entsprechend dem europäischen Recht sowie den Bestimmungen des LFBG (§ 12 I), des HWG (§ 1 I Nr 2) und des AMG (§ 2 I Nr 1) weit auszulegen. Er umfasst jede auch nur geringfügige oder vorübergehende Störung der normalen Beschaffenheit des Körpers und entspricht daher dem arzneimittelrechtlichen, heilmittelwerberechtlichen und lebensmittelrechtlichen Krankheitsbegriff des deutschen Rechts (vgl *Doepner* HWG, 2. Aufl 2000, § 1 Rdn 52; ferner *Büllesbach,* Auslegung der irreführenden Geschäftspraktiken des Anhangs I der Richtline 2005/29/EG über unlautere Geschäftspraktiken, S 123). 18.4

4. Heilwirkungen

Hinsichtlich des Tatbestandsmerkmals, wonach dem Produkt **Heilwirkungen** zugeschrieben werden, kann auf die Kommentierung des Irreführungsverbots (§ 5 Rdn 4.181 ff) verwiesen werden. 18.5

Nr. 19 *(Bearbeiter: Bornkamm)*

eine unwahre Angabe über die Marktbedingungen oder Bezugsquellen, um den Verbraucher dazu zu bewegen, eine Ware oder Dienstleistung zu weniger günstigen Bedingungen als den allgemeinen Marktbedingungen abzunehmen oder in Anspruch zu nehmen;

Die Regelung entspricht der Nr 18 des Anh I UGP-Richtlinie:

Erteilung sachlich falscher Informationen über die Marktbedingungen oder die Möglichkeit, das Produkt zu finden, mit dem Ziel, den Verbraucher dazu zu bewegen, das Produkt zu weniger günstigen Bedingungen als den normalen Marktbedingungen zu kaufen.

1. Allgemeines

Der Tatbestand der Nr 19 betrifft den Sonderfall der Irreführung über die **Preiswürdigkeit eines Angebots,** wobei das Unternehmen hierfür sachlich falsche Informationen mit dem Ziel einsetzt, andere Bezugsmöglichkeiten auszuschließen. 19.1

2. Sachliche falsche Informationen

19.2 Auch hier verlangt der Tatbestand eine **objektiv unrichtige Information** (vgl Anh zu § 3 III Rdn 1.4). Eine zutreffende Information, die aber vom Verkehr oder von einem Teil des Verkehrs falsch und damit irreführend verstanden wird, reicht nicht aus.

3. Marktbedingungen

19.3 Aus dem Zusammenhang mit dem verfolgten Ziel („den Verbraucher dazu zu bewegen, das Produkt zu weniger günstigen Bedingungen als den normalen Marktbedingungen zu kaufen") wird deutlich, dass das Unternehmen das Produkt zu ungünstigeren als Marktbedingungen anbietet. Diese **Negativabweichung** wird sich häufig auf den **Preis,** kann sich aber auch auf **andere Vertragskonditionen** beziehen (Gewährleistung, Kundendienst, Zubehör etc). Die falsche Information kann beispielsweise in der Aussage liegen, dass das angebotene Produkt von den Wettbewerbern zu einem höheren Preis angeboten werde, dass die angebotene Ausstattung „marktüblich" sei oder dass die Beanspruchung der Hotline auch von den Wettbewerbern gesondert in Rechnung gestellt werde.

4. Bezugsquellen

19.4 Zu den Marktbedingungen gehören an sich auch **andere Bezugsquellen,** die im Tatbestand gesondert aufgeführt sind. In diesem Fall täuscht der Unternehmer den Verbraucher etwa darüber, dass das Produkt in der Umgebung auch noch von Wettbewerbern angeboten wird („Das kriegen Sie in Hamburg nur bei uns!" oder „Der nächste Vertragshändler sitzt in Hannover!").

5. Verfolgtes Ziel

19.5 Bietet das Unternehmen das Produkt zu ungünstigeren als Marktbedingungen an und täuscht den Verbraucher – wie beschrieben – über Marktbedingungen und/oder Bezugsquellen, liegt die **Annahme auf der Hand,** dass dies mit dem Ziel oder mit der Absicht geschieht, den Verbraucher zu einem Abschluss zu den ungünstigen Konditionen zu bewegen.

Nr. 20 *(Bearbeiter: Köhler)*

das Angebot eines Wettbewerbs oder Preisausschreibens, wenn weder die in Aussicht gestellten Preise noch ein angemessenes Äquivalent vergeben werden;

Die Regelung entspricht der Nr 19 des Anh I UGP-Richtlinie:

Es werden Wettbewerbe und Preisausschreiben angeboten, ohne dass die beschriebenen Preise oder ein angemessenes Äquivalent vergeben werden.

1. Normzweck

20.1 Die Vorschrift will verhindern, dass der Verbraucher zur Teilnahme an „Wettbewerben" und „Preisausschreiben" veranlasst wird, obwohl von vornherein die beschriebenen Preise nicht zu gewinnen sind, weil sie gar nicht vergeben werden.

2. Tatbestand

20.2 a) **Verkaufsförderungsmaßnahme.** Die Vorschrift bezieht sich nur auf Angebote im Rahmen einer geschäftlichen Handlung. Dies kommt zwar nicht in der deutschen Fassung, wohl aber in der englischen *(„in a commercial practice")* und in der französischen *(„dans le cadre d'une pratique commerciale")* Fassung der Nr 19 des Anh I UGP-Richtlinie deutlich zum Ausdruck. Das Angebot muss also einen „objektiven Zusammenhang" mit der Absatzförderung haben, also eine Verkaufsförderungsmaßnahme darstellen. Dazu genügt es aber, wenn das Unternehmen, das die Maßnahme durchführt, namentlich in Erscheinung tritt und damit die Aufmerksamkeit auf sich zieht (Aufmerksamkeitswerbung).

20.3 b) **„Wettbewerb" und „Preisausschreiben".** Das Angebot muss, entsprechend der deutschen Fassung der Nr 19 Anh I UGP-Richtlinie, in einem **„Wettbewerb"** *("competition"; „concours")* oder **„Preisausschreiben"** *("prize promotion"; „qu'un prix peut être gagné")* bestehen. In der Sache dürften damit Preisausschreiben und Gewinnspiele gemeint sein. Es muss also ein

Schwarze Liste   Nr. 21   **Anh zu § 3 III**

Preis, sei es auf Grund Zufalls, sei es auf Grund besonderer Fertigkeiten oder Kenntnisse des Teilnehmers, zu gewinnen sein. Die zu gewinnenden Preise müssen **„beschrieben"** sein. Es muss also eine zumindest allgemein gehaltene Angabe über die Art des Preises vorliegen. Eine nichts sagende Äußerung, wie „tolle Preise zu gewinnen", reicht also nicht aus.

    c) Nichtvergabe der Preise oder eines angemessenen Äquivalents. Der Unternehmer 20.4
verwirklicht den Tatbestand nicht nur dann, wenn er von vornherein beabsichtigt, die beschriebenen Preise nicht zu vergeben, sondern auch dann, wenn ihm wider Erwarten die Preise nicht oder nicht mehr in ausreichender Zahl zur Verfügung stehen. Er kann den Normverstoß aber vermeiden, wenn er stattdessen „ein angemessenes Äquivalent", also eine vergleichbare Ware oder Dienstleistung oder den Gegenwert in Geld, anbietet.

Nr. 21 *(Bearbeiter: Köhler)*

    das Angebot einer Ware oder Dienstleistung als „gratis", „umsonst", „kostenfrei" oder dergleichen, wenn hierfür gleichwohl Kosten zu tragen sind; dies gilt nicht für Kosten, die im Zusammenhang mit dem Eingehen auf das Waren- oder Dienstleistungsangebot oder für die Abholung oder Lieferung der Ware oder die Inanspruchnahme der Dienstleistung unvermeidbar sind;

Die Regelung entspricht der Nr 20 des Anh I UGP-Richtlinie:

    Ein Produkt wird als „gratis", „umsonst", „kostenfrei" oder Ähnliches beschrieben, obwohl der Verbraucher weitere Kosten als die Kosten zu tragen hat, die im Rahmen des Eingehens auf die Geschäftspraktik und für die Abholung oder Lieferung der Ware unvermeidbar sind.

1. Normzweck

    Die Vorschrift knüpft an die **Anlockwirkung eines kostenlos angebotenen Produkts** an. 21.1
Sie will den Verbraucher vor einer Irreführung durch die Verwendung von Begriffen „gratis" usw und insbes vor einer Irreführung über die Kosten schützen, die bei Inanspruchnahme des Angebots anfallen, sofern sie nicht unvermeidbar sind. Sie zwingt damit indirekt den Unternehmer, den Verbraucher über diese Kosten ausreichend zu informieren.

2. Tatbestand

    a) Angebot eines kostenlosen Produkts. Wie sich aus Nr 20 des Anh I UGP-Richtlinie 21.2
(„Eingehen auf die Geschäftspraktik") ergibt, muss es sich um eine **Maßnahme der Absatzförderung** handeln. Dabei muss ein Produkt angeboten werden, das als „gratis", „umsonst", „kostenfrei" oder in ähnlicher Weise (zB als „Geschenk", „kostenlos", „0,00 Euro") beschrieben wird. Ob es sich dabei um ein reines Werbegeschenk oder um eine Zugabe handelt, ist unerheblich. Entscheidend ist nur eine Beschreibung des Produkts in der Weise, dass der Durchschnittsverbraucher den Eindruck gewinnt, er brauche dafür keine Zahlung zu entrichten.

    b) Verpflichtung zur Tragung von Kosten. Weitere Voraussetzung ist, dass der Verbrau- 21.3
cher **Kosten** zu tragen hat, wenn er das Angebot annimmt. Ausgenommen sind jedoch die „unvermeidbaren" Kosten. Nach Sinn und Zweck der Vorschrift sind nur die Kosten gemeint, auf die der Verbraucher nicht ausdrücklich hingewiesen wird. Die Vorschrift ist also bspw nicht anwendbar auf eine als „gratis" oder dergl beworbene Zugabe, wenn der Verbraucher nicht darüber im Unklaren gelassen wird, dass er die Hauptleistung zu bezahlen hat (OLG Köln GRUR 2009, 608). Der Begriff der Kosten ist zur Gewährleistung der Preistransparenz allerdings in einem weiten Sinne zu verstehen und erfasst auch im Gesamtangebot **versteckte** Kosten. **Beispiele:** Bei einer Werbung für „kostenlose" Zugaben oder Naturalrabatte („3 bekommen, 2 bezahlen") ist der Tatbestand der Nr 21 erfüllt, wenn der Unternehmer gleichzeitig den Preis für die Hauptware erhöht oder die Qualität der Hauptware absenkt, ohne dies kenntlich zu machen. Erst recht ist der Tatbestand erfüllt, wenn bei einem unveränderten Angebot einer Gesamtleistung ein Bestandteil daraus nunmehr als „gratis" usw beworben wird, weil dies keinen Vorteil für den Verbraucher darstellt.

    aa) Unvermeidbare Kosten. Die Vorschrift ist nicht anwendbar auf die Kosten, die „im 21.4
Zusammenhang mit dem Eingehen auf das Waren- oder Dienstleistungsangebot oder für die Abholung oder Lieferung der Ware oder die Inanspruchnahme der Dienstleistung unvermeidbar

sind". Denn mit derartigen Kosten rechnet der Durchschnittsverbraucher, und er braucht daher nicht gesondert darüber informiert werden. Zu den unvermeidbaren Kosten für das Eingehen auf das Waren- oder Dienstleistungsangebot gehören etwa die **Portokosten** oder die **Kosten für Telefonanrufe** zu den Basistarifen, um das Angebot wahrnehmen zu können. Zu den unvermeidbaren Kosten für die Abholung der Ware gehören insbes die **Fahrtkosten** des Verbrauchers. Dem stehen nach Nr 21 die unvermeidbaren Kosten für die „Inanspruchnahme der Dienstleistung" (zB „kostenlose Blutdruckmessung" in einer Apotheke) gleich. Zu den unvermeidbaren Kosten der Lieferung der Ware gehören insbes die Transportkosten. Allerdings muss für den Verbraucher erkennbar sein, dass insoweit Kosten entstehen, so dass er dies bei seiner Entscheidung, das Angebot anzunehmen, berücksichtigen kann. Unklare oder mehrdeutige Angaben darüber werden nur von § 5 oder von § 4 Nr 4 UWG erfasst.

21.5 **bb) Weitere Kosten.** Der Unternehmer muss den Verbraucher **mit weiteren als den unvermeidbaren Kosten** belasten. Dazu gehören insbes die Kosten für die Inanspruchnahme eines Mehrwertdienstes oder „Bearbeitungsgebühren". Unerheblich ist, ob der Unternehmer den Verbraucher über das Entstehen derartiger Kosten aufgeklärt hat. Die Irreführung des Verbrauchers wird insoweit fingiert. Das erscheint auch gerechtfertigt, weil derartige weitere Kosten letztlich eine verkappte Gegenleistung für das ausdrücklich als kostenlos angebotene Produkt darstellen.

Nr. 22 *(Bearbeiter: Köhler)*
die Übermittlung von Werbematerial unter Beifügung einer Zahlungsaufforderung, wenn damit der unzutreffende Eindruck vermittelt wird, die beworbene Ware oder Dienstleistung sei bereits bestellt;

Die Regelung entspricht der Nr 21 des Anh I UGP-Richtlinie:

Werbematerialien wird eine Rechnung oder ein ähnliches Dokument mit einer Zahlungsaufforderung beigefügt, die dem Verbraucher den Eindruck vermitteln, dass er das beworbene Produkt bereits bestellt hat, obwohl dies nicht der Fall ist.

1. Normzweck

22.1 Die Vorschrift steht in engem Zusammenhang mit der Nr 29 („Aufforderung zur ... Bezahlung ... von Produkten, die der Gewerbetreibende geliefert, der Verbraucher aber nicht bestellt hat"). Während bei der Nr 29 die Nötigung im Vordergrund steht, ist es bei der Nr 21 die **Irreführung über das Bestehen einer vertraglichen Bindung.** Der Verbraucher soll glauben, dass er ein Produkt bestellt hat und dementsprechend zur Zahlung verpflichtet ist. Vor dieser Täuschung soll ihn die Vorschrift schützen.

2. Tatbestand

22.2 **a) Werbematerialien.** Die Vorschrift setzt voraus, dass dem Verbraucher „Werbematerialien" zugesandt oder ausgehändigt werden. In diesen Materialien muss ein Produkt, also eine Ware oder Dienstleistung (zB Eintrag in ein Register) beworben werden. Bei Zusendung einer unbestellten Ware greift bereits Nr 29 ein. Wird dem Verbraucher lediglich eine Rechnung oder eine ähnliche Zahlungsaufforderung ohne jegliches Werbematerial zugesandt, greift der Tatbestand der Nr 21 nicht ein. Insoweit ist ein Rückgriff auf den allgemeinen Irreführungstatbestand des § 5 erforderlich. Dagegen ist die Nr 21 anwendbar, wenn es sich um **rechnungsähnlich aufgemachte Angebote** handelt (vgl die Sachverhalte in BGH GRUR 1998, 415 – *Wirtschaftsregister*; BGHZ 123, 330 = GRUR 1994, 126 – *Folgeverträge I*; BGH GRUR 1995, 358 – *Folgeverträge II*; eingehend dazu *Alexander*, Vertrag und unlauterer Wettbewerb, 2001, S 246 ff).

22.3 **b) Beifügung einer Zahlungsaufforderung.** Den Werbematerialien muss eine Rechnung oder ein ähnliches Dokument mit einer Zahlungsaufforderung (zB ausgefüllter Überweisungsträger; Mahnung) beigefügt sein. Der Verbraucher muss aus dem Dokument den Eindruck gewinnen können, dass er zur Zahlung eines bestimmten Betrages **verpflichtet** ist. Das ist nicht der Fall, wenn lediglich um die **freiwillige** Zahlung eines Betrags gebeten wird.

22.4 **c) Vermittlung des Eindrucks einer vorherigen Bestellung.** Das beigefügte Dokument muss dem Verbraucher den Eindruck vermitteln, dass er das beworbene Produkt **bereits bestellt** hat. Bei einer Rechnung oder einem ähnlichen Dokument mit einer Zahlungsaufforderung wird dies grds der Fall sein. Der Unternehmer kann aus dem Verbot daher nur herauskommen, wenn er gleichzeitig deutlich macht, dass die Zahlungsaufforderung nur für den Fall der Bestellung gelten soll. Daran sind strenge Anforderungen zu stellen, weil der Verbraucher üblicherweise bloßen Werbematerialien nicht die gleiche Aufmerksamkeit schenkt wie einer Rechnung oder sonstigen Zahlungsaufforderung. Daher muss der Hinweis auf das Bestellerfordernis aus dem Dokument selbst hervorgehen.

Nr. 23 *(Bearbeiter: Bornkamm)*

die unwahre Angabe oder das Erwecken des unzutreffenden Eindrucks, der Unternehmer sei Verbraucher oder nicht für Zwecke seines Geschäfts, Handels, Gewerbes oder Berufs tätig;

Die Regelung entspricht der Nr 22 des Anh I UGP-Richtlinie:

Fälschliche Behauptung oder Erweckung des Eindrucks, dass der Händler nicht für die Zwecke seines Handels, Geschäfts, Gewerbes oder Berufs handelt, oder fälschliches Auftreten als Verbraucher.

1. Allgemeines

Der Tatbestand der Nr 23 betrifft eine klassische Fallgruppe des Irreführungsverbots: die **Irreführung über den gewerblichen Charakter eines Angebots**. Die Irreführung kann dadurch geschehen, dass ein **Bezug von privater Hand** vorgetäuscht wird (s dazu § 5 Rdn 6.38 ff), was besonders häufig in der Form geschieht, dass ein **Makler** den gewerblichen Charakter seines Angebots nicht aufdeckt und damit den Eindruck erweckt, es handele sich um das (von Maklercourtagen unbelastete) Angebot eines Privatmanns (s § 5 Rdn 6.41). Über den gewerblichen Charakter eines Angebots kann aber auch dann irregeführt werden, wenn eine gemeinnützige Tätigkeit vorgetäuscht wird (vgl Begr RegE UWG 2008, BT-Drucks 16/10145 S 34). 23.1

2. Unwahre Angabe oder Erwecken des unzutreffenden Eindrucks

Der Tatbestand der Nr 23 verlangt nicht, dass die falsche Behauptung **ausdrücklich aufgestellt** wird (vgl Anh zu § 3 III Rdn 1.4). Vielmehr reicht es – wie auch sonst im Rahmen des Irreführungsverbots – aus, wenn der **unzutreffende Eindruck erweckt** wird, es handele sich nicht um einen gewerblichen Anbieter, sondern um einen Privatmann oder eine gemeinnützige Organisation. 23.2

3. „Nicht für die Zwecke seines Geschäfts, Handels, Gewerbes oder Berufs"

Der falsche Eindruck kann durch ein **Auftreten als Privatmann** (Verbraucher) oder dadurch erweckt werden, dass das Unternehmen sich zwar nicht verleugnet, aber vorgibt oder den Eindruck erweckt, das konkrete **Angebot liege außerhalb der üblichen Handelstätigkeit** („aus eigenem Bestand"). Dem Verbraucher erscheinen derartige Angebote attraktiv, weil er erhofft, er könne sich auf diese Weise die Handelsmarge und vor allem die Mehrwertsteuer ersparen. 23.3

Da die Tatbestände des Anh zu § 3 III auch die **Nachfragetätigkeiten der Unternehmen** erfasst (vgl Anh zu § 3 III Rdn 0.11), fällt unter die Nr 23 auch eine Irreführung über den gewerblichen Charakter der Tätigkeit, wenn ein Unternehmen bei privaten Anbietern Waren – etwa Antiquitäten oder Immobilien – nachfragt. Auch eine Irreführung im Zusammenhang mit der **Sammlung von Adressen** wird erfasst, wenn ein Unternehmen nicht deutlich macht, dass es die Adressen für gewerbliche Zwecke verwenden wird (vgl *Büllesbach*, Auslegung der irreführenden Geschäftspraktiken des Anhangs I der Richtline 2005/29/EG über unlautere Geschäftspraktiken, S 140). 23.4

Nr. 24 *(Bearbeiter: Bornkamm)*

die unwahre Angabe oder das Erwecken des unzutreffenden Eindrucks, es sei im Zusammenhang mit Waren oder Dienstleistungen in einem anderen Mitgliedstaat der Europäischen Union als dem des Warenverkaufs oder der Dienstleistung ein Kundendienst verfügbar;

Die Regelung entspricht der Nr 23 des Anh I UGP-Richtlinie:

Erwecken des fälschlichen Eindrucks, dass der Kundendienst im Zusammenhang mit einem Produkt in einem anderen Mitgliedstaat verfügbar sei als demjenigen, in dem das Produkt verkauft wird.

24.1 Der Tatbestand der Nr 24 betrifft den eher **marginalen Fall,** dass ein Kaufmann in Mitgliedstaat A gegenüber Verbrauchern aus Mitgliedstaat B der Wahrheit zuwider den Eindruck erweckt, als sei der **Kundendienst** („after sales service", „service après vente; zum Begriff des Kundendienstes § 5 Rdn 6.36) für das von ihm angebotene Produkt **auch in einem anderen Mitgliedstaat,** etwa im Heimatland der adressierten Verbraucher, ohne weiteres **verfügbar.** Ein solcher Fall einer klaren Irreführung wurde und wird schon immer vom allgemeinen Irreführungsverbot erfasst. Das Per-se-Verbot geht über diese Rechtslage nicht hinaus.

Nr. 25 *(Bearbeiter: Köhler)*

das Erwecken des Eindrucks, der Verbraucher könne bestimmte Räumlichkeiten nicht ohne vorherigen Vertragsabschluss verlassen;

Die Regelung entspricht der Nr 24 des Anh I UGP-Richtlinie:

Erwecken des Eindrucks, der Verbraucher könne die Räumlichkeiten ohne Vertragsabschluss nicht verlassen.

1. Allgemeines

25.1 Die Vorschrift setzt voraus, dass der **Unternehmer** (Inhaber, gesetzlicher Vertreter oder Mitarbeiter oder Beauftragter; vgl § 2 I Nr 1 und Nr 6 HS 2) auf einen **Verbraucher** einwirkt und dass es sich dabei um eine **geschäftliche Handlung** iSv § 2 I Nr 1 handelt. In der Systematik der UGP-Richtlinie handelt es sich um einen Fall der Nötigung bzw unzulässigen Beeinflussung iSv Art 8 UGP-Richtlinie.

25.2 a) **Erwecken des Eindrucks.** Der Verbraucher muss auf Grund des **Verhaltens des Unternehmers** den Eindruck gewinnen oder gewinnen können, er könne die **Räumlichkeit ohne Vertragsschluss nicht verlassen.** Maßstab ist der Durchschnittsverbraucher. Ob dieser Eindruck objektiv zutr ist oder nicht, spielt keine Rolle. Auch ist unerheblich, ob der Unternehmer den Eindruck schuldhaft oder schuldlos hervorgerufen hat. An das Verhalten des Unternehmers sind keine strengen Anforderungen zu stellen. So kann bei einer Verkaufsveranstaltung die Bemerkung genügen, es hätten noch nicht alle Teilnehmer gekauft. Entscheidend ist nur, dass der Verbraucher glaubt oder glauben kann, der Unternehmer habe es in der Hand, ihn am Verlassen der Räumlichkeit zu hindern.

25.3 b) **Räumlichkeiten.** Der Begriff der **Räumlichkeiten** ist im Interesse eines wirksamen Verbraucherschutzes weit zu verstehen und daher nicht auf Gebäude zu beschränken. Es muss sich lediglich um eine **abgegrenzte Einrichtung** handeln, so dass auch umzäunte Grundstücksflächen (zB der umzäunte Hof eines Autohändlers), Flugzeuge oder Schiffe darunter fallen können. Unerheblich ist dagegen, ob die Räumlichkeiten für jedermann frei zugänglich sind. Es muss sich auch nicht um die Räumlichkeiten des Unternehmers handeln, sondern es kann sich auch um die Räumlichkeiten eines Dritten, ja sogar des Verbrauchers selbst, oder um öffentliche Einrichtungen handeln. Entscheidend ist nur, ob der Verbraucher auf Grund der Umstände den Eindruck gewinnt oder gewinnen kann, dass er sich ohne Vertragsschluss nicht ungehindert aus den Räumlichkeiten entfernen kann. – Nicht erfasst ist dagegen die Einwirkung auf den Verbraucher auf frei zugänglichen Flächen, wie zB Straßen oder Parkplätzen (aA noch 28. Aufl). Insoweit bleibt nur der Rückgriff auf § 4 Nr 1 und § 7 I.

25.4 c) **Vertragsabschluss.** Der Verbraucher muss auf Grund des Verhaltens des Unternehmers den Eindruck gewinnen, das einzige Mittel, die Räumlichkeiten zu verlassen, sei der **Abschluss eines Vertrages.** Ob der Vertrag mit dem Unternehmer selbst oder mit einem Dritten abgeschlossen werden soll, ist unerheblich. Die Begriffe des Vertrags und des Vertragsabschlusses sind im Interesse eines wirksamen Verbraucherschutzes weit auszulegen. So kann es genügen, dass der Verbraucher den Unternehmer zum Vertragsabschluss in seinem Namen bevollmächtigt oder dass er einen schwebend unwirksamen Vertrag genehmigt (vgl § 177 BGB). Der Vertrag muss auch nicht auf den Erwerb von Waren oder Dienstleistungen gerichtet sein. Daher werden zB auch

Schwarze Liste Nr. 26 **Anh zu § 3 III**

Verträge über die Einbeziehung von AGB, Vertragsaufhebungsverträge (zB in Bezug auf ein Mietverhältnis), Verträge über den Verzicht auf vertragliche Ansprüche, über eine Sicherheitsleistung und Verträge über die Überlassung persönlicher Daten und die Einwilligung in Werbung gegen Entgelt erfasst.

Nr. 26 *(Bearbeiter: Köhler)*

bei persönlichem Aufsuchen in der Wohnung die Nichtbeachtung einer Aufforderung des Besuchten, diese zu verlassen oder nicht zu ihr zurückzukehren, es sein denn, der Besuch ist zur rechtmäßigen Durchsetzung einer vertraglichen Verpflichtung gerechtfertigt;

Die Regelung entspricht Nr 25 des Anh I UGP-Richtlinie:

Nichtbeachtung der Aufforderung des Verbrauchers bei persönlichen Besuchen in dessen Wohnung, diese zu verlassen bzw. nicht zurückzukehren, außer in Fällen und in den Grenzen, in denen dies nach dem nationalen Recht gerechtfertigt ist, um eine vertragliche Verpflichtung durchzusetzen.

1. Allgemeines

Die Vorschrift setzt voraus, dass der Unternehmer (oder ein Vertreter oder Beauftragter; vgl § 2 I Nr 1 und Nr 6 HS 2) den Verbraucher in seiner Wohnung aufsucht und dass es sich dabei um eine **geschäftliche Handlung** iSv § 2 I Nr 1 handelt. Die Nichtbeachtung der Aufforderung stellt einen Fall der „Nötigung" iSv Art 8 UGP-Richtlinie und der „Ausübung von Druck" iSv § 4 Nr 1 dar. (Zugleich dürfte in diesen Fällen zumeist der Straftatbestand des Hausfriedensbruchs, § 123 StGB, oder der versuchten Nötigung, § 240 StGB, erfüllt sein). – Unter einer **Wohnung** sind abgegrenzte, für die private Lebensführung bestimmte Räumlichkeiten zu verstehen. Auf die Dauer der Nutzung kommt es nicht an, so dass auch Hotelzimmer oder Schiffskabinen erfasst werden. Auf die Besitz- und Eigentumsverhältnisse an der Wohnung kommt es nach dem Schutzzweck der Norm nicht an. Der **„Besuchte"** braucht daher weder Eigentümer noch Besitzer im Rechtssinne zu sein; es genügt, dass es auch „seine" Wohnung ist. Geschützt sind daher auch der Ehegatte oder die Kinder des Wohnungsinhabers, nicht dagegen der Gast, der sich nur zufällig in der Wohnung aufhält. Darauf, ob der Hausbesuch als solcher erwünscht oder unerwünscht war, kommt es ebenfalls nicht an. Die Zulässigkeit eines Hausbesuchs ist vielmehr nach allgemeinen Grundsätzen zu beurteilen (vgl § 7 Rdn 38 ff). Auch spielt es keine Rolle, ob der Hausbesuch der Anbahnung eines Vertrages oder der Geltendmachung vertraglicher Ansprüche gegen den Verbraucher dient. – Der Verbraucher muss den Unternehmer **aufgefordert** haben, die Wohnung zu verlassen oder nicht in sie zurückzukehren. Dafür trägt er die Beweislast. Allerdings braucht die Aufforderung nicht in Befehlsform ausgesprochen zu werden. Auch eine Bitte, eine entsprechende Geste oder die Bekundung eines fehlenden Interesses („Danke, kein Interesse") kann ausreichen. Es muss lediglich für den Unternehmer erkennbar sein, dass sein Verbleiben oder ein erneuter Besuch nicht dem Willen des Besuchten entspricht. – Eine **Nichtbeachtung** der Aufforderung, die Wohnung zu verlassen, setzt voraus, dass der Unternehmer die Wohnung nicht sofort verlässt. Eine Nichtbeachtung der Aufforderung, zur Wohnung nicht zurückzukehren, liegt bereits dann vor, wenn der Unternehmer den Versuch unternimmt, zur Wohnung zurückzukehren. Dafür genügt eine erneute Kontaktaufnahme an der Wohnungstür. In diesem Fall muss es sich um dieselbe Person handeln, gegen die die Aufforderung ausgesprochen wurde. Der Tatbestand ist also nicht erfüllt, wenn zB ein anderer Vertreter desselben Unternehmers vorstellig wird. Auf ein Verschulden kommt es nicht an, der Besucher kann sich daher nicht darauf berufen, er habe die frühere Aufforderung vergessen.

26.1

2. Rechtmäßigkeit des Verhaltens

Ausgenommen vom Verbot sind die Fälle, in denen das Verbleiben oder die Rückkehr in die Wohnung nach deutschem Recht **rechtmäßig**, also **gesetzlich gerechtfertigt** ist, um eine **vertragliche Verpflichtung** des Verbrauchers auch gegen seinen Willen durchzusetzen. Es sind dies insbes die Fälle der **Selbsthilfe** (§§ 229 ff BGB; § 562 b BGB). Dagegen gehören die Fälle, in denen der Verbraucher vertraglich verpflichtet ist, dem Unternehmer das Betreten der Wohnung zu ermöglichen, damit dieser seinerseits eine vertragliche Verpflichtung (zB aus Werkvertrag) erfüllen kann, nicht hierher (aA Begr RegE UWG 2008 zu Nr 26, BT-Drucks 16/10145 S 34; *Scherer* NJW 2009, 324, 329). Das Gleiche gilt, wenn der Unternehmer ein

26.2

vertragliches Recht (zB Besichtigungsrecht des Vermieters; Recht des EVU zur Zählerablesung) durchsetzen möchte. Denn dies gibt dem Unternehmer nicht das Recht, gegen den Willen des Verbrauchers in der Wohnung zu verbleiben. Vielmehr kann der Unternehmer seinen Anspruch nur unter Inanspruchnahme der Gerichte durchsetzen.

Nr. 27 *(Bearbeiter: Köhler)*

Maßnahmen, durch die der Verbraucher von der Durchsetzung seiner vertraglichen Rechte aus einem Versicherungsverhältnis dadurch abgehalten werden soll, dass von ihm bei der Geltendmachung seines Anspruchs die Vorlage von Unterlagen verlangt wird, die zum Nachweis dieses Anspruchs nicht erforderlich sind, oder dass Schreiben zur Geltendmachung eines solchen Anspruchs systematisch nicht beantwortet werden;

Die Regelung entspricht Nr 27 des Anh I UGP-Richtlinie:

Aufforderung eines Verbrauchers, der eine Versicherungspolice in Anspruch nehmen möchte, Dokumente vorzulegen, die vernünftigerweise nicht als relevant für die Gültigkeit des Anspruchs anzusehen sind, oder systematische Nichtbeantwortung einschlägiger Schreiben, umso den Verbraucher von der Ausübung seiner vertraglichen Rechte abzuhalten.

1. Allgemeines

27.1   Es handelt sich dabei um eine geschäftliche Handlung nach Vertragsschluss bzw bei Durchführung eines Vertrages iSv § 2 I Nr 1, die offenbar vornehmlich von Versicherungsgesellschaften angewendet wird, um Versicherungsnehmer von der Geltendmachung ihrer Ansprüche abzuhalten. Sie ist eine spezielle Erscheinungsform einer „unzulässigen Beeinflussung" iSv Art 8 und Art 2 lit j UGP-Richtlinie und damit einer „unangemessenen unsachlichen Beeinflussung" iSd § 4 Nr 1 (aA jurisPK/*Link* Anh zu § 3 III Nr 27 Rdn 2: Fall der Irreführung iSv § 5 I 2 Nr 1). Darauf, ob die Ansprüche tatsächlich bestehen, kommt es an sich nicht an. Dies ergibt sich aus einer richtlinienkonformen Auslegung am Maßstab der Nr 27 des Anh I UGP-Richtlinie (Verbraucher, „der eine Versicherungspolice in Anspruch nehmen möchte"). Auch ist es der Zweck der Vorschrift, dass sich der Versicherer mit dem Anliegen des Verbrauchers ernsthaft auseinandersetzt, damit er selbst entscheiden kann, ob er den behaupteten Anspruch ggf gerichtlich geltend macht oder nicht. Etwas anderes gilt, wenn die geltend gemachten Ansprüche offensichtlich unbegründet sind und der Verbraucher dies weiß oder davor die Augen verschließt. Denn in diesem Fall ist das Verhalten des Versicherers von vornherein nicht darauf gerichtet, den Verbraucher von der Durchsetzung seiner vertraglichen Rechte abzuhalten. **Beispiel:** Steht fest, dass der Versicherungsnehmer einen Brand vorsätzlich herbeigeführt hat, verlangt er aber gleichwohl die Versicherungssumme für den Brandschaden, so braucht der Versicherer nicht zu antworten, weil ein Anspruch auch für den Anspruchsteller offensichtlich nicht gegeben ist. Anders liegt es, wenn ein Haftungsausschluss eingreift, der für den Verbraucher nicht ohne Weiteres erkennbar ist.

2. Aufforderung zur Vorlage von nicht erforderlichen Unterlagen

27.2   Die Aufforderung zur Vorlage von Unterlagen, die zum Nachweis des Anspruchs nicht erforderlich sind, muss ein Vorwand sein, um den Verbraucher von der Geltendmachung seiner Ansprüche abzuhalten. Die Erforderlichkeit der angeforderten Unterlagen („Dokumente") ist aus objektiver Sicht (*arg* Nr 27 Anh I UGP-Richtlinie: „vernünftigerweise nicht als relevant anzusehen") zu bestimmen. Entscheidet ist, ob das Verlangen gegen die „fachliche Sorgfalt" iSd § 2 I Nr 7 (bzw „berufliche Sorgfalt" iSd Art 2 lit h UGP-Richtlinie) verstößt. Dementsprechend ist zu fragen, ob das Verlangen den anständigen Marktgepflogenheiten, im Zweifel also den geschäftsüblichen Versicherungsbedingungen entspricht, es sei denn, sie sind unwirksam. Sind die Regelungen ihrerseits unbestimmt, ist zu fragen, ob die Anforderung der Unterlagen (zB Kaufbelege für gestohlene oder untergegangene Sachen bei Reise- oder Hausratversicherungen) mit dem Grundsatz von „Treu und Glauben" vereinbar ist, dh ihre Vorlage dem Verbraucher zumutbar ist.

3. Systematische Nichtbeantwortung von Schreiben

27.3   Von einer **„Nichtbeantwortung"** ist auszugehen, wenn eine Zeit verstrichen ist, in der den Umständen nach eine Beantwortung möglich und zumutbar war. Feste Zeitgrenzen (dafür

Schwarze Liste Nr. 28 **Anh zu § 3 III**

Scherer NJW 2009, 324, 330: vier Wochen) lassen sich der Regelung nicht entnehmen. Der Nichtbeantwortung steht es gleich, wenn zwar eine Antwort erteilt wird, aber damit keine eigentliche Bearbeitung der Angelegenheit erfolgt (zB Standardschreiben des Inhalts: „Wir werden ihr Anliegen prüfen und unaufgefordert wieder auf Sie zukommen"). – Von einer **„systematischen"** Nichtbeantwortung von Schreiben zur Geltendmachung eines Anspruchs lässt sich nur sprechen, wenn derartige Schreiben nicht zufällig (zB Erkrankung des Sachbearbeiters), sondern planmäßig unbeantwortet bleiben. Ein solcher Plan (zB in Gestalt einer entsprechenden Anweisung an Sachbearbeiter) lässt sich vermutlich selten nachweisen. Daher wird der Beweis der „systematischen" Nichtbeantwortung idR nur durch den Nachweis zu führen sein, dass **mehrere** Schreiben, sei es verschiedener, sei es eines einzigen Versicherungsnehmers unbeantwortet geblieben sind (aA jurisPK/*Link* Anh zu § 3 III Nr 27 Rdn 8: bloßes Nichtreagieren genügt). Als Mindestzahl wird man drei Fälle fordern müssen. Der Versicherer kann sich allerdings durch den Nachweis entlasten, dass entsprechende Antwortschreiben abgesandt worden sind. – Der systematischen Nichtbeantwortung von **„Schreiben"** (Brief, Fax, E-Mail) wäre zwar wertungsmäßig die systematische Nichtbeantwortung von Telefonanrufen oder das systematische Nichtempfangen des Verbrauchers in den Geschäftsräumen ohne sachlichen Grund gleichzusetzen. Da allerdings eine analoge Anwendung der Nr 27 nicht möglich ist (Rdn 0.8; aA 27. Aufl), ist insoweit nur ein Rückgriff auf § 4 Nr 1 (nach den Maßstäben des Art 8 UGP-Richtlinie) möglich.

4. Ziel, den Verbraucher von der Geltendmachung seiner Rechte abzuhalten

Das Verhalten des Versicherers muss darauf gerichtet sein, den Verbraucher von der Geltendmachung seiner Ansprüche abzuhalten. Das ist iS einer **objektiven Zielgerichtetheit** zu verstehen. Davon ist aber im Hinblick auf die beschriebenen Maßnahmen stets dann auszugehen, wenn sich das Verhalten des Versicherers bei objektiver Betrachtung nicht anders erklären lässt. Der Nachweis einer Absicht des Versicherers ist daher nicht erforderlich und wäre idR auch nicht zu führen. Geht der Streit bspw darüber, ob Schreiben systematisch unbeantwortet geblieben sind, muss der Verbraucher nur darlegen und beweisen, dass mehrere Schreiben unbeantwortet geblieben sind. Der Versicherer muss dann, um sich zu entlasten, beweisen, dass dieses Verhalten auf einem Versehen beruhte und daher auch nicht das Ziel hatte, den Verbraucher von der Geltendmachung seiner Ansprüche abzuhalten. 27.4

5. Anwendung auf andere Unternehmen und andere Marktteilnehmer

Der Tatbestand gilt zwar nur für Verhaltensweisen von Versicherern gegenüber Verbrauchern und kann nicht durch Analogie auf andere Unternehmen erweitert werden. Die zu Grunde liegende Wertung lässt sich jedoch bei Anwendung des § 4 Nr 1 auf entsprechende Praktiken sonstiger Unternehmen (zB Banken, Telefongesellschaften, Kaufhäuser) übertragen, etwa dann, wenn Verbraucher Schadensersatz- oder Gewährleistungsansprüche geltend machen. Das Gleiche gilt für die Beurteilung derartiger Verhaltensweisen gegenüber sonstigen Marktteilnehmern. 27.5

Nr. 28 *(Bearbeiter: Köhler)*

die in eine Werbung einbezogene unmittelbare Aufforderung an Kinder, selbst die beworbene Ware zu erwerben oder die beworbene Dienstleistung in Anspruch zu nehmen oder ihre Eltern oder andere Erwachsene dazu zu veranlassen;

Die Regelung entspricht der Nr 28 des Anh I UGP-Richtlinie:

Einbeziehung einer direkten Aufforderung an Kinder in eine Werbung, die beworbenen Produkte zu kaufen oder ihre Eltern oder andere Erwachsene zu überreden, die beworbenen Produkte für sie zu kaufen. Diese Bestimmung gilt unbeschadet des Artikels 16 der Richtlinie 89/552/EWG über die Ausübung der Fernsehtätigkeit.

Schrifttum: *Baukelmann,* Jugendschutz und Lauterkeitsrecht – neue europäische Gesichtspunkte?, FS Ullmann, 2006, 587; *Fuchs,* Wettbewerbsrechtliche Schranken bei der Werbung gegenüber Minderjährigen, WRP 2009, 255; *Hecker,* Die Richtlinie über aggressive Geschäftspraktiken: Einige Gedanken zu den „aggressiven Geschäftspraktiken" – Umsetzung in das deutsche Recht, WRP 2006, 640; *Köhler,* Minderjährigenschutz im Lauterkeitsrecht, FS Ullmann 2006, 679; *ders,* Werbung gegenüber Kindern: Welche Grenzen zieht die Richtlinie über unlautere Geschäftspraktiken?, WRP 2008, 700; *Mankowski,* Wer ist ein „Kind"?, WRP 2007, 1398; *ders,* Was ist eine „direkte Aufforderung zum Kauf" an Kinder?, WRP 2008, 421; *ders,*

Anh zu § 3 III   Nr. 28

„Hol es dir und zeig es deinen Freunden", in Das Kind im Recht, 2009, 51; *Prunbauer-Glaser,* Kinder, Kinder! – Zum Kind in der Werbung nach der UWG-Novelle 2007, ÖBl 2008, 164; *Scherer,* Kinder als Konsumenten und Kaufmotivatoren, WRP 2008, 414.

I. Allgemeines

1. Verhältnis zum Unionsrecht

28.1   Die Vorschrift dient der Umsetzung der **Nr 28 S 1 Anh I UGP-Richtlinie.** Eine Umsetzung des S 2, der eine Einschränkung des Anwendungsbereichs zugunsten des **Art 16 Fernsehrichtlinie** (nunmehr: **Art 3 e I lit g Richtlinie über audiovisuelle Mediendienste;** dazu Rdn 28.14 f) vorsieht, ist nicht erfolgt. Der Vorrang dieser **Spezialregelung** (dazu Rdn 28.17 f) ergibt sich nämlich bereits aus allgemeinen Grundsätzen (Begr RegE zu Nr 28, BT-Drucks 16/10 145 S 34). Im Unterschied zu Nr 28 setzt der Tatbestand des Art 3 e I lit g voraus, dass die Aufforderung die geschäftliche Unerfahrenheit und Leichtgläubigkeit von Minderjährigen ausnutzt (*Köhler* WRP 2008, 700, 705).

2. Normzweck und Auslegung

28.2   Die **Auslegung** der Nr 28 hat **richtlinienkonform** im Lichte des Wortlauts und Zwecks der Nr 28 Anh I UGP-Richtlinie zu erfolgen (vgl allg Rdn 0.3 ff). Das ist ua für die Auslegung des Begriffs „veranlassen" von Bedeutung (Rdn 28.5). **Zweck** der Regelung ist der **Schutz der Kinder** vor unmittelbaren Kaufaufforderungen (vgl Erwägungsgrund 18 der UGP-Richtlinie) und zugleich der **Schutz der Eltern oder sonstigen Erwachsenen** vor einer Manipulation ihrer Kaufentscheidung durch Einschaltung von Kindern. Dahinter steht die Erwägung, dass Kinder auf Grund ihrer geschäftlichen Unerfahrenheit und Leichtgläubigkeit in geschäftlichen Angelegenheiten vom Werbenden leichter beeinflussbar sind und dass Kinder ihrerseits in der Lage sind, die Kaufentscheidungen ihrer Eltern oder sonstiger Erwachsener eher zu beeinflussen, als dies der Werbende unmittelbar könnte. Da es sich um ein Per-se-Verbot handelt, kommt es jedoch nicht darauf an, ob die Handlung im Einzelfall geeignet ist, die Kaufentscheidung der Kinder oder der Erwachsenen zu beeinflussen (aA *Nauen* ZLR 2008. 488, 498). Vielmehr ist eine Prüfung solcher Umstände des Einzelfalls gerade ausgeschlossen (vgl Erwägungsgrund 17 UGP-Richtlinie; EuGH GRUR 2009, 599 Tz 56, 61 – *Total und Sanoma;* EuGH GRUR 2010, 244 Tz 45 – *Plus Warenhandelsgesellschaft*).

3. Verhältnis zu § 4 Nr 1 und 2

28.3   Die Nr 28 stellt **strengere** Anforderungen an den Werbenden als § 4 Nr 1 und 2. Es ist inbes nicht erforderlich, dass die Maßnahme geeignet ist, iSv § 4 Nr 1 die Entscheidungsfreiheit der Kinder oder Eltern durch Ausübung von Druck oder durch sonstigen unangemessenen unsachlichen Einfluss zu beeinträchtigen oder iSv § 4 Nr 2 die Unerfahrenheit oder Leichtgläubigkeit von Kindern auszunutzen (Rdn 28.2; *Köhler* WRP 2008, 700, 705; vgl auch Begr RegE zu Anhang Nr 28, BT-Drucks 16/10 145 S 34). Daher können Werbemaßnahmen, die in der Vergangenheit nach § 4 Nr 1 und 2 nicht zu beanstanden waren (vgl BGH GRUR 2009, 71 – *Sammelaktion für Schoko-Riegel*), durchaus nach Nr 28 einem Per-se-Verbot unterliegen (Rdn 28.9).

4. Verhältnis zum Bürgerlichen Recht

28.4   Die Zulässigkeit der Werbung hängt nicht davon ab, ob das Kind den Vertrag zivilrechtlich wirksam abschließen kann (vgl § 110 BGB) oder nicht (vgl §§ 107, 108 BGB). Umgekehrt ist es für die Wirksamkeit des Vertrages ohne Bedeutung, ob die Werbung unzulässig ist. Eine Anfechtung kommt nur unter den Voraussetzungen des § 123 BGB in Betracht.

II. Tatbestand

1. Kinder

28.5   Der Begriff der „**Kinder**" ist unionsrechtlich, also nicht vom deutschen Rechtsverständnis her auszulegen (vgl Begr RegE zu Anh Nr 28, BT-Drucks 16/10 145 S 34). Er ist allerdings in der UGP-Richtlinie nicht definiert. Da aber Art 16 Fernsehrichtlinie (nunmehr Art 3 I lit g Richtlinie über audiovisuelle Kommunikation), auf den in S 2 der Nr 28 Anh I UGP-Richtlinie verwiesen wird, von „Minderjährigen" spricht, ist wahrscheinlich, dass der UGP-Richtliniengeber bewusst den Begriff „Kinder" verwendet hat und damit nur Minderjährige bis zur Vollendung des 14. Lebensjahres erfassen wollte. Dafür spricht auch, dass der (allerdings von der Kommission zurückgezogene) Vorschlag für eine *Verordnung über Verkaufsförderung im Binnenmarkt* in Art 2 lit j den Begriff „Kind" als „Person unter 14 Jahren" definiert hatte. – Denkbar ist aber auch, dass der Begriff „Kind" lediglich als Gegensatz zum Begriff des „Erwachsenen" zu verstehen ist (*Mankowski* WRP 2007, 1398, 1403 ff) und damit alle Minderjährigen erfasst. Dann wäre auch die Altersgruppe zwischen dem 14. Lebensjahr und der Volljährigkeit („Jugendliche"; vgl § 1 I Nr 2 JuSchG) einbezogen (vgl *Streinz* EUV/EGV Art 24 GR-Charta Rdn 4). Gegen diese Deutung spricht allerdings, dass die Richtlinie über audiovisuelle Mediendienste (früher: Fernsehrichtlinie) nur solche direkten Aufrufe an Minderjährige erfasst, die deren Unerfahrenheit und Leichtgläubigkeit ausnutzen, während Nr 28 diese Einschränkung gerade nicht vorsieht. Letztlich bedarf die Frage der Klärung durch den EuGH. Für die Praxis wird die Frage dann bedeutsam werden, wenn Werbemaßnahmen zu beurteilen sind, die sich nur an Minderjährige über 14 Jahre richten, wie zB bei einer Werbung für den Erwerb des Führerscheins.

2. Unmittelbare Aufforderung an Kinder zum Kauf der beworbenen Produkte

a) **Problematik.** Von der Auslegung des Tatbestands der „unmittelbaren Aufforderung an Kinder" zum Kauf der beworbenen Produkte" hängt es ab, in welcher Weise Kinder in der Werbung angesprochen werden dürfen. 28.6

b) **Aufforderung an Kinder.** Die Aufforderung muss an **Kinder** als solche gerichtet sein, also Kinder **gezielt** ansprechen. Die Aufforderung an ein **einzelnes** Kind genügt, die Verwendung des Plurals im Gesetzeswortlaut steht dem nicht entgegen, da damit nicht eine Vielzahl von Kindern gemeint ist. Die Kinder müssen andererseits nicht als individuelle Personen, sondern können auch als Bevölkerungsgruppe angesprochen werden. Dass in ein und derselben Werbung daneben auch Erwachsene angesprochen werden, ist unerheblich. Eine Aufforderung an **jedermann** genügt dagegen nicht, selbst wenn sich Kinder von der Werbung angesprochen fühlen können. Ob eine Aufforderung an Kinder vorliegt, beurteilt sich aus der Sicht der angesprochenen Personen. Dabei sind die Art und Weise der Werbung (zB Verwendung der Umgangssprache von Kindern, Abbildung von Kindern) und ihr Umfeld (zB Werbung in Zeitschriften für Kinder und Jugendliche; Kindersendungen) zu berücksichtigen. 28.7

c) **Unmittelbare Aufforderung zum Kauf von Produkten.** Die Werbung muss über den Produktbezug (Rdn 28.11) hinaus einen Käuferbezug aufweisen, der mit den Worten „*unmittelbare Aufforderung an Kinder, selbst die beworbene Ware zu erwerben ...*" umschrieben wird. Die Aufforderung zum Kauf muss also **„unmittelbar"** erfolgen. Eine bloß indirekte oder mittelbare Aufforderung in der Weise, dass Kinder erst aus sonstigen Umständen darauf schließen sollen, ein Produkt zu kaufen, reicht nicht aus (*Köhler* WRP 2008, 700, 702; *Scherer* WRP 2008, 430, 435). Die Werbung muss vielmehr einen **Kaufappell** an die Kinder enthalten. Ob dies der Fall ist, beurteilt sich aus der Sicht der angesprochenen Gruppe, wobei auf „*die Sicht eines durchschnittlichen Mitglieds dieser Gruppe*" (§ 3 II 2, 3; Art 5 III 1 UGP-Richtlinie) abzustellen ist. Unerheblich ist, **wie** die unmittelbare Kaufaufforderung (verbal, bildlich usw) erfolgt. Sie wird typischerweise in der Form des **Imperativs** erklärt. Beispiele: „Hol dir ..."; „Nicht verpassen ..."; „Nicht vergessen ... ab ... am Kiosk (LG Berlin VuR 2010, 106); „Ruf einfach an ..."; „Sende einfach SMS an ...". Sie kann jedoch auch auf andere Weise erfolgen. **Beispiel:** „Wir empfehlen euch ..."; „Es lohnt sich für euch ...", „noch heute kaufen". Auch eine vorformulierte Kaufentscheidung („Ja, ich will ein Girokonto haben!"), die ein Kind unterschreiben soll, kann eine unmittelbare Aufforderung darstellen. Entscheidend ist nur, dass die Kinder gezielt angesprochen werden und den Eindruck gewinnen, sie sollten einen Kauf bestimmter Produkte tätigen. 28.8

Die Abgrenzung kann im Einzelfall schwierig sein. Für eine unmittelbare Aufforderung zum Kauf reicht das Aufzeigen einer konkreten Kaufmöglichkeit iSe bloßen Information nicht aus. So dürfte bspw die Werbung „*Kinder, bei McX gibt es jetzt den neuen X-Burger für nur 99 Cent*" den Tatbestand der Nr 28 nicht erfüllen. Es muss noch ein Appell zum Kauf hinzukommen, etwa bspw „*Kinder, holt euch jetzt bei McX den neuen X-Burger für 99 Cent*". Der Appell kann andererseits auch in versteckter Form erfolgen. Eine unmittelbare Aufforderung an Kinder kann daher auch dann vorliegen, wenn sie zur Teilnahme an einem **Gewinnspiel** aufgefordert werden, die Teilnahme aber vom Kauf eines bestimmten Produkts abhängig ist (vgl § 4 Nr 6). Dem steht der Fall der unmittelbaren Aufforderung an Kinder, auf Produktverpackungen aufgedruckte Gutscheinpunkte oä zu sammeln, um eine **Zugabe** zu erlangen, gleich. Denn um den Gutschein zu 28.9

erlangen, müssen die Kinder die Produkte erwerben oder ihren Erwerb veranlassen. Eine unmittelbare Aufforderung war daher in der Werbung „*Einfach 25 N-Screens sammeln, die sich auf vielen N-Schoko-Riegeln befinden*" (vgl BGH GRUR 2009, 71 – *Sammelaktion für Schoko-Riegel*) enthalten. Um eine bloße Information handelt es sich dagegen bei einer „*Wenn ... dann*"-Werbung („*Wenn ihr 25 Punkte gesammelt habt, dann bekommt ihr dafür ...*"). – Darauf, ob die Werbung iSv § 4 Nr 2 geeignet ist, die Unerfahrenheit von Kindern auszunutzen (dazu Rdn 28.3; BGH GRUR 2009, 71 Tz 16 ff – *Sammelaktion für Schoko-Riegel*), kommt es bei Anwendung der Nr 28 nicht an.

28.10 Die Kinder müssen sich jedoch stets unmittelbar als potenzielle Käufer angesprochen fühlen (jurisPK/*Seichter* Anh zu § 3 III Nr 28 Rdn 4 und § 4 Rdn 73). Das ist nicht schon der Fall, wenn in der Werbung lediglich Kinder gezeigt werden, die direkt zum Kauf aufgefordert werden (aA Harte/Henning/*Stuckel* Anh § 3 III Nr 28 Rdn 8; auch noch *Köhler*, FS Ullmann, 2006, 699;), oder wenn ein Gruppenzwang in Gestalt von „Mitmachaktionen" ausgeübt wird (str; aA *Mankowski* WRP 2008, 421, 425). Derartige Fälle beurteilen sich nur nach § 4 Nr 1 und 2 unter Berücksichtigung der Art 5 III 1, Art 8 und 9 UGP-Richtlinie. Erst recht reicht eine bloße Produktpräsentation an Orten, an denen sich Kinder länger aufhalten („Quengelware" an der Kasse; Kiosk am Strand oder in Spielplatznähe), nicht aus (ebenso OLG Koblenz GRUR-RR 2010, 20, 22; aA *Mankowski* aaO).

28.11 d) **Produktbezug der Werbung.** Nach der **deutschen Fassung** des Anh I Nr 28 UGP-Richtlinie hat es den Anschein, als würde Nr 28 auf die Legaldefinition des Begriffs der „Aufforderung zum Kauf" in Art 2 lit i UGP-Richtlinie zurückgreifen. Darunter fällt „jede kommerzielle Kommunikation, die die Merkmale des Produkts und den Preis in einer Weise angibt, die den Mitteln der verwendeten kommerziellen Kommunikation angemessen ist und den Verbraucher dadurch in die Lage versetzt, einen Kauf zu tätigen". In der **englischen Fassung** der UGP-Richtlinie wird dagegen zwischen der „*invitation to purchase*" (Art 2 lit i) und der „*direct exhortation to children to buy advertised products*" (Nr 28) unterschieden. Auch die **französische Fassung** unterscheidet zwischen „*invitation à l'achat*" (Art 2 lit i) und dem „*inciter directement les enfants à acheter ... le produit ...*" (Nr 28). Dies spricht dafür, bei der Auslegung der Nr 28 sowohl des Anh I der UGP-Richtlinie als auch des Anh zu § 3 III nicht auf die Legaldefinition in Art 2 lit i UGP-Richtlinie zurückzugreifen (*Köhler* WRP 2008, 700, 703). Eine „unmittelbare Aufforderung" zum Erwerb der bewordenen Produkte" setzt daher nicht voraus, dass in der Werbung bereits der **Preis** und die Merkmale dieser Produkte genannt sind (aA *Fuchs* WRP 2009, 255, 262; Fezer/*Scherer* Anh UWG Nr 28 Rdn 13). Dafür spricht auch, dass die Schutzbedürftigkeit der Kinder eher noch größer ist, wenn der Preis und die Merkmale der Produkte nicht genannt sind. Andererseits müssen die beworbenen Produkte in der Werbung konkret aufgeführt sein. Dies geht aus dem insoweit eindeutigen Wortlaut der Vorschrift („die beworbene Ware ...") hervor. Es genügt also nicht, wenn nur ein allgemeiner Kaufappell ausgesprochen wird, wie bspw: „*Kinder, kommt heute ins X-Geschäft. Es warten viele Überraschungen auf euch.*"

28.12 e) **Aufforderung zum Erwerb der beworbenen Ware oder Dienstleistung.** Die Aufforderung muss dahin gehen, „selbst die beworbene Ware zu erwerben oder die beworbene Dienstleistung in Anspruch zu nehmen", also diese Produkte zu „kaufen". Das ist iwS, nämlich iSd Abschlusses eines entgeltlichen Vertrages zu verstehen, so dass insbes auch Miet-, Dienst-, Werk- und Kreditverträge darunter fallen. Eine Aufforderung zum Kauf liegt dagegen nicht vor, wenn Kinder lediglich aufgefordert werden, eine Ware zu besichtigen oder zu erproben oder ein Angebot einzuholen oder ihre Adressen oder die ihrer Eltern anzugeben oder Informationen im Internet abzurufen (*Köhler* WRP 2008, 700, 703).

3. Unmittelbare Aufforderung an Kinder, ihre Eltern oder andere Erwachsene zum Kauf der beworbenen Produkte zu veranlassen

28.13 a) **Grund und Zweck der Regelung.** Bei dieser Variante werden die Kinder als Absatzhelfer („Kaufmotivatoren") eingespannt. Es handelt sich gewissermaßen um eine Regelung unzulässiger Laienwerbung (dazu allg § 4 Rdn 1.192 ff). Geschützt werden in diesem Fall nicht nur die Kinder vor einer unzulässigen Einflussnahme auf ihr Kaufverhalten, sondern auch ihre Eltern und sonstige Erwachsene vor einer „Manipulation" ihrer Kaufentscheidung durch Kinder. Zwar bedürfen Erwachsene an sich keines Schutzes vor unmittelbaren Kaufappellen des Werbers. Dies ändert sich jedoch, wenn Kinder dazu eingesetzt werden, auf ihre Eltern oder sonstige Erwachsene einzuwirken, ein bestimmtes Produkt zu kaufen. Denn die Widerstandsfähigkeit gegenüber erklärten Wünschen von Kindern ist typischerweise geringer als gegenüber der Werbung durch Unternehmer. Ob die Entscheidungsfreiheit der Eltern oder anderer Erwachsener beeinträchtigt wird oder werden kann, ist – anders als bei Anwendung des § 4 Nr 1 (dazu BGH GRUR 2008, 183 Tz 17 – *Tony Taler*) – unerheblich (Rdn 28.15). Es kommt daher auch nicht darauf an, ob im Einzelfall oder typischerweise diese Personen von sich aus den Kauf des beworbenen Produkts tätigen wollen (aA Fezer/*Scherer* Anh UWG Nr 28 Rdn 25–27).

b) Unmittelbare Aufforderung zur Veranlassung. Die Vorschrift setzt voraus, dass an Kinder eine **unmittelbare Aufforderung** ausgesprochen wird. Ob dies gegenüber individuellen Personen oder gegenüber einer Gruppe erfolgt, ist unerheblich. Entscheidend ist nur, dass sich die Aufforderung **gezielt** an Kinder richtet. Zum Unmittelbarkeitserfordernis vgl Rdn 28.8 ff. Eine unmittelbare Aufforderung ist daher nicht schon dann anzunehmen, wenn in einer Werbung gezeigt wird, wie Kinder ihre Eltern usw. zum Kauf eines Produkts veranlassen. In diesem Fall muss die Beurteilung nach § 4 Nr 1 oder 2 unter Berücksichtigung der Art 8 und 9 UGP-Richtlinie erfolgen. 28.14

Es genügt, dass die Kinder ihre Eltern oder sonstige Erwachsene **veranlassen** sollen, ein bestimmtes Produkt zu kaufen. Der Begriff des Veranlassens ist richtlinienkonform iSe „**Überredens**" (englisch „*persuade*"; französisch „*persuader*") auszulegen. Dafür genügt bereits die Äußerung eines **Wunsches** oder einer **Bitte**. Dagegen ist es nicht erforderlich, dass die Kinder auf ihre Eltern oder sonstige Erwachsene Druck in einem Maße ausüben sollen, dass deren freie Willensentschließung wesentlich beeinträchtigt werden kann (aA *Fuchs* WRP 2009, 255, 265; *Nauen* ZLR 2008, 488, 498; *Scherer* NJW 2009, 324, 330). Vielmehr widerspräche dies gerade der Rechtsnatur des Per-se-Verbots (Rdn 28.2). Rechtspolitische Bedenken gegen diese Regelung (vgl *Scherer* WRP 2008, 430, 435 f; *Fuchs* WRP 2009, 255, 265) rechtfertigen keine andere Auslegung. Die werbende Wirtschaft wird auch nicht übermäßig beschwert, wenn sie derartige Kaufappelle an Kinder unterlassen muss. 28.15

Die Veranlassung muss sich auf den **Kauf der beworbenen Ware oder Dienstleistung** beziehen. Unerheblich ist, ob sie für die Kinder (zB Spielzeug) oder für die Eltern oder sonstige Erwachsene (zB Auto) oder für beide (zB Urlaubsreise) bestimmt sind (*Köhler* WRP 2008, 700, 704). 28.16

III. Die Spezialregelung des Art 3 Richtlinie über audiovisuelle Mediendienste

Nach S 2 der Nr 28 des Anh I UGP-Richtlinie soll die Regelung in S 1 „unbeschadet des Art 16 der Richtlinie 89/552/EWG über die Ausübung der Fernsehtätigkeit" gelten. An die Stelle dieser Vorschrift ist nunmehr **Art 9 I lit g Richtlinie über audiovisuelle Mediendienste** (2010/13/EU) getreten. Diese Regelung lautet: 28.17

> „Audiovisuelle Kommunikation darf nicht zur körperlichen oder seelischen Beeinträchtigung Minderjähriger führen. Daher darf sie keine direkten Aufrufe zum Kaufen oder Mieten von Waren oder Dienstleistungen an Minderjährige richten, die deren Unerfahrenheit und Leichtgläubigkeit ausnutzen, Minderjährige nicht unmittelbar dazu auffordern, ihre Eltern oder Dritte zum Kauf der beworbenen Ware oder Dienstleistung zu bewegen, nicht das besondere Vertrauen ausnutzen, das Minderjährige zu Eltern, Lehrern oder anderen Vertrauenspersonen haben, und Minderjährige nicht ohne berechtigten Grund in gefährlichen Situationen zeigen."

Eine Umsetzung dieser Vorschrift in das deutsche Recht war entbehrlich, da nach Art 3 IV UGP-Richtlinie die Richtlinie über audiovisuelle Mediendienste ohnehin Vorrang vor den Bestimmungen der UGP-Richtlinie hat (vgl Begr RegE UWG 2008 zu Nr 28, BT-Drucks 16/10145 S 34). Die Regelung in Art 9 I lit g Richtlinie über audiovisuelle Mediendienste unterscheidet sich von der Nr 28 dadurch, dass sie den Begriff der „Minderjährigen" und nicht der „Kinder" verwendet. Auch muss, soweit es die unmittelbare Aufforderung zum Kauf angeht, die Werbung geeignet sein, die „Unerfahrenheit oder Leichtgläubigkeit" der angesprochenen Minderjährigen auszunutzen. Soweit es die Einflussnahme auf Eltern usw angeht, sind keine sachlichen Unterschiede zu verzeichnen. Weitergehend erfasst Art 3 e lit g noch die Ausnutzung des Vertrauens von Minderjährigen zu „Eltern, Lehrern und anderen Vertrauenspersonen". Dieser Fall ist gegeben, wenn in der Werbung Vertrauenspersonen eingesetzt werden, um Minderjährige zum Kauf eines Produkts zu veranlassen. Die Unlauterkeit solcher Werbemaßnahmen beurteilt sich nach Art 8, 9 UGP-Richtlinie und somit im deutschen Recht nach § 4 Nr 1 und 2 UWG (vgl BGH GRUR 2008, 183 Tz 19 ff – *Tony Taler*). Außerdem ist **§ 4 Nr 11** iVm **§ 6 II JMStV** (idF des 13. Rundfunkänderungsstaatsvertrags) anwendbar. 28.18

Nr. 29 *(Bearbeiter: Köhler)*

die Aufforderung zur Bezahlung nicht bestellter Waren oder Dienstleistungen oder eine Aufforderung zur Rücksendung oder Aufbewahrung nicht bestellter Sachen, sofern es sich nicht um eine nach den Vorschriften über Vertragsabschlüsse im Fernabsatz zulässige Ersatzlieferung handelt;

Die Regelung entspricht der Nr 29 des Anh I UGP-Richtlinie:

Aufforderung des Verbrauchers zur sofortigen oder späteren Bezahlung oder zur Rücksendung oder Verwahrung von Produkten, die der Gewerbetreibende geliefert, der Verbraucher aber nicht bestellt hat (unbestellte Waren oder Dienstleistungen); ausgenommen hiervon sind Produkte, bei denen es sich um Ersatzlieferungen gemäß Artikel 7 Absatz 3 der Richtlinie 97/7/EG handelt.

29.1 Es handelt sich um einen Fall der **Belästigung**, der bereits von § 7 I erfasst ist (vgl § 7 Rdn 77 ff; eingehend *Alexander*, Vertrag und unlauterer Wettbewerb, 2001, S 260 ff), aber auch der **unangemessenen unsachlichen Beeinflussung** iSv § 4 Nr 1. Die Unlauterkeit ergibt sich daraus, dass der Verbraucher möglicherweise des Glaubens ist, er müsse auch unbestellte Waren oder Dienstleistungen bezahlen oder sie zumindest aufbewahren oder zurücksenden, obwohl dies nicht der Fall ist (vgl § 241 a I BGB). Spiegelt der Unternehmer dem Verbraucher das Bestehen solcher Pflichten vor, so erfüllt dies auch den Tatbestand der **Irreführung** bzw der **getarnten Werbung** iSv § 4 Nr 3 (jurisPK/*Koch* Anh zu § 3 III Nr 29 Rdn 3), wobei allerdings der Vorrang der Nr 29 zu beachten ist.

29.2 „**Unbestellt**" ist eine Ware oder Dienstleistung, deren Lieferung oder Erbringung der Verbraucher nicht angefordert hat. Das ist der Fall, wenn es noch gar nicht zu einem Vertragsschluss gekommen ist. Das ist aber auch dann der Fall, wenn der Unternehmer eine andere Ware liefert oder Dienstleistung erbringt als vertraglich vereinbart. Ausgenommen ist der Fall, dass der Unternehmer irrtümlich von einer Bestellung ausging oder über den Empfänger irrte (vgl *Köhler/Lettl* WRP 2003, 1019, 1045; jurisPK/*Koch* Anh zu § 3 III Nr 29 Rdn 4) oder dass dem Verbraucher statt der bestellten eine nach Qualität und Preis gleichwertige Leistung angeboten und er darauf hingewiesen wurde, dass er zur Annahme nicht verpflichtet ist und die Kosten der Rücksendung nicht zu tragen hat (§ 241 a III BGB).

29.3 Die **Aufforderung zur Bezahlung** kann ausdrücklich (zB durch Beifügung einer Rechnung) oder konkludent (zB durch Beifügung eines Überweisungsformulars) erfolgen. Unerheblich ist, in welche Form die Aufforderung gekleidet ist, so dass auch die Äußerung einer Bitte genügen kann. Dies gilt aber nicht, wenn die Bitte mit dem ausdrücklichen Hinweis verbunden ist, dass den Verbraucher keine Pflicht zur Zahlung oder Rücksendung oder Aufbewahrung trifft (jurisPK/*Koch* Anh zu § 3 III Nr 29 Rdn 4; iErg auch *Sosnitza* WRP 2008, 1014, 1026; *Scherer* NJW 2009, 324, 330; aA 27. Aufl). Zwar wird auch in diesem Fall ein psychischer oder moralischer Druck auf den Verbraucher ausgeübt, die Ware oder Dienstleistung nicht als „Geschenk" zu behalten. Doch ist dieses Verhalten nur nach § 7 und ggf nach § 4 Nr 1 zu beurteilen. Die bloße unbestellte Zusendung von Waren oder Erbringung von Dienstleistungen, ohne dass damit eine Zahlungsaufforderung verbunden ist, erfüllt dagegen den Tatbestand noch nicht. Dies beurteilt sich nur nach § 7 I.

29.4 Die **Aufforderung zur Rücksendung oder Verwahrung** kann ebenfalls ausdrücklich oder konkludent erfolgen. Unerheblich ist es auch, wenn der Unternehmer anbietet, die Kosten für die Rücksendung oder Verwahrung zu übernehmen. Denn auch in diesem Fall bleibt die Belastung (und damit Belästigung) des Verbrauchers mit der Mühe der Verwahrung oder Rücksendung bestehen.

29.5 Ob der Verbraucher der Aufforderung nachkommt, ist unerheblich. Zur bürgerlichrechtlichen Beurteilung vgl § 241 a BGB.

29.6 Nr. 29 erwähnt nicht die Ausnahmebestimmung der Nr 29 HS 2 des Anh I UGP-Richtlinie, betreffend die Ersatzlieferungen gemäß Artikel 7 Absatz 3 der Richtlinie 97/7/EG. Eine entsprechende Regelung hat der deutsche Gesetzgeber nämlich nicht getroffen und in AGB vereinbarte Ersatzlieferungsklauseln zu Lasten von Verbrauchern sind unwirksam nach § 307 BGB. Daher kommt dieser Ausnahmebestimmung für Nr 29 keine praktische Bedeutung zu.

Nr. 30 *(Bearbeiter: Köhler)*

die ausdrückliche Angabe, dass der Arbeitsplatz oder Lebensunterhalt des Unternehmers gefährdet sei, wenn der Verbraucher die Ware oder Dienstleistung nicht abnehme.

Beispiele unlauterer geschäftlicher Handlungen § 4 UWG

Die Regelung entspricht der Nr 30 des Anh I UGP-Richtlinie:

Ausdrücklicher Hinweis gegenüber dem Verbraucher, dass Arbeitsplatz oder Lebensunterhalt des Gewerbetreibenden gefährdet sind, falls der Verbraucher das Produkt oder die Dienstleistung nicht erwirbt.

Es handelt sich um einen Fall der **unzulässigen Beeinflussung** iSd Art 8 UGP-Richtlinie und 30.1
der **unangemessenen unsachlichen Einflussnahme** iSv § 4 Nr 1. Der Verbraucher wird durch die Angabe moralisch unter Druck gesetzt, einen bestimmten Kauf zu tätigen, um damit seine Hilfsbereitschaft und Unterstützung zu beweisen. Unter **Unternehmer** sind nicht nur die Unternehmensinhaber, sondern auch (und vor allem) ihre **Mitarbeiter** und **Beauftragten** zu verstehen, wie sich aus der Legaldefinition in § 2 I Nr 6 Art 2 lit b UGP-Richtlinie ergibt. Praktische Bedeutung kann die Vorschrift insbes beim Direktvertrieb von Waren oder Dienstleistungen „an der Haustür", in der Öffentlichkeit oder am Telefon erlangen (zB Zeitschriftenvertrieb).

Der Hinweis auf die Gefährdung von Arbeitsplatz oder Lebensunterhalt muss **ausdrücklich** 30.2
erfolgen. Es genügt also nicht, wenn der Verbraucher auf Grund sonstiger Umstände den Eindruck gewinnt, dass es zu einer solchen Gefährdung kommt, wenn er nichts kauft (zB Auftreten des Werbers in Bettelhaltung). Ein ausdrücklicher Hinweis ist aber auch dann anzunehmen, wenn der Werber erklärt, er sei strafentlassen und würde rückfällig werden, wenn ihm nichts abgekauft werde. Dagegen reichen zB Räumungsverkäufe wegen Insolvenz oder der Verkauf einer Obdachlosenzeitung nicht aus (aA *Hoeren* BB 2008, 1182, 1191). Der Hinweis muss **gegenüber dem Verbraucher** erfolgen. Das setzt einen unmittelbaren persönlichen Kontakt, etwa durch Hausbesuch oder telefonische Ansprache, voraus. Allgemeine Ansprachen über Massenmedien reichen daher nicht aus (nicht eindeutig *Henning-Bodewig* WRP 2006, 621, 625). Andererseits ist nicht erforderlich, dass die rationale Entscheidungsfähigkeit des verständigen Verbrauchers beeinträchtigt wird (so aber *Scherer* NJW 2009, 324, 331), weil es sich um ein Per-se-Verbot handelt.

Der Hinweis auf **sonstige Notlagen** oder **Bedürfnisse,** die nicht den Arbeitsplatz oder den 30.3
Lebensunterhalt betreffen (zB der Wunsch, sich eine Ausbildung leisten zu können), reicht nicht aus. Erst recht genügt nicht ein Hinweis auf Gefahren für Dritte oder die Umwelt, denen mit dem Kauf des Produkts begegnet werden soll. Derartige Fälle sind nur nach § 4 Nr 1 und § 5 zu beurteilen.

Ob der Verbraucher sich auf Grund des Hinweises zum Kauf entschließt, ist unerheblich. 30.4

Beispiele unlauterer geschäftlicher Handlungen

4 Unlauter handelt insbesondere, wer
1. geschäftliche Handlungen vornimmt, die geeignet sind, die Entscheidungsfreiheit der Verbraucher oder sonstiger Marktteilnehmer durch Ausübung von Druck, in menschenverachtender Weise oder durch sonstigen unangemessenen unsachlichen Einfluss zu beeinträchtigen;
2. geschäftliche Handlungen vornimmt, die geeignet sind, geistige oder körperliche Gebrechen, das Alter, die geschäftliche Unerfahrenheit, die Leichtgläubigkeit, die Angst oder die Zwangslage von Verbrauchern auszunutzen;
3. den Werbecharakter von geschäftlichen Handlungen verschleiert;
4. bei Verkaufsförderungsmaßnahmen wie Preisnachlässen, Zugaben oder Geschenken die Bedingungen für ihre Inanspruchnahme nicht klar und eindeutig angibt;
5. bei Preisausschreiben oder Gewinnspielen mit Werbecharakter die Teilnahmebedingungen nicht klar und eindeutig angibt;
6. die Teilnahme von Verbrauchern an einem Preisausschreiben oder Gewinnspiel von dem Erwerb einer Ware oder der Inanspruchnahme einer Dienstleistung abhängig macht, es sei denn, das Preisausschreiben oder Gewinnspiel ist naturgemäß mit der Ware oder der Dienstleistung verbunden;
7. die Kennzeichen, Waren, Dienstleistungen, Tätigkeiten oder persönlichen oder geschäftlichen Verhältnisse eines Mitbewerbers herabsetzt oder verunglimpft;
8. über die Waren, Dienstleistungen oder das Unternehmen eines Mitbewerbers oder über den Unternehmer oder ein Mitglied der Unternehmensleitung Tatsachen behauptet oder verbreitet, die geeignet sind, den Betrieb des Unternehmens oder den Kredit des Unternehmers zu schädigen, sofern die Tatsachen nicht erweislich wahr sind; handelt es

sich um vertrauliche Mitteilungen und hat der Mitteilende oder der Empfänger der Mitteilung an ihr ein berechtigtes Interesse, so ist die Handlung nur dann unlauter, wenn die Tatsachen der Wahrheit zuwider behauptet oder verbreitet wurden;
9. Waren oder Dienstleistungen anbietet, die eine Nachahmung der Waren oder Dienstleistungen eines Mitbewerbers sind, wenn er
    a) eine vermeidbare Täuschung der Abnehmer über die betriebliche Herkunft herbeiführt,
    b) die Wertschätzung der nachgeahmten Ware oder Dienstleistung unangemessen ausnutzt oder beeinträchtigt oder
    c) die für die Nachahmung erforderlichen Kenntnisse oder Unterlagen unredlich erlangt hat;
10. Mitbewerber gezielt behindert;
11. einer gesetzlichen Vorschrift zuwiderhandelt, die auch dazu bestimmt ist, im Interesse der Marktteilnehmer das Marktverhalten zu regeln.

Gesamtübersicht[1]

	Rdn
Vorbemerkung	0.1–0.7
I. Entstehungsgeschichte des § 4	0.1
II. Funktion der Beispielstatbestände	0.2
III. Struktur der Beispielstatbestände	0.3
IV. Verhältnis der Beispielstatbestände zueinander	0.4
V. Auslegung, Erweiterung und Einschränkung der Beispielstatbestände	0.5, 0.6
VI. Verhältnis zu den Beispielstatbeständen der Richtlinie über unlautere Geschäftspraktiken	0.7

1. Kapitel. Unlautere Beeinträchtigung der Entscheidungsfreiheit

1. Abschnitt. Allgemeines	1.1–1.5
A. Entstehungsgeschichte und Normzweck	1.1, 1.2
I. Entstehungsgeschichte	1.1
II. Normzweck	1.2
B. Auslegung	1.3, 1.4
I. Reichweite der richtlinienkonformen Auslegung	1.3
II. Reichweite der autonomen Auslegung	1.4
C. Verhältnis zu anderen Normen	1.5
2. Abschnitt. Die Art 8 und 9 UGP-Richtlinie als Maßstab der richtlinienkonformen Auslegung	1.6–1.17
A. Das dreistufige Unlauterkeitskonzept der UGP-Richtlinie	1.6
B. § 4 Nr 1 als Umsetzung der Art 8 und 9 UGP-Richtlinie	1.7
C. Der Tatbestand der aggressiven Geschäftspraktiken	1.8–1.17
I. Überblick	1.8
II. Die Mittel der Beeinträchtigung der Entscheidungs- und Verhaltensfreiheit	1.9–1.15
III. „Erhebliche Beeinträchtigung der Entscheidungs- oder Verhaltensfreiheit"	1.16
IV. Auswirkung auf geschäftliche Entscheidungen („geschäftliche Relevanz")	1.17
3. Abschnitt. Der Tatbestand des § 4 Nr 1	1.18–1.83
A. Geschäftliche Handlung	1.18
B. Beeinträchtigung der Entscheidungsfreiheit	1.19–1.24
I. Begriff der Entscheidungsfreiheit	1.19

---

[1] Detaillierte Übersichten finden sich zu Beginn der jeweiligen Kapitel.

		Rdn
II. Entscheidungsfreiheit von Verbrauchern und sonstigen Marktteilnehmern		1.20
III. Beeinträchtigung der Entscheidungsfreiheit		1.21–1.24
C. Beeinträchtigung der Entscheidungsfreiheit durch „Ausübung von Druck"		1.25–1.36
I. Begriff		1.25–1.27
II. Fälle		1.28–1.33
III. Verhältnis zu anderen Vorschriften		1.34–1.36
D. Beeinträchtigung der Entscheidungsfreiheit „in menschenverachtender Weise"		1.37–1.44
I. Begriff		1.37
II. Eignung zur Beeinträchtigung der Entscheidungsfreiheit		1.38–1.41
III. Verhältnis zur UGP-Richtlinie		1.42
IV. Verhältnis zu anderen Vorschriften		1.43, 1.44
E. Beeinträchtigung der Entscheidungsfreiheit durch „sonstigen unangemessenen unsachlichen Einfluss"		1.45–1.81
I. Frühere Rechtslage		1.45–1.50
II. Der Einfluss der UGP-Richtlinie		1.51–1.53
III. Belästigung als „sonstiger unangemessener unsachlicher Einfluss"		1.54–1.57
IV. „Unzulässige Beeinflussung" als „sonstiger unangemessener unsachlicher Einfluss"		1.58–1.60
V. Fallgruppen der „Ausnutzung einer Machtposition zur Ausübung von Druck"		1.61–1.81
F. Geschäftliche Relevanz		1.82, 1.83
I. Das Verhältnis des § 4 Nr 1 zu § 3 I		1.82
II. Geschäftliche Relevanz als ungeschriebenes Tatbestandsmerkmal des § 4 Nr 1		1.83
4. Abschnitt. Verkaufsförderungsmaßnahmen		1.84–1.173
A. Allgemeines		1.84–1.98
I. Vorbemerkung		1.84
II. Begriff, Erscheinungsformen und wirtschaftliche Bedeutung von Verkaufsförderungsmaßnahmen		1.85–1.87
III. Frühere lauterkeitsrechtliche Beurteilung		1.88–1.90
IV. Die Vorgaben der UGP-Richtlinie		1.91–1.97
V. Beurteilungsmaßstäbe des UWG 2008		1.98
B. Kopplungsangebote (einschließlich Zugaben)		1.99–1.120
I. Begriff, Erscheinungsformen und Abgrenzung		1.99–1.102
II. Lauterkeitsrechtliche Beurteilung		1.103–1.117
III. Kartellrechtliche Beurteilung		1.118, 1.119
IV. Bürgerlichrechtliche Fragen		1.120
C. Preisnachlässe (Rabatte)		1.121–1.134
I. Begriff, Erscheinungsformen und Abgrenzung		1.121–1.123
II. Lauterkeitsrechtliche Beurteilung		1.124–1.133
III. Kartellrechtliche Beurteilung		1.134
D. Kundenbindungssysteme		1.135–1.144
I. Begriff und Erscheinungsformen		1.135, 1.136
II. Lauterkeitsrechtliche Beurteilung		1.137–1.143
III. Kartellrechtliche Beurteilung		1.144
E. Geschenke		1.145–1.154
I. Begriff		1.145
II. Lauterkeitsrechtliche Beurteilung		1.146–1.153
III. Kartellrechtliche Beurteilung		1.154

	Rdn
F. Preisausschreiben, Gewinnspiele und sonstige aleatorische Reize	1.155–1.173
I. Begriffe, Erscheinungsformen und Abgrenzung	1.155–1.158
II. Lauterkeitsrechtliche Beurteilung	1.159–1.171
III. Rechtsfolgen	1.172, 1.173

5. Abschnitt. Einsatz von Verkaufsförderern ... 1.174–1.216

A. Allgemeines	1.174–1.176
I. Begriff und Erscheinungsformen von Verkaufsförderern	1.174, 1.175
II. Lauterkeitsrechtliche Problematik	1.176
B. Gewerbliche Unternehmer als Verkaufsförderer	1.177–1.182
I. Beschreibung	1.177
II. Lauterkeitsrechtliche Beurteilung	1.178–1.182
C. Mitarbeiter fremder Unternehmer als Verkaufsförderer	1.183–1.186
I. Beschreibung	1.183
II. Lauterkeitsrechtliche Beurteilung	1.184–1.186
D. Interessenwahrungspflichtige Unternehmer als Verkaufsförderer	1.187–1.191
I. Beschreibung	1.187
II. Lauterkeitsrechtliche Beurteilung	1.188–1.191
E. Privatpersonen als Verkaufsförderer („Laienwerbung")	1.192–1.216
I. Begriff, Erscheinungsformen und Bedeutung der Laienwerbung	1.192–1.200
II. Lauterkeitsrechtliche Beurteilung	1.201–1.215
III. Verantwortlichkeit des Laienwerbers und des Unternehmers	1.216

6. Abschnitt. Gefühlsbezogene Werbung ... 1.217–1.248

A. Allgemeines	1.217–1.230
I. Beschreibung	1.217
II. Lauterkeitsrechtliche Beurteilung	1.218–1.230
B. Fallgruppen	1.231–1.248
I. Aufmerksamkeitswerbung	1.231
II. Werbung mit Appellen an die soziale Verantwortung	1.232–1.238
III. Kopplung des Produktabsatzes mit Sponsorleistungen	1.239–1.241
IV. Gesundheitswerbung	1.242–1.245
V. Unterschwellige (subliminale) Werbung	1.246–1.248

7. Abschnitt. Sonstige Werbe- und Marketingmaßnahmen ... 1.249–1.279

A. Abwerbung von Kunden	1.249, 1.250
I. Beschreibung	1.249
II. Lauterkeitsrechtliche Beurteilung	1.250
B. Kundenbeeinflussung zum Nachteil Dritter	1.251–1.256
I. Beschreibung	1.251
II. Lauterkeitsrechtliche Beurteilung	1.252–1.256
C. Werbeveranstaltungen	1.257–1.262
I. Beschreibung	1.257
II. Lauterkeitsrechtliche Beurteilung	1.258–1.262
D. Versteigerungen	1.263–1.268
I. Begriff und Erscheinungsformen	1.263
II. Lauterkeitsrechtliche Beurteilung	1.264–1.268
E. Internet-Werbung (Online-Werbung)	1.269–1.279
I. Begriff und wirtschaftliche Bedeutung	1.269
II. Lauterkeitsrechtliche Beurteilung	1.270–1.279

	Rdn
8. Abschnitt. Geschäftliche Handlungen bei und nach Vertragsschluss	1.280–1.291
I. Handlungen bei und nach Vertragsschluss als geschäftliche Handlungen	1.280, 1.281
II. Die Anwendung des § 4 Nr 1 auf Handlungen bei und nach Vertragsschluss	1.282–1.290
III. Lauterkeitsrechtliche Ansprüche und Vertragsrecht	1.291

2. Kapitel. Ausnutzung besonderer Umstände

1. Abschnitt. Allgemeines	2.1–2.12
I. Entstehungsgeschichte, Normzweck und Auslegung	2.1–2.5
II. Konkurrenzen	2.6–2.12
2. Abschnitt. Tatbestand	2.13–2.19
I. Geschäftliche Handlung	2.13
II. Geschützter Personenkreis	2.14
III. Besondere Schutzbedürftigkeit	2.15, 2.16
IV. Eignung zum Ausnutzen der besonderen Schutzbedürftigkeit	2.17, 2.18
V. Geschäftliche Relevanz	2.19
3. Abschnitt. Fallgruppen	2.20–2.61
I. Ausnutzung geistiger oder körperlicher Gebrechen	2.20, 2.21
II. Ausnutzung des Alters	2.22
III. Ausnutzung der geschäftlichen Unerfahrenheit	2.23–2.47
IV. Ausnutzung der Leichtgläubigkeit	2.48–2.50
V. Ausnutzung der Angst	2.51–2.56
VI. Ausnutzung der Zwangslage	2.57–2.61

3. Kapitel. Verschleierung des Werbecharakters von geschäftlichen Handlungen

1. Abschnitt. Allgemeines	3.1–3.8
I. Entstehungsgeschichte, Normzweck und Auslegung	3.1–3.4
II. Unionsrecht	3.5–3.5 c
III. Konkurrenzen	3.6–3.8
2. Abschnitt. Tatbestand	3.9–3.12
I. Geschäftliche Handlung	3.9
II. Werbecharakter von geschäftlichen Handlungen	3.10
III. Verschleierung	3.11
IV. Geschäftliche Relevanz	3.12
3. Abschnitt. Fallgruppen	3.13–3.52
I. Verschleierung eines werblichen Kontakts	3.13–3.17
II. Getarnte Werbung	3.18–3.47
III. Sonstige Formen der Verschleierung einer geschäftlichen Handlung	3.48–3.52

4. Kapitel. Transparenz der Bedingungen für die Inanspruchnahme von Verkaufsförderungsmaßnahmen

I. Entstehungsgeschichte, Normzweck und Auslegung	4.1–4.3
II. Unionsrecht	4.4, 4.5
III. Verhältnis zu anderen Normen	4.6
IV. Tatbestand	4.7–4.17
V. Sonstiges	4.18, 4.19

5. Kapitel. Teilnahmebedingungen für Preisausschreiben und Gewinnspiele

1. Abschnitt. Allgemeines	5.1–5.6
I. Entstehungsgeschichte, Normzweck und Auslegung	5.1–5.3

	Rdn
II. Unionsrecht	5.4, 5.5
III. Verhältnis zu anderen Normen	5.6
2. Abschnitt. Tatbestand	5.7–5.15
I. Anwendungsbereich	5.7, 5.8
II. Teilnahmebedingungen	5.9–5.12
III. Fehlen klarer und eindeutiger Angaben	5.13
IV. Zeitpunkt der Information	5.14
V. Geschäftliche Relevanz	5.15

6. Kapitel. Kaufabhängige Teilnahme an Preisausschreiben und Gewinnspielen

1. Abschnitt. Allgemeines	6.1–6.5
I. Entstehungsgeschichte, Normzweck und Auslegung	6.1–6.2 a
II. Unionsrecht	6.3, 6.4
III. Verhältnis zu anderen Normen	6.5
2. Abschnitt. Tatbestand	6.6–6.19
I. Grundsätzliche Unlauterkeit der Kopplung	6.6–6.14
II. Ausnahme: naturgemäße Verbindung mit der Ware oder Dienstleistung	6.15–6.18
III. Geschäftliche Relevanz	6.19

7. Kapitel. Herabsetzung von Mitbewerbern

1. Abschnitt. Allgemeines	7.1–7.9 e
I. Entstehungsgeschichte	7.1
II. Normzweck	7.2
III. Rechtsnatur als Beispielstatbestand	7.3
IV. Verhältnis zu anderen Tatbeständen	7.4–7.9 e
2. Abschnitt. Tatbestand	7.10–7.26
I. Geschäftliche Handlung	7.10
II. Mitbewerber	7.11
III. Herabsetzung und Verunglimpfung	7.12–7.22
IV. Gegenstände der Herabsetzung oder Verunglimpfung	7.23–7.26
3. Abschnitt. Rechtsfolgen	7.27, 7.28
I. Anspruchsberechtigung	7.27
II. Schadensersatz	7.28

8. Kapitel. Anschwärzung

1. Abschnitt. Allgemeines	8.1–8.10
I. Entstehungsgeschichte	8.1
II. Normzweck und Normstruktur	8.2, 8.3
III. Rechtsnatur als Beispielstatbestand	8.4
IV. Verhältnis zu anderen Tatbeständen	8.5–8.9
V. Bedeutung des Grundrechts aus Art 5 I GG	8.10
2. Abschnitt. Tatbestand	8.11–8.23
I. Geschäftliche Handlung	8.11
II. Mitbewerber	8.12
III. Die Grundnorm des § 4 Nr 8 HS 1	8.13–8.20
IV. Die Sonderregelung des § 4 Nr 8 HS 2	8.21–8.23
3. Abschnitt. Rechtsfolgen	8.24–8.27
I. Allgemeines	8.24
II. Unterlassungs- und Beseitigungsanspruch	8.25

	Rdn
III. Schadensersatzanspruch	8.26
IV. Mitarbeiterhaftung	8.27

9. Kapitel. Lauterkeitsrechtlicher Nachahmungsschutz („Ergänzender wettbewerbsrechtlicher Leistungsschutz")

1. Abschnitt. Allgemeines	9.1–9.16
I. Entstehungsgeschichte und Normzweck	9.1–9.2b
II. Wettbewerbspolitische Rechtfertigung und dogmatische Einordnung	9.3–9.4a
III. Verhältnis des lauterkeitsrechtlichen Nachahmungsschutzes zu anderen Regelungen	9.5–9.14
IV. Internationales Recht und Unionsrecht	9.15, 9.16
2. Abschnitt. Tatbestand	9.17–9.78
I. Überblick	9.17
II. Geschäftlicher Bezug der Nachahmung	9.18–9.20
III. Gegenstand des lauterkeitsrechtlichen Nachahmungsschutzes	9.21–9.23
IV. Erfordernis der wettbewerblichen Eigenart	9.24–9.33
V. Nachahmung	9.34–9.38
VI. Anbieten	9.39
VII. Besondere, die Unlauterkeit der Nachahmung begründende Umstände	9.40–9.67
VIII. Subjektiver Tatbestand	9.68
IX. Gesamtwürdigung (Wechselwirkung)	9.69
X. Dauer des lauterkeitsrechtlichen Nachahmungsschutzes	9.70–9.77
XI. Beweislast	9.78
3. Abschnitt. Rechtsfolgen	9.79–9.89
I. Allgemeines	9.79
II. Unterlassungsanspruch	9.80
III. Beseitigungsanspruch	9.81
IV. Schadensersatzanspruch	9.82, 9.83
V. Bereicherungsanspruch	9.84
VI. Anspruchsberechtigung und Anspruchsverpflichtung	9.85–9.87
VII. Verjährung	9.88
VIII. Klageantrag und Verbotsausspruch	9.89

10. Kapitel. Gezielte Behinderung

1. Abschnitt. Allgemeines	10.1–10.23
I. Entstehungsgeschichte, Normzweck und Rechtsnatur	10.1–10.3
II. Verhältnis zum Unionsrecht	10.3a
III. Tatbestand der gezielten Behinderung	10.4–10.11
IV. Abgrenzung	10.12–10.14
V. Methoden der Behinderung	10.15–10.17
VI. Verhältnis zum Kartellrecht	10.18–10.22
VII. Verhältnis zum Bürgerlichen Recht	10.23
2. Abschnitt. Absatzbehinderung	10.24–10.68
I. Kundenbezogene Behinderung	10.24–10.47
II. Produktbezogene Behinderung	10.48–10.54
III. Vertriebsbezogene Behinderung	10.55–10.68
3. Abschnitt. Nachfragebehinderung	10.69, 10.70
I. Erwerb von nicht benötigten Waren und sonstigen Wirtschaftsgütern	10.69
II. Liefersperre	10.70
4. Abschnitt. Werbebehinderung	10.71–10.75
I. Beeinträchtigung fremder Werbung	10.71–10.73

	Rdn
II. Nachahmen oder Ausnutzen fremder Werbung	10.74
III. Gegenwerbung	10.75
5. Abschnitt. Behinderung durch Kennzeichenverwendung	10.76–10.102
I. Verhältnis zum Markenrecht	10.76, 10.77
II. Lauterkeitsrechtlicher Kennzeichenschutz	10.78–10.83
III. Behinderung durch Zeichenerwerb	10.84–10.100
IV. Bürgerlichrechtlicher Schutz der berühmten Marke	10.101, 10.102
6. Abschnitt. Behinderung durch Mitarbeiterabwerbung	10.103–10.115
I. Grundsätzliche Zulässigkeit des Abwerbens	10.103
II. Unlauterkeit des Abwerbens	10.104–10.115
7. Abschnitt. Boykott	10.116–10.129
I. Begriff und Beteiligte	10.116, 10.117
II. Lauterkeitsrechtliche Beurteilung	10.118–10.125
III. Verhältnis zu anderen Vorschriften	10.126–10.129
8. Abschnitt. Missbrauch der Nachfragemacht	10.130–10.136
I. Problemstellung	10.130
II. Rechtliche Schranken	10.131–10.136
9. Abschnitt. Vergleichende Werbung ohne erkennbare Bezugnahme auf Mitbewerber	10.137–10.159
I. Allgemeines	10.137–10.144
II. Lauterkeitsrechtliche Beurteilung	10.145–10.157
III. Verhältnis zur irreführenden Werbung	10.158, 10.159
10. Abschnitt. Betriebsstörung	10.160–10.183
I. Physische und psychische Einwirkungen	10.160
II. Testmaßnahmen	10.161–10.163
III. Betriebsspionage	10.164, 10.165
IV. Unberechtigte Abmahnung wegen eines (vermeintlichen) Wettbewerbsverstoßes	10.166–10.168
V. Rechtswidrige Verwarnung aus Ausschließlichkeitsrechten (Schutzrechtsverwarnung)	10.169–10.183
11. Abschnitt. Preisunterbietung	10.184–10.207
I. Grundsatz der freien Preisbestimmung	10.184
II. Grundsatz der Zulässigkeit der Preisunterbietung	10.185–10.187
III. Lauterkeitsrechtliche Schranken der Preisunterbietung	10.188–10.207
12. Abschnitt. Diskriminierung	10.208–10.219
I. Grundfragen	10.208–10.211
II. Preisdiskriminierung	10.212, 10.213
III. Liefer- und Bezugssperren	10.214–10.216
IV. Aufnahmezwang für Verbände	10.217–10.219
13. Abschnitt. Rechtsfolgen	10.220, 10.221
I. Allgemeines	10.220
II. Schadensersatzanspruch	10.221

11. Kapitel. Rechtsbruch

1. Abschnitt. Allgemeines	11.1–11.22
I. Einführung	11.1
II. Frühere Rechtslage	11.2–11.4
III. Entstehungsgeschichte und Normzweck	11.5, 11.6
IV. Verhältnis für UGP-Richtlinie	11.6a–11.6c

Beispiele unlauterer geschäftlicher Handlungen § 4 UWG

	Rdn
V. Sanktionenkonkurrenz, Normauslegungskonkurrenz und Normvollzugskonkurrenz	11.7–11.20
VI. Die Verantwortlichkeit Dritter	11.21, 11.22
2. Abschnitt. Tatbestand	11.23–11.58 a
I. Geschäftliche Handlung	11.23
II. Gesetzliche Vorschrift	11.24–11.32
III. Regelung des Marktverhaltens auch im Interesse der Marktteilnehmer	11.33–11.35 d
IV. Abgrenzung der Marktverhaltensregelungen von anderen Regelungen	11.36–11.49
V. Zuwiderhandlung gegen die gesetzliche Vorschrift	11.50–11.58
VI. Geschäftliche Relevanz (§ 3 I, II)	11.58 a
3. Abschnitt. Einzelne Regelungen	11.59–11.180 a
A. Berufsbezogene Regelungen	11.59–11.116
I. Tätigkeitsbeschränkungen	11.59–11.83 a
II. Werbeverbote und -beschränkungen	11.84–11.116
B. Produktbezogene Regelungen	11.117–11.137 i
I. Produktbezogene Informationspflichten	11.117–11.131 b
II. Produktbezogene Werbebeschränkungen	11.132–11.137 b
C. Absatzbezogene Regelungen	11.138–11.155 b
I. Preisvorschriften	11.138–11.141
II. Preisangabenvorschriften	11.142, 11.143
III. Regelung der Geschäftszeiten	11.144, 11.145
IV. Vermarktungsverbote und -beschränkungen	11.146–11.155 b
D. Geschäftsbezogene Regelungen	11.156–11.172 e
I. Überblick	11.156
II. Verbote nachteiliger Allgemeiner Geschäftsbedingungen (§§ 307 ff BGB)	11.156 a–11.156 f
III. Zivilrechtliche Benachteiligungsverbote (§§ 19, 20 AGG; § 5 DL-InfoV)	11.157
IV. Gesetzliche Informationspflichten	11.157 a–11.172 e
E. Sonstige Regelungen	11.173–11.180 a
I. Strafrecht	11.173–11.179
II. Jugendschutzrecht	11.180
III. Vergabe- und Beihilfenrecht	11.180 a
4. Abschnitt. Rechtsfolgen und Konkurrenzen	11.181–11.185
I. Rechtsfolgen	11.181
II. Konkurrenzen	11.182–11.185

12. Kapitel. Allgemeine Marktbehinderung

I. Allgemeines	12.1, 12.2
II. Tatbestand der allgemeinen Marktbehinderung	12.3–12.12 a
III. Fallgruppen	12.13–12.29

13. Kapitel. Wettbewerb der öffentlichen Hand

1. Abschnitt. Allgemeines	13.1–13.4
I. Begriff der öffentlichen Hand	13.1
II. Organisationsformen der wirtschaftlichen Tätigkeit der öffentlichen Hand	13.2
III. Handlungsformen	13.3
IV. Rechtsprobleme	13.4
2. Abschnitt. Wettbewerbsschutz für die öffentliche Hand	13.5–13.7
I. Grundsatz	13.5
II. Grenzen	13.6, 13.7

	Rdn
3. Abschnitt. Wettbewerbsschutz gegenüber der öffentlichen Hand	13.8–13.29
I. Rechtsweg	13.8
II. Anwendbarkeit des Lauterkeitsrechts auf die öffentliche Hand	13.9
III. Hoheitliche Betätigung	13.10–13.16
IV. Geschäftliche Handlung der öffentlichen Hand	13.17–13.29
4. Abschnitt. Unlauterkeit des Handelns der öffentlichen Hand	13.30–13.61
I. Ausgangspunkt	13.30
II. Grundsatz der Gleichbehandlung der öffentlichen Hand	13.31
III. Preisunterbietung, unentgeltliche Zuwendungen, Preisüberbietung ...	13.32–13.35
IV. Vertrauensmissbrauch	13.36–13.41
V. Autoritätsmissbrauch	13.42
VI. Missbrauch von Hoheitsbefugnissen und öffentlich-rechtlichen Monopolstellungen	13.43
VII. Ausnutzung amtlicher Beziehungen zum Wettbewerb	13.44–13.47
VIII. Normverstoß	13.48–13.61

Vorbemerkung

Übersicht

	Rdn
I. Entstehungsgeschichte des § 4	0.1
II. Funktion der Beispielstatbestände	0.2
III. Struktur der Beispielstatbestände	0.3
IV. Verhältnis der Beispielstatbestände zueinander	0.4
V. Auslegung, Erweiterung und Einschränkung der Beispielstatbestände	0.5, 0.6
1. Auslegung	0.5
2. Erweiterung und Einschränkung; Rückgriff auf die Generalklausel des § 3	0.6
VI. Verhältnis zu den Beispielstatbeständen der Richtlinie über unlautere Geschäftspraktiken	0.7

Schrifttum: *Köhler*, Die Unlauterkeitstatbestände des § 4 UWG und ihre Auslegung im Lichte der Richtlinie über unlautere Geschäftspraktiken, GRUR 2008, 841; *Steinbeck*, Der Beispielskatalog des § 4 UWG – Bewährungsprobe bestanden?, GRUR 2008, 848.

I. Entstehungsgeschichte des § 4

0.1 Das **UWG 1909** kannte nur die große und kleine Generalklausel (§§ 1, 3 aF), eine Konkretisierung der großen Generalklausel durch § 2 aF für die vergleichende Werbung sowie eine Reihe von Spezialtatbeständen (§§ 6–8 aF). Demgegenüber hatte das **UWG 2004** die Generalklausel (§ 3) durch eine Reihe von Beispielstatbeständen (§§ 4–7) konkretisiert, dagegen auf die Bildung von Spezialtatbeständen verzichtet. Insbes wurde die irreführende Werbung, die früher als Spezialtatbestand konzipiert war, in einen Beispielstatbestand unlauteren Wettbewerbs umgewandelt. Dieses Konzept (Beispiels- statt Spezialtatbestände) ging zurück auf den Entwurf von *Köhler/Bornkamm/Henning-Bodewig* WRP 2002, 1317 (§§ 3 ff). Es hat Vorbilder ua im europäischen und deutschen Kartellrecht (vgl Art 102 AEUV sowie § 19 IV GWB). Die **UWG-Novelle 2008** hat dieses Konzept beibehalten, allerdings den Anforderungen der **Richtlinie 2005/29/EG über unlautere Geschäftspraktiken** (UGP-Richtlinie) angepasst und den bisherigen Beispielstatbestand des § 7 in einen selbstständigen Verbotstatbestand umgewandelt. Der § 4 wurde nur geringfügig geändert (Ersetzung des Begriffs der Wettbewerbshandlung durch den der geschäftlichen Handlung; Anpassung des § 4 Nr 2 an die UGP-Richtlinie).

II. Funktion der Beispielstatbestände

In den Beispielstatbeständen der §§ 4–6 werden **typische Erscheinungsformen unlauteren Handelns** umschrieben (vgl Begr RegE UWG 2004, BR-Drucks 301/03 v 9. 5. 2003 S 32). Wie sich schon aus dem Begriff des Beispiels ergibt, ist die Aufzählung in den §§ 4–6 nicht abschließend (vgl Begr aaO S 33). Eine abschließende Aufzählung aller denkbaren Erscheinungsformen unlauteren Handelns wäre ohnehin nicht möglich. Jeder entsprechende Versuch wäre – schon weil die künftige Entwicklung nicht vorsehbar ist – aussichtslos. Außerdem erfasst der Beispielskatalog noch nicht einmal alle zu § 1 UWG 1909 anerkannten Fallgruppen (zB allgemeine Marktbehinderung, Rdn 12.1 ff; Wettbewerb der öffentlichen Hand, Rdn 13.1 ff). Erst recht aber ist die Rspr – innerhalb der durch die UGP-Richtlinie gezogenen Grenzen – nicht gehindert, als Reaktion auf die wirtschaftliche und technische Entwicklung bestehende Beispielstatbestände unlauteren Handelns fortzuentwickeln und sogar neue Beispielstatbestände auszuformen. Gleichwohl hat die Auflistung von Beispielstatbeständen ihren Sinn und ihre Berechtigung. Sie dient der **Konkretisierung** des Tatbestandsmerkmals der „Unlauterkeit" in der Generalklausel des § 3 I und damit der größeren **Transparenz** der Anforderungen des Lauterkeitsrechts an das Marktverhalten der Marktteilnehmer. Sowohl die Adressaten als auch die Anwender des Lauterkeitsrechts sollen leichter erkennen können, welche Handlungsweisen unlauter sind. – Verwirklicht eine Handlung einen Beispielstatbestand, ist sie nicht per se unzulässig, sondern nur dann, wenn die weiteren Tatbestandsvoraussetzungen des § 3 I erfüllt sind. Denn die Beispielstatbestände sollen lediglich das Tatbestandsmerkmal der Unlauterkeit in § 3 I konkretisieren. Allerdings sind die meisten Beispielstatbestände so gefasst, dass die spürbare Beeinträchtigung der Interessen von Mitbewerbern, Verbrauchern oder sonstigen Marktteilnehmern tatbestandsimmanent ist und sich eine gesonderte Prüfung erübrigt (vgl § 3 Rdn 136 ff; *Köhler* GRUR 2005, 1).

III. Struktur der Beispielstatbestände

Der Aufzählung der Beispielstatbestände liegt kein nach bestimmten Sachprinzipien geordnetes Konzept zugrunde. Zwar dienen einige Tatbestände nur dem Schutz der Marktpartner, insbes der Verbraucher (vgl § 4 Nr 1–6), andere dagegen nur oder überwiegend dem Schutz der Mitbewerber (vgl § 4 Nr 7–10; § 6 Nr 4–6). Jedoch ist eine säuberliche Trennung nicht für alle Tatbestände möglich. Dies gilt insbes für § 4 Nr 11, § 5 und § 6 Nr 1–3. Auch ist der Grad an Bestimmtheit bei den einzelnen Beispielstatbeständen sehr unterschiedlich. Neben generalklauselartig weit gefassten Beispielstatbeständen (zB § 4 Nr 1 und 10) finden sich auch sehr eng gefasste Tatbestände (vgl § 4 Nr 2–6). Teilweise werden Beispielstatbestände durch detaillierte Regelungen noch weiter präzisiert (vgl §§ 5–6). Dies hängt mit entsprechenden Vorgaben durch Richtlinien des Unionsrechts (Richtlinie über irreführende und vergleichende Werbung; Richtlinie über den elektronischen Geschäftsverkehr; Datenschutzrichtlinie; UGP-Richtlinie) zusammen.

IV. Verhältnis der Beispielstatbestände zueinander

Ein und dasselbe Marktverhalten kann mehrere Beispielstatbestände erfüllen. Das führt nicht zu einer Anspruchskonkurrenz im eigentlichen Sinne, da die Beispielstatbestände lediglich das Tatbestandsmerkmal der Unlauterkeit in der Generalklausel des § 3 I konkretisieren (Rdn 0.2). Wohl aber kann sich daraus ein größerer Unrechtsgehalt des Marktverhaltens ergeben. Dies wiederum kann bei der Gewichtung eines Wettbewerbsverstoßes im Rahmen der Bagatellklausel des § 3 I eine Rolle spielen.

V. Auslegung, Erweiterung und Einschränkung der Beispielstatbestände

1. Auslegung

Für die Auslegung der Beispielstatbestände gelten die allgemeinen Grundsätze. Die Auslegung hat insbes anhand der **Schutzzweckbestimmung** des § 1 zu erfolgen. Sie muss sich an den europäischen bzw deutschen Grundrechten, insbes an Art 11 GR-Charta bzw Art 5 GG **(grundrechtskonforme Auslegung)**, und – soweit einschlägig – an den EU-Richtlinien **(richtlinienkonforme Auslegung)** orientieren. Die Wertungen anderer Gesetze, insbes des Gesetzes gegen Wettbewerbsbeschränkungen (GWB) und der Gesetze zum Schutze des geistigen

Eigentums sind ebenfalls zu beachten. Soweit es um den Schutz der Verbraucher geht, ist das **Leitbild** des Durchschnittsverbrauchers zu Grunde zu legen. Entsprechendes hat zu gelten, wenn es um den Schutz der Mitbewerber und der sonstigen Marktteilnehmer geht. Mit dieser Maßgabe können die von der Rspr zu den §§ 1–3 UWG 1909 entwickelten Auslegungsergebnisse in gewissem Umfang immer noch für das jetzt geltende UWG übernommen werden. Allerdings ist dabei große Zurückhaltung angebracht, soweit es sich um Judikate handelt, die bereits einige Jahre zurückliegen. Stets ist zu prüfen, ob die ihnen zu Grunde liegenden Wertungen und Anschauungen dem Geist des neuen, auf „Liberalisierung" und „Modernisierung" und „Europaverträglichkeit" gerichteten Gesetzes entsprechen (vgl Begr RegE UWG 2004, BT-Drucks 15/1487 S 12) und ob sie mit den Anforderungen der einschlägigen Richtlinien, insbes der UGP-Richtlinie übereinstimmen. – Besondere Bedeutung kommt der Auslegung bei den generalklauselartig gefassten Beispielstatbeständen, wie insbes dem § 4 Nr 1, 10 und 11, zu, weil sie dem Richter einen weiten Beurteilungsspielraum eröffnen. – Bei der Prüfung, ob bestimmte Beispielstatbestände (§ 4 Nr 1, 2 und 8) verwirklicht sind, kommt es jeweils darauf an, ob die geschäftliche Handlung geeignet ist, die im Einzelnen genannten Merkmale zu erfüllen. Nicht entscheidend ist, ob es tatsächlich zu einer Beeinträchtigung gekommen ist (Begr RegE UWG 2004, BT-Drucks 15/1487 S 17).

2. Erweiterung und Einschränkung; Rückgriff auf die Generalklausel des § 3

0.6 Für die Erweiterung oder Einschränkung von Beispielstatbeständen, mag man sie der Auslegung zuordnen oder von Analogie bzw teleologischer Reduktion sprechen, gelten ebenfalls die allgemeinen Grundsätze. So ist zB in § 4 Nr 9 die Aufzählung der besonderen Umstände, die eine Produktnachahmung unlauter machen, nicht als abschließend zu verstehen. Die Unlauterkeit kann sich daher auch aus dem Gesichtspunkt der Behinderung ergeben (vgl § 4 Rdn 9.63 ff). Lässt sich ein Sachverhalt einem gesetzlich geregelten Beispielstatbestand nicht, auch nicht im Wege der erweiternden Auslegung oder Analogie zuordnen, kommt nur der unmittelbare **Rückgriff auf die Generalklausel des § 3** in Betracht. Allerdings dürfen die in den Beispielstatbeständen zum Ausdruck kommenden Wertungen nicht untergraben werden (weitergehend *Schünemann* WRP 2004, 925, 927: § 3 als Auffangtatbestand nur für Extrem- und Evidenzfälle). Ist also beispielsweise ein Tatbestandsmerkmal eines Beispielstatbestands nicht verwirklicht, so kann nicht ohne weiteres dieses Fehlen durch einen Rückgriff auf die Generalklausel gleichsam kompensiert werden (OLG Frankfurt GRUR 2005, 1064, 1066; *Steinbeck* GRUR 2008, 848, 853). Vielmehr ist stets zu fragen, ob die Beispielstatbestände insoweit eine Lücke aufweisen. Am Beispiel des Rechtsbruchtatbestands (§ 4 Nr 11): Verstöße gegen außerwettbewerbsrechtliche Normen, die keine Marktverhaltensregelungen darstellen, können auch nicht unter Zuhilfenahme des Vorsprungsgedankens nach der Generalklausel des § 3 I als unlauter angesehen werden (BGH GRUR 2010, 654 Tz 25 – *Zweckbetrieb* mwN).

VI. Verhältnis zu den Beispielstatbeständen der Richtlinie über unlautere Geschäftspraktiken

0.7 Die Richtlinie 2005/29/EG über unlautere Geschäftspraktiken (UGP-Richtlinie) stellt ein generelles Verbot unlauterer Geschäftspraktiken auf. Dieses Verbot wird auf drei Stufen sukzessive konkretisiert. Am Anfang steht die Generalklausel (Art 5 II UGP-Richtlinie). Als konkrete Beispiele unlauterer Geschäftspraktiken werden in Art 5 IV UGP-Richtlinie die „irreführenden Geschäftspraktiken" (Art 6 und 7) und die „aggressiven Geschäftspraktiken" (Art 8 und 9) aufgeführt. Darüber hinaus verweist Art 5 V UGP-Richtlinie auf einen Anh I, der eine Liste von 31 irreführenden und aggressiven Geschäftspraktiken aufweist, „die unter allen Umständen als unlauter gelten", bei denen also keine Einzelfallwürdigung erfolgen darf. Die Beispielstatbestände in den §§ 4, 5 und 5a sind dementsprechend **richtlinienkonform** unter Berücksichtigung dieser unionsrechtlichen Beispielstatbestände auszulegen. Da die Generalklausel des Art 5 II UGP-Richtlinie in § 3 II 1 umgesetzt worden ist, kann dies bedeuten, dass geschäftliche Handlungen, die bisher ausschließlich nach § 4 beurteilt wurden, künftig nach § 3 II 1 zu beurteilen sind. Von praktischer Bedeutung ist dies für § 4 Nr 6 (vgl dazu BGH GRUR 2008, 807 Tz 7 ff – *Millionen-Chance*; EuGH GRUR 2010, 244 – *Plus Warenhandelsgesellschaft*; *Köhler* GRUR 2010, 177), vor allem aber auch für die Tatbestände § 4 Nr 1 und 2, die der Umsetzung des Tatbestands der aggressiven Geschäftspraktiken (Art 8, 9 UGP-Richtlinie) dienen (dazu Rdn 1.7; BGH WRP 2010, 1388 Tz 16 – *Ohne 19% Mehrwertsteuer*; *Köhler* GRUR 2010, 767).

1. Kapitel. Unlautere Beeinträchtigung der Entscheidungsfreiheit

§ 4 Nr 1

Unlauter handelt insbesondere, wer

1. geschäftliche Handlungen vornimmt, die geeignet sind, die Entscheidungsfreiheit der Verbraucher oder sonstiger Marktteilnehmer durch Ausübung von Druck, in menschenverachtender Weise oder durch sonstigen unangemessenen unsachlichen Einfluss zu beeinträchtigen;

Übersicht

	Rdn
1. Abschnitt. Allgemeines	1.1–1.5
A. Entstehungsgeschichte und Normzweck	1.1, 1.2
I. Entstehungsgeschichte	1.1
II. Normzweck	1.2
B. Auslegung	1.3, 1.4
I. Reichweite der richtlinienkonformen Auslegung	1.3
II. Reichweite der autonomen Auslegung	1.4
C. Verhältnis zu anderen Normen	1.5
2. Abschnitt. Die Art 8 und 9 UGP-Richtlinie als Maßstab der richtlinienkonformen Auslegung	1.6–1.17
A. Das dreistufige Unlauterkeitskonzept der UGP-Richtlinie	1.6
B. § 4 Nr 1 als Umsetzung der Art 8 und 9 UGP-Richtlinie	1.7
C. Der Tatbestand der aggressiven Geschäftspraktiken	1.8–1.17
I. Überblick	1.8
II. Die Mittel der Beeinträchtigung der Entscheidungs- und Verhaltensfreiheit	1.9–1.15
1. Allgemeines	1.9
2. „Belästigung"	1.10
3. „Nötigung"	1.11
4. „unzulässige Beeinflussung"	1.12–1.15
a) Definition in Art 2 lit j UGP-Richtlinie	1.12
b) „Machtposition"	1.13
c) „Ausnutzung zur Ausübung von Druck"	1.14
d) „Wesentliche Einschränkung der Fähigkeit zu einer informierten Entscheidung"	1.15
III. „Erhebliche Beeinträchtigung der Entscheidungs- oder Verhaltensfreiheit"	1.16
IV. Auswirkung auf geschäftliche Entscheidungen („geschäftliche Relevanz")	1.17
3. Abschnitt. Der Tatbestand des § 4 Nr 1	1.18–1.83
A. Geschäftliche Handlung	1.18
B. Beeinträchtigung der Entscheidungsfreiheit	1.19–1.24
I. Begriff der Entscheidungsfreiheit	1.19
II. Entscheidungsfreiheit von Verbrauchern und sonstigen Marktteilnehmern	1.20
III. Beeinträchtigung der Entscheidungsfreiheit	1.21–1.24
1. Erfordernis einer erheblichen Beeinträchtigung der Entscheidungsfreiheit	1.21
2. Abgrenzung von „freier" und „informierter" Entscheidung	1.22
3. Erfordernis eines aggressiven Verhaltens	1.23
4. Beispiele	1.24

UWG § 4 Beispiele unlauterer geschäftlicher Handlungen

	Rdn
C. Beeinträchtigung der Entscheidungsfreiheit durch „Ausübung von Druck"	1.25–1.36
I. Begriff	1.25–1.27
1. Allgemeines	1.25
2. „Ausübung von Druck" auf Verbraucher	1.26
3. „Ausübung von Druck" auf sonstige Marktteilnehmer	1.27
II. Fälle	1.28–1.33
1. Anwendung oder Androhung körperlicher Gewalt	1.28
2. Anwendung oder Androhung psychischen Zwangs	1.29–1.33
a) „Drohung mit rechtlich unzulässigen Handlungen"	1.30, 1.31
aa) Allgemeines	1.30
bb) Beispiele	1.31
b) „Psychischer Kaufzwang?"	1.32
c) „Ausnutzung einer Zwangslage?"	1.33
III. Verhältnis zu anderen Vorschriften	1.34–1.36
1. Verhältnis zum Kartellrecht	1.34
2. Verhältnis zum Bürgerlichen Recht	1.35
3. Verhältnis zum Strafrecht	1.36
D. Beeinträchtigung der Entscheidungsfreiheit „in menschenverachtender Weise"	1.37–1.44
I. Begriff	1.37
II. Eignung zur Beeinträchtigung der Entscheidungsfreiheit	1.38–1.41
1. Allgemeines	1.38
2. Menschenverachtende körperliche Einwirkung auf Verbraucher	1.39
3. Menschenverachtende psychische Einwirkung auf Verbraucher	1.40
4. Verletzung der Menschenwürde Dritter	1.41
III. Verhältnis zur UGP-Richtlinie	1.42
IV. Verhältnis zu anderen Vorschriften	1.43, 1.44
1. Verhältnis zu § 4 Nr 11	1.43
2. Verhältnis zu §§ 3 I, 3 II 1 und § 7 I	1.44
E. Beeinträchtigung der Entscheidungsfreiheit durch „sonstigen unangemessenen unsachlichen Einfluss"	1.45–1.81
I. Frühere Rechtslage	1.45–1.50
1. Allgemeines	1.45
2. Gesetzgebung zu § 4 Nr 1 UWG 2004	1.46
3. Rechtsprechung zu § 4 Nr 1 UWG 2004	1.47–1.50
a) Allgemeine Aussagen	1.48
b) Konkrete Kriterien	1.49
c) Beispiele	1.50
II. Der Einfluss der UGP-Richtlinie	1.51–1.53
1. Belästigung und „unzulässige Beeinflussung" als Erscheinungsformen des „sonstigen unangemessenen unsachlichen Einflusses"	1.51
2. Weitere Erscheinungsformen des „sonstigen unangemessenen unsachlichen Einflusses"?	1.52
3. Rechtslage bei Handlungen gegenüber sonstigen Marktteilnehmern	1.53
III. Belästigung als „sonstiger unangemessener unsachlicher Einfluss"	1.54–1.57
1. Begriff der Belästigung	1.54
2. Eignung der Belästigung zur Beeinträchtigung der Entscheidungsfreiheit	1.55
3. Eignung zur Beeinflussung der geschäftlichen Entscheidung	1.56
4. Verhältnis zum Tatbestand der unzumutbaren Belästigung (§ 7)	1.57
IV. „Unzulässige Beeinflussung" als „sonstiger unangemessener unsachlicher Einfluss"	1.58–1.60
1. Gebot der richtlinienkonformen Auslegung	1.58
2. Abkehr vom „Rationalitätskriterium"	1.59
3. Erfordernis der „Ausnutzung einer Machtposition zur Ausübung von Druck"	1.60
V. Fallgruppen der „Ausnutzung einer Machtposition zur Ausübung von Druck"	1.61–1.81
1. Ausnutzung der Autorität	1.61–1.63
a) Beschreibung	1.61

	Rdn
b) Verantwortlichkeit beim Einsatz fremder Autoritätspersonen	1.62
c) Beispiele	1.63
2. Ausnutzung wirtschaftlicher oder rechtlicher Macht	1.64–1.72
a) Beschreibung	1.64
b) Vorrang der kartellrechtlichen Wertungen	1.65
c) Wirtschaftlicher oder rechtlicher Druck auf Unternehmen	1.66–1.69
aa) Druck auf Händler	1.66
bb) Druck auf Hersteller („Anzapfen")	1.67–1.69
aaa) Kartellrechtliche Beurteilung	1.68
bbb) Lauterkeitsrechtliche Beurteilung	1.69
d) Wirtschaftlicher oder rechtlicher Druck auf Verbraucher	1.70–1.72
aa) Angestrebte Vertragsbeziehung	1.71
bb) Bestehende Vertragsbeziehung	1.72
3. Ausnutzung moralischer Macht	1.73–1.78
a) Beschreibung	1.73
b) Weitere Voraussetzungen der Unlauterkeit	1.74
c) Beispiele	1.75–1.78
aa) Appell an die Solidarität	1.75
bb) Appell an die Dankbarkeit	1.76–1.78
4. Ausnutzung situationsbedingter Überlegenheit	1.79–1.81
a) Beschreibung	1.79
b) Lauterkeitsrechtliche Beurteilung	1.80
c) Beispiele	1.81
F. Geschäftliche Relevanz	1.82, 1.83
I. Das Verhältnis des § 4 Nr 1 zu § 3 I	1.82
II. Geschäftliche Relevanz als ungeschriebenes Tatbestandsmerkmal des § 4 Nr 1	1.83

4. Abschnitt. Verkaufsförderungsmaßnahmen 1.84–1.173

A. Allgemeines	1.84–1.98
I. Vorbemerkung	1.84
II. Begriff, Erscheinungsformen und wirtschaftliche Bedeutung von Verkaufsförderungsmaßnahmen	1.85–1.87
1. Begriff	1.85
2. Erscheinungsformen	1.86
3. Wirtschaftliche Bedeutung	1.87
III. Frühere lauterkeitsrechtliche Beurteilung	1.88–1.90
1. Beurteilung nach dem UWG 1909	1.88, 1.89
2. Beurteilung nach dem UWG 2004	1.90
IV. Die Vorgaben der UGP-Richtlinie	1.91–1.97
1. Bedeutung der UGP-Richtlinie	1.91
2. Beurteilungsmaßstäbe der UGP-Richtlinie	1.92–1.97
a) Überblick	1.92
b) Der Kontrollmaßstab des Anhangs I UGP-Richtlinie	1.93
c) Der Kontrollmaßstab der Art 6, 7 UGP-Richtlinie	1.94
d) Der Kontrollmaßstab der Art 8, 9 UGP-Richtlinie	1.95, 1.96
e) Der Kontrollmaßstab der Generalklausel des Art 5 II UGP-Richtlinie	1.97
V. Beurteilungsmaßstäbe des UWG 2008	1.98
B. Kopplungsangebote (einschließlich Zugaben)	1.99–1.120
I. Begriff, Erscheinungsformen und Abgrenzung	1.99–1.102
1. Begriff	1.99
2. Erscheinungsformen	1.100, 1.101
a) Zugabe	1.100
b) Gekoppelte Gewinnchance (Preisausschreiben und Gewinnspiele)	1.101
3. Abgrenzung	1.102
II. Lauterkeitsrechtliche Beurteilung	1.103–1.117
1. Grundsätzliche Zulässigkeit von Kopplungsangeboten (einschließlich Zugaben)	1.103
2. Grenzen der Zulässigkeit	1.104–1.115
a) „unangemessene unsachliche Beeinflussung" (§ 4 Nr 1)	1.104

	Rdn
b) Irreführung (§ 5 I 2 Nr 1, 2)	1.105
c) Irreführung durch Unterlassen (§ 5 a II–IV)	1.106–1.109
aa) „Wesentliche Merkmale der Ware oder Dienstleistung" (§ 5 a III Nr 1)	1.107
bb) „Angabe des Endpreises" (§ 5 a III Nr 3)	1.108
cc) Sonstige „wesentliche Informationen" (§ 5 a IV)	1.109
d) Rechtsbruch (§ 4 Nr 11)	1.110
e) Transparenzgebote (§ 4 Nr 4)	1.111
f) Kopplung von Absatz und Gewinnspiel (§ 4 Nr 6)	1.112
g) Sorgfaltsverstoß (§ 3 II 1)	1.113
h) Gezielte Mitbewerberbehinderung (§ 4 Nr 10)	1.114
i) Allgemeine Marktbehinderung (§ 3 I)	1.115
3. Spezialgesetzliche Kopplungsverbote	1.116
4. Prozessuale Fragen	1.117
III. Kartellrechtliche Beurteilung	1.118, 1.119
1. Vertikalvereinbarungen	1.118
2. Marktmachtkontrolle	1.119
IV. Bürgerlichrechtliche Fragen	1.120
C. Preisnachlässe (Rabatte)	1.121–1.134
I. Begriff, Erscheinungsformen und Abgrenzung	1.121–1.123
1. Begriff	1.121
2. Erscheinungsformen	1.122
3. Abgrenzung	1.123
II. Lauterkeitsrechtliche Beurteilung	1.124–1.133
1. Vorgaben des Unionsrechts	1.124
2. Grundsätzliche Zulässigkeit von Preisnachlässen	1.125
3. Grenzen der Zulässigkeit	1.126–1.133
a) „unangemessene unsachliche Beeinflussung" (§ 4 Nr 1)	1.126
b) Irreführung (§ 5 I 2 Nr 2; § 5 IV)	1.127
c) Fehlende Transparenz (§ 4 Nr 4)	1.128
d) Sorgfaltsverstoß (§ 3 II 1)	1.129
e) Rechtsbruch (§ 4 Nr 11)	1.130
f) Gezielte Mitbewerberbehinderung (§ 4 Nr 10)	1.131
g) Allgemeine Marktbehinderung (§ 3 I)	1.132
h) Spezialgesetzliche Rabattverbote	1.133
III. Kartellrechtliche Beurteilung	1.134
D. Kundenbindungssysteme	1.135–1.144
I. Begriff und Erscheinungsformen	1.135, 1.136
1. Begriff	1.135
2. Erscheinungsformen	1.136
II. Lauterkeitsrechtliche Beurteilung	1.137–1.143
1. Grundsätzliche Zulässigkeit von Kundenbindungssystemen	1.137
2. Grenzen der Zulässigkeit	1.138–1.143
a) „unangemessene unsachliche Beeinflussung" (§ 4 Nr 1)	1.138
b) Irreführung (§ 5 I 2 Nr 2, 7)	1.139
c) Transparenz (§ 4 Nr 4)	1.140
d) Sorgfaltsverstoß (§ 3 II 1)	1.141
e) Gezielte Mitbewerberbehinderung (§ 4 Nr 10)	1.142
f) Allgemeine Marktbehinderung (§ 3 I)	1.143
III. Kartellrechtliche Beurteilung	1.144
E. Geschenke	1.145–1.154
I. Begriff	1.145
II. Lauterkeitsrechtliche Beurteilung	1.146–1.153
1. Grundsätzliche Zulässigkeit von Geschenken	1.146
2. Grenzen der Zulässigkeit	1.147–1.153
a) Unangemessener unsachlicher Einfluss (§ 4 Nr 1)	1.147
b) Fehlende Transparenz (§ 4 Nr 4)	1.148
c) Irreführung (§ 5 I 2 Nr 1)	1.149
d) Rechtsbruch (§ 4 Nr 11)	1.150
e) Sorgfaltsverstoß (§ 3 II 1)	1.151

1. Kap. Unlautere Beeinträchtigung der Entscheidungsfreiheit § 4 UWG

	Rdn
f) Gezielte Mitbewerberbehinderung (§ 4 Nr 10)	1.152
g) Allgemeine Marktbehinderung (§ 3 I)	1.153
III. Kartellrechtliche Beurteilung	1.154
F. Preisausschreiben, Gewinnspiele und sonstige aleatorische Reize	1.155–1.172
I. Begriffe, Erscheinungsformen und Abgrenzung	1.155–1.158
1. Begriffe und Erscheinungsformen	1.155–1.157
a) Aleatorische Reize	1.155
b) Preisausschreiben	1.156
c) Gewinnspiel	1.157
2. Abgrenzung	1.158
II. Lauterkeitsrechtliche Beurteilung	1.159–1.171
1. Grundsätzliche Zulässigkeit von Preisausschreiben, Gewinnspielen und sonstigen aleatorischen Reizen	1.159
2. Grenzen der Zulässigkeit	1.160–1.171
a) Unzulässigkeit nach § 3 III	1.160
b) Unangemessene unsachliche Beeinflussung (§ 4 Nr 1)	1.161
c) Irreführung (§ 5 I 2 Nr 1)	1.162
d) Fehlende Transparenz (§ 4 Nr 5)	1.163–1.165
e) Kopplung mit Absatzgeschäft (§ 4 Nr 6)	1.166
f) Rechtsbruch (§ 4 Nr 11)	1.167
g) Sorgfaltsverstoß (§ 3 II 1)	1.168, 1.169
h) Gezielte Mitbewerberbehinderung (§ 4 Nr 10)	1.170
i) Allgemeine Marktbehinderung (§ 3 I)	1.171
III. Rechtsfolgen	1.172, 1.173
1. Lauterkeitsrechtliche Rechtsfolgen	1.172
2. Bürgerlichrechtliche Rechtsfolgen	1.173
5. Abschnitt. Einsatz von Verkaufsförderern	1.174–1.216
A. Allgemeines	1.174–1.176
I. Begriff und Erscheinungsformen von Verkaufsförderern	1.174, 1.175
1. Begriff und Abgrenzung	1.174
2. Erscheinungsformen	1.175
II. Lauterkeitsrechtliche Problematik	1.176
B. Gewerbliche Unternehmer als Verkaufsförderer	1.177–1.182
I. Beschreibung	1.177
II. Lauterkeitsrechtliche Beurteilung	1.178–1.182
1. Unangemessener unsachlicher Einfluss auf den Verkaufsförderer (§ 4 Nr 1)?	1.178–1.180
a) Allgemeines	1.178
b) Meinungsstand	1.179
c) Kritik	1.180
2. Unangemessener unsachlicher Einfluss auf den Kunden (§ 4 Nr 1)?	1.181
3. Sorgfaltsverstoß gegenüber dem Verbraucher (§ 3 II 1)	1.182
C. Mitarbeiter fremder Unternehmer als Verkaufsförderer	1.183–1.186
I. Beschreibung	1.183
II. Lauterkeitsrechtliche Beurteilung	1.184–1.186
D. Interessenwahrungspflichtige Unternehmer als Verkaufsförderer	1.187–1.191
I. Beschreibung	1.187
II. Lauterkeitsrechtliche Beurteilung	1.188–1.191
1. Unangemessener unsachlicher Einfluss auf den Verkaufsförderer (§ 4 Nr 1)?	1.188, 1.189
a) Stand der Rspr	1.188
b) Kritik	1.189
2. Unangemessener unsachlicher Einfluss auf den Kunden (§ 4 Nr 1)?	1.190
3. Sorgfaltsverstoß gegenüber dem Verbraucher (§ 3 II 1)	1.191
E. Privatpersonen als Verkaufsförderer („Laienwerbung")	1.192–1.216
I. Begriff, Erscheinungsformen und Bedeutung der Laienwerbung	1.192–1.200
1. Begriff	1.192

	Rdn
2. Erscheinungsformen	1.193–1.199
a) Sammelbestellung	1.194
b) Partywerbung	1.195
c) Arbeitsplatzwerbung	1.196
d) Verdeckte Laienwerbung	1.197
e) Progressive Kundenwerbung	1.198
f) Multi-Level-Marketing (Strukturvertrieb)	1.199
3. Bedeutung	1.200
II. Lauterkeitsrechtliche Beurteilung	1.201–1.215
1. Grundsatz	1.201
2. Unlauterkeitskriterien	1.202–1.212
a) Überblick	1.202
b) Unzumutbare Belästigung (§ 7)	1.203
c) Verschleierung der Werbung (§ 4 Nr 3)	1.204
d) Unangemessener unsachlicher Einfluss (§ 4 Nr 1)	1.205–1.209
aa) Ausnutzung einer Machtposition	1.205
bb) Missbrauch privater Beziehungen	1.206
cc) Übermäßiger Prämienanreiz?	1.207–1.209
(1) Frühere Rechtslage	1.208
(2) Heutige Rechtslage	1.209
e) Irreführung	1.210
f) Vergleichende Werbung	1.211
g) Sonstige unlauterkeitsbegründende Umstände	1.212
3. Besondere Fallgruppen	1.213–1.215
a) Verdeckte Laienwerbung	1.213
b) Progressive Kundenwerbung	1.214
c) Multi-Level-Marketing	1.215
III. Verantwortlichkeit des Laienwerbers und des Unternehmers	1.216
6. Abschnitt. Gefühlsbezogene Werbung	**1.217–1.248**
A. Allgemeines	1.217–1.230
I. Beschreibung	1.217
II. Lauterkeitsrechtliche Beurteilung	1.218–1.230
1. Grundsätzliche Zulässigkeit der gefühlsbezogenen Werbung	1.218, 1.219
a) Vorgaben der UGP-Richtlinie	1.218
b) Zulässigkeit nach dem UWG 2008	1.219
2. Grenzen der Zulässigkeit	1.220–1.230
a) Allgemeines	1.220
b) Entwicklung der Rspr	1.221, 1.222
c) „Gefährdung des Arbeitsplatzes oder Lebensunterhalts" (§ 3 III iVm Anh Nr 30)	1.223
d) Unangemessene unsachliche Beeinflussung (§ 4 Nr 1)	1.224, 1.225
aa) Stand der Rspr	1.224
bb) Stellungnahme	1.225
e) Ausnutzung besonderer Umstände (§ 4 Nr 2)	1.226
f) „Irreführende geschäftliche Handlungen" (§ 5 I)	1.227
g) „Irreführung durch Unterlassen" (§ 5 a II)	1.228
h) Vergleichende Werbung (§ 6 II)	1.229
i) Unzumutbare Belästigung (§ 7)	1.230
B. Fallgruppen	1.231–1.248
I. Aufmerksamkeitswerbung	1.231
II. Werbung mit Appellen an die soziale Verantwortung	1.232–1.238
1. Beschreibung	1.232
2. Grundsätze der lauterkeitsrechtlichen Beurteilung	1.233
3. Produktbezogene Werbung	1.234–1.236
a) Allgemeines	1.234
b) Umweltschutzwerbung	1.235
c) Tierschutzwerbung	1.236
4. Herstellungsbezogene Werbung	1.237
5. Vertriebsbezogene Werbung	1.238
III. Kopplung des Produktabsatzes mit Sponsorleistungen	1.239–1.241
1. Beschreibung	1.239

1. Kap. Unlautere Beeinträchtigung der Entscheidungsfreiheit § 4 UWG

	Rdn
2. Unangemessener unsachlicher Einfluss (§ 4 Nr 1)	1.240
3. Irreführung (§§ 5, 5 a)	1.241
IV. Gesundheitswerbung	1.242–1.245
1. Beschreibung	1.242
2. Lauterkeitsrechtliche Beurteilung	1.243
3. Beispiele	1.244
4. Spezialgesetzliche Regelungen	1.245
V. Unterschwellige (subliminale) Werbung	1.246–1.248
1. Beschreibung	1.246
2. Lauterkeitsrechtliche Beurteilung	1.247, 1.248
a) Rechtsbruch (§ 4 Nr 11)	1.247
b) Unangemessener unsachliche Einfluss (§ 4 Nr 1)	1.248

7. Abschnitt. Sonstige Werbe- und Marketingmaßnahmen 1.249–1.279

A. Abwerbung von Kunden	1.249, 1.250
I. Beschreibung	1.249
II. Lauterkeitsrechtliche Beurteilung	1.250
B. Kundenbeeinflussung zum Nachteil Dritter	1.251–1.256
I. Beschreibung	1.251
II. Lauterkeitsrechtliche Beurteilung	1.252–1.256
1. Unangemessener unsachlicher Einfluss auf den Kunden (§ 4 Nr 1)?	1.252, 1.253
a) Stand der Rspr	1.252
b) Kritik	1.253
2. Sorgfaltsverstoß gegenüber dem Kunden (§ 3 II 1)	1.254
3. Irreführung (§§ 5, 5 a)	1.255
4. Rechtsbruch (§ 4 Nr 11)	1.256
C. Werbeveranstaltungen	1.257–1.262
I. Beschreibung	1.257
II. Lauterkeitsrechtliche Beurteilung	1.258–1.262
1. Grundsatz	1.258
2. Unangemessener unsachlicher Einfluss auf den Kunden (§ 4 Nr 1)	1.259, 1.260
a) Druckausübung	1.259
b) Sonstiger unangemessener unsachlicher Einfluss	1.260
3. Verschleierung des Werbecharakters (§ 4 Nr 3)	1.261
4. Irreführung (§ 5 I 2 Nr 2)	1.262
D. Versteigerungen	1.263–1.268
I. Begriff und Erscheinungsformen	1.263
II. Lauterkeitsrechtliche Beurteilung	1.264–1.268
1. Grundsatz	1.264
2. Unangemessener unsachlicher Einfluss auf den Kunden (§ 4 Nr 1)?	1.265
3. Sorgfaltsverstoß (§ 3 II 1)?	1.266
4. Irreführung (§ 5 I 2 Nr 2)	1.267
5. Rechtsbruch (§ 4 Nr 11)	1.268
E. Internet-Werbung (Online-Werbung)	1.269–1.279
I. Begriff und wirtschaftliche Bedeutung	1.269
II. Lauterkeitsrechtliche Beurteilung	1.270–1.279
1. Anwendbarkeit deutschen Lauterkeitsrechts	1.270, 1.271
a) Online-Werbung innerhalb der Union	1.270
b) Online-Werbung außerhalb der Union	1.271
2. Lauterkeitsrechtliche Schranken	1.272–1.278
a) Allgemeine Schranken	1.272
b) Trennungsgebot	1.273
c) Internetspezifische Werbeformen	1.274–1.278
aa) Keyword Advertising	1.274
bb) Keyword Buying	1.275
cc) Meta Tags	1.276
dd) Links	1.277
ee) Interstitials, Pop-up-Fenster	1.278
3. Verantwortlichkeit	1.279

UWG § 4 Beispiele unlauterer geschäftlicher Handlungen

	Rdn
8. Abschnitt. Geschäftliche Handlungen bei und nach Vertragsschluss	1.280–1.291
I. Handlungen bei und nach Vertragsschluss als geschäftliche Handlungen	1.280, 1.281
1. Bisheriges Recht	1.280
2. Jetziges Recht	1.281
II. Die Anwendung des § 4 Nr 1 auf Handlungen bei und nach Vertragsschluss	1.282–1.290
1. Allgemeines	1.282
2. Unlautere Beeinträchtigung der Entscheidungsfreiheit durch Handlungen bei Vertragsschluss	1.283
3. Unlautere Beeinträchtigung der Entscheidungsfreiheit durch Handlungen nach Vertragsschluss	1.284–1.290
a) Durchsetzung von Zahlungsansprüchen	1.284–1.286
aa) Tatsächliches Bestehen eines Zahlungsanspruchs?	1.285
bb) Unlautere Durchsetzung	1.286
b) Abwehr gegnerischer Rechte	1.287–1.290
aa) Tatsächliches Bestehen vertraglicher Rechte des Vertragspartners?	1.288
bb) Unlautere Abwehr	1.289
cc) Bloße Rechtsverteidigung	1.290
III. Lauterkeitsrechtliche Ansprüche und Vertragsrecht	1.291

Schrifttum: *Ahrens,* Menschenwürde als Rechtsbegriff im Wettbewerbsrecht, FS Schricker, 2005, 619; *Alexander,* Die Probeabonnement-Entscheidung des BGH – Schnittbereich kartellrechtlicher, lauterkeitsrechtlicher und medienrechtlicher Aspekte, ZWeR 2007, 239; *Berlit,* Auswirkungen der Aufhebung des Rabattgesetzes und der Zugabeverordnung auf die Auslegung von § 1 UWG und § 3 UWG, WRP 2001, 349; *Bülow,* Kein Abschied vom psychischen Kaufzwang, WRP 2005, 954; *Busch,* Kostenloser Computer für eine Schulfotoaktion – Erlaubtes „Schulsponsoring" oder strafbare Korruption?, NJW 2006, 1100; *Eppe,* Der lauterkeitsrechtliche Tatbestand des übertriebenden Anlockens im Wandel – am Beispiel der Wertreklamen, WRP 2004, 153; *Gleißner,* Psychischer Kaufzwang im Lauterkeitsrecht – Notwendiger Verbraucherschutz oder unnötige Einschränkung der Werbung?, 2008; *Hartwig,* Der BGH und das Ende der des Verbots „gefühlsbetonter Werbung", NJW 2006, 1326; *Hecker,* Die Richtlinie über unlautere Geschäftspraktiken: Einige Gedanken zu den „aggressiven Geschäftspraktiken" – Umsetzung in das deutsche Recht, WRP 2006, 640; *Glöckner/Henning-Bodewig,* EG-Richtlinie über unlautere Geschäftspraktiken: Was wird aus dem „neuen" UWG?, WRP 2005, 1311; *Groner,* Der Rückgriff auf die Generalklausel des § 3 UWG zur Bestimmung der Unlauterkeit einer Wettbewerbshandlung, 2008; *Henning-Bodewig,* Neuorientierung von § 4 Nr. 1 und 2 UWG?, WRP 2006, 621; *Heermann,* Lauterkeitsrechtliche Informationspflichten bei Verkaufsförderungsmaßnahmen, WRP 2005, 141; *ders.,* Prämien, Preise, Provisionen, WRP 2006, 8; *Huber,* Die Fallfigur des übertriebenen Anlockens – angestaubtes Relikt oder unentbehrlicher Auffangtatbestand?, 2007; *Hülsewig,* Der sogenannte Sachlichkeitsgrundsatz im Lauterkeitsrecht, 2006; *Kappes,* Gutschein- und Bonussysteme im Apothekenwesen, WRP 2009, 250; *Köhler,* Durchsetzung von Vorzugsbedingungen durch marktmächtige Nachfrager, BB 1999, 1017; *ders,* Zur Auslegung, Anwendung und Reform des § 20 Abs. 3 GWB, FS Tilmann, 2003, 693; *ders,* Zur Konkurrenz lauterkeitsrechtlicher und kartellrechtlicher Normen, WRP 2005, 645, 648; *ders,* Zur Umsetzung der Richtlinie über unlautere Geschäftspraktiken, GRUR 2005, 793; *ders,* Zur Kontrolle der Nachfragemacht nach dem neuen GWB und dem neuen UWG, WRP 2006, 139; *ders,* Die Unlauterkeitstatbestände des § 4 UWG und ihre Auslegung im Lichte der Richtlinie über unlautere Geschäftspraktiken, GRUR 2008, 841; *ders,* Neujustierung des UWG am Beispiel der Verkaufsförderungsmaßnahmen, GRUR 2010, 767; *Köhler/Lettl,* Das geltende europäische Lauterkeitsrecht, der Vorschlag für eine EG-Richtlinie über unlautere Geschäftspraktiken und die UWG-Reform, WRP 2003, 1019; *Kübler/ Kübler,* Werbefreiheit nach „Benetton", FS Ulmer, 2003, 907; *Leistner,* Behavioural Economics und Lauterkeitsrecht, ZfGeistEigt 2009, 3; *Lorenz,* Vertriebsfördermaßnahmen marktbeherrschender Unternehmen, WRP 2005, 992; *Möller,* Neue Erscheinungsformen von Rabattwerbung und „Rabatte" zu Lasten Dritter, GRUR 2006, 292; *ders,* Laienwerbung, WRP 2007, 6; *Ohly,* Das neue UWG – Mehr Freiheit für den Wettbewerb?, GRUR 2004, 889; *Pluskat,* Kopplungsangebote und kein Ende, WRP 2004, 282; *Ruttig,* „Verkaufsverlosungen": Verkaufsförderung zwischen Gewinnspiel und Sonderangebot, WRP 2005, 925; *Säcker/Mohr,* Forderung und Durchsetzung ungerechtfertigter Vorteile, WRP 2010, 1; *Scherer,* Abschied vom „psychischen Kaufzwang" – Paradigmenwechsel im neuen Lauterkeitsrecht, WRP 2005, 672; *dies,* Die Verletzung der Menschenwürde durch Werbung, WRP 2007, 594; *dies,* Die „unsachliche" Beeinflussung in § 4 Nr. 1 UWG, WRP 2007, 723; *dies,* Das Ende des Verdikts der „gefühlsbetonten" Werbung – Aufgabe der „Sachlichkeits"-Doktrin?, GRUR 2008, 490; *Schwippert,* Vom Elend eines Tatbestandsmerkmals – Zur „Entscheidungsfreiheit" im Sinne des § 4 Nr. 1 UWG, FS Samwer, 2008, 197; *Seichter,* Der Umsetzungsbedarf der Richtlinie über unlautere Geschäftspraktiken, WRP 2005, 1087; *ders,* „20% auf alles – nur heute" – Zur wettbewerbsrechtlichen Beurteilung von kurzfristigen Rabattaktionen, WRP 2006, 628; *ders,* Das Regenwaldprojekt – Zum Abschied von der Fallgruppe der gefühlsbetonten Werbung, WRP 2007, 230; *Steinbeck,*

Die Zukunft der aggressiven Geschäftspraktiken, WRP 2008, 865; *Steingass/Teworte,* Stellung und Reichweite des Transparenzgebots im neuen UWG, WRP 2005, 676; *Weiler,* Psychischer Kaufzwang – Ein Abschiedsplädoyer, WRP 2002, 871.

1. Abschnitt. Allgemeines

A. Entstehungsgeschichte und Normzweck

I. Entstehungsgeschichte

Die unsachliche Beeinflussung von Kunden war im **UWG 1909** nicht speziell geregelt, sondern lediglich innerhalb der Generalklausel des § 1 als Fallgruppe des Kundenfangs anerkannt (vgl Baumbach/*Hefermehl,* 22. Aufl, § 1 UWG 1909 Rdn 4–207). Das **UWG 2004** führte unter Übernahme des Entwurfs von *Köhler/Bornkamm/Henning-Bodewig* (WRP 2002, 1317, dort § 4 Nr 1) den jetzigen Beispielstatbestand des § 4 Nr 1 ein. Die **UWG-Novelle 2008** ersetzte lediglich den Begriff der „Wettbewerbshandlungen" durch den der „geschäftlichen Handlungen". Die weite Definition dieses Begriffs in § 2 I Nr 1 brachte jedoch auch eine sachliche Erweiterung des Anwendungsbereichs des § 4 Nr 1 mit sich: Der Tatbestand erfasst nunmehr auch solche Verhaltensweisen eines Unternehmens, die objektiv mit dem Abschluss und der Durchführung eines Vertrages über Waren oder Dienstleistungen zusammenhängen, ohne Rücksicht darauf, ob sie auch der Förderung des Absatzes oder des Bezugs dienen (dazu Rdn 1.282 ff). Aus der Sicht des Gesetzgebers dient die Vorschrift neben § 4 Nr 2 zugleich der Umsetzung der Art 8 und 9 UGP-Richtlinie (vgl BT-Drucks 16/10145, A IV 8).

1.1

II. Normzweck

Die Norm bezweckt in erster Linie den Schutz der **geschäftlichen Entscheidungsfreiheit der Verbraucher und sonstigen Marktteilnehmer** vor einer unangemessenen unsachlichen Beeinflussung vor, bei und nach Abschluss eines Vertrags über Waren oder Dienstleistungen. Im Schutz dieser Entscheidungsfreiheit manifestiert sich der Schutz der **wirtschaftlichen Interessen der Verbraucher,** wie ihn die UGP-Richtlinie (Erwägungsgrund 8 S 1) bezweckt. Unerheblich ist, welche sonstigen, insbes ideellen Interessen der Verbraucher mit seiner geschäftlichen Entscheidung verfolgt (vgl BGH GRUR 2010, 852 Tz 16 – *Gallardo Spyder*). **Mittelbar** schützt § 4 Nr 1 auch die Interessen der rechtmäßig handelnden **Mitbewerber** des Handelnden und zugleich das Interesse der **Allgemeinheit** an einem unverfälschten und damit lauteren Wettbewerb (vgl Erwägungsgrund 8 S 2 UGP-Richtlinie). Denn der Wettbewerb kann die von ihm erwarteten Funktionen nur erfüllen, wenn die potenziellen Marktpartner (Abnehmer/Kunden, Anbieter/Lieferanten) ihre Marktentscheidung frei und an ihren Vorstellungen und Bedürfnissen ausgerichtet treffen und damit ihre „Schiedsrichterfunktion" im Wettbewerb der Anbieter und Nachfrager erfüllen können (dazu *Beater,* FS Tilmann, 2003, 87). Allerdings gewährt § 4 Nr 1 – wie das ganze UWG – **keinen Individualschutz** für die betroffenen Verbraucher oder sonstigen Marktteilnehmer als Marktpartner (vgl allgemein dazu § 1 Rdn 34). Dies erklärt sich daraus, dass die Vorschriften des Bürgerlichen Rechts (§§ 104 ff, 119 ff, 134, 138, 311 II, 823 ff BGB) den entsprechenden Schutz im Vertikalverhältnis gewährleisten (vgl *Köhler* GRUR 2003, 265, 266 f; *Sosnitza* GRUR 2003, 739, 744 f).

1.2

B. Auslegung

I. Reichweite der richtlinienkonformen Auslegung

Das UWG ist im Lichte der Richtlinie 2005/29/EG über unlautere Geschäftspraktiken (UGP-Richtlinie) auszulegen, da sie eine vollständige Rechtsangleichung vorsieht. Das gilt auch für § 4 Nr 1 (dazu BGH GRUR 2010, 455 Tz 17 – *Stumme Verkäufer II; Hecker* WRP 2006, 640; *Henning-Bodewig* WRP 2006, 621; *Köhler* GRUR 2005, 793, 797 ff, GRUR 2008, 841 und GRUR 2010, 767; *Köhler/Lettl* WRP 2003, 1019, 1043 ff). Dieses Gebot gilt seit dem 12. 12. 2007 (arg Art 19 II UGP-Richtlinie). Allerdings ist dabei der beschränkte persönliche und sachliche Anwendungsbereich der UGP-Richtlinie zu beachten. Das Gebot der richtlinienkonformen Auslegung gilt daher von vornherein nur für geschäftliche Handlungen von Unternehmen gegenüber Verbrauchern (B2C) und nicht auch für geschäftliche Handlungen gegenüber

1.3

sonstigen Marktteilnehmern iSd § 2 I Nr 2, insbes also gegenüber Unternehmen (B2B). Darüber hinaus gilt es auch nicht für geschäftliche Handlungen gegenüber Verbrauchern, die nicht in den sachlichen Anwendungsbereich der UGP-Richtlinie fallen. So dürfen die Mitgliedstaaten im Einklang mit dem Gemeinschaftsrecht Geschäftspraktiken aus Gründen der guten Sitten und des Anstands (engl „taste and decency") verbieten, auch wenn diese Praktiken die Wahlfreiheit des Verbrauchers nicht beeinträchtigen (Erwägungsgrund 7 S 4 UGP-Richtlinie). Daher steht die UGP-Richtlinie nicht entgegen, wenn in § 4 Nr 1 die Beeinträchtigung der Entscheidungsfreiheit „in menschenverachtender Weise" für unlauter erklärt wird (dazu Rdn 1.37 ff). Ferner regelt die UGP-Richtlinie nicht das Nachfrageverhalten von Unternehmen gegenüber Verbrauchern.

II. Reichweite der autonomen Auslegung

1.4 Für die vom zeitlichen, persönlichen und sachlichen Anwendungsbereich der UGP-Richtlinie nicht abgedeckten geschäftlichen Handlungen (Rdn 1.3), insbes also für geschäftliche Handlungen gegenüber sonstigen Marktteilnehmern, bleibt eine autonome Auslegung des § 4 Nr 1 möglich. Aber auch in diesem Bereich ist es zulässig und sogar sinnvoll, so weit wie möglich die Wertmaßstäbe der UGP-Richtlinie zu übernehmen, um Wertungswidersprüche zu vermeiden.

C. Verhältnis zu anderen Normen

1.5 § 4 Nr 1 ist lediglich ein **Beispielstatbestand** unlauteren Handelns und konkretisiert insoweit nur den Verbotstatbestand des **§ 3 I**. Mit dem Verbotstatbestand des **§ 3 II 1** hat § 4 Nr 1 nichts zu tun. Denn § 3 II 1 setzt Art 5 II UGP-Richtlinie um und stellt daher einen Auffangtatbestand dar, der erst dann eingreift, wenn eine geschäftliche Handlung andere Verbotstatbestände nicht erfüllt. Im Katalog der Unlauterkeitstatbestände der §§ 4–6 ergeben sich Berührungen und Überschneidungen zu anderen Beispielstatbeständen, insbes zu § 4 Nr 2, 3 und 11, § 5 I und § 5 a II. Zum Verbotstatbestand des § 7 (unzumutbare Belästigung) besteht echte Konkurrenz (dazu näher Rdn 1.57). Soweit eine geschäftliche Handlung Tatbestände außerhalb des UWG, etwa des Kartellrechts, des Strafrechts oder des Bürgerlichen Rechts, erfüllt, ist jeweils zu prüfen, ob und inwieweit diesen Normen ein Vorrang gebührt.

2. Abschnitt. Die Art 8 und 9 UGP-Richtlinie als Maßstab der richtlinienkonformen Auslegung

A. Das dreistufige Unlauterkeitskonzept der UGP-Richtlinie

1.6 Im zeitlichen, persönlichen und sachlichen Anwendungsbereich der UGP-Richtlinie gilt für § 4 Nr 1 das Gebot der richtlinienkonformen Auslegung (Rdn 1.3). Damit ist aber noch nicht gesagt, an welchen Vorschriften der UGP-Richtlinie sich die Auslegung zu orientieren hat. Ausgangspunkt ist das für die Mitgliedstaaten verbindliche dreistufige Unlauterkeitskonzept des Art 5 UGP-Richtlinie (vgl Erwägungsgrund 13 S 1 UGP-Richtlinie). Unter allen Umständen unlauter und damit verboten sind nach Art 5 V UGP-Richtlinie die im Anh I aufgelisteten 31 Tatbestände. Wird ein Verhalten von diesen Tatbeständen nicht erfasst, ist auf einer zweiten Stufe zu prüfen, ob es sich um eine irreführende oder aggressive Geschäftspraktik iSd Art 5 IV iVm Art 6–9 UGP-Richtlinie handelt. Ist auch dies nicht der Fall, so ist auf einer dritten Stufe zu prüfen, ob das Verhalten den Tatbestand der Generalklausel des Art 5 II UGP-Richtlinie erfüllt.

B. § 4 Nr 1 als Umsetzung der Art 8 und 9 UGP-Richtlinie

1.7 Der deutsche Gesetzgeber hat das dreistufige Unlauterkeitskonzept der UGP-Richtlinie im Grundsatz übernommen (vgl *Köhler* GRUR 2010, 767, 768). Dementsprechend ist § 4 Nr 1 (und Nr 2) als Umsetzung des Tatbestands der aggressiven Geschäftspraktiken iSd Art 8, 9 UGP-Richtlinie zu verstehen und richtlinienkonform auszulegen (vgl BT-Drucks 16/10145, A IV 8; BGH GRUR 2010, 455 Tz 17 – *Stumme Verkäufer II;* GRUR 2010, 850 Tz 13 – *Brillenversorgung II;* BGH WRP 2010, 1388 Tz 16 – *Ohne 19% Mehrwertsteuer*). **Der Anwendungsbereich des § 4 Nr 1 (und Nr 2) beschränkt sich daher auf aggressive Geschäftsprakti-**

ken, jedenfalls soweit das Verhalten in den Anwendungsbereich der UGP-Richtlinie fällt. Als **Auffangtatbestand** für geschäftliche Handlungen gegenüber Verbrauchern, die weder irreführend noch aggressiv iS der Art 5 IV, 6–9 UGP-Richtlinie sind, kommt folgerichtig, auch soweit sie bisher nach § 4 Nr 1 (oder Nr 2) beurteilt worden sind, nur die Generalklausel des § 3 II 1 in Betracht (vgl *Köhler* GRUR 2008, 841, 843 und GRUR 2010, 767, 768). Diese von der UGP-Richtlinie vorgegebene Unterscheidung würde verwischt, wollte man dem § 4 Nr 1 auch noch die Fälle der Verletzung der beruflichen Sorgfaltspflicht iSd Art 5 II UGP-Richtlinie zuweisen (dafür aber jurisPK-UWG/*Seichter* § 4 Nr 1 Rdn 91). Das Gebot der richtlinienkonformen Auslegung des § 4 Nr 1 (und Nr 2) am Maßstab der Art 8 und 9 UGP-Richtlinie ist deshalb von so großer Bedeutung, weil sich die bisherige Rspr zu § 4 Nr 1 (und Nr 2) nicht uneingeschränkt fortführen lässt. Daher ist es unumgänglich, sich zunächst Klarheit über Inhalt und Reichweite der Art 8 und 9 UGP-Richtlinie zu verschaffen (dazu Rdn 1.8 ff).

C. Der Tatbestand der aggressiven Geschäftspraktiken

I. Überblick

Während Art 8 UGP-Richtlinie den Tatbestand der aggressiven Geschäftspraktiken beschreibt, gibt Art 9 UGP-Richtlinie dazu nähere Erläuterungen. Nach Art 8 UGP-Richtlinie gilt eine Geschäftspraktik iSd Art 2 lit d UGP-Richtlinie als aggressiv (und damit als unlauter iSv Art 5 IV lit b UGP-Richtlinie), „wenn sie im konkreten Fall unter Berücksichtigung aller tatsächlichen Umstände die Entscheidungs- oder Verhaltensfreiheit des Durchschnittsverbrauchers in Bezug auf das Produkt durch Belästigung, Nötigung, einschließlich der Anwendung körperlicher Gewalt, oder durch unzulässige Beeinflussung tatsächlich oder voraussichtlich erheblich beeinträchtigt und dieser dadurch tatsächlich oder voraussichtlich dazu veranlasst wird, eine geschäftliche Entscheidung zu treffen, die er andernfalls nicht getroffen hätte". Bei der Feststellung, ob im Rahmen einer Geschäftspraxis die in Art 8 UGP-Richtlinie beschriebenen Mittel eingesetzt werden, ist nach Art 9 UGP-Richtlinie auf bestimmte Umstände abzustellen, die in den Buchstaben a–e näher umschrieben werden. Allerdings ist die Reichweite der Art 8 und 9 UGP-Richtlinie wegen der darin verwendeten in hohem Maß unbestimmten Rechtsbegriffe ihrerseits erst zu klären. Da dies verbindlich nur durch den EuGH geschehen kann, wird der Prozess der tatsächlichen Rechtsangleichung innerhalb der Union einige Zeit in Anspruch nehmen.

1.8

II. Die Mittel der Beeinträchtigung der Entscheidungs- und Verhaltensfreiheit

1. Allgemeines

In Art 8 UGP-Richtlinie sind (abschließend) die „Mittel" aufgeführt, deren Einsatz zu einer erheblichen Beeinträchtigung der Entscheidungs- oder Verhaltensfreiheit des Durchschnittsverbrauchers führen kann. Es sind dies die **„Belästigung"**, die **„Nötigung, einschließlich der Anwendung körperlicher Gewalt"** und die **„unzulässige Beeinflussung"**, letztere legaldefiniert in Art 2 lit j UGP-Richtlinie. Da es sich um Begriffe des Unionsrechts handelt, sind sie unabhängig von der Terminologie des deutschen Rechts auszulegen. Hilfreich kann es sein, andere sprachliche Fassungen der UGP-Richtlinie, insbes die englische und französische, heranzuziehen. Bei der Feststellung, ob im Einzelfall solche Mittel eingesetzt werden, sind nach Art 9 UGP-Richtlinie bestimmte, in den Buchstaben a–e näher bezeichnete Umstände zu berücksichtigen. Gemeinsam ist allen drei Formen aggressiven Verhaltens, dass sie mit der **Ankündigung** oder **Zufügung** von **Nachteilen** verbunden sind (vgl *Köhler* GRUR 2010, 767, 772). Ihr Anwendungsbereich kann sich im Einzelfall überschneiden. Insbes kann ein und dasselbe Verhalten Elemente aller drei Formen aufweisen, etwa wenn ein Werber einen Kunden auf der Straße gewaltsam daran hindert, ein Konkurrenzgeschäft zu betreten.

1.9

2. „Belästigung"

Die UGP-Richtlinie definiert den Begriff der **„Belästigung"** (engl *„harassment"*, frz *„harcélement"*) nicht. Seine Bedeutung erschließt sich aber, wenn man ihn als Gegensatz zur Nötigung und zur unzulässigen Beeinflussung begreift. Unter „Belästigung" iSd Art 8 UGP-Richtlinie ist demnach eine Geschäftspraktik zu verstehen, die auf Grund ihrer Form oder ihres Inhalts in die **Privatsphäre** des Verbrauchers eingreift und seine Aufmerksamkeit ohne oder gegen seinen Willen auf das Anliegen des Unternehmers lenkt. Der Verbraucher wird gehindert, seine Zeit so

1.10

zu gestalten und seine Ressourcen so zu nutzen, wie es seinen Wünschen und Vorstellungen entspricht. Ob im Einzelfall eine Belästigung vorliegt, beurteilt sich nach „Zeitpunkt, Ort, Art oder Dauer des Einsatzes" der Geschäftspraktik (Art 9 lit a UGP-Richtlinie). Aus dem Beispielskatalog des Art 9 UGP-Richtlinie gehört hierher auch die „Verwendung...beleidigender Formulierungen oder Verhaltensweisen" (Art 9 lit b UGP-Richtlinie). Dagegen ist die Ausnutzung bestimmter Umstände iSd Art 9 lit c UGP-Richtlinie der „unzulässigen Beeinflussung" zuzuordnen (aA *Steinbeck* WRP 2008, 865, 867). Anders als § 7 I setzt Art 8 UGP-Richtlinie keine *unzumutbare* Belästigung voraus. Allerdings stimmen die Begriffe der Belästigung in Art 8 UGP-Richtlinie und in § 7 nicht notwendig inhaltlich überein. Hinzukommt, dass für § 7 I das Gebot der richtlinienkonformen Auslegung nicht gilt, wie aus Erwägungsgrund 7 S 4 UGP-Richtlinie erhellt. Für Art 8 UGP-Richtlinie kommt es daher nicht darauf an, ob die Belästigung zumutbar oder unzumutbar ist, sondern allein darauf, ob sie die Entscheidungs- oder Verhaltensfreiheit des Durchschnittsverbrauchers tatsächlich oder voraussichtlich erheblich beeinträchtigt und dieser dadurch tatsächlich oder voraussichtlich dazu veranlasst wird, eine geschäftliche Entscheidung zu treffen, die er andernfalls nicht getroffen hätte (dazu Rdn 1.16 f). Es muss also die Gefahr bestehen, dass der Verbraucher eine geschäftliche Entscheidung nur deshalb trifft, um sich der Belästigung zu entziehen. Damit eine Belästigung den Tatbestand des Art 8 UGP-Richtlinie erfüllen kann, muss sie daher von einer gewissen Intensität und Nachhaltigkeit sein. Geringfügige Beeinträchtigungen, wie zB Ansprechen in der Öffentlichkeit (vgl Erwägungsgrund 7 S 4 UGP-Richtlinie), Lautsprecherdurchsagen oder Einwerfen von Werbematerial in einen Briefkasten trotz Sperrvermerk, reichen daher nicht aus. (Sie können aber den Tatbestand des § 7 I erfüllen; dazu Rdn 1.57). Anders als die „unzulässige Beeinflussung" setzt die Belästigung nicht voraus, dass sie die Fähigkeit des Verbrauchers zu einer informierten Entscheidung wesentlich einschränkt.

3. „Nötigung"

1.11 Auch der Begriff der **„Nötigung"** (engl *„coercion"*; frz *„contrainte"*) ist in der UGP-Richtlinie nicht definiert. Aus Art 8 UGP-Richtlinie geht lediglich hervor, dass dazu auch die „Anwendung körperlicher Gewalt" gehört. Die Einwirkung muss über die „Ausübung von Druck" hinausgehen, da letztere nur unter den Voraussetzungen der „unzulässigen Beeinflussung" iSd der Definition in Art 2 lit j UGP-Richtlinie relevant ist, insbes also eine Einschränkung der Fähigkeit des Verbrauchers zu einer informierten Entscheidung voraussetzt. Andererseits kann der Begriff der „Nötigung", da unionsrechtlicher Natur, nicht ohne weiteres iSd § 240 StGB verstanden werden (in diese Richtung aber *Steinbeck* WRP 2008, 865, 866). Daher ist unter **„Nötigung"** die **Ausübung eines physischen oder psychischen Zwangs,** dem sich der Verbraucher nicht oder nur schwer entziehen kann, zu verstehen. Zur Kategorie der Nötigung gehört das Per-se-Verbot in Nr 24 des Anh I UGP-Richtlinie („Erwecken des Eindrucks, der Verbraucher könne die Räumlichkeiten ohne Vertragsschluss nicht verlassen"). In den Anwendungsbereich des Art 8 UGP-Richtlinie fallen die „Verwendung drohender ... Formulierungen oder Verhaltensweisen" (Art 9 lit b UGP-Richtlinie) und die „Drohungen mit rechtlich unzulässigen Handlungen" (Art 9 lit e UGP-Richtlinie).

4. „unzulässige Beeinflussung"

1.12 **a) Definition in Art 2 lit j UGP-Richtlinie.** Die „unzulässige Beeinflussung" ist in Art 2 lit j UGP-Richtlinie definiert als „Ausnutzung einer Machtposition gegenüber dem Verbraucher zur Ausübung von Druck, auch ohne die Anwendung oder Androhung von körperlicher Gewalt, in einer Weise, die die Fähigkeit des Verbrauchers zu einer informierten Entscheidung wesentlich einschränkt". Der Begriff „unzulässig" ist missverständlich und beruht offenbar auf einer fehlerhaften Übersetzung des Begriffs *„undue influence"* in der engl Fassung bzw *„influence injustifiée"* in der frz Fassung der UGP-Richtlinie. Sprachlich angemessener wäre wohl der Ausdruck „unangemessen" gewesen. – Innerhalb des § 4 Nr 1 lässt sich daher die „unzulässige Beeinflussung" iSd Art 8 dem „unangemessenen unsachlichen Einfluss" iSd § 4 Nr 1 zuzuordnen (Rdn 1.58 ff).

1.13 **b) „Machtposition".** Der Begriff der Machtposition (engl *„position of power"*; frz *„position de force"*) ist im Interesse eines wirksamen Verbraucherschutzes weit auszulegen (vgl BT-Drucks 16/10145, S 12/13; *Köhler/Lettl* WRP 2003, 1019, 1046; *Glöckner/Henning-Bodewig* WRP 2005, 1311, 1333; *Henning-Bodewig* WRP 2006, 621, 625; *Hecker* WRP 2006, 640, 642; *Steinbeck* WRP 2008, 865, 866). Er erfasst jede Form der **Überlegenheit des Unternehmers gegen-**

über dem Verbraucher. Das ergibt sich mittelbar aus den einschlägigen Spezialtatbeständen aggressiver Geschäftspraktiken des Anh I UGP-Richtlinie, wie **Nr 27** (systematische Nichtbeantwortung einschlägiger Schreiben), **Nr 28** (direkte Ansprache von Kindern), **Nr 29** (Aufforderung zur Bezahlung oder zur Rücksendung von nicht bestellten Produkten) und **Nr 30** (ausdrücklicher Hinweis auf Gefährdung von Arbeitsplatz oder Lebensunterhalt). Diese Tatbestände sind zwar nicht analogiefähig, lassen sich aber zur Auslegung des Begriffs der „Machtposition" heranziehen. Ob die Überlegenheit gegenüber allen Verbrauchern oder nur gegenüber der konkret angesprochenen Gruppe von Verbrauchern oder nur gegenüber dem konkret angesprochenen einzelnen Verbraucher besteht, ist unerheblich. – Die Überlegenheit kann sich insbes aus der **strukturellen** oder **situationsbedingten Unterlegenheit** des oder des angesprochenen Verbrauchers ergeben. Eine **strukturelle Unterlegenheit** kann insbes rechtlich (zB arbeitsrechtlich; verbandsrechtlich; öffentlichrechtlich), wirtschaftlich (zB bei marktbeherrschender Stellung), sozial (zB bei der Laienwerbung), beruflich, intellektuell, religiös (zB bei der Werbung durch Geistliche), weltanschaulich oder psychisch bedingt sein. Eine intellektuelle Überlegenheit ist insbes gegenüber solchen Verbrauchern anzunehmen, die *„auf Grund von geistigen oder körperlichen Gebrechen, Alter oder Leichtgläubigkeit ... besonders schutzbedürftig sind"* (Art 5 III 1 UGP-Richtlinie). Dabei ist allerdings neben § 4 Nr 1 iVm § 3 II 3 auch (ggf vorrangig) § 4 Nr 2 anwendbar. Eine **situationsbedingte Unterlegenheit** ist insbes anzunehmen bei „konkreten Unglückssituationen oder Umständen von solcher Schwere, dass sie das Urteilsvermögen des Verbrauchers beeinträchtigen, worüber sich der Gewerbetreibende bewusst ist" (Art 9 lit c UGP-Richtlinie). Hierher gehören bspw die Fälle des Ansprechens am Unfallort oder des Ansprechens von trauernden Angehörigen kurz nach dem Todesfall. – Die Machtposition des Unternehmers (einschließlich des in seinem Namen oder Auftrag Tätigen, Art 2 lit b HS 2 UGP-Richtlinie) muss so stark sein, dass sie die Ausübung von Druck (Rdn 1.14) ermöglicht.

c) **„Ausnutzung zur Ausübung von Druck".** Eine Machtposition wird zur Ausübung von Druck ausgenutzt, wenn der Handelnde sie bewusst in einer Weise nutzt, die beim Verbraucher den Eindruck erweckt, er müsse mit **irgendwelchen Nachteilen** rechnen, falls er die von ihm erwartete geschäftliche Entscheidung nicht trifft. Ob dies der Fall ist, beurteilt sich danach, wie ein Durchschnittsverbraucher (oder sonstiger Marktteilnehmer) mit einer solchen Situation umgeht. Eine Androhung konkreter Nachteile ist nicht erforderlich. Nach Art 2 lit j UGP-Richtlinie kann die Druckausübung „auch ohne die Anwendung oder Androhung von körperlicher Gewalt" erfolgen. Das dient aber nur der Klarstellung, da ein derartiges Verhalten bereits eine Nötigung darstellt. Der **Nachteil** kann körperlicher, gesundheitlicher, rechtlicher, wirtschaftlicher, sozialer, emotionaler oder sonstiger Natur sein. Dem Nachteil steht der Entzug von bisher gewährten Vorteilen gleich. Das bloße Anbieten von **Vorteilen,** wie insbes bei Verkaufsförderungsmaßnahmen (Rdn 1.95), reicht dagegen nicht aus. – Die Druckausübung muss **tatsächlich** erfolgen. Es reicht daher nicht aus, wenn der Verbraucher irrig eine Machtposition und/oder eine Druckausübung annimmt. 1.14

d) **„Wesentliche Einschränkung der Fähigkeit zu einer informierten Entscheidung".** Die Ausübung von Druck muss nach Art 8 UGP-Richtlinie in einer Weise erfolgen, die die Fähigkeit des Verbrauchers zu einer informierten Entscheidung wesentlich einschränkt. Unter **Entscheidung** ist die geschäftliche Entscheidung iSd Art 2 lit k UGP-Richtlinie zu verstehen. Unerheblich ist daher, ob diese Entscheidung in einem Tun (zB Kauf) oder Unterlassen (zB Unterlassen der Geltendmachung eines Rechts) besteht. Unter einer **informierten** Entscheidung ist eine auf Informationen beruhende Entscheidung zu verstehen. Die **Fähigkeit** zu einer informierten Entscheidung wird dann eingeschränkt, wenn der Verbraucher darin beschränkt wird, die für eine Entscheidung erforderlichen Informationen entweder zu erlangen oder sie angemessen nutzen. Die Einschränkung muss **wesentlich** (engl *„significantly";* frz *„de manière significative"*) sein. Das ist mehr als **spürbar** (engl *„appreciably";* frz *„sensiblement"*) iSd Art 5 II iVm Art 2 lit e UGP-Richtlinie). Eine wesentliche Einschränkung liegt jedenfalls dann vor, wenn die Geschäftspraktik das **Urteilsvermögen** des Verbrauchers (vgl Art 9 lit c UGP-Richtlinie), also seine Fähigkeit, seine Entscheidung (auch) auf Grund von Informationen und damit auf Grund von rational-kritischen Erwägungen über deren Vor- und Nachteile zu treffen, beeinträchtigt. Im Übrigen ist auf den **Durchschnittsverbraucher** sowie auf die gesamten **Umstände des Einzelfalls,** insbes auf „Zeitpunkt, Ort, Art oder Dauer" der Druckausübung (Art 9 lit a UGP-Richtlinie) und auf die Stärke der jeweiligen Machtposition des Unternehmers, abzustellen. – Von der „wesentlichen Einschränkung der Fähigkeit zu einer informierten Entscheidung" ist die – zusätzlich erforderliche – „erhebliche Beeinträchtigung der Entscheidungs- und Ver- 1.15

haltensfreiheit" (dazu Rdn 1.16) zu unterscheiden. In der Regel wird zwar eine wesentliche Einschränkung der Fähigkeit zu einer informierten Entscheidung gleichzeitig die Entscheidungs- und Verhaltensfreiheit erheblich beeinträchtigen. Ist dies ausnahmsweise nicht der Fall, so ist immer noch zu prüfen, ob die Geschäftspraktik wenigstens den Tatbestand des Art 5 II UGP-Richtlinie und damit des § 3 II 1 erfüllt.

III. „Erhebliche Beeinträchtigung der Entscheidungs- und Verhaltensfreiheit"

1.16 Der Einsatz der Mittel der Belästigung, der Nötigung oder der unzulässigen Beeinflussung muss die **Entscheidungs-** oder **Verhaltensfreiheit** (engl *„freedom of choice or conduct"*; frz *„liberté de choix ou de conduite"*) des Durchschnittsverbrauchers tatsächlich oder voraussichtlich erheblich beeinträchtigen. Da eine Geschäftspraktik begriffsnotwendig darauf gerichtet ist, die geschäftlichen Entscheidungen des Verbrauchers zu beeinflussen, bedeutet **Entscheidungsfreiheit** die **Freiheit, eine andere als die vom Handelnden angestrebte geschäftliche Entscheidung zu treffen** (vgl *Köhler* GRUR 2010, 767, 772). Folgerichtig ist unter **Verhaltensfreiheit** die Freiheit zu verstehen, sich anders zu verhalten, als es der Unternehmer mit seiner Geschäftspraktik anstrebt (Beispiel nach Nr 24 Anh I UGP-Richtlinie: Freiheit, bestimmte Räumlichkeiten zu verlassen). Die Geschäftspraktik muss geeignet sein, diese Freiheit **erheblich** (engl „significantly"; frz „de maniére significative") zu beeinträchtigen. Die Eignung zu einer **erheblichen Beeinträchtigung** der Entscheidungs- oder Verhaltensfreiheit liegt dann vor, wenn die vom Handelnden **zu befürchtenden Nachteile so erheblich** sind, dass sie den Durchschnittsverbraucher veranlassen können, die von ihm erwartete geschäftliche Entscheidung zu treffen oder sich in der erwarteten Weise zu verhalten. Es darf sich also nicht um bloß geringfügige Einwirkungen handeln, durch die sich ein verständiger Durchschnittsverbraucher voraussichtlich nicht in seinen Entscheidungen oder seinem Verhalten beeinflussen lässt. Daher muss das eingesetzte Mittel von einer gewissen **Intensität** oder **Nachhaltigkeit** sein. Insoweit kommt es nach Art 9 lit a UGP-Richtlinie auf „Zeitpunkt, Ort, Art oder Dauer des Einsatzes" des Mittels an. Im Übrigen sind alle Umstände des Einzelfalls zu berücksichtigen.

IV. Auswirkung auf geschäftliche Entscheidungen („geschäftliche Relevanz")

1.17 Die Beeinträchtigung muss darüber hinaus derart sein, dass der Durchschnittsverbraucher „dadurch tatsächlich oder voraussichtlich dazu veranlasst wird, eine geschäftliche Entscheidung zu treffen, die er andernfalls nicht getroffen hätte". **Voraussichtlich** wird der Verbraucher zu einer geschäftlichen Entscheidung (iSd Art 2 lit k UGP-Richtlinie) dann veranlasst, wenn dafür eine objektive Wahrscheinlichkeit besteht. Das ist dann anzunehmen, wenn die Maßnahme ihrer Art nach unter Berücksichtigung der Umstände des Einzelfalls dazu geeignet ist.

3. Abschnitt. Der Tatbestand des § 4 Nr 1

A. Geschäftliche Handlung

1.18 Voraussetzung für die Anwendung des § 4 Nr 1 ist eine „geschäftliche Handlung" iSd § 2 I Nr 1. Dazu gehören nicht nur Handlungen, die mit der **Förderung des Absatzes oder Bezugs** von Waren oder Dienstleistungen objektiv zusammenhängen, sondern – entsprechend den Vorgaben des Art 2 lit d UGP-Richtlinie – auch Handlungen bei und nach einem Geschäftsabschluss, die mit dem **Abschluss oder der Durchführung eines Vertrags** über Waren oder Dienstleistungen objektiv zusammenhängen (vgl § 2 Rdn 70 ff; § 4 Rdn 1.282 ff).

B. Beeinträchtigung der Entscheidungsfreiheit

I. Begriff der Entscheidungsfreiheit

1.19 § 4 Nr 1 schützt die **„Entscheidungsfreiheit"** der Verbraucher und sonstigen Marktteilnehmer. Der Begriff ist, soweit es das Verhältnis von Unternehmen zu Verbrauchern angeht, im Lichte des Art 8 UGP-Richtlinie auszulegen, der von der **„Entscheidungs- und Verhaltensfreiheit des Durchschnittsverbrauchers"** spricht (dazu Rdn 1.16). Unter Entscheidungsfreiheit iSd § 4 Nr 1 ist daher die **Freiheit** zu verstehen, **eine andere als die vom Handeln-**

den angestrebte geschäftliche Entscheidung zu treffen oder sich anders als vom Handelnden angestrebt zu verhalten (Rdn 1.16). Eine **geschäftliche Entscheidung** ist „jede Entscheidung eines Verbrauchers darüber, ob, wie und unter welchen Bedingungen er einen Kauf tätigen, eine Zahlung insgesamt oder teilweise leisten, ein Produkt behalten oder abgeben oder ein vertragliches Recht im Zusammenhang mit dem Produkt ausüben will, unabhängig davon, ob der Verbraucher beschließt, tätig zu werden oder ein Tätigwerden zu unterlassen" (Art 2 lit k UGP-Richtlinie). Der Begriff ist im Interesse eines wirksamen Verbraucherschutzes weit auszulegen. Daher sind die endgültige Entscheidung **vorbereitende Entscheidungen,** wie etwa die Entscheidung, ein Geschäft aufzusuchen, oder die Entscheidung, persönliche Daten für Werbezwecke zur Verfügung zu stellen, ebenfalls einzubeziehen. Die **Verhaltensfreiheit** bezieht sich insbes auf Fälle der Belästigung und der Nötigung, in denen der Verbraucher in seiner Bewegungsfreiheit eingeschränkt wird (vgl das Beispiel in Nr 24 Anh I UGP-Richtlinie: Freiheit, bestimmte Räumlichkeiten zu verlassen). Für geschäftliche Handlungen gegenüber **sonstigen Marktteilnehmern** sollten die gleichen Maßstäbe gelten, um Wertungswidersprüche zu vermeiden.

II. Entscheidungsfreiheit von Verbrauchern und sonstigen Marktteilnehmern

§ 4 Nr 1 schützt nur die Entscheidungsfreiheit von **Verbrauchern** (§ 2 II iVm § 13 BGB) und **sonstigen Marktteilnehmern** (§ 2 I Nr 2) in ihrer Eigenschaft als tatsächliche oder potenzielle Marktpartner, betrifft also nur das Vertikalverhältnis. Ob die geschäftliche Handlung Verbraucher oder sonstige Marktteilnehmer in ihrer Eigenschaft als **Nachfrager** (Käufer) oder **Anbieter** (Verkäufer) oder **Absatzmittler** betrifft oder auf welcher Wirtschaftsstufe sie vorgenommen wird, ist dagegen unerheblich. Nach der Gesetzesbegründung sollen ausdrücklich auch Handlungen im Verhältnis zweier Unternehmer auf verschiedenen Wirtschaftsstufen erfasst werden (Begr RegE UWG 2004 zu § 4 Nr 1, BT-Drucks 15/1487 S 17). Das entspricht dem früheren Recht: Seit jeher ist anerkannt, dass das Lauterkeitsrecht (UWG) ebenso wie das Kartellrecht (GWB) sowohl den Wettbewerb auf der Absatzseite (Absatzwettbewerb) als auch den Wettbewerb auf der Beschaffungsseite (Nachfragewettbewerb) schützt, und zwar auf allen Wirtschaftsstufen (vgl zB BGHZ 28, 54 – *Direktverkäufe;* BGH GRUR 1992, 171, 173 – *Vorgetäuschter Vermittlungsauftrag;* BGH GRUR 1994, 827, 828 – *Tageszulassungen*). **Nicht geschützt** wird dagegen die Entscheidungsfreiheit von **Mitbewerbern** (§ 2 I Nr 3) im Horizontalverhältnis. Deren Schutz ist insbes in § 4 Nr 7–10 geregelt (vgl auch § 20 I, II, IV GWB; § 21 II und III GWB; § 22 II Nr 2 GWB; § 23 I Nr 2 GWB).

1.20

III. Beeinträchtigung der Entscheidungsfreiheit

1. Erfordernis einer erheblichen Beeinträchtigung der Entscheidungsfreiheit

Die geschäftliche Handlung muss geeignet sein, die Entscheidungsfreiheit (dazu Rdn 1.16, 1.19) zu **beeinträchtigen.** Im Anwendungsbereich der UGP-Richtlinie muss es sich auf Grund des Gebots der richtlinienkonformen Auslegung am Maßstab des Art 8 UGP-Richtlinie um eine **„erhebliche"** Beeinträchtigung handeln (dazu Rdn 1.16). Es ist also einerseits nicht die Eignung zur völligen Ausschaltung der Entscheidungsfreiheit erforderlich, andererseits genügt die Eignung zu einer nur geringfügigen Beeinträchtigung der Entscheidungsfreiheit nicht. Eine Eignung zu einer erheblichen Beeinträchtigung der Entscheidungs- oder Verhaltensfreiheit liegt vielmehr dann vor, wenn die vom Handelnden **zu befürchteten Nachteile so erheblich** sind, dass sie den Verbraucher veranlassen können, die von ihm erwartete geschäftliche Entscheidung zu treffen oder sich in der erwarteten Weise zu verhalten (Rdn 1.16). Das setzt eine objektive Wahrscheinlichkeit dieser Folge voraus (ebenso OLG Frankfurt GRUR 2005, 1064, 1065; OLG München GRUR-RR 2010, 53, 56). Maßgebend ist, wie der **Durchschnittsverbraucher** (dazu § 1 Rdn 25) der jeweils angesprochenen Gruppe auf die betreffende geschäftliche Handlung voraussichtlich reagiert. Der Druck muss nach Art oder Umfang so stark sein, dass sich der Kunde ihm tatsächlich oder voraussichtlich nicht mehr entziehen kann (ebenso OLG Stuttgart GRUR-RR 2008, 429, 434). Dabei sind „alle tatsächlichen Umstände" des Einzelfalls zu berücksichtigen, wie sich aus Art 8 UGP-Richtlinie ergibt und im Übrigen von selbst versteht. – Bei geschäftlichen Handlungen, die nicht in den Anwendungsbereich der UGP-Richtlinie fallen, insbes also bei geschäftlichen Handlungen gegenüber **sonstigen Marktteilnehmern,** besteht zwar keine Bindung an die Vorgaben der UGP-Richtlinie. Zur Vermeidung von Wertungswidersprüchen erscheint es jedoch geboten, die Wertungen dieser Richtlinie so weit wie möglich

1.21

zu übernehmen (Rdn 1.4). Maßgebend ist also die Sichtweise eines durchschnittlichen Mitglieds der Gruppe der angesprochenen sonstigen Marktteilnehmer. Der Begriff der Entscheidungsfreiheit müsste allerdings ggf weiter gefasst werden und dürfte sich nicht auf geschäftliche Entscheidungen iSd Art 2 lit k UGP-Richtlinie (Rdn 1.19) beschränken. Von Bedeutung wäre dies bspw bei der Einwirkung auf interessenwahrungspflichtige ("drittverantwortliche") Verkaufsförderer, bestimmte Kaufempfehlungen an Verbraucher zu geben (vgl BGH GRUR 2010, 850 Tz 16 – *Brillenversorgung II*).

2. Abgrenzung von "freier" und "informierter" Entscheidung

1.22 Entsprechend den Vorgaben aus Art 8 UGP-Richtlinie iVm Art 2 lit j UGP-Richtlinie ist grds zwischen der Fähigkeit zu einer "freien" und zu einer "informierten" Entscheidung zu unterscheiden. Letztere ist aber nur dann relevant, wenn es um einen sonstigen unangemessenen unsachlichen Einfluss durch "unzulässige Beeinflussung" iSd Art 2 lit k UGP-Richtlinie geht, nicht dagegen auch in den Fällen der "Nötigung" und der "Belästigung". Die Fähigkeit zu einer **informierten Entscheidung** wird dann wesentlich eingeschränkt, wenn die geschäftliche Handlung den Verbraucher darin beschränkt, sich die **für eine Entscheidung wesentlichen Informationen zu beschaffen oder zu nutzen** und damit seine Entscheidung auf rational-kritische Erwägungen zu stützen. Dazu gehören insbes Informationen über die Vor- und Nachteile eines Angebots im Vergleich zu Konkurrenzangeboten. Dem steht der Fall gleich, dass der Handelnde eine Situation ausnutzt, die das Urteilsvermögen des Verbrauchers beeinträchtigt (vgl Art 9 lit c UGP-Richtlinie). Ist die Fähigkeit zu einer informierten Entscheidung durch Druckausübung wesentlich eingeschränkt, so wird allerdings idR auch die Entscheidungsfreiheit erheblich beeinträchtigt sein.

3. Erfordernis eines aggressiven Verhaltens

1.23 Für die Unlauterkeit iSd § 4 Nr 1 genügt es nicht, dass im Einzelfall eine geschäftliche Handlung zwar die Entscheidungsfreiheit beeinträchtigt, dies aber nicht auf Grund eines "unangemessenen unsachlichen Einflusses" erfolgt. Das widerspräche auch dem Konzept des Art 8 (aA *Scherer* WRP 2007, 723, 725, die dem Tatbestandsmerkmal des unangemessenen unsachlichen Einflusses keine eigenständige Bedeutung beimessen will). *Beispiel:* Bemerkt eine Verkäuferin gegenüber einer Kundin in ehrlicher Beratung, in einem Kleid sehe sie "unmöglich", in einem anderen dagegen "äußerst attraktiv" aus, so kann diese Äußerung durchaus geeignet sein, die Entscheidungsfreiheit der Kundin erheblich zu beeinträchtigen. Sie ist aber nicht schon aus diesem Grunde unlauter (vgl auch Erwägungsgrund 6 S 5 UGP-Richtlinie). Die geschäftliche Handlung muss vielmehr eine Belästigung, Nötigung oder unzulässige Beeinflussung iSd Art 8 UGP-Richtlinie darstellen. Es ist also eine **Doppelprüfung** erforderlich: Welches Mittel wird eingesetzt und wie wirkt es sich auf die Entscheidungsfreiheit des Verbrauchers aus? Bei der erforderlichen Beurteilung sind alle **tatsächlichen Umstände des konkreten Falles** zu berücksichtigen. Es ist daher eine sorgfältige Abwägung der Interessen der Beteiligten und eine genaue Prüfung der Auswirkungen auf die Betroffenen vorzunehmen. Zu Einzelheiten vgl Rdn 1.8 ff. – Fehlt es entweder an einem aggressiven Verhalten oder an einer erheblichen Beeinträchtigung der Entscheidungsfreiheit, so kommt als **Auffangtatbestand** im Verhältnis zu Verbrauchern **§ 3 II 1**, durch den **Art 5 II UGP-Richtlinie** umgesetzt wurde, und im Verhältnis zu sonstigen Marktteilnehmern **§ 3 I** in Betracht (*Köhler* WRP 2010, 1293, 1298).

4. Beispiele

1.24 Eine unzulässige Beeinträchtigung der Entscheidungsfreiheit des Verbrauchers iSd § 4 Nr 1 UWG 2008 wurde bisher in zwei Fällen verneint: Zum einen beim Kauf einer Zeitung, wenn dem Verbraucher durch die Aufstellung sog "Stummer Verkäufer" die gefahrlose Entwendung der Zeitung ermöglicht wird, zumal ein solches Verbraucherverhalten ohnehin keinen wettbewerbsrechtlichen Schutz verdient (BGH GRUR 2010, 455 Tz 18 – *Stumme Verkäufer II*). Zum anderen bei der von einem Brillenhersteller initiierten Empfehlung eines Augenarztes, sich eine Brille auf dem "abgekürzten Versorgungsweg" zu beschaffen, da die mögliche Erwägung der Patienten, den Arzt nicht zu enttäuschen und ihn wohlwollend zu stimmen, dafür nicht ausreiche (BGH GRUR 2010, 850 Tz 13 – *Brillenversorgung II*). Allerdings nimmt der BGH in dieser Entscheidung eine unzulässige Beeinträchtigung der Entscheidungsfreiheit der Augenärzte an (BGH GRUR 2010, 850 Tz 14 ff – *Brillenversorgung II;* dazu Rdn 1.188 ff). – Zur Entscheidungspraxis unter dem § 4 Nr 1 UWG 2004 vgl Rdn 1.47 ff.

C. Beeinträchtigung der Entscheidungsfreiheit durch „Ausübung von Druck"

I. Begriff

1. Allgemeines

An erster Stelle erwähnt § 4 Nr 1 die Beeinträchtigung der Entscheidungsfreiheit durch **1.25** „Ausübung von Druck". Es handelt sich dabei um eine besonders hervorgehobene Erscheinungsform des „unangemessenen unsachlichen Einflusses" (arg „sonstigen"). Was unter „Druck" zu verstehen ist, muss durch Auslegung ermittelt werden. Nicht hierher gehört allerdings die Ausnutzung der Angst oder Zwangslage von Verbrauchern iSd § 4 Nr 2 (Rdn 1.33).

2. „Ausübung von Druck" auf Verbraucher

Im Anwendungsbereich der UGP-Richtlinie ist der Begriff der „Ausübung von Druck" **1.26** richtlinienkonform am Maßstab der Art 8, 9 UGP-Richtlinie auszulegen. Er umfasst daher auf jeden Fall den Tatbestand der „Nötigung" iSd Art 8 UGP-Richtlinie (dazu Rdn 1.11), also die Ausübung eines physischen oder psychischen Zwangs, dem sich der Verbraucher oder sonstige Marktteilnehmer nicht oder nur schwer entziehen können. Ob darüber hinaus die „Ausübung von Druck" iSd § 4 Nr 1 auch die Fälle der „unzulässigen Beeinflussung" iSd Art 8 UGP-Richtlinie erfasst, ist zweifelhaft. Dafür spricht an sich, dass Art 2 lit j UGP-Richtlinie die „unzulässige Beeinflussung" als „Ausübung einer Machtposition gegenüber dem Verbraucher zur Ausübung von Druck" definiert. Dagegen spricht aber, dass dann der Tatbestand des „sonstigen unangemessenen unsachlichen Einflusses" auf den Fall der „Belästigung" iSd Art 8 UGP-Richtlinie reduziert würde. IErg ist der Begriff der „Ausübung von Druck" daher eher der **„Nötigung"** iSd Art 8 UGP-Richtlinie zuzuordnen (ebenso *Steinbeck* WRP 2008, 865, 866). Folgerichtig muss der Tatbestand des „sonstigen unangemessenen Einflusses" die Fälle der „Belästigung" und der „unzulässigen Beeinflussung" abdecken (so wohl auch BGH GRUR 2010, 455 Tz 17 – *Stumme Verkäufer II;* BGH GRUR 2010, 850 Tz 13 – *Brillenversorgung II*). (Letztlich ist die Frage aber ohne praktische Bedeutung, da es nur auf die Maßstäbe der UGP-Richtlinie ankommt). – Die „Ausübung von Druck" ist für sich allein noch nicht unlauter, sie muss darüber hinaus geeignet sein, die Entscheidungsfreiheit eines (potenziellen) Marktpartners (erheblich; *arg* Art 8 UGP-Richtlinie) zu beeinträchtigen. Es muss also zu befürchten sein, dass der angesprochene Kunde nicht mehr frei entscheidet, sondern sich dem Druck beugt (ebenso OLG Stuttgart GRUR-RR 2008, 429, 434). Das ist aber, wenn eine „Nötigung" iSd Art 8 UGP-Richtlinie vorliegt, stets zu bejahen.

3. „Ausübung von Druck" auf sonstige Marktteilnehmer

Da außerhalb des Anwendungsbereichs der UGP-Richtlinie (Rdn 1.3, 1.4), insbes im Ver- **1.27** hältnis zu sonstigen Marktteilnehmern das Gebot der richtlinienkonformen Auslegung nicht gilt, wäre es grds möglich, den Begriff der „Ausübung von Druck" eigenständig auszulegen. Allerdings könnte dies Verwirrung stiften und zu Wertungswidersprüchen führen. Daher erscheint es sinnvoll, auch bei geschäftlichen Handlungen gegenüber sonstigen Marktteilnehmern diesen Begriff iSd Nötigung (Rdn 1.26) zu verstehen.

II. Fälle

1. Anwendung oder Androhung körperlicher Gewalt

Eine „Ausübung von Druck" stellt insbes die Anwendung oder Androhung **körperlicher** **1.28** **Gewalt** dar. Hierher gehören die Fälle der Körperverletzung, der Freiheitsberaubung und des Hausfriedensbruchs. (Eine spezielle Regelung enthält das Per-se-Verbot der Nr 25 Anh zu § 3 III.) So bspw vor Vertragsschluss, wenn ein Passant in einen Laden gezerrt wird, oder bspw nach Vertragsschluss, wenn ein Lokalbesucher unter (Androhung von) Schlägen gezwungen wird, eine Rechnung zu bezahlen (vgl auch OLG München WRP 2010, 295, 297). Derartige Handlungen sind grds rechtlich unzulässig. § 4 Nr 1 ist auf Gewaltanwendung nach Vertragsschluss ausnahmsweise dann nicht anwendbar, wenn ein Fall der berechtigten **Selbsthilfe** vorliegt (vgl §§ 229, 230 BGB).

2. Anwendung oder Androhung psychischen Zwangs

1.29 Eine „Ausübung von Druck" liegt weiter vor bei Anwendung oder Androhung **psychischen Zwangs**. Dabei muss es sich aber um einen wirklichen psychischen Zwang handeln. Zu den Fällen des sog „psychischen Kaufzwangs" vgl Rdn 1.32 und 1.77.

1.30 a) **„Drohung mit rechtlich unzulässigen Handlungen". aa) Allgemeines.** Eine „Ausübung von Druck" stellt jedenfalls die „Drohung mit rechtlich unzulässigen Handlungen" dar, wie sich aus einer richtlinienkonformen Auslegung am Maßstab des Art 9 lit e UGP-Richtlinie ergibt. Unter **Drohung** ist die Ankündigung eines **bestimmten Nachteils** für den Fall, dass die erwünschte geschäftliche Entscheidung (zB Abschluss eines Kaufvertrags; Nichtausübung eines vertraglichen Rechts) nicht getroffen wird, zu verstehen. Ob die angedrohte Handlung „**rechtlich unzulässig**" ist, beurteilt sich nach den Maßstäben des jeweiligen nationalen Rechts. Daher lassen sich die zur „rechtswidrigen Drohung" iSd § 123 I BGB entwickelten Maßstäbe zur Konkretisierung heranziehen. Die Drohung muss entweder mit einem für sich gesehen **rechtswidrigen Mittel** oder zu einem **rechtswidrigen Zweck** erfolgen oder aber es muss die Anwendung dieses Mittels zu diesem Zweck als ungerechtfertigt anzusehen sein. Eine **Inadäquanz von Mittel und Zweck** ist zu verneinen, wenn der Drohende an der Erreichung des Zwecks ein berechtigtes Interesse hat und die Drohung nach Treu und Glauben als ein angemessenes Mittel zur Erreichung dieses Zwecks anzusehen ist (vgl BGH NJW 2002, 2274, 2275).

1.31 bb) **Beispiele:** Drohung des Veranstalters einer „Kaffeefahrt", die Heimreise werde so lange nicht angetreten, bis jeder Teilnehmer etwas gekauft habe; Drohung eines Vertreters, das Haus so lange nicht zu verlassen, bis der Vertrag unterschrieben werde; Drohung mit einer Anzeige beim Finanzamt wegen Steuerhinterziehung, wenn ein Vertrag nicht unterschrieben werde; Drohung einer Versicherungsgesellschaft, ein Mietverhältnis zu kündigen, wenn ein bestimmter Versicherungsvertrag nicht abgeschlossen werde; Drohung mit der Einstellung von Reparatur- und Serviceleistungen, sofern nicht ein Ersatzteilpaket bestellt werde (LG Ellwangen WRP 2007, 467); Drohung eines Internet-Anbieters mit einer Strafanzeige wegen Betrugs gegenüber Vertragspartnern, die ihr Geburtsdatum falsch angeben, dh sich als Volljährige ausgeben (LG Mannheim MMR 2009, 568 f). – Die Drohung eines Anwalts, er werde das Mandat kündigen, wenn das Honorar nicht auf einen bestimmten Betrag erhöht werde, ist dagegen nicht ohne Weiteres, sondern nur dann unlauter, wenn der geforderte Betrag unangemessen hoch ist (vgl BGH NJW 2002, 2274, 2275).

1.32 b) **„Psychischer Kaufzwang"?** Eine „Ausübung von Druck" iS einer „Nötigung" liegt nicht schon dann vor, wenn der Handelnde durch eine unentgeltliche Zuwendung (Geschenk; Teilnahme an einem Gewinnspiel) beim Verbraucher ein Gefühl der Dankbarkeit erzeugt, das ihn im Einzelfall dazu veranlassen kann, einen Kauf zu tätigen, den er sonst nicht tätigen würde. Bei einem solchen sog „psychischen" oder „moralischen" Kaufzwang kann allenfalls ein „sonstiger unangemessener Einfluss" iS einer „unzulässigen Beeinflussung" vorliegen (dazu Rdn 1.76 ff).

1.33 c) **„Ausnutzung einer Zwangslage"?** Schafft der Unternehmer keine Zwangslage, sondern nutzt er eine solche nur aus, stellt dies keine „Nötigung" iSd Art 8 UGP-Richtlinie und damit auch keine „Ausübung von Druck" iSd § 4 Nr 1 dar, so dass allenfalls ein „unangemessener unsachlicher Einfluss" in Gestalt der „unzulässigen Beeinflussung" iSd Art 8 UGP-Richtlinie vorliegen kann. Jedoch wird die Ausnutzung einer Zwangslage bereits von § 4 Nr 2 erfasst, der insoweit eine Umsetzung des Art 9 lit c UGP-Richtlinie darstellt. Eine Heranziehung des § 4 Nr 1 erübrigt sich insoweit.

III. Verhältnis zu anderen Vorschriften

1. Verhältnis zum Kartellrecht

1.34 Die allgemeinen Tatbestände des **Machtmissbrauchs** im Vertikalverhältnis (§§ 19 I, 20 I, II, III GWB; Art 102 AEUV) erfassen auch die Druckausübung. Daneben regelt das Kartellrecht die Ausübung von Druck und Zwang in verschiedenen Spezialtatbeständen. So dürfen nach § 21 II GWB einem Unternehmen keine Nachteile angedroht oder zugefügt werden, um es zu einem Verhalten zu veranlassen, das nach dem GWB nicht zum Gegenstand einer vertraglichen

Bindung (zB iSd § 1 GWB; Art 101 I AEUV) gemacht werden darf. – Verstößt die Druckausübung gegen kartellrechtliche Verbote (Hauptfall: **Androhung oder Verhängung von Liefer- oder Bezugssperren**), kann dies zugleich den Tatbestand § 4 Nr 1 erfüllen; nicht dagegen den Tatbestand des § 4 Nr 11, da das Kartellrecht insoweit eine abschließende Regelung enthält (Rdn 11.12; BGH GRUR 2006, 773 Tz 13–16 – *Probeabonnement*). Andererseits kommt den kartellrechtlichen Tatbeständen insoweit eine Sperrwirkung gegenüber dem UWG zu, als eine kartellrechtlich nicht verbotene Ausübung von Druck nicht ohne weiteres, sondern nur bei Vorliegen zusätzlicher, die Unlauterkeit begründender Umstände den Tatbestand des § 4 Nr 1 erfüllen kann.

2. Verhältnis zum Bürgerlichen Recht

Die Druckausübung führt, wenn sie sich in einer widerrechtlichen „Drohung" äußert, zur **Anfechtbarkeit** der Willenserklärung nach § 123 I BGB. Zugleich kann sich daraus ein **Schadensersatzanspruch** aus culpa in contrahendo ergeben, sofern dem Bedrohten durch den Vertragsschluss ein Schaden entstanden ist (BGH NJW 2002, 2774, 2775). **1.35**

3. Verhältnis zum Strafrecht

Soweit eine Druckausübung den Tatbestand der Nötigung (§ 240 StGB) oder Erpressung (§ 253 StGB) erfüllt, ist sie ohne weiteres auch unlauter iSd § 4 Nr 1. Jedoch setzt § 4 Nr 1 selbstverständlich keine strafbare Handlung voraus. **1.36**

D. Beeinträchtigung der Entscheidungsfreiheit „in menschenverachtender Weise"

I. Begriff

Der Beispielstatbestand des § 4 Nr 1 erfasst auch geschäftliche Handlungen, die geeignet sind, die Entscheidungsfreiheit der Verbraucher oder sonstiger Marktteilnehmer **in menschenverachtender Weise** zu beeinträchtigen. Darunter ist eine Verletzung der **Menschenwürde** iSd Art 1 GR-Charta oder des Art 1 GG zu verstehen (dazu BVerfG GRUR 2003, 442, 443 – *Benetton II* gegen BGHZ 149, 247, 265 – *H.I.V. POSITIVE II*; § 3 Rdn 73 ff). Das ist dann anzunehmen, wenn die Handlung dem Betroffenen durch Erniedrigung, Brandmarkung, Verfolgung, Ächtung oder andere Verhaltensweisen seinen Achtungsanspruch als Mensch abspricht (vgl BT-Drucks 15/2795 S 21), nicht aber schon bei einer Werbung mit obszönen Inhalten oder Themen oder sonstiger geschmackloser Werbung, zumal insoweit auch das Grundrecht der Meinungsfreiheit zu berücksichtigen ist. In der Praxis hat dieser Tatbestand noch keine Bedeutung erlangt. **1.37**

II. Eignung zur Beeinträchtigung der Entscheidungsfreiheit

1. Allgemeines

Der menschenverachtende Charakter der geschäftlichen Handlung genügt nicht, um Unlauterkeit iSd § 4 Nr 1 zu bejahen. Vielmehr muss die Eignung zur Beeinträchtigung der Entscheidungsfreiheit der Verbraucher oder sonstiger Marktteilnehmer hinzukommen. Die in der geschäftlichen Handlung zum Ausdruck kommende Menschenverachtung ist nämlich nur ein Unterfall der unangemessenen unsachlichen Beeinflussung. Maßstab ist der durchschnittlich informierte, aufmerksame und verständige Durchschnittsmarktteilnehmer, bezogen auf die jeweils angesprochene Gruppe. Eine Eignung zur Beeinträchtigung der Entscheidungsfreiheit wäre nach der bisherigen Rspr zum UWG 2004 wohl dann zu bejahen, wenn der Einfluss menschenverachtender geschäftlicher Handlungen auf die angesprochenen Verbraucher oder sonstigen Marktteilnehmer so stark ist, dass die „Rationalität der Nachfrageentscheidung vollständig in den Hintergrund tritt". Beschränkt man zutreffend, soweit es das Verhalten gegenüber Verbrauchern angeht, § 4 Nr 1 auf die Fälle der aggressiven Geschäftspraktiken (Rdn 1.7; *Köhler* GRUR 2010, 767, 768, 773), ist ergänzend § 3 II 1 heranzuziehen (Rdn 1.7). Dementsprechend ist zu unterscheiden: **1.38**

2. Menschenverachtende körperliche Einwirkung auf Verbraucher

1.39 Die Eignung zur Beeinträchtigung der Entscheidungsfreiheit ist ohne weiteres zu bejahen, wenn sich die Menschenverachtung in einer körperlichen Einwirkung auf potenzielle Kunden äußert (zB Anwendung von Folter, um einen Kauf zu erzwingen). Derartige Fälle werden aber bereits vom Tatbestandsmerkmal der „Ausübung von Druck" (als „Nötigung" iSd Art 8 UGP-Richtlinie) erfasst.

3. Menschenverachtende psychische Einwirkung auf Verbraucher

1.40 Eine menschenverachtende psychische Einwirkung auf Verbraucher kann vorliegen, wenn sie in einer Weise bedroht oder beleidigt werden, die ihre Menschenwürde verletzt. (Erfundenes Beispiel: Wer die Ware X nicht kauft, ist ein ehrloser Lump). Ein derartiges Verhalten erfüllt zugleich den Tatbestand des „sonstigen unangemessenen Einflusses" („Verwendung drohender oder beleidigender Formulierungen oder Verhaltensweisen" iSd Art 9 lit b UGP-Richtlinie). Allerdings ist in solchen Fällen genau zu prüfen, ob derartige Maßnahmen geeignet sind, die Entscheidungsfreiheit der Kunden zu beeinträchtigen. Denn idR werden derartige Aussagen eher vom Kauf abhalten als ihn fördern, geschweige denn die Entscheidungsfreiheit erheblich beeinträchtigen.

4. Verletzung der Menschenwürde Dritter

1.41 Auch soweit die Maßnahme nicht die Menschenwürde der potenziellen Kunden, sondern Dritter verletzt, ist auf die Sichtweise des durchschnittlich informierten, aufmerksamen und verständigen Durchschnittsverbrauchers (bezogen auf die konkret angesprochene Gruppe, § 3 II 2 und 3) abzustellen. Zumeist dürfte auch in diesen Fällen, sofern überhaupt eine Verletzung der Menschenwürde vorliegt, die Wettbewerbsmaßnahme (zB Aufmerksamkeitswerbung) nicht geeignet sein, die Kaufbereitschaft zu fördern (vgl *Kübler/Kübler,* FS Ulmer, 2003, 907, 913, 914), geschweige denn, die Entscheidungsfreiheit beeinträchtigen (vgl auch § 3 Rdn 74). Anders könnte es liegen, wenn die Menschenwürde Dritter verletzt wird, um gerade den umworbenen Kunden zu schmeicheln (aA *Scherer* WRP 2007, 594, 596, 597). (Erfundenes Beispiel: Unser Lokal ist nur für anständige Deutsche geöffnet, nicht für das Lumpenpack aus dem Lande X). Was die Fälle der (insbes frauen-) diskriminierenden Werbung (vgl zB BGH GRUR 1995, 592, 594 – *Busengrapscher*) angeht, ist allerdings bei der Annahme einer Verletzung der Menschenwürde Zurückhaltung geboten (ebenso *Scherer* WRP 2007, 594, 601), es sei denn, man will alle sexbetonten Werbeinhalte in Zeitschriften, im Internet und im Fernsehen dem Verdikt des Lauterkeitsrechts unterwerfen.

III. Verhältnis zur UGP-Richtlinie

1.42 Die UGP-Richtlinie kennt keine vergleichbare Bestimmung. Sie kann daher derartige Fallgestaltungen nur nach Maßgabe der Art 5 II sowie Art 5 IV iVm Art 6–9 UGP-Richtlinie erfassen. Würde nur das UWG den Fall der geschäftlichen Handlung „in menschenverachtenden Weise" regeln, stünde die UGP-Richtlinie dem nicht entgegen. Denn nach Erwägungsgrund 7 S 4 UGP-Richtlinie sind die Mitgliedstaaten berechtigt, „im Einklang mit dem Gemeinschaftsrecht weiterhin Geschäftspraktiken aus Gründen der guten Sitten und des Anstands [zu] verbieten ..., auch wenn diese Praktiken die Wahlfreiheit der Verbraucher nicht beeinträchtigen". Das Problem ist, dass menschenverachtende geschäftliche Handlungen nach dem insoweit eindeutigen Wortlaut des § 4 Nr 1 nicht schlechthin, sondern nur dann unlauter sind, wenn sie geeignet sind, die Entscheidungsfreiheit der Verbraucher oder sonstigen Marktteilnehmer zu beeinträchtigen (ebenso *Scherer* WRP 2007, 594, 595). Die Anwendung dieser Vorschrift ist daher nur insoweit möglich, als dies mit den Maßstäben der UGP-Richtlinie vereinbar ist. Die geschäftliche Handlung muss daher, soweit sie sich an Verbraucher wendet, entweder aggressiv iSd Art 8 und 9 UGP-Richtlinie sein oder den Tatbestand der Generalklausel des Art 5 II UGP-Richtlinie erfüllen. Da die UGP-Richtlinie nach Erwägungsgrund 25 „die insbesondere in der Charta der Grundrechte der Europäischen Union anerkannten Grundrechte und Grundsätze" achtet, kann ein Verstoß gegen die in Art 1 GR-Charta geschützte Menschenwürde durchaus eine Verletzung der „beruflichen Sorgfaltspflicht" iSd Art 5 II lit a UGP-Richtlinie darstellen (ebenso jurisPK-UWG/*Seichter* § 4 Nr 1 Rdn 23). Allerdings muss eine wesentliche Beeinflussung des wirtschaftlichen Verhaltens der Verbraucher iSd Art 5 II lit b UGP-Richtlinie hinzukommen, um den Tatbestand zu erfüllen.

1. Kap. Unlautere Beeinträchtigung der Entscheidungsfreiheit   1.43–1.45 § 4 UWG

IV. Verhältnis zu anderen Vorschriften

1. Verhältnis zu § 4 Nr 11

Die Menschenwürde verletzende geschäftliche Handlungen können lauterkeitsrechtlich auch **1.43**
über den Rechtsbruchtatbestand des § 4 Nr 11 erfasst werden. Das erfordert einen Verstoß gegen
eine Vorschrift, die die Menschenwürde schützt und außerdem eine Marktverhaltensregelung iSd
§ 4 Nr 11 ist. Zu den die Menschenwürde schützenden Vorschriften gehören insbes die Normen
des Strafrechts. So verbietet § 130 I Nr 2 StGB die Verbreitung von Äußerungen, „die die
Menschenwürde anderer dadurch angreifen, dass Teile der Bevölkerung oder eine vorbezeichnete
Gruppe beschimpft, böswillig verächtlich gemacht oder verleumdet werden"; § 131 I und II StGB
verbietet die Verbreitung von Gewaltdarstellungen „in einer die Menschenwürde verletzenden
Weise". Durch § 166 StGB werden religiöse Überzeugungen vor Verhöhnung geschützt. Soweit es
um die Verbreitung von Äußerungen mit sexuellen Inhalten geht, ist das Verbot der Verbreitung
pornografischer Schriften (§ 184 StGB) einschlägig. Weiter gehört zu den die Menschenwürde
schützenden Normen das Medienrecht. So ordnet § 7 I Nr 1 RStV an, dass Werbung und Teleshopping nicht die Menschenwürde verletzen dürfen. So bezweckt der Jugendmedienschutz-Staatsvertrag (JMStV) ua den Schutz vor solchen Angeboten, die die Menschenwürde oder sonstige
durch das Strafgesetzbuch geschützte Rechtsgüter verletzen. Dies wird in § 4 JMStV näher konkretisiert. Ua sind Angebote verboten, die die Menschenwürde anderer dadurch angreifen, dass
Teile oder Gruppen der Bevölkerung beschimpft, böswillig verächtlich gemacht oder verleumdet
werden (§ 4 Nr 3 JMStV), die den Krieg verherrlichen (§ 4 Nr 7 JMStV), die gegen die Menschenwürde verstoßen, insbes durch die Darstellung von Menschen, die sterben oder schweren körperlichen oder seelischen Leiden ausgesetzt sind oder waren (§ 4 Nr 8 JMStV), die pornographisch
sind (§ 4 Nr 10 JMStV). – Ob solche Vorschriften gleichzeitig Marktverhaltensregelungen iSd § 4
Nr 11 sind, also den Schutz (auch) der Mitbewerber, der Verbraucher und der sonstigen Marktteilnehmer bezwecken, ist im Einzelfall zu prüfen. Ist dies nicht der Fall, können Verstöße gegen
solche Vorschriften nur mit den dafür vorgesehenen Sanktionen geahndet werden. – Darüber muss
der Verstoß gegen eine Marktverhaltensregelung nach § 3 I geeignet sein, die Interessen von
Mitbewerbern, Verbrauchern oder sonstigen Marktteilnehmern spürbar zu beeinträchtigen.

2. Verhältnis zu § 3 I, § 3 II 1 und § 7 I

Greift § 4 Nr 1 und Nr 11 nicht ein, so kommen zwar noch die Auffangtatbestände des § 3 I, des **1.44**
§ 3 II 1 und des § 7 I 1 in Betracht. Allerdings setzt § 3 I eine Eignung zur spürbaren Beeinträchtigung von Interessen von Mitbewerbern, Verbrauchern oder sonstigen Marktteilnehmern
und § 3 II 1 eine Eignung zur spürbaren Beeinträchtigung der Fähigkeit des Verbrauchers, sich auf
Grund von Informationen zu entscheiden, voraus. Die bloße Feststellung, dass eine Werbung die
Menschenwürde verletzt, rechtfertigt daher kein Verbot nach § 3 (vgl § 3 Rdn 78). Insoweit ist die
Rechtslage eine andere als unter dem § 1 UWG 1909. Seinerzeit hatte das BVerfG ausgesprochen,
der Schutz der Menschenwürde rechtfertige unabhängig vom Nachweis einer Gefährdung des
Leistungswettbewerbs ein Werbeverbot, wenn die Werbung wegen ihres Inhalts auf die absolute
Grenze der Menschenwürde stoße (BVerfG GRUR 2003, 442, 443 – *Benetton-Werbung II,* aA noch
BGH GRUR 2002, 360, 362 – *H. I. V. POSITIVE II*). Aber auch auf § 7 I 1 lässt sich ein Per-se-Verbot einer menschenverachtenden Werbung nicht stützen. Denn diese Vorschrift stellt nicht auf
den Inhalt der Werbung ab, sondern auf die Art und Weise, wie sie dem Verbraucher nahegebracht
wird (vgl § 7 Rdn 34). Art 1 GG gebietet auch keine Ausweitung des UWG für die Fälle menschenverachtender Werbung. Denn es besteht keine Schutzlücke, die durch das UWG geschlossen werden
müsste. Vielmehr wird dieser Schutz, soweit nicht spezialgesetzliche Vorschriften (zB des RStV und
des JMStV; Rdn 1.41) eingreifen, durch die Vorschriften des Bürgerlichen Rechts (Schutz des
allgemeinen Persönlichkeitsrechts) und des Strafrechts gewährt.

E. Beeinträchtigung der Entscheidungsfreiheit durch „sonstigen unangemessenen unsachlichen Einfluss"

I. Frühere Rechtslage

1. Allgemeines

Die Auslegung des § 4 Nr 1 wird dadurch erschwert, dass die zur Umsetzung der UGP- **1.45**
Richtlinie erlassene UWG-Novelle 2008 den Wortlaut des § 4 Nr 1 UWG 2004 nicht geändert

hat, sieht man von der Ersetzung des Begriffs der Wettbewerbshandlung durch den der geschäftlichen Handlung und der damit verbundenen Erweiterung des Anwendungsbereichs der Norm ab. Das könnte den Eindruck erwecken, die bisherige Auslegung des § 4 Nr 1 könne auch unter Geltung des UWG 2008 unverändert beibehalten werden. Dem ist aber nicht so. Das UWG ist vielmehr seit dem **12. 12. 2007** im Lichte der UGP-Richtlinie auszulegen. Damit sind gravierende inhaltliche Änderungen in der Auslegung des § 4 Nr 1 verbunden (vgl Rdn 1.7). Um diese Unterschiede klar zu erfassen, ist es notwendig, die frühere Rechtslage zu kennen.

2. Gesetzgebung zu § 4 Nr 1 UWG 2004

1.46 Aus dem Wortlaut des § 4 Nr 1 ergibt sich, dass der unangemessene unsachliche Einfluss als Oberbegriff und die Ausübung von Druck sowie die menschenverachtende Einwirkung nur als dessen Unterfälle zu verstehen sind. Wie schon aus dem Gesetzeswortlaut hervorgeht, war für den Gesetzgeber des UWG 2004 die bloße Einflussnahme auf die Entscheidungsfreiheit der Verbraucher und sonstigen Marktteilnehmer für sich allein nicht zu beanstanden. Wettbewerb ist ohne Einwirkung auf die Marktgegenseite, insbes auf den Verbraucher, nicht möglich. Die Beeinflussung ist daher grds als wettbewerbskonform anzusehen. Das Problem bestand vielmehr darin, die Grenzen zu ermitteln, jenseits derer eine Einflussnahme nach Form oder Inhalt derart massiv ist, dass sie vom Lauterkeitsrecht nicht mehr hinnehmbar ist. Darüber, wann eine Einflussnahme unsachlich ist, lässt sich streiten. Der Gesetzgeber zog daher die Grenze erst bei der „unangemessenen unsachlichen" Beeinflussung: „Durch das Kriterium der Unangemessenheit wird der Tatsache Rechnung getragen, dass der Versuch einer gewissen unsachlichen Beeinflussung der Werbung nicht fremd und auch nicht per se unlauter ist" (Begr RegE UWG 2004 zu § 4 Nr 1, BT-Drucks 15/1487 S 17). Eine Legaldefinition des unangemessenen unsachlichen Einflusses wurde allerdings nicht gegeben, auch die Begründung des Regierungsentwurfs gibt dafür nichts her.

3. Rechtsprechung zu § 4 Nr 1 UWG 2004

1.47 Zu § 4 Nr 1 UWG 2004 liegt eine umfangreiche Rspr vor, in der sich einige Grundlinien abzeichnen. Sie lassen sich allerdings nicht auf den Gesichtspunkt der Wettbewerbskonformität des Verhaltens zurückführen (so aber jurisPK-UWG/*Seichter* § 4 Nr 1 Rdn 85 ff). Denn wohl gehört die Gewährleistung eines freien und unverfälschten Wettbewerbs zu den Schutzzwecken des UWG (vgl § 1 S 2; § 1 Rdn 43). Aber § 4 Nr 1 soll – neben anderen Bestimmungen – gerade den Maßstab für die Wettbewerbskonformität einer Handlung liefern.

1.48 **a) Allgemeine Aussagen.** Es finden sich in der Rspr einige generalisierende, die Tatbestandsmerkmale des § 4 Nr 1 letztlich aber wenig aufhellende Aussagen: Eine Werbemaßnahme verstoße gegen § 4 Nr 1, wenn sie mit der Lauterkeit des Wettbewerbsrechts unvereinbar sei (BGHZ 164, 154 = GRUR 2006, 75 Tz 17 – *Artenschutz;* krit *Schwippert*, FS Samwer, 2008, 197, 198). Dies erfordere eine Abwägung der Umstände des Einzelfalls im Hinblick auf die Schutzzwecke des UWG, bei der die Grundrechte der Beteiligten zu berücksichtigen seien. Die Schwelle zur Unlauterkeit iSd § 4 Nr 1 werde erst überschritten, wenn ein **unangemessener unsachlicher Einfluss** in einem **solchen Maße** ausgeübt werde, dass die Wettbewerbshandlung geeignet sei, **die freie Entscheidung des Verbrauchers zu beeinträchtigen"** (vgl zur **Kopplung** BGH GRUR 2006, 161 Tz 17 – *Zeitschrift mit Sonnenbrille;* BGH GRUR 2008, 183 Tz 16 – *Tony Taler;* zur **Laienwerbung** BGH GRUR 2006, 949 Tz 16 – *Kunden werben Kunden;* zum **Sponsoring** BGH GRUR 2007, 247 Tz 21 – *Regenwaldprojekt I;* zur **gefühlsbetonten** Werbung BGH GRUR 2006, 75 Tz 17 – *Artenschutz;* zur **Verharmlosung von Gesundheitsrisiken** BGH GRUR 2006, 953 Tz 19 – *Warnhinweis II;* heute wohl nach § 5 a II zu beurteilen).

1.49 **b) Konkrete Kriterien.** Die Rspr ist dabei aber nicht stehen geblieben, sondern hat einige konkrete Kriterien zur Feststellung eines „unangemessenen unsachlichen Einflusses" entwickelt. Ein solcher Einfluss sollte nicht schon dann vorliegen, wenn ein **neues** oder **exklusives Wettbewerbsmittel** eingesetzt wird oder wenn es sich an die **Gefühle** statt an den Verstand des Umworbenen wendet (BGHZ 164, 154 = GRUR 2006, 75 Tz 17 – *Artenschutz*). Auch sollte § 4 Nr 1 **nicht** als Grundlage für eine eine **allgemeine Informationspflicht** dienen (BGH GRUR 2007, 247 Tz 24 – *Regenwaldprojekt I;* BGH GRUR 2007, 251 – Tz 20 – *Regenwaldprojekt II*). Dies entsprach auch der Begr des RegE UWG 2004 (vgl Begr RegE UWG 2004 zu § 5 Abs 2, BT-Drucks 15/1487 S 19). Bei Maßnahmen der Verkaufsförderung gegenüber Verbrauchern stellte die Rspr darauf ab, ob die Maßnahme geeignet ist, auch bei einem **verständigen Verbraucher ausnahmsweise die Rationalität der Nachfrageentscheidung vollständig in den Hintergrund treten zu lassen** (st Rspr seit BGH GRUR 2002, 976, 979 – *Kopplungsangebot I;* vgl BGH GRUR 2003, 890, 891 – *Buchclub-Kopplungsangebot;* BGH GRUR 2006, 161 Tz 17 – *Zeitschrift mit Sonnenbrille;* BGH GRUR 2008, 530 Tz 13 – *Nachlass bei der Selbstbeteiligung;* BGH GRUR 2010, 850 Tz 13 – *Brillenversorgung II*). Da dies, sieht man von Verkaufsförderungsmaßnahmen gegenüber besonders schutzbedürftigen Verbrauchern ab, praktisch nie der Fall sein wird, diente diese Rspr im Grunde nur dazu, frühere Vorstellungen von der grds Unlauterkeit bestimmter Werbemaßnahmen („übertriebenes Anlocken"; „Laienwerbung"; „gefühlsbetonte Werbung") zu korrigieren.

c) **Beispiele: Unlauterkeit bejaht: (1)** Ausüben eines **Gruppenzwangs** (BGH GRUR 2008, 183 Tz 19 ff – *Tony Taler*). **(2)** Versprechen oder Gewähren geldwerter **Vorteile** an Personen die bei ihren geschäftlichen Entscheidungen (auch) die **Interessen Dritter zu wahren** haben (wie zB Ärzte, Anwälte), wenn sie dadurch veranlasst werden können, ihre Interessenwahrungspflicht zu verletzen (BGH GRUR 2005, 1059, 1060 – *Quersubventionierung von Laborgemeinschaften;* BGH GRUR 2010, 850GRUR 2010, 850 Tz 17 – *Brillenversorgung II*). **(3) Verleitung zur Verletzung von Vertragspflichten** gegenüber der **Versicherung** (BGH GRUR 2008, 530 Tz 14 – *Nachlass bei der Selbstbeteiligung;* BGH WRP 2008, 780 Tz 16 ff – *Hagelschäden*). **(4) Verharmlosung von Gesundheits- oder Sicherheitsrisiken** (BGH GRUR 2006, 953 Tz 19 – *Warnhinweis II*). – **Unlauterkeit verneint:** Zugaben (BGH GRUR 2006, 161 Tz 17 – *Zeitschrift mit Sonnenbrille*); Werbung für Steuerersparnisse (BGH GRUR 2006, 511 Tz 20 – *Umsatzsteuererstattungsmodell*); Unterbringung eines kommunalen Bestattungsunternehmens auf Friedhofsgelände (BGH GRUR 2005, 960, 962 – *Friedhofsruhe*); Sponsoring (BGH GRUR 2006, 75 Tz 17 ff – *Artenschutz;* BGH GRUR 2007 247 Tz 21 – *Regenwaldprojekt I*); Kündigungshilfe (BGH GRUR 2005, 603, 604 – *Kündigungshilfe*); Vorteilsgewährung für Vermittlung einer Schulfotoaktion (BGH GRUR 2006, 77 Tz 16 ff – *Schulfotoaktion*); aleatorische Anreize (BGH GRUR 2007, 981 Tz 33 – *150% Zinsbonus;* BGH GRUR 2009, 875 Tz 12 – *Jeder 100. Einkauf gratis*).

1.50

II. Der Einfluss der UGP-Richtlinie

1. Belästigung und „unzulässige Beeinflussung" als Erscheinungsformen des „sonstigen unangemessenen unsachlichen Einflusses"

Die UGP-Richtlinie kennt den Begriff des „unangemessenen unsachlichen Einflusses" nicht. Da aber § 4 Nr 1 (neben § 4 Nr 2) die Funktion hat, den Tatbestand der aggressiven Geschäftspraktiken iSd Art 8 und 9 UGP-Richtlinie umzusetzen (Rdn 1.7), ist § 4 Nr 1 im Lichte dieses Tatbestands auszulegen. Als aggressiv sieht die UGP-Richtlinie die Nötigung, die Belästigung und die unzulässige Beeinflussung an. Folgt man der Auffassung, dass die „Ausübung von Druck" richtlinienkonform iSd Nötigung zu verstehen ist (Rdn 1.22), kommt folgerichtig dem Tatbestand des „sonstigen unangemessenen unsachlichen Einflusses" die Funktion zu, die Fälle der **„Belästigung"** und der **„unzulässigen Beeinflussung"** zu erfassen (so auch BGH GRUR 2010, 455 Tz 17 – *Stumme Verkäufer II;* BGH GRUR 2010, 850 Tz 13 – *Brillenversorgung II*). Andernfalls müsste man die „unzulässige Beeinflussung" dem Tatbestand der „Ausübung von Druck" zuordnen.

1.51

2. Weitere Erscheinungsformen des „sonstigen unangemessenen unsachlichen Einflusses"?

Wichtiger ist die Frage, ob § 4 Nr 1 darüber hinaus noch **weitere Fälle** erfassen kann, die **nicht** zu den **aggressiven Geschäftspraktiken** zählen. Das ist jedenfalls, soweit es geschäftliche Handlungen gegenüber **Verbrauchern** angeht, zu verneinen. Denn Handlungen, die weder irreführend noch aggressiv sind, können nach der UGP-Richtlinie nur dann unlauter (und damit verboten) sein, wenn sie den Auffangtatbestand des Art 5 II UGP-Richtlinie erfüllen. Dessen Funktion hat aber § 3 II 1 zu erfüllen (Rdn 1.7; *Köhler* GRUR 2010, 767, 768). Es besteht daher keine Regelungslücke, die von § 4 Nr 1 zu schließen wäre. Der Tatbestand der Beeinträchtigung der Entscheidungsfreiheit der Verbraucher durch „sonstigen unangemessenen unsachlichen Einfluss" ist folglich auf Fälle zu beschränken, die eine Belästigung oder unzulässige Beeinflussung darstellen. Davon nicht erfasste Fälle, mögen sie auch unter dem UWG 2004 nach § 4 Nr 1

1.52

beurteilt worden sein, sind daher unter dem UWG 2008 nach § 3 II 1 zu beurteilen (§ 3 Rdn 37).

3. Rechtslage bei Handlungen gegenüber sonstigen Marktteilnehmern

1.53 Da die UGP-Richtlinie sich nicht auf geschäftliche Handlungen gegenüber **sonstigen Marktteilnehmern** erstreckt, wäre es insoweit möglich, den Tatbestand des § 4 Nr 1 auch auf Fälle zu erstrecken, die keine aggressiven Geschäftspraktiken darstellen. Allerdings würde dies einen gespaltenen Anwendungsbereich des § 4 Nr 1 zur Folge haben, je nachdem, ob es sich um Handlungen gegenüber Verbrauchern oder sonstigen Marktteilnehmern handelt. Aus diesem Grund empfiehlt es sich, solche Fälle ebenfalls aus dem Anwendungsbereich des § 4 Nr 1 herauszunehmen. Sie können allerdings nicht dem Auffangtatbestand des § 3 II 1 zugeordnet werden, da sich dieser ausdrücklich auf geschäftliche Handlungen gegenüber Verbrauchern beschränkt. Folgerichtig sind sie dem allgemeinen Auffangtatbestand des § 3 I zuzuordnen, der auch unlautere Handlungen außerhalb der Tatbestände der §§ 4–6 erfasst (§ 3 Rdn 64 ff).

III. Belästigung als „sonstiger unangemessener unsachlicher Einfluss"

1. Begriff der Belästigung

1.54 Unter dem UWG 2004 wurde die Belästigung idR nach § 3 iVm § 7 beurteilt. Daran kann unter dem UWG 2008 auf Grund des Gebots der richtlinienkonformen Auslegung nicht festgehalten werden (Rdn 1.44). Unter Belästigung ist eine geschäftliche Handlung zu verstehen, die auf Grund ihrer Form oder ihres Inhalts in die **Privatsphäre** des Verbrauchers eingreift und seine Aufmerksamkeit ohne oder gegen seinen Willen auf das Anliegen des Unternehmers lenkt. Der Verbraucher wird gehindert, seine Zeit so zu gestalten und seine Ressourcen so zu nutzen, wie es seinen Wünschen und Vorstellungen entspricht. Zu Einzelheiten vgl Rdn 1.10.

2. Eignung der Belästigung zur Beeinträchtigung der Entscheidungsfreiheit

1.55 Die Belästigung stellt zwar für sich gesehen bereits eine unangemessene unsachliche Beeinflussung dar. Sie fällt aber nur dann unter § 4 Nr 1, wenn sie darüber hinaus auch geeignet ist, die Entscheidungsfreiheit (oder Verhaltensfreiheit, *arg* Art 8 UGP-Richtlinie) des Verbrauchers oder sonstigen Marktteilnehmers zu beeinträchtigen. Maßgebend ist die Sichtweise des durchschnittlichen Mitglieds der angesprochenen Personengruppe (§ 3 II 2 und 3). Die Beeinträchtigung muss „erheblich" sein (arg Art 8 UGP-Richtlinie; Rdn 1.16). Das ist nicht der Fall, wenn das durchschnittliche Mitglied der angesprochenen Personengruppe die Belästigung zwar wegen ihrer Form oder ihres Inhalts möglicherweise als unangenehm empfindet, sich aber in seinen Entscheidungen oder seinem Verhalten davon nicht beeinflussen lässt. Das ist bspw anzunehmen bei Werbung mittels Lautsprecherdurchsagen, Ansprechen auf öffentlichen Straßen und Plätzen, Scheibenwischerwerbung, Werbung im Internet.

3. Eignung zur Beeinflussung der geschäftlichen Entscheidung

1.56 Die Beeinträchtigung der Entscheidungsfreiheit muss so erheblich sein, dass die Gefahr besteht, der Verbraucher werde die gewünschte geschäftliche Entscheidung treffen, nur um der weiteren Belästigung zu entgehen. Das ist bspw anzunehmen, wenn ein Werber Kunden hartnäckig verfolgt, obwohl sie ihm erklärt haben, sie würden nichts kaufen.

4. Verhältnis zum Tatbestand der unzumutbaren Belästigung (§ 7)

1.57 In § 7 ist die unzumutbare Belästigung als selbstständiger Verbotstatbestand geregelt. Der Begriff der „unzumutbaren Belästigung" stimmt aber nicht notwendig mit dem Begriff der Belästigung iSd Art 8 UGP-Richtlinie überein (aA *Hecker* WRP 2006, 640, 641; *Seichter* WRP 2005, 1087, 1094 mwN). Insbes erfasst § 7 nur den Fall der Belästigung auf Grund der Art und Weise des Herantretens an den Verbraucher, nicht auch den Inhalt der Botschaft. Diese Voraussetzung muss bei § 7 I nicht erfüllt sein, so dass diese Vorschrift einen weiteren Anwendungsbereich hat als § 4 Nr 1. Im Übrigen kann nur der EuGH über den Inhalt des unionsrechtlichen Begriffs der Belästigung in Art 8 UGP-Richtlinie verbindlich entscheiden, während die Auslegung des Begriffs der „unzumutbaren Belästigung" den nationalen Gerichten vorbehalten ist. Das schließt die gleichzeitige Anwendung von § 7 einerseits und § 4 Nr 1 iVm § 3 I andererseits nicht aus. Die Tatbestände überschneiden sich daher zwar, sind aber nicht identisch. Prozessual bedeutet dies, dass es sich um unterschiedliche Streitgegenstände handelt. Allerdings bleibt § 7 auch dann anwendbar, wenn gleichzeitig der Tatbestand des § 4 Nr 1 erfüllt ist (vgl § 7 Rdn 8).

IV. „Unzulässige Beeinflussung" als „sonstiger unangemessener unsachlicher Einfluss"

1. Gebot der richtlinienkonformen Auslegung

§ 4 Nr 1 UWG 2008 ist – wie bereits § 4 Nr 1 UWG 2004 seit dem 12. 12. 2007 – richtlinienkonform am Maßstab der Art 8 und 9 UGP-Richtlinie auszulegen (Rdn 1.7). Liegt kein Fall der „Belästigung" vor, kommt es daher darauf an, ob eine geschäftliche Handlung gegenüber **Verbrauchern** eine **„unzulässige Beeinflussung"** iSd Art 2 lit j UGP-Richtlinie darstellt (BGH GRUR 2010, 850 Tz 13 – *Brillenversorgung II*). Diese Auslegung ist auf geschäftliche Handlungen gegenüber **sonstigen Marktteilnehmern** zu erstrecken (Rdn 1.53). Das bedingt ein völliges Umdenken gegenüber der bisherigen Auslegung des § 4 Nr 1.

1.58

2. Abkehr vom „Rationalitätskriterium"

Das unter Geltung des § 4 Nr 1 UWG 2004 von der Rspr verwendete Kriterium der Ausschaltung der **„Rationalität der Nachfrageentscheidung** (Rdn 1.49) diente dazu, Werbemaßnahmen, die früher unter dem Gesichtspunkt des „übertriebenen Anlockens" oder des „psychischen Kaufzwangs" und dergl verboten worden waren, für grds legal zu erklären. Unter der Geltung der UGP-Richtlinie hat sich dieses Anliegen erledigt (vgl *Köhler* GRUR 2008, 841, 843 u GRUR 2010, 767, 772). Voraussetzung ist vielmehr, dass die Fähigkeit zu einer „informierten" Entscheidung durch die **Ausübung von Druck** in Ausnutzung einer Machtposition wesentlich eingeschränkt wird.

1.59

3. Erfordernis der „Ausnutzung einer Machtposition zur Ausübung von Druck"

Maßgebend sind die Maßstäbe der Art 8 und 9 UGP-Richtlinie. Die Ausnutzung der Machtposition zur Ausübung von Druck muss in einer Weise erfolgen, die die Fähigkeit des Verbrauchers zu einer informierten Entscheidung wesentlich einschränkt. Allg dazu Rdn 1.12–1.14. Der Anwendungsbereich des § 4 Nr 1 UWG 2008 ist daher anders zu bestimmen als der des § 4 Nr 1 UWG 2004. Soweit die Handlung weder aggressiv noch irreführend ist, ist als Prüfungsmaßstab § 3 II 1 (als Umsetzung des Art 5 II UGP-Richtlinie) oder § 3 I heranzuziehen (vgl Rdn 1.23).

1.60

V. Fallgruppen der „Ausnutzung einer Machtposition zur Ausübung von Druck"

1. Ausnutzung der Autorität

a) Beschreibung. Die Machtposition kann auf der **Autorität** des handelnden Unternehmers oder der in seinem Namen oder Auftrag handelnden Person (Unternehmer iSd § 2 I Nr 6 HS 2) beruhen. Unter Autorität ist dabei eine mit bestimmten Befugnissen oder Einflussmöglichkeiten ausgestattete amtliche, politische, verbandsrechtliche, unternehmerischen, berufliche, kirchliche oder soziale Stellung zu verstehen. Sie ist daher nicht schon bei Personen aus dem Bereich des Sports, der Unterhaltung, der Mode, der Kultur oder der Wissenschaft gegeben, die auf Grund ihrer Bekanntheit und Beliebtheit als Produktempfehler eingesetzt werden („Starwerbung"). – Der Einsatz eigener oder fremder Autorität in der Werbung ist nicht von vornherein unlauter (so früher bereits BGH GRUR 1984, 665, 666 – *Werbung in Schulen;* OLG Frankfurt NJOZ 2002, 1577, 1579; OLG Hamburg GRUR-RR 2005, 224, 225), sondern erst dann, wenn sie zur **Ausübung von Druck** eingesetzt wird. Das ist dann der Fall, wenn die angesprochenen Personen davon ausgehen müssen, dass die Ablehnung der erwünschten geschäftlichen Entscheidung möglicherweise rechtliche, wirtschaftliche, berufliche, gesundheitliche, schulische, gesellschaftliche oder sonstige **Nachteile** mit sich bringen kann (ebenso OLG München WRP 2010, 299, 300). An einer Druckausübung fehlt es, wenn die Umworbenen lediglich auf die **Sachkunde** der Autoritätsperson (zB Lehrer; Feuerwehr) vertrauen und auch kein Vertrauensmissbrauch stattfindet (abzulehnen daher OLG Saarbrücken WRP 2005, 759). Der Unterschied zur Nötigung in Gestalt der widerrechtlichen Drohung liegt darin, dass die Druckausübung keine Ankündigung eines bestimmten Nachteils voraussetzt. Geht der Angesprochene irrtümlich von einem autoritären Druck aus, kann allenfalls der Tatbestand des § 4 Nr 2 (Ausnutzung der Angst) eingreifen. Das setzt wiederum voraus, dass der Handelnde den Irrtum des Verbrauchers kennt.

1.61

1.62 b) Verantwortlichkeit beim Einsatz fremder Autoritätspersonen. Setzt der Unternehmer eine fremde Autoritätsperson ein, die in seinem Namen und/oder Auftrag handelt, ist er für deren Handeln als mittelbarer Täter oder Anstifter (und darüber hinaus nach § 8 II) persönlich verantwortlich. Daneben ist aber auch die Autoritätsperson selbst als Unternehmer iSd § 2 I Nr 6 HS 2 und damit als Täter verantwortlich. Ein sicheres Indiz für eine Beauftragung ist es, wenn die Autoritätsperson für ihren Einsatz eine Gegenleistung erhält (BGH GRUR 1984, 665, 667 – *Werbung in Schulen;* OLG Karlsruhe GRUR-RR 2003, 191, 192; OLG Brandenburg WRP 2003, 903; OLG Hamburg GRUR-RR 2005, 224, 225). – Zum Missbrauch der Autorität der **öffentlichen Hand** vgl Rdn 13.42 ff. Zum Einsatz von Autoritätspersonen in der **Laienwerbung** vgl Rdn 1.205.

1.63 c) Beispiele. Unlauterkeit bejaht: Empfehlung eines **Arbeitgebers** an seine Arbeitnehmer, von der bisherigen Krankenkasse in eine andere oder in die eigene Betriebskrankenkasse überzuwechseln (OLG Düsseldorf WRP 2002, 479, 481 f; LG Nürnberg-Fürth WRP 2007, 214, 215; vgl aber OLG Hamm GRUR-RR 2006, 30 [LS]). – Einspannen des **Betriebsrats** zum Zwecke der Werbung, zur Entgegennahme von Sammelbestellungen, zum Einkassieren des Kaufpreises (OLG Frankfurt WRP 1971, 379, 380; OLG Frankfurt DB 1978, 535). – Gewährung einer Provision an die **Schulleitung** für die Empfehlung eines bestimmten Vertragspartners des Schulträgers (OLG Karlsruhe GRUR-RR 2003, 191, 192). – Bewerbung von Brandschutzartikeln unter Hinweis auf eine auf dem Firmengelände stattfindende produktneutrale Informationsveranstaltung der **Feuerwehr** (OLG Saarbrücken WRP 2005, 759; sehr bedenklich). – An Schüler gerichtete Werbung zum Sammeln von Wertpunkten, die über die Schule unter Einschaltung eines **Lehrers** beim Werbenden einzureichen sind, um für die Schule Prämien zu erlangen (BGH GRUR 2008, 183 Tz 21 – *Tony Taler*). – „**Patienteninformation**" von Hausärzten, in der Patienten ein Wechsel zu einer bestimmten Krankenkasse nahe gelegt wird und die mit dem Hinweis auf den Erhalt einer guten hausärztlichen Versorgung verbunden ist (OLG München WRP 2010, 299, 300) – **Unlauterkeit verneint:** Verteilung von Werbung und Bestellformularen an Schulen mit Genehmigung der Schulverwaltung, sofern keine besonderen Umstände hinzutreten (BGH GRUR 1984, 665 – *Werbung in Schulen*); Spende eines PC an eine Schule für die Vermittlung einer gewerblichen Fotoaktion (BGH GRUR 2006, 77 Tz 16 ff – *Schulfotoaktion;* Auslobung einer Prämie durch Arbeitgeber für die Zugehörigkeit von Arbeitnehmern zu einer Krankenkasse mit niedrigem Mitgliedsbeitrag (OLG Hamm GRUR 2006, 30 [LS]). – **Unlauterkeit** gegenüber Patienten verneint, aber gegenüber Ärzten bejaht, wenn ein Brillenhersteller Augenärzten finanzielle Vorteile verspricht oder gewährt, damit diese den Patienten den Bezug von Brillen direkt beim Hersteller („verkürzter Versorgungsweg") anbieten, weil sie sich dabei entgegen ihren vertraglichen und beruflichen Pflichten nicht allein vom Patienteninteresse leiten lassen (BGH GRUR 2010, 850 Tz 13, 14 ff – *Brillenversorgung II;* dazu Rdn 1.187 ff).

2. Ausnutzung wirtschaftlicher oder rechtlicher Macht

1.64 a) Beschreibung. Die Machtposition kann auf **wirtschaftlicher oder rechtlicher Macht** beruhen. Sie liegt vor, wenn ein Unternehmer eine überlegene wirtschaftliche oder rechtliche Stellung gegenüber Verbrauchern oder sonstigen Marktteilnehmern besitzt. Diese Macht wird zur **Ausübung von Druck ausgenutzt,** wenn Verbraucher oder sonstige Marktteilnehmer mit **irgendwelchen wirtschaftlichen oder rechtlichen Nachteilen** rechnen müssen, wenn sie die vom Unternehmer erwartete geschäftliche Entscheidung nicht treffen. Dazu kann auch die Beendigung, Einschränkung oder Nichtaufnahme einer Geschäftsbeziehung gehören; jedoch muss dabei die (negative) Vertragsfreiheit des Unternehmers berücksichtigt werden. Der ausgeübte Druck muss, um den Tatbestand des § 4 Nr 1 zu erfüllen, so stark sein, dass er geeignet ist, die Fähigkeit zu einer informierten Entscheidung wesentlich einzuschränken und die Entscheidungsfreiheit der angesprochenen Marktteilnehmer erheblich zu beeinträchtigen. Maßstab ist, wie ein durchschnittliches Mitglied der betroffenen Gruppe (§ 3 II 2 und 3) tatsächlich oder voraussichtlich mit einer solchen Situation umgeht.

1.65 b) Vorrang der kartellrechtlichen Wertungen. Bei der lauterkeitsrechtlichen Beurteilung der Ausübung wirtschaftlicher Macht ist der Vorrang der kartellrechtlichen Wertungen zu beachten. Die in den Tatbeständen der der §§ 1, 19, 20 I–IV, 21 II GWB und der Art 101, 102 AEUV enthaltenen Begrenzungen dürfen nicht durch die Anwendung des UWG unterlaufen werden (vgl *Köhler* WRP 2005, 645). Es müssen also sonstige die Unlauterkeit begründende Umstände vorliegen, um die Anwendung des § 4 Nr 1 zu rechtfertigen.

c) **Wirtschaftlicher oder rechtlicher Druck auf Unternehmen. aa) Druck auf Händ-** 1.66
ler. Von Herstellern kann ein wirtschaftlicher oder rechtlicher Druck auf Händler ausgehen, bestimmte geschäftliche Entscheidungen zu treffen. Im Allgemeinen sind derartige Fallgestaltungen ausschließlich nach Kartellrecht zu beurteilen. § 4 Nr 1 ist nur dann anwendbar, wenn zusätzliche – von den Kartellrechtstatbeständen nicht erfasste – unlauterkeitsbegründende Umstände vorliegen. **Beispiele:** Von einer **befristeten Verkaufsförderaktion** eines Herstellers kann zwar auf Grund entsprechender Erwartungen der Verbraucher ein mittelbarer wirtschaftlicher Druck für Händler ausgehen, sich an dieser Aktion mit entsprechender Preisgestaltung zu beteiligen. Dies stellt jedoch weder eine wettbewerbswidrige Druckausübung (BGH GRUR 1978, 445, 446 – *4 zum Preis von 3*) noch – mangels Spürbarkeit der Einschränkung der Preisgestaltungsfreiheit – eine nach § 1 GWB unzulässige Preisbindung dar (vgl BGH GRUR 2003, 637, 639 – *1 Riegel extra* zu § 15 GWB aF). Denn dieser Druck ist lediglich eine Folge der Attraktivität der Werbeaktion und ihres sachlichen Inhalts. – Es ist auch nicht unlauter, einen Pachtvertrag fristgerecht zu kündigen, um den Pächter zum Abschluss eines neuen Pachtvertrages zu veranlassen, in dem ihm das alleinige Recht zur Automatenaufstellung eingeräumt wird, mag dies auch zur Folge haben, dass ein ohne seine Beteiligung mit einem Dritten geschlossener Automatenaufstellungsvertrag mit längerer Laufzeit nicht fortgesetzt werden kann (BGH GRUR 1997, 920, 921 – *Automatenaufsteller*). Etwas anderes kann im Falle der Kollusion gelten (BGH aaO – *Automatenaufsteller*).

bb) **Druck auf Hersteller ("Anzapfen").** Händler fordern vielfach unter offener oder 1.67
versteckter Androhung der Beendigung oder Einschränkung bestehender Geschäftsbeziehungen von Herstellern (idR finanzielle) **Zuwendungen** (sog **"Anzapfen"**).

aaa) **Kartellrechtliche Beurteilung.** Nach Erwägungsgrund 9 der **VO 1/2003** steht es den 1.68
Mitgliedstaaten frei, zur Bekämpfung unlauterer Handelspraktiken Rechtsvorschriften anzuwenden, „mit denen Unternehmen untersagt wird, bei ihren Handelspartnern ungerechtfertigte, unverhältnismäßige oder keine Gegenleistungen umfassende Bedingungen zu erzwingen, zu erhalten oder den Versuch hierzu zu unternehmen". Das Kartellrecht erfasst solche Sachverhalte in § 20 I, II und IV 1 GWB und vor allem in § 20 III GWB (vgl BGH GRUR 2003, 80 – *Konditionenanpassung;* Köhler BB 1999, 1017; *ders,* FS Tilmann, 2003, 693; *ders* WRP 2005, 645, 648; *ders* WRP 2006, 139; *Säcker/Mohr* WRP 2010, 1 ff). Nach **§ 20 III 1 GWB** dürfen marktbeherrschende Unternehmen und Vereinigungen von Unternehmen iSd § 20 I GWB ihre Marktstellung nicht dazu ausnutzen, andere Unternehmen im Geschäftsverkehr aufzufordern oder zu veranlassen, ihnen ohne sachlich gerechtfertigten Grund Vorteile zu gewähren. Nach § 20 III 2 GWB gilt dies auch für Unternehmen im Verhältnis zu den von ihnen abhängigen Unternehmen (dazu BGH GRUR 2003, 80, 82 – *Konditionenanpassung*). Eine **Ausnutzung der Marktstellung** liegt vor, wenn der Händler um die Abhängigkeit des Lieferanten von ihm und um die fehlende sachliche Rechtfertigung des verlangten Vorteils sowie den ursächlichen Zusammenhang zwischen beiden weiß. Unter **Vorteil** ist jede **Verbesserung der wirtschaftlichen Stellung** des Nachfragers zu verstehen. Dazu gehören insbes vermögenswerte Zuwendungen jedweder Art (Waren, Dienstleistungen, Zahlungen, Begründung vertraglicher Rechte oder Minderung vertraglicher Pflichten usw) sowie die Einräumung von Wettbewerbsvorteilen in Gestalt der Sicherung einer Gleich- oder gar Vorzugsbehandlung (zB Meistbegünstigungsklauseln). **Sachlich nicht gerechtfertigt** sind Vorteile, wenn der Nachfrager darauf keinen zivilrechtlichen Anspruch (iSe Anspruchs auf Vertragsanpassung) hat und er keine echte oder nur eine unverhältnismäßig geringe Gegenleistung anbietet (vgl auch BGH GRUR 1982, 677, 678 – *Unentgeltliche Übernahme der Preisauszeichnung;* OLG Hamm WRP 2002, 747, 749). Unter § 20 III GWB kann zB das Verlangen nach einer rückwirkenden Konditionenanpassung aus Anlass einer Fusion (vgl BGH GRUR 2003, 80, 83 f – *Konditionenanpassung:* widerlegliche Vermutung der fehlenden sachlichen Rechtfertigung) oder nach einem Beitrag zur Modernisierung von Verkaufsstätten fallen. – Vereinbarungen zwischen Händler und Lieferant, die dem Händler eine **„Meistbegünstigung"** bei den Konditionen einräumen oder ihm sogar eine Vorzugsbehandlung sichern, können den Tatbestand des **§ 1 GWB** erfüllen. Sie sind jedoch nach § 2 II GWB iVm Art 2 VertikalGVO grds vom Kartellverbot freigestellt, sofern nicht Art 3 I VertikalGVO eingreift (zur früheren Rechtslage vgl BGHZ 80, 43, 46 ff – *Garant*). Jedoch kann das Verlangen nach Meistbegünstigung den Tatbestand des § 20 III GWB erfüllen (vgl Immenga/Mestmäcker/*Markert* GWB § 20 Rdn 265).

bbb) **Lauterkeitsrechtliche Beurteilung.** Neben den kartellrechtlichen Bestimmungen 1.69
sind auch die Bestimmungen des UWG (**§§ 3, 4 Nr 1 und Nr 10**) anwendbar, jedoch sind

dabei die Wertungen des Kartellrechts zu berücksichtigen (vgl *Köhler* WRP 2005, 645, 648 und WRP 2006, 139, 145 f; vgl auch BGH GRUR 1982, 737, 738 – *Eröffnungsrabatt*). § 4 Nr 1 schützt nicht nur die Entscheidungsfreiheit der Verbraucher, sondern auch die der sonstigen Marktteilnehmer vor unzulässiger Beeinflussung. Die Vorschrift gilt daher für alle Wirtschaftsstufen und für Absatz- und Beschaffungsmärkte gleichermaßen. Sie ist daher auch auf die Ausübung von **Nachfragemacht** im Verhältnis der Händler zu den Herstellern anwendbar (ebenso MünchKommUWG/*Heermann* § 4 Nr 1 Rdn 74 ff). Für die Verwirklichung des Tatbestands des § 4 Nr 1 reicht indessen die Drohung, weniger, nichts oder nichts mehr zu kaufen, falls keine Vorteile gewährt werden, nicht ohne weiteres aus. Denn dies ist noch Ausfluss der Vertragsfreiheit des Nachfragers. Harte Verhandlungen („hard bargaining") mit dem Ziel, möglichst günstige Einkaufsbedingungen zu erreichen, sind wettbewerbskonform. Auch hat grds kein Anbieter Anspruch auf die Aufnahme oder Fortsetzung von Lieferbeziehungen mit einem bestimmten Nachfrager (BGH GRUR 1977, 619, 621 – *Eintrittsgeld*), zumal diesen das Absatzrisiko trifft. Die Drohung mit dem Abbruch oder der Nichtaufnahme von Geschäftsbeziehungen ist daher lauterkeitsrechtlich grds nicht zu beanstanden (BGH GRUR 1982, 737, 738 – *Eröffnungsrabatt*; BGH WuW/E BGH 1943, 1945 f – *Markenverband-Deschauer*), es sei denn, sie geht von einem marktbeherrschenden oder marktstarken Unternehmen iSd § 20 III GWB aus. Denn ein Verstoß gegen § 20 III GWB ist grds auch eine unlautere Druckausübung iSd § 4 Nr 1. Andererseits setzt § 4 Nr 1 – anders als § 20 III GWB – tatbestandlich keine bestimmte Marktmacht des „Anzapfers" voraus. Beim Fehlen von Marktmacht müssen allerdings noch **weitere Umstände** hinzukommen, um eine Ausübung von Druck oder eine sonstige unangemessene unsachliche Beeinflussung iSd § 4 Nr 1 zu begründen (vgl auch BGH GRUR 1977, 619, 621 – *Eintrittsgeld*; BGH WuW/E BGH 1943, 1945 f – *Markenverband-Deschauer*), da es sonst zu einem Wertungswiderspruch zu § 20 III GWB käme. Das bloße Fordern von sachlich nicht gerechtfertigten Vorteilen (zB Verlangen von Einmalzahlungen aus beliebigen Anlässen) durch ein Unternehmen, das über keine absolute oder relative Marktmacht verfügt, reicht daher nicht aus, um den Tatbestand des § 4 Nr 1 zu erfüllen. Der Tatbestand des § 4 Nr 1 ist jedoch erfüllt, wenn dem Lieferanten mit anderen empfindlichen Nachteilen gedroht wird als der Nichtaufnahme, Beendigung oder Einschränkung einer Lieferbeziehung. Dazu gehören etwa die Drohung gegenüber dem Lieferanten, bestehende **Verträge zu brechen,** ihn bei Dritten **anzuschwärzen, Vertragsinterna** bekannt zu geben oder die Drohung mit einer **Schädigung des Markenimages,** etwa durch ein Anbieten der Waren des Lieferanten zu Tiefstpreisen (vgl OLG Hamburg GRUR-RR 2002, 39) oder in beschädigtem oder verschmutztem Zustand. Weiter gehört hierher die Drohung, eine berechtigte Forderung des Lieferanten **nicht zu erfüllen,** etwa Rechnungen des Lieferanten eigenmächtig zu kürzen oder einseitig Zahlungsziele zu verlängern (vgl OLG Hamm WRP 2002, 747; OLG Zweibrücken GRUR-RR 2003, 17, 18; *Köhler* WRP 2005, 645, 649). – Für die lauterkeitsrechtliche Bewertung spielt es keine Rolle, ob der Nachfrager die Einkaufsvorteile an die Verbraucher weitergibt, in den Betrieb investiert oder seinem Privatvermögen zuführt (BGH GRUR 1977, 619, 621 f – *Eintrittsgeld*). – Zur Anwendung des **§ 4 Nr 10** vgl Rdn 10.130 ff.

1.70 d) **Wirtschaftlicher oder rechtlicher Druck auf Verbraucher.** Dabei ist zu unterscheiden, ob der Verbraucher erst eine vertragliche Beziehung zum Unternehmer anstrebt oder bereits in einer vertraglichen Beziehung zum Unternehmer steht.

1.71 aa) **Angestrebte Vertragsbeziehung.** Eine wirtschaftliche Machtposition des Unternehmers setzt voraus, dass der Verbraucher auf einen Vertragsschluss mit ihm angewiesen ist. Das erfordert idR eine **marktbeherrschende Stellung** des Unternehmers. Sie ist insbes dann gegeben, wenn dem Unternehmer ein gesetzliches Monopol für die betreffenden Waren oder Dienstleistungen zugewiesen ist. Ausgenutzt wird eine solche wirtschaftliche Machtposition in zwei Fällen: Zum einen dann, wenn der Unternehmer den Verbraucher zum **zusätzlichen Bezug von Waren oder Dienstleistungen** veranlassen will, „die weder sachlich noch nach Handelsbrauch in Beziehung zum Vertragsgegenstand stehen" (vgl Art 101 I lit e, Art 102 S 2 lit d AEUV); zum anderen dann, wenn der Unternehmer **Allgemeine Geschäftsbedingungen** durchsetzen will, die ungünstiger sind, als sie sich bei wirksamem Wettbewerb ergäben (§ 19 IN Nr 2 GWB; Art 102 S 2 lit a AEUV) oder als sie das Unternehmen auf vergleichbaren Märkten fordert (§ 19 II Nr 4 GWB). Derartige Fälle sind allerdings, sofern keine besonderen unlauterkeitsbegründenden Umstände hinzutreten, nur nach dem Kartellrecht zu beurteilen. Die bloße Tatsache, dass ein Unternehmer iSd §§ 307 ff BGB unwirksame AGB verwenden will, indiziert weder eine wirtschaftliche Überlegenheit noch eine Ausübung von Druck. Die Verwendung **unwirksamer**

AGB ist daher lauterkeitsrechtlich nach anderen Maßstäben zu beurteilen. Dazu § 4 Rdn 11.156 c ff).

bb) Bestehende Vertragsbeziehung. Eine auf Grund einer Vertragsbeziehung bestehende **1.72** rechtliche Überlegenheit setzt voraus, dass der Verbraucher auf die vertraglich vereinbarten Leistungen des Unternehmers angewiesen ist, weil und soweit er dafür nicht oder nicht rasch genug auf einen anderen Unternehmer ausweichen kann. Zur Ausübung von Druck wird diese Überlegenheit ausgenutzt, wenn der Verbraucher mit irgendwelchen Nachteilen rechnen muss, falls er die vom Unternehmer angestrebte geschäftliche Entscheidung nicht trifft. Das ist insbes, aber nicht nur der Fall, wenn der Unternehmer „belastende oder unverhältnismäßige Hindernisse nicht vertraglicher Art" errichtet, mit denen er „den Verbraucher an der Ausübung seiner vertraglichen Rechte zu hindern versucht, wozu auch das Recht gehört, den Vertrag zu kündigen oder zu einem anderen Produkt oder einem anderen Gewerbetreibenden zu wechseln (Art 9 lit d UGP-Richtlinie). Solche Maßnahmen verfälschen zugleich den Wettbewerb zwischen den betreffenden Anbietern. **Beispiele:** Ein Versicherungsunternehmen nutzt die Scheu von Unfallgeschädigten vor langwierigen Auseinandersetzungen, welche die rasche und einfache Schadensregulierung gefährden könnten, dazu aus, deren Nachfrage (zB nach Ersatzwagen; Reparaturwerkstätten) zum Vorteil bestimmter Anbieter zu beeinflussen (OLG Düsseldorf WRP 1995, 639, 643). – Ein Augenfacharzt leitet die von ihm ausgestellten Rezepte mittels Rohrpost einem Optikergeschäft im selben Hause zu (ÖOGH ÖBl 1977, 35 – *Rohrpostanlage*). – Ein Arzt sammelt von ihm ausgestellte Rezepte und übergibt sie unmittelbar einer Apotheke in der Absicht, deren Wettbewerb zu fördern, zur Auslieferung der Arzneimittel an die Patienten (OLG Frankfurt GRUR 1978, 541). In diesen Fällen werden die Patienten sich scheuen, die Rezepte herauszuverlangen, um einen Optiker oder Apotheker ihrer Wahl aufzusuchen, so dass sie in ihrer Fähigkeit, eine informierte Entscheidung zu treffen, und in ihrer Entscheidungsfreiheit beeinträchtigt werden.

3. Ausnutzung moralischer Macht

a) Beschreibung. Eine Machtposition iSd Art 2 lit j UGP-Richtlinie kann sich auch in einer **1.73** moralischen Macht des Unternehmers gegenüber dem Verbraucher bestehen. Sie ist gegeben, wenn der Verbraucher sich aus moralischen (sittlichen) Erwägungen zur Unterstützung der Person oder der Zwecke eines bestimmten Unternehmers verpflichtet glaubt. Sie kann **strukturell bedingt** sein. Ein Beispiel dafür sind **gemeinnützige Organisationen,** die in ihrer Werbung darauf hinweisen, dass sie mit dem Erlös aus dem Verkauf von bestimmten Waren bestimmte mildtätige Zwecke fördern. Sie kann aber auch **situationsbedingt** gegeben sein. So wenn ein Unternehmer sich erkennbar in einer Notlage befindet und daher auf Käufe angewiesen ist. Grds kann auch eine **vorherige unentgeltliche Zuwendung** eine moralische Macht gegenüber dem Verbraucher begründen, weil er sich aus einem Gefühl der Dankbarkeit heraus zum Erwerb einer Ware oder Dienstleistung verpflichtet glauben kann. Eine solche moralische Macht wird vom Unternehmer zur **Ausübung von Druck ausgenutzt,** wenn er den Verbrauchern oder sonstigen Marktteilnehmern ausdrücklich oder stillschweigend zu verstehen gibt, sie würden sich **unmoralisch** (unsozial, unsolidarisch, undankbar) verhalten, wenn sie ihn oder sein Anliegen nicht durch einen Kauf unterstützen würden. Ein Beispiel dafür bildet der Tatbestand der Nr 30 Anh zu § 3 III („ausdrückliche Angabe, dass der Arbeitsplatz oder Lebensunterhalt des Unternehmers gefährdet sei, wenn der Verbraucher die Ware oder Dienstleistung nicht abnehme").

b) Weitere Voraussetzungen der Unlauterkeit. Die Ausübung von moralischem Druck **1.74** muss in einer Weise erfolgen, die die Fähigkeit des Verbrauchers zu einer informierten Entscheidung wesentlich beeinträchtigt und die geeignet ist, die Entscheidungs- oder Verhaltensfreiheit des Durchschnittsverbrauchers erheblich zu beeinträchtigen. Ob dies der Fall ist, beurteilt sich nach den **Umständen des Einzelfalls.** Dabei ist insbes auf „Zeitpunkt, Ort, Art oder Dauer" der Beeinflussung (Art 9 lit a UGP-Richtlinie) sowie auf die „Ausnutzung von Umständen von solcher Schwere, dass sie das Urteilsvermögen der Verbraucher beeinträchtigen" (Art 9 lit c UGP-Richtlinie) abzustellen. Ein Indiz kann weiter die „Verwendung ... beleidigender Formulierungen oder Verhaltensweisen" (Art 9 lit b UGP-Richtlinie) sein. Auch kann es eine Rolle spielen, ob ein ausdrücklicher moralischer Appell an den Verbraucher gerichtet wird, eine bestimmte Kaufentscheidung zu treffen, oder ob der Verbraucher nur auf Grund der Umstände sich einem moralischen Vorwurf ausgesetzt sieht, falls er die gewünschte Kaufentscheidung nicht trifft. Maßgebend für die lauterkeitsrechtliche Beurteilung ist die Intensität oder Nachhaltigkeit des moralischen Drucks.

1.75 **c) Beispiele. aa) Appell an die Solidarität.** Wird direkt oder indirekt ein Appell an die Solidarität mit dem Unternehmer oder mit Dritten gerichtet, hängt die lauterkeitsrechtliche Beurteilung ua davon ab, in welchem Verhältnis der Umworbene zu dem Werber (Mitschüler, Arbeitskollegen, Glaubensgenossen, Vereinskameraden, Verwandte, Nachbarn usw) steht, unter welchen Umständen (Zeit, Ort, Dauer) die Werbung erfolgt und mit welchen Mitteln (persönliche Ansprache; Telefonanruf; Brief; E-Mail) der Werber arbeitet (vgl *Steinbeck* WRP 2008, 865, 870). Erhebt bspw ein Veranstalter von „Kaffeefahrten" gegenüber kaufunwilligen Teilnehmern im Beisein der anderen den Vorwurf, sie würden auf Kosten der anderen, die mit ihrem Kauf einen Beitrag zur Deckung der Unkosten leisteten, „schmarotzen", liegt ohne Weiteres eine moralische Druckausübung vor (arg Art 9 lit b UGP-Richtlinie). – Veranstaltet ein Spielzeughersteller zur Förderung seines Absatzes einen Kindergarten-Malwettbewerb, bei dem möglichst viele Kinder teilnehmen sollen und die Geschenke dem Kindergarten zugute kommen, handelt es sich noch nicht um einen unlauteren moralischen Kaufzwang. Denn die Maßnahme mag zwar die Eltern dazu veranlassen, ihre Kinder an dem Malwettbewerb teilnehmen zu lassen, um dem Vorwurf mangelnder Hilfsbereitschaft und fehlender Solidarität mit der Gemeinschaft des Kindergartens zu entgehen. Auch mögen sich die Kinder bei dem Wettbewerb intensiv mit den Spielzeugen des Herstellers befassen und dementsprechend ihre Eltern nachhaltig zum Kauf gerade dieser Figuren anregen. Dies reicht aber aus heutiger Sicht nicht aus, um die Eltern derart unter Druck zu setzen, dass sie iErg gezwungen sind, Produkte des Veranstalters zu erwerben (anders noch BGH GRUR 1979, 157, 158 – *Kindergarten-Malwettbewerb*). Anders verhält es sich, wenn Kinder unmittelbar dazu aufgefordert werden, ihre Eltern zum Kauf von beworbenen Produkten zu veranlassen (Nr 28 Anh zu § 3 III). – Wirbt ein Unternehmen gegenüber Schülern für seine Produkte mit Punkten, die in der Schule gesammelt werden sollen und für die es Prämien (zB verbilligte Klassenreisen; Spende von Sportgeräten) gibt, schafft dies dagegen einen **Gruppenzwang** zu solidarischem Verhalten innerhalb der Klassen. Dieser Druck kann von den Schülern an die Eltern weitergegeben werden. Das kann zu einer unangemessenen unsachlichen Beeinträchtigung der Entscheidungsfreiheit der Schüler und ihrer Eltern führen (BGH GRUR 2008, 183 Tz 19 ff – *Tony Taler*; OLG Celle GRUR-RR 2005, 387, 388). – Der bloße Appell an die Hilfsbereitschaft und Solidarität gegenüber einer unbestimmten Vielzahl von Verbrauchern (zB Werbung für Blindenwaren; Werbung mit dem Versprechen, einen Teil des Verkaufserlöses für gute Zwecke zur Verfügung zu stellen) reicht im Allg dagegen noch nicht aus, um eine moralische Zwangslage zu schaffen (dazu Rdn 1.233).

1.76 **bb) Appell an die Dankbarkeit.** Grds kann auch eine **vorherige unentgeltliche Zuwendung** eine moralische Macht gegenüber dem Verbraucher begründen (Rdn 1.73), weil sie beim Verbraucher ein Gefühl der Dankbarkeit auslösen kann, das ihn wiederum zu einem Kauf veranlassen kann. Die unentgeltliche Zuwendung stellt indessen noch **keine Druckausübung** dar, sondern ermöglicht sie allenfalls. – Unter der Geltung des UWG 1909 wurde allerdings ein unzulässiger **„psychischer Kaufzwang"** bereits dann angenommen, wenn die umworbenen Verbraucher durch die Vergünstigung in eine psychische Situation geraten, in der sie es als unanständig oder jedenfalls peinlich empfinden, nichts zu kaufen. Sie könnten das Gefühl haben, sich wegen der gewährten Zuwendung erkenntlich zeigen zu müssen, und hätten daher Hemmungen, nichts zu kaufen. Die Ware oder Dienstleistung werde dann nicht wegen ihrer Qualität oder Preiswürdigkeit, sondern aus einem Gefühl der Dankbarkeit heraus „anstandshalber" gekauft (BGH WRP 1998, 162, 163 – *Erstcoloration;* BGH GRUR 1998, 735, 736 – *Rubbelaktion;* BGH GRUR 2000, 820, 821 – *Space Fidelity Peep-Show;* BGH GRUR 2002, 1000, 1002 – *Testbestellung;* BGH GRUR 2003, 804, 805 – *Foto-Aktion*). Dass sich Kunden zu einem bloßen Gelegenheits- oder Verlegenheitskauf bemüßigt fühlen können, reichte allerdings nicht aus (BGH GRUR 2000, 820, 822 – *Space Fidelity Peep-Show*); ebenso wenig, dass sie aus Bequemlichkeit oder sonstigen praktischen Gründen (Portokosten) eine nur zur Ansicht bestellte Ware nicht zurückschicken und damit kaufen (BGH GRUR 2002, 1000, 1002 – *Testbestellung*). Auch wurde ein psychischer Kaufzwang regelmäßig verneint, wenn kein persönlicher Kontakt zwischen dem Werbenden oder seinem Personal und dem Kunden stattfindet oder jedenfalls nicht erforderlich ist, der Kunde also nicht aus seiner Anonymität heraustreten muss. Denn dann braucht der Kunde dem Verkäufer nicht in für ihn peinlicher Weise zu erklären, weshalb er zwar die Zuwendung in Anspruch nimmt, aber gleichwohl vom Kauf absieht. So etwa, wenn das ganze Geschäft auf dem Postweg abgewickelt wird (BGH GRUR 2002, 1000, 1002 – *Test-*

bestellung), wenn – wie insbes bei der Teilnahme an Gewinnspielen – der Kunde das Geschäftslokal gar nicht aufsuchen muss (BGH GRUR 1998, 735, 736 – *Rubbelaktion*) oder wenn er nach dem Zuschnitt des Geschäftslokals, wie etwa bei einem Discounter, typischerweise nicht mit einer Ansprache oder gar Bearbeitung durch das Verkaufspersonal rechnen muss (BGH GRUR 2000, 820, 821 – *Space Fidelity Peep-Show*). Im Übrigen stellte die Rspr auf den Anlass und den Wert einer Zuwendung, die Art des Vertriebs, den angesprochenen Personenkreis sowie die begleitende Werbung ab (BGH GRUR 1973, 418 – *Das goldene A;* BGH GRUR 1998, 1037, 1038 – *Schmuck-Set;* BGH GRUR 2002, 1000, 1002 – *Testbestellung*).

An der Rechtsfigur des **„psychischen Kaufzwangs"** ist unter dem UWG 2008 **nicht festzuhalten.** Es ist schon fraglich, ob in der heutigen Zeit eine unentgeltliche Zuwendung überhaupt geeignet ist, einen derartigen „psychischen Kaufzwang" iSd früheren Rspr zu begründen. So wird angenommen, dass angesichts der massenhaften Verbreitung von kostenlosen Zuwendungen und der Gewöhnung der Verbraucher an diese Werbemethode in heutiger Zeit ein psychischer Kaufzwang praktisch nicht mehr vorkomme, jedenfalls empirisch nicht feststellbar sei (*Berlit* WRP 2001, 349, 352; *Weiler* WRP 2002, 871; *Piper/Ohly/Sosnitza* § 4.1 Rdn 1/26; vgl aber *Steinbeck* WRP 2008, 865, 870). Jedenfalls scheidet die Anwendung des § 4 Nr 1 schon deshalb aus, weil es an einer Ausnutzung einer moralischen Macht zur Ausübung von Druck fehlt und darüber hinaus auch die Entscheidungsfreiheit eines durchschnittlichen Verbrauchers nicht erheblich beeinträchtigt wird. 1.77

Eine **„unangemessene unsachliche Beeinflussung der Entscheidungsfreiheit"** durch eine unentgeltliche Zuwendung kommt daher nur in Betracht, wenn der Unternehmer (1) einen moralischen Druck ausübt, also den Verbrauchern zu verstehen gibt, sie würden sich undankbar verhalten, wenn sie ihn oder sein Anliegen nicht durch einen Kauf unterstützen würden, und wenn (2) dieser Druck so stark ist, dass dadurch ihre Entscheidungsfreiheit beeinträchtigt wird. Dies ist allenfalls in zwei Fällen anzunehmen: Zum einen dann, wenn der Kunde ohne sein Zutun und Wissen in eine Situation der persönlichen Kontrolle seines Verhaltens gerät, etwa wenn der Kunde glaubt, die Zuwendung anonym in Anspruch nehmen zu können, dann aber überraschend vom Verkäufer kontaktiert und unter Druck gesetzt wird **(Überraschungskontakt).** Zum anderen dann, wenn der Kunde sich der Beeinflussung durch das Verkaufspersonal, wie etwa bei einer Kaffeefahrt, nicht mehr ohne weiteres entziehen kann **(Zwangskontakt).** 1.78

4. Ausnutzung situationsbedingter Überlegenheit

a) Beschreibung. Eine Machtposition iSd Art 2 lit j UGP-Richtlinie kann sich auch aus einer situationsbedingten Überlegenheit des Unternehmers bzw Unterlegenheit des Verbrauchers ergeben (Rdn 1.13). Sie muss allerdings so gravierend sein, dass das **Urteilsvermögen** des Verbrauchers dauernd oder vorübergehend **beeinträchtigt** ist (vgl Art 9 lit c UGP-Richtlinie). Dabei ist auch darauf abzustellen, ob die angesprochenen Verbraucher einer Gruppe besonders schutzbedürftiger Verbraucher angehören (Art 5 III 1 UGP-Richtlinie; § 3 II 3; § 4 Nr 2). Ob der Unternehmer diese Situation selbst geschaffen hat oder ob er sie nur beim Verbraucher vorfindet (zB bei Unfall, Krankheit, Übermüdung, Trunkenheit, Trauer, Schock), ist unerheblich. Der Unternehmer nutzt diese Überlegenheit aus, wenn er die Umstände kennt und bewusst dazu einsetzt, um den Verbraucher zu einer bestimmten geschäftlichen Entscheidung zu veranlassen. 1.79

b) Lauterkeitsrechtliche Beurteilung. Die Ausnutzung der situationsbedingten Überlegenheit muss, um den Tatbestand des § 4 Nr 1 zu erfüllen, in einer Weise erfolgen, die die Fähigkeit des Verbrauchers zu einer informierten Entscheidung wesentlich einschränkt und sie muss geeignet sein, die Entscheidungs- oder Verhaltensfreiheit des Verbrauchers erheblich zu beeinträchtigen und ihn dazu veranlassen, eine geschäftliche Entscheidung zu treffen, die er andernfalls nicht getroffen hätte. Dementsprechend muss die Druckausübung von einer gewissen Intensität oder Nachhaltigkeit geprägt sein. 1.80

c) Beispiele. Hierher gehören insbes die Fälle der **Überrumpelung** des Verbrauchers in einer ihn belastenden Situation. Unter diesem Gesichtspunkt (und nicht aus Gründen der Pietät usw) kann es daher gerechtfertigt sein, geschäftliche Hausbesuche aus Anlass eines **Trauerfalls** oder Besuche am **Krankenbett** lauterkeitsrechtlich nach §§ 3, 4 Nr 1 zu unterbinden (dazu auch MünchKommUWG/*Heermann* § 4 Nr 1 Rdn 86 ff). Daneben kommt in solchen Fällen noch ein Verstoß gegen das Verbot der unzumutbaren Belästigung (§ 7) in Betracht. – Eine Überrumpelung liegt aber nicht schon dann vor, wenn der Verbraucher in einer Situation angesprochen wird, in der er nicht darauf vorbereitet ist, eine geschäftliche Entscheidung zu 1.81

treffen (zB bei einem unangemeldetem Hausbesuch oder bei einem überraschenden Ansprechen am Arbeitsplatz oder in der Öffentlichkeit); insoweit ist der Verbraucher durch § 7 und durch die Vorschriften über Haustürgeschäfte (§ 312 BGB) ausreichend geschützt. – Liegt eine **Zwangslage** (dazu § 4 Rdn 2.57 ff) vor, so greift bereits **§ 4 Nr 2** ein. – Zur Gefahr der unangemessenen unsachlichen Beeinflussung bei Sonderangeboten, die so kurz befristet sind, dass der Verbraucher keinen Vergleich mehr vornehmen kann, vgl Rdn 1.126, 1.129.

F. Geschäftliche Relevanz

I. Das Verhältnis des § 4 Nr 1 zu § 3 I

1.82 Der Tatbestand des § 4 Nr 1 füllt – wie alle anderen Beispielstatbestände des § 4 auch – lediglich das Tatbestandsmerkmal der Unlauterkeit in **§ 3 I** aus. Die nach § 4 Nr 1 unlautere geschäftliche Handlung muss also, um unzulässig zu sein, darüber hinaus geeignet sein, die Interessen von Mitbewerbern, Verbrauchern oder sonstigen Marktteilnehmern spürbar zu beeinträchtigen.

II. Geschäftliche Relevanz als ungeschriebenes Tatbestandsmerkmal des § 4 Nr 1

1.83 § 4 Nr 1 dient der Umsetzung von Art 8 UGP-Richtlinie. Nach dieser Vorschrift ist aber zusätzlich erforderlich, dass der Verbraucher durch die geschäftliche Handlung „**tatsächlich oder voraussichtlich dazu veranlasst wird, eine geschäftliche Entscheidung zu treffen, die er andernfalls nicht getroffen hätte**". Dieses Erfordernis der geschäftlichen Relevanz ist zweckmäßigerweise bereits als ungeschriebenes Tatbestandsmerkmal im Rahmen von § 4 Nr 1 zu berücksichtigen, zumal die Rspr zu § 5 genauso verfährt (BGH GRUR 2009, 888 Tz 18 – *Thermoroll*). Dagegen ist nicht § 3 II 1 heranzuziehen, da es sich dabei um einen völlig selbstständigen Verbotstatbestand handelt, der der Umsetzung von Art 5 II UGP-Richtlinie dient. – Geschäftliche Relevanz ist idR dann anzunehmen, wenn die Handlung geeignet ist, den Verbraucher zu einer geschäftlichen Entscheidung zu veranlassen, die er sonst nicht getroffen hätte. Ist geschäftliche Relevanz in diesem Sinne gegeben, so liegt stets auch eine spürbare Beeinträchtigung der Interessen der Verbraucher (oder sonstigen) Marktteilnehmer iSd § 3 I vor. Eine gesonderte Prüfung des Spürbarkeitserfordernisses ist daher entbehrlich.

4. Abschnitt. Verkaufsförderungsmaßnahmen

Schrifttum: *Berlit*, Auswirkungen der Aufhebung des Rabattgesetzes und der Zugabeverordnung auf die Auslegung von § 1 UWG und § 3 UWG, WRP 2001, 349; *Berneke*, Zum Lauterkeitsrecht nach einer Aufhebung von Zugabeverordnung und Rabattgesetz, WRP 2001, 615; *Bülow*, Kein Abschied vom psychischen Kaufzwang, WRP 2005, 954; *Cordes*, Die Gewährung von Zugaben und Rabatten und deren wettbewerbsrechtliche Grenzen nach Aufhebung von Zugabeverordnung und Rabattgesetz, WRP 2001, 867; *Eppe*, Zugaben und Rabatte im Anwendungsbereich des UWG, Diss Münster 2003; *ders*, Der lauterkeitsrechtliche Tatbestand des übertriebenen Anlockens im Wandel – am Beispiel der Wertreklame, WRP 2004, 153; *Fezer*, Modernisierung des deutschen Rechts gegen den unlauteren Wettbewerb auf der Grundlage einer Europäisierung des Wettbewerbsrechts, WRP 2001, 989; *Freytag/Gerlinger*, Kombinationsangebote im Pressemarkt, WRP 2004, 537; *Heermann*, Rabattgesetz und Zugabeverordnung ade!, WRP 2001, 855; *Heermann/Ruess*, Verbraucherschutz nach RabattG und ZugabeVO – Schutzlücke oder Freiheitsgewinn?, WRP 2001, 883; *Kleinmann*, Rabattgestaltung durch marktbeherrschende Unternehmen, EWS 2002, 466; *Köhler*, Rabattgesetz und Zugabeverordnung: Ersatzlose Streichung oder Gewährleistung eines Mindestschutzes für Verbraucher und Wettbewerber?, BB 2001, 265; *ders*, Kopplungsangebote (einschließlich Zugaben) im geltenden und künftigen Wettbewerbsrecht, GRUR 2003, 729; *ders*, Kartellrechtliche Aspekte von Kundenbindungssystemen – oder vom Wettbewerb der Produkte zum Wettbewerb der Vergünstigungen, BB 2001, 1157; *ders*, Zugaben – die Rechte des Verbrauchers und die Risiken des Handels, BB 2001, 1589; *ders*, Zum Anwendungsbereich der §§ 1 und 3 UWG nach Aufhebung von RabattG und ZugabeVO, GRUR 2001, 1067; *Lange/Spätgens*, Rabatte und Zugaben im Wettbewerb, 2001; *Meyer*, Rabatt- und Zugabe-Regulierung auf dem Prüfstand, GRUR 2001, 98; *Nordemann*, Wegfall von Zugabeverordnung und Rabattgesetz, NJW 2003, 2505; *Ohly*, Die wettbewerbsrechtliche Beurteilung von Gesamtpreisangeboten, NJW 2003, 2135; *Pluskat*, Das kombinierte Warenangebot als zulässiges verdecktes Kopplungsgeschäft, WRP 2001, 1262; *dies*, Zur Zulässigkeit von Kopplungsgeschäften, WRP 2002, 1381; *dies*, Kopplungsangebote und kein Ende, WRP 2004, 282; *Ruttig*, „Verkaufsverlosungen": Verkaufsförderung zwischen Gewinnspiel und Sonderangebot, WPR 2005, 925; *Scherer*, Abschied vom „psychischen Kaufzwang" – Paradigmenwechsel im neuen Unlauterkeitsrecht, WRP 2005, 672; *Schmits*, „Übertriebenes Anlocken" und „psychologischer Kaufzwang" durch Gewinnspiele?, NJW

2003, 3034; *Schricker/Henning-Bodewig,* Elemente einer Harmonisierung des Rechts des unlauteren Wettbewerbs in der Europäischen Union, WRP 2001, 1367; *Seichter,* „20% auf alles – nur heute!" – Zur wettbewerbsrechtlichen Beurteilung von kurzfristigen Rabattaktionen, WRP 2006, 628; *Steinbeck,* Die Dreieckskopplung – ein Fall des übertriebenen Anlockens, GRUR 2005, 15; *dies,* Übertriebenes Anlocken, psychischer Kaufzwang etc. ... gibt es sie noch?, GRUR 2005, 540; *Steingass/Teworte,* Stellung und Reichweite des Transparenzgebots im neuen UWG, WRP 2005, 676; *Weiler,* Psychischer Kaufzwang – Ein Abschiedsplädoyer, WRP 2002, 871.

A. Allgemeines

I. Vorbemerkung

Verkaufsförderungsmaßnahmen wurden in der Vergangenheit von Rspr und Schrifttum vor allem im Zusammenhang mit § 4 Nr 1 erörtert. Dies rechtfertigt es, sie vorläufig weiterhin in der Kommentierung dieser Vorschrift zu behandeln, mögen sich auch unter dem Einfluss des Art 5 II und der Art 5 IV, Art 6–9 UGP-Richtlinie die Beurteilungsmaßstäbe wesentlich geändert haben. **1.84**

II. Begriff, Erscheinungsformen und wirtschaftliche Bedeutung von Verkaufsförderungsmaßnahmen

1. Begriff

Verkaufsförderungsmaßnahmen sind alle zur Förderung des Absatzes von Waren oder Dienstleistungen gewährten **geldwerten Vergünstigungen,** die die Kaufentscheidung der Verbraucher oder sonstigen Marktteilnehmer beeinflussen können (vgl BGH GRUR 2009, 1064 Tz 22 – *Geld-zurück-Garantie II*). Der Begriff der Verkaufsförderungsmaßnahmen (sales promotion) wird erstmals in § 4 Nr 4 UWG 2004 erwähnt und geht auf Art 6 lit c Richtlinie 2000/31/EG über den elektronischen Geschäftsverkehr zurück. Er ist an die Stelle des früher verwendeten Begriffs der **Wertreklame** getreten (vgl BGH GRUR 2004, 602, 603 – *20 Minuten Köln*). – Im weiteren (betriebswirtschaftlichen) Sinne sind unter Verkaufsförderungsmaßnahmen alle Aktivitäten mit Aktionscharakter zu verstehen, die der Aktivierung der Marktteilnehmer (Händler, sonstige Vertriebsorgane, Kunden) zur Erhöhung des Absatzes dienen. **1.85**

2. Erscheinungsformen

Typische Maßnahmen der Verkaufsförderung sind, wie sich aus § 4 Nr 4 und 5 ergibt, **Preisnachlässe, Zugaben, Geschenke, Preisausschreiben** und **Gewinnspiele.** Diese Aufzählung ist jedoch nur beispielhaft. Erfasst werden alle sonstigen Erscheinungsformen geldwerter Vergünstigungen, insbes die sog **Kopplungsangebote** (vgl BGHZ 151, 84 = GRUR 2002, 976, 978 – *Kopplungsangebot I*). Verkaufsförderungsmaßnahmen stellen aber auch sonstige **aleatorische Reize** (vgl BGH GRUR 2009, 875 Tz 12 – *Jeder 100. Einkauf gratis*) oder Maßnahmen der **Kundenbindung** dar. Weiter gehören hierher sonstige kaufunabhängige Vergünstigungen, wie zB die kostenlose Beförderung zum Geschäftslokal, die Bereitstellung kostenloser Parkplätze und die kostenlose Bewirtung. **1.86**

3. Wirtschaftliche Bedeutung

Verkaufsförderungsmaßnahmen sind ein beliebtes und wirksames Mittel der Absatzsteigerung. Unternehmen können dadurch ihren Bekanntheitsgrad steigern, Sympathien gewinnen, vorhandene Kunden binden und neue Kunden gewinnen. Sie bieten sich insbes dann an, wenn es um das Eindringen in einen neuen Markt mit hohen Marktzutrittsschranken geht (vgl BGH GRUR 2002, 976, 978 – *Kopplungsangebot I* sowie BGH GRUR 2002, 979, 981 – *Kopplungsangebot II*) oder wenn ein Preiswettbewerb bei der Hauptleistung nicht möglich (vgl BGHZ 139, 368, 372 – *Handy für 0,00 DM*) oder (zB aus Gründen der Markenpflege) nicht wünschenswert ist. **1.87**

III. Frühere lauterkeitsrechtliche Beurteilung

1. Beurteilung nach dem UWG 1909

Verkaufsförderungsmaßnahmen galten in der Vergangenheit als wettbewerbsrechtlich bedenklich (ausführlich dazu 28. Aufl § 4 Rdn 1.41, 1.42). „Wertreklame" war gleichbedeutend mit „Kundenbestechung" (vgl Baumbach/Hefermehl, 22. Aufl, § 1 UWG 1909 Rdn 85). Zugaben **1.88** und Rabatte waren bis 2001 nach der ZugabeVO und dem RabattG ohnehin grundsätzlich verboten. Sonstige Verkaufsförderungsmaßnahmen wurden nach der Generalklausel des § 1 UWG 1909 beurteilt. Mit dem Urteil der Sittenwidrigkeit wegen „psychologischen Kaufzwangs" oder „übertriebenen Anlockens" war die Rspr schnell bei der Hand. Der Kunde würde durch solche Maßnahmen davon abgehalten, das Angebot näher auf Preiswürdigkeit und Qualität im Vergleich zu Konkurrenzangeboten zu prüfen, und sich zum Kauf in erster Linie deshalb entschließen, um in den Genuss der Vergünstigung zu kommen. Dies widerspreche den Grundsätzen des Leistungswettbewerbs und der Funktion des Verbrauchers in dieser Ordnung (vgl etwa BGH GRUR 1976, 637, 639 – *Rustikale Brettchen* zu „branchenfremden Kopplungsangeboten). Auch bestehe, insbes bei Zugaben und sonstigen Kopplungsangeboten, ein erhebliches Irreführungs- und Preisverschleierungspotenzial.

1.89 Erst allmählich lockerte sich diese Strenge unter dem Einfluss des europäischen Verbraucherleitbilds, der Aufhebung des RabattG und der ZugabeVO sowie der Rezeption des kartellrechtlichen Leitbilds des freien und funktionsfähigen Wettbewerbs. Die endgültige Wende brachte die beiden „Kopplungsangebot-Entscheidungen des BGH aus dem Jahr 2002 (BGH GRUR 2002, 976 – *Kopplungsangebot I;* BGH GRUR 2002, 979 – *Kopplungsangebot II).* Der BGH beschränkt sich darin auf „eine Art Missbrauchskontrolle, die sich nicht allein auf § 3 UWG und § 1 PAngV, sondern unmittelbar auf § 1 UWG stützen" könne. Diese Kontrolle müsse sich an den Gefahren orientieren, die von derartigen Geschäften für den Verbraucher ausgehe. Im Vordergrund stehe dabei der Schutz vor Täuschung sowie die Sicherung der Transparenz des Angebots und der Rationalität der Nachfrageentscheidung. Die Grenze des Zulässigen sei aber erst dann überschritten, wenn vom Kopplungsangebot eine **so starke Anlockwirkung ausgehe, dass auch bei einem verständigen Verbraucher die Rationalität der Nachfrageentscheidung vollständig in den Hintergrund trete.** Das sei nur dann anzunehmen, wenn ein verständiger Verbraucher sich zum Abschluss des beworbenen Kopplungsgeschäfts bewegen lasse und dabei – blind für die mit dem Geschäft möglicherweise verbundenen wirtschaftlichen Belastungen – allein von dem Wunsch beherrscht werde, in den Genuss der versprochenen Vergünstigung zu gelangen. Zwar könne dieser Gesichtspunkt die Wettbewerbswidrigkeit eines Kopplungsangebots immer noch – etwa im Falle einer auf besonders schutzbedürftige Verbraucherkreise gerichteten Werbung – begründen. Im Allgemeinen sei aber davon auszugehen, dass der verständige Verbraucher mit den Marktgegebenheiten vertraut sei und sich nicht vorschnell durch das Angebot einer besonderen Vergünstigung verleiten lasse.

2. Beurteilung nach dem UWG 2004

1.90 An denen zu § 1 UWG 1909 entwickelten Grundsätzen hielt die Rspr auch nach dem Inkrafttreten der UWG-Novelle 2004 fest, zumal sie in der *Amtlichen Begründung* (BT-Drucks 15/1487 S 17) bestätigt wurden. Als Beurteilungsmaßstab dienten der Rspr seither neben dem Irreführungsverbot des § 5 UWG und den Transparenzgeboten des § 4 Nr. 4, 5 und 6 UWG und der PAngV insbesondere § 4 Nr. 1, 2 und 10 UWG (BGH GRUR 2007, 981 Tz 33 – *150% Zinsbonus;* BGH GRUR 2009, 875 Tz 11, 12 – *Jeder 100. Einkauf gratis;* BGH GRUR 2009, 1064 Tz 27 ff – *Geld-zurück-Garantie II;* BGH GRUR 2010, 455 Tz 17 – *Stumme Verkäufer II).* Allerdings wurde seinerzeit nicht ausdrücklich geprüft, ob Verkaufsförderungsmaßnahmen gegenüber Verbrauchern überhaupt deren Entscheidungsfreiheit beeinträchtigen können.

IV. Die Vorgaben der UGP-Richtlinie

1. Bedeutung der UGP-Richtlinie

1.91 Das UWG ist seit dem 12. 12. 2007 im Lichte der UGP-Richtlinie auszulegen (BGH GRUR 2008, 807 Tz 9 – *Millionen-Chance).* Daher ist zu fragen, welche Beurteilungsmaßstäbe die UGP-Richtlinie für Verkaufsförderungsmaßnahmen vorsieht. Die UGP-Richtlinie verwendet den Begriff der Verkaufsförderungsmaßnahmen – anders als Art 6 lit c Richtlinie 2000/31/EG über den elektronischen Geschäftsverkehr – nicht. Sie enthält auch keine allgemeinen Regelungen, sondern nur punktuelle Bestimmungen über einzelne Verkaufsförderungsmaßnahmen, wie zB in Art 6 lit d UGP-Richtlinie oder in den Nr 5, 7, 19 und 31 Anh I UGP-Richtlinie. Das hat seinen Grund darin, dass im Zeitpunkt des Erlasses der Richtlinie noch der **Vorschlag** der Kommission für eine **Verordnung über Verkaufsförderungsmaßnahmen im Binnenmarkt** (KOM [2001] 546 endg; KOM [2002] 585 endg) vorlag. Dieser Vorschlag ging von der grundsätzlichen Zulässigkeit von Verkaufsförderungsmaßnahmen aus, stellte aber für sie aber sehr detaillierte Informationspflichten auf. Der Richtliniengeber hatte daher keinen Anlass, seinerseits tätig zu werden. Insoweit ließe sich von einer anfänglichen Regelungslücke sprechen. Allerdings hat die Kommission ihren Vorschlag im Jahre 2006 zurückgezogen. Damit wurde der Weg frei, Verkaufsförderungsmaßnahmen vollständig den Bestimmungen der UGP-Richtlinie zu unterwerfen. Dementsprechend sind **Verkaufsförderungsmaßnahmen** als **Geschäftspraktiken** iSd Art 2 lit d UGP-Richtlinie anzusehen und fallen in den Anwendungsbereich der UGP-Richtlinie (EuGH GRUR 2010, 244 Tz 35–37 – *Plus Warenhandelsgesellschaft*). Sie sind daher **ausschließlich nach den Bestimmungen des Art 5 UGP-Richtlinie** zu beurteilen (EuGH GRUR 2010, 244 Tz 42 ff – *Plus Warenhandelsgesellschaft;* EuGH GRUR 2009, 599 Tz 50 – *VTB/Total Belgium u Galatea/Sanoma*).

2. Beurteilungsmaßstäbe der UGP-Richtlinie

a) Überblick. Verkaufsförderungsmaßnahmen sind aus der Sicht des Richtliniengebers trotz der von ihnen ausgehenden Anreize **grundsätzlich zulässig** (vgl Erwägungsgrund 6 S 5 UGP-Richtlinie: „anerkannte Werbe- und Marketingmethoden, wie ... Anreize, die auf rechtmäßige Weise die Wahrnehmung von Produkten durch den Verbraucher und sein Verhalten beeinflussen können, die jedoch seine Fähigkeit, eine informierte Entscheidung zu treffen, nicht beeinträchtigen"). Sie können den Wettbewerb auf den Märkten beleben und insbes dazu beitragen, Außenseitern den Marktzutritt zu erleichtern, wenn das Verbraucherverhalten durch ein gewisses Beharren gekennzeichnet ist (vgl BGH GRUR 2002, 976, 978 – *Kopplungsangebot I*). Ob sie im Einzelfall unlauter und damit verboten sind, beurteilt sich nach dem dreistufigen Unlauterkeitskonzept der UGP-Richtlinie. Es ist also zu fragen, ob eine unter allen Umständen unlautere Geschäftspraktik iS des Art 5 V UGP-Richtlinie iV mit Anhang I vorliegt, ob es sich um eine irreführende oder aggressive Geschäftspraktik iS der Art 5 IV, 6–9 UGP-Richtlinie handelt oder ob sie von der Generalklausel des Art 5 II UGP-Richtlinie erfasst wird. 1.92

b) Der Kontrollmaßstab des Anhangs I UGP-Richtlinie. Zu den per-se-Verboten der Schwarzen Liste, die sich auf Verkaufsförderungsmaßnahmen beziehen, gehören die Irreführungstatbestände der **Nrn 7, 19, 20, 31 Anh I UGP-Richtlinie**. Nach Nr 7 Anh I UGP-Richtlinie ist es unzulässig, wenn ein Anbieter die *falsche* Behauptung aufstellt, „dass das Produkt ... nur eine sehr begrenzte Zeit zu bestimmten Bedingungen verfügbar sein werde, umso den Verbraucher zu einer sofortigen Entscheidung zu verleiten, so dass er weder Zeit noch Gelegenheit hat, eine informierte Entscheidung zu treffen". – Nach Nr 19 Anh I UGP-Richtlinie ist es unzulässig, wenn Wettbewerbe oder Preisausschreiben angeboten werden, ohne dass die beschriebenen Preise oder ein angemessenes Entgelt vergeben werden. – Nach Nr 20 Anh I UGP-Richtlinie ist es unzulässig, ein Produkt als „gratis", „umsonst", „kostenfrei" oder Ähnliches zu beschreiben, obwohl der Verbraucher weitere Kosten als die Kosten zu tragen, die im Rahmen des Eingehens auf die Geschäftspraktik und für die Abholung oder Lieferung der Ware unvermeidbar sind. – Nach Nr 30 Anh I UGP-Richtlinie ist es unzulässig, den fälschlichen Eindruck zu erwecken, der Verbraucher habe bereits einen Preis gewonnen, werde einen Preis gewinnen oder werde durch eine bestimmte Handlung einen Preis oder einen sonstigen Vorteil gewinnen, obwohl es in Wirklichkeit diesen Preis nicht gibt oder diese Chancen von der Zahlung eines Betrags oder der Übernahme von Kosten abhängig gemacht sind. 1.93

c) Der Kontrollmaßstab der Art 6, 7 UGP-Richtlinie. Die Bestimmungen über irreführende Handlungen in **Art 6 I UGP-Richtlinie** sind grds auch auf Verkaufsförderungsmaßnahmen anzuwenden. Bezieht sich die Verkaufsförderungsmaßnahme auf bestimmte Waren oder Dienstleistungen (Zugaben, Geschenke, Preisausschreiben, Gewinnspiele usw), stellen sie „Produkte" iSv Art 6 I lit a und b UGP-Richtlinie dar. Bezieht sich die Aktion auf den Preis, ist Art 6 I lit d UGP-Richtlinie („Vorhandensein eines besonderen Preisvorteils") einschlägig. Werden den Verbrauchern Informationen über Verkaufsförderungsmaßnahmen vorenthalten oder unzureichend erteilt, ist dies nach **Art 7 I, II UGP-Richtlinie** zu beurteilen. Es muss sich also um wesentliche Informationen handeln, die der durchschnittliche Verbraucher benötigt, um eine informierte Entscheidung zu treffen. Im Falle der Aufforderung zum Kauf – also zB nicht bei bloßen Werbegeschenken – gelten die in Art 7 III genannten Informationen als wesentlich. Daran knüpfen sich schwierige Auslegungsfragen, wie zB ob zu den „wesentlichen Merkmalen" eines Produkts auch die Merkmale der Zugabe gehören. Das dürfte grds zu bejahen sein, allerdings nur in dem dafür „angemessenem Umfang". – Im elektronischen Geschäftsverkehr sind noch die speziellen Regelungen des Art 6 lit c und d Richtlinie über den elektronischen Geschäftsverkehr 2000/31/EG heranzuziehen. 1.94

1.95 **d) Der Kontrollmaßstab der Art 8, 9 UGP-Richtlinie.** Verkaufsförderungsmaßnahmen können allenfalls dann aggressive Geschäftspraktiken darstellen, wenn sie zu einer **„unzulässigen Beeinflussung"** des Verbrauchers iSd Art 8 UGP-Richtlinie iVm Art 2 lit j UGP-Richtlinie führen. Das würde die „Ausnutzung einer Machtposition gegenüber dem Verbraucher zur Ausübung von Druck" voraussetzen. Von Verkaufsförderungsmaßnahmen, die sich an die *Allgemeinheit* wenden, geht aber kein *Druck,* sondern lediglich ein *Anreiz* aus (vgl *Köhler* GRUR 2010, 177, 182). Der Anbieter befindet sich insoweit nicht in einer Machtposition gegenüber den Verbrauchern. Davon abgesehen führen Verkaufsförderungsmaßnahmen nicht zu einer wesentlichen Einschränkung der Fähigkeit des **Durchschnittsverbrauchers** zu einer informierten Entscheidung iSd Art 2 lit j UGP-Richtlinie. Vom Durchschnittsverbraucher ist vielmehr zu erwarten, dass er mit derartigen Kaufanreizen umgehen kann (vgl BGH GRUR 2009, 875 Tz 12 – *Jeder 100. Einkauf gratis*). Dies gilt im Regelfall auch dann, wenn die Verkaufsförderungsmaßnahme zeitlich sehr begrenzt ist und der Verbraucher „weder Zeit noch Gelegenheit hat, eine informierte Entscheidung zu treffen". (Nur im Fall unwahrer Angaben über die Befristung greift das per-se-Verbot der Nr 7 Anh I UGP-Richtlinie ein).

1.96 Daher kommt eine unzulässige Beeinflussung nur in eng begrenzten **Ausnahmefällen** in Betracht. Das wäre denkbar, wenn sich die Maßnahme an eine **Verbrauchergruppe** wendet, die auf Grund von geistigen oder körperlichen Gebrechen, Alter oder Leichtgläubigkeit im Hinblick auf solche Geschäftspraktiken besonders **schutzbedürftig** ist (Art 5 III 1 UGP-Richtlinie), wie insbes Kinder und Jugendliche. Denn insoweit besteht typischerweise eine strukturelle Überlegenheit und damit eine **Machtposition** des Unternehmers gegenüber solchen Verbrauchern (vgl Rdn 1.13; vgl auch Nr 28 Anh zu § 3 III). Allerdings müsste diese Machtposition zur Ausübung von Druck ausgenutzt werden. Dies wird aber idR nicht der Fall sein. Wohl aber kann es eine aggressive Geschäftspraktik darstellen, wenn aus Anlass der Verkaufsförderungsmaßnahme auf Verbraucher gezielt psychischer oder physischer Druck ausgeübt wird, um sie zum Kauf von sonstigen Waren oder Dienstleistungen zu veranlassen. Dann liegt aber bereits eine Nötigung vor.

1.97 **e) Der Kontrollmaßstab der Generalklausel des Art 5 II UGP-Richtlinie.** Als Auffangtatbestand zur Beurteilung von Verkaufsförderungsmaßnahmen kommt die Generalklausel des Art 5 II UGP-Richtlinie in Betracht (dazu *Köhler* GRUR 2010, 177, 181 ff; GRUR 2010, 767, 774). Allerdings ist dabei Zurückhaltung geboten, da Verkaufsförderungsmaßnahmen grds zulässig sind. Sind die Voraussetzungen einer irreführenden oder aggressiven Geschäftspraktik nicht erfüllt, kann nicht schon wegen der besonderen Anlockwirkung einer Verkaufsförderungsmaßnahme ein Verstoß gegen die berufliche Sorgfaltspflicht iSd Art 5 II lit a UGP-Richtlinie angenommen werden. Vielmehr kommt dies grds nur in Betracht, sofern sich die Maßnahme an eine besonders schutzwürdige Verbrauchergruppe iSd Art 5 III 1 UGP-Richtlinie wendet.

V. Beurteilungsmaßstäbe des UWG 2008

1.98 Auf Grund der verbindlichen Vorgaben der UGP-Richtlinie (Rdn 1.91–1.96) lassen sich die bisherigen Grundsätze zur Beurteilung von Verkaufsförderungsmaßnahmen nicht unverändert beibehalten (noch offen gelassen in BGH GRUR 2009, 875 Tz 8 – *Jeder 100. Einkauf gratis*). Folgende Tatbestände kommen für eine Beurteilung nach dem UWG 2008 in Betracht: **(1)** die Per-se-Verbote der Nr 7, 17, 20 und 21 Anh zu § 3 III; **(2)** die Irreführungstatbestände der §§ 5 I, 5a II–IV; **(3)** die Transparenzgebote des § 4 Nr 4 und 5; **(4)** die Tatbestände der unangemessenen unsachlichen Beeinflussung (§ 4 Nr 1 und 2); **(5)** der Tatbestand der Kopplung von Absatzgeschäft und Gewinnspiel (§ 4 Nr 6); **(6)** der Tatbestand des Rechtsbruchs (§ 4 Nr 11); **(7)** die Generalklausel des § 3 II 1. – Ergänzend kommen dazu **(8)** der Tatbestand der gezielten Mitbewerberbehinderung (§ 4 Nr 10) und **(9)** der Tatbestand der allgemeinen Marktbehinderung. Dies ist im Folgenden anhand der wichtigsten Erscheinungsformen von Verkaufsförderungsmaßnahmen näher zu erläutern.

B. Kopplungsangebote (einschließlich Zugaben)

I. Begriff, Erscheinungsformen und Abgrenzung

1. Begriff

1.99 **Kopplungsangebote** sind Angebote, in denen **unterschiedliche** Waren und/oder Dienstleistungen zu einem **Gesamtangebot** zusammengefasst werden. Sie stellen Verkaufsförderungsmaßnahmen dar, wenn dem Verbraucher ein Vorteil in Gestalt eines günstigeren Gesamtpreises oder einer (völlig oder teilweise) kostenlosen Überlassung von einzelnen Waren oder Dienstleistungen (**Zugaben**) in Aussicht gestellt wird. Dazu gehören auch die Fälle, dass neben der Hauptleistung **Garantien** gewährt (BGH GRUR 2009, 1064 Tz 22 – *Geld-zurück-Garantie II*) oder **Gewinnchancen**, sei es bei Gewinnspielen oder Preisausschreiben, sei es bei Glücksspielen (vgl § 4 Nr 6; BGH GRUR 2008, 807 Tz 12, 13 – *Millionenchance*) eingeräumt werden. Unerheblich ist, ob die gekoppelten Waren oder Dienstleistungen funktionell oder branchenüblich zusammengehören (BGH GRUR 2003, 538, 539 – *Gesamtpreisangebot*) oder ob sie – wie freilich nach § 5 a III Nr 3 erforderlich – zu einem Gesamtpreis angeboten werden.

2. Erscheinungsformen

a) Zugabe. Eine bes Erscheinungsform des Kopplungsangebots ist die **Zugabe**, also die (völlig oder teilweise) unentgeltliche Gewährung einer Ware oder Dienstleistung für den Fall des Kaufs anderer Waren oder Dienstleistungen (vgl BGH GRUR 2002, 976, 978 – *Kopplungsangebot I*). – Vom reinen **Geschenk** unterscheidet sich die Zugabe dadurch, dass ihre Gewährung vom entgeltlichen Bezug einer Ware oder Dienstleistung rechtlich oder tatsächlich abhängig gemacht wird; vom (allgemeinen) Kopplungsangebot dadurch, dass sie (völlig oder teilweise) unentgeltlich gewährt wird. – Im weiteren Sinne liegt eine Zugabe auch dann vor, wenn für den Fall des Bezugs einer Ware oder Dienstleistung ein **Zuschuss** zum Bezug einer Komplementärware oder -dienstleistung gewährt wird. Dazu gehörte zB das Angebot eines „Umwelt-Bonus" von 1000,– DM durch Stadtwerke für die Umrüstung einer vorhandenen Heizungsanlage auf Eigenbetrieb oder den Einbau einer Gaszentralheizungsanlage (vgl BGH GRUR 1999, 857 – *1.000,– DM Umwelt-Bonus*). Hierher gehört auch der Fall, dass für Einkäufe in einem bestimmten Warenwert Wertmarken ausgegeben werden, die zum Erwerb bestimmter Waren zu besonders günstig erscheinenden Preisen berechtigen (BGH GRUR 2004, 344, 345 – *Treue-Punkte*; BGH GRUR 2004, 350 – *Pyrex*). Dagegen stellen **Geldzuwendungen** oder **Geldgutscheine**, die für den Fall des Erwerbs einer Ware oder Dienstleistung gewährt werden, keine Zugabe, sondern eine Erscheinungsform des **Preisnachlasses** dar. Zur Abgrenzung von Zugabe und Rabatt vgl Rdn 1.122. – Die Zugabe schafft einen **besonderen Anreiz** für den Verbraucher, der – zu Recht oder zu Unrecht – glaubt, er bekäme beim Erwerb einer Ware oder Dienstleistung etwas umsonst. Dies rechtfertigt es, sie auch nach Aufhebung der ZugabeVO im Rahmen der Würdigung der Kopplungsangebote gesondert zu betrachten. Hinzu kommt, dass auch das geltende Recht (vgl etwa § 4 Nr 4; § 6 I Nr 3 TMG) weiterhin der Begriff der Zugabe verwendet.

b) Gekoppelte Gewinnchance (Preisausschreiben und Gewinnspiele). Auch die Einräumung einer bloßen **Gewinnchance** im Rahmen von Preisausschreiben oder Gewinnspielen, die vom entgeltlichen Bezug einer Ware oder Dienstleistung abhängig gemacht wird, gehört iwS zu den Kopplungsangeboten. Man kann darin auch eine besondere Erscheinungsform der Zugabe sehen (vgl BGH GRUR 2002, 976, 978 – *Kopplungsangebot I*; BGH GRUR 2002, 1003, 1004 – *Gewinnspiel im Radio*). Wegen ihrer Besonderheiten wird zwischen Zugaben (und Preisnachlässen und Geschenken) einerseits und Gewinnspielen und Preisausschreiben andererseits getrennt (vgl Art 6 lit c und d der Richtlinie 2001/31/EG über den elektronischen Geschäftsverkehr, umgesetzt in § 6 I Nr 3 und Nr 4 TMG). Daran knüpft auch noch das UWG 2008 an (vgl § 4 Nr 4 einerseits, § 4 Nr 5 andererseits). Die Kopplung des Absatzes von Waren oder Dienstleistungen mit der Gewährung der Teilnahme an einem Preisausschreiben oder Gewinnspiel wird in § 4 Nr 6, von Ausnahmen abgesehen, für unlauter erklärt. Allerdings ist diese Regelung (in ihrer Auslegung durch die Rspr als per-se-Verbot) mit der UGP-Richtlinie unvereinbar (vgl BGH GRUR 2008, 807 – *Millionenchance*; EuGH GRUR 2010, 244 Tz 41 ff – *Plus Warenhandelsgesellschaft*; dazu *Köhler* GRUR 2010, 177).

3. Abgrenzung

Von den verkaufsfördernden Kopplungsangeboten sind die **machtbedingten Kopplungsangebote** zu unterscheiden. Erstere sollen durch eine Vergünstigung einen Kaufanreiz schaffen, letztere ermöglichen die Übertragung von Marktmacht auf einen Drittmarkt. Die Problematik der machtbedingten Kopplungsangebote ist in erster Linie eine kartellrechtliche (dazu Rdn 1.118 f).

II. Lauterkeitsrechtliche Beurteilung

1. Grundsätzliche Zulässigkeit von Kopplungsangeboten (einschließlich Zugaben)

1.103 Verkaufsfördernde Kopplungsangebote einschließlich Zugaben stellen keine an sich wettbewerbsfremden, sondern **wettbewerbskonforme Maßnahmen** dar (BGHZ 151, 84, 88 = GRUR 2002, 976, 978 – *Kopplungsangebot I:* „Ausdruck gesunden Wettbewerbs"; BGH GRUR 2006, 161 Tz 16 – *Zeitschrift mit Sonnenbrille;* BGH GRUR 2007, 247 Tz 18 – *Regenwaldprojekt I).* In Übereinstimmung mit der UGP-Richtlinie sind sie daher als **grds zulässig** anzusehen (BGH GRUR 2002, 976, 978 – *Kopplungsangebot I*BGH GRUR 2006, 161 Tz 16 – *Zeitschrift mit Sonnenbrille),* sofern keine speziellen gesetzlichen Kopplungsverbote eingreifen (Rdn 1.116). Für Zugaben ergibt sich dies auch aus § 4 Nr 4. Unerheblich ist, ob die gekoppelten Waren üblicherweise in denselben Betrieben oder Branchen vertrieben werden und ob sie funktionell iSe Gebrauchszusammenhangs oder einer Gebrauchsnähe zusammengehören (BGH GRUR 2004, 343 – *Playstation).* Unerheblich ist auch, ob einzelne Leistungen ganz oder teilweise ohne Berechnung abgegeben werden (BGH GRUR 2003, 890, 891 – *Buchclub-Kopplungsangebot;* BGH GRUR 2004, 343 – *Playstation)* und ob es sich dabei um gering- oder höherwertige Waren oder Dienstleistungen handelt. Ob ein Kaufmann seine Waren oder Dienstleistungen einzeln oder nur zusammen abgeben will und wie er die Kombination gestaltet, gehört zu seiner wettbewerblichen Entscheidungsfreiheit (BGH GRUR 2002, 976, 978 – *Kopplungsangebot I;* GRUR 2003, 538, 539 – *Gesamtpreisangebot).* Er muss zwar für die gekoppelten Waren und/oder Dienstleistungen einen Gesamtpreis („Endpreis") angeben; jedoch braucht er für die einzelnen Bestandteile keine Einzelpreise auszuweisen (so bereits zu § 1 UWG 1909 BGHZ 151, 84, 88 – *Kopplungsangebot I;* BGH GRUR 2003, 77, 78 – *Fernwärme für Börnsen;* BGH GRUR 2003, 538, 539 – *Gesamtpreisangebot;* Näheres bei Rdn 1.108).

2. Grenzen der Zulässigkeit

1.104 a) **„unangemessene unsachliche Beeinflussung"** (§ 4 Nr 1). § 4 Nr 1 ist in richtlinienkonformer Auslegung auf Fälle aggressiver Geschäftspraktiken iSd Art 8 UGP-Richtlinie zu beschränken (Rdn 1.7). Da Kopplungsangebote weder eine Nötigung, noch eine Belästigung noch eine unzulässige Beeinflussung der Verbraucher iSv Art 8 UGP-Richtlinie darstellen (vgl *Köhler* GRUR 2010, 767, 772), scheidet richtigerweise § 4 Nr 1 als Prüfungsmaßstab aus. Damit erledigt sich auch das bisher von der Rspr verwendete Unlauterkeitskriterium der nahezu vollständigen **Ausschaltung der Rationalität** der Nachfrageentscheidung des Verbrauchers (vgl BGH GRUR 2010, 455 Tz 17 – *Stumme Verkäufer II;* BGH GRUR 2010, 850 Tz 13 – *Brillenversorgung II),* das ohnehin nur dazu diente, die Anwendung des § 4 Nr 1 auszuschließen. Die besondere Anlockwirkung von Kopplungsangeboten auf **Verbraucher** ist vielmehr ausschließlich nach § 3 II 1 zu beurteilen. Bei Kopplungsangeboten gegenüber **sonstigen Marktteilnehmern,** die **nicht** als **Verkaufsförderer** (zu diesen Rdn 1.177 ff) eingeschaltet werden, ist derzeit die Rechtslage noch unklar. Jedoch empfiehlt es sich, auch insoweit nicht § 4 Nr 1, sondern lediglich § 3 I anzuwenden. Die bloße Anlockwirkung begründet jedenfalls keine Unlauterkeit der Maßnahme iSd § 4 Nr 1 oder iSd § 3 I.

1.105 b) **Irreführung (§ 5 I 2 Nr 1, 2).** Kopplungsangebote dürfen **keine irreführenden Angaben** über „**die wesentlichen Merkmale der Ware oder Dienstleistung"** (§ 5 I 2 Nr 1) oder über die „**Bedingungen, unter denen die Ware geliefert oder die Dienstleistung erbracht wird"** (§ 5 I 2 Nr 2), enthalten. Zu den Waren oder Dienstleistungen idS gehören auch Zugaben, einschließlich Garantien, Preisausschreiben und Gewinnspiele und die dazugehörigen Gewinne und Gewinnchancen. Stets irreführend ist es, Waren oder Dienstleistungen anzubieten, ohne zugleich auf eine bestehende Kopplung hinzuweisen, nämlich dass sie nur beim Erwerb weiterer Waren oder Dienstleistungen erhältlich sind. Insoweit liegt eine Irreführung durch positives Tun und nicht bloß durch Unterlassen vor (vgl auch § 4 Rdn 4.11). So zB, wenn ein Möbelversandgeschäft in Zeitungsanzeigen Brautpaaren Mietwohnungen anbietet, ohne darauf hinzuweisen, dass der Mietvertrag nur bei einem gleichzeitigen Möbelkauf geschlossen wird (OLG Stuttgart GRUR 1972, 658). Ferner, wenn Waren angeboten werden, ohne darauf hinzuweisen, dass an den Kauf die Mitgliedschaft in einem Lesering mit weiteren Abnahmepflichten geknüpft ist (OLG Stuttgart GRUR 1978, 722). Hierher gehört auch der Fall, dass der Werbende sein Zugabeversprechen von vornherein nicht einhalten kann oder will (vgl BGH GRUR 2000, 820, 822 – *Space Fidelity Peep-Show).* Irreführend ist es ferner, wenn der Verbraucher über den tatsächlichen **Wert** des Angebots, über den Gegenstand oder die Eigenschaften der

Zugabe oder über die Voraussetzungen ihrer Gewährung getäuscht wird (BGH GRUR 2002, 978, 978 – *Kopplungsangebot I;* BGH GRUR 2003, 538, 539 – *Gesamtpreisangebot;* BGH GRUR 2006, 161 Tz 26 f – *Zeitschrift mit Sonnenbrille*). Die Täuschung über den Wert einer Zugabe kann auch **konkludent,** etwa dadurch erfolgen, dass ihr Geldwert zu hoch angesetzt oder dass sie in der Werbung als wertvoller dargestellt wird, als sie es tatsächlich ist (vgl OLG Düsseldorf WRP 2001, 711: Bezeichnung als *„hochwertig und attraktiv"*). Die bloße Herausstellung der Unentgeltlichkeit einer Leistung stellt dagegen auch dann keine Irreführung dar, wenn die Kosten dieser Leistung in den Preis der anderen Leistung einkalkuliert sind, weil der verständige Durchschnittsverbraucher damit rechnen muss (vgl BGHZ 139, 368, 373 – *Handy für 0,00 DM*). – Eine Irreführung über **„das Vorhandensein eines besonderen Preisvorteils"** (§ 5 I 2 Nr 2) liegt vor, wenn mehrere Waren gekoppelt zu einem im Vergleich zur Summe der angegebenen Einzelpreise ungewöhnlich günstigen Gesamtpreis angeboten werden, die Einzelpreise jedoch Mondpreise sind, dh nicht ernsthaft kalkulierte Preise, die regelmäßig gefordert und vom Kunden regelmäßig gezahlt werden (vgl BGH GRUR 1984, 212, 213 – *Unechter Einzelpreis*).

c) Irreführung durch Unterlassen (§ 5 a II–IV). Auch für Kopplungsangebote, einschließlich Zugaben, gilt der Unlauterkeitstatbestand des **§ 5 a II.** Dem Verbraucher dürfen also keine **wesentlichen Informationen** vorenthalten werden, die er für seine Entscheidung benötigt. Werden Waren oder Dienstleistungen unter Hinweis auf deren Merkmale und Preis in einer dem verwendeten Kommunikationsmittel angemessenem Umfang so angeboten, dass ein durchschnittlicher Verbraucher das Geschäft abschließen kann („Aufforderung zum Kauf" iSd Art 7 IV UGP-Richtlinie), so gelten nach **§ 5 a III** bestimmte Informationen als wesentlich, sofern sie sich nicht unmittelbar aus den Umständen ergeben. Im Umkehrschluss folgt daraus, dass die bloße Aufmerksamkeitswerbung noch keine entsprechenden Informationspflichten auslöst. Nach **§ 5 a IV** gelten als wesentlich ferner Informationen, die dem Verbraucher auf Grund gemeinschaftsrechtlicher (jetzt: unionsrechtlicher) Verordnungen oder nach Rechtsvorschriften, die zur Umsetzung gemeinschaftsrechtlicher (jetzt:unionsrechtlicher) Richtlinien für kommerzielle Kommunikation einschließlich Werbung und Marketing nicht vorenthalten werden dürfen (Rdn 1.109).

1.106

aa) „Wesentliche Merkmale der Ware oder Dienstleistung" (§ 5 a III Nr 1). Nach § 5 a III Nr 1 müssen **„alle wesentlichen Merkmale der Ware oder Dienstleistung in dem dieser und dem verwendeten Kommunikationsmittel angemessenem Umfang"** angegeben werden. Bezogen auf Kopplungsangebote, einschließlich Zugaben, bedeutet dies, dass für alle Waren oder Dienstleistungen, die Gegenstand des Angebots sind, die wesentlichen Merkmale in angemessenem Umfang angegeben werden müssen. Das ermöglicht eine Differenzierung. Die **Angemessenheit** (= Verhältnismäßigkeit) beurteilt sich danach, welche **Informationsanforderungen** dem Werbenden und welche **Informationsrisiken** dem Verbraucher zumutbar sind (vgl *Köhler* GRUR 2003, 729, 734; *Lettl* S 94 ff). Dabei ist zunächst das Leitbild des Durchschnittsverbrauchers zu Grunde zu legen. Daraus ergibt sich, dass der Unternehmer jedenfalls nicht solche Informationen geben muss, deren Kenntnis bei einem Durchschnittsverbraucher (bezogen auf die durch die Werbung angesprochene Gruppe) vorausgesetzt werden darf. Aus den Attributen „aufmerksam" und „kritisch" ergibt sich weiter, dass vom Verbraucher eine kritische Würdigung von Werbeaussagen erwartet werden darf. Ferner ist daran zu erinnern, dass im Unterschied zu den machtbedingten Kopplungsangeboten der Verbraucher bei den wettbewerbsbedingten Kopplungsangeboten gerade nicht auf den Erwerb einer bestimmten Ware oder Dienstleistung vom Anbieter angewiesen ist, sondern das Kopplungsangebot ohne weiteres unbeachtet lassen kann. Auf dieser Grundlage hat eine Abwägung der Interessen des werbenden Unternehmens mit denen des Verbrauchers zu erfolgen. Bei dieser Abwägung sind allerdings auch die beim Unternehmer oder Verbraucher anfallenden **Informationskosten** zu berücksichtigen. Es ist also zu fragen, welche Kosten für die Informationsbeschaffung und -weitergabe beim Werbenden anfallen und welche Kosten die entsprechende Informationsbeschaffung beim Verbraucher verursacht. Kann der Unternehmer die Informationen ohne größeren Kostenaufwand beschaffen und/oder geben, während für den Verbraucher der Kostenaufwand für die Informationsbeschaffung erheblich wäre, so spricht dies dafür, dem Werbenden eine Informationspflicht aufzuerlegen, vergleichbar der Informationskostenabwägung bei der Prüfung eines Auskunftsanspruchs aus § 242 BGB. Eine Rolle spielt dabei auch, insbes bei kurz befristeten Angeboten, welcher Zeitraum dem Verbraucher für eine Informationsbeschaffung zur Verfügung steht. Ferner kann nicht unberücksichtigt bleiben, inwieweit bei der Informationsbeschaffung externe und damit die Volkswirtschaft belastende Kosten entstehen. Schließlich können sich

1.107

Unterschiede aus der Eigenart der Werbung und des beworbenen Produkts ergeben. So macht es einen Unterschied, ob die Zugabe im Rahmen eines Fernabsatzgeschäfts angeboten wird oder ob der Verbraucher die Waren im Geschäft des Unternehmers vor dem Kauf besichtigen kann. Stellt bspw die Zugabe eine geringwertige Kleinigkeit dar, so genügt die Angabe der dafür üblichen Verkehrsbezeichnung. Bei wertvolleren oder wertvoller erscheinenden Zugaben sind dagegen genauere Angaben in Gestalt einer Beschreibung oder Abbildung erforderlich. **Beispiele:** Beim Angebot eines kostenlosen Mobiltelefons im Zusammenhang mit dem Abschluss eines Netzkartenvertrages muss zumindest die wörtliche oder bildliche Angabe von Hersteller und Typenbezeichnung erfolgen. – Bei einem Angebot von Möbeln verbunden mit dem Gratisangebot einer einwöchigen Traumreise in die Türkei muss zumindest die Angabe von Zielort und Zeitpunkt (OLG Frankfurt WRP 2002, 109, 111), darüber hinaus aber auch die Angabe der Hotelkategorie und der wesentlichen Leistungen (Vollpension usw) erfolgen (*Köhler* GRUR 2001, 1067, 1073). Diese Angaben sind auch deshalb erforderlich, damit der Kunde einen Anhaltspunkt für die Geltendmachung etwaiger Mängelrechte nach den §§ 434 ff BGB hat (dazu *Köhler* BB 2001, 1589). – Dagegen sind **keine Angaben zum Wert** der gekoppelten Produkte, einschließlich der Zugabe, erforderlich. Geht allerdings der Verbraucher auf Grund der Aufmachung etwa der Zugabe davon aus, sie habe einen höheren als den wahren Wert, so kann darin eine Irreführung durch positives Tun vorliegen (Rdn 1.105). – Zur Rechtslage unter dem UWG 2004 vgl BGH WRP 2008, 928 Tz 19 – *Werbung für Telefondienstleistungen* mwN.

1.108   bb) „Angabe des Endpreises" (§ 5 a III Nr 3). Nach § 5 a III Nr 3 muss der „Endpreis" angegeben werden. Bei Kopplungsangeboten müssen daher nur der Gesamtpreis, nicht auch die Einzelpreise der gekoppelten Waren oder Dienstleistungen angegeben werden. Dass es damit dem Verbraucher erschwert wird, die Preise der einzelnen Bestandteile des Kopplungsangebots zu vergleichen, ist hinzunehmen. Umgekehrt ersetzt die Angabe der Einzelpreise nicht die Angabe des Gesamtpreises. (Das entspricht der früheren Rspr seit BGH GRUR 2003, 538, 539 – *Gesamtpreisangebot*).

1.109   cc) Sonstige „wesentliche Informationen" (§ 5 a IV). Zu den Informationspflichten aus sonstigen Rechtsvorschriften iSd § 5 a IV gehören ua die **Preisinformationspflichten** aus der **PAngV,** soweit sie ihre Grundlage im Unionsrecht haben (dazu BGH GRUR 2009, 1180 Tz 30 – *0,00 Grundgebühr; Köhler,* FS Loschelder, 2010, 127, 129 ff) sowie die **Produktinformationspflichten** bei Fernabsatzverträgen aus Art 246 § 1 I Nr 4 EGBGB. Auch sie beanspruchen Geltung für Kopplungsangebote. Die Informationsanforderungen aus § 5 a III und aus § 5 a IV decken sich zwar weitgehend, aber nicht vollständig, so dass eine getrennte Prüfung erforderlich sein kann.

1.110   d) **Rechtsbruch (§ 4 Nr 11).** Die Verletzung von Informationspflichten mit Bezug auf Kopplungsangebote kann nicht nur auf § 5 IV, sondern auch auf § 4 Nr 11 gestützt werden. Das gilt insbes für die Preisinformationspflichten aus der PAngV (dazu BGH GRUR 2006, 164 Tz 20 – *Aktivierungskosten II*), für die Produktinformationspflichten aus Art 246 § 1 I Nr 4 EGBGB sowie für die Informationspflichten aus § 6 I Nr 3 TMG (diese Vorschrift setzt Art 6 lit c der Richtlinie 2000/31/EG über den elektronischen Geschäftsverkehr um). Diensteanbieter im elektronischen Geschäftsverkehr müssen mindestens dafür sorgen, dass Angebote zur Verkaufsförderung, insbes Zugaben, klar als solche erkennbar sind, und dass die Bedingungen für ihre Inanspruchnahme leicht zugänglich sind sowie klar und unzweideutig angegeben werden.

1.111   e) **Transparenzgebote (§ 4 Nr 4).** Beim Einsatz verkaufsfördernder Kopplungsangebote, insbes Zugaben, muss der Unternehmer des Weiteren die Informationspflichten aus § 4 Nr 4 beachten. In ihrem Anwendungsbereich hat diese Bestimmung grds Vorrang vor § 5 a II. An sich ist bei der richtlinienkonformen Auslegung des § 4 Nr 4 zu beachten, dass für den Bereich des elektronischen Geschäftsverkehrs auf Art 6 lit c Richtlinie über den elektronischen Geschäftsverkehr und im Bereich des sonstigen Geschäftsverkehrs auf Art 7 I, II UGP-Richtlinie abzustellen ist (vgl BGH GRUR 2009, 1064 Tz 20 – *Geld-zurück-Garantie II*). Unterschiedliche Beurteilungsmaßstäbe sollten sich, um Wertungswidersprüche zu vermeiden, daraus nicht ergeben.

1.112   f) **Kopplung von Absatz und Gewinnspiel (§ 4 Nr 6).** § 4 Nr 6 enthält einen – allerdings mit der UGP-Richtlinie unvereinbaren (EuGH GRUR 2010, 244 – *Plus Warenhandelsgesellschaft*) – speziellen Unlauterkeitstatbestand für die Kopplung von Preisausschreiben oder Gewinnspielen mit Absatzgeschäften.

g) **Sorgfaltsverstoß (§ 3 II 1).** Dass von Kopplungsangeboten eine – je nach Ausgestaltung **1.113** – mehr oder weniger starke Anlockwirkung auf den Verbraucher ausgeht, begründet noch keinen Verstoß des Unternehmers gegen die „fachliche Sorgfalt" iSd § 3 II 1. Dies gilt auch bei einem absolut oder relativ (gemessen am Hauptprodukt) hohen Wert einer Zugabe oder eines sehr preisgünstig angebotenen Teils des Kopplungsangebots (vgl BGH GRUR 2003, 890, 891 – *Buchclub-Kopplungsangebot;* OLG Stuttgart GRUR 2002, 906, 908; *Köhler* GRUR 2001, 1067, 1073). Im Übrigen ist die Anlockwirkung für sich allein auch nicht geeignet, die Fähigkeit des durchschnittlichen Verbrauchers, sich auf Grund von Informationen zu entscheiden, spürbar zu beeinträchtigen. Allerdings ist auf die Umstände des Einzelfalls abzustellen. Dabei kann es eine Rolle spielen, in welcher **Entscheidungssituation** sich der mit der Zugabenwerbung konfrontierte Verbraucher befindet (vgl auch Art 9 lit b UGP-Richtlinie). So kann es einen Unterschied machen, ob der Käufer, wie bei der Bestellung beim Versandhandel, in Ruhe, räumlicher Distanz und ohne Einflussnahme von außen, seine Entscheidung treffen kann oder ob er dem Einflussnahme von Verkäufern ausgesetzt ist (vgl BGH GRUR 2002, 1000, 1002 – *Testbestellung*). Weiter spielt eine Rolle, welcher **Zeitraum** dem Verbraucher für eine Entscheidung zur Verfügung steht (BGH GRUR 2003, 890, 891 – *Buchclub-Kopplungsangebot;* BGH GRUR 2004, 344, 345 – *Treue-Punkte*), insbes ob er noch ausreichend Zeit hat, sich mit Konkurrenzangeboten zu befassen (*Heermann* WRP 2001, 855, 864; *Köhler* GRUR 2001, 1067, 1074). Eine Anwendung des § 3 II 1 kommt ferner bei Kopplungsangeboten in Betracht, die sich gezielt oder vorhersehbar nur an eine Gruppe **besonders schutzbedürftiger Verbraucher** wenden (§ 3 II 3). Dazu gehören insbes Kinder und Jugendliche (BGH GRUR 2002, 976, 979 – *Kopplungsangebot I*), Aussiedler (BGH GRUR 1998, 1041, 1042 – *Verkaufsveranstaltung in Aussiedlerwohnheim*), Einwanderer oder Kranke. Maßgebend sind die Umstände des Einzelfalls. Daher müssten idR noch andere Gesichtspunkte, wie etwa der vergleichsweise überhöhte Preis der Hauptleistung oder der zweifelhafte Nutzen der Zugabe für die angesprochene Zielgruppe, hinzukommen, um einen Sorgfaltsverstoß bejahen zu können. **Beispiele:** Wendet sich eine Werbung mit Zugaben an Fahrschulinteressenten im Alter von etwa 17 bis 20 Jahren, ist nicht davon auszugehen, dass sie sich bei der Wahl der Fahrschule vorrangig von der Aussicht auf die Vergünstigung beeinflussen lassen (BGH GRUR 2004, 960, 961 – *500 DM-Gutschein für Autokauf*). Ebenso wenig ist dies der Fall, wenn eine Zeitschrift zusammen mit einer Sonnenbrille für DM 4,50 abgegeben wird, zumal es sich um ein Geschäft handelt, das im Rahmen des üblichen Taschengelds liegt und Jugendliche über eine ausreichende Kenntnis des Markts für solche Produkte und ihres Werts verfügen (BGH GRUR 2006, 161 Rdn 19 – *Zeitschrift mit Sonnenbrille*). – Zur Anwendung des § 3 II 1, 3 anstelle des **§ 4 Nr 2** vgl *Köhler* GRUR 2010, 767, 772 f.

h) **Gezielte Mitbewerberbehinderung (§ 4 Nr 10).** Kopplungsangebote begründen für **1.114** sich allein auch keine gezielte Behinderung von Mitbewerbern iSd § 4 Nr 10. Dies gilt auch für mitbewerberbezogene Preisgarantien (vgl BGH GRUR 2009, 416 Tz 11 ff – *Küchentiefstpreis-Garantie*). Das schließt aber nicht aus, dass sie zur gezielten Behinderung eingesetzt werden (*Köhler* GRUR 2001, 1067, 1076; verneint im Fall BGH GRUR 1999, 256, 258 – *1000,- DM Umweltbonus*).

i) **Allgemeine Marktbehinderung (§ 3 I).** Kopplungsangebote begründen für sich allein **1.115** auch keine allgemeine Marktbehinderung. Das schließt aber nicht aus, dass sie von marktmächtigen Unternehmen dazu eingesetzt werden können ((verneint im Fall BGH GRUR 1999, 256, 258 – *1000,- DM Umweltbonus*).

3. Spezialgesetzliche Kopplungsverbote

Außerhalb des Lauterkeitsrechts bestehen noch einige Zugabeverbote: So zB **§ 7 HWG** **1.116** (Verbot von Werbegaben; dazu BGH GRUR 2005, 1059, 1060 – *Quersubventionierung von Laborgemeinschaften;* BGH GRUR 2009, 1082 Tz 17 ff – *DeguSmiles & more;* BGH, Urt v 9. 9. 2010 – I ZR 193/07 Tz 24 f – *UNSER DANKESCHÖN FÜR SIE*); **§§ 14 II, 24 I 4 Tabaksteuerg; § 56a Nr 2 GewO; § 31 MBO Ärzte** (dazu BGH GRUR 2005, 1059, 1060 – *Quersubventionierung von Laborgemeinschaften;* BGH GRUR 1989, 758 – *Gruppenprofil;* vgl weiter LG Siegen GRUR-RR 2002, 307 zu § 9 I Nr 9a Apo-BerufsO). Ein spezielles Kopplungsverbot enthält auch **Art 10 § 3 MRVerbG** für die Kopplung von Grundstückskaufverträgen mit Ingenieur- und Architektenleistungen. Soweit diese Verbote den Schutz der Verbraucher, der Mitbewerber oder sonstiger Marktteilnehmer bezwecken, ist ein Verstoß gegen sie gleichzeitig unlauter iSv § 4 Nr 11 (BGH GRUR 2006, 949 Tz 25 – *Kunden werben Kunden* zu § 7 I 1 HWG).

4. Prozessuale Fragen

1.117 Ist ein Kopplungsangebot wegen unrichtiger oder unzureichender Information wettbewerbswidrig, kann nur die Werbung untersagt werden, nicht dagegen auch das Gewähren der versprochenen Vorteile. Denn ein Informationsdefizit kann grds bis zum Abschluss des betreffenden Vertrages beseitigt werden (BGH GRUR 2002, 979, 982 – *Kopplungsangebot II*). – Generell gilt, dass der Kläger, der einen Antrag auf Unterlassung der Werbung für ein Kopplungsangebot stellt, darlegen muss, worin er das Charakteristische der Verletzungshandlung sieht oder unter welchem Gesichtspunkt er die Werbung angreift (zB unzureichende Information über Folgekosten). Geschieht dies nicht, kann ein etwaiger Verstoß von dem Unterlassungsantrag nicht – auch nicht als Minus – erfasst werden (BGH GRUR 2003, 890, 891 – *Buchclub-Kopplungsangebot* mwN).

III. Kartellrechtliche Beurteilung
1. Vertikalvereinbarungen

1.118 Die Einbeziehung des Handels in Zugabeaktionen der Industrie ist kartellrechtlich unbedenklich, solange der Händler nicht in der Gestaltung seiner Preise und Konditionen gegenüber dem Verbraucher spürbar beeinträchtigt wird (Art 101 AEUV; § 1 GWB). Das Kartellverbot kann zB dann tangiert sein, wenn der Hersteller den Händler verpflichtet, den Verbrauchern bestimmte (unentgeltliche) Zugaben zu gewähren. An sich ist dies auch dann der Fall, wenn der Hersteller im Rahmen einer Aktion dem Händler eine bestimmte Ware für eine bestimmte Zeit gekoppelt mit einer Zugabe zur Verfügung stellt und dafür wirbt. Denn würde der Händler den Abgabepreis erhöhen, würde er ggf gegen das Verbot der irreführenden Werbung (§ 5) verstoßen. Er ist also wirtschaftlich gehalten, den Abgabepreis nicht zu erhöhen. Jedoch muss die Wettbewerbsbeschränkung in Gestalt der Beeinträchtigung der Preisgestaltungsfreiheit **spürbar** sein (vgl zu § 14 GWB aF BGH GRUR 2003, 637 – *1 Riegel extra* unter Aufgabe von BGH GRUR 1978, 445 – *4 zum Preis von 3*). An der Spürbarkeit fehlt es aber in derartigen Fällen. Denn zwar ist der Händler dann gehindert, die Ware zu einem höheren Preis abzugeben. Diese Einschränkung ist aber unbedeutend, zumal der Händler, ohne eine finanzielle Einbuße zu erleiden, lediglich seine Absatzchancen erhöht (vgl BGH GRUR 2003, 637 – *1 Riegel extra*). – Kopplungsverträge zwischen Lieferanten und gewerblichen Abnehmern, die diese verpflichten, Warengesamtheiten abzunehmen, verstoßen von vornherein nicht gegen § 1 GWB. Nur wenn die Verpflichtung dahin geht, sachlich oder handelsüblich nicht zugehörige Waren oder gewerbliche Leistungen abzunehmen, kommt ein Verstoß gegen Art 101 I lit e AEUV oder § 1 GWB in Betracht. Allerdings kann auch eine solche Vereinbarung nach Art 2 Vertikal-GVO (iVm § 2 II GWB) freigestellt sein. Im Übrigen kann ein Kartellrechtsverstoß nicht über § 4 Nr 11 lauterkeitsrechtlich sanktioniert werden (dazu Rdn 11.12; BGHZ 166, 154 = GRUR 2006, 773 Tz 13–16 – *Probeabonnement*).

2. Marktmachtkontrolle

1.119 Kartellrechtswidrig können Kopplungsgeschäfte, auch mit Verbrauchern, dann sein, wenn sie von einem Unternehmen unter Ausnutzung einer marktbeherrschenden Stellung (§§ 19, 20 I GWB) zur Ausbeutung von Verbrauchern oder zur Behinderung von Mitbewerbern („Hebelwirkung"; „Leverage-Effekt") praktiziert werden (vgl BGHZ 101, 100, 104 – *Gekoppelter Kartenverkauf;* BGH GRUR 2003, 77, 79 – *Fernwärme für Börnsen;* BGH GRUR 2004, 255, 257 – *Strom und Telefon I;* BGH WRP 2004, 1181, 1183 – *Der Oberhammer;;* Immenga/Mestmäcker/ Möschel GWB § 19 Rdn 133 ff). Das gilt insbes dann, wenn Waren oder Dienstleistungen, die weder sachlich noch auf Grund einer Branchenübung zusammengehören, gekoppelt werden. Auch nach Art 101 I lit e bzw Art 102 S 2 lit d AEUV kann eine unzulässige Wettbewerbsbeschränkung bzw ein Missbrauch einer marktbeherrschenden Stellung darin bestehen, dass an den Abschluss von Verträgen die Bedingung geknüpft wird, der Vertragspartner müsse zusätzliche Leistungen annehmen, die weder sachlich noch nach Handelsbrauch in Beziehung zum Vertragsgegenstand stehen. – Soweit die Kopplung von Unternehmen mit (nur) überlegener Marktmacht zur Behinderung von kleinen oder mittleren Mitbewerbern eingesetzt wird, greift auch § 20 IV 1 GWB ein (BGH GRUR 2003, 77, 79 – *Fernwärme für Börnsen;* Immenga/Mestmäcker/ Markert GWB § 20 Rdn 200 ff). Eine unbillige Behinderung liegt aber nicht schon in der Tatsache der Produktkopplung, wenn sie aus Verbrauchersicht sinnvoll ist. Es müssen dann zusätzliche Umstände (zB nicht kostendeckende Preisgestaltung) oder eine Verdrängungsabsicht hinzutreten. Koppelt eine Gemeinde den Verkauf von Grundstücken in einem Neubaugebiet mit der Verpflichtung, den Heizenergiebedarf durch ein kommunales Blockheizwerk zu decken, stellt dies noch keine unbillige Behinderung anderer Energieversorgungsunternehmen dar (BGH GRUR 2003, 77, 79 – *Fernwärme für Börnsen*). Nicht zu beanstanden ist auch ein Kopplungsangebot, mit dem ein marktbeherrschender Stromversorger Strom und Telekommunikationsdienstleistungen zu einem vergünstigten Gesamtpreis anbietet, sofern keine Zwangskopplung vorliegt und auf dem Telekommunikationsmarkt keine Marktzutrittsschranken für Wettbewerber begründet werden (BGH GRUR 2004, 255, 257 f – *Strom und Telefon I*).

IV. Bürgerlichrechtliche Fragen

Verkaufsfördernde Kopplungsangebote (Rdn 1.99) sind auf Grund der Vertragsfreiheit grds zulässig. Davon gingen auch die §§ 471, 472 II BGB aF aus. Für machtbedingte Kopplungsangebote (Rdn 1.102, 1.118 ff) gelten hingegen die Schranken der §§ 134, 138 BGB (vgl Palandt/*Ellenberger* BGB § 138 Rdn 89 mwN). – Zur **bürgerlichrechtlichen Haftung** für Zugabeversprechen vgl *Köhler* BB 2001, 1589. 1.120

C. Preisnachlässe (Rabatte)

I. Begriff, Erscheinungsformen und Abgrenzung

1. Begriff

Preisnachlass (Rabatt) ist ein betragsmäßig oder prozentual festgelegter Abschlag vom angekündigten oder allgemein geforderten Preis (Grundpreis, Ausgangspreis). 1.121

2. Erscheinungsformen

Eine Erscheinungsform des Preisnachlasses (und nicht der Zugabe) ist der sog **Naturalrabatt**, also die unentgeltliche Gewährung einer zusätzlichen Menge der zu einem bestimmten Preis gekauften Ware oder Dienstleistung („3 zum Preis von 2"). Dagegen ist die Ankündigung, beim Kauf einer bestimmten Anzahl beliebiger Waren werde der billigste Artikel kostenlos abgegeben mit der Maßgabe, dass der Käufer das Leistungsbestimmungsrecht hat, als Zugabe zu werten. – Auf die Modalitäten des Preisnachlasses kommt es nicht an. Auch die Gewährung einer **Geldzuwendung** oder eines **Gutscheins** über einen bestimmten Geldbetrag, der beim Kauf auf den Kaufpreis angerechnet wird, oder über eine bestimmte Menge der zu kaufenden Ware stellt einen (vorweggenommenen) Preisnachlass und nicht etwa ein Geldgeschenk dar (BGH GRUR 2003, 1059 – *Einkaufsgutschein I*). 1.122

3. Abgrenzung

Das Versprechen, unter bestimmten Voraussetzungen den Kaufpreis ganz oder teilweise zurückzuerstatten, stellt keinen (aufschiebend bedingten) Preisnachlass, sondern eine Verkaufsförderungsmaßnahme in Gestalt einer **Garantie** dar (dazu BGH WRP 1993, 749, 751 – *Geld-zurück-Garantie I*; BGH GRUR 2009, 1064 Tz 22 , 23 – *Geld-zurück-Garantie II*; OLG Hamm GRUR-RR 2009, 313; vgl auch – zu § 4 Nr 10 – BGH GRUR 2009, 416 Tz 11 ff – *Küchentiefstpreis-Garantie*). Wird bei Nichtgefallen des Artikels unter bestimmten Voraussetzungen der Kaufpreis zurückerstattet, ist nach der Rspr (BGH GRUR 2009, 1064 Tz 22 , 23 – *Geld-zurück-Garantie II*) eine derartige Garantie mit einem kostenlosen Probierexemplar oder Geschenk vergleichbar (vgl aber § 454 BGB). 1.123

II. Lauterkeitsrechtliche Beurteilung

1. Vorgaben des Unionsrechts

Nationale Regelungen über Preisnachlässe stellen **Verkaufsmodalitäten** dar, die grds nicht in den Anwendungsbereich des Art 34 AEUV (ex-Art 28 EG) fallen (vgl EuGH GRUR Int 1994, 56, 57 – *Keck und Mithouard*; BGH GRUR 1995, 515 – *2 für 1-Vorteil*). Allerdings ist auf der Ebene des sekundären Unionsrechts eine weitgehende Harmonisierung des Rechts der Preisnachlässe erfolgt. So schreibt die **Richtlinie 2000/31/EG über den elektronischen Geschäftsverkehr** in Art 6 lit c vor, dass Preisnachlässe, soweit sie im Mitgliedstaat der Niederlassung des Diensteanbieters zulässig sind, klar als solche erkennbar sein müssen, und die 1.124

Bedingungen für ihre Inanspruchnahme leicht zugänglich sein, sowie klar und unzweideutig angegeben werden müssen. Die Umsetzung ist in § 6 I Nr 3 TMG und § 4 Nr 4 erfolgt. Die **UGP-Richtlinie** geht von der grds Zulässigkeit von Preisnachlässen aus. Sie verbietet aber in Nr 7 Anh I die „falsche Behauptung, dass das Produkt ... nur eine sehr begrenzte Zeit zu bestimmten Bedingungen verfügbar sein werde, um den Verbraucher zu einer sofortigen Entscheidung zu verleiten, so dass er weder Zeit noch Gelegenheit hat, eine informierte Entscheidung zu treffen". Sie verbietet weiter in Art 6 I lit d UGP-Richtlinie die Irreführung „über das Vorhandensein eines besonderen Preisvorteils". Als Auffangtatbestand kommt noch Art 5 II UGP-Richtlinie in Betracht.

2. Grundsätzliche Zulässigkeit von Preisnachlässen

1.125   **Preisnachlässe** als Erscheinungsform der Verkaufsförderung sind, wie sich aus der UGP-Richtlinie (Rdn 1.124) und aus § 4 Nr 4 ergibt, **grds zulässig.** Das war nicht immer so: Das grds Verbot von Rabatten im RabattG wurde erst 2001, die Begrenzung der Werbung mit Preisherabsetzungen durch das sog Sonderveranstaltungsrecht (§ 7 UWG 1909) wurde erst durch die UWG-Novelle 2004 aufgehoben. Allerdings hatte die Rspr schon vor der UWG-Novelle 2004 ein unzulässiges „übertriebenes Anlocken" mit der Begründung verneint, ein Preisnachlass hebe nur die eigene Leistungsfähigkeit hervor und sei daher für sich allein niemals wettbewerbswidrig (BGH GRUR 2002, 287, 288 – *Erklärung des Klägers im Rechtsstreit;* BGH GRUR 2003, 1057 – *Einkaufsgutschein*). Die Werbung mit einem Preisnachlass führe auch nicht dazu, dass die Rationalität der Nachfrageentscheidung völlig in den Hintergrund trete.

3. Grenzen der Zulässigkeit

1.126   a) **„unangemessene unsachliche Beeinflussung" (§ 4 Nr 1).** § 4 Nr 1 ist in richtlinienkonformer Auslegung auf die Fälle der Nötigung, der Belästigung und der unzulässigen Beeinflussung iSd Art 8 UGP-Richtlinie zu beschränken (Rdn 1.7). Da von einer Werbung mit einem Preisnachlass lediglich eine Anlockwirkung ausgeht, scheidet eine Anwendung des § 4 Nr 1 von vornherein aus (*Köhler* GRUR 2010, 767, 772; anders noch BGH WRP 2010, 1388 Tz 17 – *Ohne 19% Mehrwertsteuer;* dazu Rdn 1.129). Unerheblich ist daher auch, an welchen Personenkreis sich die Preisnachlasswerbung wendet (so schon BGH GRUR 2003, 1057 – *Einkaufsgutschein*) und wie dieser ermittelt wird (so schon OLG Frankfurt GRUR-RR 2005, 388, 390). Unerheblich ist ferner die Höhe des Preisnachlasses. Das gilt grds auch dann, wenn das Angebot mit einem Verlust für den Anbieter verbunden ist (vgl OLG Frankfurt GRUR-RR 2005, 388, 391) oder durch einen Dritten subventioniert wird.

1.127   b) **Irreführung (§ 5 I 2 Nr 2; § 5 IV).** Nach § 5 I 2 Nr 2 ist eine geschäftliche Handlung irreführend, wenn sie zur Täuschung geeignete Angaben über **„das Vorhandensein eines besonderen Preisvorteils"** enthält. Dazu gehören insbes auch irreführende Angaben über Höhe, Dauer, Begünstigtenkreis und Gründe des Preisnachlasses (vgl auch § 5 Rdn 7.7). Irreführend ist die Ausgabe von Gutscheinen für Preisnachlässe, wenn der Preisnachlass jedermann auch ohne Vorlage des Gutscheins gewährt wird (OLG Schleswig WRP 2001, 322, 323). Irreführend ist auch eine Werbung, in der bei Nachweis eines günstigeren Konkurrenzangebots die Auszahlung der Differenz versprochen wird, in Wahrheit aber die betreffenden Waren oder Dienstleistungen nur beim Werbenden erhältlich sind (BGH WRP 1993, 749, 751 – *Geld-zurück-Garantie I; Heermann* WRP 2001, 855, 861). Nach **§ 5 IV 1** wird vermutet, dass es irreführend ist, mit der Herabsetzung eines Preises zu werben, sofern der (Ausgangs)Preis nur für eine unangemessen kurze Zeit gefordert worden ist. Diese Vorschrift ist richtlinienkonform am Maßstab der Nr 5 Anh I UGP-Richtlinie auszulegen.

1.128   c) **Fehlende Transparenz (§ 4 Nr 4).** Nach § 4 Nr 4 handelt unlauter, wer die Bedingungen für die Inanspruchnahme eines Preisnachlasses nicht **klar und eindeutig** angibt (vgl die Kommentierung zu § 4 Nr 4). Dazu muss das Angebot eines Preisnachlasses von vornherein klar als solches erkennbar sein. Der Werbende muss daher insbes über die Höhe des Preisnachlasses, über die Waren oder Dienstleistungen, auf die er sich bezieht, über den Zeitraum der Gewährung und über den Personenkreis, an den sich das Angebot richtet, so rechtzeitig informieren, dass der angesprochene Verbraucher entscheiden kann, ob er das Angebot wahrnehmen möchte oder nicht. An sich ist bei der richtlinienkonformen Auslegung des § 4 Nr 4 zu beachten, dass für den Bereich des elektronischen Geschäftsverkehrs auf Art 6 lit c Richtlinie über den elektronischen Geschäftsverkehr und im Bereich des sonstigen Geschäftsverkehrs auf Art 7 I, II UGP-Richtlinie abzustellen ist (vgl BGH GRUR 2009, 1064 Tz 20 – *Geld-zurück-Garantie II*). Unterschiedliche Beurteilungsmaßstäbe sollten sich, um Wertungswidersprüche zu vermeiden, daraus nicht ergeben.

d) Sorgfaltsverstoß (§ 3 II 1). Dass von einem Preisnachlass eine – je nach Ausgestaltung – mehr oder weniger starke Anlockwirkung auf den Verbraucher ausgeht, begründet noch keinen Verstoß des Unternehmers gegen die „fachliche Sorgfalt" iSd § 3 II 1, also auch gegen die Verpflichtung zur Rücksichtnahme auf berechtigte Interessen des Verbrauchers. Im Übrigen wäre die Anlockwirkung auch nicht geeignet, die Fähigkeit des durchschnittlichen Verbrauchers, sich auf Grund von Informationen zu entscheiden, spürbar zu beeinträchtigen. Etwas anderes kann gelten, wenn die Preisnachlasswerbung bewusst so ausgestaltet ist, dass der Verbraucher sich sofort entscheiden muss und weder die Zeit noch die Gelegenheit hat, sich über das Produkt und über etwaige Konkurrenzangebote zu informieren, der Verbraucher also **überrumpelt** wird (vgl BGH WRP 2010, 1388 Tz 17 – *Ohne 19% Mehrwertsteuer;* Köhler GRUR 2010, 767, 774). Dabei sind allerdings alle Umstände des Einzelfalls, insbes auch die Marktverhältnisse, die Höhe des Preisnachlasses, die wirtschaftliche Bedeutung des Produkts und die Möglichkeiten zur anderweitigen Information, zu berücksichtigen. Aus der Rspr vgl BGH WRP 2002, 1105; BGH WRP 2010, 1388 Tz 19 – *Ohne 19% Mehrwertsteuer;* OLG Frankfurt GRUR-RR 2001, 222; OLG Hamm GRUR 2006, 86, 87 und GRUR 2009, 313, 314; OLG Dresden WRP 2006, 283. – Etwas anderes kann ferner für eine Preisnachlasswerbung gelten, die sich ausschließlich an eine Gruppe **besonders schutzbedürftiger Verbraucher** wendet (§ 3 II 3). Maßgebend sind auch insoweit die Umstände des Einzelfalls.

e) Rechtsbruch (§ 4 Nr 11). Zu den Marktverhaltensregelungen iSd § 4 Nr 11 gehört auch § 7 I Nr 2 lit a HWG. Nach dieser Vorschrift sind Zuwendungen oder Werbegaben in Gestalt von Geldbeträgen oder der Gewährung gleicher Waren unter bestimmten Voraussetzungen unzulässig (dazu § 4 Rdn 11.135; BGH, Urt v. 9. 9. 2010 – I ZR 193/07 Tz 24 – *UNSER DANKESCHÖN FÜR SIE*). Damit sind Geld- und Naturalrabatte gemeint (OLG Hamburg GRUR-RR 2004, 219; OLG Hamburg WRP 2007, 1377, 1379; OLG Stuttgart GRUR-RR 2006, 235). Lauterkeitsrechtlich unerheblich ist es, wenn ein Preisnachlass nicht allen Kunden, sondern nur einzelnen Kundengruppen (zB Schülern, Studenten, Rentnern, Parteimitgliedern, Vereinsmitgliedern, Einheimischen, Frauen, Behinderten) oder nur auf Grund individueller Preisverhandlungen gewährt wird. Grenzen setzen insoweit nur das über § 4 Nr 11 zu beachtende **zivilrechtliche Benachteiligungsverbot** des § 19 AGG (dazu Rdn 11.156), soweit nicht die Ausnahmeregelung des § 20 I 2 Nr 3 AGG eingreift,

f) Gezielte Mitbewerberbehinderung (§ 4 Nr 10). Die Gewährung von Preisnachlässen kann nur ausnahmsweise den Tatbestand der gezielten Mitbewerberbehinderung erfüllen, nämlich dann, wenn der Selbstkostenpreis unterschritten wird, und außerdem eine Verdrängungsabsicht vorliegt (dazu § 4 Rdn 10.185 ff; BGH GRUR 2009, 416 Tz 11 ff – *Küchentiefstpreis-Garantie*; BGH WRP 2010, 1388 Tz 20 – *Ohne 19% Mehrwertsteuer*).

g) Allgemeine Marktbehinderung (§ 3 I). Die Gewährung von Preisnachlässen kann nur unter ganz bestimmten strengen Voraussetzungen den Tatbestand der allgemeinen Marktbehinderung erfüllen (vgl § 4 Rdn 12.14 ff; BGH GRUR 2009, 416 Tz 25 – *Küchentiefstpreis-Garantie*).

h) Spezialgesetzliche Rabattverbote. Ein spezielles Rabattverbot enthält **§ 3 S 1 Buchpreisbindungsg** (dazu *Franzen/Wallenfels/Russ* Preisbindungsgesetz; *Bäcker* NJW 2003, 1853). Danach muss, wer gewerbs- oder geschäftsmäßig Bücher an Letztabnehmer verkauft, den nach § 5 BuchpreisbindungsG festgesetzten Preis einhalten, sofern nicht die Ausnahmeregelungen des § 3 S 2 und des § 7 BuchpreisbindungsG eingreifen. Die Einräumung eines Barzahlungsrabatts ist ein Verstoß gegen dieses Verbot. Wer nicht Normadressat der Buchpreisbindung ist, kann entsprechend den deliktsrechtlichen Teilnahmeregelungen (§ 830 II BGB) als Anstifter in Anspruch genommen werden, wenn er Buchhändler oder Verleger vorsätzlich zu einem Verstoß gegen das BuchpreisbindungsG zu bewegen versucht (BGH GRUR 2003, 807, 808 – *Buchpreisbindung*). – Dagegen begründet ein Verstoß gegen kartellrechtlich zulässige **vertragliche Preisbindungen** (vgl § 30 I GWB) nur vertragliche, aber keine lauterkeitsrechtlichen Ansprüche gegen den Verletzer (vgl § 4 Rdn 11.12; aA OLG Hamburg GRUR 2003, 811, 813).

III. Kartellrechtliche Beurteilung

Weder das europäische noch das deutsche Kartellrecht kennen ein allgemeines Diskriminierungsverbot. Daher darf ein Unternehmen seine gewerblichen oder privaten Abnehmer bei der Gewährung von Preisnachlässen auch ohne sachlich gerechtfertigten Grund unterschiedlich behandeln (vgl auch Rdn 10.212). Etwas anderes gilt für marktbeherrschende (Art 102 AEUV; §§ 19, 20 I GWB) und marktstarke Unternehmen (§ 20 II und IV GWB) unter dem Aspekt der unbilligen Behinderung von Mitbewerbern und der ungerechtfertigten Ungleichbehandlung von gewerblichen Abnehmern. Unzulässig kann danach insbes ein **Treuerabatt** sein, den ein Unternehmen einem Abnehmer dafür gewährt, dass dieser seinen Bedarf ausschließlich (oder doch zu einem hohen Prozentsatz) bei ihm deckt, weil dies auf eine Bezugsbindung und damit auf eine Behinderung des Mitbewerbers hinausläuft (vgl EuGH Slg 1983, 3461, 3514 – *N. V. Nederlandsche Banden-Industrie Michelin;* Immenga/Mestmäcker/*Markert* § 20 Rdn 183 mwN).

D. Kundenbindungssysteme

I. Begriff und Erscheinungsformen

1. Begriff

1.135 **Kundenbindungssysteme** (Treueprogramme; Bonusprogramme) sind Verkaufsförderungssysteme von Unternehmen mit dem Ziel, die Verbraucher durch Gewährung von Preisnachlässen, Zugaben oder sonstigen geldwerten Vergünstigungen zu einer Konzentration ihrer Bezüge auf das oder die Betreiberunternehmen zu veranlassen. Zugleich dienen diese Systeme dazu, Kundendaten zu gewinnen und für gezielte Werbung einzusetzen. Technisch wird dies durch Ausgabe einer persönlichenKundenkarte (Chipkarte) bewerkstelligt, auf denen der Kunde Punktegutschriften sammeln kann, die ihrerseits bei jedem Einkauf abgefragt werden können.

2. Erscheinungsformen

1.136 Kundenbindungssysteme können von einem oder branchenübergreifend von mehreren Unternehmen praktiziert werden. IdR werden dem Kunden pro Einkauf bestimmte Punkte gutgeschrieben. Bei Erreichen einer bestimmten Punktzahl werden entweder Geldbeträge ausgeschüttet (so zB beim *Pay-Back*-System) oder unentgeltliche Sach- oder Dienstleistungen oder sonstige Vergünstigungen gewährt (so zB beim *Miles & More-System*). Es handelt sich letztlich um Spielarten des Mengen- und Umsatzrabatts und der Zugaben, wie sie im Verhältnis zwischen Industrie und Handel seit langem bekannt sind und jetzt (wieder) für das Verhältnis zum Verbraucher entdeckt wurden.

II. Lauterkeitsrechtliche Beurteilung

1. Grundsätzliche Zulässigkeit von Kundenbindungssystemen

1.137 Grds sind Kundenbindungssysteme als Maßnahmen der Verkaufsförderung lauterkeitsrechtlich zulässig. Wettbewerbswidrig kann allenfalls die konkrete Ausgestaltung des Kundenbindungssystems sein.

2. Grenzen der Zulässigkeit

1.138 a) „**unangemessene unsachliche Beeinflussung**" (§ 4 Nr 1). § 4 Nr 1 ist in richtlinienkonformer Auslegung auf die Fälle der Nötigung, der Belästigung und der unzulässigen Beeinflussung iSd Art 8 UGP-Richtlinie zu beschränken (Rdn 1.7). Soweit von Kundenbindungssystemen lediglich eine Anlockwirkung ausgeht, scheidet eine Anwendung des § 4 Nr 1 daher grds aus. Die besondere Problematik von Kundenbindungssystemen im Vergleich zum einmaligen Rabatt und der einmaligen Zugabe liegt allerdings in ihrer **Sogwirkung**. Es besteht die Gefahr, dass Verbraucher ihre Bezüge auf die Betreiberunternehmen konzentrieren, ohne noch die Angebote der Mitbewerber auf ihre Preiswürdigkeit oder Qualität zu prüfen. Diese Sogwirkung kann umso stärker sein, je attraktiver die versprochenen Vergünstigungen sind. Dies ist zwar für sich allein kein Gesichtspunkt, der die Unlauterkeit begründen könnte. Bedenklich kann ein Kundenbindungssystem unter dem Gesichtspunkt des § 4 Nr 1 aber dann werden, wenn die Gewährung der Vergünstigung davon abhängt, dass innerhalb einer unangemessen kurzen Frist ein bestimmter Umsatz getätigt wird, andernfalls die gesammelten Punkte **verfallen** (vgl OLG Jena GRUR-RR 2002, 32). Unabhängig davon, dass derartige Verfallklauseln nach § 307 BGB unwirksam sind, kann hierin in der Tat die Befürchtung des Verfalls der „angesparten" Punkte dazu führen, dass der Kunde entweder überflüssige Käufe tätigt oder von jeglicher Prüfung der Konkurrenzangebote absieht. Die Praktizierung eines derartigen Kundenbindungssystems kann daher eine unzulässige Beeinflussung iSd Art 2 lit j UGP-Richtlinie und damit eine Beeinträchtigung der Entscheidungsfreiheit der Verbraucher durch unangemessenen unsachlichen Einfluss bewirken. Jedenfalls kommt aber eine Anwendung des § 3 II 1 in Betracht. (Im Sinne der bisherigen Rspr zu § 4 Nr 1 UWG 2004 kann durch ein solches System die Rationalität der Nachfrageentscheidung beeinträchtigt sein.) – Ein Fall des § 4 Nr 1 kann ferner dann vorliegen, wenn der Kunde durch eine Vertragsstrafenvereinbarung daran gehindert wird, Fremdbezüge zu tätigen (vgl OLG Jena GRUR-RR 2010, 113, 115).

b) Irreführung (§ 5 I 2 Nr 2, 7). Kundenbindungssysteme dürfen keine irreführenden Angaben über „das Vorhandensein eines besonderen Preisvorteils" (§ 5 I 2 Nr 2), wie etwa den Wert von Bonuspunkten oder über „Rechte des Verbrauchers" (§ 5 I 2 Nr 7), etwa auf Ausschüttung von Geldbeträgen, enthalten. 1.139

c) Transparenz (§ 4 Nr 4). Kundenbindungssysteme müssen den Transparenzanforderungen des § 4 Nr 4 genügen. **Beispiele:** Die Aussage *„Mit der L. Card bekommen sie für jeden Euro eine Meile"* wurde weder als irreführend noch als intransparent angesehen, da der verständige Verbraucher nicht davon ausgehe, damit sei ein kostenloser Flug gemeint (OLG Köln WRP 2001, 721). – Wegen fehlender Transparenz (wenngleich noch auf das Zugabeverbot gestützt) wurde die Werbung für ein „American Express Membership Miles"-Programm beanstandet, weil sich daraus nicht ergab, ob und was der Karteninhaber konkret erhalten sollte (BGH GRUR 1999, 515, 518 – *Bonusmeilen*). 1.140

d) Sorgfaltsverstoß (§ 3 II 1). Auch die besondere Sogwirkung, die von einem Kundenbindungssystem ausgehen kann, ist grds nicht geeignet, die Fähigkeit des Durchschnittsverbrauchers zu einer informierten Entscheidung spürbar zu beeinträchtigen. Der Durchschnittsverbraucher kann typischerweise erkennen, welche Vorzüge und Nachteile die Teilnahme an einem solchen System mit sich bringen kann. Der Tatbestand des § 3 II 1 kann jedoch erfüllt sein, wenn das Kundenbindungssystem sich speziell an eine Gruppe besonders schutzbedürftiger Verbraucher, wie insbes Kinder und Jugendliche, wendet (§ 3 II 3). Maßgebend sind die Umstände des Einzelfalls, insbes die Gefahr unkontrollierter Käufe mit entsprechend hohen finanziellen Belastungen. (Ggf ist auch § 4 Nr 2 anwendbar.) 1.141

e) Gezielte Mitbewerberbehinderung (§ 4 Nr 10). Kundenbindungssysteme dürfen Mitbewerber nicht gezielt behindern. Das ist aber nur dann anzunehmen, wenn sie als Treuerabatt- oder Treueprämiensystem ausgestaltet sind, die Vergünstigung also gezielt davon abhängig gemacht wird, dass keine Fremdbezüge stattfinden. Eine solche Gestaltung wird idR aber nur gegenüber sonstigen Marktteilnehmern, insbes Unternehmen, vorkommen (vgl OLG Jena GRUR-RR 2010, 113, 115; zum früheren Recht vgl *Berneke* WRP 2001, 615, 618 f; *Köhler* GRUR 2001, 1067, 1077). 1.142

f) Allgemeine Marktbehinderung (§ 3 I). Kundenbindungssysteme dürfen auch nicht zu einer allgemeinen Marktbehinderung führen. Dazu gelten vergleichbare Erwägungen wie zu § 4 Nr 10 (vgl § 4 Rdn 12.1 ff; OLG Jena GRUR-RR 2010, 113, 115). 1.143

III. Kartellrechtliche Beurteilung

Kundenbindungssysteme, die von miteinander konkurrierenden Unternehmen betrieben werden, können gegen § 1 GWB oder Art 101 I AEUV verstoßen. Allerdings besteht eine Freistellungsmöglichkeit nach § 2 GWB oder Art 101 III AEUV. Werden Kundenbindungssysteme von oder unter Beteiligung von marktbeherrschenden oder marktstarken Unternehmen betrieben, kommt ein Verstoß gegen das Missbrauchs- oder Behinderungsverbot (§§ 19, 20 GWB; Art 102 AEUV) in Betracht. Dies setzt allerdings voraus, dass das Kundenbindungssystem ein Treuerabattsystem darstellt oder ihm in seiner Wirkung gleichkommt. Auch kann das Verbot des Verkaufs unter Einstandspreis (§ 20 IV 2 GWB) verletzt sein (*Köhler* BB 2001, 1157). 1.144

E. Geschenke

I. Begriff

Geschenke (Werbegeschenke) sind Waren und Dienstleistungen, die der Werbende unentgeltlich und unabhängig vom Kauf abgibt, um die Bereitschaft des Verbrauchers zum Kauf derselben oder anderer Waren oder Dienstleistungen zu fördern. Es handelt sich dabei um eine Verkaufsförderungsmaßnahme (vgl § 4 Nr 4). Kein Geschenk in diesem Sinne ist die kostenlose 1.145

Abgabe einer anzeigenfinanzierten Zeitung, weil der Leser nicht für den Kauf einer anderen Ware oder Dienstleistung geworben werden soll (BGH GRUR 2004, 602, 603 – *20 Minuten Köln*).

II. Lauterkeitsrechtliche Beurteilung

1. Grundsätzliche Zulässigkeit von Geschenken

1.146 Geschenke sind, wie sich mittelbar aus § 4 Nr 4 ergibt, grds zulässige Maßnahmen der Verkaufsförderung. Die strengere frühere Rspr zu § 1 UWG 1909 (vgl die Nachw in 28. Aufl § 4 Rdn 1.115) ist überholt.

2. Grenzen der Zulässigkeit

1.147 **a) Unangemessener unsachlicher Einfluss (§ 4 Nr 1).** § 4 Nr 1 ist in richtlinienkonformer Auslegung auf die Fälle der Nötigung, der Belästigung und der unzulässigen Beeinflussung iSd Art 8 UGP-Richtlinie zu beschränken (Rdn 1.7). Da von einer Werbung mit Geschenken lediglich eine Anlockwirkung ausgeht, scheidet eine Anwendung des § 4 Nr 1 grds aus. Daran ändert es nichts, wenn der Kunde zur Entgegennahme des Geschenks das Geschäft betreten und ggf einen persönlichen Kontakt zum Verkaufspersonal herstellen muss. Denn mag auch der Unternehmer darauf spekulieren, dass der Kunde bei dieser Gelegenheit – und sei es nur anstandshalber – eine andere Ware kaufen wird, so stellt dies noch keine unzulässige Beeinflussung iSd Art 2 lit j UGP-Richtlinie und damit auch keine unangemessene unsachliche Beeinflussung dar. Jedenfalls wird aber die Entscheidungsfreiheit des Kunden nicht erheblich beeinträchtigt (zur Rechtslage unter dem UWG 1909 vgl BGH GRUR 2000, 820, 821 f – *Space Fidelity Peep-Show;* BGH GRUR 2003, 804, 805 – *Foto-Aktion*). Auch die Ausgestaltung des Geschenks als **aleatorischer Reiz** (zB „Jeder 100. Einkauf gratis") begründet für sich allein nicht die Unlauterkeit nach § 4 Nr 1. (Nach der bisherigen Rspr deshalb nicht, weil die Rationalität der Kaufentscheidung auch dann nicht völlig in den Hintergrund tritt, wenn der Kunde im Hinblick auf die angekündigte Chance eines Gratiserwerbs möglichst oft oder viel einkauft (BGH GRUR 2009, 875 Tz 12 – *Jeder 100. Einkauf gratis;* dazu krit *Berlit* WRP 2009, 1188, 1191). – Eine unangemessene unsachliche Beeinflussung kommt daher allenfalls in Ausnahmefällen in Betracht, wenn über die Gewährung des Geschenks hinaus **zusätzliche Umstände** vorliegen, die den Verbraucher veranlassen können, eine Ware oder Dienstleistung zu erwerben, die er an sich gar nicht haben wollte. So etwa, wenn der Werber gegenüber dem beschenkten Verbraucher „beleidigende Formulierungen oder Verhaltensweisen" (Art 9 lit b UGP-Richtlinie) einsetzt oder in sonstiger Weise **belästigt,** um ihn zum Kauf zu veranlassen (vgl Rdn 1.10; *Steinbeck* GRUR 2005, 540, 545).

1.148 **b) Fehlende Transparenz (§ 4 Nr 4).** Nach § 4 Nr 4 handelt unlauter, wer die Bedingungen für die Inanspruchnahme eines Geschenks nicht **klar und eindeutig** angibt (vgl die Kommentierung zu § 4 Nr 4). Nach § 4 Nr 4 ist daher zB das Angebot eines Geschenks unlauter, wenn dem Verbraucher nicht klar vor Augen geführt wird, wo und von wem er das Geschenk erhält, was er tun muss, um es zu erlangen (zB Empfang eines Vertreters; Teilnahme an einer Verkaufsveranstaltung) und welche Folgekosten ggf auf ihn zukommen. In diesem Zusammenhang ist auch der Per-se-Verbot des § 3 III iVm Anh Nr 21 zu beachten.

1.149 **c) Irreführung (§ 5 I 2 Nr 1).** Irreführend iSv § 5 I 2 Nr 2 kann ein Geschenk sein, wenn der Verbraucher über seine Merkmale und damit über seinen tatsächlichen Wert getäuscht wird und diese Täuschung ihn veranlassen kann, eine andere Ware oder Dienstleistung zu erwerben. Irreführung kommt darüber hinaus dann in Betracht, wenn das Geschenk den Umständen nach geeignet ist, den Verbraucher über die Preiswürdigkeit oder Qualität des sonstigen Angebots zu täuschen (vgl BGH GRUR 2003, 804, 805 – *Foto-Aktion*). Das ist auch der Fall beim Verschenken echter bzw wertvoller Ware, um den Verbraucher zum Kauf gefälschter oder minderwertiger Ware zu animieren und von einer nochmaligen Qualitätsprüfung abzuhalten.

1.150 **d) Rechtsbruch (§ 4 Nr 11).** Zu den Marktverhaltensregelungen iSd § 4 Nr 11 gehört auch das Verbot von „Zuwendungen und Werbegaben" iSv § 7 HWG (vgl dazu § 4 Rdn 11.135). Ein Verstoß gegen § 4 Nr 11 iVm § 78 II 2 AMG iVm § 3 I AMPreisV liegt vor, wenn durch Geldzuzahlungen die vorgeschriebenen Endabgabepreise unterschritten werden (OLG München GRUR-RR 2010, 53, 55).

e) Sorgfaltsverstoß (§ 3 II 1). Dass von einem Geschenk eine – je nach Ausgestaltung – **1.151** mehr oder weniger starke Anlockwirkung auf den Verbraucher ausgeht, begründet noch keinen Verstoß des Unternehmers gegen die „fachliche Sorgfalt" iSd § 3 II 1, also gegen die Verpflichtung zur Rücksichtnahme auf berechtigte Interessen des Verbrauchers. Im Übrigen wäre die Anlockwirkung auch nicht geeignet, die Fähigkeit des durchschnittlichen Verbrauchers, sich auf Grund von Informationen zu entscheiden, spürbar zu beeinträchtigen. Etwas anderes gilt, wenn Apotheker Versicherten Sonderzahlungen („Boni") auf den rezeptpflichtigen Erwerb von zuzahlungsfreien Medikamenten gewähren, die von den Krankenkassen bezahlt werden (vgl OLG München GRUR-RR 2010, 53, 56). Der Verstoß gegen § 78 II 2 AMG iVm § 3 I AMPreisV stellt zugleich einen Verstoß gegen die fachliche Sorgfalt dar und ist auch geeignet, die Fähigkeit des Verbrauchers zu einer informierten Entscheidung spürbar zu beeinträchtigen und ihn zu einer geschäftlichen Entscheidung (Bezug des Medikaments gerade bei diesem Apotheker) zu veranlassen, die er sonst nicht getroffen hätte.

f) Gezielte Mitbewerberbehinderung (§ 4 Nr 10). Geschenke dürfen nicht zu einer **1.152** gezielten Behinderung von Mitbewerbern eingesetzt werden.

g) Allgemeine Marktbehinderung (§ 3 I). Geschenke dürfen nicht zu einer allgemeinen **1.153** Marktbehinderung führen (vgl BGH GRUR 2003, 804, 805 – *Foto-Aktion*). Derartige Fallgestaltungen kommen indessen allenfalls beim massenhaften und längerfristigen Verschenken von Originalware durch marktmächtige Unternehmen, aber nicht beim Verschenken von Aufmerksamkeiten in Betracht. Zu Einzelheiten vgl § 4 Rdn 12.17 ff.

III. Kartellrechtliche Beurteilung

Marktmächtige Unternehmen können die Abgabe von Werbegeschenken zur Behinderung **1.154** von kleinen und mittleren Mitbewerbern einsetzen. Dann unterliegt das Verhalten der Kontrolle nach Art 102 AEUV und den §§ 19, 20 I, II und IV GWB (vgl BGH GRUR 2003, 804, 805 – *Foto-Aktion*).

F. Preisausschreiben, Gewinnspiele und sonstige aleatorische Reize

I. Begriffe, Erscheinungsformen und Abgrenzung

1. Begriffe und Erscheinungsformen

a) Aleatorische Reize. Unter **aleatorischen Reize**n sind Verkaufsförderungsmaßnahmen **1.155** zu verstehen, bei denen dem Verbraucher eine **zufallsabhängige geldwerte Vergünstigung** in Aussicht gestellt wird. Sie können, aber müssen nicht vom Erwerb einer Ware oder Dienstleistung abhängig sein. Wichtige Erscheinungsformen sind **Preisausschreiben** (Rdn 1.156) und **Gewinnspiele** (Rdn 1.157) **mit Werbecharakter** (vgl § 4 Nr 5). Zu den **sonstigen** aleatorischen Reizen gehören bspw der zufallsabhängige Erlass oder die zufallsabhängige Rückgewähr des Kaufpreises (BGH GRUR 2009, 875 – *Jeder 100. Einkauf gratis*; OLG Celle GRUR-RR 2008, 349, OLG Hamm GRUR-RR 2009, 313, 314), die Gewährung eines Rabatts, dessen Höhe vom Zufall abhängt („Rabattwürfeln"; OLG Köln GRUR-RR 2007, 364), die zufallsabhängige Gewährung eines Gewinns (OLG Köln GRUR-RR 2007, 48: „Jeder 20. Käufer gewinnt") und die zufallsabhängige Gewährung eines Zinsbonus auf eine Festgeldanlage (BGH GRUR 2007, 981 – *150% Zinsbonus*). Bei diesen Verkaufsförderungsmaßnahmen handelt es sich um keine mit dem Absatz gekoppelte Gewinnspiele, sondern um **besondere Verfahren der Preisgestaltung** (BGH GRUR 2009, 875 Tz 9 – *Jeder 100. Einkauf gratis*) oder sonstigen Vorteilsgewährung.

b) Preisausschreiben. Unter einem Preisausschreiben ist die Aufforderung zur Teilnahme an **1.156** einem Wettbewerb, bei dem der Gewinner ausschließlich auf Grund seiner Kenntnisse und Fertigkeiten ermittelt werden soll, zu verstehen. Eine Unterart des Preisausschreibens ist das **Preisrätsel**.

c) Gewinnspiel. Unter einem Gewinnspiel ist die Aufforderung zur Teilnahme an einem **1.157** Spiel, bei dem der Gewinner durch irgendein Zufallselement ermittelt wird, zu verstehen.

2. Abgrenzung

1.158 An dem für **aleatorische Reize** erforderlichen Zufallselement fehlt es bspw, wenn eine Prämie „für die Ersten 500 Neukunden" versprochen wird (OLG Karlsruhe GRUR-RR 2008, 407, 408); anders liegt es, wenn lediglich mit einer „Chance auf je zwei Sitzplatzkarten" geworben wird, weil die Realisierung dieser Chance aus der Sicht des Verbrauchers vom Zufall abhängig ist (OLG Karlsruhe GRUR-RR 2008, 407, 409). – Im Unterschied zum **Glücksspiel** (Rdn 11.176) ist beim Gewinnspiel für die Teilnahme kein Einsatz erforderlich. Vom (echten) **Preisausschreiben** (§ 661 BGB) unterscheiden sich Preisausschreiben und Gewinnspiele **mit Werbecharakter** (§ 4 Nr 5) dadurch, dass entweder keine wirkliche oder überhaupt keine Leistung zu erbringen ist, der Gewinner vielmehr durch Zufall ermittelt wird. Für die lauterkeitsrechtliche Bewertung ist die Unterscheidung von Preisausschreiben und Gewinnspiel ohnehin bedeutungslos, da sie rechtlich gleichbehandelt werden (vgl BGH GRUR 1973, 474 – *Preisausschreiben*). Kein eigentliches Gewinnspiel, sondern lediglich einen Sammleranreiz stellt die Beifügung von „Überraschungsgaben" von unterschiedlichem Sammlerwert in Warenpackungen dar („Überraschungseier"), gegen die lauterkeitsrechtlich nichts einzuwenden ist.

II. Lauterkeitsrechtliche Beurteilung

1. Grundsätzliche Zulässigkeit von Preisausschreiben, Gewinnspielen und sonstigen aleatorischen Reizen

1.159 Der Einsatz aleatorischer Reize, insbes die Veranstaltung von Gewinnspielen und Preisausschreiben, zu Werbezwecken stellt eine seit jeher und auch unter der Geltung der UGP-Richtlinie grds zulässige Verkaufsförderungsmaßnahme dar. Mittelbar ergibt sich dies auch aus § 4 Nr 5 und 6.

2. Grenzen der Zulässigkeit

1.160 **a) Unzulässigkeit nach § 3 III.** Zu den nach § 3 III stets unzulässigen geschäftlichen Handlungen gehören die im Anh **Nr 17** und **20** aufgeführten irreführenden Handlungen. Vgl dazu die dortige Kommentierung. Dass bei Gewinnzusagen der Kunde einen Erfüllungsanspruch gem § 661a BGB besitzt (dazu Rdn 1.170), lässt die Unlauterkeit der Irreführung nicht entfallen, sondern ist nur eine zusätzliche vertragsrechtliche Sanktion.

1.161 **b) Unangemessene unsachliche Beeinflussung (§ 4 Nr 1).** § 4 Nr 1 ist in richtlinienkonformer Auslegung auf die Fälle der Nötigung, der Belästigung und der unzulässigen Beeinflussung iSd Art 8 UGP-Richtlinie zu beschränken (Rdn 1.7). Da von aleatorischen Reizen, insbes Preisausschreiben und Gewinnspielen lediglich eine **Anlockwirkung** ausgeht, scheidet eine Anwendung des § 4 Nr 1 von vornherein aus. Darauf, ob die Maßnahme geeignet ist, die Rationalität der Kaufentscheidung völlig in den Hintergrund treten zu lassen (so die bisherige Rspr; vgl BGH GRUR 2009, 875 Tz 12 – *Jeder 100. Einkauf gratis*; OLG Hamm GRUR-RR 2009, 313, 314) kommt es bei § 4 Nr 1 nicht (mehr) an (Rdn 1.104). Es kommt allenfalls die Anwendung des § 3 II 1 in Betracht.

1.162 **c) Irreführung (§ 5 I 2 Nr 1).** Irreführende Angaben iSd § 5 I 2 Nr 1 können sich auch auf Preisausschreiben und Gewinnspiele (Dienstleistungen) beziehen. Erfasst werden daher auch irreführende Angaben über die **Gewinnchancen** und deren **Höhe** (BGH GRUR 1989, 434, 435 – *Gewinnspiel I*; BGH WRP 1995, 591, 593 – *Gewinnspiel II*; BGH GRUR 2002, 1003, 1004 – *Gewinnspiel im Radio*. **Beispiele:** Erwecken des Eindrucks, die angekündigten Gewinne würden unter den Besuchern einer bestimmten Werbeveranstaltung verlost, während die Verlosung in Wahrheit unter allen Losinhabern stattfindet, die während eines halbjährigen Zeitraums Werbeveranstaltungen besucht haben (BGH GRUR 1962, 461, 465 – *Filmvorführung*). – Blickfangartige Ankündigung „Sie haben schon gewonnen" mit herausgestellten Hauptgewinnen über 2000 bis 10 000 DM und dem nur klein gedruckten Hinweis auf die „Auf-jeden-Fall-Gewinne", wenn die vielversprechende Ankündigung im Blickfang zu den tatsächlich gebotenen Gewinnchancen in krassem Missverhältnis steht (BGH GRUR 1974, 729, 731 – *Sweepstake*). – Vortäuschung der Verlosung wertvoller Gegenstände, die in Wahrheit nicht verteilt werden oder geringwertig sind (OLG Karlsruhe WRP 1964, 409). – Ankündigung, Gewinne von nicht unerheblichem Wert auszuspielen, wenn nicht deutlich darauf hingewiesen wird, dass zu den Gewinnen auch eine Vielzahl von Warengutscheinen geringeren Wertes (5,– DM) gehören (BGH GRUR 1989, 434, 435 – *Gewinnspiel I*). – Täuschung über die Attraktivität der Hauptpreise eines von einem Versandhandelsunternehmen veranstalteten Gewinnspiels (BGH WRP 1995, 591 – *Gewinnspiel II;* OLG Koblenz NJW-RR 1996, 1261). – Irreführend ist es, auf der Einladung zu einer Werbeveranstaltung durch Worte wie „Originallos", „Freilos", „Gewinnerliste" oder willkürlich hohe Nummern auf den Einladungskarten den Eindruck einer Verlosung vorzutäuschen und dadurch zum Besuch der Veranstaltung zu verlocken, während in Wahrheit an die Empfänger Werbegeschenke verteilt werden (OLG München DW 1963, 26).

d) Fehlende Transparenz (§ 4 Nr 5). Vgl die dortige Kommentierung. Das Transparenzgebot verlang, dass ein Gewinnspiel oder ein Preisausschreiben als solches **klar erkennbar** ist. Der Werbende darf den Verbraucher nicht im Unklaren lassen, worauf er sich einlässt und womit er rechnen kann. Das ist für den Bereich des elektronischen Geschäftsverkehrs durch § 6 I Nr 4 TMG (in Umsetzung von Art 6 lit d der Richtlinie 2000/31/EG über den elektronischen Geschäftsverkehr) spezialgesetzlich geregelt. Ein Verstoß gegen diese Normen erfüllt zugleich den Tatbestand des Rechtsbruchs iSd § 4 Nr 11. Jedoch stellt diese Norm, wie aus § 6 II TMG hervorgeht, keine abschließende Regelung dar. Vielmehr ist, will man nicht den elektronischen und den sonstigen Geschäftsverkehr willkürlich ungleich behandeln, der gleiche Maßstab auch an den sonstigen (offline-)Geschäftsverkehr anzulegen. 1.163

Der Werbende muss weiter dafür sorgen, dass die **Teilnahmebedingungen leicht zugänglich** sind. Dies ergibt sich spezialgesetzlich für den elektronischen Geschäftsverkehr aus § 6 I Nr 4 TMG, muss aber aus Gründen der Chancengleichheit im Wettbewerb auch für den sonstigen Geschäftsverkehr gelten. Dem Erfordernis der leichten Zugänglichkeit im elektronischen Geschäftsverkehr ist genügt, wenn der Verbraucher die Teilnahmebedingungen von der Homepage des Werbenden herunterladen oder per Fax abrufen kann. Jedoch dürfen insoweit keine höheren Kosten als nach den Basistarifen entstehen, dh die Zugänglichmachung der Teilnahmebedingungen darf nicht zum Geschäft gemacht werden. Für den sonstigen Geschäftsverkehr ist leichte Zugänglichkeit anzunehmen, wenn die Teilnahmebedingungen mittels Postkarte angefordert werden können oder wenn sie im Geschäftslokal aufliegen oder erbeten werden können. Leichte Zugänglichkeit ist zu verneinen, wenn der Kunde mehrmals ein Geschäft betreten und Namen und Adresse angeben muss. 1.164

Ferner muss der **Inhalt** der Teilnahmebedingungen **klar und eindeutig** angegeben werden. Grds braucht der Werbende nicht die tatsächlichen Gewinnchancen anzugeben. Dazu ist er idR schon deshalb nicht in der Lage, weil er im Voraus die Zahl der Teilnehmer nicht kennt. Die Ungewissheit hierüber gehört zum Charakter eines Preisausschreibens und eines Gewinnspiels (vgl Begr RegE zu § 4 Nr 5, BT-Drucks 15/1487 S 18). Der Werbende braucht auch nicht in der Werbung die Zahl der ausgesetzten Gewinne sowie die Anzahl der zur Verteilung vorgesehenen Gewinnlose im Einzelnen genau anzugeben. Jedoch muss eine entsprechende Anfrage eines Interessenten wahrheitsgemäß beantwortet werden. Der Tatbestand des § 4 Nr 5 ist aber dann erfüllt, wenn das Angebot einer Teilnahme an einem Gewinnspiel mit der Bitte um Vereinbarung eines unverbindlichen Beratungsgesprächs über eine „neue Urlaubsidee" verbunden wird, ohne dem Teilnehmer zu sagen, dass das Beratungsgespräch dem Verkauf von Nutzungsrechten an Ferienimmobilien dient (OLG Hamburg NJW-RR 1995, 1254). 1.165

e) Kopplung mit Absatzgeschäft (§ 4 Nr 6). Da diese Vorschrift in ihrer Auslegung durch die Rspr als per-se-Verbot mit der UGP-Richtlinie unvereinbar ist (EuGH GRUR 2010, 244 – *Plus Warenhandelsgesellschaft*), hat sie bei der Prüfung außer Betracht zu bleiben, sofern ihr nicht im Wege richtlinienkonformer Reduktion ein anderer Inhalt zugewiesen wird (dazu *Köhler* GRUR 2010, 177). 1.166

f) Rechtsbruch (§ 4 Nr 11). Ein spezialgesetzliches Verbot der Werbung mit Preisausschreiben, Verlosungen usw enthält **§ 11 I Nr 13 HWG** für den Bereich der Arzneimittelwerbung. Da es sich um eine Marktverhaltensregelung handelt, können Verstöße nach den §§ 3, 4 Nr 11 sanktioniert werden. – Zu § 6 I Nr 4 TMG vgl Rdn 1.163 und 1.164. 1.167

g) Sorgfaltsverstoß (§ 3 II 1). Der Tatbestand des § 3 II 1 setzt zwar nicht voraus, dass der aleatorische Reiz geeignet ist, die Rationalität der Nachfrageentscheidung völlig in den Hintergrund treten zu lassen, wie dies die bisherige Rspr zu § 4 Nr 1 verlangte (vgl BGH GRUR 2009, 875 Tz 12 – *Jeder 100. Einkauf gratis*). Gleichwohl reicht die bloße Anlockwirkung, die von aleatorischen Reizen ausgehen kann, für sich allein nicht aus, um einen Sorgfaltsverstoß zu begründen und die Fähigkeit des Durchschnittsverbrauchers zu einer informierten Entscheidung spürbar zu beeinflussen. Dies gilt auch dann, wenn der aleatorische Anreiz sehr stark ist. Daher erfüllt bspw das Versprechen der vollständigen Kaufpreisrückzahlung für alle innerhalb einer Woche getätigten Möbelkäufe für den Fall, dass Deutschland Europameister wird, nicht den 1.168

Tatbestand des § 3 II 1 und erst recht nicht den Tatbestand des § 4 Nr 1 (aA OLG Hamm GRUR-RR 2009, 313, 314).

1.169 Es müssen vielmehr zu dem aleatorischen Anreiz **besondere, den Verbraucher belastende Umstände** hinzutreten. Dazu reicht die bloße **Kopplung eines Preisausschreibens oder Gewinnspiels mit einem Absatzgeschäft** iSd § 4 Nr 6 grds nicht aus. Etwas anderes kann jedoch gelten, wenn sich die Maßnahme speziell an eine Gruppe **bes schutzbedürftiger Verbraucher** iSd § 3 II 3, insbes Kinder und Jugendliche, richtet. Die gleichen Grundsätze gelten, wenn die Teilnahme an einem Preisausschreiben oder Gewinnspiel von der **Überlassung persönlicher Daten** (Postadresse, E-Mail-Adresse, Telefon- und Faxnummer) und von der Einwilligung in bestimmte Werbemaßnahmen (Telefonwerbung, E-Mail-Werbung usw) abhängig gemacht wird. Auch dies ist grds zulässig (dazu BGH NJW 2010, 864 Tz 24 – *Happy Digits*); jedoch kann etwas anderes gelten, wenn sich diese Maßnahme speziell an eine Gruppe bes schutzbedürftiger Verbraucher iSd § 3 II 3, insbes an Kinder und Jugendliche richtet. Wird der Verbraucher von der Kopplung von der Gewinnspielteilnahme und Datenüberlassung erst dann unterrichtet wird, wenn er sich bereits für die Teilnahme entschieden hat, liegt bereits ein Verstoß gegen das Transparenzgebot des § 4 Nr 5 vor (aA OLG Köln WRP 2008, 261, 263: Fall des § 4 Nr 1).

1.170 **h) Gezielte Mitbewerberbehinderung (§ 4 Nr 10).** Als weiteres Unlauterkeitskriterium kommt die Behinderung von (insbes kleineren) Mitbewerbern in Betracht (BGH GRUR 1974, 156; 1998, 735, 736 – *Rubbelaktion;* BGH GRUR 2000, 820, 821 – *Space Fidelity Peep-Show*). Allerdings ist insoweit Zurückhaltung geboten. Der bloße Umstand, dass kleinere Mitbewerber finanziell nicht zu gleichartigen Aktionen in der Lage sind, kann nicht ausschlaggebend sein (OLG Köln GRUR-RR 2005, 194, 195; aA noch BGH GRUR 1974, 156, 157 – *Geld-Gewinnspiel;* vgl auch EuGH EuZW 1997, 470 – *Familiapress*). Entscheidend ist vielmehr, ob Gewinnspiele und Preisausschreiben von einem marktmächtigen Unternehmen gezielt dazu eingesetzt werden, kleine und mittlere Mitbewerber vom Markt zu verdrängen, und es dadurch zu einer konkreten Marktbehinderung kommt.

1.171 **i) Allgemeine Marktbehinderung (§ 3 I).** Grds könnten Gewinnspielaktionen auch den Tatbestand der allgemeinen Marktbehinderung erfüllen. Die Voraussetzung dieser und auch der kartellrechtlichen Behinderungstatbestände (§§ 19, 20 I und IV 1 GWB) werden idR jedoch nicht erfüllt sein.

III. Rechtsfolgen

1. Lauterkeitsrechtliche Rechtsfolgen

1.172 Ist die Veranstaltung eines Gewinnspiels oder eines Preisausschreibens wettbewerbswidrig, so kann nicht nur die Ankündigung, sondern auch die nicht gesondert, sondern als Teil des Verletzungstatbestandes angegriffene Durchführung der gesamten Werbeaktion verboten werden (BGH WRP 1976, 172, 174 – *Versandhandelspreisausschreiben;* BGH WRP 1976, 100, 101 – *Gewinnspiel;* BGH GRUR 1988, 829 – *Verkaufsfahrten II;* OLG Hamburg NJW-RR 1993, 1456). Bei einem auf ein Verbot der Durchführung selbstständig gestellten Antrag kommt es darauf an, ob auch diese als wettbewerbswidrig anzusehen ist, weil sie den lauteren Wettbewerb stört, zB den Verbraucher unlauter beeinflusst (BGH GRUR 1977, 727, 728 – *Kaffee-Verlosung I;* BGH GRUR 1981, 286, 287 – *Goldene Karte I*). Die Durchführung einer Werbeaktion, von der unmittelbare Störungen des lauteren Wettbewerbs ausgehen, kann nur verboten werden, solange sie nicht beendet ist; nach Beendigung nur bei Wiederholungsgefahr. Ein Preisausschreiben ist noch nicht mit dem Ablauf des Einsendetermins abgeschlossen; auch die Prüfung der Einsendungen, die Bekanntmachung der Preisträger und die Preisverteilung gehören dazu (OLG Düsseldorf NJW 1952, 70). Verboten werden kann daher nicht nur die Werbung, sondern auch die Verteilung der Preise und Gewinne (LG München GRUR 1970, 367; LG Hamburg GRUR 1970, 368). Das gilt aber dann nicht, wenn nach § 661 a BGB ein Rechtsanspruch der Teilnehmer auf die ausgesetzten Preise und Gewinne besteht (dazu Rdn 1.173).

2. Bürgerlichrechtliche Rechtsfolgen

1.173 Nach **§ 661 a BGB** hat ein Unternehmer, der Gewinnzusagen oder vergleichbare Mitteilungen an Verbraucher sendet und durch die Gestaltung dieser Zusendungen den Eindruck erweckt, dass der Verbraucher einen Preis gewonnen hat, dem Verbraucher diesen Preis zu leisten. Die Regelung ist nicht verfassungswidrig (BGH NJW 2003, 3620; BVerfG NJW 2004, 762; *Schröder/*

Thiessen NJW 2004, 719). Ihr Zweck ist es, unlauteren Geschäftspraktiken entgegenzuwirken, nämlich durch Gewinnmitteilungen den Verbraucher zur Bestellung von Waren oder Dienstleistungen zu bewegen, die Gewinne auf Nachfrage aber nicht auszuhändigen (vgl BT-Drucks 14/2658 S 48; BGH NJW 2003, 426, 428; *Leible* NJW 2003, 407; *Feuchtmeyer* NJW 2002, 3598; *Lorenz* NJW 2002, 3306; *Lorenz* JuS 2000, 833, 842). Der Verbraucher kann den Unternehmer beim Wort nehmen und Leistung des mitgeteilten Gewinns verlangen. Es handelt sich dabei (jedenfalls auch) um einen **Anspruch aus unerlaubter Handlung** (zur im Einzelnen streitigen dogmatischen Einordnung vgl BGH BB 2003, 2532, 2533 mwN). Daher kann auch ein in einem anderen Mitgliedstaat ansässiger Unternehmer vor einem deutschen Gericht, und zwar an dem für den Wohnsitz des Verbrauchers zuständigen Gericht, verklagt werden (Art 3 iVm Art 5 Nr 3 EuGVVO; dazu BGH NJW 2003, 426, 428 mwN). Die internationale Zuständigkeit kann sich darüber hinaus aus dem Gesichtspunkt der „Verbrauchersache" (Art 13 f EuGVVO) ergeben (BGH aaO). – Mit dieser scharfen Waffe ist zu hoffen, dass derartige unlautere Geschäftspraktiken effektiver als in der Vergangenheit unterbunden werden können.

5. Abschnitt. Einsatz von Verkaufsförderern

Schrifttum: *Brammsen/Leible,* Multi-Level-Marketing im System eines deutschen Lauterkeitsrechts, BB 1997, Beilage 10 zu Heft 32; *Fountoulakis,* Tuppware-Parties und Co. – die wettbewerbsrechtliche Beurteilung des Vertriebs unter Einsatz von Laien, GRUR Int 2009, 979; *Hartlage,* Progressive Kundenwerbung – immer wettbewerbswidrig?, WRP 1997, 1; *Heermann,* Prämien, Preise, Provisionen, WRP 2006, 1; *Heil,* Gewinnspiele – eine unendliche Geschichte?, WRP 1998, 839; *Isele,* Die Haftung des Unternehmers für wettbewerbswidriges Verhalten von Laienwerbern, WRP 2010, 1215; *Köhler,* Wettbewerbsrechtliche Grenzen des Mitgliederwettbewerbs der gesetzlichen Krankenkassen, WRP 1997, 37; *Leible,* Multi-Level-Marketing ist nicht wettbewerbswidrig!, WRP 1998, 18; *Lorenz,* Vertriebsfördermaßnahmen marktbeherrschender Unternehmen: Die Beurteilung nach Art. 82 EG, UWG und StGB, WRP 2005, 992; *Matern,* Absatzförderung auf nachgeordneten Vertriebsstufen – lauterkeitsrechtliche Bewertung von Verkaufswettbewerben in der Reisebranche, WRP 2008, 575; *Möller,* Laienwerbung, WRP 2007, 6; *Reichert,* Datenschutzrechtliche Probleme beim Adressenhandel, WRP 1996, 522; *Steinbeck,* Die Dreieckskopplung – ein Fall des übertriebenen Anlockens?, GRUR 2005, 15; *Thume,* Multi-Level-Marketing – ein stets sittenwidriges Vertriebssystem?, WRP 1999, 280; *Ulrich,* Die Laienwerbung, FS Piper, 1996, 495; *Willigmann,* Sittenwidrigkeit von Schneeballsystem-Gewinnspielen, NJW 1997, 2932.

A. Allgemeines

I. Begriff und Erscheinungsformen von Verkaufsförderern

1. Begriff und Abgrenzung

Als **Verkaufsförderer** lässt sich bezeichnen „**jede Person die einen Unternehmer beim Absatz seiner Waren oder Dienstleistungen durch gezielte Einwirkung auf mögliche Abnehmer unterstützt und dafür eine Gegenleistung erhält**". Darauf, ob sie in einem Dienst- oder Auftragsverhältnis zum Unternehmer steht (und damit zugleich selbst Unternehmer iSd § 2 I Nr 6 HS 2 ist), kommt es nicht an. Unerheblich ist auch die Art der Gegenleistung (Gehalt, Geld- oder Sachprämie, Provision oder sonstige geldwerte Vergünstigung, wie Teilnahme an einem Gewinnspiel). – Vom Verkaufsförderer zu unterscheiden sind die **Werbebotschafter,** also Personen (wie zB Stars), die allgemein für ein Unternehmen oder seine Produkte werben, ohne selbst gezielt mögliche Kunden anzusprechen (Beispiel: Fernseh- oder Plakatwerbung mit bekannten Persönlichkeiten [„Stars"]). – Zur Produktempfehlung durch die **öffentliche Hand** vgl § 4 Rdn 13.38 ff.

2. Erscheinungsformen

Zu den Verkaufsförderern gehören insbes: **(1)** gewerbliche Unternehmer; **(2)** Mitarbeiter gewerblicher Unternehmer; **(3)** interessenwahrungspflichtige Unternehmer; **(4)** Privatpersonen („Laien").

II. Lauterkeitsrechtliche Problematik

Grds ist jeder Unternehmer darin frei, wie er seinen Absatz organisiert. Er hat jedoch beim Einsatz von Verkaufsförderern und bei der Ausgestaltung ihrer Tätigkeit die durch das Lauterkeitsrecht gezogenen Schranken zu beachten. Der Einsatz von Verkaufsförderern wirft dann lauterkeitsrechtliche Probleme auf, wenn diese nicht offen im Interesse ihres Auftraggebers auftreten und/oder wenn sie ihre beruflichen oder privaten Einflussmöglichkeiten für den Absatz der Produkte ihres Auftraggebers einsetzen. Soweit die Verkaufsförderer ihr persönliches Interesse an der Empfehlung einer bestimmten Ware oder Dienstleistung gegenüber den Kunden verschweigen, kann dies den Tatbestand des § 4 Nr 3 oder des § 5 a II, zumindest aber den des § 3 II 1 erfüllen. Ist dem Verkaufsförderer die Entgegennahme einer Zuwendung gesetzlich verboten, so liegt darüber hinaus ein Fall des § 4 Nr 11 vor (vgl § 4 Rdn 11.135). Soweit die Verkaufsförderer die Kunden nicht objektiv, sondern von ihrem Eigeninteresse geleitet beraten, kann dies den Tatbestand der Irreführung (§ 5), der unangemessenen unsachlichen Beeinflussung (§ 4 Nr 1 und 2) oder des Sorgfaltsverstoßes (§ 3 II 1) erfüllen. Ein wesentlicher Gesichtspunkt ist dabei, ob die angesprochenen Verbraucher oder sonstigen Marktteilnehmer von dem Verkaufsförderer, sei es auf Grund seiner beruflichen Stellung oder einer vertraglichen Verpflichtung, sei es auf Grund seines Auftretens, eine objektive Beratung und neutrale Kaufempfehlung erwarten dürfen (vgl OLG Frankfurt WRP 2010, 563, 564; *Steinbeck* GRUR 2005, 15, 18 f). – Begeht der Verkaufsförderer einen Wettbewerbsverstoß, so muss sich der Unternehmer dies grds nach § 8 II zurechnen lassen. Die entscheidende Frage ist aber, ob dem Unternehmer schon deshalb ein Wettbewerbsverstoß zur Last fällt, weil er einen Verkaufsförderer einsetzt.

B. Gewerbliche Unternehmer als Verkaufsförderer

I. Beschreibung

1.177 Unternehmer, die Waren oder Dienstleistungen **mehrerer konkurrierender Anbieter** sei es im eigenen, sei es im fremden Namen vertreiben, sind grds darin frei, ob und wie sie den Absatz der einzelnen Anbieter in besonderer Weise fördern. Sie sind nicht der „Anwalt des Verbrauchers" und dementsprechend grds auch nicht zur „Neutralität" in Form einer uneigennützigen Beratung und Empfehlung verpflichtet. Sie können sich vielmehr bei ihren Absatzbemühungen an ihren Gewinn- und Nutzenüberlegungen orientieren. Dementsprechend sind auch die Anbieter grds – dh innerhalb der kartellrechtlichen Grenzen des § 20 I, II und IV GWB – darin frei, ihnen **besondere Vorteile** (Werbekostenzuschüsse, Sach- oder Geldprämien, Teilnahme an Verlosungen usw) für den Absatz ihrer Produkte einzuräumen (vgl OLG Oldenburg GRUR-RR 2004, 209, 210; *Matern* WRP 2008, 575, 583). In diesem Fall werden die Unternehmer als Verkaufsförderer des Anbieters tätig.

II. Lauterkeitsrechtliche Beurteilung

1. Unangemessener unsachlicher Einfluss auf den Verkaufsförderer (§ 4 Nr 1)?

1.178   a) **Allgemeines.** Von einer unangemessenen unsachlichen Beeinflussung des Verkaufsförderers durch den Anbieter kann nur die Rede sein, wenn das von ihm erwartete Verhalten gegenüber seinen Abnehmern seinerseits unlauter ist. Soll bspw eine Vergünstigung dafür gewährt werden, dass irreführende positive Behauptungen über das zu bewerbende Produkt oder irreführende oder herabsetzende Behauptungen über Konkurrenzprodukte aufstellt werden, mag dies als unangemessene unsachliche Beeinflussung iSd § 4 Nr 1 anzusehen sein. In aller Regel werden jedoch dem Verkaufsförderer keine derartigen Vorgaben gemacht. Die bloße Gefahr, dass der Verkaufsförderer irreführende (§§ 5, 5 a), aggressive (§ 4 Nr 1 und 2) oder sorgfaltswidrige (§ 3 II 1) Handlungen gegenüber den Abnehmern vornimmt, reicht daher nicht aus. Daher verbleibt es bei der Frage, ob allein das Interesse des Verkaufsförderers, in den Genuss der Vergünstigung zu gelangen, ausreicht, um ihm gegenüber eine unangemessene unsachliche Beeinflussung anzunehmen.

1.179   b) **Meinungsstand.** Nach verbreiteter Auffassung kommt es auf das **Ausmaß der versprochenen Vergünstigung** einerseits und auf den **Beratungsbedarf** des Abnehmers andererseits an. Zwar wisse der verständige Durchschnittsverbraucher oder rechne damit, dass sich die Einkaufskonditionen bei den Produkten unterscheiden können und der Händler bei der Präsentation und Empfehlung der Produkte bestimmter Hersteller sich auch von seinen wirtschaftlichen Interessen leiten lässt (vgl OLG Frankfurt WRP 2010, 563, 564; Harte/Henning/*Omsels/Stuckel* § 4 Nr 1 Rdn 144; *Heermann* WRP 2006, 8, 13 f; aA noch BGH GRUR 1974, 394, 395 – *Verschlusskapsel-Prämie*; *Lorenz* WRP 2005, 992, 993). Je stärker aber der versprochene Anreiz sei, desto größer sei naturgemäß die Gefahr, dass der Verkaufsförderer das Interesse des Verbrauchers an einer sachkundigen und objektiven Beratung vernachlässige und vorzugsweise das Produkt dieses Anbieters anpreise. Das Versprechen einer Vergünstigung sei lauterkeitsrechtlich jedenfalls dann bedenklich, wenn der Verbraucher mit einem Anreiz in diesem Umfang nicht rechne und er auf eine sachkundige und objektive Beratung angewiesen sei und sie auch erwarte. Dementsprechend wurde die Veranstaltung eines „Buchungswettbewerbs" eines Reiseveranstalters, bei dem die erfolgreichsten Reisebüros lukrative Preise gewinnen konnten, als Verstoß gegen § 4 Nr 1 angesehen (OLG Frankfurt WRP 2010, 563, 564 ff).

c) Kritik. In der Sache sind diese Erwägungen zutreffend. Gegen eine Beurteilung derartiger Fälle unter dem Gesichtspunkt einer unangemessenen unsachlichen Beeinflussung des Verkaufsförderers sprechen indessen ein normatives und ein dogmatisches Bedenken. Zunächst: Es geht in Wahrheit nicht um den Schutz der Verkaufsförderer, sondern um den Schutz der Abnehmer vor nicht sachgerechter Beratung. Sodann: Der Anwendungsbereich des § 4 Nr 1 ist nicht nur im Verhältnis zu Verbrauchern, sondern auch im Verhältnis zu sonstigen Marktteilnehmern auf die Fälle aggressiver Geschäftspraktiken zu beschränken (vgl Rdn 1.7). Da das Versprechen von Vergünstigungen kein aggressives Verhalten gegenüber dem Verkaufsförderer darstellt, ist auch dogmatisch für die Anwendung des § 4 Nr 1 kein Raum. 1.180

2. Unangemessener unsachlicher Einfluss auf den Kunden (§ 4 Nr 1)?

Denkbar ist allerdings, dass die Einflussnahme auf den Verkaufsförderer sich als potenzielle unangemessene unsachliche Beeinflussung des Kunden in Gestalt der „unzulässigen Beeinflussung" iSd Art 8 UGP-Richtlinie darstellt. Denn aus der Sicht des Anbieters ist der Verkaufsförderer das „Werkzeug" zur Beeinflussung der Nachfrageentscheidung des Verbrauchers. Selbst wenn man dies aber als „Machtposition" iSd Art 2 lit j UGP-Richtlinie begreift, so fehlt es doch an einer Ausnutzung dieser Machtposition zur Ausübung von Druck auf den Kunden. Daher scheidet die Anwendung des § 4 Nr 1 auch im Verhältnis zum Kunden aus. 1.181

3. Sorgfaltsverstoß gegenüber dem Verbraucher (§ 3 II 1)

Folgt man dem, sind derartige Fälle, soweit die Interessen von Verbrauchern betroffen sind, nicht nach § 4 Nr 1, sondern nach § 3 II 1 zu beurteilen. (Bei sonstigen Marktteilnehmern ist auf § 3 I in seiner Funktion als Auffangtatbestand abzustellen.) Das trifft auch den eigentlichen Kern des Unrechtsvorwurfs, da es letztlich darum geht, die **Verbraucher** vor der Gefahr einer unsachgemäßen Beratung durch unsachlich beeinflusste Unternehmer zu schützen. Entscheidend ist daher, ob das Vorteilsversprechen die **Gefahr** begründet, dass der Verkaufsförderer seine **„fachliche Sorgfalt"** (§ 2 I Nr 7) gegenüber seinen Kunden verletzt und sein Handeln geeignet ist, deren Fähigkeit, sich auf Grund von Informationen zu entscheiden, spürbar zu beeinträchtigen und sie damit zu einer geschäftlichen Entscheidung zu veranlassen, die sie andernfalls nicht getroffen hätten. Ein Verstoß gegen die „fachliche Sorgfalt" iS des „Standards an Fachkenntnissen und Sorgfalt, von dem billigerweise angenommen werden kann, dass ein Unternehmer ihn in seinem Tätigkeitsbereich gegenüber Verbrauchern nach Treu und Glauben unter Berücksichtigung der Marktgepflogenheiten einhält" ist umso eher anzunehmen, je mehr der Verbraucher auf die Beratungskompetenz des Verkaufsförderers vertraut und je weniger er damit rechnen muss, dass der Verkaufsförderer besondere Vergünstigungen für die Empfehlung bestimmter Angebote erhält. Maßgebend sind die Umstände des Einzelfalls. Wird die Gefahr eines Sorgfaltsverstoßes iSd § 3 II 1 begründet, so trifft den Anbieter dafür, unabhängig davon, ob auch § 8 II eingreift, eine **täterschaftliche** Verantwortung unter dem Gesichtspunkt des gefahrbegründenden Tuns. Allerdings besteht nur **Erstbegehungsgefahr** und damit nur ein vorbeugender Unterlassungsanspruch, solange keine sorgfaltswidrige Einwirkung auf Verbraucher erfolgt ist. 1.182

C. Mitarbeiter fremder Unternehmer als Verkaufsförderer

I. Beschreibung

Vielfach versprechen und gewähren Anbieter den Angestellten eines Unternehmers einen Anreiz (Prämie usw), damit sie bevorzugt ihre Produkte zum Kauf empfehlen. Das ist den Kunden idR nicht bekannt. Vielmehr gehen sie davon aus und rechnen damit, dass es keine 1.183

solchen Anreize gibt, die Mitarbeiter sich jedenfalls nicht von derartigen Anreizen bei ihrer Beratung und Kaufempfehlung leiten lassen.

II. Lauterkeitsrechtliche Beurteilung

1.184 Setzt ein Anbieter den Angestellten eines Unternehmers als Verkaufsförderer ein, ist zunächst zu fragen, ob dies mit **Einverständnis** des Geschäftsinhabers geschieht oder nicht. Liegt ein Einverständnis vor, so liegt der Fall nicht anders als beim Versprechen der Vergünstigung unmittelbar an den Geschäftsinhaber (Rdn 1.177 ff; ähnlich *Heermann* WRP 2006, 8, 13 f).

1.185 Wird hingegen der Anreiz den Angestellten ohne Wissen und Billigung des Geschäftsinhabers gewährt, so stellt dies jedenfalls eine Beeinträchtigung der Entscheidungsfreiheit des **Geschäftsinhabers** durch unangemessenen unsachlichen Einfluss iSd § 4 Nr 1 dar. Denn die Maßnahme unterläuft das Weisungsrecht des Geschäftsinhabers gegenüber seinen Angestellten und nimmt ihm die Möglichkeit, seine Absatzpolitik nach seinem Ermessen festzulegen.

1.186 Im Verhältnis zu den **Kunden** begründet das Versprechen einer Vergünstigung die Gefahr, dass der Angestellte den Verbraucher entgegen dessen Erwartung nicht mehr sachlich, sondern überwiegend vom Eigeninteresse an der Erlangung einer Herstellerprämie geleitet, berät. Denn der Verbraucher geht nicht davon aus und braucht auch nicht damit zu rechnen, dass der Angestellte sich bei der Beratung von einem Eigeninteresse leiten lässt. Das Verhalten stellt zwar **keinen Verstoß** gegen **§ 4 Nr 1** dar (so aber OLG Hamburg GRUR-RR 2004, 117; OLG Frankfurt WRP 2010, 563, 565; *Steinbeck* GRUR 2005, 15; vgl auch *Matern* WRP 2008, 575, 584), wohl aber kommt wieder die Anwendung des **§ 3 II 1** in Betracht (Rdn 1.182).? Etwas anderes mag gelten, wenn die Prämie so geringfügig ist, dass sie als bloße Aufmerksamkeit gegenüber dem Verkaufspersonal erscheint (vgl LG Frankfurt GRUR-RR 2002, 204). Ferner kann eine gezielte Behinderung der konkurrierenden Anbieter iSd § 4 Nr 10 vorliegen. Schließlich kommt auch der Tatbestand des **Rechtsbruchs** iSd § 4 Nr 11 iVm § 299 StGB (Bestechung) in Betracht (dazu OLG Oldenburg GRUR-RR 2004, 209; HdbWettbR/*Harte-Bavendamm* § 78 Rdn 1 ff; *Heermann* WRP 2006, 8, 9 f; *Matern* WRP 2008, 575, 592; *Rengier*, FS Tiedemann, 2008, 837).

D. Interessenwahrungspflichtige Unternehmer als Verkaufsförderer

I. Beschreibung

1.187 Unternehmer können auf Grund gesetzlicher und/oder vertraglicher Verpflichtung gehalten sein, die Interessen ihrer Kunden zu wahren. Dazu gehören typischerweise die Angehörigen **freier (reglementierter) Berufe**, wie zB Ärzte, Apotheker, Rechtsanwälte, Wirtschaftsprüfer, Steuerberater. Dazu gehören aber auch **gewerbliche Unternehmer**, soweit sie kraft **Vertrags** die Wahrnehmung der Interessen ihrer Kunden übernommen haben (wie zB Vermögensberater, Makler). Da die Kunden (Mandanten, Patienten, Klienten usw) dieser Unternehmer auf Grund dieser Interessenwahrungspflicht darauf vertrauen und vertrauen dürfen, dass sie sachkundig, objektiv und uneigennützig beraten werden, werden sie von Anbietern häufig als Verkaufsförderer für ihre Produkte eingesetzt.

II. Lauterkeitsrechtliche Beurteilung

1. Unangemessener unsachlicher Einfluss auf den Verkaufsförderer (§ 4 Nr 1)?

1.188 a) **Stand der Rspr.** Werden Unternehmer als Verkaufsförderer eingesetzt, die bei ihren geschäftlichen Entscheidungen auf Grund gesetzlicher oder vertraglicher Pflichten (auch) die **Interessen Dritter zu wahren** haben („drittverantwortliche Personen"), liegt darin nach stRspr stets eine Beeinträchtigung ihrer Entscheidungsfreiheit durch unangemessene unsachliche Einflussnahme iSv § 4 Nr 1. Denn das Versprechen oder Gewähren eines geldwerten Vorteils kann sie dazu veranlassen, ihre Entscheidung nicht allein am Interesse des Dritten auszurichten, sondern sich auch von dem zu erwartenden Vorteil leiten zu lassen. Damit würden sie aber ihre **Interessenwahrungspflicht verletzen** (BGH GRUR 2005, 1059, 1060 – *Quersubventionierung von Laborgemeinschaften;* BGH BGH GRUR 2009, 969 Tz 11 – *Winteraktion;* BGH GRUR 2010, 850 Tz 17 – *Brillenversorgung II;* OLG Köln GRUR-RR 2008, 446, 447; OLG München GRUR-RR 2010, 305, 307; vgl auch Fezer/*Steinbeck* § 4 Nr 2, 212, 220; *Heermann* WRP 2006, 8). Auf die Größe oder Art des Vorteils (Geschenke, Provisionen, Teilnahme an Verlosungen usw) kommt es nicht an. Der Vorteil kann bspw auch in der Abgabe einer Dienstleistung unter Selbstkosten bestehen. So wurde es als unlauter angesehen, dass ein Laborarzt niedergelassenen Ärzten die Durchführung von Laboruntersuchungen, die diese selbst gegenüber der Kasse abrechnen können, unter Selbstkosten in der Erwartung anbietet, dass diese ihm dafür Patienten für Untersuchungen überweisen, die nur von einem Laborarzt vorgenommen werden können. Dem Angebot unter Selbstkosten steht die unentgeltliche oder verbilligte Überlassung von freien Laborkapazitäten gleich (BGH GRUR 2005, 1059, 1060 – *Quersubventionierung von Laborgemeinschaften*). – Zu unterscheiden sind davon die Fälle der Werbung für den Absatz von Produkten für den **Eigenbedarf** solcher Unternehmer (dazu BGH GRUR 2003, 624, 626 – *Kleidersack;* BGH WRP 2009, 1385 Tz 18 – *DeguSmiles & more;* OLG München GRUR-RR 2010, 305, 307).

b) Kritik. Gegen eine Beurteilung derartiger Fälle unter dem Gesichtspunkt einer unangemessenen unsachlichen Beeinflussung der Entscheidungsfreiheit des Verkaufsförderers sprechen die bereits genannten Bedenken (Rdn 1.180). Es geht in diesen Fällen in Wahrheit auch nicht um den Schutz der Entscheidungsfreiheit der Verkaufsförderer in deren Interesse (so auch *Fritzsche* JZ 2010, 575, 577; *Piper/Ohly/Sosnitza* § 4.1 Rdn 1/152; *Schwippert,* FS Samwer, 2008, 197, 199), sondern um den Schutz ihrer Kunden vor nicht sachgerechter Beratung und vor nicht objektiver Empfehlung. Auch ist der Anwendungsbereich des § 4 Nr 1 nicht nur im Verhältnis zu Verbrauchern, sondern auch im Verhältnis zu sonstigen Marktteilnehmern auf die Fälle aggressiver Geschäftspraktiken zu beschränken (vgl Rdn 1.7). Da das Versprechen von Vergünstigungen kein aggressives Verhalten gegenüber dem Verkaufsförderer darstellt, ist auch unter diesem Gesichtspunkt für die Anwendung des § 4 Nr 1 kein Raum. Hinzu kommt, dass zweifelhaft ist, ob Beratung und Empfehlung geschäftliche Entscheidungen sind. Nach der – allerdings auf Verbraucher zugeschnittenen – Definition der geschäftlichen Entscheidung in Art 2 lit k UGP-Richtlinie sind sie es jedenfalls nicht. **1.189**

2. Unangemessener unsachlicher Einfluss auf den Kunden (§ 4 Nr 1)?

Denkbar ist allerdings, dass die Einflussnahme auf den Verkaufsförderer sich als potenzielle unangemessene unsachliche Beeinflussung des Kunden in Gestalt der „unzulässigen Beeinflussung" iSd Art 8 UGP-Richtlinie darstellt. Denn aus der Sicht des Anbieters ist der Verkaufsförderer das „Werkzeug" zur Beeinflussung der Nachfrageentscheidung des Verbrauchers. Selbst wenn man dies aber als „Machtposition" iSd Art 2 lit j UGP-Richtlinie begreift, so fehlt es doch an einer Ausnutzung dieser Machtposition zur Ausübung von Druck auf den Kunden. Daher scheidet die Anwendung des § 4 Nr 1 auch im Verhältnis zum Kunden aus. Etwas anderes könnte dann gelten, wenn der Verkaufsförderer kraft seiner beruflichen Stellung (zB Arzt) eine Machtposition besitzt, die es ihm ermöglicht, auf den Kunden Druck auszuüben. Die **Entscheidungsfreiheit** bspw von Patienten wird jedoch nicht schon dann erheblich beeinträchtigt, wenn sie sich bei ihrer Entscheidung möglicherweise von der Erwägung leiten lassen, den Arzt nicht zu enttäuschen oder ihn – etwa für künftige Terminvergaben – wohlwollend zu stimmen (BGH GRUR 2010, 850 Tz 13 – *Brillenversorgung II*). Allerdings bleibt dann – was in der Entscheidung *Brillenversorgung II* nicht angesprochen wurde – immer noch die Überprüfung am Maßstab des § 3 II 1 (dazu Rdn 1.191) und am Maßstab des § 4 Nr 11. **1.190**

3. Sorgfaltsverstoß gegenüber dem Verbraucher (§ 3 II 1)

Ist der Tatbestand des § 4 Nr 1 im Verhältnis zum Kunden nicht erfüllt, bleibt, soweit es sich um Verbraucher handelt, als Kontrollmaßstab § 3 II 1 (ggf auch § 4 **Nr 3** wegen Verheimlichung des Provisionsinteresses durch den Verkaufsförderer). (Bei sonstigen Marktteilnehmern ist auf § 3 I in seiner Funktion als Auffangtatbestand abzustellen.) Das trifft auch den eigentlichen Kern des Unrechtsvorwurfs, da es letztlich darum geht, den **Verbraucher** vor der Gefahr einer unsachgemäßen Beratung und nicht objektiven Empfehlung durch unsachlich beeinflusste Verkaufsförderer zu schützen. Entscheidend ist daher, ob das Vorteilsversprechen die **Gefahr** begründet, dass der Verkaufsförderer seine **„fachliche Sorgfalt"** (§ 2 I Nr 7) gegenüber seinen Kunden verletzt und sein Handeln geeignet ist, deren Fähigkeit, sich auf Grund von Informationen zu entscheiden, spürbar zu beeinträchtigen und sie damit zu einer geschäftlichen Entscheidung zu veranlassen, die sie andernfalls nicht getroffen hätten. (Auf die Eignung zur Beeinträchtigung der „Entscheidungsfreiheit" kommt es bei § 3 II 1 wohlgemerkt nicht an). Ein Verstoß gegen die „fachliche Sorgfalt" iSd „Standards an Fachkenntnissen und Sorgfalt, von dem billigerweise angenommen werden kann, dass ein Unternehmer ihn in seinem Tätigkeitsbereich gegenüber **1.191**

Verbrauchern nach Treu und Glauben unter Berücksichtigung der Marktgepflogenheiten" einhält, ist in derartigen Fällen stets gegeben, da sich die Sorgfaltspflicht in Gestalt der Interessenwahrungspflicht bereits aus den **berufsrechtlichen Anforderungen** und/oder dem **Vertragsverhältnis** zum Kunden ergibt. **Beispiele** für berufsrechtliche Anforderungen: §§ 1, 3, 43 a I BRAO; §§ 33 S 1, 57 I StBerG; §§ 2, 43 I WPO (BGH GRUR 2009, 969 Tz 11 – *Winteraktion*); §§ 3 II, 34 V BOÄ (BGH GRUR 2010, 850 Tz 21, 22 – *Brillenversorgung II*). Allerdings ist dann immer noch zu prüfen, ob der Sorgfaltsverstoß im konkreten Fall geeignet ist, die Fähigkeit des Verbrauchers, sich auf Grund von Informationen zu entscheiden, spürbar zu beeinträchtigen und ihn damit zu einer geschäftlichen Entscheidung zu veranlassen, die er andernfalls nicht getroffen hätte. (Das wäre wohl im Fall *„Brillenversorgung II"* zu bejahen gewesen, weil – und soweit – die Ärzte den Patienten ihr **Provisionsinteresse verheimlichten**). Denn der Kunde rechnet bei den interessenwahrungspflichtigen Unternehmern nicht damit, dass sie für ihren erfolgreichen Rat eine Provision beziehen. Insoweit gilt das Gleiche wie bei der Laienwerbung; ggf ist daher auch **§ 4 Nr 3** heranzuziehen; dazu Rdn 1.204) – Begründet der Anbieter die Gefahr eines Verstoßes iSd § 3 II 1 durch den Verkaufsförderer, so trifft ihn dafür, unabhängig davon, ob auch § 8 II eingreift, eine **täterschaftliche** Verantwortung unter dem Gesichtspunkt des gefahrbegründenden Tuns (vgl auch BGH GRUR 2003, 624, 626 [sub 3 b] – *Kleidersack*). Allerdings besteht nur **Erstbegehungsgefahr** und damit nur ein vorbeugender Unterlassungsanspruch, solange keine sorgfaltswidrige Einwirkung auf Verbraucher erfolgt ist.

E. Privatpersonen als Verkaufsförderer („Laienwerbung")

I. Begriff, Erscheinungsformen und Bedeutung der Laienwerbung

1. Begriff

1.192   Unter **Laienwerbung** ist der Einsatz von **Privatleuten** als Kundenwerber gegen Gewährung einer Werbeprämie zu verstehen (BGH GRUR 1995, 122, 123 – *Laienwerbung für Augenoptiker*). Der Laienwerber geht dabei typischerweise so vor, dass er Personen aus seinem privaten oder beruflichen Bekanntenkreis (Verwandte, Freunde, Bekannte, Berufskollegen, Untergebene, Vereinskameraden usw) anspricht und sie – sei es mit, sei es ohne Offenbarung seines Prämieninteresses – als Kunden zu gewinnen sucht (BGH GRUR 1991, 150 – *Laienwerbung für Kreditkarten;* BGH GRUR 2002, 637, 639 – *Werbefinanzierte Telefongespräche*). Für die lauterkeitsrechtliche Bewertung ist nicht maßgebend, wie die Tätigkeit bezeichnet wird (vgl OLG München WRP 1996, 42, 43: „Vertreter im Nebenberuf") und ob auf sie im Einzelfall Handelsrecht (§§ 84 ff HGB) oder Arbeitsrecht anwendbar ist. Entscheidend ist vielmehr, dass die persönlichen Beziehungen des Werbers zu Dritten für die Kundenwerbung nutzbar gemacht werden (ebenso *Möller* WRP 2007, 6, 7).

2. Erscheinungsformen

1.193   Die Laienwerbung weist unterschiedliche Erscheinungs- bzw Sonderformen auf (eingehend hierzu *Ulrich,* FS Piper, 1996, 495, 502 ff).

1.194   **a) Sammelbestellung.** Der Sammelbesteller wird für ein Versandhandelsunternehmen in der Weise tätig, dass er auf Provisionsbasis in seinem Bekanntenkreis Bestellungen sammelt und weiterleitet. Um eine progressive Kundenwerbung (vgl § 16 II) handelt es sich dabei nicht. Bei dieser wird dem Käufer der Preis für eine von ihm gekaufte Ware zurückerstattet oder gutgeschrieben, wenn er neue Kunden wirbt, denen dieselbe Vergünstigung eingeräumt wird. Der Sammelbesteller wird dagegen erst beliefert, wenn seine Werbebemühungen erfolgreich waren; er braucht keinen Einsatz zu leisten. Während Handelsvertreter gewerblich tätig sind, lässt sich dies bei Sammelbestellern nicht allgemein sagen. Soweit sie Gewerbetreibende sind, müssen sie ein stehendes Gewerbe anmelden (§ 14 I GewO); für das Reisegewerbe genügt eine Reisegewerbekarte, ggf eine Anzeige (§ 55 I Nr 1; § 55 c GewO). Ob ein Sammelbesteller als Gewerbetreibender anzusehen ist, hängt stets vom Einzelfall ab. Auch wenn mit dem Einsatz von Sammelbestellern die ernste Gefahr von Verstößen gegen die gewerberechtliche Anzeigepflicht verbunden sein sollte, wäre ein generelles Verbot des Sammelbesteller-Vertriebssystems unter dem Gesichtspunkt des Wettbewerbsverstoßes durch Rechtsbruch (§ 4 Nr 11) nicht gerechtfertigt (vgl BGH GRUR 1963, 578, 587 – *Sammelbesteller*). Denn dann wäre auch der Einsatz von Sammelbestellern verboten, die kein Gewerbe betreiben. Es genügt deshalb, wenn das Versandhandelsunternehmen alles ihm Zumutbare tut, um mögliche Gesetzesverletzungen zu verhindern, insbes seine Sammelbesteller auf die aus gewerblicher Betätigung entstehenden Pflichten hinweist. Im Übrigen bestehen gegen den Einsatz von Sammelbestellern als einer (atypischen) Form der Laienwerbung keine grds lauterkeitsrechtlichen Bedenken (BGH GRUR 1963, 578 – *Sammelbesteller*).

b) Partywerbung. Sie besteht darin, dass sich ein Privater (zB Hausfrau) bereit erklärt, eine private Veranstaltung (Party; Kaffeekränzchen usw) zu veranstalten, auf der er oder ein Vertreter des Unternehmens Produkte vorführt und ggf zum Kauf anbietet. Bekannt geworden sind ua die „*Tupperware*"-Parties und die „*Herbalife*"-Veranstaltungen.   1.195

c) Arbeitsplatzwerbung. Sie besteht darin, dass ein Unternehmer Werber einsetzt, die von ihrem Arbeitsplatz aus Kunden werben (vgl BGH GRUR 1994, 443 – *Versicherungsvermittlung im öffentlichen Dienst*). Bei der lauterkeitsrechtlichen Bewertung kommt es an sich nicht darauf an, ob der Laienwerber damit seine arbeitsvertraglichen oder dienstlichen Pflichten verletzt, da dies allein das Verhältnis zu seinem Arbeitgeber betrifft. Doch soll es nach der Rspr (BGH aaO – *Versicherungsvermittlung im öffentlichen Dienst*) unlauter sein, wenn der Laienwerber dem öffentlichen Dienst angehört und während der Dienstzeit tätig wird, weil er sich damit auf Kosten der Allgemeinheit, die ihn und seinen Arbeitsplatz finanziere, einen Wettbewerbsvorsprung vor seinen Mitbewerbern (zB privaten Versicherungsvertretern) verschaffe. Der Schutz dieses Allgemeininteresses ist indessen nicht (mehr) Aufgabe des UWG, wie aus § 1 S 2 erhellt. Es ist allein Sache des Arbeitgebers oder Dienstherrn, gegen die Arbeitsplatzwerbung einzuschreiten.   1.196

d) Verdeckte Laienwerbung. Sie ist dadurch gekennzeichnet, dass der Laienwerber dem Unternehmen die Adressen potenzieller Kunden ohne deren Einverständnis und Wissen übermittelt (vgl BGH GRUR 1992, 622 – *Verdeckte Laienwerbung;* OLG Stuttgart GRUR 1990, 205). Dazu näher Rdn 1.213.   1.197

e) Progressive Kundenwerbung. Sie unterscheidet sich von der üblichen Laienwerbung dadurch, dass der Laienwerber selbst versuchen soll, weitere Werber zu gewinnen. Zu diesem Zweck wird er veranlasst, Waren oder Dienstleistungen über seinen persönlichen Bedarf hinaus zu erwerben, so dass er faktisch gezwungen ist, neue Abnehmer zu gewinnen, will er nicht Verlust erleiden. Dazu näher Rdn 1.214.   1.198

f) Multi-Level-Marketing (Strukturvertrieb). Im Gegensatz zur eigentlichen progressiven Kundenwerbung wird dem Laienwerber beim Multi-Level-Marketing-System lediglich die Möglichkeit eingeräumt, sich durch Anwerbung weiterer Werber und Abnehmer einen zusätzlichen Verdienst zu verschaffen. Dazu Rdn 1.215.   1.199

3. Bedeutung

Die Laienwerbung ist in verschiedenen Branchen, etwa im Buch-, Zeitungs- und Zeitschriftenvertrieb (OLG Karlsruhe WRP 1995, 960 mit Anm *Ulrich*), im Versicherungs- (BGH GRUR 1994, 443 – *Versicherungsvermittlung im öffentlichen Dienst*), Bauspar- und Kreditgewerbe (BGH GRUR 1991, 150 – *Laienwerbung für Kreditkarten;* OLG Hamm NJW-RR 1986, 1236) und im Krankenkassenbereich von erheblicher wirtschaftlicher Bedeutung. Die hohen Kosten eines Außendienstes lassen den Einsatz von Laienwerbern als attraktive Alternative erscheinen, zumal keine Fixkosten anfallen und die Sachprämien für die Laienwerber oft sehr günstig eingekauft werden können. Die umfangreiche Rspr zeigt auf, dass Laienwerbung darüber hinaus in vielen anderen Wirtschaftszweigen anzutreffen ist: Automobile (BGH GRUR 1992, 622 – *Verdeckte Laienwerbung;* OLG München WRP 1989, 126); Immobilien- und Wohnungsvermittlung (BGH GRUR 1981, 655 – *Laienwerbung für Maklerufträge;* OLG Stuttgart GRUR 1990, 205); Kosmetika (BGH GRUR 1974, 341 – *Campagne* mit Anm *Krieger;* KG WRP 1988, 672); Reisen (OLG Frankfurt NJWE-WettbR 1996, 109; OLG München NJWE-WettbR 1997, 1; SaarlOLG WRP 2000, 791; OLG Hamm WRP 2004, 1401, 1403). Auch im Internet hat die Laienwerbung Einzug gehalten. So wird beim Powershopping zT der Verbraucher aufgefordert, mittels einer vorbereiteten E-Mail Freunde, Bekannte, Kollegen usw zum Eintritt in eine gemeinsame Bestellung zu veranlassen.   1.200

II. Lauterkeitsrechtliche Beurteilung
1. Grundsatz

1.201 Der Einsatz von Laienwerbern für den Absatz von Waren und Dienstleistungen ist eine lauterkeitsrechtlich **grds zulässige Werbemethode** (stRspr seit BGH GRUR 1959, 285, 286 f – *Bienenhonig;* BGH WRP 1995, 104 – *Laienwerbung für Augenoptiker;* BGH GRUR 2002, 637, 639 – *Werbefinanzierte Telefongespräche;* BGH GRUR 2006, 949 Tz 13 – *Kunden werben Kunden*). Sie ermöglicht Unternehmen eine kostengünstige und effektive Kundenwerbung. Auch ist das Interesse von Laien, sich durch entsprechende Bemühungen eine Prämie zu verdienen, nicht unberechtigt und vielfach wird auch der Umworbene mit dieser Art von Werbung einverstanden sein. Andererseits birgt Laienwerbung Gefahren für die umworbenen Verbraucher und für den Wettbewerb in sich. Denn naturgemäß wird sich der Laienwerber vor allem an Personen aus seinem Bekanntenkreis wenden und seine persönlichen Beziehungen nutzbar machen. Es steht zu befürchten, dass der Umworbene sich für ein bestimmtes Angebot nicht so sehr auf Grund seiner Qualität und Preiswürdigkeit entscheidet, sondern mit Rücksicht auf die persönliche Beziehung zum Werber. Ferner ist zu bedenken, dass der Laienwerber bestrebt sein kann, sein Prämieninteresse möglichst lange zu verschleiern oder zu verheimlichen, um seine Empfehlung als uneigennützigen Rat erscheinen zu lassen und ihr dadurch ein besonderes Gewicht zu verleihen. Auch kann die Gefahr einer sachlich unzureichenden Beratung bestehen. Vor allem aber ist nicht auszuschließen, dass der Werber zu unsachlichen Mitteln greift, um die Prämie zu erlangen. Diese Gefahr ist umso höher zu veranschlagen, als das Werbegespräch in der Privatsphäre („unter vier Augen") stattfindet und sich damit einer öffentlichen Kontrolle entzieht (vgl OLG München WRP 1996, 42, 44; *Speckmann* Rdn 132). Damit einher geht die Gefahr einer Beeinträchtigung des Wettbewerbs. In diesem Zusammenhang ist auch die Nachahmungsgefahr zu berücksichtigen, da sich die Mitbewerber veranlasst sehen können, diese Werbemethode nachzuahmen, so dass eine unzumutbare Belästigung der Allgemeinheit zu befürchten sein kann (BGH GRUR 1981, 655, 656 – *Laienwerbung für Maklerauftäge*). – Aus diesem Grund stand die **früher hM** der Laienwerbung sehr kritisch gegenüber (BGH GRUR 1959, 285, 286 – *Bienenhonig;* BGH GRUR 1981, 655, 656 – *Laienwerbung für Maklerauftäge;* BGH GRUR 1991, 150, 151 – *Laienwerbung für Kreditkarten;* BGH GRUR 1995, 122, 123 – *Laienwerbung für Augenoptiker;* BGH GRUR 2002, 637, 639 – *Werbefinanzierte Telefongespräche; Ulrich,* FS Piper, 1996, 495). Sie legte einen **strengen Maßstab** bei der Bewertung einer konkreten Wettbewerbsmaßnahme an und prüfte im Einzelfall sorgfältig, ob sich die genannten Gefahren verwirklichten. Insbes richtete sie das Augenmerk dabei auf die Art und den Preis der beworbenen Waren oder Dienstleistungen, auf die Art des Personenkreises, dem der Laienwerber und die möglichen Kunden angehörten, und auf den von der Prämie ausgehenden Anreiz (vgl BGH GRUR 1992, 622, 624 – *Verdeckte Laienwerbung*). Davon ist die **neuere Rspr** unter der Herrschaft des neuen UWG auf Grund des Wandels des Verbraucherleitbilds und auch der gesetzgeberischen Wertung bei der Aufhebung von RabattG und ZugabeVO abgerückt (BGH GRUR 2006, 949 Tz 16 ff – *Kunden werben Kunden*). Die Unzulässigkeit der Laienwerbung kann sich nur aus anderen Umständen als der ausgesetzten Prämie ergeben.

2. Unlauterkeitskriterien

1.202 **a) Überblick.** Die Unlauterkeit der Laienwerbung kann sich insbes aus dem Gesichtspunkt der unzumutbaren Belästigung (§ 7), der unangemessenen unsachlichen Beeinflussung (§ 4 Nr 1), der Verschleierung der Werbung (§ 4 Nr 3), der Irreführung (§ 5), der unzulässigen vergleichenden Werbung (§ 6), des Sorgfaltsverstoßes (§ 3 II 1) oder aus speziellen Werbeverboten ergeben. Erforderlich ist eine Gesamtwürdigung aller Umstände des Einzelfalls (BGH GRUR 2006, 949 Tz 17 – *Kunden werben Kunden*). Dabei ist vom Leitbild des durchschnittlich informierten, aufmerksamen und verständigen Durchschnittsverbrauchers auszugehen. Weiter ist zu berücksichtigen, dass nach Abschaffung von RabattG und ZugabeVO die Zuwendung von Prämien in einem anderen, nämlich milderen Licht zu sehen ist als früher (vgl Rdn 1.201) und für sich allein die Unlauterkeit nicht begründen kann (BGH aaO Tz 17 – *Kunden werben Kunden*).

1.203 **b) Unzumutbare Belästigung (§ 7).** Der Laienwerber wird sich typischerweise an Personen wenden, zu denen er in einer bestimmten Beziehung steht (Verwandte, Freunde, Bekannte, Nachbarn, Berufskollegen, Geschäftsfreunde, Vereinskameraden usw). Diese können zwar ein ihnen aufgedrängtes Werbegespräch als Belästigung empfinden, weil sie es nicht so leicht und folgenlos abwehren können wie den Werbekontakt eines berufsmäßigen Werbers (vgl BGH GRUR 2006, 949 Tz 20 – *Kunden werben Kunden;* OLG München WRP 1996, 42, 44; OLG Hamm WRP 2004, 1401, 1404). Diese Belästigung ist aber für sich allein noch nicht unzumutbar iSv § 7 I. Die Grenze ist erst überschritten, wenn der Unternehmer fordert, weiß oder damit rechnen muss, dass der Laienwerber zu Methoden greift, die auch berufsmäßigen Werbern nach § 7 verboten sind (BGH GRUR 2006, 949 Tz 20 – *Kunden werben Kunden;* lehrreich die Instruktionen des Unternehmens im Falle OLG München WRP 1996, 42, 44). Dazu gehört etwa die Telefon-, Telefax- oder E-Mail-Werbung ohne vorheriges Einverständnis (§ 7 II Nr 2 und 3). Eine unzumutbare Belästigung ist aber nicht schon bei werbefinanzierten Telefongesprächen anzunehmen, weil – im Gegensatz zur gezielten Telefonwerbung – der Angerufene lediglich, wie etwa bei Werbeunterbrechungen im Fernsehen, einer „Berieselung" ausgesetzt ist, die zwar lästig, aber noch nicht unzumutbar ist und zudem hier ein konkludentes Einverständnis des Angerufenen vorliegt (BGH GRUR 2002, 637, 639 – *Werbefinanzierte Telefongespräche*). – Als unzumutbare Belästigung iSv § 7 I ist ferner der unangemeldete Hausbesuch schon deshalb anzusehen, weil der Umworbene mit Rücksicht auf die persönlichen Beziehungen sich gehindert sehen kann, das Werbegespräch abzubrechen (OLG München WRP 1996, 42, 44; aA Piper/Ohly/Sosnitza § 4.1 Rdn 1/160).

c) Verschleierung der Werbung (§ 4 Nr 3). Der Tatbestand des § 4 Nr 3 kann bei einer Einladung zu privaten Verkaufsveranstaltungen (Parties) erfüllt sein, wenn der wahre Zweck der Veranstaltung zunächst verschwiegen wird (OLG München WRP 1996, 42, 44). Vor allem aber kann eine unzulässige Verschleierung der Werbung vorliegen, wenn nach der Konzeption der Laienwerbung (Indiz: Ausgestaltung der Bestell- oder Vermittlungsformulare) der Werber sein Prämieninteresse nicht offenbaren muss (OLG München NJWE-WettbR 1997, 1, 2; *Möller* WRP 2007, 6, 10 f). Ist dies nicht erforderlich, besteht naturgemäß die Gefahr, dass der Werber sein Prämieninteresse verheimlicht, um seiner Werbung den Charakter eines freundschaftlichen, uneigennützigen Rats zu geben (BGH GRUR 1958, 285, 287 – *Bienenhonig;* BGH GRUR 1981, 655, 656 – *Laienwerbung für Maklerauftrüge;* BGH WRP 1992, 646, 649 – *Verdeckte Laienwerbung;* BGH GRUR 1991, 150, 151 – *Laienwerbung für Kreditkarten;* BGH GRUR 2006, 949 Tz 21 – *Kunden werben Kunden;* OLG München WRP 2001, 72). Diese Gefahr hat besonderes Gewicht, wenn der Werber seine besondere berufliche oder sonstige Erfahrung in die Werbung einbringen soll (zB Sportler beim Vertrieb von Sportartikeln; Busfahrer bei der Auswahl von Gaststätten für Fahrpausen; OLG München WRP 2001, 979).

1.204

d) Unangemessener unsachlicher Einfluss (§ 4 Nr 1). aa) Ausnutzung einer Machtposition. Eine unangemessene unsachliche Beeinflussung in Gestalt einer „unzulässigen Beinflussung" iSv Art 8 UGP-Richtlinie kommt insbes bei Ausübung eines **autoritären Drucks** (dazu allgemein Rdn 1.61 ff) in Betracht. Vielfach werden nämlich nach der Werbekonzeption des Unternehmers Autoritäts- oder Vertrauensträger als Werber tätig, wie zB Lehrer, Trainer, Dienstvorgesetzte, Arbeitgeber, Betriebsräte (OLG Zweibrücken NJWE-WettbR 2000, 40), Feuerwehr (OLG Saarbrücken WRP 2005, 759) oder sogar Geistliche (OLG München NJWE-WettbR 1997, 1, 2). Hier besteht die Gefahr, dass der Laienwerber seine Autorität oder seine (persönliche, berufliche oder fachliche) Vertrauensstellung gegenüber den von ihm abhängigen oder ihm vertrauenden Personen ausnutzt, um sie zu einer Bestellung zu veranlassen. Informiert dagegen die Autoritätsperson produktneutral, so mag dadurch zwar ein Kaufanreiz geschaffen werden; jedoch reicht dies nicht aus, um die Rationalität der Nachfrageentscheidung auszuschalten (aA Saarl OLG WRP 2005, 759).

1.205

bb) Missbrauch privater Beziehungen. Ein sonstiger unangemessener unsachlicher Einfluss iSd § 4 Nr 1 ergibt sich noch nicht daraus, dass der Laienwerber veranlasst wird, sich an Personen zu wenden, zu denen er eine besondere (verwandtschaftliche, nachbarschaftliche, freundschaftliche, berufliche usw) Beziehung hat. Der Tatbestand des § 4 Nr 1 ist in der Person des Unternehmers erst dann erfüllt, wenn er den Laienwerber zu einer Belästigung iSd Art 8 UGP-Richtlinie veranlasst und der Kunde in erster Linie deshalb kauft, um sich dieser Belästigung zu entziehen. Allerdings reicht die abstrakte Gefahr eines solchen Missbrauchs der privaten Beziehungen nicht aus, da sonst jede Laienwerbung unlauter wäre (bedenklich daher OLG Hamm WRP 2004, 1401, 1404). Unlauterkeit ist allenfalls dann anzunehmen, wenn das System **bewusst darauf angelegt** ist, dass der Laienwerber seine persönlichen Beziehungen als Hebel einsetzt, um Kunden zu werben. So etwa, wenn genaue Anweisungen gegeben werden, wie gegenüber Freunden usw vorzugehen ist (bedenklich daher LG Offenburg WRP 1998, 85, 88), etwa der Umworbene bewusst darauf angesprochen werden soll, dem Laienwerber die

1.206

Prämie zukommen zu lassen (OLG Saarbrücken WRP 2000, 791, 794). Denn hier wird bewusst darauf spekuliert, dass der Umworbene rational-kritische Erwägungen zurückstellt und sich vor allem deshalb zum Kauf entschließt, weil er dem Laienwerber einen Gefallen erweisen oder ihn nicht brüskieren möchte (vgl BGH GRUR 1981, 655, 656 – *Laienwerbung für Maklerauftträge;* OLG Karlsruhe WRP 1993, 340, 341; OLG Hamm WRP 1982, 479, 481; *Speckmann* Rdn 132). Dass der Laienwerber dabei Gefahr läuft, seine privaten Beziehungen zu gefährden, und er deshalb von sich aus von dieser bedenklichen Werbemethode Abstand nimmt, ist nicht anzunehmen (aA *Hartlage* WRP 1997, 1, 4).

1.207 **cc) Übermäßiger Prämienanreiz?** Eine andere Frage ist es, ob die Gefahr eines Missbrauchs privater Beziehungen und damit einer unangemessenen unsachlichen Beeinflussung bereits durch eine „**übermäßige**" **Werbeprämie** indiziert wird.

1.208 **(1) Frühere Rechtslage.** Die frühere Rspr und hL bejahte Unlauterkeit bei einem übermäßigen Prämienanreiz. Dementsprechend konzentrierte sie sich auf die Abgrenzung zwischen einer noch vertretbaren und einer bereits übermäßigen Prämie (vgl die Darstellung in der 25. Aufl).

1.209 **(2) Heutige Rechtslage.** Die frühere Rspr konnte im Hinblick auf die Wandlung des Verbraucherleitbilds und die Abschaffung von RabattG und ZugabeVO nicht unverändert fortgeführt werden (vgl BGH GRUR 2006, 949 Tz 16 f – *Kunden werben Kunden*). Vielfach, wie insbes bei der Zeitschriftenwerbung, stellte die Laienwerbung nur einen Ausweg dar, um das Zugabeverbot zu vermeiden. Die Gewährung von absolut oder relativ hohen Prämien kann für sich allein die Gefahr einer unangemessenen unsachlichen Beeinflussung nicht begründen (BGH GRUR 2006, 949 Tz 17 – *Kunden werben Kunden*). Denn ein Durchschnittsverbraucher wird sich allein wegen der dem Laienwerber versprochenen Prämie bei seiner Entscheidung nicht unangemessen unsachlich beeinflussen lassen. Dies auch dann nicht, wenn er bei seiner Entscheidung von dem Wunsch beeinflusst ist, dem Laienwerber die Prämie zukommen zu lassen (BGH GRUR 2006, 949 Tz 19 – *Kunden werben Kunden;* vgl auch *Hartwig* NJW 2006, 1326, 1328 f). Die Prämie stellt nichts anderes als die Gegenleistung für die Absatzmittlung dar. Ihre Höhe spielt für die Zulässigkeit der Laienwerbung ebenso wenig eine Rolle wie die der Handelsspanne oder Provision bei gewerblich tätigen Absatzmittlern. Die Unzulässigkeit der Laienwerbung kann deshalb nur aus anderen Kriterien als dem des Prämienanreizes hergeleitet werden (ebenso BGH aaO – *Kunden werben Kunden*). Es reicht auch nicht aus, dass ein übermäßiger Prämienanreiz die abstrakte Gefahr des Einsatzes unlauterer Mittel begründet (nicht eindeutig insoweit BGH aaO Tz 17 – *Kunden werben Kunden*). Unlauter nach § 4 Nr 1 (richtigerweise nach § 3 II 1) ist aber unter dem Gesichtspunkt des § 7 I Nr 1 HWG die Laienwerbung für **Heilmittel,** weil und soweit sich der Kunde von der Aussicht verleiten lässt, die Prämie dem Laienwerber zukommen zu lassen (BGH aaO – Tz 24 – *Kunden werben Kunden*). – Die **Wettbewerbsregeln** des Bundesverbands Deutscher Zeitungsverleger vom 10. 1. 2002 sehen ua in Nr 3 vor, dass der Wert der Prämie bei zwölfmonatiger und längerer Bezugsverpflichtung den sechsfachen monatlichen Bezugspreis nicht übersteigen darf. Das ist kartellrechtlich bedenklich (§ 1 GWB) und für die Anwendung des § 4 Nr 1 ohne Belang.

1.210 **e) Irreführung.** Der Einsatz von Laienwerbern kann unlauter unter dem Gesichtspunkt der Irreführung (§ 5) sein (vgl OLG Karlsruhe WRP 1995, 960, 961 mit Anm *Ulrich*). Eine Irreführung durch positives Tun liegt vor, wenn entweder der Unternehmer dem Laienwerber unrichtige Informationen über das Produkt an die Hand gibt oder der Laienwerber selbst – sei es auch eigenmächtig – falsche Informationen gibt. Von besonderer Bedeutung ist die Irreführung durch Unterlassen (§ 5 a), nämlich durch Verschweigen wichtiger Tatsachen, insbes durch unzureichende sachliche Beratung bei beratungsbedürftigen Produkten. Dem Laienwerber kann nämlich mangels ausreichender Schulung oder Vertrautheit mit den Eigenschaften und Risiken des beworbenen Produkts und etwaiger Konkurrenzprodukte die erforderliche Sachkunde für die gebotene und vom Verbraucher erwartete Beratung fehlen (BGH GRUR 1991, 150, 151 – *Laienwerbung für Kreditkarten* zur Beratung hinsichtlich der Serviceleistungen des Kreditkarteninstituts und damit konkurrierender Kreditkartenanbieter; LG Frankfurt WRP 1979, 80, 81; *Speckmann* Rdn 132). Die Bewertung hängt naturgemäß von der Eigenart des beworbenen Produkts ab. Nur von begrenzter Aussagekraft ist es daher, dass der Laienwerber selbst bereits Kunde ist (BGH GRUR 1991, 150, 151 – *Laienwerbung für Kreditkarten;* OLG Karlsruhe GRUR 1969, 224, 225; *Speckmann* Rdn 132). Dagegen kann es zu berücksichtigen sein, ob der Laienwerber geschult worden ist und ihm Informationsmaterialien oder Vorführstücke überlassen worden sind (OLG Düsseldorf NJW 1957, 187, 188). – Darüber hinaus kann im Einzelfall die Gefahr bestehen, dass der Laienwerber die gesetzlichen Beschränkungen missachtet, die dem

Geschäftsherrn auferlegt sind (vgl OLG Frankfurt WRP 1996, 643, 644 betreffend die Aufklärungspflichten des Veranstalters von Verkaufsfahrten über den Zweck der Fahrt und die Freiwilligkeit der Teilnahme an Verkaufsveranstaltungen).

f) Vergleichende Werbung. Im Einzelfall kann sich die Unlauterkeit der Laienwerbung daraus ergeben, dass die Laienwerber veranlasst werden, unzulässige vergleichende Werbung iSv § 6, etwa durch Herabsetzung von Konkurrenzprodukten, zu treiben (vgl auch OLG Karlsruhe GRUR 1989, 615, 617). Die bloße Möglichkeit, dass die Laienwerber von sich aus so verfahren, reicht indessen nicht aus. **1.211**

g) Sonstige unlauterkeitsbegründende Umstände. Bezieht sich die Werbung des Laienwerbers auf Heilmittel, für die das Verbot der Werbung mit Werbegaben gilt (§ 7 I 1 HWG), ist dies bei der Auslegung des § 4 Nr 1 zu berücksichtigen. Die unangemessene unsachliche Beeinflussung des Kunden ergibt sich daraus, dass seine Entscheidung von der Aussicht beeinflusst wird, dem Laienwerber die Werbeprämie zu verschaffen (BGH GRUR 2006, 949 Tz 24 – *Kunden werben Kunden*). Die Unlauterkeit ergibt sich außerdem aus § 4 Nr 11 wegen des Verstoßes gegen § 7 I Nr 1 HWG (BGH GRUR 2006, 949 Tz 25 – *Kunden werben Kunden*). **1.212**

3. Besondere Fallgruppen

a) Verdeckte Laienwerbung. Sie ist dadurch gekennzeichnet, dass der Laienwerber gegen Zahlung einer Prämie dem Unternehmen die Adressen potenzieller Kunden ohne deren Einverständnis und Wissen übermittelt (vgl BGH GRUR 1992, 622 – *Verdeckte Laienwerbung*). (Allerdings wird auch im Falle der Verschleierung des Prämieninteresses von einer „verdeckten Laienwerbung" gesprochen; vgl BGH GRUR 2006, 949 Tz 17 – *Kunden werben Kunden*). Unlauter ist die verdeckte Laienwerbung mangels Einwilligung bereits nach § 4 Nr 11 iVm § 28 III BDSG; dagegen dürfte kein Fall des § 4 Nr 1 vorliegen. Weitere, im Rahmen des § 3 zu würdigende Umstände können sein: Zum einen wird die Aufforderung des Unternehmens an Altkunden zur Übermittlung von Adressen potenzieller Kunden mit dem Versprechen einer Prämie jedenfalls bei einem Teil der Adressaten auf Unverständnis oder Ablehnung stoßen und damit eine unzumutbare Belästigung darstellen. Denn es läuft auf das Ansinnen hinaus, gegen eine Prämie Informationen aus ihrem Bekanntenkreis zu liefern. Zum anderen ist diese Art der Laienwerbung im Verhältnis zu den Umworbenen bedenklich, weil sich das Unternehmen privates Wissen der Adressaten über Personen ihres persönlichen Umfelds zunutze machen möchte und damit auf die Ausspähung von Daten zielt, die ihm diese Personen nicht ohne weiteres selbst mitteilen würden (Verletzung des Rechts auf **informationelle Selbstbestimmung**; vgl BGH GRUR 1992, 622 – *Verdeckte Laienwerbung*). Diese Bedenken werden nicht dadurch ausgeräumt, dass die Maßnahme keine unmittelbare Werbeanstrengung des Laienwerbers gegenüber dem potenziellen Kunden voraussetzt. Denn typischerweise wird der Werber gleichwohl den Kontakt zum Kunden suchen, um seine Chancen, die Prämie zu erlangen, zu vergrößern (BGH GRUR 1992, 622 – *Verdeckte Laienwerbung; Möller* WRP 2007, 6, 12). Unerheblich ist auch, dass das Unternehmen bei der Kontaktaufnahme mit der benannten Person auf den Laienwerber Bezug nimmt. Wird dabei zusätzlich auf eine „Empfehlung" des Laienwerbers hingewiesen, verstärken sich die Bedenken noch, weil dann der Kunde sich widerstrebend zur Bestellung veranlasst fühlen könnte, und zwar auch deshalb, um den Laienwerber nicht gegenüber dem Unternehmen bloßzustellen. Auch würden Laienwerber möglicherweise von der Adressenweitergabe absehen, wenn sie wüssten, dass sie als Empfehlende genannt würden. Außerdem ist ein solcher Hinweis irreführend iSd § 5, weil ein Teil der Adressaten ihn so verstehen kann, der Laienwerber würde das Produkt zum Bezug empfehlen (OLG Karlsruhe WRP 1995, 960, 961). **1.213**

b) Progressive Kundenwerbung. Die nach § 16 II strafbare progressive Kundenwerbung (Schneeballsystem; Pyramidensystem) hat folgende Eigenart: Verbraucher werden zur Abnahme von Waren, Dienstleistungen oder Rechten durch das Versprechen veranlasst, sie würden entweder vom Veranstalter selbst oder von einem Dritten besondere Vorteile erlangen, wenn sie andere zum Abschluss gleichartiger Geschäfte veranlassen. Diese sollen ihrerseits nach der Art dieser Werbung derartige Vorteile für eine entsprechende Werbung weiterer Abnehmer erlangen. Progressiv ist diese Art der Kundenwerbung deshalb, weil bei gedachter Durchführung des Systems der Kundenkreis von Stufe zu Stufe lawinenartig anschwillt und damit die Absatzchancen der später Geworbenen notwendigerweise gegen Null tendieren (zu Einzelheiten vgl § 16 Rdn 32 ff). Voraussetzung für die Anwendbarkeit des § 16 II ist allerdings, dass der Ver- **1.214**

braucher genötigt wird, mehr Waren oder Dienstleistungen zu erwerben, als er für seinen persönlichen Bedarf benötigt, er also gezwungen ist, weitere Kunden zu werben, will er nicht Verluste erleiden. Ein objektiver Verstoß gegen § 16 II erfüllt zugleich den Rechtsbruchtatbestand des § 4 Nr 11 und kann daher auch nach § 3 verfolgt werden. – Unabhängig davon ist die progressive Kundenwerbung regelmäßig bereits nach § 5 wegen Irreführung über die Gewinnchancen unlauter. Selbst wenn dies aber nicht der Fall ist, die Kunden also sehenden Auges sich in die Gefahr begeben, liegt doch eine unangemessene unsachliche Beeinflussung iSv § 4 Nr 1 und eine Ausnutzung der geschäftlichen Unerfahrenheit und Leichtgläubigkeit iSv § 4 Nr 2 vor. Hinzu kommt der Aspekt der gezielten Mitbewerberbehinderung (§ 4 Nr 10) und der allgemeinen Marktbehinderung (Rdn 12.1 ff). Denn das Vertriebssystem der progressiven Kundenwerbung begründet seiner Anlage nach für die Teilnehmer die Gefahr von Vermögenseinbußen und für die Mitbewerber die Gefahr einer Behinderung bis hin zur Marktverstoppung. Es zielt darauf ab, die Leichtgläubigkeit, Unerfahrenheit und Spiellust auszunutzen (BGHZ 15, 356, 368 – *Indeta*). Gerade geschäftlich unerfahrene und idR vermögensschwache Verbraucher glauben nämlich, die Bedingungen, an die der verbilligte Erwerb geknüpft ist, leicht erfüllen zu können. In Wahrheit sind aber die Bedingungen infolge der systembedingten Marktverengung schwer zu erfüllen und werden, je rascher sich der Vertrieb ausdehnt und die Progression steigt, umso schwieriger und mitunter sogar überhaupt nicht erfüllbar. – Zivilrechtlich sind die zur Durchführung der progressiven Kundenwerbung abgeschlossenen Rechtsgeschäfte nach §§ 134 bzw 138 I BGB idR nichtig (BGHZ 71, 358, 366 = NJW 1978, 1970, 1972; BGH WM 1997, 1212).

1.215 c) **Multi-Level-Marketing.** Im Gegensatz zur strafbaren progressiven Kundenwerbung wird der Kunde beim Multi-Level-Marketing (MLM)-System (Strukturvertrieb) nicht veranlasst, Waren über den eigenen Bedarf hinaus zu erwerben. Er erhält vielmehr lediglich die Möglichkeit, sich durch Werben von weiteren Absatzmittlern eine Provision oder einen sonstigen Vermögensvorteil zu verdienen. Eine derartige Absatzorganisation ist daher grds zulässig (LG Offenburg WRP 1998, 85, 86; *Hartlage* WRP 1997, 1; *Leible* WRP 1998, 18; *Thume* WRP 1999, 280, 284 f). Jedoch ist stets zu prüfen, ob das betreffende System im **Einzelfall** bestimmte Unlauterkeitskriterien aufweist. In Betracht kommt insbes die Ausnutzung der geschäftlichen Unerfahrenheit und Leichtgläubigkeit (§ 4 Nr 2) und die Irreführung (§ 5), insbes über die Verdienstmöglichkeiten.

III. Verantwortlichkeit des Laienwerbers und des Unternehmers

1.216 Ist bereits das System der Laienwerbung als solches unzulässig, haftet der Laienwerber als Teil des Systems dann persönlich, wenn er – wie idR – zur Förderung fremden Wettbewerbs handelt. (Er ist insoweit selbst Unternehmer iSd § 2 I Nr 6 HS 2.) Ist das System an sich nicht zu beanstanden, bedient sich der Laienwerber aber im Einzelfall bei seinem Vorgehen lauterkeitsrechtlich unzulässiger Methoden (zB irreführende, belästigende oder unzulässig vergleichende Werbung; Ausübung autoritären Drucks), so haftet er stets persönlich und der Unternehmer für ihn nach § 8 II (§ 8 Rdn 2.45; *Isele* WRP 2010, 1215; aA *Möller* WRP 2010, 321, 332). Das System als solches wird unzulässig, wenn für den Unternehmer erkennbar wird, dass die eingesetzten Laienwerber zu unlauteren Mitteln greifen, und er dies nicht unverzüglich abstellt.

6. Abschnitt. Gefühlsbezogene Werbung

Schrifttum: *Ahrens,* Benetton und Busengrapscher – ein Test für die wettbewerbsrechtliche Sittenwidrigkeitsklausel und die Meinungsfreiheit, JZ 1995, 1096; *Bamberger,* Mitleid zu Zwecken des Eigennutzes?, FS Piper, 1996, 41; *Bottenschein,* „Regenwald Projekt" und der Kaufzwang bei der akzessorischen Werbung, WRP 2002, 1107; *Brandner,* Imagewerbung mit dem World Trade Center?, FS Erdmann, 2002, 533; *Federhoff-Rink,* Social Sponsoring in der Werbung – Zur rechtlichen Akzessorietät der Werbung mit Umweltsponsoring, GRUR 1992, 643; *Fezer,* Umweltwerbung mit unternehmerischen Investitionen in den Nahverkehr, JZ 1992, 143; *ders,* Diskriminierende Werbung – Das Menschenbild der Verfassung im Wettbewerbsrecht, JZ 1998, 265; *ders,* Imagewerbung mit gesellschaftskritischen Themen im Schutzbereich der Meinungs- und Pressefreiheit, NJW 2001, 580; *Fischer,* Politische Aussagen in der kommerziellen Produktwerbung, GRUR 1995, 641; *Gaedertz/Steinbeck,* Diskriminierende und obszöne Werbung, WRP 1996, 978; *Gärtner,* Zum Einfluss der Meinungsfreiheit auf § 1 UWG am Beispiel der Problemwerbung, 1998; *v Gierke,* Wettbewerbsrechtlicher Schutz der Persönlichkeitssphäre, insbesondere im Bereich der gefühlsbetonten Werbung, FS Piper, 1996, 243; *Harrer,* Benetton und das Wettbewerbsrecht, VVBl 1996, 465; *Hartwig,* Über das Verhältnis von informativer und suggestiver Werbung, WRP 1997, 825; *ders,* Zulässigkeit und Grenzen der Imagewerbung – das Beispiel „Benetton", BB 1999, 1775; *ders,* „H. I. V. POSITIVE II" – zugleich Abschied vom Verbot „gefühlsbetonter Werbung"?, WRP 2003, 582; *ders,* Meinungsfreiheit und lauterer Wettbewerb, GRUR 2003, 924; *Henning-Bodewig,* Schockierende Werbung, WRP 1992, 533; *dies,* „Werbung mit der Realität" oder wettbewerbswidrige Schockwerbung, GRUR 1993, 950; *dies,* Neue Aufgaben für die Generalklausel – Von „Benetton" zu „Busengrapscher" – GRUR 1997, 180; *Hösch,* Meinungsfreiheit und Wettbewerbsrecht am Beispiel der „Schockwerbung", WRP 2003, 936; *Hoffmann-Riem,* Kommunikationsfreiheit für Werbung, ZUM 1996, 1; *Hoffrichter-Daunicht,* Unlauterer Wettbewerb auf dem Spendenmarkt, FS v Gamm, 1990, 39; *Kassebohm,* Grenzen schockierender Werbung, 1995; *Keßler,* Wettbewerbsrechtliche Grenzen sozial orientierter Absatzsysteme, WRP 1999, 146; *Kisseler,* Das Bild der Frau in der Werbung, FS Gaedertz, 1992, 283; *ders,* Schlankheitswerbung im Zwielicht, FS Vieregge, 1995, 401; *Kort,* Zur wettbewerbsrechtlichen Bewertung gefühlsbetonter Werbung, WRP 1997, 526; *Kübler/Kübler,* Werbefreiheit nach „Benetton", FS Ulmer, 2003, 907; *Kur,* Die „geschlechtsdiskriminierende Werbung" im Recht der nordischen Länder, WRP 1995, 790; *Lange,* Verhindern die Zivilgerichte das soziale Engagement von Unternehmen?, WRP 1999, 893; *Lindacher,* Gefühlsbetonte Werbung nach BVerfG, GRUR 2002, 455 – Tier- und Artenschutz, FS Tilmann, 2003, 195; *Manssen,* Verfassungswidriges Verbot der Benetton-Werbung – BVerfG, NJW 2001, 591, JuS 2001, 1169; *Menke,* Zur Fallgruppe „Gefühlsbetonte Werbung", GRUR 1995, 534; *Müller,* Gesundheitswerbung für Lebens- und Genußmittel, WRP 1971, 295; *v Münch,* Benetton: bene oder male?, NJW 1999, 2413; *Nordemann/Dustmann,* Gefühlsbetonte Werbung – quo vadis, FS Tilmann, 2003, 207; *Reichardt,* Gestattet § 1 UWG gefühlsansprechende unsachliche Werbung?, WRP 1995, 796; *Reichold,* Unlautere Werbung mit der „Realität", WRP 1994, 219; *Schneider,* Mit der Meinungsfreiheit auf Kriegsfuß? – Zur Grundrechtsferne von Zivilgerichten, NJW 2003, 1845; *Scherer,* Verletzung der Menschenwürde durch Werbung, WRP 2007, 594; *Schnorbus,* Werbung mit der Angst, GRUR 1994, 15; *Schramm,* Die gefühlsbetonte Werbung, GRUR 1976, 689; *Seichter,* Das Regenwaldprojekt – Zum Abschied von der Fallgruppe der gefühlsbetonten Werbung, WRP 2007, 230; *Sevecke,* Wettbewerbsrecht und Kommunikationsgrundrechte, 1997; *Sosnitza,* Werbung mit der Realität, GRUR 1993, 540; *ders,* Zulässigkeit und Grenzen der sog Image-Werbung, WRP 1995, 786; *ders,* Wettbewerbsbeschränkungen durch die Rechtsprechung, 1995; *Steinbeck,* Das Bild der Frau in der Werbung, ZRP 2002, 435; *Teichmann/van Krüchten,* Kriterien gefühlsbetonter Werbung, WRP 1994, 704; *Ullmann,* Das Koordinatensystem des Rechts des unlauteren Wettbewerbs im Spannungsfeld von Europa und Deutschland, GRUR 2003, 817; *Wassermeyer,* Schockierende Werbung, GRUR 2002, 126; *Wiebe,* Super-Spar-Fahrkarten für Versicherungskunden im Dienste des Umweltschutzes aus wettbewerbsrechtlicher Sicht, WRP 1995, 445; *Wünnenberg,* Schockierende Werbung – Verstoß gegen § 1 UWG?, 1996.

A. Allgemeines

I. Beschreibung

Für die Kaufentscheidung des Verbrauchers können neben der Preiswürdigkeit und Qualität der angebotenen Ware oder Dienstleistung noch andere Faktoren eine Rolle spielen. Dazu gehören materielle Anreize (Wertreklame), aber auch immaterielle Bedürfnisse. Es liegt daher nahe, dass Werbung versucht, auch solche immateriellen Bedürfnisse zu wecken, anzusprechen und zu befriedigen. Es geht um Emotionen iwS, also Gefühle, Wünsche, Wertvorstellungen, Triebe, Motive, Ziele, Hoffnungen, Tabus, Ressentiments, Vorurteile. So beispielsweise, um einige herauszugreifen, um Freiheit, Sicherheit und Gesundheit, um Sexualität und Aggression, um Mitleid, Solidarität und Nächstenliebe, um patriotische, ethnische und religiöse Gefühle. Mit dem Begriff der **gefühlsbezogenen Werbung** (zumeist, aber ungenau als **„gefühlsbetonte Werbung"** bezeichnet) lässt sich die Bandbreite dieser immateriellen Bedürfnisse zwar nur unvollkommen ausdrücken, doch ist nur schwer ein Oberbegriff zu finden, der alle Erscheinungen abdeckt. Ein Großteil heutiger Werbung ist durch das Bestreben gekennzeichnet, durch derartige „gefühlsbezogene" Motive Aufmerksamkeit zu erregen, Sympathie zu gewinnen und Kaufinteresse zu wecken (vgl BGH GRUR 1999, 1100 – *Generika-Werbung;* BVerfGE 102, 347, 364 = GRUR 2001, 170 – *Schockwerbung*). Nicht nur in der **Aufmerksamkeitswerbung (Imagewerbung),** sondern auch in der **Produktwerbung** ist dies eine weit geübte Praxis (vgl BVerfG GRUR 2002, 455, 456 – *Tier- und Artenschutz*).

II. Lauterkeitsrechtliche Beurteilung

1. Grundsätzliche Zulässigkeit der gefühlsbezogenen Werbung

a) Vorgaben der UGP-Richtlinie. Da das UWG 2008 im Lichte der UGP-Richtlinie auszulegen ist, ist an erster Stelle zu fragen, ob gefühlsbezogene Werbung nach der UGP-Richtlinie zulässig ist. Nach ihrem Erwägungsgrund 6 S 5 berührt diese Richtlinie nicht „die anerkannten Werbe- und Marketingmethoden wie … Anreize, die auf rechtmäßige Weise die

Wahrnehmung von Produkten durch den Verbraucher und sein Verhalten beeinflussen können, die jedoch seine Fähigkeit, eine informierte Entscheidung zu treffen, nicht beeinträchtigen". Grds ist daher die gefühlsbezogene Werbung zulässig, sie unterliegt jedoch im Anwendungsbereich der UGP-Richtlinie den Kontrollmaßstäben des Art 5–9 UGP-Richtlinie. Allerdings bezieht sich die UGP-Richtlinie „nicht auf die gesetzlichen Anforderungen in Fragen der guten Sitten und des Anstands, die in den Mitgliedstaaten sehr unterschiedlich sein können" (Erwägungsgrund 7 S 3 UGP-Richtlinie). Dementsprechend können die Mitgliedstaaten daher „im Einklang mit dem Gemeinschaftsrecht in ihrem Hoheitsgebiet weiterhin Geschäftspraktiken aus Gründen der guten Sitten und des Anstands verbieten können, auch wenn diese Praktiken die Wahlfreiheit des Verbrauchers nicht beeinträchtigen können" (Erwägungsgrund 7 S 5 UGP-Richtline).

1.219 **b) Zulässigkeit nach dem UWG 2008.** Es ist lauterkeitsrechtlich grds unbedenklich, wenn die Werbung sich nicht auf Sachangaben, insbes über die Eigenschaften und den Preis beworbener Erzeugnisse und die Leistungsfähigkeit des Unternehmers beschränkt, sondern **Gefühle anspricht.** Dies war auch schon im früheren Recht anerkannt (BGH GRUR 2006, 75 Tz 17 – *Artenschutz; Kübler/Kübler,* FS Ulmer, 2003, 914 f; *Lindacher,* FS Tilmann, 2003, 195, 199). Mit einer derartigen Werbung ist auch nicht zwangsläufig die Absicht verbunden, den Verbraucher von der Prüfung der Preiswürdigkeit oder Qualität des Angebots abzulenken. Vielmehr dient sie dazu, einen zusätzlichen Kaufanreiz zu schaffen. Der Verbraucher lehnt die gefühlsbezogene Werbung auch nicht ab.

2. Grenzen der Zulässigkeit

1.220 **a) Allgemeines.** Unzulässig wird eine gefühlsbezogene Werbung erst, wenn besondere Umstände hinzukommen und dadurch die Einwirkung auf den Verbraucher ein Ausmaß annimmt, das aus der Sicht der Rechtsordnung nicht mehr hinnehmbar ist. Dabei sind – wie stets – alle Umstände des Einzelfalls, insbes Anlass, Zweck, eingesetzte Mittel, Begleitumstände und Auswirkungen der Maßnahme, sowie die Schutzzwecke des UWG und die Grundrechte der Beteiligten zu berücksichtigen (BGH GRUR 2002, 360, 363 – *H. I. V. POSITIVE II;* BGH GRUR 2006, 75 Tz 19 – *Artenschutz*). Die Kontrollnormen des UWG sind dabei richtlinienkonform iSd Unlauterkeitskriterien der UGP-Richtlinie auszulegen, wobei diese jedoch nach Erwägungsgrund 7 S 3 und 5 weiter gehenden nationalen Unlauterkeitskriterien der „guten Sitten und des Anstands" (engl *„taste and decency")* keine Grenzen setzen (Rdn 1.218)

1.221 **b) Entwicklung der Rspr.** Nach der Rspr des BGH zu **§ 1 UWG 1909** lag eine unzulässige **„gefühlsbetonte Werbung"** vor, wenn die Werbung an die soziale Hilfsbereitschaft und an das Mitgefühl der Mitmenschen appellierte und die so geschaffene Gefühlslage des Umworbenen planmäßig zu Gunsten des geschäftlichen Vorteils des werbenden Unternehmens nutzte, ohne dass irgendein sachlicher Zusammenhang mit der Leistung des werbenden Unternehmens bestand (BGH GRUR 1991, 545 – *Tageseinnahmen für Mitarbeiter;* BGH GRUR 1995, 742, 743 – *Arbeitsplätze bei uns;* BGH GRUR 1999, 1100 – *Generika-Werbung*). Entsprechendes sollte für die Image- oder Aufmerksamkeitswerbung gelten, wenn sie eine Solidarisierung des Verbrauchers mit dem werbenden Unternehmen, das bestimmte soziale Missstände anprangert, bewirken soll (BGHZ 130, 196, 201 f = GRUR 1995, 598 – *Ölverschmutzte Ente;* BGH GRUR 1995, 595, 597 – *Kinderarbeit*). Die „gefühlsbetonte Werbung" war nach dieser Rspr wettbewerbswidrig, weil sie geeignet erschien, den Verbraucher im Widerspruch zum Leitbild des Leistungswettbewerbs unsachlich zu beeinflussen. Bei der Bewertung, ob eine solche Beeinträchtigung der Entschließungsfreiheit vorliegt, stellte die Rspr auf das Vorliegen eines **sachlichen Zusammenhangs** zwischen der gefühlsbetonten Werbung und der angebotenen Ware oder Dienstleistung ab. Bestand ein unmittelbarer oder zumindest mittelbarer sachlicher Zusammenhang zwischen dem in der Werbung angesprochenen Engagement und der beworbenen Ware, wurde die Wettbewerbswidrigkeit der Erweckung des Kaufinteresses aus sozialem Verantwortungsgefühl, Hilfsbereitschaft oder Mitleid verneint (BGH GRUR 1995, 742, 743 – *Arbeitsplätze bei uns;* BGH GRUR 1999, 1100 – *Generika-Werbung*). Fehlte ein solcher Zusammenhang, so wurde die Wettbewerbswidrigkeit bejaht (BGH GRUR 1976, 308, 311 – *UNICEF-Grußkarten;* BGH GRUR 1987, 534, 535 – *McHappy-Tag;* BGH GRUR 1991, 542, 543 – *Biowerbung mit Fahrpreiserstattung;* BGH GRUR 1991, 545 – *Tageseinnahmen für Mitarbeiter; Ullmann,* FS Traub, 1994, 411, 419 ff). Ausnahmsweise wurde aber – trotz Fehlens eines Sachzusammenhangs – die Anprangerung lediglich politischer Missstände, welche Verbraucher in ihren eigenen „Stammtischparolen" bestätigen, als zulässig angesehen (BGH GRUR 1997, 761, 765 – *Politikerschelte*).

Diese Rspr des BGH wurde indessen nach Auffassung des **BVerfG** der Tragweite des **Art 5** 1.222
I 1 GG nicht gerecht (BVerfG GRUR 2001, 170, 173 f – *Schockwerbung;* BVerfG GRUR 2002,
455, 456 f – *Tier- und Artenschutz*). Da das Grundrecht auf freie Meinungsäußerung auch für die
Wirtschaftswerbung gelte, sei eine Einschränkung durch § 1 UWG 1909 nur gerechtfertigt,
wenn von der Werbung eine konkrete Gefährdung des (an der Leistung orientierten) Wettbewerbs ausgehe. Eine Werbung mit Informationen, die sich nicht auf Angaben zur Preiswürdigkeit und Qualität der angebotenen Ware oder Dienstleistung beschränken, sondern weitere
Kaufmotive darstellen, sei – sofern sie nicht irreführend sei – grds zulässig. Darauf, ob ein
sachlicher Zusammenhang mit dem Produkt bestehe oder nicht, komme es nicht an. Denn dem
Käufer stehe es frei, ob er sich durch ein solches Motiv zum Kauf anregen lasse oder nicht
(BVerfG GRUR 2002, 455, 456 f – *Tier- und Artenschutz*).

c) „**Gefährdung des Arbeitsplatzes oder Lebensunterhalts**" (§ 3 III iVm Anh Nr 30). 1.223
Ein Per-se-Verbot der gefühlsbezogenen Werbung in Bezug auf soziale Verantwortung, Hilfsbereitschaft und Mitleid enthält die Nr 30 Anh zu § 3 III.

d) **Unangemessene unsachliche Beeinflussung (§ 4 Nr 1). aa) Stand der Rspr.** Der 1.224
BGH hat unter Berufung auf die Regelung in § 4 Nr 1 UWG 2004 seine frühere strenge Rspr
ausdrücklich aufgegeben (BGH GRUR 2006, 75 Tz 18 – *Artenschutz;* BGH GRUR 2007, 247
Tz 19 – *Regenwaldprojekt I*). Danach ist eine Werbeaussage nicht schon dann unlauter, wenn das
Kaufinteresse durch Ansprechen des sozialen Verantwortungsgefühls, der Hilfsbereitschaft, des
Mitleids oder des Umweltbewusstseins geweckt werden soll, ohne dass ein sachlicher Zusammenhang zwischen dem in der Werbung angesprochenen Engagement und der beworbenen Ware
besteht. Weniger überzeugend, weil tautologisch, ist allerdings die Äußerung des BGH, eine
Werbemaßnahme sei eine unangemessene unsachliche Einflussnahme auf Marktteilnehmer iSd
§ 4 Nr 1, „wenn sie mit der Lauterkeit des Wettbewerbs unvereinbar" sei (BGH GRUR 2006,
75 Tz 19 – *Artenschutz*). Gemeint dürfte sein, dass die Feststellung, ob eine unangemessene
unsachliche Einflussnahme vorliegt, unter Abwägung der Umstände des Einzelfalls im Hinblick
auf die Schutzzwecke des UWG und Berücksichtigung der Grundrechte der Beteiligten, zu
treffen ist (BGH aaO – *Artenschutz*). Unabdingbare Voraussetzung für die Anwendung des § 4
Nr 1 ist weiter, dass die Werbemaßnahme geeignet sein muss, die Entscheidungsfreiheit des
Verbrauchers (oder sonstigen Marktteilnehmers) zu beeinträchtigen. Das ist nach der bisherigen
Rspr auch im Falle einer gefühlsbezogenen Werbung nur dann der Fall, wenn die Werbung
geeignet ist, die **Rationalität der Nachfrageentscheidung des Verbrauchers** völlig in den
Hintergrund treten zu lassen (ebenso Harte/Henning/*Stuckel* § 4 Rdn 107 aE; Fezer/*Steinbeck*
§ 4–1 Rdn 139; Piper/Ohly/*Sosnitza* § 4 Rdn 1/127; *Seichter* WRP 2007, 230).

bb) **Stellungnahme.** § 4 Nr 1 ist in richtlinienkonformer Auslegung auf die Fälle der 1.225
Nötigung, der Belästigung und der unzulässigen Beeinflussung iSd Art 8 UGP-Richtlinie zu
beschränken (Rdn 1.7). Bei einer Werbung, die an Gefühle des Verbrauchers appelliert, werden
diese Voraussetzungen – sieht man von Per-se-Verbot der Nr 30 Anh zu § 3 III einmal ab – idR
nicht erfüllt sein. (Zum Fall der Belästigung vgl Rdn 1.147). Eine andere Beurteilung kann
angezeigt sein, wenn sich die Werbung gezielt an eine Gruppe bes schutzbedürftiger Verbraucher,
insbes Kinder und Jugendliche, richtet (§ 3 II 3). Zu den gleichen Ergebnissen gelangt man,
wenn man – gestützt auf die „Gute Sitten und Anstand"-Klausel – § 4 Nr 1 autonom auslegt
und iSd Rspr darauf abstellt, ob die Werbung geeignet ist, die Rationalität der Nachfrageentscheidung des Verbrauchers völlig in den Hintergrund treten zu lassen. Stellt man nämlich auf
den Durchschnittsverbraucher ab, so wird die Rationalität seiner Entscheidung nicht schon durch
einen Appell an seine Gefühle ausgeschaltet. Vielmehr handelt der Durchschnittsverbraucher
durchaus noch rational, wenn er sich bei seiner Kaufentscheidung nicht nur von der Preiswürdigkeit und Qualität der Ware oder Dienstleistung, sondern auch von solchen Gefühlen leiten lässt.
Etwas anderes kann auch insoweit nur gelten, wenn sich die Werbung gezielt an eine Gruppe bes
schutzbedürftiger Verbraucher, insbes Kinder und Jugendliche, richtet (§ 3 II 3). Darauf, ob die
Werbung zu einer konkreten Gefährdung des Leistungswettbewerbs führt, wie dies das BVerfG
für ein Verbot verlangt hat, kommt es angesichts der Neuausrichtung der Schutzzwecke des
Lauterkeitsrechts im UWG 2004 und 2008 nicht (mehr) an.

e) **Ausnutzung besonderer Umstände (§ 4 Nr 2).** Die gefühlsbezogene Werbung kann 1.226
unlauter iSd § 4 Nr 2 sein, wenn sie sich als Ausnutzung der Angst darstellt.

f) „**Irreführende geschäftliche Handlungen**" (§ 5 I). Irreführende Angaben im Rahmen 1.227
der gefühlsbezogenen Werbung sind bereits nach § 5 I 2 unlauter. Erfasst werden damit insbes

Fälle, in denen der Werbende über Anlass oder Umfang seines sozialen Engagements täuscht. Ein Verstoß gegen § 5 liegt dann vor, wenn die Leistungen des Werbenden hinter seinen Versprechungen zurückbleiben und der Verbraucher dadurch in seinen berechtigten Erwartungen getäuscht wird (BGH GRUR 2007, 251 Tz 24 – *Regenwaldprojekt II*). Davon zu unterscheiden sind die Fälle, in denen der Werbende bloß ungenaue oder unklare Angaben macht (dazu Rdn 1.181).

1.228 **g) „Irreführung durch Unterlassen" (§ 5 a II).** Nach § 5 a II handelt unlauter, wer die Entscheidungsfähigkeit von Verbrauchern iSd § 3 II dadurch beeinflusst, dass er ihnen eine **wesentliche Information** vorenthält. Dem steht in richtlinienkonformer Auslegung am Maßstab des Art 7 II UGP-Richtlinie der Fall gleich, dass eine wesentliche Information **„auf unklare, unverständliche, zweideutige Weise oder nicht rechtzeitig"** bereitgestellt wird. Ob eine Information über die Umstände, auf die sich die gefühlsbezogene Werbung bezieht, **wesentlich** ist, hängt von den Umständen des Einzelfalls ab. Keinesfalls ist eine umfassende Aufklärung erforderlich, zumal der verständige Verbraucher sie auch gar nicht erwartet (BGH GRUR 2007, 247 Tz 24 – *Regenwaldprojekt I* mwN; BGH GRUR 2007, 251 Tz 21 – *Regenwaldprojekt II;* OLG Hamburg GRUR-RR 2004, 216; OLG Hamburg GRUR-RR 2003, 51, 52; Harte/Henning/*Stuckel* § 4 Rdn 108; *Nordemann/Dustmann*, FS Tilmann, 2003, 207, 217). Maßgebend ist, ob die Angaben des Werbenden Erwartungen bei den Verbrauchern weckt, die zu irrigen Vorstellungen führen können. In diesem Fall ist er gehalten, die entsprechende Aufklärung zu geben.

1.229 **h) Vergleichende Werbung (§ 6 II).** Nach § 6 II Nr 1 und Nr 2 ist vergleichende Werbung unzulässig, wenn sie sich nicht auf Waren oder Dienstleistungen für den gleichen Bedarf oder dieselbe Zweckbestimmung bezieht und nicht objektiv auf wesentliche, relevante, nachprüfbare und typische Eigenschaften oder den Preis dieser Waren oder Dienstleistungen bezogen ist. Demnach ist es unzulässig, den Vergleich auf Umstände (zB soziales Engagement) zu beziehen, die mit der Ware oder Dienstleistung als solcher nichts zu tun haben.

1.230 **i) Unzumutbare Belästigung (§ 7).** Gefühlsbezogene Werbung kann unlauter sein, wenn sie zu einer unzumutbaren Belästigung (§ 7) des Publikums führt. Die Konfrontation mit dem unerwünschten Inhalt einer Werbung stellt aber keine unzumutbare Belästigung iSd § 7 I dar (§ 7 Rdn 12). Selbst wenn man dies anders sähe, wäre die Grenze noch nicht überschritten, wenn die Bevölkerung mit Werbeplakaten schockierenden Inhalts konfrontiert wird (BVerfG GRUR 2001, 170, 174 – *Schockwerbung;* BVerfG GRUR 2003, 442, 444 – *Benetton-Werbung* II; vgl aber auch *Henning-Bodewig* GRUR 1997, 186).

B. Fallgruppen

I. Aufmerksamkeitswerbung

1.231 Auch die bloße **Aufmerksamkeitswerbung (Imagewerbung)** mit dem Ziel, ein Unternehmen bekannt zu machen oder seinen Bekanntheitsgrad zu steigern, gehört zu den geschäftlichen Handlungen iSd § 2 Nr 1 (vgl § 2 Rdn 14) und unterliegt der Kontrolle nach den §§ 3 ff (vgl zu § 1 UWG 1909 BGH GRUR 1995, 595, 596 – *Kinderarbeit;* BGH GRUR 1997, 761, 763 – *Politikerschelte;* BGH GRUR 2003, 540, 541 – *Stellenanzeige*). Allerdings wird Aufmerksamkeitswerbung, mag sie sich auf ein Unternehmen oder ein Produkt beziehen, so gut wie nie geeignet sein, den Tatbestand des § 4 Nr 1 oder des § 3 II 1 zu erfüllen. Denn es fehlt bereits an einer konkreten Einflussnahme auf die Entscheidungsfähigkeit und -freiheit der Verbraucher (ebenso *Lindacher*, FS Tilmann, 2003, 195, 202). Es spielt daher auch keine Rolle, ob die Werbung einen inhaltlichen Bezug zum Unternehmen oder zu seiner Leistungsfähigkeit aufweist (so auch BGH GRUR 1995, 595, 596 – *Kinderarbeit;* BGH GRUR 1997, 761, 764 – *Politikerschelte*) und mit welchen Mitteln der Werbende Aufmerksamkeit gewinnen will. Die Fälle der sog **Schockwerbung** sind daher – entgegen der früheren Rspr des BGH – lauterkeitsrechtlich nicht zu beanstanden, soweit nicht im Einzelfall der Tatbestand des Rechtsbruchs erfüllt ist. Im Übrigen dürften solche Fälle die Ausnahme bleiben, weil sie sich eher nachteilig auf den Produktabsatz auswirken können (vgl dazu BGH NJW 1997, 3304, 3309 – *Benetton I*). – Auch Werbung mit **politischen** oder **gesellschaftskritischen Aussagen,** die in keinerlei Sachzusammenhang mit dem werbenden Unternehmen und seinen Produkten steht, ist nicht geeignet, die Entscheidungsfähigkeit oder -freiheit des Verbrauchers zu beeinträchtigen. Sie ist daher grds zulässig (iErg ebenso BGH GRUR 1997, 761 – *Politikerschelte*). Ob damit ein Solidarisierungseffekt erreicht werden soll, ist unerheblich (ebenso *Henning-Bodewig* GRUR 1997, 180, 186, 189). – Aufmerksamkeitswerbung kann jedoch wegen der konkreten Gestaltung ihres Inhalts wettbewerbswidrig sein (vgl BGH GRUR 1997, 761, 765 – *Politikerschelte:* Verstoß gegen § 4 I HWG bejaht; BGH GRUR 2003, 540, 541 – *Stellenanzeige:* Verstoß gegen Art 1 § 1 I 1 RBerG aF verneint).

II. Werbung mit Appellen an die soziale Verantwortung

Schrifttum: *Ackermann,* Die deutsche Umweltrechtsprechung auf dem Weg zum Leitbild des verständigen Verbrauchers?, WRP 1996, 502; *Brandner,* Beiträge des Wettbewerbsrechts zum Schutz der Umwelt, FS v Gamm, 1990, 27; *Brandner/Michael,* Wettbewerbsrechtliche Verfolgung von Umweltrechtsverstößen, NJW 1992, 278; *Cordes,* „Umweltwerbung" – Wettbewerbsrechtliche Grenzen der Werbung mit Umweltschutzargumenten, 1994; *Faylor,* Irreführung und Beweislast bei umweltbezogener Werbung, WRP 1990, 725; *Federhoff-Rink,* Umweltschutz und Wettbewerbsrecht, 1994; *Friedrich,* Umweltschutz durch Wettbewerbsrecht, WRP 1996, 1; *Füger,* Umweltbezogene Werbung, 1993; *v Gamm,* Wettbewerbs- und kartellrechtliche Fragen im Bereich der Abfallwirtschaft, FS Traub, 1994, 133; *Kisseler,* Wettbewerbsrecht und Umweltschutz, WRP 1994, 149; *Klindt,* Die Umweltzeichen „Blauer Engel" und „Europäische Blume" zwischen produktbezogenem Umweltschutz und Wettbewerbsrecht, BB 1998, 545; *Köhler,* Der gerupfte Engel oder die wettbewerbsrechtlichen Grenzen der umweltbezogenen Produktwerbung, UTR 1990, Band 12, S 344; *Lappe,* Die wettbewerbsrechtliche Bewertung der Umweltwerbung, 1995; *ders,* Zur ökologischen Instrumentalisierbarkeit des Wettbewerbsrechts, WRP 1995, 170; *Lindacher,* Umweltschutz in der Werbung – lauterkeitsrechtliche Probleme, 1997, Umwelt- und Technikrecht, S 67; *Michalski/Riemenschneider,* Irreführende Werbung mit der Umweltfreundlichkeit von Produkten – Eine Rechtsprechungsanalyse, BB 1994, 1157; *Micklitz,* Umweltwerbung im Binnenmarkt, WRP 1995, 1014; *Paulus,* Umweltwerbung – Nationale Maßstäbe und europäische Regelungen, WRP 1990, 739; *Roller,* Der „blaue Engel" und die „Europäische Blume", EuZW 1992, 499; *Rüffler,* Umweltwerbung und Wettbewerbsrecht, ÖBl 1995, 243; ÖBl 1996, 3; *Spätgens,* Umwelt und Wettbewerb – Stand der Dinge, FS Vieregge, 1995, 813; *Strauch,* Zur wettbewerbsrechtlichen Zulässigkeit von sog „Bio-Werbung" gem. § 3 UWG, WRP 1992, 540; *Wiebe,* Zur „ökologischen Relevanz" des Wettbewerbsrechts, WRP 1993, 799; *ders,* EG-rechtliche Grenzen des deutschen Wettbewerbsrechts am Beispiel der Umweltwerbung, EuZW 1994, 41; *ders,* Umweltschutz durch Wettbewerb, NJW 1994, 289.

1. Beschreibung

Als Werbung mit Appellen an die soziale Verantwortung ist eine Werbung anzusehen, von der ein Appell an die soziale Hilfsbereitschaft, an das Verantwortungsbewusstsein insbes für die Umwelt, an das Mitleid oder an die Solidarität ausgeht. Der Verbraucher soll durch den Kauf der beworbenen Ware einen Beitrag zur Förderung eines gesellschaftlich wertvollen Anliegens leisten.

2. Grundsätze der lauterkeitsrechtlichen Beurteilung

Die Werbung mit Appellen an die soziale Verantwortung ist, sofern nicht der Spezialtatbestand der Nr 30 Anh zu § 3 III eingreift, grds zulässig, und zwar auch dann, wenn kein sachlicher Zusammenhang zwischen dem beworbenen Produkt und dem sozialen Anliegen besteht. Es liegt darin keine unangemessene unsachliche Beeinflussung der Verbraucher iSv § 4 Nr 1 (BGH GRUR 2006, 75 Tz 18 – *Artenschutz*) und auch kein sorgfaltswidriges Verhalten iSd § 3 II 1. Etwas anderes kann nach der Rspr nur dann gelten, wenn die emotionale Einwirkung auf den Verbraucher so stark ist, dass sie die **Rationalität der Nachfrageentscheidung** völlig in den Hintergrund drängt. Der Reiz muss also so stark sein, dass auch beim verständigen Verbraucher rational-kritische Erwägungen, insbes über Preis und Qualität des Angebots, völlig in den Hintergrund treten. Bei einer Publikumswerbung wird dies praktisch nie der Fall sein, am ehesten noch bei einer Werbung, die sich ausschließlich an eine Gruppe besonders schutzbedürftiger Verbraucher richtet. Im Übrigen kommt es, wie stets, auf die Gesamtumstände des Einzelfalls an. Insbes wird dabei auch zu berücksichtigen sein, ob das Angebot für sich gesehen konkurrenzfähig, also zB nicht überteuert oder minderwertig, ist. Unrichtige Angaben darüber, ob und wie der Werbende sein Leistungsversprechen erfüllen will, erfüllen den Tatbestand des § 5. Dagegen ist der Werbende nicht nach § 4 Nr 1 oder § 5a II gehalten, die Art und den Umfang seiner sozialen Leistungen konkret anzugeben.

3. Produktbezogene Werbung

a) **Allgemeines.** Die Werbung mit Appellen an die soziale Verantwortung kann anknüpfen an die **Eigenschaften** eines Produkts. Im Vordergrund steht derzeit die Werbung mit **Umwelt-** und **Tierschutzargumenten.** Werbung mit Hinweisen, eine Ware (Leistung) enthalte nur pflanzliche Bestandteile, sei umweltfreundlich, „umweltgerecht", „umweltschonend", „umweltbewusst", verbessere die ökologischen Voraussetzungen oder besitze keine oder nur geringe umweltschädigende Auswirkungen, ferner mit Vorsilben wie „Bio" oder „Öko" oder mit typischen Umweltzeichen, besitzt angesichts des gesteigerten Verantwortungsbewusstseins der Bevölkerung eine starke suggestive Wirkung. Sofern es sich um wahre Angaben handelt, stellt eine solche Werbung keine unangemessene unsachliche Beeinflussung dar. Vielmehr wird gerade dem verständigen Verbraucher eine nützliche Information gegeben. Der Schwerpunkt der lauterkeitsrechtlichen Beurteilung liegt demgemäß auf den **Irreführungstatbeständen** der §§ 5, 5 a.

1.235 **b) Umweltschutzwerbung.** Da die beworbenen Waren meist nicht insgesamt und nicht in jeder Beziehung, sondern nur in Teilbereichen mehr oder weniger umweltschonend als andere Waren sind, besteht zur Vermeidung einer relativen Irreführungsgefahr ein gesteigertes Aufklärungsbedürfnis der umworbenen Verkehrskreise über Bedeutung und Inhalt der in der Werbung verwendeten Hinweise, Begriffe und Zeichen. Die Aufklärung über die behauptete Umweltfreundlichkeit muss hierbei, damit sie nicht übersehen wird, in unmittelbarem räumlichen Zusammenhang mit der Bezeichnung der Ware (Leistung) erfolgen. Mit der Gesundheitswerbung steht die Umweltwerbung insoweit im Zusammenhang, als sie sich auch auf Waren oder Leistungen bezieht, die sich auf die Gesundheit auswirken. Sie wird mit Recht ebenso wie diese im Hinblick auf das Umweltbewusstsein und die Schutzbedürftigkeit der weitgehend unkundigen Bevölkerung streng beurteilt (BGHZ 105, 277, 281 – *Umweltengel;* BGH GRUR 1991, 546 – *aus Altpapier;* BGH GRUR 1991, 550 – *Zaunlasur;* BGH GRUR 1994, 828 – *Unipor-Ziegel;* BGH GRUR 1996, 367 – *Umweltfreundliches Bauen;* BGH GRUR 1997, 666 – *Umweltfreundliche Reinigungsmittel).*

1.236 **c) Tierschutzwerbung.** Die Werbung mit Tierschutzargumenten ist nach den gleichen Grundsätzen zu beurteilen wie die Werbung mit Umweltschutzargumenten. Zu Recht als zulässig angesehen wurde daher die Werbung für Pelzersatzprodukte unter Hinweis darauf, dass damit die Tötung und die Leiden von Tieren für die Pelzherstellung vermieden werden können (BVerfG GRUR 2002, 455, 456 f – *Tier- und Artenschutz).*

4. Herstellungsbezogene Werbung

1.237 Die Werbung mit Appellen an die soziale Verantwortung kann ferner anknüpfen an die Herstellung eines Produkts. So, wenn damit geworben wird, dass bei der Herstellung auf Tierversuche verzichtet werde, dass die Herstellung umweltschonend erfolge, dass die Herstellung durch hilfsbedürftige Arbeitnehmer (Behinderte, Notleidende, insbes in Entwicklungsländern) erfolge und Arbeitsplätze in einer bestimmten Region erhalten würden (vgl BGH GRUR 1995, 742 – *Arbeitsplätze bei uns).* In derartigen Fällen ist die Rationalität der Nachfrageentscheidung, auch in Bezug auf Preiswürdigkeit und Qualität, nicht völlig in den Hintergrund gedrängt. Vielmehr handelt es sich auch insoweit um nützliche Informationen für den verständigen Verbraucher. Als lauterkeitsrechtliche Grenze kommen daher weder der Tatbestand des § 4 Nr 1 noch der des § 3 II 1, sondern praktisch nur die **Irreführungstatbestände** der §§ 5, 5 a in Betracht. – IErg zu Recht wurde die Unlauterkeit verneint bei einem unauffälligen Hinweis in einem Werbeplakat „*Dieses Produkt schafft Arbeitsplätze bei UNS!"* (BGH GRUR 1995, 742, 743 – *Arbeitsplätze bei uns)* und bei dem Hinweis „*Augen auf beim Kohlenkauf – Wir liefern nur deutsche Ware"* (OLG Rostock WRP 1995, 970). – Für „Blindenwaren", die in anerkannten Blindenwerkstätten hergestellt wurden, hatte das **BlindenwarenvertriebsG** v 9. 4. 1965 (BGBl I 311) nebst DVO v 11. 8. 1965 (BGBl I 807) eine besondere Regelung getroffen. Da diese Vorschriften aufgehoben worden sind, gelten für die Werbung mit Blindenwaren die allgemeinen Regelungen.

5. Vertriebsbezogene Werbung

1.238 Die Werbung mit Appellen an die soziale Verantwortung kann weiter anknüpfen an den Vertrieb der Ware; so, wenn der Vertrieb an der Haustür erfolgt, der Werbende dabei **gezielt** und **systematisch** hilfsbedürftige oder hilfsbedürftig erscheinende Absatzmittler einsetzt (zB Behinderte, Haftentlassene, Kranke, Kinder) und damit im Verbraucher das Gefühl erweckt, diese Personen aus sozialer Verantwortung heraus unterstützen zu müssen. Soweit nicht schon das Perse-Verbot der Nr 30 Anh zu § 3 III eingreift, kann diese Art von Werbung durchaus den Tatbestand des § 4 Nr 1 in Gestalt der unzulässigen Beeinflussung iSd Art 8 UGP-Richtlinie erfüllen. Folgt man der bisherigen Rspr, die bei § 4 Nr 1 auf die Ausschaltung der Rationalität der Nachfrageentscheidung abstellt, kann dies ebenfalls zur Bejahung dieses Tatbestands führen. Denn der Absatzmittler nimmt einen persönlichen Kontakt zum Verbraucher auf und dieser kann seine Kaufentscheidung nicht unbeeinflusst und in Ruhe treffen. Zu Recht wurde daher der planmäßige Einsatz Schwer-Sprachbehinderter in der Zeitschriftenwerbung, die sich nur durch Vorzeigen einer Schrifttafel verständlich machen konnten, als unzulässig angesehen (OLG Hamburg GRUR 1986, 261).

III. Kopplung des Produktabsatzes mit Sponsorleistungen

1. Beschreibung

Vielfach werben Unternehmen damit, die Verkaufserlöse ganz oder teilweise für „gute Zwecke" (Umweltschutzprojekte; Forschungsprojekte; kulturelle oder sportliche Veranstaltungen; Unterstützung hilfsbedürftiger Personen usw) zur Verfügung zu stellen (**erlösbezogene Werbung**). Dabei handelt es sich nicht um **Sponsoring** im eigentlichen Sinn (dazu Rdn 3.47 a ff). Vielmehr geht es um die Kopplung des Produktabsatzes mit Sponsorleistungen. Dem Verbraucher wird damit das Gefühl der Solidarität vermittelt. Er soll mit dem Kauf einen Beitrag für den guten Zweck leisten und damit selbst ein „gutes Werk" tun. Die lauterkeitsrechtliche Bewertung dieser Art von Werbung hat sich gewandelt. Bei der Heranziehung früherer Entscheidungen ist daher, soweit sie die Unlauterkeit bejahen, äußerste Zurückhaltung geboten.

1.239

2. Unangemessener unsachlicher Einfluss (§ 4 Nr 1)

Die Rspr zu § 1 UWG 1909 hatte derartige Werbeaktionen wegen Gefühlsausnutzung als wettbewerbswidrig angesehen, wenn kein sachlicher Zusammenhang zwischen dem beworbenen Produkt und dem sozialen Zweck bestand (vgl dazu die Darstellung in 28. Aufl § 4 Rdn 1.164). Aus heutiger Sicht kann der fehlende Sachzusammenhang das Urteil der Unlauterkeit iSv § 4 Nr 1 (und damit den Eingriff in das Grundrecht aus Art 5 I GG) nicht rechtfertigen (vgl BVerfG GRUR 2002, 455, 456 f – *Tier- und Artenschutz;* BGH GRUR 2006, 75 Tz 18 – *Artenschutz;* OLG Hamburg GRUR-RR 2003, 51 und 407; OLG Hamm NJW 2003, 1745). Entscheidend ist vielmehr nach der Rspr für die Anwendung des § 4 Nr 1, ob diese Art der Absatzwerbung die Rationalität der Nachfrageentscheidung ausschaltet und damit die Entscheidungsfreiheit des Verbrauchers erheblich beeinträchtigt. Dies wird, sofern es sich um allgemeine Werbemaßnahmen (Plakate; Fernsehspots usw) handelt und der Verbraucher Zeit zum Überlegen hat, so gut wie nie der Fall sein (vgl *Ahrens* JZ 1995, 1096, 1099; *Bottenschein* WRP 2002, 1107; *Federhoff/ Rink* GRUR 1992, 643; *Seichter* WRP 2007, 230, 234 f). Denn es steht dem Verbraucher frei, ob er sich bei seiner Entscheidung von dem Engagement des Unternehmers beeinflussen lässt (BGH GRUR 2007, 247 Tz 21 – *Regenwaldprojekt I*). Es ist nicht anzunehmen, dass der kritische Durchschnittsverbraucher unter dem Eindruck derartiger Werbung von der Prüfung der Preiswürdigkeit und Qualität der angebotenen Ware völlig absieht und sozusagen „blind" kauft. Zu Recht als zulässig wurde daher angesehen: Werbung mit dem Hinweis: „*E ... unterstützt ab sofort die UNICEF-Aktion: Bringt die Kinder durch den Winter*" (OLG Hamburg GRUR 2003, 407); Werbung mit dem Hinweis „B-Optik unterstützt die Aktionsgemeinschaft Artenschutz e. V." (BGH GRUR 2006, 75 Tz 16 – *Artenschutz*); Werbung mit dem Hinweis „Schützen Sie 1 m² Regenwald" (BGH GRUR 2007, 247 Tz 21 – *Regenwaldprojekt I*). Ausnahmen sind denkbar, etwa wenn der Verbraucher zusätzlich moralisch unter Druck gesetzt wird, sich an der Sponsoringaktion durch Kauf des Produkts zu beteiligen.

1.240

3. Irreführung (§§ 5, 5 a)

Die Absatzwerbung mit Sponsorleistungen kann unter dem Gesichtspunkt der **Irreführung** (ggf **durch Unterlassen**) unlauter sein (dazu § 5 I 2 Nr 4; § 5 a I, II; zu § 5 UWG 2004 vgl BGH GRUR 2007, 247 Tz 21 – *Regenwaldprojekt I;* BGH GRUR 2007, 251 Tz 21 ff – *Regenwaldprojekt II;* OLG Hamburg GRUR-RR 2003, 51, 52; OLG Hamm WRP 2003, 369; OLG Hamburg GRUR-RR 2004, 216; MünchKommUWG/*Heermann* § 4 Nr 1 Rdn 545). Allerdings trifft den Werbenden weder unter dem Gesichtspunkt des § 4 Nr 1 noch dem der §§ 5, 5 a eine allgemeine Verpflichtung, über die Art und Weise der Unterstützung oder die Höhe oder den Wert der Zuwendung aufzuklären (BGH GRUR 2007, 251 Tz 22 – *Regenwaldprojekt II* mwN). Verspricht er lediglich für den Fall des Kaufs seiner Produkte eine nicht näher spezifizierte Leistung an einen Dritten, so wird der Verbraucher regelmäßig nur erwarten, dass die Leistung zeitnah erbracht wird und nicht so geringfügig ist, dass sie die werbliche Herausstellung nicht

1.241

rechtfertigt (BGH GRUR 2007, 247 Tz 25 – *Regenwaldprojekt I* BGH GRUR 2007, 251 Tz 22 – *Regenwaldprojekt II*). Irreführend ist daher eine Werbung, wenn die Leistung überhaupt nicht erbracht wird oder bereits in der Vergangenheit erbracht worden ist (vgl OLG Köln WRP 1993, 346, 348). Enthält die Werbung konkrete Angaben zum Sponsoring, bleiben die tatsächlichen Leistungen aber hinter den Versprechungen zurück, so können dadurch die berechtigten Erwartungen des Verbrauchers enttäuscht werden. In diesem Fall kann eine kaufrelevante **Irreführung** nach den §§ 5, 5a vorliegen (BGH GRUR 2007, 247 Tz 29 – *Regenwaldprojekt I;* BGH GRUR 2007, 251 Tz 24 – *Regenwaldprojekt II;* dazu *Seichter* WRP 2007, 230). Zur sekundären **Darlegungs-** und **Beweislast des Werbenden** in solchen Fällen vgl § 5 Rdn 3.23; BGH GRUR 2007, 251 Tz 31 – *Regenwaldprojekt II*).

IV. Gesundheitswerbung

1. Beschreibung

1.242   Werden Waren oder Dienstleistungen als für die Gesundheit förderlich oder unentbehrlich angepriesen, so ist ein großer Teil der Verbraucher geneigt, solchen Angaben wegen des hochgradigen Interesses an der Erhaltung der Gesundheit blindlings zu vertrauen, sei es aus Angst oder übertriebener Vorsicht, sei es aus Gläubigkeit oder verzweifelter Hoffnung.

2. Lauterkeitsrechtliche Beurteilung

1.243   Sofern kein Fall der **Angstwerbung** iSd § 4 Nr 2 vorliegt, geht es um die Anwendung des **Irreführungsverbots** des § 5 (vgl § 5 Rdn 4.181 ff). Generell sind bei der Gesundheitswerbung **besonders strenge Anforderungen** an die Richtigkeit, Eindeutigkeit und Klarheit der Aussagen zu stellen (stRspr; vgl BGHZ 47, 259 – *Gesunder Genuss;* BGH GRUR 1993, 756, 757 – *Mild-Abkommen;* BGH GRUR 2002, 182, 185 – *Das Beste jeden Morgen*). Denn die Gesundheit hat in der Wertschätzung der Verbraucher einen hohen Stellenwert und Werbemaßnahmen, die an die Gesundheit anknüpfen, erweisen sich erfahrungsgemäß als besonders wirksam (BGH GRUR 1980, 797, 799 – *Topfit Boonekamp;* BGH GRUR 2002, 182, 185 – *Das Beste jeden Morgen*). Die Gefahr, dass eine derartige Werbung die Rationalität der Nachfrageentscheidung in Bezug auf Preiswürdigkeit und Qualität völlig in den Hintergrund drängt, ist daher besonders groß. Auch kann eine Gesundheitswerbung die mit dem Genuss eines Produkts verbundenen Gefahren für die Gesundheit verharmlosen. Daraus können für den einzelnen Verbraucher, aber auch für die Volksgesundheit insgesamt erhebliche Gefahren erwachsen. Dementsprechend streng sind die Maßstäbe für die Gesundheitswerbung bei Spirituosen. Für sie darf auch dann nicht mit pauschalen Hinweisen auf eine gesundheitsfördernde oder gesundheitlich unbedenkliche Wirkung geworben werden, wenn sie der Gesundheit dienende Zusätze enthalten. Wird mit gesundheitsfördernden Angaben geworben, dürfen nachteilige Wirkungen nicht verschwiegen werden, wenn dies zum Schutze des Verbrauchers unter Berücksichtigung der berechtigten Interessen des Werbenden unerlässlich ist (BGH GRUR 2002, 182, 185 – *Das Beste jeden Morgen*). In **Nr 18 Anh zu § 3 III** wird als stets unzulässig angesehen die „unwahre Angabe, eine Ware oder Dienstleistung könne Krankheiten, Funktionsstörungen oder Missbildungen heilen".

3. Beispiele

1.244   **Unlauterkeit bejaht:** Vertrieb eines 40%igen Magenbitter unter der Bezeichnung „*Topfit Boonekamp*", da sie die Vorstellung erweckt, der Genuss dieses Magenbitters mache oder erhalte „topfit", und damit pauschal auf eine gesundheitlich unbedenkliche Wirkung des Alkoholgenusses hingewiesen wird (BGH GRUR 1980, 797 – *Topfit Boonekamp* mit krit Anm *Wild*). – Werbung für einen Kräuterlikör mit 32% Alkoholgehalt, der zugleich als gesundheitsfördernden Bestandteil Heidelbeerextrakt enthält, mit der Aussage: „*Ein gesunder Genuss*" (BGHZ 47, 259 – *Gesunder Genuss*). – Werbung für einen „magenfreundlichen Kaffee" unter Verharmlosung der möglichen sonstigen Gesundheitsgefahren bei übermäßigem Kaffeegenuss (BGH GRUR 1978, 252, 253 – *Kaffee-Hörfunk-Werbung;* bedenkl). – Mit „*mild*" für eine Zigarette zu werben, ist zumindest dann wettbewerbswidrig, wenn die Durchschnittswerte von Nikotin und Kondensat höher sind, als sie das Mild-Abkommen der Zigarettenindustrie bei einer Zigarette, die als „mild" beworben wird, zulässt (BGH GRUR 1993, 756, 757 – *Mild-Abkommen*). – **Unlauterkeit verneint:** Unterbliebene Aufklärung über (geringen) Zuckeranteil von Cerealien (BGH GRUR 2002, 182, 185 – *Das Beste jeden Morgen*). – Werbung für Cerealien mit dem Slogan „*korngesund*" (BGH GRUR 2002, 182, 185 – *Das Beste jeden Morgen*).

4. Spezialgesetzliche Regelungen

Im Bereich der **Heilmittelwerbung** und der **Lebensmittelwerbung** bestehen spezialgesetzliche Werbeverbote (vgl §§ 6, 11 HWG; §§ 11, 12 LFGB; Art 10 Health-Claims-VO), die über § 4 Nr 11 lauterkeitsrechtlich sanktioniert werden können. Sie schließen die Anwendung des UWG aber nicht aus (vgl BGH GRUR 1999, 1007, 1008 – *Vitalkost;* BGH GRUR 2002, 182, 184 ff – *Das Beste jeden Morgen;* Köhler ZLR 2008, 135; Rdn 11.137 a). 1.245

V. Unterschwellige (subliminale) Werbung

1. Beschreibung

Unterschwellig ist eine Werbung, die der Verbraucher nicht mehr rational erfasst, jedoch gleichsam „unter der Schwelle des Bewusstseins" wahrnimmt. Gemeint sind insbes die Fälle des kurzzeitigen Einblendens von Werbetexten, Slogans, Marken und Produkten in Fernseh- oder Kinofilmen. (Als Beispiel dient der Fall, dass in einem amerikanischen Kino die Anzeige einer Eiscreme so kurzzeitig ($1/3000$ Sekunde) eingeblendet wurde, dass die Besucher sie nur optisch, nicht aber bewusst wahrgenommen hatten. Es sollen in der Pause fast 60% mehr Eiscreme als sonst verkauft worden sein.) Ob derlei Praktiken heute eingesetzt werden und ob sie die gewollte Wirkung haben, ist nicht bekannt (vgl *Beater* § 16 Rdn 12 ff). 1.246

2. Lauterkeitsrechtliche Beurteilung

a) Rechtsbruch (§ 4 Nr 11). Nach § 7 III 2 RStV (Rundfunk-Staatsvertrag) dürfen in der **Werbung** und im **Teleshopping** keine unterschwelligen Techniken eingesetzt werden (dies entspricht der Regelung in Art 9 I lit b Richtlinie 2010/13/EU über audiovisuelle Mediendienste). Eine entsprechende Regelung für **Telemedien** enthält § 58 I 2 RStV. Verstöße können über § 4 Nr 11 sanktioniert werden. 1.247

b) Unangemessener unsachlicher Einfluss (§ 4 Nr 1). Über die spezialgesetzlichen Verbote (Rdn 1.202) hinaus ist unterschwellige Werbung generell unlauter wegen unangemessener unsachlicher Beeinflussung der Verbraucher (§ 4 Nr 1), weil – ähnlich wie bei der getarnten Werbung (§ 4 Nr 3) – der Betroffene die Werbung nicht bewusst wahrnehmen kann und er daher keine Möglichkeit hat, sich der Beeinflussung zu entziehen. 1.248

7. Abschnitt. Sonstige Werbe- und Marketingmaßnahmen

A. Abwerbung von Kunden

I. Beschreibung

Um Kunden zu gewinnen, die noch vertraglich an einen Mitbewerber gebunden sind, muss ein Unternehmer versuchen, sie aus dieser Bindung zu lösen. Dafür bieten sich vielfältige Mittel an, von der Einwirkung auf den Kunden, sich unter Einhaltung der vertraglichen Bestimmungen (Kündigung usw) aus dieser Bindung zu lösen, bis hin zur Verleitung zum Vertragsbruch. 1.249

II. Lauterkeitsrechtliche Beurteilung

Das Abwerben von Kunden gehört zum Wesen des Wettbewerbs, auch wenn die Kunden noch an den Mitbewerber gebunden sind (BGH GRUR 2002, 548, 549 – *Mietwagenkostenersatz;* BGH WRP 2010, 1249 Tz 30 – *Telefonwerbung nach Unternehmenswechsel*). Unzulässig können daher Maßnahmen der Kundenabwerbung nur sein, wenn der Werbende unlautere Mittel einsetzt. Das ist jedenfalls dann der Fall, wenn der Werbende in unzulässiger Weise auf die Entscheidung des Kunden einwirkt. Es sind insoweit die Tatbestände des § 4 Nr 1, der §§ 5, 5 a, des § 3 II 1 und des § 7 zu prüfen. Zu Einzelheiten vgl die Darstellung bei § 4 Rdn 10.32 ff. 1.250

B. Kundenbeeinflussung zum Nachteil Dritter

I. Beschreibung

1.251 Insbes im Reparaturgewerbe verbreitet ist eine Werbung gegenüber voll- oder teilkaskoversicherten Kunden mit geldwerten Vorteilen, die nicht in der Rechnung ausgewiesen werden. Hintergrund ist, dass die Versicherung dem Kunde die Reparaturkosten zwar gegen Rechnung erstattet, davon aber den sog Selbstbehalt abzieht. Der Kunde hat daher an sich keinen Nutzen von günstigeren Angeboten konkurrierender Werkstätten. Aus diesem Grund werden dem Kunden bspw Tankgutscheine oder Preisnachlässe angeboten, um die Belastung durch den Selbstbehalt auszugleichen oder zu verringern. Diese Vergünstigungen gehen zu Lasten der Versicherung, da diese nur die tatsächlich entstandenen Kosten abzüglich des Selbstbehalts zu erstatten hat.

II. Lauterkeitsrechtliche Beurteilung

1. Unangemessener unsachlicher Einfluss auf den Kunden (§ 4 Nr 1)?

1.252 a) **Stand der Rspr.** Nach der Rspr bewirken solche Werbemaßnahmen eine Beeinträchtigung der Entscheidungsfreiheit des Kunden durch unangemessenen unsachlichen Einfluss, weil der Kunde dazu verleitet werde, seine Pflicht zur Wahrung der Interessen der Versicherung zu verletzen (BGH GRUR 2008, 530 Tz 12 ff – *Nachlass bei der Selbstbeteiligung;* BGH WRP 2008, 780 Tz 16 ff – *Hagelschaden*). Denn die Aussicht, den versprochenen Vorteil zu erlangen, könne sie dazu veranlassen, den Auftrag an den Werbenden zu erteilen und die tatsächlichen niedrigeren Kosten bei der Abrechnung gegenüber dem Versicherer zu verschweigen. Dies aber stelle einen schwerwiegenden Vertragsbruch dar (E.1.4). Die Anwendung des § 4 Nr 1 wird weiter damit begründet, dass der Kunde Gefahr laufe, wegen Verletzung einer Aufklärungsobliegenheit (E.7.4, E.7.5 AKB) den Versicherungsschutz nach § 6 III VVG ganz oder teilweise zu verlieren (OLG Schleswig GRUR-RR 2007, 242, 243) und ggf sogar einen Betrug gegenüber der Versicherung zu begehen (OLG Schleswig GRUR-RR 2007, 242, 243; OLG Naumburg GRUR-RR 2005, 203; OLG Brandenburg WRP 2010, 427, 430; *Möller* GRUR 2006, 292).

1.253 b) **Kritik.** § 4 Nr 1 ist in richtlinienkonformer Auslegung auf die Fälle der Nötigung, der Belästigung und der unzulässigen Beeinflussung iSd Art 8 UGP-Richtlinie zu beschränken (Rdn 1.7). Da von derartigen Werbemaßnahmen lediglich eine Anlockwirkung ausgeht, kommt eine Anwendung des § 4 Nr 1 grds nicht in Betracht. Vielmehr ist auf § 3 II 1 zurückzugreifen (Rdn 1.9).

2. Sorgfaltsverstoß gegenüber dem Kunden (§ 3 II 1)

1.254 Mit einer Werbung, die den Kunden in Gefahr bringt, seine Pflichten gegenüber der Versicherung zu verletzen und ggf sogar einen Betrug zu begehen, verletzt der Unternehmer seine „**fachliche Sorgfalt**" iSd § 2 I Nr 7 gegenüber dem Verbraucher. Das Versprechen derartiger Vorteile ist auch geeignet, seine Fähigkeit, sich auf Grund von Informationen zu entscheiden, spürbar zu beeinträchtigen und ihn damit zu einer geschäftlichen Entscheidung (Erteilung eines Reparaturauftrags) zu veranlassen, die er andernfalls nicht getroffen hätte.

3. Irreführung (§§ 5, 5 a)

1.255 Macht der Werbende unwahre Angaben über die bestehenden Risiken, kann zugleich der tatbestand des § 5 I 2 Nr 2 (OLG Naumburg GRUR-RR 2005, 203) erfüllt sein. Verschweigt oder verharmlost er die Risiken, kann dies den Tatbestand der Irreführung durch Unterlassen (§ 5 a II) erfüllen.

4. Rechtsbruch (§ 4 Nr 11)

1.256 Die Werbung erfüllt nicht den Tatbestand des Rechtsbruchs (§ 4 Nr 11 iVm § 263 StGB), weil die versuchte Anstiftung zum Betrug nicht den Tatbestand der Zuwiderhandlung gegen § 263 StGB verwirklicht (BGH GRUR 2008, 530 Tz 11 – *Nachlass bei der Selbstbeteiligung*).

C. Werbeveranstaltungen

I. Beschreibung

Werbeveranstaltungen sind Veranstaltungen außerhalb des regelmäßigen Geschäftsverkehrs mit dem Ziel, Kunden anzulocken und zum Kauf zu bewegen. Typischerweise wird dafür dem Publikum ein materieller Anreiz geboten (zB kostenlose oder stark verbilligte Ausflugsfahrten, Filmvorführungen oder Besichtigungen von Produktionsstätten).

II. Lauterkeitsrechtliche Beurteilung

1. Grundsatz

Die Ankündigung und Durchführung von Werbeveranstaltungen ist lauterkeitsrechtlich zulässig, solange keine besonderen Umstände hinzutreten, welche die Unlauterkeit begründen.

2. Unangemessener unsachlicher Einfluss auf den Kunden (§ 4 Nr 1)

a) Druckausübung. Wird auf den Verbraucher Druck in Gestalt einer Nötigung iSd Art 8 UGP-Richtlinie ausgeübt, um ihn zum Kauf zu veranlassen, ist dies stets nach § 4 Nr 1 unlauter. Das ist bspw der Fall, wenn bei einer Werbefahrt die Rückfahrt so lange hinausgezögert wird, bis alle Teilnehmer einen Kauf getätigt haben oder wenn Werber die Verbraucher ständig „bearbeiten" und ihnen eine Ware aufzudrängen suchen, zB durch Vorlage eines Bestellblocks vor Aushändigung eines Werbegeschenks.

b) Sonstiger unangemessener unsachlicher Einfluss. Ein sonstiger unangemessener unsachlicher Einfluss iSd § 4 Nr 1 ist in richtlinienkonformer Auslegung anzunehmen, wenn eine Belästigung oder eine unzulässige Beeinflussung iSd Art 8 UGP-Richtlinie vorliegt. Das ist anhand der Umstände des Einzelfalls zu prüfen. Eine unzulässige Beeinflussung iSd Art 8, 2 lit j UGP-Richtlinie kommt insbes dann in Betracht, wenn der Werbende die Verbraucher (zB auf einer Ausflugsfahrt) räumlich oder zeitlich in eine Situation gebracht hat, die ihm eine Machtposition verschafft und die er dazu ausnutzen kann, Druck auf die Verbraucher in der Weise auszuüben, dass ihre Fähigkeit zu einer informierten Entscheidung wesentlich eingeschränkt und ihre Entscheidungsfreiheit erheblich beeinträchtigt wird. Darauf, ob das Vorgehen geeignet ist, die Verbraucher „übertrieben anzulocken" oder die Rationalität ihrer Nachfrageentscheidung völlig in den Hintergrund treten zu lassen, kommt es nicht an.

3. Verschleierung des Werbecharakters (§ 4 Nr 3)

Wer zu einer Werbeveranstaltung einlädt, muss den Werbecharakter der Veranstaltung deutlich machen (§ 4 Nr 3). Dazu gehört es auch, dass Zeitpunkt und Dauer sowie ggf der Ort der Verkaufsveranstaltung und die Freiwilligkeit der Teilnahme deutlich gemacht werden (BGH GRUR 1986, 318, 320 – *Verkaufsfahrten I;* BGH GRUR 1988, 829, 830 – *Verkaufsfahrten II*). Unlauter ist es daher, das Publikum durch Täuschung zur Teilnahme anzulocken und es so unerwartet einer Verkaufswerbung für bestimmte Erzeugnisse auszusetzen. Es darf zB nicht der Eindruck einer Ausflugsfahrt erweckt werden, wenn es um eine Fahrt zu einer Verkaufsveranstaltung geht. Unzulässig ist es auch, zu einer Filmvorführung einzuladen, auf der kein Unterhaltungsfilm, sondern ein Werbefilm für Kochgeräte vorgeführt wird, ohne in der Einladung deutlich zum Ausdruck zu bringen, dass es sich um eine Werbeveranstaltung handelt (BGH GRUR 1962, 461 – *Film-Werbeveranstaltung*). Ist klar erkennbar, dass es sich um eine Werbeveranstaltung handelt, so erübrigt sich jedoch der Hinweis, wofür im Einzelnen geworben wird (OLG München WRP 1967, 67; strenger OLG Düsseldorf WRP 1966, 103). Nur darf das Verschweigen des Gegenstandes der Werbung bei den Besuchern keine falsche Erwartung hervorrufen. Wer die Vorteile der Fahrt für den situationsadäquat aufmerksamen Leser blickfangmäßig herausstellt, muss grds auch deren Charakter als Verkaufsfahrt blickfangmäßig verdeutlichen (BGH GRUR 1986, 146 – *Verkaufsfahrten I*). Der Hinweis „Werbefahrt" ist wegen seines mehrdeutigen Sinns zur hinreichenden Verdeutlichung einer Verkaufsfahrt ungeeignet (BGH GRUR 1988, 829, 830 – *Verkaufsfahrten II*). – Auch bei der Werbung für mit einer Verkaufsveranstaltung verbundene mehrtägige (Auslands-)Reisen ist ein eindeutiger, unmissverständlicher und unübersehbarer Hinweis auf den Charakter der Reise notwendig (BGH GRUR 1988, 130 – *Verkaufsreisen*).

4. Irreführung (§ 5 I 2 Nr 2)

1.262 Unlauter nach § 5 I 2 Nr 2 ist es, zum Besuch einer Werbeveranstaltung dadurch anzulocken, dass man den Eingeladenen vorspiegelt, einen Gewinn erzielt zu haben. Unlauter ist es auch, zum Besuch einer Werbeveranstaltung für ein Kochgerät durch einen angeblichen Sonderpreis anzulocken, während es in Wahrheit der Normalpreis des Unternehmens ist (vgl BGH GRUR 1962, 461, 465 – *Film-Werbeveranstaltung*).

D. Versteigerungen

I. Begriff und Erscheinungsformen

1.263 Bei einer normalen Versteigerung wird eine Ware an den Meistbietenden verkauft. Der Vertrag kommt dabei idR durch den Zuschlag zu Stande (§ 156 S 1 BGB). Dabei ist zu unterscheiden zwischen der gesetzlich vorgesehenen **öffentlichen Versteigerung** (vgl §§ 383, 753, 966, 979, 983, 1219, 1233 BGB; §§ 373, 376 HGB; § 815 ZPO) und der **freiwilligen Versteigerung** (Auktion). – Freiwillige Versteigerungen können auch in Form der **umgekehrten Versteigerung** erfolgen. Dabei ermäßigt sich der Preis in gewissen Zeitabständen so lange, bis jemand die Ware oder Dienstleistung erwirbt. **Beispiel:** Für ein gebrauchtes Kraftfahrzeug wird mit dem Hinweis geworben, dass sich das Angebot jeden Tag um 100,– Euro verbilligt. Auch im Internet-Handel hat diese Absatzmethode Eingang gefunden (vgl BGH WRP 2004, 345 – *Umgekehrte Versteigerung im Internet;* OLG Hamburg GRUR-RR 2001, 113; OLG Hamburg GRUR-RR 2002, 232). – Die gewerbsmäßige Durchführung von Versteigerungen ist erlaubnispflichtig (§ 34 b GewO). Von der Versteigerung iSd § 34 b GewO sind sog **Internet-Auktionen** zu unterscheiden. Bei Letzteren wird das Höchstgebot nicht in einem offenen Bieterwettbewerb bestimmt, sondern der Verkauf erfolgt an denjenigen, der innerhalb eines bestimmten Zeitraums das höchste Gebot abgegeben hat (vgl OLG Frankfurt GRUR-RR 2001, 317). – Zur **zivilrechtlichen** Beurteilung vgl BGH NJW 2002, 363; KG NJW 2002, 1583; *Lettl* JuS 2002, 219; *Mehrings* BB 2002, 469; *Wenzel* NJW 2002, 1550. – Zur Klagebefugnis von Auktionatoren vgl BGH WRP 2004, 348 – *Hamburger Auktionatoren*.

II. Lauterkeitsrechtliche Beurteilung

1. Grundsatz

1.264 Versteigerungen lassen bei den Verbrauchern den Eindruck besonders günstiger Angebote entstehen (BGH WRP 1998, 1168, 1169 – *Umgelenkte Auktionskunden*) und sind daher beliebte Maßnahmen der Absatzförderung. Die Ankündigung und Durchführung von Versteigerungen ist aber, da gesetzlich zugelassen, grds wettbewerbskonform. Nur besondere Umstände können daher die Unlauterkeit begründen.

2. Unangemessener unsachlicher Einfluss auf den Kunden (§ 4 Nr 1)?

1.265 Von Versteigerungen geht kein unangemessener unsachlicher Einfluss in Gestalt einer „unzulässigen Beeinflussung" (Art 8 UGP-Richtlinie) auf die Verbraucher aus. Dies gilt auch für die „umgekehrte Versteigerung" (Rdn 1.263) trotz des von ihr ausgehenden aleatorischen Reizes.

3. Sorgfaltsverstoß (§ 3 II 1)?

1.266 Auch eine „umgekehrte Versteigerung" begründet idR keinen Verstoß gegen die „fachliche Sorgfalt" iSd § 3 II 1 und ist nicht geeignet, die Fähigkeit des Verbrauchers, sich auf Grund von Informationen zu entscheiden, spürbar zu beeinträchtigen. Etwas anderes kann allenfalls unter ganz besonderen Umständen oder dann gelten, wenn sich die Maßnahme speziell an eine Gruppe bes schutzbedürftiger Verbraucher richtet (§ 3 II 3). Schon unter dem UWG 1909 hatte die Rspr zuletzt diese Art der Versteigerung nicht mehr beanstandet (BGH GRUR 2003, 626, 627 – *Umgekehrte Versteigerung II;* BGH WRP 2004, 345, 347 – *Umgekehrte Versteigerung im Internet*). Der durchschnittlich informierte, situationsadäquat aufmerksame und verständige Verbraucher lasse sich durch dieses aleatorische Moment nicht von einer reiflichen Prüfung der Preiswürdigkeit des Angebots und dem Vergleich mit Konkurrenzangeboten abhalten lässt. Dies gelte jedenfalls dann, wenn es sich um größere und nicht alltägliche Anschaffungen handelt, wie einen Gebrauchtwagenkauf. Die bloße Befürchtung eines potenziellen Kunden, ein anderer

Kaufinteressent könne ihm bei weiterem Zuwarten zuvorkommen, gehöre zum Wesen eines jeden Angebots eines bestimmten Gegenstands und damit zum normalen Risiko. Dieses Risiko habe der Kaufinteressent auch bei jeder „normalen" Versteigerung an den Meistbietenden. Im Übrigen sei der Kaufmann darin frei, seine allgemein angekündigten Preise jederzeit zu senken oder zu erhöhen, soweit er dies nach Marktlage für erforderlich halte und er nicht missbräuchlich (zB zur Verschleierung von Mondpreisen durch Preisschaukelei) handle (BGH GRUR 2003, 626, 627 f – *Umgekehrte Versteigerung II*). Dementsprechend müsse es ihm auch freistehen, künftige Preisherabsetzungen schon vorher anzukündigen. – Von vornherein nicht wettbewerbswidrig ist eine umgekehrte Versteigerung, wenn der Zuschlag für den Teilnehmer nicht verbindlich ist, es ihm vielmehr freisteht, ob er später den Kaufvertrag abschließt (BGH WRP 2004, 345, 347 – *Umgekehrte Versteigerung im Internet*). – Werden Internet-Auktionen in der Weise organisiert, dass der Verkäufer mehrere Preisstufen angibt und je nach Gesamtabnahme durch mehrere Käufer einen niedrigeren Preis anbietet **(Powershopping; Community-Shopping)**, ist dies ebenfalls lauterkeitsrechtlich grds unbedenklich.

4. Irreführung (§ 5 I 2 Nr 2)

Die Bezeichnung „Auktion" oder „Versteigerung" für Verkäufe im Internet ist nicht deshalb irreführend iSv § 5 I 2 Nr 2, weil es sich um keine herkömmliche Versteigerung iSd § 34 b GewO handelt und nicht den Regeln der Versteigerungsverordnung unterliegt. Denn der Begriff ist im Laufe der Zeit vieldeutig geworden und der Verkehr achtet auf die konkreten Versteigerungsbedingungen (OLG Frankfurt aaO). Eine Irreführung liegt aber vor, wenn eine öffentliche Versteigerung vorgetäuscht wird, während es sich in Wahrheit um eine private Versteigerung handelt (vgl BGH GRUR 1988, 838 – *Kfz-Versteigerung*). Denn bei einer amtlichen Versteigerung rechnet der Verbraucher mit besonders günstigen Erwerbschancen. Er nimmt eine Zwangslage an und hofft, Waren sehr preisgünstig ersteigern zu können, zumal sie ohnehin unter dem gewöhnlichen Verkaufswert angeboten werden. – Besonders verwerflich ist es, wenn Händler mit fingierten Schuldtiteln als „Gläubiger" gegen „Schuldner" eine öffentliche Versteigerung im Wege der Zwangsvollstreckung erschleichen. Mit solchen Tricks suchen mitunter Teppichhändler ihre Orientteppiche mit hohem Gewinn abzusetzen, indem sie die Vollstreckungsorgane über den gewöhnlichen Verkaufswert täuschen, so dass schon mit dem Mindestgebot (§ 817 a ZPO) ein guter Gewinn erzielt wird. In diesem Fall liegt sogar eine strafbare irreführende Werbung iSd § 16 I vor (vgl OLG Köln DB 1976, 1107). – Irreführend ist es, wenn der Internet-Versteigerer dem Verbraucher nicht mitteilt, dass die Auslieferung erst nach 15 Werktagen erfolgt, weil der Verbraucher unverzügliche Lieferung nach Bezahlung erwartet (LG Hamburg GRUR-RR 2001, 315). – Irreführend ist es ferner, eine Versteigerung anzukündigen, dann aber einen normalen Einzelverkauf durchzuführen (BGH WRP 1998, 1168, 1170 – *Umgelenkte Auktionskunden*).

1.267

5. Rechtsbruch (§ 4 Nr 11)

Ein Verkauf von Waren unter Verstoß gegen § 34 b VI GewO stellt, da es sich insoweit um eine Marktverhaltensregelung zum Schutze der Verbraucher handelt, zugleich einen Wettbewerbsverstoß iSd § 4 Nr 11 dar. Erfasst wird dadurch insbes die Versteigerung „ungebrauchter Waren" iSv § 34 b VI Nr 5 lit b GeWO (vgl OLG Karlsruhe GRUR 1996, 75, 76).

1.268

E. Internet-Werbung (Online-Werbung)

Schrifttum: *Bodewig,* Elektronischer Geschäftsverkehr und Unlauterer Wettbewerb, GRUR Int 2000, 475; *Bornkamm/Seichter,* Das Internet im Spiegel des UWG, CR 2005, 747; *Brömmelmeyer,* Internetwettbewerbsrecht, 2007; *Dunckel,* Online-Auktionen und Wettbewerbsrecht, 2007; *Ernst,* Internet und Recht, JuS 1997, 776; *ders,* Wirtschaftsrecht im Internet, BB 1997, 1057; *ders,* Rechtliche Fragen bei der Verwendung von Hyperlinks im Internet, NJW-CoR 1997, 224; *Gruber/Mader* (Hrsg), Internet und e-commerce, 2000; *Gummig,* Rechtsfragen bei Werbung im Internet, ZUM 1996, 573; *Hackbarth,* Zur Störerverantwortlichkeit für die Inhalte von Internetseiten, CR 1998, 307; *Hoeren,* Internationale Netze und das Wettbewerbsrecht, in Becker (Hrsg), Rechtsprobleme internationaler Datennetze, 1996; *ders,* Cybermanners und Wettbewerbsrecht – Einige Überlegungen zum Lauterkeitsrecht im Internet, WRP 1997, 993; *ders,* Keine wettbewerbsrechtlichen Bedenken mehr gegen Hyperlinks? – Anmerkung zum BGH-Urteil „Paperboy", GRUR 2004, 1; *Hoffmann,* Zum wettbewerbsrechtlichen und urheberrechtlichen Schutz von Linksammlungen, MMR 1999, 481; *Hüsch,* Keyword Advertising – Rechtmäßigkeit suchwortabhängiger Werbebanner in der aktuellen Rechtsprechung MMR 2006, 357; *Kiethe,* Werbung im Internet, WRP 2000, 616; *Kloos,* Wettbewerbsrechtliche Verantwortlichkeit für Hyperlinks, CR 1999, 46; *Kotthoff,* Die Anwendbarkeit des deutschen Wettbewerbsrechts auf Werbemaßnahmen im Internet, CR 1997, 677; *Kuner,* Internationale Zuständigkeitskonflikte im Internet, CR 1996, 453; *Leible/Sosnitza,* Virtuelle Einkaufsgemeinschaften, ZIP 2000, 732; *Leupold/ Bräutigam/Pfeiffer,* Von der Werbung zur kommerziellen Kommunikation: Die Vermarktung von Waren und Dienstleistungen im Internet, WRP 2000, 575; *Mann,* Werbung auf CD-Rom-Produkten mit redaktionellem Inhalt, NJW 1996, 1241; *Menke,* Community Shopping und Wettbewerbsrecht, WRP 2000, 337; *Ott,* To link or not to link – This was (or still is?) the question, WRP 2004, 52; *Plaß,* Hyperlinks im Spannungsfeld von Urheber-, Wettbewerbs- und Haftungsrecht, WRP 2000, 599; *Scheuerl,* Anwaltswerbung im Internet, NJW 1997, 1291; *Schirmbacher/Ihmor,* Affiliate-Werbung – Geschäftsmodell, Vertragsgestaltung und Haftung, CR 2009, 245; *Schmittmann,* Werbung im Internet, 2003; *Spindler,* Deliktsrechtliche Haftung im Internet – nationale und internationale Rechtsprobleme, ZUM 1996, 533; *Spindler/Volkmann,* Die zivilrechtliche Störerhaftung der Internet-Provider, WRP 2003, 1; *Steinbeck,* Werbung von Rechtsanwälten im Internet, NJW 2003, 1481; *Stögmüller,* Auktionen im Internet, K&R 1999, 391; *Varadinek,* Trefferlisten von Suchmaschinen im Internet, GRUR 2000, 279; *Volkmann,* Verkehrspflichten für Internet-Betreiber, CR 2008, 282; *Wiebe,* „Deep Links" – Neue Kommunikationsformen im Wettbewerb aus lauterkeitsrechtlicher Sicht, WRP 1999, 734; *ders,* Deep Links, CR 1999, 524.

I. Begriff und wirtschaftliche Bedeutung

1.269   Die Werbung im **Internet,** sei es über online-Dienste, sei es über das World Wide Web (WWW) ermöglicht es, sich an eine unbestimmte Vielzahl von Personen zu wenden und erlaubt zugleich einen interaktiven Kundenkontakt, der in einen Vertragsschluss münden kann. Das erklärt seine wachsende wirtschaftliche Bedeutung gegenüber den herkömmlichen Werbeformen. Mittels des Internet können Unternehmen auf einer Homepage Informationen über sich und ihre Produkte mit beliebiger Detaillierung verbreiten. Werbung im Internet ist insbes möglich durch anzeigenähnliche Darstellungen über eine gesamte Webpage, durch werbende Darstellung im Zusammenhang mit einer redaktionell gestalteten Webpage (Banner-Werbung) oder mit dem Aufruf eines Suchworts bei Nutzung einer Suchmaschine („Keyword Advertising"), durch Bereitstellung von Hyperlinks, die das Überwechseln zu anderen Informationen oder eigenen oder fremden Websites ermöglichen, durch „Interstitials" (Werbung, die vor dem Aufruf der gewünschten Website erscheint) und durch E-Mails. Die Besonderheit der Werbung im Internet besteht darin, dass sie als passive Darstellungsform sich nicht unaufgefordert dem Nutzer aufdrängt, sondern von diesem erst aktiv aufgerufen werden muss (BVerfG GRUR 2003, 966, 967 – *Internet-Werbung von Zahnärzten*).

II. Lauterkeitsrechtliche Beurteilung

1. Anwendbarkeit deutschen Lauterkeitsrechts

1.270   **a) Online-Werbung innerhalb der Union.** Nach Art 3 I und II Richtlinie 2000/31 über den elektronischen Geschäftsverkehr gilt für die kommerzielle Kommunikation im elektronischen Geschäftsverkehr grds das **Herkunftslandprinzip.** Dem entspricht § 3 II TMG. Das Recht des Bestimmungslandes darf also eine elektronische Kommunikation nicht strenger beurteilen als es das Recht des Landes vorsieht, in dem der Diensteanbieter seine (Haupt-)Niederlassung hat. Zu Einzelheiten vgl Einl Rdn 5.22.

1.271   **b) Online-Werbung außerhalb der Union.** Insoweit gelten die allgemeinen Grundsätze (Einl Rdn 5.8). Nach den für das Lauterkeitsrecht als Teil des Deliktsrechts maßgebenden Grundsätzen ist das Recht des Ortes anwendbar, an dem die wettbewerblichen Interessen der Mitbewerber aufeinander treffen (BGHZ 113, 11, 15 = GRUR 1991, 463, 465 – *Kauf im Ausland*). Im Falle der Werbung ist dies der sog **Marktort,** an dem durch das Wettbewerbsverhalten auf die Entschließung des Kunden eingewirkt wird (vgl BGH WRP 2006, 736 Tz 25 – *Arzneimittelwerbung im Internet;* Näheres bei Einl Rdn 5.5 ff). Das ist im Falle der Online-Werbung der Ort, an dem der jeweilige Nutzer das Angebot bestimmungsgemäß abruft (vgl BGH GRUR 1994, 530, 532 – *Beta* für Funk und Fernsehen). Das deutsche Lauterkeitsrecht ist also grds anwendbar, soweit die Werbung (auch) für deutsche Nutzer bestimmt ist, der Abruf durch Nutzer in Deutschland erfolgt und wettbewerbliche Interessen Dritter davon berührt sind. Ob die Werbung für Nutzer in Deutschland bestimmt ist, beurteilt sich nach den Umständen des Einzelfalls. Indizien können sein: die Eigenart der angebotenen Waren oder Dienstleistungen; der Einsatz von Disclaimern; die verwendete Sprache; die Währung. Keine Rolle spielt dagegen der sog Absatzort (BGHZ 113, 11, 15 – *Kauf im Ausland*). Dass die Anwendung des Marktort-Prinzips den Online-Werbenden vor große Probleme stellen kann, wenn er sich mit seiner Werbung an Nutzer in verschiedenen Staaten wenden will, liegt auf der Hand, muss er doch ggf die unterschiedlichen Rechtsordnungen berücksichtigen. Andererseits wäre eine Anknüpfung an den Ort, von dem die Werbung ausgeht (Standort des Servers), nicht akzeptabel, weil auf diese Weise sich der Anbieter faktisch jeder Kontrolle entziehen könnte.

2. Lauterkeitsrechtliche Schranken

a) **Allgemeine Schranken.** Vorbehaltlich vorrangiger Regelungen durch das **Unionsrecht** 1.272 unterliegt die Internet-Werbung, soweit deutsches Recht anwendbar ist, zunächst einmal den **allgemeinen Schranken** des Lauterkeitsrechts einschließlich der PAngV. Zu **Auktionen** im Internet vgl Rdn 1.263. Selbstverständlich gelten auch die **spezialgesetzlichen,** für bestimmte Berufsgruppen (zB Anwälte, Ärzte) bzw Produkte (zB Heilmittel) geltenden **Schranken** (BVerfG WRP 2003, 1099, 1101 – *Klinikwerbung im Internet;* BVerfG GRUR 2003, 966, 967 – *Internet-Werbung von Zahnärzten;* OLG München NJW 2002, 760, 762; OLG Koblenz WRP 1997, 478; vgl auch *Steinbeck* NJW 2003, 1481 zu § 43b BRAO). Dabei sind aber die Besonderheiten der Internet-Werbung als einer „passiven Darstellungsplattform" zu berücksichtigen. Sie wird nur von solchen Verbrauchern zur Kenntnis genommen, die nicht unaufgefordert durch Werbung beeinflusst werden, sondern sich selbst aktiv informieren (BVerfG WRP 2003, 1099, 1101 – *Klinikwerbung im Internet;* BVerfG GRUR 2003, 966, 967 – *Internet-Werbung von Zahnärzten*).

b) **Trennungsgebot.** Weiter sind bei den an die Allgemeinheit gerichteten Online-Diensten 1.273 die Beschränkungen auf Grund des Telemediengesetzes zu beachten. Danach muss ua Werbung als solche klar erkennbar sein, sog **Trennungsgebot** (vgl § 6 I Nr 1 TMG, der Art 6 lit a der Richtlinie 2000/31/EG über den elektronischen Geschäftsverkehr umsetzt). – Das Trennungsgebot gilt freilich ganz allgemein im Lauterkeitsrecht (vgl BGH GRUR 1995, 744, 750 – *Feuer, Eis & Dynamit I;* Rdn 3.28) und somit grds auch für jede Art von Online-Werbung (*Leupold/ Bräutigam/Pfeiffer* WRP 2000, 575, 588 f). Die strengen Anforderungen an die Trennung bei der Tagespresse (vgl BGH WRP 1997, 843 – *Emil-Grünbär-Klub;* BGH WRP 1995, 613 – *„Chris Revue";* BGH GRUR 1995, 125 – *Editorial I*) gelten für redaktionelle Veröffentlichungen im Internet im Grundsatz entsprechend. Bei der Selbstdarstellung eines Unternehmens im Internet unter Beifügung redaktionell aufgemachter Beiträge wird man jedoch mildere Maßstäbe anlegen müssen. Denn der Nutzer wird bei einer Homepage-Darstellung eines Unternehmens (dazu *Marwitz* MMR 1998, 188) in Rechnung stellen, dass die gebotene Information nicht neutral und rein sachlich erfolgt (vgl *Hoeren* WRP 1997, 993, 995, aber auch *Leupold/Bräutigam/Pfeiffer* WRP 2000, 575, 589). Ist die gebotene Kenntlichmachung von Werbung und Trennung von redaktionellen Texten nicht erfolgt, so ist die Werbung schon unter dem Gesichtspunkt des Rechtsbruchs (§ 4 Nr 11), aber auch unter dem Gesichtspunkt der Verschleierung des Werbecharakters (§ 4 Nr 3). Von besonderer Bedeutung ist das Erkennbarkeits- und Trennungsgebot für die Gestaltung der sog **Banner-Werbung.** Diese ist, wenn sie nicht ohnehin als Werbung erkennbar ist, in geeigneter Weise als Werbung zu bezeichnen. Desgleichen sind bezahlte **Suchmaschinen-Einträge** als Werbung zu kennzeichnen (*Leupold/Bräutigam/Pfeiffer* WRP 2000, 575, 590).

c) **Internetspezifische Werbeformen. aa) Keyword Advertising.** Dazu § 4 Rdn 10.31 b. 1.274

bb) **Keyword Buying.** Dazu § 4 Rdn 10.31 a. 1.275

cc) **Meta Tags.** Dazu § 4 Rdn 10.31 1.276

dd) **Links.** Bei sog **Links** bzw **Hyperlinks** (Herstellung einer Verbindung zu einer oder 1.277 mehreren eigenen oder fremden Webseiten) ist zu unterscheiden zwischen der Verantwortlichkeit für das Setzen des Links und der Verantwortlichkeit für den Inhalt der Webseite, die durch den Link aufgerufen werden kann. Ausgangspunkt ist, dass durch den Link ein Zusammenhang mit der aufrufbaren Webseite hergestellt wird. Setzt ein Presseunternehmen in einem redaktionellen online-Beitrag einen Link zur Homepage eines Anbieters, wird idR schon keine geschäftliche Handlung vorliegen (vgl BGHZ 158, 343 = GRUR 2004, 693, 694 – *Schöner Wetten; Bornkamm/Seichter* CR 2005, 747, 751). Auch eine Störerhaftung scheidet aus. Das Setzen eines Links kann fremde Urheber- und Persönlichkeitsrechte verletzen, aber auch eine unzulässige Übernahme oder Ausbeutung fremder Leistungen darstellen (OLG Celle WRP 1999, 865; dazu *Plaß* WRP 2000, 599, 606 und krit *Wiebe* WRP 1999, 734, 736 f). Das ist jedoch dann nicht der Fall, wenn lediglich der Abruf von Informationen ermöglicht wird, die der Berechtigte ohnehin öffentlich zugänglich gemacht hat, und keine technische Schutzmaßnahmen umgangen werden (BGHZ 156, 1 = GRUR 2003, 958, 963 – *Paperboy;* dazu *Hoeren* GRUR 2004, 1). Dass der Nutzer durch das Setzen eines **Deep Link** (der nicht zur Homepage, sondern zu darunter liegenden Seiten führt) die Werbung des Anbieters auf seiner Homepage nicht mehr wahrnimmt, stellt idR weder eine unlautere Werbebehinderung iSd § 4 Nr 10 noch eine unzulässige Leistungsübernahme iSd § 4 Nr 9 noch eine Irreführung iSd § 5 dar (BGH aaO – *Paperboy;* vgl auch *Wiebe* WRP 1999, 734, 739; *Plaß* WRP 2000, 599, 607). Die Link-Technik kann auch für vergleichende Werbung genutzt werden, die nur im Rahmen von § 6 zulässig ist (*Plaß* WRP 1999, 766 und WRP 2000, 599, 607). – Zur Verantwortlichkeit für den Inhalt einer fremden Webseite, zu der ein Link hergestellt wird, vgl § 8 Rdn 2.28; werbliche Webseiten, auf die mittels Hyperlink verwiesen wird, müssen ihren werblichen Charakter klar erkennen lassen (§ 4 Nr 3). – Die Eigendarstellung von Unternehmen auf einer Homepage, ggf mit der Bereitstellung von Hyperlinks (dazu *Ernst* NJW-CoR 1997, 224), muss selbstverständlich die sonstigen lauterkeitsrechtlichen Schranken einhalten, etwa das Verbot der irreführenden Werbung (§ 5) und die Grenzen vergleichender Werbung (§ 6). Eine Herkunftstäuschung wird jedoch idR nicht vorliegen (*Bornkamm/Seichter* CR 2005, 747, 750 f).

1.278 **ee) Interstitials, Pop-up-Fenster.** Der Einsatz von Interstitials (Werbung, die unaufgefordert bei Aufruf einer Website erscheint) bzw Pop-up-Fenstern auf fremden Websites stellt eine Behinderung der Außendarstellung des Inhabers der Website (§ 823 I BGB bzw § 4 Nr 10) dar. Für den Nutzer ist es idR nur dann eine unzumutbare Belästigung (§ 7 I), wenn sie nicht sofort durch Anklicken übersprungen werden können (vgl § 7 Rdn 93). Letzteres gilt auch für Pop-Ups auf der eigenen Website. Zu einem Ausnahmefall vgl LG Düsseldorf CR 2003, 535.

3. Verantwortlichkeit

1.279 Zu Einzelheiten vgl § 8 Rdn 2.2 ff. Die Verantwortlichkeit für wettbewerbswidrige Werbung trifft zunächst einmal das werbende Unternehmen. Sie trifft ferner den Betreiber eines Internet-Servers, der Dritten die Möglichkeit bietet, über seine Internet-Adresse (Domain) für ihre Leistungen zu werben, wenn ihm die Wettbewerbswidrigkeit der Werbung der Dritten bekannt ist (OLG München WRP 1998, 795, 797). Wer durch Bereitstellung eines Hyperlinks den Zugang zur wettbewerbswidrigen Werbung eines Dritten ermöglicht, ist dafür jedenfalls als Gehilfe (§ 830 II BGB) dann mitverantwortlich, wenn er um die Wettbewerbswidrigkeit weiß.

8. Abschnitt. Geschäftliche Handlungen bei und nach Vertragsschluss

Schrifttum: *Alexander,* Vertrag und unlauterer Wettbewerb, 2002; *Alexander/Pützhoven,* Vertragsschluss bei rechnungsähnlich gestalteten Eintragungsofferten, DB 2001, 1133; *Bernreuther,* Das Vertragsangebot in der Werbung, WRP 2003, 846; *Fezer,* Das wettbewerbliche Vertragsauflösungsrecht in der UWG-Reform, WRP 2003, 127; *Köhler,* UWG-Reform und Verbraucherschutz, GRUR 2003, 265; *ders,* Die Unlauterkeitstatbestände des § 4 UWG und ihre Auslegung im Lichte der Richtlinie über unlautere Geschäftspraktiken, GRUR 2008, 841; *ders,* Unzulässige geschäftliche Handlungen bei Abschluss und Durchführung eines Vertrags, WRP 2009, 898; *Körner,* Das Fruchtziehungsverbot im Recht des unlauteren Wettbewerbs, GRUR 1996, 618; *Leistner,* Richtiger Vertrag und lauterer Wettbewerb, 2007; *Sack,* Die Durchsetzung unlauter zustande gebrachter Verträge als unlauterer Wettbewerb?, WRP 2002, 396; *Sack,* Folgeverträge unlauteren Wettbewerbs, GRUR 2004, 625; *M. Schmidt,* Zur Annäherung von Lauterkeitsrecht und Verbraucherprivatrecht, JZ 2007, 78; *Schockenhoff,* Wettbewerbswidrige Folgeverträge, NJW 1995, 500; *v Ungern-Sternberg,* Kundenfang durch rechnungsähnlich aufgemachte Angebotsschreiben, WRP 2000, 1057; *Weiler,* Ein lauterkeitsrechtliches Vertragsauflösungsrecht des Verbrauchers?, WRP 2003, 423.

I. Handlungen bei und nach Vertragsschluss als geschäftliche Handlungen

1. Bisheriges Recht

1.280 Im bisherigen Recht waren Handlungen bei und nach Vertragsschluss nur dann als „Wettbewerbshandlungen" anzusehen, wenn sie (auch) den Zweck verfolgten, den Absatz oder Bezug des Unternehmens zu fördern (vgl BGH GRUR 1986, 816, 818 – *Widerrufsbelehrung bei Teilzahlungskauf I;* BGH GRUR 1987, 180 f – *Ausschank unter Eichstrich II;* BGHZ 147, 296 = GRUR 2001, 1178 – *Gewinn-Zertifikat;* BGH WRP 2003, 76, 77 – *Ersetzung unwirksamer Versicherungsbedingungen).* Dazu 25. Aufl § 4 Rdn 1.211 ff.

2. Jetziges Recht

1.281 Die bisherige Rechtslage hat sich auf Grund der Richtlinie 2005/29/EG über unlautere Geschäftspraktiken (UGP-Richtlinie) entscheidend geändert. Die UGP-Richtlinie gilt nämlich

1. Kap. Unlautere Beeinträchtigung der Entscheidungsfreiheit 1.282, 1.283 § 4 UWG

nach ihrem Art 3 I für alle unlauteren Geschäftspraktiken zwischen Unternehmen und Verbrauchern vor, während und nach Abschluss eines auf ein Produkt bezogenen Handelsgeschäfts. Sie erfasst nach der Definition der Geschäftspraktiken in Art 2 lit d auch solche Handlungen, die unmittelbar mit dem Verkauf oder der Lieferung eines Produkts an Verbraucher zusammenhängen. Dem trägt die Definition der **geschäftlichen Handlung** in § 2 I Nr 1 Rechnung. Auf die früher erforderliche Absicht, mit solchen Handlungen den Absatz oder Bezug des eigenen oder eines fremden Unternehmens zu fördern, kommt es nicht mehr an. Vielmehr genügt es, wenn die Handlung objektiv mit dem Abschluss oder der Durchführung eines Vertrags zusammenhängt (dazu § 2 Rdn 70 ff).

II. Die Anwendung des § 4 Nr 1 auf Handlungen bei und nach Vertragsschluss

1. Allgemeines

Da § 4 Nr 1 an das Vorliegen einer geschäftlichen Handlung iSd § 2 I Nr 1 anknüpft, ist diese Vorschrift folgerichtig auch auf Handlungen anzuwenden, die objektiv mit dem Abschluss oder der Durchführung eines Vertrages zusammenhängen. Bei der Auslegung des § 4 Nr 1 ist auf Grund des Gebots der **richtlinienkonformen Auslegung** die UGP-Richtlinie zu berücksichtigen (Rdn 1.2 a; *Köhler* GRUR 2008, 841, 842 ff und WRP 2009, 898, 904 ff). Es sind also, soweit es **Verbraucher** betrifft, insbes die Regelungen über „**aggressive Geschäftspraktiken**" in der UGP-Richtlinie zu berücksichtigen. Als unlautere Einflussnahme auf die Entscheidungsfreiheit ist es folglich anzusehen, wenn der Verbraucher durch Belästigung, Nötigung, einschließlich der Anwendung körperlicher Gewalt, oder durch „unzulässige Beeinflussung" (iSd der Definition in Art 2 lit j UGP-Richtlinie) in seiner Entscheidungs- und Verhaltensfreiheit tatsächlich oder voraussichtlich erheblich beeinträchtigt wird. Dieser in Art 8 UGP-Richtlinie aufgestellte Grundsatz wird in Art 9 näher konkretisiert. Zur Auslegung sind ferner die Beispielstatbestände in Nr 25, 27 und 29 des Anh I der UGP-Richtlinie heranzuziehen, denen die Beispielstatbestände in Nr 26, 27 und 29 des Anh zu § 3 III entsprechen. Eine besondere Rolle kommt der **Nr 26 des Anh I der UGP-Richtlinie** zu, weil diese Regelung nur unvollständig in § 7 II umgesetzt wurde. (§ 7 II beschränkt sich auf Fälle der „Werbung", während die Nr 26 bei richtiger Auslegung sich auch auf die Fälle nachvertraglichen „hartnäckigen und unerwünschten" Herantretens (engl *„solicitations"*) an Verbraucher erstreckt (wie zB bei Zahlungsaufforderungen, oder der Abwehr von vertraglichen Ansprüchen). Dies ergibt sich nicht zuletzt aus der Einschränkung „außer in Fällen und in den Grenzen, in denen ein solches Verhalten nach den nationalen Rechtsvorschriften gerechtfertigt ist, um eine vertragliche Verpflichtung durchzusetzen"). Soweit man diese Fälle nicht vollständig mittels § 7 I 1 erfassen kann, müssen sie mittels einer strikten Anwendung der §§ 3 I, 4 Nr 1 berücksichtigt werden. Auf die Generalklausel des Art 5 II UGP-Richtlinie ist dagegen nur bei Anwendung des § 3 II 1 zurückzugreifen. – Im Verhältnis zu **sonstigen Marktteilnehmern** ist zu berücksichtigen, dass diese nicht in gleicher Weise schutzbedürftig sind wie Verbraucher (vgl auch die Wertung in § 310 BGB für die Inhaltskontrolle von AGB). Verhaltensweisen, die gegenüber einem Verbraucher zu beanstanden wären, müssen daher nicht unbedingt unlauter sein (*Köhler* WRP 2009, 898, 905). Maßgebend sind die Umstände des Einzelfalls.

1.282

2. Unlautere Beeinträchtigung der Entscheidungsfreiheit durch Handlungen bei Vertragsschluss

Unlauter ist es, wenn der Unternehmer versucht, durch Druckausübung oder unangemessene unsachliche Beeinflussung eine vertragliche **Bindung des Kunden herbeizuführen** oder umgekehrt sich einer solchen **Bindung zu entziehen**. Auf Grund des Gebots der richtlinienkonformen Auslegung ist dabei zu fragen, ob der Unternehmer dazu die Mittel der Belästigung, Nötigung oder unzulässigen Beeinflussung einsetzt. Als unlauter ist es bspw anzusehen, wenn ein Unternehmer einen Verbraucher durch Ausübung von Gewalt oder durch Ausnutzung einer Machtposition (zB als Arbeitgeber) oder durch Verwendung drohender oder beleidigender Formulierungen oder Verhaltensweisen (vgl Art 9 lit b UGP-Richtlinie) dazu veranlasst, sein **Angebot** anzunehmen oder seine **Allgemeinen Geschäftsbedingungen** zu akzeptieren. Genauso unlauter ist es, wenn der Unternehmer mit derartigen Mitteln versucht, den Kunden daran zu hindern, sein Angebot anzunehmen (zB weil es ihn reut).

1.283

3. Unlautere Beeinträchtigung der Entscheidungsfreiheit durch Handlungen nach Vertragsschluss

1.284 **a) Durchsetzung von Zahlungsansprüchen.** Unlauter iSd § 4 Nr 1 ist es, wenn der Unternehmer seine (tatsächlichen oder vermeintlichen) vertraglichen Zahlungsansprüche, durch Druckausübung oder unangemessene unsachliche Beeinflussung durchzusetzen versucht.

1.285 **aa) Tatsächliches Bestehen eines Zahlungsanspruchs?** Ob dem Unternehmer ein vertraglicher Zahlungsanspruch zusteht oder nicht, ist an sich unerheblich. Allerdings ist der Nr 26 des Anh I der UGP-Richtlinie („außer in Fällen und in den Grenzen, in denen ein solches Verhalten nach den nationalen Rechtsvorschriften gerechtfertigt ist, um eine vertragliche Verpflichtung durchzusetzen") insoweit eine Relativierung zu entnehmen. In Deutschland sind dies die Vorschriften über die **Selbsthilfe** (§§ 229 ff; § 562 b BGB). Darüber hinaus kann es – auf Grund des Gebots der Berücksichtigung der Umstände des Einzelfalls – bei der Beurteilung des konkreten Verhaltens einen Unterschied machen, ob ein Zahlungsanspruch besteht oder nicht. Ist für den Unternehmer objektiv erkennbar, dass ihm kein Anspruch zusteht, so verstößt er bereits mit der bloßen Geltendmachung des Anspruchs gegen die „fachliche Sorgfalt" iSd § 2 I Nr 7 und handelt unlauter iSd § 3 II 1.

1.286 **bb) Unlautere Durchsetzung.** Auf Grund des Gebots der richtlinienkonformen Auslegung am Maßstab des Art 8 UGP-Richtlinie ist zu fragen, ob der Unternehmer die Mittel der Belästigung, Nötigung oder unzulässigen Beeinflussung einsetzt und dieses Verhalten geeignet ist, die Entscheidungsfreiheit des Vertragspartners erheblich zu beeinträchtigen und ihn zur Zahlung zu veranlassen (dazu Rdn 1.2 c ff). Hierbei sind insbes „Zeitpunkt, Ort, Art oder Dauer des Einsatzes" (Art 9 lit a UGP-Richtlinie) von Bedeutung. Am Beispiel der **Mahnung** eines säumigen Schuldners: Gewiss ist der Gläubiger berechtigt, den Schuldner mehrfach hintereinander zu mahnen. Doch stellt es eine unzulässige **Belästigung** und damit eine unangemessene unsachliche Beeinflussung iSd § 4 Nr 1 dar, wenn er ihn stündlich anruft, um ihn an seine Schuld zu erinnern. (Als Indiz kann auch die in Nr 26 des Anh I UGP-Richtlinie umschriebene – wenngleich in der deutschen Fassung zu Unrecht auf die Werbung beschränkte – Methode des „hartnäckigen und unerwünschten Ansprechens" über Telefon, Fax, E-Mail usw herangezogen werden; vgl Rdn 1.213). Ein Fall der Belästigung liegt auch dann vor, wenn ein Dienstleistungsunternehmen Schuldner durch diesen in der Öffentlichkeit folgende „Schwarze Schatten" nötigt, ihre Schulden an den Gläubiger zu bezahlen (vgl den Fall LG Leipzig NJW 1995, 3190). (Außerdem kommen in diesem Fall bürgerlichrechtliche Abwehransprüche der Betroffenen aus §§ 823 I, 1004 BGB in Betracht). Zur Fallgruppe der Belästigung gehört auch die „Verwendung ... beleidigender Formulierungen oder Verhaltensweisen" (Art 9 lit b UGP-Richtlinie). – Als Fall der **Nötigung** ist es bspw anzusehen, wenn ein Handwerker einen defekten Wasserhahn repariert und nach Weigerung des Kunden, die Rechnung zu bezahlen, die Wasserversorgung unterbricht; ferner, wenn ein Unternehmer (oder die von ihm eingeschalteten Mitarbeiter oder Beauftragten, § 2 I Nr 6 HS 2) eine Forderung unter Anwendung von Gewalt eintreiben. Bereits die Drohung mit derartigen rechtlich unzulässigen Handlungen (Art 9 lit e UGP-Richtlinie) kann eine Nötigung darstellen (*Köhler* GRUR 2008, 841, 843 f). Kündigt ein Unternehmer bspw den Hausbesuch eines „auf Inkasso spezialisierten Mitarbeiter-Teams in den Abendstunden" an, muss dies der Vertragspartner als Androhung von Gewalt und damit als Nötigung verstehen (OLG München WRP 2010, 295, 297). Hierher gehört auch der Fall, dass ein Internet-Anbieter eines kostenpflichtigen Downloads Rechnungen den Zusatz beifügt, er behalte sich gegenüber Nutzern, die ihr Geburtsdatum falsch angeben (dh sich als Volljährige ausgeben), eine Strafanzeige wegen Betrugs vor (Rdn 1.21; LG Mannheim MMR 2009, 568 f).

1.287 **b) Abwehr gegnerischer Rechte.** Unlauter ist es, wenn der Unternehmer versucht, durch Druckausübung oder unangemessene unsachliche Beeinflussung seinen Vertragspartner daran zu hindern, seine vertragliche Rechte, insbes Ansprüche durchzusetzen.

1.288 **aa) Tatsächliches Bestehen vertraglicher Rechte des Vertragspartners?** Voraussetzung ist allerdings, dass dem Vertragspartner tatsächlich solche Rechte zustehen (*Köhler* WRP 2009, 898, 905), mindestens aber bei verständiger Würdigung zustehen können. Maßgebend ist, ob das Verhalten des Unternehmers sich unterschiedslos auf Fälle bestehender und nicht bestehender Ansprüche bezieht oder ob es eine individuelle Reaktion auf einen konkret geltend gemachten Anspruch darstellt. Im letzteren Fall kommt es darauf an, ob dem Verbraucher tatsächlich ein Anspruch zusteht oder doch bei verständiger Würdigung zustehen kann. Macht dagegen der Vertragspartner einen offensichtlich unbegründeten Anspruch geltend („Querulantenfälle"), darf der Unternehmer darauf anders und schärfer reagieren, sofern er nicht die allgemeinen Gesetze (insbes des Strafrechts) überschreitet.

bb) Unlautere Abwehr. Auf Grund des Gebots der richtlinienkonformen Auslegung ist zu fragen, ob der Unternehmer die Mittel der Belästigung, Nötigung oder unzulässigen Beeinflussung einsetzt und dieses Verhalten geeignet ist, die Entscheidungsfreiheit des Vertragspartners im Einzelfall erheblich zu beeinträchtigen und ihn davon abzuhalten, seine Rechte durchzusetzen. Unlauterkeit ist ua zu bejahen, wenn der Unternehmer den Verbraucher an der Ausübung seiner vertraglichen Rechte dadurch zu hindern versucht, dass er **belastende oder unverhältnismäßige Hindernisse nichtvertraglicher Art** aufstellt (vgl Art 9 lit d UGP-Richtlinie). Das ist anzunehmen, wenn dem Verbraucher unberechtigte und unverhältnismäßige Kosten für die Wahrnehmung seiner Rechte aufgebürdet werden (zB Telefonkosten auf Grund von „Warteschleifen"; Geltendmachung von „Bearbeitungsgebühren"). Hierher gehört ferner das Hinhalten des Verbrauchers oder das Weiterverweisen an den Hersteller (ebenso Harte/Henning/*Keller* § 2 Rdn 39), aber auch das systematische Nichtbeantworten von Schreiben oder Anrufen des Verbrauchers, in denen er vertragliche Rechte (zB Widerrufs-, Anfechtungs-, Kündigungs- oder Rücktrittsrechte; Mängelansprüche; Rückzahlungsansprüche) geltend macht (vgl auch den Beispielstatbestand Nr 27 des Anhangs zu § 3 III zu Versicherungsansprüchen). Unlauterkeit ist weiter dann zu bejahen, wenn der Unternehmer drohende oder beleidigende Formulierungen oder Verhaltensweisen verwendet (vgl Art 9 lit b UGP-Richtlinie) oder mit rechtlich unzulässigen Handlungen droht (Art 9 lit c UGP-Richtlinie). – Stets sind dabei die Umstände des Einzelfalls zu berücksichtigen.

cc) Bloße Rechtsverteidigung. Die bloße **Rechtsverteidigung** gegenüber Ansprüchen des Verbrauchers ohne Einsatz unsachlicher Mittel (zB Berufung auf Verjährung oder auf die Nichteinhaltung von Formvorschriften oder dasBestreiten eines Sachmangels) ist für sich allein niemals unlauter iSd § 4 Nr 1. Denn dies stellt kein Hindernis „nichtvertraglicher Art" iSd Art 9 lit d UGP-Richtlinie dar. Etwas anderes gilt, wenn der Einwandrechtlich unbegründet und damit irreführend iSv 5 I 2 Nr 7 („Rechte des Verbrauchers") ist. Maßnahmen berechtigter **Selbsthilfe** (vgl §§ 229 ff BGB; § 562 b BGB) sind keine unlauteren Handlungen. Das ergibt sich mittelbar auch aus Nr 25 des Anhangs I der UGP-Richtlinie („außer in Fällen und in den Grenzen, in denen dies nach dem nationalen Recht gerechtfertigt ist, um eine vertragliche Verpflichtung durchzusetzen"), dem Nr 26 Anh § 3 III entspricht. Das Gleiche gilt für die Geltendmachung von Zurückbehaltungsrechten, wie zB Verweigerung der Herausgabe eines reparierten Gegenstands, an dem ein Unternehmerpfandrecht iSd § 647 BGB besteht, um die Zahlung des Werklohns durchzusetzen.

III. Lauterkeitsrechtliche Ansprüche und Vertragsrecht

Das Lauterkeitsrecht regelt nicht das Zustandekommen und die Wirksamkeit von Verträgen. Dies entspricht auch den Vorgaben der UGP-Richtlinie (vgl Art 3 II UGP-Richtlinie). Ob und welche Rechte dem Verbraucher (oder sonstigen Marktteilnehmer) als Vertragspartner gegenüber dem Unternehmer zustehen, bestimmt sich allein nach dem Vertragsrecht. Das Lauterkeitsrecht gewährt dem Verbraucher (und sonstigen Marktteilnehmer als Vertragspartner) keine eigenen Ansprüche. Vielmehr ist die Durchsetzung des Lauterkeitsrechts auch im Bereich der geschäftlichen Handlungen nach Vertragsschluss den in § 8 III genannten Mitbewerbern und Verbänden vorbehalten. Mit Hilfe der Sanktionen des Lauterkeitsrechts können jedoch Verhaltensweisen von Unternehmen unterbunden werden, die den Verbraucher (oder sonstigen Marktteilnehmer) daran hindern, seine vertraglichen Rechte durchzusetzen. Die Bekämpfung unlauterer Verhaltensweisen nach Vertragsschluss mittels des Unterlassungs- und Beseitigungsanspruchs (§ 8 I) stellt auch keinen Eingriff in die Rechtsstellung des einzelnen Verbrauchers (oder sonstigen Marktteilnehmers) dar. Denn ihm bleibt es unbenommen, ob er von diesen Rechten Gebrauch macht oder nicht.

2. Kapitel. Ausnutzung besonderer Umstände

§ 4 Nr 2

Unlauter handelt insbesondere, wer
2. geschäftliche Handlungen vornimmt, die geeignet sind, geistige oder körperliche Gebrechen, das Alter, die geschäftliche Unerfahrenheit, die Leichtgläubigkeit, die Angst oder die Zwangslage von Verbrauchern auszunutzen;

UWG § 4 — Beispiele unlauterer geschäftlicher Handlungen

Übersicht

	Rdn
1. Abschnitt. Allgemeines	2.1–2.12
I. Entstehungsgeschichte, Normzweck und Auslegung	2.1–2.5
1. Entstehungsgeschichte	2.1
2. Normzweck	2.2
3. Richtlinienkonforme Auslegung und Reduktion	2.3–2.5
II. Konkurrenzen	2.6–2.12
1. Verhältnis zu anderen Unlauterkeitstatbeständen	2.6–2.9
a) Anh zu § 3 III als Spezialtatbestand	2.6
b) Verhältnis zu § 4 Nr 1	2.7
c) Verhältnis zu sonstigen Unlauterkeitstatbeständen	2.8
d) Verhältnis zu § 3 II 1	2.9
2. Verhältnis zum Bürgerlichen Recht	2.10
3. Verhältnis zum Kartellrecht	2.11
4. Verhältnis zum Medienrecht, zum Heilmittelwerberecht und zu Verhaltenskodizes von Verbänden	2.12
2. Abschnitt. Tatbestand	2.13–2.19
I. Geschäftliche Handlung	2.13
II. Geschützter Personenkreis	2.14
III. Besondere Schutzbedürftigkeit	2.15, 2.16
1. Eigenschaftsbezogene Schutzbedürftigkeit	2.15
2. Situationsbezogene Schutzbedürftigkeit	2.16
IV. Eignung zum Ausnutzen der besonderen Schutzbedürftigkeit	2.17, 2.18
1. Eignung	2.17
2. Ausnutzen	2.18
V. Geschäftliche Relevanz	2.19
3. Abschnitt. Fallgruppen	2.20–2.61
I. Ausnutzung geistiger oder körperlicher Gebrechen	2.20, 2.21
1. Begriff der „geistigen oder körperlichen Gebrechen"	2.20
2. Beispiele	2.21
II. Ausnutzung des Alters	2.22
III. Ausnutzung der geschäftlichen Unerfahrenheit	2.23–2.47
1. Begriff der „geschäftlichen Unerfahrenheit"	2.23–2.25
a) Allgemeines	2.23
b) Geschäftliche Unerfahrenheit bei Kindern und Jugendlichen	2.24
c) Geschäftliche Unerfahrenheit bei Erwachsenen	2.25
2. Bezug der geschäftlichen Handlung zur Gruppe geschäftlich unerfahrener Verbraucher	2.26
3. Ausnutzung der geschäftlichen Unerfahrenheit von Kindern und Jugendlichen	2.27–2.39
a) Allgemeines	2.27, 2.28
b) Mangelndes Urteilsvermögen als Beurteilungsmaßstab	2.29–2.36
aa) Unentgeltliche Zuwendungen	2.30
bb) Bargeschäfte des täglichen Bedarfs	2.31
cc) Unwirtschaftliche Geschäfte	2.32
dd) Riskante Geschäfte	2.33
ee) Aleatorische Geschäfte	2.34
ff) Einsatz von Absatzhelfern	2.35
gg) Veranlassung zu Aufwendungen	2.36
c) Einsatz von Kindern als Absatzhelfer („Kaufmotivatoren")	2.37, 2.38
d) Gesetzliche Werbeverbote zum Schutz von Kindern und Jugendlichen	2.39
4. Ausnutzung der geschäftlichen Unerfahrenheit von Erwachsenen	2.40
5. Datenerhebung unter Ausnutzung der geschäftlichen Unerfahrenheit	2.41
6. „Ausnutzung der Rechtsunkenntnis" als Fallgruppe des § 4 Nr 2?	2.42–2.47
a) Anwendbarkeit des § 4 Nr 2?	2.42
b) Anwendbarkeit anderer Vorschriften	2.43–2.46
aa) Irreführung (§ 5)	2.44
bb) Rechtsbruch (§ 4 Nr 11)	2.45
cc) Unangemessene unsachliche Beeinflussung (§ 4 Nr 1)	2.46
c) Verbleibender Anwendungsbereich des § 4 Nr 2	2.47

2. Kap. Ausnutzung besonderer Umstände					2.1 § 4 UWG

	Rdn
IV. Ausnutzung der Leichtgläubigkeit	2.48–2.50
1. Allgemeines	2.48, 2.49
a) Begriff der Leichtgläubikeit	2.48
b) Verhältnis zur geschäftlichen Unerfahrenheit	2.49
2. Erscheinungsformen	2.50
V. Ausnutzung der Angst	2.51–2.56
1. Allgemeines	2.51–2.53
a) Begriff der Angst	2.51
b) Ausnutzung der Angst	2.52, 2.53
2. Spezialregelungen	2.54
3. Beispiele	2.55, 2.56
VI. Ausnutzung der Zwangslage	2.57–2.61
1. Allgemeines	2.57–2.59
a) Begriff der Zwangslage	2.57
b) Abgrenzung	2.58
c) Ausnutzung der Zwangslage	2.59
2. Erscheinungsformen	2.60, 2.61
a) Ansprechen am Unfallort	2.60
b) Werbung im Trauerfall	2.61

Schrifttum: *Baukelmann,* Jugendschutz und Lauterkeitsrecht, FS Ullmann, 2006, 587; *Beater,* Verbraucherverhalten und Wettbewerbsrecht, FS Tilmann, 2003, 87; *Benz,* Werbung vor Kindern unter Lauterkeitsgesichtspunkten, WRP 2003, 1160; *Brändel,* Jugendschutz im Wettbewerbsrecht, FS v Gamm, 1990, 9; *Buchner,* Die Einwilligung im Datenschutzrecht, DuD 2010, 39; *Bülow,* Die wettbewerbsrechtliche Bewertung der Werbung gegenüber Kindern, BB 1974, 768; *ders,* Werbung gegenüber Kindern und Jugendlichen, FS Piper, 1996, 121; *Dembowski,* Kinder und Jugendliche als Werbeadressaten, FS Ullmann, 2006, 599; *v Criegern,* Die Abmahnung durch Wettbewerber bei der Verwendung unwirksamer AGB – ein Problem von praktischer Relevanz, WRP 2003, 1065; *Eisenhardt,* Werbung gegenüber Kindern, WRP 1997, 283; *Engels,* Wettbewerbsrechtliche Grenzen der Fernsehwerbung für Kinder, WRP 1997, 6; *Engels/Salomon,* Vom Lauterkeitsrecht zum Verbraucherschutz, WRP 2004, 32; *Fuchs,* Wettbewerbsrechtliche Schranken bei der Werbung gegenüber Minderjährigen, WRP 2009, 255; *Heermann,* Ausnutzung der geschäftlichen Unerfahrenheit von Kindern und Jugendlichen in der Werbung, FS Raiser, 2005, 681; *Henning-Bodewig,* Wettbewerbsrechtliche Probleme der Werbung mit Prominenten, BB 1983, 605; *dies,* Neuorientierung von § 4 Nr. 1 und 2 UWG?, WRP 2006, 621; *Köhler,* Minderjährigenschutz im Lauterkeitsrecht, FS Ullmann, 2006, 679; *ders,* Werbung gegenüber Kindern: Welche Grenzen zieht die Richtlinie über unlautere Geschäftspraktiken?, WRP 2008, 700; *ders,* Die Unlauterkeitstatbestände des § 4 UWG und ihre Auslegung im Lichte der Richtlinie über unlautere Geschäftspraktiken, GRUR 2008, 841; *ders,* Neujustierung des UWG am Beispiel der Verkaufsförderungsmaßnahmen, GRUR 2010, 767; *Mankowski,* Klingeltöne auf dem wettbewerbsrechtlichen Prüfstand, GRUR 2007, 1013; *ders,* Was ist eine „direkte Aufforderung zum Kauf" an Kinder?, WRP 2008, 421; *ders,* „Hol es dir und zeig es deinen Freunden", in Das Kind im Recht, 2009;51; *Peterek,* Ausnutzen der Rechtsunkenntnis – Anwendungsfall des § 4 Nr. 2 UWG?, WRP 2008, 714; *Scherer,* Schutz „leichtgläubiger" und „geschäftlich unerfahrener Verbraucher in § 4 Nr. 2 UWG nF – Wiederkehr des alten Verbraucherleitbildes durch die „Hintertür"?, WRP 2004, 1355; *dies,* Die Werbung zur Ausnutzung von Angst von Verbrauchern nach § 4 Nr. 2 UWG nF – Neukonzeption eines altvertrauten Tatbestandes, WRP 2004, 1426; *dies,* Kinder als Konsumenten und Kaufmotivatoren, WRP 2008, 414; *dies,* Ende der Werbung in Massenmedien?, WRP 2008, 563; *Schnorbus,* Werbung mit der Angst, GRUR 1994, 15; *Seichter,* Der Umsetzungsbedarf der Richtlinie über unlautere Geschäftspraktiken, WRP 2005, 1087; *Sosnitza,* Der Gesetzentwurf zur Umsetzung der Richtlinie über unlautere Geschäftspraktiken, WRP 2008, 1014; *Steinbeck,* Der Beispielskatalog des § 4 UWG – Bewährungsprobe bestanden, GRUR 2008, 848; *Zagouras,* Werbung für Mobilmehrwertdienste und die Ausnutzung der geschäftlichen Unerfahrenheit von Kindern und Jugendlichen nach § 4 Nr. 2 UWG, GRUR 2006, 731.

1. Abschnitt. Allgemeines

I. Entstehungsgeschichte, Normzweck und Auslegung

1. Entstehungsgeschichte

§ 4 Nr 2 UWG 2004 entsprach in Wortlaut und Amtl Begr (Begr RegE UWG 2004 zu § 4   2.1
Nr 2, BT-Drucks 15/1487 S 17) weitgehend dem Gesetzgebungsvorschlag von *Köhler/Bornkamm/Henning-Bodewig* (WRP 2002, 1317; dort § 4 Nr 2 sowie Erläuterung in Rdn 10). Die **UWG-Novelle 2008** behielt die Grundstruktur und den Zweck der Norm bei. Sie änderte

jedoch den Wortlaut des § 4 Nr 2. So wurde der Begriff der Wettbewerbshandlung durch den der geschäftlichen Handlung ersetzt. Bei den besonderen Umständen wurden zusätzlich die geistigen und körperlichen Gebrechen und das Alter angeführt. Dadurch sollte dem Art 5 III 1 UGP-Richtlinie Rechnung getragen werden, der zwar keinen speziellen Unlauterkeitstatbestand regelt, aber deutlich macht, dass der Schutz der betreffenden Verbrauchergruppen ein besonderes Anliegen der Richtlinie ist (vgl Begr RegE UWG 2008 zu § 4 Nr 2, BT-Drucks 16/10 145). Die beispielhafte Erwähnung von Kindern und Jugendlichen wurde gestrichen. Dies bedeutete aber keine inhaltliche Änderung der Vorschrift. Vielmehr wollte der Gesetzgeber lediglich vermeiden, dass der Begriff des Kindes in dieser Vorschrift anders ausgelegt würde als der unionsrechtlich vorgegebene Begriff des Kindes in Nr 28 Anh zu § 3 III (vgl Begr RegE UWG 2008 zu § 4 Nr 2, BT-Drucks 16/10 145). Herausgekommen ist eine synkretistische Lösung, die einerseits den Anforderungen der UGP-Richtlinie gerecht werden, andererseits so viel wie möglich vom alten Tatbestand des § 4 Nr 2 erhalten wollte.

2. Normzweck

2.2 Zweck der Vorschrift ist es zum einen, besonders schutzbedürftige Verbrauchergruppen, wie insbes Kinder und Jugendliche, aber auch sprach- und geschäftsungewandte Mitbürger oder Behinderte, zum anderen Verbraucher, die sich in Ausnahmesituationen, wie Angst oder einer sonstigen Zwangslage, befinden, vor Übervorteilung zu schützen. Erfasst werden darüber hinaus auch Fälle der **Datenerhebung** zur Werbezwecken (dazu BGH NJW 2010, 864 Tz 24 – *Happy Digits*). So bspw, wenn Kindern oder Jugendliche durch das Angebot von Verkaufsförderungsmaßnahmen, wie Teilnahme an einem Gewinnspiel oder Geschenke, dazu gebracht werden sollen, ihre Daten zur Verfügung zu stellen, also in die Datenverarbeitung einzuwilligen (Rdn 2.41). Dabei handelt es sich um einen – wenngleich atypischen – Vertrag (vgl *Buchner* DuD 2010, 39. Die Maßnahme ist daher darauf gerichtet ist, eine geschäftliche Entscheidung der angesprochenen Verbraucher zu beeinflussen, und stellt somit eine geschäftliche Handlung iSd § 2 I Nr 1 dar.

3. Richtlinienkonforme Auslegung und Reduktion

2.3 Die Auslegung des § 4 Nr 2 hat **richtlinienkonform** zu erfolgen. Dabei sind insbes die Art 8, 9 iVm Art 5 III 1 und Erwägungsgrund 18, 19 der UGP-Richtlinie, daneben die Richtlinie 2010/13/EU über audiovisuelle Mediendienste zu berücksichtigen. Da die UGP-Richtlinie in ihrem Anwendungsbereich eine abschließende Regelung der unlauteren Geschäftspraktiken im Verhältnis von Unternehmern zu Verbrauchern bezweckt, sind ihre Vorschriften und Wertungen bei der Auslegung des § 4 Nr 2 zu berücksichtigen. In der Sache stellt **§ 4 Nr 2** (neben § 4 Nr 1) **eine Umsetzung des Art 8 UGP-Richtlinie** unter Berücksichtigung des Art 5 III 1 UGP-Richtlinie dar und trifft eine Regelung aggressiver Geschäftspraktiken. Die Ausnutzung besonderer persönlicher Umstände oder besonderer Situationen bei den Verbrauchern ist ein Unterfall der **unzulässigen Beeinflussung** iSd Art 2 lit j UGP-Richtlinie. Die **„Machtposition gegenüber dem Verbraucher"** besteht in der Möglichkeit, die Unterlegenheit besonders schutzbedürftiger Verbraucher für sich auszunutzen.

2.4 Soweit es um die Ausnutzung der **„Angst"** oder der **„Zwangslage"** von Verbrauchern geht, ist die Regelung durch **Art 9 lit c** UGP-Richtlinie abgedeckt. Danach ist bei der Feststellung, ob eine aggressive Geschäftspraxis vorliegt, abzustellen auf „die Ausnutzung von konkreten Unglückssituationen oder Umständen von solcher Schwere, dass sie das Urteilsvermögen des Verbrauchers beeinträchtigen, durch den Gewerbetreibenden, der damit die Entscheidung des Verbrauchers in Bezug auf das Produkt bewusst beeinflusst".

2.5 Soweit es um die Ausnutzung **„körperlicher oder geistiger Gebrechen"**, des **„Alters"** oder der **„Leichtgläubigkeit"** von Verbrauchern geht, liefert **Art 5 III 1 UGP-Richtlinie** einen Beurteilungsmaßstab für die Anwendung des Art 8 UGP-Richtlinie. Danach sind Geschäftspraktiken, die voraussichtlich in einer für den Gewerbetreibenden vernünftigerweise vorhersehbaren Art und Weise das wirtschaftliche Verhalten nur einer eindeutig identifizierbaren Gruppe von Verbrauchern beeinflussen, die auf Grund von geistigen oder körperlichen Gebrechen, Alter oder Leichtgläubigkeit im Hinblick auf diese Praktiken oder die ihnen zugrunde liegenden Produkte besonders schutzbedürftig sind, aus der Perspektive eines durchschnittlichen Mitglieds dieser Gruppe zu beurteilen (dazu *Seichter* WRP 2005, 1087, 1091). Aus Erwägungsgrund 18 S 2 UGP-Richtlinie geht hervor, dass es dem Richtliniengeber um „Bestimmungen zur Vermeidung der Ausnutzung von Verbrauchern, deren Eigenschaften sie für unlautere

Geschäftspraktiken besonders anfällig macht", ging. Es handelt sich wohlgemerkt bei Art 5 III 1 UGP-Richtlinie nicht um einen speziellen Unlauterkeitstatbestand, sondern nur um einen allgemeinen, auch für Art 8 UGP-Richtlinie geltenden Beurteilungsmaßstab. Die Umsetzung dieser Bestimmung ist in § 3 II 3 UWG erfolgt. Da sie nicht nur für die Generalklausel des § 3 II 1, sondern für alle Unlauterkeitstatbestände, insbes also auch für § 4 Nr 1, Geltung beansprucht, ist die nochmalige Erwähnung dieser Umstände in § 4 Nr 2 überflüssig. Da überdies Art 5 III 1 UGP-Richtlinie – entgegen Erwägungsgrund 18 S 2 UGP-Richtlinie – nur darauf abstellt, ob Geschäftspraktiken in vorhersehbarer Weise das wirtschaftliche Verhalten nur dieser schutzbedürftigen Gruppen von Verbrauchern beeinflussen, aber keine Ausnutzung dieser Umstände verlangt, bleibt die Regelung in § 4 Nr 2 sogar hinter den Anforderungen der UGP-Richtlinie zurück (vgl *Köhler* GRUR 2010, 767, 772, 773). Hinzu kommt, dass Art 5 III 1 UGP-Richtlinie die „geschäftliche Unerfahrenheit" gar nicht als besonderen Umstand aufführt. Sie ist durch die Merkmale des „Alters" und der „Leichtgläubigkeit" mit abgedeckt. Insgesamt sollte daher § 4 Nr 2 im Wege der **„richtlinienkonformen Reduktion"** auf die Fälle der Ausnutzung der Angst und der Zwangslage von Verbrauchern beschränkt werden.

II. Konkurrenzen

1. Verhältnis zu anderen Unlauterkeitstatbeständen

a) Anh zu § 3 III als Spezialtatbestand. Die im Anh zu § 3 III aufgeführten Beispiele stets unzulässiger geschäftlicher Handlungen sind vorrangig zu prüfen. Dazu gehören die Nr 12, 25 und 28. Ist einer dieser Tatbestände erfüllt, bedarf es der Heranziehung des § 4 Nr 2 nicht mehr. 2.6

b) Verhältnis zu § 4 Nr 1. § 4 Nr 2 stellt im Grunde lediglich eine Konkretisierung des § 4 Nr 1 dar (ähnlich Harte/Henning/*Stuckel* § 4 Nr 2 Rdn 1: lex specialis). Erfüllt ein Sachverhalt den Tatbestand des § 4 Nr 2, ist daher gleichzeitig auch der Tatbestand des unangemessenen unsachlichen Einflusses iSd § 4 Nr 1 verwirklicht (vgl *Köhler,* FS Ullmann, 2006, 679, 685). Nach der Rspr sollen beide Unlauterkeitstatbestände selbstständig nebeneinander anwendbar sein, auch wenn sich ihre Voraussetzungen im Einzelfall überschneiden und die Wertungen des § 4 Nr 2 bei der Auslegung des § 4 Nr 1 zu berücksichtigen sind (BGH GRUR 2006, 161 Tz 21 – *Zeitschrift mit Sonnenbrille*). Bei der gebotenen richtlinienkonformen Auslegung beider Tatbestände im Lichte der Art 8 und 9 UGP-Richtlinie spielt dies aber keine Rolle mehr. 2.7

c) Verhältnis zu sonstigen Unlauterkeitstatbeständen. Die Ausnutzung besonderer Umstände iSd § 4 Nr 2 kann im Einzelfall auch mit einer Verschleierung von Werbung iSd **§ 4 Nr 3** (*Köhler,* FS Ullmann, 2006, 679, 689), mit einer Irreführung iSd **§ 5** (vgl § 5 Rdn 2.79), mit einer unzumutbaren Belästigung iSd **§ 7** (vgl § 4 Rdn 2.31; *Benz* WRP 2003, 1160) oder mit einem Rechtsbruch iSd **§ 4 Nr 11** (vgl § 4 Rdn 2.34; *Köhler,* FS Ullmann, 2006, 679, 690) einhergehen. 2.8

d) Verhältnis zu § 3 II 1. Kommt eine Anwendung der Generalklausel des **§ 3 II 1** in Betracht (dazu *Köhler* GRUR 2010, 767, 772 f), so ist bei der Beurteilung der Unzulässigkeit der Handlung wegen Nichteinhaltung der fachlichen Sorgfalt (iSd § 2 I Nr 7) nach **§ 3 II 3** „auf die Sicht eines durchschnittlichen Mitglieds einer auf Grund von geistigen oder körperlichen Gebrechen, Alter oder Leichtgläubigkeit besonders schutzbedürftigen und eindeutig identifizierbaren Gruppe von Verbrauchern abzustellen, wenn für den Unternehmer vorhersehbar ist, dass seine geschäftliche Handlung nur diese Gruppe betrifft". 2.9

2. Verhältnis zum Bürgerlichen Recht

Ob ein Rechtsgeschäft, das unter Ausnutzung besonderer Umstände beim Verbraucher zu Stande kommt, wirksam ist, beurteilt sich nach § 138 BGB. Grds muss zur Ausnutzung solcher Umstände ein auffälliges Missverhältnis zwischen Leistung und Gegenleistung hinzutreten (§ 138 II BGB); jedoch kann auch ohne ein solches Missverhältnis im Einzelfall das Rechtsgeschäft nach § 138 I BGB nichtig sein. Daneben kommt eine Anwendung der Grundsätze über die culpa in contrahendo (§ 311 II BGB) in Betracht. Für die lauterkeitsrechtliche Beurteilung ist es jedoch unerheblich, ob es zu einem Vertrag kommt und ob dieser Vertrag nach § 138 BGB unwirksam ist. – Bei geschäftlichen Handlungen gegenüber beschränkt geschäftsfähigen Minderjährigen ist es unerheblich, dass diese entgeltliche Verträge nur mit Zustimmung ihres gesetzlichen Vertreters (§§ 107, 108 BGB) oder nach Maßgabe des § 110 BGB (Taschengeldparagraph) wirksam abschließen können (dazu Rdn 2.28). 2.10

3. Verhältnis zum Kartellrecht

2.11 Kartellrechtliche Machtmissbrauchstatbestände können mit § 4 Nr 2 im Einzelfall konkurrieren, soweit sie auch Verbraucher schützen (zB Art 102 AEUV; § 19 I, III Nr 3 GWB). Allerdings kann die Verletzung dieser Normen nicht über § 4 Nr 11 lauterkeitsrechtlich geahndet werden (§ 4 Rdn 11.12).

4. Verhältnis zum Medienrecht, zum Heilmittelwerberecht und zu Verhaltenskodizes von Verbänden

2.12 Nach § 6 IV JMStV (Jugendmedienschutz-Staatsvertrag) darf Werbung, die sich auch an Kinder oder Jugendliche richtet oder bei der Kinder oder Jugendliche eingesetzt werden, nicht ihren Interessen schaden oder ihre Unerfahrenheit ausnutzen. Nach § 6 II JMStV (Jugendmedienschutz-Staatsvertrag) darf Werbung in Rundfunk und Telemedien nicht: (Nr 1) direkte Kaufappelle an Kinder oder Jugendliche enthalten, die deren Unerfahrenheit und Leichtgläubigkeit ausnutzen, (Nr 2) Kinder und Jugendliche unmittelbar auffordern, ihre Eltern oder Dritte zum Kauf der beworbenen Waren oder Dienstleistungen zu bewegen, (Nr 3) das besondere Vertrauen ausnutzen, das Kinder oder Jugendliche zu Eltern, Lehrern und anderen Vertrauenspersonen haben. – Nach § 6 VI JMStV (Jugendmedienschutz-Staatsvertrag) gelten diese Regelungen auch für das Teleshopping. Darüber hinaus darf Teleshopping Kinder und Jugendliche nicht dazu anhalten, Kauf oder Miet- bzw Pachtverträge für Waren oder Dienstleistungen zu schließen. Nach § 11 I 1 Nr 12 HWG ist eine an Kinder unter 14 Jahren gerichtete Heilmittelwerbung verboten. – Verstöße gegen diese Vorschriften erfüllen zugleich den Rechtsbruchtatbestand des § 4 Nr 11, da es sich insoweit um Marktverhaltensregelungen im Interesse der Verbraucher handelt. Unabhängig davon ist aber stets zu prüfen, ob nicht (zusätzlich) der Tatbestand des § 4 Nr 2 verwirklicht ist (aA MünchKommUWG/*Heermann* § 4 Nr 2 Rdn 32: § 4 Nr 11 sei lex specialis). – Die Verhaltensregeln zum Schutz von Kindern und Jugendlichen des **Deutschen Werberats** (abrufbar unter www.werberat.de) haben dagegen keine unmittelbare rechtliche Verbindlichkeit und lassen sich auch nicht ohne Weiteres zur Konkretisierung des § 4 Nr 2 heranziehen. Dazu und zu weiteren Regelungen vgl HdbWettbR/*Loschelder* § 49 Rdn 21.

2. Abschnitt. Tatbestand

I. Geschäftliche Handlung

2.13 Der Tatbestand des § 4 Nr 2 setzt eine **geschäftliche Handlung** vor, bei oder nach einem Geschäftsabschluss iSv § 2 I Nr 1 voraus. In aller Regel wird es sich dabei um eine **Werbemaßnahme** handeln. Doch können auch sonstige geschäftliche Handlungen darunter fallen, wie etwa die **Ermittlung von Kundendaten** im Zusammenhang mit der Veranstaltung eines Gewinnspiels oder die **Einwirkung auf Kunden nach Vertragsschluss,** um sie von der Geltendmachung vertraglicher Rechte abzuhalten.

II. Geschützter Personenkreis

2.14 Dem Wortlaut nach schützt § 4 Nr 2 nur **Verbraucher** (§ 2 II iVm § 13 BGB). Da es sich nur um einen Beispielstatbestand zur Konkretisierung der Generalklausel handelt, ist es nicht ausgeschlossen, den Rechtsgedanken dieser Norm im Rahmen des § 3 I auch auf **sonstige Marktteilnehmer** (Unternehmen, Idealvereine, Stiftungen, öffentliche Hand) in ihrer Eigenschaft als potenzielle Marktpartner zu erstrecken (vgl auch § 310 BGB zur AGB-Kontrolle). Es kommt auf die Umstände des Einzelfalls an. Praktische Bedeutung könnte der Fall erlangen, dass die **Vertreter** solcher Einrichtungen in ihrer Entscheidungsfreiheit in gleicher Weise eingeschränkt sind wie ein Verbraucher. **Beispiel:** Ausnutzung der Leichtgläubigkeit eines Vereinsvorstands, der Entscheidungen für den Verein zu treffen hat.

III. Besondere Schutzbedürftigkeit

1. Eigenschaftsbezogene Schutzbedürftigkeit

2.15 Verbraucher können auf Grund ihrer „**geistigen oder körperlichen Gebrechen**", ihres „**Alters**", ihrer „**geschäftlichen Unerfahrenheit**" oder ihrer „**Leichtgläubigkeit**" besonders schutzbedürftig sein, weil sie auf Grund dieser Eigenschaften „besonders für eine Geschäftspraxis oder das ihr zugrunde liegende Produkt anfällig sind" (Erwägungsgrund 19 UGP-Richtlinie). Zwar ist dem Unternehmer, der sich mit einer bestimmten geschäftlichen Handlung, insbes Werbung, an die **Allgemeinheit** wendet, nicht zuzumuten, dabei auch den Interessen solcher besonders schutzbedürftiger Verbrauchergruppen Rechnung zu tragen. Er kann und darf sich insoweit am Maßstab des angemessen gut unterrichteten und angemessen aufmerksamen und kritischen Durchschnittsverbrauchers orientieren (ebenso jurisPK-UWG/*Seichter* § 4 Nr 2 Rdn 48). Dies gilt aber nicht, wenn für den Unternehmer **vorhersehbar** ist, dass seine geschäftliche Handlung **nur eine solche besonders schutzbedürftige und eindeutig identifizierbare Gruppe von Verbrauchern betrifft.** Das ergibt sich zwingend aus § 3 II 3, der wiederum richtlinienkonform am Maßstab des Art 5 III 1 UGP-Richtlinie („in einer vernünftigerweise vorhersehbaren Art und Weise") auszulegen ist. Die **Vorhersehbarkeit** beurteilt sich daher nicht nach den subjektiven Erkenntnismöglichkeiten des Unternehmers, sondern nach dem objektiven Maßstab der „fachlichen Sorgfalt" iSd § 2 I Nr 7 unter Berücksichtigung der Umstände des Einzelfalls. Vorhersehbarkeit ist stets gegeben, wenn sich die geschäftliche Handlung gezielt an eine bestimmte Gruppe besonders schutzbedürftiger Verbraucher wendet. Sie ist ferner dann gegeben, wenn sie sich zwar an die Allgemeinheit wendet, sie aber nach ihrer Art oder der ihr zugrunde liegenden Waren oder Dienstleistungen voraussichtlich nur die Entscheidungsfreiheit der Angehörigen einer bestimmten Gruppe schutzbedürftiger Verbraucher beeinträchtigt und der Unternehmer dies weiß oder doch wissen müsste, weil es für ihn vernünftigerweise vorhersehbar ist (ähnlich *Seichter* WRP 2005, 1087, 1091; *Scherer* WRP 2008, 563, 566). Dies ergibt sich aus Erwägungsgrund 19 UGP-Richtlinie. – **Eindeutig identifzierbar** ist eine Gruppe dann, wenn sie Merkmale ihrer Schutzbedürftigkeit aufweist, die eine hinreichende Unterscheidung vom Durchschnitt der Verbraucher ermöglichen (dazu *Scherer* WRP 2008, 563, 569). Selbstverständlich ist § 4 Nr 2 auch dann anwendbar, wenn sich der Unternehmer nur an einen einzelnen besonders schutzbedürftigen Verbraucher wendet. Allerdings genießen auch die besonders schutzbedürftigen Verbrauchergruppen keinen uneingeschränkten Schutz, wie sich aus Art 5 III 2 UGP-Richtlinie ergibt. Danach bleibt auch im Verhältnis zu besonders schutzbedürftigen Verbrauchergruppen, **„die übliche und rechtmäßige Werbepraxis, übertriebene Behauptungen oder nicht wörtlich zu nehmende Behauptungen aufzustellen, ... unberührt".** Diese Bestimmung ist zwar nicht in das UWG umgesetzt worden; sie ist aber im Wege richtlinienkonformer Auslegung bei der Anwendung des § 3 II 3 und des § 4 Nr 2 zu berücksichtigen. Praktische Bedeutung dürfte diese Einschränkung aber eher im Bereich der irreführenden geschäftlichen Handlungen erlangen.

2. Situationsbezogene Schutzbedürfigkeit

Verbraucher können auch auf Grund einer bestimmten Situation besonders schutzbedürftig sein. Es sind dies die Fälle der **„Angst"** und der **„Zwangslage".** Diese Tatbestandsmerkmale sind im Lichte des Art 9 lit c UGP-Richtlinie auszulegen. Die Angst oder die Zwangslage müssen daher so schwerwiegend sein, dass sie das **Urteilsvermögen** des Verbrauchers beeinträchtigen. Außerdem muss der Unternehmer sich dessen bewusst sein.

IV. Eignung zum Ausnutzen der besonderen Schutzbedürftigkeit

1. Eignung

Die geschäftliche Handlung muss **„geeignet"** sein, die besondere Schutzbedürftigkeit von Verbrauchern auszunutzen. Es ist also nicht erforderlich, dass der Handelnde sie tatsächlich ausgenutzt hat und dass es tatsächlich zu der gewünschten geschäftlichen Entscheidung des Verbrauchers gekommen ist. Auch ist es unerheblich, dass die Initiative zur geschäftlichen Handlung vom Verbraucher ausgegangen ist. Ob eine geschäftliche Handlung die erforderliche Eignung aufweist, beurteilt sich nach den Umständen des Einzelfalls, insbesondere nach der Art der geschäftlichen Handlung und der ihr zugrunde liegenden Ware oder Dienstleistung. Abzustellen ist darauf, wie ein **durchschnittliches Mitglied der betreffenden Verbrauchergruppe** (vgl § 3 II 3) auf die geschäftliche Handlung **„typischerweise reagieren"** würde (vgl Erwägungsgrund 18 UGP-Richtlinie). Es reicht aus, wenn durch die geschäftliche **Handlung „voraussichtlich das wirtschaftliche Verhalten nur dieser Verbraucher in einer für den Gewerbetreibenden vernünftigerweise vorhersehbaren Art und Weise wesentlich beeinflusst**

wird" (Erwägungsgrund 19 UGP-Richtlinie). Dabei genügt eine objektive Wahrscheinlichkeit (OLG Frankfurt GRUR 2005, 782, 783 und GRUR 2005, 1064, 1065).

2. Ausnutzen

2.18 Ein **„Ausnutzen"** der besonderen Schutzbedürftigkeit und damit der eingeschränkten Entscheidungs- und Verhaltensfreiheit von Verbrauchern liegt vor, wenn der Handelnde die betreffenden Eigenschaften oder Umstände **kennt** und **sich zu Nutze macht,** um die betreffenden Verbraucher zu einer **geschäftlichen Entscheidung** (iSd Art 2 lit k UGP-Richtlinie) zu **veranlassen,** die sie andernfalls nicht treffen würden. Vergleichsmaßstab ist insoweit der **angemessen gut unterrichtete und angemessen aufmerksame und kritische Durchschnittsverbraucher.** Nicht erforderlich ist eine Täuschung der Verbraucher (HdbWettbR/*Loschelder* § 49 Rdn 6).

V. Geschäftliche Relevanz

2.19 Um eine Zuwiderhandlung iSd § 3 zu begründen, muss die nach § 4 Nr 2 unlautere geschäftliche Handlung noch die **geschäftliche Relevanz** iSd § 3 I oder II 1 besitzen. Dieses Erfordernis ist richtlinienkonform am Maßstab der Relevanzklausel des Art 8 UGP-Richtlinie (erhebliche Beeinträchtigung der Entscheidungs- oder Verhaltensfreiheit) auszulegen. Es ist indessen dem Tatbestandsmerkmal des „Ausnutzens" in § 4 Nr 2 immanent, so dass sich eine gesonderte Prüfung erübrigt (vgl § 3 Rdn 138).

3. Abschnitt. Fallgruppen

I. Ausnutzung geistiger oder körperlicher Gebrechen

1. Begriff der „geistigen oder körperlichen Gebrechen"

2.20 Der Begriff der **„geistigen oder körperlichen Gebrechen"** ist aus Art 5 III 1 UGP-Richtlinie übernommen (engl *„mental oder physical infirmity";* frz *„infirmité mentale ou physique").* Er ist richtlinienkonform im Hinblick auf den Schutz der Verbraucher im geschäftlichen Verkehr auszulegen (dazu *Scherer* WRP 2008, 563, 567 f). Danach ist von einem geistigen oder körperlichen Gebrechen dann auszugehen, wenn die Fähigkeit der Betroffenen, eine informierte geschäftliche Entscheidung im Hinblick auf die betreffende geschäftliche Handlung oder das ihr zugrunde liegende Produkt zu treffen, hinter der eines angemessen gut unterrichteten, aufmerksamen und kritischen **Durchschnittsverbrauchers** deutlich zurückbleibt, und sie auf Grund dessen für bestimmte unlautere geschäftliche Handlungen anfällig sind (Erwägungsgrund 18 S 2 UGP-Richtlinie). Zu den **körperlichen Gebrechen** gehören zB Einschränkungen des Seh- oder Hörvermögens oder der Schreibfähigkeit bis hin zu Blindheit, Taubheit und Lähmung. Zu den **geistigen Gebrechen** gehören insbes auffällige Intelligenzdefekte (Schwachsinn, Demenz), aber auch psychische Störungen, etwa auf Grund von Medikamenten-, Alkohol- oder Drogenabhängigkeit oder Spielsucht. Auf die genaue Abgrenzung kommt es im Hinblick auf die Gleichbehandlung beider Formen eines Gebrechens nicht an, zumal eine Trennung körperlicher und geistiger Gebrechen ohnehin kaum möglich sein wird. Ebensowenig kommt es darauf an, ob die betroffenen Personen (noch) voll geschäftsfähig sind oder nicht oder ob sie einen Betreuer (§§ 1896 ff BGB) besitzen. Allerdings kann die Anordnung einer Betreuung ein schwerwiegendes Indiz für das Vorliegen eines geistigen oder körperlichen Gebrechens sein. – Nicht erwähnt ist in der Aufzählung des § 4 Nr 2 die „erhebliche Willensschwäche" (vgl § 138 II BGB). Jedoch lässt sich diese Eigenschaft ohne Weiteres mit dem Merkmal der „geistigen oder körperlichen Gebrechen" erfassen.

2. Beispiele

2.21 Legastheniker, Sehschwache oder Analphabeten werden dazu veranlasst, einen Vertrag zu unterschreiben, dessen Inhalt sie nicht richtig lesen können und den ein Durchschnittsverbraucher (so) nicht geschlossen hätte. Soweit diese Gebrechen es dem Handelnden erleichtern, die betroffenen Personen irrezuführen, ist außerdem der Anwendungsbereich des § 5 eröffnet.

II. Ausnutzung des Alters

Der Begriff des „**Alters**" ist aus Art 5 III 1 UGP-Richtlinie übernommen. Er ist nicht iSd 2.22
hohen Lebensalters zu verstehen. Vielmehr bezieht er sich auf alle Personengruppen, die altersbedingt vom Typus des Durchschnittsverbrauchers abweichen. Erfasst wird damit in erster Linie die Altersstufe der „Kinder und Jugendlichen" (Minderjährigen). Dass diese Personengruppen in § 4 Nr 2 nicht mehr erwähnt werden, hat andere Gründe (Rdn 2.2). Selbstständige Bedeutung kommt diesem Tatbestandsmerkmal insoweit wohl kaum zu. Soweit es um alte Menschen geht, ist zu beachten, dass diese nicht per se schutzbedürftig sind (jurisPK-UWG/*Seichter* § 4 Nr 2 Rdn 39). sondern nur insoweit, als sie nicht mehr die Kenntnisse und Fähigkeiten eines Durchschnittsverbrauchers besitzen, und insoweit für bestimmte Geschäftspraktiken anfällig sind (vgl Erwägungsgrund 19 UGP-Richtlinie). Eine Ausnutzung des Alters kommt daher praktisch nur in Betracht, wenn altersbedingte geistige oder körperliche Gebrechen (Rdn 2.20) vorliegen oder wenn altersbedingt die früher vorhandene geschäftliche Erfahrung (Rdn 2.22 ff) nicht mehr vorhanden ist. Beides ist aber von den entsprechenden Tatbestandsmerkmalen erfasst.

III. Ausnutzung der geschäftlichen Unerfahrenheit

1. Begriff der „geschäftlichen Unerfahrenheit"

a) Allgemeines. Der Begriff der geschäftlichen Unerfahrenheit wird in der UGP-Richtlinie 2.23
nicht ausdrücklich erwähnt, steht aber in Einklang mit der allgemeinen Regelung in Art 5 III 1 UGP-Richtlinie („Alter"; „Leichtgläubigkeit") und Erwägungsgrund 18 („Kinder"). Allerdings darf die Auslegung dieses Begriffs wegen des Gebots der richtlinienkonformen Auslegung nicht zu anderen Ergebnissen führen, als sie sich aus der Auslegung der unionsrechtlichen Begriffe ergeben (vgl auch Art 3 e I lit g S 2 Richtlinie über audiovisuelle Mediendienste: „Unerfahrenheit und Leichtgläubigkeit"). Geschäftliche Unerfahrenheit liegt vor, wenn eine Person nicht die Erfahrungen im Geschäftsleben hat, die bei einem durchschnittlich informierten, aufmerksamen und verständigen Verbraucher zu erwarten sind (BGH GRUR 2007, 978 Tz 27 – *Rechtsberatung durch Autoversicherer*) und die es ihm ermöglichen würden, die wirtschaftliche und wirtschaftliche Bedeutung einer Handlung zu erfassen und kritisch zu bewerten. Es handelt sich dabei nicht um eine feste Größe; vielmehr ist das Fehlen geschäftlicher Erfahrung in Bezug auf die konkrete Handlung und den konkret angesprochenen Personenkreis festzustellen. Das UWG schützt geschäftlich unerfahrene Personen nicht schlechthin, wohl aber dann, wenn der Handelnde sich gezielt an solche Personen wendet oder wenn für ihn vorhersehbar ist, dass seine geschäftliche Handlung nur solche Personen betrifft und darüber hinaus seine Maßnahme geeignet ist, ihre Unerfahrenheit auszunutzen. Richtet sich die Maßnahme nicht nur an eine einzelne Person (wie zB in einem individuellen Verkaufsgespräch), sondern an eine bestimmte Personengruppe, so ist das Vorliegen geschäftlicher Unerfahrenheit in Bezug auf den Durchschnitt dieser Gruppe zu ermitteln (§ 3 II 3; früher schon BGH GRUR 2006, 776 Tz 20 – *Werbung für Klingeltöne*). Das entspricht auch den Vorgaben des Art 5 III 1 UGP-Richtlinie.

b) Geschäftliche Unerfahrenheit bei Kindern und Jugendlichen. Geschäftliche Uner- 2.24
fahrenheit kann insbes bei **Kindern** und **Jugendlichen** (vgl OLG München WRP 1984, 46; WRP 2000, 1321, 1323) vorliegen, wie schon aus den Wertungen der §§ 104–115 BGB folgt. Allerdings sind Kinder und Jugendliche nicht generell der Gruppe geschäftlich unerfahrener Personen zuzuordnen, wie sich schon aus der Wertung des § 110 BGB ergibt. Vielmehr ist der mit dem Alter zunehmende Reifeprozess bei Minderjährigen zu berücksichtigen. Dementsprechend sind **altersbezogene Abstufungen** hinsichtlich der geschäftlichen Unerfahrenheit vorzunehmen (vgl Fezer/*Scherer* § 4–2 Rdn 111 f, 146; *Steinbeck* GRUR 2006, 163, 164). Dabei ist auf den durchschnittlichen Angehörigen der jeweiligen Altersgruppe abzustellen und die Eigenart der jeweiligen geschäftlichen Handlung, insbes des jeweiligen Angebots von Waren oder Dienstleistungen, zu berücksichtigen. Im Gegensatz zu Erwachsenen sind aber Kinder und Jugendliche typischerweise noch nicht in ausreichendem Maße in der Lage, Waren- oder Dienstleistungsangebote kritisch zu beurteilen (BGH GRUR 2009, 71 Tz 14 – *Sammelaktion für Schoko-Riegel*). Sie entscheiden sich zumeist gefühlsmäßig und folgen spontanen Begehren (vgl OLG Düsseldorf GRUR 1975, 267, 268 f; OLG Stuttgart WRP 1978, 151; OLG München WRP 1984, 46, 47; OLG Frankfurt GRUR 1994, 522, 523; OLG Hamburg GRUR-RR 2003, 316, 317; OLG Frankfurt GRUR 2005, 782, 783 und GRUR 2005, 1064, 1065).

c) Geschäftliche Unerfahrenheit bei Erwachsenen. Geschäftliche Unerfahrenheit kann 2.25
auch bei **Erwachsenen** vorliegen. Dazu gehören typischerweise Personen, die wegen einer

psychischen Erkrankung oder einer körperlichen, geistigen oder seelischen Behinderung unter **Betreuung** (§§ 1896 ff BGB) stehen. Unabhängig davon können erwachsene Personen geschäftlich unerfahren sein, wenn sie lese-, schreib- oder sprachunkundig, körperlich (zB auf Grund einer Seh- oder Hörschwäche) oder geistig behindert sind. Insoweit ist dann zugleich das Merkmal der „geistigen oder körperlichen Gebrechen" erfüllt. Darüber hinaus kommt geschäftliche Unerfahrenheit in Betracht bei Verbrauchern, die mit den hiesigen Verhältnissen nicht oder nicht mehr vertraut sind, wie Aussiedler (BGH GRUR 1998, 1041, 1042 – *Verkaufsveranstaltung in Aussiedlerwohnheim*), Asylbewerber, Einwanderer, Gastarbeiter und längere Zeit Inhaftierte. Ein Schutz solcher Erwachsener nach § 4 Nr 2 setzt aber ebenfalls voraus, dass der Werbende sie gezielt oder doch in vorhersehbarer Weise einzeln oder als Gruppe anspricht und sich ihre Schwäche zu Nutze machen will.

2. Bezug der geschäftlichen Handlung zur Gruppe geschäftlich unerfahrener Verbraucher

2.26 Die geschäftliche Handlung muss sich **gezielt** (BGH GRUR 2006, 776 Tz 20 – *Werbung für Klingeltöne*) oder doch für den Unternehmer **vorhersehbar** an eine eindeutig identifizierbare Gruppe von geschäftlich unerfahrenen Verbrauchern richten (Rdn 2.15). Indizien für eine solche **Zielgruppenwerbung** können das verwendete **Medium** (zB Jugendzeitschrift; Kinder- und Jugendsendungen; Werbung bei Freizeitveranstaltungen), die Art des **Produkts** (zB Spielzeug; Verpackung mit Zweitnutzen, KG WRP 1982, 25), die inhaltliche Gestaltung der **Werbung** (*Zagouras* GRUR 2006, 731, 734), die Anrede der **Werbeadressaten** (zB Verwendung des „Du"; dazu OLG Frankfurt GRUR 2005, 1064, 1065; *Mankowski* GRUR 2007, 1013, 1015) oder die Werbung mit Zugaben, Preisnachlässen, Gewinnen oder sonstigen **Vergünstigungen** speziell für diese Zielgruppe sein. Dass die Werbung unter anderem auch geschäftlich unerfahrene Personen anspricht (vgl BGH GRUR 2004, 343, 344 [d] – *Playstation*), reicht nicht aus (Rdn 2.15; ebenso BGH GRUR 2006, 776 Tz 20 – *Werbung für Klingeltöne*). Andererseits ist die Anwendung des § 4 Nr 2 nicht deshalb ausgeschlossen, weil die Werbung zusätzlich auch in anderen Medien veröffentlicht wird, die sich nicht gezielt an Minderjährige richten (BGH GRUR 2006, 776 Tz 21 – *Werbung für Klingeltöne*).

3. Ausnutzung der geschäftlichen Unerfahrenenheit von Kindern und Jugendlichen

2.27 **a) Allgemeines.** Eine geschäftliche Handlung, die sich gezielt oder in vorhersehbarer Weise nur an geschäftlich unerfahrene Kinder und Jugendliche wendet, ist nicht schon aus diesem Grund unlauter iSv § 4 Nr 2 (OLG Frankfurt GRUR 2005, 782, 783 und GRUR 2005, 1064, 1065). Vielmehr muss die Maßnahme geeignet sein, die geschäftliche Unerfahrenheit **auszunutzen** (dazu Rdn 2.18; BGH GRUR 2006, 161 Tz 21 – *Zeitschrift mit Sonnenbrille*; BGH GRUR 2006, 776 Tz 22 – *Werbung für Klingeltöne*; BGH GRUR 2009, 71 Tz 14 – *Sammelaktion für Schoko-Riegel*).

2.28 Eine Ausnutzung der geschäftlichen Unerfahrenheit scheidet von vornherein aus, wenn der Werbende den Vertragsschluss erkennbar von der **Einwilligung** des gesetzlichen Vertreters des Minderjährigen (§ 107 BGB) oder des Betreuers eines Volljährigen (§ 1903 BGB) abhängig macht. Dagegen ist es unerheblich, dass der abzuschließende Vertrag mangels Einwilligung (§ 107 BGB) oder mangels Erfüllung (§ 110 BGB) zunächst nach § 108 BGB **schwebend unwirksam** ist (*Köhler*, FS Ullmann, 2006, 679, 682 f; *Mankowski* GRUR 2007, 1013, 1015). Denn die Eltern oder Betreuer als gesetzliche Vertreter können sich moralisch genötigt sehen, den abgeschlossenen Vertrag zu erfüllen, oder sie können die Unannehmlichkeiten einer Rückabwicklung nach den §§ 812 ff BGB scheuen (bedenklich daher BGH GRUR 2004, 343, 344 [sub d] – *Playstation;* vgl § 5 Rdn 2.79; *Lettl* GRUR 2004, 499, 457).

2.29 **b) Mangelndes Urteilsvermögen als Beurteilungsmaßstab.** Eine Ausnutzung der geschäftlichen Unerfahrenheit von Kindern oder Jugendlichen ist anzunehmen, wenn ein durchschnittliches Mitglied der angesprochenen Altersgruppe die **Tragweite** der ihm angesonnenen geschäftlichen Entscheidung nicht hinreichend kritisch beurteilen kann, weil sein Urteilsvermögen dazu nicht ausreicht (BGH GRUR 2006, 161 Tz 22 – *Zeitschrift mit Sonnenbrille*; BGH GRUR 2006, 776 Tz 22 f – *Werbung für Klingeltöne*; BGH GRUR 2009, 71 Tz 16 – *Sammelaktion für Schoko-Riegel*). Dementsprechend ist nach Fallgruppen zu unterscheiden:

2.30 **aa) Unentgeltliche Zuwendungen. Werbegeschenke** an Minderjährige sind grds zulässig, weil damit keinerlei Risiken oder Belastungen verbunden sind (vgl OLG Nürnberg GRUR-RR 2003, 315: Werbegeschenke an Kinder und Jugendliche, die im Geschäftslokal abgeholt werden müssen). Das Gleiche gilt für das Angebot zur Teilnahme an **Gewinnspielen** und **Preisausschreiben**. Dies entspricht auch der Wertung des § 107 BGB („lediglich rechtlicher Vorteil").

bb) Bargeschäfte des täglichen Bedarfs. Die Werbung für **Waren und Dienstleistungen des täglichen Bedarfs** (zB Bücher, Zeitschriften, Getränke, Lebensmittel, Besuche von Kinos oder Sportveranstaltungen), die Minderjährige nach ihrem Nutzen und Wert beurteilen und regelmäßig auch mit ihrem **Taschengeld** finanzieren können, ist grds zulässig, selbst wenn dafür mit (auch wertvollen oder attraktiven) **Zugaben** oder mit **Preisnachlässen** geworben wird (vgl BGH GRUR 2006, 161 Tz 17 – *Zeitschrift mit Sonnenbrille*: Abgabe einer Jugendzeitschrift mit Sonnenbrille zum Kaufpreis von DM 4,50; BGH GRUR 2009, 71 Tz 18 – *Sammelaktion für Schoko-Riegel*: Anschaffung von 25 Schoko-Riegeln zum Preis von je 40 Cent). Dies entspricht auch der Wertung des § 110 BGB („Taschengeldparagraph"). Dabei kann dahinstehen, ob in derartigen Fällen schon keine geschäftliche Unerfahrenheit vorliegt oder ob sie lediglich nicht ausgenutzt wird. 2.31

cc) Unwirtschaftliche Geschäfte. Eine Ausnutzung der geschäftlichen Unerfahrenheit kommt in Betracht bei unwirtschaftlichen Geschäften. Das ist der Fall, wenn das Produkt **überteuert** ist, also zu einem wesentlich höheren als dem Marktpreis angeboten wird (vgl OLG Frankfurt GRUR 2005, 782 und GRUR 2005, 1064, 1066) und der Minderjährige dies mangels Kenntnis des Markts und der Werthaltigkeit des Angebots nicht beurteilen kann (BGH GRUR 2009, 71 Tz 17 – *Sammelaktion für Schoko-Riegel*). Davon zu unterscheiden, ist die Frage, ob die Anschaffung eines Produkts im Hinblick auf die Bedürfnisse des Minderjährigen **sinnvoll** ist. Ziel der lauterkeitsrechtlichen Kontrolle darf nämlich nicht die Bevormundung, sondern nur der Schutz von geschäftlich unerfahrenen Minderjährigen sein. Die Anwendung des § 4 Nr 2 darf jedenfalls nicht dazu führen, den Vertrieb bestimmter Produkte schon deshalb zu unterbinden, weil ihre Anschaffung aus der Sicht der Erziehungsberechtigten unvernünftig erscheint. 2.32

dd) Riskante Geschäfte. Eine Ausnutzung der geschäftlichen Unerfahrenheit kommt ferner in Betracht bei riskanten Geschäften. Das ist der Fall, wenn der Minderjährige die mit dem Rechtsgeschäft verbundenen **finanziellen** Belastungen und Risiken nicht klar erkennen und beurteilen kann. Dabei sind bei einer Werbung gegenüber Minderjährigen höhere Anforderungen an die **Transparenz** zu stellen als bei einer Werbung gegenüber Erwachsenen (BGH GRUR 2009, 71 Tz 20 – *Sammelaktion für Schoko-Riegel*). Ihnen muss ausreichend deutlich gemacht werden, welche finanziellen Belastungen auf sie zukommen (BGH GRUR 2006, 776 Tz 24 – *Werbung für Klingeltöne*; *Zagouras* GRUR 2006, 731). Insoweit kommt auch eine Anwendung der §§ 5, 5a iVm § 3 II 3 sowie des § 4 Nr 11 iVm PAngV in Betracht. **Beispiele:** Werbung für das kostenpflichtige Herunterladen von Handyklingeltönen, wenn nur der nicht unerhebliche Minutenpreis angegeben ist, nicht aber die voraussichtlich entstehenden, aber nicht abschätzbaren höheren tatsächlichen Kosten (BGH GRUR 2006, 776 Tz 24 – *Werbung für Klingeltöne*; OLG Hamburg GRUR-RR 2003, 316; KG WRP 2005, 1183). – Werbung gegenüber Minderjährigen mit „Sonderpreisen", Zugaben oder anderen Vergünstigungen zum Abschluss von Dauerverträgen (vgl OLG Nürnberg GRUR-RR 2003, 315, 316). Hierher gehört etwa der (auch von § 4 Nr 1 erfasste) Fall, dass eine Bank mittels Gutscheinen und sonstigen Vorteilen Minderjährige veranlasst, ihre Geschäftsräume aufzusuchen und einen Girovertrag abzuschließen, ohne in der Werbung deutlich das Zustimmungserfordernis der Eltern hervorzuheben (OLG Nürnberg GRUR-RR 2003, 315, 316). 2.33

ee) Aleatorische Geschäfte. Eine Ausnutzung der geschäftlichen Unerfahrenheit kommt ferner in Betracht bei aleatorischen Geschäften. Zwar sind sog **Sammel-** oder **Treueaktionen,** auch wenn sie sich an Minderjährige richten, grds zulässig (BGH GRUR 2009, 71 Tz 15 – *Sammelaktion für Schoko-Riegel*; anders noch OLG Düsseldorf GRUR 1975, 267: Milky-Way-Schokoriegel; OLG München GRUR 1983, 678: „Sammelschnipsel-Aktion"). Unlauterkeit ist jedoch dann anzunehmen, wenn letztlich nur die **Sammelleidenschaft** oder der **Spieltrieb** von Minderjährigen ausgenutzt wird, um sie zu einem **Kauf über Bedarf** zu veranlassen (BGH GRUR 2009, 71 Tz 19 – *Sammelaktion für Schoko-Riegel*; OLG Frankfurt GRUR 2005, 782 und GRUR 2005, 1064, 1066; *Harte/Henning/Stuckel* § 4 Nr 2 Rdn 11). Maßgebend sind die Umstände des Einzelfalls (zB Dauer der Aktion, OLG Frankfurt GRUR 2005, 782, 784 f und GRUR 2005, 1064, 1066; Art und Preis des Produkts; Attraktivität des Vorteils; Zeitdruck, BGH GRUR 2009, 71 Tz 19 – *Sammelaktion für Schoko-Riegel*). Die Schwelle zur Unlauterkeit war noch nicht überschritten bei einer Werbung für Schoko-Riegel zum Kaufpreis von ca. 40 Cent mit einer Sammelaktion, bei der 25 Schoko-Riegel erworben werden mussten, um einen Gutschein im Wert von 5 Euro zu erhalten (BGH GRUR 2009, 71 Tz 15 – *Sammelaktion für Schoko-Riegel*). 2.34

2.35 ff) Einsatz von Absatzhelfern. Der bloße Einsatz von **Stars** (zB bekannten Sportlern, Sängern oder Schauspielern) für den Absatz von Waren oder Dienstleistungen reicht für sich allein nicht aus, um eine Ausnutzung der geschäftlichen Unerfahrenheit zu begründen, sofern nicht bes Umstände vorliegen (Harte/Henning/*Stuckel* § 4 Nr 2 Rdn 34). Beim Einsatz von **Autoritätspersonen** (zB Lehrern) greift ohnehin § 4 Nr 1 ein.

2.36 gg) Veranlassung zu Aufwendungen. Veranlasst der Werbende Minderjährige zu Aufwendungen, deren Kosten sie auf Grund ihres Alters gar nicht abschätzen können, wird dadurch ihre geschäftliche Unerfahrenheit ausgenutzt. **Beispiel:** Aufforderung in Jugendzeitschriften an Kinder im Grundschulalter, eine bestimmte Telefonnummer – die LEGO-Hotline – zu wählen, um auf Kosten ihrer Eltern, die die Telefonrechnung bezahlen müssen, zu erfahren, welche „tollen" neuen Lego-Spielzeuge es gibt (OLG Frankfurt GRUR 1994, 522; *Engels* WRP 1997, 6, 13).

2.37 c) Einsatz von Kindern als Absatzhelfer („Kaufmotivatoren"). Werden Kinder in einer Werbung unmittelbar dazu aufgefordert, ihre Eltern oder sonstige Erwachsene zu veranlassen, die beworbenen Waren oder Dienstleistungen zu erwerben, erfüllt dies bereits den Tatbestand der **Nr 28 des Anhangs zu § 3 III** (vgl dort). Ist dieser Tatbestand nicht erfüllt, so ist ein Einsatz von Kindern als Absatzhelfer (sog „Kaufmotivatoren") mit dem Ziel, ihre Eltern zu einer geschäftlichen Entscheidung zu veranlassen, grds nicht nach § 4 Nr 2 zu beurteilen. Denn bei § 4 Nr 2 geht es um die Ausnutzung der geschäftlichen Unerfahrenheit der Verbraucher. Verbraucher sind aber nur die Personen, die eine geschäftliche Entscheidung treffen. Das sind aber die (geschäftlich erfahrenen) Eltern und nicht ihre Kinder.

2.38 Soweit es das Ziel der geschäftlichen Handlung ist, durch Einschaltung der Kinder – gleichsam als Absatzhelfer – geschäftliche Entscheidungen der Eltern zu beeinflussen, kann nur **§ 4 Nr 1** Beurteilungsmaßstab sein (BGH GRUR 2008, 183 Tz 14 – *Tony Taler* mwN; anders Harte/Henning/*Stuckel* § 4 Nr 2 Rdn 22: daneben § 4 Nr 2 anwendbar). Es kommt also darauf an, ob der Einsatz der Kinder eine **unangemessene unsachliche Beeinflussung der Eltern** als Verbraucher darstellt. Das ist nicht schon dann anzunehmen, wenn Werbung bei Kindern und Jugendlichen Kaufwünsche weckt mit dem Ziel, ihre Eltern zu einer entsprechenden Kaufentscheidung zu veranlassen (BGH GRUR 2008, 183 Tz 17 – *Tony Taler;* vgl auch OLG Frankfurt GRUR 2005, 782, 785; OLG Hamburg GRUR-RR 2005, 224, 225). Denn grds ist davon auszugehen, dass verständige Eltern sich durch derartige Wünsche nicht in ihrer rationalen Entscheidung über den Kauf eines Produkts beeinflussen lassen (BGH GRUR 2008, 183 Tz 17 – *Tony Taler; Dembowski,* FS Ullmann, 2006, 599, 601 f). Damit dürften frühere strengere Entscheidungen überholt sein (vgl OLG München WRP 2000, 1321, 1323: Veranstaltung eines Gewinnspiels für Kinder bis zu zwölf Jahren in der Weise, dass Kinder die Spielwarenabteilung betreten und einen Wunschzettel ausfüllen müssen; vgl auch BGH GRUR 1979, 157, 158 – *Kindergarten-Malwettbewerb:* Veranstaltung eines Kindergarten-Malwettbewerbs, wobei der Eindruck erweckt wird, die Gewinnchancen der Teilnehmer würden sich durch die Teilnahme möglichst vieler Kinder erhöhen). – Unlauterkeit nach § 4 Nr 1 kommt daher nur bei Vorliegen **besonderer Umstände,** etwa bei Ausnutzung eines **Gruppenzwangs** bei den angesprochenen Kindern und Jugendlichen (BGH GRUR 2008, 183 Tz 18–22 – *Tony Taler*) oder bei einer irreführenden Werbung gegenüber den Kindern mit dem Ziel, ihre Eltern zum Kauf zu veranlassen (ÖOGH ÖBl 2009, 33 – *PonyClub*), in Betracht.

2.39 d) Gesetzliche Werbeverbote zum Schutz von Kindern und Jugendlichen. Zu **medienspezifischen** Werbeverboten vgl Rdn 2.12. **Produktspezifische** Werbeverbote enthalten ua: **(1)** § 22 II b Vorläufiges Tabakgesetz. Danach ist es verboten, für Tabakerzeugnisse in einer Weise zu werben, die ihrer Art nach besonders geeignet ist, Jugendliche oder Heranwachsende zum Rauchen zu veranlassen. **(2)** § 6 V JMStV (Jugendmedienschutz-Staatsvertrag). Danach darf sich Werbung für alkoholische Getränke weder an Kinder oder Jugendliche richten noch durch die Art der Darstellung Kinder und Jugendliche besonders ansprechen oder diese beim Alkoholgenuss darstellen. Entsprechendes gilt für die Werbung für Tabak in Telemedien. – Ein Verstoß gegen gesetzliche Werbeverbote zum Schutze von Kindern und Jugendlichen ist unter dem Gesichtspunkt des Rechtsbruchs (§ 4 Nr 11) unlauter, da es sich insoweit um Marktverhaltensregelungen im Interesse der Verbraucher handelt.

4. Ausnutzung der geschäftlichen Unerfahrenheit von Erwachsenen

2.40 Wendet sich die geschäftliche Handlung, insbes Werbung, an einen oder mehrere erwachsene Verbraucher, so ist die geschäftliche Unerfahrenheit gesondert festzustellen. Bei bestimmten

Gruppen (zB Aussiedlern oder Einwanderern, die noch nicht lange in Deutschland leben; Betreute) spricht die Lebenserfahrung für das Vorliegen von Unerfahrenheit. Unlauter ist daher zB die Durchführung von Verkaufsveranstaltungen in Übergangswohnheimen für Aussiedler, ohne dass es darauf ankommt, ob die Heimleitung die Veranstaltung genehmigt hat (BGH GRUR 1998, 1041, 1042 – *Verkaufsveranstaltung in Aussiedlerwohnheim*).

5. Datenerhebung unter Ausnutzung der geschäftlichen Unerfahrenheit

Die Erhebung von Daten bei Verbrauchern zur kommerziellen Verwertung ist für sich allein nicht unlauter iSv § 4 Nr 2 (ebenso OLG Frankfurt WRP 2005, 1029, 1031). Werden Kinder oder Jugendliche zur Überlassung ihrer Daten gegen ein „Entgelt" (zB Teilnahme an einem Gewinnspiel oder Werbegeschenk) aufgefordert, ist allerdings idR eine Ausnutzung ihrer geschäftlichen Unerfahrenheit anzunehmen. (Dazu, dass es sich auch bei der Überlassung von Daten um eine geschäftliche Entscheidung handelt, vgl Rdn 1.19). Unlauter ist daher eine zu Werbezwecken erfolgende Datenerhebung bei Kindern, die ohne Einschaltung der Eltern über das Internet zu einer von einem Unternehmen angebotenen Club-Mitgliedschaft veranlasst wurden (OLG Frankfurt WRP 2005, 1029, 1031). Die von Kindern ohne Zustimmung der Erziehungsberechtigten erteilte Einwilligung ist im Übrigen unwirksam. Wird der wahre Grund der Datenerhebung, die Verwertung der Daten zu Werbezwecken, verschwiegen und ist er auch nicht ohne Weiteres erkennbar, ist auch der Tatbestand des § 4 Nr 3 verwirklicht. – Ist die Datenerhebung gesetzlich zulässig (vgl § 28 BDSG), so ist sie auch nicht unlauter.

2.41

6. „Ausnutzung der Rechtsunkenntnis" als Fallgruppe des § 4 Nr 2?

a) Anwendbarkeit des § 4 Nr 2? Die „Ausnutzung der Rechtsunkenntnis" gehörte in der früheren Rspr zu den anerkannten Fallgruppen des § 1 UWG 1909 (vgl BGH GRUR 2000, 731, 733 – *Sicherungsschein;* BGH GRUR 1986, 816, 818 – *Widerrufsbelehrung bei Teilzahlungskauf*). Doch lässt sich diese Rechtsfigur nicht ohne Weiteres in § 4 Nr 2 integrieren. Denn die geschäftliche Unerfahrenheit von Verbrauchern kann sich zwar auch in **Rechtsunkenntnis** äußern. Beurteilungsmaßstab ist allerdings der durchschnittlich informierte, aufmerksame und verständige **Durchschnittsverbraucher.** Auszugehen ist also von dem Stand der Rechtskenntnis, der bei einem solchen Verbraucher vorausgesetzt werden kann. Er darf freilich nicht zu hoch angesetzt werden. Insbes kann keine genauere Kenntnis von Rechtsvorschriften und ihrer Auslegung durch die Gerichte erwartet werden (BGH GRUR 2007, 978 Tz 27 – *Rechtsberatung durch Haftpflichtversicherer*). Dementsprechend liegt keine Ausnutzung der geschäftlichen Unerfahrenheit iSv § 4 Nr 2 vor, wenn der Unternehmer weiß oder damit rechnen muss, dass seine (potenziellen) Vertragspartner nicht die zur Beurteilung einer bestimmten Frage erforderlichen Rechtskenntnisse haben, und er somit lediglich seine überlegene Rechtskenntnis ausnutzt (vgl HdbWettbR/*Loschelder* § 49 Rdn 23; *Peterek* WRP 2008, 714, 721 f). Doch kommen insoweit andere Beurteilungsgrundlagen in Betracht (Rdn 2.31), so dass keine Regelungslücke besteht.

2.42

b) Anwendbarkeit anderer Vorschriften. Die früher unter dem Gesichtspunkt der „Ausnutzung der Rechtsunkenntnis" nach § 1 aF beurteilten Fälle sind nunmehr insbes unter folgenden Gesichtspunkten zu würdigen:

2.43

aa) Irreführung (§ 5). Dazu gehören irreführende Angaben über Rechte (§ 5 I 2 Nr 7) und Pflichten des Kunden vor, bei oder nach Vertragsschluss.

2.44

bb) Rechtsbruch (§ 4 Nr 11). Dazu gehören Verstöße gegen das Marktverhalten regelnde bürgerlichrechtliche Vorschriften über die Verbraucherinformation (§§ 312 ff BGB; BGB-InfoV; dazu § 4 Rdn 11.157 a ff) und die Wirksamkeit von AGB (dazu § 4 Rdn 11.156 c ff).

2.45

cc) Unangemessene unsachliche Beeinflussung (§ 4 Nr 1). Dazu gehört die Ausübung von Druck, um den Verbraucher trotz ungeklärter Rechtslage zu einer geschäftlichen Entscheidung zu veranlassen (vgl OLG Frankfurt GRUR 2002, 727: Reiseveranstalter erklärt Kunden, die einen erhöhten Preis nur unter Vorbehalt der Überprüfung zahlen wollen, die Reiseunterlagen nur bei vollständiger Bezahlung auszuhändigen und den Vorbehalt nicht zu akzeptieren).

2.46

c) Verbleibender Anwendungsbereich des § 4 Nr 2. Für § 4 Nr 2 verbleibt demnach nur ein schmaler Anwendungsbereich, nämlich der Fall, dass der Unternehmer sich an Verbraucher wendet, die nicht einmal die elementaren Rechtskenntnisse des Durchschnittsverbrauchers besitzen und daher geschäftlich unerfahren sind. **Beispiel:** Händler behauptet gegenüber Asylbewerbern, das Berühren der Ware verpflichte zum Kauf. – Auch solche Fälle werden aber in aller

2.47

Regel den Tatbestand der Irreführung oder des Rechtsbruchs erfüllen, so dass ein Verbot möglich ist, ohne dass der Nachweis des für § 4 Nr 2 erforderlichen „Ausnutzens" der Rechtsunkenntnis geführt werden muss. Dies setzt nämlich voraus, dass der Handelnde die Rechtsunkenntnis (potenzieller) Vertragspartner kennt oder billigend in Kauf nimmt.

IV. Ausnutzung der Leichtgläubigkeit

1. Allgemeines

2.48 **a) Begriff der Leichtgläubigkeit.** Der Begriff der Leichtgläubigkeit ist auch in dem für die Auslegung des § 4 Nr 2 heranzuziehenden Art 5 III 1 UGP-Richtlinie (eng *„credulity";* französ *„crédulité")* enthalten und daher richtlinienkonform auszulegen. Eine Begriffsbestimmung durch den EuGH steht noch aus. Leichtgläubigkeit liegt vor, wenn ein Verbraucher auf Grund mangelnden Urteilsvermögens nicht in der Lage ist, die Vor- und Nachteile eines Geschäfts richtig einzuschätzen und gegeneinander abzuwägen oder die Eigenschaften eines Produkts zu beurteilen und aus diesem Grund geneigt ist, den Behauptungen des Werbenden ungeprüft Glauben zu schenken. Beurteilungsmaßstab ist wiederum der angemessen gut unterrichtete und angemessen aufmerksame und kritische Durchschnittsverbraucher. Ob Leichtgläubigkeit vorliegt, beurteilt sich nach den Umständen des Einzelfalls, insbes nach der Eigenart der geschäftlichen Handlung und der ihr zugrunde liegenden Waren oder Dienstleistungen. Sie ist nicht auf sprach- oder schreibunkundige Personen beschränkt (aA *Scherer* WRP 2004, 1355, 1357).

2.49 **b) Verhältnis zur geschäftlichen Unerfahrenheit.** Häufig wird sich die Leichtgläubigkeit aus einer geschäftlichen Unerfahrenheit ergeben oder mit ihr zusammentreffen. Eigenständige Bedeutung erlangt das Tatbestandsmerkmal der Leichtgläubigkeit bei Verbrauchern, die an sich geschäftlich erfahren sind, aber auf Grund bestimmter Umstände bestimmten Personen oder Geschäften unkritisch gegenüberstehen und insoweit zu unüberlegten, leichtsinnigen Entscheidungen neigen (dazu näher HdbWettbR/*Loschelder* § 49 Rdn 25).

2. Erscheinungsformen

2.50 Eine Ausnutzung der Leichtgläubigkeit kommt insbes in Betracht bei Unternehmern, die im Hinblick auf ihre (angeblichen oder wirklichen) Kenntnisse und Fähigkeiten oder auf ihre berufliche Stellung oder private Bekanntschaft besonderes **Vertrauen** genießen oder beanspruchen, und den Verbrauchern Produkte aufschwatzen, die sie gar nicht benötigen oder die für sie gefährlich sind. – Vielfach wird neben dem Tatbestand des § 4 Nr 2 auch der Tatbestand des § 4 Nr 1, des § 5 oder des § 5 a erfüllt sein. **Beispiele:** Anlageberater empfiehlt Anlegern eine bestimmte Geldanlage mit sehr hohen Renditen, ohne auf die damit verbundenen Risiken hinzuweisen; Versicherungsvertreter empfiehlt bestimmte Versicherungen, für die der Verbraucher an sich gar keinen Bedarf hat; Arzt empfiehlt Behandlungen, deren Nutzen höchst fragwürdig ist.

V. Ausnutzung der Angst

1. Allgemeines

2.51 **a) Begriff der Angst.** Unter Angst ist die Vorstellung von einer drohenden Gefahr zu verstehen, die zu einer Minderung oder Aufhebung der willens- oder verstandesmäßigen Kontrolle einer Person über sich selbst führen kann. Ängste können sich auf persönliche Verhältnisse der Umworbenen beziehen, wie zB auf Ehre, Vermögen, Gesundheit, Aussehen, aber auch auf allgemeine Verhältnisse, wie zB Aussterben von Tierarten, Erschöpfung von Rohstoffquellen, Krieg, Terroranschläge, Inflation, atomare Katastrophen. Sie müssen allerdings drohende besondere Gefahren, namentlich die Gefahr einer besorgniserregenden Lebensbeeinträchtigung, betreffen und nicht die kleinen Ängstlichkeiten und Besorgnisse des täglichen Lebens (BGH GRUR 1986, 902 – *Angstwerbung;* BGH GRUR 1999, 1007, 1008 – *Vitalkost).* Die Angst muss ein derartiges Ausmaß haben, dass sie das **Urteilsvermögen** und damit die Fähigkeit des Verbrauchers zu einer freien und informierten (rationalen) geschäftlichen Entscheidung **beeinträchtigt.** Dies ergibt sich aus einer richtlinienkonformen Auslegung am Maßstab des Art 9 lit c UGP-Richtlinie (Rdn 2.16).

2.52 **b) Ausnutzung der Angst.** Ein Ausnutzen der Angst setzt voraus, dass der Werbende um die Angst des Umworbenen weiß und sie gezielt als Mittel einsetzt, um seinen Absatz zu fördern. Ob der Werbende die Angst selbst durch entsprechende Hinweise hervorgerufen hat, ist unerheblich. Eine geschäftliche Handlung ist dann geeignet, die Angst von Verbrauchern **auszunutzen,** wenn ein durchschnittlich informierter, aufmerksamer und verständiger Verbraucher sich sonst nicht auf das Geschäft einlassen würde und der Handelnde dies weiß. Allerdings ist nicht jeder Hinweis auf bestehende oder drohende Gefahren bereits eine Ausnutzung von Angst. Vielmehr muss der Hinweis dazu dienen oder geeignet sein, das Urteilsvermögen des Verbrauchers zu trüben und rationale Erwägungen auszuschalten. Das ist am ehesten der Fall, soweit es um das persönliche Wohlergehen des Verbrauchers, also um Leben, Gesundheit, Anerkennung, Sicherheit, Arbeitsplatz oder Vermögen, geht. Maßgebend sind die Umstände des Einzelfalls, insbes also Anlass, Zweck, Inhalt, Art und Ausmaß der Werbung.

Soweit die Werbung sich auf sachliche Informationen über ein Produkt oder über die Auswirkungen einer Nachfrageentscheidung beschränkt und diese Informationen wahr (sonst § 5) und für den Verbraucher nachprüfbar sind, ist sie aber grds lauterkeitsrechtlich unbedenklich, weil sie eine rationale Entscheidung gerade fördert, aber nicht beeinträchtigt (vgl BGH GRUR 1999, 1007, 1008 – *Vitalkost*). So ist es grds nicht wettbewerbswidrig, auf eine bevorstehende Steuererhöhung, Preissteigerung oder Rohstoffverknappung wahrheitsgemäß hinzuweisen. Auch ist es unbedenklich, zB darauf hinzuweisen, dass mit der Nutzung regenerativer Energien ein Beitrag zur Verhinderung einer vorzeitigen Erschöpfung von Rohstoffquellen geleistet wird. Die Grenze zur Unlauterkeit (Ausnutzung) ist aber überschritten, wenn die Informationen nicht nachprüfbar sind und das hervorgerufene oder verstärkte Angstgefühl so stark ist, dass das Urteilsvermögen getrübt wird und die Rationalität der Nachfrageentscheidung in den Hintergrund tritt, also ein **Panikkauf** zu befürchten ist. Geht man vom Leitbild des durchschnittlich informierten, aufmerksamen und verständigen Verbrauchers aus, wird allerdings – außer in Notzeiten – eine solche Situation so gut wie nie bestehen (vgl *Scherer* WRP 2004, 1426; *Beater* § 16 Rdn 18 ff). Ausnahmen sind denkbar, wenn der Verbraucher die Entscheidung unter Zeitdruck treffen muss und der persönlichen „Bearbeitung" durch einen Werber ausgesetzt ist. Ferner, wenn sich die Werbung nicht an die Allgemeinheit, sondern an einzelne Personen oder Personengruppen richtet, die auf Grund ihrer persönlichen Situation emotional in besonderer Weise ansprechbar sind. 2.53

2. Spezialregelungen

Ein spezielles Verbot „unwahrer Angaben über Art und Ausmaß einer Gefahr für die persönliche Sicherheit des Verbrauchers oder seiner Familie" enthält **Nr 12 Anh zu § 3 III.** Auch die Regelung in Nr 25 Anh zu § 3 III gehört hierher. Spezialgesetzliche Verbote der Angstwerbung enthalten weiter **§ 12 I Nr 6 LFGB** (Verbot der Werbung für Lebensmittel mit Aussagen, die geeignet sind, Angstgefühle hervorzurufen oder auszunutzen) sowie **§ 11 Nr 7 HWG** (Verbot der Werbung für Arzneimittel mit Werbeaussagen, die geeignet sind, Angstgefühle hervorzurufen oder auszunutzen). Die Anwendung des UWG wird dadurch nicht ausgeschlossen (vgl § 17 Nr 1 HWG sowie – zu § 18 I Nr 6 LMBG – BGH GRUR 1999, 1007, 1008 – *Vitalkost*). Eine Werbung mit der Angst kann daher auch dann wettbewerbswidrig sein, wenn die besonderen Voraussetzungen etwa des § 11 Nr 7 HWG nicht erfüllt sind (BGH GRUR 1986, 902 – *Angstwerbung*). 2.54

3. Beispiele

Unlauterkeit bejaht: Werbung mit dem Slogan *„Brillanten contra Inflation"* (LG Frankfurt WRP 1971, 86). – Erweckt der Werbende mit dem Hinweis *„Sie sollten Ihr Geld retten"* den Eindruck, er könne den Umworbenen vor der Inflation schützen, wird er aber selbst insolvent und wird das Insolvenzverfahren mangels Masse eingestellt, so verstößt die Werbung bereits gegen § 5 iVm § 3 (OLG Frankfurt WRP 1975, 363, 364 zu § 3 aF). – Werbung für Fotoarbeiten unter Hinweis auf vermeidbare Sicherheitsrisiken bei Abgabe von wertvollen Fotoarbeiten (OLG Hamburg WRP 1999, 349). – Isolierte und sachlich nicht erläuterte Werbeaussage für ein Pflegemittel mit dem Hinweis: *„Damit Mensch und Natur eine Chance haben"* für Reinigungs- und Pflegemittel (OLG Saarbrücken WRP 1992, 510). – Werbung für ein „Handbuch für Selbstständige oder Unternehmer" unter Verwendung von Briefumschlägen, die einen hervorgehobenen Warnhinweis und im Kontext mit namentlich aufgeführten, angeblich bereits wirtschaftlich gescheiterten Unternehmen bzw Unternehmern die deutlich erkennbare Frage an den Adressaten enthalten: *„Sind Sie der Nächste?"* (OLG Köln WRP 1997, 869). 2.55

Unlauterkeit verneint: Werbung mit der Angabe *„Erkältung und grippale Infekte überrollen Berlin; sofort besorgen"* (BGH GRUR 1986, 902 – *Angstwerbung;* krit *Schnorbus* GRUR 1994, 15, 2.56

19). – Immobilienwerbung mit dem Appell: *„Kaufen Sie Sachwerte, kaufen Sie Eigentumswohnungen. Jetzt. Sofort. Schenken Sie die Wohnung Ihren Kindern. Oder Ihren Enkeln. Vermieten Sie oder wohnen Sie selbst darin. Aber tun Sie etwas. Ihr Geld tut nämlich schon längst was. Es läuft Ihnen weg."* (OLG Hamm GRUR 1975, 318).

VI. Ausnutzung einer Zwangslage

1. Allgemeines

2.57 **a) Begriff der Zwangslage.** Eine **Zwangslage** liegt vor, wenn **äußere Umstände die Entscheidungsfreiheit des Verbrauchers beeinträchtigen.** Sie muss aber so schwerwiegend sein, dass sie das **Urteilsvermögen** und damit die Fähigkeit des Verbrauchers zu einer freien und informierten (rationalen) geschäftlichen Entscheidung **beeinträchtigt.** Dies ergibt sich aus einer richtlinienkonformen Auslegung am Maßstab des Art 9 lit c UGP-Richtlinie („konkrete Unglückssituationen oder Umstände von solcher Schwere, dass sie das Urteilsvermögen des Verbrauchers beeinträchtigen"). Die Umstände müssen von außen auf das Urteilsvermögen des Verbrauchers einwirken. Das unterscheidet diese Tatbestandsvariante von den „körperlichen oder geistigen Gebrechen". Sie müssen derart sein, dass der Verbraucher glaubt, keine andere Entscheidung treffen zu können, ohne größere wirtschaftliche oder soziale Nachteile zu gewärtigen. Eine solche Situation kann sich ua aus einem Unfall, einem Trauerfall, einer Trennung, einer Erkrankung, einer Verurteilung, einer Kündigung oder einer zeitlichen Bedrängnis ergeben. Ob das Gewicht solcher Umstände so schwer ist, dass sie das Urteilsvermögen beeinträchtigen, beurteilt sich nach den Umständen des Einzelfalls. Unerheblich ist, ob die Zwangslage selbst verschuldet ist oder nicht (aA MünchKommUWG/*Heermann* § 4 Nr 2 Rdn 77). Führt der Handelnde selbst die Zwangslage für den Verbraucher herbei (zB Drohung bei einer Kaffeefahrt, die Kunden nicht heimzubefördern, wenn sie nichts kaufen), so erfüllt dies idR bereits den Tatbestand des § 4 Nr 1 (Druckausübung oder unangemessene unsachliche Beeinflussung), so dass ein Rückgriff auf § 4 Nr 2 zwar nicht ausgeschlossen, aber entbehrlich ist.

2.58 **b) Abgrenzung.** Von der „Zwangslage" iSd § 4 Nr 2 abzugrenzen ist der Begriff der „Zwangslage" iSd § 138 II BGB. Letztere liegt dann vor, wenn wegen einer erheblichen Bedrängnis ein zwingender Bedarf nach einer Geld- oder Sachleistung besteht (vgl Palandt/ *Ellenberger* BGB § 138 Rdn 70). Anders als bei § 4 Nr 2 kommt es bei § 138 II BGB allerdings nicht darauf an, ob für den Verbraucher überhaupt eine Wahlmöglichkeit besteht. Denn § 138 II BGB schützt den Verbraucher vor Ausbeutung, § 4 Nr 2 dagegen vor einer Beeinträchtigung seiner Entscheidungsfreiheit. Hat der Verbraucher von vornherein keine Wahl, greift § 4 Nr 2 nicht ein. Einen präventiven Schutz der Verbraucher vor Ausbeutung gewährt das **Kartellrecht** (Art 102 AEUV; § 19 iVm § 33 GWB).

2.59 **c) Ausnutzung der Zwangslage.** § 4 Nr 2 erstreckt sich nicht auf die Schaffung einer Zwangslage durch den Handelnden (dann § 4 Nr 1; anders LG Berlin WRP 2010, 955), sondern beschränkt sich auf die Ausnutzung einer bestehenden Zwangslage. Ausgenutzt wird eine Zwangslage dann, wenn der Unternehmer die Zwangslage beim Verbraucher kennt und dazu benutzt, um eine geschäftliche Entscheidung des Verbrauchers zu beeinflussen, wie sich aus einer richtlinienkonformen Auslegung am Maßstab des Art 9 lit c UGP-Richtlinie ergibt. Ob die Voraussetzungen des § 4 Nr 2 erfüllt sind, hängt maßgeblich von den Umständen des Einzelfalls und den Interessen der Beteiligten ab.

2. Erscheinungsformen

2.60 **a) Ansprechen am Unfallort.** Das Ansprechen von Unfallbeteiligten am Unfallort mit dem Ziel eines Vertragsabschlusses (zB Abschleppen; Ersatzwagenmiete; Reparatur) wurde in der Rspr seit jeher als unlauter angesehen (vgl BGH GRUR 1975, 264 – *Werbung am Unfallort I;* BGH GRUR 1975, 266 – *Werbung am Unfallort II;* BGH GRUR 1980, 790 – *Werbung am Unfallort III;* BGH GRUR 2000, 235 – *Werbung am Unfallort IV* = LM UWG § 1 Nr 808 mit Anm *Köhler*). An dieser Beurteilung hat sich auch unter der Geltung der UGP-Richtlinie nichts geändert. Das fragliche Verhalten stellt eine aggressive Geschäftspraxis iSv Art 8 iVm Art 9 lit c („Ausnutzung … von konkreten Unglückssituationen, … um die Entscheidung des Verbrauchers in Bezug auf das Produkt zu beeinflussen") dar. Denn auf Grund der psychisch belastenden Unfallsituation ist die Gefahr eines unüberlegten und übereilten Vertragsschlusses bes groß. Aus dem Blickwinkel des UWG kann das Verhalten zum einen den Tatbestand der **unzumutbaren Belästigung** iSv

§ 7 I 1 (vgl § 7 Rdn 73), zum anderen den Tatbestand der **unangemessenen unsachlichen Beeinflussung** iSv § 4 Nr 1 und den Tatbestand der **Ausnutzung einer Zwangslage** (§ 4 Nr 2) erfüllen. Daran ändert auch die Möglichkeit eines Widerrufs nach §§ 312 I, 355 BGB nichts (BGH aaO – *Werbung am Unfallort IV*). Auf die nachträglich nur schwer aufzuklärenden Umstände des Einzelfalls kann es im Interesse der Rechtssicherheit nicht ankommen (BGH aaO – *Werbung am Unfallort IV*). Insbes steht es der Unlauterkeit nicht entgegen, dass möglicherweise ein erkennbarer Bedarf der Beteiligten an derartigen Leistungen besteht und sie nicht wissen, an wen sie sich ggf wenden können. Dem unzulässigen Ansprechen stehen in dieser bes Situation andere aktive Maßnahmen zur Willensbeeinflussung (zB Überreichen von Visitenkarten oder Werbezetteln) gleich. Zulässig ist es dagegen, in geziemender Entfernung vom Unfallort abzuwarten, ob der Geschädigte von sich aus die Initiative ergreift.

b) Werbung im Trauerfall. Die Ausnutzung einer Zwangslage kommt auch bei der Werbung im Trauerfall in Betracht (ebenso jurisPK/*Seichter* § 4 Rdn 83). Ob tatsächlich eine Zwangslage gegeben ist, beurteilt sich nach den Umständen des Einzelfalls (Harte/Henning/*Stuckel* § 4 Nr 2 Rdn 42). Daneben können solche Werbemaßnahmen gegen § 7 verstoßen (vgl § 7 Rdn 58).

2.61

3. Kapitel. Verschleierung des Werbecharakters von geschäftlichen Handlungen

§ 4 Nr 3

Unlauter handelt insbesondere, wer
3. den Werbecharakter von geschäftlichen Handlungen verschleiert;

Übersicht

	Rdn
1. Abschnitt. Allgemeines	3.1–3.8
I. Entstehungsgeschichte, Normzweck und Auslegung	3.1–3.4
1. Entstehungsgeschichte	3.1
2. Normzweck	3.2
3. Auslegung	3.2a–3.4
a) Vorrang der richtlinienkonformen Auslegung	3.2a
b) Berücksichtigung der Grundrechte	3.3
c) Gebot der Konkretisierung	3.4
II. Unionsrecht	3.5–3.5c
1. Überblick	3.5
2. Richtlinie über unlautere Geschäftspraktiken	3.5a
3. Richtlinie über den elektronischen Geschäftsverkehr	3.5b
4. Richtlinie über audiovisuelle Mediendienste	3.5c
III. Konkurrenzen	3.6–3.8
1. Verhältnis zu anderen Tatbeständen des UWG	3.6–3.6b
a) Per-se-Verbote des Anhangs zu § 3 III (Schwarze Liste)	3.6
b) Beispieltatbestände der § 4 Nr 1 und § 5a II	3.6a
c) Verbotstatbestand des § 7	3.6b
2. Verhältnis zu spezialgesetzlichen Regelungen und Verbandsregeln	3.7
3. Verhältnis zum Bürgerlichen Recht	3.8
2. Abschnitt. Tatbestand	3.9–3.12
I. Geschäftliche Handlung	3.9
II. Werbecharakter von geschäftlichen Handlungen	3.10
III. Verschleierung	3.11
IV. Geschäftliche Relevanz	3.12
3. Abschnitt. Fallgruppen	3.13–3.52
I. Verschleierung eines werblichen Kontakts	3.13–3.17
1. Begriff	3.13
2. Erscheinungsformen	3.14–3.17
a) Verschleierung einer Verkaufsveranstaltung	3.14
b) Verschleierung des Werbecharakters einer Kontaktaufnahme	3.15

		Rdn
	c) Verschleierung des Werbecharakters von Meinungsumfragen	3.16
	d) Verschleierung des Werbecharakters bei Vorspiegelung von Verdienstmöglichkeiten	3.17

- II. Getarnte Werbung . . . . 3.18–3.47 d
  - 1. Tarnung von Werbung als wissenschaftliche, fachliche oder private Äußerung 3.18
  - 2. Tarnung von Werbematerial 3.19
  - 3. Getarnte Werbung in der Presse 3.20–3.37
    - a) Grundsatz 3.20
    - b) Vortäuschen eines redaktionellen Beitrages 3.21–3.22
      - aa) Tarnung von Anzeigen . . . . 3.21, 3.21 a
      - bb) Unveränderte Übernahme von Beiträgen Dritter 3.22
    - c) Vortäuschen einer unabhängigen (neutralen) Berichterstattung . . 3.23–3.26
      - aa) Allgemeines 3.23
      - bb) Besonderheiten 3.24–3.26
        - (1) Anzeigenblätter, Kundenzeitschriften, „Special-Interest"-Zeitschriften 3.25
        - (2) Preisrätselgewinnauslobung 3.26
    - d) Vortäuschen einer objektiven Berichterstattung 3.27–3.31
      - aa) Bewertungsmaßstab 3.27–3.28
        - (1) Rspr . . . . 3.27–3.27 c
        - (2) Stellungnahme 3.28
      - bb) Anwendung 3.29
      - cc) Beispiele 3.30
      - dd) Sonderregelungen 3.31
    - e) Verantwortlichkeit der Presse 3.32
    - f) (Mit-)Verantwortlichkeit des Presseinformanten 3.33–3.37
      - aa) Rechtsgrundlagen der Verantwortlichkeit . . . . 3.34–3.35 c
        - (1) Haftung für fremden Wettbewerbsverstoß nach § 8 II . . . 3.34
        - (2) Haftung für eigenen Wettbewerbsverstoß . . . . 3.35–3.35 c
      - bb) Problematik der Prüfungspflicht 3.36
      - cc) Beweisfragen 3.37
  - 4. Getarnte Werbung im Rundfunk 3.38–3.40
    - a) Rundfunkrechtliches Trennungsgebot und Beeinflussungsverbot . 3.38
    - b) Lauterkeitsrechtliche Beurteilung 3.39
    - c) Beispiele 3.40
  - 5. Getarnte Werbung in Telemedien und im Internet 3.41
  - 6. Getarnte Werbung in Kinofilmen 3.42
  - 7. Schleichwerbung und Produktplatzierung (Product Placement) als besondere Formen der getarnten Werbung 3.43–3.47
    - a) Beschreibung 3.43
    - b) Lauterkeitsrechtliche Beurteilung 3.44–3.46
      - aa) Allgemeines 3.44
      - bb) Schleichwerbung und Produktplatzierung (Product Placement) in Rundfunksendungen 3.45
      - cc) Produktplatzierung (Product Placement) in Kinospielfilmen und Computerspielen 3.46
    - c) Verantwortlichkeit 3.47
  - 8. Sponsoring . . . . 3.47 a–3.47 d
    - a) Beschreibung . . . . 3.47 a
    - b) Lauterkeitsrechtliche Beurteilung . . . . 3.47 b–3.47 d
      - aa) Allgemeines . . . . 3.47 b
      - bb) Sponsoring in Rundfunksendungen . . . . 3.47 c
      - cc) Sonstige Regelungen . . . . 3.47 d
- III. Sonstige Formen der Verschleierung einer geschäftlichen Handlung . . . 3.48–3.52
  - 1. Vortäuschen neutraler Auskunft 3.48
  - 2. Vortäuschen von Abnahme- und Zahlungspflichten 3.49, 3.50
    - a) Beschreibung und Bewertung 3.49
    - b) Beispiele 3.50
  - 3. Vortäuschen der Verbrauchereigenschaft 3.51, 3.52
    - a) beim Bezug von Waren oder Dienstleistungen 3.51
    - b) beim Absatz von Waren oder Dienstleistungen 3.52

3. Kap. Verschleierung des Werbecharakters   3.1   § 4 UWG

Schrifttum: *Abeltshauser,* Redaktionelle Presseäußerungen im Lichte von § 1 UWG, WRP 1997, 1143; *Ahrens,* Redaktionelle Werbung – Korruption im Journalismus, GRUR 1995, 307; *Bente,* Product-Placement, 1990; *Benz,* Werbung von Kindern unter Lauterkeitsgesichtspunkten, WRP 2003, 1160; *Engels,* Wettbewerbsrechtliche Grenzen der Fernsehwerbung für Kinder, WRP 1997, 6; *Ernst,* Wirtschaftsrecht im Internet, BB 1997, 1057; *Federhoff-Rink,* Social Sponsoring in der Werbung, GRUR 1992, 643; *Gröning,* Hintertüren für redaktionelle Werbung?, WRP 1993, 685; *Hain,* Das werberechtliche Trennungsgebot und dieses flankierende Regelungen, K&R 2008, 611; *Härting/Schätzle,* Product Placement – Zulässige Platzierung von Produkten nach dem neuen Rundfunkänderungsstaatsvertrag, IPRB 2010, 19; *Hartwig,* Zur Zulässigkeit produktbezogener Sponsoring-Werbung, WRP 1999, 744; *Henning-Bodewig,* Product Placement und Sponsoring, GRUR 1988, 867; *dies* Sponsoring, AfP 1991, 487; *dies,* Die Tarnung von Werbung, GRUR Int 1991, 858; *dies,* Werbung im Kinospielfilm – Die Situation nach „Feuer, Eis & Dynamit", GRUR 1996, 321; *Hess,* Die EG-Rundfunkrichtlinie vor dem BVerfG, AfP 1990, 95; *Holzgraefe,* Werbeintegration in Fernsehsendungen und Videospielen, 2010; *Kilian,* Die Neuregelung des Product Placement, WRP 2010, 826; *Köhler,* Redaktionelle Werbung, WRP 1998, 1; *ders,* Ranking als Rechtsproblem, FS Sonnenberger, 2004, 249; *Leitgeb,* Product Placement, 2010; *Leupold,* „Push und Narrowcasting" im Lichte des Medien- und Urheberrechts, ZUM 1998, 99; *Leupold/Bräutigam/Pfeiffer,* Von der Werbung zur kommerziellen Kommunikation: Die Vermarktung von Waren und Dienstleistungen im Internet, WRP 2000, 575; *Lorenz,* Redaktionelle Werbung in Anzeigeblättern, WRP 2008, 1494; *Mann,* Werbung auf CD-ROM-Produkten mit redaktionellem Inhalt, NJW 1996, 1241; *Möschel,* Mehr Wettbewerb für Hörfunk und Fernsehen, FS Gaedertz, 1992, 431; *Piper,* Zur wettbewerbsrechtlichen Bewertung von Werbeanzeigen und redaktionellen Beiträgen werbenden Inhalts insbesondere in der Rechtsprechung des Bundesgerichtshofs, FS Vieregge, 1995, 715; *Reidt,* Art. 7 IV RStV – Das Verhältnis von Werbung und Programm in Hörfunk und Fernsehen, AfP 1990, 101; *Sack,* Wer erschoß Boro?, WRP 1990, 791; *ders,* Neue Werbeformen im Fernsehen – rundfunk- und wettbewerbsrechtliche Grenzen, AfP 1991, 704; *Schaar,* Rechtliche Grenzen des „In-Game-Advertising, GRUR 2005, 912; *Schaub,* Sponsoringverträge und Lauterkeitsrecht, GRUR 2008, 955; *Scherer,* „Product Placement" im Fernsehprogramm, 1990; *Scheuch,* Eigenproduktionen der Filmwirtschaft und Product placement – Schranken wettbewerbsrechtlicher Kontrolle, FS Piper, 1996, 439; *Schwarz,* Entgeltliches Produkt Placement in Kinofilmen: Umfang der Hinweispflicht für Produzenten, Verleiher und Kinotheaterbesitzer, AfP 1996, 31; *Sedelmeier,* Rechtsgutachten zu der Frage, wann die redaktionelle Berichterstattung über Unternehmen und/oder deren Waren und gewerbliche Leistungen als unzulässige redaktionelle Werbung einzustufen ist und wie die Mitwirkung der Unternehmen, über die berichtet wird, rechtlich zu beurteilen ist, Pharma Recht 1992, 34 und 66; *Tettenborn,* Die neuen Informations- und Kommunikationsdienste im Kontext der Europäischen Union, EuZW 1997, 462; *Ukena/Opfermann,* Werbung und Sponsoring von Tabakerzeugnissen, WRP 1999, 141; *Ullmann,* Spenden-Sponsern-Werben, FS Traub, 1994, 411; *Völkel,* Produkt-Placement aus der Sicht der Werbebranche und seine rechtliche Einordnung, ZUM 1992, 55; *Weiand,* Kultur- und Sportsponsoring, 1993; *ders,* Rechtliche Aspekte des Sponsoring, NJW 1994, 227.

1. Abschnitt. Allgemeines

I. Entstehungsgeschichte, Normzweck und Auslegung

1. Entstehungsgeschichte

Der erstmals im UWG 2004 in § 4 Nr 3 normierte Beispielstatbestand geht zurück auf das richterrechtlich zu **§ 1 UWG 1909** entwickelte **Verbot der getarnten Werbung.** Danach war es wettbewerbswidrig, eine Werbemaßnahme so zu tarnen, dass sie als solche dem Umworbenen nicht erkennbar ist, insbes eine Werbemaßnahme als eine objektive Unterrichtung durch eine unabhängige Person oder Stelle erscheinen zu lassen. Die Rspr leitete dieses Verbot aus dem (angeblich) das Lauterkeitsrecht beherrschenden Wahrheitsgrundsatz ab und wendete es auf alle Erscheinungsformen der Werbung an (vgl BGH GRUR 1997, 912, 913 – *Die Besten I* mwN; BGHZ 130, 205, 214 – *Feuer, Eis & Dynamit I;* ÖOGH GRUR Int 1993, 503 – *Römerquelle II;* ÖOGH ÖBl 1993, 265, 267 – *Product Placement; Henning-Bodewig* GRUR 1996, 321, 324 ff). Die ursprüngliche Formulierung des Beispielstatbestands des § 4 Nr 3 geht zurück auf den Entwurf von *Köhler/Bornkamm/Henning-Bodewig* (WRP 2002, 1317; dort § 4 Nr 7). Zu spezialgesetzlichen Ausprägungen dieses Grundsatzes vgl Rdn 3.7. § 4 Nr 3 beschränkte sich allerdings nicht auf ein Verbot der getarnten Werbung, sondern bezog sich auf alle „Wettbewerbshandlungen". In der Gesetzesbegründung (Begr RegE UWG 2004 zu § 4 Nr 3, BT-Drucks 15/1487 S 17) hieß es, durch die Regelung werde das medienrechtliche Schleichwerbungsverbot ausdrücklich auf alle Formen der Werbung ausgedehnt und es werde auch die Tarnung sonstiger Wettbewerbshandlungen erfasst. Hierzu zähle beispielsweise die Gewinnung von Adressen unter Verschweigen einer kommerziellen Absicht. Die **UWG-Novelle 2008** ersetzte dann den Begriff der „Wettbewerbshandlungen" durch den der „geschäftlichen Handlungen". Im Übrigen wurde

3.1

der Wortlaut der Norm beibehalten, mag auch der Begriff des „Werbecharakters" etwas zu eng geraten sein. Richtiger wäre es daher wohl gewesen, von einem „geschäftlichen Charakter" der geschäftlichen Handlungen zu sprechen. Dessen ungeachtet gebieten bereits jetzt der Normzweck (Rdn 3.2) und Art 7 II UGP-Richtlinie (Rdn 3.6 a, 3.10) eine erweiternde Auslegung des Beispielstatbestands auf alle Fälle der Verschleierung des **„geschäftlichen Charakters"** einer geschäftlichen Handlung.

2. Normzweck

3.2 Hintergrund der Regelung des § 4 Nr 3 ist, dass Verbraucher (und sonstige Marktteilnehmer) kommerziellen Annäherungen meist skeptisch gegenüberstehen. Um diese Barriere zu überwinden, wird vielfach versucht, Werbung zu tarnen, also dem Verbraucher zu verheimlichen, dass er es mit Werbung zu tun hat. Der Verbraucher misst nämlich objektiv neutralen Handlungen und Äußerungen typischerweise größere Bedeutung und Beachtung bei als entsprechenden, ohne weiteres als Werbung erkennbaren Angaben des Werbenden selbst. Insbes wird er ihnen weniger kritisch gegenüberstehen und eher geneigt sein, ihnen zu vertrauen (stRspr; vgl nur BGHZ 130, 205, 214 = GRUR 1995, 744 – *Feuer, Eis & Dynamit I* mwN; Piper/Ohly/ *Sosnitza* § 4.3 Rdn 3/1). Dem Verbraucher wird die Möglichkeit genommen, sich auf den kommerziellen Charakter der Handlung einzustellen und darauf entsprechend zu reagieren, etwa durch Ablehnung, nähere Nachfrage oder kritische Beurteilung. Er kann dadurch auch in eine Situation geraten, die es ihm erschwert, sich einer werblichen Einflussnahme wieder zu entziehen. Geschäftliche Handlungen, insbes Werbemaßnahmen, die als solche nicht erkennbar sind, sind daher geeignet, die Entscheidung der Verbraucher durch Irreführung zu beeinflussen und damit den Wettbewerb zu verfälschen. Die Regelung bezweckt sonach in erster Linie den **Schutz der Verbraucher (und sonstigen Marktteilnehmer) vor einer Täuschung über die wahren, nämlich kommerziellen Absichten** des Handelnden. Zugleich dient die Regelung dem **Schutz der Mitbewerber** und dem **Interesse der Allgemeinheit** an einem unverfälschten Wettbewerb.

3. Auslegung

3.2a a) **Vorrang der richtlinienkonformen Auslegung.** Soweit unionsrechtliche Bestimmungen vorliegen (Rdn 3.5 ff) sind diese im Wege der richtlinienkonformen Auslegung zu berücksichtigen (vgl Rdn 3.10).

3.3 b) **Berücksichtigung der Grundrechte.** Bei der Auslegung des § 4 Nr 3 ist zu berücksichtigen, dass diese Norm zwar dem Schutz des Grundrechts der Werbeadressaten aus Art 7 GR-Charta bzw Art 2 I GG (vgl *Henning-Bodewig* GRUR 1996, 321, 322) dient, ihre Anwendung andererseits aber auch in das Grundrecht des Werbenden aus Art 11 I GR-Charta oder Art 5 I 1 GG eingreifen kann (BVerfG WRP 2003, 69, 71 – *Veröffentlichung von Anwalts-Ranglisten*). Die Anwendung des § 4 Nr 3 als allgemeines Gesetz iSd Art 5 II GG muss dieser Grundrechts- und Interessenkollision Rechnung tragen (BVerfG aaO – *Veröffentlichung von Anwalts-Ranglisten*). Stellt sich die getarnte Werbung als Kunstwerk iSd Art 13 S 1 GR-Charta oder Art 5 III GG dar (wie zB eine in einem Spielfilm getarnte Werbung), so kann zwar nicht dessen Verbreitung verboten werden (BGH GRUR 1995, 750 – *Feuer, Eis & Dynamit II*). Denn dies wäre bei einer Abwägung der Grundrechte aus Art 5 III GG einerseits und aus Art 2 I GG andererseits unverhältnismäßig. Wohl aber kann dem Werbenden aufgegeben werden, bei Verbreitung des Kunstwerks den werblichen Charakter deutlich zu machen (vgl BGHZ 130, 205, 219 – *Feuer, Eis & Dynamit I*).

3.4 c) **Gebot der Konkretisierung.** Die Regelung in § 4 Nr 3 bedarf, auch um den verfassungsrechtlichen Vorgaben gerecht zu werden, der Konkretisierung durch Differenzierung. Insbes ist bei der Bewertung des Verhaltens Dritter (Presse usw) nach dem jeweiligen Maß der Beachtung und Bedeutung, die der Verkehr der Angabe eines Dritten beimisst, und damit insbes auch nach dem Grad der – vermeintlichen – Objektivität und Kompetenz dieses Dritten zu differenzieren (BGHZ 130, 205, 215 – *Feuer, Eis & Dynamit I*). Daraus können sich für die lauterkeitsrechtliche Bewertung durchaus unterschiedliche Gewichtungen je nach Art des Mediums – oder auch seiner verschiedenen Sparten – ergeben, in denen eine Werbung „getarnt" vermittelt wird (BGH GRUR 1994, 821, 822 – *Preisrätselgewinnauslobung I*; BGH GRUR 1994, 823, 824 – *Preisrätselgewinnauslobung II*; BGHZ 130, 205, 214 – *Feuer, Eis & Dynamit I*). Der Rechtsanwender ist daher in hohem Maße auf wertende Einschätzungen und Prognosen angewiesen. Das gilt insbes für die

3. Kap. Verschleierung des Werbecharakters 3.5–3.6 § 4 UWG

Merkmale der sachlichen Unterrichtung, der Werbewirkung und deren Übermaß oder Einseitigkeit. Deshalb muss der Rechtsanwender auf den konkreten Fall bezogene Feststellungen zur Gefährdung der von § 4 Nr 3 geschützten Rechtsgüter treffen und bei Kollisionen unterschiedlicher Rechtsgüter die betroffenen Interessen abwägen (vgl BVerfG WRP 2003, 69, 71 – *Veröffentlichung von Anwalts-Ranglisten* zu § 1 UWG 1909).

II. Unionsrecht

1. Überblick

Das Unionsrecht enthält in mehreren Richtlinien Regelungen zur Verschleierung des kommerziellen Charakters von geschäftlichen Maßnahmen. Grundsätzlich gelten im Bereich des Verhältnisses von Unternehmer zu Verbraucher die Regelungen der UGP-Richtlinie. Nach Art 3 IV UGP-Richtlinie haben jedoch im Kollisionsfall spezielle unionsrechtliche Regelungen Vorrang. Dazu gehören die Richtlinie über den elektronischen Geschäftsverkehr (umgesetzt im TMG) und die Richtlinie über audiovisuelle Mediendienste (umgesetzt im RStV und im JMStV). 3.5

2. Richtlinie über unlautere Geschäftspraktiken

Die **UGP-Richtlinie** enthält dem § 4 Nr 3 vergleichbare Regelungen zum einen in speziellen Ausprägungen. So wird im **Anh I Nr 11** die als Information getarnte Werbung in Medien, im **Anh I Nr 21** die Beifügung einer Zahlungsaufforderung in Werbematerialien, die den Eindruck einer bereits erfolgten Bestellung vermittelt und im **Anh I Nr 22** die „fälschliche Behauptung oder Erweckung des Eindrucks, dass der Händler nicht für die Zwecke seines Handels, Geschäfts, Gewerbes oder Berufs handelt, oder fälschliches Auftreten als Verbraucher" als unter allen Umständen unlauter gewertet. Diese Bestimmungen sind durch die **UWG-Novelle 2008** in Nr 11, 21 und 23 Anh zu § 3 III umgesetzt worden (Rdn 3.6). Als irreführende Unterlassung gilt es zum anderen nach **Art 7 II UGP-Richtlinie,** wenn der Gewerbetreibende „den kommerziellen Zweck der Geschäftspraxis nicht kenntlich macht, sofern er sich nicht unmittelbar aus den Umständen ergibt" und dies die geschäftliche Entscheidung des Verbrauchers beeinflussen kann. 3.5a

3. Richtlinie über den elektronischen Geschäftsverkehr

Nach **Art 6 lit a** der **Richtlinie 2000/31/EG über den elektronischen Geschäftsverkehr** müssen kommerzielle Kommunikationen klar als solche erkennbar sein. Diese Bestimmung wurde umgesetzt in § 6 I Nr 1 TMG. 3.5b

4. Richtlinie über audiovisuelle Mediendienste

Die **Richtlinie über audiovisuelle Mediendienste (2010/13/EU)** hat die mehrfach geänderte Richtlinie 89/552/EWG kodifiziert. Sie ist in richtlinienkonformer Auslegung zu berücksichtigen. (Die Vorgängerrichtlinie 89/552/EG wurde mit Wirkung zum 1. 4. 2010 durch den 13. Rundfunkänderungsstaatsvertrag im RStV und im JMStV umgesetzt). Nach **Art 19 I** der Richtlinie müssen **Fernsehwerbung** und **Teleshopping** als solche leicht erkennbar und vom redaktionellen Inhalt unterscheidbar und durch optische und/oder akustische und/oder räumliche Mittel eindeutig von anderen Sendungsteilen abgesetzt sein. Nach **Art 9 I lit a** S 1 der Richtlinie muss **audiovisuelle kommerzielle Kommunikation** leicht als solche erkennbar sein und nach S 2 ist **Schleichwerbung** in der audiovisuellen Kommunikation verboten. Auf eine **Produktplatzierung** müssen die Zuschauer nach Art 11 II 2 lit d der Richtlinie eindeutig hingewiesen werden. Die betreffenden Begriffe sind in Art 1 der Richtlinie definiert (vgl auch EuGH GRUR Int 2008, 132 Tz 23–47 – *KommAustria*). 3.5c

III. Konkurrenzen

1. Verhältnis zu anderen Tatbeständen des UWG

a) Per-se-Verbote des Anhangs zu § 3 III (Schwarze Liste). Vorrangig zu prüfen sind die per-se-Verbote der Nr 11, 21, 23 Anh zu § 3 III, die allerdings der richtlinienkonformen Auslegung anhand der entsprechenden Bestimmungen der Nr 11, 21 und 22 des Anh I UGP-Richtlinie bedürfen (Rdn 3.5). Ein Verstoß gegen Nr 23 Anh zu § 3 III liegt bspw vor, wenn 3.6

ein Unternehmer von ihm selbst verfasste Äußerungen von angeblich zufriedenen Kunden in Werbebroschüren oder auf seiner Internetseite veröffentlicht.

3.6a **b) Beispieltatbestände der § 4 Nr 1 und § 5 a II.** Eine Verschleierung iSv § 4 Nr 3 kann zugleich den Tatbestand der unangemessenen unsachlichen Beeinflussung (**§ 4 Nr 1**) erfüllen. – Das Verhältnis zum Irreführungstatbestand des **§ 5a II** bedarf noch der Klärung (ähnlich wie früher das Verhältnis von § 1 aF zu § 3 aF). Nach der Gesetzesbegründung zu § 5 a II soll diese Vorschrift in Übereinstimmung mit Art 7 II UGP-Richtlinie auch den Fall des **„Nichtkenntlichmachens des kommerziellen Zwecks einer geschäftlichen Handlung"** erfassen (vgl Begr RegE UWG 2008 zu § 5 a II, BT-Drucks 16/10145 S 49). Allerdings wird die Formulierung in § 5 a II dem Wortlaut des Art 7 II UGP-Richtlinie wenig gerecht. Es ist auch gar nicht erforderlich, den Fall der Verschleierung des Werbecharakters gewaltsam unter § 5 a II zu subsumieren, weil § 4 Nr 3 ohnehin eine Umsetzung des Art 7 II UGP-Richtlinie darstellt. Will man gleichwohl den § 5 a II auch auf die Verschleierung des Werbecharakters einer geschäftlichen Handlung anwenden, muss man von einer Überschneidung der Anwendungsbereiche des § 5 a II und des § 4 Nr 3 ausgehen. – Im Einzelfall kann die Verschleierung einer geschäftlichen Handlung auch den Tatbestand der Belästigung (**§ 7**) erfüllen (vgl Rdn 3.15).

3.6b **c) Verbotstatbestand des § 7.** Im Einzelfall kann die Verschleierung des Werbecharakters auch den Tatbestand der unzumutbaren Belästigung iSd § 7 I 1 erfüllen (vgl Rdn 3.15).

2. Verhältnis zu spezialgesetzlichen Regelungen und Verbandsregeln

3.7 Der in § 4 Nr 3 normierte Grundsatz ist – teilweise als Gebot formuliert – auch in spezialgesetzlichen Regelungen für die **Presse** (Rdn 3.20 ff) sowie für den **Rundfunk** und für die **Telemedien** enthalten. So ordnet § 7 III 1 Rundfunkstaatsvertrag (RStV) für den Rundfunk an, dass Werbung und Teleshopping als solche klar erkennbar sein müssen. In § 7 VII 1 RStV werden Schleichwerbung, Produkt- und Themenplatzierung sowie entsprechende Praktiken für unzulässig erklärt, wobei allerdings für die Produktplatzierung nach § 7 VII 2-5 RStV besondere Regelungen gelten. Für Telemedien, die dem Rundfunkrecht unterliegen, folgt das Gebot der klaren Erkennbarkeit aus § 58 I und III RStV. Nach § 6 I Nr 1 TMG müssen kommerzielle Kommunikationen klar als solche erkennbar sein. Nach § 6 II TMG darf bei E-Mail-Werbung in der Kopf- oder Betreffzeile weder der Absender noch der kommerzielle Charakter der Nachricht verschleiert oder verheimlicht werden (dazu *Kitz* DB 2007, 385). Alle diese Normen stehen selbstständig neben § 4 Nr 3. Ein Verstoß gegen sie stellt aber zugleich einen Rechtsbruch iSd § 4 Nr 11 dar, da sie Marktverhaltensregelungen zum Schutze der Verbraucher sind, und kann insoweit auch lauterkeitsrechtlich geahndet werden. – Auch verschiedene **Verbandsregelungen** enthalten ein Gebot der Erkennbarkeit der Werbung (vgl Art 11 der Internationalen Verhaltensregeln für die Werbepraxis der IHK) bzw ein Gebot der Trennung von Werbung und redaktionellen Beiträgen (vgl Richtlinien des ZAW für redaktionell gestaltete Anzeigen; abgedr unter Nr 20). Im Hinblick auf die klare gesetzliche Regelung haben sie aber für die Gesetzesauslegung keine Bedeutung. Mangels Normcharakter lassen sie sich auch nicht über § 4 Nr 11 sanktionieren.

3. Verhältnis zum Bürgerlichen Recht

3.8 Eine Verschleierung des Werbecharakters einer geschäftlichen Handlung kann zugleich den Tatbestand einer Verletzung des allgemeinen Persönlichkeitsrechts oder eines Eingriffs in das Recht am Unternehmen (§ 823 I BGB) erfüllen und entsprechende Abwehr- und Schadensersatzansprüche des Betroffenen auslösen.

2. Abschnitt. Tatbestand

I. Geschäftliche Handlung

3.9 Voraussetzung für die Anwendung des § 4 Nr 3 ist eine geschäftliche Handlung iSd § 2 I Nr 1. Es muss also ein Verhalten zu Gunsten des eigenen oder eines fremden Unternehmens vorliegen, das mit der Förderung des Absatzes oder des Bezugs von Waren oder Dienstleistungen oder mit dem Abschluss oder der Durchführung eines Vertrags über Waren oder Dienstleistungen objektiv zusammenhängt.

II. Werbecharakter von geschäftlichen Handlungen

Werbecharakter hat eine geschäftliche Handlung nicht nur dann, wenn es sich um eine Äußerung mit dem Ziel handelt, den Absatz oder Bezug eines Unternehmens zu fördern. Im Wege richtlinienkonformer Auslegung am Maßstab des **Art 7 II UGP-Richtlinie** („oder wenn er den kommerziellen Zweck der Geschäftspraxis nicht kenntlich macht") ist der Begriff des Werbecharakters weit, nämlich iS des **„geschäftlichen Charakters"** der geschäftlichen Handlung zu fassen. Das lag bereits in der Absicht des Gesetzgebers des UWG 2004, der mit § 4 Nr 3 auch die Tarnung sonstiger Wettbewerbshandlungen erfassen wollte (Rdn 3.1; BT-Drucks 15/1487 S 17). 3.10

III. Verschleierung

Die Unlauterkeit der geschäftlichen Handlung wird durch die Verschleierung ihres Werbecharakters begründet. Eine Verschleierung liegt vor, wenn das äußere Erscheinungsbild der geschäftlichen Handlung so gestaltet wird, dass die Verbraucher (oder sonstigen Marktteilnehmer) den Werbecharakter, genauer: den geschäftlichen Charakter (Rdn 3.10), nicht klar und eindeutig erkennen. Maßgebend ist die Sichtweise des durchschnittlich informierten, (situationsadäquat) aufmerksamen und verständigen Verbrauchers oder sonstigen Marktteilnehmers oder des durchschnittlichen Mitglieds der angesprochenen Gruppe (§ 3 II 2 und 3). An einer Verschleierung fehlt es, wenn kein Kontakt zum potenziellen Marktpartner hergestellt wird, wie etwa beim heimlichen Sammeln von Informationen über Verbraucher und ihr Kaufverhalten, um damit später gezielt Werbung treiben zu können (vgl Rdn 3.16 aE). 3.11

IV. Geschäftliche Relevanz

Unzulässig iSd § 3 I ist die Verschleierung des Werbecharakters einer geschäftlichen Handlung iSd § 4 Nr 3 nur dann, wenn auch die übrigen Voraussetzungen des § 3 I erfüllt sind (dazu § 3 Rdn 108 ff). Die Handlung muss also geeignet sein, die Interessen der Mitbewerber, der Verbraucher oder der sonstigen Marktteilnehmer spürbar zu beeinträchtigen. Das ist jedenfalls dann anzunehmen, wenn es dem Handelnden gelingt, Verbraucher zu einem Vertragsschluss zu veranlassen, weil die vertragliche Bindung stets eine spürbare Beeinträchtigung ihrer Interessen darstellt. Doch genügt nach dem Wortlaut des § 3 I schon die bloße Eignung der Handlung zur spürbaren Interessenbeeinträchtigung. Diese Eignung ist aber bereits dann zu bejahen, wenn die Handlung geeignet ist, den Verbraucher zu einem Vertragsschluss zu veranlassen. Das entspricht auch den Anforderungen des **Art 7 II UGP-Richtlinie** an die geschäftliche Relevanz. Denn danach ist erforderlich, aber auch ausreichend, dass das Nichtkenntlichmachen des kommerziellen Charakters der Geschäftspraxis „einen Durchschnittsverbraucher zu einer geschäftlichen Entscheidung veranlasst oder zu veranlassen geeignet ist, die er sonst nicht getroffen hätte". So gesehen handelt es sich bei § 4 Nr 3 um einen Gefährdungstatbestand, der § 5 a II konkretisiert (vgl Rdn 3.6). **Beispiel:** An einer spürbaren Beeinträchtigung der Verbraucherinteressen fehlt es, wenn ein Verlag über das Standesamt Heiratswilligen Bücher schenken lässt, die Werbung enthalten, mag dies auch zunächst nicht erkennbar sein (BGH GRUR 2009, 606 Tz 17 – *Buchgeschenk vom Standesamt*). Denn für die Empfänger ist damit kein Nachteil verbunden. 3.12

3. Abschnitt. Fallgruppen

I. Verschleierung eines werblichen Kontakts

1. Begriff

Eine nach § 4 Nr 3 unlautere Verschleierung eines werblichen Kontakts liegt vor, wenn der Werbende unter einem nichtgeschäftlichen Vorwand einen Kontakt zu Verbrauchern (oder sonstigen Marktteilnehmern) herstellt, um sie dann mit einem geschäftlichen Angebot zu konfrontieren und zu einer geschäftlichen Entscheidung zu veranlassen. Denn solche Maßnahmen sind geeignet, die kritische Einstellung von Marktteilnehmern gegenüber unerbetener Werbung auszuschalten. 3.13

2. Erscheinungsformen

3.14 **a) Verschleierung einer Verkaufsveranstaltung.** Unlauter ist es, Verbraucher zur Teilnahme an Verkaufsveranstaltungen zu veranlassen, ohne deren Werbecharakter ausreichend deutlich zu machen (vgl BGH GRUR 1962, 461, 464 ff – *Film-Werbeveranstaltung*). Hierher gehören insbes die Fälle der sog **Verkaufs-** oder **Kaffeefahrten,** bei denen eine Ausflugsfahrt angekündigt wird, aber der eigentliche Zweck, der Besuch einer Verkaufsveranstaltung, nicht hinreichend deutlich herausgestellt wird (dazu *Pluskat* WRP 2003, 18). Die Rspr stellt bei der Werbung für Verkaufsfahrten strenge Anforderungen an die Art und Weise, in der der Verkaufscharakter der Fahrt und ihre Einzelumstände (etwa Zeitpunkt und Dauer der Verkaufsveranstaltung sowie deren Stattfinden außerhalb des herausgestellten Zielortes) verdeutlicht werden. Denn zum einen können sich die Teilnehmer nicht mehr ohne Weiteres der eigentlichen Verkaufsveranstaltung entziehen. Zum anderen nehmen wegen des Zeitaufwands idR nur ältere Menschen, ggf auch Hausfrauen, an solchen Fahrten teil. Bei diesen Personengruppen ist aber eine erhöhte Schutzbedürftigkeit gegeben, weil sie – bedingt durch Alter und/oder geringere geschäftliche Erfahrung – der Gefahr der Irreführung, aber auch der unangemessenen unsachlichen Beeinflussung und der Belästigung in stärkerem Maße ausgesetzt sind. Vor allem aber fehlt es den Teilnehmern an einer Verkaufsveranstaltung an Überlegungszeit und an Vergleichsmöglichkeiten. Der Veranstalter muss daher eindeutig, unmissverständlich und unübersehbar darauf hinweisen, dass es sich um eine Verkaufsfahrt handelt und dass die Teilnahme an der Verkaufsveranstaltung freiwillig ist. Werden die Vorteile der beworbenen Fahrt blickfangmäßig herausgestellt, so muss auch regelmäßig deren Charakter als Verkaufsfahrt blickfangmäßig verdeutlicht werden (BGH GRUR 1986, 318, 320 – *Verkaufsfahrten I*; BGH GRUR 1988, 829 – *Verkaufsfahrten II*). Der Hinweis „Werbefahrt" genügt, da mehrdeutig, diesen Anforderungen nicht (BGH GRUR 1988, 829, 830 – *Verkaufsfahrten II*). Den Verkaufsfahrten stehen (mehrtägige) **Verkaufsreisen** (BGH GRUR 1988, 130, 131 – *Verkaufsreisen*) und **Freizeitveranstaltungen** (BGH GRUR 1990, 1020 – *Freizeitveranstaltung*) grds gleich. – Die **Unzulässigkeit** der Werbemaßnahme kann sich insbes aus folgenden Tatbeständen ergeben: **(1) Irreführung** (§§ 5, 5 a; zu der nach § 16 I strafbaren Werbung für Kaffeefahrten vgl BGH WRP 2002, 1432 – *Strafbare Werbung für Kaffeefahrten*); **(2) Ausübung von Druck** oder sonstige **unangemessene unsachliche Beeinflussung** (§ 4 Nr 1), etwa wenn die Teilnehmer sich angesichts der geringfügigen Kosten für die Teilnahme aus Dankbarkeit verpflichtet fühlen, einen Kauf zu tätigen (psychischer Kaufzwang; BGH GRUR 1988, 130, 131 – *Verkaufsreisen*); **(3) Rechtsbruch** (§ 4 Nr 11), etwa wegen **Verletzung** der **gesetzlichen Informationspflicht** (dazu § 4 Rdn 11.157 ff) über das Bestehen eines Widerrufsrechts aus § 312 I 1 Nr 2 BGB (vgl BGH GRUR 1990, 1020, 1021 – zum früheren § 1 I Nr 2 HWiG).

3.15 **b) Verschleierung des Werbecharakters einer Kontaktaufnahme.** Unlauter nach § 4 Nr 3 ist die Aufnahme eines **persönlichen Kontakts zu Werbezwecken,** wenn der Werbezweck verheimlicht wird. Dazu gehört das **Ansprechen von Passanten in der Öffentlichkeit,** ohne sich als Werber zu erkennen zu geben. Dieses Verhalten kann darüber hinaus den Tatbestand der Nr 23 Anh § 3 III und des § 7 I 1 erfüllen. – Unlauter ist ferner ein **Hausbesuch,** wenn der Werbende sich durch Verheimlichung des Werbezwecks Zutritt verschafft. Dazu gehört auch der Fall der Ausgabe eines „Gutscheins" mit dem Hinweis „Erbitte unverbindlich und kostenlos im Farbbildangebot", um einen unaufgeforderten Hausbesuch durchführen zu können (BGH GRUR 1968, 648 – *Farbbildangebot*). Daneben kann der Tatbestand des § 7 I erfüllt sein. – Unlauter ist es schließlich, bei einem **Telefonanruf** den geschäftlichen Zweck nicht sogleich zu offenbaren. (Daneben kommt der Tatbestand des Rechtsbruchs nach §§ 3, 4 Nr 11 wegen Verstoßes gegen § 312 e I 1 Nr 2 BGB in Betracht.) Fehlt in derartigen Fällen, wie idR, auch eine vorherige ausdrückliche Einwilligung in den Anruf, liegt auch ein Fall des § 7 II Nr 2 vor. – An der Unlauterkeit solcher Werbekontakte ändert es nichts, wenn sie von **Laienwerbern** (dazu Rdn 1.175 ff), also bsw Freunden oder Bekannten des Umworbenen, ausgehen. – Unlauter handelt, wer unter dem Vorwand, Einsicht in das öffentliche Verfahrensverzeichnis zu beantragen, Kontakt zu **Arztpraxen** herstellt, um dann seine Dienstleistung als Datenschutzbeauftragter anzubieten (OLG Frankfurt WRP 2009, 238 LS).

3.16 **c) Verschleierung des Werbecharakters von Meinungsumfragen.** Ein beliebtes Mittel zur Gewinnung von Informationen (Adressen, Gewohnheiten usw) über potenzielle Kunden ist die Tarnung als Meinungsumfrage. Unlauter ist es, Verbraucher oder sonstige Marktteilnehmer unter dem Vorwand einer Meinungsumfrage zur Überlassung ihrer Adressen oder sonstiger Informationen zu veranlassen, wenn nicht gleichzeitig der **geschäftliche Zweck** deutlich gemacht wird (vgl auch Begr RegE UWG 2004 zu § 4 Nr 3, BT-Drucks 15/1487 S 17). Hinzu kommt, dass das Vertrauen der Befragten auf den Schutz ihrer Anonymität missbraucht wird. **Beispiele:** Versendung von Antwortkarten, die der Marktforschung nach statistischen Grundsätzen dienen, jedoch nicht erkennen lassen, dass zugleich ein gewerblicher Absatz der Verlagserzeugnisse bezweckt ist (KG GRUR 1972, 192). – Beschaffung von Adressenmaterial für Werbezwecke unter dem Vorwand einer wissenschaftlichen Zwecken dienenden Meinungsumfrage oder einer anonymen Marktumfrage (GA 3/1970 WRP 1981, 238; OLG Frankfurt GRUR 1989, 845; OLG Frankfurt WRP 2000, 1195, 1196; LG Berlin NJW-RR 1997, 747; LG Köln VuR 1997, 228). – Befragung von Ärzten über Behandlungsmethoden durch ein Meinungsforschungsunternehmen im Interesse des Absatzes eines Pharmaherstellers, ohne dies deutlich zu machen (OLG Oldenburg GRUR-RR 2006, 239, 241). – Briefumfragen bei Verbrauchern, die den Eindruck einer wissenschaftlich fundierten Markt- und Meinungsforschung mit dem Ziel genereller Auswertung erwecken, obwohl es in Wahrheit nur darum geht, die Wünsche bestimmter Verbraucher zu ermitteln, um sie sodann gezielt zu umwerben. Die Auftraggeber verschaffen sich dadurch einen Wettbewerbsvorsprung vor ihren Mitbewerbern, die sich nicht derartiger Praktiken bedienen (BGH GRUR 1973, 268 – *Verbraucher-Briefumfragen*). Zulässig sind solche Umfragen nur, wenn für die Befragten klar erkennbar ist, dass sie der Kundengewinnung dienen. In diesem Fall stellt es keinen psychischen Kaufzwang gegenüber den Umworbenen dar, wenn Vertreter sie später mit ihrem Einverständnis aufsuchen und sich im Verkaufsgespräch die Befragungsergebnisse zu Nutze machen. Wussten die Befragten, dass die Testaktion Werbemaßnahmen diente, so ist auch nicht zu befürchten, dass ihre Auskunftsfreudigkeit gegenüber Markt- und Meinungsforschungsinstituten wesentlich nachlässt und deren Funktionsfähigkeit gefährdet (BGH aaO – *Verbraucher-Briefumfragen*). – Dagegen fällt das heimliche Sammeln von Adressen und sonstigen Informationen über Verbraucher, etwa durch das Setzen von **Cookies,** durch die Nutzung von **Web-Bugs** oder das Kaufen von Adressmaterial, nicht unter § 4 Nr 3, weil es an einer „Verschleierung" der Maßnahme gegenüber dem Verbraucher fehlt (Rdn 3.11). Solche geschäftlichen Handlungen können nur unter dem Gesichtspunkt des Rechtsbruchs (§ 4 Nr 11) erfasst werden.

d) Verschleierung des Werbecharakters bei Vorspiegelung von Verdienstmöglichkei- 3.17 ten. Unlauter ist es, Verbrauchern hohe Verdienstmöglichkeiten in Zeitungsinseraten oder Postwurfsendungen („Idealer Nebenverdienst – mindestens 1000 Euro monatlich" ua) in Aussicht zu stellen, um sie zum Kauf von Waren zu veranlassen (vgl AG/LG Frankfurt BB 1963, 1312).

II. Getarnte Werbung

1. Tarnung von Werbung als wissenschaftliche, fachliche oder private Äußerung

Verbraucher messen wissenschaftlichen und fachlichen Äußerungen (Gutachten, Aufsätzen) 3.18 mehr Beachtung und Bedeutung bei als den Werbeaussagen eines Unternehmens, weil sie sie als Ergebnis unabhängiger, objektiver und nur der Wahrheit verpflichteter Forschung und Prüfung ansehen. Unlauter nach § 4 Nr 3 handelt daher, wer vorgibt, sich zu einer Frage wissenschaftlich oder fachlich zu äußern, obwohl er in Wahrheit damit für ein bestimmtes Unternehmen werben will. – Nur unter § 5 fällt dagegen die Werbung eines Unternehmens mit angeblichen, aber gar nicht vorliegenden wissenschaftlichen Äußerungen. – Entsprechendes gilt für Werbung, die als private Äußerung getarnt ist (zB Leserbrief, Einträge in Blogs, fingierte Belobigungen in Bewertungsportalen; vgl *Schirmbacher* K&R 2009, 433, 436). Denn der Verbraucher sieht auch sie als unabhängige und neutrale Stellungnahme an und lässt sich dadurch eher beeinflussen als durch Werbung.

2. Tarnung von Werbematerial

Unlauter nach § 4 Nr 3 ist es, den werblichen Charakter einer Werbeschrift zu verschleiern 3.19 (BGH GRUR 1989, 516, 518 – *Vermögensberater*) oder einem Werbebrief den Charakter einer privaten Mitteilung oder eines amtlichen Dokuments zu geben, um ihm erhöhte Aufmerksamkeit und Beachtung zu sichern (vgl den Bericht in WRP 1996, 1129 f; ÖOGH ÖBl 1998, 11) oder ein Bestellformular als Gutschein in Form eines Anforderungsschreibens zu tarnen (OLG Karlsruhe WRP 1988, 322). Voraussetzung ist freilich stets, dass die Bezeichnung tatsächlich geeignet ist, den durchschnittlich informierten, (situationsadäquat) aufmerksamen und verständigen Verbraucher zu täuschen. Das ist aber nicht schon dann anzunehmen, wenn Werbung in neutralen Briefumschlägen versandt wird (aA HdbWettbR/*Bruhn* § 50 Rdn 35).

3. Getarnte Werbung in der Presse

3.20 **a) Grundsatz.** Ein Unterfall der getarnten Werbung iSd § 4 Nr 3 ist die sog **redaktionelle Werbung**. (Zum früheren Recht vgl BGH GRUR 1998, 481, 482 – *Auto '94*.) Dem liegt das im Presserecht entwickelte **Gebot der Trennung von Werbung und redaktionellem Text** (vgl BVerfG WRP 2003, 69, 71 – *Veröffentlichung von Anwalts-Ranglisten*) zu Grunde. Es gilt für solche Zeitschriften, die nicht auf dem Titelblatt unmissverständlich und eindeutig als reine Werbeschriften gekennzeichnet sind (BGH GRUR 1989, 516, 518 – *Vermögensberater*). Dieses Gebot hat auch in den Richtlinien des ZAW [abgedr im Anh Nr 20] für redaktionell gestaltete Anzeigen und für die Werbung mit Zeitungs- und Zeitschriftenanalysen sowie der Verlegerorganisationen für redaktionelle Hinweise in Zeitungen und Zeitschriften Ausdruck gefunden. Es trägt der Erwartung des Lesers und damit des Verbrauchers Rechnung (allgM; vgl nur OLG Hamburg GRUR-RR 2006, 15, 16). Der Leser erwartet im redaktionellen Teil im Allgemeinen eine objektiv-kritische, nicht von gewerblichen Interessen geleitete Information einer unabhängigen und neutralen Redaktion als Beitrag zur Unterrichtung und Meinungsbildung, nicht aber eine in erster Linie von den Eigeninteressen des Werbenden geprägte Reklame. Dementsprechend misst er einem redaktionellen Beitrag, der Äußerungen über Unternehmen und deren Produkte enthält und Werbewirkung entfaltet, regelmäßig größere Beachtung und Bedeutung bei und steht ihm weniger kritisch gegenüber, als wenn es sich um werbende Äußerungen des Unternehmens selbst handelt (stRspr; vgl etwa BGH GRUR 1994, 441, 442 – *Kosmetikstudio;* BGH GRUR 1997, 541, 543 – *Produkt-Interview;* BGH GRUR 1997, 907, 909 – *Emil-Grünbär-Klub;* OLG Hamburg NJW-RR 2004, 196, 198). Das kann ein Anreiz für die Redaktion sein, im Gewande eines redaktionellen Beitrags Werbung für Unternehmen und deren Produkte zu treiben. Werbung im Gewande eines redaktionellen Beitrags führt daher regelmäßig zu einer **Irreführung** des Lesers durch Verschleierung des Werbecharakters der Veröffentlichung (vgl BGHZ 81, 247, 250 = GRUR 1981, 835 – *Getarnte Werbung I;* BGH GRUR 1994, 821, 822 – *Preisrätselgewinnauslobung I;* BGH GRUR 1997, 907, 909 – *Emil-Grünbär-Klub*) und erfüllt damit den Tatbestand des § 4 Nr 3. Zugleich verschafft sich der Verlag dadurch einen rechtlich missbilligten Vorteil gegenüber seinen Mitbewerbern im Anzeigengeschäft (BGH GRUR 1998, 481, 482 – *Auto '94*), weil gerade die Tarnung der Werbung als objektive Information einen besonderen Werbeerfolg für den Kunden verspricht. Als weiterer Schutzzweck wird die Wahrung der Unabhängigkeit der Medien und die ungehinderte Erfüllung ihres publizistischen Auftrags angeführt (BGHZ 110, 278, 288 f – *Werbung im Programm* für den Rundfunk). Doch liegt dieser Schutzzweck außerhalb der Schutzzwecke des Lauterkeitsrechts (§ 1). – Das Gebot der Trennung von Werbung und redaktionellem Beitrag ist allerdings nur als **Grundsatz** zu verstehen, der der weiteren Konkretisierung und Differenzierung bedarf, um den unterschiedlichen Formen und Zwecken einer Veröffentlichung gerecht zu werden (vgl BGH GRUR 1996, 804, 806 – *Preisrätselgewinnauslobung III;* BGH GRUR 1997, 907, 909 – *Emil-Grünbär-Klub*). Die geschäftliche Relevanz iSd § 3 I muss jeweils noch hinzukommen, um ein Verbot zu ermöglichen. (Dies entspricht der Forderung des BVerfG im Rahmen der Anwendung des § 1 aF zu prüfen, ob von der fraglichen Maßnahme eine „hinreichende Gefährdung des Leistungswettbewerbs" ausgeht; vgl BVerfG WRP 2003, 69, 71 – *Veröffentlichung von Anwalts-Ranglisten*). Für die Rechtsanwendung stellt sich daher das Problem, Abgrenzungskriterien zu entwickeln, wann die Grenze von der redaktionellen Berichterstattung mit dem Anspruch auf Unabhängigkeit, Neutralität und kritische Distanz zur getarnten Werbung überschritten ist. Dazu gilt es, mehrere Erscheinungsformen der redaktionell getarnten Werbung zu unterscheiden, mag es auch atypische Formen geben (OLG Hamburg NJW-RR 2004, 196, 198: Gestaltung des Titelblatts in ähnlicher Weise wie die Werbung auf der Rückseite).

3.21 **b) Vortäuschen eines redaktionellen Beitrages. aa) Tarnung von Anzeigen.** Eine relevante Täuschung liegt stets vor, wenn dem Leser eine entgeltliche Anzeige als redaktioneller Beitrag präsentiert wird. (Dann wird idR bereits der vorrangig zu prüfende Tatbestand des **Anh zu § 3 III Nr 11** erfüllt sein; vgl Rdn 3.6). In den **Landespressegesetzen** ist – mit im Einzelnen unterschiedlichen Formulierungen – vorgeschrieben, dass der Verleger einer periodischen Druckschrift oder der für den Anzeigenteil Verantwortliche eine Veröffentlichung, für die er ein **Entgelt** erhalten, gefordert oder sich hat versprechen lassen, innerhalb des Druckwerks in der üblichen Weise als „Anzeige" kenntlich zu machen hat, wenn sie nicht schon durch Anordnung und Gestaltung allgemein als Anzeige zu erkennen ist. Beispielhaft sei die Regelung im baden-württembergischen Landespressegesetz wiedergegeben:

3. Kap. Verschleierung des Werbecharakters 3.21a § 4 UWG

§ 10 BadWürtt LPG (Kennzeichnung entgeltlicher Veröffentlichungen)
Hat der Verleger eines periodischen Druckwerks oder der Verantwortliche (§ 8 Abs. 2 Satz 4) für eine Veröffentlichung ein Entgelt erhalten, gefordert oder sich versprechen lassen, so hat er diese Veröffentlichung, soweit sie nicht schon durch Anordnung und Gestaltung allgemein als Anzeige zu erkennen ist, deutlich mit dem Wort „Anzeige" zu bezeichnen.

Diese Verpflichtung soll sicherstellen, dass der Werbecharakter einer bezahlten Veröffentlichung dem durchschnittlich informierten, situationsadäquat aufmerksamen und verständigen Leser ohne weiteres erkennbar ist. Ein Verstoß hiergegen ist unlauter unter dem Gesichtspunkt der Verschleierung des Werbecharakters (§ 4 Nr 3) und des Rechtsbruchs (§ 4 Nr 11; vgl LG/ OLG Frankfurt WRP 2010, 157, 159).

Beispiele: Unlauter ist es insbes, Anzeigen in Stil und Aufmachung von Reportagen, public 3.21a relations, redaktionellen Beiträgen oder wissenschaftlichen Aufsätzen zu bringen, ohne den Anzeigencharakter deutlich zu machen (BGH GRUR 1968, 382 – *Favorit II;* BGHZ 81, 247, 250 = GRUR 1981, 835 – *Getarnte Werbung I;* OLG München WRP 2010, 161). Die Kenntlichmachung einer Veröffentlichung als bezahlte Werbung muss aber nur dann erfolgen, wenn dies nicht schon durch Anordnung und Gestaltung (zB durch Unterbringung im Anzeigenteil) eindeutig erkennbar ist. Sie muss auch nicht notwendig durch das Wort „*Anzeige"* erfolgen. (Dazu, dass dieser Begriff eindeutig Informationen werbender Art erfasst und sich nicht auf unabhängige, neutrale und kritische Erörterungen der Redaktion bezieht, vgl BGH GRUR 1996, 791, 792 – *Editorial II*). Es genügen auch gleichwertige Ausdrücke wie zB „*Werbeinformation"* (BGH GRUR 1996, 791, 793 – *Editorial II*). Ist der Werbetext als redaktioneller Beitrag aufgemacht, sind an die Kennzeichnung als Werbung **hohe Anforderungen** zu stellen (OLG Düsseldorf WRP 2009, 1155 und WRP 2009, 1311, 1312 [zu Nr 11 Anh § 3 III]); OLG München WRP 2010, 161; LG Stuttgart WRP 2006, 773, 775; LG München WRP 2006, 775, 776). Maßgebend ist stets, ob der Durchschnittsleser die Bezeichnung dem Werbetext zuordnet und er sie dahin versteht, dass es sich um keinen redaktionellen Beitrag, sondern um Werbung handelt (ebenso LG/OLG Frankfurt WRP 2010, 156, 159). Daher genügt die formale Kennzeichnung des Textes als „Anzeige" nicht, wenn sie so gestaltet ist, dass der Leser sie übersieht oder jedenfalls nicht dem Text zuordnet (ebenso LG/OLG Frankfurt WRP 2010, 156, 159). So etwa, wenn auf einer Seite sowohl eine als solche erkennbare Anzeige und daneben eine redaktionell gestaltete Anzeige abgedr sind, und lediglich die ganze Seite mit dem Wort „Anzeigen" gekennzeichnet ist (OLG Frankfurt WRP 2007, 111, 112; vgl auch LG Frankfurt WRP 2007, 114 [LS]). Wendet sich eine (ggf auch bloße Kunden-)Zeitschrift nach ihrem Inhalt an Kinder zwischen 6 und 14 Jahren, sind im Hinblick auf deren begrenzte Kritikfähigkeit und damit besondere Schutzbedürftigkeit (§ 3 II 3) an die Trennung zwischen redaktionellem Teil und bezahlten Anzeigen besonders hohe Anforderungen zu stellen (vgl *Köhler* FS Ullmann 2006, 675, 695; LG/OLG Frankfurt WRP 2010, 156, 159). Als nicht ausreichend wurden angesehen: die Kennzeichnung redaktionell aufgemachter Werbung als „*PR-Mitteilungen"* (zumal eine solche Abkürzung leicht als Pressemitteilung verstanden wird (OLG Düsseldorf WRP 1972, 145), „*PR-Anzeige"* (OLG Düsseldorf GRUR 1979, 165), „*Sonderveröffentlichung"* (LG München WRP 2006, 775, 776); „*public relations"* oder „*Werbereportage"* (ZAW-Richtlinien Nr 8, abgedr unter **Nr 20**). Gleiches gilt für unauffällige Hinweise wie „*Ende des redaktionellen Teils".* Denn auch der durchschnittlich informierte, situationsadäquate, aufmerksame und verständige Durchschnittsleser beachtet Orientierungsmöglichkeiten dieser Art erfahrungsgemäß nicht. Der Hinweis muss nach Schriftart, Schriftgröße, Platzierung und Begleitumständen ausreichend deutlich sein, um eine Irreführung zu vermeiden (BGH GRUR 1996, 791, 792 – *Editorial II;* LG/OLG Frankfurt WRP 2010, 156, 159; OLG München WRP 2010, 161; vgl auch OLG Düsseldorf WRP 2009, 1155 und WRP 2009, 1311, 1312 [zu Nr 11 Anh § 3 III]). Werden neben redaktionellen Berichten Anzeigen veröffentlicht, die diesen in der Aufmachung (Gestaltung, Farbgebung und Überschriften) gleichen, müssen diese besonders deutlich als Anzeigen gekennzeichnet sein. Dazu reichen Hinweise in kleiner weißer Schrift auf lavendelfarbigem Grund nicht aus (OLG München WRP 2010, 161). Als unlauter wurde der „public-relations-Dienst" eines Pressebüros angesehen, in dem der Anzeigenteil mit dem redaktionellen Teil bei übereinstimmender grafischer Gestaltung auf der gleichen Seite erschien (BGH GRUR 1975, 76, 77 – *Wirtschaftsanzeigen – public-relations*). Zwischen beiden Teilen war ein waagerechter Querstrich gezogen, der von den Worten „Wirtschaftsanzeigen – public-relations" durchbrochen wurde; diese Worte waren in gleicher Schrift und Druckgestaltung wie der laufende Text gehalten. Die Trennung reichte nicht aus, um den irrigen Eindruck eines redaktionellen Beitrags auszuschließen. – Die

Täuschungsgefahr wird erst recht nicht dadurch beseitigt, dass das werbende Unternehmen oder die beworbenen Waren im Text der Veröffentlichung genannt werden oder der Werbecharakter des Beitrags aus einem Hinweis im Impressum hervorgeht. – Das Gebot der Kenntlichmachung gilt auch für Anzeigenblätter mit einem redaktionellen Teil. Daher reichen die für den Leser erkennbare unentgeltliche Verbreitung, eine bloße Balkenumrandung oder die Nennung des Namens des werbenden Unternehmens zur Beschreibung des Werbecharakters eines Textes nicht aus. Lässt die Überschrift-Schlagzeile einen redaktionellen Beitrag vermuten, so liegt eine Irreführung auch dann vor, wenn der nachfolgende Text den Werbecharakter klarstellt (OLG Köln AfP 1971, 74 mit Anm *Schneider*). – Bei der redaktionellen Berichterstattung auf einer **Internetseite** kann sich die Tarnung einer Anzeige auch daraus ergeben, dass ein **Link** zu einer Werbeseite führt, ohne dass deren werblicher Charakter erkennbar ist (KG GRUR 2007, 254, 255). – Als getarnte Werbung wurde auch eine redaktionelle Empfehlung auf dem **Flappenumschlag** einer Zeitschrift angesehen, die den Leser zur Werbung eines Unternehmens auf der Rückseite der Zeitschrift führte (LG Düsseldorf WRP 2009, 751).

3.22 **bb) Unveränderte Übernahme von Beiträgen Dritter.** Ein redaktioneller Beitrag wird auch dann vorgetäuscht, wenn er nicht von der Redaktion verfasst, sondern mehr oder weniger unverändert von einem Dritten übernommen wird (BGH GRUR 1994, 441 – *Kosmetikstudio*). Denn der Leser erwartet, dass redaktionelle Beiträge auf eigenen journalistischen Recherchen beruhen (vgl BGH GRUR 1997, 914, 916 – *Die Besten II*), von der Redaktion jedenfalls maßgeblich gestaltet und bearbeitet werden (BGH GRUR 1993, 565, 566 – *Faltenglätter*). Unerheblich ist in diesem Zusammenhang, ob der Dritte die Veröffentlichung angeregt oder erbeten hat. (Hat er für den Abdruck ein Entgelt angeboten oder geleistet, liegt bereits ein Fall der Nr 11 Anh zu § 3 III; Rdn 3.21). Nach der Rspr ist die Täuschung über das Vorliegen eines redaktionellen Beitrags allerdings nicht ausreichend. Vielmehr muss hinzukommen, dass entweder die darin enthaltenen Angaben unrichtig sind oder dass der Beitrag eine übermäßig werbende Herausstellung enthält (BGH GRUR 1993, 565, 566 – *Faltenglätter*; vgl aber auch BGH GRUR 1994, 445, 446 – *Beipackzettel*). Denn die bloße irrige Vorstellung des Lesers von der Urheberschaft des Beitrags sei wettbewerblich nicht relevant. – Dem ist entgegenzuhalten, dass der Leser einen redaktionellen Beitrag mit Werbewirkung eher wahrnimmt und weniger kritisch beurteilt, als wenn er in einer Anzeige enthalten wäre. Dadurch wird ein wettbewerblich relevanter Vorsprung gegenüber Mitbewerbern erzielt, die sich auf Anzeigenwerbung beschränken. Der Meinungsgegensatz relativiert sich allerdings, falls man eine übermäßige Werbung schon dann annimmt, wenn trotz einer Vielzahl vergleichbarer Produkte nur eines erwähnt wird (vgl BGH GRUR 1994, 819, 820 – *Produktinformation II* mwN; BGH GRUR 1996, 292, 293 – *Aknemittel*). – Die Redaktion kann eine Täuschung des Lesers auch unschwer durch eine entsprechende Quellenangabe vermeiden. Daher behindert ein Verbot solcher Praktiken auch nicht die redaktionelle Arbeit (*Köhler* WRP 1998, 349, 355). Da die Täuschung des Lesers dessen Nachfrageentscheidung beeinflussen kann, ist in solchen Fällen idR auch von einer spürbaren Beeinträchtigung der Interessen der Verbraucher iSd § 3 I auszugehen.

3.23 **c) Vortäuschen einer unabhängigen (neutralen) Berichterstattung. aa) Allgemeines.** Der Leser erwartet im redaktionellen Teil im Allgemeinen eine unabhängige (neutrale) Berichterstattung. Er wird daher getäuscht, wenn die Redaktion in ihrer Entscheidung, ob, an welcher Stelle und mit welchem Inhalt ein Bericht mit Werbewirkung für ein Unternehmen abgedr wird, nicht unabhängig ist. Das ist der Fall, wenn ein (zB gesellschaftsrechtliches) Abhängigkeitsverhältnis gegeben ist oder die Redaktion durch ein (schuldrechtliches) Kooperationsabkommen gebunden ist (vgl BGHZ 110, 278, 288 f = GRUR 1990, 610 – *Werbung im Programm*; OLG Hamburg GRUR-RR 2006, 15, 18). Vor allem aber ist dies der Fall, wenn der Verlag oder der Verfasser des Beitrags dafür eine **Gegenleistung** (Anzeigenauftrag; Produktüberlassung; Geldzahlung usw) gefordert, angeboten bekommen oder erhalten hat; jedoch ist in diesem Fall bereits der Tatbestand der Nr 11 Anh zu § 3 III erfüllt. Unerheblich ist dabei, von welcher Seite die Initiative ausgegangen ist und ob der Dritte Druck ausgeübt hat. Es genügt bereits, dass mittels der Veröffentlichung auf eine Gegenleistung hingewirkt wird (BVerfG WRP 2003, 69, 71 – *Veröffentlichung von Anwalts-Ranglisten*). Allerdings müssen dafür konkrete Anhaltspunkte vorliegen. Das bloß allgemeine Interesse des Verlags an Anzeigenaufträgen reicht nicht aus, um die Unlauterkeit einer Veröffentlichung mit Werbewirkung zu begründen. Denn anzeigenfinanzierte Medien sind regelmäßig darauf angewiesen, zur Schaltung von Anzeigen zu motivieren (BVerfG aaO – *Veröffentlichung von Anwalts-Ranglisten*; BGH WRP 2006, 1109 Tz 28 – *Rechtsanwalts-Ranglisten*). Lässt sich – wie meist – die „Käuflichkeit" der Berichterstattung nicht aufklären, kommt es darauf an, ob eine sonstige Täuschung über die Objektivität der Berichterstattung vorliegt (dazu Rdn 3.27 ff).

bb) Besonderheiten. Das Verbot der redaktionellen Werbung gilt zwar grds für alle Arten von Zeitschriften und Beiträgen, sofern sie nicht eindeutig als Werbeschriften gekennzeichnet sind (BGH GRUR 1989, 516, 518 – *Vermögensberater*). Allerdings ist zu berücksichtigen, dass die Erwartungen der Leser je nach Zuschnitt der Zeitschrift und Art des Beitrags unterschiedlich ausgeprägt sein können. Es ist also stets zu fragen, ob und inwieweit sich die Irreführungsgefahr, der das Verbot der redaktionellen Werbung entgegenwirken soll, tatsächlich verwirklicht (vgl OLG Hamburg NJW-RR 2004, 196, 198 zu einer Frauenzeitschrift). 3.24

(1) Anzeigenblätter, Kundenzeitschriften, „Special-Interest"-Zeitschriften. An Anzeigenblätter und Kundenzeitschriften, die als Werbemittel eingesetzt werden (BGH GRUR 1995, 125 – *Editorial I;* BGH GRUR 1996, 791, 792 – *Editorial II;* BGH GRUR 1997, 907, 909 – *Emil-Grünbär-Klub;* OLG Hamm WRP 1979, 561; LG Hamburg WRP 1997, 253), wird der Leser nicht die gleichen Erwartungen stellen wie etwa an eine Tageszeitung (vgl *Lorenz* WRP 2008, 1494, 1496). Denn er weiß oder muss davon ausgehen, dass diese Publikationen in erster Linie Werbezwecken dienen Bei einer redaktionellen Werbung zu Gunsten einer gemeinnützigen Einrichtung werden diese Erwartungen nicht sehr hoch angesetzt werden können (vgl BGH GRUR 1997, 907, 909 – *Emil-Grünbär-Klub*). Anders mag es sich verhalten, wenn in solchen Presseerzeugnissen grds zwischen redaktionellem Teil und Werbung getrennt wird. – Bei „Special-Interest" – Zeitschriften wird der Leser ebenfalls davon ausgehen, dass sie sich vornehmlich mit Unternehmen beschäftigen, die dieses Interesse befriedigen (vgl OLG Hamburg GRUR-RR 2006, 15, 18 zu einer Fernsehzeitschrift mit Schwerpunkt auf digitalem Pay-TV). 3.25

(2) Preisrätselgewinnauslobung. Vielfach drucken Zeitschriften Preisrätsel ab, bei denen Waren oder Dienstleistungen eines oder mehrerer Unternehmen als Preis ausgelobt werden. Die Unternehmen stellen diese Preise idR unentgeltlich zur Verfügung, weil sie sich durch die Erwähnung ihres Namens oder durch die Darstellung oder Beschreibung ihrer Produkte einen Werbeeffekt erwarten. Zugleich steigert der Abdruck solcher Preisrätsel die Attraktivität der Zeitschrift und ist damit auch eine Form der Werbung für die Zeitschrift selbst. Nach der Rspr sind Preisrätsel dem redaktionell gestalteten und verantworteten Bereich einer Zeitschrift im weiteren Sinne zuzuordnen (BGH GRUR 1994, 821, 822 – *Preisrätselgewinnauslobung I;* BGH GRUR 1996, 804, 806 – *Preisrätselgewinnauslobung III*). Denn der Leser schreibe die Auswahl, Besprechung und rühmende Herausstellung der ausgelobten Waren einer objektiven und gewissenhaften Recherche der Redaktion zu (BGH GRUR 1994, 823, 824 – *Preisrätselgewinnauslobung II;* BGH GRUR 1997, 145, 147 – *Preisrätselgewinnauslobung IV*). Die Rspr will jedoch die zur Wettbewerbswidrigkeit einer redaktionellen Werbung aufgestellten Grundsätze nicht ohne weiteres auf die Gestaltung eines Preisrätsels und die Präsentation des für die richtige Lösung ausgelobten Gewinns übertragen (BGH GRUR 1994, 821, 822 – *Preisrätselgewinnauslobung I;* BGH GRUR 1994, 823, 824 – *Preisrätselgewinnauslobung II;* BGH GRUR 1996, 804, 806 – *Preisrätselgewinnauslobung III;* BGH GRUR 1997, 145, 146 – *Preisrätselgewinnauslobung IV*). Denn der Leser erwarte anders als bei redaktionellen Beiträgen im engeren Sinne, die der Unterrichtung und Meinungsbildung dienten, bei Preisrätseln in erster Linie spielerische Unterhaltung und Gewinnchancen. Er erkenne regelmäßig auch, dass ihm beides als Anreiz für den Kauf gerade dieser Zeitschrift geboten werde und ihm damit also auch eine Form der Werbung für diese Zeitschrift entgegentrete. Daher könne nicht ohne Weiteres jede positiv gehaltene Präsentation der ausgelobten Preise als verdeckte redaktionelle Werbung für den namentlich genannten Hersteller angesehen werden. In den Grenzen des Normalen und seriöserweise Üblichen gehöre sie vielmehr zum Anreiz für die Beteiligung am Rätselspiel und der davon erhofften Werbung für die Zeitschrift. Auch die Abbildung des als Gewinn eines Preisrätsels ausgelobten Produkts und die wiederholte Erwähnung des Produktnamens sind nach der Rspr dann nicht als eine unzulässige getarnte redaktionelle Werbung zu beanstanden, wenn zugleich darauf hingewiesen wird, dass der Produzent den Gewinn unentgeltlich zur Verfügung gestellt hat (BGH GRUR 1996, 804, 806 – *Preisrätselgewinnauslobung III*). Gleiches gilt, wenn die mehrfache Benennung des Produkts und die wiederholte Angabe seines Herstellers zur Darstellung des ausgelobten Gewinns (hier: Körperpflege-Serie) gehören und das Produkt auch sonst durch Text und Gestaltung nicht übermäßig werblich herausgestellt wird (BGH GRUR 1997, 145 – *Preisrätselgewinnauslobung IV*). Unlauter soll es jedoch sein, wenn die werbliche Herausstellung des Produkts und seiner Eigenschaften optisch und dem Aussagegehalt nach deutlich im Vordergrund steht und dem Verkehr der Eindruck vermittelt wird, die Redaktion habe in einem vermeintlich objekti- 3.26

ven Auswahlverfahren ein nicht nur als Preis attraktives, sondern auch sonst seiner Eigenschaften wegen besonders empfehlenswertes Produkt ausgesucht (BGH GRUR 1994, 821, 822 – *Preisrätselgewinnauslobung I;* BGH GRUR 1997, 145, 147 – *Preisrätselgewinnauslobung IV).* Unlauter soll es auch sein, wenn entgegen der Verkehrserwartung die Preise nicht auf Grund einer Auswahlentscheidung des Veranstalters, sondern allein deshalb ausgesetzt sind, weil der Hersteller sie unentgeltlich zur Verfügung gestellt hat. Das Verschweigen eines solchen für die richtige Einschätzung des Charakters und des Werts sowohl des Rätselspiels als auch der ausgelobten Preise wesentlichen Umstands soll eine bewusste Täuschungshandlung im geschäftlichen Verkehr zur Erzielung materieller Vorteile sein (BGH GRUR 1994, 823, 824 – *Preisrätselgewinnauslobung II;* BGH GRUR 1997, 145, 147 – *Preisrätselgewinnauslobung IV).* – Die Rspr (ihr zustimmend Piper/Ohly/*Sosnitza* § 4.3 Rdn 3/25) stellt jedoch zu strenge Anforderungen an die Präsentation der Preise, wenn sie fordert, dass die Grenzen des „Normalen oder seriöserweise Üblichen" nicht überschritten werden dürfen und dass auf die Unentgeltlichkeit der Überlassung hingewiesen werden müsse (zur Kritik vgl *Ahrens* GRUR 1995, 307, 312 f; *Gröning* WRP 1995, 181; *Köhler* WRP 1998, 349, 355). Der durchschnittlich informierte, aufmerksame und verständige Leser wird die Präsentation der Preise, gerade wenn sie in übertriebener Form erfolgt, unschwer als Werbung erkennen und sie nicht der objektiv-neutralen redaktionellen Berichterstattung zuordnen. Eine Verpflichtung zum Hinweis auf die unentgeltliche Überlassung der Preise erscheint schon deshalb entbehrlich, weil dies den Leser nicht interessiert. Die Annahme, der Leser gehe ohne einen solchen Hinweis von einem objektiven Auswahlverfahren aus, dürfte in der heutigen Zeit wohl nicht mehr zutreffen. – Der Abdruck von Preisrätseln in einer Zeitschrift verstößt auch nicht gegen § 3 iVm § 4 Nr 6, weil insoweit die Ausnahmeregelung eingreift (vgl § 4 Rdn 6.15 ff).

3.27   **d) Vortäuschen einer objektiven Berichterstattung. aa) Bewertungsmaßstab. (1) Rspr.** Eine redaktionelle Werbung kann auch dann wettbewerbswidrig sein, wenn die Redaktion dafür keine Gegenleistung (Zahlung; Anzeigenauftrag usw) erhalten hat (BGH GRUR 1997, 541, 543 – *Produkt-Interview;* OLG Hamburg GRUR-RR 2006, 15, 18). Für das Vorliegen einer getarnten Werbung genügt es andererseits nicht, dass ein redaktioneller Beitrag eine Werbewirkung für ein Unternehmen oder seine Erzeugnisse entfaltet. Voraussetzung ist vielmehr, dass der – mit dem Ziel der Förderung fremden Wettbewerbs (dazu BGH WRP 1994, 862, 864 – *Bio-Tabletten)* – verfasste Beitrag ein Unternehmen oder seine Erzeugnisse über das durch eine sachliche Information bedingte Maß hinaus, dh **übermäßig** oder zu einseitig werbend, darstellt (stRspr; vgl BGH GRUR 1994, 441, 442 – *Kosmetikstudio;* BGH GRUR 1994, 445, 446 – *Beipackzettel;* BGH GRUR 1996, 292 – *Aknemittel;* BGH GRUR 1996, 502, 506 – *Energiekosten-Preisvergleich;* BGH GRUR 1997, 139, 140 – *Orangenhaut;* BGH GRUR 1997, 541, 543 – *Produkt-Interview;* BGH GRUR 1997, 912, 913 – *Die Besten I;* BGH GRUR 1997, 914, 915 f – *Die Besten II).* Die Rspr prüft diesen **werblichen Überschuss ohne sachliche Rechtfertigung** (BGH GRUR 1997, 912, 913 – *Die Besten I)* anhand mehrerer Kriterien.

3.27a   **(a) Aufmachung des Beitrags.** Für redaktionelle Werbung spreche es, wenn der Beitrag wie eine attraktive Werbeanzeige aufgemacht sei (BGH GRUR 1997, 139, 140 – *Orangenhaut).* Der redaktionelle Beitrag kann auch in der Gestaltung des Titelblatts bestehen (OLG Hamburg NJW-RR 2004, 196, 198).

3.27b   **(b) Art und Maß der Darstellung.** Für eine redaktionelle Werbung spreche es, wenn der Bericht eine pauschale Anpreisung des Unternehmens oder seiner Produkte enthalte (BGH GRUR 1997, 139, 140 – *Orangenhaut)* oder die Firmenbezeichnung oder die Marke optisch besonders hervorhebe; ferner, wenn das Produkt als einziges von mehreren vergleichbaren angeführt (BGH GRUR 1996, 293 – *Aknemittel;* LG München WRP 2006, 284, 286) oder der Kauf des Produkts oder die Inanspruchnahme der Dienstleistung geradezu empfohlen werde (BGH GRUR 1994, 441, 442 – *Kosmetikstudio).*

3.27c   **(c) Vorliegen eines „publizistischen Anlasses".** Maßgeblich sei letztlich, ob es für den Beitrag einen solchen Anlass im Hinblick auf das Informationsbedürfnis der Leserschaft gebe und ob anerkennenswerte Gründe für die Nennung des Unternehmens oder seiner Erzeugnisse bestünden (BGH GRUR 1998, 489, 493 – *Unbestimmter Unterlassungsantrag III;* Piper/Ohly/*Sosnitza* § 4.3 Rdn 3/41; HdbWettbR/*Ahrens* § 70 Rdn 49 ff). Solange die Erwähnung bestimmter Unternehmen oder Erzeugnisse durch die publizistische Informationsaufgabe veranlasst und gerechtfertigt sei, dürfe dies auch in Form redaktioneller Beiträge geschehen. Ein solcher sachlicher Anlass bestehe jedoch nicht mehr, wenn eine sachgerechte Unterrichtung der Leser auch ohne Nennung bestimmter Firmen- oder Markennamen geschehen könne oder die Hin-

3. Kap. Verschleierung des Werbecharakters 3.28 § 4 UWG

weise über das durch eine Information bedingte Maß hinausgingen, indem Unternehmen oder ihre Erzeugnisse durch ein nicht näher begründetes pauschales Lob oder durch optische Hervorhebung von Firmennamen oder Marken übermäßig herausgestellt würden. Dies soll insbes für **anzeigenunterstützende redaktionelle Beiträge** gelten, also für Beiträge, die eine in der gleichen Ausgabe erscheinende Anzeige redaktionell unterstützen sollen. Die Rspr nahm hier regelmäßig Wettbewerbswidrigkeit (und unter Geltung der – mittlerweile aufgehobenen – ZugabeVO auch einen Zugabeverstoß) an, wenn der anzeigenbegleitende Beitrag eine über das Maß der durch den Anlass gebotenen sachlichen Information hinausgehende lobende Herausstellung eines Unternehmens oder seiner Waren oder Dienstleistung enthielt (BGH GRUR 1992, 463, 465 – *Anzeigenplazierung;* BGH GRUR 1994, 441, 442 – *Kosmetikstudio;* BGH GRUR 1998, 489, 493 – *Unbestimmter Unterlassungsantrag III;* BGH GRUR 1998, 471, 475 – *Modenschau im Salvator-Keller;* LG München WRP 2006, 284, 286; anders für einen Einzelfall BGH GRUR 1998, 947, 948 – *Azubi '94).* Vgl auch Ziff. 9 ZAW-Richtlinien (abgedr unter Nr 20).

(2) Stellungnahme. Grundlage des lauterkeitsrechtlichen Unwerturteils kann ausschließlich die Gefahr der **Irreführung** (§ 4 Nr 3, § 5 I) oder der unangemessenen unsachlichen Beeinflussung der Leser (§ 4 Nr 1) und die damit verbundene Eignung zu einer spürbaren Beeinträchtigung der Interessen der Mitbewerber, der Verbraucher oder der sonstigen Marktteilnehmer (§ 3 I) sein (weitergehend HdbWettbR/*Ahrens* § 70 Rdn 48: Schutz der journalistischen Unabhängigkeit). Maßstab ist dabei der durchschnittlich informierte, situationsadäquat aufmerksame und verständige Leser. Die Grenze zur Unlauterkeit ist daher stets überschritten, wenn unwahre oder irreführende **Tatsachenbehauptungen** aufgestellt werden (BGH WRP 1994, 862, 864 – *Bio-Tabletten;* dann greift idR bereits § 5 I ein; vgl auch EGMR NJW 2003, 497, 499 Tz 47 – *Stambuk).* Dazu gehören auch die Fälle, dass eine Produktauswahl vorgetäuscht wird, obwohl eine solche nicht stattgefunden hat, oder dass nachteilige Fakten unterschlagen werden. Nach § 4 Nr 3 zu beurteilen sind **Werturteile** über Unternehmen und ihre Erzeugnisse, die „übermäßig" lobend ausfallen. Der strenge Bewertungsansatz der Rspr lässt sich wohl – jedenfalls nach Aufhebung der ZugabeVO – nicht mehr aufrecht erhalten. Denn die Presse ist in der Wahl ihrer Themen und der Art der Behandlung dieser Themen frei. Auch kann es ihr im Hinblick auf die Meinungs- und Pressefreiheit nicht verwehrt sein, Unternehmen oder ihre Produkte überschwänglich zu loben, wenn diese Wertung ihrer Überzeugung entspricht (vgl OLG Hamburg GRUR-RR 2006, 15, 17; *Piper,* FS Vieregge, 1995, 715, 719). Die Überprüfung darauf, ob die Darstellung „sachlich gerechtfertigt" ist, ist mit dem Grundrecht aus Art 11 II GR-Charta bzw Art 5 I 2 GG schwerlich vereinbar. Der Boden der Objektivität ist vielmehr erst verlassen, wenn **kein ernsthaftes Bemühen um eine objektive Berichterstattung** mehr erkennbar ist, etwa weil Werturteile auf völlig unzulängliche sachliche Beurteilungskriterien gestützt werden (vgl BGH GRUR 1997, 912, 913 – *Die Besten I;* BGH GRUR 1997, 914, 915 f – *Die Besten II).* Allerdings reicht selbst dies zur Feststellung der Unlauterkeit noch nicht aus. Denn der Verkehr misst zwar dem redaktionellen Beitrag als einer objektiven Berichterstattung einer neutralen Redaktion regelmäßig größere Beachtung und Bedeutung bei als entsprechenden, ohne weiteres als Werbung erkennbaren Angaben des Werbenden selbst (vgl BGH GRUR 1994, 819, 820 – *Produktinformation II;* BGH GRUR 1997, 541, 543 – *Produkt-Interview;* BGH WRP 1998, 42, 47 – *Unbestimmter Unterlassungsantrag III).* Doch bedarf dieser Grundsatz der Differenzierung. Stets ist zu fragen, um welche **Art** von Presseerzeugnis es sich handelt, an welcher **Stelle** der Beitrag platziert ist und an welchen **Leserkreis** es sich wendet. Die Erwartungen des Lesers an die Objektivität (Sachlichkeit) der Berichterstattung können nämlich je nach Zuschnitt und Seriositätsanspruch des Presseerzeugnisses unterschiedlich sein (*Köhler* WRP 1998, 349, 356; aA *Lorenz* WRP 2008, 1494, 1496). So wird der Leser bei anzeigenunterstützenden redaktionellen Beiträgen in **Anzeigenblättern** von vornherein in Rechnung stellen, dass es der Redaktion hier in erster Linie um werbende Unterstützung der Anzeigenkunden geht, und dementsprechend solche Beiträge kritisch-distanziert sehen. Unerheblich ist daher insbes, dass der Leser in dem Beitrag auf die Anzeige besonders hingewiesen (aA KG GRUR 1987, 718) oder das die Anzeige schaltende Unternehmen in dem Beitrag namentlich erwähnt wird (*Fuchs* GRUR 1988, 736, 742; aA OLG Hamm GRUR 1988, 769). Auch macht es einen Unterschied, an welcher Stelle der Beitrag platziert ist. Geht es um die Beschreibung eines Produkts, das als Preis für die Lösung eines Rätsels ausgesetzt ist, wird der Leser andere Maßstäbe anlegen, als wenn im Wirtschaftsteil über ein Unternehmen berichtet wird. Vor allem aber kommt es darauf an, ob sich eine Veröffentlichung an informierte Fachkreise (zB Ärzte, Anwälte, Apotheker) wendet, die auf

Grund ihrer Kenntnisse und Erfahrungen zur kritischen Bewertung in der Lage sind und Übertreibungen erkennen können (vgl BVerfG WRP 2003, 69, 71 – *Veröffentlichung von Anwalts-Ranglisten*), oder ob jedermann angesprochen wird.

3.29 **bb) Anwendung.** Ob ein redaktioneller Beitrag eine getarnte Werbung enthält, lässt sich nur von Fall zu Fall feststellen (BGH GRUR 1997, 541, 543 – *Produkt-Interview*). Die Grenzen sind fließend (glA LG Berlin AfP 2007, 263, 264). Maßgebend ist eine Gesamtwürdigung aller Umstände unter Berücksichtigung des Inhalts des Berichts, dessen Anlass und Aufmachung sowie der Gestaltung und Zielsetzung des Presseorgans (BGH GRUR 1993, 565, 566 – *Faltenglätter*; *Fuchs* GRUR 1988, 736, 742; *Ahrens* GRUR 1995, 307, 311). Das Gericht muss, um dem Grundrecht aus Art 11 II GR-Charta bzw Art 5 I 2 GG gerecht zu werden, im Einzelnen darlegen, weshalb es die Grenzen der sachlichen Unterrichtung überschritten sieht und worin es die Werbewirkung und deren Übermaß oder Einseitigkeit erblickt. Soweit das BVerfG darüber hinaus zu § 1 UWG 1909 verlangt hat, das Gericht müsse darlegen, inwieweit von der Veröffentlichung eine Gefahr für den (Leistungs-)Wettbewerb ausgeht (BVerfG WRP 2003, 69, 71 – *Veröffentlichung von Anwalts-Ranglisten* = BB 2003, 11 mit Anm *Berlit*), ist dies spätestens durch die Neufassung des § 3 I in der UWG-Novelle 2008 hinfällig geworden. Selbst wenn aber eine solche Wettbewerbsgefährdung festzustellen wäre, müsste das Gericht den Verhältnismäßigkeitsgrundsatz beachten und prüfen, ob ein umfassendes Unterlassungsgebot entbehrlich ist, weil sich die Irreführung bereits durch klarstellende Zusätze vermeiden lässt (BVerfG aaO – *Veröffentlichung von Anwalts-Ranglisten*).

3.30 **cc) Beispiele.** Die Bezeichnung namentlich genannter Ärzte und Anwälte in der Zeitschrift „Focus" als *„Die 500 besten Ärzte Deutschlands"* bzw *„Die 500 besten Anwälte"* wurde als unlauter angesehen, da keine aussagekräftigen, sachlichen und überprüfbaren Bewertungskriterien zu Grunde gelegt waren (BGH GRUR 1997, 912, 913 – *Die Besten I*; BGH GRUR 1997, 914, 915 f – *Die Besten II*; dazu *Köhler*, FS Sonnenberger, 2004, 249). – In der Beschränkung auf die Nennung nur eines unter vielen vergleichbaren Produkten soll zwar meistens (BGH GRUR 1994, 819, 820 – *Produktinformation II*), aber nicht notwendig, eine unzulässige besondere Herausstellung liegen (BGH GRUR 1997, 541 – *Produkt-Interview*); maßgebend sei die konkrete Präsentation. – Presseveröffentlichungen über das Warenangebot zweier Geschäftsbetriebe sind nicht wettbewerbswidrig, wenn die Einzelangaben in der Gesamtbetrachtung nicht so intensiv sind, dass daraus zwingend die Absicht der Verfolgung privatwirtschaftlicher Zwecke hervortritt (OLG Hamm DB 1972, 1227). – Anders soll es sich verhalten, wenn sich die Berichterstattung über Zinskonditionen auf das Zinsangebot der Kreditbank eines ganz bestimmten Kfz-Herstellers beschränkt, der Werbecharakter durch anzeigentypische Details (effektiver Jahreszins, Befristung, Kreditvermittler) herausgestrichen, eine betont lobende Sprache gewählt und der Leser auf eine entsprechende, im Anzeigenteil derselben Ausgabe abgedruckte Werbeanzeige eines Kfz-Händlers hingelenkt wird (OLG Frankfurt WRP 1985, 37, 38). – Übersteigt die Werbewirkung eines redaktionell gestalteten Zeitungsartikels über die Kreditkarte *„Eurocard"* bei weitem den Informationsgehalt, insbes auch, weil die Sparkasse als Ausgeber der Eurocard einseitig herausgestellt wird, so kann eine redaktionelle **Schleichwerbung** vorliegen (OLG Hamm GRUR 1991, 856). – Die Veröffentlichung einer ad-hoc-Mitteilung iSd § 15 WpHG ist unlauter nach § 4 Nr 3 (und ggf § 5), wenn aus der Sicht eines ordentlichen und gewissenhaften Unternehmensleiters keine kursrelevanten Tatsachen eingetreten sind (*Lettl* ZGR 2003, 853, 864; vgl auch *Köndgen*, FS Druey, 2002, 791, 812). – Unlauterkeit iSd § 4 Nr 3 wurde verneint bei der Fernsehzeitschrift mit dem Titel „TV Digital", die ihren redaktionellen Schwerpunkt auf das Programm des Senders „Premiere" legt, weil dieser Sender zu dieser Zeit noch der einzige Anbieter von digitalem Pay-TV war (OLG Hamburg GRUR-RR 2006, 15).

3.31 **dd) Sonderregelungen.** Redaktionell getarnte Werbung für Heilmittel unterliegt zugleich den Sonderregelungen für die Heilmittelwerbung im HWG (BGH GRUR 1990, 373, 375 – *Schönheits-Chirurgie*), insbes dem § 11 I Nr 9 HWG.

3.32 **e) Verantwortlichkeit der Presse.** Für eine wettbewerbswidrige redaktionelle Werbung ist vorrangig der **Verleger** verantwortlich (ebenso LG/OLG Frankfurt WRP 2010, 156, 160), und zwar unabhängig davon, ob auch der zuständige Redakteur haftet (BGH GRUR 1994, 441, 443 – *Kosmetikstudio*; BGH GRUR 1998, 471, 472 – *Modenschau im Salvator-Keller*). Daneben haftet auch der zuständige **Redakteur** (BGH GRUR 1975, 208 – *Deutschland-Stiftung*). Zu Einzelheiten vgl § 9 Rdn 2.1 ff.

f) (Mit-)Verantwortlichkeit des Presseinformanten. Im Falle unzulässiger redaktioneller **3.33** Werbung kommt eine lauterkeitsrechtliche (Mit-)Verantwortung des Presseinformanten (Unternehmen und Beauftragte, wie zB Werbeagenturen) in Betracht.

aa) Rechtsgrundlagen der Verantwortlichkeit. (1) Haftung für fremden Wett- 3.34 bewerbsverstoß nach § 8 II. Eine Verantwortlichkeit nach § 8 II für den Wettbewerbsverstoß der Presse setzt voraus, dass die Presse bei Veröffentlichung der redaktionellen Werbung als Beauftragter des durch die redaktionelle Werbung begünstigten Unternehmens tätig wird. Dazu müsste das Unternehmen dem Verlag einen Auftrag zur Veröffentlichung erteilen und ihm einen Spielraum zur Ausgestaltung der Veröffentlichung eingeräumt haben (vgl BGH GRUR 1990, 1039, 1040 – *Anzeigenauftrag*). Die bloße Weitergabe einer Information reicht nicht aus (*Köhler* WRP 1998, 349, 358).

(2) Haftung für eigenen Wettbewerbsverstoß. Eine unmittelbare lauterkeitsrechtliche **3.35** Verantwortlichkeit des Informanten setzt zunächst voraus, dass die Weitergabe der Information mit der Förderung des Absatzes oder des Bezugs des eigenen oder eines fremden Unternehmens objektiv zusammenhängt, also eine geschäftliche Handlung iSd § 2 I Nr 1 vorliegt. Dazu ist erforderlich, dass der Informant mit der Veröffentlichung seiner Information rechnet und dies auch wünscht oder zumindest billigt. Dies ist stets der Fall, wenn er von sich aus die Information an die Presse gibt (BGH GRUR 1997, 139, 140 – *Orangenhaut*), wobei die Form der Mitteilung (zB Leserbrief; BGH GRUR 1964, 392 – *Weizenkeimöl*) unerheblich ist. Bei der Prüfung der Unlauterkeit ist zu unterscheiden nach dem Inhalt der Information:

(a) Haftung bei fehlerhafter Information. Ist bereits die Information sachlich fehlerhaft **3.35a** oder unzureichend und wird sie von der Redaktion inhaltlich mehr oder weniger unverändert übernommen, so begründet dies stets die Verantwortlichkeit des Informanten (BGH GRUR 1993, 561, 562 – *Produktinformation I* mwN; BGH GRUR 1997, 541, 542 – *Produkt-Interview*), und zwar auch dann, wenn das werbende Unternehmen sich die vorherige Prüfung des Presseberichts ausbedungen hat (*Raeschke-Kessler* DB 1986, 843, 848; *Köhler* WRP 1998, 349, 359).

(b) Haftung bei richtiger Information. Ist die Information hingegen sachlich zutr, so ist **3.35b** ihre Weitergabe nicht schon deshalb unlauter, weil die Redaktion sie als Grundlage einer unzulässigen redaktionellen Werbung benutzt (BGH GRUR 1993, 561, 562 – *Presseinformation I;* BGH GRUR 1994, 445 – *Beipackzettel;* BGH GRUR 1994, 819, 820 – *Produktinformation II;* BGH GRUR 1996, 71, 72 – *Produktinformation III;* BGH GRUR 1996, 194, 196 – *Aknemittel;* BGH GRUR 1996, 502, 506 – *Energiekosten-Preisvergleich;* BGH GRUR 1997, 139, 140 – *Orangenhaut*). Denn die Gestaltung eines Presseberichts liegt im eigenen Verantwortungsbereich des Presseunternehmens. Bloße adäquate Kausalität reicht daher nicht aus. Auch muss sich das werbende Unternehmen keine Überprüfung vorbehalten haben (OLG Stuttgart NJW-RR 1991, 1515). Eine lauterkeitsrechtliche Haftung kommt vielmehr nur in zwei Fällen in Betracht. Zum einen dann, wenn das werbende Unternehmen vorsätzlich auf eine redaktionelle Werbung hinwirkt. Davon ist auszugehen, wenn das werbende Unternehmen die Erteilung von Anzeigenaufträgen von einer redaktionellen Werbung abhängig macht (BGH GRUR 1996, 502, 507 – *Energiekosten-Preisvergleich*); ein kollusives Zusammenwirken von Unternehmen und Redaktion bei der Gestaltung des redaktionellen Beitrags ist dagegen nicht erforderlich (BGH aaO – *Energiekosten-Preisvergleich*). Zum anderen dann, wenn das Unternehmen mit der Information gezielt eine werbende redaktionelle Berichterstattung ermöglichen will, auf Grund konkreter Umstände mit einer Verfälschung des Inhalts oder einer Verwertung in Gestalt getarnter Werbung rechnen muss und sich nicht die Überprüfung des Artikels vor seinem Erscheinen vorbehält (BGH GRUR 1996, 71, 72 – *Produktinformation III;* BGH GRUR 1996, 292, 293 – *Aknemittel;* GRUR 1997, 139, 140 – *Orangenhaut;* BGH GRUR 1997, 541, 543 – *Produkt-Interview*). Mit einer Verwertung für eine unzulässige redaktionelle Werbung braucht das Unternehmen aber nicht schon deshalb zu rechnen, weil die mitgeteilte Information in einer Weise aufbereitet ist, die eine wettbewerbswidrige Berichterstattung erleichtert (zB Übersendung druckreifer Artikel). Vielmehr kommt es insoweit darauf an, ob der Informant weiß oder auf Grund der Gepflogenheiten der Redaktion damit rechnen muss, dass es den Bericht als redaktionellen Beitrag veröffentlichen wird (BGHZ 81, 247, 251 – *Getarnte Werbung I*).

(c) Haftung bei Interviews. Nimmt die Redaktion ein Interview lediglich zum Anlass, **3.35c** neben dem Interview einen redaktionellen Beitrag über das Unternehmen oder seine Produkte zu bringen, besteht schon mangels Erteilung einer Information keine Prüfungspflicht (BGH GRUR 1997, 541, 543 – *Produkt-Interview*). Auch braucht der Interviewte den Abdruck des

Interviews im Allgemeinen nicht davon abhängig zu machen, dass ihm der gesamte Artikel zur Überprüfung vorgelegt wird, weil die Gestaltung der Beiträge in den eigenen Verantwortungsbereich der Redaktion fällt. Eine Kontrollpflicht besteht ausnahmsweise dann, wenn nach Art und Inhalt des Interviews und/oder bei Berücksichtigung der Gegebenheiten auf Seiten des Adressaten die Möglichkeit eines Berichts mit werbendem Charakter nicht ganz fern liegt (BGH GRUR 1987, 241, 243 – *Arztinterview;* BGH GRUR 1997, 541 – *Produkt-Interview).* Selbst wenn ein Unternehmen damit rechnen muss, dass eines seiner Produkte in einem redaktionellen Beitrag genannt wird, braucht es nicht ohne weiteres damit zu rechnen, dass die Nennung in unzulässiger Weise erfolgt, wie zB durch werbende Herausstellung aus einer Vielzahl von Produkten (BGH GRUR 1997, 541 – *Produkt-Interview).*

3.36 **bb) Problematik der Prüfungspflicht.** Wenn die Rspr vom Presseinformanten verlangt, sich bei einer möglichen und vorhersehbaren Verwertung der Information für eine redaktionelle Werbung durch einen Prüfungsvorbehalt abzusichern, ermöglicht sie ihm zugleich, sich auf bequeme Weise seiner Verantwortung zu entledigen. Denn er kann schon faktisch eine Vorlage des Berichts vor Drucklegung nicht erzwingen, von verfassungsrechtlichen Bedenken gegen eine solche Kontrollbefugnis im Hinblick auf Art 11 GR-Charta bzw Art 5 I 2 GG und Art 5 III 2 GG ganz abgesehen. Der Prüfungsvorbehalt stellt daher keine angemessene Problemlösung dar (krit auch G/L/E Hdb WbR/*Ahrens* § 69 Rdn 93 und § 70 Rdn 61; *Köhler* WRP 1998, 349, 361). Vielmehr muss der Unternehmer von der Erteilung einer Information oder der Gewährung eines Interviews absehen, wenn er weiß oder damit rechnen muss, dass dies zum Anlass einer redaktionellen Werbung genommen wird.

3.37 **cc) Beweisfragen.** Grds muss der Kläger beweisen, dass der redaktionelle Beitrag auf Informationen des begünstigten Unternehmens zurückzuführen ist und die sonstigen Voraussetzungen der (Mit-)Verantwortlichkeit gegeben sind (BGH GRUR 1997, 541, 543 – *Produkt-Interview; Köhler* WRP 1998, 349, 361 mwN). Für den Nachweis der Mitteilung der Information reicht es nicht aus, dass der Beitrag zB unverändert von einem jedermann zugänglichen Beipackzettel übernommen wurde (BGH GRUR 1994, 445, 446 – *Beipackzettel).* An den Nachweis der sonstigen Voraussetzungen stellt die Rspr strenge Anforderungen, da die Redaktion in eigener Verantwortung handelt. So braucht ein Interview-Partner nicht damit zu rechnen, dass auf Grund seiner bloßen Angabe über Prozesse über den Rückerwerb von Urheberrechten behauptet wird, er habe die Rechte an bestimmten Titeln zurückerworben (BGH GRUR 1974, 105, 106 – *Kollo-Schlager).* Bei einem Produkt-Interview braucht der befragte Unternehmer nicht damit zu rechnen, dass eine unzulässige redaktionelle Berichterstattung erfolgt (BGH GRUR 1997, 541, 543 – *Produkt-Interview).* Ebenso wenig genügt es, dass der Abdruck der Information honorarfrei gestattet und lediglich um Belegexemplare gebeten wird (BGH GRUR 1996, 71, 72 – *Produktinformation III).* Nicht ausreichend ist es, dass ein Presseorgan in der Vergangenheit öfters Produktinformationen in redaktionelle Werbung umgemünzt hat, wenn nicht gleichzeitig eine entsprechende Kenntnis des Informanten nachgewiesen wird (BGH GRUR 1996, 71, 72 – *Produktinformation III;* BGH GRUR 1996, 194, 196 – *Aknemittel).*

4. Getarnte Werbung im Rundfunk

3.38 **a) Rundfunkrechtliches Trennungsgebot und Beeinflussungsverbot.** Nach § 7 III 1 RStV (Rundfunkstaatsvertrag) müssen **Werbung** (iSd § 2 II Nr 7 RStV) und **Teleshopping** (iSd § 2 II Nr 10 RStV) als solche leicht erkennbar und vom redaktionellen Inhalt unterscheidbar und nach § 7 III 3 RStV müssen auch bei Einsatz neuer Werbetechniken Werbung und Teleshopping dem Medium angemessen durch optische oder akustische Mittel oder räumlich eindeutig von anderen Sendungsteilen abgesetzt sein **(Erkennbarkeits- und Trennungsgebot).** Eine Teilbelegung des ausgestrahlten Bildes **(screensplitting)** mit Werbung, etwa durch Einschaltung von Fenstern oder Laufbändern, ist nach § 7 IV RStV nur zulässig, wenn die Werbung vom übrigen Programm eindeutig optisch getrennt und als solche gekennzeichnet ist. Ferner dürfen nach § 7 II 1 RStV Werbung und Werbetreibende das übrige Programm inhaltlich und redaktionell nicht beeinflussen und nach § 7 III 2 dürfen in der Werbung und im Teleshopping keine Techniken der unterschwelligen Beeinflussung eingesetzt werden **(Beeinflussungsverbot).** Auch sind nach § 7 VII 1 RStV **Schleichwerbung, Produkt- und Themenplatzierung** sowie entsprechende Praktiken unzulässig, wobei für die Produktplatzierung Ausnahmen gelten (§ 7 VII 2 iVm §§ 15, 44 RStV). Dadurch soll die **Unabhängigkeit** der Programmgestaltung und die Einhaltung der **Neutralität** gegenüber dem Wettbewerb im freien Markt gewährleistet werden.

3. Kap. Verschleierung des Werbecharakters   3.39–3.42   § 4 UWG

b) Lauterkeitsrechtliche Beurteilung. Verstöße gegen die in §§ 7, 7 a, 8, 8 a, 58 RStV 3.39 aufgeführten medienrechtlichen Gebote und Verbote sind unlauter unter dem Gesichtspunkt des Rechtsbruchs (§ 4 Nr 11), sofern eine geschäftliche Handlung vorliegt (dazu § 2 Rdn 42 ff; vgl noch BGHZ 110, 278, 291 = GRUR 1990, 611, 613 – *Werbung im Programm*). Darauf, ob auch der Tatbestand einer Ordnungswidrigkeit nach § 49 I RStV erfüllt ist, kommt es nicht an. Daneben kommt ein Verstoß gegen §§ 3 I, 4 Nr 3 im Hinblick auf die Täuschung der Hörer und Zuschauer über den Werbecharakter einer zum Programmteil gehörenden Sendung in Betracht. Denn der Verkehr geht davon aus, dass – wie es der RStV vorschreibt – Werbung und Programm voneinander getrennt sind. Die Grenzen zwischen dem, was vom Programmauftrag gedeckt ist, und dem, was nach dem Staatsvertrag unzulässige Werbung ist, sind allerdings fließend. Auch darf die Rundfunkfreiheit (Art 11 II GR-Charta bzw Art 5 I 2 GG) nicht durch ein zu weit gestecktes Verständnis des Trennungsgebots beeinträchtigt und die Erfüllung des Programmauftrags über Gebühr eingeschränkt werden. Werbung im Programm, die unvermeidbar ist, weil und soweit sie als Teil der realen Umwelt bei Berichten und Darstellungen nicht ausgespart werden kann, ist zulässig (BGHZ 110, 278, 287 – *Werbung im Programm*).

c) Beispiele. Als wettbewerbswidrig wurde es angesehen, im Programm gemäß einer Kooperationsvereinbarung auf ein Buch hinzuweisen und in diesem Zusammenhang Preisrätsel oder Gewinnspiele anzukündigen, um den Absatz des Buches zu fördern (BGHZ 110, 278, 287 = GRUR 1990, 611 – *Werbung im Programm*). – Die Ankündigung eines Gewinnspiels im Radio, das nicht dazu dient, den Absatz von Waren oder Dienstleistungen zu fördern, sondern die Attraktivität des Programms erhöhen soll, ist dagegen, sofern keine sonstigen Umstände hinzutreten (zB Täuschung über Gewinnchancen), zulässig (BGH WRP 2002, 1136, 1138 – *Gewinnspiel im Radio*). Es liegt auch kein Verstoß gegen das Kopplungsverbot nach § 3 I iVm § 4 Nr 6 vor (vgl § 4 Rdn 6.15 ff). 3.40

5. Getarnte Werbung in Telemedien und im Internet

Für (nicht vom RStV erfasste) **Telemedien** ist in § 6 I Nr 1 TMG (Telemediengesetz) 3.41 angeordnet, dass kommerzielle Kommunikationen klar als solche erkennbar sein müssen. (Eine vergleichbare Regelung enthält § 7 III 1, § 58 I RStV.) Danach muss Werbung in Telemedien als solche klar erkennbar und vom übrigen Inhalt der Angebote eindeutig getrennt sein. Diese Regelung gilt auch für redaktionelle Werbung im **Internet**. Ein Verstoß liegt bspw vor bei der Verwendung eines Links, der von einem redaktionell gestalteten Beitrag zu einer Werbeseite führt, ohne dass dies für den Nutzer deutlich und unmissverständlich erkennbar ist (KG GRUR 2007, 254, 255; OLG München WRP 20010, 671). Auch die Einschaltung von bezahlten „**Bloggern**" zu Werbezwecken (**virales Marketing**), eine moderne Variante des bezahlten Leserbriefs, stellt einen Verstoß dar. Zu weiteren Formen der getarnten Werbung im Internet vgl G/L/E/*Bruhn* § 50 Rdn 39 ff. – Die genannten Regelungen stehen selbstständig neben § 4 Nr 3. Ein Verstoß gegen sie stellt aber zugleich einen Rechtsbruch iSd § 4 Nr 11 dar und kann insoweit auch lauterkeitsrechtlich geahndet werden.

6. Getarnte Werbung in Kinofilmen

Für die Hersteller und Vertreiber von Kinospielfilmen besteht zwar kein spezialgesetzliches 3.42 Gebot der Trennung von Werbung und Programm (OLG München WRP 1993, 420, 424). Jedoch greift insoweit das in § 4 Nr 3 verankerte Verbot getarnter Werbung ein (vgl zu § 1 aF BGH GRUR 1962, 461 – *Werbeveranstaltung mit Filmvorführung;* BGHZ 130, 205, 213 ff = GRUR 1995, 744 – *Feuer, Eis & Dynamit I*), zumal in den Filmtheatern seit langem eine Trennung zwischen der sog Blockwerbung und dem eigentlichen Spielfilm üblich ist (OLG München WRP 1993, 420, 424; *Henning-Bodewig* GRUR Int 1991, 858, 867 ff). Allerdings sind bei einer Werbung in Spielfilmen nicht die gleichen strengen Maßstäbe anzuwenden wie bei verdeckten Werbeaussagen in redaktionellen Beiträgen der Presse und des Rundfunks. Denn der Verkehr pflegt Angaben oder Aussagen in Presse und Rundfunk einen höheren Grad an Objektivität und ein größeres Gewicht beizumessen als solchen, die ihm im Rahmen eines privaten Spielfilms beggenen (BGHZ 130, 205, 214 – *Feuer, Eis & Dynamit I*). Nicht jede Art von Werbung, die in einem Spielfilm enthalten ist, verstößt daher gegen die Erwartung der Zuschauer. Die Grenze ist dagegen überschritten, wenn ein Spielfilm seiner Tendenz nach auf Werbung ausgerichtet ist (BGH GRUR 1962, 461 – *Werbeveranstaltung mit Filmvorführung;* OLG

München WRP 1993, 420, 424) oder – was auf das Gleiche hinausläuft – Product Placement (dazu Rdn 3.43 ff) im Übermaß enthält.

7. Schleichwerbung und Produktplatzierung (Product Placement) als besondere Formen der getarnten Werbung

3.43 a) **Beschreibung.** „Schleichwerbung" und „Produktplatzierung" (product placement) sind insbes in audiovisuellen Mediendiensten verbreitet. (1) „**Schleichwerbung**" ist nach der Definition in **§ 2 II Nr 8 RStV** „die Erwähnung oder Darstellung von Waren, Dienstleistungen, Namen, Marken oder Tätigkeiten eines Herstellers von Waren oder eines Erbringers von Dienstleistungen in Sendungen, wenn sie vom Veranstalter absichtlich zu Werbezwecken vorgesehen ist und mangels Kennzeichnung die Allgemeinheit hinsichtlich des eigentlichen Zwecks dieser Erwähnung oder Darstellung irreführen kann". Eine Erwähnung oder Darstellung gilt nach S 2 „insbes dann als zu Werbezwecken beabsichtigt, wenn sie gegen Entgelt oder eine ähnliche Gegenleistung" erfolgt." (vgl auch die Definition in Art 1 I lit j Richtlinie 2010/13/EU über audiovisuelle Mediendienste). Die sog „**virtuelle Werbung**" (Werbung, die mittels digitaler Technik nur für den Zuschauer auf dem Bildschirm sichtbar ist) ist durch § 7VI RStV privilegiert und wird iErg wie Sponsoring behandelt. (2) „**Produktplatzierung**" ist nach der Definition in **§ 2 II Nr 11 S 1 RStV** „die gekennzeichnete Erwähnung oder Darstellung von Waren, Dienstleistungen, Namen, Marken, Tätigkeiten eines Herstellers von Waren oder eines Erbringers von Dienstleistungen in Sendungen gegen Entgelt oder eine ähnliche Gegenleistung mit dem Ziel der Absatzförderung". Nach § 2 II Nr 11 S 2 RStV ist darüber hinaus die kostenlose Bereitstellung von Waren oder Dienstleistungen eine Produktplatzierung, sofern die betreffende Ware oder Dienstleistung von bedeutendem Wert ist" (vgl auch die etwas abweichende Definition in Art 1 I lit m Richtlinie 2010/13/EU über audiovisuelle Mediendienste). – Die Produktplatzierung ist insbes in Spielfilmen und – nach der Liberalisierung in § 7 VII, 15, 44 RStV – zunehmend auch in Fernsehsendungen anzutreffen. Es werden vor allem Markenwaren gezielt als Requisiten eingesetzt, um die Aufmerksamkeit des Publikums darauf zu lenken (zu einem besonders krassen Fall des „Product Placement" vgl BGHZ 130, 205 = GRUR 1995, 744 – *Feuer, Eis & Dynamit I*). – Einen neuartigen Fall des „Product Placement" stellt das „In-Game-Advertising", nämlich die Einbeziehung von bezahlter Werbung in Computerspiele, dar (dazu *Schaar* GRUR 2005, 912).

3.44 b) **Lauterkeitsrechtliche Beurteilung. aa) Allgemeines.** Lauterkeitsrechtlich ist es nicht zu beanstanden, wenn im Rahmen eines redaktionell oder künstlerisch gestalteten Beitrags (zB Interview, Spielfilm, Berichterstattung) die Waren, Dienstleistungen usw eines Unternehmens erwähnt oder dargestellt werden. So etwa, wenn bei der Übertragung eines Fußballspiels im Fernsehen die Bandenwerbung gezeigt wird oder wenn bei einem Interview ein Sportler abgebildet wird, der auf seiner Kleidung Werbung trägt. Denn insoweit fehlt es bereits regelmäßig an einer geschäftlichen Handlung iSd § 2 I Nr 1. Das bloße Bewusstsein, mit der Sendung fremden Wettbewerb zu fördern, reicht dafür nicht aus. Dagegen ist die Kontrolle nach den §§ 3, 4 Nr 3 und 11 jedenfalls dann eröffnet, wenn der Beitrag das Ziel hat, den Wettbewerb des betreffenden Unternehmens zu fördern. Eine solche Zielsetzung ist stets anzunehmen, wenn der für den Beitrag Verantwortliche für das Product Placement ein Entgelt bekommt, fordert oder erwartet (vgl auch § 2 II Nr 6 S 2 RStV). Allerdings wird sich dies nicht immer beweisen lassen. Nach der Lebenserfahrung ist indessen schon dann von einer geschäftlichen Handlung auszugehen, wenn ein Produkt auffällig oft und ohne erkennbare redaktionelle, künstlerische oder dramaturgische Veranlassung ins Bild gerät (vgl *Ahrens* GRUR 1995, 307, 315). Dass der Beitrag den Charakter eines Kunstwerks iSd Art 5 III GG hat, ist insoweit unerheblich (BGHZ 130, 205, 213 – *Feuer, Eis & Dynamit I;* vgl weiter *Bülow* WRP 1991, 9). Bei der rechtlichen Bewertung ist allerdings nach dem eingesetzten Medium zu unterscheiden.

3.45 bb) **Schleichwerbung und Produktplatzierung (Product Placement) in Rundfunksendungen.** Für diese Werbeformen sind ab dem 19. 12. 2009 die Bestimmungen der **Richtlinie über audiovisuelle Mediendienste** (in der durch die Richtlinie 2010/13/EU kodifizierten Fassung) zu beachten (dazu *Kassai/Kogler* K&R 2008, 717). Sie wurden umgesetzt durch den 13. Rundfunkänderungsstaatsvertrag v 30. 10. 2009 (dazu *Kilian* WRP 2010, 826). Die Änderungen sind am 1. 4. 2010 in Kraft getreten. Nach § 7 VII 1 RStV sind **Schleichwerbung** (iSv § 2 II Nr 8 RStV), **Produkt-** und **Themenplatzierung** sowie entsprechende Praktiken im Rundfunk unzulässig. Ein Verstoß gegen diese Vorschrift, die eine besondere Ausprägung des Grundsatzes der Trennung von Werbung und Programm darstellt und die Rundfunkfreiheit und

Unabhängigkeit der Programmgestaltung sichert, begründet zugleich die Unlauterkeit nach § 4 Nr 11. Denn es handelt sich um eine Regelung des Marktverhaltens (auch) zum Schutz der Verbraucher vor Belästigung und unsachlicher Beeinflussung durch unerbetene Werbung. Von unzulässiger **Schleichwerbung** ist stets dann auszugehen („gilt"), wenn die Erwähnung oder Darstellung gegen Entgelt oder eine ähnliche Gegenleistung erfolgt (§ 2 II Nr 8 S 2 RStV). Die **Produktplatzierung** im Rundfunk ist allerdings privilegiert: Sie ist nach § 7 VII 1 RStV zwar grds unzulässig, jedoch nach § 7 VII 2 RStV unter bestimmten Voraussetzungen, soweit es Sendungen betrifft, die ab dem 19. 12. 2009 (§ 63 RStV) produziert wurden, erlaubt (vgl § 15 RStV für den öffentlich-rechtlichen Rundfunk und § 44 RStV für den privaten Rundfunk). Auf eine Produktplatzierung ist eindeutig hinzuweisen (§ 7 VII 3 RStV). Sie ist zu Beginn und zum Ende einer Sendung sowie bei deren Fortsetzung nach einer Werbeunterbrechung oder im Hörfunk durch einen gleichwertigen Hinweis angemessen zu kennzeichnen (§ 7 VII 4 RStV).

cc) Produktplatzierung (Product Placement) in Kinofilmen und Computerspielen. 3.46
Für **Kinospielfilme** fehlt eine gesetzliche Regelung. Jedenfalls darf an sie kein strengerer Maßstab angelegt werden als an die Produktplatzierung im Rundfunk, weil insoweit das Problem der Trennung von Werbung und Programm von vornherein nicht auftritt. Maßgebend ist ausschließlich, ob der Tatbestand des § 4 Nr 3 erfüllt ist, also eine getarnte Werbung vorliegt. Der Zuschauer weiß oder rechnet damit, dass der Filmhersteller dabei auch Requisiten verwendet, die ihm ein Unternehmer um des Werbeeffekts willen kostenlos zur Verfügung stellt oder dass für die Produktplatzierung bezahlt wird. Zweifelhaft ist nur, wo die Grenze zur Unlauterkeit zu ziehen ist. Nach der bisherigen Rspr ist sie überschritten, wenn Zahlungen oder andere geldwerte Leistungen „von einigem Gewicht" dafür erbracht werden, dass Unternehmen oder ihre Erzeugnisse in irgendeiner Weise im Film in Erscheinung treten (BGHZ 130, 205, 217 = GRUR 1995, 744 – *Feuer, Eis & Dynamit I*; vgl auch *Ullmann*, FS Traub, 1994, 411, 418). Allerdings werden derartige Zahlungen in aller Regel nicht bekannt werden. Andererseits kann die bloße Tatsache, dass ein Entgelt bezahlt wurde, nicht ausreichen; vielmehr ist dies noch ein legitimes Mittel der Finanzierung (ähnlich MünchKommUWG/*Heermann* § 4 Nr 3 Rdn 138). Auch ist zu bedenken, dass jeder Film, will er realitätsnah sein, auf die Verwendung der Produkte bestimmter Gewerbetreibender angewiesen ist. Eine gewisse Werbewirkung ist daher jedem Spielfilm eigen. Maßgebend kann vielmehr nur sein, ob ein durchschnittlich informierter, aufmerksamer und verständiger Zuschauer den Eindruck gewinnt, es werde gezielt Werbung für ein Unternehmen oder seine Produkte betrieben. Das ist jedenfalls dann anzunehmen, wenn die Herausstellung eines Unternehmens oder seiner Erzeugnisse in aufdringlicher oder penetranter Weise erfolgt, also **Werbung im Übermaß** betrieben wird (vgl OLG München WRP 1993, 420, 424 ff; *Ullmann*, FS Traub, 1994, 411, 418). Es genügt also zB nicht, dass ein Autohersteller dafür bezahlt, dass in einem Kriminalfilm der Kommissar eines seiner Fahrzeuge verwendet. Hinzukommen muss, dass dieses Fahrzeug häufig in auffälliger, durch den Handlungsablauf nicht gebotener Weise dargestellt wird. Dass das werbliche Element erkennbar ist, lässt die Bewertung als „getarnte Werbung" nicht entfallen. Entscheidend für die rechtliche Bewertung ist nämlich, dass der Zuschauer in dem Zeitpunkt, in dem er sich für den Besuch des Films entscheidet und Eintritt bezahlt, nicht damit rechnet, der Film werde Werbung im Übermaß enthalten. Davon darf er auch deshalb ausgehen, weil bei Kinofilmen die eigentliche Werbung vorab als „Blockwerbung" erfolgt. Die Tarnung der Werbung erfolgt dadurch, dass der Zuschauer nicht rechtzeitig über den werblichen Charakter des Films aufgeklärt wird und er sich später dem Einfluss dieser Werbung faktisch nicht mehr entziehen kann, sie ihm gewissermaßen aufgedrängt wird. Dies bedeutet nicht, dass es dem Filmhersteller damit untersagt wäre, die Finanzierung des Films durch Beiträge interessierter Unternehmen zu sichern. Es ist ihm und dem Veranstalter aber zuzumuten, die Zuschauer **vorab** darüber zu **informieren,** dass der Film bezahlte Werbung enthält (aA MünchKommUWG/*Heermann* § 4 Nr 3 Rdn 142: Information im Nachspann ausreichend). Dann können diese frei darüber entscheiden, ob sie den Film gleichwohl ansehen wollen oder nicht; vor allem ist für sie dann der Werbecharakter der Produktplatzierung von vornherein erkennbar. Diese Pflicht zur Vorabinformation stellt auch keinen Eingriff in die Kunstfreiheit (Art 5 III GG) des Filmschaffenden dar (BGHZ 130, 205, 218 ff = GRUR 1995, 744 – *Feuer, Eis & Dynamit I*), weil es sich lediglich um eine Vertriebsmodalität handelt. – Bei der Produktplatzierung in **Computerspielen** gelten vergleichbare Grundsätze. Eine unzulässige getarnte Werbung liegt vor, wenn bezahlte Werbung im Übermaß enthalten ist. Richtet sich die Werbung gezielt an Kinder, so sind insoweit strenge Maßstäbe anzulegen (vgl § 3 II 3 iVm Art 5 III 1 UGP-Richtlinie; *Schaar* GRUR 2005, 912, 914 ff).

3.47 c) Verantwortlichkeit. Liegt eine unlautere Produktplatzierung vor, so ist dafür nicht nur der Veranstalter verantwortlich, sondern nach den Grundsätzen der Störer-, richtiger: Teilnehmerhaftung auch der von ihm geförderte Unternehmer, soweit dieser die Schleichwerbung veranlasst hat. Unlauter handelt der Veranstalter nicht schon dann, wenn er gegenüber Kunden sich zur Schleichwerbung anbietet (aA OLG München WRP 2005, 522 [LS]), weil es sich dabei nur um eine Vorbereitungshandlung handelt.

8. Sponsoring

3.47a a) Beschreibung. Sponsoring ist ganz allgemein jede geschäftliche Vereinbarung, bei der ein Dritter (Sponsor) eine vertraglich vereinbarte finanzielle oder sonstige Unterstützung leistet, um eine Verbindung zwischen seinem Erscheinungsbild, seinem Namen, seiner Marke, seinen Waren oder Dienstleistungen und der geförderten Veranstaltung, Aktion, Organisation oder Person oder dem geförderten Medium oder Ort herzustellen (vgl die Beschreibung im ICC-Kodex zur Praxis der Werbe- und Marketingkommunikation) und damit werben zu dürfen. Eine ähnliche, jedoch auf den Rundfunk und sonstige audiovisuelle Mediendienste beschränkte Definition enthält **§ 2 II Nr 9 RStV** (Rundfunkstaatsvertrag). Danach ist Sponsoring jeder Beitrag einer natürlichen oder juristischen Person oder einer Personenvereinigung, die an Rundfunktätigkeiten oder an der Produktion audiovisueller Werke nicht beteiligt ist, zur direkten oder indirekten Finanzierung einer Sendung, um den Namen, die Marke, das Erscheinungsbild der Person oder Personenvereinigung, ihre Tätigkeit oder ihre Leistungen zu fördern. (Diese Definition entspricht im Wesentlichen der Definition in Art 1 lit k Richtlinie 2010/13/EU über audiovisuelle Mediendienste).

3.47b b) Lauterkeitsrechtliche Beurteilung. aa) Allgemeines. Das Sponsoring ist eine Erscheinungsform der **Aufmerksamkeitswerbung** (BGHZ 117, 353, 362 = GRUR 1992, 518, 520 – *Ereignis-Sponsorwerbung; Ullmann,* FS Traub, 1994, 411, 414 ff). Es ist lauterkeitsrechtlich grds zulässig (vgl *Hartwig* WRP 1999, 744), muss jedoch die allgemeinen lauterkeitsrechtlichen Anforderungen an die Werbung einhalten (dazu *Schaub* GRUR 2008, 955, 956 ff). Es darf daher nicht irreführend iSd **§ 5 I 2 Nr 4** sein (Irreführung über „Aussagen oder Symbole, die im Zusammenhang mit direktem oder indirektem Sponsoring stehen"). Auch muss klar erkennbar sein, dass ein Ereignis, ein Programm oder eine Person gesponsert sind (**§ 4 Nr 3**). Dass mit Hilfe des Sponsoring gefühlsbezogene Werbung (dazu Rdn 1.217 ff) betrieben werden kann, ist unerheblich (überholt daher OLG Stuttgart WRP 1999, 456).

3.47c bb) Sponsoring in Rundfunksendungen. Das Sponsoring hat im **Medienrecht**, nämlich in § 8 RStV (Rundfunkstaatsvertrag) eine spezialgesetzliche Regelung gefunden, die für Sponsoring bei audiovisuellen Mediendiensten auf Abruf entsprechend (§ 58 III RStV) gilt. Durch diese Regelungen werden Art 10 und 25 Richtlinie 2010/13/EU über audiovisuelle Mediendienste umgesetzt.

§ 8 Sponsoring

(1) ¹Bei Sendungen, die ganz oder teilweise gesponsert werden, muss zu Beginn oder am Ende auf die Finanzierung durch den Sponsor in vertretbarer Kürze und in angemessener Weise deutlich hingewiesen werden; der Hinweis ist in diesem Rahmen auch durch Bewegtbild möglich. ²Neben oder anstelle des Namens des Sponsors kann auch dessen Firmenemblem oder eine Marke, ein anderes Symbol des Sponsors, ein Hinweis auf seine Produkte oder Dienstleistungen oder ein entsprechendes unterscheidungskräftiges Zeichen eingeblendet werden.

(2) Inhalt und Programmplatz einer gesponserten Sendung dürfen vom Sponsor nicht in der Weise beeinflusst werden, dass die redaktionelle Verantwortung und Unabhängigkeit des Rundfunkveranstalters beeinträchtigt werden.

(3) Gesponserte Sendungen dürfen nicht zum Verkauf, zum Kauf oder zur Miete oder Pacht von Erzeugnissen oder Dienstleistungen des Sponsors oder eines Dritten, vor allem durch entsprechende besondere Hinweise, anregen.

(4) Sendungen dürfen nicht von Unternehmen gesponsert werden, deren Haupttätigkeit die Herstellung oder der Verkauf von Zigaretten und anderen Tabakerzeugnissen ist.

(5) Beim Sponsoring von Sendungen durch Unternehmen, deren Tätigkeit die Herstellung oder den Verkauf von Arzneimitteln und medizinischen Behandlungen umfasst, darf für den Namen oder das Image des Unternehmens gesponsert werden, nicht jedoch für bestimmte Arzneimittel oder medizinische Behandlungen, die nur auf ärztliche Verordnung erhältlich sind.

(6) ¹Nachrichtensendungen und Sendungen zur politischen Information dürfen nicht gesponsert werden. ²In Kindersendungen und Sendungen religiösen Inhalts ist das Zeigen von Sponsorenlogos untersagt.

(7) Die Absätze 1 bis 6 gelten auch für Teleshoppingkanäle.
(8) § 7 Absatz 1, 3 und Absatz 8 bis 10 gelten entsprechend.

Das Sponsoring von Rundfunksendungen ist zu unterscheiden vom **Ereignissponsoring**. Wird ein gesponsertes Ereignis gesendet, gilt grds das Gebot der Trennung von Werbung und Programm (vgl BGH GRUR 1992, 518, 521 – *Ereignis-Sponsorwerbung;* dazu krit MünchKomm UWG/*Heermann* § 4 Nr 3 Rdn 112). Allerdings ist dafür Voraussetzung, dass überhaupt eine Werbung iSd § 2 II Nr 7 RStV vorliegt, dh die Sendung gegen Entgelt oder eine ähnliche Gegenleistung erfolgt.

cc) Sonstige Regelungen. Sponsoring mit dem Ziel, den Verkauf von **Tabakerzeugnissen** zu fördern, ist nach **§ 21 a Vorläufiges TabakG** verboten. Diese Bestimmung dient der Umsetzung der Richtlinie 2003/33/EG über Werbung und Sponsoring zu Gunsten von Tabakerzeugnissen v 26. 5. 2003. – **Anwaltswerbung** durch Sponsoring verstößt nicht gegen § 43 b BRAO und § 6 I BORA (BVerfG NJW 2000, 3195, 3196; vgl auch *Römermann* Anm MDR 1999, 835; *Steinbeck* NJW 2003, 1481, 1483).

III. Sonstige Formen der Verschleierung einer geschäftlichen Handlung

1. Vortäuschen neutraler Auskunft

Das Verbot der getarnten Werbung richtet sich auch an solche Personen oder Organisationen, von denen die Öffentlichkeit auf Grund ihrer Stellung oder ihres Auftretens unabhängige, neutrale und objektive Auskünfte erwartet. Das gilt insbes für die Auskünfte der **öffentlichen Hand** (dazu Rdn 13.39). Das gilt aber auch für sonstige Personen, die von Berufs wegen zur Neutralität und Objektivität verpflichtet sind, wie zB **Notare** oder **Analysten,** die Unternehmen beurteilen und Empfehlungen über den Kauf oder Verkauf von Aktien aussprechen. Verschweigen sie, dass sie mit der Auskunftserteilung eigene oder fremde geschäftliche Interessen verfolgen, so stellt dies eine lauterkeitsrechtlich relevante Täuschung der Auskunftsuchenden dar. – Von solchen Fällen abgesehen sind Gewerbetreibende lauterkeitsrechtlich nicht zur Neutralität und Objektivität verpflichtet (vgl auch § 675 II BGB). Ein Hotelier beispielsweise, den ein Gast nach einem guten Restaurant fragt, handelt daher nicht unlauter, wenn er ihm keine neutrale Auskunft gibt. Ebenso wenig stellt es einen Verstoß gegen § 3 iVm § 4 Nr 3 dar, wenn eine bekannte Klinik für ästhetische und kosmetische Chirurgie gebeten wird, Namen und Anschrift bekannter Chirurgen für kosmetische Operationen zu nennen, oder dem Ratsuchenden nur eine bestimmte Klinik für kosmetische Operationen genannt wird und die dort tätigen Ärzte mit überschwänglichem Lob hervorgehoben werden (aA OLG Hamburg WRP 1993, 494).

2. Vortäuschen von Abnahme- und Zahlungspflichten

a) Beschreibung und Bewertung. Nach § 3 III iVm **Anh Nr 22** ist es stets unzulässig, **Verbrauchern** Werbematerial unter Beifügung einer Zahlungsaufforderung zu übermitteln, wenn damit der unzutreffende Eindruck vermittelt wird, die beworbene Ware oder Dienstleistung sei bereits bestellt. Es geht also darum, Verbraucher durch Vortäuschen einer vertraglichen Bindung zu akquirieren. Das typische Mittel dazu ist es, Angebote so zu gestalten, als handle es sich um eine Rechnung, um beim flüchtigen Leser den Eindruck zu erwecken, es bestehe bereits eine vertragliche Bindung, während der Vertrag – wenn überhaupt (dazu *v Ungern-Sternberg* WRP 2000, 1057) – erst konkludent durch Zahlung zu Stande kommt. Die Unlauterkeit wird nicht dadurch ausgeschlossen, dass dem Leser bei aufmerksamer Lektüre der bloße Angebotscharakter deutlich wird. Denn zwar kommt es grds auf den durchschnittlich informierten, aufmerksamen und verständigen Verbraucher oder sonstigen Marktpartner an. Das kann aber dann nicht gelten, wenn der Handelnde gerade auf die situationsadäquate (zB auf Zeitmangel beruhende) Unaufmerksamkeit Einzelner spekuliert und dies planmäßig und systematisch für sich auszunutzen versucht. Ein Rückgriff auf **§ 4 Nr 3** ist erforderlich, wenn sich die Maßnahme nicht an Verbraucher, sondern an **sonstige Marktteilnehmer,** insbes Unternehmen, richtet.

b) Beispiele. Unlauterkeit bejaht: Akquisition von Aufträgen für Adressbucheintragungen durch den Versand von Formularschreiben, die beim Betrachter den Eindruck erwecken, es würden früher in Auftrag gegebene Leistungen in Rechnung gestellt, während in Wahrheit Vertragsangebote unterbreitet werden (sog **Adressbuchschwindel;** vgl BGHZ 123, 330, 334 = GRUR 1994, 126, 127 – *Folgeverträge I;* BGH GRUR 1995, 358, 360 – *Folgeverträge II;* BGH GRUR 1998, 415, 416 – *Wirtschaftsregister* = LM UWG § 1 Nr 762 mit Anm *Köhler; v Ungern-*

Sternberg WRP 2000, 1057). – Angebot einer Höherversicherung, das wie eine Aufforderung zur laufenden Beitragszahlung gestaltet ist (BGH GRUR 1992, 450, 452 – *Beitragsrechnung*). – Ausgestaltung eines Bestellschreibens als Geschenkgutschein (OLG Karlsruhe WRP 1988, 322). – Formularmäßiges Angebot für teils kostenfreie, teils kostenpflichtige Eintragungen in eine Formulardatenbank ohne ausreichenden Hinweis auf den kostenpflichtigen Teil (LG Hamburg NJW-CoR 1996, 256 [LS]).

3. Vortäuschen der Verbrauchereigenschaft

3.51 **a) beim Bezug von Waren oder Dienstleistungen.** Gibt ein Unternehmer Waren oder Dienstleistungen nur an (End-)Verbraucher ab, und täuscht ein am Wiederverkauf interessierter Abnehmer diesen Unternehmer über seine fehlende Verbrauchereigenschaft, so verschleiert er den wettbewerblichen Charakter seines Bezugs **(Schleichbezug)** und verstößt insoweit gegen § 4 Nr 3 sowie gegen § 4 Nr 10 (BGH GRUR 2009, 173 Tz 25 ff – *bundesligakarten.de*). Obwohl der Wortlaut – etwas zu eng – vom Werbe- statt vom kommerziellen Charakter spricht, fällt auch eine solche Täuschung nach der vom Gesetzgeber verfolgten Konzeption unter das Verbot (vgl Rdn 3.1, 3.10). Im Übrigen liegt im Schleichbezug auch eine irreführende Werbung nach § 5 I 2 Nr 3. **Beispiel:** Ein Wiederverkäufer unterläuft das Vertriebskonzept eines Herstellers, der erklärtermaßen seine Waren nur an Endverbraucher verkauft, durch Einschaltung von Strohmännern (BGH GRUR 1988, 916 – *PKW-Schleichbezug*). – Zum Schutz selektiver Vertriebssysteme vor Außenseiterbezügen vgl allgemein Rdn 10.63.

3.52 **b) beim Absatz von Waren oder Dienstleistungen.** Täuscht ein Unternehmer beim Absatz von Waren oder Dienstleistungen über seine Unternehmereigenschaft und spiegelt er Verbrauchern vor, er sei Verbraucher oder handle als Verbraucher, so erfüllt dies den Tatbestand des **§ 3 III** iVm **Anh Nr 23**. Ein Rückgriff auf § 4 Nr 3 ist erforderlich, wenn sich die Maßnahme nicht an Verbraucher, sondern an **sonstige Marktteilnehmer,** insbes Unternehmen, richtet. Daneben ist § 5 I 2 Nr 3 anwendbar. Die Täuschung kann bsw dadurch erfolgen, dass in einer Verkaufsanzeige in einer Zeitung nur eine Telefonnummer ohne den Zusatz „gewerblich" erfolgt.

4. Kapitel. Transparenz der Bedingungen für die Inanspruchnahme von Verkaufsförderungsmaßnahmen

§ 4 Nr 4

Unlauter handelt insbesondere, wer
4. bei Verkaufsförderungsmaßnahmen wie Preisnachlässen, Zugaben oder Geschenken die Bedingungen für ihre Inanspruchnahme nicht klar und eindeutig angibt;

Übersicht

	Rdn
I. Entstehungsgeschichte, Normzweck und Auslegung	4.1–4.3
1. Entstehungsgeschichte	4.1
2. Normzweck	4.2
3. Auslegung	4.3
II. Unionsrecht	4.4, 4.5
1. Richtlinie über den elektronischen Geschäftsverkehr und Datenschutzrichtlinie für elektronische Kommunikation	4.4
2. Richtlinie über unlautere Geschäftspraktiken	4.5
III. Verhältnis zu anderen Normen	4.6
IV. Tatbestand	4.7–4.17
1. Anwendungsbereich	4.7, 4.8
a) Allgemeines	4.7
b) Adressaten der Verkaufsförderungsmaßnahme	4.8
2. Bedingungen der Inanspruchnahme	4.9–4.15
a) Allgemeines	4.9
b) Berechtigung zur Inanspruchnahme	4.10
c) Modalitäten der Inanspruchnahme	4.11–4.14
aa) Zeitliche Beschränkungen	4.11

4. Kap. Transparenz der Bedingungen 4.1–4.4 § 4 UWG

	Rdn
bb) Mengenbezogene Beschränkungen	4.12
cc) Produktbezogene Beschränkungen	4.13
dd) Einzelne Verkaufsförderungsmaßnahmen	4.14
d) Abgrenzung	4.15
3. Fehlen klarer und eindeutiger Angaben	4.16
4. Zeitpunkt der Information	4.17
V. Sonstiges	4.18, 4.19
1. Beweislast	4.18
2. Geschäftliche Relevanz	4.19

Schrifttum: *Heermann,* Lauterkeitsrechtliche Informationspflichten bei Verkaufsförderungsmaßnahmen, WRP 2005, 141; *Köhler,* Die Unlauterkeitstatbestände des § 4 UWG und ihre Auslegung im Lichte der Richtlinie über unlautere Geschäftspraktiken, GRUR 2008, 841; *Steinbeck,* Rabatte, Zugaben und andere Werbeaktionen: Welche Angaben sind notwendig?, WRP 2008, 1046; *dies,* Der Beispielskatalog des § 4 UWG – Bewährungsprobe bestanden, GRUR 2008, 848.

I. Entstehungsgeschichte, Normzweck und Auslegung

1. Entstehungsgeschichte

Das **Transparenzgebot** des § 4 Nr 4 hat seine Vorläufer in den für elektronische Medien geltenden Bestimmungen (vgl für Telemediendienste § 6 I Nr 4 TMG), die ihrerseits ihre Grundlage in Art 6 lit c der Richtlinie 2000/31/EG über den elektronischen Geschäftsverkehr haben. Da eine unterschiedliche Behandlung des traditionellen Geschäftsverkehrs gegenüber dem elektronischen Geschäftsverkehr in diesen Fällen nicht sachgerecht ist, wurde die Regelung auf das allgemeine Lauterkeitsrecht übertragen (vgl Begr RegE UWG zu § 4 Nr 4 S 35). Im (bewussten?) Gegensatz zu § 6 I Nr 3 TMG ist allerdings nicht zusätzlich angeordnet, dass die Verkaufsförderungsmaßnahmen „klar als solche erkennbar" und dass die Bedingungen der Inanspruchnahme „leicht zugänglich" sein müssen. Doch sind diese Voraussetzungen auf Grund des Gebots der richtlinienkonformen Auslegung (Rdn 4.4 und 4.5) ebenfalls einzuhalten.

4.1

2. Normzweck

Die Norm bezweckt den Schutz der Verbraucher und sonstigen Marktteilnehmer vor unsachlicher Beeinflussung und Irreführung durch **unzureichende Information** über die Bedingungen der Inanspruchnahme von Verkaufsförderungsmaßnahmen wie Preisnachlässen, Zugaben oder Geschenken. Sie will dem speziellen Informationsbedarf der Abnehmer bei Verkaufsförderungsmaßnahmen Rechnung tragen, da diese Maßnahmen der Wertreklame eine hohe Attraktivität für den Kunden haben und daraus eine nicht unerhebliche Missbrauchsgefahr im Hinblick auf die Nachfrageentscheidung der Kunden resultiert (BGH GRUR 2009, 1064 Tz 27 – *Geld-zurück-Garantie II*). Dies gilt insbes für **Kundenbindungssysteme,** die hohe Hürden für die Inanspruchnahme des Vorteils aufstellen (vgl Begr RegE UWG zu § 4 Nr 4, BT-Drucks 15/1487 S 17).

4.2

3. Auslegung

Die Auslegung des § 4 Nr 4 hat **richtlinienkonform** zu erfolgen. Maßstäbe sind die Richtlinie über den elektronischen Geschäftsverkehr (online-Geschäftsverkehr) und die UGP-Richtlinie (offline-Geschäftsverkehr). Zu Einzelheiten vgl Rdn 4.4 und 4.5.

4.3

II. Unionsrecht

1. Richtlinie über den elektronischen Geschäftsverkehr und Datenschutzrichtlinie für elektronische Kommunikation

Für den **elektronischen Geschäftsverkehr** sieht Art 6 lit c der Richtlinie 2000/31/EG über den elektronischen Geschäftsverkehr vor, dass Angebote zur Verkaufsförderung wie Preisnachlässe, Zugaben und Geschenke, soweit sie im Mitgliedstaat der Niederlassung des Diensteanbieters zulässig sind, klar als solche erkennbar sein müssen, und dass die Bedingungen für ihre Inanspruchnahme leicht zugänglich sein sowie klar und unzweideutig angegeben werden müssen. Die Umsetzung dieser Vorschrift erfolgte durch § 6 I Nr 3 TMG. § 4 Nr 4 stellt eine

4.4

teilweise Wiederholung dieser Regelung, wenngleich erweitert auf alle Formen des Geschäftsverkehrs (online wie offline), dar. Was den **online-Geschäftsverkehr** angeht, hat die richtlinienkonforme Auslegung des § 4 Nr 4 am Maßstab des Art 6 lit c der Richtlinie über den elektronischen Geschäftsverkehr iVm Art 7 II, V und Anhang II UGP- Richtlinie zu erfolgen. – Nach Art 13 IV Datenschutzrichtlinie für elektronische Kommunikation (zuletzt geändert durch die Richtlinie2009/136/EG v 25. 11. 2009) ist „die Praxis des Versendens elektronischer Nachrichten zu Zwecken der Direktwerbung, … bei der gegen Artikel 6 der Richtlinie 2000/31/EG verstoßen wird", auf jeden Fall verboten. Es handelt sich insoweit um ein per-se-Verbot, das nach Art 3 IV UGP-Richtlinie der UGP-Richtlinie vorgeht. Eine e-Mail-Werbung, die nicht den Anforderungen des Art 6 lit c der Richtlinie 2000/31/EG entspricht, ist also stets unzulässig. Diese Regelung ist bis zum 25. 5. 2011 umzusetzen (Art 4 I Richtlinie 2009/136/EG).

2. Richtlinie über unlautere Geschäftspraktiken

4.5 Für den **offline-Geschäftsverkehr** waren in dem Vorschlag einer Verordnung über Verkaufsförderung im Binnenmarkt konkrete Informationspflichten vorgesehen. Da dieser Vorschlag später von der Kommission zurückgezogen wurde, ist insoweit der Anwendungsbereich der UGP-Richtlinie eröffnet (EuGH GRUR 2010, 244 Tz 33 – *Plus Warenhandelsgesellschaft*). Daher ist § 4 Nr 4 insoweit unmittelbar am Maßstab des Art 7 I–III UGP-Richtlinie auszulegen (BGH GRUR 2009, 1064 Tz 17–20 – *Geld-zurück-Garantie II;* jurisPK-UWG/*Seichter* § 4 Nr 4 Rdn 8). Allerdings sollten sich dabei keine Unterschiede zur Regelung für den online-Geschäftsverkehr ergeben. Im Ergebnis läuft das darauf hinaus, dass die Kriterien des Art 6 lit c Richtlinie über den elektronischen Geschäftsverkehr als sachnähere Regelung entsprechend heranzuziehen sind (*Köhler* WRP 2009, 109, 117).

III. Verhältnis zu anderen Normen

4.6 § 4 Nr 4 regelt einen Ausschnitt der Werbung mit Preisnachlässen, Zugaben und Geschenken. Dies schließt es nicht aus, **§ 4 Nr 1, 2, 6, §§ 5, 5 a** sowie **Nr 5 Anh zu § 3 III** auf sonstige von Preisnachlässen, Zugaben und Geschenken ausgehende Beeinträchtigungen der Entscheidungsfreiheit der Verbraucher anzuwenden (vgl BGH GRUR 2009, 1064 Tz 46 – *Geld-zurück-Garantie II* zu §§ 5, 5 a). Was das Verhältnis zu § 3 I angeht, gilt auch hier, dass § 4 Nr 4 nur das Tatbestandsmerkmal der Unlauterkeit konkretisiert, die Werbemaßnahme daher nur dann unzulässig ist, wenn auch die sonstigen Voraussetzungen des § 3 I erfüllt sind (dazu Rdn 4.19). § 4 Nr 4 iVm § 3 I ist neben § 6 I Nr 3 TMG anwendbar, zumal nach § 6 III TMG die Vorschriften des UWG unberührt bleiben.

IV. Tatbestand

1. Anwendungsbereich

4.7 a) **Allgemeines.** Das Transparenzgebot des § 4 Nr 4 beschränkt sich auf **„Verkaufsförderungsmaßnahmen wie Preisnachlässe, Zugaben und Geschenke".** Da es sich um einen Begriff des Unionsrechts handelt (Rdn 4.4) ist er richtlinienkonform auszulegen. Da keine Definition vorliegt, obliegt die verbindliche Konkretisierung letztlich dem EuGH. Im Interesse eines effektiven Verbraucherschutzes ist der Begriff weit iSv **geldwerten Vergünstigungen** auszulegen. **Preisnachlässe, Zugaben** und **Geschenke** stellen nur **Beispiele** einer Verkaufsförderungsmaßnahme dar, so dass ua auch Vergünstigungen durch **Garantien** (BGH GRUR 2009, 1064 Tz 22–25 – *Geld-zurück-Garantie II;* OLG Köln GRUR-RR 2010, 293**), Kopplungsangebote** und **Kundenbindungssysteme** erfasst werden (vgl Harte/Henning/*Bruhn* § 4 Nr 4 Rdn 4; *Heermann* WRP 2005, 141, 144 f; aA Fezer/*Steinbeck* § 4–4 Rdn 7) Zum Begriff der **Verkaufsförderungsmaßnahme** vgl § 4 Rdn 1.40; zum Begriff des **Preisnachlasses** vgl § 4 Rdn 1.92; zum Begriff der **Zugabe** vgl § 4 Rdn 1.46; zum Begriff des **(Werbe-)Geschenks** vgl § 4 Rdn 1.107. – Keine Verkaufsförderungsmaßnahme stellt die bloße Beschreibung der Ware oder Dienstleistung (zB Angabe des Zinssatzes für eine Geldanlage;aA LG Düsseldorf WRP 2008, 392 Ls) oder des Inhalts der Verkaufsförderungsmaßnahme. Falsche oder unzureichende Informationen beurteilen sich insoweit ausschließlich nach den §§ 5, 5 a (vgl OLG Köln GRUR-RR 2010, 293, 294).

4.8 b) **Adressaten der Verkaufsförderungsmaßnahme.** § 4 Nr 4 unterscheidet – anders als zB § 4 Nr 6 – nicht danach, welche Personen mit der Verkaufsförderungsmaßnahme angesprochen werden. Die Vorschrift gilt also auch für Verkaufsförderungsmaßnahmen, mit denen sonstige Marktteilnehmer, insbes Händler, angesprochen werden.

2. Bedingungen der Inanspruchnahme

a) Allgemeines. Unter den „Bedingungen der Inanspruchnahme" sind die Voraussetzungen zu verstehen, die erfüllt sein müssen, damit der Kunde die Vergünstigung erlangen kann (ebenso OLG Stuttgart GRUR-RR 2008, 11, 12). Da es sich um einen Begriff des Unionsrechts handelt (Rdn 4.4) ist er richtlinienkonform auszulegen (Rdn 4.3–4.5; BGH GRUR 2009, 1064 Tz 20 – *Geld-zurück-Garantie II*). Im Interesse eines effektiven Verbraucherschutzes ist der Begriff **weit auszulegen** (ebenso BGH GRUR 2010, 247 Tz 13 – *Solange der Vorrat reicht*). Er ist daher nicht auf die **Berechtigung** zur Inanspruchnahme zu beschränken, sondern auch auf ihre **Modalitäten** zu erstrecken (vgl auch OLG Köln GRUR-RR 2006, 196, 198). Dazu gehören alle aus der Sicht des Verbrauchers nicht ohne weiteres zu erwartenden Umstände, die die Möglichkeit einschränken, in den Genuss der Vergünstigung zu gelangen (BGH WRP 2010, 237 Rdn 13 – *Solange der Vorrat reicht*), insbes zeitliche Beschränkungen der Aktion sowie Mindest- oder Höchstabnahmemengen (BGH GRUR 2009, 1064 Tz 28 – *Geld-zurück-Garantie II*). Die Anwendung des § 4 Nr 4 setzt voraus, dass der Unternehmer Bedingungen für die Inanspruchnahme der Vergünstigung aufgestellt hat und verlangt lediglich einen Hinweis auf **bestehende** Bedingungen (BGH GRUR 2008, 1114 Tz 13 – *Räumungsfinale*; § 5 Rdn 6.6 a). Die Unlauterkeit des Verhaltens tritt dann zu Tage, wenn sich der Unternehmer gegenüber dem Verbraucher darauf beruft, dass die Voraussetzungen für die Inanspruchnahme der Vergünstigung nicht (mehr) gegeben seien.

b) Berechtigung zur Inanspruchnahme. Der Werbende muss angeben, welcher Personenkreis in den Genuss der Verkaufsförderungsmaßnahme kommen oder von ihr ausgeschlossen sein soll (BGH GRUR 2009, 1064 Tz 28 – *Geld-zurück-Garantie II*). Die entsprechenden Kriterien (zB Wohnort, Geschlecht, Alter, Beruf oder Stand, Betriebszugehörigkeit) müssen daher angegeben werden.

c) Modalitäten der Inanspruchnahme. aa) Zeitliche Beschränkungen. Weder aus § 4 Nr 4 noch aus den §§ 5, 5 a ergibt sich die Pflicht, Verkaufsförderungsmaßnahmen zeitlich zu begrenzen (BGH GRUR 2008, 1114 Tz 13 – *Räumungsfinale*). Soll dagegen die Verkaufsförderungsmaßnahme nur für einen bestimmten Zeitraum gelten, muss der Unternehmer grds Beginn und Ende der Maßnahme angeben. Der Zeitraum muss grds nach dem **Kalender** bestimmt oder bestimmbar sein, weil und soweit der Verbraucher nur auf diese Weise erkennen kann, in welchem Zeitraum die Vergünstigung zu erlangen ist. Es müssen daher grds der Erste und der letzte Verkaufstag durch Datumsangabe gekennzeichnet sein (LG Ulm WRP 2006, 780 LS). Dementsprechend reicht die Angabe *„nur 14 Tage gültig"* in einer Zeitungsbeilage nicht aus (OLG Brandenburg GRUR-RR 2005, 227). Allerdings ist es dem Unternehmer durch § 4 Nr 4 nicht verwehrt, einen **unbestimmten** Zeitraum anzugeben, wenn auf Grund der Besonderheit der Maßnahme für ihn die Angabe eines bestimmten Zeitraums nicht möglich oder nicht zumutbar ist. So darf der Unternehmer mit der Angabe **„Räumungsverkauf"**, etwa wegen Geschäftaufgabe oder Umbaus, oder mit der Angabe **„Saisonschlussverkauf"** werben, ohne sich auf einen kalendermäßig bestimmten Zeitraum festzulegen. Denn der verständige Verbraucher weiß oder rechnet damit, dass der Abverkauf der im Preis reduzierten Ware von der jeweiligen Nachfrage abhängt und diese sich nicht vorhersehen lässt. Für ihn ist daher eine derartige Angabe „klar und eindeutig" (überholt OLG Köln GRUR 2006, 783). Ergibt sich aus der Werbung, dass ein Räumungsverkauf bereits begonnen hat, braucht auf den Beginn der Aktion nicht mehr hingewiesen zu werden (OLG Stuttgart GRUR-RR 2008, 11, 12 f). Der Tatbestand des § 4 Nr 4 ist auch dann nicht verwirklicht, wenn in der Werbung zwar eine zeitliche Begrenzung der Verkaufsaktion (insbes Räumungsverkauf) angegeben wird, der Verkauf danach aber fortgesetzt wird (aA LG Stuttgart WRP 2006, 777, 779; LG Ulm WRP 2006, 780 LS; LG Wiesbaden WRP 2007, 1019 LS). In derartigen Fällen kann der Tatbestand des § 5 erfüllt sein, wenn der Werbende von vornherein beabsichtigt hatte, den Räumungsverkauf über den angegebenen Zeitraum hinaus fortzusetzen; jedoch verstößt die Fortsetzung des Verkaufs als solche nicht gegen das Irreführungsverbot (vgl § 5 Rdn 6.9). Ist die Rabattaktion eines Discounters auf **einen Tag beschränkt,** muss klargestellt werden, dass der Rabatt nur für vorrätige, nicht auch für zu bestellende Ware gilt (OLG Stuttgart WRP 2008, 517, 519; aA OLG Karlsruhe WRP 2007, 818).

4.12 bb) Mengenbezogene Beschränkungen. Nicht zu den Bedingungen gehört die tatsächliche **Menge** der angebotenen Vergünstigungen (dazu *Heermann* WRP 2005, 141, 143). Darüber braucht der Unternehmer nicht zu informieren. Insoweit gilt nur Nr 5 Anh zu § 3 III. Dagegen gehören bei einer mengenmäßigen Beschränkung der angebotenen Vergünstigungen zu den Modalitäten der Inanspruchnahme Angaben darüber, ob und in welcher **Menge** der Kunde die Verkaufsförderungsmaßnahme in Anspruch nehmen kann (OLG Köln GRUR-RR 2006, 57, 58; Harte/Henning/*Bruhn* § 4 Nr 4 Rdn 32). Der Verbraucher muss bspw wissen, ob er beim Erwerb der Hauptware auch die beworbene Zugabe bekommt oder ob die Zugabe nur in geringerer Menge als die Hauptware vorhanden ist. Insoweit reicht aber der auf die Zugabe bezogene Hinweis *„solange der Vorrat reicht"* aus (BGH GRUR 2010, 247 Tz 14, 15 – *Solange der Vorrat reicht*), es sei denn, er ist im Einzelfall irreführend (BGH GRUR 2010, 247 Tz 16 – *Solange der Vorrat reicht*). – Ferner gehören zu den Bedingungen etwaige **Mindest-** oder **Höchstabnahmemengen** zur Erlangung der Vergünstigung (BGH GRUR 2009, 1064 Tz 28 – *Geld-zurück-Garantie II*).

4.13 cc) Produktbezogene Beschränkungen. Bei Preisnachlässen gehört zu den Bedingungen der Inanspruchnahme die Angabe darüber, welche Waren mit welchen Preisnachlässen erworben werden können (aA Fezer/*Steinbeck* § 4 Nr 4 Rdn 8). Was die Angabe der absoluten oder relativen **Höhe des Preisnachlasses** angeht, ist nach der konkreten Art der Werbung zu unterscheiden (OLG Köln GRUR-RR 2008, 250, 251). Bezieht sich die Rabattankündigung auf einzelne Artikel, so muss der Werbende die genaue – absolute oder relative – Höhe des Rabatts angeben. Bezieht sich die Werbung auf ganze Warengruppen, reicht es aus, wenn in allgemeiner Form ein Rabatt angekündigt wird (zB „bis zu x % Rabatt"). – Jedoch ist anzugeben, auf welche **Waren** oder **Warengruppen** sich die Preisnachlässe beziehen (OLG München GRUR-RR 2005, 356, 357; OLG Naumburg GRUR-RR 2007, 159, 160). Nicht ausreichend, weil nicht eindeutig, ist die Einschränkung *„Reisen zu großen Sportveranstaltungen"* (LG Köln WRP 2007, 1016, 1017), *„30% auf alle unsere Polstermöbel-Bestseller"* (OLG München GRUR-RR 2005, 356, 357) oder *„ausgenommen ist Werbeware"* (OLG Köln GRUR 2006, 196 f) oder *„gilt nicht für in anderen Prospekten und Anzeigen beworbene Ware"* (OLG Brandenburg WRP 2008, 1601, 1604). Ausreichend ist dagegen die Einschränkung *„ausgenommen bereits reduzierte Ware"* (LG Potsdam WRP 2008, 147, 149; aA LG München WRP 2007, 573) und – bei der Werbung eines Möbelhauses – *„Nur auf Neukäufe"* (OLG Köln GRUR 2006, 196 f). – Bezieht sich die Preisnachlasswerbung blickfangmäßig auf das **gesamte Sortiment** (zB „12% auf alles – ohne wenn und aber"), müssen Einschränkungen am Blickfang teilhaben. Der Werbende kann sich also nicht darauf berufen, in Prospekten beworbene Waren seien davon ausgenommen (OLG Stuttgart WRP 2009, 236, 237).

4.14 dd) Einzelne Verkaufsförderungsmaßnahmen. Bei einem Preisnachlass in Form eines **Gutscheins** muss der Werbende angeben, welchen Einlösewert er hat, auf welche Waren- oder Dienstleistungskäufe (OLG Frankfurt WRP 2006, 1538) und welchen Mindesteinkaufswert er sich bezieht und in welchem Zeitraum er eingelöst werden muss (LG Konstanz WRP 2007, 222). Besondere Bedeutung kommt diesen Angaben im Rahmen von **Kundenbindungssystemen** zu. So etwa muss klar angegeben werden, welchen Wert ein Berechnungsfaktor („Bonuspunkt", „Meile") hat (OLG Rostock GRUR-RR 2005, 391, 392), welche Umsätze dafür erforderlich sind und welche Modalitäten für die Gewährung der Vergünstigung gelten. Den Kunden ist außerdem regelmäßig das Punkteguthaben mitzuteilen. – Bei **Zugaben** ist anzugeben, vom Bezug welcher Ware oder Dienstleistung bei welchem Vertragspartner ihre Gewährung abhängig ist (OLG München GRUR-RR 2005, 356, 357). Dagegen ist nicht anzugeben, worin die Zugabe besteht. Besteht die Zugabe in einer Garantie, so sind jedoch die Bedingungen für ihre Inanspruchnahme anzugeben (BGH GRUR 2009, 1064 Tz 28, 29 – *Geld-zurück-Garantie II*). – Bei **Geschenken** ist anzugeben, unter welchen Bedingungen (Abholung, Bezahlung der Versandkosten; Abholort usw) sie in Anspruch genommen werden können (vgl auch Nr 21 Anh zu § 3 III). – Bei **Kopplungsangeboten** muss auf die Kopplung hingewiesen werden. Es ist daher unlauter, mit einem günstigen Angebot zu werben, ohne gleichzeitig darauf hinzuweisen, dass es nur beim Bezug einer anderen Ware oder Dienstleistung in Anspruch genommen werden kann (§ 4 Rdn 1.68). – Ist für die Inanspruchnahme des Angebots der Abschluss eines Vertrages mit einem **Dritten** erforderlich, so ist darauf ebenfalls hinzuweisen (OLG Karlsruhe NJW-RR 2002, 250, 253; Harte/Henning/*Bruhn* § 4 Nr 4 Rdn 31).

d) Abgrenzung. Der Begriff der **Bedingungen** der Inanspruchnahme erstreckt sich nicht 4.15 auf den Wert oder die Eigenschaften der Zugabe oder des Geschenks oder den Preis oder die Eigenschaften der zu erwerbenden Ware (OLG Köln MMR 2006, 472; *Steinbeck* WRP 2008, 1046, 1047; vgl weiter *Heermann* WRP 2005, 141, 144 f). Insoweit gelten die allgemeinen Grundsätze zum Transparenzgebot (vgl § 5 Rdn 1.71). – Keine Bedingung ist die Bitte um eine **Spende** bei Inanspruchnahme der Maßnahme (OLG Naumburg GRUR-RR 2007, 157).

3. Fehlen klarer und eindeutiger Angaben

Die Bedingungen der Inanspruchnahme müssen „**klar und eindeutig**" angegeben werden. 4.16 Das bezieht sich auf **Form** und **Inhalt** der Angaben. Die Angaben müssen ausreichend, dh ohne Schwierigkeiten, wahrnehmbar (lesbar, hörbar) und verständlich sein. Sie dürfen den Angesprochenen nicht im Zweifel lassen, welche Bedingungen im Einzelnen gelten. Ob dies der Fall ist, beurteilt sich nach dem Verständnis des durchschnittlich informierten, (situationsadäquat) aufmerksamen und verständigen Verbrauchers oder sonstigen Marktteilnehmers (OLG Stuttgart WRP 2007, 1115, 1117; OLG Stuttgart WRP 2008, 517, 519). Bei einem Hinweis auf eine Internetseite in einem TV-Werbespot kommt es auf die grafische Gestaltung und den Kontext an. Der Zuschauer muss ohne bes Mühe in der Lage sein, sich die Internetadresse zu merken und ggf zu notieren. Dazu muss der Hinweis aber nicht zusätzlich gesprochen werden (BGH GRUR 2009, 1064 Tz 44 – *Geld-zurück-Garantie II*). Bei Angeboten an deutsche Kunden sind die Angaben in **deutscher** Sprache zu halten. Dies gilt auch für Angebote im Internet (diff Harte/ Henning/*Bruhn* § 4–4 Rdn 62). Es gelten die Grundsätze der Blickfangwerbung (OLG Stuttgart WRP 2007, 1115, 1117; OLG Brandenburg WRP 2008, 1601, 1604). Bei Angaben im „Kleingedruckten" muss zumindest durch einen unmissverständlichen Hinweis („Sternchen") beim Angebot die entsprechende Verbindung hergestellt werden (*Heermann* WRP 2005, 141, 149; vgl auch BGH GRUR 2006, 164 Tz 21 – *Aktivierungskosten II*). Doch müssen Sternchenhinweis und Erläuterung nicht auf der gleichen Seite abgedruckt sein (OLG Brandenburg WRP 2008, 1601, 1603 f). Zur „Klarheit" der Angabe gehört auch, dass sie „leicht zugänglich" (vgl § 6 I Nr 3 TMG) sind (*Heermann* WRP 2005, 141, 149). Das ist nicht der Fall, wenn sie nur auf der Innenseite eines Etiketts eines Erfrischungsgetränks abgedr sind (BGH GRUR 2009, 1064 Tz 29 ff – *Geld-zurück-Garantie II*). Bei Angaben im **Internet** kann die Information auch über einen **Link** erfolgen. Dies gilt jedoch dann nicht, wenn die Angaben auf der ersten Internetseite als vollständig erscheinen, der Verbraucher also keinen Anlass hat, nach weiteren Informationen Ausschau zu halten (OLG Stuttgart WRP 2007, 694, 696). – Ein Unternehmer handelt unlauter, wenn er für einen Preisnachlass an einem ganz bestimmten Tag für bestimmte Waren wirbt, er den Nachlass tatsächlich aber nur auf vorrätige und nicht auch auf die an diesem Tag bestellte Waren gewährt. Denn der Verbraucher kann diese Werbung auch dahin verstehen, dass sich der Nachlass auch auf solche Waren bezieht, die an diesem Tag verbindlich bestellt werden (OLG Stuttgart WRP 2007, 517, 519).

4. Zeitpunkt der Information

Das Gesetz sagt nichts darüber aus, wann die Information spätestens erteilt werden muss. Da 4.17 § 4 Nr 4 eine „informierte" Entscheidung des Kunden ermöglichen will, ist die Information so **rechtzeitig** zu erteilen, dass ein durchschnittlich informierter, (situationsadäquat) aufmerksamer und verständiger Kunde sie bei seiner Entscheidung über die Inanspruchnahme der Verkaufsförderungsmaßnahme berücksichtigen kann. Dementsprechend reicht es bspw nicht aus, wenn die (vollständige) Information nur auf der Innenseite der **Produktverpackung** zu lesen ist, da der Kunde die Verpackung vor dem Kauf nicht öffnen kann (BGH GRUR 2009, 1064 Tz 29, 30 – *Geld-zurück-Garantie II*). Was den Inhalt und Umfang der Informationen in der **Produktwerbung** angeht, ist zu unterscheiden: **(1)** Wird der Kunde in der Werbung **unmittelbar** zur Inanspruchnahme der Verkaufsförderungsmaßnahme aufgefordert, muss die Information unmittelbar zugänglich sein, und zwar im gleichen Text (OLG Naumburg GRUR-RR 2007, 157). **Beispiel:** Wird in einer Zeitungsanzeige dazu aufgefordert, per Fax eine Kreditkarte mit Zugaben zu bestellen, muss die Information über die Inanspruchnahme der Zugabe im gleichen Text (vgl BGH GRUR 1999, 515, 518 – *Bonusmeilen*) oder durch Hinweis auf eine Internet-Website oder dergl erfolgen. **(2)** Beschränkt sich die Werbung dagegen auf eine bloße **Ankündigung** einer Verkaufsförderungsmaßnahme ohne gleichzeitige Möglichkeit ihrer Inanspruchnahme, kommt es darauf an, welches **Werbemedium** verwendet wird und welches **Informations-**

bedürfnis der Kunde hat (zur entsprechenden Problematik bei § 4 Nr 5 vgl BGH GRUR 2008, 724 Tz 11 – *Urlaubsgewinnspiel*). Dabei sind die räumlichen und zeitlichen Beschränkungen des Werbemediums ebenso zu berücksichtigen wie die Maßnahmen, dem Verbraucher die benötigten Informationen anderweit zur Verfügung zu stellen (vgl Art 7 III UGP-Richtlinie). So kann es bei einem TV-Spot oder in einer Internet-Banner-Werbung genügen, dass die vollständige Information erst im Zusammenhang mit dem konkreten Angebot der Verkaufsförderungsmaßnahme (zB im Handel) erfolgt oder dass der Kunde auf sofort und leicht zugängliche andere Informationsquellen (zB Internetseite) hingewiesen wird (vgl BGH GRUR 2009, 1064 Tz 29, 30 – *Geld-zurück-Garantie II;* OLG Frankfurt GRUR-RR 2007, 156, 157; OLG Dresden WRP 2008, 1389, 1390; jurisPK/*Seichter* § 4 Nr 4 Rdn 25). Maßgebend sind jedoch stets die Umstände des Einzelfalls, insbesondere das jeweilige Informationsbedürfnis des Durchschnittsverbrauchers. Von Bedeutung sind insbes die Art des beworbenen Produkts (Waren des täglichen Bedarfs oder langlebige Güter) und die damit verbundene Anlockwirkung sowie die Art der Verkaufsförderung und der Umfang der Teilnahmebedingungen (BGH GRUR 2009, 1064 Tz 38 – *Geld-zurück-Garantie II*). Bei umfangreicheren Bedingungen, wie etwa bei Kundenbindungssystemen, wird in der Fernseh- und Hörfunkwerbung idR nur eine Verweisung auf andere Informationsquellen in Betracht kommen. Allerdings sind unerwartete Beschränkungen oder sonstige überraschende Teilnahmebedingungen stets unmittelbar zu offenbaren (BGH GRUR 2009, 1064 Tz 39 – *Geld-zurück-Garantie II*). Davon abgesehen korrespondiert der Umfang der Informationspflichten in der Werbung ihrem Informationsgehalt (vgl *Steinbeck* WRP 2008, 1046, 1050). Bei völlig unbestimmten Ankündigungen in der Werbung (wie zB „Traumrabatte"; „bis zu x-%-Rabatt"; vgl *Steinbeck* WRP 2008, 1046, 1050) erwartet der Kunde noch keine umfassende Information in der Werbung selbst (vgl OLG Köln MMR 2002, 469; MünchKomm-UWG/*Heermann* § 4 Nr 4 Rdn 38). Anders liegt es, wenn der Kunde ein aktuelles Informationsbedürfnis hat. So etwa, wenn ein stationärer Einzelhändler im Internet mit Preisnachlässen für bestimmte Produkte wirbt. Hier kann der Kunde erwarten, dass ihm die entsprechenden Informationen bereits in der Internet-Werbung (ggf mittels eines Links) und nicht erst im Geschäftslokal mitgeteilt werden (OLG Stuttgart WRP 2007, 694, 695 f; OLG Dresden WRP 2008, 1389). – Entspricht die Werbung (zB in einer Anzeige) nicht den Informationsanforderungen, so entfällt die Unlauterkeit nicht durch eine nachfolgende Aufklärung im Ladengeschäft, weil sich dann der Kunde schon hat anlocken lassen (BGH GRUR 2009, 1064 Tz 33 – *Geld-zurück-Garantie II*).

V. Sonstiges

1. Beweislast

4.18 Nach den allgemeinen Grundsätzen muss der Kläger beweisen, dass die Informationspflichten aus § 4 Nr 4 nicht erfüllt wurden.

2. Geschäftliche Relevanz

4.19 Die Verletzung der in § 4 Nr 4 vorgeschriebenen Informationspflichten muss geeignet sein, den Verbraucher zu einer geschäftlichen Entscheidung zu veranlassen, die er sonst nicht getroffen hätte. Dieses Relevanzkriterium ist entweder als ungeschriebenes Tatbestandsmerkmal des § 4 Nr 4 zu behandeln (§ 3 Rdn 8 c) oder bei § 3 I in richtlinienkonformer Auslegung zu berücksichtigen. Ob es erfüllt ist, hängt von den Umständen des Einzelfalls ab (*Köhler* GRUR 2005, 1, 6; OLG Köln GRUR-RR 2006, 57, 59; OLG Brandenburg GRUR-RR 2005, 227; OLG Naumburg GRUR-RR 2007, 159, 160). Bei der Beurteilung ist zunächst zu fragen, um welche Verkaufsförderungsmaßnahme es sich handelt. So mag die Verletzung von Informationspflichten bei Geschenken weniger ins Gewicht fallen als bei Preisnachlässen und Zugaben. Weiter ist zu fragen, wie wichtig die unterbliebenen Informationen für die Entscheidung des Abnehmers ist, insbes welche Nachteile ihm aus der unterbliebenen Information erwachsen können. **Beispiel:** Werden die Verbraucher nicht darüber aufgeklärt, welche Folgekosten ihnen aus der Inanspruchnahme einer Zugabe erwachsen können, kann dies durchaus ihre geschäftliche Entscheidung beeinflussen. – Ferner ist zu fragen, ob eine Information überhaupt nicht oder nur für den Durchschnittsverbraucher nicht klar genug erteilt worden ist. – Schließlich spielt eine Rolle, wie die Werbung nach Art und Ausmaß gestaltet war.

5. Kapitel. Teilnahmebedingungen für Preisausschreiben und Gewinnspiele

§ 4 Nr 5

Unlauter handelt insbesondere, wer

5. bei Preisausschreiben oder Gewinnspielen mit Werbecharakter die Teilnahmebedingungen nicht klar und eindeutig angibt;

Übersicht

	Rdn
1. Abschnitt. Allgemeines	5.1–5.6
I. Entstehungsgeschichte, Normzweck und Auslegung	5.1–5.3
1. Entstehungsgeschichte	5.1
2. Normzweck	5.2
3. Auslegung	5.3
II. Unionsrecht	5.4, 5.5
1. Richtlinie über den elektronischen Geschäftsverkehr und Datenschutzrichtlinie für elektronische Kommunikation	5.4
2. Richtlinie über unlautere Geschäftspraktiken	5.5
III. Verhältnis zu anderen Normen	5.6
2. Abschnitt. Tatbestand	5.7–5.15
I. Anwendungsbereich	5.7, 5.8
1. Allgemeines	5.7
2. Adressaten des Preisausschreibens oder Gewinnspiels	5.8
II. Teilnahmebedingungen	5.9–5.12
1. Allgemeines	5.9
2. Teilnahmeberechtigung	5.10
3. Modalitäten der Teilnahme	5.11
4. Abgrenzung	5.12
III. Fehlen klarer und eindeutiger Angaben	5.13
IV. Zeitpunkt der Information	5.14
V. Geschäftliche Relevanz	5.15

Schrifttum: *Bolay,* Mehrwertgebührenpflichtige Gewinnspiele, 2008; *Berlit,* Das „Traumcabrio"; Preisausschreiben und Gewinnspiele im Lauterkeitsrecht, WRP 2005, 1213; *Eichmann/Sörup,* Das Telefongewinnspiel, MMR 2002, 143; *Hecker/Ruttig* „Versuchen Sie es noch einmal", GRUR 2005, 393; *Köhler,* Die Unlauterkeitstatbestände des § 4 UWG und ihre Auslegung im Lichte der Richtlinie über unlautere Geschäftspraktiken, GRUR 2008, 841; *Pauli,* Direktmarketing und die Gewinnung von Kundendaten: Ist die Veranstaltung eines Gewinnspiels ein geeigneter Weg?, WRP 2009, 245; *Ruttig,* „Verkaufsverlosungen" – Verkaufsförderung zwischen Gewinnspiel und Sonderangebot, WRP 2005, 925.

1. Abschnitt. Allgemeines

I. Entstehungsgeschichte, Normzweck und Auslegung

1. Entstehungsgeschichte

Das Transparenzgebot des § 4 Nr 5 hat seine Grundlage in den für elektronische Medien geltenden Bestimmungen (vgl § 6 I Nr 4 TMG), die ihrerseits ihre Grundlage in Art 6 lit d der Richtlinie 2000/31/EG über den elektronischen Geschäftsverkehr haben. **5.1**

2. Normzweck

Die Norm bezweckt den Schutz der Teilnehmer an Preisausschreiben und Gewinnspielen mit Werbecharakter vor unsachlicher Beeinflussung und Irreführung durch unzureichende Information über die Teilnahmebedingungen. Dies entspricht der Zielsetzung der Parallelvorschrift des **5.2**

§ 4 Nr 4, da insoweit ein vergleichbares Missbrauchspotenzial besteht (vgl Begr RegE zu § 4 Nr 5, BT-Drucks 15/1487 S 18).

3. Auslegung

5.3   Die Regelung des § 4 Nr 5 ist richtlinienkonform auszulegen. Ausgangspunkt ist Art 6 lit d Richtlinie über den elektronischen Geschäftsverkehr. Danach müssen Preisausschreiben und Gewinnspiele klar als solche erkennbar sein und die Teilnahmebedingungen müssen leicht zugänglich sein sowie klar und unzweideutig angegeben werden. Nach Art 7 V iVm Anh II UGP-Richtlinie handelt es sich insoweit um Informationsanforderungen, die *„als wesentlich gelten"*. Damit wird der Bezug zu Art 7 II und mittelbar zu Art 7 I UGP-Richtlinie hergestellt. Um eine Ungleichbehandlung mit dem elektronischen Geschäftsverkehr zu vermeiden, sind folgerichtig auch die Informationspraktiken im nichtelektronischen Geschäftsverkehr in diesem Sinne nach Art 7 I und II zu beurteilen (vgl BGH GRUR 2010, 158 Tz 11, 16 – *FIFA-WM-Gewinnspiel:* „kein Grund für eine Privilegierung des elektronischen Geschäftsverkehrs"). Nicht ganz zweifelsfrei ist es daher, wenn der BGH in dieser Entscheidung das Tatbestandsmerkmal der „Teilnahmebedingungen des Gewinnspiels" im Einklang mit Art 7 I UGP-Richtlinie in der Weise auslegen will, dass es nur Bedingungen erfasst, die für die Entscheidung des Verbrauchers, ob er sich um die Teilnahme an dem Gewinnspiel bemühen will, wesentlich sind. Art 7 V UGP-Richtlinie spricht mehr dafür, die Teilnahmebedingungen stets als wesentliche Informationen anzusehen. Die Feststellung, ob im konkreten Fall den Informationsanforderungen des § 4 Nr 5 genügt wurde, ist dann allerdings „unter Berücksichtigung aller tatsächlichen Umstände und der Beschränkungen des Kommunikationsmediums" (Art 7 I UGP-Richtlinie) zu treffen. Dabei kommt es dann entscheidend darauf an, ob der Durchschnittsverbraucher diese Informationen „je nach den Umständen benötigt, um eine informierte Entscheidung zu treffen". Insoweit ist daher eine Gewichtung der Information nach ihrer Bedeutung für die Verbraucherentscheidung vorzunehmen. Ist die Erforderlichkeit der Information zu bejahen, so kommt es weiter darauf an, ob ihm diese Information nicht „klar und eindeutig" (§ 4 Nr 5) oder in den Worten des Art 7 II UGP-Richtlinie „auf unklare, unverständliche, zweideutige Weise" erteilt wurde. Dies ist ebenfalls unter Berücksichtigung der Umstände des Einzelfalls zu ermitteln (BGH GRUR 2010, 158 Tz 11 – *FIFA-WM-Gewinnspiel).* Zum Schluss ist zu prüfen, ob das Verhalten des Werbenden den Verbraucher zu „einer geschäftlichen Entscheidung veranlasst oder zu veranlassen geeignet ist, die er sonst nicht getroffen hätte" (Art 7 I, II UGP-Richtlinie). Eine entsprechende Schwelle enthält nach der Rspr. § 3 II 1 (BGH GRUR 2010, 158 Tz 11 – *FIFA-WM-Gewinnspiel,* dazu Rdn. 5.15). Dementsprechend ist die Vorschrift mit der UGP-Richtlinie vereinbar und nicht etwa als mit der UGP-Richtlinie unvereinbares per-se-Verbot zu begreifen (BGH GRUR 2010, 158 Tz 10, 11 – *FIFA-WM-Gewinnspiel;* zu § 4 Nr 6 vgl EuGH GRUR 2010, 244 Tz 41 ff – *Plus Warenhandelsgesellschaft).*

II. Unionsrecht

1. Richtlinie über den elektronischen Geschäftsverkehr und Datenschutzrichtlinie für elektronische Kommunikation

5.4   Für den elektronischen Geschäftsverkehr sieht Art 6 lit d der Richtlinie 2000/31/EG über den elektronischen Geschäftsverkehr v 8. 6. 2000 (ABl EG Nr L 178 S 1) vor, dass Preisausschreiben und Gewinnspiele, soweit sie in einem Mitgliedstaat zulässig sind, klar als solche erkennbar sind und dass die Teilnahmebedingungen leicht zugänglich sind und klar und unzweideutig angegeben werden. Nach Art 7 V iVm Anh II UGP-Richtlinie handelt es sich insoweit um „im Gemeinschaftsrecht festgelegte Informationsanforderungen", die *„als wesentlich gelten".* Damit wird der Bezug zu Art 7 II und mittelbar zu Art 7 I UGP-Richtlinie hergestellt (Rdn 5.3). Die Umsetzung des Art 6 lit d erfolgte durch § 6 I Nr 4 TMG. § 4 Nr 5 stellt eine teilweise Wiederholung dieser Regelung, wenngleich erweitert auf alle Formen des Geschäftsverkehrs (online wie offline), dar. Allerdings bleibt sie teilweise hinter dieser Regelung zurück. Es gilt insoweit das zu Rdn 4.1 Gesagte entsprechend. – Nach Art IV 13 Datenschutzrichtlinie für elektronische Kommunikation (zuletzt geändert durch die Richtlinie2009/136/EG v 25. 11. 2009) ist „die Praxis des Versendens elektronischer Nachrichten zu Zwecken der Direktwerbung, ... bei der gegen Artikel 6 der Richtlinie 2000/31/EG verstoßen wird", auf jeden Fall verboten. Es handelt sich insoweit um ein per-se-Verbot, das nach Art 3 IV UGP-Richtlinie der UGP-Richtlinie vorgeht. Eine e-Mail-Werbung, die nicht den Anforderungen des Art 6 lit d der

Richtlinie 2000/31/EG entspricht, ist also stets unzulässig. Diese Regelung ist bis zum 25. 5. 2011 umzusetzen (Art 4 I Richtlinie 2009/136/EG).

2. Richtlinie über unlautere Geschäftspraktiken

Der mittlerweile zurückgezogene Vorschlag einer Verordnung über Verkaufsförderung im Binnenmarkt (Fassung v 15. 5. 2003) hatte für Preisausschreiben und Gewinnspiele in Nr 4 der Anlage zum Anh sehr detaillierte Informationspflichten vorgesehen. Die Richtlinie 2005/29/EG über unlautere Geschäftspraktiken enthält keine entsprechende spezielle Regelung. Grundlage für Informationspflichten kann daher nur die allgemeine Regelung in Art 7 I, II UGP-Richtlinie über die Irreführung durch Unterlassen sein (BGH GRUR 2010, 158 Tz 11 – *FIFA-WM-Gewinnspiel*). Im **Anh I** sind in Bezug auf Preisausschreiben und Gewinnspiele als unter allen Umständen unlautere Geschäftspraktiken die **Nr 19** und die **Nr 31** einschlägig. Entsprechende Regelungen enthalten die Nr 17, 20 des Anh zu § 3 III.

III. Verhältnis zu anderen Normen

§ 4 Nr 5 regelt einen Ausschnitt der Werbung mit Preisausschreiben und Gewinnspielen. Daneben ist § 5 a II, IV anwendbar. Die Vorschrift schließt es nicht aus, § 4 Nr 1, 2 sowie § 5 auf sonstige von Preisausschreiben und Gewinnspiele ausgehende Beeinträchtigungen der Entscheidungsfreiheit der Verbraucher anzuwenden (vgl OLG Köln GRUR-RR 2008, 62). Was das Verhältnis zu § 3 I angeht, gilt auch hier, dass § 4 Nr 5 nur das Tatbestandsmerkmal der Unlauterkeit konkretisiert, die Werbemaßnahme daher nur dann unzulässig ist, wenn auch die sonstigen Voraussetzungen des § 3 I erfüllt sind (dazu Rdn 5.15). § 4 Nr 5 iVm § 3 ist neben § 6 I Nr 4 TMG anwendbar, zumal nach § 6 III TMG die Vorschriften des Gesetzes gegen den unlauteren Wettbewerb unberührt bleiben. – Für Gewinnspielsendungen und Gewinnspiele im **Rundfunk** gilt die Spezialregelung des § 8 a RStV.

2. Abschnitt. Tatbestand

I. Anwendungsbereich

1. Allgemeines

Nach § 4 Nr 5 handelt unlauter, wer bei Preisausschreiben oder Gewinnspielen mit Werbecharakter die Teilnahmebedingungen nicht klar und eindeutig angibt. Es muss also eine **geschäftliche Handlung** iSd § 2 I Nr 1 in Gestalt einer Werbung vorliegen. Zum Begriff des **Werbecharakters** vgl § 3 Rdn 3.10. Zum Begriff des **Preisausschreibens** vgl § 4 Rdn 1.117; zum Begriff des **Gewinnspiels** vgl § 4 Rdn 1.120. Das Preisausschreiben oder Gewinnspiel muss **Werbecharakter** haben, also unmittelbar oder mittelbar der Förderung des Erscheinungsbilds des eigenen oder eines fremden Unternehmens oder dem Absatz seiner Produkte dienen. Der Werbecharakter liegt idR bereits in der positiven Selbstdarstellung des Veranstalters (BGH GRUR 2005, 1061, 1064 – *Telefonische Gewinnauskunft*). § 4 Nr 5 ist nach seinem Schutzzweck (Rdn 5.2) auch auf die Werbung für ein Gewinnspiel mit Werbecharakter bzw die Ankündigung eines Gewinnspiels mit Werbecharakter anwendbar (BGH GRUR 2008, 724 Tz 9, 10 – *Urlaubsgewinnspiel*; BGH GRUR 2010, 158 Tz 13 – *FIFA-WM-Gewinnspiel*). Denn die vom Werbenden bezweckte Anlockwirkung erreicht den Verbraucher bereits mit der Ankündigung eines Gewinnspiels (BGH GRUR 2008, 724 Tz 10 – *Urlaubsgewinnspiel*). Dagegen spielt der Grad der Anlockwirkung für die Anwendung des § 4 Nr 5 keine Rolle, insbes ist es nicht erforderlich, dass ihre Intensität ein Maß erreicht, das jede rationale Verbraucherentscheidung ausschaltet (BGH GRUR 2010, 158 Tz 20 – *FIFA-WM-Gewinnspiel*).

2. Adressaten des Preisausschreibens oder Gewinnspiels

§ 4 Nr 5 unterscheidet – anders als zB § 4 Nr 6 – nicht danach, welche Personen mit dem Preisausschreiben oder dem Gewinnspiel angesprochen werden. Die Vorschrift gilt also auch für Preisausschreiben und Gewinnspiele, mit denen sonstige Marktteilnehmer, insbes Händler, angesprochen werden.

II. Teilnahmebedingungen

1. Allgemeines

5.9 Unter den Teilnahmebedingungen sind die Voraussetzungen zu verstehen, die der Interessent erfüllen muss, um an dem Gewinnspiel oder dem Preisausschreiben teilnehmen zu können. Der Begriff der Teilnahmebedingungen ist weit zu verstehen und bezieht sich nicht nur auf die Teilnahmeberechtigung, sondern auch auf die Modalitäten der Teilnahme (ebenso BGH GRUR 2005, 1061, 1064 – *Telefonische Gewinnauskunft;* OLG Hamburg WRP 2009, 1282, 1285; vgl auch Rdn 4.9 ff). Bei den Teilnahmebedingungen muss es sich in richtlinienkonformer Auslegung (Rdn 5.3) um „wesentliche Informationen (handeln), die der durchschnittliche Verbraucher je nach den Umständen benötigt, um eine informierte geschäftliche Entscheidung zu treffen" (vgl BGH GRUR 2010, 158 Tz 11 – *FIFA-WM-Gewinnspiel*).

2. Teilnahmeberechtigung

5.10 Der Werbende muss angeben, welcher Personenkreis zur Teilnahme berechtigt oder von ihr ausgeschlossen sein soll. Einschränkungen, zB auf Grund des Wohnorts, des Alters, des Berufs oder der Betriebszugehörigkeit, müssen daher angegeben werden (ebenso OLG Köln GRUR-RR 2006, 196, 198).

3. Modalitäten der Teilnahme

5.11 Sie beziehen sich auf alle Angaben darüber, die der Interessent benötigt, um eine „informierte geschäftliche Entscheidung" (Art 7 I UGP-Richtlinie) über die Teilnahme zu treffen. Dazu gehören zunächst Angaben darüber, dass es sich um ein **Gewinnspiel** oder ein **Preisausschreiben** handelt (OLG Köln GRUR-RR 2006, 196, 199; *Berlit* WRP 2005, 1213, 1214) und wer der **Veranstalter** ist. Dazu gehören weiter Angaben darüber, was der Teilnehmer tun muss, an wen (Name und Adresse) und auf welchem Weg (Abgabe im Ladengeschäft, Einsendung eines Coupons, Fax, E-Mail usw) er seine Teilnahmeerklärung bzw Lösung schicken und bis zu welchem Zeitpunkt (Einsendeschluss) dies geschehen muss. Macht der Werbende die Teilnahme vom Kauf einer Ware oder Dienstleistung abhängig (unlauter gegenüber Verbrauchern nach § 4 Nr 6), so muss er auch dies mitteilen. Dazu gehören ferner Angaben darüber, wie die **Gewinner ermittelt** (Los; notarielle Aufsicht oä) und **benachrichtigt** (schriftlich, telefonisch, öffentlicher Aushang) werden (OLG Hamburg WRP 2009, 1282, 1285). Schließlich muss der Teilnehmer auch über etwaige **Kosten** der **Teilnahme** (einschließlich vergeblicher Teilnahmeversuche, zB bei Anrufen über Mehrwertdienstenummer; vgl *Hecker/Ruttig* GRUR 2005, 393, 396) sowie der **Entgegennahme** oder **Inanspruchnahme** (des Preises oder Gewinns (ebenso BGH GRUR 2005, 1061, 1064 – *Telefonische Gewinnauskunft*) und damit verbundene Folgekosten informiert werden, sofern diese nicht als bekannt vorausgesetzt werden können. – Ist die Teilnahme von der **Einwilligung** des Interessenten in die Übermittlung von **Werbung**, sei es mittels Telefon, E-Mail oder Post, abhängig, muss er bereits vor der Entscheidung über die Teilnahme informiert werden (*Pauli* WRP 2009, 245, 246; vgl den Fall OLG Köln GRUR 2008, 62). Die Einwilligung muss darüber hinaus den Anforderungen des § 7 II Nr 2 und 3 sowie des § 4 a I, § 28 III BDSG genügen. Dagegen ist die Kopplung von Gewinnspielteilnahme und Einwilligung nicht unlauter iSd § 4 Nr 1, wie sich aus einem Umkehrschluss aus § 4 Nr 6 ergibt (aA OLG Köln GRUR 2008, 62).

4. Abgrenzung

5.12 Der Begriff der Teilnahmebedingungen erstreckt sich nicht auf die Art, die Zahl, den Wert oder die Höhe sowie die Herkunft der ausgelobten Gewinne (Piper/Ohly/*Sosnitza* § 4 Rdn 5/4; MünchKommUWG/*Leible* § 4 Nr 5 Rdn 40 ff; aA Fezer/*Hecker* § 4–5 Rdn 107). Etwas anderes gilt dann, wenn davon die Entscheidung über die Teilnahme beeinflusst wird. Wird zB als Gewinn eine Urlaubsreise ausgelobt, so sind – wenngleich noch nicht in der Ankündigung (Rdn 5.14) – Angaben über das Wann, Wo und Wie erforderlich. Auch die Gewinnchancen sind nicht einbezogen (Begr RegE UWG 2004 BT-Drucks 15/1487 S 18), zumal sich darüber keine zuverlässigen Angaben machen lassen. Unzureichende oder irreführende Angaben hierüber sind nach § 4 Nr 1 und § 5 zu beurteilen. Insoweit gelten die allgemeinen Grundsätze (Rdn 1.128 ff). Hat der Werbende gar nicht vor, Preise zu vergeben, ist dies stets unzulässig nach § 3 III iVm Anh Nr 20.

III. Fehlen klarer und eindeutiger Angaben

Nach § 4 Nr 5 ist es unlauter, wenn die Teilnahmebedingungen nicht „klar und eindeutig" 5.13 angegeben werden. Das ist in gleichem Sinne zu verstehen wie das entsprechende Tatbestandsmerkmal „auf unklare, unverständliche, zweideutige Weise bereitstellt" in Art 7 II UGP-Richtlinie. Es kommt dabei auf **Form** und **Inhalt** der Angaben an (ebenso OLG Hamburg WRP 2009, 1282, 1285). Die Angaben müssen ausreichend wahrnehmbar (lesbar, hörbar) und verständlich sein. Die Angesprochenen müssen sie ohne Schwierigkeiten erfassen können und sie dürfen nicht im Zweifel gelassen werden, welche Bedingungen im Einzelnen gelten. Ob der Fall ist, beurteilt sich nach dem Verständnis des durchschnittlich informierten, (situationsadäquat) aufmerksamen und verständigen Verbrauchers oder sonstigen Marktteilnehmers. Die Feststellung ist in richtlinienkonformer Auslegung (Art 7 I und II UGP-Richtlinie; Rdn 5.3) „unter Berücksichtigung aller tatsächlichen Umstände und der Beschränkungen des Kommunikationsmediums" zu treffen (BGH GRUR 2010, 158 Tz 11 – *FIFA-WM-Gewinnspiel*). Bei Angeboten an deutsche Kunden sind dementsprechend die Angaben in **deutscher** Sprache zu halten. Dies gilt auch für Angebote im Internet. Bei Angaben im „Kleingedruckten" muss zumindest durch einen unmissverständlichen Hinweis („Sternchen") beim Angebot der Teilnahme die entsprechende Verbindung hergestellt werden. Im (bewussten?) Gegensatz zu § 6 I Nr 4 TMG ist nicht auch angeordnet, dass die Preisausschreiben und Gewinnspiele selbst „klar als solche erkennbar" sein müssen und dass die Teilnahmebedingungen „leicht zugänglich" sein müssen. Insoweit können aber, soweit man nicht bereits § 4 Nr 5 unmittelbar anwendet (Rdn 5.11), die Auffangregelung des § 4 Nr 1 (vgl § 4 Rdn 1.38) oder der Irreführungstatbestand des § 5 eingreifen. Ein Verstoß gegen das Transparenzgebot hinsichtlich der Teilnahmebedingungen kommt insbes in Betracht, wenn den Teilnehmern nicht klar gesagt wird, ob die Teilnahme den Kauf einer Ware oder Dienstleistung voraussetzt oder nicht (im Falle eines Kaufzwangs gilt ohnehin § 4 Nr 6). Es muss unmissverständlich klar gestellt sein, dass die Teilnahme auch ohne den Kauf einer Ware oder Dienstleistung möglich ist (OLG Hamburg MD 2002, 758, 764). Der Hinweis „Kein Kaufzwang" reicht dafür nicht ohne weiteres aus (BGH WRP 1976, 172, 174 – *Versandhandels-Preisausschreiben*). Mangelnde Transparenz liegt auch dann vor, wenn der Werbende einen „Organisationsbeitrag" verlangt, aber unklar bleibt, wofür er verwendet werden soll (BGH GRUR 2005, 1061, 1064 – *Telefonische Gewinnauskunft*). Vgl auch Nr 31 Anh I UGP-Richtlinie. Hierher gehört weiter der Fall, dass der Werbende nicht darüber aufklärt, dass und welche Folgekosten (zB Reise-, Abholkosten) für die Inanspruchnahme des Gewinns anfallen (vgl auch § 3 III Anh Nr 17).

IV. Zeitpunkt der Information

Das Gesetz sagt nichts darüber aus, **wann** die Information über die Teilnahmebedingungen 5.14 spätestens erfolgen muss. Da § 4 Nr 5 eine „informierte" Entscheidung des Kunden ermöglichen will, ist die Information so **rechtzeitig** zu erteilen, dass ein durchschnittlich informierter, (situationsadäquat) aufmerksamer und verständiger Kunde sie bei seiner Entscheidung über die Teilnahme berücksichtigen kann (ebenso BGH GRUR 2010, 158 Tz 17 – *FIFA-WM-Gewinnspiel*). Eine **umfassende** Information hat spätestens im Zeitpunkt der Teilnahme zu erfolgen, also beispielsweise durch entsprechende klare und eindeutige Hinweise auf der Teilnehmerkarte (ebenso OLG Frankfurt WRP 2007, 668, 669). So liegt zweifelsfrei eine Verletzung der Informationspflichten vor, wenn der Teilnehmer erst bei Gewinnmitteilung erfährt, dass die Übergabe des Gewinns von einer Warenbestellung abhängig ist. Im Übrigen ist zu unterscheiden: Wird der Verbraucher in der Werbung **unmittelbar** zur Teilnahme an einem Preisausschreiben oder Gewinnspiel aufgefordert, wofür bereits die Angabe einer Telefonnummer in einer Fernsehwerbung genügen kann (BGH GRUR 2010, 158 Tz 15 – *FIFA-WM-Gewinnspiel*), müssen gleichzeitig in dieser Werbung die Teilnahmebedingungen mitgeteilt werden. Beschränkt sich die Werbung dagegen auf eine bloße **Ankündigung** eines Preisausschreibens oder Gewinnspiels ohne gleichzeitige Ermöglichung der Teilnahme (zB in einem TV-Spot oder in einer Anzeige), erwartet und benötigt der Verbraucher idR noch keine umfassende Information (ebenso BGH GRUR 2008, 724 Tz 11 – *Urlaubsgewinnspiel*; BGH GRUR 2010, 158 Tz 15 – *FIFA-WM-Gewinnspiel*). Insoweit sind auch die räumlichen und zeitlichen Beschränkungen des verwendeten Kommunikationsmediums und die vom Werbenden getroffenen Maßnahmen, den Interessenten die benötigten Informationen anderweit zugänglich zu machen, zu berücksichtigen (vgl Art 7 I, III UGP-Richtlinie; OLG Frankfurt WRP 2007, 668, 669). Das gilt insbes für das „flüchtige" Medium des Fernsehens (BGH GRUR 2010, 158 Tz 15 – *FIFA-WM-Gewinnspiel*).

IdR genügt daher ein Hinweis auf eine **leicht zugängliche Informationsquelle** (zB Homepage; Telefonnummer mit Basistarif; Geschäftslokal, in dem Teilnahmekarten erhältlich sind), die dem Interessenten die für seine Entscheidung für oder gegen die Teilnahme notwendigen Informationen liefert. Dafür spricht auch Art 6 lit d Richtlinie über den elektronischen Geschäftsverkehr („leicht zugänglich"). Weitere Informationen sind in der Ankündigung nur dann zu geben, wenn dafür ein aktuelles Aufklärungsbedürfnis der Verbraucher besteht (ebenso BGH GRUR 2008, 724 Tz 11 – *Urlaubsgewinnspiel*). Das gilt insbes für unerwartete Beschränkungen oder sonstige überraschende Teilnahmebedingungen (BGH GRUR 2010, 158 Tz 17 – *FIFA-WM-Gewinnspiel*). **Beispiel:** Wird in einem TV-Werbespot angegeben, dass es Teilnahmekarten in den Filialen gibt, und steht der Einsendeschluss kurz bevor, ist auch darauf hinzuweisen. Dagegen ist es nicht erforderlich, bereits in der Ankündigung darauf hinzuweisen, welche Gewinne ausgelobt sind (so aber OLG Köln GRUR-RR 2006, 196, 199). Weist die Teilnahme am Gewinnspiel aus der Sicht des verständigen Verbrauchers keine unerwarteten Beschränkungen auf, so reicht es bei der bloßen Ankündigung eines Gewinnspiels aus, wenn dem Verbraucher mitgeteilt wird, bis wann er wie teilnehmen kann und wie die Gewinner ermittelt werden. Ggf ist auf besondere Beschränkungen des Teilnehmerkreises hinzuweisen, etwa darauf, dass Minderjährige ausgeschlossen sind (BGH GRUR 2008, 724 Tz 13 – *Urlaubsgewinnspiel*).

V. Geschäftliche Relevanz

5.15 Nach der Rspr ist die „geschäftliche Relevanz" einer nach § 4 Nr 5 unlauteren geschäftlichen Handlung am Maßstab des § 3 II 1 beurteilen (BGH GRUR 2010, 158 Tz 11 – *FIFA-WM-Gewinnspiel*). Dafür könnte die entsprechende Regelung in § 5a II ein Anhaltspunkt sein (dazu § 5a Rdn 28). Dagegen sprechen indessen die Systematik und die Wertung der UGP-Richtlinie. Denn § 3 II 1 dient ausschließlich der Umsetzung des Art 5 II UGP-Richtlinie und das Relevanzkriterium in Art 5 II lit b UGP-Richtlinie (iVm der Definition in Art 2 lit e UGP-Richtlinie) ist deutlich anders formuliert als die vergleichbaren Relevanzkriterien in Art 6 I, II, 7 I, II und 8 UGP-Richtlinie. Will man diese Unterschiede nicht verwischen, empfiehlt es sich daher, am Regelungszusammenhang zwischen § 4 Nr 5 und § 3 I festzuhalten und die Relevanzklausel des § 3 I, soweit es Unlauterkeitstatbestände im Anwendungsbereich des Art 7 UGP-Richtlinie betrifft, richtlinienkonform auszulegen. Das bedeutet: Der Tatbestand des § 4 Nr 5 ist erst dann erfüllt, wenn feststeht, dass der Verbraucher die Information über die Teilnahmebedingungen nach den Umständen des Einzelfalls benötigt, um eine „informierte geschäftliche Entscheidung zu treffen" (Rdn 5.9) und dass ihm diese Information nicht klar und eindeutig erteilt worden ist (Rdn 5.13). Das Spürbarkeitskriterium des § 3 I ist in richtlinienkonformer Auslegung dann erfüllt, wenn die beanstandete Handlung darüber hinaus geeignet ist, den Verbraucher zu einer geschäftlichen Entscheidung zu veranlassen, die er sonst nicht getroffen hätte. Vorzugswürdig erscheint es allerdings, dieses Relevanzkriterium – wie bei § 5 – als ungeschriebenes Tatbestandsmerkmal des § 4 Nr 5 anzusehen (§ 3 Rdn 8 c).

6. Kapitel. Kaufabhängige Teilnahme an Preisausschreiben und Gewinnspielen

§ 4 Nr 6

Unlauter handelt insbesondere, wer
6. die Teilnahme von Verbrauchern an einem Preisausschreiben oder Gewinnspiel von dem Erwerb einer Ware oder der Inanspruchnahme einer Dienstleistung abhängig macht, es sei denn, das Preisausschreiben oder Gewinnspiel ist naturgemäß mit der Ware oder der Dienstleistung verbunden;

Übersicht

	Rdn
1. Abschnitt. Allgemeines	6.1–6.5
I. Entstehungsgeschichte, Normzweck und Auslegung	6.1–6.2a
1. Entstehungsgeschichte	6.1
2. Normzweck	6.2
3. Auslegung	6.2a

6. Kap. Kaufabhängige Teilnahme an Preisausschreiben   6.1 § 4 UWG

	Rdn
II. Unionsrecht	6.3, 6.4
1. Primäres Unionsrecht	6.3
2. Sekundäres Unionsrecht	6.4
III. Verhältnis zu anderen Normen	6.5
2. Abschnitt. Tatbestand	6.6–6.19
I. Grundsätzliche Unlauterkeit der Kopplung	6.6–6.14
1. Allgemeines	6.6
2. Kopplung von Absatz und Gewinnspiel	6.6 a
3. Verbraucher	6.7
4. Ware oder Dienstleistung	6.8
5. Abhängigkeit	6.9–6.14
a) Rechtliche Abhängigkeit	6.9
b) Tatsächliche Abhängigkeit	6.10–6.14
aa) Unterschiedlich große Gewinnchancen	6.11
bb) Ausnutzung moralischer Macht	6.12–6.14
II. Ausnahme: naturgemäße Verbindung mit der Ware oder Dienstleistung	6.15–6.18
1. Reichweite der Ausnahmeregelung	6.15
2. Zweck der Ausnahmeregelung	6.16, 6.17
3. Keine weitergehende Privilegierung von Presse und Rundfunk	6.18
III. Geschäftliche Relevanz	6.19

Schrifttum: *Berlit,* Gewinnspiel im Einzelhandel, WRP 2009, 1188; *Bolay,* Mehrwertgebührenpflichtige Gewinnspiele, 2008; *Boesche,* Über die Folgen der Vollharmonisierung und die vergebliche Rettung der Zugabeverbote, WRP 2009, 661; *Berlit,* Das „Traumcabrio": Preisausschreiben und Gewinnspiele im Lauterkeitsrecht, WRP 2005, 1213; *Hecker/Ruttig,* „Versuchen Sie es noch einmal" – Telefon-Gewinnspiele im Rundfunk unter Einsatz von Mehrwertdienste-Rufnummern und ihre Beurteilung nach StGB und neuem UWG, GRUR 2005, 393; *Köhler,* Die Unlauterkeitstatbestände des § 4 UWG und ihre Auslegung im Lichte der Richtlinie über unlautere Geschäftspraktiken, GRUR 2008, 841; *ders,* Ist der Unlauterkeitstatbestan des § 4 Nr. 6 UWG mit der Richtlinei über unlautere Geschäftspraktiken vereinbar?, GRUR 2009, 626; *ders,* Kopplungsangebote neu bewertet – zugleich Besprechung der „Plus Warenhandelsgesellschaft"-Entscheidung des EuGH, GRUR 2010, 177; *Ruttig,* „Verkaufsverlosungen": Verkaufsförderung zwischen Gewinnspiel und Sonderangebot, WRP 2005, 925; *Schmidt,* Unlauter und darüber hinaus ..., GRUR 2009, 353; *Schmits,* „Übertriebenes Anlocken" und psychologischer Kaufzwang durch Gewinnspiele?, NJW 2003, 3034; *Sosnitza,* Das Koordinatensystem des Rechts des unlauteren Wettbewerbs im Spannungsfeld zwischen Europa und Deutschland, GRUR 2003, 817.

1. Abschnitt. Allgemeines

I. Entstehungsgeschichte, Normzweck und Auslegung

1. Entstehungsgeschichte

Nach der Rspr zu **§ 1 UWG 1909** war die Koppelung einer Gewinnspielteilnahme mit einer **6.1** Warenbestellung stets als wettbewerbswidrig anzusehen (vgl BGH GRUR 1973, 474, 476 – *Preisausschreiben;* BGH WRP 1976, 100, 101 – *Mars;* BGH WRP 1976, 172, 173 f – *Versandhandelspreisausschreiben;* BGH GRUR 1998, 735, 736 – *Rubbelaktion;* BGHZ 147, 296, 301 f = GRUR 2001, 1178, 1179 – *Gewinn-Zertifikate).* Von dieser Bewertung ging die Rspr auch nach Aufhebung der ZugabeVO aus (vgl BGH GRUR 2002, 1003, 1004 – *Gewinnspiel im Radio).* Sie bildete indessen eine neue Fallgruppe „Kopplungsangebote", die auch die Kopplung von Preisausschreiben und Gewinnspielen mit dem Absatz einschließt. Generell sollte für alle Kopplungsangebote eine bloße Missbrauchskontrolle gelten (BGH GRUR 2002, 976, 978 – *Kopplungsangebot I).* Für die an ein Absatzgeschäft gekoppelten Gewinnspiele und Preisausschreiben hob die Rspr hervor, dass hier die Gefahr für den Verbraucher auch in einer unzureichenden Information verbunden mit einer hohen Anlockwirkung bestehe (BGH aaO – *Kopplungsangebot I).* Eine sachliche Abweichung von der früheren Rspr war offenbar nicht beabsichtigt. Der Gesetzgeber wollte im **UWG 2004,** ausweislich der Gesetzesmaterialien (vgl Begr RegE UWG 2004 zu § 4 Nr, 6, BT-Drucks 15/1487 S 18), diese Rspr in § 4 Nr 6 kodifizieren (vgl BGH GRUR 2005, 599 – *Traumcabrio).* Zur rechtspolitischen Kritik an der Regelung vgl *Sosnitza* GRUR 2003, 739, 743.

2. Normzweck

6.2 Die Norm soll den Verbraucher vor unsachlicher Beeinflussung durch **Ausnutzung der Spiellust** und des Gewinnstrebens schützen (OLG Celle GRUR-RR 2008, 349). Die Hoffnung auf leichten Gewinn kann nämlich das Urteil des Verbrauchers über die Preiswürdigkeit und Qualität der angebotenen Ware oder Dienstleistung trüben (vgl Begr RegE UWG 2004 zu § 4 Nr 6, BT-Drucks 15/1487 S 18) und seine rationale Entscheidung beeinträchtigen. Der Verbraucher läuft Gefahr, die Ware oder Dienstleistung nicht im Hinblick auf ihre Qualität und Preiswürdigkeit und auf Grund sachgemäßen Produktvergleichs zu erwerben, sondern mehr oder weniger unbesehen, um den als Köder ausgesetzten Preis zu gewinnen (vgl auch OLG Frankfurt GRUR-RR 2005, 388, 390).

3. Auslegung

6.2a Nach der Rspr hat die Vorschrift gegenüber § 4 Nr 1 Ausnahmecharakter, da die Bewertung als unlauter keine Eignung zur Beeinflussung der Entscheidungsfreiheit der Verbraucher fordere. Sie sei daher **eng auszulegen** (BGH GRUR 2009, 875 Tz 9 – *Jeder 100. Einkauf gratis*). Dem ist nur iErg zuzustimmen. Denn das Erfordernis der Eignung zur Beeinflussung des Verbraucherverhaltens ist im Rahmen der Spürbarkeitsprüfung nach § 3 I oder der Relevanzprüfung nach § 3 II 1 zu berücksichtigen. Eine restriktive Auslegung ist aber geboten, weil die Vorschrift massiv in die Wettbewerbsfreiheit eingreift und mit der UGP-Richtlinie nur schwer vereinbar ist (vgl Rdn 6.4). Jedenfalls darf § 4 Nr 6 **nicht** als **per-se-Verbot,** dh ohne Rücksicht darauf, ob eine solche Maßnahme die Verbraucherentscheidung spürbar beeinflussen kann, gehandhabt werden. Denn insoweit stellt die Auflistung der per-se-Verbote in Art 5 IV iVm Anh I UGP-Richtlinie eine abschließende Regelung dar, die von den Mitgliedstaaten nicht erweitert werden darf (EuGH GRUR 2010, 244 Tz 45 ff – *Plus Warenhandelsgesellschaft;* dazu *Köhler* GRUR 2010, 177). Dementsprechend ist entweder § 4 Nr 6 iVm § 3 I anhand der Maßstäbe des Art 5 II UGP-Richtlinie auszulegen oder folgerichtig auf § 3 II 1 zurückzugreifen (dazu *Köhler* GRUR 2010, 767, 771).

II. Unionsrecht

1. Primäres Unionsrecht

6.3 Ein einzelstaatliches Verbot der Kopplung des Waren- oder Dienstleistungsabsatzes mit der Teilnahme an einem Preisrätsel oder Gewinnspiel verstößt als vertriebsbezogene Regelung nicht ohne weiteres gegen **Art 34 AEUV** oder **Art 56 AEUV.** Dies gilt auch für das Verbot des Vertriebs einer in einem anderen Mitgliedstaat hergestellten Zeitschrift. Jedoch muss das Verbot in einem angemessenen Verhältnis zur Aufrechterhaltung der Medienvielfalt stehen und der Zweck darf nicht durch weniger einschneidende Maßnahmen erreichbar sein. Das setzt insbes voraus, dass Anbieter von Zeitschriften, die im Rahmen von Gewinnspielen, Rätseln und Preisausschreiben eine Gewinnchance eröffnen, mit kleinen Presseunternehmen in Wettbewerb stehen, von denen angenommen wird, dass sie keine vergleichbaren Preise aussetzen können und dass eine solche Gewinnchance zu einer Verlagerung der Nachfrage führen kann (vgl EuGH EuZW 1997, 470 – *Familiapress*). Durch die Fassung des § 4 Nr 6 ist diesen Anforderungen Rechnung getragen.

2. Sekundäres Unionsrecht

6.4 Der mittlerweile zurückgezogene Vorschlag einer **Verordnung über die Verkaufsförderung im Binnenmarkt** (Fassung v 15. 5. 2003) hatte in Art 5 b II vorgesehen, dass die Teilnahme an Gewinnspielen nicht vom Kauf einer bestimmten Ware oder Dienstleistung abhängig gemacht werden darf, so dass auch der Empfänger einer kommerziellen Kommunikation, der das beworbene Produkt oder die beworbene Dienstleistung nicht kauft, an dem Gewinnspiel teilnehmen kann. Nach Art 2 lit i sollten Gewinnspiele im Fernsehen und in der Presse, bei denen die teilnehmende Person eine Zahlung oder ein Entgelt leistet, jedoch nicht als Gewinnspiele iSd Verordnung gelten. Dagegen hatte ein überarbeiteter Vorschlag zwischen Preisausschreiben und Gewinnspielen unterscheiden und nur bei Preisausschreiben eine Kopplung zulassen wollen. – Die **Richtlinie 2005/29/EG über unlautere Geschäftspraktiken** enthält demgegenüber keine dem § 4 Nr 6 entsprechende Regelung. Das Kopplungsverbot ist auch kein Anwendungsfall der irreführenden oder aggressiven Geschäftspraktiken iSd der Art 6–9 UGP-Richtlinie.

Auch der Beispielskatalog im Anh I enthält nur Teilaspekte der Verkaufsförderung mittels Gewinnspielen und Preisausschreiben (vgl Nr 16, 19, 31). Daher kommt es letztlich darauf an" ob die Regelung des § 4 Nr 6 mit der Generalklausel des Art 5 II UGP-Richtlinie vereinbar ist. Dann müsste die Kopplung den Erfordernissen der beruflichen Sorgfalt widersprechen und außerdem geeignet sein, das wirtschaftliche Verhalten des Durchschnittsverbrauchers wesentlich zu beeinflussen (vgl *Köhler/Lettl* WRP 2003, 10.019, 1038). Dies ist umstritten (bejahend Fezer/ Hecker § 4–6 Rdn 24; verneinend *Seichter* WRP 2005, 1087, 1095; MünchKommUWG/*Leible* § 4 Nr 6 Rdn 21). Die Frage ist vom EuGH nicht geklärt worden (EuGH GRUR 2010, 244 Tz 47 ff – *Plus Warenhandelsgesellschaft* zur Vorlageentscheidung des BGH GRUR 2008, 807 Tz 16 ff – *Millionen-Chance*). Denn der EuGH hat nur entschieden, dass § 4 Nr 6 in seiner Auslegung als per-se-Verbot mit der UGP-Richtlinie unvereinbar ist und dass Kopplungsangebote iSd § 4 Nr 6 im Lichte der Unlauterkeitskriterien der Art 5–9 UGP-Richtlinie zu würdigen sind. Vorzugswürdig erscheint eine **vermittelnde** Auffassung: Die Gefahr aus einer Kopplung von Warenabsatz und Gewinnspiel besteht darin, dass der Verbraucher die Ware hauptsächlich deshalb erwirbt, um an dem Gewinnspiel teilnehmen zu können. Vom „angemessen gut unterrichteten und angemessen aufmerksamen und kritischen Durchschnittsverbraucher" ist aber zu erwarten, dass er das Für und Wider eines Kaufs abwägt und eine rationale Entscheidung trifft. Er ist daher nicht schutzbedürftig. Anders dürfte es sich verhalten, wenn sich die betreffende Wettbewerbsmaßnahme nur an Personen richtet, die sich wegen ihrer Unerfahrenheit und Leichtgläubigkeit leichter beeinflussen lassen und daher besonders schutzbedürftig sind, wie insbes **Kinder** (vgl Art 5 III 1 UGP-Richtlinie). Die Lösung könnte daher lauten, dass eine Kopplung von Warenabsatz und Gewinnspiel nur dann unlauter iSd Art 5 II UGP-Richtlinie ist, wenn sich das betreffende Angebot nur an Kinder richtet und die übrigen Voraussetzungen des Art 5 III 1 UGP-Richtlinie erfüllt sind. Dieser Auslegung der UGP-Richtlinie ließe sich durch eine **richtlinienkonforme Reduktion** des § 4 Nr 6 UWG Rechnung tragen (vgl *Köhler* GRUR 2008, 841, 845; GRUR 2010, 177; GRUR 2010, 767, 771), wie sie die Rspr auch in anderem Zusammenhang vornimmt (vgl BGH GRUR 2007, 981 – *150% Zinsbonus;* Rdn 4.6 a). Das läuft iErg darauf hinaus, § 3 II 1, 3 als Prüfungsmaßstab heranzuziehen.

III. Verhältnis zu anderen Normen

§ 4 Nr 6 regelt einen Sonderfall der unangemessenen unsachlichen Beeinflussung iSd § 4 **6.5** Nr 1 (BGH GRUR 2009, 875 Tz 9 – *Jeder 100. Einkauf gratis*). Die Anwendung des § 4 Nr 1 und Nr 2 auf sonstige von Preisausschreiben und Gewinnspielen ausgehende Beeinträchtigungen der Entscheidungsfreiheit der Verbraucher wird dadurch nicht ausgeschlossen (vgl Rdn 1.123 ff). Was das Verhältnis zu § 3 angeht, gilt auch hier, dass § 4 Nr 6 nur das Tatbestandsmerkmal der Unlauterkeit konkretisiert, die Werbemaßnahme daher nur dann unzulässig ist, wenn auch die sonstigen Voraussetzungen des § 3 I erfüllt sind. Dass dies regelmäßig anzunehmen ist (dazu Rdn 6.19), steht auf einem anderen Blatt.

2. Abschnitt. Tatbestand

I. Grundsätzliche Unlauterkeit der Kopplung

1. Allgemeines

Nach § 4 Nr 6 ist es unlauter, die Teilnahme von Verbrauchern an einem Preisausschreiben **6.6** oder Gewinnspiel von dem Erwerb einer Ware oder der Inanspruchnahme einer Dienstleistung abhängig zu machen. Zum Begriff des **Preisausschreibens** vgl Rdn 1.117, zum Begriff des **Gewinnspiels** vgl Rdn 1.120. – Vom Gewinnspiel zu unterscheiden ist das (genehmigte oder ungenehmigte) **Glücksspiel**. Daher ist § 4 Nr 6 nicht, auch nicht analog anzuwenden, wenn der Verbraucher für seine Einkäufe Bonuspunkte erhält und er bei Erreichen einer bestimmten Punktzahl unentgeltlich an einer Ausspielung des deutschen Lottoblocks teilnehmen kann (aA LG Duisburg WRP 2005, 764). Vielmehr handelt es sich insoweit um eine zulässige Zugabe: Der Vorteil besteht, darin, dass der Kunde keine Lottogebühr zahlen und den Lottoschein nicht selbst zur Annahmestelle bringen muss. – Der Erwerb einer Ware oder Dienstleistung, sei es vom **Veranstalter,** sei es von einem **Dritten** (vgl OLG Celle GRUR 2008, 349), muss die Voraussetzung für die **Teilnahme** an dem Gewinnspiel oder Preisausschreiben sein. Unter Teilnahme ist nur die Entscheidung, an der Veranstaltung teilzunehmen, zu verstehen (so auch OLG Frankfurt

GRUR-RR 2005, 388, 390; *Ruttig* WRP 2005, 925, 927 f), nicht auch die Entscheidung, einen zugeteilten Gewinn oder Preis entgegenzunehmen (so aber Fezer/*Hecker* § 4–6 Rdn 57). Macht der Unternehmer daher erst die **Bekanntgabe** der Gewinner und der Gewinne oder die **Aushändigung** des Gewinns vom Erwerb einer Ware oder Dienstleistung abhängig, so ist dies kein Fall des § 4 Nr 6 (so auch *Ullmann* GRUR 2003, 817, 818). Wohl aber kann ein Fall des **§ 4 Nr 1** vorliegen. Dabei kommt es auf die Umstände des Einzelfalls an. Entscheidend ist, wie sich die Werbemaßnahme auf die Entscheidung eines durchschnittlich informierten, aufmerksamen und verständigen Verbrauchers auswirken kann. So wird ein zugeteilter Gewinn im Wert von 5 € kaum geeignet sein, den Verbraucher zum Erwerb einer Ware zum Preis von 500 € zu veranlassen. Muss umgekehrt der Gewinner eines 14-tägigen Maledivenurlaubs die (nicht überteuerte) Anreise selbst bezahlen (so das Beispiel von Fezer/*Hecker* § 4–6 Rdn 59), so ist von ihm zu erwarten, dass er sorgfältig abwägt, ob die Inanspruchnahme des Gewinns für ihn vorteilhaft ist. Es verhält sich insoweit nicht anders als bei der Gewährung wertvoller Zugaben. – Macht der Unternehmer die **Bekanntgabe der Gewinner** oder **Gewinne** von einem Anruf über eine Mehrwertdienstnummer abhängig, liegt ein Fall des **§ 4 Nr 5** vor (BGH GRUR 2005, 1061, 1064 – *Telefonische Gewinnauskunft*), nicht dagegen des § 4 Nr 6 (aA MünchKommUWG/*Leible* § 4 Nr 6 Rdn 27, 29). Ferner können in solchen Fällen die **§§ 5, 5 a** eingreifen (Irreführung durch unterlassene Aufklärung oder Irreführung über den Einfluss einer Bestellung auf die Gewinnchancen). Dagegen fallen sog **Verkaufsverlosungen,** bei denen eine begrenzte Zahl von sehr günstig angebotenen Waren unter den Kaufinteressenten verlost werden (dazu OLG Frankfurt GRUR-RR 2005, 388, 390; *Ruttig* WRP 2005, 925) nicht unter § 4 Nr 6. Denn hier ist der Kauf der Ware nicht Voraussetzung für die Teilnahme an einem Gewinnspiel. Ihre Zulässigkeit beurteilt sich ausschließlich nach § 5 I Nr 2 und nach Nr 5 Anh zu § 3 III, dh der Verkäufer muss deutlich auf den Verlosungscharakter hinweisen (OLG Frankfurt GRUR-RR 2005, 388, 390).

2. Kopplung von Absatz und Gewinnspiel

6.6a Entsprechend dem eng auszulegenden Wortlaut des § 4 Nr 6 (vgl Rdn 6.2 a) ist zu unterscheiden zwischen der Teilnahme an einem Preisausschreiben oder Gewinnspiel einerseits und dem Erwerb einer Ware oder Dienstleistung andererseits. Die Vorschrift erfasst daher nur Fälle eines vom Umsatzgeschäft getrennten Preisausschreibens oder Gewinnspiels (BGH GRUR 2007, 981 Tz 29–31 – *150% Zinsbonus;* BGH GRUR 2009, 875 Tz 9 – *Jeder 100. Einkauf gratis*). An der erforderlichen Kopplung fehlt es daher, wenn der Preis für eine Ware oder Dienstleistung von einem ungewissen Ereignis abhängig gemacht wird. **Beispiele:** Abhängigkeit der Zinshöhe einer Festgeldanlage vom Ausgang eines Sportereignisses (BGH aaO – *150% Zinsbonus*); Auslosung eines Rabatts oder einer völligen Erstattung des Kaufpreises unter den Käufern einer Ware (aA OLG Hamburg MD 2005, 24: § 4 Nr 6 anwendbar); Würfeln an der Kasse um die Höhe des Rabatts (*Steinbeck* GRUR 2008, 848, 851); Ankündigung, jeder 100. Kunde würde in einer bestimmten Woche seinen Einkauf als Geschenk erhalten (BGH GRUR 2009, 875 Tz 9 – *Jeder 100. Einkauf gratis*). – Von einer Kopplung ist dagegen auszugehen, wenn mit dem Erwerb einer Ware automatisch die Teilnahme an einem Gewinnspiel verbunden ist (vgl OLG Köln GRUR-RR 2007, 48: „Jeder zwanzigste Käufer gewinnt"). – Diese Abgrenzung ist zwar nicht unproblematisch, weil es aus der Sicht des Verbrauchers wohl kaum einen Unterschied macht, ob der Vorteil in einer Änderung der Gegenleistung oder in einem zusätzlichen Gewinn besteht (krit auch *Berlit* WRP 2009, 1188, 1190). Sie ist aber im Hinblick auf das Gebot der engen Auslegung des § 4 Nr 6 hinzunehmen.

3. Verbraucher

6.7 § 4 Nr 6 bezieht sich nur auf **Verbraucher** (zum Begriff vgl § 2 Rdn 75 ff) als Adressaten der Werbemaßnahme. Diese Beschränkung rechtfertigt sich daraus, dass die sonstigen Marktteilnehmer, insbes Unternehmer, idR geschäftserfahren und daher weniger schutzbedürftig sind (Begr RegE UWG zu § 4 Nr 6, BT-Drucks 15/1487 S 18). Wendet sich der Werbende an **„sonstige Marktteilnehmer",** insb Unternehmer (zB Händler), so bedeutet dies zunächst, dass eine Kopplung des Absatzes mit einem Gewinnspiel nicht ohne weiteres den Tatbestand des § 4 Nr 1 erfüllt (OLG Köln GRUR-RR 2007, 49; OLG Frankfurt WRP 2010, 563, 564). Denn sonst würde die Wertung in § 4 Nr 6 unterlaufen. Jedoch kann bei Vorliegen bes Umstände der Tatbestand des § 4 Nr 1 erfüllt sein (vgl OLG Köln GRUR-RR 2007, 49 f; OLG Frankfurt WRP 2010, 563, 564; § 4 Rdn 1.84).

4. Ware oder Dienstleistung

§ 4 Nr 6 erfasst Waren und Dienstleistungen jeder Art, grds auch Presseerzeugnisse, sofern nicht die Ausnahmeregelung eingreift (Rdn 6.15 ff). Es genügt, dass der Verbraucher eine, dh irgendeine Ware oder Dienstleistung kaufen muss, um an dem Gewinnspiel oder dem Preisausschreiben teilnehmen zu können. Nicht erforderlich ist also die Kopplung mit dem Absatz einer ganz bestimmten Ware oder Dienstleistung. Keine Dienstleistung iSd § 4 Nr 6 ist die Übermittlung der Erklärung, mit der am Gewinnspiel oder am Preisausschreiben teilgenommen wird. Allerdings liegt eine Kopplung mit der Inanspruchnahme einer Dienstleistung grds auch dann vor, wenn der Verbraucher, will er am Preisausschreiben oder am Gewinnspiel teilnehmen, eine **Mehrwertdiensterufnummer** anrufen muss, da in diesem Falle eine über den Basistarif für die Übermittlung hinausgehende Zahlung erforderlich wird. Eine andere Beurteilung ist nach dem Sinn und Zweck der Vorschrift dann denkbar, wenn die Kosten für die Mehrwertdiensterufnummer die üblichen Übermittlungskosten nicht übersteigen (Begr RegE UWG zu § 4 Nr 6; BT-Drucks 15/1487 S 18; dazu *Hecker/Ruttig* GRUR 2005, 393, 394 f) oder wenn eine entsprechende kostengünstige Alternative (zB **Internet**) angeboten wird (Rdn 6.13). Eine Kopplung iSd § 4 Nr 6 liegt nicht vor, wenn lediglich die Teilnahme an einer Verbraucherbefragung gefordert wird (MünchKommUWG/*Leible* § 4 Nr 6 Rdn 40; vgl auch OLG Stuttgart NJWE-WettbR 1999, 127, 128).

5. Abhängigkeit

a) Rechtliche Abhängigkeit. Eine Abhängigkeit der Teilnahme an einem Preisausschreiben oder Gewinnspiel vom Erwerb einer Ware oder Dienstleistung ist stets gegeben, wenn der Verbraucher **rechtlich** gezwungen ist, einen Kauf zu tätigen, um teilnehmen zu können. Das ist zB der Fall, wenn die Teilnahmekarte auf der Produktverpackung abgedr oder die Gewinnauszahlung von einer Bestellung abhängig gemacht wird. Weitere Fälle: ein Preisausschreiben, bei dem ein Etikett, eine Warenquittung oder ein Teil der Warenverpackung beizufügen war (OLG Düsseldorf GRUR 1951, 461); ein Gewinnspiel einer Brauerei, das mit dem Kauf von Flaschenbier und dem Bierkonsum in Gaststätten gekoppelt war (OLG Stuttgart WRP 1973, 487); ein Gewinnspiel, bei dem der Interessent Gewinnschecks erhielt, die neben 37 Lochfeldern eine zunächst unsichtbare Gewinnchance trugen, die für den Kunden dadurch entwickelt wurde, dass er die Felder beim Einkauf entsprechend lochen ließ (LG Düsseldorf WRP 1971, 488).

b) Tatsächliche Abhängigkeit. Eine rechtliche Abhängigkeit ist indessen nicht zwingend erforderlich, ausreichend ist vielmehr auch eine **tatsächliche** Abhängigkeit der Gewinnspielteilnahme oder der Gewinnchancen vom Erwerb eines Produkts (BGH GRUR 2005, 599, 600 – *Traumcabrio*; OLG Köln GRUR-RR 2007, 48). Sie ist dann gegeben, wenn der Verbraucher aus anderen als rechtlichen Gründen nicht umhin kann, eine Ware oder Dienstleistung zu erwerben, um teilnehmen oder seine Gewinnchancen erhöhen zu können. Maßstab ist die Sichtweise des durchschnittlich informierten, situationsadäquat aufmerksamen und verständigen Verbrauchers (BGH aaO – *Traumcabrio*).

aa) Unterschiedlich große Gewinnchancen. Eine tatsächliche Abhängigkeit ist zu bejahen, wenn das Bestehen oder die Höhe einer Gewinnchance vom Bezug einer Ware oder Dienstleistung abhängt. Dazu gehört auch ein Hinweis, dass ein Kauf der beworbenen Ware (zB Buch) bei der Lösung der Aufgabe von Nutzen sein kann (BGH GRUR 1990, 611, 616 – *Werbung im Programm*). Das Gleiche gilt, wenn der Verbraucher auf Grund der Umstände die Überzeugung gewinnen muss, Bestehen und Höhe seiner Gewinnchancen hingen vom gleichzeitigen Warenbezug ab (vgl BGH WRP 1976, 100 – *Gewinnspiel*). So etwa, wenn der Verkäufer sich die Losnummern der Teilnehmer, die etwas gekauft haben, in auffallender Form notiert. Ferner, wenn bei einer Gratisverlosung hochwertiger Preise der Teilnahmeschein zugleich einen Vordruck für Warenbestellungen enthält (BGH GRUR 1973, 474 – *Preisausschreiben*) oder ein beigefügtes Bestellformular auch als Teilnahmeschein verwendbar ist (BGH WRP 1976, 172 – *Versandhandelspreisausschreiben*). Der durch die Verbindung eines Bestellscheins mit dem Teilnahme-Coupon für ein Gewinnspiel geschaffene Eindruck einer Abhängigkeit der Teilnahme von der Bestellung kann jedoch auf Grund der Ausgestaltung und des Inhalts des Bestellscheins entfallen (BGH GRUR 2005, 599, 600 – *Traumcabrio*). Dazu ist erforderlich, dass eine klare Trennung von Bestellschein und Teilnahme-Coupon vorgenommen wird, etwa durch den optisch hervorgehobenen Hinweis auf die fehlende Abhängigkeit in den Teilnahmebedingungen und durch die optische Trennung von Bestellschein und Coupon; BGH aaO – *Traumcabrio;* dazu *Berlit* WRP 2005, 1212, 1216; MünchKommUWG/*Leible* § 4 Nr 6 Rdn 46 aE).

6.12 **bb) Ausnutzung moralischer Macht.** Eine tatsächliche Abhängigkeit besteht auch im Falle der Ausnutzung moralischer Macht, um den Verbraucher zum Kauf zu veranlassen. In diesem Fall kann auch § 4 Nr 1 anwendbar sein (Rdn 1.73 ff). Eine Ausnutzung moralischer Macht liegt vor, wenn mit außerhalb der Sache liegenden Mitteln der Einflussnahme derart auf die Willensentscheidung des Umworbenen eingewirkt wird, dass dieser zumindest anstandshalber nicht umhin kann, auf das Angebot einzugehen (vgl Rdn 1.23; BGH GRUR 1971, 322 – *Lichdi-Center;* BGH GRUR 1989, 757 – *McBacon;* BGH GRUR 1998, 735, 736 – *Rubbelaktion*). Auch wenn die Teilnahme an einem Preiswettbewerb oder Gewinnspiel rechtlich nicht an den Bezug einer Ware geknüpft wird, sondern jedem auch ohne den Kauf einer Ware möglich ist, kann die Durchführung der Veranstaltung den Teilnehmer doch in eine Situation bringen, die bewirkt, dass er sich einem Geschäftsabschluss nur schwer entziehen kann. Es bedarf allerdings im Einzelfall stets einer sorgfältigen Abwägung aller Umstände, um zu beurteilen, ob wirklich eine moralische Macht ausgenutzt wird, die den durchschnittlich informierten, aufmerksamen und verständigen Verbraucher, also nicht nur einige besonders feinfühlige Personen, zum Kauf veranlasst. Es kommt deshalb darauf an, ob bei der Durchführung einer solchen Veranstaltung **besondere Umstände** vorliegen, die die Annahme einer tatsächlichen Abhängigkeit rechtfertigen.

6.13 Das ist insbes der Fall, wenn der Verbraucher aus seiner **Anonymität heraustreten** muss, um an der Veranstaltung teilzunehmen oder den Gewinn entgegenzunehmen. Dazu reicht es aber nicht aus, wenn der Interessent ein **Geschäftslokal betreten** muss, um eine Teilnahmeberechtigung zu erlangen oder um einen Gewinn einzulösen. Nach der Rspr zu **§ 1 UWG 1909** („psychischer Kaufzwang") kam es dabei auf die konkreten Umstände an. Ein psychischer Kaufzwang wurde zB verneint, wenn Gewinnscheine verteilt werden, die zur Einnahme eines „Menüs" im Wert von 3,– € in einem Schnellimbiss-Restaurant berechtigen und bei dem die Teilnehmer an der Außenseite des Lokals aus wöchentlich angebrachten Hinweisen entnehmen müssen, ob sie gewonnen haben. Hier sei nach der Lebenserfahrung nicht anzunehmen, Besucher der Lokale ließen sich dazu verleiten, deshalb weitere Waren zu erwerben, weil ihnen das bloße Einlösen der Gewinncoupons gegenüber dem Verkaufspersonal peinlich sein könnte, zumal für solche Selbstbedienungslokale eine Atmosphäre der Anonymität der Besucher typisch ist (BGH GRUR 1989, 757 – *McBacon*). Auch beim Aufsuchen eines Warenhauses, Einkaufszentrums oder größeren Selbstbedienungsgeschäfts müssten die Interessenten nicht aus ihrer Anonymität heraustreten, um am Gewinnspiel teilnehmen zu können (BGH GRUR 1989, 757, 758 – *McBacon;* BGH GRUR 1998, 735, 736 – *Rubbelaktion;* BGH GRUR 2000, 820, 822 – *Space Fidelity Peep-Show*). Handele es sich hingegen um ein kleines Ladenlokal mit persönlicher Atmosphäre und individueller Bedienung, werde der Interessent, wenn er nicht ohnehin als Stammkunde bekannt sei, sich jedenfalls nicht unbeobachtet fühlen. Er rechne damit, zunächst als Kaufinteressent und nicht als ein Besucher angesehen zu werden, dem es nur darauf ankommt, an einem Gewinnspiel teilzunehmen. Die dadurch begründete Wertschätzung werde ihm – was er zumindest als wahrscheinlich ansehen müsse – nicht mehr entgegengebracht, wenn er sich lediglich als Interessent für das Gewinnspiel erweise. Daher werde ein erheblicher Teil der durchschnittlich informierten, aufmerksamen und verständigen Interessenten sich veranlasst sehen, wenigstens eine Kleinigkeit zu kaufen, um den – als peinlich empfundenen – Eindruck zu vermeiden, nicht als Kunde, sondern nur wegen des Gewinnspiels usw gekommen zu sein (vgl BGH GRUR 1998, 735, 736 – *Rubbelaktion*). Dies gelte zumal dann, wenn ihm Waren angeboten werden, die er ohnehin benötigt oder bei denen es ihm gleichgültig ist, wo er sie einkauft (BGH GRUR 1977, 727 – *Kaffee-Verlosung I;* BGH GRUR 1987, 243 – *Alles frisch;* BGH GRUR 1989, 757, 758 – *McBacon;* BGH GRUR 1998, 735, 736 – *Rubbelaktion;* BGH GRUR 2000, 820, 821 – *Space Fidelity Peep-Show;* ÖOGH ÖBl 1973, 84, 87 – *Maresi-Etiketten-Wetten*). – An dieser strengen Haltung ist im Hinblick auf das gewandelte Verbraucherleitbild und auch die gewandelte Haltung der Verbraucher ist allerdings nicht mehr festzuhalten. – Ein moralischer Druck scheidet von vornherein aus, wenn der Verbraucher nicht aus seiner Anonymität heraustreten muss, um an der Veranstaltung teilzunehmen, ihm vielmehr **alternative, jedermann zugängliche Teilnahmemöglichkeiten** offen stehen (vgl Rdn 1.33; Begr RegE UWG zu § 4 Nr 6, BT-Drucks 15/1487 S 18) und darauf in der Werbung unübersehbar hingewiesen wird (OLG Hamburg WRP 1985, 167). Die Alternative muss für den Verbraucher nicht nur abstrakt zu Gebote stehen, sondern auch im Einzelfall **zumutbar** sein (weitergehend Fezer/*Hecker* § 4–6 Rdn 73: Gleichwertigkeit erforderlich). Zumutbarkeit ist insbes zu bejahen, wenn die Teilnahmeberechtigungen (auch) außerhalb der Verkaufsräume in ausreichender Zahl aufliegen und abgegeben werden können (BGH GRUR 1998, 735, 736 – *Rubbelaktion*). Im Allgemeinen ist es auch nicht zumutbar, die Teilnahmebedingungen auf dem **Postweg** anzufordern (BGH GRUR 1973, 591, 593 – *Schatzjagd;* OLG Hamburg WRP 1985, 167, 168; Fezer/ *Hecker* § 4–6 Rdn 82). Dass die Teilnahmeberechtigungen auch aus dem **Internet** abgerufen werden können, ist dagegen in der heutigen Zeit dem Verbraucher, der an einem Gewinnspiel oder einem Preisausschreiben teilnehmen möchte, zumutbar (*Berlit* WRP 2005, 1213, 1217; Fezer/*Hecker* § 4–6 Rdn 87; MünchKommUWG/*Leible* § 4 Nr 6 Rdn 51). – Wird eine alternative Teilnahmemöglichkeit über eine **Telefon-Hotline** oder eine SMS-Verbindung bereit gestellt, ist dies nur zumutbar, wenn dafür keine höheren Kosten als nach den Basistarifen anfallen (LG München NJW 2003, 3066; krit *Schmits* NJW 2003, 3034, 3035). Außerdem muss die Telefonnummer allgemein zugänglich sein, so dass ihr Aufdruck auf der Ware nicht genügt.

Ein weiterer besonderer Umstand liegt vor, wenn eine unangemessene unsachliche **Einflussnahme auf den Verbraucher** erfolgt (vgl Rdn 1.78). Angesichts des gewandelten Verbraucherleitbilds und auch der gewandelten Verbrauchergewohnheiten wird man auch insoweit strengere Anforderungen stellen müssen. Es reicht daher nicht aus, dass der Interessent die Teilnahmeberechtigung von einem Verkäufer erbitten muss (aA noch OLG Düsseldorf WRP 1972, 206). Erforderlich ist vielmehr, dass der Verkäufer aus einer passiven Rolle heraustritt und auf den Interessenten Einfluss nimmt, um sein Verhalten zu steuern. Das ist stets der Fall, wenn der Verkäufer den Interessenten „bloßstellt", falls er nicht gleichzeitig etwas kauft. Dagegen reicht es nicht aus, dass der Käufer sich „beobachtet" fühlt, wenn er an einer Verlosung teilnimmt oder einen in den Geschäftsräumen versteckten Gewinn sucht (aA noch BGH WM 1975, 702, 703; BGH GRUR 1973, 418, 419 – *Das goldene A*). Unerheblich ist auch, dass der Interessent mehrfach das Geschäft betreten muss, um sich zur Wahrung seiner Gewinnchance neue Spiellose zu holen (aA noch BGH GRUR 1973, 591, 593 – *Schatzjagd* mit Anm *Hoth*). – Zu Recht bejaht wurde dagegen eine unzulässige Beeinflussung bei Gratisverlosungen in Lebensmittelgeschäften, wenn die Loshälften, für die passenden zweiten Hälften gefunden werden mussten, an den Kassendurchgängen nur an Personen ausgegeben wurden, die gekauft hatten, und für andere Personen ein „Spielführer" herbeigeholt werden musste, der dann ebenfalls die Loshälften ausgab (OLG Frankfurt WRP 1972, 207). – Der bloß formularmäßige Hinweis, dass kein Kaufzwang besteht, schließt eine unzulässige Beeinflussung andererseits nicht ohne weiteres aus. Dass keine rechtliche Pflicht zum Kauf besteht, weiß der Teilnehmer ohnehin. Es ist gerade die Eigenart solcher Gewinnspiele, dass es trotz dieses Hinweises dem im Geschäft oder Verkaufsraum Eingefangenen peinlich ist, nicht zugleich etwas zu kaufen (BGH GRUR 1973, 591, 593 – *Schatzjagd*). – Eine unzulässige Beeinflussung kann auch gegeben sein, wenn die Teilnahmeberechtigung oder der Gewinn außerhalb eines Geschäftsraums abgegeben wird. Das kann etwa bei einer „Werbefahrt" der Fall sein, aber auch dann, wenn Verkaufsvertreter die Gewinner eines Werbepreisausschreibens aufsuchen und im Zusammenhang mit der Aushändigung des Gewinns für Bestellungen werben (BGH GRUR 1973, 81, 82 – *Gewinnübermittlung*). Der Gewinner wird sich dann meist nicht nur genötigt fühlen, sich auf das Verkaufsgespräch einzulassen, sondern sich, insbes bei einem beachtlichen Gewinn, anstandshalber veranlasst sehen, etwas zu erwerben. – Eine unzulässige Beeinflussung liegt aber noch nicht vor, wenn die Teilnahme an einem Gewinnspiel mit der Bitte um Vereinbarung eines unverbindlichen Beratungsgesprächs über eine „neue Urlaubsidee" gekoppelt wird, ohne dem Teilnehmer zu sagen, dass das Beratungsgespräch dem Verkauf von Nutzungsrechten an Ferienimmobilien dient. Jedoch kann sich die Unlauterkeit dieser Werbemaßnahme aus dem Gesichtspunkt der Verletzung des Transparenzgebots ergeben (vgl OLG Hamburg NJW-RR 1995, 1254).

II. Ausnahme: naturgemäße Verbindung mit der Ware oder Dienstleistung

1. Reichweite der Ausnahmeregelung

Eine Ausnahme vom Kopplungsverbot gilt für den Fall, dass **das Preisausschreiben oder Gewinnspiel naturgemäß mit der Ware oder Dienstleistung verbunden ist.** Mit dieser etwas kryptischen Beschreibung ist der Fall gemeint, dass das Preisausschreiben oder Gewinnspiel Bestandteil eines redaktionellen Beitrags in **Presse** (vgl Begr RegE UWG zu § 4 Nr 6, BT-Drucks 15/1487 S 18) oder **Rundfunk** (vgl BGH GRUR 2002, 1003, 1004 – *Gewinnspiel im Radio*) ist. Für Gewinnspielsendungen und Gewinnspiele im Rundfunk gilt die Spezialregelung in § 8a RStV.

2. Zweck der Ausnahmeregelung

6.16 Die Ausnahme rechtfertigt sich daraus, dass Preisausschreiben und Gewinnspiele in **Zeitschriften** zum Unterhaltungsteil gehören, der Verbraucher daran gewöhnt ist und sie als Bestandteil der Zeitschrift ansieht, wenn nicht geradezu erwartet. Zwar wird mancher Verbraucher eine Zeitschrift nur deshalb kaufen, weil sie ein großes Preisausschreiben mit hohen Gewinnaussichten ankündigt. Aber die in Zeitschriften abgedruckten Preisausschreiben und Gewinnspiele der Verlage sind gewöhnlich nicht nur Werbe-, sondern auch Unterhaltungsstoff. Sie sollen die Attraktivität des Mediums steigern. Die Ausnutzung der Spiellust der Käufer tritt zurück (BGH GRUR 1990, 611, 616 – *Werbung im Programm*). Dieses **sachliche** Moment unterscheidet die üblichen Preisausschreiben der Zeitungen von den Preisausschreiben anderer Branchen, mögen diese auch in Zeitungen veröffentlicht werden. Insoweit ist auch die Presse- und Rundfunkfreiheit (Art 5 I 2 GG) zu berücksichtigen (BGH GRUR 2002, 1003, 1004 – *Gewinnspiel im Radio*).

6.17 Die gleichen Grundsätze gelten für Gewinnspiele oder Preisrätsel im **Radio** oder **Fernsehen** mit dem Ziel, die Zuhörer oder Zuschauer zum längeren Zuhören oder Zuschauen zu veranlassen. Auch insoweit ist das Gewinnspiel oder Preisrätsel als Teil des Programms und damit der Leistung des Senders zu verstehen. Ihre Durchführung ist im Übrigen schon deshalb hinnehmbar, weil dadurch nicht unmittelbar eine Kaufentscheidung des Zuhörers oder Zuschauers beeinflusst wird (BGH GRUR 2002, 1003, 1004 – *Gewinnspiel im Radio*; vgl auch BGH GRUR 1990, 611, 616 – *Werbung im Programm*).

3. Keine weitergehende Privilegierung von Presse und Rundfunk

6.18 Die sonstigen Anforderungen an Gewinnspiele und Preisausschreiben gelten selbstverständlich auch für Presse und Rundfunk (vgl Begr RegE UWG zu § 4 Nr 6, BT-Drucks 15/1487 S 18). Die Unlauterkeit kann sich aus sonstigen Umständen, etwa aus einer Verletzung des § 4 Nr 5, aus einer Irreführung über die Gewinnchancen, aus einer offenen oder verschleierten Kopplung mit dem Warenabsatz oder aus der Behinderung kleiner und mittlerer Mitbewerber ergeben (BGH GRUR 2002, 1003, 1004 – *Gewinnspiel im Radio*). Insbes ist es unlauter, die Beteiligung an einem Preisausschreiben oder Gewinnspiel vom Kauf eines Buchs oder von einem Abonnement abhängig zu machen. Dann tritt der Unterhaltungs- und Bildungszweck zurück, im Vordergrund steht die Absatzförderung mittels Ausnutzung des Spieltriebs (vgl BGH GRUR 1990, 611, 616 – *Werbung im Programm*; ÖOGH WBl 1999, 378, 380; ÖOGH ÖBl 1999, 240 – *TV Movie*).

III. Geschäftliche Relevanz

6.19 Sofern ein Kopplungsangebot iSd § 4 Nr 6 unlauter ist, ist es auch regelmäßig geeignet, die Kaufentscheidung des Verbrauchers spürbar zu beeinflussen, und erfüllt damit regelmäßig auch das Erfordernis der spürbaren Beeinträchtigung von Verbraucherinteressen iSd § 3 I (vgl *Köhler* GRUR 2005, 1, 7; OLG Celle GRUR-RR 2008, 349, 350).

7. Kapitel. Herabsetzung von Mitbewerbern

§ 4 Nr 7

Unlauter handelt insbesondere, wer
7. die Kennzeichen, Waren, Dienstleistungen, Tätigkeiten oder persönlichen oder geschäftlichen Verhältnisse eines Mitbewerbers herabsetzt oder verunglimpft;

Übersicht

	Rdn
1. Abschnitt. Allgemeines	7.1–7.9 e
I. Entstehungsgeschichte	7.1
II. Normzweck	7.2
III. Rechtsnatur als Beispielstatbestand	7.3
IV. Verhältnis zu anderen Tatbeständen	7.4–7.9 e
1. Verhältnis zu § 4 Nr 1 (unangemessene unsachliche Beeinflussung)	7.4
2. Verhältnis zu § 4 Nr 8 (Anschwärzung)	7.5

		Rdn
3.	Verhältnis zu § 4 Nr 10 (gezielte Behinderung)	7.6
4.	Verhältnis zu § 6 II Nr 4 und Nr 5 (vergleichende Werbung)	7.7
5.	Verhältnis zu den §§ 823 ff BGB (allgemeines Deliktsrecht)	7.8
6.	Verhältnis zum Markenrecht	7.9–7.9 e
	a) Allgemeines	7.9
	b) Verhältnis des § 4 Nr 7 zu §§ 14 II Nr 3, 15 III MarkenG	7.9 a–7.9 d
	aa) Vorrangthese	7.9 a
	bb) Kritik	7.9 b
	cc) Schutz nicht bekannter Kennzeichen	7.9 c
	dd) Schutz vor Markenparodie	7.9 d
	c) Verhältnis des § 4 Nr 7 zu § 24 II MarkenG	7.9 e

2. Abschnitt. Tatbestand 7.10–7.26
   I. Geschäftliche Handlung 7.10
   II. Mitbewerber 7.11
   III. Herabsetzung und Verunglimpfung 7.12–7.22
     1. Begriffe 7.12
     2. Feststellung 7.13
     3. Erscheinungsformen 7.14
     4. Grenzen der Zulässigkeit von Tatsachenbehauptungen 7.15, 7.16
       a) Unwahre Tatsachenbehauptungen 7.15
       b) Wahre Tatsachenbehauptungen 7.16
     5. Grenzen der Zulässigkeit verletzender Werturteile 7.17–7.21
       a) Abgrenzung zur Tatsachenbehauptung 7.17
       b) Die Bedeutung des Art 5 I und III GG 7.18
       c) Stets unzulässige Äußerungen 7.19, 7.20
       d) Unzulässigkeit auf Grund einer Güter- und Interessenabwägung . 7.21
     6. Erweiterte Zulässigkeit 7.22
   IV. Gegenstände der Herabsetzung oder Verunglimpfung 7.23–7.26
     1. Kennzeichen 7.23, 7.24
       a) Begriff 7.23
       b) Beispiele 7.24
     2. Waren, Dienstleistungen, Tätigkeiten, persönliche und geschäftliche Verhältnisse 7.25, 7.26
       a) Begriffe 7.25
       b) Beispiele 7.26

3. Abschnitt. Rechtsfolgen 7.27, 7.28
   I. Anspruchsberechtigung 7.27
   II. Schadensersatz 7.28

Schrifttum: *Deutsch,* Der Schutz von Marken oder Firmen, FS Gaedertz, 1992, 99; *ders,* Zur Markenverunglimpfung, GRUR 1995, 319; *ders,* Anspruchskonkurrenzen im Marken- und Kennzeichenrecht, WRP 2000, 854; *Eichholz,* Herabsetzung durch vergleichende Werbung, 2008; *v Gamm,* Rufausnutzung und Beeinträchtigung bekannter Marken und geschäftlicher Bezeichnungen, FS Piper, 1996; *Götting,* Anmerkung zu BGH-Urteil vom 10. 2. 94 – Markenverunglimpfung, JZ 1995, 206; *Grünberger,* Schutz geschäftlicher Kennzeichen gegen Parodie im deutschen und im amerikanischen Recht, 1991; *ders,* Rechtliche Probleme der Markenparodie unter Einbeziehung amerikanischen Fallmaterials, GRUR 1994, 246; *Ingerl,* Der wettbewerbsrechtliche Kennzeichenschutz und sein Verhältnis zum MarkenG in der neueren Rechtsprechung des BGH und in der UWG-Reform, WRP 2004, 809; *Köhler,* Die Unlauterkeitstatbestände des § 4 UWG und ihre Auslegung im Lichte der Richtlinie über unlautere Geschäftspraktiken, GRUR 2008, 841; *Nägele,* Das konkrete Wettbewerbsverhältnis – Entwicklungen und Ausblick, WRP 1996, 997; *Piper,* Der Schutz der bekannten Marken, GRUR 1996, 429; *Schultze/Schwenn,* Zur künftigen Behandlung von Markenparodien, WRP 1997, 536; *Werner,* Wettbewerbsrecht und Boykott, 2008.

1. Abschnitt. Allgemeines

I. Entstehungsgeschichte

Die Vorschrift des § 4 Nr 7 ist wörtlich übernommen aus dem Entwurf von *Köhler/Bornkamm/Henning-Bodewig* (WRP 2002, 1317, 1319, dort § 5 Nr 1). Darin wird auf die parallele

7.1

Regelung für die vergleichende Werbung (§ 6 II Nr 5) hingewiesen. In der Begründung zum RegE UWG ist ausgeführt: „Der Tatbestand der Nummer 7 betrifft die Fälle der Geschäftsehrverletzungen. Erfasst hiervon sind in Abgrenzung zu Nummer 8 Meinungsäußerungen, so dass bei der Beurteilung einer kritischen Äußerung das Grundrecht der Meinungsfreiheit (Art 5 Abs 1 des Grundgesetzes) zu beachten ist. Vom Anwendungsbereich erfasst sein werden daher vor allem Fälle der **Schmähkritik,** in denen der Mitbewerber pauschal und ohne erkennbaren sachlichen Bezug abgewertet wird (Begr RegE UWG 2004 zu § 4 Nr 7, BT-Drucks 15/1487 S 18). – Diese Einordnung trifft aber nicht völlig zu. Denn § 4 Nr 7 erfasst sehr wohl auch die Fälle herabsetzender Tatsachenbehauptungen.

II. Normzweck

7.2 Grds muss es einem Unternehmer möglich sein, sachliche Kritik an Mitbewerbern und deren Leistungen (Kennzeichen, Waren, Dienstleistungen, Tätigkeiten) zu üben, zumal auch die Verbraucher und sonstigen Marktteilnehmer an entsprechenden Informationen ein berechtigtes Interesse haben können. Davon zu unterscheiden ist die bloße Herabsetzung und Verunglimpfung von Mitbewerbern. Denn sie wirkt auf die potenziellen Marktpartner der Mitbewerber in unsachlicher Weise ein und kann sie davon abhalten, Verträge mit ihnen abzuschließen oder fortzusetzen. Sie verfälscht damit den Wettbewerb und schädigt den Mitbewerber unnötig (Geschäftsschädigung durch Ansehensminderung). An solchen Verhaltensweisen kann kein schutzwürdiges Interesse bestehen. Daher besteht der **Zweck des § 4 Nr 7** darin, die **Mitbewerber** auch im Allgemeininteresse an einem unverfälschten Wettbewerb (§ 1 S 2) vor einer Beeinträchtigung ihrer **Wettbewerbschancen** und damit des Werts ihres Unternehmens zu **schützen.** Es geht daher nicht, jedenfalls nicht in erster Linie um den Schutz der sog Geschäftsehre des Unternehmers im Gegensatz zur privaten Ehre. Ob die Herabsetzung oder Verunglimpfung zugleich das persönliche geschäftliche Ansehen des Mitbewerbers beeinträchtigt, ist für die Anwendung des § 4 Nr 7 unerheblich. – § 4 Nr 7 bezweckt **nicht den Schutz der Verbraucher** oder sonstigen Marktteilnehmer, mag die Vorschrift auch mittelbar deren Schutz mitbewirken. Die darin geregelte Geschäftspraktik fällt daher nicht in den Anwendungsbereich der **UGP-Richtlinie** (*Köhler* GRUR 2008, 841, 845). Werden allerdings durch sie auch wirtschaftliche Interessen der Verbraucher berührt, so können daneben auch die verbraucherschützenden Normen des UWG (insbes § 4 Nr 1, §§ 5, 5 a) zur Anwendung kommen.

III. Rechtsnatur als Beispielstatbestand

7.3 Wie für alle Beispielstatbestände gilt auch für § 4 Nr 7, dass er lediglich eine Erläuterung und Konkretisierung des Tatbestandsmerkmals der Unlauterkeit in § 3 I darstellt. Eine Rechtsfolgen (§§ 8 ff) auslösende Zuwiderhandlung setzt voraus, dass auch die sonstigen Tatbestandsmerkmale des § 3 I erfüllt sind (geschäftliche Relevanz). Jedoch ist eine Herabsetzung oder Verunglimpfung stets geeignet, die Interessen des betroffenen Mitbewerbers, uU auch die Interessen der Verbraucher und sonstigen Marktteilnehmer spürbar zu beeinträchtigen (vgl *Köhler* GRUR 2005, 1, 7). Eine gesonderte Spürbarkeitsprüfung erübrigt sich daher.

IV. Verhältnis zu anderen Tatbeständen

1. Verhältnis zu § 4 Nr 1 (unangemessene unsachliche Beeinflussung)

7.4 Die Herabsetzung eines Mitbewerbers kann im Einzelfall zugleich eine unangemessene unsachliche Beeinflussung der Entscheidungsfreiheit von Verbrauchern und sonstigen Marktteilnehmern darstellen. Denn typischerweise soll sie dazu dienen, (potenzielle) Kunden vom Kauf beim Mitbewerber abzuhalten.

2. Verhältnis zu § 4 Nr 8 (Anschwärzung)

7.5 Die Regelung des § 4 Nr 8 (Anschwärzung) setzt zwar ebenso wie § 4 Nr 7 eine geschäftliche Handlung gegenüber einem Mitbewerber voraus, verbietet aber nur die Verbreitung unwahrer oder jedenfalls nicht erweislich wahrer herabsetzender **Tatsachenbehauptungen** über einen Unternehmer. Außerdem setzt § 4 Nr 8 tatbestandlich nicht voraus, dass die Äußerung eine Herabsetzung oder gar Verunglimpfung enthält (BGH WRP 2002, 828, 831 – *Hormonersatztherapie*). Diese Vorschrift stellt daher keine abschließende Regelung der (früher so genannten) „Geschäftsehrverletzung" dar (vgl BGH GRUR 1962, 45, 47 f – *Betonzusatzmittel* zu § 14 aF).

Daher lässt sich aus ihr auch nicht folgern, dass eine Herabsetzung des Mitbewerbers durch Verbreitung einer erweislich **wahren** Behauptung stets zulässig ist. Verletzende Äußerungen über die Person, das Unternehmen, die Mitarbeiter, die Waren oder Dienstleistungen eines Mitbewerbers sind also nicht schon deshalb zulässig, weil sie wahr sind oder bloße Werturteile darstellen (BGH GRUR 1964, 392, 394 – *Weizenkeimöl*). Sie können vielmehr gegen § 4 Nr 7 verstoßen (vgl zu § 1 UWG 1909 BGH GRUR 1967, 596, 597 – *Kuppelmuffenverbindung;* OLG Hamm GRUR 1980, 311). Diese Vorschrift greift sonach ergänzend in allen Fällen ein, in denen der Mitbewerber durch eine wahre oder unwahre Behauptung oder durch ein kritisches Werturteil herabgesetzt oder verunglimpft wird. Ist die Äußerung auf jeden Fall wegen Herabsetzung wettbewerbswidrig, kann daher offen bleiben, ob sie ein bloßes Werturteil oder eine wahre oder unwahre Tatsachenbehauptung darstellt (BGH GRUR 1974, 477, 479 – *Hausagentur;* BGH GRUR 1982, 234, 236 – *Großbanken-Restquoten*).

3. Verhältnis zu § 4 Nr 10 (gezielte Behinderung)

Die Herabsetzung eines Mitbewerbers ist letztlich ein Unterfall der gezielten Behinderung iSd § 4 Nr 10 (so auch BGH GRUR 2010, 349 Tz 38 – *EKW-Steuerberater*). Daher ist § 4 Nr 7 als speziellere Regelung gegenüber § 4 Nr 10 anzusehen, die einen Rückgriff auf § 4 Nr 10 entbehrlich macht (vgl *Werner* S 175). Doch ist es unschädlich, gleichzeitig (so BGH GRUR 2010, 349 Tz 38 – *EKW-Steuerberater*) oder stattdessen § 4 Nr 10 heranzuziehen (so BGH GRUR 2009, 1186 Tz 25 – *Mecklenburger Obstbrände*), weil insoweit die gleichen Maßstäbe gelten.

7.6

4. Verhältnis zu § 6 II Nr 4 und Nr 5 (vergleichende Werbung)

Erfolgt die Äußerung im Rahmen einer **vergleichenden Werbung**, so wird § 4 Nr 7 durch die Vorschriften über die vergleichende Werbung (§§ 5 III, 6 II Nr 4 und 5) verdrängt, zumindest darf die Anwendung des § 4 Nr 7 zu keinen abweichenden Ergebnissen führen. Denn die Vorschriften der Richtlinie 2006/114/EG über irreführende und vergleichende Werbung (Werberichtlinie) bezwecken, soweit es die vergleichende Werbung angeht, eine abschließende Regelung (vgl Erwägungsgrund 6) und dies ist im Weg der richtlinienkonformen Auslegung der §§ 5 III, 6 zu berücksichtigen. Daran ändert es nichts, dass § 4 Nr 7 dem Schutz der Mitbewerber dient. Denn die Richtlinie bezweckt nach Erwägungsgrund 9 ebenfalls den Schutz der Mitbewerber. Fraglich kann daher nur der **verbleibende eigenständige Anwendungsbereich des § 4 Nr 7** sein. Das ist in drei Fällen zu bejahen: **(1)** Die für § 4 Nr 7 erforderliche geschäftliche Handlung stellt wegen Fehlens einer „Äußerung" (ausnahmsweise) keine Werbung dar (*Beispiel:* Herabsetzende Verunstaltung eines Konkurrenzprodukts). **(2)** Es liegt zwar eine Werbung vor, jedoch werden darin ein Mitbewerber oder die von ihm angebotenen Waren oder Dienstleistungen nicht erkennbar gemacht (dazu § 6 Rdn 79 ff). **(3)** Es fehlt an einem Vergleich iS einer Gegenüberstellung (dazu § 6 Rdn 44 ff, 51). – Was die ausschließlich **unternehmensbezogene oder persönliche vergleichende Werbung** angeht, wird sie richtiger Ansicht nach ebenfalls von § 6 I erfasst. Eine andere Frage ist, ob und unter welchen Voraussetzungen sie zulässig ist (dazu § 6 Rdn 14 ff). Folgt man dieser Ansicht nicht, so bleibt freilich § 4 Nr 7 anwendbar.

7.7

5. Verhältnis zu den §§ 823 ff BGB (allgemeines Deliktsrecht)

Der Anwendungsbereich des UWG ist nur eröffnet, wenn die fragliche Handlung eine **geschäftliche Handlung** iSd § 2 I Nr 1 darstellt (Rdn 7.10). Unabhängig davon, ob eine geschäftliche Handlung vorliegt oder nicht, können aber bei Kreditgefährdung § 824 BGB, bei vorsätzlich sittenwidriger Schadenszufügung § 826 BGB, bei schuldhafter Schutzgesetzverletzung § 823 II BGB iVm zB §§ 185 ff StGB sowie bei schuldhafter Verletzung des allgemeinen Persönlichkeitsrechts oder des Namensrechts § 823 I BGB eingreifen (vgl BGH GRUR 1986, 759 – *BMW*). Nur der Unternehmensschutz nach § 823 I BGB ist gegenüber den UWG-Tatbeständen subsidiär. Der Abwehranspruch ergibt sich aus § 1004 BGB analog bzw § 12 BGB. **Beispiele:** BGH GRUR 1966, 633 – *Teppichkehrmaschine;* BGH GRUR 1969, 304 – *Kredithaie;* BGH GRUR 1975, 208 – *Deutschland-Stiftung;* BGH GRUR 1986, 759 – *BMW*. – Allerdings sind die Verhaltensanforderungen des Lauterkeitsrechts als eines Sonderdeliktsrechts strenger als die des allgemeinen Deliktsrechts (ebenso Harte/Henning/*Ahrens* Einf F Rdn 39, 45; Piper/Ohly/Sosnitza § 4 Rdn 7/7). Dies ist auch mit Art 5 I GG vereinbar, da es einen Unterschied

7.8

macht, ob die Äußerung in Verfolgung wirtschaftlicher Interessen (§ 2 I Nr 1) oder als Beitrag zur öffentlichen Meinungsbildung erfolgt (vgl BVerfGE 93, 246, 292 ff). Ein Wettbewerbsverstoß verwirklicht daher nicht notwendig zugleich einen allgemeinen Deliktstatbestand. Das hat die Rspr nicht immer beachtet (vgl einerseits BGH GRUR 1986, 759 – *BMW,* andererseits BGH GRUR 1995, 57, 59 – *Markenverunglimpfung II* sowie die treffende Kritik von *Deutsch* GRUR 1995, 319). Allerdings kann sich ein Unternehmer gegenüber der Kritik eines Mitbewerbers nicht auf strengeren Grundsätze zum Schutz des Persönlichkeitsrechts nach § 823 I BGB berufen (OLG Schleswig OLGR Schleswig 2008, 287).

6. Verhältnis zum Markenrecht

7.9 **a) Allgemeines.** Das europäische Markenrecht schließt den ergänzenden lauterkeitsrechtlichen Schutz von Kennzeichen vor Herabsetzung und Verunglimpfung nicht aus (vgl Art 5 v Richtlinie 89/104/EWG und dazu EuGH GRUR 2003, 143, 145 Rdn 30 – *Robelco/Robeco*). Dies gilt nach § 2 MarkenG auch für das nationale Markenrecht. Nach der bisher hM stellt allerdings das MarkenG in seinem Anwendungsbereich grds eine **abschließende** Regelung auch ggü § 4 Nr 7 dar (BGH GRUR 1999, 161, 162 – *Mac Dog;* BGH GRUR 2005, 583, 585 – *Lila-Postkarte;*). Daran ist aber nicht mehr festzuhalten (Rdn 7.9 b).

7.9a **b) Verhältnis des § 4 Nr 7 zu §§ 14 II Nr 3, 15 III MarkenG. aa) Vorrangthese.** Die in § 14 II Nr 3 MarkenG und § 15 III MarkenG geregelten Fälle einer Zeichenbenutzung sind nach der bisherigen Rspr (BGH GRUR 2005, 583, 585 – *Lila-Postkarte;* vgl auch BGH GRUR 2001, 73, 76 – *Stich den Buben* zu geografischen Herkunftsangaben) grds **nur** nach Markenrecht zu beurteilen, so dass § 4 Nr 7 nur für die vom Markenrecht nicht erfassten Fälle gelten soll Dabei ist zu beachten, dass über den Wortlaut des § 14 II Nr 3 MarkenG hinaus auch bekannte Kennzeichen im Warenähnlichkeitsbereich Schutz genießen (BGH GRUR 2004, 235 – *Davidoff;* vgl EuGH GRUR 2009, 756 Tz 35 – *L'Oréal/Bellure* mwN). Ein Vorrang des Markenrechts vor § 4 Nr 7 scheidet allerdings dann aus, wenn die geschäftliche Handlung bereits **keine Benutzung** iSd § 14 II Nr 3 MarkenG darstellt. Eine Benutzung liegt vor, wenn die Handlung einen Bezug zwischen dem Kennzeichen und eigenen Waren oder Dienstleistungen des Handelnden herstellt (vgl EuGH GRUR 2008, 689 Tz 36 – *02 und 02 (UK)/H3G; Ströbele/Hacker* § 9 Rdn 57 ff). Zwar muss die Benutzung **markenmäßig** erfolgen (vgl BGH GRUR 2005, 162 – *SodaStream;* BGH GRUR 2005, 583, 585 – *Lila-Postkarte;* BGH GRUR 2006, 329 Tz 23 – *Gewinnfahrzeug mit Fremdemblem;* aA noch *Bornkamm* GRUR 2005, 97, 100; aus dem Ganzen *Ströbele/Hacker* MarkenG § 14 Rdn 78–82 ff). Dafür reicht es allerdings aus, wenn das Zeichen zur Unterscheidung der gekennzeichneten Waren oder Dienstleistungen von denen anderer Unternehmer verwendet wird (EuGH Slg 1999, I-905 Rdn 30 f = GRUR Int 1999, 438 – *BMW;* BGH GRUR 2006, 329 Tz 36 – *Gewinnfahrzeug mit Fremdemblem*). Das ist aber in einem sehr weiten Sinne zu verstehen. So genügt es, wenn das Zeichen im Rahmen vergleichender Werbung benutzt wird (EuGH GRUR 2009, 756 Tz 53 – *L'Oréal/Bellure*) oder dass die beteiligten Verkehrskreise das Kollisionszeichen zwar als Verzierung auffassen, es wegen der hochgradigen Ähnlichkeit gedanklich jedoch mit der bekannten Marke verknüpfen (EuGH GRUR 2004, 58, 60 Tz 39 – *Adidas/Fitnessworld*).

7.9b **bb) Kritik.** An einem Vorrang des Markenrechts ist, auch angesichts der Rspr des EuGH (GRUR 2009, 756 Tz 40 – *L'Oréal/Bellure* zur vergleichbaren Problematik bei der vergleichenden Werbung), nicht festzuhalten. Die Parallelregelung des § 6 II Nr 4 zum Kennzeichenschutz bei vergleichender Werbung ist nämlich zweifelsfrei neben § 14 II Nr 3 MarkenG anwendbar (vgl § 6 Rdn 36). Sie setzt ihrem Wortlaut nach voraus, dass die Wertschätzung eines von einem Mitbewerber verwendeten Kennzeichens in unlauterer Weise beeinträchtigt wird und ist insoweit dem § 14 II Nr 3 MarkenG vergleichbar. Diese Vorschrift ist aber richtlinienkonform (vgl Art 4 lit d Richtlinie 2006/114/EG) dahin auszulegen, dass hierfür eine Herabsetzung oder Verunglimpfung des Kennzeichens des Mitbewerbers erforderlich ist. Wenn aber ein lauterkeitsrechtlicher Kennzeichenschutz nach § 6 II Nr 4 neben dem MarkenG möglich ist, muss dies – sollen keine Wertungswidersprüche eintreten – auch für den Kennzeichenschutz außerhalb der vergleichenden Werbung gelten. Denn es kann keinen Unterschied machen, ob die Herabsetzung eines fremden Kennzeichens innerhalb oder außerhalb einer vergleichenden Werbung erfolgt (ebenso Ströbele/*Hacker* § 2 Rdn 38 aE). Daher ist **§ 4 Nr 7 uneingeschränkt neben den §§ 14 II Nr 3, 15 III MarkenG anwendbar** (so früher schon Harte/Henning/*Omsels* § 4 Nr 7 Rdn 34; *Steinbeck* FS Ullmann, 2006, 409, 415). Allerdings sind dabei die Wertungen des MarkenG zu berücksichtigen, um Wertungswidersprüche zu vermeiden. Daher sind die Tatbestände der „unlauteren Beeinträchtigung der Wertschätzung" in den §§ 14 II Nr 3, 15 III MarkenG und der „Herabsetzung oder Verunglimpfung" in § 4 Nr 7 einheitlich auszulegen (vgl EuGH GRUR 2009, 756 Tz 40, 77 – *L'Oréal/Bellure;* aA noch Bornkamm GRUR 2005, 97, 101, der zwischen „normaler" und „qualifizierter" Rufbeeinträchtigung unterscheidet). Eine Herabsetzung der Marke ist daher bereits dann anzunehmen, wenn die geschäftliche Handlung eine oder mehrere Funktionen der Marke beeinträchtigt, wozu neben der Herkunftsfunktion als Hauptfunktion auch die Garantie-, Kommunikations-, Investititons- oder Werbefunktion gehören. Im Übrigen darf die praktische Bedeutung des § 4 Nr 7 nicht überschätzt werden, da diese Vorschrift – anders als die markenrechtlichen Verletzungstatbestände – ein konkretes Wettbewerbsverhältnis zwischen Verletzer und Verletztem voraussetzt (Rdn 7.11) und die Rechtsfolgen (ua keine dreifache Schadensberechnung; kürzere Verjährungsfristen) hinter denen des Markenrechts zurückbleiben.

cc) Schutz nicht bekannter Kennzeichen. Praktische Bedeutung kann § 4 Nr 7 für den (von den §§ 14 II Nr 3, 15 III MarkenG nicht erfassten) Schutz nicht bekannter Kennzeichen zukommen (ebenso Ingerl/Rohnke § 2 Rdn 11).

dd) Schutz vor Markenparodie. Die Fälle der **Markenparodie,** in denen fremde Marken dadurch herabgesetzt oder verunglimpft werden, dass sie in entstellender Schreibweise wiedergegeben oder in einen sachfremden Zusammenhang (inkompatibler Zweitgebrauch; vgl *Piper* GRUR 1996, 429, 435) gestellt und dadurch diffamiert, der Lächerlichkeit und dem Spott preisgegeben werden, um für das eigene Produkt Aufmerksamkeit zu erregen, sind – soweit keine vergleichende Werbung vorliegt – nach dem Gesagten nach § 4 Nr 7 zu beurteilen. Das gilt auch dann, wenn es sich – wie idR – um bekannte Marken handelt und insoweit Markenschutz eingreift. **Beispiele:** Verballhornung der Marke Marlboro in „*Mordoro*" (BGH GRUR 1984, 684 – *Mordoro*); der Marke adidas in „*adihash*" (OLG Hamburg GRUR 1992, 58); der Marke Deutsche Post in „*Deutsche Pest*" (LG Hamburg GRUR 2000, 514, 515); der Marke BMW in „*Bumms Mal Wieder*" (BGH GRUR 1986, 759 – *BMW*), der Marke Lufthansa in „*Lusthansa*" (OLG Frankfurt GRUR 1982, 319); Vertrieb von Präservativen als Scherzartikel mit dem Aufdruck „*Mars macht mobil bei Sex, Sport und Spiel*" (BGH GRUR 1994, 808, 811 – *Markenverunglimpfung I;* dazu BVerfG NJW 1994, 3342) bzw dem Aufdruck „*Es tut NIVEA als das Erste mal*" (BGH GRUR 1995, 57, 59 – *Markenverunglimpfung II*); Vertrieb eine lilafarbenen Postkarte mit dem Aufdruck „*Über allen Wipfeln ist Ruh, irgendwo blökt eine Kuh. Muh! Rainer Maria Milka*" (BGH GRUR 2005, 583, 585 – *Lila-Postkarte*).

c) Verhältnis des § 4 Nr 7 zu § 24 II MarkenG. Der Markeninhaber kann sich nach § 24 II MarkenG der Benutzung der Marke im Zusammenhang mit dem weiteren Vertrieb von Waren aus berechtigten Gründen widersetzen, insbes wenn der Zustand der Waren nach ihrem Inverkehrbringen verändert oder verschlechtert ist. Da durch die Veränderung oder Verschlechterung einer Ware auch eine Rufbeeinträchtigung eintreten kann, wird daraus gefolgert, § 24 II MarkenG verdränge in seinem Anwendungsbereich den § 4 Nr 7 (Harte/Henning/*Omsels* § 4 Rdn 35). Allerdings wird es zu einem Normenkonflikt kaum kommen können, da § 24 II nur eingreift, wenn die veränderten oder verschlechterten Waren für den Weitervertrieb im geschäftlichen Verkehr verwendet werden (vgl Ingerl/Rohnke MarkenG § 24 Rdn 56; Ströbele/Hacker § 24 Rdn 53) und § 4 Nr 7 sich nur auf das Verhalten gegenüber Mitbewerbern bezieht. Der Fall müsste also so liegen, dass ein Mitbewerber beschädigte Ware erwirbt und zum Kauf anbietet, um den Hersteller zu diskreditieren.

2. Abschnitt. Tatbestand

I. Geschäftliche Handlung

Voraussetzung für die Anwendung des § 4 Nr 7 ist eine **geschäftliche Handlung** iSd § 2 I Nr 1. **Kritische Äußerungen** in den **Medien** können daher nur dann unter § 4 Nr 7 fallen, wenn Verleger, Redakteure oder Journalisten zur Förderung des Wettbewerbs des eigenen Medienunternehmens oder eines anderen Unternehmens handeln (BGH GRUR 1980, 311 – *Pressebericht in eigener Sache;* BGH GRUR 1982, 234, 236 – *Großbanken-Restquoten;* BGH GRUR 1986, 812, 814 – *Gastrokritiker;* BGH GRUR 1997, 167, 168 – *Restaurantführer;* OLG Hamm GRUR 1980, 311; OLG Düsseldorf WRP 1984, 22; OLG Hamburg WRP 2000, 647; OLG Karlsruhe NJW-RR 2002, 1695, 1697). Das Vorliegen einer geschäftlichen Handlung allein auf

Grund einer Eignung zur Beeinflussung des Wettbewerbs ist allerdings nicht zu vermuten, soweit die Presse im Rahmen ihres Aufgabenbereichs über Vorgänge von allgemeiner Bedeutung unterrichtet und zur öffentlichen Meinungsbildung beiträgt. Das ist zB auch bei Testberichten über Restaurants der Fall (BGH GRUR 1998, 167, 168 – *Restaurantführer;* BGH GRUR 1997, 473, 475 – *Versierter Ansprechpartner*). Vielmehr ist eine geschäftliche Handlung konkret festzustellen (BGH GRUR 1995, 270, 272 – *Dubioses Geschäftsgebaren*). Auch wenn sich eine Zeitschrift (bzw deren Mitarbeiter) über ein Konkurrenzblatt kritisch äußert, ist eine geschäftliche Handlung nicht zu vermuten (vgl OLG Hamburg WRP 2000, 647, 648 f; § 2 Rdn 38). – Unabhängig von der Haftung der Presseorgane ist die **Haftung des Presseinformanten** zu beurteilen, der zu Wettbewerbszwecken handelt (dazu § 4 Rdn 3.33 ff). Die Unterrichtung der Presse mit dem Ziel einer entsprechenden Veröffentlichung ist nur unter sehr strengen Voraussetzungen gerechtfertigt, weil die Veröffentlichung als Äußerung eines unbeteiligten Dritten angesehen wird und die Folgen oft sehr weitreichend sein können. Es muss ein ernsthaftes Informationsinteresse der Öffentlichkeit vorliegen und die Aufklärung muss erforderlich sein, weil zB gerichtliche Schritte fruchtlos geblieben sind. Um das Publikum vor schwindelhaften Geschäftspraktiken und unsoliden Unternehmen wirkungsvoll zu warnen, darf ein Wettbewerber auch die Presse informieren (BGH GRUR 1968, 645, 647 – *Pelzversand;* BGH GRUR 1969, 304, 306 – *Kredithaie;* OLG Frankfurt DB 1975, 2028; OLG Hamburg GRUR 1970, 157, 159). Allerdings muss sich der Informant nach der Rspr das Manuskript vor der Veröffentlichung vorlegen lassen, um die richtige Wiedergabe seiner Angaben prüfen zu können (BGH GRUR 1968, 645, 646 f – *Pelzversand;* zw). Doch haftet er nicht schon deshalb, weil er sich kein Prüfungsrecht vorbehalten hat (OLG Stuttgart NJW-RR 1991, 1515). – An einem hinreichenden Anlass, den Wettbewerbsverstoß eines Mitbewerbers mittels einer **Zeitungsanzeige** zu rügen, fehlt es, wenn bereits eine einstweilige Verfügung ergangen und der Kreis der vom Wettbewerbsverstoß Betroffenen nur klein ist (BGH GRUR 1990, 1012, 1014 – *Pressehaftung I*).

II. Mitbewerber

7.11 § 4 Nr 7 ist nur anwendbar, wenn sich die Handlung gegen einen **Mitbewerber** iSd § 2 I Nr 3 (dazu § 2 Rdn 90 ff; *Köhler* WRP 2009, 499, 505) richtet. Zwischen dem Verletzer und dem Verletzten muss also ein **konkretes Wettbewerbsverhältnis** bestehen. Dagegen muss – anders als bei § 6 I – der betroffene Mitbewerber **nicht erkennbar** gemacht werden (Rdn 7.7). Daher greift § 4 Nr 7 auch und gerade bei der **kollektiven** Herabsetzung oder Verunglimpfung ein (so auch OLG Hamburg WRP 2010, 156 [LS]; MünchKommUWG/*Jänich* § 4 Nr 7 Rdn 15; Harte/Henning/*Omsels* § 4 Nr 7 Rdn 26; aA Piper/*Ohly*/Sosnitza § 4 Rdn 7/10; *Sack* WRP 2005, 531, 535, die insoweit auf § 3 zurückgreifen möchten). – Liegt ein konkretes Wettbewerbsverhältnis nicht vor, so kommt nur ein markenrechtlicher oder bürgerlichrechtlicher Schutz des Betroffenen in Betracht (ebenso jetzt Harte/Henning/*Omsels* § 4 Nr 7 Rdn 40).

III. Herabsetzung und Verunglimpfung

1. Begriffe

7.12 Die Begriffe der „**Herabsetzung**" und der „**Verunglimpfung**" sind wie in der Spezialvorschrift des § 6 II Nr 5 zu verstehen (vgl näher § 6 Rdn 165 ff). Theoretisch könnte sich zwar eine unterschiedliche Auslegung daraus ergeben, dass § 6 II Nr 5 richtlinienkonform auszulegen ist, § 4 Nr 7 dagegen nicht (ebenso MünchKommUWG/*Jänich* § 4 Nr 7 Rdn 6). Doch sollte eine unterschiedliche Begriffsbestimmung im Interesse einheitlicher Wertmaßstäbe unbedingt vermieden werden (vgl auch BGHZ 150, 248, 261 f). Die **Herabsetzung** besteht in der sachlich nicht gerechtfertigten Verringerung der Wertschätzung des Mitbewerbers, seines Unternehmens und/oder seiner Leistungen in den Augen der angesprochenen oder von der Mitteilung erreichten Verkehrskreise, soweit diese als Marktpartner des betroffenen Mitbewerbers in Betracht kommen. Sie kann sowohl durch wahre oder unwahre Tatsachenbehauptungen als auch durch Werturteile erfolgen. Die **Verunglimpfung** ist eine gesteigerte Form der Herabsetzung und besteht in der Verächtlichmachung in Gestalt eines abträglichen Werturteils oder einer abträglichen unwahren Tatsachenbehauptung ohne sachliche Grundlage. Im Hinblick auf die Gleichstellung von Herabsetzung und Verunglimpfung ist eine genaue Unterscheidung der Begriffe entbehrlich.

2. Feststellung

Ob eine Herabsetzung oder Verunglimpfung vorliegt, beurteilt sich nach dem Eindruck der 7.13 angesprochenen Verkehrskreise (BGH WRP 1973, 270, 271 – *Der sanfte Bitter;* BGH WRP 1999, 414, 416 – *Vergleichen Sie;* KG WRP 1999, 339, 340). Bei der Würdigung sind die Umstände des Einzelfalls, insbes Inhalt und Form der Äußerung, ihr Anlass und der gesamte Sachzusammenhang sowie die Verständnismöglichkeiten der angesprochenen Verkehrskreise zu berücksichtigen. Dabei kommt es auf die Sichtweise des durchschnittlich informierten, verständigen und aufmerksamen Verbrauchers oder sonstigen Marktteilnehmers an (vgl BGH GRUR 2002, 982, 984 – *DIE „STEINZEIT" IST VORBEI!;* BGH GRUR 2005, 609, 610 – *Sparberaterin II*), nicht dagegen auf die Sichtweise des betroffenen Mitbewerbers. – Unerheblich sind die Vorstellungen und Absichten des Handelnden. Daher ist es unerheblich, ob er um die Bedeutung oder Wirkung seines Handelns wusste, geschweige denn die Absicht hatte, den Mitbewerber herabzusetzen. Eine Herabsetzung kann also zB auch darin liegen, dass ein Händler sich Ausschussware, die vom Hersteller auf eine Mülldeponie verbracht wurde, aber noch dessen Kennzeichen trägt, besorgt und vertreibt (ÖOGH ÖBl 1983, 13). Der subjektive Tatbestand spielt nur beim Schadensersatzanspruch eine Rolle. – Der Tatbestand der Herabsetzung oder Verunglimpfung ist erst dann verwirklicht, wenn die „Botschaft" die Personen erreicht, von deren Urteil die Wertschätzung des Mitbewerbers abhängt (sonst nur vorbeugender Unterlassungsanspruch). Davon ist stets auszugehen, wenn die Äußerung in der Öffentlichkeit getan wurde oder an die Öffentlichkeit dringt. Bei vertraulichen Äußerungen kommt es darauf an, wer Adressat ist. Vielfach wird es (zB bei hausinternen Äußerungen über einen Mitbewerber) allerdings dann schon an einer geschäftlichen Handlung fehlen.

3. Erscheinungsformen

Auf welche Weise die Herabsetzung oder Verunglimpfung bewirkt wird, ist unerheblich. Dies 7.14 gilt zunächst für den **Adressatenkreis:** es ist unerheblich, wie vielen Personen gegenüber die Mitteilung erfolgt (öffentlich, beschränkt öffentlich oder individuell). Dies gilt weiter für die **Form** der Mitteilung. Sie kann erfolgen durch schriftliche oder mündliche **Äußerungen,** durch (abfällige) **Gesten** und **Gebärden,** durch **Abbildungen** (vgl OLG Köln NJWE-WettbR 1999, 277: Abbildung einer neidisch, niedergeschlagen und hilflos dargestellten Person als Verkörperung eines Mitbewerbers; OLG Hamburg NJW-WettbR 1998, 34, 35: Abbildung einer Person mit der Hand am Ohr, um besser hören zu können, verbunden mit der Frage, ob sie wohl ein Hörgerät der Konkurrenz trage) oder auch durch **Tathandlungen,** wie etwa durch Zerlegen, Verändern oder Verschlechtern der Waren, Kennzeichen oder Werbematerialien des Mitbewerbers (vgl BGH GRUR 1972, 558 – *Teerspritzmaschinen;* Rdn 10.48 und 10.71) oder das Platzieren einer Ware in einem ungünstigen Umfeld (Harte/Henning/*Omsels* § 4 Nr 7 Rdn 17). Eine Rufschädigung von Markenartikeln kommt auch durch Tiefstpreisverkäufe in Betracht, insbe wenn der Verkehr daraus auf eine Qualitätsverschlechterung schließt (dazu näher Rdn 7.24 und 10.204). – Eine Kritik am Mitbewerber, die ironisch, humoristisch oder satirisch eingekleidet ist, stellt noch keine Herabsetzung oder Verunglimpfung dar, solange sie nur Unterhaltungswert besitzt, den Mitbewerber aber nicht der Lächerlichkeit oder dem Spott preisgibt (vgl zur Parallelvorschrift des § 6 II Nr 5 BGH GRUR 2002, 828, 830 – *Lottoschein;* ferner BGH GRUR 2002, 982, 984 – *DIE „STEINZEIT" IST VORBEI!*). Hier ist in Rechnung zu stellen, dass der Verkehr zunehmend an pointierte Werbeaussagen gewöhnt ist und sie als Ausdruck lebhaften Wettbewerbs empfindet.

4. Grenzen der Zulässigkeit von Tatsachenbehauptungen

a) Unwahre Tatsachenbehauptungen. Die Behauptung von unwahren Tatsachen, die 7.15 einen Mitbewerber herabsetzen, ist stets nach § 4 Nr 7 unzulässig, soweit nicht schon § 4 Nr 8 eingreift. Unwahre Tatsachenbehauptungen werden auch nicht vom Schutz der Meinungs- und Pressefreiheit (Art 5 I GG) umfasst (BVerfGE 54, 208 ff; 61, 1 ff; 85, 1, 15; 90, 1, 15; offen gelassen in BVerfG GRUR 2008, 81, 82 – *Pharmakartell*).

b) Wahre Tatsachenbehauptungen. Grds ist es zulässig, im Wettbewerb wahre Tatsachen- 7.16 behauptungen über den Mitbewerber, sein Unternehmen und seine Leistungen mitzuteilen, auch wenn sie zu einer Geschäftsschädigung führen können (ebenso BGH GRUR 2009, 1186 Tz 25 – *Mecklenburger Obstbrände*). Denn auch wahre Tatsachenbehauptungen fallen in den Schutzbereich des **Grundrechts aus Art 5 I GG,** weil und soweit sie Voraussetzung der

Meinungsbildung sind (BVerfGE 54, 208, 219; 61, 1, 8; 85, 1, 15). Allerdings ist zum Schutze der Interessen des betroffenen Mitbewerbers eine **Interessenabwägung** geboten (OLG Jena GRUR-RR 2006, 134, 135). Zulässig sind wahre, aber geschäftsschädigende Tatsachenbehauptungen daher nur, soweit ein **sachlich berechtigtes Informationsinteresse** der angesprochenen Verkehrskreise im Hinblick auf eine Nachfrageentscheidung besteht (vgl BGH GRUR 1966, 633, 635 – *Teppichkehrmaschine;* BGH GRUR 1964, 392, 394 – *Weizenkeimöl*). Andernfalls besteht die Gefahr einer unsachlichen und damit den Wettbewerb verfälschenden Beeinflussung der Kunden. Außerdem muss der Wettbewerber einen **hinreichenden Anlass** haben, den eigenen Wettbewerb mit der Herabsetzung des Mitbewerbers zu verbinden (krit MünchKommUWG/*Omsels* § 4 Nr 7 Rdn 22), wobei jedoch die Aufklärung der Verbraucher ausreichend ist. Schließlich muss sich die Kritik nach Art und Maß **im Rahmen des Erforderlichen** halten (BGH GRUR 1962, 45, 48 – *Betonzusatzmittel;* BGH GRUR 1968, 262, 265 – *Fälschung;* BGH GRUR 1990, 1012, 1013 – *Pressehaftung I;* OLG Stuttgart NJW-RR 1997, 108; OLG Hamm WRP 1984, 158; ÖOGH ÖBl 1990, 205, 208 – *Schweinerei;* ÖOGH ÖBl 1993, 106, 109 – *Staubsauger-Test;* enger früher BGH GRUR 1954, 333, 335 – *Molkereizeitung;* BGH GRUR 1954, 337, 341 – *Radschutz*). Grds zulässig ist es daher, in angemessener Form wahrheitsgemäß über Mängel eines Konkurrenzprodukts oder über unsachgemäße Werbemethoden eines Mitbewerbers (*Kießling/Kling* WRP 2002, 615, 627) oder über eine Produktfälschung durch einen Mitbewerber (vgl BGH GRUR 1990, 1012, 1013 – *Pressehaftung*) zu berichten. Eine Herabsetzung liegt auch dann nicht vor, wenn wissenschaftliche Erkenntnisse sachlich, dh nüchtern und zurückhaltend formuliert wiedergegeben werden, mögen sich daraus auch deutliche Nachteile des Konkurrenzprodukts ergeben (BGH WRP 2002, 828, 831 – *Hormonersatztherapie*). Ferner hat jedes Unternehmen ein schutzwürdiges Interesse daran, seine Mitarbeiter wahrheitsgemäß über Konkurrenzunternehmen zu unterrichten, um sie von einem Übertritt zu diesen abzuhalten (OLG München WRP 1971, 280). Jedoch darf nicht die konkrete Gefahr bestehen, dass die den Mitbewerber herabsetzenden Informationen über den Kreis der eigenen Mitarbeiter hinaus an Dritte gelangen. – Der Hersteller eines Kfz, den eine Produktbeobachtungs-, Überprüfungs- und Überwachungspflicht trifft, ist berechtigt, seine Kunden vor der Anbringung fremden notwendigen Zubehörs zu warnen, wenn es iVm dem eigenen Produkt für den Benutzer gefährlich werden kann (BGHZ 99, 167, 173 ff; *Ulmer* ZHR 152 (1988), 564, 586). – Eine Herabsetzung eines Mitbewerbers liegt auch nicht in einer öffentlichen oder gegenüber Abnehmern erfolgten Mitteilung des Überwechselns von Mitarbeitern oder Kunden, auch wenn dadurch der Eindruck einer geschwächten Leistungsfähigkeit entsteht (aA BGH GRUR 1957, 23, 24 – *Bünder Glas;* BGHZ 40, 391, 397 = GRUR 1964, 316, 319 – *Stahlexport;* einschränkend BGH GRUR 1988, 545, 546 – *Ansprechpartner*). Denn die potenziellen Marktpartner können ein sachliches Interesse an dieser Information haben. – Bei kritischen **Presseäußerungen** ist zu beachten, dass zwar dem Grundrecht der Pressefreiheit (Art 5 I 2 GG) besondere Bedeutung beizumessen ist, aber die Wahrheit einer Tatsache allein auch der Presse nicht ohne weiteres das Recht gibt, einen Mitbewerber zu diskreditieren (BGH GRUR 1982, 234, 236 – *Großbanken-Restquoten*). – Die Verbreitung einer **Gerichtsentscheidung** mit Namen und Anschriften der Parteien setzt idR den wegen wettbewerbswidriger Handlungen verurteilten Mitbewerber herab, sofern diese Maßnahme nicht zum Schutze der Verbraucher dringend geboten erscheint (OLG Karlsruhe WRP 1989, 40: Presseveröffentlichung; OLG Koblenz WRP 1989, 43: Mitteilung an Dritten; OLG Hamm MMR 2008, 750, 751: Internet).

5. Grenzen der Zulässigkeit verletzender Werturteile

7.17 **a) Abgrenzung zur Tatsachenbehauptung.** Im Gegensatz zu Tatsachenbehauptungen sind Werturteile nicht dem Beweis ihrer objektiven Richtigkeit zugänglich. Oft steckt jedoch in einem Werturteil zugleich die Behauptung einer Tatsache; dann gelten insoweit die obigen Grundsätze. Ist die Abgrenzung nicht durchführbar, kommt es darauf an, ob nach der Auffassung der Verkehrskreise das Gewicht mehr auf dem tatsächlichen oder mehr auf dem wertenden Moment liegt. Letzteres ist dann anzunehmen, wenn eine Trennung der tatsächlichen und der wertenden Gehalte den Sinn der Äußerung aufhöbe oder verfälschte. In diesem Fall wird die Äußerung insgesamt als Werturteil behandelt (vgl BVerfGE 85, 1, 15 f).

7.18 **b) Die Bedeutung des Art 5 I und III GG.** Verletzende Werturteile über einen Mitbewerber geben dem Verbraucher keine zuverlässige Information und können daher den Wettbewerb verfälschen. Doch ist bei der Beurteilung einer kritischen Äußerung das Grundrecht der Meinungs- und Pressefreiheit (Art 5 I GG) und das Aufklärungsinteresse des Adressaten bzw der

Öffentlichkeit zu beachten. Danach ist eine Kritik, die als Mittel des geistigen Meinungskampfes in einer die Öffentlichkeit wesentlich berührenden Frage über politische oder wirtschaftliche Belange dient, erlaubt. Das Grundrecht des Art 5 I GG ist auch dann zu berücksichtigen, wenn die Äußerung kommerziellen Zwecken dient oder es sich um Wirtschaftswerbung mit einem wertenden, meinungsbildenden Inhalt handelt (BVerfG GRUR 2001, 170, 172 – *Benetton-Werbung I;* BVerfG GRUR 2001, 1058, 1059 – *Therapeutische Äquivalenz;* BVerfG GRUR 2003, 455 – *Tier- und Artenschutz;* BGH GRUR 1984, 214, 215 – *Copy-Charge;* BVerfG GRUR 2008, 81, 82 – *Pharmakartell*). Allerdings gelten für Äußerungen, die zu Wettbewerbszwecken getan und bei denen die Meinungsfreiheit und das Informationsinteresse der Allgemeinheit lediglich als Mittel zur Förderung privater Wirtschaftsinteressen eingesetzt werden, strengere Anforderungen, zumal bei personenbezogenen Äußerungen eine erhöhte Gefahr unsachlicher Beeinflussung besteht (BGH GRUR 1966, 92, 94 – *Bleistiftabsätze;* BVerfGE 93, 246, 292). Denn zu den Schranken der Meinungsfreiheit (Art 5 II GG) gehört auch § 3 iVm § 4 Nr 7 (vgl BGH GRUR 1984, 461, 463 – *Kundenboykott;* BGH GRUR 1986, 812, 813 – *Gastrokritiker* zu § 1 aF; BVerfG GRUR 2008, 81, 82 – *Pharmakartell* zu §§ 1, 2 II Nr 5 aF). Allerdings ist § 4 Nr 7 als einfachrechtliche Vorschrift wiederum im Lichte der Bedeutung des Grundrechts auszulegen und so in ihrer das Grundrecht beschränkenden Wirkung wieder selbst einzuschränken (vgl BVerfG NJW 1992, 1153, 1154; BVerfG GRUR 2001, 1058, 1059 – *Therapeutische Äquivalenz;* BVerfG GRUR 2008, 81, 83 – *Pharmakartell;* BGHZ 136, 111, 122 = GRUR 1997, 916, 919 – *Kaffeebohne* zu § 1 aF). Die Anwendung des § 4 Nr 7 scheidet aus, wenn die Äußerung von der **Kunstfreiheit** (Art 5 III GG) gedeckt ist. Dazu ist eine Abwägung der kollidierenden Grundrechte erforderlich. Bei scherzhaften oder humorvollen Gestaltungen wird die Kunstfreiheit überwiegen, mögen auch kommerzielle Motive mitspielen (BGH WRP 2005, 896, 898 f – *Lila-Postkarte*).

c) Stets unzulässige Äußerungen. Nicht mehr vom Grundrecht des Art 5 I 1 GG gedeckt **7.19** und damit stets nach § 4 Nr 7 unzulässig sind kritische Äußerungen über einen Mitbewerber, die eine **Formalbeleidigung** enthalten oder die **Menschenwürde** verletzen oder eine reine **Schmähkritik** darstellen (BVerfGE 86, 1, 13 = NJW 1992, 2073; BVerfGE 93, 246, 292 ff; BVerfG GRUR 2008, 81, 83 – *Pharmakartell;* BGH GRUR 1977, 801, 803 – *Halsabschneider;* BGH NJW 2002, 1192, 1193; OLG Karlsruhe GRUR-RR 2003, 61, 62). Eine reine Schmähkritik liegt vor, wenn die kritische Äußerung keine Auseinandersetzung in der Sache enthält, sondern nur den angegriffenen Mitbewerber herabsetzen oder verunglimpfen, ihn gleichsam an den Pranger stellen will (BGH WRP 2009, 631 Tz 18 – *Fraport-Manila-Skandal*). Darunter fällt auch die sog **pauschale Herabsetzung** der Konkurrenz bzw der Konkurrenzerzeugnisse, die keinen erkennbaren sachlichen Bezug aufweist (BGH GRUR 1999, 1100, 1102 – *Generika-Werbung;* OLG Köln WRP 1985, 233, 234; OLG Karlsruhe GRUR 1994, 130, 131). Das Fehlen sachlicher Grundlagen für die Kritik kann sogar auf das Vorliegen einer geschäftlichen Handlung schließen lassen (vgl BGH GRUR 1986, 812, 814 – *Gastrokritiker* zur Wettbewerbsabsicht).

Maßstab für das Vorliegen einer pauschalen Herabsetzung ist grds, ob die Aussage in **unange-** **7.20** **messener Weise abfällig, abwertend oder unsachlich ist** (vgl BGH GRUR 1999, 501 – *Vergleichen Sie;* BGH GRUR 1999, 1100, 1102 – *Generika-Werbung*). Jedoch ist der Begriff der Schmähkritik im Interesse der Meinungsfreiheit eng zu fassen. Daher ist eine Äußerung nicht allein deshalb unzulässig, weil sie weniger scharf oder sachlicher hätte formuliert werden können, und zwar auch dann, wenn Unternehmen angegriffen werden (BVerfG GRUR 2008, 81, 83 – *Pharmakartell*). – Vielfach wird in solchen Fällen allerdings eine vergleichende Werbung vorliegen, so dass die **Spezialregelung des § 6 II Nr 5** einschlägig ist. – Die Werbung einer Werbeagentur gegenüber Kunden, die sich von den Kundenberatern der Telefonbuchverlage „schlecht, einseitig oder gar nicht beraten fühlen", wird vom verständigen Kunden nicht als herabsetzend empfunden (BGH GRUR 2005, 609, 610 – *Sparberaterin* II).

d) Unzulässigkeit auf Grund einer Güter- und Interessenabwägung. In den übrigen **7.21** Fällen ist eine **Abwägung der Güter und Interessen** der Beteiligten und der Allgemeinheit vorzunehmen, bei der dem Bedeutungsgehalt des Art 5 I GG und dem Grundsatz der Verhältnismäßigkeit Rechnung zu tragen ist (BGHZ 136, 111, 121 f = GRUR 1997, 916, 919 – *Kaffeebohne*). Das bedingt stets eine Gesamtwürdigung aller Umstände (OLG München GRUR-RR 2006, 268, 277). Dabei sind auch das (rechtswidrige) Vorverhalten des durch die Kritik Verletzten und das Bestehen einer Nachahmungsgefahr einerseits und der Grad des Informationsinteresses Dritter und der Öffentlichkeit sowie die Auswirkungen der Kritik andererseits zu berücksichtigen. Unverhältnismäßig kann die Kritik sein, wenn sich ihrem Anliegen durch weniger einschneidende Mittel (zB Einschaltung von Verbänden, Behörden und Gerichten) Rechnung tragen lässt. Voraussetzung ist aber, dass diese Einschaltung Erfolg versprechend ist. Unverhältnismäßig ist es insbes, mit einer Kritik an einem Wettbewerbsverstoß an die Öffentlichkeit zu gehen (zB Zeitungsanzeige), wenn bereits eine einstweilige Verfügung erwirkt wurde und/oder der Kreis der Betroffenen nur klein ist (BGH GRUR 1990, 1012, 1014 – *Pressehaftung I*). Generell lässt sich sagen, dass es nicht Sache eines Unternehmers ist, öffentliche Angriffe gegen das Geschäftsgebaren eines unmittelbaren Wettbewerbers zu führen, selbst wenn er damit auch Interessen seiner Branche wahrnimmt. Er darf sich insoweit auch nicht hinter einem Fachverband, den er vertritt, verstecken (BGHZ 136, 111, 123 = GRUR 1997, 916, 919 – *Kaffeebohne*). Der Gang an die Öffentlichkeit setzt vielmehr ein dringendes Informationsinteresse der Öffentlichkeit voraus. Für die Kritik muss ein **hinreichender Anlass**, nämlich ein schutzwürdiges Aufklärungsinteresse der angesprochenen Verkehrskreise, vorliegen und sie muss sich nach Art und Maß **im Rahmen des Erforderlichen** oder **sachlich Gebotenen** halten (BGH GRUR 1962, 45, 48 – *Betonzusatzmittel*; BGH GRUR 1968, 262, 265 – *Fälschung*; BGH GRUR 1990, 1012, 1013 f – *Pressehaftung I*; OLG Hamm GRUR 1980, 311; OLG Koblenz GRUR 1988, 43; OLG Frankfurt GRUR 2000, 623). Ein hinreichender Anlass kann insbes dann vorliegen, wenn ein berechtigtes Informationsbedürfnis der Mitarbeiter (OLG München WRP 1971, 280), der Abnehmer oder der Allgemeinheit (BGH GRUR 1968, 262, 265 – *Fälschung*; vgl auch OLG Karlsruhe NJW-RR 2002, 1695, 1696 zu §§ 823, 1004 BGB) besteht. Das wird ua dann zu bejahen sein, wenn der Mitbewerber rechtswidrig Leistungsschutzrechte verletzt (BGHZ 136, 111, 124 = GRUR 1997, 916, 920 – *Kaffeebohne*), die Öffentlichkeit grob irreführt (BGH GRUR 1968, 262, 265 – *Fälschung*), die Unerfahrenheit der Verbraucher ausnutzt (BGH GRUR 1968, 645, 646 f – *Pelzversand*) oder seine Produkte die Sicherheit der Verbraucher gefährden (BGH GRUR 1971, 159, 160 – *Motorjacht*; BGHZ 99, 167). – An einem hinreichenden Anlass für die unaufgeforderte Übersendung herabsetzender Presseartikel über einen Mitbewerber durch eine Bank fehlt es, wenn sie dem Kunden nicht vertraglich zur Beratung und Aufklärung verpflichtet ist (OLG Frankfurt GRUR 2000, 623). Die Grenze der Erforderlichkeit ist überschritten, wenn nicht lediglich eine Information gegeben oder eine kritische Meinung geäußert, sondern darüber hinaus zu Wettbewerbszwecken auf das Verhalten der Kunden, Lieferanten, verschreibender Ärzte usw Einfluss genommen wird (**Boykottaufruf;** BGH GRUR 1984, 214, 216 – *Copy-Charge*; BGH GRUR 1999, 1100, 1102 – *Generika-Werbung*; s allg § 4 Rdn 10.116 ff), es sei denn, die Maßnahme stellt sich als berechtigte Abwehr dar (OLG Jena GRUR-RR 2006, 134, 136). Herabsetzend ist die Äußerung einer Kfz-Haftpflichtversicherung gegenüber einem Anwalt, sie werde die Kosten eines bestimmten Sachverständigen nicht übernehmen. Denn sie bringt zum Ausdruck, dieser Sachverständige sei generell nicht objektiv (OLG Nürnberg WRP 2007, 202, 203). – Die **Beweislast** dafür, dass eine Kritik in Inhalt und Form gerechtfertigt ist, liegt beim Verletzer, und zwar auch dann, wenn er sich auf Abwehr beruft (OLG Stuttgart WRP 1997, 350, 354).

6. Erweiterte Zulässigkeit

7.22 Ist die Kritik ihrerseits Antwort auf einen gegnerischen Angriff, so kann sie unter dem Gesichtspunkt der **Notwehr** (§ 227 BGB), der **Abwehr** (§ 11 Rdn 2.4 ff) oder der **Wahrnehmung berechtigter Interessen** (§ 11 Rdn 2.12) in weiterem Umfang gerechtfertigt sein. (Damit ist eine präzisere Beurteilung möglich, als sie eine allgemeine Interessenabwägung ermöglicht; aA Piper/*Ohly*/Sosnitza § 4 Rdn 7/18). Die besondere Intensität des Angriffs oder die besondere Schutzwürdigkeit der zu wahrenden Interessen können dabei auch eine schärfere Antwort rechtfertigen (BGH GRUR 1962, 45, 48 – *Betonzusatzmittel*; BGH GRUR 1968, 262, 265 – *Fälschung*; BGH GRUR 1968, 382, 385 – *Favorit II*; BGH GRUR 1989, 516, 518 – *Vermögensberater*). Allerdings muss ein innerer Bezug zwischen der geschäftsschädigenden Äußerung und dem gegnerischen Angriff bestehen (OLG Hamburg NJW 1996, 1002, 1004). Schmähkritik und Formalbeleidigung als Antwort auf rechtswidrige Angriffe sind unter keinen Umständen gerechtfertigt.

IV. Gegenstände der Herabsetzung oder Verunglimpfung

1. Kennzeichen

7.23 **a) Begriff.** Unter den Begriff des Kennzeichens fallen insbes Marken (vgl § 1 Nr 1 MarkenG), geschäftliche Bezeichnungen (vgl § 1 Nr 2, § 5 MarkenG) und geografische Herkunfts-

7. Kap. Herabsetzung von Mitbewerbern   7.24–7.26   § 4 UWG

angaben (§ 1 Nr 3, §§ 126 ff MarkenG). Weiter gehend wird man, wie bei § 6 II Nr 4 (vgl § 6 Rdn 67), auch markenrechtlich nicht geschützte Kennzeichen – wie etwa Artikelnummern oder typische Farben eines Herstellers – als Kennzeichen ansehen müssen (offen gelassen in BGH WRP 2003, 637, 639 – „Ersetzt"). Der Verkehr muss sie lediglich dahin verstehen, dass die damit gekennzeichneten Produkte von einem bestimmten Unternehmen stammen (vgl EuGH Slg 2001, I-7945 = GRUR 2002, 354, 356 Rdn 49 ff – Toshiba/Katun).

b) Beispiele. In welcher Form die Herabsetzung geschieht, ist gleichgültig (Rdn 7, 14). Die 7.24
Herabsetzung kann verbal, aber auch nonverbal erfolgen. Es macht also keinen Unterschied, ob zB in einem individuellen Verkaufsgespräch gesagt wird: „Die Marke X steht für schlechte Qualität" oder ob eine Abbildung der Marke X demonstrativ zerrissen wird. Eine Herabsetzung liegt noch nicht darin, dass eine Markenware zu einem sehr niedrigen Preis oder kostenlos, sei es als Zugabe, sei es als Werbegeschenk, abgegeben wird, es sei denn, dass damit auf Grund besonderer Umstände der Eindruck der Minderwertigkeit der Ware erweckt wird. Davon zu unterscheiden ist die Frage einer Behinderung durch Markenschädigung mittels Niedrigpreisverkäufen (vgl dazu § 4 Nr 10.204). In der Herabsetzung eines Kennzeichens kann mittelbar auch eine Herabsetzung des damit gekennzeichneten Produkts liegen und umgekehrt.

2. Waren, Dienstleistungen, Tätigkeiten, persönliche und geschäftliche Verhältnisse

a) Begriffe. Die Begriff der Waren, Dienstleistungen, Tätigkeiten und persönliche und 7.25
geschäftliche Verhältnisse sind wie bei § 6 II Nr 5 zu verstehen.

b) Beispiele. Als **unlauter** wurde es angesehen: einen Unternehmer durch ironische Äuße- 7.26
rungen lächerlich zu machen (OLG Hamm GRUR 1980, 311, 312) oder als unseriös hinzustellen (BGH GRUR 1982, 234, 236 – Großbanken-Restquoten; BGH GRUR 1986, 812, 814 – Gastrokritiker); ihn mit einem mehrdeutigen Begriff zu kennzeichnen, den die Adressaten zu seinem Nachteil verstehen können (BGH GRUR 1974, 477, 479 – Hausagentur); ohne sachlichen Grund über Vorgänge aus seinem Vor- oder Privatleben zu berichten (RG GRUR 1933, 504, 505); auf persönliche Eigenschaften (Staatsangehörigkeit, Rasse, Konfession, Parteizugehörigkeit usw) hinzuweisen (RGZ 163, 164, 171 – Coramin); auf seine fehlende Zahlungsfähigkeit (BGHZ 8, 142, 144 – Schwarze Listen; BGHZ 36, 18, 23 – Unbegründeter Konkursantrag; vgl aber OLG Koblenz GRUR 1988, 43) oder mangelhafte berufliche Qualifikation (BGH GRUR 1954, 404, 405 – Fachmann; OLG Celle WRP 1970, 180; OLG Köln WRP 1985, 233) oder Mängel seiner Produkte oder Dienstleistungen (BGH GRUR 1964, 392, 394 – Weizenkeimöl: „Schwindelmittel"; OLG Düsseldorf WRP 1968, 403; OLG Köln WRP 1985, 233: „Mist"; OLG München WRP 1996, 925: „Scheiß des Monats"; OLG München GRUR-RR 2004, 309: „billiges Plagiat") oder stark überhöhte Preise (OLG Karlsruhe GRUR 1994, 130, 131: „horrend") aufmerksam zu machen; auf vom Mitbewerber begangene Straftaten oder Wettbewerbsverstöße hinzuweisen (BGH GRUR 1958, 35, 37 – Fundstelle; BGH GRUR 1962, 34 – Torsana; BGH GRUR 1970, 465 – Prämixe; BGH GRUR 1990, 1012 – Pressehaftung I); ihn bei der Kundschaft der Verletzung gewerblicher Schutzrechte (BGH GRUR 1966, 92, 95 – Bleistiftabsätze) oder umgekehrt der unberechtigten Schutzrechtsberühmung (BGH GRUR 1971, 596, 597 – Kuppelmuffenverbindung) zu bezichtigen; ihm vorzuhalten, er habe „das Billige in der Medizin verteufelt" (OLG Stuttgart WRP 1997, 350); eine Krankenkasse ohne Begründung als „weniger leistungsbereit" zu bezeichnen und die Patienten zu einem Wechsel der Kasse aufzufordern (OLG München GRUR 2001, 762); von einem Konkurrenzblatt zu behaupten, es tauge nur als „Toilettenpapier" (ÖOGH 1991, 64, 66 – Kronenzeitung) einen Konkurrenzsender als „Schmuddelsender" zu bezeichnen, der sich für seine Schmuddelkampagne eines Schmuddelblatts bediene (OLG Hamburg NJW 1996, 1002); einem Mitbewerber ein „Rosinen klauben" vorzuwerfen (OLG München NJW-RR 1996, 1323); eine gerichtliche Entscheidung zu verbreiten, aus der Name und Anschrift der Prozessparteien zu entnehmen sind, da insoweit idR kein schutzwürdiges Interesse besteht (OLG Koblenz WRP 1989, 43; OLG Hamm MMR 2008, 750); von einem Mitbewerber zu behaupten, er melde nur „Trivialpatente" an und die Erfindungshöhe sei „in mm ablesbar" (OLG München GRUR-RR 2006, 268, 274); von einem Wursthersteller zu behaupten, er verwende „meist bestrahlte Gewürze minderer Qualität" und setze einen „Chemiecocktail" ein (LG Heilbronn WRP 2008, 1390). – Als **zulässig** wurde es ua angesehen: in einer Presseerklärung auf die „Verschleuderung" von Tonträgern unter Missachtung von Leistungsschutzrechten der Künstler (BGHZ 136, 111, 121 f = GRUR 1997, 916 – Kaffeebohne) oder auf das „Vorgaukeln" von Heilwirkungen eines Haifisch-Präparats (OLG München WRP 1996, 925, 928) hinzuweisen; dem Mitbewerber „Schwarzarbeit" vorzuwerfen

(OLG Hamm MDR 1952, 428); mit dem Slogan „*Die M. M.-Tiefpreisgarantie hält, was andere versprechen*", zu werben (OLG Hamburg GRUR-RR 2003, 50, 51).

3. Abschnitt. Rechtsfolgen

I. Anspruchsberechtigung

7.27 Berechtigt zur Geltendmachung von Ansprüchen aus den §§ 8 ff sind grds nur die betroffenen **Mitbewerber,** nicht dagegen die Verbände iSd § 8 III Nr 2–4. Denn grds muss es der Entscheidung der betroffenen Mitbewerber überlassen bleiben, ob sie sich gegen die Herabsetzung oder Verunglimpfung zur Wehr setzen wollen oder nicht. Etwas anderes gilt dann, wenn ausnahmsweise zugleich Interessen der Verbraucher oder sonstiger Marktteilnehmer betroffen sind.

II. Schadensersatz

7.28 Der verletzte Mitbewerber kann nach § 9 Schadensersatz verlangen. Ersatz in Geld kann er nach dieser Anspruchsgrundlage nur wegen eines Vermögensschadens verlangen, nicht dagegen auch wegen eines immateriellen Schadens. Letzteren kann er nur aus einem (ggf gleichzeitig bestehenden) Anspruch aus Verletzung des allgemeinen Persönlichkeitsrechts (§ 823 I BGB; vgl BGHZ 132, 13 = GRUR 1997, 396, 400 – *Polizeichef)* oder nach Maßgabe des § 253 II BGB verlangen. Die Möglichkeit der dreifachen Schadensberechnung besteht nicht (§ 9 Rdn 1.36 b; aA *Ohly* GRUR 2007, 926, 928).

8. Kapitel. Anschwärzung

§ 4 Nr 8

Unlauter handelt insbesondere, wer
8. über die Waren, Dienstleistungen oder das Unternehmen eines Mitbewerbers oder über den Unternehmer oder ein Mitglied der Unternehmensleitung Tatsachen behauptet oder verbreitet, die geeignet sind, den Betrieb des Unternehmens oder den Kredit des Unternehmers zu schädigen, sofern die Tatsachen nicht erweislich wahr sind; handelt es sich um vertrauliche Mitteilungen und hat der Mitteilende oder der Empfänger der Mitteilung an ihr ein berechtigtes Interesse, so ist die Handlung nur dann unlauter, wenn die Tatsachen der Wahrheit zuwider behauptet oder verbreitet wurden;

Übersicht

	Rdn
1. Abschnitt. Allgemeines	8.1–8.10
I. Entstehungsgeschichte	8.1
II. Normzweck und Normstruktur	8.2, 8.3
1. Normzweck	8.2
2. Normstruktur	8.3
III. Rechtsnatur als Beispielstatbestand	8.4
IV. Verhältnis zu anderen Tatbeständen	8.5–8.9
1. Verhältnis zu § 4 Nr 1 (unangemessene unsachliche Beeinflussung)	8.5
2. Verhältnis zu § 4 Nr 7 (Herabsetzung)	8.6
3. Verhältnis zu § 4 Nr 10 (gezielte Behinderung)	8.7
4. Verhältnis zu § 5 und § 6 (Irreführung und vergleichende Werbung)	8.8
5. Verhältnis zu bürgerlichrechtlichen Normen	8.9
V. Bedeutung des Grundrechts aus Art 5 I GG	8.10
2. Abschnitt. Tatbestand	8.11–8.23
I. Geschäftliche Handlung	8.11
II. Mitbewerber	8.12
III. Die Grundnorm des § 4 Nr 8 HS 1	8.13–8.20
1. Tatsachenbehauptungen	8.13–8.16
a) Begriff und Abgrenzung	8.13

	Rdn
b) Beispiele	8.14–8.16
aa) Unberechtigte Schutzrechtsverwarnung	8.14
bb) Wissenschaftliche Arbeiten	8.15
cc) Vorwurf rechtswidrigen oder unlauteren Verhaltens	8.16
2. Gegenstand der Behauptung	8.17
3. Behauptung oder Verbreitung	8.18
4. Eignung zur Geschäfts- oder Kreditschädigung	8.19
5. Nichterweislichkeit der Wahrheit	8.20
IV. Die Sonderregelung des § 4 Nr 8 HS 2	8.21–8.23
1. Überblick	8.21
2. Vertraulichkeit	8.22
3. Berechtigtes Interesse	8.23
3. Abschnitt. Rechtsfolgen	8.24–8.27
I. Allgemeines	8.24
II. Unterlassungs- und Beseitigungsanspruch	8.25
III. Schadensersatzanspruch	8.26
IV. Mitarbeiterhaftung	8.27

Schrifttum: *Brammsen/Apel,* Die „Anschwärzung", § 4 Nr 8 UWG, WRP 2009, 1464; *Messer,* Der Anspruch auf Geldersatz bei Kreditgefährdung, § 824 BGB, und Anschwärzung, § 14 UWG, FS Steffen, 1995, 347; *Köhler,* Die Unlauterkeitstatbestände des § 4 UWG und ihre Auslegung im Lichte der Richtlinie über unlautere Geschäftspraktiken, GRUR 2008, 841; *Rühl,* Tatsachenbehauptungen und Wertungen, AfP 2000, 17; *Werner,* Wettbewerbsrecht und Boykott, 2008.

1. Abschnitt. Allgemeines

I. Entstehungsgeschichte

Die Vorschrift des § 4 Nr 8 entspricht weitgehend der individualschützenden Vorschrift des § 14 aF (vgl Begr RegE UWG zu § 4 Nr 8, BT-Drucks 15/1487 S 18). Bei der Auslegung des Tatbestands kann daher auf diese Vorgängernorm zurückgegriffen werden. Im Unterschied zu § 14 aF enthält § 4 Nr 8 keine Rechtsfolgenregelung und keinen Verweis auf die Haftung für Mitarbeiter und Beauftragte. Die Einbeziehung des Tatbestands der Anschwärzung in den Beispielskatalog des § 4 machte dies aber entbehrlich. Allerdings wurden in § 9 die besonderen Regelungen des Schadensersatzanspruches durch § 14 aF nicht aufgegriffen. 8.1

II. Normzweck und Normstruktur

1. Normzweck

§ 4 Nr 8 bezweckt den Schutz von **Mitbewerbern** vor **unwahren geschäftsschädigenden Tatsachenbehauptungen** (sog **Anschwärzung**). Darauf, ob das Unternehmen einen „guten Ruf" (goodwill) hat, kommt es nicht an (missverständlich OLG Hamm GRUR-RR 2007, 282, 283). Nicht erfasst werden abträgliche **wahre** Tatsachenbehauptungen. Daraus ist aber nicht zu schließen, dass wahre Behauptungen über die Person eines Mitbewerbers, sein Unternehmen oder seine Waren oder Dienstleistungen lauterkeitsrechtlich ohne weiteres erlaubt sind (vgl BGH GRUR 1954, 333 – *Molkereizeitung;* BGH GRUR 1961, 288 – *Zahnbürsten;* BGH GRUR 1961, 237 – *TOK-Band;* BGH GRUR 1962, 45 – *Betonzusatzmittel;* BGHZ 50, 1, 5 – *Pelzversand*). § 4 Nr 8 wird vielmehr insoweit durch § 4 Nr 7 ergänzt (vgl BGH GRUR 1967, 596, 597 – *Kuppelmuffenverbindung*). Zu Einzelheiten vgl § 4 Rdn 7.5. – Nicht erfasst werden von § 4 Nr 8 auch nachteilige **Werturteile** (Meinungsäußerungen) über Mitbewerber. Diese fallen ebenfalls unter § 4 Nr 7 (vgl BGH GRUR 1982, 234, 236 – *Großbanken-Restquoten* zu § 1 aF) oder § 6 II Nr 5 und ggf unter die §§ 823 I und II, 826 BGB (BGH GRUR 1960, 135, 137 – *Druckaufträge*). Die Abgrenzung kann im Einzelfall schwierig sein. Meinungsäußerungen sind durch Elemente der Stellungnahme und des Dafürhaltens gekennzeichnete Äußerungen. An ihrem grundrechtlichen Schutz können auch Tatsachenbehauptungen teilhaben, soweit sie Meinungsäußerungen stützen sollen (BVerfG GRUR 2008, 81, 82 – *Pharmakartell*). Zu Einzelheiten vgl Rdn 7.17. – § 4 Nr 8 bezweckt **nicht den Schutz der Verbraucher** oder sonstigen Markt- 8.2

teilnehmer, mag die Vorschrift auch mittelbar deren Schutz mitbewirken. Die darin geregelte Geschäftspraxis fällt daher nicht in den Anwendungsbereich der **UGP-Richtlinie** (*Köhler* GRUR 2008, 841, 845). Werden durch sie auch wirtschaftliche Interessen der Verbraucher berührt, so können daneben auch die verbraucherschützenden Normen des UWG (insbes § 4 Nr 1, §§ 5, 5 a) zur Anwendung kommen.

2. Normstruktur

8.3 § 4 Nr 8 unterscheidet zwischen **zwei Arten** von Tatsachenbehauptungen. Handelt es sich um vertrauliche Mitteilungen, an denen der Mitteilende oder der Empfänger ein berechtigtes Interesse hat, kann der Verletzte dagegen nur vorgehen, wenn er die Unwahrheit beweisen kann (§ 4 Nr 8 HS 2). Handelt es sich um sonstige (öffentliche) Mitteilungen, kann der Verletzte bereits dann dagegen vorgehen, wenn sich die Wahrheit nicht feststellen lässt (§ 4 Nr 8 HS 1).

III. Rechtsnatur als Beispielstatbestand

8.4 Wie für alle Beispielstatbestände gilt auch für § 4 Nr 8, dass er lediglich eine Erläuterung und Konkretisierung des Tatbestandsmerkmals der Unlauterkeit in § 3 darstellt. Eine Rechtsfolgen (§§ 8 ff) auslösende Zuwiderhandlung setzt voraus, dass auch die sonstigen Tatbestandsmerkmale des § 3 I erfüllt sind. Jedoch ist stets davon auszugehen, dass eine Anschwärzung geeignet ist, die Interessen des betroffenen Mitbewerbers, uU auch die Interessen der Verbraucher und sonstigen Marktteilnehmer spürbar zu beeinträchtigen (vgl *Köhler* GRUR 2005, 1, 7). Eine gesonderte Spürbarkeitsprüfung erübrigt sich daher.

IV. Verhältnis zu anderen Tatbeständen

1. Verhältnis zu § 4 Nr 1 (unangemessene unsachliche Beeinflussung)

8.5 Die Anschwärzung eines Mitbewerbers kann zugleich eine unangemessene unsachliche Beeinflussung der Entscheidungsfreiheit von Verbrauchern und sonstigen Marktteilnehmern darstellen. Denn ihrem Sinn und Zweck nach soll sie dazu dienen, (potenzielle) Marktpartner von Geschäftsbeziehungen mit dem Mitbewerber abzuhalten. Maßgebend ist, ob im Einzelfall die Rationalität der Kaufentscheidung ausgeschaltet wird.

2. Verhältnis zu § 4 Nr 7 (Herabsetzung)

8.6 Vgl Rdn 7.5 und Rdn 8.2.

3. Verhältnis zu § 4 Nr 10 (gezielte Behinderung)

8.7 Die Anschwärzung eines Mitbewerbers ist letztlich ein Unterfall der gezielten Behinderung iSd § 4 Nr 10 und stellt insoweit eine Spezialregelung dar (ebenso BGH GRUR 2009, 1186 Tz 25 – *Mecklenburger Obstbrände; Werner* S 175). Ein Rückgriff auf diese Vorschrift ist daher entbehrlich.

4. Verhältnis zu § 5 und § 6 (Irreführung und vergleichende Werbung)

8.8 Wird die Behauptung im Rahmen einer **vergleichenden Werbung** aufgestellt, sind die Vorschriften über die vergleichende Werbung (§§ 5 III, 6 II Nr 5) zu beachten (dazu näher § 6 Rdn 29, 30). Fehlt es an einer vergleichenden Werbung, so bleibt neben § 4 Nr 8 der **Irreführungstatbestand** des § 5 I 2 Nr 3 anwendbar (vgl § 5 Rdn 1.71, 2.34; aA Harte/Henning/ *Bruhn* § 4 Nr 8 Rdn 8: § 4 Nr 8 sei lex specialis). Die **UGP-Richtlinie** steht dem nicht entgegen, da § 4 Nr 8 nur den Schutz der Mitbewerber bezweckt. Jedoch muss bei Anwendung des § 5 I der Kläger idR die Unwahrheit darlegen und beweisen (dazu § 5 Rdn 3.19 ff).

5. Verhältnis zu bürgerlichrechtlichen Normen

8.9 Unwahre Tatsachenbehauptungen können auch die Tatbestände des § 823 I BGB (allgemeines Persönlichkeitsrecht), des § 824 BGB, des § 826 BGB und des § 823 II BGB iVm §§ 186, 187 StGB (BGH GRUR 1960, 135, 136 f – *Druckaufträge*) erfüllen. Diese Vorschriften, die keine geschäftliche Handlung voraussetzen, sind neben § 4 Nr 8 anwendbar. Die Verjährung von bürgerlichrechtlichen Ansprüchen richtet sich auch nicht nach § 11, sondern nach den §§ 195, 199 BGB (vgl BGH GRUR 1962, 312, 314 – *Gründerbildnis* zu § 852 BGB aF). Die Anwendung des § 823 I unter dem Gesichtspunkt des Eingriffs in das Recht am Unternehmen ist allerdings ausgeschlossen, wenn die Äußerung eine geschäftliche Handlung darstellt; insoweit ist § 4 Nr 8 lex specialis. Anders verhält es sich bei der Verletzung des allgemeinen Persönlichkeitsrechts (§ 823 I BGB). Insoweit ist Anspruchskonkurrenz gegeben.

V. Bedeutung des Grundrechts aus Art 5 I GG

Auch Tatsachenbehauptungen fallen in den Schutzbereich des Art 5 I 1 GG, soweit sie Voraussetzung der Meinungsbildung sind (BVerfGE 54, 208, 219; 61, 1, 8; 85, 1, 15). Daher ist § 4 Nr 8 als „allgemeines Gesetz" iSv Art 5 II GG anzusehen. Bei der Auslegung des § 4 Nr 8 ist dementsprechend die Ausstrahlung des Art 5 I 1 GG zu beachten. Führt eine Tatsachenbehauptung zu einer Rechtsverletzung, hängt das Ergebnis der Abwägung der kollidierenden Rechtsgüter vom Wahrheitsgehalt der Äußerung ab. Bewusst unwahre Tatsachenäußerungen genießen den Grundrechtsschutz aus Art 5 I 1 überhaupt nicht (BVerfGE 54, 208, 219; 61, 1 ff; 94, 1 ff), weil die unrichtige Information kein schützenswertes Gut ist. Ist die Wahrheit nicht erwiesen, wird die Rechtmäßigkeit der Beeinträchtigung eines anderen Rechtsguts davon beeinflusst, ob besondere Anforderungen, etwa an die Sorgfalt der Recherche, beachtet wurden (BVerfG WRP 2003, 69, 70 – *Veröffentlichung von Anwalts-Ranglisten*). Dieser Differenzierung wird § 4 Nr 8 insgesamt gerecht. Wie sich aus dem Umkehrschluss aus § 4 Nr 8 HS 2 ergibt, legt das Gesetz in § 4 Nr 8 HS 1 dem Handelnden das Risiko der Nichterweislichkeit der Wahrheit nur für solche Mitteilungen auf, die nicht vertraulich sind und an denen der Mitteilende oder der Empfänger kein berechtigtes Interesse hat. Anders ausgedrückt, das Risiko trifft den Mitteilenden nur, wenn er ohne sachliche Notwendigkeit mit kreditschädigenden Äußerungen an die Öffentlichkeit tritt. Er kann sich in diesem Fall auch nicht damit entlasten, dass er sorgfältig recherchiert hat und ihn bei Beschaffung und Prüfung der Information kein Verschulden trifft.

2. Abschnitt. Tatbestand

I. Geschäftliche Handlung

Voraussetzung für die Anwendung des § 4 Nr 8 ist eine geschäftliche Handlung iSd § 2 I Nr 1. Die Handlung bzw Äußerung muss also zu Gunsten des eigenen oder eines fremden Unternehmens erfolgen und mit der Förderung des Absatzes oder Bezugs von Waren oder Dienstleistungen objektiv zusammenhängen (vgl allgemein § 2 Rdn 34 ff). Diesem Tatbestandsmerkmal kommt deshalb besondere Bedeutung zu, weil § 4 Nr 8 die „Anschwärzung" strenger behandelt als die vergleichbare Vorschrift des § 824 BGB. Eine **geschäftliche Handlung gegenüber einem Mitbewerber** ist dann anzunehmen, wenn die Handlung darauf gerichtet ist, durch die Einwirkung auf die wettbewerblichen Interessen von Mitbewerbern den eigenen oder fremden Absatz oder Bezug zu fördern (§ 2 Rdn 53). Für eine geschäftliche Handlung spricht bei kaufmännisch geführten Unternehmen und objektiv zur Wettbewerbsbeeinflussung geeignetem Verhalten eine widerlegliche Vermutung (BGH GRUR 1992, 860, 861 – *Bauausschreibungen;* BGH GRUR 1997, 916, 918 – *Kaffeebohne*). Bei Äußerungen der Presse, die sich im Rahmen ihres publizistischen Auftrags halten, ist dagegen eine geschäftliche Handlung nicht schon allein auf Grund der objektiven Eignung zur Wettbewerbsbeeinflussung zu vermuten (BGH GRUR 1998, 167, 168 – *Restaurantführer*), sondern anhand der gegebenen Umstände konkret festzustellen (BGH GRUR 1986, 812, 813 – *Gastrokritiker;* BGH WRP 1995, 186, 189 – *Dubioses Geschäftsgebaren*). Dem lässt sich nicht entgegenhalten, der Schutz der Presse sei durch Art 5 I 2 GG ausreichend gewährleistet (so aber GK/*Messer* § 14 aF Rdn 195). Denn bereits die grundsätzliche Anwendung des § 4 Nr 8 ist nur gerechtfertigt, wenn eine geschäftliche Handlung vorliegt. Eine geschäftliche Handlung ist zB zu verneinen, wenn ein Presseorgan im Interesse des Anlegerschutzes kritisch über bestimmte Anlageformen berichtet (OLG Köln GRUR 1999, 93 [LS]) oder ein Berufsverband seine Mitglieder über bestimmte Vorkommnisse unterrichtet (OLG Brandenburg GRUR 2008, 356). Das Gleiche gilt für Äußerungen in Rundfunkinterviews, Leserbriefen usw, die lediglich geeignet sind, den Wettbewerb eines Dritten zu fördern (LG München NJWE-WettbR 1998, 12; bedenklich daher OLG München NJWE-WettbR 1996, 177 und dazu mit Recht krit *Rüssmann* NJW 1997, 1620, 1621). Ist der Äußernde dagegen Mitbewerber des Verletzten, greift die Vermutung ein (zw daher OLG Düsseldorf WRP

1998, 421). Es muss dann im Einzelfall festgestellt werden, ob die Äußerung den Zweck verfolgt, die Öffentlichkeit über Vorgänge von allgemeiner Bedeutung zu unterrichten und zur Meinungsbildung beizutragen. An einer geschäftlichen Handlung kann es auch fehlen, wenn die Äußerung im Rahmen der Erfüllung eines Vertrages (OLG Düsseldorf WRP 1997, 586, 587), der Wahrnehmung ideeller (zB Vereins-)Zwecke (OLG Karlsruhe NJWE-WettbR 1997, 172) oder privater Zwecke (OLG Köln GRUR 1999, 376 [LS]: Rundschreiben eines Wohnungseigentümers an Miteigentümer) gemacht wird.

II. Mitbewerber

8.12 § 4 Nr 8 ist nur anwendbar, wenn sich die Handlung gegen einen Mitbewerber iSd § 2 I Nr 3 richtet. Zwischen dem Verletzer oder dem von ihm Begünstigten und dem Verletzten muss daher ein konkretes Wettbewerbsverhältnis, dh eine wechselseitige Abhängigkeit im Absatz, gegeben sein (vgl § 2 Rdn 57 ff; BGH GRUR 1960, 135, 136 – *Druckaufträge;* OLG Frankfurt WRP 1992, 570, 571; LG Braunschweig MMR 2009, 291 = BeckRS 2008, 25032; *Brammmsen/Apel* WRP 2009, 1464, 1470). Maßgeblicher Zeitpunkt im Hinblick auf den Unterlassungsanspruch ist der Schluss der mündlichen Verhandlung (BGH GRUR 1995, 697, 699 – *Funny Paper*). Der Mitbewerber braucht in der Mitteilung nicht ausdrücklich genannt zu sein, Erkennbarkeit genügt. Bei Angriffen gegen ein Produkt kommt es darauf an, welchem Unternehmer das betreffende Vorkommnis zugerechnet wird (vgl BGH DB 1989, 922). Unbeachtlich ist, dass sich der Angriff auch gegen andere richtet. Bei Angriffen gegen einen unübersehbar großen Personenkreis wird jedoch idR die Eignung zur Kreditschädigung des Einzelnen fehlen.

III. Die Grundnorm des § 4 Nr 8 HS 1

1. Tatsachenbehauptungen

8.13 a) **Begriff und Abgrenzung.** Tatsachen sind Vorgänge oder Zustände, deren Vorliegen oder Nichtvorliegen dem Wahrheitsbeweis zugänglich ist (vgl BGH GRUR 1997, 396, 398 38 – *Polizeichef;* BGH GRUR 2009, 1186 Tz 15 – *Mecklenburger Obstbrände*). Den Gegensatz zu den Tatsachenbehauptungen bilden **Werturteile** (Meinungsäußerungen), die durch das Element des Wertens, insbes der Stellungnahme und des Dafürhaltens geprägt sind (BVerfGE 61, 1, 9; 85, 1, 14; BVerfG WRP 2003, 69, 70 – *Veröffentlichung von Anwalts-Ranglisten*). Da § 4 Nr 8 sich nur auf Tatsachenbehauptungen, nicht aber auch auf Werturteile bezieht, kommt der Abgrenzung entscheidende Bedeutung zu. Ob eine Äußerung als Behauptung einer Tatsache oder als subjektive Wertung anzusehen ist, hängt von ihrer Nachprüfbarkeit mit den Mitteln des Beweises ab (BGH GRUR 1988, 402, 403 – *Mit Verlogenheit zum Geld;* BGH NJW 1994, 2614, 2615). Für die (schwierige) Abgrenzung (hierzu BVerfG WRP 2003, 69, 70 – *Veröffentlichung von Anwalts-Ranglisten;* BGH NJW 1992, 1314, 1315 f; BGH GRUR 1993, 409, 410 – *Illegaler Fellhandel;* BGH GRUR 1997, 396, 38 – *Polizeichef*) ist maßgebend, wie die angesprochenen Verkehrskreise (also nicht der Täter oder unbeteiligte Dritte) die Äußerung nach Form und Inhalt im Gesamtzusammenhang verstehen (BGH GRUR 1988, 402, 403 – *Mit Verlogenheit zum Geld;* BGH GRUR 2003, 436, 438 – *Feldenkrais;* BGH WRP 2009, 631 Tz 11 – *Fraport-Manila-Skandal;* BGH GRUR 2009, 1186 Tz 15 – *Mecklenburger Obstbrände*) oder verstehen dürfen. – Problematisch ist die Beurteilung von Äußerungen, die sowohl Werturteile als auch Tatsachenbehauptungen enthalten. Eine Möglichkeit besteht darin, darauf abzustellen, worin der Schwerpunkt der Äußerung liegt (BVerfG WRP 2003, 69, 70 – *Veröffentlichung von Anwalts-Ranglisten* zu § 1 aF). Dann ist von einem Werturteil auszugehen, wenn eine Äußerung, in der sich Tatsachenbehauptungen und Meinungsäußerungen vermengen, in entscheidender Weise durch die Elemente der Stellungnahme, des Dafürhaltens oder Meinens geprägt ist (BGHZ 132, 13, 20 f; 139, 95, 101 f; BGH NJW 1994, 2614, 2615; NJW 2002, 1192, 1193; BGH WRP 2009, 631 Tz 11 – *Fraport-Manila-Skandal*). So soll insgesamt ein Werturteil vorliegen, wenn eine Gesamtbeurteilung einer Leistung, etwa in Form einer Benotung oder einer Einstufung in eine Rangliste abgegeben wird, mag sie auch auf tatsächlichen Erhebungen beruhen (BVerfG WRP 2003, 69, 70 – *Veröffentlichung von Anwalts-Ranglisten*). Richtigerweise ist aber zu unterscheiden, ob sich Werturteil und Tatsachenbehauptung trennen lassen. Ist dies der Fall, so ist § 4 Nr 8 hinsichtlich der Tatsachenbehauptung anwendbar (ebenso GK/*Messer* § 14 aF Rdn 205). Dies gilt insbes dann, wenn ein Werturteil (wie zB die Beurteilung der Leistungsfähigkeit eines Unternehmens) auf bestimmten Tatsachenbehauptungen aufbaut. Lassen sich Werturteil und Tatsachenbehauptung dagegen nicht trennen, so reicht es für die Anwendung des § 4 Nr 8 aus, wenn die Äußerung

„im Kern" eine Tatsachenbehauptung enthält (OLG Stuttgart NJWE-WettbR 1997, 271: „nachgemacht"; ÖOGH ÖBl 2000, 262 – „das Billigste vom Billigsten"). Dies wiederum beurteilt sich danach, ob das Werturteil einen substanziierten oder einen substanzarmen, dh unbestimmten, nicht näher konkretisierbaren und daher der beweismäßigen Überprüfung unzugänglichen Tatsachengehalt aufweist (BGH GRUR 1969, 555, 557 – *Cellulitis;* BGH GRUR 1975, 89, 91 – *Brüning-Memoiren I;* BGH GRUR 1982, 633, 634 – *Geschäftsführer*). So kann die Behauptung, ein Lehrer habe nicht die notwendige Erfahrung, um in einer bestimmten Methode auszubilden, trotz der wertenden Elemente eine Tatsachenbehauptung sein, wenn sich aus den sonstigen Angaben ergibt, aus welchen tatsächlichen Gründen die fehlende Erfahrung abgeleitet wird (BGH GRUR 2003, 436, 438 – *Feldenkrais*). Desgleichen kann die Behauptung, der Methylalkoholgehalt des Obstbrands eines Mitbewerbers sei „hoch" bzw „erhöht", eine Tatsachenbehauptung sein, wenn die angesprochenen Fachkreise diese Angaben auf einen bestimmten Anknüpfungspunkt beziehen (BGH GRUR 2009, 1186 Tz 16 ff – *Mecklenburger Obstbrände*). Die Kennzeichnung einer Webseite als „Spam" durch einen Google-Spamfilter auf Grund einer Überprüfung anhand der Google-Richtlinien ist ebenfalls als Tatsachenbehauptung zu werten (OLG Hamm GRUR-RR 2007, 282, 284). Eine (verdeckte) Tatsachenbehauptung kann auch vorliegen, wenn der Verfasser dem Leser „offene" Einzelaussagen mitteilt und die Schlussfolgerung auf einen bestimmten Sachverhalt nicht dem Leser überlässt, sondern sie ihm „verdeckt" als eigene unterbreitet (BGH GRUR 1981, 80, 84 – *Das Medizin-Syndikat IV*).

b) Beispiele. aa) Unberechtigte Schutzrechtsverwarnung. Zur Frage, ob eine unberechtigte Schutzrechtsverwarnung eine Tatsachenbehauptung oder ein Werturteil darstellt und unter welchen Voraussetzungen sie überhaupt lauterkeitsrechtliche oder bürgerlichrechtliche Ansprüche begründen kann, vgl Rdn 10.169 ff. **8.14**

bb) Wissenschaftliche Arbeiten. Ihre Abfassung steht meist (vgl aber § 2 Rdn 51; BGH GRUR 1962, 34, 36 – *Torsana;* BGH GRUR 1962, 45, 47 – *Betonzusatzmittel*) nicht in einem objektiven Zusammenhang mit der Förderung des Absatzes oder des Bezugs eines Unternehmens (auch nicht bei Auftragsarbeiten), so dass § 4 Nr 8 idR nur bei ihrer Verwertung für Werbezwecke in Betracht kommt. Dabei ist dem Grundrecht aus Art 5 III GG Rechnung zu tragen (dh kein Widerrufsanspruch; GK/*Messer* § 14 aF Rdn 215). Sachverständigengutachten können sowohl Tatsachenbehauptungen als auch Werturteile enthalten (BGHZ 65, 325 – *Warentest II*). Schlussfolgerungen sieht die Rspr jedoch, auch soweit ihr Zweck die Feststellung von Tatsachen ist, als Werturteile an (BGH GRUR 1978, 258, 259 – *Schriftsachverständiger;* offen gelassen aber in BGH WRP 2002, 828, 831 – *Hormonersatztherapie*). Dies soll jedoch nicht gelten, wenn die Schlussfolgerung offensichtlich leichtfertig, etwa unter Nichtbeachtung wissenschaftlicher Methoden oder Erkenntnisse, gezogen oder ihr wissenschaftlicher Charakter vorgetäuscht ist (BGH GRUR 1978, 258, 259 – *Schriftsachverständiger*). Diese Privilegierung wissenschaftlicher Arbeiten kann allerdings nicht gelten, wenn sie ein Gewerbetreibender in seiner Werbung verwendet (BGH WRP 2002, 828, 831 – *Hormonersatztherapie;* GK/*Messer* § 14 aF Rdn 216). Hier entscheidet wiederum das Verständnis der angesprochenen Verkehrskreise. **8.15**

cc) Vorwurf rechtswidrigen oder unlauteren Verhaltens. Derartige Vorwürfe (zB „betrügerisch", „illegal", „korrupt", „standeswidrig"; „Plagiat") sind grds als Werturteile anzusehen (vgl BGH NJW 2002, 1192, 1193; BGH WRP 2009, 631 Tz 15 – *Fraport-Manila-Skandal*). Von einer Tatsachenbehauptung ist jedoch auszugehen, wenn die Äußerung nicht als Rechts- oder Moralauffassung kenntlich gemacht ist, sondern beim Adressaten zugleich die Vorstellung von konkreten, in die Wertung eingekleideten Vorgängen hervorruft, die einer beweismäßigen Überprüfung zugänglich sind (vgl BGH GRUR 1982, 631, 632 – *Klinikdirektoren;* BGH GRUR 1982, 633, 634 – *Geschäftsführer;* BGH GRUR 1992, 409, 410 – *Illegaler Fellhandel;* BGH GRUR 1993, 412, 413 – *Ketten-Mafia;* OLG Stuttgart NJWE-WettbR 1997, 271). Maßgebend ist der Gesamtzusammenhang der Äußerung. So reicht es aus, dass die Äußerung schlagwortartig (zB in einer Überschrift) bestimmte Vorgänge zusammenfasst (BGH GRUR 1993, 412, 413 – *Ketten-Mafia*). **8.16**

2. Gegenstand der Behauptung

§ 4 Nr 8 erfasst nur Tatsachenbehauptungen „über die Waren, Dienstleistungen oder das Unternehmen eines Mitbewerbers oder über den Unternehmer oder ein Mitglied der Unternehmensleitung". Zu den Mitgliedern der Geschäftsleitung gehören die Personen, die nach Gesetz oder Satzung zu ihrer Vertretung berufen sind (zB Vorstandsmitglieder bei der AG; **8.17**

Geschäftsführer bei der GmbH; geschäftsführende Gesellschafter bei OHG und KG), nicht dagegen Mitarbeiter. Allerdings können auch Angriffe gegen **Aufsichtsorgane** (Aufsichtsräte, Beiräte) und **Mitarbeiter** mittelbar Angriffe gegen das Unternehmen selbst darstellen, weil und soweit sie Rückschlüsse auf den Zustand des Unternehmens zulassen. Das Gleiche gilt für Angriffe gegen **Vertragspartner** des Unternehmens. Nicht in § 4 Nr 8 erwähnt sind die **Kennzeichen** eines Unternehmens. Sie sind jedoch als Bestandteile des Unternehmens anzusehen und insoweit ebenfalls von § 4 Nr 8 erfasst.

3. Behauptung oder Verbreitung

8.18   **Behaupten** heißt, eine eigene Tatsachenbehauptung aufstellen; **verbreiten** heißt, eine fremde Tatsachenbehauptung weitergeben (BGH GRUR 1995, 427, 428 – *Schwarze Liste*). Die verbreitende Person muss sich die fremde Tatsachenbehauptung nicht zu Eigen gemacht haben (BGH GRUR 1995, 427, 428 – *Schwarze Liste*). Die äußere Form der Mitteilung (schriftlich, mündlich, konkludent, bildliche oder dreidimensionale Darstellung; vgl ÖOGH ÖBl 2000, 263 – *Wohnanlage S*) ist ebenso unerheblich wie ihre inhaltliche Gestaltung. Auch das Aussprechen eines Verdachts, das Andeuten einer Möglichkeit und das Aufwerfen oder Beantworten einer Frage können genügen (BGH GRUR 1975, 89, 91 – *Brüning-Memoiren I;* ÖOGH ÖBl 1997, 69, 71). Salvatorische Klauseln („ich selbst glaube es nicht") schützen nicht (BGH GRUR 1958, 448, 449 – *Blanko-Verordnungen*). Die Behauptung oder Verbreitung muss gegenüber einem Dritten, dh einer anderen Person als dem Verletzten, erfolgen. Der Begriff des Dritten ist im Interesse eines effektiven Schutzes weit zu fassen, so dass zB auch Angestellte des betroffenen Unternehmens darunter fallen können, nicht jedoch Personen, die Leitungs- oder Aufsichtsbefugnisse im betroffenen Unternehmen besitzen (Vorstandsmitglieder; Geschäftsführer; Aufsichtsräte; einschränkend OLG Düsseldorf NJW-RR 1997, 490 für „Beiratsmitglieder" einer KG). Davon zu unterscheiden ist der Fall, dass die Mitteilung an eigene Mitarbeiter erfolgt; hier kann es an der erforderlichen Außenwirkung und damit an einer geschäftlichen Handlung fehlen. Der Dritte braucht von der Behauptung keine Kenntnis erlangt oder ihr gar Glauben geschenkt zu haben; es muss ihm lediglich die Möglichkeit verschafft worden sein, vom Inhalt der Behauptung Kenntnis zu nehmen (BGH GRUR 1995, 427, 428 – *Schwarze Liste*), dh die Behauptung muss ihm zugegangen (vgl § 130 BGB) sein. Der Handelnde braucht keine Kenntnis vom kreditschädigenden Charakter der Mitteilung zu haben. Dies spielt nur eine Rolle für den verschuldensabhängigen Schadensersatzanspruch. Auf Unterlassung haftet daher auch, wer eine kreditschädigende Mitteilung ungelesen weitergibt, sofern darin nur eine geschäftliche Handlung liegt.

4. Eignung zur Geschäfts- oder Kreditschädigung

8.19   Die Äußerung muss objektiv geeignet sein, „den Betrieb des Geschäfts oder den Kredit des Inhabers" zu schädigen. § 4 Nr 8 erfasst also nicht die bloße Ehrkränkung ohne Auswirkung auf die unternehmerischen Belange des Betroffenen. Andererseits muss die Äußerung nicht herabsetzender oder kränkender Natur sein (BGH WRP 2002, 828, 831 – *Hormonersatztherapie*). Es genügt, dass sie Nachteile für die Erwerbstätigkeit mit sich bringen kann. Ob dies der Fall ist, beurteilt sich nach der Wirkung der Äußerung auf die angesprochenen Verkehrskreise. Maßgebend ist das Verständnis des durchschnittlich informierten, aufmerksamen und verständigen Durchschnittsangehörigen dieser Gruppe. Unerheblich sind die Vorstellungen des Handelnden und die Sichtweise des Betroffenen (*Lettl* WbR Rdn 170). **Beispiele:** Behauptung fehlender Lieferfähigkeit (BGH GRUR 1993, 572, 573 – *Fehlende Lieferfähigkeit*); Nennung in einer Liste von Unternehmen mit zweifelhafter Bonität (BGH WRP 1995, 493, 494 – *Schwarze Liste*); Behauptung, ein Unternehmer habe „zweimal pleite gemacht" (BGH GRUR 1994, 915, 918 – *Börsenjournalist*), ein Katalog sei „nachgemacht" (OLG Stuttgart NJWE-WettbR 1997, 271); Behauptung, eine (in hartem Wettbewerb stehende) Messegesellschaft habe einen Messestand unentgeltlich angeboten (OLG Köln GRUR-RR 2002, 44); Behauptung, ein Mitbewerber habe sich durch Sonderzahlungen einen Messeplatz gesichert (OLG Düsseldorf GRUR 1985, 224); Behauptung, das Präparat eines Mitbewerbers erschwere die Mammographiediagnostik (BGH WRP 2002, 828, 831 – *Hormonersatztherapie*); Behauptung, ein Mitbewerber übernehme urheber- und wettbewerbswidrig die Meldungen anderer Nachrichtenagenturen (ÖOGH MR 2001, 385); Behauptung, das Produkt eines Mitbewerbers erfülle nicht die DIN-Normen (OLG Hamburg WRP 2007, 443). – Das betroffene Unternehmen muss nicht namentlich genannt sein (BGH WRP 2002, 828, 831 – *Hormonersatztherapie*), sofern es nur für die angesprochenen

8. Kap. Anschwärzung　　　　　　　　　　8.20–8.22　§ 4 UWG

Verkehrskreise erkennbar ist; auch können mehrere Unternehmen (zB unter einer Sammelbezeichnung) betroffen sein. Ein konkreter Schadenseintritt ist (für den Abwehranspruch) nicht erforderlich.

5. Nichterweislichkeit der Wahrheit

Wie sich aus dem Wortlaut ergibt („sofern die Tatsachen nicht erweislich wahr sind"), hat nicht der Verletzte die Unwahrheit der Tatsachen zu beweisen. Vielmehr obliegt es dem Verletzer, die Wahrheit zu beweisen, um seine Haftung nach § 4 Nr 8 HS 1 auszuschließen (zur Beweisführung vgl OLG Stuttgart NJWE-WettbR 1997, 270 ff). **Beispiel:** Die Behauptung, das Produkt eines Mitbewerbers erfülle nicht die DIN-Normen, ist dann „nicht erweislich wahr", wenn sie nur auf der Prüfung einer Einzelpackung beruht, die betreffenden DIN-Normen aber eine bestimmte Anzahl von „Ausreißern" innerhalb einer Stichprobe gestatten (OLG Hamburg WRP 2007, 443). Der Verletzer trägt das Risiko, dass sich die Wahrheit oder Unwahrheit nicht klären lässt. Dies gilt auch dann, wenn der Verletzte im Hinblick auf die behauptete Tatsache (zB eine unrichtige Abrechnung) auskunftspflichtig ist (BGH GRUR 1957, 93, 94 – *Jugendfilmverleih*). Ist die Anschwärzung in Form einer **negativen** Tatsache formuliert (zB fehlende Lieferfähigkeit), so kommt die Anwendung der Grundsätze zur Beweiserleichterung beim Beweis „negativer" Tatsachen dann in Betracht, wenn der Behauptende berechtigten Anlass hatte, gerade in dieser Weise zu formulieren (BGH GRUR 1993, 572, 574 – *Fehlende Lieferfähigkeit*). Unwahr ist eine Behauptung, wenn sie den Eindruck einer anderen als der wirklichen Sachlage erweckt. Auch eine objektiv zutr Darstellung kann daher unwahr sein, wenn die Empfänger auf Grund der Art und Weise der Darstellung (zB durch Auslassungen, Halbwahrheiten, Übertreibungen) oder ihres begrenzten Informationsstandes einen falschen Eindruck von der Sachlage gewinnen (BGH GRUR 1966, 452, 454 – *Luxemburger Wort*). Der Verletzer trägt also auch das Risiko von unbeabsichtigten Missverständnissen. Für Angaben, die auf wissenschaftliche Aussagen Bezug nehmen, gilt: Wer solche Aussagen als objektiv richtig oder wissenschaftlich gesichert hinstellt, übernimmt damit die Verantwortung für ihre Richtigkeit (BGH GRUR 1971, 153, 155 – *Tampax*). – Eine ursprünglich unwahre Aussage kann nachträglich wahr werden. Dann entfällt zwar der Unterlassungsanspruch, der Schadensersatzanspruch bleibt jedoch bestehen.

8.20

IV. Die Sonderregelung des § 4 Nr 8 HS 2

1. Überblick

Für **vertrauliche Mitteilungen,** an denen der Mitteilende oder der Empfänger ein **besonderes Interesse** hat, gilt die Sonderregelung des § 4 Nr 8 HS 2. Die beiden Tatbestandsvoraussetzungen müssen kumulativ gegeben sein (BGH GRUR 1992, 860, 861 – *Bauausschreibungen*; BGH GRUR 1993, 572, 573 – *Fehlende Lieferfähigkeit*). Sind sie erfüllt, so ist die Handlung nur dann unlauter, wenn die Tatsachen (objektiv) der Wahrheit zuwider behauptet oder verbreitet wurden. Beweist also der Mitteilende, dass die Mitteilung vertraulich war und er oder der Empfänger daran ein berechtigtes Interesse hatte, so muss der Verletzte seinerseits ihre **Unwahrheit beweisen.**

8.21

2. Vertraulichkeit

Eine Mitteilung ist vertraulich, wenn der Mitteilende davon ausgeht und den Umständen nach davon ausgehen kann, dass keine Weiterleitung an Dritte erfolgt. Erfolgt eine Mitteilung nur an einen Empfänger und ist sie nur für ihn von Interesse, so ist Vertraulichkeit nur dann zu verneinen, wenn die Mitteilung wenigstens geeignet ist, in weiteren Kreisen bekannt zu werden (BGH GRUR 1960, 135, 136 – *Druckaufträge*). Dass dem Empfänger die vertrauliche Behandlung der Mitteilung ausdrücklich zur Pflicht gemacht wurde, ist weder erforderlich noch ausreichend. Vielmehr sind die gesamten Umstände zu würdigen (BGH GRUR 1992, 860, 861 – *Bauausschreibungen*), insbes Form und Inhalt, Anlass und Zweck sowie Zeit und Ort der Mitteilung. An den dem Mitteilenden obliegenden Nachweis der Vertraulichkeit sind strenge Anforderungen zu stellen. Die bloße Kennzeichnung der Mitteilung als „vertraulich" genügt daher nicht. Je größer der Kreis der Mitteilungsempfänger, desto weniger ist von Vertraulichkeit auszugehen. Bei Pressemitteilungen ist daher für § 4 Nr 8 HS 2 kein Raum; ebenso wenig bei Mitteilungen an Verbände (BGH GRUR 1992, 860, 861 – *Bauausschreibungen*) oder Rundschreiben an Kunden (BGH GRUR 1993, 572, 573 – *Fehlende Lieferfähigkeit*). Mitteilungen an Behörden sind

8.22

regelmäßig als vertraulich anzusehen (OLG Köln WRP 1983, 226, 228), es sei denn, dass eine Weiterleitung an Dritte beabsichtigt ist (vgl RG GRUR 1939, 72, 75).

3. Berechtigtes Interesse

8.23 Der Mitteilende oder der Empfänger muss ein berechtigtes Interesse an der Mitteilung haben. **Mitteilender** ist, wer die Tatsache behauptet oder verbreitet; **Empfänger** ist, wer die Mitteilung nach dem Willen des Mitteilenden zur Kenntnis nehmen soll, nicht aber, wer sie ohne oder gegen dessen Willen zur Kenntnis nimmt. Das Interesse muss entweder beim Mitteilenden oder beim Empfänger bestehen. Die Interessen **Dritter** oder der **Allgemeinheit** sind nur dann zu berücksichtigen, wenn der Mitteilende oder der Empfänger zur Wahrung dieser Interessen berufen ist oder die Angelegenheit ihn irgendwie nahe berührt. Das Interesse muss (anders als bei § 193 StGB) objektiv berechtigt sein. Ob dies der Fall ist, beurteilt sich letztlich auf Grund einer **Interessenabwägung** anhand der (insbes verfassungs-)rechtlichen Wertordnung. Dabei ist dem Grundsatz der **Verhältnismäßigkeit** Rechnung zu tragen. Der mit der Mitteilung verfolgte Nutzen darf also nicht außer Verhältnis zum (voraussichtlichen) Schaden stehen. Die Mitteilung muss auch nach Inhalt und Form so schonend wie möglich sein. Vom Mitteilenden ist ferner zu verlangen, dass er im gebotenen Umfang recherchiert und nicht leichtfertig, zB auf Grund haltloser Vermutungen, Behauptungen aufstellt (BGH NJW 1985, 1621, 1623). Das bloße Interesse des Mitteilenden, seinen Absatz zu fördern, reicht nicht aus, um es als berechtigt anzuerkennen. Es steht andererseits der Wahrnehmung sonstiger Interessen des Empfängers oder Dritter, insbes des Interesses, vor Schädigungen bewahrt zu werden (vgl BGH GRUR 1971, 159 – *Motorjacht*), nicht entgegen. Bei der Interessenabwägung ist ferner zu berücksichtigen, ob der Mitteilende gesetzlich oder vertraglich zur Mitteilung der Tatsachen berechtigt oder verpflichtet ist. Bei **anonymen** Mitteilungen können unsachliche Motive im Vordergrund stehen (vgl BGH NJW 1966, 1215), jedoch kommt es auch hier auf die Umstände des Einzelfalls an.

3. Abschnitt. Rechtsfolgen

I. Allgemeines

8.24 Verstöße gegen § 3 I iVm § 4 Nr 8 können Ansprüche nach den §§ 8 I und 9 auslösen. Anspruchsberechtigt ist aber nur der betroffene **Mitbewerber** (arg § 8 III Nr 1), nicht dagegen auch ein Mitglied der Unternehmensleitung. Letzterem können allenfalls bürgerlichrechtliche Ansprüche zustehen. Grds muss es dem verletzten Mitbewerber überlassen bleiben, ob er gegen den Verletzer vorgeht. Daher sind die in § 8 III Nr 2–4 genannten Verbände und Einrichtungen nicht aus eigenem Recht anspruchsberechtigt (ebenso *Brammsen/Apel* WRP 2009, 1464, 1471; aA Harte/Henning/*Bruhn* § 4 Nr 8 Rdn 10). Allerdings wird in den Fällen der Anschwärzung idR zugleich eine **Irreführung** der **Verbraucher** nach § 5 I 2 Nr 3 oder – im Fall einer vergleichenden Werbung – nach § 5 III iVm § 5 I 2 Nr 4 gegeben sein, gegen die Verbraucherverbände iSd § 8 III Nr 3 vorgehen können.

II. Unterlassungs- und Beseitigungsanspruch

8.25 Vgl § 8 I. Im Falle der Unterlassungsklage kommt die Urteilsbekanntmachung nach § 12 III in Betracht, die zugleich die Funktion einer Beseitigung hat. Die Beseitigung kann im Übrigen durch Widerruf (BGH GRUR 1992, 527, 529 – *Plagiatsvorwurf II*) erfolgen; im Falle der bloßen Tatsachenverbreitung auch durch Benennung des Urhebers der Behauptung, um die Quelle geschäftsschädigender Äußerungen verstopfen zu können (BGH GRUR 1995, 427, 429 – *Schwarze Liste*). – Einer Klage auf Unterlassung und Beseitigung von Äußerungen, die der Rechtsverfolgung in einem gerichtlichen oder behördlichen Verfahren dienen, fehlt allerdings das **Rechtsschutzbedürfnis**. Denn der Ablauf und das Ergebnis eines rechtsstaatlich geregelten Verfahrens soll nicht dadurch beeinflusst werden, dass ein an diesem Verfahren Beteiligter durch Unterlassungs- oder Beseitigungsansprüche in seiner Äußerungsfreiheit eingeengt wird. Ob das Vorbringen wahr oder unwahr ist, soll allein in dem seiner eigenen Ordnung unterliegenden Verfahren geklärt werden (BGH GRUR 1998, 587, 589 – *Bilanzanalyse Pro 7;* BGH WRP 2010, 241 Tz 14 – *Fischdosendeckel* [zu Äußerungen in einer Patentbeschreibung]; vgl dazu § 8 Rdn 1.110 ff). Dies gilt grds auch bei Äußerungen in solchen Verfahren, die sich gegen Verfahrensunbeteiligte richten (BGH NJW 2008, 996 Tz 16; BGH WRP 2010, 241 Tz 16 – *Fisch-*

dosendeckel). Etwas anderes gilt, wenn die Äußerungen keinen Bezug zum Verfahren haben oder offensichtlich falsch sind oder sich als eine unzulässige Schmähung darstellen, bei der nicht die sachliche Auseinandersetzung, sondern die Diffamierung des Dritten im Vordergrund steht (BGH WRP 2010, 241 Tz 16 – *Fischdosendeckel*). Nach Abschluss des Verfahrens kann allerdings Unterlassung einer Äußerung außerhalb eines Verfahrens verlangt werden, sofern insoweit Erstbegehungs- oder Wiederholungsgefahr vorliegt (BGH WRP 2010, 241 Tz 27 – *Fischdosendeckel*).

III. Schadensersatzanspruch

Vgl § 9. Im Falle des § 4 Nr 8 HS 1 muss der Handelnde wissen, dass die von ihm behaupteten oder verbreiteten Tatsachen kreditschädigend sind. Unerheblich ist dagegen, ob er diese Tatsachen für wahr hält. Insoweit handelt er auf eigenes Risiko (so auch Piper/*Ohly*/Sosnitza § 4 Rdn 8/18; aA Harte/Henning/*Bruhn* § 4 Nr 8 Rdn 37). Dies war in der Vorgängernorm des § 14 I 1 aF ausdrücklich klargestellt, muss aber auch für § 4 Nr 8 HS 1 gelten, da insoweit keine Änderung der Rechtslage beabsichtigt war. – Im Falle des § 4 Nr 8 HS 2 (vertrauliche Mitteilungen) muss dagegen der Handelnde die Unwahrheit gekannt oder fahrlässig nicht gekannt haben, wie dies auch in der Vorgängernorm des § 14 II 2 aF angeordnet war. Dafür trägt allerdings der Verletzte die Beweislast.

8.26

IV. Mitarbeiterhaftung

Erfolgte die Mitteilung durch **Mitarbeiter** (oder **Beauftragte**) eines Geschäftsinhabers, gelten für den Unterlassungs- und Beseitigungsanspruch gegen den Unternehmer § 8 I iVm § 8 II, für den Schadensersatzanspruch §§ 31, 831 BGB (BGH GRUR 1980, 116, 117 – *Textildrucke;* vgl auch BGH WRP 1995, 493, 494 – *Schwarze Liste*). Für die Vertraulichkeit und das Vorliegen eines berechtigten Interesses (§ 4 Nr 8 HS 2) kommt es an sich auf die Person des Mitarbeiters an. Doch können sich der Mitarbeiter und der Geschäftsinhaber auch dann auf § 4 Nr 8 HS 2 berufen, wenn das berechtigte Interesse nur beim Geschäftsinhaber vorlag.

8.27

9. Kapitel. Lauterkeitsrechtlicher Nachahmungsschutz („Ergänzender wettbewerbsrechtlicher Leistungsschutz")

§ 4 Nr 9

Unlauter handelt insbesondere, wer
9. Waren oder Dienstleistungen anbietet, die eine Nachahmung der Waren oder Dienstleistungen eines Mitbewerbers sind, wenn er
   a) eine vermeidbare Täuschung der Abnehmer über die betriebliche Herkunft herbeiführt,
   b) die Wertschätzung der nachgeahmten Ware oder Dienstleistung unangemessen ausnutzt oder beeinträchtigt oder
   c) die für die Nachahmung erforderlichen Kenntnisse oder Unterlagen unredlich erlangt hat;

Übersicht

	Rdn
1. Abschnitt. Allgemeines	9.1–9.16
I. Entstehungsgeschichte und Normzweck	9.1–9.2 b
1. Entstehungsgeschichte	9.1
2. Normzweck und Auslegung	9.2–9.2 b
II. Wettbewerbspolitische Rechtfertigung und dogmatische Einordnung	9.3–9.4 a
1. Wettbewerbspolitische Rechtfertigung	9.3
2. Dogmatische Einordnung	9.4, 9.4 a
a) Marktverhaltensregelung	9.4
b) Schutzzweckorientierte Einordnung des § 4 Nr 9 in das System des Lauterkeitsrechts	9.4 a
III. Verhältnis des lauterkeitsrechtlichen Nachahmungsschutzes zu anderen Regelungen	9.5–9.14
1. Verhältnis zu anderen lauterkeitsrechtlichen Vorschriften	9.5–9.5 c
a) Verhältnis zu § 3 III Anh Nr 13, § 5 und § 6	9.5

	Rdn
b) Verhältnis zu § 4 Nr 10	9.5 a
c) Verhältnis zu den §§ 17, 18	9.5 b
d) Verhältnis zur Generalklausel des § 3 I („unmittelbarer Leistungsschutz")	9.5 c
2. Verhältnis zum Sonderrechtsschutz	9.6–9.12
a) Vorrang des Sonderrechtsschutzes oder Gleichrang des lauterkeitsrechtlichen Nachahmungsschutzes?	9.6, 9.6 a
b) Verhältnis zu einzelnen Schutzrechten	9.7–9.12
aa) Verhältnis zum Urheberrecht	9.7
bb) Verhältnis zum Geschmacksmusterschutz	9.8
cc) Verhältnis zum Markenrecht	9.9–9.11
(1) Allgemeines	9.9
(2) Reichweite des Schutzes der Formmarke	9.10
(3) Reichweite des Schutzes sonstiger Kennzeichen	9.11
dd) Verhältnis zum Patentrecht	9.12
3. Verhältnis zu kartellrechtlichen Tatbeständen	9.13
4. Verhältnis zu bürgerlichrechtlichen Tatbeständen	9.14
IV. Internationales Recht und Unionsrecht	9.15, 9.16
1. Internationales Recht (PVÜ, TRIPS)	9.15
2. Unionsrecht	9.16

2. Abschnitt. Tatbestand ... 9.17–9.78

I. Überblick	9.17
II. Geschäftlicher Bezug der Nachahmung	9.18–9.20
1. Geschäftliche Handlung	9.18
2. Mitbewerberbezug	9.19
3. Spürbare Beeinträchtigung der Interessen von Marktteilnehmern	9.20
III. Gegenstand des lauterkeitsrechtlichen Nachahmungsschutzes	9.21–9.23
1. Waren und Dienstleistungen	9.21, 9.22
a) Begriff	9.21
b) Einzelheiten	9.22
2. Abgrenzung	9.23
IV. Erfordernis der wettbewerblichen Eigenart	9.24–9.33
1. Allgemeines	9.24–9.26
a) Begriff und Funktion der wettbewerblichen Eigenart	9.24
b) Entstehen der wettbewerblichen Eigenart	9.25
c) Entfallen der wettbewerblichen Eigenart	9.26
2. Erscheinungsformen	9.27–9.30
a) Wettbewerbliche Eigenart auf Grund ästhetischer Merkmale	9.27
b) Wettbewerbliche Eigenart auf Grund technischer Merkmale	9.28
c) Wettbewerbliche Eigenart auf Grund eines Programms	9.29
d) Sonstiges	9.30
3. Herkunftshinweis	9.31
4. Besonderheiten des Erzeugnisses	9.32
5. Feststellung der wettbewerblichen Eigenart	9.33
V. Nachahmung	9.34–9.38
1. Allgemeines	9.34, 9.34 a
a) Begriff der Nachahmung	9.34
b) Erfordernis einer Vermarktung der fremden Leistung?	9.34 a
2. Erscheinungsformen der Nachahmung	9.34 b – 9.37
a) Allgemeines	9.34 b
b) Unmittelbare Leistungsübernahme	9.35
c) Fast identische Leistungsübernahme	9.36
d) Nachschaffende Leistungsübernahme	9.37
3. Abgrenzung	9.38
VI. Anbieten	9.39
VII. Besondere, die Unlauterkeit der Nachahmung begründende Umstände	9.40–9.67
1. Allgemeines	9.40
2. Herkunftstäuschung	9.41–9.50
a) Allgemeines	9.41
b) Erfordernis einer gewissen Bekanntheit des Originals	9.41 a–9.41 c
c) Begriff und Arten der Herkunftstäuschung	9.42–9.44
aa) Begriff	9.42, 9.42 a

		Rdn
bb) Unmittelbare Herkunftstäuschung		9.43–9.43 e
cc) Herkunftstäuschung im weiteren Sinn		9.44
d) Vermeidbarkeit der Herkunftstäuschung		9.45–9.50
aa) Grundsatz		9.45
bb) Eignung von Maßnahmen		9.46–9.46 c
cc) Zumutbarkeit von Maßnahmen		9.47–9.50
(1) Ästhetische Merkmale und Kennzeichnungen		9.48
(2) Technische Merkmale		9.49
(3) Kompatible Erzeugnisse		9.50
3. Unangemessene Ausnutzung oder Beeinträchtigung der Wertschätzung des nachgeahmten Produkts		9.51–9.59
a) Allgemeines		9.51
b) Wertschätzung		9.52
c) Ausnutzung der Wertschätzung		9.53–9.58
aa) Beschreibung		9.53
bb) Rufausbeutung auf Grund einer Waren- oder Dienstleistungsverwechslung		9.54
cc) Rufausbeutung ohne Waren- oder Dienstleistungsverwechslung		9.55
dd) Rufausbeutung durch Einschieben in fremde Serie?		9.56–9.58
(1) Stand der Rspr		9.56
(2) Schrifttum		9.57
(3) Stellungnahme		9.58
d) Beeinträchtigung der Wertschätzung		9.59
4. Unredliche Erlangung von Kenntnissen und Unterlagen		9.60–9.62
a) Allgemeines		9.60
b) Unredlichkeit		9.61, 9.62
aa) Strafbares Verhalten		9.61
bb) Täuschung und Vertrauensbruch		9.62
5. Behinderung		9.63–9.67
a) Allgemeines		9.63
b) Kriterien der Behinderung		9.64–9.67
aa) Preisunterbietung		9.65
bb) Systematische Nachahmung einer Vielzahl von Erzeugnissen		9.66
(1) Die Zahl der nachgeahmten Produkte		9.66
(2) Die frei Wählbarkeit von Gestaltungselementen		9.66
(3) Das Ausmaß der eingesparten Entwicklungskosten und der dadurch ermöglichten Preisunterbietung		9.66
cc) Nachahmung kurzlebiger Modeerzeugnisse		9.67
VIII. Subjektiver Tatbestand		9.68
IX. Gesamtwürdigung (Wechselwirkung)		9.69
X. Dauer des lauterkeitsrechtlichen Nachahmungsschutzes		9.70–9.77
1. Allgemeines		9.70
2. Einzelheiten		9.71–9.77
a) Wegfall der wettbewerblichen Eigenart		9.71
b) Vermeidbare Herkunftstäuschung		9.72
c) Ausnutzung oder Beeinträchtigung der Wertschätzung		9.73
d) Unredliche Erlangung von Kenntnissen und Unterlagen		9.74
e) Behinderung		9.75–9.77
aa) Grundsatz		9.75
bb) Ästhetische Merkmale von Erzeugnissen		9.76
cc) Technische Merkmale von Erzeugnissen		9.77
XI. Beweislast		9.78

3. Abschnitt. Rechtsfolgen ... 9.79–9.89

    I. Allgemeines ... 9.79
    II. Unterlassungsanspruch ... 9.80
    III. Beseitigungsanspruch ... 9.81
    IV. Schadensersatzanspruch ... 9.82, 9.83
        1. Verschulden ... 9.82
        2. Anspruchsinhalt ... 9.83
    V. Bereicherungsanspruch ... 9.84

UWG § 4 Beispiele unlauterer geschäftlicher Handlungen

	Rdn
VI. Anspruchsberechtigung und Anspruchsverpflichtung	9.85–9.87
1. Anspruchsberechtigung	9.85, 9.86
a) Hersteller des Originals	9.85
b) Sonstige Mitbewerber und Verbände?	9.86
2. Anspruchsverpflichtung	9.87
VII. Verjährung	9.88
VIII. Klageantrag und Verbotsausspruch	9.89

Schrifttum: *Aigner/Müller-Broich,* Der Schutz von Prestige-Produkten gemäß § 4 Nr. 9 b) UWG, WRP 2008, 438; *Altmeppen,* Zur Unlauterkeit des „Einschiebens in eine fremde Serie", ZIP 1997, 2069; *Artmann,* Nachahmen und Übernahme fremder Leistung im Wettbewerbsrecht, ÖBl 1999, 3; *Bartenbach/Fock,* Das neue nicht eingetragene Geschmacksmuster – Ende des ergänzenden wettbewerbsrechtlichen Leistungsschutzes oder dessen Verstärkung?, WRP 2002, 1119; *Beater,* Nachahmen im Wettbewerb, 1995; *Berger,* Der Schutz elektronischer Datenbanken nach der EG-Richtlinie vom 11. 3. 1996, GRUR 1997, 169; *Beyerlein,* Ergänzender Leistungsschutz gemäß § 4 Nr 9 UWG als „geistiges Eigentum" nach der Enforcement-Richtlinie (2004/48/EG), WRP 2005, 1354; *Bopp,* Sklavischer Nachbau technischer Erzeugnisse, GRUR 1997, 34; *Bornkamm,* Markenrecht und wettbewerbsrechtlicher Kennzeichenschutz, GRUR 2005, 97; *ders,* Kennzeichenrecht und Irreführungsverbot – Zur wettbewerbsrechtlichen Beurteilung der irreführenden Kennzeichenbenutzung, FS Mühlendahl, 2006, 9; *Böxler,* Der Vorrang des Markenrechts, ZGE 2009, 357; *Brandi-Dohrn,* Softwareschutz durch Wettbewerbsrecht, Mitt 1993, 77; *Büscher,* Schnittstellen zwischen Markenrecht und Wettbewerbsrecht, GRUR 2009, 230; *Dembowski,* Schutzumfang der Warenformmarke, FS Erdmann, 2002, 25; *Deutsch,* Anspruchskonkurrenz im Marken- und Kennzeichenrecht, WRP 2000, 854; *Eickmeier/Fischer-Zernin,* Ist der Formatschutz am Ende?, GRUR 2008, 755; *Erdmann,* Die zeitliche Begrenzung des ergänzenden wettbewerbsrechtlichen Leistungsschutzes, FS Vieregge, 1995, 197; *Fezer,* Der wettbewerbsrechtliche Schutz der unternehmerischen Leistung, FS Gewerblicher Rechtsschutz und Urheberrecht in Deutschland, 1991, 939; *ders,* Leistungsschutz im Wettbewerbsrecht, WRP 1993, 63; *ders,* Modernisierung des deutschen Rechts gegen den unlauteren Wettbewerb auf der Grundlage einer Europäisierung des Wettbewerbsrechts, WRP 2001, 988; *ders,* Imitationsmarketing – Die irreführende Produktvermarktung im Sinne der europäischen Wettbewerbsrichtlinie (Art 6 Abs. 2 lit a RL), MarkenR 2006, 511; *ders,* Normenkonkurrenz zwischen Kennzeichenrecht und Lauterkeitsrecht, WRP 2008, 1; *ders,* Imitationsmarketing als irreführende Produktvermarktung, GRUR 2009, 451; *Fiebig,* Wohin mit dem „Look-Alike"?, WRP 2007, 1316; *Foerster,* Der Schutz des Werbeslogans vor Nachahmung, 1989; *Fournier,* Bereicherungsausgleich bei Eingriffen in Wettbewerbspositionen: zugleich ein Beitrag zur Dogmatik des wettbewerbsrechtlichen Leistungsschutzes, 1998; *Götte,* Die Schutzdauer im wettbewerbsrechtlichen Leistungsschutz, 2000; *Gorny,* Zum Schutz neuartiger Lebensmittel (Novel Foods), GRUR 1995, 721; *Gruber,* Wettbewerbsrechtlicher Nachahmungsschutz gegen kompatible Produkte?, WBl 2000, 145; *Gottschalk,* Der Schutz des Designs nach deutschem und europäischem Recht, 2005; *Günther,* Ungenehmigte Radioberichterstattung von Sportveranstaltungen als unlauterer Wettbewerb? WRP 2005, 703; *Heermann,* Rechtlicher Schutz von Slogans, WRP 2004, 263; *Heinrich,* Der rechtliche Schutz von Datenbanken, WRP 1997, 275; *Henning-Bodewig,* Relevanz der Irreführung, UWG-Nachahmungsschutz und die Abgrenzung Lauterkeitsrecht/IP-Rechte, GRUR Int 2007, 986; *Hoeren,* Sounds von der Datenbank – Zur urheber- und wettbewerbsrechtlichen Beurteilung des Samplings in der Popmusik, GRUR 1989, 11; *Heyers,* Wettbewerbsrechtlicher Schutz gegen das Einschieben in fremde Serien, GRUR 2006, 23; *Hösch,* Der Schutz von „Image" als unternehmerische Leistung im und seine Grenzen durch Art. 30 EGV und den freien Wettbewerb, WRP 1994, 796; *Jacobs,* Von Pumpen, Noppenbahnen und Laubheftern – Zum wettbewerbsrechtlichen Leistungsschutz bei technischen Erzeugnissen, FS Hahn, 2002, 71; *Jaenich,* „Automobilplagiate" – zum Schutz des Designs von Kraftfahrzeugen vor Nachahmung, GRUR 2008, 873; *Jersch,* Ergänzender Leistungsschutz und Computersoftware, 1993; *Kaulmann,* Der Schutz des Werbeslogans vor Nachahmungen, 2006; *dies,* Der Schutz des Werbeslogans vor Nachahmung, GRUR 2008, 854; *Keller,* Der wettbewerbsrechtliche Leistungsschutz – Vom Handlungsschutz zur Immaterialgüterrechtsähnlichkeit, FS Erdmann, 2002, 595; *Kiethe/Groeschke,* „Jeans" – Verteidigung wettbewerblicher Eigenart von Modeneuheiten, WRP 2006, 794; *dies,* Erweiterung des Markenschutzes vor Verwechselungen durch das neue Lauterkeitsrecht, WRP 2009, 1343; *Klein,* Die Zweitverwertung von Stellenanzeigen, GRUR 2005, 377; *Knies,* Der wettbewerbsrechtliche Leistungsschutz – eine unzulässige Rechtsfortführung?, 1996; *Köhler,* Der ergänzende Leistungsschutz: Plädoyer für eine gesetzliche Regelung, WRP 1999, 1075; *ders,* Das Verhältnis des Wettbewerbsrechts zum Recht des geistigen Eigentums, GRUR 2007, 548; *ders,* Die Unlauterkeitstatbestände des § 4 UWG und ihre Auslegung im Lichte der Richtlinie über unlautere Geschäftspraktiken, GRUR 2008, 841; *ders,* Der Schutz vor Produktnachahmung im Markenrecht, Geschmacksmusterrecht und neuen Lauterkeitsrecht, GRUR 2009, 445; *ders,* Der „Mitbewerber", WRP 009, 499; *König,* Der wettbewerbsrechtliche Schutz von Computerprogrammen vor Nachahmung, NJW 1990, 2233; *Körner,* Die notwendige Europäisierung des deutschen Richterrechts, FS Mailänder, 2006, 141; *ders,* Das allgemeine Wettbewerbsrecht als Auffangtatbestand für fehlgeschlagenen oder abgelaufenen Sonderrechtsschutz, FS Ullmann, 2006, 701; *Kothes,* Der Schutz von Werbeslogans im Lichte von Urheber-, Marken- und Wettbewerbsrecht, 2006; *Krüger/v Gamm,* Die „Noppenbahnen-Doktrin" – Ein Irrweg?, WRP 2004, 978; *Kur,* Der wettbewerbliche Leistungsschutz, GRUR 1990, 1; *dies,* Wettbewerbsrechtlicher Nachahmungsschutz gegen kompatible Produkte, GRUR Int 1995, 469; *dies,* Ansätze zur Harmonisierung des Lauterkeitsrechts im Bereich des wettbewerblichen Leistungsschutzes, GRUR Int 1998, 771; *dies,* Nachahmungsschutz und Freiheit des Warenverkehrs – der wettbewerbsrechtliche Leistungsschutz aus der Perspektive des Gemeinschaftsrechts, FS Ullmann, 2006, 717; *Lubberger,* Wettbewerbsrechtlicher Nachahmungsschutz, in Eichmann/Kur, Designrecht, 2009, § 6; *ders,* Grundsatz der Nachahmungsfreiheit?, FS Ullmann, 2006, 737; *ders,* Alter Wein in neuen Schläuchen, WRP 2007, 873; *ders,* Der Zweitmarkenirrtum, MarkenR 2009, 818; *Maierhöfer,* Geschmacksmusterschutz und UWG-Leistungsschutz, 2006; *Mees,* Verbandsklagebefugnis in Fällen des ergänzenden wettbewerbsrechtlichen Leistungsschutzes, WRP 1999, 62; *Messer,* Der Werbespruch als geeigneter Gegenstand wettbewerbsrechtlichen Leistungsschutzes, FS Erdmann, 2002, 669; *Müller-Laube,* Wettbewerbsrechtlicher Schutz gegen Nachahmung und Nachbildung gewerblicher Erzeugnisse, ZHR 156 (1992), 480; *Nirk,* Zur Rechtsfigur des wettbewerbsrechtlichen Leistungsschutzes, GRUR 1993, 247; *Münker,* Verbandsklagen im sogenannten ergänzenden wettbewerbsrechtlichen Leistungsschutz, FS Ullmann, 2006, 781; *Nemeczek,* Gibt es einen unmittelbaren Leistungsschutz im Lauterkeitsrecht?, WRP 2010, 1204; *ders,* Wettbewerbliche Eigenart und die Dichotomie des unmittelbaren Leistungsschutzes, WRP 2010, 1315; *Nirk/Rörig,* Nicht eingetragenes EG-Geschmacksmuster und ergänzender Leistungsschutz, FS Mailänder, 2006, 161; *Ohly,* Klemmbausteine im Wandel der Zeit – ein Plädoyer für eine strikte Subsidiarität des UWG-Markenschutzes, FS Ullmann, 2006, 795; *ders,* Designschutz im Spannungsfeld von Geschmacksmuster-, Kennzeichen- und Lauterkeitsrecht, GRUR 2007, 731; *ders,* Hartplatzhelden.de oder: Wohin mit dem unmittelbaren Leistungsschutz?, GRUR 2010, 487; *Osterloh,* Die Ware als Marke, FS Erdmann, 2002, 445; *Ortner,* Zum gewerblichen Rechtsschutz bei Nachahmung von Modeerzeugnissen, WRP 2006, 189; *Osterrieth,* Der Nachahmungsschutz beim nicht eingetragenen Geschmacksmuster und beim ergänzenden Leistungsschutz, FS Tilmann, 2003, 221; *Petry,* Nachwirkender" UWG-Nachahmungsschutz, WRP 2007, 1045; *Peukert,* hartplatzhelden.de – Eine Nagelprobe für den wettbewerbsrechtlichen Leistungsschutz, WRP 2010, 316; *Rauda,* Abschied des BGH vom „Einschieben in eine fremde Serie"?, GRUR 2002, 38; *Ralhlf/Gottschalk,* Neuland: Das nicht eingetragene Gemeinschaftsgeschmacksmuster, GRUR Int 2004, 821; *Riesenhuber,* Lego-Stein des Anstoßes, WRP 2005, 1118; *Rohnke,* Schutz der Produktgestaltung durch Formmarken und ergänzenden Leistungsschutz, FS Erdmann, 2002, 455; *Sack,* Nachahmen im Wettbewerb, ZHR 160 (1996), 493; *ders,* Das Einschieben in eine fremde Serie: Sonderfall oder Normalfall des ergänzenden wettbewerblichen Leistungsschutzes, FS Erdmann, 2002, 697; *Sambuc,* Der Nachahmungsschutz, 1996; *ders,* Tatbestand und Bewertung der Rufausbeutung durch Produktnachahmung, GRUR 1996, 675; *Scherer,* Das Verhältnis des lauterkeitsrechtlichen Nachahmungsschutzes nach § 4 Nr. 9 UWG zur europarechtlichen Vollharmonisierung der irreführenden oder vergleichenden Werbung, WRP 2009, 1446; *Schmidt/Eidenmüller,* Zur Schutzdauer wegen vermeidbarer Herkunftstäuschung bei technischen Produkten, GRUR 1990, 337; *Schrader,* Begrenzung des ergänzenden wettbewerbsrechtlichen Leistungsschutzes, WRP 2005, 562; *Schreiber,* Wettbewerbsrechtliche Kennzeichenrechte?, GRUR 2009, 113; *Schütz,* Nachahmungsgefahr und Unlauterkeit, WRP 1993, 168; *Schulte-Beckhausen,* Das Verhältnis des § 1 UWG zu den gewerblichen Schutzrechten und zum Urheberrecht, 1994; *Schulz,* Grenzlinien zwischen Markenrecht und wettbewerblichem Leistungsschutz, FS Helm, 2002, 237; *Seiler,* Zum Tatbestand der sogenannten sklavischen Nachbildung, BB 1967, 257; *Spätgens,* Gedanken zur Klageberechtigung und zum Herstellerbegriff beim ergänzenden Leistungsschutz, FS Erdmann, 2002, 727; *Steinbeck,* Zur These vom Vorrang des Markenrechts, FS Ullmann, 2006, 409; *Stieper,* Das Verhältnis von Immaterialgüterrechtsschutz und Nachahmungsschutz nach neuem UWG, WRP 2006, 291; *ders,* Dreifache Schadensberechnung nach der Durchsetzungsrichtlinie 2004/48/EG im Immaterialgüter- und Wettbewerbsrecht, WRP 2010, 624; *Traub,* Zur Ausweitung des Innovationsschutzes durch Immaterialgüterrechte im europäischen Bereich: Gibt es Auswirkungen auf den ergänzenden wettbewerbsrechtlichen Leistungsschutz?, FS Söllner, 2000, 1213; *Thouvenin,* Funktionale Systematisierung von Wettbewerbsrecht und Immaterialgüterrecht, 2007; *Ulrich,* Der ergänzende wettbewerbsrechtliche Leistungsschutz, NJW 1994, 1201; *Wahl,* Das Einschieben in eine fremde Serie, 2008; *Walch,* Ergänzender Leistungsschutz nach § 1 UWG, 1991; *Wiebe,* Unmittelbare Leistungsübernahme im neuen Wettbewerbsrecht, FS Schricker, 2005, 773.

1. Abschnitt. Allgemeines

I. Entstehungsgeschichte und Normzweck

1. Entstehungsgeschichte

Die unlautere Nachahmung fremder Leistungsergebnisse hatte bereits das **Reichsgericht** als Fallgruppe unlauteren Handelns anerkannt (vgl RGZ 115, 180 – *Puppenjunge;* RG GRUR 1941, 116 – *Torpedofreilauf;* RG GRUR 1940, 489 – *Filterpresse).* Der **Bundesgerichtshof** hatte später diese Fallgruppe präzisiert. In der Folgezeit wurden im Schrifttum Forderungen nach einer gesetzlichen Regelung des „ergänzenden wettbewerbsrechtlichen Leistungsschutzes" erhoben (vgl *Köhler* WRP 1999, 1075; *Fezer* WRP 2001, 989, 1004 ff; *Schricker/Henning-Bodewig* WRP 2001, 1367, 1381). Der Gesetzgeber hat in § 4 Nr 9 den Vorschlag von *Köhler/Bornkamm/Henning-Bodewig* (WRP 2002, 1317, dort § 5 Nr 2) wörtlich übernommen. Darin wurde erkennbar die frühere Rspr zu § 1 UWG 1909, jedenfalls in ihren Grundlinien, kodifiziert. Das

9.1

UWG 2008 hat insoweit keine Änderung vorgenommen. Die von der Rspr entwickelten Grundsätze gelten daher auch weiterhin (BGH GRUR 2010, 80 Tz 20 – *LIKEaBIKE*).

2. Normzweck und Auslegung

9.2 Der in § 4 Nr 9 normierte, (die Sonderschutzregelungen) sog „ergänzende wettbewerbsrechtliche Leistungsschutz", den man sachgerechter wohl als lauterkeitsrechtlichen Nachahmungsschutz bezeichnen sollte (Rdn 9.4), umfasst **drei Tatbestände** der unlauteren Produktnachahmung. Ihr gemeinsamer **Normzweck** ist der **Schutz des Mitbewerbers** vor der Ausbeutung eines von ihm geschaffenen Leistungsergebnisses mit unlauteren Mitteln oder Methoden. Daneben dient der Tatbestand des § 4 Nr 9 lit a dem **Schutz der Verbraucher und sonstigen Marktteilnehmer** vor einer Irreführung über die betriebliche Herkunft des Nachahmungsprodukts (Rdn 9.4 a). Insgesamt dient die Regelung auch dem **Interesse der Allgemeinheit** an einem innovativen und damit unverfälschten Wettbewerb (BGH GRUR 2005, 519, 520 – *Vitamin-Zell-Komplex;* BGH GRUR 2007, 984 Tz 23 – *Gartenliege*). Die Regelung in § 4 Nr 9 fügt sich damit nahtlos in die allgemeine Schutzzweckbestimmung des § 1 ein (Rdn 9.4 a).

9.2a Bei der **Auslegung** der einzelnen Tatbestandsmerkmale ist ihr sachlicher Zusammenhang zu berücksichtigen. Dem trägt insbes die **Wechselwirkungstheorie** (Rdn 9.69) Rechnung. Aber auch die Bedeutung einzelner Tatbestandsmerkmale ist im Zusammenhang mit dem jeweils zu prüfenden Tatbestand zu sehen. So können die Anforderungen an die wettbewerbliche Eigenart der nachgeahmten Leistung oder an die Nachahmung unterschiedlich sein, je nachdem, ob es um eine vermeidbare Herkunftstäuschung oder um eine unangemessene Rufausbeutung geht. – Soweit es den Irreführungsschutz (§ 4 Nr 9 lit a) betrifft, sind auch Nr 13 Anh zu § 3 III, § 5 I 2 Nr 1, § 5 II und § 6 II Nr 3 zu berücksichtigen (dazu näher Rdn 9.16 und 9.86).

9.2b Soweit die Auslegung ergibt, dass ein Sachverhalt sich nicht unter § 4 Nr 9 subsumieren lässt, bleibt immer noch zu prüfen, ob eine **analoge** Anwendung des § 4 Nr 9 (dazu § 4 Rdn 0.6) oder eine Anwendung des **§ 4 Nr 10** (dazu Rdn 9.63) oder aber ein unmittelbarer Rückgriff auf die Generalklausel des **§ 3 I** in Betracht kommt. Allerdings ist dabei nach der Rspr der Grundsatz der Nachahmungsfreiheit zu berücksichtigen. Daher soll Unlauterkeit nur in Ausnahmefällen, dh bei Vorliegen bes Umstände, zu bejahen sein (BGH GRUR 2007, 795 Tz 51 – *Handtaschen;* BGH GRUR 2008, 1115 Tz 32 – *ICON*).

II. Wettbewerbspolitische Rechtfertigung und dogmatische Einordnung

1. Wettbewerbspolitische Rechtfertigung

9.3 Zu den wettbewerbspolitischen Grundfragen gehört es, ob und inwieweit die Nachahmung fremder Leistungsergebnisse, die nicht unter Sonderrechtsschutz stehen, erlaubt oder verboten werden soll. Die unbeschränkte Zulassung der Vermarktung von Nachahmungsprodukten wäre aus wettbewerbspolitischer Sicht sehr bedenklich, weil dadurch der **vorstoßende (innovatorische) Wettbewerb** und damit die **Fortschrittsfunktion des Wettbewerbs** gefährdet würde (vgl BGH GRUR 2000, 521, 526 – *Vakuumpumpen; Beater* § 22 Rdn 38 ff). Denn ohne einen solchen Schutz würde der Anreiz zur Schaffung und Vermarktung von neuen Produkten mit entsprechendem Kostenaufwand geschwächt, könnten doch Mitbewerber unter Einsparung dieser Kosten Nachahmungen billig auf den Markt werfen (vgl BGH GRUR 1966, 617, 620 – *Saxophon;* BGH GRUR 1996, 210, 213 – *Vakuumpumpen*). Umgekehrt würde ein generelles Verbot der Produktnachahmung den **verfolgenden (imitatorischen) Wettbewerb** beeinträchtigen. Insbes würde die Durchsetzung des technischen Fortschritts im Allgemeininteresse behindert (vgl BGH GRUR 2000, 521, 523 – *Modulgerüst I*). Im Hinblick auf die Vielfalt möglicher Nachahmungen und der damit verbundenen Interessenkonflikte kann eine sachgerechte wettbewerbspolitische Lösung nicht mit starren Regeln erfolgen. Vielmehr müssen die divergierenden Interessen der Beteiligten und der Allgemeinheit zu einem Ausgleich gebracht werden. Die Rspr versuchte dem in der Vergangenheit mit der Formel Rechnung zu tragen, dass außerhalb der Sonderschutzrechte die Nachahmung grds erlaubt und nur beim Vorliegen besonderer Umstände unlauter ist (vgl BGH GRUR 1999, 751, 752 – *Güllepumpen;* BGH GRUR 1999, 1106, 1108 – *Rollstuhlnachbau;* BGH GRUR 2000, 521, 523 – *Modulgerüst I*). Sie geht von einem **Grundsatz der Nachahmungsfreiheit** aus (BGH GRUR 2007, 795 Tz 50 – *Handtaschen;* BGH GRUR 2008, 1115 Tz 42 – *ICON*). Begründet wird dieser Grundsatz mit einem Umkehrschluss zum Bestehen sondergesetzlicher Regelungen des Nachahmungsschutzes (*Fezer* WRP 1993, 63, 65; *Mees* WRP 1999, 62, 65; Begr RegE UWG zu § 4 Nr 9, BT-Drucks 15/

1487 S 18) und mit der allgemeinen Handlungs- und Berufsfreiheit der Art 2, 12 GG (*Sambuc* Rdn 9) sowie mit dem Grundsatz der Wettbewerbsfreiheit (Piper/*Ohly*/Sosnitza § 4 Rdn 9/15). Dahinter steht die Erwägung, dass „Leistungen der Gegenwart ohnehin auf dem Erbe der Vergangenheit aufbauen und dass ein Gewerbetreibender, der ein Wettbewerbserzeugnis auf den Markt bringen will, den bereits erreichten Entwicklungsstand und eine günstige Marktnachfrage seinerseits nicht ungenutzt zu lassen braucht" (vgl BGH GRUR 1967, 315, 317 – *scai-cubana*). – Die Begründung der grundsätzlichen Nachahmungsfreiheit im Lauterkeitsrecht ist allerdings dogmatisch und wettbewerbspolitisch nicht unbedenklich (vgl *Fritze* GRUR 1982, 1; *Kur* GRUR Int 1998, 771, 775; *Köhler* WRP 1999, 1075, 1077; *Köhler* GRUR 2007, 548, 549; *Lubberger,* FS Ullmann, 2006, 737, 745 ff; vgl auch *Fezer* WRP 2001, 988, 1005). Letztlich geht es nämlich nur darum, welche Grenzen das Lauterkeitsrecht dem Nachahmer setzt. Die Antwort auf diese Frage darf nicht durch das Postulat eines Grundsatzes der Nachahmungsfreiheit iSe Regel/Ausnahmeverhältnisses präjudiziert werden. – Umgekehrt gilt, dass das bloße Nachahmen eines nicht unter Sonderrechtsschutz stehenden Leistungsergebnisses nicht von vornherein, sondern nur unter besonderen Umständen unlauter ist. Es ist der früheren Rspr insoweit nicht ohne Grund vorgeworfen worden, sie habe den Grundsatz der Nachahmungsfreiheit in der Sache umgekehrt und nur danach gefragt, ob der Nachahmer ein schutzwürdiges Interesse an der Nachahmung habe (vgl *Beater* § 22 Rdn 8).

2. Dogmatische Einordnung

a) Marktverhaltensregelung. Entsprechend der allgemeinen Struktur des UWG als Marktverhaltensrecht stellt auch § 4 Nr 9 nur eine **Marktverhaltensregelung** dar (ebenso BGH GRUR 2005, 349, 352 – *Klemmbausteine III*). Das dogmatische Konzept des § 4 Nr 9 als Marktverhaltensregelung entspricht letztlich der Rspr (vgl zum früheren Recht BGH GRUR 1967, 315, 317 – *scai-cubana*; BGH GRUR 1977, 666, 667 – *Einbauleuchten*; zum jetzigen Recht BGH GRUR 2005, 349, 352 – *Klemmbausteine III*) und hL (vgl Harte/Henning/*Sambuc* § 4 Nr 9 Rdn 9; Piper/*Ohly*/Sosnitza § 4 Rdn 9/6). Daher ist eine Unterscheidung zwischen der Rechtslage vor und nach der UWG-Reform 2004 nicht erforderlich (BGH GRUR 2009, 79 Tz 25 – *Gebäckpresse*). Die Vorschrift begründet daher **kein subjektives Recht** (Ausschließlichkeitsrecht) an Leistungsergebnissen und damit keinen absoluten Schutz des Schöpfers eines Leistungsergebnisses vor Nachahmung. Dies ist vielmehr den Sonderschutzrechten (im Wesentlichen Patent-, Gebrauchsmuster-, Urheber-, Geschmacksmuster- und Markenrecht) vorbehalten. Das Leistungsergebnis wird nicht als solches geschützt, auch nicht, wenn es mit „Mühen und Kosten" geschaffen worden ist. Vielmehr werden Unternehmer nur vor der unlauteren Vermarktung ihrer Leistungsergebnisse durch Mitbewerber geschützt. Es geht also nicht um das „ob", sondern um das „wie" der Nachahmung, also um das Verhalten im Zusammenhang mit der Herstellung und Vermarktung der Nachahmung. Die übliche Bezeichnung der Regelung in § 4 Nr 9 als **„ergänzender wettbewerbsrechtlicher Leistungsschutz"** ist (auch) insoweit fragwürdig (zur Kritik vgl *Münker,* FS Ullmann, 2006, 781, 793; *Köhler* GRUR 2007, 548, 549). Sachgerechter erscheint die Bezeichnung als **lauterkeitsrechtlicher Nachahmungsschutz.** – Allerdings darf die dogmatische Unterscheidung zwischen der Zuerkennung subjektiver Rechte und der Aufstellung von Verhaltenspflichten nicht überbewertet werden (krit auch *Sambuc* Rdn 35 ff). Die Grenzen sind vielmehr fließend, wie ein Blick auf das „allgemeine Persönlichkeitsrecht" und das „Recht am Unternehmen", die ebenfalls keine festen Grenzen aufweisen, bestätigt. Denn es ist lediglich eine Frage der Rechtstechnik, ob ein Interessenschutz durch Gewährung absoluter Rechte oder durch Aufstellung von Verhaltenspflichten gewährt wird. Eine Annäherung des lauterkeitsrechtlichen Schutzes von Leistungsergebnissen an den Schutz durch die Sonderschutzrechte ist jedenfalls auf der Rechtsfolgenebene durch die Zuerkennung der **dreifachen Schadensberechnung** (§ 9 Rdn 1.36 ff) erfolgt. Das steht nicht im Widerspruch zur Einordnung des § 4 Nr 9 als Marktverhaltensregelung (aA *Stieper* WRP 2010, 624, 628 ff) und ist auch vom Unionsrecht gedeckt. Denn die Mitgliedstaaten sind nach Erwägungsgrund 13 S 2 der Durchsetzungsrichtlinie 2004/48/EG nicht gehindert, die Bestimmungen dieser Richtlinie „bei Bedarf zu innerstaatlichen Zwecken auf Handlungen auszuweiten, die den unlauteren Wettbewerb einschließlich der Produktpiraterie oder vergleichbare Tätigkeiten betreffen".

b) Schutzzweckorientierte Einordnung des § 4 Nr 9 in das System des Lauterkeitsrechts. Der Unlauterkeitstatbestand des § 4 Nr 9 ist in die allgemeine Schutzzweckbestimmung des § 1 einzuordnen. Nur aus ihr erhält er seine lauterkeitsrechtliche Legitimation und Funktion (*Köhler* GRUR 2007, 548, 551; wohl auch *Lubberger* WRP 2007, 873; vgl auch *Ohly* GRUR

2007, 731). Letztlich stellt § 4 Nr 9 nur eine besondere Ausprägung anderer Unlauterkeitstatbestände dar, nämlich der gezielten **Mitbewerberbehinderung** und der **Irreführung** dar. Die Vorschrift ist also im Kontext der allgemeinen Regelungen des UWG zur Irreführung (§ 5 I 2 Nr 1, II;§ 6 II Nrn 3, 5 und 6; § 3 III Anh Nr 13) und der Mitbewerberbehinderung (§ 4 Nr 10, § 6 II Nr 4–6) zu sehen (vgl *Köhler* GRUR 2007, 548, 551; *ders* GRUR 2008, 841, 845 ff; *ders* GRUR 2009, 445, 449 ff; *Lubberger* WRP 2007, 873). Dementsprechend ist die **Aufzählung** in den Fallgruppen Buchstabe a–c – entsprechend der allgemeinen Regelungsstruktur der Beispielstatbestände – **nicht abschließend** (vgl Begr RegE UWG 2004 zu § 4 Nr 9, BT-Drucks 15/1487 S 18; BGH GRUR 2004, 941, 943 – *Metallbett*). Daher kann auch der allgemeine Gesichtspunkt der Mitbewerberbehinderung zur Beurteilung der Unlauterkeit einer Produktnachahmung herangezogen werden (BGH GRUR 2007, 795 Tz 50, 51 – *Handtaschen*; zu Einzelheiten vgl Rdn 9.63 ff).

III. Verhältnis des lauterkeitsrechtlichen Nachahmungsschutzes zu anderen Regelungen

1. Verhältnis zu anderen lauterkeitsrechtlichen Vorschriften

9.5 a) **Verhältnis zu § 3 III Anh Nr 13, § 5 und § 6.** Die auf die UGP-Richtlinie und die Werberichtlinie zurückgehenden Regelungen in § 3 III Anh Nr 13, in § 5 I 2 Nr 1, II (dazu § 5 Rdn 4.236 ff) und in § 6 II Nr 3, 5 und 6 (dazu Rdn 9.16) werden durch § 4 Nr 9 nicht tangiert (*Köhler* GRUR 2009, 445; aA *Fiebig* WRP 2007, 1316, 1319). Denn diese Vorschriften bezwecken eine vollständige Rechtsangleichung und insoweit gilt der Vorrang des Unionsrechts (dazu EuGH GRUR 2006, 345 – *Siemens/VIPA;* EuGH GRUR 2009, 756 Tz 66 ff – *L' Oréal;* BGH GRUR 2005, 438 – *Bestellnummernübernahme;* BGH GRUR 2008, 628 Tz 25 – *Imitationswerbung; Köhler* GRUR 2008, 841, 845 ff). Liegt nach diesen Vorschriften eine zulässige Werbung vor, kann sie daher nicht nach § 4 Nr 9 lit a unlauter sein. Umgekehrt kann nach diesen Vorschriften eine Werbung unzulässig sein, auch wenn der Tatbestand des § 4 Nr 9 nicht erfüllt ist (vgl *Köhler* GRUR 2008, 632, 633). Soweit die Tatbestände des § 4 Nr 9 mit diesen Regelungen übereinstimmen, sind sie nebeneinander anwendbar (vgl BGH WRP 2010, 527 Tz 42 – *Oracle* für das Verhältnis von § 6 II Nr 6 zu § 4 Nr. 9 lit. b UWG). Für eine selbstständige (und nicht nur konkurrierende) Anwendbarkeit des § 4 Nr 9 verbleiben die Fälle, die entweder tatbestandlich von diesen Vorschriften nicht erfasst sind, oder die auch nach diesen Vorschriften unzulässig sind. Insoweit beschränkt sich die Funktion des § 4 Nr 9 aber auf den Individualschutz des Herstellers des Originals (Rdn 9.85, 9.86).

9.5a b) **Verhältnis zu § 4 Nr 10.** Zum Verhältnis von § 4 Nr 9 zu § 4 Nr 10 vgl Rdn 9.63.

9.5b c) **Verhältnis zu den §§ 17, 18.** Echte Konkurrenz kann zu den Straftatbeständen der §§ **17, 18** bestehen, die über den Rechtsbruchtatbestand des § 4 Nr 11 auch lauterkeitsrechtlich relevant sind.

9.5c d) **Verhältnis zur Generalklausel des § 3 I („unmittelbarer Leistungsschutz").** Noch nicht abschließend geklärt ist, ob ein sog **unmittelbarer Leistungsschutz** auf der Grundlage der Generalklausel des § 3 I möglich ist, wenn der Tatbestand des § 4 Nr 9 nicht erfüllt ist (dazu Piper/Ohly/Sosnitza § 4 Rdn 9/77–9/79 mwN). Nach einer Auffassung soll § 3 I dann anwendbar sein, wenn für die fragliche Leistung im Recht des geistigen Eigentums eine planwidrige Regelungslücke bestehe und eine Abwägung aller beteiligten Interessen für einen Leistungsschutz spreche (*Ohly* GRUR 2010, 487, 490 ff; vgl auch *Peukert* WRP 2010, 316, 320). Dagegen spricht indessen, dass dem Recht des geistigen Eigentums keine planmäßige Gesamtregelung zu Grunde liegt und es daher auch keine planwidrige Regelungslücke geben kann. Auch ist ein Bedürfnis für einen unmittelbaren Leistungsschutz nach § 3 I derzeit nicht zu erkennen, zumal mit § 4 Nr 10 eine ergänzende Regelung bereit steht (Rdn 9.63 ff). Wollte man darüber hinausgehen, würden damit über den Sonderrechtsschutz hinaus mittels des UWG faktisch weitere Immaterialgüterrechte geschaffen (ebenso *Nemeczek* WRP 2010, 1204). Dies ist aber nicht (mehr) die Aufgabe des Lauterkeitsrechts als eines Marktverhaltensrechts. Ihm kommt keine „Schrittmacherfunktion" für das Recht des geistigen Eigentums zu (*Köhler* GRUR 2010, 657, 658).

2. Verhältnis zum Sonderrechtsschutz

a) Vorrang des Sonderrechtsschutzes oder Gleichrang des lauterkeitsrechtlichen Nachahmungsschutzes? Rspr und Schrifttum (vgl die Nachw bei *Köhler* GRUR 2007, 548, 549 Fn 2, 3) gingen lange Zeit von der sog **Vorrangthese** aus: Der Sonderrechtsschutz (Patent-, Urheber-, Markenrecht usw) habe grds Vorrang vor dem ergänzenden (!) wettbewerbsrechtlichen Leistungsschutz. Bestehe bereits ein Sonderrechtsschutz, komme ein ergänzender wettbewerbsrechtlicher Leistungsschutz nicht mehr in Betracht, weil dafür kein Bedürfnis bestehe (vgl noch BGH GRUR 1992, 697, 699 – *ALF;* BGH GRUR 1993, 34, 37 – *Bedienungsanweisung;* BGH GRUR 1994, 630, 632 – *Cartier-Armreif*). Ein ergänzender wettbewerbsrechtlicher Leistungsschutz komme ferner dann nicht in Betracht, wenn die Regelungen oder die Wertungen des Sonderrechtsschutzes einen weiter gehenden Schutz ausschlössen (vgl zum Patentrecht BGH GRUR 1997, 116 – *Prospekthalter;* zum Urheberrecht BGH GRUR 1987, 814, 816 – *Die Zauberflöte;* BGH GRUR 1995, 581, 583 – *Silberdistel*). Der ergänzende wettbewerbsrechtliche Leistungsschutz könne nur dann eingreifen, wenn besondere Begleitumstände vorlägen, die außerhalb des sondergesetzlichen Tatbestands liegen und das Verhalten als unlauter erscheinen lassen (BGHZ 134, 250, 267 = GRUR 1997, 459 – *CB-infobank I;* BGHZ 140, 183, 189 = GRUR 1999, 325 – *Elektronische Pressearchive;* BGH GRUR 2002, 629, 631 – *Blendsegel;* BGH GRUR 2005, 600, 602 – *Handtuchklemmen*). Diese sog **Vorrangthese** wurde aber zwischenzeitlich in der Rspr und im Schrifttum (vgl *Ohly* GRUR 2007, 731) immer mehr eingeschränkt. Sie ist nicht anwendbar auf den **Geschmacksmusterschutz** (Rdn 9.8; BGH GRUR 2006, 79 Tz 18 – *Jeans I*). Auch für das **Markenrecht** ist sie im Erg aufgegeben worden. Denn bei § 4 Nr 9 geht es nicht um den Schutz einer Kennzeichnung, sondern um den Schutz eines Leistungsergebnisses mit wettbewerblicher Eigenart (vgl BGH GRUR 2007, 339 Tz 23 – *Stufenleitern;* BGH GRUR 2008, 793 Tz 26 – *Rillenkoffer;* BGH GRUR 2009, 1162 Tz 40 – *DAX;* aA Piper/*Ohly*/Sosnitza § 4 Rdn 9/4).

Gegen einen Vorrang des Sonderrechtsschutzes und für einen **Gleichrang** des lauterkeitsrechtlichen Nachahmungsschutzes spricht vor allem, dass der Sonderrechtsschutz und der lauterkeitsrechtliche Nachahmungsschutz **unterschiedliche Schutzzwecke, unterschiedliche Tatbestände** und **unterschiedliche Rechtsfolgen** haben. Die jeweiligen Regelungen sind jedoch so auszulegen, dass **Wertungswidersprüche möglichst vermieden** werden (vgl *Köhler* GRUR 2007, 548, 554). Der lauterkeitsrechtliche Nachahmungsschutz „ergänzt" daher nicht das Sonderrecht, sondern steht grds gleichrangig daneben (ebenso *Schreiber* GRUR 2009, 113, 115 f). Man kann insoweit auch von Anspruchskonkurrenz sprechen (*Stieper* WRP 2006, 291). Erst recht kann die Vorrangthese nicht im Verhältnis zu den neugeschaffenen Regelungen in § 5 II und Nr 13 Anh zu § 3 III Geltung beanspruchen, da diese auf Art 6 II lit a und Nr 13 Anh I UGP-Richtlinie beruhen, und der Schutz der Verbraucher vor Irreführung keine Einschränkung durch den Sonderrechtsschutz duldet. Praktische Bedeutung hat dies, wenn sonstige Mitbewerber des Verletzers oder Verbände gegen die Vermarktung von Nachahmungsprodukten vorgehen wollen (vgl *Köhler* GRUR 2007, 548, 553).

b) Verhältnis zu einzelnen Schutzrechten. aa) Verhältnis zum Urheberrecht. Ein lauterkeitsrechtlicher Nachahmungsschutz scheidet nach der Rspr aus, soweit das nachgeahmte Erzeugnis bereits Urheberrechtsschutz (§ 2 I Nr 4 UrhG) genießt (weitergehend für den Fall der „glatten Übernahme von Arbeitsergebnissen" ÖOGH GRUR Int 2007, 167, 170 – *Werbefotos*). Dies setzt voraus, dass es eine persönliche, dh individuell geprägte geistige Schöpfung darstellt. Bei Werken der angewandten Kunst, die einem Geschmacksmusterschutz zugänglich sind, sind höhere Anforderungen an die Gestaltungshöhe zu stellen. Denn da sich die geschmacksmusterfähige Gestaltung von der nicht geschützten Durchschnittsgestaltung, dem rein Handwerksmäßigen und Alltäglichen, abheben muss, ist für die Urheberrechtsschutzfähigkeit ein noch weiterer Abstand, also ein deutliches Überragen der Durchschnittsgestaltung, erforderlich (BGH GRUR 1981, 517, 519 – *Rollhocker;* BGH GRUR 1995, 581, 582 – *Silberdistel;* BGH GRUR 1987, 903, 904 – *Le-Corbusier-Möbel;* BGHZ 138, 143 = GRUR 1998, 830, 832 – *Les-Paul-Gitarren*). Dazu reicht eine nicht ganz fern liegende Kombination oder Abwandlung bekannter oder notwendiger Elemente nicht aus (BGH aaO – *Les-Paul-Gitarren*). Es muss sich nach den im Leben herrschenden Anschauungen um „Kunst" handeln (BGH GRUR 1987, 903, 905 – *Le-Corbusier-Möbel*). Auch Werbeslogans erfüllen in aller Regel nicht die Anforderungen an den Urheberrechtsschutz (vgl *Heermann* WRP 2004, 263, 264 f). Den Urheberrechten stehen die sonstigen nach dem UrhG geschützten Rechte gleich (vgl BGH GRUR 1999, 923 – *Tele-Info-CD*). – Erfüllt eine Handlung nicht den Tatbestand einer Urheberrechtsverletzung, ist sie also urheberrechtlich unbedenklich, so ist die Anwendung des § 3 iVm § 4 Nr 9 nicht ausgeschlossen (vgl BGH WRP 2006, 765 Tz 28 – *Michel-Nummern*). Es müssen aber besondere, außerhalb der Sondertatbestände des Urheberrechtsgesetzes liegende Umstände hinzutreten, um die Unlauterkeit zu begründen (stRspr; vgl BGHZ 44, 288, 295 f – *Apfelmadonna;* BGH GRUR 1986, 895, 896 – *Notenstichbilder;* BGH GRUR 1997, 814, 816 – *Die Zauberflöte;* BGH GRUR 1992, 382, 386 – *Leitsätze;* BGHZ 134, 250, 267 = GRUR 1997, 459 – *CB-infobank I;* BGHZ 140, 183, 189 = GRUR 1999, 325 – *Elektronische Pressearchive;* BGHZ 141, 13, 27 = GRUR 1999, 707 – *Kopienversanddienst;* BGH GRUR 2003, 958, 962 – *Paperboy;* OLG Hamm GRUR-RR 2005, 73, 74). – Zum Bestehen lauterkeitsrechtlicher Ansprüche im Falle der Irreführung der Verbraucher vgl Rdn 9.6 a aE.

9.8 **bb) Verhältnis zum Geschmacksmusterschutz.** Das Geschmacksmusterrecht ist zum einen durch die **VO Nr 6/2002 über das Gemeinschaftsgeschmacksmuster** v 12. 12. 2001 (in Kraft seit 6. 3. 2002), zum anderen durch das **Geschmacksmustergesetz** v 12. 3. 2004 (BGBl I 390) geregelt. Der zeitlich befristete Schutz für ein nicht eingetragenes Geschmacksmuster schließt einen nicht von vornherein zeitlich befristeten lauterkeitsrechtlichen Nachahmungsschutz nach den §§ 3 I, 4 Nr 9 lit a nicht aus, wie sich aus Art 96 I der Gemeinschaftsgeschmacksmusterverordnung ergibt (BGH GRUR 2006, 79 Tz 18 – *Jeans I;* BGH GRUR 2009, 79 Tz 26 – *Gebäckpresse;* OLG Düsseldorf GRUR-RR 2009, 142, 143; vgl auch BGH GRUR 2006, 346 Tz 7 – *Jeans II;* krit *Nirk/Rörig,* FS Mailänder, 2006, 161). Da nach Art 11 I GeschmMVO ein nicht eingetragenes Gemeinschaftsgeschmacksmuster (frühestens ab dem 6. 3. 2003; OLG Hamburg WRP 2005, 913) drei Jahre Schutz genießt, tritt das Bedürfnis nach einem ergänzenden Nachahmungsschutz insbes bei Modeerzeugnissen zurück (vgl *Kur* GRUR 2002, 661, 665; *Keller,* FS Erdmann, 2002, 595, 611). Er wird dadurch aber nicht entbehrlich (vgl BGH GRUR 2006, 79 Tz 18 – *Jeans I; Bartenbach/Fock* WRP 2002, 1019, 1123; *Osterrieth,* FS Tilmann, 2003, 221). Denn zum einen wird bei Modeerzeugnissen häufig das Merkmal der „Neuheit" fehlen. Zum anderen ist ein lauterkeitsrechtlicher Schutz von Erzeugnissen, die an sich dem Geschmacksmusterschutz zugänglich sind, auch nach Ablauf der Dreijahresfrist ausnahmsweise möglich und geboten, wenn die in § 4 Nr 9 genannten besonderen Begleitumstände (Herkunftstäuschung; Ausnutzung oder Beeinträchtigung der Wertschätzung), die außerhalb des sondergesetzlichen Tatbestands liegen, gegeben sind (vgl BGH GRUR 2003, 359, 360 – *Pflegebett* (zu § 1 aF); BGH GRUR 2002, 629, 631 – *Blendsegel* (zu § 1 aF); BGH GRUR 2005, 600, 602 – *Handtuchklemmen;* BGH GRUR 2006, 79 Tz 18 – *Jeans I;* BGH GRUR 2008, 790 Tz 35 – *Baugruppe;* BGH GRUR 2010, 80 Tz 18 – *LIKEaBIKE; Rahlf/Gottschalk* GRUR Int 2004, 821, 826; *Ohly* GRUR 2007, 731, 739; *Jaenich* GRUR 2008, 873 sowie Rdn 9.75). – Zum Bestehen lauterkeitsrechtlicher Ansprüche im Falle der **Irreführung der Verbraucher** vgl Rdn 9.6 a aE.

9.9 **cc) Verhältnis zum Markenrecht. (1) Allgemeines.** Das Verhältnis des lauterkeitsrechtlichen Nachahmungsschutzes zum Markenschutz ist noch nicht abschließend geklärt (vgl Rdn 10.77; *Bornkamm* GRUR 2005, 97, 101 ff; *Büscher* GRUR 2009, 230, 233 f; *Ingerl* WRP 2004, 809; *Schrader* WRP 2005, 562; *Stieper* WRP 2006, 291, 300 ff; *Köhler* GRUR 2007, 248; *Ohly* GRUR 2007, 731, 737; *Fezer* WRP 2008, 1 ff). Zwar stellen die markenrechtlichen Regelungen nach der Rspr in ihrem durch Auslegung zu ermittelnden Anwendungsbereich grds eine abschließende Regelung dar (stRspr seit BGH GRUR 1999, 161, 162 – *Mac Dog;* vgl noch BGH WRP 2005, 605, 610 – *Räucherkate;* BGH GRUR 2005, 163, 165 – *Aluminiumräder;* BGH GRUR 2005, 423, 427 – *Staubsaugerfiltertüten;* BGH GRUR 2006, 329 Tz 36 – *Gewinnfahrzeug mit Fremdemblem;* BGH GRUR 2007, 339 Tz 39 – *Stufenleitern;* BGH GRUR 2009, 1162 Tz 40 – *DAX*). Die entscheidende Frage ist aber, wie weit dieser **Vorrang des Markenrechts,** insbes der §§ 14, 15 MarkenG, reicht. Jedenfalls kann das Markenrecht lauterkeitsrechtliche Ansprüche, die auf § 5 II oder auf § 3 III iVm Nr 13 Anh gestützt sind, nicht ausschließen (vgl Rdn 9.6 a aE; Rdn 9.16; § 5 Rdn 4.212; *Köhler* GRUR 2008, 841, 846). Im Übrigen ist als **Grundsatz** festzuhalten: Neben markenrechtlichen Ansprüchen können lauterkeitsrechtliche Ansprüche dann bestehen, wenn sie sich gegen ein wettbewerbswidriges Verhalten richten, das als solches nicht Gegenstand der markenrechtlichen Regelung ist (BGH GRUR 2002, 167, 171 – *Bit/Bud;* BGH GRUR 2003, 332, 335 f – *Abschlussstück*). Dafür ist die Regelung in § 4 Nr 9 lit c ein eindringliches Beispiel. Problematisch ist hingegen das Verhältnis des Markenrechts zu den Tatbeständen des § 4 Nr 9 lit a (vermeidbare Herkunftstäuschung) und lit b (Rufausbeutung und -beeinträchtigung), weil diese Aspekte auch im Markenrecht eine Regelung gefunden haben (vgl § 14 II Nr 2 und 3 MarkenG). Die neuere Rspr löst dieses Problem durch eine Rückbesinnung auf den Schutzbereich des Markenrechts, nämlich den **Schutz einer Kennzeich-**

nung. Werde lediglich ein Schutz für konkrete Leistungsergebnisse vor unlauterer Nachahmung begehrt, falle dies nicht in den Schutzbereich des Markenrechts (BGH GRUR 2007, 339 Tz 23 – *Stufenleitern;* BGH GRUR 2008, 793 Tz 26 – *Rillenkoffer;* BGH GRUR 2009, 1162 Tz 40 – *DAX*). – Unzweifelhaft können markenrechtliche Ansprüche und Ansprüche aus lauterkeitsrechtlichem Nachahmungsschutz nebeneinander bestehen, wenn sie an unterschiedliche Sachverhalte anknüpfen, so etwa, wenn das Nachahmungsprodukt darüber hinaus noch mit der Marke des Originalherstellers versehen wird (vgl BGHZ 138, 143 = GRUR 1998, 830, 834 f – *Les-Paul-Gitarren*). Im Übrigen ist zu unterscheiden:

(2) Reichweite des Schutzes der Formmarke. Produktgestaltungen können als **dreidimensionale Marke,** die aus der Form der Ware selbst besteht (sog **Formmarke**), kraft Eintragung oder Verkehrsgeltung markenrechtlichen Schutz erlangen. An die Unterscheidungskraft der Formmarken ist dabei an sich kein strengerer Maßstab anzulegen als bei anderen Markenformen (EuGH Slg 2002, 5475 = GRUR 2002, 804 – *Philips/Remington;* EuGH GRUR 2003, 514 – *Linde, Winward u. Rado;* EuGH GRUR 2004, 428 – *Henkel;* BGH GRUR 2001, 334, 335 – *Gabelstapler I;* BGH GRUR 2004, 502, 503 – *Gabelstapler II*). Zwar führen die Schutzausschließungsgründe nach § 3 II MarkenG und das Freihaltebedürfnis nach § 8 II Nr 2 MarkenG dazu, dass vergleichsweise selten eine Formmarke anerkannt wird (vgl BGH GRUR 2004, 506, 507 – *Stabtaschenlampe II; Grabrucker/Fink* GRUR 2005, 289, 290 ff mwN). Allerdings kann grds mittels des Markenrechts iErg auch ein Schutz vor Produktnachahmung erreicht werden. Unabhängig davon, ob das nachgeahmte Produkt markenrechtlichen Schutz genießt, kommt aber ein lauterkeitsrechtlicher Nachahmungsschutz nach § 3 iVm § 4 Nr 9 in Betracht, wenn dessen Voraussetzungen erfüllt sind. Erst recht gilt dies, wenn ein Produkt (noch) keinen Schutz als Formmarke genießt. Zum Teil wurde angenommen, ein lauterkeitsrechtlicher Nachahmungsschutz könne nicht auf den Gesichtspunkt der vermeidbaren Herkunftstäuschung (§ 4 Nr 9 lit a) gestützt werden, weil sonst die markenrechtlichen Wertungen unterlaufen und die Harmonisierung des Markenrechts beeinträchtigt würden (*Rohnke,* FS Erdmann, 2002, 455, 459 f). Dieser Auffassung, die zu einer empfindlichen Einschränkung des lauterkeitsrechtlichen Nachahmungsschutzes führen würde, ist aber nicht zu folgen (ebenso *Bornkamm* GRUR 2005, 97, 102). Der markenrechtliche Schutz der Formmarke nach § 14 MarkenG und der lauterkeitsrechtliche Nachahmungsschutz haben **unterschiedliche tatbestandliche Voraussetzungen** und auch **unterschiedliche Rechtsfolgen,** mögen sie sich auch teilweise decken. So setzt die für den Markenschutz erforderliche **Unterscheidungskraft** (§ 8 II Nr 1 MarkenG) keine „besondere Eigenart oder Originalität" voraus, mögen diese im Einzelfall auch ein Indiz für die Unterscheidungskraft darstellen (BGH GRUR 2001, 413, 415 – *SWATCH*). Demgegenüber ist für den lauterkeitsrechtlichen Nachahmungsschutz eine **wettbewerbliche Eigenart** des Produkts erforderlich, die sich nicht nur aus der Eignung der Produktgestaltung zu einem betrieblichen Herkunftshinweis, sondern auch aus den Besonderheiten des Produkts ergeben kann. Das Markenrecht verfügt auch über ein viel **strengeres Sanktionensystem** als das Lauterkeitsrecht. Es kennt ua einen Vernichtungsanspruch (§ 18 MarkenG), den das Lauterkeitsrecht nicht gewährt (vgl BGH GRUR 1988, 690, 693 – *Kristallfiguren;* BGH GRUR 1999, 923, 928 – *Tele-Info-CD*); es sieht ein Grenzbeschlagnahmeverfahren (§§ 146 ff MarkenG) vor, das dem Lauterkeitsrecht fremd ist; es kennt eine längere Verjährungsfrist usw. Vor allem aber kann sich der Produktnachahmer Ansprüchen aus lauterkeitsrechtlichem Nachahmungsschutz wegen einer Täuschung über die betriebliche Herkunft durch eine entsprechende Klarstellung (zB Anbringen eines eigenen Zeichens) entziehen, während dies gegenüber markenrechtlichen Ansprüchen nicht möglich ist, da sonst der Schutz der Formmarke allzu leicht unterlaufen werden könnte (OLG Frankfurt MarkenR 2000, 30; *Dembowski,* FS Erdmann, 2002, 251, 260). Der markenrechtliche Schutz der Formmarke ermöglicht daher zwar einen Nachahmungsschutz, schließt aber nicht den lauterkeitsrechtlichen Nachahmungsschutz in den Fällen aus, in denen das nachgeahmte Produkt (noch) nicht die Voraussetzungen einer (bekannten) Marke erfüllt (so iErg auch BGH GRUR 2007, 339 Tz 23 – *Stufenleitern;* einschränkend Piper/Ohly/Sosnitza § 4 Rdn 9/19; ablehnend *Böxler* ZGE 2009, 357, 377; vgl auch *Schulz,* FS Helm, 2002, 237). – Zum Bestehen sonstiger lauterkeitsrechtlicher Ansprüche im Falle der **Irreführung der Verbraucher** vgl Rdn 9.6 a aE.

(3) Reichweite des Schutzes sonstiger Kennzeichen. Bei der Nachahmung fremder Kennzeichnungen, die im Grundsatz ebenfalls lauterkeitsrechtlichen Nachahmungsschutz genießen können (Rdn 9.30), ist zunächst zu beachten, dass die markenrechtlichen Bestimmungen zum Schutze **bekannter Marken** und geschäftlicher Bezeichnungen (§ 9 I Nr 3, § 14 II Nr 3 und § 15 III MarkenG) grds keinen Raum für eine Anwendung des Lauterkeitsrechts lassen (stRspr; vgl BGH GRUR 2003, 332, 335 f – *Abschlussstück;* BGH GRUR 2003, 973, 974 – *Tupperwareparty* mwN; OLG Koblenz GRUR-RR 2009, 230, 234), sofern nicht **§ 5 II** eingreift (dazu *Fezer* GRUR 2009, 451). Ein lauterkeitsrechtlicher Kennzeichnungsschutz scheidet daher auch dann aus, wenn ein markenrechtlicher Schutz nach § 14 II Nr 3 deshalb nicht in Betracht kommt, weil das nachgeahmte Zeichen entweder von vornherein keinen Markenschutz genießt oder nicht den erforderlichen Bekanntheitsgrad aufweist (*Bornkamm* GRUR 2005, 97, 102; Ströbele/*Hacker* MarkenG § 2 Rdn 32). Dass für eine Kennzeichnung mangels Bestehens einer Marke kein markenrechtlicher Schutz besteht, eröffnet daher nicht schon aus diesem Grund den Zugang zum lauterkeitsrechtlichen Nachahmungsschutz (aA wohl BGH GRUR 2003, 973, 974 – *Tupperwareparty*). Ein lauterkeitsrechtlicher Nachahmungsschutz kommt wegen der abschließenden Regelung durch das MarkenG folgerichtig auch dann nicht in Betracht, wenn ein nicht eingetragenes, aber unmittelbar vor Erlangung der Verkehrsgeltung (§ 4 Nr 2 MarkenG) stehendes Kennzeichen von einem Dritten zur Kennzeichnung eigener Produkte verwendet wird, mag er auch in der Absicht der Rufausbeutung gehandelt haben (ebenso Ströbele/*Hacker* MarkenG § 2 Rdn 32). Die bisherige Rspr will davon unter zwei Voraussetzungen eine **Ausnahme** machen: Die Kennzeichnung muss in den beteiligten Verkehrskreisen in gewissem Umfang bereits bekannt geworden und ihrer Natur nach geeignet sein, über die Benutzung als betriebliches Herkunftszeichen zu wirken. Weiter muss die Anlehnung an eine solche Kennzeichnung ohne hinreichenden Grund in der verwerflichen Absicht vorgenommen worden sein, Verwechslungen herbeizuführen oder den Ruf des anderen wettbewerbshindernd zu beeinträchtigen oder auszunutzen (BGH GRUR 1997, 754, 755 f – *grau/magenta;* OLG Düsseldorf GRUR 2001, 247, 251; OLG Hamburg GRUR-RR 2002, 356, 357; OLG Köln GRUR-RR 2003, 26, 27; *Ingerl/ Rohnke* MarkenG § 14 Rdn 891). Dies kann aber nur für die Fälle gelten, in denen die gekennzeichnete Ware oder Dienstleistung nachgeahmt wird (Rdn 9.30), nicht aber auch für die Fälle, in denen lediglich die Kennzeichnung als solche nachgeahmt wird (wie in den Fällen *grau/ magenta* und *Tupperwareparty*). In den letzteren Fällen kommt allenfalls ein lauterkeitsrechtlicher Schutz vor gezielter Behinderung eines Mitbewerbers (§ 4 Nr 10), aber nicht ein lauterkeitsrechtlicher Nachahmungsschutz nach § 4 Nr 9 mit seinen besonderen Rechtsfolgen (ua dreifache Schadensberechnung; Rdn 9.82) in Betracht (ähnlich Piper/*Ohly*/Sosnitza § 4 Rdn 9/19). – Wenn die Vermarktung des Nachahmungsprodukts eine Verwechslungsgefahr begründet, kann der Tatbestand des § 5 II erfüllt sein (dazu Rdn 9.6 aE).

9.12 **dd) Verhältnis zum Patentrecht.** Grds hat der Patentschutz Vorrang. Dieser Vorrang kommt aber nur dann zum Tragen, wenn die technische Lehre gerade in der äußeren Gestaltung des Produkts verwirklicht wird. Ist der Patentschutz dadurch erschöpft, dass der Patentinhaber oder mit dessen Einverständnis ein Dritter den im Patent unter Schutz gestellten Gegenstand in den Verkehr gebracht hat, kommt ein lauterkeitsrechtlicher Nachahmungsschutz nicht schon bei Nachahmung in Betracht, sondern erst, wenn zusätzliche, die Unlauterkeit begründende Umstände hinzutreten (BGH GRUR 1997, 116, 118 – *Prospekthalter*). Der Patentschutz schließt einen lauterkeitsrechtlichen Nachahmungsschutz dann nicht aus, wenn die äußere Gestaltung des Produkts nicht auf der übernommenen technischen Lehre beruht.

3. Verhältnis zu kartellrechtlichen Tatbeständen

9.13 Die Produktnachahmung kann, wenn der Anbieter über eine marktbeherrschende oder doch marktstarke Stellung verfügt, im Einzelfall den Tatbestand der unbilligen Behinderung iSd § 20 I oder IV 1 GWB erfüllen. Das ist jedenfalls dann anzunehmen, wenn die Maßnahme darauf gerichtet ist, einen Mitbewerber vom Markt zu verdrängen. Daneben sind die Grundsätze über den Missbrauch einer marktbeherrschenden Stellung (Art 102 AEUV; § 19 GWB) anwendbar. – Eine andere, noch zu klärende Frage ist es, ob der Anbieter des Originals dem Nachahmer ggf eine Lizenz erteilen muss (Zwangslizenz), wenn dieser auf die Nachahmung wirtschaftlich angewiesen ist.

4. Verhältnis zu bürgerlichrechtlichen Tatbeständen

9.14 Die unlautere Produktnachahmung kann im Einzelfall auch den Tatbestand der vorsätzlichen sittenwidrigen Schädigung (§ 826 BGB) erfüllen. Das ist allerdings nicht schon dann anzunehmen, wenn der Tatbestand des § 4 Nr 9 erfüllt ist. Denn beide Regelungen haben unterschiedliche Voraussetzungen und Funktionen (vgl BGH GRUR 1999, 751, 753 – *Güllepumpen*). Greift allerdings § 826 BGB ein, so gilt dafür auch die allgemeine bürgerlichrechtliche Verjährungsregelung (§§ 195, 199 BGB) und nicht die des § 11 (vgl Rdn 9.87).

IV. Internationales Recht und Unionsrecht

1. Internationales Recht (PVÜ, TRIPS)

Die Regelung in § 4 Nr 9 steht in Einklang mit der **Pariser Verbandsübereinkunft** (PVÜ). 9.15 Nach Art 10bis III Nr 1 PVÜ sind alle Handlungen verboten, „die geeignet sind, auf irgendeine Weise eine Verwechslung mit ... den Erzeugnissen eines Wettbewerbers hervorzurufen". Diese Regelung bezieht sich auch auf die Produktnachahmung unter Herkunftstäuschung (GK/*Schricker* Einl UWG Rdn F 58). Der sonstige Anwendungsbereich des § 4 Nr 9 ist abgedeckt durch die Generalklausel des Art 10bis I PVÜ (vgl BGH GRUR 1992, 523, 524 – *Betonsteinelemente; Keller,* FS Erdmann, 2002, 595, 600). Daher können auch ausländische Unternehmen den Schutz ihrer Erzeugnisse nach den §§ 3, 4 Nr 9 in Anspruch nehmen (BGH WRP 1976, 370, 371 – *Ovalpuderdose;* BGH GRUR 1988, 620, 621 – *Vespa-Roller;* BGH GRUR 1992, 523, 524 – *Betonsteinelemente*). – Die Regelung in § 4 Nr 9 steht ferner in Einklang mit dem **TRIPS-Abkommen** zum Schutz des geistigen Eigentums (vgl EuGH GRUR 2001, 235, Rdn 60, 62, 63 – *Dior*).

2. Unionsrecht

Die Regelung in § 4 Nr 9 steht in Einklang mit dem **primären Unionsrecht** (Art 34, 56 9.16 AEUV). So hat der EuGH bereits entschieden, dass nationale Regelungen, die eine sklavische, Verwechslungen hervorrufende Nachahmung eines fremden Erzeugnisses verbieten, mit dem Art 34, 36 AEUV (= ex-Art 28, 30 EG) vereinbar sind, weil sie zwingenden Erfordernissen der Lauterkeit des Handelsverkehrs und (im Falle der vermeidbaren Herkunftstäuschung) des Verbraucherschutzes entsprechen (vgl EuGH Slg 1982, 707 Tz 7 = WRP 1982, 455, 456 – *Multi Cable Transit;* OLG München GRUR-RR 2004, 85; *Kur* GRUR Int 1998, 771, 781; *Keller,* FS Erdmann, 2002, 595, 600) und auch keine bloßen Verkaufsmodalitäten iSd *Keck*-Rspr darstellen (*Sack* GRUR 1998, 871, 872). – Die Regelung in § 4 Nr 9 steht aber auch in Einklang mit dem **sekundären Unionsrecht.** Zwar enthält die **UGP-Richtlinie** drei Tatbestände, die jedenfalls auch den Vertrieb von Produktnachahmungen erfassen. Es sind dies Art 6 I lit b („kommerzielle Herkunft"), Art 6 II lit a und Nr 13 des Anh I, denen im UWG die § 5 I Nr 1 („betriebliche Herkunft"), § 5 II und Nr 13 des Anh zu § 3 III entsprechen. Der Vorrang dieser Richtlinie, soweit es die Beurteilung unlauterer Geschäftspraktiken, die unmittelbar die wirtschaftlichen Interessen von Verbrauchern beeinträchtigen, angeht, ist daher auch bei der seit dem 12. 12. 2007 gebotenen richtlinienkonformen Auslegung und Anwendung des § 4 Nr 9 lit a zu beachten (vgl Rdn 9.41; BGH GRUR 2008, 1115 Tz 27 – *ICON*). Denn dieser Tatbestand bezweckt zwar in erster Linie einen Schutz der individuellen Leistung des Herstellers und des Interesses der Allgemeinheit (BGH GRUR 2010, 80 Tz 17 – *LIKEaBIKE*), mittelbar aber auch einen Schutz der Verbraucher vor Irreführung (Rdn 9.4 a). Das bedeutet aber lediglich, dass über § 4 Nr 9 lit a kein weitergehender Schutz der Verbraucher vor Irreführung gewährt werden darf, als ihn die UGP-Richtlinie vorsieht (vgl *Köhler* GRUR 2009, 445, 447 ff). Im Hinblick auf die strengeren Voraussetzungen des § 4 Nr 9 lit a wird dies aber nie der Fall sein. Was den Schutz des Herstellers des Originalprodukts als Mitbewerber in den Tatbeständen des § 4 Nr 9 lit b und c angeht, ist dagegen § 5 I 2 Nr 1, II keine abschließende Regelung (aA *Scherer* WRP 2009, 1446, 1450). Denn die UGP-Richtlinie schützt unmittelbar nur die Verbraucherinteressen. Damit werden zwar auch die Interessen der Mitbewerber geschützt und der lautere Wettbewerb gewährleistet (vgl Erwägungsgrund 8). Dagegen regelt die UGP-Richtlinie keine Geschäftspraktiken, die – wie § 4 Nr 9 lit b und c – nur die Interessen des Herstellers als Mitbewerber beeinträchtigen. – Soweit es die **Werberichtlinie** angeht, sind die Tatbestände des Art. 4 lit. d, g und h von Bedeutung. Art 4 lit h Werberichtlinie regelt den Fall, dass eine vergleichende Werbung eine Verwechslungsgefahr bei den Gewerbetreibenden begründet. Diese in § 6 II Nr 3 umgesetzte Vorschrift ergänzt den auf Verbraucherschutz beschränkten Art 6 II lit a UGP-Richtlinie. Art. 4 lit d verbietet die Herabsetzung der Waren oder Dienstleistungen eines Mitbewerbers und Art 4 lit g Werberichtlinie verbietet es, Waren oder Dienstleistungen als Imitation oder Nachahmung einer Ware oder Dienstleistung mit geschützter Marke oder geschütztem Handelsnamen darzustellen. Auch für diese in § 6 II Nrn 5, 6 und 3 umgesetzten Vorschriften gilt, dass § 4 Nr 9 lit a und b keinen weitergehenden Schutz gewähren darf. Denn, da die Regelungen über vergleichende Werbung ebenfalls abschließenden Charakter haben, muss sich die Auslegung des § 4 Nr 9 auch daran orientieren. Allerdings stellt das Angebot einer Produktnachahmung, mag sie auch Assoziationen an das Originalprodukt auslösen, für sich allein keine vergleichende Werbung dar (sehr str; vgl § 6 Rdn 55 a). Davon abgesehen sind Originalhersteller und Nachahmer oft schon keine Mitbewerber iSd § 6 I (dazu EuGH GRUR 2007, 511 Tz 28, 30, 32, 47 – *de Landtsheer/CIVC:* „gewisser Grad der Substituierbarkeit") bzw ihre Produkte dienen nicht dem „gleichen Bedarf" oder „derselben Zweckbestimmung" iSv § 6 II Nr 1 (vgl EuGH GRUR 2007, 511 Tz 44 – *de Landtsheer/CIVC;* BGH GRUR 2009, 418 Tz 26 – *Fußpilz:* „hinreichender Grad an Austauschbarkeit"). Vor allem dürfte es idR auch an einem Eigenschaftsvergleich iSd § 6 II Nr 2 fehlen, weil dafür eine „konkludente Gleichwertigkeitsbehauptung in Bezug auf den Grundnutzen" nicht ausreicht (aA *Scherer* WRP 2009, 446, 1451).

2. Abschnitt. Tatbestand

I. Überblick

9.17 Der lauterkeitsrechtliche Nachahmungsschutz setzt voraus, dass ein Unternehmer **(1)** ein Leistungsergebnis eines Mitbewerbers nachahmt und auf dem Markt anbietet, das **(2)** wettbewerbliche Eigenart aufweist, und dass **(3)** besondere Umstände vorliegen, die sein Verhalten als unlauter erscheinen lassen.

II. Geschäftlicher Bezug der Nachahmung

1. Geschäftliche Handlung

9.18 Erste Voraussetzung für den lauterkeitsrechtlichen Nachahmungsschutz nach § 3 iVm § 4 Nr 9 ist das Vorliegen einer **geschäftlichen Handlung** iSd § 2 I Nr 1. Das Angebot von Nachahmungsprodukten muss also in einem objektiven Zusammenhang mit der Förderung des Absatzes zu Gunsten des eigenen oder eines fremden Unternehmens stehen. Das ist aber beim Handeln eines Unternehmers stets zu bejahen. Das Anbieten des Nachahmungsprodukts zu rein **privaten** Zwecken (zB als Geschenk) fällt daher nicht unter § 4 Nr 9.

2. Mitbewerberbezug

9.19 Die angebotenen Waren oder Dienstleistungen müssen, wie sich aus dem Wortlaut des § 4 Nr 9 ergibt, **„Waren oder Dienstleistungen eines Mitbewerbers"** iSv § 2 I Nr 3 sein. Der Anbieter muss also zum Schöpfer des Originals in einem konkreten (Absatz-)Wettbewerbsverhältnis stehen (dazu § 2 Rdn 90 ff). Unerheblich ist, ob der Anbieter (zB Händler) auf derselben Wirtschaftsstufe wie der Schöpfer des Originals steht. Auch reicht ein **potenzielles Wettbewerbsverhältnis** aus (vgl § 2 Rdn 109). Andernfalls würden die Schöpfer eines noch nicht auf den Markt gebrachten Erzeugnisses schutzlos bleiben. Umgekehrt schadet es nicht, dass der Hersteller des Originals dieses nicht mehr anbietet, solange er nur sonstige Waren oder Dienstleistungen vertreibt, die mit denen des Nachahmers austauschbar sind (OLG Frankfurt WRP 2007, 1108; *Petry* WRP 2007, 1045). Weitergehend ist ein Mitbewerberbezug auch dann anzunehmen, wenn Original (zB Luxusprodukt) und Nachahmung (zB erkennbare Billigimitation) zwar aus der Sicht der Kunden nicht austauschbar sind, aber das Angebot der Nachahmung geeignet ist, den Absatz des Originals zu beeinträchtigen (vgl *Köhler* WRP 2009, 499, 506). Unschädlich ist auch, dass der Hersteller des nachgeahmten Produkts dieses (noch) nicht vertreiben darf (BGH GRUR 2005, 519, 520 – *Vitamin-Zell-Komplex*). – Ein Mitbewerberbezug kann dagegen fehlen, wenn zB Werbesprüche oder Kennzeichnungen mit wettbewerblicher Eigenart für völlig andere Waren oder Dienstleistungen benutzt werden, als sie der Schöpfer des Originals vertreibt. Insoweit kommt nur ein markenrechtlicher Schutz nach § 14 II Nr 3 MarkenG (dazu *Heermann* WRP 2004, 263, 269 ff) oder ggf ein urheberrechtlicher Schutz in Betracht. Mitbewerber ist auch nicht, wer zwar im Auftrag eines Unternehmers Nachahmungen herstellt, sie aber nicht selbst auf dem Markt anbietet. Er kann dafür aber als Störer (§ 1004 BGB analog) oder (richtigerweise: nur) als Teilnehmer (§ 830 II BGB) verantwortlich sein, wenn ihm bewusst war, dass es sich um eine Nachahmung handelt.

3. Spürbare Beeinträchtigung der Interessen von Marktteilnehmern

Um lauterkeitsrechtliche Sanktionen auszulösen, muss die unlautere Anbieten einer Nachahmung außerdem nach § 3 I geeignet sein, die Interessen von Mitbewerbern, Verbrauchern oder sonstigen Marktteilnehmern spürbar zu beeinträchtigen. Dies ist aber bei Verwirklichung des Tatbestands des § 4 Nr 9 immer der Fall (dazu § 3 Rdn 145; zu § 3 aF vgl *Köhler* GRUR 2005, 1, 7; Harte/Henning/*Sambuc* § 4 Nr 9 Rdn 229). 9.20

III. Gegenstand des lauterkeitsrechtlichen Nachahmungsschutzes

1. Waren und Dienstleistungen

a) Begriff. Der lauterkeitsrechtliche Nachahmungsschutz bezieht sich nach dem Wortlaut des § 4 Nr 9 nur auf **Waren** und **Dienstleistungen**. Doch sind diese Begriffe weit zu fassen, ggf ist § 4 Nr 9 analog anzuwenden. Ein Rückgriff auf § 3 ist daher entbehrlich (aA *Erdmann* GRUR 2007, 130, 131), zumal letztlich doch wieder auf die Wertungskriterien des § 4 Nr 9 zurückgegriffen werden muss, um die Unlauterkeit einer Nachahmung zu begründen (vgl *Kaulmann* GRUR 2008, 854, 859). Dieser Umweg ist entbehrlich. Es ist auch nicht erforderlich, dass es sich um Produkte handelt, die unmittelbar Gegenstand des Leistungsaustausches sind. In Betracht kommen daher Leistungs- und Arbeitsergebnisse aller Art. Darauf, ob sie ihrer Art nach sonderrechtsschutzfähig sind, oder ob ein an sich möglicher Sonderrechtsschutz noch nicht oder nicht mehr besteht, kommt es grds nicht an (vgl Piper/*Ohly*/Sosnitza § 4 Rdn 9/29). 9.21

b) Einzelheiten. Unter den Begriff der Waren und Dienstleistungen fallen ua technische und nichttechnische **Erzeugnisse** (BGH GRUR 2002, 820, 821 – *Bremszangen*), **Aufführungen** (zB Fußballspiele; OLG Stuttgart MMR 2009, 395, 396) und **Sendungen** (BGH GRUR 1960, 614 – *Figaros Hochzeit*), **Formate** von Fernsehserien (vgl BGH GRUR 2003, 876, 878 – *Sendeformat;* OLG Düsseldorf WRP 1995, 1032; *v Have/Eickmeier* ZUM 1994, 269, 274 ff; *Eickmeier/Fischer-Zernin* GRUR 2008, 755, 757, 760 ff), **Characters,** dh fiktive Gestalten (*Kur* GRUR 1990, 1, 10 f) und die Zusammenstellung von **Daten** für bestimmte Zwecke (BGHZ 141, 329, 344 f = GRUR 1999, 923 – *Tele-Info-CD;* OLG München GRUR 2003, 329, 330), etwa Adressbestände, Zusammensetzung und Errechnung von Aktienindizes, Versicherungstarife (vgl Harte/Henning/*Sambuc* § 4 Nr 9 Rdn 21). Auch bloße **Werbemittel** können Gegenstand des lauterkeitsrechtlichen Nachahmungsschutzes sein. Dies gilt nicht nur für **verkörperte Werbemittel,** wie zB Kataloge, Preislisten, Muster, Prospekte (BGH GRUR 1961, 86 – *Pfiffikus-Dose;* OLG Hamburg GRUR 1972, 430; OLG Hamm GRUR 1981, 130), Plakate und Abbildungen (OLG Dresden WRP 1998, 415, 417), sondern auch für **Werbesprüche (Werbeslogans)** (vgl BGH GRUR 1997, 308 – *Wärme fürs Leben;* OLG Frankfurt GRUR 1987, 44, 45; *Erdmann* GRUR 1996, 550; *Heermann* WRP 2004, 263, 270 ff; Ströbele/*Hacker* § 2 MarkenG Rdn 32; iErg auch *Kaulmann* GRUR 2008, 854, 859) und sonstige **Werbeauftritte** (zB in einer Web-Seite; OLG Hamm GRUR-RR 2005, 73, 74). Der Einwand, anders als am Schutz von Produkten bestehe am Schutz von Werbesprüchen kein gesellschaftliches Interesse (*Sambuc* Rdn 704 ff), überzeugt nicht, weil dies ein wettbewerbsfremdes Kriterium ist. Dagegen spricht auch, dass Werbesprüche als Marke eingetragen werden können (vgl BGH GRUR 2000, 321 – *Radio von hier;* BGH GRUR 2000, 323 – *partner with the best; Heermann* WRP 2004, 263, 265) und als bekannte Marke nach § 14 II Nr 3 Schutz genießen können). Darauf, ob der Werbespruch bereits Verkehrsgeltung iSv § 4 Nr 2 MarkenG erlangt hat, kommt es ebenfalls nicht an (aA *Messer,* FS Erdmann 2002, 669, 677). Denn in diesem Fall greift ohnehin der Markenschutz ein. Voraussetzung für einen lauterkeitsrechtlichen Nachahmungsschutz an Werbemitteln und Werbesprüchen ist aber, dass die Parteien Wettbewerber sind. Das ist nicht der Fall, wenn zwar die Werbemittel oder Werbesprüche nachgeahmt werden, der Nachahmer aber nicht in einem konkreten Wettbewerbsverhältnis hinsichtlich der beworbenen Waren oder Dienstleistungen zum Hersteller des Originals steht (Rdn 9.19; so iErg auch *Sambuc* Rdn 702). – Auch eine **Kennzeichnung** als solche kann ein Leistungsergebnis sein, das lauterkeitsrechtlichen Nachahmungsschutz genießt (vgl BGH GRUR 2003, 973, 974 – *Tupperwareparty:* „... Leistungsergebnisses, das auch in der Kennzeichnung von Produkten liegen kann". Sie stellt auch eine „Ware" iSd § 4 Nr 9 dar, weil sie Gegenstand eines Kaufvertrags sein kann. Dem Einwand, der Kennzeichenschutz sei abschließend im MarkenG geregelt (*Ohly* GRUR 2009, 709, 716), steht Erwägungsgrund 7 Markenrechtsrichtlinie 2008/95/EG sowie § 2 MarkenG entgegen. Jedoch sollten insoweit hohe Anforderungen an einen lauterkeitsrechtlichen Schutz gestellt werden, um nicht die markenrechtlichen Schutzvoraussetzungen zu unterlaufen (*Büscher* GRUR 2009, 230, 9.22

233/234). Jedenfalls scheidet ein lauterkeitsrechtlicher Nachahmungsschutz für eine Kennzeichnung aus, die sich in Verkehrskreisen eingebürgert hat und erst dann von dem Unternehmen übernommen wurde, weil es insoweit bereits an einem „Leistungsergebnis" fehlt (BGH GRUR 2003, 9773, 974 – *Tupperwareparty*). Davon zu unterscheiden sind die Fälle, in denen sich die wettbewerbliche Eigenart einer bestimmten Ware oder Dienstleistung aus ihrer Kennzeichnung ergibt (Rdn 9.30).

2. Abgrenzung

9.23   Der lauterkeitsrechtliche Nachahmungsschutz bezieht sich immer nur auf die konkrete Gestaltung eines Erzeugnisses, nicht auf die dahinter stehende abstrakte **Idee** (wie zB Werbe-, Geschäfts-, Konstruktions-, Gestaltungsideen). Solche Ideen können zwar lauterkeitsrechtlich geschützte Geschäftsgeheimnisse sein. Sie genießen aber weder Urheberrechtsschutz (vgl nur BGH GRUR 1995, 47, 48 – *Rosaroter Elefant*) noch lauterkeitsrechtlichen Nachahmungsschutz (BGHZ 18, 175, 183 f – *Werbeidee;* BGH GRUR 1977, 547, 551 – *Kettenkerzen;* BGH GRUR 1979, 119, 120 – *Modeschmuck;* BGH GRUR 1979, 705, 706 – *Notizklötze;* BGH GRUR 2002, 629, 633 – *Blendsegel;* BGH GRUR 2003, 359, 361 – *Pflegebett;* BGH GRUR 2005, 166, 168 – *Puppenausstattungen;* BGH WRP 2009, 1374 Tz 21 – *Knoblauchwürste*). Entsprechendes gilt für sonstige **allgemeine Gedanken** oder **Lehren,** wie zB einen bestimmten **Stil** (BGH aaO – *Knoblauchwürste*) eine bestimmte **Technik** oder **Methode** (BGH GRUR 1979, 119, 120 – *Modeschmuck*), sei es auch eine **geschäftliche Methode** (dazu *Jänich* GRUR 2003, 483, 487). Sie sollen im Interesse der Allgemeinheit und der Freiheit des Wettbewerbs frei zugänglich bleiben und nicht für einen Wettbewerber monopolisiert werden (BGH GRUR 2003, 359, 361 – *Pflegebett;* BGH GRUR 2005, 166, 168 – *Puppenausstattungen*). Die Übernahme einer bloßen Gestaltungsidee in einem Konkurrenzerzeugnis ist auch dann nicht unlauter, wenn das Originalerzeugnis eine hohe Verkehrsbekanntheit besitzt und der Verkehr es ohne weiteres einem bestimmten Hersteller zuordnet (BGH GRUR 2005, 166, 168 – *Puppenausstattungen*). Daher ist es auch unerheblich, dass der Hersteller des Originals durch besondere (insbes Werbe-)Anstrengungen den Boden für die Vermarktung vergleichbarer Erzeugnisse bereitet hat (BGH GRUR 2005, 166, 170 – *Puppenausstattungen*). Eine etwaige Herkunftstäuschung im weiteren Sinne (Rdn 9.44) ist insoweit hinzunehmen (BGH GRUR 2002, 629, 633 – *Blendsegel;* BGH GRUR 2003, 359, 361 – *Pflegebett;* BGH GRUR 2005, 166, 170 – *Puppenausstattungen*). Wird ein Erzeugnis lediglich durch bestimmte Stilelemente geprägt, scheidet ein Nachahmungsschutz grds aus. Anders verhält es sich, wenn das Erzeugnis einen „individuellen Überschuss" gegenüber nur stilistischen Merkmalen aufweist (BGH GRUR 1986, 673, 675 – *Beschlagprogramm*), etwa bekannte Gestaltungsmittel neu kombiniert (BGH GRUR 2006, 79 Tz 26 – *Jeans*). – In den Fällen des „Einschiebens in eine fremde Serie" (BGH GRUR 1992, 619, 620 – *Klemmbausteine II*) hat die Rspr (dazu Rdn 9.56) im Grunde die Übernahme der dahinter stehenden Idee, nämlich die Möglichkeit des Zusammenbaus mit anderen Elementen, geschützt.

IV. Erfordernis der wettbewerblichen Eigenart

1. Allgemeines

9.24   **a) Begriff und Funktion der wettbewerblichen Eigenart.** Nur Leistungsergebnisse mit **wettbewerblicher Eigenart** genießen Nachahmungsschutz (krit Piper/*Ohly*/Sosnitza § 4 Rdn 9/33 mwN). Dieses von der Rspr zu § 1 UWG 1909 entwickelte Schutzforderdnis kommt zwar nicht im Wortlaut des § 4 Nr 9 zum Ausdruck, aus der Gesetzesbegründung ergibt sich aber, dass insoweit keine Änderung gegenüber der früheren Rechtslage beabsichtigt war (vgl Begr RegE UWG 2004 zu § 4 Nr 9, BT-Drucks 15/1487 S 18. Darin wird ausdrücklich die „wettbewerbliche Eigenart" erwähnt). Wettbewerbliche Eigenart liegt vor, wenn die konkrete Ausgestaltung oder bestimmte Merkmale des Erzeugnisses geeignet sind, die angesprochenen Verkehrskreise auf seine **betriebliche Herkunft** oder seine **Besonderheiten** hinzuweisen (stRspr; vgl BGH BGH GRUR 2006, 79 Tz 21 – *Jeans I;* BGH GRUR 2007, 339 Tz 26 – *Stufenleitern;* BGH GRUR 2007, 795 Tz 25 – *Handtaschen;* BGH GRUR 2008, 1115 Tz 20 – *ICON;* BGH GRUR 2009, 1073 Tz 10 – *Ausbeinmesser;* BGH GRUR 2010, 80 Tz 23 – *LIKEaBIKE*). Eine entsprechende Absicht des Herstellers ist nicht erforderlich (OLG Köln GRUR-RR 2008, 166, 167). Es genügt, dass der Verkehr auf Grund der Ausgestaltung oder der Merkmale des Produkts die Vorstellung hat, es könne wohl nur von einem bestimmten Anbieter oder einem mit ihm verbundenen Unternehmen stammen (BGH GRUR 2007, 984 Tz 23 –

Gartenliege). Die wettbewerbliche Eigenart muss sich gerade aus den übernommenen Gestaltungsmerkmalen des Erzeugnisses ergeben. Es müssen also gerade die übernommenen Gestaltungsmerkmale geeignet sein, im Verkehr auf eine bestimmte betriebliche Herkunft oder auf die Besonderheit des jeweiligen Erzeugnisses hinzuweisen (BGHZ 141, 329, 340 = GRUR 1999, 923, 927 – *Tele-Info-CD;* BGH GRUR 2007, 795 Tz 32 – *Handtaschen*). Dass die Gestaltungsmerkmale durch den Gebrauchszweck bedingt sind, ist unerheblich, sofern sie willkürlich wählbar und frei austauschbar sind (BGH GRUR 2005, 600, 602 – *Handtuchklemmen*). Der Verkehr kann sich aber nur an den **äußeren** Gestaltungsmerkmalen orientieren, also daran, wie ihm das Produkt begegnet (BGH GRUR 2002, 820, 822 – *Bremszangen*). – Wettbewerbliche Eigenart setzt **nicht Neuheit** oder **Bekanntheit** des Produkts voraus (BGH GRUR 2009, 79 Tz 35 – *Gebäckpresse*). Die Bekanntheit kann aber den Grad der wettbewerblichen Eigenart steigern (BGH GRUR 2005, 600, 602 – *Handtuchklemmen;* BGH GRUR 2007, 984 Tz 28 – *Gartenliege;* BGH GRUR 2010, 80 Tz 37 – *LIKEaBIKE*). Auch eine als neu empfundene Kombination bekannter Gestaltungselemente kann eine wettbewerbliche Eigenart begründen (BGH GRUR 1998, 477, 479 – *Trachtenjanker;* BGH GRUR 2006, 79 Tz 24, 26 – *Jeans I;* BGH GRUR 2008, 1115 Tz 22 – *ICON*). – Die **Funktion** des (ungeschriebenen) Tatbestandsmerkmals der wettbewerblichen Eigenart besteht darin, den Schutz vor Nachahmung auf solche Leistungsergebnisse zu beschränken, die unter Berücksichtigung der Interessen der Mitbewerber, der Verbraucher, der sonstigen Marktteilnehmer und der Allgemeinheit **schutzwürdig** sind. Das ist bei „Allerweltserzeugnissen" oder „Dutzendware" nicht der Fall (BGH GRUR 1986, 673, 675 – *Beschlagprogramm;* BGH GRUR 2007, 339 Tz 26 – *Stufenleitern;* OLG Köln GRUR-RR 2004, 21, 22). Bei **Werbeslogans** ist dementsprechend eine wettbewerbliche Eigenart zu verneinen, wenn sie keinen originellen und selbstständigen Gedanken aufweisen (OLG Frankfurt GRUR 1987, 44, 45: „... *für das aufregendste Ereignis des Jahres"*) oder eine freizuhaltende Wortkombination zur Beschreibung eines Produkts darstellen (BGH GRUR 1997, 308, 310 – *Wärme fürs Leben*). Dagegen ist die bloße Banalität eines Werbeslogans der Annahme einer wettbewerblichen Eigenart nicht hinderlich (BGH GRUR 1997, 308, 310 – *Wärme fürs Leben*). Auch ist es unschädlich, wenn vergleichbare Produkte zwar im Ausland, aber nicht im Inland angeboten werden (vgl OLG Köln GRUR-RR 2004, 21, 22 zu Internet-Angeboten in englischer Sprache). – Keine wettbewerbliche Eigenart kommt idR **Stellenanzeigen** in Zeitungen zu. Ihre Übernahme in das Internet zum kostenlosen Abruf fällt daher nicht unter § 4 Nr 9 (aA *Klein* GRUR 2005, 377, 380), sondern allenfalls unter § 4 Nr 10 (vgl OLG München GRUR-RR 2001, 228, 229).

b) Entstehen der wettbewerblichen Eigenart. Für die wettbewerbliche Eigenart ist **nicht** erforderlich, dass der Hersteller des Originals damit bereits einen wettbewerblichen **Besitzstand** durch Verkehrsbekanntheit erlangt hat. Andernfalls würden noch nicht oder erst kurz auf den (deutschen) Markt gebrachte Erzeugnisse vom Schutz ausgeschlossen (BGH WRP 1976, 370, 371 – *Ovalpuderdose;* BGH GRUR 1992, 523, 524 – *Betonsteinelemente*). Dies gilt auch für **Werbesprüche** (BGH GRUR 1997, 308, 309 – *Wärme fürs Leben;* krit *Messer,* FS Erdmann, 2002, 669, 677) und Kennzeichnungen (BGH GRUR 2001, 251, 253 – *Messerkennzeichnung*). Die **Bekanntheit** des Erzeugnisses kann aber den Grad der wettbewerblichen Eigenart steigern (BGH GRUR 2001, 443, 444 – *Viennetta;* BGH GRUR 2010, 80 Tz 37 – *LIKEaBIKE;* OLG Karlsruhe GRUR-RR 2010, 234, 236; Rdn 9.33). Dies ist dann im Rahmen der **Wechselwirkung** der Tatbestandsmerkmale des lauterkeitsrechtlichen Nachahmungsschutzes (Rdn 9.69) zu berücksichtigen und kann vor allem bei der Frage der Herkunftstäuschung und Rufausbeutung Bedeutung gewinnen (BGH GRUR 1997, 308, 310 – *Wärme fürs Leben;* BGH GRUR 2001, 251, 253 – *Messerkennzeichnung;* BGH GRUR 2002, 820, 822 – *Bremszangen;* BGH GRUR 2003, 359, 360 – *Pflegebett*).

c) Entfallen der wettbewerblichen Eigenart. Die wettbewerbliche Eigenart muss grds im Zeitpunkt des Anbietens der Nachahmung auf dem Markt noch fortbestanden haben (BGH GRUR 1985, 876, 878 – *Tchibo/Rolex I;* Piper/Ohly/Sosnitza § 4 Rdn 9/35). Unschädlich ist es, wenn ein anderer Anbieter mit Zustimmung des Originalherstellers das Produkt verwendet (OLG Karlsruhe GRUR-RR 2010, 234, 236). Von einem Fortbestand der wettbewerblichen Eigenart ist auch dann noch auszugehen, wenn andere Hersteller in großem Umfang Nachahmungen vertreiben, solange die angesprochenen Verkehrskreise zwischen Original und Kopie unterscheiden und die Kopie ohne weiteres oder nach näherer Prüfung als solche erkennbar ist (BGHZ 138, 143, 149 = GRUR 1998, 830, 833 – *Les-Paul-Gitarren;* BGH GRUR 2007, 795 Tz 28 – *Handtaschen*). Allerdings wird in diesem Fall keine vermeidbare Herkunftstäuschung vorliegen, so dass sich die Unlauterkeit der Nachahmung aus anderen Umständen ergeben muss

(BGH aaO – *Les-Paul-Gitarren*). Die wettbewerbliche Eigenart geht jedoch verloren, wenn die prägenden Gestaltungsmerkmale des nachgeahmten Originals, zB durch eine Vielzahl von Nachahmungen, **Allgemeingut** geworden sind, der Verkehr sie also nicht mehr einem bestimmten Hersteller oder einer bestimmten Ware zuordnet (BGH GRUR 2007, 984 Tz 24 – *Gartenliege*). Indessen ging nach der Rspr eine bestehende wettbewerbliche Eigenart nicht schon dadurch verloren, dass andere Nachahmer mehr oder weniger gleichzeitig auf den Markt kommen. Andernfalls könnte sich jeder Nachahmer auf die allgemeine Verbreitung der Gestaltungsform durch die anderen Nachahmer berufen und dem betroffenen Hersteller des Originals würde die Möglichkeit der rechtlichen Gegenwehr genommen (BGH GRUR 1985, 876, 878 – *Tchibo/Rolex I*; BGH GRUR 2005, 600, 602 – *Handtuchklemmen*; OLG Köln GRUR-RR 2003, 183, 185; OLG Köln WRP 2007, 1272; OLG Köln GRUR-RR 2008, 166, 168). Dem ist iErg zuzustimmen. Klarzustellen ist lediglich die Begründung: Zwar geht die wettbewerbliche Eigenart verloren, aber der Nachahmer kann sich nicht darauf berufen, dass dies durch die Verbreitung eigener oder fremder Nachahmungen geschehen ist, solange Ansprüche gegen ihn oder andere Nachahmer nicht durch **Verwirkung** untergegangen sind (so auch BGH GRUR 2007, 984 Tz 27 – *Gartenliege;* OLG Düsseldorf GRUR-RR 2009, 142, 144). – Die Eigenart geht nicht schon dann verloren, wenn der Hersteller das Original (uU schon jahrelang) nicht mehr vertreibt. Sie besteht vielmehr so lange fort, als die Gefahr einer Herkunftstäuschung noch besteht (OLG Frankfurt WRP 2007, 1108, 1110; dazu *Petry* WRP 2007, 1045).

2. Erscheinungsformen

9.27 **a) Wettbewerbliche Eigenart auf Grund ästhetischer Merkmale.** Die wettbewerbliche Eigenart eines Erzeugnisses kann sich aus seinen ästhetischen Merkmalen (Formgestaltung; Design) ergeben (BGH GRUR 1984, 453 f – *Hemdblusenkleid;* BGH GRUR 1985, 876, 877 – *Tchibo/Rolex I*). Auf die Neuheit oder schöpferische Eigentümlichkeit der Gestaltung kommt es insoweit nicht an. Denn der geschmacksmusterrechtliche Begriff der Eigenart deckt sich nicht mit der wettbewerblichen Eigenart (BGH WRP 1976, 370, 372 – *Ovalpuderdose;* BGH GRUR 1984, 597 f – *vitra programm;* vgl auch *Kur* GRUR 2002, 661, 665; *Wandtke/Ohst* GRUR Int 2005, 91. 93). Entscheidend ist auch nicht, dass die zur Gestaltung eines Produkts verwendeten Einzelmerkmale originell sind. Vielmehr kommt es darauf an, ob sie in ihrer Kombination dem Produkt ein Gepräge geben, das dem Verkehr einen Rückschluss auf die betriebliche Herkunft ermöglicht (BGH GRUR 1985, 876, 878 – *Tchibo/Rolex* [Rolex-Uhr]; BGH GRUR 2006, 79 Tz 24, 26 – *Jeans I;* OLG Köln GRUR-RR 2003, 84, 85 [Plüschbär]; OLG Köln GRUR-RR 2003, 183 [Designerbrille]). Das Produkt muss sich von anderen vergleichbaren Erzeugnissen oder vom Durchschnitt in einem Maße abheben, dass der Verkehr auf die Herkunft aus einem bestimmten Unternehmen schließt (BGH GRUR 2006, 79 Tz 26, 32 – *Jeans I;* OLG Köln GRUR-RR 2004, 21).

9.28 **b) Wettbewerbliche Eigenart auf Grund technischer Merkmale.** Die wettbewerbliche Eigenart eines Erzeugnisses kann sich auch aus seinen **technischen Merkmalen** ergeben (BGH GRUR 1999, 751, 752 – *Güllepumpen;* BGH GRUR 1999, 1106, 1108 – *Rollstuhlnachbau;* BGH GRUR 2002, 86, 90 – *Laubhefter;* BGH GRUR 2000, 521, 523 – *Modulgerüst I;* BGH GRUR 2002, 820, 822 – *Bremszangen;* BGH GRUR 2007, 339 Tz 27 – *Stufenleitern*). Das ist jedenfalls dann anzunehmen, wenn sich die auf dem Markt befindlichen Konkurrenzerzeugnisse deutlich von dem nachgeahmten Erzeugnis unterscheiden. Allerdings scheiden eine wettbewerbliche Eigenart und damit ein Schutz vor Nachahmung aus, soweit sich in der technischen Gestaltung eine **gemeinfreie technische Lösung** verwirklicht. Denn die technische Lehre und der Stand der Technik sind grds frei benutzbar, soweit kein Sonderschutz eingreift (vgl BGHZ 50, 125, 128 f – *Pulverbehälter;* BGH GRUR 1999, 1106, 1108 – *Rollstuhlnachbau;* BGH GRUR 2002, 86, 90 – *Laubhefter;* BGH GRUR 2002, 820, 822 – *Bremszangen;* BGH GRUR 2007, 339 Tz 27 – *Stufenleitern*). Dies gilt uneingeschränkt für **technisch notwendige** Gestaltungselemente (BGH GRUR 2000, 521, 523 – *Modulgerüst I;* BGH GRUR 2009, 1073 Tz 10 – *Ausbeinmesser;* BGH GRUR 2010, 80 Tz 27 – *LIKEaBIKE*). Eine für den Gebrauchszweck „optimale" Kombination technischer Merkmale ist aber nicht gleichbedeutend mit einer technisch notwendigen Gestaltung (BGH GRUR 2009, 1073 Tz 13 – *Ausbeinmesser*). Technische Notwendigkeit ist anzunehmen, wenn Merkmale aus technischen Gründen zwingend bei gleichartigen Konstruktionen verwendet werden müssen und der erstrebte technische Erfolg anderweit nicht erreichbar ist (vgl BGH GRUR 1996, 210, 211 – *Vakuumpumpen;* BGH GRUR 2000, 521, 523 – *Modulgerüst I*). Davon zu unterscheiden sind solche technischen Merkmale, die zwar **technisch bedingt,** aber frei wählbar und austauschbar sind (vgl BGH GRUR 1996, 210, 211 – *Vakuumpumpen;* BGH GRUR 2000, 521, 523 – *Modulgerüst I;* BGH GRUR 2007, 339 Tz 27 – *Stufenleitern;* BGH GRUR 2007, 984 Tz 20 – *Gartenliege;* BGH GRUR 2008, 790 Tz 36 – *Baugruppe;* BGH GRUR 2010, 80 Tz 27 – *LIKEaBIKE;* OLG Stuttgart GRUR-RR 2010, 298, 300). Ihnen kann wettbewerbliche Eigenart zukommen, vorausgesetzt, der Verkehr legt auf Grund dieser Merkmale Wert auf die Herkunft der Erzeugnisse aus einem bestimmten Betrieb oder verbindet damit – ohne sich über die Herkunft Gedanken zu machen – gewisse Qualitätserwartungen (BGH GRUR 1996, 210, 211 – *Vakuumpumpen;* BGH GRUR 2007, 339 Tz 27 – *Stufenleitern;* BGH GRUR 2009, 1073 Tz 10 – *Ausbeinmesser*). Ihre Übernahme ist allerdings auch nicht stets zulässig (BGH GRUR 2010, 80 Tz 27 – *LIKEaBIKE;* dazu näher Rdn 9.49 f). – Die Beurteilung, ob die übernommene Gestaltung eine gemeinfreie technische Lösung darstellt, ist bei einem Bauelement, das nach dem Kauf in ein komplexes Erzeugnis eingefügt wird, nicht auf die nach dem Einbau sichtbaren Teile beschränkt. Denn der Schutz gegen eine Herkunftstäuschung und gegen eine Ausnutzung oder Beeinträchtigung der Wertschätzung knüpft an das Marktverhalten an und nicht an die spätere Verwendung des Produkts (BGH GRUR 2008, 790 Tz 36 – *Baugruppe*).

c) **Wettbewerbliche Eigenart auf Grund eines Programms.** Wettbewerbliche Eigenart 9.29 kann auch einem „Programm" als einer Gesamtheit von Erzeugnissen mit Gemeinsamkeiten in der Zweckbestimmung und Formgestaltung zukommen. Sie kann sich aus Merkmalen einzelner Teile und aus einer Kombination der Einzelteile ergeben, etwa wenn für die einzelnen Teile eine einheitliche Formgebung mit charakteristischen Besonderheiten gewählt wird und sich die zum Programm gehörenden Gegenstände für den Verkehr deutlich von Waren anderer Hersteller abheben (BGH GRUR 1999, 183, 186 – *Ha-Ra/HARIVA;* BGH GRUR 2008, 793 Tz 29 – *Rillenkoffer*). Ob die einzelnen Teile für sich allein wettbewerbliche Eigenart besitzen, ist unerheblich (BGH GRUR 1982, 305, 307 – *Büromöbelprogramm;* BGH GRUR 1986, 673, 675 – *Beschlagprogramm;* vgl auch BGH GRUR 1975, 383, 385 f – *Möbelprogramm* zur Geschmacksmusterfähigkeit).

d) **Sonstiges.** Wettbewerbliche Eigenart kann einer Ware oder Dienstleistung auch auf Grund 9.30 ihrer **Kennzeichnung** zukommen (vgl BGH GRUR 1956, 553, 557 – *Coswig;* BGH GRUR 1977, 614, 615 – *Gebäudefassade;* BGH GRUR 2001, 251, 253 – *Messerkennzeichnung;* BGH GRUR 2003, 973, 974 – *Tupperwareparty; Kur* GRUR 1990, 1, 8 ff). Stets ist dabei allerdings ein etwaiger Vorrang des Markenrechtsschutzes zu beachten (vgl Rdn 9.9 ff). – Wettbewerbliche Eigenart kann ferner der Sammlung von Teilnehmerdaten in **amtlichen Verzeichnissen** (zB Telefon- und Telefaxverzeichnissen) zukommen, weil der Verkehr Vollständigkeit und Richtigkeit des Datenbestands erwartet und daraus eine besondere Gütevorstellung folgt (BGH GRUR 1999, 923, 926 f – *Tele-Info-CD*). Desgleichen können **Nummernsysteme** zur Identifizierung von Waren oder Dienstleistungen wettbewerbliche Eigenart besitzen (vgl BGH WRP 2006, 765 Tz 28 – *Michel-Nummern*). Auch **Werbeslogans** können wettbewerbliche Eigenart besitzen (bejaht für „Wärme fürs Leben", BGH GRUR 1997, 308, 311 – *Wärme fürs Leben;* verneint für „natürlich in Revue", BGH 1961, 244 – *natürlich in Revue;* „Kaffee, den man am Duft erkennt", OLG Hamburg GRUR 1990, 625; „für das aufregendste Ereignis des Jahres", OLG Frankfurt GRUR 1987, 44; zum Ganzen *Kaulmann* GRUR 2008, 854, 860).

3. Herkunftshinweis

Erforderlich ist insoweit, dass der Verkehr Wert auf die betriebliche Herkunft des Erzeugnisses 9.31 legt und gewohnt ist, aus bestimmten Merkmalen auf die betriebliche Herkunft zu schließen (BGHZ 50, 125, 130 = GRUR 1968, 591 – *Pulverbehälter;* BGH GRUR 2001, 251, 253 – *Messerkennzeichnung*). Der Hinweis auf die betriebliche Herkunft und damit die wettbewerbliche Eigenart eines Erzeugnisses kann sich auch aus seiner **Kennzeichnung** ergeben (BGH GRUR 1963, 423, 428 – *coffeinfrei;* BGH GRUR 1977, 614, 615 – *Gebäudefassade;* BGH GRUR 1997, 754, 756 – *grau/magenta;* BGH GRUR 2001, 251, 253 – *Messerkennzeichnung;* vgl auch Rdn 9.30).

4. Besonderheiten des Erzeugnisses

Für die wettbewerbliche Eigenart ist es nicht zwingend erforderlich, dass das Original Merk- 9.32 male aufweist, die auf eine bestimmte betriebliche Herkunft hinweisen. Vielmehr genügt es auch, dass es **Besonderheiten** aufweist (BGH GRUR 1984, 453, 454 – *Hemdblusenkleid*). Solche

Besonderheiten können sich aus einer im ästhetischen Bereich liegenden überdurchschnittlichen individuellen schöpferischen Gestaltung ergeben (BGH aaO – *Hemdblusenkleid;* OLG München GRUR 1995, 275, 276; OLG Hamburg GRUR-RR 2006, 94, 97).

5. Feststellung der wettbewerblichen Eigenart

9.33 Das Gericht kann die wettbewerbliche Eigenart idR aus eigener Sachkunde feststellen, auch wenn die Richter nicht zu den angesprochenen Verkehrskreisen gehören (BGH GRUR 2006, 79 Tz 27 – *Jeans I; Bornkamm* WRP 2000, 830, 832). Dazu muss es **alle Umstände des Einzelfalls** berücksichtigen, insbes auch solche Umstände, die für sich allein weder erforderlich noch ausreichend sind, um die wettbewerbliche Eigenart zu begründen. So kann einerseits eine den sondergesetzlichen Anforderungen entsprechende Gestaltungshöhe ohne weiteres die wettbewerbliche Eigenart begründen. Andererseits kann auch bei einem Rückgriff auf Gestaltungsmerkmale, wie vorhandene Formen und Stilelemente, die für sich allein nicht herkunftshinweisend wirken, die Kombination solcher Merkmale in ihrer Gesamtwirkung dem Erzeugnis wettbewerbliche Eigenart verleihen, wenn es sich von anderen Erzeugnissen abhebt (BGH GRUR 2010, 80 Tz 34 – *LIKEaBIKE;* OLG Köln GRUR-RR 2008, 166, 167). Denn maßgebend ist der Gesamteindruck des Erzeugnisses, nicht etwa eine zergliedernde und auf einzelne Elemente abstellende Betrachtung (BGH GRUR 2010, 80 Tz 32 – *LIKEaBIKE*). Indizien für das **Vorliegen** einer wettbewerblichen Eigenart und ihr **Ausmaß** können der Kostenaufwand für die Herstellung des Erzeugnisses, seine Bekanntheit (BGH GRUR 2007, 339 Tz 32 – *Stufenleitern;* BGH GRUR 2010, 80 Tz 37 – *LIKEaBIKE*), seine Neuheit und dafür verliehene Designer-Preise (OLG Köln GRUR-RR 2003, 183, 184; OLG Köln GRUR-RR 2008, 166, 168) sein. Für das Ausmaß der Bekanntheit kann es daher eine Rolle spielen, ob der Originalhersteller eine Pionierleistung erbracht hat und welche werbliche Präsenz sein Produkt hat (BGH GRUR 2010, 80 Tz 37 – *LIKEaBIKE*). Lassen sich Herkunftsvorstellungen feststellen, ist damit zugleich der Nachweis der wettbewerblichen Eigenart geführt (BGH GRUR 2002, 275, 277 – *Noppenbahnen*).

V. Nachahmung

1. Allgemeines

9.34 **a) Begriff der Nachahmung.** § 4 Nr 9 setzt die **Nachahmung** einer Ware oder Dienstleistung voraus. Der Begriff hat eine hersteller- und eine produktbezogene Komponente: Erstens muss dem **Hersteller** im Zeitpunkt der Herstellung des Produkts das **Original** als Vorbild **bekannt** gewesen sein. Bei einer selbstständigen Zweitentwicklung ist daher schon begrifflich eine Nachahmung ausgeschlossen (BGH GRUR 2002, 629, 633 – *Blendsegel;* BGH GRUR 2008, 1115 Tz 24 – *ICON*). Zur Beweislast vgl Rdn 9.78. Zweitens muss das **Produkt** (oder ein Teil davon) mit dem Originalprodukt **übereinstimmen** oder ihm zumindest so **ähnlich** sein, dass es sich in ihm wiedererkennen lässt. Das Originalprodukt muss zwar nicht in allen seinen Gestaltungsmerkmalen übernommen worden sein. Bei einer nur teilweisen Übernahme muss sich die wettbewerbliche Eigenart des Originals aber gerade aus dem übernommenen Teil ergeben. Es müssen also gerade die übernommenen Gestaltungsmerkmale geeignet sein, die wettbewerbliche Eigenart zu begründen (BGH GRUR 1999, 923, 926 – *Tele-Info-CD;* BGH GRUR 2007, 795 Tz 32 – *Handtaschen*).

9.34a **b) Erfordernis einer Vermarktung der fremden Leistung?** Von einer Nachahmung soll nicht auszugehen sein, wenn die Leistung des Dritten nicht vermarktet, sondern eine eigene Leistung angeboten wird (BGH GRUR 2009, 1162 Tz 43 – *DAX:* Übernahme eines Aktienindexes in ein Finanzprodukt). Dem ist aber in dieser Allgemeinheit nicht zu folgen. Der Tatbestand der Nachahmung setzt nämlich nicht voraus, dass das vom Mitbewerber angebotene Produkt funktionsgleich oder austauschbar mit dem Originalprodukt ist (ebenso OLG Stuttgart MMR 2009, 395). Es genügt daher, dass er das Originalprodukt nachgeahmt und als Bestandteil in sein eigenes Produkt übernommen hat (*Beispiel:* Automobilhersteller übernimmt die Gestaltung einer Felge von einem Felgenhersteller). Eine Nachahmung kann daher – entgegen BGH aaO – *DAX* – auch bei der Übernahme einer fremden Dienstleistung in die eigene Dienstleistung vorliegen (vgl auch OLG Stuttgart MMR 2009, 395, 396: Sendung privater Mitschnitte von Fußballspielen). Grenzen setzt insoweit nur die (weit auszulegende) **Mitbewerbereigenschaft** des Nachahmers (dazu Rdn 9.19).

2. Erscheinungsformen der Nachahmung

a) Allgemeines. Was die **Erscheinungsformen** der Nachahmung angeht, ist an die frühere Rspr anzuknüpfen, die drei Formen der Nachahmung unterscheidet: die unmittelbare Leistungsübernahme (Imitation iSd § 6 II Nr 6), die fast identische Leistungsübernahme und die nachschaffende Leistungsübernahme (Rdn 9.35–9.37). Die Unterscheidung ist im Rahmen der **Wechselwirkung** der Tatbestandsmerkmale (Rdn 9.69) von Bedeutung. Je mehr die Nachahmung dem Original gleichkommt, desto geringere Anforderungen sind an die weiteren wettbewerblichen Umstände zu stellen (BGH GRUR 1992, 523, 524 – *Betonsteinelemente;* BGH GRUR 1999, 923, 927 – *Tele-Info-CD*). Daher kommt der Feststellung des **Grads der Nachahmung** maßgebliche Bedeutung zu (vgl BGH GRUR 2007, 795 Tz 29 ff – *Handtaschen;* BGH GRUR 2010, 80 Tz 38 – *LIKEaBIKE*). Bei der Beurteilung der Übereinstimmung oder Ähnlichkeit ist grds auf die Gesamtwirkung der sich gegenüberstehenden Produkte abzustellen (BGH GRUR 2007, 795 Tz 32 – *Handtaschen*). Denn der Verkehr nimmt ein Produkt in seiner Gesamtheit mit allen seinen Bestandteilen wahr, ohne es einer analysierenden Betrachtung zu unterziehen (st Rspr; BGH GRUR 2010, 80 Tz 39 – *LIKEaBIKE*). Daher genügt es nicht, nur einzelne Gestaltungsmerkmale zu vergleichen, um den Grad der Ähnlichkeit zu bestimmen.

b) Unmittelbare Leistungsübernahme. Eine unmittelbare Leistungsübernahme liegt vor, wenn die fremde Leistung unverändert übernommen wird (BGHZ 28, 387, 392 f = GRUR 1959, 240 – *Nelkenstecklinge;* BGHZ 51, 41, 45 f = GRUR 1969, 186 – *Reprint;* BGH WRP 1975, 370, 371 – *Ovalpuderdose;* BGH GRUR 1999, 923, 927 – *Tele-Info-CD*). Der ÖOGH spricht von einer „glatten Übernahme" (vgl ÖOGH GRUR Int 2007, 167, 170). Die unveränderte Übernahme erfolgt zumeist mit Hilfe technischer Vervielfältigungsverfahren (zB Nachdrucken; Einscannen; Kopieren).

c) Fast identische Leistungsübernahme. Eine fast identische Leistungsübernahme liegt vor, wenn die Nachahmung nur geringfügige, im Gesamteindruck unerhebliche Abweichungen vom Original aufweist (vgl BGH GRUR 2000, 521, 524 – *Modulgerüst I*). Auch bei der fast identischen Übernahme gilt, dass die Anforderungen an die wettbewerbliche Eigenart und an die besonderen wettbewerblichen Umstände geringer sind als bei der nur nachschaffenden Übernahme (stRspr; BGH GRUR 1960, 244, 246 – *Simili-Schmuck;* BGH GRUR 1986, 673, 675 – *Beschlagprogramm;* BGH GRUR 1996, 210, 211 – *Vakuumpumpen*).

d) Nachschaffende Leistungsübernahme. Eine nachschaffende Leistungsübernahme liegt vor, wenn die fremde Leistung nicht unmittelbar oder fast identisch übernommen, sondern lediglich als Vorbild benutzt und nachschaffend unter Einsatz eigener Leistung wiederholt wird (BGH GRUR 1992, 523, 524 – *Betonsteinelemente*), somit eine bloße Annäherung an das Originalprodukt vorliegt (BGH GRUR 2007, 795 Tz 22 – *Handtaschen*). Entscheidend ist, ob die Nachahmung wiedererkennbare wesentliche Elemente des Originals aufweist oder sich deutlich davon absetzt (BGH GRUR 1963, 152, 155 – *Rotaprint;* OLG München GRUR-RR 2003, 329, 330). Geringfügige Abweichungen vom Original sind unerheblich, solange das Original als Vorbild erkennbar bleibt (OLG Köln GRUR-RR 2003, 84, 85). **Beispiel:** Werden Musiktitel mit Begleitpositionen aus Chart-Listen zwar übernommen, aber nach anderen Kriterien sortiert und für einen längeren Zeitraum aufbereitet, ist eine nachschaffende Leistungsübernahme zu verneinen (OLG München GRUR-RR 2003, 329, 330). – Bei der Annäherung an eine fremde **Kennzeichnung** kommt es auf die Ähnlichkeit der Zeichen an, worüber der Gesamteindruck entscheidet (BGH GRUR 2003, 973, 974 – *Tupperwareparty*). Bei einem nur geringen Grad der Zeichenähnlichkeit müssen weitere Umstände hinzutreten, um eine unlautere Rufausbeutung zu begründen. Dazu reicht es nicht aus, dass die Aufmerksamkeit von Teilen des Verkehrs erweckt wird, weil sie das nachgeahmte Kennzeichen kennen (BGH GRUR 2003, 973, 975 – *Tupperwareparty*).

3. Abgrenzung

Das Angebot einer Nachahmung setzt voraus, dass die **fremde Leistung** ganz oder teilweise **als eigene Leistung** angeboten wird (vgl OLG Köln GRUR-RR 2005, 228, 229). Eine Nachahmung liegt dementsprechend ua dann **nicht** vor, **(1)** wenn ein **Originalprodukt** ohne Zustimmung des Herstellers **vermarktet** wird (vgl OLG Frankfurt GRUR 2002, 96 betreffend Übungsfahrzeuge; OLG Frankfurt GRUR-RR 2007, 104, 106). Auch eine analoge Anwendung des § 4 Nr 9 kommt nicht in Betracht, gleichgültig, ob das Leistungsergebnis mit oder ohne Willen des Originalherstellers in den Verkehr gebracht wurde. Auf den allgemeinen Rechtsgedanken der Erschöpfung durch erstmaliges Inverkehrbringen kommt es insoweit nicht an (aA wohl OLG Frankfurt GRUR 2002, 96); **(2)** wenn **öffentlich** (zB im Internet) **zugängliche Informationen** ausgewertet werden (vgl auch BGH GRUR 2009,1162 – *Dax*), etwa durch das Setzen eines **Links** auf eine fremde Website (BGH GRUR 2003, 958, 963 – *Paperboy;* aA wohl *Plaß* WRP 2000, 592, 606) oder durch ein sog **"Screen-Scraping"** (*Deutsch* GRUR 2009, 1027, 1031); **(3)** wenn mittels einer Set-Top-Box ein Überwechseln vom **TV-Programm** in das **Internet** und damit die gleichzeitige Nutzung beider Medien ermöglicht wird (OLG Köln GRUR-RR 2005, 228, 229); **(4)** wenn eine ungenehmigte **Radio- oder Fernsehübertragung** oder **Filmaufnahme** von Sportveranstaltungen usw erfolgt. Die Übertragung knüpft zwar an eine fremde Leistung an und wäre ohne sie nicht möglich, stellt aber keine Nachahmung, sondern eine völlig eigenständige Leistung dar. Das liegt bei der Radioübertragung auf der Hand, gilt aber auch für die Fernsehübertragung und Filmaufnahmen (Blickwinkel, Naheinstellungen, Wiederholungen). Eine Anwendung der §§ 3 I, 4 Nr 9 scheidet daher aus (aA OLG Stuttgart MMR 2009, 395). In zwei kartellrechtlichen Entscheidungen hat der BGH zwar die Anwendbarkeit des § 1 aF unter Hinweis auf „Vermarktungsrechte" des Veranstalters bejaht (BGHZ 110, 371, 383 – *Sportübertragungen;* BGHZ 137, 297, 307 – *Europapokalheimspiele*). Indessen gewährt das UWG keine derartigen Rechte (aA Piper/*Ohly*/Sosnitza § 4 Rdn 9/80: unmittelbarer Rückgriff auf § 3 I grds möglich). Der Veranstalter ist auf Abwehransprüche aus den §§ 823 I, 1004 BGB (Eigentum; Recht am Unternehmen; allgemeines Persönlichkeitsrecht) beschränkt (BGH WRP 2006, 269 Tz 16 ff – *Hörfunkrechte;* aA *Günther* WRP 2005, 703; *Feldmann/Höppner* K&R 2008, 421, 424; *Frey* CR 2008, 530, 531; *Hoeren/Schröder* MMR 2008, 553, 554; *Maume* MMR 2008, 797, 798 ff; vgl auch *Agudo y Berbel/Engels* WRP 2005, 191). **(5)** wenn der Kunde lediglich die Möglichkeit erhält, in eine Konkordanzliste Vergleichsnummern aus dem **Nummernsystem** eines Mitbewerbers einzutragen (BGH WRP 2006, 765 Tz 28 – *Michel-Nummern*).

VI. Anbieten

9.39   Der Mitbewerber muss die Nachahmung auf dem Markt **anbieten.** Damit ist nicht nur das konkrete Verkaufsangebot gemeint, sondern jede Handlung, die auf den Vertrieb gerichtet ist, einschließlich der Werbung und dem Feilhalten. Es genügt bereits das Ausliefern der Nachahmungsprodukte an einen Zwischenhändler (BGH GRUR 2003, 892, 893 – *Alt Luxemburg*). – Vom Anbieten ist das bloße **Herstellen** zu unterscheiden, das den Tatbestand noch nicht erfüllt. Die Herstellung ist zwar notwendige Vorbereitungshandlung für das Anbieten und begründet daher idR die Gefahr eines unlauteren Anbietens, so dass ein vorbeugender Unterlassungsanspruch gegeben ist. Dieser Anspruch ist aber nur auf Unterlassung des Anbietens gerichtet, nicht (auch) auf Unterlassung der Herstellung (vgl Rdn 9.80).

VII. Besondere, die Unlauterkeit der Nachahmung begründende Umstände

1. Allgemeines

9.40   Die bloße Tatsache, dass die angebotenen Produkte Nachahmungen sind, begründet für sich allein nicht die Unlauterkeit iSd § 4 Nr 9. Es müssen besondere Umstände hinzukommen, die dieses Verhalten unlauter machen. Das Gesetz führt – nicht abschließend (Rdn 9.4 aE; BGH GRUR 2004, 941, 943 – *Metallbett*) – einige solcher Umstände an. Im Einzelfall können insoweit Überschneidungen eintreten. Das kann den Unwertgehalt verdichten und im Rahmen der Gesamtwürdigung unter Berücksichtigung der Wechselwirkung (Rdn 9.69) Berücksichtigung finden. Zu den sonstigen, die Unlauterkeit begründenden Umständen kann insbes die Behinderung gehören (Rdn 9.63 ff). Nicht darunter fällt jedoch das bloße Ausnutzen eines Vertragsbruchs eines durch eine Ausschließlichkeitsabrede gebundenen Händlers (BGH GRUR 2004, 941, 943 – *Metallbett*).

2. Herkunftstäuschung

9.41   **a) Allgemeines.** Nach § 4 Nr 9 lit a ist das Anbieten eines Nachahmungsprodukts unlauter, wenn sie zu einer **vermeidbaren Täuschung der Abnehmer über die betriebliche Herkunft** des nachgeahmten Erzeugnisses führt. Die Regelung dient zwar nicht nur dem Schutz des Herstellers des Originals, sondern auch dem Schutz der Verbraucher und sonstigen Abnehmer vor Irreführung. Daher ist insoweit der Vorrang der Regelungen in § 5 I Nr 1 („betriebliche Herkunft"), § 5 II, § 6 II Nr 3 und § 3 III Anh Nr 13 zu beachten, da diese auf abschließende

Regelungen des Unionsrechts zurückgehen (vgl Rdn 9.5; *Köhler* GRUR 2009, 445, 447 ff). Daher darf § 4 Nr 9 lit a nicht in einer Weise ausgelegt werden, die über den unionsrechtlichen Schutz der Verbraucher und sonstigen Abnehmer hinausgeht. (Zur Rechtslage vor Inkrafttreten der UWG-Novelle 2008 vgl *Köhler* GRUR 2007, 548, 552; *Seichter* WRP 2005, 1087, 1092). Tathandlung ist das **Anbieten** der Nachahmungsprodukte gegenüber (potenziellen) **Abnehmern**. In **zeitlicher** Hinsicht kommt es daher auf den Zeitraum bis zur **Kaufentscheidung** der Abnehmer an (BGH GRUR 2007, 339 Tz 39 – *Stufenleitern;* BGHZ 161, 201, 211 = GRUR 2005, 349, 352 – *Klemmbausteine III;* BGH GRUR 2008, 793 Tz 33 – *Rillenkoffer*). Eine nicht schon im Zeitpunkt der Werbung oder Kaufentscheidung, sondern erst später auftretende Herkunftstäuschung erfüllt daher nicht den Tatbestand des § 4 Nr 9 lit a (BGH GRUR 2005, 349, 352 – *Klemmbausteine III*). Wird das Nachahmungsprodukt daher in einer Umverpackung zum Kauf angeboten, die einen aufklärenden Hinweis enthält, so wird bereits dadurch eine Herkunftstäuschung ausgeschlossen (BGH aaO – *Klemmbausteine III*). – In **persönlicher** Hinsicht kommt es auf den jeweils angesprochenen Abnehmerkreis an. Handelt es sich dabei um **Fachleute**, ist daher deren Sichtweise maßgebend (BGH GRUR 1999, 1106, 1108 – *Rollstuhlnachbau;* BGH GRUR 2003, 359, 361 – *Pflegebett*).

b) Erfordernis einer gewissen Bekanntheit des Originals. Voraussetzung für eine Herkunftstäuschung ist, dass das nachgeahmte Erzeugnis eine **gewisse Bekanntheit** bei nicht unerheblichen Teilen der angesprochenen Verkehrskreise erlangt hat (BGH GRUR 2002, 820, 822 – *Bremszangen;* BGH GRUR 2005, 166, 16, 169 – *Puppenausstattungen;* BGH GRUR 2005, 600, 602 – *Handtuchklemmen;* BGH GRUR 2006, 79 Tz 35 – *Jeans I;* BGH GRUR 2007, 984 Tz 34 – *Gartenliege;* Harte/Henning/*Sambuc* § 4 Rdn 78). Denn andernfalls kann die Gefahr einer Herkunftstäuschung nicht bestehen (aA *Krüger/v Gamm* WRP 2004, 978: bloße Eignung zur Herkunftskennzeichnung genügt). Ist nämlich dem Verkehr nicht bekannt, dass es ein Original gibt, scheidet eine Herkunftstäuschung in aller Regel schon begrifflich aus. Etwas anderes gilt für Fälle, in denen Original und (insbes) billigere Nachahmung nebeneinander vertrieben werden, so dass der Verkehr beides unmittelbar miteinander vergleichen kann (BGH GRUR 2005, 600, 602 – *Handtuchklemmen;* BGH GRUR 2007, 339 Tz 39 – *Stufenleitern;* BGH GRUR 2007, 984 Tz 34 – *Gartenliege;* BGH GRUR 2009, 79 Tz 35 – *Gebäckpresse*). Für das **erforderliche Maß an Bekanntheit** gilt: Das Erzeugnis muss bei nicht unerheblichen Teilen der angesprochenen Verkehrskreise eine solche Bekanntheit erreicht haben, dass sich in relevantem Umfang die Gefahr der Herkunftstäuschung ergeben kann, wenn Nachahmungen vertrieben werden (BGH GRUR 2005, 166, 167 – *Puppenausstattungen;* BGH GRUR 2006, 79 Tz 35 – *Jeans I;* BGH GRUR 2007, 339 Tz 39 – *Stufenleitern;* BGH GRUR 2007, 984 Tz 34 – *Gartenliege*). Eine **Verkehrsgeltung** iSd § 4 Nr 2 MarkenG ist **nicht erforderlich** (BGH GRUR 2002, 275, 277 – *Noppenbahnen;* BGH GRUR 2006, 79 Tz 35 – *Jeans I;* OLG Köln GRUR-RR 2004, 21). Dagegen muss eine gewisse Bekanntheit auf dem **inländischen Markt** bestehen (BGH GRUR 2009, 79 Tz 35 – *Gebäckpresse*). Daher kommt es auf eine etwaige Bekanntheit auf einem ausländischen Markt nicht an, selbst wenn der ausländische Wettbewerber nach Art 1 II, 2 I PVÜ Gleichbehandlung genießt (BGH GRUR 2009, 79 Tz 35 – *Gebäckpresse*). Maßgebender **Zeitpunkt** für die Bekanntheit ist die Markteinführung der Nachahmung (BGH GRUR 2007, 339 Tz 39 – *Stufenleitern;* BGH GRUR 2009, 79 Tz 35 – *Gebäckpresse*). Für die **Feststellung** der Bekanntheit gilt: Die Bekanntheit kann sich nicht nur aus entsprechenden Werbeanstrengungen, sondern auch aus hohen Absatzzahlen des Originals ergeben (BGH GRUR 2007, 339 Tz 32 – *Stufenleitern;* BGH GRUR 2007, 984 Tz 32 – *Gartenliege;* OLG Köln GRUR-RR 2004, 21, 23).

Bekanntheit setzt nur Kenntnis des nachgeahmten Originals, **nicht** auch die **Kenntnis** des **Namens** des Originalherstellers voraus (BGH GRUR 2006, 79 Tz 36 – *Jeans I*). Es genügt die Vorstellung, dass das Erzeugnis von einem bestimmten Hersteller, wie auch immer dieser heißen mag, oder von einem mit diesem verbundenen Unternehmen in den Verkehr gebracht wurde (BGH GRUR 2007, 339 Tz 40 – *Stufenleitern;* BGH GRUR 2007, 984 Tz 32 – *Gartenliege;* BGH GRUR 2009, 79 Tz 31 – *Gebäckpresse*). Dem steht es nicht entgegen, dass der Hersteller in der Vergangenheit einen Vertrieb unter verschiedenen Bezeichnungen, etwa einen Vertrieb durch einen Händler unter eigenen Marken zugelassen hat (BGH GRUR 2007, 984 Tz 26, 32 – *Gartenliege;* BGH GRUR 2009, 79 Tz 33 – *Gebäckpresse*).

Fehlt es an einer gewissen Bekanntheit, so kann jedoch gleichwohl eine wettbewerbswidrige **Behinderung** in Betracht kommen (dazu Rdn 9.63 ff und § 4 Nr 10).

c) Begriff und Arten der Herkunftstäuschung. aa) Begriff. Eine Herkunftstäuschung liegt vor, wenn die angesprochenen Verkehrskreise (BGH GRUR 1988, 385, 387 – *Wäsche-*

Kennzeichnungsbänder) den Eindruck gewinnen können, die Nachahmung stamme vom Hersteller des Originals oder einem mit ihm geschäftlich oder organisatorisch verbundenen Unternehmen (Rdn 9.41 b). Hierzu können die im Markenrecht entwickelten Grundsätze zur Verwechslungsgefahr entsprechend angewendet werden (BGH GRUR 2001, 251, 253 – *Messerkennzeichnung;* OLG Köln WRP 2007, 683, 685). Das Hervorrufen bloßer Assoziationen an das Originalprodukt reicht nicht aus (BGH GRUR 2005, 166, 170 – *Puppenausstattungen*). Maßgebend ist, wie stets, die Sichtweise des durchschnittlich informierten, situationsadäquat aufmerksamen und verständigen Durchschnittsverbrauchers (oder sonstigen Marktteilnehmers), der sich für das Produkt interessiert. Wie intensiv sich ein Kunde mit dem Produkt beschäftigt, hängt naturgemäß von dessen Eigenart und dessen Preis ab (vgl OLG Köln GRUR-RR 2003, 183, 186). Eine Herkunftstäuschung bei einem Verbraucher ist aber auch dann nicht ausgeschlossen, wenn es sich um ein höherpreisiges Produkt handelt und die Kaufentscheidung erst nach bewusster Auswahl und Hinzuziehung von Herstellerkatalogen getroffen wird (OLG Köln GRUR-RR 2008, 166, 169). Erfolgt der Vertrieb von Fachleuten an Fachleute, ist davon auszugehen, dass sie sich – anders als das breite Publikum bei Alltagsgeschäften – genauer damit befassen und sich – im Hinblick auch auf Service- und Garantieleistungen – auch für den Hersteller interessieren (BGH GRUR 1996, 210, 212 – *Vakuumpumpen*). Insbes kann die entsprechende Markt- und Produktkenntnis der Einkäufer sowie eine entsprechende Aufklärung durch die Verkäufer über die Konkurrenzsituation und die unterschiedlichen Preise eine Herkunftstäuschung ausschließen (BGH GRUR 1988, 385, 387 – *Wäsche-Kennzeichnungsbänder*). – Ob die Kunden sich auf Grund der Täuschung zum Kauf entschließen oder sie nicht bemerken, dass ihnen beim Kauf des Originals die Nachahmung untergeschoben wird, ist unerheblich (BGH GRUR 1970, 510, 512 – *Fußstützen*).–Eine **Herkunftstäuschung scheidet aus,** wenn lediglich **Dritte,** nicht aber die Abnehmer des Produkts einer Täuschung unterliegen. Insoweit kommt dann lediglich der Tatbestand des § 4 Nr 9 lit b (Rufausbeutung und Rufbeeinträchtigung) in Betracht (BGH GRUR 2007, 795 Tz 41 – *Handtaschen;* vgl auch BGH GRUR 1985, 876, 878 – *Tchibo/Rolex*).

9.42a   Ist den angesprochenen Verkehrskreisen das **Vorhandensein von Original und Nachahmung bekannt,** so werden sie dem Angebot mit einem entsprechend hohen Aufmerksamkeitsgrad begegnen und sich anhand bestimmter Merkmale darüber Klarheit verschaffen, wer das jeweilige Produkt hergestellt hat. Sie werden daher weder im Zeitpunkt der Werbung noch des Kaufs einer Herkunftstäuschung unterliegen (BGH GRUR 2007, 795 Tz 39 – *Handtaschen*). – Einer Herkunftstäuschung kann auch der unterschiedliche Vertriebsweg von Original und Nachahmung entgegenstehen (BGH GRUR 2003, 973, 975 – *Tupperwareparty;* BGH GRUR 2007, 795 Tz 40 – *Handtaschen*). So etwa, wenn das Original nur in speziellen Geschäften oder nur über Laienwerber angeboten wird.

9.43   **bb) Unmittelbare Herkunftstäuschung.** Bei der Beurteilung der Übereinstimmung oder Ähnlichkeit von Produkten ist grds auf den **Gesamteindruck** abzustellen, den Original und Nachahmung bei ihrer bestimmungsgemäßen Benutzung dem Betrachter vermitteln (BGH GRUR 2002, 629, 632 – *Blendsegel;* BGH GRUR 2005, 166, 168 – *Puppenausstattungen;* BGH GRUR 2005, 600, 602 – *Handtuchklemmen;* BGH GRUR 2007, 795 Tz 32 – *Handtaschen;* BGH GRUR 2009, 1069 Tz 20 – *Knoblauchwürste*). Dabei ist der Erfahrungssatz zu berücksichtigen, dass der Verkehr die fraglichen Produkte regelmäßig nicht gleichzeitig wahrnimmt und miteinander vergleicht, sondern seine Auffassung auf Grund eines Erinnerungseindrucks gewinnt. Dabei treten regelmäßig die übereinstimmenden Merkmale mehr hervor, so dass es mehr auf die Übereinstimmungen als die Unterschiede ankommt (BGH GRUR 2007, 795 Tz 34 – *Handtaschen;* BGH GRUR 2010, 80 Tz 41 – *LIKEaBIKE*). Eine Herkunftstäuschung scheidet aus, wenn der Verkehr bereits bei geringer Aufmerksamkeit die Unterschiedlichkeit von Original und Nachahmung wahrnimmt (BGH GRUR 2007, 795 Tz 41 – *Handtaschen*). – Bei einer **identischen Leistungsübernahme** wird idR eine Herkunftstäuschung bestehen, weil der interessierte Betrachter zwangsläufig davon ausgeht, die beiden Produkte würden von demselben Hersteller stammen (BGH GRUR 2004, 941, 943 – *Metallbett;* BGH GRUR 2007, 984 Tz 36 – *Gartenliege;* BGH GRUR 2009, 1073 Tz 15 – *Ausbeinmesser*). Im Übrigen kann es darauf ankommen, ob und aus welchen Blickwinkeln der unbefangene Betrachter das Produkt typischerweise sieht. So werden zB Außenleuchten nicht nur aus einem Blickwinkel, sondern etwa im Vorbeigehen aus verschiedenen Blickrichtungen betrachtet (BGH aaO – *Blendsegel*). Die Herkunftstäuschung setzt nicht voraus, dass alle Gestaltungsmerkmale des Produkts eines Mitbewerbers übernommen werden. Vielmehr kommt es darauf an, dass gerade die übernommenen Gestaltungsmerkmale geeignet sind, im Verkehr auf die betriebliche Herkunft hinzuweisen (BGHZ 141, 329, 340 = GRUR 1999, 923, 926 – *Tele-Info-CD;* BGH GRUR 2001, 251, 253 – *Messerkennzeichnung;* BGH GRUR 2005, 166, 168 – *Puppenausstattungen;* BGH GRUR 2007, 795 Tz 32 – *Handtaschen;* OLG Köln GRUR-RR 2007, 100, 101). Daher genügen Ähnlichkeiten in Merkmalen, denen der Verkehr keine herkunftshinweisende Bedeutung beimisst, nicht (BGHZ 141, 329, 340 – *Tele-Info-CD;* BGH GRUR 2005, 166, 168 – *Puppenausstattungen;* BGH GRUR 2005, 600, 603 – *Handtuchklemmen);* ebenso wenig Ähnlichkeiten in Merkmalen, die allein oder zusammen mit anderen allenfalls Erinnerungen oder Assoziationen an das Original wachrufen können, aber nicht hinreichend geeignet sind, über die Herkunft aus einem bestimmten Unternehmen zu täuschen (BGH GRUR 2002, 809, 812 – *FRÜHSTÜCKS-DRINK I;* BGH GRUR 2005, 166, 168 – *Puppenausstattungen).*

Stets ist darauf zu achten, dass Schutz nicht lediglich für die hinter der Produktgestaltung **9.43a** stehende **Grundidee** gewährt wird (BGH GRUR 2005, 166, 168 – *Puppenausstattungen;* BGH WRP 2009, 1374 Tz 21 – *Knoblauchwürste;* OLG Köln WRP 2007, 682, 685). Diese Gefahr besteht insbes dann, wenn das angegriffene Produkt an das Original erinnert (BGH GRUR 2002, 629, 633 – *Blendsegel)* und das Original auf Grund entsprechender Werbung im Verkehr bekannt geworden ist (BGH GRUR 2005, 166, 168 – *Puppenausstattungen).* **Beispiel:** Die Idee, für eine typische Spielsituation Puppen mit entsprechendem Zubehör zu vertreiben, ist auch dann nicht schutzfähig, wenn die entsprechenden Ausstattungen auf dem Markt bekannt sind und es schon deshalb nahe liegt, entsprechende Erzeugnisse dem Hersteller des Originals zuzuordnen. Herkunftshinweisend kann in solchen Fällen nur eine besondere Gestaltung oder uU eine besondere Kombination der Merkmale sein (BGH aaO – *Puppenausstattungen).*

Geht es um die Herkunftstäuschung durch Verwendung eines **Kennzeichens,** sind die zum **9.43b** Kennzeichenrecht entwickelten Grundsätze zur **Verwechslungsgefahr** heranzuziehen. Der Verkehr nimmt aber auch ein Kennzeichen in seiner Gesamtheit mit all seinen Bestandteilen, wie es ihm in der konkreten Verwendung entgegentritt, wahr. Es dürfen daher nicht lediglich einzelne Gestaltungsmerkmale herausgegriffen und auf Übereinstimmungen geprüft werden. Andererseits sind auch die Merkmale des gekennzeichneten Produkts selbst in die Gesamtwürdigung einzubeziehen (BGH GRUR 2001, 251, 253 f – *Messerkennzeichnung).*

Bei Produkten des **täglichen Bedarfs** (zB Speiseeis), die sich in der äußeren Erscheinungs- **9.43c** form und insbes in der Gestaltung ihrer Verpackung von ähnlichen Produkten wenig unterscheiden, orientiert sich der Verkehr in erster Linie an der Produktbezeichnung und der Herstellerangabe (BGH GRUR 2001, 443, 445 – *Viennetta).*

Bei **Modeerzeugnissen** setzt die Herkunftstäuschung voraus, dass das Produkt eine besonders **9.43d** originelle Gestaltung aufweist, die nur ausnahmsweise anzunehmen ist (BGH GRUR 1998, 477, 478 – *Trachtenjanker* mit Anm *Sambuc).*

Bei der Nachahmung von **Werbeslogans** reicht es nach der Rspr für eine Herkunftstäuschung **9.43e** aus, wenn sich der Nachahmer das Erinnerungsbild beim Publikum zunutze macht (BGH GRUR 1961, 244, 245 – *Natürlich in Revue;* BGH GRUR 1997, 308, 311 – *Wärme fürs Leben;* Erdmann, FS Vieregge, 1995, 557; krit *Sambuc* Rdn 713). Allerdings dürfte dies nur unter dem Gesichtspunkt der Ausnutzung der Wertschätzung eine Rolle spielen (erwähnt, aber nicht näher geprüft in BGH GRUR 1997, 308, 310 – *Wärme fürs Leben).*

cc) **Herkunftstäuschung im weiteren Sinn.** Für die Gefahr einer Täuschung über die **9.44** betriebliche Herkunft genügt es – wie im Markenrecht (vgl BGH GRUR 2000, 608, 609 – *ARD-1)* –, wenn der Verkehr bei dem nachgeahmten Produkt oder der nachgeahmten Kennzeichnung annimmt, es handle sich um eine **neue Serie** oder um eine **Zweitmarke** des Originalherstellers oder es bestünden **lizenz-** oder **gesellschaftsvertragliche Beziehungen** zwischen den beteiligten Unternehmen (BGH GRUR 1977, 614, 616 – *Gebäudefassade;* BGH GRUR 1998, 477, 480 – *Trachtenjanker;* BGH GRUR 2001, 251, 254 – *Messerkennzeichnung;* BGH GRUR 2001, 443, 445 – *Viennetta;* BGH GRUR 2009, 1069 Tz 15 – *Knoblauchwürste;* BGH GRUR 2009, 1073 Tz 15 – *Ausbeinmesser).* Gegen eine solche Annahme spricht es allerdings idR wenn die unterschiedliche Herstellerangabe auf den Erzeugnissen deutlich erkennbar ist (BGH GRUR 2001, 251, 254 – *Messerkennzeichnung;* BGH aaO Tz 16 – *Knoblauchwürste).* Dagegen räumt eine (als solche erkennbare) Handelsmarke auf dem nachgeahmten Produkt die Gefahr der Herkunftstäuschung nicht notwendig aus (BGH aaO LS 2 – *Knoblauchwürste).*

d) **Vermeidbarkeit der Herkunftstäuschung. aa) Grundsatz.** Die Herbeiführung der **9.45** Gefahr einer Herkunftstäuschung ist hinzunehmen, wenn sie unvermeidbar ist. Vermeidbar ist sie dann, wenn sie durch **geeignete und zumutbare Maßnahmen** verhindert werden kann

(BGH GRUR 2005, 166, 167 – *Puppenausstattungen;* BGH GRUR 2007, 339 Tz 43 – *Stufenleitern;* BGH GRUR 2009, 1069 Tz 12 – *Knoblauchwürste*). Bei der Zumutbarkeitsprüfung ist eine **Interessenabwägung** vorzunehmen, bei der auch das Interesse der Abnehmer an einem Wettbewerb der Anbieter im Hinblick auf Preis und Austauschbarkeit der Erzeugnisse zu berücksichtigen ist.

9.46 **bb) Eignung von Maßnahmen.** Maßgebend ist insoweit vor allem die Verkaufssituation (BGH GRUR 2005, 166, 170 – *Puppenausstattungen*). Als geeignete Maßnahmen zur Vermeidung der Herkunftstäuschung kommen neben der Wahl unterschiedlicher **Materialien, Produktbezeichnungen** oder **Verpackungen** (BGH GRUR 2005, 166, 170 – *Puppenausstattungen;* OLG Frankfurt GRUR 1982, 175, 178) insbes das **Weglassen und Hinzufügen von Herkunftskennzeichnungen** in Betracht (vgl BGH GRUR 1976, 434, 436 – *Merkmalklötze*). Die auf Grund der konkreten Produktgestaltung bestehende Gefahr einer Herkunftsverwechslung wird allerdings **nicht** schon durch ein **Weglassen** der Herkunftskennzeichnung (zB Firmenaufkleber) des Originalherstellers beseitigt (BGH GRUR 2000, 521, 524 – *Modulgerüst I*). Dies gilt insbes dann, wenn die Erzeugnisse nicht stets und ausnahmslos mit solchen Herkunftskennzeichnungen versehen werden (BGH aaO – *Modulgerüst*).

9.46a Ob hingegen das Hinzufügen einer **eigenen** unterscheidenden Herkunftskennzeichnung (und/oder die Wahl einer anderen als der für das Original charakteristischen Farbgebung oder Typenbezeichnung) zumutbar und geeignet ist, eine Herkunftsverwechslung auszuschließen, hängt von den konkreten Umständen des Einzelfalls ab (BGH GRUR 2000, 521, 524 – *Modulgerüst I;* BGH GRUR 2001, 443, 445 – *Viennetta;* BGH GRUR 2002, 820, 822 – *Bremszangen;* BGH GRUR 2002, 275, 277 – *Noppenbahnen;* BGH GRUR 2005, 166, 170 – *Puppenausstattungen*). So genügte die Bezeichnung „*bykie*" nicht, um eine Herkunftsverwechslung mit dem als „*LIKEaBIKE*" gekennzeichneten Originalprodukt auszuschließen (BGH GRUR 2010, 80 Tz 43 – *LIKEaBIKE*). – Stets ausreichend für einen Ausschluss der Herkunftstäuschung ist es, wenn auf der Verpackung oder auf dem Produkt unmissverständlich darauf hingewiesen wird, es handle sich nicht um das Original (OLG Frankfurt GRUR 1982, 175). Bei der Eignung zur Unterscheidung ist maßgebend, ob der Verkehr eher auf die technisch-konstruktiven Merkmale oder die äußere Gestaltungsform des Erzeugnisses als auf eine Kennzeichnung achtet (BGH GRUR 1963, 152, 156 – *Rotaprint;* BGH GRUR 1999, 751, 753 – *Güllepumpen;* BGH GRUR 2000, 521, 524/525 – *Modulgerüst I;* BGH GRUR 2001, 443, 445 – *Viennetta*). Bei Maschinen und Geräten liegt es nach der Lebenserfahrung nahe, dass die Verwendung unterscheidender Merkmale, wie deutlich andere Farbgebung und deutlich sichtbare Herstellerkennzeichnung, eine Herkunftstäuschung ausschließt (BGH GRUR 1999, 751, 753 – *Güllepumpen;* BGH GRUR 2002, 820, 823 – *Bremszangen*). Eine möglicherweise verbleibende Verwechslungsgefahr im weiteren Sinne muss dann ggf hingenommen werden (BGH GRUR 2002, 275, 277 – *Noppenbahnen;* BGH GRUR 2002, 820, 822 – *Bremszangen*).

9.46b Bei **verpackten Lebensmitteln** orientiert sich der Verkehr in erster Linie an der Produktbezeichnung und der Herstellerangabe und nicht an der äußeren Gestalt der Ware oder Verpackung (BGH GRUR 2001, 443, 446 – *Viennetta*). Bei Designer-Brillen wird der Verkehr sich nicht allein an der äußeren Gestaltung, sondern auch an der Herstellerkennzeichnung orientieren (OLG Köln GRUR-RR 2003, 183, 186). – Bei der Würdigung kann es darauf ankommen, ob die Herkunftskennzeichnung unmittelbar und deutlich wahrnehmbar ist; ebenso darauf, ob die Herkunftskennzeichnung dauerhaft oder nur auf einem ablösbaren Aufkleber angebracht ist (BGH GRUR 2000, 521, 524 f – *Modulgerüst I*).

9.46c Hat der Nachahmer alle zur Vermeidung von Herkunftstäuschungen geeigneten und zumutbaren Maßnahmen getroffen, ist eine – unter dem Gesichtspunkt der Herkunftstäuschung – verbleibende Verwechslungsgefahr ggf **hinzunehmen** (BGH GRUR 2002, 275, 277 – *Noppenbahnen;* BGH GRUR 2002, 820, 823 – *Bremszangen;* BGH GRUR 2005, 166, 170 – *Puppenausstattungen;* OLG Köln GRUR-RR 2003, 183, 186 f). Auf eigene Bemühungen des Originalherstellers kann sich der Nachahmende allerdings nicht berufen (BGH GRUR 2002, 275, 277 – *Noppenbahnen*).

9.47 **cc) Zumutbarkeit von Maßnahmen.** Bei der Zumutbarkeit der abweichenden **Kennzeichnung** (sowie Farbgebung) nicht nur der Verpackung, sondern auch des Produkts selbst, kann es eine Rolle spielen, ob der Hersteller des Originals befürchten muss, dass ihm (zB im Rahmen von Mängelrügen) die (möglicherweise) minderwertigen Erzeugnisse des Nachahmers zugerechnet werden (BGH GRUR 2002, 275, 277 – *Noppenbahnen*). Lässt sich eine Herkunftstäuschung nicht durch unterscheidende Kennzeichen vermeiden, ist weiter zu fragen, ob es dem

Nachahmer zumutbar ist, die **Produktgestaltung** selbst so zu verändern, dass eine Herkunftstäuschung ausscheidet. Dabei ist zu unterscheiden:

(1) **Ästhetische Merkmale und Kennzeichnungen.** Bei ästhetischen Merkmalen von **9.48** Erzeugnissen und bei Kennzeichnungen ist dem Nachahmer in aller Regel ein Ausweichen auf andere Gestaltungsformen oder -elemente und damit ein Abstand zum Original zumutbar, weil insoweit typischerweise ein größerer Freiraum für Abweichungen besteht (BGH GRUR 1970, 244, 246 – *Spritzgussengel;* BGH WRP 1976, 370, 371 – *Ovalpuderdose*). Das Ausmaß des Gestaltungsspielraums kann allerdings durch die Funktion des jeweiligen Erzeugnisses (BGH GRUR 1976, 434, 436 – *Merkmalklötze*) und durch bestimmte Trends, Moden oder Stilrichtungen begrenzt sein (vgl BGH GRUR 1961, 580, 583 f – *Hummelfiguren II;* BGH GRUR 1962, 299, 303 – *form-strip;* BGH GRUR 1972, 546, 547 – *Trainingsanzug;* OLG Köln GRUR-RR 2003, 183, 186 f). Dies berechtigt jedoch bei Ausweichmöglichkeiten innerhalb dieses Spielraums nicht zur identischen Nachahmung der Vorreiterprodukte (BGH GRUR 1969, 292, 293 f – *Buntstreifensatin II; Sambuc* Rdn 167).

(2) **Technische Merkmale.** Bei technischen Merkmalen von Erzeugnissen ist zu beachten, **9.49** dass die **technische Lehre** und der im Schrifttum offenbarte und durch praktische Erfahrung bestätigte **Stand der Technik** frei ist (BGH GRUR 1981, 517, 519 – *Rollhocker;* BGH GRUR 1999, 1106, 1108 – *Rollstuhlnachbau;* BGH GRUR 2002, 86, 90 – *Laubhefter;* BGH GRUR 2007, 984 Tz 35 – *Gartenliege*). Gemeinfreie technische Lösungen dürfen daher übernommen werden, ohne dass der Nachahmer auf das Risiko verwiesen werden darf, es mit anderen Lösungen zu versuchen (BGH GRUR 2002, 86, 90 – *Laubhefter*). Auch ist es einem Unternehmer nicht verwehrt, auf die **Verkäuflichkeit** seines Erzeugnisses zu achten und dementsprechend die Erwartungen der **Abnehmer,** vor allem an den Gebrauchszweck des Erzeugnisses, zu berücksichtigen. Er darf daher die technischen Gestaltungselemente des Originals übernehmen, wenn sie sich aus diesen Gründen als eine dem offenbarten Stand der Technik einschließlich der praktischen Erfahrung **angemessene technische Lösung** darstellen (BGH GRUR 2000, 521, 525 – *Modulgerüst I;* BGH GRUR 2002, 86, 90 – *Laubhefter;* BGH GRUR 2002, 275, 276 – *Noppenbahnen;* BGH GRUR 2002, 820, 822 – *Bremszangen;* BGH GRUR 2005, 600, 603 – *Handtuchklemmen;* BGH GRUR 2007, 984 Tz 35 – *Gartenliege*). Dies gilt auch für die Mittel zur äußeren Gestaltung des Produkts, soweit sie als angemessene Lösung für seine praktische Verwendung anzusehen sind, mögen sie auch von sonstigen Mitbewerbern in der Vergangenheit nicht verwendet worden sein (BGH GRUR 2007, 339 Tz 44 – *Stufenleitern:* Verwendung grüner Farbe und naturfarbener Holzstufen für Leitern). Angemessenheit ist zu verneinen, wenn dem Mitbewerber auch bei gleicher Prioritätensetzung und Benutzung desselben freien Stands der Technik sowie handelsüblicher Normbauteile ein hinreichender Spielraum für Abweichungen zur Verfügung steht. Dies setzt eine Gesamtwürdigung voraus. Je komplexer ein technisches Erzeugnis ist und je mehr technische Funktionen (zB hinsichtlich Sicherheit, Haltbarkeit, Bedienbarkeit, Montierbarkeit, Nutzungsmöglichkeit mit Zusatz- und Variationsteilen) es auf sich vereint, desto weniger erscheint es technisch notwendig, die konkrete Gesamtgestaltung in allen Einzelheiten (nahezu) identisch zu übernehmen. Ein Indiz dafür ist es, dass abweichende Konkurrenzerzeugnisse mit einem, zumindest für Fachleute, „eigenen Gesicht" auf dem Markt sind (BGH GRUR 1999, 1106, 1108 – *Rollstuhlnachbau;* BGH GRUR 2000, 521, 524 – *Modulgerüst I;* BGH GRUR 2002, 86, 90 – *Laubhefter;* BGH GRUR 2009, 1073 Tz 13 – *Ausbeinmesser*). Im Übrigen kann sich der Nachahmer bei einer identischen Übernahme grds nicht darauf berufen, er habe nur eine nicht unter Sonderrechtsschutz stehende angemessene technische Lösung übernommen (BGH GRUR 2007, 984 Tz 35 f – *Gartenliege;* BGH GRUR 2009, 1073 Rz 15 – *Ausbeinmesser*). Aber auch dann, wenn keine identische Übernahme vorliegt, ist danach zu fragen, ob sich die durch Übernahme gemeinfreier technischer Merkmale hervorgerufene Gefahr einer Herkunftstäuschung durch zumutbare Maßnahmen nicht vermeiden lässt (BGH GRUR 2010, 80 Tz 27 – *LIKEaBIKE*). – Ist der Vorwurf einer vermeidbaren Herkunftstäuschung unbegründet, so sind gleichwohl bestehende Fehlvorstellungen des Verkehrs hinzunehmen, da andernfalls Schutz für Elemente gewährt würde, die Wettbewerber bei Fehlen eines Sonderrechtsschutzes als angemessene technische Lösung übernehmen dürfen (BGH GRUR 2005, 600, 683 – *Handtuchklemmen;* BGH GRUR 2007, 339 Tz 44 – *Stufenleitern*).

(3) **Kompatible Erzeugnisse.** Zu den berücksichtigungsfähigen Abnehmerinteressen gehört **9.50** auch ein etwaiges **Kompatibilitätsinteresse** der Abnehmer, nämlich das Interesse, auf den Anbieter eines kompatiblen Produkts ausweichen zu können, wenn der Originalanbieter im Preis/Leistungsvergleich schlechter abschneidet oder nicht rasch genug liefern kann. Das Interesse

des Originalherstellers, der einen Markt erschlossen hat, auch den Ersatz-, Ergänzungs- oder Erweiterungsbedarf allein befriedigen zu dürfen, muss demgegenüber zurücktreten. Hinzu kommt das Interesse der Allgemeinheit an Standardisierung und Rationalisierung im technischen Bereich zur Vermeidung von unnötigen volkswirtschaftlichen Kosten (vgl BGH GRUR 1977, 666, 668 – *Einbauleuchten; Rauda* GRUR 2002, 38, 42). Auf das Kompatibilitätsinteresse der Abnehmer kann sich der Nachahmer jedoch dann nicht berufen, wenn sein Produkt für den Austausch nicht geeignet ist, also die Erwartungen an das Originalprodukt hinsichtlich Qualität und Sicherheit nicht erfüllt (BGH GRUR 1968, 698, 701 – *Rekordspritzen;* BGH GRUR 2000, 521, 527 – *Modulgerüst I*). Im Hinblick auf die Qualität kann etwas anderes gelten, wenn der Verkehr beim Auftreten einer Beeinträchtigung der aus verschiedenen Produkten gebildeten Funktionseinheit klar und eindeutig erkennen kann, dass diese nicht aus Komponenten der Originalware herrührt, sondern ausschließlich aus dem kompatiblen Austauschprodukt des Nachahmers (BGH GRUR 1984, 282, 283 – *Telekonverter;* BGH GRUR 2000, 521, 527 – *Modulgerüst I*). – Besteht nach diesen Grundsätzen ein schutzwürdiges Kompatibilitätsinteresse, so stellt die bloße **Austauschbarkeit** mit dem Originalerzeugnis kein selbstständiges Unlauterkeitsmerkmal dar, und zwar unabhängig davon, wie hoch oder wahrscheinlich der Ergänzungsbedarf der Abnehmer ist. Dies gilt vor allem für den Nachbau von **Ersatzteilen** und **Zubehör** für fremde Erzeugnisse, die nicht (mehr) unter Sonderrechtsschutz stehen (BGH GRUR 1984, 282 f – *Telefonkonverter;* BGH GRUR 1990, 528, 530 – *Rollen-Clips;* BGH GRUR 1996, 781, 782 – *Verbrauchsmaterialien*). Denn insoweit ist ein Nachbau des Originals schon deshalb erforderlich, um überhaupt auf den Markt zu kommen. Dies gilt aber auch für den Nachbau der **Hauptware** selbst, soweit sie auf Austausch und Ergänzung angelegt ist, wie zB bei Modulgerüsten (BGH GRUR 2000, 521, 525 – *Modulgerüst I*) oder Beton- bzw Schalungselementen (ÖOGH GRUR Int 1999, 89, 90; OLG Köln BauR 1999, 925, 927). Eine etwaige Unlauterkeit der Nachahmung kann sich daher nicht aus der Kompatibilität, sondern nur aus anderen Umständen (zB Rufausbeutung, Behinderung, unredliche Kenntniserlangung) ergeben. Herkunftsverwechslungen, die auf technischen Gestaltungsmerkmalen beruhen, aber zur Herstellung der Kompatibilität erforderlich sind, sind sonach grds als unvermeidbar anzusehen. Allerdings hat der Nachahmer, soweit möglich, durch **andere** geeignete und zumutbare Maßnahmen dafür zu sorgen, dass es nicht zu Herkunftsverwechslungen kommt (BGH GRUR 2000, 521, 526 – *Modulgerüst I*).

3. Unangemessene Ausnutzung oder Beeinträchtigung der Wertschätzung des nachgeahmten Produkts

9.51 **a) Allgemeines.** Als unlauter gilt nach § 4 Nr 9 lit b eine Nachahmung auch dann, wenn der Nachahmer die „Wertschätzung der nachgeahmten Ware oder Dienstleistung unangemessen ausnutzt oder beeinträchtigt". Damit sind die beiden Tatbestände der **Rufausbeutung** und der **Rufbeeinträchtigung** umschrieben. Die Formulierung lehnt sich an den Tatbestand des § 6 II Nr 4 an, wobei der Begriff „in unlauterer Weise" durch „unangemessen" ersetzt wurde, um eine Tautologie zu vermeiden. Der Tatbestand des § 4 Nr 9 lit b ist als besondere Ausprägung der unlauteren Mitbewerberbehinderung (§ 4 Nr 10) zu begreifen (*Köhler* GRUR 2007, 548, 552). Es geht also nicht um einen lauterkeitsrechtlichen Schutz einer „Leistung" (so aber Piper/*Ohly*/ *Sosnitza* § 4 Rdn 9/65), sondern um den Schutz des Herstellers des Originals in seiner Eigenschaft als Mitbewerber bei der Produktvermarktung. Er wird also in seinem Interesse an einer ungehinderten Vermarktung des Originalprodukts geschützt. – Die **Unangemessenheit** ist durch eine Gesamtwürdigung aller Umstände des Einzelfalls unter Abwägung der Interessen des Herstellers des Originals und des Nachahmers sowie der Abnehmer und der Allgemeinheit (vgl Rdn 9.69), nach der Rspr auch unter Berücksichtigung des Grundsatzes der Nachahmungsfreiheit (vgl BGHZ 161, 204 = GRUR 2005, 349, 352 – *Klemmbausteine III*) festzustellen. Bei der Würdigung kann ua eine Rolle spielen: **(1)** Höhe der wettbewerblichen Eigenart des nachgeahmten Produkts und Grad seiner Bekanntheit; **(2)** Intensität der Nachahmung (OLG Köln GRUR-RR 2006, 278, 279); **(3)** Höhe sowie Amortisation oder Wiederkehr der Herstellungskosten für das Orginal (vgl BGH GRUR 1999, 923, 927 – *Tele-Info-CD*); **(4)** Höhe der Kostenersparnis beim Nachahmer (vgl BGH GRUR 1999, 923, 927 – *Tele-Info-CD*); **(5)** Art und Umfang der Bewerbung des Nachahmungsprodukts (vgl BGH WRP 1994, 599, 601 – *McLaren*); **(6)** Üblichkeit einer Lizenzvergütung (vgl BGH GRUR 1983, 247, 248 – *Rolls-Royce*).

9.52 **b) Wertschätzung.** Das nachgeahmte Originalprodukt muss eine „Wertschätzung" genießen. Damit ist, wie in § 14 II Nr 3 MarkenG, der **gute Ruf** gemeint. Das Originalprodukt muss also in der Wahrnehmung der Öffentlichkeit, genauer der potenziellen Käufer, mit positiven Vorstellungen besetzt sein, die sich insbes auf die Qualität, die Exklusivität oder den Luxus- oder Prestigewert des Produkts beziehen können. Dies setzt eine gewisse Bekanntheit des Originalprodukts voraus, wobei aber keine festen Prozentsätze zu fordern sind (*Rohnke* GRUR 1991, 284, 291; aA *Sambuc* GRUR 1996, 675, 676: mindestens 25%). Je höher der Grad an (Bekanntheit und) Wertschätzung des nachgeahmten Produkts ist, desto geringer sind die Anforderungen an die sonstigen Tatbestandsmerkmale der unlauteren Nachahmung (Rdn 9.69). – Der gute Ruf muss auf eigenen geschäftlichen Aktivitäten, insbes Werbeanstrengungen des Herstellers (oder seines Rechtsvorgängers) beruhen. Indiz für eine Wertschätzung kann der besondere Absatzerfolg sein (vgl *Rohnke* GRUR 1991, 284, 287). Die bloße Tatsache, dass Mitbewerber das Produkt nachahmen, reicht für den Nachweis eines guten Rufs nicht aus (BGH GRUR 1995, 697, 700 – *FUNNY PAPER*).

c) Ausnutzung der Wertschätzung. aa) Beschreibung. Eine Ausnutzung der Wertschätzung (**Rufausbeutung**) liegt vor, wenn die angesprochenen Verkehrskreise die Wertschätzung für das Original („guter Ruf"; „Image") auf die Nachahmung übertragen. Dies wird als **Imagetransfer** bezeichnet (vgl BGH GRUR 2009, 500 Tz 22 – *Beta Layout*). Das ist bei einer Herkunftstäuschung regelmäßig der Fall und dann im Rahmen der Gesamtwürdigung zu berücksichtigen. (Allerdings ist umgekehrt nicht jede Herkunftstäuschung mit einer Rufausbeutung verbunden.) Eigenständige Bedeutung hat der Tatbestand der Rufausbeutung gegenüber dem Tatbestand der Herkunftstäuschung jedoch dann, wenn keine Herkunftstäuschung bei den Abnehmern vorliegt (vgl BGH GRUR 1999, 923, 925 – *Tele-Info-CD;* BGH GRUR 2003, 973, 975 – *Tupperwareparty;* OLG Karlsruhe GRUR-RR 2010, 234, 237). So etwa, wenn lediglich bei Dritten, die bei den Käufern die Nachahmungen (zB Uhren, Handtaschen) sehen und dadurch zu irrigen Vorstellungen über die Echtheit der Nachahmung verleitet werden (BGH GRUR 2007, 795 Tz 44 – *Handtaschen*). Für eine Rufausbeutung reicht es allerdings nicht aus, wenn lediglich Assoziationen an ein fremdes Kennzeichen oder Produkt und damit Aufmerksamkeit erweckt werden (BGH GRUR 2003, 973, 975 – *Tupperwareparty;* BGH GRUR 2005, 349, 353 – *Klemmbausteine III;* BGH GRUR 2007, 795 Tz 44 – *Handtaschen*). Es muss eine Übertragung des Rufs des Originalerzeugnisses auf das Erzeugnis des Nachahmers hinzukommen (vgl auch BGH GRUR 2005, 348, 349 – *Bestellnummernübernahme* zu § 8 II Nr 4 MarkenG). Das setzt eine erkennbare Bezugnahme auf den Hersteller des Originals oder sein Produkt voraus (BGH GRUR 2005, 349, 353 – *Klemmbausteine III*) – wobei dann allerdings nach der neueren Rspr der Tatbestand der vergleichenden Werbung erfüllt sein kann (vgl § 6 Rdn 55 a). Ferner reicht es für eine Rufausbeutung für sich allein nicht aus, dass der Originalhersteller mit seinem Produkt einen neuen Markt erschlossen hat und der Nachahmer mit seinem Produkt in diesen Markt eindringt. Erst recht gilt dies, wenn der Nachahmer die Abnehmer in geeigneter Weise darüber informiert, dass sein eigenes Produkt von dem nachgeahmten Produkt zu unterscheiden sei (BGH GRUR 2005, 349, 353 – *Klemmbausteine III;* OLG Karlsruhe GRUR-RR 2010, 234, 237).

bb) Rufausbeutung auf Grund einer Waren- oder Dienstleistungsverwechslung. Eine Rufausbeutung auf Grund (der Gefahr) einer Waren- oder Dienstleistungsverwechslung liegt nach der Rspr jedenfalls dann vor, wenn Eigenart und Besonderheiten des Erzeugnisses zu Qualitätserwartungen (Gütevorstellungen) führen, die dem Original zugeschrieben werden und der Nachahmung deshalb zugute kommen, weil der Verkehr sie mit ersterem verwechselt (BGH GRUR 1985, 876, 877 – *Tchibo/Rolex I;* BGH GRUR 1996, 210, 212 – *Vakuumpumpen;* ÖOGH GRUR Int 2001, 880, 881 f – *Wärmedämmplatten;* krit *Sambuc* GRUR 1996, 675, 677). Der Begriff der Qualitätserwartungen ist dabei weit zu fassen und erstreckt sich auch auf die Erwartungen an das Prestige oder die Exklusivität des Produkts (*Klette* GRUR 1985, 876), kurzum auf das „Produktimage". Ob diese Erwartungen an das Original sachlich gerechtfertigt sind, ist unerheblich (BGH GRUR 1966, 617, 620 – *Saxophon*). – Der Nachahmer kann die Gefahr einer Warenverwechslung durch geeignete und zumutbare Maßnahmen, uU bereits durch Anbringung einer eigenen Herkunftskennzeichnung, ausschließen (vgl BGHZ 35, 341, 349 = GRUR 1962, 144, 149 – *Buntstreifensatin;* BGH GRUR 1966, 617, 620 – *Saxophon;* BGH GRUR 1970, 510, 512 – *Fußstützen;* BGH GRUR 2003, 973, 975 – *Tupperwareparty*).

cc) Rufausbeutung ohne Waren- oder Dienstleistungsverwechslung. Die Rufausbeutung kann, muss aber nicht auf einer Täuschung der Erwerber über die betriebliche Herkunft oder einer Waren- oder Dienstleistungsverwechslung durch die Erwerber beruhen (so auch BGH GRUR 2005, 349, 353 – *Klemmbausteine III;* OLG Köln GRUR-RR 2006, 278, 279; aA *Harte/Henning/Sambuc* § 4 Nr 9 Rdn 136). Es reicht aus, wenn es auf Grund sonstiger Umstände zu einem Imagetransfer (= Übertragung von Güte- und Wertvorstellungen) kommt. Das ist auf Grund einer Gesamtwürdigung zu beurteilen, bei der alle Umstände des Einzelfalls, insbes der Grad der Anlehnung und die Stärke des Rufs des Produkts zu berücksichtigen sind (BGH aaO – *Klemmbausteine III;* BGH GRUR 2007, 795 Tz 45 – *Handtaschen;* OLG Stuttgart GRUR-RR 2010, 299, 301). Das ist zB der Fall, wenn zwar nicht die Käufer, wohl aber das Publikum, das bei den Käufern die Nachahmungen sieht, zu irrigen Vorstellungen über die Echtheit verleitet wird, weil dies bereits ein Anreiz zum Kauf der Nachahmung ist (BGH GRUR 1985, 876, 877 – *Tchibo/Rolex I:* Angebot von Billigimitationen einer Rolex-Uhr, damit Käufer bei Dritten „Eindruck schinden" können; krit Harte/Henning/*Sambuc* § 4 Nr 9 Rdn 145). Es genügt eine offene oder verdeckte **Anlehnung** an die fremde Leistung (BGH GRUR 1997, 754, 756 – *grau/ magenta;* BGH GRUR 1998, 830, 833 – *Les-Paul-Gitarren;* BGH 141, 329, 342 = GRUR 1999, 923, 927 – *Tele-Info-CD*). Eine verdeckte Anlehnung liegt zB vor, wenn der Vertreiber von elektronischen Telefonteilnehmerverzeichnissen auf die „amtlichen" Datenbestände der Telekom zurückgreift, weil der Verkehr erwartet, dass der Vertreiber die Daten nicht selbst zusammenstellt, sondern dass es sich um die Daten der Telekom handelt, auf deren Qualität, nämlich Richtigkeit und Vollständigkeit, er vertraut (BGH GRUR 1999, 923, 927 – *Tele-Info-CD*).

9.56   **dd) Rufausbeutung durch Einschieben in fremde Serie? (1) Stand der Rspr.** Die Rspr zu § 1 aF hat das „Einschieben in eine fremde Serie", konkret: den Vertrieb von kompatiblen Spielzeugelementen, unter dem Gesichtspunkt der Rufausbeutung als wettbewerbswidrig angesehen (BGHZ 41, 55 = GRUR 1964, 621 – *Klemmbausteine I;* BGH GRUR 1992, 619, 620 – *Klemmbausteine II;* dazu *Sack,* FS Erdmann, 2002, 697 mwN). Maßgeblich dafür war die Erwägung, dass die betreffenden Produkte (Klemmbausteine usw) von vornherein auf einen fortgesetzten Bedarf gleichartiger Erzeugnisse zugeschnitten seien und das Bedürfnis nach einer Erweiterung und Vervollständigung durch Ergänzungspackungen von Produkten derselben Art in sich trügen. Der wettbewerbliche Erfolg, der mit einer Lieferung erzielt werde, erschöpfe sich nicht in dem Gegenstand dieser einen Lieferung, sondern erfasse auch den sich aus der Natur des Gegenstands ergebenden Ergänzungsbedarf. Darin würden sich diese Fälle von anderen Fällen unterscheiden, in denen ein Ergänzungs- (Fortsetzungs-, Erweiterungs-)bedarf nicht auf Grund der Art der Ware, sondern nur durch äußere Umstände (Alterung und Verschleiß; zusätzliche Aufträge) begründet werde (BGH GRUR 2000, 521, 526 – *Modulgerüst I;* OLG Köln NJWE-WettbR 2000, 229, 231; Rdn 9.50). – Die neuere Rspr (BGH GRUR 2005, 349, 352 – *Klemmbausteine III)* hat der Kritik des Schrifttums (Rdn 9.57, 9.58) partiell, nämlich durch eine zeitliche Begrenzung des lauterkeitsrechtlichen Nachahmungsschutzes Rechnung, getragen. Die Schutzdauer habe sich, soweit es um den Schutz technischer Gestaltungselemente gehe, an den hierfür vorgesehenen sondergesetzlichen Fristen des Patentrechts, des Gebrauchsmusterrechts und des Geschmacksmusterrechts zu orientieren. Der lauterkeitsrechtliche Innovationsschutz dürfe nicht weiter gehen als der sonderrechtliche Schutz.

9.57   **(2) Schrifttum.** Die Rspr zum „Einschieben in eine fremde Serie" hat im Schrifttum teils **Zustimmung** (*Bunte* BB 1999, 113, 116 ff), überwiegend aber **Ablehnung** (v *Harder* GRUR 1969, 659; *Müller-Laube* ZHR 156 [1992] 480, 497 ff; *Kur* GRUR Int 1995, 469; *Altmeppen* ZIP 1997, 2069, 2073 ff; *Rauda* GRUR 2002, 38; *Riesenhuber* WRP 2005, 1118, 1122 f; Baumbach/*Hefermehl,* 22. Aufl, § 1 aF Rdn 492; *Nordemann* Rdn 1642; Harte/Henning/*Sambuc* § 4 Nr 9 Rdn 40) erfahren. Teils wird gefordert, den lauterkeitsrechtlichen Nachahmungsschutz typisierend zeitlich zu begrenzen. Er soll so bemessen sein, dass der Schöpfer des Originals nicht nur seine Investitionen, sondern auch einen angemessenen Lohn für seine schöpferische Leistung erwirtschaften kann (*Sack,* FS Erdmann, 2002, 697, 714 ff).

9.58   **(3) Stellungnahme.** Die Rspr zum Schutz vor dem „Einschieben in eine fremde Serie" ist abzulehnen. Es ist schon fraglich, ob in den betreffenden Fällen überhaupt eine „Nachahmung" iSd § 4 Nr 9 vorliegt. Die bloße Kompatibilität reicht dafür nicht aus, wenn sich die Produkte im Übrigen stark unterscheiden. Davon abgesehen, kann der Abgrenzungsversuch, den der BGH in der *Modulgerüst I*-Entscheidung (BGH GRUR 2000, 521, 526 – *Modulgerüst I*) unternommen hat, um die „Klemmbausteine"-Doktrin nicht aufgeben zu müssen, nicht überzeugen (zutr *Rauda* GRUR 2002, 38; *Wahl,* Das Einschieben in eine fremde Serie, 2008, 145 ff). Denn der geschäftliche Erfolg des Herstellers eines auf Ergänzung angelegten Produkts verwirklicht sich ebenfalls schon beim ersten Kauf und nicht erst bei einem Nachkauf. Ob und in welchem Umfang es zu einem **Nachkauf** kommt, hängt – wie in allen Fällen der Herstellung kompatibler Produkte – letztlich vom persönlichen Bedarf und den finanziellen Möglichkeiten des Käufers ab. Auch ist der Gedanke, ein Produkt zu schaffen, das im Prinzip auf endlose Ergänzung angelegt ist, als bloße Geschäftsidee für sich allein nicht schutzwürdig (Rdn 9.23). Ferner ist auch das Produkt des Nachahmers für sich allein verwendbar und auf Ergänzung angelegt. Dass es darüber hinaus mit dem Produkt des Originalherstellers kompatibel ist, stiftet nur einen zusätzlichen Nutzen für den Verbraucher. Schließlich kann auch der Originalhersteller von der Nachahmung profitieren, wird ihm doch die Möglichkeit verschafft, Käufer anzusprechen, die zunächst das Konkurrenzerzeugnis erworben haben, und damit seinen Absatz zu erweitern. – Die Fälle des „Einschiebens in eine fremde Serie" sind daher nach den allgemeinen Grundsätzen zu behandeln, wie sie die Rspr zur Herstellung kompatibler Nachahmungsprodukte entwickelt hat. Daher kommt auch ein zeitlich begrenzter Schutz nicht in Betracht (ebenso *Wahl* aaO S 344 ff).

d) Beeinträchtigung der Wertschätzung. Vielfach, aber nicht notwendig, wird mit der Ausnutzung auch eine Beeinträchtigung der Wertschätzung (**Rufbeeinträchtigung**) verbunden sein. Sie liegt vor, wenn der Vertrieb der Nachahmung dazu führt, dass der gute Ruf des Originals Schaden nimmt. Beruht der gute Ruf auf der **Qualität** des Originals, so nimmt er Schaden, wenn die Nachahmung qualitativ minderwertig ist (BGH GRUR 1987, 903, 905 – *Le-Corbusier-Möbel;* BGH GRUR 2000, 521, 526 f – *Modulgerüst I*). Beruht der gute Ruf (auch) auf der **Exklusivität** des Originals, so kann der massenhafte Vertrieb der Nachahmung zu einem Verlust der Exklusivität und damit des Prestigewerts des Originals führen (BGH GRUR 1985, 876 – *Tchibo/Rolex I*). Dies ist jedoch dann nicht anzunehmen, wenn weder die Käufer der Nachahmung noch Dritte, die die Nachahmung bei Käufern sehen, der Gefahr einer Herkunftstäuschung unterliegen (BGHZ 138, 143, 151 – *Les-Paul-Gitarren;* BGH GRUR 2007, 795 Tz 48 – *Handtaschen*). Eine Rufbeeinträchtigung ist insbes anzunehmen, wenn es sich um ein berühmtes Originalprodukt handelt und für die Nachahmung kein anderer Grund ersichtlich ist als das Bestreben, sich an den guten Ruf des Originals anzuhängen. Denn der Originalhersteller wird in einem solchen Fall in seinen Bemühungen, den guten Ruf seiner Ware aufrechtzuerhalten, erheblich behindert. Anders kann es sich verhalten, wenn bereits andere vergleichbare Nachahmungen auf dem Markt sind und der Nachahmer deshalb davon ausgehen konnte, der Originalhersteller nehme auch diese Nachahmung hin (BGHZ 138, 143 = GRUR 1998, 830, 833 – *Les-Paul-Gitarren*). – Der Verkauf der Nachahmung zu einem besonders **niedrigen Preis** reicht für sich allein nicht für eine Rufbeeinträchtigung des Originals aus; es muss ein Exklusivitätsverlust und eine Herkunftsverwechslung zumindest bei Dritten, die die Nachahmung bei den Käufern sehen, hinzukommen.

4. Unredliche Erlangung von Kenntnissen und Unterlagen

a) Allgemeines. Zu den besonderen Umständen, die das Anbieten eines Nachahmungsprodukts unlauter machen, gehört nach § 4 Nr 9 lit c die unredliche Erlangung der für die Nachahmung erforderlichen Kenntnisse oder Unterlagen. Entsprechend dem bloßen Beispielscharakter des Tatbestands wird durch diese Formulierung die Erstreckung auf vergleichbare Verhaltensweisen nicht ausgeschlossen. Es kann also an die frühere Rspr (vgl BGH GRUR 1961, 40, 42 – *Wurftaubenpresse;* BGH GRUR 2003, 356, 357 – *Präzisionsmessgeräte*) angeknüpft werden. Das lauterkeitsrechtliche Unwerturteil über die Nachahmung gründet sich auf das Verhalten des Verletzers gegenüber dem Hersteller des Originals. Es wird also nicht das Originalprodukt als Leistung geschützt. Die Unlauterkeit resultiert vielmehr aus der Behinderung des Herstellers des Originals bei der Vermarktung seines Produkts (*Köhler* GRUR 2007, 548, 553). In der Sache handelt es sich um ein „Fruchtziehungsverbot". Die Regelung ist unabhängig davon anwendbar, ob das Produkt gleichzeitig Sonderrechtsschutz genießt oder nicht; sie setzt aber ebenfalls eine wettbewerbliche Eigenart des nachgeahmten Produkts voraus (*Nemeczek* WRP 2010, 1315, 1317). Die Tatbestände des § 4 Nr 9 lit c und des § 4 Nr 11 iVm den §§ 17, 18 können sich dabei überschneiden, sind aber selbstverständlich nebeneinander anwendbar.

b) Unredlichkeit. aa) Strafbares Verhalten. Der Begriff der Unredlichkeit erfasst zunächst alle Formen der **strafbaren** Erlangung von Kenntnissen und Unterlagen (BGH GRUR 2003, 356, 357 – *Präzisionsmessgeräte*). Dazu gehören die Tatbestände der §§ 17, 18 (BGH GRUR 2010, 536 Tz 55 – *Modulgerüst II*), mit denen andere Straftatbestände (zB §§ 242, 246 StGB) konkurrieren können. Ob der Verletzer selbst diese Tatbestände verwirklicht oder sich nur daran beteiligt hat, insbes Dritte für sich handeln ließ, ist unerheblich.

bb) Täuschung und Vertrauensbruch. Unredlich erlangt sind Kenntnisse oder Unterlagen auch dann, wenn ihre Mitteilung oder Weitergabe durch **Täuschung** bewirkt wurde. Dem steht der Fall gleich, dass die Kenntnisse oder Unterlagen zwar zunächst im Rahmen eines **Vertrau-**

ensverhältnisses redlich erlangt, aber dann unter **Vertrauensbruch** und damit missbräuchlich zur Nachahmung ausgenutzt werden (BGH GRUR 2003, 356, 357 – *Präzisionsmessgeräte;* BGH GRUR 2010, 536 Tz 55 – *Modulgerüst II; Erdmann,* FS Vieregge, 1995, 197, 214). Ein Vertrauensverhältnis, das mit der Auflage verbunden ist, Informationen und Unterlagen vertraulich zu behandeln und nur im Interesse oder nach Weisungen des Überlassenden zu verwenden (Vertraulichkeitsvermerk), wird insbes durch die Anbahnung (BGH GRUR 1983, 377, 379 – *Brombeermuster;* BGH GRUR 2009, 416 Tz 18 – *Küchentiefstpreis-Garantie*) oder Durchführung eines Vertragsverhältnisses, wie etwa eines Arbeits-, Dienst-, Werk-, Geschäftsbesorgungs-, Lizenz- oder Gesellschaftsvertrags, begründet. Es ist aber nicht schon dann anzunehmen, wenn ein Möbelhändler einem Kunden eine Küchenplanung überlässt, zumal dieser sich anderweit, etwa durch Verlangen einer auf den Kaufpreis anzurechnenden Vergütung oder durch Vereinbarung der Vertraulichkeit, absichern kann (BGH GRUR 2009, 416 Tz 20 – *Küchentiefstpreis-Garantie*). – Ein Vertrauensbruch liegt zB vor, wenn die Verwertung entgegen einer bestehenden vertraglichen oder bereicherungsrechtlichen Rückgabepflicht erfolgt (BGH GRUR 1983, 377, 379 – *Brombeermuster:* Abbruch von Vertragsverhandlungen; BGH GRUR 1964, 31, 32 f – *Petromax II:* Verletzung eines vertraglichen Vertrauensverhältnisses; BGH GRUR 1956, 284, 286 – *Rheinmetall-Borsig II:* nichtiger Betriebsveräußerungsvertrag). Das Gleiche gilt, wenn der Nachahmer die Unterlagen von einem Dritten erlangt und er weiß, dass die Weitergabe unter Vertrauensbruch erfolgt (zB weil die Unterlagen einen Vertraulichkeitsvermerk tragen; vgl BGH GRUR 2010, 536 Tz 56 – *Modulgerüst II*). – Ein Vertrauensbruch liegt weiter vor, wenn der Verletzer sein Wissen in amtlicher Eigenschaft, etwa als Angehöriger einer Prüfbehörde, erlangt hat und nunmehr privat nutzt. Stets ist aber zu fragen, ob die sonst nicht ohne weiteres zugänglichen Kenntnisse oder Unterlagen (Know how) für die Herstellung und Vermarktung des Erzeugnisses gerade auf Grund des Vertrauensverhältnisses zugänglich gemacht wurden (BGH GRUR 1983, 377, 379 – *Brombeermuster;* BGH GRUR 1992, 523, 524 – *Betonsteinelemente*). – Kein Vertrauensbruch liegt vor, wenn der Nachahmer seine Kenntnisse im Wege des **reverse engineering** (zB durch 3D-Koordinatenmessgeräte) des Originalprodukts erlangt hat oder wenn ein ausgeschiedener Mitarbeiter redlich erlangte Kenntnisse im eigenen oder in einem fremden Betrieb verwertet (vgl § 17 Rdn 59).

5. Behinderung

9.63   **a) Allgemeines.** Die Behinderung als unlauterkeitsbegründender Umstand ist zwar nicht in der Aufzählung in § 4 Nr 9 lit a–c aufgeführt. Da aber diese Aufzählung, wie auch aus der Gesetzesbegründung (Rdn 9.4 aE) hervorgeht, nicht abschließend ist (BGH GRUR 2004, 941, 943 – *Metallbett*), kann die Behinderung – entsprechend der Rspr zu § 1 aF (vgl nur BGH GRUR 1992, 523, 524 – *Betonsteinelemente*) – ebenfalls in die lauterkeitsrechtliche Bewertung einbezogen werden (BGH GRUR 2007, 795 Tz 50 – *Handtaschen*). Dem steht die Regelung der gezielten Behinderung in § 4 Nr 10 nicht entgegen. Der Rückgriff auf § 4 Nr 9 ist vielmehr im Hinblick auf die besonderen Rechtsfolgen des lauterkeitsrechtlichen Nachahmungsschutzes, insbes der dreifachen Schadensberechnung (Rdn 9.82), unentbehrlich (aA Harte/Henning/*Sambuc* § 4 Nr 9 Rdn 3). Liegt allerdings keiner der Fälle des § 4 Nr 9 lit a–c vor, kann nach der Rspr im Hinblick auf die grds bestehende Nachahmungsfreiheit nur in Ausnahmefällen die Produktnachahmung als unlauter angesehen werden (BGH GRUR 2007, 795 Tz 51 – *Handtaschen;* BGH GRUR 2008, 1115 Tz 32 – *ICON*). Es müssen also besondere Umstände vorliegen, um die Unlauterkeit bejahen zu können.

9.64   **b) Kriterien der Behinderung.** Eine unlautere Behinderung ist dann anzunehmen, wenn dem Schöpfer des Originals durch das Anbieten der Nachahmung die Möglichkeit genommen wird, sein Produkt in angemessener Zeit zu vermarkten. Dabei sind der Grad der wettbewerblichen Eigenart des Originals und der Grad der Nachahmung (Wechselwirkung; Rdn 9.69), aber auch die sonstigen unlauterkeitsbegründenden Umstände (BGH GRUR 1996, 210, 213 – *Vakuumpumpen*) zu berücksichtigen. IdR wird die Behinderung mit einer Rufausbeutung oder -beeinträchtigung einhergehen (vgl BGH GRUR 1987, 903, 905 – *Le-Corbusier-Möbel*). Dies ist aber nicht notwendig so. Eigenständige Bedeutung kommt der Behinderung insbes dann zu, wenn das Original noch keinen „guten Ruf" erlangt hat, etwa weil es noch nicht oder erst kurze Zeit auf dem Markt angeboten wird. – Eine unlautere Behinderung kann aber auch dann anzunehmen sein, wenn das Design gerade eines berühmten Produkts nachgeahmt wird, ohne dass ein sachlicher Grund für die Anlehnung erkennbar wäre (BGHZ 138, 143, 151 – *Les-Paul-Gitarren*). Kann der Verkehr dagegen zwischen Nachahmung und berühmtem Original unterscheiden, weil ein hinreichender Abstand eingehalten ist, wird der Hersteller des Originals nicht in wettbewerbswidriger Weise in seinem Bemühen behindert, die Wertschätzung und die Exklusivität ihrer Waren und damit ihrer Absatzmöglichkeiten aufrecht zu erhalten (BGH GRUR 2007, 795 Tz 51 – *Handtaschen*).

aa) Preisunterbietung. Die Preisunterbietung durch den Nachahmer begründet für sich allein noch keine Behinderung, sondern ist grds wettbewerbsgemäß (BGH GRUR 2003, 259, 361 – *Pflegebett*). Etwas anderes kann gelten, wenn nach kurzer Zeit eine identische oder fast identische Übernahme eines Originals angeboten wird, ferner das Original mit hohen Entwicklungskosten belastet ist, und sich diese Kosten in einer ganz erheblichen Diskrepanz der Preise der konkurrierenden Erzeugnisse niederschlagen. Denn sonst würde dem Erstheller jeder Anreiz zur Fortentwicklung genommen (BGH GRUR 1966, 617, 620 – *Saxophon*; BGH GRUR 1996, 210, 213 – *Vakuumpumpen*). Hierher gehört auch der Fall, dass ein Möbelhaus damit wirbt, jedes Angebot von (individuell geplanten) Einbauküchen um 13% zu unterbieten, vorausgesetzt der Planung kommt wettbewerbliche Eigenart zu (OLG Saarbrücken GRUR-RR 2005, 196). – Zur Rechtslage in **Österreich** vgl ÖOGH MMR 2006, 150, 151 – *ID-Cells*. Danach handelt sittenwidrig iSd § 1 öUWG, wer ohne jede eigene Leistung, ohne eigenen ins Gewicht fallenden Schaffensvorgang das ungeschützte Arbeitsergebnis eines anderen ganz oder in erheblichen Teilen glatt übernimmt, umso dem Geschädigten mit dessen eigener mühevoller und kostspieliger Leistung Konkurrenz zu machen.

bb) Systematische Nachahmung einer Vielzahl von Erzeugnissen. Eine Behinderung kommt ferner in Betracht bei einer systematischen Nachahmung einer Vielzahl von Erzeugnissen eines Mitbewerbers. Dies entspricht der Rspr zu § 1 aF (vgl BGH GRUR 1959, 240, 243 – *Nelkenstecklinge*; BGH GRUR 1960, 244, 246 – *Similischmuck*; BGH GRUR 1961, 244, 246 – *Natürlich in Revue*; BGH GRUR 1968, 581, 585 – *Blunazit*; BGH GRUR 1969, 618, 619 f – *Kunststoffzähne*; BGH GRUR 1986, 673, 675 – *Beschlagprogramm*; BGH GRUR 1988, 308, 310 – *Informationsdienst*; BGH GRUR 1988, 690, 693 – *Kristallfiguren*; BGH GRUR 1996, 210, 212 f – *Vakuumpumpen*; BGH GRUR 1999, 751, 753 – *Güllepumpen*; BGH GRUR 2002, 820, 823 – *Bremszangen*). Bei der Gesamtwürdigung sind insbes folgende Umstände zu berücksichtigen (BGH GRUR 1996, 210, 213 – *Vakuumpumpen*; BGH GRUR 2002, 820, 823 – *Bremszangen*):

(1) Die Zahl der nachgeahmten Produkte. Je mehr Produkte übernommen werden und je länger der entsprechende Zeitraum ist, desto eher ist eine systematische Übernahme anzunehmen. Nicht erforderlich ist es, dass das gesamte Sortiment oder Programm des Mitbewerbers übernommen wird. Unerheblich ist auch, dass der Nachahmer nicht auch die späteren Änderungen des Originals übernimmt. Der Produktübernahme steht die laufende und systematische Übernahme von Daten gleich, falls deren Richtigkeit und Vollständigkeit – wie zB bei Telefonverzeichnissen – die wettbewerbliche Eigenart begründet (BGH GRUR 1999, 923, 927 – *Tele-Info-CD*). – Der Nachdruck auch einer Vielzahl von Formularen stellt dagegen noch keine systematische Nachahmung dar, wenn er erst auf Grund von Aufträgen anhand der dem Kunden übergebenen Muster erfolgt (BGH GRUR 1972, 127, 129 – *Formulare*).

(2) Die freie Wählbarkeit von Gestaltungselementen. In den Fällen des systematischen Nachbaus wird sich der Nachahmer nicht darauf berufen können, dass er beim einzelnen Produkt nur die jeweils technisch angemessene Lösung übernimmt. Insoweit muss er sich entgegenhalten lassen, dass er bei den einzelnen Produkten ohne Not jeweils eine Fülle technisch-funktionaler Einzelheiten, die frei wählbar sind, übernimmt.

(3) Das Ausmaß der eingesparten Entwicklungskosten und der dadurch ermöglichten Preisunterbietung. Je höher die eingesparten Entwicklungskosten und die dadurch ermöglichte Preisunterbietung sind, desto eher ist eine Behinderung anzunehmen. Denn der Nachahmer beeinträchtigt die wettbewerbliche Entfaltung des Herstellers des Originals im Wettbewerb, weil er die übernommene Leistung auf den Markt bringen kann, ohne einen entsprechenden Aufwand gehabt zu haben (BGH GRUR 1999, 923, 927 – *Tele-Info-CD*). – Eine unlautere Behinderung wird nicht dadurch ausgeschlossen, dass der Hersteller des Originals durch spezialgesetzliche Regelung (vgl § 12 TKG) oder aus kartellrechtlichen Gründen verpflichtet ist, dem Nachahmer die Nutzung gegen Entgelt zu gestatten, das Entgelt aber missbräuchlich überhöht ist (BGH GRUR 1999, 923, 927 – *Tele-Info-CD*). Denn dies rechtfertigt nicht die „Selbsthilfe" durch eigenmächtige systematische Nachahmung. Der Nachahmer ist gehalten, ggf mit behördlicher oder gerichtlicher Hilfe seinen Anspruch geltend zu machen. – Für den Nachweis einer systematischen Nachahmung reicht es nicht aus, dass zwischen den

Parteien zahlreiche rechtliche Auseinandersetzungen geführt wurden. Vielmehr bedarf es insoweit einer ins Einzelne gehenden Würdigung aller Umstände der Streitfälle (BGH GRUR 1998, 934, 938 – *Wunderbaum*).

9.67 **cc) Nachahmung kurzlebiger Modeerzeugnisse.** Bei kurzlebigen (saisongebundenen) Modeerzeugnissen mit wettbewerblicher Eigenart (dazu OLG Hamburg GRUR-RR 2006, 94, 97) stellt das Anbieten einer Nachahmung regelmäßig eine Behinderung des Schöpfers des Originals dar. Denn dieser ist darauf angewiesen, den durch die wettbewerbliche Eigenart des Originals begründeten Wettbewerbsvorsprung möglichst in der betreffenden Saison zu realisieren, und er wird um die Früchte seiner Arbeit gebracht, wenn der Mitbewerber innerhalb derselben Saison ihm mit (nahezu) identischen Nachahmungen unter Einsparung der Entwurfskosten Konkurrenz macht (BGHZ 35, 341, 349 = GRUR 1962, 144 – *Buntstreifensatin I*; BGHZ 60, 170, 171 = GRUR 1973, 478 – *Modeneuheit*; BGH GRUR 1984, 453, 454 – *Hemdblusenkleid*). Zur Schutzdauer vgl Rdn 9.76. – Mit Einführung des dreijährigen Schutzes auch nicht eingetragener Geschmacksmuster (Art 11 I GGV) ist der lauterkeitsrechtliche Nachahmungsschutz von *kurzlebigen* Modeerzeugnissen weitgehend bedeutungslos geworden.

VIII. Subjektiver Tatbestand

9.68 Zur Erfüllung des Tatbestands des § 4 Nr 9 sind – wie auch bei den anderen Beispielstatbeständen – grds keine subjektiven Tatbestandsmerkmale erforderlich (vgl § 3 Rdn 104 ff; BGH GRUR 2008, 1115 Tz 24 – *ICON*). Sie spielen lediglich beim Schadensersatz- und Gewinnherausgabeanspruch (§§ 9, 10), dagegen nicht bei den verschuldensunabhängigen Unterlassungs-, Beseitigungs- und Bereicherungsansprüchen eine Rolle. Die Rspr zu § 1 aF (vgl nur BGH GRUR 1991, 914, 915 – *Kastanienmuster*; BGHZ 117, 115, 117 f = GRUR 1992, 450 – *Pullovermuster*; BGH GRUR 2002, 629, 633 – *Blendsegel*) sollte daher nicht fortgeführt werden. Insbes ist keine Verdrängungsabsicht des Nachahmers erforderlich (so auch BGH GRUR 1996, 210, 213 – *Vakuumpumpen*). – Allerdings setzt das Tatbestandsmerkmal der Nachahmung begrifflich voraus, dass der **Hersteller** der Nachahmung in Kenntnis vom Original handelte, ihm also das Original unmittelbar oder mittelbar (in Gestalt von Beschreibungen Abbildungen, Mustern usw) vorlag. Denn sonst liegt gar keine Nachahmung, sondern eine selbstständige Schöpfung vor (Rdn 9.34). Aus diesem Grunde ist auch eine fahrlässige Unkenntnis vom Original unerheblich. Zur Beweislast s Rdn 9.78. – Dagegen ist nicht erforderlich, dass auch der in Anspruch genommene **Händler** um das Vorliegen einer Nachahmung weiß oder damit rechnet oder sich der Kenntnis bewusst verschließt (ebenso Piper/*Ohly*/Sosnitza § 4 Rdn 9/46; aA noch BGH GRUR 1991, 914, 915 – *Kastanienmuster*; BGHZ 117, 115, 117 f = GRUR 1992, 450 – *Pullovermuster*). Dies spielt wiederum nur für den verschuldensabhängigen Schadensersatzanspruch eine Rolle. – Erst recht nicht kann sich der Händler damit verteidigen, er habe die Ware gutgläubig erworben und dürfe sie daher auch nach Eintritt der Bösgläubigkeit rechtmäßig weitervertreiben (insoweit zutr BGH aaO – *Pullovermuster*; ÖOGH GRUR Int 2001, 880, 881 f).

IX. Gesamtwürdigung (Wechselwirkung)

9.69 Ob der Tatbestand des § 4 Nr 9 erfüllt ist, bedarf einer **Gesamtwürdigung** der Umstände des Einzelfalls unter **Abwägung der einander widerstreitenden Interessen** des Schöpfers der Leistung und des Nachahmers sowie der Interessen der Abnehmer und der Allgemeinheit (vgl BGH GRUR 2001, 251, 253 f – *Messerkennzeichnung*). So kann zB eine Rolle spielen, ob ein Marktbedarf erst durch den Hersteller des Originals oder unabhängig von ihm, zB durch die Empfehlung von Behörden, geschaffen wurde (BGH GRUR 1976, 434, 436 – *Merkmalklötze*). – Bei der Abwägung ist zu berücksichtigen, dass zwischen dem Grad der wettbewerblichen Eigenart, der Intensität der Nachahmung und den besonderen wettbewerblichen Umständen eine **Wechselwirkung** besteht. Die Anforderungen an ein Merkmal hängen davon ab, in welchem Maße die anderen beiden Tatbestandsmerkmale verwirklicht sind (stRspr; BGH GRUR 2007, 795 Tz 22 – *Handtaschen*; BGH GRUR 2009, 1073 Tz 10 – *Ausbeinmesser*; BGH GRUR 2010, 536 Tz 48 – *Modulgerüst II*). Je größer die wettbewerbliche Eigenart und/oder je höher der Grad der Nachahmung ist, desto geringer sind daher die Anforderungen an die besonderen Umstände, die die Unlauterkeit begründen, und umgekehrt (BGH GRUR 2008, 1115 Tz 18 – *ICON*; BGH GRUR 2008, 793 Tz 27 – *Rillenkoffer*; BGH GRUR 2009, 79 Tz 27 – *Gebäckpresse*; BGH GRUR 2009, 1069 Tz 12 – *Knoblauchwürste*; BGH GRUR 2010, 80 Tz 21 – *LIKEaBIKE*). Bei einer (nahezu) identischen Leistungsübernahme sind dementsprechend nur geringe Anforderungen an die besonderen unlauterkeitsbegründenden Umstände zu stellen (BGH GRUR 1996, 210, 211 f – *Vakuumpumpen;* BGH GRUR 1998, 830, 833 – *Les-Paul-Gitarren;* BGH GRUR 1999, 923, 927 – *Tele-Info-CD).* – Auf die Unlauterkeit des Verhaltens des Nachahmers hat es keinen Einfluss, dass der Vertrieb des nachgeahmten Produkts durch den Hersteller des Originals (zB mangels arzneimittelrechtlicher Genehmigung) gegen ein gesetzliches Verbot verstößt oder selbst wettbewerbswidrig ist (BGH GRUR 2005, 519, 520 – *Vitamin-Zell-Komplex).* Denn die Unterbindung des Verhaltens dient auch dem Interesse der Allgemeinheit an einem unverfälschten Wettbewerb.

X. Dauer des lauterkeitsrechtlichen Nachahmungsschutzes

1. Allgemeines

Der lauterkeitsrechtliche Nachahmungsschutz ist zwar in seiner Funktion als Ergänzung zu den Sonderschutzrechten zu sehen und daher nicht ohne weiteres zeitlich unbegrenzt zuzubilligen (BGHZ 51, 41 = GRUR 1968, 186, 188 f – *Reprint;* BGH GRUR 1986, 895, 896 – *Notenstichbilder;* BGH GRUR 1999, 751, 754 – *Güllepumpen).* Er unterliegt jedoch, anders als der Sonderrechtsschutz, keiner festen zeitlichen Begrenzung (BGH GRUR 1999, 751, 754 – *Güllepumpen).* Denn beide Regelungsbereiche haben unterschiedliche Anknüpfungspunkte. Im Grundsatz dauert der lauterkeitsrechtliche Nachahmungsschutz solange an, als die wettbewerbliche Eigenart des nachgeahmten Erzeugnisses fortbesteht und die besonderen unlauterkeitsbegründenden Umstände nicht weggefallen sind (BGH GRUR 1999, 751, 754 – *Güllepumpen;* BGH GRUR 2003, 356, 358 – *Präzisionsmessgeräte;* BGH GRUR 2004, 941, 943 – *Metallbett; Erdmann,* FS Vieregge, 1995, 197, 214; *Keller,* FS Erdmann, 2002, 595, 611). Ob und inwieweit eine zeitliche Begrenzung vorzunehmen ist, hängt von einer Interessenabwägung unter Berücksichtigung der Umstände des Einzelfalls ab. Dabei ist insbes auf die jeweiligen unlauterkeitsbegründenden Umstände abzustellen. – Eine zeitliche Begrenzung des lauterkeitsrechtlichen Nachahmungsschutzes ergibt sich selbstverständlich auch aus den Vorschriften über die Verjährung (§ 11) sowie den Grundsätzen der Verwirkung (§ 11 Rdn 2.13 ff).

9.70

2. Einzelheiten

a) Wegfall der wettbewerblichen Eigenart. Entfällt die wettbewerbliche Eigenart (dazu Rdn 9.26), so entfällt von diesem Zeitpunkt an auch der lauterkeitsrechtliche Nachahmungsschutz. Entsprechendes gilt, wenn die wettbewerbliche Eigenart derart abnimmt, dass im Rahmen der Gesamtwürdigung aller Umstände unter Berücksichtigung der Wechselwirkung der einzelnen Tatbestandsmerkmale ein Schutz nicht mehr gerechtfertigt erscheint (vgl *Erdmann,* FS Vieregge, 1995, 207 ff).

9.71

b) Vermeidbare Herkunftstäuschung. Stützt sich das Unlauterkeitsurteil auf eine vermeidbare Herkunftstäuschung (§ 4 Nr 9 lit a), so dauert der lauterkeitsrechtliche Nachahmungsschutz so lange fort, als die Herkunftstäuschung noch besteht (BGH GRUR 1998, 477, 478 – *Trachtenjanker* mit Anm *Sambuc;* vgl auch OLG Düsseldorf GRUR 1983, 748, 750; *Kur* GRUR 1990, 1, 12 f; *Erdmann,* FS Vieregge, 1995, 197, 212). Der Schutz ist also uU zeitlich unbegrenzt.

9.72

c) Ausnutzung oder Beeinträchtigung der Wertschätzung. Stützt sich das Unlauterkeitsurteil auf eine Ausnutzung der Wertschätzung (§ 4 Nr 9 lit b), ohne dass gleichzeitig eine vermeidbare Herkunftstäuschung vorliegt, so dauert der lauterkeitsrechtliche Nachahmungsschutz grds so lange an, als die Rufausbeutung andauert, der Verletzer also aus der Wertschätzung für das Original Nutzen zieht. Ist infolge der Nachahmung der gute Ruf des Originals zerstört worden (Rufbeeinträchtigung), so endet allerdings in diesem Zeitpunkt auch der lauterkeitsrechtliche Nachahmungsschutz. Als äußerste zeitliche Grenze will die Rspr die für vergleichbare Sachverhalte geltenden sondergesetzlichen Fristen heranziehen (BGH GRUR 2005, 349, 352 – *Klemmbausteine III).* Allerdings bleibt dabei unklar, auf welche Sondergesetze insoweit abzustellen sein soll. Was den Markenschutz angeht, kommt hinzu, dass ein lauterkeitsrechtlicher Nachahmungsschutz faktisch zu einem zeitlich unbegrenzten markenrechtlichen Schutz auf Grund Verkehrsdurchsetzung führen kann (vgl *Heyers* GRUR 2006, 23, 27; *Schrader* WRP 2005, 562, 563).

9.73

d) Unredliche Erlangung von Kenntnissen und Unterlagen. Stützt sich das Unlauterkeitsurteil auf die unredliche Erlangung der für die Nachahmung erforderlichen Kenntnisse und Unterlagen (§ 4 Nr 9 lit c), so dauert der lauterkeitsrechtliche Nachahmungsschutz grds so lange,

9.74

als nicht die zu Grunde liegenden Geschäftsgeheimnisse offenkundig geworden sind. Auf eine von ihm selbst herbeigeführte Offenkundigkeit kann sich der Verletzer aber nicht berufen, weil dies rechtsmissbräuchlich wäre. Selbst wenn die unredliche Kenntniserlangung mehr als sechs Jahre zurückliegt, kann dies noch Auswirkungen auf die Wettbewerbslage haben (BGH GRUR 2003, 356, 358 – *Präzisionsmessgeräte*).

9.75   **e) Behinderung. aa) Grundsatz.** Stützt sich das Unlauterkeitsurteil lediglich auf den Aspekt der Behinderung, so besteht ein lauterkeitsrechtlicher Nachahmungsschutz nur für den Zeitraum, der unter gewöhnlichen Umständen erforderlich ist, um die Entwicklungs- und Markterschließungskosten für das Original zu erwirtschaften und einen angemessenen Gewinn zu erzielen (vgl BGHZ 51, 41, 45 f = GRUR 1968, 591 – *Reprint;* BGH GRUR 1969, 618, 620 – *Kunststoffzähne;* BGH GRUR 1986, 895, 896 – *Notenstichbilder;* OLG Düsseldorf GRUR 1999, 72, 73 f; *Köhler* WRP 1999, 1075, 1079; *Sack,* FS Erdmann, 2002, 697, 714 ff; vgl auch Harte/Henning/ *Sambuc* § 4 Nr 9 Rdn 205). Denn nach Ablauf dieser Zeitspanne besitzt der Nachahmer keinen Wettbewerbsvorsprung infolge Kosteneinsparung mehr. Der maßgebliche Zeitraum hängt insbes von dem betreffenden Produkt, den erforderlichen Herstellungskosten und der zu erwartenden Nachfrage ab. So wird bei urheberrechtlich nicht geschützten Video-Spielen die Nachfrage idR nach einem halben bis einem Jahr erschöpft sein (OLG Frankfurt GRUR 1983, 757, 758; OLG Frankfurt WRP 1984, 79, 86). Andere Erzeugnisse, die kein aktuelles, sondern ein wissenschaftliches oder künstlerisches Interesse befriedigen, können dagegen erst in einem längeren Zeitraum abgesetzt werden. Allerdings besteht auch dann kein „immer währender" Schutz (BGH GRUR 1986, 895, 896 – *Notenstichbilder:* Kein lauterkeitsrechtlicher Nachahmungsschutz bei fotomechanischem Nachdruck von Notenbildern gemeinfreier Werke, wenn seit Herstellung der Druckvorlage mehr als fünfzig Jahre verstrichen sind). – Hat der Hersteller des Originals den Absatz endgültig eingestellt, so entfällt damit ohnehin jegliche Absatzbehinderung (vgl BGHZ 51, 41, 49 – *Reprint:* Erstdruck war bereits seit 12 Jahren vergriffen).

9.76   **bb) Ästhetische Merkmale von Erzeugnissen.** Bei der Nachahmung von **kurzlebigen Erzeugnissen** (dazu *Krüger* GRUR 1986, 115), insbes **Modeneuheiten** (BGHZ 60, 168 = GRUR 1973, 478 – *Modeneuheit;* BGH GRUR 1984, 453, 454 – *Hemdblusenkleid;* BGH GRUR 1998, 477, 479 f – *Trachtenjanker*) endet der Schutz im Allgemeinen dann, wenn die übliche „Lebensdauer" des Erzeugnisses abgelaufen ist. Bei modischen Textilerzeugnissen ist der Produktzyklus meist auf eine Saison begrenzt; daher beläuft sich der Schutz üblicherweise auf eine **Saison** (BGH GRUR 1984, 453, 454 – *Hemdblusenkleid*), kann im Einzelfall aber auch länger währen (BGH GRUR 1998, 477, 479 f – *Trachtenjanker;* OLG München GRUR 1995, 275, 277; OLG Köln WRP 1997, 343, 346; OLG Hamburg WRP 2005, 913 LS). In der Regel kommt aber **zwei Jahre** nach Markteinführung ein Modeneuheitenschutz nicht mehr in Betracht (BGH GRUR 1998, 477, 480 – *Trachtenjanker*), wobei noch eine Abverkaufsfrist hinzukommen kann (OLG Hamburg GRUR-RR 2006, 94, 98). Bei anderen Erzeugnissen ist der **Wandel des Geschmacks** maßgebend (vgl OLG Düsseldorf WRP 1978, 378, 382: Polstermöbel; OLG Stuttgart NJWE-WettbR 1998, 73, 74 – *Dekorationsstoff*). – Insgesamt sollte bei ästhetisch geprägten Erzeugnissen die durch das **Geschmacksmusterrecht** gezogene Grenze von drei Jahren nicht überschritten werden (vgl BGH GRUR 2005, 349, 352 – *Klemmbausteine III*), sofern nicht unlauterkeitsbegründende Umstände iSd § 4 Nr 9 lit a und c vorliegen (*Keller,* FS Erdmann, 2002, 595, 611; vgl auch OLG Düsseldorf GRUR 1999, 72, 73/74). Denn sonst würde der lauterkeitsrechtliche Nachahmungsschutz weiter reichen als der entsprechende Geschmacksmusterschutz. Zum Verhältnis des lauterkeitsrechtlichen Nachahmungsschutzes zum Geschmacksmusterschutz vgl Rdn 9.8.

9.77   **cc) Technische Merkmale von Erzeugnissen.** Von einer Erschöpfung des lauterkeitsrechtlichen Nachahmungsschutzes ist jedenfalls dann auszugehen, wenn der Hersteller des Originals dafür zuvor **Patentschutz** in Anspruch genommen hat (BGH GRUR 1990, 528, 530 – *Rollen-Clips;* BGH GRUR 2000, 521, 526 – *Modulgerüst*). Dies gilt auch dann, wenn der Hersteller den Preis für das Hauptprodukt niedrig angesetzt hat, um den Markt zu erschließen, und den Preis für die – nachgeahmten – fortlaufend benötigten Ergänzungsprodukte entsprechend höher kalkuliert hat (BGH GRUR 1990, 528, 530 – *Rollen-Clips*). – Weiter gehend ist zu fordern, dass bei allen technisch geprägten Erzeugnissen, gleichgültig, ob für sie Patentschutz bestanden hat oder nicht, die Höchstdauer des auf Behinderung gestützten lauterkeitsrechtlichen Nachahmungsschutzes jedenfalls nicht länger sein darf als der Patentschutz.

XI. Beweislast

Grds trägt der Kläger die Darlegungs- und Beweislast für das Vorliegen aller Tatbestandsvoraussetzungen des § 3 iVm § 4 Nr 9, beim Schadensersatzanspruch auch für das Verschulden. Auch bei der unmittelbaren Leistungsübernahme (Rdn 9.35) besteht keine Vermutung für das Vorliegen unlauterkeitsbegründender Umstände. Es ist daher nicht Sache des Beklagten, darzutun, aus welchen Gründen die Nachahmung nicht unlauter ist (ebenso *Piper/Ohly*/Sosnitza § 4 Rdn 9/149; aA BGH GRUR 1969, 618, 620 – *Kunststoffzähne*). – Ist jedoch streitig, ob der Nachahmer die erforderliche Kenntnis vom Original hatte (Rdn 9.68), so greift die widerlegliche **Vermutung** der Kenntnis ein, wenn der Nachahmer mit seinem Produkt später als der Anbieter des Originals auf dem Markt erschienen ist (vgl BGH GRUR 1998, 477, 480 – *Trachtenjanker*; OLG Köln GRUR-RR 2008, 166, 169). Der Beklagte hat in diesem Fall zu beweisen, dass er das von ihm angebotene Produkt in Unkenntnis der Existenz des Originals geschaffen hat (vgl BGH GRUR 2002, 629, 633 – *Blendsegel*). – Den Beklagten trifft die Darlegungs- und Beweislast auch für die Tatsachen, die das Entstehen einer an sich gegebenen wettbewerblichen Eigenart (zB vorbekannte Gestaltungen bei Modeerzeugnissen) hindern oder deren Schwächung oder Wegfall (zB durch Auftreten ähnlicher Erzeugnisse auf dem Markt) begründen (BGH GRUR 1998, 477, 479 – *Trachtenjanker* mit Anm *Sambuc*; OLG Köln GRUR-RR 2008, 166, 168).

3. Abschnitt. Rechtsfolgen

I. Allgemeines

Beim Vorgehen gegen eine unlautere Nachahmung iSd § 4 Nr 9 bestehen einige Besonderheiten gegenüber sonstigen Wettbewerbsverstößen, auf die im Folgenden hinzuweisen ist. Zum **Auskunfts-** und zum **Besichtigungsanspruch** vgl § 9 Rdn 4.1 ff und Rdn 4.43 ff.

II. Unterlassungsanspruch

Da der Tatbestand des § 4 Nr 9 nur das „Anbieten" einer Nachahmung erfasst, kann auch nur Unterlassung des **Anbietens** (einschließlich des Feilhaltens und Bewerbens), **nicht** auch des **Importierens** (OLG Köln GRUR-RR 2003, 84, 86), des **Gebrauchs** oder des **Herstellens** und der Besitz zu diesem Zweck verlangt werden (OLG Köln GRUR-RR 2008, 166, 169). Dies entspricht der Rspr zu § 1 aF (vgl BGHZ 50, 125, 129 = GRUR 1968, 591 – *Pulverbehälter*; BGH GRUR 1982, 305, 308 – *Büromöbelprogramm*; BGH GRUR 1988, 690, 693 – *Kristallfiguren*; BGH GRUR 1996, 210, 212 – *Vakuumpumpen*; BGH GRUR 1999, 751 – *Güllepumpen*; BGH GRUR 1999, 923, 927 – *Tele-Info-CD*). Es ist zwar für den Hersteller des Originals unbefriedigend, wenn er nicht bereits gegen die Herstellung der Nachahmung vorgehen kann (vgl *Köhler* WRP 1999, 1075, 1077 f; *Keller*, FS Erdmann, 2002, 595, 610). Angesichts des klaren Gesetzeswortlauts ist dies aber hinzunehmen. – Der Unterlassungsanspruch ist nicht schon dann ausgeschlossen, wenn der Vertrieb des nachgeahmten Produkts gegen ein gesetzliches Verbot verstößt oder selbst gesetzwidrig ist (BGH GRUR 2005, 519, 520 – *Vitamin-Zell-Komplex*). Denn die Geltendmachung des Anspruchs dient auch dem Schutz von Interessen der Allgemeinheit (§ 1). – Bei der Formulierung des Unterlassungsantrags ist zu beachten, dass ein umfassendes Vertriebsverbot nur verlangt werden kann, wenn bei jeder Vertriebshandlung die besonderen Unlauterkeitsmerkmale verwirklicht sind. Ggf ist also der Antrag auf eine bestimmte Vertriebshandlung (zB Vertrieb über Katalogfirmen) zu beschränken, wenn nur insoweit Unlauterkeit (zB vermeidbare Herkunftstäuschung) gegeben ist (BGH GRUR 2007, 339 Tz 34 ff – *Stufenleitern*).

III. Beseitigungsanspruch

Der Beseitigungsanspruch kann nur darauf gerichtet werden, dass die Nachahmungsstücke, soweit sie noch in der Verfügungsgewalt des Anbieters stehen, vom Markt genommen werden. Dagegen kann nicht ihre **Vernichtung** verlangt werden, weil die Herstellung als solche noch nicht unlauter ist. Dies entspricht der Rspr zu § 1 aF (vgl BGH GRUR 1988, 690, 693 – *Kristallfiguren*; BGH GRUR 1999, 923, 928 – *Tele-Info-CD*). Daher besteht auch im Verfahren der einstweiligen Verfügung kein Anspruch auf **Herausgabe** von noch nicht in den Verkehr gebrachten Nachahmungen, auch nicht an den Gerichtsvollzieher zur vorläufigen Verwahrung (OLG Frankfurt GRUR-RR 2003, 157; OLG Düsseldorf GRUR-RR 2009, 142, 144).

IV. Schadensersatzanspruch

1. Verschulden

9.82 Verschuldensformen sind Vorsatz und Fahrlässigkeit. Zum Vorsatz gehört das Bewusstsein der Rechtswidrigkeit, bei § 4 Nr 9 also der Unlauterkeit. Daher handelt nicht unbedingt vorsätzlich, wer bewusst mögliche und zumutbare Maßnahmen zur Beseitigung oder Verringerung der Herkunftstäuschung unterlässt. Vielmehr kommt es darauf an, ob der Nachahmer sich der Erforderlichkeit dieser Maßnahmen bewusst war. Bei Ersttätern wird dies vielfach nicht der Fall sein. Entscheidende Bedeutung kommt daher dem Vorwurf der Fahrlässigkeit zu. Fahrlässig handelt, wer die im Verkehr erforderliche Sorgfalt nicht beachtet (§ 276 II BGB). An die Sorgfaltsanforderungen sind aber, wie allgemein im Lauterkeitsrecht, strenge Anforderungen zu stellen (vgl näher § 9 Rdn 1.18 ff). Der Verletzer kann sich daher grds nicht darauf berufen, er habe sein Verhalten unverschuldet für zulässig gehalten (BGH GRUR 1999, 923, 927 – *Tele-Info-CD*). Es genügt, dass er mit der nicht fern liegenden Möglichkeit einer Rechtsverletzung rechnen musste (OLG München GRUR-RR 2004, 85).

2. Anspruchsinhalt

9.83 Dem Verletzten steht die Möglichkeit der **dreifachen Schadensberechnung** (§ 9 Rdn 1.36 ff; stRspr zuletzt BGH GRUR 2007, 431 Tz 21 – *Steckverbindergehäuse;* dazu *Loschelder* NJW 2007, 1503; krit *Stieper* WRP 2010, 624, 628 ff) zu. Sie greift nach der Rspr (vgl BGH GRUR 1993, 55, 57 – *Tchibo/Rolex II*) auch dann ein, wenn der Nachahmer zwar den Absatz des Originalherstellers behindert, ihm aber keine potenziellen Kunden wegnimmt, weil er mit seinem Produkt andere Käuferschichten anspricht (vgl die Fälle BGH GRUR 1985, 876 – *Tchibo/Rolex I*: Vertrieb von Billignachahmungen einer 100 mal teureren Rolex-Uhr; BGH GRUR 1998, 830, 833 – *Les-Paul-Gitarren*: Vertrieb von Billignachahmungen von 3–4-mal teureren Les-Paul-Gitarren). Das ist dogmatisch nicht unbedenklich, weil in diesen Fällen der Nachahmer nicht „ein fremdes Geschäft als eigenes" führt (vgl § 687 II BGB). Indessen bedarf es dieser strengen Sanktion, um die Produktpiraterie effektiv zu bekämpfen. – Der Anspruch auf Ersatz des entgangenen Gewinns ist ausgeschlossen, wenn der Gewinn nur durch Verletzung eines gesetzlichen Verbots oder mit rechtswidrigen Mitteln erzielt werden könnte (BGH GRUR 2005, 519, 520 – *Vitamin-Zell-Komplex*). Dies betrifft aber nicht die beiden anderen Berechnungsmethoden.

V. Bereicherungsanspruch

9.84 Der Bereicherungsanspruch (Eingriffskondiktion iSd § 812 I 1 2. Alt BGB) setzt kein Verschulden voraus. Bedeutung hat dies bei Ansprüchen gegen den Händler, der keine Kenntnis davon hat, dass die von ihm vertriebenen Waren Nachahmungen sind (aA iErg BGH GRUR 1991, 914, 916 f – *Kastanienmuster* mit der Begründung, dass ohne diese Kenntnis kein Wettbewerbsverstoß des Händlers vorliege). Zu Einzelheiten vgl § 9 Rdn 3.1 ff.

VI. Anspruchsberechtigung und Anspruchsverpflichtung

1. Anspruchsberechtigung

9.85 a) **Hersteller des Originals.** Anspruchsberechtigt ist der **Hersteller des Originals,** also derjenige, der das Produkt in eigener Verantwortung herstellt oder von einem Dritten herstellen lässt und über das Inverkehrbringen entscheidet (vgl OLG München GRUR-RR 2004, 85; *Spätgens*, FS Erdmann, 2002, 727, 733 ff). Denn § 4 Nr 9 dient in erster Linie dem Schutz der Individualinteressen desjenigen, dessen Leistung wettbewerbswidrig nachgeahmt und vermarktet wird (BGH GRUR 1988, 620, 621 – *Vespa-Roller;* BGH GRUR 1991, 223, 225 – *Finnischer Schmuck;* BGH GRUR 1994, 630, 634 – *Cartier-Armreif;* BGH GRUR 1998, 934, 938 – *Wunderbaum;* BGH GRUR 2005, 519, 520 – *Vitamin-Zell-Komplex; Ullmann*, FS v Gamm, 1990, 315, 322). Auch hat nur er es in der Hand, die Nachahmung (insbes durch Lizenzvergabe) zu gestatten und damit zulässig zu machen. Daher ist auch der **Händler,** der das Original vertreibt, grds nicht anspruchsberechtigt, es sei denn, er hat durch die Auswahl und Zusammenstellung einer Kollektion seinerseits eine besonders schutzwürdige Leistung erbracht, die von einem anderen übernommen wird (BGH GRUR 1991, 223, 224 – *Finnischer Schmuck*). Dem Hersteller steht der **ausschließlich Vertriebsberechtigte** (zB Alleinimporteur) gleich, soweit durch den Vertrieb einer Nachahmung (auch) über die Herkunft aus dem Betrieb des ausschließlichen Vertriebsberechtigten getäuscht wird (BGH GRUR 1991, 223, 224 – *Finnischer Schmuck;* BGH GRUR 1994, 630, 634 – *Cartier-Armreif;* BGH GRUR 2004, 941, 943 – *Metallbett; Ullmann* S 325). Denn ihm steht zwar kein „selbstständiges wettbewerbsrechtliches Leistungsschutzrecht" zu (so aber BGH GRUR 1994, 630, 634 – *Cartier-Armreif*); wohl aber ist er in seinem Individualinteresse an der Vermarktung des Originalprodukts beeinträchtigt. – Dementsprechend kann Ansprüche wegen Nachahmung des „Formats" einer Fernsehshow nur geltend machen, wer an der Erarbeitung des Formats mitgewirkt oder an der Ausstrahlung der Sendereihe beteiligt ist, nicht auch derjenige, der lediglich abgeleitete Nutzungsrechte an dem Format geltend macht (BGH GRUR 2003, 876, 878 – *Sendeformat*).

b) Sonstige Mitbewerber und Verbände? Ob neben dem Originalhersteller auch sonstige Mitbewerber iSd § 8 III Nr 1 und Verbände iSd § 8 III Nr 2–4 anspruchsberechtigt sind, ist sehr str. Nach einer Auffassung muss es grds dem Hersteller des Originals überlassen bleiben, ob er gegen den Nachahmer (und seine Absatzmittler) vorgeht oder ob er dessen Verhalten duldet oder ihm sogar nachträglich zustimmt (zB eine Lizenz erteilt). Dieser Entscheidung dürfe durch ein Vorgehen eines sonstigen Mitbewerbers oder eines Verbandes nicht vorgegriffen werden. Es müssten insoweit die gleichen Erwägungen gelten wie bei der Frage, ob Urheberrechtsverletzungen von anderen Personen als dem Urheber unter dem Gesichtspunkt des Wettbewerbsverstoßes verfolgt werden könnten (BGHZ 140, 183, 187 ff = GRUR 1999, 325 – *Elektronische Pressearchive*). – Die Gegenansicht weist darauf hin, dass § 4 Nr 9 zumindest auch Interessen der Allgemeinheit schütze (Harte/Henning/*Bergmann* § 8 Rdn 260; *Mees* WRP 1999, 62; *Spätgens*, FS Erdmann, 2002, 727; *Münker*, FS Ullmann, 2006, 781, 790 f). Daran ist richtig, dass jedenfalls der Schutz der Verbraucher (oder sonstigen Marktteilnehmer) vor Täuschung über die betriebliche Herkunft eines Produkts nicht zur Disposition des Herstellers stehen darf (*Köhler* GRUR 2007, 548, 553; *Henning-Bodewig* GRUR Int 2007, 986, 988; aA noch zum früheren Recht *Bornkamm*, FS v Mühlendahl, 2006, 9, 20 f). – Der Streit ist aber durch die **UWG-Novelle 2008** weitgehend entschärft worden. Denn zum Schutz der Verbraucher und sonstigen Marktteilnehmer vor Verwechslung wurden in Umsetzung der UGP-Richtlinie der § 5 II und die Nr 13 Anh zu § 3 III in das UWG eingefügt. Erfüllt daher der Nachahmer gleichzeitig einen dieser Tatbestände, so können daraus resultierende Ansprüche uneingeschränkt von den nach § 8 III anspruchsberechtigten Mitbewerbern und Verbänden geltend gemacht werden. Das Interesse des Herstellers, selbst darüber zu entscheiden, ob er gegen die Vermarktung des Nachahmungsprodukts vorzugehen, muss demgegenüber zurücktreten. – Für § 4 Nr 9 bleibt es dann aber dabei, dass nur der Hersteller des Originals anspruchsberechtigt ist (*Köhler* GRUR 2009, 441, 450/451; Piper/*Ohly*/Sosnitza § 4 Rdn 9.84). Der Hersteller des Originals wird dadurch jedoch nicht an einer Lizenzvergabe usw an den Verletzer gehindert. Denn dies führt nur dazu, dass die Irreführungsgefahr für die Zukunft entfällt. Darauf, ob die Nachahmungsprodukte minderwertig oder für die Benutzer gefährlich sind, kommt es nicht an. Ebenso wenig, ob sich der Verletzer durch einen Verstoß gegen § 4 Nr 9 den Mitgliedern des klagenden Verbands gegenüber einen relevanten Vorsprung verschafft (so aber HdbWettbR/*Eck* § 56 Rdn 205).

2. Anspruchsverpflichtung

In Anspruch genommen werden kann jeder, der den Tatbestand des § 3 iVm § 4 Nr 9 verwirklicht hat. Das setzt ein **Anbieten** des Nachahmungsprodukts auf dem Markt voraus. Täter ist jedenfalls der **Hersteller** der Nachahmung. In den Fällen des § 4 Nr 9 lit a und b kann auch der **Händler** Täter sein (vgl BGH GRUR 1981, 517, 520 – *Rollhocker;* BGH GRUR 2004, 941, 943 – *Metallbett*). Zur Frage des **subjektiven Tatbestands** vgl Rdn 9.68. Dagegen kann das Tatbestandsmerkmal des § 4 Nr 9 lit c nur vom Hersteller (als Produktanbieter) verwirklicht werden (aA Piper/*Ohly*/Sosnitza § 4 Rdn 9/85: jeder Anbieter). Weiß jedoch der Händler, dass der Hersteller die erforderlichen Kenntnisse unredlich erlangt hat, so kann er als Teilnehmer (§ 830 II BGB) in Anspruch genommen werden. Neben dem Herstellerunternehmen kann ggf auch die im Betrieb für die Nachahmung verantwortliche Person (zB **Konstruktionsleiter**), sei es als (Mit-)Täter, sei es als Teilnehmer (§ 830 II BGB), in Anspruch genommen werden (BGH GRUR 1999, 751, 754 – *Güllepumpen*).

VII. Verjährung

9.88 Für die Verjährung der Ansprüche aus lauterkeitsrechtlichem Nachahmungsschutz gilt § 11 (vgl BGH GRUR 1999, 751, 754 – *Güllepumpen;* krit *Nirk* GRUR 1993, 247, 254; *Sambuc* Rdn 777). Ein Rückgriff auf die Verjährungsregelungen des Bürgerlichen Rechts (§§ 195, 199 BGB) ist nur möglich, soweit im Einzelfall gleichzeitig ein Deliktstatbestand verwirklicht ist. Das kann § 826 BGB sein, doch erfüllt eine unlautere Nachahmung nicht ohne weiteres auch den Tatbestand der vorsätzlichen sittenwidrigen Schädigung (BGH GRUR 1999, 751, 753 – *Güllepumpen*). Dagegen scheidet § 823 I BGB aus, da das lauterkeitsrechtlich geschützte Leistungsergebnis kein „sonstiges Recht" ist und ein Eingriff in das Unternehmen wegen Subsidiarität dieses Tatbestands gegenüber dem UWG nicht in Betracht kommt. Zu beachten ist, dass § 826 BGB keine dreifache Schadensberechnung ermöglicht.

VIII. Klageantrag und Verbotsausspruch

9.89 Die sachgerechte Formulierung des Unterlassungsantrags – und dementsprechend des Verbotsausspruchs – bei der unlauteren Produktnachahmung ist ein schwieriges Geschäft. Klageantrag und Verbotsausspruch haben sich an der konkreten Verletzungsform auszurichten. Sie müssen zumindest unter Heranziehung des Klagevortrags unzweideutig erkennen lassen, in welchen Merkmalen des angegriffenen Erzeugnisses die Grundlage und der Anknüpfungspunkt des Wettbewerbsverstoßes und damit des Unterlassungsgebots liegen sollen (BGH GRUR 2002, 86, 88 – *Laubhefter;* BGH GRUR 2007, 795 Tz 18 – *Handtaschen*). Daher müssen jedenfalls die übernommenen Gestaltungsmerkmale, die bei der Klageform die wettbewerbliche Eigenart begründen, im Antrag enthalten sein (BGH GRUR 2002, 86, 88 f – *Laubhefter;* BGH GRUR 2002, 820, 823 – *Bremszangen*). Der Kläger ist gehalten, im Einzelnen (ggf in der Antragsbegründung) darzulegen und zu konkretisieren, worin er eine unlautere Nachahmung seines Produkts erblickt. Allgemeine Umschreibungen wie zB „Farbe, Gesamtaussehen, Abmessungen, Form, typische Anordnung der Bauteile, technische Gestaltung und Funktionsweise" helfen nicht weiter, wenn sie nicht – ggf mit Hilfe von Abbildungen (BGH GRUR 2007, 795 Tz 18 – *Handtaschen*) – präzisiert werden, so dass klar erkennbar ist, welche Handlungen verboten sein sollen (BGH GRUR 2002, 86, 88 – *Laubhefter*). – Trägt der Kläger nur einen Sachverhalt vor, der auf den Tatbestand einer Schutzrechtsverletzung zugeschnitten ist, ist das Gericht durch § 308 I ZPO daran gehindert, die Verurteilung auf lauterkeitsrechtlichen Nachahmungsschutz nach § 3 iVm § 4 Nr 9 zu stützen (BGH GRUR 2001, 755, 756 f – *Telefonkarte*). – Den Anforderungen an die **Bestimmtheit** des Klageantrags (§ 253 II Nr 2 ZPO; dazu allgemein § 12 Rdn 2.35 ff) genügt ein Unterlassungsantrag idR nicht, wenn er auslegungsbedürftige Begriffe wie „zu Verwechslungen geeignet", „oder andere verwechslungsfähige Bezeichnungen", „mit einem äußeren Erscheinungsbild, das sich von demjenigen des Originals nicht deutlich unterscheidet" oder „ähnlich wie" enthält (BGH GRUR 2002, 86, 88 – *Laubhefter*). Entsprechendes gilt für die Formulierung des richterlichen Verbotsausspruchs. – Der Unterlassungsantrag braucht nicht Einschränkungen zu enthalten, durch die eine Herkunftstäuschung vermieden werden kann (dazu Rdn 9.45 ff). Denn es ist Sache des Verletzers, einen Weg zu finden, der ihn aus dem Verbotsbereich herausführt (BGH GRUR 2002, 820, 823 – *Bremszangen*). – Kommt nur eine zeitlich begrenzte Verurteilung in Betracht, muss der Kläger den Antrag entsprechend beschränken.

10. Kapitel. Gezielte Behinderung

§ 4 Nr 10

Unlauter handelt insbesondere, wer
10. Mitbewerber gezielt behindert;

Übersicht

	Rdn
1. Abschnitt. Allgemeines	10.1–10.23
I. Entstehungsgeschichte, Normzweck und Rechtsnatur	10.1–10.3
1. Entstehungsgeschichte	10.1
2. Normzweck	10.2
3. Rechtsnatur als Beispielstatbestand und Verhältnis zu § 3 I	10.3

10. Kap. Gezielte Behinderung § 4 UWG

	Rdn
II. Verhältnis zum Unionsrecht	10.3 a
III. Tatbestand der gezielten Behinderung	10.4–10.11
1. Geschäftliche Handlung	10.4
2. Mitbewerber	10.5
3. Begriff der Behinderung	10.6
4. Erfordernis der gezielten Behinderung	10.7–10.11
a) Funktion und Bedeutung des Tatbestandsmerkmals der Zielgerichtetheit	10.7
b) Feststellung der gezielten Behinderung	10.8
c) Subjektive Indizien der Zielgerichtetheit (Behinderungsabsicht)	10.9
d) Objektive Indizien zur Feststellung der Zielgerichtetheit	10.10, 10.11
IV. Abgrenzung	10.12–10.14
1. Allgemeine Marktbehinderung	10.12
2. Ausbeutung	10.13
3. Unangemessene unsachliche Verbraucherbeeinflussung	10.14
V. Methoden der Behinderung	10.15–10.17
1. Allgemeines	10.15
2. Gewaltanwendung	10.16
3. Druckausübung	10.17
VI. Verhältnis zum Kartellrecht	10.18–10.22
1. Grundsatz der Doppelkontrolle	10.18
2. Kartellrechtliche Behinderungstatbestände	10.19–10.22
a) Boykottverbot	10.19
b) Verbot der unbilligen Behinderung im Vertikalverhältnis	10.20
c) Verbot der unbilligen Behinderung im Horizontalverhältnis	10.21
d) Verbot des Missbrauchs einer marktbeherrschenden Stellung	10.22
VII. Verhältnis zum Bürgerlichen Recht	10.23
2. Abschnitt. Absatzbehinderung	**10.24–10.68**
I. Kundenbezogene Behinderung	10.24–10.47
1. Grundsatz	10.24
2. Abfangen von Kunden	10.25–10.31 b
a) Gewalt- und Druckausübung	10.26
b) Täuschung, Auftragsmanipulation, Ausnutzung fremder Einrichtungen	10.27–10.27 b
aa) Täuschung	10.27
bb) Auftragsmanipulation	10.27 a
cc) Ausnutzung fremder Einrichtungen	10.27 b
c) Ansprechen in räumlicher Nähe zum Mitbewerber	10.28
d) Werbung in räumlicher Nähe zum Mitbewerber	10.29, 10.29 a
e) Registrierung von Gattungsbegriffen als Domain-Namen	10.30
f) Einflussnahme auf Suchmaschinen (Meta-Tags; Keyword-Buying; Keyword-Advertising)	10.31–10.31 b
3. Abwerben von Kunden	10.32–10.47
a) Grundsatz	10.33
b) Besondere Umstände	10.34–10.47
aa) Unlauteres Anlocken	10.35
bb) Verleitung zum Vertragsbruch	10.36, 10.36 a
(1) Meinungsstand	10.36
(2) Stellungnahme	10.36 a
cc) Herabsetzung des Mitbewerbers beim Kunden	10.37
dd) Irreführende Angaben	10.38
ee) Unzulässigkeit einer Kündigungshilfe?	10.39
ff) Überrumpelung und Druckausübung	10.40
gg) Ausnutzung fremder Geschäftsgeheimnisse	10.41
hh) Verletzung vertraglicher Beziehungen zum Mitbewerber	10.42
ii) Nachteilsausgleich für den Kunden	10.43
jj) Abwerben von Kunden durch frühere Beschäftigte	10.44
kk) Besonderheiten der Versicherungswirtschaft	10.45–10.47
(1) Lauterkeitsrechtliche Bedeutung der Wettbewerbsrichtlinien der Versicherungswirtschaft	10.45
(2) Abwerben von Versicherungsnehmern	10.46
(3) Kündigungshilfe bei Versicherungsverträgen	10.47

	Rdn
II. Produktbezogene Behinderung	10.48–10.54
1. Einwirkung auf Waren oder Dienstleistungen von Mitbewerbern	10.48
2. Aufkaufen von Konkurrenzware	10.49, 10.50
a) Herstellerbehinderung	10.49
b) Händlerbehinderung	10.50
3. Inzahlungnahme gebrauchter Ware	10.51
4. Eintritt in Kundenbestellung	10.52
5. Unterschieben anderer Ware	10.53
6. Vertrieb von Produktnachahmungen	10.54
III. Vertriebsbezogene Behinderung	10.55–10.68
1. Allgemeines	10.55
2. Mittel der Vertriebsbehinderung	10.56–10.62
a) Ausschließlichkeitsbindungen	10.56
b) Dienstbarkeiten	10.57
c) Marken	10.58
d) Internet-Domains	10.59
e) Werbemaßnahmen	10.60
f) Warenaufdrucke	10.61
g) Sonstiges	10.62
3. Behinderung des Vertriebs durch Schleichbezug und durch Verleiten zum Vertragsbruch	10.63, 10.63 a
a) Behinderung des selektiven Vertriebs	10.63
b) Behinderung des Direktvertriebs	10.63 a
4. Behinderung des selektiven Vertriebs durch Kontrollnummernbeseitigung	10.64, 10.65
a) Allgemeines	10.64
b) Schutzwürdigkeit eines Kontrollnummernsystems	10.65
5. Sonstige Wettbewerbswidrigkeit der Kontrollnummernbeseitigung	10.66–10.68
a) Irreführung durch Kontrollnummernbeseitigung	10.66
b) Beseitigung von gesetzlich vorgeschriebenen Herstellungskennzeichnungen	10.67
c) Beseitigung von Kontrollnummern zum Schutze sonstiger berechtigter Interessen	10.68
3. Abschnitt. Nachfragebehinderung	10.69, 10.70
I. Erwerb von nicht benötigten Waren und sonstigen Wirtschaftsgütern	10.69
II. Liefersperre	10.70
4. Abschnitt. Werbebehinderung	10.71–10.75
I. Beeinträchtigung fremder Werbung	10.71–10.73
1. Unmittelbare Ausschaltung fremder Werbung	10.71
2. Beseitigung und Schwächung fremder Kennzeichen	10.72
3. Beeinträchtigung fremder Werbung als Folge eigener Wettbewerbsmaßnahmen	10.73
II. Nachahmen oder Ausnutzen fremder Werbung	10.74
III. Gegenwerbung	10.75
5. Abschnitt. Behinderung durch Kennzeichenverwendung	10.76–10.102
I. Verhältnis zum Markenrecht	10.76, 10.77
1. Zeitliche Reichweite des Markenrechts	10.76
2. Sachliche Reichweite des Markenrechts	10.77
II. Lauterkeitsrechtlicher Kennzeichenschutz	10.78–10.83
1. Spezialregelungen im UWG	10.78
2. Erfordernis einer geschäftlichen Handlung und eines Mitbewerberbezuges	10.79
3. Fallgruppen	10.80–10.83
a) Nicht kennzeichenmäßige Benutzung	10.81, 10.82
aa) Voraussetzungen	10.81
bb) Rechtsfolgen	10.82
b) Monopolisierung von geografischen Herkunftsangaben	10.83
III. Behinderung durch Zeichenerwerb	10.84–10.100
1. Anmeldung und Eintragung von Sperrzeichen	10.84–10.85
a) Unlauterkeit	10.84, 10.84 a
aa) Ausgangspunkt	10.84

	Rdn
bb) Vorliegen besonderer Umstände	10.84 a
(1) Handeln ohne ausreichenden sachlichen Grund mit dem Ziel der Störung eines schutzwürdigen inländischen Besitzstandes des Vorbenutzers	10.84 a
(2) Handeln in der Absicht, für den Vorbenutzer den Gebrauch der Bezeichnung zu sperren	10.84 a
(3) Handeln mit dem Ziel, die kraft Eintragung entstehende und lauterkeitsrechtlich an sich unbedenkliche Sperrwirkung der Marke ohne sachlichen Grund und damit zweckfremd als Mittel des Wettbewerbskampfes einzusetzen	10.84 a
b) Rechtsfolgen	10.85
2. Anmeldung und Eintragung von Marken zu Spekulationszwecken	10.86
3. Anmeldung und Eintragung von Internet-Domains	10.87–10.99
a) Sachverhalt	10.87
b) Kennzeichenverletzung durch Domain-Eintragung	10.88–10.93
aa) Kennzeichenmäßiger Gebrauch	10.89
bb) Anspruchsgrundlagen	10.90
cc) Verwechslungsgefahr	10.91
dd) Beispiele	10.92
ee) Gleichnamigkeit	10.93
c) Wettbewerbsverstoß durch Domain-Eintragung	10.94, 10.95
aa) Domain-Grabbing	10.94
bb) Eintragung von Allgemeinbegriffen als Domains	10.95
d) Rechtsfolgen	10.96–10.98
aa) Unterlassungs- und Beseitigungsanspruch	10.97
bb) Schadensersatzanspruch	10.98
e) (Mit-)Haftung der DENIC?	10.99
4. Anmeldung von Vanity-Rufnummern	10.100
IV. Bürgerlichrechtlicher Schutz der berühmten Marke	10.101, 10.102
1. Subsidiarität des bürgerlichrechtlichen Schutzes	10.101
2. Verbleibender Anwendungsbereich	10.102
6. Abschnitt. Behinderung durch Mitarbeiterabwerbung	10.103–10.115
I. Grundsätzliche Zulässigkeit des Abwerbens	10.103
II. Unlauterkeit des Abwerbens	10.104–10.115
1. Allgemeines	10.104
2. Unlautere Zwecke der Abwerbung	10.105, 10.106
a) Absicht der Mitbewerberbehinderung	10.105
b) Unlautere Ausbeutung des Mitbewerbers	10.106
3. Unlautere Mittel und Methoden der Abwerbung	10.107–10.112
a) Verleiten zum Vertragsbruch	10.107–10.108 b
aa) Stand der Rspr	10.107
bb) Stellungnahme	10.108–10.108 b
b) Ausnutzen eines Vertragsbruchs	10.109
c) Abwerbung unter Missbrauch eines Vertrauensverhältnisses	10.110
d) Doppelbeschäftigung	10.111
e) Einsatz von Werbern	10.112
4. Rechtsfolgen	10.113–10.115
a) Lauterkeitsrechtliche Ansprüche	10.113
b) Ansprüche gegen den abgeworbenen Mitarbeiter	10.114
c) Auswirkungen auf den neuen Arbeitsvertrag	10.115
7. Abschnitt. Boykott	10.116–10.129
I. Begriff und Beteiligte	10.116, 10.117
1. Begriff	10.116
2. Beteiligte	10.117
II. Lauterkeitsrechtliche Beurteilung	10.118–10.125
1. Geschäftliche Handlung	10.118
2. Boykottaufruf als „Behinderung"	10.119–10.121 a
a) Aufforderung	10.119 a–10.119 e
aa) Begriff	10.119 a
bb) Entscheidungsspielraum des Adressaten	10.119 b
cc) Einflussnahme	10.119 c
dd) Eignung zur Beeinflussung	10.119 d
ee) Abgrenzung	10.119 e

		Rdn
b) Bestimmtheit der Adressaten und Verrufenen		10.120
c) Liefer- oder Bezugssperre		10.121
d) Boykottähnliche Maßnahme		10.121 a
3. Boykottaufruf als „gezielte" Behinderung		10.122–10.125
a) Grundsatz		10.122
b) Meinungs- und Pressefreiheit		10.123
c) Abwehr		10.124
d) Einzelfälle		10.125
III. Verhältnis zu anderen Vorschriften		10.126–10.129
1. Vergleichende Werbung (§ 6)		10.126
2. Kartellrechtliches Boykottverbot (§ 21 I GWB)		10.127
3. Bürgerlichrechtliches Boykottverbot		10.128, 10.129
a) Rechtsgrundlagen		10.128
b) Beispiele		10.129

8. Abschnitt. Missbrauch der Nachfragemacht 10.130–10.136
    I. Problemstellung 10.130
    II. Rechtliche Schranken 10.131–10.136
        1. Kartellrecht 10.131, 10.132
            a) Deutsches Kartellrecht 10.131
            b) Europäisches Kartellrecht 10.132
        2. Lauterkeitsrecht 10.133–10.136
            a) Funktionswidrigkeit als Unlauterkeitskriterium? ... 10.134
            b) Druckausübung auf den Lieferanten als Unlauterkeitskriterium ... 10.135
            c) Behinderung der Mitbewerber als Unlauterkeitskriterium ... 10.136

9. Abschnitt. Vergleichende Werbung ohne erkennbare Bezugnahme auf Mitbewerber 10.137–10.159
    I. Allgemeines 10.137–10.144
        1. Abgrenzung der allgemeinen von der mitbewerberbezogenen vergleichenden Werbung 10.137
        2. Abgrenzung zu anderen Werbeformen 10.138
        3. Arten des allgemeinen Vergleichs 10.139–10.144
            a) Warenartenvergleich 10.140
            b) Dienstleistungsvergleich 10.141
            c) Systemvergleich 10.142
            d) Preisvergleich 10.143
            e) Unternehmensbezogener Vergleich 10.144
    II. Lauterkeitsrechtliche Beurteilung 10.145–10.157
        1. Grundsatz 10.145
        2. Verhältnis zu § 6 II 10.146
        3. Grenzen der Zulässigkeit 10.147–10.157
            a) Grundsatz 10.147
            b) Wahrheit des allgemeinen Vergleichs 10.148
            c) Vollständigkeit des allgemeinen Vergleichs? 10.149
            d) Nachprüfbarkeit des allgemeinen Vergleichs 10.150, 10.151
            e) Beweislast 10.152
            f) Sachlichkeit des allgemeinen Vergleichs 10.153–10.157
    III. Verhältnis zur irreführenden Werbung 10.158, 10.159
        1. Allgemeines 10.158
         2. Irreführender Preisvergleich 10.159

10. Abschnitt. Betriebsstörung 10.160–10.183
    I. Physische und psychische Einwirkungen 10.160
    II. Testmaßnahmen 10.161–10.163
        1. Grundsätzliche Zulässigkeit 10.161
        2. Unlauterkeit 10.162, 10.163
            a) Einsatz verwerflicher Mittel 10.162
            b) Gefahr einer Betriebsstörung 10.163
    III. Betriebsspionage 10.164, 10.165
        1. Allgemeines 10.164
        2. Beispiele 10.165

10. Kap. Gezielte Behinderung § 4 UWG

Rdn

IV. Unberechtigte Abmahnung wegen eines (vermeintlichen) Wettbewerbsverstoßes ... 10.166–10.168
  1. Grundsatz ... 10.166
  2. Unlauterkeit der unberechtigten Abmahnung? ... 10.167
  3. Ansprüche des rechtswidrig Abgemahnten ... 10.168
V. Rechtswidrige Verwarnung aus Ausschließlichkeitsrechten (Schutzrechtsverwarnung) ... 10.169–10.183
  1. Tatbestand der unberechtigten Schutzrechtsverwarnung ... 10.169, 10.170
    a) Schutzrechtsverwarnung ... 10.169
    b) Fehlende Berechtigung ... 10.170
  2. Rechtliche Problematik ... 10.171
  3. Rechtswidrigkeit der unberechtigten Schutzrechtsverwarnung? ... 10.172–10.176
    a) Meinungsstand bis zur Entscheidung des Großen Senats des BGH vom 15. 7. 2005 ... 10.172, 10.173
      aa) Standpunkt der Rspr ... 10.172
      bb) Standpunkt des Schrifttums ... 10.173
    b) Die Entscheidung des Großen Senats des BGH vom 15. 7. 2005 ... 10.174, 10.175
    c) Stellungnahme ... 10.176
  4. Ansprüche gegen den Verwarner ... 10.176 a–10.183
    a) Lauterkeitsrechtliche Ansprüche ... 10.176 a–10.179
      aa) Verhältnis zu bürgerlichrechtlichen Ansprüchen ... 10.176 a
      bb) Herstellerverwarnung ... 10.177
      cc) Abnehmerverwarnung ... 10.178
      dd) Irreführende oder herabsetzende Behauptung gegenüber Dritten ... 10.179
    b) Bürgerlichrechtliche Ansprüche ... 10.180–10.183
      aa) Ansprüche aus §§ 823 I, 1004 BGB ... 10.180–10.181
        (1) Unterlassungsanspruch ... 10.180
        (2) Schadensersatzanspruch ... 10.180 a, 10.181
      bb) Ansprüche aus §§ 824, 826 BGB ... 10.182
      cc) Sonstige Ansprüche ... 10.183

11. Abschnitt. Preisunterbietung ... 10.184–10.207
  I. Grundsatz der freien Preisbestimmung ... 10.184
  II. Grundsatz der Zulässigkeit der Preisunterbietung ... 10.185–10.187
  III. Lauterkeitsrechtliche Schranken der Preisunterbietung ... 10.188–10.207
    1. Überblick ... 10.188
    2. Preisunterbietung in Verdrängungsabsicht ... 10.189–10.193
      a) Unterschreitung der Selbstkosten ... 10.190
      b) Objektive Eignung zur Verdrängung von Mitbewerbern ... 10.191
      c) Verdrängungsabsicht ... 10.192
      d) Kampfpreisunterbietung als Abwehrmaßnahme? ... 10.193
    3. Preisunterbietung mit unlauteren Mitteln ... 10.194–10.200
      a) Allgemeines ... 10.194
      b) Maßnahmen zum Nachteil der Verbraucher ... 10.195, 10.196
        aa) Vorgetäuschte Preissenkung ... 10.195
        bb) Lockvogelangebot ... 10.196
      c) Maßnahmen zum Nachteil von Mitbewerbern ... 10.197–10.200
        aa) Nötigung ... 10.197
        bb) Täuschung ... 10.198
        cc) Herabsetzung ... 10.199
        dd) Ausbeutung ... 10.200
    4. Preisunterbietung durch Rechts- oder Vertragsbruch ... 10.201–10.203
      a) Preisunterbietung auf Grund vorhergehenden Rechtsbruchs ... 10.201
      b) Preisunterbietung unter Verstoß gegen preisrechtliche Vorschriften ... 10.202
      c) Preisunterbietung unter Vertragsbruch ... 10.203
    5. Markenschädigung durch Preisunterbietung ... 10.204
    6. Kartellrecht ... 10.205–10.207
      a) Kartellverbot ... 10.205
      b) Missbrauchsverbot ... 10.206
      c) Verbot von Untereinstandspreisverkäufen ... 10.207

12. Abschnitt. Diskriminierung ... 10.208–10.219
  I. Grundfragen ... 10.208–10.211

	Rdn
1. Begriff der Diskriminierung	10.208
2. Rechtliche Grundlagen der Beurteilung	10.209–10.211
a) Lauterkeitsrecht	10.209, 10.210
aa) Anwendbarkeit	10.209
bb) Bewertungsmaßstäbe	10.210
b) Kartellrecht	10.211
II. Preisdiskriminierung	10.212, 10.213
1. Grundsätzliche Zulässigkeit der Preisdiskriminierung	10.212
2. Preisdiskriminierung in Verdrängungsabsicht	10.213
III. Liefer- und Bezugssperren	10.214–10.216
1. Begriff	10.214
2. Rechtliche Beurteilung	10.215, 10.216
a) Lauterkeitsrecht	10.215
b) Kartellrecht	10.216
IV. Aufnahmezwang für Verbände	10.217–10.219
1. Kartellrechtlicher Aufnahmezwang	10.217
2. Bürgerlichrechtlicher Aufnahmezwang	10.218
3. Lauterkeitsrechtlicher Aufnahmezwang	10.219
13. Abschnitt. Rechtsfolgen	10.220, 10.221
I. Allgemeines	10.220
II. Schadensersatzanspruch	10.221

1. Abschnitt. Allgemeines

Schrifttum: *Köhler,* Die Unlauterkeitstatbestände des § 4 UWG und ihre Auslegung im Lichte der Richtlinie über unlautere Geschäftspraktiken, GRUR 2008, 841; *ders,* Der „Mitbewerber", WRP 2009, 499; *Omsels,* Zur Unlauterkeit der gezielten Behinderung von Mitbewerbern § 4 Nr. 10 UWG, WRP 2004, 136; *Pichler,* Das Verhältnis von Kartell- und Lauterkeitsrecht, 2009; *Steinbeck,* Der Beispielskatalog des § 4 UWG – Bewährungsprobe bestanden?, GRUR 2008, 848.

I. Entstehungsgeschichte, Normzweck und Rechtsnatur

1. Entstehungsgeschichte

10.1 Formulierung und Begründung des Beispielstatbestands gehen zurück auf den Entwurf von *Köhler/Henning/Bodewig* WRP 2002, 1317 (dort § 5 Nr 3 und Erläuterungen Rdn 19). In der Amtl Begr (Begr RegE UWG, BT-Drucks 15/1487 S 19) heißt es dazu: „Der Tatbestand der Nummer 10 bezieht sich auf die sog individuelle Mitbewerberbehinderung. Die weite, generalklauselartige Fassung stellt sicher, dass alle Erscheinungsformen des Behinderungswettbewerbs einbezogen werden, einschließlich des Boykotts, des Vernichtungswettbewerbs, aber auch zB des Missbrauchs von Nachfragemacht zur Ausschaltung von Mitbewerbern. Erfasst werden sollen somit auch Handlungen im Verhältnis zweier Unternehmer auf verschiedenen Wirtschaftsstufen. Durch das Tatbestandsmerkmal des gezielten Handelns wird klargestellt, dass eine Behinderung von Mitbewerbern als bloße Folge des Wettbewerbs nicht ausreicht, um den Tatbestand zu verwirklichen. Die Rspr hat in der Vergangenheit bereits typische Formen des unlauteren Behinderungswettbewerbs herausgearbeitet. Ihre Aufgabe wird es weiterhin sein, die Abgrenzung von den kartellrechtlichen Behinderungstatbeständen, die das Vorliegen von Marktmacht voraussetzen, vorzunehmen. Entsprechendes gilt für die sog allgemeine Marktbehinderung, die zwar nicht als Beispielstatbestand aufgeführt ist, aber – entsprechend des nicht abschließenden Charakters der Beispielstatbestände – gleichwohl unter die Generalklausel des § 3 fallen kann".

2. Normzweck

10.2 Der Behinderungstatbestand des § 4 Nr 10 verwirklicht die Schutzzweckbestimmung des § 1 S 1, die ausdrücklich den **Mitbewerberschutz** nennt. Er erfasst unmittelbar nur die sog **individuelle Behinderung,** also Wettbewerbsmaßnahmen, die sich gezielt gegen einen oder mehrere Mitbewerber richten (BGH GRUR 2010, 346 Tz 12 – *Rufumleitung;* OLG Köln GRUR-RR 2005, 168, 169). Unabhängig davon besteht das Verbot der **allgemeinen Markt-**

behinderung (= Marktstörung), das unmittelbar aus der Generalklausel des § 3 abzuleiten ist (dazu Rdn 10.12 und Rdn 12.1 ff). Dies entspricht der früheren Rechtslage, die – ausweislich der Begründung des RegE – in diesem Punkt nicht geändert werden sollte. Soweit in der Begründung gesagt wird, dass auch Handlungen im Verhältnis zweier Unternehmer auf verschiedenen Wirtschaftsstufen erfasst werden sollen (vgl Rdn 10.1), zielt dies ersichtlich auf die Fälle des sog **Anzapfens** (dazu Rdn 1.29 und Rdn 10.130 ff sowie § 20 III GWB). Doch muss sich, damit § 4 Nr 10 eingreifen kann, die Maßnahme – wenngleich nur indirekt – gegen einen oder mehrere Mitbewerber richten (vgl OLG Hamm GRUR-RR 2003, 288). Im Übrigen können derartige Praktiken im Vertikalverhältnis zu Unternehmen unter den Beispielstatbestand des § 4 Nr 1 fallen.

3. Rechtsnatur als Beispielstatbestand und Verhältnis zu § 3 I

Die gezielte Behinderung von Mitbewerbern ist lediglich ein Beispielstatbestand einer unlauteren geschäftlichen Handlung. Bei der lauterkeitsrechtlichen Prüfung einer Maßnahme ist daher stets vorab zu prüfen, ob es sich um eine **geschäftliche Handlung** iSv § 2 I Nr 1 handelt (Rdn 10.4). Damit das Verbot des § 3 I eingreift, müssen auch dessen weitere Voraussetzungen erfüllt sein. Die Maßnahme muss also geeignet sein, die Interessen des betroffenen Mitbewerbers **spürbar** zu beeinträchtigen. Dies ist aber im Falle des § 4 Nr 10 stets anzunehmen (§ 3 Rdn 146; BGH GRUR 2009, 876 Tz 26 – *Änderung der Voreinstellung II*). Eine gesonderte Spürbarkeitsprüfung ist daher entbehrlich.

10.3

II. Verhältnis zum Unionsrecht

Die **Richtlinie 2005/29/EG über unlautere Geschäftspraktiken** (UGP-Richtlinie) regelt an sich nur das Verhältnis zwischen Unternehmen und Verbrauchern, dagegen nicht das Verhältnis zwischen Unternehmen untereinander, seien es Mitbewerber oder Marktpartner. Sie will nach Erwägungsgrund 8 „unmittelbar die wirtschaftlichen Interessen der Verbraucher vor unlauteren Geschäftspraktiken im Geschäftsverkehr zwischen Unternehmen und Verbrauchern schützen" und „schützt somit auch mittelbar rechtmäßig handelnde Unternehmen vor Mitbewerbern, die sich nicht an die Regeln dieser Richtlinie halten und gewährleistet somit einen lauteren Wettbewerb in dem durch sie koordinierten Bereich". Nach Erwägungsgrund 6 S 3 erfasst und berührt die UGP-Richtlinie dagegen „nicht die nationalen Rechtsvorschriften in Bezug auf unlautere Geschäftspraktiken, die lediglich die wirtschaftlichen Interessen von Mitbewerbern schädigen". Soweit daher eine Verhaltensweise allein die wirtschaftlichen Interessen von Mitbewerbern ist daher § 4 Nr 10 uneingeschränkt anwendbar (BGH GRUR 2009, 1075 Tz 15 – *Betriebsbeobachtung;* BGH GRUR 2010, 346 Tz 10 – *Rufumleitung;* Köhler GRUR 2008, 841, 846 f). Dagegen ist die UGP-Richtlinie sehr wohl zu berücksichtigen, wenn Geschäftspraktiken sowohl die wirtschaftlichen Interessen der Verbraucher als auch der Mitbewerber beeinträchtigen (vgl EuGH GRUR 2010, 244 Tz 39 – *Plus Warenhandelsgesellschaft*). Das kann dann der Fall sein, wenn ein Unternehmer einen Mitbewerber mittels Beeinflussung von geschäftlichen Entscheidungen der Verbraucher gezielt behindert. (*Beispiele:* Unternehmer hindert Verbraucher daran, das Angebot eines Mitbewerbers anzunehmen; Unternehmer verleitet Verbraucher zum Bruch eines Vertrages mit einem Mitbewerber; Unternehmer verbreitet gegenüber Verbrauchern irreführende Angaben über einen Mitbewerber). Bei der Beurteilung solcher Sachverhalte sind daher auch die Bewertungsmaßstäbe der **UGP-Richtlinie** zu beachten. Der nationale Gesetzgeber und die nationalen Gerichte können folglich zwar Geschäftspraktiken gegenüber Verbrauchern (zB Boykottaufrufe; Preisunterbietung in Verdrängungsabsicht; Angebote von billigen Nachahmungsprodukten in Verdrängungsabsicht) aus Gründen des Mitbewerberschutzes verbieten, wenn sie keine wirtschaftlichen Interessen der Verbraucher berühren und daher nach den Bestimmungen der UGP-Richtlinie nicht zu beanstanden sind. Soweit die Unlauterkeit nach § 4 Nr 10 dagegen mit der Art und Weise der Einwirkung auf die geschäftliche Entscheidung des Verbrauchers begründet wird, sind bei der Anwendung des § 4 Nr 10 folgerichtig die Regelungen und Wertmaßstäbe der UGP-Richtlinie zu berücksichtigen (vgl auch Piper/*Ohly*/Sosnitza § 4.10 Rdn 10/5). Dies gilt unabhängig davon, ob das Unterlassungsbegehren allein auf eine gezielte Mitbewerberbehinderung oder auch auf unlautere Verbraucherbeeinflussung gestützt wird (aA BGH GRUR 2009, 876 Tz 26 – *Änderung der Voreinstellung II*). Denn es handelt sich insoweit nicht um eine Frage des Streitgegenstands, sondern um eine Berücksichtigung der Wertmaßstäbe der UGP-Richtlinie bei der Anwendung des § 4 Nr 10. Von praktischer Bedeu-

10.3a

tung ist dies für die Beurteilung der **Verleitung zum Vertragsbruch** nach § 4 Nr 10 (dazu Rdn 10.36 ff).

III. Tatbestand der gezielten Behinderung
1. Geschäftliche Handlung

10.4 Voraussetzung für die Anwendung des § 4 Nr 10 ist eine **geschäftliche Handlung** iSd § 2 I Nr 1. Die Handlung muss also ein Verhalten zugunsten des eigenen oder eines fremden Unternehmens sein, das mit der Förderung des Absatzes oder Bezugs von Waren oder Dienstleistungen oder mit dem Abschluss oder der Durchführung eines Vertrags objektiv zusammenhängt. Da es bei § 4 Nr 10 in erster Linie um das Verhalten gegenüber Mitbewerbern geht, kommt praktisch nur ein Verhalten in Betracht, das in einem objektiven Zusammenhang mit der Förderung des Absatzes oder Bezugs steht, mag es sich auch gleichzeitig als ein Verhalten während der Durchführung eines Vertrags darstellen. Denn andernfalls können die Interessen des Mitbewerbers schwerlich beeinträchtigt sein. Ein Verhalten gegenüber Mitbewerbern weist dann einen „objektiven Zusammenhang" mit der Förderung des Absatzes oder Bezugs zugunsten des eigenen Unternehmens auf, wenn es den Umständen nach darauf **gerichtet** ist, durch **Einwirkung auf die wettbewerblichen Interessen von Mitbewerbern den eigenen Absatz oder Bezug zu fördern** (§ 2 Rdn 53; vgl Begr RegE UWG 2008 zu § 2, BT-Drucks 16/10145 S 39/40). Auf die subjektive Zielsetzung kommt es aber nicht. Eine Einwirkung auf die wettbewerblichen Interessen eines Mitbewerbers liegt daher auch dann vor, wenn der Unternehmer durch sein Verhalten den Wechsel eines Kunden zu einem Mitbewerber erschwert oder vereitelt. Das ist bspw der Fall, wenn ein Kundenauftrag zur Änderung der Voreinstellung auf ein bestimmtes Vertreibernetz **(Preselection-Auftrag)** eines Mitbewerbers nicht (rechtzeitig) durchgeführt wird (aA noch BGH GRUR 2007, 987 Tz 22 – *Änderung der Voreinstellung I*). Ob dies vorsätzlich, fahrlässig oder schuldlos geschehen ist, spielt für den Unterlassungsanspruch keine Rolle. Das Gleiche gilt, wenn ein Kundenauftrag zur Einrichtung einer Rufnummernanzeige in der Weise fehlerhaft ausgeführt wird, dass gleichzeitig eine bestehende Preselection zugunsten eines Mitbewerbers wegfällt (aA OLG Köln GRUR-RR 2010, 297: Zumindest bedingt vorsätzliches Handeln erforderlich).

2. Mitbewerber

10.5 Voraussetzung für die Anwendung des § 4 Nr 10 ist weiter, dass sich die Handlung gegen einen **Mitbewerber** iSd § 2 I Nr 3 richtet. Zwischen dem Verletzer und dem Verletzten muss also ein **konkretes Wettbewerbsverhältnis** bestehen (dazu *Köhler* WRP 2009, 499, 505).

3. Begriff der Behinderung

10.6 Unter Behinderung ist die **Beeinträchtigung der wettbewerblichen Entfaltungsmöglichkeiten** eines Mitbewerbers zu verstehen (vgl BGHZ 148, 1 = GRUR 2001, 1061, 1062 – *Mitwohnzentrale.de;* BGH GRUR 2002, 902, 905 – *Vanity-Nummer;* BGH GRUR 2004, 877, 879 – *Werbeblocker*). Zu den Entfaltungsmöglichkeiten eines Mitbewerbers zählen alle Wettbewerbsparameter, also Absatz, Bezug, Werbung, Produktion, Forschung, Entwicklung, Planung, Finanzierung, Personaleinsatz usw (glA BGH GRUR 2004, 877, 879 – *Werbeblocker*). Es genügt – wie bei allen Beispielstatbeständen (vgl Begr RegE UWG 2004 zu § 4, BT-Drucks 15/1487 S 17) – die Eignung der geschäftlichen Handlung zur Behinderung. Die Behinderung muss also nicht tatsächlich eingetreten sein.

4. Erfordernis der gezielten Behinderung

10.7 a) **Funktion und Bedeutung des Tatbestandsmerkmals der Zielgerichtetheit.** Die bloße Beeinträchtigung der Entfaltungsmöglichkeiten eines Mitbewerbers reicht nicht aus, um die Unlauterkeit einer Maßnahme zu begründen. Denn der Wettbewerb ist darauf angelegt, auf Kosten der Mitbewerber einen Wettbewerbsvorsprung zu erzielen. Daher ist jede geschäftliche Handlung gegenüber einem Mitbewerber ihrer Natur nach geeignet, Mitbewerber in ihrer wettbewerblichen Entfaltung zu beeinträchtigen. Es müssen folglich zum Faktum der Beeinträchtigung des Mitbewerbers noch weitere, die Unlauterkeit begründende Umstände hinzutreten (BGH GRUR 2009, 878 Tz 13 – *Fräsautomat*). Das setzt letztlich eine Würdigung der Umstände des Einzelfalls unter Berücksichtigung des Schutzzwecks des Lauterkeitsrechts (§ 1) voraus (BGH GRUR 2007, 800 Tz 21 – *Außendienstmitarbeiter*). Entscheidend ist, ob die Auswirkungen der Handlung auf das Wettbewerbsgeschehen bei objektiver Betrachtung so erheblich sind, dass sie unter Berücksichtigung des Schutzzwecks des Gesetzes von den Marktteilnehmern nicht hingenommen werden müssen (BGH GRUR 2007, 800 Tz 21 – *Außendienstmitarbeiter*). Das Gesetz umschreibt dieses Erfordernis (notgedrungen unvollkommen) dadurch, dass es eine **gezielte** Behinderung verlangt. Eine Änderung gegenüber der bisherigen Rechtslage ist damit nicht beabsichtigt, so dass sich die frühere Rspr und Literatur zur Erläuterung weiterhin heranziehen lassen. Als „gezielt" ist eine Behinderung dann anzusehen, wenn bei objektiver Würdigung aller Umstände die Maßnahme **in erster Linie** nicht auf die Förderung der eigenen wettbewerblichen Entfaltung, sondern auf die Beeinträchtigung der wettbewerblichen Entfaltung des Mitbewerbers gerichtet ist (BGH WRP 2005, 881, 884 – *The Colour of Elégance*; BGH GRUR 2007, 800 Tz 23 – *Außendienstmitarbeiter*; BGH GRUR 2008, 621 Tz 32 – *AKADEMIKS*; KG GRUR-RR 2008, 171; OLG Köln WRP 2010, 1179, 1180). Das setzt nicht notwendig eine entsprechende Absicht voraus (BGH GRUR 2007, 800 Tz 22 – *Außendienstmitarbeiter*). Wer dem nicht folgt, muss alle nicht von einer Absicht getragenen Behinderungen unmittelbar nach § 3 I beurteilen (so *Omsels* WRP 2004, 136, 140; MünchKommUWG/*Jänich* § 4 Nr 10 Rdn 13 [unter unzutreffender Berufung auf OLG Köln GRUR-RR 2005, 168, 169]). Dies widerspricht aber den Gesetzesmaterialien (vgl BT-Drucks 15/1487 S 19) und bringt sachlich keinen Gewinn.

b) Feststellung der gezielten Behinderung. Ob eine „gezielte" Behinderung vorliegt, muss **positiv festgestellt** werden (vgl OLG München GRUR 2000, 518, 519). Dies bedarf einer umfassenden Würdigung des konkreten Falles. Dabei sind insbes Anlass, Zweck, Inhalt, Bedeutung und Wirkung der Maßnahme zu berücksichtigen. **10.8**

c) Subjektive Indizien der Zielgerichtetheit (Behinderungsabsicht). Eine „gezielte" und damit unlautere Behinderung ist stets gegeben, wenn die Maßnahme subjektiv von einer **Behinderungsabsicht** getragen ist, der Handelnde also subjektiv die Absicht hat, den Mitbewerber an seiner wettbewerblichen Entfaltung zu hindern und ihn dadurch vom Markt zu verdrängen (BGH GRUR 2001, 80, 81 – *ad-hoc-Mitteilung*; BGHZ 148, 1 = GRUR 2001, 1061, 1062 – *Mitwohnzentrale.de*; BGH WRP 2002, 1050, 1053 – *Vanity-Nummer*; BGH GRUR 2009, 878 – *Fräsautomat*; BGH GRUR 2010, 346 Tz 12 – *Rufumleitung*) oder zumindest ihn in seiner Marktstellung zu schwächen. Eine solche Absicht wird sich häufig nicht leicht feststellen lassen. Jedoch ist von einer solchen Absicht auszugehen, wenn die Maßnahme den Umständen nach keinen anderen Zweck als den der Verdrängung oder Schwächung haben kann (ebenso OLG Hamburg GRUR-RR 2004, 151, 152). Die bloße Absicht allein reicht andererseits nicht aus. Zur Behinderungsabsicht muss vielmehr eine konkrete Marktbehinderung des Mitbewerbers hinzukommen (BGH GRUR 2001, 80, 81 – *ad-hoc-Mitteilung*), zumindest aber eine entsprechende konkrete Gefahr. Ist die Maßnahme für sich gesehen wettbewerbseigen (wie zB die Preisunterbietung), kann selbstverständlich auch die bloße Kenntnis von den nachteiligen Auswirkungen der Maßnahme auf den Mitbewerber die Unlauterkeit nicht begründen (BGH GRUR 2007, 800 Tz 22 – *Außendienstmitarbeiter*). **10.9**

d) Objektive Indizien zur Feststellung der Zielgerichtetheit. Die Behinderungsabsicht ist zwar eine hinreichende, aber keineswegs eine notwendige Voraussetzung der gezielten Behinderung (ebenso BGH GRUR 2007, 800 Tz 22 – *Außendienstmitarbeiter*; BGH GRUR 2009, 685 Tz 41 – *ahd.de*). Eine zielgerichtete Behinderung kann sogar dann vorliegen, wenn der Handelnde nicht einmal Kenntnis von den Tatumständen hat, welche die Unlauterkeit begründen. Lässt sich eine Verdrängungsabsicht nicht feststellen, so ist daher zu fragen, ob die Maßnahme **ihrer Art nach** darauf gerichtet ist, den Mitbewerber an der wettbewerblichen Entfaltung zu hindern (*Köhler* NJW 2004, 2121; ebenso OLG Hamm WRP 2005, 525). Man kann insoweit von einer objektiven Finalität sprechen. Das ist insbes dann anzunehmen, wenn die Maßnahme bei objektiver Betrachtung unmittelbar auf die **Beeinträchtigung der wettbewerblichen Entfaltungsmöglichkeit** eines Mitbewerbers gerichtet ist. **Beispiel:** Unternehmer A lässt Werbeplakate kleben. Versehentlich werden bei dieser Aktion auch Werbeplakate seines Mitbewerbers B überklebt. Darauf, dass dies versehentlich geschehen ist, also keine Behinderungsabsicht vorlag, kann es nicht ankommen. – Indiz für eine Beeinträchtigung der wettbewerblichen Entfaltungsmöglichkeit ist es, dass der beeinträchtigte Mitbewerber seine Leistung am Markt durch eigene Anstrengungen nicht mehr in angemessener Weise zur Geltung bringen kann (BGH GRUR 2001, 1061, 1062 – *Mitwohnzentrale.de*; BGH GRUR 2007, 800 Tz 23 – *Außendienstmitarbeiter*; BGH GRUR 2009, 878 Tz 13 – *Fräsautomat*; BGH GRUR 2010, 346 Tz 12 – *Rufumleitung*; **10.10**

BGH WRP 2010, 764 Tz 53 – *WM-Marken*) und infolgedessen die Informations- und Entscheidungsmöglichkeiten der Verbraucher und sonstiger Marktteilnehmer eingeschränkt werden (vgl auch BGH GRUR 1979, 321, 323 – *Verkauf unter Einstandspreis I*). In diesem Fall ist die Beeinträchtigung oder gar die Verdrängung des Mitbewerbers nicht eine weseneigene Folge des Wettbewerbs, sondern die Folge der Ausschaltung des Mitbewerbers vom Wettbewerb durch Leistungsvergleich. Der Wettbewerber fördert sein Unternehmen nicht durch die bessere Leistung, sondern durch Beeinträchtigung des Mitbewerbers. Voraussetzung für einen lauterkeitsrechtlichen Schutz gegen Behinderung ist allerdings, dass die Betätigung des behinderten Mitbewerbers rechtmäßig ist. **Beispiel:** Legt der Unternehmer im Geschäftslokal eines Mitbewerbers Werbezettel aus, so kann dieser sie kraft seines Eigentums- und Besitzrechts (§ 859 I BGB) entfernen lassen, ohne damit unlauter zu handeln.

10.11 Die **Abgrenzung** zwischen erlaubten und unlauteren Behinderungen erfordert eine **Gesamtwürdigung** der **Umstände des Einzelfalls,** bei der die sich gegenüberstehenden **Interessen** der beteiligten Mitbewerber, Verbraucher oder sonstigen Marktteilnehmer sowie der Allgemeinheit gegeneinander abzuwägen sind (BGHZ 148, 1, 5 = GRUR 2001, 1061, 1062 – *Mitwohnzentrale.de;* BGH GRUR 2004, 877, 879 – *Werbeblocker;* BGH GRUR 2010, 346 Tz 12 – *Rufumleitung;* BGH WRP 2010, 764 Tz 53 – *WM-Marken*). Bewertungsmaßstab sind die gesetzlichen Wertungen, insbes der Grundsatz der Wettbewerbsfreiheit. Denn nicht nur das GWB, sondern auch das UWG schützt die Freiheit des Wettbewerbs (BGH GRUR 2002, 825, 826 – *Elektroarbeiten;* § 1 Rdn 38). Die Schwelle zur gezielten Behinderung ist überschritten, wenn die Maßnahme bei objektiver Würdigung der Umstände auf die Beeinträchtigung der wettbewerblichen Entfaltung des Mitbewerbers und nicht in erster Linie auf die Förderung des eigenen Wettbewerbs gerichtet ist (BGH GRUR 2008, 917 Tz 23 – *EROS*). Unlauter ist eine Maßnahme dann, wenn sie sich zwar (auch) als Entfaltung eigenen Wettbewerbs darstellt, aber das Eigeninteresse des Handelnden unter Berücksichtigung des Grundsatzes der Wettbewerbsfreiheit weniger schutzwürdig ist als die Interessen der übrigen Beteiligten und der Allgemeinheit (ebenso BGH GRUR 2009, 685 Tz 41 – *ahd.de*). Dabei ist die **Marktmacht** des handelnden Unternehmens im Verhältnis zum behinderten Mitbewerber zu berücksichtigen (vgl auch §§ 20 I, II, IV 1 GWB). Bei der Bewertung spielt ferner eine Rolle, ob der Handelnde seine Ziele mit weniger einschneidenden Wirkungen erreichen könnte (Grundsatz der **Verhältnismäßigkeit**). Schließlich sind auch die kollidierenden Grundrechte der Beteiligten zu berücksichtigen (BGH GRUR 2004, 877, 879 – *Werbeblocker,* dazu *Ladeur* GRUR 2005, 559, 562). Für die Beurteilung geben die von der Rspr entwickelten **Fallgruppen** eine Orientierung (BGH GRUR 2001, 1061, 1062 – *Mitwohnzentrale.de;* BGH WRP 2002, 1050, 1053 – *Vanity-Nummer;* BGH GRUR 2007, 800 Tz 22 – *Außendienstmitarbeiter;* BGH GRUR 2010, 346 Tz 12 – *Rufumleitung*).

IV. Abgrenzung

1. Allgemeine Marktbehinderung

10.12 Die individuelle Behinderung, wie sie in diesem Abschnitt behandelt wird, ist abzugrenzen von der allgemeinen Marktbehinderung (= Marktstörung; dazu Rdn 12.1 ff), durch die unter Einsatz nicht leistungsgerechter Mittel die Marktverhältnisse verzerrt und die Grundbedingungen des Wettbewerbs sowie sein Bestand gefährdet werden (BGH GRUR 2002, 825, 826 – *Elektroarbeiten*). Ihr Unrechtscharakter erfordert wegen der Einbeziehung der **Marktfolgen** eine besondere Wertung.

2. Ausbeutung

10.13 Die Ausbeutung der Leistung des Mitbewerbers kann im Einzelfall zugleich eine Behinderung iSd § 4 Nr 10 darstellen (BGH GRUR 2009, 1162 Tz 45 – *DAX;* OLG Düsseldorf WRP 2007, 440, 442). Allerdings sind, soweit es um die Benutzung fremder Kennzeichen geht, die speziellen Regelungen des Markenrechts (§ 14 II Nr 3, § 15 III MarkenG; vgl dazu BGH GRUR 2000, 875 – *Davidoff;* EuGH GRUR 2003, 240 – *Davidoff/Gofkid*) und des Lauterkeitsrechts (§ 4 Nr 9 lit b, § 6 II Nr 4) zu beachten. Die Rspr zur unlauteren Behinderung durch Benutzung eines bekannten fremden Kennzeichens (vgl BGHZ 113, 115, 128 = GRUR 1999, 609 – *SL*) ist daher, soweit es sich nicht um Altfälle (vgl § 153 MarkenG) handelt, obsolet geworden. Die Ausnutzung des guten Rufs eines fremden Erzeugnisses durch eine **anlehnende Bezugnahme** stellt jedenfalls dann keine gezielte Behinderung dar, wenn die Bezugnahme für eine sachgerechte Information der Verbraucher erforderlich ist. Es muss insoweit für die Bezugnahme ein hinreichender Anlass bestehen und Art und Maß der Angaben müssen im Rahmen einer zutreffenden Darstellung liegen (BGH GRUR 2005, 163, 165 – *Aluminiumräder*). So ist es gerechtfertigt, in der Werbung für Ersatzteile und Zubehör auf die Hauptware Bezug zu nehmen, wenn dies zur Aufklärung der Nachfrager über die bestimmungsgemäße Verwendung des Ersatzteils oder Zubehörs sachlich geboten ist. Als zulässig wurde dementsprechend die Werbung für Aluminiumräder unter Abbildung des ganzen Fahrzeugs angesehen (BGH aaO – *Aluminiumräder*). – Auch die Benutzung eines fremden Kennzeichens als **„adword"** („Schlüsselwort"), die dazu führt, dass bei Eingabe dieses Zeichens in eine Internet-Suchmaschine eine – von den Trefferanzeigen erkennbar abgegrenzte – Werbeanzeige mit einem Link zur eigenen Internetseite erscheint, stellt noch keine Rufausbeutung dar, weil es nicht zu einer Rufausbeutung iSe Imagetransfers kommt (Tz 10.82; BGH GRUR 2009, 500 Tz 22 – *Beta Layout;* OLG Frankfurt WRP 2008, 830, 831; *Schultz/Störing* WRP 2008, 741, 747). Erst recht gilt dies, wenn das *adword* lediglich beschreibende Begriffe enthält (OLG Karlsruhe WRP 2008, 135, 137; vgl auch Rdn 10.25). Es kann umgekehrt eine gezielte Behinderung darstellen, wenn ein Markeninhaber einem Händler, der dessen Markenprodukte vertreibt, durch eine sog **Markenbeschwerde bei Google** unmöglich macht, Adword-Werbung zu dieser Marke zu schalten (OLG Köln WRP 2010, 1179).– Eine Rufausbeutung liegt auch nicht in der Anmeldung von Marken, die auf eine von einem Mitbewerber organisierte und wirtschaftlich verwertete Sportveranstaltung Bezug nehmen und sich deren Ruf zunutze machen (sog **ambush marketing;** BGH WRP 2010, 764 Tz 57 ff – *WM-Marken*).

3. Unangemessene unsachliche Verbraucherbeeinflussung

10.14 Von der Fallgruppe der unangemessenen unsachlichen Verbraucherbeeinflussung (§ 4 Nr 1; früher **Kundenfang** genannt) unterscheidet sich die gezielte Behinderung durch die Richtung des Vorgehens. Doch kann beides zusammentreffen, wie etwa beim Abfangen von Kunden (Rdn 10.25 ff; offengelassen in BGH GRUR 2009, 876 Tz 26 – *Änderung der Voreinstellung II*). Allerdings handelt es sich dabei um unterschiedliche Streitgegenstände. (§ 12 Rdn 2.23 a)

V. Methoden der Behinderung

1. Allgemeines

10.15 Typische Formen des unlauteren Behinderungswettbewerbs sind Maßnahmen, die von vornherein keine Mittel des Wettbewerbs sein können, weil sie nicht das eigene Unternehmen fördern, sondern allein darauf zielen, den Mitbewerber daran zu hindern, seine Leistung zum Vergleich zu stellen. Dazu gehören die Gewaltanwendung (Rdn 10.16), die Druckausübung (Rdn 10.17), der Boykott (Rdn 10.116 ff) die Herabsetzung (§ 4 Nr 7) und die Anschwärzung (§ 4 Nr 8). – Schwieriger zu beurteilen sind Maßnahmen, die dem äußeren Anschein nach Mittel des Wettbewerbs sind, wie zB der Aufkauf von Rohstoffen oder die Preisunterbietung. Hier ist anhand der konkreten Umstände zu ermitteln, ob sie in Wahrheit darauf gerichtet sind, den Mitbewerber vom Markt zu verdrängen. Ein Test dafür ist, ob die konkrete Maßnahme sich nur dann „auszahlen" kann, wenn der Mitbewerber vom Markt verschwindet.

2. Gewaltanwendung

10.16 Die greifbarste und stärkste Form der wettbewerbswidrigen Behinderung der Mitbewerber ist die Anwendung physischer Gewalt gegenüber dem Mitbewerber, seinen Mitarbeitern und seinem Unternehmen, wie etwa Freiheitsberaubung, Körperverletzung, Sachbeschädigung, Datenvernichtung, Brandstiftung usw. Solche Verhaltensweisen sind freilich selten anzutreffen.

3. Druckausübung

10.17 Die Druckausübung gegenüber Verbrauchern und anderen Marktteilnehmern ist in § 4 Nr 1 als Beispiel unlauteren Wettbewerbs genannt. Zwar gilt dies nur für das Vertikalverhältnis, während § 4 Nr 10 das Horizontalverhältnis zu Mitbewerbern betrifft. Doch kommt darin bereits zum Ausdruck, dass Druckausübung ein unzulässiges Mittel im Wettbewerbskampf ist. Druckausübung ist insbes möglich in der Form des **psychischen Drucks** gegenüber einem Mitbewerber, etwa durch Drohung oder gar Erpressung, um ihn zu einem bestimmten Marktverhalten zu veranlassen. Man droht zB einem lästigen Mitbewerber mit einer Strafanzeige wegen Steuerhinterziehung, wenn er ein bestimmtes Unternehmen weiter beliefert (vgl RGZ

59, 1) oder wenn er seine Preise nicht heraufsetzt. Wer in dieser Weise vorgeht, handelt grds unlauter. Etwas anderes gilt, wenn der Unternehmer vom Mitbewerber ein bestimmtes Marktverhalten zu Recht verlangen kann und das dafür eingesetzte Druckmittel angemessen und von der Rechtsordnung gebilligt ist. Es sind insoweit ähnliche Erwägungen wie bei der Drohung iSd § 123 I BGB anzustellen. Zulässig ist daher zB die Drohung eines Anwalts gegenüber einem Mitbewerber mit einer Anzeige bei der Rechtsanwaltskammer, falls dieser eine bestimmte wettbewerbswidrige Werbung nicht einstellt. Nicht zulässig ist es dagegen, wenn ein Versicherungsvertreter von einem Mitbewerber verlangt, dass dieser die mit seinen Versicherungsunternehmen vereinbarten Konkurrenzklauseln einhält, und damit droht, Verstöße gegen das Konkurrenzverbot seinem Vertragsunternehmen mitzuteilen (BGH GRUR 1976, 427 – *Einfirmenvertreter* mit Anm *Storch*).

VI. Verhältnis zum Kartellrecht

1. Grundsatz der Doppelkontrolle

10.18 Behinderungen unterliegen der Kontrolle sowohl nach Lauterkeitsrecht (§ 3 iVm § 4 Nr 10) als auch nach Kartellrecht (Art 102 AEUV; §§ 19 IV Nr 1, 20 I–IV GWB; vgl BGHZ 96, 337, 351 – *Abwehrblatt II;* BGHZ 101, 72, 78 – *Krankentransporte;* BGH GRUR 2006, 773 – Tz 17 – *Probeabonnement;* BGH GRUR 2009, 876 Tz 10 – *Änderung der Voreinstellung II*). Die Vorschriften überschneiden sich zwar, decken sich aber nicht (vgl *Köhler* WRP 2005, 645): Die §§ 19 IV Nr 1, 20 I–IV GWB sowie Art 102 AEUV richten sich nur an marktbeherrschende bzw marktstarke Unternehmen, während § 3 iVm § 4 Nr 10 für alle Unternehmen und sogar (bei Förderung fremden Wettbewerbs) für Nichtunternehmer gilt. Andererseits ist § 3 iVm § 4 Nr 10 bei Behinderungen von Unternehmen auf vor- oder nachgelagerten Wirtschaftsstufen mangels eines konkreten Wettbewerbsverhältnisses vielfach nicht anwendbar. Im Hinblick auf die Funktionszusammenhänge zwischen UWG und GWB (dazu *Köhler* WRP 2005, 645 ff) sind bei der Beurteilung der Unlauterkeit (§ 4 Nr 10) und der Unbilligkeit (§§ 19 IV Nr 1, 20 I, II, IV GWB) einer Behinderung jedoch weitgehend parallele Wertungen geboten (BGHZ 107, 40, 41 – *Krankentransportbestellung;* BGH WRP 1999, 105, 109 – *Schilderpräger im Landratsamt;* OLG Jena GRUR-RR 2010, 113, 115). Die Unlauterkeit einer Behinderung begründet daher auch ihre kartellrechtliche Unbilligkeit. Allerdings gilt dies nicht umgekehrt. Andernfalls würde die Begrenzung des Adressatenkreises in §§ 19 IV Nr 1, 20 I – IV GWB durch das UWG unterlaufen. Ist freilich die Unbilligkeit zu verneinen, so hat dies auch für die Unlauterkeit zu gelten (BGHZ 96, 337, 347, 351 – *Abwehrblatt II;* BGHZ 101, 72, 77 – *Krankentransporte*).

2. Kartellrechtliche Behinderungstatbestände

10.19 **a) Boykottverbot.** § 21 I GWB verbietet Unternehmen und Unternehmensvereinigungen, ein anderes Unternehmen oder Unternehmensvereinigungen in der Absicht, bestimmte Unternehmen unbillig zu beeinträchtigen, zu Liefer- oder Bezugssperren aufzufordern (dazu Rdn 10.127 ff). Wird zu einer Liefersperre aufgefordert, die gegen die Wettbewerbsvorschriften des EU-Rechts verstößt, so liegt in jedem Fall eine **unbillige Beeinträchtigung** iSd § 21 I GWB vor (BGH WRP 1996, 1034 – *Fremdleasingboykott II*).

10.20 **b) Verbot der unbilligen Behinderung im Vertikalverhältnis.** § 20 I GWB verbietet marktbeherrschenden Unternehmen, andere Unternehmen in einem Geschäftsverkehr, der gleichartigen Unternehmen üblicherweise zugänglich ist, unmittelbar oder mittelbar unbillig zu behindern. Das Verbot schützt (auch) Marktpartner (Abnehmer und Lieferanten). § 20 II 1 GWB dehnt den Behinderungstatbestand auf Unternehmen aus, von denen andere Unternehmen in der Weise abhängig sind, dass ausreichende und zumutbare Möglichkeiten, auf andere Unternehmen auszuweichen, nicht bestehen. Das Behinderungsverbot begründet Unterlassungs- und Schadensersatzansprüche für das betroffene Unternehmen (§ 33 GWB).

10.21 **c) Verbot der unbilligen Behinderung im Horizontalverhältnis.** Das Behinderungsverbot des § 20 I GWB gilt auch im Horizontalverhältnis, also gegenüber Mitbewerbern. Es wird ergänzt durch § 20 IV 1 GWB. Danach dürfen Unternehmen, die gegenüber kleinen und mittleren Wettbewerbern eine überlegene Marktmacht besitzen, ihre Marktmacht nicht dazu ausnutzen, solche Wettbewerber unmittelbar oder mittelbar unbillig zu behindern. Als Beispielstatbestand einer unbilligen Behinderung ist in § 20 IV 2 GWB der nicht nur gelegentliche Verkauf unter Einstandspreis ohne sachlich gerechtfertigten Grund aufgeführt (vgl Rdn 10.207).

d) **Verbot des Missbrauchs einer marktbeherrschenden Stellung.** Unternehmen, die eine marktbeherrschende Stellung besitzen, ist es nach § 19 I GWB verboten, diese Marktstellung missbräuchlich auszunutzen. Ein Missbrauch liegt ua nach § 19 IV Nr 1 GWB vor, wenn das marktbeherrschende Unternehmen „die Wettbewerbsmöglichkeiten anderer Unternehmen in einer für den Wettbewerb auf dem Markt erheblichen Weise ohne sachlichen Grund beeinträchtigt". Die Verletzung dieser Vorschrift kann Unterlassungs- und Schadensersatzansprüche der Betroffenen nach § 33 I und III GWB auslösen. – Das Verbot der missbräuchlichen Ausnutzung einer marktbeherrschenden Stellung gilt auch im europäischen Recht (Art 102 AEUV). Seine Verletzung kann ebenfalls nach § 33 I und III GWB Unterlassungs- und Schadensersatzansprüche der Betroffenen auslösen (vgl EuGH Slg 2001, I-6297 – *Courage;* EuGH EuZW 2006, 529 – *Manfredi*). 10.22

VII. Verhältnis zum Bürgerlichen Recht

Die Behinderung kann auch (bei Fehlen einer geschäftliche Handlung: nur) die Tatbestände der §§ 823 ff BGB erfüllen. Insbes kommt ein Eingriff in das **Recht am Unternehmen** als „sonstiges Recht" iSv § 823 I BGB in Betracht (allg dazu Einl Rdn 7.14 ff). Doch ist § 823 I BGB insoweit nur subsidiär anwendbar. Ist der Betroffene ein Mitbewerber iSd § 2 I Nr. 3, erfüllt aber das Verhalten des Handelnden nicht den Tatbestand des § 3, so ist daher auch kein Eingriff in das Recht am eingerichteten und ausgeübten Gewerbebetrieb anzunehmen (BGH GRUR 2004, 877, 880 – *Werbeblocker*). – Die Anwendung der §§ 3, 4 Nr 10 bietet gegenüber § 823 II BGB in Verbindung mit einem Straftatbestand oder gegenüber § 826 BGB den Vorteil, dass der Inhaber eines Unternehmens auch für seine Mitarbeiter und Beauftragten nach § 8 II haftet, soweit es den Unterlassungs- und Beseitigungsanspruch betrifft. Sie hat aber gleichzeitig den Nachteil, dass die kurze Verjährungsfrist des § 11 gilt. 10.23

2. Abschnitt. Absatzbehinderung

Schrifttum: *Fischer,* Zur Lauterkeit der Kündigungshilfe durch Vorlage vorgefertigter Kündigungsschreiben, WRP 2005, 1230; *Geßner,* Marken- und lauterkeitsrechtliche Probleme der suchmaschinenbeeinflussenden Verwendung von Kennzeichen, 2008; *Illmer,* Keyword Advertising – Quo vadis?, WRP 2007, 399; *Hövel/Hansen,* Download-Fallen im Internet aus der Perspektive der Software-Hersteller, CR 2010, 252; *Köhler,* Die „Beteiligung an fremdem Vertragsbruch" – eine unerlaubte Handlung?, FS Canaris, 2007, 591; *ders,* Die Unlauterkeitstatbestände des § 4 UWG und ihre Auslegung im Lichte der Richtlinie über unlautere Geschäftspraktiken, GRUR 2008, 841; *Kotthoff,* Fremde Kennzeichen in Metatags: Marken- und Wettbewerbsrecht, K&R 1999, 157; *Lubberger,* Die neue Rechtsprechung des BGH zum Vertriebsbindungsschutz, WRP 2000, 139; *Ohly,* Die Verleitung zum Vertragsbruch im englischen und deutschen Recht: Zukunfts- oder Auslaufmodell?, FS Spellenberg, 2010, 617; *Ott* Die Entwicklung des Suchmaschinen- und Hyperlink-Rechts im Jahre 2008, WRP 2009, 351; *Piper,* Zur Wettbewerbswidrigkeit des Einbrechens in fremde Vertragsbeziehungen durch Abwerben von Kunden und Mitarbeitern, GRUR 1990, 643; *Renner,* Metatags und Keyword Advertising mit fremden Kennzeichen im Marken- und Wettbewerbsrecht, WRP 2007, 49; *Sasse/Thiemann,* Die wettbewerbsrechtliche Zulässigkeit eigennütziger Hilfe bei der Vertragskündigung, GRUR 2003, 921; *Scherer,* Verleiten zum Vertragsbruch – Neukonzeption aufgrund § 4 Nr. 10 UWG und der RL-UGP, WRP 2009, 518; *Sosnitza,* Verleiten zum Vertragsbruch – Berechtigte Fallgruppe oder alter Zopf?, WRP 2009, 373; *Tiemann,* Das Ende der Unlauterkeit des „Verleitens zum Vertragsbruch" bei objektiven Vertriebsbindungen?, WRP 2004, 289; *Varadinek,* Trefferlisten von Suchmaschinen im Internet als Werbeplatz für Wettbewerber, GRUR 2000, 279; *Viefhues,* Internet und Kennzeichenrecht: Meta-Tags, MMR 1999, 336; *Wendlandt,* Cybersquatting, Metatags und Spam, 2002.

I. Kundenbezogene Behinderung

1. Grundsatz

Der Mitbewerber hat kein Recht auf die Erhaltung seines Kundenstammes oder auf den Fortbestand von Vertragsverhältnissen. Der Kundenkreis ist kein geschütztes Rechtsgut (BGH GRUR 2002, 548, 549 – *Mietwagenkostenersatz*). Das Eindringen in einen fremden Kundenkreis und das Ausspannen von Kunden, selbst wenn es zielbewusst und systematisch erfolgt, liegt vielmehr im Wesen des Wettbewerbs (BGH GRUR 1963, 197, 200 – *Zahnprothesen-Pflegemittel;* BGH GRUR 1986, 547, 548 – *Handzettelwerbung;* BGHZ 110, 156, 170 = GRUR 1990, 522, 527 – *HBV-Familien- und Wohnungsrechtsschutz;* BGH aaO – *Mietwagenkostenersatz;* BGH GRUR 2009, 500 Tz 23 – *Beta Layout*). Erst recht gilt dies, wenn es sich nur um potenzielle Kunden 10.24

eines Mitbewerbers handelt. Unlauter wird das Eindringen in einen fremden Kundenkreis erst, wenn besondere, die Unlauterkeit begründende Umstände hinzutreten (BGHZ 110, 156, 170 – *HBV-Familien- und Wohnungsrechtsschutz;* BGH GRUR 2002, 548, 549 – *Mietwagenkostenersatz;* BGH GRUR 2007, 987 Tz 25 – *Änderung der Voreinstellung;* BGH GRUR 2009, 500 Tz 23 – *Beta Layout*).

2. Abfangen von Kunden

10.25 Eine unlautere Behinderung des Mitbewerbers durch Einwirkung auf (potenzielle) Kunden, die bereits ihm zuzurechnen sind, liegt nach der Rspr erst dann vor, wenn auf sie in unangemessener Weise eingewirkt wird, um sie als eigene Kunden zu gewinnen oder zu erhalten (BGH GRUR 2009, 500 Tz 23 – *Beta Layout;* BGH GRUR 2009, 876 Tz 21 – *Änderung der Voreinstellung II;* stRspr). Die Kunden müssen also durch unangemessene unsachliche Beeinflussung am (möglichen) Erwerb der Ware oder Leistung des Mitbewerbers gehindert werden (sollen). Die Rspr stellt darauf ab, ob der Werbende sich gewissermaßen zwischen den Kaufinteressenten und den Mitbewerber schiebt, um ihm eine Änderung seines Kaufentschlusses aufzudrängen (BGH GRUR 2001, 1061, 1063 – *Mitwohnzentrale.de;* BGH GRUR 2007, 987 Tz 25 – *Änderung der Voreinstellung I;* BGH GRUR 2009, 416 Tz 16 – *Küchentiefstpreis-Garantie;* GRUR 2009, 500 Tz 23 – *Beta Layout;* BGH GRUR 2009, 876 Tz 10 – *Änderung der Voreinstellung II*). Dem ist im Ausgangspunkt zuzustimmen, jedoch ist stärker als bisher danach zu unterscheiden, welche Mittel der Werbende einsetzt, um den Kunden zu beeinflussen. Richtigerweise sind Maßnahmen, die dem **Anlocken** von Kunden dienen, nur dann als unlauter anzusehen, wenn dabei der Kunde **unzumutbar belästigt** (§ 7), **unter Druck gesetzt** oder sonst **unangemessen unsachlich beeinflusst** (§ 4 Nr 1 iVm Art 8 UGP-Richtlinie) oder **irregeführt** (§§ 5, 5 a) wird, oder wenn die Maßnahmen auf die **Verdrängung** des Mitbewerbers abzielen (ebenso BGH GRUR 2009, 416 Tz 16 – *Küchentiefstpreis-Garantie*). Dagegen reicht es nicht aus, dass sie sich auf den Absatz des Mitbewerbers nachteilig auswirken können (ebenso BGH GRUR 2007, 987 Tz 25 – *Änderung der Voreinstellung I;* BGH GRUR 2009, 416 Tz 16 – *Küchentiefstpreis-Garantie*). Dass der betroffene Mitbewerber nach den §§ 3, 4 Nr 1, §§ 3, 5, 5 a oder § 7 vorgehen kann, schließt die Anwendung des § 4 Nr 10 nicht aus (aA Piper/Ohly/Sosnitza § 4.10 Rdn 10/46). **Beispiele:** Eine Verdrängungsabsicht kommt in Betracht bei Erbringung kostenloser Leistungen (BGH GRUR 2001, 80, 81 – *ad-hoc-Mitteilung*). Unlauter ist es, wenn Versicherungsunternehmen versuchen, die Nachfrage nach Mietwagen auf ein von ihnen gemeinschaftlich betriebenes Mietwagenunternehmen zu lenken, indem sie eine entsprechende Empfehlung aussprechen und dessen Preise subventionieren (OLG Düsseldorf WRP 1995, 639, 643). Denn Geschädigte sind geneigt, den Wünschen eines Versicherungsunternehmens nachzukommen, um eine rasche und einfache Regulierung zu erlangen. – Ein (öffentlicher) Krankenhausträger handelt unlauter, wenn er Krankentransportaufträge an die örtliche Rettungsleitstelle weiterleitet, obwohl der Patient ausdrücklich den Transport durch ein Privatunternehmen wünscht (BGH GRUR 1989, 430, 431 – *Krankentransportbestellung*). – Ein Telekommunikationsunternehmen handelt unlauter, wenn er absichtlich und nicht nur versehentlich eine Umstellung der Voreinstellung auf einen Mitbewerber unterlässt (vgl BGH WRP 2007, 1341 Tz 32 – *Änderung der Voreinstellung I*). – Dagegen ist es nicht unlauter, wenn ein Unternehmen seiner Firmenbezeichnung die Buchstaben AA voranstellt, um im Branchentelefonbuch an erster Stelle eingetragen zu werden (OLG Hamm WRP 2005, 525). Denn diese Maßnahme dient lediglich dazu, die Aufmerksamkeit der Kunden auf sich zu lenken. – Auch stellt es noch kein unlauteres Abfangen von Kunden dar, wenn ein Unternehmen mit **adword**-Anzeigen in Internet-Suchmaschinen wirbt und als Schlüsselwort (**„keyword"**) ein fremdes Kennzeichen benutzt, sofern die Werbung erkennbar von den Trefferanzeigen abgegrenzt ist (Rdn 10.31 b; BGH GRUR 2009, 500 Tz 23 – *Beta Layout;* OLG Frankfurt WRP 2008, 830, 832). Denn darin liegt noch keine unangemessene Beeinflussung potenzieller Kunden. Erst recht gilt dies, wenn der Werbende nur allgemeine, beschreibende Begriffe (wie zB Stellenangebote) als Schlüsselwort verwendet und dies dazu führt, dass seine Anzeige auch dann erscheint, wenn ein Internet-Nutzer als Suchbegriff eine Internet-Adresse eingibt, die die gleichen Begriffe (wie zB „stellen-online.de") enthält (OLG Karlsruhe WRP 2008, 135, 138).

10.26 **a) Gewalt- und Druckausübung.** Stets unlauter, nicht nur unter dem Gesichtspunkt der Druckausübung auf die Kunden (§ 4 Nr 1), sondern auch der Behinderung der Mitbewerber (§ 4 Nr 10), ist die Ausübung von Druck auf Kunden oder gar die Anwendung von Gewalt gegenüber Kunden, wenn sie bereits konkrete Kaufabsichten haben. So etwa, wenn ein Kunde, der sich anschickt, das Geschäft eines Mitbewerbers zu betreten, bedroht, beschimpft oder gar gewaltsam daran gehindert wird. Der Gewaltanwendung steht es gleich, wenn ein Unternehmer durch **bloßes Untätigbleiben** den Kunden daran hindert, die Dienste eines Mitbewerbers in Anspruch zu nehmen (OLG Frankfurt MMR 2005, 51: Nichtausführung eines Auftrags zur Änderung der dauerhaften Voreinstellung (Preselection) auf das Verbindungsnetz eines Mitbewerbers). Dazu ist keine schuldhafte Vertragsverletzung gegenüber dem Kunden erforderlich (aA BGH WRP 2007, 1341 Tz 25 – *Änderung der Voreinstellung I*). Die Heranziehung von § 4 Nr 10 neben § 4 Nr 1 ist nicht überflüssig (so aber Piper/Ohly/Sosnitza § 4 Rdn 10/46), sondern geboten, um den Unrechtsgehalt der Handlung voll zu erfassen, zumal § 4 Nr 1 nicht begriffsnotwendig die Beeinträchtigung eines Mitbewerbers voraussetzt (zB bei Handeln eines Monopolisten).

b) Täuschung, Auftragsmanipulation, Ausnutzung fremder Einrichtungen. aa) Täuschung. Unlauter nicht nur unter dem Gesichtspunkt der Irreführung (§ 5), sondern auch unter dem Gesichtspunkt der gezielten Behinderung ist es, dem Kunden vorzuspiegeln oder seinen Irrtum auszunutzen, man wäre der von ihm gesuchte Geschäftspartner, um zum Geschäftsabschluss zu kommen. Dabei sind die Umstände des Einzelfalls zu berücksichtigen. **Beispiele:** Ein Bierfahrer verschweigt den Kunden, dass er sich nunmehr selbstständig gemacht hat (BGH GRUR 1970, 182 – *Bierfahrer*); ein Telefonauskunftsdienst wirbt nur mit seiner Telefonnummer ohne Angabe seines Unternehmens und es besteht Verwechslungsgefahr mit der Telefonnummer anderer Auskunftsdienste (OLG Hamburg GRUR-RR 2004, 151, 152). Ein Anbieter von Telekommunikationsdienstleistungen lässt sich eine Hotline-Nummer zuteilen, die mit der eines Mitbewerbers verwechslungsfähig ist, und führt mit einem Begrüßungstext Anrufer auf eine andere Nummer, ohne auf sein Unternehmen hinzuweisen (OLG Frankfurt GRUR-RR 2009, 65, 66). – Bietet ein Telefondienstleister seinen Festnetzkunden, die zugleich über einen Mobiltelefonanschluss bei einem anderen Anbieter verfügen, eine „Umleitungs-Option" an, die es ermöglicht, Anrufe vom Festnetz des Anbieters auf dem Mobilfunkanschluss des Kunden auf einen Festnetzanschluss des Kunden umzuleiten, ohne dass die Anrufe zuvor in das Mobilfunknetz eingespeist werden, so ist dies unlauter, wenn er die Kunden nicht darüber aufklärt, dass die Anrufer das gleiche Entgelt zu zahlen haben, wie sie bei einem Anruf vom Festnetz in das Mobilfunknetz anfallen (OLG Düsseldorf GRUR-RR 2006, 100; vgl aber auch OLG Köln GRUR-RR 2008, 97).

bb) Auftragsmanipulation. Unlauter ist es ferner, Kundenaufträge oder -anfragen an einen Mitbewerber zu unterdrücken oder auf sich umzuleiten (OLG Köln WRP 2007, 1008; eingehend dazu jurisPK/Müller-Bidinger/Seichter § 4 Nr 10 Rdn 49). Dies ist etwa der Fall, wenn ein fehladressiertes Bestellschreiben dazu benutzt wird, den Auftrag selbst zu erlangen (BGH GRUR 1983, 34 – *Bestellschreiben*) oder wenn ein Kundenauftrag, der erkennbar an einen Mitbewerber gehen soll, abgefangen und umgeleitet wird (BGH GRUR 1987, 532, 533 – *Zollabfertigung*: Speditionsunternehmen lässt sich auf Grund der nur ihm zustehenden ersten Zugriffsmöglichkeit an der Torkontrolle von der Kontrollperson der städtischen Markthalle Frachtbriefe, die erkennbar auf ein anderes Speditionsunternehmen als Empfänger lauten, zur Durchführung der Zollabfertigung aushändigen). – Unlauter ist die Überlassung eines Softwareprogramms an Ärzte, wenn dieses Programm automatisch bei Rezepterstellung das eingegebene Original-Arzneimittel durch bloßes Betätigen der Eingabetaste durch ein Parallelimport-Produkt ersetzt (OLG Hamburg GRUR 2002, 278; OLG Frankfurt GRUR 2001, 763). Unlauter ist es, wenn ein Reseller von Telekommunikationsdienstleistungen ohne entsprechenden **Preselection-Auftrag** (zB weil dieser bereits widerrufen worden ist) eines Fernsprechteilnehmers die Umstellung seines Telefonanschlusses auf eine neue Verbindungsbetreiberkennzahl und damit auf einen neuen Anbieter veranlasst (OLG Frankfurt WRP 2009, 348, 349; OLG Düsseldorf MMR 2009, 565). – Unlauter ist es, wenn der Auftrag eines Kunden, eine Voreinstellung des Telefonanschlusses (Preselection) in der Weise zu erbringen, dass (auch) Telekommunikationsdienstleistungen eines anderen Anbieters in Anspruch genommen werden können, auftragswidrig bewusst so ausgeführt wird, dass nicht die Dienstleistungen des anderen Anbieters, sondern (nur) die eigenen in Anspruch genommen werden können (BGH GRUR 2009, 876 Tz 10 – *Änderung der Voreinstellung II*). Darauf, ob die Vertragsverletzung **bewusst** oder nur **versehentlich** erfolgt, kann es aber beim verschuldensunabhängigen Unterlassungsanspruch nicht ankommen (vgl *Köhler* WRP 2009, 898, 902; krit auch *Forst* WRP 2010, 1231, der eine objektive Fehlerhäufung genügen lassen will). Auch wenn es sich nur um einen Einzelfall handelt, ist daher § 4 Nr 10 anwendbar. Allenfalls kann in Ausnahmefällen die Vermutung der Wiederholungsgefahr entkräftet sein (§ 2 Rdn 81 a).

10.27b cc) **Ausnutzung fremder Einrichtungen.** Unlauter ist es auch, die von oder für Mitbewerber geschaffenen Einrichtungen für eigene Zwecke auszunutzen, ohne dafür ein Entgelt zu entrichten. Dies ist zB der Fall, wenn ein Autobusunternehmer die für einen Mitbewerber eingerichteten Haltestellen kurz vor der fahrplanmäßigen Abfahrt des Busses dieses Mitbewerbers mit einem eigenen Bus anfährt und die dort wartenden Fahrgäste aufnimmt (ÖOGH ÖBl 1972, 91 – *Autobus-Linienverkehr;* ÖOGH ÖBl 1977, 154 – *Austriatrans II*). Das Gleiche würde gelten, wenn etwa ein Unternehmer den von einem Mitbewerber geschaffenen privaten Kundenparkplatz für seine Kunden in Anspruch nähme. – Hierher gehört weiter der Fall der **Rufumleitung** (BGH GRUR 2010, 346 Tz 15–22 – *Rufumleitung*): Ein Telekommunikationsdienstleister bietet seinen Festnetzkunden eine Rufumleitung an, durch die Anrufe aus dem Festnetz nicht zur gewählten Mobilfunknummer des Kunden, sondern unmittelbar zu seinem Festnetzanschluss geschaltet werden und dem Anrufer das erhöhte Verbindungsentgelt für den – tatsächlich nicht getätigten – Anruf in das Mobilfunknetz in Rechnung gestellt wird, das Mobilfunkunternehmen aber kein Entgelt für die Bereithaltung des Mobilfunknetzes und der Mobilfunknummer erhält. Die Unlauterkeit liegt darin, dass durch die Rufumleitung die Bereithaltung dieser Einrichtungen ausgenutzt und der ansonsten sichere Anfall des Zusammenschlussentgelts für den Mobilfunkbetreiber verhindert wird.). – Hierher gehört ferner der Fall der **„Adressenmanipulation"** (jurisPK/*Müller-Bidinger/Seichter* § 4 Nr 10 Rdn 50): Ein Unternehmer gestaltet seine Kontaktdaten (Adresse, E-Mail-Adresse, Internetadresse, Telefon- oder Telefaxnummer) ähnlich denen eines Mitbewerbers, so dass ein unachtsamer Kunde glauben kann, er habe es mit dem Mitbewerber zu tun (vgl OLG Hamburg GRUR-RR 2004, 151 und GRUR-RR 2009, 323 zur „Tipppfehler-Domain"; LG Leipzig GRUR-RR 2003, 224). In diesem Fall wird idR auch der Tatbestand des § 5 I 2 Nr 3 (Täuschung über die „Identität" des Unternehmers) erfüllt sein. – Weiter gehört hierher der Fall des „Schmarotzens" an der **Flatrate** von **Internetnutzern** durch Ermöglichung einer kostenfreien Teilhabe am Internetzugang (OLG Köln GRUR-RR 2009, 339, 340) sowie des „Schmarotzens" an fremder **„Freeware"** durch sog Download-Fallen (dazu *Hövel/Hansen* CR 2010, 252, 254).

10.28 c) **Ansprechen in räumlicher Nähe zum Mitbewerber.** Unlauter soll es sein, in unmittelbarer Nähe des Geschäftslokals des Mitbewerbers gezielt Kaufinteressenten anzusprechen (BGH GRUR 1960, 431, 433 – *Kfz-Nummernschilder*). Die Unlauterkeit kann sich jedoch nur aus der grundsätzlichen Unzulässigkeit des Ansprechens von Passanten in der Öffentlichkeit wegen des belästigenden Charakters einer solchen Maßnahme ergeben (§ 7 Rdn 96 ff).

10.29 d) **Werbung in räumlicher Nähe zum Mitbewerber.** (1) Nach der **bisherigen Rspr** ist das Anbringen von Werbung oder das Verteilen von Handzetteln in unmittelbarer Nähe zum Geschäftslokal des Mitbewerbers grds **unzulässig** (BGH GRUR 1963, 197, 200 – *Zahnprothesen-Pflegemittel;* BGH GRUR 1986, 547, 548 – *Handzettelwerbung*). Lediglich in **Ausnahmefällen** sollen derartige Maßnahmen **zulässig** sein. So das Verteilen von Handzetteln in der geschäftsreichen Straße einer Großstadt, das vorübergehend auch vor oder in der Nähe eines Konkurrenzgeschäfts stattfindet (KG GRUR 1984, 601; ÖOGH ÖBl 1985, 43, 44 – *Sonderpreise für Studenten;* ÖOGH ÖBl 1996, 180 – *Partnerring-Garage;* ÖOGH ÖBl 1997, 61, 63 – *Stiftsparkplatz*); das Verteilen von Handzetteln in der Nähe eines privaten Automarkts, wenn lediglich für eine mehrere Tage später stattfindende Konkurrenzveranstaltung geworben wird (BGH GRUR 1986, 547, 548 – *Handzettelwerbung*), weil dabei dem Kunden die Möglichkeit verbleibe, ruhig und frei von Übereilung die konkurrierenden Angebote zu vergleichen; das Parken von Fahrzeugen mit Werbeaufschriften in der Nähe des Mitbewerbers, aber im Rahmen des Anliegergebrauchs (OLG Düsseldorf WRP 1985, 217); das Durchführen gelegentlicher Montagearbeiten für Kunden auf der Straße (OLG Hamm WRP 1981, 658); das vorübergehende Verteilen von Handzetteln in einer geschäftsreichen Großstadtstraße (KG GRUR 1984, 601, 602).

10.29a (2) Die bisherige Rspr ist indessen zu streng (ebenso MünchKommUWG/*Jänich* § 4 Nr 10 Rdn 25; Piper/*Ohly*/Sosnitza § 4 Rdn 10/47). Darauf, ob der Kunde innerlich schon zum Kauf beim Mitbewerber entschlossen ist, kann es nicht ankommen. Werbemaßnahmen in unmittelbarer Nähe zum Mitbewerber sind vielmehr wettbewerbskonform, wenn sie sich darauf beschränken, dem potenziellen Kunden eine Information über andere Kaufmöglichkeiten zu geben, mögen sie ihn auch zur Änderung seines Kaufentschlusses veranlassen. Derartige Maßnahmen können insbes dem Ausgleich von Standortnachteilen des Werbenden und damit der Chancengleichheit im Wettbewerb dienen. Sie liegen vor allem auch im Interesse des Kunden, insbes des Verbrauchers, weil sie ihm eine Wahl- und Vergleichsmöglichkeit erschließen, die er sonst vielleicht nicht besäße.

e) **Registrierung von Gattungsbegriffen als Domain-Namen.** Dazu BGH GRUR 2001, **10.30**
1061, 1063 – *Mitwohnzentrale.de* und Rdn 10.95.

f) **Einflussnahme auf Suchmaschinen (Meta-Tags; Keyword-Buying; Keyword-Ad- 10.31 vertising).** Eine moderne (mittlerweile aber technisch überholte) Variante des Abfangens von Kunden stellt die Verwendung von **Meta-Tags** im Internet dar. Dabei handelt es sich typischerweise um die Verwendung fremder (Unternehmens- oder Produkt-)Kennzeichen im Kopf (Header) der eigenen Homepage, die nur für Suchmaschinen erkennbar sind. Bezweckt ist damit, den Benutzer von Suchmaschinen zum eigenen (Konkurrenz-)Angebot zu führen (dazu LG Hamburg CR 2000, 121; *Kur* CR 2000, 448; *Menke* WRP 1999, 982, 989; *Viefhues* MMR 1999, 336; *Varadinek* GRUR 2000, 279; *Bornkamm/Seichter* CR 2005, 747, 751 f; *Wendlandt* S 558 ff; *Geßner* S 355 ff). Darin kann im Einzelfall eine **Kennzeichenverletzung** liegen (BGHZ 168, 28 Tz 17 = GRUR 2007, 65 – *Impuls;* BGH GRUR 2007, 784 Tz 17 – *AIDOL*). Eine unlautere Behinderung der fremden Werbung liegt allerdings idR nicht vor (OLG Düsseldorf GRUR-RR 2003, 48). Denn die fremde Werbung wird nicht unmittelbar beeinträchtigt und eine Kaufentscheidung des Nutzers wird nicht vereitelt. Der Nutzer wird von der fremden Werbung nicht ab-, sondern lediglich (auch) zur eigenen Werbung hingelenkt (vgl dazu auch BGHZ 148, 1 = GRUR 2001, 1061, 1063 – *Mitwohnzentrale.de;* OLG Karlsruhe WRP 2008, 135, 138). Dies allein kann die Unlauterkeit nicht begründen (*Menke* WRP 1999, 982, 989; aA *Kotthoff* K&R 1999, 157, 161; *Wendlandt* S 573 f). Daher müssen insoweit besondere zusätzliche Umstände vorliegen, um derartige Maßnahmen als unlauter anzusehen (zB Ausnutzen des fremden Rufs als Vorspann; Irreführung des Nutzers). Darauf, ob durch Meta-Tagging die Web-Site des Mitbewerbers von der ersten Seite der Trefferliste der Suchmaschine verdrängt wird und dann die Internet-Werbung des Mitbewerbers oft nicht mehr wahrgenommen wird, kann es nicht ankommen (zweifelnd *Menke* WRP 1999, 982, 990). Denn dies hängt von der zufälligen Anzahl von Treffern ab. – Erst recht nicht unlauter ist die Benutzung von **Allgemeinbegriffen** als Meta-Tags, die mit dem eigenen Angebot nichts zu tun haben, aber Nutzer darauf hinführen sollen (*Beispiel:* Anbieter von Roben verwendet den Begriff „Urteil" als Meta-Tag). Darin liegt weder ein unlauteres Abfangen noch ein unlauteres Anlocken noch eine Irreführung oder Belästigung von Kunden (OLG Düsseldorf GRUR-RR 2003, 48; OLG Düsseldorf GRUR-RR 2006, 265, 267). Eine unzumutbare Belästigung iSv § 7 I kann allerdings in Extremfällen vorliegen (LG Frankfurt CR 2002, 222, 224).

Auch der **Kauf** von vorderen Plätzen auf den **Trefferlisten** von Suchmaschinen **(Keyword-** **10.31a Buying; Paid Listings)** ist nicht ohne weiteres unlauter, und zwar weder unter dem Gesichtspunkt der Irreführung (§ 4 Nr 3, § 5 I) noch dem der gezielten Behinderung, und zwar auch dann nicht, wenn das Angebot eines Mitbewerbers dadurch nach unten „geschoben" wird (wie hier Piper/*Ohly*/Sosnitza § 4 Rdn 10/53; aA *Varadinek* GRUR 2000, 279, 284; *Ernst* WRP 2004, 278, 279). Denn der Nutzer von Suchmaschinen misst der Rangfolge der Trefferliste keine entscheidende Bedeutung bei. Daher kommt es auch nicht darauf an, ob der Nutzer weiß, dass Plätze in Trefferlisten gekauft werden (dazu *Hoeren* MMR 2004, 643, 643 einerseits, *Rath* WRP 2005, 826, 831 andererseits). Im Übrigen liegt der Fall nicht anders als bei der (zulässigen!) sog „Regalmiete" im Einzelhandel, die auch dazu dient, die Aufmerksamkeit des Kunden auf das eigene Angebot zu lenken.

Kein Abfangen von Kunden (und auch keine unlautere Rufausbeutung; Rdn 10.82) stellt die **10.31b** sog **Adword-** Werbung **(Keyword-Advertising),** nämlich die Verwendung eines fremden Kennzeichens als Suchbegriff für Internetsuchmaschine, die dazu führt, dass die eigene Anzeige neben der fremden Werbung erscheint) dar (Rdn 10.25; BGH GRUR 2009, 500 Tz 22, 23 – *Beta Layout* (auch zur markenrechtlichen Beurteilung); OLG Düsseldorf WRP 2007, 440, 442; Piper/*Ohly*/Sosnitza § 4 Rdn 10/53 b; jurisPK/*Müller-Bidinger/Seichter* § 4 Nr 10 Rdn 58; aA *Illmer* WRP 2007, 399 mwN; *Renner* WRP 2007, 49, 54). Erst recht gilt dies, wenn als adword (keyword) nur Allgemeinbegriffe (wie zB Stellenangebote) verwendet werden und die Adword-Anzeige auch dann erscheint, wenn der Internet-Nutzer als Suchbegriff eine Domain eingibt, die die gleichen Begriffe verwendet (OLG Karlsruhe WRP 2008, 135, 138). – Zum Setzen von **Deep-Links** vgl Rdn 1.209.

3. Abwerben von Kunden

Im Gegensatz zum Abfangen von Kunden geht es beim Abwerben darum, Kunden (oder **10.32** sonstige Vertragspartner) zur Beendigung eines Vertragsverhältnisses oder einer Geschäftsverbindung zu veranlassen. Das Abwerben kann ausdrücklich, aber auch konkludent erfolgen. So wurde eine Abwerbung schon in einem Schreiben eines Mitarbeiters an Kunden seines Arbeitgebers erblickt, in dem dieser sein Ausscheiden aus dem Unternehmen ankündigte und zugleich seine private Adresse und Telefonnummer angab (BGH GRUR 2004, 704, 705 – *Verabschiedungsschreiben*).

10.33 **a) Grundsatz.** Der **Kundenstamm** stellt zumeist einen erheblichen, oft den einzigen wirtschaftlichen Wert eines Unternehmens dar. Er ist jedoch kein geschütztes Rechtsgut iSe subjektiven Rechts auf Bestandsschutz (BGH GRUR 2002, 548, 549 – *Mietwagenkostenersatz*). Dies gilt auch dann, wenn er mit Mühe und Kosten erworben wurde (vgl BGH GRUR 1952, 582 – *Sprechstunden;* BGH GRUR 1963, 197, 201 – *Zahnprothesen-Pflegemittel*). Das Abwerben von Kunden gehört vielmehr zum Wesen des freien Wettbewerbs, und zwar auch dann, wenn es zielbewusst und systematisch (planmäßig) geschieht (BGH GRUR 1986, 547, 548 – *Handzettelwerbung;* BGH GRUR 2002, 548, 549 – *Mietwagenkostenersatz*) und die Kunden noch vertraglich an den Mitbewerber gebunden sind (BGH GRUR 1966, 263, 265 – *Bau-Chemie;* BGH GRUR 1967, 104, 106 – *Stubenhändler;* BGH GRUR 2002, 548, 549 – *Mietwagenkostenersatz;* BGH GRUR 2004, 704, 705 – *Verabschiedungsschreiben*). Es ist daher grds nicht zu beanstanden, wenn ein Unternehmer auf eine Vertragsauflösung unter Einhaltung der gesetzlichen oder vertraglichen Bestimmungen (Kündigungs-, Anfechtungs- oder Widerrufsfristen) hinwirkt und zu eigenen Wettbewerbszwecken ausnutzt (BGH GRUR 1997, 920, 921 – *Automatenaufsteller;* BGH GRUR 2002, 548, 549 – *Mietwagenkostenersatz;* BGH GRUR 2004, 704, 705 – *Verabschiedungsschreiben;* BGH WRP 2005, 874, 875 – *Kündigungshilfe*). Unlauter wird das Einbrechen in fremde Vertragsbeziehungen erst durch das Hinzutreten **besonderer Umstände** (BGH GRUR 1986, 547, 548 – *Handzettelwerbung;* BGHZ 110, 156, 170 = GRUR 1990, 522, 527 – *HBV-Familien- und Wohnungsrechtsschutz;* BGH GRUR 1991, 449, 453 – *Betriebssystem;* BGH GRUR 2002, 548, 549 – *Mietwagenkostenersatz;* BGH GRUR 2004, 704, 705 – *Verabschiedungsschreiben*). – Das Gesagte gilt grds auch für Angehörige **freier Berufe,** zB Ärzte, Anwälte, Steuerberater, Wirtschaftsprüfer. Es ist daher zB einem Wirtschaftsprüfer grds nicht verwehrt, sich um ein neues Mandat zu bewerben. Dass die Abwerbung ggf gegen **Standesregeln** verstößt, macht sie nicht schon aus diesem Grunde – auch nicht unter dem Gesichtspunkt des Rechtsbruchs – unlauter (dazu Rdn 11.32). Der Standesrechtsverstoß mag mit den dafür vorgesehenen Sanktionen geahndet werden. Für die Annahme eines gleichzeitigen Wettbewerbsverstoßes muss hinzukommen, dass die Abwerbung auch den Anschauungen der Allgemeinheit (vgl BGH GRUR 2002, 548, 550 – *Mietwagenkostenersatz*), genauer: den Interessen der Verbraucher, widerspricht. Das mag etwa (noch) bei Ärzten und Zahnärzten der Fall sein, keinesfalls aber (mehr) bei Anwälten, Steuerberatern und Wirtschaftsprüfern. – Erst recht ist die Kundenabwerbung nicht deshalb unzulässig, weil sie lediglich mit den Anschauungen der betreffenden Branche unvereinbar ist (vgl BGH GRUR 1969, 474, 476 – *Bierbezug I*). Vielmehr ist insoweit die Wertung des § 1 GWB zu beachten, der horizontale Vereinbarungen oder abgestimmte Verhaltensweisen über Kunden- oder Gebietsschutz verbietet.

10.34 **b) Besondere Umstände.** Zu den besonderen Umständen, die das Abwerben von Kunden für sich allein oder in der Gesamtschau als unlauter erscheinen lassen, kann der Einsatz unlauterer Mittel und Methoden zählen. Dabei ist, wie stets, eine Gesamtwürdigung des Verhaltens unter Berücksichtigung von Inhalt, Zweck und Beweggrund sowie der Begleitumstände vorzunehmen. Zu den besonderen Umständen gehören:

10.35 **aa) Unlauteres Anlocken.** Wird dem Kunden ein günstiges Angebot (zB in Gestalt eines Rabatts, einer Zugabe oder einer sonstigen Vergünstigung) unterbreitet, um ihn zum Wechsel zu veranlassen, ist die damit verbundene Anlockwirkung nicht unlauter, sondern Ausdruck von Wettbewerb und damit wettbewerbskonform (BGH GRUR 1998, 500, 502 – *Skibindungsmontage;* BGHZ 139, 368, 374 – *Handy für 0,00 DM*). Die Grenze zur Unlauterkeit des Anlockens wird erst überschritten, wenn das Angebot so gestaltet ist, dass der Kunde dadurch iSv § 4 Nr 1 unangemessen unsachlich beeinflusst, nämlich die **Rationalität** seiner Entschließung ausgeschaltet wird (vgl BGH GRUR 2001, 752, 754 – *Eröffnungswerbung;* BGH GRUR 2002, 548, 549 – *Mietwagenkostenersatz*). Das ist aber nicht der Fall, wenn das Angebot transparent ist und der Kunde ausreichend Zeit hat, die Vor- und Nachteile eines Wechsels des Vertragspartners abzuwägen (BGH aaO – *Mietwagenkostenersatz*). Bietet zB ein Versicherer Autofahrern eine zeitlich begrenzte Mietwagengestellung bei Kaskoschaden exklusiv bei einem Versicherungswechsel an, so ist dies zulässig (BGH aaO – *Mietwagenkostenersatz*).

10.36 **bb) Verleitung zum Vertragsbruch. (1) Meinungsstand.** Bereits die Rspr zu § 1 UWG 1909 sah das Verleiten eines Kunden zum Vertragsbruch gegenüber einem Mitbewerber als **grds**

unlauter an, ohne dass weitere Umstände hinzutreten mussten (BGH GRUR 1994, 447, 448 – *Sistierung von Aufträgen; Piper* GRUR 1990, 643, 646). Auch die Rspr zu § 4 Nr 10 hält daran fest (BGH GRUR 2005, 940, 942 – *Marktstudien;* vgl auch BGH GRUR 2007, 800 Tz 19 – *Außendienstmitarbeiter* zur Mitarbeiterabwerbung; BGH GRUR 2009, 173 Tz 31 – *bundesligakarten.de;* zustimmend Piper/ *Ohly*/Sosnitza § 4 Rdn 10/56). Ein **Vertragsbruch** liegt vor, wenn ein Vertragspartner seine vertraglichen Hauptpflichten bewusst verletzt (BGH GRUR 1997, 920, 921 – *Automatenaufsteller*), etwa einen Vertrag grundlos oder ohne Einhaltung der Kündigungsfrist kündigt oder eine Ausschließlichkeitsbindung missachtet. Das **Verleiten** setzt ein **bewusstes und gezieltes Hinwirken** auf den Vertragsbruch voraus (BGHZ 178, 63 = GRUR 2009, 173 Tz 31 – *bundesligakarten.de*). Der Abwerbende muss also die Bindung des Kunden kennen und die Initiative zum Vertragsbruch ergreifen. Dabei ist es unschädlich, dass der abzuwerbende Kunde innerlich bereits zum Vertragsbruch entschlossen ist. Für ein Verleiten reicht allerdings die bloße Lieferanfrage (OLG Düsseldorf NJW-RR 2003, 104) oder die an die Allgemeinheit gerichtete Suchanfrage (BGH GRUR 2009, 173 Tz 32 – *bundesligakarten.de*) idR nicht aus. Aber auch die bloße Abgabe eines Angebots, das der Kunde nur unter Vertragsbruch annehmen kann, genügt nicht (ebenso Piper/*Ohly*/Sosnitza § 4 Rdn 10/56; aA *Lubberger* WRP 2000, 139, 142; *Sack* WRP 2000, 447, 452; offengelassen in BGH GRUR 2009, 173 Tz 32 – *bundesligakarten.de*); erst recht nicht die Annahme eines Angebots, das der Kunde unter Vertragsbruch gemacht hat (aA *Sack* WRP 2000, 447, 452). – Das bloße (auch bewusste) **Ausnutzen fremden Vertragsbruchs** ist dagegen nicht ohne weiteres unlauter (BGH WRP 2006, 1027 Tz 12 – *Flüssiggastank*), auch nicht, wenn es sich auf Ausschließlichkeitsbindungen oder sonstige Treuepflichten bezieht (BGH GRUR 2000, 724, 726 – *Außenseiteranspruch II;* BGH GRUR 2007, 800 Tz 19 – *Außendienstmitarbeiter*). Denn es würde zu einer unerwünschten Verdinglichung schuldrechtlicher Ansprüche führen, wollte man einen Wettbewerbsverstoß bereits beim Ausnutzen fremden Vertragsbruchs annehmen. Es müssen daher besondere Umstände hinzutreten, um die Unlauterkeit zu begründen (BGH GRUR 1976, 372, 374 – *Möbelentwürfe;* BGH GRUR 2005, 940, 942 – *Marktstudien*).

(2) Stellungnahme. Die Grundsätze der Rspr zur Unlauterkeit des Verleitens zum Vertragsbruch sind zu überdenken (ebenso *Sosnitza* WRP 2009, 373; *Scherer* WRP 2009, 518; *Hoeren* WRP 2009, 789, 793; vgl auch Rdn 10.107 ff zur Mitarbeiterabwerbung). Denn wohl ist der Grundsatz des *pacta sunt servanda* ein hohes Gut. Das Gesetz sieht aber bei Vertragsverletzungen nur Ansprüche gegen den Vertragspartner, nicht aber gegen Dritte vor. Eine Haftung des Anstifters kennt das Gesetz nur bei der unerlaubten Handlung (§ 830 II BGB). Zwar wird eingewandt, die vertragsrechtlichen Sanktionen zum Schutz des betroffenen Unternehmers würden nicht ausreichen und dem Lauterkeitsrecht komme die Aufgabe einer effektiven Prävention vor Vertragsbruch zu (Piper/*Ohly*/Sosnitza § 4 Rdn 10/56; vgl auch MünchKommUWG/ *Jänich* § 4 Nr 10 Rdn 21). Indessen ist nicht zu erkennen, dass (zB Schadensersatz)Ansprüche des Unternehmers gegen einen vertragsbrüchigen Kunden nicht durchsetzbar wären. Die Lage ist nicht anders, als wenn der Kunde sich von sich aus für einen Vertragsbruch entscheidet. Es ist daher zu unterscheiden: Stets unlauter ist das Verleiten zum Vertragsbruch, wenn es von der **Absicht** getragen ist, den **Mitbewerber zu schädigen** (aA *Scherer* WRP 2009, 518, 524). Dem steht es gleich, wenn bei objektiver Würdigung der Umstände das Verhalten des Unternehmers in erster Linie auf die Beeinträchtigung der wettbewerblichen Entfaltung des Mitbewerbers und nicht auf die Förderung des eigenen Wettbewerbs gerichtet ist oder wenn die Behinderung derart ist, dass der beeinträchtigte Mitbewerber seine Leistung am Markt nicht mehr in angemessener Weise zur Geltung bringen kann (BGH GRUR 2007, 800 Tz 23 – *Außendienstmitarbeiter*). Ist dies nicht der Fall, so ist das Verleiten zum Vertragsbruch nur dann unlauter, wenn auf die Entscheidung des Kunden **unlauter eingewirkt** wird. Da das UWG im Einklang mit der UGP-Richtlinie auszulegen ist, kann Unlauterkeit nach § 4 Nr 10 nur dann bejaht werden, wenn die Einwirkung auf den Kunden unlauter iSd Art 5–9 UGP-Richtlinie ist (vgl *Köhler* GRUR 2008, 841, 846 f; NJW 2008, 3032, 3036; aA Piper/*Ohly*/Sosnitza § 4 Rdn 10/5 und 10/56). Dagegen wird zwar eingewandt, ein auf den Mitbewerberschutz gestütztes Verbot des Verleitens zum Vertragsbruch lasse den Verbraucherschutz unberührt (Piper/*Ohly*/Sosnitza § 4 Rdn 10/5). Ein solches Verbot würde aber iErg doch wirtschaftliche Interessen der Verbraucher schützen, nämlich sie vor Schadensersatzansprüchen des Vertragspartners bewahren. Damit würde ein über die UGP-Richtlinie hinausgehender Verbraucherschutz bewirkt und die angestrebte Vollharmonisierung beeinträchtigt. Richtigerweise ist daher zu fragen, ob die Einwirkung auf den Kunden auf irreführende oder aggressive Weise oder unter Verletzung der beruflichen Sorgfaltspflicht erfolgt. In den Tatbeständen des UWG ausgedrückt kommt es also darauf an, ob die Verleitung zum Vertragsbruch durch Druckausübung oder sonstige unangemessene unsachliche Beeinflussung (§ 4 Nr 1), durch Ausnutzung der geschäftlichen Unerfahrenheit usw (§ 4 Nr 2) oder durch Irreführung (§ 5) oder durch Verletzung der fachlichen Sorgfalt (§ 3 II 1) erfolgt. Eine Druckausübung kann durch die **Androhung** oder **Zufügung** von **Gewalt** oder von **Nachteilen** erfolgen. Das Versprechen oder Gewähren von Vorteilen stellt dagegen nicht ohne weiteres eine unangemessene unsachliche Beeinflussung dar (Rdn 10.35). Vielmehr kommt es darauf an, ob dadurch die **Rationalität der Kundenentscheidung beeinträchtigt** wird. Eine Ausnutzung der **geschäftlichen Unerfahrenheit** oder der **Leichtgläubigkeit** iSv § 4 Nr 2 kann vorliegen, wenn gegenüber dem Kunden die Risiken eines Vertragsbruchs verharmlost werden. Eine **Irreführung** kann vorliegen, wenn dem Kunden vorgetäuscht wird, es bestünden keine Risiken (vgl § Art 6 I lit g UGP-Richtlinie) oder sie würden vom Abwerbenden übernommen. Jedoch kommt es stets auf eine **Gesamtwürdigung** aller Umstände an (BGH GRUR 1997, 920, 921 – *Automatenaufsteller*). Dabei kann eine Rolle spielen, ob der Kunde zeitlich unter Entscheidungsdruck gesetzt wird, uU auch, ob herabsetzende Äußerungen über den Mitbewerber erfolgen (vgl Art 9 lit b UGP-Richtlinie). – Ob die Verleitung eines Kunden zum Vertragsbruch durch eine Geschäftspraxis, die weder irreführend noch aggressiv ist, eine Verletzung der beruflichen Sorgfalt iSd Art 5 II lit a UGP-Richtlinie (und damit der fachlichen Sorgfalt iSd § 3 II iVm § 2 I Nr 7) darstellt, ist zw und wohl zu verneinen. Doch ist diese Frage vom EuGH zu klären. – Im **Ergebnis** ist jedenfalls festzuhalten: Die Verleitung eines Kunden zum Vertragsbruch ist unlauter iSd § 4 Nr 10, wenn die Verleitung als solche ein unlauteres Verhalten gegenüber dem Kunden darstellt. Ist dagegen die „Wahlfreiheit" des Kunden nicht unlauter eingeschränkt, so kommt eine Anwendung des § 4 Nr 10 in Betracht, wenn die Verleitung in erster Linie eine Schädigung des Mitbewerbers bezweckt („Herauskaufen von Kunden").

10.37 cc) **Herabsetzung des Mitbewerbers beim Kunden.** Zum Verhältnis von § 4 Nr 7 zu § 4 Nr 10 vgl § 4 Rdn 7.6). Unlauter nicht nur nach § 4 Nr 7, sondern auch nach § 4 Nr 10 ist es, den Mitbewerber oder seine Produkte, etwa unter Ausnutzung betrieblich erlangten Wissens, gegenüber dem Kunden herabzusetzen, um ihn zum Wechsel zu veranlassen (BGH GRUR 2002, 548, 549 – *Mietwagenkostenersatz*). Ein solches Verhalten kann im Einzelfall auch die Tatbestände des § 6 II Nr 5 und des § 4 Nr 8 erfüllen. Sind umgekehrt die Voraussetzungen einer zulässigen vergleichenden Werbung erfüllt, kommt eine Anwendung des § 4 Nr 7 nicht in Betracht, weil es sich insoweit um eine abschließende Regelung handelt.

10.38 dd) **Irreführende Angaben.** Unlauter nach § 4 Nr 10 und auch nach § 5 ist es, fremde Kunden durch irreführende Angaben über den Mitbewerber oder dessen Angebot oder über das eigene Unternehmen und das eigene Angebot abzuwerben (BGH GRUR 2002, 548, 549 – *Mietwagenkostenersatz;* OLG Köln WRP 1985, 233, 234). Dazu genügt bereits der Versuch, auf den Erfolg kommt es nicht an. Man versetzt zB den Kunden in den irrigen Glauben, er kaufe bei seinem bisherigen Lieferanten. Das ist schon dann anzunehmen, wenn man ihn weiterbeliefert, ohne ihn über den Lieferantenwechsel zu unterrichten. Unlauter ist es daher auch, wenn ein Adressbuchverlag mit Ausschnitten von Inseraten aus dem Adressbuch eines Mitbewerbers dessen Kunden auszuspannen sucht, die irrtümlich glauben, bei der bisherigen Firma zu inserieren (OLG München GRUR 1959, 248). Die Irreführung kann auch durch Unterlassen (§ 5 a) erfolgen, wenn eine Rechtspflicht zur Aufklärung besteht. Das ist zB hinsichtlich der Nachteile und Risiken einer Vertragsauflösung der Fall, wenn deren Kenntnis beim Kunden nicht vorausgesetzt werden kann. Ein Hinweis auf ein Sonderkündigungsrecht des Kunden auf Grund einer Preiserhöhung für eine bestimmte Leistung beim Mitbewerber ist aber nicht schon deshalb unlauter, weil verschwiegen wird, dass der Mitbewerber bei einer anderen Leistung eine Preisherabsetzung vorgenommen hat (aA OLG Düsseldorf GRUR 2002, 234, 235).

10.39 ee) **Unzulässigkeit einer Kündigungshilfe?** Ist der Abwerbende dem Kunden bei der Kündigung der Vertragsbeziehung zu seinem Mitbewerber behilflich, so ist dies lauterkeitsrechtlich nicht zu beanstanden, sofern der Kunde in seiner Entscheidungsfreiheit nicht im Einzelfall unangemessen unsachlich beeinträchtigt (§ 4 Nr 1) oder irregeführt (§ 5) wird (BGH GRUR 2005, 603, 604 – *Kündigungshilfe;* ähnlich GK/*Brandner/Bergmann* § 1 aF Rdn A 237). Denn das Lauterkeitsrecht ist nicht dazu da, Bestandsschutz zu gewährleisten und einen Wechsel des Vertragspartners zu erschweren. Maßnahmen, die dem Kunden einen Wechsel erleichtern, fördern vielmehr den Wettbewerb. Zulässig ist es daher in jedem Fall, den Kunden auf die Möglichkeit und die Modalitäten einer Vertragsbeendigung (Form und Frist von Kündigung,

Rücktritt, Widerruf, Anfechtung usw) hinzuweisen (BGH GRUR 2002, 548, 549 – *Mietwagenkostenersatz;* BGH GRUR 2005, 603, 604 – *Kündigungshilfe*). Zulässig ist es aber auch, dem Kunden bei der Abfassung des Kündigungsschreibens behilflich zu sein, etwa ein Kündigungsschreiben zu formulieren oder zu diktieren. Grds zulässig ist es darüber hinaus, dem Kunden ein **vorbereitetes Kündigungsschreiben** vorzulegen, das er nur noch unter Einfügung des Kündigungstermins zu unterschreiben braucht (BGH GRUR 2005, 603, 604 – *Kündigungshilfe*). Zulässig ist es ferner, sich zur Kündigung bevollmächtigen zu lassen oder die Übersendung des Kündigungsschreibens zu übernehmen. Die Kündigungshilfe darf unaufgefordert angeboten werden. Allerdings darf der Kunde dabei nicht irregeführt, überrumpelt oder sonst in seiner Entscheidungsfreiheit unangemessen unsachlich beeinträchtigt werden (Rdn 10.40; *Fischer* WRP 2005, 1230, 1231 ff). Die Kündigungshilfe verstößt auch nicht gegen das Rechtsberatungsgesetz, sofern nicht im Einzelfall eine rechtliche Beratung erfolgt (*Sasse/Thiemann* GRUR 2003, 921). – Unzulässig ist es jedoch, einem Kunden mitzuteilen, man werde in seinem Namen den Vertrag mit einem anderen Unternehmen kündigen, falls er nicht innerhalb einer bestimmten Frist widerspricht. Das gilt auch dann, wenn seine Leistung für den Kunden günstiger ist (LG Frankfurt GRUR-RR 2004, 153).

ff) Überrumpelung und Druckausübung. Der Kunde darf nicht überrumpelt und auf **10.40** diese Weise unangemessen unsachlich in seiner Entscheidungsfreiheit beeinträchtigt werden (§ 4 Nr 1). Es ist ihm also ausreichend Zeit und Abstand zur Prüfung und zum Vergleich der Angebote zu lassen. Ein Überrumpeln ist idR dann anzunehmen, wenn ein Verbraucher **unangemeldet** in seiner **Privatwohnung** oder am Arbeitsplatz aufgesucht und dort zum Wechsel des Vertragspartners veranlasst wird. – Unzulässig kann es sein, eine Situation herbeizuführen oder auszunutzen, bei der ein Kunde faktisch zur Kündigung eines Vertragsverhältnisses gezwungen wird **(mittelbarer Kündigungszwang).** Das kann insbes durch **Kopplungsstrategien** geschehen (vgl auch Art 101 lit e; Art 102 lit d AEUV). Ein Beispiel bilden die obligatorischen **Gruppenversicherungen:** Ist mit dem Erwerb der Mitgliedschaft in einer Gruppe (Vereine, Gewerkschaften) automatisch und obligatorisch der Erwerb von Versicherungsschutz verbunden, ohne dass dies sachlich notwendig ist, so ist das einzelne Mitglied, das auf die Mitgliedschaft aus anderen Gründen nicht verzichten kann oder will, wirtschaftlich gezwungen, eine bestehende Einzelversicherung zu kündigen, um eine lästige Doppelversicherung zu beseitigen (BGHZ 110, 156 = GRUR 1990, 522 – *HBV-Familien- und Wohnungsrechtsschutz; Piper,* FS v Gamm, 1990, 147; vgl auch BGHZ 109, 153 = WRP 1990, 282 – *Anwaltswahl durch Mieterverein;* zur Kritik vgl Rdn 2.31).

gg) Ausnutzung fremder Geschäftsgeheimnisse. Unlauter ist es, Kunden unter Verwen- **10.41** dung rechtswidrig beschaffter Kundenadressen abzuwerben (BGH GRUR 1963, 197, 201 – *Zahnprothesen-Pflegemittel;* vgl auch § 17). Dem steht es gleich, wenn ein Beschäftigter noch während des Beschäftigungsverhältnisses Kunden unter Verwendung ihm anvertrauter Adressen abwirbt (BGH WRP 2004, 1021, 1023 – *Verabschiedungsschreiben*). Dagegen reicht die bloße Absicht, durch Beobachten des Betriebsgeländes des Mitbewerbers erlangte Informationen für ein Abwerben von Kunden zu verwenden, nicht aus (BGH WRP 2009, 1377 Tz 19 – *Betriebsbeobachtung*). – Verwertet ein ausgeschiedener Handelsvertreter Kundenadressen, die in seinem Gedächtnis geblieben sind, oder macht er sich solche Anschriften von Kunden nutzbar, die keinen dauerhaften geschäftlichen Kontakt zu dem bisher vertretenen Unternehmen aufgenommen haben, so liegt allerdings kein vertrags- oder wettbewerbswidriges Verhalten vor (BGH NJW 1993, 1786, 1787; BGH WRP 1999, 912, 914 – *Kundenanschriften;* BGH GRUR 1999, 934, 935 – *Weinberater*).

hh) Verletzung vertraglicher Beziehungen zum Mitbewerber. Die Werbung oder Ab- **10.42** werbung von Kunden ist nicht schon deshalb unlauter iSv § 4 Nr 10, weil dies unter Verletzung einer vertraglichen Verpflichtung, insbes einem vertraglichen **Wettbewerbsverbot,** gegenüber dem Mitbewerber geschieht (ebenso Piper/Ohly/Sosnitza § 4 Rdn 10/58). Denn wohl kann eine Vertragsverletzung gleichzeitig eine unerlaubte Handlung darstellen; dagegen kann sich eine unerlaubte Handlung nicht aus einem bloßen Vertragsverstoß ergeben. Der betroffene Mitbewerber ist insoweit auf **vertragliche** Unterlassungs-, Schadensersatz- und ggf Vertragsstrafeansprüche gegen seinen Vertragspartner beschränkt und dadurch auch ausreichend geschützt. Ob und inwieweit dem Mitbewerber Ansprüche zustehen, beurteilt sich ausschließlich nach dem Inhalt des Vertrages. Die jeweilige vertragliche Regelung kann nicht durch einen Rückgriff auf UWG-Sanktionen unterlaufen werden. Außerdem muss es jedem Einzelnen überlassen bleiben, ob und wie er gegen den Vertragsverstoß vorgeht. In dieser Entscheidungsfreiheit würde er beeinträchtigt, wenn ein Verband iSd § 8 III Nr 2 nach § 3 gegen den Vertragsverstoß vorgehen könnte (vgl auch BGH GRUR 1999, 325, 326 – *Elektronische Pressearchive* zur parallelen Frage der Wettbewerbsverstoßes durch Urheberrechtsverletzungen). – **Fälle:** Treten **Beschäftigte** noch während des Beschäftigungsverhältnisses an Kunden des Arbeitgebers heran, um sie als künftige Kunden für das eigene oder ein fremdes Unternehmen zu gewinnen, ist dies nach wohl noch hM unlauter, weil der Beschäftigte insoweit noch einer Loyalitätspflicht unterliegt (BGH WM 1979, 59; BGH GRUR 2004, 704, 705 – *Verabschiedungsschreiben;* GK/*Brandner/Bergmann* § 1 aF Rdn A 236). Dies gilt aber nur dann, wenn der Beschäftigte ihm anvertraute oder von ihm rechtswidrig beschaffte Kundenadressen verwendet und damit ihm nicht zustehende Ressourcen nutzt (Rdn 10.41). Ist dagegen allgemein bekannt, wer Kunde des Arbeitgebers ist, und liegt insoweit kein Geschäftsgeheimnis vor, so mag es zwar vertragswidrig sein, solche Kunden abzuwerben. Doch begründet dies nicht zugleich die Unlauterkeit. Dies gilt auch für das Abwerben von Kunden durch frühere Beschäftigte (vgl Rdn 10.44). – Die gleichen Grundsätze gelten für **Gesellschafter** oder **Geschäftspartner** des Mitbewerbers, die während des bestehenden Vertragsverhältnisses Kunden abwerben, sowie für die Verletzung eines zwischen Unternehmen vereinbarten **Wettbewerbsverbots** (zB aus einem Unternehmenskauf oder aus einem Handelsvertreterverhältnis). – Ein Wettbewerbsverstoß soll vorliegen, wenn der Vertragsverstoß gegenüber dem Mitbewerber Wirkungen über das konkrete Vertragsverhältnis hinaus mit sich bringt, weil der Verletzer damit zugleich nachhaltig in den Wettbewerb eingreift. So insbes dann, wenn die vertragliche Bestimmung unmittelbar den Wettbewerb regelt (OLG Hamburg WRP 1988, 114, 116; OLG Hamburg GRUR 2003, 811, 813 zum vertraglichen Preisbindungsverbot). Unter diesem Gesichtspunkt wurde es einem Zeitungsverleger untersagt, unter Verstoß gegen seine vertragliche Treuepflicht gegenüber den preisgebundenen Zeitschriftenhändlern für Test-Abonnements mit einer Ersparnis von über 35% zu erwerben (OLG Hamburg GRUR 2003, 811, 813). Demgegenüber hat der BGH zu Recht eine Vertragsverletzung und damit auch einen Wettbewerbsverstoß verneint (BGHZ 166, 154 = GRUR 2006, 773 Tz 24 ff – *Probeabonnement*). Selbst wenn aber eine Vertragsverletzung vorläge, wären die betroffenen Zeitschriftenhändler auf vertragliche Unterlassungs-, Schadensersatz- oder Vertragsstrafeansprüche beschränkt.

10.43   **ii) Nachteilsausgleich für den Kunden.** Grds nicht unlauter ist es, dem Kunden die bei **ordnungsmäßiger** Vertragsauflösung entstehenden wirtschaftlichen Nachteile zu ersetzen (ebenso Piper/*Ohly*/Sosnitza § 4 Rdn 10/56). Eine Grenze setzen insoweit nur die kartellrechtlichen Behinderungsverbote der §§ 19 IV Nr 1, 20 I und IV GWB. Zulässig ist es daher: Kunden bei Abschluss eines neuen Teilzahlungsvertrages die Ablösung alter Teilzahlungsverpflichtungen anzubieten (aA GA 4/1961); Kunden eines periodischen Sammelwerks anzubieten, die von dem bisherigen Sammelwerk bezogenen Teile in Zahlung zu nehmen (aA OLG Celle GRUR 1962, 528); Kunden eines Mobiltelefonvertrags während der Laufzeit dieses Vertrages durch Erstattung der monatlichen Grundgebühr zum Abschluss eines anderen Vertrages zu veranlassen, mag dadurch auch der erste Vertrag wirtschaftlich ausgehöhlt werden (aA OLG Celle NJW-RR 1999, 551).

10.44   **jj) Abwerben von Kunden durch frühere Beschäftigte.** Es ist grds nicht unlauter, wenn ein ehemaliger Beschäftigter versucht, Kunden seines früheren Arbeitgebers abzuwerben (BGH GRUR 2010, 939 Tz 30 – *Telefonwerbung nach Unternehmenswechsel;* Piper/*Ohly*/Sosnitza § 4 Rdn 10/57). Dies gilt auch dann, wenn er dabei planmäßig und zielbewusst vorgeht. Der Arbeitgeber kann und muss sich durch Vereinbarung eines Wettbewerbsverbots (§§ 74 ff, 90a HGB) vor Wettbewerb eines früheren Beschäftigten schützen und dafür den Preis in Gestalt einer Karenzentschädigung bezahlen. Daher ist es grds auch hinzunehmen, wenn ein Angestellter unmittelbar nach seinem Ausscheiden nahezu den gesamten Kundenkreis seines früheren Dienstherrn an sich zieht (bedenklich daher BGH GRUR 1964, 215, 216 – *Milchfahrer* mit Anm *Bußmann;* BGH GRUR 1970, 182 – *Bierfahrer;* RGZ 149, 114, 121), mag dadurch auch der Betrieb des früheren Arbeitgebers zum Erliegen kommen. Etwas anderes gilt wiederum nur dann, wenn besondere Umstände hinzukommen. Die bloße Verletzung vertraglicher oder nachvertraglicher Wettbewerbsverbote reicht dazu aber nicht aus. Denn insoweit handelt es sich lediglich um Marktzutrittsregelungen und nicht um Marktverhaltensregelungen. Für deren Einhaltung zu sorgen, ist nicht Aufgabe des Lauterkeitsrechts (vgl BGH GRUR 2002, 825, 826 – *Elektroarbeiten;* BGH GRUR 2002, 636, 637 – *Sportwetten*), sondern des Vertragsrechts (Köhler GRUR 2001, 777, 781; aA noch BGH GRUR 1965, 310, 312 – *Speisekartoffeln;* BGH WM 1976, 324, 325). Der betroffene Arbeitgeber ist aber durch das Vertragsrecht hinreichend geschützt (vgl Rdn 10.42). Es ist daher lauterkeitsrechtlich ohne Belang, wenn der Angestellte das Abwerben von Kunden schon während seines Arbeitsverhältnisses oder im Falle eines nachvertraglichen Wettbewerbsverbots während der nachvertraglichen Karenzzeit vorbereitet (aA RG GRUR 1939, 728; BAG AP HGB § 6 Nr 5) oder gar vornimmt. Unerheblich ist auch, dass sich der Abwerbende ohne Not ausschließlich oder überwiegend nur an die Kunden seines früheren Arbeitgebers wendet, es sei denn, er handelt in Verdrängungsabsicht. Nicht unlauter ist es, einen früheren Mitarbeiter des Mitbewerbers gerade zur Werbung in dessen Kundenkreis einzusetzen (aA RG GRUR 1936, 634), es sei denn, der Mitarbeiter wurde zuvor unlauter abgeworben. Nicht unlauter ist ferner die bloße Nennung der Namen von Mitarbeitern in einem Werbeschreiben, auch wenn ein Teil der Kunden sie als frühere Mitarbeiter eines Mitbewerbers erkennt (BGH GRUR 1988, 545, 546 – *Ansprechpartner*). Auch spielt es keine Rolle, wenn dabei wahrheitsgemäß die frühere Mitarbeit beim Mitbewerber erwähnt wird (aA BGH GRUR 1964, 316, 317 – *Stahlexport;* BGH GRUR 1988, 545, 546 – *Ansprechpartner*). Auch ein Telefonanruf eines ausgeschiedenen Mitarbeiters eines Unternehmens bei dessen Kunden, um sie von seinem Ausscheiden und von seiner Tätigkeit für ein neues Unternehmen zu unterrichten, ist zulässig Denn dies kann für den Kunden eine nützliche Information sein, an der er ein nicht unerhebliches Interesse haben kann (BGH GRUR 2010, 939 Tz 30 – *Telefonwerbung nach Unternehmenswechsel*).

kk) Besonderheiten der Versicherungswirtschaft. (1) Lauterkeitsrechtliche Bedeutung der Wettbewerbsrichtlinien der Versicherungswirtschaft. Die Wettbewerbsrichtlinien (Stand: 1. 9. 2006) sind für die Anwendung des § 4 Nr 10 nicht bindend und allenfalls ein Indiz dafür, welches Wettbewerbsverhalten nach Auffassung der beteiligten Verkehrskreise als unlauter anzusehen ist (vgl BGH GRUR 1991, 462, 463 – *Wettbewerbsrichtlinie der Privatwirtschaft;* BGH GRUR 2002, 548, 550 – *Mietwagenkostenersatz*). Dabei ist zu beachten, dass in den Wettbewerbsrichtlinien – ebenso wie in einer Standesrichtlinie – eine besonders strenge Auffassung der beteiligten Berufskreise und ein Bemühen um vorbeugenden Schutz des lauteren Wettbewerbs ihren Niederschlag gefunden haben kann und dadurch möglicherweise die Freiheit des Wettbewerbs in einem Umfang beschränkt wird, der wegen des Gebots der Lauterkeit des Wettbewerbs nicht erforderlich ist. Deshalb ist bei der Berücksichtigung von Wettbewerbsrichtlinien der Wirtschaft stets zu prüfen, ob ein wettbewerbliches Verhalten bei Anlegung des Maßstabes des § 4 Nr 10 auch vom Standpunkt der ebenfalls betroffenen Allgemeinheit (vgl § 1 S 2) als unlauter erscheint (vgl BGH GRUR 1991, 462, 463 – *Wettbewerbsrichtlinie der Privatwirtschaft;* BGH GRUR 1999, 748, 749 – *Steuerberaterwerbung auf Fachmessen;* BGH GRUR 2002, 548, 550 – *Mietwagenkostenersatz*). Selbst wenn derartige Wettbewerbsregeln nach den §§ 24 ff GWB von der Kartellbehörde anerkannt sind, bedeutet dies nur, dass gegen sie kartellrechtlich nicht eingeschritten wird (vgl § 26 I 2 GWB), nicht aber, dass ein Verstoß gegen die Wettbewerbsregeln automatisch auch einen Wettbewerbsverstoß darstellt (BGH GRUR 2006, 773 Tz 20 – *Probeabonnement*). – Für den Wettbewerb der gesetzlichen Krankenkassen haben die Aufsichtsbehörden der **gesetzlichen** Krankenversicherung die gemeinsamen Wettbewerbsgrundsätze v 19. 3. 1998 (WRP 1998, 1023) idF v 6. 5. 1999 (WRP 1999, 1081) aufgestellt (dazu *Köhler* WRP 1998, 959). Eine andere Frage ist es, ob insoweit Lauterkeitsrecht oder Sozialrecht anwendbar ist (dazu Rdn 13.9).

(2) Abwerben von Versicherungsnehmern. Nach Nr 43 der Wettbewerbsrichtlinien der Versicherungswirtschaft (Stand: 1. 9. 2006) ist es unzulässig, in fremde Versicherungsbestände mit unlauteren Mitteln einzudringen. Das planmäßige Eindringen in fremde Versicherungsbestände ist aber noch nicht unlauter. Es liegt vielmehr im Wesen des Wettbewerbs, dass ein Unternehmer, der neue Kunden sucht, dabei planmäßig und systematisch vorgeht. Planmäßigkeit ist daher grds kein Unlauterkeitskriterium (BGH GRUR 2002, 548, 549 – *Mietwagenkostenersatz*). – Bei der Krankenversicherung ist es nach Nr 65 der Wettbewerbsrichtlinien ein unzulässiges Ausspannen, wenn ein Versicherungsunternehmen oder der für das Unternehmen Handelnde in der Absicht, eine Versicherung abzuschließen oder zu vermitteln, vorsätzlich jemanden dazu veranlasst, ein anderwärts bestehendes oder beantragtes Versicherungsverhältnis zu lösen, wenn dies mit unlauteren Mitteln oder auf unlautere Weise geschieht, insbes wenn nicht über die mit der mit der Vertragsbeendigung verbundenen Nachteile informiert wird. – Ein Versicherungsmakler, der die Mitglieder einer freiwilligen Handelskette in Versicherungsangelegenheiten betreut, handelt nicht wettbewerbswidrig, wenn er sich zugleich mit dem Maklerauftrag eine Vollmacht erteilen lässt, die ihn zur Kündigung bestehender Versicherungsverträge des Kunden nach eigenem pflichtgemäßen Ermessen berechtigt (BGH GRUR 1966, 509, 514 – *Assekuranz*).

10.47 (3) Kündigungshilfe bei Versicherungsverträgen. Grds ist es nicht unlauter, (auch systematische) Kündigungshilfe zur ordnungsgemäßen Auflösung von Versicherungsverträgen zu leisten, um Kunden abzuwerben, vorausgesetzt, dass nicht unlautere Mittel eingesetzt, zB irreführende Angaben gemacht oder der Mitbewerber und seine Leistungen herabgesetzt werden (BGH GRUR 2002, 548, 5549 – *Mietwagenkostenersatz;* OLG Celle NJW-RR 2003, 175; OLG Köln WRP 1985, 233, 234).

II. Produktbezogene Behinderung

1. Einwirkung auf Waren oder Dienstleistungen von Mitbewerbern

10.48 Im Regelfall unlauter ist die **unmittelbare** Einwirkung auf die Ware eines Mitbewerbers wie etwa die Vernichtung, Beiseiteschaffung, Veränderung oder Beschädigung der Ware, um ihren Absatz zu erschweren oder zu vereiteln oder ihren guten Ruf zu beeinträchtigen (BGH GRUR 2004, 877, 879 – *Werbeblocker*). Unlauter handelt daher ein Mitbewerber, zB ein Reparaturbetrieb, der Veränderungen an der Ware vornimmt, die ihren Wert beeinträchtigen. **Beispiele:** Entfernung der Explosionssicherung bei Teerspritzmaschinen (BGH GRUR 1972, 558, 559 – *Teerspritzmaschinen;* Entfernung eines GS-Zeichens des TÜV (OLG Düsseldorf NJW-RR 1989, 240). Zur Entfernung von **Marken** oder **Unternehmenskennzeichen** vgl Rdn 10.72. Unter dem Gesichtspunkt der Verbrauchertäuschung (§ 5) ist es unzulässig, an der fremden Ware eigene Waren- oder Firmenkennzeichen anzubringen, selbst wenn daran umfangreiche Reparaturarbeiten durchgeführt wurden (BGH aaO – *Teerspritzmaschinen*). – Diese Grundsätze gelten auch für wiederbefüllbare Behälter (Kanister, Flaschen usw). Eine relevante Behinderung ist jedoch im Interesse der Wettbewerbsfreiheit und des Verbraucherschutzes zu verneinen, wenn sich der Kennzeichner weigert, die Wiederbefüllung durch Mitbewerber zuzulassen, und es auch ablehnt, leere Behältnisse zurückzukaufen (OLG Düsseldorf WRP 2001, 289). – Zur Entfernung von **Kontrollnummern** vgl Rdn 10.64 ff. – Unzulässig ist es ferner, einen Mitbewerber an der Erbringung einer Dienstleistung zu hindern oder dabei zu stören. – Unzulässig ist aber auch eine **mittelbare** Einwirkung, wie etwa der Vertrieb von Waren oder Dienstleistungen, die es ermöglichen, durch Überwinden von Sperren kostenlos in den Genuss entgeltlich angebotener Leistungen zu gelangen (glA BGH GRUR 2004, 877, 879 – *Werbeblocker*). **Beispiele:** Anbieten von Geräten, die den kostenlosen Empfang von Pay-TV-Programmen ermöglichen (OLG Frankfurt NJW 1996, 264); Anbieten gefälschter Telefonkarten); Beseitigung von Aufdrucken, die den Vertrieb über den Einzelhandel ausschließen sollen (zB Anstaltspackung), da sie den Hersteller bzw seine Einzelhändler behindern kann (vgl BGH PharmaR 1990, 50; OLG Köln GRUR 2000, 81, 82), sofern ein rechtmäßiges selektives Vertriebssystem (Rdn 10.65 ff) besteht. – Eine mittelbare Einwirkung auf die Ausstrahlung von TV-Werbesendungen liegt dagegen nicht vor, wenn Werbeblocker vertrieben werden, die es dem Verbraucher ermöglichen, die Werbung auszublenden (BGH GRUR 2004, 877, 879 – *Werbeblocker*; aA *Ladeur* GRUR 2005, 559, 562).

2. Aufkaufen von Konkurrenzware

10.49 a) Herstellerbehinderung. Hat der Hersteller die Ware verkauft, so kann er sich beim Fehlen wirksamer (Art 101 III AEUV; § 2 GWB) Vertriebsbindungen nicht gegen eine ihm unerwünschte Weiterveräußerung wehren (BGH GRUR 1988, 619, 620 – *Lieferantenwechsel*). Beim Kauf oder bei der Inzahlungnahme von Konkurrenzware können daher nur besondere Umstände, insbes der Anlass, der Zweck und die Bedeutung des Erwerbs, die Unlauterkeit begründen. So wenn ein Hersteller planmäßig die Ware eines Mitbewerbers bei Groß- oder Einzelhändlern aufkauft oder in Zahlung nimmt, um sein Eindringen in den Markt zu verhindern oder um ihn vom Markt zu verdrängen. Ein solches Verhalten kann ggf auch gegen §§ 19, 20 I, II, IV 1 GWB verstoßen. Zulässig ist es dagegen, wenn ein neuer Lieferant den Altwarenbestand eines Händlers zu dessen Einkaufspreis zum Zwecke anderweitiger Verwertung übernimmt (BGH aaO – *Lieferantenwechsel*). Bedenklich wird eine Übernahme des Warenbestands allenfalls dann, wenn dem Händler ein höherer Preis (zB Ladenpreis) angeboten wird, um ihn zum Lieferantenwechsel zu veranlassen. Doch müssen insoweit die Voraussetzungen einer Verleitung zum Vertragsbruch vorliegen, dh der Händler muss noch in einer Vertragsbeziehung (zB Jahresvertrag) mit dem Hersteller stehen.

10.50 b) Händlerbehinderung. Unlauter ist das gezielte Aufkaufen einer preisgünstig angebotenen Ware, um dadurch die Lieferfähigkeit des Händlers einzuschränken und den Eindruck eines Lockvogelangebots zu erwecken. Die mangelnde Lieferfähigkeit des Händlers lässt in einem solchen Fall nicht auf eine Irreführung des Publikums schließen (BGH GRUR 1987, 835, 837 – *Lieferbereitschaft*). Das Aufkaufen kann aber als Abwehrmaßnahme gerechtfertigt sein, wenn von vornherein ein Lockvogelangebot vorliegt (OLG Celle WRP 1974, 277). Kaufen kleine Mitbewerber Sonderangebotsware auf, weil sie sie dort billiger als von ihrem Lieferanten bekommen, ist dies aber nicht unlauter. Den Händler trifft insoweit allerdings keine Lieferpflicht, soweit nicht kartellrechtliche Sondertatbestände vorliegen (§ 20 I und II GWB).

3. Inzahlungnahme gebrauchter Ware

Die Inzahlungnahme gebrauchter Ware ist grds zulässig; auch darf damit geworben werden (aA OLG Celle NJW 1961, 1773 für Sammelwerke über aktuelle Steuerfragen). Unlauterkeit ist nur ausnahmsweise beim Vorliegen besonderer Umstände anzunehmen, etwa dann, wenn es sich um eine gezielte Maßnahme gegen einen Mitbewerber handelt und der falsche Eindruck erweckt wird, die gebrauchte Ware des Mitbewerbers sei unbrauchbar oder minderwertig. **10.51**

4. Eintritt in Kundenbestellung

Erklärt sich ein Händler im Einzelfall bereit, in einen vom Kunden bereits geschlossenen Vertrag mit einem Mitbewerber einzutreten, dh die von ihm bestellte Ware selbst abzunehmen oder kostenlos weiterzuvermitteln, ist dies grds zulässig (BGH GRUR 1960, 558, 560 – *Eintritt in Kundenbestellung*). Anders liegt es, wenn der Händler unaufgefordert und planmäßig an fremde Kunden mit diesem Ansinnen herantritt (BGH aaO – *Eintritt in Kundenbestellung*), um den Mitbewerber vom Markt fernzuhalten oder zu verdrängen. **10.52**

5. Unterschieben anderer Ware

Unlauter handelt ein Hersteller, der seine Händler auffordert, seine Ware statt der vom Kunden gewünschten zu liefern (vgl BGH GRUR 1963, 218, 222 – *Mampe Halb und Halb II*); nicht dagegen, wenn er sie lediglich auffordert, bei unspezifizierter Kundenbestellung ausschließlich seine Ware zu liefern (aA BGH aaO – *Mampe Halb und Halb II*). **10.53**

6. Vertrieb von Produktnachahmungen

Der Vertrieb von Produktnachahmungen (look alikes) ist nicht ohne weiteres, sondern nur bei Vorliegen besonderer Voraussetzungen unlauter. Die entsprechende Regelung findet sich in § 4 Nr 9. **10.54**

III. Vertriebsbezogene Behinderung

Schrifttum: *Bayreuther,* Rechtsprobleme im Zusammenhang mit dem Schutz von Vertriebsbindungssystemen nach Markenrecht, WRP 2000, 349; *Belz,* Der Schutz selektiver Vertriebsbindungssysteme durch die deutsche Rechtsprechung, WRP 1990, 297; *Busche,* Der Schutz selektiver Vertriebssysteme gegen Außenseiterwettbewerb – Abschied vom Dogma der Lückenlosigkeit?, WRP 1999, 1231; *Emmerich,* Der böse Außenseiter, FS Erdmann, 2002, 561; *Ensthaler,* Änderung der Rechtsprechung des BGH zum wettbewerbsrechtlichen Schutz selektiver Vertriebssysteme – Entbehrlichkeit des Lückenlosigkeitserfordernisses, NJW 2000, 2482; *Fezer,* Wettbewerbsrechtlicher und markenrechtlicher Bestandsschutz funktionsfähiger Distributionssysteme selektiven Vertriebs vor Außenseiterwettbewerb, GRUR 1999, 99; *Laas,* Entfernung von Herstellungsnummern, GRUR Int 2002, 829; *Lubberger,* Die neue Rechtsprechung des Bundesgerichtshofes zum Vertriebsbindungsschutz – praktische Konsequenzen, WRP 2000, 139; *ders,* Neue Koordinaten des Vertriebsbindungsschutzes, NJW-Sonderheft – Marken im Wettbewerb, 2003, 49; *Pauly,* Der Schutz von Kontrollnummernsystemen vor und nach der Cartier-Entscheidung, WRP 1997, 15; *Rohnke,* Das Ende der innergemeinschaftlichen Erschöpfung, WRP 1999, 889; *Sack,* Vertriebsbindungen und Außenseiter, WRP 2000, 447; *Wolter/Lubberger,* Wo steht die Lückenlosigkeit?, GRUR 1999, 17.

1. Allgemeines

Eine Behinderung kann auch durch Errichtung von Vertriebshindernissen erfolgen. Derartige Maßnahmen sind stets unlauter, wenn sie nur den Zweck haben (können), den Vertrieb des Mitbewerbers zu behindern oder auszuschalten. Das ist immer dann anzunehmen, wenn kein sachlicher Grund für die Maßnahme erkennbar ist (OLG München NJW-RR 1998, 984, 985; OLG Dresden NJWE-WettbR 1999, 133, 136; OLG Düsseldorf GRUR 2001, 247, 250). In allen anderen Fällen bedarf es einer Interessenabwägung wie bei § 20 I, II, IV GWB. **10.55**

2. Mittel der Vertriebsbehinderung

10.56 **a) Ausschließlichkeitsbindungen.** Im Anwendungsbereich des Unionsrechts unterliegen Ausschließlichkeitsbindungen dem grds Verbot des Art 101 I AEUV (zu Ausnahmen vgl Art 4 VO (EG) Nr 2790/1999 – Vertikal-GVO). Seit der 7. Kartellnovelle gelten im GWB die gleichen Grundsätze wie im Unionsrecht (§§ 1, 2 GWB). Verstößt eine Ausschließlichkeitsbindung gegen Art 101 I AEUV bzw § 1 GWB, so ist sie nichtig (Art 1011 II AEUV; § 134 BGB). Versucht das bindende Unternehmen die Bindung faktisch durchzusetzen, kann dies im Verhältnis zu den Gebundenen den Tatbestand des § 4 Nr 1, im Verhältnis zu seinen Mitbewerbern den Tatbestand des § 4 Nr 10 erfüllen. Ist die Ausschließlichkeitsbindung dagegen zulässig, ist ihre Praktizierung auch nicht unter dem Gesichtspunkt der allgemeinen Marktbehinderung (Rdn 12.1 ff) zu beanstanden.

10.57 **b) Dienstbarkeiten.** Die Eintragung einer Dienstbarkeit (§§ 1018 ff BGB) kann auch das Verbot des Vertriebs bestimmter Waren sichern. Solche Wettbewerbsverbote können Mitbewerber von verbrauchernahen Absatzorten fernhalten. Dies muss der Mitbewerber hinnehmen, sofern das Wettbewerbsverbot einem schutzwürdigen Interesse des dinglich berechtigten Wettbewerbers dient, eine in der Nähe des belasteten Grundstücks befindliche eigene Verkaufsstelle zu schützen, insbes ihren Absatz zu sichern. Sucht jedoch ein Wettbewerber auf dem Umweg über eine Dienstbarkeit den Ausschluss der Mitbewerber von einem bestimmten Absatzgebiet zu erreichen, um sie bewusst zu schädigen, so liegt eine unlautere geschäftliche Handlung vor. Ob die Beeinträchtigung erlaubt oder unerlaubt ist, hängt demnach von den Umständen des Einzelfalls ab. So soll ein dingliches Verbot des Flaschenbierverkaufs auf einem Grundstück zulässig sein, wenn der gesperrte Bezirk im Verhältnis zum übrigen freien Absatzgebiet klein ist und Flaschenbier auch in großem Umfang ins Haus geliefert wird (BGH GRUR 1962, 198 – *Franziskaner*). Bei der Beurteilung derartiger Fälle sind auch die Wertungen des Kartellrechts (§ 20 I und IV 1 GWB) zu berücksichtigen.

10.58 **c) Marken.** Ihr Erwerb kann im Einzelfall unlauter sein, etwa wenn bezweckt ist, Mitbewerber vom Import derselben Ware auszuschließen (BGH GRUR 1980, 110, 111 – *Torch;* zu Einzelheiten vgl Rdn 10.184 f).

10.59 **d) Internet-Domains.** Ihr Erwerb kann unlauter sein, wenn der Erwerber weiß, dass diese Bezeichnung als Marke oder geschäftliche Bezeichnung iSv § 1 MarkenG für einen anderen geschützt ist (OLG Dresden NJWE-WettbR 1999, 133, 136; Rdn 10.87 ff).

10.60 **e) Werbemaßnahmen.** Die werbliche Einflussnahme (Werbekostenzuschüsse; Treueprämien; Regalmiete; Schaufensteraktionen) auf Absatzmittler ist grds nicht unlauter, soweit sie der Steigerung des eigenen Absatzes dient, mag auch die Maßnahme zu Lasten von Mitbewerbern gehen. Insoweit sind die Wertungen des § 20 GWB zu berücksichtigen. Sofern auf den Händler kein unsachlicher Druck ausgeübt wird, verstoßen derartige Maßnahmen nicht gegen § 4 Nr 10. Da es in einer Marktwirtschaft keine „objektiven Handelsfunktionen" (Händler als Anwalt des Verbrauchers bei der Warenauswahl) geben kann und der Verbraucher dies auch weiß, ist die frühere Rspr (BGH GRUR 1959, 138, 142 – *Italienische Note;* BGH GRUR 1977, 257 – *Schaufensteraktion;* BGH GRUR 1977, 619, 621 – *Eintrittsgeld;* zuletzt OLG München GRUR 1992, 712) bedenklich. – Unzulässig ist es jedoch, wenn der Hersteller dem Händler dafür Geld bietet, dass er ein konkurrierendes Produkt aus dem Sortiment nimmt oder dessen Preis heraufsetzt oder sonst dessen Vertrieb behindert.

10.61 **f) Warenaufdrucke.** Soll durch einen Warenaufdruck der Vertrieb einer Ware kanalisiert werden, so ist dies nur dann unlauter, wenn der Aufdruck inhaltlich unzutreffend (§ 5) ist oder zu einer nicht schutzwürdigen Beschränkung des Vertriebswegs (§ 4 Nr 10) führt (BGH GRUR 1990, 1010, 1011 – *Klinikpackung* zum Aufdruck „Teil einer Klinikpackung – Einzelverkauf unzulässig").

10.62 **g) Sonstiges.** Unlauter ist die Verteilung von Aufklebern für Reklamationsschreiben usw, wenn dadurch der Adressat unter Druck gesetzt werden soll (OLG Düsseldorf GRUR 1987, 920). Unlauter handelt auch ein Verleger, der juristische Schemata vertreibt, die in bei Prüfungen zugelassene Gesetzestexte (zB Schönfelder) eingeordnet werden können, weil die Gefahr der Rücknahme der Zulassung besteht (OLG München AfP 1998, 626, 628). – Keine unlautere Behinderung des Herstellers eines Arzneimittels ist es, wenn ein Parallelimporteur das Arzneimittel unter der ursprünglichen Herstellerangabe vertreibt. Denn er ist nach § 10 VIII AMG nicht verpflichtet, seine Firma anzugeben. Mit dem damit verfolgten Zweck, Handelshemmnisse beim Parallelimport von Arzneimitteln abzubauen, ist es nicht vereinbar, den Parallelimporteur zu verpflichten, die ursprüngliche Herstellerangabe zu beseitigen. Ein etwaiges Haftungsrisiko des Herstellers nach § 84 AMG ist hinzunehmen (BGH GRUR 2003, 447, 448 – *Bricanyl II*).

3. Behinderung des Vertriebs durch Schleichbezug und durch Verleiten zum Vertragsbruch

a) Behinderung des selektiven Vertriebs. Vielfach vertreiben Hersteller aus Gründen der Markenpflege ihre Ware nur über ausgewählte Händler **(selektive Vertriebsbindungssysteme).** Diesen Händlern ist zugleich die Verpflichtung auferlegt, nicht an Händler außerhalb des Systems **(Außenseiter)** zu verkaufen. Dieses grds zulässige Vertriebsbindungssystem wird naturgemäß empfindlich beeinträchtigt, wenn auch Außenseiter die Ware auf den Markt anbieten. Da sie sich die Ware nur von gebundenen Händlern beschafft haben können, stellt sich die Frage, ob der Hersteller und ggf auch vertragstreue Händler nach § 3 iVm § 4 Nr 10 gegen den Außenseiter vorgehen können. Dies ist stets möglich unter dem Gesichtspunkt des unlauteren **Schleichbezugs** oder des unlauteren **Verleitens zum Vertragsbruch.** Ein unlauterer Schleichbezug liegt vor, wenn sich der Außenseiter unter aktiver Täuschung über seine Kaufberechtigung als Händler Ware von einem gebundenen Händler beschafft (BGH GRUR 2009, 173 Tz 27 – *bundesligakarten.de*). Die Unlauterkeit der Behinderung des Herstellers wird durch die unlautere Einwirkung auf dessen Vertragshändler begründet. Dagegen reicht es nicht aus, dass Einkäufer des Außenseiters bei gebundenen Händlern Waren in haushaltsmäßigen Mengen einkaufen, ohne die Wiederverkaufsabsicht zu offenbaren (OLG München MMR 2002, 162; *Lubberger* NJW-Sonderheft 2003, 57). Für das unlautere Verleiten zum Vertragsbruch gelten die gleichen Grundsätze wie zur Kundenabwerbung (Rdn 10.32 ff) und die Mitarbeiterabwerbung (Rdn 10.107 ff). Daher reichen ein bloßes Kaufangebot oder gar eine bloße Lieferanfrage an den gebundenen Händler nicht aus (OLG Düsseldorf GRUR-RR 2003, 89; aA *Tiemann* WRP 2004, 289). Vielmehr muss eine darüber hinausgehende unlautere Einflussnahme iSd § 4 Nr 1 auf die Entscheidung des Händlers zum Vertragsbruch erfolgen, etwa durch die Ausübung übermäßigen wirtschaftlichen Drucks (vgl OLG Düsseldorf GRUR-RR 2003, 89, 90). In der Praxis ist der Nachweis eines unlauteren Verleitens zum Vertragsbruch allerdings schwer zu führen. – Das bloße **Ausnutzen eines Vertragsbruchs** eines gebundenen Händlers durch einen Außenseiter ist, sofern nicht besondere Umstände hinzutreten, ohnehin nicht unlauter, und zwar weder im Verhältnis zu anderen ungebundenen Händlern noch im Verhältnis zu den gebundenen Händlern (BGH GRUR 2000, 724, 726 – *Außenseiteranspruch II;* vgl auch BGH GRUR 2005, 940, 942 – *Marktstudien*). Unerheblich ist es, dass der Außenseiter die Vertriebsbindung kennt oder kennen muss (BGH GRUR 2007, 800 Tz 19 – *Außendienstmitarbeiter*). Selektive Vertriebssysteme werden dadurch nicht schutzlos gestellt. Vielmehr steht es dem Hersteller frei, die Einhaltung vertraglicher Verpflichtungen durch ein Kontrollnummernsystem zu überwachen (Rdn 10.64 ff).

b) Behinderung des Direktvertriebs. Eine vergleichbare Problematik stellt sich beim Direktvertrieb, wenn der Unternehmer erklärtermaßen nicht an Händler, sondern nur an private Verbraucher verkaufen will (zB Fußballvereine; Opernhäuser). Täuscht ein gewerblicher Abnehmer über seine Wiederverkaufsabsicht, so stellt dieser Schleichbezug ebenfalls eine gezielte Behinderung des Unternehmers dar (BGH GRUR 2009, 173 Tz 27 – *bundesligakarten.de* mit Anm *Heermann; Körber/Heinlein* WRP 2009, 266, 268). Versucht ein gewerblicher Abnehmer die betreffenden Waren oder Dienstleistungen von Privaten zu erwerben, denen eine Weiterveräußerung an gewerbliche Weiterverkäufer untersagt ist, so stellt eine Such- oder Werbeanzeige noch keine unlautere Verleitung zum Vertragsbruch dar (BGH GRUR 2009, 173 Tz 31 ff – *bundesligakarten.de*). Selbst wenn der Händler systematisch den Vertragsbruch der privaten Käufer ausnutzt, ist dies nicht unlauter (BGH GRUR 2009, 173 Tz 35 ff – *bundesligakarten.de*).

4. Behinderung des selektiven Vertriebs durch Kontrollnummernbeseitigung

a) Allgemeines. Um die Einhaltung eines selektiven Vertriebssystems überwachen zu können, sind viele Hersteller dazu übergegangen, an ihren Waren Kontrollnummern (Herstellungsnummern; Identifizierungsnummern) anzubringen. Anhand der Kontrollnummer lässt sich im Wege des Testkaufs feststellen, welcher Vertragshändler gegen das Verbot der Belieferung an Wiederverkäufer außerhalb des selektiven Vertriebssystems verstoßen hat. Das wiederum kann die am „grauen" Vertrieb interessierten Händler veranlassen, die Kontrollnummern vorher entfernen zu lassen oder selbst zu entfernen. Die lauterkeitsrechtliche Problematik besteht darin, ob in der Beseitigung von Kontrollnummern durch Händler und im Vertrieb „decodierter" Ware eine nach § 4 Nr 10 unzulässige Absatzbehinderung des Herstellers (Beeinträchtigung des Vertriebssystems) oder umgekehrt in der Anbringung von Kontrollnummern durch den Hersteller eine unzulässige Bezugsbehinderung des „grauen" Händlers liegt. Für die Beurteilung ist maßgebend, ob das Kontrollnummernsystem zulässig und **schutzwürdig** (Rdn 10.65) ist. Ist dies der Fall, müssen es davon betroffene Gewerbetreibende (Außenseiter) hinnehmen (BGHZ 142, 192, 202 = GRUR 1999, 1109 – *Entfernung der Herstellungsnummer I*). Wird der Hersteller bei dieser legitimen Kontrolle dadurch behindert, dass ein Außenseiter die Kontrollnummern entfernt oder Ware vertreibt, bei der die Kontrollnummern entfernt wurden, so kann er gegen den Außenseiter nach § 3 iVm § 4 Nr 10 vorgehen. Die Mitbewerbereigenschaft des Außenseiters wird nicht dadurch in Frage gestellt, dass er auf einer anderen Wirtschaftsstufe als der Hersteller tätig ist (vgl § 2 Rdn 68; aA *Omsels* WRP 2004, 136, 141). Bei Fehlen eines Wettbewerbsverhältnisses ist ein Vorgehen nach §§ 823 I, 1004 BGB (Eingriff in das Recht am Unternehmen) möglich (BGH aaO – *Entfernung der Herstellungsnummer I*; BGHZ 143, 232, 243 = GRUR 2000, 724 – *Außenseiteranspruch II*; BGH GRUR 2001, 448, 449 – *Kontrollnummernbeseitigung II* = LM UWG § 1 Nr 840 mit Anm *Köhler*; BGH GRUR 2002, 709, 710 – *Entfernung der Herstellungsnummer III* = LM UWG § 1 Nr 881 mit Anm *Loewenheim*). Da die Entfernung der Kontrollnummer idR nach § 24 II MarkenG den Eintritt der Erschöpfung hindert, kann auch ein Anspruch aus § 14 MarkenG bestehen (BGHZ 143, 232, 243 – *Außenseiteranspruch II*; BGH GRUR 2001, 448, 449 – *Kontrollnummernbeseitigung II*; BGH GRUR 2002, 709, 711 – *Entfernung der Herstellungsnummer III*; *Sack* WRP 2000, 447, 457; *Bayreuther* WRP 2000, 349, 357; *Lubberger* NJW-Sonderheft 2003, 58; krit *Emmerich*, FS Erdmann, 2002, 561, 570). Dabei ist allerdings zu beachten, dass ein Wettbewerbsverstoß nicht notwendig dieselben Rechtsfolgen nach sich zieht wie eine Markenverletzung; insbes besteht ein auf Vernichtung gerichteter lauterkeitsrechtlicher Beseitigungsanspruch nur dann, wenn keine milderen Möglichkeiten zur Beseitigung der Störung gegeben sind (BGH GRUR 2002, 709, 711 – *Entfernung der Herstellungsnummer III* mwN). – Ist das Kontrollnummernsystem **nicht** schutzwürdig, so muss es dagegen der Hersteller hinnehmen, dass die Kontrollnummer entfernt und dabei ggf auch die Ware oder ihre Verpackung oder sogar die Marke oder Unternehmenskennzeichnung beschädigt wird (BGHZ 143, 232, 244 – *Außenseiteranspruch II*). Auch ein etwaiger markenrechtlicher Anspruch hat insoweit zurückzutreten. Die Entfernung durch den Händler, der das Eigentum an der Ware erworben hat, stellt auch keine Urkundenvernichtung iSd § 274 StGB dar (OLG München GRUR 1987, 558, 560; aA *Tiedemann/Vogel* JuS 1988, 295, 296). Daher spielt es auch keine Rolle, ob die Entfernung im In- oder Ausland vorgenommen wurde. Der Hersteller muss sich entgegenhalten lassen, dass er die Kodierung ganz unterlassen oder an anderer, zB versteckter Stelle anbringen könnte (BGH WRP 1989, 366 – *Entfernung von Kontrollnummern IV*). Der Händler kann darüber hinaus verlangen, dass die Verwendung von Kontrollnummern unterbleibt.

10.65 **b) Schutzwürdigkeit eines Kontrollnummernsystems.** Lauterkeitsrechtlich schutzwürdig ist ein Kontrollnummernsystem, wenn das zu Grunde liegende **selektive Vertriebssystem nicht gegen europäisches oder deutsches Kartellrecht verstößt** (vgl BGH GRUR 1999, 1109, 1111 – *Entfernung der Herstellungsnummer I*; BGHZ 143, 232, 243 – *Außenseiteranspruch II*): Nach **europäischem Kartellrecht** sind selektive Vertriebssysteme unter bestimmten Voraussetzungen mit Art 101 I AEUV vereinbar (EuGH GRUR Int 1984, 28, 29 Tz 35 – *AEG-Telefunken*; EuGH GRUR Int 1998, 149, 155 f Tz 114 ff – *Leclerc*), zu denen aber die gedankliche oder gar praktische Lückenlosigkeit des Systems nicht gehört (EuGH GRUR Int 1997, 907, 908 Tz 12 – *VAG-Händlerbeirat/SYD-Consult*; BGHZ 143, 232, 236 = GRUR 2000, 724 – *Außenseiteranspruch II*; BGH GRUR 2001, 448, 449 – *Kontrollnummernbeseitigung II*; BGHZ 142, 192, 202 = GRUR 1999, 1109, 1112 – *Entfernung der Herstellungsnummer I*; BGH GRUR 2001, 841, 844 – *Entfernung der Herstellungsnummer II*). Vereinbarungen, die einen rein **qualitativen** Selektivvertrieb zum Gegenstand haben, fallen mangels wettbewerbswidriger Wirkungen grds nicht unter Art 101 I AEUV, sofern sie drei Voraussetzungen erfüllen: **(1)** Die Beschaffenheit des Produkts muss einen selektiven Vertrieb bedingen, dh zur Wahrung der Qualität des Produkts und zur Gewährleistung des richtigen Gebrauchs erforderlich sein. **(2)** Die Wiederverkäufer müssen auf Grund objektiver Kriterien qualitativer Art ausgewählt werden, die einheitlich festzulegen und unterschiedslos anzuwenden sind. **(3)** Die aufgestellten Kriterien dürfen nicht über das Erforderliche hinausgehen (vgl Kommission, Leitlinien für vertikale Beschränkungen [2000/C 291/01] Tz 185). Die objektiven Kriterien beziehen sich auf die fachliche Eignung des Wiederverkäufers, seines Personals und seiner sachlichen Ausstattung. Beim quantitativen Selektivvertrieb kommen noch Zulassungskriterien hinzu, die die Zahl der Wiederverkäufer unmittelbar beschränken. Solche Vertriebssysteme fallen grds unter Art 101 I AEUV. Selbst wenn selektive Vertriebssysteme aber unter Art 101 I AEUV fallen, ist die Möglichkeit einer **Freistellung** nach Art 101 III AEUV iVm der **GVO Nr 330/2010 über Vertikalvereinbarungen** v 20. 4. 2010 (ABl EU Nr L 102/1; dazu *Lettl* WRP 2010, 807; *Rösner* WRP 2010, 1114) zu berücksichtigen. Danach sind Vereinbarungen über qualitativen und quantitativen Selektivvertrieb grds freigestellt, wenn die Marktanteilsschwelle von 30% nicht überschritten ist (Art 2, 3 I Vertikal-GVO) und keine Beschränkungen iSv Art 4 lit b 3. Spiegelstrich und lit c, Art 5 lit c Vertikal-GVO vorliegen. Nach **deutschem Kartellrecht** sind selektive Vertriebssysteme seit der 7. Kartellnovelle v 7. 7. 2005 (BGBl I 1954) auf Grund der Angleichung an das europäische Recht nach denselben Grundsätzen wie im europäischen Recht zu beurteilen (§§ 1, 2 GWB iVm Art 2–5 Vertikal-GVO). Zur diskriminierungsfreien Anlage und Handhabung des Systems gehört die (vom früheren Erfordernis der gedanklichen Lückenlosigkeit zu unterscheidende) **einheitliche Bindung** der Abnehmer. Der Hersteller muss also alle Händler grds denselben vertraglichen Verpflichtungen unterwerfen und dafür Sorge tragen, dass innerhalb eines einheitlichen Wirtschaftsraums nur systemgebundene Händler als Anbieter auftreten (BGH aaO – *Entfernung der Herstellungsnummer I*; BGH GRUR 2001, 448, 450 – *Kontrollnummernbeseitigung II*). Ein Hersteller, der nur einen Teil des Marktes über ein selektives Vertriebssystem, andere Teile aber unbeschränkt versorgt, kann eine Beseitigung der Kontrollnummern nicht mit Hilfe des Lauterkeits- und Markenrechts unterbinden (BGH aaO – *Kontrollnummernbeseitigung II*). Dagegen ist die praktische Lückenlosigkeit keine Voraussetzung für den lauterkeitsrechtlichen Schutz eines selektiven Vertriebssystems (BGHZ 142, 192, 203 = GRUR 1999, 1109 – *Entfernung der Herstellungsnummer I*; BGHZ 143, 232, 236 ff = GRUR 2000, 724 – *Außenseiteranspruch II*). Vielmehr kann und soll die Verwendung von Kontrollnummern gerade dazu dienen, auftretende Lücken im System durch ein Vorgehen gegen den vertragsbrüchigen Händler zu schließen.

5. Sonstige Wettbewerbswidrigkeit der Kontrollnummernbeseitigung

a) Irreführung durch Kontrollnummernbeseitigung. Der Verkauf einer Ware, bei der die Kontrollnummer entfernt wurde, kann irreführend iSv § 5 sein, wenn der Händler den Käufer pflichtwidrig darüber nicht aufgeklärt hat. Eine **Aufklärungspflicht** besteht aber nur insoweit, als dies zum Schutze des Verbrauchers unter Berücksichtigung der Interessen des Werbenden unerlässlich ist (BGH GRUR 1999, 1017, 1019 – *Kontrollnummernbeseitigung I*). So ist eine Aufklärungspflicht zu bejahen, wenn der Käufer vom Vorhandensein einer Herstellernummer und damit verbundenen, für ihn günstigen Funktionen (zB Herstellergarantie) ausgeht. Der Händler kann eine Irreführung ausschließen, indem er zB auf das Fehlen der üblicherweise vorhandenen und erwarteten Nummer hinweist (BGH GRUR 1988, 461, 462 – *Radio-Recorder*; BGH GRUR 1989, 110, 113 – *Synthesizer*; OLG Hamburg GRUR 1990, 625, 626). Eine Aufklärung ist aber nicht stets dann geboten, wenn durch das Decodieren die Verpackung beschädigt wird. Auch bei hochwertigen Kosmetikartikeln erwartet der Käufer nicht unbedingt eine völlig unbeschädigte Verpackung (aA noch BGH GRUR 1992, 406, 408 – *Beschädigte Verpackung I*; BGH GRUR 1995, 608 – *Beschädigte Verpackung II*). Eine Aufklärungspflicht besteht jedenfalls dann nicht, wenn die Beschädigung durch Überkleben, Schwärzen usw so abgedeckt ist, dass sie dem nicht sachkundigen Verbraucher nicht oder nicht ohne weiteres auffällt (BGH GRUR 1999, 1017, 1019 – *Kontrollnummernbeseitigung I*). – Bei der Prüfung eines Verstoßes gegen § 5 ist jedoch im Rahmen einer **Interessenabwägung** zu fragen, ob der Einsatz von Kontrollnummern zu von der Rechtsordnung missbilligten Zwecken, insbes der künstlichen Abschottung von Märkten, erfolgte (BGH GRUR 1999, 1017, 1019 – *Kontrollnummernbeseitigung I*).

b) Beseitigung von gesetzlich vorgeschriebenen Herstellungskennzeichnungen. Bestimmte Produkte, wie zB Arzneimittel oder Kosmetika (vgl § 4 KosmetikVO), müssen mit Herstellungskennzeichnungen versehen werden, um bei fehlerhaften Produkten Schaden von der Volksgesundheit abzuwenden (BGH GRUR 1994, 642, 644 – *Chargennummer*; BGHZ 148, 26 = GRUR 2001, 841, 843 – *Entfernung der Herstellungsnummer II*; OLG Karlsruhe WRP 1996, 122, 124). Der Weitervertrieb von Waren, bei denen diese Herstellungskennzeichnung entfernt wurde, stellt daher einen Verstoß gegen § 3 iVm § 4 Nr 11 unter dem Gesichtspunkt des Rechtsbruchs dar (BGHZ 142, 192, 197 = GRUR 1999, 1109 – *Entfernung der Herstellungsnummer I*; BGHZ 148, 26, 33 f = GRUR 2001, 841, 843 – *Entfernung der Herstellungsnummer II*; BGH GRUR 2002, 709, 710 – *Entfernung der Herstellungsnummer III* = LM UWG § 1 aF Nr 881 mit Anm *Loewenheim*). Denn die Kennzeichnungsvorschrift regelt zumindest auch das Marktverhalten im Interesse der Verbraucher. Hersteller können diese Herstellungskennzeichnung gleichzeitig als Kontrollnummer benutzen. Die Entfernung der Kontrollnummer stellt in diesem Fall gleichzeitig die Entfernung der Herstellungskennzeichnung dar. Der Hersteller kann diesen Verstoß jedenfalls dann verfolgen, wenn die Verwendung der Herstellungskennzeichnung als Kontrollnummer der Überwachung eines auf rechtswirksamen Verträgen beruhenden, rechtlich nicht missbilligten Vertriebsbindungssystems dient (BGHZ 142, 192, 197 = GRUR 1999, 1109, 1111 – *Entfernung der Herstellungsnummer I;* BGHZ 148, 26, 33 f = GRUR 2001, 841, 843 f – *Entfernung der Herstellungsnummer II;* BGH GRUR 2002, 709, 710 – *Entfernung der Herstellungsnummer III).* Offen gelassen ist bisher von der Rspr, ob es dem Hersteller ausnahmsweise verwehrt sein kann, sich auf einen Verstoß gegen die KosmetikVO zu berufen, wenn das Nummernsystem dazu dient, ein von der Rechtsordnung missbilligtes Vertriebssystem durchzusetzen (vgl BGH GRUR 2001, 841, 844 – *Entfernung der Herstellungsnummer II;* OLG Karlsruhe WRP 1996, 122, 124). Die Frage ist indessen zu bejahen. Dem verklagten Händler steht insoweit der Einwand des Rechtsmissbrauchs zu. Der Hersteller muss sich entgegenhalten lassen, dass er eine andere Gestaltung hätte wählen können, die einen Missbrauch ausschließt. Sonstigen Anspruchsberechtigten (zB Verbraucherverbänden) ist es freilich unbenommen, den Händler wegen Verstoßes gegen die KosmetikVO auf Unterlassung des Vertriebs in Anspruch zu nehmen.

10.68 **c) Beseitigung von Kontrollnummern zum Schutze sonstiger berechtigter Interessen.** Ein Kontrollnummernsystem kann dazu dienen, sonstige berechtigte Interessen des Herstellers und der Verbraucher zu schützen. Dazu reicht es nicht aus, dass es nützlichen Nebenzwecken oder Nebenfolgen dient und zB eine Qualitätskontrolle ermöglichen soll. Vielmehr muss es der Abwehr ernstlicher Gefahren dienen. So etwa dem Schutz vor Nachahmungen oder der Ermöglichung des Rückrufs mangelhafter Produkte (EuGH WRP 1998, 156, 160 – *Loendersloot/ Ballantine;* BGH GRUR 1978, 364, 366 f – *Golfrasenmäher;* BGH GRUR 1988, 826, 828 – *Entfernung von Kontrollnummern II).* Das Kontrollnummernsystem darf allerdings keine weiter gehende Identifizierung erlauben als zum Schutze berechtigter Interessen erforderlich ist. Insbes darf das System nicht dazu dienen, ein von der Rechtsordnung missbilligtes Vertriebssystem durchzusetzen (offen gelassen in BGH WRP 1999, 1026, 1028 – *Entfernung der Herstellungsnummer I).* Außerdem darf es für die Abwehr von Gefahren keine anderen zumutbaren Möglichkeiten geben als die Praktizierung eines kundenspezifischen Kontrollnummernsystems (BGH GRUR 1989, 110, 113 – *Synthesizer).*

3. Abschnitt. Nachfragebehinderung

I. Erwerb von nicht benötigten Waren und sonstigen Wirtschaftsgütern

10.69 Unlauter ist es, wenn ein Unternehmer mehr oder andere Ware (Rohstoffe, Halbfabrikate, Fertigware) bezieht, als er den Umständen nach für seine eigenen (Produktions- oder Verkaufs-)Zwecke benötigt, und die Maßnahme daher nur den Zweck haben kann, den Bezug für den Mitbewerber unmöglich zu machen oder zu verteuern. Dem Bezug nicht benötigter Waren steht das Hochtreiben des Preises (zB bei Rohstoffauktionen) gleich. Entsprechendes gilt für den Erwerb sonstiger, vom Mitbewerber benötigter Wirtschaftsgüter (Betriebsgrundstücke, Werbeflächen) oder vergleichbare Maßnahmen (zB Mieten nicht benötigter Geschäftsräume; Bestellung von Sperr-**Dienstbarkeiten;** dazu Rdn 10.57). Derartige Maßnahmen können – bei entsprechender Marktmacht – zugleich den Tatbestand der §§ 19, 20 I und II GWB und – bei Absprache mit anderen Unternehmen – den des § 1 GWB erfüllen.

II. Liefersperre

10.70 Der Ausschluss eines Unternehmens von der Belieferung (Liefersperre) kann nur dann unter § 4 Nr 10 fallen, wenn der Sperrende damit eigenen oder fremden Wettbewerb fördern und den Gesperrten schädigen will. Zu Einzelheiten vgl Rdn 10.214 ff.

4. Abschnitt. Werbebehinderung

Schrifttum: *Furth,* Ambush Marketing, 2009; *Heermann,* Ambush-Marketing anlässlich Sportgroßveranstaltungen, GRUR 2006, 359; *Jaeschke,* Ambush-Marketing, 2008; *Körber/Mann,* Werbefreiheit und Sponsoring – Möglichkeiten und Grenzen von Ambush Marketing, GRUR 2008, 737; *Ladeur*, Der rechtliche Schutz der Fernsehwerbung gegen technische Blockierung durch die „Fernsehfee", GRUR 2005, 559; *Reinholz*, Marketing mit der FIFA WM 2006 – Werbung, Marken, Tickets, Public Viewing, WRP 2005, 1485.

I. Beeinträchtigung fremder Werbung

1. Unmittelbare Ausschaltung fremder Werbung

Die gezielte Ausschaltung (Vernichtung, Beschädigung, Überdeckung, Beiseiteschaffung, Aus- **10.71** kaufen) fremder Werbung ist regelmäßig unlauter iSd § 4 Nr 10 (BGH GRUR 2004, 877, 879 – *Werbeblocker;* OLG Karlsruhe GRUR-RR 2008, 350). Denn diese Maßnahme hat nur den Zweck, den Mitbewerber in seiner wettbewerblichen Entfaltung zu behindern. **Beispiele:** Abreißen oder Überkleben fremder Werbeplakate; Beiseiteschaffen fremder Werbeprospekte. Unerheblich ist, ob die beseitigte Werbung einen wettbewerbswidrigen Inhalt hatte. – Uneingeschränkt gilt dies freilich nur, wenn sich der Werbeträger nicht im Eigentum des Handelnden befindet und auch kein Rechtfertigungsgrund (zB §§ 227, 228, 229, 904 BGB; Abwehr) vorliegt (dazu OLG Karlsruhe GRUR-RR 2008, 350, 351). So ist es zulässig, dass ein Unternehmer Werbeprospekte eines Mitbewerbers, die in seinem Geschäft ausgelegt werden, beiseite schafft. – Befindet sich der Werbeträger dagegen im Eigentum des Handelnden, ist es nicht von vornherein zu beanstanden, wenn die darauf befindliche Werbung beseitigt oder durch eine eigene Werbung ersetzt wird. Hier müssen für die Begründung des Unwerturteils weitere Umstände hinzukommen. So etwa die Gefahr einer Irreführung der Verbraucher. Dies ist der Fall, wenn Lichtbilder, die fremde Werbung zeigen, entsprechend retuschiert werden (vgl *Giefers* WRP 1966, 162; ÖOGH ÖBl 1991, 13, 15 – *Gerhard Berger:* Rennfahrer hat sich vertraglich zum Tragen eines Schutzhelms mit der Marke eines Sportartikelherstellers verpflichtet; Mitbewerber fertigt Lichtbilder an und ersetzt dessen Werbung durch seine eigene). Ferner, wenn die Gefahr einer Funktionsbeeinträchtigung der Ware mit negativen Rückschlüssen auf ihren Hersteller besteht (vgl OLG Hamburg WRP 1994, 119 zum Überdrucken von Telefonkarten mit fremder Werbung). – Das Aufkaufen fremder Werbeträger, die sich bereits im Eigentum der Verbraucher befinden, mit dem Ziel ihrer Vernichtung ist unlauter, weil dies nur den Zweck haben kann, den Mitbewerber zu schädigen (vgl Zentrale WRP 1981, 126: Aufforderung eines Versandhändlers an Verbraucher, ihm gültige Kataloge anderer Versandhändler gegen Zahlung von 10 DM zu übersenden).

2. Beseitigung und Schwächung fremder Kennzeichen

Ein Unterfall der Ausschaltung fremder Werbung ist die Entfernung fremder Kennzeichen von **10.72** einer Ware (vgl auch Rdn 10.48). Es liegt darin kein Verstoß gegen das MarkenG, weil es an der Benutzung des Kennzeichens fehlt (BGH GRUR 2004, 1039, 1042 – *SB-Beschriftung;* Ströbele/ Hacker § 2 Rdn 62 § 14 Rdn 175), und zwar auch dann nicht, wenn ein Händler die Ware ohne das Zeichen oder mit seinem eigenen Zeichen weiterverkauft (RG MuW 1931, 617: Händler hatte „Shell"-Benzin unter „Rhenania" verkauft). Doch ist die Beseitigung fremder Kennzeichen unter dem Gesichtspunkt der gezielten Behinderung unlauter, wenn es dem Handelnden ausschließlich oder doch ganz überwiegend darum geht, das der Werbung und dem Absatz dienende fremde Kennzeichen zu unterdrücken (ggf greifen auch die §§ 823, 826 BGB ein). Denn die Entfernung des Zeichens bewirkt idR, dass die Ware des Mitbewerbers als anonyme Ware erscheint. Im Hinblick auf den künftigen Absatz gilt dies auch dann, wenn die Ware sich bereits beim Endverbraucher befindet (vgl BGH GRUR 1972, 558, 559 – *Teerspritzmaschinen:* Entfernung von Firmenkennzeichen während Reparaturarbeiten). Allerdings kommt es auf die Umstände des Einzelfalls an. So kann trotz der Beseitigung des Kennzeichens eine gezielte Behinderung zu verneinen sein, wenn auf Grund der sonstigen Umstände des Vertriebs der Verkehr gleichwohl die Ware weiterhin dem Kennzeicheninhaber und nicht dem Händler zurechnet und ein schutzwürdiges Interesse des Herstellers an der Verwendung gerade der beseitigten Kennzeichnung nicht besteht (BGH GRUR 2004, 1039, 1042 – *SB-Beschriftung*). Hinzu kommt der Gesichtspunkt der Irreführung des Verkehrs über die Warenherkunft, insbes wenn der Handelnde an der Ware sein eigenes Kennzeichen anbringt. **Beispiel:** Hersteller entfernt Marken- bzw Firmenkennzeichen eines Mitbewerbers von Maschinen, die im Zuge von Reparaturarbeiten in seinen Besitz gelangt sind, und bringt sein eigenes Zeichen an (vgl BGH GRUR 1972, 558, 559 – *Teerspritzmaschinen* mit Anm *v Falck;* OLG München MDR 1995, 478). Zwar werden die Reparaturkunden nicht irregeführt, wohl aber andere Verkehrskreise, die in der Firma einen Hinweis auf den Hersteller erblicken. Solange es sich nach Durchführung einer Reparatur noch um die Maschine des Herstellers handelt, ist die Entfernung des Kennzeichens unzulässig (vgl RGZ 103, 359, 364 – *Singer;* RGZ 161, 29, 39 – *Zählerersatzteile*). Nur wenn durch eine Umarbeitung eine völlig veränderte Maschine entstanden ist (vgl § 950 BGB), ist eine Entfernung des fremden Kennzeichens zulässig (BGH GRUR 1952, 521 – *Minimax*) und zur Verhinderung einer Irreführung auch nötig. – Grds unlauter wegen Behinderung und Irreführung ist es auch, wenn ein Händler das Kennzeichen des Herstellers von der Ware entfernt und sie als no-name-Produkt oder versehen mit seinem eigenen Kennzeichen vertreibt. Denn Händler und Hersteller sind insoweit Mitbewerber. Dass der Händler Eigentümer der Ware geworden ist und mit ihr an sich nach Belieben verfahren kann (§ 903 BGB), rechtfertigt sein Handeln nicht, zumal er gegenüber dem Hersteller eine Vertragsverletzung (§ 280 BGB) begeht. Dem Fall der Entfernung der Marke auf der Ware steht die Entfernung der Verpackung, auf der sich die Marke befindet, gleich. Unerheblich ist, ob durch das Umpacken in ähnliche Schachteln die Güte der Ware leiden kann (vgl ÖOGH ÖBl 1973, 82, 84 – *3-M-Kohlepapier*). – Zur Entfernung von Kontrollnummern als Herkunftszeichen s Rdn 10.67 ff. – Eine unlautere Behinderung durch **Schwächung** eines fremden Kennzeichens kann in der beschriebenen Verwendung einer Marke liegen (*Ingerl* WRP 2004, 809, 816). – Zum Anbringen einer **weiteren Marke** auf einem mit einer Marke gekennzeichneten Produkt vgl BGH GRUR 2005, 162 – *SodaStream*.

3. Beeinträchtigung fremder Werbung als Folge eigener Wettbewerbsmaßnahmen

10.73 Grundsätzlich nicht zu beanstanden ist es, wenn eigene Wettbewerbs-, insbes Werbemaßnahmen **mittelbar** dazu führen, dass eine fremde Werbung nicht oder nicht mehr so wie zuvor zur Geltung kommt, mag dies dem Werbenden auch bewusst sein. **Beispiele:** Zulässig ist das Aufstellen einer Reklametafel, auch wenn sie den Blick auf die Leuchtreklame eines Dritten versperrt. – Zulässig ist die Ausgabe von Schutzhüllen für Fernsprechbücher mit der Folge, dass die Werbung auf der Titelseite nicht mehr zu erkennen ist (OLG Stuttgart BB 1963, 709; OLG Oldenburg BB 1963, 1274; aA OLG Düsseldorf WRP 1967, 280). Zulässig ist die Veranstaltung eines Schaufensterwettbewerbs von Einzelhändlern durch einen Hersteller mit der Folge, dass die Waren von Mitbewerbern nicht mehr im Schaufenster gezeigt werden (BGH GRUR 1959, 138, 142 – *Italienische Note*). Zulässig ist es, in einem Branchen-Fernsprechbuch in der Form zu werben, dass ein Gutschein, der zur kostenlosen Teilnahme an zwei Gratis-Probestunden berechtigt, auszuschneiden ist, wodurch die sich auf der Rückseite befindende Werbung eines Mitbewerbers, der ebenfalls Sportunterricht gibt, wertlos gemacht wird (aA LG Berlin WRP 1979, 237). – Zulässig ist die Verteilung von Briefkastenaufklebern mit dem Aufdruck „Keine Werbung", auch wenn gleichzeitig darauf Eigenwerbung enthalten ist (aA OLG Stuttgart NJW-RR 1993, 1455). Doch kommt es stets auf die Umstände des Einzelfalls an. – Eine unzulässige Werbebehinderung im **Internet** läge zB vor, wenn durch Störmaßnahmen der Zugang zu einer Webseite eines Mitbewerbers vereitelt oder erschwert, insbes verzögert wird oder deren Inhalt zerstört oder verfälscht wird. Eine Behinderung liegt dagegen nicht vor, wenn durch **deep links** der Nutzer an der Werbung auf der Homepage eines Dritten „vorbeigeführt" wird (BGH GRUR 2003, 958, 963 – *Paperboy; Plaß* WRP 2000, 599, 607; *Sosnitza* CR 2001, 693, 702 f; krit *Wiebe* LMK 2003, 211), denn die Werbung als solche wird dadurch nicht behindert. Der Dritte kann sich ggf dadurch schützen, dass er seine Werbung auf „tiefer liegende" Webseiten verlagert oder technische Schutzmaßnahmen gegen Hyperlinks trifft (BGH aaO – *Paperboy*). – Unzulässig ist es jedoch, unmittelbar auf die Internet-Seite eines Mitbewerbers eigene Werbung durch Einsatz von **Pop-up-** oder **Pop-Down-Fenstern** zu platzieren. – Das Anbieten von Webwasher-Programmen, die es dem einzelnen Internet-Nutzer ermöglichen, sich der Banner- oder Pop-up-Fenster-Werbung zu entziehen, stellt idR noch keine unzulässige Werbebehinderung dar, da es der **freien Entscheidung** des Internet-Nutzers überlassen bleibt, ob er sich dieses Programms bedient oder nicht und außerdem ein schutzwürdiges Interesse des Nutzers besteht, sich lästiger Werbung zu entziehen (negative Informationsfreiheit). – Zulässig ist dementsprechend auch der Vertrieb von sog **Werbeblockern**, die bei Erscheinen von Fernsehwerbung für deren Dauer auf einen anderen Sender umschalten (BGH GRUR 2004, 877, 879 – *Werbeblocker*). Das Interesse werbefinanzierter Sender, die Zuschauer zur Betrachtung der Werbung anzuhalten, ist auch nicht unter dem Gesichtspunkt der Rundfunkfreiheit (Art 5 I 2 GG) schutzwürdig, da dem gleichrangig das Grundrecht des Vertreibers aus Art 12 GG gegenübersteht (vgl BGH GRUR 2004, 877, 879 f – *Werbeblocker;* krit *Ladeur* GRUR 2005, 559, 562). –

Zulässig ist auch der Vertrieb von **Set-Top-Boxen,** die es dem Fernsehzuschauer ermöglichen, die Internet-Benutzeroberfläche über das Fernsehprogramm zu legen und damit beide Dienste zu nutzen (vgl OLG Köln GRUR-RR 2005, 228, 229).

II. Nachahmen oder Ausnutzen fremder Werbung

Das Nachahmen oder Ausnutzen fremder Werbung ist grds zulässig. Etwas anderes gilt dann, wenn diese Maßnahme den Verkehr irreführt (§ 5), den Umständen nach darauf zielt, die Werbung des Mitbewerbers auszuschalten oder zu behindern (§ 4 Nr 10), oder eine unlautere Leistungsübernahme (§ 4 Nr 9) darstellt (zu § 1 aF vgl BGH GRUR 1997, 308 – *Wärme fürs Leben;* OLG Hamm GRUR 1985, 144; *Messer,* FS Erdmann, 2002, 669). Die Ausnutzung fremder Werbung im **Internet** kann erfolgen durch Übernahme in die eigene Web-Site. Dann hängt es von den Umständen ab, ob der Verkehr irregeführt wird oder ob eine unzulässige Leistungsübernahme vorliegt. Eine gezielte Behinderung ist anzunehmen, wenn sich ein Unternehmer eine (kostenfreie) 0800-Telefonnummer mit von ihm ausgewählten Ziffern als individuelle Rufnummer zuweisen lässt, die Zahlenfolge aber identisch mit der Netznummer eines ortsnah ansässigen Mitbewerbers ist. Denn dadurch werden Kunden irregeführt und abgefangen (LG Leipzig GRUR-RR 2003, 224). – Das sog **Ambush Marketing** („Werbung aus dem Hinterhalt"), nämlich Werbung im Umfeld von sportlichen oder kulturellen Großveranstaltungen, die von einem oder mehreren Sponsoren gegen Gestattung entsprechender Werbung finanziert werden, erfüllt für sich allein nicht den Tatbestand der gezielten Behinderung des Veranstalters und der Sponsoren (ebenso *Heermann* GRUR 2006, 359, 364; *Furth,* Ambush Marketing, 2009, 235; *Körber/Mann* GRUR 2008, 737, 741; *Wittneben/Soldner* WRP 2006, 1175, 1179 f; *Piper/Ohly/Sosnitza* § 4 Rdn 10/66). Dem Veranstalter bleibt nur das Hausrecht, um zu verhindern, dass innerhalb der Veranstaltung Drittunternehmen werben.

III. Gegenwerbung

Unter Gegenwerbung ist eine Werbung zu verstehen, die bewusst in räumlicher Nähe zur Werbung eines Mitbewerbers angebracht oder verteilt wird mit dem Ziel, den Verbraucher auf das eigene Angebot hinzulenken. Derartige Maßnahmen sind aber, sofern keine besonderen Umstände hinzukommen, nicht unlauter. Es ist daher nicht zu beanstanden, mit einem Inserat im Fernsprechbuch auf der Seite eines Mitbewerbers zu werben, obwohl die Firma des Werbenden mit einem anderen Buchstaben anfängt (aA OLG Düsseldorf NJW 1956, 64; OLG Bamberg NJW-RR 1993, 50; *Menke* WRP 1999, 982, 990). Zum **Meta-Tagging** vgl Rdn 10.31. Der Leistungsvergleich wird dadurch nicht ausgeschlossen, sondern überhaupt erst ermöglicht. Unerheblich ist, ob die Gegenwerbung optisch hervorgehoben ist und dementsprechend den Verbraucher stärker anspricht. Wird die Gegenwerbung in den Räumen des Mitbewerbers angebracht oder verteilt, kann dieser aber nach Bürgerlichem Recht dagegen vorgehen (Ansprüche aus §§ 1004, 823 I BGB).

5. Abschnitt. Behinderung durch Kennzeichenverwendung

Schrifttum: *Bettinger,* Kennzeichenrecht im Cyberspace: Der Kampf um die Domain-Namen, GRUR Int 1997, 402; *dies,* Verantwortlichkeit der DENIC eG für rechtswidrige Domains?, CR 1999, 28; *Brandl/Fallenböck,* Der Schutz von Internet-Domain-Namen nach UWG, RdW 1999, 186; *Brömmelmeyer,* Internetwettbewerbsrecht, 2007; *Buchner,* Generische Domains, GRUR 2006, 984; *Bücking,* Liberalisierung im Vergabewesen deutscher Domainadressen? – DENIC und die Essential Facilities"-Doktrin, GRUR 2002, 27; *Deutsch,* Zur Markenverunglimpfung, GRUR 1995, 319; *Ernst-Moll,* Die berühmte und die bekannte Marke, GRUR 1993, 8; *Fezer,* Kumulative Normenkonkurrenz im Kennzeichenrecht, WRP 2000, 863; *v Gamm,* Rufausnutzung und Beeinträchtigung bekannter Marken und geschäftlicher Bezeichnungen, FS Piper, 1996, 537; *Helm,* Die bösgläubige Markenanmeldung, GRUR 1996, 593; *Hoeren,* Rechtsfragen des Internet, 1998; *Jonas/Schmitz,* Neue Möglichkeiten für den Kennzeichenmißbrauch? – Zur Einordnung von sogenannten Vanity-Rufnummern –, GRUR 2000, 183; *Kiethe/Groeschke,* Die sittenwidrige Markenanmeldung und die Rechtsschutzmöglichkeiten des § 1 UWG, WRP 1997, 269; *dies,* Die „Classe E"-Entscheidung des BGH als Ausgangspunkt für den Rechtsschutz gegen das Domain-Grabbing, WRP 2002, 27; *Krings,* Haben §§ 14 Abs. 2 Nr. 3 und 15 Abs. 3 MarkenG den Schutz der berühmten Marke sowie des berühmten Unternehmenskennzeichens aus §§ 12, 823 Abs. 1, 1004 BGB ersetzt?, GRUR 1996, 624; *Kur,* Kennzeichenkonflikte im Internet, FS Beier, 1996, 262; *ders,* Namens- und Kennzeichenschutz im Cyberspace, CR 1996, 590; *Lehmann,* Die wettbewerbswidrige Ausnutzung und Beeinträchtigung des guten Rufs bekannter Marken,

Namen und Herkunftsangaben, GRUR Int 1986, 6; *ders,* Domains – weltweiter Schutz für Name, Firma, Marke, geschäftliche Bezeichnung im Internet, WRP 2000, 947; *Loewenheim,* Die berühmte Marke im europäischen Spannungsfeld, MA 1991, 238; *Nordemann,* Internet-Domains und zeichenrechtliche Kollision, NJW 1997, 1891; *Omsels,* Die Kennzeichenrechte im Internet, GRUR 1997, 328; *Piper,* Der Schutz der bekannten Marken, GRUR 1996, 429; *Renck,* Kennzeichenrechte versus Domain-Names – Eine Analyse der Rechtsprechung, NJW 1999, 3587; *Sack,* Sonderschutz bekannter Marken, GRUR 1995, 81; *ders,* Anspruchskonkurrenzen im Marken- und Kennzeichenrecht, WRP 2000, 854; *Sosnitza,* Gattungsbegriffe als Domain-Namen im Internet, K&R 2000, 209; *v Schultz,* Wohin geht das berühmte Kennzeichen?, GRUR 1994, 85; *Starck,* Bemerkungen zum Regelungsumfang von § 2 MarkenG, FS Erdmann, 2002, 485; *Ubber,* Rechtsschutz bei Mißbrauch von Internet-Domains, WRP 1997, 497; *Ullmann,* Die bösgläubige Markenanmeldung und die Marke des Agenten – überschneidende Kreise, GRUR 2009, 364; *Vießhues,* Domain-Name-Sharing, MMR 2000, 334; *Völker/Weidert,* Domain-Namen im Internet, WRP 1997, 652; *Wüstenberg,* Das Namensrecht der Domainnamen, GRUR 2003, 109.

I. Verhältnis zum Markenrecht

1. Zeitliche Reichweite des Markenrechts

10.76 Das MarkenG ist am 1. 1. 1995 in Kraft getreten. Bei Sachverhalten, die in die Zeit vor dem Inkrafttreten zurückreichen, kommt ein markenrechtliches Vorgehen nur in Betracht, wenn das Verhalten auch nach dem alten Recht unzulässig war (§ 153 MarkenG; BGH GRUR 1999, 161 – *MAC Dog*). Sachverhalte, die vor diesem Zeitpunkt abgeschlossen waren, beurteilen sich ausschließlich nach altem Recht (BGH GRUR 1999, 161, 162 – *MAC Dog* mwN). Zur **früheren Rechtslage** vgl BGH aaO – *MAC Dog* mwN.

2. Sachliche Reichweite des Markenrechts

10.77 Nach § 2 MarkenG ist zwar ein lauterkeits- und bürgerlichrechtlicher Kennzeichenschutz nicht ausgeschlossen. Im Anwendungsbereich der §§ 9 I Nr 3, 14 II Nr 3, 15 III MarkenG ist dafür aber kein Raum mehr, weil es sich insoweit um eine **umfassende, in sich geschlossene** Regelung handelt, die im Allgemeinen den aus dem Lauterkeitsrecht (§ 3 iVm den Beispielstatbeständen des § 4 Nr 7 und 10 und § 5) und aus dem Bürgerlichen Recht (§§ 12, 823 I BGB) hergeleiteten Schutz verdrängt (BGH GRUR 2008, 628 Tz 14 – *Imitationswerbung* mwN). Ein ergänzender Schutz kommt daher nur in Betracht, wenn der Schutz nach dem MarkenG versagt, dh ein markenrechtlicher Schutz von vornherein oder dem Grunde nach nicht in Betracht kommt, nicht dagegen schon dann, wenn ein markenrechtlicher Tatbestand nicht vollständig erfüllt ist. Andernfalls würde der Harmonisierungseffekt der Markenrechtsrichtlinie (2008/95/EG idF v 22. 10. 2008) gefährdet. Erschöpft sich ein Verhalten nicht in Umständen, die eine markenrechtliche Verletzungshandlung begründen, sondern tritt ein von der markenrechtlichen Regelung nicht erfasster Unlauterkeitstatbestand hinzu, kann die betreffende Handlung neben einer Kennzeichenverletzung auch einen Wettbewerbsverstoß darstellen (stRspr; vgl BGHZ 147, 56, 60 = GRUR 2001, 1050, 1051 – *Tagesschau;* BGH GRUR 2002, 622, 623 – *shell.de;* BGHZ 153, 131 = GRUR 2003, 332, 335 – *Abschlussstück;*BGH WRP 2005, 496, 500 – *Staubsaugerfiltertüten;* BGH WRP 2005, 605, 610 – *Räucherkate;* BGH GRUR 2008, 628 Tz 14 – *Imitationswerbung*) und hL (vgl *Ingerl/Rohnke* MarkenG § 2 Rdn 13 und § 14 Rdn 876 ff; *Ströbele/Hacker* MarkenG § 2 Rdn 5 ff). Die Reichweite des ergänzenden Schutzes hängt wiederum von der durch Auslegung zu ermittelnden Reichweite des MarkenG, insbes von der Auslegung des Benutzungsbegriffs in § 14 II Nr 3 MarkenG (dazu *Ströbele/Hacker* MarkenG § 14 Rdn 78 ff; *Ingerl/Rohnke* MarkenG § 14 Rdn 1352) ab. Da das Markenrecht richtlinienkonform auszulegen ist, bestimmt über diese Reichweite allerdings letztlich der EuGH (vgl EuGH GRUR 2003, 240 – *Davidoff/Gofkid;* EuGH GRUR 2010, 445 Tz 65 ff – *Google und Google France*). Zu bedenken ist auch, dass die Tatbestände der § 14 II Nr 3, § 15 III MarkenG in der Sache eher lauterkeitsrechtlicher Natur sind (vgl auch BGH GRUR 2002, 426, 427 – *Champagner bekommen, Sekt bezahlen* zu § 127 III MarkenG: „ihrem Wesen nach lauterkeitsrechtliche Vorschrift") und der Anwendungsbereich des UWG durch das Erfordernis eines konkreten Wettbewerbsverhältnisses zwischen Verletzer und Verletztem stark eingeschränkt ist. Beim verbleibenden Anwendungsbereich des UWG ist insbes an die Fälle der Behinderungsabsicht (BGH GRUR 1999, 161, 162 – *MAC Dog;* OLG München GRUR 2000, 718, 719; KG WRP 2001, 551, 554), der fehlenden kennzeichenmäßigen Benutzung, der Verwendung außerhalb des geschäftlichen Verkehrs (BGH GRUR 2002, 622, 624 – *shell.de* zu § 12 BGB), der Entfernung von Kennzeichen, der Rufausbeutung durch Anlehnung an markenrechtlich nicht geschützte Kennzeichen (vgl

BGH GRUR 2003, 973 – *Tupperwareparty*), der beschreibenden Verwendung eines Kennzeichens, etwa als Gattungsbezeichnung (vgl OLG Hamburg WRP 1996, 215), der Beeinträchtigung von Kollektivmarken durch Verwässerung oder Herabsetzung (*Deutsch* WRP 2000, 854, 857) zu denken. – Der Schutz **geografischer Herkunftsangaben** hat zwar in den §§ 126 ff MarkenG eine sondergesetzliche Regelung erfahren, die grds dem § 3 iVm § 5 vorgeht (vgl BGH GRUR 2002, 426, 427 – *Champagner bekommen, Sekt bezahlen*). Jedoch können nach § 2 MarkenG die Vorschriften des UWG weiterhin für Sachverhalte herangezogen werden, die nicht unter die §§ 126 ff MarkenG fallen (BGH GRUR 2001, 73, 76 – *Stich den Buben*; BGH GRUR 2002, 160, 161 – *Warsteiner III*).

II. Lauterkeitsrechtlicher Kennzeichenschutz

1. Spezialregelungen im UWG

Der lauterkeitsrechtliche Kennzeichenschutz hat in § 4 Nr 7 und 9, in § 5 II sowie in § 6 II Nr 3, 4 und 6 eine spezielle Regelung erfahren. § 4 Nr 10 stellt daher nur einen Auffangtatbestand für sonstige Fälle der Kennzeichenbeeinträchtigung dar. **10.78**

2. Erfordernis einer geschäftlichen Handlung und eines Mitbewerberbezuges

Ein lauterkeitsrechtlicher Kennzeichenschutz nach § 4 Nr 10 setzt eine **geschäftliche Handlung** iSd § 2 I Nr 1 voraus. Die Handlung muss sich außerdem gegen einen **Mitbewerber** iSd § 2 I Nr 3 richten. Es muss daher zwischen dem Verletzer und dem Verletzten ein **konkretes Wettbewerbsverhältnis** bestehen. Das war nach der Rspr zum UWG 1909 anzunehmen, wenn die Parteien – unabhängig von der Branchenzugehörigkeit – bei der wirtschaftlichen Verwertung eines Kennzeichens in der Weise in Wettbewerb treten, dass der Verletzer durch den Gebrauch des fremden Kennzeichens dessen wirtschaftlich (durch Lizenzvergabe) verwertbaren Ruf für sich auszunutzen versucht (BGH GRUR 1985, 550, 552 – *DIMPLE*; BGHZ 113, 82, 84 – *Salomon*; BGHZ 125, 91, 98 = GRUR 1994, 808, 812 – *Markenverunglimpfung I*; BGH WRP 1998, 1181, 1183 – *MAC Dog*; BGHZ 126, 208, 209 f = GRUR 1994, 732 – *Mc Laren* mwN; anders aber BGH (VI. Senat) GRUR 1986, 759 – *BMW*). Zur Beurteilung nach dem heutigen UWG vgl § 2 Rdn 101 ff, 111. – Fehlt es an einem konkreten Wettbewerbsverhältnis, kommt nur ein ergänzender bürgerlichrechtlicher Kennzeichenschutz (§§ 823, 826 BGB) in Betracht (Rdn 10.101 f). **10.79**

3. Fallgruppen

Für einen lauterkeitsrechtlichen Kennzeichenschutz vor Behinderung (Rufbeeinträchtigung und Rufausbeutung) verbleiben angesichts der bestehenden Regelungen in § 4 Nr 7 und 9 sowie in § 6 Nr 3, 4 und 6 und der weit reichenden Regelung in den § 14 II Nr 3, § 15 III MarkenG nur wenige Fälle. Der Fall der Benutzung einer bekannten Marke innerhalb des Ähnlichkeitsbereichs (§ 14 II Nr 3 MarkenG: „die nicht denen ähnlich sind") lässt sich überdies durch analoge Anwendung des § 14 II Nr 3 MarkenG abdecken (vgl EuGH GRUR 2003, 240 – *Davidoff/Gofkid*; EuGH GRUR 2009, 756 Tz 35 – *L'Oréal*; BGH GRUR 2000, 875 – *Davidoff*; BGH WRP 2004, 360, 363 – *Davidoff II*). Für die Anwendung des § 4 Nr 10 kommen im Wesentlichen daher nur die Fälle der **nicht kennzeichenmäßigen Benutzung** (Rdn 10.81 ff) und des **Erwerbs von Sperrzeichen** (Rdn 10.84) in Betracht. Hinzu kommt die unlautere Monopolisierung von geografischen Herkunftsangaben (Rdn 10.83). Zu weiteren möglichen Fällen vgl *Deutsch* WRP 2000, 854, 857. **10.80**

a) Nicht kennzeichenmäßige Benutzung. aa) Voraussetzungen. Die Benutzung eines Kennzeichens ist nicht kennzeichenmäßig iSd §§ 14 II, 15 III MarkenG, wenn sie keine Funktionen des Kennzeichens und damit keine geschützten Interessen des Kennzeicheninhabers beeinträchtigen kann (EuGH GRUR 2009, 756 Tz 60 – *L'Oréal*; EuGH GRUR 2010, 445 Tz 75 ff – *Google und Google France*; EuGH WRP 2010, 1350 Tz 29 ff – *Portakabin/Primakabin*). Das ist anzunehmen, wenn das Kennzeichen nur zu **rein beschreibenden Zwecken** benutzt wird (EuGH GRUR 2009, 756 Tz 61 – *L'Oréal*). Dagegen kann bei einer Nutzung zu **Werbezwecken** durchaus eine kennzeichenmäßige Benutzung vorliegen. Entscheidend ist, ob im Einzelfall eine der Funktionen des Kennzeichens (Herkunftsfunktion; daneben ua auch Qualitätsgewährleistungs-, Kommunikations-, Invesititons- oder Werbefunktion) beeinträchtigen werden kann (EuGH GRUR 2009, 756 Tz 62, 63 – *L'Oréal*; EuGH GRUR 2010, 445 Tz 75 ff – **10.81**

Google und Google France). Im Hinblick auf diese **weite Auslegung** des Begriffs der kennzeichenmäßigen Benutzung sind kaum Fälle vorstellbar, in denen eine nicht kennzeichenmäßige Benutzung den Tatbestand einer gezielten Behinderung erfüllen kann.

10.82 **bb) Rechtsfolgen.** Die nicht kennzeichenmäßige Benutzung ist nicht ohne weiteres, sondern nur in Ausnahmefällen unlauter (BGH GRUR 1960, 126, 129 – *Sternbild;* BGH GRUR 1985, 978, 979 – *Shamrock II*). Die Bekanntheit des Zeichens ist (anders als in §§ 14 II Nr 3, 15 II – MarkenG) allerdings keine zwingende Schutzvoraussetzung (*Ingerl/Rohnke* MarkenG § 14 Rdn 885), sondern nur im Rahmen der Interessenabwägung zu berücksichtigen. **(1)** Unlauterkeit ist nicht schon deshalb anzunehmen, weil es zu einer **Behinderung des Lizenzgeschäfts** des Rechteinhabers kommt. Wenn beispielsweise der Rechteinhaber Lizenzen zur Nutzung von Abbildungen seines Produkts erteilt, nutzt er insoweit nicht sein Kennzeichenrecht, sondern allein den guten Ruf seines Produkts. Dieser bloß wettbewerbliche Besitzstand gibt ihm aber kein Ausschließlichkeitsrecht gegenüber Dritten. Er kann daher nicht geltend machen, sein Lizenzgeschäft werde durch die von ihm nicht gestattete Abbildung seines Erzeugnisses zur Werbung für ein fremdes Produkt behindert (vgl BGHZ 86, 90 = GRUR 1983, 247, 248 – *Rolls Royce:* Abbildung eines Rolls Royce in der Werbung für den Whiskey „Jim Beam"). Anders verhält es sich, wenn die Abbildung ein fremdes Urheberrecht verletzt (BGH GRUR 1960, 144 – *Bambi*). **(2)** Unlauterkeit kann in Gestalt der **Rufausbeutung** (BGHZ 86, 90, 95 f – *Rolls Royce*) vorliegen, da auch sie den Kennzeicheninhaber behindern kann (BGH GRUR 2009, 500 Tz 22 – *Beta Layout; Köhler* GRUR 2007, 548, 552; *Lubberger* WRP 2007, 873, 874; aA *Ohly* GRUR 2009, 709, 716). Sie kommt in Betracht, wenn das kennzeichenrechtlich geschützte Erzeugnis wegen seiner Qualität oder Exklusivität geschätzt wird und der Werbende es aus diesem Grund zum Zweck der **Rufübertragung (Imagetransfer)** als Vorspann für seine Produktwerbung benutzt (vgl BGH aaO – *Rolls Royce*). Das setzt jedoch eine **erkennbare Bezugnahme** auf den Unternehmer oder das Produkt, dessen Ruf ausgenutzt werden soll, voraus (BGHZ 161, 204, 214 = GRUR 2005, 349 – *Klemmbausteine III;* BGH GRUR 2009, 500 Tz 22 – *Beta Layout*). Daran fehlt es bspw bei einer bloßen **Adword-Werbung** (BGH GRUR 2009, 500 Tz 22 – *Beta Layout*). Soweit in derartigen Fällen eine kennzeichenmäßige Benutzung im Hinblick auf eine Beeinträchtigung der Herkunftsfunktion der Marke vorliegt (dazu EuGH GRUR 2010, 455 Tz 87–89 – *Google und Google France*) , ist ohnehin die Beurteilung nach Markenrecht vorrangig. **(3)** Am ehesten kommt noch Unlauterkeit im Falle einer **Rufbeeinträchtigung** in Betracht. Die Rufbeeinträchtigung genügt allerdings für sich allein nicht, um die Unlauterkeit zu begründen. Vielmehr müssen noch **weitere Umstände** hinzukommen. Dabei ist, wie stets, eine Gesamtwürdigung vorzunehmen. Erforderlich sind jedenfalls die Kenntnis des Nachahmers von der Existenz des Kennzeichens und ein Handeln ohne zwingende Notwendigkeit, nicht dagegen eine „böse Absicht" (BGH GRUR 1991, 609, 613 – *SL*). Voraussetzung ist außerdem, dass die Beteiligten Mitbewerber sind, also in einem konkreten Wettbewerbsverhältnis zueinander stehen (Rdn 10.79).

10.83 **b) Monopolisierung von geografischen Herkunftsangaben.** Obwohl geografische Herkunftsangaben keine individuellen Schutz- oder subjektiven Kennzeichenrechte verleihen (BGHZ 139, 138, 140 = GRUR 1999, 252 – *Warsteiner II*), genießen die zur Benutzung der Angabe berechtigten Unternehmen unter dem Gesichtspunkt der individuellen Behinderung lauterkeitsrechtlichen Schutz vor einer Monopolisierung der Angabe durch einen der Berechtigten, etwa durch Aufnahme der Angabe in die Firmenbezeichnung oder durch Eintragung als Marke (BGH GRUR 2001, 73, 77 – *Stich den Buben*).

III. Behinderung durch Zeichenerwerb

1. Anmeldung und Eintragung von Sperrzeichen

10.84 **a) Unlauterkeit. aa) Ausgangspunkt.** Eine gezielte Behinderung kann durch Anmeldung und Eintragung eines **(Sperr-)Zeichens** erfolgen (vgl BGH GRUR 2008, 160 Tz 18–27 – *CORDARONE; Ingerl/Rohnke* MarkenG Vor §§ 14–19 Rdn 169 ff). Die markenrechtlichen Bestimmungen der §§ 8 II Nr 10 und § 50 I MarkenG, Art 51 I lit B GemMVO zur **bösgläubigen Markenanmeldung** (dazu EuGH GRUR 2009, 763 Tz 34–53 – *Lindt & Sprüngli;* BGH GRUR 2009, 780 Tz 9 ff – *Ivadal*) schließen die Anwendung des UWG nicht aus (zum Verhältnis der „bösgläubigen Markenanmeldung" zu § 4 Nr 10 vgl *Osterloh,* FS Ullmann, 2006, 347; *Ullmann* GRUR 2009, 364).

Erste Voraussetzung der Unlauterkeit der Markenanmeldung ist, dass der Anmelder weiß oder wissen muss, dass der Mitbewerber die gleiche oder eine ähnliches Marke im **Inland** oder in einem **anderen Mitgliedstaat** für gleiche oder verwechselbar ähnliche Waren benutzt oder benutzen möchte, ohne hierfür einen formalen Kennzeichenschutz erworben zu haben (EuGH GRUR 2009, 763 Tz 34–53 – *Lindt & Sprüngli;* BGH GRUR 2004, 790, 793 – *Gegenabmahnung;* BGH GRUR 2005, 581, 582 – *The Colour of Elégance*). Dies reicht für sich allein aber nicht aus (BGH WRP 2010, 764 Tz 51 – *WM-Marken*). Vielmehr müssen **besondere Umstände** hinzukommen, die das Verhalten des Anmelders als wettbewerbswidrig erscheinen lassen (BGH GRUR 2008, 160 Tz 19 – *CORDARONE;* BGH GRUR 2008, 917 Tz 20 – *EROS;* BGH WRP 2010, 764 Tz 51 – *WM-Marken*). Das gilt auch in dem Fall, dass ein Hersteller ein Arzneimittel im Inland und im Ausland unter unterschiedlichen Marken vertreibt und der Parallelimporteur die im Ausland geschützte und verwendete Bezeichnung für sich im Inland als Marke eintragen lässt und das Arzneimittel unter dieser Bezeichnung in Kenntnis von seiner Benutzung im Ausland (weiter-)vertreibt. Besondere, die Unlauterkeit begründende Umstände sind nicht darin zu erblicken, dass der Parallelimporteur auf die Benutzung der (Auslands-)Marke des Herstellers nicht angewiesen ist oder dass es sich um Waren handelt, die der Hersteller selbst in den Verkehr gebracht hat (BGH GRUR 2008, 160 Tz 22–27 – *CORDARONE*).

bb) Vorliegen besonderer Umstände. Solche besonderen Umstände liegen nach der Rspr (vgl BGH GRUR 2008, 621 Tz 21 – *AKADEMIKS;* BGH GRUR 2008, 917 Tz 20 – *EROS;* BGH GRUR 2009, 780 Tz 13 – *Ivadal*) vor, wenn ein Unternehmer die **gleiche oder eine verwechslungsfähige Bezeichnung als Marke für gleiche oder gleichartige Waren** eintragen lässt und **eine der drei** folgenden Voraussetzungen erfüllt ist:

(1) Handeln ohne ausreichenden sachlichen Grund mit dem Ziel der Störung eines schutzwürdigen inländischen Besitzstandes des Vorbenutzers. Ein schutzwürdiger Besitzstand setzt eine gewisse Bekanntheit im Prioritätszeitpunkt entweder auf Grund einer im Inland erfolgten Nutzung oder einer überragenden Verkehrsgeltung im Ausland voraus (BGH GRUR 2008, 621 Tz 21 – *AKADEMIKS*).

(2) Handeln in der Absicht, für den Vorbenutzer den Gebrauch der Bezeichnung zu sperren. (stRspr; BGH GRUR 1980, 110, 112 – *Torch;* BGH GRUR 1984, 210, 211 – *AROSTAR;* BGH GRUR 1986, 74, 76 f – *Shamrock III;* BGH GRUR 1991, 465, 467 – *Salomon;* BGH GRUR 1998, 412, 414 – *Analgin;* BGH GRUR 1998, 1034, 1037 – *Makalu;* BGH GRUR 2000, 1032, 1034 – *EQUI 2000;* BGH GRUR 2003, 428, 431 – *BIG BERTHA;* BGH GRUR 2004, 790, 793 – *Gegenabmahnung;* BGH GRUR 2005, 414, 417 – *Russisches Schaumgebäck;* BGH GRUR 2005, 581, 582 – *The Colour of Elégance;* BGH GRUR 2008, 621 Tz 21 – *AKADEMIKS;* BGH GRUR 2008, 160 Tz 21 – *CORDARONE*). Ein schutzwürdiger inländischer Besitzstand ist insoweit nicht erforderlich.

(3) Handeln mit dem Ziel, die kraft Eintragung entstehende und lauterkeitsrechtlich an sich unbedenkliche Sperrwirkung der Marke ohne sachlichen Grund und damit zweckfremd als Mittel des Wettbewerbskampfes einzusetzen. (BGH GRUR 2005, 414, 417 – *Russisches Schaumgebäck;* BGH GRUR 2008, 160 Tz 18–27 – *CORDARONE;* BGH GRUR 2008, 621 Tz 21 – *AKADEMIKS;* BGH WRP 2010, 764 Tz 51 – *WM-Marken*), etwa in der Absicht, das Eindringen eines Mitbewerbers in den Inlandsmarkt zu verhindern (ÖOGH GRUR Int 2000, 560, 562). Voraussetzung ist in diesem Fall die **objektive Eignung** des angemeldeten Zeichens, eine Sperrwirkung zu entfalten und als Mittel des Wettbewerbskampfes eingesetzt zu werden, sowie eine entsprechende **Absicht** (EuGH GRUR 2009, 763 Rdn 44 – *Lindt & Sprüngli;* BGH GRUR 2005, 581, 582 – *The Colour of Elégance*). Die objektive Eignung zur Sperrwirkung fehlt idR nicht schon deshalb, weil die kollidierende Bezeichnung beschreibend und nicht markenmäßig benutzt wird (BGH aaO – *The Colour of Elégance*). Eine Sperrwirkung ist zB dann anzunehmen, wenn das als Formmarke geschützte Produkt im Ausland von verschiedenen Unternehmen nach bestimmten staatlichen Standards hergestellt und nach Deutschland importiert wird (BGH aaO – *Russisches Schaumgebäck*). Das Gleiche gilt, wenn die Wahlfreiheit der Mitbewerber hinsichtlich Form und Aufmachung einer Ware (zB Schokoladeosterhasen) auf Grund technischer oder kommerzieller Erwägungen so beschränkt ist, dass der Markenanmelder den Mitbewerber auch daran hindern kann, vergleichbare Waren zu vermarkten (EuGH GRUR 2009, 763 Rdn 50 – *Lindt & Sprüngli*). Die Behinderungsabsicht setzt voraus, dass der Markenanmelder weiß, dass ein identisches oder verwechslungsfähig ähnliches Zeichen im Ausland bereits für identische oder gleichartige Waren benutzt wird, und sich ihm nach den Umständen zumindest die Kenntnis aufdrängen muss, dass der Inhaber der ausländischen Marke die Absicht hat, das Zeichen in absehbarer Zeit auch im Inland zu benutzen (BGH GRUR 2008, 621 Tz 26 – *AKADEMIKS*). Dass der Anmelder die inländische Marke für eigene Zwecke benutzen will, schließt die Unlauterkeit nicht aus, wenn die unter der Marke zu vertreibenden Waren Nachahmungen der Ware darstellen, die der Inhaber der ausländischen Marke unter dieser Marke vertreibt. Denn die Behinderungsabsicht muss zwar das **wesentliche,** braucht aber nicht das alleinige Motiv des Anmelders zu sein (BGH GRUR 1995, 117, 121 – *NEUTREX;* BGH GRUR 2000, 1032, 1034 – *EQUI 2000;* BGH GRUR 2008, 621 Tz 32 – *AKADEMIKS;* BGH GRUR 2008, 917 Tz 23 – *EROS*). Daher schließt auch eine bestehende Benutzungsabsicht die Unlauterkeit iSd § 4 Nr 10 nicht aus. Um dies festzustellen, ist eine Gesamtabwägung aller Umstände des Einzelfalls erforderlich. Dabei kann der Verlauf der Vertragsbeziehungen zwischen den Parteien eine Rolle spielen (BGH GRUR 2008, 917 Tz 23 ff – *EROS*). – Ein **sachlicher Grund,** der die Behinderungsabsicht ausschließt, kann sein: die Wahrung bestehender Rechte (EuGH GRUR 2009, 763 Rdn 51, 52 – *Lindt & Sprüngli;* BGH GRUR 1984, 210, 211 – *AROSTAR*); das Interesse, eine beschreibende Angabe allgemein verwendbar zu erhalten (BGH GRUR 1994, 905, 908 – *Schwarzwald-Sprudel*); das Interesse, eine „Markenfamilie" des Anmelders fortzuschreiben (BGH GRUR 2005, 581, 582 – *The Colour of Elégance*).

10.85   b) **Rechtsfolgen.** Der Vorbenutzer kann nach §§ 3, 4 Nr 10, 8 I 1 – unabhängig von der Möglichkeit eines Löschungsantrags nach § 54 I iVm § 8 II Nr 10, § 50 I MarkenG wegen bösgläubiger Markenanmeldung – Rücknahme der Anmeldung oder Einwilligung in die Löschung des Zeichens verlangen, wenn bereits die Anmeldung als solche unlauter ist (BGH GRUR 2000, 1032, 1034 – *EQUI 2000*). Dies gilt auch dann, wenn es sich um eine Gemeinschaftsmarke handelt. Der Antrag beim Harmonisierungsamt sowie die Widerklage auf Nichtigerklärung im Verletzungsverfahren nach Art 51 I lit b GMV stellen insoweit keine abschließende Regelung dar (wie hier *Ullmann* GRUR 2009, 364, 365; offen gelassen in BGH GRUR 2005, 581, 582 – *The Colour of Elégance*). Der Vorbenutzer kann sich außerdem gegen markenrechtliche (und auf etwaige auf §§ 3, 4 Nr 10 gestützte) Ansprüche des Anmelders mit dem Einwand des **Rechtsmissbrauchs** zur Wehr setzen (BGH GRUR 1998, 1034, 1037 – *Makalu;* BGH GRUR 2008, 917 Tz 19 – *EROS*). Ist dagegen nur die Geltendmachung der Rechte aus dem eingetragenen Zeichen unlauter, steht dem Vorbenutzer nur der Einwand des Rechtsmissbrauchs zu (BGH GRUR 1984, 210, 211 – *AROSTAR;* BGH GRUR 1986, 74, 76 f – *Shamrock III;* OLG Köln WRP 2009, 1290, 1293). Rechtsmissbräuchlich handelt auch, wer ein wegen Nichtbenutzung löschungsreifes Zeichen allein zu dem Zweck erwirbt, durch dessen einmalige Benutzung die kennzeichenrechtliche Stellung eines Wettbewerbers zu schwächen (BGH GRUR 1995, 117, 121 – *NEUTREX;* OLG Köln NJWE-WettbR 2000, 38). Dem Vorbenutzer steht allerdings kein Unterlassungs- und Schadensersatzanspruch aus §§ 3, 4 Nr 10 iVm §§ 8, 9 wegen der bloßen Verwendung des Zeichens zu, weil darin noch keine gezielte Behinderung liegt (OLG Karlsruhe GRUR 1997, 373, 375).

2. Anmeldung und Eintragung von Marken zu Spekulationszwecken

10.86   Grundsätzlich ist es zulässig, Marken zu dem bloßen Zweck der späteren Übertragung oder Lizenzvergabe anzumelden (arg §§ 27, 30 MarkenG). Dies reicht an sich für einen Benutzungswillen aus (BGH GRUR 2009, 780 Tz 19 – *Ivadal*) und kommt insbes bei Werbeagenturen oder Markendesignern in Betracht. Jedoch ist eine unlautere Behinderung (und zugleich „Bösgläubigkeit" iSv § 8 II Nr 10, § 50 I Nr 4 MarkenG) anzunehmen, wenn auf Grund der tatsächlichen Umstände anzunehmen ist, der Anmelder werde in **rechtsmissbräuchlicher** Weise versuchen, Dritte zum Erwerb der Markenrechte zu veranlassen. Dies kann insbes dann der Fall sein, wenn Marken nicht im Hinblick auf eine Vielzahl in Betracht kommender, im Einzelnen noch unbestimmter und allenfalls nach abstrakten Merkmalen umschriebener potenzieller Interessenten auf Vorrat angemeldet werden, sondern im Zeitpunkt der Anmeldung die Veräußerung an einzelne, bereits bestimmte Dritte nahe liegt. Voraussetzung ist dabei, dass deren Interesse im Wesentlichen darin besteht, nicht durch die Eintragung der Marke an der Verwendung der bislang ungeschützten Kennzeichnung gehindert zu werden (BGH GRUR 2009, 780 Tz 20 – *Ivadal*). Man spricht insoweit von **Hinterhaltsmarken** (BGH GRUR 2001, 242, 244 – *Classe E;* BGH GRUR 2009, 780 Tz 10 – *Ivadal; Helm* GRUR 1996, 593, 600). Für die Abwehr von Unterlassungs- und Schadensersatzansprüchen reicht es jedoch idR aus, dem Markenverletzer den **Einwand des Rechtsmissbrauchs** zuzubilligen (vgl auch § 8 IV) bzw eine Feststellungsklage (BGH aaO – *Classe E*) zuzulassen. Dadurch lässt sich auch besser den Umständen des Einzelfalls Rechnung tragen.

3. Anmeldung und Eintragung von Internet-Domains

a) Sachverhalt. Die Vergabe von „Domains" (Internet-Adressen) erfolgt durch Network Information Centers (NIC), etwa für die Top-Level-Domain „*de*" durch die „DENIC eG" in Deutschland, für die Top-Level-Domain „*com*" in den USA durch das INTERNIC/Network Solutions, auf Antrag einer beliebigen Person nach dem Prioritätsprinzip, ohne Prüfung etwaiger kollidierender Zeichenrechte Dritter (vgl näher BGHZ 148, 13 = WRP 2001, 1305, 1308 – *ambiente.de;* OLG Frankfurt WRP 2000, 214; *Bettinger/Freytag* CR 1999, 28, 29 f; *Ubber* WRP 1997, 497; *Marwitz* ZUM 2001, 398). Domains dienen der Abgrenzung der unter dieser Adresse registrierten Person oder Einrichtung von anderen Internet-Teilnehmern, werden nur einmal vergeben und haben daher Kennzeichnungsfunktion (OLG München GRUR 2000, 518, 519; *Fezer* WRP 2000, 669). Der Vertragsschluss mit der Registrierungsstelle begründet für den Domaininhaber ein relativ wirkendes vertragliches Nutzungsrecht, das dem Inhaber des Domainnamens ebenso ausschließlich zugewiesen ist wie das Eigentum an einer Sache (BVerfG GRUR 2005, 261 – *adacta.de;* BGH GRUR 2009, 685 Tz 31 – *ahd.de*). Die Eintragung eines Domainnamens begründet allerdings für sich allein noch kein Unternehmenskennzeichenrecht, weil damit noch keine Benutzung im geschäftlichen Verkehr verbunden ist (BGH GRUR 2009, 685 Tz 30 – *ahd.de*). Dies gilt auch dann, wenn dieser Domainname anderweitig zum Erwerb angeboten wird (BGH GRUR 2009, 685 Tz 30 – *ahd.de*). Ein Unternehmensrecht kann vielmehr erst nach Aufnahme der Benutzung des Domainnamens entstehen und setzt weiter voraus, dass der Verkehr in dem Domainnamen einen Herkunftshinweis erkennt (BGH GRUR 2008, 1099 Tz 22 – *afilias.de;* BGH GRUR 2009, 685 Tz 29 – *ahd.de*). 10.87

b) Kennzeichenverletzung durch Domain-Eintragung. Die Anmeldung und Registrierung von Domains kann bestehende Kennzeichenrechte Dritter (Marken, Unternehmenskennzeichen, geografische Herkunftsangaben, Namen) verletzen (BGH GRUR 2009, 685 Tz 15 ff – *ahd.de*). Dagegen setzt sich ein erst nach der Registrierung des Domainnamens entstehendes Namens- oder Kennzeichenrecht nicht ohne weiteres gegenüber dem Nutzungsrecht des Domaininhabers durch (BGH GRUR 2008, 1099 Tz 32 – *afilias.de;* BGH GRUR 2009, 685 Tz 31– *ahd.de*). 10.88

aa) Kennzeichenmäßiger Gebrauch. Die Verwendung eines fremden Kennzeichens als Domain kann einen kennzeichenmäßigen Gebrauch darstellen, wenn der Verkehr darin keine bloße Adressbezeichnung, sondern einen Hinweis auf das dahinter stehende Unternehmen oder auf die betriebliche Herkunft von Waren oder Dienstleistungen aus einem bestimmten Unternehmen sieht (BGH GRUR 2009, 685 Tz 20 – *ahd.de;* BGH GRUR 2005, 871, 873 – *Seicom; Büscher/Dittmer/Schiwy* § 14 MarkenG Rdn. 123) sieht. Ein kennzeichenmäßiger Gebrauch ist zB auch dann gegeben, wenn der Domainname für ein Internetportal mit bestimmten Angeboten verwendet wird (BGH GRUR 2009, 685 Tz 22 – *ahd.de*). Der Kennzeichengebrauch ist bereits in der Registrierung zu erblicken, mag auch noch keine Homepage eingerichtet worden sein (BGH GRUR 2002, 622, 624 – *shell.de;* OLG Dresden NJWE-WettbR 1999, 133, 135; *Wüstenberg* GRUR 2003, 109, 111). 10.89

bb) Anspruchsgrundlagen. Handelt es sich um Kennzeichen iSd § 1 MarkenG, kommen Ansprüche aus den §§ 14 II, 15 II, 127, 128 MarkenG in Betracht. Im Anwendungsbereich des MarkenG (§§ 14, 15, 128 MarkenG) ist für eine gleichzeitige Anwendung der §§ 3, 4 Nr 10 und 5 sowie der §§ 12 und 823 I BGB grds kein Raum mehr (BGH GRUR 2002, 622, 623 – *shell.de* mwN auch zur Gegenansicht; BGH GRUR 2002, 706, 707 – *vossius.de*). Wettbewerbsrechtliche Ansprüche kommen nur dann in Betracht, wenn sie sich gegen ein Verhalten richten, das als solches nicht Gegenstand der kennzeichenrechtlichen Regelung ist (Rdn 10.94; BGH GRUR 2004, 235, 238 – *Davidoff II;* BGH GRUR 2009, 685 Tz 38 – *ahd.de*). Auch greift § 12 BGB ein, wenn die Domain nicht im geschäftlichen, sondern nur im privaten Verkehr verwendet wird (BGH aaO – *shell.de; Wüstenberg* GRUR 2003, 109). Jedoch liegt eine Namensverletzung nur vor, wenn der Domainname als Name verwendet wird (für die Bezeichnung „Netz" verneint von OLG Stuttgart MMR 2002, 388). 10.90

cc) Verwechslungsgefahr. Bei der Prüfung der Zeichenidentität oder -ähnlichkeit ist zu berücksichtigen, dass der Verkehr zu größerer Aufmerksamkeit gezwungen ist, weil die Namensbildung im Internet im Hinblick auf die standardisierte Schreibweise (insbes keine Leerzeichen; keine grafischen Unterschiede) beschränkt ist. Dabei hat aber die funktionale Top-Level-Domain („de", „com" usw) und der Zusatz „www." außer Betracht zu bleiben, da ein solcher Zusatz im Internet zwingend erforderlich ist (BGH GRUR 2009, 685 Tz 26 – *ahd.de;* OLG München 10.91

GRUR 2000, 518, 519). Zeichenähnlichkeit war daher zu bejahen zwischen der Firma „buecher.de AG" und der Domain „buecherde.com" (OLG München aaO), zwischen der Marke „CHECK IN" und der Domain „checkin.com", zwischen der Kanzleibezeichnung „Vossius & Partner" und der Domain „vossius.de" (BGH GRUR 2002, 706, 707 – vossius.de), zwischen der Unternehmenskurzbezeichnung „ahd" und der Domain „www.ahd.de". Die Wahl einer anderen Top-Level-Domain (also zB „com" statt „de") schließt deshalb die Verwechslungsgefahr auch nicht zwingend aus. Die Domain „lotto-privat.de" verletzt nicht das Firmenschlagwort „Westlotto", da „West" ein prägender Bestandteil ist (OLG Köln WRP 2002, 244, 248). Bei der Prüfung der Waren- oder Dienstleistungsähnlichkeit (§ 14 II Nr 2 MarkenG) ist idR von den Waren oder Dienstleistungen auszugehen, die über die Domain beworben werden (OLG München MMR 2000, 277; KG GRUR-RR 2002, 180, 181; OLG Köln WRP 2002, 249, 251 zur Bewerbung von Lottospielergemeinschaften). Das hilft aber nicht weiter, wenn der Domain-Name lediglich registriert ist, aber noch keine Homepage eingerichtet wurde (vgl OLG Frankfurt WRP 2000, 645).

10.92   dd) Beispiele. Kennzeichenverletzung wurde bejaht bei Verwendung der Domain „rolls-royce.de" (im Hinblick auf die Marke „Rolls Royce"; OLG München GRUR 2000, 519); „buecher.de" (im Hinblick auf das Unternehmenskennzeichen „buecher.de AG"; OLG München GRUR 2000, 518); „zwilling.de" (im Hinblick auf die Marke „Zwilling"; OLG Karlsruhe WRP 1998, 900); „shell.de" (im Hinblick auf den Firmennamen „Shell AG"; BGH GRUR 2002, 622); „freelotto" (im Hinblick auf die prioritätsältere Marke „LOTTO", soweit es um die Bewerbung und das Angebot von Spielergemeinschaften geht; OLG Köln WRP 2002, 249); „vossius.de" im Hinblick auf die Kanzleibezeichnung „Vossius & Partner" (BGH GRUR 2002, 706, 707 – vossius.de); „ahd.de" im Hinblick auf das Unternehmenskennzeichen „ahd" (BGH GRUR 2009, 685 Tz 27 – ahd.de). Kennzeichenverletzung wurde verneint bei Verwendung der Domain „alcon.de" (im Hinblick auf fehlende Branchennähe und fehlende Ausnutzung der Bekanntheit des fremden Zeichens; OLG Frankfurt WRP 2000, 772); „champagner.de" (kein Verstoß gegen § 127 III MarkenG und § 3, da Homepage lediglich als Informationsquelle und Werbemedium für Champagner genutzt; OLG München WRP 2002, 111); „weideglueck.de" (im Hinblick auf fehlende Waren- oder Dienstleistungsähnlichkeit und Branchennähe; OLG Frankfurt WRP 2000, 645); „checkin.com" (im Hinblick auf fehlende Waren- oder Dienstleistungsähnlichkeit und Branchennähe; KG GRUR 2001, 180).

10.93   ee) Gleichnamigkeit. Soweit es den geschäftlichen Verkehr betrifft, kann derjenige, der ein Kennzeichenrecht nach § 5 II MarkenG erworben hat, vom Gleichnamigen zur Vermeidung einer Verwechslungsgefahr verlangen, dass er bei Verwendung des Namens im Internet darauf Rücksicht nimmt. Das kann entweder durch Aufnahme eines unterscheidenden Zusatzes in die Internet-Adresse geschehen oder aber als milderes Mittel durch einen Hinweis auf der Ersten sich öffnenden Internet-Seite, dass es sich nicht um die Homepage des anderen Namensträgers handelt (BGH GRUR 2002, 706, 708 – vossius.de). – Soweit es den privaten Verkehr betrifft, ist bei Gleichnamigkeit der Kennzeicheninhaber durch Interessenabwägung zu entscheiden, wem der Vorrang gebührt. Dabei gilt in erster Linie der Grundsatz der Priorität der Anmeldung, auch wenn der Erstanmelder nur private und keine geschäftlichen Interessen verfolgt und/oder weniger bekannt ist (BGH GRUR 2002, 706, 709 – vossius.de). Beim Prioritätsgrundsatz muss es auch dann bleiben, wenn der Gegner über ein relativ stärkeres Recht verfügt als der Inhaber des Domain-Namens, da der Rechtsverkehr im Hinblick auf die Fülle von möglichen Konflikten auf eine einfach zu handhabende Grundregel angewiesen ist (BGH aaO – vossius.de). Dies gilt auch beim Konflikt zwischen dem Namensrecht eines Privaten und einer Gemeinde (LG Erfurt MMR 2002, 396; LG Düsseldorf MMR 2002, 398). Die Interessen eines Privaten haben aber im Interesse der großen Mehrzahl der Internet-Nutzer zurückzutreten, wenn es sich um eine Marke mit überragender Bekanntheit handelt. Ihm ist dann die Verwendung eines unterscheidenden Zusatzes zuzumuten (BGH GRUR 2002, 622, 625 – shell.de).

10.94   c) Wettbewerbsverstoß durch Domain-Eintragung. aa) Domain-Grabbing. Die Anmeldung kann, wenn sie darauf gerichtet ist, sich den Domainnamen vom Kennzeicheninhaber abkaufen oder lizenzieren zu lassen (Domain-Grabbing), unter bestimmten Voraussetzungen den Tatbestand der gezielten Behinderung eines Mitbewerbers erfüllen. Im Einzelnen: Die Anmeldung eines Domainnamens zur geschäftlichen Verwertung stellt eine geschäftliche Handlung iSd § 2 I Nr 1 dar (BGH GRUR 2009, 685 Tz 40 – ahd.de). Der Kennzeicheninhaber ist als Mitbewerber iSd § 2 I Nr 3 anzusehen. Dies ergibt sich daraus, dass der Anmelder und der Kennzeicheninhaber den gleichen Domainnamen unter der gleichen Top-Level-Domain (insbes

„.de") für sich registrieren lassen wollen (BGH GRUR 2009, 685 Tz 40 – *ahd.de*). Das konkrete Wettbewerbsverhältnis wird durch die Anmeldung begründet, weil sie objektiv darauf gerichtet ist, den Wettbewerb des Anmelders zum Nachteil des Wettbewerbs des Kennzeicheninhabers zu fördern (vgl *Köhler* WRP 2009, 499, 505 f). Eine **Behinderung** iSd § 4 Nr 10 ergibt sich daraus, dass die Verwendung eines unterscheidungskräftigen, nicht zugleich als Gattungsbegriff verstandenen Domainnamens im geschäftlichen Verkehr als Hinweis auf den Betreiber des jeweiligen Internetauftritts verstanden wird (BGH GRUR 2008, 1090 Tz 25 – *afilias.de*) und der Kennzeicheninhaber infolge des Prioritätsgrundsatzes bei der Anmeldung daran gehindert wird, unter demselben Domainnamen mit derselben Top-Level-Domain Waren oder Dienstleistung anzubieten. Dies beeinträchtigt ihn in seinen wettbewerblichen Entfaltungsmöglichkeiten (BGH GRUR 2009, 685 Tz 40 – *ahd.de*). Eine Behinderung kommt daher auch dann in Betracht, wenn das fremde Kennzeichen keine Priorität gegenüber dem Domainnamen besitzt (BGH GRUR 2009, 685 Tz 31 – *ahd.de*). – Ob eine **gezielte** Behinderung vorliegt, beurteilt sich nach den allgemeinen Grundsätzen (Rdn. 10.10, 10.11), insbes danach ob das Eigeninteresse des Domaininhabers unter Berücksichtigung des Grundsatzes der Wettbewerbsfreiheit weniger schutzwürdig ist als die Interessen der übrigen Beteiligten und der Allgemeinheit. Dafür reicht es idR nicht aus, dass der Kennzeicheninhaber infolge des Prioritätsgrundsatzes bei der Anmeldung gehindert ist, denselben Domainnamen für sich registrieren zu lassen, weil und soweit er auf eine andere Unternehmensbezeichnung (BGH GRUR 2008, 1099 Tz 33 – *afilias.de*) oder – soweit noch verfügbar – auf eine andere Top-Level-Domain ausweichen kann (BGH GRUR 2009, 685 Tz 40 – *ahd.de*). Eine gezielte Behinderung liegt jedoch vor, wenn der Domaininhaber bei der Anmeldung oder beim Halten des Domainnamens rechtsmissbräuchlich handelt. Das ist insbes dann anzunehmen, wenn der Domaininhaber den Domainnamen ohne ernsthaften Benutzungswillen in der Absicht hat registrieren lassen, sich diesen von dem Inhaber eines entsprechenden Kennzeichen- oder Namensrechts abkaufen zu lassen, weil diese befürchten müssen, andernfalls mit Unterlassungs- und Schadensersatzklagen überzogen zu werden (BGH GRUR 2008, 1099 Tz 33 – *afilias.de;* BGH GRUR 2009, 685 Tz 43, 46 – *ahd.de*). Allerdings reicht für einen ernsthaften Benutzungswillen die Absicht aus, den Domainnamen an interessierte Dritte zu verkaufen oder zur Nutzung zu überlassen, so dass es auf eine eigene Nutzung nicht ankommt. Von einer gezielten Behinderung ist daher nicht schon dann auszugehen, wenn der Domaininhaber eine Vielzahl von Domainnamen auf sich registrieren lässt, um sie potentiellen Käufern oder Nutzern anzubieten und im Zeitpunkt der Anmeldung für ihn kein besonderes Interesse eines bestimmten Unternehmens erkennbar war, gerade einen dieser Geschäftsbezeichnung entsprechenden Domainnamen zu verwenden. Letzteres ist anzunehmen, wenn das dem Domainnamen entsprechende Unternehmenskennzeichen erst nach der Registrierung des Domainnamens in Gebrauch genommen wird und damit erst entsteht (BGH GRUR 2009, 685 Tz 46, 47 – *ahd.de*).

bb) Eintragung von Allgemeinbegriffen als Domains. (1) Werden Allgemein- oder Gattungsbegriffe als Domains registriert (zB „buecher.de"; „rechtsanwaelte.de"; „sauna.de"; „autovermietung.com"; „drogerie.de"), ohne dass ein entsprechendes Kennzeichenrecht besteht, liegt darin im Allgemeinen noch **kein unlauteres Verhalten.** Zwar kann die Verwendung solcher beschreibender Begriffe zu einer gewissen Kanalisierung von Kundenströmen führen, weil der einzelne Internet-Nutzer, der den entsprechenden Begriff als Internet-Adresse eingibt, möglicherweise aus Bequemlichkeit auf weiteres Suchen verzichtet. Dies reicht jedoch nicht aus, um eine unbillige Behinderung von Mitbewerbern durch Abfangen von Kunden oder eine unsachliche Beeinflussung von Verbrauchern anzunehmen (BGHZ 148, 1 = GRUR 2001, 1061, 1063 – *Mitwohnzentrale.de;* OLG Frankfurt WRP 2002, 1452, 1454; LG Frankenthal GRUR-RR 2006, 13, 14; *Sosnitza* K&R 2001, 111, 113; *Ernst* MMR 2001, 181, 182). Denn maßgebend ist das Leitbild des Durchschnittsverbrauchers, der das Werbeverhalten mit einer der Situation angemessenen Aufmerksamkeit verfolgt und sich daher der Nachteile der Suchmethode der unmittelbaren Eingabe eines Gattungsbegriffs als Internet-Adresse bewusst ist. Auch besteht kein Interesse der Allgemeinheit, der Verbraucher, derartige Begriffe „freizuhalten", dh von der Registrierung als Domain auszuschließen, da ansonsten die Suchfunktion aufgehoben würde, die derartigen Begriffen als Domain-Namen zukommen kann (BGH aaO – *Mitwohnzentrale.de;* eingehend zur Interessenabwägung *Beater* JZ 2002, 275; für Teilhaberechte *Buchner* GRUR 2006, 984, 988).

(2) Wohl aber kann im Einzelfall eine **irreführende Werbung** (§ 5) vorliegen. So ist eine unzulässige **Alleinstellungswerbung** anzunehmen, wenn der Benutzer irrig annimmt, es handle sich um den alleinigen Anbieter solcher Leistungen (BGH aaO – *Mitwohnzentrale.de;* Kur CR 1996, 325, 329 f; *Sosnitza* K&R 2000, 209, 215; *Ubber* WRP 1997, 497, 510; krit *Beater* JZ 2002, 275, 279). Maßgebend ist auch insoweit der Maßstab des durchschnittlich informierten, aufmerksamen und verständigen Verbrauchers, so dass eine Irreführung dann ausscheidet, wenn die gefundene Homepage erkennbar nicht das gesamte Angebot darstellt (zB bei „autovermietung.com"; „buecher.de"; „rechtsanwaelte.de"). Auch ist zu berücksichtigen, dass die Vorstellungen eines Internet-Nutzers von einer generischen Domain idR nicht sehr konkret sind (vgl OLG Frankfurt WRP 2002, 1452, 1456). Eine irreführende Alleinstellungswerbung kann im Übrigen vermieden werden, indem entweder der Allgemeinbegriff mit einem unterscheidungskräftigen Zusatz versehen (zB baumarkt.mueller.de) oder auf der Homepage auf weitere Anbieter hingewiesen wird (BGH aaO – *Mitwohnzentrale.de;* OLG Hamburg GRUR 2003, 1058). Dagegen besteht kein Anspruch auf eine Teilhabe (Domain-Name-Sharing) an generischen Domain-Namen (BGH aaO – *Mitwohnzentrale.de;* aA *Viefhues* MMR 2000, 334; *Renck* WRP 2000, 264, 268). Die Verwendung eines rein beschreibenden Begriffs kann gegen § 5 verstoßen, wenn er ein Angebot einer Leistung enthält, die so nicht erbracht wird oder erbracht werden kann (OLG Nürnberg WRP 2002, 343 zur Domain „steuererklaerung.de" durch einen Lohnsteuerhilfeverein). Die Domain „drogerie.de" begründet allerdings nicht die Vorstellung, hinter dieser Domain stehe ein Drogist, also ein Anbieter von Drogerieartikeln, so dass der Aufbau eines Internet-Portals mit dieser Domain nicht irreführend ist (OLG Frankfurt WRP 2002, 1452, 1456).

(3) Eine unlautere Behinderung unter dem Gesichtspunkt des **missbräuchlichen Rechtserwerbs** liegt dann vor, wenn der Anmelder denselben Begriff mehrfach registrieren lässt, etwa durch Verwendung anderer Schreibweisen oder durch Anmeldung unter einer anderen Top-Level-Domain (BGH aaO – *Mitwohnzentrale.de;* BGH WRP 2005, 614, 616 – *Literaturhaus;* OLG Frankfurt WRP 2002, 1452, 1456). – Dagegen reicht es nicht aus, wenn sich ein Unternehmen einen Gattungsbegriff, den ein Mitbewerber ohne Umlautschreibweise als Domain verwendet (zB „schluesselbaender.de"; „Guenstig.de"), als Domain mit Umlautschreibweise („zB „schlüsselbänder.de"; „günstig.de") registrieren lässt (OLG Köln GRUR 2006, 19; LG Frankenthal GRUR-RR 2006, 13, 14).

10.96 **d) Rechtsfolgen.** Die unberechtigte Domain-Registrierung kann marken-, lauterkeits- und bürgerlichrechtliche Unterlassungs-, Beseitigungs- und – bei Verschulden – Schadensersatzansprüche auslösen. Marken- und lauterkeitsrechtliche Ansprüche setzen allerdings voraus, dass der Anmelder **im geschäftlichen Verkehr** handelt bzw eine geschäftliche Handlung iSd § 2 I Nr 1 vornimmt (dazu BGH GRUR 2002, 622, 623 f – *shell.de;* OLG Köln WRP 2002, 244).

10.97 **aa) Unterlassungs- und Beseitigungsanspruch.** Der verletzte Kennzeicheninhaber kann **Unterlassung** der Domain-Verwendung und **Beseitigung** (durch Abgabe einer Löschungs- bzw Verzichtserklärung gegenüber DENIC) verlangen. Der Unterlassungsanspruch setzt nicht voraus, dass das Kennzeichen bereits markenrechtlichen Schutz genießt (ÖOGH MMR 1999, 662). Anspruchsgrundlagen sind §§ 14, 15 MarkenG, § 3 iVm § 4 Nr 10 (bei geschäftlicher Handlung), § 12 BGB (BGH GRUR 2002, 622, 626 – *shell.de;* OLG München NJW-RR 1998, 984; OLG Hamm NJW-RR 1998, 909) oder §§ 826, 1004 BGB (OLG Frankfurt WRP 2000, 645, das aber zu Unrecht zusätzlich § 226 BGB heranzieht). Die **Übertragung** der Domain kann nicht verlangt werden, weil dies über die geschuldete Unterlassung und Beseitigung hinausginge (BGH GRUR 2002, 622, 626 – *shell.de;* aA *Kiethe/Groeschke* WRP 2002, 27, 34). Ein derartiger Anspruch kann auch nicht auf angemaßte Eigengeschäftsführung (§§ 687 II, 681, 667 BGB), Eingriffskondiktion (§ 812 I 1 2. Alt BGB) oder Schadensersatz (§ 249 I BGB) gestützt werden. Denn im Hinblick darauf, dass es mehrere Namensträger geben kann, die eine Registrierung dieses Namens beantragen können, handelt es sich bei der Registrierung weder um ein Geschäft eines bestimmten Namensträgers noch ist der Eintrag eines Namens einer bestimmten Person wie ein absolutes Recht zugewiesen (krit *Hoeren* MMR 2002, 386). Schadensersatz durch Übertragung scheidet aus, weil der Verletzte dadurch besser gestellt würde als zuvor (BGH GRUR 2002, 622, 626 – *shell.de).* Dies gilt auch dann, wenn nach Lage der Dinge der verletzte Kennzeicheninhaber sein Recht gegenüber jedem Dritten durchsetzen kann.

10.98 **bb) Schadensersatzanspruch.** An die Beachtung der im Verkehr erforderlichen Sorgfalt sind im Bereich des gewerblichen Rechtsschutzes und des Lauterkeitsrechts strenge Anforderungen zu stellen. Es genügt, dass der Verletzer mit einer von seiner eigenen Einschätzung abweichenden Beurteilung durch die Gerichte rechnen muss (BGHZ 141, 329, 345 = GRUR 1999, 923 – *Tele-Info-CD;* BGH GRUR 2002, 622, 626 – *shell.de).* Der Schaden auf Grund einer

Domain-Registrierung kann in der Behinderung des Werbewerts des bekannten Kennzeichens liegen, weil der Kennzeicheninhaber an einer entsprechenden Nutzung des Kennzeichens als Internet-Adresse gehindert und das an seinem Internet-Auftritt interessierte Publikum auf eine falsche Fährte gelockt wird (BGH GRUR 2002, 622, 625 – *shell.de*). Dass daneben das Betrachten der Homepage des Verletzers Assoziationen zum Kennzeichen des Verletzten weckt, fällt nicht ins Gewicht (BGH aaO – *shell.de*). Zur Schadensberechnung nach der Lizenzanalogie vgl LG Mannheim WRP 2002, 254.

e) (Mit-)Haftung der DENIC? Eine (Mit-)Haftung der DENIC eG, der Registrierungsstelle für „de"-domains, als Vergabestelle aus §§ 14, 15 MarkenG, § 8 iVm § 3 oder §§ 12, 823 ff, 1004 BGB wegen der Vergabe einer kennzeichenverletzenden oder sonst behindernden Domain kommt nach den allgemeinen Grundsätzen der Beteiligten- oder Störerhaftung in Betracht (dazu § 8 Rdn 2.2 ff und 2.11 ff). Da die DENIC ein Monopol für die Domainvergabe besitzt, kommt auch eine Haftung aus §§ 19, 20 I GWB iVm § 33 GWB in Frage (dazu *Bücking* GRUR 2002, 27). Voraussetzung dafür ist, dass ihr der Kennzeichen- bzw Rechtsverstoß bekannt ist oder sie ihn für möglich hält und billigend in Kauf nimmt. Dafür reicht es nicht aus, dass der Verletzte auf sein besseres Recht hinweist, da es der Vergabestelle weder möglich noch zumutbar ist, eine entsprechende Prüfung vorzunehmen. Wohl aber genügt es, wenn der Vergabestelle die Zeichenverletzung nachgewiesen wird (zB durch Vorlage eines rechtskräftigen Titels gegen den Domain-Nutzer oder einer in ihrer Wirksamkeit nicht bestrittenen Unterwerfungserklärung) oder die Kennzeichenverletzung offensichtlich war (zB bei identischer Benutzung eines berühmten Kennzeichens mit überragender Verkehrsgeltung auch in allgemeinen Verkehrskreisen) und ihre Kenntnis sich der Vergabestelle daher aufdrängen musste (BGH WRP 2001, 1305, 1308 – *ambiente.de*; *Bettinger/Freytag* CR 1999, 28, 31 ff; *Nägele* WRP 2002, 138, 144; *Renck* NJW 1999, 3587, 3593; *Welzel* MMR 2000, 39, 40). Entsprechendes gilt für die Vergabe von Domains für Allgemeinbegriffe. Die Verantwortlichkeitsregelungen der §§ 7 ff TMG finden auf die Haftung der Vergabestelle keine – auch keine analoge – Anwendung (OLG Frankfurt WRP 2000, 214, 217).

4. Anmeldung von Vanity-Rufnummern

Bei Vanity-Rufnummern handelt es sich um alphanumerisch umgesetzte Telefonnummern, bei denen an die Stelle einer Zahlenkombination ein Begriff tritt (zB 0800-CABCALL). Derartige Nummern prägen sich dem Nutzer leichter ein und können daher zu Werbezwecken benutzt werden. Die Verwendung fremder Kennzeichen für Vanity-Nummern kann gegen Namens- und Markenrecht verstoßen. Unlauter kann die Anmeldung und Registrierung solcher Nummern unter dem Aspekt der Irreführung und der gezielten Behinderung sowie der unangemessenen unsachlichen Beeinflussung sein (vgl *Jonas/Schmitz* GRUR 2000, 183). Ein Rechtsanwalt, der eine Vanity-Rufnummer nutzt, die mit den berufsbezeichnenden oder tätigkeitsbeschreibenden Begriffen „Rechtsanwalt", „Anwaltskanzlei" oder „Rechtsanwaltskanzlei" belegt ist, verstößt nicht gegen § 5. Dass Mitbewerber von der gleichen Werbemöglichkeit ausgeschlossen sind, weil die Nummer nur einmal vergeben werden kann, macht die Werbung nicht unsachlich iSv § 6 BORA. Auch liegt keine Behinderung von Mitbewerbern (§ 4 Nr 10) vor, weil der Verkehr darin keine Alleinstellungsbehauptung erblickt (BGH WRP 2002, 1050 – *Vanity-Nummer*).

IV. Bürgerlichrechtlicher Schutz der berühmten Marke

1. Subsidiarität des bürgerlichrechtlichen Schutzes

Ein bürgerlichrechtlicher Kennzeichenschutz kommt nur in Betracht, wenn weder das MarkenG noch das UWG eingreift (BGH GRUR 2002, 622, 623 – *shell.de* mwN). Der früher auf die §§ 12, 823 I (Marke als Bestandteil des eingerichteten und ausgeübten Gewerbebetriebs bzw als „sonstiges Recht"), 1004 BGB gestützte **Schutz der berühmten Marke vor Verwässerung** (BGH GRUR 1987, 711, 713 – *Camel Tours*) ist aber durch § 14 II Nr 3 MarkenG weit gehend entbehrlich geworden (*Piper* GRUR 1996, 429, 436; einschränkend *Krings* GRUR 1996, 624). Einen etwaigen verbleibenden Bereich deckt wiederum in Teilbereichen das Lauterkeitsrecht ab. Voraussetzung dafür ist allerdings, dass die Beteiligten in einem konkreten Wettbewerbsverhältnis (§ 2 I Nr 3) zueinander stehen.

2. Verbleibender Anwendungsbereich

10.102 Der verbleibende Anwendungsbereich für einen bürgerlichrechtlichen Schutz der Marke ist demnach praktisch auf Fälle beschränkt, in denen weder eine kennzeichenmäßige Benutzung iSd § 14 MarkenG noch ein Handeln gegenüber einem Mitbewerber erfolgt. So etwa, wenn Privatpersonen eine berühmte Marke verunglimpfen.

6. Abschnitt. Behinderung durch Mitarbeiterabwerbung

Schrifttum: *Günther,* Ja, wo laufen sie denn? – Sanktionsmöglichkeiten des Arbeitgebers gegen unlauteres Abwerben von Mitarbeitern, WRP 2007, 240; *Kicker,* Problematik des Beschäftigungsverbotes als Nachlese zum „López-Szenario", FS Piper, 1996, 273; *Lindacher,* Headhunting am Arbeitsplatz, FS Erdmann, 2002, 647; *Ohly,* Die Verleitung zum Vertragsbruch im englischen und deutschen Recht: Zukunfts- oder Auslaufmodell?, FS Spellenberg, 2010, 617; *Piper,* Zur Wettbewerbswidrigkeit des Einbrechens in fremde Vertragsbeziehungen durch Abwerben von Kunden und Mitarbeitern, GRUR 1990, 643; *Quiring,* Muss die telefonische Anwerbung von Mitarbeitern verboten werden?, WRP 2000, 33; *ders,* Die Abwerbung von Mitarbeitern im Licht der UWG-Reform – und vice versa, WRP 2003, 1181; *Scherer,* Verleiten zum Vertragsbruch – Neukonzeption aufgrund § 4 Nr. 10 UWG und der RL-UGP, WRP 2009, 518; *Schmiedl,* Mitarbeiterabwerbung durch Kollegen während des laufenden Arbeitsverhältnisses, BB 2003, 1120; *Sosnitza,* Verleiten zum Vertragsbruch – Berechtigte Fallgruppe oder alter Zopf?, WRP 2009, 373; *Wedemeyer,* Beschäftigungsverbot trotz Beschäftigungspflicht, FS Traub, 1994, 437.

I. Grundsätzliche Zulässigkeit des Abwerbens

10.103 Die Freiheit des Wettbewerbs erstreckt sich auch auf die **Nachfrage** nach Arbeitnehmern. Unternehmer haben keinen Anspruch auf den Bestand ihrer Mitarbeiter. Die für ein Unternehmen Tätigen sind zudem in der Wahl ihres Arbeitsplatzes frei (Art 12 GG). Das **Abwerben von Mitarbeitern (= Ausspannen)** eines Unternehmers, gleichgültig, ob er auf dem Absatzmarkt Mitbewerber ist oder nicht, ist daher lauterkeitsrechtlich **grds erlaubt** (BGH GRUR 1961, 482 – *Spritzgussmaschine;* BGH GRUR 1966, 263 – *Bau-Chemie;* BGH GRUR 1984, 129, 130 – *shop-in-the-shop I;* BGH GRUR 2006, 426 Tz 18 – *Direktansprache am Arbeitsplatz II;* OLG Karlsruhe GRUR 2002, 459; OLG Hamm GRUR-RR 2004, 27, 29; *Piper* GRUR 1990, 643, 647). Dies gilt auch dann, wenn die Abwerbung bewusst und planmäßig erfolgt (BGH GRUR 1966, 263 – *Bau-Chemie*), insbes von einem Mitbewerber im Absatz oder einem von ihm beauftragten berufsmäßigen Abwerber **(Headhunter)** ausgeht. Grds spielt es auch keine Rolle, welche (Schlüsselkräfte) oder wie viele Mitarbeiter abgeworben werden. Will sich ein Unternehmen vor einer Abwerbung seiner Mitarbeiter schützen, so kann es dies durch entsprechende Zugeständnisse oder durch Auferlegung vertraglicher **Wettbewerbsverbote** (§§ 74 ff, 90 a HGB) erreichen (ebenso OLG Brandenburg WRP 2007, 1368, 1370). Dagegen sind Absprachen zwischen konkurrierenden Unternehmen über die Nichtabwerbung von Arbeitnehmern nach § 75 f HGB rechtlich nicht durchsetzbar (vgl *Schlosser* BB 2003, 1382), uU sogar nach § 138 BGB bzw § 1 GWB iVm § 134 BGB nichtig. Die **Kundenschutzklausel** in einem Subunternehmervertrag, in dem sich der Subunternehmer für die Dauer von einem Jahr nach Beendigung des Subunternehmervertrages verpflichtet, keine vertraglichen Beziehungen zu Kunden des Generalunternehmens einzugehen, ist allerdings nicht nach § 1 GWB iVm § 134 BGB unwirksam, weil für die Wettbewerbsbeschränkung im Hinblick auf die Freiheit des Wettbewerbs ein berechtigtes Interesse besteht, da nur auf diese Weise der kartellrechtsneutrale Hauptzweck des Subunternehmervertrages erreicht werden kann (BGH NJW-RR 1998, 1508 – *Subunternehmervertrag*).

II. Unlauterkeit des Abwerbens

1. Allgemeines

10.104 Die Anwendung des § 4 Nr 10 setzt ein Wettbewerbsverhältnis zwischen den beteiligten Unternehmen (§ 2 I Nr 3) voraus. Hierzu genügt aber der Wettbewerb in der Nachfrage nach Dienstleistungen, einschließlich derer von Arbeitskräften. Daher ist § 4 Nr 10 auch anwendbar, wenn die beteiligten Unternehmen im Absatz nicht miteinander konkurrieren (vgl § 2 Rdn 73). Bei vorsätzlicher sittenwidriger Schädigung des Mitbewerbers greift daneben § 826 BGB ein. Das Abwerben von Beschäftigten eines Mitbewerbers ist dann unlauter, wenn **besondere Umstände** hinzutreten. Das ist der Fall bei der Verfolgung verwerflicher **Zwecke** sowie bei der

Anwendung verwerflicher **Mittel** oder **Methoden** (BGH GRUR 1966, 263, 265 – *Bau-Chemie* mit Anm *Klaka;* BGH GRUR 1984, 129, 130 f – *shop-in-the-shop;* BGH GRUR 2006, 426 Tz 18 – *Direktansprache am Arbeitsplatz II;* OLG Karlsruhe GRUR 2002, 459; OLG Oldenburg WRP 2007, 460, 462; ÖOGH ÖBl 1997, 159, 160 – *S-Powerfrauen*). Dabei ist abzuwägen zwischen den Interessen des abwerbenden Unternehmens, des anderen Unternehmens, des abgeworbenen Mitarbeiters und der Allgemeinheit. Für die **Rückwerbung** gelten die gleichen Grundsätze wie für die Abwerbung. Jedoch sind mildere Maßstäbe anzulegen, wenn sie der **Abwehr** (dazu § 11 Rdn 2.4 ff) einer unzulässigen Abwerbung dienen (BGH GRUR 1967, 428, 429 – *Anwaltsberatung I;* BGH GRUR 1971, 259, 260 – *W. A. Z.* mit Anm *Droste;* OLG Hamburg WRP 1955, 133). Ein Rechtsanwalt, der in Ausübung seiner beruflichen Beratungstätigkeit an Verhandlungen mitwirkt, die ausgeschiedene Handelsvertreter zur Rücknahme ihrer Kündigungen und zur Rückkehr zu ihrem früheren Geschäftsherrn veranlassen sollen, handelt nicht unter dem Gesichtspunkt des planmäßigen Abwerbens fremder Beschäftigter wettbewerbswidrig (BGH GRUR 1967, 428, 429 – *Anwaltsberatung I*).

2. Unlautere Zwecke der Abwerbung

a) Absicht der Mitbewerberbehinderung. Unlauter ist es, fremde Beschäftigte planmäßig in der Absicht abzuwerben, einen Mitbewerber zu behindern (BGH GRUR 1966, 263, 265 – *Bau-Chemie;* OLG Frankfurt NJW 1963, 862; OLG Hamburg WRP 1955, 133; ÖOGH ÖBl 1991, 15, 17). Hierfür genügt es aber noch nicht, dass der Abwerber **planmäßig** darauf ausgeht, dem Mitbewerber Beschäftigte abzuwerben und auch nicht, dass es sich um Beschäftigte in Spitzenpositionen handelt. Es muss vielmehr zugleich eine ernsthafte Beeinträchtigung des Mitbewerbers **bezweckt** werden. Das Vorgehen muss sich als eine wettbewerbliche Kampfmaßnahme (Kampfabwerbung) darstellen, die erkennen lässt, dass der Abwerber den Mitbewerber durch planmäßiges Ausspannen eingearbeiteter Arbeitskräfte schädigen will (ebenso OLG Brandenburg WRP 2007, 1368, 1370). Die zur Annahme unlauterer Behinderung erforderliche Schädigungsabsicht liegt auf der Hand, wenn der abgeworbene Mitarbeiter überhaupt nicht benötigt wird. Dass der Bestand des Unternehmens iSd Existenzgrundlage gefährdet oder in seine wirtschaftlichen Grundlagen eingegriffen wird, ist nicht erforderlich. Für eine Behinderungsabsicht spricht es, wenn ohne Rücksicht auf andere Möglichkeiten des Arbeitsmarktes gerade Beschäftigte eines bestimmten Mitbewerbers abgeworben werden. Der Tatbestand planmäßigen Ausspannens zum Zweck der Behinderung des Mitbewerbers setzt ein **Zusammenwirken** von Unternehmer und Beschäftigtem vor dem Vertragsschluss nicht voraus, liegt aber bei solchem Zusammenwirken gewöhnlich vor. **Wie viele** Beschäftigte abgeworben sein müssen, um eine ernsthafte Behinderung annehmen zu können, lässt sich nicht allgemein sagen. Die Umstände des **Einzelfalls** sind maßgebend. Es sind zB die Größe des Unternehmens, die Lage des Arbeitsmarkts, der Grad des Wettbewerbs zu berücksichtigen. Schon der erfolglose Versuch der Abwerbung eines einzigen wertvollen Beschäftigten (Spezialist oder Schlüsselkraft) kann unlauter sein, wenn dieses Vorgehen als Beginn der Ausführung eines auf einen größeren Umfang angelegten und das Unternehmen des Mitbewerbers ernstlich gefährdenden Abwerbungsplanes zu werten ist (BGH GRUR 1966, 263, 266 – *Bau-Chemie; Lindacher,* FS Erdmann, 2002, 647, 652).

b) Unlautere Ausbeutung des Mitbewerbers. Nicht ohne weiteres wettbewerbswidrig ist das planmäßige Abwerben fremder Beschäftigter, um sich deren besondere Kenntnisse der Verhältnisse beim Mitbewerber zu verschaffen. Die frühere, sehr strenge Rspr (vgl BGH GRUR 1966, 263, 265 – *Bau-Chemie;* BGH GRUR 1961, 482, 483 – *Spritzgussmaschine;* BGH GRUR 1971, 358 – *Textilspitzen;* ÖOGH ÖBl 1997, 159, 160) berücksichtigt nicht hinreichend, dass solches Verhalten Ausdruck von Wettbewerb um Ressourcen ist und der Wettbewerb dadurch gefördert wird. Dies gilt auch dann, wenn die abgeworbenen Arbeitskräfte am bisherigen Arbeitsort und im bisherigen Wirkungskreis sofort im Wettbewerb gegen ihren früheren Arbeitgeber eingesetzt werden. Grds ist der abgeworbene Mitarbeiter darin frei, redlich erworbene Betriebs- oder Geschäftsgeheimnisse weiterzugeben (BGH GRUR 2002, 91, 92 – *Spritzgießwerkzeuge*). Nur unter besonderen Umständen kann ein Verstoß gegen § 4 Nr 10 vorliegen. Dies hängt letztlich von einer Abwägung der Interessen des früheren Beschäftigten und des früheren Arbeitgebers ab (dazu näher § 17 Rdn 59 sowie BGH GRUR 2002, 91, 92 – *Spritzgießwerkzeuge;* BGH GRUR 2006, 1044 Tz 13 – *Kundendatenprogramm*). – Dagegen reicht es nicht aus, dass sich der Abwerbende den guten Ruf des Mitbewerbers in Form anlehnender Werbung zunutze macht, indem er zB darauf hinweist, dass es sich um Fachkräfte handelt, die früher beim

Mitbewerber beschäftigt waren (aA BGH GRUR 1957, 23 – *Bünder Glas*). Grds nicht unlauter ist es ferner, weitere Arbeitskräfte oder Kunden des Mitbewerbers durch Ausnutzung persönlicher Beziehungen anzuwerben, etwa bei der Werbung mit der Bitte, dem neuen Mitarbeiter das ihm entgegengebrachte Vertrauen weiterhin zu bewahren und auf die neue Firma zu übertragen (aA ÖOGH ÖBl 1955, 42).

3. Unlautere Mittel und Methoden der Abwerbung

10.107 **a) Verleiten zum Vertragsbruch. aa) Stand der Rspr.** Unter der Geltung des **UWG 1909** wurde das Abwerben fremder Beschäftigter mittels Verleitung zum Vertragsbruch grds als **sittenwidrig** iSd § 1 aF angesehen (BGH GRUR 1956, 273 – *Drahtverschluss;* BGH GRUR 1961, 482, 483 – *Spritzgussmaschine;* BGH GRUR 1994, 447, 448 – *Sistierung von Aufträgen;* BGH GRUR 1999, 367, 368 – *Vieraugengespräch;* OLG Stuttgart WRP 2000, 318, 320; OLG Karlsruhe GRUR 2002, 459; *Piper* GRUR 1990, 643, 647). Ein **Verleiten** zum Vertragsbruch setzte ein bewusstes Hinwirken auf einen Vertragsbruch voraus. Der Handelnde musste also Kenntnis von der noch bestehenden Bindung des Beschäftigten gehabt oder sich dieser Kenntnis bewusst verschlossen haben (BGH GRUR 1975, 555, 557 – *Speiseeis;* BGH GRUR 1976, 372, 374 – *Möbelentwürfe*). Eine Verleitungsabsicht wurde nicht als erforderlich angesehen, schon bedingter Vorsatz (OLG Hamm GRUR-RR 2004, 27, 28), nicht aber bloß fahrlässige Unkenntnis (BGH aaO – *Möbelentwürfe*) sollte ausreichen. Unerheblich sollte sein, dass die erste Anregung vom Beschäftigten ausging (RG MuW 1934, 414) oder dass der Beschäftigte zum Vertragsbruch bereits entschlossen war (BGH GRUR 1969, 474 – *Bierbezug*). Der Vertrag musste allerdings **wirksam** sein. Schon ein Vorvertrag sollte genügen, nicht aber der bloße Eintritt in Vertragsverhandlungen. Als Vertragsbruch sollte jede Verletzung einer wesentlichen Vertragspflicht anzusehen sein. Hierzu wurde auch der Fall der Verleitung zum Bruch eines **nachvertraglichen Wettbewerbsverbots** gerechnet. Beim **Arbeits- oder Geschäftsbesorgungsvertrag** sollte sich ein Vertragsbruch regelmäßig darin zeigen, dass der Beschäftigte seine Arbeit grundlos einstellte oder sie überhaupt nicht aufnahm oder gleichzeitig für den Mitbewerber tätig wurde. Dem Vertragsbruch sollte es gleich stehen, wenn das Verhalten des Arbeitnehmers zur fristlosen Kündigung seitens des Arbeitgebers führte, so zB bei provozierter Kündigung. Beim nachvertraglichen Wettbewerbsverbot sollte sich der Vertragsbruch darin zeigen, dass der frühere Beschäftigte vor Ablauf der Karenzzeit die Tätigkeit beim Mitbewerber aufnahm und der neue Arbeitgeber daraus Wettbewerbsvorteile zog. – Begründet wurde die Unlauterkeit des Verleitens zum Vertragsbruch damit, dass darin ein unmittelbarer Angriff auf die wettbewerbliche Betätigung des Mitbewerbers liege. Das heimliche Vorgehen stelle den Betroffenen vor vollendete Tatsachen. Hinzu komme, dass der betroffene Arbeitgeber oder Geschäftsherr Wettbewerbsnachteile erleiden könne, deren Ausgleich er vom Beschäftigten aus rechtlichen oder tatsächlichen Gründen regelmäßig nicht erlangen könne. – Unter der Geltung des **UWG 2004** hat der BGH in einem obiter dictum seine bisherige Rspr weitergeführt (BGH GRUR 2007, 800 Tz 14 – *Außendienstmitarbeiter;* ebenso OLG Brandenburg WRP 2007, 1368, 1370; anders dagegen OLG Oldenburg WRP 2007, 460, 462 f). Auch das Schrifttum folgt der bisherigen Rspr (vgl Piper/ Ohly/Sosnitza § 4 Rdn 10/28 a; Harte/Henning/Omsels § 4 Nr 10 Rdn 28).

10.108 **bb) Stellungnahme.** Die These von der Unlauterkeit des Verleitens zum Vertragsbruch lässt sich bei näherer Betrachtung nicht unverändert aufrechterhalten. Denn sie ist zu sehr vom Besitzstandswahrungsdenken vergangener Jahrzehnte geprägt und berücksichtigt zu wenig den Vorrang des Vertragsrechts und das Prinzip der Wettbewerbsfreiheit. Dass das Verleiten zum Vertragsbruch weithin als moralisch anstößig empfunden wird, darf die lauterkeitsrechtliche Beurteilung nicht präjudizieren.

10.108a Geht es dem Abwerbenden nur darum, Beschäftigte (Mitarbeiter oder Beauftragte, wie zB Handelsvertreter; Franchisenehmer) eines Mitbewerbers für sich zu gewinnen und somit den eigenen Wettbewerb zu fördern, ist dies nicht schon dann unlauter, wenn der Mitarbeiter den Wechsel uU nur unter Vertragsbruch, nämlich vor Ablauf der vereinbarten Zeitdauer oder der vereinbarten Kündigungsfrist, vornehmen kann. Denn der Vertrag bindet nur den Beschäftigten. Ob und wie (einvernehmlich oder unter Vertragsbruch) er sich daraus löst, ist seine eigene Entscheidung. Begeht er eine Vertragsverletzung, so kann der Arbeitgeber oder Geschäftsherr gegen ihn mit den Mitteln des Vertragsrechts vorgehen (Schadensersatz nach §§ 280 ff BGB; Vertragsstrafeansprüche; ggf einstweilige Verfügung gerichtet auf Nichtaufnahme der neuen Tätigkeit). Die Anstiftung zur Vertragsverletzung, denn darum geht es beim Verleiten zum Vertragsbruch, löst aber nicht einmal vertragsrechtliche Ansprüche gegen den Anstifter aus. Eine

Haftung des Anstifters sieht das Gesetz (§ 830 II BGB) nur im Falle der unerlaubten Handlung vor. Diese Wertung darf nicht dadurch überspielt werden, dass jede Anstiftung zur Vertragsverletzung zum selbstständigen Deliktstatbestand erklärt wird. Das Lauterkeitsrecht ist nach seinem Schutzzweck (§ 1) nicht dazu da, die Einhaltung von Verträgen oder gar ein „Allgemeininteresse an Vertragstreue in Arbeitsverhältnissen" zu sichern (aA Piper/Ohly/Sosnitza § 4 Rdn 10.28 a). Dass der bisherige Arbeitgeber oder Geschäftsherr Vertragsverletzungsansprüche gegen den vertragsbrüchigen Beschäftigten möglicherweise nicht durchsetzen kann, ist sein Risiko. Das bloße Hinwirken auf einen Vertragsbruch kann daher noch keinen Wettbewerbsverstoß begründen. Vielmehr müssen zusätzliche unlauterkeitsbegründende Umstände hinzukommen. Sie können sich – soweit keine **Behinderungsabsicht** vorliegt (Rdn 10.105) – nur auf die **Art und Weise des Hinwirkens** auf den Vertragsbruch beziehen. Dabei sind die Wertungen des UWG zu berücksichtigen. Die Unlauterkeit kann sich daher nur aus einer **unlauteren Einwirkung auf die Entscheidungsfreiheit des Beschäftigten** ergeben (ebenso OLG Oldenburg WRP 2007, 460, 462 f; *Scherer* WRP 2009, 518). Dies beurteilt sich nach § 4 Nr 1 und des § 5. Auch § 4 Nr 2 („Ausnutzung der geschäftlichen Unerfahrenheit" usw) kommt in Betracht, allerdings nur in entsprechender Anwendung, da der Beschäftigte kein Verbraucher, sondern nur „sonstiger Marktteilnehmer" ist.

Der Tatbestand des **§ 4 Nr 1** ist erfüllt, wenn durch die Einwirkung die **Rationalität der Entscheidungsfindung beeinträchtigt wird,** der Beschäftigte also nicht mehr in der Lage ist, seine Entscheidung unter vernünftiger Abwägung des Für und Wider zu treffen. Das kann durch **Druckausübung** (zB durch Androhung von **Gewalt** oder **Nachteilen**) erfolgen. Das Versprechen oder Gewähren von **Vorteilen** (zB bessere Konditionen; „Wechselprämie"; Freistellung von Schadensersatzansprüchen) stellt dagegen nicht ohne weiteres eine unangemessene unsachliche Einflussnahme dar. Maßgebend ist vielmehr, ob sie den Beschäftigten „**blind**" gegenüber **den Risiken eines Vertragsbruchs** machen. Abzustellen ist dabei auf einen durchschnittlich informierten, aufmerksamen und verständigen Beschäftigten der jeweiligen Zielgruppe. Daher macht es einen Unterschied, ob ein einfacher Arbeiter oder ein selbstständiger Handelsvertreter abgeworben werden soll. Im Übrigen kommt es auf die **Umstände des Einzelfalls** an. Dabei kann eine Rolle spielen, ob dem Beschäftigten **keine angemessene Überlegungsfrist** eingeräumt wird (Überrumpelung; OLG Brandenburg WRP 2007, 1368, 1370) oder ob **herabsetzende Äußerungen** über den bisherigen Arbeitgeber oder Geschäftsherrn erfolgen (vgl *Lindacher,* FS Erdmann, 2002, 647, 652). Der Tatbestand des § 5 kann erfüllt sein, wenn der Abwerbende **irreführende Angaben** bei der Abwerbung macht, sei es über den bisherigen Arbeitgeber (zB unwahre Angaben über angeblich bevorstehende Entlassungen oder betriebliche Änderungen oder über die Rechtsfolgen eines Vertragsbruchs), sei es über den neuen Arbeitgeber (zB falsche Versprechungen), und diese Angaben geeignet sind, die Entscheidung des Beschäftigten zu beeinflussen. Unlauter unter dem Gesichtspunkt der Irreführung durch Unterlassen (§ 5 a I) kann es sein, wenn der Abwerbende den Mitarbeiter nicht über die möglichen Folgen seines Vertragsbruchs, insbes eine etwaige Schadensersatzpflicht, aufklärt.

b) Ausnutzen eines Vertragsbruchs. Das bloße Ausnutzen eines Vertragsbruchs ist auch nach der Rspr nicht unlauter (BGHZ 143, 232, 240 – *Außenseiteranspruch II;* BGH GRUR 2002, 795, 798 – *Titelexklusivität;* BGH GRUR 2007, 800 Tz 15 – *Außendienstmitarbeiter*), selbst wenn der Werbende den Vertragsbruch kennt oder kennen muss (BGH GRUR 2007, 800 Tz 20 ff – *Außendienstmitarbeiter;* OLG Hamm GRUR-RR 2004, 27, 28). Insoweit ist anerkannt, dass die schuldrechtliche Bindung zwischen dem Mitbewerber und seinem Vertragspartner gegenüber Dritten im Allgemeinen keine rechtlichen Wirkungen entfalten kann und die Annahme eines Wettbewerbsverstoßes schon bei Ausnutzen fremden Vertragsbruchs gewissermaßen zu einer Verdinglichung der schuldrechtlichen Verpflichtung führen würde. Diese Grundsätze gelten auch bei Ausnutzen des Vertragsbruchs eines Mitarbeiters des Mitbewerbers. Der Mitbewerber ist ausreichend dadurch geschützt, dass er vom vertragsbrüchigen Mitarbeiter Unterlassung und Schadensersatz verlangen kann (BGH GRUR 2007, 800 Tz 15, 16 – *Außendienstmitarbeiter*). – Es müssen besondere Umstände hinzutreten, um den Vorwurf unlauteren Anwerbens zu begründen. Sie liegen nicht schon dann vor, weil trotz des Vertragsbruchs, zB unberechtigter Kündigung, das Vertragsverhältnis noch weiterläuft, und der Beschäftigte zur Wiederaufnahme der Arbeit verpflichtet ist.

c) Abwerbung unter Missbrauch eines Vertrauensverhältnisses. Besteht unter Wettbewerbern ein Vertragsverhältnis, dessen Durchführung vom gegenseitigen Vertrauen abhängt, oder wird ein solches angebahnt, soll eine Abwerbung von Arbeitnehmern des Vertrags- bzw

Verhandlungspartners wegen des darin liegenden Vertrauensbruchs unlauter sein (BGH GRUR 1961, 482 – *Spritzgussmaschine*). Dem ist aber nicht zu folgen. Denn auch hier wird der betroffene Mitbewerber durch vertragliche bzw vorvertragliche sowie deliktische Unterlassungs-, Beseitigungs- und Schadensersatzansprüche (§§ 280 I, 311 II; §§ 823 I, 826, 1004 BGB) ausreichend geschützt. Ein zusätzlicher lauterkeitsrechtlicher Schutz erscheint daher nicht erforderlich. – Die gleichen Grundsätze gelten für die **Mitarbeiterabwerbung durch Arbeitskollegen,** die sich selbstständig machen und in Wettbewerb zu ihrem Arbeitgeber treten wollen. Dass der Abwerbende ggf seine Vertragspflichten gegenüber seinem Arbeitgeber verletzt (dazu *Schmiedl* BB 2003, 1120 mwN), reicht nicht aus, um sein Handeln unlauter iSd §§ 3, 4 Nr 10 zu machen und die Sanktionen der §§ 8 ff auszulösen.

10.111 **d) Doppelbeschäftigung.** Ein Unternehmer handelt nicht ohne weiteres unlauter, wenn er Mitarbeiter oder Beauftragte (zB Handelsvertreter) eines Mitbewerbers beschäftigt, denen die Aufnahme einer weiteren Tätigkeit vertraglich untersagt ist. Das bloße Ausnutzen des Vertragsbruchs des Beschäftigten ist auch dann noch nicht unlauter, wenn der Unternehmer den Vertragsbruch kennt oder kennen muss. Daran ändert es nichts, dass seine Bereitschaft, den Mitarbeiter oder Beauftragten zu beschäftigen, diesen in seinem Entschluss zum Vertragsbruch bestärken kann, und dass darin eine gewisse Förderung des Vertragsbruchs liegen kann (BGH GRUR 2007, 800 Tz 24 – *Außendienstmitarbeiter*). Unzulässig wird sein Vorgehen erst bei Vorliegen **sonstiger Umstände.** Dazu gehört die unlautere Verleitung zum Vertragsbruch (Rdn 10.108 ff). Dazu gehört weiter der Fall, dass der Beschäftigte gegenüber seinem ersten Arbeitgeber die Doppelbeschäftigung verheimlicht und den Umständen nach erkennbar die Gefahr besteht, dass er sich diesem gegenüber treuwidrig verhält (zB dessen Ressourcen wie Räume, Arbeitsmittel, Geschäfts- oder Betriebsgeheimnisse auch für die zweite Beschäftigung nutzt). Ein Hersteller von Konfektionskleidung handelt daher unlauter, wenn er einen bei einem Mitbewerber tätigen Stylisten (Designer) beschäftigt und dabei auf dessen bloße Mitteilung vertraut, sein (eigentlicher) Arbeitgeber habe keine Einwendungen gegen die Nebentätigkeit (BGH GRUR 1980, 296, 297 f – *Konfektions-Stylist* mit Anm *Schulze zur Wiesche*). Denn es ist damit zu rechnen, dass der Stylist Entwürfe vertragswidrig doppelt verwertet. – Ganz allgemein ist Unlauterkeit dann anzunehmen, wenn das Verhalten des Unternehmers bei objektiver Würdigung der Umstände in erster Linie auf die Beeinträchtigung der wettbewerblichen Entfaltung des Mitbewerbers und nicht auf die Förderung des eigenen Wettbewerbs gerichtet ist oder wenn die Behinderung derart ist, dass der beeinträchtigte Mitbewerber seine Leistung am Markt nicht mehr in angemessener Weise zur Geltung bringen kann (BGH GRUR 2007, 800 Tz 23 – *Außendienstmitarbeiter*).

10.112 **e) Einsatz von Werbern.** Der Einsatz von Werbern **(Headhuntern)** ist legitim. Dies gilt auch dann, wenn er massenhaft erfolgt, etwa wenn es darum geht, ein neues Unternehmen aufzubauen, oder wenn frühere Beschäftigte des betroffenen Unternehmens eingesetzt werden. Ob und welche Vergütung der Werber (Prämie usw) dafür erhält, ist ebenfalls unerheblich. Unlauter können allenfalls die von den Werbern eingesetzten **Mittel** und **Methoden** sein. Das unaufgeforderte **Aufsuchen** des Arbeitnehmers in der **Wohnung** ist schon wegen der damit verbundenen Störung der Privatsphäre unstatthaft (OLG Karlsruhe GRUR 1961, 80). Mindestens gilt das für geschäftsungewandte Beschäftigte, die in einfachen Verhältnissen leben. Anders mag es sich bei höheren Angestellten und Handelsvertretern verhalten, die geschäftliche Besprechungen auch in der Wohnung oder im Lokal zu führen pflegen (BGH GRUR 1966, 262, 264 – *Bau-Chemie;* ferner OLG Celle GRUR 1962, 366; OLG Karlsruhe GRUR 1963, 80). Unlauter ist auch das unaufgeforderte **Aufsuchen am Arbeitsplatz,** weil damit eine nicht unwesentliche Störung der betrieblichen Tätigkeit verbunden ist. Dagegen ist ein kurzer **Telefonanruf am Arbeitsplatz** zum Zwecke der Abwerbung zulässig, wenn sich der Werber darauf beschränkt, den Zweck seines Anrufs kurz darzulegen und im Falle eines Interesses um Rückmeldung zu bitten. Die kurzfristige Beeinträchtigung des Betriebsablaufs hat der Betriebsinhaber im Hinblick auf das höherrangige Interesse des Arbeitnehmers an möglicher beruflicher Veränderung hinzunehmen (BGHZ 158, 174 = GRUR 2004, 696, 697 ff – *Direktansprache am Arbeitsplatz I; Köhler* WRP 2002, 1; *Quiring* WRP 2000, 33; *Reufels* GRUR 2001, 214; aA OLG Stuttgart GRUR 2000, 1096; *Trube* WRP 2001, 97; *Schmidt* WRP 2001, 1138). Die Grenze zur Unzulässigkeit nach § 3 ist aber überschritten, wenn der Werber beim ersten Telefonat sich nicht mit einer bloßen Kontaktaufnahme begnügt, sondern dem Mitarbeiter Daten zu dessen Lebenslauf und bisherigen Tätigkeiten vorhält (BGH GRUR 2008, 262 Tz 12 – *Direktansprache am Arbeitsplatz III*). Ein Indiz für die Wettbewerbswidrigkeit des Anrufs ist es, wenn das Gespräch

länger als nur wenige Minuten dauert (BGH GRUR 2008, 262 Tz 13 – *Direktansprache am Arbeitsplatz III*).
Zur Frage der unzumutbaren Belästigung durch einen solchen Anruf vgl § 7 Rdn 65. Erst recht gilt dies für einen **Telefonanruf in der Privatsphäre** bzw für Telefax- oder E-Mail-Mitteilungen an die Privatadresse (OLG Karlsruhe GRUR 2002, 459; OLG Stuttgart GRUR 2000, 1096). Denn insoweit geht es nicht darum, den Angerufenen zum Kauf eines Produktes zu veranlassen, sondern ihm die Möglichkeit eines Stellenwechsels zu eröffnen, so dass ein Einverständnis zu vermuten ist. Eine Einwilligung ist nicht erforderlich, da der Angerufene insoweit nicht als Verbraucher angesprochen wird.

4. Rechtsfolgen

a) **Lauterkeitsrechtliche Ansprüche.** Ist die Abwerbung unzulässig, besteht gegen den Abwerbenden ein Unterlassungs- und Beseitigungsanspruch nach § 8 I, bei Verschulden auch ein Schadensersatzanspruch nach § 9 (sowie ggf nach § 826 BGB). – Zwar kann vom neuen Arbeitgeber nicht die Entlassung des Abgeworbenen verlangt werden (OLG Celle GRUR 1961, 197). Wohl aber kann nach der Rspr unter dem Gesichtspunkt des Schadensersatzes (§ 249 I BGB) oder der Störungsbeseitigung gegen den Abwerbenden ein **befristetes Beschäftigungsverbot** ausgesprochen werden, um den durch die Abwerbung erzielten Wettbewerbsvorsprung zu beseitigen (BGH GRUR 1961, 482, 483 – *Spritzgussmaschine;* BGH GRUR 1966, 263, 265 – *Bau-Chemie;* BGH GRUR 1967, 428, 429 – *Anwaltsberatung I;* BGH GRUR 1971, 358, 360 – *Textilspitzen;* BGH GRUR 1976, 306, 307 – *Baumaschinen;* BezG Dresden BB 1991, 2030, 2032; OLG Oldenburg WRP 1996, 612, 617). – Bei der Entscheidung, ob, für welche Tätigkeiten und für welche Dauer ein Beschäftigungsverbot ausgesprochen werden kann, ist der Grundsatz der **Verhältnismäßigkeit** zu beachten (*Köhler* GRUR 1996, 82, 83). Es ist also zu fragen, ob ein Beschäftigungsverbot geeignet, erforderlich und verhältnismäßig ist. Der Verletzte wird daher die näheren Umstände – wie die Markt- und Wettbewerbslage sowie die Reaktion der Abnehmer – darzulegen haben. Dabei sind auch die der Abwerbung vorausgehenden und sie beeinflussenden Umstände zu berücksichtigen. An der Eignung fehlt es, wenn sich der erzielte Wettbewerbsvorsprung nicht mehr beseitigen lässt (*Piper* GRUR 1990, 643, 650). So etwa, wenn der wesentliche Zweck der Abwerbung die Erlangung eines Geschäftsgeheimnisses war und der Abgeworbene es bereits mitgeteilt hat (vgl *Kicker,* FS Piper, 1996, 273, 277). Ferner dann, wenn sich die tatsächlichen Verhältnisse bei den Parteien in der Produktion und im Vertrieb zwischenzeitlich wesentlich geändert haben (BGH GRUR 1976, 306, 307 – *Baumaschinen* mit Anm *Klaka*). Dann kommt nur noch **Schadensersatz in Geld** in Betracht, um die im Wettbewerb erlittenen Nachteile auszugleichen. Diese Situation kann sich insbes bei längerer Prozessdauer ergeben. Der Kläger muss dann auf einen Zahlungs- oder Feststellungsantrag übergehen. Diesen kann er aber auch schon im Voraus als Hilfsantrag neben dem auf Erlass eines befristeten Beschäftigungsverbots gehenden Hauptantrag stellen. An der Verhältnismäßigkeit fehlt es, wenn durch das Beschäftigungsverbot massiv in das Wettbewerbsgeschehen zum Nachteil Dritter (Arbeitnehmer, Kunden) eingegriffen würde. Ein Beschäftigungsverbot darf insbes dann nicht ergehen, wenn der betroffene Arbeitnehmer ein schutzwürdiges Interesse nicht nur an Bezahlung, sondern auch an Beschäftigung hat (ThürOLG WRP 1997, 363, 365). Im Falle der Verleitung zum Vertragsbruch darf das Beschäftigungsverbot nicht für einen längeren Zeitraum ausgesprochen werden als er für eine ordnungsmäßige Beendigung des Vertragsverhältnisses gelten würde. Der Beginn des Beschäftigungsverbots kann an die vorläufige Vollstreckbarkeit des Urteils (BGH GRUR 1961, 482, 483 – *Spritzgussmaschine*), aber auch an die Rechtskraft des Urteils anknüpfen (BGH GRUR 1970, 182 – *Bierfahrer;* BGH GRUR 1971, 358, 359 – *Textilspitzen*), jedoch stets unter der Voraussetzung, dass noch eine Naturalrestitution möglich ist (aM *Klaka* GRUR 1976, 307, 308, der für den Verbotsbeginn den Zeitpunkt der Übernahme des Abgeworbenen für sachgerecht hält). – Im Wege einer **einstweiligen Verfügung** kann ein Beschäftigungsverbot nur unter besonderen Umständen erlassen werden, weil dadurch die Entscheidung in der Hauptsache vorweggenommen wird (OLG Frankfurt WM 1994, 861, 862; OLG Oldenburg WRP 1996, 612, 615). – Die Abwerbung kann begleitet sein von sonstigen Ausbeutungs- und Behinderungsmaßnahmen (zB Ausspähung von Geschäftsgeheimnissen), die ggf selbstständig verfolgt werden können (§ 17).

b) **Ansprüche gegen den abgeworbenen Mitarbeiter.** Gegen den abgeworbenen Mitarbeiter können vertrags- und deliktsrechtliche Schadensersatzansprüche bestehen (§§ 280 ff;

§§ 823 ff BGB). Nicht dagegen kann Unterlassung der Arbeitsleistung beim neuen Arbeitgeber verlangt werden (OLG Frankfurt WM 1994, 862).

10.115 c) **Auswirkungen auf den neuen Arbeitsvertrag.** Nichtigkeit des neuen Arbeitsvertrages nach § 138 BGB ist nicht schon dann anzunehmen, wenn sich der unlauter abgeworbene Mitarbeiter an dem Wettbewerbsverstoß irgendwie beteiligt hat, zB sich zum Vertragsbruch hat verleiten lassen (aA BGH GRUR 1971, 358, 359 – *Textilspitzen*), sondern nur dann, wenn beide Parteien die Schädigung des früheren Arbeitgebers bezwecken. Wohl aber entfällt unter dem Gesichtspunkt der rechtlichen Unmöglichkeit eine Beschäftigungspflicht des neuen Arbeitgebers, wenn ihm gegenüber ein befristetes Beschäftigungsverbot ausgesprochen wird (BAG AP § 611 Nr 2 Beschäftigungspflicht – mit Anm *Hueck; Wedemeyer,* FS Traub, 1994, 437).

7. Abschnitt. Boykott

Schrifttum: *Bauer/Wrage-Molkenthin,* Aufforderung zu Liefer- und Bezugssperren, BB 1989, 1495; *Berghoff,* Nötigung durch Boykott, 1998; *Degenhart,* Meinungs- und Medienfreiheit in Wirtschaft und Wettbewerb, FS Lukes, 1989, 297; *Markert,* Aufforderung zu Liefer- und Bezugssperren, BB 1989, 921; *Möllers,* Zur Zulässigkeit des Verbraucherboykotts – Brent Spar und Mururoa, NJW 1996, 1374; *Möschel,* Zum Boykott-Tatbestand des § 26 Abs. 1 GWB, FS Benisch, 1989, 339; *Werner,* Wettbewerbsrecht und Boykott, 2008.

I. Begriff und Beteiligte

1. Begriff

10.116 Unter **Boykott** ist die **Aufforderung zu einer Liefer- oder Bezugssperre** zu verstehen. Der Begriff geht auf das Vorgehen der irischen Landliga gegen den englischen Gutsverwalter *Charles Boycott zurück,* die Arbeiter zum Verlassen der Arbeitsstelle und Geschäftsleute zum Abbruch der Geschäftsbeziehungen veranlasste. Durch den (wirtschaftlichen) Boykott soll ein Dritter, insbes ein Mitbewerber, vom üblichen Geschäftsverkehr (Absatz, Beschaffung, Beförderung, Kredit usw) abgeschnitten werden, sei es, dass keine geschäftlichen Beziehungen mit ihm angebahnt, sei es, dass schon bestehende Beziehungen abgebrochen werden sollen (**Beispiele:** Aufforderung an einen Verleger, keine Inserate eines Mitbewerbers anzunehmen; Aufforderung von Fachhändlern an einen Hersteller, keine Verbrauchermärkte zu beliefern). Der Boykott kann zu Zwecken des Wettbewerbs, aber auch außerhalb des wettbewerblichen Bereichs – zB zur Erreichung weltanschaulicher, religiöser, politischer oder sozialer Ziele – erfolgen. – Vom Boykottaufruf zu unterscheiden ist die Verhängung einer Liefer- oder Bezugssperre. Der Sperrende handelt nicht schon deshalb unlauter, weil er dem Boykottaufruf gefolgt ist (BGH GRUR 1983, 259, 261 – *Familienzeitung* zu § 26 I GWB aF), sondern nur bei Vorliegen besonderer Umstände, etwa weil er an dem Aufruf mitgewirkt hat. Doch kann die Sperre im Einzelfall gegen Art 81, 82 EG und §§ 1, 19, 20 I und II GWB verstoßen.

2. Beteiligte

10.117 Der Boykott setzt (mindestens) **drei Beteiligte** voraus: den **Verrufer** (Auffordernder, Boykottierer), den **Adressaten** (Ausführer), der die Sperre vornehmen soll, und den **Verrufenen** (Boykottierten), gegen den sich die Sperre richtet (BGHZ 19, 72 – *Gesangbuch;* BGH GRUR 1965, 440, 442 – *Milchboykott;* BGH GRUR 1990, 474, 475 – *Neugeborenentransporte;* BGH GRUR 1999, 1031, 1032 – *Sitzender Krankentransport;* BGH GRUR 2000, 344, 346 – *Beteiligungsverbot für Schilderpräger).* – Der Adressat braucht nicht mit dem Ausführenden der Sperre identisch zu sein. Es genügt die Aufforderung an den Adressaten, auf andere Personen einzuwirken, die die Sperre vornehmen sollen (BGH GRUR 1980, 242, 243 – *Denkzettel-Aktion;* BGH GRUR 1984, 461, 462 – *Kundenboykott).* **Beispiel:** Verleger ruft Fachhändler auf, auf ihre Kunden oder Einkaufsorganisationen einzuwirken, nicht bei bestimmten Unternehmen zu kaufen. – Verrufer und Adressat brauchen – anders als bei § 21 I GWB – keine Unternehmer zu sein. Allerdings muss der Verrufene, damit § 4 Nr 10 anwendbar ist, **Mitbewerber** iSd § 2 I Nr 3 sein. Er muss also zum Verrufer oder dem Unternehmen, dessen Absatz oder Bezug durch den Boykottaufruf gefördert werden soll, in einem konkreten Wettbewerbsverhältnis stehen (vgl *Werner* S 174).

II. Lauterkeitsrechtliche Beurteilung

1. Geschäftliche Handlung

Der Verrufer muss mit der Aufforderung eine geschäftliche Handlung iSd § 2 I Nr 1 begehen. **10.118** Die Aufforderung muss also in einem objektiven Zusammenhang mit der Förderung des Absatzes oder Bezugs zugunsten des eigenen oder eines fremden Unternehmens erfolgen. Die Förderung fremden Wettbewerbs genügt daher (so bereits BGH GRUR 2000, 344, – *Beteiligungsverbot für Schilderpräger;* OLG Frankfurt WRP 1998, 98, 99). Sie ist zu bejahen, wenn eine private Organisation eine „Positivliste" von Unternehmen, die bestimmte Tierschutz-, Umwelt- usw Anforderungen erfüllen, und solchen, bei denen dies nicht der Fall ist, veröffentlicht (OLG München NJWE-WettbR 1999, 274, 275). Sie ist dagegen zu verneinen, wenn eine solche Organisation (Greenpeace) Verbraucher lediglich anspricht, um sie vom Kauf bestimmter Produkte (gentechnisch veränderte Lebensmittel) in bestimmten Geschäften abzuhalten. Denn die Steigerung des Absatzes nicht boykottierter Unternehmen ist nicht Ziel, sondern nur Nebenfolge dieser Maßnahme (OLG Stuttgart GRUR-RR 2005, 20, 21). Bei **Unternehmern** spricht eine tatsächliche Vermutung für das Vorliegen einer geschäftlichen Handlung (OLG Düsseldorf NJWE-WettbR 1999, 123). Bei **Presseäußerungen** ist eine geschäftliche Handlung dagegen nicht zu vermuten (BGH GRUR 1984, 461, 462 – *Kundenboykott* zur Wettbewerbsabsicht; § 2 Rdn 63 ff). Insoweit kommt es auf eine Würdigung der Umstände des Einzelfalls an. Dabei spielt eine Rolle, ob der Redakteur sich die Interessen eines bestimmten Unternehmens oder einer Branche zu Eigen macht und sie fördern will oder ob es ihm um eine argumentative Auseinandersetzung geht (BGH GRUR 1985, 468, 469 – *Ideal-Standard*).

2. Boykottaufruf als „Behinderung"

Der Boykottaufruf ist seiner Natur nach auf eine Beeinträchtigung der wettbewerblichen **10.119** Entfaltungsfreiheit eines anderen Unternehmens und damit auf eine Behinderung gerichtet. Ein Boykottaufruf ist unter folgenden Voraussetzungen anzunehmen:

a) **Aufforderung. aa) Begriff.** Aufforderung ist der **Versuch, einen anderen dahin zu** **10.119a** **beeinflussen, bestimmte Lieferbeziehungen nicht einzugehen oder nicht aufrechtzuerhalten** (BGH GRUR 1999, 1031, 1033 – *Sitzender Krankentransport;* BGH GRUR 2000, 344, 346). Die Aufforderung muss **subjektiv** auf eine **Beeinflussung der freien Willensentscheidung** des Adressaten gerichtet (BGH GRUR 1985, 468, 469 – *Ideal-Standard*) und **objektiv** dazu **geeignet** sein (BGH GRUR 1984, 461, 482 – *Kundenboykott;* BGH GRUR 1984, 214, 215 – *Copy-Charge;* OLG Frankfurt WRP 1998, 98, 99).

bb) **Entscheidungsspielraum des Adressaten.** Der Adressat muss einen **eigenen Ent-** **10.119b** **scheidungsspielraum** haben, da er sonst nicht in seiner Willensentscheidung beeinflusst werden kann. Er fehlt, wenn der Adressat zu dem Verhalten **gesetzlich** oder **vertraglich verpflichtet** ist (OLG Düsseldorf WRP 1984, 22, 24; OLG Stuttgart NJWE-WettbR 1999, 93, 94; OLG Düsseldorf WuW/E DE-R 1453, 1455; krit Immenga/Markert/*Markert* GWB § 21 Rdn 14) oder einem **Weisungsrecht** des Auffordernden unterliegt. Daher erfüllen Weisungen, etwa an Tochterunternehmen (BGH GRUR 1973, 277 – *Ersatzteile für Registrierkassen*), Arbeitnehmer, Handelsvertreter, Kommissionäre oder sonstige weisungsgebundene Vertragspartner (BGHZ 19, 72 – *Gesangbuch;* BGH GRUR 1990, 474, 475 – *Neugeborenentransporte*) den Boykotttatbestand nicht. Ein Weisungsrecht kann sich auch aus einem Beherrschungsvertrag, nicht aber aus einem Gewinnabführungsvertrag ergeben. Verneint wurde eine Weisungsgebundenheit von Krankenhäusern gegenüber der AOK hinsichtlich der Aufforderung, bestimmte Transportunternehmen nicht mehr zu beauftragen (BGH aaO – *Neugeborenentransporte*).

cc) **Einflussnahme.** Die Aufforderung muss eine **Einflussnahme** darstellen. Das erfordert **10.119c** zwar keine Druckausübung (BGH GRUR 1985, 468, 469 – *Ideal-Standard;* BGH GRUR 1999, 1031, 1033 – *Sitzender Krankentransport*), ist aber nicht schon bei einer bloßen Information oder unverbindlichen Anregung zum Nachdenken anzunehmen (BGH GRUR 1999, 1031, 1033 – *Sitzender Krankentransport;* OLG Düsseldorf WRP 1984, 22, 24). Die Abgrenzung ist im Einzelfall schwierig. Es ist hier nicht allein auf den Wortlaut der Äußerung abzustellen (BGH GRUR 1985, 468, 469 – *Ideal-Standard*). Vielmehr kommt es darauf an, wie der Adressat die Äußerung den Umständen, insbes der Interessenlage nach, verstehen darf (**Auslegung** nach §§ 133, 157 BGB analog). Dabei sind die Anschauungen und Gepflogenheiten der Verkehrskreise, denen der Adressat angehört, von besonderer Bedeutung (BGH GRUR 1984, 461, 462 – *Kundenboykott;*

BGH GRUR 1985, 468 – *Ideal-Standard;* OLG Stuttgart GRUR-RR 2003, 21, 22). Es kann daher im Einzelfall auch die Äußerung einer Bitte (BGH GRUR 1999, 1031, 1033 – *Sitzender Krankentransport),* Erwartung (OLG München WRP 1996, 925, 928: „Wenn wir Apotheker uns einig sind, sind diese Präparate bald vom Markt verschwunden"), Hoffnung oder Kritik, ja sogar eine Fragebogenaktion (OLG Düsseldorf GRUR 1984, 131, 134) ausreichen. Ein Indiz für eine Aufforderung kann es sein, wenn **unterschwellig** zugleich Vorteile für die Befolgung oder Nachteile (zB Abrechnungsprobleme; Schadensersatzansprüche) bei Nichtbefolgung in Aussicht gestellt werden (OLG Düsseldorf NJWE-WettbR 1999, 123) oder für den Adressaten auf der Hand liegen. Stets liegt eine Aufforderung vor, wenn der Erklärende seinen Willen in Form einer Vertragsklausel durchsetzt (BGH GRUR 2000, 344, 346 – *Beteiligungsverbot für Schilderpräger).* – An einer Aufforderung fehlt es, wenn im Rahmen einer vertraglichen oder satzungsgemäßen **Beratungstätigkeit** (Anwalt, Notar, Verband usw) unter Angabe von Gründen zur Beendigung oder Nichtaufnahme einer Geschäftsbeziehung geraten wird (ebenso OLG Jena GRUR-RR 2010, 211, 212). Denn insoweit liegt kein Versuch einer Fremdbestimmung, sondern nur eine Entscheidungshilfe vor.

10.119d   dd) **Eignung zur Beeinflussung.** Zur Absicht muss die Eignung der Beeinflussung hinzukommen. Ob es tatsächlich zu einer Sperre kommt, ist dagegen unerheblich (BGH GRUR 1984, 242, 244 – *Denkzettel-Aktion).* Eine tatsächlich erfolgte Sperre kann aber die Eignung indizieren (OLG Stuttgart NJWE-WettbR 1999, 97), es sei denn, die Sperre liegt ausschließlich im Interesse des Adressaten. An der Eignung fehlt es, wenn der Adressat bereits von sich aus endgültig zur Sperre oder Nichtsperre entschlossen war. Das wird aber nur selten anzunehmen sein. Nicht erforderlich ist eine wirtschaftliche oder sonstige Abhängigkeit des Adressaten und die Möglichkeit, auf ihn Druck auszuüben (BGH GRUR 1985, 468, 469 – *Ideal-Standard).* Eine bestehende Abhängigkeit kann jedoch die Eignung zur Beeinflussung indizieren.

10.119e   ee) **Abgrenzung.** Wird lediglich für das eigene Angebot, wenngleich unter Einsatz unlauterer Mittel geworben, liegt darin noch kein Boykott (BGH GRUR 2000, 340, 343 – *Kartenlesegerät).* Auch der bloße Nachweis günstigerer Bestellmöglichkeiten ist nicht als Aufforderung zu einer Bezugssperre zu werten, selbst wenn die gegen das zu sperrende Unternehmen gerichtete Zielrichtung dieser Erklärung für den Adressaten erkennbar bleibt (aA BGH GRUR 1984, 214, 215 f – *Copy-Charge;* BGH GRUR 2000, 340, 343 – *Kartenlesegerät).* Vielmehr ist eine solche Äußerung ausschließlich nach § 6 (vergleichende Werbung) zu beurteilen. Auch die Empfehlung eines Herstellers, von ihm selbst produzierte Zubehörteile einzusetzen unter gleichzeitigem Hinweis, dass Zubehörteile zweier namentlich genannter Hersteller ebenso verwendet werden können, stellt keinen versteckten Boykottaufruf (so aber OLG Stuttgart GRUR-RR 2003, 21, 22), sondern eine vergleichende Werbung dar.

10.120   b) **Bestimmtheit der Adressaten und Verrufenen.** Die Adressaten und die zu Sperrenden müssen hinreichend bestimmt oder doch bestimmbar sein (BGH WRP 1999, 1283, 1287 – *Kartenlesegerät).* Der Aufruf kann zB auch an die Käufer bestimmter Produkte gerichtet sein. Für die Bestimmtheit der Verrufenen reicht eine nähere Bezeichnung nach Gruppen-, Tätigkeits- oder Organisationsmerkmalen (zB Elektrofachhandel; Verbrauchermärkte; ausländische Lieferanten) aus (BGH GRUR 1980, 242, 244 – *Denkzettel-Aktion).* Die Aufforderung, „am Ort" zu kaufen, ist allerdings zu unbestimmt, als dass darin ein Boykottaufruf zu erblicken wäre. Ebenso die Aufforderung, für Einheimische vorgesehene Eintrittskarten nicht an gewerbliche Wiederverkäufer weiterzugeben (OLG München WuW/E OLG 4622, 4623).

10.121   c) **Liefer- oder Bezugssperre.** Gegenstand einer Liefer- oder Bezugssperre kann jede Tätigkeit im geschäftlichen Verkehr, also auch eine Dienst- und Werkleistung, sein (BGH WRP 1999, 941, 944 – *Sitzender Krankentransport;* KG WuW/E OLG 1029 – *Anzeigensperre).* Unter einer **Sperre** ist die dauerhafte oder vorübergehende Beendigung oder Nichtaufnahme von Lieferbeziehungen über Waren oder gewerbliche Leistungen zu verstehen (BGH WRP 1999, 1283, 1287 – *Kartenlesegerät;* Immenga/Mestmäcker/*Markert* GWB § 21 Rdn 20). Doch reicht auch eine gegenständliche oder mengenmäßige Begrenzung aus (OLG Frankfurt WRP 1998, 98, 99). Als gewerbliche Leistung ist auch die gesellschaftsrechtliche Beteiligung an einem Unternehmen anzusehen (BGH GRUR 2000, 344, 346 – *Beteiligungsverbot für Schilderpräger).* Der Sperre steht die Aufstellung von Bedingungen gleich, die den betreffenden Geschäftsverkehr für den Verrufenen unzumutbar macht. – Der bloße Hinweis auf günstige Angebote Dritter stellt noch keine Aufforderung zur Bezugssperre dar, außer wenn für die Adressaten eine entsprechende Absicht erkennbar ist (BGH WRP 2000, 759, 761 – *Zahnersatz aus Manila* zu § 21 I GWB). Dasselbe gilt, wenn für das eigene Angebot – und sei es auch mit unlauteren Mitteln – geworben wird (BGH WRP 1999, 1283, 1287 – *Kartenlesegerät*). – Auch die (positive) Aufforderung zum Abschluss einer (kartellrechtlich nach Art 81 III EG oder § 2 GWB zulässigen) **Ausschließlichkeitsbindung** ist im Regelfall – schon mangels Bestimmtheit der zu Sperrenden – keine Sperraufforderung, selbst wenn dadurch andere von einer Geschäftsverbindung ausgeschlossen werden sollen (vgl BGH GRUR 2003, 77, 79 – *Fernwärme für Börnsen* [zu § 16 GWB aF]; aber auch Immenga/Mestmäcker/*Markert* GWB § 20 Rdn 18, 19, 43). Andernfalls dürften keine Ausschließlichkeitsverträge mehr angebahnt werden. Eine Ausnahme ist für den Fall anzuerkennen, dass die Beschränkung eine gegen bestimmte Dritte gerichtete Zielsetzung aufweist und mit ihrer Hilfe bestimmte, individualisierbare Unternehmen getroffen oder sogar vom Markt verdrängt oder fern gehalten werden sollen (BGH GRUR 2000, 344, 346 – *Beteiligungsverbot für Schilderpräger*; BGH GRUR 2003, 77, 79 – *Fernwärme für Börnsen*; OLG Stuttgart WuW/E OLG 2269, 2270).

d) Boykottähnliche Maßnahme. Der Liefer- oder Bezugssperre stehen die sog boykottähnlichen Maßnahmen gleich. Dazu gehört die Aufforderung zu einem sonstigen Vorgehen gegen einen Mitbewerber, das dessen Geschäftsbetrieb erheblich stört (BGH WRP 1960, 157, 160 – *Schleuderpreise*; BGH GRUR 1967, 526, 528 – *Hörmittelhändler*; OLG Karlsruhe GRUR 1984, 669, 672; OLG Frankfurt GRUR-RR 2005, 197, 198). So stellt es eine boykottähnliche Behinderung eines ehemaligen Vertragshändlers eines Kfz-Herstellers dar, wenn dieser in Kundenanschreiben den falschen Eindruck erweckt, Kunden könnten Nachteile bei der Abwicklung von Gewährleistungsansprüchen erleiden, falls sie Wartungs- und Reparaturarbeiten nicht bei einem Vertragshändler durchführen lassen (OLG Frankfurt GRUR-RR 2005, 197, 198). In diesem Fall kann auch der Tatbestand des § 4 Nr 1 erfüllt sein. – Boykottähnlich wirkt die Äußerung einer Kfz-Haftpflichtversicherung gegenüber einem Anwalt, sie werde die Kosten eines bestimmten Kfz-Sachverständigen nicht übernehmen, wenn die behauptete fehlende Objektivität des Sachverständigen nicht dargelegt ist (OLG Nürnberg WRP 2007, 202, 203). – Eine gezielte Behinderung durch eine boykottähnliche Maßnahme stellt es auch dar, wenn eine Fluggesellschaft die unberechtigte Behauptung aufstellt, die Vermarktung ihrer Flugtickets durch ein anderes Unternehmen im Wege des **Screen-Scraping** sei rechtswidrig und sie würde auf diese Weise erworbene Flugtickets stornieren (OLG Frankfurt MMR 2009, 400).

3. Boykottaufruf als „gezielte" Behinderung

a) Grundsatz. Die im Boykottaufruf enthaltene Behinderung ist stets „gezielt" iSd § 4 Nr 10, wenn es dem Verrufer nur darum geht, den Verrufenen vom Markt zu verdrängen oder fern zu halten. Allerdings ist – anders als bei § 21 I GWB – eine solche Absicht, den Mitbewerber „unbillig zu beeinträchtigen" – bei § 4 Nr 10 nicht erforderlich (vgl *Werner* S 180). Es genügt daher grds die objektive Eignung der Aufforderung, den Adressaten zu einer Liefer- oder Bezugssperre von Mitbewerbern zu veranlassen. Allerdings ist in diesem Fall die Unlauterkeit anhand einer umfassenden **Abwägung der Interessen aller Beteiligten unter Berücksichtigung** der grundgesetzlichen (Art 5 GG) und kartellrechtlichen Wertungen (insbs § 21 I GWB) sowie **der Schutzzwecke des § 1, insbs des Interesses der Allgemeinheit an einem unverfälschten Wettbewerb**, festzustellen (vgl BGH GRUR 1999, 1031 – *Sitzender Krankentransport*; BGH GRUR 2000, 344, 347 – *Beteiligungsverbot für Schilderpräger; Werner* S 183 ff). Danach wird im **Regelfall** Unlauterkeit nach § 4 Nr 10 anzunehmen sein, sofern nicht besondere Umstände vorliegen, die das Handeln als sachlich gerechtfertigt erscheinen lassen (vgl BGH GRUR 1980, 242, 244 – *Denkzettel-Aktion*; OLG Frankfurt GRUR-RR 2005, 197, 198). Davon geht auch die Begründung zum RegE UWG aus (vgl BT-Drucks 15/1487 S 19). Die grundsätzliche Unlauterkeit des Boykotts folgt daraus, dass er seiner objektiven Zielsetzung nach auf eine **Behinderung** eines Unternehmens im Wettbewerb gerichtet ist. Die Sperre beeinträchtigt den Zugang des betroffenen Unternehmens zu den Beschaffungs- oder Absatzmärkten und erschwert oder vereitelt damit seine Chancen, seine Leistung auf dem Markt zur Geltung zu bringen. Sie beeinträchtigt darüber hinaus das Allgemeininteresse am Wettbewerb und die Interessen der Marktpartner, insbs diejenigen der Verbraucher. Es müssen also **besonders schutzwürdige Interessen** des Verrufers, des Adressaten oder der Allgemeinheit vorliegen, um die Unlauterkeit zu verneinen. Die entsprechenden „entlastenden" Tatsachen sind vom Verrufer darzulegen und zu beweisen. **Beispiel:** Warnt ein Unternehmer die Verbraucher vor dem Kauf von Waren eines Mitbewerbers, weil diese gesundheitsgefährdend sind, so kann die Unlauterkeit zu verneinen sein. – Bei der gebotenen Interessenabwägung sind allerdings der Grundsatz der **Verhältnismäßigkeit** (reicht eine weniger einschneidende Maßnahme aus?), aber auch eine etwaige **Marktmacht** des Verrufers zu berücksichtigen (BGH GRUR 2000, 344, 346 – *Beteiligungsverbot für Schilderpräger;* OLG Düsseldorf NJWE-WettbR 1999, 123, 125). – Da es für die Unzulässigkeit einer geschäftlichen Handlung bereits genügt, dass sie objektiv geeignet ist, den Mitbewerber zu behindern (Rdn 10.6), ist die Veranlassung eines anderen zur Sperre auch dann unlauter, wenn der Boykottaufruf nicht befolgt wird, der Boykott somit nur versucht worden ist (BGH GRUR 1980, 242, 244 – *Denkzettel-Aktion*). Dagegen stellt die bloße Androhung von Boykottmaßnahmen gegenüber einem Mitbewerber noch keine Boykotthandlung dar; doch kann sie unter dem Aspekt der Nötigung nach § 4 Nr 10 unlauter sein.

10.123   b) **Meinungs- und Pressefreiheit.** Der Schutz der Meinungs- und Pressefreiheit erstreckt sich auch auf kommerzielle Meinungsäußerungen sowie reine Wirtschaftswerbung, die einen wertenden, meinungsbildenden Inhalt hat (BVerfG GRUR 2001, 170 – *Schockwerbung*). Grds kann daher auch ein Boykottaufruf einer Unternehmensvereinigung oder eines Mitbewerbers von Art 5 I GG gedeckt sein, so dass es für die Einschränkung dieses Grundrechts durch § 3 iVm § 4 Nr 10 als allgemeines Gesetz iSd Art 5 II GG auf eine Interessenabwägung unter Berücksichtigung der Reichweite des Grundrechts und des Schutzzwecks des UWG (§ 1) ankommt. Das BVerfG (BVerfGE 7, 198, 221; 25, 256, 266; 62, 230, 244 f = GRUR 1984, 357, 359 – *markt-intern;* BVerfG NJW 1989, 381, 382; 1992, 1153, 1154) hat für die Zulässigkeit eines Boykottaufrufs drei Voraussetzungen aufgestellt: **(1) Angelegenheit von öffentlicher Bedeutung.** Wesentlich sind die Motive und damit Ziel und Zweck der Aufforderung. Findet sie ihren Grund nicht in eigenen Interessen wirtschaftlicher Art, sondern in der Sorge um politische, wirtschaftliche, soziale oder kulturelle Belange der Allgemeinheit, spricht dies für eine Zulässigkeit des Boykottaufrufs, auch wenn dadurch private und namentlich wirtschaftliche Interessen beeinträchtigt werden. Umgekehrt kommt dem Schutz dieser Interessen umso größere Bedeutung zu, je weniger es sich um einen Beitrag zum Meinungskampf in einer die Öffentlichkeit berührenden Frage handelt, sondern um eine gegen jene Interessen gerichtete Äußerung im wirtschaftlichen Verkehr und in Verfolgung eines eigennützigen wirtschaftlichen Ziels, etwa der Verbesserung der Wettbewerbsposition. Fehlt hingegen eine Einwirkung auf die öffentliche Meinung, wie bei Versendung eines Informationsblattes ausschließlich an beteiligte und informierte Fachkreise oder bei Rundschreiben an fachlich einschlägig tätige Personen, sondern geht es lediglich um die Durchsetzung wirtschaftlicher Interessen, so scheidet eine Rechtfertigung aus. **(2) Verhältnismäßigkeit.** Die Verfolgung der Ziele des Verrufers darf ferner das Maß der nach den Umständen notwendigen und angemessenen Beeinträchtigung des Angegriffenen oder des Betroffenen nicht überschreiten. Dabei kommt es insbes darauf an, welches Verhalten des betroffenen Unternehmens Anlass für den Boykottaufruf war. **(3) Fehlende Druckausübung.** Schließlich müssen die Mittel der Durchsetzung des Boykottaufrufs verfassungsrechtlich zu billigen sein. Das ist nicht der Fall, wenn der Verrufer sich nicht auf den Versuch der geistigen Einflussnahme und Überzeugung beschränkt, sondern physischen, wirtschaftlichen oder vergleichbaren Druck auf die Adressaten ausübt oder veranlasst und dadurch ihre Entscheidungsfreiheit beeinträchtigt.

10.124   c) **Abwehr.** Ein Boykottaufruf kann ausnahmsweise als Abwehrmaßnahme (dazu näher § 11 Rdn 2.4 ff) gegenüber einem wettbewerbswidrigen Angriff zulässig sein (BGH GRUR 1959, 244, 247 – *Versandbuchhandlung*). Das gilt aber jedenfalls dann nicht, wenn die Maßnahme schutzwürdige Belange unbeteiligter Dritter verletzt, etwa weil auf sie wirtschaftlicher Druck ausgeübt wird (BGH GRUR 1984, 461, 463 – *Kundenboykott:* Verweigerung von Kundendienstleistungen gegenüber Verbrauchern, damit diese aus Verärgerung nicht mehr bei bestimmten Händlern kaufen). Im Übrigen muss der Boykott zur Abwehr eines rechtswidrigen Angriffs erforderlich sein und es dürfen keine anderen für den Angegriffenen noch zumutbaren Abwehrmöglichkeiten bestehen. Diese Voraussetzungen werden nur in außergewöhnlichen Situationen gegeben sein. Wer boykottieren will, muss daher zuvor die Sach- und Rechtslage genau prüfen. Ist der angreifende Mitbewerber zum Unterlassen seines Angriffs gütlich zu bewegen, so darf er nicht boykottiert werden. Ebenso dann nicht, wenn sich das Ziel der Abwehr durch gerichtliche Hilfe, insbes durch Erwirken einer einstweiligen Verfügung, erreichen lässt. Es bedarf stets einer Abwägung der berührten Interessen unter Berücksichtigung von Anlass, Ziel, Mittel und Wirkung des Boykotts. Dabei fallen auch die Interessen der Allgemeinheit ins Gewicht. Ein Händler, der in Unkenntnis einer Vertriebsbindung Waren bezogen hat, darf nicht boykottiert werden (OLG Stuttgart WuW/E OLG 1721). Würde die Sperre zur Vernichtung der wirtschaftlichen Existenz des Betroffenen führen, so wird sich ein Abwehrboykott nur in ganz seltenen Ausnahmefällen rechtfertigen lassen (vgl BGH GRUR 1965, 440, 443 – *Milchboykott*). Auch das Kartellrecht schließt den Abwehreinwand nicht aus. § 21 I GWB verbietet Boykottmaßnahmen nur, wenn sie in der Absicht geschehen, bestimmte Wettbewerber unbillig zu beeinträchtigen. Ein Abwehrboykott, der dazu dient, wettbewerbswidriges Verhalten zu unterbinden, stellt keine unbillige Beeinträchtigung dar und verletzt nicht Interessen der Allgemeinheit (OLG Düsseldorf WuW/E DE-R 1381).

d) Einzelfälle. Als **zulässig** wurde angesehen: Das dringende Anraten einer Konzertagentur an eine andere, eine als rechtsradikal bekannte Musikgruppe nicht auftreten zu lassen (LG Köln GRUR 1994, 741). Die Aufforderung an eine Bank, die Kontoverbindung mit einem zur Unterlassung wettbewerbswidriger Handlungen gegenüber Verbrauchern verurteilten Mitbewerber zu lösen, wenn dieser sich nicht an das gerichtliche Verbot hält (OLG Jena GRUR-RR 2006, 134, 136) – Als **unzulässig** wurde angesehen: Ein Boykottaufruf, in dem der Herausgeber eines Branchen-Informationsblatts Fachhändler zur Beendigung oder Nichtaufnahme von Geschäftsbeziehungen zu einem angeblich zu teuer liefernden Händler auffordert, wenn er nicht nur über die Preise berichtet und auf die günstigeren Einkaufsmöglichkeiten bei den Mitbewerbern hinweist, sondern dadurch in den Wettbewerb eingreift, dass er noch die Überlassung der Anschriften preisgünstigerer Mitbewerber anbietet (BGH GRUR 1984, 214 – *Copy-Charge;* bedenklich). – Aufforderung in einem Brancheninformationsdienst an Uhrenfachhändler, den Service für Uhren abzulehnen, die bei „Kaffee-Röstern" gekauft wurden (BGH GRUR 1984, 461, 463 – *Kundenboykott*). – Der in einem Informationsblatt für den Handel an Fachhändler gerichtete Aufruf, über ihre Einkaufsorganisationen Markenartikelherstellern eine Auftragssperre anzudrohen, falls sie Verbrauchermärkte weiterbeliefern; verantwortlich dafür sind nicht nur der Verlag, sondern auch der kaufmännische Geschäftsführer, weil es sich um eine außergewöhnliche, aus dem Rahmen der üblichen Tätigkeit einer Redaktion fallende Aktion handelt (BGH GRUR 1980, 242, 244 – *Denkzettel-Aktion* mit Anm *Wild*). Das Verbot dieses Aufrufs verstößt nicht gegen das Grundrecht der Pressefreiheit, weil es sich nicht um die Einwirkung auf die öffentliche Meinung in einer die Allgemeinheit wesentlich berührenden Frage handelt, sondern nur versucht wird, in einer partikularen Auseinandersetzung auf wirtschaftlichem Gebiet die Interessen einer Gruppe von Unternehmen gegenüber denjenigen eines anderen Unternehmens durchzusetzen (BVerfGE 62, 230). – Die vom Vorstand einer Bäckerinnung an einen Bäcker gerichtete Aufforderung, einen Händler, der mit behördlicher Genehmigung Brot im ambulanten Handel vertrieb, nicht mehr zu beliefern (BGH NJW 1954, 147). – Rundschreiben eines Buchhändlerverbandes an die Sortimenter, in dem diese aufgefordert werden, „zwecks Fernhaltung unlauterer Elemente aus dem Buchhandel" einen Händler nicht zu beliefern (LG Mönchengladbach NJW 1947, 48, 525). – Mitteilung des Verbandes der Kinobesitzer an Filmverleiher, „er könne die Belieferung eines neuen Kinos mit Filmen nicht gutheißen" (OLG Düsseldorf GRUR 1950, 380). – Rundschreiben einer Handwerksinnung an ihre Mitglieder, sich nicht als Handlanger eines Versandhauses herzugeben, das in dem betreffenden Kreis eine Vertragswerkstätte sucht (OLG Stuttgart NJW 1955, 389). – Aufforderung einer Innung an ihre Mitglieder, Arbeiten nicht an gewisse Personen zu vergeben (OLG Nürnberg MuW 1939, 110) oder nicht mit Versandhäusern Verträge zu schließen. – Aufforderung eines Unternehmens an einen Verlag, bestimmte Anzeigen eines Wettbewerbers nicht mehr zu veröffentlichen (KG WuW/E OLG 1029). – Aufruf eines örtlichen Werberings, einem Kaufhaus einer benachbarten Stadt keine Lokale zu Ausstellungszwecken und zum Verkauf zur Verfügung zu stellen (OLG Düsseldorf GRUR 1953, 295). – Aufruf eines Fachhandelsverbands an Lieferanten zum Boykott großbetrieblicher Wettbewerber (OLG Hamburg WuW/E OLG 2067). – Übersendung von Aufklebern für Postkästen, die dazu auffordern, keine (sonstige) Werbung, sondern nur ein bestimmtes Anzeigenblatt einzuwerfen (OLG Stuttgart NJWE-WettbR 1999, 97). – Äußerung einer Kfz-Versicherung gegenüber einem Anwalt, sie werde die Kosten eines bestimmten Kfz-Sachverständigen nicht übernehmen, sofern die behauptete fehlende Objektivität des Sachverständigen nicht dargetan ist (OLG Nürnberg WRP 2007, 202, 203). – Unberechtigte Behauptung einer Fluggesellschaft, die Vermarktung ihrer Flugtickets durch ein anderes Unternehmen im Wege des **Screen-Scraping** sei rechtswidrig, und sie würde auf diese Weise erworbene Flugtickets stornieren (OLG Frankfurt MMR 2009, 400).

III. Verhältnis zu anderen Vorschriften

1. Vergleichende Werbung (§ 6)

Der mit einer vergleichenden Werbung iSd § 6 I verbundene Aufruf an Kunden, das eigene beworbene Produkt anstelle des Produkts des Mitbewerbers zu kaufen, stellt noch keinen

Boykottaufruf dar. Fordert der Werbende dagegen die Kunden auf, das Produkt des Mitbewerbers nicht zu kaufen, erfüllt dies an sich den Boykotttatbestand. Liegt dem Aufruf jedoch eine zulässige vergleichende Werbung zu Grunde, und treten keine unlauterkeitsbegründenden Umstände (zB Druckausübung) hinzu, so kann er auch nicht nach §§ 3, 4 Nr 10 untersagt werden. Denn die Regelungen über die vergleichende Werbung sind abschließend. Dies ist bei der Güter- und Interessenabwägung im Rahmen des § 4 Nr 10 (Rdn 10.122) zu berücksichtigen.

2. Kartellrechtliches Boykottverbot (§ 21 I GWB)

10.127 Der lauterkeitsrechtliche und der kartellrechtliche Boykotttatbestand überschneiden sich, aber sie decken sich nicht vollständig. Beide Normen sind daher nebeneinander anwendbar (BGH GRUR 1999, 1031, 1032 – *Sitzender Krankentransport;* BGH GRUR 2000, 344, 347 – *Beteiligungsverbot für Schilderpräger;* BGHZ 166, 154 Tz 17 – *Probeabonnement; Werner* S 183; krit *Alexander* ZWeR 2007, 239, 259); es besteht Anspruchskonkurrenz. Das bedeutet, dass – anders als im GWB – auch Verbraucherverbände anspruchsberechtigt sind. Obwohl § 21 I GWB die „Absicht, bestimmte Unternehmen unbillig zu beeinträchtigen" voraussetzt, fällt in aller Regel der von § 4 Nr 10 erfasste Boykottaufruf auch unter § 21 I GWB und umgekehrt (BGH GRUR 2000, 344, 346 – *Beteiligungsverbot für Schilderpräger*). Allerdings ist der Boykott zu Wettbewerbszwecken durch § 4 Nr 10 in weiterem Umfang als durch § 21 I GWB verboten. Ein Unterschied besteht darin, dass im Kartellrecht Auffordernder und Adressat Unternehmen oder Unternehmensvereinigungen sein müssen (dazu BGH WRP 1999, 941, 943 – *Sitzender Krankentransport*), im Lauterkeitsrecht dagegen nicht. Für die Ausführung der Sperre gelten die §§ 19, 20 I und II GWB. Vereinbarungen über die Durchführung (einschließlich der Befolgung) eines Boykotts können gegen § 1 GWB oder Art 81 I EG verstoßen. Um Wertungswidersprüche zu vermeiden, müssen die Freistellungstatbestände des Art 81 III EG und des § 2 GWB, insbes die der Vertikal-GVO, auch für den einseitigen (nicht ausgeführten) Boykottaufruf gelten (vgl *Werner* S 175)). Ein nach diesen Bestimmungen zulässiger Boykottaufruf kann daher nicht über die §§ 3, 4 Nr 10 untersagt werden.

3. Bürgerlichrechtliches Boykottverbot

10.128 **a) Rechtsgrundlagen.** Erfolgt der Boykottaufruf nicht zu Zwecken des Wettbewerbs, sondern aus sittlichen, sozialen, religiösen oder politischen Gründen, so kann der Tatbestand des § 826 BGB erfüllt sein. Nach der Rspr ist daneben auch der Tatbestand des § 823 I BGB (Eingriff in das Recht am Unternehmen) anwendbar (BGH GRUR 1965, 440, 442 – *Milchstreik;* BGH GRUR 1985, 470 – *Mietboykott;* BGH LM BGB § 826 Nr 26; dazu mit Recht krit *Larenz/Canaris* SchuldR II/2 § 81 III 3). In Betracht kommen namentlich die Fälle, in denen Presseorgane oder Verbraucher- oder Umweltschutzorganisationen zu „Käuferstreiks" oder Mietboykott aufrufen. Allerdings fällt der nicht wettbewerblichen Zwecken dienende Boykottaufruf grds in den Schutzbereich des Art 5 I GG (BVerfGE 7, 198, 212 – *Lüth;* BVerfG NJW 1989, 381, 382; *Staudinger/Hager* § 823 Rdn D 39 ff; *Canaris* JuS 1989, 167), weil und soweit er als Mittel des **geistigen Meinungskampfes** in einer die Öffentlichkeit wesentlich berührenden Frage eingesetzt wird, ihm also keine private Auseinandersetzung, sondern die Sorge um politische, wirtschaftliche, soziale oder kulturelle Belange der Allgemeinheit zu Grunde liegt. Er ist daher zulässig, solange kein physischer, psychischer, wirtschaftlicher oder unangemessener sozialer Druck auf die Verbraucher zur Durchsetzung des Aufrufs ausgeübt oder zu rechts- oder vertragswidrigem Verhalten aufgerufen wird (vgl BVerfG NJW 1989, 381, 382; OLG Stuttgart GRUR-RR 2006, 20, 21; *Larenz/Canaris* aaO).

10.129 **b) Beispiele.** Eine Zeitschrift durfte weder unter der Überschrift „Spätheimkehrer unerwünscht" zum Boykott eines Geschäfts auffordern, dessen Inhaberin die Aufnahme eines aus achtjähriger russischer Gefangenschaft heimkehrenden Arztes in eine Mietwohnung ihres Hauses abgelehnt hatte, noch durfte sie in dem Bericht außer dem Bild auch den vollen Namen der Geschäftsinhaberin zeigen (BGHZ 24, 200, 206). – Milcherzeuger durften keinen Boykott unter Einstellung der Milchbelieferung verhängen, um die Zahlung eines angemessenen Milchpreises zu erreichen, wenn dadurch die boykottierte Molkerei wirtschaftlich vernichtet wurde, weil ihnen genügend andere Mittel zur Verfügung standen, um auf zulässige Weise ihre Ziele zu erreichen (BGH GRUR 1965, 440, 443 – *Milchboykott*). – Rechtswidrig war auch die mit Androhung einer Liefersperre an Zeitungs- und Zeitschriftenhändler gerichtete Aufforderung eines Verlages, den Vertrieb solcher Presseerzeugnisse einzustellen, die das Programm des mitteldeutschen Rund- und Fernsehfunks abdrucken (BVerfGE 25, 256, 264 – *Blinkfüer;* aM BGH GRUR 1964, 77, 80). Den Einsatz wirtschaftlicher Macht zur Verhinderung öffentlicher Meinungsbildung deckt Art 5 GG nicht. Zulässig wäre es gewesen, wenn der Verlag seine Meinung über den Abdruck der mitteldeutschen Sendeprogramme in der Öffentlichkeit, zB in den eigenen Blättern, geäußert und die Leser aus politischer Überzeugung zum Boykott der in Betracht kommenden Zeitungen und Zeitschriften aufgefordert hätte. – Die an die Vertragspartner eines Wohnungsunternehmens gerichtete Aufforderung einer Tageszeitung zum Vertragsbruch durch Mietboykott ist keine durch Art 5 I GG geschützte Maßnahme (BGH GRUR 1985, 470, 471 – *Mietboykott;* bestätigt durch BVerfG NJW 1989, 381). – Ein macht- und einflussloser Bürger, Vater zweier minderjähriger Kinder, durfte versuchen, die Anzeigenkunden einer Illustrierten zur Zurückziehung ihrer Aufträge zu veranlassen, weil die Zeitschrift zur Erhöhung ihrer Auflagenzahl sexualbetonte Themen in aufreizender Weise in Wort und Bild herausstellte (OLG Köln NJW 1965, 2345). – Dagegen durfte ein Tierschutzverein nicht das Publikum durch Pressemitteilung mit der unwahren Behauptung, junge Sattelrobben würden „meist" unbetäubt und noch lebend enthäutet, dazu auffordern, keine Mäntel mehr aus Jungrobben-Fellen zu kaufen (OLG Frankfurt DB 1969, 697). – Eine Umweltschutzorganisation durfte (bei gleichzeitiger Aufklärung der Verbraucher über gentechnisch veränderte Futtermittel) ein gekreuztes Klebeband vor einem Kühlregal eines Supermarkts anbringen und Verbraucher vom Kauf dieser Produkte abraten (OLG Stuttgart GRUR-RR 2006, 20).

8. Abschnitt. Missbrauch der Nachfragemacht

Schrifttum: *Gilbert,* Die rechtliche Bewertung des sog Anzapfens, 1980; *Gröner/Köhler,* Der Selbstbedienungshandel zwischen Rechtszwang und Wettbewerb, 1986; *Hölzler/Satzky,* Wettbewerbsverzerrungen durch nachfragemächtige Handelsunternehmen, 1980; *Jungk,* Die Ausübung wirtschaftlicher Macht als unlauterer Wettbewerb?, 1997; *Köhler,* Wettbewerbs- und kartellrechtliche Kontrolle von Nachfragemacht, 1979; *ders,* Durchsetzung von Vorzugsbedingungen durch marktmächtige Nachfrager, BB 1999, 1017; *ders,* Zur Auslegung, Anwendung und Reform des § 20 Abs. 3 GWB, FS Tilmann, 2003, 693; *ders,* Zur Konkurrenz lauterkeitsrechtlicher und kartellrechtlicher Normen, WRP 2005, 645; *Merz,* Die Vorfeldthese, 1988; *Mestmäcker,* Der verwaltete Wettbewerb, 1984; *Pichler,* Das Verhältnis von Kartell- und Lauterkeitsrecht, 2009; *Säcker/Mohr,* Forderung und Durchsetzung ungerechtfertigter Vorteile, WRP 2010, 1; *Sosnitza,* Wettbewerbsbeschränkungen durch die Rechtsprechung, 1995; *Ulmer,* Der Begriff „Leistungswettbewerb" und seine Bedeutung für die Anwendung von GWB- und UWG-Tatbeständen, GRUR 1977, 565.

I. Problemstellung

Die Ausübung sog **Nachfragemacht** durch marktstarke Nachfrager gegenüber Anbietern (Handelsunternehmen gegenüber Herstellern; aber auch Hersteller gegenüber Zulieferern) ist seit den 70er Jahren des vorigen Jahrhunderts Gegenstand lebhafter Auseinandersetzungen. Insbes wird die Rechtmäßigkeit des sog **Anzapfens,** also das Fordern von Leistungen, denen keine echte Gegenleistung gegenübersteht, diskutiert. Dabei wird die Möglichkeit, bei entsprechendem Nachfragevolumen überproportionale Einkaufszugeständnisse zu erzielen, als eine Hauptursache für die fortschreitende Konzentration im Handel, insbes im Lebensmittelhandel, angesehen (vgl BKartA BB 1999, 706 – *Metro*). Selbsthilfemaßnahmen der Wirtschaft blieben ohne durchschlagenden Erfolg (vgl Beispielskatalog des BMW v 17. 11. 1974, abgedr in WRP 1975, 24; Gemeinsame Erklärung von Spitzenorganisationen der gewerblichen Wirtschaft vom November 1975/Juni 1984, abgedr in WRP 1976, 9; Wettbewerbsregeln des Markenverbandes, abgedr in WRP 1976, 576). Die Durchsetzung kartell- und lauterkeitsrechtlicher Abwehrmaßnahmen ist zusätzlich durch die sog **Ross-und-Reiter-**Problematik erschwert: die betroffenen Anbieter sind aus Furcht vor Pressionen kaum bereit, selbst Klage zu erheben oder als Zeuge in einem Zivilprozess oder Kartellverfahren zur Verfügung zu stehen. Für das Zivilverfahren ist daher an Beweiserleichterungen zu denken (dazu BGH GRUR 1982, 677, 679 – *Unentgeltliche Übernahme der Preisauszeichnung*): Soweit es den betroffenen Unternehmen wegen der Gefahr wirtschaftlicher Repressalien nicht zumutbar ist, Beweismittel (Aufzeichnungen; Zeugen) zur Verfügung zu stellen, durch die sie identifiziert werden können, sollte es ausreichen, dass die Beweismittel einer zur Berufsverschwiegenheit verpflichteten Person (Wirtschaftsprüfer; Notar) übergeben werden und diese als Zeuge über die erhaltenen Auskünfte aussagt, ohne die betroffenen Unternehmen zu identifizieren (arg § 383 I Nr 6 ZPO; *Köhler* BB 1998, 113, 115). Inwieweit derartige Aussagen für die Überzeugungsbildung des Gerichts ausreichen bzw eine

Verurteilung ermöglichen, ist eine Frage des Einzelfalls. Entsprechendes sollte für das Kartellverfahren gelten. Die durch § 70 IV GWB eingeführte Beweiserleichterung für die Kartellbehörden trägt nur begrenzt zur Problembewältigung bei. De lege ferenda empfiehlt sich daher die Einführung einer Auskunftspflicht des Nachfragers (*Köhler* BB 1998, 113, 115).

II. Rechtliche Schranken

1. Kartellrecht

10.131 **a) Deutsches Kartellrecht.** Im Vordergrund steht die Anwendung des **§ 20 III GWB** (dazu näher § 4 Rdn 1.32). Grds ist auch § 1 GWB auf Vereinbarungen zur Absicherung von Vorteilen gegenüber Mitbewerbern (zB Meistbegünstigungsklauseln) anwendbar, sofern nicht § 2 II iVm Art 2 VertikalGVO eingreift.

10.132 **b) Europäisches Kartellrecht.** Neben der Anwendung des Art 101 AEUV auf Meistbegünstigungsklauseln kommt insbes auch die Anwendung des Art 102 AEUV (Verbot des Missbrauchs einer marktbeherrschenden Stellung) in Betracht. Ein Missbrauch kann insbes in der „Erzwingung von unangemessenen Einkaufspreisen" (Art 102 S 2 lit a AEUV) liegen.

2. Lauterkeitsrecht

10.133 Die Ausübung von Nachfragemacht zur Erzielung besonderer Einkaufsvorteile kann unter bestimmten Voraussetzungen den Tatbestand des **§ 4 Nr 1** (dazu Rdn 1.29) und des **§ 4 Nr 10** erfüllen. Davon geht auch die Begründung zum RegE UWG (zu § 4 Nr 10, BT-Drucks 15/1487 S 19) aus. Missverständlich ist freilich die Bemerkung, es sollen mit § 4 Nr 10 „auch Handlungen im Verhältnis zweier Unternehmer auf verschiedenen Wirtschaftsstufen" erfasst werden. Gemeint kann nur § 4 Nr 1 sein. Als Maßnahme des Behinderungswettbewerbs gegenüber Mitbewerbern lässt sich dieses Marktverhalten aber nur begreifen, wenn man es unter dem Blickwinkel der unlauteren Verschaffung eines Wettbewerbsvorsprungs vor den Mitbewerbern im Absatz betrachtet (vgl OLG Hamm GRUR-RR 2003, 288). Dem steht eine Sichtweise gegenüber, die auf die Verfälschung des Nachfragewettbewerbs durch Druckausübung oder sonstigen unangemessenen unsachlichen Einfluss (§ 4 Nr 1) auf die Lieferanten als Marktpartner abstellt. Beide Betrachtungsweisen sind gleichermaßen berechtigt (vgl auch *Omsels* WRP 2004, 136, 139, der ergänzend einen Rückgriff auf § 3 vorschlägt). Denn das Lauterkeitsrecht schützt ebenso wie das Kartellrecht nicht nur den Absatzwettbewerb, sondern auch den **Nachfragewettbewerb** (arg § 2 I Nr 1 „Bezug").

10.134 **a) Funktionswidrigkeit als Unlauterkeitskriterium?** Anfänglich wurde das Unlauterkeitsurteil über bestimmte Maßnahmen des „Anzapfens" (Verlangen einer „Regalmiete" usw) mit der Funktionswidrigkeit des Händlerverhaltens begründet (vgl BGH GRUR 1977, 257 – *Schaufensteraktion;* BGH GRUR 1977, 619 – *Eintrittsgeld;* BGH GRUR 1982, 737 – *Eröffnungsrabatt;* OLG Köln WRP 1989, 193; OLG München GRUR 1992, 712; vgl auch noch OLG Zweibrücken GRUR-RR 2003, 17, 18: Funktionswidrigkeit angesprochen, aber iErg verneint). Dahinter stand die Erwägung, der Verbraucher erwarte vom Händler, dass er die Auswahl der Waren und Lieferanten unter dem Aspekt des Verbraucherinteresses trifft und solche Waren bevorzugt, die nach Art, Qualität und Preis für den Verbraucher vorteilhaft sind; der Händler handle daher funktionswidrig, wenn er die Auswahl unter dem Aspekt der Erzielung von Sondervorteilen treffe. Diese heute überholte Sichtweise (fallen gelassen bereits in BGH GRUR 1982, 677 – *Unentgeltliche Übernahme der Preisauszeichnung;* anders noch OLG München GRUR 1992, 712, 713; vgl auch BGH WuW/E BGH 1943, 1945 – *Markenverband-Deschauer;* vgl aber auch OLG Zweibrücken GRUR-RR 2003, 17, 18: Funktionswidrigkeit iErg verneint) widerspricht freilich dem Verständnis des freien Wettbewerbs: Im System eines freien Wettbewerbs kann es keine feststehenden Funktionen von Unternehmen im Wirtschaftsprozess geben; vielmehr ist es dem Wettbewerb überlassen, ob und welche Funktionen von einzelnen Unternehmen wahrgenommen werden (vgl *Emmerich* § 8/7 b). Im Übrigen wäre damit dem Problem nicht beizukommen, weil die Begründungen für die Forderung nach zusätzlichen Leistungen beliebig und damit austauschbar sind.

10.135 **b) Druckausübung auf den Lieferanten als Unlauterkeitskriterium.** Anknüpfungspunkt für das Unwerturteil kann eine mit dem „Anzapfen" verbundene Druckausübung (§ 4 Nr 1) auf den Lieferanten sein (dazu näher § 4 Rdn 1.31 ff).

c) Behinderung der Mitbewerber als Unlauterkeitskriterium. Die Anwendung des § 4 Nr 10 auf das „Anzapfen" setzt die „gezielte Behinderung" von Mitbewerbern voraus. Das „Anzapfen" kann zwar dazu führen, dass ein Unternehmen sich dadurch einen Wettbewerbsvorsprung gegenüber seinen Mitbewerbern auf dem nachfolgenden Absatzmarkt verschafft. Von einer gezielten Behinderung ist indessen erst dann auszugehen, wenn die Maßnahme bewusst darauf angelegt oder ihrer Natur nach geeignet ist, Mitbewerber vom Genuss vergleichbarer Einkaufsvorteile auszuschließen. Bei der Anwendung des § 4 Nr 10 sind allerdings die **kartellrechtlichen Wertungen** insbes in § 20 GWB zu beachten (*Köhler* WRP 2005, 645, 648 und WRP 2006, 139, 145 f; vgl auch BGH GRUR 1982, 737, 738 – *Eröffnungsrabatt*). Ein Verstoß gegen die wettbewerbs- und mitbewerberschützenden Normen des § 20 III GWB und ggf des § 20 I, II und IV 1 GWB begründet stets auch die Unlauterkeit nach § 4 Nr 10. (Zur Anwendbarkeit des § 4 Nr 11 vgl Rdn 11.12.) Umgekehrt dürfen mittels § 4 Nr 10 die kartellrechtlichen Verbotsschranken aber auch nicht beiseite geschoben werden. Bei fehlender Marktmacht des Anzapfers kann daher § 4 Nr 10 nur zur Anwendung kommen, wenn besondere Umstände hinzutreten. Das kann der Fall sein, wenn der „Anzapfer" unter Druckausübung Einkaufsvorteile **zum Nachteil der Mitbewerber** durchzusetzen versucht, insbes vom Lieferanten eine **exklusive** Bevorzugung fordert.

9. Abschnitt. Vergleichende Werbung ohne erkennbare Bezugnahme auf Mitbewerber

Schrifttum: a) Älteres Schrifttum (vor der Richtlinie über vergleichende Werbung): *Ahrens,* Die Veröffentlichung vergleichender Werbeanalysen, 1974; *Böshagen,* Die vergleichende Werbung in internationaler Sicht, IntWb 1970, 9; *Borck,* Die Rücksicht auf die Mitbewerber als rechtliche Schranke informativer Werbung, WRP 1986, 365; *Droste,* Zur Entwicklung und zum gegenwärtigen Stand der Rspr zur vergleichenden Werbung, FS Hefermehl, 1971, 27; *v Gamm,* Vorschlag der EG-Kommission für eine Richtlinie des Rates über vergleichende Werbung und zur Änderung der Richtlinie 84/450/EWG über irreführende Werbung, ABlEG Nr L 250 v 19. 9. 1984 S 17, WRP 1992, 143; *Hudelmaier,* Die neuere Praxis zur vergleichenden Werbung in Deutschland, Belgien, Frankreich, Großbritannien und USA, 1991; *Kloepfer/ Michael,* Vergleichende Werbung und Verfassung – Meinungsgrundrecht als Grenze von Werbebeschränkungen, GRUR 1991, 170; *Kramer,* Die vergleichende Werbung im österreichischen Wettbewerbsrecht, GRUR Int 1974, 195; *Künzle,* Die vergleichende Werbung im schweizerischen Wettbewerbsrecht – de lege lata und de lege ferenda, Wirtschaft und Recht 1982, 138; *Lindacher,* Kritisierende vergleichende Werbung, FS Brandner, 1996, 399 ff; *Menke,* Funktionale Entscheidungskriterien in der Rechtsprechung zum bezugnehmenden Werbevergleich, GRUR 1991, 661; *ders,* Die moderne informationsökonomische Theorie der Werbung und ihre Bedeutung für das Wettbewerbsrecht, dargestellt am Beispiel der vergleichenden Werbung, GRUR 1993, 718; *Mettang,* Die vermeintliche Liberalisierung des kritischen Werbevergleichs, GRUR 1988, 106; *J. Meyer,* Vergleichende Werbung und Markttransparenz, ZRP 1993, 290; *ders,* Die kritisierende vergleichende Werbung, 1991; *Moeser,* Neuere Rechtsprechung zur vergleichenden Werbung, NJW 1987, 1789; *Ochs,* Zur Vollständigkeit der Werbung mit Reichweiten, WRP 1981, 179; *Pehle,* Wandlungen in der Beurteilung des wahrheitsgemäßen kritischen Werbevergleichs, FS Wilde, 1970, 163; *Pöch,* Die Judikatur zur vergleichenden Werbung, ÖJZ 1979, 543; *Reich,* Vergleichende Werbung und EG-Recht, WRP 1988, 75; *Ruhnau,* Zulässigkeit vergleichender Werbung unter besonderer Berücksichtigung von TV-Veranstaltern mit Reichweiten und Einschaltquoten, ZUM 1990, 271; *R. Sack,* Vergleichende und bezugnehmende Werbung, 1983; *Schluep,* Über Kritik im wirtschaftlichen Wettbewerb, FS Troller, 1976, 225; *Schlüter,* Ökonomische Funktion als Basis wettbewerbsrechtlicher Zulässigkeit am Beispiel der vergleichenden Werbung, 1992; *Schotthöfer* (Hrsg), Die vergleichende Werbung in den Mitgliedstaaten der EG, Österreich, Schweiz und USA, 1991; *Strothmann,* Tatbestandsvoraussetzungen und Unlauterkeitskriterien der kritisierenden vergleichenden Werbung, GRUR 1988, 588; *Tilmann,* Vergleichende Werbung, Systemvergleich, Alleinstellungswerbung, GRUR Int 1993, 598; *ders,* Grenzüberschreitende vergleichende Werbung, GRUR Int 1993, 133; *Weyhenmeyer,* Rechtswidrige Preisvergleiche, WRP 1979, 766.

b) Neueres Schrifttum: Vgl die Angaben bei § 6.

I. Allgemeines

1. Abgrenzung der allgemeinen von der mitbewerberbezogenen vergleichenden Werbung

Bei der vergleichenden Werbung ist zu unterscheiden, ob darin Mitbewerber erkennbar gemacht werden oder nicht. Die **Richtlinie 2006/114/EG** (früher: 84/450/EWG) **über irreführende und vergleichende Werbung** (Werberichtlinie) regelt nur die vergleichende Werbung, bei der Mitbewerber oder ihre Produkte erkennbar gemacht werden. Auf Fälle einer vergleichenden Werbung, die keinen Mitbewerber oder seine Produkte erkennbar macht, ist sie nicht anwendbar. Sie verbietet keine nationalen Regelungen dieser Werbung, selbst wenn diese zu einem geringeren Schutz der Mitbewerber oder Verbraucher führen würden (EuGH GRUR 2007, 511 Tz 50–55 – *de Landtsheer/CIVC*). Die Regelung in § 6 und § 5 III erfasst dementsprechend nur die vergleichende Werbung mit erkennbarer unmittelbarer oder mittelbarer Bezugnahme auf Mitbewerber oder die von ihnen angebotenen Waren oder Dienstleistungen (BGH GRUR 1999, 1100, 1101 – *Generika-Werbung;* BGH WRP 2001, 688, 689 – *Eröffnungswerbung*). Sie erstreckt sich nicht auf die vergleichende Werbung ohne erkennbaren Bezug auf Mitbewerber, also auf den sog allgemein gehaltenen oder kürzer **allgemeinen Vergleich** (zur Abgrenzung vgl § 6 Rdn 10, 35 ff). Seine Zulässigkeit beurteilt sich nach der Generalklausel des § 3 I und den Beispielstatbeständen des § 4 Nr 1, 7, 8 und 10 (ähnlich zur früheren Rechtslage BGH GRUR 2002, 982, 983 – *DIE „STEINZEIT" IST VORBEI!*).

2. Abgrenzung zu anderen Werbeformen

10.138 Die allgemein gehaltene vergleichende Werbung unterscheidet sich von anderen Formen der Werbung dadurch, dass sie sich weder in einer Hervorhebung des eigenen Unternehmens oder Angebots noch in einer Herabsetzung konkurrierender Unternehmen oder Angebote erschöpft, sondern einen **Vergleich** vornimmt. Es muss also eine Bezugnahme iSe Gegenüberstellung und eines Aneinandermessens von (nicht erkennbar gemachten; sonst gilt § 6) Unternehmen und ihrer Leistungen erfolgen (BGH GRUR 2002, 75, 76 – *„SOOOO ... BILLIG!"?*). Diese Bezugnahme muss darüber hinaus **ausdrücklich** erklärt werden oder sich **eindeutig** aus dem Sachzusammenhang ergeben. Bloße Kritik an fremden Leistungen und bloßes Lob der eigenen Leistungen stellen auch dann keinen Vergleich dar, wenn sich für den Adressaten ein Umkehrschluss anbietet. Ein Vergleich liegt daher nicht vor, wenn eine Werbeaussage so allgemein gehalten ist, dass sich den angesprochenen Verkehrskreisen eine Bezugnahme auf den Werbenden nicht aufdrängt, sondern diese sich nur reflexartig daraus ergibt, dass mit jeder Kritik an Mitbewerbern idR unausgesprochen zum Ausdruck gebracht wird, sie betreffe den Werbenden selbst nicht (BGH aaO – *„SOOOO... BILLIG!"?*). Ebenso wenig ist in der bloßen Herausstellung der Besonderheit der eigenen Leistung eine **mittelbare** pauschale Abwertung von Konkurrenten zu erblicken, wenn der Verkehr daraus den Schluss zieht, dass deren Leistung diese Besonderheit nicht aufweist. Denn es ist das gute Recht des Werbenden und es entspricht auch dem Interesse der Verbraucher an Sachinformation, dass in der Werbung die Vorzüge des eigenen Leistungsangebots herausgestellt und damit zwangsläufig gegenüber dem der Mitbewerber abgegrenzt werden (vgl BGH GRUR 1999, 1100, 1102 – *Generika-Werbung*). – Weitere Voraussetzung für einen Vergleich ist die Bezugnahme auf Mitbewerber (§ 2 I Nr 3), die allerdings (sonst gilt § 6) nicht erkennbar gemacht sein dürfen. Aus Sicht der angesprochenen Verkehrskreise muss sich die Gegenüberstellung als Alternative bei ihrer Nachfrageentscheidung darstellen. Eine allgemein vergleichende Werbung liegt daher nicht vor, wenn beispielsweise eine Rechtsanwaltskammer in einer Stellungnahme erklärt, bei Rechtsanwälten kämen – anders als bei Ärzten – keine Abrechnungsbetrügereien vor.

3. Arten des allgemeinen Vergleichs

10.139 Allgemeine Vergleiche können insbes der Warenarten- und Dienstleistungsvergleich, der Systemvergleich und der Preisvergleich sein. Hinzu kommt der unternehmensbezogene Vergleich mit den nicht erkennbar gemachten Mitbewerbern.

10.140 a) **Warenartenvergleich.** Er besteht darin, dass der Werbende ohne unmittelbare oder mittelbare Bezugnahme auf Mitbewerber Gründe anführt, aus denen die von ihm vertriebene Warenart (zB Ziegel) den Vorzug vor einer anderen (zB Betonsteine) verdient. Eine Sonderform des Warenvergleichs ist der sog **Fortschrittsvergleich,** der der Verdeutlichung eines auf andere Weise nicht darzustellenden technischen Fortschritts dient (BGH GRUR 1952, 416, 417 – *Dauerdose;* BGH GRUR 1958, 343, 345 – *Bohnergerät;* BGH GRUR 1961, 85, 90 f – *Pfiffikus-Dose;* BGH GRUR 1961, 237, 240 – *TOK-Band*).

10.141 b) **Dienstleistungsvergleich.** Dem Warenartenvergleich steht der **Dienstleistungsvergleich,** zB bei Versicherungen, gleich (BGH GRUR 1988, 764 – *Krankenkassen-Fragebogen;* OLG Hamburg WRP 1998, 72, 73).

10.142 c) **Systemvergleich.** Beim Systemvergleich werden ohne konkrete Werbung für bestimmte Waren oder Dienstleistungen die wesentlichen Besonderheiten verschiedener Systeme miteinander verglichen (BGH GRUR 1952, 416 – *Dauerdose*), etwa unterschiedliche Vertriebssysteme (zB Fachgeschäft/Discountgeschäft), Produktionssysteme (zB Handarbeit/Massenprodukt), Produkteigenschaften (zB Holz/Kunststoff), Absatzsysteme (Kauf/Miete; Laienwerber/Handelsvertreter), Beförderungssysteme (Bahn/Flugzeug), Behandlungsmethoden (ambulant/stationär; BGH GRUR 2003, 353, 355 – *Klinik mit Belegärzten*). Beim **uneigentlichen Systemvergleich** wird die besondere technische Arbeitsweise eines bestimmten Erzeugnisses mit den technischen Möglichkeiten anderer Warengattungen ohne Bezugnahme auf einen bestimmten und begrenzten Kreis von Mitbewerbern verglichen (BGHZ 49, 325, 329 – *40% können Sie sparen*).

d) **Preisvergleich.** Beim allgemeinen Preisvergleich werden die Preise für bestimmte Produkte miteinander verglichen, ohne dass (sonst gilt § 6) die Mitbewerber oder deren Waren oder Dienstleistungen unmittelbar oder mittelbar erkennbar gemacht werden (dazu BGH WRP 1996, 1097, 1098 – *Preistest*; BGH GRUR 1996, 983, 984 – *Preisvergleich II*). Keinen Preisvergleich stellt die **Preisgarantie** (Erstattung des Differenzbetrags bzw Rücktrittsrecht beim Nachweis eines billigeren Konkurrenzangebots) dar (dazu BGH GRUR 1975, 553 – *Preisgarantie I*; BGH GRUR 1991, 468 – *Preisgarantie II*). 10.143

e) **Unternehmensbezogener Vergleich.** Beim unternehmensbezogenen Vergleich werden allgemein die Unternehmensverhältnisse verglichen. So beispielsweise, wenn ein ganzer Berufsstand angegriffen wird (vgl BGH GRUR 1989, 516 – *Vermögensberater*). 10.144

II. Lauterkeitsrechtliche Beurteilung

1. Grundsatz

Allgemeine Vergleiche sind, wie sich aus Art 5 I GG ergibt und bereits im früheren Recht anerkannt war, grds **zulässig**, ohne dass ein besonderer Anlass für diese Art von Werbung gegeben sein müsste (BGH GRUR 1967, 30, 33 – *Rum-Verschnitt*; BGH GRUR 1986, 548, 549 – *Dachsteinwerbung*; BGH WRP 1997, 549, 550 – *Dauertiefpreise*; OLG Hamburg WRP 1998, 72, 73). Soweit sie die Markttransparenz und Kundeninformation verbessern, sind sie sogar wettbewerbsfördernd. Es müssen daher **besondere Umstände** hinzukommen, die den allgemeinen Vergleich unlauter machen (dazu Rdn 10.147 ff). 10.145

2. Verhältnis zu § 6 II

Eine unmittelbare Anwendung der in § 6 II aufgestellten Zulässigkeitskriterien ist nicht möglich, da sich diese Vorschrift ausdrücklich auf vergleichende Werbung iSv § 6 I beschränkt. Insbes ist die Zulässigkeit des allgemein gehaltenen Vergleichs nicht auf den Vergleich von konkurrierenden Waren und Dienstleistungen beschränkt. Er kann sich vielmehr auch auf sonstige Unternehmensverhältnisse (zB Größe und Alter von Unternehmen, Umsatz- und Mitarbeiterzahlen, Eigentumsverhältnisse, Herstellungs- und Absatzmethoden) beziehen. Es bleibt insoweit bei der Anwendbarkeit der Generalklausel des § 3 und den Beispielstatbeständen des § 4 Nr 1, 7, 8 und 10 sowie des § 5. Die zu § 1 aF von der Rspr entwickelten Grundsätze zur „vergleichenden Werbung ohne erkennbare Bezugnahme auf Mitbewerber" (BGH GRUR 1996, 983, 984 – *Preisvergleich II*; BGH GRUR 1999, 1100, 1102 – *Generika-Werbung*; BGH WRP 2001, 688, 689 – *Eröffnungswerbung*; BGH GRUR 2002, 75, 76 – *„SOOOO... BILLIG!"*) können weiterhin herangezogen werden. Allerdings sind Wertungswidersprüche zu den in § 6 II aufgestellten Kriterien zu vermeiden. Dies auch deshalb, weil im Einzelfall oft zweifelhaft ist, ob bei einem Vergleich Mitbewerber erkennbar gemacht werden oder nicht (vgl BGH GRUR 2002, 75, 76 – *„SOOOO... BILLIG!"*). Es dürfen daher jedenfalls keine strengeren Maßstäbe als an die vergleichende Werbung iSv § 6 I angelegt werden. 10.146

3. Grenzen der Zulässigkeit

a) **Grundsatz.** Da der allgemeine Vergleich eine **Meinungsäußerung** iSd Art 5 I GG darstellt, muss ein auf § 3 gestütztes Verbot die Anforderungen an die Einschränkung dieses Grundrechts beachten (BVerfG NJW 2003, 2229). Ein Verbot ist daher nur gerechtfertigt, wenn hinreichend wichtige Gemeinwohlbelange oder schutzwürdige Rechte und Interessen Dritter dies rechtfertigen (grundlegend BVerfG GRUR 2001, 170 – *Schockwerbung*). Beim allgemeinen Vergleich sind dies der Schutz der Verbraucher und der Mitbewerber. Deren Interessen müssen spürbar beeinträchtigt sein, damit der Tatbestand des § 3 I erfüllt ist. Der allgemeine Vergleich ist unlauter, wenn er sich nicht mehr im Rahmen einer **wahrheitsgemäßen** und **sachlichen** 10.147

Erörterung hält (BGH GRUR 1985, 982, 983 – *Großer Werbeaufwand;* BGH GRUR 1996, 983, 984 – *Preisvergleich II;* OLG Hamburg WRP 1998, 72, 73), wenn er den Verbraucher entweder davon abhält, Konkurrenzangebote zu prüfen, oder wenn er jedenfalls bei ihm ungerechtfertigte Vorurteile gegenüber Konkurrenzangeboten hervorruft. Denn dann ist der Vergleich geeignet, den **Verbraucher irrezuführen** (§ 5) oder unangemessen **unsachlich zu beeinflussen** (§ 4 Nr 1) oder die **Mitbewerber** herabzusetzen (§ 4 Nr 7) oder ungerechtfertigt und damit „gezielt" zu **behindern** (§ 4 Nr 10). Bei der Prüfung im Einzelfall ist zu fragen, ob die Vergleichsaussage für die Kundeninformation erforderlich ist und den Mitbewerbern keinen unnötigen Schaden zufügt (Grundsatz der **Verhältnismäßigkeit**). Dass die Werbung Mitbewerber nicht erkennbar macht, bedeutet nicht, dass sie nicht herabgesetzt oder behindert werden könnten. Wenn etwa für ein Produkt mit der Aussage geworben wird „Kaufen Sie nur die Ware von A; alles andere ist minderwertig", kann dies sehr wohl die Absatzchancen aller Mitbewerber beeinträchtigen, auch wenn sie im Zeitpunkt der Werbung für den Verbraucher nicht erkennbar sind.

10.148   **b) Wahrheit des allgemeinen Vergleichs.** Auf die positiven Angaben des Werbenden muss sich der Verkehr verlassen können, mag er dabei auch mit einer subjektiven Färbung des Vergleichs rechnen und keine völlig neutrale Stellungnahme erwarten. Der Vergleich muss daher sachlich zutreffen. Er darf keine unwahren oder irreführenden Behauptungen enthalten und keinen unrichtigen oder irreführenden Gesamteindruck erwecken. Andernfalls ist er nicht nur nach § 4 Nr 1 und 10, sondern auch nach § 5 unzulässig (vgl BGH GRUR 1973, 270, 271 – *Der sanfte Bitter;* vgl auch § 5 III, der sich allerdings nur auf vergleichende Werbung iSv § 6 I bezieht). Unrichtig oder irreführend ist etwa ein Vergleich, wenn die miteinander verglichenen Tatsachen entgegen den Erwartungen des Verkehrs nicht miteinander vergleichbar sind, weil die Tatsachengrundlagen in für den Vergleich wesentlichen Punkten voneinander abweichen (BGH GRUR 2003, 353, 355 – *Klinik mit Belegärzten*). Dabei kommt es nicht auf die Sichtweise des Werbenden oder der Mitbewerber, sondern auf die der angesprochenen Verkehrskreise an. Zu Grunde zu legen ist das Leitbild des durchschnittlich informierten, aufmerksamen und **verständigen Durchschnittsverbrauchers** (vgl EuGH WRP 2000, 289, 292 – *Lifting-Creme;* BGH GRUR 2000, 619, 621 – *Orient-Teppichmuster;* BGH WRP 2001, 688, 690 – *Eröffnungswerbung;* BGH WRP 2002, 74, 77 – *Das Beste jeden Morgen*). Schon die objektive Eignung, die Umworbenen irrezuführen, macht den Vergleich unlauter. Ob der Werbende sich der Unwahrheit seiner Behauptungen bewusst war oder ob er sie hätte erkennen können, ist seit jeher unerheblich (BGH GRUR 1967, 596, 597 – *Kuppelmuffenverbindung*). Unzulässig, weil irreführend, ist zB die Behauptung, nicht mit Anzeigenwerbung, nur mit Direktwerbung könne ein bestimmter Empfängerkreis gezielt erfasst werden (OLG Düsseldorf GRUR 1962, 589). Zur Irreführung durch **Preisvergleich** vgl Rdn 10.159 ff.

10.149   **c) Vollständigkeit des allgemeinen Vergleichs?** Von der Richtigkeit des Vergleichs ist seine **Vollständigkeit** zu unterscheiden. Zumeist wird der Werbende bei einem Vergleich die Umstände herausstellen, die für ihn vorteilhaft sind, und andere Umstände verschweigen. Daraus resultiert die Frage, ob ein Vergleich bereits dann unlauter ist, wenn er unvollständig oder lückenhaft ist. Ausgangspunkt ist, dass jeder Vergleich Werbezwecken dient und der Verkehr eine subjektive Sichtweise des Werbenden bis zu einem gewissen Grad voraussetzt. Der Verkehr erwartet daher nicht, dass sich der Vergleich auf alle relevanten Umstände des eigenen und fremden Angebots erstreckt und der Werbende jeden Nachteil der eigenen Ware oder Leistung sowie jeden Vorteil der fremden Ware oder Leistung hervorhebt. Nicht jeder unvollständige oder lückenhafte Vergleich ist daher per se unrichtig oder irreführend (BGH GRUR 1952, 416, 417 – *Dauerdose;* BGH GRUR 1967, 30, 33 – *Rum-Verschnitt;* BGH GRUR 1986, 548, 549 – *Dachsteinwerbung;* BGH GRUR 1988, 764, 767 – *Krankenkassen-Fragebogen*). (Auch bei der vergleichenden Werbung iSv § 6 ist es nicht erforderlich, dass der Waren- oder Dienstleistungsvergleich vollständig ist.) Die Aufklärung braucht sich folglich nicht auf alle Umstände der verglichenen Gegenstände schlechthin zu beziehen (BGH GRUR 1988, 764, 767 – *Krankenkassen-Fragebogen*). Andernfalls würde auch der Vergleich als Werbeinstrument zu schwerfällig und unbrauchbar. Nur darf durch das Verschweigen wesentlicher, für die Entscheidung des Nachfragers relevanter Gesichtspunkte nicht ein **unrichtiger oder irreführender Gesamteindruck** entstehen (BGH GRUR 1967, 596, 599 – *Kuppelmuffenverbindung;* BGH GRUR 1986, 548, 549 – *Dachsteinwerbung;* BGH GRUR 1988, 764, 767 – *Krankenkassen-Fragebogen;* BGH GRUR 2003, 353, 355 – *Klinik mit Belegärzten*). Maßgebend ist insoweit der Kenntnisstand, die Informationsmöglichkeiten und die Erwartungshaltung der angesprochenen Verkehrskreise. Ihnen muss eine Gesamtabwägung der einzelnen Vorzüge und Nachteile möglich sein. Hebt beispielsweise ein Kfz-

Hersteller den im Vergleich zu anderen Fahrzeugen dieser Klasse niedrigen Benzinverbrauch seines Fabrikats hervor, so erwartet der Verkehr nicht, dass er auch auf den vergleichsweise höheren Preis hinweist. Die Aufforderung umworbener Versicherungsnehmer, neben den in einem Fragebogen wiedergegebenen Leistungen der werbenden Krankenkasse die von Mitbewerbern einzutragen und beide miteinander zu vergleichen, ist dagegen unlauter, weil irreführend (§ 5), wenn die Fragebögen auch nach vollständiger Ausfüllung die Konkurrenzangebote nur unvollständig wiedergeben und dadurch ein unzutreffendes Gesamtbild der beiderseitigen Versicherungsleistungen entsteht (BGH aaO – *Krankenkassen-Fragebogen*). – Unzulässig ist es, wenn bei einem Systemvergleich ausschließlich die Nachteile des fremden Systems erwähnt, vergleichbare Nachteile des eigenen Systems dagegen verschwiegen werden (OLG Frankfurt GRUR-RR 2001, 221: Bahnwerbung unter Hinweis auf Verspätungen im Flugverkehr). – Unzulässig ist es ferner, wenn eine private Krankenversicherung bei einem Systemvergleich mit gesetzlichen Krankenkassen auf deren Leistungskürzungen, nicht aber gleichzeitig auf die Erhöhung der Beiträge bei den Privatversicherungen hinweist (OLG Saarbrücken NJW-RR 1999, 268).

d) Nachprüfbarkeit des allgemeinen Vergleichs. Zur Wahrheit des Vergleichs gehört seine **Nachprüfbarkeit** durch den Verbraucher (vgl auch § 6 II lit a „nachprüfbar"). Ist die Vollständigkeit und Richtigkeit des Vergleichs – wie insbes bei vieldeutigen oder allgemeinen Redewendungen – für den Verbraucher nicht überprüfbar und vermittelt er daher dem Leser nur eine scheinbare Objektivität und Marktübersicht, so ist er ebenfalls unlauter (BGH WRP 1996, 1097, 1099 – *Preistest;* BGH GRUR 1996, 983, 984 – *Preisvergleich II* = WRP 1997, 549 – *Dauertiefpreise;* OLG Dresden NJWE-WettbR 1999, 73, 74 f; § 5 Rdn 7.65). Denn insoweit besteht die offensichtliche Gefahr des Missbrauchs, insbes die Gefahr einer ergebnisorientierten Auswahl der in den Vergleich einzubeziehenden Wettbewerber und Waren und Dienstleistungen (BGH GRUR 1996, 983, 984 – *Preisvergleich II*). Der Werbende muss also bereits in der Werbung die Grundlagen des Vergleichs deutlich machen, um dem Vorwurf wettbewerbswidrigen Verhaltens zu entgehen. Es genügt nicht, dass er dies später im Prozess nachholt, zumal die Verbraucher keinen Auskunftsanspruch haben (BGH GRUR 1996, 983, 985 – *Preisvergleich II*). Das Erfordernis der Objektivität und Nachprüfbarkeit kann es iErg daher sogar iSe Obliegenheit gebieten, auf die jeweiligen Mitbewerber hinzuweisen, also einen Vergleich iSd § 6 I vorzunehmen (vgl OLG Dresden NJWE-WettbR 1999, 73, 74 f). Da vergleichende Produktwerbung, die Mitbewerber erkennbar macht, nach § 6 II grds zulässig ist, ist dies für die Unternehmen auch kein Problem mehr.

Beispiele: Unlauterkeit bejaht: Händler äußert, seine für 28 DM verkauften Armbanduhren seien im Fachgeschäft nicht unter 50 DM zu haben (BGH GRUR 1964, 208 – *Fernsehinterview*). – Unternehmen versendet an Interessenten anonymisierte Preis-/Leistungsvergleiche privater Krankenversicherungsangebote, die Adressaten können jedoch nicht erkennen, welche Leistungstarife und welche Anbieter miteinander verglichen werden (KG EWiR § 1 UWG aF 13/98, 1047 *(Ulrich);* OLG Dresden NJWE-WettbR 1999, 73). – Verbrauchermarkt vergleicht seine „Dauertiefpreise" mit sechs Verbraucher- und Discountmärkten, ohne deutlich zu machen, um welche Unternehmen es sich handelt und welche Produkte verglichen werden (BGH GRUR 1996, 983 – *Preisvergleich II* = WRP 1997, 549 – *Dauertiefpreise*).

e) Beweislast. Grds trägt der Kläger die Darlegungs- und Beweislast dafür, dass eine allgemein gehaltene vergleichende Werbung vorliegt und dass sie unwahr bzw irreführend ist. Nach allgemeinen Grundsätzen gilt dies jedoch nicht, wenn es sich um Tatsachen handelt, die der außerhalb des Geschehensablaufs stehende Kläger nicht oder nur unter größten Schwierigkeiten im Einzelnen darlegen oder beweisen kann, während es umgekehrt dem Beklagten zumutbar ist, die erforderliche Aufklärung zu geben (vgl BGH GRUR 1970, 461, 463 – *Euro-Spirituosen;* BGH GRUR 1997, 229, 230 – *Beratungskompetenz;* BGH GRUR 2003, 353, 355 – *Klinik mit Belegärzten*). Die Rechtslage ist insoweit nicht anders als bei der vergleichenden Werbung iSd § 6 (vgl § 6 Rdn 84).

f) Sachlichkeit des allgemeinen Vergleichs. Soweit die Herabsetzung die unumgängliche Folge eines sachbezogenen kritischen Vergleichs der einander gegenübergestellten Unternehmensverhältnisse, Systeme, Waren oder Leistungen darstellt, ist sie von den betroffenen Mitbewerbern hinzunehmen. Der Vergleich muss sich aber in den Grenzen einer sachlichen Erörterung halten. Das schließt zwar – auch scharfe – Kritik am Mitbewerber einerseits und Eigenlob andererseits nicht aus. Jedoch müssen die vorgenommenen Wertungen sachlich begründet und gerechtfertigt sein. Unlauter nach § 4 Nr 7 und 10 ist eine **pauschale Abwertung von Mitbewerbern und konkurrierenden Angeboten:** Ein allgemeiner Vergleich darf Mitbewerber und konkurrierende Angebote nicht pauschal, dh mit nicht nachprüfbaren Behauptungen, abwerten, also herabsetzen oder sogar verunglimpfen (BGHZ 49, 325, 329 = GRUR 1968, 443 – *40% können Sie sparen;* BGH GRUR 1973, 270, 271 – *Der sanfte Bitter;* BGH GRUR 1981, 823, 826 – *Ecclesia-Versicherungsdienst;* BGH GRUR 1985, 982, 983 – *Großer Werbeaufwand;* BGH GRUR 1988, 764, 767 – *Krankenkassen-Fragebogen;* BGH WRP 2001, 688, 689 – *Eröffnungswerbung;* BGH GRUR 2002, 982, 983 – *DIE „STEINZEIT" IST VORBEI!;* ÖOGH ÖBl 1980, 96; ÖOGH ÖBl 2000, 20, 23). Es gelten insoweit die gleichen Grundsätze wie bei der vergleichenden Werbung mit Mitbewerberbezug (§ 6 II Nr 5). Daher kommt es darauf an, ob der Vergleich sich noch in den Grenzen einer sachlich gebotenen Erörterung hält oder bereits eine pauschale Abwertung fremder Leistung enthält (BGH WRP 2001, 688, 689 – *Eröffnungswerbung;* BGH WRP 2001, 1291, 1294 – *SOOOO... BILLIG!?*). Es müssen also besondere Umstände hinzutreten, die den Vergleich in unangemessener Weise abfällig, abwertend oder unsachlich erscheinen lassen (BGH GRUR 1999, 1100, 1102 – *Generika-Werbung;* BGH GRUR 1999, 501, 503 – *Vergleichen Sie;* BGH WRP 2001, 688, 689 – *Eröffnungswerbung*). Maßgebend ist der Eindruck der Werbung auf die angesprochenen Verkehrskreise (BGH GRUR 1973, 270, 271 – *Der sanfte Bitter*), wobei auf den durchschnittlich informierten, aufmerksamen und verständigen Durchschnittsverbraucher abzustellen ist (BGH GRUR 2002, 982, 984 – *DIE „STEINZEIT" IST VORBEI!*). Eine pauschale Herabsetzung ohne erkennbaren sachlichen Bezug ist selbst dann unlauter, wenn die Äußerung bei Angabe der näheren Umstände nicht zu beanstanden wäre (BGH GRUR 1984, 823, 824 – *Charterfluggesellschaften;* BGH GRUR 1989, 516, 517 – *Vermögensberater*). – Die Einkleidung der pauschalen Abwertung ist unerheblich. Auch scherzhaft, witzig, ironisch oder humoristisch gestaltete Aussagen können dazu zählen (BGH GRUR 1997, 227, 228 – *Aussehen mit Brille;* OLG Frankfurt GRUR-RR 2001, 221). Doch ist insoweit stets zu fragen, ob der Verkehr sie als ernst zu nehmende Sachaussage versteht und darin eine Herabsetzung erblickt oder ob sie nur Aufmerksamkeit erwecken soll. Letzteres wurde zu Recht bejaht bei dem Werbeslogan eines Holzhausherstellers *„Die ‚Steinzeit' ist vorbei"*. Das darin enthaltene humoristische Wortspiel würdigt die Herstellung von Bauwerken in „Steinbauweise" nicht als „antiquiert", unüblich und unzeitgemäß pauschal herab. Vielmehr soll es lediglich Aufmerksamkeit wecken (BGH GRUR 2002, 982, 984 – *DIE „STEINZEIT" IST VORBEI!* vgl auch BGH GRUR 2002, 828, 830 – *Lottoschein*). Auch die karikaturistische Abbildung eines überdimensionalen Getreideriegels, der „zäh wie Gummi und staubtrocken" sei (OLG Hamburg GRUR-RR 2003, 251), oder die Wiedergabe des Geräusches eines nicht anspringenden „orgelnden" Autos zur Kennzeichnung von anderen Krankenkassen in einem TV-Werbespot (OLG Hamburg GRUR-RR 2003, 249, 251, 252 f) wird nicht als Sachaussage ernst genommen. – Eine pauschale Abwertung liegt nicht schon in der jedem Werbevergleich immanenten negativen Auswirkung für die Konkurrenz. In der bloßen Herausstellung der Besonderheit der eigenen Leistung ist grds auch dann noch keine **mittelbare** pauschale Abwertung von Konkurrenten zu erblicken, wenn der Verkehr daraus den Schluss zieht, dass deren Leistung nicht diese Besonderheit aufweist. Denn es ist das gute Recht des Werbenden und es entspricht auch dem Interesse der Verbraucher an Sachinformation, dass in der Werbung die Vorzüge des eigenen Leistungsangebots herausgestellt und damit zwangsläufig gegenüber demjenigen der Mitbewerber abgegrenzt werden (BGH GRUR 1999, 1100, 1102 – *Generika-Werbung*). Die Grenze zur pauschalen Abwertung kann aber im Einzelfall bei entsprechender Ausgestaltung der Werbung überschritten sein (BGH aaO – *Generika-Werbung*).

10.154 **Beispiele: (1) Unlauterkeit bejaht.** Die **ältere Rspr** hatte vielfach sehr strenge Maßstäbe angelegt, die heutigen Wertungen nicht mehr unbedingt entsprechen. Will man diese Rspr heute noch heranziehen, ist daher Vorsicht geboten. **(a) Preisvergleiche.** Eine unlautere pauschale Abwertung liegt vor, wenn der Werbende Konkurrenzerzeugnisse als **überteuert** (BGH GRUR 1985, 982, 983 – *Großer Werbeaufwand;* OLG München GRUR 1992, 322; OLG Köln GRUR-RR 2001, 186) darstellt. Unzulässigkeit wurde unter diesem Gesichtspunkt bei folgenden Werbeslogans angenommen:

– *„Lieber zu X als zu teuer"* (OLG Hamburg GRUR 1992, 531; aA OLG Oldenburg WRP 1993, 128).

– *„Weil niemand gern zu viel bezahlt: F...-Preise",* da sie dahin verstanden wird, dass die konkurrierenden Optiker allgemein zu hohe Preise für Brillen verlangen (OLG Düsseldorf v 26. 5. 1987 – 2 U 14/87); vom BGH bestätigt, MA 1989, 250).

– *„Warum wollen Sie woanders unbedingt mehr bezahlen?"* (OLG Saarbrücken WRP 1989, 830).

– *„Es gibt kein besseres Bier – Welchen Preis zahlen Sie"* (OLG Hamburg WRP 1977, 811).

- *„Zuviel bezahlt! Keine Angst, bei uns hängen die Anzeigen unserer Wettbewerber aus. Wir scheuen keinen Vergleich"*, weil die Umworbenen gezielt dazu angehalten werden, die Preiswerbung der Konkurrenz nicht zu beachten, bevor sie das Geschäft des Werbenden aufgesucht haben und darin eine wettbewerbswidrige Behinderung der Mitbewerber liegt (OLG Bremen WRP 1991, 60, 61).
- *„X hat den Preiskiller – sonst niemand"*, weil damit keine sachliche Einzelprüfung ermöglicht, sondern allein die Leistungsfähigkeit der Mitbewerber abgewertet wird (OLG Düsseldorf WRP 1971, 277).

Um eine pauschal herabsetzende und irreführende Werbung soll es sich handeln, wenn eine private Vermessungsstelle ihren frei kalkulierten und kalkulierbaren Preis den gesetzlichen Gebühren öffentlicher Vermessungsstellen gegenüberstellt (OLG Düsseldorf WRP 1985, 346; wohl überholt).

(b) Qualitätsvergleiche. Unlauter ist es auch, wenn Konkurrenzerzeugnisse pauschal als minderwertig (BGH GRUR 1973, 270, 271 – *Der sanfte Bitter*) dargestellt werden. Das wurde bejaht bei folgenden Werbeslogans: **10.155**

- *„Genug gelobt: Den Unterschied zwischen einem Original Ersatzteil und einem Ersatzteil mögen Sie nicht sofort merken. Dafür Ihr Auto"* (OLG Stuttgart v 6. 4. 1979 – 2 U 171/78).
- *„Alles frisch. Weil alles Frische besser schmeckt"*, weil sich diese Werbung für eine Kaffeesorte nicht auf den allgemeinen Kaufappell *„Alles frisch"* beschränkt, sondern begründet, warum der Verbraucher nicht bei der Konkurrenz kaufen soll (OLG Hamburg WRP 1983, 101; sehr zw)
- *„Unser preiswertester Kaffee schmeckt besser als bei vielen das Beste vom Besten"* (BGH GRUR 1973, 658, 660 – *Probierpreis*).
- *„Dagegen ist alles andere eben bloß Zahnpasta"* (OLG Frankfurt WRP 1972, 91).
- *„Was andere in die Werbung stecken, investieren wir in die Qualität unseres Bieres"* (OLG Frankfurt WRP 1972, 477).
- *„Man geht nicht zum Friseur, man geht zu Meister L."* (OLG Hamm GRUR 1977, 547; zw).
- *„Frische Bohnen schmecken besser"* (OLG Hamburg WRP 1979, 133; sehr zw).

Bei einem Vergleich zwischen Badewannen aus Kunststoff und emaillierten Stahlbadewannen ist es unzulässig, einen nur in ungewöhnlichen Ausnahmefällen sich zeigenden Mangel des Konkurrenzprodukts (Rosten bei Beschädigung durch unsachgemäßen Einbau oder gewaltsame Einwirkung) in pauschaler Form mit Hinweisen *„kein Rosten"*, *„kein Abblättern"*, *„Schluss mit kalten und unbequemen Badewannen"* derart hervorzuheben, dass das Produkt in den Augen des Käufers herabgesetzt wird (OLG Düsseldorf WRP 1978, 382). – Eine Werbung für Dämm-Materialien mit dem Hinweis *„... gedämmt ist mehr wert"* enthält eine pauschale Herabsetzung von Baustoffen mit geringerer (Wärme-)Dämmung (OLG München WRP 1981, 289; zw).

(c) Unternehmensbezogene Vergleiche. Unzulässig ist es, der Konkurrenz die Befähigung zu Leistungen gleicher Art und Güte abzusprechen (BGH GRUR 1981, 823, 826 – *Ecclesia-Versicherungsdienst*; OLG München GRUR 2001, 762). Als unzulässig angesehen wurden folgende Slogans: – *„Unsere beste Empfehlung ist die Konkurrenz! 9 Klagen gegen uns wegen unlauteren Wettbewerbs beweisen eines: dass wir konsumentenfreundlicher sind als andere ..."* (ÖOGH ÖBl 1979, 118) – *„Keine Verkaufsveranstaltung – Kein psychologischer Druck – Keine Nötigung"*, weil dadurch die Veranstalter von Verkaufsfahrten pauschal herabgewürdigt werden (OLG Karlsruhe WRP 1983, 698) – *„Wir sind keine anonyme AG. Unsere Geschäftspolitik ist stabil und wird vom Inhaber persönlich bestimmt und nicht durch Aktionäre oder sonstige Gesellschafter"* wegen unnötiger Kritik und pauschaler Abwertung anderer Brauereien (Zentrale DB 1968, 43; sehr zw). – *„Wir bieten keine Lockangebote an (wie viele Möbelfirmen, die Ihnen später unbedingt etwas Teures verkaufen wollen)"*, weil der Klammersatz unnötig aggressiv ist und durch die vage Formulierung der Verdacht mangelnder Seriosität auf alle anderen Möbelfirmen erstreckt wird (Zentrale DB 1968, 44). – *„Die gesetzliche Krankenversicherung ist zurzeit selbst Patient. Gesundheitsreformen und Sparpakete haben die Leistungen deutlich geschwächt"*, weil nicht das Angebot der gesetzlichen Krankenversicherung erläutert, sondern diese unnötig abgewertet wird (OLG Hamburg WRP 1998, 72, 74). **10.156**

(2) Unlauterkeit verneint. Eine pauschale Abwertung liegt nicht vor, wenn ein Händler die Verbraucher auffordert, bestimmte Anschaffungen bis zur bevorstehenden Eröffnung eines neuen Geschäftslokals zurückzustellen (BGH WRP 2001, 688, 689 – *Eröffnungswerbung*) oder Angebote mit durchgestrichenen Preisen misstrauisch zu prüfen, weil sich dahinter *„Unseriosität, Lockvogel, Ladenhüter und Finten"* verbergen könnten (BGH WRP 2001, 1291, 1294 – *SOOOO... BILLIG!?*) oder ein privater Krankenversicherer auf Lücken im Leistungsangebot gesetzlicher **10.157**

Krankenversicherer hinweist (OLG Hamburg WRP 1998, 72, 73). – Nicht als pauschale Herabsetzung des Leistungsangebots von Konkurrenten wurde angesehen der Werbeslogan eines Optikers „Lieber besser aussehen als viel bezahlen" (BGH GRUR 1997, 227, 228 – *Aussehen mit Brille*); ebenso wenig der Slogan „Ich bin doch nicht blöd. M.-Markt" (OLG Karlsruhe WRP 1997, 865), der Slogan „Bis 17.4. kein Computer kaufe jon" (BGH WRP 2001, 688, 689 – *Eröffnungswerbung*), der Slogan „Die M.M. Tiefpreisgarantie hält, was andere versprechen" (OLG Hamburg GRUR-RR 2003, 50, 51; bedenklich), die Text- und Geräuschpassage in einem TV-Spot, wonach sich manche Krankenkassen wie ein nicht anspringendes „orgelndes" Auto, die beworbene Krankenkasse aber wie ein Formel-1-Auto anhört (OLG Hamburg GRUR-RR 2003, 249, 251). – Keine pauschale Herabsetzung der Mitbewerber enthält die Werbung einer Tageszeitung „Wir bieten mehr als nur Nachrichten" (OOGH ÖBl 1982, 96) oder Werbung von Busreiseveranstaltern mit „Anti-Werbe-Fahrten" und/oder „Gegen-Werbe-Fahrten" (OLG Karlsruhe WRP 1983, 698). – Der Slogan eines Holzhausherstellers „Die ‚Steinzeit' ist vorbei" enthält keine pauschale Herabsetzung der Hersteller von Ziegelsteinhäusern, da es sich lediglich um ein humoristisches Wortspiel handelt, das der Verkehr nicht ernst nimmt (BGH GRUR 2002, 982, 984 – *DIE ‚STEINZEIT' IST VORBEI!*; Rdn 10.153).

III. Verhältnis zur irreführenden Werbung

1. Allgemeines

10.158 Die allgemeine vergleichende Werbung kann im Einzelfall zugleich irreführend sein und damit gegen § 5 verstoßen (BGH GRUR 1988, 764, 767 – *Krankenkassen-Fragebogen*).

2. Irreführender Preisvergleich

10.159 Vgl auch § 5 Rdn 7.44 ff. Irreführend kann ein Preisvergleich sein, wenn dem eigenen Preis ein höherer „ca-Preis lt Test" oder „Preis lt Test" gegenübergestellt wird. Denn diese Angabe ist nicht gesetzlich definiert und für den Verkehr nicht eindeutig. Vielmehr kann ihn der Verbraucher auch dahin verstehen, niemand sei preiswerter als der Werbende (BGH GRUR 1981, 654, 655 – *Testpreiswerbung*). Stellt ein Händler den vom Hersteller unverbindlich empfohlenen Preis seinem eigenen niedrigeren Preis gegenüber, so ist dies **grds** zulässig (BGHZ 42, 134 ff = GRUR 1965, 96 – *20% unter dem empfohlenen Richtpreis*; BGH GRUR 1966, 327, 329 – *Richtpreiswerbung I*; BGH GRUR 1980, 108, 109 – *... unter empf Preis*). Es muss aber klargestellt sein, dass es sich um eine unverbindliche Preisempfehlung handelt (BGH WRP 2000, 383, 385 – *Ehemalige Herstellerpreisempfehlung*). Irreführend wäre etwa die Abkürzung „empf Preis", weil sie möglicherweise überlesen oder nicht in ihrer Bedeutung zutr erkannt wird (BGH GRUR 1980, 108, 109 – *... unter empf Preis*). Irreführend wäre es ferner, wenn der empfohlene Preis lediglich als Zahl wiedergegeben und durchgestrichen wird, weil dies auch so verstanden werden kann, es handle sich um den früheren eigenen Preis des Werbenden oder einen verbindlichen Preis (BGH GRUR 1966, 333, 335 – *Richtpreiswerbung II*). – Eine Irreführung durch den Händler ist auch dann möglich, wenn die Preisempfehlung des Herstellers kartellrechtlich verboten und damit unwirksam ist (vgl §§ 1, 2 II GWB iVm Art 4 lit a Vertikal-GVO). – Wird auf eine „ehemalige unverbindliche Preisempfehlung" hingewiesen, ist dies nicht ohne weiteres irreführend, weil (zB bei Auslaufmodellen) durchaus ein Interesse an einem solchen Preisvergleich bestehen kann. Der Kunde kann dann das Ausmaß der Preisherabsetzung besser einschätzen. Liegt jedoch die Preissenkung schon längere Zeit zurück, kann im Einzelfall eine Irreführung vorliegen (BGH WRP 2000, 383, 385 – *Ehemalige Herstellerpreisempfehlung*).

10. Abschnitt. Betriebsstörung

Schrifttum: *Friedrich,* Der perfide Testkauf, FS Sandrock, 1995, 323; *Isele,* Die wettbewerbsrechtliche Zulässigkeit von Hausverboten gegenüber Konkurrenten, GRUR 2008, 1064; *Lindacher,* Der Gegenschlag des Abgemahnten, FS v Gamm, 1990, 83; *Rojahn,* Testkäufe – Rechtliche Würdigung einer ungeliebten Kundschaft, WRP 1984, 241.

I. Physische und psychische Einwirkungen

10.160 Stets unlauter ist die vorsätzliche Beeinträchtigung betrieblicher Abläufe im Unternehmen des Mitbewerbers. Das kann durch physische Maßnahmen geschehen wie etwa durch die Zerstörung oder Beschädigung von Maschinen, Anlagen oder (durch Einsatz von Hackern) Computerprogrammen, das Versperren einer Zufahrt zum Betrieb, um den Mitbewerber zu behindern, die Verletzung von Mitarbeitern, die Verhängung eines Hausverbots (dazu OLG München OLG-Rp 1994, 56). Eine Störung betrieblicher Abläufe kann auch darin liegen, dass Getränkekästen eines Mitbewerbers nachgebaut werden, um in den Rückfluss des „Leerguts" zu gelangen, weil dadurch eine Aussonderung notwendig wird (OLG Frankfurt GRUR 1973, 83). Unzulässig sind ferner psychische Maßnahmen wie das Aufhetzen von Mitarbeitern etwa zur Arbeitsverweigerung oder zum Stellen höherer Ansprüche, um durch eine solche versteckte Behinderung des Mitbewerbers den eigenen Wettbewerb zu fördern. Ob es wirklich zu einem Vertragsbruch oder dergleichen kommt, ist unerheblich. – Keine gezielte Behinderung des Betreibers einer Online-Autobörse stellt der Vertrieb einer Software dar, die es dem Nutzer ermöglicht, Suchanfragen bei mehreren Online-Autobörsen gleichzeitig durchzuführen, so dass er gar nicht mehr die Internetseite des einzelnen Betreibers aufsuchen muss (OLG Hamburg GRUR-RR 2009, 293, 296). Das Gleiche gilt für das sog **Screen-Scraping,** bei dem die von Dritten im Internet bereitgestellte Informationen mit automatisierten Verfahren ausgelesen und für eigene (zB Vermittlungs-)Angebote verwendet werden, sofern dies nicht zu einer spürbaren Störung des unmittelbaren Zugriffs auf die Informationen und Angebote des Dritten führt (vgl *Deutsch* GRUR 2009, 1027, 1031).

II. Testmaßnahmen

Schrifttum: *Friedrich,* Der perfide Testkauf, FS Sandrock, 1995, 323; *Hagenkötter,* Die Unlauterkeit von Testfotos, WRP 2008, 39; *Isele,* Die wettbewerbsrechtliche Zulässigkeit von Hausverboten gegenüber Konkurrenten, GRUR 2008, 1064; *Rojahn,* Testkäufe – Rechtliche Würdigung einer ungeliebten Kundschaft, WRP 1984, 241.

1. Grundsätzliche Zulässigkeit

Um Lauterkeits- oder Vertragsverstöße eines Gewerbetreibenden aufzudecken, ist es grds zulässig, Testmaßnahmen (Testkäufe, Testfahrten, Testbeobachtungen, Testgespräche, Testfotos usw) durchzuführen (BGHZ 43, 359, 367 = GRUR 1965, 607, 609 – *Funkmietwagen;* BGH GRUR 1981, 827, 828 – *Vertragswidriger Testkauf;* BGH GRUR 1989, 113, 114 – *Mietwagen-Testfahrt;* OLG Karlsruhe GRUR 1994, 62, 130). Die Zulässigkeit einer Testmaßnahme hängt nicht davon ab, ob sie für sich allein beweiskräftig ist (BGH GRUR 1981, 827, 828 – *Vertragswidriger Testkauf*). Der Gewerbetreibende, der sich mit seinem Angebot an die Öffentlichkeit wendet, muss solche Maßnahmen im Interesse der Allgemeinheit und der betroffenen Mitbewerber dulden, sofern sich der Tester wie ein normaler Nachfrager verhält (BGH GRUR 1991, 843, 844 – *Testfotos I*). Jedoch ist der Händler nicht verpflichtet, einem Testkäufer Ware zu verkaufen (BGH GRUR 1987, 835, 838 – *Lieferbereitschaft;* aA jurisPK-UWG/*Müller-Bichinger/Seichter* § 4 Nr 10 Rdn 135). – Der Unternehmer darf sich gegen Testmaßnahmen nicht durch Allgemeine Geschäftsbedingungen (BGH GRUR 1981, 827, 829 – *Vertragswidriger Testkauf*) oder ein individuelles oder allgemeines **Hausverbot** zur Wehr setzen, sofern sich der Tester wie ein normaler Kunde verhält. Dies wäre gegenüber den betroffenen Mitbewerbern unlauter iSd § 4 Nr 10 (vgl BGH GRUR 1966, 564, 565 – *Hausverbot I;* BGH GRUR 1979, 859, 860 – *Hausverbot II;* BGH GRUR 1981, 827, 828 – *Vertragswidriger Testkauf; Isele* GRUR 2008, 1064). Entsprechendes gilt für ein „elektronisches Hausverbot" durch Sperrung von IP-Adressen von Mitbewerbern für den Zugang zum eigenen Internetangebot vgl OLG Hamburg GRUR-RR 2007, 365, 366). – Zur Erstattung von **Testkaufkosten** vgl § 12 Rdn 2.123. – Von Testmaßnahmen zur Feststellung eines wettbewerbswidrigen Verhaltens zu unterscheiden sind Maßnahmen zur **Ausforschung des Angebots und der Preise** eines Mitbewerbers, um darauf im Wettbewerb reagieren zu können. Derartige Maßnahmen sind grds zulässig (vgl *Hagenkötter* WRP 2008, 39, 43), sofern sich die damit beauftragte Person wie ein normaler Käufer verhält (aA OLG Saarbrücken GRUR 2001, 175, 176, das zu Unrecht meint, der Händler solle auf Grund seiner eigenen Preiskalkulation seine Preise festsetzen, ohne sich dabei von den Angeboten seiner Mitbewerber leiten zu lassen). Andernfalls wäre auch eine vergleichende Werbung iSv § 6 nicht möglich. Dient die Maßnahme aber nur dazu, das Angebot und die Preise des Mitbewerbers systematisch auszuforschen, so kann der Ladeninhaber sich dagegen – zB durch ein Hausverbot – verwahren. So etwa, wenn ein Konkurrent die Preise eines Ladeninhabers systematisch registrieren lässt, um eine von ihm angekündigte Tiefstpreisgarantie einhalten zu können (vgl ÖOGH ÖBl 1993, 77, 79).

2. Unlauterkeit

10.162 **a) Einsatz verwerflicher Mittel.** Testpersonen dürfen sich beim Kauf einer Ware oder bei der Inanspruchnahme einer Dienstleistung nicht anders verhalten als andere Nachfrager in diesen oder ähnlichen Fällen. Dass sie heimlich vorgehen, macht ihr Verhalten nicht unzulässig; sonst wäre der Test von vornherein ein Schlag ins Wasser. Ein Wettbewerber darf daher Werbegespräche seines Konkurrenten in den Geschäftsräumen mit Kunden durch Testpersonen überwachen lassen (OLG Karlsruhe GRUR 1994, 62). Testmaßnahmen sind allerdings unlauter iSv § 4 Nr 10 und auf sie gestützte Unterlassungsklagen rechtsmissbräuchlich, wenn keine hinreichenden Anhaltspunkte für eine begangene oder bevorstehende Verletzung vorliegen, der Tester vielmehr lediglich die Absicht verfolgt, einen Mitbewerber „hereinzulegen", oder mit **verwerflichen Mitteln,** insbes strafbaren oder sonst rechtswidrigen Handlungen oder „besonderen Verführungskünsten" auf einen Wettbewerbsverstoß hinwirkt (BGHZ 43, 359, 367 = GRUR 1965, 612 – *Warnschild;* BGH GRUR 1965, 607, 609 – *Funkmietwagen;* BGH GRUR 1985, 447, 450 – *Provisionsweitergabe durch Lebensversicherungsmakler;* BGH GRUR 1989, 113, 114 – *Mietwagen-Testfahrt;* BGH GRUR 1989, 115 – *Mietwagen-Mitfahrt;* BGH GRUR 1992, 612, 614 – *Nicola;* OLG Stuttgart NJWE-WettbR 1998, 20; ÖOGH ÖBl 1998, 327). Das ist freilich noch nicht bei einem zwar hartnäckigen, aber noch nicht aus dem Rahmen fallenden Hinwirken auf den Geschäftsabschluss anzunehmen (BGH NJW-RR 1990, 173 – *Beförderungsauftrag*). Verwerflich ist beispielsweise die Anstiftung zu einer Straftat oder Ordnungswidrigkeit (*Köhler* WRP 1997, 897, 901). Doch ist stets zu fragen, ob der Getestete nicht ohnehin zur Tat bereit war (BGH GRUR 1989, 113, 114 – *Mietwagen-Testfahrt;* BGH NJW-RR 1990, 173 – *Beförderungsauftrag*), so dass eine Anstiftung ausscheidet. – Verkaufsgespräche und Verkaufsveranstaltungen für geschlossene Gruppen in geschlossenen Räumen dürfen grds nur mit Einwilligung oder Genehmigung des Verkäufers auf Tonband oder auf Video aufgenommen werden (dazu *Bartl* WRP 1996, 386).

10.163 **b) Gefahr einer Betriebsstörung.** Unzulässig ist eine Testmaßnahme ferner, wenn damit die Gefahr einer **Betriebsstörung** verbunden ist, weil sich der Tester merklich anders verhält als ein normaler Nachfrager. Verbände iSv § 8 III Nr 2, die im Interesse von Mitbewerbern vorgehen (und damit deren Wettbewerb fördern), können insoweit keine Sonderstellung beanspruchen (BGH WRP 1996, 1099, 1101 – *Testfotos II*). Nach der früheren Rspr war eine Betriebsstörung auch beim ungenehmigten **Fotografieren in Geschäftsräumen** zu befürchten (BGH GRUR 1991, 843, 844 – *Testfotos I;* krit *Krings* GRUR 1991, 844). Dafür wurde geltend gemacht, dass die Ungewöhnlichkeit und Auffälligkeit eines solchen Verhaltens dem Personal und den anderen Kunden nicht verborgen bleiben werde und zu Auseinandersetzungen führen könne. Auch der Kontrollzweck sollte das Fotografieren in Geschäftsräumen nicht rechtfertigen, weil ein Beweis idR auch anderweitig, etwa durch Gedächtnisnotizen des Testers, geführt werden könne. Unerheblich sei, ob es im Einzelfall tatsächlich zu einer Betriebsstörung komme. Davon ist die Rspr nunmehr abgerückt. Die Anfertigung von Fotos in Geschäftsräumen sei jedenfalls dann nicht unlauter, wenn der Wettbewerbsverstoß nur durch Fotoaufnahmen hinreichend bestimmt dargelegt und bewiesen werden könne und ein überwiegendes Interesse des Geschäftsinhabers an der Vermeidung möglicher Betriebsstörung nicht bestehe, insbes die (konkrete) Gefahr einer erheblichen Belästigung nicht gegeben sei (BGH GRUR 2007, 802 Tz 26 – *Testfotos III;* offen gelassen noch in BGH WRP 1996, 1099, 1101 – *Testfotos II*). Angesichts der geänderten Lebensverhältnisse, insbes der gewandelten Einstellung der Kunden, und der fortgeschrittenen technischen Entwicklung, die das Fotografieren mit kleinen Digitalkameras und Kameras in Mobiltelefonen oder Armbanduhren ermöglicht, wird in der heutigen Zeit von der Anfertigung von Fotoaufnahmen innerhalb von Geschäftsräumen generell keine Gefahr einer erheblichen Betriebsstörung mehr ausgehen, sofern keine besonderen Umstände vorliegen (offen gelassen in BGH GRUR 2007, 802 Tz 28 – *Testfotos III;* dazu *Hagenkötter* WRP 2008, 39). Erst recht ist dies anzunehmen, wenn die Fotoaufnahmen außerhalb von Geschäftsräumen (zB auf Messeveranstaltungen) gemacht werden. Darauf, ob der Wettbewerbsverstoß nur durch Fotoaufnahmen bewiesen werden kann, kommt es daher nicht mehr an. – Eine Betriebsstörung ist dann möglich, wenn Testkäufe zwar nur für den Betriebsinhaber erkennbar sind, aber in eine **systematische Überwachung** münden (vgl auch BGH GRUR 2009, 1075 Tz 22 – *Betriebsbeobachtung*). Sofern sich der Tester anders verhält als ein normaler Kunde, kann ihm gegenüber ein Hausverbot ausgesprochen werden (BGH GRUR 1979, 859, 860 – *Hausverbot II*).

III. Betriebsspionage

1. Allgemeines

Das Ausspähen von Geschäftsgeheimnissen eines Mitbewerbers kann unlauter iSv § 4 Nr 10 sein (BGH GRUR 2009, 1075 Tz 20 – *Betriebsbeobachtung;* aA Piper/*Ohly*/Sosnitza § 4.10 Rdn 10.19). Auch wenn die Vorschriften über den Schutz von Geschäfts- und Betriebsgeheimnissen (§§ 17–19) nicht eingreifen, ist das Auskundschaften von internen Betriebsverhältnissen und -vorgängen, um künftigen Wettbewerb vorzubereiten, eine gezielte Behinderung, wird doch der Mitbewerber der wettbewerblichen Chance der alleinigen Nutzung dieser Geheimnisse beraubt. Derartige Verhaltensweisen sind geschäftliche Handlungen iSv § 2 I Nr 1, weil darunter auch die Vorbereitung künftigen Wettbewerbs fällt (BGH GRUR 1993, 396, 397 – *Maschinenbeseitigung*). Rechtmäßig kann eine solche Maßnahme allenfalls unter dem Gesichtspunkt der wettbewerblichen Abwehr (§ 11 Rdn 2.4 ff) sein. Doch reicht hierfür ein bloßer Verdacht unlauteren Verhaltens des Mitbewerbers ohne konkrete Anhaltspunkte keinesfalls aus (BGH GRUR 1973, 483, 485 – *Betriebsspionage*). Hat sich der Verletzer unlauter den Besitz fremder Betriebsmittel (Maschinen, Konstruktionsunterlagen usw) verschafft, die ihm den Wettbewerb ermöglichen, so kann der Verletzte, wenn nicht schon Herausgabe, so doch Beseitigung verlangen (BGH WRP 1993, 396, 397 – *Maschinenbeseitigung*; GK/*Köhler* Vor § 13 aF Rdn B 144).

10.164

2. Beispiele

Ein Mitbewerber besichtigt eine Maschine und kundschaftet ihren Bau unter dem Vorwand aus, Kaufinteressent zu sein (OLG Dresden MuW XXVI, 57). – Er forscht derzeit oder früher beim Mitbewerber tätige Arbeitnehmer aus, um den geheim gehaltenen Bau einer Maschine zu erfahren und diese dann selbst zu bauen (RG GRUR 1937, 559; 1938, 910). – Ein früherer Angestellter veranlasst einen Mitarbeiter eines Mitbewerbers, ihm Produktionsmittel (Deckglasschneidemaschinen) pflichtwidrig aus dem Gewahrsam des Mitbewerbers herauszugeben (BGH WRP 1993, 396 – *Maschinenbeseitigung*), um sie selbst zur Produktion einzusetzen. – Er lässt interne Geschäftsverhältnisse durch ein Detektivbüro ausspähen (OLG Düsseldorf GRUR 1954, 74). – Er schleust Dritte als Arbeitnehmer in einen Konkurrenzbetrieb ein, um bestimmte Betriebsvorgänge auszukundschaften (BGH GRUR 1973, 483, 485 – *Betriebsspionage* mit Anm *Malzer*).

10.165

IV. Unberechtigte Abmahnung wegen eines (vermeintlichen) Wettbewerbsverstoßes

Schrifttum: *Goldbeck,* Der „umgekehrte" Wettbewerbsprozess, 2008; *Lindacher,* Der Gegenschlag des Abgemahnten, FS v Gamm, 1990, 83.

1. Grundsatz

Die Problematik der unberechtigten Abmahnung ist im Zusammenhang mit den allgemeinen Grundsätzen zur Rechtswidrigkeit der Einleitung eines gesetzlich vorgesehenen Verfahrens zu sehen (vgl BGHZ 74, 9, 14; BGHZ 118, 201, 206). Danach haftet der Rechtsschutz Begehrende seinem Gegner außerhalb der schon im Verfahrensrecht vorgesehenen Sanktionen grds nicht nach dem Recht der unerlaubten Handlung für die Folgen einer nur fahrlässigen Einschätzung der Rechtslage. Denn dies widerspräche der verfahrensrechtlichen Legalität seines Vorgehens und eine andere Beurteilung würde die freie Zugänglichkeit der staatlichen Rechtspflegeverfahren (Art 20 IV GG), an der auch ein erhebliches Interesse besteht, beeinträchtigen (BGHZ 74, 9, 15). Der Gegner muss die Beeinträchtigung seiner Rechtsgüter hinnehmen, weil er sich gegen die ungerechtfertigte Inanspruchnahme in dem Rechtspflegeverfahren selbst hinreichend wehren kann. Man kann insoweit von einem **verfahrensrechtlichen Privileg** sprechen (vgl § 12 Rdn 1.69). Diese Grundsätze beanspruchen auch Geltung für die Abmahnung als gesetzlich vorgesehener (§ 12 I) Vorstufe des gerichtlichen Verfahrens (vgl auch *Omsels* WRP 2004, 136, 144). Ist eine Abmahnung objektiv unbegründet, sei es, weil gar kein Wettbewerbsverstoß vorlag, sei es, weil der Anspruch verjährt, verwirkt oder durch Unterwerfung untergegangen ist, so ist sie daher nicht schon aus diesem Grunde wegen gezielter Behinderung nach § 4 Nr 10 unlauter. Es ist dem Abmahner, der die näheren Umstände möglicherweise nicht kennt, nicht zuzumuten, lediglich auf Grund rechtlicher Zweifel eine Abmahnung zu unterlassen. Andernfalls würde das Institut der Abmahnung (§ 12 I), das auch den Interessen des Abgemahnten dient, gefährdet.

10.166

Außerdem streitet das Grundrecht aus Art 5 I GG für die Zulässigkeit einer Abmahnung. Schließlich steht es dem Abgemahnten frei, ob er die Abmahnung befolgt oder nicht. Befolgt er sie nicht, hat er in aller Regel keine hohen Ersatzansprüche zu befürchten. Zudem kann er sich durch eine negative Feststellungsklage schützen, da das erforderliche Feststellungsinteresse gegeben ist (BGH GRUR 1995, 697, 699 – *FUNNY PAPER;* BGH GRUR 2001, 354, 355 – *Verbandsklage gegen Vielfachabmahner*). Der zu Unrecht Abgemahnte ist nicht – auch nicht zur Vermeidung der Kostenfolge des § 93 ZPO – gehalten, vor der Erhebung einer negativen Feststellungsklage eine **Gegenabmahnung** auszusprechen (BGH GRUR 2004, 790, 792 – *Gegenabmahnung*). Der objektiv unbegründeten Abmahnung steht die lediglich unbefugte Abmahnung gleich, wenn also zwar ein Wettbewerbsverstoß vorliegt, dem Abmahner aber die Abmahnbefugnis, etwa mangels Anspruchsberechtigung (§ 8 III) oder wegen Missbrauchs (§ 8 IV), fehlt (BGH aaO – *Verbandsklage gegen Vielfachabmahner* zu § 13 v aF). Die unbefugte Rechtsverfolgung, sei es durch Abmahnung, sei es durch Klage, ist jedenfalls dann hinzunehmen, wenn tatsächlich ein Wettbewerbsverstoß vorliegt (BGH aaO – *Verbandsklage gegen Vielfachabmahner*). Erst recht nicht kann einem Unternehmer die Abmahnung von Wettbewerbsverstößen als wettbewerbswidrige Behinderung untersagt werden, weil die Abmahntätigkeit in keinem vernünftigen wirtschaftlichen Verhältnis zum Umfang seiner eigenen gewerblichen Tätigkeit steht. Ein Anwalt, der mit seiner Abmahntätigkeit möglicherweise gegen § 45 I Nr 4 BRAO verstößt, handelt nicht schon aus diesem Grund wegen Rechtsbruchs (§ 4 Nr 11) unlauter. Denn diese Vorschrift ist zwar wertbezogen, hat aber keinen Marktbezug (BGH aaO – *Verbandsklage gegen Vielfachabmahner*).

2. Unlauterkeit der unberechtigten Abmahnung?

10.167 Die unbegründete oder unbefugte Abmahnung kann daher nur bei **Vorliegen besonderer Umstände** eine gezielte und damit unlautere Behinderung iSv § 4 Nr 10 darstellen (LG Frankfurt GRUR-RR 2007, 377, 378; zu § 1 UWG 1909 vgl BGH WRP 1965, 97, 98 ff – *Kaugummikugeln;* BGH GRUR 1969, 479, 481 – *Colle de Cologne;* BGH GRUR 1985, 571, 573 – *Feststellungsinteresse;* BGH GRUR 1994, 841, 843 – *Suchwort;* BGH GRUR 2001, 354, 355 – *Verbandsklage gegen Vielfachabmahner; Goldbeck* aaO S 205 ff). An sich ist für die Rechtswidrigkeit, anders als für das Verschulden, nicht Voraussetzung, dass der Abmahner weiß oder (zB auf Grund von Gegenvorstellungen des Abgemahnten) davon ausgehen muss, dass gar kein (drohender) Wettbewerbsverstoß vorliegt. Jedoch darf die Möglichkeit, Ansprüche auch außergerichtlich ohne das Risiko von Sanktionen geltend machen zu können, nicht ungebührlich eingeengt werden (**verfahrensrechtliches Privileg;** Rdn 10.166). Als „gezielte Behinderung" stellt sich eine unberechtigte Abmahnung daher nur dar, wenn der Abmahner von der fehlenden Berechtigung der Abmahnung **Kenntnis** hat (OLG Frankfurt BeckRS 2006, 02 860; LG Frankfurt GRUR-RR 2007, 377, 378) oder – was dem gleichsteht – sich der Kenntnis bewusst verschließt (LG Bremen WRP 1999, 570, 571; *Teplitzky* Kap 41 Rdn 76; vgl auch *Ullmann* GRUR 2001, 1027, 1030). Nicht ausreichend ist dagegen bloße Fahrlässigkeit bei der Sachverhaltsermittlung und bei der Beurteilung der Rechtslage. Selbst grobe Fahrlässigkeit, wie etwa das Fehlen greifbarer Anhaltspunkte für einen Wettbewerbsverstoß des Abgemahnten, genügt nicht (aA *Ahrens* NJW 1982, 2477, 2478). Erforderlich ist weiter, dass die Abmahnung geeignet ist, das wettbewerbliche Verhalten des Mitbewerbers (oder Dritter zum Nachteil des Mitbewerbers) zu beeinflussen. Das ist bei der **externen** Abmahnung, die öffentlich oder gegenüber einem potenziell „Mitverantwortlichen" (zB Zeitungsverleger) ausgesprochen wird, möglich, zumindest dann, wenn die Abmahnung trotz überzeugender Gegenvorstellungen des vermeintlichen Verletzers aufrechterhalten wird (vgl *Lindacher,* FS v Gamm, 1990, 83, 84 f). Bei der **internen,** nur gegenüber dem angeblichen Verletzer abgegebenen Abmahnung ist diese Eignung nur dann zu bejahen, wenn der Abgemahnte lauterkeitsrechtlich unerfahren oder aus wirtschaftlichen Gründen zur rechtlichen Gegenwehr außerstande ist und der Abmahner dies weiß und ausnutzt. Davon ist auszugehen, wenn ein „Berufsabmahner" serienweise unbegründete Abmahnungen ausspricht (vgl LG Bremen WRP 1999, 570), um sich oder einem Dritten Wettbewerbsvorteile zu verschaffen. Liegt dagegen tatsächlich ein Wettbewerbsverstoß vor und erfolgt die Abmahnung lediglich unbefugt (zB weil die Anspruchsberechtigung nach § 8 III fehlt oder gegen § 8 IV verstoßen wird), kann die Abmahntätigkeit nicht schon aus diesem Grund nach § 3 iVm § 4 Nr 10 untersagt werden. Denn das Fehlen der Abmahnbefugnis lässt sich jeweils nur im Einzelfall unter Berücksichtigung der besonderen Umstände feststellen (BGH GRUR 2001, 354, 355 – *Verbandsklage gegen Vielfachabmahner*) und es dürfte daher idR nur Fahrlässigkeit vorliegen.

3. Ansprüche des rechtswidrig Abgemahnten

Der in unlauterer Weise (Rdn 10.167) von einem Mitbewerber oder einem Verband (iSd § 8 III Nr 2–4) Abgemahnte kann nach § 3 iVm § 4 Nr 10 und ggf § 4 Nr 8 Unterlassung, Beseitigung (OLG Hamburg NJW-RR 1999, 1080) und, da Vorsatz ohnehin erforderlich ist, Schadensersatz nach § 9 verlangen. Die Ersatzpflicht kann sich auf die Kosten eines Anwalts erstrecken, wenn dessen Beiziehung erforderlich war. Bei übertriebenen Reaktionen des Abgemahnten (dazu BGH WRP 1965, 97, 101 – *Kaugummikugeln*) kann Mitverschulden (§ 254 BGB) vorliegen. – Liegt beim Abmahner keine geschäftliche Handlung vor (zB Verbraucherverband), kommt allenfalls ein Verstoß gegen **§ 826 BGB** in Betracht (vgl BGH NJW 1985, 1959). Im Falle der „internen" Abmahnung ist dies denkbar bei mutwilliger oder evident auf Einnahmeerzielung gerichteter erkennbar unberechtigter Abmahnung (vgl LG Mannheim WRP 1986, 56; aber auch OLG Frankfurt GRUR 1990, 642 [LS]); im Falle der „externen" Abmahnung, wenn die Abmahnung nur das Kleid einer unzulässigen Schmähkritik ist. Ein Rückgriff auf **§ 823 I BGB** (Eingriff in das Recht am Unternehmen; BGH GRUR 1969, 479, 481 – *Colle de Cologne*) ist daneben entbehrlich, kann jedenfalls keinen weiter gehenden Schutz begründen. – Sieht man die Abmahnung als Geschäftsführung ohne Auftrag (§§ 677 ff BGB) an, so kann der zu Unrecht Abgemahnte jedoch einen Schadensersatzanspruch aus **§ 678 BGB** (Übernahmeverschulden) geltend machen (OLG München WRP 2008, 1384, 1385; § 12 Rdn 1.73).

10.168

V. Rechtswidrige Verwarnung aus Ausschließlichkeitsrechten (Schutzrechtsverwarnung)

Schrifttum: *Deutsch*, Gedanken zur unberechtigten Schutzrechtsverwarnung, WRP 1999, 25; *ders*, Der BGH-Beschluss zur unberechtigten Schutzrechtsverwarnung und seine Folgen für die Praxis, GRUR 2006, 374; *Kunath*, Kostenerstattung bei ungerechtfertigter Verwarnung, WRP 2000, 1074; *Meier-Beck*, Die Verwarnung aus Schutzrechten – mehr als eine Meinungsäußerung!, GRUR 2005, 535; *ders*, Die unberechtigte Schutzrechtsverwarnung als Eingriff in das Recht am Gewerbebetrieb, WRP 2006, 790; *Omsels*, Zur Unlauterkeit der gezielten Behinderung von Mitbewerbern (§ 4 Nr 10 UWG), WRP 2004, 136; *Peukert*, Änderung der Rechtsprechung zur unberechtigten Schutzrechtsverwarnung? Mitt 2005, 73; *Sack*, Unberechtigte Schutzrechtsverwarnungen, 2006; *ders*, Notwendige Differenzierungen bei unbegründeten Abnehmerverwarnungen, WRP 2007, 708; *ders*, Unbegründete Schutzrechtsverwarnungen – lückenloser Unternehmensschutz durch das UWG seit 2004, NJW 2009, 1642; *Sessinghaus*, Abschied von der unberechtigten Schutzrechtsverwarnung – auf Wiedersehen im UWG? WRP 2005, 823; *Teplitzky*, Zur Frage der Rechtmäßigkeit unbegründeter Schutzrechtsverwarnungen, GRUR 2005, 9; *ders*, Zu den prozessualen Folgen der Entscheidung des Großen Senats für Zivilsachen zur unberechtigten Schutzrechtsverwarnung, WRP 2005, 1433; *Ullmann*, Die Verwarnung aus Schutzrechten – mehr als eine Meinungsäußerung?, GRUR 2001, 1027; *ders*, Eine unberechtigte Abmahnung – Entgegnung, WRP 2006, 1070; *Wagner*, Abschied von der unberechtigten Schutzrechtsverwarnung, ZIP 2005, 49; *Zimmermann*, Die unberechtigte Schutzrechtsverwarnung, 2008.

1. Tatbestand der unberechtigten Schutzrechtsverwarnung

a) Schutzrechtsverwarnung. Eine sog **Schutzrechtsverwarnung** liegt vor, wenn ein Hersteller und/oder Abnehmer eines Produkts wegen einer Verletzung von Ausschließlichkeitsrechten (gewerblichen Schutzrechten, Urheberrechten) ernstlich und endgültig (idR durch Androhung gerichtlicher Schritte) zur Unterlassung aufgefordert wird. Dem steht es gleich, wenn die Äußerung, zB wegen ihres unbestimmten Inhalts, geeignet ist, Abnehmer zu verunsichern und damit vom Erwerb des Produkts abzuhalten (BGH GRUR 2009, 878 Tz 22 – *Fräsautomat*). Dagegen reicht es nicht aus, wenn lediglich im Rahmen eines der Rechtswahrung dienenden Meinungsaustauschs das Bestehen eines Rechts behauptet wird (sog **„Berechtigungsanfrage"**; vgl BGH GRUR 1995, 424, 425 – *Abnehmerverwarnung*; BGH GRUR 1997, 896, 897 – *Mecki-Igel III*; *Ullmann* GRUR 2001, 1027 f) oder lediglich die Rechtslage im Rahmen eines bloßen Meinungsäußerung dargestellt wird (BGH GRUR 2009, 878 Tz 22 – *Fräsautomat*). Ob sie Verwarnung vom Rechteinhaber oder von einem Verband, dem Rechteinhaber als Mitglieder angehören, ausgeht, ist unerheblich (BGH GRUR 2009, 878 Tz 16 – *Fräsautomat*). Der Schutzrechtsverwarnung steht eine auf einen Verstoß gegen §§ 3, 4 Nr 9 lit a oder b (**„ergänzender Leistungsschutz"**) gestützte Abmahnung gleich, weil insoweit eine vergleichbare Interessenlage und eine wie ein Schutzrecht geschützte Leistung (dreifache Schadensberechnung) vorliegt (OLG Frankfurt GRUR 1990, 642; OLG Stuttgart GRUR-Prax 2009, 66; aA *Bornkamm* § 12 Rdn 1.70).

10.169

b) Fehlende Berechtigung. **Unberechtigt** ist eine Schutzrechtsverwarnung, wenn entweder das behauptete Recht nicht, noch nicht oder nicht mehr besteht oder wenn es zwar besteht,

10.170

aber nicht verletzt wurde oder wenn die behaupteten Ansprüche aus dem verletzten Recht nicht hergeleitet werden können (*Ullmann* GRUR 2001, 1027). Ob das behauptete Recht von Anfang an nicht bestanden hatte oder rückwirkend beseitigt wurde, ist unerheblich (BGHZ 38, 200, 205 = GRUR 1963, 255, 257 – *Kindernähmaschinen*). Maßgebend ist dabei die objektive Rechtslage. Auf den guten Glauben des Verwarners kommt es nicht an (ÖOGH GRUR Int 2000, 558, 559). Der unberechtigten Schutzrechtsverwarnung steht an sich die **unberechtigte Klageerhebung** gleich (BGH GRUR 1963, 255, 258 – *Kindernähmaschinen;* BGH GRUR 1996, 812, 813 – *Unterlassungsurteil gegen Sicherheitsleistung*); jedoch gilt für diese ein prozessuales Privileg (Rdn 10.175). – Eine an sich **berechtigte** Schutzrechtsverwarnung kann sich im Einzelfall wegen ihres sonstigen **Inhalts** oder ihrer **Form** als **unberechtigt** erweisen (BGHZ 62, 29, 32 – *Maschenfester Strumpf;* BGH GRUR 1979, 332, 332 – *Brombeerleuchte;* BGH GRUR 1995, 424, 425 – *Abnehmerverwarnung;* BGH GRUR 2009, 878 Tz 17 – *Fräsautomat*). So etwa bei Verbreitung eines obsiegenden, aber nicht rechtskräftigen Urteils, wenn nicht deutlich zum Ausdruck kommt, dass das Urteil noch nicht rechtskräftig ist (BGH aaO – *Abnehmerverwarnung*).

2. Rechtliche Problematik

10.171 Der wegen angeblicher Verletzung eines Schutzrechts Verwarnte befindet sich in einer Zwangslage: Einerseits ist er vielfach kaum in der Lage, eine rasche Klärung der Schutzrechtslage herbeizuführen, andererseits sieht er sich bei Nichtbeachtung der Verwarnung einer scharfen Haftung (dreifache Schadensberechnung; dazu § 9 Rdn 1.36 ff) ausgesetzt. Er muss daher rasche und weit reichende unternehmerische Entscheidungen wie (bei der Herstellerverwarnung) über die Einstellung der Produktion oder bei der (Abnehmerverwarnung) des Vertriebs treffen. Das Bedürfnis, vor den Folgen unberechtigter Verwarnungen geschützt zu werden, ist also typischerweise größer als bei der unberechtigten Abmahnung wegen eines einfachen Wettbewerbsverstoßes. Auf der anderen Seite steht das berechtigte Interesse des Verwarners, außergerichtlich und gerichtlich Ansprüche geltend machen zu können, ohne Sanktionen außerhalb des Verfahrensrechts befürchten zu müssen (vgl BVerfGE 74, 257, 262 f; BGH GRUR 1998, 587, 590 – *Bilanzanalyse Pro 7;* BGH GRUR 2004, 958 – *Verwarnung aus Kennzeichenrecht;* BGH (GS) GRUR 2005, 882 – *Unberechtigte Schutzrechtsverwarnung;* Ahrens/*Deutsch* Kap 3 Rdn 19 ff; *Deutsch* WRP 1999, 25; *Meier-Beck* GRUR 2005, 535; *Teplitzky* GRUR 2005, 9).

3. Rechtswidrigkeit der unberechtigten Schutzrechtsverwarnung?

10.172 **a) Meinungsstand bis zur Entscheidung des Großen Senats des BGH vom 15. 7. 2005. aa) Standpunkt der Rspr.** Die objektiv unberechtigte Schutzrechtsverwarnung und -klage war nach stRspr (vgl RGZ 58, 24, 29 – *Jute Plüsch;* BGHZ 38, 200, 207 – *Kindernähmaschinen;* BGH GRUR 1996, 812, 813 – *Unterlassungsurteil gegen Sicherheitsleistung;* BGH GRUR 1997, 741, 742 – *Chinaherde*) grds **rechtswidrig** und erfüllt den Tatbestand des Eingriffs in das **Recht am eingerichteten und ausgeübten Gewerbebetrieb** (§ 823 I BGB). Denn das Interesse des Verwarnten sei höher zu bewerten als dasjenige des Verwarners. Das erhöhte Risiko des Verwarners bilde den Ausgleich für den besonderen Schutz, den Inhaber von Ausschließlichkeitsrechten genießen. Auch könne der Verwarner Bestand und Tragweite seines Schutzrechts regelmäßig besser beurteilen als der Verwarnte. – Im Bewusstsein der Schärfe dieser Sanktion hatte die Rspr verschiedentlich versucht, den Tatbestand der Schutzrechtsverwarnung enger zu fassen und davon die bloße Aufforderung zu einem Meinungsaustausch über die Schutzrechtslage (sog „Berechtigungsanfrage") unterschieden (vgl BGH GRUR 1997, 896 – *Mecki-Igel III;* Rdn 10.169). Auch hatte sie strenge Anforderungen an das Verschulden des Verwarnenden gestellt (BGH GRUR 1976, 715, 717 – *Spritzgießmaschine*). – Der I. Zivilsenat hatte dann allerdings in einer **Vorlageentscheidung** an den Großen Senat die bisherige Rspr in Frage gestellt (BGH GRUR 2004, 958 – *Verwarnung aus Kennzeichenrecht;* vgl auch OLG Düsseldorf GRUR 2003, 814, 816). Nach seiner Auffassung ist eine Behinderung, wie sie sich aus der rechtmäßigen Ausübung von Kennzeichenrechten (aber auch sonstigen Schutzrechten) ergibt, grds wettbewerbskonform und daher vom betroffenen Mitbewerber hinzunehmen. Ebenso sei die außergerichtliche und gerichtliche Geltendmachung von Ansprüchen aus Schutzrechten hinzunehmen, wenn sich diese (letztlich) als unbegründet erwiesen. Wer subjektiv redlich ein gerichtliches Verfahren einleite, greife nicht in ein geschütztes Rechtsgut seines Gegners ein, auch wenn sein Begehren sachlich nicht gerechtfertigt sei und dem Gegner aus dem Verfahren über dieses hinaus Nachteile erwüchsen. Der Verwarner habe im Allgemeinen bei der Beurteilung der Sach- und Rechtslage keinen entscheidenden Informationsvorsprung gegenüber dem

Verwarnten. Es liege in der Verantwortung des Verwarnten, welche Konsequenzen er aus seiner Beurteilung ziehe. – Für die Folgen einer nur fahrlässigen Fehleinschätzung der Rechtslage hafte der Verwarner daher außerhalb der schon im Verfahrensrecht vorgesehenen Sanktionen grds nicht nach dem Recht der unerlaubten Handlung. Der Schutz des Gegners werde regelmäßig durch das gerichtliche Verfahren gewährleistet. Nur wenn dies nicht der Fall sei, verbleibe es beim uneingeschränkten Rechtsschutz nach § 826 BGB und nach §§ 3, 4 Nr 1, 8 und 10 iVm § 9. Für die außergerichtliche Geltendmachung von Ansprüchen könne insoweit nichts anderes gelten (BGH GRUR 2004, 958, 959 – *Verwarnung aus Kennzeichenrecht*).

bb) Standpunkt des Schrifttums. (1) Ein Teil des Schrifttums billigte die bisherige Rspr **10.173** (*Peukert* Mitt 2005, 73; *Meier-Beck* GRUR 2005, 535). (2) Doch erhob sich im Laufe der Zeit zunehmend Kritik. Die Inanspruchnahme der Gerichte, und als Vorstufe dazu die Verwarnung, könne, auch wenn sie iErg nicht gerechtfertigt sein sollte und sich nachteilig auf das betroffene Unternehmen auswirke, grds nicht rechtswidrig sein. Komme der Verwarnte der Verwarnung nach, so handle er auf eigenes Risiko (*Deutsch* WRP 1999, 25; *Ahrens/Deutsch* Kap 3 Rdn 19 ff; *Kunath* WRP 2000, 1074, 1075; *Ullmann* GRUR 2001, 1027, 1028 mwN). Daher könne sie auch nicht – sofern keine sonstigen Umstände hinzuträten – Grundlage für einen Schadensersatzanspruch sein. Dies solle nicht nur für die Herstellerverwarnung (insoweit auch OLG Hamburg WRP 2001, 756, 963) gelten, sondern auch für die Verwarnung Dritter, insbes von Abnehmern, soweit sie ihrerseits als Schutzrechtsverletzer in Frage kommen (ebenso OLG Düsseldorf GRUR 2003, 814, 816). (3) Nach einer differenzierenden Auffassung sollte zwar eine Schadensersatzklage zulässig sein, dagegen für eine Unterlassungsklage das Rechtsschutzbedürfnis fehlen (*Teplitzky* Kap 19 Rdn 17 a ff, Kap 30 Rdn 19, Kap 41 Rdn 79 und 79 a sowie GRUR 2005, 9, 15). Beim Schadensersatzanspruch aus § 823 I BGB solle stärker als bisher eine Interessenabwägung stattfinden und dabei ggf auch nach Art des Schutzrechts zu differenzieren sein.

b) Die Entscheidung des Großen Senats des BGH vom 15. 7. 2005. In seiner auf den **10.174** Vorlagebeschluss des I. Senats (BGH GRUR 2004, 814 – *Verwarnung aus Kennzeichenrecht*) ergangenen Entscheidung (BGHZ 164, 1 = GRUR 2005, 882 – *Unberechtigte Schutzrechtsverwarnung*) hat der Große Senat des BGH die bisherige Rspr dem Grunde nach bestätigt und damit bis auf Weiteres die Streitfrage für die Praxis geklärt (vgl auch BGH GRUR 2006, 219 Tz 14 – *Detektionseinrichtung II*). Die Rechtslage stellt sich nach dieser Entscheidung wie folgt dar:

(1) Gleichbehandlung aller Schutzrechte. Alle Schutzrechte sind nach den gleichen **10.175** Grundsätzen zu behandeln. **(2) Gleichbehandlung von Hersteller- und Abnehmerverwarnung.** Die Hersteller- und die Abnehmerverwarnung sind nach den gleichen Grundsätzen zu behandeln. **(3) Unberechtigte Schutzrechtsverwarnung.** Die unberechtigte Verwarnung aus einem Schutzrecht gegen einen Hersteller oder Abnehmer stellt einen rechtswidrigen Eingriff in deren Recht am eingerichteten und ausgeübten Gewerbebetrieb (§ 823 I BGB) dar. Dieser Eingriff ist auch nicht verfassungsrechtlich gerechtfertigt (privilegiert). Die schuldhaft unberechtigte Verwarnung verpflichtet zum Schadensersatz. Denn das dem Schutzrechtsinhaber verliehene Ausschließlichkeitsrecht schließt jeden Mitbewerber von der Benutzung des Schutzgegenstandes aus. Diese einschneidende, die Wettbewerbsfreiheit begrenzende Wirkung bedarf eines Korrelats, das sicherstellt, dass der Wettbewerb nicht über den Schutzbereich des geschützten Gegenstands hinaus eingeschränkt wird. Der notwendige Interessenausgleich wäre nicht gewährleistet, wenn der Schutzrechtsinhaber einen ihm nicht zustehenden Schutz beanspruchen könnte und den wirtschaftlichen Nutzen aus einer schuldhaften Verkennung des Umfangs des ihm zustehenden Schutzes ziehen dürfte, ohne für einen hierdurch verursachten Schaden seiner Mitbewerber einstehen zu müssen. Eine verfahrensrechtliche Privilegierung der Verwarnung ist nicht gerechtfertigt, weil sonst eine fahrlässig unberechtigte Verwarnung praktisch folgenlos bliebe. – Der Einwand des Mitverschuldens bei der Prüfung der Rechtslage ist nicht von vornherein ausgeschlossen. Grds ist der Verwarner aber „näher" daran, den aus der unberechtigten Verwarnung resultierenden Schaden zu tragen. **(4) Unberechtigte Schutzrechtsklage.** Die unberechtigte Schutzrechtsklage gegen Hersteller oder Abnehmer stellt an sich ebenfalls einen rechtswidrigen Eingriff in deren Recht am eingerichteten und ausgeübten Gewerbebetrieb dar. Bei subjektiver Redlichkeit (dh bei bloß fahrlässiger Fehleinschätzung der Rechtsklage) des Klägers ist dieser Eingriff jedoch gerechtfertigt, weil der Schutz des Beklagten durch das gerichtliche Verfahren gewährleistet ist. Eine Haftung für eine fahrlässige Fehleinschätzung außerhalb der im Verfahrensrecht vorgesehenen Sanktionen scheidet aus (verfahrensrechtliches Privileg). **(5) Anspruch auf Unterlassung einer Verwarnung.** Der von der unberechtigten Schutzrechtsverwarnung betroffene Mitbewerber hat gegen den Schutzrechtsinhaber zwar keinen (vorbeugenden) Anspruch auf Unterlassung einer gerichtlichen Geltendmachung der vermeintlichen Ansprüche gegenüber seinen Abnehmern. Denn die gerichtliche Prüfung eines auch nur vermeintlich bestehenden Anspruchs kann nicht unterbunden werden (prozessuales Privileg). Wohl aber hat er einen Anspruch auf Unterlassung einer **Verwarnung** (§ 823 I BGB iVm § 1004 BGB analog). Insoweit greift das prozessuale Privileg nicht ein (dazu *Teplitzky* WRP 2005, 1433, 1435). Dieser Anspruch kann auch mit einer einstweiligen Verfügung durchgesetzt werden. Wird dem Schutzrechtsinhaber eine rechtmäßige Verwarnung auf Antrag eines Mitbewerbers zu Unrecht durch eine einstweilige Verfügung untersagt und klagt der Schutzrechtsinhaber daraufhin gegen einen Abnehmer, ohne diesen vorher abzumahnen, stellt eine hieraus etwa folgende Kostenlast (§ 93 ZPO) eine Folge der Vollstreckung der Untersagungsverfügung dar und verpflichtet den Mitbewerber daher nach § 945 ZPO zum Schadensersatz (BGHZ 164, 1 = GRUR 2005, 882, 885 – *Unberechtigte Schutzrechtsverwarnung*).

10.176 c) **Stellungnahme.** Durch die Entscheidung des Großen Senats ist der Streit um die unberechtigte Schutzrechtsverwarnung jedenfalls für die Praxis weit gehend beendet (vgl aber *Sack* BB 2005, 2368; *Deutsch* GRUR 2006, 374). Bedauerlich ist indessen, dass sich der Große Senat nicht mit der Frage auseinandergesetzt hat, ob nicht zwischen Hersteller- und Abnehmerverwarnung zu differenzieren ist (dazu eingehend *Sack*, Unbegründete Schutzrechtsverwarnungen, 2006, 1 ff; *Zimmermann*, Die unbegründete Schutzrechtsverwarnung, 2008, 77 ff, 312 ff; HdbWettbR/*Hasselblatt* § 57 Rdn 164). Denn die Hauptargumente des Großen Senats beziehen sich nur auf die **Abnehmerverwarnung** (vgl *Meier-Beck* WRP 2006, 790, 792). Daraus könnte man sogar schließen, der Große Senat habe nur über die Abnehmerverwarnung entscheiden wollen (so *Teplitzky* Kap 41 Rdn 79 b). Auch geht der Große Senat nicht darauf ein, ob Ansprüche wegen unberechtigter Verwarnung aus Lauterkeitsrecht (§§ 3, 4 Nr 7, 8 und Nr 10 iVm §§ 8, 9) eingreifen, die an sich vorrangig in Betracht kommen (dazu Rdn 176 a; vgl ferner BGH GRUR 2006, 433 Tz 16 – *Unbegründete Abnehmerverwarnung*; BGH GRUR 2004, 958 – *Verwarnung aus Kennzeichenrecht*; OLG Düsseldorf GRUR 2003, 814, 816; Ahrens/*Deutsch* Kap 3 Rdn 21 ff; *Deutsch* WRP 1999, 25; ders GRUR 2006, 374; *Sack*, Unbegründete Schutzrechtsverwarnungen, 2006, 11 ff, 111 ff; *Teplitzky* GRUR 2005, 9, 13; *Ullmann* GRUR 2001, 1027, 1028 ff). – Im Ergebnis zu billigen ist, dass der Große Senat des BGH dem betroffenen Mitbewerber einen mit Klage oder Antrag auf einstweilige Verfügung durchsetzbaren Unterlassungsanspruch gegen den unberechtigt Verwarnenden zubilligt (dazu *Teplitzky* WRP 2005, 1433, 1435 f). Zwar zwingt dies letztlich den Schutzrechtsinhaber dazu, statt eine Verwarnung auszusprechen unmittelbar Klage gegen die Abnehmer zu erheben, wenn er eine Schutzrechtsverletzung für gegeben hält. Das wird er im Hinblick auf die Gefährdung möglicher Kundenbeziehungen und auf den mit der Klageerhebung verbundenen Aufwand kaum tun, auch wenn er sich im Recht glaubt. Selbst wenn er aber klagt, erhält er vom Abnehmer nicht den Schaden ersetzt, der ihm vor Eintritt der Bösgläubigkeit des Abnehmers entsteht. Auf der anderen Seite ist aber zu bedenken, dass andernfalls der von der Verwarnung betroffene Hersteller tatenlos zusehen müsste, wie durch die unberechtigte Verwarnung die Geschäftsbeziehungen zu seinem Abnehmer zerstört würden. Bei Abwägung der beiderseitigen Interessen wird man die des zu Unrecht Verwarnten höher einschätzen müssen, zumal dieser beim Vorgehen im Wege der einstweiligen Verfügung das Risiko aus § 945 ZPO trägt.

4. Ansprüche gegen den Verwarner

10.176a a) **Lauterkeitsrechtliche Ansprüche. aa) Verhältnis zu bürgerlichrechtlichen Ansprüchen.** Die Schutzrechtsverwarnung stellt eine **geschäftliche Handlung** iSd § 2 I Nr 1 dar, weil sie (zumindest auch) dazu dient, den eigenen Absatz zu fördern. Dementsprechend kommen auch lauterkeitsrechtliche Ansprüche in Betracht (BGH GRUR 2009, 878 Tz 12 ff – *Fräsautomat*). Das Verhältnis von lauterkeitsrechtlichen (und kartellrechtlichen) zu bürgerlichrechtlichen Ansprüchen aus unberechtigter Schutzrechtsverwarnung ist noch nicht abschließend geklärt. Der Große Zivilsenat hat sich in seiner Entscheidung vom 15. 7. 2005 dazu nicht geäußert, somit lauterkeitsrechtliche Ansprüche jedenfalls nicht ausgeschlossen (so auch BGH GRUR 2006, 433 Tz 16 – *Unbegründete Abnehmerverwarnung*; *Meier-Beck* WRP 2006, 790, 793; *Ullmann* WRP 2006, 1070; aA *Deutsch* GRUR 2006, 374, 375). Wohl aber ist der Entscheidung iErg zu entnehmen, dass der bisher geltende Grundsatz der **Subsidiarität** des bürgerlichrechtlichen Unternehmensschutzes nach § 823 I BGB gegenüber lauterkeitsrechtlichen Ansprüchen **nicht gelten** soll. Dabei handelt es sich um einen Akt der Rechtsfortbildung, auch wenn dies dem Großen Senat vielleicht nicht bewusst war (krit *Sack* NJW 2009, 1642). Im Ergebnis ist daher von **Anspruchskonkurrenz** auszugehen, wobei für lauterkeitsrechtliche Ansprüche die **Sonderregelungen** des § 8 II (Haftung für Mitarbeiter und Beauftragte), des § 11 (kurze Verjährung), des § 12 (Abmahnung, Dringlichkeitsvermutung, Urteilsbekanntmachung und Streitwertbegrenzung) und der §§ 13, 14 (Zuständigkeit) zu berücksichtigen sind.

bb) Herstellerverwarnung. Die unberechtigte Schutzrechtsverwarnung gegenüber einem Hersteller, der Mitbewerber ist, kann eine gezielte Behinderung iSd § 4 Nr 10 darstellen, weil sie darauf gerichtet ist, den Absatz des Mitbewerbers zu behindern. Allerdings ist dabei – wie bei der Rechtswidrigkeitsprüfung bei § 823 I BGB – eine **Güter- und Interessenabwägung** vorzunehmen. Ein Verschulden des Verwarners ist nur beim Schadensersatzanspruch (§ 9), nicht aber beim Unterlassungs- und Beseitigungsanspruch (§ 8 I) erforderlich. Bei Vorsatz des Verwarners scheidet der Einwand etwaigen fahrlässigen Mitverschuldens des Verwarnten (zB wegen voreiliger Einstellung der Produktion ohne Prüfung der Rechtslage) grds aus (vgl BGH NJW 1992, 311). Mitverschulden ist allerdings zu berücksichtigen, soweit es um die Schadensminderungspflicht geht (Palandt/Heinrichs BGB § 254 Rdn 53). Der Anspruch umfasst ua den Ersatz des entgangenen Gewinns auf Grund einer Produktionseinstellung. Umsatzeinbußen sind jedoch nicht zu ersetzen, wenn tatsächlich eine Schutzrechtsverletzung vorliegt, mag die Verwarnung auch aus formalen Gründen unberechtigt sein (BGH GRUR 1995, 422, 426 – *Abnehmerverwarnung*; *Ullmann* GRUR 2001, 1027, 1030).

10.177

cc) Abnehmerverwarnung. Für die Abnehmerverwarnung gelten die Grundsätze zur Herstellerverwarnung entsprechend, soweit es um die **Haftung des Verwarners gegenüber dem Abnehmer** geht. – Besonderheiten gelten für die **Haftung des Verwarners gegenüber dem Hersteller** (oder Lieferanten), der von der Abnehmerverwarnung mittelbar betroffen ist. Der Verwarner haftet ihm gegenüber auf Unterlassung und Beseitigung unter dem Gesichtspunkt der **gezielten Behinderung** (§ 4 Nr 10 – Boykottaufruf) und ggf auch der **Mitbewerberherabsetzung** (§ 4 Nr 7), wobei die Verwirklichung des Tatbestands von einer **Güter- und Interessenabwägung** abhängt (BGH GRUR 2009, 878 Tz 17 – *Fräsautomat*). Da die Abnehmer typischerweise ein geringeres Interesse an einer sachlichen Auseinandersetzung mit dem Schutzrechteinhaber haben, kann bereits die Geltendmachung von Ausschließlichkeitsrechten gegenüber den Abnehmern – unabhängig, ob sie berechtigt ist oder nicht – zu einem möglicherweise existenzgefährdenden Eingriff in die Kundenbeziehungen des mit dem Inhaber des Schutzrechts konkurrierenden Herstellers oder Lieferanten führen (BGH GRUR 2009, 878 Tz 17 – *Fräsautomat*). – Auch der Tatbestand der **Anschwärzung** (§ 4 Nr 8) kommt in Betracht, sofern die Schutzrechtsverwarnung eine Tatsachenbehauptung darstellt (vgl BGH GRUR 2006, 433 Tz 16 – *Unbegründete Abnehmerverwarnung*; *Sack*, Die unbegründete Schutzrechtsverwarnung, 2006, 152 ff). Ob eine Schutzrechtsverwarnung im Kern stets eine Tatsachenbehauptung iSd § 4 Nr 8 enthält, weil die Verletzung eines Schutzrechts objektiv überprüfbar sei (*Sack*, NJW 2009, 1642, 1644; ÖOGH GRUR Int 2000, 558, 559), ist freilich zweifelhaft (vgl OLG Hamburg WRP 2001, 956, 958). Richtigerweise ist zu differenzieren (vgl *Ullmann* GRUR 2001, 1027, 1030). Eine unrichtige Tatsachenbehauptung liegt stets vor, wenn der Sachverhalt unrichtig dargestellt ist (zB das Patent nicht oder für einen anderen eingetragen oder abgelaufen ist). Ist aber der Sachverhalt richtig wiedergegeben und lediglich die rechtliche Bewertung (über das Vorliegen einer Schutzrechtsverletzung), also die Subsumtion, unzutreffend, liegt ein bloßes Werturteil vor (*Ullmann* GRUR 2001, 1027, 1030). – Auf Schadensersatz nach § 9 haftet der Verwarner, wenn er die fehlende Berechtigung der Verwarnung kannte oder kennen musste.

10.178

dd) Irreführende oder herabsetzende Behauptung gegenüber Dritten. Macht der (angebliche) Schutzrechtsinhaber gegenüber Dritten (insbes Abnehmern) oder der Allgemeinheit irreführende oder herabsetzende Behauptungen über eine Schutzrechtsverletzung, so erfüllt dies den Tatbestand der **Irreführung** (§ 5) bzw der **Anschwärzung** (§ 4 Nr 8; dazu BGH GRUR 2006, 433 Tz 16 – *Unbegründete Abnehmerverwarnung*) oder der **Mitbewerberherabsetzung** (§ 4 Nr 7). Das ist zB der Fall, wenn das behauptete Schutzrecht nicht besteht oder nicht verletzt wurde oder wenn über ein gegen den Hersteller erstrittenes Urteil berichtet wird, ohne deutlich zu machen, dass es noch nicht rechtskräftig ist (BGH GRUR 1995, 424, 426 – *Abnehmerwarnung*; vgl auch *Ullmann* GRUR 2001, 1027, 1030). Auch der Tatbestand der **gezielten Behinderung** (§ 4 Nr 10) in Gestalt des **Boykottaufrufs** kommt in Betracht.

10.179

b) Bürgerlichrechtliche Ansprüche. aa) Ansprüche aus §§ 823 I, 1004 BGB. (1) Unterlassungsanspruch. Nach der Rspr (BGHZ [GSZ] 164, 1 = GRUR 2005, 882 – *Unberechtigte Schutzrechtsverwarnung*; BGH GRUR 2006, 433 Tz 17 – *Unbegründete Abnehmerverwarnung*; BGH GRUR 2006, 432 Tz 20 – *Verwarnung aus Kennzeichenrecht II*) stellt die unberechtigte Schutz-

10.180

rechtsverwarnung und Schutzrechtsklage einen Eingriff in das **Recht am eingerichteten und ausgeübten Gewerbebetrieb** („sonstiges Recht" iSd § 823 I BGB) des Herstellers oder Lieferanten dar. Die **Unmittelbarkeit** (Betriebsbezogenheit) des Eingriffs ergibt sich aus der Gefahr einer Absatzbeeinträchtigung. Dies gilt auch für die Abnehmerverwarnung. Denn sie zielt darauf ab, dass der Abnehmer seine Bezüge einstellt. Dafür spricht auch eine gewisse Wahrscheinlichkeit. Denn der verwarnte Abnehmer wird häufig, zumal wenn er auf Konkurrenzprodukte oder andere Lieferanten ausweichen kann, geneigt sein, sich der Verwarnung zu beugen, um den Nachteilen aus einem Rechtsstreit aus dem Weg zu gehen (BGH GRUR 2006, 433 Tz 18 – *Unbegründete Abnehmerverwarnung*). Die **Rechtswidrigkeit** des Eingriffs in den Gewerbebetrieb ist durch eine **Güter- und Interessenabwägung** festzustellen. Dies gilt auch für die unberechtigte Schutzrechtsverwarnung (*Sack* BB 2005, 2368, 2370 f; *Teplitzky* GRUR 2005, 9, 14; offen gelassen in BGH GRUR 2006, 433 Tz 18 – *Unbegründete Abnehmerverwarnung* und BGH GRUR 2006, 432 Tz 23 – *Verwarnung aus Kennzeichenrecht II*; krit *Deutsch* GRUR 2006, 374, 378; **aA** BGHZ 38, 200, 206 – *Kindernähmaschinen;* wohl auch BGHZ 164, 1, 5 ff = GRUR 2005, 882 – *Unberechtigte Schutzrechtsverwarnung; Meier-Beck* WRP 2006, 790, 791). Jedoch wird im Regelfall das Interesse des Herstellers oder Lieferanten schwerer wiegen als das Interesse des Verwarners. Ausnahmen sind denkbar, insbes wenn die Gefahr eines Nachgebens des verwarnten Abnehmers nur gering ist. Die „subjektive Redlichkeit" des Verwarners kann dagegen nur beim Verschulden und damit nur beim Schadensersatzanspruch berücksichtigt werden. Erfüllt eine unberechtigte Schutzrechtsverwarnung die Voraussetzungen eines rechtswidrigen Eingriffs, begründet dies eine tatsächliche Vermutung für die **Wiederholungsgefahr.** Daraus ergibt sich ein **Unterlassungsanspruch** (§§ 823 I, 1004 BGB analog), der mit Klage oder einstweiliger Verfügung durchsetzbar ist. Allerdings ist dieser Anspruch beschränkt auf die **Unterlassung der Schutzrechtsverwarnung.** Die Unterlassung einer Schutzrechtsklage kann nicht begehrt werden, da insoweit das prozessuale Privileg eingreift. Für die **Verjährung** gelten die §§ 195, 199 BGB (ebenso MünchKommBGB/*Jänich* § 4 Nr 10 Rdn 130); für die gerichtliche **Zuständigkeit** gilt § 32 ZPO.

10.180a (2) **Schadensersatzanspruch.** Bei **Fahrlässigkeit** des Verwarners besteht ein Anspruch auf **Schadensersatz** (BGH aaO – *Kindernähmaschinen;* BGHZ 62, 29, 33 = BGH GRUR 1974, 290 – *Maschenfester Strumpf;* BGH GRUR 1976, 715 – *Spritzgießmaschine;* BGH GRUR 1978, 492, 493 – *Fahrradgepäckträger II;* BGH GRUR 1979, 332, 333 f – *Brombeerleuchte;* BGH GRUR 1996, 812, 813 – *Unterlassungsurteil gegen Sicherheitsleistung;* BGH GRUR 1997, 741, 742 – *Chinaherde;* BGHZ [GSZ] 164, 1 = GRUR 2005, 882 – *Unberechtigte Schutzrechtsverwarnung*). Die **Abnehmerverwarnung** (und/oder das gerichtliche Vorgehen gegen den Abnehmer) ist nach der Rspr zugleich ein Eingriff in das Unternehmen des Herstellers (BGH WRP 1968, 50, 51 – *Spielautomaten;* BGH GRUR 1977, 805, 807 – *Klarsichtpackung* mit Anm *Utescher;* BGH GRUR 2006, 219 Tz 14 – *Detektionseinrichtung II*). Nicht dagegen begründet die Verwarnung eines Mitbewerbers wegen vermeintlicher Verletzung eines Schutzrechts einen Eingriff in das Unternehmen des **Zulieferers** des Herstellers, da dieser nur mittelbar betroffen ist (BGH aaO – *Klarsichtpackung;* BGH GRUR 2007, 313 Tz 26 ff – *Funkuhr II;* dazu *Sack* WRP 2007, 708). – Was das für den **Schadensersatzanspruch** erforderliche **Verschulden** angeht, will die Rspr allerdings die Sorgfaltsanforderungen bei der Beurteilung der Rechtslage nicht überspannen, um den (vermeintlichen) Schutzrechtsinhaber nicht mit unübersehbaren Risiken zu belasten (vgl BGHZ 62, 29, 35 – *Maschenfester Strumpf;* BGH GRUR 1979, 332, 333 – *Brombeerleuchte;* BGH GRUR 1987, 520, 522 – *Chanel Nr 5 (I);* BGH GRUR 1995, 424, 425 – *Abnehmerverwarnung;* umfangreiche Nachw bei GK/*Köhler* Vor § 13 aF Rdn B 283 ff). Art und Umfang der Sorgfaltspflichten eines Verwarners werden maßgeblich dadurch bestimmt, inwieweit er auf den Bestand und die Tragfähigkeit seines Schutzrechts vertrauen darf (BGH GRUR 2006, 432 Tz 25 – *Verwarnung aus Kennzeichenrecht II*). Die bloße Möglichkeit, dass das beanspruchte Ausschließlichkeitsrecht keinen Bestand hat, gereicht noch nicht zum Verschulden. Vielmehr müssen die möglichen Zweifel an der Rechtslage einen konkreten Bezugspunkt haben, den der Verwarner hätte beachten können (BGHZ 62, 29, 35 – *Maschenfester Strumpf*). Der Verwarner muss alles ihm Zumutbare tun, um zu einer objektiv richtigen Beurteilung der Rechtslage zu gelangen. Dazu gehört die Einholung und eigene Überprüfung fachlichen Rats (BGH GRUR 1976, 715 – *Spritzgießmaschine*). Auch ist zu berücksichtigen, über welche wirtschaftlichen und rechtlichen Erfahrungen Verwarner und Verwarnter verfügen (BGHZ 62, 29, 35 – *Maschenfester Strumpf*). Hatte das DPMA eine Eintragung vorgenommen, so kann der Markeninhaber grds davon ausgehen, dass dem Bestand seines Rechts keine absoluten Eintragungshindernisse entgegenstehen (BGH GRUR 2006, 432 Tz 25 – *Verwarnung aus Kennzeichenrecht II*). Erhöhte Sorgfaltsanforderungen bestehen bei Immaterialgüterrechten, die materiell „ungeprüft" zur Entstehung gelangen – wie Gebrauchsmuster-, Geschmacksmuster- und Urheberrechte sowie nur lauterkeitsrechtlich geschützte Leistungspositionen (BGH GRUR 1979, 332, 333 – *Brombeerleuchte*). Noch strengere Sorgfaltsanforderungen bestehen nach der Rspr bei der **Abnehmerverwarnung** wegen ihrer besonderen Gefährlichkeit für den Hersteller. Sie ist grds erst zulässig, wenn eine Herstellerverwarnung erfolglos geblieben oder ausnahmsweise unzumutbar ist; außerdem ist die Rechtslage besonders sorgfältig zu prüfen und der Grundsatz der Verhältnismäßigkeit zu beachten (BGH aaO – *Brombeerleuchte*).

Der Schadensersatzanspruch kann durch ein **Mitverschulden** des Verwarnten gemindert oder ausgeschlossen sein, wenn er voreilig die Produktion oder den Vertrieb einstellt, obwohl er die fehlende Berechtigung der Verwarnung hätte erkennen können (BGHZ 38, 200 = GRUR 1963, 255, 259 – *Kindernähmaschinen*; BGH WRP 1965, 97, 101 – *Kaugummikugeln*; HdbWettbR/ Hasselblatt Kap 57 Rdn 149) oder wenn er die Verwarnung weiterhin befolgt, obwohl ihm neue Umstände bekannt geworden sind (BGH GRUR 1978, 492, 494 – *Fahrradgepäckträger II*); der Verwarner kann allerdings ein Mitverschulden des Abnehmers nicht dem Hersteller entgegensetzen (BGH GRUR 1979, 332, 337 – *Brombeerleuchte*). 10.181

bb) Ansprüche aus §§ 824, 826 BGB. Ansprüche aus § 824 BGB können unabhängig von etwaigen konkurrierenden Ansprüchen aus UWG bestehen. Jedoch ist auch insoweit das verfahrensrechtliche Privileg des Verwarners zu beachten. Ansprüche aus § 826 BGB kommen in Betracht, wenn der Verwarner um die mangelnde Berechtigung seiner Verwarnung wusste (OLG Düsseldorf GRUR 2003, 814, 816). Für den Verwarnten sind derartige Ansprüche nur im Hinblick auf die längeren Verjährungsfristen (§§ 195, 199 BGB) von Interesse. 10.182

cc) Sonstige Ansprüche. Der zu Unrecht Verwarnte kann **Aufwendungen** (zB Kosten für die Prüfung der Rechtslage) stets dann ersetzt verlangen, wenn das Verhalten des Verletzers eine nach § 3 iVm § 9 (bzw §§ 824, 826 BGB) zum Schadensersatz verpflichtende Handlung darstellt. Sieht man die Verwarnung als Geschäftsführung ohne Auftrag an, so kann der Verwarnte vom Verwarner als Geschäftsherrn diese Aufwendungen unter dem Gesichtspunkt des Übernahmeverschuldens **(§ 678 BGB)** als Schadensersatz nach § 678 BGB ersetzt verlangen (§ 12 Rdn 1.73; OLG München WRP 2008, 1384, 1385). Dagegen scheiden Ansprüche aus den §§ 683, 670 BGB (dafür *Kunath* WRP 2000, 1074, 1076) oder aus **culpa in contrahendo** nach § 311 II BGB (dafür *Selke* WRP 1999, 286) aus. Denn weder führt der Verwarnte insoweit ein Geschäft des Verwarners, noch stellt das unberechtigte Ansinnen eines Unterwerfungsvertrages eine culpa in contrahendo dar. Ein Aufwendungsersatzanspruch für eine **Gegenabmahnung** aus § 12 I 2 ist nur dann gegeben, wenn die Gegenabmahnung berechtigt war, die Verwarnung also den Tatbestand einer Zuwiderhandlung nach § 3 erfüllt hat. 10.183

11. Abschnitt. Preisunterbietung

Schrifttum: *Gloy,* Zur Beurteilung gezielter Kampfpreise nach Kartell- und Wettbewerbsrecht, FS Gaedertz, 1992, 209; *Köhler,* Der Markenartikel und sein Preis, NJW-Sonderheft 2003, 28; *Lettl,* Kartell- und wettbewerbsrechtliche Schranken für Angebote unter Einstandspreis, JZ 2003, 662; *Pichler,* Das Verhältnis von Kartell- und Lauterkeitsrecht, 2009; *Mann/Smid,* Preisunterbietung von Presseprodukten, WM 1997, 139; *Schneider,* Überarbeitete Auslegungsgrundsätze des Bundeskartellamts zum Angebot unter Einstandspreis, WRP 2004, 171; *Waberbeck,* Verkäufe unter Einstandspreis – Gelöste und ungelöste Auslegungsprobleme des § 20 Abs. 4 S. 2 GWB, WRP 2006, 991.

I. Grundsatz der freien Preisbestimmung

In einem System des freien Wettbewerbs ist jeder Unternehmer grds darin frei, seine Preise in eigener Verantwortung zu gestalten, zumal er auch das Absatzrisiko trägt (BGH GRUR 1990, 371, 372 – *Preiskampf*; BGH WRP 2006, 888 Tz 13 – *10% billiger*). Ohne die Preisgestaltungsfreiheit kann eine Wettbewerbswirtschaft nicht funktionieren. Daher schützt das deutsche und europäische Kartellrecht diese Freiheit vor vertraglichen Beschränkungen durch Preiskartelle und vertikale Preisbindungen (§ 1 GWB [Ausnahme: § 30 GWB]; Art 101 AEUV), beugt aber zugleich ihrem Missbrauch vor (§§ 19, 20 GWB; Art 102 AEUV). Staatliche Preisbindungen in Gestalt gesetzlicher Preisvorschriften, wie sie für planwirtschaftliche Systeme die Regel sind, sind 10.184

in einer Wirtschaftsordnung des freien Wettbewerbs Fremdkörper und bedürfen einer besonderen Legitimation aus Gemeinwohlgründen.

II. Grundsatz der Zulässigkeit der Preisunterbietung

10.185 Die Preisgestaltungsfreiheit schließt die Freiheit ein, den Marktpreis oder den Preis einzelner Mitbewerber zu unterbieten (BGH GRUR 2006, 596 Tz 13 – *10% billiger;* BGH GRUR 2009, 416 Tz 13 – *Küchentiefstpreis-Garantie;* BGH WRP 2010, 1388 Tz 20 – *Ohne 19% Mehrwertsteuer).* Die Preisunterbietung ist sogar die wichtigste Erscheinungsform des Wettbewerbs. Sie stellt daher für sich genommen keine unlautere Mitbewerberbehinderung dar, sondern ist wesentliches Element des freien Wettbewerbs (BGH GRUR 1990, 687, 688 – *Anzeigenpreis II*) und liegt im Interesse der Verbraucher und der Allgemeinheit. Daher ist die **Preisunterbietung** zu Wettbewerbszwecken grds **erlaubt** (stRspr; BGHZ 28, 54, 60 – *Direktverkäufe;* BGHZ 28, 387, 396 – *Nelkenstecklinge;* BGHZ 44, 288, 302 – *Apfel-Madonna;* BGHZ 46, 168, 175 – *Bauindustrie;* BGH GRUR 1960, 331 – *Schleuderpreise;* BGH GRUR 1966, 617, 620 – *Saxophon;* BGH GRUR 1979, 321, 322 – *Verkauf unter Einstandspreis I;* BGH GRUR 1984, 204, 206 – *Verkauf unter Einstandspreis II).*

10.186 Die Preisunterbietung ist grds auch dann noch wettbewerbskonform, wenn der „übliche" Preis oder Marktpreis in besonders starkem Maße unterschritten wird. Es ist nicht das Ziel des Lauterkeitsrechts, den Anbietern einen „angemessenen" Preis zu gewährleisten, bei dem alle ihr Auskommen finden (glA OLG Naumburg GRUR-RR 2007, 157, 158). Daher trifft den einzelnen Unternehmer, auch wenn er über Marktmacht verfügt, keine Pflicht zu schonender Preiskalkulation (zutr Immenga/Mestmäcker/*Markert* GWB § 20 Rdn 193 gegen *Ulmer* GRUR 1977, 572). Die Preisunterbietung ist vielmehr auch dann noch wettbewerbskonform, wenn sie von einem marktbeherrschenden Unternehmen ausgeht (BGH GRUR 1986, 397, 399 – *Abwehrblatt II*) und das Ausscheiden von kleinen und mittleren Mitbewerbern zur Folge hat (BGH GRUR 1990, 685, 686 – *Anzeigenpreis I*). Ob kleine und mittlere Unternehmen mit einer ungünstigeren Kostenstruktur (zB höherer Einkaufspreise) mithalten können oder nicht, ist grds unerheblich (BGH GRUR 1984, 204, 207 – *Verkauf unter Einstandspreis II*). Es ist nicht Aufgabe des Lauterkeitsrechts, Nachteile, die der freie Wettbewerb mit sich bringen kann, zu beseitigen oder auszugleichen. Markt- und preispolitische Erwägungen gehören dem Bereich der Wirtschaftslenkung an.

10.187 Auch der **Verkauf unter Selbstkosten** (= Einstandspreis plus Gemeinkosten) oder **unter Einstandspreis,** ja sogar die **kostenlose** Abgabe von Waren oder Dienstleitungen, sind grds, nämlich sofern keine besonderen Umstände hinzutreten, zulässig (ganz hM; BGH GRUR 1979, 321, 323 – *Verkauf unter Einstandspreis I;* BGH GRUR 1984, 204, 206 – *Verkauf unter Einstandspreis II* mit Anm *Klette;* BGH GRUR 1984, 680 – *Kaufmarkt;* BGH GRUR 1971, 372 – *Preiskampf;* BGH GRUR 1990, 44, 45 – *Annoncen-Avis;* BGH GRUR 1990, 687, 688 – *Anzeigenpreis II;* BGH WRP 2006, 888 Tz 13 – *10% billiger;* BGH GRUR 2009, 416 Tz 13 – *Küchentiefstpreis-Garantie;* OLG Stuttgart WRP 2007, 204, 208; OLG Naumburg GRUR-RR 2007, 157, 158). Dies entspricht der kartellrechtlichen Wertung in **§ 20 IV 2 GWB,** wonach Untereinstandspreisverkäufe nur unter bestimmten Voraussetzungen verboten sind. Allerdings entfaltet diese Norm keine „Sperrwirkung" gegenüber den §§ 3 I, 4 Nr 10 (*Köhler* WRP 2005, 645, 651; *Pichler* S 275). Derartige Verlustpreisangebote können aus den verschiedensten Gründen wirtschaftlich sinnvoll oder sogar geboten sein, um sich im Wettbewerb behaupten zu können. So etwa bei Lager-, Liquiditäts- und Absatzschwierigkeiten, Modeänderungen, drohendem Verderb, Qualitätseinbußen oder Erscheinen neuer und besserer Waren beim Mitbewerber. Die Notwendigkeit einer Preissenkung kann sich auch daraus ergeben, dass einzelne Mitbewerber ihre Preise herabgesetzt haben. Bei der Einführung eines neuen Artikels kann ein Kaufmann oft nur dadurch ins Geschäft kommen, dass er ihn zeitweilig unter Selbstkosten oder gar unter dem Einstandspreis abgibt mit der Aussicht auf künftigen Gewinn (BGH GRUR 1966, 214, 217 – *Einführungsangebot;* BGH GRUR 1986, 397, 400 – *Abwehrblatt II).* Sind in einer Branche wechselnde Sonderangebote innerhalb eines breiten Sortiments üblich, kann es ebenfalls wirtschaftlich sinnvoll sein, einzelne Artikel unter Einstandspreis abzugeben. Verluste aus solchen Verkäufen können möglicherweise mit Gewinnen aus anderen Verkäufen ausgeglichen werden (Quersubvention durch Mischkalkulation), zumal es bei solchen Unternehmen nicht auf Stückgewinn für die Einzelware, sondern auf die Erzielung eines möglichst günstigen Gesamtergebnisses ankommt (*Scholz* WRP 1983, 373, 375). Ein Verkauf unter Selbstkosten kann auch in einer Phase der Bedrängung zur Auslastung des Betriebs geboten sein (BGH GRUR 1990, 685, 686 – *Anzeigenpreis I*). An dieser Grundwertung ändert es nichts, wenn importierte Waren unter

Einstandspreis verkauft werden und dadurch die Preise inländischer Anbieter unter Druck geraten (BGH GRUR 1980, 858, 860 – *Asbestimporte*). Das gilt selbst dann, wenn die ausländischen Waren nur deshalb billiger angeboten werden können, weil im Ausland das Lohnniveau niedriger ist oder weniger strenge Arbeits- oder Umweltschutzbedingungen bestehen. Nachteile für die inländische Industrie abzuwehren, ist eine Aufgabe der Wirtschaftspolitik, nicht des Lauterkeitsrechts.

III. Lauterkeitsrechtliche Schranken der Preisunterbietung

1. Überblick

Die Preisunterbietung kann bei Hinzutreten von bestimmten Begleitumständen unlauter sein. Hierher gehören die Fälle der Preisunterbietung in Verdrängungsabsicht (Rdn 10.189 ff), die Preisunterbietung unter Einsatz unlauterer Mittel (Rdn 10.194 ff), die Preisunterbietung durch Rechts- oder Vertragsbruch (Rdn 10.201 ff) und die Markenschädigung durch Preisunterbietung (Rdn 10.204 ff). **10.188**

2. Preisunterbietung in Verdrängungsabsicht

Eine Preisunterbietung ist unlauter, wenn der angebotene Preis nicht kostendeckend ist und die Unterbietung geeignet ist und in gezielter Weise dazu eingesetzt wird, einen oder mehrere Mitbewerber vom Markt zu verdrängen (BGH GRUR 1990, 685, 686 – *Anzeigenpreis I;* BGH GRUR 1990, 687, 688 – *Anzeigenpreis II*). Im Einzelnen: **10.189**

a) Unterschreitung der Selbstkosten. Voraussetzung der Unlauterkeit ist zunächst, dass das Angebot unter Einstandspreis (so BGH GRUR 2009, 416 Tz 13 – *Küchentiefstpreis-Garantie*) oder (genauer) unter den eigenen Selbstkosten (bis hin zur kostenlosen Abgabe einer Ware oder Dienstleistung) liegt. Denn eine Preisunterbietung, bei der der Unternehmer noch Gewinn erzielt oder zumindest seine Selbstkosten deckt, ist Ausdruck von Wettbewerb. Dass sowohl die Ermittlung des Einstandspreises als auch, im Hinblick auf den Gemeinkostenanteil, die Ermittlung der Selbstkosten Schwierigkeiten bereiten, ist hinzunehmen (zur **Beweislast** vgl BGH GRUR 2005, 1059, 1061 – *Quersubventionierung von Laborgemeinschaften* sowie § 12 Rdn 2.92). **10.190**

b) Objektive Eignung zur Verdrängung von Mitbewerbern. Hinzukommen muss, dass die Preisunterbietung die ernsthafte Gefahr begründet und damit objektiv geeignet ist, einen oder mehrere Mitbewerber vom Markt zu verdrängen. Die bloße Verdrängungsabsicht reicht für sich allein nicht aus (BGH GRUR 2006, 596 Tz 22 – *10% billiger*), zumal sie auf einem bloßen Wunschdenken beruhen kann. IdR wird eine objektive Eignung zur Verdrängung nur in Betracht kommen, wenn die Preisunterbietung von einem Unternehmen mit einer gewissen **Marktmacht** ausgeht (BGH GRUR 1990, 685, 686 – *Anzeigenpreis I*). Von einer Eignung zur Verdrängung (und dementsprechend von einer Verdrängungsabsicht) kann daher keine Rede sein, wenn sich die Preisunterbietung gegen einen an Marktstärke weit überlegenen Mitbewerber richtet (BGH GRUR 1990, 371 – *Preiskampf;* ÖOGH ÖBl 2000, 216, 218). Allerdings ist das Vorliegen einer marktbeherrschenden oder doch marktstarken Stellung – anders als bei den kartellrechtlichen Behinderungstatbeständen (§§ 19, 20 I, II und IV GWB; Art 102 AEUV) – keine notwendige Voraussetzung. Eine Eignung zur Verdrängung kann daher im Einzelfall auch gegeben sein, wenn ein kleines oder mittleres Unternehmen ohne Marktmacht gezielt die Preise eines noch kleineren Mitbewerbers unterbietet. Im Übrigen ist bei der Würdigung der Marktmacht eines Unternehmens nicht nur sein gegenwärtiger Marktanteil zu berücksichtigen, sondern auch seine Finanzkraft. Dadurch kann auch ein Newcomer auf einem Markt, wenn er nur (zB über seine Muttergesellschaft) über entsprechende finanzielle Ressourcen verfügt, eine relevante Marktmacht besitzen. – An der objektiven Eignung zur Verdrängung kann es auch dann fehlen, wenn die Preisunterbietung nur vorübergehend oder gelegentlich vorgenommen wird und einen Mitbewerber zwar vorübergehend, aber nicht auf Dauer schädigen kann (BGH GRUR 1960, 331 – *Schleuderpreise;* BGH GRUR 1979, 321, 322 – *Verkauf unter Einstandspreis I;* OLG Hamburg WRP 1997, 212, 213); ferner dann, wenn die Preisgestaltung lediglich die abstrakte Gefahr begründet, dass in einzelnen Fällen Waren unter Einstandspreis abgegeben werden (BGH GRUR 2006, 596 Tz 16 ff – *10% billiger* zum Angebot, günstigere Preise örtlicher Mitbewerber für identische Artikel mit einem Rabatt von 10% auf diese Preise abzugeben). Dies gilt auch dann, wenn der Anbieter es billigend in Kauf nimmt, dass es zu Verkäufen unter Einstandspreis kommen kann (BGH GRUR 2009, 416 Tz 14 – *Küchentiefstpreis-Garantie*). – Bietet ein Anwalt **10.191**

eine außergerichtliche Beratung zu einem Pauschalpreis von 20 Euro an, so folgt daraus noch nicht die Eignung zur Verdrängung von Mitbewerbern (OLG Stuttgart WRP 2007, 204, 208).

10.192 **c) Verdrängungsabsicht.** Zur objektiven Eignung zur Verdrängung muss eine entsprechende Absicht hinzukommen, um das lauterkeitsrechtliche Unwerturteil zu rechtfertigen. Es muss dem Unterbieter daran gelegen sein, mit diesem Mittel den Mitbewerber vom Markt zu verdrängen, um danach ungehindert den Preis anheben zu können. Dies erst macht aus einem Mittel des Wettbewerbs ein Mittel der Mitbewerberbehinderung. Die Problematik besteht freilich darin, im Einzelfall eine Verdrängungsabsicht **nachzuweisen.** Denn sie wird in aller Regel nicht kundgetan werden. Es ist dann auf die objektiven Begleitumstände unter Berücksichtigung kaufmännisch vernünftigen Verhaltens abzustellen. Entscheidend ist, ob in dem Preisverhalten noch eine nach kaufmännischen Grundsätzen vertretbare Kalkulation erkennbar ist (ebenso BGH GRUR 2009, 416 Tz 13 – *Küchentiefstpreis-Garantie*) oder ob es lediglich daraus zu erklären ist, dass es dem Unternehmer in erster Linie um die Verdrängung des Mitbewerbers geht. Die Preisunterbietung lässt daher für sich allein nicht den Schluss auf eine Verdrängungsabsicht zu (OLG Hamburg NJW 1997, 2887, 2888). Im Zweifel ist vielmehr davon auszugehen, dass es dem Unterbieter nur darauf ankommt, den Mitbewerber zu überflügeln. Damit kann die Folge seiner Verdrängung aus dem Markt verbunden sein. Dies muss aber nicht das Ziel der Unterbietung sein. Von einer Verdrängungsabsicht ist aber grds auszugehen, wenn eine bestimmte Ware oder Dienstleistung ständig oder wiederholt, also **systematisch unter Einstandspreis** verkauft wird, ohne dass dafür ein sachlich gerechtfertigter Grund besteht (vgl auch § 20 IV 2 GWB) und sich die Maßnahme gegen einen oder mehrere Mitbewerber richtet (Indiz: Preisvergleiche). Wer ohne jeden sachlichen Grund unter seinem Einstandspreis und gleichzeitig erheblich unter dem üblichen Verkaufspreis seine Waren oder Dienstleistungen abgibt, will gewöhnlich nicht den Kunden in wettbewerbskonformer Weise beeinflussen, sondern ohne Rücksicht auf eigene Verluste bestimmte Mitbewerber gezielt verdrängen. Der Herausgeber der örtlichen Telefonbücher der Telekom handelt daher unlauter, wenn er ein Kreistelefonbuch herausgibt und für dieses kostenlos und nicht nur für eine Ausgabe sämtliche Anzeigen aus den örtlichen Telefonbüchern des Landkreises übernimmt, um einen konkreten Wettbewerber bei der Herausgabe eines Kreistelefonbuchs vom Markt zu verdrängen (OLG Stuttgart NJWE-WettbR 1999, 200, 201; BGH Nichtannahme-Beschluss v 3. 12. 1998 – I ZR 65/98). Auch die österreichische Rspr sieht es als wettbewerbswidrig an, wenn ein Unternehmen darauf ausgeht, durch systematisches Unterbieten und ohne Rücksicht auf eigene Verluste seine Mitbewerber vom Markt zu verdrängen, um auf diese Weise freie Bahn für den eigenen Absatz zu gewinnen und die Preise allein diktieren zu können (ÖOGH ÖBl 1972, 62; ÖOGH ÖBl 1977, 94).

10.193 **d) Kampfpreisunterbietung als Abwehrmaßnahme?** Die Kampfpreisunterbietung ist nicht wettbewerbswidrig, wenn sie sich als **Abwehr** gegenüber einem entsprechenden Angriff eines Mitbewerbers darstellt. Wird allerdings von der Preisunterbietung auch ein **unbeteiligter Wettbewerber** betroffen und in seiner Existenz gefährdet, ist insoweit die Berufung auf Abwehr unzulässig (BGH GRUR 1990, 685, 686 – *Anzeigenpreis I*).

3. Preisunterbietung mit unlauteren Mitteln

10.194 **a) Allgemeines.** Preisunterbietungen werden oft unter anstößigen Begleitumständen vorgenommen, wie zB Irreführung der Verbraucher, Herabsetzung der Mitbewerber oder Rechtsbruch. Ob dadurch das Unterbieten als solches unlauter wird oder sich die Unzulässigkeit auf das sonstige Verhalten beschränkt, lässt sich nicht generell beantworten. Meist lässt sich das Unterbieten von der Werbung gedanklich trennen. Ist nur die Werbung anstößig, so darf die Unterbietung als solche nicht beanstandet werden (BGH GRUR 1979, 55, 58 – *Tierbuch*). Jedenfalls darf niemals mehr verboten werden, als tatsächlich unlauter ist.

10.195 **b) Maßnahmen zum Nachteil der Verbraucher. aa) Vorgetäuschte Preissenkung.** Stets unlauter (§ 5 IV) ist es, die Preise vor der Herabsetzung schnell noch anzuheben, weil dadurch das Publikum über das Ausmaß der Preissenkung getäuscht wird (vgl RGZ 78, 194, 196). Ebenso, wenn eine nur örtlich vorgenommene Preissenkung den unrichtigen Eindruck einer allgemeinen Preissenkung hervorruft.

10.196 **bb) Lockvogelangebot.** Ein Lockvogelangebot liegt vor, wenn die unter Preis angebotenen Waren nicht oder nur in einer im Verhältnis zur Nachfrage völlig unzureichenden Menge vorhanden sind (vgl Nr 5 Anh zu § 3 III). Der Kunde wird auf diese Weise zum Kauf einer teureren Ware verleitet. Eine andere Frage ist es, ob durch die Herausstellung einiger besonders billiger Angebote (**loss leaders**) – Reißer – vorgetäuscht wird, dass alle anderen Angebote ebenso niedrig kalkuliert seien (vgl BGH GRUR 1970, 33, 35 – *Lockvogel*). Das ist im Regelfall zu verneinen, weil der durchschnittlich informierte, aufmerksame und verständige Verbraucher weiß, dass dies nicht der Fall ist.

c) Maßnahmen zum Nachteil von Mitbewerbern. aa) Nötigung. Unlauter und zugleich kartellrechtswidrig (§ 21 II GWB iVm § 1 GWB) ist es, den Mitbewerber durch (Drohung mit) Preisunterbietung zu veranlassen, seine Preise anzuheben. Schon unter diesem Aspekt war das Unterbieten des Benzinkartells im **Benrather Tankstellen-Fall** sittenwidrig (RGZ 134, 342). Kein Unternehmer braucht sich dem Preisdiktat eines Mitbewerbers zu unterwerfen; jede Einwirkung auf seine freie Entschließung ist wettbewerbsfremd.

bb) Täuschung. Ein Wettbewerber ist nicht gehalten, die Mitbewerber über seine Preise zu unterrichten, insbes eine Preissenkung zuvor anzukündigen. Ein heimliches Preisunterbieten ist erlaubt. Sind Preisabsprachen, zu denen auch die Verpflichtung zur Preislistentreue gehört, nach § 1 GWB iVm § 134 BGB nichtig, so verstößt es nicht gegen §§ 3, 5 I, wenn ein Wettbewerber von seiner Preisliste abweicht. Das Vertrauen der Mitbewerber auf eine vereinbarte Preislistentreue ist nicht schutzwürdig. Dies gilt auch dann, wenn der Wettbewerber seinen Mitbewerbern vortäuscht, er werde sich an bestimmte Preise halten.

cc) Herabsetzung. Unlauter ist es, bei einer Preisunterbietung den Mitbewerber oder seine Waren ohne jeden sachlichen Grund herabzusetzen. IdR wird hier ein Fall des § 2 II Nr 5 vorliegen.

dd) Ausbeutung. Wird ein fremdes Produkt nachgeahmt und zu einem niedrigeren Preis verkauft, kann dies im Einzelfall den Tatbestand des § 4 Nr 9 erfüllen (zu Einzelheiten vgl § 4 Rdn 9.65).

4. Preisunterbietung durch Rechts- oder Vertragsbruch

a) Preisunterbietung auf Grund vorhergehenden Rechtsbruchs. Eine Preisunterbietung ist nicht schon aus dem Grund unlauter, weil sie auf einem vorhergehenden **Rechtsbruch** beruht, zB durch Steuer-, Zoll- oder Umweltschutzvergehen oder Tariflohnunterschreitung ermöglicht wird (so bereits zu § 1 aF BGH GRUR 2000, 1076, 1078 – *Abgasemissionen*). Da derartige Normen keine Marktverhaltensregelungen iSd § 4 Nr 11 darstellen, ist ein Verstoß gegen sie lauterkeitsrechtlich irrelevant (zu Einzelheiten vgl Rdn 11.36 ff).

b) Preisunterbietung unter Verstoß gegen preisrechtliche Vorschriften. Preisunterbietungen, die gegen preisrechtliche Vorschriften verstoßen, sind zwar gesetzeswidrig. Wettbewerbswidrig sind sie unter dem Gesichtspunkt des Rechtsbruchs (§ 4 Nr 11) aber nur dann, wenn die betreffende Vorschrift eine Marktverhaltensregelung iSd § 4 Nr 11 darstellt (dazu Rdn 11.138 ff). Zu den **marktbezogenen** Preisvorschriften gehören insbes die Gebührenordnungen für bestimmte Berufe, wie zB für den Rechtsanwalt das RVG, den Notar die §§ 140 ff KostO, den Arzt die GOÄ, den Architekten und Ingenieur die HOAI (dazu BGH GRUR 1991, 769, 771 – *Honoraranfrage*), den öffentlich bestellten Vermessungsingenieur die Kostenordnungen (BGH GRUR 1991, 540, 541 – *Gebührenausschreibung*). – Nicht erforderlich ist es, dass der Verletzer den Tatbestand **bewusst** und **planmäßig** verwirklicht (Rdn 11.51 ff; aA noch BGH GRUR 1991, 769, 771 – *Honoraranfrage* zu § 1 aF). Auch braucht der Verletzer nicht das Bewusstsein der Rechtswidrigkeit seines Tuns zu haben (Rdn 11.54; BGH aaO – *Honoraranfrage*). Bei ungeklärter und streitiger Rechtslage kann ausnahmsweise ein entschuldbarer Rechtsirrtum in Betracht kommen (BGH GRUR 1997, 313, 315 – *Architektenwettbewerb*), jedoch kann dies nur für den Schadensersatzanspruch Bedeutung haben. – Der (potenzielle) Kunde, der zu einer Gebührenunterschreitung auffordert, soll nach der Rspr nach Störergrundsätzen (§ 1004 BGB analog) haften (vgl BGH aaO – *Architektenwettbewerb*). Richtigerweise kommt eine Haftung jedoch nur unter dem Gesichtspunkt der Anstiftung oder Beihilfe (§ 830 II BGB) in Betracht, es ist also Vorsatz erforderlich (vgl *Köhler* WRP 1997, 897, 899). – Aus Vorschriften, die einen Preisgenehmigungsvorbehalt vorsehen (wie zB §§ 28, 29 TKG), ergibt sich nicht ein Verbot der Werbung für künftige, noch nicht genehmigte, aber beantragte Preise (OLG Hamburg GRUR 2001, 262).

c) Preisunterbietung unter Vertragsbruch. Eine Preisunterbietung, die unter Verletzung einer (wirksam begründeten; vgl § 30 GWB) **Vertragspflicht** zur Einhaltung bestimmter Verkaufspreise erfolgt, ist nicht schon aus diesem Grund unlauter. Es ist vielmehr Sache des Preisbinders, dagegen mit den Mitteln des Vertragsrechts vorzugehen. Dazu kann er gegenüber den betroffenen Mitbewerbern des Verletzers vertraglich verpflichtet sein. Dagegen ist es nicht

UWG § 4 10.204

Aufgabe des UWG, eine vertragliche Preisbindung in der Weise durchzusetzen, dass es Mitbewerbern ermöglicht wird, dagegen vorzugehen. Dies liefe nämlich darauf hinaus, dass die vertikale Preisbindung den Charakter eines gesetzlich zulässigen (horizontalen) Preiskartells bekäme. Damit würde sich das UWG in Widerspruch zu den Wertungen des § 1 GWB stellen. – Bietet ein Zeitschriftenverlag Probeabonnements von Zeitschriften, die den (von ihm vertraglich festgesetzten) Endverbraucherpreis der Einzelhefte erheblich unterschreiten, so liegt darin weder eine Verletzung der Preisbindungsabrede noch eine unangemessene unsachliche Beeinflussung der Abnehmer (BGH GRUR 2006, 773 Tz 23 ff – *Probeabonnement*) noch eine gezielte Behinderung der Zeitschriftenhändler.

5. Markenschädigung durch Preisunterbietung

10.204   Verkäufe von bekannten Markenartikeln zu Niedrig- oder gar Verlustpreisen können zwar dem Vertriebskonzept des Herstellers zuwiderlaufen und damit seinen Absatz schädigen. Dies begründet aber für sich allein nicht die Unlauterkeit solcher Aktionen (BGH GRUR 1984, 204, 206 f – *Verkauf unter Einstandspreis II* mit krit Anm *Klette*; vgl weiter *Gaedertz* GRUR 1980, 813; *Lehmann* GRUR 1984, 313; *Ulmer* MA 1987, 234; *ders* WRP 1987, 299). Andernfalls käme man entgegen den Wertungen des § 1 GWB zu einer richterlichen Preisbindung durch die Hintertür. – Davon zu unterscheiden ist die Frage, ob das Verschleudern von Markenprodukten zu Niedrigpreisen dann unlauter ist, wenn dies über den Verkauf der einzelnen Produkte hinaus zu einer generellen Beeinträchtigung des Werts der Marke (**Markenschädigung**) führt. Nach der älteren Rspr ist allerdings eine **Rufschädigung** von bekannten Marken durch Niedrigpreisverkäufe idR nicht anzunehmen, da der Verbraucher an derartige Aktionen gewöhnt sei und sie als günstige Gelegenheit auffasse (BGH GRUR 1984, 204, 206 f – *Verkauf unter Einstandspreis II*). Dagegen hat das OLG Hamburg (GRUR-RR 2002, 39) das Angebot eines hochwertigen Markenprodukts („Fernsehgerät für 4598 DM uvp") im Rahmen einer online-Versteigerung für ein Mindestgebot ab 1 DM wegen übertriebenen Anlockens der Verbraucher und Behinderung der Hersteller durch Imagebeeinträchtigung als wettbewerbswidrig angesehen. Der Verkehr sehe sich durch einen solchen Preis veranlasst, daraus für den Hersteller und sein Markenprodukt abträgliche Schlüsse zu ziehen. – Richtigerweise wird man hier auf die Umstände des Einzelfalls abstellen müssen (ebenso GK/*Brandner/Bergmann* § 1 aF Rdn A 57; Harte/Henning/*Omsels* § 4 Nr 10 Rdn 148). Eine Schädigung der Marke als solcher kommt jedenfalls dann in Betracht, wenn der durchschnittlich informierte, aufmerksame und verständige Durchschnittsverbraucher auf Grund des Niedrigpreisverkaufs den Eindruck gewinnen kann, das Produkt sei qualitativ verschlechtert (BGH GRUR 1984, 204, 206 – *Verkauf unter Einstandspreis II*), technisch oder modisch überholt oder kein exklusives Luxus- oder Prestigeprodukt mehr. Allerdings bedarf es darüber hinaus einer Abwägung der Interessen des Herstellers und des Händlers, um nicht dessen Preisgestaltungsfreiheit unangemessen einzuschränken (vgl näher *Köhler* NJW-Sonderheft 2003, 28, 35 ff). Dabei ist insbes zu berücksichtigen, ob der Hersteller die Möglichkeit hat, sich gegen Niedrigpreisverkäufe durch Beendigung der Lieferbeziehungen zu wehren oder nicht (Frage des Kontrahierungszwangs). Ferner ist zu berücksichtigen der Grad der Preissensibilität der Marke (Luxusartikel oder Massenartikel) und der Grad der Gefährdung der Marke (zeitliches und mengenmäßiges Ausmaß der Aktion; Abstand des tatsächlichen Verkaufspreises vom üblichen Endverbraucherpreis; Nachahmungsgefahr bei anderen Händlern). Schließlich ist das Interesse der Verbraucher an der Marke zu berücksichtigen. Denn wohl hat der Verbraucher ein Interesse, ein Markenprodukt möglichst preiswert zu erwerben („Schnäppchenkauf"). Das setzt aber voraus, dass die Marke ihren Prestigewert behält. Der Verbraucher verliert zu dem Zeitpunkt sein Interesse an dem Markenprodukt, zu dem die Marke ihr Prestige verloren hat und zum Allerweltsartikel geworden ist. Eine Markenschädigung entspricht daher gerade nicht dem Interesse der Verbraucher, sondern bedeutet zugleich (durch den Prestigeverlust und den Verlust der Möglichkeit, exklusive Produkte zu erwerben) eine Schädigung der Verbraucher. Der Schutz der Marke rechtfertigt sich insoweit auch und nicht zuletzt aus dem Gedanken des Verbraucherschutzes. – Ob der Verkauf eines Markenartikels zu Niedrigpreisen unterhalb des Einstandspreises wegen Schädigung der Marke und damit auch von Verbraucherinteressen unlauter ist, lässt sich nach dem Gesagten daher von vornherein weder generell verneinen, noch bejahen. Vielmehr hängt dies von den Umständen des Einzelfalls ab. In der Praxis kommt noch das Problem der Bestimmtheit des Unterlassungsantrags (§ 253 II Nr 2 ZPO) hinzu. Der Kläger müsste nämlich den Antrag stellen, den Verkauf zu einem bestimmten Preis oder unter einem bestimmten Preis zu untersagen. Und hier beginnen die Schwierigkeiten. Denn beantragt der Kläger, den Verkauf zu einem bestimmten Preis zu unterlassen, so geht ein entsprechend ergangenes gerichtliches Verbot ins Leere, wenn der Händler darauf hin den Preis – und sei es nur geringfügig – heraufsetzt. Beantragt der Kläger aber, eine Ware nicht unter einem bestimmten Preis zu verkaufen, so müsste er darlegen und beweisen, dass bei Unterschreitung dieses Preises eine Markenschädigung zu befürchten ist. Dies dürfte aber – angesichts der Komplexität des Marktgeschehens – meist nur schwer möglich sein.

6. Kartellrecht

a) **Kartellverbot.** Unabhängig von einem Verstoß gegen § 3 iVm § 4 Nr 10 kann eine Preisunterbietung auch eine nach Kartellrecht unzulässige Beschränkung des Wettbewerbs sein. Das ist stets der Fall bei einer Unterbietungsabsprache mehrerer Unternehmen (Art 81 I EG; § 1 GWB). 10.205

b) **Missbrauchsverbot.** Geht die gezielte, auf Verdrängung gerichtete Kampfpreisunterbietung zu nicht kostendeckenden Preisen von einem Unternehmen aus, das marktbeherrschend ist, so kann sie gegen das Missbrauchsverbot des Art 102 AEUV (= ex-Art 82 EG) verstoßen (EuGH Slg 1991, I-3359, 3361 – *AKZO*; EuGH Slg 1996, I-5951, 6012 – *Tetra Pak*; BGH GRUR 2003, 363, 368 – *Wal*Mart*). Entsprechendes gilt für das Missbrauchs- und Behinderungsverbot des § 19 I, IV Nr 1 bzw § 20 I GWB (BGHZ 96, 337, 346 – *Abwehrblatt II*; BGHZ 111, 188, 190 – *Anzeigenpreis I*; BGH GRUR 1990, 687, 688 – *Anzeigenpreis II*; BGHZ 116, 47, 55 = GRUR 1992, 191, 193 – *Amtsanzeiger*). 10.206

c) **Verbot von Untereinstandspreisverkäufen.** Soweit ein Unternehmen zumindest im Verhältnis zu seinen kleinen und mittleren Mitbewerbern eine überlegene Marktmacht hat, kann ein Verkauf unter Einstandspreis unter bestimmten Voraussetzungen gegen das Behinderungsverbot des § 20 IV 1 GWB verstoßen. Denn eine unbillige Behinderung liegt nach **§ 20 IV 2 GWB** insbes dann vor, „wenn ein Unternehmen Waren oder gewerbliche Leistungen nicht nur gelegentlich unter Einstandspreis anbietet, es sei denn, dies ist sachlich gerechtfertigt" (dazu BGH GRUR 2003, 363 – *Wal*Mart*; Immenga/Mestmäcker/*Markert* GWB § 20 Rdn 295 ff; *Köhler* BB 1999, 697; *Lettl* JZ 2003, 662; *Waberbeck* WRP 2006, 991; zum Begriff des „Einstandspreises" vgl auch BKartA-Bekanntmachung Nr 124/2003 zur Anwendung des § 20 Abs 4 S 2 – Angebot unter Einstandspreis; dazu *Schneider* WRP 2004, 171). Durch die Einführung des § 20 IV 2 GWB ist die *Hitlisten-Platten*-Entscheidung des BGH (BGHZ 129, 203 – *Hitlisten-Platten*) korrigiert worden. Eine Verdrängungsabsicht oder eine Gefährdung des Wettbewerbsbestands sind sonach nicht erforderlich, ebenso wenig der Nachweis einer spürbaren Wettbewerbsbeschränkung (BGH GRUR 2003, 363, 365 – *Wal*Mart*). Ein Untereinstandspreisverkauf ist nicht schon deshalb sachlich gerechtfertigt, weil das Unternehmen den Zweck verfolgt, die Folgen rechtswidriger Praktiken von Mitbewerbern abzuwehren. Denn hierdurch werden zu Lasten der geschützten kleinen oder mittleren Wettbewerber die schädlichen Auswirkungen dieses Verhaltens verstärkt (BGH GRUR 2003, 363, 365 f – *Wal*Mart*). Erfüllt ein Unternehmen einen kartellrechtlichen Tatbestand, konnte dies nach der früheren Rspr zugleich einen Wettbewerbsverstoß unter dem Gesichtspunkt des Rechtsbruchs (§ 4 Nr 11) darstellen (vgl BGH GRUR 2003, 363, 366 – *Wal*Mart*). Diese Rspr hat der BGH aber aufgegeben (BGH GRUR 2006, 773 Tz 13 ff – *Probeabonnement*; vgl näher § 4 Rdn 11.12). 10.207

12. Abschnitt. Diskriminierung

Schrifttum: *Kleinmann*, Rabattgestaltung durch marktbeherrschende Unternehmen, EWS 2002, 466; *Köhler*, Wettbewerbs- und kartellrechtliche Kontrolle von Nachfragemacht, 1979; *Meissner*, Das Institut des „Refus de Vente" im französischen Recht, RIW 1991, 13.

I. Grundfragen

1. Begriff der Diskriminierung

Unter einer Diskriminierung ist die **sachlich nicht gerechtfertigte unterschiedliche Behandlung** von Personen im geschäftlichen Verkehr zu verstehen. Der Begriff bezieht sich auf die **Austauschbeziehungen** der Marktpartner und damit den Kern des Wettbewerbs. Diskriminiert werden kann zum einen durch den Preis, die Rabatte und die Konditionen, zum anderen durch die Ablehnung von Vertragsabschlüssen gegenüber Abnehmern (Liefersperren) oder Lieferanten 10.208

(Bezugssperren). Im Vordergrund steht die Preisdiskriminierung von **Kunden**. Eine Diskriminierung setzt im Gegensatz zum Boykott (Rdn 10.116 ff) nur zwei Beteiligte voraus: den Diskriminierenden und den Diskriminierten. Bedient sich der Diskriminierende einer Mittelsperson, so muss er sich deren Verhalten zurechnen lassen, wenn sie keine Entschlussfreiheit besitzt, sondern unselbstständig und weisungsgebunden ist (BGHZ 19, 72 – *Gesangbuch*).

2. Rechtliche Grundlagen der Beurteilung

10.209   a) **Lauterkeitsrecht. aa) Anwendbarkeit.** Voraussetzung für die Anwendung des § 3 auf eine Diskriminierung ist, dass sie eine **geschäftliche Handlung** (§ 2 I Nr 1) darstellt. Nur wenn die Maßnahme unmittelbar oder mittelbar gegen ein Unternehmen gerichtet ist, das (zumindest auch) Mitbewerber des Handelnden (oder des von ihm geförderten Unternehmens) ist, kommt eine Kontrolle (auch) nach § 4 Nr 10 in Betracht. Die Ungleichbehandlung von Kunden oder Lieferanten ist daher regelmäßig der Kontrolle nach § 4 Nr 10 entzogen, sofern sie nicht als Mittel zur Behinderung von Mitbewerbern eingesetzt wird. Anders als bei den kartellrechtlichen Diskriminierungsverboten ist dagegen eine bestimmte Marktmacht des Handelnden für die Anwendung des § 4 Nr 10 tatbestandlich nicht erforderlich, wenngleich im Rahmen der Gesamtwürdigung des Verhaltens zu berücksichtigen.

10.210   **bb) Bewertungsmaßstäbe.** Ebenso wie das Kartellrecht kennt das Lauterkeitsrecht kein allgemeines Diskriminierungsverbot. Die Ungleichbehandlung kann vielmehr wesentliches Element des Wettbewerbs sein. Dem entspricht der Grundsatz der Vertragsabschluss- und Vertragsinhaltsfreiheit (vgl BGH GRUR 1987, 829, 832 – *Krankentransporte*). Es müssen daher zusätzliche Umstände hinzutreten, um eine Diskriminierung unlauter zu machen. Diskriminierungen, die gegen die **zivilrechtlichen Benachteiligungsverbote der §§ 19, 20 AGG** verstoßen, können nach Maßgabe des § 4 Nr 11 lauterkeitsrechtlich verfolgt werden (vgl Rdn 11.17 a und 11.156 f). Im Übrigen ist an die Wertmaßstäbe des Kartellrechts anzuknüpfen, um Wertungswidersprüche zu vermeiden (ähnlich GK/*Brandner/Bergmann* § 1 aF Rdn A 35).

10.211   **b) Kartellrecht.** Rechtsgrundlage sind im Wesentlichen die Art 81, 82 EG sowie im deutschen Recht § 20 I und II GWB. Diese Vorschriften sehen – im Gegensatz zum US-Antitrustrecht (Sec 2 Clayton Act 1914; Robinson-Patman-Act 1936) – kein allgemeines Diskriminierungsverbot vor. Ein solches Verbot würde der Natur des Wettbewerbs widersprechen, dem Differenzierung und nicht Gleichbehandlung eigen ist. Auszugehen ist vielmehr vom Grundsatz der Vertragsfreiheit. Jedem Unternehmen steht es frei, mit wem und mit welchem Inhalt es Verträge abschließt. Die Grenze der Vertragsfreiheit ist erreicht, wenn ein Unternehmen Marktmacht besitzt und die Marktpartner daher nicht auf andere Wettbewerber ausweichen können. Mit gutem Grund hat daher § 20 I und II GWB nicht jedem Unternehmen ein Diskriminierungsverbot auferlegt, sondern den Kreis der Normadressaten auf Unternehmen begrenzt, die absolute Marktmacht gegenüber allen ihren Mitbewerbern oder relative gegenüber von ihnen abhängigen Unternehmen besitzen. Ob eine unterschiedliche Behandlung von Unternehmen durch einen Normadressaten des § 20 GWB ohne sachlich gerechtfertigten Grund erfolgt, ist auf Grund einer **Abwägung der Interessen der Beteiligten** festzustellen, wobei nicht nur die auf die Freiheit des Wettbewerbs gerichtete Zielsetzung des GWB, sondern auch die Wertungen des europäischen Kartellrechts zu berücksichtigen sind (BGH GRUR 1999, 276, 277 ff – *Depotkosmetik*). Auch muss sich die Diskriminierung auf Unternehmen beziehen, so dass sich das kartellrechtliche Diskriminierungsverbot des § 20 I und II GWB unmittelbar auf das Spannungsverhältnis zwischen den Wirtschaftsstufen beschränkt. Dagegen erfassen Art 102 AEUV und § 19 IV Nr 3 GWB auch die (Preis-)Diskriminierung von Verbrauchern (dazu *Kleinmann* EWS 2002, 466).

II. Preisdiskriminierung

1. Grundsätzliche Zulässigkeit der Preisdiskriminierung

10.212   Soweit nicht gesetzliche oder vertraglich zulässige Preisbindungen bestehen oder das kartellrechtliche Diskriminierungsverbot eingreift, ist ein Unternehmen nicht gezwungen, allen seinen Kunden den gleichen Preis für gleiche Waren oder Dienstleistungen in Rechnung zu stellen. Die Freiheit der Preisbestimmung umfasst nach Aufhebung des RabattG das Recht, selbst gegenüber Endverbrauchern (zB unterschieden nach Familienstand, Alter, Berufszugehörigkeit) unterschiedliche Preise zu berechnen. Aus § 3 lässt sich ein allgemeines Verbot der Preisdiskriminierung der Kunden nicht herleiten (BGH GRUR 1958, 487 – *Antibiotica* zu § 1 aF). Wenn nämlich der einzelne Wettbewerber in seiner Preisbestimmung grds frei ist, so kann auch eine unterschiedliche preisliche Behandlung der Abnehmer der gleichen Marktstufe nicht gegenüber den Mitbewerbern anstößig sein. Dafür müssen besondere, die Unlauterkeit begründende Umstände hinzutreten. Nur nach der Lage des Einzelfalls lässt sich daher beurteilen, ob ein diskriminierendes Preisgebaren eine unlautere geschäftliche Handlung ist. Bei der lauterkeitsrechtlichen Beurteilung ist davon auszugehen, dass das Kartellrecht, um den Wettbewerb lebendig zu erhalten, kein allgemeines Diskriminierungsverbot vorsieht. Man darf es deshalb auch nicht auf dem Umweg über § 4 Nr 10 begründen. Eine gezielte Behinderung liegt daher nicht vor, wenn ein Apotheker mit der Erstattung der Praxisgebühr wirbt, auch wenn Privatversicherte davon nicht profitieren können (LG Frankfurt GRUR-RR 2005, 96, 97). Davon zu unterscheiden ist die Frage, ob ein Verstoß gegen § 7 I HWG gegeben ist (dazu § 4 Rdn 11.135).

2. Preisdiskriminierung in Verdrängungsabsicht

Wenn auch die Preisdiskriminierung grds wettbewerbskonform ist, so kann sie doch unlauter sein, sofern sie in der Absicht vorgenommen wird, bestimmte Mitbewerber vom Markt zu verdrängen. Gegen eine gezielte Vernichtungsunterbietung ist der Mitbewerber nach § 4 Nr 10 geschützt. Es kann insoweit auf die Ausführungen zur Preisunterbietung (Rdn 10.184 ff) verwiesen werden.

III. Liefer- und Bezugssperren

1. Begriff

Eine **Liefersperre** liegt vor, wenn ein Unternehmen die Belieferung eines anderen Unternehmens verweigert. Eine **Bezugssperre** liegt vor, wenn ein Unternehmen sich weigert, von einem anderen Unternehmen Waren oder Dienstleistungen zu beziehen.

2. Rechtliche Beurteilung

a) **Lauterkeitsrecht.** Für die rechtliche Beurteilung scheidet § 4 Nr 10 meist aus, da sich eine Sperre gewöhnlich gegen ein Unternehmen einer nach- oder vorgeordneten Wirtschaftsstufe richtet, zu denen der Sperrende in keinem konkreten Wettbewerbsverhältnis steht (§ 2 I Nr 3).

b) **Kartellrecht.** Im Rahmen der Vertragsfreiheit können Hersteller und Händler grds frei entscheiden, wen sie beliefern und von wem sie beziehen wollen. Jedes Unternehmen kann daher auch den Vertriebsweg seiner Waren in eigener Verantwortung gestalten. Doch sind der unternehmerischen Entscheidungsfreiheit zum Schutz des Wettbewerbs nach Kartellrecht Grenzen gesetzt. Liefer- und Bezugssperren beurteilen sich im europäischen Recht nach Art 81 und 82 EG und im deutschen Kartellrecht nach § 19 IV Nr 1, § 20 I und II und § 21 II GWB (zu Einzelheiten Immenga/Mestmäcker/*Markert* GWB § 20 Rdn 150 ff; BGH GRUR 1999, 276, 277 ff – *Depotkosmetik*).

IV. Aufnahmezwang für Verbände

Schrifttum: *Steinbeck,* Der Anspruch auf Aufnahme in einen Verein – dargestellt am Beispiel der Sportverbände, WuW 1996, 91; *Traub,* Verbandsautonomie und Diskriminierung, WRP 1985, 591.

1. Kartellrechtlicher Aufnahmezwang

Der Beitritt zu Verbänden beruht auf freiwilliger Grundlage; es besteht grds kein Beitrittszwang. Eine andere Frage ist es, ob die Verbände ihrerseits gezwungen sind, Mitglieder aufzunehmen. Insoweit enthält § 20 VI GWB ein Diskriminierungsverbot für Berufs- und Wirtschaftsverbände sowie Gütezeichengemeinschaften. Danach dürfen diese Verbände die Aufnahme eines Unternehmens nicht ablehnen, wenn die Ablehnung eine sachlich nicht gerechtfertigte ungleiche Behandlung darstellen und zu einer unbilligen Beeinträchtigung des Unternehmens im Wettbewerb führen würde. Die Beeinträchtigung kann schon darin liegen, dass das Unternehmen nicht vom Verband beruflich gefördert und betreut wird (BGHZ 29, 344, 347 = GRUR 1959, 340, 342 – *Sanifa*). – Zur Durchsetzung des Aufnahmezwangs kann die Kartellbehörde nach § 32 II GWB auch eine Gebotsverfügung erlassen (vgl Langen/Bunte/*Bornkamm* § 32 GWB Rdn 24; zum früheren Recht vgl BGHZ 127, 388 – *Weigerungsverbot*). Die Nichtbefolgung der Anordnung der Kartellbehörde macht den Verband nach § 33 III GWB ersatzpflichtig. Ein Verstoß gegen § 20 VI GWB begründet nach § 33 I GWB einen Anspruch des betroffenen Unternehmens (vgl Langen/Bunte/*Bornkamm* § 33 GWB Rdn 57). Das betroffene Unternehmen kann daher gegen den Verband auf Aufnahme klagen (BGHZ 29, 344, 347 – *Sanifa*). – Bei den in § 20 VI GWB genannten, aber auch bei anderen Verbänden kann sich ferner aus § 20 I und II GWB iVm § 33 GWB ein Aufnahmezwang ergeben, wenn dessen Voraussetzungen erfüllt sind (vgl BGH NJW 1980, 2813; BGHZ 127, 388 – *Weigerungsverbot*).

2. Bürgerlichrechtlicher Aufnahmezwang

10.218   Unabhängig von § 20 VI GWB und § 4 Nr 10 kann sich ein **mittelbarer** Aufnahmezwang aus §§ 826, 1004 BGB ergeben, wenn die Ablehnung eines Antragstellers, der die allgemeinen Voraussetzungen für seine Aufnahme erfüllt, wegen Fehlens eines sachlichen Grundes als sittenwidrig anzusehen ist (BGHZ 21, 1, 7; 29, 344, 347 – *Sanifa;* BGH GRUR 1962, 601 – *Prüfungsverband*) Das ist idR der Fall, wenn der Verein im wirtschaftlichen oder sozialen Bereich eine überragende Machtstellung innehat und ein wesentliches oder grundlegendes Interesse an dem Erwerb der Mitgliedschaft besteht. Jedoch ist im Interesse des Verbands an seinem Bestand und seiner Funktionsfähigkeit der Aufnahmezwang auf den Fall beschränkt, dass die Ablehnung der Aufnahme eine – im Verhältnis zu den bereits aufgenommenen Mitgliedern – sachlich nicht gerechtfertigte ungleiche Behandlung und unbillige Benachteiligung des Anwärters darstellt. Ob dies der Fall ist, hängt von einer Abwägung der berechtigten Interessen des Bewerbers, insbes der Bedeutung der mit der Mitgliedschaft verbundenen Rechte und Vorteile sowie einer Bewertung der Interessen des Verbandes auf Fernhaltung des Bewerbers von der Mitgliedschaft ab. Ein Aufnahmeanspruch besteht, wenn auf Grund der Interessenabwägung die Ablehnung der Aufnahme unbillig ist (BGH GRUR 1969, 242 – *Landessportbund* mit Anm *Heydt;* BGH GRUR 1986, 332 – *Aikido-Verband;* BGH NJW 1999, 1326). Unlauter kann die Ablehnung der Aufnahme eines Bewerbers gemäß der Satzung schon sein, wenn der vom Verband verfolgte sachlich berechtigte Zweck auch durch eine andere, weniger weit gehende Satzungsbestimmung erreicht werden kann, die eine Aufnahme des Bewerbers ermöglichen würde (BGH GRUR 1976, 43 – *Deutscher Sportbund* mit Anm *Ohlgart*). Auch für Verbände, die keine Monopolstellung erlangt haben, aber eine überragende Machtstellung im wirtschaftlichen oder sozialen Bereich besitzen, kann ein Aufnahmezwang bestehen, wenn der Bewerber zur Verfolgung oder Wahrung wesentlicher Interessen auf die Mitgliedschaft angewiesen ist (BGH GRUR 1985, 569, 570 – *Gewerkschaftsbeitritt; Nicklisch* JZ 1976, 105). Die Nichtmitgliedschaft im „Hamburger Anwaltsverein" bedeutete aber keinen Nachteil im Wettbewerb (BGH GRUR 1979, 788 – *Anwaltsverein* mit Anm *Gaedertz*). Da eine Genossenschaft grds frei darüber entscheiden kann, ob sie einen Bewerber als Genossen aufnehmen will, ist eine Ablehnung der Aufnahme noch nicht deshalb sittenwidrig, weil der Bewerber dadurch geschädigt wird (BGHZ 33, 259 – *Molkereigenossenschaft*).

3. Lauterkeitsrechtlicher Aufnahmezwang

10.219   Erfolgt die Verweigerung der Aufnahme in einen Verband zu Wettbewerbszwecken, etwa um den Wettbewerb der Mitglieder im Verhältnis zu dem abgelehnten Unternehmen zu fördern, so kann auch § 4 Nr 10 eingreifen (vgl auch OLG Hamburg WuW/E OLG 2775, 2780). Jedoch stimmen die sachlichen Anforderungen mit denen des GWB und des BGB überein.

13. Abschnitt. Rechtsfolgen

I. Allgemeines

10.220   Verstöße gegen § 3 iVm § 4 Nr 10 können Ansprüche nach den §§ 8 und 9, dagegen wohl nicht aus § 10 auslösen. **Anspruchsberechtigt** ist grds nur der von der Behinderung betroffene **Mitbewerber** (§ 8 III Nr 1). Denn es muss ihm überlassen bleiben, ob er die Behinderung hinnimmt oder nicht (§ 8 Rdn 3.5; ebenso BGH WRP 2009, 432 Tz 22 – *Küchentiefstpreis-Garantie;* aA jurisPK/*Müller-Bidinger/Seichter* § 4 Nr 10 Rdn 19). **Verbände** iSd § 8 III Nr 2–4 sind nur dann anspruchsberechtigt, wenn gleichzeitig Interessen anderer Branchenangehöriger oder der Verbraucher beeinträchtigt sind und durch die Maßnahme der Wettbewerb auch zum Nachteil der übrigen Marktteilnehmer beeinträchtigt wird (ebenso OLG Frankfurt WRP 2009, 348, 350).

II. Schadensersatzanspruch

Schadensersatz kann in Gestalt der Naturalherstellung (§ 249 I BGB) verlangt werden, soweit diese möglich ist. Im Übrigen ist der Verletzte auf einen Geldanspruch wegen des eingetretenen Vermögensschadens einschließlich des entgangenen Gewinns beschränkt (§§ 251 I, 252 BGB). Ein Anspruch auf Herausgabe des **Verletzergewinns** besteht lediglich unter den Voraussetzungen des § 687 II BGB (angemaßte Eigengeschäftsführung), zB bei Abfangen und Umleiten eines Auftrags (Rdn 10.27). Die Grundsätze über die dreifache Schadensberechnung (dazu § 9 Rdn 1.36 ff) sind nur anwendbar, wenn die Behinderung gleichzeitig einen Tatbestand verwirklicht, für den diese Schadensberechnung anerkannt ist (zB unlautere Produktnachahmung nach § 4 Nr 9). 10.221

11. Kapitel. Rechtsbruch

§ 4 Nr 11

Unlauter handelt insbesondere, wer
11. einer gesetzlichen Vorschrift zuwiderhandelt, die auch dazu bestimmt ist, im Interesse der Marktteilnehmer das Marktverhalten zu regeln.

Übersicht

	Rdn
1. Abschnitt. Allgemeines	11.1–11.22
I. Einführung	11.1
II. Frühere Rechtslage	11.2–11.4
1. Die Rechtsentwicklung bis zur Abgasemissionen-Entscheidung des BGH	11.2
2. Die Wende durch die Abgasemissionen-Entscheidung	11.3
3. Die weitere Rechtsentwicklung	11.4
III. Entstehungsgeschichte und Normzweck	11.5, 11.6
1. Entstehungsgeschichte	11.5
2. Normzweck	11.6
IV. Verhältnis zur UGP-Richtlinie	11.6 a–11.6 c
1. Fragestellung	11.6 a
2. Marktverhaltensregelungen innerhalb des Anwendungsbereichs der UGP-Richtlinie	11.6 b
3. Marktverhaltensregelungen außerhalb des Anwendungsbereichs der UGP-Richtlinie	11.6 c
V. Sanktionenkonkurrenz, Normauslegungskonkurrenz und Normvollzugskonkurrenz	11.7–11.20
1. Das Problem	11.7
2. Sanktionenkonkurrenz	11.8–11.17
a) Grundsatz	11.8
b) Ausnahme	11.9–11.17
aa) Beispiele für abschließende Regelungen	11.10–11.14 a
(1) Sozialrecht	11.11
(2) Kartellrecht	11.12
(3) Buchpreisbindungsgesetz	11.13
(4) Markenrecht	11.14
(5) TKG	11.14 a
bb) Beispiele für nicht abschließende Regelungen	11.15–11.17
(1) Vergaberecht	11.15
(2) Allgemeines Gleichbehandlungsgesetz (AGG)	11.16
(3) Unterlassungsklagengesetz (UKlaG)	11.17
3. Normauslegungskonkurrenz zu Behörden und Fachgerichten	11.18
4. Normvollzugskonkurrenz zu Behörden	11.19, 11.20
a) Nichteinschreiten der Verwaltungsbehörden gegen Gesetzesverstoß	11.19
b) Rechtsgestaltende Erlaubnis eines Marktverhaltens	11.20
VI. Die Verantwortlichkeit Dritter	11.21, 11.22
1. Frühere Rechtslage	11.21
2. Heutige Rechtslage	11.22
2. Abschnitt. Tatbestand	11.23–11.58 a
I. Geschäftliche Handlung	11.23

	Rdn
II. Gesetzliche Vorschrift	11.24–11.32
1. Begriff	11.24
2. Abgrenzung	11.25–11.32
a) Ausländische Rechtsnormen	11.25
b) Gerichtsentscheidungen	11.26
c) Verwaltungsvorschrift	11.27
d) Verwaltungsakte	11.28
e) Privatautonome Regelungen	11.29
f) Wettbewerbsregeln und Verhaltenskodizes	11.30
g) Technische Regeln	11.31
h) Standesregeln	11.32
III. Regelung des Marktverhaltens auch im Interesse der Marktteilnehmer	11.33–11.35 d
1. Allgemeines	11.33
2. Marktverhalten	11.34
3. Interesse der Marktteilnehmer	11.35–11.35 d
a) Schutzzweckerfordernis	11.35 a
b) Begrenzung auf den Schutz der Interessen der Marktteilnehmer	11.35 b
c) Schutz der Interessen der Mitbewerber	11.35 c
d) Schutz der Interessen der Verbraucher und sonstigen Marktteilnehmer	11.35 d
IV. Abgrenzung der Marktverhaltensregelungen von anderen Regelungen	11.36–11.49
1. Regelungen ohne Marktbezug	11.36–11.43
a) Allgemeines	11.36
b) Produktionsvorschriften	11.37
c) Arbeitnehmerschutzvorschriften	11.38
d) Steuervorschriften	11.39
e) Vorschriften zum Schutz des geistigen Eigentums	11.40
f) Straßen- und Wegerecht; Verkehrsvorschriften	11.41
g) Datenschutzrecht	11.42
h) Sonstiges	11.43
2. Marktzutrittsregelungen	11.44–11.48
a) Allgemeines	11.44
b) Einzelfälle	11.45–11.48
aa) Bürgerlichrechtliche Vorschriften	11.45
bb) Handels- und gesellschaftsrechtliche Vorschriften	11.46
cc) Kommunalrechtliche Vorschriften	11.47
dd) Baurechtliche Vorschriften	11.48
3. Vorschriften mit Doppelfunktion (Marktzutritts- und Marktverhaltensregelung)	11.49
V. Zuwiderhandlung gegen die gesetzliche Vorschrift	11.50–11.58
1. Allgemeines	11.50
2. Beweislast für Zuwiderhandlung	11.50 a
3. Subjektive Erfordernisse?	11.51–11.58
a) Tatsachenkenntnis?	11.51, 11.52
aa) Frühere Rechtslage	11.51
bb) Jetzige Rechtslage	11.52
b) Kenntnis oder Kennenmüssen des Gesetzesverstoßes?	11.53, 11.54
aa) Frühere Rechtslage	11.53
bb) Jetzige Rechtslage	11.54
c) Planmäßigkeit des Gesetzesverstoßes?	11.55, 11.56
aa) Frühere Rechtslage	11.55
bb) Jetzige Rechtslage	11.56
d) Absicht der Vorsprungserzielung?	11.57, 11.58
aa) Frühere Rechtslage	11.57
bb) Jetzige Rechtslage	11.58
VI. Geschäftliche Relevanz (§ 3 I, II)	11.58 a
3. Abschnitt. Einzelne Regelungen	11.59–11.180 a
A. Berufsbezogene Regelungen	11.59–11.116
I. Tätigkeitsbeschränkungen	11.59–11.83 a
1. Anwälte, Rechtsberatung	11.59–11.70
a) Anwaltstätigkeit	11.59, 11.60
aa) Allgemeines	11.59
bb) Einzelfragen	11.60

		Rdn
b) Unerlaubte Rechtsdienstleistung		11.61–11.70
aa) Allgemeines		11.61, 11.62
bb) RDG als Marktverhaltensregelung, Verbraucherschutzgesetz und Schutzgesetz iSd § 823 Abs 2 BGB		11.63
cc) Begriff der Rechtsdienstleistung		11.64
dd) Rechtsdienstleistung als erlaubte Nebenleistung (§ 5 RDG)		11.64 a–11.65 a
(1) Testamentsvollstreckung		11.65
(2) Haus- und Wohnungsverwaltung		11.65
(3) Fördermittelberatung		11.65 a
ee) Unentgeltliche Rechtsdienstleistungen (§ 6 RDG)		11.66
ff) Einzelfragen		11.67–11.70
(1) Medien (§ 2 III Nr 5 RDG)		11.67
(2) Betriebs- und Personalräte (§ 2 III Nr 3 RDG); Berufs- und Interessenvereinigungen, Genossenschaften (§ 7 RDG)		11.68
(3) Forderungsinkasso (§ 2 II RDG)		11.69
(4) Spezielle Tätigkeiten		11.70
2. Steuerberater, unerlaubte Steuerberatung		11.71, 11.72
a) Tätigkeitsbeschränkungen für Steuerberater		11.71
b) Unerlaubte Steuerberatung		11.72
3. Ärzte		11.73, 11.74
a) Allgemeines		11.73
b) Einzelne Beschränkungen		11.74
4. Zahnärzte		11.75
5. Apotheker		11.76, 11.77
a) Allgemeines		11.76
b) Einzelne Beschränkungen		11.77
6. Heilpraktiker		11.78
7. Handwerker		11.79
8. Sonstige Berufszugangs- und Berufsausübungsregelungen		11.80–11.83 a
II. Werbeverbote und -beschränkungen		11.84–11.116
1. Unions- und verfassungsrechtliche Vorgaben		11.84
2. Anwälte		11.85–11.102 b
a) Allgemeines		11.85
b) Begriff der Werbung in § 43 b BRAO		11.86
c) Zulässigkeit der Werbung		11.87–11.97
aa) Erfordernis der berufsbezogenen Unterrichtung		11.87
bb) Erfordernis der Sachlichkeit der Unterrichtung		11.88–11.95
(1) Form der Unterrichtung		11.88–11.91
(2) Inhalt der Unterrichtung		11.92–11.95
cc) Kein Abzielen auf die Erteilung von Aufträgen im Einzelfall		11.96, 11.97
d) Einzelfragen		11.98–11.102 b
aa) Werbung mit Fachanwaltsbezeichnung		11.98
bb) Werbung mit der Benennung von Teilbereichen der Berufstätigkeit		11.99, 11.100
cc) Briefbogenwerbung		11.101
dd) Umgehungsverbot		11.102
ee) Verbot der Provisionszahlung		11.102 a
ff) Werbung mit Erfolgs- und Umsatzzahlen		11.102 b
3. Notare		11.103
4. Steuerberater und Wirtschaftsprüfer		11.104
5. Ärzte		11.105–11.113
a) Grundsatz		11.105, 11.106
b) Zulässigkeit von Informationen		11.107
c) Sachlichkeitsgebot		11.108
d) Irreführungsverbot		11.109
e) Wahl des Werbeträgers		11.110, 11.111
aa) Allgemeines		11.110
bb) Einzelne Werbeträger		11.111
f) Umgehungsverbot		11.112
g) Verantwortlichkeit Dritter		11.113
6. Kliniken		11.114
7. Apotheker		11.115, 11.116
a) Allgemeines		11.115
b) Einzelne Werbemittel		11.116

	Rdn
B. Produktbezogene Regelungen	11.117–11.137 i
I. Produktbezogene Informationspflichten	11.117–11.131 b
1. Allgemeine deliktsrechtliche Informationspflichten	11.117
2. Produktkennzeichnungspflichten	11.118–11.131
a) Rechtsnatur	11.118
b) Einzelne Vorschriften	11.119–11.131
3. Produktinformationspflichten	11.131 a, 11.131 b
II. Produktbezogene Werbebeschränkungen	11.132–11.137 i
1. Allgemeines	11.132
2. Einzelne Vorschriften	11.133–11.137 i
a) Heilmittelwerbegesetz	11.133–11.135
aa) Schutzzweck	11.133
bb) Auslegung	11.133 a
cc) Anwendungsbereich	11.134
dd) Lauterkeitsrechtliche Bedeutung	11.134 a
ee) Einzelne Bestimmungen	11.135
b) Lebensmittel- und Futtermittelgesetzbuch (LFGB); Vorläufiges Tabakgesetz	11.136
c) Weingesetz	11.137
d) VO (EG) Nr 1924/2006 über nährwert- und gesundheitsbezogene Angaben über Lebensmittel v 20. 12. 2006 (sog Health-Claims-VO)	11.137 a
e) Glücksspielstaatsvertrag (GlüStV)	11.137 b–11.137 h
aa) Schutzzweck	11.137 b
bb) Lauterkeitsrechtliche Bedeutung	11.137 c
cc) Einzelne Bestimmungen	11.137 d-11.137 h
f) Rundfunkstaatsvertrag (RStV)	11.137 i
C. Absatzbezogene Regelungen	11.138–11.155 b
I. Preisvorschriften	11.138–11.141
1. Allgemeines	11.138
2. Mindestpreisvorschriften	11.139
3. Höchstpreisvorschriften	11.140
4. Buchpreisbindungsgesetz	11.141
II. Preisangabenvorschriften	11.142, 11.143
III. Regelung der Geschäftszeiten	11.144, 11.145
IV. Vermarktungsverbote und -beschränkungen	11.146–11.155 b
1. Zulassungspflichtigkeit des Vertriebs einer Ware oder Dienstleistung	11.146–11.150
a) Zulassungspflicht für den Warenvertrieb	11.146–11.149 b
b) Zulassungspflicht für Dienstleistungen	11.150
2. Vertriebsverbote und -beschränkungen	11.151–11.155 b
D. Geschäftsbezogene Regelungen	11.156–11.172 e
I. Überblick	11.156
II. Verbote nachteiliger Allgemeiner Geschäftsbedingungen (§§ 307 ff BGB)	11.156 a–11.156 f
1. Kontrolle der Verwendung unwirksamer AGB nach dem UKlaG	11.156 a
2. Kontrolle der Verwendung unwirksamer AGB nach dem GWB	11.156 b
3. Kontrolle der Verwendung unwirksamer AGB nach dem UWG	11.156 c–11.156 f
a) Allgemeines	11.156 c
b) Geschäftliche Handlung	11.156 d
c) Unlauterkeit	11.156 e
d) Geschäftliche Relevanz	11.156 f
III. Zivilrechtliche Benachteiligungsverbote (§§ 19, 20 AGG; § 5 DL-InfoV)	11.157
IV. Gesetzliche Informationspflichten	11.157 a–11.172 e
1. Allgemeines	11.157 a
2. Unternehmensbezogene Informationen	11.158–11.169
3. Vertragsbezogene Informationspflichten	11.170–11.172 e
a) Belehrung über Widerrufsrechte	11.170, 11.171
aa) Allgemeines	11.170
bb) Einzelheiten	11.171
b) Sonstige Belehrungs- und Verhaltenspflichten	11.172–11.172 e
aa) Fernabsatzverträge und Verträge im elektronischen Geschäftsverkehr	11.172

11. Kap. Rechtsbruch §4 UWG

	Rdn
bb) Verbraucherdarlehensverträge, entgeltliche Finanzierungshilfen und Darlehensvermittlungsverträge	11.172 a
cc) Dienstleistungsverträge	11.172 b
dd) Reiseverträge	11.172 c
ee) Erbringung von Zahlungsdienstleistungen	11.172 d
ff) Spielverträge	11.172 e
E. Sonstige Regelungen	11.173–11.180 a
I. Strafrecht	11.173–11.179
1. Straftatbestände im UWG und StGB	11.173
2. Straftaten gegen den Wettbewerb (§§ 298–302 StGB)	11.174, 11.175
a) Wettbewerbsbeschränkende Absprachen bei Ausschreibungen	11.174
b) Bestechlichkeit und Bestechung	11.175
3. Unerlaubte Veranstaltung von Glücksspielen (§ 284 StGB), Lotterien und Ausspielungen (§ 287 StGB)	11.176–11.178
a) Begriffe	11.176, 11.177
aa) Glücksspiel	11.176
bb) Lotterie und Ausspielung	11.177
b) Lauterkeitsrechtliche Beurteilung	11.178
4. Sonstige Strafvorschriften und Ordnungswidrigkeitsvorschriften	11.179
II. Jugendschutzrecht	11.180
III. Vergabe- und Beihilfenrecht	11.180 a
4. Abschnitt. Rechtsfolgen und Konkurrenzen	11.181–11.185
I. Rechtsfolgen	11.181
II. Konkurrenzen	11.182–11.185
1. Verhältnis des § 4 Nr 11 zu § 823 II BGB	11.182
2. Verhältnis des § 4 Nr 11 zu § 33 S 1 GWB	11.183
3. Verhältnis des § 4 Nr 11 zu § 134 BGB	11.184
4. Verhältnis des § 4 Nr 11 zu straf- und verwaltungsrechtlichen Sanktionen	11.185

Schrifttum: *Alexander,* Öffentliche Auftragsvergabe und unlauterer Wettbewerb, WRP 2004, 700; *ders,* Die Probeabonnemententscheidung des BGH – Schnittbereich kartellrechtlicher, lauterkeitsrechtlicher und medienrechtlicher Aspekte, ZWeR 2007, 239; *Beater,* Rechtsvergleichende und europarechtliche Bemerkungen zum neuen § 4 Nr 11 UWG, FS Schricker, 2005, 629; *Bieber,* Die Kontrolle des Berufsrechts der Freiberufler – insbesondere der Rechtsanwälte – mit Hilfe von § 4 Nr. 11 UWG, WRP 2008, 723; *Bomba,* Verfassungsmäßigkeit berufs- und standesrechtlicher Werbebeschränkungen für Angehörige freier Berufe, 2003; *Büttner,* Sittenwidrige Wettbewerbshandlung durch Gesetzesverstoß in der neuen Rechtsprechung des BGH, FS Erdmann, 2002, 545; *Doepner,* Unlauterer Wettbewerb durch Rechtsbruch – Quo vadis?, FS Helm, 2002, 47; *ders,* Unlauterer Wettbewerb durch Rechtsbruch – Quo vadis?, GRUR 2003, 825; *ders,* Unlauterer Wettbewerb durch Verletzung von Marktzutrittsregelungen?, WRP 2003, 1292; *Elskamp,* Gesetzesverstoß und Wettbewerbsrecht, 2008; *Ennuschat,* Rechtsschutz privater Wettbewerber gegen private Konkurrenz, WRP 2008, 883; *Ernst,* Abmahnungen auf Grund von Normen außerhalb des UWG, WRP 2004, 1133; *Frenzel,* Neukonzeption des Rechtsbruchtatbestands abgeschlossen, WRP 2004, 1137; *ders,* Die Unlauterkeit anwaltlicher Berufsrechtsverstöße, 2005; *Friedrich,* Umweltschutz durch Wettbewerbsrecht, WRP 1996, 1; *v Gamm,* Datenschutz und Wettbewerbsrecht, GRUR 1996, 574; *Gärtner/Heil,* Kodifizierter Rechtsbruchtatbestand und Generalklausel, WRP 2005, 20; *Glöckner,* Wettbewerbsbezogenes Verständnis der Unlauterkeit und Vorsprungserlangung durch Rechtsbruch, GRUR 2008, 960; *Götting,* Der Rechtsbruchtatbestand, FS Schricker, 2005, 689; *Gröning,* Kommunalrechtliche Grenzen der wirtschaftlichen Betätigung der Gemeinden und Drittschutz auf dem ordentlichen Rechtsweg, WRP 2002, 17; *M. Grüninger,* Die Werbung für Computermonitore mit Maßangaben, WRP 1995, 448; *Haslinger,* Schutzlos gegen rechtswidrigen Marktzutritt der öffentlichen Hand? – „Erwünschte Belebung des Wettbewerbs"?, WRP 2002, 1023; *Herb,* Die Werbung mit „PS", WRP 1993, 151; *Höfinghoff,* Vorsprung durch Rechtsbruch in Deutschland und Spanien, 2004; *von Jagow,* Sind Verstöße gegen lebensmittelrechtliche Vorschriften lauterkeitsrechtlich immer relevant?, FS Doepner, 2008, 21; *Kiethe/Groeschke,* Die Bewerbung funktioneller Lebensmittel mit gesundheitsdienlichen Aspekten, WRP 1999, 973; *Koch,* Von „Anwaltswerbung I" zu „Anwaltswerbung II", FS Erdmann, 2002, 613; *Köhler,* Wettbewerbsrecht im Wandel: Die neue Rechtsprechung zum Tatbestand des Rechtsbruchs, NJW 2002, 2761; *ders,* Wettbewerbsverstoß durch rechtswidrigen Marktzutritt?, GRUR 2001, 777; *ders,* Der Rechtsbruchtatbestand im neuen UWG, GRUR 2004, 381; *ders,* Zur Umsetzung der Richtlinie über unlautere Geschäftspraktiken, GRUR 2005, 793; *ders,* Die Unlauterkeitstatbestände des § 4 UWG und ihre Auslegung im Lichte der Richtlinie über unlautere Geschäftspraktiken, GRUR 2008, 841; *Krüger,* Die Anwaltshotline nicht mehr im Rot- bzw Zwielicht, WRP 2003, 603; *Lettl,* Der unlautere Wettbewerb durch Rechtsbruch in der instanzgerichtlichen Rechtsprechung, GRUR-RR 2004, 225; *Mees,* Wettbewerbsverstoß durch vorangegangenen Normenverstoß, FS Traub, 1994, 275; *ders,* Zum Erfordernis der Spürbarkeit bei Wettbewerbsverletzungen durch Normverstöße, FS Vieregge, 1995, 617; *ders,* Einheitliche Beurteilung der Sittenwidrigkeit im Sinne des § 1 UWG bei Verstößen gegen wertbezogene und wertneutrale Normen, GRUR 1996, 644; *ders,* Wettbewerbsrechtliche Ansprüche und EG-Beihilfenrecht, FS Erdmann, 2002, 657; *Meyer,* Cookies & Co. – Datenschutz und Wettbewerbsrecht, WRP 2002, 1028; *Möllers/Mederle,* Werbung von Rechtsanwälten, WRP 2008, 871; *Nagel* Werbeverbote, 1991; *Piper,* Zur wettbewerbs- und berufsrechtlichen Bedeutung des Werbeverbots der ärztlichen Berufsordnungen, FS Brandner, 1996, 449; *ders,* Warenproduktion und Lauterkeitsrecht, WRP 2002, 1197; *ders,* Warenproduktion und Lauterkeitsrecht – Eine Anmerkung zu BGHZ 144, 255 = GRUR 2000, 1076 – Abgasemissionen, FS Erdmann, 2002, 679; *Quack,* Vom Beitrag des unlauteren Wettbewerbs zur Entwicklung des Wirtschaftsverwaltungsrechts, FS Trinkner, 1995, 265; *Rumetsch,* Ärztliche und zahnärztliche Werbung mit Gebiets- oder Zusatzbezeichnungen, WRP 2010, 691; *Sack,* Gesetzwidrige Wettbewerbshandlungen nach der UWG-Novelle, WRP 2004, 1307; *Scherer,* Marktverhaltensregeln im Interesse der Marktbeteiligten – Funktionsorientierte Ausrichtung des neuen Rechtsbruchtatbestandes in § 4 Nr. 11 UWG, WRP 2006, 401; *Steinbeck,* Werbung von Rechtsanwälten im Internet, NJW 2003, 1481; *dies,* Der Atemtest und seine Auswirkungen, WRP 2005, 1351; *Stoltefoth,* Der Wettbewerbsrichter als Verwaltungsjurist – Erwägungen zum Vorsprung durch Rechtsbruch, FS Rittner, 1991, 695; *Stutz,* Wertbezogene Normen und unlauterer Wettbewerb, 2004; *Ullmann,* Das Koordinatensystem des Rechts des unlauteren Wettbewerbs im Spannungsfeld von Europa und Deutschland, GRUR 2003, 817; *v Ungern-Sternberg,* Wettbewerbsbezogene Anwendung des § 1 UWG und normzweckgerechte Auslegung der Sittenwidrigkeit, FS Erdmann, 2002, 741; *Weber,* Ansprüche aus § 1 UWG bei EG-Kartellrechtsverstößen, GRUR 2002, 485; *ders,* Unlauterer Wettbewerb durch Rechtsbruch und Vertrauensschutz – *causa finita?,* FS Doepner, 2008, 69; *von Walter,* Rechtsbruch als unlauteres Marktverhalten, 2007; *Wehlau/von Walter,* Das Alkopopgesetz – lebensmittelrechtliche und wettbewerbsrechtliche Aspekte, ZLR 2004, 645; *Zeppernick,* Die Beurteilung von Wettbewerbshandlungen ohne Vor- und Rückschau?, WRP 2000, 1069; *ders,* Vorsprung durch Rechtsbruch, 2002; *Ziegler,* Der Vorsprung durch Rechtsbruch von Umweltschutzvorschriften, 1998; *Sack,* Die wettbewerbsrechtliche Durchsetzung arbeitsrechtlicher Normen, WRP 1998, 683; *Zöller,* Unlauterer Wettbewerb durch Rechtsbruch in international-privatrechtlicher Sicht, WRP 1991, 447.

1. Abschnitt. Allgemeines

I. Einführung

11.1 Die Frage, ob eine geschäftliche Handlung unlauter ist, weil sie gegen eine gesetzliche Vorschrift verstößt, gehörte und gehört zu den schwierigsten und umstrittensten des Lauterkeitsrechts (vgl zum früheren Recht die Darstellungen bei Baumbach/*Hefermehl,* 22. Aufl, 2001, § 1 UWG 1909 Rdn 608–831; Köhler/*Piper* § 1 aF Rdn 726–936 sowie GK/*Teplitzky* § 1 UWG 1909 Rdn G 1–G 258; zum öst Recht vgl ÖOGH GRUR Int 2009, 342 – *Wiener Stadtrundfahrten).* Im Hinblick auf die jetzige gesetzliche Regelung des Rechtsbruchtatbestandes, der eine Wende in der Rspr des BGH (eingeleitet durch BGHZ 144, 255 = GRUR 2000, 1076 – *Abgasemissionen)* vorangegangen war, können die frühere Rspr und Literatur für die Beurteilung von Fällen nach § 4 Nr 11 nur mit größter Zurückhaltung herangezogen werden.

II. Frühere Rechtslage

1. Die Rechtsentwicklung bis zur Abgasemissionen-Entscheidung des BGH

11.2 In der Vergangenheit hatten sich Rspr und hL (vgl die Nachw bei GK/*Teplitzky* § 1 UWG 1909 Rdn G 1–G 258; Baumbach/*Hefermehl,* 22. Aufl, 2001 § 1 UWG 1909 Rdn 608–831; Köhler/*Piper* § 1 aF Rdn 726 ff) von einer **Zweiteilung** leiten lassen: Verstöße gegen **wertbezogene** Normen sollten die Wettbewerbswidrigkeit einer damit zusammenhängenden Wettbewerbshandlung ohne weiteres begründen, Verstöße gegen **wertneutrale** Normen dagegen nur dann, wenn der Verstoß bewusst und planmäßig erfolgt war (vgl etwa BGH GRUR 1991, 769, 771 – *Honoraranfrage).* Als „wertbezogen" wurde dabei eine Norm angesehen, die entweder sittlich fundiert, dh Ausdruck einer sittlichen Grundanschauung, war oder dem Schutze eines wichtigen Gemeinschaftsgutes diente. Als „wertneutral" wurde eine Norm angesehen, die lediglich aus Gründen ordnender Zweckmäßigkeit erlassen worden war. – Eine vorsichtige **Lockerung** dieser Grundsätze brachten Entscheidungen des BGH ab 1998 (BGHZ 140, 134 = GRUR 1999, 1128 – *Hormonpräparate;* BGH GRUR 2000, 237 – *Giftnotruf-Box),* in denen verstärkt auf den Schutzzweck des Lauterkeitsrechts und die Erheblichkeit des Gesetzesverstoßes abgestellt wurde (dazu *Büttner,* FS Erdmann, 2002, 545, 546 ff).

2. Die Wende durch die Abgasemissionen-Entscheidung

Von seiner bisherigen Rspr rückte der BGH endgültig in der *Abgasemissionen*-Entscheidung 11.3
(BGHZ 144, 255 = GRUR 2000, 1076 – *Abgasemissionen*) ab. Es ging dabei um die Frage, ob der Vertrieb von Waren, die unter Verstoß gegen Umweltschutzvorschriften hergestellt wurden, wettbewerbswidrig sein kann, weil die dabei erzielten Kosteneinsparungen einen Wettbewerbsvorsprung ermöglichen. Der BGH verneinte dies: Es sei nicht Aufgabe des § 1 aF, Verstöße gegen gesetzliche Bestimmungen im Vorfeld des Wettbewerbshandelns zu sanktionieren, die zwar in irgendeiner Weise Auswirkungen auf die Wettbewerbschancen der Mitbewerber haben, aber kein Wettbewerbsverhalten darstellen und auch nicht geeignet sind, dem eigentlichen Wettbewerbsverhalten den Charakter eines gerade in wettbewerblicher Hinsicht unlauteren Handelns zu geben. Vielmehr sei zu unterscheiden:

(1) Verstößt das Wettbewerbsverhalten gegen ein Gesetz, das dem Schutze wichtiger Gemeinschaftsgüter wie dem Schutz der Gesundheit der Bevölkerung dient, indiziert die Verletzung einer derartigen wertbezogenen Norm grds die wettbewerbsrechtliche Unlauterkeit mit der Folge, dass es regelmäßig nicht der Feststellung weiterer Unlauterkeitsmerkmale bedarf. Dies hat seinen Grund darin, dass es auch dann, wenn die verletzte Norm selbst keinen unmittelbar wettbewerbsbezogenen Zweck verfolgt, in der Zielsetzung des § 1 aF UWG liegt zu verhindern, dass Wettbewerb unter Missachtung gewichtiger Interessen der Allgemeinheit betrieben wird.

(2) Anders liegt es, wenn der Gesetzesverstoß dem wettbewerblichen Handeln vorausgeht oder nachfolgt. Denn insoweit fällt der Gesetzesverstoß nicht mit dem Wettbewerbsverhalten zusammen, sondern steht damit nur in einem mehr oder weniger engen Zusammenhang. Der Gesetzesverstoß macht das Wettbewerbsverhalten nur dann wettbewerbswidrig, wenn die verletzte Norm **„zumindest eine sekundäre wettbewerbsbezogene Schutzfunktion"** aufweist, also zumindest auch die Gegebenheiten eines bestimmten Marktes festlegt und so auch gleiche rechtliche Voraussetzungen für die auf dem Markt tätigen Mitbewerber schafft. Ein Marktverhalten ist folglich nicht schon dann unlauter, wenn es Vorteile aus einem Verstoß gegen ein Gesetz ausnutzt, das – selbst wenn es wertbezogen ist – keinen zumindest sekundären Marktbezug aufweist. – Mit der *Abgasemissionen*-Entscheidung hatte zwar der BGH den alten Kurs verlassen und eine neue Richtung gewiesen. Ungewiss blieb damals freilich noch die weitere Rechtsentwicklung.

3. Die weitere Rechtsentwicklung

In der Folgezeit führt der BGH seine Rspr fort (BGH GRUR 2001, 354 – *Verbandsklage gegen* 11.4
Vielfachabmahner; BGH GRUR 2002, 269, 270 – *Sportwetten-Genehmigung*; BGH GRUR 2002, 825 – *Elektroarbeiten*; BGH GRUR 2003, 969 – *Ausschreibung von Vermessungsleistungen*; BGH GRUR 2003, 164 – *Altautoverwertung*; BGH GRUR 2003, 971, 972 – *Telefonischer Auskunftsdienst*; BGH GRUR 2004, 255, 258 – *Strom und Telefon I*; BGH GRUR 2004, 259, 262 – *Strom und Telefon II*). Im Schrifttum fand sich neben Zustimmung (*Köhler* NJW 2002, 2761; GK/ *Teplitzky* § 1 aF Rdn 177 ff; *Ullmann* GRUR 2003, 817, 820 ff; *v Ungern-Sternberg*, FS Erdmann, 2002, 741) auch – zum Teil lebhafte – Kritik zum Kurswechsel des BGH (vgl *Ackermann*, FS Tilmann, 2003, 73; *Doepner* WRP 2003, 1292; *Piper* WRP 2002, 1197; *Spätgens*, FS Tilmann, 2003, 239, 252 ff). Mit Einführung des § 4 Nr 11 hat der Gesetzgeber den Meinungsstreit iSd neueren Rspr entschieden.

III. Entstehungsgeschichte und Normzweck

1. Entstehungsgeschichte

Die Regelung des § 4 Nr 11 ist nahezu wörtlich aus dem Entwurf von *Köhler/Bornkamm/* 11.5
Henning-Bodewig (WRP 2002, 1317, dort § 5 Nr 4) übernommen worden. In der Sache knüpft die Regelung an die gewandelte Rspr des BGH zum Rechtsbruchtatbestand (Rdn 11.3 f) an. Der Begriff der Marktverhaltensregelung (vgl *Köhler* NJW 2002, 2761, 2763) in § 4 Nr 11 tritt dabei an die Stelle der von der Rspr zu § 1 aF geprägten Formel, wonach die Normen eine „zumindest sekundäre Schutzfunktion zu Gunsten des Wettbewerbs" haben müssen (vgl BGHZ 144, 255, 267 = GRUR 2000, 1076 – *Abgasemissionen*; BGH GRUR 2002, 825 – *Elektroarbeiten*; BGH GRUR 2007, 162 Tz 11 – *Mengenausgleich in Selbstentsorgergemeinschaft*).

2. Normzweck

11.6 Der Beispielstatbestand des § 4 Nr 11 präzisiert die zu § 1 aF entwickelte Fallgruppe des „Wettbewerbsverstoßes durch Rechtsbruch". Er ist vor dem Hintergrund der Schutzzweckbestimmung in § 1 zu sehen. Denn es kann nicht Aufgabe des Lauterkeitsrechts sein, alle nur denkbaren Gesetzesverstöße im Zusammenhang mit geschäftlichen Handlungen (auch) lauterkeitsrechtlich zu sanktionieren (vgl Begr RegE UWG 2004 zu § 4 Nr 11, BT-Drucks 15/1487 S 19; BGH GRUR 2010, 654 Tz 25 – *Zweckbetrieb*). Vielmehr liegt „der eigentliche Zweck des UWG ... darin, das Marktverhalten der Unternehmen im Interesse der Marktteilnehmer, insbes der Mitbewerber und der Verbraucher, und damit zugleich das Interesse der Allgemeinheit an einem unverfälschten Wettbewerb zu regeln" (Begr RegE UWG 2004 zu § 1, BT-Drucks 15/1487 S 15/16). In diese Schutzzweckbestimmung fügt sich § 4 Nr 11 ein. Daher ist der Tatbestand so gefasst, dass nicht jede geschäftliche Handlung, die auf dem Verstoß gegen eine gesetzliche Vorschrift beruht und Auswirkungen auf den Wettbewerb haben kann, unlauter ist. Vielmehr knüpft die Vorschrift an Marktverhaltensregelungen an. Denn das Marktverhalten der Unternehmer wird nicht nur durch speziell lauterkeitsrechtliche Verhaltensanforderungen (vgl § 4 Nr 1–10, §§ 5–7), sondern auch durch eine Vielzahl **außerwettbewerbsrechtlicher Normen** geregelt. Zweck des § 4 Nr 11 ist es daher, zum Schutze der Verbraucher, der Mitbewerber und der sonstigen Marktteilnehmer Verstöße gegen solche außerwettbewerbsrechtliche Marktverhaltensregelungen auch lauterkeitsrechtlich zu sanktionieren. Das geschieht dadurch, dass sie als unlauter bezeichnet werden. Einer zusätzlichen Interessenabwägung und -bewertung bedarf es dazu nicht. Denn diese Wertung ist bereits vom Gesetzgeber selbst durch die Beschränkung auf gesetzliche Vorschriften, die auch dazu bestimmt sind, im Interesse der Marktteilnehmer das Marktverhalten zu regeln, vorgenommen worden. – Nicht dagegen ist es Zweck des § 4 Nr 11, auch reine Marktzutrittsregelungen und damit den rechtswidrigen Marktzutritt zu erfassen. Dabei ist allerdings zu beachten, dass sich Marktverhaltens- und Marktzutrittsregelungen nicht scharf trennen lassen. Vielmehr kann eine Regelung sowohl den Marktzutritt als auch das Marktverhalten regeln (dazu näher Rdn 11.49). – Verstöße gegen außerwettbewerbsrechtliche Normen, die keine Marktverhaltensregelungen darstellen, können auch nicht unter Zuhilfenahme des Vorsprungsgedankens nach der Generalklausel des § 3 I als unlauter angesehen werden (BGH GRUR 2010, 654 Tz 25 – *Zweckbetrieb* mwN; vgl weiter § 3 Rdn 65 a).

IV. Verhältnis zur UGP-Richtlinie

1. Fragestellung

11.6a Die **Richtlinie 2005/29/EG über unlautere Geschäftspraktiken** (UGP-Richtlinie) kennt keinen dem § 4 Nr 11 vergleichbaren Unlauterkeitstatbestand. Da § 4 Nr 11 durch die UWG-Novelle 2008 nicht geändert wurde, die UGP-Richtlinie aber in ihrem Anwendungsbereich (Art 3 UGP-Richtlinie) eine vollständige Harmonisierung bezweckt (vgl Art 4 UGP-Richtlinie), stellt sich die Frage, ob und inwieweit diese Vorschrift nach Ablauf der Umsetzungs- und Anwendungsfrist (12. 12. 2007) weiter anwendbar ist (dazu BGH GRUR 2009, 845 Tz 38 – *Internet-Videorecorder;* Köhler GRUR 2005, 793, 799; *ders,* GRUR 2008, 841, 847 f; *ders,* WRP 2009, 898, 905; *Seichter* WRP 2005, 1087, 1094). Das beurteilt sich nach der jeweiligen Marktverhaltensregelung. Soweit das nationale Recht **Informationspflichten** gegenüber Verbrauchern vorsieht, kann ihre Verletzung die Unlauterkeit nach § 4 Nr 11 nur insoweit begründen, als sie ihre Grundlage im Unionsrecht haben, wie sich indirekt aus Erwägungsgrund 15 S 2 UGP-Richtlinie ergibt (BGH WRP 2010, 1143 Tz 15 – *Gallardo Spyder*).

2. Marktverhaltensregelungen innerhalb des Anwendungsbereichs der UGP-Richtlinie

11.6b Ohne Weiteres ist § 4 Nr 11 anwendbar, soweit die Marktverhaltensregelungen in den Anwendungsbereich der UGP-Richtlinie fallen. Dazu gehören bspw die **Informationspflichten,** die ihre Grundlage in Art 7 IV UGP-Richtlinie oder den in Art 7 V iVm Anh II der UGP-Richtlinie aufgeführten Rechtsakten der Union haben. Dass ihre Verletzung gleichzeitig eine Zuwiderhandlung nach den **§§ 3 I, 5 a II, III, IV** darstellen kann, hindert die Anwendung des § 4 Nr 11 nicht (vgl auch BGH GRUR 2010, 251 Tz 17 – *Versandkosten bei Froogle;* § 5 a Rdn 29 f; 34, 38, 40). Ob es im Einzelfall möglich ist, nationale, nicht auf Unionsrecht beruhende Marktverhaltensregelungen als Gebote der „beruflichen Sorgfaltspflicht" iSd Art 5 II lit a UGP-Richtlinie zu werten, bedarf noch der Klärung. Das Problem dabei ist, dass dadurch das Ziel eines einheitlichen europäischen Lauterkeitsrechts gefährdet werden kann. – Zur Frage, ob auf Verstöße die Relevanzklausel des § 3 I oder des § 3 II 1 anwendbar ist, vgl § 3 Rdn 8 e.

3. Marktverhaltensregelungen außerhalb des Anwendungsbereichs der UGP-Richtlinie

Im Übrigen ist der **eingeschränkte Anwendungsbereich** der UGP-Richtlinie **(Art 3 UGP-Richtlinie)** zu beachten.

11.6c

(1) Rechtsvorschriften, die nur das Verhältnis von **Unternehmern** zu **Mitbewerbern** (wie zB das LadenschlussG) oder sonstigen Marktteilnehmern (B2B) betreffen, fallen nicht in den Anwendungsbereich der UGP-Richtlinie, da diese nach Art 3 I nur das Verhältnis von Unternehmern zu Verbrauchern (B2C) regelt (ebenso BGH GRUR 2010, 654 Tz 15 – *Zweckbetrieb*).

(2) Rechtsvorschriften, die zwar (auch) den Schutz der Verbraucher bezwecken, aber nur den Absatz von bestimmten Waren oder Dienstleistungen generell oder durch bestimmte Personen oder an bestimmte Personen oder zu bestimmten Zeiten verbieten oder einschränken **(Vermarktungsverbote und -beschränkungen),** fallen ebenfalls nicht in den Anwendungsbereich der UGP-Richtlinie, da diese nur den Schutz der Verbraucher vor einer unlauteren Beeinflussung ihrer geschäftlichen Entscheidung bezweckt **(Erwägungsgrund 7 S 1 UGP-Richtlinie).** Bereits aus diesem Grund sind zB die Vorschriften zum **Jugendschutz,** die den Verkauf bestimmter Waren an Jugendliche beschränken, von der UGP-Richtlinie nicht erfasste Marktverhaltensregeln, unabhängig davon, dass diese Regelungen gleichzeitig auch dazu dienen, die Entwicklung der Persönlichkeit der Jugendlichen zu fördern (vgl Rdn 11.180).

(3) Nationale Verbote von Geschäftspraktiken aus Gründen der **„guten Sitten und des Anstands"** („taste and decency"; „bon goût et de bienséance"), auch wenn diese die Wahlfreiheit des Verbrauchers nicht beeinträchtigen **(Erwägungsgrund 7 S 3–5 UGP-Richtlinie).** Dazu gehören insbes auch Vorschriften zum Schutz der Menschenwürde (vgl § 4 Nr 1: „in menschenverachtender Weise"), zum Jugendschutz (soweit nicht bereits Gesundheitsschutz), zum Schutz vor Diskriminierung usw (vgl auch Art 3 e I lit c i, ii, iv, lit g, Art 3 h sowie Erwägungsgrund 44 der Richtlinie 2007/65/EG über audiovisuelle Mediendienste).

(4) Rechtsvorschriften der Union oder der Mitgliedstaaten in Bezug auf die **Gesundheits- und Sicherheitsaspekte** von Produkten **(Art 3 III** sowie **Erwägungsgrund 9 UGP-Richtlinie).** Hierher gehören ua Art e I lit d, e, f Richtlinie 2007/65/EG über audiovisuelle Mediendienste, die Health-Claim-VO Nr 1924/2006, das HWG und das JugendschutzG. Soweit Marktverhaltensregelungen daher auch dem Schutz der Gesundheit und Sicherheit von Verbrauchern dienen, bleibt die Anwendung des § 4 Nr 11 daher zulässig (ebenso BGH GRUR 2009, 881 Tz 16 – *Überregionaler Krankentransport;* BGH GRUR 2009, 984 Tz 34 – *Festbetragsfestsetzung;* BGH GRUR 2010, 749 Tz 39 – *Erinnerungswerbung im Internet*).

(5) Nationale Vorschriften, die sich im Einklang mit dem Unionsrecht auf **Glücksspiele** beziehen **(Erwägungsgrund 9 S 2 UGP-Richtlinie).** Dazu gehören insbes § 284 StGB und § 5 GlüStV (BGH MMR 2010, 547 Tz 11 – *Internet-Sportwetten vor 2008*).

(6) Nationale Vorschriften für **„reglementierte Berufe"** iSv Art 2 lit l UGP-Richtlinie **(Art 3 VIII UGP-Richtlinie).** Dementsprechend ist die Anwendung des § 4 Nr 11 auf unionsrechtskonforme Marktverhaltensregelungen für (zB nach Berufsordnungen; Gewerbeordnung usw) gesetzlich geregelte Berufe mit der Richtlinie vereinbar (ebenso BGH GRUR 2009, 977 Tz 12 – *Brillenversorgung I;* BGH GRUR 2009, 886 Tz 18 – *Die clevere Alternative*).

(7) Spezialregelungen des Unionsrechts **(Art 3 IV UGP-Richtlinie).** Nach dieser Vorschrift gehen bei einer Kollision der Bestimmungen der UGP-Richtlinie mit den Bestimmungen anderer Richtlinien, die besondere Aspekte unlauterer Geschäftspraktiken regeln, letztere vor. Das ist insbes der Fall: Bei der **Werberichtlinie 2006/114/EG,** soweit es die vergleichende Werbung betrifft; bei der **Preisangabenrichtlinie 98/6/EG** (dazu BGH GRUR 2010, 652 Tz 12- *Costa del Sol*); bei der **Pauschalreisenrichtlinie 90/314/EWG** (dazu BGH GRUR 2010, 652 Tz 12- *Costa del Sol*); bei **Art 3 a–3 g Richtlinie 2007/65/EG über audiovisuelle Mediendienste** (früher: Fernsehrichtlinie; dazu BGH GRUR 2009, 845 Tz 38 – *Internet-Videorecorder*); bei **Art 5–8 Richtlinie 2000/31/EG über den elektronischen Geschäftsverkehr;** bei der **Dienstleistungsrichtlinie 2006/123/EG.** Für Art 3 e I lit g Richtlinie über audiovisuelle Mediendienste (früher: Art 16 Fernsehrichtlinie) ist dies sogar noch in Nr 28 des Anh I ausdrücklich erwähnt. – Soweit diese Richtlinien die Bereiche Werbung und kommerzielle

Kommunikation betreffen, sind sie über Art 7 V UGP-Richtlinie iVm Anh II bereits nach Art 7 I UGP-Richtlinie zu berücksichtigen, so dass insoweit kein Normenkonflikt entsteht.

(8) Nationale Vorschriften mit Bezug auf **Finanzdienstleistungen** und **Immobilien (Art 3 IX UGP-Richtlinie).**

(9) Strengere nationale Vorschriften in Umsetzung von Richtlinien, die lediglich eine **Mindestangleichung** vorsehen (**Art 3 V UGP-Richtlinie**). Allerdings dürfen die Mitgliedstaaten solche Vorschriften nur bis zum 12. 12. 2013 beibehalten und sie müssen erforderlich und verhältnismäßig sein. Das ist bspw für die §§ 4, 7, 8 PAngV von Bedeutung.

Im Ergebnis dürfte es daher kaum Marktverhaltensregelungen geben, deren Sanktionierung durch das UWG mit der Richtlinie unvereinbar wäre. Im Übrigen ist jeweils sorgfältig zu prüfen, ob sich ein nach nationalem Recht gesetzwidriges Verhalten als aggressive oder irreführende Geschäftspraxis darstellt und damit die Anwendung des § 4 Nr 1 oder 2 bzw der §§ 5, 5a ermöglicht. – Zur Frage, ob auf Verstöße die Relevanzklausel des § 3 I oder des § 3 II 1 anwendbar ist, vgl § 3 Rdn 8a.

V. Sanktionenkonkurrenz, Normauslegungskonkurrenz und Normvollzugskonkurrenz

1. Das Problem

11.7 Die gesetzlichen Vorschriften (Primärnormen), an deren Verletzung der Rechtsbruchtatbestand anknüpft, sehen zumeist spezifische Sanktionen vor (zB Durchsetzung mit Verwaltungszwang, Strafen, Bußgeldern; öffentlich-rechtliche Klagebefugnis usw). Daraus ergeben sich Probleme der Konkurrenz der Normauslegung und Normdurchsetzung zwischen den Behörden und Fachgerichten einerseits und den Wettbewerbsgerichten andererseits. Dabei sind drei Fragenkreise zu unterscheiden: **(1)** Können neben den in der betreffenden Norm vorgesehenen Sanktionen auch noch lauterkeitsrechtliche Sanktionen verhängt werden? **(2)** Wie ist zu verfahren, wenn Behörden und Fachgerichte einerseits und Wettbewerbsgerichte andererseits die Norm unterschiedlich auslegen? **(3)** Können lauterkeitsrechtliche Sanktionen verhängt werden, wenn die für den Normvollzug zuständige Behörde das Marktverhalten duldet oder sogar ausdrücklich erlaubt?

2. Sanktionenkonkurrenz

11.8 **a) Grundsatz.** Ein auf § 3 iVm § 4 Nr 11 gestütztes lauterkeitsrechtliches Vorgehen ist grds auch dann möglich, wenn die gesetzliche Vorschrift spezifische Sanktionen für ihre Durchsetzung vorsieht (vgl *Köhler,* FS Schmitt Glaeser, 2003, 499, 500 f). Denn der Anknüpfungspunkt des Lauterkeitsrechts ist ein anderer: Es geht nicht um die Durchsetzung der gesetzlichen Vorschrift um ihrer selbst willen, also ihrer spezifischen Zwecke willen, sondern um die Auswirkungen eines Gesetzesverstoßes auf den Wettbewerb (vgl § 3). Dies gilt unabhängig davon, ob diese Sanktionen unterschiedlich (zB Strafandrohung; Verwaltungszwang) oder vergleichbar sind. Selbst wenn also der Kläger befugt wäre, mittels einer Klage vor einem anderen (zB Verwaltungs-)Gericht die Unterlassung der Zuwiderhandlung durchzusetzen, würde ihn dies nicht hindern, zugleich eine lauterkeitsrechtliche Unterlassungsklage zu erheben. Aus dem gleichen Grund sind die öffentlich-rechtlichen Kammern trotz der ihnen zu Gebote stehenden berufsrechtlichen Sanktionsmöglichkeiten grds nicht gehindert, gegen Gesetzesverstöße von Mitgliedern, die zugleich Wettbewerbsverstöße darstellen, auch lauterkeitsrechtlich vorzugehen (BGH GRUR 1998, 835, 836 – *Zweigstellenverbot;* BGH GRUR 2003, 349, 350 – *Anwaltshotline;* BGH GRUR 2006, 598 Tz 12 ff – *Zahnarztbriefbogen;* krit *Sack* WRP 2004, 1307, 1314).

11.9 **b) Ausnahme.** Eine andere Beurteilung kann dann angezeigt sein, wenn sich aus der gesetzlichen Vorschrift durch Auslegung insbes aus dem Regelungszusammenhang entnehmen lässt, dass die Sanktionenregelung **abschließend** sein soll (dazu *Ullmann* GRUR 2003, 817, 823).

11.10 **aa) Beispiele für abschließende Regelungen.** Eine abschließende Regelung ist ua für folgende Bereiche anzunehmen:

11.11 **(1) Sozialrecht.** Die **sozialversicherungsrechtlichen Regelungen** der Rechtsbeziehungen der Krankenkassen und ihrer Verbände zu den Leistungserbringern und ihren Verbänden haben nach § 69 SGB V abschließenden Charakter, auch soweit durch diese Rechtsbeziehungen die Rechte Dritter betroffen sind. Dementsprechend unterliegen auch die Beziehungen von Leistungserbringern untereinander ausschließlich dem Sozialrecht und nicht dem Lauterkeitsrecht, soweit es um die Erfüllung des öffentlich-rechtlichen Versorgungsauftrags der Krankenkassen geht (BGH GRUR 21 004, 247, 249 – *Krankenkassenzulassung;* BGH WRP 2006, 747 Tz 23 – *Blutdruckmessungen*). **Beispiele:** Eine Handwerksinnung kann keinen lauterkeitsrechtlichen Unterlassungsanspruch gegen einen Leistungserbringer wegen fehlender Krankenkassenzulassung geltend machen (BGH GRUR 2004, 247, 249 – *Krankenkassenzulassung* zu § 126 SGB V). Ein Wettbewerbsverband iSd § 8 III Nr 2 kann nicht aus UWG gegen eine mit einem Apotheker vereinbarte Gutscheinaktion einer Krankenkasse vorgehen (BGH WRP 2006, 747 Tz 24 – *Blutdruckmessungen*). – Unberührt bleibt die Möglichkeit privater Unternehmen, Abwehransprüche aus Art 12 GG oder Art 3 GG gegen beeinträchtigendes oder diskriminierendes Verhalten von Krankenkassen vorzugehen (BGH WRP 2006, 747 Tz 26 – *Blutdruckmessungen*).

(2) **Kartellrecht.** Auch die Normen des **Kartellrechts** (§§ 1–96, 131 GWB; Art 81, 82 EG), ausgenommen das **Vergaberecht** (§§ 97–129 GWB; dazu Rdn 11.15, 11.180a, 13.60) enthalten eine abschließende Regelung der Sanktionen (BGH GRUR 2006, 773 Tz 13–16 – *Probeabonnement;* BGH GRUR 2008, 810 Tz 11 – *Kommunalversicherer;* Köhler WRP 2005, 645; Langen/Bunte/Bornkamm GWB § 33 Rdn 83, 126; MünchKommUWG/*Schaffert* § 4 Nr 11 Rdn 22, 23; *Alexander* ZWeR 2007, 239). Die frühere abweichende Rspr (BGH GRUR 1978, 445 – *4 zum Preis von 3;* BGH GRUR 1993, 137 – *Zinssubvention;* in Frage gestellt bereits durch BGH GRUR 2006, 161 Rdn 29 – *Zeitschrift mit Sonnenbrille*) ist damit überholt. Das Kartellrecht stellt für die von ihm geschützten Personen ausreichende zivilrechtliche Sanktionen bereit (vgl §§ 33, 34a GWB), die weitgehend denen des UWG entsprechen, wobei aber der Kreis der Anspruchsberechtigten teils weiter, teils enger gezogen ist als im UWG. So sind einerseits auch „sonstige Marktbeteiligte" (einschließlich betroffene Verbraucher) anspruchsberechtigt, andererseits aber Verbraucherverbände (qualifizierte Einrichtungen" iSd § 8 III Nr 3) bewusst davon ausgenommen. Unterlassungs-, Beseitigungs-, Schadensersatz- und Vorteilsabschöpfungsansprüche aus Kartellrechtsverstößen können daher nur nach Maßgabe der §§ 33, 34a GWB und nur von den in § 34 I und II GWB aufgeführten betroffenen Mitbewerbern und sonstigen Marktbeteiligten sowie von Wirtschaftsverbänden geltend gemacht werden. Eine gleichzeitige Anwendung des UWG würde im Übrigen im Ergebnis führen, dass auch Verbraucherverbände („qualifizierte Einrichtungen" iSd § 8 III Nr 3) Kartellrechtsverstöße geltend machen können, und zwar auch dann, wenn lediglich Mitbewerber betroffen wären (arg § 3 iVm § 4 Nr 11), obwohl diese Verbände im Kartellrecht auf Grund einer bewussten Entscheidung des Gesetzgebers nicht anspruchsberechtigt sind. Hinzu kommt, dass dann auch die Spezialnormen in den §§ 12–15 UWG, die im Kartellrecht bewusst nicht vorgesehen sind, anwendbar wären. – Entsprechende Überlegungen haben für Verstöße gegen das europäische Kartellrecht zu gelten, zumal die §§ 33, 34a GWB ausdrücklich auch für Verstöße gegen die Art 1011, 1022 AEUV gelten. – Dass ein und dieselbe geschäftliche Handlung zugleich einen Verstoß gegen das Kartellrecht und das Lauterkeitsrecht darstellen und dementsprechend Sanktionen nach beiden Rechten auslösen kann, steht auf einem anderen Blatt (vgl dazu BGH GRUR 2006, 773 Tz 13–16 – *Probeabonnement;* BGH GRUR 2009, 876 Tz 10 – *Änderung der Voreinstellung II;* Immenga/Mestmäcker/*Markert* GWB § 20 Rdn 243, 244; *Köhler* WRP 2005, 645). In diesem Fall liegen auch unterschiedliche Streitgegenstände vor (§ 12 Rdn 2.23a; BGH WRP 2009, 1086 Tz 10 – *Änderung der Voreinstellung II*).

(3) **Buchpreisbindungsgesetz.** Die Sanktionen gegen Verstöße gegen das BuchpreisbindungsG stellen eine abschließende Regelung dar (vgl § 9 BuchpreisbindungsG; dazu BGH GRUR 2003, 807, 808 – *Buchpreisbindung*). Sie entsprechen im Übrigen weit gehend denen des UWG, so dass auch kein Bedürfnis für dessen Heranziehung besteht (ebenso MünchKomm-UWG/*Schaffert* § 4 Nr 11 Rdn 24; aA OLG Hamburg GRUR-RR 2006, 200).

(4) **Markenrecht.** Vgl § 4 Rdn 10.77 ff.

(5) **TKG.** § 44 TKG regelt abschließend die Ansprüche von Verbrauchern, Mitbewerbern und Verbraucherverbänden auf Unterlassung und Schadensersatz (*Elskamp* S 274).

bb) Beispiele für nicht abschließende Regelungen. (1) Vergaberecht. Das Vergaberecht setzt in § 104 II 1 GWB das Bestehen anderer, nicht auf § 97 VII GWB gestützter Ansprüche auf Beseitigung und Unterlassung gegen den öffentlichen Auftraggeber voraus. Es ist also nicht als abschließende Regelung der Sanktionen gedacht, das eine Anwendung des § 4 Nr 11 ausschließt (BGH GRUR 2008, 810 Tz 11 – *Kommunalversicherer;* MünchKommUWG/*Schaffert* § 4 Nr 11 Rdn 28; *Alexander* WRP 2004, 700, 708 ff; aA *Ullmann* GRUR 2003, 817, 823 Fn 59). Zu Einzelheiten vgl § 4 Rdn 13.60.

11.16 **(2) Allgemeines Gleichbehandlungsgesetz (AGG).** Das AGG vom 14. 8. 2006 (BGBl I 1897) enthält ua ein „zivilrechtliches Benachteiligungsverbot" bei der Begründung, Durchführung und Beendigung bestimmter zivilrechtlicher Schuldverhältnisse (§§ 19, 20 AGG). Dabei handelt es sich um eine Marktverhaltensregelung im Interesse der Verbraucher. Bei Verletzung dieses Verbots stehen dem Benachteiligten Beseitigungs-, Unterlassungs- und Schadensersatzansprüche (§ 21 AGG) zu, bei deren Geltendmachung ihn Antidiskriminierungsverbände unterstützen dürfen (§ 23 AGG). Diese Regelungen sind jedoch nicht abschließend. Vielmehr können Verstöße gegen das zivilrechtliche Benachteiligungsverbot auch nach §§ 1, 2 UKlaG und nach §§ 3, 4 Nr 11 UWG von den jeweils anspruchsberechtigten Personen und Verbänden (§ 3 UKlaG; § 8 III UWG) verfolgt werden (vgl BT-Drucks 16/1780 v 8. 6. 2006 zu § 23 Abs 4, S 48 f). Denn erst dadurch wird ein umfassender und effektiver Schutz der Benachteiligten ermöglicht.

11.17 **(3) Unterlassungsklagengesetz (UKlaG).** Wer unwirksame **allgemeine Geschäftsbedingungen (AGB)** verwendet oder gegen **Verbraucherschutzgesetze,** dh Vorschriften, die dem Schutze von Verbrauchern dienen, oder gegen § 95 b UrhG verstößt, kann nach §§ 1, 2, 2 a UKlaG auf Unterlassung in Anspruch genommen werden. Zu Einzelheiten vgl die **Kommentierung des UKlaG.** Die Regelungen im UKlaG zur Ahndung von Verstößen gegen AGB-Recht und Verbraucherschutzgesetze stellen keine abschließende Regelung dar (BGH, Urt v 31. 3. 2010 – I ZR 34/08 Tz 31 – *Gewährleistungsausschluss im Internet;* MünchKommUWG/*Schaffert* § 4 Nr 11 Rdn 30). Die in § 3 UKlaG nicht aufgeführten Mitbewerber können daher nach § 8 III Nr 1 unter dem Gesichtspunkt des Wettbewerbsverstoßes durch Rechtsbruch (§ 4 Nr 11) gegen Verstöße gegen AGB-Recht und Verbraucherschutzgesetze (zB § 475 I BGB) vorgehen (BGH, Urt v 31. 3. 2010 – I ZR 34/08 Tz 28 – *Gewährleistungsausschluss im Internet;* Palandt/*Bassenge* BGB § 3 UKlaG Rdn 1; *Bernreuther* WRP 1998, 280).– Zu Einzelheiten vgl Rdn 11.156. – Zur Frage, ob umgekehrt Wettbewerbsverstöße auch nach Maßgabe des UKlaG verfolgt werden können, vgl UKlaG § 2 Rdn 11 a.

3. Normauslegungskonkurrenz zu Behörden und Fachgerichten

11.18 Die Geltendmachung eines auf § 3 iVm § 4 Nr 11 gestützten lauterkeitsrechtlichen Anspruchs kann zu einem Normauslegungskonflikt mit den für die Durchsetzung der gesetzlichen Vorschrift zuständigen Behörden und Fachgerichten führen, wenn diese die gesetzliche Vorschrift anders auslegen als es das Wettbewerbsgericht tun möchte (vgl dazu *Doepner* GRUR 2003, 825, 829 ff; *Weber,* FS Doepner, 2008, 69, 76). Grds gilt hier, dass das Wettbewerbsgericht darauf keine Rücksicht zu nehmen braucht, weil keine Bindungswirkung besteht. Zwar kann man den Wettbewerbsgerichten raten, die bei „Überwachungsbehörden und Fachgerichten anzutreffende Fachkompetenz bezüglich der Primärnorm" stärker zu berücksichtigen (*Doepner* GRUR 2003, 825, 830). Für den echten Streitfall, dass das Wettbewerbsgericht abweichend von der Rechtsauffassung der Verwaltungsbehörden und Fachgerichte eine Zuwiderhandlung bejahen möchte, ist das aber keine Lösung. Wenn nämlich das Wettbewerbsgericht von der Richtigkeit seiner Auslegung überzeugt ist, muss es auch nach dieser Überzeugung entscheiden. Die Rechtsauffassung der zuständigen Verwaltungsbehörden ist für die Beurteilung der objektiven Rechtswidrigkeit eines Verhaltens nicht maßgeblich (BGH GRUR 2005, 778, 779 – *Atemtest;* BGH GRUR 2006, 82 Tz 21 – *Betonstahl).* Etwaige Divergenzen in der Normauslegung zwischen Gerichten unterschiedlicher Rechtswege lassen sich nur in den dafür vorgesehenen Verfahren (Entscheidung des Gemeinsamen Senats der obersten Gerichtshöfe des Bundes) beseitigen. – Es bleibt die Frage, inwieweit dem Zuwiderhandelnden **Vertrauensschutz** zu gewähren ist, wenn er auf die Richtigkeit der Normauslegung durch Verwaltungsbehörden und Fachgerichte vertraut hat und von der Rechtmäßigkeit seines Verhaltens ausgegangen ist. Das sollte nach der früheren Rspr insbes dann gelten, wenn das Verhalten des Unternehmens von der zuständigen Behörde oder Fachgerichten ausdrücklich gebilligt wurde oder diese Behörde bewusst untätig geblieben ist und der Unternehmer auch nicht auf die Haltung der Verwaltungsbehörde in unlauterer Weise eingewirkt hat (vgl BGH GRUR 1988, 382, 383 – *Schelmenmarkt;* BGH GRUR 1994, 222, 224 – *Flaschenpfand;* BGH GRUR 1998, 407, 412 – *TIAPRIDAL;* BGH GRUR 2002, 269, 270 – *Sportwetten-Genehmigung;* OLG Köln GRUR 2004, 166, 168). Es soll dem Unternehmer nicht zugemutet werden, sich vorsichtshalber nach der strengsten Gesetzesauslegung und Einzelfallbeurteilung zu richten. Denn dies würde eine Überspannung der Pflicht zu lauterem geschäftlichem Handeln und einen unzulässigen Eingriff in die Wettbewerbsfreiheit bedeuten (BGH GRUR 2003, 162 – *Progona*). Auf die falsche Auskunft einer unzuständigen Behörde sollte sich der Unternehmer aber nicht verlassen dürfen (BGH aaO – *Progona*). Nach einer früher vertretenen Auffassung ist Vertrauensschutz bereits dann zu gewähren, wenn sich der Verletzer auf eine überwiegend vertretene, argumentativ fundierte, wenn auch umstrittene Rechtsmeinung stützen kann (*Doepner* GRUR 2003, 825, 831; *Stolterfoht*, FS Rittner, 1991, 695 ff; ebenso der **ÖOGH** in stRspr, zB ecolex 2009, 881 – *Lademulden*). Das rechtstechnische Mittel des Vertrauensschutzes soll die **Verneinung der Unlauterkeit** trotz festgestellten Gesetzesverstoßes sein. Die neuere Rspr (BGH GRUR 2006, 82 Tz 21 – *Betonstahl*) hat daran aber nicht festgehalten. – Richtigerweise ist dabei zu unterscheiden zwischen dem verschuldensabhängigen **Schadensersatzanspruch** (§ 9) und dem verschuldensunabhängigen **Unterlassungs- und Beseitigungsanspruch** (§ 8 I). Das auf Grund entsprechender Auslegung einer Vorschrift durch Verwaltungsbehörden und Fachgerichte berechtigte **Vertrauen** eines Unternehmers in die Rechtmäßigkeit seines Tuns mag ihn vor einem Schadensersatzanspruch wegen unvermeidbaren Rechtsirrtums bewahren (dazu BGH GRUR 2006, 82 Tz 30 – *Betonstahl*). Was aber den Unterlassungs- und Beseitigungsanspruch angeht, kann es darauf nicht ankommen. Denn hier geht es allein darum, den Wettbewerbsprozess im Interesse aller Marktteilnehmer und der Allgemeinheit wieder in die richtigen Bahnen zu lenken. Maßgebend ist insoweit allein, ob das Wettbewerbsgericht einen objektiven Gesetzesverstoß feststellt (so iErg auch BGH GRUR 2006, 82 Tz 21 – *Betonstahl*). Auf die subjektiven Vorstellungen des Handelnden von der Rechtmäßigkeit seines Tuns kommt es nicht an, und zwar auch nicht bei Prüfung der Relevanz iSd § 3 (aA *Weber*, FS Doepner, 2008, 69, 77 ff). Daher ist zB eine **Abmahnung** auch dann berechtigt iSv § 12 I 2, wenn der Verletzer im guten Glauben an die Rechtmäßigkeit seines Tuns gehandelt hat. Dementsprechend ist ein Unterlassungsgebot auch dann möglich, wenn der Verletzer auf die Rechtmäßigkeit seines Verhaltens in nicht vorwerfbarer Weise vertraut hat. Daher ist unerheblich, ob sich der Verletzer der Rechtmäßigkeit seines Verhaltens über die Verteidigung im Prozess hinaus berühmt (aA *Doepner* GRUR 2003, 825, 831).

4. Normvollzugskonkurrenz zu Behörden

a) **Nichteinschreiten der Verwaltungsbehörden gegen Gesetzesverstoß.** Ein Unternehmer kann sich ferner nicht darauf berufen, die zuständige Verwaltungsbehörde sei gegen einen von ihr erkannten Gesetzesverstoß nicht vorgegangen, sondern habe ihn **geduldet** (*Doepner* GRUR 2003, 825, 831; aA noch BGH GRUR 1992, 123, 126 – *Kachelofenbauer II*). Unerheblich ist dabei, von welchen Erwägungen sich die Behörde leiten ließ (dazu *Quack*, FS Trinkner, 1995, 265, 274) und ob sie von ihrem Einschreitermessen einen fehlerfreien oder fehlerhaften Gebrauch machte. Denn **Vertrauensschutz** kann es insoweit nur gegenüber der betreffenden Behörde geben, aber nicht gegenüber den betroffenen Marktteilnehmern, deren Interessen durch die Wettbewerbsgerichte zu wahren sind. Aus der Sicht des Lauterkeitsrechts geht es allein darum, den Wettbewerbsprozess in die richtigen Bahnen zu lenken. Das schließt es nicht aus, dem Verletzer durch Gewährung einer Aufbrauchsfrist (Umstellungsfrist) entgegen zu kommen. – Eine andere Frage ist es, ob von einer lauterkeitsrechtlichen Ahndung eines Gesetzesverstoßes mangels eines Interesses der Allgemeinheit abzusehen ist, wenn die zuständigen Behörden den Gesetzesverstoß, ggf als Ordnungswidrigkeit ahnden können (dafür BGH GRUR 2001, 258, 259 – *Immobilienpreisangaben*; BGH GRUR 2001, 1166, 1169 – *Fernflugpreise*). Das ist unter der Geltung des § 3 iVm § 4 Nr 11 grds zu verneinen, weil es nur darauf ankommt, ob der Verstoß geeignet ist, die Interessen von Marktteilnehmern spürbar zu beeinträchtigen (dazu näher § 3 Rdn 132). Etwas anderes kann nur dann gelten, wenn der betreffende Gesetzesverstoß auf ein Eingreifen der zuständigen Behörde hin bereits abgestellt worden ist und aus diesem Grunde (zB wegen Bußgeldandrohung) keine Wiederholungsgefahr mehr besteht.

b) **Rechtsgestaltende Erlaubnis eines Marktverhaltens.** Anders stellt sich die Rechtslage dar, wenn die zuständige Verwaltungsbehörde einen **Verwaltungsakt** erlassen hat, durch den ein bestimmtes Marktverhalten eines Unternehmens ausdrücklich erlaubt wurde. Ist dieser Verwaltungsakt nicht nichtig, sondern nur fehlerhaft, so ist das Verhalten als rechtmäßig anzusehen, so lange der Verwaltungsakt nicht in dem dafür vorgesehenen verwaltungsrechtlichen Verfahren aufgehoben worden ist (vgl BGHZ 163, 265 = GRUR 2005, 778, 779 – *Atemtest*; OLG Saarbrücken GRUR 2007, 344, 345; OLG Frankfurt GRUR-RR 2010, 301, 303: *Sack* WRP 2004, 1307, 1310). (Dies wurde in der Entscheidung BGH GRUR 2002, 269 – *Sportwetten-Genehmigung* nicht berücksichtigt; stattdessen wurde ein entschuldbarer Rechtsirrtum angenommen; dazu Rdn 11.50 f).

VI. Die Verantwortlichkeit Dritter

1. Frühere Rechtslage

11.21 Nach der Rspr zu § 1 UWG 1909 handelte unlauter, wer Dritte planmäßig zu Verstößen gegen für diese bindendes Recht aufforderte, um sich durch entsprechende Gesetzesverstöße der Angesprochenen Vorteile gegenüber solchen Wettbewerbern zu verschaffen, die die Rechtsverbindlichkeit der betreffenden Regelung anerkennen (vgl BGH GRUR 1991, 540, 542 – *Gebührenausschreibung;* BGH GRUR 2001, 255, 256 – *Augenarztanschreiben;* BGH GRUR 2008, 816 Tz 16 – *Ernährungsberatung*). Unlauter handelte ferner, wer lauterkeitsrechtlich relevante Gesetzesverstöße Dritter förderte (BGH GRUR 1999, 1009, 1010 – *Notfalldienst für Privatpatienten* mwN).

2. Heutige Rechtslage

11.22 Der Rspr zu § 1 UWG 1909 ist iErg weitgehend zuzustimmen. Sie ist lediglich dogmatisch zu präzisieren: Es geht um Fälle der **Anstiftung** und **Beihilfe**. Wer selbst nicht Normadressat ist, aber gesetzesunterworfene Dritte dazu anstiftet oder sie dabei unterstützt, gegen Marktverhaltensregelungen iSd § 4 Nr 11 zu verstoßen, um damit den Absatz oder Bezug deren oder seines eigenen Unternehmens zu fördern (§ 2 I Nr 1), handelt unlauter iSd § 4 Nr 11 (ebenso OLG Saarbrücken GRUR-RR 2008, 84, 85; OLG Stuttgart GRUR-RR 2008, 429, 430). Denn Anstifter und Gehilfen stehen dem Täter gleich (§ 830 II BGB; LG Berlin WRP 2006, 1045, 1046). Allerdings ist insoweit **Vorsatz** erforderlich. – Für die sog **Störerhaftung** (§ 1004 BGB analog) ist neben der Teilnehmerhaftung im Lauterkeitsrecht kein Raum (dazu Rdn 11.23 und § 8 Rdn 2.11 ff).

2. Abschnitt. Tatbestand

I. Geschäftliche Handlung

11.23 Der Tatbestand des § 4 Nr 11 setzt eine **geschäftliche Handlung** iSv § 2 I Nr 1 voraus. Der Handelnde muss daher nicht selbst Unternehmer iSv § 2 I Nr 6 sein, sofern er nur zugunsten eines fremden Unternehmens handelt. Den Tatbestand des § 4 Nr 11 kann aber nur verwirklichen, wer selbst den (objektiven) Tatbestand der Marktverhaltensregelung als Täter erfüllt oder zumindest Teilnehmer iSd § 830 II BGB (Gehilfe, Anstifter) ist (Rdn 11.22). Eine auf § 1004 BGB analog gestützte Mitverantwortlichkeit des sog Störers kommt insoweit von vornherein nicht in Betracht. Sie ist aber auch hinsichtlich der Haftung für Wettbewerbsverstöße abzulehnen (vgl § 8 Rdn 2.15 ff; vgl auch BGH GRUR 2003, 969 – *Vermessungsleistungen;* BGH WRP 2003, 1118, 1120 – *Buchpreisbindung;* BGH GRUR 2004, 860, 864 – *Internet-Versteigerung*). – Das Handeln muss objektiv mit der **Förderung des Absatzes oder Bezugs** oder mit dem **Abschluss** oder der **Durchführung** eines **Vertrages** zusammenhängen (dazu § 2 Rdn 34 ff, 70 ff;). Marktverhaltensregeln beziehen sich typischerweise auf Maßnahmen zur Förderung des Absatzes oder Bezugs. Sie können jedoch auch das Verhalten bei Abschluss und Durchführung eines Vertrages regeln (Rdn 11.156; *Köhler* WRP 2009, 898, 905). So sind etwa die §§ 307 ff BGB Marktverhaltensregeln, die sich auf den Abschluss von Verträgen beziehen (Rdn 11.156 a ff), und die §§ 651 k IV 1, 651 I BGB sowie die §§ 6 ff BGB-InfoV Marktverhaltensregeln, die sich auf die Durchführung von Verträgen beziehen (Rdn 11.157 a).

II. Gesetzliche Vorschrift

1. Begriff

11.24 Gesetzliche Vorschrift iSd § 4 Nr 11 ist jede Rechtsnorm (vgl Art 2 EGBGB), die in Deutschland Geltung besitzt (BGH GRUR 2005, 960, 961 – *Friedhofsruhe*). Das sind nicht nur die von deutschen Gesetzgebungsorganen erlassenen Normen, sondern auch die Normen des primären und sekundären **Unionsrechts** (OLG Hamburg GRUR-RR 2010, 57, 58). Unter den Begriff der gesetzlichen Vorschrift fallen nicht nur Gesetze im formellen Sinne, sondern auch Rechtsverordnungen, autonome Satzungen von Gemeinden (BGH aaO – *Friedhofsruhe*) und Kammern (BGH GRUR 2005, 520, 521 – *Optimale Interessenvertretung;* OLG Stuttgart WRP 2008, 513, 515 zur BORA) sowie Gewohnheitsrecht (aA Harte/Henning/*v Jagow* § 4 Nr 11 Rdn 38).

Entscheidend ist nur, dass die Vorschrift für den Handelnden verbindlich ist. Dass ihr territorialer Anwendungsbereich, wie zB bei landesrechtlichen oder kommunalen Regelungen, begrenzt ist, ist unerheblich (vgl *Sack* WRP 2004, 1307, 1308). Die Auslegung von Ortsrecht ist allerdings nicht revisibel (§§ 545 I, 560 ZPO; BGH GRUR 2005, 960, 961 – *Friedhofsruhe*). Ob die Vorschrift das Marktverhalten durch ein Gebot oder Verbot oder in sonstiger Weise, etwa durch Anordnung der Unwirksamkeit von Handlungen, regelt, ist dagegen unerheblich. – Die gesetzliche Vorschrift muss, soweit ihre Verletzung gerügt wird, wirksam sein. Das ist nicht der Fall, wenn sie gegen die Grundrechte (zB aus Art 12 GG) verstößt oder ihre Anwendung Grundfreiheiten (zB Art 43, 49 EG) verletzt (BGH WRP 2008, 661 Tz 16 – *ODDSET* zur Anwendung des § 284 StGB iVm BayStaatslotterieG).

2. Abgrenzung

Von den gesetzlichen Vorschriften zu unterscheiden sind:

a) Ausländische Rechtsnormen. Sie können allenfalls mittelbar Bedeutung erlangen, soweit kraft Unionsrechts das sog **Herkunftslandprinzip** gilt (vgl § 3 II TMG).

b) Gerichtsentscheidungen. Sie entfalten zwar Bindungswirkung zwischen den am Rechtsstreit beteiligten Parteien, stellen aber keine Rechtsnorm iSd § 4 Nr 11 dar (ebenso OLG Stuttgart WRP 2007, 1503, 1505). Verstöße gegen ein gerichtliches Verbot stellen auch keinen sonstigen Wettbewerbsverstoß iSd § 3 dar (ebenso MünchKommUWG/*Schaffert* § 4 Nr 11 Rdn 52; aA OLG München NJWE-WettbR 1996, 229, 230 zu § 1 aF). Sie können nur im Wege der Vollstreckung des Urteils nach § 890 ZPO geahndet werden.

c) Verwaltungsvorschrift. Sie binden Behörden zwar im Innenverhältnis, haben aber nicht die Qualität einer Rechtsnorm (BGH GRUR 1984, 665, 667 – *Werbung in Schulen;* BGH GRUR 2009, 606 Tz 23 – *Buchgeschenk vom Standesamt;* OLG Hamburg GRUR-RR 2010, 57, 58 zu EMEA-Leitlinien). Das gilt zB auch für die Bestimmungen der VOB/A (verkannt in LG Hamburg WRP 1999, 441, 442).

d) Verwaltungsakte. Verwaltungsakte, die in Vollzug einer gesetzlichen Vorschrift ein bestimmtes Marktverhalten gebieten oder verbieten, stellen keine gesetzliche Vorschrift dar (ebenso OLG Stuttgart WRP 2007, 1503, 1505). Soweit sie lediglich den Gesetzesbefehl wiederholen (zB kartellbehördliche Untersagungsverfügungen), stellt eine Nichtbefolgung des Verwaltungsakts zugleich eine Zuwiderhandlung gegen die gesetzliche Vorschrift dar, so dass aus diesem Grund § 4 Nr 11 eingreifen kann. Soweit die gesetzliche Vorschrift jedoch lediglich die Verwaltungsbehörde zu einem Eingreifen ermächtigt, ohne unmittelbar das Marktverhalten zu regeln, ist die Nichtbefolgung des Verwaltungsakts nicht zugleich ein Verstoß gegen die zu Grunde liegende Rechtsnorm. Im Übrigen liegt es im pflichtgemäßen Ermessen der Verwaltungsbehörde, ob sie den Verwaltungsakt mit den Mitteln des Verwaltungszwangs durchsetzt oder nicht. Dieses Ermessen würde ausgehöhlt, könnte ein Wettbewerbsgericht ein Verbot aussprechen, der verwaltungsbehördlichen Anordnung zuwider zu handeln.

e) Privatautonome Regelungen. Verträge sind keine gesetzlichen Vorschriften iSd § 4 Nr 11. Davon zu unterscheiden ist die Frage, ob eine **Vertragsverletzung** aus anderen Gründen zugleich eine geschäftliche Handlung (dazu § 2 Rdn 81 ff) und eine Zuwiderhandlung iSd § 3 sein kann (dazu § 4 Rdn 1.215, 10.36, 10.42 u 10.44). – Auch **Verkehrssitten** (§ 157 BGB) und **Handelsbräuche** (§ 346 HGB; BGH GRUR 1969, 474, 476 – *Bierbezug*) haben keine Rechtsnormqualität, sondern können allenfalls im Rahmen der Anwendung der Generalklausel Bedeutung erlangen. Ebenso wenig haben **Verbands-** oder **Vereinssatzungen** den Rang einer gesetzlichen Vorschrift. Dass sie ggf das Marktverhalten ihrer Mitglieder regeln, ist unerheblich. Im früheren Recht wurde die Anwendung des § 1 aF mit der Begründung abgelehnt, Satzungen hätten keinen Lauterkeitsbezug, so dass auch aus diesem Grund kein lauterkeitsrechtlicher Anspruch auf ihre Einhaltung bestehe (BGH GRUR 2003, 973 [LS] = WRP 2003, 1111 – *Satzungsregeln eines Vereins*). – Ferner kommt **Allgemeinen Geschäftsbedingungen** keine Rechtsnormqualität zu.

f) Wettbewerbsregeln und Verhaltenskodizes. Von Verbänden aufgestellte Wettbewerbsregeln iSd § 24 GWB stellen auch dann keine Rechtsnormen dar, wenn sie von der Kartellbehörde nach § 26 I GWB anerkannt sind (BGHZ 166, 154 = GRUR 2006, 773 Tz 19, 20 – *Probeabonnement*). Denn sie bewirken lediglich eine Selbstbindung der Kartellbehörde nach § 26 I 2 GWB. Es fehlt ihnen an der normativen Verbindlichkeit (vgl BGH WRP 2009, 1095 Tz 20 – *Versicherungsberater* zu den Wettbewerbsrichtlinien der Versicherungswirtschaft), die einen Eingriff in die Berufsfreiheit nach Art 12 GG rechtfertigen könnte (vgl BVerfGE 76, 171, 188 f; BVerfGE 76, 196 zum gleichliegenden Problem der Konkretisierung des § 43 BRAO durch Standesrichtlinien der Rechtsanwälte). Auch **Verhaltenskodizes** iSd § 2 I Nr 5, die nicht zugleich Wettbewerbsregeln iSd § 24 GWB darstellen, sind keine Rechtsnormen. Dies bedeutet indessen nicht, dass Regelwerken unterhalb des Ranges einer Rechtsnorm keinerlei lauterkeitsrechtliche Bedeutung zukommt. Sie können vielmehr innerhalb der Gesamtwürdigung **indizielle Bedeutung** für die Feststellung der Unlauterkeit einer geschäftlichen Handlung haben (vgl BGH GRUR 1977, 619, 621 – *Eintrittsgeld;* BGH GRUR 1991, 462, 463 – *Wettbewerbsrichtlinie der Privatwirtschaft;* BGH GRUR 2002, 548, 550 – *Mietwagenkostenersatz;* BGHZ 166, 154 = GRUR 2006, 773 Tz 19, 20 – *Probeabonnement* zu den VDZ-Wettbewerbsregeln für den Vertrieb von abonnierbaren Tages- und Wochenzeitungen). Dabei ist allerdings sorgfältig darauf zu achten, ob derartige Regelungen nicht durch die zwischenzeitlichen Änderungen des UWG und der dazu ergangenen Rspr überholt (und damit ggf wegen Verstoßes gegen § 1 GWB unwirksam) sind (dazu *Sosnitza,* FS Bechtold, 2006, 515). Im Übrigen ist zu fragen, ob solche Regelwerke lediglich die Interessen der jeweiligen Unternehmen oder auch die Interessen der sonstigen Marktteilnehmer, insbes der Verbraucher, schützen wollen (BGH GRUR 1991, 462, 463 – *Wettbewerbsrichtlinie der Privatwirtschaft*). Unter diesem Gesichtspunkt sind einige Bestimmungen der „Wettbewerbsrichtlinien der Versicherungswirtschaft" (Stand: 1. 9. 2006) angreifbar.

11.31 g) **Technische Regeln.** Technische Regeln, wie zB die DIN-Normen, sind keine gesetzlichen Vorschriften iSd § 4 Nr 11 (vgl BGH GRUR 1987, 468, 469 – *Warentest IV;* BGH GRUR 1994, 640, 641 – *Ziegelvorhangfassade*). Verstöße gegen solche Regeln können nur mittelbar lauterkeitsrechtlich relevant werden. So etwa, wenn sie eine gesetzliche Norm konkretisieren (vgl § 4 II 3 GPSG). Ferner unter dem Gesichtspunkt der Irreführung (§ 5), wenn der Verletzer mit der Selbstverpflichtung zu ihrer Einhaltung geworben hat oder der Verkehr erwartet, dass das Produkt solchen Regeln entspricht (vgl BGH GRUR 1985, 555 – *Abschleppseile*).

11.32 h) **Standesregeln.** Standesregeln sind, solange sie nicht ihren Niederschlag in Gesetzen oder autonomen Körperschaftssatzungen gefunden haben, keine gesetzlichen Vorschriften iSd § 4 Nr 11 (vgl BVerfGE 76, 196, 205; BGH GRUR 1989, 827 – *Werbeverbot für Heilpraktiker;* BGH GRUR 1996, 789, 791 – *Laborbotendienst;* BGH GRUR 1997, 136, 138 – *Laborärzte;* BGH NJW 1999, 2360; *v Ungern-Sternberg,* FS Erdmann, 2002, 741, 744). Sie können allenfalls, soweit sie mit den Wertungen des Grundgesetzes in Einklang stehen, bei der Gesamtwürdigung **indizielle Bedeutung** für die Feststellung der Unlauterkeit einer geschäftlichen Handlung haben (vgl BGH GRUR 1989, 827, 828 – *Werbeverbot für Heilpraktiker*). Dabei ist allerdings sorgfältig darauf zu achten, ob Standesregeln lediglich Schutz vor unliebsamer Konkurrenz bezwecken oder auch die Interessen der sonstigen Marktteilnehmer, insbes der Verbraucher schützen.

III. Regelung des Marktverhaltens auch im Interesse der Marktteilnehmer

1. Allgemeines

11.33 Die Vorschrift muss (zumindest) auch dazu bestimmt sein, im Interesse der Marktteilnehmer (iSv § 2 I Nr 2) das Marktverhalten zu regeln. Wie sich aus dem Wort „auch" ergibt, muss dieser Zweck nicht der Einzige und nicht einmal der primäre sein. Ob ein entsprechender Normzweck vorliegt, ist durch **Auslegung** der Norm zu ermitteln. Liegt eine Marktverhaltensregelung vor, stellt sie zugleich eine **Berufsausübungsregelung** iSd **Art 12 I 2 GG** dar. Sie ist daher nur zulässig, wenn sie durch ausreichende Gründe des Gemeinwohls gerechtfertigt ist und der Eingriff nicht weiter geht, als es die rechtfertigenden Gemeinwohlbelange erfordern (BVerfGE 54, 301, 313 = NJW 1981, 22; BVerfG NJW 2003, 2520, 2521). Eingriffszweck und Eingriffsintensität müssen in einem angemessenen Verhältnis stehen (BVerfGE 101, 331, 347). Der Grundsatz der **verfassungskonformen Auslegung** des einfachen Rechts kann zu einer einschränkenden Auslegung von Marktverhaltensregelungen führen (vgl etwa BVerfG GRUR 2003, 966, 968 – *Internetwerbung von Zahnärzten*). – Zur Frage, ob eine bloße **Vorsprungserlangung** durch Verletzung gesetzlicher Vorschriften, die **nicht** das Marktverhalten regeln, den Tatbestand des § 3 I erfüllen können, vgl § 3 Rdn 65 a, 99; BGH GRUR 2010, 654 Tz 25 – *Zweckbetrieb*.

2. Marktverhalten

11.34 Die Vorschrift muss eine Regelung des Marktverhaltens zum Gegenstand haben. Als **Marktverhalten** ist jede Tätigkeit auf einem Markt anzusehen, durch die ein Unternehmer auf die

Mitbewerber, Verbraucher oder sonstige Marktteilnehmer einwirkt. Dazu gehören nicht nur das Angebot und die Nachfrage von Waren oder Dienstleistungen (OLG Hamburg GRUR-RR 2010, 57, 60), sondern auch die Werbung, einschließlich der bloßen Aufmerksamkeitswerbung, und der Abschluss und die Durchführung von Verträgen. Den **Gegensatz** bilden Tätigkeiten, die keine Außenwirkung auf einem Markt für Waren oder Dienstleistungen haben, wie zB die **Produktion,** die **Forschung** und **Entwicklung,** die **Schulung** von Arbeitnehmern. Keine Marktverhaltensregelung stellen bsw die Vorschriften der ApoBetrO über die Herstellung von Arzneimitteln dar (OLG München GRUR-RR 2006, 343, 344).

3. Interesse der Marktteilnehmer

Die Vorschrift muss (auch) dazu bestimmt sein, das Marktverhalten „**im Interesse der Marktteilnehmer**" zu regeln. 11.35

a) **Schutzzweckerfordernis.** Eine Vorschrift wird nur dann von § 4 Nr 11 erfasst, wenn sie (zumindest auch) den Schutz der Interessen der Marktteilnehmer **bezweckt.** Dies ergibt sich bereits aus dem Gesetzeswortlaut („dazu bestimmt"). Es reicht daher nicht aus, dass sich die Vorschrift lediglich zu Gunsten der Marktteilnehmer **auswirkt.** 11.35a

b) **Begrenzung auf den Schutz der Interessen der Marktteilnehmer.** Eine Vorschrift wird ferner nur dann von § 4 Nr 11 erfasst, wenn sie (zumindest auch) den Schutz der Interessen der **Marktteilnehmer** bezweckt. Damit steht § 4 Nr 11 im Einklang mit der allgemeinen Schutzzweckbestimmung des § 1 S 1 UWG. Marktteilnehmer sind nach der Legaldefinition des § 2 I Nr 2 neben den Mitbewerbern und Verbrauchern alle Personen, die als Anbieter oder Nachfrager von Waren oder Dienstleistungen tätig sind. Unerheblich ist, ob die Vorschrift den Schutz aller Marktteilnehmer bezweckt oder nur der Mitbewerber oder nur der Verbraucher oder nur der sonstigen Marktteilnehmer. Allerdings genügt es nicht, dass die Norm ein wichtiges **Gemeinschaftsgut** (zB Umweltschutz; BGH GRUR 2007, 162 Tz 12 – *Mengenausgleich in Selbstentsorgergemeinschaft*) oder die **Interessen Dritter** (zB Arbeitnehmer, Gläubiger, Schuldner) schützt, sofern damit nicht gleichzeitig auch die Interessen von Marktteilnehmern geschützt werden sollen (BGH aaO Tz 12 – *Mengenausgleich in Selbstentsorgergemeinschaft*; OLG München GRUR-RR 2010, 305, 306). Am Beispiel der Ladenschlussgesetze des Bundes und der Länder: Würden diese Gesetze nur die Interessen der Arbeitnehmer (so *Sack* WRP 2004, 1307, 1310; WRP 2005, 531, 541) und nicht zugleich – zumindest auch – die Interessen der Mitbewerber schützen (vgl BGHZ 79, 99 = GRUR 1981, 424, 426 – *Tag der offenen Tür II;* OLG Stuttgart WRP 2008, 977, 982; *Ullmann* GRUR 2003, 817, 822; *Scherer* WRP 2006, 401, 406), würde es nicht die Voraussetzungen des § 4 Nr 11 erfüllen. In diesem Fall wäre auch kein Rückgriff auf § 3 möglich (aA *Sack* WRP 2005, 531, 541). 11.35b

c) **Schutz der Interessen der Mitbewerber.** Dem Interesse der Mitbewerber dient eine Norm, wenn sie die Freiheit ihrer **wettbewerblichen Entfaltung** schützt (vgl § 1 Rdn 7; ebenso BGH GRUR 2010, 654 Tz 18 – *Zweckbetrieb*). Das Interesse der Mitbewerber an der Einhaltung einer Vorschrift durch alle auf dem betreffenden Markt tätigen Unternehmen (par condicio concurrentium) ist für sich allein dagegen nicht ausreichend. Denn die Schaffung gleicher Voraussetzungen für alle Mitbewerber ist idR nicht der Zweck, sondern die Folge einer gesetzlichen Regelung (*Köhler* NJW 2002, 2761, 2762 Fn 18; *Elskamp* S 143). Daher ist im Einzelfall zu prüfen, ob die Herstellung gleicher Wettbewerbsbedingungen Zweck oder nur Folge der Vorschrift ist. Am Beispiel des § 6 VerpackV: Zweck der Vorschrift ist es, Wettbewerbsgleichheit zwischen den Dualen Systemen und den Selbstentsorgern herzustellen (vgl § 6 I 4 „Zum Schutz gleicher Wettbewerbsbedingungen ..."). Daher liegt eine Marktverhaltensregelung vor (BGH GRUR 2007, 162 Tz 12 – *Mengenausgleich in Selbstentsorgergemeinschaft;* Rdn 11.154). 11.35c

d) **Schutz der Interessen der Verbraucher und sonstigen Marktteilnehmer.** Dem Interesse der Verbraucher und sonstigen Marktteilnehmer dient eine Norm, wenn sie deren **Entscheidungs-** und **Verhaltensfreiheit** in Bezug auf die Marktteilnahme schützt; darüber hinaus auch dann, wenn sie den Schutz von **Interessen, Rechten** und **Rechtsgütern** dieser Personen bezweckt (§ 1 Rdn 20; BGH GRUR 2010, 754 Tz 20–23 – *Golly Telly;* MünchKommUWG/ *Schaffert* § 4 Nr 11 Rdn 58, 187; *Elskamp* S 149 f). Dem Interesse der Verbraucher oder sonstigen Marktteilnehmer dient eine Vorschrift allerdings nur dann, wenn dieses Interesse (zB an Gesundheit oder Sicherheit) gerade durch die Marktteilnahme, also durch den Abschluss von Austauschverträgen und den nachfolgenden Verbrauch oder Gebrauch der erworbenen Ware oder in Anspruch genommenen Dienstleistung berührt wird (ebenso OLG Köln GRUR-RR 2010, 34). 11.35d

Die Gegenansicht (vgl Piper/*Ohly*/Sosnitza § 4 Rdn 11/25, 59, 65; weit Nachw in Rdn 11.180) beruft sich zu Unrecht auf die UGP-Richtlinie und ihre Beschränkung auf den Schutz der wirtschaftlichen Interessen des Verbrauchers. Denn derartige Regelungen fallen nicht in ihren Anwendungsbereich (vgl Art 3 III UGP-Richtlinie; Rdn 11.6 c, 11.180). Das gilt insbes für das Verbot oder die Beschränkung der Abgabe von Waren oder Dienstleistungen und für Informationspflichten über den Umgang mit Produkten (dazu BGH GRUR 2010, 754 Tz 20–23 – *Golly Telly*). Dass eine Norm darüber hinaus noch sonstige Zwecke verfolgt, ist ebenfalls für die Anwendung des § 4 Nr 11 unerheblich. Aus diesem Grund sind zB die Vorschriften zum **Jugendschutz** durchaus Marktverhaltensregeln, mögen sie gleichzeitig auch dazu dienen, die Entwicklung der Persönlichkeit der Jugendlichen zu fördern (vgl Rdn 11.180; BGH GRUR 2007, 890 Tz 35 – *Jugendgefährdende Medien bei eBay;* BGH GRUR 2009, 845 Tz 41 – *Internet-Videorecorder*). Aber auch soweit solche Vorschriften die unlautere Beeinflussung der Kaufentscheidung von Jugendlichen verbieten, sind sie mit der UGP-Richtlinie vereinbar. Dies ergibt sich aus deren Erwägungsgrund 7 S 3–5 („gute Sitten und Anstand"; in der engl Fassung „taste and decency"). Insbes Regelungen, die dem Schutz der menschlichen Würde (§ 4 Nr 1: „in menschenverachtender Weise"), dem Schutz vor Diskriminierung und Gewaltverherrlichung oder dem Jugendschutz dienen, stehen daher nicht in Widerspruch zur UGP-Richtline.

IV. Abgrenzung der Marktverhaltensregelungen von anderen Regelungen

1. Regelungen ohne Marktbezug

11.36 **a) Allgemeines.** Regelungen ohne Marktbezug scheiden von vornherein aus dem Anwendungsbereich des § 4 Nr 11 aus. Verstöße gegen derartige Vorschriften können auch nicht „durch die Hintertür", nämlich durch einen Rückgriff auf die Generalklausel des § 3, lauterkeitsrechtlich sanktioniert werden (ebenso Piper/*Ohly*/Sosnitza § 4 Rdn 11/8; aA *Sack* WRP 2005, 531, 532, 540). Zwar ist § 4 Nr 11 nur ein Beispielstatbestand der Unlauterkeit; doch wird aus der Regelung deutlich, dass nur der Verstoß gegen Marktverhaltensregelungen lauterkeitsrechtlich relevant sein soll. – Ob eine Regelung einen Marktbezug aufweist, ist wiederum durch Auslegung anhand des Normzwecks zu klären (vgl BGHZ 144, 255, 267 ff = GRUR 2001, 1076 – *Abgasemissionen;* OLG Oldenburg WRP 2007, 685, 687). Dass sich ein Unternehmer durch Verstöße gegen derartige Vorschriften indirekt einen Wettbewerbsvorsprung vor seinen gesetzestreuen Mitbewerbern verschaffen kann, ist unerheblich (BGHZ 144, 255, 268 = GRUR 2001, 1076 – *Abgasemissionen;* aA *Glöckner* GRUR 2008, 960). – Im Folgenden sollen nur solche Vorschriften erwähnt werden, die in der Praxis eine Rolle spielen könnten.

11.37 **b) Produktionsvorschriften.** Vorschriften, die lediglich die Art und Weise der Produktion regeln, haben keinen Marktbezug und scheiden daher für eine Anwendung des § 4 Nr 11 aus (vgl zu § 1 aF BGHZ 144, 255, 267 ff = GRUR 2001, 1076 – *Abgasemissionen*). Hierher gehören insbes Vorschriften über den **Umweltschutz** (BGH aaO – *Abgasemissionen*) und den **Tierschutz** (vgl dazu auch BGHZ 130, 182 – *Legehennenhaltung*), soweit sie nicht auch den Verbraucherschutz bezwecken. Würden zB (reine) Tierschutzvorschriften verletzt (dies war im *Legehennenhaltung*-Fall nicht einmal geschehen), käme ein lauterkeitsrechtliches (!) Vermarktungsverbot nicht in Betracht (nur iErg richtig daher OLG Hamburg GRUR-RR 2003, 181, 182). Es könnte auch nicht auf die Generalklausel des § 3 unter Hinweis auf eine allgemeine Missbilligung solchen Verhaltens gestützt werden (vgl § 3 Rdn 13).

11.38 **c) Arbeitnehmerschutzvorschriften. Gesundheits-** und **Arbeitszeitschutzvorschriften** haben keinen Marktbezug. Verstöße gegen solche Vorschriften stellen daher kein unlauteres Marktverhalten dar (ebenso *Sack* WRP 2004, 1307, 1309). Das Gleiche gilt, wenn ein Arbeitgeber nicht die gesetzlich geschuldeten **Sozialbeiträge** für seine Arbeitnehmer abführt. – Anders verhält es sich bei Verstößen gegen gesetzliche **Mindestlohnregelungen** (zB nach § 5 TVG bei für allgemeinverbindlich erklärten **Tariflohnvereinbarungen**; § 1 AEntG und dazu *Aulmann* BB 2007, 826). Denn diese Vorschriften regeln zwar nicht das Verhalten auf dem Absatzmarkt (insoweit zutr *Ullmann* GRUR 2003, 817, 822; zum früheren Recht vgl BGHZ 120, 320, 324 – *Tariflohnunterschreitung*), wohl aber das Verhalten auf dem **Beschaffungsmarkt** für Arbeitsleistungen. – Zum Nachtbackverbot vgl Rdn 11.145.

11.39 **d) Steuervorschriften.** Steuervorschriften haben grds nicht den Zweck, das Marktverhalten zu regeln (BGH GRUR 2010, 654 Tz 19 – *Zweckbetrieb* mwN). Ein Unternehmer, der Steuern hinterzieht und sich dadurch einen Wettbewerbsvorsprung vor seinen ehrlichen Mitbewerbern verschafft, handelt daher nicht zugleich unlauter (vgl auch BGHZ 144, 255, 268 = GRUR 2001,

1076 – *Abgasemissionen*). Denn die Nichtabführung von Steuern stellt kein Marktverhalten dar. Der Mitbewerber kann aber ggf eine steuerrechtliche Konkurrentenklage gegen das „Finanzamt" mit dem Ziel der Besteuerung dieses Unternehmers erheben (BGH GRUR 2010, 654 Tz 22 – *Zweckbetrieb*). Auch sog **Lenkungssteuern,** also Steuern, die dem Zweck der Wirtschaftslenkung dienen, sind keine Marktverhaltensregelungen, weil sie lediglich die Kalkulation des Unternehmens, aber nicht unmittelbar sein Verhalten am Markt regeln (ebenso OLG Oldenburg WRP 2007, 685, 687; aA *Wehlau/von Walter* ZLR 2004, 645, 663). Das Gleiche gilt für **Gebührenvorschriften** (OLG Hamburg GRUR-RR 2010, 57, 60). – Anders verhält es sich bei Bestimmungen wie dem Verbot der Abgabe unter dem Kleinverkaufspreis nach § 24 TabaksteuerG (OLG Frankfurt GRUR-RR 2004, 255). Es handelt sich insoweit um eine Preisvorschrift (dazu Rdn 11.138).

e) **Vorschriften zum Schutz des geistigen Eigentums.** Die Vorschriften zum Schutz des geistigen Eigentums (PatentG; MarkenG; GeschmMusterG; UrhG usw) begründen Ausschließlichkeitsrechte, die grds von jedermann, also auch von Wettbewerbern zu beachten sind. Sie stellen aber **keine Marktverhaltensregelungen** im Interesse der Marktteilnehmer iSd § 4 Nr 9 dar (iErg ebenso ÖOGH GRUR Int 2007, 167, 170 – *Werbefotos*). Denn sie haben nicht den Zweck, den Wettbewerb durch Aufstellung gleicher Schranken zu regeln und damit zur Chancengleichheit der Wettbewerber beizutragen (BGHZ 140, 183, 189 = GRUR 1999, 325, 326 – *Elektronische Pressearchive* zum Urheberrecht). Dass die (insbes systematische) Verletzung von Ausschließlichkeitsrechten zu einem Wettbewerbsvorsprung vor Mitbewerbern führen kann (zB durch Einsparung von Lizenzgebühren), ist unerheblich. Denn es muss dem verletzten Rechtsinhaber überlassen bleiben, ob er gegen die Verletzung seines Rechts vorgeht oder nicht (BGH aaO – *Elektronische Pressearchive; Mees* in Loewenheim, Hdb des Urheberrechts, 2003, § 3 Rdn 22; *Stieper* WRP 2006, 291, 293; aA Schricker/*Schricker* UrhG Einl Rdn 38 f mwN; *Schricker* JZ 1999, 635, 636).

f) **Straßen- und Wegerecht; Verkehrsvorschriften.** Die Vorschriften des Straßen- und Wegerechts (zB über erlaubnispflichtige Sondernutzungen) stellen keine Marktverhaltensregelungen iSd § 4 Nr 11 dar, da sie weder dem Mitbewerber noch dem Verbraucherschutz, sondern der Leichtigkeit und Sicherheit des Verkehrs dienen. Verstöße gegen derartige Vorschriften (zB Aufstellen von Kfz-Anhängern zu Werbezwecken ohne Erlaubnis) können daher nicht nach Lauterkeitsrecht geahndet werden (BGH WRP 2006, 1117 Tz 16 – *Kraftfahrzeuganhänger mit Werbeschildern* zu § 16 HessStrG; *Lettl* GRUR-RR 2004, 226, 227). Ebenso wenig sind Verkehrsvorschriften (zB Straßenverkehrsordnung) Marktverhaltensregelungen, weil sie lediglich die Sicherheit im Straßenverkehr im Interesse der Verkehrsteilnehmer gewährleisten sollen (LG Kiel GRUR 2005, 446). Weist zB ein Spediteur seine LKW-Fahrer an, Geschwindigkeitsbeschränkungen nicht zu beachten, begründet dies keinen Wettbewerbsverstoß, mag sich der Spediteur dadurch auch einen Wettbewerbsvorsprung vor seinen Mitbewerbern verschaffen.

g) **Datenschutzrecht.** Die datenschutzrechtlichen Regelungen des Bundesdatenschutzgesetzes (BDSG) bezwecken den Schutz des Persönlichkeitsrechts, nämlich des Rechts auf informationelle Selbstbestimmung des Einzelnen vor Zugriffen Dritter (vgl § 1 I BDSG; BVerfGE 65, 1, 43 ff = NJW 1984, 419, 421 – *Volkszählung*). Sie stellen aber nicht schon aus diesem Grund Marktverhaltensregelungen zum Schutze der Verbraucher dar (ebenso OLG Frankfurt WRP 2005, 1029, 1030 zu den §§ 3a, 4 BDSG; aA *Ernst* WRP 2004, 1133, 1137; zur früheren Rechtslage vgl *Büttner,* FS Erdmann, 2002, 558). Vielmehr ist zu fragen, ob die verletzte Norm das Auftreten auf einem Markt regelt oder nicht. Das ist zB nicht der Fall, wenn es um das bloße betriebsinterne Speichern oder Verarbeiten von Daten geht. Dagegen kann das **Erheben** von Daten, wenn es zu kommerziellen Zwecken geschieht (zB Adressenhandel), durchaus ein Marktverhalten sein. Desgleichen die **Nutzung** oder **Übermittlung von Daten zu kommerziellen,** insbes **Werbezwecken.** Daher ist § 28 BDSG iVm § 4 I BDSG als Marktverhaltensregelung zum Schutze der Verbraucher anzusehen (so iErg auch OLG Naumburg NJW 2003, 3566, 3568; OLG Stuttgart GRUR-RR 2007, 330, 331; KG GRUR-RR 2010, 34, 35; aA *Gärtner/Heil* WRP 2005, 20, 22). – Die Erhebung von Daten ohne die erforderliche Einwilligung der Betroffenen nach §§ 4, 28 III BDSG kann, unabhängig davon, ob auch § 4 Nr 11 eingreift, nach § 4 Nr 2 unlauter sein (OLG Frankfurt WRP 2005, 1029, 1031).

h) **Sonstiges.** Vorschriften zum Schutze des **Eigentums** (wie zB § 823 I BGB) sind keine Marktverhaltensregelungen (vgl BGH GRUR 2006, 879 Tz 13 – *Flüssiggastank;* OLG Brandenburg NJW-RR 1996, 1514 zur Benutzung eines fremden Grundstücks). – Vorschriften zum Schutze des **allgemeinen Persönlichkeitsrechts** (wie zB § 823 I BGB) können zwar Marktverhaltensregelungen (etwa für Presseunternehmen) sein; sie dienen aber nicht dem Interesse der Mitbewerber, Verbraucher oder sonstigen Marktteilnehmer.

2. Marktzutrittsregelungen

11.44 **a) Allgemeines.** Von den Marktverhaltensregelungen sind die **Marktzutrittsregelungen** zu unterscheiden (vgl BGH GRUR 2002, 269, 270 – *Sportwetten-Genehmigung;* BGH GRUR 2002, 825, 826 – *Elektroarbeiten;* BGH GRUR 2005, 875, 876 – *Diabeteststreifen; Köhler* GRUR 2001, 777, 780; *Köhler* NJW 2002, 2761; *Ullmann* GRUR 2003, 817, 823; krit *Doepner* WRP 2003, 1292, 1298 ff; *Götting,* FS Schricker, 2005, 689, 700 ff). Reine Marktzutrittsregelungen sind solche Normen, die Personen den Marktzutritt aus Gründen verwehren, die nichts mit ihrem Marktverhalten, also der Art und Weise des Agierens am Markt, zu tun haben. Dazu gehören insbes Normen, die bestimmten Personen zu ihrem eigenen Schutze oder zum Schutze des Unternehmens, in dem sie tätig sind, den Marktzutritt nicht oder nur unter Einhaltung bestimmter Voraussetzungen gewähren. Dazu gehören ferner **wirtschaftslenkende Normen,** die die Rahmenbedingungen des Wettbewerbs festlegen oder bestimmte Unternehmen von bestimmten Märkten fern halten sollen, um die auf einem bestimmten Markt agierenden Unternehmen vor unerwünschtem Wettbewerb zu schützen (BGH GRUR 2010, 654 Tz 23 – *Zweckbetrieb; Ullmann* GRUR 2003, 817, 823). Verstöße gegen reine Marktzutrittsregelungen fallen nicht unter § 4 Nr 11 und können auch nicht über die Generalklausel des § 3 erfasst werden (ebenso Piper/Ohly/Sosnitza § 4). Es ist nämlich nicht die ordnungspolitische Aufgabe des UWG, Märkte vor dem Zutritt weiterer Wettbewerber abzuschotten (ebenso KG GRUR 2007, 515, 516). Ihm geht es lediglich darum, unlautere Verhaltensweisen auf einem Markt zu unterbinden, die geeignet sind, den bestehenden Wettbewerb zum Nachteil der Mitbewerber, der Verbraucher und der sonstigen Marktteilnehmer zu beeinträchtigen (vgl BGH GRUR 2002, 825, 826 – *Elektroarbeiten; Köhler* GRUR 2001, 777, 780). Aus der Tatsache, dass ein Unternehmer gegen eine Marktzutrittsregelung verstößt, folgt daher nicht, dass damit gleichsam automatisch auch seine Marktteilnahme wettbewerbswidrig ist. Um es an einem **Beispiel** zu verdeutlichen: Wer ein Auto stiehlt und damit am Straßenverkehr teilnimmt, benutzt das Auto zwar rechtswidrig, aber er verstößt dadurch nicht gegen die Regeln der Straßenverkehrsordnung.

11.45 **b) Einzelfälle. aa) Bürgerlichrechtliche Vorschriften.** Die Vorschriften über die Geschäftsfähigkeit (§§ 104 ff BGB) verwehren es nicht (voll) Geschäftsfähigen, am Geschäftsverkehr teilzunehmen, sofern nicht bestimmte Voraussetzungen erfüllt sind. Diese Vorschriften dienen aber ausschließlich dem Schutze dieser Personen vor den Gefahren des Geschäftsverkehrs. Betreibt daher zB ein Minderjähriger ohne die Ermächtigung nach § 112 BGB ein Unternehmen, können Mitbewerber dagegen nicht nach Lauterkeitsrecht vorgehen. – Die Normen des **Vereinsrechts** (§§ 21 ff BGB) bezwecken zwar in erster Linie nicht den Schutz des Vereins, sondern den Gläubigerschutz (vgl BGH GRUR 1983, 120, 123 – *ADAC-Verkehrsrechtsschutz*). Dies reicht aber nicht aus, um darin (auch) Marktverhaltensregelungen zu erblicken, zumal die Rspr ein Nebenzweckprivileg anerkennt. Betreibt daher ein Idealverein ein Wirtschaftsunternehmen, ohne dass dies durch das sog Nebenzweckprivileg gedeckt wäre, stellt dies ebenfalls kein unlauteres Handeln dar (so bereits zu § 1 aF *K. Schmidt* NJW 1983, 543, 544; GK/*Teplitzky* § 1 aF Rdn 255; *Köhler* GRUR 2001, 777, 781; *v Ungern-Sternberg,* FS Erdmann, 2002, 741, 759 Fn 89). Die Rspr zu § 1 aF (vgl BGHZ 85, 84, 88 = GRUR 1983, 120, 123 – *ADAC-Verkehrsrechtsschutz;* BGH GRUR 1986, 823, 824 f – *Fernsehzuschauerforschung* mit Anm *v Linstow* GRUR 1986, 901) sollte daher nicht fortgeführt werden (aA *Hadding/Leuschner* WuB II N, § 21 BGB 1.08). Mitbewerber sind darauf beschränkt, beim Gericht die Entziehung der Rechtsfähigkeit (§ 43 II BGB) anzuregen.

11.46 **bb) Handels- und gesellschaftsrechtliche Vorschriften.** Zahlreiche Vorschriften des Handels- und Gesellschaftsrechts sehen **Wettbewerbsverbote** vor. So darf nach § 60 HGB der Handlungsgehilfe ohne Einwilligung des Prinzipals weder ein Handelsgewerbe betreiben noch in dem Handelszweige des Prinzipals für eigene oder fremde Rechnung Geschäfte machen. Einem Wettbewerbsverbot unterliegen Handelsvertreter auf Grund der Interessenwahrungspflicht (§ 86 I HGB). Nach § 112 HGB (vgl auch § 161 II HGB, § 284 AktG) ist es einem persönlich haftenden Gesellschafter verwehrt, ohne Einwilligung der übrigen Gesellschafter in dem Handelszweig der Gesellschaft Geschäfte zu machen oder an einer anderen gleichartigen Handelsgesellschaft als persönlich haftender Gesellschafter teilzunehmen. Nach § 88 I 1 AktG dürfen Vorstandsmitglieder einer AG ohne Einwilligung des Aufsichtsrats weder ein Handelsgewerbe betreiben noch im Geschäftszweig der Gesellschaft für eigene oder fremde Rechnung Geschäfte machen. Entsprechendes gilt für den Geschäftsführer einer GmbH auf Grund der Treuepflicht. Bei all diesen Vorschriften handelt es sich um reine **Marktzutrittsregelungen.** Ein Verstoß gegen sie stellt keinen Wettbewerbsverstoß dar (aA *Mees* WRP 1985, 373, 376 zu § 1 aF). Dies zeigt sich schon daran, dass diese Verbote auf die fehlende Einwilligung abstellen, ein Verstoß also ausschließlich die Interessen des durch das Wettbewerbsverbot geschützten Unternehmens, aber nicht die Belange Außenstehender berührt. Es ist daher allein Sache des geschützten Unternehmens, gegen einen solchen Verstoß mit den dafür vorgesehenen Sanktionen (vgl zB § 61 HGB) vorzugehen (vgl *Köhler* GRUR 2001, 777, 781; GK/*Teplitzky* § 1 aF Rdn G 187 f). In der Sache liegt es nicht anders als bei vertraglichen Wettbewerbsverboten, deren Verletzung nur vertragsrechtliche Sanktionen auslöst.

cc) **Kommunalrechtliche Vorschriften.** Kommunalrechtliche Vorschriften, die die erwerbswirtschaftliche Betätigung von Gemeinden und kommunalen Unternehmen begrenzen (wie zB Art 87 BayGO; § 107 NRWGO) stellen **bloße Marktzutrittsregelungen,** aber nicht zugleich Marktverhaltensregelungen im Interesse der Lauterkeit des Wettbewerbs auf dem Markt dar. Dies gilt auch für kommunalrechtliche Subsidiaritätsregelungen, die nicht nur die Aufnahme, sondern auch die Fortsetzung der wirtschaftlichen Betätigung kommunaler Unternehmen davon abhängig machen, dass der öffentliche Zweck nicht besser und wirtschaftlicher durch andere Unternehmen erfüllt werden kann (aA *Poppen,* Der Wettbewerb der öffentlichen Hand, 2007, 259 ff). Dass derartige Vorschriften nicht lediglich den Schutz der Kommunen vor den Risiken einer erwerbswirtschaftlichen Betätigung, sondern auch den Schutz der privaten Mitbewerber vor der Konkurrenz durch die öffentliche Hand bezwecken, ist lauterkeitsrechtlich unerheblich. Verstöße gegen solche Vorschriften erfüllen daher nicht den Tatbestand des § 4 Nr 11 und begründen somit keine lauterkeitsrechtlichen Ansprüche Dritter (so bereits zu § 1 aF BGH GRUR 2002, 825, 826 – *Elektroarbeiten;* BGH GRUR 2003, 164, 165 – *Altautoverwertung;* BGH WRP 2004, 376, 381 – *Strom und Telefon I;* BGH WRP 2004, 382, 385 – *Strom und Telefon II; Köhler* GRUR 2001, 777 und NJW 2002, 2761; *Ullmann* GRUR 2003, 817, 823; *Elskamp* S 197 f; aA *Dreher* ZIP 2002, 1648). Daran ändert es nichts, wenn Landesgesetzgeber erklären, ein Verstoß gegen solche Normen würde lauterkeitsrechtliche Ansprüche begründen (so in der Tat Gesetzesbegründung BayLandtag, LT-Drucks 13/1028, sub 7.2). Denn dies überschreitet ihre Kompetenz. – Ebenso wenig stellen derartige Vorschriften Schutzgesetze zu Gunsten der privaten Mitbewerber iSd § 823 II BGB dar (BGH GRUR 2002, 825, 828 – *Elektroarbeiten;* BGH GRUR 2003, 164, 166 – *Altautoverwertung*). Private Mitbewerber sind daher bei Verstößen gegen kommunalrechtliche Vorschriften darauf beschränkt, ein Eingreifen der Aufsichtsbehörden anzuregen oder selbst vor den Verwaltungsgerichten Klage zu erheben, sofern die betreffenden Normen ihnen eine Klagebefugnis einräumen (dazu OVG Münster NVwZ 2003, 1520; *Tillmann,* FS Schricker, 2005, 763). Das Marktverhalten der Gemeinden und ihrer Unternehmen unterliegt hingegen den besonderen Schranken für die Tätigkeit der öffentlichen Hand (dazu BGH aaO – *Altautoverwertung;* § 4 Rdn 13.30 ff).

dd) **Baurechtliche Vorschriften.** Baurechtliche Vorschriften, die gewerbliche Tätigkeiten in bestimmten Gebieten aus Gründen des Mitbewerberschutzes verbieten oder beschränken, stellen ebenfalls bloße Marktzutrittsregelungen dar. Soweit sie lediglich sonstige Zwecke (zB Umweltschutz) verfolgen, haben solche Vorschriften nicht einmal einen Marktbezug.

3. Vorschriften mit Doppelfunktion (Marktzutritts- und Marktverhaltensregelung)

Vielfach lässt sich eine Vorschrift nicht ausschließlich als Marktzutritts- oder als Marktverhaltensregelung qualifizieren, sondern enthält beide Elemente (*Köhler* GRUR 2001, 777, 781; *Ullmann* GRUR 2003, 817, 823 f; krit *Doepner* WRP 2003, 1292, 1300; *Frenz* WRP 2002, 1367, 1368 ff). Für die Anwendung des § 4 Nr 11 reicht es schon nach dessen Wortlaut aus, dass die gesetzliche Vorschrift „auch" eine Regelung des Marktverhaltens im Interesse der Marktbeteiligten darstellt. Verstöße gegen Marktzutrittsregelungen werden daher insoweit von § 4 Nr 11 erfasst, als sie „auch" Marktverhaltensregelungen darstellen (vgl Begr RegE UWG zu § 4 Nr 11, BT-Drucks 15/1487 S 19; BGH GRUR 2009, 881 Tz 12–16 – *Überregionaler Krankentransport; Elskamp* S 154 ff). Hier von einer „auf die Lauterkeit bezogenen Schutzfunktion" der Norm zu sprechen (so Begr RegE UWG 2004 aaO im Anschluss an BGH GRUR 2002, 825, 826 – *Elektroarbeiten;* auch BGH WRP 2005, 330, 331 – *Testamentsvollstreckung durch Steuerberater*), ist missverständlich (insoweit ist die Kritik von *Sack* BB 2003, 1073, 1076 berechtigt). Denn durch die jeweilige Regelung wird gerade konstitutiv festgelegt, ob ein bestimmtes Marktverhalten unlauter ist oder nicht. – Ob eine Regelung „auch" das Marktverhalten regelt, ist durch

Auslegung zu ermitteln. Von einer Vorschrift mit **Doppelfunktion** ist idR auszugehen, wenn die Betätigung auf einem bestimmten Markt einer öffentlichrechtlichen Erlaubnis bedarf und die betreffende Norm damit gleichzeitig im Interesse der Marktpartner, insbes der Verbraucher, eine bestimmte **Qualität, Sicherheit oder Unbedenklichkeit der angebotenen Waren oder Dienstleistungen** sicherstellen will (vgl BGH GRUR 2002, 825, 826 – *Elektroarbeiten;* BGH GRUR 2005, 875, 876 – *Diabetesteststreifen;* BGH GRUR 2009, 881 Tz 12–16 – *Überregionaler Krankentransport;* KG GRUR 2007, 515, 516; *Köhler* GRUR 2001, 777, 781; *Ullmann* GRUR 2003, 817, 824). Das kann vor allem dadurch geschehen, dass die Norm eine bestimmte, zumeist **fachliche Qualifikation** eines Unternehmers (vgl Begr RegE UWG zu § 4 Nr 11, BT-Drucks 15/1487 S 19) für den Marktzutritt vorschreibt. Dazu gehören insbes die Zulassungsregelungen für **freie Berufe,** wie Ärzte, Zahnärzte, Apotheker, Rechtsanwälte, Steuerberater, Architekten, Heilpraktiker, für das **Handwerk** und für **sonstige Gewerbe** (zB Privatkrankenanstalten, § 30 I GewO; Pfandleihgewerbe, § 34 GewO (BGH GRUR 2009, 886 Tz 17 – *Die clevere Alternative*); Gaststätten, § 2 I GastG; Personenbeförderung, § 2 I Nr 4 PBefG; Krankentransporte, §§ 18 ff RettG NRW).

V. Zuwiderhandlung gegen die gesetzliche Vorschrift

1. Allgemeines

11.50 Der Rechtsbruchtatbestand setzt eine Zuwiderhandlung gegen die gesetzliche Vorschrift voraus (BGH GRUR 2005, 778, 779 – *Atemtest*). Das Verhalten muss also den **Tatbestand** dieser Norm vollständig erfüllen (BGH GRUR 2008, 530 Tz 11 – *Nachlass bei der Selbstbeteiligung;* BGH WRP 2008, 780 Tz 13 – *Hagelschaden*). Das ist nicht der Fall bei der (nicht strafbaren) versuchten Anstiftung zum Betrug (BGH aaO – *Nachlass bei der Selbstbeteiligung*). Es genügt aber, soweit es den Unterlassungs- und Beseitigungsanspruch angeht, ein objektiv rechtswidriges Verhalten (BGH GRUR 2005, 778, 779 – *Atemtest*), und zwar auch dann, wenn der Tatbestand der Norm, wie etwa bei Strafvorschriften, Verschulden des Handelnden voraussetzt. Der vorbeugende Unterlassungsanspruch (§ 8 I 2) kann schon dann geltend gemacht werden, wenn eine Zuwiderhandlung gegen die gesetzliche Vorschrift droht, also unmittelbar bevorsteht. – Von einer Zuwiderhandlung ist nicht auszugehen, wenn das Verhalten zwar an sich den Tatbestand der Vorschrift erfüllt, aber die Anwendung dieser Vorschrift im konkreten Fall gegen die **Grundfreiheiten** des (jetzt) Art 34 AEUV oder des (jetzt) Art 56 AEUV verstieße (BGH GRUR 1998, 407, 409 – *TIAPRIDAL*). Eine Zuwiderhandlung liegt auch dann nicht vor, wenn der Handelnde sich auf eine **behördliche Genehmigung** (vgl zB § 284 StGB) berufen kann, die zwar fehlerhaft, aber nicht nichtig ist (BGH GRUR 2005, 778, 779 – *Atemtest;* anders noch BGH GRUR 2002, 269, 270 – *Sportwetten-Genehmigung*). Denn die Genehmigung kann dann nur in dem dafür vorgesehenen **verwaltungsrechtlichen** Verfahren beseitigt werden (OLG Hamburg GRUR-RR 2003, 354, 356: Bindung an Zulassungsbescheid des Bundesinstituts für Arzneimittel und Medizinprodukte [BfArM]). So lange dies nicht geschehen ist, liegt kein Gesetzesverstoß vor (Rdn 11.20). (Dies wurde in der Entscheidung BGH GRUR 2002, 269 – *Sportwetten-Genehmigung* nicht berücksichtigt; stattdessen wurde ein entschuldbarer Rechtsirrtum angenommen; dazu Rdn 11.11). – Teilnehmer (Anstifter, Gehilfen) an der Zuwiderhandlung sind nach den allgemeinen Grundsätzen auch lauterkeitsrechtlich dafür verantwortlich (vgl § 8 Rdn 2.6).

2. Beweislast für Zuwiderhandlung

11.50a Grds muss der Anspruchsteller den Verstoß gegen eine Marktverhaltensregelung als anspruchsbegründende Tatsache darlegen und ggf beweisen (stRspr; BGH GRUR 2008, 834 Tz 11 – *HBM-Kapseln*). Steht allerdings das beanstandete Verhalten unter einem Verbot mit Erlaubnisvorbehalt, muss er lediglich darlegen und beweisen, dass dieses Verhalten von dem generellen Verbot erfasst wird. Dann muss der Anspruchsgegner darlegen und beweisen, dass es ausnahmsweise zulässig ist (BGHZ 163, 265, 273 f – *Atemtest;* BGH WRP 2010, 250 Tz 15 – *Quizalofop*).

3. Subjektive Erfordernisse?

11.51 a) **Tatsachenkenntnis? aa) Frühere Rechtslage.** Nach der älteren Rspr zu § 1 aF setzte ein Wettbewerbsverstoß durch Verletzung einer wertneutralen Vorschrift ua voraus, dass der Handelnde sich „bewusst" über die Vorschrift hinweggesetzt hatte (vgl nur BGH GRUR 1981, 424, 426 – *Tag der offenen Tür II;* BGH GRUR 1988, 382, 383 – *Schelmenmarkt;* BGH GRUR

1996, 786, 788 – *Blumenverkauf an Tankstellen*). Bewusstes Handeln wurde angenommen, wenn der Handelnde Kenntnis der Tatumstände hatte, die den Wettbewerbsverstoß begründen, also auch Kenntnis der Tatumstände, die den Gesetzesverstoß ausmachen (vgl BGH GRUR 1974, 281, 282 – *Clipper;* GK/*Teplitzky* § 1 aF Rdn G 197). Man sprach insoweit von „Vorsatz ohne Bewusstsein der Rechtswidrigkeit" (Köhler/*Piper* § 1 aF Rdn 791).

bb) Jetzige Rechtslage. Der auf die §§ 3, 4 Nr 11 gestützte Unterlassungs- und Beseitigungsanspruch setzt keinen bewusst begangenen Gesetzesverstoß voraus (glA OLG Stuttgart WRP 2005, 919, 920). Es müssen lediglich eine Zuwiderhandlung gegen eine Marktverhaltensregelung und die übrigen Voraussetzungen des § 3 vorliegen (ebenso BGH GRUR 2005, 778, 779 – *Atemtest;* OLG Karlsruhe WRP 2006, 1038, 1041). Diese Sichtweise bahnte sich auch schon zu § 1 aF an (vgl BGH GRUR 2003, 971, 972 – *Telefonischer Auskunftsdienst; Ullmann* GRUR 2003, 817, 822). Am **Beispiel** gesetzlicher Ladenschlussregelungen als einer Marktverhaltensregelung: Selbst wenn der Ladeninhaber beim Verstoß einem **Tatsachenirrtum** unterlag, etwa weil er die Umstellung von Sommer- auf Winterzeit übersah und deshalb länger als gesetzlich zulässig geöffnet hielt, liegt ein Gesetzesverstoß iSd § 4 Nr 11 vor. Erforderlich ist lediglich, dass der in Anspruch Genommene die objektive Zuwiderhandlung selbst begangen hat oder dass sie ihm zuzurechnen ist.

b) Kenntnis oder Kennenmüssen des Gesetzesverstoßes? aa) Frühere Rechtslage. Nach der Rspr zu § 1 UWG 1909 konnte sich ein Unternehmer grds nicht auf Unkenntnis der einschlägigen Vorschriften berufen. Denn ihm war zuzumuten, sich Kenntnis der für seinen Tätigkeitsbereich geltenden Vorschriften zu verschaffen und in Zweifelsfällen besonders sachkundigen Rechtsrat einzuholen (BGH GRUR 1988, 699, 670 – *qm-Preisangaben II;* BGH GRUR 2002, 269, 270 – *Sportwetten-Genehmigung*). Davon machte die Rspr aber eine Ausnahme in den Fällen des **entschuldbaren** Rechtsirrtums (vgl BGH GRUR 1994, 222, 224 – *Flaschenpfand;* BGH GRUR 1997, 313, 315 – *Architektenwettbewerb*). Dies wurde insbes dann angenommen, wenn der Handelnde von der rechtlichen Zulässigkeit seines Verhaltens ausging und auch davon ausgehen durfte, weil die zuständigen Behörden und Verwaltungsgerichte es ausdrücklich als rechtlich zulässig bewerteten (BGH GRUR 1988, 382, 383 – *Schelmenmarkt* mit Anm *Schulze zur Wiesche;* BGH GRUR 1995, 603, 604 – *Räumungsverkauf an Sonntagen;* BGH GRUR 2002, 269, 270 – *Sportwetten-Genehmigung*). Der Unternehmer sollte nicht verpflichtet sein, sich vorsichtshalber nach der strengsten Gesetzesauslegung und Einzelfallbeurteilung zu richten. Die Rspr hatte in diesen Fällen die Unlauterkeit und damit das Bestehen eines Unterlassungsanspruchs verneint. Sie hatte lediglich den Handelnden darauf hingewiesen, dass er sich – nach Klärung der Rechtslage – in Zukunft nicht mehr auf seinen bis dahin entschuldbaren Rechtsirrtum berufen könne (BGH GRUR 1994, 222, 224 – *Flaschenpfand*).

bb) Jetzige Rechtslage. Die frühere Beurteilung kann für § 4 Nr 11 nicht mehr gelten. Denn der Unterlassungsanspruch setzt lediglich objektiv rechtswidriges, nicht aber schuldhaftes Verhalten voraus (ebenso BGH GRUR 2005, 778, 779 – *Atemtest*). Ein etwaiger Verbotsirrtum, ob vorwerfbar oder nicht, ist daher unbeachtlich. Der Unlauterkeitsvorwurf ist kein Schuldvorwurf, sondern knüpft an das objektive Marktverhalten an. Am **Beispiel** der gesetzlichen Ladenschlussregelungen als einer Marktverhaltensregelung: Hält sich ein Kaufmann nicht an die Ladenschlusszeiten, so handelt er unlauter iSd § 3, gleichgültig, ob er das betreffende LadenschlussG des Bundes oder der Länder bewusst oder nur versehentlich überschreitet. Dass der Handelnde in der Vergangenheit wegen behördlicher Billigung oder gerichtlicher Billigung in nicht vorwerfbarer Weise darauf vertraut hat, sein Verhalten sei objektiv rechtmäßig, mag ihn vor einem Schadensersatzanspruch bewahren (ebenso BGH aaO – *Atemtest*). Es bleibt aber dabei, dass der Verstoß objektiv rechtswidrig war (Rdn 11.9). Allenfalls könnte in einem solchen Fall die an sich zu vermutende Wiederholungsgefahr angezweifelt werden, weil nicht ohne weiteres angenommen werden kann, dass der Handelnde nach Belehrung über die wahre Rechtslage sein Verhalten fortsetzen wird. Indessen ist auch hier dem Handelnden zuzumuten, die Wiederholungsgefahr durch Abgabe einer strafbewehrten Unterlassungserklärung auszuschließen. Das **Korrektiv** für **Bagatellfälle** bilden die sonstigen Tatbestandserfordernisse des § 3. Liegt etwa ein nur einmaliger, versehentlicher oder gar entschuldbarer und geringfügiger Gesetzesverstoß vor, so wird es idR an der weiteren Voraussetzung des § 3 fehlen, nämlich der Eignung der Handlung zur nicht nur unerheblichen Beeinträchtigung des Wettbewerbs zum Nachteil der übrigen Marktteilnehmer. Das Verschulden spielt nur beim verschuldensabhängigen Schadensersatzanspruch des § 9 und beim vorsatzabhängigen Gewinnabschöpfungsanspruch des § 10 eine Rolle.

11.55 **c) Planmäßigkeit des Gesetzesverstoßes? aa) Frühere Rechtslage.** Nach der älteren Rspr zu § 1 aF war beim Verstoß gegen wertneutrale Normen weiter ein „**planmäßiges**" **Handeln** erforderlich. Die Bedeutung dieses Begriffs war str und die Rspr hierzu schwankend (vgl GK/*Teplitzky* § 1 aF Rdn G 198 ff). Mindestvoraussetzung war, dass der Verletzer das Ziel verfolgte, auch künftig Zuwiderhandlungen zu begehen.

11.56 **bb) Jetzige Rechtslage.** Für die Anwendung des § 4 Nr 11 ist es unerheblich, ob der Gesetzesverstoß planmäßig erfolgt (glA OLG Stuttgart WRP 2005, 919, 920; MünchKomm-UWG/*Schaffert* § 4 Nr 11 Rdn 82). Daher kommt es auch nicht darauf an, ob die Mitbewerber sich gesetzestreu verhalten und ob der Handelnde überhaupt einen Wettbewerbsvorsprung erzielen kann oder tatsächlich erzielt hat. Die Auswirkungen der Zuwiderhandlung sind vielmehr ausschließlich im Rahmen der Prüfung der weiteren Tatbestandsmerkmale des § 3 zu berücksichtigen, nämlich ob die Zuwiderhandlung geeignet ist, „den Wettbewerb zum Nachteil der Mitbewerber, der Verbraucher oder der sonstigen Marktteilnehmer nicht unerheblich zu beeinträchtigen".

11.57 **d) Absicht der Vorsprungserzielung? aa) Frühere Rechtslage.** Nach der älteren Rspr zu § 1 UWG 1909 musste für den Verletzer erkennbar sein, dass er sich damit einen Wettbewerbsvorsprung verschaffte. Weiter gehend wurde gefordert, dass der Verletzer die Absicht hatte, sich einen Wettbewerbsvorsprung zu verschaffen (vgl BGH GRUR 1994, 222, 224 – *Flaschenpfand;* BGH GRUR 1994, 638, 639 – *Fehlende Planmäßigkeit;* BGH GRUR 1995, 601, 603 – *Bahnhofs-Verkaufsstellen;* BGH GRUR 1996, 786, 788 – *Blumenverkauf an Tankstellen).*

11.58 **bb) Jetzige Rechtslage.** Für die Anwendung des § 4 Nr 11 ist es unerheblich, ob der Verletzer die Vorstellung oder die Absicht hatte, einen Wettbewerbsvorsprung vor seinen Mitbewerbern zu erzielen. Daher kann sich der Verletzer auch nicht darauf berufen, auch seine Mitbewerber würden gegen das Gesetz verstoßen und er würde insoweit nur Chancengleichheit herstellen.

VI. Geschäftliche Relevanz (§ 3 I, II)

11.58a Eine nach § 4 Nr 11 unlautere geschäftliche Handlung ist nach § 3 nur unzulässig, wenn sie **geschäftliche Relevanz** aufweist. Das beurteilt sich grds nach **§ 3 I.** Es kommt also darauf an, ob die Handlung geeignet ist, die Interessen von Mitbewerbern, Verbrauchern oder sonstigen Marktteilnehmern spürbar zu beeinträchtigen (§ 3 I; allg dazu § 3 Rdn 108 ff; speziell zu § 4 Nr 11 vgl § 3 Rdn 147 ff). Dagegen beurteilt sich die geschäftliche Relevanz nach **§ 3 II,** wenn es um die Verletzung von **Informationspflichten gegenüber Verbrauchern** geht, die ihre Grundlage im **Unionsrecht** haben (vgl Art 7 I, V UGP-Richtlinie). Dies entspricht der Parallelregelung in § 5a II, IV. – Die Anwendung des § 3 I hängt maßgeblich davon ab, welche Interessen die verletzte Norm schützen will, wie hoch sie zu bewerten sind und wie schwerwiegend ihre Verletzung ist. Dabei sind Art, Schwere, Häufigkeit oder Dauer der Zuwiderhandlung zu berücksichtigen. Einmalige schuldlose oder versehentliche Verstöße sind milder zu bewerten als vorsätzliche und systematische Verstöße. Auch der Grad der Wiederholungsgefahr ist zu berücksichtigen. Ferner spielen die konkreten Marktverhältnisse eine Rolle. **Beispiele:** Bei Verstößen gegen das **RDG** ist im Hinblick auf seinen Zweck, die Rechtssuchenden vor unqualifizierten Rechtsdienstleistungen zu schützen (§ 1 I 2 RDG) Spürbarkeit regelmäßig zu bejahen (vgl BGH GRUR 2004, 253, 254 – *Rechtsberatung durch Automobilclub;* OLG Karlsruhe GRUR-RR 2007, 51, 53; jeweils zum RBerG aF). Das Gleiche gilt bei Verstößen gegen Vorschriften zum Schutz der **Gesundheit** oder **Sicherheit** der Verbraucher (BGH GRUR 2005, 778, 780 – *Atemtest). Bei* Verstößen gegen die **PAngV** kommt es vornehmlich darauf an, ob die Preisvergleichsmöglichkeiten der Verbraucher erheblich erschwert werden (vgl BGH GRUR 2001, 1166, 1169 – *Fernflugpreise).* Die Spürbarkeitsschwelle ist idR auch überschritten, wenn Verbraucher nicht über ihr **Widerrufsrecht** belehrt werden (vgl OLG Hamburg GRUR-RR 2002, 232, 234). – Zu einem Bagatellverstoß bei einer (lediglich für ein Bundesland) fehlenden Krankentransportgenehmigung vgl BGH GRUR 2009, 881 Tz 17 – *Überregionaler Krankentransport).*

3. Abschnitt. Einzelne Regelungen

A. Berufsbezogene Regelungen

Schrifttum: *Ahrens,* Anmerkung zu BGH, Beschluss vom 24. 6. 1996 – NotZ 35/95, GRUR 1996, 908 – Notarwerbung, GRUR 1996, 909; *Bahner,* Das neue Werberecht für Ärzte, 2001; *Bieber,* Die Kontrolle des Berufsrechts der Freiberufler – insbesondere der Rechtsanwälte – mit Hilfe von § 4 Nr. 11 UWG, WRP 2008, 723; *Bornkamm,* Die Grenzen anwaltlicher Werbung, WRP 1993, 643; *Busse,* Gedanken zur anwaltlichen Berufsordnung, NJW 1999, 3017; *Büttner,* Anwaltswerbung zwischen Berufsrecht und Wettbewerbsrecht, FS Vieregge, 1995, 99; *Deichfuß,* Neue Werbemöglichkeiten für Rechtsanwälte, WRP 2001, 449; *Doepner,* Die Heilpraktikerschaft als Berufsstand, GRUR 1981, 546; *Edenfeld,* Anwaltliche Beratung über die Telefon-Hotline?, MDR 1999, 532; *Frank,* Funktionale Gesichtspunkte zur Grenzziehung des Werbeverbots der freien Berufe – Das Beispiel der Wirtschaftsprüfer, ZIP 1986, 1166; *Grunewald,* Die Berufsgerichtsbarkeit der freien Berufe, NJW 2002, 1369; *dies,* Die Entwicklung der Rechtsprechung im anwaltlichen Berufsrecht in den Jahren 1999 und 2000, NJW 2002, 188; *dies,* Die Entwicklung der Rechtsprechung zum anwaltlichen Berufsrecht, NJW 2004, 1146; *Henssler,* Berufsübergreifende Kooperationen – Interprofessionell zusammenarbeiten, Anwalt 2001, 14; *Hirte,* Anwaltswerbung – Zulässigkeit, Grenzen und deren verfahrensrechtliche Durchsetzung – ZZP 116 (2003), 135; *Huff,* Die zielgruppenorientierte Werbung von Rechtsanwälten – ein zulässiges Werbeinstrument, NJW 2003, 3525; *ders,* Werbung und Marketing des Rechtsanwalts, MDR 1999, 464; *Jarras,* Die freien Berufe zwischen Standesrecht und Kommunikationsfreiheit, NJW 1982, 1833; *Kempter/ Kopp,* Die Rechtsanwalts-AG – eine Anwaltsgesellschaft sui generis außerhalb des anwaltlichen Berufsrechts?, NJW 2000, 3449; *dies,* Hinweise zur Gestaltung der Satzung einer Rechtsanwalts-AG, NJW 2001, 777; *Kleine-Cosack,* Berufs- und Fachanwaltsordnung für Rechtsanwälte, NJW 1997, 1257; *ders,* Das Werberecht der rechts- und steuerberatenden Berufe, 2. Aufl 2004; *ders,* Neuordnung des anwaltlichen Berufsrechts, NJW 1994, 2249; *ders,* Vom Rechtsberatungsmonopol zum freien Wettbewerb, NJW 2000, 1593; *ders,* Vom Universalanwalt zum Spezialanwalt, NJW 1992, 785; *ders,* Vom Werbeverbot zum Werberecht des Arztes, NJW 2003, 868; *Koch,* Von „Anwaltswerbung I" zu „Anwaltswerbung II", FS Erdmann, 2002, 613; *Kornblum,* Zum Werbeverbot für die rechts- und wirtschaftsberatenden akademischen freien Berufe, BB 1985, 65; *Kort,* Wettbewerbsrechtliche Fragen der Werbung freier Berufe, GRUR 1997, 701; *Krämer,* Anwaltswerbung und UWG, FS Piper, 1996, 327; *Lach,* Die Möglichkeiten der Niederlassung europäischer Rechtsanwälte in Deutschland, NJW 2000, 1609; *Laufs,* Werbende Ärzte?, NJW 2001, 1768; *ders,* Zur neuen Berufsordnung für die deutschen Ärztinnen und Ärzte, NJW 1997, 3071; *Lörcher,* Anwaltliches Berufsrecht und europäisches Wettbewerbsrecht, NJW 2002, 1092; *Lorz,* Die Erhöhung der verfassungsgerichtlichen Kontrolldichte gegenüber berufsrechtlichen Einschränkungen der Berufsfreiheit, NJW 2002, 169; *Michalski,* Zulässigkeit und „Firmierung" überörtlicher Anwaltssozietäten, ZIP 1991, 1551; *Netzband,* Angabe von Tätigkeitsschwerpunkten durch Rechtsanwälte – Irreführung der Rechtssuchenden?, NJW 1992, 811; *Odersky,* Anwaltliches Berufsrecht und höchstrichterliche Rechtsprechung, AnwBl 1991, 238; *ders,* Die überörtliche Anwaltssozietät, FS Merz, 1992, 439; *Pflüger,* Verwendung von Logos im Briefkopf des Rechtsanwalts, MDR 1999, 602; *Piper,* Die GmbH als Rechtsform anwaltlicher Berufsausübung, FS Odersky, 1996, 1063; *ders,* Zur wettbewerbs- und berufsrechtlichen Bedeutung des Werbeverbots der ärztlichen Berufsordnungen, FS Brandner, 1996, 449; *Ratzel,* Ärztliches Werberecht und neue Kooperationsformen, MedR 1995, 91; *Reichelt,* Neuere Tendenzen im Wettbewerbsrecht der Apotheker, WRP 1992, 287; *ders,* Werbefreiheit für Apotheker?, WRP 1997, 1133; *Remmertz,* Anwaltliche Werbung durch Zeitungsanzeigen, NJW 1997, 2785; *Ricker,* Das Rechtsberatungsgesetz im Konflikt mit den Grundrechten aus Art 5 I GG; *Rieger,* Werbung durch gewerbliche Unternehmen auf dem Gebiet der Heilkunde, MedR 1995, 468; *Ring,* Berufsbild und Werbemöglichkeiten der Apotheker nach der zweiten Apothekenentscheidung des Bundesverfassungsgerichts, NJW 1997, 768; *ders,* Werberecht des Ärzte, 2000; *Römermann,* Aggressives Werben – Berufsrechtliche Grenzen, Anwalt 2001, 10, 13; *ders,* RDG – zwei Schritte vor, einen zurück, NJW 2008, 1249; *Scheuerl,* Werbung der Rechtsanwälte, NJW 1997, 3219; *Schockenhoff,* Blickfangwerbung auf dem Anwaltsbrief?, NJW 1991, 1158; *Schulte,* Das standesrechtliche Werbeverbot für Ärzte, 1991; *Schweim,* Das ärztliche Werbeverbot – Was bleibt?, NJW 2001, 1770; *Spickhoff,* Medizin und Recht zu Beginn des neuen Jahrhunderts, NJW 2001, 1757; *Steinbeck,* Werbung von Rechtsanwälten im Internet, NJW 2003, 1481; *Taupitz,* Die Ärzte-GmbH und das ärztliche Werbeverbot, FS Geiß, 2000, 503; *ders,* Die GmbH als Organisationsform ambulanter heilkundlicher Tätigkeit, NJW 1992, 2317; *ders,* Die Standesordnungen der freien Berufe, 1991; *ders,* Wettbewerbshüter im unlauteren Wettbewerb, BB 1991, 2095; *Westerwelle,* Die Interessenkollision nach der neuen Berufsordnung, NJW 1997, 2781; *Winkler,* Die Liberalisierung der Werbung für anwaltliche Dienstleistungen, FS Mailänder, 2006, 231; *Zuck,* Die Berufsfreiheit der freien Berufe, NJW 2001, 2055.

I. Tätigkeitsbeschränkungen

1. Anwälte, Rechtsberatung

a) Anwaltstätigkeit. aa) Allgemeines. Die anwaltsrechtlichen Vorschriften der BRAO und der BORA dienen zwar der Wahrung einer geordneten Rechtspflege und der Integrität der

Anwaltschaft. Sie stellen aber nicht notwendig auch Marktverhaltensregelungen iSd § 4 Nr 11 dar (vgl *Ullmann* GRUR 2003, 817, 822; *Bieber* WRP 2008, 723). Daher ist bei jeder Vorschrift eine Prüfung erforderlich, ob sie von § 4 Nr 11 erfasst wird (ebenso OLG Stuttgart WRP 2008, 513, 515).

11.60   **bb) Einzelfragen.** Marktverhaltensregelungen im Interesse der Mandanten als Marktpartner an unvoreingenommener Beratung sind ua das Verbot, in einer Sache als Anwalt tätig zu werden, in der man vorher schon geschäftlich tätig war (**§ 45 I Nr 4 BRAO;** *Bieber* WRP 2008, 723, 729; aA BGH GRUR 2001, 354, 356 – *Verbandsklage gegen Vielfachabmahner*), das Verbot, widerstreitende Interessen zu vertreten (**§ 43 a IV BRAO;** vgl dazu BVerfG NJW 2003, 2520; BGH GRUR 2003, 349, 351 – *Anwaltshotline;* dazu krit *Bürglen/Metthes* WRP 2003, 450; *Krüger* WRP 2003, 603) und das (seit 1. 7. 2008 gelockerte; dazu *Kilian* NJW 2008, 1905) Verbot von Erfolgshonoraren nach **§ 49 b II BRAO** (aA MünchKommUWG/*Schaffert* § 4 Nr 11 Rdn 90). Zu den Marktverhaltensregelungen gehören weiter das **Abtretungsverbot des § 49 b IV BRAO** und die **Verschwiegenheitspflicht des § 43 a II BRAO** (wie hier MünchKomm-UWG/*Schaffert* § 4 Nr 11 Rdn 90; aA OLG Köln GRUR-RR 2006, 166, 167; Harte/Henning/*v Jagow* § 4 Nr 11 Rdn 76). Sie regeln nämlich nicht nur die Integrität der Anwaltschaft und die Funktionsfähigkeit der Rechtspflege durch Sicherung der Verschwiegenheitspflicht, sondern „auch" das Marktverhalten des Anwalts, nämlich die Qualität seiner Dienstleistung (Verpflichtung zur Verschwiegenheit) gegenüber den Mandanten. Dies geschieht „auch" im Interesse der Mandanten als Marktteilnehmer, weil ihr Interesse an der Verschwiegenheit des Anwalts geschützt wird. Eine andere Frage ist es freilich, ob die Inanspruchnahme einer Verrechnungsstelle tatsächlich gegen diese Vorschriften verstößt, was bei einer verfassungskonformen Auslegung unter Berücksichtigung des Art 12 GG zweifelhaft sein könnte. Keine Marktverhaltensregelung ist dagegen das Verbot der **unmittelbaren Kontaktaufnahme mit der Gegenpartei** nach **§ 12 BORA** (OLG Nürnberg NJW 2005, 158, 159). – Bei den **Organisationsvorschriften** ist zu unterscheiden: Vorschriften über die innere Organisation haben keinen Marktbezug. Soweit die Vorschriften dagegen das Auftreten auf dem Markt im Interesse der Mitbewerber oder der Verbraucher und sonstigen Marktteilnehmer in verfassungsrechtlich zulässiger Weise (dazu BGH GRUR 2004, 346 – *Rechtsanwaltsgesellschaft*) regeln, handelt es sich um Marktverhaltensregelungen. Dazu gehören zB Regelungen über die **Firma** (**§ 59 k BRAO** als spezielle Regelung gegenüber § 4 GmbHG; § 9 BORA für die Anwaltssozietät), weil sie dem Schutz der Öffentlichkeit vor Irreführung dienen (vgl BGH GRUR 2004, 346 – *Rechtsanwaltsgesellschaft;* vgl ferner BGH GRUR 2004, 615, 616 – *Partnerschaftskurzbezeichnung* zur Fantasiebezeichnung „Artax" als zulässiger Teil einer Kurzbezeichnung bei beruflicher Zusammenarbeit; OLG Nürnberg NJW 2003, 2245, 2246 zur Fantasiebezeichnung „ProVidentia" für eine Anwalts-AG; aA wohl *Ullmann* GRUR 2003, 817, 822). Dazu gehören ferner die Vorschriften über die **Residenzpflicht** (**§ 27 BRAO;** dazu BVerfG NJW 1986, 1801; BGHR BRAO § 27 II – *Residenzpflicht I*) und über die Zulässigkeit von **Zweigstellen** (**§ 28 BRAO** und **§ 59 i BRAO;** dazu BGH GRUR 1998, 835 – *Zweigstellenverbot;* BGH GRUR 2001, 348 – *Beratungsstelle im Nahbereich* zu § 34 II 2 StBerG; BGH GRUR 2002, 717, 719 – *Vertretung der Anwalts-GmbH;* aA *Büttner,* FS Erdmann, 2002, 545, 558; *Ullmann* GRUR 2003, 817, 822; jurisPK-UWG/*Link* § 4 Nr 11 Rdn 229). Denn sie dienen dem Interesse des Rechtsuchenden an der Erreichbarkeit des Anwalts. – Zu den anwaltsrechtlichen **Gebührenregelungen** vgl Rdn 11.139.

11.61   **b) Unerlaubte Rechtsdienstleistung. aa) Allgemeines.** Das Rechtsdienstleistungsgesetz (RDG) vom 12. 12. 2007 (BGBl I 2840), in Kraft getreten am 1. 7. 2008, hat das frühere RBerG aF abgelöst. Viele Streit- und Zweifelsfragen zum RBerG aF (zuletzt BGH GRUR 2009, 970 Tz 17 ff – *Versicherungsberater*) wurden damit einer ausdrücklichen gesetzlichen Regelung zugeführt. Die Rspr zum RBerG aF ist daher großenteils überholt. Die Kernregelung ist in § 3 RDG enthalten. Danach ist die selbstständige Erbringung außergerichtlicher Rechtsdienstleistungen nur in dem Umfang zulässig, in dem sie durch das RDG oder durch oder auf Grund anderer Gesetze erlaubt wird (Verbot mit Erlaubnisvorbehalt). Unabhängig davon dürfen Rechtsdienstleistungen, die unmittelbaren Einfluss auf die Erfüllung einer anderen Leistungspflicht haben können, nicht erbracht werden, wenn hierdurch die ordnungsgemäße Erbringung der Rechtsdienstleistung gefährdet wird (§ 4 RDG).

11.62   Das RDG liberalisiert die Anforderungen an die Erbringung von Rechtsdienstleistungen und trägt damit den verfassungsrechtlichen Anforderungen aus Art 2 I, 3 I, 12 I GG Rechnung, die eine restriktive Auslegung des früheren RBerG aF geboten hatten (vgl zum RBerG aF BVerfG NJW 2007, 2389, 2390; BVerfG NJW 2007, 2391, 2393; BGH GRUR 2003, 886, 889 –

Erbenermittler BGH GRUR 1989, 437, 438 – *Erbensucher;* BGH GRUR 2004, 253, 254 – *Rechtsberatung durch Automobilclub;* BGH GRUR 2005, 355, 356 – *Testamentsvollstreckung durch Steuerberater;* BGH GRUR 2007, 245 Tz 26 – *Schulden Hulp).*

bb) RDG als Marktverhaltensregelung, Verbraucherschutzgesetz und Schutzgesetz iSd § 823 Abs 2 BGB. Zweck des RDG ist es nach § 1 I 2 RDG, „die Rechtsuchenden, den Rechtsverkehr und die Rechtsordnung vor unqualifizierten Rechtsdienstleistungen zu schützen". Das entspricht dem Schutzzweck des früheren RBerG aF (BVerfG NJW 2002, 1190; BVerfG NJW 2007, 2389, 2390; BGH GRUR 2005, 355, 356 – *Testamentsvollstreckung durch Steuerberater).* Beim Erlaubniszwang des § 3 RDG handelt es sich daher nicht nur um eine Marktzutrittsregelung, sondern zugleich um eine Vorschrift, die auch dazu bestimmt ist, das Marktverhalten im Interesse der Marktteilnehmer zu regeln und somit um eine **Marktverhaltensregelung** iSd § 4 Nr 11 (vgl BGH WRP 2009, 1380 Tz 20 – *Finanzierung;* zum RBerG aF BGH GRUR 2007, 978 Tz 19 – *Rechtsberatung durch Haftpflichtversicherer).* Verstöße gegen das RDG stellen ein **unlauteres** Verhalten iSd § 4 Nr 11 dar (vgl zum RBerG aF BGH GRUR 2005, 355, 356 – *Testamentsvollstreckung durch Steuerberater;* BGH GRUR 2007, 245 Tz 26 – *Schulden Hulp;* vgl auch BGH GRUR 2003, 886, 889 – *Erbenermittler* zu § 1 aF). Sie werden in aller Regel, schon im Hinblick auf den Rang der verletzten Interessen (vgl BGH aaO – *Erbenermittler* zu § 13 II Nr 2 UWG aF) und wegen der Nachahmungsgefahr (vgl BGH GRUR 2004, 253, 254 – *Rechtsberatung durch Automobilclub* zu § 13 II Nr 2 UWG aF), iSd § 3 I die Interessen der Marktteilnehmer spürbar beeinträchtigen. Der Unterlassungsanspruch aus § 8 I entsteht bereits beim Erbieten zur Rechtsdienstleistung ohne entsprechende Erlaubnis. Denn dieses Verhalten begründet die Gefahr, der Empfänger des Angebots werde sich an einen nicht ausreichend qualifizierten Rechtsdienstleister wenden (vgl zum RBerG aF BGH GRUR 2002, 985, 986 – *WISO;* BGH GRUR 2005, 604, 606 – *Fördermittelberatung).* – Das RDG ist nach § 2 II Nr 8 UKlaG ein **Verbraucherschutzgesetz.** Bei Verstößen können daher nach § 2 I 1 UKlaG im Interesse des Verbraucherschutzes Unterlassungsansprüche geltend gemacht werden. – Da § 3 RDG zugleich **Schutzgesetz** iSv § 823 II BGB ist, können sich auch daraus Unterlassungs- und Schadensersatzansprüche ergeben (vgl zu Art 1 § 1 RBerG aF BGH GRUR 2002, 987, 993 – *Wir Schuldenmacher).*

cc) **Begriff der Rechtsdienstleistung.** Nach § 2 I RDG ist Rechtsdienstleistung „jede Tätigkeit in konkreten fremden Angelegenheiten, sobald sie eine rechtliche Prüfung des Einzelfalls erfordert". Ob eine **eigene** oder **fremde** Angelegenheit vorliegt, richtet sich danach, in wessen wirtschaftlichem Interesse die Besorgung der Angelegenheit liegt (BGH GRUR 2007, 978 Tz 21 – *Rechtsberatung durch Haftpflichtversicherer).* Wird die Angelegenheit im eigenen und im fremden Interesse besorgt, erfüllt dies nicht notwendig den Tatbestand der fremden Rechtsangelegenheit (vgl zum RBerG aF BGH aaO Tz 22 – *Rechtsberatung durch Haftpflichtversicherer).* Ein lediglich mittelbares Eigeninteresse reicht aber nicht aus. Ein unmittelbares Eigeninteresse ist anzunehmen, wenn ein Haftpflichtversicherer dem Geschädigten Hinweise gibt, die die Feststellung der Schadenshöhe durch einen von diesem beauftragten Sachverständigen betreffen (BGH GRUR 2007, 978 Tz 23 – *Rechtsberatung durch Haftpflichtversicherer).* – Als Rechtsdienstleistung gilt auch die Einziehung fremder Forderungen, wenn es als eigenständiges Geschäft betrieben wird (§ 2 II RDG; dazu Rdn 11.69). – Als Rechtsdienstleistung sind dagegen nicht die in § 2 III RDG aufgezählten Tätigkeiten (Erstattung wissenschaftlicher Gutachten usw) anzusehen.

dd) **Rechtsdienstleistung als erlaubte Nebenleistung (§ 5 RDG).** Nach § 5 I 1 RDG sind Rechtsdienstleistungen im Zusammenhang mit einer anderen Tätigkeit erlaubt, wenn sie als Nebenleistung zum Berufs- oder Tätigkeitsbild gehören. Ob eine Nebenleistung vorliegt, ist nach ihrem Inhalt, Umfang und sachlichen Zusammenhang mit der Haupttätigkeit unter Berücksichtigung der Rechtskenntnisse zu beurteilen, die für die Haupttätigkeit erforderlich sind (§ 5 I 2 RDG). Diese Regelung trägt den Art 2 I, 5 I und 12 I GG und dem Grundsatz der Verhältnismäßigkeit Rechnung und ist entsprechend auszulegen (vgl zum RBerG aF BVerfG WRP 2002, 1423, 1425; BVerfG BB 2004, 2097, 2098; BGH GRUR 2002, 985, 987 – *WISO;* BGH GRUR 2002, 993, 995 – *Wie bitte?!;* BGH GRUR 2003, 886, 887 – *Erbenermittler;* BGH WRP 2005, 330, 332 – *Testamentsvollstreckung durch Steuerberater;* BGH GRUR 2007, 245 Tz 16 – *Schulden Hulp).* Da mittlerweile nahezu alle Lebensbereiche rechtlich durchdrungen sind und eine wirtschaftliche Betätigung kaum ohne rechtsgeschäftliches Handeln möglich ist und ohne rechtliche Wirkung bleibt, ist bei der Abgrenzung nicht allein auf die rechtlichen Formen und Auswirkungen des Verhaltens abzustellen. Entscheidend ist vielmehr, ob eine individuelle rechtliche Beratung und eine rechtliche Prüfung des Einzelfalls erforderlich ist (vgl zum RBerG aF BVerfGE 97, 12, 28 f = GRUR 1998, 556, 560 – *Patentgebührenüberwachung*). Als erlaubte Nebenleistung anzusehen ist daher eine Rechtsdienstleistung, die auch andere Dienstleister ohne Beeinträchtigung der Qualität der Dienstleistung oder der Funktionsfähigkeit der Rechtspflege und der zu ihrer Aufrechterhaltung benötigten Rechtsberater erfüllen können (BVerfG GRUR 1998, 556 – *Patentgebührenüberwachung;* BGH GRUR 1998, 556, 560 – *Titelschutzanzeigen für Dritte;* BGH GRUR 2000, 729, 730 – *Sachverständigenbeauftragung;* BGH GRUR 2002, 993, 995 – *Wie bitte?!;* BGH GRUR 2003, 886, 887 – *Erbenermittler;* BGH GRUR 2005, 604, 606 – *Fördermittelberatung*).

11.65 Als erlaubte Nebenleistungen gelten nach der ausdrücklichen gesetzlichen Regelung in § 5 II RDG:

(1) **Testamentsvollstreckung.** (vgl zum RBerG aF BGH GRUR 2005, 355, 356 – *Testamentsvollstreckung durch Steuerberater;* BGH GRUR 2005, 353, 354 f – *Testamentsvollstreckung durch Banken*);

(2) **Haus- und Wohnungsverwaltung;**

(3) **Fördermittelberatung** (vgl zum RBerG aF BGH GRUR 2005, 604, 606 – *Fördermittelberatung*).

11.65a Im Übrigen ist für die Auslegung des § 5 I 2 RDG und damit für die **Abgrenzung** von Bedeutung insbes, ob der Auftraggeber im Rahmen der Geschäftsbesorgung eine besondere rechtliche Prüfung des Inhalts oder der Risiken des Geschäfts ausdrücklich wünscht oder zumindest erkennbar erwartet. Die entsprechende Erwartung richtet sich im Zweifel nach der Person und der Qualifikation des Geschäftsbesorgers, nach den verkehrstypischen Gepflogenheiten und nach den objektiven Maßstäben des jeweiligen Geschäfts (BGH GRUR 2000, 729, 730 – *Sachverständigenbeauftragung;* BGH GRUR 2003, 886, 887 – *Erbenermittler;* BGH GRUR 2005, 604, 606 – *Fördermittelberatung*). Eine erlaubnispflichtige Rechtsdienstleistung liegt vor, wenn die ordnungsmäßige Erfüllung der Tätigkeit eine umfassende Beratung auf mindestens einem Teilgebiet des Rechts auf der Grundlage von Kenntnissen und Fertigkeiten erfordert, die durch ein Studium oder durch langjährige Berufserfahrung vermittelt werden (vgl BVerfGE 97, 12, 28 f = GRUR 1998, 556 – *Patentgebührenüberwachung*). Dazu gehören zB die Schuldenregulierung, insbes Prüfung von Forderungen des Schuldners und gegen den Schuldner und die Schuldenbereinigung nach den §§ 305 ff InsO (BGH GRUR 2007, 245 Tz 76 – *Schulden Hulp*) oder die Errichtung eines Testaments (OLG Karlsruhe GRUR-RR 2007, 51, 52). Dem stehen solche Tätigkeiten wirtschaftlicher Art gegenüber, bei denen eine besondere rechtliche Prüfung weder verkehrsüblich noch vom Auftraggeber ausdrücklich gewünscht ist, sondern die notwendige rechtliche Betätigung in für die angesprochenen Verkehrskreise so geläufigen Bahnen verläuft, dass sie nicht mehr als ein Handeln auf dem Gebiet des Rechts empfunden wird (BGH GRUR 1989, 437, 439 – *Erbensucher;* BGH GRUR 2000, 729, 730 f – *Sachverständigenbeauftragung;* BGH GRUR 2003, 886, 888 – *Erbenermittler*). Entsprechende Nebenleistungen sind dadurch gekennzeichnet, dass sie typischerweise keine individuelle Beratung über rechtliche Sachverhalte unter Berücksichtigung der Umstände des Einzelfalls erfordern, dass sie nicht darauf gerichtet sind, dem Auftraggeber im Einzelfall bei auf dem Gebiet des Rechts liegenden Entscheidungsprozessen Hilfestellung zu leisten, dass die Aufgabenwahrnehmung keine maßgebliche rechtliche Vorbildung erfordert und dass sie sich auf eindeutige rechtliche Grundlagen stützen kann (vgl BVerfG GRUR 1998, 556, 560 – *Patentgebührenüberwachung*). Als erlaubte Nebenleistung ist demnach anzusehen

– die **Beschaffung von Informationen** und Tatsachenmaterial zur Geltendmachung von Ansprüchen (BVerfG NJW 2002, 3531, 3532),

– die Tätigkeit als externer **Jugendschutzbeauftragter** iSd des § 7 JMStV (OLG Düsseldorf NJW 2003, 2247),

– die Tätigkeit als **Datenschutzbeauftragter** (str; vgl die Nachw bei OLG Düsseldorf NJW 2003, 2247),

– die Werbung für eine **Umschuldung** (Anschluss- oder Umfinanzierung; OLG Hamburg GRUR-RR 2007, 20, 22).

11.66 ee) **Unentgeltliche Rechtsdienstleistungen (§ 6 RDG).** Nach § 6 I RDG sind unentgeltliche Rechtsdienstleistungen, also Rechtsdienstleistungen, die nicht im Zusammenhang mit einer entgeltlichen Tätigkeit stehen, erlaubt. Wer allerdings unentgeltliche Rechtsdienstleistungen außerhalb familiärer, nachbarschaftlicher oder ähnlich enger persönlicher Beziehungen erbringt, muss sicherstellen, dass die Rechtsberatung durch eine Person erfolgt, der die entgeltliche Erbringung dieser Rechtsdienstleistung erlaubt ist oder die die Befähigung zum Richteramt besitzt. Es reicht jedoch aus, wenn die Rechtsdienstleistung unter Anleitung einer solchen Person erbracht wird (§ 6 II RDG).

ff) Einzelfragen. (1) Medien (§ 2 III Nr 5 RDG). Keine Rechtsdienstleistung ist nach § 2 III Nr 5 RDG „die an die Allgemeinheit gerichtete Darstellung und Erörterung von Rechtsfragen und Rechtsfällen in den Medien". Das entspricht der Rspr zum früheren RBerG aF (BGH GRUR 2002, 993, 995 – *Wie bitte?!*). Das Angebot eines Fernsehsenders, Rechtsrat im Einzelfall außerhalb einer laufenden **Fernsehsendung** zu erteilen, stellt dagegen eine erlaubnispflichtige Rechtsdienstleistung dar (BGH GRUR 2002, 987, 992 f – *Wir Schuldenmacher*). Ein solches Angebot liegt aber noch nicht in der Ankündigung in einer Fernsehsendung, anrufenden Zuschauern im Studio rechtliche Ratschläge zu erteilen. Denn typischerweise handelt es sich um allgemein interessierende Fälle, es steht der belehrende Zweck im Vordergrund. Wegen des Zeitdrucks und der fehlenden Möglichkeit auf die Umstände des Einzelfalls einzugehen, kann es sich erkennbar um keinen abschließenden Rechtsrat handeln. Anrufer und Zuschauer können daher nicht erwarten, umfassend informiert und beraten zu werden (BGH GRUR 2002, 985, 987 – *WISO*). – In dem Titel „Bürgeranwalt" einer Fernsehsendung und der Bezeichnung „Bürgeranwalt-Reporter" für die Reporter dieser Sendung liegt ebenfalls keine Ankündigung einer Rechtsdienstleistung. Denn der Verkehr versteht den Begriff Bürgeranwalt nicht iSv Rechtsanwalt (BGH GRUR 2002, 996, 997 – *Bürgeranwalt*). – Das Angebot einer **Zeitschrift**, der Verlag werde Ansprüche von Lesern, die sich an den Verlag wendeten, auf ihre rechtliche Begründetheit überprüfen, stellt dagegen eine erlaubnispflichtige Rechtsberatung dar (BGH GRUR 2002, 993, 996 – *Wie bitte?!*).

(2) Betriebs- und Personalräte (§ 2 III Nr 3 RDG); Berufs- und Interessenvereinigungen, Genossenschaften (§ 7 RDG). Keine Rechtsdienstleistung ist nach § 2 III Nr 3 „die Erörterung der die Beschäftigten berührenden Rechtsfragen mit ihren gewählten Interessenvertretern, soweit ein Zusammenhang zu den Aufgaben dieser Vertretungen besteht. – Nach § 7 I RDG erlaubt sind unter bestimmten Voraussetzungen Rechtsdienstleistungen, die von Berufs- und Interessenvereinigungen (zB Automobilclubs; Mietervereine) und Genossenschaften im Rahmen ihres satzungsmäßigen Aufgabenbereichs für ihre Mitglieder erbracht werden. Jedoch muss für eine qualifizierte Rechtsdienstleistung gesorgt sein (§ 7 II RDG).

(3) Forderungsinkasso (§ 2 II RDG). Das Forderungsinkasso (Inkassodienstleistung) ist nach § 2 II RDG unabhängig vom Vorliegen der Voraussetzungen des § 7 I RDG als Rechtsdienstleistung anzusehen und ist daher nach § 3 RDG erlaubnispflichtig (vgl dazu § 10 I Nr 1, III 2, § 11 I RDG). Darunter fällt „die Einziehung fremder oder zum Zweck der Einziehung auf fremde Rechnung abgetretener Forderungen, wenn die Forderungseinziehung als eigenständiges Geschäft betrieben wird. Eine Inkassodienstleistung liegt auch dann vor, wenn ein Abschleppunternehmer die Herausgabe eines im Auftrag eines Grundeigentümers abgeschleppten Fahrzeugs von der Bezahlung der Abschleppkosten abhängig macht, weil darin ein Inkasso einer Forderung des Grundstückseigentümers liegt (OLG Naumburg GRUR-RR 2006, 169). Anders verhält es sich, wenn der Abschleppunternehmer im Auftrag der Polizei tätig geworden ist (vgl BGH GRUR 2006, 428 – *Abschleppkosten-Inkasso;* dazu § 4 Rdn 13.18 und 13.21). Keine Inkassodienstleistung ist dagegen das echte und unechte **Factoring** (BGH GRUR 2001, 357 – *Heizkraftwerke* mwN). – Die Erlaubnis zur Inkassodienstleistung schließt die Befugnis ein, die Forderungsinhaber über das Bestehen der Forderung zu beraten (BVerfG NJW 2002, 1190, 1191 f). – **Verbraucherverbände** dürfen nach § 8 I Nr 3 RDG Rechtsdienstleistungen erbringen und damit auch Verbraucherforderungen einziehen, wenn dies im Rahmen ihres Aufgaben- und Zuständigkeitsbereichs liegt (vgl auch zum RBerG aF BGH [XI. ZS] WRP 2007, 181, 185 ff).

(4) Spezielle Tätigkeiten. Die **Überwachung von Fristen** anhand verlässlicher Unterlagen ist nicht notwendig Rechtsberatung (BVerfG GRUR 1998, 556 – *Patentgebührenüberwachung;* aA noch BGH GRUR 1987, 710, 711 – *Schutzrechtsüberwachung*). – Bei der Tätigkeit eines **Erbenermittlers** kommt es auf die konkrete Aufgabenstellung an, ob § 5 RDG eingreift (vgl zum RBerG aF BGH GRUR 1989, 437, 438 – *Erbensucher;* BGH GRUR 2003, 886, 889 – *Erbenermittler*). – Die Schaltung von **Titelschutzanzeigen** für (anonym bleibende) Dritte stellt, da eine rein formalisierte Handlung, keine Rechtsdienstleistung dar (BGH GRUR 1998, 956, 957 – *Titelschutzanzeigen für Dritte*). – Das Angebot einer **Kfz-Werkstatt** im Zusammenhang mit der Erteilung eines Reparaturauftrags, einen Sachverständigen zu beauftragen, das Gutachten an die

Versicherung weiterzuleiten und einen Ersatzwagen zu reservieren, stellt keine Rechtsdienstleistung dar (BGH GRUR 2000, 729, 731 – *Sachverständigenbeauftragung*). – Die **Schuldenregulierung** stellt grds eine erlaubnispflichtige Rechtsdienstleistung dar (BGH GRUR 1987, 714, 715 – *Schuldenregulierung*); daran ändert es nichts, dass sich der Handelnde dabei der Hilfe eines Rechtsberaters bedient (BGH WRP 2009, 1380 Tz 23 ff – *Finanzsanierung*). – Die bloße **Ermittlung von Tatsachen** zur späteren Durchsetzung von Rechtsansprüchen ist keine Rechtsdienstleistung (BVerfG WRP 2002, 1423, 1424 ff). – Der Betreiber einer **Anwalts-Hotline**, der einen anwaltlichen Beratungsdienst organisiert und betreibt, ohne die Erlaubnis zur Rechtsberatung zu haben, verstößt gegen das RDG, wenn er die Beratung als eigene Leistung anbietet. Im Zweifel ist jedoch davon auszugehen, dass der Beratungsdienst nur den Vertragsschluss mit dem jeweils beratenden Anwalt vermittelt, da andernfalls der Vertrag nach § 134 BGB nichtig wäre (vgl zum RBerG aF BGH GRUR 2003, 349, 351 – *Anwaltshotline*). – Die **Stellenanzeige** einer Unternehmensgruppe mit der Angabe „TAX & LEGAL SERVICES" bei den Tätigkeitsbereichen stellt nicht deshalb einen Verstoß gegen das RDG dar, weil zur Gruppe auch eine Wirtschaftsprüfungsgesellschaft gehört, die keine Erlaubnis zur Rechtsberatung hat. Denn der verständige Leser geht nicht davon aus, dass jedes der Gruppe angehörende Unternehmen alle in der Anzeige genannten Tätigkeiten anbietet (vgl zum RBerG aF BGH GRUR 2003, 540, 541 – *Stellenanzeige*). – Rechtsdienstleistungen durch **Behörden** und **juristische Personen** sind nach § 8 I Nr 2 RDG erlaubt (vgl zum RBerG aF BGHZ 144, 68, 73 ff = GRUR 2000, 734, 735 – *Rechtsbetreuende Verwaltungshilfe*).

2. Steuerberater, unerlaubte Steuerberatung

11.71 **a) Tätigkeitsbeschränkungen für Steuerberater.** Steuerberater und Steuerbevollmächtigte unterliegen wie Anwälte gewissen Tätigkeitsbeschränkungen (vgl BGHZ 98, 330, 336 = GRUR 1987, 172, 176 – *Unternehmensberatungsgesellschaft I*). Dazu gehört das Zweigstellenverbot des § 34 II 2 StBerG. Es will sicherstellen, dass der Leiter einer Steuerberatungsstelle seine Aufgaben in angemessener Frist ausüben und auch zum Zweck eines kurzfristig notwendig werdenden Gesprächs mit einem Mandanten von einer Beratungsstelle zur anderen gelangen kann (BGH GRUR 2001, 348, 349 – *Beratungsstelle im Nahbereich*). Dabei handelt es sich nicht nur um eine Marktzutritts-, sondern zugleich um eine Marktverhaltensregelung zum Schutz der Verbraucher und sonstigen Marktteilnehmer (aA *Ullmann* GRUR 2003, 817, 822). – Einem Steuerberater ist es nach § 57 I StBerG verwehrt, Hilfe in Steuersachen zu leisten, wenn die Steuerberatungsgebühren nicht der Beratene zahlt, sondern ein Dritter, der sich aus Anlass einer von ihm für den Beratenen entfalteten kaufmännischen Beratungstätigkeit diesem und dem Steuerberater gegenüber zur Zahlung der Gebühren verpflichtet hat (BGHZ 98, 337, 339 – *Unternehmensberatungsgesellschaft II zu § 57 StBerG*). Auch insoweit handelt es sich um eine Marktverhaltensregelung iSd § 4 Nr 11 (MünchKommUWG/*Schaffert* § 4 Nr 11 Rdn 118; aA *Piper/Ohly/Sosnitza* § 4.11 Rdn 11/49). – Zur Werbung mit den Begriffen „Buchführung" oder „Buchführungsbüro" durch die in § 6 Nr 4 StBerG bezeichneten Personen vgl BGH GRUR 2008, 815 Tz 12 ff – *Buchführungsbüro*.

11.72 **b) Unerlaubte Steuerberatung.** Zur Hilfeleistung in Steuersachen (§ 1 I, II StBerG) sind nur die in den §§ 3 und 4 StBerG genannten Personen befugt (§ 5 I StBerG; zu Ausnahmen vgl § 6 StBerG). Eine zur Hilfeleistung in Steuersachen nicht befugte Unternehmensberatungsgesellschaft darf Steuerberatung auch nicht durch von ihr beauftragte und bezahlte Steuerberater als ihre Erfüllungsgehilfen ausüben (BGHZ 98, 330, 335 = GRUR 1987, 172, 175 f – *Unternehmensberatungsgesellschaft I zu § 5 StBerG*; vgl auch BGHZ 98, 337, 339 – *Unternehmensberatungsgesellschaft II zu § 57 StBerG*). Dieses Verbot soll die Unabhängigkeit des Steuerberaters schützen und stellt eine Marktverhaltensregelung zum Schutze der Verbraucher und sonstigen Marktteilnehmer dar (BGH, GRUR 2007, 994 Tz 13 – *Gefälligkeit* zu § 4 Nr 11 lit b StBerG; OLG Brandenburg GRUR-RR 2006, 167). – Zur irreführenden oder „überschießenden" Werbung von Personen, die nur im Rahmen von § 6 Nr 3 und 4 StBerG zur Hilfeleistung in Steuersachen befugt sind, vgl BGH GRUR 2002, 77, 79, 80 – *Rechenzentrum*; OLG Brandenburg GRUR-RR 2006, 167: Werbung unter Verwendung des Begriffs „Buchführung".

3. Ärzte

11.73 **a) Allgemeines.** Die Ausübung des ärztlichen Berufs setzt grds die **Approbation** voraus (§ 2 BÄO). Dabei handelt es sich nicht nur um eine Marktzutritts-, sondern zugleich um eine

Marktverhaltensregelung (vgl BGH GRUR 2002, 825, 826 – *Elektroarbeiten; Köhler* GRUR 2001, 777, 781). Die Ausübung der Heilkunde ohne entsprechende Bestallung oder Erlaubnis ist daher eine unlautere geschäftliche Handlung iSd § 4 Nr 11.

b) Einzelne Beschränkungen. Die **Berufsordnungen der Landesärztekammern** (BOÄ) die weitgehend die **Musterberufsordnung** des Deutschen Ärztetags (Stand 2004) übernehmen, sehen vielfältige Beschränkungen vor. Sie – und nicht etwa die MBO – stellen Gesetze im materiellen Sinne dar (BVerfGE 33, 125, 155 f; OLG Köln GRUR-RR 2006, 600; *Piper*, FS Brandner, 1996, 451) und sind verfassungsrechtlich (Art 12 GG) zulässig, soweit sie dem Schutz der Bevölkerung vor unsachlicher Beeinflussung und vor Gefahren für die ärztliche Versorgung dienen und dem Grundsatz der Verhältnismäßigkeit entsprechen (vgl OLG Nürnberg WRP 1997, 1212, 1217; OLG Schleswig GRUR 2004, 171, 173). Eine Gefahr für die medizinische Versorgung ist insb dann gegeben, wenn sich der Arzt von kommerziellen Gesichtspunkten leiten lässt. Ob die einzelnen Regelungen Marktverhaltensregelungen iSd § 4 Nr 11 sind, ist durch Auslegung zu ermitteln. Jedenfalls gehören die Regelungen über die Abgabe von Waren und Erbringung von Dienstleistungen außerhalb der Therapie (**§ 3 II MBO**, dazu BGH GRUR 2005, 875, 876 – *Diabeteststreifen;* BGH GRUR 2008, 816 Tz 19 ff – *Ernährungsberatung;* BGH GRUR 2009, 977 Tz 15 ff – *Brillenversorgung I;* OLG Celle GRUR-RR 2007, 109, 110; OLG Stuttgart GRUR-RR 2008, 429, 430) und über das berufliche Verhalten (§§ 17–35 MBO) dazu (vgl auch BGH GRUR 2003, 798 – *Sanfte Schönheitschirurgie*). Zu **§ 27 III BayBOÄ** vgl BVerfG GRUR 2006, 425. – Zu **§ 32, 33 II BayBOÄ** vgl OLG München GRUR-RR 2010, 305, 306, 307. – Zu **§ 34 I** und **V MBO** vgl BGH GRUR 2000, 1080, 1082 – *Verkürzter Versorgungsweg.* – Zu **§§ 3 II, 34 V MBO** vgl BGH GRUR 2005, 875, 876 – *Diabeteststreifen;* BGH GRUR 2008, 816 Tz 19 ff, 23 – *Ernährungsberatung;* BGH GRUR 2009, 977 Tz 14 ff, 22 ff – *Brillenversorgung I;* OLG Köln GRUR-RR 2003, 285; OLG Köln GRUR-RR 2006, 600, 602 f; OLG Koblenz WRP 2008, 145, 147; OLG Düsseldorf GRUR-RR 2009, 179, 180; OLG Saarbrücken GRUR-RR 2008, 84, 85 und OLG Stuttgart GRUR-RR 2008, 429, 430 (Anstiftung zu Verstoß gegen Vorschrift, die § 34 V MBO entspricht); OLG Celle WRP 2007, 198, 199 ff. – Zu **§ 32 MBO** vgl OLG Schleswig GRUR 2004, 171.

4. Zahnärzte

Nach § 1 ZHG (Gesetz über die Ausübung der Zahnheilkunde v 16. 4. 1987, BGBl I 1225) ist die Ausübung der Zahnheilkunde durch andere Personen als Zahnärzte unzulässig. Jedoch steht § 1 ZHG dem Angebot einer GmbH oder eines anderen erwerbswirtschaftlich ausgerichteten Unternehmens, (auch) ambulante Zahnbehandlungen als eigene vertragliche Leistungen durch approbierte Zahnärzte zu erbringen, nicht grds entgegen (BGHZ 124, 224 ff = WRP 1994, 172 ff – *GmbH-Zahnbehandlungsangebot*).

5. Apotheker

a) Allgemeines. Die Tätigkeit des Apothekers ist im **Apothekengesetz** (Gesetz über das Apothekenwesen v 15. 10. 1980, BGBl I 1993, zuletzt geändert durch Gesetz v 23. 8. 1994, BGBl I 2189) sowie in der **Apothekenbetriebsordnung** und in den **Berufsordnungen** der Apothekerkammern geregelt. Diese Vorschriften stellen Beschränkungen der Berufsfreiheit (Art 12 GG) dar und sind daher nur insoweit verfassungskonform, als sie dem legitimen Zweck der Sicherstellung einer ordnungsgemäßen Versorgung der Bevölkerung mit Arzneimitteln dienen (vgl § 1 I ApothekenG) und dem Grundsatz der Verhältnismäßigkeit entsprechen (grundlegend dazu BVerfGE 94, 372 = GRUR 1996, 899 – *Werbeverbot für Apotheker;* BVerfGE 107, 186 = NJW 2003, 1027).

b) Einzelne Beschränkungen. Nach § 1 II ApothekenG bedarf der Betrieb einer Apotheke der Erlaubnis der zuständigen Behörde. Dabei handelt es sich nicht nur um eine Marktzutrittsregelung, sondern zugleich um eine Marktverhaltensregelung, so dass § 4 Nr 11 anwendbar ist. Denn dadurch soll im Interesse der Verbraucher sichergestellt werden, dass Arzneimittel nur von fachkundigen und zuverlässigen Personen abgegeben werden (OLG Saarbrücken GRUR 2007, 344, 345; zu § 1 aF vgl BGH GRUR 1981, 280, 281 – *Apothekenbegünstigung;* BGH GRUR 1981, 282, 283 – *Apothekenbotin;* BGH GRUR 1982, 313, 315 f – *Rezeptsammlung für Apotheker;* BGH GRUR 1983, 249 – *Apothekenwerbung*). Nach § 1 III, §§ 6, 7 ApothekenG darf der Apotheker seine Tätigkeit aus gesundheitspolitischen Gründen zur Sicherung der Arzneimittelversorgung der Bevölkerung nur in den in der Erlaubnisurkunde bezeichneten Betriebsräumen ausüben. Für die Berufsausübung im Einzelnen ist die **Apothekenbetriebsordnung** (ApoBetrO) zu beachten (dazu BGH GRUR 1988, 767, 768 – *Ernährungsbroschüre;* BGH GRUR 1999, 1014, 1015 f – *Verkaufsschütten vor Apotheken;* BGH GRUR 2001, 352, 353 – *Kompressionsstrümpfe;* BGH GRUR 2004, 701, 702 – *Klinik-Packung II*). Jedoch ist dabei stets zu prüfen, ob die jeweilige Vorschrift eine Marktverhaltensregelung enthält. Das ist zu bejahen bei Vorschriften, die den Verkauf in Apotheken regeln (OLG Oldenburg WRP 2008, 138, 140), zu verneinen bei Vorschriften, die lediglich die Herstellung eines Arzneimittels regeln (OLG München GRUR-RR 2006, 343, 344 zu § 8 ApoBetrO). – Für **Rezeptsammelstellen** gilt: Ausnahmen von der Beschränkung auf die Betriebsräume bestehen für die Bedienung genehmigter Rezeptsammelstellen, die aber nicht bei Angehörigen der Heilberufe eingerichtet werden dürfen (§ 24 II ApoBetrO). Unzulässig ist daher – als Betätigung außerhalb der Apothekenbetriebsräume – die Sammlung und Weiterleitung von Rezepten durch den behandelnden Arzt (BGH GRUR 1981, 280, 281 – *Apothekenbegünstigung*). Unzulässig ist ferner das Einsammeln und Verbringen von Rezepten in die Apothekenbetriebsräume durch Apothekenangestellte oder Dritte im Auftrag oder mit (stillschweigender) Duldung des Apothekers (BGH GRUR 1981, 282, 283 – *Apothekenbotin;* BGH GRUR 1982, 313, 314 f – *Rezeptsammlung für Apotheker*). Zulässig ist dagegen das Sammeln von Rezepten über rezept- und apothekenfreie Medizinprodukte (OLG Naumburg GRUR-RR 2003, 114). – Unzulässig nach § 25 ApoBetrO ist der Vertrieb von **nicht apothekenähnlichen Waren** (LG Oldenburg WRP 2007, 1123). – Medizinische Kompressionsstrümpfe dürfen als Mittel zur Krankenpflege iSd § 25 Nr 2 ApoBetrO in der Apotheke in den Verkehr gebracht werden, jedoch nur in einem Umfang, der den ordnungsmäßigen Betrieb der Apotheke und den Vorrang des Arzneimittelversorgungsauftrags (§ 2 IV ApoBetrO) nicht beeinträchtigt (BGH GRUR 2001, 352 f – *Kompressionsstrümpfe*). – Krankenhausversorgende Apotheken dürfen sog Klinik- oder Anstaltspackungen zwar nicht zum Zweck des Einzelverkaufs außerhalb der Krankenhäuser (BGH GRUR 1990, 1010, 1012 – *Klinikpackung I*), wohl aber an Justizvollzugsanstalten abgeben (BGH GRUR 2004, 701, 703 – *Klinikpackung II* zu § 14 ApothekenG). Liegt eine unerlaubte Weitergabe an Pharmahändler vor, so kann dafür aber nicht der Pharmahändler in Anspruch genommen werden, da dieser nicht Normadressat ist und aus diesem Grunde auch eine Störerhaftung nicht in Betracht kommt (OLG Hamburg GRUR-RR 2006, 339, 341 f). – Der Verkauf von geringwertigen Weihnachtsartikeln in einer Apotheke ist ein von der ApoBetrO nicht erfasstes und somit (arg Art 12 I 2 GG) grds zulässiges **Nebengeschäft** iSd § 21 II Nr 8 ApothekenG (OLG Oldenburg WRP 2008, 138, 141).

6. Heilpraktiker

11.78 Nach **§ 1 I HPG** (Heilpraktikergesetz v 17. 2. 1939, RGBl I 251, zuletzt geändert durch Gesetz v 2. 3. 1974, BGBl I 469) ist die Ausübung der Heilkunde ohne **Erlaubnis** verboten (dazu BGH GRUR 1981, 665, 666 – *Knochenbrecherin;* BGH GRUR 1992, 175, 176 – *Ausübung der Heilkunde;* BGH GRUR 1999, 512, 513 – *Optometrische Leistungen I;* OLG Düsseldorf GRUR-RR 2003, 14). Dabei handelt es sich nicht nur um eine Marktzutrittsregelung, sondern zugleich um eine **Marktverhaltensregelung**, so dass § 4 Nr 11 anwendbar ist (OLG Celle GRUR-RR 2008, 427, 428). Nach § 1 II HPG ist Ausübung der Heilkunde jede berufs- und gewerbsmäßig vorgenommene Tätigkeit zur Feststellung, Heilung oder Linderung von Krankheiten oder Körperschäden, auch wenn sie im Dienst eines anderen ausgeführt wird. Diese ihrem Wortlaut nach sehr weite Begriffsbestimmung erfordert im Hinblick auf Art 12 I GG Einschränkungen (BGH GRUR 2001, 1170, 1171 – *Optometrische Leistungen II*). Denn bei wörtlichem Verständnis der Vorschrift würden auch zahlreiche heilkundliche Verrichtungen handwerklicher oder technischer Art unter das Ausübungsverbot des § 1 HPG fallen. Dies aber sollte ersichtlich nicht der Sinn und Zweck des Gesetzes sein (BGH NJW 1972, 1132, 1133). Das Ausübungsverbot erfasst daher nur Tätigkeiten, die ärztliche Fachkenntnisse voraussetzen und gesundheitliche Schädigungen zur Folge haben können. Insoweit können uU auch schon mittelbare Gesundheitsgefährdungen das Ausübungsverbot rechtfertigen, wenn das frühzeitige Erkennen ernster Leiden, das ärztliches Fachwissen voraussetzt, verzögert wird und die Wahrscheinlichkeit einer solchen Gefährdung nicht nur geringfügig ist (BVerfG NJW 2000, 2736, 2737; BGH GRUR 2001, 1170, 1172 – *Optometrische Leistungen II*). Doch kann der mittelbaren Gefährdung der Gesundheit der Kunden ggf durch einen aufklärenden Hinweis begegnet werden, dass die betreffende Tätigkeit eine ärztliche Behandlung nicht ersetzt. Dazu ist Schriftlichkeit des Hinweises nicht erforderlich (BGH GRUR 2005, 607, 608 – *Optometrische Leistungen III*). Auch reicht die Möglichkeit, dass ein gebotener Arztbesuch unterbleibt, für eine mittelbare Gesundheitsgefährdung nicht aus (BVerfG NJW-RR 2004, 705). Ein Verstoß gegen § 1 I HPG liegt daher nicht vor, wenn physiotherapeutische Leistungen gegen Gutschein angeboten werden, ohne dass gleichzeitig ein Hinweis erfolgt, dass für die Abgabe eine ärztliche Verordnung erforderlich ist (OLG Celle GRUR-RR 2008, 427, 428). Der Erlaubnispflicht nach § 1 I HPG unterfallen außerdem nur Tätigkeiten, die unmittelbar der Beratung und Behandlung dienen. Zulässig ist es daher, wenn eine **GmbH** durch Heilpraktiker, denen eine Erlaubnis erteilt ist, Heilkunde ausüben lässt (BGH NJW 1972, 1132, 1133 – *Ausübung der Heilkunde*). Nach **§ 3 HPG** ist die unbefugte Ausübung der Heilkunde im Umherziehen untersagt (dazu BGH GRUR 1957, 606, 608 – *Heilmittelvertrieb*).

7. Handwerker

Nach § 1 HandwO setzt die Ausübung eines Handwerks in einem selbstständigen Betrieb die **11.79** Eintragung in die Handwerksrolle und diese wiederum die Meisterprüfung voraus. Die Zuordnung einer bestimmten Tätigkeit zu einem bestimmten Handwerk entscheidet sich danach, ob sie den Kernbereich eines bestimmten Handwerks ausmacht und ihm sein essenzielles Gepräge gibt. Nicht dazu gehören Tätigkeiten, die ohne Beherrschung in handwerklicher Schulung erworbener Kenntnisse und Fertigkeiten einwandfrei und gefahrlos ausgeführt werden können (BGH GRUR 2001, 352, 354 – *Kompressionsstrümpfe*). Ebenso wenig gehören (zahn)ärztliche Leistungen hierher (BGH GRUR 1980, 246 – *Praxiseigenes Zahnlabor*; BGH GRUR 2000, 1080, 1081 – *Verkürzter Versorgungsweg*; BGH GRUR 2009, 977 Tz 18 – *Brillenversorgung I*). Handwerksbetriebe dürfen nur bestimmte gewerbliche Tätigkeiten entsprechend den Berufsbildern ausführen. Die Regelungen der HandwO stellen Berufszulassungs- und damit Marktzutrittsregelungen dar (an deren Verfassungsmäßigkeit Zweifel bestehen; vgl BVerfG WRP 2006, 463 Tz 20 ff; aA OLG Nürnberg GRUR-RR 2007, 45, 47). Eine andere Frage ist es, ob diese Vorschriften auch das **Marktverhalten** im Interesse der Marktteilnehmer regeln. Das ist insoweit anzunehmen, als sie eine bestimmte Qualität, Sicherheit oder Unbedenklichkeit der hergestellten Waren oder angebotenen Dienstleistungen gewährleisten sollen (OLG Frankfurt GRUR 2005, 695). Im Hinblick auf § 3 II HandwO ist dies aber fraglich (vgl BVerfG WRP 2000, 716, 718; *Ullmann* GRUR 2003, 817, 824). Entgegen der früheren Rspr zu § 1 aF (vgl BGH GRUR 1989, 432 – *Kachelofenbauer I*; BGH GRUR 1992, 123 – *Kachelofenbauer II*; BGH GRUR 1993, 397, 399 – *Trockenbau*) ist daher eine diff Betrachtung geboten. – Wer mit Leistungen wirbt, die Handwerksbetrieben vorbehalten sind, selbst aber nicht in die Handwerksrolle eingetragen ist, handelt außerdem unlauter iSd §§ 3, 5 I 2 Nr 3 (vgl OLG Nürnberg GRUR-RR 2007, 45, 47; § 5 Rdn 5.132).

8. Sonstige Berufszugangs- und Berufsausübungsregelungen

Von sonstigen Regelungen des Berufszugangs und der Berufsausübung, die (zugleich) als **11.80** Marktverhaltensregelungen iSd § 4 Nr 11 in Betracht kommen, sind zu erwähnen:

FahrlehrerG (FahrlG). Das Erfordernis der **Fahrlehrerlaubnis** nach § 1 I 1 FahrlG stellt **11.81** nicht nur eine Marktzutritts-, sondern zugleich eine Marktverhaltensregelung dar, weil die Fahrschulausbildung der Sicherheit im Straßenverkehr und damit zumindest auch dem Schutz von Leben und Gesundheit der Fahrschüler als Verbraucher dient (vgl auch BGH GRUR 1991, 768 – *Fahrschulunterricht*).

Gewerbeordnung (GewO) idF der Bek v 22. 2. 1999 (BGBl I 202). Die **Anzeigepflicht** **11.82** nach § 14 GewO (dazu BGH GRUR 1963, 578 – *Sammelbesteller*) bezweckt lediglich, die behördliche Überwachung zu ermöglichen (§ 14 I 3 GewO) und stellt daher keine Marktverhaltensregelung dar. Die **Erlaubnispflicht** für Ausübung bestimmter Gewerbe (§§ 30, 33 a, 33 c, 33 d, 33 i, 34, 34 a, 34 b, 34 c, 34 d GewO) stellt zwar eine Marktzutrittsregelung dar. Sie dient aber auch dem Schutz der Verbraucher vor einer Gefährdung ihrer Rechtsgüter durch unzuverlässige Personen und ist daher zugleich eine Marktverhaltensregelung (zu § 34 IV GewO vgl BGH GRUR 2009, 886 Tz 17 – *Die clevere Alternative*; zu §§ 33 c, 33 d GewO vgl OLG Saarbrücken WRP 2003, 777; zu § 34 c GewO vgl BGH GRUR 1976, 635 – *Sonderberater in Bausachen*; LG Stuttgart WRP 2006, 918 LS; zu § 34 d GewO LG Wiesbaden GRUR-RR 2008, 359). § 34 IV GewO dabei verbietet jedermann und nicht nur den gewerblichen Pfandleihern den Rückkaufhandel (BGH GRUR 2009, 886 Tz 20 ff – *Die clevere Alternative*); Verstöße hiergegen stellen auch keine Bagatellverstöße iSd § 3 I und II dar (BGH GRUR 2009, 886 Tz 28 – *Die clevere Alternative*).

11.83 PersonenbeförderungsG (PBefG). Das Genehmigungserfordernis der §§ 2 I, 13 I PBefG stellt (zugleich) eine Marktverhaltensregelung dar (KG GRUR 2007, 515, 516; MünchKomm-UWG/*Schaffert* § 4 Nr 11 Rdn 137). Das **Rückkehrgebot** des § 49 IV PBefG stellt eine Marktverhaltensregelung im Interesse der Mitbewerber und der Verbraucher dar (vgl BGH GRUR 1988, 831 – *Rückkehrpflicht I;* BGH GRUR 1990, 49 – *Rückkehrpflicht II;* BGH GRUR 1989, 835 – *Rückkehrpflicht III;* BGH NJW 1990, 1366 – *Rückkehrpflicht IV;* BVerfG GRUR 1990, 199 – *Rückkehrgebot*). Dagegen dient § 49 IV 4 PBefG lediglich der behördlichen Überwachung und stellt keine Marktverhaltensregelung dar (MünchKommUWG/*Schaffert* § 4 Nr 11 Rdn 137).

11.83a RettungsG NRW. Das Genehmigungserfordernis für Krankentransporte nach § 18 RettG NRW stellt (zugleich) eine Marktverhaltensregelung zum Schutz der zu befördernden Personen dar (BGH GRUR 2009, 881 Tz 14 – *Überregionaler Krankentransport*).

II. Werbeverbote und -beschränkungen

1. Unions- und verfassungsrechtliche Vorgaben

11.84 Die Liberalisierung des Lauterkeitsrechts hat auch vor den berufsbezogenen Werbeverboten und -beschränkungen nicht Halt gemacht. Werbung ist grds erlaubt, auch wenn sie darauf abzielt, Kunden zu Lasten der Konkurrenz zu gewinnen (BVerfG NJW 2004, 3765, 3767). Im Anwendungsbereich der **Dienstleistungsrichtlinie 2006/113/EG** (vgl Art 2) sind jedoch die Bestimmungen in Art 24 für reglementierte Berufe zu beachten. (Zum Begriff der reglementierten Berufe vgl Art 4 Nr 11 Dienstleistungsrichtlinie iVm Art 3 I lit a Richtlinie 2005/36/EG). Nach Art 24 I Dienstleistungsrichtlinie sind **absolute Werbeverbote** aufzuheben. Nach Art 24 II 2 Dienstleistungsrichtlinie müssen **Werbebeschränkungen „nicht diskriminierend, durch einen zwingenden Grund des Allgemeininteresses gerechtfertigt und verhältnismäßig sein".** (Zum Begriff der zwingenden Gründe des Allgemeininteresses vgl die Definition in Art 2 Nr 8 Dienstleistungsrichtlinie. Dazu gehören insbes die öffentliche Ordnung, die Lauterkeit des Handelsverkehrs und der Schutz der Verbraucher, der Dienstleistungsempfänger und der Arbeitnehmer). Die Dienstleistungsrichtlinie war nach deren Art 44 I bis zum 28. 12. 2009 umzusetzen. Von diesem Zeitpunkt an sind die nationalen Werbebeschränkungen für reglementierte Berufe richtlinienkonform auszulegen. Eine verfassungskonforme Auslegung der berufsbezogenen Werbebeschränkungen am Maßstab des **Grundrechts aus Art 12 GG,** wie sie in der Vergangenheit vom BVerfG vorgenommen wurde (dazu *Lorz* NJW 2002, 169), kommt daher nur noch für die von der Dienstleistungsrichtlinie gemäß deren Art 2 II nicht erfassten Tätigkeiten in Betracht, wie zB Gesundheitsdienstleistungen und notarielle Tätigkeiten. Die vom BVerfG herausgearbeiteten Grundsätze stimmen allerdings mit den Anforderungen der Dienstleistungsrichtlinie weitgehend überein. Sie lassen sich daher auch unter der Geltung der Dienstleistungsrichtlinie heranziehen. Nach der Rspr des BVerfG sind Werbeverbote und -beschränkungen **Berufsausübungsregelungen.** Sie waren daher auch bisher nur zulässig, soweit sie mit Art 12 I 2 GG vereinbar waren. Sie mussten daher durch **Gemeinwohlerwägungen** (Schutz der Volksgesundheit, der Rechtspflege usw) gedeckt sein (BVerfGE 94, 372 = GRUR 1996, 899 – *Werbeverbote für Apotheker;* BVerfG NJW 2002, 3091; BVerfG NJW 2003, 879) und dem Grundsatz der **Verhältnismäßigkeit** entsprechen (BVerfG NJW 2003, 344; BVerfG NJW 2004, 3765, 3767). Dementsprechend waren sie verfassungskonform dahin auszulegen, dass nur die **berufswidrige Werbung** unzulässig ist (BVerfG GRUR 2006, 425 – *Informationen über Behandlungsmethoden;* BVerfG GRUR 2003, 966, 967 – *Internetwerbung von Zahnärzten*). – Werbebeschränkungen für Freiberufler wurden vom EGMR am Maßstab des **Art 10 EMRK** (Freiheit der Meinungsäußerung) gemessen (vgl EGMR NJW 2003, 497 – *Stambuk;* EGMR GRUR-RR 2009, 173, 174 – *Gebührenhöchstbetrag;* EGMR GRUR-RR 2009, 175 – *Verkehrsspezialist*).

2. Anwälte

11.85 a) Allgemeines. Nach **§ 43 b BRAO** sind der Werbung des Rechtsanwalts Grenzen gesetzt. Die Vorschrift lautet:

BRAO § 43 b Werbung

Werbung ist dem Rechtsanwalt nur erlaubt, soweit sie über die berufliche Tätigkeit in Form und Inhalt sachlich unterrichtet und nicht auf die Erteilung eines Auftrags im Einzelfall gerichtet ist.

Diese Vorschrift ist verfassungskonform (Art 12 GG) dahin zu auszulegen, dass Werbung nicht grds verboten, sondern erlaubt ist. Sie konkretisiert die verfassungsrechtlich garantierte Werbefreiheit (BGH GRUR 2005, 520, 521 – *Optimale Interessenvertretung*). Daher bedarf nicht die Zulassung der Werbung, sondern ihre Beschränkung der Rechtfertigung durch Gründe des Allgemeinwohls unter Wahrung des Grundsatzes der Verhältnismäßigkeit (vgl BGHZ 147, 71, 74 = GRUR 2002, 84 – *Anwaltswerbung II;* BGH NJW 2001, 2886). Eine Konkretisierung der Werbebeschränkung durch § 43 b BRAO enthalten die **§§ 6–10 BORA** (Berufsordnung für Rechtsanwälte), die auf der Grundlage des § 59 b BRAO erlassen wurden (dazu BVerfG WRP 2001, 1284; *Kleine-Cosack* NJW 1997, 1257; *Remmertz* NJW 1997, 2785). **Rechtsbeiständen** ist, wie aus einer verfassungskonformen (Art 12 GG) Auslegung des RDG folgt, die Werbung in gleichem Umfang wie Rechtsanwälten erlaubt. Maßstab ist daher ebenfalls § 43 b BRAO (vgl BGH GRUR 2007, 165 Tz 12 – *Erbenermittler als Rechtsbeistand;* KG NJW 2003, 2176).

Berufsordnung für Rechtsanwälte

in der Fassung der Bekanntmachung vom 1. Juli 2006, zuletzt geändert durch BRAK-Beschlüsse vom 6. 11. 2009 (BRAK-Mitt. 2010, 69)

Zweiter Abschnitt. Besondere Berufspflichten im Zusammenhang mit der Werbung

§ 6 Werbung

(1) Der Rechtsanwalt darf über seine Dienstleistung und seine Person informieren, soweit die Angaben sachlich unterrichten und berufsbezogen sind.

(2) [1] Die Angabe von Erfolgs- und Umsatzzahlen ist unzulässig. [2] Hinweise auf Mandate und Mandanten sind nur zulässig, soweit der Mandant ausdrücklich eingewilligt hat.

(3) Der Rechtsanwalt darf nicht daran mitwirken, dass Dritte für ihn Werbung betreiben, die ihm selbst verboten ist.

§ 7 Benennung von Teilbereichen der Berufstätigkeit

(1) [1] Unabhängig von Fachanwaltsbezeichnungen darf Teilbereiche der Berufstätigkeit nur benennen, wer seinen Angaben entsprechende Kenntnisse nachweisen kann, die in der Ausbildung, durch Berufstätigkeit, Veröffentlichungen oder in sonstiger Weise erworben wurden. [2] Wer qualifizierende Zusätze verwendet, muss zusätzlich über entsprechende theoretische Kenntnisse verfügen und auf dem benannten Gebiet in erheblichem Umfang tätig gewesen sein.

(2) Benennungen nach Absatz 1 sind unzulässig, soweit sie die Gefahr einer Verwechslung mit Fachanwaltschaften begründen oder sonst irreführend sind.

(3) Die vorstehenden Regelungen gelten für Berufsausübungsgemeinschaften nach § 9 entsprechend.

§ 7 a Mediator

Als Mediator darf sich bezeichnen, wer durch geeignete Ausbildung nachweisen kann, dass er die Grundsätze des Mediationsverfahrens beherrscht.

§ 8 Kundgabe beruflicher Zusammenarbeit

[1] Auf eine berufliche Zusammenarbeit darf nur hingewiesen werden, wenn sie in einer Sozietät, in sonstiger Weise (Anstellungsverhältnis, freie Mitarbeit) mit sozietätsfähigen Personen im Sinne des § 59 a Bundesrechtsanwaltsordnung oder in einer auf Dauer angelegten und durch tatsächliche Ausübung verfestigten Kooperation erfolgt. [2] Zulässig ist auch der Hinweis auf die Mitgliedschaft in einer Europäischen Wirtschaftlichen Interessenvereinigung.

§ 9 Kurzbezeichnungen

[1] Bei gemeinschaftlicher Berufsausübung, soweit sie in einer Sozietät, Partnerschaftsgesellschaft oder in sonstiger Weise (Anstellungsverhältnis, freie Mitarbeit) mit sozietätsfähigen Personen im Sinne des § 59 a Bundesrechtsanwaltsordnung erfolgt, darf eine Kurzbezeichnung geführt werden. [2] Diese muss bei der Unterhaltung mehrerer Kanzleien einheitlich geführt werden.

§ 10 Briefbögen

(1) [1] Der Rechtsanwalt hat auf Briefbögen seine Kanzleianschrift anzugeben. [2] Werden mehrere Kanzleien, eine oder mehrere Zweigstellen unterhalten, so ist für jeden auf den Briefbögen Genannten seine Kanzleianschrift (§ 31 BRAO) anzugeben.

(2) [1] Auf Briefbögen müssen auch bei Verwendung einer Kurzbezeichnung die Namen sämtlicher Gesellschafter mit mindestens einem ausgeschriebenen Vornamen aufgeführt werden. [2] Gleiches gilt für Namen anderer Personen, die in einer Kurzbezeichnung gemäß § 9 enthalten sind. [3] Es muss mindestens eine der Kurzbezeichnungen entsprechende Zahl von Gesellschaftern, Angestellten oder freien Mitarbeitern auf den Briefbögen namentlich aufgeführt werden.

(3) Bei beruflicher Zusammenarbeit mit Angehörigen anderer Berufe sind die jeweiligen Berufsbezeichnungen anzugeben.

(4) Ausgeschiedene Kanzleiinhaber, Gesellschafter, Angestellte oder freie Mitarbeiter können auf den Briefbögen nur weitergeführt werden, wenn ihr Ausscheiden kenntlich gemacht wird.

Diese Normen bezwecken die Sicherung der Unabhängigkeit des Rechtsanwalts als eines Organs der Rechtspflege (§ 1 BRAO). Denn mit der Stellung eines Rechtsanwalts ist im Interesse des rechtsuchenden Bürgers eine Werbung unvereinbar, die ein reklamehaftes Anpreisen in den Vordergrund stellt und mit der eigentlichen Leistung des Anwalts und dem unabdingbaren Vertrauensverhältnis im Rahmen eines Mandats nichts mehr zu tun hat (BVerfG GRUR 2003, 965 – *Interessenschwerpunkt „Sportrecht")*. Es handelt sich somit um **Marktverhaltensregelungen,** die dem Interesse der Marktteilnehmer, insbes der Verbraucher, dienen (BGH GRUR 2005, 520, 521 – *Optimale Interessenvertretung;* OLG Stuttgart WRP 2008, 513, 515; vgl auch *Bornkamm* WRP 1993, 643, 645). Verstöße stellen daher unlautere geschäftliche Handlungen iSd § 4 Nr 11 dar. Allerdings sind diese Vorschriften, da sie die Berufsausübung einschränken, im Lichte des Art 24 II 2 Dienstleistungsrichtlinie auszulegen und anzuwenden (Rdn 11.84). Entsprechende Grundsätze hat das BVerfG aus Art 12 I 2 GG entnommen (BVerfG NJW 2004, 3765; BVerfG GRUR 2008, 618 Tz 11 ff – *Anwaltsdienste bei eBay*). Die genannten Werbebeschränkungen sind auch nicht als abschließende Regelung zulässiger anwaltlicher Werbung zu verstehen (BGH WRP 2001, 537, 538 – *Kanzleibezeichnung;* OLG Frankfurt NJW 2005, 157, 158).

11.86 **b) Begriff der Werbung in § 43 b BRAO.** Unter **Werbung** iSd § 43 b BRAO ist ein Verhalten zu verstehen, das planvoll darauf angelegt ist, andere dafür zu gewinnen, die Leistung desjenigen in Anspruch zu nehmen, für den geworben wird (BVerfG NJW 2004, 3765, 3767; BVerfG GRUR 2008, 618 Tz 16 – *Anwaltsdienste bei eBay;* BGHZ 147, 71, 73 = GRUR 2002, 84 – *Anwaltswerbung II;* OLG Hamburg NJW 2005, 2783, 2785). Darunter fällt auch die Aufmerksamkeitswerbung (BVerfG WRP 2000, 720, 721 – *Sponsoring* = NJW 2000, 3195; aA *Koch*, FS Erdmann, 2002, 613, 617), aber auch das Angebot anwaltlicher Beratungsleistungen auf der Plattform eines Internetauktionshauses (BVerfG GRUR 2008, 618 Tz 16 – *Anwaltsdienste bei eBay*). Nicht dagegen wird ein bloß werbewirksames Verhalten, wie zB die grafische und farbliche Gestaltung eines Briefbogens, erfasst (vgl BVerfG GRUR 1998, 71, 72 – *Notarwerbung II; Koch*, FS Erdmann, 2002, 613, 616).

11.87 **c) Zulässigkeit der Werbung. aa) Erfordernis der berufsbezogenen Unterrichtung.** Die Werbung muss auf eine berufsbezogene Unterrichtung angelegt sein (§ 43 b BRAO; § 6 I BORA), also einen – allerdings weit zu fassenden – Zusammenhang mit dem Beruf des Anwalts aufweisen. Sie kann sich auf erworbene Qualifikationen, Kenntnisse und Fähigkeiten beziehen (BVerfGE 33, 125, 170; BVerfG GRUR 2003, 965, 966 – *Interessenschwerpunkt „Sportrecht")*, aber auch auf einen Hinweis auf die Tätigkeit als Rechtsanwalt (Aufmerksamkeitswerbung) beschränken (vgl BVerfG WRP 2000, 720, 721 – *Sponsoring;* BGH GRUR 2002, 902, 904 f – *Vanity-Nummer)*. Die Werbung muss sich auch nicht auf die Mitteilung nüchterner Fakten beschränken (BVerfG NJW 2004, 3565, 3567; BGH GRUR 2005, 520, 521 – *Optimale Interessenvertretung)*. Daher können auch Informationen über die Art der beabsichtigten Zusammenarbeit (zB „Ihr Partner in Sachen ...") oder die Atmosphäre bei der Erbringung der Dienstleistung zulässig sein. Maßgeblich ist, ob die Werbeaussagen ein legitimes Informationsinteresse der Nachfrager befriedigen (BVerfG NJW 2004, 3765, 3767). Entsprechen Form und Inhalt den beruflichen Aufgaben und enthält die Werbung im Wesentlichen berufsbezogene Aussagen, ist sie nicht berufswidrig (BVerfG NJW 2004, 3765, 3767). Das Sachlichkeitsgebot erfordert nicht einmal einen Überschuss der Sachinformation gegenüber der Anlockwirkung der Werbung (BVerfG GRUR 2004, 164, 166 – *Arztwerbung im Internet;* BGH GRUR 2010, 349 Tz 25 – *EKW-Steuerberater)*.

11.88 **bb) Erfordernis der Sachlichkeit der Unterrichtung.** Form und Inhalt der Selbstdarstellung des Anwalts dürfen nicht unsachlich sein (BGH GRUR 2005, 520, 521 – *Optimale Interessenvertretung)*.

(1) Form der Unterrichtung. Es dürfen keine Formen der Werbung gewählt werden, die von vornherein unzulässig sind. Es sind dies insbes die E-Mail-, Telefax- oder Telefonwerbung ohne entsprechende Einwilligung (vgl § 7 II Nr 2; zu § 1 aF vgl *Hartung* MDR 2003, 485). Davon abgesehen besteht der Grundsatz der **freien Wahl des Werbeträgers** (BGH GRUR 2002, 902, 905 – *Vanity-Nummer)*. Das zur Selbstdarstellung gewählte Medium kann für sich allein nicht die Unzulässigkeit einer Werbung begründen (BVerfG NJW 2002, 1331; BVerfG NJW 2004, 3765, 3767). Die §§ 6 II, 7 I BORA sind dahin auszulegen, dass lediglich eine berufswidrige Werbung auch in anderen als den darin genannten Medien unzulässig ist (BVerfG BB 2004, 2262, 2263). Welche Werbeformen als sachlich oder übertrieben bewertet werden, unterliegt zeitbedingten Veränderungen. Unerheblich ist daher, dass der Einsatz eines bestimmten Mediums bisher **unüblich** war (BVerfG NJW 1996, 3067; BVerfG NJW 1997, 2510, 2511; BVerfG WRP 2000, 720, 721 – *Sponsoring*; BVerfG NJW 2004, 3765, 3767). Insbes rechtfertigt es die Wahl des Mediums **Internet** nicht, die Grenzen für die erlaubte Selbstdarstellung enger zu ziehen. Denn Internetwerbung als passive Darstellungsform drängt sich nicht unaufgefordert potenziellen Kunden auf, sondern bedarf eines Aufrufs (BVerfG GRUR 2008, 352 – *Gegnerliste*; BVerfG GRUR 2008, 618 Tz 20; BVerfG NJW 2004, 2656, 2658; BVerfG NJW 2003, 2818; BVerfG GRUR 2003, 966, 967 – *Internetwerbung von Zahnärzten*; *Koch*, FS Erdmann, 2002, 613, 619; *Steinbeck* NJW 2003, 1481, 1482 f). Grds erlaubt ist aber auch die Werbung mittels Informationsveranstaltungen, Zeitung, Kino, Rundfunk und Fernsehen, Pressemitteilungen, Rundschreiben, Handzetteln, Plakaten (auch an Litfassäulen oder Taxiflächen), Vanity-Telefonnummern usw – Unzulässig ist dagegen der unaufgeforderte Hausbesuch oder das Ansprechen auf öffentlichen Straßen oder in öffentlichen Gebäuden wegen des damit verbundenen persönlichen Kontakts. – Die tatsächliche Begrenztheit der Möglichkeiten, in einer bestimmten Form zu werben (wie zB bei Domain-Namen oder Vanity-Nummern), ist unerheblich (BGH GRUR 2002, 902, 905 – *Vanity-Nummer*; *Abel* WRP 2001, 1426, 1430 f).

11.89 Das **Sachlichkeitsgebot** ist erst **verletzt**, wenn sich die Werbung als übertriebene reklamehafte („marktschreierische") Herausstellung darstellt. Dies erfordert eine wertende Betrachtung unter Berücksichtigung von Anlass, Mittel, Zweck und Begleitumständen der Werbung (BVerfG WRP 2000, 720, 721 – *Sponsoring*). Die Form einer Unterrichtung ist insbes dann unsachlich, wenn ihr Erscheinungsbild derartig im Vordergrund steht, dass ihr Inhalt weit dahinter zurückbleibt (BGHZ 147, 71, 76 – *Anwaltswerbung II*; BGH GRUR 2002, 902, 905 – *Vanity-Nummer*). Sonstige, über die Anwaltstätigkeit hinausgehende Informationen dürfen damit verbunden werden, wenn sie damit in ausreichendem Zusammenhang stehen, nämlich für die Entscheidung des Rechtsuchenden, ggf diesen Rechtsanwalt zu beauftragen, bei vernünftiger und sachlicher Betrachtung von Bedeutung sein können (BGHZ 147, 71, 76 – *Anwaltswerbung II*; BVerfG GRUR 2003, 965, 966 – *Interessenschwerpunkt „Sportrecht"*; BVerfG NJW 2004, 3765, 3767 [zum Steuerberater]). Denn die einschlägigen Vorschriften legen nicht abschließend fest, welche Informationen zulässig sind. Vielmehr hat es der einzelne Rechtsanwalt im Rahmen des allgemeinen Lauterkeitsrechts in der Hand, in welcher Weise er sich für die interessierte Öffentlichkeit darstellt, solange er sich in dem durch geschützte Gemeinwohlbelange gezogenen Rahmen hält (BVerfG WRP 2000, 720, 721 – *Sponsoring*). Die Werbung darf daher lediglich nicht zu einer Beeinträchtigung des Vertrauens der Rechtsuchenden führen, der Rechtsanwalt werde nicht aus Gewinnstreben zu Prozessen raten oder die Sachbehandlung an Gebühreninteressen ausrichten (BVerfG WRP 2008, 492 Tz 22).

11.90 **Unsachlichkeit bejaht:** Zeitungsanzeigen, die nach Größe, Platzierung oder Häufigkeit das übliche Maß überschreiten (OLG Frankfurt NJW 1996, 1065; *Remmertz* NJW 1997, 2785, 2786 mwN; überholt, da die Üblichkeit kein Maßstab sein kann; vgl BVerfG NJW 2004, 3765, 3767 mwN). – Rundfunkwerbung eines auf Verkehrsrecht spezialisierten Anwalts, die mit Crash-Geräuschen eingeleitet und mit Musik unterlegt wird (OLG München NJW 1999, 140; sehr zw). – Briefkopfgestaltung mit dem Logo eines die Hörner senkenden Stiers (OLG Düsseldorf BRAK-Mitt 2000, 46; sehr zw). – Werbung eines Anwalts mit der Aussage, für ein „Juristisches Forderungsmanagement" reiche das übliche Handwerkszeug eines routinierten, zivilrechtlich ausgerichteten Anwalts nicht aus und er habe sich durch Teilnahme an Seminaren und durch Fachliteratur fortgebildet (BGH NJW-RR 1999, 1076; OLG Düsseldorf BB 2000, 1376). – Einrichtung eines Gästebuchs auf einer Homepage (arg § 6 IV BORA; OLG Nürnberg CR 2000, 243, 244). – Verwendung eines Briefbogens oder eines Domain-Namens, der auf ein bestimmtes Rechtsgebiet hinweist (BGH NJW 2001, 1573, 1574: *„Kanzlei für Arbeitsrecht"*; BGH NJW 2003, 662, 663 – *„presserecht.de"*). – Werbung mit dem Hinweis *„Auf Wunsch Hausbesuche"* (LG Bonn NJW-RR 2001, 916; sehr zw).

11.91 **Unsachlichkeit verneint:** Werbung in Zeitungsanzeigen (BGH GRUR 1997, 765, 766 f – *Kombinationsanzeige*). – Verbreitung einer zwölfseitigen Kanzleibroschüre auf starkem Hochglanzpapier mit einer Vielzahl von Fotos, sofern der Text der Broschüre sachliche Informationen über die Kanzleitätigkeit enthält und der Text durch die Fotos ergänzt wird (OLG München BB 2000, 1003). – Bereitstellung von allgemeinen Informationen über ein bestimmtes Rechtsgebiet (BGH

NJW 2003, 662, 663 – *presserecht.de*). – Werbung auf Straßenbahnwagen mit sachlich gehaltenen Angaben (BVerfG NJW 2004, 3765, 3767 zum Steuerberater). – Versteigerung anwaltlicher Dienstleistungen (BVerfG GRUR 2008, 618 Tz 19–22).

11.92 **(2) Inhalt der Unterrichtung.** Der Inhalt einer Information genügt dem Sachlichkeitsgebot, wenn es sich um **Tatsachenbehauptungen** handelt, deren Richtigkeit überprüfbar ist (BGHZ 147, 71, 78 – *Anwaltswerbung II*) und die nicht geeignet sind, das Vertrauen der Rechtsuchenden in die Integrität der Anwaltschaft zu beeinträchtigen. Dabei kommt es auf die Sichtweise der angesprochenen Verkehrskreise, nicht auf die besonders strenge Auffassung des jeweiligen Berufsstandes an (vgl BVerfG NJW 2000, 3195, 3196). Die Tatsachenbehauptungen dürfen **nicht unwahr** oder **irreführend** sein, andernfalls würden sie zugleich gegen §§ 3, 5 verstoßen. Dabei ist auf das Verständnis eines durchschnittlich informierten, aufmerksamen und verständigen Adressaten abzustellen (BGH NJW 2003, 662, 663 – *presserecht.de*). Das Sachlichkeitsgebot wird ferner dann verletzt, wenn die Werbung zu einer unlauteren **Herabsetzung** oder **Behinderung** von Mitbewerbern (BGH GRUR 2002, 902, 905 – *Vanity-Nummer*; BGH GRUR 2010, 349 Tz 38 – *EKW-Steuerberater*: Pauschale Herabsetzung der Preiswürdigkeit und Qualität von Mitbewerbern) oder zu einer **Irreführung** der Kunden (BGH GRUR 2010, 349 Tz 39 – *EKW-Steuerberater*) führt. In diesem Fall greifen zugleich § 4 Nr 7 und Nr 10 oder § 5 ein (BGH GRUR 2010, 349 Tz 40 – *EKW-Steuerberater*).

11.93 Pauschale **Werturteile** über die eigene Leistung sind regelmäßig als unsachlich anzusehen, weil sich ihre Berechtigung objektiv kaum beurteilen lässt, sondern weitgehend von subjektiven Einschätzungen abhängt. Zudem können die Rechtsuchenden die Leistungen eines Rechtsanwalts idR nur schwer einschätzen (BVerfGE 76, 196, 208; BGHZ 115, 105, 113 f – *Anwaltswerbung I*; BGHZ 147, 71, 78 – *Anwaltswerbung II*). Bei der Abgrenzung von Tatsachenbehauptung und Werturteil ist aber zu berücksichtigen, dass auch Werturteile mit einem nachprüfbaren Tatsachenkern zulässig sind, sofern sich das Werturteil auf eine sachliche Schlussfolgerung aus mitgeteilten Tatsachen beschränkt. Allerdings verlangt das Sachlichkeitsgebot nicht eine Beschränkung der Werbung auf nüchterne Fakten. Daher können auch Werturteile zulässig sein, wenn sie in einem inneren Zusammenhang mit Sachangaben stehen und keine übermäßige reklamehafte Übertreibung (BGH GRUR 2005, 520, 521 – *Optimale Interessenvertretung*), sondern eine Schlussfolgerung darstellen. Zu Einzelheiten vgl MünchKommUWG/*Ernst* UWG Anh §§ 1–7 H § 43 b BRAO Rdn 8 ff).

11.94 **Unsachlichkeit bejaht:** Vorstellung eines Rechtsanwalts als neuen Kollegen der werbenden Anwaltssozietät, der nicht als Sozius oder anwaltschaftlicher Mitarbeiter tätig ist, sondern lediglich auf Anfrage für eine bestimmte Rechtsberatung zur Verfügung steht (vgl BGH GRUR 1991, 917, 921 – *Anwaltswerbung I*). – Werbung mit der Aussage: *„Chefberatung für den Mittelstand"* (BGH aaO – *Anwaltswerbung I*). – Werbung mit der Angabe *„führende Kanzlei deutschen Ursprungs"* und *„Partner Nummer 1 im internationalen Mittelstand"* (LG Nürnberg-Fürth NJW 2004, 689). – Hinweis auf *„Rekordwachstum"* (vgl § 6 III BORA; LG Nürnberg-Fürth NJW 2004, 689). – Kostenloses Angebot von üblicherweise entgeltlichen Leistungen, wozu aber nicht schon die allgemeine Erteilung von rechtlichen Ratschlägen und Informationen oder das Angebot eines kostenlosen Mittagsimbisses bei einer mehrstündigen Informationsveranstaltung zählt (BGHZ 147, 71, 77 f – *Anwaltswerbung II*). – Werbung mit der Aussage *„kreative und flexible Betreuung"* und *„überdurchschnittliche Kompetenz"* (OLG Koblenz NJW 1999, 1074). – Werbung mit der Aussage *„Wir werden als adäquate Gesprächspartner auch von den Richtern geschätzt"* (OLG Frankfurt NJW 2005, 1283, 1284). – Werbung mit der Aussage, in der Kanzlei würden nur *„absolute Spezialisten"* arbeiten (LG Kiel NJW 2006, 2496).

11.95 **Unsachlichkeit verneint:** Unterrichtung über die Leistungsfähigkeit und die Tätigkeitsschwerpunkte (BGH GRUR 1995, 422, 423 – *Kanzleieröffnungsanzeige*; BGH GRUR 1997, 473, 475 – *Versierter Ansprechpartner*). – Einladung zu einem Informationsgespräch über bestimmte Rechtsfragen, damit die Geladenen sich ein Bild von den Kenntnissen und Fähigkeiten des Anwalts machen können (BGHZ 147, 71, 76 – *Anwaltswerbung II*), weil und soweit die Einladung es dem Rechtsanwalt ermöglicht, sich (potenziellen) Mandanten vorzustellen, und dem Rechtsuchenden ermöglicht, sich über das Angebot anwaltlicher Leistungen zu informieren. – Werbung mit den Aussagen: *„Umfassende Rechtsberatung"*, da keine Selbstverständlichkeit (BVerfG NJW 2001, 3324). – Werbung mit einer 0800-Telefonnummer, die unentgeltlich angerufen werden kann (BGH GRUR 2002, 902, 905 – *Vanity-Nummer*). – Rundschreiben an potenzielle Mandanten, in dem eine Gesetzesänderung zum Anlass genommen wird, auf den dadurch entstandenen Beratungsbedarf hinzuweisen (BGH NJW 2001, 2886). – Hinweis auf rechtmäßig erlangte Titel (BVerfGE 71, 162, 174), Mitgliedschaften in juristischen Gesellschaften (BGH NJW 2001, 2886, 2887), eigene sportliche Erfolge bei einem Anwalt mit Interessenschwerpunkt „Sportrecht" (BVerfG GRUR 2003, 965, 966 – *Interessenschwerpunkt „Sportrecht"*). – Sponsoring, soweit es nicht im Einzelfall zu einer Gefährdung des Vertrauens der Bevölkerung in die Rechtspflege kommt (BVerfGE 94, 372, 395; BVerfG WRP 2000, 720, 721 – *Sponsoring*). – Werbung mit „*fundierten*" Ratschlägen und Informationen von „*praxiserfahrenen*" Rechtsanwälten (OLG Koblenz NJW 1999, 1074). – Hinweis „*So kommen Sie zu Ihrem Recht*" iVm einer Anfahrtsskizze, da (für den BayAnwGH nicht) erkennbar bloßer Sprachwitz (BVerfG NJW 2001, 3324, 3325). – Aufnahme einer Fantasiebezeichnung („artax") in den Namen einer Partnerschaft, da dies in den Bereich der zulässigen Selbstdarstellung fällt (BGH GRUR 2004, 615, 616 – *Partnerschafts-Kurzbezeichnung*). – Werbung für eine Kanzlei mit der Aussage „*optimale Vertretung*", wenn sie im Kontext mit Sachaussagen stehen, auf denen das Werturteil aufbaut (BGH GRUR 2005, 520, 521 – *Optimale Interessenvertretung*). – Werbung unter der Bezeichnung „*Anwalt sofort*" (OLG Naumburg GRUR-RR 2008, 173, 174). – Versteigerung anwaltlicher Dienstleistungen in einer Internet-Auktion mit niedrigem Startpreis und Angabe des aktuellen Höchstgebots (BVerfG GRUR 2008, 618 Tz 21: keine Irreführung).

cc) Kein Abzielen auf die Erteilung von Aufträgen im Einzelfall. Nach § 43 b BRAO **11.96** ist grds nur die Werbung um einzelne **Mandate** unzulässig (BGHZ 147, 71, 78 – *Anwaltswerbung II*). Dieses Verbot ist im Lichte des Art 24 II 2 Dienstleistungsrichtlinie auszulegen und daher nur anzuwenden, wenn es durch einen zwingenden Grund des Allgemeininteresses gerechtfertigt und verhältnismäßig ist. (Zum gleichen Ergebnis führte eine Auslegung am Maßstab des Art 12 I GG; vgl BVerfG GRUR 2008, 618 Tz 15, 22 – *Anwaltsdienste bei eBay*). Das Verbot der Werbung um ein Mandat im Einzelfall ist nicht mit dem früher aus § 43 BRAO aF hergeleiteten Verbot der gezielten Werbung um Praxis gleichzusetzen (BGH GRUR 2002, 902, 904 – *Vanity-Nummer*). Die Maßnahme muss vielmehr unmittelbar darauf gerichtet sein, in einem konkreten Einzelfall beauftragt zu werden. Dies ist anzunehmen, wenn ein möglicher Mandant in einer bestimmten Angelegenheit der Beratung oder Vertretung bedarf und der Anwalt dies weiß und zum Anlass seiner Werbung nimmt (vgl BGHZ 147, 71, 80 – *Anwaltswerbung II;* OLG Hamburg NJW 2005, 2783, 2785). Ist dies der Fall, so wird die Werbung allerdings auch nicht dadurch zulässig, dass sie im mutmaßlichen Interesse des Umworbenen liegt, mag auch bereits zu ihm ein Mandatsverhältnis bestehen (aA *Henssler/Prütting/Eylmann* BRAO § 43 b Rdn 41). – Grds erlaubt ist dagegen die Werbung um einzelne **Mandanten,** die darauf gerichtet ist, die Umworbenen dafür zu gewinnen, die Leistungen des Anwalts in Anspruch zu nehmen (BGH aaO – *Anwaltswerbung II*). Dementsprechend darf sich die Werbung auch an Personen richten, die noch nicht keine Mandanten sind oder waren (BVerfG GRUR 2008, 618 Tz 17 – *Anwaltsdienste bei eBay;* BGHZ 147, 71, 80 – *Anwaltswerbung II;* BGH NJW 2001, 2886, 2887 – *Anwaltsrundschreiben*). Die Werbung um Mandanten kann sich jedoch im Einzelfall als **versteckte Werbung um ein Mandat** darstellen, wenn der Angesprochene in einem konkreten Einzelfall der Beratung oder der Vertretung bedarf und der Werbende dies weiß und zum Anlass für seine Werbung nimmt (BGHZ 147, 71, 80 – *Anwaltswerbung II*). Das ist jedoch nicht der Fall, wenn der Werbende lediglich ein allgemeines Interesse an seinen Leistungen vermuten darf (BGH aaO – *Anwaltswerbung II*), selbst wenn die Werbung Personen mit konkretem Beratungsbedarf erreicht (OLG Jena GRUR 2006, 606, 607). Die Grenzziehung im Einzelfall ist schwierig, eine Gesamtwürdigung aller Umstände daher geboten (OLG Hamburg NJW 2005, 2783, 2785), dabei spielt auch die Intensität der Einflussnahme eine Rolle. Das Verbot der Werbung um ein Mandat ist nicht schon immer dann verletzt, wenn ein Anwalt sein Ziel, in einer konkreten Angelegenheit mandatiert zu werden, zu erkennen gibt (OLG Naumburg WRP 2007, 1502, 1503). Im Zweifel ist bei einer „zielgruppenorientierten Werbung" von einer Werbung um Mandanten und nicht um Mandate auszugehen (vgl *Huff* NJW 2003, 3525). Umgekehrt setzt die Werbung um ein Mandat nicht voraus, dass die freie Anwaltswahl im konkreten Einzelfall tatsächlich beeinträchtigt ist, wie etwa beim Ansprechen in psychisch belastenden Situationen (wie zB Krankheit; Trauerfall; Unfall).

Unzulässige Werbung um Mandat verneint: Versteigerung anwaltlicher Dienstleistungen **11.97** in einer Internet-Auktion (BVerfG WRP 2008, 492 Tz 15–18). – Verwendung einer Vanity-Telefonnummer (BGH GRUR 2002, 902, 904 – *Vanity-Nummer*). – Rundschreiben an Mandanten und Nichtmandanten, in denen eine Gesetzesänderung zum Anlass genommen wird, um auf den dadurch entstehenden Beratungsbedarf hinzuweisen (BGH NJW 2001, 2886, 2887 – *Anwaltsrundschreiben*). – Anschreiben an geschädigte Kapitalanleger (OLG München NJW 2002,

780; OLG Naumburg NJW 2003, 3566), sofern kein sonstiger Wettbewerbsverstoß vorliegt (OLG Naumburg NJW 2003, 3566, 3568). – Rundschreiben an größere Zahl von Mietern eines bestimmten Vermieters (OLG Düsseldorf NJW 2003, 362). – Werbeschreiben an Autohäuser (OLG Braunschweig NJW-RR 2003, 686). – Werbeschreiben an Verbraucher für anwaltliche Mitwirkung bei der Schuldenbereinigung (OLG Jena GRUR 2006, 606, 607). Verteilung eines Werbeflyers mit der Angabe „Anwalt sofort – Beratung oder Termin sofort – Rechtsklarheit und –sicherheit Beratung bei Kaffee und Kuchen (OLG Naumburg GRUR-RR 2008, 173, 174). – **Unzulässige Werbung um Mandat bejaht:** Verteilung von Werbeflyern an Teilnehmer einer Gesellschafterversammlung, bei denen jedenfalls teilweise konkreter Beratungsbedarf bestand (OLG München GRUR-RR 2006, 201, 202). – Anschreiben an bestimmte Kapitalanleger, in denen Ängste geschürt werden und um Unterzeichnung und Rücksendung einer Prozessvollmacht gebeten wird (OLG Hamburg NJW 2005, 2783, 2785).

11.98 **d) Einzelfragen. aa) Werbung mit Fachanwaltsbezeichnung.** Rechtsgrundlage für das Führen einer Fachanwaltsbezeichnung bildet § 43 c BRAO iVm der Fachanwaltsordnung (dazu *Kleine-Cosack* NJW 1997, 1257, 1261 f). Danach kann einem Rechtsanwalt, der besondere Kenntnisse in einem Fachgebiet erworben hat, von der Rechtsanwaltskammer die Befugnis verliehen werden, eine Fachanwaltsbezeichnung zu führen. Die Beschränkung auf **zwei Fachgebiete** (§ 43 c I 3 BRAO) ist verfassungsmäßig (BGH WRP 2005, 746 – *Führen mehrerer Fachanwaltsbezeichnungen;* OLG Naumburg GRUR-RR 2007, 210, 211).

11.99 **bb) Werbung mit der Benennung von Teilbereichen der Berufstätigkeit.** Die seit 1. 7. 2006 geltende **Neufassung des § 7 BORA** hat die detailliertere frühere Regelung der Werbung mit Interessen- und Tätigkeitsschwerpunkten in § 7 I BORA aF abgelöst. Auslöser war die dazu ergangene einengende Rspr (vgl BVerfG NJW 2001, 2461; BVerfG NJW 2001, 2620; BVerfG NJW 2001, 3324, 3325; BGH NJW 2001, 1138, 1139). Die Neuregelung hat, wie die Vorgängernorm, in § 59 II Nr 3 BRAO eine ausreichende Ermächtigungsgrundlage (vgl BVerfG NJW 2001, 2461; BGH NJW 2001, 1138, 1139) und ist mit Art 12 GG vereinbar (vgl BGH NJW 2001, 1138, 1139). Die darin verwendeten Kriterien („entsprechende Kenntnisse"; „erheblicher Umfang") sind allerdings sehr unbestimmt. Für deren Auslegung ist vor allem der **Zweck** der Regelung, nämlich das **Interessen der Rechtssuchenden an einer zutr Information und an der Verhinderung einer Irreführung** maßgebend (dazu BVerfG NJW 2001, 2620; OLG Nürnberg NJW 2001, 2481, 2482). Es kommt dabei auf die Sichtweise des durchschnittlich informierten, aufmerksamen und verständigen Rechtssuchenden an, der sich bei der Wahl des Anwalts an der gewählten Bezeichnung orientiert.

11.100 Nach § 7 I 1 BORA darf ein Anwalt **Teilbereiche der Berufstätigkeit** (zB „Arbeitsrecht", „allgemeines Zivilrecht", „Erbrecht"; vgl BGH WRP 2001, 537 – *Kanzleibezeichnung*) nur benennen (und damit werben), wenn er seinen Angaben entsprechende **Kenntnisse** nachweisen kann, die er in der Ausbildung, durch Berufstätigkeit, Veröffentlichungen oder in sonstiger Weise (zB Vortragstätigkeit) erworben hat. Eine Unterscheidung zwischen Interessen- und Tätigkeitsbereichen, wie in § 7 I BORA aF vorgesehen, ist nicht mehr geboten. Zulässig ist es auch, über einzelne Teilgebiete innerhalb einer zulässigen Fachanwaltsbezeichnung zu informieren (BVerfG NJW 2001, 1926, 1927; BVerfG NJW 2001, 2620, 2621). Wer **„qualifizierende Zusätze"** verwendet (zB **„Spezialist für …"**; „Experte"; „Fachmann"; dazu BVerfG NJW 2004, 2656), muss nach § 7 I 2 BORA zusätzlich über entsprechende theoretische Kenntnisse verfügen und auf dem benannten Gebiet in erheblichem Umfang tätig gewesen sein. Der Nachweis der theoretischen Kenntnisse kann zB durch den Besuch von Fortbildungsveranstaltungen oder durch Vorträge oder Veröffentlichungen geführt werden. Die Kenntnisse müssen jedoch weit überdurchschnittlich sein (OLG Stuttgart WRP 2008, 513, 515). Eine Tätigkeit „in erheblichem Umfang" setzt voraus, dass der Anwalt über eine ausreichende praktische Erfahrung auf diesem Rechtsgebiet verfügt, wozu idR eine größere Zahl von Mandaten und eine mehrjährige Tätigkeit erforderlich ist. Die gewählte Benennung darf nach § 7 II BORA nicht die Gefahr einer Verwechslung mit Fachanwaltschaften begründen oder sonst irreführend iSv § 5 sein. Daraus folgt: Die Qualifikationsanforderungen an einen „Spezialisten" sind deutlich höher, als sie für einen Fachanwalt Voraussetzung sind (OLG Nürnberg NJW 2007, 1984). Auch darf das betreffende Fachgebiet nicht oder nicht vollständig von einer Fachanwaltschaft belegt sein (*Remmertz* NJW 2008, 266, 269).

11.101 **cc) Briefbogenwerbung.** Die Briefbogenwerbung ist in § 10 BORA geregelt. Wird auf dem Briefbogen einer Rechtsanwaltskanzlei in der Namensleiste der Name eines ausgeschiedenen, aber noch anderweitig tätigen Anwalts aufgeführt, liegt eine irreführende Werbung vor, wenn nicht gleichzeitig kenntlich gemacht wird, dass der Ausgeschiedene noch als Anwalt tätig ist (BGH GRUR 1997, 925 – *Ausgeschiedener Sozius*). – Die Fortführung des Namens eines Rechtsanwalts, der als Minister (Staatsminister der Justiz) an der Ausübung seines Berufs gehindert ist, auf dem Briefbogen der von den Sozien fortgeführten Kanzlei mit dem Zusatz „Rechte aus der Zulassung ruhen" ist nicht unlauter (BGH GRUR 1997, 922 – *Rechtsanwalt als Minister*). – Ein Verstoß gegen § 10 IV BORA liegt vor, wenn ein Anwalt mit dem Namen eines früheren Kanzleiinhabers wirbt, obwohl seine Kanzlei eine Neugründung ist (OLG Stuttgart NJW 2005, 3429).

dd) Umgehungsverbot. Nach § 6 IV BORA darf der Rechtsanwalt nicht daran mitwirken, dass Dritte für ihn Werbung betreiben, die ihm selbst verboten ist. Das setzt ein aktives Tun oder pflichtwidriges Unterlassen voraus. Bei Äußerungen in der **Presse** ist im Hinblick auf die Pressefreiheit (Art 5 I GG) die Verantwortlichkeit des Rechtsanwalts allerdings begrenzt. Er ist von vornherein nicht verpflichtet, dagegen einzuwirken, dass ein Publikationsorgan im Rahmen einer die Öffentlichkeit interessierenden Berichterstattung seine berufliche Leistungsfähigkeit oder die Schwerpunkte seiner Tätigkeit sachlich richtig darstellt (BGH GRUR 1997, 473, 475 – *Versierter Ansprechpartner*), schon weil ihm diese Werbung als Eigenwerbung nicht verboten ist. Grds besteht bei einem Interview auch keine Verpflichtung, sich einen Prüfungsvorbehalt auszubedingen (BVerfG NJW 1994, 123). Anders verhält es sich, wenn der Rechtsanwalt nach Lage der Dinge erwarten muss, dass der Beitrag keine Sachinformation, sondern eine reklamehafte Anpreisung liefern wird (BVerfG aaO). 11.102

ee) Verbot der Provisionszahlung. Nach § 49b III 1 BRAO ist es dem Rechtsanwalt verboten, für die Vermittlung von Aufträgen eine Provision zu zahlen. Das Verbot erfasst jedoch nur Provisionszahlungen für ein konkret vermitteltes Mandat und daher nicht die Provisionszahlung an ein Internet-Auktionshaus, weil dieses lediglich ein Medium für die Werbung zur Verfügung stellt (BVerfG GRUR 2008, 618 Tz 24 – *Anwaltsdienste bei eBay*). 11.102a

ff) Werbung mit Erfolgs- und Umsatzzahlen. Nach § 6 II 1 BORA ist die Angabe von Erfolgs- und Umsatzzahlen unzulässig. Jedenfalls im Hinblick auf die Werbung mit Umsatzzahlen ist diese Regelung mit den Art 3, 12 GG unvereinbar (OLG Nürnberg GRUR-RR 2004, 256; *Möllers/Mederle* WRP 2008, 871, 875). 11.102b

3. Notare

Auch Notare dürfen grds werben. Nach § 29 I BNotO hat der Notar jedoch jedes gewerbliche Verhalten zu unterlassen, insbes eine dem öffentlichen Amt widersprechende Werbung. Das entspricht dem allgemeinen Grundsatz, dass nur berufswidrige Werbung vom Gesetzgeber untersagt werden kann (BVerfG GRUR 1998, 71, 72 f – *Notarwerbung*). Diese Einschränkung ist mit Art 12 I GG vereinbar (BVerfGE 73, 280, 292 = NJW 2005, 1483). Art 24 II 2 Dienstleistungsrichtlinie ist auf die Tätigkeit von Notaren nicht anwendbar (arg Art 2 lit l Dienstleistungsrichtlinie). Gerechtfertigt ist das Werbeverbot durch seinen Zweck, die Unparteilichkeit, Unabhängigkeit und ordnungsgemäße Berufsausübung des Notars als Trägers eines öffentlichen Amtes zu sichern (BVerfG aaO – *Notarwerbung*). Unzulässig ist dementsprechend eine Werbung des Notars, die den Eindruck erwecken kann, seine Unparteilichkeit und Unabhängigkeit werde durch sein gewerbliches, gewinnorientiertes Marktverhalten beeinflusst (BGH NJW-RR 2002, 58). Erlaubt sind dagegen Zeitungsanzeigen, ferner Briefbogengestaltungen mit Namen und Titel und bei Anwaltsnotaren im Rahmen einer zulässigen Sozietät mit Rechtsanwälten (vgl § 59a I 3, 4 BRAO) und den in § 9 II BNotO genannten weiteren Berufen auch die gemeinsame Außendarstellung. Allerdings darf der Anwaltsnotar, soweit es ihm als Rechtsanwalt (Patentanwalt, Steuerberater, Wirtschaftsprüfer, vereidigter Buchprüfer, vgl § 8 II BNotO) gestattet ist, über die für den Notar geltenden Werbebeschränkungen hinaus (weitergehend) Werbung zu treiben, diese nicht auf seine Tätigkeit als Notar erstrecken (§ 29 II BNotO). Zulässig ist eine Werbung unter der Angabe der Bezeichnung „Rechtsanwalt und Notar", wenn unmissverständlich klargestellt ist, dass sich die Werbung nur auf die anwaltliche Tätigkeit bezieht (OLG Celle GRUR 2007, 76, 77). – Eine zurückhaltende grafische und farbliche Gestaltung des Briefpapiers, des Briefkopfes und des Kanzleilogos unterfällt dem Verbot der berufswidrigen Werbung ebenfalls nicht (BVerfG GRUR 1998, 71, 72 – *Notarwerbung*). – Die Angabe von Tätigkeitsschwerpunkten ist in der BNotO nicht geregelt, ist aber als zulässig anzusehen, da sie nicht dem öffentlichen Amt des Notars widerspricht (GK/*Teplitzky* § 1 aF Rdn G 160). – Die Werbebeschränkung erfasst von vornherein nicht solche Tätigkeiten, die in Wahrnehmung einer grund- 11.103

rechtlich geschützten Tätigkeit eine gewisse Werbewirkung entfalten. Die Übernahme der Funktion des Vorsitzenden eines örtlichen Haus- und Grundbesitzervereins (BGH NJW 1989, 3281, 3282) oder die Tätigkeit als Mitglied und Vorsitzender des Aufsichtsrats einer Volksbank (BGH DNotZ 1969, 312, 314) ist daher von vornherein unbedenklich.

4. Steuerberater und Wirtschaftsprüfer

11.104 Die Werbebeschränkungen für Steuerberater (§ 57 a StBerG) und Wirtschaftsprüfer (§ 52 WPO) sind weitgehend identisch mit der entsprechenden Regelung für Anwälte in § 43 b BRAO. Es gelten daher die gleichen Grundsätze (Rdn 11.85 ff; aus der Rspr vgl BVerfG NJW 2004, 3765; BGH NJW 1998, 1965, 1966; BGH NJW 1999, 2444; BGH GRUR 2010, 349 – *EKW-Steuerberater*). Eine Marktverhaltensregelung stellt auch die Verpflichtung von Lohnsteuerhilfevereinen, die entsprechende Bezeichnung im Vereinsnamen zu führen (§ 18 StBerG) dar. Denn sie regelt die Außendarstellung des Vereins und dient dem Schutz der Öffentlichkeit vor Irreführung (BGH GRUR 2008, 186 Tz 33 – *Telefonaktion*). Allerdings ist dieser Vorschrift nicht zu entnehmen, dass bei allen Werbemaßnahmen die Bezeichnung „Lohnsteuerhilfeverein" anzugeben ist (BGH GRUR 2008, 186 Tz 35 – *Telefonaktion*).

5. Ärzte

11.105 **a) Grundsatz.** Die **Berufsordnungen der Landesärztekammern** (vgl Rdn 11.74) enthalten Werbeverbote und –beschränkungen (vgl zB § 27 III BayBOÄ). Der Arzt ist aber zugleich Unternehmer, der mit seiner Tätigkeit seinen Lebensunterhalt verdienen muss. Dem **Arzt (Zahnarzt, Tierarzt)** dürfen daher neben der auf seiner Leistung und seinem Ruf beruhenden Werbewirkung auch Ankündigungen mit werbendem Charakter nicht verwehrt werden (BVerfGE 71, 162, 174; BVerfG NJW 2001, 2788, 2789; BGH GRUR 2004, 164, 165 – *Arztwerbung im Internet*). Dass die Werbung in erster Linie auf Akquisition gerichtet ist, macht sie nicht unzulässig (BVerfG GRUR 2004, 68, 69 – *Werbung einer Zahnarzt-GmbH* gegen BGH GRUR 2001, 181, 183 – *dentalästhetika*). Denn Konkurrenzschutz und Schutz vor Umsatzverlagerungen sind keine legitimen Zwecke, die Einschränkungen der Berufsfreiheit rechtfertigen könnten (BVerfG GRUR 2004, 68, 69 – *Werbung einer Zahnarzt-GmbH*). Für die Werbung ist daher auch kein besonderer Anlass (zB Praxisverlegung, Urlaubsabwesenheit) erforderlich. Werbeverbote sind nur dann verfassungsrechtlich zulässig, wenn sie verfassungskonform dahin ausgelegt werden können, dass nur die **berufswidrige Werbung** unzulässig ist (BVerfGE 71, 162, 174; 85, 248, 257; BVerfG WRP 2002, 521 – *Tierarztwerbung;* BVerfG GRUR 2003, 966 – *Internetwerbung von Zahnärzten;* vgl auch EGMR NJW 2003, 497 – *Stambuk*). Dem ist in der Neufassung des **§ 27 III MBO** (Stand 2004) entsprochen, der nur noch die berufswidrige Werbung verbietet (dazu BVerfG GRUR 2006, 425 – *Informationen über Behandlungsmethoden*). Bei Äußerungen, die das öffentliche Interesse berühren, kann neben der Berufsausübungsfreiheit nach Art 12 I GG auch die Meinungsäußerungsfreiheit nach Art 5 I GG, Art 10 der Konvention zum Schutz der Menschenrechte dem Werbeverbot vorgehen (EGMR GRUR Int 1985, 468, 470 = NJW 1985, 2885, 2886 – *Tierärztlicher Nachtdienst II;* BVerfG GRUR 1986, 382, 386 – *Arztwerbung* zu Buchveröffentlichung). Der höchst unbestimmte Begriff der berufswidrigen Werbung (dazu krit GK/*Teplitzky* § 1 aF Rdn G 88 Fn 365) bedarf allerdings der Konkretisierung. **Nicht berufswidrig** und damit zulässig sind jedenfalls **interessengerechte und sachangemessene Informationen, die keinen Irrtum erregen** (BVerfGE 82, 18, 28 = NJW 1990, 2122; BVerfG NJW 1993, 2988, 2989; 1864, 1865; 2002, 1331, 1332; BVerfG GRUR 2003, 966 – *Internetwerbung von Zahnärzten;* BGH GRUR 2004, 68, 69 – *Werbung einer Zahnarzt-GmbH;* BGH GRUR 1999, 1009, 1010 – *Notfalldienst für Privatpatienten;* BGH GRUR 2003, 798 – *Sanfte Schönheitschirurgie*). Auch einem Arzt ist es daher grds unbenommen, in angemessener Weise auf seine Leistungen hinzuweisen und ein vorhandenes, an ihn herangetragenes Informationsinteresse zu befriedigen (BGH GRUR 2001, 181, 182 – *dentalästhetika*) sowie sein Bild in der Öffentlichkeit positiv zu zeichnen (BVerfG GRUR 2006, 425, 426 – *Informationen über Behandlungsmethoden*). Im Einzelfall ist jeweils zu fragen, ob die Patienten ein legitimes Interesse an der betreffenden Information haben (BVerfG GRUR 2004, 68, 69 – *Werbung einer Zahnarzt-GmbH*). Dieses Interesse kann sich auch auf das Vertrauensverhältnis zwischen Arzt und Patient beziehen (BVerfG GRUR 2006, 425, 426 – *Informationen über Behandlungsmethoden*).

11.106 Bei der **Abgrenzung** von sachangemessener Information und berufswidriger Werbung ist zu berücksichtigen, dass die für Ärzte bestehende Werbebeschränkung eine Verfälschung des ärztlichen Berufsbilds verhindern soll. Sie träte ein, wenn der Arzt die in der Wirtschaft üblichen Werbemethoden verwendete (BVerfGE 85, 248, 260 = NJW 1992, 2341). Die ärztliche Berufsausübung soll sich nicht an ökonomischen Erfolgskriterien, sondern an medizinischen Notwendigkeiten orientieren. Dahinter steht das Rechtsgut der Gesundheit der Bevölkerung. Gesetzliche Verbote berufswidriger Werbung beugen damit einer gesundheitspolitisch unerwünschten Kommerzialisierung des Arztberufs vor (BVerfG NJW 2002, 1331, 1332; BGH GRUR 2004, 164, 165 – *Arztwerbung im Internet*). Dies gilt ua für das Verbot, die Berufsbezeichnung für gewerbliche Zwecke zu verwenden oder ihre Verwendung für gewerbliche Zwecke zu gestatten, sowie für das Verbot der Werbung für berufsfremde Tätigkeiten oder Produkte in den Praxisräumen (vgl OLG Köln GRUR-RR 2003, 285; OLG Frankfurt GRUR-RR 2005, 230, 231 zu § 3 II HessBOÄ). Dies ist zwar an sich nicht das Anliegen des Lauterkeitsrechts. Gleichwohl stellen solche Verbote auch Marktverhaltensregelungen iSv § 4 Nr 11 dar. Sie dienen nämlich auch dem Schutz der Patienten als potenziellen Marktpartnern vor Irreführung und unangemessener unsachlicher Beeinflussung. Verstöße begründen daher die Unlauterkeit der betreffenden Werbung. In aller Regel sind derartige Verstöße auch geeignet, die Interessen der Verbraucher spürbar zu beeinträchtigen.

b) Zulässigkeit von Informationen. Die **Heilberufsgesetze** der Länder und die jeweiligen **Berufsordnungen** der Kammern regeln die Zulässigkeit von Qualifikationsbezeichnungen. Dabei handelt es sich um Marktverhaltensregelungen, da sich die Qualifikationsbezeichnung unmittelbar auf die Werbemöglichkeiten auswirkt (BGH WRP 2010, 1390 Tz 17 – *Master of Science Kieferorthopädie*). Nach § 27 II MBO sind berufsbezogene Informationen zulässig. Als zulässig, weil interessengerecht und sachangemessen, wurde angesehen: Verwendung der Bezeichnung „**Spezialist**" für einen Arzt, der auf einem bestimmten Teilgebiet, das enger ist als seine Gebietsbezeichnung (zB Wirbelsäulen- oder Kniespezialist), über eine langjährige Erfahrung verfügt (BVerfG NJW 2002, 1331, 1332; OLG München MedR 1999, 76, 78). – Einrichtung eines **Zahnarztsuchservices,** bei dem über die Tätigkeit und fachliche Qualifikation von Zahnärzten auf der Grundlage eigenverantwortlicher Mitteilungen informiert wird (BVerfG NJW 2002, 1864, 1866 = WRP 2001, 1437 – *Zahnarztsuchservice*). – Angabe von mehreren **Tätigkeitsschwerpunkten** nebst sachlichen und dem Laien verständlichen Erläuterungen (BGH GRUR 2004, 164, 166 – *Arztwerbung im Internet*). – Hinweis auf die **Mitgliedschaft** in bestimmten ärztlichen Vereinigungen (BVerfG GRUR 2003, 966, 968 – *Internetwerbung von Zahnärzten*; BGH GRUR 2004, 164, 166 – *Arztwerbung im Internet*). – In das Internet gestellte Informationen über den **beruflichen Werdegang** (zB Auslandsaufenthalte), die **Praxiserfahrungen** (zB Zahl der behandelten Patienten) und die Erfahrungen auf einem bestimmten **Behandlungsgebiet,** auch wenn es von den entsprechenden Berufskammern noch nicht anerkannt ist (BVerfG GRUR 2003, 966, 968 – *Internetwerbung von Zahnärzten*). – Angabe eines **Betätigungsfelds** (zB „Implantologie") im Branchentelefonbuch (BVerfG aaO – *Internetwerbung von Zahnärzten*). – Hinweis auf Beherrschung des einheimischen **Dialekts** (BVerfG aaO – *Internetwerbung von Zahnärzten*). – Hinweis auf **private Hobbys** (BVerfG aaO – *Internetwerbung von Zahnärzten*). – Hinweis auf **ruhige Atmosphäre** (BVerfG GRUR 2004, 68, 69 – *Werbung einer Zahnarzt-GmbH*). – Hinweis auf „**langjährig erfahrenes Ärzteteam**" (BVerfG aaO – *Werbung einer Zahnarzt-GmbH*). – Benutzung von für Laien **verständlichen Definitionen** der medizinischen Fachausdrücke (BVerfG GRUR 2004, 68, 69 – *Werbung einer Zahnarzt-GmbH*). – Hinweise auf noch weitgehend unbekannte **Behandlungs-** und **Operationsmethoden** (BVerfG GRUR 2006, 425, 426 – *Informationen über Behandlungsmethoden*). – Hinweise in einer Aufmerksamkeitswerbung (Teilnahme an einem Gewinnspiel), die ein **Unternehmenskonzept** zur Qualitätssicherung nur schlagwortartig umreißt und für weitere Informationen auf eine Internetadresse verweist (BGH GRUR 2009, 883 Tz 14 f – *MacDent* zu § 21 II SchlH-ZÄBO).

c) Sachlichkeitsgebot. Werbeaussagen müssen sich nicht auf sachangemessene Informationen beschränken. Das Sachlichkeitsgebot schließt eine **Image-** und **Sympathiewerbung** (zB mit Angaben privater Hobbys) nicht aus, soweit sie nicht den Informationscharakter der Werbung in den Hintergrund drängt (BVerfG GRUR 2003, 966, 968 – *Internetwerbung von Zahnärzten;* BVerfG GRUR 2006, 425, 426 – *Informationen über Behandlungsmethoden;* BGH GRUR 2004, 164, 165 – *Arztwerbung im Internet*). Denn gewonnene Sympathie kann zum Vertrauensverhältnis zwischen Arzt und Patient beitragen. Die Werbung darf lediglich nicht die eigenen Leistungen – insbes auch nicht gegenüber den Leistungen anderer – **anpreisen** (BVerfG NJW 2002, 1331, 1332; BGH GRUR 2003, 798, 800 – *Sanfte Schönheitschirurgie*). Für die

Abgrenzung kommt es darauf an, wie ein **durchschnittlich informierter, aufmerksamer und verständiger Verbraucher** (BVerfG WRP 2003, 1099, 1101 – *Klinikwerbung im Internet:* „aufmerksamer Leser") die entsprechenden Formulierungen oder Darstellungen auffasst. Was leicht verständlich und einprägsam ist, ist nicht schon aus diesem Grund anpreisend, übertrieben, reklamehaft oder marktschreierisch. Was übertrieben ist, steht im Übrigen nicht ein für allemal fest, sondern unterliegt dem Wandel der Anschauungen (BVerfG GRUR 1996, 899, 904 – *Werbeverbot für Apotheker*). – Als zulässig angesehen wurden ua folgende Werbeaussagen: „Schönheit ist das Ziel" und „Vertrauen Sie unserem Facharzt für plastische Chirurgie (BGH aaO – *Sanfte Schönheitschirurgie*); „Die Gesundheit ist unser Anliegen"; „Der Natur ein Stück näher ... sicher"; „Zahn für Zahn mehr Lebensqualität"; „sicher – bequem – ästhetisch", „Implantate – ein guter Weg" (BVerfG NJW 2000, 2734, 2735); Darstellung eines Kussmunds bei der Werbung eines Zahnarztes (OLG Hamm GRUR-RR 2005, 396). – Das Sachlichkeitsgebot ist verletzt, wenn die Werbung zwar Sachaussagen enthält, diese aber einen den Laien mehr verwirrenden als aufklärenden Umfang erreichen (BVerfGE 71, 183, 198 = GRUR 1986, 387 – *Sanatoriumswerbung*; BGH GRUR 1999, 179, 182 – *Patientenwerbung*).

11.109   **d) Irreführungsverbot.** Die Werbeangaben dürfen nicht irreführend sein. Berufswidrig ist ua das Führen von Zusätzen, die im Zusammenhang mit den geregelten Qualifikationsbezeichnungen und Titeln zu Irrtümern führen können. Denn sie können das Vertrauen in den Arztberuf untergraben und langfristig negative Rückwirkungen auf die medizinische Versorgung der Bevölkerung haben (BVerfG NJW 1993, 2988, 2989; 1994, 1591, 1592; 2002, 1864, 1865; 2002, 1331). Insoweit greift aber auch § 5 I 2 Nr 3 und 4 (BGH WRP 2010, 1390 Tz 22 ff – *Master of Science Kieferorthopädie*) ein. **Beispiel:** Die von einem Internisten verwendete Angabe „Versorgungsschwerpunkt Kardiologie" ist verwechslungsfähig mit der Qualifikationsbezeichnung „Facharzt Innere Medizin Schwerpunkt; Kardiologie" (LG Karlsruhe WRP 2009, 101).

11.110   **e) Wahl des Werbeträgers. aa) Allgemeines.** Grds sind Ärzte – wie auch Anwälte (Rdn 11.85) – in der Wahl des Werbeträgers frei. Aus dem Werbeträger allein kann nicht auf eine Gefährdung eines Gemeinwohlbelangs wie der Gesundheit der Bevölkerung oder mittelbar auf einen Schwund des Vertrauens der Öffentlichkeit in die berufliche Integrität der Ärzte geschlossen werden, solange sich die Werbemittel im Rahmen des **Üblichen** bewegen (BVerfGE 94, 372, 393 = NJW 1996, 3067; BVerfG NJW 2002, 1331; BVerfG GRUR 2004, 68 – *Werbung einer Zahnarzt-GmbH*) und **nicht aufdringlich** sind (BVerfG NJW 2002, 1331, 1332). Eine gesetzliche Beschränkung ist nur dann mit Art 12 I GG vereinbar, wenn dem Schutz der Berufsfreiheit durch eine Würdigung aller maßgeblichen Umstände angemessen Rechnung getragen wird. Dabei ist auch zu berücksichtigen, inwieweit Leistungen beworben werden, die in vergleichbarer Weise auch von anderen niedergelassenen Ärzten erbracht werden (BGH GRUR 2003, 798, 800 – *Sanfte Schönheitschirurgie*; BGH GRUR 2001, 181, 184 – *dentalästhetika*).

11.111   **bb) Einzelne Werbeträger.** Die Veröffentlichung von **Zeitungsanzeigen** in Publikumszeitschriften ist grds zulässig, sofern die Anzeigen nicht nach Form, Inhalt oder Häufigkeit übertrieben wirken (BGH GRUR 2003, 798, 800 – *Sanfte Schönheitschirurgie*). Format, Auflage und Leserkreis der Zeitung können dabei ebenso bedeutsam sein wie ihr Charakter und ihre Aufmachung (BVerfG WRP 2002, 521, 523 – *Tierarztwerbung*; BGH GRUR 2003, 798, 800 – *Sanfte Schönheitschirurgie*). Gegen Anzeigen in Sportzeitschriften ist nichts einzuwenden, da es sich auch insoweit um eine Publikumszeitschrift handelt. Zulässig ist die Verteilung von Werbeprospekten (OLG Stuttgart WRP 2003, 119), das Beilegen von **Faltblättern** in Werbebroschüren von Sportveranstaltern (BVerfG NJW 2002, 1331, 1332) und erst recht das bloße Auslegen von Faltblättern in einer Klinik (BVerfG NJW 2000, 2734, 2735). – Auch die Werbung im Internet ist zulässig, zumal es sich hierbei um eine passive Darstellungsform handelt (BVerfG WRP 2003, 1099, 1101 – *Klinikwerbung im Internet*; BVerfG GRUR 2003, 966; BGH GRUR 2004, 164, 165 – *Arztwerbung im Internet*).

11.112   **f) Umgehungsverbot.** Um eine Umgehung des Verbots der berufswidrigen Werbung zu verhindern, sehen die ärztlichen Berufsordnungen vor, dass ein Arzt eine ihm verbotene Werbung durch andere weder **veranlassen** noch **dulden** darf (vgl § 27 II MBO). Dieses Umgehungsverbot (auch **Verbot der mittelbaren Werbung** genannt) ist verfassungsrechtlich zulässig, jedoch verfassungskonform auszulegen (BVerfG NJW 2000, 2734; BGH GRUR 1999, 1104, 1105 – *Ärztlicher Hotelservice*). Ein **Dulden** fremder Werbung liegt nur dann vor, wenn dem Arzt die Unterbindung tatsächlich und rechtlich möglich und zumutbar ist. Das ist etwa der Fall, wenn es sich um die Werbung durch Mitarbeiter oder durch eine zu diesem Zweck gegründete Gesellschaft handelt. An Presseveröffentlichungen darf der Arzt grds nur mitwirken (zB in Gestalt von Auskünften und Interviews), wenn die Presse einer Überprüfung und Genehmigung des Manuskripts zugestimmt hat (sog **Genehmigungsvorbehalt;** vgl BVerfGE 85, 248 = GRUR 1992, 866, 869 – *Hackethal;* BGH GRUR 1987, 241, 243 – *Arztinterview*). Angesichts der regelmäßigen Weigerung der Presse, sich einem solchen Genehmigungsvorbehalt zu unterwerfen, muss auf die Zumutbarkeit im Einzelfall abgestellt werden (BVerfG aaO – *Hackethal*). Bei einer Abwägung der Interessen der Beteiligten und der Allgemeinheit unter Berücksichtigung auch der Pressefreiheit gelangt man zum Ergebnis, dass der Arzt an einer Presseveröffentlichung von vornherein nicht mitwirken darf, wenn zu erwarten ist, dass sie auf eine reklamehafte Werbung hinausläuft. – Das Umgehungsverbot gilt auch für den Belegarzt, der veranlasst oder duldet, dass Patienten, die sich auf Grund einer Werbeanzeige des Belegkrankenhauses melden, an seine Praxis weitergeleitet werden (BGH GRUR 2000, 613, 615 – *Klinik Sanssouci*). Das Umgehungsverbot ist noch nicht verletzt, wenn ein Unternehmen einen ärztlichen Notfall- oder Bereitschaftsdienst für Privatpatienten betreibt und sich unter dieser Bezeichnung in Telefonbüchern eintragen lässt, aber weder bestimmte Ärzte benannt noch bestimmte ärztliche Leistungen hervorgehoben werden (BGH GRUR 1999, 1009, 1011 – *Notfalldienst für Privatpatienten;* BGH GRUR 1999, 1102, 1104 – *Privatärztlicher Bereitschaftsdienst;* BGH GRUR 1999, 1104, 1106 – *Ärztlicher Hotelservice*). Denn insoweit handelt es sich lediglich um sachangemessene und nützliche Informationen für den Verbraucher. Die Grenze ist erst dann überschritten, wenn der beworbene ärztliche Bereitschaftsdienst nur vorgeschoben ist und der Sache nach Werbung für einzelne hinter ihm stehende Ärzte betrieben wird (BGH aaO – *Privatärztlicher Bereitschaftsdienst;* BGH aaO – *Ärztlicher Hotelservice*).

g) **Verantwortlichkeit Dritter.** Eine (Mit-)Verantwortlichkeit des Dritten, der für den Arzt wirbt, kommt zwar nicht unter dem Gesichtspunkt der **Störerhaftung** (so aber BGH GRUR 1996, 905, 907 – *GmbH-Werbung für ambulante ärztliche Leistungen;* BGH GRUR 1999, 504, 506 – *Implantatbehandlungen;* BGH GRUR 2000, 613, 616 – *Klinik Sanssouci;* BGH GRUR 2001, 181, 184 – *dentalästhetika*), wohl aber unter dem Gesichtspunkt der **Beihilfe** in Betracht. Dies setzt allerdings Vorsatz des Dritten voraus. Außerdem muss die Werbung vom Arzt aktiv in der Weise betrieben worden sein, dass er sie veranlasst hat. Es geht nicht an, aus der Werbung eines Dritten für einen Arzt auf einen Wettbewerbsverstoß des Arztes (durch Dulden) zu schließen, um anschließend daraus wiederum eine Mitwirkung des Dritten am Wettbewerbsverstoß des Arztes zu konstruieren.

6. Kliniken

Für **Kliniken** (und vergleichbare gewerbliche Unternehmen) gelten nicht dieselben Werbebeschränkungen wie für Ärzte (BVerfGE 71, 183, 194 ff = GRUR 1986, 387 – *Sanatoriumswerbung;* BVerfG NJW 2000, 2734, 2735; 2002, 1331, 1332; BVerfG WRP 2003, 1099, 1101 – *Klinikwerbung im Internet;* BVerfG GRUR 2004, 68, 69 – *Werbung einer Zahnarzt-GmbH;* BGH GRUR 1996, 905, 907 – *GmbH-Werbung für ambulante ärztliche Leistungen;* BGH GRUR 2001, 181, 184 – *dentalästhetika;* BGH GRUR 2002, 725, 726 – *Haar-Transplantationen*). Dieses **Klinikprivileg** rechtfertigt sich aus folgenden Erwägungen: Bei Kliniken (und vergleichbaren Unternehmen), die neben ärztlichen Leistungen noch weitere gewerbliche Leistungen wie Unterbringung und Verpflegung erbringen, handelt es sich um Gewerbebetriebe, die auf Grund des höheren personellen und sachlichen Aufwands und der laufenden Betriebskosten durch Werbebeschränkungen typischerweise stärker belastet sind als die Gruppe niedergelassener Ärzte. Zur Sicherung ihrer Existenz sind sie darauf angewiesen, auf ihr Leistungsangebot aufmerksam zu machen. Das Klinikprivileg darf auch nicht durch Heranziehung der (ohnehin überholten) Grundsätze der Störerhaftung unterlaufen werden (BVerfG GRUR 2004, 68, 69 – *Werbung einer Zahnarzt-GmbH* gegen BGH GRUR 2001, 181, 184 – *dentalästhetika*). Kliniken (und vergleichbare Unternehmen) dürfen daher in **sachangemessener Weise** für ihre eigenen – wenngleich durch angestellte Ärzte, Vertragsärzte oder Belegärzte erbrachten – Leistungen (BVerfG NJW 2000, 2734, 2735; BGH GRUR 2002, 725, 726 – *Haar-Transplantationen*) und für die Eigenschaften ihres Betriebs, insbes Klinikführung, -ausstattung und -atmosphäre, (BVerfG WRP 2003, 1099, 1101 – *Klinikwerbung im Internet*) werben. Sachangemessen ist die Werbung, wenn sie einem berechtigten Informationsbedürfnis der Patienten entspricht. Kliniken stehen den niedergelassenen Ärzten auch bei Vornahme ambulanter Eingriffe nicht gleich, soweit diese als klinische Leistungen abgerechnet werden (BVerfG GRUR 2004, 68, 69 – *Werbung einer Zahnarzt-GmbH*).

Der Bereich der erlaubten bloßen Klinikwerbung ist auch dann noch nicht überschritten, wenn die behandelnden Ärzte namentlich genannt werden. Dass die Werbung den Klinikärzten iErg zu Gute kommt, weil sie die beworbenen Leistungen gegen Vergütung erbringen, ist unerheblich (BGH GRUR 2002, 725, 726 – *Haar-Implantationen;* OLG Stuttgart WRP 2003, 119, 121). Etwas anderes gilt erst dann, wenn damit zugleich den Benannten als niedergelassenen Ärzten Patienten zugeführt werden sollen (BVerfG NJW 2000, 2734, 2735; NJW 2002, 1331, 1332). Hierfür kommt es darauf an, ob die Werbung im Einzelfall dem niedergelassenen Arzt oder der Klinik zu Gute kommen soll (BVerfG NJW 2002, 1331, 1332).

7. Apotheker

11.115 **a) Allgemeines.** Werbebeschränkungen für **Apotheker** ergeben sich bereits aus den allgemeinen gesetzlichen Werbebeschränkungen des **HWG** (dazu BVerfGE 94, 372 = GRUR 1996, 899, 900 – *Werbeverbot für Apotheker*). Hinzu kommen die Werbebeschränkungen aus den **Berufsordnungen** der Landesapothekerkammern. Da diese Regelungen die Berufsausübungsfreiheit beschränken, müssen sie durch ausreichende Gründe des Gemeinwohls gerechtfertigt sein und dem Grundsatz der Verhältnismäßigkeit genügen. Legitimer Zweck solcher Regelungen ist es, dem Arzneimittelfehlgebrauch entgegenzuwirken und die ordnungsgemäße Berufsausübung zu stärken, insbes das Vertrauen der Bevölkerung in die berufliche Integrität der Apotheker zu erhalten und zu fördern (BVerfG GRUR 1996, 899, 903 – *Werbeverbot für Apotheker*). Zulässig sind daher Regelungen, die nach Form, Inhalt und Häufigkeit übertriebene (marktschreierische) Werbung verbieten. Was übertrieben ist, steht nicht ein für allemal fest, sondern unterliegt dem Wandel der Anschauungen (BVerfG GRUR 1996, 899, 904 – *Werbeverbot für Apotheker;* dazu *Reichelt* WRP 1997, 1133). Unverhältnismäßig und damit unzulässig sind jedoch Regelungen, die bestimmte Werbeträger ohne Rücksicht auf Form und Inhalt der Werbung vollständig ausschließen oder die als strikte Regelung für eine Würdigung aller maßgeblichen Umstände keinen Raum lassen (BVerfG GRUR 1996, 899, 903 – *Werbeverbot für Apotheker*). Unzulässig sind Regelungen auch dann, wenn sie ausschließlich oder überwiegend dem Konkurrenzschutz dienen. Denn das öffentliche Interesse, das das Sonderrecht für Apotheker legitimiert, ist auf die Sicherstellung einer ordnungsgemäßen Arzneimittelversorgung der Bevölkerung gerichtet und daran müssen sich Beschränkungen der Berufsfreiheit messen lassen. (BVerfG GRUR 1996, 899, 904 – *Werbeverbot für Apotheker*). Der Grundsatz der Verhältnismäßigkeit ist auch bei der Anwendung der werbebeschränkenden Regelungen der Berufsordnung im Einzelfall zu beachten. Die Grenze zur unsachlichen Werbung ist erst überschritten, wenn die Werbung Anlass zu Zweifeln an der ordnungsmäßigen Sicherstellung der Arzneimittelversorgung durch den Apotheker und an dessen beruflicher Integrität gibt. Dabei ist zu beachten, dass Apotheker nicht nur Angehörige eines freien Berufs, sondern zugleich Kaufleute sind, die beim Absatz von nicht apothekenpflichtigen Waren im Wettbewerb mit anderen Berufsgruppen stehen. Sie müssen daher die Möglichkeit haben, sich in diesem Bereich entsprechend werblich zu entfalten (BVerfG GRUR 1996, 899, 904 – *Werbeverbot für Apotheker*). Werbung für nicht verschreibungspflichtige Arzneimittel und für das Randsortiment ist daher nicht schon deshalb als unsachlich, aufdringlich oder marktschreierisch anzusehen, weil sich der Apotheker derselben Werbemethoden bedient, die üblicherweise auch von anderen Gewerbetreibenden beim Vertrieb der gleichen Artikel verwendet werden (BVerfG GRUR 1996, 899, 904 – *Werbeverbot für Apotheker*). Auch die Werbeaussagen sind anhand dieses Maßstabs zu beurteilen. Nicht zu beanstanden ist daher der Slogan „*Mehr als eine Apotheke*", da es sich um eine bloße Aufmerksamkeitswerbung handelt (vgl LG Dresden GRUR-RR 2005, 232).

11.116 **b) Einzelne Werbemittel. Zeitungswerbung** für das Nebensortiment kann unzulässig sein, wenn sie nach Form, Inhalt, Erscheinungsweise und -häufigkeit massiv auf den Umworbenen einwirkt und den Eindruck hervorruft, dass die Hauptaufgabe des Apothekers, die Arzneimittelversorgung der Bevölkerung sicherzustellen, nicht mehr im Vordergrund steht und dass sich der Apotheker einträglicheren Geschäften zuwendet (BVerfG GRUR 1996, 899, 904 – *Werbeverbot für Apotheker;* vgl auch BGH GRUR 1983, 249, 250 – *Apothekenwerbung;* BGH GRUR 1994, 639, 640 – *Pinguin-Apotheke;* BGH GRUR 1994, 656, 658 – *Stofftragetasche*). Ist aber eine Anzeigenwerbung oder eine andere Werbeform, zB die Aufstellung von **Werbetafeln** oder von **Verkaufsschütten** auf dem Gehweg, nicht übertrieben, würde ein Verbot die Freiheit der Berufsausübung übermäßig beschränken. Nicht zu beanstanden ist eine Zeitungswerbung, die Waren des Randsortiments nach Artikelbezeichnung und Preis mit verkleinerter bildlicher Darstellung ohne besondere Heraushebung beschreibt (BGH GRUR 1983, 249, 250 – *Apo-*

thekenwerbung). Solche Werbemaßnahmen sind nicht geeignet, das Vertrauensverhältnis von Apotheker und Verbraucher zu stören oder das Berufsbild des Apothekers zu beschädigen. Eine berufsrechtliche Verbotsnorm, die die Versendung von **Werbebriefen** ausnahmslos untersagt, wäre nichtig, Art 12 I GG (BVerfG aaO – *Werbeverbot für Apotheker;* BVerfG NJW 1996, 3070, 3071 – *Zeitungswerbung durch Apotheker;* BGH GRUR 1999, 1014, 1016 – *Verkaufsschütten vor Apotheken*). Zulässig ist die Verteilung von kleinen **Werbegeschenken** vor einer Apotheke (BGH GRUR 1994, 639, 640 – *Pinguin-Apotheke*). – Zulässig ist weiter die Verwendung des Kennzeichens „Guten Tag-Apotheke" (BGH GRUR 1987, 178, 179 f – *Guten Tag-Apotheke II*) sowie die Abgabe von **Warenproben** apothekenüblicher Waren. Das satzungsrechtliche Verbot solcher Abgaben verstößt gegen Art 12 I und Art 3 GG (BGH GRUR 1991, 622, 624 – *Warenproben in Apotheken*). Anders liegt es bei der dem Apotheker durch § 17 I 1, II 1 ApoBetrO und § 43 I 1 AMG grds verbotenen berufs- und gewerbsmäßigen Abgabe von Arzneimitteln (§ 2 I AMG, zB von Impfstoffen (§ 4 IV AMG), an den letzten Verbraucher im Wege des Versands und bei der durch das HWG ebenfalls untersagten Werbung für den Bezug apothekenpflichtiger Arzneimittel im Versandwege. Die Verbote gelten nicht nur im Verhältnis Apotheker/Patient, sondern auch im Verhältnis Apotheker/Arzt/Apotheken/apothekenähnliche Einrichtungen (BGH GRUR 2001, 178, 179 – *Impfstoffversand an Ärzte;* BVerwG NJW 2001, 1808, 1809 – *Versendung apothekenpflichtiger Arzneimittel*). Zulässig ist ferner das **Sponsoring**, etwa mittels Werbeaufdrucks auf Trainingsanzügen (BVerfG GRUR 1996, 899, 904/905 – *Werbeverbot für Apotheker*). – Unzulässig ist die Werbung mittels Teilnahme an einem **Faschingsumzug** mit einem eigenen Wagen (vgl BVerfG GRUR 1996, 899, 904 – *Werbeverbot für Apotheker*).

B. Produktbezogene Regelungen

I. Produktbezogene Informationspflichten

1. Allgemeine deliktsrechtliche Informationspflichten

Wer freiverkäufliche Produkte auf den Markt bringt, die **Gesundheits-** oder **Sicherheitsrisiken** enthalten, kann im Einzelfall zu entsprechenden **Warnhinweisen** aus dem Gesichtspunkt der **Verkehrssicherungspflicht** (§ 823 I BGB) verpflichtet sein (vgl BGH NJW 1995, 1286; BVerfG NJW 1997, 249). Derartige Informationspflichten sind Marktverhaltensregelungen zum Schutz der Verbraucher (vgl BGHZ 124, 230 = GRUR 1994, 219 – *Warnhinweis; Kretschmer* WRP 1997, 923, 924). Allerdings besteht keine generelle Aufklärungspflicht bei allen nur denkbaren Gesundheits- oder Sicherheitsrisiken, da dies der Verkehr auch nicht erwartet. Auch lässt sich weder aus § 4 Nr 1 noch aus § 5 eine Pflicht ableiten, etwa beim Verkauf von Fertiglesebrillen in einem Kaufhaus auf die eingeschränkte Verwendbarkeit und die daraus resultierenden gesundheitlichen Einschränkungen hinzuweisen (BGH GRUR 1996, 793, 795 – *Fertiglesebrillen* zu §§ 1, 3 aF). Etwas anderes kann dann gelten, wenn durch die Art und Weise, wie eine Ware präsentiert und wie über sie informiert wird, Sicherheits- oder Gesundheitsrisiken verharmlost werden (BGH GRUR 1993, 756, 757 – *Mildabkommen*) oder der unzutreffende Eindruck der gesundheitlichen Unbedenklichkeit (BGH GRUR 1996, 793, 795 – *Fertiglesebrillen*) erweckt oder gar Gesundheitswerbung betrieben wird. In diesen Fällen kann sich die Unlauterkeit auch aus § 4 Nr 1 ergeben (BGH GRUR 2006, 953 Tz 19 – *Warnhinweis II*).

11.117

2. Produktkennzeichnungspflichten

a) Rechtsnatur. Zahlreiche Vorschriften sehen eine bestimmte Kennzeichnung von Produkten vor. Sie dienen durchweg dem Schutz der Verbraucher und stellen somit Marktverhaltensregelungen im Interesse der Verbraucher iSd § 4 Nr 11 dar (vgl BGH, Beschl v 4. 12. 2003 – I ZR 119/03 – *Tiergerechte Aufzucht* zu Art 10 I VO (EWG) 1538/91; BGH GRUR 2006, 82 Tz 22 – *Betonstahl* zu § 28 NiedersächsBauO; OLG Oldenburg GRUR-RR 2003, 283, 284; aA OLG Hamburg GRUR-RR 2003, 322 für die Mengenkennzeichnungspflicht des § 8 I LMKV). Verstöße gegen diese Vorschriften können zugleich den Tatbestand der Irreführung (§ 5) erfüllen (vgl § 5 Rdn 4.32 ff). Zur Frage, ob im Einzelfall der Verstoß iSd § 3 relevant ist, vgl *v Jagow*, FS Doepner, 2008, 21, 28.

11.118

11.119 **b) Einzelne Vorschriften. Arzneimittelgesetz** (AMG). Nach § 10 AMG besteht eine Kennzeichnungspflicht für Fertigarzneimittel (dazu BGH WRP 2003, 503 – *Bricanyl II*). Zu § 78 AMG vgl OLG Frankfurt WRP 1999, 549, 550; OLG Schleswig WRP 1996, 1123, 1124.

11.120 **Eichgesetz.** Nach § 7 II EichG darf bei Fertigpackungen keine größere Füllmenge vorgetäuscht werden als in ihnen enthalten ist (sog **Mogelpackung;** dazu BGH GRUR 1982, 118 – *Kippdeckeldose;* OLG Frankfurt WRP 2009, 238 LS; *Kiethe / Groeschke* WRP 2003, 962 ff). Diese Vorschrift bezweckt den Schutz der Verbraucher beim Erwerb messbarer Güter und zugleich den Schutz des lauteren Handelsverkehrs (vgl § 1 Nr 1 EichG). Sie stellt daher eine Marktverhaltensregelung zum Schutze der Verbraucher iSd § 4 Nr 11 dar.

11.121 **Gesetz über Einheiten im Messwesen** (MessEinhG) und die dazu ergangene Ausführungsverordnung (EinhVO). Nach § 1 I MessEinhG sind im geschäftlichen Verkehr Größen in gesetzlichen Einheiten anzugeben, wenn für sie Einheiten in einer Rechtsverordnung festgesetzt sind. Es handelt sich um Marktverhaltensregelungen iSd § 4 Nr 11. Jedoch ist bei Verstößen sehr sorgfältig zu prüfen, ob dadurch der Wettbewerb nicht nur unerheblich iSv § 3 beeinträchtigt wird. Das ist zu verneinen, wenn statt der vorgeschriebenen Angaben in „m" solche in „Zoll" oder dem entsprechenden Kürzel („) gemacht werden und dies allgemein gebräuchlich ist und akzeptiert wird (BGH GRUR 1995, 427 – *Zollangaben*), ferner dann, wenn die gesetzliche Leistungseinheit „kW" neben der Bezeichnung „PS" nicht, wie vorgeschrieben, hervorgehoben wird (BGH GRUR 1994, 220, 222 – *PS-Werbung II*). Anders kann es sich verhalten, wenn ausschließlich die Bezeichnung „PS" verwendet wird (BGH GRUR 1993, 679, 680 – *PS-Werbung I*), es sei denn, dies geschieht lediglich versehentlich und nicht planmäßig (BGH GRUR 1994, 638, 639 – *Fehlende Planmäßigkeit*).

11.122 **ChemG** idF v 2. 7. 2008 (ChemikalienG = Gesetz zum Schutz vor gefährlichen Stoffen). Zu § 15a ChemG (Hinweispflichten) vgl OLG Hamburg GRUR 2008, 94, 95. Zu § 10 III und § 12 VII der früheren GefahrstoffVO vgl OLG Zweibrücken GRUR-RR 2003, 13.

11.123 **KosmetikVO.** Durch die KosmetikVO v 16. 12. 1977 (idF der Bek v 7. 10. 1997, BGBl I 2410, zuletzt geändert durch Verordnung v 11. 6. 2009, BGBl I 1285) wurde die Richtlinie 76/768/EWG des Rates v 27. 7. 1976 zur Angleichung der Rechtsvorschriften der Mitgliedstaaten über kosmetische Mittel (ABl L 262 S 169) umgesetzt. Die Richtlinie hat zu einer **abschließenden Harmonisierung** der nationalen Bestimmungen über die Verpackung und Etikettierung kosmetischer Mittel geführt (vgl EuGH GRUR 1994, 303 – *Clinique;* EuGH GRUR Int 1999, 349, 351 – *Unilever/Smithkline Beecham*). Die Kennzeichnungsbestimmungen der KosmetikVO, nach denen Firma und Anschrift oder Firmensitz des in der EU ansässigen Herstellers oder Vertreibers anzugeben sind (§ 5 I Nr 1), stellen Marktverhaltensregelungen zum Schutz der menschlichen Gesundheit und damit im Interesse der Verbraucher dar. Verstöße dagegen sind unlauter und idR auch wettbewerbswidrig iSv § 3, ohne dass es auf das Hinzutreten weiterer Umstände ankäme (vgl zu § 1 aF BGHZ 142, 192, 197 = GRUR 1999, 1109, 1111 – *Entfernung der Herstellungsnummer I;* BGH GRUR 2001, 841, 843 – *Entfernung der Herstellungsnummer II*). Gleiches gilt bei Nichteinhaltung der Verpflichtung zur Angabe der Nummer des Herstellungspostens des Kosmetikerzeugnisses nach § 4 I KosmetikVO (BGH GRUR 1994, 642, 643 – *Chargennummer*) und bestimmter Inhaltsstoffe auf dem Behältnis (BGH GRUR 1989, 673, 674 – *Zahnpasta* mit Anm *Schroeder* GRUR 1989, 674 f; aA *Giefers* GRUR 1990, 55). Danach dürfen kosmetische Artikel nur in den Verkehr gebracht werden, wenn sie auf Behältnis und Verpackung mit Kennzeichen (Nummer des Herstellungspostens) versehen sind, die im Interesse des Gesundheitsschutzes der Bevölkerung – zB bei fehlerhaften Produkten – eine Identifizierung der Herstellung erlauben (BGH GRUR 1994, 642, 643 – *Chargennummer;* BGH GRUR 2001, 841, 843 – *Entfernung der Herstellungsnummer II*).

11.124 **Lebensmittel-Kennzeichnungsverordnung (LMKV)** v 21. 12. 1981 idF der Bek v 15. 12. 1999 (BGBl I 2464), zuletzt geändert durch Verordnung v 2. 6. 2010 (BGBl I 752). Zu § 3 I Nr 4 und § 6 LMKV vgl OLG Köln GRUR 1999, 1023. **Mineral- und Tafelwasser-Verordnung.** Zu § 15 MTVO vgl BGH WRP 2002, 1267 – *Bodenseetafelwasser.* **EG-WeinbezeichnungsVO** und **EG-Weinmarktordnung.** Dazu BGH GRUR 2009, 972 Tz 13 ff – *Lorch Premium II;* § 5 Rdn 4.42.

11.125 **Medizinproduktegesetz** (MPG). Zu §§ 3, 6, 7 MPG vgl BGH GRUR 2008, 922 – *In-vitro-Diagnostika;* BGH GRUR 2010, 169 Tz 16 – *CE-Kennzeichnung;* BGH GRUR 2010, 754 Tz 13 – *Golly Telly;* BGH GRUR 2010, 756 – *One Touch Ultra.*

11.126 **VO (EWG) Nr 1538/91.** Zu Art 10 I VO (EWG) Nr 1538/91 vgl BGH Beschl v 4. 12. 2003 – I ZR 119/03 – *Tiergerechte Aufzucht* zu Art 10 I VO (EWG) 1538/91; OLG Oldenburg GRUR-RR 2003, 283).

FertigpackungsV v 18. 12. 1981 (BGBl 1585) idF der Bek v 8. 3. 1994, zuletzt geändert **11.127**
durch VO v 11. 6. 2008, BGBl I 1079). Vgl BGH GRUR 1995, 760 – *Frischkäsezubereitung.*
Los-KennzeichnungsV (LKV) v 23. 6. 1993 (BGBl I 1022), geändert durch VO v 22. 2. **11.128**
2006 (BGBl I 444).
Nährwert-KennzeichnungsV v 25. 11. 1994 (BGBl I 3526), zuletzt geändert durch Ver- **11.129**
ordnung v 1. 10. 2009 (BGBl I 3221).
Vgl dazu auch Art 7 VO (EG) 1924/2006 (Health-Claims-VO); Näheres bei Rdn 11.137 a.
Textilkennzeichnungsgesetz (TKG) v 1. 4. 1969 (BGBl I 279), neugefasst durch Bek v **11.130**
14. 8. 1986 (BGBl I 1285), zuletzt geändert durch Verordnung v 26. 8. 2010 (BGBl I 1248).
Dazu BGH GRUR 1980, 302 – *Rohstoffgehaltsangabe in Versandhandelsanzeige;* OLG Hamm
GRUR-RR 2004, 115.
Tabakprodukt-Verordnung v 20. 11. 2002 (BGBl I 4434), zuletzt geändert durch Art 360 **11.131**
Verordnung v 31. 10. 2006 (BGBl I 2407). Zu § 7 (Warnhinweis- und Etikettierungspflicht) vgl
Koenig/Haratsch ZLR 2004, 233.

3. Produktinformationspflichten

Schrifttum: *Goldmann,* Abgaswerte und Kraftstoffverbrauch als Gegenstand des Wettbewerbsrechts, WRP 2007, 38; *Köhler,* Was müssen Wertpapierdienstleistungsunternehmen bei der Werbung beachten? – Zu den Anforderungen des § 4 WpDVerOV, WM 2009, 385; *Zeidler,* Marketing nach MiFiD, WM 2008, 238.

Nach **§§ 1 I, 5 I PKW-EnVKV** (VO über Verbraucherinformationen zu Kraftstoffverbrauch **11.131a**
und CO^2-Emissionen neuer Personenkraftwagen v 28. 5. 2004, BGBl I 1037, geändert durch
Art 4 Verordnung v 31. 10. 2006, BGBl I 2407, ber BGBl 2007 I 2149) müssen Hersteller und
Händler, die neue PKW ausstellen, zum Kauf oder Leasing anbieten oder für diese werben,
hierbei Angaben über den Kraftstoffverbrauch und die CO^2-Emissionen machen. Diese in
Umsetzung der Richtlinie 1999/94/EG ergangene Regelung bezweckt auch, dem Verbraucher
eine Kaufentscheidung auf der Grundlage dieser Informationen zu ermöglichen, zumal sie für
die laufenden Betriebskosten und ggf für die Höhe der Kfz-Steuer und damit auch für den
Wiederverkaufswert des Fahrzeugs von Bedeutung sind. Sie stellt daher eine Marktverhaltensregelung iSd § 4 Nr 11 dar (BGH WRP 2010, 1143 Tz 16 – *Gallardo Spyder;* OLG Oldenburg
WRP 2007, 96, 99; OLG Köln WRP 2007, 680, 682). Ein „neues" Fahrzeug liegt dann vor,
wenn es noch nicht zu einem anderen Zweck als dem des Weiterverkaufs oder der Auslieferung
verkauft worden ist (OLG Stuttgart GRUR-RR 2009, 347, 348). Maßgebend ist die Darstellung als „neu" (zB „Neufahrzeug"; „km-Stand 0"); auf den tatsächlichen Zustand des
Fahrzeugs kommt es nicht an. Ob der Werbende die Fahrzeuge auch zum Verkauf anbietet, ist
unerheblich (OLG Stuttgart GRUR-RR 2009, 343, 346). – Ein Verstoß gegen diese VO ist
regelmäßig auch geeignet, die Interessen von Verbrauchern oder sonstigen Marktteilnehmern
spürbar zu beeinträchtigen und sie zu einer geschäftlichen Entscheidung zu veranlassen, die sie
andernfalls nicht getroffen hätten (§ 3 I, II 1; (BGH WRP 2010, 1143 Tz 20 – *Gallardo Spyder*
mwN; aA *Helm,* FS Bechtold, 2006, 155, 165 f). Dafür spricht auch, dass die betreffenden
Informationen als wesentlich iSd § 5a II anzusehen sind (BGH WRP 2010, 1143 Tz 21 –
Gallardo Spyder).

§ 31 WpHG stellt für Wertpapierdienstleistungsunternehmen sehr detaillierte Verhaltens- **11.131b**
regeln, insbes auch für die Werbung auf. **§ 4 WpDVerOV** (Verordnung zur Konkretisierung der
Verhaltensregeln und Organisationsanforderungen für Wertpapierdienstleistungsunternehmen)
konkretisiert diese Anforderungen. Es handelt sich dabei um Marktverhaltensregeln zum Schutze
der Marktteilnehmer, insbes der Verbraucher (dazu *Köhler* WM 2009, 385).

II. Produktbezogene Werbebeschränkungen

Schrifttum: *Kappes,* Gutschein- und Bonussysteme im Apothekenwesen, WRP 2009, 250; *Meyer,* Produktspezifische Werberegelungen in Deutschland und der Europäischen Gemeinschaft, 1996; *Sachs,* Werbung für kosmetische Mittel mit Studien- und Fachveröffentlichungen, WRP 2010, 26.

1. Allgemeines

Werbebeschränkungen und -verbote, die sich auf bestimmte Waren oder Dienstleistungen **11.132**
beziehen, dienen typischerweise dem Schutz der Verbraucher und stellen daher Marktverhaltensregelungen iSd § 4 Nr 11 dar (vgl BGH GRUR 2009, 511 Tz 24 – *Schoenenberger Arti-*

schockensaft; BGH NJW-RR 2010, 399 Tz 14 – *Blutspendedienst;* Ullmann GRUR 2003, 817, 823).

2. Einzelne Vorschriften

11.133 **a) Heilmittelwerbegesetz** (HWG) idF der Bek v 19. 10. 1994, BGBl I 3068, zuletzt geändert durch Gesetz v 26. 4. 2006, BGBl I 984.

aa) Schutzzweck. Das HWG bezweckt den Schutz der Gesundheit des Einzelnen und der Allgemeinheit vor den Gefahren einer unsachgemäßen Selbstmedikation und einer unsachlichen Werbung; dabei ist unerheblich, ob diese Gefahren im Einzelfall auch tatsächlich eintreten. Darüber hinaus will es verhindern, dass eine mit Übertreibungen arbeitende, suggestive oder marktschreierische Werbung Kranke und insbes ältere Menschen zu Fehlentscheidungen beim Arzneimittelgebrauch und bei der Verwendung anderer Mittel zur Beseitigung von Krankheiten oder Körperschäden verleitet werden. Es geht also um den Schutz der Gesundheit und den Schutz vor wirtschaftlicher Übervorteilung besonders schutzbedürftiger Personen (vgl BGH GRUR 2003, 255, 256 – *Anlagebedingter Haarausfall;* BVerfG GRUR 2007, 720, 721 – *Geistheiler*). Denn die Verbraucher als medizinische Laien haben nicht die notwendige Sachkenntnis, um Werbeaussagen über Heilmittel und -methoden zutr beurteilen zu können, und sind bei Erkrankung häufig geneigt, Werbeaussagen blind zu vertrauen (vgl *Doepner* HWG, 2. Aufl, 2000, Einl Rdn 39).

11.133a **bb) Auslegung.** Bei der Auslegung des HWG ist die **Richtlinie 2001/83/EG** zur Schaffung eines **Gemeinschaftskodexes für Humanarzneimittel** (zuletzt geändert durch die Richtlinie 2008/29/EG) im Wege der **richtlinienkonformen Auslegung** zu berücksichtigen, da diese eine vollständige Harmonisierung des Bereichs der Arzneimittelwerbung bezweckt und die Fälle, in denen die Mitgliedstaaten abweichende Regelungen erlassen dürfen, abschließend regelt (EuGH GRUR 2008, 267 Tz 20, 39, 62 – *Gintec;* BGHZ 180, 355 = GRUR 2009, 984 Tz 14 – *Festbetragsfestsetzung;* vgl auch BGH GRUR 2009, 988 Tz 7 ff – *Arzneimittelpräsentation im Internet* [Vorlagebeschluss]). In dem von der Richtlinie erfassten Bereich ist eine Überprüfung am Maßstab der deutschen Grundrechte grds ausgeschlossen, es kommt nur einer Überprüfung am Maßstab der **europäischen Grundrechte** in Betracht (OLG Hamburg GRUR-RR 2010, 74, 77 zu § 11 I Nr 2 HWG). Nur in dem außerhalb der Richtlinie **verbleibenden Bereich** ist eine Überprüfung am Maßstab der **deutschen** Grundrechte aus Art 12 I 2 GG und Art 5 I GG noch möglich. Grds sind die Werbebeschränkungen des HWG **verfassungsrechtlich zulässig**, weil sie allgemeine Gesetze iSd Art 5 II GG sind bzw durch hinreichende Gründe des Allgemeinwohls gedeckt sind (BVerfG GRUR 2007, 720, 721 [zu § 11 I Nr 10 HWG]; BGH GRUR 2009, 1082 Tz 23 – *DeguSmiles & more* zu Medizinprodukten). Gleichwohl ist eine **verfassungskonforme Auslegung** möglich und geboten (dazu BGH GRUR 2009, 511 Tz 14 ff – *Schoenenberger Artischockensaft;* BGH GRUR 2009, 984 Tz 25, 26 – *Festbetragsfestsetzung;* BGH NJW-RR 2010, 399 Tz 16 – *Blutspendedienst*). Dementsprechend ist bspw ein Verstoß gegen das HWG daher nur dann anzunehmen, wenn die betreffende Werbung zumindest zu einer mittelbaren Gesundheitsgefährdung führt (vgl BGH GRUR 2004, 799, 800 – *Lebertrankapseln* zu § 11 Nr 10 HWG). Auch kann das Grundrecht aus Art 5 I 1 GG im Einzelfall zu einer Verbotseinschränkung führen (BGH GRUR 2009, 984 Tz 25, 26 – *Festbetragsfestsetzung*). Dagegen ist die Anwendung des HWG auf „Geistheiler" verfassungsrechtlich nicht zu beanstanden (BVerfG GRUR 2007, 720, 721 ff).

11.134 **cc) Anwendungsbereich.** Die Verbote und Gebote der §§ 3 bis 13 HWG richten sich nicht nur an Arzneimittelhersteller und Ärzte, sondern an alle **Werbungtreibenden** (BGH GRUR 2001, 453, 455 – *TCM-Zentrum*). Das HWG erfasst aber nur die **„Werbung für Heilmittel".** Es sind dies Arzneimittel (§ 1 I Nr 1 HWG), Medizinprodukte (§ 1 I Nr 1a HWG) und bestimmte andere Mittel (§ 1 I Nr 2 HWG). Es muss sich also um produkt- oder leistungsbezogene Aussagen handeln, die darauf angelegt sind, den Absatz der beworbenen Heilmittel zu fördern, sog **produktbezogene Absatzwerbung** (BGH GRUR 2009, 984 Tz 13 – *Festbetragsfestsetzung*). **Nicht erfasst** ist dagegen die **allgemeine Unternehmenswerbung (Imagewerbung; Vertrauenswerbung; Aufmerksamkeitswerbung)**, die ohne Bezugnahme auf bestimmte Produkte, Verfahren oder Behandlungen für Ansehen und Leistungsfähigkeit des Unternehmens allgemein wirbt (BGH GRUR 1992, 873 – *Pharmawerbespot;* BGH GRUR 1995, 223 – *Pharma-Hörfunkwerbung;* BGH GRUR 2003, 353, 355 – *Klinik mit Belegärzten;* BGH WRP 2006, 1370 Tz 23 – *Kunden werben Kunden;* BGH WRP 2007, 1088 Tz 17

– *Krankenhauswerbung;* BGH WRP 2009, 1385 Tz 15 – *DeguSmiles;* OLG Hamburg WRP 2007, 1377, 1379). Für die Abgrenzung soll es nach der Rspr darauf ankommen, ob nach dem Gesamterscheinungsbild der Werbung die Darstellung des Unternehmens oder aber die Anpreisung bestimmter oder zumindest individualisierbarer Produkte **im Vordergrund** steht (BGH GRUR 2003, 353, 355/356 – *Klinik mit Belegärzten;* BGH WRP 2009, 1385 Tz 16 – *DeguSmiles;* BGH GRUR 2009, 984 Tz 25, 26 – *Festbetragsfestsetzung*). In gewissem Widerspruch steht dazu allerdings die Aussage des BGH, für die Anwendung des HWG reiche es aus, dass die betreffende Werbemaßnahme **auch** auf den Absatz von Heilmittel gerichtet ist (BGH GRUR 2009, 984 Tz 13, 14 – *Festbetragsfestsetzung*). Danach soll eine über eine bloße Unternehmenswerbung hinausgehende produktbezogene Werbung bereits in der Nennung eines bestimmten Arzneimittels liegen, mögen damit auch in erster Linie gesundheitspolitische Ziele verfolgt werden (BGH GRUR 2009, 984 Tz 18 – *Festbetragsfestsetzung*). Allerdings kann eine an sich nach §§ 10, 11 HWG unzulässige Werbung durch Art 5 I 1 GG gerechtfertigt sein, wenn die wirksame Ausübung des Grundrechts die Nennung des Arzneimittels erfordert (BGH 2009, 984 Tz 25, 26 – *Festbetragsfestsetzung*).

dd) Lauterkeitsrechtliche Bedeutung. Verstöße gegen die Werberegelungen des HWG **11.134a** sind zugleich unlauteres Marktverhalten iSd § 4 Nr 11 (BGH WRP 2009, Tz 22 – *DeguSmiles;* stRspr). IdR wird ein Verstoß gegen das HWG geeignet sein, iSd § 3 UWG 2004 den Wettbewerb nicht nur unerheblich zu beeinträchtigen bzw iSd § 3 I UWG 2008 die Interessen der Marktteilnehmer spürbar zu beeinträchtigen (BGH WRP 2009, Tz 22 – *DeguSmiles;* BGH GRUR 2009, 984 Tz 34 – *Festbetragsfestsetzung*). In Ausnahmefällen können allerdings besonders gelagerte Umstände, die eine Gefährdung des Schutzzwecks des HWG praktisch ausschließen, die Unerheblichkeit bzw fehlende Spürbarkeit begründen (vgl BGHZ 140, 134, 138 f = GRUR 1999, 1128, 1129 – *Hormonpräparate* zu § 1 aF), wenn nicht gar schon ein Verstoß gegen das HWG zu verneinen ist.

ee) Einzelne Bestimmungen. § 3 HWG (Verbot der irreführenden Werbung; dazu BGH **11.135** WRP 2001, 1171, 1173 – *Eusovit;* BGH GRUR 2001, 181, 183 – *dentalästhetika;* OLG Frankfurt GRUR-RR 2005, 394; OLG Karlsruhe GRUR-RR 2006, 241; OLG Oldenburg GRUR-RR 2006, 243; OLG Celle GRUR-RR 2008, 441; OLG Hamm GRUR-RR 2009, 186; OLG Köln GRUR-RR 2008, 448; OLG Köln GRUR-RR 2009, 189; OLG Schleswig-Holstein WRP 2009, 759; OLG Hamburg GRUR-RR 2010, 67; OLG Hamburg GRUR-RR 2010, 70; OLG Hamburg GRUR-RR 2010, 73; OLG Hamburg GRUR-RR 2010, 73).

§ 3 a HWG (Verbot der Werbung für nicht zugelassene Arzneimittel; dazu BGH GRUR 1983, 393, 394 – *Novodigal/temagin;* BGH GRUR 1995, 223 – *Pharmahörfunkwerbung;* BGH GRUR 2001, 1174, 1175 – *Berührungsaufgabe;* BGH GRUR 2002, 910 – *Muskelaufbaupräparate;* BGH WRP 2003, 883 – *L-Glutamin;* BGH GRUR 2008, 1014 Tz 28 ff – *Amlodipin;* OLG Hamburg GRUR-RR 2003, 354 und GRUR-RR 2004, 118; KG GRUR-RR 2005, 170; OLG Karlsruhe GRUR-RR 2006, 241; OLG Oldenburg GRUR-RR 2006, 243; OLG Hamburg GRUR-RR 2008, 455 LS; OLG Hamburg GRUR-RR 2010, 67, 68).

§ 4 HWG (Gebot der Pflichtangaben; dazu BGH GRUR 1997, 761 – *Politikerschelte;* BGH GRUR 1998, 591, 592 – *Hormonpräparate;* OLG Frankfurt WRP 2001, 1111, 1112; OLG Hamburg GRUR-RR 2003, 121; OLG München GRUR-RR 2002, 206; OLG Frankfurt WRP 2007, 111, 112: mangelnde Lesbarkeit der Angaben; OLG Naumburg GRUR-RR 2007, 113: Internet-Werbung; zu **§ 4 III** (Pflichtangabengebot) BGH GRUR 2009, 509 – *Schoenenberger Artischockensaft;* BGH GRUR 2009, 984 Tz 27 – *Festbetragsfestsetzung;* zu **§ 4 VI** (Zulässigkeit der Erinnerungswerbung) BGH GRUR 2010, 749 Tz 28 ff – *Erinnerungswerbung im Internet;* OLG Oldenburg GRUR-RR 2008, 201; OLG Köln GRUR-RR 2008, 445; *Taxhet* GRUR-RR 2008, 417.

§ 4 a HWG (Verbot der Werbung in der Packungsbeilage für andere Arzneimittel).

§ 5 HWG (Verbot der Werbung für homöopathische Arzneimittel mit Anwendungsgebieten).

§ 6 HWG (Beschränkung der Werbung mit Gutachten und Fachveröffentlichungen).

§ 7 HWG (Beschränkung der Werbung mit Zuwendungen und sonstigen Werbegaben) Vgl dazu BGH GRUR 1990, 1041, 1042 – *Fortbildungs-Kassetten;* BGH GRUR 2003, 624 – *Kleidersack;* BGH GRUR 2009, 1082 Tz 13 ff – *DeguSmiles & more;* BGH, Urt v 9. 9. 2010 – I ZR 193/07 Tz 24, 25 – *UNSER DANKESCHÖN FÜR SIE;* OLG Frankfurt GRUR-RR 2007, 299; OVG Lüneburg GRUR-RR 2008, 452, 453. Die Vorschrift bezweckt den Schutz der Verbraucher vor unsachlicher Beeinflussung und ist daher weit auszulegen. Daher fallen unter den Begriff der **Zuwendungen** auch Geld- oder Naturalrabatte (OLG Stuttgart GRUR-RR 2006, 235; OLG Oldenburg WRP 2006, 913, 916; LG Frankfurt GRUR-RR 2005, 96, 98; OLG Hamburg WRP 2007, 1377, 1379; OLG Saarbrücken GRUR-RR 2008, 84, 86); ferner Zuwendungen an Dritte im Rahmen eines „social sponsoring" (LG Ulm GRUR-RR 2007, 300). Voraussetzung ist aber stets, dass die Vergünstigung **unentgeltlich** (BGH GRUR 2003, 624 – *Kleidersack;* OLG Köln GRUR-RR 2008, 446, 447) oder zu einem **Scheinentgelt** (OLG Nürnberg WRP 2009, 106) gewährt wird. Dies soll zu verneinen sein, wenn sich der Empfänger der Vergünstigung dafür Testanstrengungen unterziehen muss (OLG Köln GRUR-RR 2008, 446, 447). Zulässig sind ua **„geringwertige Kleinigkeiten"** (§ 7 I Nr 1 HWG). Darunter fallen **nicht**: die Erstattung der Praxisgebühr iHv 10 € (OLG Stuttgart WRP 2005, 136; LG Hamburg GRUR-RR 2004, 340); das Gratisangebot eines der Gläser einer Gleitsichtbrille mit einem Wert von 90 € (BGH GRUR 2006, 949 Tz 25 – *Kunden werben Kunden);* die Ausgabe von Einkaufsgutscheinen im Wert von 5 € (BGH, Urt v 9. 9. 2010 – I ZR 193/07 Tz 25 – *UNSER DANKESCHÖN FÜR SIE);* eine Zugabe im Wert von 9,30 € (OLG München GRUR-RR 2007, 297, 298). Eine Werbung mit Zuwendungen liegt auch vor, wenn die für die Gewährung von Prämien erforderlichen Prämienpunkte nicht nur für Heilmittel, sondern für alle sonstigen Produkte aus dem Sortiment gegeben werden (BGH GRUR 2009, 1082 Tz 16 – *DeguSmiles & more* mwN zum Streitstand). – Der bloße Hinweis in der Werbung eines Blutspendedienstes, dass den Spendern eine Aufwandsentschädigung gewährt werden kann, die sich am unmittelbaren Aufwand orientiert (§ 10 TFG), verstößt nicht gegen § 7 III HWG (BGH GRUR 2009, 1189 Tz 22–25 – *Blutspendedienst).*

§ 8 HWG (Verbot der vertriebsbezogenen Werbung für Arzneimittel; dazu EuGH GRUR 2008, 264 Tz 18 ff – *Ludwigs-Apotheke/Juers Pharma* (Prüfung am Maßstab der Art 28, 30 EG); BGH GRUR 2001, 178, 179 f, 181 – *Impfstoffversand an Ärzte;* OLG Hamburg GRUR-RR 2004, 219).

§ 9 HWG (Verbot der Werbung für Fernbehandlung).

§ 10 HWG (Publikumswerbeverbot für bestimmte Arzneimittel). Zum Begriff der **Werbung** vgl Rdn 11.134. – Zur Begrenzung des § 10 HWG durch das Grundrecht der **Meinungsfreiheit** (Art 10 EMRK; Art 5 I 1 GG) vgl BGH GRUR 2009, 984 Tz 20–25 – *Festbetragsfestsetzung.* – Zur **richtlinienkonformen Auslegung** des § 10 HWG vgl BGH GRUR 2009, 988 Tz 7 ff – *Arzneimittelpräsentation im Internet* [Vorlagebeschluss]. – Zur **Einschränkung** des § 10 HWG durch § 10 I 1 und 4 AMG vgl BGH GRUR 2009, 990 Tz 11, 14 ff – *Metoprolol;* BGH GRUR 2008, 1014 Tz 20–27 – *Amlodipin.* – Vgl ferner BGH GRUR 1979, 646, 647 f – *Klosterfrau Melissengeist;* BGH GRUR 1983, 393, 394 – *Novodigal/temagin;* BGH GRUR 1992, 871, 872 – *Femovan;* BGH GRUR 1995, 612 – *Sauerstoff-Mehrschritt-Therapie;* OLG Hamm WRP 2003, 543; OLG Hamburg GRUR-RR 2008, 455 LS; OLG Frankfurt GRUR-RR 2005, 95).

§ 11 HWG (Unzulässige Formen der Publikumswerbung). Zum Verbot der Werbung mit Gutachten, fachlichen Veröffentlichungen und fach- oder fremdsprachlichen Bezeichnungen außerhalb der Fachkreise nach **§ 11 Nr 5** und 6 HWG vgl BGH GRUR 1998, 495, 497 – *Lebertran II;* OLG München GRUR 2005, 695 (Internetwerbung auch ohne Passwort zulässig); OLG Oldenburg GRUR-RR 2006, 243, 246 ff (Rückgriff auf allgemeine, auch Laien geläufige Erkenntnisse zulässig). – Zum Verbot der Werbung mit Angaben über fachliche Prüfung und Erprobung von Arzneimitteln nach **§ 11 Nr 2** HWG vgl BGH GRUR 1993, 403 – *Bronchocedin;* BGH GRUR 1993, 677, 678 – *Bedingte Unterwerfung;* BGH GRUR 1997, 936, 937 – *Naturheilmittel;* BGH GRUR 1998, 498, 500 – *Fachliche Empfehlung III;* BGH WRP 1998, 181, 183 – *Warentest für Arzneimittel;* BGH GRUR 1998, 495, 497 – *Lebertran II;* OLG Hamburg GRUR-RR 2010, 74, 75. – Zum Verbot der Werbung mit bildlichen Darstellungen von Personen in Berufskleidung nach **§ 11 Nr 4** HWG vgl BGH GRUR 1985, 936 – *Sanatorium II;* BGH GRUR 2001, 453, 455 – *TCM-Zentrum;* BGH WRP 2007, 1088 Tz 19 – *Krankenhauswerbung* (einschränkende Auslegung auf Grund von Art 12 I GG: Werbung muss geeignet sein, das Laienpublikum unsachlich zu beeinflussen und dadurch zumindest eine mittelbare Gesundheitsgefährdung zu bewirken). – Zum Verbot der Werbung mit der bildlichen Darstellung der Wirkung einer Behandlung nach **§ 11 Nr 5 b** HWG vgl OLG Stuttgart WRP 2003, 119, 121; *Meyer* GRUR 2007, 1007, 1008. – Zum Verbot der Werbung mit Veröffentlichungen zur Selbsterkennung und -behandlung von Krankheiten nach **§ 11 Nr 10** vgl BGH GRUR 2004, 799 – *Lebertrankapseln.* – Zum Verbot der Werbung mit Äußerungen Dritter nach **§ 11 Nr 11** HWG vgl EuGH GRUR 2008, 267 Tz 34–39 – *Gintec/Verband Sozialer Wettbewerb;* BGH GRUR 2005, 1067, 1069 – *Konsumentenbefragung;* BGH GRUR 1992, 874, 875 – *Hyanit;*

OLG Frankfurt WRP 2002, 730; zum Verbot der Werbung mit Preisausschreiben usw vgl EuGH GRUR 2008, 267 Tz 53–59 – *Gintec/Verband Sozialer Wettbewerb;* BGH GRUR 2005, 1067, 1069 – *Konsumentenbefragung).* **§ 12 HWG** (Beschränkung der Publikumswerbung mit Bezug auf bestimmte Krankheiten; dazu BGH GRUR 1996, 806, 807 – *HerzASS;* BGH GRUR 1998, 961, 962 – *Lebertran I;* BGH GRUR 1984, 291 – *Heilpraktikerwerbung III;* BGH GRUR 1984, 292 – *THX–Injektionen;* BGH GRUR 1985, 305 – *THX-Krebsvorsorge;* BGH GRUR 1999, 936, 937 – *Hypotonietee).* Für das Werbeverbot des **§ 12 II HWG** gilt über die dort genannten privilegierten Einrichtungen (Heilbäder, Kurorte, Kuranstalten) hinaus eine Ausnahme für Ärzte, die Kliniken und Sanatorien betreiben. Ihnen ist es im Hinblick auf Art 12 I GG nicht verwehrt, unter Herausstellung der Arztnamen und Arztbezeichnung sowie unter Angabe der Indikationsgebiete und Behandlungsmethoden zu werben (BVerfGE 71, 183, 198 ff = GRUR 1986, 387 – *Sanatoriumswerbung;* BVerfG NJW 2000, 2734, 2735 – *Implantatbehandlungen).* Dies gilt auch für Kliniken mit Belegärzten (BGH GRUR 2003, 353, 356 – *Klinik mit Belegärzten).*
§ 13 HWG (Werbung ausländischer Unternehmen).

b) Lebensmittel- und Futtermittelgesetzbuch (LFGB); Vorläufiges Tabakgesetz. Für **11.136** den Rechtsbruchtatbestand kommen – unabhängig davon, ob auch § 5 eingreift – folgende Vorschriften in Betracht:
§ 11 I LFGB (Verbot der irreführenden Werbung; BGH GRUR 2008, 1118 Tz 15 – *MobilPlus-Kapseln;* BGH GRUR 2009, 75 – *Priorin;* BGH WRP 2009, 300 Tz 11 ff – *Erfokol-Kapseln;* OLG München GRUR-RR 2006, 139; OLG Karlsruhe GRUR-RR 2007, 112; OLG Düsseldorf GRUR-RR 2008, 438 LS; OLG Köln GRUR-RR 2008, 441 LS); zur Vorgängervorschrift des § 17 I Nr 5 LMBG vgl BGH GRUR 1967, 362, 366 – *Spezialsalz;* BGH GRUR 1984, 376, 377 f – *Johannisbeerkonzentrat;* BGH WRP 2003, 883 – *L-Glutamin;* vgl auch BGH GRUR 1988, 636 – *Golddarm;* BGH GRUR 1997, 306, 307 f – *Naturkind;* BGH WRP 2008, 1513 Tz 15 – *Mobil Plus-Kapseln;* OLG Köln GRUR-RR 2008, 199, 200).
§ 12 LFGB (Verbot der krankheitsbezogenen Werbung; dazu BGH GRUR 2008, 1118 Tz 25 – *MobilPlus-Kapseln;* OLG München GRUR-RR 2006, 139; zur Vorgängervorschrift des § 18 LMBG vgl BGH GRUR 1998, 493, 494 – *Gelenk-Nahrung;* BGH GRUR 1999, 1007, 1008 – *Vitalkost; Meyer* WRP 2008, 596).
§ 27 LFGB (Verbot der irreführenden Werbung für kosmetische Mittel; dazu BGH GRUR 1997, 537, 538 – *Lifting-Creme;* BGH GRUR 2010, 359 Tz 9 ff – *Vorbeugen mit Coffein).*
§ 17 I Nr 5 Vorläufiges Tabakgesetz (Verbot der irreführenden Werbung für Tabakerzeugnisse).
§§ 21 a, 22 Vorläufiges Tabakgesetz. (Die Regelungen enthalten insbes die Verbote, im Hörfunk, in der Presse, im Fernsehen oder im Internet für Tabakerzeugnisse zu werben oder in der Werbung das Rauchen positiv darzustellen (dazu OLG Hamburg GRUR-RR 2008, 318, 319 ff. Zur früheren Rechtslage vgl BGH GRUR 1994, 304, 305 – *Zigarettenwerbung in Jugendzeitschriften).* Diese Regelungen sind abschließender Natur, so dass weitergehende Verbote aus den § 3 I iVm §§ 4 und 5 nur hergeleitet werden können, wenn zusätzliche Umstände vorliegen.

c) Weingesetz. § 25 WeinG (Täuschungsverbot; abgedr im Anh Nr 13). Dazu § 5 Rdn 4.41 f. **11.137**

d) VO (EG) Nr 1924/2006 über nährwert- und gesundheitsbezogene Angaben über **11.137a** **Lebensmittel** v 20. 12. 2006 (sog **Health-Claims-VO**). Dazu *Hagenmeyer* WRP 2009, 554 u WRP 2010, 492; *Meisterernst/Haber* WRP 2007, 363; *Meisterernst* WRP 2010, 481. Nach dieser VO dürfen nährwert- und gesundheitsbezogene Angaben bei der Kennzeichnung und Aufmachung von Lebensmitteln nicht oder nur unter bestimmten, in der VO näher bezeichneten Voraussetzungen verwendet werden. Diese – neben § 12 LFGB anwendbaren (*Sosnitza* ZLR 2007, 423), aber diese einschränkenden (*Meyer* WRP 2008, 596) – Regelungen dienen dem Schutze der Verbraucher und stellen daher Marktverhaltensregelungen iSd § 4 Nr 11 dar (LG Düsseldorf GRUR-RR 2008, 439; *Köhler* ZLR 2008, 135).

e) Glücksspielstaatsvertrag (GlüStV) idF v 30. 1. 2007, in Kraft ab dem 1. 1. 2008. (Zur **11.137b** Verfassungskonformität vgl BVerfG NVwZ 2008, 1338; zur Vereinbarkeit mit Art 49, 56 AEUV vgl EuGH WRP 2010, 1338 – *Sportwetten).* Vgl auch Rdn 1.178.

aa) Schutzzweck. Der Glücksspielstaatsvertrag bezweckt nach **§ 1 GlüStV** ua das Entstehen von Glücksspielsucht und Wettsucht zu verhindern, das Glücksspielangebot zu begrenzen und den natürlichen Spieltrieb der Bevölkerung in geordnete und überwachte Bahnen zu lenken, insbes ein Ausweichen auf nicht erlaubte Glücksspiele zu verhindern und den Jugend- und

Spielerschutz zu gewährleisten. Dieser Zweck soll insbes durch die Beschränkung der Veranstaltung und Vermittlung von öffentlichen Glücksspielen (§ 4 GlüStV), durch Werbebeschränkungen und Werbeverbote für öffentliche Glücksspiele (§ 5 GlüStV) und durch die Statuierung von Aufklärungspflichten für öffentliche Glücksspiele (§ 7 GlüStV) erreicht werden (dazu *Engels* WRP 2008, 470; *Heermann* WRP 2008, 479; *Dietlein/Hecker/Ruttig*, Glücksspielrecht, 2008). Zum **Begriff** des **Glücksspiels** vgl die Definition in § 3 I 1 GlüStV. Sie ist dabei iSd § 284 StGB (dazu Rdn 11.176 ff) zu verstehen (str; vgl *Bolay* MMR 2009, 669, 670 f mwN). Zum Begriff des **öffentlichen Glücksspiels** vgl die Definition in § 3 II GlüStV. Zur Abgrenzung von Glücksspiel iSd § 3 I 1 GlüStV und Gewinnspiel iSv §§ 8 a I, 58 IV RStV bei Einzelteilnahme iHv 50 Cent vgl LG Köln MMR 2009, 485 und VG Düsseldorf MMR 2009, 717 mkrit Anm *Liesching*.

11.137c bb) **Lauterkeitsrechtliche Bedeutung.** Die Regelungen der §§ 4–8 GlüStV stellen **Marktverhaltensregelungen** im Interesse der Spielteilnehmer dar (BGH WRP 2008, 1376 Tz 50 – *Post-Wettannahmestelle*; OLG München WRP 2009, 1012, 1015; OLG Koblenz GRUR-RR 2010, 16, 18; OLG Frankfurt GRUR-RR 2010, 301, 303). Die UGP-Richtlinie klammert diesen Bereich aus (vgl Erwägungsgrund 9 S 2) und steht daher einer Anwendung des § 4 Nr 11 nicht entgegen. Verstöße gegen den GlüStV sind idR auch geeignet, die Interessen der Mitbewerber und der Verbraucher **spürbar** iSv § 3 I zu beeinträchtigen (OLG Koblenz GRUR-RR 2010, 16, 20; KG GRUR-RR 2010, 29, 31).

11.137d cc) **Einzelne Bestimmungen. § 4 GlüStV.** Nach **§ 4 I, II GlüStV** ist das Veranstalten oder Vermitteln von öffentlichen Glücksspielen nur mit behördlicher Erlaubnis zulässig. Nach **§ 4 III 1 GlüStV** darf das Veranstalten und Vermitteln nicht den Erfordernissen des Jugendschutzes zuwiderlaufen. Dementsprechend ist nach **§ 4 III 2 GlüStV** die Teilnahme von Minderjährigen unzulässig. Außerdem müssen nach **§ 4 III 3 GlüStV** die Veranstalter und Vermittler sicherstellen, dass Minderjährige von der Teilnahme ausgeschlossen sind (dazu LG Wiesbaden GRUR-RR 2010, 39 [LS]). Nach **§ 4 IV GlüStV** ist das Veranstalten und Vermitteln öffentlicher Gewinnspiele im Internet verboten.

11.137e **§ 5 GlüStV.** In § 5 GlüStV werden Werbebeschränkungen und –verbote aufgestellt. Der Begriff der **Werbung** ist iSd der Definition in Art 2 lit a Werberichtlinie zu verstehen (KG GRUR-RR 2010, 22, 27 und GRUR-RR 2010, 29, 30) und erfasst grds auch die reine Image- und Aufmerksamkeitswerbung (KG GRUR-RR 2010, 31, 33). Nach **§ 5 I GlüStV** muss sich Werbung auf eine Information und Aufklärung über die Möglichkeiten zum Glücksspiel beschränken. Insbes darf nach **§ 5 II 1 GlüStV** die Werbung nicht gezielt zur Teilnahme am Glücksspiel auffordern, anreizen oder ermuntern. Damit ist in der Sache die unangemessene und unsachliche Werbung gemeint (vgl BayLT-Drucks 15/8486 S 15). Von einer „gezielten" Aufforderung usw ist auszugehen, wenn die Werbung darauf gerichtet ist, einen Entschluss zur Teilnahme am Glücksspiel hervorzurufen, und sich nicht darauf beschränkt, eine vorhandene Spielleidenschaft zu kanalisieren (vgl OLG München WRP 2009, 1012, 1015). Das beurteilt sich nach Form und Inhalt der Werbung unter Berücksichtigung der Umstände des Einzelfalls (OLG Koblenz GRUR-RR 2010, 16, 19). Einen „Appellcharakter" muss die Werbung allerdings nicht haben, da bereits ein „Anreizen" genügt. Eine **unzulässige** Werbung liegt ua vor: Beim Einsatz von Verkaufsförderungsmaßnahmen, wie Rabatten, Zugaben, Gutscheinen usw; bei einer Aufforderung, vor Beginn der Urlaubszeit an den Mehrwochenschein zu denken; bei einer Werbung, die einseitig die Vorteile der Teilnahme am Gewinnspiel, insbes die Möglichkeit hoher Gewinne, herausstellt (OLG München WRP 2008, 972, 975); bei einer Werbung mit einer plakativen Darstellung eines Loses als „Goldene 7" und der Abbildung dahinter gestapelter Goldbarren (OLG Koblenz GRUR-RR 2010, 16, 19 = WRP 2010, 148); bei einer Präsentation von Rubbellosen im Osterkorb (LG Berlin GRUR-RR 2010, 39 [LS]; bei einem blickfangmäßigen Hinweis auf eine Sonderauslosung und die zu erzielenden Gewinne (LG München I GRUR-RR 2010, 39 [LS]; bei einem Werbeplakat, das eine festlich gekleidete Dame zeigt und unter dem Motto „Tatendrang" auf die „aufregenden Momente in einer der neun bayerischen Spielbanken" hinweist (OLG München WRP 2009, 1014, 1015); bei der Abbildung eines lachenden „LOTTO-Trainers" mit dem Text „Der LOTTO-Trainer meint: Viel Glück" (KG GRUR-RR 2010, 31, 33); bei der Präsentation von „Horoskop-Spielscheinen" in einer Lottoannahmestelle (KG GRUR-RR 2010, 2930); bei der blickfangmäßigen Herausstellung des Höchstgewinnbetrags „Jackpot Lotto 5 Mio" (KG GRUR-RR 2010, 22, 27). – **Zulässig** ist hingegen: eine Werbung unter bloßem Hinweis auf einen Höchstgewinnbetrag (arg Nr 2 Richtlinie zum GlüStV; KG GRUR-RR 2010, 22, 28) und auf das Sponsoring bestimmter

Veranstaltungen (vgl KG GRUR-RR 2010, 31, 33); der Vertrieb von Glücksspielen in einem Laden, der auch Alltagsprodukte anbietet (KG GRUR 2009, 22 und GRUR-RR 2010, 31, 33; OLG Koblenz GRUR-RR 2010, 20, 21 f). – Nach § 5 II 2 GlüStV darf sich die Werbung nicht an Minderjährige oder vergleichbar gefährdete Zielgruppen richten. Nach § 5 II 3 GlüStV darf die Werbung nicht irreführend sein (dazu LG München I GRUR-RR 2010, 38 [LS]) und muss deutliche Hinweise auf das Verbot der Teilnahme Minderjähriger (§ 4 III 2 GlüStV), die von dem jeweiligen Glücksspiel ausgehende Suchtgefahr und Hilfsmöglichkeiten enthalten. Diese Hinweise müssen so rechtzeitig erteilt werden, dass der durchschnittliche Verbraucher sie bei seiner Entscheidung über die Teilnahme berücksichtigen kann. Dafür genügt es, wenn sie in der Lottoannahmestelle deutlich sichtbar sind (KG GRUR 2010, 31, 33). – Nach § 5 III GlüStV ist jegliche Werbung im Fernsehen, im Internet sowie über Telekommunikationsanlagen verboten (vgl aber EuGH, NJW 2009, 3221 – *Liga Portuguesa de Futebol Profissional, Bwin International*). Ob die Werbung im Internet als Bannerwerbung oder Werbung auf der Homepage erscheint, ist unerheblich (OLG Oldenburg GRUR-RR 2009, 67). § 5 III GlüStV erfasst auch die auf Information und Aufklärung iSd § 5 I GlüStV beschränkte Werbung (KG GRUR-RR 2010, 22, 27; OLG Oldenburg GRUR-RR 2009, 67, 68; OLG Frankfurt GRUR-RR 2010, 301, 304) und gilt auch dann, wenn keine Möglichkeit der unmittelbaren Spielteilnahme im Internet angeboten wird (LG München GRUR-RR 2010, 39; OLG Frankfurt GRUR-RR 2010, 301, 304). Nicht unter § 5 III GlüStV fällt allerdings die bloße Darstellung eines Unternehmens und seiner Produkte auf einer Homepage ohne werbenden Effekt (OLG Koblenz GRUR-RR 2010, 16, 20). – Nach § 5 IV GlüStV ist die Werbung für **unerlaubte** Glücksspiele verboten.

§ 6 GlüStV. Die Vorschrift verpflichtet die Veranstalter und Vermittler von Glücksspielen ua dazu, die Vorgaben des Anh „Richtlinien zur Vermeidung und Bekämpfung von Glücksspielsucht" zu erfolgen. Dazu gehört insbes die Verpflichtung aus Nr 2, eine Information über Höchstgewinne mit der Aufklärung über die Wahrscheinlichkeit von Gewinn und Verlust zu verbinden (dazu OLG Koblenz GRUR-RR 2010, 20, 21).

§ 7 GlüStV. Die Vorschrift verpflichtet die Veranstalter und Vermittler von Glücksspielen zu bestimmten **Aufklärungsmaßnahmen.**

§ 8 GlüStV. Die Vorschrift verpflichtet insbes Spielbanken dazu, ein **Sperrsystem** zu unterhalten.

f) Rundfunkstaatsvertrag (RStV). Nach § 7 X RStV dürfen Werbung und Teleshopping für **alkoholische Getränke** den übermäßigen Genuss solcher Getränke nicht fördern.

C. Absatzbezogene Regelungen

I. Preisvorschriften

Schrifttum: *Peter,* Der Apothekengutschein – ein Wettbewerbsverstoß?, GRUR 2006, 910; *Schmid,* Renaissance des Rabattverbots im Arzneimittelvertrieb?, FS Ullmann, 2006, 875.

1. Allgemeines

In vielen Wirtschaftsbereichen sind die Preise staatlich geregelt oder doch einer staatlichen Genehmigung unterworfen (vgl zB § 29 TKG für Telefondienste; § 78 AMG iVm AMPreisV – Arzneimittelpreisverordnung – für Arzneimittelabgabe in Apotheken). Derartige Regelungen stellen Marktverhaltensregelungen zum Schutze der Verbraucher und sonstigen Marktteilnehmer dar (BGH, Urt v 9. 9. 2010 – I ZR 193/07 Tz 22 – *UNSER DANKESCHÖN FÜR SIE*). Verstöße sind daher unlautere geschäftliche Handlungen iSd § 4 Nr 11. Die Werbung mit zukünftigen, noch nicht genehmigten Preisen stellt allerdings noch keinen Verstoß gegen eine entsprechende Preisvorschrift dar (vgl OLG Hamburg GRUR 2001, 262). – Zu den Preisvorschriften im weiteren Sinn gehören auch Rabattverbote, wie zB § 24 TabaksteuerG (dazu OLG Frankfurt GRUR-RR 2004, 255; krit *Elskamp* S 195). – Ein Verstoß gegen eine gesetzliche Preisregelung liegt auch dann vor, wenn dem Erwerber einer preisgebundenen Ware oder Dienstleistung ein Einkaufsgutschein oder dergl (Bonuspunkte für Prämiensystem) gegeben wird, der beim Erwerb einer nicht preisgebundenen Ware oder Dienstleistung angerechnet wird (BGH, Urt v 9. 9. 2010 – I ZR 193/07 Tz 17 – *UNSER DANKESCHÖN FÜR SIE*). Denn aus der Sicht der Kunden stellt sich die Gewährung dieser Vergünstigung als Rabatt auf das Erstgeschäft und damit als Unterschreitung der vorgeschriebenen Preise dar (OLG Karlsruhe

GRUR 2009, 176, 177; OLG München GRUR-RR 2010, 53, 55). Allerdings ist im Einzelfall zu prüfen, ob die Prämiengewährung tatsächlich an den Bezug preisgebundener Waren oder Dienstleistungen oder an andere Voraussetzungen geknüpft ist (vgl OLG Hamburg WRP 2007, 1377, 1380). Auch ist die Eignung zur spürbaren Beeinträchtigung der Interessen von Marktteilnehmern iSv § 3 I zu verneinen, wenn die Zuwendung sich in den Grenzen zulässiger Heilmittelwerbung (§ 7 I 1 Nr 1, 3, 4 und 5 HWG) hält (BGH, Urt v 9. 9. 2010 – I ZR 193/07 Tz 24 – *UNSER DANKESCHÖN FÜR SIE*). – Zur Frage, ob das deutsche Arzneimittelrecht auch für im Versandhandel nach Deutschland eingeführte Arzneimittel gilt, vgl BGH, Urt v 9. 9. 2010 – I ZR 72/08 – *Sparen Sie beim Medikamentenkauf.*

2. Mindestpreisvorschriften

11.139 Mindestpreisvorschriften, wie zB **§ 4 HOAI** (dazu *Kniffka*, FS Ullmann, 2006, 669), **§ 49 b I BRAO, § 5 RVG** (Ausnahme: § 4 II RVG für außergerichtliche Angelegenheiten), stellen Marktverhaltensregelungen (auch) im Interesse der Mitbewerber dar (vgl BGH GRUR 2006, 955 Tz 11 – *Gebührenvereinbarung II*). Sie sollen nämlich einen ruinösen Preiswettbewerb verhindern und gleichzeitig gleiche rechtliche Voraussetzungen für alle Wettbewerber auf dem Markt schaffen (BGH GRUR 2003, 969, 970 – *Ausschreibung von Vermessungsleistungen*). Verstöße gegen derartige – im Hinblick auf Art 12 GG verfassungsrechtlich nicht unbedenkliche – Vorschriften stellen daher unlautere geschäftliche Handlungen dar (vgl BGH GRUR 2006, 955 Tz 11 – *Gebührenvereinbarung II*; zu § 1 aF BGH GRUR 1991, 769, 771 – *Honoraranfrage*; BGH GRUR 1997, 313 – *Architektenwettbewerb*; BGH WRP 2001, 144, 145 – *Gebührenvereinbarung I*; BGH GRUR 2003, 969, 970 – *Ausschreibung von Vermessungsleistungen*; BGH GRUR 2005, 433, 435 – *Telekanzlei*; LG Hamburg WRP 2008, 1479; *Büttner*, FS Erdmann, 2002, 545, 556). – Allerdings ist zu beachten, dass ab dem **1. 7. 2006** das RVG für die **außergerichtliche Beratung keine bestimmten gesetzlichen Gebühren** mehr vorsieht. Daher verstoßen auch sehr niedrig bemessene Pauschalgebühren für eine außergerichtliche Beratung nicht gegen § 4 II 3 RVG (OLG Stuttgart WRP 2007, 204, 205 ff; OLG Naumburg GRUR-RR 2008, 173, 175). Entscheidungen, die unter Geltung der BRAG oder der bis zum 30. 6. 2006 maßgeblichen Fassung des RVG ergangen sind (vgl BGHZ 152, 153 = GRUR 2003, 349, 351 f – *Anwaltshotline*; BGH GRUR 2005, 433, 435 – *Telekanzlei*), sind daher obsolet.

3. Höchstpreisvorschriften

11.140 Die Berechnung höherer als der gesetzlich zulässigen Gebühren verstößt gegen § 352 StGB. Diese Vorschrift ist eine Marktverhaltensregelung iSd § 4 Nr 11 (vgl BGH GRUR 2003, 349, 352 – *Anwaltshotline*; BGH WRP 2005, 598, 601 – *Telekanzlei*). Bei Anwaltsgebühren ist § 4 I RVG zu beachten. Bei telefonischer Rechtsberatung ist die Gebührenüberschreitung aber nur dann unlauter, wenn der Rechtsanwalt darauf nicht hingewiesen hat. Die bloße Gefahr, dass bei einer telefonischen Beratung über einen Mehrwertdienst im Einzelfall ein solcher Hinweis unterbleibt, macht aber diese Form der Rechtsberatung nicht generell unzulässig (BGH aaO – *Anwaltshotline*). Allerdings ist jeweils zu prüfen, ob die Werbung nicht irreführend ist oder gegen das Gebot der Preiswahrheit und Preisklarheit (§ 1 VI PAngV) verstößt (BGH WRP 2005, 598, 601 – *Telekanzlei*). – Für das Angebot von **Mehrwertdiensten** gelten die Höchstpreisgrenzen des **§ 66 d TKG.**

4. Buchpreisbindungsgesetz

11.141 Das Buchpreisbindungsgesetz enthält zwar Marktverhaltensregelungen. Jedoch sind darin die Sanktionen, die im Übrigen weitgehend denen des UWG entsprechen (vgl § 9 BuchpreisbindG; dazu BGH GRUR 2003, 807, 808 – *Buchpreisbindung*), **abschließend** geregelt (Rdn 11.13). Eine gleichzeitige Anwendung des § 3 iVm § 4 Nr 11 scheidet daher aus.

II. Preisangabenvorschriften

Schrifttum: *Enßlin*, Verpflichtung zur Angabe von Preisen in der Werbung für Telefonmehrwertdienste, WRP 2001, 359; *Ditscheid*, Der neue Telekommunikationsschutz, MMR 2007, 210; *Gelberg*, Verwaltungspraxis und Rechtsprechung zur Preisangabenverordnung in den Jahren 1990/91, GewArch 1992, 161 und 217; *ders*, Verwaltungspraxis und Rechtsprechung 1998/1999 zur Preisangabenverordnung, GewArch 2000, 41; *ders*, Novellierung der Preisangabenverordnung und der Fertigpackungsverordnung, GewArch 2000, 393; *ders*, Verwaltungspraxis und Rechtsprechung 1999/2001 zur Preisangabenverordnung, GewArch 2002, 225;

11. Kap. Rechtsbruch   11.142, 11.143   **§ 4 UWG**

ders, Vierte Verordnung zur Änderung der Preisangabenverordnung, GewArch 2003, 137; *Hauptkorn,* Preisrecht, 2000; *Hoeren,* Die Pflicht zur Preisangabe für Leistungen eines telefonischen Auskunftsdienstes, MMR 2003, 784; *Hoß/Lascher,* Die Einführung des Euro in der vertrags- und wettbewerbsrechtlichen Praxis, MDR 1999, 726; *Kisseler,* Preiswahrheit und Preisklarheit in der Werbung, FS Traub, 1994, 163; *Knauth,* Preisangabenverordnung (PAngV), RWW 5.0; *Mankowski,* Preisangaben in ausländischer Werbung und deutscher Werbemarkt, GRUR 1995, 539; *ders,* Die Biet- & Flieg-Entscheidung – Preisangaben und Internet?, K&R 2001, 257; *Quantius,* Zur Preisangabenpflicht bei der Bewerbung von Auskunftsdienstleistungen im TK-Sektor, WRP 2002, 901; *Ruff,* Das Wettbewerbsrecht und die Preisangabenverordnung beim Verkauf kommunaler Grundstücke, Gemeindehaushalt 2003, 250; *Trube,* Befristet pauschale Preisherabsetzungen nach der Preisangabenverordnung, WRP 1999, 1241; *ders,* Preisangaben nach Wegfall des Rabattgesetzes, WRP 2001, 878; *Vander,* Der neue Rechtsrahmen für Mehrwertdienste, NJW 2007, 2580; *Vogler,* Das neue Preisangabenrecht, 1998; *Völker,* Änderungen im Recht der Preisangaben, NJW 1997, 1405; *ders,* Neue Entwicklungen im Recht der Preisangaben, NJW 2000, 2787; *ders,* Preisangaben und Preiswerbung nach Einführung des Euro, WRP 1999, 756; *ders,* Preisangabenrecht, 2. Aufl 2002; *Wimmer,* Die neue Preisangabenverordnung, WM 2001, 447.

Die wichtigste Regelung über die Angabe von Preisen ist die **Preisangabenverordnung**   **11.142** (PAngV); vgl dazu die **gesonderte Kommentierung**. Für **Fernabsatzverträge** iSd § 312 b BGB stellt § 312 c BGB iVm Art 246 § 1 I Nr 7 und 8 EGBGB bestimmte Informationspflichten auf, die weitgehend mit denen aus § 1 I–III, VI PAngV übereinstimmen. Daneben gibt es noch **ergänzende** und **spezielle Regelungen** für **Dienstleistungserbringer**. Für alle Dienstleistungserbringer gilt im Verhältnis zu Dienstleistungsempfängern, die keine Letztverbraucher iSd PAngV sind, die Preisangabenpflicht nach **§ 4 I DL-InfoV** (dazu **gesonderte Kommentierung**). Hinzukommen Regelungen für bestimmte Dienstleistungserbringer. So zB für **Fahrlehrer** (vgl § 19 I FahrlehrerG; dazu BGH GRUR 2004, 960, 961 – *500 DM-Gutschein für Autokauf;* OLG Hamm GRUR-RR 2008, 405: stundenbezogene Angabe gilt nur ggü Verbrauchern; OLG München WRP 2008, 392; LG Stade WRP 2007, 691), für **Reiseveranstalter** (vgl § 4 I BGB-InfoV; dazu LG Hannover WRP 2005, 1303; OLG Celle BeckRS 2008 52566), für die Anbieter von **Flugreisen** (Art 23 VO (EG) 1008/2008 – EU-LuftverkehrsdiensteVO; dazu LG Leipzig WRP 2010, 959) und für Anbieter von **Mehrwertdiensten** (§§ 66 a, 66 b und 66 c TKG; dazu *Ditscheid* MMR 2007, 210, 215 ff; *Vander* NJW 2007, 2580; *Wegmann* WRP 2008, 628). – Alle diese Regelungen stellen **Marktverhaltensregelungen** zum Schutze der Verbraucher und sonstigen Marktteilnehmer iSd § 4 Nr 11 dar (BGH GRUR 2004, 435, 436 – *FrühlingsgeFlüge;* BGH GRUR 2010, 248 Tz 16 – *Kamerakauf im Internet*). Denn Preisangaben sollen durch eine sachlich zutr und vollständige Verbraucherinformation Preiswahrheit und Preisklarheit gewährleisten und durch optimale Preisvergleichsmöglichkeiten die Stellung der Verbraucher gegenüber den Unternehmern stärken und fördern (stRspr; vgl BGH BGH GRUR 1999, 762, 763 – *Herabgesetzte Schlussverkaufspreise;* BGH GRUR 2003, 971, 972 – *Telefonischer Auskunftsdienst*). Verstöße sind daher zugleich unlautere geschäftliche Handlungen. Sie müssen allerdings geeignet sein, die Interessen von Marktteilnehmern spürbar zu beeinträchtigen (§ 3 I), um ein Verbot zu rechtfertigen (Rdn 11.58 a; OLG Stuttgart WRP 2005, 919, 921; vgl auch *Ullmann* GRUR 2003, 817, 823).

Aus der umfangreichen **Rspr zur PAngV** sind zu erwähnen: BGH GRUR 1981, 140 –   **11.143** *Flughafengebühr:* Endpreis bei Flugreiseangeboten. – BGH GRUR 1981, 206 – *4 Monate Preisschutz:* Kfz-Werbung mit Selbstverständlichkeiten. – BGH GRUR 1981, 289 – *Kilopreise I:* Unzulässigkeit des Verkaufs textiler Stoffe zu Kilopreisen. – BGH GRUR 1983, 443 – *Kfz-Endpreis:* Keine gesonderte Ausweisung von Überführungs-, Umrüstungs- und TÜV-Abnahmekosten. – BGH GRUR 1983, 665 – *qm-Preisangaben I:* Verpflichtung zur Endpreisangabe bei Quadratmeterpreisangabe für Liegenschaften; BGH GRUR 1988, 699 – *qm-Preisangaben II.* – BGHZ 108, 39 = GRUR 1989, 836 – *Stundungsangebote:* Angabe des effektiven Jahreszinses bei entgeltlicher Bewilligung von Zahlungsaufschub. – BGH NJW-RR 89, 101 – *Brillenpreise I:* Endpreis iSv § 1 I 1 PAngV bei Abgabe von Brillen an Mitglieder gesetzlicher Krankenkassen. – BGH GRUR 1991, 685 – *Zirka-Preisangabe:* Unzulässigkeit von Margen-Preisangaben „bis zu ...". – BGH GRUR 1991, 845 – *Nebenkosten:* Endpreisangabe einschließlich aller Nebenkosten bei Reiseveranstalterangebot. – BGH GRUR 1991, 847 – *Kilopreise II:* Preisangabe bei Geflügelangeboten. – BGH GRUR 1993, 62 – *Kilopreise III:* Verkauf von den der allgemeinen Verkehrsauffassung entsprechenden üblichen Verkauf seinheiten beim Verkauf von Kerzen. – BGH WRP 1992, 655 – *Kilopreise IV:* Unzulässigkeit des Verkaufs von Frottierware zu Preisen auf Kilogrammbasis. – BGH GRUR 1992, 857 – *Teilzahlungspreis I:* Keine Endpreisangabe neben der Effektivzinsangabe beim Angebot fremdfinanzierter Kraftfahrzeuge (dazu noch BGH GRUR 1993, 127 – *Teilzahlungspreis II* und BGH GRUR 1994, 224 – *Teilzahlungspreis III*). – BGH

GRUR 1993, 984 – *Geschäftsraumwerbung:* Geltungsbereich der Ausnahmeregelung des § 7 I Nr 1 HS 1 PAngV. – BGH GRUR 1994, 222 – *Flaschenpfand I:* Preisangabe beim Angebot von Getränken in Mehrwegflaschen. – BGH GRUR 1994, 311 – *Finanzkaufpreis ohne Mehrkosten:* Effektivzinsangabe bei Finanzkaufangebot. – BGH GRUR 1996, 421 – *Effektivzins:* Unvereinbarkeit der Angabe „Effektivzins" mit der in § 4 I 1 PAngV vorgeschriebenen Angabe „effektiver Jahreszins". – BGH GRUR 1997, 479 – *Münzangebot:* Versandkosten im Versandhandel sind kein Preisbestandteil des Endpreises iSv § 1 I 1 PAngV. – BGH GRUR 1997, 767 – *Brillenpreise II:* zum Endpreis iSv § 1 I 1 PAngV bei Abgabe von Brillen nur an Mitglieder gesetzlicher Krankenkassen. – BGH GRUR 1999, 261 – *Handy-Endpreis:* Die Preise für Mobiltelefon und Netzkarte bilden grds keinen Endpreis iSv § 1 I 1 PAngV. – BGH GRUR 1999, 762 – *Herabgesetzte Schlussverkaufspreise:* Eignung des Verstoßes gegen § 1 PAngV zur Beeinträchtigung des Wettbewerbs auf dem relevanten Markt. – BGH GRUR 2001, 1166, 1168 – *Fernflugreise:* Endpreisangabe einschließlich Steuern und Entgelte für Leistungen Dritter, die wie Flughafen-, Sicherheitsgebühren uä bei jeder Flugreise in Anspruch genommen werden müssen; Frage der Eignung des Verstoßes zur wesentlichen Beeinträchtigung des Wettbewerbs auf dem Markt für Flugreisen. – BGH GRUR 2001, 258, 259 – *Immobilienpreisangaben:* Angabe nur des m²-Preises, nicht aber des Endpreises in Immobilienwerbung verstößt zwar gegen § 1 I 1, V 3 PAngV, begründet aber keine Eignung zur wesentlichen Beeinträchtigung des Wettbewerbs auf dem Immobilienmarkt. – BGH GRUR 2001, 446, 447 – *1-Pfennig-Farbbild:* Gesamtpreisbildung bei aus einzelnen Bestandteilen zusammengesetzter Gesamtleistung. – BGH GRUR 2002, 979, 981 – *Koppelungsangebot II:* Unlauter ist es, in der Werbung allein das Versprechen unentgeltlicher Teilleistungen oder den günstigen Preis einer Teilleistung herauszustellen, ohne gleichzeitig in klarer Zuordnung und deutlich lesbar auf das Entgelt hinzuweisen, das für den anderen Teil des Kopplungsangebots verlangt wird. – BGH GRUR 2003, 889, 890 – *Internet-Reservierungssystem:* Ermittlung des Endpreises aus den eingegebenen Daten bei einem Online-Reservierungssystem ist unbedenklich. – BGH GRUR 2003, 971, 972 f – *Telefonischer Auskunftsdienst:* Werbesendungen im Fernsehen stellen – anders als Werbesendungen im Hörfunk – keine nach § 9 I Nr 4 PAngV ohne Angaben von Preisen zulässige mündliche Angebote dar. – BGH GRUR 2008, 84 Tz 28 ff – *Versandkosten:* Bei der Internetwerbung darf der Hinweis gem § 1 II 1 Nr 1 und 2 PAngV darauf, dass der Preis die Umsatzsteuer enthält und zusätzlich Liefer- und Versandkosten anfallen, auch auf einer gesonderten Internetseite erfolgen, sofern sie vor Einleitung des Bestellvorgangs notwendig aufgerufen werden muss. – BGH WRP 2008, 659 Tz 14, 15 – *Fehlerhafte Preisauszeichnung:* Auszeichnung mit höherem als dem beworbenen und tatsächlich berechneten Preis ist Bagatellverstoß iSd § 3. – BGH GRUR 2010, 248 Tz 22 ff – *Kamerakauf im Internet:* Für den Versandkostenhinweis nach § 1 II Nr 2 PAngV beim Internetvertrieb reicht es aus, wenn ein Hinweis „zzgl Versandkosten" unmittelbar bei der Werbung erfolgt, und beim Anklicken dieses Hinweises sich ein Fenster öffnet, das alle erforderlichen Informationen enthält. – BGH GRUR 2010, 251 Tz 12 ff – *Versandkosten bei Froogle:* Bei einer Werbung in Preisvergleichslisten einer Preissuchmaschine sind die Versandkostenbereits auf der Preisvergleichsliste und nicht erst bei auf der erst anzuklickenden Internetseite des Werbenden anzugeben. und – OLG Stuttgart WRP 2005, 919, 920: Sind die Preisangaben zwar erfolgt, aber nicht **deutlich lesbar**, so liegt ein Verstoß gegen § 1 VI 2 PAngV vor. – OLG Karlsruhe WRP 2005, 1188: Bei der Werbung für Reisen mit Preisangaben muss der Preis auch von Reisenden zwingend zu zahlende Buchungsgebühr enthalten. – OLG Jena GRUR 2006, 246, 247: Ein Verstoß gegen die Pflicht zur Grundpreisangabe nach § 2 I, III PAngV ist zugleich spürbar iSd § 3.

III. Regelung der Geschäftszeiten

Schrifttum: *Lehmann*, Zur wettbewerbsrechtlichen Relevanz des Gesetzes über die Arbeitszeit in Bäckereien und Konditoreien (BAZG), GRUR 1985, 377; *Wallerath*, Ladenschluss und Konkurrentenschutz, NJW 2001, 781.

11.144 Regelungen der Geschäftszeiten enthalten das **Ladenschlussgesetz** des Bundes und die Ladenschlussgesetze bzw. Ladenöffnungsgesetze der Länder (auf Grund der Föderalismusreform 2006 haben die Länder die Gesetzgebungskompetenz für die Regelung der Ladenschlusszeiten; das LadSchLG des Bundes gilt nur so lange weiter, als das betreffende Bundesland keine eigene Regelung getroffen hat). Diese Vorschriften stellen **Marktverhaltensregelungen im Interesse der Mitbewerber** dar (vgl zu § 1 aA BGHZ 45, 1 = GRUR 1966, 323 – *Ratio;* BGH GRUR 1972, 609 – *Feierabend-Vergnügen;* BGH GRUR 1973, 144 – *Mischbetrieb;* BGH GRUR 1974,

31 – *Perserteppiche;* BGH GRUR 1976, 438 – *Tag der offenen Tür I;* BGHZ 70, 18 = GRUR 1978, 173 – *Metro I;* BGH GRUR 1981, 424 – *Tag der offenen Tür II;* BGHZ 84, 130 = GRUR 1982, 615 – *Flughafen-Verkaufsstellen;* BGH GRUR 1984, 361 – *Hausfrauen-Info-Abend;* BGH GRUR 1988, 382 – *Schelmenmarkt;* BGH GRUR 1982, 615 – *Flughafenverkaufsstellen;* BGH GRUR 1995, 601, 603 – *Bahnhofs-Verkaufsstellen;* BGH GRUR 1996, 786 – *Blumenverkauf an Tankstellen;* BGHZ 144, 255, 269 = GRUR 2000, 1076 – *Abgasemissionen; Ullmann* GRUR 2003, 817, 822; zu § 4 Nr 11 vgl OLG Stuttgart WRP 2008, 977, 982; aA *Sack* WRP 2004, 1307, 1310; *Elskamp* S 191 ff). Marktverhaltensregelungen sind auch landesrechtliche Bestimmungen, die zum Schutz der **Sonn- und Feiertagsruhe** Arbeiten und sonstige Handlungen untersagen, weil und soweit sie auch den Konkurrenzkampf in diesen Zeiträumen ausschalten und damit Mitbewerber schützen sollen (aA *Elskamp* S 194). Ob allerdings der Betrieb von Filmverleihautomaten (Videotheken) einen Verstoß gegen solche Gesetze darstellt, ist zw (dazu LG Dresden WRP 2006, 1043, 1044; OLG Stuttgart WRP 2007, 1503 mwN; OLG Düsseldorf GRUR-RR 2008, 16; VGH Mannheim NvwZ-RR 2008, 781; *Humberg* GewA 2008, 233). Dies dürfte zu verneinen sein, weil damit kein Kundenverkehr verbunden ist, der die Ruhe anderer in nennenswertem Umfang stören würde (OLG Hamm GRUR-RR 2009, 30, 31).

Dagegen ist das (verfassungsrechtlich zulässige, BVerfG GRUR 1993, 478) **Nachtbackverbot** des **Bäckerei-Arbeitszeitgesetzes** (BAZG) eine reine Produktionsregelung und keine Marktverhaltensregelung (so iErg auch BGH GRUR 1989, 116, 118 – *Nachtbackverbot*). Dass sich eine Verletzung dieser Vorschrift mittelbar auf die Qualität des Angebots auswirkt und einen Wettbewerbsvorsprung ermöglicht („frische Brötchen zur aktuellen Zeit"), ist unerheblich (aA zu § 1 aF BGH aaO – *Abgasemissionen; Ullmann* GRUR 2003, 817, 822 Fn 51). Denn derartige Auswirkungen haben eine Vielzahl von Vorschriften, zB über Arbeitszeiten, Geschwindigkeitsbeschränkungen im Straßenverkehr usw.

IV. Vermarktungsverbote und -beschränkungen

1. Zulassungspflichtigkeit des Vertriebs einer Ware oder Dienstleistung

a) **Zulassungspflicht für den Warenvertrieb.** Vorschriften, welche die Vermarktung eines Produkts zum Schutze der **Sicherheit** und **Gesundheit** der Verbraucher von einer vorherigen Zulassung abhängig machen, sind Marktverhaltensregelungen (BGH GRUR 2006, 82 Tz 22 – *Betonstahl;* BGH GRUR 2010, 754 Tz 20–23 – *Golly Telly; Ullmann* GRUR 2003, 817, 823). Verstöße erfüllen idR auch den Tatbestand des § 3 I (vgl BGH GRUR 2005, 778, 779 – *Atemtest;* BGH GRUR 2006, 82 Tz 28 – *Betonstahl;* BGH GRUR 2008, 625 Tz 11 – *Fruchtextrakt;* BGH WRP 2009, 300 Tz 28 – *Erfokol-Kapseln*). Zu den einschlägigen Vorschriften gehören ua:

§ 21 AMG (Zulassungspflichtigkeit des Vertriebs von **Arzneimitteln**). Zum **Begriff** des Arzneimittels und zur Abgrenzung vom Begriff des Lebensmittels und des kosmetischen Mittels vgl Art I Nr 2 Richtlinie 2001/83/EG (neugefasst durch die Richtlinie 2004/27/EG) sowie § 2 I Nr 1 und III AMG und § 2 II LFGB (dazu EuGH WRP 2005, 863 Tz 51 – *HLH Warenvertrieb;* EuGH GRUR 2008, 271 Tz 39 ff – *Knoblauch-Extrakt-Pulver-Kapsel;* EuGH GRUR 2009, 511 Tz 37 – *Hecht-Pharma;* BGH GRUR 2008, 830 Tz 15 ff – *L-Carnitin II;* BGH GRUR 2008, 834 Tz 13 ff – *HMB-Kapseln;* BGH WRP 2010, 374 Tz 14 – *Zimtkapseln*). Eine Vollzulassung nach § 21 AMG für aus EU-Mitgliedstaaten eingeführte und dort zugelassene Arzneimittel kann aber nicht verlangt werden, wenn die Zulassung mit Art 28 EG nicht in Einklang steht (BGH GRUR 1998, 407, 411 – *TIAPRIDAL*). – Zu den §§ 43 I 1, 73 I HS 1 AMG vgl BGH GRUR 2008, 275 Tz 20 ff – *Versandhandel mit Arzneimitteln*).

§§ 11, 20 PflSchG (Zulassungspflichtigkeit des Vertriebs von **Pflanzenschutzmitteln;** dazu BGHZ 126, 270 – GRUR 1994, 832, 834 – *Zulassungsnummer I;* BGH GRUR 1996, 372 – *Zulassungsnummer II;* BGH GRUR 2003, 254 – *Zulassungsnummer III;* BGH WRP 2010, 250 Tz 15 – *Quizalofop;* OLG Köln GRUR 2005, 962; OLG Frankfurt GRUR-RR 2006, 59, 62).

VO (EG) Nr 1829/2003 über genetisch veränderte Lebensmittel und Futtermittel (ABl EG v 18. 10. 2003 L 268 S 1). Nach Art 4 II dieser VO darf niemand einen zur Verwendung als Lebensmittel/in Lebensmitteln bestimmten GVO oder ein in Art 3 I genanntes Lebensmittel in Verkehr bringen, wenn der Organismus oder das Lebensmittel nicht über eine gemäß diesem Abschnitt erteilte Zulassung verfügt und die entsprechenden Zulassungsvoraussetzungen erfüllt.

11.149a § 28 NiedersächsBauO (Zulassungspflichtigkeit der Verwendung nicht geregelter Bauprodukte; dazu BGH GRUR 2006, 82 Tz 22 – *Betonstahl*).

11.149b VO (EG) Nr 258/97 (ABl EG Nr L 43 S 1 v 14. 12. 1997; zuletzt geändert durch VO (EG) Nr 596/2009, ABl EG Nr L 188 S 14). Die sog **Novel-Food-VO** (dazu *Büttner* ZLR 2008, 99) macht den Vertrieb von Erzeugnissen, die in ihren Anwendungsbereich fallen, von einer Genehmigung abhängig (BGH GRUR 2008, 625 Tz 11 – *Fruchtextrakt;* BGH WRP 2009, 300 Tz 28 – *Erfokol-Kapseln*).

11.150 **b) Zulassungspflicht für Dienstleistungen.** Nach § 5 I PostG ist zur gewerbsmäßigen Beförderung von Briefsendungen, deren Einzelgewicht nicht mehr als 100 g beträgt, eine Erlaubnis (Lizenz) erforderlich. Nach der Rspr regelt diese Norm unmittelbar den Wettbewerb auf dem Markt für Postdienstleistungen, um den „Universaldienst", also die flächendeckende Grundversorgung mit Postdienstleistungen, zu gewährleisten (BGH GRUR 2003, 250, 251 – *Massenbriefsendungen aus dem Ausland* zu § 1 aF; dazu Anm *Neu* LM 2003, 51; vgl auch BGH WuW/E DE-R 197, 198). Daraus erhellt, dass die Norm nicht nur den Marktzutritt regelt, sondern zugleich die Qualität der angebotenen Dienstleistung im Interesse der Marktteilnehmer, insbes der Verbraucher, sichern will. Nichts anderes besagt die Rspr, wenn sie darin den Schutz wichtiger Gemeinschaftsgüter erblickt. Daher handelt es sich bei § 5 I PostG „auch" um eine Marktverhaltensregelung. Befördert daher ein Unternehmen ohne diese Lizenz Briefsendungen, so erfüllt dies den Tatbestand des § 4 Nr 11.

2. Vertriebsverbote und -beschränkungen

11.151 Produktbezogene Vertriebsverbote und -beschränkungen können aus unterschiedlichen Gründen erlassen werden. Dabei handelt es sich um Marktverhaltensregelungen. Dazu gehören ua:

11.152 **§§ 5 ff LFGB** (Herstellen, Behandeln und Vertreiben bestimmter Lebensmittel; dazu BGH GRUR 2004, 1037, 1038 – *Johanniskraut*). Vgl weiter **§ 17 LFGB** (Futtermittel); **§ 26 LFBG** (Kosmetische Mittel); **§ 30 LFGB** (Bedarfsgegenstände).

11.153 **§ 43 I 1 AMG** (Berufs- oder gewerbsmäßige Abgabe apothekenpflichtiger Arzneimittel an den Endverbraucher (Ausnahme: § 47 AMG) nur in Apotheken. Der Versand von apothekenpflichtigen Arzneimitteln ist erlaubnispflichtig (§ 11 a ApothekenG). **§ 73 AMG** (Verbringungsverbot; dazu BGH GRUR 2002, 910, 914 – *Muskelaufbaupräparate;* BGH GRUR 2008, 275 Tz 20 ff – *Versandhandel mit Arzneimitteln*).

11.154 **Verpackungsverordnung** (VerpackV). Die Vorschriften der VerpackV über die Rücknahme und Verwertung von Verpackungen sind Marktverhaltensregelungen zumindest auch im Interesse der Mitbewerber (BGH GRUR 2007, 162 – Tz 12 – *Mengenausgleich in Selbstentsorgergemeinschaft* zu § 6 VerpackV; KG ZLR 2005, 478, 482), aber nicht der Verbraucher (KG aaO; offen gelassen in OLG Köln GRUR 2004, 166, 168; vgl auch *Loschelder* WRP 1999, 57, 58; *Weidemann* AbfallR 2003, 247). Dem Mitbewerberschutz dienen sie, weil eine Verletzung der Pflichten zwangsläufig zu einer Mehrbelastung der gesetzestreuen Mitbewerber führt.

11.155 **Zugangskontrolldienstschutzgesetz** (ZKDSG). Das Gesetz dient dazu, Hersteller legaler Entschlüsselungsvorrichtungen vor illegalem Wettbewerb zu schützen, und stellt daher eine Marktverhaltensregelung iSd § 4 Nr 11 dar (OLG Frankfurt GRUR-RR 2003, 287 zu Pay-TV-Entschlüsselungsgeräten).

11.155a **§ 4 GPSG** (Gesetz über technische Arbeitsmittel und Verbraucherprodukte). Danach dürfen Produkte nur dann in Verkehr gebracht werden, wenn sie so beschaffen sind, dass bei bestimmungsgemäßer Verwendung oder vorhersehbarer Fehlanwendung Sicherheit und Gesundheit von Verwendern oder Dritten nicht gefährdet werden. Die Vorschrift dient dem Schutz der Verbraucher und sonstiger Marktteilnehmer und stellt daher eine Marktverhaltensregelung dar (eingehend *Günes* WRP 2008, 731).

11.155b **§ 6 II 5 ElektroG** (Gesetz über das Inverkehrbringen, die Rücknahme und die umweltverträgliche Entsorgung von Elektro- und Elektronikgeräten v 16. 3. 2005). Danach dürfen Hersteller ohne Registrierung Elektro- und Elektronikgeräte nicht in Verkehr bringen. Die Vorschrift bezweckt in erster Linie den Umweltschutz, daneben aber auch den Schutz der Verbraucher, weil diese die Gewähr haben sollen, dass der Hersteller die von ihnen erworbenen Geräte zurücknimmt und sie dadurch von der Entsorgungslast befreit. Ein Verstoß gegen die

Registrierungspflicht soll allerdings unbeachtlich sein, weil er dem Verletzer keinen Wettbewerbsvorteil bringe (so OLG Düsseldorf GRUR-RR 2009, 69, 70).

D. Geschäftsbezogene Regelungen

Schrifttum: *Glaus/Gabel,* Praktische Umsetzung der Anforderungen zu Pflichtangaben in E-Mails, BB 2007, 1744; *Lorenz,* Die Anbieterkennzeichnung im Internet, 2007; *ders,* Die Wettbewerbswidrigkeit einer mangelhaften Anbieterkennzeichnung, WRP 2010, 1224; *Maaßen/Orlikowksi-Wolf,* Stellt das Fehlen von Pflichtangaben in Geschäftskorrespondenz einen Wettbewerbsverstoß dar?, BB 2007, 561; *Schulte/Schulte,* Informationspflichten im elektronischen Geschäftsverkehr, NJW 2003, 2140.

I. Überblick

Zu den geschäftsbezogenen Regelungen gehören Regelungen, die sich auf das Auftreten eines Unternehmens am Markt oder auf das Verhalten eines Unternehmens bei oder nach Vertragsschluss beziehen. Dazu gehören neben den **Verboten nachteiliger allgemeiner Geschäftsbedingungen** (§§ 307–310 BGB; dazu Rdn 11.156 a ff) oder *sonstiger Vertragsklauseln* (zB § 475 I BGB) die zivilrechtlichen **Benachteiligungsverbote** der §§ 19, 20 AGG (dazu Rdn 11.157) und die gesetzlichen **Informationspflichten** (dazu Rdn 11.158 ff). **11.156**

II. Verbote nachteiliger Allgemeiner Geschäftsbedingungen (§§ 307 ff BGB)

Schrifttum: *Armgardt,* Verbraucherschutz und Wettbewerbsrecht: unwirksame AGB-Klauseln im Licht der neueren Rechtsprechung zum UWG und zur UGP-Richtlinie, WRP 2009, 122; *v Criegern,* Die Abmahnung durch Wettbewerber bei der Verwendung unwirksamer AGB – ein Problem von praktischer Relevanz, WRP 2003, 1065; *Köhler,* Konkurrentenklage gegen die Verwendung unwirksamer AGB?, NJW 2008, 177; *Mann,* Die wettbewerbsrechtliche Beurteilung von unwirksamen Allgemeinen Geschäftsbedingungen, WRP 2007, 1035; *Tüngler/Ruess,* In welchem Verhältnis stehen die Schutzvorschriften des AGB-Rechts zu den Bestimmungen des UWG?, WRP 2009, 1336; *Woitkewitsch,* Konkurrentenabmahnung wegen fehlerhafter AGB, GRUR-RR 2007, 257.

1. Kontrolle der Verwendung unwirksamer AGB nach dem UKlaG

Die §§ 307–310 BGB verbieten AGB, die den Vertragspartner entgegen den Geboten von Treu und Glauben unangemessen benachteiligen. Der Vertragspartner kann sich gegenüber dem Verwender auf die Unwirksamkeit von AGB berufen (Individualschutz). Die §§ 307 ff BGB geben aber weder ihm noch Dritten die Befugnis, vorbeugend gegen die Verwendung unwirksamer AGB vorzugehen. Diese Möglichkeit wird Verbänden durch die §§ 1, 3 UKlaG eingeräumt (dazu § 1 UKlaG Rdn 2 ff). Das UKlaG schließt aber weder die Anwendung des GWB noch die des UWG aus (dazu Rdn 11.17; § 1 UKlaG Rdn 14). **11.156a**

2. Kontrolle der Verwendung unwirksamer AGB nach dem GWB

Ist der Verwender ein marktbeherrschendes Unternehmen und stellt die Verwendung von unwirksamen AGB einen Missbrauch einer marktbeherrschenden Stellung dar (dazu BGH NJW 1986, 846 – *Favorit*), besteht ein Unterlassungsanspruch nach den §§ 19 IV Nr 2 und 3, 33 GWB. Doch spielt dieser Anspruch in der Praxis neben den Ansprüchen aus dem UKlaG und dem UWG keine Rolle. **11.156b**

3. Kontrolle der Verwendung unwirksamer AGB nach dem UWG

a) **Allgemeines.** Ob und inwieweit das UWG eine lauterkeitsrechtliche Kontrolle der Verwendung unwirksamer AGB oder sonstiger Vertragsklauseln ermöglicht, war in der Vergangenheit str (zu § 1 UWG 1909 vgl BGH WRP 2003, 76, 77 – *Ersetzung unwirksamer Versicherungsbedingungen* zu § 4 Nr 11 vgl OLG Köln GRUR-RR 2007, 285; OLG Hamburg GRUR-RR 2007, 287 und GRUR-RR 2007, 289; KG GRUR-RR 2007, 291). Auf Grund des Gebots **richtlinienkonformer Auslegung des UWG** am Maßstab der **UGP-Richtlinie** ist dies aber nach jetzigem Recht uneingeschränkt zu bejahen (BGH, Urt v 31. 3. 2010 – I ZR 34/08 Tz 17, 26 ff – *Gewährleistungsausschluss im Internet;* Köhler NJW 2008, 177, 178 f; OLG Frankfurt K&R 2009, 197, 200; ebenso zum öUWG ÖOGH ecolex 2010, 471 – *zero intern*). **11.156c**

b) **Geschäftliche Handlung.** Die **Verwendung von AGB** stellt eine **geschäftliche Handlung** iSv § 2 I Nr 1 dar (vgl § 2 Rdn 78). Ob die Verwendung von AGB in einem objektiven **11.156d**

Zusammenhang mit der Förderung des Absatzes (oder Bezugs) einer Ware oder Dienstleistung steht (so BGH, Urt v 31. 3. 2010 – I ZR 34/08 Tz 18 – *Gewährleistungsausschluss im Internet*), kann dahin stehen. Denn jedenfalls hängt die Verwendung von AGB **objektiv mit dem Abschluss eines Vertrages** über eine Ware oder Dienstleistung **zusammen** (vgl Art 2 lit d UGP-Richtlinie).

11.156e   c) **Unlauterkeit.** Die Unlauterkeit der Verwendung von unwirksamen AGB folgt jedenfalls aus § 4 Nr 11. Obwohl die **§§ 307 ff BGB** keine eigentlichen Pflichten des Unternehmers begründen, sind sie doch **Marktverhaltensregeln im Interesse der Verbraucher und sonstigen Marktteilnehmer** (BGH Urt v 31. 3. 2010 – I ZR 34/08 Tz 26 ff – *Gewährleistungsausschluss im Internet; Köhler* NJW 2008, 177, 181; OLG Celle WRP 2010, 1409, 1410). Denn ihr Zweck ist nicht nur der Schutz der Vertragspartner vor Benachteiligung durch einseitige Ausnutzung der Vertragsgestaltungsfreiheit (BGHZ 126, 326, 332), sondern auch die Abwendung von Nachteilen, die dem Wirtschaftsverkehr durch den nicht funktionierenden Konditionenwettbewerb drohen (vgl Palandt/*Grüneberg* BGB Überbl v § 305 Rdn 8). Diese Auslegung steht auch im Einklang mit Art 5 II UGP-Richtlinie, da die Verwendung unwirksamer AGB einen Verstoß gegen die „beruflichen Sorgfaltspflichten" darstellt (BGH, Urt v 31. 3. 2010 – I ZR 34/08 Tz 17 – *Gewährleistungsausschluss im Internet;* vgl auch Art 7 IV lit d UGP-Richtlinie). Dementsprechend kommt auch bei der Verwendung von AGB gegenüber Verbrauchern eine Anwendung des **§ 3 II 1** in Betracht (§ 3 Rdn 53). – Dagegen scheidet eine Anwendung des **§ 4 Nr 2** (Ausnutzung der geschäftlichen Unerfahrenheit) praktisch aus. Denn vom durchschnittlichen Verbraucher kann keine genauere Kenntnis von Rechtsvorschriften und ihrer Auslegung durch die Gerichte erwartet werden (BGH GRUR 2007, 978 Tz 27 – *Rechtsberatung durch Haftpflichtversicherer*). Dementsprechend liegt keine Ausnutzung der geschäftlichen Unerfahrenheit iSv § 4 Nr 2 vor, wenn der Unternehmer weiß oder damit rechnen muss, dass seine (potentiellen) Vertragspartner nicht die zur Beurteilung einer bestimmten Frage erforderlichen Rechtskenntnisse haben, und er somit lediglich seine überlegene Rechtskenntnis ausnutzt (vgl *Peterek* WRP 2008, 714, 721 f).

11.156f   d) **Geschäftliche Relevanz.** Auch die Bagatellklausel des § 3 I ist richtlinienkonform am Maßstab des Art 5 II lit b iVm Art 2 lit e und k UGP-Richtlinie auszulegen. Die Verwendung unwirksamer AGB gegenüber **Verbrauchern** erfüllt idR zugleich den Tatbestand des § 3 II 1. Denn sie ist geeignet, die Fähigkeit des Verbrauchers, sich auf Grund von Informationen zu entscheiden, spürbar zu beeinträchtigen und ihn damit zu einer geschäftlichen Entscheidung zu veranlassen, die er andernfalls nicht getroffen hätte. Dazu gehört nämlich „jede geschäftliche Entscheidung eines Verbrauchers darüber, ob, wie und unter welchen Bedingungen er einen Kauf tätigen … oder ein vertragliches Recht im Zusammenhang mit dem Produkt ausüben will, unabhängig, ob der Verbraucher beschließt, tätig zu werden oder ein Tätigwerden zu unterlassen" (Art 2 lit k UGP-Richtlinie). Die Verwendung unwirksamer AGB ist aber idR geeignet, den Verbraucher davon abzuhalten, bestehende vertragliche Rechte (einschließlich Einwendungen und Einreden) geltend zu machen und damit ein Tätigwerden zu unterlassen. Das genügt für die geschäftliche Relevanz. – Bei der Verwendung von unwirksamen AGB gegenüber **sonstigen Marktteilnehmern,** insbes Unternehmern, beurteilt sich die geschäftliche Relevanz am Maßstab des § 3 I.

III. Zivilrechtliche Benachteiligungsverbote (§§ 19, 20 AGG; § 5 DL-InfoV)

11.157   Als geschäftsbezogene Marktverhaltensregelungen im Interesse der Verbraucher sind auch die für die Begründung, Durchführung und Beendigung von zivilrechtlichen Schuldverhältnissen geltenden zivilrechtlichen Benachteiligungsverbote des §§ 19, 20 AGG (Allgemeines Gleichbehandlungsgesetz) anzusehen (vgl Rdn 11.17 a; BT-Drucks 16/1780 v 8. 6. 2006 zu § 23 Abs 4 S 48 f). Ist es zu einer unzulässigen Benachteiligung gekommen (zB Verweigerung eines Vertragsschlusses in einem Lokal aus Gründen der Rasse), so kann nach § 8 I 1 Beseitigung und bei Wiederholungsgefahr Unterlassung verlangt werden. Droht eine unzulässige Benachteiligung (zB Ankündigung einer unzulässigen Benachteiligung in der Werbung) besteht ein vorbeugender Unterlassungsanspruch § 8 I 2). Voraussetzung für die Anwendung des UWG ist aber stets das Vorliegen einer geschäftlichen Handlung (§ 2 I Nr 1) auf Seiten des Diskriminierenden. – Nach § 5 DL-InfoV darf ein Dienstleistungserbringer keine Bedingungen für den Zugang zu einer Dienstleistung bekannt machen, die auf der Staatsangehörigkeit oder dem Wohnsitz des Dienstleistungsempfängers beruhende diskriminierende Bestimmungen enthalten, es sei denn, die Unterschiede bei den Zugangsbedingungen sind unmittelbar durch objektive Kriterien gerechtfertigt. Auch dabei handelt es sich um eine Marktverhaltensregelung.

IV. Gesetzliche Informationspflichten

1. Allgemeines

Gesetzliche Informationspflichten sollen sicherstellen, dass Marktteilnehmer „informierte" 11.157a
Entscheidungen treffen können. Zugleich entlasten sie die Marktteilnehmer von den Kosten
eigener Informationsbeschaffung. Viele Vorschriften zum Schutze der Marktteilnehmer, insbes
der Verbraucher, sehen geschäftsbezogene **Informationspflichten** vor (vgl zB §§ 5, 6 TMG
(früher: 6, 7 TDG); §§ 312 c, 312 e BGB iVm Art 240, 246–248 EGBGB und der **BGB-
InfoV** [BGB-Informationspflichten-Verordnung]; § 651 k BGB; §§ 2–4 **DL-InfoV** [Dienstleis-
tungs-Informationspflichten-Verordnung v 12. 3. 2010]). Informationspflichten können sich
darüber hinaus aus Deliktsrecht (insbes aus § 823 I BGB unter dem Gesichtspunkt der Verkehrspflichten ergeben). Die Verletzung solcher Regelungen kann einen Verstoß gegen § 3 iVm § 4
Nr 11 begründen (BGH GRUR 2010, 6522 Tz 11 – *Costa del Sol*). Zugleich kann der
Tatbestand der **Irreführung durch Unterlassen** (§ 5 a) verwirklicht sein. Über das UWG
hinaus können, soweit es sich um **Verbraucherschutzgesetze** handelt, Unterlassungsansprüche
nach § 2 UKlaG bestehen. – Ist eine Belehrung zwar nicht gesetzlich vorgeschrieben, erfolgt sie
aber gleichwohl, so muss sie selbstverständlich zutr sein. Andernfalls liegt eine Irreführung iSv
§ 5 vor.

2. Unternehmensbezogene Informationen

Ob **Vorschriften zur Identifizierung eines Unternehmens**, insbes Vorschriften zur An- 11.158
gabe von Name, Firma, Anschrift und sonstigen Merkmalen eines Unternehmens, **Marktverhaltensregelungen** im Interesse anderer Marktteilnehmer sind, ist jeweils durch Auslegung zu
ermitteln. Der Schutzzweck der jeweiligen Norm entscheidet auch darüber, welche Informationen im Einzelnen zu geben sind. (So genügt zB für die Widerrufsbelehrung iSd § 355 II 1 BGB
die Angabe der Postfachanschrift, da es insoweit nur darum geht, an wen der Widerruf zu senden
ist; BGH GRUR 2002, 720, 721 – *Postfachanschrift*). Bei Verstößen gegen derartige Vorschriften
ist überdies sorgfältig zu prüfen, ob nicht ein Bagatellverstoß iSd § 3 I vorliegt (vgl KG GRUR-
RR 2008, 352, 353 ff).

Aktiengesetz. Vgl § 80 AktG. Es gilt das zu § 35 a GmbHG (Rdn 11.164) Gesagte ent- 11.159
sprechend.

Arzneimittelgesetz. Nach § 10 I Nr 1 AMG sind auf Fertigarzneimitteln der Name oder 11.160
die Firma und die Anschrift des pharmazeutischen Unternehmens anzugeben. Diese Vorschrift
dient dem Schutz der menschlichen Gesundheit und damit dem Verbraucherschutz. Es handelt
sich daher um eine Marktverhaltensregelung iSd § 4 Nr 11.

BOKraft. Nach § 26 BOKraft ist für Taxis die Farbe hell-elfenbein vorgeschrieben. Jedoch 11.161
handelt es sich dabei um keine Marktverhaltensregelung (vgl BGH GRUR 1986, 621 – *Taxen-
Farbanstrich*).

BRAO, BORA. Zu den einschlägigen Vorschriften (§ 59 k BRAO; § 7 BORA) vgl 11.162
Rdn 11.85 ff.

Bürgerliches Recht. Nach § 312 c I 1BGB iVm Art 246 § 1 Nr 1 und 3, § 2 I 2 Nr 2 11.163
EGBGB muss der Unternehmer dem Verbraucher vor Abschluss eines **Fernabsatzvertrages**
„klar und verständlich und unter Angabe des geschäftlichen Zwecks" seine **Identität** und seine
ladungsfähige Anschrift mitteilen (dazu KG GRUR-RR 2008, 352). Vergleichbare Regelungen enthalten § 2 I Nr 1 BGB-InfoV für Teilzeit-Wohnrechteverträge und Art 247 § 3 I Nr 1
EGBGB für Verbraucherdarlehensverträge. Die Vorschriften dienen dem Verbraucherschutz und
stellen Marktverhaltensregelungen im Interesse anderer Marktteilnehmer dar (ebenso BGH
GRUR 2007, 159 Tz 30 – *Anbieterkennzeichnung im Internet;* OLG Jena GRUR-RR 2006, 283,
284). Enthalten zB Bestellformulare, Internet-Angebote, Angebote zum Zugriff auf Internet-
Inhalte über Dialer (0190-Nummern) oder Werbefaxschreiben nicht die erforderlichen Pflicht-
angaben, verstößt dies gegen § 4 Nr 11 (vgl zu § 1 UWG 1909 BGH GRUR 2002, 720 –
Postfachanschrift; OLG Frankfurt MMR 2001, 529, 530; LG Frankfurt GRUR-RR 2002, 271;
LG Berlin MMR 2002, 630). Um den Anforderungen an eine „klare und verständliche" Bereit-
stellung der Informationen zu genügen, müssen die Angaben nicht auf der Startseite einer
Homepage bereitgehalten oder im Laufe eines Bestellvorgangs zwangsläufig aufgerufen werden.
Vielmehr genügt es, wenn die Angaben über Links aufrufbar sind (BGH GRUR 2007, 159
Tz 33 f – *Anbieterkennzeichnung im Internet*). – Zu den Informationspflichten des Reiseveranstal-
ters nach § 4 BGB-Info-VO vgl LG München WRP 2006, 911.

UWG § 4 11.163a–11.169 Beispiele unlauterer geschäftlicher Handlungen

11.163a **DL-InfoV.** Nach § 2 I Nr 1–6 DL-InfoV muss ein Dienstleistungserbringer vor Abschluss eines schriftlichen Vertrages, sonst vor Erbringung der Dienstleistung eine Reihe von sein Unternehmen betreffenden Informationen (Name, Anschrift, HR-Nummer, USt-Identifikationsnummer usw) zur Verfügung stellen. Er kann dies nach § 2 II DL-InfoV nach seiner Wahl in unterschiedlicher Weise tun. Auf Anfrage des Dienstleistungsempfängers hat er nach § 3 DL-InfoV weitergehende Informationen zur Verfügung stellen.

11.163b **GenG.** Nach § 25 a GenG müssen Genossenschaften die Rechtsform, den Sitz, das Registergericht und die Genossenschaftsregisternummer, darüber hinaus alle Vorstandsmitglieder und den Vorsitzenden des Aufsichtsrats angeben. Es gilt das zu § 35 a GmbHG Gesagte entsprechend.

11.164 **GmbHG.** Nach § 35 a GmbHG sind auf **Geschäftsbriefen „gleichviel welcher Form"** (also auch E-Mails; dazu *Glaus/Gabel* BB 2007, 1744; *Hoeren/Pfaff* MMR 2007, 207) Angaben über die Rechtsform und den Sitz der Gesellschaft, das zuständige Registergericht und die Handelsregisternummer sowie alle Geschäftsführer und, falls vorhanden, der Vorsitzende des Aufsichtsrats mit dem Familiennamen und mindestens einem ausgeschriebenen Vornamen zu machen. Die Vorschrift soll den Geschäftspartnern einige wichtige Informationen vermitteln und ihnen die Einholung registergerichtlicher Informationen ermöglichen. Daher stellt sie eine Marktverhaltensregelung im Interesse der Marktteilnehmer dar. Allerdings ist ein Verstoß regelmäßig nicht geeignet, die Interessen der Mitbewerber, Verbraucher oder sonstigen Marktteilnehmer spürbar zu beeinträchtigen (so auch iErg OLG Brandenburg GRUR-RR 2008, 136; zu § 1 aF OLG Düsseldorf NJW-RR 2004, 41, 42). Doch kommt es auf die Umstände des Einzelfalls an. Verstöße gegen § 35 a GmbH können allerdings im Einzelfall den Tatbestand der Irreführung (§ 5 I 2 Nr 3, § 5 a III Nr 2; dazu § 5 Rdn 5.3 ff; § 5 a Rdn 33) erfüllen und ggf bürgerlichrechtliche (cic; § 823 II BGB) und registerrechtliche Sanktionen (§ 79 I GmbHG: Zwangsgeld) auslösen.

11.165 **Handelsgesetzbuch.** Vgl §§ 37 a, 125 a, 161, 177 a HGB. Es gilt das zu § 35 a GmbHG Gesagte entsprechend. – Vorschriften, nach denen bestimmte Tatsachen zum **Handelsregister** anzumelden sind (zB §§ 29, 31, 53, 106 HGB), dienen dem Schutz potenzieller Marktpartner und sind daher Marktverhaltensregelungen.

11.166 **Kosmetikverordnung.** Nach § 5 I Nr 1 KosmetikVO haben Hersteller und Vertreiber kosmetischer Mittel Firma und Anschrift oder Firmensitz anzugeben. Diese Vorschrift dient dem Schutz der menschlichen Gesundheit und damit dem Verbraucherschutz. Es handelt sich daher um eine Marktverhaltensregelung im Interesse der Verbraucher.

11.167 **Landespressegesetze.** Die presserechtliche Impressumspflicht (vgl zB Art 7, 8 BayPresseG) dient lediglich der Durchsetzung zivilrechtlicher Individualansprüche und der Sicherung der strafrechtlichen Verfolgung von Pressedelikten, stellt aber keine Marktverhaltensregelung im Interesse anderer Marktteilnehmer dar (vgl BGH GRUR 1989, 830, 832 – *Impressumspflicht*).

11.168 **Rundfunkstaatsvertrag.** Nach **§ 9 b II RStV** haben **Rundfunkveranstalter** folgende Informationen im Rahmen ihres Gesamtangebots leicht, unmittelbar und ständig zugänglich zu machen: (Nr 1) Name und geografische Anschrift; (Nr 2) Angaben, die eine schnelle und unmittelbare Kontaktaufnahme und eine effiziente Kommunikation ermöglichen und (Nr 3) zuständige Aufsicht. Für Anbieter von **Telemedien** iSv § 11 d RStV sieht **§ 55 RStV** bestimmte Informationspflichten und -rechte vor.

11.169 **Telemediengesetz.** Nach **§ 5 I TMG** haben Diensteanbieter für geschäftsmäßige Telemedien ua folgende Informationen leicht erkennbar, unmittelbar erreichbar und ständig verfügbar zu halten (dazu *Lorenz* WRP 2010, 1224): **(Nr 1)** Namen und Anschrift, unter der sie niedergelassen sind; **(Nr 2)** Angaben, die eine schnelle elektronische Kontaktaufnahme und unmittelbare Kommunikation mit ihnen ermöglichen, einschließlich der Adresse der elektronischen Post (dazu BGH GRUR 2007, 723 Tz 10 ff – *Internet-Versicherung* [Vorlagebeschluss] und EuGH K&R 2008, 670 – *deutsche internet versicherung*); **(Nr 3)** Angabe der Aufsichtsbehörde bei zulassungspflichtigen Tätigkeiten; **(Nr 4)** das Handelsregister, in das sie eingetragen sind, und die entsprechende Registernummer; **(Nr 5)** Berufsrechtliche Angaben; **(Nr 6)** die Angabe der Umsatzsteueridentifikationsnummer. – Diese Informationspflichten dienen dem Verbraucherschutz und der Transparenz von geschäftsmäßig erbrachten Telediensten (vgl BGH GRUR 2007, 159 Tz 15 – *Anbieterkennzeichnung im Internet*; OLG Frankfurt MMR 2001, 529; OLG Hamburg GRUR-RR 2003, 92; LG Frankfurt GRUR-RR 2003, 347; *Schulte/Schulte* NJW 2003, 2140). Sie stellen daher Marktverhaltensregelungen iSd § 4 Nr 11 dar (BGH aaO – *Anbieterkennzeichnung im Internet*; OLG Karlsruhe WRP 2006, 1039, 1041; OLG Oldenburg GRUR-RR 2007, 54, 55; OLG Frankfurt K&R 2009, 197, 199). – Beim Internetauftritt eines Unternehmens ist die Anbieterkennzeichnung „leicht erkennbar" und „unmittelbar erreichbar", wenn sie über die Links „Kontakt" und „Impressum" feststellbar ist, auch wenn dafür zwei Schritte erforderlich sind (BGH GRUR 2007, 159 Tz 16 ff – *Anbieterkennzeichnung im Internet*). Dagegen reicht es nicht aus, wenn der mit dem Begriff „Impressum" gekennzeichnete Link, über den die Anbieterangaben aufgerufen werden können, nur in kleiner Schrift und drucktechnisch nicht hervorgehoben am unteren Ende der Homepage platziert ist (OLG Frankfurt K&R 2009, 197, 199). – Bietet ein Unternehmer Waren oder Dienstleistungen im **Internet** an, gehört zu den Angaben iSd § 5 I Nr 2 TMG nicht zwingend auch die **Telefonnummer,** unter der er erreichbar ist (EuGH K&R 2008, 670 Tz 40 – *deutsche internet versicherung*). Zwar muss dem Nutzer ein gleichwertiger zweiter Kommunikationsweg neben der elektronischen Post eröffnet werden. Das kann aber grds auch eine elektronische Anfragemaske sein, über die sich der Nutzer an den Diensteanbieter im Internet wenden kann und dieser mit elektronischer Post antwortet. Hat allerdings der Nutzer nach elektronischer Kontaktaufnahme keinen Zugang zum elektronischen Netz, muss der Diensteanbieter ihm auf sein Ersuchen hin den Zugang zu einem anderen, nichtelektronischen Kommunikationsweg ermöglichen (EuGH K&R 2008, 670 Tz 39 – *deutsche internet versicherung*). – Nach **§ 6 I, II TMG** bestehen zusätzlich besondere Informationspflichten bei kommerziellen Kommunikationen (dazu *Kitz* DB 2007, 385). Diese sind ebenfalls Marktverhaltensregelungen iSd § 4 Nr 11.

3. Vertragsbezogene Informationspflichten

a) Belehrung über Widerrufsrechte. aa) Allgemeines. Soweit der Verbraucher über ein bestehendes Widerrufsrecht iSd § 355 BGB zu belehren ist (zB nach §§ 312, 312c BGB), handelt es sich um eine Marktverhaltensregelung zum Schutze der Verbraucher (OLG Hamm GRUR-RR 2005, 285; OLG Karlsruhe WRP 2006, 1039, 1041). Daher ist eine **unterbliebene, falsche** oder **unzureichende Belehrung** nach § 4 Nr 11 unlauter (OLG Frankfurt GRUR 2007, 56, 57 und MMR 2009, 564; KG GRUR-RR 2008, 131 ff; zu § 1 aF vgl BGH GRUR 1990, 46 – *Heizgeräte-Vertrieb* zu § 1 HWiG aF; BGH GRUR 2000, 731, 733 – *Sicherungsschein*). Ein Verstoß gegen die Belehrungspflicht liegt ua vor, wenn eine Internetseite zwar eine vollständige Belehrung aufweist, der dazu führende **Link** selbst aber keinen Hinweis auf das Widerrufsrecht enthält, wenn die Belehrung in AGB versteckt ist oder wenn ein Widerrufsrecht für bestimmte Waren zu Unrecht ausgeschlossen ist (OLG Frankfurt GRUR 2007, 56; OLG Hamburg GRUR-RR 2007, 174). Desgleichen ist eine Widerrufsbelehrung unzureichend, wenn sie den Verbraucher lediglich über die Pflichten, aber nicht über dessen wesentliche Rechte informiert (BGH NJW 2007, 1946 Tz 13). Darauf, ob es zum Abschluss eines Vertrages gekommen ist, kommt es nicht an (LG Magdeburg GRUR-RR 2003, 55). – Die unzureichende Belehrung ist nicht schon deshalb unlauter iSd **§ 4 Nr 2,** weil die Gefahr begründet wird, dass der Kunde von seinem Widerrufsrecht nicht Gebrauch macht, und der Unternehmer diese **Rechtsunkenntnis** zu seinem Vorteil **ausnutzt** (§ 4 Rdn 2.30 ff; BGH GRUR 2007, 978 Tz 27 – *Rechtsberatung durch Haftpflichtversicherer;* anders noch die frühere Rspr zu § 1 UWG 1909: BGH GRUR 1986, 818 – *Widerrufsbelehrung bei Teilzahlungskauf;* BGH GRUR 1986, 819, 820 – *Zeitungsbestellkarte* zu §§ 1 b, c AbzG aF; BGH GRUR 1989, 669, 672 – *„Zahl nach Wahl"* zu § 1 IV AbzG aF; BGH GRUR 1990, 1015, 1016 – *Orderkarte* zu §§ 1 b, 1 c AbzG aF; BGHZ 121, 52, 57 f – *Widerrufsbelehrung I* zu § 1 HWiG aF, § 7 II VerbrKrG aF; BGH GRUR 1990, 1016, 1018 – *Sprachkurs* zu § 1 AbzG aF; BGH GRUR 1990, 46 – *Heizgeräte-Vertrieb* zu § 1 HWiG aF; BGH WRP 1996, 202 – *Widerrufsbelehrung II* zu § 8 IV VVG aF; BGH WRP 1996, 204 – *Widerrufsbelehrung III* zu § 8 IV VVG aF; BGH GRUR 2002, 717, 720 – *Postfachanschrift* zu § 355 BGB; BGH GRUR 2002, 1085, 1088 – *Belehrungszusatz;* BGH WRP 2003, 266 – *Widerrufsbelehrung IV;* OLG Düsseldorf GRUR 2006, 779, 782). – Außerdem kann eine **Irreführung** des Verbrauchers durch Unterlassen iSd § 5 a vorliegen (vgl LG Magdeburg GRUR-RR 2003, 55).

bb) Einzelheiten. Unlauter ist es, die Belehrung über den Beginn der Widerrufsfrist zu unterlassen (BGHZ 121, 52, 57 f – *Widerrufsbelehrung;* BGH GRUR 1994, 59, 60 – *Empfangsbestätigung I;* BGH GRUR 1997, 472, 473 – *Irrtum vorbehalten*). Unzulässig wegen Verstoßes gegen das Deutlichkeitsgebot des § 355 II 1 BGB sind auch Zusätze zur Widerrufsbelehrung, die einen eigenen Inhalt aufweisen und weder für das Verständnis noch für die Wirksamkeit der Widerrufsbelehrung von Bedeutung sind und die deshalb von ihr ablenken (BGH GRUR 2002, 1085, 1086 ff – *Belehrungszusatz*) oder sie verunklaren (OLG Hamm GRUR-RR 2010, 216). Dies wurde beispielsweise für den Zusatz angenommen, der Lauf der Widerrufsfrist beginne

„nicht jedoch, bevor die auf Abschluss des Vertrags gerichtete Willenserklärung vom Auftraggeber abgegeben wurde" (BGH aaO – *Belehrungszusatz*); ferner für die zusätzliche Angabe einer Telefonnumer (OLG Hamm GRUR-RR 2010, 216). Unzulässig ist auch ein Hinweis auf eine etwaige Wertersatzpflicht, wenn er nicht schon bei Vertragsschluss erfolgt (OLG Hamm GRUR-RR 2009, 342, 343).

11.172 b) **Sonstige Belehrungs- und Verhaltenspflichten.** Aus der Fülle sonstiger vertragsbezogener Informations- und Verhaltenspflichten, die teils vor, teils nach Vertragsschluss zu erfüllen sind, seien erwähnt:

aa) **Fernabsatzverträge und Verträge im elektronischen Geschäftsverkehr.** Art 312 c BGB iVm Art 246 §§ 1 bis 3 EGBGB. – Werbesendungen im Hörfunk lösen keine Informationspflicht nach § 312 c I BGB iVm (ab 11. 6. 2010) Art 246 § 1 I Nr 6 EGBGB aus (vgl BGH GRUR 2003, 971, 972 – *Telefonischer Auskunftsdienst*). – Aus § 312 c II BGB iVm Art 246 § 2 I S 2 lit b EGBGB folgt keine Pflicht zur Information darüber, dass dem Vertrag die gesetzlichen Gewährleistungsvorschriften zu Grunde liegen und welchen Inhalt sie haben (vgl BGH GRUR 2008, 532 Tz 35 – *Umsatzsteuerhinweis*).

11.172a bb) **Verbraucherdarlehensverträge, entgeltliche Finanzierungshilfen und Darlehensvermittlungsverträge.** Art 247 EGBGB.

11.172b cc) **Dienstleistungsverträge.** Zur **DL-InfoV** vgl die gesonderte Kommentierung. Nach § 2 I Nr 7–11 DL-InfoV muss ein Dienstleistungserbringer vor Abschluss eines schriftlichen Vertrages, sonst vor Erbringung der Dienstleistung eine Reihe von den Vertragsinhalt betreffenden Informationen (verwendete AGB; Rechtswahl- und Gerichtsstandklauseln; Garantien; wesentliche Merkmale der Dienstleistung; Angabe zu einer bestehenden Berufshaftpflichtversicherung) zur Verfügung stellen. Er kann dies nach § 2 II DL-InfoV nach seiner Wahl in unterschiedlicher Weise tun. Auf Anfrage des Dienstleistungsempfängers hat er nach § 3 DL-InfoV weitergehende Informationen zur Verfügung stellen.

11.172c dd) **Reiseverträge.** §§ 4–11 BGB-InfoV. Zur Zulässigkeit eines **Preisänderungsvorbehalts** nach § 4 II BGB-InfoV vgl BGH GRUR 2010, 652 Tz 15 ff – *Costa del Sol*. – Ein Reiseveranstalter handelt unlauter, wenn er von Kunden entgegen § 651 k IV BGB ohne Übergabe eines **Sicherungsscheins** oder entgegen § 651 k V BGB iVm § 651 k IV BGB ohne Nachweis einer Sicherungsleistung Zahlungen auf den Reisepreis fordert und annimmt (BGH GRUR 2000, 731, 733 – *Sicherungsschein*; LG München I WRP 2007, 692). Das gilt auch für den Fall, dass für die Einlösung einer „Gewinnreise" eine Buchungsgebühr verlangt wird (LG Osnabrück WRP 2008, 385). Ebenso, wenn er seine Kunden entgegen § 651 a IV BGB daran hindert, die Berechtigung einer Preiserhöhung zu überprüfen, indem er bei entsprechenden Vorbehalten erklärt, die kompletten Reiseunterlagen nur bei vollständiger Zahlung des Reisepreises herauszugeben und den Vorbehalt nicht zu akzeptieren (OLG Frankfurt GRUR 2002, 727, 729).

11.172d ee) **Erbringung von Zahlungsdienstleistungen.** Art 248 §§ 1–19 EGBGB.

11.172e ff) **Spielverträge.** Unter § 4 Nr 11 fällt auch die Pflicht gewerblicher Spielevermittler, die Spieler vor Vertragsschluss auf den für die Spielteilnahme an den Veranstalter weiterzuleitenden Betrag hinzuweisen (§ 19 Nr 1 S 2 GlüStV; zur Vorgängervorschrift vgl OLG Düsseldorf GRUR 2006, 779, 780 f).

E. Sonstige Regelungen

I. Strafrecht

1. Straftatbestände im UWG und StGB

11.173 Die im UWG selbst geregelten Straftatbestände (strafbare irreführende Werbung, **§ 16 I**; strafbare progressive Kundenwerbung, **§ 16 II**; Geheimnisverrat, **§§ 17 ff**) stellen Marktverhaltensregelungen iSd § 4 Nr 11 dar (vgl BGH GRUR 2006, 1044 Tz 17 – *Kundendatenprogramm*; § 17 Rdn 52). Jedoch muss, damit § 3 I eingreift, die Tat eine geschäftliche Handlung iSd § 2 I Nr 1 sein. Bei den im **StGB** geregelten Straftatbeständen ist jeweils im **Einzelfall** zu prüfen, ob es sich dabei um Marktverhaltensregelungen iSd § 4 Nr 11 handelt.

2. Straftaten gegen den Wettbewerb (§§ 298–302 StGB)

a) Wettbewerbsbeschränkende Absprachen bei Ausschreibungen. § 298 StGB stellt 11.174
die Abgabe eines auf einer rechtswidrigen Absprache beruhenden Angebots bei einer Ausschreibung mit dem Ziel, den Veranstalter zur Annahme eines bestimmten Angebots zu veranlassen, unter Strafe. Die Vorschrift stellt eine Marktverhaltensregelung zum Schutze des Veranstalters der Ausschreibung als Nachfrager von Waren oder Dienstleistungen und damit als sonstigen Marktteilnehmer dar und erfüllt daher die Voraussetzungen des § 4 Nr 11.

b) Bestechlichkeit und Bestechung. § 299 StGB regelt die Bestechlichkeit und die Be- 11.175
stechung im geschäftlichen Verkehr (dazu *Brand/Wostry* WRP 2008, 637; *Weitnauer* NJW 2010, 2560). Die Vorschrift (bis 1997 in § 12 UWG aF enthalten) stellt eine Marktverhaltensregelung zum Schutze des Unternehmers in seiner Eigenschaft als Nachfrager von Waren oder Dienstleistungen dar und erfüllt daher die Voraussetzungen des § 4 Nr 11. Daneben kann die Bestechung auch den Tatbestand des § 4 Nr 1 erfüllen, weil die Beeinflussung des Verhaltens eines entscheidungsbefugten Mitarbeiters zugleich die Entscheidungsfreiheit des Geschäftsherrn unangemessen unsachlich beeinträchtigt.

3. Unerlaubte Veranstaltung von Glücksspielen (§ 284 StGB), Lotterien und Ausspielungen (§ 287 StGB)

a) Begriffe. aa) Glücksspiel. Unter einem **Glücksspiel** ist eine Unterart des Spiels zu 11.176
verstehen, bei dem die Entscheidung über Gewinn und Verlust nach den Spielbedingungen und den Verhältnissen, unter denen sie gewöhnlich betrieben werden, nicht wesentlich von den Fähigkeiten, Kenntnissen und der Aufmerksamkeit der durchschnittlichen Spieler abhängt, sondern jedenfalls hauptsächlich von dem ihrer Einwirkung entzogenen Zufall und bei dem die Spieler nicht nur unerhebliche Einsätze leisten (BGHSt 2, 274, 276; BGH GRUR 2002, 636 – *Sportwetten;* BGH JZ 2003, 858 mit Anm *Wohlers; Bolay* MMR 2009, 669). Wann der Gewinn ganz oder überwiegend vom Zufall abhängig ist, ist streitig. Keinesfalls braucht der Erfolg ausschließlich vom Zufall abhängig zu sein. Ist der Kausalverlauf teils beeinflussbar (erkennbar), teils nicht beeinflussbar (nicht erkennbar), so kommt es darauf an, ob die Zufallstatsachen überwiegen. – Im Unterschied zum bloßen **Gewinnspiel** ist Voraussetzung für ein Glücksspiel, dass die Aussicht auf einen Gewinn durch Leistung eines **Einsatzes** erlangt wird (BGH NJW 1987, 851, 852). Als Einsatz ist jede nicht unbeträchtliche Leistung anzusehen, die in der Hoffnung erbracht wird, im Falle eines „Gewinns" eine gleiche oder höherwertige Leistung zu erhalten, und in der Befürchtung, dass sie im Falle des „Verlierens" dem Gegenspieler oder dem Veranstalter anheim fällt (BGH NJW 1987, 851, 852). – **Beispiele:** Eine Kettenbriefaktion ist mangels eines Einsatzes kein Glücksspiel iSd § 284 StGB und daher auch keine strafbare Lotterie, da beim entgeltlichen Erwerb eines Kettenbriefes nur an den Verkäufer ein in jedem Fall verlorener Betrag gezahlt wird, der mit dem eigentlichen Spiel nichts zu tun hat (BGH NJW 1987, 851, 852; *Granderath* wistra 1988, 173, 174). Als Glücksspiel ist dagegen die Veranstaltung von **Sportwetten** anzusehen (BGH GRUR 2002, 636 – *Sportwetten;* OLG Hamburg NJW-RR 2003, 760; zu den verfassungsrechtlichen Grenzen des staatlichen Sportwettenmonopol vgl BVerfG GRUR 2006, 688 und dazu *Leupold/Walsh* WRP 2006, 973). Bei Veranstaltungen im Interesse des Warenabsatzes liegt ein genehmigungspflichtiges Glücksspiel vor, wenn die Teilnehmer einen verdeckten Einsatz leisten müssen, etwa in Gestalt des Eintrittspreises für eine Veranstaltung. Dagegen reicht es nicht aus, dass die Teilnahme vom Erwerb einer Ware oder Dienstleistung abhängig gemacht wird (dann aber § 4 Nr 6!). Stets liegt ein genehmigungsfreies Gewinnspiel vor, wenn jedermann – auch ohne Einkauf und damit auch ohne versteckten Einsatz – mit gleichen Chancen daran teilnehmen kann. Bei Spielangeboten über 0190-Nummern handelt es sich nur dann um ein Gewinnspiel, wenn es neben der Teilnahme über eine 0190-Nummer noch eine weitere realistische und gleichwertige Möglichkeit der Teilnahme (zB über eine Postkarte) gibt. – Zur Strafbarkeit der **ungenehmigten** Veranstaltung von Glücksspielen und der Werbung dafür vgl § 284 StGB. Spielverträge sind zivilrechtlich nicht verbindlich (§ 762 BGB); sie sind nach § 134 BGB nichtig, wenn es sich um nach § 287 StGB verbotene Glücksspiele handelt.

bb) Lotterie und Ausspielung. Die Lotterie ist eine Unterart des Glücksspiels. Sie liegt vor, 11.177
wenn eine Mehrzahl von Personen vertragsmäßig die Möglichkeit hat, nach einem bestimmten Plan gegen einen bestimmten Einsatz einen bestimmten, vom Zufall abhängigen Geldgewinn zu erzielen. Die **Ausspielung** unterscheidet sich von der Lotterie nur dadurch, dass bewegliche

oder unbewegliche Sachen als Gewinn ausgesetzt werden. **Glückslose** stellen als solche keinen Sachwert dar; für die Einordnung der Veranstaltung kommt es darauf an, ob sie einen Anspruch auf eine Geld- oder Sachleistung anderer Art verbrieft.

11.178 **b) Lauterkeitsrechtliche Beurteilung.** Die **ungenehmigte Veranstaltung** von Glücksspielen, öffentlicher Lotterien und Ausspielungen und der **Werbung** hierfür ist strafbar nach den §§ 284, 287 StGB. Eine Veranstaltung liegt vor, wenn entsprechende Spielverträge angeboten werden (BGH GRUR 2002, 636 – *Sportwetten*). Die entgeltliche Weitergabe des Tippps eines Kunden an eine Lottogesellschaft reicht dafür nicht aus (OLG Köln GRUR-RR 2005, 92). Bei den Straftatbeständen der §§ 284, 287 StGB handelt es sich um keine bloßen Marktzutrittsregelungen, sondern um Regelungen des **Marktverhaltens** zum Schutze auch und gerade der Verbraucher (vgl BGH GRUR 2002, 269 – *Sportwetten-Genehmigung*; BGH GRUR 2002, 636, 637 – *Sportwetten*; BGH JZ 2003, 858 mit Anm *Wohlers*; BGH GRUR 2004, 693, 695 – *Schöner Wetten*; OLG München NJWE-WettbR 2000, 10; OLG Köln GRUR 2000, 538). Denn der Erlaubnisvorbehalt dient vornehmlich der Abwehr von Gefahren des Glücksspiels für die Verbraucher (Spielsucht, Vermögensverlust), weil er eine staatliche Kontrolle eines ordnungsmäßigen Spielablaufs gewährleistet (vgl BVerwG NJW 2001, 2648). Verstöße gegen diese Vorschriften sind daher zugleich nach § 4 Nr 11 unlauter. Vom Fehlen einer **behördlichen Erlaubnis** ist an sich auch dann auszugehen, wenn sie rechtswidrig versagt worden sein sollte (BVerfG 102, 197 ff; BGH GRUR 2002, 636, 637 – *Sportwetten*). Die Erlaubnis muss von der für das jeweilige Bundesland zuständigen Behörde erteilt worden sein. Es genügt nicht, dass der Veranstalter eine Erlaubnis seines Heimatstaates besitzt (BGH GRUR 2002, 636, 637 – *Sportwetten*). Ausländische Internet-Anbieter von Glücksspielen auf dem deutschen Markt unterliegen daher nach dem Marktortprinzip dem deutschen Recht und bedürfen dementsprechend einer deutschen behördlichen Erlaubnis (BGH NJW 2002, 2176; OLG Hamburg NJW-RR 2003, 760, 761; *Schmidt* WRP 2005, 721 mwN). Allerdings ist § 284 StGB auf die gewerbliche Vermittlung von Sportwetten ohne behördliche Erlaubnis aus verfassungsrechtlichen Gründen (Art 12 I GG) nicht anwendbar, sofern die zugrunde liegende öffentlich-rechtliche Regelung gegen Verfassungsrecht (Art 12 GG) und Unionsrecht (Art 49, 56 AEUV = ex-Art 43, 49 EG) verstößt (BVerfG 112, 276 = GRUR 2006, 688; BGH WRP 2007, 1363 Tz 21). Bis zur Änderung dieser verfassungs- und unionsrechtswidrigen Rechtslage konnte dementsprechend auch kein Verstoß gegen § 4 Nr 11 vorliegen (BGH GRUR 2008, 438 Tz 22 – *ODDSET*; dazu *Leupold* WRP 2008, 920; vgl auch BVerfG WM 2008, 274 Tz 30 ff; die *Schöner Wetten*- und die *Sportwetten*-Entscheidung des BGH sind insoweit überholt). Seit dem 1. 1. 2008 gilt der **Glücksspielstaatsvertrag (GlüStV)**, der Beschränkungen der Werbung für Glücksspiele vorsieht (dazu Rdn 11.137 b ff). – Zur unionsrechtlichen Beurteilung der Beschränkung von Glücksspielen vgl EuGH NJW 2004, 139 Rdn 44 ff – *Gambelli*; EuGH WRP 2007, 525 Tz 53 – *Placanica*; EuGH NJW 2009, 3221 – *Liga Portuguesa de Futebol Profissional, Bwin International*. Die Richtlinie 2000/31/EG über den elektronischen Geschäftsverkehr und damit das Herkunftslandprinzip findet nach deren Art 1 V lit d keine Anwendung auf „Gewinnspiele mit einem einen Geldwert darstellenden Einsatz bei Glücksspielen, einschließlich Lotterien und Wetten (BGH GRUR 2004, 693, 695 – *Schöner Wetten*). Auch die UGP-Richtlinie schließt die Anwendung nationaler „Vorschriften, die sich im Einklang mit dem Gemeinschaftsrecht auf Glücksspiele beziehen", nicht aus (vgl Erwägungsgrund 9 S 2). – Der Betrieb von **Glücksspielautomaten** ist in der **SpielV** geregelt Dabei handelt es sich ebenfalls um eine Marktverhaltensregelung. Zu § 3 SpielV vgl OLG Hamm GRUR-RR 2010, 38; LG Dortmund WRP 2010, 1186; zu § 6 a SpielV vgl LG Stuttgart WRP 2009, 103; zu § 9 II SpielV vgl Niedersächs OVG WRP 2010, 566).

4. Sonstige Strafvorschriften und Ordnungswidrigkeitsvorschriften

11.179 Marktverhaltensnormen zum Schutz der Verbraucher sind ua auch **§ 259 StGB** (Hehlerei) und **§ 263 StGB** (Betrug; BGH WRP 2008, 780 Tz 13 – *Hagelschaden;* OLG Frankfurt GRUR-RR 2006, 414, 415; vgl auch § 4 Rdn 1.39 a). Keine Marktverhaltensregelungen stellen dagegen die §§ 130, 131 StGB dar, weil sie weder Mitbewerber noch Verbraucher im Hinblick auf wettbewerbliche Interessen als Marktteilnehmer schützen (BGH GRUR 2007, 890 – Tz 28 – *Jugendgefährdende Medien bei eBay*) Nach **§ 15 FAG (FernmeldeanlagenG)** ist das Errichten oder Betreiben einer Fernmeldeanlage entgegen den Vorschriften des FAG strafbar. Die Werbung und der Vertrieb können unter bestimmten Voraussetzungen den Tatbestand der Beihilfe erfüllen (vgl BGH GRUR 1990, 1018 – *Fernmeldeanlagen;* KG GRUR 1991, 690; OLG Hamm GRUR 1991, 688). Allerdings dienen diese Normen nicht dem Schutz der Mitbewerber oder der

Verbraucher und stellen daher keine Marktverhaltensregelungen iSd § 4 Nr 11 dar. – Marktverhaltensregelungen zum Schutz der Verbraucher sind auch die Beschränkungen der Werbung für sexuelle Handlungen in §§ 119, 120 OWiG (BGH GRUR 2006, 1042 Tz 18 – *Kontaktanzeigen*). Jedoch sind diese Vorschriften auf Grund des gewandelten Verständnisses in der Bevölkerung und der geänderten Rechtslage eng auszulegen (BGH aaO Tz 19 ff – *Kontaktanzeigen*). – Nach der Rspr sollen auch die **§§ 331, 333 StGB** Marktverhaltensregelungen darstellen (BGH GRUR 2006, 77 Tz 28 – *Schulfotoaktion;* ebenso 27. Aufl Rdn 11.175). Dem ist nicht zu folgen, da diese Vorschriften nur die Funktionsfähigkeit des Amtsapparats sicherstellen sollen (krit auch Piper/*Ohly*/Sosnitza § 4 Rdn 11/90). Das Gleiche gilt für die Straftatbestände der **§§ 332, 334** (Bestechlichkeit und Bestechung im Amt).

II. Jugendschutzrecht

Vorschriften zum **Schutze der Jugend** stellen nach zutreffender hM Marktverhaltensregelungen zum Schutze der Kinder und Jugendlichen als Verbraucher dar (vgl BGH GRUR 2007, 890 Tz 35 – *Jugendgefährdende Medien bei eBay;* BGH GRUR 2009, 845 Tz 41 – *Internet-Videorecorder* [zu § 5 I, III Nr 1 JMStV]; OLG Brandenburg GRUR-RR 2007, 18, 19; OLG Celle GRUR-RR 2003, 221; OLG Koblenz GRUR 2005, 266 [zu § 12 III JuSchG]; LG Halle GRUR-RR 2007, 26, 27 [zu § 15 I Nr 5, VI JuSchG]; MünchKommUWG/*Schaffert* § 4 Nr 11 Rdn 58; vgl auch *Engels* WRP 1997, 6, 8 ff). Eine vordringende Gegenansicht bestreitet dies, vornehmlich unter Berufung auf die UGP-Richtlinie und deren Schutzzweck (vgl *Dettmar* S 165 ff; *Gärtner/Heil* WRP 2005, 20, 22; *Ohly* WRP 2008, 177, 183 f; *Scherer* WRP 2006, 401, 405 f; *Wuttke* WRP 2007, 119, 123, 125; Piper/*Ohly*/Sosnitza § 4 Rdn 11/25). Indessen ist die **UGP-Richtlinie** von vornherein nicht anwendbar auf Vermarktungsverbote und –beschränkuengen (vgl Rdn 11.6 c). Soweit Bestimmungen des Jugendschutzrechts die Beeinflussung geschäftlicher Entscheidungen von Jugendlichen regeln (zB durch Werbeverbote), überlässt es die UGP-Richtlinie nach Erwägungsgrund 7 S 4 den Mitgliedstaaten, Geschäftspraktiken aus Gründen der guten Sitten und des Anstands zu verbieten, auch wenn diese Praktiken die Wahlfreiheit des Verbrauchers nicht beeinträchtigen (Rdn 11.35 d). Außerdem lässt Art 3 III UGP-Richtlinie Rechtsvorschriften der Mitgliedstaaten in Bezug auf die Gesundheits- und Sicherheitsaspekte von Produkten unberührt. – Zu den Jugendschutzvorschriften gehören insbes das **Jugendschutzgesetz** (JuSchG) sowie der **Jugendmedienschutz-Staatsvertrag** (JMStV) idF des 14. Rundfunkänderungsstaatsvertrags; vgl insbes § 5 I und V Nr 1, § 6 II JMStV (und dazu die Parallelregelung in Nr 28 Anh I UGP-Richtlinie). Ferner gehören dazu Vorschriften des **Schulrechts,** die Geschäfte auf dem Schulgelände verbieten, soweit vom Schulträger keine Ausnahmegenehmigung erteilt wird (BGH GRUR 2006, 77 Tz 25 – *Schulfotoaktion* zu § 47 III BbgSchulG). Hat es allerdings die Schule versäumt, eine Ausnahmegenehmigung einzuholen, führt dies nicht schon deshalb zur Unlauterkeit einer Werbe- oder Verkaufsaktion, weil die Verletzung dieser Pflicht keinen Wettbewerbsbezug hat. Etwas anderes kann gelten, wenn der Werbende es darauf angelegt hat, die Entscheidungsbefugnis des Schulträgers zu umgehen (BGH GRUR 2006, 77 Tz 26 – *Schulfotoaktion*).

11.180

III. Vergabe- und Beihilfenrecht

Die Vorschriften des **Vergaberechts,** aus denen sich die Pflicht zur Ausschreibung öffentlicher Aufträge ergibt (§§ 97 ff GWB), sind Marktverhaltensregelungen iSd § 4 Nr 11 (BGH GRUR 2008, 810 Tz 32 – *Kommunalversicherer;* mAnm *Alexander* LMK 2008, 267 427). Sie schränken nämlich die Vertragsfreiheit der öffentlichen Auftraggeber ein und regeln damit unmittelbar ihr Marktverhalten bei der Auswahl von Vertragspartnern. Diese Bestimmungen dienen jedenfalls auch den Interessen der Marktteilnehmer, die sich um Aufträge der öffentlichen Hand bewerben. Das ergibt sich aus § 97 VII GWB, der den Unternehmen gegen die öffentlichen Auftraggeber ein subjektives Recht auf Einhaltung der Bestimmungen über das Vergabeverfahren gewährt (BGH aaO Tz 32– *Kommunalversicherer*). Die von einem Vergaberechtsverstoß betroffenen Bieter können aber gegen den begünstigten Mitbewerber nur Ansprüche unter dem Gesichtspunkt der Teilnahme (Anstiftung oder Beihilfe) am Vergaberechtsverstoß geltend machen (BGH aaO Tz 14, 37 ff – *Kommunalversicherer*). Denn die Teilnehmerhaftung setzt nicht voraus, dass der Teilnehmer selbst Normadressat ist. Wohl aber muss der öffentliche Auftraggeber den Tatbestand des § 3 I erfüllt haben. Sein Verhalten muss daher eine geschäftliche Handlung iSd § 2 I Nr 1 darstellen. Zwar dient die Beschaffungstätigkeit der öffentlichen Hand regelmäßig der Wahrnehmung öffentlicher Aufgaben. Eine geschäft-

11.180a

liche Handlung ist aber dann anzunehmen, wenn das Verhalten des Auftraggebers mit der Förderung des Absatzes eines fremden Unternehmens objektiv zusammenhängt. Das ist stets der Fall, wenn er an dem wirtschaftlichen Erfolg des Unternehmens, dessen Wettbewerb zu fördern sein Handeln geeignet ist, ein Interesse hat, weil er davon auf Grund besonderer Umstände – etwa auf Grund vertraglicher oder gesellschaftsrechtlicher Beziehungen – profitiert (BGH GRUR 2008, 810 Tz 33 – *Kommunalversicherer*). Die Unlauterkeit des Vergabeverstoßes ergibt sich aus § 4 Nr 11. Das Handeln ist auch geeignet, die Interessen von Mitbewerbern iSv § 3 I spürbar zu beeinträchtigen, weil ihnen die Chance genommen wird, in einem ordnungsmäßigen Vergabeverfahren einen Auftrag zu erlangen (vgl BGH GRUR 2008, 810 Tz 34 – *Kommunalversicherer*). – Inwieweit auch die Vorschriften des **Beihilfenrechts** (Art 107 ff AEUV) Marktverhaltensregelungen iSd § 4 Nr 11 sind, ist str und höchstrichterlich noch nicht geklärt. – Einzelheiten bei Rdn 13.59 und 13.60.

4. Abschnitt. Rechtsfolgen und Konkurrenzen

I. Rechtsfolgen

11.181 Die Verwirklichung des Rechtsbruchtatbestands des § 4 Nr 11 löst für sich allein noch keine lauterkeitsrechtlichen Rechtsfolgen aus. Vielmehr wird dadurch nur das Tatbestandsmerkmal der Unlauterkeit iSv § 3 I ausgefüllt. Es müssen, damit ein Verstoß gegen § 3 vorliegt und die Rechtsfolgen der §§ 8 ff eingreifen, auch die übrigen tatbestandlichen Voraussetzungen erfüllt sein (Vorliegen einer geschäftlichen Handlung; Eignung zur spürbaren Beeinträchtigung der Interessen von Marktteilnehmern). Zu Einzelheiten vgl § 3 Rdn 8 e.

II. Konkurrenzen

1. Verhältnis des § 4 Nr 11 zu § 823 II BGB

11.182 Soweit eine gesetzliche Vorschrift iSd § 4 Nr 11 zugleich ein Schutzgesetz iSd § 823 II BGB darstellt (vgl BGH GRUR 2002, 987, 993 – *Wir Schuldenmacher*), können sich daraus entsprechende bürgerlichrechtliche Schadensersatzansprüche und über § 1004 BGB analog auch Unterlassungs- und Beseitigungsansprüche ergeben. Derartige Ansprüche werden durch § 4 Nr 11 nicht ausgeschlossen. Diese Regelung will lediglich lauterkeitsrechtliche Sanktionen nach den §§ 8 ff eröffnen, aber nicht den bürgerlichrechtlichen Rechtsschutz verdrängen. Selbstverständlich stellt § 4 Nr 11 seinerseits kein Schutzgesetz iSd § 823 II BGB dar.

2. Verhältnis des § 4 Nr 11 zu § 33 S 1 GWB

11.183 Soweit eine gesetzliche Vorschrift iSd § 4 Nr 11 zugleich eine Vorschrift iSd § 33 S 1 GWB darstellt, können sich daraus entsprechende kartellrechtliche Unterlassungs-, Beseitigungs- und – bei Verschulden – Schadensersatzansprüche ergeben. Derartige Ansprüche werden durch § 4 Nr 11 nicht ausgeschlossen. Diese Regelung will lediglich lauterkeitsrechtliche Sanktionen nach den §§ 8 ff eröffnen, aber nicht den kartellrechtlichen Rechtsschutz verdrängen.

3. Verhältnis des § 4 Nr 11 zu § 134 BGB

11.184 Soweit eine gesetzliche Vorschrift iSd § 4 Nr 11 zugleich ein Verbotsgesetz iSd § 134 BGB darstellt, eine Zuwiderhandlung also zur Nichtigkeit des vorgenommenen Rechtsgeschäfts führt, schließt dies die gleichzeitige Anwendung des § 4 Nr 11 nicht aus. Der bürgerlichrechtliche Rechtsschutz des von der Zuwiderhandlung Betroffenen macht lauterkeitsrechtliche Sanktionen nach den §§ 8 ff nicht entbehrlich.

4. Verhältnis des § 4 Nr 11 zu straf- und verwaltungsrechtlichen Sanktionen

11.185 Stellt die verletzte gesetzliche Vorschrift ein Strafgesetz dar, so schließen die darin vorgesehenen strafrechtlichen Sanktionen ein Vorgehen nach den §§ 3, 4 Nr 11 iVm den §§ 8 ff nicht aus. Entsprechendes gilt für Ordnungswidrigkeitstatbestände. Löst eine Zuwiderhandlung gegen eine Norm verwaltungsrechtliche Sanktionen aus, schließt dies ebenfalls die Anwendung des Lauterkeitsrechts nicht aus (dazu § 3 Rdn 67).

12. Kapitel. Allgemeine Marktbehinderung

Übersicht

	Rdn
I. Allgemeines	12.1, 12.2
1. Die allgemeine Marktbehinderung als ungeschriebener Beispielstatbestand	12.1
2. Das Verhältnis zu den kartellrechtlichen Behinderungstatbeständen	12.2
II. Tatbestand der allgemeinen Marktbehinderung	12.3–12.12a
1. Begriff	12.3
2. Gefährdung des Wettbewerbsbestands	12.4–12.8
a) Marktabgrenzung	12.4
b) Wettbewerbsbestand	12.5
c) Art der Gefährdung	12.6
d) Grad der Gefährdung	12.7
e) Feststellung der Gefährdung	12.8
3. Ursächlichkeit des Wettbewerbsverhaltens für die Bestandsgefährdung	12.9–12.11
a) Ausschließliche Ursächlichkeit	12.10
b) Berücksichtigung der Nachahmungsgefahr	12.11
4. Zusätzliche Unlauterkeitsvoraussetzungen	12.12, 12.12a
III. Fallgruppen	12.13–12.29
1. Allgemeines	12.13
2. Preisunterbietung	12.14–12.16
a) Grundsatz	12.14
b) Sachliche Rechtfertigung	12.15
c) Gefährdung des Wettbewerbsbestands	12.16
3. Die unentgeltliche Abgabe von Waren und Dienstleistungen	12.17–12.19
a) Allgemeines	12.17
b) Abgabe zu Erprobungszwecken	12.18
c) Fehlen oder Überschreitung des Erprobungszwecks	12.19
4. Die unentgeltliche Abgabe von Presseleistungen	12.20–12.29
a) Besonderheiten des Pressemarkts	12.20
b) Offertenblätter und sonstige Werbemittel	12.21
c) Anzeigenblätter mit redaktionellem Teil	12.22
d) Tageszeitungen	12.23, 12.24
aa) Unentgeltliche Abgabe rein anzeigenfinanzierter Zeitungen	12.23
bb) Unentgeltliche Abgabe entgeltlicher Zeitungen	12.24
e) Fachzeitschriften	12.25
f) Amtsblätter	12.26
g) Kopplung von entgeltlich und unentgeltlich abgegebenen Presseerzeugnissen	12.27
h) Kostenloser Abdruck von Anzeigen	12.28
i) Vorübergehende unentgeltliche Abgabe von Presseerzeugnissen	12.29

Schrifttum: *Baudenbacher,* Machtbedingte Wettbewerbsstörungen als Unlauterkeitstatbestände, GRUR 1981, 19; *ders,* Marktstörung durch Ausnutzen fremden Vertragsbruchs zu Lasten selektiver Vertriebssysteme, FS Gaedertz 1992, 19; *Knöpfle,* Die marktbezogene Unlauterkeit, 1983; *Köhler,* Der „Verkauf unter Einstandspreis" im neuen GWB, BB 1999, 697; *Köhler,* Zur Konkurrenz lauterkeitsrechtlicher und kartellrechtlicher Normen, WRP 2005, 645; *Koppensteiner,* Marktbezogene Unlauterkeit und Missbrauch von Marktmacht, WRP 2007, 475; *Lettl,* Kartell- und wettbewerbsrechtliche Schranken für Angebote unter Einstandspreis, JZ 2003, 662; *Mann/Smid,* Preisunterbietung von Presseprodukten, WRP 1997, 139; *Lux,* Der Tatbestand der allgemeinen Marktbehinderung, 2006; *Merz,* Die Vorfeldthese, 1988; *Mestmäcker,* Der verwaltete Wettbewerb, 1984; *Möschel,* Pressekonzentration und Wettbewerbsgesetz, 1978; *ders,* Die Idee der rule of law und das Kartellrecht heute – Am Beispiel der gezielten Kampfpreisunterbietung, Ordo Band 30 (1979), 295; *ders,* Die Kontrolle von Marktmacht außerhalb des Kartellrechts, FS Locher, 1990, 461; *Pichler,* Das Verhältnis von Kartell- und Lauterkeitsrecht, 2009; *Schütz,* Nachahmungsgefahr und Unlauterkeit, WRP 1993, 168; *Tyllack,* Wettbewerb und Behinderung, 1984; *P. Ulmer,* Kartellrechtliche Schranken der Preisunterbietung nach § 26 Abs. 4 GWB – Zum Verhältnis des kartellrechtlichen Verbots unbilliger Behinderung zur Generalklausel des § 1 UWG, FS v Gamm, 1990, 677; *Wrage-Molkenthin,* Zur kartellrechtlichen Erfassung des Verkaufs unter Einstandspreis (§ 26 IV, V GWB), wistra 1990, 183.

I. Allgemeines

1. Die allgemeine Marktbehinderung als ungeschriebener Beispielstatbestand

12.1 Die **allgemeine Marktbehinderung (Marktstörung)** ist in § 4 zwar nicht als Beispielstatbestand aufgeführt. Sie stellte jedoch bereits unter Geltung des § 1 UWG 1909 eine anerkannte Fallgruppe unlauteren Handelns dar. Das UWG 2004 wollte an dieser Rechtslage nichts ändern. Vielmehr sollte die allgemeine Marktbehinderung ebenfalls unter die Generalklausel des § 3 (jetzt: § 3 I UWG 2008) fallen (vgl Begr RegE UWG zu § 4 Nr 10, BT-Drucks 15/1487 S 19). Der Kritik (zB von Piper/*Ohly*/Sosnitza § 4 Rdn 10/97; *Lux,* Der Tatbestand der allgemeinen Marktbehinderung, 2006, 372 ff) ist zwar zuzugeben, dass der Tatbestand der allgemeinen Marktbehinderung in der Praxis weitgehend bedeutungslos ist (vgl aber OLG Hamburg WRP 2007, 210 LS). Gleichwohl ist mit der neueren Rspr (vgl BGH GRUR 2009, 416 Tz 25 – *Küchentiefstpreis-Garantie;* BGH GRUR 2010, 455 Tz 20 – *Stumme Verkäufer II*) daran festzuhalten, um mögliche Rechtsschutzlücken zu vermeiden. Daran hat auch die UGP-Richtlinie nichts geändert, weil ihr Regelungsanspruch diesen Beispielstatbestand nicht erfasst (BGH aaO – *Stumme Verkäufer II; Köhler* GRUR 2005, 733, 799). Zweck dieses ungeschriebenen Beispielstatbestands ist allerdings nicht die Erhaltung bestehender Marktstrukturen (vgl BGH GRUR 2002, 825, 827 – *Elektroarbeiten*). Vielmehr geht es darum, solche geschäftlichen Handlungen zu unterbinden, die nach den Umständen unter Berücksichtigung ihrer Auswirkungen auf die Marktstruktur gerade auch als Wettbewerbsmaßnahmen unlauter sind (BGH aaO – *Elektroarbeiten*). – Zur allgemeinen Marktbehinderung durch die **öffentliche Hand** vgl Rdn 13.35.

2. Das Verhältnis zu den kartellrechtlichen Behinderungstatbeständen

12.2 Der von der Rspr zu § 1 aF entwickelte, nunmehr von § 3 I erfasste Unlauterkeitstatbestand der „allgemeinen Marktbehinderung" (Marktstörung) weist dem UWG über die **Marktverhaltenskontrolle** hinaus die zusätzliche Aufgabe einer **Marktstrukturkontrolle** zu (BGH GRUR 2004, 602, 603 – *20 Minuten Köln*). Dies ist an sich eine Aufgabe des Kartellrechts. Es stellt sich daher die Frage nach dem Verhältnis zu den kartellrechtlichen Behinderungstatbeständen. Was das **deutsche Kartellrecht** angeht, ist Ausgangspunkt die Einsicht, dass UWG und GWB sich überlagernde und einander ergänzende Regelungssysteme zum Schutze des Wettbewerbs sind (vgl *Köhler* WRP 2005, 645, 646 ff). Jedoch enthält das GWB hinsichtlich der „unbilligen Behinderung" von Mitbewerbern besondere Tatbestände, die an das Vorliegen einer bestimmten Marktmacht der handelnden Unternehmen anknüpfen (§§ 19, 20 I, II, III, IV GWB). Nach einer Auffassung kommt daher den GWB-Tatbeständen insoweit eine Art „Sperrwirkung" für die gleichzeitige Anwendung des UWG zu (zB *Mestmäcker* S 143 ff; *Lux* S 415 ff; *Pichler* S 341 ff). Nach anderer Auffassung soll dagegen das Lauterkeitsrecht das Kartellrecht im Vorfeld kartellrechtlicher Marktmachttatbestände ergänzen (*Ulmer* GRUR 1977, 565, 577; *v Gamm* NJW 1980, 2489, 2491; *Hefermehl* GRUR Int 1983, 507, 512; *Tilmann* GRUR 1979, 825, 830). Der dieser Theorie (Vorfeldthese) immanente Ansatz des „leistungsfremden" Wettbewerbs wird jedoch überwiegend und mit Recht abgelehnt. Denn für eine Abgrenzung zwischen leistungsgerechtem und leistungsfremden Wettbewerbsverhalten gibt es keine brauchbaren Abgrenzungskriterien. Auch lässt sich der Begriff der „Leistungsfremdheit" dazu missbrauchen, unerwünschten Wettbewerb zu verbieten (vgl Immenga/Mestmäcker/*Möschel* GWB § 19 Rdn 262; Immenga/Mestmäcker/*Markert* GWB § 20 Rdn 243; *Merz* aaO). Mit Absenkung der kartellrechtlichen Eingriffsschwelle durch Einführung des § 20 IV GWB hatte allerdings der Streit an Bedeutung verloren. Die restriktive Anwendung dieser Norm auf Verkäufe unter Einstandspreis durch die Rspr (BGH GRUR 1995, 690 – *Hitlisten-Platten*) veranlasste den Gesetzgeber darüber hinaus zur Einführung des § 20 IV 2 GWB (seit 1. 1. 1999). Danach kann der Verkauf unter Einstandspreis auch dann unzulässig sein, wenn keine Verdrängungsabsicht oder nachhaltige Beeinträchtigung des Wettbewerbsbestandes nachweisbar sind (dazu BGH GRUR 2003, 363, 365 – *Wal*Mart; Köhler* BB 1999, 697; *Lettl* JZ 2003, 662). – Mit der Rspr (zB BGH GRUR 1992, 191, 193 – *Amtsanzeiger;* BGH GRUR 2004, 602, 603 – *20 Minuten Köln*) sind im Grundsatz die **Normen des UWG und des GWB nebeneinander** anzuwenden. Die §§ 19, 20 GWB schließen also die Anwendung des § 3 I auf die „allgemeine Marktbehinderung" nicht aus, vielmehr kann § 3 I ergänzend herangezogen werden (aA *Lux* S 422 f; *Pichler* S 341 ff). Dies darf allerdings nicht zu einem Widerspruch zu den Wertungen des Kartellrechts, wie sie insbes in § 20 IV GWB zum Ausdruck kommen, führen (ebenso *Koppensteiner* WRP 2007, 475, 477). Zu Recht fordert daher die Rspr, dass „auch bei der lauterkeitsrechtlichen Beurteilung stets die Zielsetzung des Gesetzes gegen Wettbewerbsbeschränkungen berücksichtigt werden" muss (BGH GRUR 2004, 602, 603 – *20 Minuten Köln*). Insbes darf dem lauterkeitsrechtlichen Verbot nicht die Wirkung zukommen, ohnehin bestehende Marktzutrittsschanken zu erhöhen und damit zu einer Marktabschottung beizutragen. – Dann ist aber auch der Tatbestand der allgemeinen Marktbehinderung enger als bisher angenommen zu fassen (dazu *Köhler* WRP 2005, 645, 651). Die Vorschriften laufen insoweit parallel, als die Bewertungsmaßstäbe („unbillige Behinderung" einerseits, „Unlauterkeit" andererseits) weit gehend inhaltsgleich sind. Zwar ist der Adressatenkreis des § 3 I nicht begrenzt; doch sorgt das Erfordernis der Gefährdung des Wettbewerbsbestandes (Rdn 12.4 ff) dafür, dass nur ganz schwer wiegende Eingriffe in das Wettbewerbsgeschehen und nicht schon lediglich „leistungsfremde" Verhaltensweisen mittels des § 3 I verboten werden können. Die Anwendbarkeit des UWG neben dem GWB hat im Übrigen den Vorzug, dass ein Verfahren auch ohne Einschaltung der Kartellspruchkörper durchgeführt werden kann. Nachteilig ist allerdings, dass eine zuverlässige Beurteilung des Marktgeschehens und der Marktverhältnisse im Rahmen von Wettbewerbsstreitigkeiten nur schwer möglich ist (vgl BGH GRUR 1992, 191, 194 – *Amtsanzeiger*). Denn das Gericht ist an das Parteivorbringen gebunden und die Erkenntnismöglichkeiten der Parteien sind beschränkt (*Kraft* GRUR 1980, 966, 968; *Fezer/Osterrieth* § 4-S 1 Rdn 147–149). Die lauterkeitsrechtliche Rspr ist zwar bemüht, durch sachgerechte Fragestellungen die Marktverhältnisse möglichst vollständig zu erhellen (vgl nur BGHZ 81, 291, 295 – *Bäckerfachzeitschrift*). Sie kann jedoch kaum die gleiche Sorgfalt aufwenden wie in kartellrechtlichen Verfahren (vgl etwa BGH NJW 1984, 1116). Es besteht daher die Gefahr subjektiver Einschätzungen der Marktentwicklung (vgl BGH GRUR 1991, 616 – *Motorboot-Fachzeitschrift* einerseits und *Rohnke* GRUR 1991, 767 andererseits). – Was das **europäische Kartellrecht** (Art 102 AEUV) angeht, ist Art 3 III HS 2 VO 1/2003 zu beachten. Danach sind vom Vorrang des europäischen Kartellrechts ausgenommen „*Bestimmungen des einzelstaatlichen Rechts …, die überwiegend ein von den Art 81 und 82 des Vertrags (jetzt: Art 101 und 102 AEUV) abweichendes Ziel verfolgen*". Dazu gehören nach Erwägungsgrund 9 S 3 auch nationale Vorschriften, „*mit denen unlautere Handelspraktiken – unabhängig davon, ob diese einseitig ergriffen oder vertraglich vereinbart wurden – untersagt oder geahndet werden*". Art 102 AEUV steht daher einer Anwendung des UWG nicht entgegen.

II. Tatbestand der allgemeinen Marktbehinderung

1. Begriff

Eine **allgemeine Marktbehinderung** (= Marktstörung) liegt nach der Rspr vor, wenn ein *(1) zwar nicht von vornherein unlauteres, (2) aber doch wettbewerblich bedenkliches Wettbewerbsverhalten (3) für sich allein oder in Verbindung mit den zu erwartenden gleichartigen Maßnahmen von Mitbewerbern (4) die ernstliche Gefahr begründet, dass der Wettbewerb in erheblichem Maße eingeschränkt wird* (BGH WRP 2004, 746, 747 – *Zeitung zum Sonntag;* BGH GRUR 2004, 602, 603 – *20 Minuten Köln;* BGH GRUR 2004, 877, 880 – *Werbeblocker;* BGH GRUR 2004, 960, 961 – *500 DM-Gutschein für Autokauf;* BGH GRUR 2010, 455 Tz 20 – *Stumme Verkäufer II*). Kennzeichnend für die allgemeine Marktbehinderung ist also die Gefährdung des Wettbewerbsbestands. Ob eine allgemeine Marktbehinderung vorliegt, lässt sich nur auf Grund einer Gesamtwürdigung aller Umstände des Einzelfalls unter Abwägung der Interessen der Mitbewerber und des Interesses der Allgemeinheit an einem unverfälschten Wettbewerb (§ 1 S. 2 UWG) beurteilen (BGH GRUR 2004, 877, 880 – *Werbeblocker;* OLG München GRUR-RR 2010, 305, 307). Dabei ist auch den kollidierenden Grundrechtspositionen Rechnung zu tragen (BGH GRUR 2004, 877, 880 – *Werbeblocker*). – Kritisch ist zur Definition der allgemeinen Marktbehinderung durch die frühere Rspr zu bemerken, dass sie zu Unrecht die Nachahmungsgefahr berücksichtigt, und nicht erkennen lässt, was ein „zwar nicht unlauteres, aber doch bedenkliches Wettbewerbsverhalten" sein soll. Richtiger erscheint es, eine allgemeine Marktbehinderung nur dann anzunehmen, wenn *(1) ein sachlich nicht gerechtfertigtes Marktverhalten (2) sich zwar nicht gezielt gegen einzelne Mitbewerber richtet, aber (3) doch die konkrete Gefahr begründet, Mitbewerber vom Markt zu verdrängen* und *(4) dadurch den Wettbewerb auf diesem Markt völlig oder nahezu aufzuheben* (vgl *Köhler* WRP 2005, 645, 651 ff; ähnlich nunmehr BGH GRUR 2009, 416 Tz 25 – *Küchentiefstpreis-Garantie;* KG GRUR-RR 2008, 171, 172; *Fezer/Osterrieth* § 4 – S 1 Rdn 164 ff).

2. Gefährdung des Wettbewerbsbestands

12.4 **a) Marktabgrenzung.** Es muss der Wettbewerb auf einem Markt für eine bestimmte Art von Waren oder Dienstleistungen in seinem Bestand gefährdet werden (vgl BGH GRUR 1991, 616, 617 – *Motorboot-Fachzeitschrift:* „Leistungswettbewerb hinsichtlich der fraglichen Warenart"). Für die hiernach erforderliche Marktabgrenzung sind die im Kartellrecht entwickelten Maßstäbe zur sachlichen, räumlichen und zeitlichen Abgrenzung des relevanten Markts heranzuziehen (vgl BGHZ 67, 104, 113 ff – *Vitamin-B-12;* BGH GRUR 1988, 323 – *Gruner + Jahr/Zeit II;* OLG Stuttgart NJWE-WettbR 1999, 200, 202). Sachlich sind einem Markt alle die Produkte zuzurechnen, die der Verbraucher nach Eigenschaft, Verwendungszweck und Preislage zur Deckung eines bestimmten Bedarfs als austauschbar ansieht. Räumlich sind alle die Anbieter einem Markt zuzuordnen, auf deren Produkte der Nachfrager ausweichen kann. Das kann bei nur örtlich oder regional tätigen Anbietern bedeutsam sein.

12.5 **b) Wettbewerbsbestand.** Zum Wettbewerbsbestand gehören die wettbewerblichen Gegebenheiten auf dem relevanten Markt (Zahl und Größe der Mitbewerber und das Ausmaß ihrer wettbewerblichen Handlungsfreiheit; Markteintrittschancen). Nicht dagegen, jedenfalls nicht ohne weiteres, gehören zum Wettbewerbsbestand die vorhandenen Formen des Einsatzes von Wettbewerbsparametern, wie etwa bestimmte Werbe-, Finanzierungs-, Absatzkonzeptionen. Es kann bei der Beurteilung eines Wettbewerbsverhaltens unter dem Gesichtspunkt der allgemeinen Marktbehinderung nicht darum gehen, den Wettbewerb in seinen überkommenen Strukturen zu erhalten und wirtschaftlichen Entwicklungen allein deshalb entgegenzusteuern, weil sie bestehende Konzeptionen in Frage stellen (BGH GRUR 1990, 44, 45 – *Annoncen-Avis;* BGH GRUR 1991, 616, 617 – *Motorboot-Fachzeitschrift;* OLG Karlsruhe WRP 1998, 525, 527). Denn der Wandel des Einsatzes von Aktionsparametern ist gerade die Eigenart des (dynamischen) Wettbewerbsprozesses. Etwas anderes gilt nur dann, wenn ein überragendes Gemeinschaftsinteresse gerade an einer bestimmten Art oder Qualität des Wettbewerbs besteht. Das wird von der Rspr etwa für den Bereich der berichterstattenden Presse auf Grund Art 5 I 2 GG bejaht (BGHZ 81, 291, 295 = GRUR 1982, 53, 55 – *Bäckerfachzeitschrift;* BGH GRUR 1985, 881, 882 – *Bliestal-Spiegel;* BGH GRUR 1990, 44, 45 – *Annoncen-Avis*). Daher kann nach der Rspr eine Werbemaßnahme, die für sich allein oder auf Grund einer Nachahmungsgefahr ein Absinken der redaktionellen Leistung auf dem betreffenden Pressemarkt mit sich bringen kann, bereits aus diesem Grunde eine „Bestandsgefährdung" darstellen. Freilich läuft die Rspr Gefahr, den publizistischen Wettbewerb zu sehr auf Kosten des wirtschaftlichen Wettbewerbs von Verlegern (zu den Begriffen BGH NJW 1984, 1116) zu schützen und den Verbraucher zu bevormunden.

12.6 **c) Art der Gefährdung.** Von der Klärung des Begriffs des Wettbewerbsbestandes hängt auch ab, was unter einer „Gefährdung" zu verstehen ist. Richtigerweise kommt es dabei nur auf die Gefahr einer **dauerhaften Verschlechterung der wettbewerblichen Strukturen** an (BGH GRUR 2001, 80, 81 – *ad-hoc-Meldung*). Es genügt also nicht, wenn das Wettbewerbsgeschehen kurzfristig verzerrt wird, etwa durch eine vorübergehende Marktverstoppung. Andererseits braucht eine Monopolisierung des Marktes nicht zu drohen. Vielmehr kann die Gefahr einer Verschlechterung der Marktstruktur durch das Ausscheiden kleinerer oder mittlerer Wettbewerber ausreichen. Auch dann besteht die Gefahr, dass der Wettbewerb „in nicht unerheblichem Maße eingeschränkt wird" (BGH GRUR 1991, 616, 617 – *Motorboot-Fachzeitschrift*).

12.7 **d) Grad der Gefährdung.** Die Gefährdung muss zwar nicht existenzbedrohend sein; sie muss aber die **Gefahr des Ausscheidens aus dem relevanten Markt** begründen (Fezer/*Osterrieth* § 4 – S 1 Rdn 146; *Köhler* WRP 2005, 645, 652). Eine bloße Erschwerung der Geschäftstätigkeit reicht dazu **nicht** aus (BGH GRUR 2004, 877, 880 – *Werbeblocker*); ebenso wenig eine bloß theoretisch mögliche, **abstrakte** Gefährdung (BGHZ 81, 291, 295 = GRUR 1982, 53, 55 – *Bäckerfachzeitschrift;* BGH GRUR 1985, 881, 882 – *Bliestal-Spiegel;* BGH GRUR 2004, 602, 604 – *20 Minuten Köln;* BGH GRUR 2004, 877, 880 – *Werbeblocker;*). Ggf ist also die weitere Entwicklung auf dem betroffenen Markt abzuwarten (KG GRUR-RR 2008, 171, 172). Andererseits ist ein Nachweis des Marktaustritts oder der Existenzbedrohung von Mitbewerbern nicht erforderlich. Sonst käme nämlich ein gerichtliches Verbot zu spät. Ausreichend ist vielmehr der Nachweis einer **konkreten,** ernsthaften Gefahr der Marktstrukturverschlechterung (BGH GRUR 1991, 616, 617 – *Motorboot-Fachzeitschrift*). Es müssen also greifbare Anhaltspunkte für eine solche Entwicklung vorliegen (BGH GRUR 2010, 455 Tz 25 – *Stumme Verkäufer II*), etwa nicht unerhebliche Umsatzeinbußen bei Mitbewerbern. Dabei würde ein prognostizierter Absatzrückgang bei den Mitbewerbern in Höhe von 10% für eine Gefährdung des Wettbewerbsbestands noch nicht ausreichen (BGH GRUR 2010, 455 Tz 28 – *Stumme Verkäufer II*). – Die bloße Empfehlung, Anschaffungen bis zur Geschäftseröffnung zurückzustellen, reicht erst recht nicht aus (BGH WRP 2001, 588, 590 – *Eröffnungswerbung*). – Zum Gesichtspunkt der Nachahmungsgefahr vgl Rdn 12.11.

e) Feststellung der Gefährdung. Hierzu müssen die bestehenden Marktverhältnisse aufgeklärt werden. Dazu gehören etwa die Zahl, Größe und Organisation der Wettbewerber auf dem relevanten Markt, die Dauer des fraglichen Verhaltens und die Reaktion der Mitbewerber darauf sowie ein zwischenzeitlicher Eintritt von Störungen (BGHZ 81, 291, 297 ff = GRUR 1982, 53 – *Bäckerfachzeitschrift*). Vom Betroffenen ist zu verlangen, dass er konkrete Tatsachen, insbes Umsatzeinbußen, vorträgt (BGH GRUR 2004, 877, 880 – *Werbeblocker*). Je länger ein Marktverhalten praktiziert wird, ohne dass nennenswerte Veränderungen der Marktstruktur eingetreten sind, desto weniger ist eine Bestandsgefährdung anzunehmen (BGH GRUR 1985, 881, 882 – *Bliestal-Spiegel*).

3. Ursächlichkeit des Wettbewerbsverhaltens für die Bestandsgefährdung

Das Wettbewerbsverhalten muss nach der Rspr entweder für sich allein oder iVm zu erwartenden gleichartigen Maßnahmen von Mitbewerbern die Bestandsgefährdung begründen.

a) Ausschließliche Ursächlichkeit. Ein bestimmtes Wettbewerbsverhalten kann bereits für sich allein den Wettbewerbsbestand gefährden. Dies wird zumeist, wenngleich nicht notwendig, nur einem marktbeherrschenden (Art 102 AEUV; §§ 19 I, 20 I GWB) oder doch marktstarken (§ 20 IV GWB) Wettbewerber möglich sein. In diesem Bereich überschneiden sich daher die kartellrechtliche (Art 102 AEUV; §§ 19 IV, 20 I, IV GWB) und die lauterkeitsrechtliche (§ 3) Verhaltenskontrolle. Je größer die Marktmacht des Handelnden ist, desto gefährlicher kann sein Marktverhalten für die Marktstruktur sein. Wie bei der kartellrechtlichen (BGH NJW 1987, 3197, 3198 – *Freundschaftswerbung;* Immenga/Mestmäcker/*Markert* GWB § 20 Rdn 143) sind daher auch bei der lauterkeitsrechtlichen Beurteilung Art und Umfang der Marktmacht des betreffenden Unternehmens zu berücksichtigen. Allerdings muss der Handelnde weder über eine marktbeherrschende noch über eine marktstarke Stellung gegenüber kleinen oder mittleren Mitbewerbern verfügen.

b) Berücksichtigung der Nachahmungsgefahr. Nach der Rspr soll es ausreichen, dass das Wettbewerbsverhalten in Verbindung mit den zu erwartenden gleichartigen Wettbewerbsmaßnahmen zu einer Bestandsgefährdung führt. Es ist aber fraglich, ob die Nachahmungsgefahr überhaupt berücksichtigt werden darf. Richtigerweise ist dies abzulehnen. Denn entweder ist ein Verhalten lauterkeitsrechtlich zulässig; dann darf es auch nachgeahmt werden; oder aber es unzulässig; dann ist selbstverständlich auch jede Nachahmung unzulässig (*Köhler* WRP 2005, 645, 652). – Folgt man dem nicht, so ist eine Nachahmungsgefahr zumindest nicht ohne weiteres zu unterstellen oder zu vermuten (so noch BGHZ 23, 365, 372 – *SUWA*). Sie ist vielmehr im Einzelfall, also unter Berücksichtigung der konkreten Marktverhältnisse und der Eigenart der Wettbewerbsmaßnahme, festzustellen. Hierfür ist eine substanziierte Prognose erforderlich. Die Nachahmung durch Mitbewerber muss ernstlich drohen (BGHZ 43, 278, 283 – *Kleenex*). Dafür muss es – ähnlich wie bei der Erstbegehungsgefahr (§ 8 Rdn 1.17) – greifbare Anhaltspunkte geben (BGH GRUR 2010, 455 Tz 25 – *Stumme Verkäufer II*), etwa Vorbereitungshandlungen oder Nachahmung durch einen Mitbewerber (BGH GRUR 1991, 616, 617 – *Motorboot-Fachzeitschrift*). Ob bei bestimmten Wettbewerbsmaßnahmen, etwa Preissenkungen, generell eine Nachahmungsgefahr besteht (so BGH GRUR 1990, 371, 372 – *Preiskampf*), ist zu bezweifeln. Vielmehr hängt die Reaktion der Mitbewerber auch hier von den Umständen des Einzelfalls ab, etwa von ihrer Finanzkraft. – Die Nachahmungsgefahr muss mitursächlich für die Bestandsgefährdung sein. Das ist sie nicht notwendig. Es besteht insoweit ein Unterschied zu den Fällen, in denen eine Wettbewerbsmaßnahme bei einer Nachahmung wegen der dann summierten Auswirkungen für die Allgemeinheit unerträglich wird (zB BGH GRUR 1992, 622 – *Verdeckte Laienwerbung*). Gravierende Belästigungen der Allgemeinheit sind nicht gleichbedeutend mit einer Bestandsgefährdung. Gerade bei kostspieligen Wettbewerbsmaßnahmen kann die Nachahmung den Wettbewerber dazu veranlassen, die Maßnahme wieder aufzugeben, weil sein Wettbewerbsvorsprung aufgezehrt wird. Die Prognose muss sich daher auch auf die Mitursächlichkeit erstrecken. Dazu bedarf es entsprechender Anhaltspunkte in den konkreten Marktverhältnissen. Ein typisches Beispiel ist das aggressive Auftreten eines Newcomers auf dem

Markt, dessen Marktverhalten zwar von großen Mitbewerbern nachgeahmt werden kann, nicht aber von den kleineren und mittleren: Hier ist denkbar, dass die Nachahmungsgefahr mitursächlich für eine Bestandsgefährdung sein kann (vgl den Sachverhalt in BGH GRUR 1990, 317 – *Preiskampf*).

4. Zusätzliche Unlauterkeitsvoraussetzungen

12.12 Ein Marktverhalten ist nicht schon deshalb unlauter, weil es allein oder in Verbindung mit einer zu erwartenden Nachahmung den Bestand des Wettbewerbs gefährdet. Denn die Verdrängung von Mitbewerbern kann auch die Folge rechtmäßigen Wettbewerbsverhaltens sein. Die Nachahmung eines erfolgreichen Marktverhaltens liegt im Wesen des Wettbewerbs, der sich in Vorstoß und Verfolgung vollzieht. Die Erhaltung einer bestehenden Marktstruktur kann daher nicht Selbstzweck des Lauterkeitsrechts sein. Erst recht ist es nicht die Aufgabe des Lauterkeitsrechts, überkommene Erscheinungsformen des Wirtschaftslebens zu erhalten. Wirtschaftlichen Entwicklungen ist daher nicht allein deshalb entgegenzusteuern, weil sie bestehende Konzeptionen in Frage stellen (BGH GRUR 1990, 44, 45 – *Annoncen-Avis;* BGH GRUR 1991, 616, 617 – *Motorboot-Fachzeitschrift*). Zu dem quantitativen Element der Gefährdung des Wettbewerbsbestandes muss daher ein qualitatives Element hinzukommen, um die Unlauterkeit des Verhaltens zu begründen. Die Rspr (Rdn 12.3) verwendet hierzu den Begriff des **„zwar nicht von vornherein unlauteren, aber doch bedenklichen Wettbewerbsverhaltens".** Die Schwierigkeit liegt darin, dieses Tatbestandsmerkmal zu konkretisieren und hierfür Maßstäbe aufzustellen (vgl allgemein Immenga/Mestmäcker/*Möschel* GWB § 19 Rdn 15 f, 101 ff). Die Unüblichkeit oder Neuartigkeit eines Wettbewerbsverhaltens macht es jedenfalls nicht „bedenklich", vielmehr entspricht dies gerade dem Wettbewerbsgedanken. Umgekehrt *„besteht heute Einigkeit darüber, dass der Wettbewerb in bedenklicher Weise beschränkt würde, wenn das Übliche zur Norm erhoben würde"* (BGH GRUR 2006, 773, 774 – *Probeabonnement*). Auch die kaufmännische Unvernünftigkeit eines Wettbewerbsverhaltens kann kein Maßstab sein.

12.12a Die Unterscheidung zwischen leistungsgerechtem und leistungsfremdem Verhalten löst diese Problematik ebenfalls nicht, weil es dafür keine zuverlässigen Abgrenzungskriterien gibt. Im Grunde bleibt nichts anderes übrig, als – wie im Kartellrecht – eine Abwägung der Interessen aller Marktteilnehmer unter Berücksichtigung des Prinzips der Wettbewerbsfreiheit und ggf sonstiger Ordnungsprinzipien vorzunehmen. An die Stelle des Begriffs des „bedenklichen Wettbewerbsverhaltens" sollte daher der Begriff des „sachlich nicht gerechtfertigten Wettbewerbsverhaltens" treten (*Köhler* WRP 2005, 645, 652). Dies ist in der Sache auch der Standpunkt der Rspr (vgl BGH GRUR 1991, 616, 617 – *Motorboot-Fachzeitschrift*). Im Pressebereich will die Rspr vor allem das Interesse der Allgemeinheit am verfassungsrechtlichen Schutz des Bestandes der Presse als Institution zur Bildung der Meinungsvielfalt berücksichtigen (BGH aaO – *Motorboot-Fachzeitschrift;* BGH GRUR 2004, 602, 604 – *20 Minuten Köln*).

III. Fallgruppen

1. Allgemeines

12.13 Grundsätzlich kann der Einsatz eines jeden Wettbewerbsmittels wettbewerbsschädigende Wirkungen haben (vgl zum Abschluss von Gruppenversicherungen BGHZ 110, 156 = GRUR 1990, 522 – *HBV-Familien- und Wohnungsrechtsschutz; Piper,* FS v Gamm, 1990, 147, 157 f; zum Ausnutzen fremden Vertragsbruchs *Baudenbacher,* FS Gaedertz, 1992, 19). In der bisherigen Rspr steht aber der **Preis** als Wettbewerbsparameter ganz im Vordergrund (Preissenkung bis hin zur kostenlosen Leistungserbringung; vgl OLG Stuttgart NJWE-WettbR 1999, 200).

2. Preisunterbietung

12.14 **a) Grundsatz.** Die Preisunterbietung ist für sich allein nicht unlauter, kann vielmehr gerade Ausdruck von „gesundem Wettbewerb" (BGH GRUR 1990, 687, 688 – *Anzeigenpreis II*) sein. Auch der Verkauf unter Selbstkosten oder Einstandspreis ist für sich allein noch nicht zu beanstanden (BGH GRUR 2006, 596 Tz 13 ff – *10% billiger*). Denn hierfür können kaufmännisch vernünftige oder doch vertretbare Gründe sprechen (Rdn 10.187). Ein Verkauf unter Einstandspreis bzw unter Selbstkosten ist daher nur dann unlauter, wenn er sich als Kartellrechtsverstoß (§ 20 IV 2 GWB) oder als gezielte Mitbewerberbehinderung (dazu Rdn 10.188 ff) oder – beim Fehlen einer nachweisbaren Verdrängungsabsicht – als allgemeine Marktbehinderung darstellt. Für die Annahme einer allgemeinen Marktbehinderung ist erforderlich, dass die Preisunterbietung (1) sachlich nicht gerechtfertigt ist und (2) dazu führen kann, dass Mitbewerber vom Markt verdrängt werden und der Wettbewerb auf dem betreffenden Markt völlig oder nahezu aufgehoben wird (vgl BGH GRUR 1979, 321, 323 – *Verkauf unter Einstandspreis I;* BGH GRUR 1983, 120, 125 – *ADAC-Verkehrsrechtsschutz;* BGH GRUR 1990, 371, 372 – *Preiskampf;* BGH GRUR 1990, 685, 687 – *Anzeigenpreis I;* BGH GRUR 1990, 687, 688 – *Anzeigenpreis II;* BGH GRUR 1992, 191, 193 – *Amtsanzeiger;* BGH GRUR 2006, 596 Tz 14 ff – *10% billiger;* BGH GRUR 2009, 416 Tz 25 – *Küchentiefstpreis-Garantie).*

b) Sachliche Rechtfertigung. Solange die Selbstkosten oder der Einstandspreis nicht unterschritten werden, ist die Preisunterbietung stets zulässig, mag sie auch zur Aufhebung des Wettbewerbsbestandes führen (ebenso BGH GRUR 2009, 416 Tz 25 – *Küchentiefstpreis-Garantie).* Aber auch ein Verkauf unter Selbstkosten ist – von den Fällen der Irreführung und des Rechtsbruchs abgesehen – nicht von vornherein wettbewerblich zu missbilligen. Denn hierfür kann es anerkennenswerte betriebswirtschaftlicher Gründe geben: so etwa die Einführung neuer Produkte (BGH GRUR 1986, 397, 399 – *Abwehrblatt II),* die Absatzförderung in Krisenzeiten (BGH GRUR 1990, 685, 687 – *Anzeigenpreis I),* die Veralterung von Warenbeständen, das Nachgeben gegenüber der Nachfragemacht einzelner Nachfrager oder der Eintritt in Konkurrenzpreise. Unerheblich für die Beurteilung unter dem Gesichtspunkt der allgemeinen Marktbehinderung ist es grds, ob der Ruf und/oder der Absatz eines Markenartikels durch die Preisunterbietung in Mitleidenschaft gezogen wird (BGH GRUR 1984, 204, 206 – *Verkauf unter Einstandspreis II;* dazu Rdn 10.204). Auch ist es grds nicht zu beanstanden, aus Gründen der Mischkalkulation bzw der Erzielung von Kostendeckungsbeiträgen einzelne Artikel aus dem Sortiment unter Einstandspreis zu verkaufen (BGH GRUR 1984, 204, 206 – *Verkauf unter Einstandspreis II;* BGH GRUR 2006, 596 Tz 16 ff – *10% billiger).* Das gilt auch für ein Angebot, günstigere Preise örtlicher Mitbewerber für identische Artikel mit einem Rabatt von 10% auf diese Preise abzugeben (BGH GRUR 2006, 596 Tz 19 – *10% billiger).* Ob der Unternehmer bei seiner Preispolitik möglicherweise von verfehlten betriebswirtschaftlichen Erwägungen ausgeht, ist unerheblich. Es genügt, wenn sich der Unternehmer von einem nachvollziehbaren Interesse an der Förderung des eigenen Absatzes leiten lässt (ebenso BGH GRUR 2009, 416 Tz 25 – *Küchentiefstpreis-Garantie).* Sachlich nicht vertretbar ist der Verkauf unter Selbstkosten oder Einstandspreis daher erst, wenn kein anderer nachvollziehbarer Grund als die Schädigung von Mitbewerbern unter Inkaufnahme eigener Verluste erkennbar ist (ebenso BGH GRUR 2009, 416 Tz 25 – *Küchentiefstpreis-Garantie).* Es muss sich also so verhalten, dass die Kalkulation des Preisunterbieters auf Dauer nur aufgehen kann, wenn die Mitbewerber aus dem Markt ausscheiden oder ihr Marktverhalten ändern. Dazu bedarf es einer Würdigung der Gesamtumstände, insbes des Marktanteils und der Finanzkraft des Handelnden, der Eigenart, Dauer, Häufigkeit und Intensität seiner Maßnahme sowie der Zahl, Größe und Finanzkraft der Mitbewerber (vgl BGH GRUR 1979, 321, 323 – *Verkauf unter Einstandspreis I).* Es besteht keinesfalls eine Vermutung für ein wettbewerblich zu missbilligendes Verhalten bei Unterschreitung der Selbstkosten oder des Einstandspreises (BGH GRUR 2009, 416 Tz 25 – *Küchentiefstpreis-Garantie;* aA *Sack* WRP 1983, 70). Die Beurteilung wird im Übrigen dadurch erschwert, dass sich vielfach die Selbstkosten oder der Einstandspreis nicht zuverlässig feststellen lassen (vgl dazu BGH GRUR 2003, 363, 366 – *Wal★Mart;* Immenga/Mestmäcker/*Markert* GWB § 20 Rdn 298 ff; *Köhler* BB 1999, 697 ff). Unzulässig soll es sein, örtliche Telefonbuchanbieter, die sich ausschließlich mit Anzeigen finanzieren, durch den ständigen kostenlosen Abdruck von Anzeigen aus dem Anzeigenmarkt zu verdrängen (OLG Stuttgart NJWE-WettbR 1999, 200; bedenklich).

c) Gefährdung des Wettbewerbsbestands. Verkäufe unter Selbstkosten oder Einstandspreis werden nur in Ausnahmefällen zu einer Gefährdung des Wettbewerbsbestandes führen (bejaht in BGH GRUR 1990, 371 – *Preiskampf;* vgl auch BGH GRUR 1990, 685, 686 f – *Anzeigenpreis I;* verneint in BGH WRP 2006, 888 Tz 14 – *10% billiger).* IdR werden nur Unternehmen mit hohem Marktanteil und großer Finanzkraft auf einem Markt mit hohen Zutrittsschranken eine derartige Verlustpreisstrategie verfolgen können (ebenso BGH GRUR 2009, 416 Tz 25 – *Küchentiefstpreis-Garantie).*

3. Die unentgeltliche Abgabe von Waren und Dienstleistungen

a) Allgemeines. Eine besondere Form der Verkaufsförderung ist die massenhafte unentgeltliche Abgabe von Dienstleistungen (OLG München NJWE-WettbR 1999, 199: Stellenanzeigen im Internet; OLG Düsseldorf WRP 1999, 865, 868: Kostenloses Telefonieren an 1 Tag) oder

Waren bzw Warengutscheinen (etwa die Verteilung von 4,5 Mio Gutscheinen für $^1/_{4}$l Wein; BGH GRUR 1969, 295 – *Goldener Oktober*). Dem steht die massenhafte kostenlose oder preisgünstige Überlassung von längerlebigen Gebrauchsgütern für einen bestimmten Zeitraum gleich (OLG Frankfurt WRP 1981, 27: Mikrowellenherd für 1 Monat; OLG München WRP 1979, 892: Fernseher für 1 Monat zu 10 DM). Auch derartige Maßnahmen sind nicht von vornherein unlauter. Es müssen vielmehr besondere Umstände hinzukommen. Neben den Aspekten der unangemessenen unsachlichen Beeinflussung (§ 4 Nr 1) durch übertriebenes Anlocken oder psychischen Kaufzwang (vgl BGH GRUR 1986, 820 – *Probe-Jahrbuch;* BGH NJW-RR 1998, 401 – *Erstcoloration*) und der Verdrängungsabsicht (BGH GRUR 2001, 80, 81 – *ad-hoc-Meldung*) kommt auch der der allgemeinen Marktbehinderung in Betracht (BGH GRUR 2004, 602, 603 – *20 Minuten Köln*). Dabei ist zu unterscheiden:

12.18 **b) Abgabe zu Erprobungszwecken.** Das massenhafte Verschenken von Waren oder Dienstleistungen ist nach der Rspr jedenfalls dann nicht zu beanstanden, wenn es – insbes im Rahmen der Einführung eines neuen Produkts – zu Probezwecken erfolgt und vom Probezweck auch tatsächlich gedeckt wird. Denn auf diese Weise kann sich der Verbraucher unmittelbar von der Güte einer Ware überzeugen und sie mit anderen Waren vergleichen. Die Maßnahme fördert also den Leistungsvergleich. In diesem Fall ist es auch unerheblich, ob die Maßnahme breit und längerfristig angelegt ist und es vorübergehend zu einer Deckung des Verbraucherbedarfs kommt (BGHZ 43, 278, 280 = GRUR 1965, 489 – *Kleenex;* BGH GRUR 1969, 295, 297 – *Goldener Oktober;* BGH GRUR 1975, 26, 27 f – *Colgate*). Vom Erprobungszweck nicht mehr gedeckt soll es sein, wenn dem Verbraucher mehr zugewendet wird als er für die Prüfung der Warenqualität benötigt (BGH GRUR 1963, 197, 200 – *Zahnprothesen-Pflegemittel*). Doch ist stets eine Gesamtbeurteilung unter Berücksichtigung der Wirkung auf den Empfänger erforderlich. Dabei kann eine Rolle spielen, ob Originalwaren oder Probepackungen verteilt werden, welche Art und Beschaffenheit die Ware hat, in welcher Anzahl die Ware abgegeben wird und ob es sich um eine neuartige Ware handelt. Daher kann im Einzelfall auch bei eigens hergestellten Probepackungen wegen der Warenmenge der Erprobungszweck überschritten sein (BGH GRUR 1975, 26, 27 f – *Colgate*). Umgekehrt kann die Abgabe von Originalware noch vom Erprobungszweck gedeckt sein (BGH GRUR 1969, 295, 297 – *Goldener Oktober*), etwa weil es sich um eine völlig neuartige Ware handelt (BGHZ 43, 278, 280 = GRUR 1965, 489 – *Kleenex*) oder die Herstellung von Warenproben teurer wäre oder es darum geht, bestehende Vorurteile auszuräumen und dadurch den Markt auch für Mitbewerber aufzuschließen (BGH GRUR 1969, 295, 297 – *Goldener Oktober*). Ein (fragwürdiges) Indiz für die Überschreitung des Erprobungszwecks soll es sein, wenn Originalware verteilt wird, obwohl die Abgabe kleinerer Probepackungen üblich ist (BGHZ 43, 278, 280 = GRUR 1965, 489 – *Kleenex*).

12.19 **c) Fehlen oder Überschreitung des Erprobungszwecks.** In diesen Fällen ist die unentgeltliche Waren- oder Dienstleistungsabgabe – von Ausnahmefällen abgesehen (vgl OLG Frankfurt NJW 1985, 2901: Anordnung einer Butterabgabe durch die EG-Kommission) – dann unzulässig, wenn sie zu einer nicht unerheblichen Behinderung der Mitbewerber und zur Gefährdung des Wettbewerbsbestandes führt. Dafür kann ein Indiz sein, wenn die unentgeltliche Abgabe auf Dauer angelegt ist (vgl BGH GRUR 2001, 80, 81 – *ad-hoc-Meldung*). Jedoch kommt es auf die Umstände, insbes die Zahl und Größe der Wettbewerber auf dem Markt und den Wert der unentgeltlichen Leistung an. Das Angebot einer kostenlosen Registrierung einer „de"-Adresse durch einen Service-Provider ist angesichts des geringen Werts dieser Leistung daher nicht geeignet, den Bestand des Wettbewerbs zu gefährden (KG GRUR-RR 2001, 279). Ist die unentgeltliche Aktion zeitlich beschränkt, sollen nach der Rspr folgende Umstände eine Rolle spielen: **(1)** Gefahr eines Gewöhnungseffekts (BGH GRUR 1969, 295, 297 – *Goldener Oktober;* BGH GRUR 1975, 26, 29 – *Colgate;* BGHZ 43, 278, 284 – *Kleenex*), dh die Gefahr, dass der Kunde auch nach Beendigung der Aktion davon absieht, Angebote der Mitbewerber unbeeinflusst zu prüfen. **(2)** Nachahmungsgefahr, für die sogar die Lebenserfahrung sprechen soll (BGHZ 23, 365, 372 – *SUWA;* BGH GRUR 1975, 26, 29 – *Colgate;* sehr zw). **(3)** Marktverstopfung für die Dauer der Aktion auf dem betreffenden Markt mit entsprechendem Verlust von Absatzmöglichkeiten von Mitbewerbern (BGHZ 23, 365, 371 – *SUWA;* BGH GRUR 1975, 26, 29 – *Colgate*) und etwaigem Zwang für die Händler, sich mit der betreffenden Ware einzudecken (BGH GRUR 1969, 295, 297 – *Goldener Oktober*). – Außer Betracht soll dagegen bleiben, ob derartige Maßnahmen betriebswirtschaftlich sinnvoll sind (BGH aaO – *Goldener Oktober*) und ob kleinere oder mittlere Wettbewerber mithalten können (BGHZ 43, 278, 284 – *Kleenex*). – Diese Rspr hat Zustimmung (zB *Klaka* GRUR 1975, 29), aber auch Kritik (zB

Knöpfle S 78 ff; *Mestmäcker,* Der verwaltete Wettbewerb, 63 ff) erfahren. Ihr ist in der Tat entgegenzuhalten, dass sie zu engherzig verfährt und Entscheidungen auf Grund unsubstanziierter Prognosen über den Wettbewerbsprozess und das künftige Verhalten von Mitbewerbern und Verbrauchern trifft. Die massenhafte unentgeltliche Abgabe von Originalware kann wettbewerbspolitisch sogar positiv zu beurteilen sein, wenn sie geeignet ist, einem Newcomer den Marktzutritt zu ermöglichen und damit den Wettbewerb zu intensivieren. Eine echte Gefahr für den Bestand des Wettbewerbs iSd Gefahr des Ausscheidens von Mitbewerbern aus dem Markt wird allenfalls in Ausnahmefällen zu bejahen sein (zu Recht verneint zB von OLG Düsseldorf WRP 1999, 865, 868; OLG Köln GRUR-RR 2005, 168 für einmalige Verwendung eines Warengutscheins als Zugabe). Sie bestand wohl in keinem der entschiedenen Fälle (vgl aber OLG Stuttgart NJWE-WettbR 1999, 200). Dies wäre aber Voraussetzung für die Annahme einer allgemeinen Marktbehinderung.

4. Die unentgeltliche Abgabe von Presseleistungen

Schrifttum: *Ahrens,* „Kostenloser" Vertrieb meinungsbildender Tagespresse, WRP 1999, 123; *v Danwitz,* Der Gratisvertrieb anzeigenfinanzierter Tageszeitungen im Wettbewerb der Presseorgane, 2002; *Gloy,* Neuere Rechtsprechung zu unlauteren Vertriebsmethoden auf dem Pressemarkt, GRUR 1996, 585; *Köhler,* Wettbewerbs- und verfassungsrechtliche Fragen der Verteilung unentgeltlicher Zeitungen, WRP 1998, 455; *Mann,* „Kostenloser" Vertrieb von Presse – eine Gefährdung der Pressefreiheit?, WRP 1999, 740; *Ruess/Tellmann,* „Umsonst ist der Tod allein"? – Neues zur Werbung mit Gratiszeitungen, WRP 2004, 665; *Schmid,* Zur wettbewerbsrechtlichen Beurteilung der unentgeltlichen Verteilung anzeigenfinanzierter Zeitungen, WRP 2000, 991; *Teplitzky,* Zur Frage der wettbewerbsrechtlichen Zulässigkeit des (ständigen) Gratisvertriebs einer ausschließlich durch Anzeigen finanzierten Zeitung, GRUR 1999, 108.

a) Besonderheiten des Pressemarkts. Der Pressemarkt ist durch tatsächliche und rechtliche Besonderheiten geprägt, auf die es bei der Anwendung des § 3 Rücksicht zu nehmen gilt. In tatsächlicher Hinsicht ist ein Reaktionsverbund von Lesermarkt und Anzeigenmarkt festzustellen, dh Wettbewerbsmaßnahmen auf dem einen Markt haben Rückwirkungen auf den anderen Markt (BGHZ 76, 55, 74 = GRUR 1980, 734 – *Anzeigenmarkt;* BGHZ 81, 291, 295 – *Bäckerfachzeitschrift*). In rechtlicher Hinsicht ist zu beachten, dass Art 5 I 2 GG die Pressefreiheit nicht nur als Grundrecht, sondern auch als Institution gewährleistet. Da die Pressefreiheit wesentliche Voraussetzung für die Bildung der öffentlichen Meinung ist, besteht ein besonderes gesellschaftspolitisches Interesse an der Meinungsvielfalt auf dem Pressemarkt und damit an der Erhaltung wettbewerblicher Strukturen. Daraus entnimmt die Rspr den Auftrag, die Versorgung mit qualitativ hochwertigen Presseerzeugnissen zu schützen. Doch hat sie die ursprünglich sehr strengen Maßstäbe gelockert. Dazu mag die Erfahrung beigetragen haben, dass neue verlegerische Konzepte zunächst stets von Mitbewerbern als unlauter bekämpft, alsbald aber nachgeahmt worden sind und es zu tatsächlichen Bedrohungen der Pressefreiheit und Meinungsvielfalt nicht gekommen ist (vgl BGH GRUR 2004, 602, 603 – *20 Minuten Köln*). Die allgemeinen Grundsätze des Lauterkeits- und Kartellrechts zum Behinderungswettbewerb bedürfen daher keiner Verschärfung für den Bereich der Presse. Die nachfolgende Differenzierung erklärt sich aus der Entwicklung der Rspr.

b) Offertenblätter und sonstige Werbemittel. Die unentgeltliche Verteilung von Offertenblättern (reinen Anzeigenblättern) und sonstigen Werbeblättern (Kundenzeitschriften) ist unbedenklich (BGHZ 19, 392, 397 – *Freiburger Wochenbericht;* BGHZ 51, 236, 238 – *Stuttgarter Wochenblatt I*).

c) Anzeigenblätter mit redaktionellem Teil. Die unentgeltliche Verteilung von Anzeigenblättern mit einem redaktionellen Teil kann nach der Rspr unter besonderen Umständen gegen § 3 verstoßen. Dies soll insbes dann der Fall sein, wenn der redaktionelle Teil, selbst wenn er sich im Wesentlichen auf den lokalen Bereich beschränke, geeignet sei, für einen nicht unerheblichen Teil des Publikums eine Tageszeitung zu ersetzen, und wenn die ernstliche Gefahr bestehe, dass deshalb die Tagespresse als Institution in ihrem verfassungsrechtlich garantierten Bestand bedroht sei (BGH GRUR 1985, 881, 882 – *Bliestal-Spiegel;* BGH GRUR 1992, 191, 193 – *Amtsanzeiger* = LM GWB § 35 Nr 17 mit Anm *Köhler*). Eine solche Bedrohung scheidet zwar schon deshalb aus, weil die Verleger von Tageszeitungen ihrerseits dazu übergegangen sind, Anzeigenblätter mit redaktionellem Teil herauszugeben. Eher besteht die Gefahr einer Bedrohung unabhängiger Anzeigenblätter durch „Kombinationstarife" und dergl (vgl BGH GRUR 1990, 685 – *Anzeigenpreis I;* BGH GRUR 1992, 191 – *Amtsanzeiger*). Die Rspr war aber bereits im Ansatz bedenklich, weil sie zwischen „minderwertigen" und „höherwertigen" Presseerzeugnissen differenzierte (zB

BGH GRUR 1992, 191, 193 – *Amtsanzeiger;* ebenso HdbWettbR/*Ahrens* § 59 Rdn 12), ohne dass Art 5 I 2 GG dazu legitimiert. Denn die Pressefreiheit kommt jedem Presseerzeugnis zu (*Schmitt Glaeser* NJW 1971, 2012, 2014). Allzu leicht kann die Fürsorge der Rspr für den Erhalt höherwertiger Presseerzeugnisse in Meinungskontrolle umschlagen (vgl Immenga/Mestmäcker/ *Mestmäcker* GWB Vor § 35 Rdn 59). Auch soll allein der Leser entscheiden, was und wie viel er liest und ob und wie viel er dafür bezahlt (zutr *Knöpfle* S 73). Hinzu kommt, dass sich die Unterschiede zwischen den verschiedenen Erscheinungsformen der Presseerzeugnisse als Informations-, Meinungs- und Werbeträger zunehmend vermischen und andere Medien (zB Medien- und Teledienste) hinzukommen.

12.23 **d) Tageszeitungen.** Bei der unentgeltlichen Abgabe von Tageszeitungen sind zwei Fälle zu unterscheiden.

aa) Unentgeltliche Abgabe rein anzeigenfinanzierter Zeitungen. Die Entwicklung hat dazu geführt, dass auch Tageszeitungen mit anspruchsvollem redaktionellen Teil kostenlos verteilt und ausschließlich durch Anzeigen finanziert werden. Auch dieses Konzept ist lauterkeits- und verfassungsrechtlich nicht zu beanstanden (BGH WRP 2004, 746, 747 – *Zeitung zum Sonntag;* BGH GRUR 2004, 602, 603 – *20 Minuten Köln; Köhler* WRP 1998, 455; *Mann* WRP 1999, 740; *Schmid* WRP 2000, 991), sofern nicht besondere Umstände bei Herstellung und Vertrieb dazu kommen (wie zB Verdrängungsabsicht; Kopplungsgeschäfte bei Anzeigen). Bloße Mutmaßungen über eine Bestandsgefährdung der entgeltlichen Tagespresse, eine Verschlechterung der redaktionellen Qualität oder einen erhöhten Einfluss der Anzeigenkunden auf den redaktionellen Teil (vgl *Teplitzky* GRUR 1999, 108; *Ahrens* WRP 1999, 123; *v Danwitz* S 103 ff) reichen nicht aus, um einen derart massiven Eingriff in die Presse- und Informationsfreiheit, wie es ein lauterkeitsrechtliches Verbot darstellen würde, zu rechtfertigen (BGH aaO – *Zeitung zum Sonntag*). Vielmehr ist insoweit das verfassungsrechtliche Gebot, bei der Bewertung redaktioneller Berichterstattung Neutralität zu wahren, zu berücksichtigen (BGH GRUR 2004, 602, 604 – *20 Minuten Köln*).

12.24 **bb) Unentgeltliche Abgabe entgeltlicher Zeitungen.** Die Abgabe von entgeltlichen Tageszeitungen über ungesicherte sog „Stumme Verkäufer" bringt es mit sich, dass ein erheblicher Teil gestohlen wird (BGH GRUR 1996, 778, 779 – *Stumme Verkäufer I:* Schwundquote von 60%). Der bewusste Einsatz solcher „Verkaufshilfen" in Kenntnis der Schwundquote läuft daher darauf hinaus, dass ein Teil der Auflage unentgeltlich abgegeben wird. Das wurde in der Vergangenheit als unlauter angesehen. Zur Begründung wurde auf die allgemeinen Grundsätze über das Verschenken von Originalware, nämlich aus der besonderen Anlockwirkung für den Kunden, dem Gewöhnungseffekt und den daraus resultierenden Gefahren für die Mitbewerber und den Leistungswettbewerb hingewiesen (BGH GRUR 1996, 778, 780 – *Stumme Verkäufer I*). Der Verleger sollte dadurch gezwungen werden, sein Vertriebssystem so zu organisieren, dass ein größerer Schwund ausgeschlossen wird. – Diese Rspr wurde mittlerweile aufgegeben (BGH GRUR 2010, 455 Tz 22 – *Stumme Verkäufer II*). Wenn es nämlich dem Verleger freisteht, rein werbefinanzierte Tageszeitungen zu vertreiben (BGH GRUR 2004, 602, 603 – *20 Minuten Köln*), muss es ihm grds auch erlaubt sein, einen Teil der werbe- und verkaufsfinanzierten Auflage faktisch unentgeltlich abzugeben. Lauterkeitsrechtlich bedenklich wird ein solches Vorgehen erst dann, wenn dieses Vertriebssystem dauerhaft zu einer Abgabe unter Selbstkosten führt und der Wettbewerbsbestand gefährdet wird (ebenso BGH aaO – *Stumme Verkäufer II*).

12.25 **e) Fachzeitschriften.** Soweit ein Verband an seine Mitglieder eine eigene Fachzeitschrift unentgeltlich abgibt, ist dies unbedenklich, unabhängig davon, ob die Finanzierung durch Mitgliedsbeiträge oder Anzeigenerlöse erfolgt (BGH GRUR 1971, 168, 171 – *Ärztekammer*). Zulässig ist es ferner, wenn eine Fachzeitschrift auf Kosten des Verbands dessen Mitgliedern unberechnet zugestellt wird, sofern die Lieferung im Rahmen des Vereinszwecks liegt und kein Missbrauch der Vereinsautonomie vorliegt (BGHZ 56, 327, 333 ff – *Feld und Wald I*). Zur ständigen Gratisverteilung von Fachzeitschriften hatte die Rspr ihre Einstellung gelockert: Sie sollte nicht grds gegen § 1 aF verstoßen (so noch BGH GRUR 1977, 608 – *Feld und Wald II*), vielmehr sei eine Gesamtwürdigung aller die Wettbewerbsmaßnahme begründenden und begleitenden Umstände geboten (BGHZ 81, 291 – *Bäckerfachzeitschrift* = GRUR 1982, 53, 55 mit sorgfältiger Einzelanalyse). Bemerkenswert ist, dass der BGH das Unwerturteil vornehmlich davon abhängig macht, ob die beteiligten Kreise (Leser, Verleger, Inserenten) das System der Gratisverteilung als marktgerecht ansehen und von ihm keine Marktverwilderung befürchten, die zu einer Bestandsgefährdung und einem Absinken der redaktionellen Leistung führt. Demgegenüber ist festzuhalten, dass das Prinzip der Wettbewerbsfreiheit auch für den Pressemarkt gilt: Der Leser soll frei entscheiden dürfen, welches Blatt er liest; der Verleger soll frei entscheiden dürfen, wie er sein Blatt finanziert, ob (auch) über einen Verkaufspreis oder (nur) über Anzeigenerlöse; der Inserent soll frei sein, wo er seine Anzeige veröffentlicht. Wenn sich daraus ein Anpassungsprozess mit der Folge einer „Verschlechterung" des redaktionellen Teils ergeben sollte, wäre dies kulturpolitisch bedauerlich, aber lauterkeitsrechtlich nicht zu ändern.

f) Amtsblätter. Die unentgeltliche Abgabe von Amtsblättern ist auch dann nicht unlauter, wenn sie durch Werbung finanziert werden und einen rein informativen redaktionellen Teil aufweisen (OLG Naumburg WRP 1995, 61). 12.26

g) Kopplung von entgeltlich und unentgeltlich abgegebenen Presseerzeugnissen. Es ist grds nicht zu beanstanden, wenn ein Verleger neben einer entgeltlich vertriebenen Zeitschrift eine andere Zeitschrift unentgeltlich abgibt (zB Tageszeitung plus Anzeigenblatt; Zeitschrift mit unentgeltlich abgegebener Beilage; Tageszeitung plus kostenloses Sonntagsblatt; OLG Bremen WRP 1999, 1052, 1054). Unlauter unter dem Aspekt der gezielten Mitbewerberbehinderung oder der allgemeinen Marktbehinderung kann jedoch eine Kopplungsstrategie im Anzeigengeschäft wegen der damit verbundenen Sogwirkung sein (BGH GRUR 1977, 668, 670 – *WAZ-Anzeiger;* BGH GRUR 1990, 685, 687 – *Anzeigenpreis I;* BGH GRUR 1990, 687, 688 – *Anzeigenpreis II*). Ein Kombinationstarif für Anzeigenkunden reicht dafür jedoch nicht aus. Nicht zu beanstanden ist auch eine Ausnutzung von Rationalisierungsvorteilen (zB gemeinsame Anzeigenannahmestellen; OLG Bremen WRP 1999, 1052, 1054). Desgleichen ist ein werblicher Hinweis auf die Zusammengehörigkeit der Blätter unbedenklich (*Gloy* GRUR 1977, 671 f gegen BGH GRUR 1977, 668 – *WAZ-Anzeiger*). 12.27

h) Kostenloser Abdruck von Anzeigen. Der kostenlose Abdruck von (zB Privat-) Anzeigen kann ein Mittel sein, um die Attraktivität einer Zeitschrift auf dem Leser- und Anzeigenmarkt zu steigern. Die Rspr lässt sich bei der Beurteilung unter dem Gesichtspunkt der allgemeinen Marktbehinderung wiederum maßgeblich davon leiten, ob auf Dauer ein Absinken der redaktionellen Leistung und/oder eine übermäßige Einflussnahme gewerblicher Inserenten auf den redaktionellen Teil zu befürchten sei. Daher sieht sie den kostenlosen Abdruck von Privatanzeigen in einem entgeltlich vertriebenen Anzeigenblatt ohne redaktionellen Teil als zulässig an (BGH GRUR 1990, 44 – *Annoncen-Avis;* OLG Düsseldorf WRP 1987, 177; OLG Dresden WRP 1993, 814). Erst recht muss dies für den kostenlosen Abdruck von Privatanzeigen in einem unentgeltlich abgegeben **Anzeigenblatt** gelten (OLG Hamm WRP 1977, 271). Dagegen will der BGH den kostenlosen Abdruck privater Gelegenheitsanzeigen in einer **Fachzeitschrift** auf einem geschlossenen Markt nicht dulden (BGH GRUR 1991, 616 – *Motorboot-Fachzeitschrift;* ebenso OLG Hamburg WRP 2007, 210). Dagegen ist einzuwenden, dass es den Verlegern konkurrierender Fachzeitschriften freisteht, sich ebenfalls dieses Wettbewerbsmittels zu bedienen, falls es sich als erfolgreich herausstellen sollte (vgl weiter *Rohnke* GRUR 1991, 767; *Oellers* EWiR § 1 aF UWG 12/91; *Wenzel* AfP 1992, 44). Für **Tageszeitungen** kann nichts anderes gelten. – Die Veröffentlichung von Anzeigen durch einen Online-Dienst im Internet stellt einen selbstständigen Markt dar. Werden darin kostenlos Anzeigen veröffentlicht, ist dies jedenfalls für den Zeitraum der Markteinführung zulässig (OLG München GRUR 1999, 1019). 12.28

i) Vorübergehende unentgeltliche Abgabe von Presseerzeugnissen. Sie ist stets unbedenklich, wenn die Maßnahme vom Erprobungszweck getragen wird (Probenummern; Probeabonnements), wobei im Allgemeinen eine Frist von etwa zwei Wochen gelten soll, die im Einzelfall auch überschritten werden kann (BGH GRUR 1957, 600 – *Westfalen-Blatt I*). Zulässig ist es auch, ehemaligen Probeabonnenten unaufgefordert ein zweites vierzehntägiges Probeabonnement zu senden (KG GRUR-RR 2001, 189). Darüber hinausgehende Maßnahmen sollen unter dem Gesichtspunkt der Marktverstoppfung im Hinblick auf Neubezieher und Einzelkäufer bedenklich sein. Dies reicht jedoch für eine allgemeine Marktbehinderung nicht aus, da hierfür die konkrete Gefahr des Ausscheidens von Mitbewerbern erforderlich ist. Die Maßnahme kann jedoch im Einzelfall eine gezielte Mitbewerberbehinderung darstellen und nicht nur den Tatbestand des § 3 (LG Tübingen NJWE-WettbR 1998, 243; OLG Düsseldorf GRUR-RR 2004, 206 zu § 1 aF), sondern ggf auch den Tatbestand des § 20 I, II oder IV GWB erfüllen. 12.29

13. Kapitel. Wettbewerb der öffentlichen Hand

Übersicht

	Rdn
1. Abschnitt. Allgemeines	13.1–13.4
I. Begriff der öffentlichen Hand	13.1
II. Organisationsformen der wirtschaftlichen Tätigkeit der öffentlichen Hand	13.2
III. Handlungsformen	13.3
IV. Rechtsprobleme	13.4
2. Abschnitt. Wettbewerbsschutz für die öffentliche Hand	13.5–13.7
I. Grundsatz	13.5
II. Grenzen	13.6, 13.7
3. Abschnitt. Wettbewerbsschutz gegenüber der öffentlichen Hand	13.8–13.29
I. Rechtsweg	13.8
II. Anwendbarkeit des Lauterkeitsrechts auf die öffentliche Hand	13.9
III. Hoheitliche Betätigung	13.10–13.16
1. Doppelnatur und Doppelkontrolle (Zivil- und Verwaltungsrechtsweg) hoheitlicher Maßnahmen	13.11–13.15
a) Doppelnatur	13.11
b) Umfang der Kontrolle durch die Verwaltungsgerichte	13.12
c) Umfang der Kontrolle durch die Zivilgerichte	13.13–13.15
aa) Grundsatz	13.13
bb) Rechtsentwicklung	13.14
cc) Verhältnis zur verwaltungsgerichtlichen Kontrolle	13.15
2. Befugnisse der Zivilgerichte gegenüber der öffentlichen Hand	13.16
IV. Geschäftliche Handlung der öffentlichen Hand	13.17–13.29
1. Allgemeines	13.17
2. Erwerbswirtschaftliche Betätigung	13.18
3. Hoheitliche Betätigung	13.19–13.29
a) Handeln ohne Außenwirkung	13.20
b) Handeln in Erfüllung gesetzlicher Vorgaben	13.21
c) Handeln in Erfüllung einer öffentlichen Aufgabe	13.22–13.27
aa) Allgemeines	13.22
bb) Leistungserbringung im Wettbewerb	13.23–13.27
(1) Abgabe von Waren und Dienstleistungen	13.24
(2) Amtliche Informationen (Auskünfte, Empfehlungen, Warnungen, Stellungnahmen)	13.25
(3) Subventionen (Beihilfen)	13.26
(4) Beschaffungstätigkeit	13.27
d) Hoheitliche Eingriffe in den Wettbewerb	13.28
e) Gesetzgebungsakte	13.29
4. Abschnitt. Unlauterkeit des Handelns der öffentlichen Hand	13.30–13.61
I. Ausgangspunkt	13.30
II. Grundsatz der Gleichbehandlung der öffentlichen Hand	13.31
III. Preisunterbietung, unentgeltliche Zuwendungen, Preisüberbietung	13.32–13.35
1. Allgemeines	13.32
2. Zweckentfremdung öffentlicher Mittel	13.33
3. Verdrängungsabsicht	13.34
4. Gefährdung des Wettbewerbsbestands	13.35
IV. Vertrauensmissbrauch	13.36–13.41
1. Grundsatz	13.36
2. Auskunft	13.37
3. Empfehlung	13.38, 13.39
a) Vorliegen einer Empfehlung	13.38
b) Unlauterkeit	13.39
4. Kritik	13.40
5. Werbe- und Verkaufsmaßnahmen	13.41
V. Autoritätsmissbrauch	13.42

13. Kap. Wettbewerb der öffentlichen Hand § 4 UWG

Rdn

VI. Missbrauch von Hoheitsbefugnissen und öffentlich-rechtlichen Monopolstellungen	13.43
VII. Ausnutzung amtlicher Beziehungen zum Wettbewerb	13.44–13.47
1. Grundsatz	13.44
2. Ausnutzung amtlicher Informationen	13.45
3. Ausnutzung amtlicher Einflussmöglichkeiten	13.46
4. Ausnutzung öffentlicher Ressourcen	13.47
VIII. Normverstoß	13.48–13.61
1. Grundrechtsbindung	13.48, 13.49
a) Allgemeines	13.48
b) Verstoß gegen den Gleichbehandlungsgrundsatz (Art 3 GG)	13.49
2. Verstoß gegen allgemeine Verwaltungsgrundsätze	13.50
3. Bindung an spezifische Normen	13.51–13.60
a) Allgemeines	13.51–13.54
aa) Marktzutrittsregelungen	13.52
bb) Schutz wichtiger Gemeinschaftsgüter	13.53
cc) Marktverhaltensregelungen	13.54
b) Haushaltsvorschriften und Zuständigkeitsregelungen	13.55
c) Kommunalrechtliche Vorschriften	13.56
d) Rundfunkrechtliche Vorschriften	13.57
e) Sozialrechtliche Vorschriften	13.58
f) Beihilferecht	13.59, 13.59a
aa) Unionsrecht	13.59
bb) Nationales Recht	13.59a
g) Vergaberecht	13.60
4. Bindung an allgemeine Normen	13.61

Schrifttum: *Alexander,* Öffentliche Auftragsvergabe und unlauterer Wettbewerb, WRP 2004, 700; *Badura,* Wirtschaftliche Betätigung der Gemeinde zur Erledigung von Angelegenheiten der örtlichen Gemeinschaft im Rahmen der Gesetzes, DÖV 1998, 818; *ders,* Die Wirtschaftstätigkeit der öffentlichen Hand und die neue Sicht des Gesetzesvorbehalts, FS Steindorff, 1990, 835; *Bartosch,* Dienstleistungsfreiheit versus Monopolrechte – Die Fragwürdigkeit des Remailing-Urteils des EuGH vom 10. 2. 2000, NJW 2000, 2251; *Beater,* Unrechtmäßige Wirtschaftstätigkeit der Kommunen und Wettbewerbsrecht, in Wallerath (Hrsg), Kommunen im Wettbewerb, 2001, 67; *Bechtold/Wagner,* „Non-physikal remailing" und die Gebührenregelung des Weltpostvertrages – Verpflichtung zur Zahlung von „Strafporti?", WRP 1998, 134; *Becker,* Wettbewerb zwischen öffentlichen Versicherungen in der gesetzlichen Krankenversicherung, ZfSozialreform 2000, 329; *Bosten,* Wettbewerb ohne Wettbewerbsrecht?, WRP 1999, 9; *Brohm,* Wirtschaftstätigkeit der öffentlichen Hand und Wettbewerb, NJW 1994, 281; *Broß,* Überlegungen zum Wettbewerb der öffentlichen Hand, FS Piper, 1996, 107; *Byok,* Rechtsweg bei wettbewerbsrechtlichen Verstößen durch Nichtbeachtung der Vergabevorschriften, WRP 1999, 402; *Dolde,* Mehr Wettbewerb durch kommunale Unternehmen?, ZHR 166, 515; *Emmerich,* The Sisters of Mary und das Gemeinschaftsrecht oder Remailing und kein Ende, NJW 1997, 699; *Ennuschat,* Kommunalrecht und Wettbewerbsrecht, WRP 1999, 405; *Frenz,* Kommunalwirtschaft außerhalb des Wettbewerbsrechts, WRP 2002, 1367; *ders,* Wettbewerb in der Abfallwirtschaft, WRP 2003, 455; *M. Gaa,* Anwendung privaten Wettbewerbsrechts bei schlicht hoheitlichem Handeln, WRP 1997, 837; *Gröning,* Kommunalrechtliche Grenzen der wirtschaftlichen Betätigung der Gemeinden und Drittschutz auf dem ordentlichen Rechtsweg, WRP 2002, 17; *Groeschke,* Der wettbewerbsrechtliche Unterlassungs- und Schadensersatzanspruch aufgrund der unrechtmäßigen Subventionierung von Konkurrenten, BB 1995, 2330; *Grundmann,* Die öffentlich-rechtlichen Rundfunkanstalten im Wettbewerb, 1990; *Haslinger,* Schutzlos gegen rechtswidrigen Marktzutritt der öffentlichen Hand? – „Erwünschte Belebung des Wettbewerbs"?, WRP 2002, 1023; *dies,* Wettbewerbswidriger Missbrauch steuerlicher Gestaltungsmittel zur Umgehung chancengerechter Ausschreibungsverfahren, WRP 2007, 1412; *Hauck,* Dabeisein ist alles … – Der Rechtsschutz privater Unternehmen gegen die Teilnahme der öffentlichen Hand am Wettbewerb, WRP 2006, 323; *ders,* Der „Standortvorteil" im Wettbewerb, GRUR 2008, 665; *Jaeger,* Kommunen und Wettbewerb – Erfahrungen aus der Praxis, in Schwarze (Hrsg), Daseinsvorsorge im Lichte des Wettbewerbsrechts, 2001, 165; *Kendziur,* Neue Wege für den Rechtsschutz Privater gegen die Wirtschaftstätigkeit der öffentlichen Hand, 2009; *Kittler,* Die öffentliche Hand als Werbeträger im Internet, NJW 2000, 122; *Köhler,* Wettbewerbsrechtliche Grenzen des Mitgliederwettbewerbs der gesetzlichen Krankenkassen, WRP 1997, 373; *ders,* Wettbewerbsrecht im Wandel: Die neue Rechtsprechung zum Tatbestand des Rechtsbruchs, NJW 2002, 2761; *ders,* Mitgliederwerbung der Krankenkassen, NZS 1998, 153; *ders,* Neue Wettbewerbsgrundsätze der Aufsichtsbehörden der gesetzlichen Krankenversicherung, WRP 1998, 959; *ders,* Wettbewerbsrechtliche Grenzen der Betätigung kommunaler Unternehmen, WRP 1999, 1205; *ders,* Das neue kommunale Unternehmensrecht in Bayern, BayVBl 2000, 1; *ders,* Wettbewerbsverstoß durch rechtswidrigen Marktzutritt, GRUR 2001, 777; *ders,* Zur wettbewerbsrechtlichen Sanktionierung öffentlich-rechtlicher Normen, FS Schmitt Glaeser, 2003, 499; *Köhler/Steindorff,*

Öffentlicher Auftrag, Subvention und unlauterer Wettbewerb, NJW 1995, 1705; *Koenig/Engelmann/Hentschel,* Die wettbewerbsrechtliche Beurteilung von Werbemaßnahmen gesetzlicher Krankenkassen, WRP 2003, 831; *Mees,* Wettbewerbsrechtliche Ansprüche und EG-Beihilfenrecht, FS Erdmann, 2002, 657; *ders,* Überlegungen zu Folgen der Privatisierung für das Wettbewerbsrecht, WRP 2000, 963; *Melullis,* Zum zivilprozessualen Rechtsschutz gegen wettbewerbswidriges Handeln staatlicher Einrichtungen, WRP 1988, 228; *Mühlhausen,* Der Meinungsstand zur Anwendbarkeit des UWG auf wettbewerbsrelevantes Verhalten von Krankenkassen, insbesondere bei der Mitgliederwerbung, NZS 1999, 120; *ders,* Der Mitgliederwettbewerb innerhalb der gesetzlichen Krankenversicherung, 2002; *Müller-Stoy,* Alternativer und kumulativer Primärrechtsschutz bei der Vergabe öffentlicher Aufträge, WRP 2006, 330; *Nordemann,* Wettbewerbsverzerrung durch die öffentliche Hand – Die Entdeckung des Kartellrechts, WRP 1996, 383; *Nordmann,* Die negative Konkurrentenklage im EG-Beihilfenrecht vor europäischen und deutschen Gerichten, 2003; *Otting,* Die Aktualisierung öffentlich-rechtlicher Schranken kommunalwirtschaftlicher Betätigung durch das Wettbewerbsrecht, DÖV 1999, 549; *Pagenkopf,* Einige Betrachtungen an den Grenzen für privatwirtschaftliche Betätigung der Gemeinden – Grenzen für Grenzzieher, Gewerbearchiv 2000, 177; *Pietzker,* Der Staatsauftrag als Instrument des Verwaltungshandelns, 1978; *Poppen,* Der Wettbewerb der öffentlichen Hand, 2007; *Schink,* Wirtschaftliche Betätigung kommunaler Unternehmen, NVwZ 2002, 129; *Schliesky,* Öffentliches Wirtschaftsrecht, 1997; *ders,* Über Notwendigkeit und Gestaltung eines öffentlichen Wettbewerbsrechts, DVBl 1999, 78; *R. Schmidt,* Öffentliches Wirtschaftsrecht – Allgemeiner Teil, 1990; *Schnelle,* Remailing im Licht des Europarechts – eine Zwischenbilanz, BB 1999, 2465; *Schönberger,* Das Geschäft mit dem Müll – Verstößt die Teilnahme der öffentlichen Hand an den Abfallentsorgungsmärkten gegen Wettbewerbsrecht?, GRUR 1999, 659; *Schünemann,* Die wirtschaftliche Tätigkeit der öffentlichen Hand zwischen öffentlichen und privaten Wettbewerbsrecht, WRP 2000, 1001; *Tettinger,* Rechtsschutz gegen kommunale Wettbewerbsteilnahme, NJW 1998, 3473; *Tilmann/Schreibauer,* Rechtsfolgen rechtswidriger nationaler Beihilfen, GRUR 2002, 212; *Warneke,* Die wirtschaftliche Betätigung von Gemeinden und das Wettbewerbsrecht – BGHZ 150, 343, JuS 2003, 958.

1. Abschnitt. Allgemeines

I. Begriff der öffentlichen Hand

13.1 Die **öffentliche Hand** (vgl § 130 I 1 GWB) ist eine Sammelbezeichnung für Bund, Länder und Gemeinden sowie sonstige verselbstständigte öffentlich-rechtliche Rechtssubjekte. Die öffentliche Hand nimmt am Wirtschaftsleben unternehmerisch oder in sonstiger Weise (Beschaffung; Subventionen; Warnungen usw) teil. Daher reicht der Begriff der öffentlichen Hand weiter als der der **öffentlichen Unternehmen.** Darunter sind Unternehmen zu verstehen, auf die die öffentliche Hand einen **beherrschenden Einfluss** ausüben kann. Ob dieser Einfluss durch die Eigentumsverhältnisse oder sonstige Kontrollmöglichkeiten ermöglicht wird, ist unerheblich.

II. Organisationsformen der wirtschaftlichen Tätigkeit der öffentlichen Hand

13.2 Die unternehmerische Tätigkeit der öffentlichen Hand kann privatrechtlich (zB in den Formen der GmbH oder AG) oder öffentlich-rechtlich organisiert sein. Bei den privatrechtlichen Organisationen kann die öffentliche Hand alleiniger Träger (Eigengesellschaft) oder Beteiligter (gemischtwirtschaftliches Unternehmen) sein. Bei den öffentlich-rechtlichen Organisationen gibt es solche mit eigener Rechtspersönlichkeit (Körperschaften und Anstalten, wie zB Sparkassen, Rundfunkanstalten) und solche ohne eigene Rechtspersönlichkeit (Eigenbetriebe, Regiebetriebe, Sondervermögen).

III. Handlungsformen

13.3 Die Einflussnahme auf das Wirtschaftsleben kann **hoheitlich** (zB Aussprechen von Verboten und Warnungen), **schlicht-hoheitlich** (zB Leistungserbringung im Bereich der Daseinsvorsorge) und **erwerbswirtschaftlich** erfolgen. Die Grenzen sind allerdings fließend, die vom Unionsrecht erzwungene Deregulierung von „Verwaltungsmonopolen" (etwa im Bereich der früheren Post) lässt das Konkurrenzverhältnis zu privaten Unternehmen stärker in den Vordergrund treten.

IV. Rechtsprobleme

13.4 Bei der Anwendung des Lauterkeitsrechts auf die öffentliche Hand stellen sich spezifische Probleme, weil öffentlich-rechtliche Regelungen des Handelns der öffentlichen Hand zu berücksichtigen sind. Dabei gilt es zu unterscheiden, ob die öffentliche Hand lauterkeitsrechtlichen Schutz ihrer Tätigkeit für sich in Anspruch nehmen kann (dazu Rdn 13.5) und ob bzw in welchen

13. Kap. Wettbewerb der öffentlichen Hand   13.5–13.8   § 4 UWG

Grenzen das Handeln der öffentlichen Hand der lauterkeitsrechtlichen Kontrolle durch die Zivilgerichte unterliegt (dazu Rdn 13.13 ff). Dabei stellt sich vorweg die **Rechtswegfrage** (dazu § 12 Rdn 2.1 ff). Selbst wenn die Zivilgerichte zuständig sind, ist dann weiter zu klären, inwieweit Sonderregelungen für die öffentliche Hand, sei es zu ihren Gunsten, sei es zu ihren Lasten, gelten.

2. Abschnitt. Wettbewerbsschutz für die öffentliche Hand

I. Grundsatz

Nimmt die öffentliche Hand in berechtigter Weise am Wirtschaftsleben teil, so kommt ihr grds **13.5** auch der Schutz des Lauterkeitsrechts zugute (BGHZ 37, 1, 17 = GRUR 1962, 470, 475 – *AKI*; BGHZ 68, 132 = GRUR 1977, 543, 545 – *Der 13. Sinn;* BGH GRUR 1993, 692, 694 – *Guldenburg;* OLG Karlsruhe GRUR 1989, 669, 671). Dies gilt unabhängig davon, ob die Rechtsbeziehungen zu ihren Abnehmern, Mitgliedern oder Benutzern öffentlich-rechtlich oder privatrechtlich ausgestaltet sind. Wettbewerbsstreitigkeiten sind auch zwischen öffentlich-rechtlichen Organisationen untereinander möglich (*Schünemann* WRP 2000, 1001, 1007), sofern deren Rechtsbeziehungen untereinander nicht öffentlich-rechtlich geregelt sind.

II. Grenzen

Schwierigkeiten bereitet allerdings die Frage, unter welchen Voraussetzungen die öffentliche **13.6** Hand am Wirtschaftsleben teilnehmen darf und ob die Zivilgerichte dies überprüfen dürfen. Auszugehen ist davon, dass das Grundgesetz die wirtschaftliche Tätigkeit der öffentlichen Hand weder generell gebietet noch generell verbietet (BGH GRUR 1971, 168, 169 – *Ärztekammer*). Solche Tätigkeiten bedürfen daher keiner besonderen verfassungsrechtlichen Legitimation (BGH GRUR 1987, 116, 118 – *Kommunaler Bestattungswirtschaftsbetrieb I*). Die Zulässigkeit von Tätigkeiten im Bereich der **Daseinsvorsorge** steht dabei außer Streit. Probleme ergeben sich bei der **erwerbswirtschaftlichen** Tätigkeit der öffentlichen Hand zur Erzielung von Einnahmen. Denn insoweit verlässt die öffentliche Hand den Bereich der ihr zugewiesenen Tätigkeit. Doch sind ihr **Randnutzungen** von Verwaltungseinrichtungen, wie etwa gewisse Nutzungs- und Verwertungstätigkeiten, erlaubt (vgl § 13 I RStV; BGH GRUR 1993, 692, 694 – *Guldenburg;* BGH GRUR 2002, 550, 553 – *Elternbriefe*). **Beispiele:** Aufnahme von Anzeigen in ein amtliches Mitteilungsblatt (BGH GRUR 1971, 168 – *Ärztekammer*); Nebenauswertung von Sendungen, wie die Vergabe von Sende- oder Buchverlagsrechten gegen Lizenzen, durch öffentlich-rechtliche Sendeanstalten (BGH GRUR 1993, 692, 694 – *Guldenburg*). Zu Einzelheiten vgl Rdn 13.32 und 13.47.

Allerdings darf eine solche Erwerbstätigkeit nicht mit der von der öffentlichen Hand wahr- **13.7** genommenen oder ihr zugewiesenen öffentlichen Aufgabe **kollidieren.** So darf die Erwerbstätigkeit des öffentlich-rechtlichen Rundfunks nicht zu einer Kollision mit tragenden Grundsätzen des Medienrechts, wie dem Gebot der Neutralität im Wettbewerb, dem Gebot der Bewahrung der Unabhängigkeit der Programmgestaltung und der Abwehr sachfremder Einflüsse Dritter auf diese sowie dem Verbot der medialen Werbung führen (BGH GRUR 1993, 692, 694 – *Guldenburg*). Derartige Gefahren sind beim sog **Titelmerchandising** möglich (BGH aaO – *Guldenburg*). Ist die konkrete Form der erwerbswirtschaftlichen Tätigkeit mit zwingenden öffentlich-rechtlichen Normen unvereinbar, so genießt sie auch keinen lauterkeitsrechtlichen Schutz (BGH aaO – *Guldenburg;* krit *Brohm* NJW 1994, 281, 286). Die Zivilgerichte dürfen diese öffentlich-rechtliche Vorfrage entscheiden. So kann sich eine öffentlich-rechtliche Sendeanstalt zwar beispielsweise dagegen wehren, dass ein Dritter den Titel einer Fernsehsendung in verwechslungsfähiger Form nutzt; dagegen kann sie nicht uneingeschränkt ein Titelmerchandising betreiben und dafür lauterkeitsrechtlichen Schutz in Anspruch nehmen. Auch die Rundfunkfreiheit gebietet dies nicht (BVerfG WRP 1999, 172).

3. Abschnitt. Wettbewerbsschutz gegenüber der öffentlichen Hand

I. Rechtsweg

Der Rechtsweg zu den **ordentlichen Gerichten** ist eröffnet, wenn eine lauterkeitsrechtliche **13.8** und somit eine **bürgerlich-rechtliche Streitigkeit** iSd § 13 GVG vorliegt und **keine spezielle Rechtswegzuweisung** erfolgt ist (zB zu den **Sozialgerichten** gem § 51 II 1 Nr 3, 2 SGG;

dazu BGH WRP 1997, 1199, 1200 – *Hilfsmittellieferungsvertrag;* BGH WRP 2000, 636 – *Hörgeräteakustik;* OLG Zweibrücken NJW 1999, 875). Durch § 17 a I GVG (Bindungswirkung) ist die Abgrenzungsproblematik für die Praxis entschärft.

II. Anwendbarkeit des Lauterkeitsrechts auf die öffentliche Hand

13.9 Beteiligt sich die öffentliche Hand am Wirtschaftsleben, ist zunächst zu fragen, ob die fraglichen Rechtsbeziehungen **öffentlich-rechtlich** und damit vorrangig geregelt sind (vgl BGHZ 130, 13 – *Remailing I*). Das ist beispielsweise auf Grund der Neufassung des **§ 69 SGB V** durch Gesetz v 22. 12. 1999 (BGBl I 2626) für die Rechtsbeziehungen der Krankenkassen und ihrer Verbände zu den Leistungserbringern und ihrer Verbände, auch soweit durch diese Rechtsbeziehungen Rechte Dritter betroffen sind, der Fall (BSG NJW-RR 2002, 1691, 1694; BGH GRUR 2004, 247, 249 – *Krankenkassenzulassung; Koenig/Engelmann/Hentschel* WRP 2003, 831, 832). Frühere Entscheidungen der Wettbewerbsgerichte zu Aktivitäten von **Krankenkassen** im Bereich der Leistungserbringung sind insoweit überholt. – Liegt keine vorrangige öffentlich-rechtliche Regelung vor, so gelten die Normen des allgemeinen Privat- und Lauterkeitsrechts grds auch für die öffentliche Hand (*Piper* GRUR 1986, 574, 575). Voraussetzung ist lediglich eine „geschäftliche Handlung" iSd § 2 I Nr 1. Dabei ist jedoch zu unterscheiden: Es kommt darauf an, ob die öffentliche Hand bei ihrer Tätigkeit **hoheitlich**, sei es schlicht-hoheitlich, sei es mit Mitteln der Eingriffsverwaltung, handelt oder ob sie sich rein **erwerbswirtschaftlich (fiskalisch)** am Wirtschaftsleben beteiligt, also wie ein Privater Geschäfte vornimmt.

III. Hoheitliche Betätigung

13.10 Problematisch und umstritten (vgl *Brohm* NJW 1994, 281; *Schliesky* S 281 ff) ist die Anwendbarkeit des Lauterkeitsrechts auf die hoheitliche Betätigung der öffentlichen Hand, soweit sie Auswirkungen auf den Wettbewerb hat. Es geht dabei um die Frage, ob derartige Maßnahmen lediglich durch die Verwaltungsgerichte am Maßstab des öffentlichen Rechts oder von den Zivilgerichten am Maßstab des Lauterkeitsrechts zu überprüfen sind.

1. Doppelnatur und Doppelkontrolle (Zivil- und Verwaltungsrechtsweg) hoheitlicher Maßnahmen

13.11 **a) Doppelnatur.** Hoheitliche Maßnahmen können sich in ihrer Auswirkung als geschäftliche Handlungen darstellen. Ihnen kommt daher eine Doppelnatur zu (BGH WRP 1999, 1283, 1286 – *Kartenlesegerät* mwN). Aus dieser Doppelqualifikation (dazu krit *Brohm* NJW 1994, 281, 287 ff; *Schliesky* S 281 ff) folgt im Grundsatz auch die Möglichkeit einer Doppelkontrolle. Ein Privater kann daher im Grundsatz gegen die Wirtschaftstätigkeit der öffentlichen Hand sowohl auf dem Verwaltungsrechtsweg als auch auf dem Zivilrechtsweg vorgehen (GemS OGB in BGHZ 102, 280, 285; aA *Schliesky* aaO: Vorrang des Verwaltungsrechtswegs und Anwendung des UWG als öffentlich-rechtliche Norm). Dies gilt allerdings nicht für die Zulässigkeit des Marktzutritts, also „ob" die öffentliche Hand sich überhaupt am Wettbewerb beteiligen darf. Die Entscheidung darüber ist den Verwaltungsgerichten vorbehalten (vgl auch BGH GRUR 2002, 825, 826 – *Elektroarbeiten;* Rdn 13.15).

13.12 **b) Umfang der Kontrolle durch die Verwaltungsgerichte.** Der Private kann im verwaltungsgerichtlichen Verfahren die Verletzung von Grundrechten (insbes Art 2, 3, 12, 14 GG) oder von ihn schützenden öffentlich-rechtlichen Normen rügen. Die Aufnahme von Wettbewerb durch die öffentliche Hand stellt an sich aber zunächst einmal nur eine vom Zweck des Lauterkeitsrechts her gesehen grds erwünschte Belebung des Wettbewerbs dar, mag sich auch für private Unternehmen der marktwirtschaftliche Konkurrenzdruck erhöhen (vgl BGH GRUR 2002, 825, 826 – *Elektroarbeiten;* BVerwG NJW 1995, 2938, 2939; *Köhler* WRP 1999, 1205, 1209 und GRUR 2001, 777, 780). Eine Beeinträchtigung von **Grundrechten** ist daher erst dann anzunehmen, wenn ein Verdrängungswettbewerb stattfindet und private Konkurrenz ausgeschaltet wird oder wenn die öffentliche Hand bzw ein Dritter durch behördliche Maßnahmen ein unerlaubtes Monopol erlangt (BVerwG NJW 1995, 2938, 2939; stRspr). Die Verwaltungsgerichte beschränkten sich früher auf die Frage, **„ob"** die wirtschaftliche Betätigung der öffentlichen Hand zulässig ist und sahen von einer Prüfung des **„wie"**, nämlich inwieweit die aufgenommene Tätigkeit gegen das Lauterkeitsrecht verstößt, ab und verwiesen den Kläger insoweit auf die ordentlichen Gerichte (vgl BVerwGE 39, 329, 331, 337; 62, 224; BVerwG NJW 1978, 1539).

Nach § 17 II 1 GVG (nF seit 1. 1. 1991) entscheidet allerdings das Gericht des zulässigen Rechtswegs den Rechtsstreit unter allen in Betracht kommenden rechtlichen (BGH NJW 2003, 282), also auch unter lauterkeitsrechtlichen Gesichtspunkten (BVerwG NJW 1995, 2938, 2929; VGH Mannheim NJW 1995, 274).

c) Umfang der Kontrolle durch die Zivilgerichte. aa) Grundsatz. Die Zivilgerichte sind darauf beschränkt, das **Marktverhalten** („wie") der öffentlichen Hand am Maßstab des § 3 UWG zu überprüfen. Dagegen ist es ihnen verwehrt, auch den **Marktzutritt** („ob") der öffentlichen Hand nach § 3 zu kontrollieren, wie sich im Umkehrschluss aus § 4 Nr 11 ergibt. Denn grds regelt das UWG nicht den Zugang zum Wettbewerb, sondern nur die Art und Weise der Beteiligung am Wettbewerb. Es ist daher auch nicht Aufgabe der Zivilgerichte, im Rahmen von Wettbewerbsstreitigkeiten darüber zu entscheiden, welche Grenzen der erwerbswirtschaftlichen Betätigung der öffentlichen Hand zu setzen sind. Dies ist vielmehr eine wirtschaftspolitische Aufgabe, die in den Aufgabenbereich der Gesetzgebung und Verwaltung gehört (BGH GRUR 1971, 168, 169 – *Ärztekammer;* BGH GRUR 1996, 213, 217 – *Sterbegeldversicherung;* BGH GRUR 2002, 825, 827 – *Elektroarbeiten; Piper* GRUR 1986, 574, 575).

bb) Rechtsentwicklung. Die Rspr hat diese Linie in der Vergangenheit nicht immer durchgehalten. Unter bestimmten Voraussetzungen haben die Zivilgerichte einen Verstoß gegen § 1 UWG 1909 bereits auf Grund der Tatsache des rechtswidrigen **Marktzutritts der öffentlichen Hand** angenommen (vgl BGH GRUR 1965, 373 – *Blockeis II;* BGHZ 82, 375 = GRUR 1982, 425 – *Brillen-Selbstabgabestellen;* BGH GRUR 1987, 116, 118 – *Kommunaler Bestattungswirtschaftsbetrieb I; Piper* GRUR 1986, 574, 578). So insbes dann, wenn durch das Auftreten der öffentlichen Hand die Gefahr einer Ausschaltung des Leistungswettbewerbs drohte (BGHZ 82, 375 – *Brillen-Selbstabgabestellen;* BGH GRUR 1991, 53, 55 f – *Kreishandwerkerschaft I;* BGHZ 123, 157, 160 f = GRUR 1993, 917 – *Abrechnungs-Software für Zahnärzte;* OLG Frankfurt GRUR 1999, 75) oder wenn es der öffentlichen Hand durch zwingende Normen schlechthin verwehrt war, in den Wettbewerb am Markt einzugreifen (BGH GRUR 1996, 213, 216 – *Sterbegeldversicherung).* – Erst durch die Grundsatzentscheidung v 25. 4. 2002 des BGH (BGH GRUR 2002, 825 – *Elektroarbeiten;* dazu *Köhler* NJW 2002, 2761; fortgeführt in BGH GRUR 2003, 164, 165 – *Altautoverwertung)* wurde klargestellt, dass der rechtswidrige, nämlich unter Verstoß gegen öffentlich-rechtliche Normen erfolgte Marktzutritt eines Unternehmens der öffentlichen Hand für sich allein keinen Wettbewerbsverstoß darstellt (so bereits *Köhler* GRUR 2001, 777; aA *Gröning* WRP 2002, 17; *Dreher* ZIP 2002, 1648). Dies gilt auch dann, wenn die öffentlich-rechtliche Norm den Schutz der Privatwirtschaft vor einem Wettbewerb durch die öffentliche Hand bezweckt (BGH GRUR 2002, 825, 827 – *Elektroarbeiten).* Dass eine solche Norm letztlich durch die Beschränkung des Marktzutritts der öffentlichen Hand Rahmenbedingungen des Wettbewerbs festlegt, ändert daran nichts. Denn sie dient nicht der Kontrolle der Lauterkeit des Marktverhaltens der öffentlichen Hand (BGH GRUR 2003, 164, 166 – *Altautoverwertung;* OLG Nürnberg GRUR-RR 2010, 99, 101). – Die *Sterbegeldversicherung*-Entscheidung (BGH GRUR 1996, 213 – *Sterbegeldversicherung),* die auf diesen Gesichtspunkt noch maßgeblich abstellte, dürfte damit überholt sein (fragwürdig insoweit BGH GRUR 2002, 825, 827 – *Elektroarbeiten).* – Bereits zu § 1 UWG 1909 war damit klargestellt, dass das UWG nicht den Erhalt bestimmter Marktstrukturen bezweckt (BGH aaO – *Elektroarbeiten).* Für § 3 kann nichts anderes gelten, zumal § 4 Nr 11 ausdrücklich nur Marktverhaltensregelungen erwähnt, nicht aber auch Marktzutrittsregelungen. Auch in den Fällen, in denen aus § 3 Ansprüche zum Schutz des Bestands des Wettbewerbs auf einem bestimmten Markt abgeleitet werden (allgemein dazu Rdn 12.1 ff), geht es nicht darum, eine privatwirtschaftliche Marktstruktur zu erhalten, sondern darum, wettbewerbliche Verhaltensweisen (wie zB Preisunterbietungen) zu unterbinden, die nach den Gesamtumständen unter Berücksichtigung ihrer Auswirkungen auf die Marktstruktur gerade auch als Wettbewerbsmaßnahmen unlauter sind (BGH aaO – *Elektroarbeiten),* somit – auch – das „wie" der Tätigkeit der öffentlichen Hand betreffen.

cc) Verhältnis zur verwaltungsgerichtlichen Kontrolle. Liegt ein Verstoß gegen eine öffentlich-rechtliche Marktzutrittsnorm vor, so ist es nicht Sache der Zivilgerichte, den Verstoß zu sanktionieren. Vielmehr ist es Sache der Verwaltungsbehörden und Verwaltungsgerichte, derartige Normverstöße zu unterbinden (*Quack,* FS Trinkner, 1995, 265; *Pagenkopf* GewArch 2000, 177; *Tettinger* NJW 1998, 3473, 7474). Dies gilt unabhängig davon, ob die Norm im Einzelfall eine öffentlich-rechtliche Klagebefugnis eines privaten Mitbewerbers begründet. Das Lauterkeitsrecht ist nicht dazu da, etwaige öffentlich-rechtliche Ansprüche zu ergänzen oder etwaige Schutzlücken des öffentlichen Rechts auszufüllen (BGH GRUR 2002, 825, 827 – *Elektroarbeiten*). – Zu Einzelheiten vgl Rdn 13.51 ff.

2. Befugnisse der Zivilgerichte gegenüber der öffentlichen Hand

13.16 Die Zivilgerichte dürfen im Rahmen der lauterkeitsrechtlichen Kontrolle nicht gegen das öffentlich-rechtliche Handeln als solches vorgehen (BGHZ 82, 375 = GRUR 1982, 425, 427 – *Brillen-Selbstabgabestellen*), insbes nicht hoheitliche Anordnungen aufheben. Denn dies ist den Verwaltungsgerichten vorbehalten (OLG Frankfurt WRP 1992, 488). Allerdings ist es den Zivilgerichten wegen der Doppelnatur hoheitlicher Maßnahmen (Verwaltungshandeln mit wettbewerblichen Auswirkungen) nicht verwehrt, auf der Grundlage des Lauterkeitsrechts Verbote auszusprechen, die der Sache nach nicht nur auf das Verbot von Wettbewerbsmaßnahmen hinauslaufen, sondern auch den öffentlich-rechtlichen Tätigkeitsbereich eines Verwaltungsträgers berühren (BGH aaO – *Brillen-Selbstabgabestellen;* BGHZ 66, 229, 232 – *Studenten-Versicherung;* BGHZ 67, 81, 85 – *Auto-Analyzer;* OLG Dresden NJW-RR 1998, 558, 559; *Piper* GRUR 1986, 574, 577; *Hitzler* GRUR 1982, 474; aA BayObLG GRUR 1982, 500; *Pagenkopf* GewArch 2000, 177; *Schliesky* S 281 ff: Vorrang der Verwaltungsgerichtsbarkeit). Maßgebend ist daher die konkrete Antragstellung, nämlich ob sich der Antrag gegen die behaupteten wettbewerblichen Auswirkungen oder gegen die Maßnahme als solche richtet, wobei jedoch uU bei der Auslegung großzügig zu verfahren ist (BGH GRUR 1987, 829, 830 – *Krankentransporte*).

IV. Geschäftliche Handlung der öffentlichen Hand

1. Allgemeines

13.17 Die Anwendung des Lauterkeitsrechts auf die öffentliche Hand setzt eine geschäftliche Handlung iSd § 2 I Nr 1 voraus (allgemein dazu § 2 Rdn 3 ff). Das Handeln der öffentlichen Hand muss also in einem objektiven Zusammenhang mit der Förderung des Absatzes oder Bezugs von Waren oder Dienstleistungen zu Gunsten des eigenen oder eines fremden Unternehmens stehen. Diese Zielsetzung darf auch nicht völlig hinter anderen Zielen zurücktreten (§ 2 Rdn 26; vgl zu § 1 aF BGH WRP 1993, 106, 107 – *EWG-Baumusterprüfung* mwN; BGH GRUR 1993, 917, 919 – *Abrechnungs-Software für Zahnärzte;* BGH GRUR 1994, 516, 518 – *Auskunft über Notdienste;* KG GRUR-RR 2002, 198, 200). Beim Tätigwerden der öffentlichen Hand ist zwischen rein erwerbswirtschaftlichen und hoheitlichen Tätigkeiten zu unterscheiden.

2. Erwerbswirtschaftliche Betätigung

13.18 Verfolgt die öffentliche Hand ausschließlich erwerbswirtschaftliche (fiskalische) Zwecke mit den Mitteln des Privatrechts (vgl BGH GRUR 1962, 159 – *Blockeis I;* BGH GRUR 1965, 373 – *Blockeis II;* BGH GRUR 1973, 530 – *Crailsheimer Stadtblatt;* BGH GRUR 1974, 733 – *Schilderverkauf;* BGH GRUR 2006, 428 Tz 12 – *Abschleppkosten-Inkasso*), besteht die tatsächliche Vermutung für das Vorliegen einer geschäftlichen Handlung wie bei anderen Unternehmen auch (BGH GRUR 1990, 463, 464 – *Firmenrufnummer*). Unerheblich ist in diesem Zusammenhang, ob eine **Gewinnerzielungsabsicht** besteht (BGH GRUR 1974, 733, 734 – *Schilderverkauf;* BGH GRUR 1981, 823, 825 – *Ecclesia-Versicherungsdienst;* BGH GRUR 1993, 917, 919 – *Abrechnungs-Software für Zahnärzte*) und wofür die erzielten Einnahmen verwendet werden (*v Gamm* WRP 1984, 303, 307). Unerheblich ist ferner, ob mittelbar auch öffentliche Zwecke mit verfolgt werden. – Die **Nachfragetätigkeit** stellt allerdings nur dann eine geschäftliche Handlung dar, wenn die nachgefragten Güter für einen weiteren Umsatz bestimmt sind oder wenn die Beschaffung zu dem Zweck erfolgt, die Geschäftstätigkeit eines Dritten zu fördern. Die **Vergabe** von Aufträgen durch die öffentliche Hand stellt also nur dann eine geschäftliche Handlung dar, wenn der Auftraggeber damit bestimmte Anbieter gezielt begünstigen will (vgl Rdn 13.60).

3. Hoheitliche Betätigung

13.19 Eine differenzierte Beurteilung ist erforderlich, wenn die öffentliche Hand hoheitlich, also zur Erfüllung einer öffentlichen Aufgabe tätig wird.

a) Handeln ohne Außenwirkung. Solange nur eine Maßnahme der internen Willensbildung ohne Außenwirkung vorliegt (interne Dienstanweisung; Gemeinderatsbeschluss), liegt noch keine geschäftliche Handlung vor (BGH GRUR 1987, 829, 830 – *Krankentransporte*). Unerheblich ist, dass darüber in der Presse berichtet wurde (OLG Koblenz WRP 1983, 225, 226). Allerdings können auch derartige Maßnahmen als Vorbereitungshandlungen die Erstbegehungsgefahr eines Wettbewerbsverstoßes begründen (OLG Koblenz aaO). 13.20

b) Handeln in Erfüllung gesetzlicher Vorgaben. Trifft die öffentliche Hand hoheitliche Maßnahmen, zu denen sie **gesetzlich ausdrücklich ermächtigt oder verpflichtet** ist und bewegt sie sich innerhalb dieser Rechtsgrundlage, so liegt ein rein hoheitliches Handeln und damit keine geschäftliche Handlung vor (BGH GRUR 2006, 428 Tz 12 – *Abschleppkosten-Inkasso*). Dazu gehört zB die Erhebung von Steuern (OLG München GRUR 2004, 169, 171). Eine lauterkeitsrechtliche Kontrolle findet insoweit nicht statt (BGH GRUR 2006, 428 Tz 12 – *Abschleppkosten-Inkasso*; KG GRUR-RR 2002, 198, 200). Hoheitlich können auch Private handeln, wenn sie als „verlängerter Arm" der Behörde tätig werden, wie zB Abschleppunternehmer, die im Auftrag der Polizei ein Fahrzeug abschleppen und Kostenansprüche geltend machen (BGH GRUR 2006, 428 Tz 14 – *Abschleppkosten-Inkasso*). 13.21

c) Handeln in Erfüllung einer öffentlichen Aufgabe. aa) Allgemeines. Eine geschäftliche Handlung ist nicht ausgeschlossen, wenn die öffentliche Hand zwar zur Erfüllung einer **öffentlichen Aufgabe** und somit hoheitlich (Leistungsverwaltung oder Eingriffsverwaltung), aber ohne ausdrückliche gesetzliche Vorgabe, also ohne ausdrückliche gesetzliche **Befugnis** zum **konkreten** Handeln tätig wird (BGH GRUR 2002, 550, 554 – *Elternbriefe*; BGH GRUR 2006, 428 Tz 12 – *Abschleppkosten-Inkasso*). Andernfalls könnte sich die öffentliche Hand stets unter Hinweis auf das Vorliegen einer – nahezu immer begründbaren (arg „Sozialstaatsprinzip") – „öffentlichen Aufgabe" den Anforderungen des Lauterkeitsrechts entziehen. Andererseits ist in diesem Fall nicht ohne Weiteres eine geschäftliche Handlung anzunehmen. Eine Vermutung besteht daher nicht (BGH GRUR 1990, 463, 464 – *Firmenrufnummer*; KG GRUR-RR 2002, 198, 200). Vielmehr ist im Allgemeinen davon auszugehen, dass die öffentliche Hand insoweit lediglich ihre öffentliche Aufgabe erfüllen und nicht den Wettbewerb Dritter fördern will. Doch schließen sich im Einzelfall Handeln in Erfüllung einer öffentlichen Aufgabe und geschäftliches Handeln nicht aus (vgl BGH GRUR 1990, 611, 613 – *Werbung im Programm*; BGH GRUR 2002, 550, 554 – *Elternbriefe*; OLG Stuttgart NJWE-WettbR 1999, 3, 4). Vielmehr ist eine Einzelfallprüfung erforderlich, ob gleichzeitig eine geschäftliche Handlung vorliegt oder ob die Wettbewerbsförderung als völlig nebensächlich hinter anderen Beweggründen zurücktritt (BGHZ 19, 299, 303 – *Bad Ems*; BGH GRUR 1969, 418, 419 f – *Standesbeamte*; BGH GRUR 1974, 733, 734 – *Schilderverkauf*; BGH GRUR 1988, 38, 39 – *Leichenaufbewahrung*; BGH GRUR 1990, 609, 613 – *Werbung im Programm*; BGH WRP 1993, 106, 108 – *EWG-Baumusterprüfung*; KG WRP 1986, 207, 209). Eine geschäftliche Handlung ist anzunehmen, wenn die öffentliche Hand an dem wirtschaftlichen Erfolg des von ihr geförderten Unternehmens ein Interesse hat, weil sie davon auf Grund vertraglicher oder sonstiger Beziehungen profitiert (BGH GRUR 1990, 463, 464 – *Firmenrufnummer* mwN; BGH GRUR 2002, 550, 554 – *Elternbriefe*). Das Fehlen einer Gewinnerzielungsabsicht ist allerdings unerheblich (BGHZ 82, 375 = GRUR 1982, 425, 430 – *Brillen-Selbstabgabestellen*). Entscheidend ist vielmehr, ob die öffentliche Hand das Ziel verfolgt, in den Wettbewerb einzugreifen. Ist das Tätigwerden zur Erfüllung der öffentlichen Aufgabe nach Art und Umfang allerdings sachlich notwendig, und ist die Auswirkung auf den Wettbewerb nur notwendige Begleiterscheinung der Erfüllung öffentlicher Aufgaben (wie zB die Heranziehung eines Privaten zum Betrieb einer Internet-Seite), reicht dies für eine geschäftliche Handlung nicht aus (OLG Stuttgart NJWE-WettbR 1999, 3, 4; KG GRUR-RR 2002, 198, 200). Das Gleiche gilt, wenn die wirtschaftliche Betätigung eine bloße Hilfstätigkeit bei der Erfüllung amtlicher Aufgaben darstellt (OLG Frankfurt WRP 1997, 592, 593; KG aaO). Jedenfalls wird eine etwaige Wettbewerbsförderungsabsicht grds in den Hintergrund treten (BGH WRP 1993, 106, 108 – *EWG-Baumusterprüfung*). Ist umgekehrt das Verhalten der öffentlichen Hand sachlich nicht geboten, so ist von einer geschäftlichen Handlung auszugehen (vgl BGH GRUR 1993, 917, 919 – *Abrechnungs-Software für Zahnärzte*; OLG Stuttgart aaO; KG GRUR 2001, 91). Die Ausstrahlung von Programmen durch öffentlich-rechtliche Rundfunkanstalten dient nicht allein der öffentlichen Aufgabe einer Grundversorgung der Bevölkerung (BVerfGE 73, 118, 157 ff), sondern auch der Erzielung von Werbeeinnahmen im Wettbewerb mit privaten Rundfunksendern, so dass eine geschäftliche Handlung gegeben ist (OLG Dresden GRUR 1996, 73). – Im Übrigen ist zu unterscheiden: 13.22

13.23 **bb) Leistungserbringung im Wettbewerb.** Erbringt die öffentliche Hand Leistungen im Wettbewerb mit privaten Anbietern, handelt sie auch dann im Wettbewerb, wenn die **Leistungsbeziehung zu den Benutzern oder Mitgliedern** öffentlich-rechtlich ausgestaltet ist (BGH GRUR 1990, 611, 613 – *Werbung im Programm;* BGH NJW 1995, 1658, 1659 – *Remailing I;* BGH WRP 1999, 1283, 1286, 1289 – *Kartenlesegerät;* stRspr). Die öffentliche Hand kann sich nicht auf diesem Wege ihrer lauterkeitsrechtlichen Verantwortung entziehen. Etwas anderes gilt nur, wenn auch das Wettbewerbsverhältnis zu den privaten Anbietern öffentlich-rechtlich geregelt ist.

13.24 **(1) Abgabe von Waren und Dienstleistungen.** Grundsätzlich kommt es auch hier auf die Umstände des Einzelfalls an. In aller Regel wird jedoch die Absicht, eigenen oder fremden Wettbewerb zu fördern, hinter dem Zweck der Erfüllung der öffentlichen Aufgabe nicht völlig zurücktreten, so dass eine geschäftliche Handlung zu bejahen ist. **Geschäftliche Handlung bejaht:** Nummernschilderverkauf durch Kfz-Zulassungsstelle für einzelne Anbieter (OLG Köln WRP 1991, 259, 262); Veranstaltung von „Selbstzahlerreisen" für Senioren durch Bezirksämter (KG WRP 1986, 207, 209); Selbstabgabe von Brillen durch AOK (BGH GRUR 1982, 425, 430 – *Brillen-Selbstabgabestellen*); kostenlose Abgabe von Software durch kassenzahnärztliche Vereinigung (BGH GRUR 1993, 917, 919 – *Abrechnungs-Software für Zahnärzte*); Besetzung von „Verwaltungsstellen" einer gesetzlichen Krankenkasse mit Angestellten einer privaten Krankenversicherung (BGH WRP 1999, 176, 178 – *Verwaltungsstellenleiter*); Ausstrahlung eines werbefreien Programms durch eine öffentlich-rechtliche Rundfunkanstalt (OLG Dresden GRUR 1996, 73). **Geschäftliche Handlung verneint:** Gebührenfreie Versendung fremden Werbematerials durch die (damals noch hoheitlich tätige) Post wegen ihres Eigeninteresses an den beworbenen Veranstaltungen (BGH GRUR 1991, 618, 619 – *ISDN-Kongress*); Verwendung einer gemeinsamen Bezeichnung für hoheitliche und erwerbswirtschaftliche (Bestattungs-)Tätigkeit und gleichzeitige Rechnungserteilung (OLG Dresden WRP 1997, 849); Versorgung eines privaten Internet-Programmanbieters mit amtlichen Informationen, damit dieser sie in sein Programm einstellt und der Öffentlichkeit zur Verfügung stellt, um den gesetzlichen Auftrag zur Öffentlichkeitsarbeit zu erfüllen (KG GRUR 2002, 198, 200); unentgeltliche Überlassung von Sachmitteln (zB Software; Möbel) von einem Hoheitsträger auf einen anderen (OLG Karlsruhe NJWE-WettbR 2000, 6).

13.25 **(2) Amtliche Informationen (Auskünfte, Empfehlungen, Warnungen, Stellungnahmen).** Eine geschäftliche Handlung ist grds zu verneinen, wenn sich die öffentliche Hand streng im Rahmen ihrer Aufgabe hält und sachlich und unparteiisch verfährt. Sie ist dagegen zu bejahen, wenn die öffentliche Hand in den Wettbewerb zu Gunsten eigener oder fremder Geschäftstätigkeit eingreifen, zB einen bestimmten Wettbewerber bevorzugen will (OLG Stuttgart NJWE-WettbR 1999, 3, 4). Das wird stets (aber nicht nur) anzunehmen sein, wenn ein wirtschaftliches Eigeninteresse (zB Erlangung einer Vergütung) für die Information gegeben ist (BGH GRUR 2002, 550, 554 – *Elternbriefe*). Allerdings bedarf es dazu konkreter Feststellungen (BGH GRUR 1990, 463, 464 – *Firmenrufnummer*). Dem Vorliegen einer geschäftlichen Handlung steht nicht entgegen, dass erzielte Einnahmen für die Erfüllung einer öffentlichen Aufgabe verwendet werden. Es genügt, wenn die Verfolgung des Wettbewerbszweckes nur das Mittel für die Erreichung des darüber hinaus verfolgten Endzwecks ist, sofern die Zielsetzung der Absatzförderung nicht völlig hinter anderen Beweggründen zurücktritt (BGH aaO – *Elternbriefe*). **Geschäftliche Handlung bejaht:** Benennung nur ausgewählter Anbieter auf Kundenanfragen hin (BGHZ 19, 299, 304 – *Bad Ems;* BGH GRUR 1990, 463, 464 – *Firmenrufnummer;* BGH GRUR 1994, 516, 517 – *Auskunft über Notdienste*); Werbung einer Sendeanstalt für ein Buch im Rahmen eines Kooperationsabkommens mit dessen Verleger (BGH GRUR 1990, 611, 613 – *Werbung im Programm*); Beifügung von Werbematerial zu amtlichen Mitteilungen gegen Erstattung der Portokosten (BGH GRUR 2002, 550, 554 – *Elternbriefe*); Maßnahmen zur Verhinderung eines Mitgliederwechsels von gesetzlicher zu privater Krankenversicherung (OLG Hamburg NJWE-WettbR 1996, 221); Maßnahmen zur Begünstigung eines bestimmten Leistungsanbieters durch eine gesetzliche Krankenkasse (OLG Stuttgart NJWE-WettbR 1999, 4). **Geschäftliche Handlung verneint:** Empfehlung der AOK an Ärzte, statt des einen ein anderes, preiswerteres Medikament zu verschreiben (BGH GRUR 1965, 110, 114 – *EU-MED*); Empfehlung einer Kassenärztlichen Vereinigung an Ärzte, Einweisungen in eine von einer Versicherung empfohlene Abteilung eines Krankenhauses vorzunehmen, auch wenn damit eine geringfügige Honorierung der Ärzte durch die Versicherung verbunden ist (KG GRUR-RR 2001, 91); Hinweis einer Handwerkerinnung, zur Vermeidung von Geschäftsrisiken bei namentlich genannten Lieferanten zu kaufen (OLG Düsseldorf WuW 1986, 62); kritischer Rundfunkkommentar zu einem Film (BGH GRUR 1968, 314, 316 – *fix und clever*); Hinweis einer Gemeinde auf Möglichkeit der Abfallentsorgung unter Nennung eines Mitbewerbers (OLG Frankfurt OLG-Rp 1998, 227); Überlassung von amtlichen Informationen an einen Internet-Programmanbieter, damit dieser sie der Öffentlichkeit zur Verfügung stellt (KG GRUR 2002, 198, 200).

(3) Subventionen (Beihilfen). Subventionen (Beihilfen) sind vermögenswerte Zuwendungen, die ein Träger öffentlicher Verwaltung einer Privatperson ohne eine entsprechende Gegenleistung gewährt, um durch deren Verhalten einen im öffentlichen Interesse liegenden Zweck zu fördern. Ob das Lauterkeitsrecht überhaupt auf die Gewährung von Subventionen (Beihilfen) durch die öffentliche Hand an Unternehmen anwendbar ist, ist umstritten. Teilweise wird dies mit dem Vorrang der Verwaltungsgerichtsbarkeit abgelehnt (Piper/Ohly/Sosnitza Einf D Rdn 30). Richtig daran ist, dass gegen Subventionen der Verwaltungsrechtsweg zulässig ist (BVerwGE 71, 183, 191; OLG Frankfurt WRP 1993, 403, 404). Jedoch kann grds auch der ordentliche Rechtsweg beschritten werden (OLG Frankfurt WRP 1997, 592; *Köhler/Steindorff* NJW 1995, 1705, 1708; *Groeschke* BB 1995, 45; *Tilmann/Schreibauer* GRUR 2002, 212; *Nordmann* S 207 ff). Der Sachverhalt der Subvention unterscheidet sich nicht grundlegend etwa von der Empfehlung eines fremden Produkts oder von der Auftragsvergabe. Maßgebend ist daher allein, ob die öffentliche Hand eine geschäftliche Handlung iSd § 2 I Nr 1 vornimmt, sie also zugunsten eines „fremden Unternehmens" eine Handlung vornimmt, die mit der Förderung des Absatzes objektiv zusammenhängt. Das lässt sich nicht schon damit verneinen, dass die Entscheidung über die Beihilfe hoheitliches Handeln darstellt (so aber OLG München GRUR 2004, 169, 171; *Mees*, FS Erdmann, 2002, 657, 659). Eine geschäftliche Handlung liegt aber nur dann vor, wenn die Beihilfe auf konkrete Maßnahmen der Förderung des Absatzes oder Bezugs von Waren oder Dienstleistungen (Werbemaßnahmen; Angebote) gerichtet ist und damit ein objektiver Zusammenhang mit der Förderung des Absatzes oder Bezugs gegeben ist. Denn dann ist die Beihilfe darauf gerichtet, eine geschäftliche Entscheidung der Marktpartner zu beeinflussen. Wie die Beihilfe gewährt wird, ist unerheblich. Es macht also keinen Unterschied, ob ein Zuschuss einem bestimmten Unternehmer gewährt wird, damit er kostengünstiger anbietet, oder ob er dem Verbraucher gewährt wird, damit er bei diesem Unternehmer kauft („mittelbare Beihilfe"). **Geschäftliche Handlung bejaht:** Ausgabe von Gutscheinen durch eine Gemeinde für den Kauf von Schulbüchern, die nur bei örtlichen Buchhändlern eingelöst werden können (OLG Stuttgart WRP 1980, 101, 102); Bezuschussung des Kaufs einer Waschmaschine, falls sie von ortsansässigen Händlern bezogen wird (OLG Frankfurt WRP 1997, 592). – Zur **Unlauterkeit** der Gewährung von Beihilfen vgl Rdn 13.59, 13.59 a.

(4) Beschaffungstätigkeit. Geht es der öffentlichen Hand nur darum, Eigenbedarf möglichst günstig einzukaufen, handelt sie nicht erwerbswirtschaftlich. Daher ist eine geschäftliche Handlung zu verneinen (vgl BGH GRUR 1968, 95, 97 – *Büchereinachlass;* offen gelassen in BGH GRUR 1991, 769, 770 – *Honoraranfrage*). Überlässt ein Hoheitsträger einem anderen Hoheitsträger unentgeltlich Sachmittel, so liegt auch nicht auf Seiten des Annehmenden eine geschäftliche Handlung vor. Eine Verpflichtung der öffentlichen Hand, sich ihren Bedarf auf dem Markt von privaten Anbietern zu verschaffen, besteht nicht (OLG Karlsruhe NJWE-WettbR 2000, 6); allerdings muss uU das Vergaberecht eingehalten werden (dazu Rdn 13.60) – Eine geschäftliche Handlung kann jedoch vorliegen, wenn es der öffentlichen Hand (bzw dem handelnden Amtswalter) darum geht, einen bestimmten Anbieter zu begünstigen. Doch kommt es hier sehr auf die Umstände des Einzelfalls, insbes auf das Vorliegen sachlicher Gründe und Motive für die Bevorzugung, an (vgl BGH GRUR 1988, 38, 39 – *Leichenaufbewahrung;* BGH GRUR 1989, 430 – *Krankentransportbestellung;* OLG Hamm NJWE-WettbR 2000, 69). – Auch bei Fehlen einer geschäftlichen Handlung kann sich eine Haftung der öffentlichen Hand aus allgemeinen Teilnahmeregeln (§ 830 II BGB; vgl BGH GRUR 2003, 807, 808 – *Buchpreisbindung*), nach der bisherigen Rspr auch aus § 1004 BGB analog iVm § 3 ergeben, wenn die Handlung dazu beiträgt, den Anbieterwettbewerb gesetzwidrig zu beeinflussen (zB Honoraranfrage mit dem Ziel einer gesetzwidrigen Preisunterbietung; BGH GRUR 1991, 769, 770 – *Honoraranfrage*) und dabei Prüfungspflichten verletzt werden (BGH GRUR 1997, 313, 315 – *Architektenwettbewerb*). – Soweit die öffentliche Hand (zB Ersatzkassen) Güter zum Zwecke des weiteren Umsatzes beschafft, handelt sie zu Zwecken des (Nachfrage-)Wettbewerbs (dazu *Melullis* WRP 1988, 228, 232). – Die sachwidrige Nichtberücksichtigung von Anbietern bzw die Kartellierung der Nachfrage kann ggf gegen Kartellrecht (Art 81, 82 EG; §§ 1, 19, 20 I, II,

33 GWB iVm § 130 I 1 GWB; vgl BGH GRUR 2003, 633, 634 – *Ausrüstungsgegenstände für Feuerlöscher*), insbes gegen die Vorschriften über die „Vergabe öffentlicher Aufträge" (§§ 97 ff GWB) oder gegen Bürgerliches Recht (§§ 311 II, 280 I BGB; §§ 823 ff, 839 BGB) verstoßen (vgl BGH GRUR 1968, 95, 97 – *Büchereinachlass;* BGH NJW 1977, 628; *Jäckle* NJW 1990, 2520).

13.28   **d) Hoheitliche Eingriffe in den Wettbewerb.** Greift die öffentliche Hand mit Maßnahmen der Eingriffs- oder Leistungsverwaltung (zB **Empfehlungen; Warnungen; Werbeverboten; Subventionen**) in den Wettbewerb zwischen Privaten ein, kann darin im Einzelfall ebenfalls eine geschäftliche Handlung, nämlich die Förderung fremden Wettbewerbs, liegen. Das Vorliegen einer öffentlichen Aufgabe schließt dies nicht aus (BGH GRUR 1990, 463, 464 – *Firmenrufnummer;* OLG Stuttgart NJWE-WettbR 1999, 3, 4; KG GRUR-RR 2002, 198, 200; zu eng OLG Stuttgart WRP 1991, 531, 533; zu Recht krit *Kramm* WRP 1992, 365). Allerdings wird nicht schon jede unrichtige Anwendung öffentlich-rechtlicher Befugnisnormen zur Bejahung eines lauterkeitsrechtlich relevanten Handelns führen (zu den grundgesetzlichen Anforderungen, nämlich öffentliche Aufgabe und Zuständigkeit der handelnden Stelle, an die Verbreitung staatlicher Informationen, die sich auf das Wettbewerbsgeschehen auswirken, vgl BVerfG NJW 2002, 2621, 2622 f – *Glykolwein*). Denn grds ist das Handeln der öffentlichen Hand auf Grund einer gesetzlichen Ermächtigung einer Überprüfung anhand des Lauterkeitsrechts entzogen (BGH GRUR 2006, 428 Tz 12 – *Abschleppkosten-Inkasso*). Vielmehr ist erforderlich, dass die öffentliche Hand ihren Aufgabenbereich deutlich erkennbar verlässt und ohne Rechtsgrundlage in den Wettbewerb eingreift (vgl BGH WRP 1991, 393, 397 – *Warenproben in Apotheken;* BayObLG GRUR 1982, 500, 503). Eine geschäftliche Handlung ist aber nur dann anzunehmen, wenn die Maßnahme gleichzeitig dazu dient, den Absatz oder Bezug eines bestimmten Unternehmens zu fördern.

13.29   **e) Gesetzgebungsakte.** Nicht unter die lauterkeitsrechtliche Kontrolle fallen gesetzgeberische Akte. Insoweit kommt allein die Normenkontrolle in Betracht.

4. Abschnitt. Unlauterkeit des Handelns der öffentlichen Hand

I. Ausgangspunkt

13.30   Für die Beurteilung der Unlauterkeit des Handelns der öffentlichen Hand, einschließlich der von der öffentlichen Hand beherrschten privatrechtlichen Organisationen (dazu *Mees* WRP 2000, 963), hat die Rspr bestimmte Grundsätze und Fallgruppen entwickelt. Diese gelten auch für Organisationen mit quasi-amtlicher Stellung (BGH WRP 1999, 650, 654 – *Holsteiner Pferd*). Auszugehen ist davon, dass die wirtschaftliche Betätigung der öffentlichen Hand, also die Förderung eigenen oder fremden Wettbewerbs, lauterkeitsrechtlich grds zulässig ist und erst bei Hinzutreten besonderer Umstände unlauter wird. Auch für die öffentliche Hand gilt insoweit der allgemeine Grundsatz, dass bei der Beurteilung des Verhaltens die wettbewerbliche Ausgangslage, der Anlass und Zweck des Handelns, die Begleitumstände und die Auswirkungen auf den Wettbewerb zu berücksichtigen sind (BGH GRUR 1982, 425, 430 – *Brillen-Selbstabgabestellen;* BGH WRP 1999, 176, 180 – *Verwaltungsstellenleiter*). – Liegt ein unlauteres Handeln der öffentlichen Hand vor, so können sich daraus entsprechende lauterkeitsrechtliche Ansprüche aus den §§ 8 ff ergeben. Hat ein Unternehmer durch eigene geschäftliche Handlung an dem Verstoß mitgewirkt, so haftet er daneben als **Mittäter** oder Teilnehmer (BGH GRUR 2002, 550, 553, 531 – *Elternbriefe*), bei Fehlen einer geschäftlichen Handlung allenfalls als Störer (§ 1004 BGB analog), richtigerweise allenfalls als **Anstifter** oder **Gehilfe** iSd § 830 II BGB. – Die wirtschaftliche Betätigung der öffentlichen Hand unterliegt nach § 130 I 1 GWB zugleich dem **Kartellrecht** (vgl zB BGHZ 107, 40, 43 ff – *Krankentransportbestellung;* BGH WRP 1999, 865 – *Kartenlesegerät;* BGH GRUR 1999, 278 – *Schilderpräger im Landratsamt;* BGH GRUR 2003, 167, 168 – *Kommunaler Schilderprägebetrieb;* BGH GRUR 2003, 809 – *Konkurrenzschutz für Schilderpräger;* BGH GRUR 2003, 633 – *Ausrüstungsgegenstände für Feuerlöscher*). Dabei steht in der Praxis das Verbot der unbilligen Behinderung von Mitbewerbern (§ 20 I, IV GWB) im Vordergrund (OLG Nürnberg GRUR-RR 2010, 99, 101. Die marktbeherrschende Stellung der öffentlichen Hand kann sich dabei gerade aus ihrer öffentlichen Aufgabe ergeben (BGH GRUR 2003, 167, 169 – *Kommunaler Schilderprägebetrieb*).

II. Grundsatz der Gleichbehandlung der öffentlichen Hand

Soweit sich die öffentliche Hand am Wettbewerb beteiligt und damit in eine Konkurrenzsituation zu Privaten tritt, kann sie nicht deshalb eine generelle Vorzugsstellung für sich in Anspruch nehmen, weil sie öffentliche Aufgaben und Zwecke verfolgt (BGH GRUR 1982, 688 – *Senioren-Pass;* BGH GRUR 2003, 77, 78 – *Fernwärme für Börnsen;* OLG Köln WRP 1985, 511, 512; OLG Karlsruhe WRP 1995, 857, 858; KG GRUR-RR 2002, 198, 200; *Piper* GRUR 1986, 574, 576). Die öffentliche Hand kann sich auch nicht auf das Sparsamkeitsgebot berufen, um ein unlauteres oder lauterkeitsbeschränkendes Verhalten zu rechtfertigen (vgl BGH GRUR 2003, 633, 634 – *Ausrüstungsgegenstände für Feuerlöscher* zum Sparsamkeitsgebot). Andernfalls würde dies zu einer Wettbewerbsverzerrung zu Lasten der Privatwirtschaft führen. Allerdings kann die Wahrnehmung einer öffentlichen Aufgabe bei der Beurteilung einer Wettbewerbsmaßnahme im Einzelfall zu berücksichtigen sein (BGH WRP 1998, 857, 859 – *1000,– DM Umwelt-Bonus; Piper* GRUR 1986, 574, 576). – Umgekehrt ist die öffentliche Hand auch nicht generell besonderen Verhaltensanforderungen unterworfen (BGH GRUR 1965, 373, 375 – *Blockeis II;* BGH GRUR 1973, 530, 531 – *Crailsheimer Stadtblatt;* BGH GRUR 1987, 116, 118 – *Kommunaler Bestattungswirtschaftsbetrieb I;* BGH GRUR 2003, 77, 78 – *Fernwärme für Börnsen*). So ist es zB den öffentlich-rechtlichen Rundfunkanstalten nicht verwehrt, im Rahmen ihrer öffentlichen Aufgabe durch Verbesserung oder Erweiterung ihres Angebots zusätzliche Hörer oder Zuschauer auf Kosten der privaten Rundfunksender zu gewinnen (OLG Dresden GRUR 1996, 73). Bei der lauterkeitsrechtlichen Beurteilung kommt es jeweils auf die Umstände des Einzelfalls an, insbes darauf, inwieweit ein spezifisches Handlungspotenzial der öffentlichen Hand (Finanzkraft, überragende Marktstellung, gesetzliche Privilegierung, Autorität usw) sich wettbewerbsverzerrend auswirken kann. Auch soweit die öffentliche Hand über eine **marktbeherrschende** Stellung verfügt, darf sie grds ihr Verhalten nach wirtschaftlich vernünftigen Erwägungen gestalten (vgl BGH GRUR 2003, 167, 169 – *Kommunaler Schilderprägebetrieb*). Je größer die Marktmacht, desto höher sind jedoch die Verhaltensanforderungen. Zu berücksichtigen ist daher, wie sich eine Maßnahme auf die Mitbewerber auswirkt. Dagegen ist bei der lauterkeitsrechtlichen Prüfung unerheblich, in welchem Umfang die Maßnahme die Wahrung von Allgemeininteressen (zB Umweltschutz) bezweckt und bewirkt (aA BGH WRP 1998, 857, 860 – *1000,– DM Umweltbonus*). Es gelten insoweit dieselben Wertungsmaßstäbe wie im Kartellrecht (Art 102 AEUV; §§ 19, 20 GWB).

13.31

III. Preisunterbietung, unentgeltliche Zuwendungen, Preisüberbietung

1. Allgemeines

Gibt die öffentliche Hand Leistungen unter dem Marktpreis oder sogar kostenlos ab (vgl BGHZ 123, 157, 162 = GRUR 1993, 917 – *Abrechnungs-Software für Zahnärzte;* OLG Stuttgart NJW 1989, 778), ist zunächst zu fragen, ob überhaupt eine geschäftliche Handlung vorliegt (Rdn 13.17 ff). Das ist zu verneinen, wenn die öffentliche Hand zur Erbringung der Leistung verpflichtet und in der Preisgestaltung nicht frei ist (vgl OLG Frankfurt GRUR Int 1985, 762) oder die Preisunterbietung zur Erreichung des öffentlichen Zwecks erforderlich ist (zB Sozialtarife; vgl BGH GRUR 1973, 272, 273 – *Fahrschul-Rabatt*). Selbst wenn aber eine geschäftliche Handlung vorliegt, ist eine Preisunterbietung nicht schon deshalb unlauter, weil die öffentliche Hand im Rahmen der Erfüllung einer öffentlichen Aufgabe auf öffentliche (Sach-, Personal-, Finanz-)Mittel zurückgreifen kann (BGH GRUR 1987, 116, 118 – *Kommunaler Bestattungswirtschaftsbetrieb I;* BGH WRP 1998, 857, 859 – *1000,– DM Umweltbonus*) oder ihre Kostenstruktur günstiger als die der Mitbewerber ist. Auch kann es der öffentlichen Hand nicht verwehrt sein, im Rahmen der erwerbswirtschaftlichen **Randnutzung** einer Verwaltungseinrichtung auf vorhandene öffentliche (Sach-, Personal-)Mittel zurückzugreifen (BGH GRUR 1971, 168, 170 – *Ärztekammer;* BGH GRUR 1987, 116, 118 – *Kommunaler Bestattungswirtschaftsbetrieb I;* BGH GRUR 1993, 692, 695 – *Guldenburg;* BGH GRUR 2002, 550, 553 – *Elternbriefe* = LM UWG § 1 Nr 863 mit Anm *Köhler;* BGH GRUR 2009, 606 Tz 14 – *Buchgeschenk vom Standesamt;* BVerwG JZ 1989, 688). Dies kann vielmehr sinnvoll sein, um die Aufwendungen und damit die Belastung der Bürger für die Verwaltungseinrichtung möglichst gering zu halten (BGH GRUR 1973, 530, 531 – *Crailsheimer Stadtblatt;* BGH GRUR 1974, 733, 735 – *Schilderverkauf;* BGH GRUR 1987, 116, 119 – *Kommunaler Bestattungswirtschaftsbetrieb I*). Ein etwaiger daraus resultierender Wettbewerbsvorsprung ist grds hinzunehmen (BGH aaO – *Kommunaler Bestattungswirtschaftsbetrieb I;* aA *Ulmer* ZHR 146 (1982), 466, 489). Die Ausnutzung dieses Wettbewerbsvor-

13.32

sprungs darf jedoch nicht missbräuchlich erfolgen. Dies ist der Fall, wenn eine Unterbietung der Preise privater Mitbewerber dadurch ermöglicht wird, dass bei der Kalkulation der Selbstkosten die Fixkosten aus der mit öffentlichen Mitteln geschaffenen und unterhaltenen sowie zur Erfüllung der öffentlichen Aufgabe bestimmten Ressourcen nicht anteilig berücksichtigt werden und nur ein Kostendeckungsbeitrag angestrebt wird. Insoweit liegt zwar keine Zweckentfremdung öffentlicher Mittel (Rdn 13.33) vor, wohl aber eine Ausnutzung von Wettbewerbschancen, die privaten Mitbewerbern nicht zur Verfügung stehen. – Die öffentlich-rechtliche Grenze der zulässigen Randnutzung ist im Übrigen erst dann überschritten, wenn der Funktionsauftrag verlassen und sie zum Selbstzweck wird (BVerfG NJW 1999, 709, 710; OLG Koblenz Urt v 21. 8. 2001 – 4 U 957/00). – Nicht für sich allein unlauter ist es auch, wenn die öffentliche Hand auf Grund des Sozialstaatsprinzips bestimmten Bevölkerungsgruppen verbilligte Leistungen anbietet, um zur Verbesserung der Versorgung und zur Kostendämpfung beizutragen (vgl BGHZ 82, 375 = GRUR 1982, 425, 430 – *Brillen-Selbstabgabestellen;* OLG Nürnberg GRUR-RR 2010, 99, 102). Die Gewährung unentgeltlicher Zuwendungen, um zum Vertragsschluss zu kommen, beurteilt sich nach den allgemeinen Grundsätzen. Ein „Bonus" von 1000,– DM für die Umstellung von Öl- auf Gasheizung soll zulässig sein (BGH WRP 1998, 857 – *1000,– DM Umweltbonus;* bedenklich). – **Subventionen** (zB aus Umweltschutzgründen) an Letztverbraucher für den Erwerb bestimmter Güter, die faktisch subventionierte Preissenkungen darstellen, dürfen nicht vom Bezug bei bestimmten Händlern abhängig gemacht werden (OLG Frankfurt WRP 1997, 592). – Tritt die öffentliche Hand als Nachfrager nach Waren oder Dienstleistungen im Wettbewerb mit anderen Nachfragern auf, kann unter bestimmten Voraussetzungen auch die **Preisüberbietung** unlauter sein.

2. Zweckentfremdung öffentlicher Mittel

13.33 Die Tätigkeit von Unternehmen der öffentlichen Hand ist nicht schon aus dem Grund unlauter, weil ihre Finanzierung durch die öffentliche Hand auch mit Mitteln erfolgen kann, die dieser durch Steuern und Abgaben zugeflossen sind (BGH GRUR 1987, 116, 118 – *Kommunaler Bestattungswirtschaftsbetrieb I;* BGH GRUR 2003, 164, 166 – *Altautoverwertung*). Andernfalls dürfte die öffentliche Hand überhaupt keine Unternehmen betreiben, die sich am Wettbewerb beteiligen (*Köhler* NJW 2002, 2761, 2762). Unlauter wird eine Preisunterbietung unter dem Gesichtspunkt der Zweckentfremdung öffentlicher Mittel erst dann, wenn sie aus Mitteln finanziert wird, die der öffentlichen Hand zur Erfüllung eines anderen öffentlichen Zwecks zufließen, und die Kosten der Preisunterbietung auf Dritte (Beitrags-, Steuerzahler) abgewälzt werden (BGH GRUR 1982, 433, 436 – *Kinderbeiträge;* BGH GRUR 1987, 116, 118 – *Kommunaler Bestattungswirtschaftsbetrieb I;* BGH WRP 1993, 106, 108 – *EWG-Baumusterprüfung;* BGH GRUR 2003, 164, 166 – *Altautoverwertung;* OLG Schleswig GRUR 1996, 141, 143; vgl auch BGH GRUR 1967, 36, 38 – *Rollkostenzuschüsse*). Allerdings ist nicht schon jede geringfügige Abweichung von den gebotenen Preisen unlauter (BGH GRUR 1982, 433, 436 – *Kinderbeiträge*).

3. Verdrängungsabsicht

13.34 Zielt die Preisunterbietung (oder Preisüberbietung) auf die Verdrängung eines Mitbewerbers und ist der Preis nicht kostendeckend, so ist sie bereits nach § 4 Nr 10 unlauter (vgl Rdn 10.189 ff; BGH GRUR 1987, 116, 118 – *Kommunaler Bestattungswirtschaftsbetrieb I;* OLG Schleswig GRUR 1996, 141, 142). Auf die Herkunft der Mittel oder die sonstigen Motive kommt es nicht an.

4. Gefährdung des Wettbewerbsbestands

13.35 Die mit öffentlichen Mitteln finanzierte Preisunterbietung (bis hin zur kostenlosen Abgabe von Leistungen) ist auch dann unlauter, wenn sie (ggf unter Berücksichtigung einer Nachahmungsgefahr) zu einer Gefährdung des Wettbewerbsbestands führt (allgemeine Marktbehinderung; Rdn 12.1 ff). Wird die öffentliche Hand allerdings im Rahmen der Erfüllung ihr **gesetzlich obliegender Aufgaben** (zB öffentlicher Bildungsauftrag; OLG Nürnberg GRUR-RR 2010, 99, 101) tätig, kann das Unwerturteil nicht allein mit den Auswirkungen des Verwaltungshandelns auf den Wettbewerb begründet werden. Denn das Lauterkeitsrecht darf das Verwaltungshandeln nicht über Gebühr begrenzen. Andererseits darf die öffentliche Hand bei ihrem Verwaltungshandeln die sachlich berechtigten Interessen privater Wettbewerber nicht außer Acht lassen. Das bedeutet zwar nicht, dass die Verwaltung auf Maßnahmen beschränkt wäre, die durch zwingende Gründe der Daseinsvorsorge geboten sind (BGHZ 123, 157, 160 f = GRUR 1993, 917, 919 – *Abrechnungs-Software für Zahnärzte*). Die Verwaltung muss sich aber bei der Erfüllung einer Aufgabe im Bereich des **verfassungsrechtlich Zulässigen** halten (dazu BGHZ 82, 375 = GRUR 1982, 425, 430 – *Brillen-Selbstabgabestellen:* Überprüfung der gesetzlichen Grundlage am Maßstab der Art 2, 12, 14 GG) und sie muss bei Ausübung ihres Ermessens die Grundsätze der **Erforderlichkeit** und **Verhältnismäßigkeit** beachten. Sie muss sich daher auf die Maßnahmen beschränken, die zur Aufgabenerfüllung erforderlich sind (BGHZ 123, 157, 160 f = GRUR 1993, 917 – *Abrechnungs-Software für Zahnärzte*) und am wenigsten in die berechtigten Interessen privater Wettbewerber eingreifen. Eine geschäftliche Handlung der öffentlichen Hand, die zur Gefährdung des Wettbewerbsbestandes führt, ist in solchen Fällen daher nur unlauter, wenn sie über das verfassungsrechtlich Zulässige und sachlich Gebotene hinausgeht (BGH GRUR 1991, 53, 55 f – *Kreishandwerkerschaft I*). Die bloße Schaffung von Überkapazitäten reicht dazu aber nicht aus (BGH GRUR 2003, 164, 166 – *Altautoverwertung*). **Bestandsgefährdung bejaht:** Einrichtung von Brillen-Selbstabgabestellen durch AOK (BGHZ 82, 375, 395 ff = GRUR 1982, 425 – *Brillen-Selbstabgabestellen*; wohl überholt wegen der Sonderregelung in § 69 SGB V); kostenlose Abgabe von Software an Kassenärzte durch kassenzahnärztliche Vereinigung (BGH GRUR 1993, 917, 919 – *Abrechnungs-Software für Zahnärzte*). **Bestandsgefährdung verneint:** Betreiben eines kommunalen Bestattungswirtschaftsbetriebs (wegen rückläufiger Auftragsentwicklung; BGH GRUR 1987, 116, 118 – *Kommunaler Bestattungswirtschaftsbetrieb I*); Betreiben einer Inkassostelle durch eine Kreishandwerkerschaft (BGH GRUR 1991, 53, 56 – *Kreishandwerkerschaft I*); Veranstaltung von „Selbstzahlerreisen" durch Bezirksamt (wegen geringen Umfangs; KG WRP 1986, 207, 209); Anzeigenveröffentlichung in Amtsblatt (BGH GRUR 1973, 530, 532 – *Crailsheimer Stadtblatt*); Betreiben einer Altautoverwertung durch kommunales Unternehmen (BGH GRUR 2003, 164, 166 – *Altautoverwertung*); Betreiben einer städtischen Musikschule zu nichtkostendeckenden Preisen (OLG Nürnberg GRUR-RR 2010, 99, 101).

IV. Vertrauensmissbrauch

1. Grundsatz

Der Bürger bringt Äußerungen der öffentlichen Verwaltung, seien es Auskünfte, Empfehlungen, Kritik oder eigene Werbe- und Verkaufsmaßnahmen, besonderes Vertrauen entgegen (BGH WRP 2009, 1369 Tz 18 – *Auskunft der IHK*). Dieses Vertrauen ist auch schutzwürdig, weil die öffentliche Verwaltung zu neutraler und objektiver Amtsführung verpflichtet ist. Ein Missbrauch dieses Vertrauens, um eigenen oder fremden Wettbewerb zu fördern, ist daher idR unlauter nach § 3 I bzw § 4 Nr 1 (vgl BGH GRUR 1964, 210, 213 – *Landwirtschaftsausstellung;* BGH WRP 1999, 176, 180 – *Verwaltungsstellenleiter;* OLG Düsseldorf GRUR 1992, 182, 184 mit krit Anm *Lehmann;* OLG Köln GRUR 1995, 433: Werbung einer Krankenkasse für eine Bausparkasse).

2. Auskunft

Auskünfte sind unparteiisch, objektiv und sachgerecht zu erteilen (BGHZ 19, 299, 303 – *Bad Ems;* BGH GRUR 1987, 119 – *Kommunaler Bestattungswirtschaftsbetrieb II;* BGH GRUR 1994, 516, 517 – *Auskunft über Notdienste;* BGH GRUR 2002, 550, 551 – *Elternbriefe;* BGH WRP 2009, 1369 Tz 18 – *Auskunft der IHK*). Bei Anfragen über das Vorliegen bestimmter Leistungsangebote (zB Hotels, Bestattungsunternehmen, Notdienste) ist aber nicht ohne weiteres erforderlich, dass alle Anbieter genannt werden. Vielmehr kommt es auf die jeweilige Fragestellung und auf die erkennbaren Interessen (rasche Verfügbarkeit oder Preiswürdigkeit der Leistung, spezielle Leistungsanforderungen usw) des Ratsuchenden an. Ist daran gemessen, die Auskunft unrichtig oder unvollständig, begründet dies die Unlauterkeit, ohne dass es auf ein Verschulden ankommt (BGH WRP 2009, Tz 21 – *Auskunft der IHK*, anders noch zum UWG 1909, BGH GRUR 1994, 516, 517 – *Ankunft über Notdienste*). Zu den besonderen Anforderungen an die Auskunftspflicht einer IHK als Prüfungsbehörde, die im Wettbewerb mit privaten Anbietern Vorbereitungskurse anbietet, vgl BGH aaO Tz 19 – *Auskunft der IHK*.

3. Empfehlung

13.38 **a) Vorliegen einer Empfehlung.** Ob in einem bestimmten Verhalten bereits eine Empfehlung liegt, beurteilt sich nach dem Eindruck des Verkehrs. Dabei ist auf einen durchschnittlich informierten, aufmerksamen und verständigen Verbraucher und nicht auf die Anschauungen einer Minderheit abzustellen (BGH GRUR 2002, 550, 551 f – *Elternbriefe* mwN). So wird in der Versendung von amtlichen Elternbriefen, denen Werbematerial einer Sparkasse beigefügt ist, keine Empfehlung zu erblicken sein. Ebenso wenig in der Übersendung von Gehaltsabrechnungen an die Mitarbeiter einer Stadtverwaltung, denen ein Werbeflyer einer Bank beigefügt ist (OLG Brandenburg GRUR-RR 2009, 239). Ebenso wenig wird idR in der Vermietung von Reklameflächen in Räumen der öffentlichen Verwaltung oder in der Duldung der Auslage von Werbeprospekten eine Empfehlung anzunehmen sein (RGZ 124, 239, 250). Anders kann es liegen, wenn Werber in Schulen mit Billigung der Schulleitung auftreten (vgl BGH GRUR 1984, 665, 666 – *Werbung in Schulen;* OLG Brandenburg WRP 2003, 903).

13.39 **b) Unlauterkeit.** Die Empfehlung eigener oder fremder Leistung ist nicht ohne weiteres unlauter. Vielmehr kann ein schutzwürdiges Interesse des Empfehlenden oder des Publikums an derartigen Empfehlungen gegeben sein. Die Empfehlung muss jedoch im Aufgabenbereich der jeweiligen Verwaltung liegen (BGH GRUR 1984, 665, 666 – *Werbung in Schulen*) und muss neutral, objektiv und sachgerecht erfolgen. Das schließt eine wertende Beurteilung nicht aus (BGHZ 19, 299, 303 – *Bad Ems*). Unlauter ist es, wenn das der öffentlichen Verwaltung entgegengebrachte Vertrauen in die Objektivität und Neutralität ihrer Amtsführung missbraucht wird. Dies ist insbes dann der Fall, wenn die Empfehlung nicht das Ergebnis einer sachlichen und unparteiischen Wertung ist, sondern von geschäftlichen Interessen bestimmt wird und die Gleichbehandlung von Mitbewerbern beeinträchtigt (BGH GRUR 1987, 119, 121 f – *Kommunaler Bestattungswirtschaftsbetrieb II;* BGH GRUR 1994, 516, 517 – *Auskunft über Notdienste;* BGH GRUR 2002, 550, 551 – *Elternbriefe*). Das Gebot der **sachlichen Information** ist zB verletzt, wenn eine Sozialhilfebehörde einem Sozialhilfeempfänger gegenüber den Eindruck erweckt, die einzige Möglichkeit zu einer für ihn kostenfreien Lesebrille zu gelangen, sei der Erwerb einer Fertigbrille in einem Kaufhaus (OLG Frankfurt NJWE-WettbR 1999, 78). Das Gebot der **Neutralität** ist verletzt, wenn sich die Verwaltung eine Gegenleistung für die Empfehlung versprechen oder gewähren lässt (vgl BGH GRUR 1984, 665, 667 – *Werbung in Schulen;* OLG Karlsruhe GRUR-RR 2003, 191, 192: Provisionsversprechen an Schulleitung für Empfehlung an Schulträger, mit einem bestimmten Unternehmen einen Vertrags zu schließen; OLG Brandenburg WRP 2003, 903: Spende eines PC dafür, dass Schulleitung eine gewerbliche Fotoaktion an der Schule gestattet). Ferner, wenn eine Krankenkasse ohne sachlichen Grund gezielt den Wettbewerb eines Dritten fördert (BGH WRP 1999, 176, 180 – *Verwaltungsstellenleiter*). **Unlauterkeit verneint:** Äußerung einer Handwerkskammer, die Innungskrankenkasse sei für das Handwerk besser als jede andere Krankenkasse geeignet, da noch im Aufgabenbereich der Kammer liegend (§§ 90, 91 HO: Wahrnehmung aller Aufgaben, die geeignet sind, dem gesamten Handwerk, dem einzelnen Betrieb und dem einzelnen Angehörigen der Handwerkskammer zu dienen) und sachlich nicht unzutreffend (BGH GRUR 1986, 905, 908 – *Innungskrankenkassenwesen;* Heck DB 1986, 2655); sachlich zutreffender Hinweis auf die eigene Leistungsfähigkeit bei gleichzeitiger Benennung der privaten Anbieter BGH GRUR 1987, 119 – *Kommunaler Bestattungswirtschaftsbetrieb II*); Duldung einer Zeitschriftenwerbung in Schulen, wenn keine besonderen Umstände vorliegen (BGH GRUR 1984, 665, 667 – *Werbung in Schulen*); Empfehlung des Bezugs günstigeren Zahnersatzes durch Ersatzkassen, um Kostenbelastung niedrig zu halten (BGH WRP 2000, 759, 761 – *Zahnersatz aus Manila;* überholt durch § 69 SGB V).

4. Kritik

13.40 Bei kritischen Äußerungen oder gar Warnungen vor Leistungsangeboten ist besonders sorgfältig zu prüfen, ob überhaupt eine geschäftliche Handlung vorliegt (dazu Rdn 13.28 aE). Ist sie zu bejahen, so ist an die Zulässigkeit der Kritik ein strenger Maßstab anzulegen (OLG München NJW-RR 1995, 1004: Warnung einer Krankenkasse vor angeblich zu teuren Leistungserbringern). Ohne weiteres unlauter nach § 4 Nr 7 ist eine pauschale Herabsetzung von Wettbewerbern (BGH GRUR 1985, 1063, 1064 – *Landesinnungsmeister;* OLG Hamburg NJWE-WettbR 1996, 221; OLG München NJW-RR 1996, 1323: Vorwurf des „Rausklaubens von Rosinen").

5. Werbe- und Verkaufsmaßnahmen

Die allgemeinen Grundsätze (zB über Telefonwerbung; Laienwerbung usw) gelten auch für die öffentliche Hand. Unlauter ist es daher, wenn die öffentliche Hand (zB Krankenkasse) zur Kundenwerbung Laienwerber mit Autoritätsanspruch (Arbeitgeber) einsetzt (OLG Zweibrücken NJWE-WettbR 2000, 40; vgl auch § 4 Rdn 1.172 ff). Führt die öffentliche Hand Werbe- oder Verkaufsaktionen durch, soll im Hinblick auf das besondere Vertrauen des Publikums in die Seriosität der öffentlichen Hand Unlauterkeit wegen übertriebenen Anlockens gegeben sein (BGH GRUR 1985, 975 – *Sparkassenverkaufsaktion* mit krit Anm *Merkel*). In dieser Allgemeinheit kann dies angesichts des gewandelten Verbraucherleitbilds nicht mehr gelten. Eine unangemessene unsachliche Beeinflussung (§ 4 Nr 1) ist in solchen Fällen daher allenfalls ausnahmsweise gegeben. – Im Einzelfall kann der Tatbestand der Irreführung (§ 5) erfüllt sein. **Beispiele:** Hinweis auf Unentgeltlichkeit der Tätigkeit eines kirchlichen Unternehmens, obwohl Provisionen bezogen werden (BGH GRUR 1981, 823, 826 – *Ecclesia-Versicherungsdienst*); ungeprüfte Übernahme der vom Gläubiger genannten „Mondpreise" durch Gerichtsvollzieher (KG NJW-RR 1986, 201); unrichtige Behauptung einer kassenärztlichen Vereinigung, Zuschuss von Krankenkassen sei davon abhängig, dass über sie bezogen wurde (BGH WRP 1999, 1283, 1289 – *Kartenlesegerät*).

V. Autoritätsmissbrauch

Der Autoritätsmissbrauch, also die sachwidrige Druckausübung durch einen Amtsinhaber auf die Nachfrageentscheidung (vgl allgemein § 4 Rdn 1.24 ff), ist stets unlauter nach § 4 Nr 1 (vgl BGH GRUR 2002, 550, 553 – *Elternbriefe;* BGH GRUR 2003, 77, 79 – *Fernwärme für Börnsen*). Dem steht der Fall gleich, dass die öffentliche Hand (zB Betriebskrankenkasse) einen Autoritätsträger (zB Betriebsrat) für eigene Zwecke einsetzt (OLG Zweibrücken NJWE-WettbR 2000, 40). Unerheblich ist, worin der Druck besteht (Ankündigung eines Nachteils oder eines Vorteils) und wie er ausgeübt wird (offen oder versteckt). Es genügt bereits, dass die angesprochenen Personen den Eindruck gewinnen können, ihre Kaufentscheidung könnte die Entscheidungen des Amtsinhabers beeinflussen. Ein Autoritätsmissbrauch liegt freilich nicht schon dann vor, wenn eine Behörde mit ihren amtlichen Mitteilungen zugleich Werbematerial versendet, mag damit auch der Werbung besondere Aufmerksamkeit zu Teil werden (BGH GRUR 2002, 550, 553 – *Elternbriefe*), wenn eine Gemeinde ihren gewerblichen Bestattungsdienst im kommunalen Friedhofsgebäude unterbringt (BGH GRUR 2005, 960, 962 – *Friedhofsruhe*) oder wenn die öffentliche Hand lediglich Privatanzeigen für ein amtliches Mitteilungsblatt entgegennimmt (BGH GRUR 1973, 530, 531 – *Crailsheimer Stadtblatt*). Erst recht liegt kein Autoritätsmissbrauch vor, wenn eine Stadtverwaltung den Gehaltsabrechnungen an ihre Mitarbeiter einen Werbeflyer einer Bank beifügt (OLG Brandenburg GRUR-RR 2009, 239). Ebenso scheidet ein Vertrauens- oder Autoritätsmissbrauch aus, wenn ein Hersteller von Zahnpflegemitteln im Einverständnis mit der Schulverwaltung kostenlos ein Schulprogramm für Zahnhygiene zur Verfügung stellt (OLG Frankfurt WRP 2001, 294). Anders läge es, wenn zB ein Lehrer Schülern den Bezug einer Zeitschrift in einer Weise nahe legt, dass die Eltern den Eindruck gewinnen können, eine Nichtbestellung werde zu schlechterer Behandlung der Kinder durch den Lehrer führen (BGH GRUR 1984, 665, 667 – *Werbung in Schulen*).

VI. Missbrauch von Hoheitsbefugnissen und öffentlich-rechtlichen Monopolstellungen

Eng verwandt mit dem Vertrauens- und Autoritätsmissbrauch ist der Missbrauch von Hoheitsbefugnissen oder öffentlich-rechtlichen Monopolstellungen. Er ist gegeben, wenn die öffentliche Hand die ihr kraft öffentlichen Rechts zustehender Hoheits- oder Entscheidungsbefugnis oder Monopolstellung sachwidrig zur Förderung eigenen oder fremden Wettbewerbs einsetzt (BGH GRUR 1987, 116, 118 – *Kommunaler Bestattungswirtschaftsbetrieb I;* BGH WRP 1998, 857, 859 – *1000,- DM Umweltbonus;* BGH WRP 1999, 650, 654 – *Holsteiner Pferd;* BGH GRUR 2003, 77, 78 – *Fernwärme für Börnsen;* BGH GRUR 2003, 167, 169 – *Kommunaler Schilderprägebetrieb*). So etwa, wenn eine Gemeinde in ein und demselben Gebäude sowohl eine Kfz-Zulassungsstelle als auch (mittels eines Tochterunternehmens) ein Schilderprägeunternehmen betreibt, und sie dabei den Zweck verfolgt, unter Verdrängung leistungsbereiter privater Wettbewerber für sich den größten wirtschaftlichen Vorteil zu erzielen (BGH GRUR 2003, 167, 169 – *Kommunaler Schilderprägebetrieb*); wenn eine IHK als Prüfungsbehörde und gleichzeitige Anbieterin von entgeltlichen

Vorbereitungskursen auf Anfrage verschweigt, dass es auch konkurrierende Anbieter gibt (BGH WRP 2009, 1369 Tz 19 – *Auskunft der IHK;* vgl auch Rdn 11.37). Ferner, wenn die Erteilung einer Genehmigung oder die Ermäßigung einer Gebühr für den Fall einer bestimmten Kaufentscheidung in Aussicht gestellt wird (vgl BGH GRUR 1964, 210, 213 – *Landwirtschaftsausstellung;* BGH GRUR 1984, 665, 667 – *Werbung in Schulen*). Dem steht der Fall gleich, dass die Erteilung eines Auftrags als Druck- oder Lockmittel eingesetzt wird. Unlauter ist es ferner, wenn der Bezug einer Ware oder Dienstleistung bei einem bestimmten Anbieter ohne sachlichen Grund verbindlich vorgeschrieben wird. **Beispiel:** Ein Justizprüfungsamt kann zwar im Rahmen seiner öffentlichen Aufgabe verbindlich festlegen, welche Kommentare zum Examen zugelassen sind, nicht aber bei welchem Buchhändler sie zu beziehen sind. – **Missbrauch verneint:** Krankenkasse schaltet Mitarbeiter einer privaten Krankenversicherung in die Mitgliederwerbung ein, mag dadurch auch die Gelegenheit zu Vertragsschlüssen geschaffen werden (BGH WRP 1999, 176, 180 – *Verwaltungsstellenleiter*). – Krankenkasse empfiehlt günstige Bezugsmöglichkeiten für Zahnersatz (BGH WRP 2000, 759, 761 – *Zahnersatz aus Manila;* überholt durch § 69 SGB V). – Gemeinde erlegt Erschließungsträgern die Vertragspflicht auf, den Verkauf von Grundstücken davon abhängig zu machen, den Heizenergiebedarf bei einem kommunalen Blockheizkraftwerk zu decken, sofern sie dabei ein berechtigtes öffentliches Interesse (Vermeidung des Heizens mit fossilen Brennstoffen) verfolgt (vgl BGH GRUR 2003, 77, 79 – *Fernwärme für Börnsen* – auch zu § 124 BauGB). – Gemeinde betreibt neben einer Kfz-Zulassungsstelle einen Kfz-Schildverkauf, sofern nicht das fiskalische Interesse an Einnahmenerzielung, sondern das Interesse an einer Versorgung der Bürger im Vordergrund steht etwa weil die Versorgung durch private Anbieter auf längere Sicht nicht zuverlässig gewährleistet erscheint (BGH GRUR 2003, 167, 169 – *Kommunaler Schilderprägebetrieb;* OLG Karlsruhe WRP 1995, 857, 859). In solchen Fällen ist von einer bloßen Hilfstätigkeit zur öffentlich-rechtlichen Aufgabe auszugehen.

VII. Ausnutzung amtlicher Beziehungen zum Wettbewerb

1. Grundsatz

13.44 Es ist grds unlauter, wenn die öffentliche Hand ihre amtlichen Beziehungen zum Wettbewerb dazu missbraucht, sich oder anderen wettbewerbliche Vorteile zu verschaffen, also amtliche und erwerbswirtschaftliche Interessen verquickt (BGH WRP 1999, 650, 654 f – *Holsteiner Pferd;* BGH GRUR 2003, 77, 79 – *Fernwärme für Börnsen;* BGH GRUR 2003, 164, 166 – *Altautoverwertung;* BGH GRUR 2009, 606 Tz 20 – *Buchgeschenk vom Standesamt;* OLG Karlsruhe WRP 1995, 857, 858). Doch kommt es jeweils auf die Umstände des Einzelfalls an. Soweit die öffentliche Hand mittels der privatwirtschaftlichen Betätigung dazu beitragen möchte, ihre öffentliche Aufgabe rascher und rationeller zu erfüllen, die privatwirtschaftliche Betätigung daher als eine Art **Hilfstätigkeit der öffentlichen Verwaltung** erscheint, muss sie so vorgehen, dass die Belange privater Anbieter so wenig wie möglich beeinträchtigt werden (BGH GRUR 1974, 733, 734 – *Schilderverkauf;* BGH GRUR 2003, 164, 166 – *Altautoverwertung*). Dies gebietet die Wahl des schonendsten Mittels unter Abwägung der Interessen der Bürger und der Gewerbetreibenden. So kann es im Einzelfall zulässig sein, dass eine Gemeinde den Verkauf von Kfz-Schildern betreibt, um den Bürgern das Verfahren zu erleichtern, sofern sie gleichzeitig auf private Bezugsmöglichkeiten hinweist (BGH GRUR 1974, 733, 734 – *Schilderverkauf;* OLG Karlsruhe WRP 1995, 857, 859; aA *Schultz-Süchting* GRUR 1974, 700; *Harms* BB 1986, Beilage 17 zu Heft 32 S 24). Entsprechendes gilt für die Altautoentsorgung im Zusammenhang mit ihrer Abmeldung (BGH GRUR 2003, 164, 167 – *Altautoverwertung*). Allerdings ist in solchen Fällen stets zu prüfen, ob nicht eine Überlassung des Geschäfts an Private (zB im Wege der Ausschreibung und Verpachtung der entsprechenden Räumlichkeiten) ausreichend ist, um die Bürgerbelange zu wahren. Auch dürfen Gewerbetreibende, die sich um eine Zusammenarbeit mit der Behörde bemühen, nicht aus unsachlichen Gründen ausgeschlossen werden (BGH GRUR 1999, 278, 280 f – *Schilderpräger im Landratsamt;* BGH GRUR 2003, 164, 167 – *Altautoverwertung*).

2. Ausnutzung amtlicher Informationen

13.45 Stets unlauter ist es, wenn die öffentliche Hand amtliche oder amtlich erlangte Informationen, die den privaten Wettbewerbern nicht oder nicht ohne weiteres oder nicht so rasch zugänglich sind, dazu ausnutzt, um sich oder einem fremden Unternehmen einen ungerechtfertigten Wettbewerbsvorsprung zu verschaffen (BGH GRUR 1974, 733, 735; BGH GRUR 1987, 116, 118 – *Kommunaler Bestattungswirtschaftsbetrieb I;* BGH GRUR 1989, 603, 604 – *Kommunaler Bestattungswirtschaftsbetrieb III;* BGH GRUR 2001, 550, 553 – *Elternbriefe;* BGH GRUR 2009, 606 Tz 20 – *Buchgeschenk vom Standesamt;* OLG Köln WRP 1991, 259, 262). **Beispiel:** Eine Gemeinde leitet die Sterbefallanzeigen an das eigene Bestattungsunternehmen weiter, damit es Bestattungsaufträge erlangen kann (vgl *Piper* GRUR 1986, 574, 579). – Unlauterkeit ist jedoch zu verneinen, wenn die öffentliche Hand die Nutzung der Informationen auch interessierten Mitbewerbern auf Verlangen ermöglicht (BGH GRUR 2002, 550, 553 – *Elternbriefe;* BGH GRUR 2009, 606 Tz 21 – *Buchgeschenk vom Standesamt*). – Eine Weitergabe von amtlich erlangten Daten an einen privaten Mitbewerber zur Nutzung liegt dann nicht vor, wenn eine Krankenkasse zwar Mitarbeiter einer privaten Krankenversicherung in die Mitgliederwerbung einbeziet, aber zugleich für die Einhaltung der Geheimhaltungspflicht sorgt (BGH WRP 1999, 176, 179 – *Verwaltungsstellenleiter*). – Unlauter ist es, wenn amtlich erlangte Informationen dazu verwendet werden, um unter Ausnutzung amtlicher Autorität eigenen oder fremden Wettbewerb zu fördern (BGH GRUR 2002, 550, 553 – *Elternbriefe*). Das ist aber (entgegen BGH aaO – *Elternbriefe*) nicht schon dann anzunehmen, wenn mit Elternbriefen einer Schulbehörde gleichzeitig als Werbung eindeutig erkennbare „Elterninfos" einer Bausparkasse versandt werden und in beiden Schreiben an das Verantwortungsbewusstsein der Eltern appelliert wird. Denn der „durchschnittlich informierte, aufmerksame und verständige Verbraucher" weiß sehr wohl zwischen amtlichen Mitteilungen und beigefügter Werbung zu unterscheiden.

3. Ausnutzung amtlicher Einflussmöglichkeiten

Stets unlauter ist es auch, wenn die öffentliche Hand ihre amtlichen Einflussmöglichkeiten auf ihre Bediensteten, Mitglieder oder Benutzer oder auf eine andere öffentliche Hand sachwidrig dazu ausnutzt, um eigenen oder fremden Wettbewerb zu fördern (BGH GRUR 1964, 210, 212 – *Landwirtschaftsausstellung*). Dazu gehört auch der Fall des Missbrauchs einer eingeräumten Regelungsbefugnis (BGH WRP 1999, 650, 655 – *Holsteiner Pferd*).

4. Ausnutzung öffentlicher Ressourcen

Der öffentlichen Hand ist es nicht grds untersagt, bei der Teilnahme am Wettbewerb auf die ihr zur Verfügung stehenden Mittel (Sachmittel, Geldmittel und Personal) im erforderlichen Umfang und in angemessener Weise zurückzugreifen (BGH GRUR 1987, 116, 118 – *Kommunaler Bestattungswirtschaftsbetrieb I;* BGH WRP 1998, 857, 859 – *1000,– DM Umweltbonus;* BGH GRUR 2005, 960, 962 – *Friedhofsruhe; Piper* GRUR 1986, 574, 579; krit *Volhard* GRUR 1987, 122, 123). Das folgt bereits aus der grundsätzlichen Zulässigkeit der wettbewerblichen Betätigung der öffentlichen Hand. Auch liegt es im öffentlichen Interesse, durch optimalen Ressourceneinsatz Kosten zu sparen und damit den Steuer- und Gebührenzahler zu entlasten. Standortvorteile, die mit der Nutzung ihres Eigentums verbunden sind, darf die öffentliche Hand – von Ausnahmefällen abgesehen – nutzen (BGH GRUR 2005, 960, 962 – *Friedhofsruhe;* krit *Hauck* GRUR 2008, 665, 667 f). Grds zulässig ist insbes die **Randnutzung öffentlicher Einrichtungen** (Rdn 13.34) für erwerbswirtschaftliche Zwecke, etwa die Unterbringung eines gewerblichen Bestattungsbetriebs in einem kommunalen Friedhofsgebäude (BGH aaO – *Friedhofsruhe*), die Vermietung von Reklameflächen auf Straßen- und U-Bahnen oder die Hereinnahme privater Anzeigen in Amtsblätter (BGH GRUR 1971, 168, 170 – *Ärztekammer;* BGH GRUR 1973, 530, 531 – *Crailsheimer Stadtblatt*) oder die Randnutzung amtlich erlangter Informationen oder Beziehungen im Wettbewerb (BGH GRUR 2002, 550, 553 – *Elternbriefe;* BGH GRUR 2009, 606 Tz 14 – *Buchgeschenk vom Standesamt*). Dazu gehört aber auch die Nutzung nicht ausgelasteter („brachliegender") Ressourcen, so etwa das Verleihen von nicht ausgelasteten Maschinen, das Ausleihen von nicht ausgelasteten Arbeitnehmern und auch die Hereinnahme von Aufträgen Privater (vgl RhPfVerfGH NVwZ 2000, 801, 803; *Köhler* WRP 1999, 1205, 1210 f und BayVBl 2000, 1, 5; aA OLG Hamm JZ 1998, 576, 577). – Allerdings dürfen amtliche und private Tätigkeiten nicht miteinander verquickt werden. Insbes darf beim Publikum nicht der Eindruck entstehen, die erwerbswirtschaftliche Betätigung sei noch Teil der hoheitlichen Aufgabenerfüllung (BGH GRUR 2009, 606 Tz 14 – *Buchgeschenk vom Standesamt;* BGH GRUR 2002, 550, 553 – *Elternbriefe;* GK/*Köhler* § 1 aF Rdn E 43). Das kann beispielsweise eine strikte räumliche Trennung beider Tätigkeitsbereiche erforderlich machen (BGH GRUR 1987, 116, 117 f – *Kommunaler Bestattungswirtschaftsbetrieb I;* OLG München GRUR 1987, 550). Auch darf die öffentliche Hand ihre Standortvorteile nicht dazu ausnutzen, das Publikum von Preisvergleichen abzuhalten (BGH GRUR 1956, 227, 228 – *Reisebüro;* BGH GRUR 1987, 116, 118 – *Kommunaler Bestattungswirtschaftsbetrieb I*). – Unzulässig ist es, dass ein Krankenhausträger einen Transportauftrag auch dann an die örtliche Rettungsleitstelle weiterleitet, wenn der Patient ausdrücklich den Transport durch ein bestimmtes privates Krankentransportunternehmen wünscht (BGH GRUR 1989, 430, 431 – *Krankentransportbestellung;* vgl auch BGH GRUR 1987, 829, 831 – *Krankentransporte*). Der Ausschluss privater Krankentransportunternehmen kann auch nicht damit begründet werden, dass die kommunale Rettungsdienststelle stark defizitär sei (OLG Celle WuW/E OLG 4130).

VIII. Normverstoß

1. Grundrechtsbindung

13.48 **a) Allgemeines.** Die öffentliche Hand darf bei ihrer Tätigkeit nicht die Grundrechte Privater (insbes Art 1, 2, 3, 5, 12, 14 GG) beeinträchtigen. Ein Grundrechtsverstoß ist aber nicht schon in der Aufnahme einer wirtschaftlichen Tätigkeit ohne ausdrückliche gesetzliche Ermächtigung zu erblicken. Vielmehr ist ein solcher Verstoß erst bei einer unerlaubten Monopolisierung des Marktes oder einer gezielten Verdrängung von Mitbewerbern anzunehmen (Rdn 13.12). Diese Sachverhalte lassen sich jedoch bereits mit allgemeinen lauterkeitsrechtlichen Grundsätzen (allgemeine Marktbehinderung; gezielte Behinderung) erfassen, so dass ein Rückgriff auf die Grundrechtsbindung entbehrlich ist (ähnlich BVerwG NJW 1995, 2938, 2939).

13.49 **b) Verstoß gegen den Gleichbehandlungsgrundsatz (Art 3 GG).** Die öffentliche Hand handelt unlauter, wenn sie zur Förderung eigenen oder fremden Wettbewerbs Anbieter oder Nachfrager ohne sachlich gerechtfertigten Grund unterschiedlich behandelt. Dabei ist nicht erforderlich, dass die öffentliche Hand gleichzeitig einen der kartellrechtlichen **Diskriminierungstatbestände** (§§ 19, 20, 130 II GWB) verwirklicht. So darf zwar ein öffentlicher Krankenhausträger grds im Interesse eines funktionsfähigen Rettungsdienstes und damit im eigenen Interesse an einer bewährten sachgerechten Abwicklung Krankentransporte an die (im Wettbewerb mit privaten Anbietern stehende) Rettungsleitstelle weiterleiten (BGHZ 101, 72, 83 f = GRUR 1987, 829 – *Krankentransporte I*). Dies gilt jedoch dann nicht, wenn der Patient ausdrücklich den Transport durch ein bestimmtes privates Krankentransportunternehmen wünscht (BGHZ 107, 40, 45 f = GRUR 1989, 430, 431 – *Krankentransportbestellung*). Ebenso wenig darf eine Gemeinde Patienten nur an eine Sozialstation (und nicht auch an private Krankenpflegestationen) verweisen, wenn dies ohne die Zustimmung oder gar gegen den Willen der Patienten geschieht (OLG Hamm NJW-RR 1991, 432). Unlauter ist es auch, wenn eine Kfz-Zulassungsstelle Nummernschilder im Auftrag einzelner Anbieter unter gleichzeitigem sachlich ungerechtfertigtem Ausschluss anderer Anbieter verkauft (OLG Köln WRP 1991, 259). Die Bevorzugung eines öffentlichen (zB kommunalen) Anbieters gegenüber einem privaten Mitbewerber lässt sich nicht damit rechtfertigen, dass dieser stark defizitär ist (OLG Celle WuW/E 4130). Der Gleichbehandlungsgrundsatz bzw das Diskriminierungsverbot ist insbes auch bei Ausschreibungen zu beachten (vgl auch OLG Hamm NJW-RR 1992, 1071). Doch greifen insoweit ohnehin die strengen Grundsätze des Vergaberechts ein.

2. Verstoß gegen allgemeine Verwaltungsgrundsätze

13.50 Die öffentliche Verwaltung hat bei ihrer Tätigkeit bestimmte Grundsätze zu beachten (Gleichbehandlungsgebot; Erforderlichkeit und Verhältnismäßigkeit; Verbot sachwidriger Erwägungen bei der Ermessensausübung; Sparsamkeitsgebot). Daraus wird verschiedentlich abgeleitet, dass sich die öffentliche Hand im Wettbewerb nicht derselben Mittel und Maßnahmen bedienen dürfe wie ein Privater, ihr vielmehr die Pflicht zu einer maßvolleren Interessenverfolgung obliege (vgl BGH GRUR 1974, 733, 734 – *Schilderverkauf; v Gamm* WRP 1984, 303, 308; *Piper* GRUR 1986, 574, 576). Letztlich werden damit aber nur die bei den erörterten Fallgruppen (Gleichbehandlungsgrundsatz; Preisunterbietung, Vertrauensmissbrauch usw) maßgeblichen Erwägungen zum Ausdruck gebracht. Weiter gehende Schlussfolgerungen sind nicht angezeigt. Umgekehrt kann sich die öffentliche Hand nicht auf allgemeine Verwaltungsgrundsätze berufen, um ein unlauteres oder wettbewerbsbeschränkendes Verhalten zu rechtfertigen (vgl BGH GRUR 2003, 633, 634 – *Ausrüstungsgegenstände für Feuerlöscher* zum Sparsamkeitsgebot). Vielmehr muss die öffentliche Hand ihren Verpflichtungen im Rahmen der allgemein geltenden lauterkeits- und kartellrechtlichen Verpflichtungen nachkommen (BGH aaO – *Ausrüstungsgegenstände für Feuerlöscher*).

3. Bindung an spezifische Normen

a) Allgemeines. Bei Normen, die sich nicht an jedermann, sondern nur an die öffentliche Hand richten, ist zu unterscheiden, ob es sich dabei um Marktzutrittsregelungen oder um Marktverhaltensregelungen handelt. Denn nach § 4 Nr 11 sind grds nur Verstöße gegen Marktverhaltensregelungen als unlautere geschäftliche Handlungen anzusehen. 13.51

aa) Marktzutrittsregelungen. Soweit öffentlich-rechtliche Normen der öffentlichen Hand den Marktzutritt entweder generell verbieten oder nur unter bestimmten Voraussetzungen gestatten, um die Privatwirtschaft vor einem (übermäßigen) Wettbewerb durch die öffentliche Hand zu schützen, begründet ihre Verletzung keinen Wettbewerbsverstoß (grundlegend BGH GRUR 2002, 825 – *Elektroarbeiten* unter Aufgabe der früheren Rspr; BGH GRUR 2003, 164, 166 – *Altautoverwertung*; *Köhler* GRUR 2001, 777; krit *Busche* Anm zu BGH LM UWG § 1 aF Nr 882 – *Elektroarbeiten*; *Frenz* WRP 2002, 1367). Daran ändert es auch nichts, dass der Verstoß vorsätzlich oder bewusst, planmäßig oder besonders hartnäckig begangen worden ist oder dass bereits eine Beanstandung durch die Aufsichtsbehörde erfolgt ist (BGH GRUR 2002, 825, 827 – *Elektroarbeiten*; *Köhler* NJW 2002, 2761, 2763). Denn in diesem Fall bezwecken die Normen nicht (zugleich) die Regelung des Marktverhaltens im Interesse der Marktteilnehmer, wie es die Anwendung des § 4 Nr 11 voraussetzt. Dass sie die Erhaltung einer bestimmten, von privaten Unternehmen geprägten Marktstruktur bezwecken, bleibt für die Anwendung des § 4 Nr 11 außer Betracht. Aufgabe des Lauterkeitsrechts ist es nicht, bestimmte Marktstrukturen zu erhalten, sondern die Freiheit und Lauterkeit des Wettbewerbs zu schützen. Dem steht nicht entgegen, dass die Rspr unter bestimmten Voraussetzungen den Bestand des Wettbewerbs auf einem bestimmten Markt schützt, weil es auch hier nicht primär um die Erhaltung von Marktstrukturen geht, sondern um die Unterbindung von Verhaltensweisen, die nach den Gesamtumständen unter Berücksichtigung ihrer Auswirkungen auf die Marktstruktur gerade auch als Wettbewerbsmaßnahmen unlauter sind (BGH aaO – *Elektroarbeiten*). Es ist im Übrigen auch nicht der Sinn des § 3, privaten Wettbewerbern der öffentlichen Hand zivilrechtliche Ansprüche zu gewähren, um die nach öffentlichem Recht etwa gegebenen Ansprüche zu ergänzen oder gar Schutzlücken des öffentlichen Rechts zu schließen (BGH GRUR 2002, 825, 827 – *Elektroarbeiten*; *Köhler* GRUR 2001, 777, 781; *Pagenkopf* GewArch 2000, 177, 184 f; aA *Cossing* DVBl 1999, 891, 896; *David* NVwZ 2000, 738; *Frenz* WRP 2002, 1367, 1370). Private Mitbewerber sind also gehalten, von den Verwaltungsbehörden und Verwaltungsgerichten klären zu lassen, ob ein Marktzutritt der öffentlichen Hand zulässig ist oder nicht. – Mit der Neuausrichtung der Funktion des Rechtsbruchtatbestands in § 4 Nr 11 ist die früher von der hM zu Grunde gelegte Differenzierung nach dem **Schutzzweck** der verletzten Norm hinfällig geworden. Danach war ein Wettbewerbsverstoß zu verneinen, wenn die Norm nicht lediglich eine innerbehördliche Bindung (zB Verwaltungserlasse) herbeiführen oder nur das Allgemeininteresse an korrekter Amtsführung schützen sollte. Dienten diese Normen dagegen dem Schutz von Gewerbetreibenden vor der Aufnahme von Wettbewerb, war nach dieser – nunmehr überholten – Rspr (zuletzt noch BGH GRUR 1996, 213, 216 = WRP 1995, 475, 479 – *Sterbegeldversicherung*) ein Verstoß regelmäßig auch wettbewerbswidrig. 13.52

bb) Schutz wichtiger Gemeinschaftsgüter. Dienen die öffentlich-rechtlichen Normen dem Schutz eines wichtigen Gemeinschaftsguts, soll nach der Rspr zu § 1 aF ihre Verletzung zu Wettbewerbszwecken ohne weiteres einen Wettbewerbsverstoß darstellen (BGH GRUR 1990, 611, 615 – *Werbung im Programm*; allgemein dazu BGHZ 144, 255, 266 – *Abgasemissionen*). Denn Wettbewerb solle nicht unter Missachtung wichtiger Gemeinschaftsinteressen betrieben werden. Daher soll es insoweit nicht darauf ankommen, ob die Norm einen unmittelbaren Wettbewerbsbezug aufweist oder nicht (BGH aaO – *Abgasemissionen*). – Diese Rspr berücksichtigte aber nicht hinreichend, dass das Lauterkeitsrecht nur den Wettbewerb im Interesse der Marktbeteiligten, insbes der Mitbewerber und Verbraucher schützen soll (§ 1). Das Lauterkeitsrecht mit seinen spezifischen Sanktionen darf nicht zum Schutze anderer Rechtsgüter instrumentalisiert werden (vgl § 1 Rdn 36; *Köhler* NJW 2002, 2761, 2763; vgl auch *Ullmann* GRUR 2003, 817, 821), mögen sie auch „gewichtige Allgemeininteressen" darstellen. Stets ist also zu fragen, ob das geschützte Rechtsgut **auch** ein Interesse der Verbraucher oder Mitbewerber repräsentiert. Ist dies nicht der Fall, kann der Schutz nur über die dafür vorgesehenen Sanktionen erfolgen. Ist dies der 13.53

Fall, so ist der Weg für die Anwendung des § 3 frei. Am **Beispiel** der Normen zur Trennung von Werbung und Programm: Die staatsvertraglichen Regelungen über den Ausschluss kommerzieller Werbung im Programm der öffentlich-rechtlichen Sender bezwecken nicht nur den Schutz des Rundfunks vor sachfremden Einflüssen. Vielmehr schützen sie auch die Interessen des Marktes und der betroffenen Wettbewerber an der Gleichheit der wettbewerblichen Ausgangsbedingungen und zugleich das Interesse der Verbraucher vor einer Täuschung über den werbenden Charakter eines Programms. In der Verletzung solcher marktverhaltensbezogener Normen zu Wettbewerbszwecken liegt daher ohne weiteres auch ein Verstoß gegen § 3 iVm § 4 Nr 11 (vgl BGH GRUR 1990, 611, 615 – *Werbung im Programm*).

13.54   cc) **Marktverhaltensregelungen.** Haben öffentlich-rechtliche Normen zumindest auch den Zweck, das **Marktverhalten** der öffentlichen Hand im Interesse von (öffentlichen oder privaten) Mitbewerbern oder von potenziellen Marktpartnern, insbes Verbrauchern, zu regeln, kann ihre Verletzung einen Wettbewerbsverstoß nach § 3 iVm § 4 Nr 11 begründen. Zu derartigen Regelungen gehört zB das rundfunkrechtliche Gebot der Trennung von Werbung und Programm (§ 7 III 1 RStV), weil es sowohl dem Interesse der Mitbewerber an gleichen wettbewerblichen Ausgangsbedingungen dient als auch den Schutz des Fernsehzuschauers vor einer Täuschung über den werbenden Charakter einer Sendung bezweckt (BGH GRUR 1990, 611, 615 – *Werbung im Programm*). Hierher gehören weiter öffentlich-rechtliche Regelungen, die es verbieten, die amtliche Autorität zu missbrauchen oder das Vertrauen in die Objektivität und Neutralität der Amtsführung zu gefährden oder hoheitliche Aufgabenerfüllung und erwerbswirtschaftliche Tätigkeiten miteinander zu verquicken (vgl BGH GRUR 2002, 825, 827 – *Elektroarbeiten*). – Keine Marktverhaltensregelungen sind allerdings bloße **Verwaltungsvorschriften** (Rdn 11.27), so dass deren Missachtung für sich genommen keinen Wettbewerbsverstoß begründet (BGH GRUR 2009, 606 Tz 23 – *Buchgeschenk vom Standesamt*).

13.55   b) **Haushaltsvorschriften und Zuständigkeitsregelungen.** Derartige Vorschriften haben von vornherein nicht den Zweck, private Mitbewerber zu schützen (*H Schricker*, Wirtschaftliche Tätigkeit der öffentlichen Hand und unlauterer Wettbewerb, 2. Aufl 1987, S 157; vgl auch BGH GRUR 1986, 823 – *Fernsehzuschauerforschung* zu §§ 21, 22 BGB), und stellen erst recht keine Marktverhaltensregelung iSd § 4 Nr 11 dar. Ihre Verletzung kann also von vornherein keinen Wettbewerbsverstoß darstellen.

13.56   c) **Kommunalrechtliche Vorschriften.** Soweit die jeweiligen landesrechtlichen Vorschriften (zB Art 87 BayGO; § 102 BWGO; § 107 NRWGO; § 71 ThürGO; Art 85 RhPfGO) über die wirtschaftliche Betätigung von Gemeinden bezwecken, den **Marktzutritt** der Kommunen und ihrer Unternehmen zu beschränken, ist ihre Verletzung lauterkeitsrechtlich (und auch bürgerlichrechtlich; § 823 II BGB) irrelevant (Rdn 11.44 und 11.47; BGH GRUR 2002, 825, 826 – *Elektroarbeiten;* BGH GRUR 2004, 255, 258 – *Strom und Telefon I,* jeweils zu Art 87 BayGO; BGH GRUR 2003, 164, 166 – *Altautoverwertung;* BGH GRUR 2004, 259, 262 – *Strom und Telefon II,* jeweils zu § 107 NRWGO). Diese Rspr ist iErg kohärent zur Rspr des EuGH (vgl *Ullmann* GRUR 2003, 817, 823 Fn 27; EuGH Slg 1993, 2533, 2569 – *Corbeau*). Auf die früher sehr umstrittene Frage, ob derartige Vorschriften den Schutz privater Mitbewerber bezwecken und dementsprechend lauterkeitsrechtliche Ansprüche auslösen können (vgl BGH GRUR 1965, 373, 374 – *Blockeis II;* BGH GRUR 1974, 733, 734 – *Schilderverkauf;* BVerwG NJW 1995, 2938; *Gröning* WRP 2002, 17; *Köhler* WRP 1999, 1205, 1206 ff; *ders* BayVBl 2000, 1, 2 ff; *ders* GRUR 2001, 777; *Pagenkopf* GewArch 2000, 177, 183 ff), kommt es nicht mehr an (krit auch bereits GK/*Teplitzky* § 1 aF Rdn G 257 ff). Denn es kann nicht Aufgabe des Lauterkeitsrechts sein, öffentlich-rechtliche Marktzugangsregelungen zu sanktionieren, mögen sie auch den Schutz privater Mitbewerber vor einem Wettbewerb durch die öffentliche Hand bezwecken. Ob ein Marktzutritt eines kommunalen Unternehmens zulässig ist, kann und muss letztlich von den Verwaltungsgerichten entschieden werden. Deren Entscheidung darf nicht von den ordentlichen Gerichten präjudiziert werden (GK/*Teplitzky* § 1 aF Rdn G 257 ff, 285 ff; *Pagenkopf* aaO; *Köhler* GRUR 2001, 777, 778 ff; Rdn 13.15). Es ist Sache des betroffenen privaten Unternehmers, mit den einschlägigen öffentlich-rechtlichen Rechtsbehelfen gegen einen rechtswidrigen Marktzutritt eines kommunalen Unternehmens vorzugehen. Nur im verwaltungsrechtlichen Streit, nämlich bei der Klagebefugnis von Mitbewerbern (§ 42 VwGO), spielt der Schutzzweck der jeweiligen kommunalrechtlichen Norm eine Rolle (vgl RhPfVerfGH NVwZ 2000, 801, 804). Das Lauterkeitsrecht als Marktverhaltensrecht kann auch von seinem Geltungsanspruch her nicht den Zutritt zum Markt kontrollieren. Ein Ausgreifen der erwerbswirtschaftlichen Betätigung von

Kommunen mag für private Mitbewerber lästig sein, stellt aber aus wettbewerblicher Sicht grds nur eine Verschärfung des Wettbewerbs dar, wie sie sich auch durch das Auftreten anderer privater Mitbewerber ergeben kann (BGH GRUR 2002, 825, 826 – *Elektroarbeiten;* BVerwG NJW 1995, 2938, 2939; *Köhler* GRUR 2002, 777, 780). Ein lauterkeitsrechtlicher Anspruch auf Fernhaltung kommunaler Unternehmen vom Markt wäre daher auch nicht im Interesse der Verbraucher. Erst wenn die Gemeinde unlautere Mittel im Wettbewerbskampf einsetzt, ist ein lauterkeitsrechtliches Eingreifen geboten (BGH GRUR 2002, 825, 827 – *Elektroarbeiten;* BGH GRUR 2003, 164, 166 – *Altautoverwertung*).

d) Rundfunkrechtliche Vorschriften. Die Vorschriften über die **Trennung von Werbung und Programm** (vgl § 7 III 1 RStV; dazu näher § 4 Rdn 3.38) bezwecken den Schutz der Rundfunkfreiheit (Art 5 I 2 GG) und der Redaktionen von Hörfunk und Fernsehen vor sachfremden Einflüssen der werbenden Wirtschaft auf die Programmgestaltung und damit die Sicherung eines wichtigen, verfassungsrechtlich geschützten Gemeinschaftsguts. Daneben aber schützen diese Vorschriften auch das Interesse der Mitbewerber und damit der Allgemeinheit an gleichen wettbewerblichen Ausgangsbedingungen. Es handelt sich daher auch um **Marktverhaltensregelungen,** deren Verletzung ohne weiteres einen Verstoß gegen § 3 I iVm § 4 Nr 11 begründet (vgl BGH GRUR 1990, 611, 615 – *Werbung im Programm*). Schließlich verfolgen diese Vorschriften zusätzlich den Schutz der Verbraucher vor einer Täuschung über den werbenden Charakter von Sendungen, da diese darin einen Beitrag der redaktionellen Berichterstattung als objektive Meinungsäußerung oder Berichterstattung sehen und ihnen daher unkritischer gegenüberstehen als der Werbung von Wettbewerbern (§ 5; vgl BGH aaO – *Werbung im Programm*). 13.57

e) Sozialrechtliche Vorschriften. Verstoßen Krankenkassen gegen sozialrechtliche Vorschriften, so ist zunächst zu fragen, ob diese Vorschriften eine abschließende Regelung bezwecken (vgl § 69 b SGB v und dazu BGH GRUR 2004, 247, 249 – *Krankenkassenzulassung*). Ist dies nicht der Fall, so ist weiter zu fragen, ob die Norm lediglich die gesetzmäßige Verwendung von Mitteln im Interesse der Sozialversicherten sicherstellen will. In diesem Fall liegt keine Marktverhaltensregelung iSd § 4 Nr 11 vor. Verstöße können daher nicht mittels des Lauterkeitsrechts geahndet werden. Soweit sozialrechtliche Vorschriften ein Tätigwerden der gesetzlichen Krankenkassen in einem bestimmten Bereich schlechthin verbieten, um die Aufnahme von Wettbewerb zu privaten Unternehmen zu unterbinden (zB § 30 I SGB IV; dazu BGH GRUR 1996, 213, 216 – *Sterbegeldversicherung;* BGH WRP 1999, 176 – *Verwaltungsstellenleiter*), handelt es sich um reine Marktzutrittsregelungen. Deren Verletzung stellt aber für sich allein keinen Wettbewerbsverstoß dar. Die *Sterbegeldversicherung*-Entscheidung zu § 30 I SGB IV dürfte daher überholt sein (aA offenbar BGH GRUR 2002, 825, 827 – *Elektroarbeiten*). Es ist Sache der Aufsichtsbehörden der Sozialversicherung und der Sozialgerichte, Verstöße gegen sozialrechtliche Normen zu unterbinden. Die Zivilgerichte dürfen ihnen nicht vorgreifen und faktisch ihre Zuständigkeit aushöhlen. 13.58

f) Beihilferecht. aa) Unionsrecht. Beihilfen der öffentlichen Hand an Unternehmen, die unter Verstoß gegen die **Art 107 ff AEUV** gewährt werden, unterliegen nicht der lauterkeitsrechtlichen Kontrolle (MünchKommUWG/*Schaffert* § 4 Nr 11 Rdn 65; aA *Tilman/Schreibauer* GRUR 2002, 212; *Nordmann* S 93 ff). Denn derartige Verstöße sind ausschließlich nach Maßgabe des Unionsrechts und des nationalen Verwaltungsrechts durchzusetzen (Piper/*Ohly*/Sosnitza Einf D Rdn 30). Abgesehen davon handelt es sich bei diesen Vorschriften nicht um Marktverhaltensregelungen iSd § 4 Nr 11 (OLG München GRUR 2004, 169, 170; OLG Köln GRUR 2005, 780, 782; MünchKommUWG/*Schaffert* § 4 Nr 11 Rdn 65; *Elskamp,* Gesetzesverstoß und Wettbewerbsrecht, 2008, 204 ff; *Teplitzky* WRP 2003, 173, 180). Denn sie haben zwar einen Wettbewerbsbezug, aber keinen Marktbezug (vgl dazu BGH GRUR 2010, 654 Tz 23 – *Zweckbetrieb*). Sie haben nicht den Zweck, das Marktverhalten der öffentlichen Hand oder der von ihr begünstigten Unternehmen zu regeln. 13.59

bb) Nationales Recht. Ist auf eine Beihilfe (Subvention) mangels Beeinträchtigung des zwischenstaatlichen Handels Unionsrecht nicht anwendbar, kommt es weiter darauf an, ob die Beihilfe in Erfüllung einer konkreten gesetzlichen Ermächtigung oder Verpflichtung erfolgt oder nicht. Liegt ein Verstoß gegen eine nationale Beihilfenregelung (zu denen auch Vorschriften zur Steuerbegünstigung gehören; vgl BGH GRUR 2010, 654 Tz 22 – *Zweckbetrieb*) vor, scheidet eine lauterkeitsrechtliche Kontrolle aus, weil insoweit die verwaltungsrechtliche Kontrolle Vorrang hat und auch weil es sich dabei um keine Marktverhaltensregelung handelt (MünchKommUWG/*Schaffert* § 4 Nr 11 Rdn 65). Bestehen dagegen keine speziellen gesetzlichen Vorschrif- 13.59 a ten, kommt eine lauterkeitsrechtliche Kontrolle in Betracht (Rdn 13.19 ff; 13.26). Weitere Voraussetzung ist allerdings, dass die Beihilfe eine **geschäftliche Handlung** iSd § 2 I Nr 1 darstellt (dazu Rdn 13.26; OLG Nürnberg GRUR-RR 2010, 99, 103). Das ist dann nicht der Fall, wenn die Beihilfe dem Unternehmen nur gewährt wird, um seine allgemeine Wettbewerbsfähigkeit zu verbessern. Denn diese Maßnahme hat zwar einen Wettbewerbsbezug, aber keinen Marktbezug; ihr kommt noch keine Außenwirkung auf den Markt zu. Wohl aber liegt eine geschäftliche Handlung vor, wenn die Beihilfe in einer konkreten Maßnahme zur Förderung des Absatzes oder Bezugs von Waren oder Dienstleistungen eines Unternehmens gerichtet ist und damit ein objektiver Zusammenhang mit der Förderung des Absatzes oder Bezugs gegeben ist (zB Bezuschussung konkreter Werbemaßnahmen oder Angebote). – Die Gewährung der Beihilfe ist aber nur dann nach den **§§ 3 I, 4 Nr 10** wegen **gezielter Behinderung der Mitbewerber** unzulässig, wenn sie eine unzulässige **Zweckentfremdung öffentlicher Mittel** darstellt (aA iErg *Mees* FS Erdmann, 2002, 657, 667). Anspruchsberechtigt sind die betroffenen Mitbewerber (§ 8 III Nr 1) und deren Verbände (§ 8 III Nr 2).

13.60 **g) Vergaberecht.** Vergaberechtsverstöße können nur dann lauterkeitsrechtlich geahndet werden, wenn die Vergabeentscheidung eine **geschäftliche Handlung** iSd § 2 I Nr 1 darstellt (dazu Rdn 11.180 a). Das ist sie nur dann, wenn der Auftraggeber damit gezielt einen Bieter begünstigt, etwa weil er an der Förderung seines Absatzes, zB auf Grund vertraglicher oder gesellschaftsrechtlicher Beziehungen, selbst ein Interesse hat (vgl BGH GRUR 2008, 810 Tz 14 – *Kommunalversicherer;* mit Anm *Alexander* LMK 2008, 267 427; Rdn 11.180 a und 13.18). Gemeinschaftsrechtliche und nationale Vorschriften des Vergaberechts (dazu Immenga/Mestmäcker/*Dreher* GWB Vor §§ 97 ff Rdn 16 ff) sind zwar nicht generell Marktverhaltensregelungen für Nachfrager iSd § 4 Nr 11, sondern nur insoweit, als sich aus ihnen die Pflicht zur Ausschreibung öffentlicher Aufträge ergibt (BGH GRUR 2008, 810 Tz 32 – *Kommunalversicherer*) und soweit die Chancengleichheit der Bieter bei der Ausschreibung, bei der Angebotsprüfung und beim Zuschlag gewährleisten soll (vgl LG Hamburg WRP 1999, 441, 442 ff zu § 8 III (4) VOL/A; OLG Köln GRUR 2005, 780, 782 zu §§ 97, 98 Nr 1, 101 I, V GWB; vgl auch EuGH EuZW 1995, 635, 636; EuGH EuZW 2005, 86 Rdn 36 ff). Stellt nach dem Gesagten ein (drohender) Vergaberechtsverstoß zugleich einen (drohenden) Wettbewerbsverstoß dar, so können (vorbeugende) lauterkeitsrechtliche Unterlassungsansprüche gegen den **Auftraggeber** gleichwohl nur nach Maßgabe des § 104 II 1 GWB (ausschließliche Zuständigkeit der Vergabekammern und Beschwerdegerichte auch für „sonstige Ansprüche gegen öffentliche Auftraggeber") geltend gemacht werden (Immenga/Mestmäcker/*Stockmann* GWB § 104 Rdn 10; *Byok* WRP 1999, 402; *Alexander* WRP 2004, 700, 711; *Müller-Stoy* WRP 2006, 330, 334), lauterkeitsrechtliche **Schadensersatzansprüche** dagegen vor den ordentlichen Gerichten (arg §§ 104 II 2, 126 II GWB). – Dagegen schließt § 104 II GWB nicht aus, dass vergaberechtliche Verstöße unter dem Gesichtspunkt des Rechtsbruchs gegenüber **Mitbewerbern** vor den ordentlichen Gerichten geltend gemacht werden (BGH GRUR 2008, 810 Tz 11, 12 – *Kommunalversicherer*). Ansprüche gegen den rechtswidrig bevorzugten **Bieter** (Mitbewerber!) können sich aus den §§ 3, 4 Nr 11 iVm §§ 8, 11 zwar nicht unter dem Gesichtspunkt der Täterschaft ergeben, da Normadressat des Vergaberechts nur der Auftraggeber und nicht der Bieter ist (BGH GRUR 2008, 810 Tz 13 – *Kommunalversicherer*). Wohl dagegen können sich solche Ansprüche aus dem Gesichtspunkt der **Teilnahme** am Vergaberechtsverstoß (§ 830 II BGB), also der Anstiftung oder Beihilfe, ergeben (BGH GRUR 2008, 810 Tz 14 – *Kommunalversicherer;* vgl weiter *Köhler/Steindorff* NJW 1995, 1705, 1709; *Alexander* WRP 2004, 700, 710; *ders* LMK 2008, 267 427; *Müller-Stoy* WRP 2006, 330, 334). Zu den tatbestandlichen Voraussetzungen der Teilnehmerhaftung vgl BGH GRUR 2008, 810 Tz 15, 36 ff – *Kommunalversicherer* sowie allg § 8 Rdn 2.6. – Das Gesagte gilt unabhängig davon, ob der Auftrag bereits vergaberechtswidrig erteilt worden ist oder nicht (aA wohl OLG Köln GRUR 2005, 780, 782; *Ullmann* GRUR 2003, 817, 822).

4. Bindung an allgemeine Normen

13.61 Soweit Marktverhaltensregelungen iSd § 4 Nr 11 für alle Teilnehmer am Wettbewerb gelten (zB GWB), sind sie auch von der öffentlichen Hand zu beachten. Verstößt die öffentliche Hand gegen das kartellrechtliche Behinderungsverbot (§§ 19, 20 I, II GWB), kann dies gleichzeitig einen Verstoß gegen § 3 iVm § 4 Nr 10 darstellen. Es gelten insoweit weit gehend die gleichen Beurteilungskriterien (BGHZ 96, 337, 346 – *Abwehrblatt;* BGHZ 107, 40, 41 = GRUR 1989, 430, 431 – *Krankentransportbestellung;* BGH GRUR 1999, 278, 281 – *Schilderpräger im Landratsamt;* vgl auch BGH GRUR 2003, 167, 169 – *Kommunaler Schilderprägebetrieb*).

Irreführende geschäftliche Handlungen

5 (1) ¹Unlauter handelt, wer eine irreführende geschäftliche Handlung vornimmt. ²Eine geschäftliche Handlung ist irreführend, wenn sie unwahre Angaben enthält oder sonstige zur Täuschung geeignete Angaben über folgende Umstände enthält:
1. die wesentlichen Merkmale der Ware oder Dienstleistung wie Verfügbarkeit, Art, Ausführung, Vorteile, Risiken, Zusammensetzung, Zubehör, Verfahren oder Zeitpunkt der Herstellung, Lieferung oder Erbringung, Zwecktauglichkeit, Verwendungsmöglichkeit, Menge, Beschaffenheit, Kundendienst und Beschwerdeverfahren, geographische oder betriebliche Herkunft, von der Verwendung zu erwartende Ergebnisse oder die Ergebnisse oder wesentlichen Bestandteile von Tests der Waren oder Dienstleistungen;
2. den Anlass des Verkaufs wie das Vorhandensein eines besonderen Preisvorteils, den Preis oder die Art und Weise, in der er berechnet wird, oder die Bedingungen, unter denen die Ware geliefert oder die Dienstleistung erbracht wird;
3. die Person, Eigenschaften oder Rechte des Unternehmers wie Identität, Vermögen einschließlich der Rechte des geistigen Eigentums, den Umfang von Verpflichtungen, Befähigung, Status, Zulassung, Mitgliedschaften oder Beziehungen, Auszeichnungen oder Ehrungen, Beweggründe für die geschäftliche Handlung oder die Art des Vertriebs;
4. Aussagen oder Symbole, die im Zusammenhang mit direktem oder indirektem Sponsoring stehen oder sich auf eine Zulassung des Unternehmers oder der Waren oder Dienstleistungen beziehen;
5. die Notwendigkeit einer Leistung, eines Ersatzteils, eines Austauschs oder einer Reparatur;
6. die Einhaltung eines Verhaltenskodexes, auf den sich der Unternehmer verbindlich verpflichtet hat, wenn er auf diese Bindung hinweist, oder
7. Rechte des Verbrauchers, insbesondere solche auf Grund von Garantieversprechen oder Gewährleistungsrechte bei Leistungsstörungen.

(2) Eine geschäftliche Handlung ist auch irreführend, wenn sie im Zusammenhang mit der Vermarktung von Waren oder Dienstleistungen einschließlich vergleichender Werbung eine Verwechslungsgefahr mit einer anderen Ware oder Dienstleistung oder mit der Marke oder einem anderen Kennzeichen eines Mitbewerbers hervorruft.

(3) Angaben im Sinne von Absatz 1 Satz 2 sind auch Angaben im Rahmen vergleichender Werbung sowie bildliche Darstellungen und sonstige Veranstaltungen, die darauf zielen und geeignet sind, solche Angaben zu ersetzen.

(4) ¹Es wird vermutet, dass es irreführend ist, mit der Herabsetzung eines Preises zu werben, sofern der Preis nur für eine unangemessen kurze Zeit gefordert worden ist. ²Ist streitig, ob und in welchem Zeitraum der Preis gefordert worden ist, so trifft die Beweislast denjenigen, der mit der Preisherabsetzung geworben hat.

Übersicht über die Kommentierung der Tatbestandsmerkmale und Bezugspunkte des § 5:

§§	Merkmal	§ Rdn
§ 5 I 1	Grundtatbestand	5 2.1 ff
§ 5 I 2	Irreführende Angaben	5 2.34 ff
§ 5 I 2 Nr 1	Wesentliche Merkmale der Ware oder Dienstleistung	5 4.3 ff
§ 5 I 2 Nr 1	Verfügbarkeit	5 8.1 ff; 3 Anh 5.1 ff
§ 5 I 2 Nr 1	Art und Ausführung	5 4.3 ff
§ 5 I 2 Nr 1	Vorteile	5 2.117 f, 2.189 f, 4.96, 6.5 ff
§ 5 I 2 Nr 1	Risiken	5 4.67, 4.94 ff
§ 5 I 2 Nr 1	Zusammensetzung	5 4.3 ff
§ 5 I 2 Nr 1	Zubehör	5 6.25
§ 5 I 2 Nr 1	Verfahren	5 4.199 f
§ 5 I 2 Nr 1	Zeitpunkt der Herstellung, Lieferung oder Erbringung	5 4.58 ff, 4.72, 4.129, 4.194
§ 5 I 2 Nr 1	Zwecktauglichkeit	5 4.180 ff
§ 5 I 2 Nr 1	Verwendungsmöglichkeit	5 4.180 ff
§ 5 I 2 Nr 1	Menge	5 4.34 f

§§	Merkmal	§ Rdn
§ 5 I 2 Nr 1	Beschaffenheit	5 1.68, 2.153, 4.3 ff
§ 5 I 2 Nr 1	Kundendienst und Beschwerdeverfahren	5 6.36, 7.43 a; **3 Anh** 8.1 ff
§ 5 I 2 Nr 1	Geografische Herkunft	5 4.201 ff
§ 5 I 2 Nr 1	Betriebliche Herkunft	5 4.217 ff
§ 5 I 2 Nr 1	von der Verwendung zu erwartende Ergebnisse	5 4.180 ff
§ 5 I 2 Nr 1	Ergebnisse oder wesentliche Bestandteile von Tests	5 4.256 ff
§ 5 I 2 Nr 2	Anlass des Verkaufs	5 6.1 ff
§ 5 I 2 Nr 2	Vorhandensein eines besonderen Preisvorteils	5 5.32, 5.71, 6.5, 6.23, 7.1, 7.11
§ 5 I 2 Nr 2	Preis	5 7.1 ff
§ 5 I 2 Nr 2	Art und Weise der Preisberechnung	5 7.1 f, 7.23 ff
§ 5 I 2 Nr 2	Bedingungen, unter denen die Ware geliefert oder die Dienstleistung erbracht wird	5 7.137 ff
§ 5 I 2 Nr 3	Person des Unternehmers	5 5.1; **5 a** 33
§ 5 I 2 Nr 3	Eigenschaften des Unternehmers	5 5.54 ff
§ 5 I 2 Nr 3	Rechte des Unternehmers	5 5.113 f, 5.115 ff
§ 5 I 2 Nr 3	Identität des Unternehmers	5 5.3 ff; **5 a** 33
§ 5 I 2 Nr 3	Vermögen einschließlich der Rechte des geistigen Eigentums	5 5.114 a, 5.115 ff
§ 5 I 2 Nr 3	Umfang von Verpflichtungen	5 5.114 a, **5 a** 16
§ 5 I 2 Nr 3	Befähigung	5 5.132 ff
§ 5 I 2 Nr 3	Status	5 6.13 ff
§ 5 I 2 Nr 3	Zulassung	5 5.132 ff
§ 5 I 2 Nr 3	Mitgliedschaften oder Beziehungen	5 4.49, 5.34, 5.93, 5.106
§ 5 I 2 Nr 3	Auszeichnungen oder Ehrungen	5 5.158 ff
§ 5 I 2 Nr 3	Beweggründe für die geschäftliche Handlung	5 6.1 ff
§ 5 I 2 Nr 3	Beweggründe für die Art des Vertriebs	5 6.13 ff
§ 5 I 2 Nr 4	Aussagen im Zusammenhang mit Sponsoring	5 4.175 ff
§ 5 I 2 Nr 4	Aussagen im Zusammenhang mit der Zulassung des Unternehmers	5 5.132 ff
§ 5 I 2 Nr 4	Aussagen im Zusammenhang mit der Zulassung der Waren oder Dienstleistungen	5 4.256 f
§ 5 I 2 Nr 5	Notwendigkeit einer Leistung, eines Ersatzteils, eines Austauschs oder einer Reparatur	5 4.192 a
§ 5 I 2 Nr 6	Einhaltung eines Verhaltenskodexes	5 5.163
§ 5 I 2 Nr 7	Rechte des Verbrauchers	5 2.5 ff, 7.137 ff; **5 a** 35 f
§ 5 I 2 Nr 7	Garantieversprechen	5 7.144 ff
§ 5 I 2 Nr 7	Gewährleistungsrechte bei Leistungsstörungen	5 1.68, 2.8 ff; **5 a** 36
§ 5 II	Verwechslungsgefahr	5 1.85 f, 4.238
§ 5 III	Vergleichende Werbung	5 2.62 f, 7.62
§ 5 IV	Werbung mit Preisherabsetzung	5 7.73 ff

Gesamtübersicht[1]

Rdn

1. Kapitel. Grundlagen des Irreführungsverbots

A. Gesetzesgeschichte 1.1–1.6
    I. Das UWG von 1896 .... 1.1
    II. Das UWG von 1909 .... 1.2
    III. Die UWG-Novelle von 1969 .... 1.3
    IV. Umsetzung der Richtlinie zur vergleichenden Werbung 1.4
    V. Das neue UWG von 2004 .... 1.5
    VI. Die Umsetzung der Richtlinie über unlautere Geschäftspraktiken durch die UWG-Novelle 2008 .... 1.6

---

[1] Detaillierte Übersichten finden sich zu Beginn der jeweiligen Kapitel.

	Rdn
B. Schutzzweck	1.7–1.12a
I. Ausgangspunkt: Schutz der Mitbewerber	1.7
II. Schutzweck heute: Schutz der Marktgegenseite und der Mitbewerber	1.8–1.12a
C. Das Irreführungsverbot in der Rechtsordnung	1.13–1.86
I. Irreführungsverbot und Unionsrecht	1.13–1.59b
II. Irreführungsverbot und Verfassungsrecht	1.60–1.67
III. Irreführungsverbot und Leistungsstörungen	1.68
IV. Andere Irreführungsverbote	1.69–1.74
V. Irreführungsverbot und Kennzeichenrecht	1.74a–1.86
D. Bedeutung und Stellung des Irreführungsverbots im heutigen Lauterkeitsrecht	1.87–1.97
I. Generell	1.87
II. Zentrale Bedeutung des Irreführungsverbots	1.88–1.90
III. Das Irreführungsverbot nach der UWG-Novelle 2008	1.91–1.97
E. Gang der Kommentierung	1.98–1.100

2. Kapitel. Tatbestand der irreführenden Werbung

	Rdn
A. Anwendungsbereich des Irreführungsverbots	2.1–2.21
I. Vorliegen einer geschäftlichen Handlung	2.1–2.15
II. Adressaten irreführender Angaben	2.16–2.18
III. Adressaten des Irreführungsverbots	2.19
IV. Geschäftliche Relevanz der Irreführung und Spürbarkeit der Interessenbeeinträchtigung	2.20, 2.21
B. Irreführende geschäftliche Handlung	2.22–2.34
I. Von der irreführenden Werbung zur irreführenden geschäftlichen Handlung	2.22–2.32
II. Äußerung	2.33
III. Äußerungen über Mitbewerber	2.34
C. Angaben	2.35–2.63
I. Ausgangspunkt	2.35–2.42
II. Abgrenzung	2.43–2.51
III. Form der Angabe	2.52–2.59
IV. Irreführung durch Unterlassen (§ 5a)	2.60, 2.61
V. Angaben im Rahmen vergleichender Werbung (§ 5 III 1. Alt)	2.62, 2.63
D. Irreführende Angaben	2.64–2.168
I. Grundlagen	2.64–2.66
II. Verkehrsauffassung	2.67–2.109
III. Einzelfragen zur Irreführung	2.110–2.168
E. Geschäftliche Relevanz der Irreführung	2.169–2.196
I. Grundlagen	2.169–2.171
II. Standort der Relevanz im Tatbestand der irreführenden Werbung	2.172, 2.173
III. Übersicht über die Anwendungsbereiche	2.174–2.177
IV. Anwendung im Einzelnen	2.178–2.196
F. Interessenabwägung, Prüfung der Verhältnismäßigkeit	2.197–2.217
I. Rechtliche Bedeutung	2.197–2.199
II. Interessenabwägung	2.200–2.210
III. Prüfung der Verhältnismäßigkeit	2.211–2.217

3. Kapitel. Beweisfragen

	Rdn
I. Ermittlung der Verkehrsauffassung	3.1–3.18
II. Darlegungs- und Beweislast	3.19–3.28

	Rdn

4. Kapitel. Irreführung über die Merkmale der Waren oder Dienstleistungen (produktbezogene Irreführung)

A. Allgemeines	4.1, 4.2
I. Kategorien	4.1
II. Ältere Rspr zu § 3 UWG 1909	4.2
B. Irreführung über Art und Ausführung, Zusammensetzung, Beschaffenheit und Menge (§ 5 I 2 Nr 1)	4.3–4.179
I. Irreführung über die stoffliche Substanz	4.3–4.44
II. Irreführung über die Eigenschaften und Güte	4.45–4.87
III. Irreführung über Eigenschaften und Güte einzelner Produkte (nach Branchen geordnet)	4.88–4.151 a
IV. Bedeutungswandel	4.152–4.162
V. Umweltverträglichkeit	4.163–4.174
VI. Hinweis auf Förderung altruistischer Zwecke (Umwelt, soziales Engagement)	4.175–4.178
VII. Rechte des geistigen Eigentums	4.179
C. Irreführung über Zwecktauglichkeit, Verwendungsmöglichkeit, Ergebnisse der Verwendung einschließlich irreführende Wirkungsaussagen (§ 5 I 2 Nr 1)	4.180–4.193 a
I. Allgemeines	4.180
II. Angaben über Heilwirkungen	4.181–4.190
III. Sonstige Wirkungsangaben	4.191–4.193 a
D. Irreführung über Art und Weise der Herstellung oder Erbringung (§ 5 I 2 Nr 1)	4.194–4.200
I. Allgemeines	4.194
II. Irreführung über handwerkliche Herstellung	4.195, 4.196
III. Irreführung über eigene Herstellung	4.197, 4.198
IV. Irreführung über das Verfahren der Herstellung oder Erbringung	4.199, 4.200
E. Irreführung über die geografische Herkunft (§ 5 I 2 Nr 1)	4.201–4.208
I. Begriff der geografischen Herkunftsangabe	4.201
II. Die Regelung im UWG und ihr Verhältnis zur Regelung im Markengesetz	4.202–4.203 a
III. Neben dem Markengesetz verbleibender Anwendungsbereich des UWG	4.204–4.208
F. Irreführung über die betriebliche Herkunft (§ 5 I 2 Nr 1) und lauterkeitsrechtlicher Schutz vor Verwechslungen (§ 5 II)	4.209–4.255
I. Grundsätze	4.209–4.216
II. Irreführung über die betriebliche Herkunft	4.217–4.235
III. Lauterkeitsrechtlicher Schutz vor Verwechslungen (§ 5 II)	4.236–4.239
IV. Lauterkeitsrechtlicher Verwechslungsschutz und Markenrecht	4.240–4.253
V. Lauterkeitsrechtlicher Verwechslungsschutz und lauterkeitsrechtlicher Nachahmungsschutz	4.254
VI. Lauterkeitsrechtlicher Verwechslungsschutz und Geschmacksmusterschutz	4.255
G. Irreführung über amtliche Prüfungen und Testergebnisse (§ 5 I 2 Nr 1)	4.256–4.265
I. Irreführung über amtliche Prüfungen	4.256, 4.257
II. Irreführung über Testergebnisse	4.258–4.265

5. Kapitel. Irreführung über geschäftliche Verhältnisse (unternehmensbezogene Irreführung)

I. Einführung	5.1, 5.2
II. Irreführende Unternehmensbezeichnungen, Identität des Unternehmens (§ 5 I 2 Nr 3)	5.3–5.53

	Rdn
III. Irreführende Angaben über Eigenschaften, Umfang und Bedeutung des Unternehmens (§ 5 I 2 Nr 3)	5.54–5.112
IV. Irreführende Angaben über das Vermögen einschließlich der Rechte des geistigen Eigentums sowie über den Umfang von Verpflichtungen (§ 5 I 2 Nr 3)	5.113–5.131
V. Unrichtige Angaben über Befähigung und Qualifikation	5.132–5.157
VI. Irreführung über Auszeichnungen und Ehrungen	5.158–5.162
VII. Irreführung über Verhaltenskodizes (§ 5 I 2 Nr 6)	5.163–5.166

6. Kapitel. Irreführung über den Anlass des Verkaufs, über die Bezugsart und die Bezugsquelle

I. Irreführung über den Anlass des Verkaufs (§ 5 I 2 Nr 2)	6.1–6.12
II. Irreführung über die Bezugsart und die Bezugsquelle	6.13–6.42

7. Kapitel. Irreführung über die Preisbemessung und die Vertragsbedingungen

A. Allgemeines	7.1–7.11
I. Grundsatz der Preiswahrheit	7.1–7.2 a
II. Preisangabenverordnung (PAngV)	7.3, 7.4
III. Zulässigkeit von Preisnachlässen und Zugaben	7.5–7.7
IV. Zulässigkeit von Sonderveranstaltungen	7.8–7.11
B. Irreführung über die Preisbemessung	7.12–7.136 a
I. Irreführung durch Preisgestaltung	7.12–7.18
II. Sonderangebote, Lockvogelwerbung	7.19–7.28
III. Unbestimmte oder unvollständige Produktangaben	7.29, 7.30
IV. Preisbemessung bei Mehrheit von Waren oder Leistungen	7.31–7.43
V. Preisgegenüberstellung	7.44–7.87
VI. Preisgarantie	7.88–7.93
VII. Einzelfälle	7.94–7.136 a
C. Irreführung über die Vertragsbedingungen	7.137–7.148
I. Allgemeines	7.137
II. Form der Irreführung	7.138–7.143 a
III. Garantien	7.144–7.148

8. Kapitel. Irreführung über angemessene Bevorratung

I. Irreführung über den Warenvorrat (§ 5 I 2 Nr 1, Anh zu § 3 III Nr 5)	8.1–8.18
II. Irreführung über den Dienstleistungsvorrat	8.19, 8.20
III. Verfügbarkeit sortimentsfremder Angebotswaren	8.21
IV. Umfang des Unterlassungsanspruchs und Fassung des Unterlassungsantrags	8.22

1. Kapitel. Grundlagen des Irreführungsverbots

Übersicht

	Rdn
A. Gesetzesgeschichte	1.1–1.6
I. Das UWG von 1896	1.1
II. Das UWG von 1909	1.2
III. Die UWG-Novelle von 1969	1.3
IV. Umsetzung der Richtlinie zur vergleichenden Werbung	1.4
V. Das UWG von 2004	1.5
VI. Die Umsetzung der Richtlinie über unlautere Geschäftspraktiken durch die UWG-Novelle 2008	1.6

	Rdn
B. Schutzzweck	1.7–1.12 a
I. Ausgangspunkt: Schutz der Mitbewerber	1.7
II. Schutzzweck heute: Schutz der Marktgegenseite und der Mitbewerber	1.8–1.12 a
1. Schutzzweck im deutschen Recht	1.8–1.11
2. Schutzzweck im europäischen Recht	1.12
3. Keine Bedenken gegen weitergehende Schutzzwecke im deutschen Recht	1.12 a
C. Das Irreführungsverbot in der Rechtsordnung	1.13–1.86
I. Irreführungsverbot und Unionsrecht	1.13–1.59 b
1. Richtlinie über irreführende und vergleichende Werbung 2006/114/EG (früher 84/450/EWG und 97/7/EG)	1.13–1.22 a
a) Gesetzgebungsgeschichte	1.13
b) Gegenstand der Richtlinie 2006/114/EG früher (84/450/EWG)	1.14, 1.15
c) Zunächst keine Umsetzung	1.16–1.18
d) EuGH-Rspr zur Irreführungsrichtlinie	1.19–1.22 a
2. Richtlinie 2005/29/EG über unlautere Geschäftspraktiken (UGP-Richtlinie)	1.23–1.27
a) Allgemeines	1.23, 1.24
b) Irreführende Geschäftspraxis	1.25
c) Bezugspunkte der Irreführung	1.25 a–1.25 d
aa) Allgemeines	1.25 a
bb) Abschließende Aufzählung statt Beispielskatalog?	1.25 b, 1.25 c
cc) Neue Bezugspunkte	1.25 d
d) Irreführung durch Unterlassung	1.26–1.26 b
e) Anhang mit Irreführungsfällen ohne Wertungsmöglichkeit (Per-se-Verbote)	1.27
3. Warenverkehrsfreiheit (Art 34, 35, 36 AEUV)	1.28–1.40
a) Allgemeines	1.28–1.31
b) Binnenmarktklausel in Art 4 Richtlinie über unlautere Geschäftspraktiken (UGP-Richtlinie)	1.31 a, 1.31 b
c) Einschlägige Entscheidungen des EuGH zur Warenverkehrsfreiheit	1.32–1.37
aa) Bocksbeutel-Flasche	1.32
bb) Kohl/R + R	1.33
cc) Pall/Dahlhausen	1.34
dd) Mars	1.35
ee) Clinique	1.36
ff) Lifting-Creme	1.37
d) Art 34 AEUV in der deutschen Rspr	1.38–1.40
4. Dienstleistungsfreiheit (Art 56 AEUV)	1.41, 1.42
5. Spezielle unionsrechtliche Irreführungsverbote	1.43–1.45
6. Europäisches Verbraucherleitbild	1.46–1.59 b
a) Verbraucherbild in der EuGH-Rspr	1.46–1.53 a
aa) Frühere Rspr	1.46
bb) Die Entscheidung „Gut Springenheide"	1.47–1.50
cc) Fortgang des 6-Korn-Verfahrens	1.51, 1.52
dd) Das Verbraucherbild in der weiteren EuGH-Rspr	1.53, 153 a
b) Übernahme des Verbraucherleitbildes in der UGP-Richtlinie	1.54
c) Rezeption des europäischen Verbraucherbildes in der nationalen Rspr	1.55–1.59 a
aa) Frühere Rspr	1.55
bb) Verbraucherleitbild in der neueren BGH-Rspr	1.56–1.59
cc) Einheitliches Verbraucherleitbild	1.59 a
d) Durchschnittsverbraucher in § 3 II 2 UWG	1.59 b
II. Irreführungsverbot und Verfassungsrecht	1.60–1.67
1. Allgemeines	1.60, 1.61
2. Haftungsprivileg der Medien	1.61 a, 1.61 b
3. Berufsfreiheit (Art 12 I GG)	1.62–1.64
4. Meinungs- und Pressefreiheit, Kunstfreiheit (Art 5 I und III GG)	1.65–1.67
III. Irreführungsverbot und Leistungsstörungen	1.68
IV. Andere Irreführungsverbote	1.69–1.74
1. Lauterkeitsrechtliche Irreführungsverbote	1.69–1.72
2. Irreführungsverbote außerhalb des UWG	1.73, 1.74

	Rdn
V. Irreführungsverbot und Kennzeichenrecht	1.74a–1.86
1. Irreführende Marken und Kennzeichen	1.74a, 1.74b
2. Warenzeichenrecht bis 1994	1.75
3. Kennzeichenrechtlicher Schutz nach dem Markengesetz	1.76–1.84
a) Konzentration des Kennzeichenschutzes im Markengesetz	1.76
b) Vorrang der Regelungen im Markengesetz?	1.77–1.79a
c) Irreführung trotz Lizenzvertrag?	1.80–1.84
aa) Markenrecht	1.80, 1.81
bb) Geschäftliche Bezeichnungen	1.82, 1.83
cc) Geografische Herkunftsangaben	1.84
4. Lauterkeitsrechtlicher Schutz vor Verwechslungen (§ 5 II)	1.85, 1.86
D. Bedeutung und Stellung des Irreführungsverbots im heutigen Lauterkeitsrecht	1.87–1.97
I. Generell	1.87
II. Zentrale Bedeutung des Irreführungsverbots	1.88–1.90
III. Das Irreführungsverbot nach der UWG-Novelle 2008	1.91–1.97
1. Überblick	1.91, 1.92
2. Bezugspunkte der Irreführung	1.93, 1.94
3. Irreführung durch Unterlassen	1.95, 1.96
4. In jedem Fall irreführende geschäftliche Handlungen	1.97
E. Gang der Kommentierung	1.98–1.100

Schrifttum: *Ackermann,* Das Verbraucherleitbild im Lauterkeits- und Kennzeichenrecht und seine praktischen Auswirkungen, in: Baudenbacher/Simon (Hrsg), Neueste Entwicklungen im europäischen und internationalen Immaterialgüterrecht, 2001, 59; *H.-J. Ahrens,* Verwirrtheiten juristischer Verkehrskreise zum Verbraucherleitbild einer „normativen" Verkehrsauffassung, WRP 2000, 812; *ders,* Die Benetton-Rechtsprechung des BVerfG und die UWG-Fachgerichtsbarkeit, JZ 2004, 763; *ders,* Das Verhältnis von UWG und Vertragsrecht aufgrund der EU-Richtlinie über unlautere Geschäftspraktiken, FS Loewenheim, 2009, 407; *S. Ahrens,* Der Irreführungsbegriff im deutschen Wettbewerbsrecht, WRP 1999, 389; *Albrecht,* Europäisches Werberecht und seine Auswirkungen auf das deutsche Wettbewerbsrecht, WRP 1997, 926; *Apostolopoulos,* Einige Gedanken zur Auslegung der nationalen Generalklausel im Hinblick auf eine Vollharmonisierung des europäischen Lauterkeitsrechts, WRP 2005, 152; *ders,* Das europäische Irreführungsverbot: Liberalisierung des Marktgeschehens oder Einschränkung für die Anbieterseite?, GRUR Int 2005, 292; *Beater,* Schutzzweckdenken im Recht gegen den unlauteren Wettbewerb, JZ 1997, 916; *ders,* Verbraucherschutz und Schutzzweckdenken im Wettbewerbsrecht, 2000; *ders,* Die stillen Wandlungen des Wettbewerbsrechts, JZ 2000, 973; *ders,* Europäisches Recht gegen unlauteren Wettbewerb – Ansatzpunkte, Grundlagen, Entwicklung, Erforderlichkeit, ZEuP 2003, 11; *Behler/Schröder,* Die Lebensmittel- und Bedarfsgegenständegesetz, 2002; *Bornkamm,* Entwicklungen der Rspr im Wettbewerbsrecht – Vergleichende Werbung, in: Schwarze (Hrsg), Werbung und Werbeverbote im Lichte des europäischen Gemeinschaftsrechts, 1999, 134; *ders,* Die Feststellung der Verkehrsauffassung im Wettbewerbsprozeß, WRP 2000, 830; *ders,* Wettbewerbs- und Kartellrechtsprechung zwischen nationalem und europäischem Recht, FS 50 Jahre BGH, 2000, 343; *ders,* Markenrecht und wettbewerbsrechtlicher Kennzeichenschutz – Zur Vorrangthese der Rspr, GRUR 2005, 97; *ders,* Kennzeichenschutz und Irreführungsverbot – Zur wettbewerbsrechtlichen Beurteilung der irreführenden Kennzeichenbenutzung, FS v. Mühlendahl, 2005, 9; *ders,* Der lauterkeitsrechtliche Schutz vor Verwechslungen: Ein Kuckucksei im UWG?, FS Loschelder, 2010, S. 31; *Brömmelmeyer,* Der Binnenmarkt als Leitstern der Richtlinie über unlautere Geschäftspraktiken, GRUR 2007, 295; *Büttner,* Die Irreführungsquote im Wandel – Folgen eines sich ändernden Normverständnisses, GRUR 1996, 533; *Coing,* Europäisierung der Rechtswissenschaft, NJW 1990, 937; *Dauses,* Die Rspr des EuGH zum Verbraucherschutz und zur Werbefreiheit im Binnenmarkt, EuZW 1995, 425; *Deutsch,* Der Einfluss des europäischen Rechts auf den Irreführungstatbestand des § 3 UWG – Gedanken zum Verbraucher-Leitbild und zur Relevanz bei Täuschungen, GRUR 1996, 541; *ders,* Noch einmal: Das Verbraucherleitbild des EuGH und das „Nissan"-Urteil, GRUR 1997, 44; *Doepner,* Verbraucherleitbilder zur Auslegung des wettbewerbsrechtlichen Irreführungsverbots – Anmerkungen zum Diskussionsstand, FS Lieberknecht, 1997, 165 und WRP 1997, 999; *Drettmann,* Wirtschaftswerbung und Meinungsfreiheit, 1984; *Eicke,* Meinungsfreiheit für die Werbung?, WRP 1988, 643; *Eilmansberger,* Zur Reichweite der Grundfreiheiten des Binnenmarkts, JBl 1999, 345 und 434; *Emmerich,* Auf dem Weg zum europäischen Binnenmarkt, WM 1990, 1; *Eppe,* Zugaben und Rabatte im Anwendungsbereich des UWG – Zur Rechtslage nach Fortfall von ZugabeVO und RabattG, 2003; *Everling,* Zur Bedeutung der Rspr des Europäischen Gerichtshofes für die Werbung in Europa, in: ZAW (Hrsg), Irreführende Werbung in Europa – Maßstäbe und Perspektiven, 1990, 43; *ders,* Der Einfluss des EG-Rechts auf das nationale Wettbewerbsrecht im Bereich des Täuschungsschutzes, ZLR 1994, 221; *Fezer,* Europäisierung des Wettbewerbsrechts, JZ 1994, 317; *ders,* Das wettbewerbsrechtliche Irreführungsverbot als ein normatives Modell des verständigen Verbrauchers im Europäischen Unionsrecht, WRP 1995, 671; *ders,* Plädoyer für eine offensive Umsetzung der Richtlinie über unlautere Geschäftspraktiken in das deutsche UWG – Originärer Verbraucherschutz durch Lauterkeitsrecht als Paradigma der europäischen Rechtsharmonisierung, WRP 2006, 781; *ders,* Das Informationsgebot der Lauterkeitsrichtlinie als subjektives Verbraucherrecht – Zur Umsetzung des Art 7 der Richtlinie über unlautere Geschäftspraktiken in § 5 UWG, WRP 2007, 1021; *ders,* Normenkonkurrenz zwischen Kennzeichenrecht und Lauterkeitsrecht – Ein Beitrag zur kumulativen und subsidiären Normenkonkurrenz im Immaterialgüterrecht – Kritik der Vorrangthese des BGH zum MarkenG; WRP 2008, 1; *ders,* Der Dualismus der Lauterkeitsrechtsordnungen des b2c-Geschäftsverkehrs und des b2b-Geschäftsverkehrs im UWG, WRP 2009, 1163; *v Gierke,* Zur Irreführung durch Angaben über den Warenvorrat, GRUR 1996, 579; *Funke,* Das deutsche Wettbewerbsrecht im europäischen Binnenmarkt, WRP 1991, 550; *Gamerith,* Der Richtlinienvorschlag über unlautere Geschäftspraktiken – Möglichkeiten einer harmonischen Umsetzung, WRP 2005, 391; *Glöckner,* Richtlinienvorschlag über unlautere Geschäftspraktiken, deutsches UWG oder die schwierige Umsetzung von europarechtlichen Generalklauseln, WRP 2004, 936; *Gloy,* Verkehrsauffassung – Rechts- oder Tatfrage, FS Erdmann, 2002, 811; *Groeschke/Kiethe,* Die Ubiquität des europäischen Verbraucherleitbildes – Der europäische Pass des informierten und verständigen Verbrauchers, WRP 2001, 230; *Heermann,* Auswirkungen der Europäischen Rechtsentwicklung auf das deutsche Wettbewerbsrecht oder Wohin steuert das deutsche Werberecht nach der Entscheidung des EuGH vom 7. 3. 1990 in Sachen „GB-INNO-BM/Conféderation du commerce Luxembourgeois", WRP 1993, 578; *Hefermehl,* Zum Verbot irreführender Werbung, FS Wilde, 1970, 40; *Helm,* Das Verbraucherleitbild des Europäischen Gerichtshofs und des Bundesgerichtshofs im Vergleich, FS Tilmann, 2003, 135; *ders,* Der Abschied vom „verständigen" Verbraucher, WRP 2005, 931; *Henning-Bodewig,* E-Commerce und irreführende Werbung – Auswirkungen des Herkunftslandprinzips auf das europäische und deutsche Irreführungsrecht, WRP 2001, 771; *dies,* Richtlinienvorschlag über unlautere Geschäftspraktiken und UWG-Reform, GRUR Int 2004, 183; *dies,* Das neue UWG – von Brüsseler Gnaden?, FS Schricker, 2005, 705; *dies,* Die Richtlinie 2005/29/EG über unlautere Geschäftspraktiken, GRUR Int 2005, 629; *dies,* Relevanz der Irreführung, UWG-Nachahmungsschutz und die Abgrenzung Lauterkeitsrecht/IP-Rechte, GRUR Int 2007, 986; *Hoeren,* Das neue UWG – der Regierungsentwurf im Überblick, BB 2008, 1182; *Hösl,* Interessenabwägung und rechtliche Erheblichkeit der Irreführung bei § 3 UWG, 1986; *Hohmann,* Einwirkungen des Gemeinschaftsrechts auf die Auslegung des § 3 UWG unter besonderer Berücksichtigung des „becel"-Urteils des BVerwG, WRP 1993, 225; *ders,* Die Verkehrsauffassung im deutschen und europäischen Lebensmittelrecht, 1994; *Ingerl,* Der wettbewerbsrechtliche Kennzeichenschutz und sein Verhältnis zum MarkenG in der neueren Rspr des BGH und in der UWG-Reform, WRP 2004, 809; *Joliet,* Das Recht des unlauteren Wettbewerbs und der freie Warenverkehr, GRUR Int 1994, 1; *ders,* Der freie Warenverkehr: Das Urteil Keck und Mithouard und die Neuorientierung der Rspr, GRUR Int 1994, 979; *Jungheim/Haberkamm,* Probleme der UWG-Novelle zur Umsetzung der Richtlinie über unlautere Geschäftspraktiken, VuR 2009, 250; *Keilholz,* Die misslungene Harmonisierung des Verbots der irreführenden Werbung in der EG und ihre Konsequenzen für die deutsche Rspr, GRUR Int 1987, 390; *Kemper/Rosenow,* Der Irreführungsbegriff auf dem Weg nach Europa, WRP 2001, 370; *Keßler,* Wettbewerbsrechtliches Irreführungsverbot und Freiheit des Warenverkehrs, EuZW 1991, 107; *ders,* Lauterkeitsschutz und Wettbewerbsordnung – zur Umsetzung der Richtlinie 2005/29/EG über § 3 UWG mit besonderer Berücksichtigung in Deutschland und Österreich, WRP 2007, 714; *Keßler/Micklitz,* BB-Europareport: Der Richtlinienvorschlag über unlautere Praktiken im binnenmarktinternen Geschäftsverkehr, BB 2003, 2073; *Keyßner,* Täuschung durch Unterlassen – Informationspflichten in der Werbung, 1986; *Kiethe/Groeschke,* Das europäische Lebensmittelrecht und der Irreführungsschutz, WRP 2001, 1035; *Köhler,* EG-Recht, nationales Wettbewerbsrecht und Verbraucherschutz, JuS 1993, 447; *ders,* Irreführungs-Richtlinie und deutsches Wettbewerbsrecht, GRUR Int 1994, 396; *ders,* Zur Umsetzung der Richtlinie über unlautere Geschäftspraktiken, GRUR 2005, 793; *ders,* Die Bedeutung der Richtlinie 2005/29/EG über unlautere Geschäftspraktiken und ihre Auswirkungen für Lebensmittelrecht und Lebensmittelwirtschaft, ZLR 2006, 3; *ders,* Vom deutschen zum europäischen Lauterkeitsrecht – Folgen der Richtlinie über unlautere Geschäftspraktiken für die Praxis, NJW 2008, 3032; *ders,* Die UWG-Novelle 2008, WRP 2009, 109; *ders,* Unzulässige geschäftliche Handlungen bei Abschluss und Durchführung eines Vertrags, WRP 2009, 898; *Köhler/Lettl,* Das geltende europäische Lauterkeitsrecht, der Vorschlag für eine EG-Richtlinie über unlautere Geschäftspraktiken und die UWG-Reform, WRP 2003, 1019; *Kur,* Verwechslungsgefahr und Irreführung – zum Verhältnis von Markenrecht und § 3 UWG, GRUR 1989, 240; *dies,* Die Schnittstellen zwischen Marken- und Wettbewerbsrecht bei nationalen und Gemeinschaftsmarken, MarkenR 2001, 137; *Leible,* Abschied vom „flüchtigen Verbraucher"?, DZWir 1994, 178; *ders,* Werbung für EG-Neuwagen, NJW 2000, 1242; *Lettl,* Der lauterkeitsrechtliche Schutz vor irreführender Werbung in Europa, 2004; *ders,* Der lauterkeitsrechtliche Schutz vor irreführender Werbung in Europa, GRUR Int 2004, 85; *ders,* Der Schutz der Verbraucher nach der UWG-Reform, GRUR 2004, 449; *ders,* Gemeinschaftsrecht und neues UWG, WRP 2004, 1079; *Lindacher,* Funktionsfähiger Wettbewerb als Final- und Beschränkungsgrund des lauterkeitsrechtlichen Irreführungsverbots, FS Nirk, 1992, 587; *Martin-Ehlers,* Die Irreführungsverbote des UWG im Spannungsfeld des freien europäischen Warenverkehrs, 1996; *G. Meier,* Einschränkung des deutschen Wettbewerbsrechts durch das Europäische Gemeinschaftsrecht, GRUR Int 1990, 817; *ders,* Die Lauterkeit des Handelsverkehrs: Zur Einwirkung des Art. 30 EWGV auf Auslegung und Anwendung der Generalklauseln des deutschen Wettbewerbsrechts, GRUR Int 1993, 219; *Metzger,* Neue Entscheidungen des BGH zur „EG-Neuwagen"-Problematik, WRP 1999, 1237; *A. Meyer,* Die anlockende Wirkung der irreführenden Werbung, 1989; *Micklitz,* Umweltwerbung im Binnenmarkt, WRP 1995, 1014; *Möllering,* Das Recht des unlauteren Wettbewerbs in Europa: Eine neue Dimension, WRP 1990, 1; *Münker,* Harmonisierung des Rechtsschutzes gegen unlauteren Wettbewerb in der Europäischen Union, WRP 1996, 990; *Nordemann,* Wie sich die Zeiten ändern – Der Wandel der Rspr zum Verbraucherleitbild in § 3 UWG, WRP 2000, 977; *Ohly,* Irreführende vergleichende Werbung – Anmerkungen zu EuGH „Pippig Augenoptik/Hartlauer", GRUR 2003, 641; *ders,* Das Herkunftslandprinzip im Bereich vollständig angeglichenen Lauterkeitsrechts – Überlegungen zur Binnenmarktklausel der Richtlinie über unlautere Geschäftspraktiken und zum BGH-Urteil „Arzneimittelwerbung im Internet", WRP 2006, 1401; *ders,* Bausteine eines europäischen Lauterkeitsrechts – Zugleich Besprechung von Jochen Glöckner, Europäisches Lauterkeitsrecht, WRP 2008, 177; *Ohly/Spence,* Vergleichende Werbung: Die Auslegung der Richtlinie 97/55/EG in Deutschland und Großbritannien, GRUR Int 1999, 681; *Oppenhoff,* Im Spannungsfeld zwischen Gemeinschaftsrecht und deutschem Wettbewerbsrecht, FS v Gamm, 1990, 117; *Paulus,* Wirtschaftswerbung und Meinungsfreiheit – Inhalt und Schranken von Art. 5 I I GG, WRP 1990, 22; *Peifer,* Die Zukunft der irreführenden Geschäftspraktiken, WRP 2008, 556; *Piekenbrock,* Die Bedeutung des Herkunftslandprinzips im europäischen Wettbewerbsrecht, GRUR Int 2005, 997; *Piper,* Zu den Auswirkungen des EG-Binnenmarktes auf das deutsche Recht gegen den unlauteren Wettbewerb, WRP 1992, 685; *Reese,* Grenzüberschreitende Werbung in der Europäischen Gemeinschaft, 1994; *ders,* Das „6-Korn-Eier"-Urteil des EuGH-Leitentscheidung für ein Leitbild?, WRP 1998, 1035; *Reuthal,* Verstößt das deutsche Irreführungsverbot gegen Art. 30 EGV?, WRP 1997, 1154; *Sack,* Deliktsrechtlicher Verbraucherschutz gegen unlauteren Wettbewerb, NJW 1975, 1303; *ders,* Staatliche Werbebeschränkungen und die Art. 30 und 59 EG-Vertrag, WRP 1998, 103; *ders,* Die Berücksichtigung der Richtlinie 97/55/EG über irreführende und vergleichende Werbung bei der Anwendung der §§ 1, 3 UWG, WRP 1998, 241; *ders,* Das Verbraucherleitbild und das Unternehmerleitbild im europäischen und deutschen Wettbewerbsrecht, WRP 1998, 264; *ders,* Auswirkungen der Art. 30, 36 und 59 EG-Vertrag auf das Recht gegen den unlauteren Wettbewerb, GRUR 1998, 871; *ders,* Die Bedeutung der EG-Richtlinien 84/450/EWG und 97/55/EG über irreführende und vergleichende Werbung, GRUR Int 1998, 263; *ders,* Die Auswirkungen des europäischen Rechts auf das Verbot irreführender Werbung, in: Schwarze (Hrsg), Werbung und Werbeverbote im Lichte des europäischen Gemeinschaftsrechts, 1999, 102; *ders,* Die Präzisierung des Verbraucherleitbildes durch den EuGH, WRP 1999, 399; *ders,* Die Beurteilung irreführender Werbung für Importfahrzeuge aus EG-Staaten nach EG-Recht, WRP 2000, 23; *ders,* Markenschutz und UWG, WRP 2004, 1405; *ders,* Markenrechtliche Probleme vergleichender Werbung, GRUR 2008, 201; *Säcker,* Das UWG zwischen den Mühlsteinen europäischer Harmonisierung und grundrechtsgebotener Liberalisierung, WRP 2004, 1199; *ders,* Die neue deutsche Formel des europäischen Verbraucherleitbilds, WRP 2005, 462; *Scherer,* Zur Frage der Schutzgesetzqualität von §§ 1, 3 UWG für Verbraucher, WRP 1992, 607; *ders,* Divergenz und Kongruenz der Rspr des EuGH und des BGH, WRP 1999, 991; *Schotthöfer,* Handbuch des Werberechts in den EU-Staaten einschließlich Norwegen, Schweiz, Liechtenstein und USA, 2. Aufl., 1997; *Schricker,* Entwicklungstendenzen im Recht des unlauteren Wettbewerbs, GRUR 1974, 579; *ders,* Die Bekämpfung der irreführenden Werbung in den Mitgliedstaaten der EG, GRUR Int 1990, 112; *ders,* Die europäische Angleichung des Rechts des unlauteren Wettbewerbs – ein aussichtsloses Unterfangen?, GRUR Int 1990, 771; *ders,* Recht der Werbung in Europa, 1990; *ders,* Werbeverbote in der EG, GRUR Int 1991, 185; *ders,* Deregulierung im Recht des unlauteren Wettbewerbs?, GRUR Int 1994, 586; *Schulte-Nölke/Busch,* Der Vorschlag der Kommission für eine Richtlinie über unlautere Geschäftspraktiken KOM (2003) 356 endg, ZEuP 2004, 99; *Schwanhäuser,* Die Zukunft der „irreführenden" Werbung (§ 3 UWG), GRUR 1988, 180; *Schweizer,* Die „normative Verkehrsauffassung" – ein doppeltes Missverständnis – Konsequenzen für das Leitbild des „durchschnittlich informierten, verständigen und aufmerksamen Durchschnittsverbrauchers", GRUR 2000, 923; *Seibt,* Das europäische Verbraucherleitbild – ein Abschied von der Verwechslungsgefahr als Rechtsfrage?, GRUR 2002, 465; *Seichter,* Der Umsetzungsbedarf der Richtlinie über unlautere Geschäftspraktiken, WRP 2005, 1087; *Sosnitza,* Die Richtlinie über unlautere Geschäftspraktiken – Voll- oder Teilharmonisierung?, WRP 2006, 1; *ders,* Der Gesetzentwurf zur Umsetzung der Richtlinie über unlautere Geschäftspraktiken, WRP 2008, 1014; *Steinbeck,* Zur europarechtskonformen Auslegung des Irreführungsverbots nach § 3 UWG, EWS 1996, 234; *dies,* Richtlinie über unlautere Geschäftspraktiken: Irreführende Geschäftspraktiken – Umsetzung in das deutsche Recht, WRP 2006, 632; *Steindorff,* Unlauterer Wettbewerb im System des EG-Rechts, WRP 1993, 139; *Stillner,* Verbraucherschutz im Wettbewerbsrecht – Rechtsprechung im Jahr 2006, VuR 2007, 61; *Teplitzky,* Zur Methodik der Interessenabwägung in der neueren Rspr des Bundesgerichtshofs zu § 3 UWG, FS Vieregge, 1995, 853; *Tilmann,* Irreführende Werbeangaben und täuschende Werbung, GRUR 1976, 544; *ders,* Irreführende Werbung in Europa – Möglichkeiten und Grenzen der Rechtsentwicklung, GRUR 1990, 87; *ders,* Der „verständige Verbraucher", FS Piper, 1996, 481; *Trägner,* Das Verbot irreführender Werbung nach § 3 UWG im Europäischen Binnenmarkt, 1993; *Ullmann,* Der Verbraucher – ein Hermaphrodit?, GRUR 1991, 789; *ders,* Die Europäische Union und das nationale Wettbewerbs- und Urheberrecht, JZ 1994, 928; *ders,* Einige Bemerkungen zur Meinungsfreiheit in der Wirtschaftswerbung, GRUR 1996, 948; *Wägenbaur,* Werberecht und Werbeverbote, EuZW 1995, 431; *Weichert,* Datenschutz im Wettbewerbs- und Verbraucherrecht, VuR 2006, 377; *Wuttke,* Neues zur wettbewerbsrechtlichen Relevanz und Interessenabwägung bei der irreführenden Werbung, WRP 2003, 839; *ders,* Die Konvergenz des nationalen und des europäischen Irreführungsbegriffs, WRP 2004, 820. – **Weitere Schrifttumsnachweise** s vor § 5 Rdn 2.1.

A. Gesetzesgeschichte

I. Das UWG von 1896

1.1 Bereits das **Gesetz gegen den unlauteren Wettbewerb** v 27. 5. 1896 (RGBl 145) enthielt in § 1 I 1 ein Irreführungsverbot, dem in Ermangelung einer allgemeinen Generalklausel eine zentrale Bedeutung zukam und das im Wesentlichen dem § 3 UWG des Gesetzes von 1909 entsprach. Auch wenn sich das Konzept des Gesetzes von 1896, das nur Einzelverbote formulierte, als zu eng erwies und damit der großen Generalklausel des § 1 UWG im Gesetz von 1909 den Weg bereitete, zeigt es doch die **Bedeutung des Wahrheitsgebots,** dessen Durchsetzung stets eine zentrale, wenn nicht vordringliche Aufgabe des Lauterkeitsrechts war und ist. Auch der Straftatbestand der irreführenden Werbung (heute § 16 UWG) geht auf das Gesetz von 1896 zurück.

II. Das UWG von 1909

1.2 Durch das **Gesetz gegen den unlauteren Wettbewerb** v 7. 6. 1909 (RGBl 499) rückte das – nur redaktionell überarbeitete – Irreführungsverbot in die zweite Reihe. Die Bestimmung des § 3 UWG 1909 wurde fortan im Gegensatz zur großen Generalklausel des § 1 UWG als die „**kleine Generalklausel**" bezeichnet, behielt aber ihre zentrale Bedeutung für die **Durchsetzung des Wahrheitsgebots.** Wie § 1 I 1 UWG 1896 beschränkte sich das Irreführungsverbot jedoch zunächst auf „öffentliche Bekanntmachungen oder Mitteilungen, die für einen größeren Kreis von Personen bestimmt sind", also auf die Publikumswerbung. Außerdem mussten die „unrichtigen Angaben" geeignet sein, „den Anschein eines bes günstigen Angebots hervorzurufen". Daneben enthielt § 6 UWG 1909 eine Bestimmung über den **Konkurswarenverkauf,** die bis 2004 fast unverändert weiter bestand und die als ein typisierter Irreführungstatbestand bezeichnet werden kann.

III. Die UWG-Novelle von 1969

1.3 Die nächsten sechzig Jahre brachten für § 3 UWG 1909 keine Änderung. Erst mit **Gesetz v 26. 6. 1969** (BGBl I 633) wurde das Irreführungsverbot **in drei Punkten erweitert: (1)** Das Erfordernis, dass die unrichtige Angabe in öffentlichen Bekanntmachungen oder Mitteilungen enthalten sein muss, die für einen größeren Kreis von Personen bestimmt sind, wurde gestrichen, um auch die Irreführung im individuellen Kundengespräch zu erfassen. **(2)** Das Merkmal „unrichtige Angaben" wurde durch „irreführende Angaben" ersetzt; damit wurde auch durch den Gesetzeswortlaut anerkannt, dass maßgeblich allein die Verkehrsauffassung und nicht die objektive Richtigkeit oder Unrichtigkeit der Angabe ist. **(3)** Das Merkmal, dass die Angaben das Angebot als bes günstig erscheinen lassen müssen, wurde ersatzlos gestrichen. Die weiteren Änderungen des Wortlauts hatten keine sachliche Bedeutung. Außerdem wurden zwei **weitere Tatbestände** typisierter Irreführung, nämlich § 6 a **(Hersteller- und Großhändlerwerbung)** und § 6 b **(Kaufscheinhandel)** geschaffen, die ebenso wie die Bestimmung über den Konkurswarenverkauf in § 6 UWG 1909 wegen des geänderten Verbraucherleitbilds (dazu Rdn 1.57 f) die Neufassung des UWG im Jahre 2004 nicht überlebt haben (Begr RegE UWG 2004 BT-Drucks 15/1487 S 15).

IV. Umsetzung der Richtlinie zur vergleichenden Werbung

1.4 Bei der Umsetzung der Richtlinie 97/55/EG durch das **Gesetz zur vergleichenden Werbung** und zur Änderung wettbewerbsrechtlicher Vorschriften v 1. 9. 2000 (BGBl I 1374) hat der Gesetzgeber die Regelung, wonach eine vergleichende Werbung – wenn sie zulässig sein soll – nicht irreführend sein darf, nicht in die Bestimmung über die vergleichende Werbung (§ 2 UWG aF) aufgenommen, sondern stattdessen im damaligen § 3 UWG in einem **zusätzlichen Satz 2** klargestellt, dass das Irreführungsverbot auch für Angaben im Rahmen vergleichender Werbung gilt. Diese Klarstellung ist in die neue Bestimmung zur irreführenden Werbung übernommen worden (§ 5 III).

1. Kap. Grundlagen des Irreführungsverbots 1.5–1.8 § 5 UWG

V. Das UWG von 2004

Aus der großen UWG-Reform des Jahres 2004, die uns mit dem UWG 2004 ein neues **1.5**
Gesetz beschert hat, ist das Irreführungsverbot zwar im Kern ohne sachliche Änderungen
hervorgegangen. Die systematische Stellung ist jedoch eine andere: Das Irreführungsverbot ist
seit 2004 **kein eigenständiger Tatbestand** mehr, sondern, dem Entwurf von *Köhler/Bornkamm/Henning-Bodewig* (WRP 2002, 1317, 1319: § 3 iVm § 4 Nr 6) folgend, eine **Konkretisierung der allgemeinen Generalklausel,** die generell unlautere Wettbewerbshandlungen – seit
der UWG-Novelle 2008 unlautere geschäftliche Handlungen (§ 2 I Nr 1) – für unzulässig
erklärt, die – so das UWG von 2004 – geeignet sind, den Wettbewerb zum Nachteil der
Mitbewerber, der Verbraucher oder der sonstigen Marktteilnehmer nicht unerheblich zu verfälschen (§ 5 I iVm § 3). Statt des Beispielskatalogs des § 3 UWG in der bis 2004 geltenden
Fassung enthielt § 5 II 1 UWG 2004 eine Konkretisierung, die fast wörtlich **Art 3 der Richtlinie über irreführende und vergleichende Werbung** entsprach. § 5 II 2 UWG 2004 stellte
klar, dass auch das Verschweigen einer relevanten Tatsache irreführend sein kann, es also auch
eine Irreführung durch Unterlassen gibt. Die durch die UWG-Novelle 2008 unverändert
übernommene Bestimmung des § 5 III weist darauf hin, dass eine irreführende vergleichende
Werbung nicht privilegiert ist, und nimmt aus dem alten UWG im Übrigen die (überflüssige)
Regelung auf, nach der auch „bildliche Darstellungen und sonstige Veranstaltungen" irreführende Angaben sein können. Die neue Regelung des § 5 IV sieht für die Werbung mit Preisherabsetzungen eine Beweislastumkehr vor. Zum **Bedeutungswandel des Irreführungsverbots**
infolge der Neufassung des UWG im Jahre 2004 s Rdn 1.85 ff.

VI. Die Umsetzung der Richtlinie über unlautere Geschäftspraktiken durch die UWG-Novelle 2008

Die **UGP-Richtlinie** (Richtlinie 2005/29/EG über unlautere Geschäftspraktiken v 11. 5. **1.6**
2005, ABl EG Nr L 149 S 22) hat auch die unionsrechtlichen Grundlagen des **nationalen
Irreführungsverbots grundlegend verändert** (zur Richtlinie im Allgemeinen Einl
Rdn 3.56 ff, zum Irreführungsverbot in der Richtlinie im Besonderen § 5 Rdn 1.23 ff). Die
Richtlinie war bis zum 12. 6. 2007 umzusetzen; die entspr Vorschriften mussten seit dem 12. 12.
2007 angewendet werden. Bis zum Inkrafttreten der UWG-Novelle 2008 waren die **Gerichte
gehalten, das geltende nationale Recht richtlinienkonform auszulegen.** Inzwischen ist
die **Umsetzung mit erheblicher Verspätung erfolgt.** Zu den Änderungen im Bereich des
Irreführungsverbots s unten Rdn 1.23 ff und 1.87 ff.

B. Schutzzweck

I. Ausgangspunkt: Schutz der Mitbewerber

Das UWG war urspr ein Gesetz, das **allein den Konkurrentenschutz** im Auge hatte. Das **1.7**
Irreführungsverbot diente danach in erster Linie dem Schutz der Mitbewerber, deren Absatzchancen nicht dadurch beeinträchtigt werden sollten, dass einzelne Anbieter das Angebot oder
den Bezug von Waren oder Dienstleistungen durch Täuschung auf sich lenken. Der mit dem
Irreführungsverbot verbundene Schutz der Marktgegenseite, insbes der Verbraucher, wurde als
ein **erwünschter Reflex,** nicht aber als eigenständiges Ziel der Regelung verstanden (GK/
Lindacher § 3 Rdn 4). Das **Anspruchssystem** stand mit dieser Auffassung im Einklang: Es sah
lediglich Ansprüche der Mitbewerber und ihrer Verbände vor, nicht dagegen Ansprüche der
Verbraucherverbände; ihre Anspruchsberechtigung wurde erst 1965 eingeführt.

II. Schutzzweck heute: Schutz der Marktgegenseite und der Mitbewerber

1. Schutzzweck im deutschen Recht

Der **Wandel der Schutzzwecke** lässt sich an keiner Vorschrift so gut ablesen wie am Irre- **1.8**
führungsverbot. Wie bei allen Verboten, die das **Vertikalverhältnis** betreffen, dient auch das
Irreführungsverbot nach heutiger Vorstellung **vor allem dem Schutz der Marktgegenseite.**
Auf der Marktgegenseite stehen häufig **private Letztverbraucher** als Abnehmer. Gegen Irreführung sind aber ebenso **gewerbliche Abnehmer** geschützt, wenn sie die angesprochenen
Verkehrskreise sind (vgl zB BGH GRUR 1997, 380 – *Füllanzeigen;* BGH GRUR 1997, 925 –
Ausgeschiedener Sozius; BGH GRUR 2000, 340 – *Kartenlesegerät;* BGH GRUR 2002, 77 –

Rechenzentrum; BGH GRUR 2002, 81 – *Anwalts- und Steuerkanzlei;* BGH GRUR 2002, 633 – *Hormonersatztherapie*). Auch wenn der Verbraucherschutz heute – insbes als Folge der ausschließlich auf den **Verbraucherschutz** abstellenden **UGP-Richtlinie** – eine wesentlich größere Rolle spielt als früher, darf das Irreführungsverbot daher nicht auf den Verbraucherschutz reduziert werden.

1.9 Die im Vertikalverhältnis geltenden lauterkeitsrechtlichen Verbote erfüllen daneben nach wie vor die Funktion, im **Horizontalverhältnis** die **Mitbewerber** vor den wettbewerbsverzerrenden Wirkungen eines solchen Verhaltens zu schützen. Auch das Irreführungsverbot dient daher nicht nur dem Schutz der Marktgegenseite, sondern gleichermaßen dem Schutz der Mitbewerber, die durch die irreführende Werbung des Konkurrenten Nachteile im Wettbewerb erleiden können. Diese für das deutsche Recht typische Einbeziehung des Horizontalverhältnisses findet darin seinen Ausdruck, dass die betroffenen Mitbewerber – die also in einem konkreten Wettbewerbsverhältnis zu dem irreführend Werbenden stehen (§ 2 I Nr 3) – in erster Linie dazu berufen sind, die Ansprüche geltend zu machen, die sich nach dem Gesetz im Falle einer Zuwiderhandlung ergeben (§ 8 III Nr 1).

1.10 Wenn heute der **Schutz der Marktgegenseite** beim Irreführungsverbot **gleichberechtigt neben dem Schutz der Mitbewerber** steht oder sogar in den Vordergrund gerückt ist (vgl BGH GRUR 1998, 1039, 1040 – *Fotovergrößerungen*), haben doch beide Schutzzwecke **unterschiedliche Funktionen.** Während das Verbot für die Mitbewerber einen Individualschutz gewährt, den diese mit Unterlassungs-, Beseitigungs- und Schadensersatzansprüchen durchsetzen können, besteht für die Marktgegenseite (nur) ein **Kollektivschutz,** der **keine individuellen Ansprüche** vermittelt. Dem kollektiven Charakter des Schutzes entspricht es, dass das Irreführungsverbot auch das **Interesse der Allgemeinheit** an einem unverfälschten Wettbewerb (§ 1) schützt. Das Allgemeininteresse wird immer dann betont, wenn die kollektive Natur des Schutzes hervorgehoben werden soll (BGH GRUR 1966, 267, 270 – *White Horse;* BGH GRUR 1970, 528, 531 – *Migrol;* BGH GRUR 2002, 703 – *VOSSIUS & PARTNER;* GK/*Lindacher* § 3 Rdn 6 f; Piper/Ohly/*Sosnitza* § 5 Rdn 12 und 413 f). Diesem Schutz des Allgemeininteresses kommt jedoch **keine eigenständige Bedeutung** zu, weil immer dann, wenn der Tatbestand der irreführenden Werbung erfüllt ist, auch Interessen der Marktgegenseite betroffen sind. Meist ist vom Interesse der Allgemeinheit die Rede, wenn der angesprochene Verkehr – also die Marktgegenseite – gemeint ist (zB BGH GRUR 1997, 925 – *Ausgeschiedener Sozius;* BGH GRUR 1998, 1039, 1040 – *Fotovergrößerungen*).

1.11 Dem **kollektiven Schutzcharakter** entspricht es, dass die von der Irreführung auf der Marktgegenseite betroffenen Marktteilnehmer, seien es private Letztverbraucher oder seien es Gewerbetreibende, **keine individuellen Ansprüche** geltend machen können. Das Irreführungsverbot ist auch **nicht Schutzgesetz nach § 823 II BGB** (BGH GRUR 1975, 150, 151 – *Prüfzeichen;* GK/*Köhler* § 13 a Rdn 87 f). Soweit die Marktgegenseite betroffen ist, kann der Rechtsschutz vielmehr nur kollektiv durch die **Verbände** geltend gemacht werden, denen nach § 8 III Nr 2, 3 und 4 eigene Unterlassungs- und Beseitigungsansprüche zustehen. Die Regelung der lauterkeitsrechtlichen Ansprüche in § 8 ist abschließend (Begr RegE UWG 2004 zu § 8, BT-Drucks 15/1487 S 22).

2. Schutzzweck im europäischen Recht

1.12 Auch im **europäischen Recht** dient das Irreführungsverbot dem **Schutz sowohl der Verbraucher als auch der Gewerbetreibenden.** Allerdings gibt es seit 2005 zwei verschiedene Richtlinien, je nachdem ob das zu schützende Subjekt auf der Marktgegenseite ein Verbraucher oder ein Gewerbetreibender ist. Während die **Irreführungsrichtlinie 84/450/EWG** – ohne wesentliche inhaltliche Änderungen neu gefasst als **Richtlinie über irreführende und vergleichende Werbung 2006/114/EG** – (dazu Rdn 1.13 und 1.22 a sowie Einl Rdn 3.41 ff) nur noch Gewerbetreibende vor Irreführung schützt, ist der (Irreführungs-)Schutz der Verbraucher nunmehr ausschließlich in der **UGP-Richtlinie 2005/29/EG** geregelt (dort Art 6 und 7). Diese Verteilung der Schutzzwecke wird häufig mit den aus dem Englischen stammenden Abkürzungen „B2B" und „B2C" („business to business" und „business to consumer") umschrieben. Der Schutz der Allgemeinheit, der in der Irreführungsrichtlinie 84/450/EWG in Art 1 ausdrücklich als Schutzzweck genannt war, ist im Zuge der Aufteilung des Irreführungsverbots auf zwei Richtlinien als Schutzzweck weggefallen. Auch den für das deutsche Recht typischen Schutz der Mitbewerber benennen die europäischen Richtlinien nicht.

3. Keine Bedenken gegen weitergehende Schutzzwecke im deutschen Recht

Durch die begrenzten Schutzzwecke des europäischen Lauterkeitsrechts ist das **deutsche Recht nicht gehindert, am herkömmlichen Mitbewerberschutz festzuhalten.** Da jede unlautere Geschäftspraxis im Vertikalverhältnis – sei es gegenüber einem Letztverbraucher oder gegenüber einem gewerblichen Abnehmer (oder Nachfrager) – stets auch den Mitbewerber des unlauter Handelnden tangiert, stellt sich der Schutz der Mitbewerber quasi als ein **Reflex** der Bestimmungen dar, die dem Schutz der Marktgegenseite dienen. Der Schutz der Mitbewerber geht also insofern nicht über das Richtlinienrecht hinaus. Weiter als das Richtlinienrecht geht das deutsche Lauterkeitsrecht aber insoweit, als es den Mitbewerber auch vor unlauterem Handeln seiner Konkurrenten schützt, das sich unmittelbar gegen ihn richtet (Beispiel: gezielte individuelle Behinderung). Trotz der mit der UGP-Richtlinie verfolgten Vollharmonisierung ist dieser weitergehende Schutz den Mitgliedstaaten unbenommen.

1.12a

C. Das Irreführungsverbot in der Rechtsordnung

I. Irreführungsverbot und Unionsrecht

1. Richtlinie über irreführende und vergleichende Werbung 2006/114/EG (früher 84/450/EWG und 97/7/EG)

a) Gesetzgebungsgeschichte. Mit der **Richtlinie 84/450/EWG v 10. 9. 1984 über irreführende Werbung** (ABl EG Nr L 250 S 17) wurde eine **Teilharmonisierung** der Rechts- und Verwaltungsvorschriften der Mitgliedstaaten über irreführende Werbung eingeleitet. Sie bezweckte nach Art 1 den **Schutz der Verbraucher, der Personen, die einen Handel, ein Gewerbe, ein Handwerk oder einen freien Beruf** ausüben, sowie der **Interessen der Allgemeinheit** gegen irreführende Werbung und deren Auswirkungen. 1997 trat die **Richtlinie über vergleichende Werbung** hinzu, die in die bestehende Irreführungsrichtlinie integriert wurde (Richtlinie 97/55/EG zur Änderung der Richtlinie 84/450/EWG über irreführende Werbung zwecks Einbeziehung der vergleichenden Werbung vom 6. 10. 1997, ABl EG Nr L 290 S 18). Nachdem nunmehr die Richtlinie über unlautere Geschäftspraktiken 2005/29/EG (UGP-Richtlinie) die Irreführung gegenüber Verbrauchern regelt, wurde die Regelung der Richtlinie 84/450/EWG, soweit sie die Irreführung und nicht die vergleichende Werbung betrifft, auf den **Schutz der Gewerbetreibenden beschränkt.** Sie gilt also nur noch für das Verhältnis B2B, nicht mehr für B2C (s Rdn 1.12). Seit 12. 12. 2007 gilt eine konsolidierte Fassung der Richtlinie, **die Richtlinie 2006/114/EG vom 12. 12. 2006 über irreführende und vergleichende Werbung.** Die Richtlinie gilt, wie sich aus Art 288 III AEUV ergibt, nicht nur für den **grenzüberschreitenden**, sondern auch für den **innerstaatlichen Handel**.

1.13

b) Gegenstand der Richtlinie 2006/114/EG (früher 84/450/EWG). Für das deutsche Recht von Bedeutung sind vor allem **fünf in der Richtlinie geregelte Punkte: (1)** Die Zweckbestimmung des Art 1 macht deutlich, dass es beim Irreführungsverbot nicht allein um **Verbraucherschutz** (der nunmehr nur noch in der Richtlinie über unlautere Geschäftspraktiken geregelt ist), sondern auch um den **Schutz der gewerblichen Marktteilnehmer** – seien es Mitbewerber oder gewerbliche Abnehmer oder Anbieter – geht (s Rdn 1.8). Aus dem Zusammenhang wird klar, dass damit nicht nur gewerbliche Abnehmer oder Anbieter auf der Marktgegenseite, sondern gerade auch die Mitbewerber gemeint sind; denn zur Definition der irreführenden Werbung gehört, dass sie „einen Mitbewerber schädigt oder zu schädigen geeignet ist" (Art 2 lit b). Inzwischen dient die Richtlinie sogar nur noch dem Schutz der Gewerbetreibenden; für den Verbraucherschutz ist nunmehr ausschließlich die Richtlinie 2005/29/EG über unlautere Geschäftspraktiken (UGP-Richtlinie) bestimmt (s Rdn 1.22). **(2)** Die Richtlinie definiert in Art 2 lit a den **Begriff der Werbung** (dazu näher Rdn 2.22 ff und § 6 Rdn 27 ff), der allerdings mit der UGP-Richtlinie und ihrer Umsetzung seine Bedeutung verliert. Denn für den Verbraucherschutz gilt der weitere Begriff der unlauteren Geschäftspraktiken, der auch ein Verhalten nach Vertragsabschluss erfasst und den das deutsche Recht nunmehr einheitlich seiner Regelung zugrunde legt (s Rdn 1.25). **(3)** Die Richtlinie enthält außerdem in Art 2 lit b eine **eigenständige Definition der irreführenden Werbung:** Danach handelt es sich um eine „Werbung, die in irgendeiner Weise ... die Personen, an die sie sich richtet, täuscht oder zu täuschen geeignet ist und die infolge der ihr innewohnenden Täuschung ihr wirtschaftliches Verhalten beeinflussen kann oder aus diesen Gründen einen Mitbewerber schädigt oder zu

1.14

schädigen geeignet ist". Unglücklicherweise enthält die UGP-Richtlinie ohne Not eigenständige Definitionen (s Rdn 1.23). **(4)** Art 6 lit a enthält eine **Beweislastregel** zu Lasten des Werbenden. Er muss – unter der Bedingung, dass dies nach einer Interessenabwägung angemessen erscheint – „Beweise für die Richtigkeit von in der Werbung enthaltenen Tatsachenbehauptungen" erbringen. Die UGP-Richtlinie enthält in Art 12 lit a eine entsprechende Bestimmung. **(5)** Die Richtlinie schreibt den Mitgliedstaaten nach Art 7 I nur einen **Mindeststandard** vor; ein weitergehender Schutz bleibt ihnen unbenommen. Dies gilt allerdings nicht für den (später aufgenommenen) Teil der Richtlinie, der die **vergleichende Werbung** regelt. Die entspr Bestimmungen setzen zugleich einen **Mindest- wie einen Höchststandard** des Schutzes (Art 7 II). Auch soweit dieser Teil der Richtlinie bestimmt, dass eine vergleichende Werbung nicht irreführend sein darf (Art 4 lit a), ist den Mitgliedstaaten ein strengerer Schutz – etwa durch Zugrundelegung eines strengeren nationalen Irreführungsmaßstabs – verwehrt (EuGH Slg 2003, I-3095 Rdn 44 = GRUR 2003, 533 – *Pippig Augenoptik/Hartlauer;* vgl auch Rdn 2.63 ff sowie § 6 Rdn 14). Anders als die Irreführungsrichtlinie setzt die UGP-Richtlinie durchweg einen Mindest- wie einen Höchststandard.

1.15 Die **Definition der irreführenden Werbung** in Art 2 lit b der Richtlinie stellt als schutzbedürftig auf die durch die Werbung angesprochenen Personen und nicht auf einen bes schutzwürdigen Teil der angesprochenen Verkehrskreise ab. Die Richtlinie lässt damit bereits erkennen, dass ihr ein **anderes Konzept** zugrunde liegt als dem früheren deutschen Lauterkeitsrecht, das traditionellerweise bereits die Irreführung eines kleinen, aber nicht völlig unerheblichen Teils des Verkehrs ausreichen ließ (vgl GK/*Lindacher* § 3 Rdn 15). Darüber hinaus ist bemerkenswert, dass die Definition der irreführenden Werbung auch die **Relevanz** umfasst, wobei – wenig glücklich – die Relevanz und der negative Effekt für die Mitbewerber („die infolge der ihr innewohnenden Täuschung ihr wirtschaftliches Verhalten beeinflussen kann oder aus diesen Gründen einen Mitbewerber schädigt oder zu schädigen geeignet ist") in einem **Alternativverhältnis** stehen sollen (dazu *Schricker,* FS Zweigert, 1981, 537, 560; HdbWettbR/*Schulte-Beckhausen* § 9 Rdn 10 f).

1.16 **c) Zunächst keine Umsetzung.** Eine Umsetzung der Irreführungsrichtlinie 84/450/EWG erfolgte zunächst nicht. Sie unterblieb, weil das deutsche Wettbewerbsrecht den **Mindeststandard der Richtlinie allemal erfüllte.** Eine zunächst verbreitet vertretene Auffassung, der unionsrechtliche Begriff der irreführenden Werbung müsse auch von den deutschen Gerichten beachtet werden, weil sich Art 7 I der Richtlinie **nur auf die Sanktionen** und **nicht auf die tatbestandlichen Voraussetzungen** beziehe (*Everling* ZAW 1990, 43, 52 f und ZLR 1994, 221, 237 f; *Steindorff* WRP 1993, 139, 149 f; *Fezer* WRP 1995, 671, 676; aA *Schricker* GRUR Int 1990, 771, 772 Fn 13; GK/*Lindacher* § 3 Rdn 15 f; *Tilmann,* FS Piper, 1996, 481, 482 f; HdbWettbR/*Helm* § 59 Rdn 2; HdbWettbR/*Schulte-Beckhausen* § 9 Rdn 19; dazu auch *Köhler* GRUR Int 1994, 396, 397 und *Lettl* S 115 ff), hat sich nicht durchgesetzt. Auch der **EuGH** kann für diese Ansicht nicht in Anspruch genommen werden. Er hat vielmehr wiederholt klargestellt, dass sich die Irreführungsrichtlinie auf eine **Teilharmonisierung der nationalen Rechtsvorschriften** über irreführende Werbung beschränkt, indem sie **objektive Mindestkriterien** festsetzt, anhand deren sich feststellen lässt, ob eine Werbung irreführend ist, und indem sie Mindestanforderungen in Bezug auf die Einzelheiten des Schutzes gegen eine solche Werbung stellt (EuGH Slg 1990, I-4827 Rdn 22 = GRUR Int 1991, 215 – *Pall/Dahlhausen;* EuGH Slg 1994, I-317 Rdn 10 = GRUR 1994, 303 – *VSW/Clinique;* EuGH Slg 2003, I-3095 Rdn 40 = GRUR 2003, 533 – *Pippig Augenoptik/Hartlauer).*

1.17 Der Irreführungstatbestand wurde durch das **UWG 2004** neu formuliert und dabei der Irreführungsrichtlinie angeglichen. Damit hat der Gesetzgeber – wie von der Rspr und im Entwurf von *Köhler/Bornkamm/Henning-Bodewig* (WRP 2002, 1317 ff: § 2 Nr 6, § 4 Nr 6, § 7) bereits vorgezeichnet – zum Ausdruck gebracht, dass der in der Richtlinie festgelegte Standard auch dem nationalen Recht zugrunde zu legen ist. Für die Rechtslage seit 2004 gilt daher, dass eine Werbung, die von der Richtlinie nicht als irreführend beurteilt wird, auch vom Irreführungsverbot des deutschen Rechts nicht mehr erfasst sein soll. Nachdem die deutsche Rspr schon in der Vergangenheit das **Verbraucherleitbild des europäischen Rechts** übernommen hat (s Rdn 1.57 ff), ließ sich dies vor allem daraus ableiten, dass das UWG 2004 auf den Begriff der Werbung in der Irreführungsrichtlinie zurückgriff.

1.18 In einem Punkt ist zweifelhaft, ob das deutsche Recht die Mindestanforderungen der Richtlinie erfüllt: Für die **Unrichtigkeit der beanstandeten Angaben** trägt im deutschen Recht regelmäßig nicht der Werbende, sondern der Anspruchsteller die **Darlegungs- und Beweislast.**

Immerhin enthält § 5 IV für die Werbung mit Preisherabsetzungen eine Beweislastumkehr (dazu Rdn 7.75 ff). Darüber hinaus ist der Grundsatz, dass der Anspruchsteller die Unrichtigkeit der Angabe dartun und beweisen muss, in vielen Punkten eingeschränkt (dazu Rdn 3.23 ff). Da die Richtlinie das Gebot der Beweislastumkehr unter den **Vorbehalt der Angemessenheit** stellt, lässt sich argumentieren, dass eine weiter gehende Beweislastumkehr, als sie im Gesetz vorgesehen ist und von den deutschen Gerichten praktiziert wird, nicht angemessen wäre (HdbWettbR/ *Schulte-Beckhausen* § 28 Rdn 123). Weitere Ausnahmen von der Regel könnten die Gerichte im Übrigen unter **unmittelbarer Berufung auf die Richtlinie** (richtlinienkonforme Auslegung der nationalen Vorschriften) entwickeln. Beispielsweise hat der ÖOGH für den Fall einer **Alleinstellungsbehauptung** entschieden, dass den Beklagten immer dann die Beweislast für die Richtigkeit der in einer Werbung enthaltenen Tatsachenbehauptung trifft, wenn der Kläger mangels genauer Kenntnis der Tatumstände unverhältnismäßige Beweisschwierigkeiten hat, dem Beklagten als dem Werbenden dagegen diese Kenntnisse zur Verfügung stehen und es ihm daher ohne weiteres möglich und nach Treu und Glauben auch zumutbar ist, die erforderlichen Aufklärungen zu geben (ÖOGH GRUR Int 1996, 750, 751 – *Persil Megaperls*).

d) EuGH-Rspr zur Irreführungsrichtlinie. Der EuGH hatte bislang kaum Gelegenheit, zur Irreführungsrichtlinie Stellung zu nehmen. Die einzige Entscheidung, die zur Richtlinie ergangen ist, ist das **„Nissan"-Urteil** (EuGH Slg 1992, I-131 = WRP 1993, 233) aus dem Jahre 1992, das jedenfalls in Deutschland für erhebliche Verwirrung gesorgt und teilweise den Eindruck hinterlassen hat, die Kluft zwischen dem europäischen und dem deutschen Recht sei kaum zu überwinden. Es ging um die **Werbung für ein parallelimportiertes Auto,** in der ein Hinweis darauf fehlte, dass das Fahrzeug bereits schon einmal im Ausland zugelassen war und in seiner Ausstattung nicht der im Inland üblichen Maßstäben entsprach. Ein französischer Untersuchungsrichter – in Frankreich ist die Irreführungsrichtlinie durch eine Strafvorschrift umgesetzt – legte dem EuGH die Frage vor, „ob solche Verkaufspraktiken mit den gegenwärtigen europäischen Normen in Einklang stehen". Der **EuGH** entschied, dass eine derartige Werbung **nach der Richtlinie nicht verboten** sei. Da es in dem zugrunde liegenden Fall um den Schutz der Verbraucher ging, der heute nicht mehr in der Richtlinie über irreführende und vergleichende Werbung, sondern in der UGP-Richtlinie geregelt ist, sind die dort gemachten Aussagen des EuGH über irreführende Werbung an sich überholt. Dennoch ist es nicht ausgeschlossen, dass auf sie auch bei Anwendung der UGP-Richtlinie zurückgegriffen wird.

Die „*Nissan*"-Entscheidung ist **in zwei Punkten bemerkenswert:** Sie vermittelt zum einen den Eindruck, als ob es für die Frage der Irreführung nicht auf die Verkehrsauffassung, sondern allein auf einen **objektiven Wortsinn** ankomme (EuGH Slg 1992, I-131 Tz 14 = WRP 1993, 233 – *Nissan*: „Seine Eigenschaft als Neuwagen verliert ein Fahrzeug nämlich nicht durch die Zulassung, sondern durch den Gebrauch"). Zum anderen scheint es zum Ausdruck zu bringen, dass eine irreführende Werbung nur vorliegt, wenn eine erhebliche Zahl von Verbrauchern tatsächlich getäuscht worden ist. Damit wird der Eindruck erweckt, als reiche weder die **Eignung zur Irreführung** noch ein **bloßes Anlocken des Verbrauchers** aus, um eine wettbewerbswidrige Irreführung zu bejahen (EuGH Slg 1992, I-131 Tz 16 = WRP 1993, 233 – *Nissan*: „Was zweitens die Werbung mit dem niedrigeren Preis der Fahrzeuge angeht, so könnte diese Werbung nur dann als irreführend eingestuft werden, wenn nachgewiesen wäre, dass eine erhebliche Zahl von Verbrauchern ... ihre Kaufentscheidung getroffen hat, ohne zu wissen, dass der niedrigere Preis der Fahrzeuge damit verbunden ist, dass die vom Parallelimporteur verkauften Fahrzeuge mit weniger Zubehör ausgestattet sind."). In beiden Punkten scheint das Urteil **mit dem Wortlaut der Richtlinie** nicht in Einklang zu stehen (vgl die Definition der irreführenden Werbung in Art 2 lit b: „Werbung, die ... die Personen, an die sie sich richtet, täuscht oder zu täuschen geeignet ist und die infolge der ihr innewohnenden Täuschung ihr wirtschaftliches Verhalten beeinflussen kann ...") und **gesicherte Positionen der europäischen Regelung** über irreführende Werbung aufzugeben (krit *Piper* WRP 1992, 685, 690 f; *Kisseler* WRP 1994, 1, 3 f; *Deutsch* GRUR 1996, 541, 544 f).

Mit den zitierten Äußerungen hat der EuGH jedoch nicht das Recht der irreführenden Werbung neu geschrieben. Das „*Nissan*"-Urteil ist **vor dem Hintergrund des Art 34 AEUV** zu verstehen: Wegen der bes Bedeutung, die den Parallelimporten bei der Schaffung des Binnenmarkts zukommt, hat der EuGH an die Irreführung höhere Anforderungen gestellt und die Richtlinie mit Blick auf die höherrangigen Ziele der Schaffung des Binnenmarktes für den Streitfall einschränkend ausgelegt. Für andere Fälle der Irreführung können diese Aussagen kein Maßstab sein, insbes enthalten sie keine **Grundsätze für die Auslegung der Irreführungs-**

richtlinie, die allgemeine Geltung beanspruchen würden. In dieser Weise hat der BGH die *„Nissan"*-Entscheidung interpretiert (BGH GRUR 1999, 1122, 1124 – *EG-Neuwagen I;* BGH GRUR 1999, 1125, 1126 – *EG-Neuwagen II;* vgl auch *Tilmann,* FS Piper, 1996, 481, 487; *Bornkamm,* FS 50 Jahre BGH, 2000, 343, 352).

1.22 Die eher **geringe Bedeutung der Irreführungsrichtlinie** für die Harmonisierung des Lauterkeitsrechts in Europa wird deutlich, wenn man sich vor Augen führt, dass es in fast 25 Jahren nur kaum mehr als dieses eine Vorabentscheidungsersuchen gegeben hat, das die Irreführungsbestimmungen in dieser Richtlinie betrifft. Es kommt noch hinzu, dass dieses Ersuchen unter Rückgriff auf die Warenverkehrsfreiheit beantwortet wurde. Dagegen gab es eine ganze Reihe von Vorabentscheidungsersuchen, in denen es um die Auslegung der Bestimmungen über die vergleichende Werbung ging, die 1997 in die Irreführungsrichtlinie aufgenommen worden sind (s oben Rdn 1.13). Eine dieser Entscheidungen (EuGH Slg 2006, I-8501 = GRUR 2007, 69 – *Lidl Belgium*) zur vergleichenden Werbung befasst sich (in Rdn 75 ff) auch mit der Frage der Irreführung, die im Rahmen der Beurteilung des fraglichen Werbevergleichs eine Rolle spielte. Auch die bekannte **Rspr des EuGH zum Verbraucherleitbild** (EuGH Slg 1998, I-4657 Tz 31 = GRUR Int 1998, 795 – *Gut Springenheide;* EuGH Slg 1999, I-513 Tz 36 f = GRUR Int 1999, 345 – *Sektkellerei Kessler;* EuGH Slg 2000, I-117 Tz 30 = GRUR Int 2000, 354 – *Lifting Creme*) ist nicht in Auslegung der Irreführungsrichtlinie ergangen. Zwar mag auch der *„Nissan"*-Entscheidung ein bestimmtes Verbraucherbild zugrunde liegen. Die wichtigen Entscheidungen sind aber durch die Rspr zur Warenverkehrsfreiheit vorbereitet worden und dann zu den bes Irreführungsverboten und zur Markenrechtsrichtlinie ergangen (dazu Rdn 1.46 ff).

1.22a Während die Irreführungsrichtlinie bis zum Jahre 2005 – abgesehen von der Festlegung der Bedingungen für zulässige vergleichende Werbung – den „Schutz der Verbraucher, der Personen, die einen Handel oder ein Gewerbe betreiben oder ein Handwerk oder einen freien Beruf ausüben, sowie die Interessen der Allgemeinheit gegen irreführende Werbung" bezweckte, ist ihr Zweck seitdem **auf den „Schutz von Gewerbetreibenden vor irreführender Werbung** und deren unlautere Auswirkungen" **beschränkt.** Darin drückt sich eine Abkehr des europäischen Gesetzgebers von dem – für das deutsche Recht typischen – **Konzept eines einheitlichen Lauterkeitsrechts** aus, das Gleichermaßen dem Schutz der Verbraucher wie dem Schutz der Gewerbetreibenden dient, wobei der Gewerbetreibende sowohl auf der Marktgegenseite (im Vertikalverhältnis zum Werbenden stehend) also auch als Mitbewerber (im Horizontalverhältnis zum Werbenden stehend) geschützt wird. Im Nachhinein lässt sich sagen: Schon der Wechsel der Zuständigkeit innerhalb der Kommission – von der Generaldirektion Binnenmarkt zur Generaldirektion Gesundheit und Verbraucherschutz – war Programm. Seitdem wird das Lauterkeitsrecht in Brüssel in erster Linie als reines Verbraucherschutzrecht begriffen.

2. Richtlinie 2005/29/EG über unlautere Geschäftspraktiken (UGP-Richtlinie)

1.23 a) **Allgemeines.** Die Richtlinie über unlautere Geschäftspraktiken (UGP-Richtlinie; s Rdn 1.6) enthält **zwei eigenständige Bestimmungen über irreführende Werbung:** zum einen Art 6 über **irreführende Handlungen** und zum anderen Art 7 über **irreführende Unterlassungen.** Die UGP-Richtlinie definiert damit den Tatbestand der Irreführung eigenständig, dh ohne Bezugnahme auf die Definition der irreführenden Werbung in Art 2 lit b und auf den Beispielskatalog in Art 3 der Richtlinie über irreführende und vergleichende Werbung, die in ihrem Anwendungsbereich inzwischen auf die irreführende Werbung gegenüber Gewerbetreibenden beschränkt ist (s oben Rdn 1.22 a). Damit gelten im europäisch harmonisierten Recht zukünftig **zwei verschiedene Regelungen,** je nachdem ob es sich um eine Wettbewerbshandlung **gegenüber einem Gewerbetreibenden** oder **gegenüber einem Verbraucher** handelt. Eine sachliche Rechtfertigung für diese unterschiedliche Behandlung ist nicht ersichtlich. Man hätte daher entweder die Definitionen und den Beispielskatalog aus der Richtlinie über irreführende und vergleichende Werbung übernehmen oder aber – wenn diese Regelung als nicht hinreichend erschienen wäre – das alte Recht, also die Richtlinie über irreführende und vergleichende Werbung, dem neuen Recht anpassen sollen. Geht bspw der Begriff der **irreführenden Geschäftspraxis** über den der **irreführenden Werbung** hinaus (dazu Rdn 1.25), ist kein Grund ersichtlich, weshalb nicht auch den Gewerbetreibenden ein entspr Schutz vor einer irreführenden Geschäftspraxis zugute kommen soll.

1.24 Anders als die Richtlinie über irreführende und vergleichende Werbung 2006/114/EG (früher 84/450/EWG), die in ihrem Teil über die irreführende Werbung nur einen **Mindeststandard**

setzt (s Rdn 1.14), enthält die UGP-Richtlinie eine Regelung, von der die Mitgliedstaaten weder in die eine noch in die andere Richtung abweichen dürfen (**Mindest- und Maximalstandard**). Die Mitgliedstaaten dürfen also für die Irreführung gegenüber Verbrauchern **keine strengere Regelung** vorsehen als die in der UGP-Richtlinie. Da kein vernünftiger Grund für die unterschiedliche Behandlung irreführender Geschäftspraktiken gegenüber Verbrauchern auf der einen und gegenüber Gewerbetreibenden auf der anderen Seite besteht, richtet sich das deutsche Recht dort, wo Abweichungen bestehen, nicht mehr an der Richtlinie über irreführende und vergleichende Werbung, sondern generell an der UGP-Richtlinie aus.

b) Irreführende Geschäftspraxis. Während die Richtlinie über irreführende und vergleichende Werbung und ihr folgend das noch geltende deutsche Recht den Irreführungstatbestand auf die **irreführende Werbung** beschränken, geht die UGP-Richtlinie weiter, indem sie alle **irreführenden Geschäftspraktiken**, dh solche „vor, während und nach Abschluss eines auf ein Produkt bezogenen Handelsgeschäfts", umfasst (Art 3 I UGP-Richtlinie). Dies war durchaus von Bedeutung, weil dem Merkmal der Werbung eine tatbestandsbegrenzende Funktion zukam (Rdn 2.25). So erfasst bspw der Begriff der irreführenden Geschäftspraxis auch eine irreführende Angabe, die erst **nach Vertragsschluss** geäußert wird, etwa wenn ein Käufer über die ihm zustehenden vertraglichen Gewährleistungsrechte getäuscht wird. Dass auch unlautere Geschäftspraktiken nach Vertragsschluss erfasst werden, kommt im Gesetz nunmehr dadurch zum Ausdruck, dass der vom UWG 2004 verwendete Begriff der Wettbewerbshandlung durch den Begriff der geschäftlichen Handlung ersetzt worden ist. Dieser Begriff umfasst laut der Legaldefinition in § 2 I Nr 1 „jedes Verhalten ... vor, während oder nach einem Geschäftsabschluss ...". Entsprechend lautet die (amtliche) Überschrift zu § 5 nicht mehr „Irreführende Werbung", sondern „Irreführende geschäftliche Handlungen". 1.25

c) Bezugspunkte der Irreführung. aa) Allgemeines. Der Gesetzgeber des UWG 2004 hatte sich bei der Formulierung der Bezugspunkte der Irreführung ganz an der **Richtlinie über irreführende und vergleichende Werbung** orientiert, die damit insofern noch eine verspätete, fast wortlautgleiche Umsetzung erfahren hat. Die UGP-Richtlinie enthält nunmehr eine **neue Auszählung der Bezugspunkte** der Irreführung, die sich in einigen Punkten von den Bezugspunkten der Richtlinie über irreführende und vergleichende Werbung unterscheiden. Das deutsche Gesetz hat die neuen Bezugspunkte weitgehend übernommen. 1.25a

bb) Abschließende Aufzählung statt Beispielskatalog? Während das UWG 2004 die Bezugspunkte der Irreführung im Anschluss an die Richtlinie über irreführende und vergleichende Werbung als Beispielskatalog formuliert hatte („alle ... Bestandteile zu berücksichtigen, insbes"), könnte man meinen, die UGP-Richtlinie formuliere einen **abschließenden Katalog** („Eine Geschäftspraxis gilt als irreführend, ... wenn sie in irgendeiner Weise ... den Durchschnittsverbraucher in Bezug auf einen oder mehrere der nachstehend aufgeführten Punkte täuscht oder ihn zu täuschen geeignet ist"). **Dem ist aber nicht so.** Hiervon ist – entgegen der vom BMJ zunächst geäußerten Ansicht – auch der Gesetzgeber ausgegangen. Schon die Begründung des RegE zur UWG-Novelle 2008 erwähnt diesen Punkt zu Recht nicht mehr (BT-Drucks 16/10145 S 16). Denn Art 6 I UGP-Richtlinie umfasst zwei Varianten, von denen die Erste einen völlig offenen Tatbestand enthält („Eine Geschäftspraxis gilt als irreführend, wenn sie falsche Angaben enthält und somit unwahr ist oder ...") und lediglich die zweite wie ein abschließender Katalog formuliert ist. Daraus, dass die erste Variante den Fall der objektiv unrichtigen Abgabe beschreibt, während die zweite Variante allein auf die (Eignung zur) Täuschung des Durchschnittsverbrauchers abstellt, lässt sich nichts für einen abschließenden Katalog herleiten. 1.25b

Ohnehin ist der sachliche Unterschied zwischen Beispielskatalog und abschließender Aufzählung gering: Zum einen sind die **neuen Bezugspunkte ausführlicher** als die der alten Richtlinie und zudem deutlich davon geprägt, möglichst alle relevanten Umstände zu erfassen („in irgendeiner Weise"). Zum anderen sind die beiden wichtigsten Bezugspunkte in der UGP-Richtlinie, mit denen die **produktbezogene** (Art 6 I lit b UGP-Richtlinie; § 5 I 2 Nr 1) **und die unternehmensbezogene Irreführung** (Art 6 I lit f UGP-Richtlinie; § 5 I 2 Nr 3) erfasst wird, ihrerseits **als offene Tatbestände formuliert**, denen neu jeweils eine Reihe von Beispielen zugeordnet ist („die wesentlichen Merkmale des Produkts wie ..." und „die Person, die Eigenschaften oder die Rechte des Gewerbetreibenden ... wie ..."). Eine Ausschlusswirkung könnte daher von dem Katalog ohnehin nicht ausgehen. 1.25c

cc) Neue Bezugspunkte. Bei der Formulierung der Bezugspunkte hat der Richtliniengeber eine (unerfreulich) **kasuistische Gesetzgebungstechnik** gewählte. Statt eine abstrakte Regel 1.25d aufzustellen, die auf eine Vielzahl von Einzelfällen gepasst hätte, hat er sich bemüht, alle denkbaren Umstände einer relevanten Irreführung anzuführen. Der deutsche Gesetzgeber ist dem weitgehend gefolgt (s unten Rdn 1.87 ff). Neu sind in der UGP-Richtlinie insbes die Bezugspunkte des

- Art 6 I lit c (Umfang der Verpflichtungen des Gewerbetreibenden, Beweggründe für die Geschäftspraxis und Art des Vertriebsverfahrens, Aussagen oder Symbole jeder Art, die im Zusammenhang mit direktem oder indirektem Sponsoring stehen oder sich auf eine Zulassung des Gewerbetreibenden oder des Produkts beziehen). Das UWG 2008 übernimmt diese Punkte, verteilt sie aber etwas anders auf den Katalog des § 5 I 2 (Nr 2, 3 und 4).
- Art 6 I lit e (Notwendigkeit einer Leistung, eines Ersatzteils, eines Austauschs oder einer Reparatur). Das UWG 2008 übernimmt diese Punkte in den Katalog des § 5 I 2 Nr 5.
- Art 6 I lit g (Rechte des Verbrauchers einschließlich des Rechts auf Ersatzlieferung oder Erstattung gemäß der RL 1999/44/EG und der Garantien für Verbrauchsgüter oder die Risiken, denen er sich möglicherweise aussetzt). Die entsprechende Bestimmung in § 5 I 2 ist die Nr 7.
- Art 6 II lit a (jegliche Art der Vermarktung eines Produkts, einschließlich vergleichender Werbung, die eine Verwechslungsgefahr mit einem anderen Produkt, Warenzeichen, Warennamen oder anderen Kennzeichen eines Mitbewerbers begründet). Entgegen dem ursprünglichen Plan, lediglich auf § 4 Nr 9 zu verweisen, enthält § 5 II UWG 2008 eine entsprechende Bestimmung.
- Art 6 II lit b (Nichteinhaltung von Verpflichtungen, die der Gewerbetreibende im Rahmen von Verhaltenskodizes, auf die er sich verpflichtet hat, eingegangen ist, sofern i) es sich nicht um eine Absichtserklärung, sondern um eine eindeutige Verpflichtung handelt, deren Einhaltung nachprüfbar ist, und ii) der Gewerbetreibende im Rahmen einer Geschäftspraxis darauf hinweist, dass er durch den Kodex gebunden ist). Das UWG 2008 enthält einen entsprechenden, allerdings kürzer gefassten Bezugspunkt (§ 5 I 2 Nr 6).

1.26 d) **Irreführung durch Unterlassung.** Im deutschen Lauterkeitsrecht wird seit jeher auch die Irreführung durch Unterlassung erfasst (vgl § 5a; Rdn 2.60 f). Anders als die Richtlinie 2006/114/EG (früher 84/459/EWG) über irreführende und vergleichende Werbung enthält die UGP-Richtlinie insofern eine **ausdrückliche Regelung**. Für das deutsche Recht ergibt sich daraus an sich noch nichts Neues, weil die allgemeinen Regelungen über die Irreführung durch Unterlassen ohnehin der deutschen Praxis entsprechen. Von Bedeutung ist aber auch für das deutsche Recht, dass die Richtlinie in Art 7 IV einen **Katalog von Informationen** aufstellt, die stets als wesentlich anzusehen sind. Werden diese Informationen nicht erteilt, handelt es sich um eine irreführende Geschäftspraxis. Denn nach Art 7 I der UGP-Richtlinie ist eine Geschäftspraxis immer irreführend, wenn dem Verbraucher wesentliche Informationen vorenthalten werden.

1.26a Der **Katalog des Art 7 IV der UGP-Richtlinie** nennt – zusammengefasst – folgende Informationen, die „im Falle der Aufforderung zum Kauf als wesentlich gelten":

- die wesentlichen Merkmale des Produkts,
- die Identität und die Anschrift des werbenden Unternehmers,
- den Preis oder – falls der Preis nicht im Voraus berechnet werden kann – die Art der Preisberechnung sowie ggf Fracht-, Liefer- und Zustellkosten,
- die Zahlungs-, Liefer- und Leistungsbedingungen sowie ein vom Üblichen abweichendes Verfahren zum Umgang mit Beschwerden,
- ein Recht zum Rücktritt oder Widerruf.

1.26b Da die Vorschriften der Richtlinie von den Mitgliedstaaten **seit dem 12. 12. 2007 angewandt** werden mussten (Art 19 S 3 UGP-Richtlinie), galt dieser Katalog bei der gebotenen richtlinienkonformen Auslegung des § 5 II 2 UWG 2004 auch schon vor der (verspäteten) Umsetzung ins deutsche Recht. Dies bedeutete, dass – über die bisherige Regelung im deutschen Recht (§§ 1 I, 4, 5 PAngV) hinausgehend – auch schon vor der förmlichen Umsetzung jede Werbung, die eine Aufforderung zum Kauf enthielt, auch den Preis des angebotenen Produkts sowie alle anderen Pflichtinformationen nennen musste. Nur die Erinnerungswerbung, die möglicherweise etwas weiter gefasst werden kann als in der Legaldefinition des § 4 VI 2 HWG (vgl das Beispiel in BGH GRUR 2007, 991 – **Weltreiterspiele**), braucht diese Angaben nicht zu enthalten.

1.27 e) **Anhang mit Irreführungsfällen ohne Wertungsmöglichkeit (Per-se-Verbote).** Neben den abstrakten Tatbeständen, die irreführende Handlungen und irreführende Unterlassungen betreffen, enthält die UGP-Richtlinie in einem **Anh** einen (weiteren) Beispielskatalog, in dem einzelne Verhaltensweisen aufgeführt sind, die „unter allen Umständen als unlauter gelten" (dazu Anh zu § 3 III Rdn 0.1 ff). 23 von diesen 31 Beispielen sind Fälle der Irreführung. Fast alle dieser Beispiele behandeln Fälle, in denen falsche Behauptungen aufgestellt werden, so dass an der Irreführung ohnehin kein Zweifel bestehen kann. In diesen Fällen folgt aus der Aufnahme in den Annex nur, dass auch die **Relevanz der Irreführung** stets zu bejahen ist. Soweit es in dem Katalog auch Beispielsfälle gibt, denen die Irreführung nicht immanent ist, stellt die Richtlinie eine unwiderlegliche Vermutung auf. Beispielsweise handelt es sich nach Nr 16 des Annexes um eine irreführende Geschäftspraxis, wenn behauptet wird, „Produkte könnten die Gewinnchancen bei Glücksspielen erhöhen". Selbst wenn es ein solches Produkt gäbe, wäre dem Werbenden also die Berufung darauf verwehrt, die aufgestellte Behauptung sei richtig (vgl Anh zu § 3 III Rdn 16.3).

3. Warenverkehrsfreiheit (Art 34, 35, 36 AEUV)

a) Allgemeines. Zivilrechtliche Unterlassungs- oder Schadensersatzansprüche können nach stRspr des EuGH Maßnahmen gleicher Wirkung wie mengenmäßige Einfuhrbeschränkungen iSd Art 34 AEUV und daher als nichttarifäre Handelshemmnisse verboten sein (vgl nur EuGH Slg 1974, 837 Tz 5 = NJW 1975, 515 – *Dassonville;* EuGH Slg 1990, I-4827 Tz 11 = GRUR Int 1991, 215 – *Pall/Dahlhausen;* s auch Einl Rdn 3.18; zu Art 35 AEUV auch Rdn 1.31). Würde jedoch jede im Vergleich zu einem anderen Mitgliedstaat strengere Bestimmung als Maßnahme gleicher Wirkung eingestuft und verboten, käme es zu einer **Rechtsangleichung auf niedrigstem Niveau.** Da Verbraucherschutz und Lauterkeit des Handelsverkehrs sich nicht unter die Rechtfertigungsgründe des Art 36 AEUV subsumieren lassen, hat der EuGH in der Entscheidung **Cassis de Dijon** (EuGH Slg 1979, 639 Tz 8 = GRUR Int 1979, 468) dem geschriebenen einen ungeschriebenen Rechtfertigungstatbestand an die Seite gestellt: Wenn **zwingende Erfordernisse des Verbraucherschutzes, der Lauterkeit des Handelsverkehrs** oder – dieser dritte Grund trat in späteren Entscheidungen hinzu – des Umweltschutzes es gebieten, können auch Unterschiede in den Rechtsordnungen, durch die der Handel zwischen den Mitgliedstaaten beeinträchtigt wird, hingenommen werden, soweit sie gleichermaßen für inländische wie für ausländische Erzeugnisse gelten. Dabei ist festzustellen, dass der Lauterkeit des Handelsverkehrs in der Rspr des EuGH neben dem Verbraucherschutz keine eigenständige Bedeutung zukommt. Die Voraussetzung der zwingenden Erfordernisse deuten darauf hin, dass eine **Verhältnismäßigkeitsprüfung im strengen Sinne** zu erfolgen hat: Bezogen auf den Irreführungstatbestand heißt dies, dass das Verbot für den Verbraucherschutz **geeignet** und **erforderlich** sein muss. Außerdem muss das Erfordernis des Verbraucherschutzes zu der mit dem Verbot verbundenen Beeinträchtigung des freien Warenverkehrs ins **Verhältnis gesetzt** werden; die **Abwägung** muss zugunsten des Verbraucherschutzes ausgehen **(Verhältnismäßigkeit im engeren Sinne).**

Auch wenn also eine **relevante Irreführungsgefahr** vorliegt, kann die Anwendung des § 5 ausgeschlossen sein, wenn das Verbot der Irreführung zu einem Hemmnis für den Handel zwischen den Mitgliedstaaten der EU führt und nicht in einem angemessenen Verhältnis zu dem mit der Vorschrift verfolgten Zweck des **Verbraucherschutzes** und der **Lauterkeit des Handelsverkehrs** steht (EuGH Slg 1990, I-4827 Tz 12 = GRUR Int 1991, 215 – *Pall/Dahlhausen;* EuGH Slg 1994, I-317 Tz 15 = GRUR 1994, 303 – *VSW/Clinique;* BGH GRUR 1994, 519, 520 – *Grand Marnier;* BGH GRUR 1999, 1122, 1124 – *EG-Neuwagen I;* BGH GRUR 1999, 1125, 1126 – *EG-Neuwagen II;* dazu § 5 a Rdn 10 und Rdn 4.63). Das Irreführungsverbot steht mithin immer dann unter einem Verhältnismäßigkeitsvorbehalt, wenn es die Einfuhr einer Ware erschweren würde, die in einem anderen Mitgliedstaat rechtmäßig zirkuliert. Wird eine Ware im **Einfuhrland rechtmäßig hergestellt** und unbeanstandet in den Verkehr gebracht, kann im Rahmen der Abwägung nach Art 30 AEUV ein Verbot der Irreführung nach der Rspr des EuGH insbes dann entfallen, wenn sich die **Irreführung auf andere Weise beseitigen** lässt (Übermaßverbot) oder wenn dem **Verbraucher** der **Zugang zu bestimmten Informationen versperrt** wird.

Eine wichtige Einschränkung für den Anwendungsbereich des Art 34 AEUV hat die Entscheidung **Keck und Mithouard** (EuGH Slg 1993, I-6097 = GRUR 1994, 296 mit Anm *Bornkamm*) gebracht: In einer Korrektur der bisherigen Rspr nahm der EuGH die **Verkaufsmodalitäten**, die als ein Gegensatz zu den **produktbezogenen Regelungen** zu verstehen sind, weitgehend **aus dem Anwendungsbereich des Art 34 AEUV** heraus. Dem liegt die Erwägung zu Grunde, dass der Handel zwischen den Mitgliedstaaten in erster Linie durch Regelungen behindert wird, die die Ware selbst betreffen und zu einer Erschwerung oder Verhinderung der Einfuhr führen. Das „*Keck*"-Urteil nennt insofern Vorschriften, die **die Bezeichnung, die Form, die Abmessung, das Gewicht, die Zusammensetzung, die Aufmachung, die Etikettierung und die Verpackung** der einzuführenden Waren betreffen. Die Verkaufsmodalitäten regeln dagegen das Wer, Wo, Wann und Wie der Vermarktung; zu ihnen zählt vor allem auch die **Werbung,** soweit sie nicht – wie bei der Verpackung oder Beschriftung – unmittelbar mit der Ware selbst körperlich verbunden ist. Verkaufsmodalitäten sind danach nur noch dann Maßnahmen gleicher Wirkung, wenn sie entweder nicht unterschiedslos für inländische Erzeugnisse und Erzeugnisse aus anderen Mitgliedstaaten gelten (formelle Diskriminierung) oder wenn sie aus tatsächlichen Gründen importierte Erzeugnisse stärker belasten als inländische (materielle Diskriminierung). Zur Warenverkehrsfreiheit s auch Einl Rdn 3.17 ff.

1.31   Im Regelfall ist die Warenverkehrsfreiheit immer dann berührt, wenn durch das Irreführungsverbot die **Einfuhr von Waren verhindert oder erschwert** wird. Denkbar ist es aber auch, dass das Irreführungsverbot den Absatz inländischer Produkte beeinträchtigt und dadurch **die Ausfuhr von Waren verhindert oder erschwert.** Dann ist Art 35 AEUV berührt, der mengenmäßige Ausfuhrbeschränkungen und Maßnahmen gleicher Wirkung verbietet. Trotz der Parallelität von Art 34 und Art 35 AEUV wendet der EuGH die weite „Dassonville"-Formel (s Rdn 1.28) nicht auf Ausfuhrbeschränkungen an, sondern sieht nur solche Beschränkungen als Maßnahmen gleicher Wirkung an, „die spezifische Beschränkungen der Ausfuhrströme bezwecken oder bewirken und damit unterschiedliche Bedingungen für den Binnenhandel eines Mitgliedstaats und seinen Außenhandel schaffen, so dass die nationale Produktion oder der Binnenmarkt des betroffenen Staates ... einen Vorteil erlangt" (EuGH Slg 1979, 3409 Tz 7 = NJW 1980, 1212 – *Groenveld*). Da diese – auf eine Diskriminierung der Ausfuhr hinauslaufenden – Voraussetzungen beim Irreführungsverbot idR nicht vorliegen, spielt Art 35 AEUV für das Verhältnis von nationalem Irreführungsverbot und Warenverkehrsfreiheit keine entscheidende Rolle.

1.31a   **b) Binnenmarktklausel in Art 4 Richtlinie über unlautere Geschäftspraktiken (UGP-Richtlinie).** Art 4 der Richtlinie über unlautere Geschäftspraktiken (UGP-Richtlinie) enthält eine **Binnenmarktklausel,** der zufolge „die Mitgliedstaaten ... den freien Dienstleistungsverkehr und den freien Warenverkehr nicht aus Gründen, die mit dem durch diese Richtlinie angeglichenen Bereich zusammenhängen, einschränken (dürfen)". Der Gesetzgeber hat insofern **keinen Umsetzungsbedarf** gesehen: Es handele sich um eine Wiederholung des im primären Unionsrecht verankerten Waren- und Dienstleistungsfreiheit, die auch außerhalb der Richtlinie über unlautere Geschäftspraktiken zu beachten sei, ohne dass dies einer sekundärrechtlichen Bekräftigung bedürfe (Begr RegE UWG-Novelle 2008 BT-Drucks 16/10145, S 15).

1.31b   **Unproblematisch** erscheinen **zwei Fallkonstellationen,** in denen entweder das Herkunfts- oder das Bestimmungsland die Richtlinie nicht vollständig umgesetzt hat: **(1)** Art 4 der UGP-Richtlinie steht dem Verbot eines Verhaltens nicht entgegen, das nach der Richtlinie eine unlautere Geschäftspraxis darstellt, auch wenn es im Herkunftsland, das die Richtlinie nur insofern nicht vollständig umgesetzt hat, erlaubt sein sollte (vgl hierzu BGHZ 167, 91 Tz 29 ff = GRUR 2006, 513 – *Arzneimittelwerbung im Internet,* zur Binnenmarktklausel in der Richtlinie über den elektronischen Geschäftsverkehr). **(2)** Art 4 der UGP-Richtlinie steht dem Verbot eines Verhaltens entgegen, das nach nationalem Recht nur deswegen untersagt ist, weil die Richtlinie insofern nicht vollständig umgesetzt worden ist. **(3)** Problematischer ist dagegen eine **dritte Fallkonstellation,** in der Herkunfts- und Bestimmungsland die Richtlinie zwar vollständig umgesetzt haben, in denen sich aber gleichwohl **Unterschiede in der Rechtspraxis** ergeben mit der Folge, dass ein bestimmtes Verhalten im Herkunftsland erlaubt, im Bestimmungsland dagegen verboten ist. In dieser Situation stellt sich – wie stets – die Frage, ob der (strengere) Maßstab, den das Bestimmungsland anlegt, den Anforderungen der Warenverkehrs- oder Dienstleistungsfreiheit standhält (s Rdn 1.28 und 1.41). Ist dies der Fall (und der Umstand, dass sich das Bestimmungsland insofern im Einklang mit der Richtlinie befindet, mag dafür sprechen), spielt es keine Rolle, dass das fragliche Verhalten im Herkunftsland nach der dort herrschenden Rechtspraxis nicht verboten worden wäre (so auch *Ohly* WRP 2006, 1401, 1406 f; *Brömmelmeyer* GRUR 2007, 295, 300 f; vgl ferner Begr RegE UWG-Novelle 2008 BT-Drucks 16/10145 S 15). Zwar bleibt damit eine **potentielle Beeinträchtigung** des freien Waren- und Dienstleistungsverkehrs bestehen, die auf Dauer nur durch eine möglichst kohärente Anwendung des Richtlinienrechts überwunden werden kann. Gewisse Unterschiede sind aber nicht zu vermeiden, weil mit Hilfe des – der Kohärenz der Rechtsanwendung dienenden Vorlageverfahren nach

Art 267 AEUV – nur die Auslegung der Richtlinie, nicht aber die Anwendung auf den Einzelfall vereinheitlicht werden kann. Ob ein bestimmtes Verhalten die angesprochenen Verkehrskreise irreführt oder nicht, können letztlich nur die nationalen Gerichte entscheiden (anders *Brömmelmeyer* GRUR 2007, 295, 300 f, der meint, ein bestimmtes Verhalten könne nach der Richtlinie nur erlaubt oder verboten sein; notfalls müsse der EuGH nach Art 267 AEUV entscheiden). Müsste jedoch in einer solchen Konstellation das Recht des Herkunftslandes stets herangezogen und geprüft werden, würde die **Durchsetzung des Verbots unlauterer Geschäftspraktiken erheblich erschwert**, und zwar gerade auch in Fällen, in denen sich nach aufwändiger Prüfung herausstellt, dass die Rechtspraxis in den beiden Mitgliedstaaten doch nicht voneinander abweicht.

c) Einschlägige Entscheidungen des EuGH zur Warenverkehrsfreiheit. aa) Bocksbeutel-Flasche. Der EuGH hat von der Möglichkeit, **Schutzniveaudifferenzen** zwischen den Mitgliedstaaten mit Hilfe des Art 34 AEUV einzuebnen, zunächst grds nur zurückhaltend Gebrauch gemacht. Wenn es um das **Irreführungsverbot** ging, hat er sich diese Zurückhaltung jedoch nicht auferlegt. Es ist kein Zufall, dass in einem Urteil – sonst eher ungewöhnlich – wörtlich wiedergegeben ist, wie die Partei des Ausgangsverfahrens, der Südtiroler Winzer Prantl, der in Deutschland wegen der Verwendung einer **Bocksbeutel-Flasche** belangt worden war, das deutsche Lauterkeitsrecht einschätzte: Es sei – so heißt es dort – eines der unflexibelsten der Welt; der deutschen Lauterkeitsrechtsprechung liege „das Leitbild eines absolut unmündigen, fast schon pathologisch dummen und fahrlässig unaufmerksamen Durchschnittsverbrauchers" zugrunde (EuGH Slg 1984, 1299, 1306 = GRUR Int 1984, 291 – *Bocksbeutel*). Die Entscheidung des EuGH betraf zwar nicht das Irreführungsverbot des UWG, sondern den damaligen § 17 WeinV, durch den die Verwendung der Bocksbeutel-Flasche auf Weine aus Franken einschließlich dem badischen Frankenland und vier mittelbadische Gemeinden beschränkt worden war. Diese Regelung in der WeinV ging aber auf eine Entscheidung des BGH zu § 3 UWG in der bis 2004 geltenden Fassung zurück, durch die die Bocksbeutel-Flasche als mittelbare Herkunftsangabe anerkannt und unter den Schutz des Irreführungsverbots gestellt worden war (BGH GRUR 1971, 313 – *Bocksbeutelflasche*). Der EuGH hat diese Regelung als unvereinbar mit Art 34 AEUV (damals Art 30 EWGV) angesehen, sofern **die Verwendung** der Flasche **im Ursprungsstaat einer lauteren Praxis und herkömmlicher Übung entspricht** (EuGH Slg 1984, 1299 Rdn 30 = GRUR Int 1984, 291 – *Bocksbeutel*). Das Argument, dass die deutschen Verbraucher getäuscht würden, wenn ihnen Wein in Bocksbeutelflaschen begegne, der nicht aus den traditionellen deutschen Anbaugebieten stamme, hat der EuGH nicht gelten lassen und darauf verwiesen, dass die unionsrechtlichen **Etikettierungsvorschriften** eine **ausreichende Aufklärung** der Verbraucher gewährleisteten (EuGH aaO Rdn 29).

bb) Kohl/R + R. Die skeptisch-kritische Grundhaltung gegenüber dem deutschen Lauterkeitsrecht zeigte sich auch im Fall „**Kohl/R + R**", in dem das LG München I eine Irreführung nach § 3 UWG in der bis 2004 geltenden Fassung annehmen wollte, sich aber im Unklaren darüber war, ob das Verbot mit Art 30 EWGV (heute Art 34 AEUV) vereinbar wäre. Es ging um das Signet (r + r) eines Unternehmens, das nach dem Konkurs der deutschen Muttergesellschaft von der französischen Tochtergesellschaft weiterhin im Inland verwandt wurde, vom Verkehr aber noch als Hinweis auf die in Konkurs gefallene Mutter verstanden wurde. Der EuGH hat entschieden, dass die Warenverkehrsfreiheit durch ein Verbot über Gebühr eingeschränkt werde (EuGH Slg 1984, 3651 = GRUR Int 1985, 110 – *Kohl/Ringelhan und Rennett*).

cc) Pall/Dahlhausen. Auch der Entscheidung im Fall „**Pall/Dahlhausen**" lag ein Vorabentscheidungsersuchen des LG München I zugrunde. Der Kennzeichnung einer aus dem EU-Ausland importierten Ware war ein R im Kreis (®) beigefügt; dieses Zeichen war zwar im europäischen Herkunftsland, nicht aber in Deutschland als Marke eingetragen. Der EuGH hat auch hier entschieden, dass ein Verbot mit dem Grundsatz der Warenverkehrsfreiheit nicht vereinbar sei (EuGH Slg 1990, I-4827 = GRUR Int 1991, 215). Ebenso wie im Fall „Kohl/R + R" hätte das Landgericht in diesem Fall, in dem keine objektiv unwahre Behauptung aufgestellt worden war, eine irreführende Werbung schon nach deutschem Recht verneinen können und müssen, weil eine – unterstellt – relevante Fehlvorstellung des Verkehrs im Hinblick auf das berechtigte Interesse des Importeure an der beanstandeten Bezeichnung hätte hingenommen werden müssen (zu beiden EuGH-Entscheidungen *Joliet* GRUR Int 1994, 1, 3 f).

dd) Mars. Die Vorlage des LG Köln im Fall „**Mars**" leistete ebenfalls dem Vorurteil Vorschub, dass man es in Deutschland mit der Irreführung übertrieben genau nehme: Es ging darum, dass der farblich gekennzeichnete Teil der Verpackung, mit dem Mars auf die Vergrößerung seines Eiskonfektriegels um 10% hinwies, deutlich mehr als das zusätzliche Zehntel der Gesamtverpackung ausmachte. Dies hatte ein Wettbewerbsverband beanstandet. „Von **verständigen Verbrauchern**", so der EuGH, „kann erwartet werden, dass sie wissen, dass zwischen der Größe von Werbeaufdrucken, die auf eine Erhöhung der Menge des Erzeugnisses hinweisen, und dem Ausmaß einer Erhöhung nicht notwendig ein Zusammenhang besteht." (EuGH Slg 1995, I-1923 Tz 24 = GRUR Int 1995, 804 – *Verein gegen Unwesen .../Mars*).

1.36 ee) Clinique. Die Entscheidung „**Clinique**" beruht auf einem Vorabentscheidungsersuchen des LG Berlin. Dort ging es um die Frage, ob die Bezeichnung „Clinique" für ein Kosmetikum wegen der Nähe zum Begriff „Klinik" und der damit verbundenen Assoziation eines Arzneimittels irreführend ist. Das Landgericht wollte eine Irreführung nicht ohne Meinungsumfrage verneinen und legte die Sache dem EuGH vor. Dieser entschied, dass ein Verbot der Bezeichnung „Clinique" – weil zum Schutz der Verbraucher oder der Gesundheit der Bevölkerung nicht erforderlich – **mit Art 30 EGV** (heute Art 34 AEUV) **nicht vereinbar** sei (EuGH Slg 1994, I-317 Tz 22 = GRUR Int 1994, 303 – *VSW/Clinique*). Die Befürchtung, der Verkehr werde das Kosmetikum für ein Arzneimittel halten, wies der Europäische Gerichtshof unter Hinweis darauf zurück, in den anderen Mitgliedstaaten würden die Verbraucher ebenfalls nicht durch die beanstandete Bezeichnung irregeführt (EuGH aaO Tz 21 – *VSW/Clinique*). Auch hier ist nicht nur der großzügige Umgang mit einer zwar nicht zwingenden, aber auch nicht völlig von der Hand zu weisenden Irreführungsgefahr erstaunlich, sondern auch die Souveränität, mit der der EuGH sein eigenes Verständnis an die Stelle der Verkehrsauffassung setzt, die der Tatrichter nicht festzustellen vermochte und die er – falls es darauf angekommen wäre – durch eine Meinungsbefragung ermittelt hätte (vgl zur *„Clinique"*-Entscheidung des EuGH auch Einl Rdn 3.29).

1.37 ff) Lifting-Creme. In der auf Vorlage des LG Köln ergangenen Entscheidung „**Lifting-Creme**" legt sich der EuGH hins Feststellung der Verkehrsauffassung die **gebotene Zurückhaltung** auf. Im Ausgangsverfahren war die Bezeichnung „Lifting-Creme" für eine Hautstraffungscreme, mit der anders als mit einem wirklichen Lifting keine dauerhafte Wirkung erzielt werden konnte, beanstandet worden. Auch wenn – so der EuGH – auf den ersten Blick wenig dafür spreche, dass der **Durchschnittsverbraucher** von einer solchen Creme eine dauerhafte Wirkung erwarte, sei es doch **Sache des nationalen Gerichts** zu ermitteln (ggf mit sachverständiger Hilfe), ob die angesprochenen Verkehrskreise durch die Bezeichnung irregeführt würden oder nicht (EuGH Slg 2000, I-117 Tz 30f = GRUR Int 2000, 354 – *Estée Lauder/Lancaster*).

1.38 d) Art 34 AEUV in der deutschen Rspr. Nachdem der **EuGH** wiederholt zum Verhältnis des nationalen Irreführungsverbots zur Warenverkehrsfreiheit Stellung genommen und in der Entscheidung *„Lifting-Creme"* auch klargestellt hat, dass es **nicht seine Aufgabe** ist, darüber zu befinden, ob in einem Einzelfall die angesprochenen Verkehrskreise irregeführt worden sind oder nicht, sind die Fälle, in denen das Irreführungsverbot mit der Warenverkehrsfreiheit kollidiert, weitgehend der **Entscheidung der nationalen Gerichte überlassen**. IdR müssen sie anhand der vom EuGH entwickelten Grundsätze entscheiden, ob das Verbot – auf den konkreten Fall angewendet – in den Anwendungsbereich des Art 34 AEUV fällt (Verkaufsmodalität oder produktbezogene Beschränkung iSd Keck-Rspr des EuGH), und müssen das Interesse an der Durchsetzung des Irreführungsverbots und die Warenverkehrsfreiheit gegeneinander abwägen. Diese Abwägung kann dazu führen, dass das Irreführungsverbot im Einzelfall nicht angewendet wird.

1.39 Im deutschen Recht kann häufig die Warenverkehrsfreiheit bereits bei der **tatbestandlichen Prüfung** des Wettbewerbsverstoßes einbezogen werden. Immer dann, wenn das Verbot von einer **Interessenabwägung** abhängt, ist dies bereits der Ort, das Interesse an einem ungehinderten Handel zwischen den Mitgliedstaaten zu berücksichtigen. Dies gilt bei der Werbung mit einer objektiv zutr Aussage oder bei der Prüfung der Frage, ob in der Werbung auf negative Eigenschaften eines Produkts hingewiesen werden muss. Ist bspw bei einem aus dem EU-Ausland **parallelimportierten Neuwagen** die Garantiezeit wegen einer im Ausland vorgenommenen Zulassung verkürzt, hängt die Frage, ob auf diesen Umstand hingewiesen werden muss, ohnehin von einer Interessenabwägung ab (dazu § 5a Rdn 19; BGH GRUR 1989, 682 f – *Konkursvermerk*; BGH WRP 1993, 239 – *Sofortige Beziehbarkeit*; BGH GRUR 1996, 793, 795 – *Fertiglesebrillen*; BGH GRUR 1999, 757 – *Auslaufmodelle I*; BGH GRUR 1999, 760 – *Auslaufmodelle II*). Hier ist auch der Grundsatz der Warenverkehrsfreiheit zu berücksichtigen. Dies führt dazu, dass auf geringfügige Verkürzungen der Garantiezeit (BGH: bis zu zwei Wochen) nicht hingewiesen zu werden braucht. Anders verhält es sich aber, wenn die Garantiezeit nicht nur um wenige Tage verkürzt ist (BGH GRUR 1999, 1122, 1124 – *EG-Neuwagen I;* BGH GRUR 1999, 1125, 1126 – *EG-Neuwagen II*).

Kann die Abwägung nicht im Rahmen der tatbestandlichen Prüfung erfolgen, muss die **Verhältnismäßigkeit anschließend geprüft** werden: Die Frage ist, ob die mit dem Verbot der irreführenden Werbung verbundene Beeinträchtigung der Warenverkehrsfreiheit zu rechtfertigen ist? In Fällen einer auf eine **klare Täuschung der Verbraucher abzielenden Werbung**, in denen die Irreführung ohne weiteres vermieden werden könnte, ist dies zu bejahen. So etwa, wenn auf Einnähetiketten eines aus Italien stammenden Lodenartikels Wappen abgebildet sind, die mit dem österreichischen Bundeswappen und dem Innsbrucker Stadtwappen nahezu übereinstimmen. Die mit der Verwendung dieser Wappen als mittelbare Herkunftsangaben verbundene Irreführungsgefahr wiegt hinreichend schwer, um die mit dem Verbot verbundene Beeinträchtigung des freien Warenverkehrs zu rechtfertigen (vgl ÖOGH GRUR Int 2000, 1025 – *Tiroler Loden*). 1.40

4. Dienstleistungsfreiheit (Art 56 AEUV)

Aus der Sicht des Binnenmarktkonzeptes darf es an sich keine Rolle spielen, ob das bes strenge Lauterkeitsrecht eines Mitgliedstaats die Einfuhr einer Ware oder 0einer Dienstleistung aus einem anderen Mitgliedstaat beeinträchtigt. Die – rechtlich wie ökonomisch allein sinnvolle – **Gleichbehandlung von Ware und Dienstleistung** ist aber in der Rspr nicht immer gewährleistet. Soweit es um Beschränkungen im Einfuhrstaat geht, decken sich die vom EuGH entwickelten Kriterien weitgehend mit seiner Rspr zu Art 34 AEUV (Rdn 1.28), auf die er freilich in diesem Zusammenhang nicht Bezug nimmt: Beschränkungen der Dienstleistungsfreiheit sind **nur aus zwingenden Gründen des Allgemeininteresses zulässig**, wobei eine strenge **Verhältnismäßigkeitsprüfung** zu erfolgen hat (EuGH Slg 1995, I-4165 Tz 37 = NJW 1996, 579 – *Gebhard;* EuGH Slg 1996, I-6511 Tz 28 = EuZW 1997, 53 – *Reisebüro Broede*). Die „Keck"-Doktrin, nach der Verkaufsmodalitäten im Allgemeinen nicht in den Anwendungsbereich des Art 34 AEUV fallen, lässt sich grds auf die Dienstleistungsfreiheit übertragen. Es muss also auch hier danach unterschieden werden, ob das Irreführungsverbot das Produkt selbst oder nur die Umstände seiner Vermarktung betrifft (s Rdn 1.30). 1.41

Art 56 AEUV ist auch **auf Beschränkungen** in dem Mitgliedstaat anwendbar, in dem der Dienstleister seinen Sitz hat, also **im Ausfuhrstaat** (vgl BGH GRUR 2002, 77, 80 – *Rechenzentrum*). Dies war auch die Konstellation im Fall „Alpine Investments" (EuGH Slg 1995, I-1141 Tz 21 = GRUR Int 1995, 900). Der EuGH hat freilich in dieser Entscheidung die Anwendung der „Keck"-Doktrin abgelehnt und dies damit begründet, dass es sich um einen Fall einer Beschränkung im Ausfuhrstaat, nicht im Einfuhrstaat handelte (EuGH aaO Tz 36 und 38 – *Alpine Investments*). Bei Beschränkungen der Dienstleistungsfreiheit im Ausfuhrstaat bietet sich aber die Parallele zu Art 35 AEUV an – mit der weiteren Konsequenz, dass dann ebenso wie bei Art 35 AEUV nur solche Maßnahmen in den Anwendungsbereich des Art 56 AEUV fallen, die spezifische Beschränkungen der Ausfuhrströme bezwecken oder bewirken (s Rdn 1.31); diese Konsequenz hat der EuGH jedoch in der Entscheidung *„Alpine Investments"* nicht gezogen (dazu Sack WRP 1998, 103, 112; *Eilmansberger* JBl 1999, 434, 450 f; *Leible* EuZW 2001, 253, 254 f). 1.42

5. Spezielle unionsrechtliche Irreführungsverbote

Neben der Richtlinie über irreführende und vergleichende Werbung (s Rdn 1.13 ff) und der UGP-Richtlinie (s Rdn 1.23 ff) enthält das sekundäre Unionsrecht (Richtlinien, Verordnungen) zahlreiche spezielle Regelungen über irreführende Werbung. Diese Regelungen sind – anders als die Richtlinie über irreführende und vergleichende Werbung (s Rdn 1.16) – abschließend; sie setzen also nicht nur einen Mindeststandard, sondern erlauben auch keine strengere nationale Regelung. Ebenso wie die Richtlinie über irreführende und vergleichende Werbung sind sie in ihrem Anwendungsbereich nicht auf den innerunionlichen Handel beschränkt. Ein Beispiel eines solchen Irreführungsverbots bietet die **Richtlinie 2000/13/EG** des Europäischen Parlaments und des Rates v 20. 3. 2000 zur Angleichung der Rechtsvorschriften der Mitgliedstaaten über die **Etikettierung und Aufmachung von Lebensmitteln** sowie die Werbung hierfür (ABl EG Nr L 109 S 29, zuletzt geändert durch VO v 18. 6. 2009 (ABl EG L Nr 188 S 14), die an die Stelle der Richtlinie 79/112/EWG getreten ist. Nach Art 2 I lit a dieser Richtlinie dürfen „die Etikettierung und die Art und Weise, in der sie erfolgt, nicht geeignet sein, den Käufer irrezuführen". Ein ähnliches Verbot enthält die **Richtlinie 2001/83/EG** des Europäischen Parlaments und des Rates v 6. 11. 2001 zur Schaffung eines **Gemeinschaftskodexes für Humanarzneimittel** (ABl EG Nr L 311 S 67, zuletzt geändert durch RL 2009/120/EG v 14. 9. 2009, 1.43

ABl EG L 242 S 3), die in Art 87 III bestimmt, dass die Arzneimittelwerbung nicht irreführend sein darf. Beide Bestimmungen bilden den unionsrechtlichen Hintergrund von zwei wichtigen sondergesetzlichen Irreführungsverboten des deutschen Rechts, nämlich von § 11 I LFGB und von § 3 HWG (dazu unten Rdn 1.73). Auch in anderen – produktspezifischen – Richtlinien findet sich der Begriff der Irreführung oder Täuschung entweder wörtlich oder in Umschreibungen, zB in Art 6 III 1 der Richtlinie 76/768/EWG v 27. 7. 1976 zur Angleichung der Rechtsvorschriften der Mitgliedstaaten über **kosmetische Mittel** (ABl EG Nr L 262 S 169, zuletzt geändert durch RL 2010/4/EU v 8. 2. 2010, ABl EG L 36 S 21): Verhinderung der Vortäuschung von Merkmalen, die die betreffenden Erzeugnisse nicht besitzen.

1.44 Aber auch in **zahlreichen Verordnungen** sind Irreführungsverbote versteckt. So bspw in

– dem Abschnitt über Ursprungsbezeichnungen, geografische Angaben und traditionelle Begriffe im Weinsektor (Art 118 m II lit c und d) der Verordnung (EG) 1234/2007 des Rates v 22. 10. 2007 über die **einheitliche GMO** (gemeinsame Marktorganisation) (ABl EG Nr L 299 S 1, zuletzt geändert durch VO (EU) 513/2010 v 15. 6. 2010, ABl Nr L 150 S 40): Schutz von Ursprungsbezeichnungen und geografischen Angaben vor falschen oder irreführenden Angaben über Herkunft, Ursprung, Natur oder wesentliche Eigenschaften der Erzeugnisse sowie „alle sonstigen Praktiken, die geeignet sind, den Verbraucher in Bezug auf den tatsächlichen Ursprung des Erzeugnisses irrezuführen" (s dazu Rdn 4.40);

– Art 40 II lit b und c der Verordnung (EG) 607/2009 der Kommission v 14. 7. 2009 (ABl EG Nr L 193 S 60), die Regelungen hins der **geschützten Ursprungsbezeichnungen und geografischen Angaben, der traditionellen Begriffe sowie der Kennzeichnung und Aufmachung bestimmter Weinbauerzeugnisse** enthält – **EG-WeinBezO:** Schutz der traditionellen Begriffe für Weinbauerzeugnisse (in Deutschland etwa Prädikatswein, Kabinett, Spätlese, Auslese, Beerenauslese, Trockenbeerenauslese und Eiswein) vor falschen oder irreführenden Angaben über Beschaffenheit oder wesentliche Eigenschaften der Erzeugnisse sowie vor „allen sonstigen Praktiken, die geeignet sind, den Verbraucher irrezuführen, indem der Anschein hervorgerufen wird, dass der geschützte traditionelle Begriff für den betreffenden Wein gilt";

– Art 13 I lit c und d der Verordnung (EG) 510/2006 zum Schutz von **geografischen Angaben** und **Ursprungsbezeichnungen für Agrarerzeugnisse und Lebensmittel** (ABl EG Nr L 93 S 12, zuletzt geändert durch VO (EG) 417/2008 v 8. 5. 2008, ABl Nr. L 125 S 27), insofern inhaltsgleich mit der Vorgängerverordnung 2081/92 v 14. 7. 1992 (vgl zur neuen Verordnung den Hinweis von *Kur* GRUR Int 2006, 445): Schutz von eingetragenen Bezeichnungen gegen alle irreführenden Angaben sowie gegen alle sonstigen Praktiken, die geeignet sind, den Verbraucher in Bezug auf den tatsächlichen Ursprung des Erzeugnisses irrezuführen;

– Art 8 S 2 lit c der Verordnung (EG) 178/2002 v 28. 1. 2002 zur Festlegung der allgemeinen Grundsätze und Anforderungen des **Lebensmittelrechts** (ABl EG Nr L 31 S 1, zuletzt geändert durch VO (EG) 596/2009 v 18. 6. 2009, ABl Nr L 188 S 14): Es müssen „alle sonstigen Praktiken, die den Verbraucher irreführen können", verhindert werden (zu den in dieser Verordnung enthaltenen Begriffen und Grundsätzen des Lebensmittelrechts vgl *Köhler* GRUR 2002, 844 ff).

– Art 3 S 2 lit a der Verordnung (EG) 1924/2006 **über nährwert- und gesundheitsbezogene Angaben über Lebensmittel** v 20. 12. 2006 (sog Health-Claims-VO, ABl EG Nr L 404 S 9, zuletzt geändert durch VO (EU) 116/2010 v 9. 2. 2010, ABl EG Nr L 37 S 16). Die verwendeten nährwert- und gesundheitsbezogenen Angaben dürfen weder falsch noch mehrdeutig oder irreführend sein. Gesundheitsbezogen ist „jede Angabe, mit der erklärt, suggeriert oder auch nur mittelbar zum Ausdruck gebracht wird, dass ein Zusammenhang zwischen einer Lebensmittelkategorie, einem Lebensmittel oder einem seiner Bestandteile einerseits und der Gesundheit andererseits besteht" (Art 2 II Nr 5 der Verordnung).

1.45 Die **bes Irreführungsverbote** des sekundären Unionsrechts und die bes Verbote des nationalen Rechts, die auf Richtlinien beruhen, sind in ihrem jeweiligen Anwendungsbereich zwar **neben §§ 5, 5 a anwendbar** (dazu Rdn 1.56). Soweit die §§ 5, 5 a aber auf in beiden Richtungen verbindlichem Unionsrecht beruhen (also stets im Verkehr mit den Verbrauchern), gibt es keinen grds Vorrang der bes Irreführungsverbote gegenüber dem allg Irreführungsverbot der §§ 5, 5 a mehr. Dennoch ist ein Konflikt insoweit nicht denkbar. Denn im Hinblick auf die Zielrichtung der bes Irreführungsverbote wird man §§ 5, 5 a im Anwendungsbereich dieser bes Irreführungsverbote **ausschließlich nach dem Maßstab der bes Irreführungsverbote** auszulegen haben. Das ist auch ohne weiteres möglich. Denkbar ist bspw, dass im Bereich der Gesundheitswerbung ein bes strenger Maßstab gilt. Das lässt sich ohne Schwierigkeiten auf §§ 5,

5 a übertragen. Insoweit hat sich also gegenüber dem UWG 2004 nichts geändert (vgl BGH GRUR 2002, 1091, 1092 – *Bodensee-Tafelwasser;* BGH GRUR 2003, 628, 629 – *Klosterbrauerei;* OLG Frankfurt GRUR-RR 2001, 67, 69; Piper/Ohly/*Sosnitza* § 5 Rdn 44; *Bornkamm,* FS 50 Jahre BGH, 2000, 343, 354; vgl auch BVerwGE 89, 320 = WRP 1993, 16, 20 – *becel*).

6. Europäisches Verbraucherleitbild

a) Verbraucherbild in der EuGH-Rspr. aa) Frühere Rspr. Schon in den Entscheidungen, in denen sich der EuGH mit deutschen Vorabentscheidungsersuchen zu § 3 UWG in der bis 2004 geltenden Fassung zu befassen hatte, zeichnete sich ab, dass das Bild des eher unmündigen, stets flüchtigen und unkritischen Verbrauchers, das traditionell dem deutschen Lauterkeitsrecht zugrunde lag und ein Verbot bereits bei einer Irreführungsquote von 10 bis 15% rechtfertigte, nicht dem entsprach, was der EuGH seiner Beurteilung zugrunde legte. Das Bild, das in seinen Urteilen entstand, war eher das eines **aufmerksamen und verständigen Verbrauchers,** der die ihm gebotenen **Informationsmöglichkeiten** wahrnimmt und seine Kaufentscheidung nach **sorgfältiger Prüfung** trifft (EuGH Slg 1990, I-667 Tz 16 = GRUR Int 1990, 955 – *GB-Inno-BM;* EuGH Slg 1990, I-4827 Tz 19 = GRUR Int 1991, 215 – *Pall/Dahlhausen;* EuGH Slg 1994, I-317 Tz 21 = GRUR 1994, 303 – *VSW/Clinique;* EuGH Slg 1995, I-1923 Tz 22–24 = GRUR Int 1995, 804 – *Verein gegen Unwesen . . ./Mars*).

bb) Die Entscheidung „Gut Springenheide". Seit der Entscheidung „Gut Springenheide" v 16. 7. 1998 (EuGH Slg 1998, I-4657 = GRUR Int 1998, 795 – *Gut Springenheide*) ist dieses Verbraucherbild in Stein gemeißelt. Im **Ausgangsverfahren** war ein landwirtschaftlicher Betrieb in Norddeutschland vom Amt für Lebensmittelüberwachung des Landkreises wegen einer als irreführend beanstandeten Bezeichnung für Eier mit einem Bußgeldbescheid belegt worden. Der Betrieb hatte Eier unter der Bezeichnung „**6-Korn – 10 frische Eier**" in Verkehr gebracht, was beanstandet wurde, weil der Futteranteil aus den sechs zur Fütterung verwandten Getreidearten nur 60% der Futtermischung ausmachte. Die von dem Betrieb erhobene Feststellungsklage hatte in den ersten beiden Instanzen keinen Erfolg; das VG bejahte eine Irreführung nach der damals geltenden lebensmittelrechtlichen Bestimmung (§ 17 I Nr 5 LMBG, heute § 11 I LFGB), das OVG eine Irreführung nach **Art 10 II lit e der Verordnung (EWG) 1907/90** über bestimmte Vermarktungsnormen für Eier (OVG Münster LRE 30, 141 = ZLR 1995, 217). Das BVerwG legte die Sache dem EuGH vor (BVerwG LRE 33, 197 = ZLR 1996, 577), um im Wesentlichen **dreierlei zu klären: (1)** Ist die Eignung zur Irreführung eine **tatsächliche oder eine rechtliche Frage? (2)** Kommt es auf den **aufgeklärten Durchschnittsverbraucher** oder auf den **flüchtigen Verbraucher** an? **(3)** Kann man einen **prozentualen Anteil** bestimmen? Die Antwort des EuGH auf die erste Frage fiel sybillinisch aus, auf die zweite Frage gab es eine eindeutige und auf die dritte Frage keine Antwort.

Im Mittelpunkt steht die Antwort auf die **zweite Frage:** Maßgeblich ist – dies die relativ klare Antwort des EuGH – der **durchschnittlich informierte, aufmerksame und verständige Durchschnittsverbraucher** (EuGH Slg 1998, I-4657 Tz 37 = GRUR Int 1998, 795 – *Gut Springenheide*). Klärungsbedürftig ist bei dieser – seitdem ständig wiederholten – Formel, ob sich das Adverb „durchschnittlich" auf alle drei Adjektive oder nur auf „informiert" bezieht. Ein Blick auf die anderen Sprachfassungen beantwortet diese Frage. Aus der englischen und französischen Fassung der Formel wird klar, dass der maßgebliche Verbraucher „reasonably well-informed and reasonably observant and circumspect" bzw „normalement informé et raisonnablement attentif et avisé" ist. Maßstab ist demnach ein **durchschnittlich informierter, in vernünftigem Umfang aufmerksamer und verständiger Verbraucher,** nicht etwa ein bes aufmerksamer und gründlicher Idealtypus, der nichts flüchtig zur Kenntnis nimmt und niemals den Blickfang auf sich wirken lässt, ohne gleichzeitig das Kleingedruckte gründlich zu studieren (*Bornkamm*, FS 50 Jahre BGH, 2000, 343, 361; *ders* WRP 2000, 830, 835). Auch bei dem Kriterium der Verständigkeit ist Maßstab nicht ein Idealtypus, sondern – auch was die Verständigkeit angeht – ein durchschnittlicher Verbraucher (vgl *Lettl* GRUR 2004, 449, 453). Wenn der BGH vom „verständigen Verbraucher" spricht (zB BGH GRUR 2004, 162, 163 – *Mindestverzinsung*), ist erkennbar nichts anderes gemeint.

Die Antwort auf die **erste Frage** – ob das Verbraucherverständnis anhand **normativer Kriterien oder allein empirisch** zu ermitteln ist – ist nicht eindeutig ausgefallen. Dennoch deutet schon die Wortwahl („wie ein durchschnittlich informierter, aufmerksamer und verständiger Durchschnittsverbraucher diese Angabe wahrscheinlich auffassen *wird*") darauf hin, dass es sich eher um einen deskriptiven als um einen normativen Begriff handeln soll. Hierfür scheint auch zu sprechen, dass das Verbraucherverständnis **durch Verkehrsbefragung** ermittelt werden kann (EuGH Slg 1998, I-4657 Tz 35 = GRUR Int 1998, 795 – *Gut Springenheide*). Auf der anderen Seite ist zu berücksichtigen, dass der EuGH in der Vergangenheit häufig – ohne auf irgendwelche Feststellungen zurückgreifen zu können – selbst entschieden hat, wie der Verkehr eine Angabe versteht, und sich dabei mehr oder weniger deutlich von einem **normativ geprägten Vorverständnis** hat leiten lassen. Diese Übung, auf die der EuGH als Normalfall der Feststellung des Verkehrsverständnisses bestätigend verweist (EuGH aaO Rdn 30), macht deutlich, dass die empirische Ermittlung des Verkehrsverständnisses lediglich *ein* **Faktor für die Entscheidung** darstellen kann, dass aber im Übrigen **normative Elemente** die Beurteilung beeinflussen (so zutr *Reese* ZLR 1999, 818, 819; vgl auch *ders* WRP 1998, 1035, 1039 f; *Volkmann-Schluck* ZLR 1998, 465, 472; *Leible* EuZW 1998, 528, 529; *Lettl* NJW-Sonderheft 2003, 44, 48).

1.50   Die **dritte Frage** nach einem bestimmten **prozentualen Anteil** hat der EuGH in der Weise beantwortet, dass es **Sache der nationalen Gerichte** sei, eine solche **Irreführungsquote** festzulegen (EuGH Slg 1998, I-4657 Tz 36 = GRUR Int 1998, 795 – *Gut Springenheide*). Es verwundert nicht, dass der EuGH keine feste Zahl genannt hat, und er hat gut daran getan. Denn auch auf diese Weise wird deutlich, dass sich bei der Beantwortung der Frage nach der Irreführung der angesprochenen Verkehrskreise stets das Empirische mit dem Normativen mischt. Zutr lässt sich die Frage nach der Irreführung auch genauer formulieren, nämlich danach, ob die angesprochenen Verkehrskreise durch die beanstandete Angabe **in maßgeblicher Weise** irregeführt werden. Damit wird Raum gelassen für eine Interessenabwägung, die den Besonderheiten des Einzelfalls Rechnung trägt (*Lettl* S 107).

1.51   **cc) Fortgang des 6-Korn-Verfahrens.** Das BVerwG hat die Sache an das OVG Münster zurückverwiesen zur Prüfung, ob die „6-Korn"-Werbung sich auch unter Berücksichtigung des **europäischen Verbraucherleitbilds** als irreführend erweist (BVerwG LRE 36, 350). Das OVG hat (nach Hauptsacheerledigung in einem Kostenbeschluss) ausführlich begründet, dass auch der durchschnittlich informierte, aufmerksame und verständige Durchschnittsverbraucher durch die Bezeichnung **„6-Korn-Eier" irregeführt** werde, weil er sie „wahrscheinlich" so verstehe, dass die Eier von Hühnern stammen, die allein mit sechs Kornsorten gefüttert worden sind. Selbst die Verbraucher, die wüssten, dass Hühner üblicherweise nicht allein von Körnern ernährt würden, könnten irregeführt werden, weil „diese Kenntnis noch nicht bedeutet, dass nicht Hühner gleichwohl ausschließlich mit Körner gefüttert werden *können*". Nur Durchschnittsverbraucher mit einem Bezug zur Landwirtschaft und mit Kenntnissen über Hühnerhaltung, denen bekannt sei, dass Hühner niemals nur mit Getreide gefüttert würden, seien vor der Irreführung gefeit. Von drei Durchschnittsverbrauchern würden durch die beanstandete Bezeichnung zwei getäuscht (OVG Münster LRE 37, 192, 194 = ZLR 1999, 814 mit krit Anm *Reese*).

1.52   Die Entscheidung des OVG Münster zeigt exemplarisch, dass mit dem **europäischen Verbraucherleitbild** nicht notwendig eine Harmonisierung verbunden ist. Die Formel birgt die Gefahr, dass die Rechtsanwender in den Mitgliedstaaten ihre überkommenen Vorstellungen unter die neue Formel zu subsumieren, ohne sich wirklich nach einem **gemeinsamen Maßstab** zu richten. Damit wird ein Dilemma der Harmonisierung sichtbar: Entweder der EuGH entscheidet selbst – was nicht seine Aufgabe ist, was er aber in der Vergangenheit teilweise getan hat (s Rdn 1.33 ff) –, wie die angesprochenen Verkehrskreise in einem bestimmten Mitgliedstaat die beanstandete Werbeaussage verstehen. Oder er beschränkt sich darauf, Leitlinien vorzugeben, anhand deren die Gerichte in den Mitgliedstaaten entscheiden können; diese Leitlinien sind dann aber notwendigerweise derart abstrakt, dass das **durch die bisherige Rechtsanwendung geprägte Vorverständnis** Platz greift. Da das Verkehrsverständnis keinesfalls allein empirisch – durch Verkehrsbefragung – zu ermitteln ist, sondern auch normative Elemente eine Rolle spielen sollen, ist es notwendig, auf der Grundlage des europäischen Verbraucherleitbilds **weitere Kriterien für die Ermittlung des Verkehrsverständnisses** zu ermitteln. Eine erste Unterscheidung hat der EuGH dahin vorgenommen, dass bei der Frage nach einer Irreführung „mehrere Gesichtspunkte", insbes „soziale, kulturelle oder sprachliche Eigenheiten", berücksichtigt werden müssen (EuGH Slg 2000, I-117 Tz 29 = GRUR Int 2000, 354 – *Estée Lauder/ Lancaster*). Außerdem kann die Aufmerksamkeit des Verbrauchers je nach Art des Produkts unterschiedlich hoch sein (EuGH Slg 1999, I-3819 Tz 26 = GRUR Int 1999, 734 – *Lloyd/ Loints;* EuGH Slg 2003, I-2799 Tz 52 = GRUR 2003, 422 – *Arthur/Arthur et Félicie*). Zu weiteren denkbaren Unterscheidungen eingehend *Lettl* S 97 ff und GRUR 2004, 449, 454 f. Zum Verbraucherleitbild im Unionsrecht vgl auch § 1 Rdn 19 ff.

dd) Das Verbraucherbild in der weiteren EuGH-Rspr. Die Formel vom durchschnittlich **1.53** informierten, aufmerksamen und verständigen **Durchschnittsverbraucher** zieht der EuGH seit der „*Gut-Springenheide*"-Entscheidung stets heran, wenn es auf das **Verkehrsverständnis** ankommt. Dies gilt für **sämtliche Irreführungsverbote,** aber auch für die **kennzeichenrechtliche Verwechslungsgefahr** (EuGH Slg 1999, I-513 Tz 36 = GRUR Int 1999, 345 – *Sektkellerei Keßler;* EuGH Slg 1999, I-3819 Tz 26 = GRUR Int 1999, 734 – *Lloyd/Loints*). Selbst für die Frage der **markenrechtlichen Unterscheidungskraft** stellt der EuGH auf den Durchschnittsverbraucher ab (EuGH Slg 2003, I-3161 Tz 41 = GRUR 2003, 514 – *Linde*). **Irreführungsverbote** betreffen die Entscheidungen **Lifting-Creme** (Slg 2000, I-117 Tz 27 = GRUR Int 2000, 354 – *Estée Lauder/Lancaster:* § 3 UGH in der bis 2004 geltenden Fassung und Art 6 III RL 76/768/EWG), *Darbo* (Slg 2000, I-2297 Tz 20 = GRUR Int 2000, 756 – *Verein gegen Unwesen …/ Darbo:* Art 2 I lit a RL 79/112/EWG), *Cidrerie Ruwet* (EuGH Slg 2000, I-8749 Tz 53 = ZLR 2000, 8749 = LRE 39, 233 – *Cidrerie Ruwet/Cidre Stassen:* RL 106/75/EWG) und *Linhart* (EuGH Slg 2002, I-9375 Tz 31 = EWS 2003, 135 – *Linhart/Biffl:* Art 6 III RL 76/768/EWG).

Das Verbraucherleitbild des europäischen Rechts gilt nicht nur für den klassischen Verbraucher **1.53a** iSd § 13 BGB, sondern **auch für den Unternehmer auf der Marktgegenseite.** Der EuGH spricht zuweilen von der „durchschnittlich informierten, aufmerksamen und verständigen Person" (EuGH Slg 2001, I-7945 Tz 52 = GRUR 2002, 354 – *Toshiba/Katun* in einem Fall, in dem sich die Werbung an Fachhändler richtete; s § 1 Rdn 24).

b) Übernahme des Verbraucherleitbildes in der UGP-Richtlinie. Das vom EuGH ent- **1.54** wickelte Verbraucherleitbild hat nunmehr auch **Eingang in die Gesetzgebung** gefunden. Die Richtlinie 2005/29/EG über unlautere Geschäftspraktiken (UGP-Richtlinie) übernimmt diesen Maßstab, wenn sie in Erwägungsgrund 18 ausführt, dass es zwar angezeigt sei, alle Verbraucher vor unlauteren Geschäftspraktiken zu schützen, dass aber die Richtlinie **im Interesse der Verhältnismäßigkeit** sowie einer wirksamen Anwendung der vorgesehenen Schutzmaßnahmen „den Durchschnittsverbraucher, der angemessen gut unterrichtet und angemessen aufmerksam und kritisch ist", zum Maßstab nimmt. Soweit dabei eine Definition verwendet wird, die geringfügig von der aus der EuGH-Rspr bekannten abweicht, ist dies ohne Bedeutung, geht vielmehr auf verschiedene Übersetzungen zurück (vgl § 1 Rdn 23). Aber auch in den **Richtlinientext** selbst hält der Begriff des Durchschnittsverbrauchers Einzug: So stellt Art 5 II lit b der UGP-Richtlinie darauf ab, dass die Geschäftspraxis dazu geeignet ist, „das **wirtschaftliche Verhalten des Durchschnittsverbrauchers** … wesentlich zu beeinflussen". Die irreführende Geschäftspraxis wird in Art 6 I UGP-Richtlinie in der Weise umschrieben, dass sie „den **Durchschnittsverbraucher** … zu täuschen geeignet ist und ihn … zu einer geschäftlichen Entscheidung veranlasst, die er ansonsten nicht getroffen hätte". Art 7 I UGP-Richtlinie stellt für die irreführende Unterlassung darauf ab, ob sie „wesentliche Informationen vorenthält, die der **durchschnittliche Verbraucher** … benötigt, um eine informierte geschäftliche Entscheidung zu treffen" (vgl auch Art 6 II, 7 II, 8 UGP-Richtlinie).

c) Rezeption des europäischen Verbraucherbildes in der nationalen Rspr. aa) Frühe- 1.55 re Rspr. Der Bundesgerichtshof hatte schon seit längerer Zeit die früher ständig verwendete Formel vom oberflächlichen, **flüchtigen Verbraucher nicht mehr benutzt.** Die letzten Entscheidungen, die ausdrücklich auf das Verständnis des flüchtigen Verbrauchers abstellen, stammen vom Anfang der neunziger Jahre (BGH GRUR 1988, 459, 460 – *Teilzahlungsankündigung;* BGH GRUR 1991, 546, 547 – *… aus Altpapier;* BGHZ 105, 277, 283 – *Umweltengel;* BGH GRUR 1992, 127 – *Teilzahlungspreis II;* BGH GRUR 1992, 450, 452 f – *Beitragsrechnung*). Ab Mitte der neunziger Jahre zeigt sich ein differenzierteres Bild. So wurde in der Entscheidung „*Energiekosten-Preisvergleich II*" – allerdings in einem Fall einer objektiv zutr, lediglich missverständlichen Werbung – ausdrücklich hervorgehoben, „dass das Informationsinteresse … nicht hinter möglichen Missverständnissen flüchtiger und uninteressierter Leser zurücktreten" dürfe (BGH GRUR 1997, 304, 306). Der Entscheidung „*Der meistverkaufte Europas*" (BGH GRUR 1996, 910), in dem es ebenfalls um eine objektiv richtige Werbeaussage ging, liegt – in Abkehr von der einen parallelen Sachverhalt betreffenden älteren Entscheidung „*Der meistgekaufte der Welt*" (BGH GRUR 1972, 129) – das Bild eines über den eigenen Tellerrand hinausschauenden Verbrauchers zugrunde. In anderen Entscheidungen, die der Fallgruppe der Wertreklame betreffen (§ 1 UWG aF), wurde darauf abgestellt, dass Verbraucher von einem bestimmten Angebot üblicherweise nur nach reiflicher Überlegung Gebrauch machen (BGH GRUR 1998, 1037, 1038 – *Schmuck-Set;* BGH GRUR 1999, 256, 257 – *1000,– DM Umwelt-Bonus*). Das **Bild eines**

mündigen Bürgers, der sich ökonomischen Zusammenhängen nicht von vornherein verschließt, wird auch in den „Handy"-Entscheidungen gezeichnet, wenn dort darauf abgestellt wird, dem Publikum sei geläufig, „dass Mobiltelefone einen nicht unerheblichen Wert haben und ein Kaufmann ein solches Gerät nicht ohne weiteres verschenkt"; es erkenne daher auch, „dass der Erwerb des Mobiltelefons letztlich mit den Gegenleistungen finanziert werden muss, die im Rahmen des Netzkartenvertrags zu erbringen sind" (BGHZ 139, 368, 373 = GRUR 1999, 264 – Handy für 0,00 DM; BGH GRUR 1999, 261, 263 – Handy-Endpreis).

1.56 bb) **Verbraucherleitbild in der neueren BGH-Rspr.** Der BGH hat bald nach der „Gut-Springenheide"-Entscheidung deutlich gemacht, dass auch für den Bereich des autonomen Rechts **dieselben Maßstäbe** gelten sollen wie für den durch das Unionsrecht geprägten Teile des Irreführungsverbots. Seit 1999 wird als Maßstab immer wieder auf den **durchschnittlich informierten und verständigen Verbraucher** abgestellt, der der Werbung **die der Situation angemessene Aufmerksamkeit** entgegenbringt (BGH GRUR 2000, 619, 621 – Orient-Teppichmuster; BGH GRUR 2000, 820, 821 – Space Fidelity Peep-Show; BGH GRUR 2000, 1106, 1108 – Möbel-Umtauschrecht; BGHZ 148, 1, 7 – Mitwohnzentrale; BGH GRUR 2001, 1166, 1169 – Fernflugpreise; BGH GRUR 2002, 81, 83 – Anwalts- und Steuerkanzlei; BGH GRUR 2002, 182, 183 – Das Beste jeden Morgen; BGH GRUR 2002, 550, 552 – Elternbriefe; BGH GRUR 2002, 715, 716 – Scannerwerbung; BGH GRUR 2003, 163, 164 – Computerwerbung II; BGH GRUR 2003, 247, 248 – THERMAL BAD; BGH GRUR 2003, 361, 362 – Sparvorwahl; BGH GRUR 2003, 249 – Preis ohne Monitor; BGH GRUR 2004, 162, 163 – Mindestverzinsung; BGHZ 156, 250, 252 f = GRUR 2004, 244, 245 – Marktführerschaft; BGH GRUR 2004, 249, 251 – Umgekehrte Versteigerung im Internet; BGH GRUR 2004, 435, 436 – FrühlingsgeFlüge; BGH GRUR 2004, 793, 796 – Sportlernahrung II).

1.57 Der BGH stellt also nicht (mehr) auf den flüchtigen Betrachter ab, sondern auf den durchschnittlich informierten, verständigen Verbraucher, der sich der Anzeige **mit situationsadäquater Aufmerksamkeit** zuwendet. Der BGH hat mehrfach betont, dass auch ein verständiger Verbraucher ein flüchtiger Verbraucher sein kann. Der **Grad der Aufmerksamkeit** des Verbrauchers ist **abhängig von der jeweiligen Situation** und vor allem von der Bedeutung, die die beworbenen Waren oder Dienstleistungen für ihn haben. Die Aufmerksamkeit, die der durchschnittlich informierte und verständige Verbraucher einer Werbung zuwendet, ist zB bei geringwertigen Gegenständen des täglichen Bedarfs oder beim ersten Durchblättern von Werbebeilagen und Zeitungsanzeigen regelmäßig eher gering, dh der Verbraucher wird die Werbung eher flüchtig zur Kenntnis nehmen, weswegen sich die **Begriffe „flüchtig" und „verständig" nicht gegenseitig ausschließen.** Handelt es sich um höherwertige Waren oder Dienstleistungen, wird die Werbung mit entspr größerer Aufmerksamkeit wahrgenommen (BGH GRUR 2000, 619, 621 – Orient-Teppichmuster; BGHZ 148, 1, 7 – Mitwohnzentrale; BGH BGH-Rp 2002, 76, 77 f – Für'n Appel und n'Ei; BGH GRUR 2002, 81, 83 – Anwalts- und Steuerkanzlei; BGH GRUR 2002, 160, 162 – Warsteiner III; BGH GRUR 2002, 715, 716 – Scanner-Werbung; BGH GRUR 2003, 626, 627 – Umgekehrte Versteigerung II). Zum Verbraucherleitbild im UWG vgl weiter § 1 Rdn 24 ff und Lettl GRUR 2004, 449, 453 ff. Der **Gesetzgeber** der UWG-Reform 2004 hat dieses Leitbild eines durchschnittlich informierten, situationsadäquat aufmerksamen und verständigen Verbrauchers in seine Erwägungen übernommen (Begr RegE UWG 2004 zu § 5, BT-Drucks 15/1487 S 19).

1.58 Auch das **Bundesverfassungsgericht** geht mittlerweile ohne weiteres vom **Durchschnittsverbraucher** aus, wenn es zur werblichen Anpreisung eines Rechtsanwalts im Internet, er habe „es zu seiner wichtigsten Aufgabe gemacht, die wirtschaftlichen Interessen seiner Mandanten optimal zu wahren", ausführt (BVerfG NJW 2003, 1307): „Der Rechtsuchende, der ein **durchschnittliches Leseverständnis** aufbringt, vermag sehr wohl zwischen optimaler Mühewaltung und optimaler Interessenvertretung zu differenzieren. Eine Gefahr der Irreführung von Rechtsuchenden ergibt sich nicht."

1.59 Das neue Verbraucherleitbild hat in erster Linie Auswirkungen auf die **Irreführungsquote** (dazu Rdn 2.101 ff). Während man **früher** davon ausging, dass ein nicht völlig unerheblicher Teil des Verkehrs, der für eine Irreführung ausreichte, **bei 10 bis 15%** liegt (BGH GRUR 1979, 716, 718 – Kontinent Möbel; BGH GRUR 1981, 71, 74 – Lübecker Marzipan; BGH GRUR 1992, 66, 68 – Königl.-Bayerische Weisse), ist eine generelle, derart niedrig angesetzte Quote mit dem Bild durchschnittlich aufmerksamen und verständigen Verbrauchers **nicht mehr in Einklang** zu bringen (BGH GRUR 2003, 162, 163 – Mindestverzinsung; so auch Leible EuZW 1998, 528, 529; Piper/Ohly/Sosnitza § 5 Rdn 149 f; aA noch Köhler/Piper 3. Aufl § 3 Rdn 149; Volkmann-

Schluck ZLR 1998, 465, 473). Es ist auch nicht damit getan, die Irreführungsquote einfach höher festzusetzen, etwa auf ein Viertel oder auf ein Drittel der angesprochenen Verkehrskreise. Denn es muss – wie bereits allgemein anerkannt – nicht nur danach differenziert werden, ob die beanstandete Aussage objektiv zutr ist oder nicht, sondern auch danach, ob sie eine unzutreffende Information vermittelt oder lediglich zu einer unzutreffenden Assoziation Anlass gibt (dazu im Einzelnen Rdn 2.44 und 2.182). Außerdem ist zu berücksichtigen, dass eine Irreführungsquote nur *einen* von verschiedenen Gesichtspunkten bei der Ermittlung einer Irreführung bilden kann (*Lettl* S 107).

cc) Einheitliches Verbraucherleitbild. Das vom EuGH und nunmehr von der UGP-Richtlinie zugrunde gelegte Verbraucherbild ist zwar nicht für sämtliche Irreführungsverbote von vornherein verbindlich. Da die Richtlinie über irreführende und vergleichende Werbung einen **strengeren Schutzstandard** in den Mitgliedstaaten zulässt, könnte das nationale Recht theoretisch im Bereich „B2B" (s oben Rdn 1.12) ein höheres Schutzniveau vorsehen. Das ist indessen weder von der Sache her gerechtfertigt noch bietet sich sonst eine Differenzierung an. Vielmehr ist davon auszugehen, dass auch dort, wo das Irreführungsverbot ein Unternehmen schützt („B2B"), auf den durchschnittlichen Adressaten abstellt, der informiert, verständig und angemessen aufgeklärt ist. Auch der EuGH wendet für gewerbliche Adressaten dieselbe Terminologie an (s oben Rdn 1.53 a). Das **Verbraucherbild** ist also heute **einheitlich,** und zwar ungeachtet des Begriffs „Verbraucher" sowohl den „B2C"- als auch für den „B2B"-Bereich. **1.59a**

d) Durchschnittsverbraucher in § 3 II 2 UWG. In **Umsetzung der UGP-Richtlinie** hat der deutsche Gesetzgeber den Begriff des Durchschnittsverbrauchers in das Gesetz aufgenommen. Nach § 3 II 2 ist auf den „durchschnittlichen Verbraucher oder, wenn sich die geschäftliche Handlung an eine bestimmte Gruppe von Verbrauchern wendet, auf ein durchschnittliches Mitglied dieser Gruppe abzustellen". Eine inhaltliche Änderung ist damit gegenüber dem UWG 2004 nicht verbunden. Die Begründung des RegE UWG 2008 betont ausdrücklich, dass damit an das vom EuGH und vom BGH in ständiger Rspr verwendete **Verbraucherleitbild des informierten, verständigen und angemessen aufmerksamen Durchschnittsverbrauchers** (Begr RegE UWG 2008 BT-Drucks 16/10145 S 22) angeknüpft werde. **1.59b**

II. Irreführungsverbot und Verfassungsrecht

1. Allgemeines

Das Irreführungsverbot kann – wie andere wettbewerbsrechtliche Tatbestände – mit **grundrechtlich geschützten Positionen** in Konflikt geraten. Neben der – nur subsidiär heranzuziehenden – **allgemeinen Handlungsfreiheit** (Art 2 I GG) sind vor allem die Grundrechte der **Berufsfreiheit** (Art 12 I GG), der **Eigentumsfreiheit** (Art 14 I GG), der **Meinungs-, Informations- und Pressefreiheit** (Art 5 I GG) sowie zuweilen auch die **Kunst- und Wissenschaftsfreiheit** (Art 5 III GG) berührt. Der Konflikt mit grundrechtlich geschützten Positionen führt dazu, dass zuweilen der wettbewerbsrechtliche Schutz, also namentlich der Schutz der Mitbewerber und der Verbraucher, zurücktreten muss. Die wettbewerbsrechtlichen Verbote sind aber so ausgestaltet, dass diese Einschränkung häufig **auf Tatbestandsebene** erfolgen kann. Dies gilt auch für das Irreführungsverbot aus §§ 3, 5. Zwar konkretisiert § 5, was unter Unlauterkeit zu verstehen ist. Aber die **Interessenabwägung** (dazu Rdn 2.200 ff) ermöglicht es, die einem Verbot entgegenstehenden verfassungsrechtlichen Gesichtspunkte weitgehend bereits im Rahmen der Prüfung des Tatbestandes zu berücksichtigen. Die im Einzelfall vorzunehmende **Prüfung der Verhältnismäßigkeit** (dazu Rdn 2.211 ff; BGH GRUR 2003, 628, 630 – *Klosterbrauerei*) dient als weiteres Korrektiv außerhalb des Tatbestands. Generell zum Verhältnis von Wettbewerbsrecht und Verfassungsrecht § 3 Rdn 18 ff. Zum Verhältnis des Irreführungsverbots zur **Meinungsäußerungsfreiheit nach Art 10 EMRK** EGMR GRUR-RR 2009, 173 und EGMR GRUR-RR 2009, 175. **1.60**

In Fällen eines klaren **Verstoßes gegen das Wahrheitsgebot** gerät das Irreführungsverbot kaum in Konflikt mit grundrechtlich geschützten Positionen. Denn die Behauptung unwahrer Tatsachen steht im Allgemeinen nicht unter grundrechtlichem Schutz (BVerfGE 61, 1, 7 f; BGH WRP 1995, 862, 864 – *Bio-Tabletten*). Während sich das allgemeine Äußerungsrecht dadurch auszeichnet, dass im Zweifel eine Äußerung als **Werturteil** und nicht als **Tatsachenbehauptung** verstanden wird, wird im Wettbewerbsrecht wesentlich stärker auf den Tatsachenkern einer Äußerung und auch auf versteckte Tatsachenbehauptungen abgestellt (dazu Rdn 2.49 f). Außerdem können auch **objektiv zutr Äußerungen** irreführend sein. Bei einem Verbot einer **1.61** versteckten Tatsachenbehauptung oder einer objektiv zutr Tatsachenangabe ist das Interesse des Werbenden an der Aussage eigenständig zu gewichten und – auch mit Blick auf die mit einem Verbot verbundene Einschränkung der Berufs- und der Meinungsäußerungsfreiheit (Art 12 I und Art 5 I GG) – im Rahmen einer Interessenabwägung oder einer Verhältnismäßigkeitsprüfung in Relation zum Interesse an einer Untersagung der Irreführung zu setzen.

2. Haftungsprivileg der Medien

1.61a Zu Gunsten der Medien greifen **zwei verfassungsrechtlich bedingte Haftungsprivilegien** ein, die auch im Rahmen des Irreführungsverbots eine erhebliche Rolle spielen. **(1)** Zum einen wird eine **geschäftliche Handlung** verneint, wenn es sich um redaktionelle, der Information und Meinungsbildung der Leser/Hörer/Zuschauer dienende Äußerungen handelt. Dies wird an dem (an die Stelle der Wettbewerbsförderungsabsicht im UWG 2004 getretenen) **Merkmal eines objektiven Zusammenhangs zwischen veröffentlichten Inhalten auf der einen und dem Absatz von Waren oder Leistungen auf der anderen Seite** festgemacht (§ 2 Rdn 67). Der Sache nach kann dabei auf die frühere zu § 1 UWG 1909 und zu § 3 UWG 2004 ergangene neuere Rspr zurückgegriffen werden (vgl zuletzt BGH GRUR 2006, 875 Tz 23 ff – *Rechtsanwalts-Ranglisten*). Danach ist eine geschäftliche Handlung erst zu bejahen, wenn die Wahrnehmung der Informations- und Pressefreiheit hinter der erkennbaren Absicht, den Absatz des eigenen Presseerzeugnisses zu fördern, zurücktritt (OLG Frankfurt GRUR-RR 2008, 16, 17). Grenzfälle treten dann auf, wenn ein **Testmagazin** den Herstellern der getesteten Produkte gegen Entgelt gestattet, mit dem Testlabel zu werben. In einem solchen Fall kann eine Haftung des Testmagazins nach §§ 3, 5 begründet sein, wenn es nicht auf den begrenzten Testumfang hinweist (OLG Frankfurt GRUR-RR 2008, 16). – Zur **Werbung mit Testergebnissen** Rdn 4.258 ff.

1.61b (2) Zum anderen gelten **Besonderheiten für das Anzeigengeschäft.** Dort, wo Medien als Werbeträger auftreten, handeln sie immer geschäftlich. Hier müssten sie eigentlich für jede wettbewerbswidrige Werbung zumindest auf Unterlassung haften. Das Gesetz enthält nur für den Schadensersatzanspruch und nur für periodische Druckwerke eine ausdrückliche Regelung in § 9 S 2 (dazu § 9 Rdn 2.11 ff). Um die Arbeit der Medien im Rahmen des Anzeigengeschäfts nicht über Gebühr zu erschweren, bestehen von Verfassungs wegen für Anzeigen keine umfassenden Prüfungspflichten. Auch auf Unterlassung haftet das Unternehmen daher nur, wenn es sich um **grobe, vom Verleger oder Redakteur unschwer zu erkennende Verstöße** handelt (BGH GRUR 1994, 454, 455 – *Schlankheitswerbung;* BGH GRUR 2006, 429 Tz 15 – *Schlank-Kapseln;* ferner § 9 Rdn 2.3).

3. Berufsfreiheit (Art 12 I GG)

1.62 Das Irreführungsverbot berührt wie die anderen wettbewerbsrechtlichen Verbote den Schutzbereich der **Berufsfreiheit des Art 12 I GG.** Zu dieser gehört auch das Verhalten im Wettbewerb einschließlich der Werbung (BVerfGE 32, 311, 317; 65, 237, 247; BVerfG NJW 1993, 1969). Das Irreführungsverbot greift in die Berufsfreiheit der Unternehmen ein, indem es bestimmte Werbeaussagen und Verkaufspraktiken verbietet. Dieser Eingriff betrifft jedoch lediglich die **Berufsausübung,** nicht die Berufswahl (BVerfG NJW 1993, 1969). Eine Einschränkung der Berufsausübungsfreiheit ist gerechtfertigt, wenn die Maßnahme durch **hinreichende Gründe des Gemeinwohls** gerechtfertigt wird und ihr Einsatz **verhältnismäßig** ist.

1.63 Die bestehende **Wirtschaftsverfassung** enthält als eines ihrer Grundprinzipien den **freien Wettbewerb** der als Anbieter und Nachfrager am Markt auftretenden Unternehmen. Das **Verhalten der Unternehmen** in diesem Wettbewerb ist **Bestandteil der Berufsausübung,** die – soweit sie sich in erlaubten Formen bewegt – durch Art 12 I GG geschützt ist. Des BVerfG hat in der Vergangenheit wiederholt das **Ziel des UWG** (in seiner bis 2004 geltenden Fassung) anerkannt, das darin bestehe, „das Verhalten konkurrierender Marktteilnehmer in den Bahnen des Anstands, der Redlichkeit und der guten kaufmännischen Sitten zu halten" (BVerfG GRUR 1993, 754 – *Großmarkt-Werbung II* und BVerfG NJW 1993, 1969, 1970: zu §§ 6 a und 6 b UWG aF; BVerfG GRUR 1996, 899, 902 – *Werbeverbot für Apotheker:* zum Zugabeverbot). Das BVerfG hat dabei stets betont, dass Art 12 I GG ebenso wie Art 2 I GG **nur eine erlaubte wirtschaftliche und berufliche Betätigung** schützt. Wenn das Gesetz unlauteren Wettbewerb untersagt, hält es sich im Rahmen der nach Art 12 I GG **zulässigen Beschränkung der freien Berufsausübung** (BVerfGE 32, 311, 316 f). Das BVerfG hat vor diesem Hintergrund die

Generalklausel des § 1 UWG 1909 gebilligt und es grds den „Fachgerichten" überlassen, wie sie ihre Überzeugung von der Sittenwidrigkeit bilden. Wenn schon die weite Generalklausel des § 1 UWG 1909 verfassungsrechtlich nicht zu beanstanden sei, gelte dies **erst recht für das Verbot irreführender Werbung** (BVerfG NJW 1993, 1969, 1970).

Auch wenn das Irreführungsverbot – abstrakt betrachtet – eine zulässige Beschränkung der Berufsausübungsfreiheit darstellt, kann doch der **Einsatz des Verbots im Einzelfall unverhältnismäßig** sein. An der Verhältnismäßigkeit fehlt es häufig, wenn allein auf die Gefahr einer Irreführung der Verbraucher abgestellt wird, ohne im Einzelnen zu prüfen, ob die beanstandete Aussage zutrifft oder nicht. So hat das BVerfG ein Urteil des OLG Düsseldorf aufgehoben, das ohne Prüfung der Richtigkeit der Aussage einem Rechtsanwalt verboten hatte, seiner Berufsbezeichnung den Hinweis auf den Tätigkeitsschwerpunkt **Transport- und Versicherungsvertragsrecht** hinzuzufügen (BVerfG NJW 1995, 712 f – *Transport- und Versicherungsvertragsrecht*). Das OLG hatte das Verbot damit begründet, der Verkehr nehme zu Unrecht an, dass es sich um eine geschützte Fachanwaltsbezeichnung handele (OLG Düsseldorf WRP 1992, 179). Ähnlich gelagert war der Fall, in dem die Bezeichnung **Tätigkeitsschwerpunkt Implantologie** bei Zahnärzten beanstandet worden war, weil das Publikum diese Bezeichnung mit einem offiziellen Fortbildungszertifikat der Zahnärztekammer verwechsle. Auch hier stellte das BVerfG darauf ab, dass Angaben, die in sachlicher Form über die Qualifikation informieren und – für sich genommen – nicht irreführend sind, nicht untersagt werden können (BVerfG WRP 2001, 1064, 1067 – *Implantologie*). Ebenso wenig geht es an, dass einem Zahnarzt die Einrichtung eines **Zahnarztsuchservice** generell mit der Begründung untersagt wird, die Art der Datenerhebung bei den in den Service aufgenommenen Zahnärzten mache es wahrscheinlich, dass mit Hilfe des Suchservice unwahre und irreführende Angaben verbreitet würden (BVerfG WRP 2001, 1437, 1440 f – *Zahnarztsuchservice*). Denn einer solchen Gefahr kann durch ein milderes Mittel, nämlich durch geeignete aufklärende Hinweise darüber, dass es sich um Selbsteinschätzungen der betreffenden Zahnärzte handelt, begegnet werden (BVerfG WRP 2001, 1441; vgl auch BVerfG WRP 2001, 1284, 1286 – *Umfassende Rechtsberatung*).

4. Meinungs- und Pressefreiheit, Kunstfreiheit (Art 5 I und III GG)

In den letzten Jahren ist die Meinungs- und Pressefreiheit (Art 5 I GG) verstärkt als verfassungsrechtlicher Prüfungsmaßstab wettbewerbsrechtlicher Verbote, auch des Irreführungsverbots, herangezogen worden. Lange Zeit war offen geblieben, ob die Wirtschaftswerbung in den Schutzbereich des Art 5 I 1 GG – und nicht nur in den des Art 12 I GG – fällt (vgl noch BVerfG WRP 1994, 503 – *Markenverunglimpfung*). Im Jahre 2000 hat das BVerfG nunmehr entschieden und seitdem mehrfach bestätigt, dass sich der Schutz des Art 5 I 1 GG „auch auf **kommerzielle Meinungsäußerungen** sowie **reine Wirtschaftswerbung** erstreckt, die einen wertenden, meinungsbildenden Inhalt hat" (BVerfGE 107, 347 = GRUR 2001, 170, 172 – *Benetton-Werbung I*; BVerfG GRUR 2001, 1058, 1059 – *Therapeutische Äquivalenz*; BVerfG GRUR 2002, 455 – *Tier- und Artenschutz*). Einschränkungen des Rechts der freien Meinungsäußerung bedürfen einer **Rechtfertigung durch hinreichend gewichtige Gemeinwohlbelange** oder **schutzwürdige Rechte und Interessen Dritter** (BVerfGE 107, 347 = GRUR 2001, 170, 173 – *Benetton-Werbung I*). Das Irreführungsverbot kann sich idR auf solche schutzwürdigen Interessen Dritter, nämlich der Verbraucher und der Mitbewerber, stützen. Soweit mit Hilfe des Irreführungsverbots objektiv unrichtige Angaben untersagt werden sollen, steht Art 5 I GG auch deswegen nicht entgegen, weil dieses Grundrecht die Presse nur in ihrem Funktionsbereich schützt, also dort, wo sie sachlich unterrichtet, zur Meinungsbildung beiträgt oder unterhält, nicht dagegen bei bewusst unwahren, falschen Behauptungen tatsächlicher Art (BGH WRP 1995, 862, 864 – *Bio-Tabletten*). Eine sorgfältige Abwägung der gegenüberstehenden Interessen ist aber unter dem Gesichtspunkt des Art 5 I GG erforderlich, wenn die Werbeaussage objektiv zutr ist und lediglich von den angesprochenen Verkehrskreisen oder einem Teil davon falsch verstanden wird.

Einen **wertenden, meinungsbildenden Inhalt** hat eine Werbeaussage einmal dann, wenn der Werbende sich mit der Werbeaussage im weitesten Sinne an dem **gesellschaftlichen Kommunikationsprozess** beteiligt, indem er zu einem allgemein interessierenden Thema Stellung nimmt. Dass er die Meinungsäußerung zum Vehikel seiner Werbung macht, steht dem meinungsbildenden Charakter des Werbeinhalts nicht entgegen. Ein klassisches Beispiel für eine Werbung mit meinungsbildendem Inhalt sind die Anzeigen der **Benetton-Kampagne** „ölverschmierter Ente", „Kinderarbeit" und „H. I. V. POSITIVE", mit denen auf Missstände aufmerksam gemacht wurde (BVerfGE 102, 347 = GRUR 2001, 170 – *Benetton-Werbung I*). Ein anderes Beispiel ist die Werbung für Schmerztabletten, in der – ohne unmittelbaren Bezug zum Produkt – mangelnde Sparsamkeit und mangelndes Pflichtbewusstsein bei Politikern und Staatsdienern kritisiert wird (vgl BGH GRUR 1997, 761 – *Politikerschelte*), oder die Werbung für Sonnenschutzgläser mit dem Hinweis auf die Unterstützung der Aktionsgemeinschaft Artenschutz (BVerfG GRUR 2002, 455 – *Tier- und Artenschutz*). Auch Äußerungen, die sich **auf das beworbene Produkt** beziehen, können meinungsbildenden Charakter haben, so die Werbung für Bekleidung aus synthetischem Pelzmaterial mit dem Zusatz „Tierfreundliche Mode" (BVerfG GRUR 2002, 455 – *Tier- und Artenschutz*) oder die Werbung, mit der ein Generika-Hersteller darauf hinweist, dass sein Produkt nach einer wissenschaftlichen Studie dem eingeführten Präparat des Originalherstellers „therapeutisch äquivalent" sei (BVerfG GRUR 2001, 1058, 1059 – *Therapeutische Äquivalenz;* vgl auch BGH GRUR 2002, 633 – *Hormonersatztherapie*). **Zu verneinen** ist ein meinungsbildender Inhalt dagegen in den Fällen, in denen eine **bekannte Marke** (meist zotig) **verballhornt** wird, um das eigene, sonst nicht verkäufliche Produkt zu vermarkten: so bei dem ein Kondom enthaltenden Scherzpäckchen mit dem abgewandelten Werbespruch für den Schokoladenriegel „Mars" (BVerfG WRP 1994, 503 – *Markenverunglimpfung*) oder bei den Aufklebern, die die bekannten Marken „BMW" (BGHZ 98, 94) und „Lufthansa" (OLG Frankfurt GRUR 1982, 319) für ein Wortspiel mit sexuellem Bezug nutzen.

1.67 **Kunstfreiheit:** Zum Grundrecht der Kunstfreiheit im Lauterkeitsrecht vgl allgemein § 3 Rdn 30. Im Hinblick auf eine Irreführung vgl KG AfP 1999, 173; KG NJW 1999, 1968; BGH GRUR 1995, 750 – *Feuer, Eis & Dynamit II*.

III. Irreführungsverbot und Leistungsstörungen

1.68 Das **Schuldrecht** schützt den Käufer vor irreführender Werbung durch das **Sachmängelgewährleistungsrecht** (§ 434 I 2 Nr 2 BGB iVm § 434 I 3 BGB). Danach gehören zu der **Beschaffenheit** nach § 434 I 2 Nr 2 auch Eigenschaften, die der Käufer nach den **öffentlichen Äußerungen** des Verkäufers, des Herstellers (§ 4 I und II ProdHaftG) oder seines Gehilfen, **insbes in der Werbung** oder bei der Kennzeichnung über bestimmte Eigenschaften der Sache, erwarten kann. Dies gilt nur dann nicht, wenn der Verkäufer die Äußerung nicht kannte und auch nicht kennen musste, wenn die Äußerung im Zeitpunkt des Vertragsschlusses in gleichwertiger Weise berichtigt war oder wenn sie die Kaufentscheidung nicht beeinflussen konnte (§ 434 I 3 BGB). Für die Erwartung des Käufers kommt es wie bei § 5 auf die Erwartung eines **durchschnittlichen Käufers** an (Palandt/*Putzo*, 69. Aufl 2010, § 434 Rdn 37). Liegt ein **Sachmangel** in dem bezeichneten Sinne vor, steht dem Käufer in erster Linie ein Anspruch auf Nacherfüllung (§ 439 BGB iVm § 437 Nr 1 BGB), unter bestimmten Voraussetzungen stattdessen das Recht zum Rücktritt (§ 323 BGB iVm § 437 Nr 2) oder zur Minderung des Kaufpreises (§ 441 BGB iVm § 437 Nr 2 BGB) sowie (§ 325 BGB) ggf ein Anspruch auf Schadensersatz (§§ 280 ff BGB iVm § 437 Nr 3 BGB) oder Aufwendungsersatz (§ 284 BGB iVm § 437 Nr 3 BGB) zu. Anders als § 5 setzt das Eingreifen der Sachmängelgewährleistung des Verkäufers jedoch den **Abschluss eines Kaufvertrages** iSd § 433 BGB voraus. Die UGP-Richtlinie 2005/29/EG und die UWG-Novelle 2008 haben den Anwendungsbereich des wettbewerbsrechtlichen Irreführungsverbots auf Äußerungen nach Vertragsschluss erweitert. Dies kommt in der Definition der geschäftlichen Handlung in § 3 I Nr 1 zum Ausdruck, wenn sie als ein „Verhalten ... zugunsten des eigenen oder eines fremden Unternehmens **vor, während oder nach einem Geschäftsabschluss**" umschrieben wird.

IV. Andere Irreführungsverbote

1. Lauterkeitsrechtliche Irreführungsverbote

1.69 § 5 wird durch den **Straftatbestand des § 16 I** ergänzt, der an die Stelle von § 4 UWG aF getreten ist (vgl § 16 Rdn 7). Im Unterschied zu § 5 erfasst § 16 I aber nur die öffentliche Werbung (s § 16 Rdn 14 f) mit objektiv unwahren Angaben (s § 16 Rdn 10 ff). Im subjektiven Tatbestand erfordert § 16 I Vorsatz und die Absicht, den Anschein eines bes günstigen Angebots hervorzurufen (s § 16 Rdn 17 f).

1.70 § 5 erfasst **jede irreführende geschäftliche Handlung** unabhängig davon, ob es sich um eine Aussage über ein beworbenes Produkt oder über ein Produkt eines Konkurrenten, über das eigene Unternehmen oder über das Unternehmen eines Wettbewerbers, über sonstige für das Angebot des Werbenden oder seine (Kauf-)Entscheidung erhebliche Umstände handelt. Auf die bei § 3 UWG aF erörterte Streitfrage, ob irreführende Werbung unter Einbeziehung von Angaben über geschäftliche Verhältnisse anderer dem lauterkeitsrechtlichen Irreführungsverbot unterfällt (vgl BGH GRUR 1975, 262, 263 – *10-DM-Schein*), kam es im UWG 2004 und kommt es nach der Novelle auch im UWG 2008 nicht mehr an. Es gibt daher wesentlich mehr **Überschneidungen** zwischen den Fallgruppen des § 4 und dem Irreführungsverbot nach §§ 3, 5, als es sie früher zwischen §§ 1 und 3 UWG 1909 gegeben hat.

Vielfältig sind etwa die **Überschneidungen mit § 4 Nr 1:** So können **missbräuchliche Kopplungsangebote** Elemente der Irreführung enthalten (s § 4 Rdn 1.61 ff). Die **Werbung mit einem Preisnachlass** (s § 4 Rdn 1.98), mit **Werbegeschenken** (s § 4 Rdn 1.113), die Veranstaltung von **Gewinnspielen** (s § 4 Rdn 1.124 ff) und der Einsatz von **Laienwerbern** (s § 4 Rdn 1.184) können sich als irreführende Werbung darstellen. Bei der **getarnten Werbung nach § 4 Nr 3** handelt es sich auch um einen Fall der irreführenden Werbung nach § 5 (s § 4 Rdn 3.6). In dem **Unterlassen klarer und eindeutiger Angaben nach § 4 Nr 4 und 5** kann ebenfalls eine irreführende Werbung durch Unterlassen nach § 5 II 2 liegen (s § 4 Rdn 4.2 sowie 5.2 und 5.13). Die **Anschwärzung von Mitbewerbern** mittels nicht erweislich wahrer (negativer) Angaben über deren geschäftliche Verhältnisse nach **§ 4 Nr 8** ist zugleich ein qualifizierter Fall der Irreführung mit Beweiserleichterung für den Anspruchsteller (s § 4 Rdn 8.8). Die **vermeidbare Herkunftstäuschung** kann beim wettbewerbsrechtlichen Leistungsschutz nach **§ 4 Nr 9 lit a** auf eine Irreführung nach § 5 hinauslaufen (s § 4 Rdn 9.2 und 9.5). Schließlich kann der **Rechtsbruchtatbestand** des § 4 Nr 11 iVm spezialgesetzlichen Irreführungsverboten vorliegen (dazu Rdn 1.73). 1.71

Hins der meisten Überschneidungen zu § 4 stellen sich keine bes **Konkurrenzprobleme**, weil es sich sowohl bei den Fallgruppen des § 4 als auch bei § 5 um Beispiele für unlautere Wettbewerbshandlungen iSv § 3 handelt. Dennoch lassen sich drei Kategorien bilden, die bei der gleichzeitigen Anwendbarkeit beachtet werden müssen: **(1)** Das Verbot der **getarnten Werbung** in § 4 Nr 3 ist ein spezieller Irreführungstatbestand; hier ist es überflüssig, wenn auch unschädlich, gleichzeitig noch § 5 zu prüfen. **(2)** In anderen Fällen, vor allem in den Fällen der **unsachlichen Beeinflussung** nach § 4 Nr 1, bringt die Irreführung ein **zusätzliches Unlauterkeitsmerkmal** zum Ausdruck, das für die Gewichtung des Wettbewerbsverstoßes, etwa im Rahmen der Bagatellklausel des § 3, von Bedeutung sein kann (s § 4 Rdn 4). **(3)** Etwas Besonderes gilt für die **Überschneidung von § 5 II und Nr 13 Anh zu § 3 III auf der einen und § 4 Nr 9 auf der anderen Seite:** Hier ist zu beachten, dass es sich bei § 5 II und bei Nr 13 Anh zu § 3 III um Tatbestände handelt, die aus der Richtlinie stammen (Art 6 II lit a und Anh I Nr 13 UGP-Richtlinie). Hier wirkt – anders als nach dem UWG 2004 (vgl 26. Aufl § 4 Rdn 9.5 und § 5 Rdn 1.72) – das Nachahmungsverbot des §§ 3, 4 Nr 9 nicht mehr als Sperre, wenn ein Verstoß nach dieser Bestimmung verneint worden ist. Denn das würde auf eine Einschränkung des unionsrechtlich vorgegebenen Irreführungstatbestands hinauslaufen (zum Verhältnis von § 5 II zu § 4 Nr 9 lit a s Rdn 4.254). Ist der Anspruch aus ergänzendem Leistungsschutz zu bejahen, wird daneben häufig auch § 5 anwendbar sein (anders noch BGH GRUR 1977, 754, 755 – *grau/magenta:* Irreführungstatbestand ist erst erfüllt, wenn das Herkunftszeichen kennzeichenrechtlichen Schutz genießt); das ist von Bedeutung, weil der Anspruch wegen einer irreführenden geschäftlichen Handlung nicht nur dem Hersteller des Originals (s § 4 Rdn 9.85), sondern jedem Mitbewerber sowie uneingeschränkt auch den Verbänden nach § 8 III Nr 2–4 zusteht. 1.72

2. Irreführungsverbote außerhalb des UWG

Spezialgesetzliche Regelungen enthalten zahlreiche **konkrete oder abstrakte Irreführungstatbestände.** Hierzu zählen vor allem die Vorschriften des **Lebensmittelrechts,** das traditionell auch den Verkehr mit sonstigen Bedarfsgegenständen (vor allem Kosmetika) regelt und das im neuen LFGB mit den futterrechtlichen Bestimmungen zusammengefasst ist: das **Verbot irreführender Bezeichnungen von Lebensmitteln** (§ 11 I LFGB), das ebenfalls für den Verkehr mit Lebensmitteln geltende **Verbot der krankheitsbezogenen Werbung** (§ 12 LFGB), das **Verbot, Kosmetika unter irreführenden Bezeichnungen in den Verkehr zu bringen** (§ 27 I LFGB); ferner das **Verbot irreführender Bezeichnungen von Wein** (§ 25 WeinG; dazu Rdn 4.40, ferner Rdn 4.65 f und 4.77). Lauterkeitsrechtliche Ansprüche können aus diesen Bestimmungen nicht unmittelbar hergeleitet werden (BGH GRUR 1964, 269, 271 – *Grobdesin;* BGH GRUR 1971, 313, 314 – *Bocksbeutelflasche;* BGH GRUR 2000, 727, 728 – *Lorch Premium I*). § 5 ist aber grds neben diesen Regelungen anwendbar, außerdem §§ 3, 4 Nr 11 (Rechtsbruch). Der in den spezialgesetzlichen Regelungen des LFGB und des WeinG verwendete Begriff der Irreführung entspricht dem des § 5. Beispielsweise haben die deutschen Gerichte 1.73

in der Werbung mit dem Begriff „Lifting" als Produktbezeichnung für eine kosmetische Gesichtscreme einen Verstoß sowohl gegen das lebensmittelrechtliche (§ 27 I LFGB, früher § 27 I LMBG) als auch gegen das wettbewerbsrechtliche Irreführungsverbot gesehen, weil der Begriff „Lifting" fälschlich Assoziationen an die Wirkungen eines operativen Liftings (hautstraffende, hautglättende Wirkung von gewisser Dauer) nahelegt (BGH GRUR 1997, 537, 538 – *Lifting-Creme;* skeptisch insofern freilich EuGH GRUR Int 2000, 354; dazu Rdn 4.186).

1.74 Ergänzt werden die Regelungen des LFGB und des WeinG durch **lebensmittelrechtliche Kennzeichnungsvorschriften** wie die Lebensmittel-Kennzeichnungsverordnung, die Nährwert-KennzeichnungsVO, die Mineral- und TafelwasserV (MTVO, dazu unten Rdn 4.13 und 4.37a), die Verordnung über diätische Lebensmittel oder die WeinbezeichnungsVO; s dazu Rdn 4.33 ff. – Hinzu kommen die Bestimmungen des **Heilmittelwerberechts** (§§ 3 ff HWG; vgl zB BGH GRUR 1998, 498, 500 – *Fachliche Empfehlung III:* Werbung für Medikament unter Hinweis auf Wirkungen, die es nicht hat), des **Arzneimittelgesetzes** (§ 8 I Nr 2 AMG) und des **Eichgesetzes** (§ 7 II EichG: Verbot von Mogelpackungen). – Zahlreiche für § 5 relevante lauterkeitsrechtliche Regelungen zum Schutz vor Irreführung sind ferner in einer Vielzahl spezialgesetzlicher Bezeichnungs- und Werberegelungen in Verordnungen und Richtlinien des **Unionsrechts** enthalten (Beispiele bei Rdn 1.43 ff).

V. Irreführungsverbot und Kennzeichenrecht

Schrifttum: *Bornkamm,* Markenrecht und wettbewerbsrechtlicher Kennzeichenschutz – Zur Vorrangthese der Rspr, GRUR 2005, 97; *ders,* Kennzeichenschutz und Irreführungsverbot – Zur wettbewerbsrechtlichen Beurteilung der irreführenden Kennzeichenbenutzung, FS v. Mühlendahl, 2005, 9; *ders,* Der lauterkeitsrechtliche Schutz vor Verwechslungen: Ein Kuckucksei im UWG?, FS Loschelder, 2010, 31; *Fezer,* Normenkonkurrenz zwischen Kennzeichenrecht und Lauterkeitsrecht – Ein Beitrag zur kumulativen und subsidiären Normenkonkurrenz im Immaterialgüterrecht – Kritik der Vorrangthese des BGH zum MarkenG; WRP 2008, 1; *Henning-Bodewig,* Die Richtlinie 2005/29/EG über unlautere Geschäftspraktiken, GRUR Int 2005, 629; *dies,* Relevanz der Irreführung, UWG-Nachahmungsschutz und die Abgrenzung Lauterkeitsrecht/IP-Rechte, GRUR Int 2007, 986; *Ingerl,* Der wettbewerbsrechtliche Kennzeichenschutz und sein Verhältnis zum MarkenG in der neueren Rspr des BGH und in der UWG-Reform, WRP 2004, 809; *Kur,* Verwechslungsgefahr und Irreführung – zum Verhältnis von Markenrecht und § 3 UWG, GRUR 1989, 240; *dies,* Die Schnittstellen zwischen nationalen Marken- und Wettbewerbsrecht bei nationalen und Gemeinschaftsmarken, MarkenR 2001, 137; *Sack,* Markenschutz und UWG, WRP 2004, 1405; *ders,* Markenrechtliche Probleme vergleichender Werbung, GRUR 2008, 201; *Steinbeck,* Richtlinie über unlautere Geschäftspraktiken: Irreführende Geschäftspraktiken – Umsetzung in das deutsche Recht, WRP 2006, 632; *Peifer,* Die Zukunft der irreführenden Geschäftspraktiken, WRP 2008, 556.

1. Irreführende Marken und Kennzeichen

1.74a Die Verwendung von Marken oder sonstigen Kennzeichen, die für sich genommen den Verkehr irreführen können, stellt stets auch eine irreführende geschäftliche Handlung dar. Der wettbewerbsrechtliche Anspruch tritt hier neben Mechanismen des Markenrechts oder auch das Handelsrechts, die eine Irreführung durch die Marke oder das Kennzeichen an sich verhindern sollen. So stellt es im Markenrecht ein **Eintragungshindernis** dar, wenn ein Zeichen „geeignet ist, das Publikum insbes über die Art, die Beschaffenheit oder die geografische Herkunft der Waren oder Dienstleistungen zu täuschen" (§ 8 II Nr 4 MarkenG). Ist dennoch ein irreführendes Zeichen eingetragen worden, kann es auf Antrag oder unter bestimmten Voraussetzungen von Amts wegen **gelöscht** werden (§ 50 I und III MarkenG). Auch eine **Unternehmensbezeichnung,** die ersichtlich irreführend ist, darf **nicht als Firma eingetragen** werden (§ 18 II HGB).

1.74b Die marken- und handelsrechtlichen Möglichkeiten, die Eintragung einer irreführenden Marke oder einer irreführenden Unternehmensbezeichnung zu verhindern oder ihre Löschung zu veranlassen, berühren die **wettbewerbsrechtlichen Ansprüche** gegen irreführende Marken oder Kennzeichen nicht. Die nach § 8 III Anspruchsberechtigten können daher die Unterlassung der Verwendung einer irreführenden Marke oder Unternehmensbezeichnung und ggf deren Löschung beanspruchen. Bei dem Anspruch auf Löschung einer Marke oder einer Firma handelt es sich um einen **Beseitigungsanspruch,** der auch von Verbänden, Vereinen und Kammern nach § 8 III Nr 2–4 geltend gemacht werden kann. Bei der Fassung des Antrags ist zu beachten, dass die Verwendung des beanstandeten Zeichens idR nur **unter den gegebenen Umständen irreführend** ist. Daher kommt ein Schlechthin-Verbot im Allgemeinen nicht in Betracht (vgl zum markenrechtlichen Löschungsanspruch BPatG GRUR 1989, 593 – *Molino; Ströbele/*Hacker § 8 Rdn 461).

2. Warenzeichenrecht bis 1994

Unter der Geltung des WZG war das **Kennzeichenrecht integraler Bestandteil des Wett-** **1.75**
bewerbsrechts. Der Schutz der geschäftlichen Bezeichnung war noch vollständig ins UWG integriert (§ 16 UWG 1909). Der Schutz der geografischen Herkunftsangaben, der heute in §§ 126–129 MarkenG geregelt ist, konnte sich bis 1994 nur auf das Irreführungsverbot des § 3 UWG aF stützen. Aber auch beim Schutz des Warenzeichens stand generell der **Schutz der Allgemeinheit vor Täuschung** im Vordergrund. Deshalb lag es nahe, im Kennzeichenschutz generell einen bes Lauterkeitsschutz zu sehen (BGHZ 14, 15, 18 – *Römer*; Baumbach/*Hefermehl*, 22. Aufl, Allg Rdn 101; Baumbach/*Hefermehl* WZG Einl Rdn 44; zurückhaltender auch für das alte Recht *Fezer* Markenrecht Einl MarkenG Rdn 5). Mit der Betonung des Schutzes des Allgemeinheit korrespondierte die (bis 30. 4. 1992) eingeschränkte Übertragbarkeit des Warenzeichens, das nur mit dem Geschäftsbetrieb, zu dem es gehörte, übertragen werden konnte (§ 8 I 2 WZG in der bis 1992 geltenden Fassung). Dementsprechend enthielt das WZG keine Regelung über Lizenzen. Die feste Bindung an den Geschäftsbetrieb beruhte auf der Erwägung, dass der Verkehr irregeführt würde, wenn ein Dritter ein (eingeführtes) Warenzeichen benutzen würde (Baumbach/*Hefermehl* WZG § 8 Rdn 2). Darüber hinaus war der Schutz nach dem WZG auf den Warengleichartigkeitsbereich beschränkt. Außerhalb dieses Bereichs kam für berühmte Kennzeichen ein lauterkeitsrechtlicher Schutz in Betracht (§ 1 UWG aF).

3. Kennzeichenrechtlicher Schutz nach dem Markengesetz

a) Konzentration des Kennzeichenschutzes im Markengesetz. Im Gesetz über den **1.76**
Schutz von Marken und sonstigen Kennzeichen (Markengesetz) v 25. 10. 1994 ist der früher verstreut geregelte kennzeichenrechtliche Schutz zusammengefasst. Kernbestand sind die Regelungen über den Schutz der **Marken** (§§ 3, 4 MarkenG) und der **geschäftliche Bezeichnungen** wie Unternehmenskennzeichen und Werktitel (§ 5 MarkenG), die ihrem Inhaber Individualrechtsschutz durch die §§ 14, 15 MarkenG und § 12 BGB gewähren. Handelt es sich um bekannte Kennzeichen, gewährt das MarkenG auch einen über den Bereich der Produktähnlichkeit bzw. der Branchennähe hinausgehenden Schutz (§ 14 II Nr 3, § 15 III MarkenG). Außerdem regelt das MarkenG den Schutz der geografischen Bezeichnungen, bei dem es sich freilich im Kern immer noch um einen wettbewerbsrechtlichen Schutz vor Irreführung handelt (§§ 126–129 MarkenG).

b) Vorrang der Regelungen im Markengesetz? Die Kennzeichenrechte sind im Marken- **1.77**
gesetz als Immaterialgüterrechte ausgestaltet. Damit tritt der **Schutz der Allgemeinheit** vor Irreführung als Schutzzweck im Kennzeichenrecht zurück und wird durch den individualrechtlichen Schutz des Inhabers des Ausschließlichkeitsrechts verdrängt. Er ist Teil einer umfassenden, in sich geschlossenen kennzeichenrechtlichen Regelung. Auf der Grundlage des UWG 1909 und des UWG 2004 ist die Rspr von einem weitgehenden Vorrang des Kennzeichenrechts gegenüber dem Lauterkeitsrecht ausgegangen. So soll der kennzeichenrechtliche Schutz **den aus §§ 3, 5 UWG hergeleiteten Schutz** idR **verdrängen** (BGHZ 149, 191, 195 f – *shell.de*). Dem lag die Vorstellung zugrunde, dass es allein Sache des Inhabers des Kennzeichenrechts sei, darüber zu entscheiden, ob eine Verletzung seines Kennzeichenrechts verfolgt werden soll oder nicht. Die mit der Kennzeichenverletzung häufig einhergehende Irreführung des Verkehrs über die betriebliche Herkunft des mit dem fremden Kennzeichen versehenen Produkts sollte deswegen idR nicht nach §§ 3, 5 verfolgt werden können (vgl ausführlich *Bornkamm*, FS v. Mühlendahl, 2005, 9, 19 ff). Denn schließlich – so die Argumentation – bleibe die Allgemeinheit gegenüber einer Irreführung auch dann ungeschützt, wenn der Inhaber des Schutzrechts dem Verletzer eine Lizenz erteile (dazu Rdn 1.80). Die Situation sei daher anders zu beurteilen als beim wettbewerbsrechtlichen Leistungsschutz (dazu Rdn 1.72). Nur wenn die Irreführung über die Verletzung des Kennzeichenrechts hinausginge, sollte sie als Wettbewerbsverstoß nach §§ 3, 5 verfolgt werden können. Diese Position ist heute überholt (vgl im Einzelnen unten Rdn 4.209 ff und 4.236 ff).

Auch die Regelungen der § 14 II Nr 3, § 15 III MarkenG über den **Schutz bekannter** **1.78**
Marken werden bislang von der Rspr als gegenüber dem allgemeinen wettbewerbsrechtlichen Schutz **vorrangig** angesehen (vgl BGHZ 138, 349, 351 f – *MAC Dog*; BGH GRUR 1999, 992, 995 – *BIG PACK*; BGH GRUR 2000, 70, 73 – *SZENE*; BGH GRUR 2000, 608, 610 – *ARD-1*; BGHZ 147, 56, 60 f – *Tagesschau*; BGH GRUR 2002, 167, 171 – *Bit/Bud*).

Schließlich hat die Rspr bislang auch die §§ 126–129 MarkenG, die den Schutz der **Angaben** **1.79**
über die geografische Herkunft regeln, als **leges speciales** gegenüber § 5 betrachtet (BGHZ

139, 138, 139 – *Warsteiner II;* BGH GRUR 2001, 73, 76 – *Stich den Buben;* BGH GRUR 2002, 160, 162 – *Warsteiner III;* BGHZ 173, 57 Tz 31 = GRUR 2007, 884 – *Cambridge Institute;* Erdmann GRUR 2001, 609, 610 f; *Ingerl/Rohnke* MarkenG Vor §§ 126–139 Rdn 8; aA *Fezer* Markenrecht § 2 Rdn 2 ff; *ders* WRP 2000, 863, 865; *Deutsch* WRP 2000, 854, 856). Im Schrifttum beginnt diese Position zu bröckeln (vgl Ströbele/*Hacker* § 126 Rdn 9 unter Hinweis auf die Unterschiede zwischen der abstrakten Irreführung nach § 127 I MarkenG und der konkreten Irreführung nach § 5; *Ingerl/Rohnke* MarkenG Vor §§ 126–139 Rdn 9 unter Berufung darauf, dass die geografische Herkunft nun in § 5 I 2 Nr 1 ausdrücklich erwähnt wird). Die Gründe, die hierfür angeführt werden, sind an sich wenig überzeugend: Die Irreführung über die geografische Herkunft ist weder im deutschen (vgl § 5 II Nr 1 UWG 2004) noch im europäischen Recht neu (vgl Art 3 lit c der Irreführungsrichtlinie 84/450/EWG). Die von *Hacker* (Ströbele/*Hacker* § 126 Rdn 9) angeführten Unterschiede, die der Irreführungsbegriff in § 5 und in § 127 I MarkenG aufweist, bedeuten lediglich, dass der Schutz nach §§ 126 ff MarkenG bereits früher einsetzt als der allgemeine Schutz vor Irreführung nach § 5. Da alle nach dem UWG Anspruchsberechtigten auch die Ansprüche aus § 128 MarkenG geltend machen können (§ 128 I 1 MarkenG), mag das **Konkurrenzverhältnis nicht eines der Spezialität, sondern der Subsidiarität** sein. Jedenfalls braucht § 5 bei einer Irreführung über die geografische Herkunft nicht herangezogen zu werden, weil sich derselbe Anspruch bereits aus §§ 126 ff MarkenG ergibt. Für § 5 bleibt nur noch ein kleiner Anwendungsbereich in Fällen, in denen eine Irreführung über die geografische Herkunft nicht von §§ 126 ff MarkenG erfasst wird (dazu unten Rdn 4.203 f).

1.79a Nur dort, wo die Vorschriften des MarkenG dafür Raum lassen, wurde bislang **§ 5 ergänzend angewandt.** In Betracht kamen insoweit die den Regelungen der §§ 126 ff MarkenG vorgelagerten oder von diesen nicht erfassten Fälle des Irreführungsschutzes (BGH GRUR 1995, 354, 356 – *Rügenwalder Teewurst II;* HdbWettbR/*Helm* § 59 Rdn 15). § 2 MarkenG stellt klar, dass der Schutz geografischer Herkunftsangaben nach dem MarkenG die Anwendung anderer Vorschriften zum Schutz solcher Kennzeichen nicht ausschließt. Ist bsw die Verwendung einer geografischen Herkunftsangabe als Firmenbestandteil für sich allein noch keine Benutzung „für Waren oder Dienstleistungen" iSd § 127 I, II und III MarkenG, scheidet zwar ein Schutz als geografische Herkunftsangabe nach dem MarkenG aus. Jedoch gewährt § 5, der über § 2 MarkenG ergänzend eingreifen kann, lauterkeitsrechtlichen Schutz gegen eine unlautere und irreführende Verwendung (BGH GRUR 2001, 73, 76 f – *Stich den Buben*). – Zum **Schutz geografischer Herkunftsangaben** durch s Rdn 4.201 ff.

1.80 c) **Irreführung trotz Lizenzvertrag? aa) Markenrecht.** Anders als unter Geltung des WZG (s Rdn 1.75) sind nach dem Markengesetz alle Bindungen der Marke an den Geschäftsbetrieb entfallen. Sie kann losgelöst vom Betrieb veräußert werden; außerdem können ohne weiteres Lizenzen, auch ausschließliche Lizenzen, eingeräumt werden (§ 30 I MarkenG). Dass die Verbraucher im Allgemeinen bei einer Marke die **Herkunft aus demselben Betrieb** erwarten, steht der Lizenzerteilung nicht entgegen (vgl *Bornkamm,* FS v. Mühlendahl, 2005, 9, 19). Die mit der Veräußerung oder mit einer Lizenzerteilung einhergehende Irreführung des Verkehrs muss vielmehr hingenommen werden. Dem entspricht auch ein anderes Verständnis der nach wie vor maßgeblichen **Herkunftsfunktion** der Marke (vgl Ströbele/Hacker MarkenG § 8 Rdn 42; *Ingerl/ Rohnke* MarkenG Einl Rdn 72; *Fezer* Markenrecht Einl D Rdn 21); sie wird ergänzt durch die **Garantiefunktion** der Marke: Während das Warenzeichen auf die Herkunft der Ware aus einem bestimmten, und zwar stets aus demselben Betrieb hinwies, muss die Marke im harmonisierten Markenrecht nur mehr „die Gewähr bieten, dass alle Waren oder Dienstleistungen, die sie kennzeichnet, unter der Kontrolle eines einzigen Unternehmens hergestellt oder erbracht worden sind, das für ihre Qualität verantwortlich gemacht werden kann" (EuGH Slg 2002, I-10 273 Tz 48 = GRUR 2003, 55 – *Arsenal Football Club plc/Reed*). Dieser Funktionswandel wirkt sich unmittelbar auf den Irreführungsschutz aus: Kam ein mit einem Warenzeichen versehenes Produkt aus einem anderen Unternehmen als dem des Zeicheninhabers, lag darin an sich auch eine Irreführung. Übt dagegen ein Markeninhaber seine Kontrollmöglichkeiten über Lizenznehmer nicht aus, liegt darin keine Irreführung der angesprochenen Verkehrskreise, obwohl sie auf eine gleich bleibende Qualität der mit der Marke versehenen Produkte vertrauen. Denn aus der Garantiefunktion der Marke ergibt sich immer nur ein Angebot für den Markeninhaber, keine eigenständige Verpflichtung iSe Gütezeichens (BGHZ 48, 118, 123 – *TREVIRA;* s Rdn 4.81 f).

1.81 Beispiel: Die Verbraucher erwarten unter der Marke „Coca Cola" ein Getränk stets gleich bleibender Qualität und Geschmacksrichtung. Entschließt sich der Hersteller von heute auf morgen, geringeren Wert auf die Einheitlichkeit der Qualität und des Geschmacks zu legen mit der Folge, dass ein heute gekauftes Getränk anders (und schlechter) schmeckt als ein gestern erworbenes, liegt darin nicht schon deswegen eine Irreführung, weil die Verbraucher stets ein Getränk derselben Qualität und Geschmacksrichtung erwarten und sie in dieser Erwartung enttäuscht werden. Normalerweise wird ein Markeninhaber das Vertrauen der Verbraucher in seine Marke nicht derart leichtfertig enttäuschen. Wenn er es aber tut, ist es allein seine Sache und kann ihm nicht als irreführende Werbung untersagt werden. Mit der Lizenz verhält es sich entspr: Gestattet Coca Cola einem anderen Unternehmen, unter dieser Marke Getränke anzubieten, erwarten die Verbraucher ebenfalls gleich bleibende Qualität und Geschmacksrichtung. Werden im Rahmen des Lizenzvertrages die Möglichkeiten der (Qualitäts-)Kontrolle nicht genutzt, kann die Verwendung der Marke durch den Lizenznehmer nicht als irreführend untersagt werden. Dasselbe gilt bei einer Veräußerung der Marke.

bb) Geschäftliche Bezeichnungen. Auch bei den geschäftlichen Kennzeichen muss sich der Irreführungsschutz daran orientieren, was dem Inhaber des Zeichens **kennzeichenrechtlich gestattet** ist. Für Unternehmenskennzeichen nach § 5 II MarkenG gilt nach wie vor, dass sie nicht ohne den dazugehörigen Geschäftsbetrieb veräußert werden können; dementsprechend sind die Möglichkeiten der Lizenzeinräumung beschränkt (*Ingerl/Rohnke* MarkenG Vor §§ 27–31 Rdn 6). Auch hier gilt: Der Irreführungsschutz darf die dem Zeicheninhaber vom Gesetz eingeräumten Verfügungsmöglichkeiten nicht konterkarieren. Wird aber über das Kennzeichen in zeichenrechtlich unzulässiger Weise verfügt, greift auch das wettbewerbsrechtliche Irreführungsverbot ein mit der Folge, dass der Lizenzvertrag wegen Verstoßes gegen ein gesetzliches Verbot nichtig ist (§ 134 BGB) und Verwendung des Kennzeichens durch den Lizenznehmer als irreführende Werbung untersagt werden kann. **1.82**

Beispiel: Geht ein erfolgreicher, aber hoch verschuldeter Rechtsanwalt dazu über, anderen Anwälten die Verwendung seines Namens gegen Entgelt zu gestatten, liegt darin eine unzulässige Lizenzeinräumung ohne Übertragung des Geschäftsbetriebs und die Teilnahme an einer irreführenden Werbung; diese Übertragung ist kennzeichenrechtlich unzulässig und wegen Verstoßes gegen ein gesetzliches Verbot, nämlich das Irreführungsverbot, nichtig (BGHZ 1, 241, 246 – *Piek Fein;* BGHZ 10, 196, 202 – *DUN-Europa;* BGHZ 44, 372, 376 – *Messmer-Tee II;* BGH GRUR 1970, 528, 531 – *Migrol*). Den Lizenznehmern kann die Verwendung des fremden Kanzleinamens auch von Wettbewerbern nach § 8 I iVm §§ 3, 5 untersagt werden. Anders verhält es sich dagegen, wenn ein Anwalt seinen Partnern gestattet, seinen Namen nach seinem (altersbedingten) Ausscheiden weiterzuführen. Auch wenn mit dieser Namensführung eine Irreführung des Verkehrs verbunden ist, weil sich der Anwalt – was ihm nicht verwehrt werden kann – entgegen seiner ursprünglichen Absicht nach seinem Ausscheiden aus der Sozietät entschließt, auch weiterhin unter seinem Namen als Anwalt tätig zu sein, kann sie nicht als irreführend untersagt werden (BGH GRUR 2002, 703, 704 f – *VOSSIUS & PARTNER*). **1.83**

cc) Geografische Herkunftsangaben. Bei geografischen Herkunftsangaben **scheidet eine Lizenzerteilung von vornherein aus.** Gebietsfremde dürfen die geschützten Bezeichnungen auch dann nicht verwenden, wenn es ihnen von Gebietsangehörigen gestattet worden ist (BGHZ 173, 57 Tz 38 = GRUR 2007, 884 – *Cambridge Institute*). Die Gestattung ist vielmehr wegen eines Verstoßes gegen ein gesetzliches Verbot (§ 127 I MarkenG) nichtig. Wird die Angabe gleichwohl von Gebietsfremden verwendet, können auch sämtliche Mitbewerber sowie Verbände nach § 8 III Unterlassungsansprüche geltend machen (§ 128 I MarkenG). Da ein wettbewerbsrechtlicher Anspruch aus § 8 iVm §§ 3, 5 nicht weiterreichen würde, kann es in diesem Fall bei dem Vorrang des Schutzes aus §§ 126–129 MarkenG (s Rdn 1.79) verbleiben. **1.84**

4. Lauterkeitsrechtlicher Schutz vor Verwechslungen (§ 5 II)

Die mit der UWG-Novelle 2008 eingeführte, auf **Art 6 II lit a UGP-Richtlinie** zurückgehende Bestimmung des **§ 5 II** steht zu der bisherigen Entwicklung in Deutschland **in deutlichem Widerspruch.** Während die deutsche Praxis bislang dadurch gekennzeichnet war, dass die Konkurrenz zwischen Irreführungsverbot und Kennzeichenschutz immer stärker zugunsten des individualrechtlichen Kennzeichenrechts gelöst wurde, wird nunmehr durch das europäische Lauterkeitsrecht ein anderer Akzent gesetzt: Immer wenn ein Produkt oder ein für ein Produkt verwendetes Kennzeichen **mit einem anderen Produkt oder mit einem anderen Kennzeichen verwechselt** werden kann, besteht ein auf den Schutz der Verbraucher gerichteter Anspruch, der von allen nach § 8 III Berechtigten geltend gemacht werden kann. Im Falle einer Markenverletzung können also die **Ansprüche des Markeninhabers** mit denen eines Verbraucherverbands, eines Wettbewerbsvereins oder eines Mitbewerbers **konkurrieren**. Mitbewerber **1.85** können sogar Schadensersatz wegen einer Markenverletzung beanspruchen, obwohl sie weder Inhaber noch Lizenznehmer des verletzten Zeichens sind. Das ist nicht nur von theoretischer Bedeutung. **Beispiel:** Ein Markt für ein bestimmtes Produkt ist dadurch gekennzeichnet, dass eine Reihe von (hochpreisigen) Markenartikeln und eine Reihe von (niedrigpreisigen) Noname-Produkte angeboten werden. Wenn nun ein No-name-Hersteller sein Produkt mit einer Marke versieht, die mit der Marke eines der hochpreisigen Produkte verwechselt werden kann, und dadurch einen Großteil der Nachfrage für preiswerte Produkte auf sich zieht, können sowohl der Inhaber der verletzten Marke als auch die Mitbewerber ihren Schaden geltend machen (s dazu § 4 Rdn 9.86, § 5 Rdn 4.241 und 4.253).

1.86 Nachdem diese Konstellation ausdrücklich als Fall einer irreführenden geschäftlichen Handlung aufgeführt ist, muss akzeptiert werden, dass viele Fälle der Marken- oder Kennzeichenverletzung **auch als irreführende geschäftliche Handlung** verfolgt werden können. Es muss also hingenommen werden, dass es nicht allein in der Hand des Schutzrechtsinhabers liegt, ob ein marken- oder kennzeichenverletzendes Verhalten untersagt wird oder nicht. Darin liegt ein Stück weit eine **Einschränkung seines Ausschließlichkeitsrechts.** An **Grenzen** stößt der lauterkeitsrechtliche Anspruch aber dort, wo seine Geltendmachung den **Kernbereich des Ausschließlichkeitsrechts** berührt. Hierzu zählen vor allem **zwei Befugnisse des Schutzrechtsinhabers: (1)** Dem Marken- oder Kennzeicheninhaber steht allein das Recht zu, **über die Qualität des mit der Marke versehenen Produkts zu entscheiden.** Senkt er – freiwillig oder unfreiwillig – die Qualität seines Produkts und wird der Verkehr deswegen in seiner Erwartung getäuscht, ein besonders qualitätsvolles Produkt zu erwerben, liegt darin idR keine irreführende geschäftliche Handlung iSd § 5 (vgl Rdn 1.81 und 4.81 f). **(2)** Soweit eine **Lizenzerteilung** kennzeichenrechtlich zulässig ist, muss die damit verbundene Fehlvorstellung des Verkehrs, der meint, das mit dem Kennzeichen versehene Produkt komme aus der Produktion des Lizenzgebers, hingenommen werden (vgl Rdn 1.80 ff). – Ausführlicher zu § 5 II unten Rdn 4.236 ff.

D. Bedeutung und Stellung des Irreführungsverbots im heutigen Lauterkeitsrecht

I. Generell

1.87 Schon durch die **Neufassung des UWG im Jahre 2004** wurde das Irreführungsverbot, das bis dahin in der sog kleinen Generalklausel des § 3 UWG 1909 geregelt war, **zu einem von mehreren Beispielen** für eine unlautere Wettbewerbshandlung iSv § 3 gemacht. An diesem Grundmodell konnte die UWG-Novelle 2008 festhalten, weil die UGP-Richtlinie nach einem ähnlichen Schema aufgebaut ist. Hieran hat auf die der Umsetzung der UGP-Richtlinie dienende **UWG-Novelle 2008** nichts geändert. Es handelt sich dabei um einen **offenen Tatbestand,** der an sich alle Formen der Irreführung erfassen soll, auch soweit sie bis 2004 der großen Generalklausel des § 1 UWG 1909 zugewiesen waren. Teilweise betreffen Tatbestände des Beispielskatalogs des § 4 ebenfalls Fälle der Irreführung (zB § 4 Nr 1, 3–5). Insoweit überschneiden sich die Tatbestände (s § 4 Rdn 1.11, 1.62 ff, 1.98, 1.113, 1.124 ff, 1.184, 3.6, 4.2, 5.2, 5.13 und 8.8). Eine Notwendigkeit der **Abgrenzung** besteht im Hinblick auf die umfassende Generalklausel des § 3 nicht. Beispielsweise ist eine redaktionelle Werbung sowohl nach §§ 3, 4 Nr 3 (s § 4 Rdn 3.13 ff) als auch nach § 5 I (s § 5 Rdn 2.35) unlauter.

II. Zentrale Bedeutung des Irreführungsverbots

1.88 Im Wettbewerbsrecht hat das **Irreführungsverbot** in den letzten Jahren eine **Renaissance** erlebt. Es steht zwar nicht wie bei dem Gesetz von 1896 im Mittelpunkt (dazu Rdn 1.1). Aber bei vielen Formen der Werbung, die sich im Rahmen der großen Generalklausel als eigene Fallgruppe etabliert hatten, wird immer deutlicher, dass das Verdikt der Unlauterkeit letztlich doch von einer Irreführung abhängt, etwa bei **Kopplungsangeboten** und Zugaben (dazu § 4 Rdn 1.50) oder bei der **gefühlsbetonten Werbung** (dazu § 4 Rdn 1.148 und 1.166). Auch **gesetzliche Spezialtatbestände** wie der Insolvenzwarenverkauf, die Hersteller- oder Großhändlerwerbung und der Kaufscheinhandel (§§ 6, 6 a, 6 b UWG in der bis 2004 geltenden Fassung) konnten entfallen, weil ein Per-se-Verbot nicht mehr gerechtfertigt erscheint und die verbotswürdigen Erscheinungsformen mit dem Irreführungsverbot erfasst werden können. Außerdem wurde durch die Aufhebung dieser Regelungen dem geänderten Verbraucherleitbild (s Rdn 1.57) Rechnung getragen (Begr RegE UWG 2004 BT-Drucks 15/1487, S 15). Schließlich ist auch an die Stelle des früheren Rabatt- und Zugabeverbots ein Transparenzgebot getreten, das in erster Linie mit Hilfe des Irreführungsverbots durchzusetzen ist.

Diese **Entwicklung** hat sich durch die Richtlinie über unlautere Geschäftspraktiken (UGP- **1.89** Richtlinie), die mit der UWG-Novelle 2008 ins deutsche Recht umgesetzt worden ist, noch **verstärkt.** Denn die Richtlinie unterscheidet für den B2C-Bereich (s oben Rdn 1.12) – abgesehen von der alles umfassenden Generalklausel des Art 5 II lit a, wonach eine Geschäftspraxis unlauter ist, wenn sie der beruflichen Sorgfalt widerspricht – nur noch **zwischen irreführenden** (Art 6 und 7 UGP-Richtlinie) **und aggressiven Geschäftspraktiken** (Art 8 und 9 UGP-Richtlinie). Hinzu kommt, dass die Richtlinie den Verstoß gegen bestimmte Informationspflichten über den Tatbestand der irreführenden Unterlassung (Art 7 UGP-Richtlinie) den irreführenden Geschäftspraktiken zuordnet. Dabei ist der europäische Gesetzgeber in der Weise vorgegangen, dass er in Art 7 I das Vorenthalten wesentlicher Informationen als eine irreführende Geschäftspraxis bezeichnet („... gilt als irreführend, wenn ..."), um dann in Art 7 IV lit a–e und in Art 7 V einzelne Informationen als wesentlich zu bestimmen. Nach der Systematik des deutschen Rechts hätte es an sich nähergelegen, ausdrückliche Informationspflichten festzulegen und einen Verstoß gegen diese Pflichten über den Rechtsbruchtatbestand des § 4 Nr 11 zu sanktionieren. Dennoch ist der deutsche Gesetzgeber dem europäischen Vorbild vollständig gefolgt und hat in § 5 a III und IV den Verstoß gegen Informationspflichten ebenfalls als einen Fall der Irreführung durch Unterlassen geregelt.

Allerdings ist zu beobachten, dass das reiche Angebot an Beispielsfällen, das der Katalog des **1.90** § 4 bereithält, zuweilen den **Blick für den Irreführungstatbestand** zu verstellen scheint. So liegt bei Verkaufsförderungsmaßnahmen, die die Bedingungen für ihre Inanspruchnahme nicht klar und eindeutig erkennen lassen (§ 4 Nr 4) oder bei Gewinnspielen mit Werbecharakter, deren Teilnahmebedingungen nicht klar und eindeutig angegeben sind (§ 4 Nr 5) idR auch eine irreführende Werbung vor, die möglicherweise leichter dargetan werden kann als die Voraussetzungen § 4 (vgl BGH GRUR 2005, 1061 – *Telefonische Gewinnauskunft*).

III. Das Irreführungsverbot nach der UWG-Novelle 2008

1. Überblick

§ 5 II 1 UWG 2004 enthielt einen Beispielskatalog, der fast wörtlich mit **Art 3 der Richt- 1.91 linie über irreführende und vergleichende Werbung** übereinstimmte. Während die Beispiele in § 3 UWG 1909 sich allein auf das Tatbestandsmerkmal der geschäftlichen Verhältnisse bezogen hatten („wer ... über die geschäftlichen Verhältnisse, insbes über die Beschaffenheit, den Ursprung, die Herstellungsart oder die Preisbemessung einzelner Waren ..., irreführende Angaben macht, ..."), gab das UWG 2004 **Beispiele für eine irreführende Werbung.** An dieser Konzeption ist teilweise festgehalten worden, teilweise sind auf Grund der **UWG-Novelle 2008** Änderungen zu verzeichnen: (1) Die Bezugspunkte schließen Formen nicht mehr nur der Werbung, sondern auch **jeglichen geschäftlichen Verhaltens** ein, also auch eines Verhaltens nach Vertragsschluss, wie etwa eine Irreführung über Ansprüche im Falle von Leistungsstörungen (§ 5 I Nr 7). (2) Die Bezugspunkte haben – wie bisher – **keinen abschließenden Charakter,** wie sich aus der Formulierung von § 5 I 2 („... ist irreführend, wenn sie unwahre Angaben enthält oder sonstige zur Täuschung geeignete Angaben über folgende Umstände enthält ...") mit hinreichender Deutlichkeit ergibt (vgl zur entsprechenden Formulierung in Art 6 I UGP-Richtlinie oben Rdn 1.25 b). Ohnehin ist die praktische Bedeutung der Frage, ob es sich um einen abschließenden Katalog handelt, gering (s oben Rdn 1.25 c). (3) Sämtliche **Bezugspunkte des Art 6 I und II UGP-Richtlinie** werden übernommen, wenn auch zusammengefasst und gekürzt (dazu sogleich Rdn 1.93). Der besondere Bezugspunkt des Art 6 II lit a UGP-Richtlinie, der die Irreführung im Falle von Nachahmungen und Kennzeichenrechtsverletzungen betrifft (dazu oben Rdn 1.85 ff), wird als Abs 2 ausdrücklich in den § 5 aufgenommen.

Unverändert übernommen hat der Gesetzgeber die **Bestimmung des § 5 III,** wonach eine **1.92** irreführende vergleichende Werbung nicht privilegiert ist. § 5 III enthält im Übrigen die (überflüssige) Klarstellung, dass auch „bildliche Darstellungen und sonstige Veranstaltungen" irreführende Angaben sein können. Die besondere Bestimmung des **§ 5 IV,** die die **Darlegungs- und Beweislast in Fällen der Eigenpreisgegenüberstellung** regelt, bleibt unverändert erhalten: Nach § 5 IV 1 wird die Irreführung vermutet, wenn der frühere Preis nur für unangemessen kurze Zeit gefordert worden ist; ist dies streitig, trägt nach § 5 IV 2 hierfür der Werbende die Beweislast (dazu Rdn 7.73 ff). Dagegen hat der Gesetzgeber – zu Recht – die Bestimmung des § 5 V UWG 2004 gestrichen, die für den Fall der Irreführung über den Warenvorrat eine gesonderte Regelung vorsah. Nr 5 Anh zu § 3 III enthält nun eine entsprechende Bestimmung (vgl Rdn 8.1 ff).

2. Bezugspunkte der Irreführung

1.93 Der **Katalog des § 5 I 2** gliedert die Fälle irreführender geschäftlicher Handlungen in solche,
- die das **angebotene Produkt** betreffen **(Nr 1),**
- die die **Umstände und Bedingungen des Angebots** betreffen **(Nr 2),**
- die das **werbende Unternehmen** betreffen **(Nr 3),**

und stimmt insofern noch weitgehend mit den der Richtlinie über irreführende und vergleichende Werbung entnommenen Bezugspunkten in § 5 II UWG 2004 überein. In seinem Bemühen, nichts auszulassen, was die UGP-Richtlinie an kasuistischer Aufzählung nennt, hat der Gesetzgeber noch **vier weitere Bezugspunkte** hinzugefügt, deren Zusammenstellung eher zufällig und unsystematisch wirkt. Sie betreffen
- **Aussagen** oder **Symbole,** die im Zusammenhang mit direktem oder indirektem **Sponsoring** stehen oder sich auf eine **Zulassung des Unternehmers** oder **der Waren oder Dienstleistungen (Nr 4)** beziehen;
- die **Notwendigkeit einer Leistung,** eines Ersatzteils, eines Austauschs oder einer Reparatur **(Nr 5);**
- die **Einhaltung eines Verhaltenskodexes,** auf den sich der Unternehmer verbindlich verpflichtet hat, wenn er auf diese Bindung hinweist **(Nr 6)** oder
- **Rechte des Verbrauchers,** insbes solche auf Grund von Garantieversprechen oder Gewährleistungsrechte bei Leistungsstörungen **(Nr 7).**

1.94 Zu den Bezugspunkten der Irreführung gehört auch die Bestimmung des § 5 II, die die **Irreführung im Falle von Nachahmungen und Kennzeichenrechtsverletzungen** betrifft (dazu oben Rdn 1.85 ff).

3. Irreführung durch Unterlassen

1.95 Bei der Regelung der Irreführung durch Unterlassen vollzieht die UWG-Novelle 2008 einen **grundlegenden Wandel.** Zwar findet sich in § 5 a I unverändert der **allgemeine Grundsatz** wieder, wonach für die Beantwortung der Frage, ob ein Verschweigen einer Tatsache irreführend ist, „insbes deren Bedeutung für die geschäftliche Entscheidung nach der Verkehrsauffassung sowie die Eignung des Verschweigens zur Beeinflussung der Entscheidung" maßgeblich sind (früher § 5 II 2 UWG 2004). Neben diesen allgemeinen Grundsatz tritt nunmehr in § 5 a II ein **weiterer Grundsatz,** der dem Wortlaut nach – weil er der UGP-Richtlinie (dort Art 7 I) entnommen ist – nur den Verkehr mit Verbrauchern (B2C, s oben Rdn 1.12) betrifft, der Sache nach aber ebenso für den Verkehr mit Unternehmen (B2B) Geltung beanspruchen kann: Danach handelt unlauter, „wer die Entscheidungsfähigkeit von Verbrauchern iSd § 3 II dadurch beeinflusst, dass er eine **Information vorenthält, die** im konkreten Fall unter Berücksichtigung aller Umstände ... **wesentlich ist".**

1.96 Lassen sich die in § 5 a I und II aufgestellten Grundsätze noch ohne weiteres mit den von der deutschen Rspr entwickelten Prinzipien in Einklang bringen, wird durch § 5 a III und IV ein **Paradigmenwechsel** eingeleitet: § 5 a III erklärt für den Fall der Aufforderung zum Kauf – die vom deutschen Gesetzgeber gewählte Umschreibung entspricht der Legaldefinition dieses Begriffs in Art 2 lit i UGP-Richtlinie – ganz bestimmte Informationen für wesentlich (Nr 1–5). Dabei geht es nicht nur um Dinge, die sich von selbst verstehen (Nr 1: „alle wesentlichen Merkmale der Ware oder Dienstleistung in dem dieser und dem verwendeten Kommunikationsmittel angemessenen Umfang"), sondern auch um durchaus **neue Informationspflichten** (zB Nr 2: „Identität und Anschrift des Unternehmers"; Nr 5: „Bestehen eines Rechts zum Rücktritt oder Widerruf"). Darüber hinaus deklariert § 5 a IV – in Umsetzung von Art 7 V UGP-Richtlinie – alle „Informationen, die dem Verbraucher auf Grund unionsrechtlicher Verordnungen oder nach Rechtsvorschriften zur Umsetzung unionsrechtlicher Richtlinien für kommerzielle Kommunikation einschließlich Werbung und Marketing nicht vorenthalten werden dürfen", für wesentlich. Was sich dahinter verbirgt, kann einem nicht abschließenden Katalog entnommen werden, der als Anh II der UGP-Richtlinie angefügt ist.

4. In jedem Fall irreführende geschäftliche Handlungen

Die gesetzliche Regelung des Irreführungsverbots in §§ 3 I, 5, 5 a wird seit der UWG-Novelle 2008 ergänzt durch eine „**Schwarze Liste**" von im Anh zu § 3 III aufgeführten **30 Einzeltatbeständen**, die stets – also ungeachtet einer Erheblichkeit und teilweise auch ungeachtet einer Irreführung im Einzelfall – als unlautere geschäftliche Handlungen gelten (§ 3 III). Diese Tatbestände – 24 von ihnen betreffen eine irreführende geschäftliche Handlung – sind, falls einschlägig, zuerst zu prüfen, bevor sich die Frage stellt, ob das Verhalten unter §§ 5, 5 a fällt. 1.97

E. Gang der Kommentierung

Die Kommentierung folgt nicht stets dem **Aufbau der Bezugspunkte der Irreführung in** § 5 I 2, sondern belässt es – soweit möglich – bei der bewährten **Einteilung der Vorauflagen**. Im **2. Kapitel** werden daher die allgemeinen **Grundlagen des Irreführungsverbots**, im **3. Kapitel Beweisfragen** behandelt. Die **Kapitel 4, 5 und 6** behandeln im Wesentlichen die Bezugspunkte der Irreführung, die in § 5 I 1 Nr 1–3 aufgeführt sind. Sie beschäftigen sich also mit der Irreführung über die Merkmale der Waren oder Dienstleistungen – also der **produktbezogenen Irreführung** – (4. Kapitel, Rdn 4.1 ff), mit der Irreführung über das handelnde Unternehmen – also der **unternehmensbezogenen Irreführung** – (5. Kapitel, § 5 Rdn 5.1 ff) und mit der Irreführung über den Anlass des Verkaufs, über Bezugsart und Bezugsquellen – also der **anlassbezogenen Irreführung** – (6. Kapitel, § 5 Rdn 6.1 ff). **Preise und Vertragsbedingungen** sowie die **Verfügbarkeit der angebotenen Produkte** gehören zwar zu den Produktmerkmalen; die umfangreiche Kommentierung zu diesen Merkmalen ist jedoch im **7. Kapitel** (§ 5 Rdn 7.1 ff) und im **8. Kapitel** (§ 5 Rdn 8.1 ff) ausgegliedert. S die **Übersicht** Rdn 1.101. 1.98

Andererseits wurde die Behandlung der Bezugspunkte Nr 4–7 des § 5 I 2 in die Kommentierung der Kapitel 4, 5 und 6 integriert: Irreführende „**Aussagen oder Symbole**, die im Zusammenhang mit ... **Sponsoring** stehen oder sich auf eine **Zulassung** des Unternehmers oder der Waren oder Dienstleistungen beziehen" (§ 5 I 2 Nr 4), sind entweder produkt- oder unternehmensbezogene irreführende Angaben und werden daher in den Kapiteln 4 (Rdn 4.175 ff und 4.256 f) und 5 (Rdn 5.132 ff) behandelt. Die Irreführung darüber, ob der Abnehmer die angebotene **Leistung oder Ware benötigt** (§ 5 I 2 Nr 5), zählt zur produktbezogenen Irreführung und wird dementsprechend im 4. Kapitel behandelt (Rdn 4.192 a ff). Die Irreführung über die **Einhaltung eines Verhaltenskodexes** (§ 5 I 2 Nr 6) ist unternehmensbezogen und wird – abgesehen von den besonderen Fällen, die im Anh zu § 3 III behandelt werden (Nr 1 und 3) – dementsprechend in 5. Kapitel erörtert (Rdn 5.163 ff). Die **Irreführung über Rechte der Verbraucher** (§ 5 I 2 Nr 7) zählt zur Irreführung über Vertragsbedingungen, die im 7. Kapitel behandelt werden (Rdn 7.137 ff). Die in § 5 II gesondert aufgeführte **Irreführung im Zusammenhang mit Nachahmungen und Kennzeichenrechtsverletzungen** ist schließlich eine – produktbezogene – Irreführung über die betriebliche Herkunft, die im 4. Kapitel erörtert wird (Rdn 4.215 f). 1.99

Die **zitierte Rspr** ist naturgemäß nicht zum UWG 2008 und zum größten Teil auch nicht zum UWG 2004, sondern noch zu § 3 UWG 1909 ergangen. Sie stammt häufig noch aus einer Zeit, als die deutsche Rspr noch von einem **anderen Verbraucherbild** ausging und deshalb durchweg geringere Irreführungsquoten als ausreichend erachtete, um ein Verbot auszusprechen. Viele ältere Entscheidungen atmen noch den **Geist eines rigiden Wettbewerbsrechts,** das schon seit Jahren nicht mehr dem Standard der lauterkeitsrechtlichen Rspr – ganz zu schweigen von dem an europäischen Maßstäben orientierten Recht nach der UWG-Reform 2004 – entspricht. Dennoch gibt auch die ältere Kasuistik meist mehr als einen Anhalt, wie der betreffende Fall zu entscheiden sein wird und kann daher – mit der gebotenen Vorsicht – auch heute noch als „persuasive authority" herangezogen werden. 1.100

2. Kapitel. Tatbestand der irreführenden Werbung

Übersicht

	Rdn
A. Anwendungsbereich des Irreführungsverbots	2.1–2.21
I. Vorliegen einer geschäftlichen Handlung	2.1–2.15
1. Grundsatz	2.1

	Rdn
2. Irreführende geschäftliche Handlung = irreführende Angaben im geschäftlichen Verkehr	2.2
3. Unternehmens- und Marktbezug	2.3, 2.4
4. Vor, bei oder nach einem Geschäftsabschluss	2.5–2.13
a) Erweiterter Anwendungsbereich	2.5
b) Schlecht- oder Nichterfüllung	2.6, 2.7
c) Vertragliche Ansprüche	2.8–2.13
aa) Irreführung als Mittel der Anspruchsdurchsetzung	2.9, 2.10
bb) Irreführung als Mittel der Anspruchsabwehr	2.11, 2.12
cc) Unrichtige Auskunft über die Rechtslage	2.13
5. Einzelfragen	2.14, 2.15
II. Adressaten irreführender Angaben	2.16–2.18
1. Ausgangspunkt	2.16
2. Adressaten der öffentlichen Werbung	2.17
3. Adressaten der Individualkommunikation	2.18
III. Adressaten des Irreführungsverbots	2.19
IV. Geschäftliche Relevanz der Irreführung und Spürbarkeit der Interessenbeeinträchtigung	2.20, 2.21
B. Irreführende geschäftliche Handlung	2.22–2.34
I. Von der irreführenden Werbung zur irreführenden geschäftlichen Handlung	2.22–2.32
1. Bedeutung des Begriffs der Werbung	2.22–2.24
2. Keine Tatbestandsbegrenzung durch den Begriff der Werbung	2.25–2.32
a) Keine Beschränkung auf Angaben vor dem Geschäftsabschluss	2.26
b) Keine Beschränkung auf Angaben im Rahmen einer unternehmerischen Tätigkeit	2.27–2.29
c) Keine Beschränkung auf Angaben im Vertikalverhältnis	2.30
d) Keine Beschränkung auf den Angebotswettbewerb	2.31, 2.32
II. Äußerung	2.33
III. Äußerungen über Mitbewerber	2.34
C. Angaben	2.35–2.63
I. Ausgangspunkt	2.35–2.42
1. Änderungen gegenüber § 3 UWG 1909	2.35, 2.36
2. Begriff der Angaben	2.37–2.42
II. Abgrenzung	2.43–2.51
1. Nichtssagende Anpreisungen	2.43–2.45
2. Nicht nachprüfbare Anpreisungen	2.46–2.48
3. Meinungsäußerungen	2.49, 2.50
4. Irreführung	2.51
III. Form der Angabe	2.52–2.59
1. Ausdrucksform (§ 5 III)	2.52–2.54
2. Unternehmens- und Produktbezeichnung	2.55–2.58
a) Verhältnis zum Markenrecht	2.55, 2.56
b) Beispiele für irreführende Unternehmensbezeichnungen	2.57, 2.58
3. Schweigen	2.59
IV. Irreführung durch Unterlassen (§ 5 a)	2.60, 2.61
1. Allgemeines	2.60
2. Erweiterung des Irreführungsverbots	2.61
V. Angaben im Rahmen vergleichender Werbung (§ 5 III 1. Alt)	2.62, 2.63
1. Richtlinie zur vergleichenden Werbung	2.62
2. Maßstab für die Beurteilung der Irreführung	2.63
D. Irreführende Angaben	2.64–2.168
I. Grundlagen	2.64–2.66
II. Verkehrsauffassung	2.67–2.109
1. Grundsatz	2.67, 2.68
2. Maßstab	2.69–2.73
a) Allgemeines	2.69
b) Objektiv falsche Angaben	2.70
c) Objektiv zutreffende Angaben	2.71, 2.72
d) Irrelevante Spekulationen	2.73
3. Prüfungsschritte	2.74

	Rdn
4. Bestimmung der angesprochenen Verkehrskreise	2.75–2.86
a) Allgemeines	2.75, 2.76
b) Allgemeine und spezielle Publikumswerbung	2.77, 2.78
c) Besonders schutzwürdige Verbrauchergruppen	2.79
d) Werbung gegenüber Fachkreisen	2.80, 2.81
e) Regional unterschiedliche Verkehrsauffassung	2.82, 2.83
f) Werbung gegenüber Einzelpersonen	2.84
g) Weitere Beispiele	2.85, 2.86
5. Durchschnittsverbraucher	2.87–2.99 a
a) Verbraucherleitbild	2.87, 2.87 a
b) Grad der Aufmerksamkeit	2.88, 2.89
c) Gesamteindruck	2.90
d) Geläuterte Verkehrsauffassung	2.91–2.92 a
e) Blickfangwerbung	2.93–2.99
aa) Begriff	2.93
bb) Grundsatz	2.94, 2.95
cc) Neue Regeln für den Blickfang	2.96–2.99
f) Bild und Ton in der Fernsehwerbung	2.99 a
6. Auslegung der Werbeaussage	2.100
7. Irreführungsquote	2.101–2.108
a) Allgemeines	2.101–2.103
b) Frühere Rspr	2.104, 2.105
c) Neuere Rspr	2.106–2.108
8. Ermittlung der Verkehrsauffassung	2.109
III. Einzelfragen zur Irreführung	2.110–2.168
1. Bedeutungswandel	2.110
2. Mehrdeutige und unklare Angaben	2.111–2.112
a) Grundsatz	2.111, 2.111 a
b) Unklare Angaben	2.112
3. Unvollständige Angaben	2.113, 2.114
4. Werbung mit Selbstverständlichkeiten	2.115–2.121
a) Grundsatz	2.115, 2.115 a
b) Herausstellen von Leistungsmerkmalen	2.116
c) Beispiele aus der Rspr	2.117–2.120
aa) Irreführung bejaht	2.117, 2.118
bb) Irreführung verneint	2.119, 2.120
d) Erhebliche Beeinträchtigung des Wettbewerbs	2.121
5. Fortwirkende Irreführung	2.122, 2.123
6. Nachträgliche Unrichtigkeit	2.124
7. Übertreibungen	2.125–2.136
a) Ausgangspunkt	2.125
b) Rechtliche Beurteilung	2.126, 2.127
c) Maßstäbe	2.128–2.133
aa) Art der Werbung	2.128
bb) Wort- und Bildwerbung, scherzhafte Werbung	2.129–2.131
cc) Kaufappelle	2.132
dd) Begriffe, die Übertreibung nahelegen	2.133
d) Irreführung trotz Übertreibung	2.134
e) Beispiele aus der Rspr	2.135, 2.136
aa) Irreführung bejaht	2.135
bb) Irreführung verneint	2.136
8. Alleinstellungswerbung und Spitzengruppenwerbung	2.137–2.159
a) Allgemeines	2.137–2.139
aa) Alleinstellung	2.137
bb) Bedeutung des Wortsinns	2.138
cc) Spitzengruppenstellung	2.139
b) Ausdrucksmittel	2.140–2.149
aa) Superlativ	2.140, 2.141
bb) Komparativ	2.142
cc) Negativer Komparativ	2.143, 2.144
dd) Positiv	2.145
ee) Bestimmter Artikel	2.146, 2.147
ff) Ortsname	2.148
gg) Auf andere Weise	2.149

	Rdn
c) Rechtliche Beurteilung	2.150–2.151
aa) Grundsatz	2.150, 2.150 a
bb) Ausnahmen	2.151
d) Einzelfragen	2.152–2.154
aa) Hinweise auf die Größe eines Unternehmens	2.152
bb) Hinweise auf Beschaffenheit der Ware	2.153
cc) Hinweise auf den Preis einer Ware	2.154
e) Beweislast	2.155
f) Vergleichende Alleinstellungswerbung	2.156
g) Weitere Beispiele aus der neueren Rspr	2.157–2.159
aa) Irreführung bejaht	2.158
bb) Irreführung verneint	2.159
9. Werbung mit Äußerungen Dritter	2.160–2.168
a) Gutachten und wissenschaftliche Beiträge	2.160–2.162
aa) Grundsatz	2.160
bb) Wissenschaftliche Beiträge	2.161
cc) Werbung mit Meinungsumfragen	2.162
b) Empfehlungen	2.163–2.166
aa) Grundsatz	2.163
bb) Bezahlte Empfehlungen	2.164
cc) Gütesiegel	2.165
dd) Besondere Bestimmungen	2.166
c) Belobigungen, Zeugnisse	2.167, 2.168
E. Geschäftliche Relevanz der Irreführung	2.169–2.196
I. Grundlagen	2.169–2.171
1. Grundsatz	2.169
2. Relevanzmerkmal im Gesetzestext	2.170
3. Weitergehender Schutzzweck der Richtlinie über irreführende und vergleichende Werbung	2.171
II. Standort der Relevanz im Tatbestand der irreführenden Werbung	2.172, 2.173
III. Übersicht über die Anwendungsbereiche	2.174–2.177
1. Irreführung über negative Leistungsmerkmale	2.174
2. Irreführung über positive Leistungsmerkmale	2.175
3. Irreführung über ambivalente Leistungsmerkmale	2.176
4. Irreführung, die nur zu einem Anlockeffekt führt	2.177
IV. Anwendung im Einzelnen	2.178–2.196
1. Überblick	2.178, 2.178 a
2. Irreführung über positive Leistungsmerkmale	2.179–2.188
a) Irreführung über Merkmale von zentraler Bedeutung	2.179
b) Irreführung über Merkmale von marginaler Bedeutung	2.180–2.188
aa) Grundsatz	2.180, 2.181
bb) Alter und Tradition	2.182
cc) Geografische Herkunft	2.183, 2.184
dd) Weitere Beispiele	2.185–2.188
(1) Relevanz bejaht	2.185, 2.186
(2) Relevanz verneint	2.187, 2.188
3. Irreführung über ambivalente Leistungsmerkmale	2.189–2.191
4. Irreführung, die nur zu einem Anlockeffekt führt	2.192–2.196
a) Grundsatz	2.192, 2.193
b) Mittelbare Relevanz für Marktentscheidung	2.194
c) Beeinträchtigung der Mitbewerber	2.195
d) Gewichtung	2.196
F. Interessenabwägung, Prüfung der Verhältnismäßigkeit	2.197–2.217
I. Rechtliche Bedeutung	2.197–2.199
1. Besonderheit des Irreführungstatbestandes	2.197
2. Interessenabwägung und Prüfung der Verhältnismäßigkeit	2.198
3. Zuordnung zu den gesetzlichen Bestimmungen	2.199
II. Interessenabwägung	2.200–2.210
1. Funktion und Aufgabe	2.200
2. Anwendungsbereiche	2.201–2.209
a) Normvorrang	2.201
b) Objektiv zutreffende Angaben	2.202, 2.203

2. Kap. Tatbestand der irreführenden Werbung § 5 UWG

	Rdn
c) Mehrdeutige Angaben	2.204
d) Bedeutungswandel	2.205, 2.206
e) Erhaltung eines wertvollen Besitzstands	2.207
f) Gegeninteressen des Werbenden	2.208
g) Interessenabwägung zu Lasten des Werbenden	2.209
3. Ergebnis der Interessenabwägung	2.210
III. Prüfung der Verhältnismäßigkeit	2.211–2.217
1. Funktion und Aufgabe	2.211
2. Verfassungsrechtliche Verhältnismäßigkeitsprüfung	2.212
3. Warenverkehrsfreiheit, Dienstleistungsfreiheit	2.213
4. Langjährige unbeanstandete Nutzung	2.214–2.217
a) Keine Verwirkung des Unterlassungsanspruchs	2.214, 2.215
b) Unverhältnismäßigkeit der Durchsetzung des Irreführungsverbots	2.216, 2.217

Schrifttum: *H.-J. Ahrens,* Verwirrtheiten juristischer Verkehrskreise zum Verbraucherleitbild einer „normativen" Verkehrsauffassung, WRP 2000, 812; *ders,* Werbung mit IVW-Verbreitungsdaten, AfP 2000, 417; *S. Ahrens,* Der Irreführungsbegriff im deutschen Wettbewerbsrecht, WRP 1999, 389; *J. Bergmann,* Frisch vom Markt – Die Rspr zur „Frische"-Werbung aus marken- und lebensmittelrechtlicher Perspektive, ZLR 2001, 667; *Berlit,* Auswirkungen der Aufhebung des Rabattgesetzes und der Zugabeverordnung auf die Auslegung von § 1 UWG und § 3 UWG, WRP 2001, 349; *Bernecke,* Zum Lauterkeitsrecht nach einer Aufhebung von Zugabeverordnung und Rabattgesetz, WRP 2001, 615; *Bernreuther,* Werbliche Angabe und allgemeine Geschäftsbedingungen, GRUR 1998, 542; *Bornkamm,* Die Feststellung der Verkehrsauffassung im Wettbewerbsprozess, WRP 2000, 830; *Brandner,* Bedeutungsgehalt und Bedeutungswandel bei Bezeichnungen im geschäftlichen Wettbewerb, FS Piper, 1996, 95; *Bullinger/Emmerich,* Irreführungsgefahr durch selektive Produktauswahl bei Preisvergleichen, WRP 2002, 608; *Büttner,* Die Irreführungsquote im Wandel – Folgen eines sich ändernden Normverständnisses, GRUR 1996, 533; *Cordes,* Die Gewährung von Zugaben und Rabatten und deren wettbewerbsrechtliche Grenzen nach Aufhebung von Zugabeverordnung und Rabattgesetz, WRP 2001, 867; *Deutsch,* Der Einfluss des europäischen Rechts auf den Irreführungstatbestand des § 3 UWG – Gedanken zum Verbraucher-Leitbild und zur Relevanz bei Täuschungen, GRUR 1996, 541; *Enßlin,* Verpflichtung zur Angabe von Preisen in der Werbung für Telefonmehrwertdienste, WRP 2001, 359; *Fezer,* Das wettbewerbsrechtliche Irreführungsverbot als ein normatives Modell des verständigen Verbrauchers im Europäischen Unionsrecht, WRP 1995, 671; *Fröndhoff,* Irreführung durch vergleichende Werbung – Deutsche Rspr auf dem Telekommunikationsmarkt nach „Pippig Augenoptik/Hartlauer", ZUM 2004, 451; *v Gierke,* Zur Irreführung durch Angaben über den Warenvorrat, GRUR 1996, 579; *Gloy,* Geografische Herkunftsangaben, wettbewerbsrechtliche Relevanz und klarstellende Zusätze, FS Piper, 1996, 543; *ders,* Verkehrsauffassung – Rechts- oder Tatfrage, FS Erdmann, 2002, 811; *Haager,* Rechtsprechungsbericht: Die Entwicklung der Rspr zur Alleinstellungswerbung und zu anderen Irreführungstatbeständen, WiB 1996, 930; *Haedicke,* Die künftige Zugabe- und Rabattregulierung durch das UWG zwischen Liberalisierung und Lauterkeitsschutz, CR 2001, 788; *Hartwig,* Die lauterkeitsrechtliche Beurteilung der Werbung mit dem „Grünen Punkt" (§ 3 UWG), GRUR 1997, 560; *Heermann,* Rabattgesetz und Zugabeverordnung ade! – Was ist nun erlaubt? Was ist nun verboten?, WRP 2001, 855; *ders,* Die Erheblichkeitsschwelle iS des § 3 UWG-E, GRUR 2004, 94; *Heermann/Rueß,* Verbraucherschutz nach RabattG und ZugabeVO – Schutzlücke oder Freiheitsgewinn?, WRP 2001, 883; *Heim,* Der Schutz Minderjähriger durch Wettbewerbsrecht, FamRZ 2007, 321; *Helm,* Die Bagatellklausel im neuen UWG, FS Bechtold, 2006, 155; *Henning-Bodewig,* Relevanz der Irreführung, UWG-Nachahmungsschutz und die Abgrenzung Lauterkeitsrecht/IP-Rechte, GRUR Int 2007, 986; *Hoffrichter-Daunicht,* Die „halbe Wahrheit", Irreführung durch lückenhafte Werbung, 1984; *Hohmann,* Die Verkehrsauffassung im deutschen und europäischen Lebensmittelrecht, 1994; *Hösl,* Interessenabwägung und rechtliche Erheblichkeit der Irreführung bei § 3 UWG, 1986; *Kempf/Schilling,* Nepper, Schlepper, Bauernfänger – zum Tatbestand strafbarer Werbung (§ 16 Abs 1 UWG), wistra 2007, 41; *Keßler,* Lauterkeitsschutz und Wettbewerbsordnung – zur Umsetzung der Richtlinie 2005/29/EG über unlautere Geschäftspraktiken in Deutschland und Österreich, WRP 2007, 714; *Keyßner,* Täuschung durch Unterlassen – Informationspflichten in der Werbung, 1986; *Kiethe/Groeschke,* Die Zulässigkeit der Produktkennzeichnung und die Bewerbung von Lebensmitteln, insbes von Milchprodukten als „Frisch", WRP 2000, 431; *Kisseler,* Schlankheitswerbung im Zwielicht, FS Vieregge, 1995, 401; *Klette,* Zur Relevanz der Herkunftstäuschung im Wettbewerbsrecht, NJW 1986, 359; *ders,* Zum Superlativ in der Werbung, FS Helm, 2002, 87; *Klindt,* Das Umweltzeichen „Blauer Engel" und „Europäische Blume" zwischen produktbezogenem Umweltschutz und Wettbewerbsrecht, BB 1998, 545; *Köhler,* „Grüner Punkt" als irreführende Werbung?, BB 1998, 2065; *ders,* Rabattgesetz und Zugabeverordnung: Ersatzlose Streichung oder Gewährleistung eines Mindestschutzes für Verbraucher und Wettbewerber?, BB 2001, 265; *ders,* Zum Anwendungsbereich der §§ 1 und 3 UWG nach Aufhebung von RabattG und ZugabeVO, GRUR 2001, 1067; *ders,* Die „Bagatellklausel" in § 3 UWG, GRUR 2005, 1; *ders,* Rechtsprechungsbericht zum Recht des unlauteren Wettbewerbs (Teile 3, 4 und 5), GRUR-RR 2006, 73, 113, 209; *ders,* Zur richtlinienkonformen Auslegung und Neuregelung der „Bagatellklausel" in § 3 UWG, WRP 2008, 10; *ders,* Die Rechtsprechung des Europäischen Gerichtshofs zur vergleichenden Werbung:

Analyse und Kritik, WRP 2008, 414; *ders,* Vom deutschen zum europäischen Lauterkeitsrecht – Folgen der Richtlinie über unlautere Geschäftspraktiken für die Praxis, NJW 2008, 3032; *ders,* Unrichtige Arztabrechnungen: ein Fall fürs UWG, FS Doepner, 2008, 31; *Köhler/Lettl,* Das geltende europäische Lauterkeitsrecht, der Vorschlag für eine EG-Richtlinie über unlautere Geschäftspraktiken und die UWG-Reform, WRP 2003, 1019; *Kretschmer,* Minderung des Risikos der Produkthaftung durch Werbung, WRP 1997, 923; *Lettl,* Der Schutz der Verbraucher nach der UWG-Reform, GRUR 2004, 449; *Lindacher,* Funktionsfähiger Wettbewerb als Final- und Beschränkungsgrund des lauterkeitsrechtlichen Irreführungsverbots, FS Nirk, 1992, 587; *Loewenheim,* Aufklärungspflichten in der Werbung, GRUR 1980, 14; *Lux,* Alleinstellungswerbung als vergleichende Werbung?, GRUR 2002, 682; *Martinek,* Der deutsche Konsument als europäischer Marktbürger?, NJW 1996, 3136; *A. Meyer,* Die anlockende Wirkung der irreführenden Werbung, 1989; *Michalski/Riemenschneider,* Irreführende Werbung mit der Umweltfreundlichkeit von Produkten, BB 1994, 1157; *Michel,* Ungleichgewicht einzelner Angaben bei der Blickfangwerbung am Beispiel der Entscheidungen „Einzelteil-Räumung" – „Orient-Teppichmuster" kontra „Computerwerbung" – Auswirkung des europäischen Verbraucherleitbildes auf die Grundsätze zur Blickfangwerbung, WRP 2002, 389; *Nippe,* Belästigung zwischen Wettbewerbshandlung und Werbung – Zur Auslegung des Begriffs Werbung in § 7 Abs. 2 UWG, WRP 2006, 951; *J. B. Nordemann,* Wegfall von Zugabeverordnung und Rabattgesetz – Erlaubt ist, was gefällt?, NJW 2001, 2505; *Ohly,* Irreführende vergleichende Werbung – Anmerkungen zu EuGH „Pippig Augenoptik/Hartlauer", GRUR 2003, 641; *v Olenhusen,* Das „Institut" im Wettbewerbs-, Firmen-, Standes-, Namens- und Markenrecht, WRP 1996, 1079; *Omsels,* Kritische Anmerkungen zur Bestimmung der Irreführungsgefahr, WRP 2005, 548; *Pauly,* Zur Problematik der Alleinstellungswerbung unter besonderer Berücksichtigung von BGH WRP 1996, 729 – Der meistverkaufte Europas, WRP 1997, 691; *Sack,* Irreführende Werbung mit wahren Angaben, FS Trinkner, 1995, 293 und GRUR 1996, 461; *ders,* Die Durchsetzung unlauter zustande gebrachter Verträge als unlauterer Wettbewerb?, WRP 2002, 396; *ders,* Die relevante Irreführung im Wettbewerbsrecht, WRP 2004, 521; *ders,* Die neue deutsche Formel des europäischen Verbraucherleitbilds, WRP 2005, 462; *Saria,* „Der größte..." im österreichischen Lauterkeitsrecht zwischen unternehmensbezogener Alleinstellungswerbung, Werturteil und reklamehafter Übertreibung, GRUR Int. 2005, 130; *Scherer,* Die „wesentliche Beeinflussung" nach der Richtlinie über unlautere Geschäftspraktiken, WRP 2008, 708; *Schmelz/Haertel,* Die Superlativreklame im UWG – Materielle und prozessuale Aspekte, WRP 2007, 127; *Schmitz-Temming,* Wettbewerbsrecht contra Factory Outlet Center – Fangschuss oder untauglicher Versuch?, WRP 1998, 680; *Schulte/Schulte,* Informationspflichten im elektronischen Geschäftsverkehr – wettbewerbsrechtlich betrachtet, NJW 2003, 2140; *Schünemann,* „Warentypische Eigenschaften" in Vertrags-, Produkthaftungs- und Wettbewerbsrecht, BB 1997, 2061; *ders,* „Unlauterkeit" in den Generalklauseln und Interessenabwägung nach neuem UWG, WRP 2004, 925; *Schweizer,* Die „normative Verkehrsauffassung" – ein doppeltes Missverständnis – Konsequenzen für das Leitbild des „durchschnittlich informierten, verständigen und aufmerksamen Durchschnittsverbrauchers", GRUR 2000, 923; *Seichter,* Das Regenwaldprojekt – Zum Abschied von der Fallgruppe der gefühlsbetonten Werbung, WRP 2007, 230; *Spliethoff,* Verkehrsauffassung und Wettbewerbsrecht, 1992; *Teplitzky,* Zur Methodik der Interessenabwägung in der neueren Rspr des Bundesgerichtshofs zu § 3 UWG, FS Vieregge, 1995, 853; *Tilmann,* Die Verkehrsauffassung im Wettbewerbs- und Warenzeichenrecht, GRUR 1984, 716; *Tilmann/Ohde,* Die Mindestirreführungsquote im Wettbewerbsrecht und im Gesundheitsrecht, GRUR 1989, 229, 301; *Tonner/Brieske,* Verbraucherschutz durch gesetzliche Kennzeichnungserfordernisse, BB 1996, 919; *Ulbrich,* Der BGH auf dem Weg zum normativen Verbraucherleitbild?, WRP 2005, 940; *v Ungern-Sternberg,* Kundenfang durch rechnungsähnlich aufgemachte Angebotsschreiben, WRP 2000, 1057; *Völker,* Preisangaben und Preiswerbung nach Einführung des Euro, WRP 1999, 756; *I. Westermann,* Bekämpfung irreführender Werbung ohne demoskopische Gutachten, GRUR 2002, 403; *Wuttke,* Neues zur wettbewerbsrechtlichen Relevanz und Interessenabwägung bei der irreführenden Werbung, WRP 2003, 839; *ders,* Die Konvergenz des nationalen und des europäischen Irreführungsbegriffs, WRP 2004, 820; *ders,* Die Bedeutung der Schutzzwecke für ein liberales Wettbewerbsrecht (UWG) – Zugleich eine Anmerkung zu BGH I ZR 234/03 – Warnhinweis II, WRP 2007, 119. –

Weitere Schrifttumsnachweise s § 5 vor Rdn 1.1; vor Rdn 2.137 (Alleinstellungswerbung und Spitzengruppenwerbung); vor Rdn 2.169 (Wettbewerbsrechtliche Relevanz); vor Rdn 2.197 (Interessenabwägung, Prüfung der Verhältnismäßigkeit).

A. Anwendungsbereich des Irreführungsverbots

I. Vorliegen einer geschäftlichen Handlung

1. Grundsatz

2.1 Dadurch, dass der Irreführungstatbestand des § 5 vollständig auf der Generalklausel des § 3 aufsetzt (dazu Rdn 1.87), braucht er – anders als § 3 UWG 1909 („im geschäftlichen Verkehr zu Zwecken des Wettbewerb") – keine allgemeinen, für alle Wettbewerbsverstöße geltenden Merkmale zu enthalten. Irreführende Werbung muss, um Rechtsfolgen auszulösen, stets die **weiteren Voraussetzungen des § 3** erfüllen. Damit muss auch stets eine **geschäftliche Handlung iSv § 2 Nr 1** vorliegen (vgl die ausführliche Kommentierung bei § 2 Rdn 3 ff). Während der Begriff der Wettbewerbshandlung im UWG 2004 weitgehend dem früheren Merkmal des Handelns im geschäftlichen Verkehr zu Zwecken des Wettbewerbs entsprach, weist der Begriff der geschäftlichen Handlung doch wesentliche Unterschiede auf: Zum einen ist das (ungeschriebene) Merkmal der Wettbewerbsförderungsabsicht durch das **Erfordernis eines objektiven Zusammenhangs zum eigenen oder einem fremden Unternehmen** ersetzt worden. Zum zweiten umfasst der Begriff auch Handlungen, die im Zusammenhang mit dem Abschluss oder der Durchführung eines Vertrages über Waren oder Dienstleistungen stehen. Der Begriff schließt also auch ein unlauteres **Verhalten** ein, das **nach Vertragsschluss** an den Tag gelegt wird (dazu Rdn 2.5 ff).

2. Irreführende geschäftliche Handlung = irreführende Angaben im geschäftlichen Verkehr

Die Einführung des Begriffs der geschäftlichen Handlung im UWG 2008 als Ersatz für die Wettbewerbshandlung im UWG 2004 hat zu einer recht sperrigen und sprachlich unschönen Umschreibung für die Irreführung geführt: Hatte das UWG 2004 in § 3 I noch knapp formuliert, dass unlauter handele, **„wer irreführend wirbt"**, wurde daraus im UWG 2008 die Regelung, dass unlauter handele, **„wer eine irreführende geschäftliche Handlung vornimmt"**. Durch das Ersetzen des Begriffs des Werbens entspricht der Wortlaut des Irreführungsverbots mit Ausnahme des Merkmals „zu Zwecken des Wettbewerbs" jetzt wieder der Fassung, die bis 2004 galt („Wer im geschäftlichen Verkehr zu Zwecken des Wettbewerbs … irreführende Angaben macht, … auf Unterlassung der Angaben in Anspruch genommen werden"). Dass mit „irreführenden Handlungen" nichts anderes als irreführende Angaben gemeint sind, ergibt sich mit Deutlichkeit aus § 5 I 2: Dort wird erläutert, dass „eine geschäftliche Handlung … irreführend (ist), wenn sie unwahre *Angaben* oder sonstige zur Täuschung geeignete *Angaben* … enthält" (Hervorhebung durch Verf). In vernünftiges Deutsch übersetzt lautet § 5 I 1 demnach: **„Unlauter handelt, wer im geschäftlichen Verkehr irreführende Angaben macht"**.

2.2

3. Unternehmens- und Marktbezug

Der Irreführungstatbestand setzt mit der geschäftlichen Handlung einen **Unternehmens- und einen Marktbezug** voraus (dazu § 2 Rdn 17 ff und 35). Dies bedeutet zum einen, dass sich die in Rede stehende Äußerung auf das eigene oder auf ein fremdes Unternehmen beziehen muss, was das Angebots- und Nachfrageverhalten dieses Unternehmens (s Rdn 2.15 und 2.31 f; ferner § 2 Rdn 2.15 und 2.38) und sein Verhalten gegenüber Mitbewerbern einschließt (zum Unternehmensbegriff § 2 Rdn 20 ff). Zum anderen ist ein Marktbezug erforderlich; denn die Handlung muss auf die Förderung des Absatzes oder Bezugs von Waren oder Dienstleistungen eines Unternehmens gerichtet sein. Insoweit entspricht das Merkmal dem Erfordernis des **„Handelns im geschäftlichen Verkehr"** im früheren Recht.

2.3

Marktbezug weist jede Tätigkeit auf, die irgendwie der **Förderung eines beliebigen Geschäftszwecks** – nicht notwendig des eigenen – dient. Erfasst wird jede selbstständige, wirtschaftlichen Zwecken dienende Tätigkeit, in der eine Teilnahme am Erwerbsleben zum Ausdruck kommt, die Eigen- ebenso wie die Fremdwerbung. Auch wohltätige und gemeinnützige Unternehmen handeln mit Marktbezug. Am Marktbezug fehlt es dagegen bei **privatem und bei hoheitlichem Handeln,** ebenso bei **betriebs- und behördeninternem Handeln.** Insofern erfüllt dieses Merkmal eine ähnliche Funktion wie der Unternehmensbegriff bei § 1 GWB. Was die **öffentliche Hand** angeht, liegt ein Handeln mit Marktbezug immer dann vor, wenn in den Formen des Privatrechts gehandelt wird. Darüber hinaus kann ein Marktbezug nach der Rspr auch bei einem hoheitlichen Handeln vorliegen, wenn das Verwaltungshandeln nicht gegenüber jedermann einen hoheitlichen Charakter hat **(Doppelnatur des Verwaltungshandelns).** Propagiert bspw eine kassenärztliche Vereinigung gegenüber ihren Mitgliedern eine bestimmte Abrechnungssoftware eines mit ihr kooperierenden Anbieters als vorzugswürdig und macht dabei irreführende Angaben über das Produkt eines Mitbewerbers, so mag im Verhältnis zu den Ärzten ein schlicht-hoheitliches Handeln vorliegen, nicht jedoch im Verhältnis zu dem betroffenen Mitbewerber; ihm steht bei dieser Konstellation ein Anspruch aus § 8 I iVm §§ 3, 5 gegenüber der Kassenärztlichen Vereinigung zu (vgl zu einer ähnlichen Konstellation BGH GRUR 2000, 340, 342 – *Kartenlesegerät* mwN; vgl hierzu näher § 4 Rdn 13.11).

2.4

UWG § 5 2.5–2.9 Irreführende geschäftliche Handlungen

4. Vor, bei oder nach einem Geschäftsabschluss

2.5 **a) Erweiterter Anwendungsbereich.** Durch die UWG-Novelle 2008 ist der **Anwendungsbereich des UWG** und damit auch des Irreführungsverbots – in Umsetzung der UGP-Richtlinie – **ausgedehnt** worden. Während die Wettbewerbshandlung (UWG 2004) ebenso wie das Handeln zu Zwecken des Wettbewerbs (UWG 1909) immer auf einen Geschäftsabschluss ausgerichtet sein musste, fällt unter den Begriff der geschäftlichen Handlung auch ein Verhalten **nach Geschäftsabschluss.** § 2 I Nr 1 bringt dies dadurch zum Ausdruck, dass es sich um ein „Verhalten ... vor, bei oder nach einem Geschäftsabschluss" handeln muss. Freilich muss das Verhalten – wenn es nicht dem Produktabsatz dient – **mit der Durchführung des Vertrages noch objektiv zusammenhängen.** Dies ist dann der Fall, wenn das fragliche Verhalten darauf gerichtet ist, geschäftliche Entscheidungen des (potenziellen) Vertragspartners zu beeinflussen (s § 2 Rdn 48, 76 f).

2.6 **b) Schlecht- oder Nichterfüllung.** Damit stellt sich die Frage, inwieweit eine Irreführung im Zusammenhang mit einer **vertragswidrigen Schlecht- oder Nichterfüllung** von § 5 erfasst ist. Nach bisherigem Recht war eine Wettbewerbshandlung idR zu verneinen. Nur wenn die Täuschung des Kunden zum **Mittel des Wettbewerbs** gemacht wurde, konnte ein Wettbewerbsverstoß bejaht werden (BGH GRUR 1983, 451 – *Ausschank unter Eichstrich I;* BGH GRUR 1987, 180 – *Ausschank unter Eichstrich II;* BGH GRUR 2002, 1993, 1094 – *Kontostandsauskunft;* BGH GRUR 2007, 805 Tz 12 – *Irreführender Kontoauszug;* § 2 Rdn 72). In der **Verletzung vertraglicher Pflichten,** insbes in der Nicht- oder Schlechterfüllung, lag für sich gesehen keine Wettbewerbshandlung (BGH GRUR 2002, 1093, 1094 – *Kontostandsauskunft*). Denn die Durchführung von Verträgen hat in aller Regel keinen Bezug auf die Mitbewerber und jedenfalls keine unmittelbaren Auswirkungen auf den Wettbewerb (BGH GRUR 1986, 816, 818 – *Widerrufsbelehrung bei Teilzahlungskauf I;* BGH GRUR 1987, 180 f – *Ausschank unter Eichstrich II;* OLG Frankfurt GRUR 2002, 727, 728). Eine Wettbewerbshandlung wurde nur bei schwerwiegenden Vertragsverletzungen angenommen (BGH GRUR 2007, 987 Tz 24 – *Änderung der Voreinstellung*), so etwa in Fällen, in denen ein Unternehmen von vornherein auf eine Übervorteilung seiner Kunden abzielte und diese planmäßige Kundentäuschung zum Mittel seines Wettbewerbs machte (BGHZ 123, 330, 333 = GRUR 1994, 126 – *Folgeverträge I;* BGH GRUR 1987, 180, 181 – *Ausschank unter Eichstrich II;* BGH GRUR 1995, 358, 360 – *Folgeverträge II;* BGH GRUR 2002, 1093, 1094 – *Kontostandsauskunft;* OLG Frankfurt GRUR 2002, 727, 728). Eine Wettbewerbshandlung wurde ferner dann bejaht, wenn das vertragswidrige Handeln auf eine Neubegründung oder Erweiterung von Vertragspflichten, insbes von Zahlungspflichten des Kunden, gerichtet war (BGH GRUR 2007, 805 Tz 13 ff – *Irreführender Kontoauszug;* OLG Frankfurt GRUR 2002, 727, 728).

2.7 Für die **Fälle der Schlecht- oder Nichterfüllung** ändert sich durch die Erweiterung des Anwendungsbereichs nicht viel. Denn hier zielt eine unrichtige Angabe, bspw ein nicht eingehaltenes Versprechen, idR nicht auf eine bestimmte geschäftliche Entscheidung des Vertragspartners (s oben Rdn 2.6). Damit ist die Grenze in diesem Bereich in ähnlicher Weise zu ziehen wie früher. Zielt ein Unternehmen mit der Schlechterfüllung auf eine Übervorteilung des Kunden ab und ist es von vornherein nicht gewillt, sich an seine Ankündigungen zu halten, dient die Täuschung dem Abschluss des ursprünglichen Vertrages (vgl BGH GRUR 1987, 180, 181 – *Ausschank unter Eichstrich II*). Es handelt sich dann um einen klaren Fall der **Irreführung über wesentliche Merkmale der Ware** (etwa darüber, dass die angekündigte Menge Bier serviert werden wird). Ähnliches gilt in Fällen, in denen die Irreführung eingesetzt wird, um neue Vertragspflichten des Kunden zu begründen, so etwa bei der Irreführung über den Kontostand, die den Kunden zur Geldausgabe und damit zur Inanspruchnahme eines Überziehungskredits veranlassen kann (BGH GRUR 2007, 805 Tz 13 – *Irreführender Kontoauszug*).

2.8 **c) Vertragliche Ansprüche.** Eine deutliche **Erweiterung des Irreführungsverbots** ergibt sich im Zusammenhang mit der Geltendmachung oder Abwehr vertraglicher Ansprüche (§ 2 Rdn 80 ff). Denn sowohl bei der **Erfüllung** (vermeintlicher) Ansprüche als auch bei der Geltendmachung eigener Ansprüche, zB eigener Gewährleistungsansprüche, handelt es sich um geschäftliche Entscheidungen. Nach der Definition in Art 2 lit k UGP-Richtlinie ist eine **geschäftliche Entscheidung** ua „jede Entscheidung eines Verbrauchers darüber, ob ... er ... eine Zahlung ... leisten ... oder ein vertragliches Recht ... ausüben will". Da § 5 auch die Irreführung gegenüber Unternehmen erfasst, ist diese Definition entsprechend zu erweitern.

2.9 **aa) Irreführung als Mittel der Anspruchsdurchsetzung.** Unter § 5 fällt nunmehr auch die Irreführung im Zusammenhang mit der **Durchsetzung vertraglicher Ansprüche** eines

Unternehmens gegenüber seinem Vertragspartner (§ 2 Rdn 84); dies kann ein Verbraucher (B2C) oder aber auch ein anderes Unternehmen (B2B) sein (vgl Rdn 1.12 f). Als Irreführung kommen bspw in Betracht: Unrichtige Angaben über die **Höhe des Zahlungsanspruchs** (ein angekündigter Rabatt wird nicht berücksichtigt; im Supermarkt wird an der Kasse der höhere Normalpreis statt des ausgezeichneten Sonderpreises berechnet), unrichtige Behauptung, die Gegenleistung erbracht zu haben (Friedhofsgärtner stellt die Kosten der Grabpflege in Rechnung, ohne die Leistung erbracht zu haben; Arzt stellt eine Behandlung in Rechnung, in deren Genuss der Patient nicht gekommen ist), statt des verringerten Mehrwertsteuersatzes wird der normale Satz von 19% in Rechnung gestellt.

Freilich liegt **nicht in jeder unrichtigen Angabe** im Zusammenhang mit der Geltendmachung einer (vertraglichen) Forderung eine Irreführung. Zwar kommt es auf ein subjektives Element an sich nicht an; insbes ist eine Irreführungsabsicht nicht erforderlich (vgl Rdn 2.66). Gleichwohl liegt nicht in jeder unrichtigen Angabe, die sich im Zuge der Anspruchsdurchsetzung einschleicht, eine unlautere geschäftliche Handlung. Erforderlich ist insofern ein **systematisches Vorgehen**. Nicht jedes Versehen in einem Einzelfall kann als Wettbewerbsverstoß verfolgt werden. Allerdings ist für ein systematisches Vorgehen kein Vorsatz erforderlich. Wird bspw der angekündigte Rabatt generell bei der Rechnungsstellung nicht berücksichtigt oder wird durchweg statt des Sonderpreises ein höherer Preis in Rechnung gestellt, greift das Irreführungsverbot ein. Entscheidend ist, ob es sich um ein Versehen im Einzelfall handelt oder ob der Fehler im System begründet liegt. 2.10

bb) Irreführung als Mittel der Anspruchsabwehr. Durch den Begriff der unlauteren geschäftlichen Handlung rücken auch unrichtige Angaben im Zusammenhang mit der **Anspruchsabwehr** in den Fokus des Irreführungsverbots. Dabei kann es um die **Abwehr von Erfüllungs-, Schadensersatz- oder Gewährleistungsansprüchen** gehen (§ 2 Rdn 85). Unrichtige Angaben, die damit unter das wettbewerbsrechtliche Irreführungsverbot fallen, können zB sein: Falsche Behauptung, ein möglicher Anspruch des Vertragspartners sei verjährt; unrichtige Behauptung, ein Gutachten, aus dem sich die Mängelfreiheit des verkauften Geräts ergeben soll, sei „gerichtlich bestätigt" (vgl OLG Jena GRUR-RR 2008, 83, 84); unrichtige Behauptung, Rücktrittsrechte seien durch AGB ausgeschlossen. 2.11

Mit Hilfe des Irreführungsverbots dürfen freilich die **Rechte des Geschäftspartners, sich gegenüber einem Anspruch zu verteidigen,** nicht beschnitten werden. Die Frage, ob die gelieferte Ware oder die erbrachte Leistung mangelhaft ist oder nicht, ist nicht im Wettbewerbsprozess, sondern im Rahmen der Geltendmachung des Gewährleistungsanspruchs zu klären. Daher werden vom Irreführungsverbot nur Äußerungen erfasst, mit denen die Geltendmachung von Ansprüchen durch den Kunden unterbunden werden sollen. Hat der Kunde den Anspruch erst einmal gerichtlich oder außergerichtlich geltend gemacht, darf dem Unternehmen die Abwehr dieses Anspruchs nicht durch ein wettbewerbsrechtliches Verbot unmöglich gemacht oder erschwert werden. 2.12

cc) Unrichtige Auskunft über die Rechtslage. Im Zusammenhang mit dem Verbot irreführender Angaben in Bezug auf ein bestehendes Vertragsverhältnis gewinnt § 5 I 2 Nr 7 an Bedeutung. Danach darf ein Unternehmen **keine irreführenden Angaben über „Rechte des Verbrauchers,** insbes solche auf Grund von Garantieversprechen oder Gewährleistungsrechte(n) bei Leistungsstörungen", machen (dazu *Köhler* NJW 2008, 3032, 3034). Als irreführende Angaben kommen dabei allerdings **nur** solche **nachprüfbaren Behauptungen** in Betracht, die sich bei einer Überprüfung als eindeutig richtig oder falsch erweisen können (vgl Rdn 2.37), über die man also eigentlich nicht streiten kann: Etwa die falsche Behauptung, Ansprüche seien verjährt, die Berufung auf eine eindeutig unwirksame AGB-Klausel oder die unrichtige Wiedergabe einer höchstrichterlichen Entscheidung. Keinesfalls kann es einem Unternehmen verwehrt werden, im Rahmen der Rechtsdurchsetzung oder -verteidigung eine **bestimmte Rechtsansicht zu vertreten.** Eine als solche geäußerte Rechtsansicht ist als Meinungsäußerung einer inhaltlichen Überprüfung nicht zugänglich. Ob sie sich als richtig erweist oder nicht, kann nicht im Wettbewerbsprozess, sondern muss in dem Rechtsverhältnis geprüft und entschieden werden, auf das sich diese Rechtsansicht bezieht. 2.13

5. Einzelfragen

Während bei dem Merkmal des **Handelns zu Zwecken des Wettbewerbs** der mit der Wettbewerbshandlung verbundene Vorteil dem Nachteil des betroffenen Mitbewerbers entsprechen musste (BGH GRUR 1997, 907, 908 – *Emil-Grünbär-Klub*), stellt das neue Recht ein solches Erfordernis nicht mehr auf. Das zeigt sich am **Beispiel** des korrupten Gastrokritikers, der 2.14

gleichzeitig Wein vertreibt und Verriss oder Lob des zu schreibenden Berichts davon abhängig macht, ob der zu beurteilende Gastwirt bereit ist, bei ihm Wein zu beziehen. Nahm der durch einen Verriss geschädigte Wirt den Kritiker in Anspruch, weil sich der Artikel nicht an die Wahrheit hielt, wurde das Handeln zu Zwecken des Wettbewerbs so begründet, dass der Gastrokritiker mit dem Verriss den Wettbewerb anderer, bei ihm Wein beziehender Gastwirte habe fördern wollen (vgl BGH GRUR 1986, 812, 813 – *Gastrokritiker*). Dieser Umweg, der nach neuem Recht bei der Prüfung des Tatbestands nicht mehr erforderlich ist, bleibt aber auch heute nicht erspart. Zwar reicht es für den **Tatbestand der Irreführung** aus, dass der Gastrokritiker mit seinem Verhalten seinen eigenen Weinabsatz fördern wollte. Die **Anspruchsberechtigung** steht aber dem betroffenen Gastwirt nur zu, wenn er **Mitbewerber** ist (§ 8 III Nr 1). Das ist er nur dann, wenn der Gastrokritiker mit seiner Kritik nicht nur den eigenen, sondern auch den fremden Wettbewerb eines anderen – willfährigen – Gastwirts fördern wollte, mit dem der Anspruchsteller in Wettbewerb steht.

2.15 Nicht unter § 5 fallen auch Mitteilungen, die von Person zu Person in einem reinen **Privatgespräch** gemacht werden, da es insoweit an einem Marktbezug und damit an einer geschäftlichen Handlung fehlt. – Eine geschäftliche Handlung kann sich auf den **Absatz oder auf die Nachfrage von Waren oder Dienstleistungen** beziehen (dazu Rdn 2.3 und 2.31 f). Voraussetzung ist allein, dass damit ein eigenes oder ein fremdes Unternehmen gefördert werden soll (s § 2 Rdn 17). Ein Händler verstößt daher gegen §§ 3, 5, wenn er beim Hersteller oder einem anderen Händler kauft und über seine Wiederverkäufereigenschaft täuscht, etwa weil es sich um Waren handelt, die in einem selektiven Vertriebssystem abgesetzt und von den Händlern nicht an systemfremde Wiederverkäufer veräußert werden dürfen (sog **Schleichbezug**). Neben einem solchen Handeln im **Vertikalverhältnis** stellt auch ein Handeln im **Horizontalverhältnis** eine geschäftliche Handlung dar, etwa eine Schutzrechtsverwarnung gegenüber einem Mitbewerber (s Rdn 2.30).

II. Adressaten irreführender Angaben

1. Ausgangspunkt

2.16 § 5 gilt für alle **irreführende Angaben im geschäftlichen Verkehr,** gleichgültig, ob sie in der **Öffentlichkeit** (öffentliche Werbung) oder gegenüber einzelnen Personen oder Personengruppen gemacht werden. Die bis zur UWG-Novelle 1969 geltende Beschränkung auf irreführende Angaben in „öffentlichen Bekanntmachungen oder in Mitteilungen, die für einen größeren Kreis von Personen bestimmt waren" (s Rdn 1.2 f), hat sich nur noch im Straftatbestand des § 16 I gehalten (dazu § 16 Rdn 13 ff).

2. Adressaten der öffentlichen Werbung

2.17 Von § 5 werden zum einen alle Angaben erfasst, die sich an eine **unbegrenzte Zahl von Personen** richten. Medien dieser öffentlichen Werbung sind an die Allgemeinheit gerichtete Bekanntmachungen und alle Mitteilungen, die sich an einen größeren Personenkreis richten, der unbestimmt, dh individuell weder begrenzt noch begrenzbar, ist. Die **öffentliche Werbung beginnt,** sobald der Verkehr Kenntnis nehmen kann; sie **endet** mit Wegfall dieser Möglichkeit; bei Druckschriften auch, sobald sie der Verkehr erfahrungsgemäß nicht mehr liest. Auch eine Werbung, die sich an **Fachkreise** richtet, unterliegt dem Irreführungsverbot. An wen die Werbung wirklich gelangt, wer von ihr Kenntnis nimmt und ob überhaupt Kenntnis genommen wird, ist unerheblich.

3. Adressaten der Individualkommunikation

2.18 Weiter werden von § 5 auch die Angaben erfasst, die sich an einen **geschlossenen Personenkreis,** zB an die Mitglieder eines Vereins, oder an **Einzelpersonen** richten, wie zB Kauf- und Verkaufsgespräche zwischen Hersteller und Händlern, zwischen Groß- und Einzelhändlern und zwischen Händlern und Verbrauchern sowie zwischen Vertretern und einzelnen Kunden, ferner Angaben, die im Rahmen einer Werbeaktion auf der Straße oder im Rahmen eines Direktvertriebs an der Haustür oder am Telefon. Auf die Frage, ob die Mitteilung an einzelne Personen zur Weiterverbreitung bestimmt ist oder der Werbende mit der Verbreitung rechnet, kommt es nicht an, da § 5 nicht auf die öffentliche Werbung beschränkt ist, sondern **alle Erscheinungsformen** geschäftlicher Angaben betrifft.

III. Adressaten des Irreführungsverbots

Normadressat des § 5 ist grds jede Person, die geschäftliche Handlungen iSd § 2 I Nr 1 2.19 vornimmt. Ausgeschlossen wird damit **privates und (schlicht-)hoheitliches Handeln** (s oben § 2 Rdn 18f und § 5 Rdn 2.4, 2.15 und 2.19). Nach der Legaldefinition der geschäftlichen Handlung ist es unerheblich, ob der Handelnde mit der irreführenden Angabe das **eigene oder ein fremdes Unternehmen** fördern möchte. Daher kann auch eine Privatperson geschäftlich handeln, wenn mit der Handlung der geschäftliche Erfolg eines (fremden) Unternehmens gefördert werden soll (§ 2 I Nr 1; dazu unten Rdn 2.27).

IV. Geschäftliche Relevanz der Irreführung und Spürbarkeit der Interessenbeeinträchtigung

Der Irreführungstatbestand des deutschen wie des europäischen Rechts setzt stets eine wett- 2.20 bewerblich relevante oder genauer eine **geschäftlich relevante Irreführung** voraus (dazu Rdn 2.169 ff). Damit gehört das Irreführungsverbot zu den Tatbeständen des UWG, bei denen die **Spürbarkeitsschwelle des § 3** („wenn sie geeignet sind, die Interessen von Mitbewerbern, Verbrauchern oder sonstigen Marktteilnehmern spürbar zu beeinträchtigen") keine eigenständige Bedeutung hat. Denn in den Fällen, in denen es an einer solchen Beeinträchtigung fehlt, ist bereits eine geschäftlich relevante Irreführung zu verneinen (vgl § 3 Rdn 151; BGH GRUR 2009, 888 Tz 18 – *Thermoroll*; *Köhler* GRUR 2005, 1, 7 und 9).

Die denkbare Alternative – Prüfung der Relevanz allein im Rahmen der Spürbarkeitsklausel 2.21 des § 3 – empfiehlt sich aus zwei Gründen nicht: **(1)** Zum einen handelt es sich bei der Relevanz um ein **Strukturmerkmal des Irreführungstatbestandes,** mit dem die Rspr schon immer umzugehen genötigt war und für dessen Handhabung sie irreführungsspezifische Kriterien entwickelt hat, denen im Rahmen der allgemeinen Bestimmung des § 3 erst einmal Geltung verschafft werden müsste. **(2)** Zum anderen entspricht die integrierte Spürbarkeitsprüfung dem europäischen Recht: Die **Richtlinie über irreführende und vergleichende Werbung 2006/114/EG** kennt keine gesonderte Bagatellschwelle; sie stellt lediglich in Art 2 lit b darauf ab, dass die irreführende Werbung das wirtschaftliche Verhalten ihrer Adressaten beeinflusst. Die **Richtlinie 2005/29/EG über unlautere Geschäftspraktiken** formuliert für irreführende Geschäftspraktiken in Art 6 I und II ebenfalls gesonderte Spürbarkeitsschwellen (Art 6 I: „... und ihn ... zu einer geschäftlichen Handlung veranlasst, die er ansonsten nicht getroffen hätte"). Ist diese Voraussetzung erfüllt, handelt es sich um eine unlautere Geschäftspraxis, ohne dass noch zu prüfen wäre, ob die irreführende Angabe geeignet ist, „das wirtschaftliche Verhalten des Durchschnittsverbrauchers ... wesentlich zu beeinflussen" (Art 5 II lit b).

B. Irreführende geschäftliche Handlung

I. Von der irreführenden Werbung zur irreführenden geschäftlichen Handlung

1. Bedeutung des Begriffs der Werbung

Obwohl das Irreführungsverbot des UWG bis 2004 den Begriff „Werbung" nicht verwandte, 2.22 setzte es doch eine irreführende Angabe **im Rahmen der Werbung** voraus (§ 3 S 1 in der bis 2004 geltenden Fassung: „Wer im geschäftlichen Verkehr zu Zwecken des Wettbewerbs über geschäftliche Verhältnisse ... irreführende Angaben macht, kann auf Unterlassung der Angaben in Anspruch genommen werden"). Das UWG 2004 verwandte ausdrücklich den Begriff des Werbens: Nach § 5 I UWG 2004 handelte unlauter, „wer irreführend **wirbt**"; das Verbot fand also nur Anwendung, wenn irreführende Angaben im Rahmen von Werbung gemacht wurden. Das UWG 2008 setzt dagegen **lediglich eine irreführende Angabe im Rahmen einer geschäftlichen Handlung** voraus. Mit der Ersetzung des zentralen Begriffs der Wettbewerbshandlung durch die geschäftliche Handlung ist die Beschränkung auf die werbende – also auf die auf einen Geschäftsabschluss gerichtete – Angabe entfallen. Auch wenn nach dem UWG 2008 nunmehr auch irreführende Angaben bei und nach dem Geschäftsabschluss von dem Verbot erfasst werden, ändert dies nichts daran, dass die Bestimmung ihren Hauptanwendungsbereich bei werbenden Angaben hat. Deshalb kann auch nach wie vor zur Umschreibung der Bestimmung des § 5 der **Begriff der irreführenden Werbung** (statt des hölzernen Begriffs der irreführenden geschäftlichen Handlung) verwendet werden.

2.23 Nach wie vor eine zentrale Rolle spielt der Begriff der Werbung in der **Richtlinie über irreführende und vergleichende Werbung** 2006/114/EG, deren Anwendungsbereich freilich seit Inkrafttreten der UGP-Richtlinie auf den B2B-Bereich (business to business, vgl Rdn 1.12 f) beschränkt ist. Sie dient dem Schutz der Gewerbetreibenden vor irreführender Werbung und enthält Definitionen der **Begriffe „Werbung" und „irreführende Werbung":** Nach Art 2 lit a „bedeutet Werbung jede Äußerung bei der Ausübung eines Handels, Gewerbes, Handwerks oder freien Berufs mit dem Ziel, den Absatz von Waren oder die Erbringung von Dienstleistungen, einschließlich unbeweglicher Sachen, Recht und Verpflichtungen zu fördern". Nach Art 2 lit b ist unter irreführender Werbung jede Werbung zu verstehen, „die in irgendeiner Weise ... die Personen, an die sie sich richtet, täuscht oder zu täuschen geeignet ist und die infolge der ihr innewohnenden Täuschung ihr wirtschaftliches Verhalten beeinflussen kann ...". Die irreführende Angabe muss danach also im Rahmen einer unternehmerischen Tätigkeit fallen.

2.24 Das **UWG 2008** geht insoweit, als der Begriff der irreführenden geschäftlichen Handlung weiter ist als der der irreführenden Werbung, auch **für den Bereich B2B über die Vorgaben der Richtlinie über irreführende und vergleichende Werbung** hinaus. Dies ist nicht nur sinnvoll, weil das deutsche Recht zwischen B2B und B2C (vgl Rdn 1.12 f) nicht unterscheidet; Es steht auch im Einklang mit der Richtlinie über irreführende und vergleichende Werbung, die lediglich einen Mindeststandard formuliert (Art 8 I) und es daher den Mitgliedstaaten freistellt, einen weiterreichenden Schutz vorzusehen. Dagegen ist der Begriff der Werbung für den Tatbestand der vergleichenden Werbung nach wie vor von Bedeutung (vgl § 6 Rdn 27 ff).

2. Keine Tatbestandsbegrenzung durch den Begriff der Werbung

2.25 Im alten Recht (bis 2008) kam dem Begriff der Werbung in mehrfacher Hinsicht eine **tatbestandsbegrenzende Funktion** zu. Im UWG 2008 ist diese Beschränkung jedenfalls für das Irreführungsverbot entfallen. In folgenden Punkten hat sich das Irreführungsverbot von den Fesseln des engen Begriffs der Werbung befreit:

2.26 a) **Keine Beschränkung auf Angaben vor dem Geschäftsabschluss.** Unter das Irreführungsverbot fallen nunmehr auch Angaben, die nicht nur vor, sondern auch **bei oder nach dem Geschäftsabschluss** gemacht werden (dazu oben Rdn 2.5 ff).

2.27 b) **Keine Beschränkung auf Angaben im Rahmen einer unternehmerischen Tätigkeit.** Der Begriff der Werbung setzt ein Handeln im Zusammenhang mit einer unternehmerischen Tätigkeit voraus. Diese Beschränkung ist im UWG 2008 für den Tatbestand des § 5 – anders als für die vergleichende Werbung nach § 6 (vgl § 6 Rdn 31) – entfallen, so dass auch die **irreführende Angabe einer zugunsten eines fremden Unternehmens handelnden Privatperson** unter das Irreführungsverbot fallen kann. Dabei muss **kein funktioneller Zusammenhang** zwischen dem sich äußernden Dritte und dem Unternehmen bestehen, zu dessen Gunsten er sich äußert. So verhält es sich bei der **Äußerung einer Privatperson,** die – ohne eigene Interessen zu verfolgen, aber zugunsten eines bestimmten Unternehmens – durch Äußerungen in den Wettbewerb eingreift (zur Haftung des Laienwerbers s § 4 Rdn 1.190), oder bei **Verlautbarungen einer Behörde,** die zugunsten oder zu Lasten eines bestimmten Marktteilnehmers Stellung beziehen. Nur wenn die Äußerung der Behörde als (schlicht-)hoheitliches Verwaltungshandeln einzustufen ist, fehlt es an der geschäftlichen Handlung, selbst wenn bspw der Beamte des Regierungspräsidiums, der eine unzutreffende Warnmeldung hins der Produkte eines bestimmten Lebensmittelherstellers herausgibt, sich davon hat leiten lassen, durch die Warnmeldung das Geschäft eines mit ihm befreundeten anderen Herstellers zu fördern.

2.28 Besteht ein funktioneller Zusammenhang zum geförderten Unternehmen, steht einer Haftung wegen irreführender Angaben ohnehin nichts entgegen. Dies ist etwa der Fall, wenn der Dritte vom Unternehmer, zu dessen Gunsten er ins Wettbewerbsgeschehen eingreift, **mit der Wahrung seiner Interessen betraut** ist (vgl § 6 Rdn 31). In diesem Sinne sind zB **Wirtschaftsverbände** betraut, die keinen eigenen wirtschaftlichen Geschäftsbetrieb unterhalten, die aber im geschäftlichen Verkehr zur Förderung des Wettbewerbs ihrer Mitglieder tätig werden (vgl zu § 3 UWG 1909 BGH GRUR 1973, 371 – *Gesamtverband;* GK/*Lindacher* § 3 Rdn 71).

2.29 Ebenso können **öffentlich-rechtliche Berufsorganisationen** (Rechtsanwaltskammern, Steuerberaterkammern, Handwerkskammern etc) oder andere öffentlich-rechtliche Körperschaften die Interessen ihrer Mitglieder wahrnehmen und sich zu ihren Gunsten im Wettbewerb äußern (vgl BGH GRUR 1986, 905, 907 – *Innungskrankenkassenwesen).* Nichts anderes gilt schließlich für andere **staatliche Stellen,** die – etwa im Bereich des Fremdenverkehrs – zugunsten bestimmter Unternehmen tätig werden (vgl BGHZ 19, 299 – *Staatliche Kurverwaltung Bad Ems*). Mit der Wahrung unternehmerischer Interessen betraut ist aber auch der Mitarbeiter, der sich zugunsten seines Arbeitgebers im Wettbewerb äußert. Von seiner selbstständigen Haftung geht auch das Gesetz aus, wenn es in § 8 II sagt, „der Unterlassungsanspruch und der Beseitigungsanspruch (seien) **auch** gegen den Inhaber des Betriebes begründet".

c) **Keine Beschränkung auf Angaben im Vertikalverhältnis.** Der Begriff der Werbung setzt eine Tätigkeit voraus, die auf den Abschluss eines Vertrages im Vertikalverhältnis gerichtet ist, die also im Zusammenhang mit dem Absatz von oder der Nachfrage nach Produkten steht. Auch diese Beschränkung ist im UWG 2008 entfallen. § 5 erfasst nunmehr auch die **Irreführung im Horizontalverhältnis.** Ein solcher Fall ist etwa bei einer **Schutzrechtsverwarnung** gegenüber einem Mitbewerber gegeben, wenn unzutreffende Angaben über den Bestand oder den Schutzbereich des Schutzrechts gemacht werden. Die irreführende Angabe steht in einem solchen Fall auch in objektivem Zusammenhang mit dem Abschluss eines Vertrages (§ 2 I Nr 1), den bspw der Mitbewerber mit einem Kunden schließen will; aber auch die Unterwerfung, auf die die Verwarnung abzielt, ist ein solcher Vertrag. Daneben liegt in solchen Fällen stets auch eine wettbewerbswidrige gezielte Behinderung iSv § 4 Nr 10 vor (s § 4 Rdn 10.177). Ein anderes Beispiel für eine Irreführung im Horizontalverhältnis liegt in folgender Konstellation: In dem Bestreben, seine Chancen für einen Geschäftsabschluss mit dem Kunden C zu erhöhen, lässt A seinem Mitbewerber B, der sich ebenfalls um C bemüht, eine (anonyme) Mitteilung zukommen, die ein zweifelhaftes Licht auf die Bonität von C wirft.

d) **Keine Beschränkung auf den Angebotswettbewerb.** Die Definition der Werbung in Art 2 lit a der Richtlinie über irreführende und vergleichende Werbung umfasst lediglich Äußerungen „mit dem Ziel, den Absatz von Waren oder die Erbringung von Dienstleistungen ... zu fördern". Dem Wortlaut nach bezieht sich das Irreführungsverbot der Richtlinie also nicht auf die **Werbung im Zuge der Nachfrage nach Waren oder Dienstleistungen:** Die Werbung eines Gebrauchtwagenhändlers, der seine Kunden mit einem unzutreffenden Mindestpreis anlockt (vgl OLG Düsseldorf GRUR 1988, 711; LG Köln GRUR 1954, 37), die Äußerung des Antiquitätenhändlers, der – um den Preis niedrig zu halten – den wertvollen Frankfurter Wellenschrank als ein nur schwer abzusetzendes, billiges Bauernmöbel darstellt oder die Werbung eines Wohnungsbauunternehmens, das auf der Suche nach Baugrundstücken irreführende Angaben über die Bebaubarkeit macht (vgl OLG Nürnberg GRUR 1991, 857), sollen ebenso wenig unter das in der Richtlinie vorgesehene Irreführungsverbot fallen wie die Werbung eines Unternehmers in seinen Stellenanzeigen, mit denen er der Wahrheit zuwider Vergünstigungen anpreist, die in seinem Betrieb nicht gewährt werden (vgl OLG Koblenz WRP 1998, 540 [LS]; OLG Nürnberg GRUR 1991, 330).

Weil § 5 UWG 2008 nicht mehr auf dem Begriff der Werbung in der Richtlinie über irreführende und vergleichende Werbung aufbaut, stellt sich die Frage nach einer Tatbestandsbegrenzung auf den Absatzwettbewerb – anders als bei der vergleichenden (dazu § 6 Rdn 63) und der belästigenden Werbung (dazu 7 Rdn 129) – nicht mehr. Eine Differenzierung ist aber insofern auch heute nicht geboten. Die Beschränkung des Begriff „Werbung" in der Richtlinie über irreführende und vergleichende Werbung hat ihren Grund darin, dass diese Richtlinie – ebenso wie die Richtlinie über unlautere Geschäftspraktiken (vgl die Definition des Begriffs der Geschäftspraktiken in Art 2 lit d UGP-Richtlinie; § 2 Rdn 38) – **nur den Absatzwettbewerb, nicht dagegen den Nachfragewettbewerb in den Blick genommen** hat. Für den Nachfragewettbewerb hat der europäische Gesetzgeber **keine Harmonisierung** vorgesehen. Nichts spricht dagegen, die Regelungen, die das Unionsrecht für den Absatzwettbewerb vorschreibt, auch für den Nachfragewettbewerb anzuwenden. Soweit die Definitionen in den Richtlinien ausschließlich auf den Angebotswettbewerb abstellen, ist ihnen daher keine tatbestandsbegrenzende Funktion einzuräumen (so für § 7 II Nr 3 BGH GRUR 2008, GRUR 2008, 923 Tz 12 – *Faxanfrage im Autohandel;* BGH GRUR 2008, 925 Tz 15 – *FC Troschenreuth*).

II. Äußerung

Da eine irreführende geschäftliche Handlung nichts anderes als eine irreführende Angabe im geschäftlichen Verkehr ist (s oben Rdn 2.2), besteht sie stets aus einer **Äußerung.** Der Begriff ist weit zu verstehen (vgl § 6 Rdn 28). Es ist daher unerheblich, ob die Aussage in Wörter, Bilder oder Geräusche gefasst ist; ebenso ist gleichgültig, ob sie öffentlich oder im individuellen Kundengespräch erfolgt ist (vgl EuGH Slg 2001, I-7945 Tz 31 = GRUR 2002, 354, 355 – *Toshiba/Katun:* „Äußerung in einer beliebigen Form"; s auch Rdn 2.17 f). Eine Äußerung liegt auch dann vor, wenn ein Unternehmen sich die **Äußerungen Dritter** zu Werbezwecken **zu eigen macht** (zB wissenschaftliche Untersuchungen: BGH GRUR 2002, 633, 635 – *Hormonersatztherapie;* Presseberichte: OLG Hamburg GRUR-RR 2002, 112).

III. Äußerungen über Mitbewerber

2.34 Im Allgemeinen dienen werbende Angaben dazu, das **eigene Angebot** oder das eigene Unternehmen des Werbenden (positiv) **darzustellen.** Aber auch Angaben, die sich darauf beschränken, einen **Mitbewerber und sein Angebot gegenüber der Marktgegenseite zu kritisieren,** erfüllen die Merkmale der Werbung, wenn sie dem Ziel dienen, den eigenen Wettbewerb zu fördern (vgl zu § 2 in bis 2004 geltenden Fassung des UWG BGH GRUR 2002, 75, 76 – „*SOOOO . . . BILLIG!?*": Werbung, aber kein Vergleich; dazu § 6 Rdn 21).

C. Angaben

I. Ausgangspunkt

1. Änderungen gegenüber § 3 UWG 1909

2.35 Während der Tatbestand des § 3 UWG 1909 im Kern „**irreführende Angaben über geschäftliche Verhältnisse**" zum Gegenstand hatte, ist die Bestimmung des § 5 I in diesem Punkt **weiter formuliert:** Sie erfasst jegliche unwahren oder zur Irreführung geeigneten Angaben, verzichtet also auf die nähere Bestimmung des Gegenstands der Irreführung, nämlich die **geschäftlichen Verhältnisse.** Der **Anwendungsbereich der Norm** ist damit insofern weiter geworden, als jetzt auch irreführende Angaben erfasst werden, die keine „geschäftlichen Verhältnisse" betreffen. Das hat deswegen Bedeutung, weil § 5 damit auch die Fälle der irreführenden Werbung umfasst, die bis zum Inkrafttreten des UWG 2004 mangels einer Angabe über geschäftliche Verhältnisse in der hierfür gesondert geschaffenen **Fallgruppe der wettbewerbswidrigen Irreführung** nach § 1 UWG 1909 Asyl suchen mussten. Dies waren vor allem die Fälle der **redaktionellen Werbung,** in denen über den werblichen Charakter einer Wettbewerbshandlung irregeführt wurde. Die redaktionelle Werbung fällt nunmehr (auch) unter das Irreführungsverbot nach §§ 3, 5. Zwar hat der Gesetzgeber diese Fälle im Beispielskatalog des § 4 unter Nummer 3 als „**Verschleierung des Werbecharakters** von geschäftlichen Handlungen" gesondert aufgeführt. Dies ändert aber nichts daran, dass es sich auch um Fälle der irreführenden Werbung handelt, die nunmehr von § 5 erfasst werden. Auch die Fälle, in denen irreführende Angaben über Mitbewerber gemacht werden, fallen eindeutig unter das Irreführungsverbot nach §§ 3, 5 (so bereits zu § 3 UWG 1909 GK/*Lindacher* § 3 Rdn 292).

2.36 Dass es sich bei irreführenden geschäftlichen Handlungen um **irreführende Angaben** handelt, wird durch § 5 I 2 deutlich, der besagt, dass „eine geschäftliche Handlung irreführend (ist), wenn sie unwahre Angaben enthält". Dem deutschen Gesetzgeber muss man angesichts dieser **sprachlich verunglückten Formulierung** – eine Handlung kann keine Angaben enthalten! – zugute halten, dass er dem europäischen Vorbild folgt, das in Art 6 I UGP-Richtlinie davon spricht, dass „eine Geschäftspraxis als irreführend (gilt), wenn sie falsche Angaben enthält". Sprachlich und inhaltlich korrekt wird der Gesetzestext, wenn man ihn wie folgt umformuliert: „Unlauter handelt, wer im geschäftlichen Verkehr irreführende Angaben macht. Angaben sind irreführend, wenn sei unwahr sind oder sonst zur Täuschung über folgende Umstände geeignet sind: . . .". Beim Tatbestand der Irreführung geht es s**tets um irreführende Information.** Nichts anderes besagt der Begriff der Angabe, mit dem im deutschen Text der Richtlinie wiedergegeben ist, was im Englischen als „information" bezeichnet ist („. . . and in particular of any information it contains concerning . . ."). – Zur irreführenden Angabe über die Rechtslage s Rdn 2.13.

2. Begriff der Angaben

2.37 Angaben sind **Aussagen** (oder Äußerungen) **eines Unternehmens, die sich auf Tatsachen beziehen und daher inhaltlich nachprüfbar sind.** Dass es sich um Aussagen handeln muss, folgt aus dem Gegenstand, auf den sich die Angabe bezieht. Eine Angabe muss ein **Mindestmaß an Information** enthalten. Abgrenzungsschwierigkeiten treten vor allem bei werbenden Aussagen auf. Lässt sich einer Werbung keine Information entnehmen, fehlt es an einer Angabe. Die Werbung kann dann nicht irreführend iSv § 5 sein. Nicht jedes Wort braucht eine solche

Aussagekraft zu besitzen. **Phantasiebezeichnungen** fehlt häufig ein Informationsgehalt. Im Übrigen ist der Ausdruck „Angabe" als solcher wertfrei. Das UWG von 1896 verlangte Angaben „tatsächlicher Art". Diese Wörter wurden 1909 als überflüssig gestrichen, da bloße Werturteile keine Angaben seien (*Lobe* MuW VIII, 118). Andererseits bestand schon im Gesetzgebungsverfahren 1909 Einigkeit darüber, dass auch **Werturteile** irreführende Angaben enthalten können, dann nämlich, wenn sie **erkennbar auf Tatsachen beruhen**, sich also **Richtigkeit oder Unrichtigkeit also objektiv nachprüfen lässt** (Verhandlungen des Reichstags Band 252 Anl z Drucks 1109 S 11 für Aussagen wie „billiger als die hiesige Konkurrenz", „beste Ware"). Tatsachen und Werturteile lassen sich nicht klar trennen, zumal es objektive und subjektive Werturteile gibt, und Tatsachen wiederum nur durch Urteile fassbar sind.

2.38 Zum Tatbestand der **Anschwärzung** (§ 4 Nr 8; früher § 14 UWG 1909), der lediglich Tatsachenbehauptungen betrifft, heißt es in der Entscheidung „**Constanze I**", auch wenn „die fließende Grenze zwischen Tatsachenbehauptungen und Werturteilen oder bloßen Meinungsäußerungen **möglichst weit zugunsten der Tatsachenbehauptungen** zu ziehen" sei, sei doch erforderlich, „dass das abfällige Urteil greifbar, dem Beweis zugängliche Geschehnisse zum Ausgang nimmt, da andernfalls ein Wahrheits- oder Unwahrheitsbeweis ... begrifflich ausgeschlossen ist" (BGHZ 3, 270, 273 – *Constanze I*). Bei der irreführenden Werbung ist es – auch wenn an sich keine Tatsachenbehauptung verlangt wird – letztlich nicht anders. Zumindest der Verkehr, auf dessen Auffassung es auch hier ankommt, muss der Werbung – soll sie als irreführend untersagt werden – eine **inhaltlich nachprüfbare Aussage** entnehmen (BGH GRUR 1963, 482, 483 f – *Hollywood Duftschaumbad*; BGH GRUR 1989, 608, 609 – *Raumausstattung*; BGH GRUR 1992, 66, 67 – *Königl.-Bayerische Weisse*; BGH GRUR 2002, 182, 183 – *Das Beste jeden Morgen*; vgl auch BGH GRUR 2008, 443 Tz 29 – *Saugeinlagen*).

2.39 Auch eine **Meinungsäußerung** kann nach Lage des Falles einen **konkret nachprüfbaren Vorgang** oder Zustand enthalten. Es kommt allein darauf an, ob die Werbeäußerung vom Verkehr als eine auf die Richtigkeit ihres Inhalts hin nachprüfbare, dem Beweis zugängliche Aussage über die geschäftlichen Verhältnisse des Werbenden, insbes über die Leistungsfähigkeit des Unternehmens oder über die Güte oder den Preis einer Ware aufgefasst wird (BGH GRUR 1965, 366 – *Lavamat II*; BGH GRUR 1973, 594, 595 – *Ski-Sicherheitsbindung*; BGH GRUR 1975, 141, 142 – *Unschlagbar*). So enthalten die Bezeichnungen „*Größtes Versandhaus Süddeutschlands*" oder „*Größte und modernste Kaffeerösterei Europas*" nachprüfbare Aussagen über geschäftliche Verhältnisse (BGH GRUR 1969, 415 – *Kaffeerösterei*). **Stellenanzeigen**, die angebotene Arbeitsplätze kennzeichnen, können zugleich eine Werbeangabe über die Güte der Waren enthalten (BGH GRUR 1973, 78, 80 – *Verbraucherverband*; OLG Frankfurt WRP 1981, 105). Die Bezeichnung „*Königl.-Bayerische Weisse*" ist nach ihrem Wortsinn eine Eigenschaftsbezeichnung, die der Verkehr als eine nachprüfbare Aussage tatsächlicher – wenn auch nicht eindeutiger – Art über das Bier ansieht (BGH GRUR 1992, 66 – *Königl.-Bayerische Weisse* mit Anm *Knaak*).

2.40 Auch allgemein gehaltene **Werturteile** können demnach in ihrem Kern konkrete und nachprüfbare Tatsachenbehauptungen enthalten. Dabei ist aber stets zu beachten, dass eine Angabe nur **irreführend** sein kann, wenn sie **inhaltlich** etwas aussagt und dieser Aussageinhalt nach der Auffassung der angesprochenen Verkehrskreise **objektiv nachprüfbar** ist. Die Grenze ist deshalb zwischen Äußerungen zu ziehen, die nach Auffassung der angesprochenen Verkehrskreise eine als nachprüfbar erscheinende **Tatsachenbehauptung** enthalten, und Äußerungen, die als **bloßes Werturteil**, als eine der Nachprüfung nicht zugängliche bloße **Meinungsäußerung** aufgefasst werden.

2.41 Dabei hat die Rspr in der Vergangenheit stets betont, dass nur eine **weite Auslegung** dem Schutzzweck des Irreführungsverbots gerecht werde. Sie ist daher zu einem ausgesprochen strengen Maßstab gelangt. Ein Beispiel dafür bietet die Entscheidung „**Westfalen-Blatt**", die aus einer Zeit stammt, als es auf den regionalen Zeitungsmärkten noch Wettbewerb gab: Das Westfalen-Blatt – eine große, aber nicht die größte Bielefelder Zeitung – hatte sich in der Werbung als „*Bielefelds große Zeitung*" bezeichnet. Obwohl das Berufungsgericht angenommen hatte, der Verkehr verstehe diese Angabe richtig (ua mit der Erwägung, das Publikum rechne damit, dass sich die größte Zeitung in der Werbung nicht lediglich als „große Zeitung" bezeichnen werde), hat der BGH in dieser Angabe die unrichtige Behauptung einer Alleinstellung gesehen: Die beanstandete Angabe sei gleichbedeutend mit „*Die große Zeitung Bielefelds*". Eine solche Bezeichnung sei, obwohl ein Superlativ fehle, ihrem Wortsinn nach eine Alleinstellungsbehauptung (BGH GRUR 1957, 600, 602 – *Westfalen-Blatt I*; vgl auch BGH GRUR 1965, 366 – *Lavamat II*; BGH GRUR 1973, 594, 595 – *Ski-Sicherheitsbindung*; BGH GRUR 1975, 141 – *Unschlagbar*; BGH GRUR 1969, 415 – *Kaffeerösterei*; zur Alleinstellungsbehauptung s Rdn 2.137 ff).

2.42 Auch wenn der BGH von den Aussagen zur Alleinstellungsbehauptung nicht abgerückt ist, hat sich im Laufe der Zeit die **Grenze** doch **verschoben**. Die Rspr geht heute davon aus, dass der Verbraucher der Werbung **abgeklärter gegenübertritt** und weiß, dass er nicht jedes Wort auf die Goldwaage legen darf. So wurde die Angabe „*Die große deutsche Tages- und Wirtschaftszeitung*", mit der die FAZ geworben hatte, trotz der Verwendung des bestimmten Artikels nicht als Alleinstellungsbehauptung gewertet (BGH GRUR 1998, 951, 953 – *Die große deutsche Tages- und Wirtschaftszeitung*). In der Werbung „*Das Beste jeden Morgen*" für „Kellogg's Cornflakes" hat der BGH ebenfalls **keine irreführende Alleinstellungsbehauptung** gesehen. Der Verkehr erkenne, dass – ungeachtet bestehender Möglichkeiten zur Feststellung der Qualität der beworbenen Produkte – für die Beantwortung der Frage, was „das Beste" jeden Morgen sei, subjektive Einschätzungen und Wertungen eine entscheidende Rolle spielen. Ob das beworbene Produkt für den angesprochenen Verbraucher „*das Beste jeden Morgen*" sei, hänge in erster Linie von den persönlichen geschmacklichen Vorlieben und Frühstücksgewohnheiten des einzelnen, aber auch von der unterschiedlichen körperlichen Konstitution der Menschen und ihren Lebens-, Arbeits- und Umweltbedingungen ab. Diese maßgebend subjektive und individuelle Prägung einer Antwort auf die Frage, was „*Das Beste jeden Morgen*" sei, ist dem angesprochenen Verkehr durchaus bewusst (BGH GRUR 2002, 182, 183 – *Das Beste jeden Morgen*; vgl auch BGH GRUR 1965, 363, 364 – *Fertigbrei*).

II. Abgrenzung
1. Nichtssagende Anpreisungen

2.43 Eine Werbeaussage, die nach der Auffassung des Verkehrs inhaltlich nichts aussagt, ist begrifflich keine Angabe, weil ihr der **Informationsgehalt** fehlt (BGH GRUR 1964, 33, 35 – *Bodenbeläge*). Auch ein **Phantasiezeichen**, das keine Gütevorstellungen auslöst, stellt keine Angabe dar. Bloße **Kaufappelle** besitzen idR ebenfalls keinen eigenen Aussagegehalt, der auf Merkmale der angebotenen Ware oder Leistung oder auf die geschäftlichen Verhältnisse des Werbenden oder seiner Mitbewerber bezogen ist. So enthält der ohne weiteren Zusatz zur Anpreisung von Waschmaschinen gegenüber dem breiten Publikum verwendete Werbspruch „*den und keinen anderen*" nur einen suggestiven Kaufappell, aber keine Angabe über die Merkmale der angebotenen Ware (BGH GRUR 1965, 365, 367 – *Lavamat II*; vgl auch BGH GRUR 2001, 752, 753 – *Eröffnungswerbung* zur pauschalen Herabsetzung). Auch in dem Werbespruch „*R. Uhren kaufen Sie am besten bei W. Oder kennen Sie eine bessere Adresse?*" wurde lediglich eine nichts sagende Anpreisung gesehen (KG WRP 1982, 220, 221).

2.44 Die Werbung versucht das Publikum oft durch **positive Assoziationen** für das beworbene Produkt einzunehmen. Das kann durch Abbildungen attraktiver Personen und Sachen oder durch Orts- und Personennamen geschehen. Das gut aussehende Mannequin erweckt den Eindruck, dass das beworbene Kleidungsstück bes schmücke, der drahtige junge Mann, der den Schokoriegel zu sich nimmt, macht manchen glauben, die Figur werde unter dieser Köstlichkeit nicht leiden, die gute Laune, die in der Werbung für ein alkoholisches Getränk vermittelt wird, lässt den Schwermütigen meinen, auf diese Weise ließen sich seine Probleme lösen, der einsame Junggeselle glaubt an die Illusion, ihm fehle für den Erfolg bei den Frauen nur der beworbene Sportwagen. In all diesen Fällen fehlt es nicht nur an einem **hinreichend konkreten Aussagegehalt**, der **Durchschnittsverbraucher kennt** auch die **gewöhnlichen Mechanismen der Werbung** und ist sich – mag ihn das beworbene Produkt auch zum Träumen bringen – bewusst, dass die positiven Assoziationen keinen realen Hintergrund haben. Nur ausnahmsweise enthalten solche **symbolhaften Anpreisungen** eine objektiv nachprüfbare Aussage, einen Tatsachenkern. Das trifft zu, wenn die Werbeaussagen nach der Auffassung der angesprochenen Verkehrskreise einen zuverlässigen Schluss auf die Preisstellung, die Beschaffenheit oder die Herkunft der Ware ermöglichen. Bei Werbesymbolen kommt es deshalb darauf an, ob sich der Bezug zu einem konkret nachprüfbaren Vorgang oder Zustand aufdecken lässt.

2.45 Wird für ein technisches Erzeugnis, für das es anerkannte und nachprüfbare Leistungsmerkmale gibt, gegenüber **Fachleuten** mit dem Wort „unschlagbar" geworben, so kann das als eine **nachprüfbare Behauptung** der alleinigen technischen oder wirtschaftlichen Spitzenstellung aufgefasst werden (BGH GRUR 1975, 141, 142 – *Unschlagbar* mit Anm Malzer). Derselbe Eindruck könnte aber auch bei Verwendung dieses Wortes, das nicht lediglich wie der Werbespruch „*AEG-Lavamat, den und keinen anderen*" (BGH GRUR 1965, 365 – *Lavamat II*) als suggestiver Kaufappell, sondern als Berührung einer **Spitzenstellung** aufgefasst wird, für das breite Publikum bei manchen Erzeugnissen hervorgerufen werden. – Der Werbespruch „*S hat* *den Preiskiller. Sonst keiner"* in Verbindung mit einem den Namen „S" tragenden Athleten, der mit geballter Faust einem 5-DM-Stück einen Boxhieb versetzt, bringt symbolhaft zum Ausdruck, dass der Werbende seine Preise möglichst niedrig hält und preisgünstiger als die Mitbewerber ist (OLG Düsseldorf WRP 1971, 277).

2. Nicht nachprüfbare Anpreisungen

Werbeaussagen, die weder nach ihrem Wort- oder Bildsinn noch nach der Auffassung der beteiligten Verkehrskreise einen **objektiv nachprüfbaren Inhalt** haben, sind **keine Angaben** iSd § 5 I 2. Die Grenze zu den „nichts sagenden" Anpreisungen (Rdn 2.43 ff) ist fließend. Kann ein Urteil offensichtlich nur subjektiv gefällt sein, so scheidet eine Nachprüfbarkeit nach objektiven Maßstäben aus. So ist die Anpreisung *„Die schönsten Blumen der Welt"* eine ästhetische Wertung, die keinen objektiv nachprüfbaren Inhalt hat, ebenso die Ankündigung eines Films als „künstlerisches Erlebnis" oder die Schilder einer Gemeinde mit der Aufschrift „... schönster Aussichtspunkt der Mosel" (OLG Koblenz WRP 1983, 225). Auch der Werbespruch *„Mutti gibt mir immer nur das Beste"* zur Anpreisung für Fertignahrung entzieht sich weitgehend einer objektiven Feststellung (BGH GRUR 1965, 363, 365 – *Fertigbrei*). 2.46

Allerdings können auch allgemeine Anpreisungen, die in die äußere **Form einer subjektiven Wertung** gekleidet sind, verdeckt sehr wohl eine objektiv nachprüfbare Aussage enthalten. Das trifft insbes zu, wenn sie trotz der subjektiven Einfärbung doch als Hinweis auf die (nachprüfbare) **Beschaffenheit der Ware** aufgefasst werden (BGH GRUR 1969, 425, 426 – *Melitta-Kaffee* mit Anm *Krieger:* „Es gibt keinen besseren Kaffee für Ihren Melitta-Filter, weil er melittafein gemahlen ist."). Um **konkrete Beschaffenheitsmerkmale** braucht es sich nicht zu handeln. Es genügt, dass die Anpreisung die Vorstellung einer **technischen oder wirtschaftlichen Spitzenstellung,** einer **Spitzenqualität** oder jedenfalls einer **besseren Qualität** als der durchschnittlichen hervorruft (BGH GRUR 1975, 141 – *Unschlagbar*). 2.47

Auch wenn allgemein gehaltene oder gar übertriebene Anpreisungen häufig einen objektiv nachprüfbaren Kern besitzen, ist doch zu beachten, dass der **verständige Durchschnittsverbraucher,** auf dessen Verständnis es heute ankommt (s Rdn 1.57), weniger Neigung hat, derartige Anpreisungen für bare Münze zu nehmen. So wurde früher die **Verwendung des bestimmten Artikels** verbunden mit einem anpreisenden Adjektiv oder einem sonstigen schmückenden Beiwort („Das große deutsche Wörterbuch", „Der große Schuh-Markt E", „Das Möbelerlebnis im Westen") häufig als Alleinstellungsbehauptung verstanden (BGH GRUR 1971, 365, 367 – *Wörterbuch;* BGH GRUR 1983, 779, 780 – *Schuhmarkt;* OLG Hamm GRUR 1991, 689). In der neueren Rspr sind die Aussagen dieser Entscheidungen stark relativiert, wenn auch nicht aufgegeben worden. So wurde die Werbung für die Frankfurter Allgemeine Zeitung *„Die große deutsche Tages- und Wirtschaftszeitung"* nicht als irreführend angesehen, obwohl die Süddeutsche Zeitung eine höhere verkaufte Auflage hat. Denn umso größer der Markt sei, auf den sich die Werbeaussage beziehe, umso weniger könne aus der bloßen Verwendung des bestimmten Artikels mit einem nicht gesteigerten Eigenschaftswort geschlossen werden, es werde insoweit eine Spitzenstellung beansprucht (BGH GRUR 1998, 951, 953 – *Die große deutsche Tages- und Wirtschaftszeitung;* vgl auch BGH GRUR 2002, 182, 183 – *Das Beste jeden Morgen;* dazu Rdn 2.42; zu den Alleinstellungsbehauptungen s Rdn 2.137 ff). 2.48

3. Meinungsäußerungen

Meinungsäußerungen sind nicht schlechthin dem Anwendungsbereich des § 5 entzogen (s Rdn 1.65 f). Häufig steckt in ihnen, insbes in schlagwortartigen Slogans, eine **objektiv nachprüfbare Aussage.** Dann gilt § 5, wobei zu beachten ist, dass gerade der subjektive Rahmen die Irreführung über den objektiv nachprüfbaren Kern der Aussage hervorrufen kann. 2.49

Im Einzelnen: **(a)** Einer Meinungsäußerung können Aussagen, deren tatsächliche Richtigkeit sich nachprüfen lässt, **zur Begründung hinzugefügt** sein. **(b)** Eine nachprüfbare Aussage ist zwar nicht hinzugefügt, aber der Verkehr versteht die in Form einer subjektiven Wertung gefasste Äußerung **als eine objektiv nachprüfbare Aussage** bestimmten Inhalts. Dann liegt insoweit eine Angabe vor. Die versteckte nachprüfbare Aussage muss im Einzelfall durch Auslegung ermittelt werden, wobei es nicht nur auf die äußere Form und den Wortsinn, sondern entscheidend auf die Auffassung der Verkehrskreise ankommt, an die die Werbung sich richtet. Nur auf eine reine Meinungsäußerung, der keine Tatsachenbehauptung beigefügt ist, die keine Tatsachenbehauptung versteckt enthält und die auch vom Verkehr nicht als eine nachprüfbare Aussage bestimmten Inhalts aufgefasst wird, ist § 5 nicht anzuwenden. **(c)** Schließlich kann ein Unter- 2.50

nehmen **einem Dritten Äußerungen in den Mund legen,** die der Verkehr dem werbenden Unternehmen zurechnet. So ist der Tatsachenkern, der in der Aussage eines nur scheinbar unbeteiligten Dritten liegt *(„Für mich ist er Deutschlands frischester Kaffee"),* dem werbenden Unternehmen selbst zuzurechnen (OLG Hamburg WRP 1973, 648). Der Verbraucher rechnet bei einer solchen Werbeaussage damit, dass die Werbeaussage einen realen Hintergrund hat. Wer sich **fremde Angaben** erkennbar zu eigen macht, macht diese Angaben selbst. Das ist auch bei der **Verbreitung von Kundenzuschriften, Anerkennungs- und Empfehlungsschreiben** nicht anders (dazu Rdn 2.163 ff). – Zur irreführenden Angabe über die Rechtslage s Rdn 2.13.

4. Irreführung

2.51 Die Frage, ob überhaupt eine **inhaltlich nachprüfbare Aussage** über geschäftliche Verhältnisse irgendwelcher Art vorliegt, ist von der Frage, ob der Verkehr durch die Angabe irregeführt wird, zu unterscheiden. Eine auf ihren Inhalt nachprüfbare Werbeaussage wird möglicherweise vom Verkehr nicht ernst genommen, sondern als eine **marktschreierische Übertreibung** verstanden (dazu Rdn 2.125 ff). Dann entfällt zwar nicht der Begriff der Angabe, wohl aber fehlt es an einer Irreführung, so dass § 5 nicht eingreift.

III. Form der Angabe

1. Ausdrucksform (§ 5 III)

2.52 Die **Ausdrucksform einer Angabe** ist gleichgültig. Erforderlich ist allein, dass sich die Angabe – ob in Worte gefasst oder nicht – auf Tatsachen bezieht und daher **inhaltlich nachprüfbar** ist (s Rdn 2.37). Die irreführende Angabe kann mündlich oder schriftlich, durch Bild oder Ton, ausdrücklich oder konkludent gemacht werden. Dies bringt § 5 III zum Ausdruck, der gleichzeitig klarstellt, dass der irreführende Werbevergleich im deutschen Recht nicht von der Bestimmung über vergleichende Werbung, sondern von der über irreführende Werbung erfasst wird. Aus dem bis 2004 geltenden Recht (§ 5) übernommen ist die Voraussetzung, dass die nichtwörtlichen Angaben „darauf zielen und geeignet" sein müssen, wörtliche Angaben zu ersetzen. Diese Formulierung ist missverständlich, weil sie mit dem Begriff „zielen" den – unzutreffenden – Eindruck erweckt, als sei insofern ein Vorsatzelement erforderlich.

2.53 Um eine Angabe in der Form einer **bildlichen Darstellung** handelt es sich etwa, wenn man auf dem Geschäftsbogen eine Fabrikanlage oder ein Haus als Geschäftslokal (OLG Stuttgart BB 1952, 386) oder auf Seifenstücken den Kölner Dom abbildet (LG Köln GRUR 1954, 210, 211) oder wenn ein Mönch auf dem Etikett der Bierflasche ein überschäumendes Bierglas erhebt (BGH GRUR 2003, 628 – *Klosterbrauerei*). Auch in dem **Aussehen einer Ware oder in ihrer Aufmachung** kann eine Beschaffenheitsangabe, in der Verwendung einer bes Flasche eine geografische Herkunftsangabe liegen (BGH GRUR 1971, 313, 315 – *Bocksbeutelflasche;* vgl dazu EuGH Slg 1984, 1299, 1306 = GRUR Int 1984, 291 – *Bocksbeutel* und s Rdn 1.32). Die Angabe kann aber auch in einem Geräusch enthalten sein (BGH GRUR 1961, 544 – *Hühnergegacker*).

2.54 Zuweilen muten die Beispiele aus der Vergangenheit kurios an, mit denen belegt wird, dass auch in einem unverfänglich erscheinenden Merkmal der Werbung eine Tatsachenbehauptung versteckt sein kann. Ein klassisches Beispiel dafür, dass die **lautmalerische Umrahmung** einer Rundfunkwerbung eine Angabe darstellen, also konkrete Informationen übermitteln kann, soll etwa das **Hühnergegacker** in einer Rundfunkwerbung für Teigwaren sein, das den Eindruck vermittle, die Nudeln seien unter Verwendung von Frischei (und nicht nur von Trockenei) hergestellt worden (BGH GRUR 1961, 544 – *Hühnergegacker*); ob der Verkehr – wie das Berufungsgericht erwogen hatte – auch noch zwischen Legegegacker und Konversationsgegacker differenziert (!), hat der BGH offen gelassen.

2. Unternehmens- und Produktbezeichnung

2.55 **a) Verhältnis zum Markenrecht.** Die Irreführung kann auch durch eine **Unternehmens- oder Produktbezeichnung** hervorgerufen werden. Dabei ist stets zu prüfen, ob der Sachverhalt nicht eine **abschließende Regelung im Markengesetz** erfahren hat (vgl BGHZ 149, 191, 195 f – *shell.de;* BGH GRUR 2001, 73 – *Stich den Buben;* dazu im Einzelnen Rdn 1.77 ff mwN). Das Kennzeichenrecht kann den Irreführungstatbestand indessen allenfalls dort verdrängen, wo Ansprüche des Kennzeicheninhabers – etwa gegen den Inhaber eines prioritätsjüngeren Zeichens – in Rede stehen, wo also der Verletzungstatbestand des § 14 II oder des § 15 II MarkenG und der Irreführungstatbestand miteinander konkurrieren. Geht es dagegen nur darum, ob das

Publikum durch die Verwendung eines Kennzeichens – sei es einer Marke oder sei es einer geschäftlichen Bezeichnung – irregeführt wird, findet § 5 uneingeschränkt Anwendung (Irreführung in casu bejaht: BGH Urt v 10. 6. 2010 – I ZR 42/08 Tz 18 – *Praxis Aktuell* mwN; Irreführung in casu verneint: BGH GRUR 2010, 642 Tz 47 – *WM-Marken*).

Nur für Registerkennzeichenrechte, also für Marken, gibt es eine **markenrechtliche Bestimmung** in § 8 II Nr 4 MarkenG, wonach Zeichen von der Eintragung ausgeschlossen sind, „die geeignet sind, das Publikum insbes über die Art, die Beschaffenheit oder die geografische Herkunft der Waren oder Dienstleistungen zu täuschen". Dieses **absolute Eintragungshindernis** kann auch nach Eintragung noch zeitlich unbegrenzt durch einen Löschungsantrag nach § 50 I Nr 3 MarkenG geltend gemacht werden. Die Möglichkeit, einen solchen **markenrechtlichen Löschungsantrag** zu stellen, berührt aber nicht den **wettbewerbsrechtlichen Anspruch** aus § 8 I iVm §§ 3, 5. Gegen die Irreführung, die von einem durch Benutzung entstandenen Kennzeichenrecht ausgeht, kann ohnehin nur mit den Mitteln des Wettbewerbsrechts sowie mit einem Anspruch aus § 37 II iVm § 18 II HGB vorgegangen werden.   2.56

b) Beispiele für irreführende Unternehmensbezeichnungen. So enthält die Firma „**Transport-Garantie-Kompagnie**" die Angabe, man übernehme eine weitgehende Haftung für die Ausführung von Beförderungsaufträgen (RG MuW XXVI, 146). Die Unternehmensbezeichnung „**Bundesdruckerei**" erweckt den Eindruck, als sei die Bundesrepublik Deutschland zumindest Mehrheitsgesellschafter des Unternehmens (BGH GRUR 2007, 1079 Tz 27 ff – *Bundesdruckerei*; s auch Rdn 5.92 a). – Dass die irreführende Firma firmenrechtlich zulässig und eingetragen ist, schützt den Inhaber nicht. So durften die Erwerber der Firma „**Societät Berlin Möbel-Tischler**" die Firma nach § 22 HGB beibehalten, obwohl sie weder Tischler waren noch Möbel lieferten; wettbewerbsrechtlich war aber die Firma nunmehr irreführend und zu löschen (RG JW 1935, 3157; s auch BGHZ 10, 196 – *Dun-Europa;* BGH GRUR 1958, 90 – *Hähnel;* s Rdn 2.124; vgl auch § 18 II HGB).   2.57

Für die Frage der irreführenden Verwendung eines Zeichens spielt es keine Rolle, dass das Zeichen (trotz § 8 II Nr 4 MarkenG) **als Marke eingetragen** worden ist. Denn die Eintragung ist kein Indiz dafür, dass das Publikum durch die Marke nicht irregeführt wird (BGH GRUR 1955, 251 – *Silberal;* BGH Urt v 10. 6. 2010 – I ZR 42/08 Tz 18 – *Praxis Aktuell*). – Schließt der Verkehr auf Grund der Verwendung einer Marke auf bestimmte **Eigenschaften der gekennzeichneten Ware,** so ist die Verwendung des Zeichens für eine diese Eigenschaften nicht aufweisende Ware – ohne entspr Aufklärung – irreführend (BGH GRUR 1984, 737 – *Ziegelfertigstürze* mit Anm *Krafft,* zu einer für einen Verband eingetragenen Kollektivmarke). – Ob die Verwendung des Begriffs „**Gesundheitsforschung**" im Firmennamen eines Unternehmens irreführend ist, kann nicht an einer einzelnen Aktivität dieses Unternehmens gemessen werden; maßgeblich ist vielmehr eine Gesamtbetrachtung der unternehmerischen Tätigkeit (BGH GRUR 2000, 1084 – *Unternehmenskennzeichnung*).   2.58

3. Schweigen

Keine Angabe stellt das bloße **Schweigen** dar. Wohl aber kann durch das Verschweigen wesentlicher Umstände eine **Angabe irreführend** werden (BGH GRUR 1952, 416, 417 – *Dauerdose;* s dazu Rdn 2.60 f und § 5 a Rdn 1 ff).   2.59

IV. Irreführung durch Unterlassen (§ 5 a)

1. Allgemeines

Das Gesetz enthält seit der UWG-Novelle 2008 in § 5 a eine **gesonderte Bestimmung zur Irreführung durch Unterlassen,** die der Umsetzung von Art 7 der UGP-Richtlinie dient. Das UWG 1909 hatte keine Regelung über die Irreführung durch Unterlassung enthalten. Vielmehr hat die Rspr in einer Vielzahl von Entscheidungen die maßgeblichen Kriterien herausgearbeitet. Das UWG 2004 enthielt erstmals in § 5 II 2 eine Regelung, die fast unverändert in § 5 a I UWG 2008 übernommen worden ist. Danach sind „bei der Beurteilung, ob das Verschweigen einer Tatsache irreführend ist, … insbes deren Bedeutung für die geschäftliche Entscheidung nach der Verkehrsauffassung sowie die Eignung des Verschweigens zur Beeinflussung der Entscheidung zu berücksichtigen".   2.60

2. Erweiterung des Irreführungsverbots

2.61 Die Neuregelung der Irreführung durch Unterlassen in § 5a hat **zwei Funktionen: (1)** Zum einen macht sie deutlich, dass die von der Rspr zu § 5 entwickelten **Grundsätze unverändert weitergelten.** Aus dem Verbot irreführender Angaben ergibt sich ganz natürlich auch das Verbot, nicht durch Schweigen, das vom Verbraucher als beredtes Schweigen verstanden wird, zu täuschen. Wird ein Produkt üblicherweise in einer bestimmten Ausstattung geliefert, wird der Verbraucher irregeführt, wenn das angebotene Produkt eines dieser üblichen Merkmale nicht aufweist. Hierfür bedarf es keiner ausdrücklichen Informationspflichten. **(2)** Hiervon zu unterscheiden sind die **ausdrücklichen Informationspflichten,** die in § 5a III aufgestellt und auf die in § 5a IV verwiesen wird. Hier wird mit den Mechanismen des Irreführungsverbots eine Sanktionsmöglichkeit für die Verletzung von Pflichten geschaffen, die sich nicht ohne weiteres aus dem Lauterkeitsrecht ergeben. – Da § 5a beide Regelungsbereiche in sich vereint, werden beide Bereiche dort kommentiert.

V. Angaben im Rahmen vergleichender Werbung (§ 5 III 1. Alt)

1. Richtlinie zur vergleichenden Werbung

2.62 Nach Art 4 lit a der Richtlinie 2006/114/EG über irreführende und vergleichende Werbung darf eine **vergleichende Werbung** nicht irreführend iSv Art 2 lit b, Art 3 und Art 8 I der Richtlinie sein. Im deutschen Recht ist diese Bestimmung in der Weise umgesetzt worden, dass die irreführende vergleichende Werbung nicht von der Bestimmung über vergleichende Werbung (§ 6), sondern allein vom **Irreführungsverbot** erfasst wird. Um dies klarzustellen, war bereits dem § 3 UWG in der bis 2004 geltenden Fassung ein Satz 2 angefügt worden, der besagte, dass „Angaben über geschäftliche Verhältnisse ... auch Angaben im Rahmen vergleichender Werbung" sind (dazu BGH GRUR 2002, 633, 634 – *Hormonersatztherapie*). Eine entspr Bestimmung enthält § 5 III, obwohl nach neuem Recht ohnehin **Angaben über Mitbewerber** vom Irreführungsverbot erfasst sind (s Rdn 2.34). Dies war nach altem Recht streitig (verneinend BGH GRUR 1967, 596, 596 – *Kuppelmuffenverbindung;* BGH GRUR 1986, 548, 550f – *Dachsteinwerbung;* Tilmann GRUR 1997, 790, 793; aM Köhler/*Piper* 3. Aufl § 3 Rdn 220; GK/*Lindacher* § 3 Rdn 292).

2. Maßstab für die Beurteilung der Irreführung

2.63 Bei der Umsetzung der Richtlinie zur vergleichenden Werbung hatte der Gesetzgeber das Ziel verfolgt, die irreführende vergleichende Werbung dem tendenziell strengeren **Irreführungsmaßstab** des deutschen Rechts zu unterwerfen. Er sah sich hierzu auf Grund von Art 8 der Richtlinie befugt. Nach Art 8 I Unterabs 1 enthält die Richtlinie über irreführende und vergleichende Werbung nur einen **Mindeststandard;** Art 8 I Unterabs 2 macht hiervon für die vergleichende Werbung eine Ausnahme (Richtlinie enthält also insoweit Mindest- und Höchstmaßstab), „soweit es sich um den Vergleich handelt". Hieraus hatte der Gesetzgeber mit einem Teil des Schrifttums geschlossen, dass für die Beurteilung der Irreführung der (strengere) deutsche Maßstab zulässig sei (Begr RegE BT-Drucks 14/2959 S 7 = WRP 2000, 555, 557). Die Frage ist inzwischen im gegenteiligen Sinne vom EuGH entschieden worden; danach darf auf die Frage, ob eine vergleichende Werbung irreführend ist, **kein gegenüber dem europäischen Recht strengerer nationaler Maßstab** angewandt werden (EuGH Slg 2003, I-3095 Tz 44 = GRUR 2003, 533 – *Pippig Augenoptik/Hartlauer;* BGH GRUR 2005, 172, 175 – *Stresstest;* s Rdn 1.14 und § 6 Rdn 14). Die Frage ist aber nur noch von akademischer Bedeutung, da der BGH inzwischen ebenso wie der EuGH vom durchschnittlich informierten, aufmerksamen und verständigen Durchschnittsverbraucher ausgeht (s Rdn 1.56).

D. Irreführende Angaben

I. Grundlagen

2.64 Nach der ursprünglichen Fassung des Irreführungsverbots in § 3 UWG 1909 waren „unrichtige Angaben über geschäftliche Verhältnisse" verboten, „die geeignet sind, den Anschein eines bes günstigen Angebots hervorzurufen". 1969 wurde die „unrichtige Angaben" durch „irreführende Angaben" ersetzt; ferner entfiel das zusätzliche Erfordernis, wonach die Angaben geeignet sein mussten, den Anschein eines bes günstigen Angebots zu erwecken (s Rdn 1.2f). Nach der Neufassung des § 5 sind **irreführende Angaben** allgemein verboten; auch die

2. Kap. Tatbestand der irreführenden Werbung 2.65–2.69 § 5 UWG

Beschränkung auf „geschäftliche Verhältnisse" ist entfallen. Damit entspricht der Irreführungstatbestand im Wesentlichen den modernen Verboten täuschender Werbung im Lebens-, Arznei- und Heilmittelrecht (§§ 11 I, 27 I LFGB; § 8 AMG; § 3 HWG). Eine sachliche Änderung war jedoch mit den meisten dieser Änderungen nicht verbunden. Schon vor 1969 hatten Rspr und Schrifttum unter den „unrichtigen" nicht die objektiv, sondern die aus der Sicht des Empfängers **subjektiv unrichtigen, also irreführenden Angaben** verstanden. Für die Feststellung einer relevanten Irreführung kommt es danach allein auf die Auffassung der angesprochenen Verkehrskreise an (Rdn 2.67).

Ein **Verstoß gegen das Irreführungsverbot** liegt nicht nur dann vor, wenn eine Täuschung 2.65 des Verkehrs bereits eingetreten ist. Vielmehr genügt es, dass eine Angabe **geeignet** ist, die Umworbenen irrezuführen und sie zu falschen Entscheidungen zu beeinflussen (s Rdn 2.169 ff). Auch insofern weicht das deutsche Recht nicht von der Richtlinie über vergleichende und irreführende Werbung ab, die in Art 2 lit 2 irreführende Werbung als eine Werbung definiert, „die in irgendeiner Weise – einschließlich ihrer Aufmachung – die Personen, an die sie sich richtet oder die von ihr erreicht werden, täuscht **oder zu täuschen geeignet ist** ...". Hieran besteht im Hinblick auf den klaren Wortlaut der Richtlinie trotz einer missverständlichen Äußerung des EuGH (Slg 1992, I-131 Tz 16 = WRP 1993, 233 – *Nissan*) kein Zweifel (dazu eingehend Rdn 1.20). – Nicht so klar ist der Wortlaut der **Strafvorschrift des § 16;** doch auch dort reicht die **Eignung zur Irreführung** aus (s § 16 Rdn 9).

§ 5 verbietet **irreführende Angaben,** die im Wettbewerb zu Werbezwecken gemacht wer- 2.66 den. Der Aussageinhalt einer Angabe bestimmt sich nach der Auffassung der angesprochenen Verkehrskreise, an die die Werbung sich richtet (s Rdn 2.67 ff). Irreführend ist eine Angabe, wenn sie bei den Adressaten eine Vorstellung erzeugt, die mit den wirklichen Verhältnissen nicht im Einklang steht. Die Divergenz zwischen der durch die irreführende Angabe bewirkte Bedeutungsvorstellung und der Wirklichkeit begründet den Verstoß gegen §§ 3, 5. Für die Frage der Irreführung kommt es nicht auf **Verschulden,** geschweige denn auf eine Täuschungsabsicht, an.

II. Verkehrsauffassung

1. Grundsatz

Bei der Prüfung, ob eine Angabe über geschäftliche Verhältnisse **geeignet ist, den Verkehr** 2.67 **irrezuführen,** kommt es nicht auf den objektiven Wortsinn und nicht darauf an, wie der Werbende selbst seine Aussage über die Ware oder gewerbliche Leistung verstanden haben will. Entscheidend ist die **Auffassung der Verkehrskreise, an die sich die Werbung richtet** (BGHZ 13, 244, 253 = GRUR 1955, 38, 40 – *Cupresa-Kunstseide;* BGH GRUR 1961, 193, 196 – *Medaillenwerbung;* BGH GRUR 1987, 171, 172 – *Schlussverkaufswerbung I;* BGH GRUR 1991, 852, 854 – *Aquavit* mwN; BGH GRUR 1995, 612, 614 – *Sauerstoff-Mehrschritt-Therapie;* BGH GRUR 1996, 910, 912 – *Der meistverkaufte Europas;* BGHZ 156, 250, 252 = GRUR 2004, 244, 245 – *Marktführerschaft;* stRspr). Eine Werbung kann objektiv richtig, aber subjektiv, dh in ihrer Wirkung auf das Publikum, geeignet sein, irrige Vorstellungen hervorzurufen (BGHZ 28, 1, 6 – *Buchgemeinschaft II;* BGH GRUR 1957, 600 – *Westfalen-Blatt I*). Ob eine Angabe geeignet ist irrezuführen, lässt sich daher nur feststellen, wenn man zuvor ihren Sinn ermittelt hat, den sie nach der Auffassung der umworbenen Verkehrskreise hat. Deren Vorstellung vom Inhalt der Angabe ist maßgebend. Hieran hat sich weder durch die Richtlinie über irreführende und vergleichende Werbung noch durch die UGP-Richtlinie etwas geändert. Für die Ermittlung der Verkehrsauffassung kann daher auf die **Rspr zu § 3 UWG 1909** zurückgegriffen werden.

Von der Frage der Fehlvorstellung, die sich auf Grund einer irreführenden Angabe bildet, ist die 2.68 **Frage nach den Auswirkungen (Relevanz)** zu unterscheiden. Die Fehlvorstellung kann zu einem Geschäftsabschluss beitragen oder führen, es kann aber auch sein, dass die durch die Werbung bewirkte Fehlvorstellung allein dazu führt, dass der Kunde angelockt wird, sich bspw veranlasst sieht, ein bestimmtes Ladenlokal aufzusuchen und sich dort näher mit dem Angebot des Werbenden auseinander zu setzen. Dies ist eine Frage der Relevanz der Irreführung (dazu Rdn 2.169 ff).

2. Maßstab

a) **Allgemeines.** Für die Beurteilung einer werbenden Angabe ist stets auf den **Empfänger-** 2.69 **horizont** abzustellen. Das Wahrheitsgebot begegnet uns im Irreführungstatbestand **niemals als ein Gebot objektiver Wahrheit,** sondern immer bezogen auf das Verständnis des angesprochenen Verkehrs. Hieran hat im Grundsatz auch der Wechsel zum neuen Verbraucherleitbild (s

Rdn 1.57 ff) und die stärkere Betonung normativer Elemente in der Rspr nichts geändert. Der objektive Sinn einer Angabe spielt indessen für die Frage eine Rolle, ob ausnahmsweise eine Irreführung hingenommen werden kann, weil überwiegende Interessen gegen ein Verbot sprechen (s dazu Rdn 2.202 f). Denn das UWG schützt nicht jeden Verbraucher vor jeder denkbaren Irreführung (BGH GRUR 1963, 36 – *Fichtennadelextrakt;* BGH GRUR 1971, 313, 315 – *Bocksbeutelflasche;* BGH GRUR 1996, 910, 914 – *Der meistverkaufte Europas;* BGH GRUR 1996, 985, 986 – *PVC-frei;* BGH GRUR 1997, 304, 306 – *Energiekosten-Preisvergleich II;* BGH GRUR 2000, 73, 75 – *Tierheilpraktiker;* s auch Rdn 2.203).

2.70　　b) **Objektiv falsche Angaben.** Irreführend ist eine Angabe im Allgemeinen, wenn ein **objektiv falscher Tatbestand** behauptet wird (§ 5 I 2 1. Alt: „… ist irreführend, wenn sie unwahre Angaben enthält …"). Der Werbende kündigt zB 100 Notebook-Computer zu einem bes günstigen Preis an, hat aber nur 70. Oder es werden „Herrenmäntel jetzt 100 €" angekündigt, obwohl ein Teil der Mäntel deutlich teurer ist. Es werden im Schaufenster Waren ausgestellt, die überhaupt nicht zum Verkauf stehen. Statt des beworbenen Billigscanners wird in der Werbung die Abbildung des zweieinhalbmal so teuren Geräts des Marktführers gezeigt (BGH GRUR 2002, 715 – *Scanner-Werbung*). – Eine objektiv unrichtige Angabe muss aber nicht unbedingt gegen § 5 verstoßen. Es ist möglich, dass sie von den angesprochenen Verkehrskreisen **richtig verstanden** wird. Ob es dann am Merkmal der Irreführung – so BGH GRUR 1957, 285, 286 – *Erstes Kulmbacher* zu § 3 UWG 1909 – oder im Hinblick auf die Formulierung von § 5 I 2 an der Relevanz der Irreführung fehlt, bleibt sich gleich.

2.71　　c) **Objektiv zutreffende Angaben.** Irreführend kann eine Angabe auch dann sein, wenn sie objektiv richtig ist. Das ist der Fall, wenn ein beachtlicher Teil der angesprochenen Verkehrskreise mit einer objektiv richtigen Angabe eine **unrichtige Vorstellung** verbindet (BGHZ 13, 244, 253 – *Cupresa-Kunstseide;* BGH GRUR 1958, 39, 40 – *Rosenheimer Gummimäntel;* BGH GRUR 1961, 193, 196 – *Medaillenwerbung;* BGH GRUR 1987, 171, 172 – *Schlussverkaufswerbung I;* BGH GRUR 1991, 552, 554 – *TÜV-Prüfzeichen;* BGH WRP 1993, 239 – *Sofortige Beziehbarkeit;* BGH GRUR 1998, 1043 – *GS-Zeichen;* stRspr). So führt zB die Firma „Älteste Kornbrennerei in Steinhagen" irre, wenn sie zwar tatsächlich die älteste Brennerei ist, aber nicht, was das Publikum sich gerade bei der Ankündigung denkt, den ältesten Steinhäger-Branntwein brennt (RG MuW 1931, 19). Das Wort **„Weingeist"** auf dem Etikett eines „Boonekamp" ist zwar objektiv zutr, weil es in der Gesetzes- und Fachsprache (§ 100 II BranntwMonG aF) zur Bezeichnung von Äthylalkohol und damit zur Bezeichnung eines artentscheidenden Bestandteils von Spirituosen, also auch von „Boonekamp" verwendet wird, führt aber bei **schlagwortartiger Herausstellung** das Publikum irre, das darin einen Hinweis auf einen aus Wein oder Weintrauben hergestellten Alkohol erblickt (BGH GRUR 1973, 481, 483 – *Weingeist* mit Anm *Utescher;* vgl Rdn 4.16).

2.72　　Die zutreffende Angabe, ein Kindertee enthalte **keinen Zucker in Form von Saccharose,** ist irreführend, weil sie den Eindruck erweckt, der Tee enthalte keine kariesfördernden süßen Bestandteile, obwohl statt dessen **andere Bestandteile** verwendet worden sind, bei denen wissenschaftlich ungeklärt ist, ob sie nicht ebenfalls gesundheitsschädlich sind (KG GRUR 1986, 258). – Irreführend ist die Angabe eines **„monatlichen Ratenzuschlags von 0,50%"** in der Rechnung für einen Teilzahlungskauf ohne gleichzeitige Nennung des **effektiven Jahreszinses,** weil der Teilzahlungskäufer an die Mitteilung des effektiven Jahreszinssatzes als Berechnungsgrundlage gewöhnt ist (BGH GRUR 1990, 609, 610 – *Monatlicher Ratenzuschlag*). – Die Größenangabe in einer Werbung für Fernsehgeräte **„72 cm-B-Bildröhre"** kennzeichnet zwar zutr die Bildröhrendiagonale, wird aber – so das OLG Köln – von einem nicht unerheblichen Teil der Umworbenen auf die Länge der Diagonale des tatsächlich sichtbaren Bildes bezogen (OLG Köln NJW-RR 1993, 51). – Eine Werbung mit dem Zeichen **„GS = geprüfte Sicherheit"** kann irreführend sein, wenn die Genehmigung zur Führung des Zeichens zu Unrecht erteilt worden ist (BGH GRUR 1998, 1043 – *GS-Zeichen*).

2.73　　d) **Irrelevante Spekulationen.** Wird eine Angabe vom Publikum richtig verstanden, so liegt nicht deshalb ein **Verstoß** gegen §§ 3, 5 vor, weil ein Teil des Verkehrs vermutet, die Angabe sei nicht richtig. Ein Verstoß gegen §§ 3, 5 liegt daher nicht vor, wenn Kunden einer Fahrschule glauben, das ihnen zusätzlich zum Unterricht gewährte Lehrmaterial sei trotz des dafür veranschlagten Gesamtpreises nicht bes berechnet und deshalb eine Zugabe (BGH GRUR 1967, 530, 532 – *Fahrschule*). – Irreführend ist eine Angabe auch dann nicht, wenn der Werbende **etwas Unwahres aussagen will,** der Verkehr der Ankündigung jedoch nichts Unwahres entnimmt.

3. Prüfungsschritte

Bei der Feststellung, ob eine Werbeangabe **irreführend** ist, ist wie folgt vorzugehen: **(1)** Zunächst ist zu prüfen, **welche Verkehrskreise** von der fraglichen Werbung angesprochen werden (Rdn 2.75 ff). Diese Prüfung bildet die unentbehrliche Grundlage für die Feststellung der Irreführung. **(2)** Sodann ist das **Verständnis dieser Verkehrskreise** zu ermitteln. **(3)** Erst wenn geklärt ist, welcher Sinn einer Angabe nach der Verkehrsauffassung zukommt, lässt sich feststellen, ob die bei einem erheblichen Teil der angesprochenen Verkehrskreise erweckte Vorstellung **mit den wirklichen Verhältnissen übereinstimmt**. **(4)** Eine **Irreführung** liegt jedoch nur vor, wenn die falsche Vorstellung für die Entschließung der angesprochenen Verkehrskreise **relevant** ist (Rdn 2.169 ff). **(5)** Schließlich können im Einzelfall eine **Interessenabwägung** und eine **Verhältnismäßigkeitsprüfung** erforderlich sein (Rdn 2.197). Sie können unter bes Umständen dazu führen, dass die Irreführung hinzunehmen ist.

4. Bestimmung der angesprochenen Verkehrskreise

a) Allgemeines. Wie eine Werbung verstanden wird, hängt von der Auffassung des Personenkreises ab, an den sie sich richtet. Eine Werbebehauptung kann sich an das **breite Publikum** oder an einen **bestimmten Verkehrskreis** richten, zB an fachkundige Personen, etwa an Weiterverarbeiter oder Händler. Je nach der Abnehmerschaft und der Art der Ware kann die Auffassung über die Bedeutung einer Werbeaussage grundverschieden sein. Wendet sich eine Werbung **nur an Fachleute,** so entscheiden deren Auffassung und Sprachgebrauch auf dem betreffenden Fachgebiet. Richtet sich die Werbung an **verschiedene Kreise,** reicht die Irreführung in einem dieser Verkehrskreise aus (BGHZ 156, 250, 256 = GRUR 2004, 244, 246 – *Marktführerschaft:* Werbung mit der Reichweite des FOCUS im Verhältnis zum SPIEGEL sowohl gegenüber potenziellen Inserenten als auch gegenüber dem allgemeinen Publikum; ferner BGH GRUR 1961, 545, 547 – *Plastic-Folien;* BGH GRUR 1968, 200, 201 – *Acrylglas;* BGH WRP 2010, 759 Tz 11 – *Firmenbestandteil „Bundes-"*).

Wie sehr es auf die **sorgfältige Bestimmung des angesprochenen Verkehrskreises** ankommt, lässt sich beispielhaft an einer BGH-Entscheidung erläutern: Dort ging es um die Frage, ob der Verkehr dadurch irregeführt wird, dass der Name eines ausgeschiedenen Patentanwalts („Dr. V") noch auf dem **Briefkopf in der Namensleiste** der von ihm gegründeten und weiterhin seinen Namen als **Kurzbezeichnung** führenden (Patent-)Anwaltskanzlei aufgeführt wird, und zwar mit Hinweis auf das Datum seines Ausscheidens („bis 6/1992"), ohne aber gleichzeitig deutlich zu machen, dass der Ausgeschiedene seine patentanwaltliche Tätigkeit in einer neuen Praxis fortsetzte. Das OLG war davon ausgegangen, dass sich die Angabe auf dem Briefkopf nur an Mandanten richte, die entweder früher von Dr. V betreut und darüber informiert worden seien, dass er seine patentanwaltliche Tätigkeit an anderer Stelle fortsetze, oder die nicht von ihm betreut worden seien und für die der Umstand der Fortsetzung seiner Tätigkeit an anderer Stelle nicht von besonderem Interesse sei. Der BGH hat diese Bestimmung des angesprochenen Verkehrskreises als erfahrungswidrig beanstandet: Bei dieser Beurteilung bleibt nämlich unberücksichtigt, dass eine Rechtsanwalts- oder Patentanwaltskanzlei mit ihrem Briefkopf in vielfältiger Weise in Erscheinung tritt und gegenüber einem großen Kreis potenzieller Mandanten und anderer Anwälte, die bei der Auswahl eines Patentanwalts beraten, werbend tätig wird. Der **Briefkopf einer Anwaltskanzlei** ist ihr Aushängeschild und damit eine wesentliche Grundlage dafür, potenzielle Mandanten und Nachfragedisponenten über die eigene Kanzlei zu informieren. Dieser Kreis entnimmt dem beanstandeten Briefkopf, dass der Namensgeber und frühere Sozius Dr. V ausgeschieden ist und als Patentanwalt nicht mehr zur Verfügung steht. Diese Fehlvorstellung legt es nahe, neue Mandate nicht Dr. V, sondern seiner früheren Kanzlei zu übertragen. Unter diesen Umständen konnte an der relevanten Irreführung kein Zweifel bestehen (BGH GRUR 1997, 925, 926 – *Ausgeschiedener Sozius*).

b) Allgemeine und spezielle Publikumswerbung. Werbung für Waren und Dienstleistungen des täglichen Bedarfs richtet sich idR an das **allgemeine Publikum.** Hierzu zählt nicht nur, wer regelmäßig die fraglichen Waren oder Leistungen nachfragt, sondern auch derjenige, der – zB im Falle einer Werbebeilage eines Supermarkts – nur gelegentlich oder selten selbst einkauft, weil dies im Rahmen der familiären Arbeitsteilung üblicherweise vom Partner übernommen wird. Die an das allgemeine Publikum gerichtete Werbung lässt sich am einfachsten beurteilen, weil hier jedermann – auch der Richter – zu den angesprochenen Verkehrskreisen zählt.

2.78 Daneben gibt es in großem Umfang Werbung, die sich zwar nicht an Fachkreise (dazu Rdn 2.80), jedoch an **Teile des Publikums mit speziellen Vorkenntnissen** richtet. So ist zB angenommen worden, dass ein Schachcomputerkatalog vor allem für diejenigen Verbraucher von Bedeutung ist, die mit den Grundregeln des Schachspiels vertraut sind und daher bspw beurteilen können, was ein Internationaler Großmeister ist und was es bedeutet, einen solchen Großmeister zu schlagen. Bei dieser Sachlage ist es – so der BGH – dem Werbenden nicht zuzumuten, die (zutreffende) Aussage über den Sieg eines bestimmten Schachcomputers über zahlreiche Großmeister noch dadurch zu ergänzen, dass für einen anderen Turniertyp, nämlich das Blitzturnier, etwas anderes gilt. Der mit dem Schachspiel einigermaßen Vertraute weiß, dass die Ergebnisse eines Turniers zwischen Mensch und Computer nicht ohne weiteres mit denen eines Blitzturniers verglichen oder gar gleichgesetzt werden können. Denn ein Computer benötigt im Allgemeinen für die Rechenvorgänge deutlich weniger Zeit als ein Mensch, so dass der Vorteil des Schachcomputerprogramms je größer ist, desto weniger Zeit zum Überlegen zur Verfügung steht (BGH GRUR 2003, 800, 802 – *Schachcomputerkatalog;* vgl auch BGH GRUR 2005, 877, 879 – *Werbung mit Testergebnis*).

2.79 **c) Besonders schutzwürdige Verbrauchergruppen.** Zum allgemeinen Publikum gehören auch bes schutzwürdige Verbrauchergruppen wie bspw **Kinder und Jugendliche,** zu Leichtgläubigkeit oder Ängstlichkeit neigende **ältere Menschen** oder **ausländische Mitbewohner,** die der deutschen Sprache nicht mächtig sind (vgl auch § 4 Nr 2). Richtet sich eine Werbung an das allgemeine Publikum, fällt dieses Schutzbedürfnis allerdings kaum ins Gewicht. Ganz anders verhält es sich aber, wenn eine Werbung erkennbar auf eine solche schutzbedürftige Verbrauchergruppe abzielt. Dann kann sich die gleiche Werbung, die im Verhältnis zum allgemeinen Publikum als unbedenklich einzustufen ist, als irreführend erweisen (so inzwischen auch Art 5 III der Richtlinie 2005/29/EG über unlautere Geschäftspraktiken). So kann ein Kopplungsangebot für ein Mobiltelefon und einen Netzkartenvertrag anders zu beurteilen sein, wenn zusätzlich zu dem Mobiltelefon noch eine „Playstation" angeboten wird, die vor allem das Interesse von Jugendlichen weckt und dem Angebot eine ganz bes Attraktivität verleiht. Dies kann bspw dazu führen, dass in der Werbung verstärkt auf die wirtschaftliche Belastung hingewiesen werden muss, die mit dem Abschluss des Netzkartenvertrags verbunden ist (vgl BGH GRUR 2004, 343, 344 – *Playstation,* wo diesem Gesichtspunkt allerdings mit dem Argument begegnet wurde, dass das beworbene Kopplungsgeschäft nur von einer voll geschäftsfähigen Person abgeschlossen werden kann; krit insofern *Lettl* GRUR 2004, 449, 457; vgl zum Schutz von Minderjährigen durch Wettbewerbsrecht *Heim* FamRZ 2007, 321 ff; zum Schutz von Minderheiten auch HdbWettbR/ *Helm* § 59 Rdn 84 ff; MünchKommUWG/*Reese* § 5 Rdn 174).

2.80 **d) Werbung gegenüber Fachkreisen.** Werbeangaben werden **von fachkundigen Kreisen** meist sorgfältiger betrachtet. Was sie vom unkritischen Laien unterscheidet, ist, dass sie auf Grund ihrer Vorbildung und Erfahrung den Aussageinhalt einer Angabe leichter erfassen und zudem wegen ihrer beruflichen Verantwortung zu einer genaueren Prüfung veranlasst sein können. Zusatzmittel für die Fleischverarbeitung wird ein Fachmann auf diesem Gebiet, selbst wenn er bereits mit solchen Warenangeboten vertraut ist, nicht flüchtig und unkritisch betrachten (BGH GRUR 1966, 445, 447 – *Glutamal*). Teilweise können aber auch **Fachkreise** durch unrichtige **fachliche Angaben** irregeführt werden, die für das allgemeine Publikum ohne Bedeutung wären. Das gilt bspw bei einer **neuen Sachbezeichnung,** wenn sie an eine Bezeichnung für ein herkömmliches Erzeugnis oder Verfahren angelehnt ist, das damit bezeichnete Erzeugnis oder Verfahren aber erheblich vom alten abweicht (BGH GRUR 1969, 422, 423 – *Kaltverzinkung*). Häufig verhält es sich auch so, dass die Bezugnahme auf ein Produkt eines Mitbewerbers, etwa im Rahmen einer irreführenden vergleichenden Werbung, nur für den Fachmann erkennbar ist (BGH GRUR 2002, 633, 634 – *Hormonersatztherapie*). – Eine an sich unkorrekte vereinfachende Begrifflichkeit, die sich in den Fachkreisen herausgebildet hat, kann auch in einer Werbung, die sich an diese Fachkreise richtet, verwendet werden (OLG Köln MMR 2005, 110 [NZB zurückgewiesen: BGH Beschl v 6. 10. 2005 – I ZR 5/05]).

2.81 Zum angesprochenen Verkehr gehören bei einer an **Fachkreise** gerichteten Werbung auch die Personen, die mit der Werbung **im Vorfeld der Kaufentscheidung** befasst sind, dabei irregeführt werden und hierauf den Fachmann, der die Kaufentscheidung zu treffen hat, erst veranlassen, sich mit dem beworbenen Gegenstand zu befassen (BGH GRUR 1988, 700, 702 – *Messpuffer;* BGH GRUR 1993, 127 – *Teilzahlungspreis II*). Auch diese Personen werden in den Schutzbereich gegen Irreführung einbezogen.

e) Regional unterschiedliche Verkehrsauffassung. Die Verkehrsauffassung braucht innerhalb Deutschlands **nicht überall gleich** zu sein. So kann es sich bei dem für obergäriges Bier verwendeten Stangenglas im Raum Köln um eine auf Köln als Brauort von „Kölsch" hindeutende mittelbare geografische Herkunftsangabe handeln (BGH GRUR 1983, 32, 33 – *Stangenglas I;* vgl aber auch BGH GRUR 1986, 469, 470 – *Stangenglas II*). Generell lässt sich sagen, dass eine Irreführung über eine geografische Herkunftsangabe stets voraussetzt, dass der Verkehr in der Bezeichnung einen Ortsnamen erkennt (zB „Licher", „Warsteiner", „Steinhäger"), was bei Bewohnern der fraglichen Gegend eher der Fall sein wird als anderswo (OLG Karlsruhe GRUR 1997, 72, 74; zu geografischen Herkunftsangaben s Rdn 4.201 ff; vgl zu einem regional unterschiedlichen Verkehrsverständnis im Markenrecht BGH GRUR 1999, 498, 499 – *Achterdiek:* „Achter Diek" bedeutet im Niederdeutschen „Hinter dem Deich"). 2.82

Richtet sich eine Werbung, durch die **in manchen Gegenden ein erheblicher Teil des Verkehrs irregeführt** wird, ohne regionale Beschränkung an das allgemeine Publikum, ist zu fragen, ob bezogen auf das gesamte Bundesgebiet ein erheblicher Teil der Verbraucher irregeführt wird. Ist dies der Fall, kann ein Verbot ausgesprochen werden. Ist dies dagegen nicht der Fall, kommt ein Verbot nicht in Betracht; insbes scheidet auch ein Verbot in den Teilen des Bundesgebiets aus, in denen ein erheblicher Teil des Verkehrs irregeführt wird. Denn das Gesetz nimmt die Irreführung der Verbraucher insoweit hin, als es sich um einen nicht erheblichen Teil der angesprochenen Verkehrskreise handelt. 2.83

f) Werbung gegenüber Einzelpersonen. Auch wenn eine Werbeangabe im **individuellen Verkaufsgespräch** gemacht wird, bestimmt sich die Bedeutung der Angabe grds nach der Auffassung der angesprochenen Verkehrskreise. Der Werbende muss und darf also **Rücksicht auf den (erkennbaren) Grad des Verständnisses seines Gesprächspartners** nehmen. Daher kann sich das Verkaufsgespräch, das ein Verkäufer in einem Computergeschäft führt, je nach dem Verständnisstand des Kunden unterschiedlich gestalten. Während gegenüber dem einen Kunden vieles vorausgesetzt werden kann, muss gegenüber einem anderen Kunden eingehender informiert werden. Erkennt bspw ein Verkäufer in einem Telefonladen, dass ein einfach strukturierter Kunde trotz der Hinweise in der Werbung und in dem zu unterschreibenden Vertrag nicht begreift, dass er das ohne gesondertes Entgelt abgegebene Mobiltelefon durch einen Netzvertrag mit erheblichen monatlichen Mindestbelastungen finanzieren muss, trifft ihn nicht nur eine vorvertragliche (§ 311 II BGB), sondern auch eine sich aus dem Irreführungsverbot ergebende wettbewerbsrechtliche Aufklärungspflicht. Umgekehrt können gegenüber einem kundigen Interessenten Hinweise überflüssig sein, die gegenüber einem Durchschnittsverbraucher geboten gewesen wären. Sind Besonderheiten nicht erkennbar, muss sich der Werbende am **Niveau des Durchschnittsverbrauchers** orientieren. – Nicht auf der **wettbewerbsrechtlichen** Ebene liegt es, dass ein Kunde, der bei einem Verkaufsgespräch vom Verkäufer oder einem Angestellten **arglistig getäuscht** wird, die von ihm abgegebene Willenserklärung nach § 123 BGB **anfechten kann**. 2.84

g) Weitere Beispiele. Als zulässig wurde die Bezeichnung „Emaillelack" für Anstreichmittel angesehen, die vornehmlich für fachlich geschulte Abnehmer verwendet und von diesen richtig, dh in Bezug auf das äußere Aussehen, nicht in Bezug auf die Eigenschaft des Lacks, verstanden wird (BGHZ 27, 1, 4 ff – *Emaillelack*). – Ebenso ist die Bezeichnung „**Johannisbeerkonzentrat**" für einen zur Weiterverarbeitung bei der Lebensmittelherstellung bestimmten gezuckerten konzentrierten Saft aus schwarzen Johannisbeeren unbeanstandet geblieben (BGH GRUR 1984, 376 – *Johannisbeerkonzentrat*). – Bei rein **technischer Werbung** sind die Ausdrücke so zu verstehen, wie es auf dem betreffenden Fachgebiet üblich ist (RG MuW 1940, 69 – *Betoneisenmaschinen*). Auch bei einer Werbung, die sich nur an Fachleute richtet, fragt sich, welcher Grad von Fachkunde vorausgesetzt werden kann; ein Techniker versteht von Werbung für landwirtschaftliche Maschinen möglicherweise anders als ein Bauer (RG MuW XXIII, 137). Ein Experte des Patentrechts würdigt eine Abkürzung („DPa") anders als ein Angestellter einer Einkaufsabteilung (BGH GRUR 1964, 144, 145 – *Sintex*). – Bei in **Apotheken** frei verkäuflichen pharmazeutischen Erzeugnissen ist die Auffassung der Allgemeinheit maßgebend; aber auch die der Ärzte und Apotheker, wenn das Mittel vorwiegend ärztlich verschrieben wird. Handelt es sich um verschreibungspflichtige Arzneimittel, so ist neben den Auffassungen der Ärzte und Apotheker auch die Auffassung des **Käuferpublikums** maßgeblich (BGH GRUR 1957, 339, 340 – *Venostasin;* BGH GRUR 1955, 415, 416 – *Arctuvan*). Anders liegt es bei Mitteln, die an das Publikum nicht pur, sondern von Apothekern erst nach Verarbeitung mit anderen Stoffen zu gebrauchsfertigen Arzneimitteln unter anderem Namen verkauft werden, zB Salbengrundlagen (BGH GRUR 1957, 435, 437 – *Eucerin*). 2.85

2.86 Richtet der Hersteller eines **Backhilfsmittels** seine Werbeaussagen unmittelbar nur an die Bäcker, so setzt die Annahme einer akuten Irreführungsgefahr für die **Endverbraucher** von Brot die Feststellung voraus, dass und in welchem Umfang bei Brotherstellern die Gepflogenheit oder die Neigung besteht, an sie gerichtete Werbeaussagen über die Qualität bloßer Herstellungsmittel in der Werbung **gegenüber Endverbrauchern** zu verwenden (BGH GRUR 1983, 256 – *Sauerteig*). Auch für die Beurteilung einer **Verwechslungsgefahr** ist der Eindruck des Angebotes auf diejenigen Verkehrskreise maßgeblich, die **Adressaten** des Angebots sind. Ob eine Bezeichnung für ein bearbeitetes Naturerzeugnis als **Herkunftsangabe** verstanden wird und auf welches Gebiet sie hinweist, beurteilt sich vorwiegend nach der Auffassung der mit den örtlichen Verhältnissen vertrauten Abnehmer (BGH GRUR 1969, 517, 520 – *Kölsch-Bier*).

5. Durchschnittsverbraucher

2.87 a) **Verbraucherleitbild.** Das Verbraucherleitbild des deutschen Lauterkeitsrechts entspricht dem des europäischen Rechts (EuGH Slg 1998, I-4657 = GRUR Int 1998, 795 – *Gut Springenheide;* dazu eingehend Rdn 1.46 ff). Der BGH stellt seit 1999 als Maßstab auf den **durchschnittlich informierten und verständigen Verbraucher** ab, der der Werbung **die der Situation angemessene Aufmerksamkeit** entgegenbringt (BGH GRUR 2000, 619, 621 – *Orient-Teppichmuster;* BGHZ 156, 250, 252 = GRUR 2004, 244, 245 – *Marktführerschaft;* BGH GRUR 2004, 249, 251 – *Umgekehrte Versteigerung im Internet;* BGH GRUR 2004, 435, 436 – *FrühlingsgeFlüge;* BGH GRUR 2004, 793, 796 – *Sportlernahrung II;* dazu Rdn 1.57 mwN, ferner ausführlich hierzu MünchKommUWG/*Reese* § 5 Rdn 158 ff). Der BGH stellt also nicht (mehr) auf den flüchtigen Betrachter ab, sondern auf den durchschnittlich informierten, verständigen Verbraucher, der sich der Werbung **mit situationsadäquater Aufmerksamkeit** zuwendet (BGH GRUR 2000, 619, 621 – *Orient-Teppichmuster;* BGH GRUR 2003, 626, 627 – *Umgekehrte Versteigerung II;* ferner Rdn 1.57 mwN).

2.87a Der **Gesetzgeber** des UWG 2004 hat dieses Leitbild eines durchschnittlich informierten, situationsadäquat aufmerksamen und verständigen Verbrauchers in seine Erwägungen übernommen (Begr RegE zu § 5 BT-Drucks 15/1487 S 19). Um hieran keinen Zweifel zu lassen, ist ein entsprechendes Bekenntnis in **§ 3 II 2 UWG 2008** aufgenommen worden.

2.88 b) **Grad der Aufmerksamkeit.** Die Aufmerksamkeit und Sorgfalt, mit der ein Verbraucher eine Werbung zur Kenntnis nimmt, ist nicht stets die gleiche. Je nach den konkreten Umständen, insbes je nach der Situation und dem Sinnzusammenhang, fasst der durchschnittlich informierte und verständige Verbraucher eine werbliche Angabe **unterschiedlich auf.** Das hängt zum einen davon ab, welche Bedeutung die beworbene Ware oder Dienstleistung für ihn besitzt. Bei völlig **geringfügigen Waren oder Dienstleistungen** des täglichen Bedarfs wird die Beurteilung einer Werbung auch von einem verständigen Verbraucher **flüchtig** erfolgen. Anders liegt es bei einer Werbung für nicht völlig geringwertige Waren oder Dienstleistungen, die von einem verständigen Verbraucher **mit größerer Aufmerksamkeit** wahrgenommen werden. Missverständnisse flüchtiger oder uninteressierter Verbraucher bleiben dann unbeachtet (BGH GRUR 1997, 304, 306 – *Energiekosten-Preisvergleich II;* BGH GRUR 1998, 1037, 1038 – *Schmuck-Set;* BGH GRUR 2000, 619, 621 – *Orient-Teppichmuster*). So wird der über *Orient-Teppiche* durchschnittlich informierte und verständige Verbraucher eine entspr Werbung idR nicht nur flüchtig betrachten, sondern sich ihr mit normaler Aufmerksamkeit zuwenden. Eine Irreführung ist daher verneint worden, wenn in einer Werbebeilage auf den ersten Seiten **originale handgeknüpfte Orient-Teppiche** und auf den Folgeseiten **mechanisch hergestellte Teppiche** angeboten wurden, die in einem für Orient-Teppiche typischen Muster abgebildet und mit orientalischen Herkunftsbezeichnungen versehen waren, weil sich der verständige Verbraucher nach der allgemeinen Lebenserfahrung, da es sich bei Teppichen nicht um geringwertige Waren des täglichen Bedarfs handelt, bei vorhandenem Interesse auch mit den unter jeder Abbildung befindlichen **klein gedruckten Erläuterungen** befassen und so wahrnehmen wird, dass es sich um **mechanisch hergestellte** Teppiche und nicht um handgeknüpfte original Orient-Teppiche handelt (BGH GRUR 2000, 619, 621 – *Orient-Teppichmuster*).

2.89 Die Aufmerksamkeit, die der verständige Verbraucher einer Werbung entgegenbringt, hängt zum anderen von der Art der Werbung ab. Ein Teil der Werbung ist darauf angelegt, vom Verbraucher **beiläufig wahrgenommen** zu werden: beim Durchblättern der Tageszeitung oder eines Nachrichtenmagazins oder in der Werbepause beim Fernsehen. Gerade der verständige Verbraucher, der sich auf die Lektüre der Zeitung oder Zeitschrift konzentriert oder die Werbepause bis zur Fortsetzung des Spielfilms anderweitig nutzt, nimmt die Werbung, die ihm in diesem Zusammenhang begegnet, idR nur am Rande wahr. Werbung dieser Art zielt häufig nicht darauf ab, eine gewichtige Kaufentscheidung durch Vermittlung zuverlässiger Informationen vorzubereiten. Gleichwohl können auch durch derartige beiläufig wahrgenommene Werbeauftritte klare Werbeaussagen transportiert werden. Enthält bspw der Blickfang einer auf diese Weise wahrgenommenen Werbung eine irreführende Angabe, reicht idR eine Richtigstellung im Kleingedruckten, auf das eine Fußnote verweist, nicht aus (zum Blickfang s Rdn 2.93).

c) **Gesamteindruck.** Maßgebend für die Beurteilung einer Werbeaussage nach § 5 ist, wie der angesprochene Verkehr die beanstandete Werbung **auf Grund des Gesamteindrucks der Anzeige** versteht (vgl BGH GRUR 1968, 382, 385 – *Favorit II;* BGH GRUR 1988, 459, 460 – *Teilzahlungsankündigung;* BGH GRUR 2002, 550, 552 – *Elternbriefe;* BGH GRUR 2002, 715, 716 – *Scanner-Werbung;* BGHZ 151, 84, 91 = GRUR 2002, 976, 979 – *Kopplungsangebot I;* BGH GRUR 2003, 361, 362 – *Sparvorwahl;* OLG Hamburg GRUR 2004, 46, 47). Einzelne Äußerungen einer in sich geschlossenen Darstellung dürfen deshalb nicht **aus ihrem Zusammenhang gerissen** werden (BGH GRUR 1996, 367, 368 – *Umweltfreundliches Bauen;* BGH WRP 1996, 1097, 1098 – *Preistest;* BGH GRUR 2003, 800, 803 – *Schachcomputerkatalog*). Auch bei **zusammengesetzten Bezeichnungen** kommt es stets auf die **Gesamtwirkung** an, so dass eine zergliedernde Wertung einzelner Bestandteile unzulässig ist, es sei denn, dass ein Bestandteil für die Gesamtwirkung der Wortzusammensetzung **bestimmend** ist. Nur wenn eine Einzelangabe vom flüchtigen Verkehr ohne Zusammenhang mit dem übrigen Werbetext wahrgenommen und verwendet wird, ist eine **isolierte Beurteilung** geboten. Das trifft – abgesehen vom Blickfang (s Rdn 2.93) – namentlich bei Bezeichnungen zu, die in der Werbung herausgestellt werden, zB Waren-, Verfahrens- und Unternehmensbezeichnungen (BGH GRUR 1955, 251, 252 – *Silberal;* BGH GRUR 1969, 422, 423 – *Kaltverzinkung*). Bei **längeren Bezeichnungen** neigt der Verkehr ferner dazu, eine nahe liegende **Abkürzung** zu verwenden, zB einen einprägsamen Bestandteil der Gesamtbezeichnung, und zwar meist den am Anfang stehenden. Ist eine nahe liegende **Kurzbezeichnung** irreführend, so liegt ein Verstoß gegen §§ 3, 5 vor, selbst wenn bei vollständiger Bezeichnung eine Irreführung des Verkehrs nicht zu befürchten ist (BGH GRUR 1961, 425, 428 – *Möbelhaus des Handwerks* für die Bezeichnung „Möbelhaus des Handwerks, Industrie- und Handwerkserzeugnisse eGmbH").

d) **Geläuterte Verkehrsauffassung.** Durch bes Umstände kann die Verkehrsauffassung gesteuert, möglicherweise auch erst gebildet werden. Das kann durch **gesetzliche Vorschriften** geschehen, insbes des Lebensmittelrechts, die den Inhalt von Bezeichnungen festlegen (BGH GRUR 1958, 32, 34 – *Haferschleim;* BGH GRUR 1958, 492, 496 – *Eis-Pralinen;* BGH GRUR 1963, 36, 38 – *Fichtennadelextrakt;* BGH GRUR 2009, 970 Tz 25 – *Versicherungsberater;* KG GRUR 1990, 538, 539; OLG Hamburg GRUR-RR 2004, 36 [NZB zurückgewiesen: BGH Beschl v 22. 4. 2004 – I ZR 204/03]; ferner dazu Rdn 4.21 und 4.32), aber auch durch andere Vorschriften, zB des Verlagsrechts für den Begriff des Verlegers (BGH GRUR 1975, 377, 379 – *Verleger von Tonträgern*). – Bestehen für den Inhalt einer angebotenen Leistung **bes Normen,** die auf Gesetz oder Zusammenwirken der beteiligten Verkehrskreise beruhen, so wird meist auch die Vorstellung der Verbraucher durch solche Normen beeinflusst und bestimmt sein, zumindest in dem Sinne, dass die Leistung den für sie aufgestellten Normen entspricht (BGH GRUR 1968, 387, 388 – *Spezialreinigung* für die Ankündigung einer „Spezialreinigung" gemäß RAL 990 A).

Werden Bezeichnungen gesetzlich festgelegt, kann es in der **Übergangszeit** dazu kommen, dass der Verkehr durch die den gesetzlichen Bestimmungen entspr Bezeichnung noch irregeführt wird. Hier dürfen die gesetzlich vorgesehenen Bezeichnungen nicht mit Hilfe des Irreführungsverbots ausgehebelt werden (vgl BGH GRUR 2008, 1114 Tz 14 – *Räumungsfinale*). Vielmehr muss das Irreführungsverbot in einer Übergangszeit zurücktreten, damit sich die Verkehrsauffassung entspr der neuen gesetzlichen Regelung anpassen kann. Mit Recht hat daher der EuGH das Argument der Bundesregierung zur Beibehaltung des **Reinheitsgebots für Bier** zurückgewiesen, das darauf hinauslief, die deutschen Verbraucher seien an das dem Reinheitsgebot entspr Bier gewöhnt; durch Bier, das diesem Maßstab nicht entspreche, würden sie irregeführt; schon deswegen müsse es – für alle Zeiten – bei der durch das Reinheitsgebot gebildeten Marktzutrittsschranke bleiben (EuGH Slg 1987, 1262 Tz 32 = GRUR Int 1987, 404 – *Reinheitsgebot*). Dieses Ergebnis lässt sich auch mit der Interessenabwägung begründen, die jedenfalls immer dann als Korrektiv herangezogen werden kann, wenn die Irreführung nicht auf eine objektiv unzutreffenden Angabe beruht (vgl zu einer ähnlichen Konstellation BGHZ 42, 134, 142 – „*20% unter dem empfohlenem Richtpreis*").

Nach **Wegfall eines Monopols** kann eine ähnliche Situation wie nach einer Gesetzesänderung eintreten. Der Verkehr ordnet dann das Produkt der neu in den Markt eingetretenen

Mitbewerber häufig noch dem früheren Monopolisten zu. Die damit verbundene Irreführung muss hingenommen werden, wenn die gebotene Interessenabwägung zu Gunsten des Newcomers ausfällt (zu § 5 BGH Urt v 12. 5. 2010 – I ZR 214/07 Tz 23 – *Rote Briefkästen;* zu § 23 MarkenG BGH GRUR 2008, 798 Tz 23 – *POST I;* BGH WRP 2008, 1206 Tz 25 – *CITY POST;* BGH GRUR 2009, 672 Tz 45 – *OSTSEE-POST).* So ist lauterkeitsrechtlich nichts dagegen einzuwenden, wenn ein neu in den Markt getretener Anbieter von Postbeförderungsleistungen seine (roten) Briefkästen in der Nähe von Filialen der Deutschen Post aufstellt, weil dort Briefkästen vermutet werden und ein einheitlicher Standort für die Nutzer vorteilhaft ist, die möglicherweise nicht nur die Dienste eines Anbieters in Anspruch nehmen wollen (BGH Urt v 12. 5. 2010 – I ZR 214/07 Tz 26 – *Rote Briefkästen).*

2.93　　e) **Blickfangwerbung. aa) Begriff.** Von **Blickfangwerbung** spricht man, wenn im Rahmen einer Gesamtankündigung einzelne Angaben im Vergleich zu den sonstigen Angaben **bes herausgestellt** sind. Dadurch soll die **Aufmerksamkeit** des Publikums erweckt werden.

2.94　　bb) **Grundsatz.** Früher galt der **heilige Grundsatz,** dass der Blickfang **isoliert zu beurteilen** ist, dass also blickfangmäßige Herausstellungen **für sich genommen wahr** sein müssen (BGH GRUR 1958, 485, 487 – *Odol* mit Anm *Droste;* BGH GRUR 1962, 411, 412 f – *Watti;* BGH GRUR 1967, 360, 361 – *Maßkleidung* mit Anm *Hoepffner;* BGH GRUR 1971, 29, 33 – *Deutscher Sekt* mit Anm *Storch;* BGH GRUR 1971, 516 – *Brockhaus Enzyklopädie;* BGH GRUR 1974, 729, 731 – *Sweepstake* mit Anm *Hoth;* BGH GRUR 1975, 659, 660 – *Sonnenhof* mit Anm *Bauer;* BGH GRUR 1982, 242, 244 – *Anforderungsscheck für Barauszahlungen;* BGH GRUR 1986, 318, 320 – *Verkaufsfahrten I;* BGH GRUR 1987, 45, 47 – *Sommerpreiswerbung* mit Anm *Klaka;* BGH GRUR 1989, 434, 436 – *Gewinnspiel I;* BGH GRUR 1990, 282, 286 – *Wettbewerbsverein IV;* BGH GRUR 1991, 554, 555 – *Bilanzbuchhalter;* BGH GRUR 1992, 618 – *Pressehaftung II;* ÖOGH ÖBl 1971, 78 – *Extra-Essig;* ÖOGH ÖBl 1977, 38 – *Kürbis-Salatöl).* Voraussetzung für ein Verbot war dabei aber stets, dass es vom Leser nicht erwartet werden kann, zum Verständnis des Blickfangs auch den übrigen Inhalt einer Ankündigung heranzuziehen. Dieses Erfordernis wurde indessen idR bejaht, weil Grundlage der Beurteilung immer der flüchtige Verbraucher war.

2.95　　Der **Grundsatz der isolierten Beurteilung des Blickfangs** ist bereits in den letzten Jahren in der Weise **relativiert worden,** dass immer dann, wenn der Blickfang für sich genommen eine Fehlvorstellung auslöst, eine irrtumsausschließende Aufklärung durch einen **klaren und unmissverständlichen Hinweis** erfolgen kann, wenn dieser am Blickfang teilhat und dadurch eine Zuordnung zu den herausgestellten Angaben gewahrt bleibt (vgl BGHZ 139, 368, 376 = GRUR 1999, 264 – *Handy für 0,00 DM;* BGH GRUR 2000, 911, 912 – *Computerwerbung I;* BGH GRUR 2003, 163 – *Computerwerbung II;* BGH GRUR 2003, 249 – *Preis ohne Monitor).* Damit trägt die Rspr auf der einen Seite dem **neuen Verbraucherleitbild** Rechnung (s Rdn 2.87) und berücksichtigt auf der anderen Seite den sog **„labelling approach"** des EuGH, der in Fällen der Irreführung stets danach fragt, ob die Fehlvorstellung der Verbraucher nicht schonender als durch ein Verbot durch einen aufklärenden Hinweis vermieden werden kann (EuGH Slg 1990, I-667 Tz 17 = GRUR Int 1990, 955 – *GB-Inno-BM* mwN).

2.96　　cc) **Neue Regeln für den Blickfang.** Nach der neueren Rspr lassen sich einige Regeln zur Blickfangwerbung formulieren. Ist der Blickfang für sich genommen irreführend, lassen sich **drei Stufen** zu unterscheiden:

2.97　　(1) Der **Blickfang** selbst darf **keine objektive Unrichtigkeit** enthalten. Es muss sich um eine Aussage handeln, an der – trotz ihres irreführenden Charakters – von Seiten des Werbenden ein nachvollziehbares Interesse besteht. Eine **dreiste Lüge,** für die kein vernünftiger Anlass besteht, kann auch dann nicht zugelassen werden, wenn ein Sternchenhinweis eine Korrektur enthält (vgl BGH GRUR 2001, 78 – *Falsche Herstellerpreisempfehlung).*

2.98　　(2) In Fällen, in denen der **Blickfang** zwar **nicht objektiv unrichtig** ist, aber nur die **halbe Wahrheit** enthält, muss ein Stern oder ein anderes hinreichend deutliches Zeichen den Betrachter zu dem aufklärenden Hinweis führen. So verhält es sich bspw bei den **Kopplungsangeboten,** bei denen der für den Verbraucher attraktive Teil des Geschäfts blickfangmäßig herausgestellt ist („Handy für 0,00 DM", „Videorecorder für 49 DM", „Grundig Fernsehgerät für 1 DM" etc). Hier trifft den Werbenden eine aus dem Irreführungsverbot abzuleitende Pflicht, die anderen belastenden Preisbestandteile klar zugeordnet und ähnlich deutlich herauszustellen (BGHZ 139, 368, 373 = GRUR 1999, 264 – *Handy für 0,00 DM;* BGHZ 151, 84, 89 = GRUR 2002, 976 – *Kopplungsangebot I;* BGH GRUR 2002, 979, 981 – *Kopplungsangebot II;* BGH GRUR 2003, 538, 539 – *Gesamtpreisangebot;* BGH GRUR 2003, 890, 891 – *Buchclub-Kopplungsangebot;* BGH GRUR

2004, 343, 344 – *Playstation;* BGH GRUR 2009, 1180, Tz 29 – *0,00 Grundgebühr;* dazu Rdn 7.32 f mwN). Im Übrigen hängt es von den **Umständen des Einzelfalls** ab, wie deutlich Stern und aufklärender Hinweis gestaltet sein müssen. Geht es um eine Werbung, die auch vom verständigen Verbraucher flüchtig wahrgenommen wird, muss der Betrachter durch einen Sternchenhinweis oder auf andere geeignete Weise ein Warnsignal erhalten, das ihm zeigt, dass der **Blickfang nicht vorbehaltlos** gilt. In anderen Fällen, in denen davon auszugehen ist, dass der Durchschnittsverbraucher sich mit dem Angebot interessiert auseinandersetzt und die im Blickfang vorenthaltene Information etwas weniger brisant ist (zB „Sonderausstattung – Stahlschiebedach, Navigationsanlage, Nebelscheinwerfer – im Lieferumfang nicht enthalten" oder „Preis ohne Monitor"), mag eine klar zugeordnete Fußnote ausreichen (BGH GRUR 2003, 249 – *Preis ohne Monitor*).

(3) Schließlich kann die mit dem Blickfang verbundene Fehlvorstellung in geeigneten Fällen auch durch eine **allgemeine salvatorische Klausel** korrigiert werden. Korrekturbedürftig sind in diesen Fällen Aussagen, die im Blickfang nur sehr indirekt enthalten sind (wären sie direkter enthalten, wäre eine deutlichere Korrektur erforderlich). Hierzu zählt etwa die Vorstellung der Verbraucher, eine in einer Zeitungsanzeige oder einer Werbebeilage beworbene Ware werde für eine gewisse Zeit vorrätig sein (dazu Rdn 8.1 ff und Anh zu § 3 III Rdn 5.1 ff). Um einem solchen Irrtum entgegenzuwirken, muss nicht unbedingt bei jeder beworbenen Ware ein entspr Vorbehalt angebracht werden. Vielmehr ist ein deutlich sichtbarer Hinweis – ggf auf jeder Seite des Prospekts – ausreichend. Dabei muss durch die Formulierung deutlich werden, dass sich die salvatorische Klausel auch auf die blickfangmäßig herausgestellten Angebote bezieht (BGH GRUR 2000, 911, 913 f – *Computerwerbung I;* BGH GRUR 2003, 163, 164 – *Computerwerbung II;* dazu Rdn 8.7). Ein solcher allgemeiner, dem Blickfang nicht unmittelbar zugeordneter Hinweis ist in einem Fall nicht als ausreichend erachtet worden, in dem neben dem beworbenen PC ein im angegebenen Preis nicht enthaltener Bildschirm abgebildet war (BGH GRUR 2003, 249 – *Preis ohne Monitor*).

f) **Bild und Ton in der Fernsehwerbung.** Richtet sich ein Medium – wie das Fernsehen – an mehrere Sinne, müssen für die Frage der Irreführung **alle Wahrnehmungsmöglichkeiten** berücksichtigt werden. Eine Fernsehwerbung ist daher nicht irreführend, weil ein aufklärender Hinweis lediglich schriftlich eingeblendet und nicht gesprochen wird. Denn Fernsehwerbung besteht aus Bild und Ton, so dass dem Verbraucher für seine geschäftliche Entscheidung wesentliche Informationen auch durch nur eingeblendete, nicht gesprochene Hinweise gegeben werden können (BGH GRUR 2009, 418 Tz 17 – *Fußpilz*). Ebenso ist es ausreichend, wenn ein aufklärender Hinweis lediglich gesprochen wird.

6. Auslegung der Werbeaussage

Auszulegen ist eine Ankündigung aus ihrem Inhalt, den ihr beigegebenen Stücken sowie den allgemeinen Erfahrungstatsachen des Verkehrs. Meist knüpft die Werbung an **Bekanntes** an. Deswegen ist es vor allem für den Richter, der die Verkehrsauffassung aus eigener Sachkunde beurteilen möchte, wichtig zu erkennen, woran sich das Verkehrsverständnis orientiert. Im **Verschweigen von Umständen** kann eine Irreführung liegen, wenn der Verkehr darin schlüssig den Ausdruck dafür findet, dass Umstände fehlen (dazu § 5 Rdn 2.60 f, § 5 a Rdn 1 ff). Das gilt auch dann, wenn der Werbende für seine Werbung einen Zeitungsbericht verwendet (BGH GRUR 1966, 92, 94 – *Bleistiftabsätze*). Zwar rechnet der Verkehr bei Zeitungsartikeln nicht notwendig mit hundertprozentig korrekten Angaben und erwartet nur, dass die Sachdarstellung im Kern zutrifft. Darauf kann sich jedoch der Werbende, der den Zeitungsartikel in seiner Werbung wiedergibt, nicht berufen, schon gar nicht, wenn die Angaben in dem Artikel nur auf seiner Information beruhen. Auch bei unbewusster **Mehrdeutigkeit** muss der Anpreisende die ungünstige Auslegung gegen sich gelten lassen (BGH GRUR 1954, 335 – *Molkereizeitung*). Er darf sich nicht unter Berufung auf die eigene, unklare Ausdrucksweise der Verantwortung entziehen. **Bildliche Gegenüberstellungen,** zB schlanker und dicker Beine, werden leicht als ein Vergleich vor und nach der Heilung aufgefasst, was nach § 11 I Nr 5 HWG unzulässig ist.

7. Irreführungsquote

a) **Allgemeines.** Die Frage nach der Irreführungsquote offenbart eine **strukturelle Schwierigkeit des Irreführungstatbestandes.** Das Gesetz verbietet nicht bestimmte Äußerungen in der Werbung, es verbietet vielmehr die Irreführung der Marktgegenseite, insbes der Verbraucher. Fragt man nach der Zielvorgabe des strafrechtlichen Betrugstatbestands, fällt die Antwort nicht schwer: Das niemals zu erreichende, gleichwohl aber logisch konsequente Ziel, das der Gesetzgeber mit dem Betrugstatbestand verfolgt, lautet, dass möglichst jeder Betrug unterbunden werden soll. Nach der Logik des Strafgesetzbuchs ist jedes Betrugsopfer ein Betrugsopfer zu viel. Auf den Irreführungstatbestand übertragen würde dies bedeuten, dass möglichst jede Irreführung der Marktgegenseite, insbes der Verbraucher, unterbunden werden sollte. Die Irreführung auch nur eines Verbrauchers wäre eine Irreführung zu viel. Das Irreführungsverbot kann sich jedoch nicht das Ziel setzen, jede Irreführung zu vermeiden. Denn jede Werbung, die für einen großen Kreis von Adressaten bestimmt ist, wird von einem Teil der Adressaten missverstanden. Ein Teil der Adressaten wird immer irregeführt. Wollte man jede Irreführung der Verbraucher unterbinden, müsste man fast jede, wenn nicht jede Publikumswerbung unterbinden. Dies wäre schon deswegen **unverhältnismäßig**, weil die werbenden Unternehmen ebenso wie das Publikum auf **Werbung als Form informativer Kommunikation** angewiesen sind.

2.102 Diese Erwägung macht deutlich, dass das Irreführungsverbot stärker als andere Verbotstatbestände stets unter dem **Vorbehalt der Verhältnismäßigkeit** steht (vgl Rdn 2.197). Es muss eine Irreführungsquote gefunden werden, unterhalb deren die mit einer Werbung verbundene Irreführung hingenommen werden kann und muss. Dadurch, dass das deutsche Recht als Schutzsubjekt nicht mehr den wenig verständigen, flüchtigen Verbraucher zugrunde legt, sondern inzwischen nur noch den durchschnittlich informierten, aufmerksamen und verständigen Durchschnittsverbraucher schützt (s Rdn 1.54 ff und Rdn 2.87), hat sich notgedrungen auch die Irreführungsquote **nach oben verschoben** (BGH GRUR 2004, 162, 163 – *Mindestverzinsung;* vgl auch BGH GRUR 2002, 550, 552 – *Elternbriefe;* BGH GRUR 2003, 247, 248 – *THERMAL BAD;* aA *Sack* WRP 2004, 521, 527).

2.103 Ist von der **Irreführungsquote** die Rede, ist stets zu beachten, dass die Feststellung einer wettbewerblich relevanten Irreführung ein **zweistufiger Prozess** ist: Zunächst ist zu ermitteln, in welchem Umfang die beanstandete Werbung zu einer Fehlvorstellung führt **(Irreführung im engeren Sinne).** In einem zweiten Schritt muss dann festgestellt werden, ob und ggf in welchem Umfang die Marktentscheidung der Verbraucher durch die Fehlvorstellung beeinflusst wird **(Relevanz;** dazu Rdn 2.169 ff). Das Quorum, das für das Eingreifen des Irreführungsverbots zu erfüllen ist, betrifft immer die **wettbewerblich relevante Irreführung,** also das Ergebnis der zweistufigen Prüfung. Dieses **Ergebnis der zweiten Stufe** kann genauso hoch sein wie das der ersten Stufe, wenn über einen Faktor wie den Preis getäuscht worden ist, der die Kaufentscheidung stets beeinflusst. In anderen Fällen kann das Ergebnis der zweiten Stufe deutlich niedriger liegen, wenn die Fehlvorstellung ein Merkmal betrifft, das für viele Verbraucher ohne Bedeutung für die Kaufentscheidung ist (vgl Rdn 2.175 ff). In keinem Fall kann das Ergebnis der zweiten Stufe über dem der ersten Stufe liegen; denn bei der Beurteilung der Relevanz dürfen nur diejenigen Verkehrskreise berücksichtigt werden, bei denen die beanstandete Werbung eine Fehlvorstellung ausgelöst hat (BGH GRUR 1991, 852, 855 – *Aquavit;* BGH GRUR 1993, 920 – *Emilio Adani II;* BGH GRUR 1987, 535, 537 – *Wodka „Woronoff";* dazu Rdn 2.173).

2.104 b) **Frühere Rspr.** In der Vergangenheit wurde es als ausreichend angesehen, dass **ein nicht völlig unbeachtlicher Teil der angesprochenen Verkehrskreise** irregeführt wurde. Hinter dieser fast in jeder Entscheidung zu § 3 UWG aF anzutreffenden Formulierung stand zwar niemals ein fester, schon gar nicht ein vom BGH ausgesprochener Prozentsatz. Doch war man sich darüber einig, dass die Irreführungsquote **für den Normalfall bei 10 bis 15%** lag (vgl Köhler/*Piper* 3. Aufl § 3 Rdn 149; GK/*Lindacher* § 3 Rdn 107 ff; HdbWettbR/*Helm* § 59 Rdn 87; BGH GRUR 1979, 716, 718 – *Kontinent Möbel* mit Anm *Michels:* 10% offen gelassen; BGH GRUR 1981, 71, 74 – *Lübecker Marzipan*: 13,7%; BGH GRUR 1992, 66, 68 – *Königl.- Bayerische Weisse:* 15%). In der **Gesundheitswerbung** wurde eine Irreführungsgefahr schon bei einem geringeren Prozentsatz der Getäuschten bejaht, uU schon bei 10% (s auch OLG Köln WRP 1973, 656) oder weniger. So wurden 3,79% in einem Fall zum speziellen Werbeverbot des § 22 II 1 lit a vorl. TabG (früher § 22 II 1 lit a LMBG: (Verbot, den Eindruck zu erwecken, der Genuss von Tabakerzeugnissen sei gesundheitlich unbedenklich) als ausreichend angesehen, in dem es um eine Zigarettenwerbung ging, bei der unter der Überschrift „... **denn Gutes gehört zusammen"** eine Zigarettenschachtel zusammen mit Wein, einer Weintraube, vier Stück Schnittkäse auf einem runden Holzbrett, einer Brezel und zwei Nüssen abgebildet worden war (BVerwG LRE 15, 264; dazu *Tilmann/Ohde* GRUR 1989, 229).

2.105 Eine **Festlegung auf einen bestimmten Prozentsatz** hat die Rspr auch in der Vergangenheit schon deswegen stets vermieden, weil das Quorum, das die Annahme einer irreführenden Werbung rechtfertigt, von Fall zu Fall verschieden sein kann (vgl MünchKommUWG/*Reese* § 5 Rdn 174). Denn es hängt von einer **Würdigung der Umstände des Einzelfalls** ab, vor allem von der Art der Werbeangabe, den berührten Interessen der Mitbewerber, der Verbraucher und der Allgemeinheit sowie dem Ausmaß der Beeinträchtigung dieser Interessen (BGH GRUR 1966, 445, 449 – *Glutamal;* BGH GRUR 1971, 313, 315 – *Bocksbeutelflasche;* BGH GRUR 1974, 665, 666 – *Germany*). Für die Frage des Quorums kann es bspw von Bedeutung sein, ob dem nicht irregeführten Teil des Verkehrs durch das Verbot eine wichtige Information vorenthalten wird (vgl *Schricker* ZHR 139 [1975] 208, 225).

c) Neuere Rspr. Bislang fehlen in der Rspr noch klare Hinweise darauf, wo die Irreführungsquote bei Zugrundelegung des neuen Verbraucherbildes für den Regelfall anzusiedeln ist. Der BGH hat jedoch deutlich gemacht, dass der neue Maßstab zu einer **erheblichen Veränderung des Quorums** führt. In einem Fall, in dem es um den keineswegs unsensiblen Bereich der Werbung für Kapitalanlagen ging, hat er zum Ausdruck gebracht, dass es für das Eingreifen des Irreführungsverbots **nicht genüge,** wenn die beanstandete Werbung nur geeignet wäre, **15 bis 20% aller angesprochenen Anlageinteressenten** irrezuführen (BGH GRUR 2004, 162, 163 – *Mindestverzinsung*). Man wird daher für den Regelfall als Ausgangspunkt eine **Quote von einem Viertel bis einem Drittel** zugrunde legen können. Dass eine Irreführung erst in Betracht käme, wenn mindestens die Hälfte der angesprochenen Verbraucher irregeführt würde, lässt sich der neueren BGH-Rspr nicht entnehmen. Der in zwei Entscheidungen zu findenden Formulierung, es komme auf die Vorstellung des verständigen und situationsadäquat aufmerksamen Durchschnittsverbrauchers und damit nicht mehr „auf die möglicherweise hiervon abweichenden Anschauungen einer Minderheit von Verbrauchern an" (BGH GRUR 2002, 550, 552 – *Elternbriefe;* BGH GRUR 2003, 247, 248 – *THERMAL BAD*), ist keinesfalls ein Hinweis auf ein Quorum von 50% zu entnehmen (vgl hierzu krit *Sack* WRP 2004, 521, 525 ff). 2.106

Die Entscheidung **„Mindestverzinsung"** (BGH GRUR 2004, 162) hat deutlich gemacht, dass der BGH nach wie vor von der **Maßgeblichkeit einer Irreführungsquote** ausgeht, die lediglich anders zu bemessen ist, wenn auf den durchschnittlich informierten und verständigen Verbraucher abgestellt wird. Dagegen wird im Schrifttum teilweise davon ausgegangen, der BGH habe sich mit der Übernahme des europäischen Verbraucherleitbildes von dem **empirischen Verständnis** vollständig abgewendet und gehe nunmehr von einem ausschließlich normativen Verständnis der Irreführung aus (vgl *Harte/Henning/Dreyer* § 5 Rdn B 9 ff; ferner *Omsels* GRUR 2005, 548 ff). Wenn dies gleichzeitig als eine Übernahme des europäischen Standards für das Irreführungsverbot gepriesen wird, so bleibt unberücksichtigt, dass der EuGH in der Entscheidung **„Gut Springenheide"** (EuGH Slg 1998, I-4657 = GRUR Int 1998, 795; dazu eingehend Rdn 1.47 ff) die Frage nach dem empirischen oder normativen Verständnis des Irreführungsbegriffs offen gelassen und es gleichzeitig den nationalen Gerichten überlassen hat, die Irreführung mit Hilfe einer Verkehrsbefragung zu ermitteln (Rdn 1.50). Da die deutsche Rspr trotz vielfacher normativer Korrekturen dem Grunde nach an der **Möglichkeit der empirischen Ermittlung** des Verkehrsverständnisses festhält, weist sie einen Weg, wie bei großzügiger Ermittlung der Verkehrsauffassung durch den sachkundigen Richter in geeigneten Fällen eine fundierte Ermittlung erfolgen kann. Insbesondere gibt sie den Parteien die Möglichkeit, durch selbst in Auftrag gegebene Verkehrsbefragungen dem Alltagswissen des Richters eine substantiierte Gegenposition entgegenzusetzen. Freilich ist der praktische Unterschied der beiden Positionen gering, denn auch die Anhänger eines rein normativen Irreführungsbegriffs legen der Irreführungsquote zumindest eine mittelbare Bedeutung bei (*Harte/Henning/Dreyer* § 5 Rdn B 14 und M 9 ff). Auch sie gehen nicht davon aus, dass der Richter gegenüber einer vorgelegten Verkehrsbefragung die Augen verschließen durfte. 2.106a

Die Notwendigkeit eines normativen Korrektivs wird auch von Rspr anerkannt. Sie hat in den letzten Jahren noch stärker als in der Vergangenheit betont, dass die Umstände des Einzelfalls zu einer erheblichen **Relativierung des Irreführungsquorums** führen können. Wer bspw blickfangmäßig **mit einer falschen Herstellerpreisempfehlung wirbt,** kann sich gegenüber dem Vorwurf der Irreführung nicht damit verteidigen, die Unrichtigkeit der Angabe sei bei sorgfältigem Studium der Anzeige von einem Großteil der Verbraucher erkannt worden (BGH GRUR 2001, 78, 79 – *Falsche Herstellerpreisempfehlung;* vgl auch BGH GRUR 2002, 715, 716 – *Scanner-Werbung*). 2.107

Beispiele: Eine Brauerei, die der Wahrheit zuwider mit einer **Brautradition „seit 1809"** wirbt, kann sich nicht damit rechtfertigen, der Umstand, dass die Brauerei in Wirklichkeit erst hundert Jahre später gegründet worden sei, sei für die Kaufentscheidung der Verbraucher ohne Bedeutung. – Ein Unternehmen, das sein Produkt mit **„Thermoroll®"** bezeichnet und damit zum Ausdruck bringt, Inhaber oder jedenfalls berechtigter Benutzer gerade dieser Marke zu sein, während ihm in Wirklichkeit nur eine Berechtigung an der Marke „Termorol" zusteht, kann sich 2.107a nicht darauf berufen, für den Verkehr spiele der Unterschied zwischen „Thermoroll" und Termorol" keine Rolle (BGH GRUR 2009, 888 Tz 21 – *Thermoroll*). – Überzeichnet ein **Waschmittelhersteller** im Rahmen eines sog **Side-by-side-Vergleichs im Fernsehen,** bei dem ein Stapel der mit seinem Produkt gewaschenen Wäsche einem Stapel Wäsche gegenübergestellt wird, die mit einem Konkurrenzprodukt gewaschen wurde, den Weiß/Grau-Kontrast erheblich (stellt er also das eigene Waschergebnis noch strahlend weißer, das der Konkurrenz noch grauer dar, als es tatsächlich war), kann er sich nicht darauf berufen, dass ein Großteil des Publikums bei derartigen Gegenüberstellungen mit Manipulationen des Werbenden rechne (vgl OLG Hamburg GRUR-RR 2002, 202, das die Irreführung freilich damit begründet hat, die Manipulation gehe noch über das hinaus, was das Publikum erwarte). In Fällen, in denen mit einer **„dreisten Lüge"** geworben wird, kann ohne weiteres davon ausgegangen werden, dass ein ausreichender Teil des Verkehrs irregeführt wird (krit zur Argumentationsfigur der „dreisten Lüge" MünchKommUWG/*Reese* § 5 Rdn 180).

2.108   Andererseits ist bei **objektiv zutreffenden Angaben,** die gleichwohl von einem Teil des Verkehrs falsch verstanden werden und daher zu einer entspr Fehlvorstellung führen, wegen des geringeren **Schutzbedürfnisses des Verkehrs** und wegen des **Interesses des Werbenden sowie der nicht irregeführten Verbraucher an der Übermittlung der zutreffenden Information** regelmäßig eine höhere Irreführungsquote als bei objektiv unrichtigen Angaben erforderlich (BGH GRUR 1987, 171, 172 – *Schlussverkaufswerbung I;* BGH GRUR 1991, 852, 854 – *Aquavit;* BGH GRUR 1992, 66 – *Königl.-Bayerische Weisse* mit Anm *Knaak;* BGH GRUR 1992, 70, 72 – *„40% weniger Fett";* BGH GRUR 1996, 910 – *Der meistverkaufte Rasierer Europas;* BGH WRP 1996, 1102 – *Großimporteur;* BGH GRUR 1996, 985 – *PVC-frei;* BGH GRUR 2000, 73, 75 – *Tierheilpraktiker;* vgl Rdn 2.202 ff). Nicht jeder auf Unkenntnis beruhende Irrtum ist auch schutzwürdig. Es ist deshalb grds schon für die **Feststellung der Irreführungsquote** geboten, eine **Interessenabwägung** vorzunehmen und auch die **Auswirkungen** eines Verbots in die Erwägungen einzubeziehen (BGH GRUR 1987, 171, 172 – *Schlussverkaufswerbung I;* BGH GRUR 1990, 1028, 1029 – *„incl. MwSt. II";* BGH GRUR 1991, 552 – *TÜV-Prüfzeichen;* BGH GRUR 1991, 852, 854 – *Aquavit;* BGH GRUR 1994, 519 – *Grand Marnier*).

8. Ermittlung der Verkehrsauffassung

2.109   Zur Ermittlung der Verkehrsauffassung im Wettbewerbsprozess s Rdn 3.1 ff.

III. Einzelfragen zur Irreführung

1. Bedeutungswandel

2.110   Die Bedeutung der in der Werbung verwendeten Begriffe bestimmt sich nach der **Verkehrsauffassung.** Da sich das Verkehrsverständnis wandeln kann, ändert sich damit auch die Bedeutung der verwendeten Begriffe. So können sich **betriebliche oder geografische Herkunftsangaben in Gattungsbezeichnungen** wandeln, ebenso wie umgekehrt aus Gattungsbegriffen Angaben der betrieblichen Herkunft oder (mittelbare) geografische Herkunftsangaben werden können. **Beschaffenheitsangaben** und **Gattungsbezeichnungen** können ihre Bedeutung ändern, sie können sich insbes von einem Oberbegriff zu einer spezifischen Bezeichnung oder umgekehrt durch Bedeutungserweiterung von einer spezifischen Bezeichnung zum Oberbegriff wandeln. Bei einem derartigen Wandel der Bedeutung stellt sich jeweils die Frage, ob und ggf wie der Verkehr vor Irreführungen geschützt werden kann, die sich daraus ergeben, dass der Werbende den fraglichen Begriff schon in der neuen Bedeutung verwendet, – während ein Teil des Publikums ihn noch in der alten Bedeutung versteht, oder umgekehrt, dass der Begriff in der Werbung noch in der alten Bedeutung Verwendung findet, während sich der Verkehr schon an der neuen Bedeutung orientiert. Soweit der Bedeutungswandel für das Irreführungsverbot eine Rolle spielt, wird er in Kapitel 4 bei der produktbezogenen Irreführung behandelt, und zwar bei den Beschaffenheitsangaben (Rdn 4.152 ff) sowie bei den Herkunftsangaben (Rdn 4.228 ff).

2. Mehrdeutige und unklare Angaben

2.111   **a) Grundsatz.** Sind in einer Gesamtankündigung **mehrere Angaben** enthalten, muss grds **jede** einzelne **Angabe wahr** sein. Im Falle der Mehrdeutigkeit muss der Werbende die **verschiedenen Bedeutungen gegen sich gelten lassen** (BGH GRUR 1957, 128, 130 – *Steinhäger;* BGH GRUR 1960, 567, 569 – *Kunstglas;* BGH GRUR 1963, 539, 541 – *echt skai;* BGH GRUR 1982, 563, 564 – *Betonklinker;* BGH GRUR 1992, 66, 67 – *Königl.-Bayerische Weisse;*

BGH GRUR 2000, 436, 438 – *Ehemalige Herstellerpreisempfehlung;* OLG Köln NJW-RR 1997, 991: Mehrdeutigkeit des Hinweis „in Kooperation mit der Bundesrechtsanwaltskammer" für einen Anwaltssuchdienst; OLG Köln NJWE-WettbR 1998, 105: Mehrdeutigkeit der Werbeaussage „Vom Erfinder – Das beste Stück"; OLG Düsseldorf WRP 1999, 700: Mehrdeutigkeit der Bezeichnung „Praxis für Naturheilverfahren"; OLG Köln GRUR-RR 2004, 271: Werbeaussage „ohne Kochen hergestellt" für Fruchtaufstrich wegen Mehrdeutigkeit untersagt; OLG Hamburg GRUR-RR 2006, 105: mehrdeutige Gestaltung eines Formulars für Insertionsauftrag; OLG Hamburg GRUR-RR 2007, 372 [LS]: Werbung mit Umsätzen ohne Hinweis, dass die Aussage lediglich bei Zugrundelegung der Nettoumsätze zutrifft). Dabei ist ohne Bedeutung, ob es der Werbende auf die Mehrdeutigkeit angelegt hat oder nicht.

Auch bei **unbewusster Mehrdeutigkeit** muss er die ungünstigere, aber verständigerweise mögliche Auslegung gegen sich gelten lassen (BGH GRUR 1963, 539, 541 – *echt skai;* BGH GRUR 1982, 563, 564 – *Betonklinker;* BGH GRUR 1992, 66, 67 – *Königl.-Bayerische Weisse;* OLG Stuttgart WRP 1992, 55, 57; OLG Karlsruhe NJWE-WettbR 1997, 121; ÖOGH ÖBl 1963, 26; ÖOGH ÖBl 1986, 104). Zu beachten ist immer, dass nicht allein die Mehrdeutigkeit den Vorwurf der Irreführung begründen kann. Stimmt jede Bedeutung mit der Wirklichkeit überein, ist die Verwendung eines mehrdeutigen Begriffs unbedenklich. 2.111a

b) Unklare Angaben. Anders als mehrdeutige Begriffe sind unklare Angaben nicht von vornherein wettbewerbsrechtlich bedenklich. Wird mit einem unklaren Begriff geworben, über dessen Sinn bei **keinem rechtlich beachtlichen Teil** der angesprochenen Verkehrskreise eine klare und eindeutige Vorstellung festzustellen ist, so liegt kein Verstoß gegen § 5 vor (vgl BGH GRUR 2003, 247, 248 f – *THERMAL BAD*). Soweit es in Entscheidungen zuweilen heißt, die Unklarheit einer Werbeaussage gehe zu Lasten des Werbenden, handelt es sich um Fälle, in denen einer unklaren Angabe vom Verkehr eben doch eine bestimmte Bedeutung beigemessen wird und dadurch eine Erwartung ausgelöst wird, die das beworbene Produkt nicht zu erfüllen imstande ist (BGH GRUR 1969, 546, 548 – *„med"*). Das gilt insbes bei Begriffen im Bereich des Gesundheitswesens. Möglich ist es auch, dass ein rechtlich beachtlicher Teil des Verkehrs zwar konkrete Vorstellungen über den Sinn einer Bezeichnung und die Eigenschaften der mit ihr versehenen Waren hat, sich jedoch, insbes bei neu eingeführten Bezeichnungen, durchaus bewusst ist, dass seine Vorstellungen keineswegs gesichert sind. Auch solche Fehlvorstellungen schließen indessen eine Irreführung nicht aus und können deshalb nach § 5 **schutzwürdig** sein. Entscheidend ist allein, ob sie für den Kaufentschluss **relevant** sind (s Rdn 2.169 ff). Das ist zB zu bejahen, wenn der Verbraucher mit der Angabe **„echter Rum"** die Vorstellung eines höheren Alkoholgehalts, eines stärkeren Aromas oder auch der Herkunft aus einem bes bekannten „Rum-Land" verbindet (BGH GRUR 1967, 30 – *Rum-Verschnitt*). Möglich ist auch, dass der Verbraucher in solchen Fällen, in denen er sich bewusst ist, keine gesicherten Kenntnisse von der Beschaffenheit einer Ware zu besitzen, von einer eigenen Beurteilung überhaupt absieht und lediglich erwartet, dass die Ware so hergestellt ist, wie es die Fachkreise bei Verwendung der Bezeichnung als richtig angesehen haben (BGH GRUR 1967, 30, 32; BGH GRUR 1969, 280 – *Scotch Whisky,* sog verweisende Verbrauchervorstellung, s Rdn 4.5 f). 2.112

3. Unvollständige Angaben

§ 5 verbietet irreführende, nicht aber deshalb auch **unvollständige Angaben.** Befasst sich der Werbende nur mit der eigenen Ware, so müssen zwar seine positiven Angaben wahr sein, er ist aber **nicht zur Vollständigkeit verpflichtet.** Er braucht nicht solche Umstände mitzuteilen, die beim Käufer möglicherweise Bedenken oder Vorurteile gegen die Ware auslösen (BGH GRUR 1952, 416, 417 – *Dauerdose;* BGH GRUR 1964, 269, 271 – *Grobdesin;* BGH GRUR 1965, 368, 371 – *Kaffee C;* ÖOGH ÖBl 1993, 237, 239 – *Reichweitenvergleich*). Der Verkehr erwartet nicht die Offenlegung aller – auch der weniger vorteilhaften – Eigenschaften einer Ware oder Leistung. Eine Verpflichtung, bereits in Werbeanzeigen negative Eigenschaften des eigenen Angebots offen zu legen, besteht daher nur insoweit, als dies zum Schutz des Verbrauchers auch unter Berücksichtigung der berechtigten Interessen des Werbenden unerlässlich ist (BGH GRUR 1989, 682, 683 – *Konkursvermerk;* BGH GRUR 1996, 793, 795 – *Fertiglesebrillen;* BGH GRUR 1999, 757, 758 – *Auslaufmodelle I;* BGH GRUR 1999, 760, 761 – *Auslaufmodelle II;* BGH GRUR 1999, 1122, 1123 – *EG-Neuwagen I;* BGH GRUR 1999, 1125, 1126 – *EG-Neuwagen II*). 2.113

Der Werbende ist auch nicht verpflichtet, die von ihm angebotene Ware **vollständig zu beschreiben.** Eine fehlende Information braucht keine Irreführung des Verbrauchers zu bewirken. Stellt ein Sonderpostenhändler in Anzeigen die Schadensereignisse, die Anlass für den 2.114

Sonderverkauf waren, blickfangmäßig heraus („Rauchschaden", „Transportschaden", „Finanzierungsschaden"), liegt nicht etwa deswegen **eine Irreführung** vor, weil die Verbraucher damit nur unvollständig über die Gründe der Sonderverkäufe informiert werden (BGH GRUR 1997, 672, 673 – *Sonderpostenhändler*).

4. Werbung mit Selbstverständlichkeiten

2.115 **a) Grundsatz.** § 5 will das Publikum vor irreführenden Werbeangaben schützen. Es können deshalb auch **objektiv richtige Angaben** unzulässig sein, wenn sie bei einem erheblichen Teil der maßgeblichen Verkehrskreise einen **unrichtigen Eindruck** erwecken (s Rdn 2.71). Ein solcher unrichtiger Eindruck kann zB entstehen, wenn Werbebehauptungen etwas Selbstverständliches in einer Weise betonen, dass der Adressat der Werbung hierin einen bes Vorzug der beworbenen Ware oder Leistung vermutet. Es werden also bspw **gesetzlich vorgeschriebene Eigenschaften** oder zum **Wesen der angebotenen Ware oder Leistung gehörende Umstände** bes hervorgehoben, so dass das Publikum annimmt, es werde mit einem **Vorzug** gegenüber anderen Waren gleicher Gattung oder Konkurrenzangeboten geworben, während es sich doch in Wahrheit um Merkmale handelt, die das Produkt des Werbenden gegenüber anderen nicht auszeichnet. Der Anwendungsbereich dieser Fallgruppe ist aber nicht auf die Werbung mit gesetzlich vorgeschriebenen Eigenschaften oder zum Wesen der Ware gehörenden Umständen beschränkt (BGH WRP 2009, 435 Tz 2 – *Edelmetallankauf*). Eine **Irreführung** scheidet aus, wenn der Verkehr erkennt, dass es sich bei der betonten Eigenschaft um etwas Selbstverständliches handelt.

2.115a Einen Sonderfall der Werbung mit Selbstverständlichkeiten, nämlich eine **Werbung mit Rechten des Verbrauchers,** die ihm schon von Gesetzes wegen zustehen, ist in Nr 10 des Anh zu § 3 III als **Per-se-Verbot** ausgestaltet, gehört also zu den geschäftlichen Handlungen, die unter allen Umständen als unlauter gelten; dazu Anh zu § 3 III Rdn 10.1.

2.116 **b) Herausstellen von Leistungsmerkmalen.** Zu beachten ist, dass das Verbot der Werbung mit Selbstverständlichkeiten auf keinen Fall den Kaufmann daran hindern darf, auf die **Vorzüge seines Angebots hinzuweisen.** Der Hotelier im Schwarzwalddorf, der ruhige Zimmer mit schöner Aussicht anbietet, handelt nicht deswegen wettbewerbswidrig, weil die Zimmer in den anderen Hotels am Platze ebenfalls ruhig sind und eine schöne Aussicht bieten. Eher verhält es sich so, dass – wenn der Hotelier den Hinweis unterließe – zu vermuten wäre, die Zimmer seien wider Erwarten doch nicht ruhig und böten ausnahmsweise keine schöne Sicht. Daher lässt sich **als Regel festhalten:** Der Werbende, der in der Werbung eine **freiwillig erbrachte Leistung** herausstellt, die weder gesetzlich vorgeschrieben ist noch zum Wesen der Ware gehört, bringt zwar eine Selbstverständlichkeit zum Ausdruck, wenn sie im Geschäftsverkehr durchweg erbracht wird, er handelt aber deswegen noch nicht notwendig auch irreführend. Denn der Hinweis dient weniger dazu, einen **Vorzug gegenüber den Mitbewerbern** zu behaupten, als dazu, den **Eindruck verhindern, der Werbende erbringe nicht die übliche Leistung** (OLG Stuttgart WRP 1996, 246). Auf eine **freiwillige erbrachte Leistung,** zB den niedrigen Preis oder die hohe Qualität der Ware, kann der Werbende daher grds hinweisen, auch wenn andere Mitbewerber keinen höheren Preis verlangen oder die gleiche Qualität bieten.

2.117 **c) Beispiele aus der Rspr. aa) Irreführung bejaht.** Eine Brotfabrik kündigt an, es würden **keine chemisch behandelten Mehle** verwendet (BGH GRUR 1956, 550, 553 – *Tiefenfurter Bauernbrot;* im Hinblick auf Rdn 2.116 problematisch, wenn der Hinweis eine Reaktion auf ein entspr Publikumsinteresse ist; in casu wurde die Irreführung ohnehin verneint, weil andere Hersteller chemisch behandeltes Mehl verwendet hatten). – **„Ohne Konservierungsstoffe"** auf Ganzbroten täuscht eine bes Eigenart des Brotes gegenüber Broten der Mitbewerber vor (OLG Hamburg WRP 1982, 424; im Hinblick auf Rdn 2.116 problematisch, wenn der Hinweis eine Reaktion auf ein entspr Publikumsinteresse ist). – Ein Hersteller preist seine Zahnbürsten schlagwortartig als **„Massageborsten"** an, obwohl auch die Zahnbürsten seiner Mitbewerber, die gleiches Material verwenden, diesen Vorteil ebenfalls aufweisen (BGH GRUR 1961, 288, 293 – *Zahnbürsten;* im Hinblick auf Rdn 2.116 problematisch). – Eine Kornbrennerei vertreibt **„Steinhäger"** mit dem Zusatz **„doppelt gebrannt",** obwohl dies für „Steinhäger" gesetzlich vorgeschrieben ist (§ 9 iVm Anl 4 AGeV, vgl Rdn 4.16). – Verwendung des Begriffs **„Schaft aus Flussstahl"** in der Werbung für Flügelschrauben aus Stahl, obwohl Flussstahl heute die absolute Regel ist und der Begriff „Flussstahl" daher seit längerem durch „Stahl" ersetzt worden ist (OLG München WRP 1980, 440).

2.118 Die Werbung eines Bildhauers für die Anfertigung von Grabmalen mit der Angabe **„standsichere Fundamentierung"** ist eine irreführende Werbung mit einer Selbstverständlichkeit

(OLG Karlsruhe NJWE-WettbR 1997, 121; im Hinblick auf Rdn 2.116 problematisch). – Werbung für den Verkauf eines PKW mit dem Hinweis „Sie haben **4 Monate Preisschutz**", weil dadurch beim Publikum der Eindruck eines **bes,** von der Konkurrenz nicht gewährten **Vorteils** entsteht, obwohl nach § 1 V PAngV jedem Händler bei Lieferfristen bis zu vier Monaten Änderungsvorbehalte bei Preisangaben in der Werbung verboten sind (BGH GRUR 1981, 206 – *4 Monate Preisschutz*). – Werbung einer Fahrschule mit dem Hinweis „**Preisgarantie 4 Monate ab Anmeldung**", weil damit nur das angepriesen wird, wozu die Fahrschule nach § 309 Nr 1 BGB ohnehin verpflichtet ist (OLG Karlsruhe WRP 1986, 113). – Werbeaussage der Telekom, in der es als bes Vorzug eines von ihr gelieferten Endgeräts hingestellt wird, dass sie dem Erwerber aus einer Hand auch „**den Dienst**" liefere, während jedermann den Dienst erhält, gleichgültig, wo er ein Gerät erworben hat (OLG Düsseldorf GRUR 1992, 182 mit krit Anm *Lehmann;* im Hinblick auf Rdn 2.116 problematisch). – Irreführend ist die Bewerbung von Sprachtelekommunikationsdienstleistungen seitens einer privaten Telefongesellschaft im Call-by-Call-Verfahren mit der Angabe „**ohne Wechselgebühr**", wenn kein Anbieter eine Wechselgebühr verlangt (OLG Köln NJWE-WettbR 1999, 101; im Hinblick auf Rdn 2.116 problematisch). – Zur Werbung mit dem Hinweis „**incl. MwSt.**" s Rdn 7.110.

bb) Irreführung verneint. Ein Optikerfachgeschäft wirbt für einen „**Gratis-Sehtest**", 2.119 obwohl ein solche Test auf Grund örtlicher Übung von allen anderen Optikerfachgeschäften des Ortes und seiner Umgebung ebenfalls freiwillig und unentgeltlich angeboten wird (BGH GRUR 1987, 916, 917 – *Gratis-Sehtest* mit krit Anm *Schulze zur Wiesche*). – „**Keine Maklergebühren**" als Hinweis eines als Bauträger tätigen Maklers, der – wenn als Bauträger tätig – keine Maklergebühren erhebt (OLG Stuttgart BB 1971, 411) – Werbung des **Möbelhandels** mit einer **Lieferung „frei Haus"** nicht irreführend, weil sie schon lange nicht mehr selbstverständlich ist, sondern zwischen Abholpreisen und Preisen unterschieden wird, die Lieferung und Aufstellung einschließen. – Ein öffentlicher Rettungsdienst, der darauf hinweist, **in Notfällen** „**qualifizierte**" **Hilfe** zu leisten, erweckt beim Publikum nicht den irreführenden Eindruck, die Leistungen der Mitbewerber seien nicht gleichwertig (OLG Koblenz GRUR 1989, 129, 130). – Die Angabe „**Mehr Vitamine und Ballaststoffe**" auf der Verpackung von Weizenvollkornmehl ist ein zulässiger Warenartenvergleich und keine unzulässige Werbung mit Selbstverständlichkeiten (OLG Stuttgart WRP 1994, 336, 339).

Hinweis auf die Registrierung eines Tarifvertrages beim Bundesministerium für Arbeit 2.120 und Soziales ist keine irreführende Werbung mit Selbstverständlichkeiten (KG GRUR-RR 2002, 148). – Die Angabe „**Naturrein**" **für Konfitüre** stellt keine Selbstverständlichkeit dar, weil auf dem Markt zulässigerweise auch Konfitüren angeboten werden, die, etwa weil sie bestimmte Konservierungsstoffe enthalten, nicht als „naturrein" bezeichnet werden dürfen (OLG Köln NJOZ 2001, 2260, 2266; OLG Hamburg GRUR-RR 2002, 395; vgl dazu Rdn 4.50 ff). – Die Angabe „**ohne Maklergebühr**", mit der ein Verwalter für die Vermietung von Wohnraum wirbt, ist keine irreführende Werbung mit einer Selbstverständlichkeit (OLG Hamburg GRUR-RR 2001, 170). – Werbeblatt für ein Mittel der Zahnprothetik, das bei Nennung des Produkts neben der CE-Kennzeichnung **Hinweise auf DIN-Normen** und Zertifikate, die ein Medizinprodukt tatsächlich erfüllen und erlangen muss, aufweist, stellt keine Werbung mit Selbstverständlichkeiten dar (OLG Frankfurt EWiR 2000, 1171 [LS] mit Anm *Klindt*). – Es ist keine irreführende Werbung mit einer Selbstverständlichkeit, wenn ein Auktionshaus ohne Zusammenhang mit einer Auktion die **kostenlose und unverbindliche Bewertung mitgebrachter Objekte** anbietet (OLG Stuttgart NJWE-WettbR 1996, 101). – Zur Werbung mit dem Hinweis „**incl. MwSt.**" s Rdn 7.110.

d) Erhebliche Beeinträchtigung des Wettbewerbs. Ist eine Werbung mit Selbstverständ- 2.121 lichkeiten als irreführend einzustufen, geht von ihr keine geringere Gefahr aus als von sonstiger irreführender Werbung. Es wäre daher verfehlt, in derartigen Fällen als Regel davon auszugehen, dass die **Erheblichkeitsschwelle des § 3** nicht überschritten sei (so aber zu § 13 II Nr 2 UWG aF OLG Düsseldorf WRP 1995, 1029). Auf die Erheblichkeitsschwelle kommt es von vornherein nicht an, wenn der Tatbestand der Nr 10 des Anh zu § 3 III erfüllt ist, der die Werbung mit Rechten des Verbrauchers betrifft, die ihm schon von Gesetzes wegen zustehen; dazu Anh zu § 3 III Rdn 10.1.

5. Fortwirkende Irreführung

Eine irreführende Werbeangabe kann zur Folge haben, dass auch ein **späteres wettbewerb-** 2.122 **liches Verhalten,** das an sich nicht zu beanstanden wäre, doch wegen des vorausgegangenen wettbewerbswidrigen Verhaltens den Verkehr irreführt und daher, solange die Nachwirkung anhält, unzulässig ist (BGH GRUR 1959, 360, 363 – *Elektrotechnik;* BGH GRUR 1960, 126, 128 – *Sternbild;* BGH GRUR 1965, 368, 372 – *Kaffee C;* BGH GRUR 1964, 686, 688 – *Glockenpackung II;* BGH GRUR 1970, 425, 427 – *Melitta-Kaffee;* OLG Hamburg GRUR 1990, 137, 139; OLG Köln NJWE-WettbR 2000, 209, 211; stRspr). So ist die an sich unverfängliche Bezeichnung „**Klasen-Möbel**" irreführend, weil sie sich nicht genügend von der früheren Werbung „**Klasen-Möbel Fabrik und Lager**" abhebt, die täuschend war, weil die Möbel nur zum Teil in eigener Fabrik hergestellt wurden (BGH GRUR 1957, 348, 349 – *Klasen-Möbel;* dazu auch Rdn 6.18). – Wer für Margarine, die keinen Eigehalt aufwies, unter „**Ei-fein**" geworben hat, setzt die Irreführung fort, wenn er später die Bezeichnung „**Ei-wie-fein**" verwendet (BGH GRUR 1958, 86, 88 – *Ei-fein*). – Wer in irreführender Weise für **Tafelwasser** mit dem Herzzeichen in Verbindung mit den Worten „**Heilquellen-Naturbrunnen**" geworben hat, setzt die Täuschung fort, wenn er, ohne das Herzzeichen aufzugeben, seine Limonaden nun mit den Worten „Naturbrunnen und Limonaden" wirbt (BGH GRUR 1962, 97, 99 – *Heilquellen-Naturbrunnen*). Die Einstellung einer unzulässigen Werbung braucht die Fortwirkung der Irreführung demnach nicht auszuschließen.

2.123 Welche **Maßnahmen zur Beseitigung der Fortwirkung** nötig sind, hängt vom Einzelfall ab. Ist die Fortwirkung einer früheren irreführenden Werbung oder Bezeichnung zu besorgen, muss der Werbende von der früheren unzulässigen Werbung oder Bezeichnung **in eindeutiger Weise Abstand nehmen** (BGH GRUR 1963, 589, 593 – *Lady Rose*). Die jahrelange Irreführung durch Verwendung von Etiketten mit der flaggenartigen **Streifengebung „Rot-Weiß-Grün"** für in Deutschland hergestellte Salami entfällt nicht dadurch, dass in den weißen Mittelstreifen ein goldfarbener Streifen eingefügt ist (BGH GRUR 1982, 685, 686 – *Salami II*). Sogar der **Vertrieb** einer Ware in ihrer bisherigen, an sich nicht zu beanstandenden **Aufmachung** kann unzulässig sein, wenn durch die Beibehaltung die durch die frühere Werbeangabe hervorgerufenen irrigen Vorstellungen wach gehalten werden (BGH GRUR 1964, 686, 689 – *Glockenpackung II*). Dann darf die alte Aufmachung, solange die frühere unzulässige Werbung fortwirkt, nicht verwendet werden. Die Fortwirkung darf allerdings nicht bloß unterstellt werden. Die irreführende Angabe muss in einem solchen Maße benutzt worden sein, dass trotz einer Veränderung die Irreführung bei einem rechtserheblichen Teil der angesprochenen Verkehrskreise fortwirken kann. Das wird häufig **bei geringem Werbeaufwand und Umsatz** zu verneinen sein (BGH GRUR 1971, 255, 257 – *Plym-Gin;* BGH GRUR 2007, 67 Tz 21 – *Pietra di Soln*). – Wird eine Werbeangabe durch Änderung der tatsächlichen Verhältnisse unrichtig, so setzt ein Unterlassungsanspruch nach § 8 I iVm §§ 3, 5 voraus, dass die urspr richtige Angabe (es sei denn, sie wird wiederholt) **irreführend fortwirkt** (BGH GRUR 1958, 30, 31 – *Außenleuchte;* OLG Stuttgart WRP 1980, 445).

6. Nachträgliche Unrichtigkeit

2.124 Da sich die Bedeutung einer Angabe allein nach der **Verkehrsauffassung** bestimmt, kann auch eine zunächst nicht irreführende Angabe im Laufe der Zeit irreführend werden und gegen §§ 3, 5 verstoßen. Ein Gewerbetreibender muss daher seine **Firma** berichtigen oder aufgeben, wenn sie infolge einer Änderung der tatsächlichen Verhältnisse **irreführend wird** (BGHZ 10, 196, 202 – *Dun-Europa*). Auch die Benutzung einer **Marke** kann nachträglich nach § 5 unzulässig werden, wenn das Publikum über die Art oder Beschaffenheit der Waren oder Dienstleistungen, für die sie verwendet wird, oder über die geschäftlichen Verhältnisse des Zeicheninhabers täuscht (vgl BGH GRUR 1973, 532, 534 – „*Millionen trinken . . .*"). Doch können bes Umstände eine Abwägung zwischen den Interessen des Zeicheninhabers und den Interessen der Mitbewerber und der Allgemeinheit rechtfertigen, die dazu führen kann, dass das Interesse an der Weiterbenutzung des Zeichens als vorrangig anzusehen ist, weil die Täuschungsgefahr wegen der geringen Zahl der Getäuschten und der Art der Fehlvorstellungen nicht in rechtlich erheblicher Weise ins Gewicht fällt (BGH GRUR 1966, 445, 447 – *Glutamal* für ein zur **Beschaffenheitsangabe** gewordenes Zeichen). – Auch eine **Katalogangabe** kann nachträglich irreführend werden. Selbst wenn der Katalog vergriffen ist, jedoch die infolge Änderung der tatsächlichen Verhältnisse unrichtig gewordene Angabe noch irreführend fortwirkt, kann mit dem Beseitigungsanspruch **Berichtigung** des Katalogs verlangt werden (BGH GRUR 1958, 30 – *Außenleuchte*).

7. Übertreibungen

2.125 a) **Ausgangspunkt.** Um die eigene Leistung bes wirkungsvoll herauszustellen und den Kunden suggestiv zu beeinflussen, bedient sich die Werbung häufig der **Übertreibung**, des **Superlativs,** insbes der **Alleinstellung** (dazu Rdn 2.137 ff). Das ist für sich genommen noch nicht bedenklich. Ein Rechtssatz, der reklamemäßige Übertreibungen verbietet oder gestattet, besteht nicht. Maßgebend für die wettbewerbsrechtliche Beurteilung ist in erster Linie das Irreführungsverbot nach §§ 3, 5. Ob danach eine Übertreibung rechtlich unzulässig ist, hängt von den Umständen des Einzelfalls ab. Zu ermitteln ist zunächst der Sinngehalt, den eine in der Werbung gemachte Äußerung für ein bestimmtes Produkt hat (s Rdn 2.74). Maßgebend ist hierfür allein die Auffassung der Verkehrskreise, an die die Werbung sich wendet. Erst nach Feststellung des Sinngehalts einer Werbung lässt sich entscheiden, ob sie irreführt oder nicht. Dabei wurde früher danach gefragt, wie der Durchschnittsleser oder -hörer eine Werbeaussage **bei flüchtiger Prüfung und Würdigung** versteht. Heute wird auf den **durchschnittlich informierten, situationsadäquat aufmerksamen und verständigen Durchschnittsverbraucher** abgestellt (s Rdn 1.57 und 2.87 ff). Dieser Verbrauchertyp erkennt eher, wenn es sich bei einer Werbeaussage um eine reklamehafte Übertreibung handelt, und ordnet auch eine scherzhafte Übertreibung eher richtig ein.

b) Rechtliche Beurteilung. Für die rechtliche Einordnung sind zwei Typen von Äußerungen zu unterscheiden: **(1)** Es gibt **Anpreisungen, die keinen objektiv nachprüfbaren Inhalt haben** (s Rdn 2.46 f). **Beispiele:** Ein Blumengeschäft wirbt für *„die schönsten Blumen der Welt"*; ein Varietétheater kündigt die neue Show als *„künstlerisches Erlebnis"* an; ein Waschmaschinenhersteller wirbt für sein Produkt mit dem Slogan *„AEG-Lavamat, den und keinen anderen"* (BGHZ 43, 140 = GRUR 1965, 365 – *Lavamat II*). In diesen Fällen scheidet § 5 schon tatbestandlich aus, weil es an einer „Angabe" fehlt. Denn der Verbraucher versteht derartige Anpreisungen nicht als ernst gemeinte Tatsachenbehauptung und entnimmt ihnen auch keine versteckte, der inhaltlichen Nachprüfung zugängliche Aussage, sondern lediglich einen suggestiv gefassten Appell, beim Kauf das angebotene Erzeugnis zu wählen (BGHZ 43, 140, 142 = GRUR 1965, 365 – *Lavamat II*).

(2) Hiervon zu unterscheiden, sind **Anpreisungen,** deren Inhalt zwar ganz oder teilweise objektiv nachprüfbar ist, die der Verkehr aber als **reklamehafte Übertreibungen** wertet (RGZ 131, 75, 78 – *„... ja, aber Odol ist besser"*). **Beispiele:** „unzerreißbare Hose", „ewig haltbar", „unschlagbar", „um eine Nasenlänge voraus". Hier fehlt es an einer Irreführung, da der Verkehr die Angaben als Tatsachenbehauptung nicht ernst nimmt. Auch wenn die Verbraucher solche Äußerungen nicht für bare Münze nehmen, können sie ihnen doch einen nachprüfbaren Tatsachenkern entnehmen, der zutreffen muss. So wird die Ankündigung „unzerreißbar" als „besreißfest" verstanden, die Anpreisung „ewig haltbar" als „weit überdurchschnittlich haltbar" (dazu Rdn 2.134). Je substantieller eine Behauptung gehalten ist und je stärker sie auf ein bestimmtes Erzeugnis hinweist, desto eher wird sie vom Verkehr als eine nachprüfbare und ernst zu nehmende Aussage aufgefasst werden (OLG Stuttgart NJW-RR 1988, 1254: Werbung „Preisknüller des Jahres" für einen bestimmten PC ist nachprüfbare Alleinstellungsbehauptung).

c) Maßstäbe. aa) Art der Werbung. Ob der Verkehr eine bestimmte Werbung ernst nimmt, hängt von den Umständen des Einzelfalls ab. Regeln lassen sich nur in begrenztem Umfang aufstellen. Wird auf dem **Jahrmarkt** geworben, wo der Begriff der „Marktschreierei" seine Wiege hat, weiß jeder, dass man nicht alle Anpreisungen für bare Münze nehmen darf. Generell wird **das gesprochene Wort im individuellen Verkaufsgespräch** oder in den Anpreisungen, die die Marktfrauen den Passanten auf dem Wochenmarkt zurufen, weniger auf die Goldwaage gelegt als eine erkennbar um Sachlichkeit und zuverlässige Information bemühte **gedruckte Produktbeschreibung,** etwa in einem **Versandhauskatalog,** bei dem die verbale Umschreibung auch die Besichtigung des Kaufobjekts ersetzen muss. Für die Beurteilung kann es eine Rolle spielen, wie weit sich die fragliche **Aussage von der Realität entfernt.** Um nicht mehr ernst genommen zu werden, muss der Abstand zu den tatsächlichen Eigenschaften deutlich sein. Der Begriff „Mode" wird in dem breiten Angebot eines Großversandhauses anders verstanden, als bei Modeschöpfungen der Luxusklasse. Eine Irreführung durch den Werbespruch *„Die Mode kommt von Neckermann"* wurde verneint, weil es von vornherein fern lag, dass dem Versandhausunternehmen Neckermann in der Modeschöpfung eine führende Rolle zukam. Unter diesen Umständen wurde der Begriff „Modemachen" vom Verbraucher nicht als das Kreieren eines neuen Modestils oder als die originäre Bestimmung der aktuellen Moderichtung, sondern als Angebot modischer Bekleidung verstanden (BGH GRUR 1986, 321, 323 – *Modemacher*).

bb) Wort- und Bildwerbung, scherzhafte Werbung. Wort- und **Bildwerbung** stehen nicht auf gleicher Stufe. Bei einer **bildlichen** Werbung ist eine gewisse **Übertreibung** häufig schon durch die Art dieser Werbung begründet. Eine als **Karikatur** erkennbare Bildwerbung wird als Scherzzeichnung aufgefasst; sie ist milde zu beurteilen. Lässt ein Automobilhersteller einen Pkw mit Vierradantrieb scheinbar eine verschneite Sprungschanze herauf fahren, während er in Wirklichkeit mit Hilfe einer Seilwinde heraufgezogen wird, erkennt der verständige Durchschnittsverbraucher, dass es sich um eine nicht ernst zu nehmende Übertreibung handelt; denn eine Sprungschanze kann auch bei bester Traktion nicht von einem Pkw befahren werden. Er entnimmt der Werbung lediglich, dass das beworbene Fahrzeug bes wintertauglich ist.

2.130 Auch eine **satirische Wortwerbung** darf nicht auf den bloßen Wortsinn festgelegt werden, wie überhaupt der erkennbare Witz nicht kleinlich unterdrückt werden soll. Gleiches gilt für **Werbeverse,** deren einprägsame, suggestive Wortfassung dem Durchschnittspublikum leicht erkennbar macht, dass sie inhaltlich nichts Wesentliches aussagen und nicht wörtlich zu nehmen sind, so für den Vers: „*Nach Pfingsten war es klar: Der X-Wein der beste war*" (Zentrale DW 1955, 8; ÖOGH ÖBl 1994, 239, 241 – „*Die Rad-Welt ums halbe Geld!*"). In der Rspr ist bei Werbesprüchen, die sich den Wortwitz oder ein Wortspiel zunutze machen, in jüngster Zeit eine großzügigere Sichtweise zu beobachten.

2.131 **Beispiele für den Wandel:** Der Werbespruch „*Dagegen ist alles andere eben bloß Zahnpasta*" ist in den siebziger Jahren **noch verboten** worden (OLG Frankfurt WRP 1972, 91), ebenso in den neunziger Jahren der Slogan „*Lieber zu Sixt als zu teuer*" (OLG Hamburg GRUR 1992, 531; anders OLG Oldenburg WRP 1993, 128 für einen entspr gebildeten Spruch). Von einer gewissen Humorlosigkeit zeugt auch das Verbot der Bezeichnung „*Der Alt-Meister*" für eine Altbierbrauerei (OLG Düsseldorf WRP 1979, 717). – **Unbeanstandet blieben** dagegen die Werbesprüche „*Fielmann: Lieber besser aussehen als viel bezahlen*" (BGH GRUR 1997, 227 – *Aussehen mit Brille*), „*Radio Diehl the best deal*" (OLG Frankfurt NJW-RR 1999, 770), die Überschrift über einer Wegbeschreibung zu einem Rechtsanwaltsbüro „*So kommen Sie zu Ihrem Recht*" (BVerfG WRP 2001, 1284), der Werbeslogan eines Herstellers von Häusern in Holzrahmen-Bauweise „*DIE STEINZEIT IST VORBEI!*" (BGH GRUR 2002, 982 – *DIE „STEINZEIT" IST VORBEI!*), die Beschreibung der Gattung der Müsliriegel als „*zäh wie Gummi und staubtrocken*" (OLG Hamburg GRUR-RR 2003, 251).

2.132 cc) **Kaufappelle.** Der Verkehr nimmt meist **Kaufappelle** in imperativer Form nicht ernst, sondern erkennt, dass es sich entweder um eine nichts sagende Anpreisung oder nicht ernst gemeinte Herausstellung gegenüber den Mitbewerbern handelt. **Beispiele:** „*AEG-Lavamat, den und keinen anderen*" für eine Waschmaschine (BGH GRUR 1965, 365 – *Lavamat II*); „*Sieh alle Möbellager durch und kaufe dann bei Schulenburg*" (OLG Hamburg GRUR 1953, 534); „*Möbeltransporte nur durch . . .*"; „*Willy säht: Bis 17. 4. kein Wäschmaschin kaufe jon.*" als Werbung für ein an diesem Datum eröffnendes Geschäft (BGH GRUR 2001, 752, 753 f – *Eröffnungswerbung*). Solche Appelle besitzen häufig schon ihrem Wortsinn nach keinen objektiv nachprüfbaren Inhalt und sind daher keine „Angaben" iSd des § 5 I 2. Auch angesehene Unternehmen dürfen mit solchen suggestiven Kaufappellen werben.

2.133 dd) **Begriffe, die Übertreibung nahelegen.** Es gibt Begriffe oder Wendungen, die schon von vornherein als Übertreibung erkannt und daher vom Verkehr nicht ernst oder jedenfalls nicht wörtlich genommen werden. **„Riesenlager"** sagt nicht mehr als „sehr großes Lager". Hier orientiert sich das Verkehrsverständnis an der Umgangssprache, die das Adjektiv „riesig" nicht wörtlich versteht. Ähnlich verhält es sich beim Einsatz des Wortes „Wunder" **(„Backwunder", „Putzwunder").** Auch hier muss die auf diese Weise angekündigte Eigenschaft der beworbenen Ware nicht außerhalb des menschlichen Vorstellungsvermögens liegen.

2.134 d) **Irreführung trotz Übertreibung.** Auch wenn der Verkehr in einer Anpreisung die Übertreibung erkennt, schließt dies nicht aus, dass die Aussage doch in gewissem Umfang als sachbezogene Tatsachenbehauptung ernst genommen wird. Auch Ausdrücke, die erkennbar als reklamehafte Übertreibung verstanden werden wie „einmalig", „unübertroffen", „unzerreißbar", „riesengroß", „spottbillig", „unschlagbar" lassen sich meist doch noch unter Abzug des Übermaßes auf einen sachlich nachprüfbaren Kern zurückführen, der ernst genommen wird und daher, wenn er den tatsächlichen Verhältnissen nicht entspricht, geeignet ist irrezuführen. So entnimmt das Fachpublikum der Werbung für „unschlagbare Vibrationswalzen", dass die beworbenen Walzen unter allen auf dem Markt angebotenen Erzeugnissen dieser Art die besten sind und dass keine andere Walze derzeit oder in absehbarer Zeit eine gleich gute Leistung erbringen kann (BGH GRUR 1975, 141, 142 – *Unschlagbar*). Nur soweit eine Anpreisung vom Verkehr ausschließlich als reklamehafte Übertreibung verstanden wird, ist eine Irreführung ausgeschlossen.

2.135 e) **Beispiele aus der Rspr. aa) Irreführung bejaht.** Werbebehauptungen für **Idee-Kaffee,** die den unrichtigen Eindruck erwecken, als würden **alle** oder die **meisten** Kaffee-Empfindlichen den Koffein und andere Reizstoffe enthaltenden Kaffee gut vertragen, wurden in mehreren Urteilen als irreführend angesehen, so die Aussagen: „*Idee-Kaffee ist für Nervöse*" oder „*für Kaffee-*

Empfindliche unschädlich" (RG GRUR 1937, 396); „der Kaffee, der ... nicht belastet", „Idee-Kaffee ist von Reizstoffen befreit", „für Herz und Kreislauf gut", „stützt Herz und Kreislauf" (BGH GRUR 1973, 538 – *Idee-Kaffee II*); „Idee-Kaffee ist magenfreundlich veredelt, also von unerwünschten Röstreizstoffen weitestgehend befreit, die Beschwerden an Magen, Leber, Galle verursachen können" (BGH GRUR 1975, 664 – *Idee-Kaffee III;* vgl auch BGH GRUR 1978, 252 – *Kaffee-Hörfunk-Werbung*). – **Gesundheitswerbung** erfordert tendenziell eine **strengere Beurteilung** (s Rdn 4.165 und Rdn 4.181 ff). – Die Berühmung **„von Weltruf"**, wenn die Erzeugnisse nicht bei den entspr Verkehrskreisen der maßgeblichen Länder der Erde bekannt sind und einen guten Ruf genießen (LG Frankfurt GRUR 1951, 82). – Die Werbung für Bier mit der Angabe **„Königl.-Bayerische Weisse",** wenn das herstellende Unternehmen erst nach dem Zweiten Weltkrieg von einem Mitglied der Familie der Wittelsbacher erworben wurde und hiervon abgesehen keinerlei Beziehung zum früheren bayerischen Königshaus aufwies (BGH GRUR 1992, 66 – *Königl.-Bayerische Weisse*). – Waschmittelwerbung im Fernsehen mit sog **side-by-side-Vergleich** zwischen den Waschergebnissen des beworbenen Produkts und den Waschergebnissen „manch anderer" Hersteller, bei dem der Weiß/Grau-Kontrast stark überzeichnet ist (OLG Hamburg GRUR-RR 2002, 202; dazu Rdn 2.107). – Vgl ferner die **Beispiele zur Alleinstellung** Rdn 2.157.

bb) Irreführung verneint. *„Unzerreißbares Bilderbuch",* wenn aus festem Papier. (Die Stadt) *„Hagen trinkt Andreas"*(-Bier) (OLG Hamm GRUR 1936, 655). – „Denkbar schönste Ausstattung", „Prima Qualität", „Unübertreffliche Ware", wenn wirklich beste Ausstattung oder Ware (RGSt LZ 1933, 383). – *„Dauerelastisches Gummiband",* wenn überdurchschnittlich haltbar (OLG Düsseldorf WRP 1959, 150). – Brillenfassungen *„zum Nulltarif",* weil der Verbraucher nicht auf eine unentgeltliche Zugabe schließt (KG WRP 1994, 184). – *„Irgendwie besser",* weil nur subjektive Bewertung (OLG Rostock WRP 1995, 658). – *„Fielmann: Lieber besser aussehen als viel bezahlen"* (BGH GRUR 1997, 227 – *Aussehen mit Brille*). – *„Was das Leben wirklich besser macht"* oder *„Das Geheimnis für ein besseres, ausgefüllteres und aktives Leben"* als Werbung für ein Nahrungsergänzungsmittel (OLG München NJWE-WettbR 1999, 254). – *„Radio Diehl the best deal"* (OLG Frankfurt NJW-RR 1999, 770). – *„DIE STEINZEIT IST VORBEI!"* als Werbung für die Herstellung von Bauwerken in Holzrahmen-Bauweise (BGH GRUR 2002, 982 – *DIE „STEINZEIT" IST VORBEI!*). – *„Zäh wie Gummi und staubtrocken"* als Beschreibung der Gattung der Müsliriegel (OLG Hamburg GRUR-RR 2003, 251). – *„Deutschlands bestes Einrichtungshaus"* (OLG Bamberg GRUR-RR 2003, 344). *„Premium, Leistungsgarantie, ausgezeichnet",* weil „ein nicht unerheblicher Teil der angesprochenen Verbraucher ... die Aussage ... nicht im Sinne einer vom Werbenden zusätzlich gewährten Leistungsgarantie oder einer Auszeichnung durch eine unabhängige Organisation, sondern als reklamehafte übertriebene Selbstanpreisung ohne konkreten Aussagegehalt" verstehe (OLG Nürnberg WRP 2005, 917; anders noch die Vorinstanz: LG Nürnberg-Fürth WRP 2005, 138). – Vgl ferner die **Beispiele zur Alleinstellung** Rdn 2.157.

8. Alleinstellungswerbung und Spitzengruppenwerbung

Schrifttum: *Klette,* Zum Superlativ in der Werbung, FS Helm, 2002, 87; *Lux,* Alleinstellungswerbung als vergleichende Werbung?, GRUR 2002, 682; *Pauly,* Zur Problematik der Alleinstellungswerbung unter besonderer Berücksichtigung von BGH WRP 1996, 729 – Der meistverkaufte Europas, WRP 1997, 691; *Schmelz/Haertel,* Die Superlativreklame im UWG – Materielle und prozessuale Aspekte, WRP 2007, 127.

a) Allgemeines. aa) Alleinstellung. Wird eine Werbung von einem erheblichen Teil des Publikums dahin verstanden, dass der Werbende allgemein oder in bestimmter Hinsicht **für sich allein** eine **Spitzenstellung** auf dem Markt in Anspruch nimmt, so liegt eine Alleinstellung vor. Ein Gewerbetreibender weist in seinen geschäftlichen Anpreisungen zB darauf hin, dass sein **Unternehmen** das „größte", das „erste" oder das „älteste" sei, dass seine **Ware** oder **Leistung** als „beste", „unerreichbar", „einzigartig", „allein dastehe", oder dass keine gleichwertige Ware oder Leistung außer der seinigen vorhanden sei. Um eine Alleinstellung handelt es sich nicht nur, wenn der Werbende behauptet, überhaupt keinen Mitbewerber zu haben, also auch im Wortsinne „allein stehe", sondern auch, wenn er zum Ausdruck bringt, er übertreffe seine Mitbewerber, seien es alle oder jedenfalls eine größere Gruppe. Weiter kann eine Alleinstellung nicht nur für das eigene Unternehmen, sondern auch für eine kleinere Gruppe in Anspruch genommen werden, zB für Weinbrandhersteller einer bestimmten Stadt. Die Alleinstellung kann auf verschiedene Weise zum Ausdruck kommen. Es entscheidet weniger die sprachliche oder grammatikalische Form als die **Wirkung,** die eine bestimmte Werbeaussage nach ihrem Sinngehalt auf die angesprochenen Verkehrskreise ausübt. Deshalb hängt es weitgehend von den Umständen des

Falles ab, ob eine Werbung vom Standpunkt des unbefangenen Lesers oder Hörers aus als Alleinstellung aufzufassen ist. Eine dem Wortlaut nach nicht alleinstellende Behauptung kann auf den unvoreingenommenen Leser doch als Alleinstellung wirken. – Zur **Alleinstellung in Unternehmensbezeichnungen** s auch Rdn 5.69 ff.

2.138   bb) **Bedeutung des Wortsinns.** Eine für die breite **Öffentlichkeit** bestimmte Werbung, die nach ihrem **Wortsinn** eine Alleinstellung bekundet, wird gewöhnlich auch von einem erheblichen Teil der angesprochenen Verkehrskreise **entspr diesem Wortsinn** verstanden werden (BGH GRUR 1971, 365, 366 – *Wörterbuch;* BGH GRUR 1983, 779, 780 – *Schuhmarkt;* BGH GRUR 1989, 608, 609 – *Raumausstattung;* BGH GRUR 1998, 951, 952 f – *Die große deutsche Tages- und Wirtschaftszeitung*). Dieser Erfahrungssatz wird nur entkräftet, wenn bes Umstände vorliegen, die den Umworbenen zu einer anderen Auffassung veranlassen. Der beliebten Werbung mit **Superlativen** und **Komparativen** kommt rechtlich keine selbstständige Bedeutung zu. Zwar wird der grammatische Superlativ eher eine Alleinstellung, der Komparativ eher einen Vergleich zum Ausdruck bringen. Es kann aber auch umgekehrt liegen. Schließlich kann es sich auch so verhalten, dass Superlativ oder Komparativ weder eine Alleinstellung noch einen Vergleich auszudrücken. Es hängt dies vielmehr stets vom Einzelfall ab.

2.139   cc) **Spitzengruppenstellung.** Nimmt der Werbende nicht für sich allein, sondern mit **anderen** Erzeugnissen oder Leistungen eine **Spitzenstellung** in Anspruch, so handelt es sich nicht um eine Alleinstellungs-, sondern um eine Spitzengruppenwerbung, also um das Beanspruchen der Zugehörigkeit zu einer Spitzengruppe. Entscheidend ist allerdings nie die sprachliche oder grammatikalische Form, sondern der **Sinngehalt** einer Angabe (BGH GRUR 1957, 600, 602 – *Westfalenblatt;* BGH GRUR 1969, 425, 426 – *Melitta-Kaffee;* BGH GRUR 1973, 78, 80 – *Verbraucherverband*). So ist zB die Werbung mit dem Wort „**unschlagbar**" für ein technisches Erzeugnis, die nach ihrem Wortsinn zum Ausdruck bringt, dass man gegenwärtig und in absehbarer Zukunft nicht übertroffen werden könne, als **Alleinstellung** angesehen worden (BGH GRUR 1975, 141, 143 – *Unschlagbar*). Dagegen sind die Bezeichnungen „**Mocca-Auslese**" und „**Milde Auslese**" nicht als Allein-, sondern als Spitzenstellung mit anderen Spitzenqualitäten aufzufassen (OLG Hamburg GRUR 1977, 113). Die Werbeaussage „*Eines der reinsten Mineralwässer der Erde*" erweckt den Eindruck, als gehöre das derart beworbene Produkt zu einer **Spitzengruppe** von Mineralwässern, die „reiner" sind als andere Mineralwässer (OLG Köln WRP 1989, 821, 823 ff).

2.140   b) **Ausdrucksmittel. aa) Superlativ.** Der Superlativ ist ein **typische Ausdrucksform für die Alleinstellung. – Beispiele:** „die beste Zigarette"; „... das berühmteste Parfüm der Welt"; „die meistgelesene Zeitung"; „größtes Versandhaus"; „Das Beste, was ein Baby braucht ... alles in Alete"; „Mutti gibt mir immer nur das Beste" (BGH GRUR 1965, 363 – *Fertigbrei*); „Es gibt kein preisgerechteres, kein günstigeres Karteisystem. Optima klingt nicht nur optimal. Sondern ist es auch" (OLG München WRP 1978, 558); „das optimale Haftetikett" (OLG Köln WRP 1983, 514); „Die größte Wohnwelt" im Bodenseeraum (OLG Karlsruhe WRP 1985, 357); „Sunil, das strahlendste Weiß meines Lebens", „Deutschlands frischester Kaffee" (OLG Hamburg WRP 1973, 648).

2.141   Die Werbung eines Herstellers für seine Kunststoffrohre – „das X-Rohr aus Polypropylen stellt ein **absolutes Spitzenerzeugnis** des Marktes dar; auch mit den mechanischen Eigenschaften liegen wir **absolut an der Spitze**" – enthält wegen der Kumulation der Superlative eine Alleinstellungswerbung (OLG Hamm WRP 1980, 500). – Als Spitzenstellungsberühmung wird die titelmäßige Angabe „*Die besten aktuellen Shareware-Programme*" auf dem Cover einer CD-ROM angesehen, und zwar mangels weiterer Konkretisierung in jeder maßgeblichen Hinsicht, so dass erhebliche Teile des angesprochenen Publikums erwarten, die ausgewählten Programme auf CD-ROM seien die qualitativ „besten", zB betr Anwendungsvielfalt, Benutzerfreundlichkeit, Markterfolg und Aktualität (OLG Hamburg NJWE-WettbR 1998, 318). – Die Werbung „... kauft man am besten dort, wo die Preise am tiefsten sind" enthält – anders als die Werbung mit „Tiefstpreisen" – die Behauptung einer Alleinstellung und verstößt gegen §§ 3, 5, wenn einzelne beworbene Artikel nicht billiger sind als bei anderen Mitbewerbern (OLG Bremen WRP 1999, 214). – Die Werbung mit einem Superlativ braucht jedoch nach dem Gesamtinhalt einer Ankündigung nicht den Eindruck einer Allein- oder Sonderstellung zu machen (OLG Oldenburg WRP 1980, 99 für ein Inserat: „Millimeterpreis: Auflage = Tausenderpreis! Rechnen Sie einmal nach ... Sie werden feststellen, dass das A-Echo ... **die günstigsten Anzeigenpreise** hat!"). – Häufig besagt der Superlativ nur, dass das angepriesene Erzeugnis ein **Spitzenerzeugnis** ist, womit das Vorhandensein gleichwertiger Erzeugnisse eingeräumt wird, zB „**beste Weine**";

„beste Küche". Der Slogan „*das beste Persil, das es je gab"* bekundet keine Alleinstellung gegenüber den Mitbewerbern, sondern einen Vergleich mit eigenen Erzeugnissen. – Die Bewerbung des Immobilienteils einer Zeitung mit dem Slogan „*Beste Auswahl, beste Lage, beste Übersicht"* enthält im Hinblick darauf, dass der Superlativ ohne den bestimmten Artikel verwendet wird, keine Alleinstellungsbehauptung, sondern nur den Hinweis auf sehr gute Qualität, dieser Hinweis ist auch, wenn zutr, nicht irreführend (KG Berlin GRUR 1999, 1021 f).

bb) Komparativ. Der Komparativ bringt seltener eine Alleinstellung zum Ausdruck. Er dient, anders als der Superlativ, schon seinem Wesen nach vornehmlich dem Vergleich mit anderen Erzeugnissen, kann aber nach Lage des Falles, insbes bei Übertreibung, auch den Anspruch auf eine Alleinstellung ausdrücken. Vor allem in älteren Entscheidungen wurde der Werbung mit dem Komparativ häufig eine Alleinstellungsberühmung entnommen. – **Beispiele:** Der Spruch „*erstmalig für die deutsche Hausfrau . . . , verleiht der Wäsche längere Lebensdauer . . . , die Wäsche sitzt besser, bleibt länger sauber, bügelt sich leichter".* – Ähnlich verhält es sich mit der Angabe in einer Stellenanzeige „*RANK XEROX bietet bessere Produkte",* weil nach dem Sinngehalt damit zum Ausdruck gebracht wird, die Erzeugnisse seien die besten (BGH GRUR 1973, 78, 80 – *Verbraucherverband*). – Der Komparativ in dem Firmenschlagwort **„Mehrwert"** deutet auf eine Alleinstellung hin, wenn das Wort von einem erheblichen Teil der beteiligten Verkehrskreise dahin verstanden wird, dass die Verkaufsstätte mehr an (Waren-)Wert bietet als alle Mitbewerber (BGH GRUR 1973, 534 – *Mehrwert II*). – Der Werbeslogan **„Irgendwie besser"** wurde dagegen nicht als Spitzengruppenwerbung, sondern als pauschale, substanzlose Anpreisung angesehen, die nicht geeignet ist, den Verbraucher irrezuführen (OLG Rostock NJW-RR 1995, 1194). Dagegen wurde der Angabe „*Der bessere Anschluss",* mit der für „T. . .ISDN" geworben wurde, die irreführende Behauptung einer Alleinstellung entnommen (OLG Hamburg CR 2002, 268).

cc) Negativer Komparativ. Der **negative Komparativ** besagt seinem Wortlaut nach, dass die angepriesene Ware zur **Spitzengruppe** gehört; das Vorhandensein **gleichwertiger** Erzeugnisse wird nicht verneint. – **Beispiele:** Keine Alleinstellung wurde angenommen für die Werbung: „*Tragen Sie nur X-Lodenmäntel, es gibt keine besseren!",* da hier nicht behauptet wird, „X-Loden" seien die besten. Die Behauptung, zur Spitzengruppe zu zählen, muss aber zutreffen. – Die Werbung „Wir garantieren Ihnen . . . , dass Sie **mit keinem anderen zurzeit angebotenen Mehrbereichsöl** in ihrem Motor unter gleichen Bedingungen **einen niedrigeren Ölverbrauch** haben als mit . . . Öl" wurde mit entspr Begründung nicht beanstandet (OLG Hamburg BB 1971, 1024). – Der Werbespruch **„es gibt keinen besseren Kaffee** für Ihren Melitta-Filter, weil er melittafein gemahlen ist" enthält nur die Behauptung einer Angehörigkeit zur Spitzengruppe, ist jedoch als irreführend angesehen worden, weil die Spitzenstellung sich nur auf die Eignung zum Filtern bezog, das Publikum die Äußerung aber so versteht, dass der Kaffee geschmacklich unübertroffen sei (BGH GRUR 1969, 425, 426 – *Melitta-Kaffee* mit Anm U. *Krieger*).

Mit dem **negativen Komparativ** kann im Einzelfall auch eine **Alleinstellung** zum Ausdruck gebracht werden, insbes dann, wenn sie übersteigert ist. – **Beispiele:** Der Slogan „*Es gibt nichts Besseres"* für Steinhäger wurde als unzulässige Alleinstellung angesehen, weil der Spruch nicht nur besage, es gäbe keine höherwertige Ware, sondern von vielen iSv **„unerreichbar"** verstanden werde (LG Hamburg GRUR 1956, 423). – Die Werbung für Zigaretten „*Wer bietet mehr? 25er Box nur DM 4,35"* wurde als irreführend angesehen, weil er eine unrichtige Berühmung mit einer preislichen Alleinstellung enthalte, es aber andere ebenso günstige Zigarette gebe (OLG Hamburg GRUR 1992, 126). – Ebenso wurden die folgenden Werbesprüche untersagt: „*Es gibt weit und breit nichts Besseres"* für Möbel (OLG Düsseldorf WRP 1977, 26); „*Es gibt kein besseres Bier"* (OLG Hamburg WRP 1977, 811); „*Wo wäre das Pelzunternehmen, das ein größeres Pelz-Angebot präsentiert als die vielen X-Häuser insgesamt von Hamburg bis Frankfurt? Nirgends in der Welt!"* (OLG Hamm GRUR 1979, 556); „*Keiner bietet mehr als A . . . "* (OLG Düsseldorf WRP 1978, 891); „*denn keine Bausparkasse ist besser als Schwäbisch Hall"* (OLG Frankfurt GRUR 1981, 603); „*Einen besseren Ginseng können Sie nirgendwo kaufen"* (OLG Hamburg WRP 1981, 400); „*. . . gibt es nichts Besseres als ein Fußbad mit S."* (OLG München WRP 1981, 340).

dd) Positiv. Der Positiv – also die Grundform – reicht nicht aus, um eine Allein- oder Spitzenstellung zu beanspruchen. Vereinzelte Entscheidungen, die in der **Verwendung der Grundform** („gut", „zuverlässig", „beliebt", „groß", „sparsam" etc) eine Alleinstellung erblickt haben, sind Beispiele einer vergangenen lauterkeitsrechtlichen Epoche. So hat es das OLG Frankfurt als irreführende Alleinstellungswerbung angesehen, dass ein Anbieter seinen neu entwickelten Gehörschützer in der Werbung als den **„Erfolgreichen"** herausgestellt hat, weil der Eindruck erweckt werde, das Gerät habe sich auf dem Markt durchgesetzt und vergleichbare Erzeugnisse hinter sich gelassen (OLG Frankfurt GRUR 1979, 325). – Eine eindeutige Inanspruchnahme einer Spitzenstellung ist dagegen damit verbunden, wenn ein Produkt als **„Nr 1"** oder als **„Erstes..."** bezeichnet wird (OLG Hamm WRP 1977, 347; OLG Hamburg GRUR 1988, 554; BGH GRUR 1992, 404, 405 f – *Systemunterschiede*). Auch die Werbung „*Die ARD: Das Erste, wenn's um Werbung in Funk und Fernsehen geht*" ist als irreführend beanstandet worden, weil die ARD nicht mehr die umsatzstärkste Anbieterin von Fernsehwerbezeiten ist (LG Frankfurt WRP 1993, 431, 432).

2.146   **ee) Bestimmter Artikel.** Zuweilen kann sogar der bestimmte Artikel ausreichen, eine Alleinstellung zum Ausdruck zu bringen. Dabei ist jedoch Zurückhaltung geboten. Der bestimmte Artikel ist ein so häufiges Werbemittel, dass schon **bes Umstände** vorliegen müssen, um aus seiner Verwendung auf eine Alleinstellung zu schließen. Ob es genügt, dass der Artikel im Druck hervorgehoben wird oder der Akzent auf ihm liegt, lässt sich nur nach Lage des Falles beurteilen. Die Anpreisung **„Das** ist ein Bier" ist sicherlich keine Alleinstellung, sondern nur der Hinweis auf ein bes gut schmeckendes Bier. Wohl aber kann der Eindruck einer Alleinstellung durch den **bestimmten Artikel** in Verbindung mit einem **Eigenschaftswort** empfehlenden Charakters hervorgerufen werden, wenn die Anpreisung vom Verkehr ernst genommen wird. Ein eindeutiger Fall einer Alleinstellungsbehauptung liegt vor, wenn der bestimmte Artikel mit einem Eigenschaftswort verbunden wird, das das Singuläre des Produkts unterstreicht. **Beispiel:** „*Il Maraschino Originale*" oder „*Der Original Maraska-Geist*" (BGH GRUR 1982, 111, 114 – *Original Maraschino*). Ähnlich verhält es sich mit dem Adjektiv „echt" („*Das echte Eau de Cologne*").

2.147   Die Wirkung **anderer Eigenschaftswörter** ist nicht im selben Maße eindeutig. So mutet es bes streng an, dass die Rspr in der Vergangenheit in der **Verbindung des bestimmten Artikels mit dem Adjektiv „groß"** eine Alleinstellungsbehauptung gesehen hat. Als irreführend untersagt worden ist bspw der Buchtitel „*Das große deutsche Wörterbuch*" (BGH GRUR 1971, 365, 366 – *Wörterbuch*). Ebenfalls als irreführend ist es angesehen worden, dass ein Unternehmen, das sich (unbeanstandet) als „der größte Schuhmarkt Deutschlands" bezeichnete, in Essen eine neue Filiale eröffnete und im Werbetext von dieser Filiale als „*dem großen Schuh-Markt Essen*" sprach, obwohl ein deutlicher Vorsprung vor den anderen Essener Schuhgeschäften nicht zu verzeichnen war (BGH GRUR 1983, 779 – *Der große Schuh-Markt E* mit Anm *Schulte-Franzheim*). Noch weiter geht die Entscheidung „Westfalen-Blatt I", die in dem Untertitel „*Bielefelds große Zeitung*" eine Abkürzung der Bezeichnung „*Die große Zeitung Bielefelds*" und damit wiederum eine Alleinstellungsbehauptung gesehen hat (BGH GRUR 1957, 600, 602 – *Westfalen-Blatt I*; dazu Rdn 2.41). Umso bedeutender ist, dass der BGH es 1998 nicht (mehr) als eine Alleinstellungsbehauptung angesehen hat, dass die FAZ sich in der Werbung als „*Die große deutsche Tages- und Wirtschaftszeitung*" bezeichnet hat (BGH GRUR 1998, 951, 953 – *Die große deutsche Tages- und Wirtschaftszeitung*).

2.148   **ff) Ortsname.** Die Kombination der **Bezeichnung einer Unternehmensgattung** und einer **Ortsangabe** kann dazu führen, dass der Verkehr auf eine Alleinstellung oder doch zumindest auf die Zugehörigkeit zu einer Spitzengruppe zählt (BGH GRUR 1964, 314 – *Kiesbaggerei*; BGH GRUR 1968, 702 – *Hamburger Volksbank*; BGH GRUR 1975, 380, 381 – *Die Oberhessische* für „Oberhessische Volksbank eGmbH"; OLG Hamm GRUR-RR 2003, 289 für „Tauchschule Dortmund" [NZB zurückgewiesen: BGH Beschl v 20. 11. 2003 – I ZR 117/03]). S dazu Rdn 5.44 und 5.99 f.

2.149   **gg) Auf andere Weise.** Da es allein auf die **Auffassung des Verkehrs** ankommt, kann auch eine Werbung ohne Superlativ, ohne Komparativ und ohne bestimmten Artikel als **Alleinstellung** aufgefasst werden, etwa durch schlagwortartige Hervorhebung oder auf sonstige Weise. Als Beispiel aus der Rspr werden hier allerdings teilweise Fälle genannt, in denen heute keine Alleinstellungsbehauptung mehr gesehen werden könnte (zB BGH GRUR 1957, 600, 602 – *Westfalen-Blatt I*; s Rdn 2.41 und 2.147). Mit Recht verneint worden ist eine Alleinstellungsberühmung bei dem Werbetext „*S + M Schülke & Mayr Sinnbild und Maßstab für Desinfektion*", der lediglich auf eine bes gute Qualität der angepriesenen Waren hinweist, ohne aber eine Vorrangstellung gegenüber Konkurrenzerzeugnissen in Anspruch zu nehmen (BGH GRUR 1965, 438 – *Sinnbild und Maßstab*). Eine Alleinstellungsbehauptung ist dagegen bejaht worden bei der Bezeichnung „*Der Alt-Meister*" für eine Altbierbrauerei (OLG Düsseldorf WRP 1979, 717), wobei der heute anerkannte Grundsatz außer Betracht blieb, dass das Publikum bei Werbesprüchen, die ein Wortspiel oder den Wortwitz nutzen, ein großzügigerer Maßstab am Platz ist (dazu Rdn 2.130 f). Als irreführende Alleinstellungsbehauptung sind auch die Werbesprüche für eine Kreditkarte „*jetzt kommt der Joker ins internationale Kartenspiel*" und „*Zeigen Sie der Welt die Karte*" untersagt worden (OLG München NJW-RR 1993, 624 f).

c) Rechtliche Beurteilung. aa) Grundsatz. Eine Spitzen- bzw Alleinstellungsbehauptung ist grds **zulässig, wenn sie wahr ist.** Gleiches gilt für eine Superlativ- oder Komparativwerbung, die keine Alleinstellungswerbung ist. Entscheidend für die Anwendung des § 5 ist die Frage, ob das, was in einer Werbeaussage nach Auffassung der Umworbenen behauptet wird, **sachlich richtig** ist. Nach einheitlicher Rspr genügt es hierfür bei einer Alleinstellung nicht, dass der Werbende einen nur geringfügigen Vorsprung vor seinen Mitbewerbern hat. Vielmehr erwartet der Verbraucher eine nach **Umfang und Dauer** wirtschaftlich erhebliche **Sonderstellung.** Der Werbende muss einen **deutlichen Vorsprung** gegenüber seinen Mitbewerbern haben, und der Vorsprung muss die Aussicht auf eine gewisse **Stetigkeit** bieten (BGH GRUR 1991, 850, 851 – *Spielzeug-Autorennbahn;* BGH GRUR 1992, 404 – *Systemunterschiede;* BGH GRUR 1996, 910, 911 – *Der meistverkaufte Europas;* BGH GRUR 1998, 951 – *Die große deutsche Tages- und Wirtschaftszeitung;* BGH GRUR 2002, 182, 184 – *Das Beste jeden Morgen;* BGH GRUR 2003, 800, 802 – *Schachcomputerkatalog;* BGH GRUR 2004, 786 – *Größter Online-Dienst*). Bezieht sich eine Spitzenstellungsbehauptung auf **Eigenschaften** eines Erzeugnisses, die von Konkurrenzerzeugnissen jederzeit erreicht oder übertroffen werden können, fehlt es an der erforderlich **Stetigkeit** (BGH GRUR 1991, 850, 851 f – *Spielzeug-Autorennbahn*).

2.150

Kritik: Der Grundsatz, eine Alleinstellungswerbung sei irreführend, wenn der Werbende nicht über einen deutlichen Vorsprung gegenüber seinen Mitbewerbern verfügt, darf nicht daran hindern, den Besonderheiten des Einzelfalls Rechnung zu tragen und bei **objektiv zutreffenden Angaben** strenge Anforderungen an ein Verbot zu stellen. Es ist kaum zu rechtfertigen, einem Unternehmen die zutreffende Behauptung, es sei das älteste seiner Art in Deutschland, mit der Begründung zu untersagen, der Abstand zu dem nächst jüngeren Wettbewerber sei nicht groß genug. Ebenso problematisch ist es, die für einen Nassrasierer aufgestellte Werbeaussage „die gründlichste Rasur" als irreführend zu verbieten, weil der Vorsprung des beworbenen Rasierers gegenüber dem Konkurrenzprodukt nur 14,3 Mikrometer (= 0,0143 mm) betrage und damit nicht hinreichend deutlich sei (so aber OLG Hamburg GRUR-RR 2005, 286, 287).

2.150a

bb) Ausnahmen. Auch bei der Alleinstellungsbehauptung muss stets beachtet werden, dass eine Werbung, die der Verkehr als **nichts sagend** oder als eine **nicht objektiv nachprüfbare Aussage** auffasst, nicht unter das Irreführungsverbot fällt (s Rdn 2.43 ff und 2.46 ff). Dann fallen Aussagen erst gar nicht unter den Tatbestand der irreführenden Werbung. Beispiele: „*Die schönsten Blumen der Welt*"; „*Der beste Film des Jahres*"; „*Ein Tag ohne B. ist wie Ostfriesland ohne Tee*"; „*Mutti gibt mir immer nur das Beste*" (BGH GRUR 1965, 363, 364 – *Fertigbrei*); „*das qualitativ beste Wochenmagazin Österreichs*" (ÖOGH wbl 2000, 429). Ebenfalls aus dem Verbot fallen Werbeaussagen, die der Verkehr als **nicht ernst gemeinte Übertreibungen** ohne jeden sachlichen Hintergrund erkennt (s Rdn 2.125 ff).

2.151

d) Einzelfragen. aa) Hinweise auf die Größe eines Unternehmens. Allgemeine Hinweise auf die **Größe eines Unternehmens** werden im Verkehr als **ernst zu nehmende Aussagen** verstanden, die auf ihre objektive Richtigkeit hin nachprüfbar sind (BGH GRUR 1969, 415, 416 – *Kaffeerösterei*). **Beispiele:** „*Werkstatt und Betrieb, die größte Fachzeitschrift ihrer Art*" (BGH GRUR 1963, 34 – *Werkstatt und Betrieb*); „*Flug-Revue International – die größte unabhängige Luftfahrtzeitschrift*" (BGH GRUR 1968, 440 – *Luftfahrt-Fachzeitschrift*); „*Größtes Teppichhaus der Welt*" (BGH GRUR 1985, 140 – *Größtes Teppichhaus der Welt*); „*Größtes Fachgeschäft am Platze*" (LG Köln WRP 1955, 23); „*Deutschlands größte Illustrierte*" (LG München GRUR 1955, 594); „*Oldenburgs größtes Schuhhaus*" (OLG Oldenburg GRUR 1962, 530); „*Bielefelds größtes Maklerbüro*" (OLG Hamm GRUR 1968, 150); „*Hamburgs größter Halbleiter-Sortimenter*" (OLG Hamburg WRP 1972, 534); „*Größtes Deutsches Versandhaus*" – Welche tatsächlichen Umstände vorliegen müssen, damit sich ein Unternehmen als „größtes" oder als „eines der größten" bezeichnen darf, hängt davon ab, welchen **Sinn** ein erheblicher Teil des Verkehrs der Größenbehauptung im Einzelfall beimisst (s dazu Rdn 5.69 ff).

2.152

bb) Hinweise auf Beschaffenheit der Ware. Hinweise auf die **Beschaffenheit einer Ware**, deren Richtigkeit nach der Auffassung des Verkehrs **objektiv nachprüfbar** ist, werden im Zweifel ernst genommen. Das gilt ohne Einschränkung für Aussagen über bestimmte **Eigenschaften** einer Ware. Mitunter wird der Verkehr in der superlativischen Aussage „X-Ware ist die beste" jedoch nur eine subjektive Meinungsäußerung des Werbenden sehen, die sich

2.153

objektiver Nachprüfung schlechthin entzieht, so bei reinen **Geschmacksfragen** oder unterschiedlichen und wechselnden Meinungen, wie zB über die Bekömmlichkeit eines Kindernährmittels (BGH GRUR 1965, 363, 364 – *Fertigbrei*). Dass eine Ware objektiv im Geschmack „**die beste**" ist, wird sich kaum nachweisen lassen, weil es sich insoweit um eine rein **subjektive Wertung** handelt. Gegen das Irreführungsverbot nach §§ 3, 5 verstößt aber, wer im Verkehr den Eindruck einer objektiv nachprüfbaren Alleinstellung erweckt. In der **Bierwerbung** wird die Verwendung von die Qualität betreffenden Superlativen idR **nicht** als Alleinstellungswerbung vom Verbraucher verstanden (OLG Köln GRUR 1983, 135 – *König-Pilsener*). Aber auch, wenn sich einzelne Beschaffenheitselemente einer Ware objektiv feststellen lassen, kann in der zusammenfassenden Aussage „X-Ware ist die beste" nur ein „**globales Werturteil**" liegen. So hängt es bei hochwertigen Erzeugnissen vom jeweiligen Verwendungszweck ab, welche Ware vom Verbraucher als „die beste" angesehen wird. Diesen relativen Einschlag stellt auch der Verkehr in Rechnung und sieht dann im Superlativ nur den Ausdruck individueller Wertung. Dem steht nicht entgegen, dass sich möglicherweise durch technische Fachgutachten auch ein objektives Gesamturteil fällen lässt. Fragwürdig (OLG Stuttgart GRUR 1955, 50), das den Slogan „X-Nähseide ist die beste" für unzulässig ansieht, weil der Superlativ auf das Erzeugnis selbst hinweist und sich ein deutlicher Qualitätsvorsprung vor anderen Erzeugnissen nicht ermitteln lässt.

2.154   cc) **Hinweise auf den Preis einer Ware.** Der Werbehinweis „*einmalig günstige Preise*" wird nicht als Alleinstellung, sondern dahin verstanden, dass der Werbende in der Preisgestaltung mit zur **Spitzengruppe** gehört; dafür ist die Spitzenstellung mit einigem Abstand von den Mitbewerbern nicht nötig (OLG Hamm GRUR 1968, 318, 320). Keine Alleinstellung liegt vor, wenn ein Händler der Unterhaltungselektronikbranche mit den Worten wirbt „*Wir bieten Höchstpreise für Ihr Altgerät!*", weil der Verkehr nur erwartet, dass der gebotene Preis nicht unter dem höchsten Preis anderer Händler liegt (OLG Düsseldorf GRUR 1988, 711; aA OLG Köln WRP 1986, 425). Auch eine Werbung mit „**Superpreisen**" bedeutet gewöhnlich nur, dass sich der Werbende zur Spitzengruppe rechnet (OLG München WRP 1981, 667 für Skimodelle). Dagegen stellt die Angabe „**Preisknüller des Jahres**" für einen Computer wegen des Zusatzes eine Alleinstellung dar, die irreführend ist, wenn der Werbende das beworbene Gerät schon im dritten Jahr zum selben Preis anbietet (OLG Stuttgart WRP 1989, 56). – Die Werbeangabe „*Die Nummer 1 in M! Wir sind davon überzeugt: Weit und breit ist keiner günstiger!*" bezieht sich nicht ausschließlich auf die preisliche Struktur des Warenangebotes, sondern auf das präsentierte Preis- und Leistungsverhältnis; das Günstigste braucht nicht das Billigste zu sein (OLG Hamm GRUR 1988, 768).

2.155   e) **Beweislast.** Die Beweislast dafür, dass die **Berühmung einer Alleinstellung** oder einer **Zugehörigkeit zur Spitzengruppe** unzutreffend ist, trifft grds den Anspruchsteller, im Prozess also den Kläger. Allerdings ist es für den Kläger meist überaus schwierig, die Unrichtigkeit einer Alleinstellungsbehauptung nachzuweisen, weil ihm die innerbetrieblichen Verhältnisse des Werbenden nicht bekannt sind. Da andererseits der der Beklagte ohne weiteres über die Informationen verfügt, mit denen er die Richtigkeit seiner Werbebehauptung unter Beweis stellen kann, trifft ihn die Verpflichtung (iSe prozessualen Aufklärungspflicht), darzulegen und ggf zu beweisen, worauf sich seine vollmundige Werbebehauptung stützt (BGH GRUR 1973, 594, 596 – *Ski-Sicherheitsbindung*; BGH GRUR 1978, 249, 250 – *Kreditvermittlung*; BGH GRUR 1983, 779, 781 – *Schuhmarkt*; BGH GRUR 2010, 352 Tz 22 – *Hier spiegelt sich Erfahrung*; OLG Karlsruhe GRUR 1994, 134, 135; vgl auch ÖOGH ÖBl 1969, 22 – *Größte Tageszeitung*; ÖOGH ÖBl 1973, 53 – *Stahlrohrgerüste*). **Der Sache nach** läuft dies auf eine **Umkehr der Darlegungs- und Beweislast** hinaus. Voraussetzung ist dabei allerdings stets, dass der Gläubiger auf die **Beweiserleichterung angewiesen** ist. Ist das ausnahmsweise nicht der Fall (weil es zB um die besondere Qualifikation von Mitarbeitern eines Wettbewerbers geht, die bis vor kurzem bei ihm beschäftigt waren), ist für eine solche Beweiserleichterung kein Raum (BGH GRUR 2010, 352 Tz 22 – *Hier spiegelt sich Erfahrung*). – Zur **Beweislast** s ferner Rdn 3.25 und § 12 Rdn 2.89 ff.

2.156   f) **Vergleichende Alleinstellungswerbung.** (s auch § 6 Rdn 12, 23 und 37). Ist eine Alleinstellungsbehauptung **nicht irreführend**, so scheidet § 5 aus. Doch fragt es sich, ob nicht auch eine richtige Alleinstellung noch unter dem Aspekt einer **vergleichenden Werbung** nach §§ 3, 6 geprüft werden muss. IdR wird es hierfür an der Erkennbarkeit eines Mitbewerbers fehlen. Im Einzelfall kann jedoch ein Mitbewerber erkennbar sein, wenn der Kreis der Mitbewerber klein ist oder sich der Wettbewerb im Wesentlichen zwischen zwei Anbietern abspielt (OLG Hamburg GRUR-RR 2001, 84; s dazu § 6 Rdn 12).

2.157   g) **Weitere Beispiele aus der neueren Rspr.** Ältere Rspr, in der eine unzulässige Alleinstellungsbehauptung bejaht worden ist, setzt sich häufig nicht nur mit dem Irreführungsverbot, sondern auch mit dem **Verbot der vergleichenden Werbung** auseinander, das in Deutschland für den Regelfall bis zu dem durch die europäische Entwicklung veranlassten Wandel der Rspr im Jahre 1998 galt (BGHZ 138, 55 = GRUR 1998, 824 – *Testpreis-Angebot*). Hierauf muss bei der Heranziehung älterer Entscheidungen bes geachtet werden.

aa) Irreführung bejaht. *„Bayern Halbe"* oder *„Bayern-Pils"* für ein nur regional vertriebenes Bier von nur durchschnittlicher Qualität (OLG München WRP 1996, 356). – *„In Sachen Dichtheit kann nichts und niemand dem Duktilen Gussrohr etwas vormachen"* (OLG Köln WRP 1996, 1210 [Rev angenommen: BGH Beschl v 5. 6. 1997 – I ZR 168/96, aber später zurückgenommen]). – *„Ihre Nr 1 in Hamburg"* (OLG Schleswig WRP 1996, 1223). – *„. . . ist billiger"* (OLG Zweibrücken GRUR 1998, 737). – *„Größter Kosakenchor in Europa"* (OLG Köln NJWE-WettbR 1998, 272). – *„Berliner Rundfunk 91,4 – Die Nr 1"* für Radiosender, dem es an der notwendigen Stetigkeit mangelt (KG ZUM 2000, 758). – In dem Werbetext *„. . . und schon spielen wir ganz oben mit – auf der Dachterrasse im Segment der Wohnzeitschriften"* liegt die Inanspruchnahme einer Spitzengruppenstellung (OLG Hamburg AfP 2000, 366). – *„Einer der beiden führenden Lohnsteuerhilfevereine in Deutschland"* und *„der neue Marktführer"* (OLG Zweibrücken NJW-RR 2002, 1066). – **„Der bessere Anschluss"** für ISDN-Anschluss (OLG Hamburg CR 2002, 268). – **„Technologieführerschaft"** in der Softwarebranche (OLG Hamburg GRUR-RR 2002, 71). – Selbstbeschreibung im Internet *„Führender Anbieter von home-electronics"* bei den Jobangeboten (OLG Hamburg K & R 2003, 614). – In der Bezeichnung *„Tauchschule Dortmund"* liegt eine zwar keine Alleinstellungs-, aber eine Spitzenstellungswerbung (OLG Hamm GRUR-RR 2003, 289 [NZB zurückgewiesen: BGH Beschl v 20. 11. 2003 – I ZR 117/03]). – Die Werbeaussage **„Für die gründlichste Rasur"** für einen Nassrasierer ist als irreführend angesehen worden, weil der beworbene Rasierer innerhalb von 24 Stunden nur 0,0143 mm mehr Barthaare abschneidet als das Konkurrenzprodukt (OLG Hamburg GRUR-RR 2005, 286).

2.158

bb) Irreführung verneint. Die Werbeaussage eines Herstellers und Vertreibers von Ölbrennern *„5 Brennermodelle wurden mit dem Blauen Engel ausgezeichnet"* enthält keine irreführende Alleinstellungsbehauptung (BGH GRUR 1994, 523 – *Ölbrennermodelle*). – *„Ihr Makler an der Saar"* (OLG Saarbrücken NJWE-WettbR 1996, 268). – *„Unglaubliche Tiefstpreise"* (OLG Bamberg OLG-Rp 1999, 223). – *„Deutsches Gesundheitsnetz"* (OLG Köln NJWE-WettbR 2000, 201). – *„Weltweit die Nr 1 in Online und Internet"* bedeutet nicht, dass dieser Onlinedienst in jedem Land der Welt die Nr 1 ist (OLG Frankfurt GRUR 2003, 1059; vgl aber BGH GRUR 2004, 786 – *Größter Online-Dienst*). – In der Werbung *„Ab sofort heißt es bundesweit . . . vorwählen und schon haben Sie gespart"* liegt nicht ohne weiteres die Behauptung, es handele sich um den günstigsten Anbieter, der alle in Betracht kommenden Mitkonkurrenten übertreffe (LG Düsseldorf MMR 2003, 341). – *„Deutschlands bestes Einrichtungshaus"* (OLG Bamberg GRUR-RR 2003, 344). – Slogan *„Die Ersten sollten die Besten sein"* in der Werbung für Kinderschuhe (OLG Frankfurt NJWE-WettbR 1997, 2). – *„Deutsche Verkehrsflieger-Schule"* (OLG Celle NJWE-WettbR 1997, 81 [Rev nicht angenommen: BGH Beschl v 28. 11. 1996 – I ZR 276/95]). – Werbeslogan *„Ich bin doch nicht blöd. M-Markt"* (OLG Karlsruhe WRP 1997, 865). – *„Kellogg's – Das Beste jeden Morgen"* (BGH GRUR 2002, 182 – *Das Beste jeden Morgen*). – Werbung für Tageszeitung *„Die Stimme Berlins"* keine Alleinstellungsberühmung, solange der Akzent nicht auf dem bestimmten Artikel liegt (KG GRUR-RR 2001, 60).

2.159

9. Werbung mit Äußerungen Dritter

a) Gutachten und wissenschaftliche Beiträge. aa) Grundsatz. Wer sich zu Wettbewerbszwecken fremder Äußerungen bedient, **macht sich diese zu Eigen,** auch wenn es sich dabei um **wissenschaftliche Auffassungen** handelt (BGH GRUR 1962, 45, 49 – *Betonzusatzmittel*; BGH GRUR 1961, 189, 190 – *Rippenstreckmetall*; BGH GRUR 1966, 92, 94 – *Bleistiftabsätze*; BGH GRUR 2002, 633, 634 – *Hormonersatztherapie*). Er haftet daher grds für irreführende Angaben, die in derartigen Beiträgen Dritter enthalten sind. Enthält ein Gutachten irreführende Angaben oder wird es – weil als bspw auch in der Werbung gegenüber dem allgemeinen Publikum eingesetzt wird – von den angesprochenen Verkehrskreisen in einer Fehlvorstellungen auslösenden Weise missverstanden, liegt auch in der Verwendung des Gutachtens in der Werbung grds eine irreführende Werbung (BGH GRUR 1961, 189, 190 – *Rippenstreckmetall*).

2.160

bb) Wissenschaftliche Beiträge. Bei wissenschaftlichen Beiträgen lässt sich häufig **nicht zuverlässig ermitteln,** ob die dort enthaltenen Aussagen und Ergebnisse **richtig sind oder nicht.** Wird gegenüber Fachkreisen mit derartigen wissenschaftlichen Beiträgen geworben (zB

2.161

von einem pharmazeutischen Unternehmen in der Werbung gegenüber Fachkreisen mit einer medizinischen oder pharmazeutischen Vergleichs- oder Äquivalenzstudie), kommt es für die Frage der Irreführung in erster Linie darauf an, ob der fragliche Beitrag **wissenschaftlichen Anforderungen genügt.** Ist die Arbeit oder die Versuchsreihe, über die berichtet wird, nach wissenschaftlichen Maßstäben nicht zu beanstanden, trifft das Unternehmen, das den Beitrag zu Werbezwecken verbreitet, **kein Vorwurf der Irreführung.** Werden dagegen in dem Beitrag Umstände unberücksichtigt gelassen, die nach wissenschaftlichen Maßstäben in die Untersuchung hätten einfließen müssen, ist in der Verwendung einer solchen – wissenschaftlich unzulänglichen – Arbeit idR eine irreführende Werbung nach § 5 oder nach § 3 HWG zu sehen.

2.162 cc) **Werbung mit Meinungsumfragen.** Wird in einer Werbung für Motorräder bei Veröffentlichung einer Meinungsumfrage als Quelle ein Fachzeitschriften-Verlag genannt, nimmt der Verkehr an, dass der Verlag die Befragung neutral durchgeführt hat und jedenfalls **keine finanziellen Zusammenhänge** zwischen der Befragung und dem werbenden Unternehmen bestehen (OLG Hamburg WRP 1979, 317). Ferner wird der Leser – ohne gegenteiligen Hinweis – annehmen, dass die **Ergebnisse der Umfrage aktuell** sind. Das wurde in einem Fall der Veröffentlichung der Umfrageergebnisse über Eigenschaften und Image eines Motorrades verneint, weil zwischen dem Abschluss der Auswertung und der Veröffentlichung der Daten ein Jahr lag, seit Beginn der Erhebung sogar anderthalb Jahre verstrichen waren (OLG Hamburg aaO).

2.163 b) **Empfehlungen. aa) Grundsatz.** Auch wer mit **Empfehlungs- und Anerkennungsschreiben** wirbt, macht damit die Angaben des Dritten zu seinen eigenen. Er muss sie wettbewerbsrechtlich **in vollem Umfang vertreten;** sonst wäre dem Missbrauch Tür und Tor geöffnet. Äußerungen Dritter wirken in der Werbung objektiv und werden daher, falls nicht rein geschmackliche Fragen Gegenstand der Beurteilung sind, nicht nur ernst genommen, sondern im Allgemeinen höher bewertet als die eigenen Äußerungen des Werbenden. Sind sie geeignet, durch ihren Inhalt über das Angebot oder die geschäftliche Verhältnisse des Werbenden irrezuführen, liegt ein Verstoß gegen § 5 vor. Für die Frage der Irreführung ist es ohne Belang, ob der Dritte der Verwendung etwa eines Dank- und Empfehlungsschreibens in der Werbung zugestimmt hat.

2.164 bb) **Bezahlte Empfehlungen.** Wird mit Kundenempfehlungen und anderen Referenzschreiben geworben, darf das Urteil des Kunden grds **nicht erkauft** sein. Die **Verwendung bezahlter Zuschriften** ist unzulässig, wenn auf die Bezahlung nicht ausdrücklich hingewiesen wird (OLG Hamburg GRUR 1979, 246, 248). Etwas anderes gilt nur dann, wenn es sich um **Empfehlungen Prominenter** (zB Sportler oder Schauspieler) handelt, bei denen der Verkehr damit rechnet, dass sie sich idR nicht mit der unentgeltlichen Verwendung ihres Namens oder gar Bildes für Werbezwecke einverstanden erklären werden. – Der Kunde, der die Empfehlung ausspricht, muss in seinem Urteil frei und unabhängig gewesen sein. Unbedenklich ist es allerdings, wenn ihn der Werbende zur Äußerung aufgefordert hat (*Semler* WRP 1979, 524, 526). Zu weit geht es, die genaue Angabe des Namens und der Anschrift des Verfassers zu verlangen, weil dadurch der Kunde bloßgestellt werden kann; es genügt, dass Interessenten auf Wunsch die Zuschriften vorgelegt und Name und Adresse genannt werden. Ebenfalls zu weit geht es, **Empfehlungen von anonym bleibenden Kunden** generell für unzulässig zu erachten (so aber Baumbach/*Hefermehl*, 22. Aufl, § 3 Rdn 84). Grund für ein solches Verbot könnte nur die Missbrauchsgefahr sein. Diese fehlende Überprüfbarkeit kennt aber auch der Verkehr und misst deswegen derartigen Empfehlungen eine geringere Bedeutung bei. – Auch die **Empfehlung einer Institution** darf nicht erkauft sein, es sei denn, der Verkehr rechnet von vornherein mit der Entgeltlichkeit. So ist es als irreführend untersagt worden, dass ein Sportartikelhersteller mit den herausgehobenen Aussagen „**Der DFB empfiehlt PUMA**" „PUMA Offizieller Lizenznehmer des (DFB)" geworben hatte (OLG Hamburg GRUR 1986, 550).

2.165 cc) **Gütesiegel.** Wird von einem gewerblichen Unternehmen ein „**Gütesiegel**" an Unternehmen der Touristik-Branche verliehen, so verstößt dies gegen §§ 3, 5, wenn die Seriosität des jeweils geprüften Touristik-Unternehmens **nicht von einem neutralen Dritten,** sondern von einem von dem verleihenden Unternehmen beauftragten Steuerberater festgestellt wird, und wenn das verleihende Unternehmen für das Führen der in dem Siegel liegenden Empfehlung eine Lizenzgebühr verlangt (OLG Frankfurt GRUR 1994, 523). – Als irreführend ist es auch angesehen worden, für die Vergabe einer „**Auszeichnung der Europäischen Wirtschaftskammer Brüssel**" zu werben, wenn dieses Gütesiegel nicht auf anerkannten und veröffentlichten Gütebedingungen beruht (LG Dresden WRP 2000, 662). – Die Werbung mit dem Gütesiegel „Wir unterstützen keine Kinderarbeit" setzt geeignete Kontrollmaßnahmen hins der Produktion der eigenen Waren voraus. Findet eine solche Kontrolle nicht statt, ist die Werbung irreführend (LG Stuttgart WRP 2006, 1156 [LS]). – Ein Fall der irreführenden Werbung mit Gütezeichen ist in Nr 2 des Anh zu § 3 III geregelt (dazu Anh zu § 3 III Rdn 2.1 ff).

dd) Besondere Bestimmungen. In dem bes sensiblen Bereich der Gesundheitswerbung 2.166 bestehen bes Bestimmungen, die die Werbung mit Referenzschreiben generell untersagen. So ist auf dem Gebiete des **Heilwesens** außerhalb der Fachkreise die Werbung mit nicht fachlichen Äußerungen Dritter, insbes mit Dank-, Anerkennungs- oder Empfehlungsschreiben, oder mit Hinweisen auf solche Äußerungen nach § 11 Nr 11 HWG schlechthin verboten. Das Verbot erstreckt sich dagegen **nicht auf die Werbung gegenüber Fachkreisen.** Weiter sind die Wettbewerbsrichtlinien der **Versicherungswirtschaft** zu nennen, die es in Nr 33 für unzulässig erklären, Empfehlungsschreiben oder Danksagungen für die Bewirkung einer Versicherungsleistung oder für die Erledigung eines Versicherungsfalls zu veröffentlichen.

c) Belobigungen, Zeugnisse. Auch wenn ein Kaufmann mit **fremden Äußerungen** – zB 2.167 dem Bericht eines Verbandsvorsitzenden, einer Stellungnahme im Fachschrifttum, einer Pressenotiz – wirbt, macht er sich diese Äußerungen zu Eigen. Er verwendet sie mit dem Ziel, das eigene Unternehmen zu fördern, also im Rahmen einer geschäftlichen Handlung (§ 2 I Nr 1), und muss sie daher auch vertreten. Dem steht nicht entgegen, dass die fremden Meinungen, die der Werbende aufgreift, ihrerseits nicht in Wettbewerbsförderungsabsicht geäußert worden sind.

Irreführend kann der Hinweis eines **Kfz-Sachverständigen** sein, von seinem Berufsverband 2.168 als Sachverständiger **anerkannt** zu sein, wenn dadurch der irrige Eindruck entsteht, dass es sich um einen bes geprüften und qualifizierten Fachmann handelt, der seine Mitbewerber in bes Weise übertrifft (BGH GRUR 1984, 740 – *Anerkannter Kfz-Sachverständiger;* vgl Rdn 5.144). Als irreführend untersagt worden ist eine Werbung für skandinavische Möbel mit dem sog **„Möbelfakta-Anhänger"** des staatlichen Schwedischen Möbelinstituts, weil zu befürchten ist, dass ein erheblicher Teil des Verkehrs in dem „Möbelfakta"-Anhänger eine Art auf spezieller Werkstückprüfung beruhenden Garantieschein erblickt (OLG Düsseldorf GRUR 1980, 863, 864). – Bewirbt ein Verkäufer von Autozubehör, insbes von Tuningteilen, den Verkauf von Seitenschwellern und Stoßstangen mit dem Hinweis **„mit Materialgutachten"**, werden viele Käufer annehmen, es handele sich um ein „Teilegutachten", mit dessen Hilfe die erforderliche Betriebserlaubnis erlangt werden kann. Werden sie in dieser Erwartung getäuscht, ist die Werbung irreführend (OLG Düsseldorf WRP 2005, 1309).

E. Geschäftliche Relevanz der Irreführung

Schrifttum: *Deutsch,* Der Einfluss des europäischen Rechts auf den Irreführungstatbestand des § 3 UWG – Gedanken zum Verbraucher-Leitbild und zur Relevanz bei Täuschungen, GRUR 1996, 541; *Gloy,* Geografische Herkunftsangaben, wettbewerbsrechtliche Relevanz und klarstellende Zusätze, FS Piper, 1996, 543; *Helm,* Die Bagatellklausel im neuen UWG, FS Bechtold, 2006, 155; *Klette,* Zur Relevanz der Herkunftstäuschung im Wettbewerbsrecht, NJW 1986, 359; *Henning-Bodewig,* Relevanz der Irreführung, UWG-Nachahmungsschutz und die Abgrenzung Lauterkeitsrecht/IP-Rechte, GRUR Int 2007, 986; *Köhler,* Die „Bagatellklausel" in § 3 UWG, GRUR 2005, 1; *ders,* Zur richtlinienkonformen Auslegung und Neuregelung der „Bagatellklausel" in § 3 UWG, WRP 2008, 10; *Sack,* Die relevante Irreführung im Wettbewerbsrecht, WRP 2004, 521; *Scherer,* Die „wesentliche Beeinflussung" nach der Richtlinie über unlautere Geschäftspraktiken, WRP 2008, 708; *Wuttke,* Neues zur wettbewerbsrechtlichen Relevanz und Interessenabwägung bei der irreführenden Werbung, WRP 2003, 839.

I. Grundlagen

1. Grundsatz

Nach seinem **Schutzzweck** soll das Irreführungsverbot nach §§ 3, 5 eingreifen, wenn eine 2.169 Angabe über Eigenschaften der angebotenen Waren oder Leistungen, über den Anlass des Angebots und generell über die geschäftliche Verhältnisse **geeignet** ist, bei einem erheblichen Teil der umworbenen Verkehrskreise irrige Vorstellungen über das Angebot hervorzurufen und die zu treffende Marktentschließung **in wettbewerblich relevanter Weise** zu beeinflussen (Begr RegE zu § 5 BT-Drucks 15/1487 S 19; BGH GRUR 1995, 125, 126 – *Editorial I;* BGH GRUR 1995, 610, 611 – *Neues Informationssystem;* BGH GRUR 1998, 1043, 1044 – *GS-Zeichen;* BGH GRUR 2001, 239, 241 – *Last-Minute-Reise;* BGH GRUR 2004, 162, 163 – *Mindestverzinsung;* BGH GRUR 2003, 628, 630 – *Klosterbrauerei;* BGH GRUR 2004, 437, 438 – *Fortfall einer Herstellerpreisempfehlung*). **Einerseits genügt** also die **Eignung;** eine tatsächliche

Beeinflussung der Marktentscheidung – im Allgemeinen handelt es sich um eine Kaufentscheidung – ist nicht erforderlich (s Rdn 2.65); **andererseits** tritt zur Irreführung das **Merkmal der wettbewerblichen Erheblichkeit,** das – als dem Irreführungstatbestand immanentes spezifisches Relevanzerfordernis – eine eigenständige Bagatellschwelle darstellt, die im Anwendungsbereich des § 5 die Notwendigkeit entfallen lässt, das fragliche Verhalten auch noch der Erheblichkeitsprüfung nach § 3 zu unterziehen (dazu Rdn 2.20 f; BGH GRUR 2009, 888 Tz 18 – *Thermoroll*). Das lauterkeitsrechtliche Irreführungsverbot schützt die Wahrheit in der Werbung nicht zweckfrei. Es soll nur eingreifen, wenn die **Verletzung des Wahrheitsgebots die Funktionen des Wettbewerbs berührt** (BGH GRUR 1991, 852, 855 – *Aquavit;* BGH GRUR 1995, 125, 126 – *Editorial I;* BGH GRUR 1998, 949, 951 – *D-Netz-Handtelefon;* BGH GRUR 2000, 914, 915 – *Tageszulassung II*). Dies sicherzustellen ist Aufgabe des Merkmals der wettbewerblichen Relevanz.

2. Relevanzmerkmal im Gesetzestext

2.170   Dass nur die **wettbewerblich relevante Irreführung** verboten ist, ließ sich dem Wortlaut des § 3 UWG 1909 nicht entnehmen. Auch in § 5 kommt dieses Erfordernis **nur versteckt zum Ausdruck:** In der Regelung des § 5 a I über die Irreführung durch Unterlassen (s § 5 Rdn 2.60 und § 5 a Rdn 1 ff) wird das Merkmal der Relevanz für die durch positives Tun begangene Irreführung quasi **vorausgesetzt,** wenn es dort heißt, dass „insbes die Bedeutung (der verschwiegenen Tatsache) für die geschäftliche Entscheidung ... sowie die Eignung des Verschweigens zur Beeinflussung der Entscheidung zu berücksichtigen" seien. Obwohl die Formulierung des § 5 sich in vielen Punkten an Art 6 der UGP-Richtlinie anlehnt, folgt sie ihr in diesem Punkt nicht: Denn nach Art 6 I UGP-Richtlinie gilt eine Geschäftspraxis als irreführend, wenn sie ua „den Durchschnittsverbraucher ... täuscht oder ihn zu täuschen geeignet ist **und ihn in jedem Fall tatsächlich oder voraussichtlich zu einer geschäftlichen Entscheidung veranlasst, die er ansonsten nicht getroffen hätte."**

3. Weitergehender Schutzzweck der Richtlinie über irreführende und vergleichende Werbung

2.171   **Bemerkenswert** an der Formulierung in Art 2 lit b der Richtlinie über irreführende und vergleichende Werbung ist, dass sie **über das hinausgeht,** was im deutschen Recht traditionell unter dem Merkmal der Relevanz verstanden wird. Im deutschen Recht wird zwar immer wieder betont, dass das Verbot der irreführenden Werbung der Wahrung der schützenswerten Interessen der anderen Marktteilnehmer diene, seien es die Verbraucher oder seien es die Mitbewerber (BGH GRUR 1995, 125, 126 – *Editorial I;* BGH GRUR 1998, 949, 951 – *D-Netz-Handtelefon;* BGH GRUR 2001, 239, 241 – *Last-Minute-Reise*); dagegen wird das Relevanzmerkmal im deutschen Recht **allein auf die (Kauf-) der Marktgegenseite** bezogen. Die Richtlinie über irreführende und vergleichende Werbung lässt es im Gegensatz dazu **als alternatives** (nicht kumulatives) **Merkmal** ausreichen, dass „die ... Täuschung ... einen Mitbewerber schädigt oder zu schädigen geeignet ist". Normalerweise spielt dieser zusätzliche Gesichtspunkt keine Rolle, weil das eine (die Täuschung über ein Leistungsmerkmal) mit dem anderen (der Beeinträchtigung des Mitbewerbers) Hand in Hand geht. Doch es gibt zumindest die eine oder andere Fallkonstellation, in der das **für die Auslegung des deutschen Rechts maßgebliche weite Verständnis der Richtlinie** eine entscheidende Bedeutung haben kann (dazu Rdn 2.191 und Rdn 2.195).

II. Standort der Relevanz im Tatbestand der irreführenden Werbung

2.172   Auch wenn die Relevanz üblicherweise als **eigenständiges Merkmal des Irreführungstatbestands** verstanden wird, ist sie doch Bestandteil des Merkmals der wettbewerblich relevanten Irreführung. Die Ermittlung der Fehlvorstellung, die sich im Verkehr auf Grund einer bestimmten Angabe bildet (Irreführung im engeren Sinne), ist also immer nur der erste Schritt auf dem Weg zur Feststellung einer relevanten Irreführung (s Rdn 2.103). Auch die Ermittlung der **Irreführungsquote** (s Rdn 2.101 ff) ist dementsprechend ein **zweistufiger Prozess,** dessen erste Stufe die Feststellung der Fehlvorstellung und dessen zweite Stufe die gesondert zu ermittelnde wettbewerbliche Erheblichkeit dieser Fehlvorstellung umfasst.

2.173   Das **Quorum,** das für das Eingreifen des Irreführungsverbots zu erfüllen ist, betrifft immer die **wettbewerblich relevante Irreführung,** also das Ergebnis der zweistufigen Prüfung. Von der wettbewerblichen Relevanz hängt ab, um wie viel das Ergebnis der zweiten Stufe unterhalb des Ergebnisses der ersten Stufe liegt. Bei hoher Relevanz – wenn über einen für die Marktentscheidung wichtigen Faktor wie den Preis getäuscht worden ist – ist die Quote der Verbraucher, die wettbewerblich relevant irregeführt worden sind, genauso hoch wie die Fehlvorstellungsquote. In anderen Fällen kann das Ergebnis der zweiten Stufe deutlich niedriger liegen, wenn etwa die Fehlvorstellung ein Merkmal betrifft, das für viele Verbraucher ohne Bedeutung für die Kaufentscheidung ist (dazu Rdn 2.175 ff). In keinem Fall kann das Ergebnis der zweiten Stufe über dem der ersten Stufe liegen, weil bei der Beurteilung der Relevanz nur diejenigen Verkehrskreise berücksichtigt werden dürfen, bei denen die beanstandete Werbung eine Fehlvorstellung ausgelöst hat (BGH GRUR 1991, 852, 855 – *Aquavit;* BGH GRUR 1993, 920 – *Emilio Adani II;* dazu Rdn 2.103). Denn wer Richtiges annimmt, kann durch Unrichtiges nicht beeinflusst werden (BGH GRUR 1987, 535, 537 – *Wodka „Woronoff".*

III. Übersicht über die Anwendungsbereiche
1. Irreführung über negative Leistungsmerkmale

Wie unverzichtbar das **Merkmal der Relevanz** für die logische Struktur des Irreführungstatbestands ist, zeigt sich schon daran, dass ohne dieses Merkmal auch die **für den Werbenden nachteiligen Irreführungen** ebenfalls unter das Verbot fielen. **Beispiele:** Die Preisempfehlung des Herstellers, von der sich der eigene Preis von 499 € vorteilhaft absetzen soll, ist versehentlich mit 459 € statt mit 549 € angegeben; der unkundige Verkäufer macht aus dem Ledersofa ein Kunstledersofa; in das Regal, in dem die Ware mit abgelaufenem Mindesthaltbarkeitsdatum zu herabgesetzten Preisen angeboten wird, sind versehentlich auch Artikel mit noch laufendem Haltbarkeitsdatum gelangt. Allerdings ist dieser Anwendungsbereich des Relevanzmerkmals eher theoretischer Natur, weil niemand auf die Idee käme, aus einem solchen Missgeschick lauterkeitsrechtliche Ansprüche herleiten zu wollen.

2.174

2. Irreführung über positive Leistungsmerkmale

Dem Anwendungsbereich ohne praktische Bedeutung steht der **Normalfall der Irreführung** gegenüber, bei dem über das Vorliegen positiver Leistungsmerkmale getäuscht wird. Dies sind die **klassischen Irreführungsfälle,** die jedoch wegen der unterschiedlichen Bedeutung für das Relevanzkriterium in zwei Untergruppen zu gliedern sind: **(1)** Zum einen gehören hierher die Fälle, in denen sich die rechtliche Erheblichkeit der durch die Werbung erzeugten Fehlvorstellung von selbst ergibt, weil der **Gegenstand der Täuschung für die Marktentscheidung von zentraler Bedeutung** ist. **Beispiele:** Die Preisempfehlung des Herstellers ist in der Werbung mit 599 € statt mit 549 € angegeben (s Rdn 7.61); das Kunstledersofa wird als Ledersofa angepriesen; die Ware mit abgelaufenem Mindesthaltbarkeitsdatum wird zwischen die ordnungsgemäße Ware sortiert (s Rdn 4.87). Hier spielt das Relevanzmerkmal praktisch keine Rolle, weil es schon mit der Irreführung notwendig erfüllt ist (dazu Rdn 2.179). **(2)** Zum anderen sind die Fälle zu nennen, in denen über eine Eigenschaft getäuscht wird, die – bei Licht besehen – eine **rationale Marktentscheidung** eigentlich **nicht beeinflussen müsste. Beispiele:** Die als Lübecker Marzipan angebotene Köstlichkeit ist nicht in Lübeck, sondern in Bad Oldesloe hergestellt worden; die „Klosterbrauerei", aus der das – unstreitig – qualitativ hoch stehende Bier kommt, kann entgegen den Angaben in der Werbung nicht auf eine jahrhundertealte mönchische Brautradition zurückblicken, sondern ist erst vor fünfzehn Jahren gegründet worden; ein Steuerberater führt den Doktortitel einer ausländischen Universität, den er – wie es für die Führung im Inland erforderlich gewesen wäre – nicht hat nostrifizieren lassen (dazu Rdn 2.180 ff).

2.175

3. Irreführung über ambivalente Leistungsmerkmale

Eine weitere Fallkonstellation widersetzt sich der oben vorgenommenen Einteilung danach, ob die erzeugte Fehlvorstellung ein positives oder ein negatives Merkmal betrifft. Es handelt sich hier um Fälle, in denen über das Vorliegen eines **ambivalenten Leistungsmerkmals** irregeführt wird, dessen an sich **negative Eigenschaften** aus der Sicht der Verbraucher **durch die damit verbundenen Preisvorteile kompensiert** werden. **Beispiele:** Der Porzellanhersteller, der seine Ware 1. Wahl nur schleppend absetzt, geht dazu über, Ware 1. Wahl als Ware 2. Wahl zu deklarieren und sie im Rahmen des bes gut laufenden Sonderverkaufs verbilligt, aber immer noch auskömmlich abzugeben; der Kaufmann, der wegen Umbau sein gesamtes Lager räumt,

2.176

schiebt nachgekaufte Ware nach, um die große Nachfrage bedienen zu können (§ 8 V Nr 2 UWG aF); das Reisebüro, das ausschließlich Last-Minute-Reisen im Angebot hat, geht dazu über, unter dieser Bezeichnung auch Reisen anzubieten, die nicht kurzfristig angetreten werden müssen (vgl BGH GRUR 2000, 239 – *Last-Minute-Reise;* dazu Rdn 2.189 ff).

4. Irreführung, die nur zu einem Anlockeffekt führt

2.177 Schließlich ist ein weiterer Bereich zu nennen, bei dem es entscheidend auf die **Relevanz ankommt.** Dies sind die Fälle, in denen zwar zunächst über ein positives Leistungsmerkmal getäuscht, die erzeugte Irreführung aber noch vor einer eventuellen Kaufentscheidung beseitigt wird, so dass **nur die Anlockwirkung** bleibt. **Beispiele:** Das in der Zeitung beworbene bes attraktive Sonderangebot ist schon am selben Tag ausverkauft, was der Kunde notgedrungen feststellt, bevor er ein anderes – möglicherweise teureres – Produkt erwirbt (Anh zu § 3 III Nr 5; dazu Rdn 8.1 ff und Anh zu § 3 III Rdn 5.1 ff); der Kunde erfährt im Geschäft, dass die Ware entgegen der Ankündigung in der Werbung nicht 79 €, sondern 99 € kostet; erst im Zuge der Aufnahme der Bestellung stellt sich heraus, dass der in der Zeitung beworbene parallel importierte Golf anders als die für den Vertrieb im Inland gebauten Fahrzeuge nicht serienmäßig mit einer Klimaanlage ausgerüstet ist (vgl § 5a Rdn 18; zum Merkmal der Relevanz in diesen Fällen s Rdn 2.192 ff).

IV. Anwendung im Einzelnen

1. Überblick

2.178 Die Darstellung der **Anwendung des Relevanzkriteriums** folgt der oben (Rdn 2.174 ff) vorgenommenen Einteilung. Der erste Anwendungsbereich, die Irreführung über negative Leistungsmerkmale, ist freilich – wie erwähnt – ohne praktische Bedeutung und bedarf daher keiner gesonderten Erörterung.

2.178a Zu beachten ist, dass in der Regel **auf Grund des Hervorrufens einer Fehlvorstellung** auf die wettbewerbsrechtliche **Relevanz der Irreführung geschlossen** werden kann (BGH GRUR 2008, 443 Tz 29 – *Saugeinlagen*). Diese Regel wird durchbrochen, wenn über Umstände getäuscht worden ist, die für das Marktverhalten der Gegenseite nur eine unwesentliche Bedeutung haben (vgl BGH GRUR 2007, 1079 Tz 26 – *Bundesdruckerei*).

2. Irreführung über positive Leistungsmerkmale

2.179 **a) Irreführung über Merkmale von zentraler Bedeutung.** In den meisten Fällen, in denen das Irreführungsverbot in der Praxis angewendet wird, betrifft die Irreführung **Merkmale** der angebotenen Waren oder Leistungen, die für die Marktgegenseite **von zentraler Bedeutung** sind: Die Zusammensetzung von Textilien, die umweltschonende Erzeugung von Gemüse, die Füllmenge in Verkaufsbehältnissen sind durchweg Eigenschaften, die stets geeignet sind, die Kaufentscheidung zu beeinflussen. In solchen Fällen entspricht der Anteil derjenigen Verbraucher, die einer Fehlvorstellung erliegen, dem Anteil der relevant Irregeführten. Dies bringt der BGH mit dem Hinweis zum Ausdruck, **aus der Feststellung der Irreführung** eines erheblichen Teils der Verbraucher könne idR geschlossen werden, dass eine **Werbeangabe wettbewerbsrechtlich relevant** sei, so dass es keiner gesonderten Beweiserhebung über die Relevanz irreführender Vorstellungen bedürfe (BGH GRUR 1991, 215 – *Emilio Adani I;* BGH GRUR 1991, 852, 855 – *Aquavit;* BGH GRUR 1993, 920 – *Emilio Adani II;* dazu Spätgens EWiR 1993, 923).

2.180 **b) Irreführung über Merkmale von marginaler Bedeutung. aa) Grundsatz.** Die Regel, nach der von der Feststellung der Irreführung eines erheblichen Teils der angesprochenen Verkehrskreise auch auf die Relevanz geschlossen werden kann (s Rdn 2.177), ist bereits außer Kraft gesetzt, sobald **begründete Zweifel an der Relevanz** der Fehlvorstellung bestehen. Ihnen muss nachgegangen werden, auch wenn die Fehlvorstellung eines beachtlichen Teils des Verkehrs bereits feststeht. Derartige Zweifel stellen sich nicht, wenn es **nach der Lebenserfahrung** naheliegt, dass die erzeugte Fehlvorstellung für die Kaufentscheidung eines nicht unbeachtlichen Teil des Verkehrs von Bedeutung ist (BGH GRUR 1995, 125, 126 – *Editorial I;* BGH GRUR 1998, 949, 951 – *D-Netz-Handtelefon;* BGH GRUR 2000, 914 – *Tageszulassung II*). Anders verhält es sich, wenn die **Umstände,** über die getäuscht worden ist, erfahrungsgemäß **für die Marktentscheidung eine unwesentliche Bedeutung** haben (BGH GRUR

2007, 247 Tz 34 – *Regenwaldprojekt I;* BGH GRUR 2007, 1079 Tz 26 – *Bundesdruckerei;* BGH GRUR 2008, 443 Tz 29 – *Saugeinlagen*).

Ist der Schluss von der Fehlvorstellung auf die Relevanz versperrt, bedeutet dies aber nicht, dass die Relevanz in jedem Fall **durch Verkehrsbefragung** festgestellt werden muss. Auch hier ist es dem Richter grds möglich, auf Grund eigener Sachkunde zu entscheiden, falls ihm die eigene (Lebens-)Erfahrung hierfür eine tragfähige Grundlage bietet (s Rdn 3.11 ff). Außerdem kann das **Verhalten des Werbenden selbst** einen Anhaltspunkt für die Relevanz geben. Stellt ein Hersteller in seiner Werbung ein eher nebensächliches Merkmal groß heraus, deutet die Bedeutung, die er selbst diesem Merkmal einräumt, darauf hin, dass dem auch ein **korrespondierendes Verbraucherinteresse** entspricht (BGH GRUR 1992, 66, 69 – *Königl.-Bayerische Weisse* mit Anm *Knaak;* BGH GRUR 2003, 628, 630 – *Klosterbrauerei;* BGH GRUR 2009, 888 Tz 20 f – *Thermoroll*). Außerdem gilt auch hier, dass der Werbende eine **dreiste Lüge** nicht damit rechtfertigen kann, sie betreffe nur einen nebensächlichen Gesichtspunkt, der für die Marktentscheidung des Verbrauchers nicht von nennenswerter Bedeutung sei (s Rdn 2.97 und 2.107). **Beispiele:** Verlegt ein Unternehmen sein in der Werbung herausgestelltes Gründungsjahr von 1949 auf 1849, braucht keine Beweisaufnahme durchgeführt zu werden, um zu ermitteln, welche Bedeutung das Gründungsdatum für die Kaufentscheidung der Verbraucher hat. Wirbt ein Hersteller damit, dass sein LINIE-Aquavit in Sherry-Fässern in monatelanger Schiffsfahrt zweimal den Äquator passiert habe, darf der durch das Rollen der Wellen geförderte Reifeprozess nicht durch Ausfahrten auf der Nordsee oder in einem Simulator an Land bewirkt worden sein (vgl BGH GRUR 1991, 852, 855 – *Aquavit;* in der Entscheidung ging es darum, ob der Aquavit – der Tradition des LINIE Aquavit entspr – in hochkonzentriertem Zustand auf die Reise geschickt werden durfte; dies wurde bejaht).

bb) Alter und Tradition. Die angeführten Grundsätze erlauben idR den Schluss, dass eine irreführende **Alters- und Traditionswerbung für die Marktentscheidung von Bedeutung** ist. Dabei muss es sich nicht um den ausschlaggebenden Gesichtspunkt handeln. Es reicht aus, wenn der Hinweis auf Alter und Tradition einen **positiven Einfluss auf die Kaufentscheidung** hat. Auch der verständige Verbraucher kann in seiner Kaufentscheidung maßgeblich durch Erwägungen beeinflusst werden, die sich einer rationalen Überprüfung entziehen. So stellt etwa für ein Bier eine Tradition als Hoflieferant, eine lange klösterliche Brautradition oder einfach nur das Alter der Brauerei ein **verstecktes Qualitätssignal** dar, das positive Assoziationen weckt und die Kaufentscheidung positiv beeinflussen kann (BGH GRUR 1992, 66, 69 – *Königl.-Bayerische Weisse;* BGH GRUR 2003, 628, 630 – *Klosterbrauerei;* ferner OLG Hamburg WRP 1998, 76 betr Darguner Klosterbrauerei; OLG Nürnberg GRUR-RR 2001, 61 betr Kloster Dinkel; OLG Frankfurt GRUR-RR 2001, 67, betr Eschweger Klosterbräu [Rev nicht angenommen: BGH Beschl v 5. 6. 2003 – I ZR 181/00]; OLG Dresden GRUR 1998, 171: „Seit 1460"). Auch hier gilt, dass die Betonung der Unternehmenstradition in der Werbung des Herstellers ein deutliches Indiz dafür ist, dass es sich um einen für die Kaufentscheidung relevanten Umstand handelt (s Rdn 2.181).

cc) Geografische Herkunft. Solange der Schutz geografischer Herkunftsangaben allein dem **wettbewerbsrechtlichen Irreführungsverbot** entnommen wurde, bestand Einigkeit darüber, dass einer Angabe über die geografische Herkunft einer Ware **in aller Regel** die **wettbewerbliche Relevanz nicht abgesprochen** werden kann. In solchen Angaben wurde generell ein **wesentliches werbliches Kennzeichnungsmerkmal** gesehen, das der Individualisierung der Ware, der Herstellung einer Beziehung zwischen der gekennzeichneten Ware einerseits sowie Qualitäts- und Preisvorstellungen der Kunden andererseits dient und das deshalb ein für die Kaufentscheidung des Verbrauchers **bedeutsamer Informationsträger** ist (vgl BVerfGE 51, 193, 213 = GRUR 1979, 773, 777 – *Weinbergsrolle;* BGH GRUR 1965, 317, 318 – *Kölnisch Wasser;* BGH GRUR 1981, 71, 73 – *Lübecker Marzipan;* BGH GRUR 1982, 564, 566 – *Elsässer Nudeln;* BGH GRUR 1987, 535, 537 – *Wodka „Woronoff";* BGH GRUR 1995, 65, 66 – *Produktionsstätte*). Für das – seiner Natur nach ebenfalls wettbewerbsrechtliche – **Irreführungsverbot des § 127 I MarkenG,** das in seinem Anwendungsbereich das lauterkeitsrechtliche Irreführungsverbot nunmehr verdrängt (dazu Rdn 1.79 und 4.203 f mwN), hat der BGH in einigen Entscheidungen **auf das Relevanzkriterium generell verzichten** wollen (BGHZ 138, 138, 140 = GRUR 1999, 252, 254 – *Warsteiner II;* BGH GRUR 2001, 420, 421 – *SPA*), hat diese Dicta jedoch – offenbar unter dem Eindruck einer Bemerkung des Generalanwalts *Jacobs* in seinen Schlussanträgen im Fall „Warsteiner" vor dem EuGH (Slg 2000, I-9187 – Warsteiner Brauerei, Nr 63 der Schlussanträge v 25. 5. 2000) – in zwei späteren Entscheidungen wieder in

Frage gestellt (BGH GRUR 2002, 160, 162 – *Warsteiner III;* BGH GRUR 2002, 1074, 1076 – *Original Oettinger*).

2.184 Soweit das Irreführungsverbot nach § 3, 5 auf geografische Herkunftsangaben Anwendung findet (s Rdn 4.204 ff), ist als Regel davon auszugehen, dass der Verkehr dem **Herkunftshinweis wettbewerbliche Bedeutung** beimisst. So wird der Verkehr in relevanter Weise irregeführt, wenn das Bier, das in einer **„BY-Festhalle"** oder einem **„Bayerischen Biergarten"** ausgeschenkt wird, nicht in Bayern gebraut wurde (OLG Köln NJWE-WettbR 1997, 282). – Durch den **Zusatz „BW"** in der **Bezeichnung eines privaten Rundfunkanbieters** für seine Geschäftstätigkeit in Radiosendungen und Werbemitteln wird ein irreführender Eindruck über das Sendegebiet und damit über seine Werbekraft hervorgerufen, wenn das Verbreitungsgebiet des regionalen Senders relevante Teile des Landesgebiets nicht erfasst (OLG Karlsruhe GRUR-RR 2001, 320).

2.185 dd) Weitere Beispiele. (1) Relevanz bejaht:. Täuscht der Veranstalter einer „Oldie-Nacht" eine **Kontinuität mit früheren ähnlichen Veranstaltungen** vor, führt dies zu einer wettbewerblich relevanten Irreführung des Verkehrs, den zwar nicht die Person des Veranstalters, sehr wohl aber die Frage interessiert, ob es sich um eine eingeführte Veranstaltung handelt (KG GRUR-RR 2002, 297). – Die werbliche Aussage der deutschen Vertriebsgesellschaft eines weltweit tätigen Automobilherstellers *„Meistverkaufter Mini-Van: Weltweit über 6 Millionen Fahrzeuge"* ist relevant irreführend, wenn die Verkaufszahl nicht den für den europäischen Markt hergestellten Fahrzeugtyp betrifft, sondern den Weltumsatz mit verschiedenen Fahrzeugmodellen (OLG Köln GRUR 1999, 360 [Rev nicht angenommen: BGH Beschl v 8. 7. 1999 – I ZR 315/98]). – Die werblichen Aussagen *„Postbank Bausparen"* und *„Postbank Bausparen mit/bei W..."* sind relevant irreführend, wenn die Möglichkeit des Bausparens bei der werbenden Bank tatsächlich nicht besteht, diese nur den Abschluss von Bausparverträgen mit einer konzessionierten Bausparkasse vermittelt (OLG Köln NJWE-WettbR 2000, 284).

2.186 Es ist relevant irreführend, die **Eröffnung eines Deep Link auf fremde Publikationsangebote** im Internet **als „Ihre persönliche Tageszeitung"** zu bezeichnen (OLG Köln GRUR-RR 2001, 97; insoweit nicht in den Rev gelangt, BGHZ 156, 1 = GRUR 2003, 958 – *Paperboy*). – Die Verwendung des Begriffs **„Diplom"** für das Abschlusszeugnis über die Teilnahme an der von einer privaten Schule vermittelten Ausbildung ua zum Fachkosmetiker, Ganzheitskosmetiker und medizinisch-kosmetischen Assistenten ist relevant irreführend (OLG Köln GRUR-RR 2003, 160). – Der **Vertrieb von Händlertestversionen eines Software-Programms** nach Entfernung der Hinweise „Nicht zum Wiederverkauf" und „Not for resale" einschließlich der dazugehörigen Barcodes stellt eine relevante Irreführung der Abnehmer dar, weil diesen verschwiegen wird, dass sie für diese Testversion keine Upgrades erwerben können, bestimmte Serviceleistungen nicht in Anspruch nehmen können und Weiterverkauf dadurch erheblich erschwert wird, dass nach dem Start des Programms auf dem Bildschirm die Einblendung „Not for resale" erscheint (OLG München GRUR 2000, 339). – Es ist relevant irreführend, wenn ein Unternehmen, dem nur eine Berechtigung an der Marke „Termorol" zusteht, sein Produkt mit **„Thermoroll®"** bezeichnet und damit zum Ausdruck bringt, Inhaber oder jedenfalls berechtigter Benutzer gerade dieser Marke zu sein (BGH GRUR 2009, 888 Tz 21 – *Thermoroll*). Im Zweifel lassen sich in einem solchen Fall weitergehende Hinweise für die Relevanz finden, so auch im Fall „Thermoroll": Hier stritten sich zwei Unternehmen darum, wer von ihnen im Markt die Nachfolge eines dritten, in die Insolvenz gegangenen Unternehmens übernimmt, das seine Sonnenschutzrollos unter der Marke „Thermoroll" vertrieben hatte (BGH GRUR 2009, 888 Tz 20 – *Thermoroll*).

2.187 (2) Relevanz verneint: Ein Hersteller von **Skibindungen,** der die mit diesen Bindungen erzielten Rennerfolge in der Werbung herausstellt, wirbt nicht relevant irreführend, weil er es unterlässt, darauf hinzuweisen, dass die von Rennläufern benutzten Bindungen über härtere Federn verfügen (BGH GRUR 1973, 206, 207 – *Skibindungen* mit Anm *U Krieger*). – Die Bezeichnung **„Möbelhallen"** für ein Einzelhandelsgeschäft in einem mehrstöckigen Geschäftshaus ist zwar irreführend, weil unter einer „Halle" ein größeres Gebäude verstanden wird, das im Wesentlichen aus einem einzigen hohen Raum besteht, die Irreführung ist jedoch nicht relevant, wenn in dem Haus ebenso viele Möbelstücke ebenso günstig und übersichtlich aufgestellt werden können wie in zwei Möbelhallen (OLG Stuttgart WRP 1983, 447). – Die Werbung in der Tageszeitung für ein importiertes Kraftfahrzeug führt nicht in relevanter Weise in die Irre, obwohl nicht darauf hingewiesen wurde, dass es sich um Fahrzeuge handelt, die vom Hersteller **nicht für die Erstauslieferung im Inland ausgerüstet** worden sind (BGH GRUR 1994, 228

– *Importwerbung*). – Die Kunden einer Apotheke werden nicht relevant irregeführt, wenn das mit Bild und Faksimile-Unterschrift des jeweiligen Apothekers versehene **Editorial einer Kundenzeitschrift,** mit dem die Kunden persönlich angesprochen werden („Liebe Leserin, lieber Leser …") **nicht vom Apotheker persönlich verfasst** worden ist (BGH GRUR 1995, 125 – *Editorial I*). – Eine **Anzeige für ein Nokia-Mobiltelefon** bewirkt keine relevante Irreführung, wenn im Ladengeschäft nur ein baugleiches Nokia-Gerät vorrätig ist, bei dem zusätzlich die Marken- und Typenbezeichnung der Telekom angebracht ist (BGH GRUR 1998, 949, 951 – *D-Netz-Handtelefon*).

Wird ein Fahrzeug mit der Angabe **„Tageszulassung mit 0 km"** beworben, erkennt der Verkehr, dass das fragliche Fahrzeug zwar für kurze Zeit auf einen Dritten zugelassen worden ist, gleichwohl aber uneingeschränkt neu ist. Wird nicht darüber aufgeklärt, dass die Zwischenzulassung nicht nur für einen Tag, sondern für sechs Tage bestand, handelt es sich jedenfalls nicht um eine relevante Irreführung (BGH GRUR 2000, 914 – *Tageszulassung II;* vgl zu § 459 II BGB BGH NJW 2005, 1422). – Die **Werbung der Bahn für einen Sondertarif** (Guten-Abend-Ticket) ist nicht deshalb relevant irreführend, weil nicht hinzugesetzt ist, dass solche **Fahrkarten nur** während der üblichen Öffnungszeiten **am Schalter,** nicht dagegen im Rahmen einer Nachlösung im Zug erworben werden können (KG NJWE-WettbR 2000, 178). – Die Vergabe einer Lizenz am Zeichen **„Der Grüne Punkt"** durch das Duale System für Verpackungen, die auf Grund derzeit bestehender technischer Unvollkommenheiten **nicht der Wiederverwertung, sondern dem Restmüll zugeführt** werden, kann nicht wegen Irreführung verboten werden. Soweit bes umweltbewusste Verbraucher annehmen, derart gekennzeichnete Artikel würden, von Ausreißern abgesehen, generell und tatsächlich einer Wiederverwertung zugeführt, fehlt es an einer wettbewerbsrechtlich relevanten Täuschung, weil solche Verbraucherkreise nicht deshalb vom Erwerb der mit dem „Grünen Punkt" versehener Waren Abstand nehmen würden (BGH GRUR 2004, 613, 614 f – *Schlauchbeutel*).

3. Irreführung über ambivalente Leistungsmerkmale

Wird mit der **negativen Eigenschaft** einer Ware oder Leistung geworben, die dem Verbraucher aber **gleichzeitig einen (Preis-)Vorteil** verheißt (im Rahmen einer Aktion für den Verkauf von Ware 2. Wahl wird einwandfreies Porzellan verkauft, im Rahmen des Räumungsverkaufs wegen eines Brand- oder Wasserschadens wird nachgeschobene Ware verkauft, als „Last-Minute-Reise" werden auch Reisen mit normaler Vorlaufzeit verkauft), besteht an der relevanten Irreführung immer dann kein Zweifel, wenn in Wirklichkeit der **angekündigte Preisvorteil nicht besteht** (vgl Rdn 6.5). Umstritten ist dagegen, wie die Fälle zu beurteilen sind, in denen die einwandfreie Ware zum herabgesetzten Preis verkauft wird. Hier gilt der Grundsatz, dass mit einer irreführenden Angabe auch nicht für einen tatsächlich gebotenen Vorteil geworben werden darf (BGH GRUR 1958, 39, 40 – *Rosenheimer Gummimäntel;* BGH GRUR 1960, 563, 565 – *Sektwerbung;* BGH GRUR 1991, 852, 854 – *Aquavit;* GK/*Lindacher* § 3 Rdn 128). Hier spielt eine Rolle, dass das Irreführungsverbot nicht allein die Marktgegenseite vor Nachteilen schützen soll. Es dient nicht zuletzt auch dem Schutz der Mitbewerber, deren Interessen beeinträchtigt werden, wenn die Verbraucher durch irreführende Angaben zur Konkurrenz gelockt werden (s Rdn 2.171).

Nach diesem Grundsatz sind die Fälle dieser Fallgruppe zu lösen. Es liegt nicht nur eine **Irreführung** vor. Auch an der **Relevanz der Irreführung** fehlt es nicht, weil der vorgetäuschte Anlass (Notlage beim Räumungsverkauf) oder Nachteil (Ware 2. Wahl, keine längerfristige Planungsmöglichkeit bei Last-Minute-Reisen) ein **wesentlicher Umstand** ist, um der Verbraucher für dieses Angebot zu interessieren. Dass der Verbraucher sich bei diesem Geschäft nicht schlechter (sondern uU sogar besser) stehen, als wenn die Ankündigung wahr wäre, ändert an der Irreführung nichts (GK/*Lindacher* § 3 Rdn 128; aA OLG Hamm GRUR 1986, 623 für den Fall des vorgetäuschten Räumungsverkaufs, bei dem die für einen Räumungsverkauf üblichen Preisvorteile gewährt werden; Baumbach/*Hefermehl*, 22. Aufl, § 3 Rdn 88 a). Hat man den Schutz der Mitbewerber im Auge, ist das Ergebnis auch nicht unangemessen. Es soll vermieden werden, dass die **Nachfrageströme durch Täuschung umgelenkt** werden. Dies ist eine klassische Aufgabe des Irreführungsverbots.

Die Entscheidung **„Last-Minute-Reise"** des BGH möchte allerdings die **Relevanz der Werbung mit der Negativeigenschaft** („last minute") **verneinen,** wenn der **Preisvorteil** dem einer Last-Minute-Reise entspricht (BGH GRUR 2001, 239, 241 – *Last-Minute-Reise*). Es geht dabei um eine Fallkonstellation, bei der der BGH zweierlei unterstellt: Der Verkehr versteht den Begriff der Last-Minute-Reise in der Weise, dass zwischen Buchung und Reiseantritt maximal zwei Wochen liegen; bei den als „Last-Minute-Reisen" beworbenen Angeboten handelt es sich tatsächlich um bes preisgünstige Reisen aus sonst nicht absetzbaren Restkontingenten. Es erscheint zweifelhaft, ob es hier tatsächlich – wie vom BGH angenommen – an der Relevanz der Irreführung mangelt; denn die Verbraucher befassen sich mit dem Angebot gerade deswegen näher, weil ihm eine – in Wirklichkeit nicht vorliegende – Eigenschaft zugesprochen wird. Hier gilt an sich der Grundsatz, dass mit irreführenden Angaben auch nicht für tatsächlich gebotene Vorteile geworben werden darf (s Rdn 2.189). Aus der Sicht der Mitbewerber, zu deren Lasten die Nachfrage mit Mitteln der Täuschung umgeleitet wird, ist es auch nur ein schwacher Trost, dass den Verbrauchern letztlich kein Schaden entsteht. Im Übrigen ist es nach dem maßgeblichen Wortlaut der Richtlinie über irreführende und vergleichende Werbung (s Rdn 2.171) für die Relevanz der Irreführung ausreichend, dass „die ... Täuschung ... einen Mitbewerber schädigt oder zu schädigen geeignet ist".

4. Irreführung, die nur zu einem Anlockeffekt führt

2.192   a) **Grundsatz.** Im Regelfall der irreführenden **Werbung bewirkt die Täuschung** eine für den Werbenden günstige **Marktentscheidung der angesprochenen Verbraucher.** Das Irreführungsverbot greift jedoch auch dann ein, wenn der Irrtum zum Zeitpunkt der (endgültigen) Marktentscheidung des zunächst getäuschten Verbrauchers bereits aufgeklärt ist. Dies kann daran liegen, dass sich die irreführende Angabe in der Publikumswerbung – etwa in einer Zeitungsanzeige – findet, im individuellen Verkaufsgespräch aber eine **nachträgliche Richtigstellung** erfolgt. In einem solchen Fall beruht die Marktentscheidung des Verbrauchers nicht unmittelbar auf dem Irrtum. Der zunächst erzeugte Irrtum bewirkt aber, dass sich der Verbraucher mit dem Angebot des Werbenden näher auseinandersetzt, was aus kaufmännischer Sicht bereits ein großer Vorteil für den Werbenden und dementsprechend ein Nachteil für den Mitbewerber ist. Die Aufklärung des Verbrauchers über die zunächst durch die Werbung erzeugte Fehlvorstellung kann aber auch in der **Natur des Irrtums** liegen. Dies sind die Fälle, in denen der Verbraucher über die **Verfügbarkeit der Ware** getäuscht wird. Kommt es hier zu einem Geschäftsabschluss (sei es dass die nicht vorhandene Ware nachbestellt wird oder sei es dass der durch die Werbung beförderte Nachfragewunsch auf andere Weise befriedigt wird), beruht er nicht unmittelbar auf der Irreführung.

2.193   Auch wenn die Gefahren im Allgemeinen geringer sind als die einer Irreführung mit unmittelbarer Relevanz für die Marktentscheidung (so zu Recht GK/*Lindacher* § 3 Rdn 125), erfasst das **Verbot des § 5** auch die **Irreführung, von der lediglich eine Anlockwirkung ausgeht.** Dies kommt im Gesetz dadurch zum Ausdruck, dass die Fälle der Irreführung über die angemessene Bevorratung **ausdrücklich im Gesetz** geregelt sind, und zwar in § 5 I 2 Nr 1 („**Verfügbarkeit der Ware**") und vor allem in Nr 5 des Anh zu § 3 III (dazu Rdn 8.1 ff und Anh zu § 3 III Nr 5.1 ff). Aber auch das **europäische Recht** lässt den **Anlockeffekt** für die irreführende Werbung ausreichen (aA Baumbach/*Hefermehl,* 22. Aufl, § 3 Rdn 89 b), wie sich aus Art 3 lit a der Richtlinie über irreführende und vergleichende Werbung und vor allem der UGP-Richtlinie (Anh II Nr 5) entnehmen lässt. **Zum Nissan-Urteil des EuGH** (Slg 1992, I-131 Tz 16 = WRP 1993, 233 – *Nissan*), dem (zu Unrecht) teilweise etwas anderes entnommen wird, s Rdn 1.20 f.

2.194   b) **Mittelbare Relevanz für Marktentscheidung.** Aber auch dann, wenn die Irreführung die **Kaufentscheidung nicht (mehr) unmittelbar beeinflussen** kann, weil zu diesem Zeitpunkt der Irrtum bereits ausgeräumt ist, geht man von einer **mittelbaren Auswirkung auf die Marktentscheidung** des Verbrauchers aus: Denn der Verbraucher, der in der Annahme, er könne die beworbene Ware gleich mitnehmen, ins Geschäft gelockt worden ist, lässt sich häufig auf eine **Bestellung** oder auf den **Erwerb anderer Waren** ein (vgl Begr RegE zu § 5 BT-Drucks 15/1487 S 20). Der Kunde, der auf Grund der Abbildung im Prospekt glaubte, die Aluminiumräder seien im Preis inbegriffen, lässt sich von dem ins Auge gefassten Erwerb nicht mehr abbringen, wenn er bei Vorlage der zu unterzeichnenden Bestellung erkennt, dass die gewünschten Aluminiumräder gesondert berechnet werden.

2.195   c) **Beeinträchtigung der Mitbewerber.** Ein Verstoß gegen das Irreführungsverbot kommt aber auch dann in Betracht, wenn der Händler die durch die Werbung geförderte Nachfrage **nicht auf andere Weise befriedigen** kann, weil es sich bei dem unzureichend bevorrateten Sonderangebot um **sortimentsfremde Ware** handelt (vgl Rdn 8.21). Bietet bspw ein Lebensmittel-Discounter ein bes günstiges Notebook an, das bereits nach einer halben Stunde vergriffen ist, kann er den Wunsch des enttäuschten Verbrauchers nach Abverkauf des Sonderpostens nicht mehr erfüllen, weil er **keine substituierbaren Produkte im Sortiment** hat. In diesen Fällen mag es fraglich sein, ob es noch dadurch zu mittelbaren Kaufentscheidungen kommt, dass der einmal in das Geschäft gelockte Notebook-Interessent die Gelegenheit nutzt, um seinen Bedarf nach Lebensmitteln zu befriedigen. Auf eine solche spekulative Annahme braucht sich aber der Irreführungstatbestand nicht zu stützen. Denn das bes günstige, aber nicht verfügbare Angebot kann Mitbewerber erheblich beeinträchtigen. Der enttäuschte Verbraucher, der vielleicht schon entschlossen war, ein bestimmtes Modell im Computerhandel zu erwerben, ist nun nicht mehr bereit, für das Gleiche oder für ein entspr Notebook den deutlich höheren Preis zu zahlen, den der Computerhandel fordert (vgl OLG Düsseldorf WRP 2002, 1467 [NZB zurückgewiesen: BGH Beschl v 12. 12. 2002 – I ZR 86/02]). Die **wettbewerbliche Relevanz** braucht sich nicht in einem anderen Umsatzgeschäft des Werbenden mit dem getäuschten Verbraucher niederzuschlagen. Sie kann sich auch daraus ergeben, dass die irreführende Werbung „**einen Mitbewerber schädigt oder zu schädigen geeignet ist**" (Art 2 lit b der Richtlinie über irreführende und vergleichende Werbung; dazu Rdn 2.171).

d) Gewichtung. Dass die Gefahren, die von einer **Irreführung mit bloßem Anlockeffekt** ausgehen, idR geringer sind als die einer Irreführung, die unmittelbar in eine durch Täuschung und mangelnde Aufklärung bewirkte (Kauf-)Entscheidung mündet, ist allerdings nicht zu bestreiten (so auch GK/*Lindacher* § 3 Rdn 125 f). **Im Rahmen einer Interessenabwägung** ist dieser Umstand ggf zu berücksichtigen (vgl BGH GRUR 1999, 1122, 1124 – *EG-Neuwagen I*; BGH GRUR 1999, 1125, 1126 – *EG-Neuwagen II*; OLG Karlsruhe WRP 1996, 584, 586). Im Übrigen ist das Bild der irreführenden Werbung ohnehin derart heterogen, dass die Fälle, in denen sich die wettbewerbliche Wirkung zunächst einmal auf den Anlockeffekt beschränkt, in ihrem Unrechtsgehalt keineswegs aus dem Rahmen fallen.

F. Interessenabwägung, Prüfung der Verhältnismäßigkeit

Schrifttum: *Borck,* Die Interessenabwägung bei Irreführung, WRP 1985, 63; *Hösl,* Interessenabwägung und rechtliche Erheblichkeit der Irreführung bei § 3 UWG, 1986; *Lindacher,* Funktionsfähiger Wettbewerb als Final- und Beschränkungsgrund des lauterkeitsrechtlichen Irreführungsverbots, FS Nirk, 1992, 587; *Rohnke,* Zur Interessenabwägung bei irreführender Katalogwerbung, WRP 1992, 296; *Schünemann,* „Unlauterkeit" in den Generalklauseln und Interessenabwägung nach neuem UWG, WRP 2004, 925; *Teplitzky,* Zur Methodik der Interessenabwägung in der neueren Rspr des BGH zu § 3 UWG, FS Vieregge, 1995, 853; *Tetzner,* Interessenabwägung bei irreführender Werbung, JZ 1965, 605; *Traub,* Probleme der Interessenabwägung bei Anwendung des § 3 UWG, FS Nirk, 1992, 1017; *Wuttke,* Neues zur wettbewerbsrechtlichen Relevanz und Interessenabwägung bei der irreführenden Werbung, WRP 2003, 839.

I. Rechtliche Bedeutung

1. Besonderheit des Irreführungstatbestandes

Das Verbot der Irreführung dient der **Durchsetzung des Wahrheitsgebots im Wettbewerb** und speziell in der Werbung. Es ist anders daher als andere lauterkeitsrechtliche Verbote **auf ein allgemeines moralisches Gesetz gegründet.** Dennoch ergibt sich bei diesem Verbot stärker als bei anderen lauterkeitsrechtlichen Normen die Notwendigkeit der Relativierung. Dies hat seine Ursache vor allem darin, dass das Irreführungsverbot **nicht der objektiven Wahrheit** verpflichtet ist, sondern einer **subjektiven und damit gleichzeitig relativen Wahrheit,** die allein auf das Verständnis der Adressaten der Werbung abstellt. Dies führt in zweierlei Hinsicht zu einer **Relativierung des Verbots: (1)** Weil es allein auf das Verständnis der Adressaten ankommt, kann das Irreführungsverbot **auch objektiv zutreffende Aussagen** erfassen; dies macht Ausnahmen erforderlich, weil ggf ein bes schützenswertes Interesse des Werbenden oder anderer Werbeadressaten an zutreffenden, aber aus der Sicht eines Teils des Verkehrs irreführenden Informationen bestehen kann. **(2)** Weil das **Verständnis der angesprochenen Verkehrskreise niemals einheitlich** ist, gibt es ein Quorum, das wie eine Schwelle wirkt. Liegt der Anteil der irregeführten Werbeadressaten unterhalb dieser Schwelle, wird ihre Irreführung hingenommen. Erst wenn die Schwelle überschritten ist, wird der irregeführte Teil des Verkehrs geschützt. Damit wird deutlich, dass das Irreführungsverbot ständig unter einem Verhältnismäßigkeitsvorbehalt steht (s Rdn 2.102).

2. Interessenabwägung und Prüfung der Verhältnismäßigkeit

2.198 Interessenabwägung und Verhältnismäßigkeitsprüfung haben **verwandte Funktionen**. Beide Institute dienen dazu, **gegenläufige Interessen** zu ermitteln, den Schutzinteressen gegenüberzustellen und im Einzelfall zu einer **Korrektur** zu gelangen. Die Interessenabwägung stellt die **tatbestandsintegrierte Form der Verhältnismäßigkeitsprüfung** dar. Sie ist Teil des Irreführungstatbestandes. Ergibt die Interessenabwägung, dass eine Angabe trotz qualifizierter Irreführungsquote gestattet sein muss, ist schon der Tatbestand der irreführenden Werbung nicht erfüllt. IdR hat es mit der Prüfung dieses Korrektivs sein Bewenden. Nur ausnahmsweise kann es unverhältnismäßig sein, an den Tatbestand der Irreführung, der an sich in all seinen Merkmalen erfüllt ist, die Rechtsfolge des Verbots zu knüpfen. Hier ist Raum für die Prüfung eines irreführungsspezifischen Verwirkungseinwands oder – präziser gesagt – des Einwands, der mangels Anwendbarkeit des Verwirkungseinwands an seine Stelle tritt (BGH GRUR 2003, 628, 630 – *Klosterbrauerei*; s dazu Rdn 2.214 und 2.216 f sowie § 11 Rdn 2.33 f); hier kann die verfassungsrechtlich gebotene Prüfung der Verhältnismäßigkeit des Verbots erfolgen (s Rdn 2.212); hier kann geprüft werden, ob das Verbot mit der Warenverkehrsfreiheit (Art 34 AEUV) in Einklang steht (s Rdn 2.213).

3. Zuordnung zu den gesetzlichen Bestimmungen

2.199 Da § 5 die irreführende Werbung umschreibt und § 3 das Verbot enthält („... sind unzulässig"), kann im neuen Recht die **Interessenabwägung dem § 5**, die **Verhältnismäßigkeitsprüfung** dagegen **§ 3 zugeordnet** werden. An der zusammenhängenden Darstellung, die sinnvollerweise zusammen mit der Interessenabwägung und dem Irreführungstatbestand erfolgt, braucht dies nichts zu ändern.

II. Interessenabwägung

1. Funktion und Aufgabe

2.200 So sehr eine **feste Irreführungsquote** für die Rechtssicherheit förderlich wäre, so wenig eignet sie sich, um **gerechte Ergebnisse** zu erzielen. Das **Gewicht der einzelnen Aussage**, durch die zumindest ein Teil des Verkehrs irregeführt wird, ist **von Fall zu Fall verschieden**. Sie kann **Produktmerkmale von zentraler** oder von eher **marginaler Bedeutung** betreffen. Es kann sich um eine eindeutig **falsche „harte" Tatsache** handeln, wie die Angabe einer falschen Herstellerpreisempfehlung (vgl BGH GRUR 2001, 78 – *Falsche Herstellerpreisempfehlung*). Es kann sich aber auch um eine **„weiche" Tatsache** handeln, deren **nachprüfbarer Kern** erst **durch Auslegung herausgearbeitet werden muss** und die nicht offensichtlich falsch ist, sondern nur von einem Teil des Verkehrs falsch verstanden wird, wie der Grüne Punkt auf einer Verpackung, der erkennen lässt, dass diese Verpackung der Wiederverwertung zugeführt werden soll (BGH GRUR 2004, 613 – *Schlauchbeutel*) oder wie das Hühnergegacker in einer Werbung für Nudeln, das erkennen lässt, dass die Nudeln mit Frischei und nicht mit Trockenei hergestellt worden sind (BGH GRUR 1961, 544 – *Hühnergegacker*). Die Interessenabwägung stellt das Instrument dar, mit dem flexibel auf diese Unterschiede reagiert werden kann. Das muss nicht immer dazu führen, dass der Maßstab für die Anwendung des Irreführungsverbots steigt. Die Interessenabwägung kann im Einzelfall auch zu einer Absenkung der Quote führen, die Voraussetzung für die Anwendung des Verbots ist.

2. Anwendungsbereiche

2.201 **a) Normvorrang.** Die Verwendung einer **gesetzlich vorgeschriebenen Bezeichnung** ist zulässig, auch wenn ein Teil der betroffenen Verkehrskreise die Bezeichnung in einem anderen als dem gesetzlich festgelegten Sinne versteht. Solche Bezeichnungen kann der Hersteller risikolos verwenden (BGH GRUR 1958, 32, 34 – *Haferschleim*; BGH GRUR 1958, 492, 496 – *Eis-Pralinen*; BGH GRUR 1963, 36, 38 – *Fichtennadelextrakt*; BGH GRUR 1964, 269 – *Grobdesin*; KG GRUR 1990, 538, 539; OLG Hamburg GRUR-RR 2004, 36 [NZB zurückgewiesen: BGH Beschl v 22. 4. 2004 – I ZR 204/03]; vgl Rdn 2.91, ferner Rdn 4.21 und 4.32). – Ebenso wenig verstößt gegen das Irreführungsverbot, wer für Kerzen unter der Bezeichnung **„Ewiglicht-Kerzen"** mit der Behauptung wirbt, sie entsprächen stofflich den liturgischen Vorschriften des kanonischen Rechts für die Unterhaltung des Ewigen Lichtes in der katholischen Kirche, sofern er sich auf die Auslegung der einschlägigen kirchenrechtlichen Bestimmungen durch Beschlüsse von Bischofskonferenzen im Absatzgebiet berufen kann und eine seiner Werbung entgegenstehende einheitliche kirchliche Praxis nicht feststellbar ist (BGH GRUR 1967, 143,

146 – *Ewiglicht*). – Werden gesetzlich **neue Bezeichnungen** eingeführt und damit bestimmte Voraussetzungen verbunden, so kann einem Anbieter für die Übergangszeit weder ein Verbot dieser Bezeichnung noch die Verwendung bestimmter aufklärender Zusätze auferlegt werden (OLG Hamburg WRP 1973, 164 – *Prädikatssekt*).

b) Objektiv zutreffende Angaben. Der Hauptanwendungsbereich für die Interessenabwägung sind traditionell die Fälle, in denen die **objektive und die subjektive Wahrheit auseinander fallen,** in denen also maßgebliche Teile des Verkehrs die **zutreffende Werbeaussage** falsch verstehen. In diesen Fällen kommt es häufig vor, dass der **Werbende ein berechtigtes Interesse** hat, mit der zutreffenden Information zu werben, oder dass – was für die Interessenabwägung von noch größerem Gewicht ist – andere **Teile des Verkehrs,** die die Angabe richtig verstehen, ein **schützenswertes Interesse an der sachlichen Information** haben, die ihnen durch die beanstandete Angabe übermittelt, im Falle eines Verbots aber vorenthalten würde. Dabei ist auch zu berücksichtigen, dass nicht jeder auf Unkenntnis beruhende Irrtum schutzwürdig ist (BGH GRUR 1987, 171, 172 – *Schlussverkaufswerbung I;* BGH GRUR 2010, 1024 Tz 25 – *Master of Science Kieferorthopädie*).

2.202

Beispiele: Weist ein Hersteller durch einen entspr Aufdruck zutr darauf hin, dass die Kunststoffverpackungen seiner Büro- und Schreibartikel „**PVC-frei**" sind, kann dies nicht mit der Begründung als irreführend verboten werden, dass die verwendeten Kunststoffe zwar nicht die PVC-typischen Risiken aufweisen, in der Gesamt-Ökobilanz aber auch nicht günstiger dastehen als PVC; dabei ist zu berücksichtigen, dass der Hinweis einem Bedürfnis der Verbraucher nach Information und Aufklärung entgegenkommt (BGH GRUR 1996, 985, 986 – *PVC-frei*). – Der Händler, der im Rahmen der Saisonschlussverkäufe ein Teil seines Sortiments im Preis herabsetzt, muss nicht darauf hinweisen, dass **nicht sämtliche schlussverkaufsfähige Ware herabgesetzt** ist (BGH GRUR 1987, 171, 172 – *Schlussverkaufswerbung I*). – Die Werbeangabe „**40% weniger Fett**" für Kartoffelchips kann nicht mit der Begründung verboten werden, ein Teil des Verkehrs sehe darin auch einen Vergleich mit fettreduzierten Chips (BGH GRUR 1992, 70, 72 – „*40% weniger Fett"*). – Der zutreffende Werbespruch „**Der meistverkaufte Rasierer Europas**" darf nicht als irreführend untersagt werden, weil ein Teil des Verkehrs annimmt, der fragliche Rasierer sei auch in Deutschland der meistverkaufte (BGH GRUR 1996, 910 – *Der meistverkaufte Rasierer Europas*). – Die Verwendung der gesetzlich nicht geschützten Berufsbezeichnung „**Tierheilpraktiker**" durch Personen, die – ohne Arzt zu sein – bei der Behandlung von Tieren Naturheilverfahren anwenden und eine entspr Ausbildung abgeleistet haben, ist nicht irreführend, da selbst eine Fehlvorstellung beachtlicher Teile des Verkehrs über das Erfordernis einer – nicht bestehenden – staatlichen Erlaubnispflicht im Rahmen der gebotenen Interessenabwägung als nicht schützenswert anzusehen ist (BGH GRUR 2000, 73, 75 – *Tierheilpraktiker*). – Der Hinweis „**incl. MwSt.**" kann nicht als Werbung mit einer Selbstverständlichkeit untersagt werden, wenn zu den angesprochenen Verkehrskreisen auch vorsteuerabzugsberechtigte Kaufinteressenten gehören, die an dieser Information ein berechtigtes Interesse haben (BGH GRUR 1993, 1028, 1029 – „*incl. MwSt. II"*). – Der von einem Zahnarzt an der (österreichischen) Donau-Universität Krems erworbene Titel eines „**Master of Science Kieferorthopädie**" kann nicht als irreführend untersagt werden, auch wenn der Verkehr vermuten mag, es handele sich um eine dem Facharzt für Kieferorthopädie gleichwertige Qualifikation (BGH GRUR 2010, 1024 Tz 29 – *Master of Science Kieferorthopädie*). Stützen sich Fehlvorstellungen des Verkehrs auf bloße Vermutungen, fällt das Interesse, vor derartigen Fehlvorstellungen bewahrt zu werden, nicht besonders ins Gewicht. Es überwiegt dann das berechtigte Interesse des Zahnarztes, den rechtmäßig erlangten akademischen Grad zu führen.

2.203

c) Mehrdeutige Angaben. Für mehrdeutige Angaben, die in einer Bedeutung zutr, in der anderen dagegen irreführend sind, muss ebenfalls eine Interessenabwägung in Betracht kommen können (zu solchen Angaben s Rdn 2.111 f). Denn auch hier kann ein berechtigtes Interesse des Werbenden vorliegen, den verständigen Teil des Verkehrs mit der Angabe in ihrer zutreffenden Bedeutung zu informieren.

2.204

d) Bedeutungswandel. Ein weiterer Anwendungsbereich für die Interessenabwägung sind die Fälle des Bedeutungswandels (s Rdn 2.110 sowie Rdn 4.152 ff und 4.228 ff). Die Regel, nach der das Verständnis einer Minderheit der angesprochenen Verbraucher ausreicht, um eine Irreführung zu bejahen, führt hier **zu unangemessenen Ergebnissen,** wie sich am Beispiel des Bedeutungswandels zu einem engeren Begriffsverständnis auf der einen und zu einem weiteren Begriffsverständnis auf der anderen Seite zeigen lässt (s auch Rdn 4.155): **(1)** Geht man einmal davon aus, dass eine Quote von einem Viertel ausreicht, um eine Irreführung des Verkehrs zu bejahen, dann müsste im Falle einer **Einengung des Begriffs** – Beispiel: Verkehr versteht unter

2.205

„Lakritz-Konfekt" nicht mehr alle Lakritz-Süßigkeiten, sondern nur noch einen bestimmten Lakritztyp, den der Marktführer unter diese Bezeichnung vertreibt (BGH GRUR 1986, 822 – *Lakritz-Konfekt*) – die ursprüngliche weite Fassung schon verboten werden, wenn ein Viertel des Verkehrs den Begriff in der neuen, engeren Begriffsfassung versteht. **(2)** Bei einer **Erweiterung des Begriffs** verhielte es sich dagegen anders: Der sich durchsetzende weitere Begriffsinhalt – **Beispiel:** Der Verkehr versteht unter „Kunstglas" nicht mehr nur künstlerisch gestaltetes Silikatglas, sondern auch Kunststoffglas (BGH GRUR 1960, 567 – *Kunstglas*) – dürfte erst verwendet werden, wenn mehr als drei Viertel des Verkehrs von dieser erweiterten Bedeutung ausgeht.

2.206 Die **Interessenabwägung** führt hier zu einem **anderen Ergebnis**: Im Falle des **Wandels zu einer engeren Bedeutung** kommt ein Verbot der Verwendung des Begriffs in seiner ursprünglichen weiteren Bedeutung erst in Betracht, wenn der überwiegende Teil des Verkehrs den Bedeutungswandel vollzogen hat (BGH GRUR 1986, 822 – *Lakritz-Konfekt*; vgl auch BGH GRUR 1986, 469 – *Stangenglas II*). Die erweiterte Bedeutung darf jedenfalls dann nicht mehr schlechthin verboten werden, wenn dieser Gebrauch bereits in größerem Umfange **im Verkehr Eingang gefunden** hat und ihm daher nicht ohne Verletzung beachtlicher Interessen wieder entzogen werden kann (BGH GRUR 1960, 567 – *Kunstglas*).

2.207 **e) Erhaltung eines wertvollen Besitzstands.** Ausnahmsweise muss eine Irreführungsgefahr, die quantitativ und qualitativ am unteren Ende der Skala liegt, hingenommen werden, wenn ein Verbot einen wertvollen Besitzstand zerstören würde. **Beispiel:** Gewerbetreibende verwenden mitunter seit Jahren **Bezeichnungen** für Erzeugnisse, die nicht aus den Stoffen bestehen, die **fachunkundige Verbraucherkreise** nach dem Wortsinn der Bezeichnung erwarten. So versteht das kaufende Publikum unter der Bezeichnung „**Fichtennadelextrakt**" wohl überwiegend einen Extrakt aus Fichtennadeln, nicht aber aus Fichtenholz und Fichtenrinde. Wenn sämtliche Wettbewerber der Branche die Bezeichnung „Fichtennadelextrakt" für ein Extrakt aus Fichtenholz und -rinde verwenden, werden die Interessen der Mitbewerber nicht verletzt. **Ebenso wie bei unklaren Bezeichnungen**, über deren wesentliche Merkmale das breite Publikum keine klaren Vorstellungen hat (s Rdn 2.112), kann hier darauf abgestellt werden, welche **Eigenschaften** in Bezug auf Wesen und Gebrauchsvorteile (zB natürliche Stoffe, Geruch, Wirkung) der Verkehr bei einem ihm unter dieser Bezeichnung angebotenen Erzeugnis erwartet oder üblicherweise erwarten kann. Enttäuscht das als „Fichtennadelextrakt" angebotene Produkt den Verbraucher insoweit nicht, kann die mit der unzutreffenden Wortbedeutung verbundene Irreführung hingenommen werden (BGH GRUR 1963, 36, 38 – *Fichtennadelextrakt*; vgl auch BGH GRUR 1957, 285, 287 – *Erstes Kulmbacher*; BGH GRUR 1966, 445, 449 – *Glutamal*; BGH GRUR 1971, 313, 315 – *Bocksbeutelflasche*).

2.208 **f) Gegeninteressen des Werbenden.** Ein klassischer Fall für die Anwendung der Interessenabwägung sind die Fälle, in denen die **Verwendung des bürgerlichen Namens** des Werbenden zu einer Irreführung der angesprochenen Verkehrskreise führt. Dem Weinhändler, der mit bürgerlichem Namen „Klaus Winzer" heißt, kann die Verwendung der Firma „Klaus Winzer – Weinhandlung" nicht untersagt werden, auch wenn ein beachtlicher Teil des Verkehrs meint, dort werde auch selbst angebauter Wein verkauft. Der mit einem Engländer verheirateten Berlinerin, die ihr Kosmetikunternehmen „Gabriele Wyeth oHG" nennt, kann die Verwendung dieser Firma nicht untersagt werden, auch wenn ein Teil des Verkehrs meint, es handele sich um Kosmetika aus England (BGH GRUR 1958, 185, 187 – *Gabriele Wyeth*). – Hierher können auch die Fälle gezählt werden, in denen der Werbende – ohne dass ihm allein daraus ein Vorwurf gemacht werden könnte – eine Sprache verwendet, die nicht alle Adressaten der Werbung perfekt beherrschen. Beispielsweise kann ein sprachlich zutreffender und an sich auch nicht missverständlicher **englischer Werbetext** im Internet, mit dem ein Hersteller den von ihm angebotenen Futtermittelzusatz in englischer Sprache beschreibt, nicht als irreführende Werbung angesehen werden, nur weil ein maßgeblicher Teil der deutschen Adressaten den englischen Begriff „activity" irrig iSv Wirksamkeit oder Effizienz versteht (OLG Köln MMR 2005, 110 [NZB zurückgewiesen: BGH Beschl v 6. 10. 2005 – I ZR 5/05]).

2.209 **g) Interessenabwägung zu Lasten des Werbenden.** In Fällen, in denen mit einer **objektiv unzutreffenden Angabe** geworben worden ist, kann sich die **Interessenabwägung auch zu Lasten des Werbenden** auswirken. Wenn es für die Verwendung einer eindeutig falschen Bezeichnung keinen nachvollziehbaren Grund gibt, wenn es sich also um eine „**dreiste Lüge**" handelt, kommt ein Verbot auch dann in Betracht, wenn das sonst zu fordernde Quorum (s Rdn 2.106) nicht erreicht ist (s Rdn 2.107). Als Beispiel kann hier die falsche Traditions- oder Altersangabe einer Brauerei (BGH GRUR 1992, 66, 67 – *Königl.-Bayerische Weisse*), die Werbung mit einer falschen Herstellerpreisempfehlung (BGH GRUR 2001, 78 – *Falsche Herstellerpreisemp-*

fehlung) oder die Werbung für einen Billigscanner mit der Abbildung des zweieinhalbmal so teuren Scanners des Marktführers (BGH GRUR 2002, 715 – *Scanner-Werbung*) dienen.

3. Ergebnis der Interessenabwägung

Die Interessenabwägung führt im Allgemeinen zu einer **Verschiebung der Irreführungsquote nach oben.** In Einzelfällen – etwa in Fällen der Irreführung durch Verwendung des bürgerlichen Namens (s Rdn 2.208) – kann **Ergebnis der Interessenabwägung** sein, dass ein Verbot selbst bei einer **Irreführungsquote von 100%** nicht in Betracht kommt. In einem solchen Fall kann den Werbenden aber die Verpflichtung treffen, das Irreführungspotenzial nicht durch die äußere Gestaltung seiner Firma noch weiter zu erhöhen (vgl auch GK/*Lindacher* § 3 Rdn 258). Wird mit einer klaren Lüge geworben (s Rdn 2.209), führt die **Interessenabwägung zu einer Herabsetzung** der Irreführungsquote. 2.210

III. Prüfung der Verhältnismäßigkeit

1. Funktion und Aufgabe

Während die **Interessenabwägung** als tatbestandsintegrierte Form der Verhältnismäßigkeitsprüfung einen festen Aufgabenbereich im Tatbestand der irreführenden Werbung hat, sind die Konturen der außerhalb des Tatbestands ansetzenden **Verhältnismäßigkeitsprüfung** noch unscharf. Es geht im Wesentlichen um **drei Anwendungsbereiche**. 2.211

2. Verfassungsrechtliche Verhältnismäßigkeitsprüfung

Das Irreführungsverbot kann – wie andere wettbewerbsrechtliche Tatbestände – mit **grundrechtlich geschützten Positionen** in Konflikt geraten. Neben der **allgemeinen Handlungsfreiheit** (Art 2 I GG) sind vor allem die Grundrechte der **Berufsfreiheit** (Art 12 I GG), der **Eigentumsfreiheit** (Art 14 I GG), der **Meinungs-, Informations- und Pressefreiheit** (Art 5 I GG) sowie zuweilen auch der **Kunst- und Wissenschaftsfreiheit** (Art 5 III GG) berührt. Häufig können die sich durch das Verfassungsrecht ergebenden Einschränkungen schon bei der Prüfung des Tatbestands, insbes im Rahmen der Interessenabwägung, berücksichtigt werden. Darüber hinaus können die verfassungsrechtlichen Vorgaben im Rahmen der Prüfung der Verhältnismäßigkeit zielgerichtet geprüft werden. Hierzu besteht – wie das BVerfG wiederholt ausgesprochen hat – immer dann Veranlassung, wenn durch das Verbot in grundrechtlich geschützte Positionen eingegriffen wird (BVerfGE 97, 12, 32 ff = GRUR 1998, 556 – *Patentgebührenüberwachung;* BVerfG GRUR 2002, 455, 456 – *Tier- und Artenschutz;* BVerfG WRP 2003, 69, 71 – *JUVE-Handbuch;* BGH GRUR 2002, 77, 80 – *Rechenzentrum;* BGH GRUR 2003, 886, 888 – *Erbenermittler;* BGH GRUR 2003, 800, 802 – *Schachcomputerkatalog;* BGH GRUR 2004, 162, 163 – *Mindestverzinsung;* vgl Rdn 1.60 f). 2.212

3. Warenverkehrsfreiheit, Dienstleistungsfreiheit

Wird durch ein Verbot irreführender Werbung die Warenverkehrsfreiheit oder die Dienstleistungsfreiheit berührt, stellt sich die Frage, ob das Verbot durch zwingende Erfordernisse zum Schutz der Verbraucher oder der Lauterkeit des Handelsverkehrs gerechtfertigt ist. Dies ist die spezielle Verhältnismäßigkeitsprüfung des Art 34 AEUV. – Im deutschen Recht kann die Warenverkehrsfreiheit häufig bereits bei der **tatbestandlichen Prüfung** des Wettbewerbsverstoßes einbezogen werden (vgl BGH GRUR 1999, 1122, 1124 – *EG-Neuwagen I;* BGH GRUR 1999, 1125, 1126 – *EG-Neuwagen II;* dazu Rdn 1.39 und 2.52 f). Ist dies nicht möglich, muss die **Verhältnismäßigkeit anschließend geprüft** werden: Die Frage ist, ob die mit dem Verbot der irreführenden Werbung verbundene Beeinträchtigung der Warenverkehrsfreiheit zu rechtfertigen ist. In Fällen einer auf eine **klare Täuschung der Verbraucher abzielenden Werbung,** in denen die Irreführung ohne weiteres vermieden werden könnte, ist dies zu bejahen. In anderen Fällen, in denen die Irreführung auch durch einen Hinweis auf dem Etikett ausgeräumt werden könnte, muss das Irreführungsverbot uU zurückstehen (vgl hierzu im Einzelnen Rdn 1.39 f). Zur Dienstleistungsfreiheit s Rdn 1.41 f. 2.213

4. Langjährige unbeanstandete Nutzung

a) **Keine Verwirkung des Unterlassungsanspruchs.** Es entsprach früher einer stRspr, dass der Werbende an der weiteren Aufrechterhaltung einer das Publikum irreführenden Werbeangabe niemals ein schutzwürdiges Interesse haben kann (vgl BGH GRUR 1960, 563, 566 – *Sektwerbung*). Damit hat die Rspr dem Umstand Rechnung getragen, dass es sich bei dem 2.214

lauterkeitsrechtlichen Irreführungsverbot um eine kollektive Schutznorm handelt (vgl Piper/ Ohly/*Sosnitza* § 5 Rdn 12 und 220), die nicht so sehr dem Schutz des einzelnen Mitbewerbers als vielmehr dem Schutz sämtlicher Marktteilnehmer, also aller Mitbewerber und vor allem auch dem Schutz der Verbraucher, dient. In den letzten Jahren ist die Aussage, der **Verwirkungseinwand** stehe nicht zur Verfügung, zwar nur noch in abgemilderter Form wiederholt worden: Eine Verwirkung kommt danach nur ausnahmsweise in Betracht, weil das Interesse der Allgemeinheit, vor Irreführung bewahrt zu werden, grds vorrangig vor den Individualinteressen des Betroffenen sei (BGH GRUR 1983, 32, 34 – *Stangenglas I*; BGH GRUR 1985, 140, 141 – *Größtes Teppichhaus der Welt;* BGH GRUR 1985, 930, 931 – *JUS-Steuerberatungsgesellschaft;* BGH GRUR 1990, 604, 605 f – *Dr. S.-Arzneimittel;* BGH GRUR 1991, 848, 850 – *Rheumalind II;* BGH GRUR 1997, 537, 539 – *Lifting-Creme;* BGH GRUR 2003, 448, 450 – *Gemeinnützige Wohnungsgesellschaft*). Dennoch bleibt es dabei, dass dem Kaufmann, der wegen Irreführung auf Unterlassung in Anspruch genommen wird, der Verwirkungseinwand grds nicht zur Seite steht.

2.215 Von dem Grundsatz, dass der Unterlassungsanspruch wegen irreführender Werbung Gegenstand einer Verwirkung sein kann, macht die Rspr eine **Ausnahme:** Der Anspruchsgegner kann sich auf Verwirkung berufen, wenn die Geltendmachung des Unterlassungsanspruchs letztlich nur den **Individualinteressen eines Mitbewerbers** dient, während auf der anderen Seite die **Vernichtung eines wertvollen Besitzstandes** an einer Individualkennzeichnung droht (vgl BGH GRUR 1957, 285, 287 – *Erstes Kulmbacher;* BGH GRUR 1977, 159, 161 – *Ostfriesische Tee Gesellschaft;* BGH GRUR 1983, 32, 34 – *Stangenglas I*).

2.216 **b) Unverhältnismäßigkeit der Durchsetzung des Irreführungsverbots.** So wenig der Gesichtspunkt der Verwirkung passt, der auf Ansprüche zugeschnitten ist, die im Individualinteresse geltend gemacht werden, so sehr kann es auch bei dem im Allgemeininteresse geltend gemachten Anspruch wegen irreführender Werbung eine **Verwirkungssituation** geben (vgl § 11 Rdn 2.33 f). Allerdings geht es dabei nicht darum, dass ein einzelner Anspruchsberechtigter einen bestimmten Anspruch nicht geltend gemacht hat, sondern darum, dass **sämtliche Mitbewerber und sonstigen Anspruchsberechtigten** ein Verhalten über lange Zeit unbeanstandet gelassen haben. Im Falle „Klosterbrauerei" ging die Verwendung des Wortes „Kloster" in der Unternehmensbezeichnung und in der Marke („Kloster Pilsner") auf eine 1840 begründete Bezeichnungstradition zurück, die – obwohl sie von Anfang an brüchig war – während der nächsten 160 Jahre von niemandem beanstandet worden war (BGH GRUR 2003, 628, 630 f – *Klosterbrauerei*).

2.217 Ungeachtet einer Verwirkung ist eine **Irreführungsgefahr daher in bes Ausnahmefällen hinzunehmen** ist, wenn die Belange der Allgemeinheit nicht in erheblichem Maße und ernstlich in Mitleidenschaft gezogen werden, weil nur eine geringe Gefahr der Irreführung besteht (vgl BGH GRUR 1983, 32, 34 – *Stangenglas I;* BGH GRUR 1986, 903, 904 – *Küchen-Center*). Eine solche Ausnahme kommt insbes dann in Betracht, wenn durch das Verbot ein wertvoller Besitzstand an einer Individualkennzeichnung zerstört würde (BGH GRUR 1977, 159, 161 – *Ostfriesische Tee Gesellschaft;* BGH GRUR 1957, 285, 287 – *Erstes Kulmbacher*). Diese Ausnahme ist Ausdruck des Verhältnismäßigkeitsgrundsatzes, unter dessen Vorbehalt das Irreführungsverbot steht (BGH GRUR 2003, 628, 630 – *Klosterbrauerei* mwN).

3. Kapitel. Beweisfragen

Übersicht

	Rdn
I. Ermittlung der Verkehrsauffassung	3.1–3.18
1. Allgemeines	3.1, 3.2
2. Wettbewerbsprozessrechtliche Regeln	3.3–3.15
a) Nebeneinander von richterlicher Entscheidung und Beweisaufnahme	3.3
b) Frühere Rspr	3.4–3.9
aa) Richter als Teil der angesprochenen Verkehrskreise	3.5
bb) Keine Verneinung der Irreführung durch den Richter	3.6, 3.7
cc) Einordnung als offenkundige Tatsache (§ 291 ZPO)	3.8, 3.9
c) Neuere Rspr	3.10–3.15
aa) Ermittlung von Erfahrungswissen statt Tatsachenfeststellung	3.10
bb) Entscheidung auf Grund eigener Sachkunde	3.11–3.13
cc) Verneinung der Irreführung auf Grund eigener Sachkunde	3.14
dd) Revisibilität	3.15

3. Kap. Beweisfragen 3.1 § 5 UWG

Rdn
- 3. Beweismittel 3.16–3.18
  - a) Meinungsforschungsgutachten 3.16
  - b) Auskünfte von Kammern und Verbänden 3.17, 3.18
- II. Darlegungs- und Beweislast 3.19–3.28
  - 1. Grundsatz 3.19
  - 2. Art 7 Richtlinie 2006/114/EG über irreführende und vergleichende Werbung 3.20–3.22
  - 3. Beweiserleichterungen 3.23–3.26
    - a) Grundsatz 3.23
    - b) Anwendungsbereiche 3.24–3.26
      - aa) Innerbetriebliche Vorgänge 3.24
      - bb) Alleinstellungs- und Spitzengruppenwerbung 3.25
      - cc) Fachlich umstrittene Behauptung 3.26
  - 4. Weitere Beispiele 3.27, 3.28
    - a) Beweis- und Substantiierungslast beim Kläger 3.27
    - b) Beweis- oder Substantiierungslast beim Beklagten 3.28

Schrifttum: *Böhm,* Die Beweiswürdigung demoskopischer Gutachten im Rahmen von § 3 UWG, GRUR 1986, 290; *Borck,* Irreführende Werbung und Umkehr der Beweislast, GRUR 1982, 657; *Bornkamm,* Die Feststellung der Verkehrsauffassung im Wettbewerbsprozess, WRP 2000, 830; *Eichmann,* Gegenwart und Zukunft der Rechtsdemoskopie, GRUR 1999, 939; *Gloy,* Verkehrsauffassung – Rechts- oder Tatfrage, FS Erdmann, 2002, 811; *Kemper,* Beweisprobleme im Wettbewerbsrecht, 1992; *Knaak,* Demoskopische Umfragen in der Praxis des Wettbewerbs- und Warenzeichenrechts, 1986; *Kur,* Beweislast und Beweiswürdigung im Wettbewerbsprozess, 1981; *dies,* Irreführende Werbung und Umkehr der Beweislast, GRUR 1982, 663; *Lindacher,* Beweisrisiko und Aufklärungslast der nicht risikobelasteten Partei in Wettbewerbssachen, WRP 2000, 950; *Th. Müller,* Demoskopie und Verkehrsauffassung im Wettbewerbsrecht, insbes im Rahmen des § 3 UWG, WRP 1989, 783; *ders,* Die demoskopische Ermittlung der Verkehrsauffassung im Rahmen des § 3 UWG, 1987; *Pantle,* Beweiserhebung über offenkundige Tatsachen?, MDR 1993, 1166; *Schmelz/Haertel,* Die Superlativreklame im UWG – Materielle und prozessuale Aspekte, WRP 2007, 127; *Spätgens,* Voraussetzungen, Möglichkeiten und Grenzen demoskopischer Umfragen, FS Traub, 1994, 375; *Stürner,* Die Aufklärungspflicht der Parteien des Zivilprozesses, 1976; *Teplitzky,* Zu Anforderungen an Meinungsforschungsgutachten, WRP 1990, 145; *ders,* Die jüngste Rspr des BGH zum wettbewerbsrechtlichen Anspruchs- und Verfahrensrecht X, GRUR 2003, 272; *Tilmann/Ohde,* Die Mindestirreführungsquote im Wettbewerbsrecht und im Gesundheitsrecht, GRUR 1989, 229, 301; *Ulrich,* Beweisführung und Beweislast im Wettbewerbsprozess, WRP 1986, 589; *I. Westermann,* Bekämpfung irreführender Werbung ohne demoskopische Gutachten, GRUR 2002, 403. –

Weitere Schrifttumsnachweise s § 5 vor Rdn 1.1.

I. Ermittlung der Verkehrsauffassung

1. Allgemeines

Im Wettbewerbsprozess und namentlich in Fällen, in denen es um irreführende Werbung **3.1** geht, muss der Richter die **Verkehrsauffassung ermitteln.** Dies bereitet nicht zuletzt deswegen Schwierigkeiten, weil das **Verständnis** innerhalb der angesprochenen Verkehrskreise idR **nicht einheitlich** ist. Zwar macht es die **Demoskopie** heute im Allgemeinen möglich, einigermaßen zuverlässig und differenziert zu ermitteln, wie der Verkehr – bezogen auf eine bestimmte Wahrnehmungssituation – eine werbende Angabe versteht. Dies setzt aber einen **Aufwand** voraus, der im normalen Wettbewerbsprozess völlig außer Verhältnis stünde. Auch in anderen Rechtsordnungen spielen Verkehrsbefragungen, selbst wenn sie generell als Beweismittel zugelassen sind, nur eine geringe Rolle; im Allgemeinen entscheiden dort die Gerichte eigenständig darüber, ob eine Angabe die angesprochenen Verkehrskreise irreführt oder nicht. Die unterschiedliche Art und Weise, in der auch innerhalb Europas die Verkehrsauffassung ermittelt wird, wird in einer Reihe von **EuGH-Entscheidungen** deutlich, in denen der **EuGH** – ohne dass die vorlegenden Gerichte hiernach gefragt hätten – eine **Irreführung ausgeschlossen** hat. Ein deutliches Beispiel ist der Fall **„Clinique",** in dem das LG Berlin vom EuGH wissen wollte, ob das beantragte Verbot der Bezeichnung „Clinique" für ein Kosmetikum gegen Art 28 EG (heute Art 34 AEUV) verstößt. Dabei war die Frage, ob ein maßgeblicher Teil des Verkehrs durch die beanstandete Bezeichnung irregeführt wird, vom Landgericht, das insofern eine Verkehrsbefragung für erforderlich gehalten hatte, ausdrücklich offen gelassen worden. Der EuGH hielt gleichwohl eine Irreführung der deutschen Verbraucher **für ausgeschlossen** und begründete damit seine Antwort zu Art 28 EG (heute Art 34 AEUV: EuGH Slg 1994, I-317 Tz 21 = GRUR 1994, 303 – *VSW/ Clinique;* s dazu Rdn 1.36).

3.2 Der Umstand, dass sich der EuGH in dem – lediglich der Beantwortung von Rechtsfragen dienenden – Vorlageverfahren derart weitreichend zur Frage der tatsächlichen Irreführung geäußert hat, veranlasste das BVerwG in einem ein spezielles lebensmittelrechtliches Irreführungsverbot betreffenden Verfahren, den EuGH im Vorabentscheidungsersuchen zum Fall **„Gut Springenheide"** danach zu fragen, ob es für die Eignung zur Irreführung überhaupt auf das **tatsächliche Verständnis der angesprochenen Verbraucher** ankomme oder ob nicht stattdessen ein **objektiver rechtlicher Maßstabe** zugrunde zu legen sei (BVerwG LRE 33, 197 = ZLR 1996, 577). Der EuGH hat diese Frage zwar nicht iSd zweiten Alternative beantwortet; er hat aber – fast möchte man sagen: voller Stolz – auf die zahlreichen Fälle verwiesen, in denen er den irreführenden Charakter einer Bezeichnung, einer Marke oder einer Werbeaussage geprüft und selbst entschieden hat, ob eine Eignung zur Irreführung vorlag, ohne die abschließende Beurteilung dem nationalen Gericht zu überlassen (EuGH Slg 1998, I-4657 Tz 30 = GRUR Int 1998, 795 – *Gut Springenheide;* dazu Rdn 1.49; der EuGH zitiert folgende Entscheidungen: Slg 1990, I-667 = GRUR Int 1990, 955 – *GB-INNO-BM;* Slg 1990, I-4827 = GRUR Int 1991, 215 – *Pall;* Slg 1993, I-2361 = GRUR 1993, 747 – *Yves Rocher* mit Anm *Bornkamm;* Slg 1994, I-317 = GRUR 1994, 303 – *VSW/Clinique;* Slg 1995, I-1737 = GRUR Int 1995, 906 – *Langguth;* Slg 1995, I-1923 = GRUR Int 1995, 804 – *Mars*). Andererseits hat es der EuGH nicht für ausgeschlossen gehalten, „dass ein nationales Gericht zumindest bei Vorliegen bes Umstände nach seinem nationalen Recht ein **Sachverständigengutachten** einholen oder eine **Verbraucherbefragung** in Auftrag geben kann, um beurteilen zu können, ob eine Werbeaussage irreführen kann" (EuGH aaO Rdn 35; vgl auch EuGH Slg 2000, I-117 Tz 31 = GRUR Int 2000, 354 – *Estée Lauder/Lancaster*).

2. Wettbewerbsprozessrechtliche Regeln

3.3 **a) Nebeneinander von richterlicher Entscheidung und Beweisaufnahme.** Im deutschen Wettbewerbsprozess bestehen grds beide Möglichkeiten: Der Richter kann die Verkehrsauffassung in geeigneten Fällen **auf Grund eigener Sachkunde feststellen.** Sieht er sich hierzu nicht in der Lage, weil ihm die eigene Sachkunde kein zuverlässiges Urteil ermöglicht, muss er **auf geeignete Weise Beweis erheben.** Unter bestimmten Voraussetzungen ist es ihm auch versagt, sich auf seine eigene Einschätzung zu verlassen. Dann ist eine Beweisaufnahme von vornherein unumgänglich.

3.4 **b) Frühere Rspr.** Die dem Richter sich bietende Möglichkeit, die Verkehrsauffassung mit Hilfe seiner **eigenen Lebenserfahrung** und seines **eigenen Erfahrungswissens** zu beurteilen, war nach der früheren Rspr stark eingeschränkt. Es waren vor allem **drei Regeln,** die – wenn sie konsequent eingehalten worden wären – zu einer großen Zahl von Beweisaufnahmen hätten führen müssen, jedenfalls aber eine Neigung der Gerichte gefördert haben, in bestimmten Fallkonstellationen nicht ohne Beweisaufnahme zu entscheiden:

3.5 **aa) Richter als Teil der angesprochenen Verkehrskreise.** Die erste Regel besagte, dass der Richter die Verkehrsauffassung nur dann aus eigener Sachkunde beurteilen durfte, wenn er **selbst zu den angesprochenen Verkehrskreisen gehörte** und wenn sich die fragliche Werbeangabe auf **Gegenstände des allgemeinen Bedarfs** bezog (BGH GRUR 1961, 193, 195 – *Medaillenwerbung;* BGH GRUR 1961, 538, 540 – *Feldstecher;* BGH GRUR 1963, 270, 272 f – *Bärenfang;* BGH GRUR 1992, 406, 407 – *Beschädigte Verpackung I;* BGH GRUR 2000, 239, 240 – *Last-Minute-Reise*). Freilich haben sich die Instanzgerichte an diese Regel, die in einer Vielzahl von Fällen eine Verkehrsbefragung erforderlich gemacht hätte, nicht immer gehalten (vgl OLG Karlsruhe NJWE-WettbR 1996, 52: Werbung gegenüber den Fachkreisen für niedermolekulares Heparin zum Einsatz in der Thromboseprophylaxe).

3.6 **bb) Keine Verneinung der Irreführung durch den Richter.** Nach der sog **Bärenfang-Doktrin** darf das Gericht die **Irreführungsgefahr bejahen,** im Allgemeinen aber **nicht verneinen.** Meint der Richter feststellen zu können, dass er für seine Person als unbefangener Durchschnittsverbraucher irregeführt wird, erlaubt dies den Schluss, dass nicht ein ganz unbeträchtlicher Teil der beteiligten Kreise getäuscht wird. Meint der Richter – in der Tendenz eher ein umsichtiger und verständiger Verbraucher – dagegen, nicht irregeführt zu werden, kann er deswegen noch lange nicht ausschließen, dass nicht ein kleiner, aber nicht völlig unbeachtlicher

Teil des Verkehrs doch irregeführt wird (BGH GRUR 1963, 270, 273 – *Bärenfang;* BGH GRUR 1985, 140, 141 – *Größtes Teppichhaus der Welt;* BGH GRUR 1987, 444, 446 – *Laufende Buchführung;* BGH GRUR 1992, 406, 407 – *Beschädigte Verpackung I*). Damit wird deutlich, dass die Bärenfang-Doktrin auf **zwei Prämissen** beruht: **(1)** Zum einen steht dahinter die auch schon in der ersten Regel (s Rdn 3.5) zum Ausdruck kommende Erwägung, dass der Richter, wenn er aus eigener Sachkunde urteilt, **sich quasi selbst einer Verkehrsbefragung unterzieht.** Der Richter ist danach eigentlich eine quantité négligeable. Bestenfalls entscheidet die Kammer oder der Senat des OLG und damit eine unter demoskopischen Gesichtspunkten völlig unzureichende Zahl von Personen, die darüber hinaus nicht repräsentativ für den angesprochenen Verbraucherkreis sind. **(2)** Die Unterscheidung danach, ob der Richter die Irreführungsgefahr bejaht oder verneint, hängt mit der **niedrigen Irreführungsquote** zusammen. Denn umso kleiner das Quorum, umso geringer ist die Aussagekraft einer Verneinung der Irreführungsgefahr durch den Richter.

So einleuchtend die Bärenfang-Doktrin – geht man von den genannten Prämissen aus – ist, so wenig ist sie doch von den Instanzgerichten in der **täglichen Praxis** befolgt worden. Die Vorstellung, dass eine Verneinung der Irreführungsgefahr idR nur nach einer Verkehrsbefragung möglich sein sollte, hat die Arbeit der Wettbewerbskammern und -senate nicht geprägt. Vielmehr haben sie sich meist doch selbst zugetraut, die Irreführung im Einzelfall nicht nur zu bejahen, sondern auch zu verneinen. 3.7

cc) **Einordnung als offenkundige Tatsache (§ 291 ZPO).** In der Entscheidung „**Meister-Kaffee**" – die inzwischen mehrfach „overruled" ist – hat der BGH die Ansicht vertreten, wenn ein Gericht seiner Entscheidung auf Grund eigener Sachkunde ein bestimmtes Verkehrsverständnis zugrunde lege, handele es sich um eine **gerichtskundige Tatsache nach § 291 ZPO** (BGH GRUR 1990, 607, 608 – *Meister-Kaffee*). Diese Aussage hatte deswegen weitreichende Folgen, weil offenkundige Tatsachen nach der überwiegenden, auch vom BGH vertretenen Ansicht **dem Gegenbeweis zugänglich** sind. Dies bedeutete, dass immer dann, wenn ein Gericht auf Grund eigener Sachkunde entscheiden wollte, es durch einen entspr Antrag zur Durchführung einer Verkehrsbefragung gezwungen werden konnte. Da die Parteien darauf hingewiesen werden müssen, dass das Gericht beabsichtigt, eine streitige Tatsache als offenkundig zugrunde zu legen, konnte eine Beurteilung der Verkehrsauffassung auf Grund eigener Sachkunde der Gerichte weitgehend verhindert werden. 3.8

Bevor die **weitreichenden Konsequenzen der „Meister-Kaffee"-Entscheidung** erkannt wurden, hat allerdings der BGH die Aussagen der Entscheidung schon wieder dadurch **relativiert,** dass er sie nur in Fällen angewandt wissen wollte, in denen ein Richter die Verkehrsauffassung beurteilen wollte, ohne selbst zu den angesprochenen Verkehrskreisen zu zählen (BGH GRUR 1992, 406, 407 – *Beschädigte Verpackung I;* BGH GRUR 1993, 677, 678 – *Bedingte Unterwerfung*). Da nach der ersten Regel (s Rdn 3.5) in solchen Fällen ohnehin keine Entscheidung auf Grund eigener Sachkunde möglich sein sollte, war damit die Aussage der „Meister-Kaffee"-Entscheidung **weitgehend marginalisiert.** 3.9

c) **Neuere Rspr. aa) Ermittlung von Erfahrungswissen statt Tatsachenfeststellung.** Der BGH geht in der neueren Rspr davon aus, dass es sich bei der Ermittlung der Verkehrsauffassung **nicht um die Feststellung von Tatsachen** handelt. Für die Frage der Irreführung kommt es nicht darauf an, auf welche Weise bestimmte Verbraucher eine Werbeaussage verstanden haben (dies wäre eine dem Zeugenbeweis zugängliche Tatsache). Maßgeblich ist immer die **Eignung zur Irreführung,** so dass eine **Prognoseentscheidung** darüber zu treffen ist, wie der Verkehr eine Werbeaussage **verstehen wird.** Hierbei handelt es sich um ein **spezielles Erfahrungswissen,** das sich ein Sachverständiger durch eine von ihm durchgeführte Verkehrsbefragung verschafft und das er dann im Wege des Sachverständigenbeweises als eine **spezielle Form der Sachkunde** an das Gericht weitergeben kann (BGHZ 156, 250, 253 f = GRUR 2004, 244, 245 – *Marktführerschaft* mwN). Geht das Gericht davon aus, dass es die Verkehrsauffassung auf Grund eigener Sachkunde feststellen kann, dann nimmt es für sich ein Erfahrungswissen in Anspruch, das sonst erst durch ein Sachverständigengutachten beschafft werden müsste. Eigenes Erfahrungswissen, auf das sich eigene Sachkunde des Richters gründet, ist aber keine Tatsache iSd § 291 (BGH aaO; MünchKommZPO/*Prütting*, 2. Aufl, § 291 Rdn 3; *Lindacher* BB 1991, 1524). 3.10

bb) **Entscheidung auf Grund eigener Sachkunde.** Die Frage, ob ein Richter die Verkehrsanschauung **auf Grund eigener Sachkunde** feststellen kann, ist prozessrechtlich nichts anderes als die Frage, ob der Richter in einem Bauprozess, in einer Unfallsache oder in einem 3.11

Patentverletzungsstreit auf Grund eigener Sachkunde entscheiden kann oder ob er sich der Hilfe eines Sachverständigen versichern muss. Diese Frage ist nicht abhängig von einem **Beweisantrag**. Denn der Sachverständigenbeweis kann auch **von Amts wegen** erhoben werden; ein Antrag auf Einholung eines Sachverständigengutachtens braucht nicht befolgt zu werden, wenn das Gericht selbst über die notwendige Sachkunde verfügt BGHZ 156, 250, 255 = GRUR 2004, 244, 245 – *Marktführerschaft;* Ahrens/*Bähr* Kap 27 Rdn 13; *Bornkamm* WRP 2000, 830, 834).

3.12 Die entscheidende Frage ist danach, ob das Gericht **über hinreichende eigene Sachkunde verfügt**. Auch in diesem Punkt zeigt sich die Rspr heute großzügiger als in der Vergangenheit. Dabei wird deutlich, dass die Sachkunde sich nicht allein daraus ableitet, dass ein Richter selbst durch eine bestimmte Werbung angesprochen wird. Seine Sachkunde kann sich in **drei Konstellationen** auch auf das Verständnis von Kreisen beziehen, denen er selbst nicht angehört: **(1)** Häufig bedarf es **keiner bes Erfahrung** zur Feststellung der Verkehrsauffassung, weil auch die Fachkreise für die Beurteilung der fraglichen Werbeangabe keine bes Kenntnisse und Erfahrungen einsetzen (BGH GRUR 2002, 77, 79 – *Rechenzentrum;* BGHZ 156, 250, 255 = GRUR 2004, 244, 245 – *Marktführerschaft*). **(2)** Außerdem können sich Gerichte, die **ständig mit Wettbewerbssachen befasst** sind, auf Grund ihrer bes Erfahrung die erforderliche Sachkunde erworben haben, um eigenständig beurteilen zu können, wie Fachkreise eine bestimmte Werbeaussage verstehen. Dies ist etwa bei einer Kammer oder einem Senat der Fall, der häufig mit Verkehrsbefragungen zu tun hat (BGHZ 156, 250, 255 = GRUR 2004, 244, 245 – *Marktführerschaft*). **(3)** Schließlich können vorgelegte **Privatgutachten,** die prozessrechtlich nichts anderes als substantiierter Parteivortrag sind, die Sachkunde des Richters so weit erhöhen, dass er sich auch ohne Gerichtssachverständigen ein eigenes Urteil bilden kann. Ein Beispielsfall, wie die Gerichte mit einem solchen Privatgutachten umgehen, stellt der Fall „Bundesdruckerei" des BGH dar (BGH GRUR 2007, 1079 Tz 31 – *Bundesdruckerei*).

3.13 Die Gerichte dürfen **nicht großzügig Sachkunde für sich in Anspruch nehmen.** Sie müssen darlegen, weshalb sie meinen, sich ein eigenes Urteil bilden zu können. Eine Beweisaufnahme ist erforderlich, wenn sich trotz eigener Sachkunde Zweifel am Ergebnis aufdrängen (BGH GRUR 2002, 550, 552 – *Elternbriefe;* BGHZ 156, 250, 254 = GRUR 2004, 244, 245 – *Marktführerschaft;* s auch § 12 Rdn 2.71). Solche Zweifel können auch dadurch nahe gelegt werden, dass das Berufungsgericht die Werbung **anders** beurteilen möchte **als die erste Instanz.** Eine prozessrechtliche Notwendigkeit ist die Verkehrsbefragung auch in diesem Fall nicht, selbst wenn in erster Instanz eine KfH mit Handelsrichtern entschieden hat (OLG Hamburg WRP 2006, 771 [LS]).

3.14 **cc) Verneinung der Irreführung auf Grund eigener Sachkunde.** Speist sich die eigene Sachkunde nicht nur daraus, dass der Richter durch die fragliche Werbung angesprochen wird, kann auch **nicht mehr an der Bärenfang-Doktrin festgehalten** werden, nach der der Richter im Zweifel nur eine Irreführung, nicht aber eine Verneinung der Irreführung selbst feststellen kann. Nach der neueren Rspr kann der Richter seine Sachkunde ebenso, um im Einzelfall die Irreführung zu bejahen oder zu verneinen (BGH GRUR 2002, 550, 552 – *Elternbriefe;* BGH GRUR 2003, 247, 248 – *THERMAL BAD;* BGHZ 156, 250, 255 = GRUR 2004, 244, 245 – *Marktführerschaft; Bornkamm* WRP 2000, 830, 832 f).

3.15 **dd) Revisibilität.** Die ohne Beweisaufnahme getroffenen Feststellungen zur Verkehrsauffassung sind **unter zwei Gesichtspunkten** auch **im Revisionsverfahren angreifbar: (1)** Zum einen kann sich die **Nichteinholung eines Sachverständigenbeweises** als ermessensfehlerhaft erweisen. Ob das Gericht eine Begutachtung durch einen Sachverständigen anordnet oder auf Grund eigener Sachkunde entscheidet, steht grds in seinem pflichtgemäßen Ermessen. Ein Ermessensfehler kommt aber insbes in den Fällen in Betracht, in denen sich das Gericht eine bes Sachkunde zuschreibt, ohne darzulegen, worauf sich diese stützt (*Bornkamm* WRP 2000, 830, 833; s § 12 Rdn 2.74). Ob die Partei, die mit der Revision einen solchen Rechtsfehler rügt, einen Beweisantrag gestellt hat oder nicht, ist dabei nicht von maßgeblicher Bedeutung. **(2)** Zum anderen unterliegt die auf Grund der eigenen Sachkunde und auf Grund des eigenen Erfahrungswissens getroffene Feststellung eines bestimmten Verkehrsverständnisses insoweit der revisionsrechtlichen Nachprüfung, als **Erfahrungssätze** in diese Entscheidung eingeflossen sind. Daher kann die Feststellung der Verkehrsanschauung im Revisionsverfahren mit der Begründung angegriffen werden, sie sei **erfahrungswidrig.** Auf diese Weise kann auch verhindert werden, dass eine bestimmte Werbung im Bezirk eines OLG als zulässig, im Nachbarbezirk dagegen als unzulässig angesehen wird (vgl etwa die sog Handy-Fälle, die trotz unterschiedlicher Feststellung der Verkehrsauffassung in der Revisionsinstanz einheitlich entschieden worden sind; BGHZ 139, 368 = GRUR 1999, 264 – *Handy für 0,00 DM*).

3. Beweismittel

a) Meinungsforschungsgutachten. Sieht sich der Richter nicht in der Lage, das Verkehrs- 3.16
verständnis aus eigener Sachkunde zuverlässig zu beurteilen, bietet sich als Erkenntnisquelle
häufig nur eine **demoskopische Untersuchung** an. Es handelt sich hierbei um **Sachverständigenbeweis** (§ 402 ZPO). Das Gutachten vermittelt dem Richter das nötige Erfahrungswissen,
um sich ein zuverlässiges Urteil darüber zu bilden, ob und ggf in welchem Umfang die
beanstandete Werbung geeignet ist, die angesprochenen Verkehrskreise irrezuführen. Auch wenn
der EuGH in der Entscheidung **„Gut Springenheide"** deutlich gemacht hat, dass seine Sympathie nicht der Ermittlung der Verkehrsauffassung durch Verkehrsbefragung gilt, dass er sich
vielmehr im Allgemeinen in der Lage gesehen hat, selbst zu beurteilen, wie das Verkehrsverständnis in dem einen oder anderen Mitgliedstaat ist (EuGH Slg 1998, I-4657 Tz 35 = GRUR
Int 1998, 795 – *Gut Springenheide;* dazu Rdn 3.2), darf dies den nationalen Richter nicht dazu
verleiten, seine eigene Sachkunde auch dann zu bejahen, wenn deren Grundlagen brüchig sind.
Da die Verkehrsauffassung – wie der EuGH selbst klargestellt hat – durch Beweisaufnahme
ermittelt werden kann, richtet sich die Frage der Notwendigkeit einer solchen Beweisaufnahme
im Einzelfall allein nach dem nationalen Prozessrecht (vgl § 12 Rdn 2.76). – Vgl im Einzelnen
zur **Beweisaufnahme durch Verkehrsbefragung** § 12 Rdn 2.77 ff.

b) Auskünfte von Kammern und Verbänden. Geht es um das **Verständnis von Fach-** 3.17
kreisen, kann der Richter sich die erforderliche Sachkunde uU auch durch die Auskunft einer
Kammer (zB bei Industrie- und Handelskammern) oder eines Verbandes (zB eines Berufsverbandes) beschaffen (BGH GRUR 1963, 270, 273 – *Bärenfang;* BGH GRUR 1992, 203, 207 –
Roter mit Genever; BGH GRUR 1997, 669, 670 – *Euromint;* BGH GRUR 2000, 239, 240 f –
Last-Minute-Reise). Häufig wird es dabei darum gehen, etwas zu erfragen, worüber die Kammer
oder der Verband **nicht selbst Auskunft geben** kann, sondern wozu erst einmal eine Anfrage
an Mitglieder gerichtet werden muss. So hatte im Fall „Euromint" der DIHK (damals noch
DIHT) durch Vermittlung der einzelnen IHKs eine schriftliche Befragung bei Mitgliedsunternehmen durchgeführt (BGH GRUR 1997, 669, 670 – *Euromint*). Die Rspr ist bemüht, diesen
kostengünstigen Weg zur Ermittlung des Verkehrsverständnisses nicht zu verbauen. Es ist jedoch
zu beachten, dass eine nicht von Fachleuten konzipierte und durchgeführte Befragung **Fehlerquellen** aufweist und dass die in diesem Zusammenhang meist eingesetzten schriftlichen Umfragen ebenfalls **gewichtige Nachteile** aufweisen.

Da es sich idR nicht um amtliche Auskünfte handeln wird (§ 273 II Nr 2 ZPO), können 3.18
derartige Auskünfte nur **nach § 377 III ZPO** ins Verfahren eingeführt werden (vgl BGH
GRUR 1997, 669, 670 – *Euromint*).

II. Darlegungs- und Beweislast

1. Grundsatz

Das UWG 2004 enthält auch nach der UWG-Novelle 2008 **keine eigenständige Regelung** 3.19
der Beweislast in Fällen der irreführenden Werbung. § 5 IV trifft zwar für die Werbung mit
eigenen früheren Preisen eine Sonderregelung (s dazu Rdn 7.62 ff), setzt aber doch den allgemeinen Grundsatz voraus, nach dem der Kläger als Verletzter die rechtsbegründenden Tatsachen
zu behaupten und zu beweisen hat, der Beklagte als Verletzer dagegen diejenigen Umstände,
den rechtsbegründenden Tatsachen ihre Bedeutung oder Grundlage nehmen (BGH GRUR
1997, 229, 230 – *Beratungskompetenz;* BGH GRUR 2004, 246, 247 – *Mondpreise?*).

2. Art 7 Richtlinie 2006/114/EG über irreführende und vergleichende Werbung

Damit scheint das deutsche Recht **hinter den Mindestanforderungen** der Richtlinie über 3.20
irreführende und vergleichende Werbung **zurückzubleiben**. Denn nach Art 7 lit a der Richtlinie müssen die Zivilgerichte die Befugnis haben, „vom Werbenden Beweise für die Richtigkeit
von in der Werbung enthaltenen Tatsachenbehauptungen zu verlangen, wenn ein solches Verlangen unter Berücksichtigung der berechtigten Interessen des Werbenden und anderer Verfahrensbeteiligter im Hinblick auf die Umstände des Einzelfalls angemessen erscheint". Das deutsche
Recht trägt diesem Erfordernis einer Beweislastumkehr **lediglich durch Beweiserleichterungen** Rechnung, die freilich weit reichen und dort, wo sie eingreifen, der Sache nach auf eine
Beweislastumkehr hinauslaufen (dazu Rdn 3.23 ff).

3.21 Während der gleich lautende Art 6 Irreführungsrichtlinie 84/450/EWG in der **Begründung des Gesetzentwurfs zur UWG-Reform 2004** nicht erwähnt wird, hat sich der Entwurf des Gesetzes, mit dem die Richtlinie **zur vergleichenden Werbung** umgesetzt worden ist, verhältnismäßig ausführlich mit der Frage befasst, ob die dort vorgenommene Ergänzung von Art 6 lit a Irreführungsrichtlinie eine Umsetzung im deutschen Recht erfordere. Der Gesetzentwurf verneint dies mit folgender Begründung: „Die Vorschrift enthält keine generelle Beweislastumkehr, sondern nur eine nach Verhältnismäßigkeitsgesichtspunkten zu beurteilende und einzelfallbezogene Lockerung der Beweisanforderungen, der das deutsche Recht bereits Rechnung trägt" (BT-Drucks 14/2969 S 9; dazu OLG Hamburg GRUR-RR 2002, 362).

3.22 Auch wenn damit das (gesprochene) deutsche Recht den **Anforderungen der Richtlinie idR genügen dürfte,** kann (und muss) doch immer dann, wenn Zweifel hieran bestehen, unmittelbar auf Art 7 zurückgegriffen werden, dessen Wortlaut – soweit er das Verfahren vor den Zivilgerichten betrifft – nachstehend noch einmal wiedergegeben ist:

> Die Mitgliedstaaten übertragen den Gerichten ... Befugnisse, die sie ermächtigen, ... vor den Zivilgerichten ...
>
> a) vom Werbenden Beweise für die Richtigkeit von in der Werbung enthaltenen Tatsachenbehauptungen zu verlangen, wenn ein solches Verlangen unter Berücksichtigung der berechtigten Interessen des Werbenden und anderer Verfahrensbeteiligter im Hinblick auf die Umstände des Einzelfalls angemessen erscheint, ... sowie
>
> b) Tatsachenbehauptungen als unrichtig anzusehen, wenn der gemäß Buchstabe a) verlangte Beweis nicht angetreten wird oder wenn er von dem Gericht ... für unzureichend erachtet wird.

3. Beweiserleichterungen

3.23 **a) Grundsatz.** Trifft den Kläger zwar grds die Darlegungs- und Beweislast, kommen ihm doch **Darlegungs- und Beweiserleichterungen** zugute, wenn es um die Aufklärung von Tatsachen geht, die in den Verantwortungsbereich des Beklagten fallen. Im Prozess treffen ihn daher **prozessuale Erklärungspflichten.** Gerade bei Werbebehauptungen fehlt dem außerhalb des Geschehensablaufs stehenden Kläger oft eine genaue Kenntnis der entscheidenden Tatumstände, so dass es ihm nicht möglich ist, den Sachverhalt von sich aus aufzuklären, während der Beklagte über diese Kenntnisse verfügt und die notwendige Aufklärung ohne weiteres leisten kann. In solchen Fällen entspricht es dem auch im Prozess geltenden **Gebot von Treu und Glauben (§ 242 BGB),** dass der Beklagte die erforderliche Aufklärung leistet, sofern sie ihm nach den Umständen zuzumuten ist (BGH GRUR 1961, 356, 359 – *Pressedienst;* BGH GRUR 1963, 270, 271 – *Bärenfang;* BGH GRUR 1969, 461, 463 – *Euro-Spirituosen;* BGH GRUR 1975, 78, 79 – *Preisgegenüberstellung;* ÖOGH ÖBl 1977, 71, 74 – *Fernschul-Gruppenunterricht;* BGH GRUR 1985, 140, 142 – *Größtes Teppichhaus der Welt;* BGH GRUR 1992, 42 – *Luftfrachtsendungen;* BGHZ 120, 320, 327 f = GRUR 1993, 980, 983 – *Tariflohnunterschreitung;* BGH GRUR 1997, 229, 230 – *Beratungskompetenz;* BGH GRUR 2004, 246, 247 – *Mondpreise?;* BGH GRUR 2007, 251 Tz 31 – *Regenwaldprojekt II*). Kommt der Beklagte der Darlegungs- und Beweispflicht nicht nach, so kann das Gericht davon ausgehen, dass die Behauptung unrichtig oder jedenfalls irreführend ist (§ 138 III ZPO).

3.24 **b) Anwendungsbereiche. aa) Innerbetriebliche Vorgänge.** Meist wird es sich um **innerbetriebliche rechtserhebliche Tatsachen** handeln, die der Kläger nicht kennt, über die der Beklagte dagegen leicht die erforderliche Aufklärung geben kann (BGH GRUR 1961, 356, 359 – *Pressedienst;* BGH GRUR 1963, 270, 271 – *Bärenfang*). Auf ein **Geheimhaltungsinteresse** kann sich der Beklagte jedenfalls insoweit nicht berufen, als es gerade um die Richtigkeit von Werbebehauptungen geht, die er in der Öffentlichkeit preisgegeben hat. Verspricht ein Vermittler von Kapitalanlagen in seiner Werbung eine jährliche Rendite von 860%, so ist er für die Richtigkeit einer solchen **Traumrendite** auch als Beklagter in vollem Umfang beweispflichtig (OLG München NJWE-WettbR 1997, 152; dazu Steinbeck WuB V B § 3 UWG 1.97). Hierzu auch § 12 Rdn 12.92 f.

3.25 **bb) Alleinstellungs- und Spitzengruppenwerbung.** Auch hier gilt, dass unbeschadet der Grundregel, wonach den Kläger die Beweislast dafür trifft, dass die **Berühmung einer Alleinstellung** oder einer **Zugehörigkeit zur Spitzengruppe** unzutreffend ist, der Beklagten iSe prozessualen Aufklärungspflicht verpflichtet ist, darzulegen und ggf zu beweisen, worauf sich seine Werbebehauptung stützt (BGH GRUR 1973, 594, 596 – *Ski-Sicherheitsbindung;* BGH

GRUR 1978, 249, 250 – *Kreditvermittlung;* BGH GRUR 1983, 779, 781 – *Schuhmarkt;* BGH GRUR 2010, 352 Tz 22 – *Hier spiegelt sich Erfahrung;* OLG Karlsruhe GRUR 1994, 134, 135; vgl auch ÖOGH ÖBl 1969, 22 – *Größte Tageszeitung;* ÖOGH ÖBl 1973, 53 – *Stahlrohrgerüste;* s Rdn 2.155 und § 12 Rdn 2.94). **Der Sache nach** läuft dies auf eine **Umkehr der Darlegungs- und Beweislast** hinaus. Voraussetzung ist dabei allerdings stets, dass der Gläubiger auf die **Beweiserleichterung angewiesen** ist. Ist das ausnahmsweise nicht der Fall (weil es zB um die besondere Qualifikation von Mitarbeitern eines Wettbewerbers geht, die bis vor kurzem bei ihm beschäftigt waren), ist für eine solche Beweiserleichterung kein Raum (BGH GRUR 2010, 352 Tz 22 – *Hier spiegelt sich Erfahrung*).

cc) Fachlich umstrittene Behauptung. Stützt sich der Werbende bewusst auf eine fachlich umstrittene Behauptung, ohne die Gegenansicht zu erwähnen, hat er damit auch die **Verantwortung für die objektive Richtigkeit** seiner Angabe übernommen. Er muss sie dann auch im Streitfall beweisen (BGH GRUR 1958, 485, 486 – *Odol;* BGH GRUR 1965, 368, 372 f – *Kaffee C;* BGH GRUR 1991, 848, 849 – *Rheumalind II;* OLG Karlsruhe NJWE-WettbR 1997, 174, 175). Das gilt in besonderem Maße bei **Werbeangaben auf dem Gebiet des Gesundheitswesens.** Hier sind Angaben nur zuzulassen, wenn sie gesicherter wissenschaftlicher Erkenntnis entsprechen (BGH GRUR 1971, 153, 155 – *Tampax*). Der Werbende muss, wenn er in einem solchen Fall in Anspruch genommen wird, darlegen können, dass er über entsprechende wissenschaftliche Erkenntnisse verfügt. Nicht ausreichend ist es, dass er sich erst im Prozess auf ein Sachverständigengutachten beruft, aus dem sich die behauptete Wirkungsweise ergeben soll. S zur Beweislast auch § 12 Rdn 2.95.

4. Weitere Beispiele

a) Beweis- und Substantiierungslast beim Kläger. Die Beweislast dafür, dass die **Räumungszwangslage bei einem Räumungsverkauf** wegen Brandschadens nicht vorlag, trifft den Kläger (OLG Stuttgart WRP 1997, 605; Rev nicht angenommen: BGH Beschl v 26. 11. 1997 – I ZR 58/97). – Veröffentlicht eine Fachzeitschrift „**Mediadaten**", die neben der aktuellen Preisliste auch Daten zu ihrer Auflage und ihrer Verbreitung enthalten, mit denen sie zugleich das Anzeigengeschäft bewirbt, und wirft ihr ein Wettbewerber im Zusammenhang hiermit Irreführung der angesprochenen Verkehrskreise vor, obliegt es ihr im Rechtsstreit jedenfalls dann nicht, die Zuordnung der einzelnen Daten und so deren Richtigkeit zu begründen, wenn dies mit zumutbarem Aufwand unmöglich ist und überdies die Offenbarung geheimhaltungsbedürftiger Angaben erforderte (OLG Köln NJWE-WettbR 2000, 301). – In Fällen der **Irreführung wegen unzureichender Bevorratung** trifft grds den Kläger die Darlegungs- und/oder Beweislast für den behaupteten Warenfehlbestand (BGH GRUR 2002, 187, 189 – *Lieferstörung*). Hinsichtlich des Zeitraums innerhalb dessen die Ware vorrätig sein muss, hilft dem Kläger die Beweislastregel in Nr 5 S 2 des Anh zu § 3 III, nach der der Unternehmer die Angemessenheit nachweisen muss, wenn der vorgehaltene Vorrat nicht einmal für zwei Tage ausreicht (dazu Rdn 8.12 ff und Anh zu § 3 III Rdn 5.5 f).

b) Beweis- oder Substantiierungslast beim Beklagten. Der wegen unzulässiger **Alleinstellungswerbung** auf Unterlassung in Anspruch genommene Beklagte kann sich nicht lediglich zur Verteidigung auf die Darstellung seiner eigenen geschäftlichen Situation beschränken, sondern hat substantiiert die Marktlage unter den in Betracht kommenden Wettbewerbern unter Berücksichtigung des Klagevortrags darzulegen (OLG Karlsruhe GRUR 1994, 134). – Die Beweislast dafür, dass im Rahmen einer **Versteigerung von antiken Orientteppichen** gebrauchte Versteigerungsware angeboten wird, trifft jedenfalls dann den beklagten Versteigerer, wenn der Kläger substantiiert ihre Neuheit dargelegt hat (OLG Karlsruhe GRUR 1996, 75). – Im Hinblick auf den Prognosecharakter von **Werbeangaben in Vermögensanlageprospekten** obliegt dem Werbenden die Darlegungs- und Beweislast dafür, dass seine Angaben die angesprochenen Verkehrskreise nicht in die Irre führen (KG NJW-RR 1997, 993; vgl auch OLG München NJWE-WettbR 1997, 152). – Die Führung der Bezeichnung „**Sachverständiger**" setzt voraus, dass der Werbende über die erforderliche Sachkunde in einem bestimmten Fachgebiet verfügt. Der Sachverständige ist hins der zu fordernden überdurchschnittlichen Befähigung darlegungs- und beweisbelastet (LG Saarbrücken WRP 2002, 1463). – Trägt der Kläger in einem Streit über die tatsächlichen Wirkungen beworbener Arzneimittel das Fehlen einer wissenschaftlichen Grundlage für eine **gesundheitsbezogenen Werbeaussage** substantiiert vor, so ist es Aufgabe des Beklagten, die wissenschaftliche Absicherung seiner Werbeangabe zu beweisen (OLG Frankfurt GRUR-RR 2003, 295; NZB zurückgewiesen: BGH Beschl v 18. 12. 2003 – I ZR 159/03).

4. Kapitel. Irreführung über die Merkmale der Waren oder Dienstleistungen (produktbezogene Irreführung)

Übersicht

	Rdn
A. Allgemeines	4.1, 4.2
I. Kategorien	4.1
II. Ältere Rspr zu § 3 UWG 1909	4.2
B. Irreführung über Art und Ausführung, Zusammensetzung, Beschaffenheit und Menge (§ 5 I 2 Nr 1)	4.3–4.179
I. Irreführung über die stoffliche Substanz	4.3–4.44
1. Leitlinien	4.3–4.8
a) Relevanz	4.3, 4.4
b) Verweisende Verbrauchervorstellung	4.5, 4.6
c) Künstliche Erzeugnisse	4.7, 4.8
2. Beispiele irreführender Bezeichnungen der stofflichen Substanz	4.9–4.31
a) Textilien	4.9–4.12
aa) Leinen	4.9
bb) Seide	4.10
cc) Viskose, Watte	4.11
dd) Wolle	4.12
b) Getränke	4.13–4.16
aa) Mineral- und Quellwasser	4.13–4.14
bb) Saft, Limonade	4.15
cc) Spirituosen	4.16
c) Weitere Lebensmittel	4.17–4.24
aa) Ei- und Fettprodukte	4.17
bb) Fleisch, Wurst	4.18
cc) Kaffee	4.19
dd) Obst, Gemüse	4.20
ee) Süßigkeiten	4.21, 4.22
ff) Tee	4.23
gg) Zucker	4.24
d) Bedarfsgegenstände	4.25–4.29
aa) Bau- und Werkstoffe	4.25
bb) Elektrowaren	4.26
cc) Leder	4.27
dd) Strom	4.28
ee) Toilettenpapier	4.29
e) Gold- und Silberwaren	4.30, 4.31
3. Besondere Bezeichnungsvorschriften	4.32–4.44
a) Lebensmittel	4.33–4.42
aa) Verkehrsbezeichnung	4.33
bb) Füllmenge, Los- und Nährwertkennzeichnung	4.34
cc) Zivilrechtliche Ansprüche	4.35
dd) Einzelne Lebensmittel	4.36–4.42
b) Textilerzeugnisse	4.43
c) Sonstige Waren und Leistungen	4.44
II. Irreführung über die Eigenschaften und Güte	4.45–4.87
1. Maßstäbe	4.45
2. Qualitätsaussagen	4.46–4.78
a) Allgemeines	4.46
b) Beanspruchung einer Spitzenstellung	4.47
c) Hinweise auf internationale Bedeutung	4.48, 4.49
d) Hinweise auf die Natürlichkeit eines Produkts (Natur, natürlich, naturrein)	4.50–4.56
aa) Allgemeines	4.50
bb) Reinheitsbezeichnungen nach Lebensmittelrecht	4.51–4.56
e) Hinweise auf die Neuheit eines Produkts	4.57–4.64a
aa) Allgemeines	4.57
bb) Werbung mit der Neuheit	4.58–4.60
cc) Fabrikneu	4.61

4. Kap. Irreführung über die Merkmale der Waren oder Dienstleistungen **§ 5 UWG**

	Rdn
dd) Automobilhandel	4.62–4.64a
f) Einzelne Bezeichnungen	4.65–4.78
aa) Bio-	4.65–4.68
bb) DIN, Norm, genormt	4.69
cc) Echt, Original	4.70, 4.71
dd) Frisch	4.72, 4.73
ee) Herzzeichen	4.74
ff) Karat	4.75
gg) Ohne Parfum	4.76
hh) Ökologisch, Öko-	4.77, 4.77a
ii) Spezial	4.78
3. Markenware	4.79–4.82
a) Begriff der Markenware	4.79
b) Irreführung	4.80–4.82
aa) Irreführung über das Vorliegen einer Marke	4.80
bb) Irreführung über die Qualität	4.81, 4.82
4. Deutsche Ware, deutsches Erzeugnis, Made in Germany	4.83–4.85
a) Anforderungen an die Bezeichnung „deutsch"	4.83, 4.84
b) Deutsches Spitzenerzeugnis	4.85
5. Mängelfreiheit	4.86, 4.87
III. Irreführung über Eigenschaften und Güte einzelner Produkte (nach Branchen geordnet)	4.88–4.151a
1. Finanzwesen (Kredite und Finanzierungen, Kapitalanlagen)	4.88–4.96
a) Kredite, Finanzierungen	4.88–4.91
aa) Irreführung über Konditionen der Kreditgewährung	4.88
bb) Irreführung über Vermittlungsgebühr	4.89
cc) Irreführung über den Umfang der Beratung, insbes bei Umschuldungen	4.90
dd) Irreführende Kontostandsauskünfte	4.91
b) Kapitalanlagen, Steuersparmodelle	4.92–4.96
aa) Angesprochene Verkehrskreise	4.92
bb) Irreführung über zu erwartende Gewinne	4.93
cc) Irreführung über das Risiko der Anlage und über Sicherheiten	4.94, 4.95
dd) Irreführung über Steuervorteile	4.96
2. Immobilien	4.97–4.101
a) Angaben über das Objekt	4.97
b) Irreführung über das Datum der Fertigstellung oder über die Beziehbarkeit	4.98
c) Angaben über die Finanzierung	4.99
d) Maklerangebot ohne Zustimmung des Eigentümers	4.100
e) Gewerblicher Charakter des Angebots	4.101
3. Internet	4.102–4.127
a) Überblick	4.102
b) Gattungsbegriff als Domainname	4.103–4.109
aa) Grundsatz	4.103
bb) Kein Anspruch auf Domain-Sharing	4.104
cc) Beispiele aus der Rspr	4.105–4.108
dd) Vermeidung der Irreführung	4.109
c) Andere Fälle irreführender Domainnamen	4.110–4.114
aa) Beispiele für Domainnamen, die als irreführend untersagt worden sind	4.111–4.113
bb) Beispiele für Domainnamen, die als unbedenklich angesehen worden sind	4.114
d) Werbung für Internetzugang	4.115, 4.116
e) Irreführende Preiswerbung für den Internetzugang	4.117, 4.118
f) Irreführende (Preis-)Werbung im Internet	4.119–4.122a
g) Preissuchmaschinen	4.122b
h) Deep Links, Framing, Metatags	4.123–4.126
i) Versteigerungen im Internet	4.127
4. Verlagswesen	4.128–4.145a
a) Irreführung über das Datum des Erscheinens	4.128–4.130
b) Irreführende Ausgaben	4.131
c) Verzeichnisse (gedruckt und digital)	4.132–4.134
aa) Adressbücher und Kataloge	4.132, 4.133
bb) Suchdienste	4.134

	Rdn
d) Irreführende Neuauflagen	4.135
e) Auflagenhöhe und Reichweite	4.136–4.139
f) Irreführung mit Hilfe von Werbeträgeranalysen	4.140–4.142
g) Stellung im Anzeigenmarkt	4.143
h) Füllanzeigen	4.144
i) Preisvergleich	4.145
j) Zeitung, Magazin	4.145 a
5. Verschiedenes	4.145 b–4.151 a
a) Ärztlicher Notdienst	4.145 b
b) Buchhaltung	4.146
c) Fahrschulen	4.147
d) Lotto	4.148
e) Mietwagen	4.149
f) Steuerberater, Lohnsteuerhilfevereine	4.150
g) Touristik	4.151
h) Versicherungsberater, Versicherungsvermittler	4.151 a
IV. Bedeutungswandel	4.152–4.162
1. Grundsatz	4.152
2. Erscheinungsformen des Bedeutungswandels	4.153
3. Rechtliche Beurteilung	4.154, 4.155
4. Denaturierende Zusätze	4.156–4.162
a) Zusatz Kunst	4.157
b) Sonstige Zusätze	4.158–4.160
c) Bedeutungswandel bei Zusätzen	4.161
d) Prozessuale Fragen	4.162
V. Umweltverträglichkeit	4.163–4.174
1. Grundsatz	4.163–4.165
2. Allgemeine Hinweise auf Umweltverträglichkeit	4.166–4.169
3. Besondere Hinweise auf Umweltverträglichkeit	4.170–4.174
a) Einzelne Bezeichnungen	4.170, 4.171
b) Umweltzeichen	4.172–4.174
aa) Unionsrechtliche Zeichen	4.172
bb) Sonstige Zeichen	4.173, 4.174
VI. Hinweis auf Förderung altruistischer Zwecke (Umwelt, soziales Engagement)	4.175–4.178
1. Grundsatz	4.175, 4.176
2. Hinweispflichten des Werbenden	4.177, 4.178
a) Rspr der Instanzgerichte	4.177
b) Rspr des BGH	4.178
VII. Rechte des geistigen Eigentums	4.179
C. Irreführung über Zwecktauglichkeit, Verwendungsmöglichkeit, Ergebnisse der Verwendung einschließlich irreführende Wirkungsaussagen (§ 5 I 2 Nr 1)	4.180–4.193 a
I. Allgemeines	4.180
II. Angaben über Heilwirkungen	4.181–4.190
1. Grundsatz	4.181–4.183
a) Strenger Maßstab	4.181, 4.181 a
b) Irreführungsverbote im AMG, im HWG und im LFBG	4.182, 4.182 a
c) Wissenschaftlich umstrittene Wirkungen	4.183
2. Beispiele	4.184–4.190
a) Ankündigung eines medizinischen Erfolgs	4.184, 4.185
b) Erfolgsversprechen bei Faltenbildung, Zellulitis, Gewichtsproblemen	4.186, 4.187
c) Werbung für Diät	4.188
d) Werbung für gesundheitsschädliche Produkte	4.189
e) Vor- oder Nachsilbe med, Medicus	4.190
III. Sonstige Wirkungsangaben	4.191–4.193 a
1. Benzinverbrauch	4.191, 4.192
2. Irreführung über den Bedarf für die angebotene Ware oder Leistung (§ 5 I 2 Nr 5)	4.192 a
3. Verschiedenes	4.193, 4.193 a
D. Irreführung über Art und Weise der Herstellung oder Erbringung (§ 5 I 2 Nr 1)	4.194–4.200
I. Allgemeines	4.194

		Rdn
II. Irreführung über handwerkliche Herstellung		4.195, 4.196
III. Irreführung über eigene Herstellung		4.197, 4.198
IV. Irreführung über das Verfahren der Herstellung oder Erbringung		4.199, 4.200
E. Irreführung über die geografische Herkunft (§ 5 I 2 Nr 1)		4.201–4.208
I. Begriff der geografischen Herkunftsangabe		4.201
II. Die Regelung im UWG und ihr Verhältnis zur Regelung im Markengesetz		4.202–4.203 a
III. Neben dem Markengesetz verbleibender Anwendungsbereich des UWG		4.204–4.208
1. Verwendung nicht mehr existierender Ortsangaben		4.205, 4.206
2. Verwendung von scheingeografischen Angaben		4.207
3. Keine Nutzung für Waren oder Dienstleistungen		4.208
F. Irreführung über die betriebliche Herkunft (§ 5 I 2 Nr 1) und lauterkeitsrechtlicher Schutz vor Verwechslungen (§ 5 II)		4.209–4.255
I. Grundsätze		4.209–4.216
1. Vorrang des kennzeichenrechtlichen Schutzes sowie des lauterkeitsrechtlichen Nachahmungsschutzes nach bisherigem Recht		4.209–4.211
2. Neuordnung der Aufgabenteilung durch die UGP-Richtlinie		4.212
3. Umsetzung im UWG		4.213, 4.214
4. Eigenständiger Irreführungstatbestand in § 5 II?		4.215, 4.216
II. Irreführung über die betriebliche Herkunft		4.217–4.235
1. Angabe über die betriebliche Herkunft		4.217–4.222
2. Lehre von den qualifizierten Herkunftsangaben		4.223, 4.424
3. Eigene Herkunftsangabe		4.225–4.427
4. Bedeutungswandel		4.228–4.235
a) Wandel von der Herkunftsangabe zur Beschaffenheitsangabe		4.228–4.230
b) Wandel von der Beschaffenheitsangabe zur Herkunftsangabe		4.231
c) Wandel von der geografischen zur betrieblichen Herkunftsangabe		4.232–4.234
d) Sachwandel		4.235
III. Lauterkeitsrechtlicher Schutz vor Verwechslungen (§ 5 II)		4.236–4.239
1. Zwei Merkmale		4.236
2. Zusammenhang mit der Produktvermarktung		4.237
3. Lauterkeitsrechtliche Verwechslungsgefahr		4.238
4. Gegenstand der Verwechslung		4.239
IV. Lauterkeitsrechtlicher Verwechslungsschutz und Markenrecht		4.240–4.253
1. Fortbestand der Vorrangthese?		4.240
2. Grenzen des lauterkeitsrechtlichen Schutzes		4.241–4.252
a) Konkurrenz markenrechtlicher und lauterkeitsrechtlicher Ansprüche		4.241, 4.242
aa) Anspruchskonkurrenz		4.241
bb) Berücksichtigung der Priorität?		4.242
b) Einschränkungen des Zeicheninhabers durch lauterkeitsrechtliche Ansprüche?		4.243–4.246
aa) Recht der Gleichnamigen		4.244
bb) Lizenzen		4.245
cc) Abgrenzungsvereinbarungen		4.246
c) Erweiterung des Zeichenschutzes mit Hilfe des Lauterkeitsrechts?		4.247–4.252
aa) Kein Verwechslungsschutz ohne Marke		4.247
bb) Lauterkeitsrechtlicher Verwechslungsschutz trotz Verjährung oder Verwirkung der kennzeichenrechtlichen Ansprüche		4.248, 4.249
cc) Markenrechtliche Schutzschranken		4.250–4.252
3. Unterschiedliche Rechtsfolgen		4.253
V. Lauterkeitsrechtlicher Verwechslungsschutz und lauterkeitsrechtlicher Nachahmungsschutz		4.254
IV. Lauterkeitsrechtlicher Verwechslungsschutz und Geschmacksmusterschutz		4.255
G. Irreführung über amtliche Prüfungen und Testergebnisse (§ 5 I 2 Nr 1)		4.256–4.265
I. Irreführung über amtliche Prüfungen		4.256, 4.257
II. Irreführung über Testergebnisse		4.258–4.264
1. Grundsätze, Empfehlungen der Stiftung Warentest		4.258
2. Beispiele irreführender Werbung mit Testergebnissen		4.259–4.264
a) Zutreffende Wiedergabe des Testergebnisses		4.259
b) Werbung mit älteren Testergebnissen		4.260

	Rdn
c) Irreführung über das Abschneiden im Verhältnis zur Konkurrenz ...	4.261
d) Werbung mit Test eines anderen Produkts	4.262
e) Werbung mit Geschmackstest	4.263
f) Werbung mit nicht repräsentativem Testergebnis	4.264
g) Werbung ohne Angabe der Textfundstelle	4.265

Schrifttum: *H.-J. Ahrens*, Werbung mit IVW-Verbreitungsdaten, AfP 2000, 417; *J. Bergmann*, Frisch vom Markt – Die Rspr zur „Frische"-Werbung aus marken- und lebensmittelrechtlicher Perspektive, ZLR 2001, 667; *ders, J. Bergmann/Hartwig*, Irreführungsaspekte der aktuellen Anti-Zucker-Werbung – Erläutert anhand des Beispiels der werblichen Auslobung „ohne Kristallzucker", ZLR 2007, 201; *Blau*, Der Verkauf zugekaufter Waren unter der eigenen Herstellermarke, Diss Frankfurt, 1984; *Brandner*, Bedeutungsgehalt und Bedeutungswandel bei Bezeichnungen im geschäftlichen Wettbewerb, FS Piper, 1996, 95; *Fröndhoff*, Irreführung durch vergleichende Werbung – Deutsche Rspr auf dem Telekommunikationsmarkt nach „Pippig Augenoptik/Hartlauer", ZUM 2004, 451; *v Gamm*, Wein- und Bezeichnungsvorschriften des Gemeinschaftsrechts und nationales Recht gegen den unlauteren Wettbewerb, GRUR 1984, 165; *Gündling*, „Made in Germany" – Geografische Herkunftsbezeichnung zwischen Qualitätsnachweis und Etikettenschwindel, GRUR 2007, 921; *Hartwig*, Die lauterkeitsrechtliche Beurteilung der Werbung mit dem „Grünen Punkt" (§ 3 UWG), GRUR 1997, 560; *Honig*, Werbung mit dem guten Ruf des Handwerks, WRP 1995, 68; *Kaestner*, Werbliche Anpreisungen: Im Handumdrehen irreführend?, WRP 2006, 1149; *Köhler*, „Grüner Punkt" als irreführende Werbung?, BB 1998, 2065; *ders*, Die Bedeutung der Richtlinie 2005/29/EG über unlautere Geschäftspraktiken und ihre Auswirkungen für Lebensmittelrecht und Lebensmittelwirtschaft, ZLR 2006, 3; *Koch*, Gesundheitsbezogene Angaben bei Wein, ZLR 2007, 683; *Köhler*, Spendenwerbung und Wettbewerbsrecht, GRUR 2008, 281; *Kollmann*, Technische Normen und Prüfzeichen im Wettbewerbsrecht, GRUR 2004, 6; *Lappe*, Zur ökologischen Instrumentalisierbarkeit des Wettbewerbsrechts, WRP 1995, 170; *Graf Lambsdorff/Hamm*, Zur wettbewerbsrechtlichen Zulässigkeit von Patent-Hinweisen, GRUR 1985, 244; *Lehmann/Dürrschmidt*, Haftung für irreführende Werbung über Garantien, GRUR 1997, 549; *Leible*, Lebensmittelwerbung mit naturbezogenen Angaben, WRP 1997, 403; *ders*, Werbung für EG-Neuwagen, NJW 2000, 1242; *Leible/Sosnitza*, § 17 LMBG nach „Darbo" – Ein Plädoyer für die Streichung von § 17 I Nr 4 LMBG, WRP 2000, 610; *Leitzmann*, Was ist ein Ökoprodukt bzw ein Bio-Lebensmittel? – Erwartungen und Tatsachen, ZLR 2002, 151; *Loewenheim*, Aufklärungspflichten in der Werbung, GRUR 1980, 14; *B. Lorenz*, Die Wettbewerbswidrigkeit einer mangelhaften Anbieterkennzeichnung, WRP 2010, 1224; *Metzger*, Neue Entscheidungen des BGH zur „EG-Neuwagen"-Problematik, WRP 1999, 1237; *Michalski/Riemenschneider*, Irreführende Werbung mit dem Mindesthaltbarkeitsdatum, BB 1994, 588; *Oelrichs*, Naturbezogene Werbung für Lebensmittel – gestern, heute und morgen, WRP 2004, 863; *H. Roth*, Standzeiten von Kraftfahrzeugen als Sachmange, NJW 2004, 330; *Schimansky*, Irreführung des Bankkunden durch Kontostandsauskunft am Geldautomaten?, BKR 2003, 179; *Schroeder/Kraus*, Das neue Lebensmittelrecht – Europarechtliche Grundlagen und Konsequenzen für das deutsche Recht, EuZW 2005, 423; *Schünemann*, Defizitäre Garantien, NJW 1988, 1943; *Solf*, Adressbuchschwindel – Neue Entwicklungen zu einer alten Masche, WRP 2000, 325; *Wuttke*, Die Bedeutung der Schutzzwecke für ein liberales Wettbewerbsrecht (UWG) – Zugleich eine Anmerkung zu BGH I ZR 234/03 – Warnhinweis II, WRP 2007, 119. –

Weiteres Schrifttum s vor Rdn 4.33 (zum Lebensmittelrecht), 4.83 (Kennzeichnung als deutsches Produkt), 4.102 (zum Internetrecht), 4.163 (zum Umweltrecht), 4.194 (Irreführung über Art und Weise der Herstellung), 4.201 (Irreführung über geografische Herkunft), 4.209 (Irreführung über betriebliche Herkunft und lauterkeitsrechtlicher Verwechslungsschutz) und 4.256 (Irreführung über amtliche Prüfungen und Testergebnisse).

A. Allgemeines

I. Kategorien

4.1 Die Fallgruppe der Irreführung über Merkmale der angebotenen Waren oder Dienstleistungen (§ 5 I 2 Nr 1), also **die produktbezogene Irreführung,** fasst eine Reihe von Kategorien zusammen, die unter der Geltung des § 3 UWG aF herkömmlicherweise gesondert behandelt wurden. Hierzu zählt neben der Irreführung über die **stoffliche Zusammensetzung,** über **Eigenschaften,** über **Qualität** und **Quantität** sowie über die Wirkungen des angebotenen Produkts auch die Irreführung über seine **geografische und betriebliche Herkunft.** Eine Reihe von Produkteigenschaften, die begrifflich an sich auch unter die Nr 1 fallen, sind in Nr 2 oder Nr 3 ausdrücklich aufgeführt und werden daher nicht in diesem Kapitel behandelt: so die **Irreführung über den Preis** (dazu Rdn 7.1 ff) und die **Schutzrechtsanmaßung** (dazu Rdn 5.114 ff). Die Irreführung über die **Verfügbarkeit der angebotenen Waren** oder Leistungen ist zwar in Nr 1 ausdrücklich genannt, gleichwohl aber in § 5 V gesondert geregelt, wird jedoch in einem eigenen Kapitel kommentiert (dazu Rdn 8.1 ff).

II. Ältere Rspr zu § 3 UWG 1909

Bei vielen älteren Entscheidungen, die zu § 3 UWG aF ergangen sind, stellt sich die Frage, ob **4.2** sie noch als **Maßstab für die Anwendung des Irreführungsverbots** gelten können. Sie gehen häufig noch von einem heute **nicht mehr aktuellen Verbraucherleitbild** aus und berücksichtigen das **Interesse des Werbenden wie der Verbraucher** an einer umfassenden **Information** nicht ausreichend. Als Beispiel eines Verbots, das inzwischen wohl nicht mehr ausgesprochen würde, mag eine Entscheidung aus dem Jahre 1965 dienen, durch die einem Schokoladehersteller der Werbespruch „Cadbury verwendet die Milch so frisch, wie die Natur sie gibt. Die Schokolade wird auf natürliche Weise hergestellt" verboten wurde. Der Hersteller wollte durch diesen Spruch darauf hinweisen, dass seine Schokolade mit Frischmilch statt mit Trockenmilch zubereitet wird. Das Verbot wurde mit der Erwägung begründet, es sei nicht auszuschließen, dass der Verkehr, der mit Einzelheiten der Schokoladeherstellung nicht vertraut sei, erwarte, es handele sich um ein Produkt, dessen natürliche Beschaffenheit durch das angepriesene Herstellungsverfahren unberührt bleibe (OLG Hamburg GRUR 1967, 108). Nach heutigem Verständnis (zum Verbraucherleitbild s Rdn 1.46 ff) würde man beim Verbraucher indessen das Wissen voraussetzen, dass Schokolade anders als bspw Butter kein reines Naturprodukt ist, sondern stets erst in einem maschinellen Verfahren entsteht. Unter dieser Voraussetzung ist die Anpreisung „auf natürliche Weise hergestellt" vielleicht unpräzise, aber doch nicht irreführend.

B. Irreführung über Art und Ausführung, Zusammensetzung, Beschaffenheit und Menge (§ 5 I 2 Nr 1)

I. Irreführung über die stoffliche Substanz

1. Leitlinien

a) Relevanz. Die Werbeangaben, die ein Unternehmer **zur stofflichen Beschaffenheit** des **4.3** angebotenen Produkts macht, sind für den Verkehr von wesentlicher Bedeutung, da aus diesen Angaben auf bestimmte Eigenschaften oder Wirkungen, insbes auf die Güte der Ware, geschlossen wird. Solche Fehlvorstellungen sind **grds für die (Kauf-)Entscheidung relevant.** Angaben über die stoffliche Beschaffenheit, die nicht der Wahrheit entsprechen, sind daher in aller Regel irreführend. Mit irreführenden Angaben über die Zusammensetzung des Produkts darf auch dann nicht geworben werden, wenn die beworbene Ware letztlich die vom Verbraucher erwartete Qualität aufweist (BGH GRUR 1960, 567, 570 – *Kunstglas;* BGH GRUR 1961, 361, 364 – *Hautleim;* BGH GRUR 1967, 600, 601 – *Rhenodur I* mit Anm *Droste;* BGH GRUR 1969, 280, 282 – *Scotch-Whisky;* BGH GRUR 1991, 852, 855 – *Aquavit*).

Die Verwendung bestimmter Grundstoffe kann im Laufe der Zeit Veränderungen unterliegen. **4.4** Dies hat zur Folge, dass der Verkehr nicht mehr auf die stoffliche Zusammensetzung, sondern vor allem auf die Eigenschaften und Wirkungen des Produktes abstellt. Selbst wenn die stoffliche Bezeichnung der Ware objektiv unzutreffend ist, kann dann eine rechtlich relevante Irreführung unter dem Gesichtspunkt der fehlenden Relevanz oder auf Grund einer Interessenabwägung entfallen. Macht sich der Verkehr überhaupt keine hinreichend konkreten Gedanken über die stofflichen Zusammensetzungen der Produkte so entscheiden nur noch seine Vorstellungen von deren Wirkungsweise (BGH GRUR 1961, 361, 364 – *Hautleim;* BGH GRUR 1966, 445, 447 – *Glutamal;* BGH GRUR 1967, 600, 601 – *Rhenodur I*).

b) Verweisende Verbrauchervorstellung. Eine Irreführung setzt aber nicht unbedingt vo- **4.5** raus, dass die Verbraucher die Bedeutung der fraglichen Bezeichnung kennen. Es gibt Bezeichnungen, mit denen die Verbraucher meist **keine konkreten Warenmerkmale** verbinden, bei deren Verwendung sie sich aber darauf verlassen, dass die so bezeichnete Ware allen gesetzlichen Vorschriften entspricht, die für ihre Beschaffenheit erlassen worden sind (zB Vorschriften des Lebensmittelrechts). Bezugspunkt dieser **verweisenden Verbrauchervorstellungen** (vgl auch Rdn 2.112) können auch Anforderungen sein, die sich durch Handelsbrauch und Verkehrsanschauung gebildet haben (BGH GRUR 1967, 30, 32 – *Rum-Verschnitt*). Wird zB ein in Schottland hergestellter Whisky auf dem Flaschenetikett als „Scotch Whisky" bezeichnet, obwohl er keine drei Jahre gelagert hat, so werden nicht nur die fachkundigen Abnehmer irregeführt, die wissen, dass ein Scotch Whisky drei Jahre gelagert haben muss. Auch der unkundige Verbraucher, der keine konkreten Vorstellungen über die Eigenschaften eines Scotch Whisky hat, wird getäuscht. Denn er wird annehmen, dass das Erzeugnis den für die Verwendung der

Bezeichnung im Ausland aufgestellten Herstellungserfordernissen entspricht (BGH GRUR 1969, 280, 281 – *Scotch Whisky* mit Anm *Knopp*). Ob der Whisky in Bezug auf Qualität und Geschmack einem Whisky gleichsteht, der wegen dreijähriger Lagerung als „Scotch Whisky" bezeichnet werden darf, ist unerheblich.

4.6 Erforderlich ist jedoch, dass der Verbraucher in der fraglichen Kennzeichnung eine **inhaltlich nachprüfbare Angabe** erkennt. Das ist bei der Bezeichnung „Scotch Whisky" ohne weiteres der Fall. Der Verbraucher erwartet in diesem Fall, dass die entspr Qualitätsmerkmale – auch wenn er sie nicht kennt – eingehalten sind. Kein Verstoß liegt dagegen vor, wenn dem Verkehr die Existenz eines solchen Standards unbekannt ist, so dass er deren Beachtung nicht erwartet. So ist in der farblichen Gestaltung eines Abschleppseils (blau-weiß) keine Irreführung gesehen worden, obwohl das fragliche Seil die nach der DIN-Norm für die Farbkennung blau vorgesehene Mindestreißkraft nicht erreichte; denn es konnte nicht davon ausgegangen werden, dass der Verkehr in der Farbgebung einen entspr Hinweis auf die Reißkraft sieht (BGH GRUR 1985, 555 – *Abschleppseile*). Bei inländischen Bezeichnungsvorschriften ist darüber hinaus stets zu beachten, dass sie sich für Produkte aus anderen EU-Mitgliedstaaten als **nichttarifäre Handelshemmnisse** nach Art 34 AEUV darstellen können. In einem solchen Fall ist zu prüfen, ob zwingende Erfordernisse des Verbraucherschutzes oder des Schutzes der Lauterkeit des Handelsverkehrs das Verbot erfordern (dazu Rdn 1.28). So ist für eine aus Österreich stammende Konfitüre die nach österreichischem Recht zulässige Werbeaussage „naturrein" nicht beanstandet worden, auch wenn es sich um eine Werbung mit einer Selbstverständlichkeit handelt, weil in Deutschland Konfitüre stets frei von Restmengen an Schadstoffen und Pestiziden sein müssen (OLG Hamburg GRUR-RR 2002, 395).

4.7 **c) Künstliche Erzeugnisse.** Künstliche Erzeugnisse dürfen grds nicht mit Bezeichnungen versehen werden, die der Verkehr für **Naturerzeugnisse** verwendet oder die auf solche hindeuten. Insbes aus Zusätzen wie „**echt**" oder „**original**" kann der Verkehr auf Naturprodukte schließen (dazu Rdn 4.70f). Anders kann die Lage dann zu beurteilen sein, wenn sich ein **Bedeutungswandel** in dem Sinne vollzogen hat, dass die Bezeichnung des Naturerzeugnisses eine völlig neue Bedeutung erlangt oder eine Entwicklung hin zum Oberbegriff für andere Warengattungen vollzogen hat (s Rdn 4.153). Das wird aber nur selten der Fall sein. Unzulässig ist es daher, **Kunstseide als Seide** (RGZ 128, 264 – *Bemberg-Seide;* BGHZ 13, 244 – *Cupresa-Kunstseide,* dazu Rdn 4.10) oder **eine Mischung aus Zucker und Süßstoff als „Spezial Zucker"** zu bezeichnen (BGH GRUR 1972, 132 – *Spezial Zucker;* dazu Rdn 4.24) oder die Marke „Peddigen" für nicht aus natürlichem Peddigrohr, sondern aus Kunststoff hergestelltes Flechtmaterial zu verwenden (OLG Hamburg WRP 1957, 176). Irreführend ist die Verwendung der Bezeichnung „**naturrot**" für Betondachsteine, weil die Bezeichnung bisher nur für nicht engobierte (mit Ton begossene) Dachziegel verwendet wurde und daher als „naturrot" bezeichnete Betondachsteine von einem nicht unerheblichen Teil der maßgeblichen Verkehrskreise als Naturprodukt angesehen werden (BGH GRUR 1983, 245 – *naturrot;* OLG Köln WRP 1984, 430). – Dagegen ist eine Irreführung zu verneinen, wenn eine Badetablette, deren Bestandteile zwar denen eines natürlichen Thermalquellwassers entsprechen, die aber auf synthetischem Weg hergestellt ist, mit „**THERMAL BAD**" bezeichnet wird. Die Frage, ob der Verbraucher diese Bezeichnung in der Weise versteht, dass die in der Tablette enthaltenen Mineralien einer natürlichen Thermalquelle entzogen worden seien, hatte der Tatrichter – vom BGH gebilligt – verneint (BGH GRUR 2003, 247, 248 – *THERMAL BAD*).

4.8 Unter einem „**natürlichen**" **Hauptpflegeöl** versteht der Verbraucher ein Öl aus zum überwiegenden Teil in der Natur vorkommenden und nicht synthetisch hergestellten Bestandteilen (OLG Nürnberg GRUR 1989, 128). – Irreführend ist die Werbeaussage „**mit allergenfreiem Natur-Latex**" für eine Matratze, deren Naturlatexanteil nur bei 10 bis 30% liegt; denn der Verkehr nimmt an, eine solche Matratze werde zumindest zum überwiegenden Teil aus Naturlatex bestehen (OLG Köln NJWE-WettbR 2000, 281). – „**Torf**" weist auf ein Urprodukt hin. Ein aus Schlamm mittels Trocknung gewonnenes Produkt darf deshalb nicht als Torf bezeichnet werden, auch wenn das Produkt über dieselben Eigenschaften wie Torf verfügt (OLG München WRP 1981, 416). – Werden **für neue künstliche Erzeugnisse** Bezeichnungen verwendet, die an gebräuchliche Bezeichnungen für verkehrsbekannte Ausgangsstoffe mehr oder weniger angelehnt sind, so ist der Gefahr Rechnung zu tragen, dass die beteiligten Verkehrskreise ihre Vorstellungen, die sie mit den ihnen bekannten Stoffnamen über die stoffliche Zusammensetzung verbinden, auf das neue Erzeugnis übertragen (BGH GRUR 1961, 361, 364 – *Hautleim* für „Hautleim" als Bezeichnung für die Gummierung von Kleberollen; BGH GRUR 1967, 600

– *Rhenodur I* für „Kunststofffurnier" als Bezeichnung für Möbeldeckschichten nicht aus Holz, sondern Kunstharz getränkten Zellstoff-Folien). Zur Werbung mit „Natur", „natürlich" oder „naturrein" s Rdn 4.50 f).

2. Beispiele irreführender Bezeichnungen der stofflichen Substanz

a) Textilien. aa) Leinen. Die Anpreisung von **Halbleinen** als Leinen oder von „Leinen garantiert vierfach" bei teilweiser Benutzung anderer Stoffschichten ist irreführend (RGZ 58, 282), ebenso die Bezeichnung **„Ramieleinenzwirn"**, wenn die Ware nicht aus Leinen (Flachs), sondern aus geringwertigeren Ramiefasern besteht (RG MuW 1934, 70).

bb) Seide. Unzulässig ist die Anpreisung von **Kunstseide** als Seide; denn Seide ist nicht etwa der Oberbegriff für Natur- und Kunstseide (RGZ 128, 264 – *Bemberg-Seide*; BGHZ 13, 244 – *Cupresa-Kunstseide*; § 3 I Anl I Nr 4 TextilKennzG für die Rohstoffangabe „Seide", dazu Rdn 4.43). Dagegen wird die Werbung für Hemden mit der Angabe **„aus seidenweichem Material hergestellt"** vom Verbraucher dahin verstanden, dass die Hemden weich wie Seide, nicht aber aus Seide sind; der Wortteil „Seide" dient ebenso wie bei „eisenhart" oder „eiskalt" zur Verstärkung einer Eigenschaft der Ware, die gerade nicht aus Seide, Eisen oder Eis besteht (OLG Frankfurt WRP 1981, 218).

cc) Viskose, Watte. Die Werbung für eine Windel mit dem Hinweis „innen **100% Rayon**" (Viskose) ist irreführend, wenn sie lediglich zu 70% aus Viskose und zu 30% aus Polyester besteht (LG Regensburg WRP 1995, 273). – Die Bezeichnung **„Watti"** für Binden aus Zellstoff kann irreführend sein, weil Verbraucher eine aus Watte hergestellte Ware erwarten (BGH GRUR 1962, 411 – *Watti*).

dd) Wolle. Das **„Wollsiegel"-Zeichen** darf nicht für Kunstfasererzeugnisse verwendet werden (KG WRP 1979, 858). Die Bezeichnung „Nutzschicht 100% Schurwolle" ist unzulässig für Webteppiche aus Wollgarn mit einem Kern aus andersartigem Material (§ 1 I Nr 1 Textil-KennzG; OLG München WRP 1983, 705), ebenso die Bezeichnung **„Perlaine"** (frz la laine = die Wolle), die auf Naturwolle schließen lässt, obwohl das beworbene Produkt ein Mischgarn ist (DPA Bl PMZ 1953, 352). Die Bezeichnung „hochprozentig" für wollhaltige Textilien erfordert mehr als einen Wollgehalt von über 50% (OLG Stuttgart WRP 1955, 152).

b) Getränke. aa) Mineral- und Quellwasser. Das Gesetz definiert die Begriffe „natürliches Mineralwasser", „Quellwasser" und „Tafelwasser": Ein **natürliches Mineralwasser** stammt aus unterirdischen, vor Verunreinigungen geschützten und durch eine natürliche oder künstliche Quelle erschlossenen Wasservorkommen; es ist gekennzeichnet durch ursprüngliche Reinheit und durch seinen Gehalt an Mineralien, Spurenelementen oder sonstigen Bestandteilen, ggf durch bestimmte, insbes ernährungsphysiologische Wirkungen; Zusammensetzung, Temperatur und die übrigen wesentlichen Merkmale bleiben im Rahmen natürlicher Schwankungen konstant (§ 2 MTVO). **Quellwasser** kommt ebenfalls aus unterirdischen, durch eine natürliche oder künstliche Quelle erschlossenen Wasservorkommen, kann aber bei der Herstellung bestimmten in § 6 MTVO aufgeführten Verfahren unterworfen werden (§ 10 I MTVO). **Tafelwasser** ist ein Wasser, das bestimmte in § 11 MTVO genannte Zutaten aufweisen darf (§ 10 II MTVO).

Künstliches Mineralwasser darf nicht als natürlich bezeichnet werden; als **„natürliches kohlensäurehaltiges Mineralwasser"** darf nur ein Wasser bezeichnet werden, das nach Abfüllung denselben Kohlendioxidgehalt aufweist wie bei Quellaustritt (§ 8 II Nr 1 MTVO). – Unter **„Brunnen"** versteht der Verkehr nicht Wasser aus irgendeinem Brunnen im wasserwirtschaftlichen Sinn, sondern nur aus natürlichen Brunnen gewonnenes Quell- oder Mineralwasser (§§ 2, 10 I, 15 I Nr 1 MTVO). – Als **„Sprudel"** darf nur ein natürliches Mineralwasser, nicht dagegen ein Quell- oder Tafelwasser vertrieben werden (§ 15 I Nr 1 MTVO); dementsprechend ist auch die Eintragung der Bezeichnung „Sprudella" für künstliches Mineralwasser abgelehnt worden (DPA GRUR 1951, 466). – In die **Brunnen-Einheitsflasche** der Genossenschaft Deutscher Brunnen darf daher nur Mineralwasser abgefüllt werden (BGH, Urt v 8. 3. 1974 – I ZR 26/73; OLG München WRP 1981, 339). – Nur Mineral- und Quellwasser, nicht dagegen Tafelwasser darf unter einer Bezeichnung vertrieben werden, die auf die **geografische Herkunft** hinweist (§ 15 I Nr 2 MTVO). – Von einem Mineralwasser, das als „Urselters" bezeichnet wird, erwartet der Verkehr, dass es nach Herkunft und Qualität mit dem alteingestammten ursprünglichen Selterswasser im Wesentlichen übereinstimmt (BGH GRUR 1986, 316 – *Urselters I*). Sofern das Wasser aus derselben Quelle wie das frühere gewonnen wird, ist das Publikum eher geneigt, auch bei Schwankungen im Mineralgehalt von dessen Gleichheit auszugehen (BGH GRUR 1990,

1035, 1037 – *Urselters II*). Zum **Irreführungsverbot der §§ 9, 15 MTVO** s auch unten Rdn 4.37 a.

4.14 Wegen der geschützten Verkehrsbezeichnung „**Quellwasser**" (inzwischen § 10 I Nr 1 MTVO) ist der Firmenzusatz „**Springquell**" für eine Getränke-Vertriebsgesellschaft verboten worden (OLG Nürnberg BB 1962, 600). Die Verwendung der Bezeichnung „**Brunnen**" ist für eine Limonade unzulässig, wenn zu ihrer Herstellung mineralarmes Wasser oder gar Leitungswasser verwendet wird. Ebenso wenig darf eine Limonade aus Leitungswasser mit der Bezeichnung „**Windsheimer Quellvertrieb**" in den Verkehr gebracht werden (OLG Nürnberg WRP 1960, 273).

4.15 **bb) Saft, Limonade.** Der Begriff „**Säfte**", der in der Werbung für verschiedene Getränke einer bestimmten Marke verwendet wird, ist nicht mit der Bezeichnung „Fruchtsaft" iSd Fruchtsaftverordnung gleichzusetzen (OLG Nürnberg GRUR 2000, 1105). Von einem „reinen Fruchtsaft" erwartet der Verbraucher, dass er keine fremden Zusätze enthält und nur aus reifen, gesunden, frischen Früchten hergestellt wird (OLG Stuttgart WRP 1973, 546); inzwischen ist die Bezeichnung „**Fruchtsaft**" an im Einzelnen vorgeschriebene Merkmale gebunden (§ 1 FruchtsaftV). – Verboten worden ist die Bezeichnung „Goerner Orange" und „Goerner Zitrone" für eine **Essenzlimonaden**, weil der Verkehr ein naturreines Fruchtsaftgetränk erwarte (BGH GRUR 1958, 294, 296 – *Essenzlimonaden*). Das Verbot würde heute wohl nicht mehr ausgesprochen; denn im Streitfall war dem Etikett zu entnehmen, dass es sich um eine mit Zucker hergestellte Limonade mit Orange- bzw Zitronenaroma handelte.

4.16 **cc) Spirituosen.** Die Bezeichnung „**Doppelter Steinhäger**" stellt eine Werbung mit Selbstverständlichkeiten dar, weil „Steinhäger" stets doppelt gebrannt sein muss (§ 9 iVm Anl 4 Alkoholhaltige Getränke-Verordnung – AGeV idF der Bek v 30. 6. 2003, BGBl I 1255, zuletzt geändert durch VO v 15. 6. 2010, BGBl I 800); zur Werbung mit Selbstverständlichkeiten Rdn 2.115 ff. – Die schlagwortartige Hervorhebung des Wortes „**Weingeist**" auf einem Boonekamp-Etikett weist nicht nur auf Äthylalkohol als wesensmäßigen Bestandteil von Spirituosen hin, sondern erweckt die irreführende Vorstellung, bei der Herstellung des Boonekamp sei ein aus Wein oder Weintrauben hergestellter Branntwein verwendet worden (BGH GRUR 1973, 481, 483 – *Weingeist*). – Nicht zu beanstanden ist die Bezeichnung „**Eiskorn**" für einen 32%igen Kornbranntwein, da allenfalls ein kleiner Teil des Verkehrs mit dieser Bezeichnung die Erwartung eines Kornbranntweins mit 38% Alkoholgehalt verbindet (OLG Bremen WRP 1972, 320, 322). – **Rum** wird im Wesentlichen aus Zuckerrohr, Zuckerrohrmelasse oder aus Rückständen der Rohrzuckerfabrikation hergestellt; ein „Verschnitt" muss als „**Rum-Verschnitt**" bezeichnet werden (BGH GRUR 1967, 30 – *Rum-Verschnitt*).

4.17 **c) Weitere Lebensmittel. aa) Ei- und Fettprodukte.** Die Bezeichnung „**Ei-fein**" ist unzulässig für eine Margarine, die lediglich einen Eigelbanteil von 1% aufweist (BGH GRUR 1958, 86, 88 f – *Ei-fein*). Wegen der Fortwirkung dieser Werbung ist auch die – an sich nicht zu beanstandende – spätere Abwandlung „**Ei wie fein**" als täuschend angesehen worden (BGH aaO). Ebenso ist eine mit einem **Hühnergegacker** untermalte Radiowerbung für Eierteigwaren als irreführend angesehen worden, weil die Teigwaren nicht mit Frischei, sondern mit Trockenei hergestellt worden waren (BGH GRUR 1961, 544 – *Hühnergegacker*; dazu Rdn 2.38). Auch hier erscheint zweifelhaft, ob das Verbot heute noch ausgesprochen würde; denn es ist fraglich, ob der Durchschnittsverbraucher der lautmalerischen Untermalung wirklich eine derart konkrete Aussage entnimmt. – Irreführend ist es, für Eier von Hühnern aus Käfighaltung mit dem Packungsaufdruck „**10 frische Farm-Eier,** Güteklasse A" in Verbindung mit dem stilisierten Bild eines ländlichen Wohnhauses zu werben (OLG Köln NJW 1985, 1911). Eine Verkaufswerbung mit dem Slogan „*Eier aus Bodenhaltung vom Geflügelhof*" erweckt den Eindruck, als stammten die Eier von freilaufenden Hühnern, und ist irreführend, wenn die Eier von Hühnern stammen, die auf engem Raum im Stall gehalten werden (OLG München WRP 1986, 303, 304). – Unzulässig ist die Bezeichnung „**Kürbis-Salatöl**", wenn es sich um ein Mischöl handelt (ÖOGH ÖBl 1977, 37). – Die Bezeichnung „**Nussöl**" darf nur für reines Öl aus Nusskernen verwendet werden.

4.18 **bb) Fleisch, Wurst.** Untersagt worden ist die Verwendung von „**DERMATEX**" als Bezeichnung für Schutzfilme und Tauchmassen, die Fleisch und Fleischwaren vor Verdunstung und Gewichtsverlust schützen sollen, weil nicht auf den Kunststoffzusatz von 8 bis 9% hingewiesen und der unzutreffende Eindruck erweckt worden war, es handele sich um eine Verbindung nur auf der Grundlage von Schweineschmalz (BGH GRUR 1977, 494, 496 – *DERMATEX*).

cc) Kaffee. Ein „**Doppelt Mokka**" ist ein Kaffee, der im Extrakt- und Koffeingehalt 4.19
wesentlich stärker ist als gewöhnlicher Bohnenkaffee (OLG Oldenburg GRUR 1959, 249). –
Für **Nescafé** ist unter der Geltung der alten KaffeeV entschieden worden, dass dieses Produkt als
„Kaffee", „löslicher Kaffee" und „Pulverkaffee" bezeichnet werden darf; die überragende
Bedeutung der Marke Nescafé schließe die Gefahr aus, dass Letztverbraucher irrigerweise
annähmen, es handele sich um einen gemahlenen Röstkaffee und nicht um einen „Kaffee-
Extrakt" (BGH Urt v 19. 2. 1971 – I ZR 44/69; vgl aber inzwischen § 2 I iVm Anl Nr 2 a
KaffeeV 2001, s Rdn 4.37). Unzulässig ist der **Zusatz „reiner Kaffee"**, weil es sich im Hinblick
auf das Reinheitsgebot in § 3 Nr 2 KaffeeV 2001 (s Rdn 4.37) um eine **Werbung mit einer
Selbstverständlichkeit** handelt. – Als irreführend untersagt worden ist die Werbung „*Jacobs-
Kaffee gefriergetrocknet und löslich gemacht*", weil bei der Eindruck entstehe, der Extrakt-Kaffee
komme in seiner Eigenschaft und Qualität einem Röstkaffee gleich (OLG Hamburg WRP 1972,
330), ebenso die Werbung für einen Extrakt-Kaffee mit den Worten „*Da stimmt's im Aroma, im
Geschmack, im Preis*", weil diese Berühmung dahin verstanden werde, dass es gelungen sei, mit
diesem Extraktkaffee den „vollen Kaffeegeschmack" zu erzielen (BGH GRUR 1976, 195, 196 –
Treffpunkt Mocca Press). In beiden Fällen könnte **heute kein Verbot** mehr ausgesprochen werden;
denn im ersten Fall ist lediglich der Herstellungsprozess zutr beschrieben, im zweiten Fall wird
dem Hersteller untersagt, die Vorteile seines Produkts anzupreisen; ein guter Extrakt-Kaffee
zeichnet sich nun einmal durch ein gutes Aroma und einen guten Geschmack aus, auch wenn er
die Qualitäten eines Röstkaffees nicht zu erreichen vermag; der durchschnittlich kundige Verbraucher weiß, dass er bei Extrakt-Kaffee Abstriche beim Aroma und beim Geschmack machen
muss. – Ist eine nach einem bestimmten Verfahren behandelte **Kaffeesorte für kaffee-emp-
findliche Personen bekömmlich**, so darf in der Werbung auch dann darauf hingewiesen
werden, wenn wissenschaftlich noch ungeklärt ist, ob und inwiefern die Kaffeebohne durch das
Verfahren verändert wird (BGH GRUR 1965, 368, 371 – *Kaffee C*); bei Genussmitteln wie
Kaffee stellt der Verbraucher allein auf die subjektive Bekömmlichkeit und nicht auf die
wissenschaftliche Erklärbarkeit ab.

dd) Obst, Gemüse. Es verstößt gegen das Irreführungsverbot, **Kartoffelgebinde** in den 4.20
Verkehr zu bringen, die mit bestimmten Sortenbezeichnungen gekennzeichnet sind, jedoch
einen Anteil von Knollen fremder Sorten enthalten, der mehr als 2% des Packungsgewichts
ausmacht (OLG Köln LRE 39, 357). – Zulässig ist die Bezeichnung „**Haferschleim**" für ein
nicht vorgekochtes Trockenpräparat zur Herstellung von Haferschleim in kurzer Kochzeit und
unter guter Schleimbildung (BGH GRUR 1958, 32 – *Haferschleim*). – Bei „**Kinder-Konfitüre**"
erwarten die Eltern speziell für Kinder geeignete Marmelade (OLG Hamburg GRUR 1974,
227). – Die Bewerbung eines Fruchtaufstrichs mit der Angabe „**70% Fruchtanteil**" ist zulässig,
auch wenn es sich dabei um tiefgekühlte Früchte handelt, da auch die KonfitürenV, den Begriff
„Frucht" nicht iSv frischen Obstprodukten versteht (KG GRUR 1990, 538, 539). Irreführend ist
dagegen die Angabe „**fruchtig-frisch**" für eine Rote Grütze, die aus tiefgefrorenen Früchten
hergestellt und durch Pasteurisierung haltbar gemacht worden ist (OLG Hamburg ZLR 1999,
791).

ee) Süßigkeiten. Der Wortbestandteil „**Praline**" deutet nach der Verkehrsauffassung auf ein 4.21
echtes **Schokoladenerzeugnis** hin; der BGH hat daher die Verwendung der Bezeichnung
„Eispraline" für eine Süßigkeit untersagt, die im Wesentlichen aus Kakaopulver und Kokosfett
hergestellt war (BGH GRUR 1958, 492 – *Eis-Pralinen*). Die Entscheidung ist insofern problematisch, als nach den damals geltenden Kennzeichnungsvorschriften (§ 4 Nr 2 KakaoV aF, anders
heute § 1 II Anl 1.28 KakaoV) „massive Pralinen bis zu 20 g Eigengewicht" keine echten
Schokoladenerzeugnisse zu sein brauchten. Hier stellt sich die Frage, ob sich die Verkehrsauffassung den Kennzeichnungsvorschriften anpassen muss oder umgekehrt. An sich ist der Grundsatz anerkannt, dass die Verkehrsauffassung durch die gesetzlichen Begriffsbestimmungen geprägt
wird (KG GRUR 1990, 538, 539, s Rdn 2.91 und 2.201).

Eine „**Original-Sachertorte**" muss nach Rezepten der Familie Sacher hergestellt sein 4.22
(ÖOGH ÖBl 1959, 8); unschädlich aber eine geringfügige, als Weiterentwicklung des früheren
Rezepts sich darstellende Abweichung (ÖOGH ÖBl 1963, 6 für eine in der Mitte durch-
geschnittene und mit Marillenmarmelade gefüllte statt einer nicht durchgeschnittenen und unter
der Schokoladenglasur mit Marillenmarmelade bestrichenen Sachertorte). – Einem Süßwaren-
hersteller ist die Verwendung der Bezeichnung „**Original Austria Mozartkugel**" untersagt
worden, weil sich die unter dieser Bezeichnung vertriebenen Süßigkeiten sowohl in der Form
(Pralinenform mit Aufsatzfuß statt Kugel) als auch im Aufbau (zwischen Nougatfülle und

Bitterschokoladenüberzug zusätzlich eine Schicht weißer Schokolade) von den nach Originalrezept hergestellten Mozartkugeln unterschieden (ÖOGH MuR 1996, 252 – *Original Austria Mozartkugel*).

4.23 **ff) Tee.** Unter dem Firmenbestandteil „Ostfriesische Tee Gesellschaft" erwartet der Verkehr ein Unternehmen, bei dem ostfriesische Teemischungen das Schwergewicht im Sortiment bilden, das ferner der mit der Herstellung ostfriesischen Tees verknüpften Tradition verbunden ist, und das auf diesem Gebiet in besonderem Maße über einschlägige Facherfahrungen verfügt (BGH GRUR 1977, 159 – *Ostfriesische Tee Gesellschaft*).

4.24 **gg) Zucker.** Ein Erzeugnis, dessen Süßkraft auf 50% Zucker und 50% Süßstoff beruht, darf nicht als **„Spezial-Zucker"** bezeichnet werden (BGH GRUR 1972, 132 – *Spezial Zucker*). Zucker ist nicht der Oberbegriff für Süßstoff und Zucker. – Die Werbeaussage **„Milchcreme-Füllung mit ... Traubenzucker"** ist nicht als irreführend angesehen worden, obwohl das Produkt vorwiegend mit Kristallzucker gesüßt war und sich die Werbung vorwiegend an Kinder richtete (OLG Bremen ZLR 2005, 404 mit zust Anm *Bürglen*).

4.25 **d) Bedarfsgegenstände. aa) Bau- und Werkstoffe.** Die Bezeichnung „Betonklinker" für einen Betonstein, der aussieht wie ein Klinker, ist für irreführend erachtet worden, da der Begriff auch so verstanden werden könne, dass es sich um einen Stein handele, der neben den Eigenschaften des Beton zusätzlich die Eigenschaften von Klinker aufweise (BGH GRUR 1982, 563, 564 – *Betonklinker*). Die Entscheidung beruht auf dem überholten Bild des flüchtigen Verbrauchers, der aufklärende Hinweise („Der Stein verbindet den rustikalen Reiz des Klinkers mit den technischen Vorteilen des Betonsteins") nicht zur Kenntnis nimmt. Richtigerweise ist eine relevante Irreführung zu verneinen, weil sich derjenige, der Material für einen Hausbau benötigt, nicht allein mit Hilfe der Bezeichnung des Werkstoffs informieren wird. – Für zulässig angesehen worden ist die Bezeichnung **„Emaillelack"** für unverarbeitete Lacke, die keine Emaille enthalten, weil diese seit langem eingebürgerte Bezeichnung in den angesprochenen Fachkreisen richtig verstanden wird und kein Anlass besteht, den Laien vor Irreführung zu bewahren, wenn das Erzeugnis idR nur von Fachleuten verwendet wird (BGHZ 27, 1, 10 f – *Emaillelack*). – Gegenstände aus Weichholz (bspw Kiefernholzsärge) dürfen nicht als aus **„Edelholz"** bestehend beworben werden (OLG Zweibrücken GRUR 1996, 814).

4.26 **bb) Elektrowaren.** Für die Begriffe **„Elektronik"** und **„elektronisch"** ist das Fehlen jeglicher mechanisch bewegter Teile wesentlich. Für eine in eine Kabelrolle eingebaute Überhitzungsschutzeinrichtung darf nicht mit „neu Elektronik" geworben werden, wenn es sich aus der Sicht der von der Werbung angesprochenen sachkundigen Verkehrskreise um eine elektromechanische und nicht um eine elektronische Vorrichtung handelt (OLG Stuttgart WRP 1989, 128). 1964 ist es die Bezeichnung **„Elektronenorgel"** für ein Instrument, bei dem der Ton nicht durch Pfeifen, sondern elektronisch erzeugt wird, noch als bedenklich angesehen worden, weil der Verkehr allein auf Grund der Erkenntnis, dass es sich um eine elektronische Orgel handelt, noch nicht ohne weiteres erkennt, dass der Orgelklang nicht durch Pfeifen hervorgerufen wird (BGH GRUR 1965, 39, 41 – *Ahlborn*). Die Entscheidung ist der Begriff „elektronisch" dem Verkehr geläufig. Bei einem elektronischen Instrument weiß der verständige Verbraucher, dass der Ton digital erzeugt wird. – Als irreführend untersagt worden ist die Bezeichnung **„Video-Player"** für ein nur zur Wiedergabe, nicht zur Aufnahme geeignetes Videogerät (LG Köln GRUR 1988, 922). Heute müsste man dagegen davon ausgehen, dass der durchschnittliche Verbraucher den Unterschied zwischen einem Abspielgerät („Player") und einem auch zur Aufzeichnung geeigneten Gerät („Recorder") kennt.

4.27 **cc) Leder.** Typische **Lederbezeichnungen** wie zB **„Box"**, **„Nappa"**, **„Seehund"**, **„Juchten"**, **„Maroquin"** dürfen nicht im Einzelhandel für Plastic-Folien verwendet werden. Aber auch ein Hersteller von Folien, der nur fachkundige Täschnereiwerke oder Händler beliefert, darf sich solcher Bezeichnungen in seinen Musterbüchern nicht bedienen, wenn die Gefahr besteht, dass sie im Einzelfall zur Kennzeichnung der aus den Folien hergestellten Täschnerwaren verwendet werden, und daher auch bei den Kunden der irrige Eindruck entstehen kann, es handele sich um Lederwaren (BGH GRUR 1961, 545 – *Plastic-Folien*). Auch bei **Recycling-Produkten** erwartet der Verkehr ein urstoffidentisches Produkt; daher darf ein aus 90% zerkleinerten Lederfasern, 8% pflanzlichen Bindemitteln und 2% Farbe zusammengesetzter Stoff, der auch nicht die Strukturmerkmale von Leder aufweist, nicht als **„Recycling-Leder"** bezeichnet werden (OLG Hamburg GRUR 1991, 240).

dd) Strom. Die Werbung für Strom mit der Bezeichnung **„HochrheinStrom"** ist als irreführend angesehen worden, soweit dieser Strom nicht überwiegend mit der Wasserkraft des Hochrheins erzeugt wird und sich aus den Umständen ergibt, dass die Bezeichnung sich nicht auf den Sitz des Unternehmens bezieht (OLG Karlsruhe GRUR-RR 2001, 217). Wird für **Ökostrom** oder für **sauberen Strom** geworben, erkennt der informierte Verbraucher, dass der betreffende Versorger ausschließlich Strom aus regenerativen Energien einspeist (dazu unten Rdn 4.77 a). 4.28

ee) Toilettenpapier. Irreführend ist der Zusatz **„aus Altpapier"** für Toilettenpapier, wenn das Produkt nicht zu 100%, sondern nur überwiegend aus Altpapier hergestellt ist und auf diesen Umstand nicht hingewiesen wird (BGH GRUR 1991, 546 – „. . . aus Altpapier"). 4.29

e) Gold- und Silberwaren. Auch Gegenstände, die abweichend von dem bislang verkehrsüblichen Mindestfeingehalt an Gold von 333/1000 einen **Feingoldgehalt** von nur 166/1000 aufweisen, sind „Goldwaren" und „Schmucksachen von Gold" (BGH GRUR 1983, 651 – *Feingoldgehalt*). Gold- und Silberwaren dürfen nach §§ 1, 5 Gesetz über den Feingehalt der Gold- und Silberwaren (FeinGehG) v 16. 7. 1884 (RGBl 120, zuletzt geändert durch Gesetz v 25. 4. 2007, BGBl I 594) zu jedem Feingehalt angefertigt und feilgehalten, Schmucksachen von Gold und Silber in jedem Feingehalt gestempelt werden. Die Grenze liegt erst da, wo der Goldanteil so gering ist, dass nur noch von vergoldeten (Doublé-) Waren iSd §§ 8 I, 9 I Nr 3 FeinGehG gesprochen werden kann; sie ist aber bei einem Feingoldgehalt von 166/1000 noch nicht unterschritten. Auch eine **gesetzlich zulässige Angabe** verstößt jedoch gegen § 5, wenn sie eine subjektiv unrichtige Vorstellung bei den angesprochenen Verkehrskreisen hervorruft. Das Angebot solcher Goldwaren als „Gold" oder „Goldschmuck" ist daher irreführend, wenn bislang ein höherer Feingoldgehalt allein verkehrsüblich war und auf den niedrigeren Goldanteil von 166/1000 nicht hinreichend hingewiesen wird (BGH GRUR 1983, 651, 653 – *Feingoldgehalt*). 4.30

Als irreführend ist es angesehen worden, für auf elektrolytischem Wege vergoldete Schmuckwaren mit der **Karatzahl des Vergoldungsmaterials** („22 Karat Goldauflage") zu werben (KG GRUR 1987, 448). Für Goldwaren darf dagegen mit „Karat" oder „Kt." geworben werden (BGH GRUR 1983, 651, 653 – *Feingoldgehalt*). Irreführend ist Werbung für überwiegend aus Stahl bestehende und nur mit einer hauchdünnen Gelbgold-Plaqué-Auflage im Materialwert von wenigen Cent versehene Uhren als **„Stahlgold-Uhren"** (ÖOGH ÖBl 1982, 66). – **Aluminiumgeschirr** darf nicht als „Silberal" bezeichnet werden, da dies von Teilen des Verkehrs als Hinweis auf silberhaltiges Geschirr verstanden wird (BGH GRUR 1955, 251 – *Silberal*). Den Hinweis **„Echt versilbert"** in der Werbung für ein versilbertes Kaffee-Service hat der BGH als potentiell irreführend angesehen (die Sache wurde zur weiteren Sachaufklärung zurückverwiesen), weil der Verkehr möglicherweise auf Grund des Zusatzes „echt" zu Unrecht eine bessere Qualität als bei einer einfach versilberten Ware erwarte (BGH GRUR 1987, 124 – *Echt versilbert*). – Zur Echtheitswerbung s Rdn 4.70 f. 4.31

3. Besondere Bezeichnungsvorschriften

Zahlreiche **Stoffbezeichnungen** sind **gesetzlich geschützt**. Solche Vorschriften, die auf nationaler als auch auf unionsrechtlicher Ebene bestehen, bestimmen idR die Verkehrsauffassung und haben einen nachhaltigen Einfluss darauf, welche Bezeichnung als irreführend zu untersagen ist. Der Verbraucher kennt zwar meist nicht die Bestandteile eines Produkts, geht aber – namentlich bei Lebensmitteln – davon aus, dass die Beschaffenheit den gesetzlichen Vorschriften entspricht (s dazu Rdn 4.5). **Sondervorschriften über die Stoffbezeichnung** bestehen zB für die folgenden Bereiche: 4.32

a) Lebensmittel.

Schrifttum: *J. Bergmann,* Frisch vom Markt – Die Rspr zur „Frische"-Werbung aus marken- und lebensmittelrechtlicher Perspektive, ZLR 2001, 667; *ders,* Das ist Fakt – Zucker ist süß! – Das ist auch Fakt – Anti-Zucker-Werbung kann außerordentlich „bitter" sein! – Über Untiefen und Fallstricke der offensichtlich zur Zeit populären Anti-Zucker-Werbung, ZLR 2006, 227; *Hieronimi,* Das Weinbezeichnungsrecht im Jahre 2000, WRP 2000, 458; *Jacobi,* Die optische Vergrößerung der Grundpreisangabe – Notwendigkeit und Umsetzung, WRP 2010, 1217; *Kiethe/Groeschke,* Das europäische Lebensmittelrecht und die Irreführungsschutz, WRP 2001, 1035; *dies,* Die Mogelpackung – Lebensmittel- und wettbewerbsrechtliche Risiken der Produkteinführung – Rechtsschutzmöglichkeiten der Wettbewerber, WRP 2003, 962; *dies,* Die Zulässigkeit der Produktkennzeichnung und die Bewerbung von Lebensmitteln, insbes von Milchprodukten als „Frisch", WRP 2000, 431; *Koch,* Weinrecht 2000 – Änderungen und Perspektiven, NJW 2000, 2254; *ders,* Zur blickfangartig hervorgehobenen Verwendung einer im Verkehr unbekannten Beschaffenheitsangabe, ZLR 1997, 186; *ders,* Zur Feststellung von Irreführungsgefahren durch nationale Gerichte, ZLR 1999, 234; *ders,*

Zur irreführenden Werbung beim Wein, ZLR 1993, 410; *ders,* Zur Irreführung über die Herstellungsmethode von Wein und Sekt, ZLR 1999, 63; *ders,* Zur Weinetikettierung und zum Markenschutz bei Weinen, ZLR 2000, 598; *ders,* Neues vom Weinrecht, NJW 2004, 2135; *Köhler,* Die Bedeutung der Richtlinie 2005/29/EG über unlautere Geschäftspraktiken und ihre Auswirkungen für Lebensmittelrecht und Lebensmittelwirtschaft, ZLR 2006, 3; *A. H. Meyer,* Das neue Lebensmittel- und Futtermittelgesetzbuch, NJW 2005, 3320; *A. H. Meyer/Reinhart,* Das neue Lebensmittel- und Futtermittelgesetzbuch – eine Mogelpackung, WRP 2005, 1437; *Oelrichs,* Naturbezogene Werbung für Lebensmittel – gestern, heute und morgen, WRP 2004, 863; *Rathke,* Die Irreführungsverbote in der Entwurfsfassung von § 11 LFGB „im Lichte" des europäischen Gemeinschaftsrechts, ZLR 2004, 637; *Schroeder/Kraus,* Das neue Lebensmittelrecht – Europarechtliche Grundlagen und Konsequenzen für das deutsche Recht, EuZW 2005, 423.

4.33 **aa) Verkehrsbezeichnung.** Die Kennzeichnung von Lebensmitteln, die in Fertigpackungen abgegeben werden, richtet sich im Allgemeinen nach **bes. gesetzlichen Bestimmungen** iVm der **Lebensmittel-Kennzeichenverordnung** (LMKV) idF der Bek v 15. 12. 1999 (BGBl I 2464, zuletzt geändert durch VO v 2. 6. 2010, BGBl I 752). § 3 LMKV schreibt vor, dass Lebensmittel in Fertigpackungen nur in Verkehr gebracht werden dürfen, wenn ua die **Verkehrsbezeichnung** angegeben ist. Die Verkehrsbezeichnung eines Lebensmittels ist nach § 4 LMKV „die in Rechtsvorschriften festgelegte Bezeichnung, bei deren Fehlen die nach allgemeiner Verkehrsauffassung übliche Bezeichnung oder eine Beschreibung des Lebensmittels und erforderlichenfalls seiner Verwendung, die es dem Verbraucher ermöglicht, die Art des Lebensmittels zu erkennen und es von verwechselbaren Erzeugnissen zu unterscheiden".

4.34 **bb) Füllmenge, Los- und Nährwertkennzeichnung.** Werden Lebensmittel in Fertigpackungen abgegeben, muss die **Füllmenge** nach bestimmten Regeln angegeben werden, die in der **FertigpackV** idF der Bek v 8. 3. 1994 (BGBl I 451, 1307, zuletzt geändert durch VO v 11. 6. 2008, BGBl I 1079) niedergelegt sind. Bis 2009 waren für viele Lebensmittel, insbes Getränke, Zucker, Schokolade und Kakao, bestimmte Füllmengen vorgeschrieben. Solche vorgegebenen Füllmengen gibt es inzwischen nur noch für einige alkoholische Getränke, insbes für Weine und Spirituosen. Für andere Produkte besteht eine – nicht auf Lebensmittel beschränkte – Kennzeichnungspflicht hins der Füllmenge (§ 6 FertigpackV). Mit dem Wegfall der vorgegebenen Füllmengen ist der Preisvergleich für die Verbraucher schwieriger geworden. Umso wichtiger ist nunmehr die Angabe des Grundpreises (§ 2 PangV; dazu *Jacobi* WRP 2010, 1217 ff). – Die **Los-KennzeichnungV** (LKV) v 23. 6. 1993 (BGBl I 1022, geändert durch VO v. 22. 2. 2006, BGBl I 444) verpflichtet zur Angabe einer Buchstaben- oder Ziffern- oder einer gemischten Buchstaben- und Ziffernkombination, aus der entnommen werden kann, dass alle Erzeugnisse mit gleich lautender Losangabe „unter praktisch gleichen Bedingungen erzeugt, hergestellt oder verpackt" worden sind (§ 1 I LKV). – Werden Nährwert bezogene Angaben gemacht, so müssen diese Angaben der **Nährwert-KennzeichnungsV (NKV)** v 25. 11. 1994 (BGBl I 3526, zuletzt geändert durch VO v 1. 10. 2009, BGBl I 3221) entsprechen (dazu Rdn 4.38).

4.35 **cc) Zivilrechtliche Ansprüche.** Die Kennzeichnungsvorschriften der Lebensmittel-KennzeichnungsV, der FertigpackV, Los-KennzeichnungsV und der Nährwert-KennzeichnungsV (NKV) behandeln Verstöße gegen die Kennzeichnungspflicht als Ordnungswidrigkeiten oder teilweise als Straftaten. Die zivilrechtliche Durchsetzung der Kennzeichnungsvorschriften erfolgt über das UWG, insbes entweder über den Tatbestand des Rechtsbruchs (§ 4 Nr 11) oder ggf über das Irreführungsverbot nach § 3, 5 bzw über das Täuschungsverbot des § 11 LFGB. Bei den lebensmittelrechtlichen Kennzeichnungsvorschriften handelt es sich um **Marktverhaltensregelungen zum Schutz der Verbraucher** (vgl § 4 Rdn 11.118 ff, insbes Rdn 11.136 f). Ein Verstoß gegen diese Bestimmungen stellt idR einen Wettbewerbsverstoß nach §§ 3, 4 Nr 11 dar (BGH, Beschl v 4. 12. 2003 – I ZR 119/03 – *Tiergerechte Aufzucht* zu Art 10 I VO (EWG) 1538/91; ähnlich die Vorinstanz: OLG Oldenburg GRUR-RR 2003, 283, 284; aA OLG Hamburg GRUR-RR 2003, 322 für die Mengenkennzeichnungspflicht des § 8 I LMKV).

4.36 **dd) Einzelne Lebensmittel. Bier:** Vorläufiges BierG idF der Bek v 29. 7. 1993 (BGBl I 1399, zuletzt geändert durch Gesetz v 29. 10. 2001, BGBl I 2785) (dazu BGH GRUR 1960, 240 – *Süßbier*), enthält Bestimmungen über die Herstellung von Bier, zB in § 9 I das **Reinheitsgebot für Bier;** trotz der Aufhebung des VorlBierG durch Art 7 Nr 1 des Gesetzes zur Neuordnung des Lebensmittel- und Futtermittelrechts v 1. 9. 2005 (BGBl I 2618, 2666) gelten die Bestimmungen über das Reinheitsgebot nach Art 2 § 1 I Nr 2 desselben Gesetzes (BGBl I 2618, 2653) einstweilen fort. **BierV** v 2. 7. 1990 (BGBl I 1332, zuletzt geändert durch Gesetz v 8. 5. 2008, BGBl I 797), enthält Bestimmungen über die Kennzeichnung von Bier. – **Branntwein:** Gesetz über das Branntweinmonopol (BranntwMonG) v 8. 4. 1922 (RGBl 335, 405, zuletzt geändert durch Gesetz v 15. 7. 2009, BGBl I 1870). – **Butter:** ButterV v 3. 2. 1997 (BGBl I 144, zuletzt geändert

4. Kap. Irreführung über die Merkmale   4.37–4.38 § 5 UWG

durch VO v 14. 7. 2010, BGBl I 929); gemäß der Verordnung ist „Butter" die Verkehrsbezeichnung für in Molkereien hergestellte Butter, die unter den Voraussetzungen des § 6 I ButterV mit der Handelsklasse" Deutsche Markenbutter" bzw unter den Voraussetzungen des § 6 II ButterV mit der Handelsklasse „Deutsche Molkereibutter" bezeichnet werden darf; soweit Butter nicht in Molkereien hergestellt wurde, ist gem § 8 VII ButterV nur die Bezeichnung „Landbutter" im Verkehr zulässig. Ein Gebäck, das mit Butterschmalz und einer Beimischung von fraktioniertem Butterfett hergestellt wurde, darf nicht als „Buttergebäck" bezeichnet werden (OLG Hamburg GRUR 1990, 55). – **Diätetische Lebensmittel:** DiätV idF der Bek v 28. 4. 2005 (BGBl I 1161, zuletzt geändert durch VO v 10. 10. 2010, BGBl I 1306). – **Eier:** Eier- und EiprodukteV (EiProduktV) v 17. 12. 1993 (BGBl I 2288), aufgehoben durch VO v 11. 5. 2010 (BGBl I 612), nunmehr § 20 a Tierische Lebensmittel-HygieneV (Tier-LMHV) v 8. 8. 2007 (BGBl I 1816, 1828, zuletzt geändert durch VO v 14. 7. 2010, BGBl I 929).

Fisch: Tierische Lebensmittel-HygieneV (Tier-LMHV) v 8. 8. 2007 (BGBl I 1816, 1828, **4.37** zuletzt geändert durch VO v 14. 7. 2010, BGBl I 929). – **Fleisch und Fleischerzeugnisse:** FleischhygieneV idF der Bek v 29. 6. 2001 (BGBl I 1366), aufgehoben durch VO v 11. 5. 2010 (BGBl I 612), nunmehr §§ 2 a, 2 b und 2 c Tier-LMHV. – **Fruchtsaft und Fruchtnektar:** FruchtsaftV v 24. 5. 2004 (BGBl I 1016, geändert durch VO v 21. 5. 2010, BGBl I 674). – **Honig:** HonigV v 16. 1. 2004 (BGBl I 92, zuletzt geändert durch VO v 8. 8. 2007, BGBl I 1816). – **Kaffee, Zichorie, Kaffee-Ersatz und Kaffeezusätze:** KaffeeV v 15. 11. 2001 (BGBl I 3107, zuletzt geändert durch VO v 22. 2. 2006, BGBl I 444). – **Kakao und Kakaoerzeugnisse:** KakaoV v 15. 12. 2003 (BGBl I 2738, geändert durch VO v 30. 9. 2008, BGBl I 1911). – **Käse:** KäseV idF der Bek v 14. 4. 1986 (BGBl I 412, zuletzt geändert durch VO v 14. 7. 2010, BGBl I 929). – **Konfitüren und ähnliche Erzeugnisse:** KonfV v 23. 10. 2003 (BGBl I 2151, zuletzt geändert durch VO v 30. 9. 2008, BGBl I 1911). – **Milch und Margarine:** Milch- und MargarineG v 25. 7. 1990 (BGBl I 1471, zuletzt geändert durch G v 17. 3. 2009, BGBl I 550); Milch- und FettG v 10. 12. 1952 (BGBl I 811, zuletzt geändert durch V v 31. 10. 2006, BGBl I 2407).

Mineralwasser, Quellwasser und Tafelwasser: Mineral- und Tafelwasserverordnung **4.37a** (MTVO) v 1. 8. 1984 (BGBl I 1036, zuletzt geändert durch VO v 1. 12. 2006, BGBl I 2762). Zur Definition der Begriffe „natürliches Mineralwasser", „Quellwasser" und „Tafelwasser" s oben Rdn 4.13. **§ 9 MTVO** enthält ein eigenständiges **Irreführungsverbot für Mineralwässer,** das drei verschiedene irreführende Vermarktungsweisen betrifft: **(1)** Vermarktung eines aus einer Quelle stammenden natürlichen Mineralwassers unter mehreren Quellnamen oder anderen gewerblichen Kennzeichen (§ 9 I MTVO; hierzu BGH GRUR 1995, 905, 908 – *Schwarzwald-Sprudel*); **(2)** Nichthervorhebung des Quellnamens gegenüber anderen gewerblichen Kennzeichen, die den Eindruck eines Quellnamens oder -ortes erwecken können; **(3)** Nichteinhaltung in einer Anlage festgelegter Definitionen für Angaben über Inhaltsstoffe und Hinweise auf eine bes Eignung des Wassers; so ist dort ua genau festgehalten, welche Voraussetzungen für die Angaben „mit geringem/sehr geringem/hohem Gehalt an Mineralien", „eisenhaltig", „natriumhaltig", „geeignet zur Zubereitung von Säuglingsnahrung", „geeignet für natriumarme Ernährung" gegeben sein müssen (zur Bezeichnung „natriumarm" OLG Köln WRP 1995, 128 hins. der Bezeichnung „natriumarm" für ein natürliches Mineralwasser).

§ 15 MTVO bestimmt, welche **Angaben für Quell- und Tafelwasser irreführend** sind. **4.37b** Dies sind insbes alle Bezeichnungen, Angaben, sonstigen Hinweise oder Aufmachungen, die geeignet sind, zu einer Verwechslung mit natürlichen Mineralwässern zu führen. So darf Quellwasser nicht als Mineralwasser, Sprudel oder Säuerling und Tafelwasser darf nicht als Quelle, Bronn oder Brunnen bezeichnet werden (§ 15 I Nr 1 MTVO). Bei Tafelwässern ist jeder Hinweis auf eine bestimmte geografische Herkunft verboten (§ 15 I Nr 2 MTVO); diese Bestimmung ist allerdings im Hinblick auf das Verbot einer konkreten Irreführung in Art 2 I lit a der Etikettierungsrichtlinie 2000/13/EG richtlinienkonform dahin auszulegen, dass das Verbot einer geografischen Herkunftsangabe für Tafelwasser nach § 15 I Nr 2 MTVO die konkrete Gefahr einer Verwechslung eines derart bezeichneten Tafelwassers mit einem natürlichen Mineralwasser voraussetzt (BGH GRUR 2002, 1091 – *Bodensee-Tafelwasser*). Darüber hinaus legt § 15 II MTVO Höchstgrenzen für bestimmte Zusatzstoffe fest.

Nährmittel: Nährwert-KennzeichnungsV (NKV) v 25. 11. 1994 (BGBl I 3526, zuletzt geän- **4.38** dert durch VO v 1. 10. 2009, BGBl I 3221). – Nach § 6 I NKV sind **Hinweise auf schlank machende, schlankheitsfördernde oder gewichtsverringernde Eigenschaften** verboten (OLG Frankfurt WRP 1988, 544), wobei der Hinweis auf einen verringerten Fett- und Kaloriengehalt eines Fruchtspeisequarks als solcher keine unzulässige Schlankheitswerbung darstellt (OLG München NJWE-WettbR 1997, 8). Allerdings legt die Rspr dieses im Gesetz als **abstraktes**

UWG § 5 4.39–4.40a Irreführende geschäftliche Handlungen

Gefährdungsdelikt formulierte Verbot zu Recht restriktiv in der Weise aus, dass eine konkrete Irreführung vorliegen muss (KG GRUR-RR 2005, 397 [LS] = LRE 51, 110). Denn der EuGH hat 2004 zu Art 2 I der Etikettierungs-Richtlinie 2000/13/EG entschieden, dass ein absolutes Verbot – losgelöst von jeglicher Irreführung – eine Einschränkung des freien Warenverkehrs nicht zu rechtfertigen vermöge (EuGH Slg 2004, I-7007 Tz 41 f = GRUR Int 2004, 1016 – *Douwe Egberts/Westrom Pharma ua;* EuGH Slg 2003, I-1065 Tz 37 = GRUR Int 2003, 540 – *Sterbenz und Haug*). Freilich sind Werbeversprechungen, man könne ohne Einhaltung einer Diät allein durch Einnahme eines bestimmten Mittels schlank werden, idR irreführend (vgl BGH GRUR 2006, 429 – *Schlank-Kapseln*). – Nach § 6 II Nr 3 NKV ist zwar ein Hinweis auf den – verglichen mit herkömmlichen Lebensmitteln – geringeren **Nährstoffgehalt** nicht verboten, wenn die Verminderung des Nährstoffgehalts mindestens 30% beträgt. Dies besagt aber nicht, dass ein solcher Hinweis auf eine Verminderung des Nährstoffgehalts von 30% oder mehr nicht irreführend sein kann, wenn bspw die Bezugsgröße fehlt und der Verkehr eine falsche Bezugsgröße unterstellt (BGH GRUR 1992, 70, 71 – *40% weniger Fett*). Vergleichbare herkömmliche Lebensmittel iSv § 6 II Nr 2 und 3 NKV sind Lebensmittel der gleichen Produktgattung, denen die gleiche Produktbezeichnung zukommt und die nach der Verkehrsauffassung im Rahmen der menschlichen Ernährung die gleichen Funktionen zu erfüllen haben, so zB im Rahmen der Produktgattung „Pommes frites für den Backofen" sog „Back-Frites" (BGH GRUR 1994, 387 – *Back-Frites*).

4.39 **Salz:** Das früher einen Sonderrechtsschutz gewährende Salzsteuergesetz v 25. 1. 1960 (BGBl I 50) ist am 1. 1. 1993 durch Art 5 Nr 2 des Umsatzsteuerbinnenmarktgesetzes (BGBl I 1548) außer Kraft getreten. – **Speiseeis:** Die SpeiseeisV v 15. 7. 1933 (RGBl I 510, zuletzt geändert durch VO 19. 1. 1998, BGBl I 230) ist im Zuge der Anpassung lebensmittelhygienerechtlicher Bestimmungen an EU-Richtlinien aufgehoben worden (VO v 8. 8. 2007, BGBl I 1816, 1897). – **Süßstoff:** Das SüßstoffG v 1. 2. 1939 (RGBl I 111, zuletzt geändert durch VO v 25. 11. 2003, BGBl I 2304) ist durch G v 13. 5. 2004 (BGBl I 934) aufgehoben worden. Eine Bestimmung dessen, was in Süßstoff enthalten sein darf, findet sich in § 12 II Nr 1 DiätV (s oben Rdn 4.36). – **Teigwaren:** Die TeigwarenV v 12. 11. 1934 (RGBl I 1181) ist durch Verordnung v 18. 6. 2001 aufgehoben worden (BGBl I 1178). – **Trinkwasser:** TrinkwasserV v 21. 5. 2001 (BGBl I 959, zuletzt geändert durch VO v 31. 10. 2006, BGBl I 2407).

4.40 **Wein, Likörwein, Schaumwein, weinhaltige Getränke und Branntwein aus Wein:** Das **Weinbezeichnungsrecht** ist weitgehend europäisch geregelt, und zwar zunächst seit 1. 8. 2000 durch die Verordnung (EG) 1493/1999 des Rates v 17. 5. 1999 über die gemeinsame Marktorganisation für Wein (ABl EG Nr L 179 S 1), an deren Stelle später die Verordnung (EG) 479/2008 des Rates v 29. 4. 2008 über die gemeinsame Marktorganisation für Wein – EG-WeinMO – (ABl EG Nr L 148 S 1) getreten ist, die wiederum ohne inhaltliche Änderungen in der **Verordnung (EG) 1234/2007** des Rates v 22. 10. 2007 **über die einheitliche gemeinsame Marktorganisation (GMO)** (ABl EG Nr L 299 S 1, zuletzt geändert durch VO (EU) 513/2010 v 15. 6. 2010, ABl Nr L 150 S 40) aufgegangen ist. Die EG-Weinmarktordnung bzw die einheitliche gemeinsame Marktorganisation hat eine Fülle spezieller Verordnungen ersetzt. Mit der Neuregelung im Weinbezeichnungsrecht ist auch für Stillwein das schon vorher für Schaumwein geltende **Missbrauchsprinzip** eingeführt worden, das das zuvor geltende Verbotsprinzip ersetzt hat (vgl BGH GRUR 2009, 972 Tz 18 – *Lorch Premium II;* zum Schaumwein nach der damals noch geltenden Verordnung (EWG) Nr 2333/92, deren Regelung aber in der Sache weitgehend der heute auch für Stillwein geltenden Regelung entspricht, BGH GRUR 1997, 756 – *Kessler Hochgewächs* und EuGH Slg 1999, I-513 = GRUR Int 1999, 345 – *Sektkellerei Kessler*).

4.40a Die einheitliche gemeinsame Marktordnung (GMO) unterscheidet für die „Kennzeichnung und Aufmachung im Weinsektor" in Art 118 y und 118 z (früher Art 59, 60 EG-WeinMO) zwischen **obligatorischen Angaben und fakultativen Angaben.** Ausdruck des Missbrauchsprinzips ist, dass nicht allein die in Art 118 z GMO aufgeführten fakultativen Angaben zulässig sind. Der Katalog des Art 118 z ist nicht abschließend („... kann insbesondere die folgenden fakultativen Angaben umfassen"). Weitere fakultative Angaben sind zulässig. Für sie gilt nunmehr Art 49 **der Verordnung (EG) 607/2009** der Kommission v 14. 7. 2009 mit Durchführungsbestimmungen zur VO (EG) Nr 479/2008 des Rates hins der geschützten Ursprungsbezeichnungen und geografischen Angaben, der traditionellen Begriffe sowie der Kennzeichnung und Aufmachung bestimmter Weinbauerzeugnisse – **EG-WeinBezV** – (ABl EG Nr L 193 S 60, geändert durch VO (EU) 401/2010 v 7. 5. 2010, ABl EG Nr L 117 S 13). Danach dürfen auf dem Etikett nur die in Art 59 und 60 EG-WeinMO (inzwischen Art 118 y und 118 z GMO) genannten obligatorischen und fakultativen Angaben sowie solche Angaben angebracht werden, die die Anforderungen von Art 2 I lit a Etikettierungs-Richtlinie 2000/13/EG (s oben Rdn 1.43) erfüllen. Dies bedeutet, dass sich die Zulässigkeit weiterer fakultativer Angaben in erster Linie nach dem für die Lebensmitteletikettierung geltenden allgemeinen **unionsrechtlichen Irreführungsverbot** richtet.

Daneben gelten jedoch noch **andere lebensmittelrechtlichen Verbote,** etwa das Verbot des Art 4 III VO (EG) Nr 1924/2006 über nährwert- und gesundheitsbezogene Angaben über Lebensmittel v 20. 12. 2006 (sog Health-Claims-VO). Danach dürfen Getränke mit einem Alkoholgehalt von mehr als 1,2 Volumenprozent **keine gesundheitsbezogenen Angaben** tragen. So ist bspw die Bezeichnung eines Weins als „bekömmlich" als gesundheitsbezogene Angabe untersagt worden, und zwar nicht nur für die Etikettierung, sondern auch für die Werbung (OVG Koblenz WRP 2009, 1418). **4.40b**

Zur Verordnung Nr 479/2008 hat die Kommission neben der Verordnung Nr 607/2009 **weitere Durchführungsbestimmungen** erlassen: **Verordnung (EG) 555/2008** v 27. 6. 2008 hins der Stützungsprogramme, des Handels mit Drittländern, des Produktionspotenzials und der Kontrollen im Weinsektor (ABl Nr L 170 S 1, zuletzt geändert durch VO v 3. 8. 2009, ABl Nr L 202 S 5); **Verordnung (EG) 436/2009** v 26. 5. 2009 hins der Weinbaukartei, der obligatorischen Meldungen und der Sammlung von Informationen zur Überwachung des Marktes, der Begleitdokumente für die Beförderung von Weinbauerzeugnissen und der Ein- und Ausgangsbücher im Weinsektor (ABl Nr L 128 S 15); **Verordnung (EG) 606/2009** v 10. 7. 2009 hins der Weinbauerzeugniskategorien, der önologischen Verfahren und der diesbezüglichen Einschränkungen (ABl Nr L 193 S 1, geändert durch VO (EG) 1166/2009 v 30. 11. 2009, ABl EG Nr L 314 S 27). **4.40c**

Das **Weingesetz** (WeinG) idF der Bek v 16. 5. 2001 (BGBl I 985, zuletzt geändert durch G v 5. 8. 2010, BGBl I 1136). Das Weingesetz regelt – soweit nicht in den EU-Verordnungen geregelt – den Anbau, das Verarbeiten, das Inverkehrbringen und die Absatzförderung von Wein und sonstigen Erzeugnissen des Weinbaus. Weitere Einzelheiten sind in der **Weinverordnung** (WeinV) idF der Bek v 21. 4. 2009 (BGBl I 827, zuletzt geändert durch VO v 30. 9. 2010, BAnz 3330) geregelt. **§ 25 WeinG** enthält das **weinrechtliche Irreführungsverbot.** Danach dürfen Erzeugnisse nicht mit irreführenden Bezeichnungen, Hinweisen, sonstigen Angaben oder Aufmachungen in den Verkehr gebracht, eingeführt oder ausgeführt oder zum Gegenstand der Werbung gemacht werden (§ 25 I WeinG). Das Gesetz führt in einem Katalog **fünf Beispielsfälle** irreführender Werbung auf: Irreführend ist es, **(1)** eine Angabe für ein Erzeugnis zu verwenden, das den für diese Angabe bestehenden weinrechtlichen Anforderungen nicht entspricht (§ 25 II Nr 1 WeinG), Angaben zu verwenden, die **(2)** fälschlich den Eindruck bes Qualität (§ 25 II Nr 2 WeinG) oder **(3)** falsche Vorstellungen über die geografische Herkunft (§ 25 III Nr 1 WeinG) oder **(4)** über sonstige Eigenschaften des Weins (§ 25 III Nr 2 WeinG) erwecken können. Schließlich sind **(5)** Phantasiebezeichnungen verboten, die fälschlich den Eindruck einer geografischen Herkunftsangabe erwecken können oder einen geografischen Hinweis enthalten, ohne dass die für den Gebrauch dieser Bezeichnungen erforderlichen Voraussetzungen vorliegen (§ 25 III Nr 3 WeinG). **4.41**

Ein **zivilrechtlicher Unterlassungs-** und ggf Schadensersatz**anspruch** ergibt sich allein aus dem UWG, und zwar aus § 8 I iVm §§ 3, 5 oder aus § 8 I iVm §§ 3, 4 Nr 11. Aus den unionsrechtlichen und nationalen Weinbezeichnungsvorschriften lassen sich keine zivilrechtlichen Ansprüche herleiten (BGH GRUR 2000, 727, 728 – *Lorch Premium I;* BGH GRUR 2001, 73, 74 – *Stich den Buben;* zu § 4 Nr 11 s § 4 Rdn 11.118 und § 5 Rdn 4.35). Sofern eine **Bezeichnung durch das Weinbezeichnungsrecht erlaubt** ist, kann sie wettbewerbsrechtlich grds nicht mehr beanstandet werden (BGH GRUR 2001, 73, 75 – *Stich den Buben*). Die blickfangartige Verwendung der Bezeichnung „Sonnenhof" auf Etiketten von Markenweinen erweckt zwar nicht den unrichtigen Eindruck einer geografischen Angabe, weil es am örtlichen Bezug fehlt, wohl aber der Herkunft von einem Weingut und der dazugehörigen Lagen (BGH GRUR 1975, 658, 659 – *Sonnenhof* zu § 46 I WeinG aF mit Anm *Bauer*). **4.42**

b) Textilerzeugnisse. Baumwolle, Flachs, Glasfaser, Haar, Hanf, Jute, Leinen, Polyester, Seide, Viskose, Wolle ua: Das Textilkennzeichnungsgesetz (TextilKennzG) idF der Bek v 14. 8. 1986 (BGBl I 1285, zuletzt geändert durch VO v 26. 8. 2010, BGBl I 1248) verbietet in § 1 I das gewerbsmäßige Inverkehrbringen von Textilerzeugnissen, die nicht „mit einer Angabe über Art und Gewichtsanteil der verwendeten textilen Rohstoffe (Rohstoffgehaltsangabe) versehen sind". Dabei sind nach § 3 I TextilKennzG die in der Anlage 1 zu dieser Vorschrift festgelegten Bezeichnungen zu verwenden. Die Vorschrift stellt eine Marktverhaltensregelung zum Schutze der Verbraucher dar (vgl § 4 Rdn 11.130). **4.43**

c) Sonstige Waren und Leistungen. Bernstein: Das Gesetz zum Schutze des Bernsteins v 3. 5. 1934 (RGBl I 355, zuletzt geändert durch Gesetz v 25. 10. 1994, BGBl I 3082) ist durch **4.44**

Art 15 des Gesetzes 19. 4. 2006 (BGBl I 894) aufgehoben worden. – **Bleikristall und Kristallglas:** KristallglasKennzG v 25. 6. 1971 (BGBl I 857, zuletzt geändert durch Gesetz v 31. 10. 2006, BGBl I 2407, 2428). – **Kreuzfahrt:** Wettbewerbswidrig ist es, mit dem Begriff **Kreuzfahrt** das Angebot einer zusammengefassten Hin- und Rückfahrt auf einer Fähre zu bewerben, auch wenn das Schiff den Luxus eines Kreuzfahrschiffs bietet (OLG Hamburg GRUR 1993, 845).

II. Irreführung über die Eigenschaften und Güte

1. Maßstäbe

4.45 Die **Wertschätzung,** die eine Ware im Verkehr genießt, beruht vornehmlich auf ihren bes Eigenschaften, ihrer Echtheit, ihrem Aussehen und vor allem ihrer Qualität. Angaben über diese Umstände können nicht nur unmittelbar, sondern auch mittelbar durch **Symbole, Kennzeichen und Herkunftsangaben** gemacht werden. Letztere sind oft zugleich Beschaffenheitsangaben. Ein Fall der irreführenden Werbung mit derartigen Gütezeichen ist in Anh zu § 3 III geregelt (dazu Anh zu § 3 III Rdn 2.1 ff). Bei Bezeichnungen für neuartige Erzeugnisse, über deren stoffliche Zusammensetzung der Verkehr oft keine hinreichend konkreten Vorstellungen haben kann, kommt es entscheidend darauf an, ob die Wirkungen des Erzeugnisses den Vorstellungen der beteiligten Verkehrskreise entsprechen (BGH GRUR 1961, 361, 364 – *Hautleim;* BGH GRUR 1967, 600 – *Rhenodur I* mit Anm *Droste;* BGH GRUR 1969, 422, 424 – *Kaltverzinkung*).

2. Qualitätsaussagen

4.46 a) **Allgemeines.** Qualitätsangaben enthalten zwar idR einen **nachprüfbaren Tatsachenkern.** Die Grenze zu den **nichts sagenden Anpreisungen,** die vom Verkehr auch als solche erkannt werden, ist aber fließend (s Rdn 2.33). Kann ein Urteil offensichtlich nur subjektiv gefällt sein, scheidet eine Nachprüfbarkeit nach objektiven Maßstäben aus. So hat der BGH den Werbespruch „*Das Beste jeden Morgen*" für „Kellogg's Cornflakes" nicht als irreführende Alleinstellungsbehauptung angesehen, weil der Verkehr erkenne, dass die Aussage nur auf einer rein subjektiven Einschätzung beruhen kann (BGH GRUR 2002, 182, 183 – *Das Beste jeden Morgen;* s auch Rdn 2.29).

4.47 b) **Beanspruchung einer Spitzenstellung.** Unzulässig ist die Bezeichnung einer Durchschnittsleistung als Spitzenleistung, so etwa die Anpreisung einer Ware als „**Deutsches Spitzenerzeugnis**", wenn sie nicht ihrer Güte nach zu der Spitzengruppe aller in Deutschland hergestellten Waren dieser Gattung gehört (BGH GRUR 1961, 538, 540 – *Feldstecher*). Die Anpreisung „**Großauswahl unter Spitzenerzeugnissen**" ist irreführend, wenn nur einige Außenseiter der Markenwarenindustrie vertreten sind (OLG Karlsruhe BB 1960, 113, 114). – Die Bezeichnung „**Luxusklasse**" für Herrenbekleidung erweckt den Eindruck erhöhter Qualität; weniger deutlich ist der Begriff „**Sonderklasse**". Die Angabe „**Luxusausführung**" eines Kühlschranks erfordert technische Spitzenausstattung. „**Delikatess-**" (zB Delikatessgurken) weist bei Lebensmitteln auf bes gute Beschaffenheit hin. Eine Ware, die als „**extrafein**" angepriesen wird, muss qualitativ herausgehoben sein und entspr Qualitätsanforderungen erfüllen. Die Bezeichnung eines Kaffees als „**Auslese**" erfordert bes gute Qualität (OLG Hamburg GRUR 1977, 113, 114). Dagegen soll die für den Selbstbausatz eines Wintergartens verwendete Anpreisung „**in unübertroffener Qualität**" nicht auf eine Spitzenstellung hindeuten, da der Leser diese Form der Qualitätsbezeichnungen nicht mehr ernst nehme (OLG Schleswig NJWE-WettbR 1997, 200). Das erscheint zweifelhaft: Die Aussage enthält nicht nur eine subjektive Selbsteinschätzung, sondern einen nachprüfbaren Tatsachenkern und muss jedenfalls insoweit zutreffen, als das angepriesene Produkt in der Qualität von anderen Produkten nicht übertroffen wird. – Zur Alleinstellungswerbung s Rdn 2.137 ff.

4.48 c) **Hinweise auf internationale Bedeutung.** Als „Weltmarke" dürfen nur Waren bezeichnet werden, die in vielen europäischen und außereuropäischen Ländern abgesetzt werden. Ebenso wenig darf eine Marke als „**die kommende Weltmarke**" bezeichnet werden, wenn nicht mit gewisser Wahrscheinlichkeit erwartet werden kann, dass die Marke in absehbarer Zeit weltberühmt ist (OLG Hamburg GRUR-RR 2002, 263). Wird eine Ware – es ging um „Philishave", den weltweit und in Europa, nicht aber in Deutschland am meisten verkauften Elektrorasierer – als die „**meistverkaufte Europas**" beworben, ist keine Spitzenstellung auf dem Inlandsmarkt erforderlich (BGH GRUR 1996, 910 – *Der meistverkaufte Europas*). 1971 hatte der BGH die entspr Werbeaussage „Der meistgekaufte der Welt" noch als irreführend angesehen, weil der Verkehr damit rechne, dass der beworbene Elektrorasierer auch auf dem Inlandsmarkt eine führende Stellung habe (BGH GRUR 1972, 129 – *Der meistgekaufte der Welt*). – Ob heute noch – wie 1977 – die Werbeaussage „*Nescafé – der Kaffee, den die Welt trinkt*" verboten würde mit der Begründung, ein Teil des Verkehrs nehme irrigerweise an, Nescafé werde in nahezu allen Ländern der Erde in einem regelmäßig nicht völlig unbedeutenden Umfang getrunken (OLG Hamburg WRP 1978, 142), ist zweifelhaft; die Aussage enthält nur einen schwachen Tatsachenkern, der keine klaren Angaben über die Weltstellung zulässt. Es muss daher als ausreichend angesehen werden, wenn Nescafé in vielen anderen Ländern der Welt getrunken wird.

Wann die Bedeutung eines Unternehmens den Gebrauch des Wortes „**International**" rechtfertigt, lässt sich nur im Hinblick auf den konkreten Geschäftszweig beantworten. Der **Firmenzusatz „International"** deutet idR auf ein Unternehmen hin, das auf Grund seiner Organisation, seiner wirtschaftlichen Stärke und seiner ausländischen Geschäftsbeziehungen einen bedeutenden Teil seiner Geschäfte außerhalb des Bundesgebiets abwickelt (ÖOGH ÖBl 1979, 155 – *Schubert international*). An Firmenzusätze, die auf **Europa** verweisen, wurden in der Vergangenheit ebenfalls relativ hohe Anforderungen gestellt; es müsse sich um ein nach Größe und Marktstellung den Verhältnissen des europäischen Marktes entspr Unternehmen handeln (zum Firmenrecht: BGHZ 53, 339, 343 – *Euro-Spirituosen*; BGH GRUR 1978, 251, 252 – *Euro-Sport*; zum Zeichenrecht: BGH GRUR 1972, 357 – *euromarin*; BGH GRUR 1194, 120, 121 – *EUROCONSULT*). Inzwischen stellt die Rspr jedoch stärker auf die Besonderheiten des Einzelfalls ab (BGH GRUR 1997, 669 f – *Euromint*): Die Erwartungen, die der Verkehr hins. der Größe mit dem **„Euro"-Zusatz** verbindet, können in einem überschaubaren Markt bereits von einem verhältnismäßig kleinen Unternehmen erfüllt werden; ein Hersteller, der seine Waren europaweit im Versandwege absetzt, kann auch ohne Niederlassungen im Ausland den an den „Euro"-Zusatz geknüpften Erwartungen gerecht werden (BGH GRUR 1997, 669, 670 – *Euromint*). Im Übrigen kann sich der „Euro"-Zusatz auch auf die Währung beziehen. **4.49**

d) Hinweise auf die Natürlichkeit eines Produkts (Natur, natürlich, naturrein). **4.50**
aa) Allgemeines. Hinweise auf die Natur und damit auf die Natürlichkeit oder Naturreinheit von Produkten sind überaus beliebt und entspr häufig Gegenstand von Beanstandungen. Bei vielen Produkten, insbes bei Lebensmitteln, legen die Verbraucher auf die **Naturbelassenheit** bes Wert. Der Aussagegehalt solcher Werbeangaben ist aber ganz unterschiedlich, so dass sich eine einheitliche Beurteilung verbietet. Bezieht sich die Aussage **beschreibend auf Waren**, so besagt sie, dass das Produkt **vollständig aus Stoffen besteht, die in der Natur vorkommen.** So ist die Verwendung des Begriffs „**Naturmedizin**" für eine Gruppe von Produkten als irreführend untersagt worden, weil einzelne dieser Produkte synthetische Hilfsstoffe enthielten (OLG Hamburg Pharma Recht 1991, 281). Ebenfalls untersagt worden ist die Bezeichnung „**Klosterfrau Naturarznei**" für einen nicht aus natürlichen Stoffen bestehenden Badezusatz (OLG Hamburg Pharma Recht 1994, 386). Irreführend ist es auch, wenn Möbel, die aus Press-Spanplatten bestehen und deren Oberfläche lediglich mit Eichenholz furniert ist, als „**Eiche natur**" bezeichnet werden (LG Berlin MD 1993, 795). Je nach Zusammenhang kann der Hinweis auf die Natur darüber hinaus besagen, dass die Ware naturbelassen geblieben ist. So ist die Werbung für Linoleum mit den Aussagen „**natürlich Natur**" und „**100% reine Natur**" untersagt worden, nicht dagegen die Aussagen „Die Fülle seiner hervorragenden Eigenschaften kommt aus der Natur" und „Natürliche Rohstoffe machen Linoleum zu einem Bodenbelag mit unübertroffenen Eigenschaften" (KG MD 1993, 4). – Irreführend ist die Verwendung der Bezeichnung „**naturreiner Traubensaft**" für einen industriell hergestellten pasteurisierten, „geschönten" Fruchtsaft, dessen Trübstoffe im Wege der Absorption gebunden und durch Filtern entfernt worden sind (OLG Hamburg WRP 1979, 733). – Irreführend ist es auch, für „**Naturdünger**" mit dem Hinweis „keine direkte Auswaschung ins Grundwasser" zu werben, wenn die Gefahr der Auswaschung nicht nur bei Kunstdünger, sondern auch in geringerem Umfang bei Naturdünger besteht (OLG Hamm WRP 1996, 259 [Rev nicht angenommen: BGH Beschl v 30. 11. 1995 – I ZR 86/95]).

bb) Reinheitsbezeichnungen nach Lebensmittelrecht. Für die Verwendung des Begriffes **4.51** „**Natur**" im Zusammenhang mit Lebensmitteln enthielt § 17 I Nr 4 LMBG aF eine bes Regelung, die ihrem Wortlaut nach als abstrakter Gefährdungstatbestand ausgestaltet war: Danach sollte es schlechthin – ohne dass eine Irreführung im Einzelfall dargetan sein musste – verboten sein, für Lebensmittel, die Zusatzstoffe oder Rückstände von Pflanzenschutz- oder pharmakologischen Stoffen enthalten oder die einem Bestrahlungsverfahren unterzogen worden sind, Bezeichnungen zu verwenden, die darauf hindeuteten, dass die Lebensmittel **natürlich, naturrein** oder **frei von Rückständen oder Schadstoffen** seien. In der Vergangenheit wurde daher stets betont, dass diese Reinheitsbezeichnungen für Lebensmittel nur bei völliger Rückstandsfreiheit zulässig sind (OLG Celle ZLR 1983, 39; BVerwGE 77, 7 10 ff, 14 ff; vgl auch BGH

GRUR 1997, 306, 307 – *Naturkind*). Dies bedeutete, dass das Verbot sich auch auf Fälle erstreckte, in denen auf Grund heute verfeinerter Messverfahren Geringstmengen von Stoffen aus der allgemeinen Umweltkontamination festgestellt worden waren. Da diese weit unter dem Zulässigen liegende Minimalbelastung bei Lebensmitteln praktisch nicht zu vermeiden ist, lief diese Sicht auf ein vollständiges Verbot der Werbung mit Begriffen wie „natürlich" oder „naturrein" hinaus.

4.52 Zwei Entscheidungen – die *Naturkind*-Entscheidung des BGH und die *Darbo*-Entscheidung des EuGH – hatten die Erkenntnis reifen lassen, dass auch bei § 17 I Nr 4 LMBG aF eine Eignung zur Irreführung zu verlangen sei. Die Entscheidung **„Naturkind"** des BGH machte deutlich, dass **nicht jede Bezeichnung,** die den Begriff „Natur" verwendet, darauf hindeutet, das betreffende Lebensmittel sei frei von jeglichen Schadstoffen. So hatte der BGH die als Marke verwendete Bezeichnung „Naturkind" für einen Tee beanstandet, obwohl dieser aus ökologischem Anbau stammende und ohne Einsatz chemisch-synthetischer Mittel angebaute Tee – gerade noch messbar – Rückstände aufgewiesen hatte, die auf die allgemeine Kontamination der Umwelt mit Schadstoffen zurückzuführen waren. Anders als etwa die Bezeichnung „naturreiner Tee" werde die nicht glatt beschreibende Angabe „Naturkind" vom Verkehr als Unternehmensbezeichnung, als Marke oder als allgemeine Produktbeschreibung verstanden, nicht dagegen als Reinheitsangabe und als ein Hinweis darauf, dass es sich um einen Produkt frei von jeglichen Schadstoffen handele (BGH GRUR 1997, 306, 308 – *Naturkind*). Generell – so der BGH – vermutet der Verkehr in einer als solchen erkennbaren Marke oder Unternehmensbezeichnung nicht stets eine Beschaffenheitsangabe (vgl VG München ZLR 1996, 105 mit Anm *Steib*). So war bereits früher klargestellt worden, dass der Begriff „Natursaft" in der **Firma FRÜWE-NATURSAFT** GmbH nicht notwendig auf das gesamte Sortiment hinweist. Dem Durchschnittsverbraucher ist vielmehr bewusst, dass der Hinweis in einer Firma sich nicht auf das gesamte Sortiment beziehen muss. Außerdem ist das berechtigte Interesse des Unternehmens an der Fortführung einer eingeführten Firma zu berücksichtigen, wenn sich eine Sachbezeichnung in der Firma nach Erweiterung des Sortiments nicht mehr auf das gesamte Angebot bezieht (BGH GRUR 1984, 465, 466 – *Natursaft*).

4.53 Noch einschneidender war die **Darbo-Entscheidung des EuGH.** Danach musste § 17 I Nr 4 LMBG zurücktreten, wenn ein Produkt in einem anderen Mitgliedstaat mit der beschreibenden Bezeichnung „naturrein" rechtmäßig in Verkehr gesetzt worden war, selbst wenn es in geringem Umfang Schadstoffe und Rückstände enthielt. Denn das Unionsrecht kennt insofern kein abstraktes Gefährdungsdelikt; nach europäischem Recht muss die Angabe also stets zur Irreführung geeignet sein. Dementsprechend hat der EuGH noch zu Art 2 I lit a Ziff i der Etikettierungsrichtlinie 79/112 EWG (inzwischen ersetzt durch die Richtlinie 2000/13/EG) entschieden, dass eine in Österreich nach den dort geltenden Bestimmungen rechtmäßig in Verkehr gebrachte Erdbeerkonfitüre auch in Deutschland unter der Bezeichnung **„d'arbo naturrein"** vertrieben werden durfte, selbst wenn sie ein Geliermittel (Pektin) und in ganz geringem, weit unter den zulässigen Höchstwerten liegenden Umfang Schadstoffe und Rückstände von Pestiziden enthielt. Die Gefahr einer Irreführung sei unter diesen Umständen gering und könne ein Hemmnis für den freien Warenverkehr nicht rechtfertigen (EuGH Slg 2000, I-2297 Tz 28 = GRUR Int 2000, 756 – *Verein gegen Unwesen .../Darbo;* dazu *Hartwig* GRUR Int 2000, 758; *Leible/Sosnitza* WRP 2000, 610; *Seitz/Riemer* EuZW 2000, 511; vgl auch OLG Köln ZLR 2001, 168 mit Anm *Sosnitza;* OLG Hamburg GRUR-RR 2002, 395: auch kein Verbot wegen Werbung mit Selbstverständlichkeiten).

4.54 Schon nach der *Naturkind*-Entscheidung des BGH war die Frage aufgeworfen worden, ob das abstrakte Gefährdungsverbot des § 17 I Nr 4 LMBG aF **noch als verhältnismäßig angesehen** werden konnte (*Leible* WRP 1997, 403, 406 f). Diese Frage lag nicht fern, nachdem der BGH die Kenntnis des Verkehrs, „dass trotz weitgehender Berücksichtigung von Umwelt- und Naturschutzgesichtspunkten Restbelastungen der Umwelt verbleiben", und damit das Fehlen einer Irreführung letztlich als entscheidenden Gesichtspunkt dafür angesehen hatte, um die den Tatbestand des § 17 I Nr 4 LMBG aF zu verneinen (BGH GRUR 1997, 306, 308 – *Naturkind*). Die Frage nach der Verhältnismäßigkeit des abstrakten Gefährdungstatbestands stellte sich nach der *Darbo*-Entscheidung des EuGH nicht mehr. Denn der EuGH hat seine Entscheidung trotz des Hinweises auf die Warenverkehrsfreiheit nicht auf Art 28 EG (heute Art 34 AEUV) gestützt. Vielmehr beruht die Entscheidung auf Art 2 I lit a Ziff i Etikettierungsrichtlinie 79/112 EWG. Da die Richtlinie ein Verbot ohne Gefahr einer Irreführung nicht zuließ, musste in ihrem Anwendungsbereich auch § 17 I Nr 4 LMBG aF zurückstehen. Die Bestimmung musste also richtlinienkonform so ausgelegt werden, dass ein Verbot stets eine Irreführungsgefahr voraussetzt (vgl Zipfel/Rathke LMBG Stand Juli 2002 § 17 Rdn 192 b ff; Leible in: Lebensmittelrechts-Hdb III 426 a f; Behler/Schröder LMBG Rdn 50; Leible/Sosnitza WRP 2000, 610).

Unter diesen Umständen ist es nicht verwunderlich, dass § 17 I Nr 4 LMBG aF im **neuen** **Lebensmittel- und Futtermittelgesetzbuch (LFGB)** keine Entsprechung mehr hat. Wird bei einem Lebensmittel heute die Angabe naturrein verwendet und weist das betreffende Lebensmittel mehr als nur Spuren von Rückständen auf, kommt, je nach Fallgestaltung, das allgemeine Täuschungsverbot des § 11 LFGB zur Anwendung. Eine darüber hinaus gehende Regelung erschien dem Gesetzgeber entbehrlich. 4.55

Keine Zweifel hins. der Verhältnismäßigkeit bestehen dagegen bei den bes Bestimmungen über die **Tabakwerbung in § 22 II LMBG aF,** die auch unter Geltung des Lebensmittel- und Futtermittelgesetzbuchs (LFGB) als „vorläufiges Tabakgesetz" bestehen geblieben sind. Bei zwei der dort enthaltenen Verbote handelt es sich um **typisierte Irreführungsverbote,** die Werbemaßnahmen verbieten, ohne dass im Einzelfall eine Irreführung dargetan werden muss: Zum einen sind in der Werbung für Tabakerzeugnisse Bezeichnungen verboten, durch die der Eindruck erweckt wird, das Rauchen sei **gesundheitlich unbedenklich** oder günstig für die Funktion des Körpers, für die Leistungsfähigkeit oder für das Wohlbefinden (§ 22 II Nr 1 lit a LMBG aF; dazu BVerwG LRE 15, 264; BGH WRP 1988, 237 – „in unserem Haus muss alles schmecken"). Zum anderen dürfen keine Bezeichnungen verwendet werden, die darauf hindeuten, dass Tabakerzeugnisse **natürlich** oder **naturrein** sind. 4.56

e) **Hinweise auf die Neuheit eines Produkts. aa) Allgemeines.** Die **Neuheit** ist bei angebotenen Waren oder Dienstleistungen ein beachtliches Werbeargument. Der Verkehr rechnet hier ggf mit Qualitätsvorteilen und neigt dazu, das neue Produkt dem alten vorzuziehen (BGH GRUR 1968, 433, 437 – *Westfalen-Blatt II*). In der **Unternehmenswerbung** besteht hingegen keine Verkehrserwartung, dass ein neues Unternehmen die Vorzüge aufweist. Je nach den Umständen des Einzelfalls geht der Verkehr aber bei (Neu-)Eröffnungen von einem günstigen Angebot aus, so dass es zu Fehlvorstellungen über die **Preisbemessung** kommen kann (s Rdn 7.112 ff). 4.57

bb) **Werbung mit der Neuheit.** Ausdrücke, die auf die **Neuheit** der angebotenen Ware oder Leistung hindeuten (zB „vollständig renoviert", „vollständige Neubearbeitung", „neuer Koch"), müssen wahr sein. Die Änderung, auf die sich eine solche Werbung bezieht, darf aber auch **zeitlich nicht allzu lange zurückliegen,** da sonst beim Publikum der irrige Eindruck entstehen kann, die Neuerung sei gerade erst eingetreten. So ist es als irreführend angesehen worden, dass ein Zeitungsverlag noch nach drei Monaten in einer Anzeige unter der fett gedruckten Überschrift **„Wir bieten mehr"** mit dem Hinweis warb, die erweiterte Großmausgabe des Westfalen-Blattes biete jetzt mehr lokale Nachrichten als die frühere Stadtausgabe bzw Brackweder Zeitung (BGH GRUR 1968, 433, 437 – *Westfalen-Blatt II*). Die Länge des Zeitraums, innerhalb dessen eine Werbung mit der „Neuheit" zulässig ist, hängt von der jeweiligen **Branche** und **Warenart** ab und lässt sich nur für den **Einzelfall** bestimmen. Beispielsweise ist im **Pharmabereich** eine Werbung mit der Neuheit eines Präparats auch noch **ein Jahr nach dem ersten Inverkehrbringen** zulässig (KG WRP 1982, 28). 4.58

Die Werbung „Jetzt im neuen Haus" für die schon ein halbes Jahr zurückliegende Verlegung des Geschäfts eines Möbeleinzelhändlers wurde mit Recht nicht als irreführend angesehen (OLG Stuttgart BB 1972, 1201); hier steht ohnehin nicht die Werbung mit den neuen Geschäftsräumen, sondern der Hinweis auf die Verlegung des Geschäftslokals im Vordergrund. Wird auf eine **„Neueröffnung"** eines Möbelgeschäfts hingewiesen, so ist die Werbung irreführend, wenn das Geschäft nicht erstmals eröffnet, sondern nach vorübergehender Schließung **wieder eröffnet** wird (OLG Koblenz GRUR 1988, 555). – Die Werbung **„Neu nach Umbau"** aus Anlass der Wiedereröffnung eines Brillen-Filialgeschäfts erweckt für sich allein noch nicht den Eindruck, es werde ein neues Sortiment oder herabgesetzte Preise angeboten (BGH GRUR 1993, 563 – *Neu nach Umbau*). 4.59

Von der Bedeutung eines ausdrücklichen Neuheitshinweises in der Werbung ist die Frage zu unterscheiden, ob in dem Angebot einer Ware der **konkludente Hinweis auf die Neuheit** liegt, also insbes der Hinweis, dass das angebotene Modell noch aktuell ist. Verschweigt der Kaufmann, dass es sich bei der angebotenen Ware um ein **Auslaufmodell** handelt, liegt darin eine Irreführung, wenn der Verkehr einen entspr Hinweis erwartet (BGH GRUR 1999, 757 – *Auslaufmodelle I*). Dies hängt ganz von dem jeweiligen Produkt ab; dazu Rdn 2.48 ff. – Zur auf das Unternehmen bezogenen Alterswerbung s Rdn 5.55 ff. 4.60

4.61 cc) Fabrikneu. Eine Sache ist nur **„fabrikneu"**, wenn sie noch nicht benutzt worden ist, durch Lagerung keinen Schaden erlitten hat und nach wie vor in der gleichen Ausführung hergestellt wird. Das gilt jedenfalls für Waren des täglichen Bedarfs, die einem ständigen Verschleiß unterliegen. Bei hochpreisigen **EDV-Anlagen** kann die Vorstellung des Verbrauchers von der Fabrikneuheit einer Ware von der Frage beeinflusst sein, ob sich der Einsatz neuwertiger Teile im sog Equivalent-to-New-Prozess (ETN-Prozess) auf verschleißfreie Teile beschränkt und ob es eine dahin gehende Übung in der einschlägigen Branche gibt (BGH GRUR 1995, 610, 611 f – *Neues Informationssystem;* dazu *Klaas* EWiR 1995, 1023). – Ein (Tonband-)Gerät darf nicht mehr als „fabrikneu" bezeichnet werden, wenn die **Original-Fabriknummer** ausgeschliffen und durch eine andere ersetzt worden ist und als Folge die Garantiehaftung des Herstellers entfällt (ÖOGH ÖBl 1961, 87).

4.62 dd) Automobilhandel. Ein **Kraftfahrzeug** ist **fabrikneu,** wenn dasselbe Modell zurzeit des Kaufabschlusses weiterhin **unverändert** in Ausstattung und technischer Ausführung **hergestellt** wird, wenn es – abgesehen von der Überführung vom Hersteller zum Händler – **nicht benutzt** worden ist und wenn es infolge längerer Standzeit keine Mängel (zB Roststellen) aufweist (BGH NJW 1980, 1097; BGH NJW 1980, 2127; BGH NJW 2004, 160, dazu *H. Roth* NJW 2004, 330 f). Es muss nicht nur **unbenutzt,** sondern auch **modellneu** sein. Auslaufende Modelle sind bes zu kennzeichnen (OLG München WRP 1979, 157; OLG Karlsruhe WRP 1980, 632; OLG Köln WRP 1983, 112; s Rdn 2.48 ff). Sind zwischen Herstellung und Angebot mehr als ein Jahr vergangen, muss auch auf diesen Umstand hingewiesen werden (vgl BGH NJW 2004, 160; s Rdn 4.64). Unschädlich ist es dagegen, wenn das als „fabrikneu" bezeichnete Fahrzeug für wenige Tage auf den Autohändler **zugelassen** war (zu § 459 II BGB BGH NJW 2005, 1422; vgl auch BGH GRUR 2000, 914 – *Tageszulassung II*).

4.63 Reimportierte Kraftfahrzeuge durften früher, auch wenn sie unbenutzt, fabrikneu und kein Auslaufmodell waren, nicht ohne weiteres uneingeschränkt und ohne aufklärenden Zusatz als **Neuwagen** mit Garantie oder mit üblicher Neuwagengarantie angeboten werden, es sei denn, dass sich für den Käufer keine Nachteile, zB hins. in versicherungsrechtlicher Hinsicht, ergaben (BGH GRUR 1986, 615 – *Reimportierte Kraftfahrzeuge*). Diese Rspr hat der BGH im Hinblick auf die neuere Rspr des EuGH aufgegeben (BGH GRUR 1999, 1122 – *EG-Neuwagen I;* BGH GRUR 1999, 1125 – *EG-Neuwagen II;* dazu *Metzger* WRP 1999, 1237 ff; *Leible* NJW 2000, 1242 f; s dazu im Einzelnen Rdn 2.52 f).

4.64 Der formale Akt der Zulassung berührt bei **Kraftfahrzeugen** die Neuwageneigenschaft an sich noch nicht (EuGH Slg 1992, I-131 Tz 13 = WRP 1993, 233 – *Nissan*). Der Verbraucher knüpft aber an das Angebot eines Neuwagens noch weitere Erwartungen wie insbes die uneingeschränkte **Herstellergarantie,** die im Falle einer im Ausland erfolgten früheren Zulassung idR eingeschränkt ist (BGH GRUR 1986, 615, 617 – *Reimportierte Kraftfahrzeuge;* BGH GRUR 1999, 1122, 1123 – *EG-Neuwagen I*). Ist die übliche Garantiezeit auf Grund einer solchen Erstzulassung im Ausland um mehr als zwei Wochen verkürzt, muss bereits in der Werbung, nicht erst im Verkaufsgespräch auf diesen Umstand hingewiesen werden (BGH GRUR 1999, 1122, 1124 – *EG-Neuwagen I;* BGH GRUR 1999, 1125, 1126 – *EG-Neuwagen II,* s dazu Rdn 2.52 f; ferner *Metzger* WRP 1999, 1237 ff; *Leible* NJW 2000, 1242 f). Im Übrigen kann auf die Grundsätze zurückgegriffen werden, die die Rspr zu den vertraglichen Ansprüchen, insbes zur Frage der konkludent **zugesicherten Eigenschaft der Neuheit,** entwickelt hat. Danach ist ein unbenutztes Kraftfahrzeug regelmäßig noch **„fabrikneu",** wenn und solange das Modell dieses Fahrzeugs unverändert weitergebaut wird, wenn es keine durch längere Standzeit bedingten Mängel aufweist und wenn zwischen Herstellung des Fahrzeugs und Abschluss des Kaufvertrages nicht mehr als zwölf Monate liegen (BGH NJW 2000, 2018; BGH NJW 2003, 2824; BGH NJW 2004, 160; s Rdn 4.62).

4.64a Als **Jahreswagen** werden gebrauchte Fahrzeuge bezeichnet, die von Werksangehörigen unter günstigen Bedingungen erworben und nach der vom Hersteller vorgesehenen Mindestfrist weiterveräußert werden. Auch Fahrzeuge aus der Fahrzeugflotte des Herstellers können als Jahreswagen bezeichnet werden, wenn seit ihrer Erstzulassung nicht wesentlich mehr als zwölf Monate vergangen sind. Bei der Erstzulassung muss ein Jahreswagen darüber hinaus fabrikneu (s Rdn 4.64) gewesen sein. Lagen bspw zwischen Herstellung und Erstzulassung mehr als zwölf Monate, kann das Fahrzeug ein Jahr nach der Erstzulassung nicht mehr als Jahreswagen angeboten werden (vgl BGH [VIII. ZS] NJW 2006, 2694, 2695, zu § 434 I 1 BGB).

4.65 f) Einzelne Bezeichnungen. aa) Bio-. Der Zusatz **„Bio-"** hat je nach Produkt, für das er benutzt wird, **unterschiedliche Bedeutungen.** Für **pflanzliche Lebensmittel** verwendet weist er darauf hin, dass das fragliche Produkt nach den Grundsätzen des **ökologischen Landbaus,** die in Art 6 und 7 der Verordnung (EWG) Nr 2092/91 v 24. 6. 1991 (ABl EG Nr L 198 S 1, zuletzt geändert durch VO (EG) 404/2008 der Kommission v 6. 5. 2008, ABl EG Nr L 120 S 8) (ÖkoV) niedergelegt sind, gewonnen worden ist. Entspricht das Produkt diesen Anforderungen, kann die Bezeichnung nicht nach einer anderen Vorschrift, auch nicht nach dem Irreführungsverbot, untersagt werden (OLG Karlsruhe ZLR 1994, 391). Bei anderen Lebensmitteln kann „bio-" oder „biologisch" darauf hindeuten, dass das so beworbene Produkt **frei von Rückständen und Schadstoffen** ist (dazu Rdn 4.51 ff). Von Gebrauchsgegenständen, die mit „bio-" bezeichnet werden, erwartet der Verkehr dass sie **aus natürlichen Stoffen** bestehen oder dass von ihnen keine Gefahren für die Gesundheit ausgehen. Eine einheitliche Aussage lässt sich aber nicht treffen.

Im Einzelnen: Bei **Reinigungsmitteln** besagt der Zusatz „Bio-", dass es sich um ein biologisch abbaubares und umweltfreundliches Produkt handelt, das natürliche, biologisch wirkende Stoffe enthält. Irreführend ist daher die Bezeichnung **„bio-FIX"** für einen WC-Reiniger, der Zitronensäure und Tenside enthält (OLG Düsseldorf GRUR 1988, 55, 57). Ebenso ist die Bezeichnung **„BIO GOLD"** für ein **Waschmittel** als irreführend angesehen worden; der Bestandteil „BIO" erwecke den Eindruck, als ob das Mittel frei von Chemie sei (KG GRUR 1993, 766). Problematisch sind diese Entscheidungen, wenn der Zusatz „Bio-" auch für solche Produkte untersagt wird, die sich von herkömmlichen Produkten dadurch unterscheiden, dass sie soweit wie möglich auf „Chemie" verzichten und nur das für die Funktion unverzichtbare Minimum an Tensiden und anderen Umwelt belasteten Wirkstoffen enthalten. Das klingt vor allem in der „BIO GOLD"-Entscheidung an, in der es das Kammergericht als unerheblich angesehen hat, dass das beworbene Waschmittel innerhalb von maximal 15 Tagen vollständig biologisch abbaubar ist. Der Durchschnittsverbraucher weiß wohl, dass ein Waschmittel, das seine Funktion erfüllen soll, nicht ohne ein Minimum an Chemie auskommt. Es liegt im Interesse des Wettbewerbs und der Verbraucher, dass der Hersteller eines in dieser Hinsicht vorbildlichen Mittels auf diese Vorteile werbewirksam hinweisen kann. **4.66**

Von einem **Düngemittel zum „biologischen Düngen"** erwartet der Verkehr einen Dünger ohne Chemie und eine biologische, bes naturgemäße Wirkungsweise; entspricht das Produkt dieser Vorstellung nicht, muss hierauf klar und deutlich hingewiesen werden (OLG Frankfurt GRUR 1989, 358). – Eine für Kinder bestimmte **Fingermalfarbe,** die als **„Bio-X"** bezeichnet wird, darf keinen Stoff enthalten, der nur im Geringsten der Gesundheit schaden könnte (LG Berlin NJW-RR 1989, 1203). – Ebenfalls als irreführend untersagt worden ist **„Biolarium"** als Bezeichnung eines **Solariums,** weil damit der Eindruck erweckt werde, eine Verwendung sei für die Gesundheit völlig risikolos (OLG München GRUR 1990, 294; OLG Hamm GRUR 1990, 639). Ob diese Entscheidung heute noch ebenso zu treffen wäre, ist zweifelhaft; denn der Durchschnittsverbraucher weiß inzwischen von den gesundheitlichen Schäden, die mit einer Benutzung eines Solariums verbunden sein können. Zumindest wäre es ausreichend, wenn in der Werbung gleichzeitig auf die gesundheitlichen Risiken hingewiesen würde. **4.67**

Auch die Bezeichnung **„Bio"** für ein Bier, das den üblichen Alkoholgehalt aufweist, ist als irreführend untersagt worden (LG München I ZLR 1991, 95). – Ebenfalls irreführend ist es, wenn ein Hersteller von Babynahrung mit dem Slogan *„Für Ihr Baby bieten wir Bio-Nahrung rundum"* wirbt, obwohl sein Gesamtsortiment überwiegend aus Rohstoffen besteht, die den an Bio-Rohstoffen zu stellenden Anforderungen nicht entsprechen (OLG München LRE 29, 266). Wird das **„Bio-Engagement"** eines Herstellers in der Werbung herausgestellt und ganz allgemein von **„BIO-Früchten"** gesprochen, ist es irreführend, wenn tatsächlich nur drei von elf Fruchtarten und vier von 38 Produkten in Bio-Qualität angeboten werden (OLG München WRP 1994, 134, 136). – Die Verwendung des Begriffs **„Bioregulator"** für einen Armreif, dessen Eignung zum Stress-Abbau und zur sonstigen Beeinflussung des menschlichen Befindens allenfalls auf der subjektiven Erwartung des Trägers beruhen kann, ist irreführend (KG ZLR 1992, 647). – Sehr weit geht das Verbot der Bezeichnung **„BIO-Pack"** mit dem Zusatz „Für eine bessere Umwelt" **für Verpackungsmittel,** das aus nachwachsenden Rohstoffen hergestellt und kompostierfähig ist; das Verbot wurde damit begründet, dass der Verbraucher wegen der vielfältigen Möglichkeiten zugleich aufgeklärt werden müsse, in welcher Hinsicht das beworbene Produkt bes umweltverträglich sei (OLG Düsseldorf WRP 1992, 209, 210). **4.68**

bb) DIN, Norm, genormt. Hinweise wie **„DIN"** oder **„genormt"** weisen auf die vom Deutschen Normenausschuss aufgestellten Normen hin. Diese legen idR Beschaffenheitsmerkmale gewerblicher Erzeugnisse fest und mittelbar auch deren Qualität (GK/*Lindacher* § 3 **4.69**

Rdn 521). Wird in der Werbung auf DIN-Normen Bezug genommen, so erwartet der Verkehr grds, dass die Ware **den normierten Qualitätsanforderungen entspricht** (BGH GRUR 1985, 555 – *Abschleppseile;* BGH GRUR 1985, 973, 974 – *DIN 2093;* BGH GRUR 1988, 832, 833 – *Benzinwerbung;* vgl auch OLG Koblenz WRP 1993, 189, 190 für als „B-Sortierung" beworbene, jedoch den Anforderungen der hierfür bestehenden DIN-Norm nicht entspr Profilbretter). Beschreibt die Norm nicht nur den Endzustand der Ware nach ihrer Fertigstellung hins des Materials, der Maße, der Eigenschaften ua, sondern auch eine bestimmte **Fertigungsmethode**, so erwartet der Verkehr grds auch die Einhaltung der Methode (BGH GRUR 1985, 973, 974 – *DIN 2093*). Wird für Waren unter Anführung verschiedener Normen geworben, so erwartet der Verkehr regelmäßig, dass die beworbenen Waren den angeführten Normen sämtlich und in jeder Hinsicht entsprechen (BGH GRUR 1992, 117 – *IEC-Publikation*). Unzulässig ist die Werbung für ungeprüfte Elektrogeräte mit dem Bild des **VDE-Zeichens** und der Angabe „VDE-gerecht gebaut" (OLG Hamburg WRP 1973, 651). – Zur **Werbung mit amtlichen Prüfungen** s Rdn 4.256 ff.

4.70   cc) Echt, Orginal. Der Hinweis darauf, dass das beworbene Produkt „echt" sei, kann irreführend sein, wenn bei einem Teil der Verkehrskreise der irrige Eindruck erweckt wird, es gäbe auch eine **unechte Ware,** von der sich das beworbene Produkt abgrenze (OLG Hamburg WRP 1969, 155: Werbung für einen Doppelwacholder mit dem Slogan „Endlich mal! Ein echter Klarer, der angenehm mild schmeckt"). – Durch den Zusatz „echt" oder „Original" zu einer Phantasiebezeichnung darf nicht der unrichtige Eindruck einer Warenbezeichnung für eine bestimmte Ledersorte hervorgerufen werden (BGH GRUR 1963, 539 – *echt skai*). Anders verhält es sich nur, wenn es sich um eine eindeutig als Marke oder Firma erkennbare Bezeichnung handelt (zB die Marke „Goldpfeil"), so dass der Zusatz „echt" als verstärkender Hinweis auf die betriebliche Herkunft aufgefasst wird (RG GRUR 1939, 486 – *Original Bergmann*). Als „**Originalware**" darf nur eine mit der Originalware völlig identische Ware bezeichnet werden. Wird eine Matratze immer mit einem bestimmten Bezugsstoff geliefert, darf eine Matratze mit einem anderen Bezugsstoff nicht als Originalware angeboten werden, auch wenn die Matratze im Aufbau vollständig dem Originalprodukt entspricht (KG WRP 1985, 488).

4.71   Um von der negativen Wirkung der Künstlichkeit des Materials abzulenken, wird häufig das Substantiv, das auf die Unechtheit hinweist, paradoxerweise mit dem Adjektiv „**echt**" verbunden. Ein krasses Beispiel für eine solche Verbindung ist die Beschreibung „**... aus echtem Kunsthaar**" (LG Düsseldorf WRP 1971, 189). Bei **Lederwaren** ist der Verkehr daran gewöhnt, dass „echt" auf echtes Leder hinweist; das macht sich die Anpreisung „**echt skai**" zunutze (BGH GRUR 1963, 539 – *echt skai*). Ebenso wird bei „**echten Zuchtperlen**" davon abgelenkt, dass es sich eben nicht um wirklich echte Perlen handelt; immerhin kann man hier noch ein gewisses Bedürfnis anerkennen, das Angebot von künstlichen Perlen abzusetzen, auch wenn es unechte Zuchtperlen nicht gibt. Auch ist der Hinweis darauf, dass es sich um Zuchtperlen handelt, an sich unmissverständlich. Immerhin wird aber der unzutreffende Eindruck erweckt, als ob es sich um Zuchtperlen einer bes Qualität handelte (LG Essen WRP 1971, 190; OLG Karlsruhe v 10. 9. 1980 – 6 W 68/80; großzügiger OLG Hamm GRUR 1970, 611). Einen Hinweis auf den Handelsbrauch gibt die **RAL 560 A5:** Nach ihr sollen Zusätze wie „echt" nicht in Verbindung mit Zuchtperlen verwendet werden. – Bei **Schmuckwaren** wird die Angabe „**Echt Gold**" oder „**Echt Gold 8 Karat 333 fein**" nicht als reines Gold oder Feingold, sondern als eine massierte Goldlegierung im Gegensatz zu vergoldeter (Doublé-)Ware verstanden (KG WRP 1982, 26). – „**Echt versilbert**" ist unsinnig, weil es eine unechte Versilberung nicht gibt, und kann von einem rechtlich beachtlichen Teil der angesprochenen Verkehrskreise als (unzutreffender) Hinweis auf eine bessere Versilberung verstanden werden (BGH GRUR 1987, 124 – *Echt versilbert;* dazu Rdn 4.31).

4.72   dd) Frisch. Eine Ware ist nicht mehr „**frisch**", wenn sie durch bes Vorkehrungen über längere Zeit hinweg haltbar gemacht worden ist. **Tiefgekühlte Ware** darf daher nicht als „frisch" beworben werden (LG Berlin LRE 10, 75 (1974)). Das gilt auch, wenn **rote Grütze aus tiefgefrorenen Früchten** hergestellt und durch Pasteurisierung haltbar gemacht worden ist; die Angabe „**fruchtig-frisch**" ist in diesem Fall irreführend (OLG Hamburg ZLR 1999, 791). Ebenfalls unzulässig ist die Werbung „**vacuum frisch**" für einen frisch gerösteten, vakuumverpackten Röstkaffee (OLG Hamburg GRUR 1978, 313; OLG Hamburg GRUR 1979, 63). Untersagt worden ist der Slogan „*Frischegarantie: Immer Frisch, Qualität die schmeckt*" für Mohrenköpfe, die **durch Konservierungsmittel haltbar** gemacht worden waren und deswegen nach 23 bzw 28 Tagen dieselbe Qualität wie unmittelbar nach der Herstellung hatten (LG Hamburg

WRP 1999, 1314); dieses Ergebnis ist zweifelhaft, weil der Verkehr auch bei einem frischen Mohrenkopf eine gewisse Haltbarkeit erwartet. Dagegen hat das OLG Köln die Bezeichnung **„Frischer Rahmjoghurt"** zutr für nicht irreführend gehalten; sie war für ein aus frischer Milch hergestelltes Joghurt verwendet worden, das eine Haltbarkeit von vier Wochen aufwies; in dieser Zeit waren keine nennenswerten Qualitätseinbußen zu verzeichnen (OLG Köln ZLR 2001, 299 mit krit Anm *Gorny*). Auch bei Joghurt rechnet der Verkehr mit einer gewissen Mindesthaltbarkeit und versteht den Begriff „frisch" als einen Hinweis auf ein Joghurt, das aus frischer, pasteurisierter – nicht aus ultrahocherhitzter, sterilisierter – Milch hergestellt ist.

Der Begriff **„marktfrisch"** besagt, dass das so beschriebene Frischprodukt (zB Fleisch- und Fischwaren, Milchprodukte, Backwaren, Obst und Gemüse) „frisch vom Markt" kommt und daher bes Güte und Qualität aufweist (BGH GRUR 2001, 1151 – *marktfrisch* zum Markenrecht). – Keine Irreführung liegt in der Anpreisung „. . . *riecht und schmeckt doch fast wie frisch gepresst"* für einen zutr als Saft aus Konzentrat bezeichneten Orangensaft (KG GRUR 1987, 737). Dagegen ist die Marke **„FRISCHERIA" für ein Fertigprodukt** untersagt worden, das nicht mit frischen, sondern mit tiefgefrorenen oder Konserven entnommenen Zutaten hergestellt worden war (OLG Hamburg ZLR 1999, 801 mit Anm *Gorny*). Die Bezeichnung **„Frischer Berliner"** ist für einen tiefgefrorenen und in der Bäckereifiliale lediglich aufgebackenen Rohling als irreführend erachtet worden (AG Mainz LRE 29, 407 (1991)). – Zur Zulässigkeit der Produktkennzeichnung und die Bewerbung von Lebensmitteln, insbes von Milchprodukten als „Frisch" s *Kiethe/Groeschke* WRP 2000, 431; *J. Bergmann* ZLR 2001, 667. 4.73

ee) Herzzeichen. Die Bedeutung eines **roten Herzens** als Zeichen auf Lebensmitteln hängt von der Art des Erzeugnisses ab, für das es verwendet wird. Bei **Kaffee oder Tabak** weist es allein auf die **Unschädlichkeit für das Herz** hin. Bei aus Naturbrunnen hergestellten Tafelwässern, die ohnehin als heilkräftig oder gesundheitsfördernd angesehen werden, erweckt das Herzsymbol die Vorstellung, dass das Wasser im Gegensatz zu anderen Wässern, die nicht mit dem Herzen gekennzeichnet sind, gerade die **Herzfunktion bes fördert.** Trifft dies nicht zu, so ist der Gebrauch des Herzzeichens irreführend (BGH GRUR 1962, 97, 99 – *Tafelwasser*). 4.74

ff) Karat. Die Bezeichnung „Karat" ist nach Auffassung eines Teils der Verbraucher nicht nur eine Gewichts-, sondern eine **Qualitätsbezeichnung.** Beim Angebot eines „einkaräter Brillantrings" erwartet der Verkehr keinen Industrie-Diamanten (OLG Köln GRUR 1978, 480). Die Angabe **„moderner Schliff"** beim Angebot von Diamanten setzt voraus, dass die Qualität des Schliffs gut oder sehr gut ist (OLG Köln aaO). 4.75

gg) Ohne Parfum. Der Werbehinweis **„Baby-Pflegemittel ohne Parfum"** für ein kosmetisches Erzeugnis ist als irreführend angesehen worden, weil jedenfalls ein Teil des Verkehrs die Werbung so verstehe, dass dieses Erzeugnis frei von Duftstoffen sei. Enthalte das Mittel solche vom Verkehr mit Parfum gleichgesetzten Duftstoffe, sei der Hinweis irreführend (OLG Köln GRUR 1989, 684 – *Baby-Pflegemittel*). 4.76

hh) Ökologisch, Öko-. Der Begriff „ökologisch" oder „öko-" hat nur für den Bereich der **pflanzlichen Lebensmittel** gesetzlich fixierte Konturen. „Ökologisch" bedeutet, dass es sich um Erzeugnisse **aus ökologischem Landbau** handelt. Hierzu enthält die Verordnung (EWG) Nr 2092/91 v 24. 6. 1991 (ÖkoV, dazu Rdn 4.65) detaillierte Vorschriften, welche Voraussetzungen die so bezeichneten Produkte erfüllen müssen. Entspricht das Produkt diesen Anforderungen, kann die Bezeichnung nicht nach einer anderen Vorschrift – auch nicht nach dem lebensmittelrechtlichen oder lauterkeitsrechtlichen Irreführungsverbot – untersagt werden (OLG Karlsruhe ZLR 1994, 391). Insofern ist die Entscheidung des OLG München WRP 1990, 194 überholt; dort war die Bezeichnung „Öko-Pilsner" und der Spruch „Bierspezialität aus ökologischem Landbau" für eine Biersorte beanstandet worden, weil zwar Hopfen und Gerste aus ökologischem Landbau stammten, über das verwendete Wasser aber wegen der allgemeinen Umweltkontamination nicht frei von Nitrat oder anderen Umweltschoffen sei. Das OLG München hat den Verfügungsantrag abgelehnt, weil nicht glaubhaft gemacht war, dass der Verkehr von einem derart beworbenen Bier völlige Rückstandsfreiheit erwarte. Unter der Geltung der ÖkoV hätte dagegen ein Verbot unabhängig von dieser Frage außer Betracht bleiben müssen. Solange die in dieser Verordnung aufgestellten Erfordernisse erfüllt sind, kann die Verwendung der Begriffe „ökologisch" oder „Öko-" nicht untersagt werden, selbst wenn sie eine Irreführung der Verbraucher bewirken würden. 4.77

Die Werbung eines Energieversorgers, der eine **„sichere Versorgung mit 100% Ökostrom"** verspricht, ist nicht deshalb irreführend, weil der Endabnehmer auch nach Abschluss mit diesem Versorger den Strom aus dem Netz bezieht, in das die verschiedenen Energieversorger 4.77a

Strom unterschiedlicher Herkunft – aus fossilen Energieträgern, aus Kernkraft und aus sog erneuerbaren Energien – einspeisen. Dem informierten Verbraucher ist bekannt, dass sich das Werbeversprechen in einem solchen Fall immer nur darauf beziehen kann, dass das betreffende Energieversorgungsunternehmen **zu 100% Strom aus regenerativen Energien (Wasser, Windkraft, Photovoltaik) ins Netz einspeist** (OLG Karlsruhe GRUR-RR 2009, 144, 146; OLG Hamburg GRUR-RR 2001, 169; MünchKommUWG/*Busche* § 5 Rdn 327; jurisPK/ *Link* § 5 Rdn 302; anders noch OLG München BB 2001, 2342 mit Anm *Nettesheim*, das die Werbeaussage „Aquapower liefert Ihnen zu 100% Strom aus Wasserkraft" als irreführend untersagt hat).

4.78 **ii) Spezial.** Das Wort „Spezial" als Zusatz zu der gattungsmäßigen Bezeichnung einer Ware besagt gewöhnlich nur, dass sich die Ware von der normalen Ware gleicher Art irgendwie abhebt, weist jedoch nicht auf eine bes Eigenschaft hin, etwa darauf, dass die Ware qualitativ besser sei. Das schließt nicht aus, dass nach Lage des Falles auch das Wort „Spezial" irrige Vorstellungen über eine bestimmte Eigenschaft hervorrufen kann. So kann die Bezeichnung **„Spezialsalz"** durch den Hinweis auf seine Herkunft aus Bad Reichenhall und die Fortwirkung früherer Gesundheitswerbung im Verkehr den Eindruck hervorrufen, dass bei diesem Salz keine gesundheitlichen Nachteile entstehen (BGH GRUR 1967, 362, 369 – *Spezialsalz I* mit Anm *Bauer*; BGH GRUR 1972, 550 – *Spezialsalz II*). Als irreführend ist es angesehen worden, ein Erzeugnis, dessen Süßkraft auf 50% Zucker und 50% Süßstoff beruht, als **„Spezial Zucker"** zu bezeichnen (BGH GRUR 1972, 132 – *Spezial Zucker*). Zucker ist nicht der Oberbegriff für Süßstoff und Zucker; Süßstoff ist im Gegensatz zu Zucker ein auf künstlichem Wege gewonnenes Erzeugnis (§ 2 SüßstoffG).

3. Markenware

4.79 **a) Begriff der Markenware.** Unter einer **Markenware** (Markenartikel) **im wettbewerbsrechtlichen Sinne** ist eine mit einer Marke gekennzeichnete Ware zu verstehen, die sich bereits **„einen Namen gemacht"** hat, die also **im Verkehr bekannt und** wegen ihrer gleich bleibenden oder verbesserten Qualität **anerkannt** ist (vgl BGH v 15. 1. 1960 – I ZR 169/58 – *Invertan;* OLG Düsseldorf GRUR 1978, 543; OLG Karlsruhe GRUR 1984, 744, 745; Piper/ Ohly/*Sosnitza* § 5 Rdn 282). Um ein Produkt in der Werbung als Markenware herauszustellen, reicht es also nicht aus, dass es mit einer Marke gekennzeichnet ist (OLG Düsseldorf WRP 1986, 337). Mit dieser von der Verkehrsauffassung bestimmten Definition der Markenware ist der auf die Zulässigkeit unverbindlicher Preisempfehlungen zugeschnittene kartellrechtliche Begriff der Markenware nicht identisch (§ 23 II GWB aF; dazu Rdn 7.44). Darauf, ob es sich Hersteller- oder Händlermarken handelt, kommt es nicht an (BGH GRUR 1989, 754, 756 – *Markenqualität;* OLG Düsseldorf GRUR 1984, 887, 888).

4.80 **b) Irreführung. aa) Irreführung über das Vorliegen einer Marke.** Irreführend ist es, für Waren mit der Bezeichnung **„Markenware"** zu werben, wenn sie nicht mit einer Marke gekennzeichnet sind. Denn von einer Markenware erwartet der Verkehr nicht nur eine bestimmte gleich bleibende oder verbesserte Qualität, sondern auch ihre Gewähr durch die Kennzeichnung ihrer Herkunft aus einem bestimmten Unternehmen. Deshalb ist es auch unerheblich, dass die Ware tatsächlich aus der Produktion eines Markenartikels stammt oder solchen Artikeln qualitativ vergleichbar ist (BGH GRUR 1989, 754, 755 – *Markenqualität*). Unzulässig ist es daher, markenloses Benzin als „Markenbenzin" anzubieten, selbst wenn es vom Hersteller von Markenbenzin stammt und die gleiche Qualität aufweist (BGH GRUR 1966, 45 – *Markenbenzin;* vgl auch OLG Hamm GRUR 1968, 318; OLG Karlsruhe WRP 1985, 437: „Westdeutsche Markenqualität"). – Zur Werbung mit dem Markenschutz s auch Rdn 5.122.

4.81 **bb) Irreführung über die Qualität.** Häufig verbindet der Verkehr mit einer Marke ganz bestimmte **Eigenschaften und Qualitäten.** Die Marke hat jedoch **keine Garantiefunktion im Rechtssinne,** verbürgt also nicht zwingend die gleich bleibende Beschaffenheit der bezeichneten Ware (BGHZ 60, 185, 194 – *Cinzano* noch zum WZG). Dennoch wurde dem Verwender einer Marke unter der Geltung des Warenzeichengesetzes eine aus dem Irreführungsverbot abgeleitete **Hinweispflicht** auferlegt, wenn das mit der Marke gekennzeichnete Produkt mit einer gegenüber der Verkehrserwartung veränderten Eigenschaft vertrieben wurde (vgl BGH GRUR 1965, 676, 677 – *Nevada-Skibindungen;* BGHZ 60, 185, 194 – *Cinzano;* BGHZ 114, 40, 51 – *Verbandszeichen*). So ist es als irreführend untersagt worden, „Davidoff"-Zigarren zu vertreiben, ohne darauf hinzuweisen, dass die Zigarren nicht mehr aus Kuba, sondern aus der

Dominikanischen Republik stammen und im Geschmack leichter sind als bisher (OLG Hamburg WRP 1992, 395, 396). Nach geltendem Recht besteht ein solcher Anspruch nur ausnahmsweise, wenn der Markeninhaber in der Vergangenheit die nun nicht mehr vorhandene Eigenschaft **durch seine Werbung fest mit der Marke verbunden** hat (zB durch den Hinweis, dass „Davidoff"-Zigarren stets aus Kuba kommen). Von diesen Ausnahmefällen abgesehen wird der Hersteller durch die Verwendung der Marke nicht an Veränderung des gekennzeichneten Produkts gehindert und muss auch nicht auf Qualitätseinbußen oder Veränderungen der Geschmacksrichtung hinweisen (s Rdn 1.80 f).

Anders verhält es sich, wenn die **Bedingungen für die Benutzung einer Kollektivmarke** (§ 102 II Nr 5 MarkenG) nicht eingehalten werden. Denn in diesen Fällen werden mit der Verwendung des Zeichens ganz bestimmte Eigenschaften versprochen, über die der Verkehr nicht getäuscht werden darf (vgl BGH GRUR 1984, 737 – *Ziegelfertigstürze* mit Anm *Krafft*, noch zu einem Verbandszeichen nach § 4 WZG). Ein Anspruch aus § 8 I iVm §§ 3, 5 wird auch nicht durch markenrechtliche Ansprüche verdrängt, weil es markenrechtliche Ansprüche zur Einhaltung der Benutzungsbedingungen nicht gibt (vgl *Ingerl/Rohnke* MarkenG § 102 Rdn 12).

4. Deutsche Ware, deutsches Erzeugnis, Made in Germany

Schrifttum: *Gündling*, „Made in Germany" – Geografische Herkunftsbezeichnung zwischen Qualitätsnachweis und Etikettenschwindel, GRUR 2007, 921.

a) Anforderungen an die Bezeichnung „deutsch". Die Bezeichnung von Produkten als „**deutsche Ware**" oder „**deutsche Erzeugnisse**" setzt nicht voraus, dass diese von einem Unternehmen produziert wurden, das in persönlicher Hinsicht nach früheren Maßstäben als deutsches Unternehmen bezeichnet werden konnte. Für jedes in Deutschland hergestellte Erzeugnis ist daher die Bezeichnung „**Deutsches Erzeugnis**" gerechtfertigt (*v Falck* GRUR 1973, 597; aA Baumbach/*Hefermehl*, 22. Aufl, Rdn 411). Daher kann eine inländische Zweigniederlassung eines ausländischen Unternehmens ihre im Inland hergestellte Ware als „deutsches Erzeugnis" bezeichnen und braucht nicht auf Ersatzbezeichnungen wie zB „in Deutschland hergestellt" auszuweichen. Eine andere Auffassung wäre schon im Hinblick auf das in Art 18 AEUV normierte Diskriminierungsverbot zumindest für Unternehmen aus anderen EU-Mitgliedstaaten unzulässig. Im Hinblick auf die zunehmende wirtschaftliche Verflechtung und den damit bedingten Wandel der Verkehrsauffassung ist nur noch darauf abzustellen, ob die Herstellung der Ware in Deutschland erfolgt ist. – Zum **Bedeutungswandel** des Firmenzusatzes „deutsch" s Rdn 5.101.

Für die Verwendung der Bezeichnung „Deutsches Erzeugnis" ist nicht erforderlich, dass die Ware vom gedanklichen Entwurf bis zur endgültigen Fertigstellung **in Deutschland hergestellt** worden ist. Doch ist zu verlangen, dass der **maßgebliche Herstellungsvorgang,** bei dem die Ware wesentliche Teile und bestimmende Eigenschaften erhält, in Deutschland stattgefunden hat. Ob die verwendeten Rohstoffe oder Halbfabrikate deutschen Ursprungs sind, ist bei einem industriellen Erzeugnis, dessen Wert vorwiegend in der Verarbeitung liegt, grds ohne Belang). Wohl aber kommt es auch darauf an, ob eine in Deutschland hergestellte Ware nach ihrer geistigen Konzeption und Formgebung vom Publikum als deutsches Erzeugnis anzusehen ist. Ebenso wie bei der Prüfung, ob eine geografische Herkunftsangabe richtig ist, ist darauf abzustellen, ob die Eigenschaften oder Teile einer Ware, die nach der Auffassung des Publikums ihren Wert ausmachen, auf einer deutschen oder einer ausländischen Leistung beruhen (BGH GRUR 1973, 594, 595 – *Ski-Sicherheitsbindung*). Daher ist die Angabe „**Made in Germany**" irreführend, wenn zahlreiche wesentliche Teile eines Geräts aus dem Ausland kommen, es sei denn, dass die Leistungen in Deutschland erbracht worden sind, die für jene Eigenschaften der Ware ausschlaggebend sind und die für die Wertschätzung des Verkehrs im Vordergrund stehen (OLG Stuttgart NJWE-WettbR 1996, 53, 54; GK/*Lindacher* § 3 Rdn 575).

b) Deutsches Spitzenerzeugnis. Wird eine Ware als deutsches Spitzenerzeugnis angepriesen, so muss sie ihrer Güte nach zur Spitzengruppe aller in Deutschland hergestellten Waren dieser Gattung gehören. Es genügt nicht, dass sich die Ware nur in ihrer Preisklasse gegenüber anderen auf dem Markt angebotenen Waren qualitativ hervorhebt (BGH GRUR 1961, 538 – *Feldstecher;* BGH GRUR 1973, 594, 595 f – *Ski-Sicherheitsbindung*). Werden auf dem deutschen Markt auch gleichartige ausländische Waren angeboten und kommt es Interessenten darauf an, Spitzenware zu erwerben, gleichviel, ob in- oder ausländischer Herkunft, so wird die Werbung für ein „deutsches Spitzenerzeugnis" gewöhnlich dahin verstanden, dass sich die Herausstellung auf alle auf dem Markt angebotenen Waren und nicht nur auf die in Deutschland hergestellten bezieht (BGH GRUR 1973, 594, 596 – *Ski-Sicherheitsbindung*).

5. Mängelfreiheit

4.86 Nicht jeder Abweichung der vertraglichen Leistung von der geschuldeten Sollbeschaffenheit offenbart eine irreführende geschäftliche Handlung (dazu oben Rdn 2.2 ff). Eine geschäftliche Handlung liegt jedoch vor, wenn der Kaufmann die **Irreführung als Mittel im Wettbewerb** einsetzt. Insofern kann auf die Rspr zur Wettbewerbshandlung iSv § 2 I Nr 1 UWG 2004 zurückgegriffen werden (BGH GRUR 2002, 1993, 1094 – *Kontostandsauskunft;* BGH GRUR 2007, 805 Tz 12 – *Irreführender Kontoauszug;* vgl auch § 2 Rdn 81 sowie § 5 Rdn 2.7 und 4.91). Dies ist jedenfalls immer dann der Fall, wenn die Kunden **planmäßig getäuscht** werden oder wenn die vertraglich geschuldete Eigenschaft in der **Publikumswerbung herausgestellt** wird. So ist es irreführend iSv § 5, wenn fehlerhafte Ware – zB Damenstrümpfe mit Löchern – zwar zu einem sehr niedrigen Preis, aber ausdrücklich als **Ware „1. Wahl"** angepriesen wird (OLG Karlsruhe WRP 1968, 36).

4.87 Eine geschäftliche Handlung ist auch dann zu bejahen, wenn **nicht verkehrsfähige Ware** – etwa Ware ohne das erforderliche Mindesthaltbarkeitsdatum (§ 3 I Nr 4 LMKV), ein nicht zugelassenes Arzneimittel (§ 21 I AMG), ein Kraftfahrzeug ohne Betriebserlaubnis (§ 1 I StVG) angeboten wird oder wenn die mit einer Kennzeichnungspflicht verbundene Verkehrserwartung getäuscht wird. Letzteres ist der Fall, wenn Lebensmittel, deren Mindesthaltbarkeitsdatum abgelaufen ist, angeboten werden, ohne dass auf diesen Umstand deutlich hingewiesen wird. Denn der Verkehr geht gerade wegen der entspr Kennzeichnungspflichten davon aus, dass – abgesehen von Sonderaktionen mit entspr Hinweisen – nur Ware angeboten wird, deren Mindesthaltbarkeitsdatum noch nicht abgelaufen ist (OLG Köln GRUR 1988, 920 [Rev nicht angenommen: BGH Beschl v 15. 6. 1988 – I ZR 229/87]; OLG Hamm WRP 1992, 396, 397). An dieser Beurteilung ändert auch der Umstand nichts, dass der Verbraucher die Möglichkeit hat, die Ware selbst zu untersuchen (OLG Hamburg WRP 2001, 423, 424 [Rev nicht angenommen: BGH Beschl v 25. 10. 2001 – I ZR 63/01]; zur Irreführung mit dem Mindesthaltbarkeitsdatum *Michalski/Riemenschneider* BB 1994, 588; *Schüler* WRP 1990, 406 ff). – Der Anh zu § 3 III enthält in Nr 9 ein Per-se-Verbot für eine irreführende Werbung mit der Verkehrsfähigkeit eines Produkts; dazu Anh zu § 3 III Rdn 9.1 ff.

III. Irreführung über Eigenschaften und Güte einzelner Produkte (nach Branchen geordnet)

1. Finanzwesen (Kredite und Finanzierungen, Kapitalanlagen)

4.88 **a) Kredite, Finanzierungen. aa) Irreführung über Konditionen der Kreditgewährung.** Bei der Werbung für Kredite und andere Finanzierungen wird häufig gegen die Grundregel verstoßen, dass bei einer Herausstellung von **einzelnen Preisbestandteilen** die anderen Preisbestandteile, aus denen sich meist eine stärkere Belastung ergibt, genauso deutlich angegeben werden müssen (vgl zur ähnlichen Konstellation bei Kopplungsangeboten Rdn 7.33 und 7.36). Häufig wird etwa der günstige Zinssatz bes hervorgehoben und dabei verschwiegen, dass dieser Satz nur bei zusätzlichen Belastungen zu erreichen ist. So ist die Werbung für **„Baugeld ab 4,5% für Alt- und Neubau, Grundstücks- oder Hauskauf"** irreführend, wenn die Gewährung des Kredits vom Abschluss eines Bausparvertrages abhängig gemacht wird (BGH GRUR 1967, 664 – *Baugeld*). – Ebenso ist es irreführend, wenn sich der Werbende mit bes günstigen Konditionen an Personenkreise wendet, die die notwendigen Voraussetzungen zu deren Erhalt so gut wie nie erfüllen werden (Hausfrauen, Rentner, Arbeitslose). – Der werbende Hinweis darauf, dass bei der Vergabe eines Konsumentenkredits **keine Bearbeitungsgebühr** erhoben werde, ist nicht deshalb irreführend, weil die normalen Verwaltungskosten gleichwohl bezahlt werden müssen (BGH GRUR 1989, 611, 612 – *Bearbeitungsgebühr;* dazu auch Rdn 7.118).

4.89 **bb) Irreführung über Vermittlungsgebühr.** Für den Kreditnehmer ist es günstiger, den Kredit direkt und ohne Umwege zu erhalten, da eine **Vermittlung** idR zu einer **Verteuerung** führt (GK/*Lindacher* § 3 Rdn 811). Für die Frage der Irreführung ist entscheidend, ob der Verbraucher angesichts der Werbung annehmen darf, dass der Werbende die Kreditsumme aus eigenen Mitteln erbringt. Das ist bei einem **Anlageberater,** der nur ein bestimmtes Bauherrenmodell auf dem Markt unterbringen möchte, nicht der Fall (OLG Hamm WRP 1984, 34, 35). Gleiches gilt für die Werbung eines **Immobilienmaklers** für eine Immobilie mit gleichzeitigem

Hinweis auf eine günstige Kaufpreisfinanzierung (OLG Frankfurt WRP 1984, 488). Auch bei der Werbung eines **„Fachbüros für Baufinanzierung"** erwartet der Verkehr nicht, dass der Werbende die erforderlichen Kredite aus eigenen Mitteln gewähren werde (OLG Hamm WRP 1987, 186; OLG Bremen WRP 1977, 267). Anders verhält es sich, wenn die Maklereigenschaft des Werbenden aus der Anzeige, in der in Verbindung mit dem Verkauf einer Immobilie eine **Finanzierung** angeboten wird, nicht hervorgeht (OLG Hamburg WRP 1984, 419, 421). Wenn ohne nähere Angaben für einen **Kredit geworben** wird, erwartet der Verkehr nicht lediglich eine (provisionspflichtige) Vermittlung (OLG Hamm WRP 1984, 34). – Vgl zur **Irreführung über die Provisionspflichtigkeit** auch Rdn 6.39 ff und Rdn 7.118.

cc) Irreführung über den Umfang der Beratung, insbes bei Umschuldungen. Im Rahmen von Kreditgeschäften wird eine Irreführung auch dann hervorgerufen, wenn die Werbung die Übernahme von Leistungen suggeriert, die der Werbende aus rechtlichen Gründen nicht erbringen kann. So ist es einem Finanzmakler (der nicht zugleich Rechtsanwalt ist) grds verwehrt, **rechtsberatende Tätigkeiten** auszuüben. Sofern für **Umschuldungen** geworben wird, nimmt der Verkehr zumindest an, dass ihnen für die Ablösung von Altkrediten ein wirtschaftlich durchdachtes Konzept erstellt wird und die zur Ablösung erforderlichen Vorbereitungsmaßnahmen abgenommen werden. Beschafft der Makler tatsächlich nur einen neuen Kredit, den der Kunde oder nach seiner Anweisung der Makler zur Ablösung von Altkrediten verwenden soll, so wird der Verkehr durch die Werbung das Maklers irregeführt (OLG Bremen WRP 1998, 414). Darüber hinaus wird angenommen, dass der Verkehr das Angebot einer Umschuldung auch so versteht, dass die Beratungen und Verhandlungen mit Dritten geführt werden, die für eine Ablösung übernommener Kredite durch neue Kredite erforderlich werden (OLG München WRP 1978, 560; OLG Saarbrücken NJW 1969, 284; OLG Hamburg WRP 1979, 138). Diese rechtsberatende oder rechtsbesorgende Tätigkeit ist dem Umschulder, der nicht zugleich Rechtsanwalt ist, aber verwehrt. Wirbt ein Kreditvermittler mit dem Text **„Baufinanzierung von A–Z, auch Ablösen von Altschulden"**, so erwartet der Leser nicht nur die Vermittlung der nötigen Kredite, sondern auch eine umfassende Beratung sowie die Übernahme aller Verhandlungen mit den Alt- und Neugläubigern; es gilt nichts anderes, als wenn mit der Übernahme von „Umschuldungen" geworben wird (OLG Hamm WRP 1983, 221; OLG Stuttgart WRP 1983, 519). – Irreführend ist es auch, wenn ein Unternehmen in einem Angebot zur Finanz- und Wirtschaftsberatung mit **„Entschuldungsmöglichkeiten"** wirbt, obwohl es weder als Stelle für Verbraucherinsolvenzen nach § 305 InsO zugelassen noch in Besitz einer Erlaubnis nach dem RBerG ist (OLG Oldenburg GRUR 2006, 605).

dd) **Irreführende Kontostandsauskünfte.** Eine Bank handelt wettbewerbswidrig, wenn sie die automatisierte Kontostandsauskunft an ihren Geldautomaten so einrichtet, dass Rentenüberweisungen am Monatsende schon **vor der Wertstellung als Guthaben ausgewiesen** werden, so dass Kunden – über den Stand ihrer Konten irregeführt – zu Kontoüberziehungen veranlasst werden können, die sie zur Zahlung von Überziehungszinsen verpflichten (BGH GRUR 2002, 1093 – *Kontostandsauskunft;* dazu *K.W. Lange* BGH-Rp 2002, 1042; *Steppeler* EWiR 2003, 345; *Pohlmann/Kerfs* WuB V B § 3 UWG 1.03; krit *Schimansky* BKR 2003, 179). Auch die Kontoauszüge einer Bank sind irreführend, wenn zwar bei den einzelnen Gutschriften zutr zwischen den Daten der Buchung und der Wertstellung unterschieden wird, bei der optisch hervorgehobenen Angabe des Kontostands am Ende des Auszugs aber nicht deutlich darauf hingewiesen wird, dass darin auch noch nicht wertgestellte Beträge enthalten sein können, über die bis zur Wertstellung noch nicht ohne Belastung mit Sollzinsen verfügt werden kann (BGH GRUR 2007, 805 Tz 17 ff – *Irreführender Kontoauszug*). Das Interesse des Kunden bei Durchsicht der Kontounterlagen gilt in erster Linie dem dort ausgewiesenen Kontostand. Ein erheblicher Teil der Bankkunden erkennt ohne einen entsprechenden Hinweis nicht den Unterschied zwischen verfügbarem Kontostand und zinsfrei verfügbarem Guthaben; bei diesen Kunden entstehen daher unrichtige Vorstellungen darüber, in welchem Umfang sie ohne Zinsbelastung verfügen können (BGH GRUR 2007, 805 Tz 21 – *Irreführender Kontoauszug*). – Zur Frage, ob es sich bei einer solchen Maßnahme um eine geschäftliche Handlung vor, bei oder nach einem Geschäftsabschluss iSv § 2 I Nr 1, § 3 handelt, s § 2 Rdn 78, § 5 Rdn 2.6 f und 4.86.

b) **Kapitalanlagen, Steuersparmodelle. aa) Angesprochene Verkehrskreise.** Die Verkehrskreise, an die sich eine Werbung für Kapitalanlagen oder für steuersparende Bauherrenoder Erwerbermodelle richtet, sind unterschiedlich. Meist kann aber nicht von einem mit derartigen Anlagen erfahrenen, sorgfältig prüfenden, kritischen Anleger ausgegangen werden. Wenig vertraut mit derartigen Geschäften werden im Allgemeinen **Kleinanleger** sein (vgl BGH GRUR 2004, 162, 163 – *Mindestverzinsung*). Aber auch **Spitzenverdiener**, denen erhebliche Steuervorteile versprochen werden, verfügen häufig nur über vage Kenntnisse davon, mit welchen durch das Steuerrecht noch zu rechtfertigenden Konstruktionen Steuern etwa durch Immobilienerwerb zu sparen sind (KG WRP 1984, 604, 606).

4.93 bb) **Irreführung über zu erwartende Gewinne.** Wer mit Renditen wirbt, die nach der Lebenserfahrung allenfalls bei hochspekulativen Anlagen erreicht werden können (**„Traumrendite von 860%"**), und im Zusammenhang mit derartigen Gewinnen von einem **„bankgesicherten Investprogramm"** spricht, führt die angesprochenen Verkehrskreise irre, weil solche Renditen ohne jedes Verlustrisiko nach der Lebenserfahrung bei auf dem Geldmarkt üblichen Kapitalanlagen nicht zu erzielen sind (OLG München NJWE-WettbR 1997, 152). Auch wenn die Rentierlichkeit einer Kapitalanlage von einer Vielzahl von Imponderabilien abhängig ist, muss sich die werbende Anpreisung im Rahmen dessen halten, was bei realistischer Betrachtung zu erwarten ist (KG WRP 1997, 31).

4.94 cc) **Irreführung über das Risiko der Anlage und über Sicherheiten.** Die Werbung für ein Kapitalanlagemodell, bei dem der Anleger für seine Immobilie eine **Grundschuld** bestellt und diese an Dritte abtritt, die sich ihrerseits unter Verwendung der Grundschuld Kapital beschaffen, wobei der Anleger für die Abtretung des Grundpfandrechts an Erträgen beteiligt werden soll, ist nach § 5 I 2 Nr 1 irreführend, wenn der Eindruck erweckt wird, dass allein durch die Bestellung und Abtretung der Grundschuld ohne relevante wirtschaftliche Belastungen und Risiken sichere Einkünfte erzielt werden (OLG Saarbrücken NJWE-WettbR 1996, 202). Entsprechendes gilt, wenn bei den angesprochenen Interessenten die Vorstellung begründet wird, es werde eine Prüfung nach banküblichen Richtlinien durchgeführt und üblicherweise eine bankübliche Sicherheit geboten und es sei sichergestellt, dass der Investor den Grundschuldbrief am Ende der Laufzeit zurückerhält (OLG Saarbrücken aaO). – Die **Werbung für eine Vermögensanlage als „sicher"** ist irreführend, da Verbraucher unter Sicherheit nicht nur die – allenfalls vorliegende – hohe Wahrscheinlichkeit versteht, mit der ein Risiko vermieden werden kann (KG WRP 1996, 750).

4.95 Eine an mögliche Kapitalanleger gerichtete Werbeaussage über die **Mindestverzinsung des eingesetzten Kapitals** ist auch dann zur Irreführung geeignet, wenn sie zwar keine unrichtigen Tatsachenbehauptungen enthält, aber gerade darauf angelegt ist, die irrige Vorstellung zu wecken, es sei eine sichere Rendite zu erwarten (BGH GRUR 2004, 162 – *Mindestverzinsung*). Ist in einer Werbung für eine stille Beteiligung an einer im Immobiliengeschäft tätigen Gesellschaft von einer vertraglich zugesicherten Mindestverzinsung die Rede, ist eine solche Aussage zwar nicht geeignet, sämtliche angesprochenen Anlageinteressenten irrezuführen. Denn wirtschaftlich denkende Kapitalanleger werden bei einiger Überlegung erkennen, dass die Zusicherung einer „Mindestverzinsung" bei Verlusten oder zu niedrigen Gewinnen nur durch den Rückgriff auf die von den stillen Gesellschaftern erbrachten Einlagen und damit zu Lasten des für Investitionen zur Verfügung stehenden Kapitals erfüllt werden kann. Dies schließt aber eine Irreführung eines erheblichen Teils der interessierten Kapitalanleger, insbes der Kleinanleger, nicht aus (BGH GRUR 2004, 162, 163 – *Mindestverzinsung; dazu Wehlau* BGH-Rp 2004, 246; *Hoeren* EWiR 2004, 203). – Die Werbung mit einer „bankgarantierten Rückzahlung der Einlage" verletzt das wettbewerbsrechtliche Irreführungsverbot, wenn die Realisierung der Garantie voraussichtlich mit erheblichen Schwierigkeiten verbunden ist (KG WRP 1997, 31).

4.96 dd) **Irreführung über Steuervorteile.** Die Werbeaussage **„Bei 10% Eigenkapital beträgt die Verlustzuweisung ... ca 233%"** ist irreführend, weil sie nicht deutlich zum Ausdruck bringt, dass sich der Prozentsatz von 233% lediglich auf den Betrag des Eigenkapitals bezieht (KG WRP 1984, 604, 606). Ebenso ist die Werbung eines Immobilienmaklers **„ca 150% Steuervorteil bezogen auf 10% Eigenkapital"** als irreführend angesehen worden, weil sie von den breiten Verkehrskreisen, an die sie sich richtet, dahin verstanden wird, dass die tatsächlich zu erreichende Steuerersparnis bis zu 150% vom eingesetzten Eigenkapital ausmachen kann, während in Wirklichkeit nur der zu erzielende Werbungskostenbetrag bis zu 150% des eingesetzten Eigenkapitals erreichen kann und die Steuerersparnis nur einen von den jeweiligen individuellen Verhältnissen des Anlegers abhängigen Bruchteil des Werbungskostenbetrags ausmacht (OLG Karlsruhe GRUR 1985, 454).

2. Immobilien

a) Angaben über das Objekt. Werden bei der Werbung für Immobilien **Abbildungen** 4.97 verwendet, die mit der **Wirklichkeit nicht übereinstimmen,** so kommt es grds zu relevanten Fehlvorstellungen über das Angebot. Unerheblich ist dabei, ob die abgebildeten Objekte qualitativ gleichwertig wie die angebotenen sind, da auch für gute Ware nicht mit falschen Angaben geworben werden darf (vgl KG WRP 1978, 720 – *Flugreisen-Katalog*). – Ohne eine entspr Aufklärung geht der Verkehr bei einer Werbung für **Fertighäuser** davon aus, dass er ein vollständiges Haus mit Gründung (also mit Fundament und ggf mit Keller) erhält (KG WRP 1985, 558, 559). – Ein aufklärender Zusatz, der für die Verbraucher eine sinnvolle Information enthält, ist nicht deshalb als irreführende Werbung mit Selbstverständlichkeiten zu untersagen, weil die Information nur die Gesetzeslage wiedergibt. Wirbt ein Immobilienhändler in einem Zeitungsinserat für den Verkauf eines Einfamilienhauses mit dem Zusatz zur Preisangabe „inkl. erschl. Grundstück und Vollunterkellerung", so ist dieser informative Hinweis nicht deshalb wettbewerbswidrig, weil das Haus immer nur mit dem (erschlossenen) Grundstück veräußert werden kann (OLG Hamm GRUR 1987, 542). – Wird für den Immobilienteil einer Zeitung mit dem Slogan *„Beste Auswahl, beste Lage, beste Übersicht"* geworben, liegt darin keine unzulässige Alleinstellungsbehauptung, sondern nur der Hinweis auf eine sehr gute Qualität des Angebots (KG GRUR 1999, 1021).

b) Irreführung über das Datum der Fertigstellung oder über die Beziehbarkeit. Für 4.98 den Verkauf einer sich noch im Rohbau befindlichen Immobilie darf ohne aufklärenden Hinweis nicht mit einer Anzeige geworben werden, die den Eindruck eines fertigen Objekts erweckt (KG WRP 1987, 172; KG GRUR 1988, 921). Allerdings wird man immer fragen müssen, ob eine solche Fehlvorstellung nach § 3 zu einer nicht unerheblichen Beeinträchtigung des Wettbewerbs führt (vgl KG GRUR 1995, 138). – Eine **Bauherrengemeinschaft** darf in ihrer Werbung nicht den Eindruck erwecken, dass die angebotenen Wohnungen zum Kauf bereit stehen, wenn in Wirklichkeit nur der Beitritt zur Bauherrengemeinschaft möglich ist (KG WRP 1981, 647). Dagegen ist eine Immobilienanzeige nicht irreführend, mit der für den Verkauf eines bewohnten Hauses – keines Neubaus – geworben wird, ohne gleichzeitig darauf hinzuweisen, dass das Haus nicht sofort beziehbar ist (BGH WRP 1993, 239 – *Sofortige Beziehbarkeit*).

c) Angaben über die Finanzierung. Die Immobilienwerbung mit der Behauptung „**Kom-** 4.99 **fort ohne Eigenkapital"** ist nicht als irreführend zu untersagen, wenn bei Kaufabschluss der volle Kaufpreis durch Finanzierungsmittel erfolgt, in der Abzahlungsphase jedoch eigene Mittel zum Ausgleich einer laufenden Unterdeckung eingesetzt werden müssen (KG WRP 1985, 635).

d) Maklerangebot ohne Zustimmung des Eigentümers. Einem Wohnungsmakler ist es 4.100 untersagt, Immobilien ohne die Zustimmung des Verfügungsberechtigten anzubieten, da er andernfalls über seine Leistungsfähigkeit täuscht (OLG Köln WRP 1982, 356).

e) Gewerblicher Charakter des Angebots. Zu einer Irreführung über das Angebot kommt 4.101 es bei dem Erwerb von Immobilien häufig auch dann, wenn der **gewerbliche Charakter** der **Bezugsquelle** verschwiegen wird (s dazu Rdn 6.38 ff).

3. Internet

Schrifttum: *Biermann,* Kennzeichenrechtliche Probleme des Internets; Das Domain-Name-System, WRP 1999, 997; *Boehme-Neßler,* Rechtsprobleme der Internet-Werbung, ZUM 2001, 547; *Bornkamm/Seichter,* Das Internet im Spiegel des UWG – Grenzwerte für die lautere Nutzung eines neuen Mediums, CR 2005, 747; *Bücking,* Update Domainrecht: Aktuelle Entwicklungen im deutschen Recht der Internetdomains, MMR 2000, 656; *Bullinger,* Internet-Auktionen – Die Versteigerung von Neuwaren im Internet aus wettbewerbsrechtlicher Sicht, WRP 2000, 253; *Demmel/Skrobotz,* Vergabe und Nutzung von Vanity-Nummern vor dem Hintergrund der Domain-Rspr, MMR 1999, 74; *Dörre/Jüngst,* Aktuelle Entwicklung der AdWord-Rechtsprechung, K&R 2007, 3189; *Ernst,* Internet-Suchmaschinen und Wettbewerbsrecht, NJW-CoR 1997, 493; *ders,* Rechtsprobleme im Internet: urheber-, wettbewerbs- und markenrechtliche Sicht, K & R 1998, 536; *ders,* Gattungsnamen als Domain, DuD 2001, 212; *ders,* Internetadressen – Der Stand der Rspr, MMR 2001, 368; *ders,* Von Internetadressen, Anwälten, Richtern und Politikern, MMR 2004, 125; *ders,* Suchmaschinenmarketing (Keyword-Advertising, Doorwaypages uÄ) im Wettbewerbs- und Markenrecht, WRP 2004, 278; *ders,* AdWord-Werbung in Internet-Suchmaschinen als kennzeichen- und wettbewerbsrechtliches Problem, MarkenR 2006, 57; *Gabel,* Die Haftung für Hyperlinks im Lichte des neuen UWG, WRP 2005, 1102; *Glöckner,* Wettbewerbsverstöße im Internet – Grenzen einer kollisionsrechtlichen Problemlösung, ZVglRWiss 99 (2000), 278; *Härting,* Domainrecht – eine Bilanz der Rspr aus den Jahren 2002/2003, K & R 2003, 485; *ders,* Domainrecht – Eine Zwischenbilanz, BB 2002, 2028; *Hoeren,* Cybermanners und Wettbewerbsrecht – Einige Überlegungen zum Lauterkeitsrecht im Internet, WRP 1997, 993; *G. Jacobs,* Gesetzliche Teilhabe an

Domain-Names, 2003; *Joppich,* Das Internet als Informationsnetz? – Zur urheber- und wettbewerbsrechtlichen Zulässigkeit von Deep Links, CR 2003, 504; *Karl,* Werberecht der freien Berufe und generische Domainnamen, BRAK-Mitt 2004, 5; *Kaufmann,* Metatagging – Markenrecht oder reformiertes UWG?, MMR 2005, 348; *B. Lorenz,* Die Wettbewerbswidrigkeit einer mangelhaften Anbieterkennzeichnung, WRP 2010, 1224; *Leupold/Bräutigam/Pfeiffer,* Von der Werbung zur kommerziellen Kommunikation: Die Vermarktung von Waren und Dienstleistungen im Internet, WRP 2000, 575; *Milbradt,* Generische Domain-Namen, MarkenR 2002, 33; *Mulch,* Internet – Konkrete Anforderungen an Informationspflichten der Anbieter, MDR 2007, 309; *H.-F. Müller,* Internet-Domains von Rechtsanwaltskanzleien, WRP 2002, 160; *Nägele,* Die Rspr des Bundesgerichtshofs zu Internet-Domains, WRP 2002, 138; *Nirk,* Der ubiquitäre Auftritt des Anwalts – Sachlichkeitsgebot und Anwaltswerbung im Internet, FS Geiß, 2000, 293; *Pawlitschko,* Domain-Sharing-Vertrag – Ein neuer Lösungsweg bei Domain-Streitigkeiten, ITRB 2002, 71; *Renck,* Scheiden allgemeine Begriffe und Gattungsbezeichnungen als Internet-Domains aus?, WRP 2000, 264; *Schack,* Internationale Urheber-, Marken- und Wettbewerbsrechtsverletzungen im Internet, MMR 2000, 59; *Schardt/Lehment/Peukert,* Haftung für Hyperlinks im Internet, UFITA 2001, 841; *Schirmbacher,* UWG 2008 – Auswirkungen auf den E-Commerce, K&R 2009, 433; *Schönberger,* Der Schutz des Namens von Gerichten gegen die Verwendung als oder in Domain-Namen, GRUR 2002, 478; *Schreibauer/Mulch,* Die im Jahr 2000 veröffentlichte Rspr zum Internetrecht – Zeichen-, Urheber-, Wettbewerbsrecht und Verantwortlichkeit, WRP 2001, 481; *dies,* Die im Jahr 2001 veröffentlichte Rspr zum Internetrecht – Zeichen-, Urheber-, Wettbewerbsrecht und Verantwortlichkeit, WRP 2002, 886; *Spindler,* Die zivilrechtliche Verantwortlichkeit von Internetauktionshäusern – Haftung für automatisch registrierte und publizierte Inhalte?, MMR 2001, 737; *Thiele/Rohlfing,* Gattungsbezeichnungen als Domain-Namen, MMR 2000, 591; *Thormann,* Links und Frames und ihr Rechtsschutz im Internet, Mitt 2002, 311; *Vießhues,* Domain-Name-Sharing, MMR 2000, 334; *Weiler,* Irreführung über die Rechtsform durch Top-Level-Domains?, K & R 2003, 601; *Wendlandt,* Gattungsbegriffe als Domainnamen – Marken- und wettbewerbsrechtliche Behandlung aus deutscher und U.S.-amerikanischer Sicht, WRP 2001, 629; *Wissmann,* Internet als Reformbeschleuniger, EuZW 2000, 289.

4.102 **a) Überblick.** Das **Internet** hat die Rechtsordnung vor eine Reihe neuer und neuartiger Probleme gestellt, die im Wesentlichen mit dem Werkzeug des bestehenden Rechts gelöst werden mussten. Das ist inzwischen weitgehend gelungen. Es herrscht für den Bereich des Internet keine bes Rechtsunsicherheit. – Zu den Instrumenten, mit deren Hilfe die mit dem Internet zusammenhängenden Phänomene zu lösen sind, gehört als eine Art **Auffangtatbestand** das wettbewerbsrechtliche Irreführungsverbot. Es kommt daher in fast allen Bereichen der Internetnutzung zum Zuge. Die Anwendungsbereiche sind im Folgenden in **fünf Kategorien** unterteilt: Domainnamen, Werbung für den Internetzugang, irreführende Preiswerbung im Internet, die Phänomene des „Framing", der „Metatags" und der „Deep Links" und Versteigerungen im Internet.

4.103 **b) Gattungsbegriff als Domainname. aa) Grundsatz.** Die grundlegende Weichenstellung für die wettbewerbsrechtliche Beurteilung von Domainnamen erfolgte in Deutschland im Jahre 2001 durch die Entscheidung **„Mitwohnzentrale.de"** des BGH (BGHZ 148, 1 = GRUR 2001, 1061 – *Mitwohnzentrale.de*). Seitdem steht fest, dass die Registrierung eines Gattungsbegriffs als Domainname („autovermietung.com", „buecher.de", „drogerie.de", „rechtsanwaelte.de", „sauna.de") nicht generell unlauter ist (s § 4 Rdn 10.95). Damit wurde der Weg geebnet für die mit Hilfe des Irreführungsverbots vorzunehmende wettbewerbsrechtliche Feinsteuerung im Einzelfall. Bei der Verwendung von Gattungsbegriffen als Domainnamen kann sich die Irreführungsgefahr vor allem daraus ergeben, dass der Verkehr den Domainnamen als eine **Alleinstellungsbehauptung** versteht: So kann bei dem von einem für einen Verband von Mitwohnzentralen verwendeten Domainnamen „Mitwohnzentrale.de" der Eindruck entstehen, als handele es sich bei dem so auftretenden Verband um den einzigen oder doch den größten Verband von Mitwohnzentralen, was den Internet-Nutzer idR von der Suche nach weiteren Angeboten abhalten wird (BGHZ 148, 1, 13 = GRUR 2001, 1061, 1064 – *Mitwohnzentrale.de*). In dem vom BGH entschiedenen Fall führte diese Frage zur Zurückverweisung und letztlich zur Abweisung der Klage. Das OLG hat die Irreführung verneint, wobei es – einem Hinweis des BGH folgend – seine Beurteilung nicht allein auf den Domainnamen, sondern auch auf den Internetauftritt gestützt hat (OLG Hamburg GRUR 2003, 1058). Zur Frage, ob eine Irreführung nur durch Änderung des Domainnamens oder auch auf andere Weise vermieden werden kann, s Rdn 4.195.

4.104 **bb) Kein Anspruch auf Domain-Sharing.** Indem der BGH die Registrierung eines Gattungsbegriffs als Domainname nicht generell als unlauter eingestuft hat, hat er auch den Konzepten einer **Teilhabe Dritter an beschreibenden Domainnamen** (dazu *Vießhues* MMR 2000, 334, 339; *Renck* WRP 2000, 264, 268; ferner vgl *G. Jacobs,* Gesetzliche Teilhabe an Domain-Names, S 175 ff) die Grundlage entzogen. Auch der Irreführungsvorwurf kann sich nicht daraus nähren, dass der Inhaber eines beschreibenden Domainnamens Dritte an diesem Namen nicht teilhaben lässt. Ist allerdings ein Domainname für sich genommen irreführend, weil er bspw als Alleinstellungsbehauptung aufgefasst wird, kann die Irreführung idR durch einen Hinweis auf der

Ersten sich öffnenden Internetseite beseitigt werden (BGH GRUR 2002, 706, 708 – *vossius.de;* dazu Rdn 4.109). Hierin ist eine Einladung zu sehen, nicht nur das Nötigste zu tun, um die Irreführung auszuschließen, sondern Dritten mit einem berechtigten Interesse an dem Gattungsbegriff eine Teilhabe zu ermöglichen. Eine rechtliche Qualität hat diese Einladung indessen nicht.

cc) Beispiele aus der Rspr. Bei der Instanzrechtsprechung ist zu beachten, dass sie auf der Grundlage der Entscheidung „Mitwohnzentrale.de" des BGH ergangen sind. Eine Reihe früherer Entscheidungen gehen noch von der Vorstellung aus, die Verwendung eines Gattungsbegriffs als Domainname sei für sich genommen schon unlauter. Diese Entscheidungen – zB die Entscheidung des OLG Celle, mit der der Domainname „anwalt-hannover.de" als irreführend untersagt wurde (NJW 2001, 2100) – sind durch die neuere Entwicklung überholt. **4.105**

Beispiele für die Annahme einer Alleinstellungsbehauptung: Die Verwendung der Bezeichnung „Der Prozessfinanzierer" an hervorgehobener Stelle einer Werbung und als Internet-Domain ist als unzulässige Alleinstellungswerbung untersagt worden (LG Köln GRUR-RR 2001, 41). – Ebenso die Bezeichnung „Tauchschule Dortmund", weil sie nicht nur den Eindruck erweckt, dass es sich um eine Tauchschule in Dortmund handelt, sondern dass es sich gewissermaßen um die Tauchschule in Dortmund handelt (OLG Hamm GRUR-RR 2003, 289 = MMR 2003, 471 mit Anm *Karl* [NZB zurückgewiesen: BGH Beschl v 20. 11. 2003 – I ZR 117/03]). **4.106**

Ferner wurde als irreführend untersagt: Der Domainname einer Anwaltskanzlei „rechtsanwaelte-dachau.de", da der Eindruck erweckt werde, es werde ein Zugang zu allen oder den meisten Anwälten in Dachau gewährt (OLG München NJW 2002, 2113). **4.107**

Als zulässig wurde angesehen: Betreibt ein Rechtsanwalt unter dem Domainnamen „www.pruefungsrecht.de" ein Portal, in dem interessierte Personen – ua Rechtsanwälten – gegen bestimmte Gebühren eigene Beiträge zu dem Themengebiet hinterlegen oder Verweise auf die eigene Homepage anbringen kann, ist nicht als irreführend angesehen worden (LG Braunschweig NJW-RR 2002, 1210; LG Braunschweig MMR 2002, 754). – Ebenfalls als zulässig erachtet wurde der Domainname „champagner.de" für eine Informationsplattform zur Werbung für die Gattung „Champagner" (OLG München WRP 2002, 111 [Rev nicht angenommen: BGH Beschl v 13. 6. 2002 – I ZR 292/01]). – Die Internetbenutzer, die den Begriff „Autovermietung" zusammen mit einer Top-Level-Domain für eine Suche im Internet verwenden **(„autovermietung.com"),** erwarten nicht, unter dieser Domain eine Homepage mit einem vollständigen bzw jedenfalls einem repräsentativen Überblick von in diesem Bereich tätigen Unternehmen vorzufinden, so dass die Verwendung dieses Begriffs auch nicht unter dem Gesichtspunkt der Irreführung untersagt werden kann (OLG München MMR 2001, 615 mit Anm *Jung*). Ebenfalls nicht zu beanstanden ist, die Nutzung einer Branchenbezeichnung als Domainname für eine Website **(„stahlguss.de"),** die Unternehmen der Stahlgussbranche gegen Entgelt zur Platzierung von Werbung offen steht (OLG Braunschweig MMR 2000, 610 mit Anm *Abel*). Als unbedenklich angesehen wurde auch der Domainname **„drogerie.de",** unter dem ein Internet-Portal betrieben werden soll (OLG Frankfurt WRP 2002, 1452). **4.108**

dd) Vermeidung der Irreführung. Handelt es sich bei dem Domainnamen um eine Gattungsbezeichnung, muss eine eventuelle Irreführung, die mit der Verwendung verbunden ist (bspw weil der Verkehr in der Verwendung des Gattungsbegriffs als Internetadresse eine Alleinstellungsbehauptung sieht), nicht zwingend durch eine Änderung oder Ergänzung des Domainnamens vermieden werden. Möglich ist auch ein aufklärender Hinweis, der sich auch noch auf der Ersten sich öffnenden Internetseite befinden kann (BGHZ 148, 1, 13 = GRUR 2001, 1061, 1064 – *Mitwohnzentrale.de;* BGH GRUR 2002, 706, 708 – *vossius.de* für die Verletzung des Namensrecht unter Gleichnamigen). – Dagegen ist es nicht als ausreichend angesehen worden, wenn ein Händler, der in einer Zeitungsanzeige mit seiner Internetadresse wirbt und es unterlassen hat, auf den **gewerblichen Charakter** seines Angebots hinzuweisen (s Rdn 6.38 f), diesen Hinweis auf der Ersten sich öffnenden Seite nachholt (LG Essen MMR 2003, 343 mit Anm *Miezel*). **4.109**

c) Andere Fälle irreführender Domainnamen. Unabhängig davon, ob es sich bei einem Domainnamen um eine Gattungsbezeichnung handelt, gibt es häufig Beanstandungen, weil der Domainname eine Erwartung auslöst, die nicht eingehalten wird. Zu beachten ist, dass das Privileg, eine Irreführung, die durch den Domainnamen erzeugt worden ist, durch einen Hinweis auf der Ersten sich öffnenden Internetseite zu beseitigen, nur für Gattungsbezeichnungen sowie zwischen Gleichnamigen gilt (BGH GRUR 2002, 706, 708 – *vossius.de;* dazu Rdn 4.109). **4.110**

aa) Beispiele für Domainnamen, die als irreführend untersagt worden sind. Der Domainname „www.steuererklaerung.de" für einen Lohnsteuerhilfeverein iSv § 4 Nr 11 StBerG, weil das, was ein solcher Verein anbieten könne, sich nicht pauschal mit dem Schlagwort **4.111**

„Steuererklärung" bewerben lasse (OLG Nürnberg GRUR 2002, 460); bedenklich ist allerdings, dass auch eine Richtigstellung auf der Ersten sich öffnenden Internetseite nicht als ausreichend angesehen wurde, um die Irreführung auszuräumen (s dazu Rdn 4.109). – Bei dem Domainnamen „uhren-magazin.de" erwartet der Verkehr ein Angebot, das redaktionell betreute Informationen zu Uhren umfasst (LG Frankfurt aM GRUR-RR 2002, 68). – Die Verwendung der Domain-Adresse **„rechtsanwalt.com"**, unter der ein Unternehmen, das weder Rechtsanwälte beschäftigt noch eine entspr Berufsorganisation ist, einen Anwaltssuchdienst unterhält und Mustertexte sowie eine Sammlung von Querverweisen (Links) anbietet, verstößt gegen das Irreführungsverbot, weil der Verkehr annimmt, es handele sich um einen von Rechtsanwälten oder von einer Anwaltsorganisation betriebenen Informationsdienst (OLG Hamburg NJW-RR 2002, 1582; dazu *Creutz* BRAK-Mitt 2002, 289; aA LG Mannheim NJW-RR 2002, 1580). – Mit der Bezeichnung „Deutsches Anwaltsverzeichnis" wird bei den angesprochenen Verkehrskreisen die – in casu unzutreffende – Vorstellung geweckt, das Verzeichnis enthalte alle bzw die allermeisten Namen der in Deutschland tätigen Rechtsanwälte (LG Berlin MMR 2003, 490).

4.112 **Geografische Bezeichnungen** werden zuweilen beschreibend für ein Portal verwendet, unter dem Informationen über die jeweilige Stadt oder Gegend zusammengestellt sind. Hier geht indessen idR das Namensrecht des jeweiligen Namensträgers vor. So steht dem Freistaat Bayern ein Namensrecht an der Bezeichnung „Neuschwanstein" zu. Die Benutzung der Domain **„neuschwanstein.de"** und „neuschwanstein.com" verstößt daher gegen das Namensrecht des Freistaats, ohne dass sich ein Dritter darauf berufen kann, er habe die Bezeichnung beschreibend verwendet (LG München I ZUM-RD 2002, 107; vgl auch LG Mannheim GRUR 1997, 377 zu **„heidelberg.de"**; SchweizBG GRUR Int 2000, 944 zu **„berneroberland.ch"**).

4.113 Auch die **Top-Level-Domain** selbst („.de", „.com", „.at", „.ch") kann irreführend sein, wenn sie nicht derart gebräuchlich ist wie die beispielhaft angeführten. So lautet die Länderkennung für Antigua und Barbuda „.ag", was in Verbindung mit der eigenen Firma – vor allem in Großbuchstaben – den Eindruck einer Aktiengesellschaft vermittelt. Als irreführend untersagt worden ist daher der Domainname „tipppppppp.ag", den sich eine GmbH hatte registrieren lassen (LG Hamburg K&R 2003, 616 mit Anm *Weiler* = CR 2004, 143 mit Anm *Stögmüller*). – Wirbt ein Händler in einer Zeitung mit seiner Internetadresse (zB „www.gubin.de"), muss er idR auf den **gewerblichen Charakter seines Angebots** hinweisen (s Rdn 6.38 f), falls nicht bereits der Standort oder die Aufmachung der Anzeige den gewerblichen Charakter offenbart. Nicht ausreichend ist, wenn über den gewerblichen Charakter erst auf der Ersten sich öffnenden Seite hingewiesen wird (LG Essen MMR 2003, 343 mit Anm *Miezel*).

4.114 **bb) Beispiele für Domainnamen, die als unbedenklich angesehen worden sind.** Der Gebrauch des Domainnamen **„gigarecht"** für einen Rechtsberatungs-Service im Internet ist sowohl unter berufsrechtlichen als auch unter wettbewerbsrechtlichen Gesichtspunkten als zulässig angesehen worden (LG Berlin NJW-RR 2001, 1719). – Der Begriff **„Herstellerkatalog"** beschreibt einen Katalog, in dem verschiedene Hersteller und deren Waren aufgeführt sind. In seiner Verwendung als Domainname („herstellerkatalog.com") ist ohne Hinzutreten sonstiger Unlauterkeitsmerkmale kein wettbewerbswidriges Verhalten zu sehen (OLG Stuttgart MMR 2002, 754).

4.115 **d) Werbung für den Internetzugang.** Irreführend ist es, wenn ein Internet-Online-Dienst, der zwar die meisten Kunden hat, aber nicht am meisten genutzt wird, als **„Europas größter Onlinedienst"** oder als **„der größte Internet-Provider Europas"** bezeichnet wird. Der durchschnittlich informierte, aufmerksame und verständige Adressat, der die Werbung mit einer der Situation entspr angemessenen Aufmerksamkeit zur Kenntnis nimmt, bezieht diese Angabe nicht allein auf die Zahl der Kunden, sondern nimmt auch an, dass dieser Dienst am häufigsten und umfangreichsten benutzt wird (BGH GRUR 2004, 786, 788 – *Größter Online-Dienst*). Der Werbung *„weltweit die Nr 1 in Online und Internet"* versteht der Verkehr allerdings nicht in der Weise, dass dieser Onlinedienst in jedem Land der Welt die Nummer 1 sei (OLG Frankfurt GRUR 2003, 1059). – Als irreführend beanstandet worden ist die Werbeaussage **„T-Online eröffnet Ihnen den einfachen Weg ins Netz: Schnell, sicher, kostengünstig"**, weil die Werbeaussage „sicher" über einen Internetzugang vom Verkehr auch auf Computerviren und Datenmissbrauch bezogen werde (OLG Hamburg GRUR-RR 2003, 157), ebenso die Aussage **„Sorgenfrei ins Internet"** (OLG Hamburg GRUR-RR 2004, 333). Dies erscheint bedenklich, weil die Verwendung der Begriffe „sicher" und „sorgenfrei" genauso gut iSv „zuverlässig" verstanden werden kann. Derselbe Senat des OLG Hamburg hat denn auch die Werbeaussage **„1&1 DSL PLUS bietet Ihnen viel mehr als einen zuverlässigen und sicheren Zugang** zum **Highspeed-Internet!"** unbeanstandet passieren lassen (OLG Hamburg GRUR-RR 2005, 324 (LS) = NJOZ 2005, 3189).

Die **bes Hinweispflichten,** die für **Kopplungsangebote** gelten (s Rdn 7.32 ff und § 4 Rdn 1.60 ff), sind nicht anzuwenden, wenn die Werbung neben den primär angebotenen Dienstleistungen des Werbenden im Zusammenhang mit der Bereitstellung von DSL-Internetzugängen als **fakultative Angebotsvariante** auch den hierfür benötigten T-DSL-Anschluss der Deutschen Telekom umfasst (OLG Karlsruhe GRUR-RR 2004, 86). – Die Verwendung des Kürzels **„DSL"** führt den Verkehr ohne aufklärende Zusätze relevant in die Irre, wenn die angebotene Technik die erwartete Übertragungsgeschwindigkeit nur im Zuge des Herunterladens von Daten aus dem Internet („downstream"), nicht aber bei der eigenen Datenweiterleitung („upstream") bietet (OLG Köln GRUR-RR 2004, 184). – Bei einem **Preisvergleich,** der die **Tarife für den Internetzugang** denen eines Konkurrenten gegenüberstellt, kann nicht immer im Detail jede Besonderheit der jeweiligen Tarifstruktur gegenübergestellt werden. Bietet der verglichene Konkurrent etwa in einer Sonderaktion für die ersten Monate die Befreiung von der Monatsgebühr an, reicht es zur Ausräumung einer Irreführungsgefahr aus, wenn der Vergleich der regulären Tarife einen Hinweis darauf enthält, dass zeitlich befristete Sonderpreisvorteile im Angebot des Mitbewerbers keine Berücksichtigung gefunden haben (vgl OLG Frankfurt MMR 2005, 53, 54). **4.116**

e) Irreführende Preiswerbung für den Internetzugang. Der rege Preiswettbewerb der verschiedenen Onlinedienste fördert eine Werbung, in der die Kunden plakativ auf (vermeintlich) **bes günstige Preise** des jeweiligen Anbieters hingewiesen werden. Da sich die Tarife meist aus mehreren Komponenten (verbrauchsunabhängige und verbrauchsabhängige Bestandteile) zusammensetzen, ist nach den Grundsätzen der sog „Handy"-Rspr (BGHZ 139, 368 = GRUR 1999, 264 – *Handy für 0,00 DM*) darauf zu achten, dass bei Herausstellen eines günstigen Preisbestandteils in gleicher Deutlichkeit auf die belastenden Preisbestandteile hingewiesen wird (OLG Hamburg NJWE-WettbR 2000, 57; OLG Karlsruhe MMR 2004, 178). **4.117**

Beispiele: Werbeangaben wie **„Free ins Net"** und **„Internet umsonst"** sind irreführend, wenn nutzungsabhängige „Telefongebühren" anfallen. Die Irreführung lässt sich auch nicht zuverlässig durch einen aufklärenden Sternchenhinweis ausschließen (OLG Hamburg CR 2000, 828). – Ein Anbieter von Webhosting-Dienstleistungen muss im räumlichen Zusammenhang mit dem Grundpreis auch über die nutzungsabhängigen Preisbestandteile informieren, die **bei Überschreitung des Pauschalvolumens** anfallen (OLG Hamburg GRUR-RR 2007, 169). – Die Werbeaussage **„0 Pf/Min."** für einen Internet-Tarif bei einer monatlichen Grundgebühr von 19,90 DM zuzüglich Telefonkosten ist in einem TV-Spot, in dem die „0" hervorgehoben wird, nicht irreführend, wenn sich aus dem unmittelbaren Zusammenhang ergibt, wie der Tarif beschaffen ist (OLG Hamburg GRUR-RR 2001, 111). Dagegen ist eine Werbung als irreführend angesehen worden, in der mit **„Keine Online-Gebühr"** geworben worden war, obwohl die anfallenden „Telefonkosten", auf die hingewiesen wurde, im Wege der Mischkalkulation sowohl die Zuführung über das Telefonnetz als auch die Internet-Nutzung umfassten (OLG Hamburg MMR 2001, 318 mit Anm *de Riese*). Ebenfalls untersagt worden ist die Werbung der Werbeangabe **„DSL-Tarife – 6 Monate kostenlos nutzen",** weil der DSL-Internetzugang nur kostenlos genutzt werden konnte, bis die in der Grundgebühr enthaltenen monatlichen Zeit- oder Volumenkontigente aufgebraucht waren (OLG Hamburg WRP 771 [LS]). – Unter einem **„Festpreis"** oder **„Pauschalpreis"** für den Internet-Zugang versteht der Verkehr einen Preis, der alle wesentlichen Leistungen zu einem einheitlichen Preis abgilt, ohne dass eine zusätzliche Abrechnung einzelner Leistungen erfolgt, und zwar auch nicht der Telefonnutzung (OLG Hamburg GRUR-RR 2001, 15, 19; OLG Köln GRUR-RR 2001, 17; KG NJW-RR 2001, 1265; OLG Köln MMR 2002, 389 [Rev nicht angenommen: BGH Beschl v 15. 8. 2002 – I ZR 328/01]). Die von einer Blickfangwerbung ausgehende Irreführungsgefahr kann dann nicht von einem Sternchenhinweis beseitigt werden, wenn der Hinweis die Blickfangangabe nicht erläutert, sondern praktisch ins Gegenteil verkehrt (OLG Köln GRUR-RR 2001, 17). **4.118**

f) Irreführende (Preis-)Werbung im Internet. Die Art und Weise, wie sich ein **Angebot im Internet präsentieren** lässt, macht Regeln darüber erforderlich, in welcher Weise auf wesentliche Bestandteile des Angebots – etwa auf Preisbestandteile – hingewiesen werden muss. Dabei ist auch bei der Verwendung des Internet darauf abzustellen, ob die Inhalte vom Verkehr als zusammengehörig angesehen werden. Internetnutzer verhalten sich grds nicht anders als andere Verbraucher. Insbesondere ist nicht zu erwarten, dass sie – wenn sie sich über die **Merkmale eines Angebots** informieren – sämtlichen **elektronischen Verweisen (Links)** **4.119**

nachgehen. Erfahrungsgemäß ruft der Interessent die Seiten auf, die er zur Information über das Produkt seines Interesses benötigt oder zu denen er durch eine elektronische Verknüpfung oder durch klare und unmissverständliche Hinweise bis hin zum Vertragsschluss geführt wird. Es geht meist darum, ob Informationen zu einem bestimmten Angebot **auf derselben Internetseite** aufgeführt sein müssen oder ob es ausreicht, wenn sie sich auf einer Seite befinden, die erst über einen **elektronischen Verweis (Link)** geöffnet wird. Die Sachverhalte bewegen sich im Spannungsfeld der beiden Entscheidungen „*Internet-Reservierungssystem*" und „*Epson-Tinte*".

4.120 **Tendenziell großzügig** sind Fälle zu beurteilen, in denen eine Information, auf die hingewiesen werden muss, sich zwar nicht auf der ursprünglichen Seite, jedoch auf einer Seite befindet, die der Kunde auf dem Weg zum Vertragsschluss als nächstes aufsuchen muss. So hat es der BGH weder als irreführend noch als einen Verstoß gegen die Preisangabenverordnung angesehen, dass bei einem Buchungssystem für Linienflüge auf einer ersten Seite zunächst nur ein Grundpreis (ohne Steuern und Gebühren) angegeben war, während sich der vollständige Endpreis erst auf einer weiteren Seite befand, die sich bei Fortsetzung der Buchung öffnete. Dabei war jedoch auf der ersten Seite klar und unmissverständlich darauf hingewiesen worden, dass es sich noch nicht um den Endpreis handelte (vgl BGH GRUR 2003, 889, 890 – *Internet-Reservierungssystem;* ferner OLG Köln GRUR-RR 2005, 90).

4.121 **Tendeziell eher als irreführend** zu beurteilen sind Fälle, in denen sich die wichtige Information auf einer gesonderten Seite befindet, die der Nutzer auf dem Weg zum Abschluss nicht notwendig öffnen muss. So hat es der BGH nicht ausreichen lassen, dass ein Anbieter kompatibler Verbrauchsmaterialien (hier: Toner für Drucker), der sein Produkt unter dem Begriff „Epson Tinte" anbietet, lediglich auf einer anderen Seite seines Angebots darauf hinweist, dass es sich nicht um ein original Epson-Produkt handelte (BGH GRUR 2005, 438, 441 – *Epson-Tinte*).

4.122 **Weitere Beispiele:** Im Fernabsatzgeschäft, also auch im **Internet-Versandhandel,** müssen Informationen zu **Liefer- und Versandkosten** sowie zur **Umsatzsteuer** dem Angebot und der Preiswerbung eindeutig zugeordnet, leicht erkennbar, deutlich lesbar und sonst gut wahrnehmbar sein (§ 1 II PAngV; vgl OLG Hamburg MMR 2005, 467; s Rdn 7.108 a und 7.136 f). Dies bedeutet aber nicht, dass diese Angaben in unmittelbarer Nähe direkt bei der Abbildung oder Beschreibung der angebotenen Ware stehen müssen. Es genügt, wenn diese Angaben alsbald sowie leicht erkennbar und gut wahrnehmbar auf einer gesonderten Internetseite gemacht werden, die noch vor Einleitung des Bestellvorgangs notwendig aufgerufen werden muss. Dagegen reicht es nicht, wenn in den AGB oder erst im Laufe des Bestellvorgangs auf die Versandkosten hingewiesen wird (BGH GRUR 2008, 84 Tz 33 – *Versandkosten:* BGH GRUR 2008, 532 Tz 28 – *Umsatzsteuerhinweis;* BGH GRUR 2010, 248 Tz 23 ff – *Kamerakauf im Internet;* BGH, Urt v 18. 3. 2010 – I ZR 16/08 Tz 23 f – *Versandkosten bei Froogle II*). Vgl auch OLG Köln MMR 2005, 111. Zur Angabe der **Versandkosten in Preissuchmaschinen** s unten Rdn 4.122 b.

4.122a Bei der Werbung für ein aus **Mobiltelefon und Kartenvertrag** bestehendes Kopplungsangebot hat es das OLG Köln (GRUR-RR 2004, 307) ausreichen lassen, dass die Preisangaben auf einer weiteren Internetseite enthalten waren, zu der der Nutzer über einen einfachen Link geführt wurde. – Zur Verfügbarkeit von beworbenen Waren im **Internet-Versandhandel** Rdn 8.18. – Zur Irreführung durch einen objektiv zutreffenden, aber von deutschen Adressaten teilweise falsch verstandenen **englischsprachigen Werbetext,** der auf einer „com"-Homepage erscheint Rdn 2.208.

4.122b **g) Preissuchmaschinen.** Für Angebote in **Preissuchmaschinen** gilt, dass hier bereits aus der Preisvergleichsliste deutlich werden muss, dass und in welcher Höhe **Versandkosten** anfallen. Denn hier entscheidet die Posititon in der Rangliste darüber, ob sich der Verbraucher mit dem Angebot näher befasst oder nicht (BGH GRUR 2010, 251 Tz 14 – *Versandkosten bei Froogle I;* BGH, Urt v 18. 3. 2010 – I ZR 16/08 Tz 25 ff – *Versandkosten bei Froogle II;* dazu unten Rdn 7.136 a). **Erhöht der Anbieter den Preis** und vollzieht der Betreiber der Suchmaschine diese Preiserhöhung erst im Rahmen der üblichen, einmal täglich vorgenommenen Aktualisierung nach, so dass der in der Suchmaschine angegebene Preis für mehrere Stunden unter dem tatsächlich verlangten Preis liegt, handelt es sich um eine Irreführung, die dem Anbieter, der die Preissuchmaschine als Werbeträger verwendet, als eigene Handlung zuzurechnen ist (BGH GRUR 2010, 936 Tz 18 – *Espressomaschine*). Er hat es in der Hand, den angekündigten höheren Preis erst dann zu verlangen, wenn alle von ihm beschickten Suchmaschinen die Preiserhöhung nachvollzogen haben (BGH GRUR 2010, 936 Tz 20 – *Espressomaschine*).

4.123 **h) Deep Links, Framing, Meta-tags.** Bei diesen drei mit der Internetnutzung zusammenhängenden Phänomenen liegt der Schwerpunkt der rechtlichen Beurteilung im Urheber- oder

Markenrecht. Dennoch kann in diesem Zusammenhang auch eine irreführende Werbung nach § 5 gegeben sein.

Ein sog **Deep Link** ist ein elektronischer Querverweis auf das Internetangebot eines Dritten; **4.124** dieser Verweis unterscheidet sich von einem normalen Verweis (Link) dadurch, dass er nicht auf die Homepage, sondern unmittelbar auf ein tiefer liegendes Angebot zugreift und dabei Werbung sowie andere Informationen auf den Seiten, über die normalerweise der Zugang erfolgt, ausgeblendet werden. Hierin kann eine Irreführung des Internetnutzers liegen, wenn bspw der Nutzer nicht erkennt, dass es sich bei den Informationen auf der Seite, auf die verwiesen worden ist, um die Informationen eines Dritten handelt. – Es ist relevant irreführend, die Eröffnung eines Deep Link auf fremde Publikationsangebote im Internet als „Ihre persönliche Tageszeitung" zu bezeichnen (OLG Köln GRUR-RR 2001, 97; insoweit nicht in die Rev gelangt, BGHZ 156, 1 = GRUR 2003, 958 – *Paperboy*).

Die eben beschriebene Gefahr kann es auch beim sog **Framing** geben, bei dem die mit einem **4.125** (Quer-)Verweis verbundene Internetseite des Dritten in einem Rahmen des Verweisenden erscheint, wobei leicht der Eindruck entstehen kann, es handele sich nicht um das Angebot des Dritten, sondern um das des Verweisenden. Dass Internetnutzer insoweit nicht der Gefahr einer Täuschung unterliegen können, wird man nicht sagen können (so aber OLG Düsseldorf MMR 1999, 729, 733 mit Anm *Gaster*; vgl *Bornkamm/Seichter* CR 2005, 747, 750).

Ein **Meta-tag** ist ein verstecktes Suchwort, das dazu führt, dass eine Internetseite auch dann **4.126** gefunden wird, wenn das Suchwort auf der fraglichen Seite gar nicht vorkommt. Das ist völlig unverfänglich, wenn als Meta-tags Gattungsbegriffe eingegeben werden (OLG Düsseldorf WRP 2003, 104), kann aber dann bedenklich sein, wenn fremde Kennzeichen als versteckte Suchwörter eingesetzt werden, um Internetnutzer, die an sich zu einem anderen Angebot streben, auf die eigene Seite zu holen. Eine irreführende Werbung liegt hierin – ungeachtet der markenrechtlichen Problematik – nicht. Denn der Internetnutzer macht sich beim Bedienen einer Suchmaschine wenig Gedanken darüber, ob nur nach Begriffen gesucht wird, die sich auch auf der jeweiligen Internetseite wieder finden lassen. Ist er kundig, so weiß er, dass auch nach versteckten Suchwörtern gesucht wird, deren Verwendung idR gänzlich unproblematisch ist (OLG Düsseldorf WRP 2003, 104; OLG Düsseldorf GRUR-RR 2003, 340; OLG Düsseldorf MMR 2004, 319; *Kaufmann* MMR 2005, 348, 351). Der BGH hat jedoch in der Verwendung eines fremden Kennzeichens als Meta-tag eine kennzeichenmäßige Benutzung und damit eine Kennzeichenverletzung gesehen (BGHZ 168, 28 Tz 17 = GRUR 2007, 65 – *Impuls*).

i) **Versteigerungen im Internet.** Die Bezeichnung „**Auktion**" oder „**Versteigerung**" für **4.127** Verkäufe gegen Höchstgebot im Internet, die keine Versteigerungen iSv § 34b GewO sind, ist ohne Hinzutreten weiterer Umstände nicht irreführend (OLG Frankfurt MMR 2001, 451; KG NJW 2001, 3272). – Da sich die Preise eigenständig bilden, ist es nicht als irreführend angesehen worden, dass ein gewerblicher Händler bei einem Verkaufsangebot in einer Internetauktion nicht auf seine **Händlereigenschaft** hinweist (OLG Oldenburg NJW-RR 2003, 1061; dazu *Seifert* K&R 2003, 244). – Bei Versteigerungen im Internet erwartet der Verkehr, dass die ersteigerten Geräte **unverzüglich nach der Bezahlung ausgeliefert** werden. Der Verkehr orientiert sich insoweit an den Lieferfristen im Versandhandel, die – wenn dem Verbraucher nichts anderes mitgeteilt wird – idR zwei bis fünf Tage betragen. Erfolgt eine Lieferung erst nach 15 Werktagen, muss hierauf vor der Versteigerung hingewiesen werden; andernfalls liegt ein Verstoß gegen das Irreführungsverbot vor (LG Hamburg GRUR-RR 2001, 315).

4. Verlagswesen

a) **Irreführung über das Datum des Erscheinens.** Das **Vordatieren von Büchern** – also **4.128** die Angabe eines zukünftigen, meist des nächsten Jahres, obwohl ein Buch noch im alten Jahr erscheint – verstößt an sich gegen das Irreführungsverbot, weil der Verkehr diesen Druckwerken, insbes bei wissenschaftlichen Werken, eine Aktualität beimisst, die ihnen in Wirklichkeit nicht zukommt. In vielen Branchen hat sich der Verkehr jedoch daran gewöhnt, dass das im Buch angegebene Erscheinungsjahr nicht genau dem wirklichen Erscheinungsdatum entspricht, dass vielmehr **im Herbst erscheinende Bücher** bereits unter **Angabe des kommenden Jahres** erscheinen. Vor allem bei im Jahresrhythmus erscheinenden Werken oder jährlich erscheinenden Neuauflagen ist es weithin üblich, den neuen Jahrgangsband oder die Auflage des neuen Jahres bereits in den letzten Monaten des Vorjahres herauszubringen. Besteht eine solche Übung, wird man häufig davon ausgehen können, dass sie auch dem Käufer bekannt ist, der das Werk bspw im Oktober – also unmittelbar vor Erscheinen der nächsten Auflage oder des nächsten Bandes –

noch erwirbt. Kaum zu rechtfertigen ist allerdings die Übung, etwa bei Atlanten oder Hotelführern eine **falsche Doppeljahreszahl** anzugeben, also bspw einen im Weihnachtsgeschäft 2003 angebotenen Straßenatlas mit den Jahreszahlen „2004/05" zu bewerben. In einem solchen Fall wird auch eine entspr Übung die Irreführung eines erheblichen Teils des Verkehrs nicht ausschließen, weil die dort angesprochenen Verbraucher das Verlagsgebaren nicht in derselben Weise beobachten, wie es bei den Erwerbern von Fachliteratur zu erwarten ist.

4.129   Unzulässig ist es, wenn eine mit dem Inlandsblatt übereinstimmende Auslandsausgabe einer **Tageszeitung vordatiert** wird, damit sie im Ausland nicht unter dem abgelaufenen Datum angeboten werden muss, der Käufer vielmehr den Eindruck erhält, er erwerbe die aktuelle Ausgabe (ÖOGH ÖBl 1961, 28 – *Kurier*). – Die Angabe im Impressum eines Anzeigenblatts „**erscheint wöchentlich sonntags**" ist irreführend, wenn das Blatt schon am Samstagabend restlos verteilt wird. Denn der Verkehr entnimmt dem späteren Erscheinungstermin eine bes Aktualität der Zeitung (OLG Hamm GRUR 1984, 64).

4.130   Auch durch eine **unrealistische Vorankündigung** werden die Verbraucher in relevanter Weise irregeführt. Wird ein Werk mit einem bestimmten, in naher Zukunft liegenden Erscheinungstermin angekündigt, obwohl abzusehen ist, dass sich das Erscheinen noch erheblich verzögern wird, werden Interessenten davon abgehalten, das Konkurrenzwerk zu erwerben, weil sie unter diesen Umständen lieber auf das neu angekündigte aktuellere Werk warten werden. Auch hier gilt freilich, dass sich eine gewisse Übertreibung eingebürgert hat, so dass die angesprochenen Verkehrskreise häufig bereits damit rechnen, dass ein zu einem bestimmten Termin angekündigtes Werk in Wirklichkeit erst zwei oder drei Monate später erscheinen wird.

4.131   **b) Irreführende Ausgaben.** Gemeinfrei gewordene Werke dürfen grds in veränderter Form nachgedruckt werden. Gegebenfalls kann es erforderlich sein, durch aufklärende Zusätze auf **Abweichungen von der Originalausgabe** hinzuweisen; so wenn der Käufer mit einer Unvollständigkeit des Nachdrucks nicht zu rechnen braucht und vollständige Ausgaben anderer Verleger auf dem Markt erhältlich sind (OLG München GRUR 1957, 505: Selma Lagerlöfs „wunderbare Reise des Nils Holgersson" mit 37 statt 55 Kapiteln). – Die Bezeichnung „**Urtextausgabe**" setzt voraus, dass der Urtext wiedergegeben ist, und zwar so, wie er sich auf Grund wissenschaftlicher Quellenforschung ergibt. Es können demnach im Einzelnen voneinander abweichende Urtextausgaben bestehen. Für eine Bearbeitung darf die Bezeichnung nicht verwendet werden, es sei denn, dass die Ergänzungen und Berichtigungen gegenüber dem Urtext deutlich gekennzeichnet sind. – Der Titel „**OLG Rspr aktuell**" ist wegen seines Bestandteils „aktuell" irreführend, wenn in der Druckschrift 18 Entscheidungen veröffentlicht sind, von denen im Zeitpunkt des Erscheinens des Reports neun älter als sechs Monate und davon sechs älter als neun Monate sind (OLG Köln GRUR 1993, 567).

4.132   **c) Verzeichnisse (gedruckt und digital). aa) Adressbücher und Kataloge.** Unzulässig ist die Bezeichnung „**Adressbuch der Bauwirtschaft**" für eine unvollständige und ungeordnete Zusammenstellung von bestellten Inseraten aus dem Baugewerbe (OLG Stuttgart GRUR 1967, 147). – Ebenso ist die die **Aufmachung eines Waren-Bestellkatalogs als Modezeitschrift** irreführend (KG WRP 1977, 710). – Dagegen erscheint das Verbot, ein Anzeigenblatt mit redaktionellen Beiträgen als Zeitung zu bezeichnen, als übertrieben streng (OLG Düsseldorf GRUR 1979, 123); es ist zu fragen, worin die Relevanz der Irreführung liegen soll, wenn ein Verbraucher zu einem unentgeltlich verteilten Anzeigenblatt in der falschen Vorstellung greift, es handele sich um ein Blatt mit noch wertvolleren redaktionellen Beiträgen. Eine vollwertige Zeitung wird der Verbraucher in dieser Situation idR nicht erwarten (vgl auch OLG Hamm WRP 1979, 148).

4.133   Unter einem **Adressbuch** versteht der Verkehr ein vollständiges, in Buchstabenfolge geordnetes Verzeichnis aller einschlägigen Anschriften (OLG Stuttgart GRUR 1967, 147). Irreführend ist daher die Bezeichnung „Adressbuch der Bauwirtschaft", wenn es sich um eine ungeordnete und unvollständige Zusammenstellung von bestellten Interessen aus dem Baugewerbe handelt (OLG Stuttgart GRUR 1967, 147). Dasselbe gilt für Verzeichnisse von Faxteilnehmern. Auch hier erwartet der Verkehr eine vollständige Zusammenstellung der Anschlüsse aller in Betracht kommenden Personen (OLG Köln WRP 1996, 333, 336). Ein **Messekatalog** muss nur dann die Voraussetzung der Vollständigkeit erfüllen, wenn es sich um den **offiziellen Katalog** handelt (OLG Frankfurt WRP 1978, 893).

4.134   **bb) Suchdienste.** Wird im Internet oder auf andere Weise ein Suchdienst angeboten, mit dessen Hilfe der Verbraucher das für ihn passende Angebot finden kann, erwartet der Verkehr zwar nicht notwendig eine vollständige Auswahl. Er wird aber in relevanter Weise irregeführt, wenn das Kriterium für die Aufnahme in die Liste die Zahlung einer Gegenleistung ist. Dies gilt bspw für Anwaltsverzeichnisse, die vorgeben, dem Verbraucher bei der Hilfe nach dem richtigen Anwalt behilflich zu sein, in Wirklichkeit aber nur solche Anwälte vorschlagen, von denen sie ein Entgelt erhalten haben. Mit der Bezeichnung **„Deutsches Anwaltsverzeichnis"** wird bei den angesprochenen Verkehrskreisen die Vorstellung geweckt, das Verzeichnis enthalte alle bzw die allermeisten Namen der in Deutschland tätigen Rechtsanwälte (LG Berlin MMR 2003, 490). Auch der Hinweis eines Anwaltssuchdienstes, der sich auf eine **Kooperation mit der Bundesrechtsanwaltskammer** beruft, ist irreführend, wenn die Kammer keinen Einfluss auf die Auswahl der in die Liste aufgenommenen Anwälte hat (OLG Köln NJW-RR 1997, 991). – Ebenso irreführend sind **Hotel- oder Restaurantführer, Verzeichnisse von Golfplätzen, Skiatlanten** etc, die redaktionell gestaltet sind und deswegen den Eindruck erwecken, es handele sich um ein vollständiges Verzeichnis oder die Auswahl sei ausschließlich nach qualitativen Gesichtspunkten erfolgt, während in Wirklichkeit die Aufnahme in das Verzeichnis von der Zahlung eines Beitrags abhängt. In diesen Fällen ist auch der Tatbestand der redaktionellen Werbung nach § 4 Nr 3 (zum Verhältnis der beiden Tatbestände s Rdn 1.71 f und § 4 Rdn 3.6).

d) Irreführende Neuauflagen. Als irreführend zu untersagen ist es, wenn ein Verlag eine Neuauflage herausbringt, die sich von der Vorauflage nur durch ein **anderes Titelblatt** unterscheidet (BGH GRUR 1978, 52 – *Fernschreibverzeichnisse*). – Um den Absatz einer Neuauflage gegenüber den Käufern der Vorauflage attraktiv erscheinen zu lassen, wird gelegentlich ein **Maß der Überarbeitung** vorgetäuscht, das der Wirklichkeit nicht entspricht („Dritte vollständig überarbeitete Auflage"; zur Verwendung des Wortes „neu" s Rdn 4.58). – Das OLG München hat es im Streit um die Übersetzungen der Bücher von Alessandro Baricco als irreführend beanstandet, dass die **in einer neuen Übersetzung erschienene Neuauflage** des Buches „Novecento" unter der alten ISBN-Nummer, ohne deutlichen Hinweis auf die neue Übersetzung und in derselben Ausstattung verkauft worden war, wobei nach Auffassung des OLG jeder Umstand für sich genommen den Vorwurf der Irreführung rechtfertigte. Wer das ihm empfohlene Werk unter dem Titel erwerbe oder es mit Hilfe der ISBN-Nummer bestelle, rechne nicht damit, dass der Verlag für die Neuauflage eine andere als die hoch gelobte Übersetzung der ersten Auflage verwendet habe, und sehe sich getäuscht, wenn auf diesen Wechsel nicht deutlich hingewiesen werde (OLG München GRUR-RR 2001, 151, 154 [Rev insoweit nicht angenommen: BGH Beschl v 18. 4. 2002 – I ZR 136/01]). 4.135

e) Auflagenhöhe und Reichweite. Wird in der Werbung die Auflagenhöhe angegeben, handelt es sich um eine Beschaffenheitsangabe. Der Verkehr misst der Durchsetzung des Produktes im Wettbewerb eine große Bedeutung bei, da er von dem quantitativen Moment der Verkehrsanerkennung auf die qualitative Beschaffenheit schließt (GK/*Lindacher* § 3 Rdn 538). Es gibt keinen einheitlichen **Begriff der Auflage;** gemeint sein kann die gedruckte, die verkaufte oder die tatsächlich verbreitete Auflage. Während die **verkaufte Auflage** alle Exemplare umfasst, die im Einzelverkauf und an Abonnenten abgegeben werden, schließt die tatsächlich **verbreitete Auflage** zusätzlich noch die Werbeexemplare und Freistücke mit ein. Für den Leser ist im Allgemeinen ein anderes Verständnis von Auflage von Interesse als für den Anzeigenkunden. Während auf dem **Lesermarkt** allein die verkaufte Auflage zählt, von der auf die Marktstellung der Zeitung geschlossen wird, interessieren sich die **Anzeigenkunden** weniger für die gedruckte oder verkaufte als vielmehr für die tatsächlich verbreitete Auflage oder für die Zahl der Leser (sog **Reichweite**), da sie für die Werbewirkung von Bedeutung sind (BGH GRUR 1963, 34 – *Werkstatt und Betrieb;* BGHZ 156, 250, 252 = GRUR 2004, 244, 245 – *Marktführerschaft*). Irreführend ist es daher, gegenüber Lesern mit der Aussage „SOESTER ANZEIGER – Auflagenstärkste Tageszeitung im Kreis Soest – Auflage: 29 996 Exemplare" zu werben, wenn es sich hierbei nicht um die verkaufte, sondern um die verbreitete Auflage handelt (OLG Hamm WRP 1991, 328). Im konkreten Fall hätte man sich allerdings mit dem klein gedruckten Sternchenhinweis „täglich verbreitete Auflage" zufrieden geben können, zumal die verkaufte Auflage nur etwa 5% niedriger war als die verbreitete Auflage und die absolute Zahl für den Verkehr ohnehin nur von eingeschränkter Bedeutung sein dürfte. 4.136

Unbedenklich ist es, bei der Werbung mit der Auflagenhöhe die **Ortsausgaben einer Zeitung** in die Gesamtauflage einzubeziehen (BGH GRUR 1968, 433, 436 – *Westfalen-Blatt II*). Als irreführend wurde dagegen die Zeitungswerbung **„Überall Westfalen-Blatt"** untersagt, weil die Auflage der beworbenen Zeitung weit unter der des einzigen regionalen Konkurrenzblattes liege (BGH GRUR 1983, 588, 589 – *Überall Westfalen-Blatt*). Es erscheint jedoch fraglich, ob der Verkehr diese Ubiquitätsbehauptung wirklich in der Weise versteht, dass eine Verbreitung in Anspruch genommen werde, die der des Konkurrenzblattes wenn schon nicht überlegen, so doch 4.137

in etwa gleichwertig sei oder jedenfalls nahe komme. Der Tatsachenkern der Aussage ist bei Licht betrachtet inhaltsleer und gibt für einen Vergleich mit der Konkurrenz kaum etwas her. – Angaben eines Anzeigenblatts über die Auflagenhöhe sind irreführend, wenn sie sich auf ein größeres Gebiet als das im Titelblatt genannte Verbreitungsgebiet beziehen (OLG Oldenburg GRUR 1978, 657 – *Verbraucherzeitung*). Dagegen ist ein Werbevergleich mit Media-Daten, der die Zahl der „Leser pro Ausgabe (LpA)" konkurrierender Publikationen gegenüberstellt und dabei erkennbar zwei Verbreitungsgebiete (Landkreise) zusammenfasst, nicht irreführend, wenn die unterschiedliche Verteilung in beiden Gebieten deutlich wird (OLG Hamburg NJWE-WettbR 1999, 276).

4.138 Die Hervorhebung einer **Auflagensteigerung** in einem bestimmten Zeitraum kann – auch wenn die mitgeteilten Prozentzahlen stimmen – irreführend sein, wenn der Eindruck erweckt wird, der gewählte Zeitraum stehe für eine ständige Aufwärtstendenz, während es sich in Wirklichkeit um einen einmaligen Sprung der im Übrigen stagnierenden oder gar rückläufigen Auflage handelt (OLG Frankfurt WRP 1978, 552). Ebenso wenig darf – wenn gegenüber potenziellen Inserenten mit der **verbreiteten Auflage** geworben wird – die Auflagenhöhe einzelner, zufällig herausgegriffener Tage angeführt werden, ohne gleichzeitig darauf hinzuweisen, dass es sich nicht um die **Durchschnittsauflage,** sondern um die Höhe einzelner Spitzenauflagen handelt (ÖOGH ÖBl 1961, 50 – *Express*).

4.139 Die **Relevanz der Irreführung** hat das OLG Karlsruhe in einem Fall verneint, in dem – nach dem unterstellten Sachverhalt – für ein in 8100 Exemplaren gedrucktes Anzeigenblatt mit der Aussage „**Auflage ca. 9000 Stück**" geworben worden war. Den angesprochenen Anzeigenkunden komme es weniger auf die absolute Zahl der gedruckten Exemplare als darauf an, alle Einwohner eines bestimmten Einzugsbereichs zu erreichen (OLG Karlsruhe GRUR-RR 2002, 193). Das überzeugt nicht: Zum einen wird der Anzeigenkunde, der alle Kunden in einem Bereich erreichen möchte, eher zu einem Inserat neigen, wenn er damit rechnen kann, dass seine Werbung nicht nur in 8100, sondern in 9000 Haushalte getragen wird. Zum anderen dürfen in einem solchen Fall einer dreisten Lüge keine hohen Anforderungen an die Relevanz gestellt werden (vgl BGH GRUR 2002, 715, 716 – *Scanner-Werbung;* BGH GRUR 2001, 78, 79 – *Falsche Herstellerpreisempfehlung*).

4.140 **f) Irreführung mit Hilfe von Werbeträgeranalysen.** Neben den Aussagen zur **Auflagenstärke** kommt der Werbung mit **Werbeträgeranalysen** erhebliche Bedeutung zu, und zwar verstärkt, seit der Vergleich mit Wettbewerbern zulässig ist. Die Analysen werden von anerkannten Instituten erarbeitet, etwa von der Informationsgemeinschaft zur Feststellung der Verbreitung von Werbeträgern e. V. (IVW), von der Arbeitsgemeinschaft Media Analyse e. V. (ag.ma), von der Allensbacher Markt- und Werbeträgeranalyse (AWA) oder von der GfK AG. Bei diesen Instituten ist davon auszugehen, dass die angewandte Methode vertretbar ist; gegen eine Verwendung der Zahlen in der Werbung kann man grds nichts eingewandt werden. Dabei ist zu beachten, dass sich die Werbung mit Reichweiten an ein sachkundiges Publikum richtet, das sich bei gleichzeitiger grafischer Darstellung vor allem an den mitgeteilten Zahlen orientiert. Stimmt die bildliche Darstellung mit den Zahlenwerten nicht vollständig überein (zB in einem Säulendiagramm oder – im zitierten Fall – bei der persiflierende Darstellung der Wettbewerber als unterschiedlich große Hunde), fehlt es gleichwohl an einer Irreführung, wenn die zutreffenden Zahlen deutlich zu erkennen sind (OLG München GRUR-RR 2003, 189).

4.141 Der Begriff **Leseranalyse** ist ein technischer Begriff, der in der Werbung präzise verwendet werden muss. Wird mit einer Leseranalyse geworben, erwarten die angesprochenen Verkehrskreise eine Untersuchung nicht bloß der **Empfänger** einer Zeitung, sondern der Leser, also derjenigen, die die Zeitung tatsächlich lesen; beide Gruppen sind nicht identisch (GK/*Lindacher* § 3 Rdn 801; OLG Karlsruhe WRP 1968, 408). Zur Werbung mit Zeitungs- und Zeitschriftenanalysen s **ZAW-Richtlinien** v 20. 11. 1970 (dazu *Schneider* WRP 1972, 61; AfP 1971, 114). Alleine durch die Verwendung der Wörter „**Leser**" oder „**Leserschaft**" wird nicht der Eindruck erweckt, dass eine echte **Leseranalyse** durchgeführt wurde.

4.142 Wirbt eine Zeitschrift gegenüber dem allgemeinen Publikum mit einem Ergebnis, das ihr im Verhältnis zu dem Mitbewerber die größere Reichweite zuerkennt, darf sie nicht ihre **Marktführerschaft** werblich herausstellen, ohne deutlich zu machen, dass sie in der verkauften Auflage gegenüber dem Mitbewerber deutlich zurückliegt (BGHZ 156, 250, 256 = GRUR 2004, 244, 246 – *Marktführerschaft*). Im Übrigen bezieht auch das fachkundige Publikum, das den Unterschied zwischen verkaufter Auflage und Reichweite kennt, den Begriff der Marktführerschaft in erster Linie oder doch zumindest auch auf die verkaufte Auflage (BGH aaO). – Wenn eine Zeitschrift mit den Zahlen einer Werbeträgeranalyse wirbt, muss sie sich auch an die dortige

Einteilung der **Marktsegmente** halten; sie darf die Marktsegmente nicht so verändern, dass sie als Marktführerin erscheint (OLG Hamburg GRUR-RR 2002, 298).

g) Stellung im Anzeigenmarkt. Zeitungen und Zeitschriften werben gegenüber den Anzeigenkunden häufig mit ihrer Stellung im Anzeigenmarkt. Die Aussage, eine Zeitung verfüge in einer bestimmten Stadt über das größte Immobilienangebot, wird dabei vom Verkehr so verstanden, dass es sich um das größte Angebot der in der Stadt gelegenen Objekte handelt. Die Werbeaussage „Westfälische Rundschau und Westdeutsche Allgemeine haben den größten **Immobilienmarkt im Großraum Dortmund**" ist daher als irreführend untersagt worden, weil im Konkurrenzblatt „Ruhr Nachrichten" mehr im Großraum Dortmund belegene Immobilien angeboten wurden, auch wenn das Angebot insgesamt dort geringer war (OLG Hamm WRP 1978, 733, 735). 4.143

h) Füllanzeigen. Irreführend ist es, wenn ein Verlag eine nicht vorhandene Leistungsfähigkeit auf dem Gebiet der Anzeigenwerbung vortäuscht. Die **Veröffentlichung unbestellter und unbezahlter Anzeigen,** insbes bekannter Wettbewerber, in einer Zeitung ist geeignet, mögliche Anzeigenkunden über den Umfang des bezahlten Anzeigenvolumens und damit über die Werbewirksamkeit der Anzeigen in dieser Zeitung irrezuführen. Sie halten eine Werbung in dieser Zeitung für bes erfolgreich und können bei ihrer Entscheidung über den geeigneten Werbeträger beeinflusst werden. Die Veröffentlichung unbestellter und unbezahlter Anzeigen kann daher gegen § 5 verstoßen (BGH GRUR 1997, 380, 381 – *Füllanzeigen;* OLG Hamm GRUR 1980, 312; OLG Köln WRP 1982, 111; OLG Frankfurt GRUR 1988, 847, 848; *Kübler* AfP 1988, 309, 311). Allerdings ist der nur gelegentlich erfolgende Abdruck einzelner unbestellter Füllanzeigen im Allgemeinen nicht in relevanter Weise zur Irreführung geeignet (BGH aaO; *Lindacher* EWiR 1997, 527). Im Übrigen verbietet es die Abwägung der schutzwürdigen Interessen, dem Kaufmann zu untersagen, seine Ware oder Leistung einem bestimmten Abnehmer unentgeltlich zur Verfügung zu stellen, von dem er sich – wenn er als sein Kunde erkannt wird – eine gewisse Werbewirkung verspricht (vgl GK/*Lindacher* § 3 Rdn 802). Dies geschieht auch sonst in vielfältiger Form und erweckt – wenn etwa eine bekannte Persönlichkeit den Wagen einer bestimmten Marke fährt – den Eindruck, dieser Abnehmer habe sich für den entgeltlichen Erwerb des fraglichen Produkts entschieden. – Auch die Veröffentlichung unbestellter **Füllanzeigen in Null-Nummern** von Zeitungen oder Zeitschriften kann zu einer Irreführung führen, da potenzielle Anzeigenkunden davon ausgehen, dass die Anzeigen zwar unentgeltlich, aber mit dem Einverständnis des werbenden Unternehmens abgedr werden (KG WRP 1978, 819, 821). 4.144

i) Preisvergleich. Werden die Preise von Druckerzeugnissen miteinander verglichen, müssen – wie bei jedem Vergleich – die Produkte vergleichbar sein (§ 6 Rdn 48). Auch aus der Sicht des verständigen Verbrauchers ist die Bewerbung einer Zeitung als „günstigste" Abonnementzeitung irreführend, wenn diese Zeitung im Gegensatz zur Konkurrenzzeitung nur sechs Mal in der Woche erscheint, so dass sich pro Einzelausgabe ein Durchschnittspreis von 61,5 Cent im Gegensatz zu 57 Cent errechnet (KG GRUR-RR 2003, 319). 4.145

j) Zeitung, Magazin. Die Werbung „Seit Jahrzehnten das **führende deutsche Fachmagazin** für den Lebensmittelhandel" versteht der Verkehr so, dass es sich um die führende Publikation in dieser Branche handelt. Eine Differenzierung zwischen Fachzeitungen und Fachmagazinen nimmt der Verkehr nicht vor, zumal wenn auch die Fachzeitungen nicht täglich, sondern nur wöchentlich erscheinen. Die Angabe ist daher irreführend, wenn das beworbene Magazin in der Marktpräsenz von einer wöchentlich erscheinenden Lebensmittelzeitung übertroffen wird (OLG Köln GRUR-RR 2005, 324). 4.145a

5. Verschiedenes

a) Ärztlicher Notdienst. Die Werbung „**ganztägig zu erreichen**" für einen **Tierarzt-Notdienst** ist als irreführend untersagt worden, weil ein Notdienst üblicherweise nur außerhalb der Öffnungszeiten sinnvoll sei (OLG Hamm GRUR-RR 2006, 105). Trotz des missverständlichen Leitsatzes begegnet das Verbot keinen Bedenken, weil in casu eine Erreichbarkeit auch nachts und an Wochenenden offenbar nicht gewährleistet war. Der Verkehr erwartet bei einem „ganztägig erreichbaren Notdienst" eine Erreichbarkeit rund um die Uhr, wie sie bei anderen ärztlichen Notdiensten üblich ist. 4.145b

b) Buchhaltung. Datenverarbeitende Unternehmen, die zur Hilfe in Steuersachen nicht zugelassen sind, führen das Publikum irre, wenn sie für **Buchungs- oder Buchhaltungsaufträge** werben. Diese Ausdrücke erwecken den Eindruck, als ob das Unternehmen nicht lediglich vorkontierte Belege maschinell verarbeiten, sondern auch steuerberatenden Berufen vorbehaltene 4.146

Tätigkeiten wie das **Kontieren** ausüben würde (BGH GRUR 1973, 320 – *Buchhaltungskraft* mit Anm *Malzer;* BGH GRUR 1987, 444 – *Laufende Buchführung*). Über den Umfang der Tätigkeiten, die von Personen erbracht werden dürfen, die nur im Rahmen von § 6 Nr 3 und 4 StBerG zur Hilfeleistung in Steuersachen befugt sind, täuschen die Begriffe „Finanzbuchführung", Lohnabrechnung" und „Einrichtung der Buchführung" (BGH GRUR 2002, 77, 79 – *Rechenzentrum;* s auch § 4 Rdn 11.72). Dagegen kann es einem Buchhalter, der laufende Geschäftsvorfälle und laufende Lohnabrechnungen buchen sowie Lohnsteueranmeldungen fertigen darf, nicht verwehrt werden, unter Verwendung der Begriffe „Buchführung" und/oder „Buchführungsbüro" zu werben, wenn er gleichzeitig darauf hinweist, dass hiermit nur die in § 6 Nr 4 StBerG aufgeführten Tätigkeiten gemeint sind (BGH GRUR 2008, 815 Tz 17 – *Buchführungsbüro*).

4.147 c) **Fahrschulen.** Die Werbung einer **Fahrschule** mit „Ausbildungsdauer 3 Wochen" ist irreführend, wenn diese Dauer meist nicht ausreicht (OLG Düsseldorf GRUR 1984, 61). Zu Unrecht wurde die Werbung einer Fahrschule untersagt, die „Ferien-Intensiv-Kurse" anbot, obwohl die Führerscheinprüfung nicht innerhalb der Ferienzeit abgelegt werden konnte (OLG Stuttgart WRP 1986, 567). Dem Durchschnittsverbraucher ist bekannt, dass der Zeitpunkt der Prüfung von der zuständigen Behörde festgelegt wird, so dass er bei einem Ferien-Intensiv-Kurs nur damit rechnet, die Voraussetzungen für die Teilnahme an der Prüfung erfüllen zu können.

4.148 d) **Lotto.** Zu Recht wurde eine Werbung untersagt, die den objektiv unzutreffenden Eindruck erweckte, dass mit Hilfe astrologischer Vorhersagen die Erfolgschancen im Zahlenlotto gesteigert werden könnten (KG GRUR 1988, 223). Auch wenn die meisten Verbraucher durch diese Werbung nicht getäuscht werden, weil ihnen klar ist, dass ihr Lottoglück nur vom Zufall abhängt, gibt es eine Reihe leichtgläubiger Verbraucher, die vor einer so schwerwiegenden Verletzung der Wahrheitspflicht zu schützen sind.

4.149 e) **Mietwagen.** Ein Mietwagenunternehmen täuscht über den Umfang des Angebots, wenn es in der Werbung den Eindruck hervorruft, die Schadensregulierung und somit fremde Rechtsangelegenheiten zu übernehmen, obwohl es dazu weder befugt noch willens ist (BGH GRUR 1975, 23, 26 – *Ersatzwagenvermietung* mit Anm *Malzer*). Bei einem **Leasing-Geschäft** ohne Kaufoption darf nicht auf den insoweit belanglosen „Restkaufwert" hingewiesen werden, da der Verkehr dieser Angabe eine in Wirklichkeit nicht gegebene Ankaufsmöglichkeit entnimmt (OLG Frankfurt WRP 1988, 615).

4.150 f) **Steuerberater, Lohnsteuerhilfevereine. Steuerberater** erwecken bei werbenden Auftritten leicht den Eindruck, als könnten sie auch eine **Rechtsberatung** übernehmen. So wird der in der Leistungsübersicht einer Steuerberaterkanzlei angeführte Begriff „Erbrechtsberatung" von den angesprochenen Adressaten dahin verstanden, dass sich die Beratung nicht auf die rein steuerrechtlichen Aspekte beschränkt (LG Hamburg NJW-RR 2002, 1144). – **Lohnsteuerhilfevereine** dürfen ihren Mitgliedern Hilfe in Steuersachen leisten, soweit es sich ausschließlich um Einnahmen aus nichtselbstständiger Arbeit handelt (§ 4 Nr 11 StBerG). Als irreführend ist es daher beanstandet worden, dass ein Lohnsteuerhilfeverein blickfangmäßig mit dem Satz wirbt „**Beratung von A–Z** bei ihrer Einkommensteuererklärung" (OLG Zweibrücken NJW-RR 2003, 1576, 1577). Selbst der Hinweis auf die gesetzliche Beschränkung in einer Fußnote ist – sehr engherzig – nicht als ausreichend angesehen worden, obwohl sich die Werbung nur an Arbeitnehmer richtete (OLG Zweibrücken Urt v 15. 7. 2004 – 4 U 180/03 [NZB zurückgewiesen: BGH Beschl v 24. 3. 2005 – I ZR 115/04]).

4.151 g) **Touristik.** Die Werbung eines Reiseunternehmens für die **Unterbringung** in einem bestimmten Hotel ist irreführend, wenn der Zugriff auf die Hotelbetten rechtlich nicht gesichert ist (OLG München NJWE-WettbR 1997, 201). – Ein Reiseveranstalter, der nach einer **(einseitigen) Preiserhöhung** wegen gestiegener Treibstoffkosten („Kerosinzuschlag") Kunden gegenüber, die den erhöhten Reisepreis nur unter Vorbehalt der nachträglichen Überprüfung zahlen, erklärt, den Vorbehalt nicht zu akzeptieren und die kompletten Reiseunterlagen nur bei vollständiger Zahlung des Reisepreises auszuhändigen, führt die Kunden in relevanter Weise über ihre Rechte hins. der Überprüfung der einseitigen Preiserhöhung (§ 651 a IV BGB) irre und nutzt damit deren Rechtsunkenntnis in unlauterer Weise aus, weil er damit eine weitere Aufklärung zur Berechtigung dieser Preiserhöhung unterbunden hat (OLG Frankfurt GRUR 2002, 727).

4.151a h) **Versicherungsberater, Versicherungsvermittler.** Nach dem seit 2007 geregelten Berufsbild (§ 34 e GewO) ist die Tätigkeit des **Versicherungsberaters** – im Gegensatz zum Versicherungsvermittler – durch eine **objektive und neutrale Beratung** ohne eigene Provisionsinteressen geprägt. Für die Zeit davor lässt sich – trotz einer in den Wettbewerbsrichtlinien der Versicherungswirtschaft enthaltenen Bestimmung – ein entsprechendes Verkehrsverständnis aber nicht begründen (BGH GRUR 2009, 970 Tz 19 und 23 – *Versicherungsberater*). Wer also im eigenen Provisionsinteresse Versicherungsverträge vermittelt, darf sich nicht (mehr) Versicherungsberater nennen.

IV. Bedeutungswandel

1. Grundsatz

4.152 Da sich die Bedeutung einer Angabe nach der Auffassung des Verkehrs richtet, diese sich aber wandeln kann, muss sich **mit der Verkehrsauffassung** auch die **Bedeutung einer Angabe** ändern, von der wiederum die Feststellung abhängt, ob eine Angabe irreführend ist oder nicht. Ein Bedeutungswandel kommt allerdings seltener bei Beschaffenheitsangaben oder Gattungsbezeichnungen als bei Herkunftsangaben vor (dazu Rdn 4.228 ff). Gattungsbezeichnungen sind im Allgemeinen Beschaffenheitsangaben, die nicht nur ein Merkmal eines Produkts, sondern das ganze Produkt umschreiben.

2. Erscheinungsformen des Bedeutungswandels

4.153 Der umfassendste Fall eines Bedeutungswandels liegt vor, wenn sich der Sprachgebrauch so drastisch ändert, dass eine Beschaffenheitsangabe eine völlig neue Bedeutung erhält. In der Regel wird ein solcher Prozess eine lange Zeit in Anspruch nehmen. Ein Beispiel bietet die Bezeichnung „**Bauernbrot**", unter der nicht mehr ein vom Bauern gebackenes Brot, sondern eine Brotsorte mit einer bestimmten Geschmacksrichtung verstanden wird (BGH GRUR 1956, 550, 553 – *Tiefenfurter Bauernbrot*). Weniger weitgehend und daher häufiger sind die Fälle, in denen die Bedeutung der Angabe sich auf andere Sachverhalte ausdehnt oder im umgekehrten Fall in ihrem Geltungsumfang eingeengt wird. Die Bedeutungserweiterung ist bspw bei einem **Wandel der Beschaffenheitsangabe hin zu einem Oberbegriff** gegeben. Aber auch das verlangt seine Zeit, denn der Verkehr neigt dazu, an der ursprünglichen Bedeutung festzuhalten. Die Rspr hat einen solchen Beutungswandel daher meist verneint. So ist „Seide" kein Oberbegriff für echte Seide und Kunstseide (RGZ 128, 265 – *Bemberg-Seide;* vgl auch BGHZ 13, 244, 253 f – *Cupresa-Kunstseide*) und „Bims" kein Oberbegriff für Natur- und Kunstbims (RG MuW 1939, 233). Die umgekehrten Fälle einer **Beschränkung des Bedeutungsumfangs** liegen bspw dann vor, wenn eine allgemeine Gattungsbezeichnung in einem dem Sprachsinn nicht mehr voll entspr engeren Sinne verstanden wird. Die Reduzierung der Bedeutung von „Lakritz-Konfekt" auf gepresste Lakritze mit bissfester Konsistenz hat die Rspr aber verneint (BGH GRUR 1986, 822 – *Lakritz-Konfekt*). Schließlich ist noch die Möglichkeit gegeben, dass aus einem eindeutigen ein mehrdeutiger Begriff wird. So wurde der Ausdruck „Kunstglas" urspr nur zur Bezeichnung von künstlerisch gestaltetem Glas verwendet, inzwischen aber seit langem auch zur Kennzeichnung von durchsichtigen Kunststoffen glasartigen Charakters, zB bei Lampenschirmen (BGH GRUR 1960, 567 – *Kunstglas*).

3. Rechtliche Beurteilung

4.154 Bei einem Bedeutungswandel eines Begriffs stellen sich **zwei Fragen:** (1) Ist die behauptete neue Bedeutung schon so weit eingeführt, dass sie nicht mehr als irreführend beanstandet werden kann? (2) Oder ist der Bedeutungswandel schon so weit fortgeschritten, dass nunmehr die Verwendung des Begriffs in seiner ursprünglichen Bedeutung irreführend ist? Die erste Frage stellt sich nur bei einer **Erweiterung,** die zweite nur bei einer **Beschränkung des Begriffsumfangs.** Beide Fragen können nicht einheitlich beantwortet werden. Ein Beispiel aus der Rspr für eine **Entwicklung zu einer engeren Bedeutung** ist der Fall „**Lakritz-Konfekt**" (BGH GRUR 1986, 822): Hier hatte ein Klägerin behauptet, der Begriff des Lakritz-Konfekts, der urspr alle Lakritzsüßigkeiten umfasst habe, habe sich auf Stücke aus gepresster Lakritze mit bissfester Konsistenz reduziert; daher werde der Verkehr durch die mit Lakritze überzogenen Schaumzuckerstückchen der Beklagten irregeführt. Ein Beispielsfall für die **Entwicklung zu einer weiteren Bedeutung** ist der Fall „**Kunstglas**" (BGH GRUR 1960, 567): Es ging um die Verwendung des Begriffs Kunstglas durch einen Lampenhersteller, der damit die durchsichtige Kunststoffumhüllung seiner Lampen beschrieben hatte; dies war vom Verband der Glasindustrie mit der Begründung beanstandet worden, der Verkehr verstehe unter Kunstglas künstlerisch gestaltetes Silikatglas.

4.155 In der Logik des Irreführungsrechts hätte es gelegen, im Falle der **Einengung des Begriffs** bereits von einer Irreführung auszugehen, sobald ein für die Irreführungsquote ausreichender Teil des Verkehrs den Begriff („Lakritz-Konfekt") nur noch in seiner engen Bedeutung versteht. Die

Verwendung des Begriffs in der erweiterten Bedeutung („Kunstglas") hätte erst zugelassen werden dürfen, wenn sich die neue Bedeutung nahezu durchgesetzt hätte, so dass nur noch ein kleiner unterhalb der Quote liegender Teil des Verkehrs hätte irregeführt werden können. Eine **Berücksichtigung der berechtigten Interessen** gebietet jedoch ein anderes Ergebnis: Im Falle des **Wandels zu einer engeren Bedeutung** kommt ein Verbot der Verwendung des Begriffs in seiner ursprünglichen weiteren Bedeutung erst in Betracht, wenn der überwiegende Teil des Verkehrs den Bedeutungswandel vollzogen hat (BGH GRUR 1986, 822 – *Lakritz-Konfekt;* vgl auch BGH GRUR 1986, 469 – *Stangenglas II*). Die erweiterte Bedeutung darf jedenfalls dann nicht mehr schlechthin verboten werden, wenn dieser Gebrauch bereits in größerem Umfange **im Verkehr Eingang gefunden** hat und ihm daher nicht ohne Verletzung beachtlicher Interessen wieder entzogen werden kann (BGH GRUR 1960, 567 – *Kunstglas*).

4. Denaturierende Zusätze

4.156   In den Fällen, in denen die Verkehrsauffassung einem Bedeutungswandel unterliegt, kann zuweilen die **Gefahr einer Irreführung durch einen aufklärenden Zusatz beseitigt** werden. Wann ein Zusatz diese Kraft hat, bestimmt sich wiederum nach der Auffassung des (situationsadäquat) aufmerksamen und verständigen Durchschnittsverbrauchers. Ob ein Zusatz denaturiert, bleibt damit eine Frage des Einzelfalls. Häufig wird für ein Erzeugnis, das im Wesentlichen einem bereits bekannten Stoff entspricht, die gebräuchliche Gattungsbezeichnung mit einem unterscheidenden Zusatz in eine neu gebildete, zusammengesetzte Bezeichnung übernommen; mit dieser Übung rechnet auch der Verkehr (BGH GRUR 1967, 600, 603 – *Rhenodur I* mit Anm *Droste;* BGH GRUR 1972, 360, 361 – *Kunststoffglas*).

4.157   a) **Zusatz Kunst.** Mit dem Zusatz „**Kunst**", der auf den Substitutionscharakter eines Produktes hinweist, wird die Irreführungsgefahr idR ausgeschlossen. Der Verkehr setzt diese Produkte auch bei Neuheiten idR nicht mehr mit Naturerzeugnissen gleich. Zulässig sind die Bezeichnungen „**Kunsteis**", „**Kunststein**" und „**Kunstdünger**", „**Kunsthonig**", „**Kunstseide**" (dazu Rdn 4.7 und 4.10) und „**Kunstharz**". – Wenn unter dem Kunstprodukt wiederum Verschiedenes verstanden wird, kann eine weitere Klarstellung nötig sein, um eine Irreführung zu vermeiden. Vgl zum Begriff „**Kunstglas**" Rdn 4.154 f. Von vornherein unproblematisch ist dagegen die Bezeichnung „**Kunststoffglas**" für einen kalthärtenden organischen Flüssig-Kunststoff mit Glaseffekt, da nicht nur Fachleute, sondern auch jeder Verbraucher hierunter kein Silikatglas, sondern einen Kunststoff verstehen (BGH GRUR 1972, 360, 361 – *Kunststoffglas*).

4.158   b) **Sonstige Zusätze.** Sofern eine Anlehnung an die Qualität und Wirkungen der Naturprodukte stattfindet, ist zu verlangen, dass die Ware nach ihren Eigenschaften und Wirkungen dem Naturprodukt gleich oder nahe kommt, zumindest zu gleichem Zweck verwendbar ist (GK/*Lindacher* § 3 Rdn 480). Daher ist es als irreführend angesehen worden, für aus Kunstleder hergestellte Oberbekleidungsartikel die Bezeichnung „**Synthetik-Wildleder – aktueller Leder-Look**" zu verwenden, weil die Bezeichnung „Synthetik-Leder" zwar deutlich mache, dass es sich nicht um echtes Leder handele, jedoch den unrichtigen Eindruck vermittle, das angebotene Material sei echtem Leder vergleichbar und verfüge über alle für den Verbraucher wesentlichen Eigenschaften des Naturprodukts Leder (BGH GRUR 1977, 729, 731 – *Synthetik-Wildleder* mit Anm *Lehmpfuhl*). Ebenso wurde die Bezeichnung „**Napanova aus Polyurethan**" mit der Begründung verboten, die angesprochenen Verkehrskreise gingen davon aus, dass die verwendeten Materialien dem Nappaleder in allen wesentlichen Eigenschaften glichen (OLG Hamburg WRP 1983, 628, 630).

4.159   Inwiefern **andere Zusätze** denaturierend wirken, hängt von den Umständen des Einzelfalls ab. Im Allgemeinen weist nach dem deutschen Sprachgebrauch bei zusammengesetzten Wörtern das vorangestellte Wort auf die stoffliche Beschaffenheit und das letzte Wort auf den Gegenstand hin. An diese Erfahrungsregel braucht sich indessen der Verkehr nicht zu halten. Allerdings ist es mehr als fraglich, ob nach dem neuen Verbraucherleitbild die angesprochenen Verkehrskreise bei Möbeln, die unter der Bezeichnung „**Kunststofffurnier**" vertrieben werden, davon ausgehen, dass es sich wegen des Wortbestandteils „Furnier" um ein Material handelt, das neben Kunststoff auch Holzbestandteile aufweist (so aber BGH GRUR 1967, 600, 603 – *Rhenodur I;* BGH GRUR 1974, 158, 159 – *Rhenodur II* jeweils mit Anm *Droste*). Sehen hingegen Möbel mit Kunststofffolie wie mit Holzfurnier aus, so muss durch aufklärende Hinweise in der Werbung und auf der Ware deutlich gemacht werden, dass die Ware nicht mehr aus dem früher stets verwendeten Holzfurnier besteht (OLG Düsseldorf GRUR 1975, 146). Ferner ist die Verwendung der Bezeichnung einer Holzart mit dem Zusatz **„foliert"** irreführend, wenn die sichtbaren Außenflächen der Möbel mit einer Kunststofffolie überzogen sind. Der Zusatz „foliert" ist ungebräuchlich und zur Aufklärung der Verbraucher ungeeignet (OLG Hamburg GRUR 1989, 125). Andererseits müssen die durch die Zusätze oder sonstige Bezeichnungen hervorgerufenen Vorstellungen, dass es sich um Kunstprodukte handelt, auch der Wahrheit entsprechen.

Zutr ist dem Zusatz **„Perlon"** für einen Pelz denaturierende Bedeutung beigemessen worden, **4.160** da jeder heute wisse, dass es sich um Kunstfasern handele (LG Frankfurt GRUR 1955, 304). Zulässig ist daher die Bezeichnung „Perlon-Pelz" für einen im Aussehen und Warmhalten dem Naturpelz gleichwertigen Kunstpelz. Eine Verkehrsgeltung iSd § 4 Nr 2 MarkenG, die sich auf die Herkunft, nicht aber auf die Beschaffenheit einer Ware bezieht, genügt als denaturierender Zusatz nicht. – Die Bezeichnung **„Seide"** wird nicht denaturiert durch Zusätze wie **„Bemberg"**, **„Agfa"**, **„Azetat"** (RGZ 128, 264; dazu Rdn 4.7, 4.10 und 4.153) oder **„Cupresa"** (BGHZ 13, 244 – *Cupresa-Kunstseide*). – Gewöhnlich wird die Beifügung einer weiteren Gattungsbezeichnung, insbes einer solchen, die nicht auf ein bekanntes Kunstprodukt hinweist, ebenfalls nicht denaturierend wirken. Als irreführend angesehen worden ist daher die Bezeichnung **„Eis-Pralinen"** für pralinenförmige massive Stücke, die zwar aus Kakaopulver, Kokosfett und Zucker, nicht aber aus Kakaomasse oder Schokolade hergestellt und daher keine Schokoladenerzeugnisse sind (BGH GRUR 1958, 492 – *Eis-Pralinen*; dazu krit Rdn 4.21).

c) Bedeutungswandel bei Zusätzen. Ein zunächst nicht denaturierender Zusatz kann diese **4.161** Kraft allmählich dadurch gewinnen, dass ein Bedeutungswandel eintritt und der Verkehr die Bezeichnung anders versteht. Das soll zB für die Bezeichnung **„Neusilber"** (Alpacca) zutreffen, weil jeder wisse, dass eine solche Legierung nicht silberhaltig sei (BGH GRUR 1955, 251 – *Silberal*). – Umgekehrt kann die denaturierende Wirkung aber auch wieder entfallen, wenn durch weitere Zusätze (zB „echt", s Rdn 4.70) der Hinweis entkräftet, die Aufklärung damit beseitigt und eine (neue) Irreführungsgefahr begründet wird, etwa wenn von „echtem Kunstleder" die Rede ist.

d) Prozessuale Fragen. Vgl § 12 Rdn 2.45. **4.162**

V. Umweltverträglichkeit

Schrifttum: *Ackermann*, Die deutsche Umweltrechtsprechung auf dem Weg zum Leitbild des verständigen Verbrauchers?, WRP 1996, 502; *Brandner*, Beiträge des Wettbewerbsrechts zum Schutz der Umwelt, FS v Gamm, 1990, 27; *Brandner/Michael*, Wettbewerbsrechtliche Verfolgung von Umweltrechtsverstößen, NJW 1992, 278; *Brinker/Horak*, Umweltschutz und Wettbewerb, in Rengeling, Handbuch zum europäischen und deutschen Umweltrecht, Bd II, 1998, 1111; *Cordes*, „Umweltwerbung" – Wettbewerbsrechtliche Grenzen der Werbung mit Umweltschutzargumenten, 1994; *Faylor*, Irreführung und Beweislast bei umweltbezogener Werbung, WRP 1990, 725; *Federhoff-Rink*, Social Sponsoring in der Werbung – Zur rechtlichen Akzessorietät der Werbung mit Umweltsponsoring, GRUR 1992, 643; *dies*, Umweltschutz und Wettbewerbsrecht, Diss 1994; *Fezer*, Umweltwerbung mit unternehmerischen Investitionen in den Nahverkehr, JZ 1992, 143; *Friedrich*, Umweltschutz durch Wettbewerbsrecht, WRP 1996, 1; *ders*, Umweltschutz und Wettbewerbsrecht, WRP 1988, 645; *Füger*, Umweltbezogene Werbung, 1993; *v Gamm*, Wettbewerbs- und kartellrechtliche Fragen im Bereich der Abfallwirtschaft, FS Traub, 1994, 133; *Keßler*, Die umweltbezogene Aussage in der Produktwerbung – dogmatische und wettbewerbstheoretische Aspekte des Irreführungsverbots?, WRP 1988, 714; *Kienle*, Werbung mit (Umwelt-)Qualitätsmanagementsystemen – Gefühlsausnutzung oder Kundeninformation?, NJW 1997, 3360; *Kisseler*, Wettbewerbsrecht und Umweltschutz, WRP 1994, 149; *Klindt*, Die Umweltzeichen „Blauer Engel" und „Europäische Blume" zwischen produktbezogenem Umweltschutz und Wettbewerbsrecht, BB 1998, 545; *Köhler*, Der gerupfte Engel oder die wettbewerbsrechtlichen Grenzen der umweltbezogenen Produktwerbung, UTR 1990, 344; *ders*, Die wettbewerbsrechtlichen Grenzen der umweltbezogenen Produktwerbung, UTR 1990, 39; *ders*, „Grüner Punkt" als irreführende Werbung?, BB 1998, 2065; *Graf Lambsdorff*, Werbung mit Umweltschutz, 1993; *Lappe*, Die wettbewerbsrechtliche Beurteilung der Umweltwerbung, Umwelt- und Technikrecht, 1995; *ders*, Zur ökologischen Instrumentalisierbarkeit des Wettbewerbsrechts, WRP 1995, 170; *Lindacher*, Umweltschutz in der Werbung – lauterkeitsrechtliche Probleme, 1997, Umwelt- und Technikrecht, 67; *Michalski/Riemenschneider*, Irreführende Werbung mit der Umweltfreundlichkeit von Produkten, Eine Rechtsprechungsanalyse, BB 1994, 1157; *Micklitz*, Umweltwerbung im Binnenmarkt, WRP 1995, 1014; *Paulus*, Umweltwerbung – Nationale Maßstäbe und europäische Regelungen, WRP 1990, 739; *Rohnke*, Werbung mit Umweltschutz, GRUR 1988, 667; *Roller*, Der „blaue Engel" und die „Europäische Blume", EuZW 1992, 499; *Rüffler*, Umweltschutz in der Werbung, ÖBl 1995, 243; 1996, 3; *Spätgens*, Umwelt und Wettbewerb – Stand der Dinge, FS Vieregge, 1995, 813; *Strauch*, Zur wettbewerbsrechtlichen Zulässigkeit von sog. „Bio-Werbung" gem. § 3 UWG, WRP 1992, 540; *Wiebe*, EG-rechtliche Grenzen des deutschen Wettbewerbsrechts am Beispiel der Umweltwerbung, EuZW 1994, 41; *ders*, Super-Spar-Fahrkarten für Versicherungskunden im Dienste des Umweltschutzes aus wettbewerbsrechtlicher

Sicht, WRP 1995, 445; *ders,* Umweltschutz durch Wettbewerb, NJW 1994, 289; *ders,* Zur „ökologischen Relevanz" des Wettbewerbsrechts, WRP 1993, 799.

1. Grundsatz

4.163 Mit wachsendem Umweltbewusstsein der Abnehmer werden ökologische Gesichtspunkte immer wichtiger für den Erwerb von Waren oder Dienstleistungen. Zu denken ist nur an den verminderten Schadstoffausstoß eines Kfz oder die Herstellung von Papierprodukten aus Altpapier. Der **Appell an die soziale Verantwortung in der Umwelt- oder Tierschutzwerbung** ist **grds unbedenklich** (§ 4 Rdn 1.158 ff). Häufig sind die Verbraucher an Informationen über die Umweltverträglichkeit bes interessiert. Dabei ist es gleichgültig, ob sich der Hinweis auf die Umweltverträglichkeit, mit der geworben wird, auf die Beschaffenheit des Erzeugnisses selbst, die Umstände seiner Herstellung, das Verhalten des Unternehmers oder auf sonstige Umstände bezieht. Weil die Verbraucher einerseits viel Wert auf Umweltinformationen legen, diese Angaben andererseits aber nur schwer oder gar nicht nachprüfen können, besteht lauterkeitsrechtlich ein **besonderes Bedürfnis für einen Irreführungsschutz**.

4.164 Hinzu kommt, dass dem Umweltschutz **durch das Unionsrecht und das nationale Verfassungsrecht ein hoher Stellenwert** eingeräumt ist. Die Ziele der Umweltpolitik der Union richten sich nach Art 191 I AEUV auf die Erhaltung und den Schutz der Umwelt sowie die Verbesserung ihrer Qualität, den Schutz der menschlichen Gesundheit, eine umsichtige und rationale Verwendung der natürlichen Ressourcen und eine Förderung von Maßnahmen auf internationaler Ebene zur Bewältigung regionaler oder globaler Umweltprobleme. Die Erfordernisse des Umweltschutzes müssen nach Art 191 II 3 AEUV bei der Festlegung und Durchführung anderer Unionspolitiken einbezogen werden. Damit wird den Zielen des Umweltschutzes Vorrang eingeräumt. – Verfassungsrechtlich enthält Art 20 a GG einen Schutzauftrag zugunsten der natürlichen Lebensgrundlagen. Mit einer umweltbezogenen Werbung wird zudem die Meinungsfreiheit (Art 5 GG) ausgeübt, so dass nach Lage des Falles eine verfassungsrechtliche Beurteilung unter Abwägung der Schutzbereiche der Meinungsfreiheit und der Lauterkeit erforderlich sein kann (vgl BVerfG GRUR 2002, 455).

4.165 Mit der **Gesundheitswerbung** (s Rdn 2.135, Rdn 4.181 ff und § 4 Rdn 4.166) steht die **Umweltwerbung** insoweit im Zusammenhang, als sie sich auch auf Waren oder Dienstleistungen bezieht, die sich mittelbar oder unmittelbar auf die Gesundheit auswirken. Die Umweltwerbung wird daher in der Rspr ebenso wie die Gesundheitswerbung **tendenziell streng** beurteilt (BGHZ 105, 277, 281 – *Umweltengel;* BGH GRUR 1991, 546 – *aus Altpapier;* BGH GRUR 1991, 550 – *Zaunlasur;* BGH GRUR 1994, 828 – *Unipor-Ziegel;* BGH GRUR 1996, 367 – *Umweltfreundliches Bauen;* BGH GRUR 1997, 666 – *Umweltfreundliche Reinigungsmittel;* OLG Stuttgart WRP 1993, 628; OLG Stuttgart WRP 1994, 339; ÖOGH ÖBl 1999, 23, 25 – *Stockerauer Salat-Erdäpfel).* Es ist allerdings bei der Umweltwerbung auch stets zu beachten, dass die **Information über die Umweltverträglichkeit** eines Produkts nicht ohne Not eingeschränkt werden darf; denn die Verbraucher sind an diesen Informationen bes interessiert und treffen häufig ihre Nachfrageentscheidung nach dem Gesichtspunkt der Umweltverträglichkeit. Deswegen ist stets zu fragen, ob die Irreführung wirklich nur durch ein Unterlassen der Information oder ob sie nicht doch durch **aufklärende Hinweise** vermieden werden kann.

2. Allgemeine Hinweise auf Umweltverträglichkeit

4.166 Die Wörter „**umweltfreundlich**", „**umweltschonend**", „**umweltgerecht**", „**umweltbewusst**" beziehen sich pauschal auf die Eigenschaften von Waren oder Leistungen, besitzen aber als solche **keine fest umrissene Bedeutung**. Sie können daher bei den Umworbenen unterschiedliche Vorstellungen, Erwartungen und Emotionen hervorrufen, so dass es für die Feststellung einer Irreführung zuerst darauf ankommt, welche konkrete Bedeutung der (situationsadäquat) aufmerksame und durchschnittlich verständige Verbraucher einer umweltbezogenen Werbeaussage beimisst. Der verständige Verbraucher weiß bsw, dass es eine absolute Umweltfreundlichkeit nicht gibt; unergiebig ist für die Beurteilung der Irreführung daher die Unterscheidung zwischen absoluter und relativer Umweltwerbung (aA Baumbach/*Hefermehl,* 22. Aufl, § 1 Rdn 180 a und 180 b). Der Verbraucher wird einen allgemeinen Hinweis auf die „Umweltfreundlichkeit" deshalb dahin verstehen, dass die beworbene Ware oder Dienstleistung **nach dem derzeitigen Stand der Erkenntnis uneingeschränkt umweltfreundlich** ist. Entspricht dies der Wahrheit, ist eine solche Aussage unbedenklich und erlaubt. Gewöhnlich werden Hinweise auf die Umweltfreundlichkeit der angebotenen Ware oder Leistung Angaben über eine bestimmte Beschaffenheit oder Wirkung sein, so dass gegen § 5 verstoßen wird, wenn die produktbezogene Angabe irreführend ist. Der allgemeine Hinweis auf Verdienste des werbenden Unternehmens um den Umweltschutz ist zulässig, sofern sich nicht aus bes Umständen eine Irreführung ergibt. Zu streng ist daher das Verbot des Werbeausspruchs „*Schützt unsere Umwelt! Wie wir von Kaiser's*", der wegen seiner pauschalen Form irreführend sein soll (KG WRP 1991, 50).

4.167 Da die beworbenen Waren oder Dienstleistungen meist nicht insgesamt und nicht in jeder Beziehung, sondern nur in Teilbereichen mehr oder weniger umweltschonend als konkurrierende Angebote sind, besteht zur Vermeidung einer Irreführungsgefahr ein **gesteigertes Informationsbedürfnis** der umworbenen Verkehrskreise über Bedeutung und Inhalt der in der Werbung verwendeten Hinweise, Begriffe und Zeichen. Um bei allgemein gehaltenen Aussagen zur Umweltverträglichkeit eine Irreführung zu vermeiden, wird es deswegen häufig geboten sein, über die näheren Umstände aufzuklären, auf die sich die Aussage bezieht. Liegt eine **umweltfreundliche Werbeaussage** vor, so muss in ihr zum Ausdruck kommen, in welchen Hinsicht die umworbene Ware oder Leistung einen umweltbezogenen Vorzug aufweist, wobei der Inhalt und der Umfang der Aufklärung von der Art der Ware oder Dienstleistung sowie von dem Grad und dem Ausmaß der Umweltfreundlichkeit abhängen (BGHZ 105, 277, 281 – *Umweltengel*). Die Werbung für eine Kapitalanlage mit Aussagen wie „*Für den Schutz der Lebensbedingungen auf der Erde"*, „*Für den Schutz der Umwelt*" und „*gut für die Umwelt*" ist irreführend, wenn nur allgemein erläutert wird, dass „in saubere Energieerzeugung" und „Elektrizitätswerk- und Umwelttechnik" investiert, aber über den konkreten Umweltbezug nicht aufgeklärt wird (KG WRP 1996, 750).

4.168 **Beispielsfälle, in denen eine Irreführung bejaht worden ist:** Ein Produkt, das – wenn auch in geringerem Umfang als andere Erzeugnisse – Schadstoffe enthält, ist nicht umweltfreundlich und wird vom Verkehr nicht entspr eingestuft. Die Werbeangabe „**umweltfreundlich**" und die Verwendung des Umweltzeichens für ein solches Produkt sind daher irreführend (LG Köln GRUR 1988, 53, 55). – Bei der mehrfach und auffällig hervorgehobenen Angabe „**umweltbewusst**" für ein **Kfz-Pflegemittel** erwartet der Verkehr zwar nicht, dass die Umweltschädlichkeit schlechthin ausgeschlossen ist, er erwartet aber, dass das Produkt in Bezug auf Zusammensetzung und Herstellung nach dem derzeitigen Erkenntnisstand ein hohes Maß der Umweltschonung aufweist. – Irreführend ist es, einen **Naturdünger,** dessen Gehalt an Schwermetallen und Stickstoff höher ist als der entspr Gehalt des durchschnittlichen Ackerbodens, als **umweltfreundlich** oder als **Beitrag zum Umweltschutz** oder **zum Schutz der Natur** zu bezeichnen, wenn nicht gleichzeitig angegeben wird, in welcher Beziehung diese Aussagen gelten sollen (OLG Stuttgart WRP 1991, 194, 195).

4.169 **Beispielsfälle, in denen eine Irreführung verneint worden ist:** Wird für aus Naturstoffen hergestellte Ziegel mit dem Hinweis „**Bausteine für eine gesunde (Um-)Welt**" geworben, so liegt darin keine Irreführung über die Rohstoffgewinnung, weil dem Verkehr als selbstverständlich bekannt ist, dass mineralische Rohstoffe ohne Eingriffe in die Natur nicht gewonnen werden können (BGH GRUR 1994, 828 – *Unipor-Ziegel*). – Eine Irreführung ist ebenfalls in einem Fall verneint worden, in dem das Prädikat „**umweltschonend**" für **Erdgas** verwendet wurde, auch wenn in der Werbung nicht angegeben worden war, in welcher Beziehung Umweltschonung vorliegt (OLG Stuttgart WRP 1993, 628 mit krit Anm *Federhoff-Rink* WRP 1993, 631 ff). – Ebenfalls nicht irreführend ist es, die **Elektro-Speicherheizung** als „**Eine umweltschonende Heizung**" anzupreisen, wenn aus dem Zusammenhang klar hervorgeht, dass ein bestimmter, wirklicher Vorzug, nämlich die Abgasfreiheit vor Ort, gemeint ist, ohne dass über die Umweltprobleme bei der Erzeugung des Stroms in den Kraftwerken hinweggegangen wird (KG NJW-RR 1993, 943). – Angaben zu **Produktionsstätten für Fertighäuser** in einer Kundenzeitschrift unter den Überschriften „**Umweltfreundliches Bauen**" und „**vorbildliche Häuser aus umweltfreundlichen Werken**" sind nicht irreführend, wenn die Gefahr einer Täuschung durch aufklärende Aussagen ausgeschlossen werden kann (BGH GRUR 1996, 367 – *Umweltfreundliches Bauen;* BGH GRUR 1997, 666, 667 – *Umweltfreundliches Reinigungsmittel*).

3. Besondere Hinweise auf Umweltverträglichkeit

4.170 **a) Einzelne Bezeichnungen.** Werden bes Eigenschaften in der Werbung herausgestellt (zB Recyclingfähigkeit eines Materials), die auf Umweltverträglichkeit schließen lassen, müssen diese Eigenschaften auch tatsächlich vorhanden sein. Daher ist die Aussage „... ist recyclingfähig und damit umweltfreundlich" irreführend, wenn eine Wiederverwertung der bereits benutzten Produkte tatsächlich gar nicht stattfindet (OLG Köln NJW-RR 1993, 754). – Bestimmte Vorsilben und Wörter können bei dem durchschnittlich verständigen und (situationsadäquat) aufmerksamen Verbraucher die Vorstellung bes Umweltverträglichkeit auslösen; vgl zu „Bio-" Rdn 4.65 ff, zu „Natur", „natürlich", „naturrein" uÄ Rdn 4.50 ff sowie zu „Ökologisch" oder „Öko" Rdn 4.77.

4.171 Ebenso wie bei dem allgemeinen Hinweis auf die Umweltverträglichkeit (s Rdn 4.167 f) kann bei bes Hinweisen eine **weitere Aufklärung zur Vermeidung einer Irreführung** geboten sein. Die Anforderungen an Inhalt und Umfang solcher klarstellenden Informationen sollten jedoch nicht überspannt werden, weil anderenfalls die Gefahr besteht, dass der Unternehmer zur Vermeidung einer Irreführung von den grds nützlichen und erwünschten Umwelthinweisen gänzlich Abstand nimmt. Damit wäre dem legitimen Informationsbedürfnis der Verbraucher (s Rdn 4163) nicht gedient. Daher müssen die Umstände des Einzelfalls beachtet werden. – Die Werbung für ein Papierprodukt mit der Beschaffenheitsangabe **„aus Altpapier"** ohne den Hinweis, dass das konkrete Produkt nicht zu 100%, sondern nur überwiegend als Altpapier hergestellt ist, verstößt gegen § 5 (BGH GRUR 1991, 546 – *aus Altpapier*). Irreführend ist eine Werbung für sog **Düngekeile** mit **„biologisch düngen",** wenn in der Werbung nicht zugleich offenbart wird, inwieweit und bis zu welchem Grade das beworbene Produkt „biologisch" und „naturgemäß" ist (OLG Frankfurt GRUR 1989, 358; OLG Nürnberg GRUR 1989, 686 für „baubiologisch richtiges Bauen", OLG München GRUR 1990, 290 f für ein Reinigungs-, Wasch- und Pflegemittel „Bioclean"). Wird der Umweltbezug durch eine rein negative und wahre Beschaffenheitsangabe **(„PVC-frei")** hergestellt, so wird die Aufklärungspflicht nicht verletzt, wenn in der Werbung nicht auf andere Nachteile des Produkts hingewiesen wird (BGH GRUR 1996, 985, 986 – *PVC-frei*).

4.172 **b) Umweltzeichen. aa) Unionsrechtliche Zeichen.** Gem Art 2 I der VO (EG) Nr 1980/2000 v 17. 7. 2000 zur Revision des gemeinschaftlichen Systems zur Vergabe eines **Umweltzeichens** (ABl EG Nr L 237 S 1) kann für in der Union verfügbare Produkte, die die Vergabekriterien nach Art 3 und 4 der VO erfüllen, das Umweltzeichen vergeben werden. Ziel ist es, die Aufmerksamkeit der Verbraucher auf Produkte zu lenken, die geeignet sind, während ihrer gesamten Lebensdauer die Umweltauswirkungen zu verringern und über die Umwelteigenschaften der gekennzeichneten Produkte zu informieren (Erwägungsgrund 4). Die frühere VO (EWG) Nr 880/92 wurde aufgehoben. Die Form des Umweltzeichens und die notwendigen Angaben bestimmen sich nach Art 8 sowie Anh III der Verordnung. Gem Art 18 VO treffen die Mitgliedstaaten geeignete rechtliche oder administrative Maßnahmen für den Fall der Nichtbeachtung dieser Verordnung. Ein Verstoß gegen die VO durch eine unberechtigte Nutzung des Umweltzeichens wird als Rechtsbruch von § 4 Nr 11 UWG erfasst. – Die Verwendung **nationaler Umweltzeichen** wird durch das EU-Umweltzeichen nicht ausgeschlossen (Art 11 VO).

4.173 **bb) Sonstige Zeichen.** Mit Zeichen, die auf eine Umweltverträglichkeit schließen lassen, darf nur geworben werden, wenn sie **eindeutig belegt sind und eine Irreführung der umworbenen Verbraucher ausschließen.** Seit dem 1. 6. 1988 heißt die Umschrift des Umweltzeichens „Umweltengel" nicht mehr „umweltfreundlich", sondern „Umweltzeichen" mit einem auf den Umweltvorzug des jeweiligen Produkts hinweisenden Zusatz. Das Umweltzeichen „Blauer Engel" darf vom Hersteller eines Produkts unter Angabe des Verleihungsgrundes nur verwendet werden, wenn es ihm auf Grund einer Entscheidung der „Jury Umweltzeichen", der verschiedene, für den Umweltschutz tätige Organisationen angehören, nach einer Prüfung, ob das Produkt den gestellten Anforderungen genügt, verliehen und sodann mit ihm der Zeichenbenutzungsvertrag mit dem RAL abgeschlossen wurde (BGH GRUR 1991, 550, 552 – *Zaunlasur*). Der Hinweis **„Das neue Produkt ist mit dem Blauen Engel ausgezeichnet",** ist jedoch nicht deshalb irreführend, weil durch das Wort „ausgezeichnet" bei den angesprochenen Verkehrskreisen die Vorstellung hervorgerufen wird, das Produkt des Werbenden sei gegenüber anderen von einer hierzu berufenen neutralen Stelle ausgezeichnet oder offiziell hervorgehoben worden (BGH GRUR 1991, 550, 552 – *Zaunlasur*; OLG Köln NJW-RR 1992, 874). Auch die Werbeaussage eines Herstellers und Vertreibers von Ölbrennern „5 Brennermodelle wurden mit dem Blauen Engel ausgezeichnet", enthält nicht schon deshalb eine irreführende Alleinstellungsbehauptung, weil sie mit guten Abgaswerten und hohem Wirkungsgrad wirbt (BGH GRUR 1994, 529 – *Ölbrennermodelle*). Sie schließt die Verleihung derselben Auszeichnung an Konkurrenzmodelle nicht aus und ist als lediglich beispielhafte Leistung auch im Verhältnis zu den Produkten von Mitbewerbern richtig, die nicht mit dem „Blauen Engel" ausgezeichnet worden sind.

Mit dem einem Unternehmen verliehenen Umweltzeichen darf **nur in der verliehenen** 4.174 **Form unter Beachtung der Einschränkungen und Auflagen** (Hinweispflichten) geworben werden. Verwendet ein Händler das dem Hersteller einer Ware verliehene Umweltzeichen auf Schildern an den Regaleinlegeböden zur Werbung für diese Waren, so verstößt er gegen § 5 UWG, wenn er nicht entspr der dem Hersteller erteilten Benutzungsbefugnis angibt, aus welchem Grunde die Anerkennung als „umweltfreundlich" erfolgt ist (BGHZ 105, 277, 282 – *Umweltengel;* OLG Köln GRUR 1988, 51; *v Gamm,* FS Traub, 1994, 133, 140). Wird in einer Prospektwerbung ein Produkt abgebildet, das deutlich sichtbar mit dem Umweltzeichen verbunden ist, so ist klarzustellen, worauf die Verleihung des Zeichens beruht (OLG Köln WRP 1992, 504, 505; *Lindacher* Anm JZ 1993, 100, 101). – Die Umschrift des Umweltzeichens **„weil treibmittelfreie Alternative"** für ein Deo-Pumpspray ist nicht irreführend und weder als Alleinstellungsberühmung noch als Hinweis darauf zu verstehen, dass die Konkurrenz ausschließlich aerosolhaltige Treibmittel verwende (OLG Hamburg NJW-RR 1994, 555).

VI. Hinweis auf Förderung altruistischer Zwecke (Umwelt, soziales Engagement)

1. Grundsatz

In den letzten Jahren berufen sich Unternehmen in der Werbung verstärkt auf ihr **Umwelt-** 4.175 **engagement.** Die Umweltwerbung bezieht sich dann nicht mehr speziell auf die Beschaffenheit, die Herstellungsart, die Preiswürdigkeit oder die Wirkungen der angebotenen Waren oder Dienstleistungen, sondern besteht in **allgemeinen Hinweisen und Appellen zur Förderung und zum Schutz der Umwelt.** Das ist grds unbedenklich, und zwar auch dann, wenn zwischen dem Umweltengagement und der in erster Linie beworbenen Ware oder Leistung **kein Sachzusammenhang** besteht (vgl § 4 Rdn 1.165). Entweder preist ein Unternehmen allgemein das **eigene Engagement;** dann zielt die Werbung auf eine Stärkung des Ansehens des Unternehmens. Oder ein Unternehmen verspricht in der Werbung, dass der Kunde mit seiner Entscheidung für das beworbene Hauptangebot gleichzeitig etwas Gutes für die Umwelt tue; dann wird eine **zusätzliche Leistung** versprochen, was ebenfalls – wenn die Angaben zutreffen – wettbewerbsrechtlich unbedenklich ist (dazu Rdn 7.37; vgl BGH GRUR 2007, 247 – *Regenwaldprojekt I*).

Für die wettbewerbsrechtliche Beurteilung ist daher entscheidend, dass die **Angaben zutref-** 4.176 **fen,** die sich auf das Umweltengagement beziehen. Vor allem bei der zweiten Fallgruppe dürfen sich diese Angaben **nicht nur in pauschalen Hinweisen erschöpfen.** Vielmehr sollte derjenige, der dem Verbraucher verspricht, mit der Kaufentscheidung für das beworbene Produkt einen konkreten Beitrag zum Umweltschutz (oder sonst für eine gute Sache) zu leisten, konkrete Angaben darüber machen, worin dieser Beitrag im Einzelnen liegt. Allerdings folgt aus dem Umstand, dass ein Unternehmen allgemein für den Fall des Erwerbs seiner Produkte verspricht, einen Dritten zu unterstützen, noch nicht, dass **über die Details dieser Leistung aufgeklärt** werden muss. Erst wenn die Werbung **konkrete, für die Kaufentscheidung relevante irrige Vorstellungen** hervorruft, ergibt sich eine Verpflichtung des werbenden Unternehmens zu aufklärenden Hinweisen (BGH GRUR 2007, 247 – *Regenwaldprojekt I*).

2. Hinweispflichten des Werbenden

a) Rspr der Instanzgerichte. In der Rspr der Instanzgerichte wurde teilweise verlangt, dass 4.177 der **Beitrag genau bezeichnet** wird, im Falle eines Geschäftsabschlusses zu leisten versprochen wird (OLG Hamm GRUR 2003, 975: Förderung eines Regenwald-Projekts durch den Erwerb eines Kasten Biers; vgl auch LG Siegen GRUR-RR 2003, 379). Teilweise war auch eine **großzügigere Betrachtungsweise** zu erkennen; so hat das OLG Hamburg (GRUR-RR 2003, 51) die Werbeaktion eines Händlers für Elektronikartikel für unbedenklich gehalten, der für jeden Auftrag die Überweisung eines festen Betrages für eine UNICEF-Aktion versprochen hatte, obwohl es an konkreten Angaben zu der angekündigten Leistung fehlte („E ... unterstützt ab sofort die UNICEF-Aktion Bringt die Kinder durch den Winter. Für jeden eingehenden Auftrag wird das Unternehmen in den nächsten Monaten einen festen Betrag an die internationale Hilfsorganisation überweisen"). Irreführend sei eine solche Aktion erst, wenn das Unternehmen den Hilfsbeitrag entgegen seiner Ankündigung nicht abführt oder der für jeden Auftrag abgezweigte finanzielle Unterstützungsbetrag derart gering sei, dass hierdurch entgegen der hervorgerufenen berechtigten Verbrauchererwartung eine nennenswerte Unterstützung des sozialen Hilfszwecks nicht erreicht werden könne (OLG Hamburg GRUR-RR 2003, 51, 52; dazu

Hartwig EWiR 2003, 291). Teilweise wurde eine solche Werbung mit der Spende lauterkeitsrechtlich als uneingeschränkt zulässig angesehen (OLG Köln NJW-RR 2002, 336: Werbung eines Anbieters von wiederverwert- und recycelbaren Druckerpatronen mit dem Hinweis „**Sammeln Sie mit und Sie helfen mit!** Sie leisten einen aktiven Beitrag zum Umweltschutz, da der WWF-Deutschland ... für jede leere Druckerpatrone die Panda sammelt erhält, mit einem Beitrag unterstützt wird").

4.178 b) **Rspr des BGH.** Eine **Verpflichtung,** den für einen guten Zweck zu leistenden Unterstützungsbetrag **stets zu beziffern, lässt sich dem Irreführungsverbot** nach §§ 3, 5 **nicht entnehmen** (BGH GRUR 2007, 247 – *Regenwaldprojekt I*). Allerdings kann eine vollmundige Werbung Verbrauchererwartungen erzeugen, die durch die wirklich beabsichtigte Unterstützungsleistung nicht mehr gedeckt sind. Um dies beurteilen zu können, muss aber zunächst einmal feststehen, was von dem mit dem sozialen Engagement werbenden Unternehmen für jeden Geschäftsabschluss geleistet wird. Insofern kann den Werbenden **im Prozess eine Erklärungspflicht** treffen, wie sie die Rspr generell für innerbetriebliche Vorgänge oder in Fällen der Alleinstellungswerbung oder der Werbung mit fachlich umstrittenen Behauptungen anerkannt hat (vgl Rdn 2.155 und 3.25 sowie § 12 Rdn 2.91 ff). Dies setzt allerdings voraus, dass der Kläger über bloße Verdachtsmomente hinaus die für die Irreführung sprechenden Tatsachen vorgetragen und unter Beweis gestellt hat BGH GRUR 2007, 251 Tz 31 – *Regenwaldprojekt II*). Trifft den Beklagten danach eine sekundäre Darlegungs- und Beweislast, muss er im Prozess dartun, ob und ggf in welcher Höhe es für jeden Geschäftsabschluss Leistungen der versprochenen Art erbracht hat; es liegt auf der Hand, dass in den Fällen, in denen angekündigt wird, der Verbraucher leiste mit jedem Geschäftsabschluss einen konkreten Beitrag, die Leistung nach Geschäftsabschluss erbracht worden sein muss (vgl OLG Köln WRP 1993, 346, 348; s § 4 Rdn 1.165).

VII. Rechte des geistigen Eigentums

4.179 Die **irreführende Werbung mit Schutzrechten** (Patenten, Gebrauchsmustern, Marken, Urheberrechten, Geschmacksmusterrechten etc) betrifft teilweise die angebotenen Waren oder Leistungen (produktbezogene Schutzrechtsanmaßung), teilweise das Unternehmen (unternehmensbezogene Schutzrechtsanmaßung). Da das Gesetz die Rechte des geistigen Eigentums in § 5 I 2 Nr 3 anführt, sind die Fälle der Schutzrechtsanmaßung **in Kapitel 5** zusammengefasst (s Rdn 5.113 ff).

C. Irreführung über Zwecktauglichkeit, Verwendungsmöglichkeit, Ergebnisse der Verwendung einschließlich irreführende Wirkungsaussagen (§ 5 I 2 Nr 1)

I. Allgemeines

4.180 Nach § 5 I 2 Nr 1 sind bei der Beurteilung der Irreführung auch Angaben über die „**Zwecktauglichkeit**" und die „**Verwendungsmöglichkeit**" sowie die „**von der Verwendung zu erwartenden Ergebnisse**" zu berücksichtigen.

II. Angaben über Heilwirkungen

1. Grundsatz

4.181 a) **Strenger Maßstab.** Wird in der Werbung auf die **Gesundheit** Bezug genommen, gelten bes strenge Anforderungen an die Richtigkeit, Eindeutigkeit und Klarheit der Aussagen (BGH GRUR 2002, 182, 185 – *Das Beste jeden Morgen*). Dies rechtfertigt sich durch die Bedeutung des Rechtsguts Gesundheit und die hohe Werbewirksamkeit gesundheitsbezogener Aussagen (BGH 1980, 797, 799 – *Topfit Boonekamp*). In der Werbung für Lebensmittel sind Aussagen, die sich auf die Beseitigung, Linderung oder Verhütung von Krankheiten beziehen, sogar generell verboten (§ 12 I Nr 1 LFGB, Art 10 VO (EG) Nr 1924/2006 über nährwert- und gesundheitsbezogene Angaben über Lebensmittel, sog. Health-Claims-VO; dazu Rdn 4.182 a aE).

4.181a Die unzutreffende Behauptung, ein Produkt könne **Krankheiten, Funktionsstörungen oder Missbildungen heilen,** gehört nach Nr 17 des Anh zu § 3 III zu den geschäftlichen Handlungen, die unter allen Umständen unlauter sind; dazu Anh zu § 3 III Rdn 18.1 ff.

4.182 b) **Irreführungsverbote im AMG, im HWG und im LFGB.** Der strenge Maßstab, der im Bereich der Gesundheitswerbung anzulegen ist, kommt in **drei sondergesetzlichen Irreführungsverboten** zum Ausdruck, die jeweils einen auf den Anwendungsbereich angepassten

4. Kap. Irreführung über die Merkmale   4.182a–4.184   § 5 UWG

Beispielskatalog enthalten und die – wenngleich sie als straf- oder bußgeldbewehrte Verbote und nicht als zivilrechtliche Ansprüche ausgestaltet sind, über § 4 Nr 11 als Marktverhaltensregeln uneingeschränkt mit wettbewerbsrechtlichen Mitteln durchgesetzt werden können (s § 4 Rdn 11.133): So ist eine Werbung für **Arzneimittel** insbes dann irreführend, wenn „Arzneimitteln eine therapeutische Wirksamkeit oder Wirkungen beigelegt werden, die sie nicht haben" (§ 8 I Nr 2 lit a AMG), oder wenn „fälschlich der Eindruck erweckt wird, dass ein Erfolg mit Sicherheit erwartet werden kann" (§ 8 I Nr 2 lit b AMG). Für die **Heilmittelwerbung** enthält § 3 HWG eine fast gleich lautende Bestimmung (§ 3 Nr 1 und 2 lit a HWG). So ist bspw die Verwendung des Begriffs **„Heilstollen"** für einen ehemaligen Schieferstollen untersagt worden, weil der Nachweis einer konkreten Heilwirkung (in casu: für Atemwegserkrankungen und Hautkrankheiten) fehlte (OLG Hamm GRUR-RR 2009, 186, 188).

Im **Lebensmittelrecht** ist das Verbot, mit Aussagen zu werben, die sich auf die Beseitigung, Linderung oder Verhütung von Krankheiten beziehen, im Gesetz sogar als abstraktes Gefährdungsdelikt, also als **absolutes Verbot**, ausgestaltet (§ 12 I Nr 1 LFGB), das keine Irreführung voraussetzt. Die Gerichte legen die Norm aber im Hinblick auf die Rspr des EuGH zu der entspr Bestimmung in Art 2 I der Etikettierungs-Richtlinie 2000/13/EG **mit Recht restriktiv** aus und verlangen auch für § 12 I Nr 1 LMGB ein **irreführendes Element** (vgl OLG Karlruhe ZLR 2006, 290 mit Anm *Gorny* = MD 2006, 612, 615 f). Entsprechendes gilt für das Verbot des § 6 I Nährwert-KennzeichnungsV (NKV, s dazu Rdn 4.38), im Verkehr mit Lebensmitteln oder in der Werbung für Lebensmittel Bezeichnungen, Angaben oder Aufmachungen zu verwenden, die auf **schlank machende, schlankheitsfördernde oder gewichtsverringernde Eigenschaften des Lebensmittels** hinweisen. Auch dieses im Gesetz als abstraktes Gefährdungsdelikt formulierte Verbot wird von der Rspr zu Recht restriktiv in der Weise ausgelegt, dass eine konkrete Irreführung vorliegen muss (KG GRUR-RR 2005, 397 [LS] = LRE 51, 110). Der EuGH hatte 2004 zu Art 2 I der Etikettierungs-Richtlinie entschieden, dass ein absolutes Verbot – losgelöst von jeglicher Irreführung – eine Einschränkung des freien Warenverkehrs nicht zu rechtfertigen vermöge (EuGH Slg 2004, I-7007 Tz 41 f = GRUR Int 2004, 1016 – *Douwe Egberts/Westrom Pharma ua*; EuGH Slg 2003, I-1065 Tz 37 = GRUR Int 2003, 540 – *Sterbenz und Haug*). In gewissem Widerspruch dazu steht das in der **Health-Claims-VO** enthaltende absolute Verbot gesundheitsbezogener Angaben für Getränke mit mehr als 1,2 Volumenprozent (Art 4 III VO (EG) Nr 1924/2006; s oben Rdn 1.44 und 4.40 a).   **4.182a**

c) Wissenschaftlich umstrittene Wirkungen. Ist die gesundheitsfördernde Wirkung der Produkte **wissenschaftlich umstritten,** verbietet sich die Bewerbung dieses Umstandes (BGH GRUR 2002, 273, 274 – *Eusovit*); ebenso verhält es sich, wenn der Werbende die wissenschaftliche Absicherung seiner Aussage nicht dartun kann (BGH GRUR 1991, 848, 849 – *Rheumalind II;* OLG Hamburg GRUR-RR 2004, 88). Irreführend ist in diesem Fall nicht die Unrichtigkeit der Werbeaussage, sondern der Umstand, dass sie jeder **Grundlage entbehrt** (OLG Hamburg NJOZ 2003, 2783). Selbst eine **bedeutende Mindermeinung** reicht als Absicherung nicht aus (OLG Karlsruhe ZLR 2006, 290 – mit Anm *Gorny* – zu § 11 I 2 Nr 2 LFGB). Etwas anderes kann freilich dann gelten, wenn in der beanstandeten Werbung auf den Umstand hingewiesen wird, dass nur eine Mindermeinung die Wirkungsaussage unterstützt. Ist die wissenschaftliche Absicherung der Werbeaussage dagegen dargetan, reicht es nicht aus, dass der Wettbewerber Zweifel am Wert der Studie äußert; er hat dann seinerseits die Unvertretbarkeit der aus der Studie gezogenen Schlüsse darzulegen und zu beweisen (OLG Hamburg NJOZ 2003, 2783). – Die Wirksamkeit der Bestandteile Koffein, Algenextrakt und Siliziumderivate gegen Zellulitis ist wissenschaftlich umstritten. Bei dieser Sachlage ist derjenige, der sich auf die Wirksamkeit dieser Bestandteile beruft, gehalten, die Richtigkeit seiner Auffassung glaubhaft zu machen bzw zu beweisen (OLG Köln GRUR 2000, 154).   **4.183**

2. Beispiele

a) Ankündigung eines medizinischen Erfolgs. Irreführend ist die Werbung für ein „**medizinisches Badesalz**", wenn die behauptete medizinische Wirkung frühestens ab einer mindestens vier Mal so hohen Konzentration der Salzlösung eintritt (OLG Jena WRP 2000, 1424). – Unzulässig ist es, für „**wunderbares Wasser aus Lourdes**" und ein „**wunderbares Maya-Kreuz**" mit den Heilerfolgen dieser Gegenstände zu werben (OLG Frankfurt WRP 1981, 467). – Irreführend ist es auch, wenn in der **Werbung für ein Vitaminpräparat** der Eindruck erweckt wird, man könne sich nur mit Hilfe eines solchen Mittels mit Vitamin H versorgen, obwohl dem Körper bei normaler Ernährung alle lebenswichtigen Substanzen einschließlich   **4.184**

Vitamin H in ausreichendem Maße zugeführt werden (BGH GRUR 1998, 1052, 1053 – *Vitaminmangel*). – Ein Arzneimittel, das für die Anwendungsgebiete „Unterstützende Behandlung von Osteoporose, nachgewiesener Calcium- und Vitamin D3-Mangel" zugelassen ist, darf nicht mit der Angabe **„zur Basistherapie bei Osteoporose"** beworben werden, weil auch die Fachkreise, an die sich eine solche Werbung richtet, hierunter nicht eine Basis für eine Therapie erwarten, sondern die Osteoporosetherapie selbst erwarten erwarten (OLG Hamburg NJOZ 2004, 403 = GRUR-RR 2004, 118 [LS]).

4.185 Die Bezeichnung **„Rheumalind"** für eine Bettdecke erweckt den Eindruck, diese Decke habe für Rheumapatienten eine therapeutische und schmerzlindernde Wirkung (BGH GRUR 1991, 848 – *Rheumalind II*). – Die in einer Art Überschrift (Titelzeile) enthaltene Angabe **„Wichtige Information für Arthrose-Patienten!"** ist eine unzulässige, weil fachlich umstrittene Wirkungsangabe. Denn bei den angesprochenen Arthrose-Patienten wird der Eindruck hervorgerufen, das beworbene Mittel „Eusovit 600" sei zur Linderung arthrosebedingter Gelenkschmerzen geeignet (BGH GRUR 2002, 273, 274 f – *Eusovit*). – Die Aussage, ein bestimmtes Mittel habe bereits nach wenigen Minuten eine **„100%ig abtötende Wirkung an Kopfläusen"** gezeigt, ist als irreführend untersagt worden, weil damit der unzutreffende Eindruck erweckt wurde, dass die erfolgreiche Abtötung der Parasiten schon nach kurzer Zeit definitiv feststehe (OLG Köln GRUR-RR 2009, 189, 190).

4.186 **b) Erfolgsversprechen bei Faltenbildung, Zellulitis, Gewichtsproblemen.** Bei einer **„Antifalten-Creme"** erwartet der Verbraucher zwar nicht, die Creme könne vollständig Falten verhindern und beseitigen, wohl aber wird ein Teil des umworbenen Verbraucherkreises annehmen, die Creme könne, von einzelnen Fehlschlägen abgesehen, vorhandene Falten deutlich zurückbilden (OLG Hamburg WRP 1988, 411). Wird eine kosmetische Hautcreme als **„Lifting Creme"** beworben, werden Assoziationen an das operative Liften hervorgerufen. Dies fördert die Erwartung eines dauerhaften oder doch zumindest länger als 24 Stunden andauernden Erfolgs (BGH GRUR 1997, 537, 538 – *Lifting Creme*). Der EuGH hat zwar Skepsis gegenüber einer solchen Annahme erkennen lassen, aber anerkannt, dass dies eine Frage ist, die die nationalen Gerichte zu prüfen haben (EuGH Slg 2000, I-117 Tz 30 = GRUR Int 2000, 354 – *Lifting Creme*).

4.187 Ein **Mittel gegen Zellulitis,** über das werblich behauptet wird, „Problemzonen und Pölsterchen wirken sichtbar vermindert", „dieses hochwirksame Gel nimmt gezielt Kernproblemzonen (Bauch, Beine, Po) in Angriff", „es regt den natürlichen Abbau von Lipiden an" „gezielt in Form" unterliegt den Regeln des Heilmittelwerbegesetzes; durch jede der genannten Werbeaussagen im Kontext mit der Gesamtwerbung wird bei den angesprochenen Verkehrskreisen die Vorstellung hervorgerufen, das Mittel habe eine die Haut straffende Wirkung (OLG Köln GRUR 2000, 154). – Die im begleitenden Text nicht weiter eingeschränkte Aussage „Mit diesen Naturstoffen aus Meeresalgen kann der Fettabbau in drei Stufen funktionieren: 1. Stufe: Entwässern 2. Stufe: Kalorien verbrennen 3. Stufe: Umwandeln von Fett in Energie" erweckt fälschlich den Eindruck, ein **Fettabbau** sei mit Sicherheit zu erwarten (OLG Hamburg GRUR 1999, 83).

4.188 **c) Werbung für Diät.** Die Bewerbung eines Lebensmittels als **Diät-Lebensmittel** ist nur zulässig, wenn es den Voraussetzungen der DiätV idF der Bek v 28. 4. 2005 (BGBl I 1161) entspricht (s Rdn 4.36). Diese dürfen dann auch mit der allgemeinen Bezeichnung für die betr Lebensmittelart beworben werden, da die Gefahr einer Irreführung der Verbraucher durch eine zutreffende Etikettierung vermieden werden kann. Dabei müssen die Vorschriften des Lebensmittelrechts unionsrechtskonform ausgelegt werden; eine unionsrechtlich zugelassene Bezeichnung kann daher nicht den (Irreführungs-)Tatbestand des § 11 I LFGB erfüllen (BVerwG WRP 1993, 16, 19 – *Becel*). – Auch wenn Autor und Verleger die Verbreitung eines **Buchs mit bedenklichen Wirkungs- und Erfolgangaben zu einer befürworteten Diät** als Teilnahme am gesellschaftlichen Diskurs erlaubt ist, muss doch die Werbung für das Buch den strengen Regeln, die für die Gesundheitswerbung gelten, entsprechen. Dies bedeutet, dass dort keine wissenschaftlich umstrittenen Wirkungen angekündigt werden dürfen (OLG Karlsruhe GRUR-RR 2002, 340).

4.189 **d) Werbung für gesundheitsschädliche Produkte.** Werden gesundheitsschädliche Produkte mit Begriffen beworben, die auf das Gegenteil hindeuten, ist die Werbung bes irreführend, so die Spirituosenbezeichnungen **„Flensburger Doktor"** (PA Bl 1954, 145) oder **„Topfit Boonekamp"** (BGH GRUR 1980, 797, 799 – *Topfit Boonekamp*). Ebenso wenig dürfen Spirituosen mit dem Werbespruch **„Ein gesunder Genuss"** beworben werden (BGH GRUR 1967, 592,

593 – *Ein gesunder Genuss*). – Auch die Verwendung von **Herzzeichen** für Wein lässt eine heilende Wirkung erwarten (vgl Rdn 4.74). – Hingegen ist die Herausstellung der gesundheitsfördernden Wirkung eines Lebensmittels nicht schon deshalb als wettbewerbswidrig zu untersagen, weil es zu einem geringen Anteil auch gesundheitsschädliche Anteile wie zB Zucker enthält (BGH GRUR 2002, 182, 185 – *Das Beste jeden Morgen*).

e) **Vor- oder Nachsilbe med, Medicus.** Die Benutzung medizinisch klingender Vorsilben ruft beim angesprochenen Verkehr gesundheitsfördernde Assoziationen hervor. Die Silbe „**med**" deutet auf den Begriff „medizinisch" und erweckt bei einer Ware insbes den Eindruck, dass sie medizinische Stoffe enthält oder zur medizinischen Verwendung geeignet ist (RG GRUR 1935, 510, 513 f – *Eu-med*). Das trifft auch für die bekannte „Blend-a-med"-Zahnpasta zu, so dass auch einer Zubehörware „Blend-a-med"-Zahnbürste im Zweifel medizinische Eigenschaften beigemessen werden, über die im Einzelnen unterschiedliche und unklare Vorstellungen bestehen können (BGH GRUR 1969, 546, 547 – „*med*"). Offenbar ist aber die Verkehrsbefragung, die aus der Sicht des BGH noch erforderlich war und derentwegen die Sache zurückverwiesen worden ist, so ausgegangen, dass der weiteren Verwendung von „Blend-a-med" nichts im Wege stand. – Auch die Wörter „**medicus**" oder „**medico**" weisen bei Waren- und Unternehmensbezeichnungen auf die Begriffe „Medizin", „medizinisch" und „Medikament" hin und werden daher mit diesen Begriffen jedenfalls dann in Verbindung gebracht, wenn die Waren noch irgendwie, wenn auch nur entfernt, zum Gebiet der Heilkunde oder Gesundheitspflege zu zählen sind, zB „**Medicus**"-**Schuh**. – Zum Zusatz „**Haus der Gesundheit**" für eine Apotheke biete s Rdn 5.24).

III. Sonstige Wirkungsangaben

1. Benzinverbrauch

In der Bewerbung des **Kraftstoffverbrauchs** eines Kfz mit dem **Hinweis auf DIN-Werte** (Geschwindigkeit von 90 km/h, von 120 km/h und für einen gedachten Stadtzyklus) liegt noch keine Irreführung. Die angesprochenen Verkehrskreise erkennen, dass die für den Kraftstoffverbrauch geltende DIN-Norm 70 030 keine echten Verbrauchswerte, sondern nur theoretische Vergleichswerte darstellen, die je nach Fahrweise, Straßen- und Verkehrsverhältnissen, Umwelteinflüssen und Fahrzeugzustand in der Praxis von den nach der DIN-Norm ermittelten Werten abweichen können (BGH GRUR 1985, 450, 451 – *Benzinverbrauch*; KG GRUR 1984, 218, 219; aA Baumbach/*Hefermehl*, 22. Aufl, § 3 Rdn 149). Es ist auch nicht irreführend, wenn in der Werbung für Kraftfahrzeuge nur einer dieser Verbrauchswerte (zB Verbrauch nach DIN 70 030 bei 90 km/h) angegeben wird. Durch die unvollständige Werbung werden die Verbraucher zwar unzureichend aufgeklärt, jedoch fehlt es zur Annahme einer Täuschung an einer Aufklärungspflicht, da die verschwiegenen Tatsachen nicht kaufentscheidungsrelevant sind (BGH aaO).

Werden Fahrzeuge, die **Normalbenzin,** und solche, die **Superbenzin** verbrauchen, in einer Werbeanzeige zusammen unter Angabe des jeweiligen Literverbrauchs aufgeführt, muss dieser Unterschied aber kenntlich gemacht werden (BGH aaO). Nach KG WRP 1980, 624 wird der Verbraucher irregeführt, wenn aus den drei Einzelwerten der DIN 70 030 ein **Durchschnittswert** gebildet wird, wodurch beim Verbraucher der Eindruck erweckt werden kann, dass es sich nicht um theoretische Verbrauchsmessungen unter Idealbedingungen handelt, sondern um den tatsächlichen Verbrauch für ein bestimmtes Fahrzeug. Entgegen KG WRP 1980, 627 kann die Werbung „**X-Pkw, Meister im Benzinsparen unter den deutschen Autos**" jedenfalls nicht mit der Begründung untersagt werden, ein Kraftfahrzeug als solches könne nicht sparsam sein, vielmehr komme es auf die Fahrweise des Fahrers an (aA Baumbach/*Hefermehl*, 22. Aufl, § 3 Rdn 149).

2. Irreführung über den Bedarf für die angebotene Ware oder Leistung (§ 5 I 2 Nr 5)

Zu den irreführenden Wirkungsangaben können auch die Fälle gezählt werden, in denen ein Anbieter den Kunden über die „**Notwendigkeit einer Leistung, eines Ersatzteils, eines Austauschs oder einer Reparatur**" täuscht. Beispiele: Obwohl lediglich ein Schlauch durch Marderbiss undicht ist, ersetzt die Autowerkstatt die gesamte Wasserkühlung. Die wegen einer defekten Scheinwerferbirne aufgesuchte Werkstatt ersetzt den gesamten Scheinwerfer mit der unzutreffenden Erklärung, eine einzelne Birne sei nicht lieferbar. Auch der Fall, dass der Erwerb eines neuen Geräts, etwa einer neuen Waschmaschine, empfohlen wird mit der unzutreffenden

Begründung, das bisherige Gerät lasse sich nicht mehr oder nicht mehr mit vertretbarem Aufwand reparieren, gehört in diese Fallgruppe.

3. Verschiedenes

4.193   Die Bezeichnung **„Dauerelastisch"** für Gummibänder erfordert überdurchschnittliche Haltbarkeit (OLG Düsseldorf WRP 1959, 150). – Als irreführend angesehen worden ist die Angabe **„Dauerstärke"** für ein synthetisches Wäschebehandlungsmittel, da unter „Stärke" pflanzliche Stärke verstanden werde; zulässig soll dagegen die Verwendung des Wortes „stärken" sein, weil die Hausfrau (!) darunter kein bestimmtes Mittel, sondern die Tätigkeit zur Herbeiführung eines formfesten Zustandes der Wäsche verstehe (BGH GRUR 1957, 278 – *Evidur; Lindacher* FS Nirk, 1992, 587, 591). – Die Bezeichnung eines Haarfärbemittels als **„volltransparent"** verlangt einen hohen Grad anhaltender Lichtdurchlässigkeit, die eine ständige Überwachung der Färbung während der Behandlung erlaubt (LG Düsseldorf GRUR 1953, 182). – Ein „Vollklavier" muss bes Vorzüge aufweisen (OLG Stuttgart DB 1954, 649). Zur Verwendung der Bezeichnung „Elektronenorgel" für ein Musikinstrument s Rdn 4.26. – Der Hinweis eines Wirtschaftsverbandes von Metallwarenherstellern an die Händler, dass eine der Sicherheit eines technischen Arbeitsmittels dienende DIN-Norm zu einem bestimmten Zeitpunkt als eine allgemein anerkannte technische Regel iSd § 1 II 3 Geräte- und ProduktsicherheitsG (GPSG) in Kraft getreten sei, ist grds nicht zu beanstanden, wohl aber ist es irreführend, wenn gleichzeitig über die **Verwendungsmöglichkeit** der noch auf Lager befindlichen (Alt-)Geräte der unzutreffende Eindruck erweckt wird, der Handel dürfe diese Geräte nicht mehr absetzen (BGH GRUR 1991, 921, 922 – *Sahnesiphon*).

4.193a   Die Werbeaussage **„30 m wasserdicht"** für eine Armbanduhr ist irreführend, wenn die Uhr für einen Tauchgang von 30 m Tiefe nicht geeignet ist, auch wenn mit **„30 m Wassersäule"** auch der Maximaldruck von 3 bar ausgedrückt wird, bis zu dem die beworbene Uhr wasserdicht ist (OLG Frankfurt MD 2008, 636 [NZB zurückgewiesen: BGH Beschl v 13. 8. 2009 – I ZR 76/08]). Der Verkehr weiß nicht, dass mit „30 m" ein Wasserdruck von max 3 bar (1 m Wassersäule = 0,1 bar) gemeint sein soll, dass aber beim Tauchen in 30 m Tiefe durch die Bewegung und durch Strömung wesentlich höhere Drücke auftreten).

D. Irreführung über Art und Weise der Herstellung oder Erbringung (§ 5 I 2 Nr 1)

Schrifttum: *Heeb,* Die Werbung mit rein handwerklichen Begriffen für Industrieerzeugnisse, WRP 1977, 537; *Honig,* Werbung mit dem guten Ruf des Handwerks, WRP 1995, 68.

I. Allgemeines

4.194   Nach § 5 I 2 Nr 1 sind bei der Beurteilung der Irreführung auch Angaben über die **„Verfahren und Zeitpunkt der Herstellung (von Waren) oder Erbringung (von Dienstleistungen)"** zu berücksichtigen.

II. Irreführung über handwerkliche Herstellung

4.195   Irreführend ist es, mit **handwerklichen Bezeichnungen** für **fabrikmäßig** oder **industriell gefertigte Erzeugnisse** zu werben. Dass ein sachkundiger Leser die Unwahrheit schon aus dem Preis ersieht, schließt die Irreführung nicht aus. Die Wörter „nach Maß" sind für sich allein mehrdeutig, da es handwerkliche Maßarbeit und industrielle Maßkonfektion gibt. Für diese darf nur dann mit dem Zusatz, dass Kleidung „nach Maß" angefertigt werde, geworben werden, sofern die Werbung deutlich erkennen lässt, dass keine handwerks-, sondern konfektionsmäßige Arbeit angeboten wird (BGH GRUR 1957, 274 – *nach Maß;* BGH GRUR 1961, 425, 428 – *Möbelhaus des Handwerks;* OLG München WRP 1977, 432; SchweizBGE 1988 II 54 ff = SchweizMitt 1962, 152). Wer Hemden nur nach zwei Maßangaben anfertigt, darf sie in der Werbung nicht als „Maßhemd" bezeichnen (LG Köln WRP 1995, 73 f). – Irreführend ist die Angabe „Garantie – reine Handarbeit" für Zierkerzen, bei denen nur zur Herstellung der Kerzenrohlinge flüssiges Wachs mit der Hand in Formen gegossen und um die Rohlinge ebenfalls von Hand der verzierte Mantel gelegt wurde, der wie die Rohlinge durch Ausgießen von Formen mit der Hand gewonnen ist (OLG Nürnberg BB 1971, 1075).

Zur Werbung mit dem **handwerkmäßigen Charakter des Betriebs** s Rdn 5.12 und 5.131 ff. **4.196**

III. Irreführung über eigene Herstellung

Irreführend ist es, fremde (zugekaufte) Erzeugnisse als eigene, dh selbst hergestellte auszugeben. **Beispiele:** Auf dem **Erzeugermarkt** wird der Eindruck erweckt, das Angebot stamme vollständig aus eigenem Anbau, während ein Großteil in Wirklichkeit zugekauft ist. – In der Werbung einer Spirituosenfabrik und auf dem Etikett eines Weizenkorns wird mit dem herausgestellten Hinweis „**Brennmeister N.**" und „**Brennmeister-Garantie**" geworben, obwohl der Branntwein zur Herstellung eines Weizenkorns nicht im eigenen Haus gebrannt wird (LG Oldenburg WRP 1971, 237). Ebenso ist die Bezeichnung „**Weingut**" für einen Kellereibetrieb irreführend, der nur einen geringen Teil seiner Produktion aus eigenem Anbau gewinnt (BayObLG WRP 1972, 158). – Die Bezeichnung „**Gutes vom Gutshof**" für fabrikmäßig hergestellte Fertiggerichte in Dosen ist als irreführend untersagt worden (ÖOGH ÖBl 1988, 126), obwohl der verständige Verbraucher wohl erkennt, dass ein in Dosen vertriebenes Fertiggericht kaum von einem Gutshof stammt. – Der Begriff „**Design**" in der Firma eines Pelzgeschäfts ist als irreführend untersagt worden, weil er bei einem beachtlichen Teil des Verkehrs die Vorstellung erweckt, es würden überwiegend vom Inhaber selbst entworfene Pelzwaren angeboten (OLG Hamburg WRP 1981, 326). **4.197**

Zum Vortäuschen des **Bezugs vom Hersteller** s Rdn 6.14 ff; zur Bezeichnung „**eigene Herstellung**" als unternehmensbezogener Hinweis s Rdn 5.12. **4.198**

IV. Irreführung über das Verfahren der Herstellung oder Erbringung

Unter „**Vollreinigung**" versteht der Verkehr eine chemische Reinigung, die eine Grundreinigung mit spezieller Fleckenentfernung (Detachur) umfasst; zur Grundreinigung gehören das Trockenreinigen, das Bügeln mit der Hand oder das Pressen. Eine Chemische Reinigung darf daher die Reinigung von Kleidungsstücken nicht als „Vollreinigung" anpreisen, wenn sich der Reinigungsvorgang auf ein verstärktes (doppeltes) Kleiderbad beschränkt (BGH GRUR 1963, 203 – *Vollreinigung*). Unerheblich ist, ob das angewandte Verfahren im Einzelfall zu demselben Reinigungseffekt wie eine spezielle Fleckenentfernung geführt hat. Unter „Spezialreinigung" ist dasselbe wie unter „Vollreinigung" zu verstehen (BGH GRUR 1968, 387 – *Spezialreinigung*). Der Umstand, dass eine Vollreinigung in $^4/_5$ der Fälle eigentlich überflüssig ist, weil mit der Normalreinigung dieselbe Wirkung erzielt wird, führt nicht etwa dazu, dass der Reinigungsbetrieb eine Vollreinigung nur durchführen und in Rechnung stellen darf, wenn sich nach der Normalreinigung noch die spezielle Fleckenentfernung als notwendig herausgestellt hat (so aber *Droste* GRUR 1968, 390; vgl auch Baumbach/*Hefermehl*, 22. Aufl, § 3 Rdn 272). – Betriebe des Reinigungsgewerbes sind nicht schon deshalb **Handwerksbetriebe,** weil sie die angenommenen Stücke im Anschluss an eine maschinelle Reinigung ergänzend von Hand nachreinigen und bügeln. Auch solche Betriebe dürfen sich jedoch der Bezeichnungen „Spezial- und Vollreinigung" bedienen, um auf den Unterschied zu dem rein maschinell ohne Nachbehandlung durchgeführten Kleiderbad hinzuweisen (BGH GRUR 1968, 387, 388 – *Spezialreinigung*). Handelt es sich um Handwerksbetriebe (§§ 1, 117 HandwO), so steht ihnen frei, auf die Ausführung der Reinigung durch handwerklich ausgebildete Fachkräfte bes hinzuweisen. **4.199**

Wer ein **Handwerk** betreibt, darf zwar auch Arbeiten in **anderen Handwerken** durchführen, wenn sie mit dem Leistungsangebot seines Handwerks technisch oder fachlich zusammenhängen oder es wirtschaftlich ergänzen (§ 5 HandwO). Es ist jedoch irreführend, wenn er sich mit der Bezeichnung dieses anderen Handwerks bezeichnet. So ist es untersagt worden, dass ein Handwerker, der als Maler in die Handwerksrolle eingetragen ist und zulässigerweise Glaserarbeiten durchführt, mit der Angabe „Glaserei" wirbt. Denn er erweckt damit den unzutreffenden Eindruck, Glaserarbeiten wie ein eingetragener Glaser auszuführen (LG Oldenburg WRP 1989, 833; *Honig* WRP 1995, 568). **4.200**

E. Irreführung über die geografische Herkunft (§ 5 I 2 Nr 1)

Schrifttum: *Beier/Knaak,* Der Schutz der geografischen Herkunftsangaben in der Europäischen Gemeinschaft – Die neueste Entwicklung, GRUR Int 1993, 602; *Borck,* Ein gemeinsames Erbe: „Made in Germany", WRP 1993, 301; *Büscher,* Der Schutz geographischer Herkunftsangaben und die Warsteiner-Entscheidung des

EuGH, FS Erdmann, 2002, 237; *Danwitz,* Ende des Schutzes der geografischen Herkunftsangabe? – Verfassungsrechtliche Perspektiven, GRUR 1997, 81; *Dickertmann,* „Wer darf Parmaschinken schneiden bzw. Parmakäse reiben?" oder „Gibt es bei geografischen Herkunftsangaben eine Erschöpfung?", WRP 2003, 1082; *v Gamm,* Wein- und Bezeichnungsvorschriften des Gemeinschaftsrechts und nationales Recht gegen den unlauteren Wettbewerb, GRUR 1984, 165; *Goebel,* Schutz geografischer Herkunftsangaben nach dem neuen Markenrecht, GRUR 1995, 98; *Gündling,* „Made in Germany" – Geografische Herkunftsbezeichnung zwischen Qualitätsnachweis und Etikettenschwindel, GRUR 2007, 921; *Harte-Bavendamm,* Ende der geografischen Herkunftsbezeichnungen? – „Brüsseler Spitzen" gegen den ergänzenden nationalen Rechtsschutz, GRUR 1996, 717; *Heine,* Das neue gemeinschaftsrechtliche System zum Schutz geografischer Bezeichnungen, GRUR 1993, 96; *Helm,* Der Schutz geografischer Angaben nach dem Markengesetz, FS Vieregge, 1995, 335; *Hohmann/Leible,* Probleme der Verwendung geografischer und betrieblicher Herkunftsangaben bei Lebensmitteln, ZLR 1995, 265; *Knaak,* Der Schutz geografischer Herkunftsangaben im neuen Markenrecht, GRUR 1995, 103; *Müller-Graff,* Branchenspezifischer Wettbewerbsschutz geografischer Herkunftsbezeichnungen – Die aktuelle Problemlage bei Brot- und Backwaren, GRUR 1988, 659; *Obergfell,* Der Schutz geografischer Herkunftsangaben in Europa, ZEuP 1997, 677; *ders,* „Warsteiner" – ein Fall für den EuGH, GRUR 1999, 551; *Ohde,* Zur demoskopischen Ermittlung der Verkehrsauffassung von geografischen Herkunftsangaben, GRUR 1989, 88; *Reinhart,* Der Wandel einer geografischen Herkunftsangabe zur Gattungsbezeichnung und zurück am Beispiel der „Nürnberger Rost-/Bratwürste" – oder: „Alles hat ein Ende, nur die Wurst hat zwei", WRP 2003, 1313; *Rowedder,* Rügenwalder Teewurst und andere Köstlichkeiten. Beiläufige Überlegungen zum Schutz geografischer Herkunftsangaben, FS Gaedertz, 1992, 465; *Scherer,* Kurskorrektur bei der Beurteilung der mittelbaren Herkunftsangaben, WRP 2000, 362; *Sosnitza,* Subjektives Recht und Ausschließlichkeit – zugleich ein Beitrag zur dogmatischen Einordnung der geografischen Herkunftsangaben, MarkenR 2000, 77; *Tilmann,* Kennzeichenrechtliche Aspekte des Rechtsschutzes geografischer Herkunftsangaben, FS Gewerblicher Rechtsschutz und Urheberrecht in Deutschland, 1991, 1007; *ders,* EG-Schutz für geografische Herkunftsangaben, GRUR 1992, 829; *ders,* Grundlage und Reichweite des Schutzes geografischer Herkunftsangaben nach der VO/EWG 2081/92, GRUR Int 1993, 610; *Ullmann,* Der Schutz der Angabe zur geografischen Herkunft – wohin? – Die geografische Herkunftsangabe im Wettbewerbsrecht und im Markenrecht, GRUR 1999, 666; *Wichard,* Von Warstein nach Europa? Was verdrängt die Verordnung (EWG) Nr 2081/92?, WRP 1999, 1005.

I. Begriff der geografischen Herkunftsangabe

4.201 Geografische Herkunftsangaben sind die Namen von Orten, Gegenden, Gebieten oder Ländern sowie sonstige Angaben oder Zeichen, die im geschäftlichen Verkehr **zur Kennzeichnung der geografischen Herkunft** von Waren oder Dienstleistungen benutzt werden (vgl die Legaldefinition in § 126 I MarkenG). Zur Abgrenzung von sonstigen Bezeichnungen vgl Piper/ Ohly/*Sosnitza* § 5 Rdn 343 ff.

II. Die Regelung im UWG und ihr Verhältnis zur Regelung im Markengesetz

4.202 Nach § 5 I 2 Nr 1 sind bei der Beurteilung der Frage, ob eine Werbung irreführend ist, insbes in ihr enthaltene Angaben über **„die geografische ... Herkunft"** zu berücksichtigen. Diese Formulierung lehnt sich an den Wortlaut des Art 3 lit a der Irreführungsrichtlinie an (vgl Begr RegE, BT-Drucks 15/1487 S 19). In § 3 S 1 UWG aF wurde dies mit dem Begriff des „Ursprungs" einzelner Waren ausgedrückt. Dem Gesetzeswortlaut nach sind irreführende Angaben über die geografische Herkunft einer Ware unlauter und könnten unter der weiteren Voraussetzungen des § 3 wettbewerbsrechtliche Ansprüche nach den §§ 8–10 auslösen.

4.203 Seit In-Kraft-Treten des MarkenG am 1. 1. 1995 (§ 152 III MarkenG) haben die geografischen Herkunftsangaben einen erweiterten Schutz in den **§§ 126 ff MarkenG** erfahren. Diese Regelungen gewähren ihrer Natur nach einen **wettbewerbsrechtlichen Schutz**, nicht einen Schutz subjektiver Rechte (BGH GRUR 1999, 251, 252 – *Warsteiner I;* BGHZ 139, 138, 139 = GRUR 1999, 252, 253 – *Warsteiner II* mwN; aA *Fezer* MarkenR Vorb § 126 Rdn 3; Piper/Ohly/ *Sosnitza* § 5 Rdn 323). Denn derartigen Angaben fehlt es an der Zuordnung zu einem bestimmten ausschließlich berechtigten Rechtsträger. Der wettbewerbsrechtliche Charakter des Schutzes in §§ 126 ff MarkenG kommt auch darin zum Ausdruck, dass Verstöße – wie sich aus der Verweisung auf § 8 III dieses Gesetzes in § 128 I MarkenG ergibt – von den nach UWG aktivlegitimierten Mitbewerbern, Wettbewerbsvereinen, Verbraucherverbänden und Kammern geltend gemacht werden können. Die §§ 126 ff MarkenG sind dementsprechend von der Rspr als **leges speciales** gegenüber den §§ 3, 5 angesehen worden (BGHZ 139, 138, 139 – *Warsteiner II;* BGH GRUR 2001, 73, 76 – *Stich den Buben;* BGH GRUR 2002, 160, 162 – *Warsteiner III;* BGHZ 173, 57 Tz 31 = GRUR 2007, 884 – *Cambridge Institute*).

4.203a Ob das Konkurrenzverhältnis wirklich eines der **Spezialität** und nicht der **Subsidiarität** ist, mag zweifelhaft sein (vgl dazu Rdn 1.79). Jedenfalls spielen lauterkeitsrechtliche Ansprüche **im**

Anwendungsbereich der §§ 126 ff MarkenG keine Rolle, weil den nach dem UWG Anspruchsberechtigten auch die Ansprüche aus § 128 MarkenG zustehen. Eine Anwendung der §§ 3 ff kommt aber nach § 2 MarkenG für solche Sachverhalte in Betracht, die **nicht unter die §§ 126 ff MarkenG fallen.** Dies war auch schon unter dem UWG 1909 anerkannt (vgl BGHZ 139, 138, 139 = GRUR 1999, 252, 253 – *Warsteiner II;* BGH GRUR 2002, 160, 161 – *Warsteiner III;* BGH GRUR 2001, 73, 76 – *Stich den Buben; Erdmann* GRUR 2001, 609, 610 f; Piper/Ohly/*Sosnitza* § 5 Rdn 327; aA *Deutsch* WRP 2000, 854, 856; *Fezer* Markenrecht Vorb § 126 Rdn 3; *Klippel/Pahlow* in Ekey/Klippel MarkenG § 2 Rdn 7). Die Neufassung des Irreführungstatbestands in § 5 I hat hieran nichts geändert, auch wenn dort in S 2 Nr 1 die unrichtige Angabe über die geografische Herkunft als ein Beispielfall der irreführenden Werbung genannt ist.

III. Neben dem Markengesetz verbleibender Anwendungsbereich des UWG

Soweit der Schutz nach den §§ 126 ff MarkenG nicht eingreift, bleibt das UWG anwendbar. Hierher gehören insbes folgende Fälle. 4.204

1. Verwendung nicht mehr existierender Ortsangaben

§ 5 ist anwendbar, wenn die Herkunftsangabe als Ortsname nicht mehr verwendet wird und somit **keine Angabe über die geografische Herkunft** darstellt (BGH GRUR 1995, 354, 356 – *Rügenwalder Teewurst II* für den ehemals deutschen Ort Rügenwalde in Hinterpommern, der unter dieser Bezeichnung nicht mehr existiert). Eine Irreführung kommt in Betracht, wenn der Verkehr aus dieser Angabe auf einen bestimmten Herstellerkreis schließt (BGH GRUR 1995, 354, 357 – *Rügenwalder Teewurst II*). Dies wurde nach der Vertreibung der deutschen Bevölkerung aus den ehemaligen deutschen Ostgebieten sowie aus dem Sudentenland für den Kreis von Herstellern angenommen, die bis 1945 eine geografische Herkunftsangabe verwendet und die Benutzung dieser Bezeichnung nach der Flucht auch für die an dem neuen Sitz hergestellten Produkte wieder aufgenommen hatten **(personengebundene Herkunftsangabe).** Der Schutz nach §§ 3, 5 – also vermittelt durch das Irreführungsverbot – setzt allerdings voraus, dass auch heute noch ein beachtlicher Teil des angesprochenen Verkehrs irregeführt wird, wenn die traditionelle Bezeichnung, zB „Rügenwalder Teewurst", für ein Erzeugnis verwendet wird, dessen Hersteller nicht zu dem privilegierten Herstellerkreis gehört, der seine Herstellungstradition unmittelbar auf einen der traditionellen Hersteller zurückführen kann. Davon kann heute nicht mehr ausgegangen werden (vgl BGH GRUR 1995, 354, 357 – *Rügenwalder Teewurst II;* anders noch OLG Hamburg WRP 1993, 333). 4.205

Die Bezeichnung „Rügenwalder Teewurst" ist inzwischen als **Kollektivmarke nach § 97 MarkenG** eingetragen und darf nur von Traditionsträgern verwendet werden (OLG Hamburg ZLR 1999, 354 mit Anm *Hackbarth* [Rev nicht angenommen: BGH Beschl v 8. 12. 1999 – I ZR 85/99]). – Neben der Rügenwalder Teewurst war die Bezeichnung **„Stolper Jungchen"** als personengebundene Herkunftsangabe anerkannt (BGH GRUR 1958, 78 – *Stolper Jungchen*). Bei anderen Bezeichnungen, die sich auf eine Ortsangabe in einem ehemals von Deutschen besiedelten Gebiet beziehen (**Gablonzer Glaswaren** oder **Gablonzer Schmuckwaren, Haida-Steinschönauer Hohlglas**) ist anzunehmen, dass sie – soweit sie noch Verwendung finden – inzwischen zu Gattungsbezeichnungen geworden sind. 4.206

2. Verwendung von scheingeografischen Angaben

§ 5 ist weiterhin anwendbar auf die Fälle **scheingeografischer Angaben,** also Angaben, die vom Verkehr nicht als Fantasiebezeichnungen, sondern zu Unrecht als geografische Herkunftsangaben verstanden werden (vgl BGH GRUR 1980, 173, 174 – *Fürstenthaler; Helm,* FS Vieregge, 1995, 335, 340 f; Ströbele/*Hacker* MarkenG § 126 Rdn 7). 4.207

3. Keine Nutzung für Waren oder Dienstleistungen

Schließlich bleibt Raum für die Anwendung des § 5, wenn eine geografische Herkunftsangabe nicht für Waren oder Dienstleistungen, sondern in anderer Weise, etwa als **Unternehmenskennzeichen** benutzt wird (vgl Ströbele/*Hacker* MarkenG § 126 Rdn 7 und § 127 Rdn 45). Dieser Fall wird nämlich von § 127 MarkenG nicht erfasst (BGH GRUR 2001, 73, 76 – *Stich den Buben*). Es ist dann ua zu fragen, ob die Verwendung als Unternehmenskennzeichen irreführend ist. Die Verwendung des Firmenbestandteiles „Stich den Buben" erweckt nicht den 4.208

Eindruck, dass der Firmeninhaber den Alleinbesitz an der gleichnamigen Weinlage besitzt, und ist daher nicht irreführend (BGH GRUR 2001, 73, 76 – *Stich den Buben*).

F. Irreführung über die betriebliche Herkunft (§ 5 I 2 Nr 1) und lauterkeitsrechtlicher Schutz vor Verwechslungen (§ 5 II)

Schrifttum: *Bornkamm,* Markenrecht und wettbewerbsrechtlicher Kennzeichenschutz – Zur Vorrangthese der Rspr, GRUR 2005, 97; *ders,* Kennzeichenschutz und Irreführungsverbot – Zur wettbewerbsrechtlichen Beurteilung der irreführenden Kennzeichenbenutzung, FS v. Mühlendahl, 2005, 9; *ders,* Der lauterkeitsrechtliche Schutz vor Verwechslungen: Ein Kuckucksei im UWG?, FS Loschelder, 2010, 31; *Büscher,* Schnittstellen zwischen Markenrecht und Wettbewerbsrecht, GRUR 2009, 230; *Fezer,* Imitationsmarketing – Die irreführende Produktvermarktung im Sinne der europäischen Lauterkeitsrichtlinie (Art. 6 Abs. 2 lit. a RL); MarkenR 2006, 511; *ders,* Imitationsmarketing als irreführende Produktvermarktung, GRUR 2009, 451; *Jonas/Hamacher,* „MAC Dog" und „shell.de" ade? – Die Auswirkungen des § 5 Abs 2 UWG nF auf §§ 14, 15 MarkenG und die Schrankenregelung des § 23 MarkenG, WRP 2009, 535; *Kiethe/Groeschke,* Erweiterung des Markenschutzes vor Verwechslungen durch das neue Lauterkeitsrecht, WRP 2009, 1343; *Hartwig,* Die lauterkeitsrechtliche Beurteilung der Werbung mit dem „Grünen Punkt" (§ 3 UWG), GRUR 1997, 560; *Köhler,* „Grüner Punkt" als irreführende Werbung?, BB 1998, 2065; *ders,* Der Schutz vor Produktnachahmung im Markenrecht, Geschmacksmusterrecht und neuen Lauterkeitsrecht, GRUR 2009, 445; *Kur,* Verwechslungsgefahr und Irreführung – zum Verhältnis von Markenrecht und § 3 UWG, GRUR 1989, 240; *Nussbaum/Ruess,* Irreführung durch Marken – Die Neuregelung der Imitationswerbung in § 5 Abs 2 UWG nF, MarkenR 2009, 233.

I. Grundsätze

1. Vorrang des kennzeichenrechtlichen Schutzes sowie des lauterkeitsrechtlichen Nachahmungsschutzes nach bisherigem Recht

4.209 Während geografische Herkunftsangaben (§§ 126 ff MarkenG) auf eine geografische Bezeichnung als Ursprungsort hinweisen (s Rdn 4.201), sind Angaben über die betriebliche Herkunft Bezeichnungen, die nach der Verkehrsauffassung **auf ein bestimmtes Unternehmen hinweisen.** Die Irreführung über die betriebliche Herkunft der angebotenen Waren oder Dienstleistungen gehörte schon immer zu den klassischen Fällen einer **produktbezogenen Irreführung** und zählte stets zu den in den **Bezugspunkten der Irreführung** (dazu oben Rdn 1.25 a ff) ausdrücklich erwähnten Beispielsfälle der Irreführung.

4.210 Angaben über die betriebliche Herkunft sind **individualisierte Herkunftsangaben.** An ihnen kann für einen Unternehmer ein ausschließliches Recht entstehen. Das ist der Fall, wenn es sich um Unternehmensbezeichnungen (Name, Firma, bes Geschäftsbezeichnung) oder Produktbezeichnungen (Marken) handelt. Es besteht insoweit ein Individualschutz zugunsten des Inhabers des verletzten Kennzeichenrechts (§ 12 BGB; §§ 14, 15 MarkenG). Nach der Rechtslage, die noch dem UWG 2004 zugrunde lag, **verdrängte dieser Individualschutz das lauterkeitsrechtliche Irreführungsverbot** (BGHZ 149, 191, 195 f – *shell.de;* s oben Rdn 1.77 ff). Die durch eine bestimmte Kennzeichnung hervorgerufene Irreführung über die betriebliche Herkunft sollte allein nach den Grundsätzen des MarkenG beurteilt werden. Dies bedeutete insbs, dass Verletzungen des Kennzeichenrechts von dem verfolgt werden mussten, dem das Ausschließlichkeitsrecht zustand. Den Mitbewerbern und den anderen sachbefugten Einrichtungen (§ 8 III) standen wegen der in der Verwendung des Kennzeichens durch einen Nichtberechtigten liegenden Irreführung über die betriebliche Herkunft in der Regel keine Ansprüche zu.

4.211 In ähnlicher Weise trat das **Irreführungsverbot gegenüber dem Leistungsschutz** nach § 4 Nr 9 zurück. Denn nach dem früheren Verständnis des deutschen Lauterkeitsrechts handelt es sich hierbei um einen allein dem Originalhersteller dienenden Schutz.

2. Neuordnung der Aufgabenteilung durch die UGP-Richtlinie

4.212 Die bislang im deutschen Recht praktizierte **Aufgabenteilung** lässt sich in dieser Form **nicht aufrechterhalten.** Das Unionsrecht hat sich für **ein Nebeneinander des individualrechtlichen Schutzes aus dem Immaterialgüterrecht** auf der einen **und dem lauterkeitsrechtlichen Schutz** auf der anderen Seite entschieden. Art 6 II lit a der UGP-Richtlinie betont ausdrücklich, dass eine Vermarktung von Waren oder Dienstleistungen eine Irreführung darstellt, wenn sie dazu führt, dass das vermarktete Produkt oder die zur Kennzeichnung dieses Produkts verwendete Bezeichnung mit den Produkten oder Kennzeichnungen von Mitbewerbern verwechselt werden können. Daneben enthält Nr 13 des Anh I der UGP-Richtlinie ein Per-se-Verbot für die absichtliche Täuschung über die betriebliche Herkunft. So wie Art 6 II lit a der UGP-Richtlinie den marken- und kennzeichenrechtlichen Schutz erweitert, so erweitert Nr 13 des Anh I der UGP-Richtlinie den im deutschen Recht bereits bestehenden lauterkeitsrechtlichen Nachahmungsschutz.

3. Umsetzung im UWG

Der deutsche Gesetzgeber hat es mit Recht als erforderlich angesehen, diese Bestimmung durch eine **Aufnahme einer entsprechenden Regelung** umzusetzen. Gerade weil es sich um einen Fremdkörper im deutschen Recht handelt, war die ausdrückliche Regelung im Gesetz geboten. Denn das bisherige Recht ließ sich – zumindest nach der hier vertretenen Auffassung – nicht iSd Art 6 II lit a der UGP-Richtlinie auslegen. **4.213**

Der **Per-se-Tatbestand der absichtlichen Herkunftstäuschung** ist der Sache nach unverändert in den **Anh zu § 3 III** aufgenommen worden (dort ebenfalls Nr 13; vgl Anh zu § 3 III Rdn 13.1 ff). Der **Umsetzung des Art 6 II lit a der UGP-Richtlinie** dient die **Bestimmung des § 5 II**. Beide Bestimmungen treten nun vor allem bei Marken- und Kennzeichenrechtsverletzungen sowie bei Fällen unlauterer Nachahmung neben den individualrechtlichen Schutz aus der Marke oder dem Kennzeichen sowie neben den individualrechtlichen Nachahmungsschutz nach § 4 Nr 9. Während das Marken- und Kennzeichenrecht ebenso wie der lauterkeitsrechtliche Nachahmungsschutz nur dem Hersteller des nachgeahmten Produkts Ansprüche vermittelt und den Schutz damit auf der horizontalen Ebene auf den konkret betroffenen Mitbewerber beschränkt, dessen Immaterialgüterrecht verletzt oder dessen wettbewerblich eigenartige Gestaltung kopiert worden sind, bezwecken die beiden neuen Bestimmungen den **Schutz der Marktgegenseite** (Verbraucher und gewerbliche Abnehmer), ohne diesem Kreis (private und gewerbliche Abnehmer) – ein Charakteristikum des deutschen Lauterkeitsrecht – eigene individuelle Ansprüche zuzubilligen. Die Durchsetzung des Schutzes bleibt vielmehr den Mitbewerbern (§ 8 III Nr 1) und den Einrichtungen nach § 8 III Nr 2 bis 4 überlassen. **4.214**

4. Eigenständiger Irreführungstatbestand in § 5 II?

So sehr die Formulierung des § 5 II und seine Platzierung in einem eigenen Absatz außerhalb der in § 5 I 2 Nr 1 bis 7 aufgelisteten Bezugspunkte der Irreführung darauf hinzuweisen scheinen, dass es sich bei dieser Bestimmung um einen eigenständigen Irreführungstatbestand mit eigenen Tatbestandsvoraussetzungen handelt, so dürfte dieser Eindruck doch entgegenzutreten. Auch wenn sich § 5 II der marken- und kennzeichenrechtlichen Terminologie bedient und von einer **Verwechslungsgefahr** mit anderen Waren oder Leistungen sowie mit Marken oder Kennzeichen von Mitbewerbern spricht, geht es doch um nichts anderes als um die **Irreführung über die betriebliche Herkunft**. Obwohl diese Form der Irreführung schon immer vom allgemeinen Irreführungsverbot erfasst war und schon immer zu den Bezugspunkten der Irreführung gehörte, musste sie doch in der Vergangenheit weitgehend zurückstehen, sobald sie in den Anwendungsbereich des Marken- und Kennzeichenrechts geriet (s oben Rdn 1.77 ff und 4.209 ff). Durch die Formulierung als (scheinbar) eigenständiger Tatbestand machen Richtlinie und UWG jedoch deutlich, dass der Schutz der Verbraucher und der Mitbewerberschaft nicht gegenüber dem marken- und kennzeichenrechtlichen Individualschutz zurückstehen soll. Das hat unbestreitbar Auswirkungen auf die Fälle klarer Markenverletzungen, etwa die Fälle der Markenpiraterie, in denen das Schutzbedürfnis der Marktgegenseite, insbes also der Verbraucher, von vornherein nicht zu leugnen ist. **4.215**

Abzuwarten bleibt, wie groß die **praktische Bedeutung** dieses „vergesellschafteten" Schutzes sein wird. Ein genuines Verbraucherinteresse besteht wohl idR eher nicht. Verbraucherverbände werden diesen Bereich nach wie vor den Unternehmen überlassen, deren Individualinteressen das Marken- und Kennzeichenrecht umfassend schützt. Auch Mitbewerber, deren Produkte nicht Opfer einer Nachahmung geworden sind, werden sich kaum berufen fühlen, entsprechende UWG-Ansprüche geltend zu machen. Dagegen bestand bei den Wettbewerbsverbänden immer ein lebendiges Interesse an einer Öffnung der Anspruchsberechtigung. Werden diese Verbände – zB der Markenverband oder der Verband Forschender Arzneimittelhersteller (VFA) – in Zukunft mit Hilfe des Irreführungsverbots Markenverletzungen oder Produktnachahmungen verfolgen, wird es dabei idR doch um das Individualinteresse des im Verband beschwerdeführenden Unternehmens gehen, das im Vorgehen im eigenen Namen – aus welchen Gründen auch immer – scheut. Da aber doch immer klar sein wird, welches Unternehmen hinter einer solchen Klage steht, lässt sich mit Hilfe der Verbandsklage – anders als etwa im Kartellrecht – die **4.216**

„Ross- und-Reiter"-Problematik kaum lösen. Besondere Aufmerksamkeit verdienen die Fälle, in denen der **Inhaber des Kennzeichenrecht** selbst auf § 5 II gestützte wettbewerbsrechtliche Ansprüche geltend macht (vgl BGH GRUR 2009, 672 Tz 57 – *OSTSEE-POST*: anderer Streitgegenstand). In diesen Fällen stellt sich verstärkt die Frage, ob dem Markeninhaber ein Anspruch, der ihm markenrechtlich – etwa im Hinblick auf eine Schutzschranke – ausdrücklich versagt wird, über das Lauterkeitsrecht gewährt werden kann (s dazu unten Rdn 4.241 ff).

II. Irreführung über die betriebliche Herkunft

1. Angabe über die betriebliche Herkunft

4.217 Eine Angabe über die betriebliche Herkunft liegt vor, wenn der durchschnittlich informierte, aufmerksame und verständige Verbraucher in einer Bezeichnung einen Hinweis auf eine bestimmte Herkunftsstätte erblickt. Das kann – wie im Kennzeichenrecht – darauf beruhen, dass die Angabe von Haus aus als Herkunftshinweis verstanden wird oder dass die Angabe innerhalb der beteiligten Kreise **Verkehrsgeltung** erlangt hat (§ 4 Nr 2 bzw § 5 II 2 MarkenG). Eine Angabe über die betriebliche Herkunft kann nicht nur auf ein, sondern auch auf **mehrere Unternehmen** als Hersteller hinweisen. Dann muss jedoch ein konzernmäßiger Zusammenhang bestehen, der die Unternehmen zu einer wirtschaftlichen Einheit macht und eine einheitliche Herstellung gewährleistet. Andernfalls fehlt es an der Voraussetzung einer **individualisierenden und identifizierenden Angabe.** So kann „Alpina" als Herkunftsbezeichnung für Schweizer Uhren gelten, die aus vier verschiedenen, vertragsmäßig nach gemeinsamen Grundsätzen arbeitenden Fabriken stammen (RG GRUR 1935, 603; vgl auch RGZ 172, 49 – *Siemens;* BGH GRUR 1957, 350 – *Raiffeisensymbol)*.

4.218 Bei Bezeichnungen, die nach der Auffassung der maßgeblichen Verkehrskreise als **Angabe über die betriebliche Herkunft** verstanden werden, wird dem Zusatz „echt" oder „original" meist nur die Bedeutung eines verstärkten Hinweises auf die Herkunft der Ware aus einem bestimmten Geschäftsbetrieb zukommen (RG GRUR 1939, 486 – *Original Bergmann*). Irreführend ist jedoch die Werbebehauptung „*Düssel nur aus der Hirschbrauerei",* wenn in Düsseldorf gebrautes obergäriges Bier („Düssel") auch von anderen Brauereien gebraut wird (BGH GRUR 1964, 458, 461 – *Düssel*).

4.219 Auch wenn dem durchschnittlich informierten, aufmerksamen und verständigen Verbraucher der **individualisierende Charakter einer Herkunftsbezeichnung** nicht bekannt ist, insbes wenn aus ihr nicht eindeutig hervorgeht, dass es sich um eine Unternehmensbezeichnung oder eine Marke handelt, kann eine Bezeichnung durch Zusätze wie „echt" oder „original" den Eindruck einer Herkunfts- oder Beschaffenheitsangabe vermitteln. Ein Angebot von Waren mit dem Zusatz „Exklusiv bei ..." wird von den Umworbenen dahin verstanden, dass diese Waren ausschließlich bei dem Werbenden zu kaufen sind (OLG Koblenz WRP 1987, 326).

4.220 Zwei Hersteller, die ein auf einen bestimmten Autor zurückgehendes Kodierspiel herstellen, dürfen beide nebeneinander mit der Behauptung werben, sie stellten das „Original-Spiel" her (OLG Frankfurt WRP 1980, 338). Bei **Farbkombinationen,** die von Haus aus keinen Hinweis auf die betriebliche Herkunft enthalten, sind an den für eine Verkehrsdurchsetzung erforderlichen Bekanntheitsgrad wegen des Freihaltebedürfnisses des Verkehrs strenge Maßstäbe anzulegen (BGH GRUR 1992, 48, 50 – *frei Öl;* BGH GRUR 1997, 754, 755 – *grau/magenta*). Soweit ein Kennzeichenschutz kraft Verkehrsgeltung nicht entstanden ist, kann die Verwendung des Kennzeichnungsmittels durch einen Mitbewerber nur ausnahmsweise nach § 4 Nr 10 unlauter sein (vgl BGH GRUR 1997, 754, 755 – *grau/magenta*).

4.221 Die **Verwendung einer ähnlichen Herkunftsangabe** kann genügen, wenn sie die Gefahr einer Verwechslung in dem Sinne auslöst, dass die beteiligten Verkehrskreise über die Identität der Unternehmen oder das Bestehen irgendwelcher wirtschaftlichen oder organisatorischen Zusammenhänge irregeführt werden. Bloße **Warenähnlichkeit** im markenrechtlichen Sinne (§ 14 II Nr 2 MarkenG) begründet zwar die Gefahr der Irreführung über die Herkunft, nicht aber damit unbedingt auch über die Güte des angebotenen Erzeugnisses. Andererseits ist es zu eng, auf Warenähnlichkeit abzustellen. Soweit Verwechslungen über die Herkunft zu befürchten sind, besteht die Gefahr, dass auch die Gütevorstellungen übertragen werden. In einer älteren Entscheidung hat der BGH angenommen, dass der Verkehr die mit der bekannten Bezeichnung „**White Horse**" für Whisky verbundene Gütevorstellung auch auf die Verwendung dieser Bezeichnung für Kosmetika übertrage, weil die Branchenverschiedenheit zwischen den vertriebenen Waren nicht so groß sei, dass die Gefahr von Verwechslungen über die betriebliche Herkunft ausgeschlossen werde (BGH GRUR 1966, 267, 270 – *White Horse*). Heute müsste dieser Fall über den Schutz der bekannten Marke (§ 14 II Nr 3 MarkenG) gelöst werden. Geht von der Verwendung der bekannten Marke (im Beispiel: White Horse) für ein anderes Produkt (im Beispiel: Rasierwasser) tatsächlich eine Verwechslungsgefahr aus, liegt allemal eine Beeinträchtigung der Unterscheidungskraft oder der Wertschätzung der bekannten Marke vor. Dann mag der markenrechtliche neben dem lauterkeitsrechtlichen Anspruch stehen (vgl unten Rdn 4.241).

Bei Herkunftsangaben, mit denen der Verkehr eine besondere Gütevorstellung verbindet (**qualifizierte Herkunftsangaben**), ist eine Irreführung an sich auch dann nicht ausgeschlossen, wenn der Berechtigte (Inhaber des entsprechenden Kennzeichenrechts) diese Verwendung gestattet, dem Verwender also eine **Lizenz** erteilt hat. Bei Produktnamen (**Marken**) kommt dann eine Irreführung idR nicht in Betracht (dazu oben Rdn 1.80 f), bei geschäftlichen Bezeichnungen, insbes bei **Unternehmenskennzeichen,** muss dagegen auf die Fehlvorstellungen des Verkehrs stärker Rücksicht genommen werden (dazu unten Rdn 4.245). 4.222

2. Lehre von den qualifizierten Herkunftsangaben

Bis zur Umsetzung der Richtlinie über unlautere Geschäftspraktiken (UGP-Richtlinie) erfasste das Irreführungsverbot nicht jede Irreführung über die betriebliche Herkunft. Um das Verhältnis zum kennzeichenrechtlichen Anspruch des Zeicheninhabers (§§ 14 II, 15 II MarkenG) abzugrenzen, war der jedem anspruchsberechtigten Mitbewerber oder Verband zustehende Anspruch wegen einer Irreführung über die betriebliche Herkunft auf die Fälle einer **qualifizierten Herkunftsangabe** beschränkt: Eine Angabe über die betriebliche Herkunft sollte im Rahmen des Irreführungstatbestands nur dann von Bedeutung sein, wenn der Verkehr mit der betrieblichen Herkunft eine **besondere Gütevorstellung** verband (BGH GRUR 1959, 25, 29 – *Triumph;* BGH GRUR 1965, 676, 677 f. – *Nevada-Skibindungen;* BGH GRUR 1966, 267, 270 – *White Horse;* BGH GRUR 1967, 89, 91 – *Lady Rose;* BGH GRUR 1970, 528, 531 – *Migrol;* BGH GRUR 1990, 68, 69 – *VOGUE-Ski;* BGH GRUR 1997, 754, 755 – *grau/magenta;* BGH GRUR 2002, 703, 705 – *VOSSIUS & PARTNER*). Die Irreführung allein über die betriebliche Herkunft sollte nicht ausreichen. Erst die Irreführung über die aus dem Hinweis auf die betriebliche Herkunft zu folgernde Beschaffenheit und Güte der Ware sollte die unrichtige Verwendung einer Angabe über die betriebliche Herkunft nach § 5 unlauter machen. Diese Beschränkung ging weit über das hinaus, was mangels geschäftlicher Relevanz vom Irreführungstatbestand ausgeschlossen war (dazu Rdn 2.169 ff). Denn der Hinweis auf die betriebliche Herkunft stellt im Regelfall eine für den Abnehmer wesentliche Information dar. 4.223

Die Lehre von der qualifizierten Herkunftsangabe kann auf Grund der UGP-Richtlinie heute keine Geltung mehr beanspruchen. Vielmehr liegt der Richtlinie das Konzept zugrunde, dass neben kennzeichenrechtlichen Ansprüchen des Zeicheninhabers stets auch ein lauterkeitsrechtlicher Verwechslungsschutz in Betracht kommen kann, der von allen nach § 8 III Anspruchsberechtigten geltend gemacht werden kann (dazu unten Rdn 4.241). 4.224

3. Eigene Herkunftsangabe

Der Inhaber einer Angabe über die betriebliche Herkunft kann in der **Verwendung der eigenen Unternehmensbezeichnung** beschränkt sein, wenn dadurch im Verkehr falsche Vorstellungen über die betriebliche Herstellung der Ware, ihre Beschaffenheit oder geografische Herkunft hervorgerufen werden. Auch hier gewinnt die Verkehrsauffassung maßgebende Bedeutung. Im Allgemeinen macht sich der Verkehr heute keine bes Vorstellungen darüber, ob die Waren, die ein inländisches Unternehmen unter seiner Firma oder seiner Marke vertreibt, von ihm selbst im eigenen inländischen Betrieb hergestellt oder von Dritten bezogen, insbes aus dem Ausland importiert worden sind. Dem Verkehr ist weitgehend bekannt, dass inländische Unternehmen in vielen Bereichen ihre Waren in eigenen oder fremden Auslandsbetrieben wegen der niedrigeren Lohnkosten herstellen lassen oder von ausländischen oder inländischen Herstellern zukaufen und im Inland lediglich vertreiben (vgl unten Rdn 4.245). 4.225

Verbindet jedoch der Verkehr mit einer inländischen Unternehmensbezeichnung **bes Gütevorstellungen** und beruht die Wertschätzung der Ware nach der Vorstellung eines nicht unerheblichen Teils des Verkehrs darauf, dass sie vom Kennzeicheninhaber in seinem inländischen Betrieb hergestellt worden ist, muss zur Vermeidung einer Irreführung über die betriebliche Herkunft darauf hingewiesen werden, dass unter der inländischen Firma auch von Dritten im In- oder Ausland zugekaufte Ware verkauft wird. Betont bspw ein Hersteller von Unterwäsche in seiner Werbung, dass er ausschließlich im Inland produziert und verlagert er später 4.226

doch seine Produktion ins Ausland, muss er auf diesen Umstand hinweisen, wenn er sich nicht den Vorwurf der Irreführung zuziehen möchte.

4.227 Liegt keine Irreführung über die betriebliche Herkunft vor, rechnet aber der Verkehr damit, dass die von Dritten bezogenen Waren die gleiche Güte wie die in Eigenproduktion hergestellten aufweisen, so muss zur Vermeidung eines Irrtums über die Beschaffenheit der Ware durch bes Maßnahmen, insbes ständige Kontrollen, die Gütegleichheit gewährleistet sein. Auch **nachträglich** können qualifizierte Angaben über die betriebliche Herkunft irreführend werden (Sachwandel; s Rdn 4.228 ff).

4. Bedeutungswandel

4.228 **a) Wandel von der Herkunftsangabe zur Beschaffenheitsangabe. Angaben über die betriebliche Herkunft** können **zu Beschaffenheitsangaben** werden. Maßgebend ist die Verkehrsauffassung. **Beispiele:** „Liberty" für bestimmte Gewebe, urspr nach dem engl Unternehmen „Liberty" (RGZ 69, 310); „Simonsbrot" als Warenart (urspr nach Hersteller G Simon; RG JW 1921, 1535). Verneint wurde eine Umwandlung bei dem Wort **„eloxieren"** (RG GRUR 1939, 627). Bei einer Marke ist Freiwerden erst anzunehmen, wenn **kein irgendwie noch beachtlicher Verkehrskreis** in dem Zeichen einen individuellen Herkunftshinweis sieht (BGH GRUR 1959, 38 – *Buchgemeinschaft II; Ingerl/Rohnke* MarkenG § 5 Rdn 51). Folgende eingetragene Marken haben sich im Laufe der Zeit zu Gattungsbezeichnungen gewandelt: GRAMMOPHON, WALKMAN, FÖN, HÖHENSONNE, CELLOPHANE, VASELINE, Klettverschluss.

4.229 Im Rahmen der Prüfung nach § 5 geht es nicht um den Schutz eines Ausschließlichkeitsrechts, sondern darum, eine Irreführung des Verkehrs zu vermeiden. Die Voraussetzungen für das **Freiwerden eines Zeichens** und die **Umwandlung einer qualifizierten Herkunftsangabe** decken sich daher nicht. Individualbezeichnungen, die inhaltlich etwas über die geschäftlichen Verhältnisse eines Unternehmens oder die Güte seiner Waren aussagen, können diese Güteeigenschaft nach der Verkehrsauffassung verlieren und zum rein **neutralen Herkunftshinweis** absinken (BGH GRUR 1957, 285 – *Erstes Kulmbacher*).

4.230 **Beispiele** für ein solchen Bedeutungswandel bieten die Bezeichnungen **„Asbach Uralt"** und **„Scharlachberg Meisterbrand".** Unter bes Umständen kann auch eine **Marke**, die lediglich eine Angabe über die **Größe des Kundenkreises** enthält, infolge starker Verkehrsdurchsetzung inhaltlich nicht mehr als eine solche Größenangabe, sondern nur noch als **Unternehmenskennzeichen** aufgefasst werden. Hierfür genügt jedoch noch nicht der große Bekanntheitsgrad; es kommt auch auf den Inhalt der Aussage und die konkrete Benutzungsart an. Verneint wurde eine völlige Neutralisierung des Aussageinhalts bei der Werbung für Lensing-Kaffee mit dem Warenzeichen **„Millionen trinken ..."** unter Voranstellung des Wortes „Marke"; die Werbung verstieß daher gegen § 3 UWG aF, weil Lensing-Kaffee in Wahrheit nur von etwa 90 000 Verbrauchern getrunken wurde (BGH GRUR 1973, 532, 533 – *Millionen trinken ...*). Der längere Zeit unangefochtene Gebrauch der Marke und der dadurch erlangte wertvolle Besitzstand machen die Weiterverwendung noch nicht schutzwürdig.

4.231 **b) Wandel von der Beschaffenheitsangabe zur Herkunftsangabe.** Beschaffenheitsangaben können zu **Angaben über die betriebliche Herkunft** werden. Das ist, was die englische Lehre und Praxis **secondary distinctive meaning** nennt. Darum darf niemand seine Werbung, auch nicht mit objektiv zutreffenden Worten, so abfassen, dass der Anschein erweckt wird, die Ware stamme von einem anderen. Umwandlung einer Beschaffenheitsangabe in eine Individualbezeichnung ist eher zu bejahen als der umgekehrte Fall der Umwandlung einer Individualbezeichnung in einen freien Warennamen. Falls ein bes starkes Bedürfnis an der Freihaltung glatter Beschaffenheitsangaben besteht, kann für die Durchsetzung als betrieblicher Herkunftshinweis sogar die nahezu einhellige Durchsetzung innerhalb beteiligter Verkehrskreise erforderlich sein. Für die Sortenbezeichnung **„Stonsdorfer"**, die auch bilateralen Schutz für entspr deutsche Erzeugnisse genießt, reichte daher sogar ein Durchsetzungsgrad von 74% nicht aus, um ein Ausschließlichkeitsrecht für ein bestimmtes Unternehmen anzuerkennen (BGH GRUR 1974, 337 – *Stonsdorfer* mit Anm *Heydt*). Damit ist in solchen Fällen eine Umwandlung praktisch ausgeschlossen. – Ist eine Beschaffenheitsangabe nach der Auffassung des Verkehrs zur Angabe über die betriebliche Herkunft geworden, ist sie grds nach § 5 **gegen irreführende Verwendung geschützt**. Die früher aufgestellte Forderung, eine unrichtige Angabe über die betriebliche Herkunft falle nur dann unter das Irreführungsverbot, wenn der Verkehr mit der so bezeichneten Ware eine **schutzwürdige Gütevorstellung** verbinde und es sich deswegen um eine qualifizierte Angaben über die betriebliche Herkunft handele, ist seit Schaffung des – Art 6 II lit a der UGP-Richtlinie umsetzenden – § 5 II überholt (s unten Rdn 4.224).

c) Wandel von der geografischen zur betrieblichen Herkunftsangabe. Geografische **4.232 Herkunftsangaben** können sich im Verkehr zum **Hinweis auf ein bestimmtes Unternehmen** entwickeln (vgl RG GRUR 1932, 457 – *Petkuser Roggen*). Ebenso wie für die Entwicklung einer geografischen Herkunftsangabe zur Beschaffenheitsangabe (s Rdn 4226) ist auch für die Umwandlung in eine Angabe über die betriebliche Herkunft zu verlangen, dass nur noch ein ganz unbeachtlicher Teil der beteiligten Verkehrskreise in der Angabe einen Hinweis auf die Herkunft der Ware sieht. Ein solcher Bedeutungswandel liegt bei dem Wort „Jena" in Alleinstellung nicht vor, wenn noch 32% der in Betracht kommenden Verkehrskreise den Ortsnamen als Hinweis auf den Herstellungsort auffassen (BGH GRUR 1981, 57, 58 – *Jena*). Ein Unternehmen, das den Ortsnamen seiner früheren Betriebsstätte in der DDR nach deren Verlegung in die Bundesrepublik als Bestandteil seiner Firma und als Marke berechtigt führte, konnte sich daher nicht den Ortsnamen „Jena" in Alleinstellung als Marke eintragen lassen.

Die Rspr hat jedoch für einen wettbewerblichen Schutz gegen Irreführung auch schon **4.233** genügen lassen, dass nicht unerhebliche Verkehrskreise die Bezeichnung als **Hinweis auf ein bestimmtes Unternehmen** auffassen. So wurde die Bezeichnung „**Rosenheimer Gummimäntel**" für Mäntel untersagt, unter denen ein nicht unerheblicher Teil der Verbraucherschaft Fabrikate der Klepperwerke in Rosenheim versteht, denen eine bes Qualität beigemessen wurde. Ortsansässige Unternehmen durften deshalb den Ortsnamen „Rosenheim" nicht mehr in einer Form verwenden, die von einem nicht unerheblichen Teil der Verbraucher als Hinweis auf ein bestimmtes Unternehmen in Rosenheim verstanden wird (BGH GRUR 1958, 39 – *Rosenheimer Gummimäntel*). Diese Rspr kann nur mit äußerster Zurückhaltung auf andere Sachverhalte übertragen werden, weil sie das Freihaltebedürfnis der Mitbewerber an einer geografischen Herkunftsangabe zu wenig berücksichtigt. Gefordert wird für einen Irreführungsschutz eine breite Verkehrsdurchsetzung, wie sie für den Schutz einer Marke nach § 4 Nr 2 MarkenG bei freizuhaltenden Angaben notwendig ist.

Dennoch muss der **Schutz der Benutzungsmarke** aus § 4 Nr 2 MarkenG, der dem **4.234** Zeicheninhaber ein Ausschließlichkeitsrecht gibt, und der **Schutz aus dem Irreführungsverbot** nach §§ 3, 5, der neben den Mitbewerbern auch den Verkehr gegen die irreführende Verwendung einer Bezeichnung schützen soll, **getrennt werden**. Der Schutz aus § 5 begründet kein Monopol an einer geografischen Herkunftsangabe, sondern will nur ihre irreführende Verwendung im Verkehr verhindern. Zudem ist zu beachten, dass § 5 nur eingreifen kann, wenn die beteiligten Verkehrskreise mit dem Hinweis auf die betriebliche Herkunft die Vorstellung eines hochwertigen Erzeugnisses verbinden. Nur unter dieser Voraussetzung ist die Auffassung eines nicht unerheblichen Teiles der beteiligten Verkehrskreise, der in dem geografischen Namen einen Hinweis auf ein bestimmtes Unternehmen sieht, schutzwürdig.

d) Sachwandel. Auch **qualifizierte Angaben über die betriebliche Herkunft** können **4.235** durch eine Änderung der betrieblichen Verhältnisse, über die sie nach der Verkehrsauffassung inhaltlich etwas aussagen, irreführend werden. Nimmt zB ein nicht unerheblicher Teil des Verkehrs an, dass die unter einer Angabe über die betriebliche Herkunft herausgebrachten Waren eines Unternehmens bestimmte Eigenschaften aufweisen, so verstößt die Weiterverwendung der Herkunftsangabe gegen § 5, wenn auf Grund einer Veränderung der vorgestellten Eigenschaften die Ware **verschlechtert** wird. Dies setzt freilich voraus, dass der Hersteller die **Qualitätsvorstellung** stets **mit der Angabe über die betriebliche Herkunft verbunden** hat (zB „Wie Sie's zu Recht nicht anders von uns erwarten: Hemden von X wie gewohnt in der bekannten Vollzwirn-Qualität"). Dagegen liegt keine Irreführung vor, wenn bei einem qualitativ hochstehenden Produkt plötzlich Mängel auftreten (zB Probleme mit der Elektronik bei Modellen der E-Klasse von Mercedes). – Zur möglichen **Irreführung bei Lizenzerteilung** oben Rdn 1.81 und Rdn 4.222 sowie unten Rdn 4.245.

III. Lauterkeitsrechtlicher Schutz vor Verwechslungen (§ 5 II)

1. Zwei Merkmale

Der **Tatbestand** des lauterkeitsrechtlichen Verwechslungsschutzes zeichnet sich durch **zwei** **4.236 Merkmale** aus: **(1)** Es muss sich um eine geschäftliche Handlung **im Zusammenhang mit der Produktvermarktung** handeln. **(2)** Die geschäftliche Handlung muss eine **Verwechslungsgefahr** hervorrufen, und zwar mit dem Produkt oder dem Kennzeichen eines Mitbewerbers.

2. Zusammenhang mit der Produktvermarktung

4.237 Das Erfordernis, nach dem die geschäftliche Handlung im **Zusammenhang mit der Produktvermarktung** erfolgen muss, führt kaum zu einer Eingrenzung des Tatbestands. Zwar gibt es durchaus Maßnahmen, bei denen der Zusammenhang mit der Produktvermarktung fehlt (zB bei redaktionellen Berichten über bestimmte Waren; vgl Piper/Ohly/*Sosnitza* § 5 Rdn 704), doch wird es in solchen Fällen meist schon an der geschäftlichen Handlung fehlen (vgl. § 2 Rdn 51 zur redaktionellen Unterrichtung der Öffentlichkeit). Zur Produktvermarktung gehören die **Gestaltung** und die **Bezeichnung des Produkts** ebenso wie die **Werbung** für das Produkt. Dass dabei die **vergleichende Werbung** eingeschlossen ist, ist eine bare Selbstverständlichkeit und ein Beispiel schlechter (europäischer) Gesetzgebungstechnik; denn die Erwähnung der vergleichenden Werbung stammt aus Art 6 II lit a der UGP-Richtlinie.

3. Lauterkeitsrechtliche Verwechslungsgefahr

4.238 Auch wenn das Gesetz – ähnlich wie § 14 II Nr 2 MarkenG – von Verwechslungsgefahr spricht, sind **Unterschiede** zum kennzeichenrechtlichen Begriff der Verwechslungsgefahr zu beachten, über die die unübersehbare Tendenz des EuGH, für den Begriff der Verwechslungsgefahr auf Kategorien zurückzugreifen, die für den Begriff der Irreführung entwickelt worden sind (vgl. *Ohly* GRUR 2010, 776, 780), nicht hinwegtäuschen kann: **(1)** Zum einen greift der lauterkeitsrechtliche Schutz nach § 5 II erst später ein. *Hacker* weist mit Recht darauf hin, dass ein Schutz eines lediglich registrierten, aber noch nicht benutzten Zeichens von vornherein ausscheidet (Ströbele/*Hacker* § 2 Rdn 15). Vielmehr muss – ähnlich wie bei der Herkunftstäuschung nach § 4 Nr 9 lit a (s oben § 4 Rdn 9.41 a) – das Kennzeichen, mit dem eine Verwechslungsgefahr hervorgerufen werden soll, eine **gewisse Bekanntheit** erreicht haben. **(2)** Für die Auslegung des § 5 II ist auf die Bestimmung des Art 6 II lit a der UGP-Richtlinie zurückzugreifen, die zwar nicht in der deutschen, wohl aber in anderen Sprachfassungen („which creates confusion", „créant une confusion") statt vom Herbeiführen einer Verwechslungsgefahr vom **Herbeiführen von Verwechslungen** spricht. **(3)** Bei dem lauterkeitsrechtlichen (anders als beim markenrechtlichen) Begriff der Verwechslungsgefahr handelt es sich nicht um einen Rechtsbegriff, auch wenn normative Gesichtspunkte im Rahmen der Irreführung zu berücksichtigen sind (dazu oben Rdn 1.49 f, 2.69). **(4)** Schließlich kann die – an sich bestehende – Verwechslungsgefahr durch **aufklärende Hinweise** (etwa auf den Umstand, dass es sich um eine Fälschung handelt) oder durch sonstige Umstände (etwa den verräterisch niedrigen Preis) beseitigt werden (Ströbele/*Hacker* § 2 Rdn 15). Auch dies ist im Markenrecht anders (BGHZ 158, 236, 250 f = GRUR 2004, 860 – *Internet-Versteigerung I*).

4. Gegenstand der Verwechslung

4.239 Als Objekt der Verwechslung kommt das **Produkt** eines Mitbewerbers (die Ware oder die Dienstleistung) ebenso in Betracht wie eine **Marke**, ein **Unternehmenskennzeichen** oder **jedes andere Kennzeichen,** das ein Mitbewerber benutzt. Damit stellt sich die Frage, wie sich der lauterkeitsrechtliche Verwechslungsschutz zum markenrechtlichen Kennzeichenschutz (dazu Rdn 4.241 ff), zum Schutz von Produktgestaltungen durch das Geschmacksmusterrecht (dazu Rdn 4.255) sowie durch den lauterkeitsrechtlichen Nachahmungsschutz (dazu Rdn 4.254) stellt.

IV. Lauterkeitsrechtlicher Verwechslungsschutz und Markenrecht

1. Fortbestand der Vorrangthese?

4.240 Auch wenn die von der Rspr entwickelte **Vorrangthese** (s oben Rdn 1.77 ff) sich nicht in mit den bisherigen Aussagen aufrechterhalten lässt, kommt ihr doch auch heute noch eine maßgebliche Bedeutung zu, weil die Wertungen des Kennzeichenrechts beachtet werden müssen. Vor allem müssen bei der Anwendung von § 5 II im Markengesetz vorgesehene abschließende Regelungen beachtet werden. Sie führen teilweise dazu, dass der lauterkeitsrechtliche Verwechslungsschutz nicht zur Verfügung steht. Dies gilt bspw für die **markenrechtlichen Schutzschranken.** Sie dürfen nicht dadurch konterkariert werden, dass der Anspruch statt auf §§ 14 II, 15 II MarkenG auf das UWG (§§ 3, 5 II) gestützt werden (hierzu *Bornkamm*, FS Loschelder, 2010, 31, 40 ff; s unten Rdn 4, 250 ff).

2. Grenzen des lauterkeitsrechtlichen Schutzes

a) Konkurrenz markenrechtlicher und lauterkeitsrechtlicher Ansprüche. aa) Anspruchskonkurrenz. Erfüllt eine **Kennzeichenrechtsverletzung** auch den **Tatbestand des § 5 II,** was nicht selten der Fall sein wird, stehen die markenrechtlichen Ansprüche des Zeicheninhabers und die auf § 5 II gestützten lauterkeitsrechtlichen Ansprüche im Verhältnis der **Anspruchskonkurrenz** zueinander. Die These, dass es dem Zeicheninhaber auf Grund seines Ausschließlichkeitsrechts vorbehalten bleiben müsse, die Zeichenverletzung zu unterbinden, findet im UWG nach der Umsetzung der UGP-Richtlinie keine Grundlage mehr.

bb) Berücksichtigung der Priorität? Die Bestimmung des § 5 II gilt auch für den Fall, dass derjenige, der „im Zusammenhang mit der Vermarktung von Waren oder Dienstleistungen ... eine Verwechslungsgefahr ... mit der Marke ... eines Mitbewerbers hervorruft", selbst **Inhaber einer Marke** ist. Unproblematisch ist es, wenn die Marke, die die Verwechslungsgefahr begründet, **prioritätsjünger** ist. Nach seinem Wortlaut gilt § 5 II aber auch dann, wenn diese Marke **prioritätsälter** ist. **Beispiel:** A ist Inhaber einer Marke, die er mit Priorität 15. 1. 2006 für ein in der Entwicklung befindliches Produkt hat eintragen lassen. Als er das mit der Marke versehene Produkt Anfang 2010 auf den Markt bringt, wird er vom Mitbewerber B abgemahnt, der sein mit einer ähnlichen Marke (Priorität: 15. 1. 2008) versehenes Konkurrenzprodukt schon ein Jahr früher auf den Markt gebracht hat. Kann B sich in diesem Fall auf § 5 II stützen? Kann sich A nur dadurch verteidigen, dass er seinerseits B auf Löschung der prioritätsjüngeren ähnlichen Marke in Anspruch nimmt.

b) Einschränkungen des Zeicheninhabers durch lauterkeitsrechtliche Ansprüche? Der lauterkeitsrechtliche Kennzeichenschutz muss aber die Wertungen des Kennzeichenrechts auch dort beachten, wo das **Nebeneinander identischer oder ähnlicher Kennzeichen** auf Grund einer markenrechtlichen Regelung oder doch auf Grund einer markenrechtlich gebilligten Interessenabwägung zwischen den Inhabern der beiden Kennzeichen toleriert wird. Eine Reihe von Gestaltungsmöglichkeiten, die dem Zeicheninhaber nach dem MarkenG zustehen, können durch eine zu weitgehende Anwendung von § 5 II beeinträchtigt werden. Hier gilt, dass der spezifische Gegenstand des Kennzeichenrechts nicht durch lauterkeitsrechtliche Ansprüche gefährdet werden darf?

aa) Recht der Gleichnamigen. Das Recht der Gleichnamigen geht davon aus, dass es zu einer **Koexistenz von identischen oder ähnlichen Unternehmenskennzeichen** kommen kann (BGH GRUR 2010, 738 Tz 17 ff – *Peek & Cloppenburg*). Damit nimmt die Rechtsordnung in gewissem Umfang hin, dass der Verkehr die beiden Unternehmen verwechselt und bei den Verbrauchern Fehlvorstellungen hinsichtlich der betrieblichen Herkunft der von diesen Unternehmen angebotenen Waren oder Dienstleistungen entstehen. Hält sich diese Verwechslungsgefahr im Rahmen dessen, was zeichenrechtlich ausdrücklich hingenommen wird, kann das Ergebnis der Koexistenz nicht dadurch in Frage gestellt werden, dass sich einer der beiden Zeicheninhaber, ein Mitbewerber oder ein Verband auf § 5 II beruft (vgl *Bornkamm*, FS Loschelder, 2010, 31, 37). Bspw gibt es in Deutschland zwei voneinander unabhängige Bekleidungsunternehmen, die beide die Firma „Peek & Cloppenburg KG" und zu allem Überfluss auch noch identische Logos verwenden. Auch wenn es zwischen beiden Unternehmen zahlreiche Rechtsstreitigkeiten gibt, ist doch klar, dass beide Unternehmen das Unternehmenskennzeichen „Peek & Cloppenburg KG" in ihrem räumlichen Betätigungsfeld berechtigt benutzen. Dennoch treten zwischen beiden Häusern zwangsläufig Verwechslungen auf, die jedoch keine Irreführung nach § 5 II begründen können.

bb) Lizenzen. Auch Lizenzen, die an Kennzeichen gewährt werden, können eine Verwechslungsgefahr begründen, weil der Verkehr die Produkte des Lizenznehmers zu Unrecht dem Inhaber des Zeichenrechts zuordnet. Geht es um **Marken,** wird man in der Regel annehmen können, dass der Durchschnittsverbraucher mit der Möglichkeit der Lizenzerteilung vertraut oder doch zumindest insofern indifferent ist, so dass durch die Verwendung derselben Marke durch mehrere Unternehmen keine Verwechslungsgefahr entsteht. Dies kann bei **Kennzeichen** anders sein, bei denen eine Lizenzierung gerade wegen des damit verbundenen Irreführungspotentials nicht ohne weiteres zulässig ist (vgl. *Ingerl/Rohnke* MarkenG Vor §§ 27–31 Rdn 6; Ströbele/ *Hacker* § 30 Rdn 111). Dies ist etwa der Fall bei **Unternehmenskennzeichen,** die allenfalls Gegenstand einer schuldrechtlichen Lizenz sein können, sowie vor allem bei **höchstpersönlichen Rechten** wie dem Namensrecht, bei denen eine (schuldrechtliche) Lizenz nur ausnahmsweise in Betracht kommt. Bspw darf ein Anwalt seiner Kanzlei gestatten, für alle Zeiten, also auch nach seinem Ausscheiden, unter seinem Namen zu firmieren. Hier muss der lauterkeitsrechtliche Verwechslungsschutz sich daran orientieren, ob die **Lizenzierung des Namens** ausnahmsweise –

wie im Beispielsfall – als zulässig anzusehen ist. Dies ist letztlich von einer Interessenabwägung abhängig, die im Kennzeichen- oder Namensrecht vorgenommen wird in deren Rahmen gerade auch das Interesse des Verkehrs berücksichtigt wird, sich auf die mit der Namensangabe verbundene Information verlassen zu können (vgl BGH GRUR 2002, 703 – *VOSSIUS & PARTNER;* dazu *Bornkamm*, FS Loschelder, 2010, 31, 38 f). Vgl. hierzu oben Rdn 1.82 f.

4.246 cc) **Abgrenzungsvereinbarungen.** Auch im Rahmen von Abgrenzungsvereinbarungen, mit denen die Inhaber verwechselbarer Zeichen deren **Schutzbereiche voneinander abzugrenzen,** kann es zu einer Verwechslung der Produkte kommen. Es liegt in der Natur solcher im Vergleichswege getroffenen Vereinbarungen, dass die Vertragsparteien die ihnen aus ihren Kennzeichen möglicherweise zustehenden Rechte nicht vollständig ausspielen, sondern ihre sachlichen und räumlichen Tätigkeitsbereiche im gegenseitigen Nachgeben voneinander abgrenzen. Auch hier kann es zumindest in Randbereichen zu Verwechslungen kommen, die die Vertragsparteien hinnehmen. Verfolgen die Parteien mit der Abgrenzungsvereinbarung **legitime Zwecke,** verstößt sie insbes nicht gegen das Kartellverbot, darf sie nicht durch den lauterkeitsrechtlichen Verwechslungsschutz gefährdet werden.

4.247 c) **Erweiterung des Zeichenschutzes mit Hilfe des Lauterkeitsrechts? aa) Kein Verwechslungsschutz ohne Marke.** Soweit es in § 5 II um eine geschäftliche Handlung geht, die „eine Verwechslungsgefahr ... mit der Marke oder einem anderen Kennzeichen eines Mitbewerbers" hervorruft, setzt der lauterkeitsrechtliche Verwechslungsschutz die **Existenz einer solchen Marke** oder ein solches Kennzeichen voraus. **Beispiel:** A versieht sein Produkt mit einem Zeichen, das er nicht als Marke hat registrieren lassen und das – mangels Verkehrsgeltung – auch nicht als Benutzungsmarke nach § 4 Nr 2 MarkenG geschützt ist. B bringt sein Konkurrenzprodukt unter demselben Zeichen auf den Markt. Die Voraussetzungen des § 5 II sind nicht erfüllt. Denn B's Verhalten ruft keine Gefahr der Verwechslung mit der Marke des Mitbewerbers A hervor, weil A gar nicht Inhaber einer Marke ist.

4.248 bb) **Lauterkeitsrechtlicher Verwechslungsschutz trotz Verjährung oder Verwirkung der kennzeichenrechtlichen Ansprüche.** Die in Anspruchskonkurrenz zueinander stehenden Ansprüche aus Kennzeichenrecht und auf Grund des lauterkeitsrechtlichen Verwechslungsschutzes **verjähren unabhängig voneinander.** Da die wettbewerbsrechtliche Verjährungsfrist mit sechs Monaten (§ 11) kürzer ist als die markenrechtliche mit drei Jahren (§ 20 I MarkenG, § 195 BGB), wird sich der Kennzeicheninhaber im Falle der Verjährung seiner kennzeichenrechtlichen Ansprüche nicht auf den wettbewerbsrechtlichen Anspruch aus § 8 III Nr 1, §§ 3, 5 stützen können. Auch **Mitbewerber oder Verbände** werden im Falle der Verjährung der kennzeichenrechtlichen Ansprüche keine Unterlassungsansprüche mehr geltend machen können, weil der Unterlassungsanspruch im UWG nach drei Jahren einer absoluten Verjährung unterliegt (§ 11 IV).

4.249 Im Falle der **laufenden Benutzung,** die gerade bei Kennzeichenrechtsverletzungen die Regel sind, kommt allerdings eine **Verjährung nicht in Betracht,** weil die Verjährungsfrist immer wieder neu zu laufen beginnt (Ahrens/*Bornkamm* Kap 34 Rdn 9). Hier kann der Anspruch aber auf Grund einer **markenrechtlichen Verwirkung nach § 21 MarkenG** (Duldung der Benutzung über fünf Jahre) ausgeschlossen sein. Geht in einem solchen Fall der Markeninhaber selbst aus § 8 III Nr 1, §§ 3, 5 II vor, wird man ihm die markenrechtliche Verwirkung ebenfalls entgegenhalten müssen; denn § 21 I MarkenG spricht dem Markeninhaber generell das Recht ab, die Benutzung der prioritätsjüngeren Marke zu untersagen, wenn die dort genannten Voraussetzungen vorliegen. Anderen Mitbewerbern oder Verbänden, die sich auf den lauterkeitsrechtlichen Verwechslungsschutz stützen, kann dagegen die Verwirkung nach § 21 MarkenG nicht entgegengehalten werden.

4.250 cc) **Markenrechtliche Schutzschranken.** Die Schutzschranken des MarkenG stehen teilweise in einem Konflikt mit dem lauterkeitsrechtlichen Leistungsschutz: Bei der Schutzschranke der **mangelnden Benutzung** (§§ 25, 26 MarkenG) kommt ein Konflikt in Betracht, er wird aber eher selten sein. Zu einem Konflikt kommt es, wenn eine Marke dem Verkehr trotz fünfjähriger Nichtbenutzung noch in Erinnerung ist. Einer solchen Marke, der im markenrechtlichen Verletzungsprozess die Einrede der **Löschungsreife wegen mangelnder Benutzung** entgegenstünde, kann auch über § 5 II kein Schutz zugebilligt werden, auch wenn die Verbraucher das angegriffene Zeichen mit dem älteren, aber nicht mehr benutzten Zeichen verwechseln (dazu im Einzelnen *Bornkamm*, FS Loschelder, 2010, 31, 42).

4.251 Bei der Schutzschranke der **Erschöpfung** (§ 24 MarkenG) ist dagegen der Konflikt ausgeschlossen, weil in den Fällen der Benutzung eines erschöpften Kennzeichens nicht über die betriebliche Herkunft getäuscht wird.

Dagegen besteht bei der Schutzschranke der **beschreibenden Benutzung** (§ 23 MarkenG) 4.252 die Gefahr, dass der Ausschluss kennzeichenrechtlicher Ansprüche durch den lauterkeitsrechtlichen Verwechslungsschutz konterkariert wird. Meist ist es der Markeninhaber, der sich – mit der Schutzschranke des § 23 MarkenG konfrontiert – auf den lauterkeitsrechtlichen Schutz beruft (BGH GRUR 2009, 678 Tz 23 – *POST/RegioPost*). Das Markenrecht nimmt eine Verwechslung hin, wenn eine **Marke** von einem Dritten **beschreibend benutzt** wird und die weiteren Voraussetzungen der Schutzschranke des § 23 MarkenG vorliegen, dh nach einer – in das Kennzeichenrecht implementierten – lauterkeitsrechtlichen Prüfung („sofern die Benutzung nicht gegen die guten Sitten verstößt"). Bei der Schutzschranke des § 23 MarkenG handelt es sich um eine abschließende markenrechtliche Regelung, die durch den lauterkeitsrechtlichen Verwechslungsschutz nicht umgangen werden darf.

3. Unterschiedliche Rechtsfolgen

Es liegt auf der Hand, dass derjenige, der sich gegen eine Irreführung nach § 5 II wendet, 4.253 **nicht dieselben Ansprüche** hat wie derjenige, dessen Marken- oder Kennzeichenrecht verletzt oder dessen Produkte nachgeahmt worden sind. Den nach § 8 III Nr 2–4 Berechtigten stehen von vornherein nur Unterlassungs- und Beseitigungsansprüche zur Seite. Dem Mitbewerber, der sich unter dem Gesichtspunkt der Irreführung gegen die Verletzung der Marke oder des Kennzeichens oder gegen die Nachahmung des Produkts eines Dritten wendet, steht zwar nach § 9 S 1 ein Schadensersatzanspruch zu. Er ist dabei aber auf die Geltendmachung des ihm persönlich entstandenen **konkreten Schadens** beschränkt. Er kann sich nicht auf das dem Inhaber eines Immaterialgüterrechts, aber auch dem Hersteller eines nach § 4 Nr 9 nachgeahmten Produkts zustehende (§ 4 Rdn 9.83 und § 9 Rdn 1.36 ff) Privileg stützen, den Schaden nach den Grundsätzen der **Lizenzanalogie** zu berechnen oder den **Verletzergewinn** herauszuverlangen. – Zum lauterkeitsrechtlichen Anspruch gegenüber dem Lizenznehmer des Marken- oder Kennzeichenrechtsinhabers Rdn 1.86.

V. Lauterkeitsrechtlicher Verwechslungsschutz und lauterkeitsrechtlicher Nachahmungsschutz

Die Täuschung über die betriebliche Herkunft, Hauptanwendungsfall des lauterkeitsrecht- 4.254 lichen Nachahmungsschutzes, lässt sich begrifflich ebenso wenig von der Irreführung nach § 5 I unterscheiden wie die Verwechslungsgefahr nach § 5 II. Beide Bestimmungen – § 4 Nr 9 lit a und § 5 II – regeln **Fälle der Irreführung,** auch wenn der Nachahmungsschutz nach § 4 Nr 9 lit a allein dem Nachahmungsopfer und der Verwechslungsschutz allen nach § 8 III Anspruchsberechtigten zusteht. Nach § 4 Nr 9 lit a ist die Täuschung über die betriebliche Herkunft allerdings nur unlauter, wenn sie **unvermeidbar** ist. Da diese Einschränkung in § 5 II fehlt, könnte man auf den Gedanken kommen, die gewollte Schutzlücke, die sich in Fällen der Unvermeidbarkeit der Herkunftstäuschung ergibt, mit Hilfe von § 5 II zu schließen. Das ist indessen ausgeschlossen. Denn das Kriterium der Vermeidbarkeit verschafft einem **allg Grundsatz** Geltung, der nicht nur das deutsche, sondern auch das Unionsrecht beherrscht: Die technische Lehre, die sich dem **Stand der Technik** entnehmen lässt, ist frei und kann ungestraft verwendet werden (Art. 3 I lit. e Nr ii MarkenRL; Art 7 I lit e Nr ii GMV; Erwägungsgrund 14 und Art 7 GeschmMRL; Erwägungsgrund 10 und Art 8 GGV). Unvermeidbar ist eine Herkunftstäuschung daher insb dann, wenn sie notwendige Folge einer (gemeinfreien) technischen Lehre ist (BGH GRUR 1981, 517, 519 – *Rollhocker;* BGH GRUR 1999, 1106, 1108 – *Rollstuhlnachbau;* BGH GRUR 2002, 86, 90 – *Laubhefter;* BGH GRUR 2007, 984 Tz 35 – *Gartenliege;* s oben § 4 Rdn 9.49). Geht von einem Gestaltungsmerkmal, das allein funktionsbedingt ist und nicht durch ein ebenso taugliches anderes Gestaltungsmerkmal ersetzt werden kann, eine Herkunftstäuschung aus, muss die damit verbundene Irreführung des Verkehrs hingenommen werden. Diese grundlegende Einschränkung des Schutzes beansprucht – als **ungeschriebene Schranke** – Geltung auch im Rahmen des lauterkeitsrechtlichen Verwechslungsschutz nach § 5 II.

VI. Lauterkeitsrechtlicher Verwechslungsschutz und Geschmacksmusterschutz

§ 5 II UWG erfasst neben der Zeichenverletzung vor allem auch die **Produktverwechslung.** 4.255 Hierfür kommt – neben dem möglichen markenrechtlichen Schutz (dreidimensionale Marke) und dem in Einzelfällen ebenfalls in Betracht kommenden Urheberrechtsschutz – vor allem der

Geschmacksmusterschutz in Frage. Das Geschmacksmusterrecht gewährt dem Rechtsinhaber des Musters ein Ausschließlichkeitsrecht an der Schöpfung und schafft damit einen Anreiz für kreative Gestaltungen. Den Zielen dieses Schutzrechts läuft es nicht zuwider, wenn auch unterhalb der Schutzvoraussetzungen des Geschmacksmusterrechts – Neuheit und Eigenart – sowie dann, wenn für eine Gestaltung kein Geschmacksmuster angemeldet worden oder der Geschmacksmusterschutz abgelaufen ist, eine Irreführung der Verbraucher durch Produktgestaltungen unterbunden wird, die anderen Gestaltungen ähnlich oder mit ihnen identisch sind. Ein möglicher Geschmacksmusterschutz rechtfertigt daher keine Einschränkung des lauterkeitsrechtlichen Verwechslungsschutzes; dazu *Bornkamm*, FS Loschelder, 2010, 31, 44).

G. Irreführung über amtliche Prüfungen und Testergebnisse (§ 5 I 2 Nr 1)

Schrifttum: *Kollmann,* Technische Normen und Prüfzeichen im Wettbewerbsrecht, GRUR 2004, 6; *Koppe/Zagouras,* Rechtsprobleme der Testwerbung, WRP 2008, 1035.

I. Irreführung über amtliche Prüfungen

4.256 Angaben über amtliche und behördliche **Prüfungen und Zulassungen** sind in hohem Maße geeignet, den Verkehr von der Güte und Brauchbarkeit einer Ware zu überzeugen. Sie verstoßen daher gegen § 5, wenn sie nach Inhalt und Darstellung geeignet sind, den Verkehr irrezuführen. Darauf, ob das amtliche Prüfung zum behaupteten Ergebnis geführt hätte, kommt es nicht an (Piper/Ohly/*Sosnitza* § 5 Rdn 283).

4.257 **Beispiele:** Irreführend ist es, wenn auf dem Baumarkt für Flachstürze mit einem **amtlichen Zulassungsbescheid** geworben wird, der später geändert und eingeschränkt worden ist, ohne diesen Umstand durch einen Zusatz kenntlich zu machen (BGH GRUR 1975, 442, 443 – *Vaasbüttel*). – Wer einen **Restaurantführer mit Klassifizierungen** herausgibt, erweckt beim Publikum den Eindruck objektiver Überprüfung und Nachforschung. Er verstößt daher gegen § 5, wenn die Eintragungen auf Selbstauskünfte der Betriebe und der Zahlung eines Kostenbeitrags hin erfolgt sind (LG Frankfurt WRP 1981, 488). – Ein Kaffeehändler, der für zwei Kaffeesorten mit der Angabe wirbt „**Zwei Angebote mit Auszeichnung**", kann bei beträchtlichen Teilen des Verkehrs den Eindruck erwecken, die beworbenen Kaffeesorten seien von einer unabhängigen Stelle untersucht und belobigt worden (OLG Hamburg GRUR 1991, 470). – Irreführend ist die Werbung für Brillenfassungen mit einem „**TÜV-Prüfzeichen**" (BGH GRUR 1991, 552 – *TÜV-Prüfzeichen*). – Eine Werbung mit dem Zeichen „**GS = geprüfte Sicherheit**" für die **Beschaffenheit** der damit bezeichneten Fußstütze kann auch irreführend sein, wenn die Genehmigung zur Führung des Zeichens zu Unrecht behördlich erteilt worden ist (BGH GRUR 1998, 1043 – *GS-Zeichen*). – Der Hinweis auf unternehmensbezogene **Zertifikate für Qualitätsmanagementsysteme** (zB DIN ISO 9000 ff) oder Umweltmanagementsysteme (zB DIN ISO 14 000 ff) in einer Produktwerbung (zB Preisliste) kann den irreführenden Eindruck erwecken, dass sich die Zertifikate auf das Produkt selbst beziehen (OLG München WRP 1999, 965; *Kollmann* GRUR 2004, 6, 11).

II. Irreführung über Testergebnisse

1. Grundsätze, Empfehlungen der Stiftung Warentest

4.258 Wirbt ein Unternehmen mit **Testergebnissen,** kann darin eine irreführende Werbung liegen. Für diese Art von Werbung haben sich Standards gebildet, die in den **Empfehlungen der Stiftung Warentest zur „Werbung mit Testergebnissen"** niedergelegt sind (abgedr § 6 Rdn 213). Bei der Beurteilung einer derartigen Werbung kann teilweise auf diese Empfehlungen zurückgegriffen werden (BGH GRUR 1991, 679 – *Fundstellenangabe*). Sie laufen darauf hinaus, dass Untersuchungsergebnisse nicht dazu verwendet werden dürfen, den Verbrauchern einen Eindruck von der Überlegenheit einzelner Produkte zu vermitteln, den die Untersuchungsergebnisse nicht rechtfertigen. Den Werbenden treffen daher in gewissem Umfang **Hinweispflichten:** Wenn er bspw mit dem Testergebnis „gut" wirbt, muss er darauf hinweisen, dass ein Großteil der Konkurrenzprodukte mit „sehr gut" abgeschnitten hat (BGH GRUR 1982, 436, 437 – *Test gut;* s Nr 5 der Empfehlungen; ferner Rdn 4.261). – Bei einer Werbung mit Testergebnissen, die Mitbewerber erkennbar macht, handelt es sich um eine **vergleichende Werbung** nach § 6 I; dazu § 6 Rdn 210 ff.

2. Beispiele irreführender Werbung mit Testergebnissen

a) Zutreffende Wiedergabe des Testergebnisses. Um jede Täuschung des Verkehrs über das Testergebnis zu vermeiden, empfiehlt es sich, das **Testergebnis nicht mit eigenen Worten wiederzugeben,** auch wenn die entspr Empfehlung der „Stiftung Warentest" sich nicht unmittelbar auf das Irreführungsverbot stützen kann. Meist verhält es sich so, dass sich der Eindruck vom Testergebnis zugunsten des Werbenden verschiebt, wenn er es mit eigenen Worten umschreibt; dann ist meist eine Irreführung gegeben. Auf **negative Testergebnisse** muss der Werbende dagegen nicht hinweisen, auch wenn er für andere von ihm angebotene Produkte auf das zutreffende (positive) Testergebnis hinweist. Hat bspw die Vollversicherung einer privaten Krankenversicherung bei einem Test der „Stiftung Warentest" das Gesamturteil „mangelhaft" erhalten, die Zusatzversicherung desselben Unternehmens hingegen die Bewertung „sehr gut", ist es unbedenklich, dass die Krankenversicherung für die Zusatzversicherung mit dem Testergebnis der „Stiftung Warentest", für die Vollversicherung hingegen mit dem guten Ergebnis einer Untersuchung eines Wirtschaftsmagazins wirbt (OLG München VersR 2000, 909). Es ist auch nichts dagegen einzuwenden, dass sich ein Hersteller auf die **Wiedergabe einer Testkategorie** beschränkt, in der er bes gut abgeschnitten hat, solange mit dieser Aussage nicht ein **schlechtes Gesamtergebnis kaschiert** wird. So wurde die Werbung für eine Kaffeemaschine „Sehr gut für Kaffeearoma" in einem Fall nicht als irreführend angesehen, in dem das beworbene Gerät mit der Note „gut" immerhin als Testsieger abgeschnitten hatte (OLG Hamburg GRUR-RR 2005, 286).

b) Werbung mit älteren Testergebnissen. Eine Werbung ist irreführend, wenn die Testergebnisse **durch eine neuere Untersuchung** oder durch eine erhebliche Veränderung der Marktverhältnisse **überholt** sind (Nr 3 der Empfehlungen, abgedr § 6 Rdn 213). Umgekehrt ist eine Werbung mit älteren Testergebnissen unbedenklich, wenn der Zeitpunkt der Veröffentlichung erkennbar gemacht wird und die angebotenen Waren mit den seinerzeit geprüften gleich sind, technisch nicht durch neuere Entwicklungen überholt sind und für solche Waren auch keine neueren Prüfungsergebnisse vorliegen (BGH GRUR 1985, 932, 933 – *Veralteter Test;* OLG Düsseldorf GRUR 1981, 750; OLG Hamburg GRUR 2000, 530, 532). – Eine Irreführung durch die Werbung mit älteren Tests der „Stiftung Warentest" ist auch in einem Fall verneint worden, in dem die beworbene Ware als **„Restposten"** bezeichnet worden war, die Bewertungskriterien sich aber nicht geändert hatten oder wenn zwar neuere Testergebnisse zur selben Warengattung (hier: Matratzen) vorliegen, diese sich jedoch auf ein anderes Preissegment beziehen (OLG Frankfurt GRUR-RR 2003, 344). Dagegen ist es als irreführend angesehen worden, wenn ein jüngerer Test, der auf anderen Prüfkriterien beruht, zwar nicht die mit dem älteren Testergebnis beworbene Ware einbezogen, aber Produkte derselben Warenart getestet hat (OLG Frankfurt NJWE-WettbR 1996, 54).

c) Irreführung über das Abschneiden im Verhältnis zur Konkurrenz. Die Werbung mit Testergebnissen darf nicht über den **Stand des beworbenen Produkts** im Kreis der anderen getesteten Konkurrenzprodukte irreführen. So liegt ein Verstoß gegen § 5 vor, wenn – ohne die Zahl und die Noten der besser beurteilten Erzeugnisse anzugeben – ein von der Stiftung Warentest mit „gut" bezeichnetes Erzeugnis mit der Werbeaussage „Test Gut" beworben wird, obwohl dieses Erzeugnis mit dieser Note unter dem Notendurchschnitt der getesteten Waren geblieben ist (BGH GRUR 1982, 436, 437 – *Test gut*). Dagegen ist es nicht irreführend, wenn zutr mit dem Testergebnis „sehr gut" geworben wird, ohne darauf hinzuweisen, dass eine Reihe von Konkurrenzprodukten ebenfalls dieses Prädikat erzielt haben. In einem solchen Hinweis liegt **keine unzulässige Alleinstellungswerbung** (OLG Frankfurt WRP 1985, 495, 496). Dagegen ist die werbliche Herausstellung eines Produkts als **„Testsieger"** irreführend, wenn der „Test" nicht repräsentativ ist und nicht darauf hingewiesen wird, dass lediglich vier von ca dreißig in Betracht kommenden Produkten einbezogen worden sind (KG KG-Rp 1999, 72 = GRUR 1999, 192 [LS]).

d) Werbung mit Test eines anderen Produkts. Eine Irreführung liegt immer dann vor, wenn sich der Test nicht auf die beworbene, sondern eine **andere Ware** bezog, auch wenn sie äußerlich ähnlich und technisch baugleich war (OLG Köln GRUR 1988, 556; OLG Zweibrücken WRP 2008, 1476, 1477). So ist die Bewerbung eines Fahrradhelms mit einem (guten) früheren Testergebnis irreführend, wenn das beworbene Modell nicht getestet worden ist und mit dem getesteten Modell nicht völlig baugleich ist (OLG Köln OLG-Rp 2003, 343 = GRUR-RR 2004, 57 [LS]). Einem **Beweisantritt,** dass das beworbene Modell dem getesteten qualitativ gleichwertig oder gar überlegen ist, braucht nicht nachgegangen zu werden (OLG Köln aaO).

4.263 **e) Werbung mit Geschmackstest.** Die Werbung mit dem **Ergebnis eines Geschmackstests** ist als irreführend angesehen worden, weil die verglichenen Produkte durch unterschiedliche geschmacksbestimmende Zutaten auf verschiedene Verbraucherpräferenzen ausgerichtet waren und hierüber in der beanstandeten Werbung nicht aufgeklärt worden war (OLG München WRP 1999, 692). Eine solche **Informationsobliegenheit** kann indessen nicht aufgestellt werden. Man mag daran zweifeln, ob ein Geschmacksvergleich – im entschiedenen Fall war unter dem Titel „Satte Mehrheit" das Ergebnis eines Vergleichs von Whopper (Burger King) und Big Mäc (MacDonald's) wiedergegeben worden – dadurch iSv § 6 II Nr 2 nachprüfbar wird, dass er die (nachprüfbaren) Zahlen einer Geschmacksprobe wiedergibt (dazu § 6 Rdn 51). Ist diese Frage aber zu bejahen, kann die entspr Werbung nicht als irreführend untersagt werden. Es ist eine pure Selbstverständlichkeit, dass ein Lebensmittel „durch geschmacksbestimmende Zutaten auf Verbraucherpräferenzen ausgerichtet" wird, man kann auch sagen, dass der Hersteller versucht, den Geschmack der von ihm angesprochenen Kunden zu treffen.

4.264 **f) Werbung mit nicht repräsentativem Testergebnis.** Wird mit einem Testergebnis geworben, dem nur ein Test mit einer **stichprobenartigen Auswahl** zugrunde liegt (zB ein Werkstätten-Test einer Autozeitschrift, bei dem einzelne Vertragswerkstätten verschiedener Automarken getestet worden sind), muss in der Werbung auf den Umstand hingewiesen werden, dass der Test **nicht auf einer repräsentativen Erhebung** beruht, zumal wenn sich zwischen den einzelnen Stichproben erhebliche Qualitätsunterschiede ergeben. Denn der Verkehr erwartet auf Grund eines solchen Hinweises ein Testergebnis, das sich auf die gesamte Organisation des Werbenden bezieht. So hat der BGH die Verurteilung eines Lohnsteuerhilfevereins wegen irreführender Werbung bestätigt, der als Testsieger mit dem Testergebnis „gut" der Stiftung Warentest geworben hatte. Da die getesteten Lohnsteuerhilfevereine eine große Zahl (zwischen 42 und 2000) von Beratungsstellen unterhalten, jedoch nur die Leistung von fünf bis acht Beratungsstellen pro Verein getestet worden waren, die darüber hinaus recht unterschiedlich abgeschnitten hatten, wurde die Werbung des Testsiegers mit dem Testergebnis „gut" („im Test 9 Lohnsteuerhilfevereine") als irreführend untersagt (BGH GRUR 2005, 877, 880 – *Werbung mit Testergebnis*).

4.265 **g) Werbung ohne Angabe der Testfundstelle.** Wird mit einem Testergebnis geworben, müssen die Verbraucher ohne weiteres in der Lage sein, die **Angaben über den Test nachzuprüfen.** Das setzt voraus, dass **eine Fundstelle** für den Test angegeben wird. Diese Angabe muss für den Verbraucher aufgrund der Gestaltung der Werbung leicht auffindbar sein (BGH GRUR 1991, 679 – *Fundstellenangabe;* BGH GRUR 2010, 248 Tz 30 f – *Kamerakauf im Internet*). Bei einer Internetwerbung mit einem Testergebnis muss entweder dieser Hinweis auf die Fundstelle deutlich auf der ersten Bildschirmseite dieser Werbung zu finden sein oder der Verbraucher muss jedenfalls durch einen deutlichen Sternchenhinweis zu der Fundstellenangabe geführt werden (BGH GRUR 1991, 679 – *Fundstellenangabe;* BGH GRUR 2010, 248 Tz 32 – *Kamerakauf im Internet*).

5. Kapitel. Irreführung über geschäftliche Verhältnisse (unternehmensbezogene Irreführung)

Übersicht

	Rdn
I. Einführung	5.1, 5.2
II. Irreführende Unternehmensbezeichnungen, Identität des Unternehmens (§ 5 I 2 Nr 3)	5.3–5.53
1. Allgemeines	5.3, 5.4
2. Verhältnis zu anderen Vorschriften	5.5, 5.6
a) Rechtsbruchtatbestand	5.5
b) Handelsrechtliches Irreführungsverbot	5.6
3. Hauptfälle irreführender Unternehmensbezeichnungen	5.7–5.48
a) Anstalt	5.7
b) Apotheke	5.8, 5.8 a
c) Börse	5.9
d) Drogerie	5.10
e) Fabrik	5.11–5.14
aa) Allgemeines	5.11
bb) Abgrenzung zum Handwerk	5.12
cc) Abgrenzung zum Handel	5.13, 5.14

5. Kap. Irreführung über geschäftliche Verhältnisse §5 UWG

	Rdn
f) Fach- und Spezialgeschäft	5.15
g) Finanzdienstleistungen	5.16–5.20
aa) Bank, Bankier	5.16
bb) Finanz-, Kredit-	5.17, 5.18
cc) Investment, Kapitalanlagegesellschaften	5.19
dd) Sparkasse, Bausparkasse	5.20
h) Großhandel, Großmarkt	5.21, 5.22
i) Hauptgeschäft und Filiale	5.23
j) Haus	5.24, 5.25
k) Institut	5.26, 5.27
l) Krankenhaus, Ärztehaus, Klinik, Klinikum	5.28–5.31
m) Lager	5.32
n) Markt	5.33
o) Mitglied	5.34
p) Selbstbedienungsgeschäft	5.35
q) Verband	5.36–5.38
r) Weinbau, Weingut, Winzer	5.39–5.41
s) Werk, Werke	5.42, 5.43
t) Zentrale, Zentrum, Center	5.44–5.48
aa) Ursprüngliche Bedeutung	5.44
bb) Heutige Bedeutung	5.45–5.48
4. Weitere Fälle	5.49–5.53
III. Irreführende Angaben über Eigenschaften, Umfang und Bedeutung des Unternehmens (§ 5 I 2 Nr 3)	5.54–5.112
1. Überblick	5.54
2. Traditions- und Alterswerbung	5.55–5.68
a) Grundsatz	5.55
b) Fehlvorstellung des Verkehrs	5.56–5.66
aa) Direkte und indirekte Altersangaben	5.56, 5.57
bb) Eindruck der Kontinuität	5.58–5.61
cc) Erzwungene Unterbrechungen	5.62
dd) Berufung früherer volkseigener Betriebe auf übernommene Unternehmenstradition	5.63
ee) Berufung auf den Familiennamen	5.64
ff) Alterswerbung für Filialen	5.65
gg) Werbung mit zurtr Altersangaben	5.66
c) Relevanz	5.67
d) Verhältnismäßigkeit des Verbots	5.68
3. Unternehmensbezogene Allein- und Spitzenstellungswerbung	5.69–5.85
a) Allgemeines	5.69
b) Ernst genommene Anpreisungen	5.70
c) Größe	5.71
d) Warenangebot	5.72
e) Beträchtlicher Vorsprung gegenüber den Mitbewerbern?	5.73
f) Zugehörigkeit zur Spitzengruppe	5.74
g) Bezugnahme auf einen bestimmten Markt	5.75–5.79
h) Reklamehafte Übertreibungen	5.80
i) Telekommunikation, Internet	5.81
j) „Erste …"	5.82
k) Führerschaft, „Führende …"	5.83
l) Tiefste Preise	5.84
m) Domainname	5.85
4. Beilegung bes Vorzüge	5.86–5.90
a) Fehlende Gewinnerzielungsabsicht	5.86, 5.87
b) Kontrolle, Überwachung	5.88
c) Weitere Beispiele	5.89, 5.90
5. Autoritätsbezugnahme	5.91–5.97 a
a) Grundsatz	5.91
b) Staatlich	5.92
c) Bundes-	5.92 a
d) Städtisch, Universitäts-	5.93
e) Geografische Bezeichnungen	5.94
f) Akademie, Diplom	5.95
g) Bundeszentrale	5.96

	Rdn
h) Vereinsname	5.97
i) Verbraucherschutzorganisation	5.97 a
6. Geografische Zusätze	5.98–5.112
a) Allgemeines	5.98
b) Alleinstellung	5.99, 5.100
aa) Grundsatz	5.99
bb) Beispiele	5.100
c) Deutsch	5.101–5.105
aa) Bedeutungswandel	5.101
bb) Heutige Verkehrserwartung	5.102, 5.103
cc) Ausnahmen	5.104
dd) Deutsche Ware, Deutsches Erzeugnis	5.105
d) International	5.106
e) Euro	5.107–5.111
aa) Grundatz	5.107
bb) Zuschnitt für Tätigkeit auf dem europäischen Markt	5.108, 5.109
cc) Ausnahmen	5.110
dd) Euro als Markenbestandteil	5.111
f) Kontinent	5.112
IV. Irreführende Angaben über das Vermögen einschließlich der Rechte des geistigen Eigentums sowie über den Umfang von Verpflichtungen (§ 5 I 2 Nr 3)	5.113–5.131
1. Überblick	5.113, 5.114
2. Irreführung über das Vermögen sowie über den Umfang von Verpflichtungen	5.114 a–5.114 d
a) Allgemeines	5.114 a
b) Unrichtige Ad-hoc-Meldungen	5.114 b–5.114 d
3. Irreführende Werbung mit Schutzrechten	5.115–5.128
a) Grundsätze	5.115
b) Irreführung über den Bestand des Schutzrechts	5.116–5.123
aa) Patentschutz	5.117, 5.118
bb) Angemeldetes Patent	5.119–5.120
cc) Ungeprüfte Registerrechte (Gebrauchsmuster, Geschmacksmuster)	5.121
dd) Markenschutz	5.122
ee) Urheberrechte und verwandte Schutzrechte	5.123
c) Umfang des Schutzrechts	5.124
d) Irreführung über die territoriale Reichweite des Schutzrechts	5.125–5.127
aa) Grundsätze	5.125
bb) Unionsrecht	5.126, 5.127
e) Rechtsfolgen irreführender Patentberühmung	5.128
4. Irreführende Schutzrechtsverwarnung	5.129–5.131
V. Unrichtige Angaben über Befähigung und Qualifikation	5.132–5.157
1. Handwerkliche Leistungen	5.132–5.134
a) Allgemeines	5.132
b) Beispiele	5.133, 5.134
2. Titel und Berufsbezeichnungen	5.135–5.144
a) Allgemeines	5.135
b) Akademische Grade	5.136–5.140 a
aa) Professorentitel	5.136
bb) Doktortitel	5.137, 5.138
cc) Diplomingenieur	5.139
dd) Ausländische akademische Grade	5.140
ee) Sonstiges	5.140 a
c) Adelstitel	5.141
d) Sachverständiger	5.142–5.144
3. Gesetzlich geschützte Berufsbezeichnungen	5.145–5.154
a) Allgemeines	5.145
b) Arzt, Zahnarzt, Tierarzt	5.146–5.147
c) Heilpraktiker	5.148
d) Anwalt, Rechtsanwalt, Fachanwalt	5.149, 5.149 a
e) Wirtschaftsprüfer, Steuerberater	5.150
f) Architekt	5.151, 5.151 a

5. Kap. Irreführung über geschäftliche Verhältnisse   5.1, 5.2   **§ 5 UWG**

	Rdn
g) Ingenieur	5.152
h) Sonstige geschützte Bezeichnungen	5.153, 5.154
4. Zusatz „geprüft"	5.155, 5.156
5. Irreführende Angaben über Mitarbeiter	5.157
VI. Irreführung über Auszeichnungen und Ehrungen	5.158–5.162
1. Begriff und Arten der Auszeichnungen und Ehrungen	5.158
2. Täuschungsformen	5.159–5.161 a
3. Träger der Auszeichnung und Rechtsnachfolge	5.162
VII. Irreführung über Verhaltenskodizes (§ 5 I 2 Nr 6)	5.163–5.166
1. Begriff des Verhaltenskodexes	5.163
2. Bedeutung von Verhaltenskodizes	5.164
3. Kartellrechtliche Problematik von Verhaltenskodizes	5.165, 5.166

Schrifttum: *Barth/Wolhändler,* Werbung mit Patentschutz – Erfreulicher Ansatz des OLG München zum Schließen einer Rechtsprechungslücke, Mitt. 2006, 16; *R. Bechtold,* Probeabonnement – Anmerkung zum Urteil des BGH v 7. Februar 2006, KZR 33/04, WRP 2006, 1162; *Bogler,* Werbung mit Hinweisen auf zukünftigen oder bestehenden Patentschutz, DB 1992, 413; *Bornkamm,* Die Werbung mit der Patentanmeldung, GRUR 2009, 227; *Bulling,* Werbung mit unveröffentlichten Patentanmeldungen, Mitt 2008, 61; *Dreyer,* Verhaltenskodizes im Referentenentwurf eines Ersten Gesetzes zur Änderung des Gesetzes gegen unlauteren Wettbewerb – Wird das Wettbewerbsrecht zum Motor für die Durchsetzung vertraglicher Verpflichtungen?, WRP 2008, 155; *Herb,* Spezialisierungshinweise und irreführende Werbung nicht markenbezogener Reparaturwerkstätten, WRP 1991, 699; *Heermann,* Ambush-Marketing anlässlich Sportgroßveranstaltungen – Erscheinungsformen, wettbewerbsrechtliche Bewertung, Gegenmaßnahmen, GRUR 2006, 359; *Hönn,* Akademische Grade, Amts-, Dienst- und Berufsbezeichnungen sowie Titel (Namensattribute) in der Firma in firmen- und wettbewerbsrechtlicher Sicht, ZHR 153 (1989), 386; *Honig,* Werbung mit dem guten Ruf des Handwerks, WRP 1995, 568; *Horn,* Anwaltliche Werbung mit dem Titel „Mediator", NJW 2007, 1413; *Hösch,* „Internationale Apotheke" oder vom Versuch der Selbstentlastung mittels § 522 Abs. 2 ZPO, WRP 2003, 344; *Klöhn,* Wettbewerbswidrigkeit von Kapitalmarktinformationen?, ZHR 172 (2008), 388; *Köndgen,* Die Ad hoc-Publizität als Prüfstein informationsrechtlicher Prinzipien, FS Druey, 2002, 791; *Lambsdorff/ Hamm,* Zur wettbewerbsrechtlichen Zulässigkeit von Patent-Hinweisen, GRUR 1985, 244; *Lehmann,* Zur Stellung des werbenden und sterbenden Großhandels im evolutiven Entdeckungsverfahren Wettbewerb, FS Klaka, 1987, 59; *Lettl,* Die wettbewerbswidrige Ad hoc-Mitteilung, ZGR 2003, 853; *ders,* Die Zulässigkeit von Werbung mit der Einlagensicherung nach UWG und KWG, WM 2007, 1345 und WM 2007, 1397; *Lindemann/Bauer,* Fabrikverkauf, Lagerverkauf, Hersteller-Direkt-Verkauf und Factory Outlet – Werbung am Rande der Legalität –, WRP 2004, 45; *Lux,* Alleinstellungswerbung als vergleichende Werbung?, GRUR 2002, 682; *Müller,* Krankenhauswerbung – Möglichkeiten und rechtliche Grenzen, Pflege- und Krankenhausrecht 2006, 88; *v Olenhusen,* Das „Institut" im Wettbewerbs-, Firmen-, Standes-, Namens- und Markenrecht, WRP 1996, 1079; *Ottofülling,* Der „Bausachverständige" und der wettbewerbsrechtlichen Implikationen, DS 2008, 53; *Pauly,* Zur Problematik der Alleinstellungswerbung unter besonderer Berücksichtigung von BGH WRP 1996, 729 – Der meistverkaufte Europas, WRP 1997, 691; *Sack,* Unbegründete Schutzrechtsverwarnungen, 2006; *Schulze zur Wiesche,* Zur Bedeutung des Wortes „Center" in der Firmenbezeichnung, GRUR 1986, 904; *Sosnitza,* Wettbewerbsregeln nach §§ 24 ff GWB im Lichte der 7. GWB-Novelle und des neuen Lauterkeitsrechts, FS Bechtold, 2006, S 515; *Tettinger/Kämper,* Verleihung von Berufsbezeichnungen und Erteilung von Diplomzeugnissen durch Sozialversicherungsträger?, VSSR 1991, 113; *Zimmermann,* Die unberechtigte Schutzrechtsverwarnung, 2008.

I. Einführung

Die Irreführung über das Unternehmen (Betrieb) war in § 3 UWG 1909 als Beispiel einer **5.1** täuschenden Angabe über geschäftliche Verhältnisse nicht ausdrücklich genannt, wenngleich sie immer einen wichtigen Anwendungsfall des Irreführungsverbots bildete. Lediglich die Art des Bezugs und der Bezugsquelle sowie der Besitz von Auszeichnungen waren im Beispielskatalog des § 3 UWG 1909 aufgeführt. § 5 II 1 Nr 3 UWG 2004 sprach mit den Angaben über geschäftliche Verhältnisse erstmals ausdrücklich die unternehmensbezogenen Angaben an. In § 5 I 2 Nr 3 UWG 2008 wird nunmehr in Umsetzung von Art 6 I lit f UG-Richtlinie ein ganzer Blumenstrauß an unternehmensbezogenen Bezugspunkten aufgeführt: die Person des Unternehmers, seine Eigenschaften wie Größe, Alter, Vermögen und Marktbedeutung, die ihm zustehenden Rechte sowie die ihn belastenden Verpflichtungen, seine Fähigkeiten, sein Status, die Zulassung zu bestimmten Tätigkeiten, schließlich Mitgliedschaften, Auszeichnungen und Ehrungen.

    Damit lassen sich die Fälle der unternehmensbezogenen Irreführung in **fünf Gruppen** **5.2** einteilen: **(1)** Zur ersten Gruppen zählen die Fälle der Irreführung über die Identität des werbenden Unternehmens; dabei geht es in der Sache um **irreführende Unternehmensbezeichnungen** (s Rdn 5.3 ff). **(2)** In die zweite Gruppe fallen die **Irreführungen über die Eigenschaften** des Unternehmens, wozu das **Alter,** die **Größe,** die **Vermögensverhältnisse** und die **Bedeutung** auch im Verhältnis zu den Mitbewerbern zählen (s Rdn 5.54 ff). **(3)** Die dritte Gruppe betrifft die **irreführende Werbung mit den eigenen Schutzrechten** (s Rdn 5.113 ff); hier wird die Schutzrechtsanmaßung im Zusammenhang behandelt, also einschließlich der Fälle, in denen der irreführende Hinweis auf das Schutzrecht produktbezogen ist. **(4)** In der vierten Gruppe geht es um die **Irreführung über Befähigung und Qualifikation** des Inhabers und seiner Mitarbeiter (s Rdn 5.132 ff), **(5)** in der fünften schließlich um die **Irreführung über Auszeichnungen und Ehrungen** (s Rdn 5.158 ff).

II. Irreführende Unternehmensbezeichnungen, Identität des Unternehmens (§ 5 I 2 Nr 3)

1. Allgemeines

5.3 **Unternehmensbezeichnungen** sind Bezeichnungen, die im geschäftlichen Verkehr als Name, Firma oder als sonstige Bezeichnung eines Unternehmens benutzt werden (vgl § 5 II MarkenG). Sie dürfen **keine irreführenden Angaben** enthalten, also dem Verkehr keinen falschen oder missverständlichen Eindruck vom dahinter stehenden Unternehmen vermitteln (vgl zum Verhältnis der wettbewerbsrechtlichen zu den kennzeichenrechtlichen Ansprüchen Rdn 1.77 ff mwN und Rdn 2.40 f). Denn der Adressat der Werbung soll Klarheit darüber haben, um welches Unternehmen es sich handelt. Der Aussagewert einer Unternehmensbezeichnung richtet sich wie im gesamten Wettbewerbsrecht grds nach der **Verkehrsauffassung.** Diese ist einem ständigen Wandel unterworfen und passt sich den sich ändernden wirtschaftlichen Verhältnissen an. Daher und wegen des geänderten Verbraucherleitbilds, das heute für die Ermittlung der Verkehrsauffassung maßgeblich ist (s Rdn 1.54 ff), sind insbes die älteren Entscheidungen über irreführende Unternehmensbezeichnungen heute nur noch bedingt zu gebrauchen (vgl Rdn 4.2). Außerdem ist die neue Bagatellgrenze des § 3 zu beachten.

5.4 Die Irreführung kann **ausdrücklich,** aber **auch konkludent** erfolgen (s Rdn 2.37). Ein Kaufhaus verstößt daher gegen § 5, wenn es nicht deutlich macht, dass ein in seinen Räumen befindlicher Frisiersalon ein rechtlich selbstständiger Betrieb und nicht eine zum Kaufhaus gehörende unselbstständige Abteilung ist (BGH GRUR 1989, 211 – *Shop in the Shop II;* KG WRP 1986, 85). Unzulässig ist auch die Bezeichnung **„Privat-Handelsschule Trelle",** wenn die Handelsschule von einem anderen geführt wird (OLG Hamm GRUR 1972, 94). Die Irreführung kann aber nicht nur durch die Unternehmensbezeichnung selbst, sondern auch durch die ihr beigefügten Rechtsformzusätze hervorgerufen werden, zB durch Verwendung des Zusatzes „mbH" auf Briefbögen durch eine Gesellschaft bürgerlichen Rechts (OLG München GRUR 1999, 429).

2. Verhältnis zu anderen Vorschriften

5.5 **a) Rechtsbruchtatbestand.** Soweit über Unternehmensbezeichnungen bes Vorschriften bestehen, kommt neben § 5 auch noch der Rechtsbruchtatbestand des § 4 Nr 11 in Betracht (vgl dazu allgemein § 4 Rdn 11.23 ff). Zum Verhältnis der wettbewerbsrechtlichen zu den **kennzeichenrechtlichen Ansprüchen** s Rdn 1.77 ff mwN und Rdn 2.40 f sowie § 4 Rdn 10.76 f.

5.6 **b) Handelsrechtliches Irreführungsverbot.** Für die Firmenführung enthält § 18 II 1 HGB ein spezielles handelsrechtliches Irreführungsverbot. Danach darf die Firma eines Kaufmanns keine Angaben enthalten, die geeignet sind, über geschäftliche Verhältnisse irrezuführen, die für die angesprochenen Verkehrskreise wesentlich sind. Sanktioniert wird dieses Verbot durch § 37 I HGB (Festsetzung von Ordnungsgeld durch das Registergericht). Das wettbewerbsrechtliche Irreführungsverbot wird dadurch nicht berührt. Die Wertungsmaßstäbe sind zwar identisch (vgl *Koller/Roth/Morck* HGB, 3. Aufl, § 18 Rdn 9). Doch besagt die **handelsrechtliche Zulässigkeit der Firmenführung,** etwa im Falle der Firmenfortführung durch einen Nachfolger (§ 22 HGB), nichts für die wettbewerbsrechtliche Zulässigkeit. Die Beibehaltung rechtmäßig erworbener Firmen ist dann unzulässig, in dem sie zu einer Täuschung des Verkehrs führt (BGHZ 10, 196 – *R G Dun & Co;* BGH GRUR 1958, 90 – *Hähnel*). Die Frage des firmenrechtlichen Schutzes der Unternehmensbezeichnung ist unabhängig von ihrer Eignung zur Irreführung nach § 5 I 2 Nr 3 zu beantworten.

3. Hauptfälle irreführender Unternehmensbezeichnungen

a) Anstalt. Der Unternehmensbezeichnung **Anstalt** entnimmt der Verkehr einen Hinweis auf die Größe des Betriebes. Neben diesem Bedeutungshinweis wird auch der Eindruck erweckt, dass das Unternehmen, wenn nicht von einer öffentlicher Institution geschaffen und geleitet, so doch zumindest beaufsichtigt oder gefördert wird (s Rdn 5.91). Entsprechendes gilt für Bezeichnungen wie **Stelle** oder **Dienst**. Den Eindruck eines irgendwie gearteten öffentlichen Charakters müssen insbes rein privatwirtschaftlich tätige Unternehmen vermeiden. Aufklärende Zusätze müssen hier klarstellen, dass der öffentliche Einschlag fehlt (s Rdn 5.91). Der Zusatz „**für Marktforschung**" deutet auf eine unabhängige Forschungsstätte hin.

b) Apotheke. „Apotheke" darf sich ein Einzelhandelsgeschäft nur nennen, wenn sein Inhaber die deutsche Approbation als Apotheker besitzt oder wenn ihm eine Erlaubnis nach § 2 I ApothekenG idF v 15. 10. 1980 (BGBl I 1993, zuletzt geändert durch Gesetz v 29. 8. 2005, BGBl I 2570) erteilt ist. Eine **Drogerie** darf sich nicht Apotheke nennen; auch darf sie nicht **Apothekerwaren** ankündigen. **Arzneimittel** iSd § 1 I AMG, die nicht durch § 44 AMG oder eine Rechtsverordnung nach § 45 I AMG für den Verkehr außerhalb der Apotheken zugelassen sind, dürfen im Einzelhandel **nur in Apotheken** abgegeben, vorrätig- oder feilgehalten werden (§ 43 I AMG). Die Verwendung der Bezeichnung „**Internationale Apotheke**" hat die Rspr als nicht irreführend angesehen. Sie lasse für eine Vielzahl von Kundenerwartungen Raum, die alternativ, aber nicht kumulativ vorliegen müssten. Um dem Vorwurf der Irreführung zu entgehen, müsse eine solche Apotheke in größerem Umfang mit ausländischen Arzneimitteln handeln und über sprachkundige Mitarbeiter verfügen, um den Verkehr mit ausländischen Kunden zu ermöglichen; seien diese Voraussetzungen erfüllt, sei die Bezeichnung nicht zu beanstanden (OLG München WRP 2003, 398 unter Bezugnahme auf LG München I WRP 2003, 537; aA OVG Münster LRE 38, 117 für das Irreführungsverbot in der BO der Apothekerkammer Nordrhein).

Der Namensbestandteil „Homecare" im Namen einer Apotheke (**Homecare-Apotheke**) erweckt den unzutreffenden Eindruck, es bestehe ein Zusammenhang mit Einrichtungen der ambulanten Pflege (OLG Düsseldorf WRP 2008, 1270 [NZB zurückgewiesen: BGH Beschl v 13. 8. 2009 – I ZR 20/08]).

c) Börse. Die frühere Rspr nahm bei der Bezeichnung **Börse** an, der Verkehr verbinde damit eine Zusammenkunft einer Vielzahl von Kaufleuten an einem bestimmten Ort zum Zweck des Abschlusses von Handelsgeschäften. Typischerweise – so die Rspr – werden dabei „börsengängige" Waren oder Wertpapiere umgesetzt, wobei sich zahlreiche Angebote und Nachfragen begegnen, so dass die Preisbildung ständigen Schwankungen unterworfen ist. Die Verwendung der Bezeichnung wurde **Einzelhandelsgeschäften** daher grds untersagt (OLG Frankfurt BB 1966, 1245 – *Auto-Börse*; OLG Zweibrücken BB 1968, 311 – *Schmuck-Börse*). Im Laufe der Zeit hat aber eine **Verwässerung** des Begriffs stattgefunden, so dass der Verkehr insbes bei nicht börsengängigen Waren (zB Gebrauchtwagen) nicht mehr vom Vorliegen einer Börse im og Sinne ausgeht (OLG Düsseldorf GRUR 1984, 880; OLG Köln GRUR 2000, 454; HdbWettbR/*Helm* § 59 Rdn 453; GK/*Lindacher* § 3 Rdn 307; aA Baumbach/*Hefermehl*, 22. Aufl, § 3 Rdn 370). Der Begriff signalisiert dann nur noch ein umfassendes Angebot und eine gewisse Größe des Geschäfts.

d) Drogerie. „Drogerie" darf sich ein Einzelhandelsgeschäft auch dann nennen, wenn es neben typischen angebotenen Drogeriewaren und dem handelsüblich dazu gehörenden Sortiment (zB Parfümerie- und Photoartikel, Weine, Spirituosen, Süßwaren ua) ausgesprochen drogeriefremden Waren (zB Lebensmittel, Fische, Schuhwaren, Bücher ua) führt (aA OLG Bamberg BB 1958, 890). Bislang setzte der Verkehr voraus, dass der Inhaber oder wenigstens ein leitender Angestellter als Drogist fachlich ausgebildet ist. Auf Grund der zunehmenden Anzahl von Filialbetrieben und SB-Drogerien ist es zu einem Bedeutungswandel gekommen (OLG Frankfurt WRP 2002, 1452, 1457). Eine „Fachdrogerie" verlangt zusätzliche Spezialisierung auf Waren der Fachbranche (LG Aachen WRP 1969, 43). – Für den deutschen Sprachraum weist **drugstore** nicht mehr auf eine Drogerie hin und kann daher auch für ein Geschäft verwendet werden, in dem keine Drogerie-Waren verkauft werden (ÖOGH ÖBl 1972, 14).

e) Fabrik. aa) Allgemeines. Die Angabe Fabrik setzt einen **industriellen Herstellungsbetrieb** voraus. Da der Begriff nicht näher festgelegt ist, kommt der Verkehrsauffassung maßgebliche Bedeutung für seine Abgrenzung von Handwerk und reinem Handel zu. Die Verkehrsanschauungen können regional und branchenmäßig unterschiedlich sein. Generell gilt, dass im Hinblick auf die **unscharfen Grenzen gegenüber dem Handwerk** insoweit keine übermäßige Strenge geboten ist, zumal sich die fabrikmäßige gegenüber der handwerksmäßigen Herstellung nicht unbedingt der höheren Wertschätzung erfreut. Im **Verhältnis zum Handel** mag dagegen eine strengere Haltung am Platze sein, weil hier die Abgrenzung leichter fällt und der Fabrikverkauf stets die Ausschaltung einer oder mehrerer Handelsstufen und damit einen erheblichen Preisvorteil signalisiert. Im Einzelnen:

5.12   **bb) Abgrenzung zum Handwerk.** Vom **Handwerksbetrieb** unterscheidet sich eine Fabrik vornehmlich durch die **Art des Betriebs** (s DIHT BB 1957, 522; OLG Hamm BB 1954, 74; OLG Hamm NJW 1954, 1935; ferner RG GRUR 1940, 572 – *Fabrik*). Handwerksmäßig ist ein Betrieb, der sich nach seiner inneren Gestaltung **im Rahmen des Handwerksüblichen** hält, wofür die **tätige Mitarbeit des Inhabers** und die Verwendung **gelernter Hilfskräfte** typisch sind (§§ 1, 18 HandwO). Für den Fabrikbetrieb ist dagegen die weitgehende Arbeitsteilung kennzeichnend. Maschinen werden heute auch in Handwerksbetrieben verwendet; auch können die Umsätze beträchtlich sein. Ob und inwieweit es für einen Fabrikbetrieb auf die Größe des Unternehmens, die Zahl der Arbeitnehmer und die Höhe des Umsatzes ankommt, lässt sich nicht allgemein sagen. Entscheidend ist immer eine **Gesamtbetrachtung**. Auf bloße **Reparaturwerkstätten** passt die Bezeichnung „Fabrik" nicht; es muss sich um Neuherstellung handeln (OLG Celle BB 1969, 1103). Ebenso nicht für **Montagebetriebe**. Anders liegt es dagegen bei Betrieben, die durch Weiterverarbeitung die eigentliche Ware erst schaffen; sie dürfen sich als „Fabrik" bezeichnen (RG GRUR 1937, 718 – *Kohlenbürstenfabrik*). Der Begriff **„Fabrikation"** bedeutet hingegen nichts anderes als **Herstellung**; er kann daher auch von **kleineren Unternehmen** als Firmenzusatz oder Geschäftsbezeichnung verwendet werden. **„Eigene Herstellung"** setzt voraus, dass ein Unternehmen seine Erzeugnisse jedenfalls zu einem **wesentlichen Teil** in eigenen, gepachteten oder gemieteten Werkanlagen herstellt (s Rdn 6.18 ff). Auch die Angabe **„Manufaktur"** weist in erster Linie auf eine Herstellungsstätte hin, und zwar meist mit Handfertigung (zur Bezeichnung „Porzellan-Manufaktur", vgl KG GRUR 1976, 640).

5.13   **cc) Abgrenzung zum Handel.** Die Bezeichnung „Fabrik" passt nicht für den **Handel**; ein Kaufhaus ist keine Fabrik. Wer die Waren teils zukauft und somit nur teilweise selbst herstellt, darf sich nur dann als Fabrik bezeichnen, wenn der Zukauf eine bestimmte Schwelle nicht überschreitet. Die Grenze wurde vom Reichsgericht bei einem planmäßigen Zukauf von 15 bis 20% der Ware als überschritten angesehen (RG GRUR 1940, 585, 587). Ein Möbel- und Einrichtungshaus, das nur 25% der umgesetzten Möbel selbst anfertigt, darf sich nicht „Möbelfabrik" nennen. Vielmehr setzt dies voraus, dass die Möbel zu einem **wesentlichen Teil** in eigenen, gepachteten oder gemieteten Anlagen hergestellt werden. Nur ein geringfügiger Zukauf wäre statthaft (BGH GRUR 1957, 348 f – *Klasen-Möbel*; *Frey* WRP 1963, 617; dazu Rdn 6.18). Dagegen sagt der Begriff der Fabrik nur wenig über die **Fertigungstiefe** aus: Auch ein Unternehmen, das die von Zulieferern erworbenen Komponenten zusammenbaut, darf sich als Fabrik bezeichnen (s Rdn 6.16).

5.14   Bei allen diesen Fällen ist zu beachten, dass die Bezeichnung **„Fabrik"** in dem einen Kontext ohne große Bedeutung für den Abnehmer ist, dass ihr aber in einem anderen Zusammenhang eine **erhebliche Relevanz für die Kaufentscheidung** zukommen kann. Deswegen ist bes Aufmerksamkeit geboten, wenn der Begriff „Fabrik" wegen der nicht anfallenden Handelsspanne einen **kostengünstigen Einkauf beim Hersteller** signalisiert. Wird für einen **Fabrikverkauf** geworben oder wird das Geschäft als **„factory outlet"** bezeichnet, müssen zwei Bedingungen erfüllt sein: Die Waren müssen **aus eigener Produktion** stammen; die Preise müssen **unter den Preisen des Einzelhandels** liegen. Ist eine dieser Voraussetzungen nicht erfüllt, ist die Werbung irreführend. Dagegen erwartet der Verkehr von einem Fabrikverkauf nicht, dass er die Waren zu den für Wiederverkäufer geltenden Preisen erwerben kann. So ist die Bezeichnung „factory outlet" für ein **Augenoptikergeschäft** mit umfassendem Angebot als irreführend angesehen worden (OLG Nürnberg MDR 2002, 286 = OLG-Rp 2001, 31). Ebenso wurde die Bezeichnung **„Designer Outlet"** als irreführend untersagt, weil die angebotene Kleidung nicht unmittelbar vom Hersteller angeboten wurde, sondern von einem normalen – Restposten anbietenden – Handelsunternehmen (OLG Hamburg GRUR-RR 2001, 42). Dagegen ist in den Bezeichnungen „Fabrikverkauf" und **„Matratzenfabrik"** nicht allein deswegen ein Verstoß gegen das Irreführungsverbot gesehen worden, weil die Preise nicht den Wiederverkäuferpreisen entsprachen (OLG München GRUR-RR 2004, 81). Zu den Begriffen „Werk" und „Industrie" s Rdn 5.42.

f) Fach- und Spezialgeschäft. Für ein **Fachgeschäft** genügt nicht die Beschränkung des Angebots auf bestimmte Waren oder Warengruppen; der Verkehr erwartet daneben eine **bes Fachkunde** und eine **fachkundige Beratung;** (BGH GRUR 1997, 141 – *Kompetenter Fachhändler;* dazu *Bacher* EWiR 1997, 135; OLG Koblenz WRP 1982, 46). Die Erwartungen, die bei den umworbenen Verkehrskreisen mit einer „Fachhändler-Werbung" verbunden werden, erfahren durch den Zusatz „kompetent" idR keine Steigerung der Erwartungen, (BGH aaO). Das OLG München (WRP 1979, 156) entwertet den Begriff, wenn es die **Spezialisierung** des Angebotes **auf bestimmte Warengruppen** genügen lässt (zutr *Tetzner* WRP 1979, 270). Wirbt eine Kfz-Reparaturwerkstätte mit der Angabe **„Karosserie- und Lackierabteilung"**, so erwartet der Verkehr einen unter fachmännischer Leitung stehenden Meisterbetrieb (OLG Koblenz WRP 1988, 555, 557). Eine Berührung als Fachgeschäft kann auch darin liegen, dass der Inhaber seinen Namen mit der Branche verbindet, zB **„Leder-Schulze"**. Irreführend ist die Ankündigung eines **Versandhauses** „Bei uns werden Sie gleich gut bedient wie im Fachgeschäft", wenn der Kunde nur die Möglichkeit hat, einige Modelle an Hand von Beschreibungen und Abbildungen kennen zu lernen. – Die Begriffe „Fachgeschäft" und **„Spezialgeschäft"** werden vom Verkehr als Synonyme verstanden. Auch für ein **Spezialgeschäft** genügt nicht die Beschränkung auf bestimmte Warengruppen (HdbWettbR/*Helm* § 59 Rdn 429; GK/*Lindacher* § 3 Rdn 338 mwN; aA Baumbach/*Hefermehl*, 22. Aufl, § 3 Rdn 377; OLG Hamm WRP 1992, 250). Die Werbung *„Jede Abteilung ein Spezialgeschäft"* setzt für ihre Zulässigkeit voraus, dass jede Abteilung ausnahmslos die kennzeichnenden Eigenschaften eines Spezialgeschäfts aufweist, namentlich über fachkundiges Verkaufspersonal verfügt. Von einem **Spezialisten** wird neben bes fachkundiger Beratung eine bes Auswahl, Vielfalt und Qualität des Angebotes erwartet (OLG Karlsruhe GRUR 1990, 295, 296).

g) Finanzdienstleistungen. aa) Bank, Bankier. Nach § 39 I KWG (idF der Bek v 9. 9. 1998, BGBl I 2776, zuletzt geändert durch G v 30. 7. 2009, BGBl I 2437) dürfen nur **Kreditinstitute,** die eine Erlaubnis der Bundesanstalt für Finanzdienstleistungsaufsicht (BaFin) nach § 32 KWG besitzen, oder **Zweigstellen** von Unternehmen nach § 53 b I 1 oder VII KWG in der Firma, als Zusatz zur Firma, zur Bezeichnung des Geschäftszwecks oder zu Werbezwecken die Bezeichnungen „**Bank**", „**Bankier**" oder eine Bezeichnung führen, in der das Wort „Bank" oder „Bankier" enthalten ist. Andere Unternehmen (zB Hörner-Bank für ein Unternehmen, das Erbensuche betreibt) dürfen eine solche Bezeichnung nur führen, wenn sie bei Inkrafttreten des KWG am 1. 1. 1962 eine solche Bezeichnung nach den bisherigen Vorschriften befugt geführt haben und sie seitdem unverändert führen (Boos/*Fischer*/Schulte-Mattler KWG 3. Aufl § 39 Rdn 9). **Kreditinstitute** sind Unternehmen, die Bankgeschäfte iSd § 1 KWG betreiben. Irreführend ist daher die Verwendung der Bezeichnung „Bank-Projekt" in einem Firmennamen, wenn der Werbende keine staatliche Genehmigung zum Betrieb von Bankgeschäften besitzt (LG Ellwangen WRP 2002, 1190).

bb) Finanz-, Kredit-. Teilweise wurde die Auffassung vertreten, dass die Begriffe „**Finanz**" oder „**Kredit**" nur in der Firma verwendet werden dürfen, wenn das Unternehmen über eine **Erlaubnis zum Betreiben von Bankgeschäften nach § 32 KWG** verfügt (OLG Köln WRP 1980, 439; LG Düsseldorf BB 1979, 905). Eine solche Genehmigung benötigen Kreditinstitute und Finanzdienstleistungsinstitute (§ 32 I 1 KWG). Nach der Legaldefinition des § 1 I a KWG zählen hierzu auch die Anlage- und Abschlussvermittler. Hiervon zu unterscheiden ist jedoch die erlaubnisfreie Tätigkeit von Finanzunternehmen, zu denen nach der Definition in § 1 III KWG Unternehmen gehören, die bspw mit Finanzinstrumenten handeln oder andere bei der Anlage von Finanzinstrumenten beraten (Anlageberatungen). Ihnen kann nicht versagt werden, auf ihr Angebot auch in der Firma hinzuweisen, solange sie nicht den Eindruck erwecken, es handele sich um ein Kredit- oder Finanzdienstleistungsinstitut.

Ein **Kreditvermittler** darf auch in seiner Firma nicht den Eindruck erwecken, er vergebe selbst Kredite. Ob der Verkehr der Bezeichnung **„Finanz-Agentur"** eine solche Angabe entnimmt, erscheint allerdings zweifelhaft, weil der Begriff der Agentur eine Vermittlungsleistung nahe zu legen scheint (s Rdn 5.49). Dennoch hat das OLG Stuttgart eine solche Angabe als irreführend angesehen (ZIP 1993, 1494). Dagegen hat das OLG Bremen (WRP 1977, 267) den Begriff **„Finanz"** in der Geschäftsbezeichnung eines Finanzmaklers („Wall-Finanz H … Partner") nicht als irreführend beanstandet; die Bezeichnung erwecke beim Bremer Zeitungsleser nicht den Eindruck, der Werbende sei Kreditgeber und nicht nur Kreditvermittler.

5.19 **cc) Investment, Kapitalanlagegesellschaften.** Kapitalanlagegesellschaften sind nach § 2 VI InvestmentG Kreditinstitute, deren Hauptzweck in der Verwaltung von Sondervermögen oder in der Verwaltung von Sondervermögen und der individuellen Vermögensverwaltung besteht. Die Bezeichnungen **„Kapitalanlagegesellschaft"**, **„Investmentfonds"** oder **„Investmentgesellschaft"** oder eine Bezeichnung, in der diese Begriffe allein oder in Zusammensetzungen mit anderen Wörtern vorkommen, dürfen nach § 3 InvestmentG von Gesellschaften, die keine Kapitalanlagegesellschaften sind, nicht geführt werden (BayObLG BB 1969, 1062; OLG Karlsruhe WM 1995, 1753 noch zu § 7 KAGG). Das **InvestmentG** enthält darüber hinaus in § 4 I ein **besonderes Irreführungsverbot** für Bezeichnungen von Investmentfonds und Investmentaktiengesellschaften.

5.20 **dd) Sparkasse, Bausparkasse.** Die Bezeichnung **„Sparkasse"** oder eine Bezeichnung, in der das Wort „Sparkasse" enthalten ist, dürfen in der Firma, als Zusatz zur Firma, zur Bezeichnung des Geschäftszwecks oder zu Werbezwecken nur **öffentlich-rechtliche Sparkassen** führen, die eine Erlaubnis nach § 32 KWG (s oben Rdn 5.16) besitzen, oder andere Unternehmen, die bei Inkrafttreten der Neufassung des KWG am 1. 1. 1962 eine solche Bezeichnung nach den bisherigen Vorschriften befugt geführt haben (§ 40 KWG; Boos/*Fischer*/Schulte-Mattler KWG 3. Aufl § 40 Rdn 8). – Die Bezeichnung **„Spar- und Darlehenskasse"** dürfen nach § 40 II KWG nur **eingetragene Genossenschaften** führen, die einem Prüfungsverband angehören. – Kreditinstitute iSd § 1 des Gesetzes über Bausparkassen dürfen nach § 40 II KWG die Bezeichnung **„Bausparkasse"** führen.

5.21 **h) Großhandel, Großmarkt.** Der Begriff **„Großhandel"** weist nicht auf die Größe des Unternehmens oder die Höhe des Umsatzes, sondern auf die **Funktion im Verteilungsprozess** hin. Das für den Verkehr entscheidende Merkmal ist die umsatzmäßig **überwiegende Belieferung von Wiederverkäufern und Großabnehmern.** Die Unterhaltung eines umfangreichen Warenlagers oder die Höhe des Warenumsatzes ist dagegen für den Verkehr nicht von entscheidender Bedeutung. Während früher die **ausschließliche Belieferung** von Wiederverkäufern erforderlich war, hat sich durch die Zunahme der Direktverkäufe an Letztverbraucher die Verkehrsauffassung gewandelt (BGHZ 28, 54, 62). Macht die Lieferung an Letztverbraucher nur 6% des Gesamtumsatzes aus, so ist der Zusatz „Großhandel" zulässig (OLG Karlsruhe BB 1964, 573). Ab einem gewissen Anteil von Direktgeschäften ist die Offenbarung der Doppelstellung erforderlich (s Rdn 6.28 ff).

5.22 Die Bezeichnung **„Großmarkt"** wird in Deutschland nicht einheitlich verwendet: In erster Linie werden als Großmärkte die häufig in städtischer Trägerschaft betriebenen Großhandelsmärkte bezeichnet, die es in vielen deutschen Städten gibt. Diese Märkte bieten verschiedenen Großhändlern Verkaufsflächen, vor allem für Obst und Gemüse oder generell für Lebensmittel. Überall, wo es solche Großmärkte gibt, prägen sie die Verkehrsauffassung (vgl zB für den Kölner Raum OLG Köln WRP 1987, 492, 497). Daneben werden teilweise auch große Supermärkte als Großmärkte bezeichnet (vgl GK/*Lindacher* § 3 Rdn 386). – Als **„Cash-&-Carry-Märkte"&-Carry-Märkte"** oder **„C + C-Märkte"** werden idR ebenfalls Großhandelsunternehmen bezeichnet (vgl LG Hamburg WRP 1971, 536).

5.23 **i) Hauptgeschäft und Filiale.** Die Verwendung des Begriffs **„Hauptgeschäft"** setzt voraus, dass dazugehörige Filialen bestehen. Umgekehrt bedarf eine **Filiale** oder ein **Zweiggeschäft** wiederum eines Hauptgeschäfts. Ein Unternehmen, das innerbetrieblich mehrere Filialen hat, darf sich allein deshalb noch nicht **„Zentrale"** nennen, da diese Firmenbezeichnung vom Verkehr als Hinweis auf eine bes Größe und Bedeutung des Betriebes verstanden wird (Rdn 5.44 und 5.46). – Die Werbung mit dem Plural **„Fahrschulen"** für eine Fahrschule mit fünf Zweigstellen führt zu keiner relevanten Irreführung, weil es für den Verkehr ohne Bedeutung ist, ob es sich um eine Fahrschule mit Zweigstellen oder um verschiedene rechtlich selbstständige Fahrschulen handelt (OLG Stuttgart WRP 1982, 666). – Der Verkehr hat ein berechtigtes Interesse daran, nicht darüber getäuscht zu werden, wer ihm werbend entgegentritt. So verstößt ein Friseurbetrieb, der in einem Warenhaus **als eigenständiges Unternehmen** betrieben wird, gegen § 5, wenn er in der Werbung den Eindruck erweckt, es handele sich um eine unselbstständige Abteilung des Warenhauses (vgl BGH GRUR 1989, 211, 212 – „Shop in the Shop II").

5.24 **j) Haus.** Der Firmenbestandteil **„Haus"** hat im Laufe der Zeit einen erheblichen **Bedeutungswandel** erfahren. Ursprünglich wurde darunter ein vollkaufmännisches Einzelhandelsunternehmen verstanden, das durch die **Breite und Vielgestaltigkeit seines Sortiments,** dem sich daraus ergebenden **Umfang der Verkaufsfläche,** durch sachkundiges **Personal** und der auf Grund des **Umsatzes** bestehenden Größe den Durchschnitt der örtlichen Konkurrenz überragt (BGH GRUR 1980, 60 – *10 Häuser erwarten sie;* BGH GRUR 1982, 491, 492 – *Möbelhaus*). Von einer solchen Verkehrserwartung kann heute nicht mehr ausgegangen werden. Es gibt Bezeichnungen wie „**Landkartenhaus**", „**Musikhaus**", „**Sanitätshaus**", „**Schuhhaus**", „**Sporthaus**" oder „**Winzerhaus**", mit denen der Verkehr ein normal ausgestattetes und sortiertes Geschäft der jeweiligen Branche verbindet und von dem allenfalls eine **gewisse örtliche Bedeutung** erwartet wird, das aber nicht notwendig ein Geschäft mit einer die Mitbewerber überragenden Bedeutung zu sein braucht (BGH GRUR 2001, 73, 74 – *Stich den Buben;* OLG Celle NJW 1963, 1064 für Süßwarenhaus). Dagegen soll die Bezeichnung „**Haus der Gesundheit**" für eine Apotheke den irreführenden Eindruck erwecken, diese biete ein Dienstleistungs- und Warensortiment, das über das einer normalen Apotheke hinausgeht (BVerwG NJW 1992, 588, 589; LG Mönchengladbach WRP 2001, 1253; so auch einzelne Berufsordnungen, zB § 8 III Nr 3 BO f Apotheker RP). Bei anderen Wortverbindungen ist der Begriff „Haus" fast völlig verblasst und weckt überhaupt keine Assoziationen mehr an Größe, Bedeutung oder äußerliche Aufmachung des Unternehmens. Das trifft zB zu auf „**Reformhaus**", „**Zigarrenhaus**" oder „**Feinkosthaus**". Dagegen scheint in einigen wenigen Zusammensetzungen noch die traditionelle Bedeutung durch, so in „**Möbelhaus**", „**Einrichtungshaus**", „**Kaufhaus**" oder „**Warenhaus**". Letzteres ist ein Großbetrieb, der Waren verschiedener Branchen vertreibt und ein breites Sortiment vorhält. Diesem Erfordernis müssen auch „**Selbstbedienungs-Warenhäuser**" entsprechen. Neben einer Differenzierung nach Branchen muss auch nach dem **Standort** unterschieden werden. An ein Einrichtungs- oder Kaufhaus sind in einer Großstadt andere Anforderungen hins Sortimentsbreite und -tiefe zu stellen als in einer Kleinstadt oder in einer ländlichen Gegend.

Deutet der Geschäftsgegenstand auf ein **breites Warensortiment** oder einen **hohen** **5.25** **Raumbedarf** hin, so sind diese Umstände als Indiz für eine gewisse Geschäftsgröße zu werten (GK/*Lindacher* § 3 Rdn 326). Die Verwendung des Begriffs „**Ärztehaus**" ist – ungeachtet der berufsrechtlichen Zulässigkeit (vgl dazu LG Cottbus NJW 1997, 2458) – nicht irreführend, wenn es dort eine Reihe von Arztpraxen gibt (vgl aber BGH GRUR 1988, 458, 459 – *Ärztehaus;* dazu Rdn 5.28). Von einem „**Auktionshaus**" wird erwartet, dass es sich um ein kaufmännisches Unternehmen handelt, bei dem in regelmäßigen Abständen über einen längeren Zeitraum Auktionen größeren Umfangs stattfinden, bei denen auch wertvolle Stücke feilgeboten werden, fachkundiges Auktionspersonal zur Verfügung steht und Kataloge mit Abbildungen herausgegeben werden (OLG Hamm GRUR 1993, 764). Unter der Bezeichnung „**Discounthaus**" (Diskonthaus) ist ein größeres Einzelhandelsgeschäft zu verstehen, das sein Sortiment zu Preisen verkauft, die deutlich unter den üblichen Einzelhandelspreisen liegen. Zum „Discountpreis" s Rdn 7.97 ff; *Haberkorn* WRP 1966, 393). Unter „**Münzhandelshaus**" versteht der Verkehr ein Unternehmen, das Münzen – frühere oder derzeit gültige Zahlungsmittel – zu einem den Nennwert übersteigenden Preis verkauft, (OLG München NJWE-WettbR 1997, 265).

k) Institut. Der Begriff **Institut** wird für einen **gewerblichen,** aber auch für einen rein **5.26** **wissenschaftlichen** Tätigkeitsbereich verwendet. Im Bereich der Erziehung, Forschung und Wissenschaft entsteht gewöhnlich der Eindruck **staatlicher Errichtung, öffentlicher Aufsicht** oder Förderung oder der Zugehörigkeit zu einer Universität, so zB bei Institut für Internationales Recht, Institut für Hygiene, Institut für Arbeitsmedizin, Institut für Zelltherapie und Frischzelleninstitut (OLG Düsseldorf WRP 1976, 317, 319). Dieser Eindruck wird noch verstärkt, wenn sich der Unternehmenssitz in einer Universitätsstadt befindet.

Irreführend ist die Bezeichnung „**Gemologisches Institut**", falls nicht durch Zusätze wie **5.27** den Personennamen des Unternehmers, die Angabe des Tätigkeitsbereichs, die Bezeichnung der Zugehörigkeit zu entspr Berufsvereinigungen sowie Werbeembleme eine Irreführung über den privatwirtschaftlichen Charakter des Unternehmens ausgeschlossen wird (BGH GRUR 1987, 365 – *Gemologisches Institut*). Irreführend ist die Bezeichnung „**Institut für Physikalische Therapie**" für einen von zwei Masseuren und medizinischen Bademeistern geführten Betrieb; man erwartet, dass das Institut zumindest unter wissenschaftlich-ärztlicher Leitung steht, oder idR sogar, dass es sich um eine **öffentliche** oder unter öffentlicher Aufsicht stehende **Einrichtung** handelt (OLG Düsseldorf WRP 1977, 796). Zulässig sind hingegen solche Bezeichnungen, bei denen kein Missverständnis möglich ist, zB „**Bestattungsinstitut**", „**Mädchen-Bildungsinstitut**", „**Heiratsinstitut**", „**Institut für Kleiderpflege**", „**Bewachungs- oder Detektivinstitut**", „**Meinungsforschungsinstitut**". Ferner können **eindeutige** aufklärende **Zusät-**

ze den öffentlich-rechtlichen Schein ausschließen, insbes der eindeutige Hinweis auf eine **privatwirtschaftliche** Betätigung. Bloße **Rechtsformzusätze** wie zB „Gesellschaft mbH" beseitigen die Täuschungseignung des Firmenbestandteils „Institut" nicht immer, schwächen diese aber deutlich ab (BayObLG BB 1985, 2269). Daher lässt LG Berlin (BB 1968, 312) die Firmenbezeichnung „regioplan Institut für Strukturanalyse GmbH" für ein Berliner Unternehmen zu, das Strukturanalysen erstellt. Zum Begriff **„Testinstitut"** vgl LG Frankfurt BB 1963, 833.

5.28 **l) Krankenhaus, Ärztehaus, Klinik, Klinikum.** Erweckt ein **Krankenhaus,** dessen ärztliche Leistungen im Wesentlichen nur von ambulant tätigen Ärzten (Belegärzten) erbracht werden, durch die Werbung den Anschein eines anstaltsmäßig organisierten Krankenhauses, so muss es zur Vermeidung relevanter Irreführungen des Verkehrs seinen Charakter als **Belegkrankenhaus** kenntlich machen (BGH GRUR 1990, 606, 607 – *Belegkrankenhaus*). Die Werbung eines Belegkrankenhauses als „Privatklinik für patientenschonende Verfahren" verstößt gegen § 5 (OLG Nürnberg NJW-RR 1998, 113). – Die Bezeichnung **Fachkrankenhaus** kann auch ohne Hinweis auf eine feste Fachausrichtung irreführend sein, wenn sie im Verkehr über bes, jedoch nicht vorliegende fachliche **Qualifikationen** irgendwelcher Art Vorstellungen weckt, die einen nicht unerheblichen Teil des angesprochenen Publikums veranlasst, sich näher über das Haus und seine Angebote zu informieren (BGH GRUR 1988, 841 – *Fachkrankenhaus*). Ferner kann sich ein „Fachkrankenhaus" durch seine bes Qualifikation, zB die Ausbildung seines ärztlichen Personals, von einem normalen Krankenhaus – ebenso wie der Fach- vom Allgemeinarzt – unterscheiden (BGH aaO – *Fachkrankenhaus*).

5.29 Ob die Verwendung der Bezeichnung **Ärztehaus** zulässig ist, hängt von der Art der Verwendung, den Verwendern und den Umworbenen ab. Keinesfalls zu beanstanden ist die Verwendung des Begriffs in lediglich an Kapitalanleger und an Ärzte gerichteten Werbeschreiben und Prospekten einer **Bauträgergesellschaft,** die ein von ihr errichtetes Haus als „Ärztehaus" bezeichnet (BGH GRUR 1988, 458, 459 – *Ärztehaus*); anders ist die Lage beurteilt worden bei Verwendung des Wortes „Ärztehaus" auf vor dem Haus stehenden Bauschildern, weil dadurch wie bei einer Beschriftung des Hauses selbst der Eindruck einer qualifizierteren ärztlichen Leistung hervorgerufen werden könne (BGH aaO). Eine Irreführung ist damit aber noch nicht dargetan, solange das ärztliche Angebot in dem Ärztehaus dem entspricht, was der Verkehr auf Grund dieser Bezeichnung erwartet (s Rdn 5.25).

5.30 Für eine **Klinik** ist eine gewisse personelle und apparative Mindestausstattung erforderlich (OLG Stuttgart WRP 1991, 528). Auch ist die **stationäre Behandlung** des Patienten im Gegensatz zu einer lediglich ambulanten wesentlich. Ein Belegarzt darf seine Praxis nicht als „Klinik" bezeichnen, und zwar auch dann nicht, wenn die stationäre Betreuung in dem Belegkrankenhaus in unmittelbarer Nachbarschaft der Belegarzt-Praxis durchgeführt wird und die Patienten vor dem Beginn der Behandlung in dem Belegkrankenhaus aufgenommen werden (OLG Frankfurt DB 1974, 1905). Dadurch wird der unrichtige Eindruck erweckt, als gehöre die „Klinik" dem Arzt und unterstehe seiner Leitung. Dagegen muss bei einer „Klinik für Zahnmedizin" die **stationäre Behandlung** nicht im Vordergrund stehen; es kann einem Zahnarzt, der neben seiner ambulanten Praxis einen Klinikbetrieb unterhält, um auch Behandlungen durchzuführen, die einen stationären Aufenthalt erfordern, nicht verwehrt werden, einen solchen Betrieb zutr zu bezeichnen (aA OLG Köln NJW 1994, 3017). Ebenso wenig ist die Verwendung der Bezeichnung Klinik im Firmennamen eines Zahnbehandlungen anbietenden Unternehmens irreführend, nur weil die Zahl der ambulanten die der stationären Betreuungen überwiegt (BGH GRUR 1996, 802, 803 – *Klinik*). Die Bezeichnung **Tagesklinik** erweckt beim Verkehr weiter gehende Vorstellungen als eine bloße „Arztpraxis". Eine stationäre Unterbringung muss dort, wenn auch nicht über den Tag hinaus, möglich sein (OLG München GRUR 2000, 91).

5.31 Die Bezeichnung einer Klinik für Enddarm-Erkrankungen (Proktologie) als **Klinikum** ist irreführend, wenn nicht auch die Randgebiete und Hilfswissenschaften der Proktologie umfassend vertreten sind und der Größe nach nicht der Rahmen einer „Klinik" überschritten wird (OLG Frankfurt NJW 1974, 2051). – Die plakative Darstellung des Namens **Gesundheitszentrum** im Eingangsbereich eines Gebäudes ist eine nach §§ 3, 5 unzulässige Werbung, wenn dort nur einzelne Arztpraxen untergebracht sind (LG Cottbus NJW 1997, 2459).

5.32 **m) Lager.** Die Bezeichnung „Lager" erweckt bei den angesprochenen Verkehrskreisen die Vorstellung von einem bes umfangreichen Vorrat, der auf längere Zeit gehalten wird. Eine

Lagerhaltung kommt nicht nur für Fabrik- und Großhandelsunternehmen in Betracht. Auch **Einzelhändler,** die ihre Waren schnell absetzen, benötigen oft ein Warenlager, um den Wünschen der Kundschaft sofort entsprechen zu können (OLG Hamburg WRP 1968, 119). Nur werden die Lager von Einzelhändlern idR kleiner als die von Herstellern oder Großhändlern sein. Keinesfalls deutet die Bezeichnung „Lager" ohne weitere Hinweise auf bes **Preisvorteile** hin, wie sie etwa Großhändler bieten. Ob die Verwendung der Bezeichnung Lager iVm anderen Zusätzen auf die Eigenschaft des Werbenden als Großhändler oder Hersteller hindeutet, hängt von den Umständen des Einzelfalls ab. Die Bezeichnungen **„Zentrallager"** und **„Verkaufslager"** sollen auf Großhandel hinweisen (BGH GRUR 1974, 225 – *Lager-Hinweiswerbung*), was hins des **handelsfunktionsneutralen** Begriffs „Verkaufslager" wenig einleuchtet (GK/*Lindacher* § 3 Rdn 332). Ebenso wenig erweckt der Hinweis auf einen **Lagerverkauf** beim Kunden die Vorstellung der Großhändlereigenschaft, da es üblich ist, dass Lager auch vom Einzelhandel unterhalten werden (OLG Stuttgart WRP 1996, 147, 152). Hingegen darf der Einzelhändler sein offenes Ladengeschäft nicht als **Fabrikauslieferungslager** bezeichnen, selbst wenn bei ihm auch Wiederverkäufer einkaufen können (OLG Köln GRUR 1962, 363); anders nur, wenn der Geschäftsverkehr mit dem Handelskunden gegenüber dem Einzelhandel ein selbstständiger Geschäftsbetrieb ist. **Einzelhändler der Möbelbranche** dürfen nicht den Firmenzusatz **Magazin** verwenden, da dadurch der Anschein eines Großhandels- oder Fabrikauslieferungslagers hervorgerufen wird (LG Oldenburg WRP 1964, 246; *Haberkorn* WRP 1968, 204). – Zur **Preistäuschung** bei Verwendung der Bezeichnung **Auslieferungslager** s Rdn 7.107 ff).

n) Markt. Die Bedeutung des Firmenzusatzes **Markt** hat sich im Laufe der Zeit erheblich gewandelt. Nach herkömmlicher Bedeutung erwartete der Verkehr ein Zusammentreffen einer großen Anzahl von Verkäufern derselben Branche an einem Ort. Heute versteht die Verkehrsauffassung unter einem „Markt" nicht mehr eine gegenüber dem Einzelhandel selbstständige Vertriebsform, sondern ein übliches **Einzelhandelsunternehmen** mit einer **gewissen Größe** und einem **umfassenden Angebot** (BGH GRUR 1981, 910 – *Der größte Biermarkt der Welt*; BGH GRUR 1983, 779 – *Schuhmarkt*). Je stärker die **Spezialisierung,** desto höhere Anforderungen sind an die Vielfalt des Warenangebots zu stellen, um die Verwendung des Begriffs „Markt" zu rechtfertigen. Dabei muss nach Branchen differenziert werden: Während für **Verbrauchermärkte,** deren Sortiment sich nicht auf Lebensmittel beschränkt, **Selbstbedienung** kennzeichnend ist, kann diese für andere Branchen nicht als Wesensmerkmal gefordert werden (zB **Möbelmarkt; Automarkt**). Bei einem **„Supermarkt"** stellt sich das Publikum eine große Verkaufsfläche, ein großes Verkaufsangebot und ein dementsprechendes Lager, günstige Preise und vor allem **Selbstbedienung** vor (zu den Begriffen „Großmarkt" und „Cash-&-Carry-Markt"-Carry-Markt" s Rdn 5.22). In manchen Bereichen hat sich der „Markt"-Begriff dem Begriff des „Supermarktes" angepasst. Man setzt nicht mehr Verkäuferpluralität, wohl aber sich aus der Masse der Mitbewerber heraushebende Vielfalt und Reichhaltigkeit des Warenangebots, große Umsätze, niedrige Preise sowie idR auch **Selbstbedienung** voraus; Beratung und Betreuung durch fachkundiges Personal wird nicht erwartet (ÖOGH ÖBl 1979, 130; ÖOGH ÖBl 1982, 15, 17 – *Drogeriemarkt I* und *II;* ÖOGH ÖBl 1979, 132 – *Textilmarkt*). Mit einem **Blumenmarkt** wird jedoch noch immer die Vorstellung einer größeren Anzahl von Verkäufern an einem bestimmten Ort und nicht bloß einer Vielfalt der angebotenen Waren verbunden (ÖOGH ÖBl 1980, 102).

o) Mitglied. Die Angabe **„Mitglied"** bedeutet die Verbundenheit durch eine Sache oder einen gemeinsamen Zweck. Zulässig ist daher die (zutr) Angabe „Mitglied der Deutschen Buch-Gemeinschaft" (RG GRUR 1932, 996). Der Eindruck der Mitgliedschaft kann bereits dadurch entstehen, dass die **Internetseite** eines Unternehmens einen **elektronischen Verweis** (Link) zu einem Branchenverband aufweist. Verweist bspw ein Unternehmen, das Dienstleistungen des vorbeugenden Brandschutzes anbietet, auf seiner Internetseite auf den Bundesverband Brandschutz-Fachbetriebe eV und auf die Gütegemeinschaft Instandhaltung Feuerlöschgeräte eV, so schließt der Verkehr auf eine Mitgliedschaft in diesen Verbänden. Trifft diese Annahme nicht zu, ist die Angabe irreführend (LG Erfurt MMR 2003, 491 = WRP 2003, 414 [LS]).

p) Selbstbedienungsgeschäft. Wird mit der Ankündigung **Selbstbedienung** für Waren geworben, bei denen nach der Auffassung des Publikums Selbstbedienung möglich ist, so müssen die Waren so angeboten und ausgezeichnet werden, dass **Rückfragen** beim Verkaufspersonal über Material und Verarbeitung gewöhnlich **nicht mehr erforderlich** sind. Das gilt auch, wenn von einem Uhren-, Gold- und Schmuckgeschäft mit der Bezeichnung „Selbstbedienung" geworben wird. Ferner erwartet der Kunde, dass er in einem Selbstbedienungsgeschäft nicht vom Verkaufspersonal angesprochen wird, es sei denn, er wünscht ausdrücklich Beratung (BGH GRUR 1970, 515 – *Selbstbedienung*). – **Mitnahme** und Selbstbedienung sind nicht gleichbedeutend. Für ein **„Mitnahme-Unternehmen"** im Möbeleinzelhandel ist nicht nötig, dass die Möbel bereits verpackt zur Abholung bereitgehalten werden (OLG Stuttgart WRP 1986, 224, 244). Kennzeichnend für den Mitnahme-Vertrieb ist Barzahlung, mangelnder Bedienungskomfort und Selbstmitnahme.

5.36 q) **Verband.** Die Bezeichnung **Verband** wird sowohl für **öffentlich-rechtliche** Verwaltungseinheiten (wie etwa Kommunalverbände) als auch für **private** Vereinigungen verwendet. Die Bezeichnung „Verband" ruft deshalb nicht ohne weiteres die Vorstellung von **öffentlichen** Aufgaben und Befugnissen hervor (LG Mainz BB 1956, 939, 940). Dafür müssen **bes Anhaltspunkte** vorliegen. Ebenso wenig denkt der Verkehr bei einem Verband an einen organisatorischen Zusammenschluss von **nicht unerheblicher Größe**, der zwar nicht jedermann, aber doch allen Personen oder Unternehmen, die einer bestimmten Bevölkerungs- oder Wirtschaftsgruppe angehören, in gleicher Weise zum Beitritt offen steht, da es allgemein bekannt ist, dass es auch kleinere Verbände gibt. Daher muss ein Verband weder eine **größere Zahl von Mitgliedern** haben, noch mehrere Vereine zusammenfassen (KG NJWE-WettbR 2000, 33; GK/*Lindacher* § 3 Rdn 341; *Nordemann*, Wettb- und MarkenR, Rdn 371; aA BayObLG DB 1974, 1857; *v Gamm* WettbR Kap 37 Rdn 30). Jedoch können Assoziationen über Größe und Bedeutung des Verbandes durch bestimmte Zusätze hervorgerufen werden. So vermutet der Verkehr bei einem **Bundesverband** eine Organisation, die nicht nur bundesweit tätig ist, sondern auch innerhalb der betreffenden Berufsgruppe eine **gewisse Bedeutung** hat. Sie liegt bei einem „Bundesverband Deutscher Heilpraktiker e V" nicht vor, wenn diesem nur etwa 7,5% der praktizierenden Heilpraktiker angehören (BGH GRUR 1984, 457, 460 – *Deutsche Heilpraktikerschaft*). **Zulässig** ist die Bezeichnung **„Deutsche Heilpraktiker eV"**, weil darunter nach dem Sprachverständnis **nicht alle** deutschen Heilpraktiker zu verstehen sind; auch fehlt ihr der bestimmte Artikel im Gegensatz zu der Bezeichnung „Die deutschen Heilpraktiker", der universale Wirkung („alle" Heilpraktiker) zukommt (BGH GRUR 1987, 638 – *Deutsche Heilpraktiker*); zur Verwendung von „deutsch" s Rdn 5.101 ff).

5.37 Ferner verbindet sich mit dem Begriff „Verband" meist die Vorstellung von einer Vereinigung, die die rechtliche und wirtschaftliche **Selbstständigkeit ihrer Mitglieder** unangetastet lässt und sich auf die Verwirklichung oder Vertretung **gemeinsamer Interessen** beschränkt. Der Verzicht auf eigenen Gewinn und die Förderung der Interessen der Mitglieder sind Wesensmerkmale eines Verbandes, nicht aber das Fehlen eigener geschäftlicher Betätigung (KG NJWE-WettbR 2000, 33). Für bestimmte Branchen kann sich eine andere Übung entwickelt haben. Dem Begriff „Verband" haftet nicht unbedingt die Vorstellung von etwas **Umfassendem** an. Niemand denkt, dass einem Hausfrauen- oder Verbraucherverband sämtliche Hausfrauen oder Verbraucher in der Bundesrepublik oder auch nur in einem örtlich begrenzten Gebiet als Mitglieder angehören.

5.38 Unter der Bezeichnung „**Gesamtverband**" ist eine **Dachorganisation** zu verstehen. Um einen Zusammenschluss mehrerer Regionalverbände zu einem einzigen Verband braucht es sich dabei nicht zu handeln. Auch müssen sich bei einem **freiwilligen Zusammenschluss**, wie es ein Wirtschaftsverband ist, nicht sämtliche einschlägigen Verbände und/oder Unternehmen dem Gesamtverband angeschlossen haben; auch kann der Mitgliederbestand wechseln. Wohl aber werden die beteiligten Verkehrskreise gewöhnlich davon ausgehen, dass einem Gesamtverband, damit er seine Aufgabe als Dachorganisation erfüllen kann, die bedeutendsten Fachverbände und Unternehmen eines bestimmten Wirtschaftszweiges als Mitglieder angehören. Zumindest werden sie erwarten, dass einem „Gesamtverband" eines bestimmten Industriezweiges eine **Spitzenstellung** unter den einschlägigen Verbänden zukommt (BGH GRUR 1973, 371, 373 – *Gesamtverband;* dazu *Schulze zur Wiesche* GRUR 1973, 355). – Für einen **Fachverband** ist zu verlangen, dass die ihm angehörenden Betriebe die Qualität von Fachbetrieben besitzen (OLG Frankfurt BB 1966, 262). – Zur Verwendung eines **nicht eindeutigen Begriffs** in einer Verbandsbezeichnung vgl BGH GRUR 1975, 377 – *Verleger von Tonträgern.*

5.39 r) **Weinbau, Weingut, Winzer.** Die Bezeichnung **„Weingut"** ist für den landwirtschaftlichen Betrieb eines einzelnen Winzers gebräuchlich (BGH GRUR 2001, 73, 74 – *Stich den Buben*). Sie erweckt die Vorstellung, dass es sich um einen **größeren Betrieb** handelt, der im

Gegensatz zu einer Weinkellerei oder einem sonstigen Weinhandelsbetrieb in der **Hauptsache** Weine aus **eigenem Wachstum** anbietet (BayObLG WRP 1977, 524). Für die Anteilsfeststellung ist die Menge und nicht der Wert entscheidend (BayObLG aaO). Dabei ist grds auf den Zeitpunkt des **Angebots** abzustellen. Gleichwohl ist der Gebrauch der Bezeichnung auf Grund einer Interessenabwägung zu gestatten, wenn der Winzer die Voraussetzungen bislang immer erfüllt hat und die Unterschreitung des notwendigen Eigenanteils nur vorübergehend ist, wie zB im Falle einer Flurbereinigung (GK/*Lindacher* § 3 Rdn 346). Ein Kellereibetrieb, der generell nur einen geringen Teil seiner Produktion (ca $1/4$) aus eigenem Weinanbau gewinnt, darf sich hingegen nicht als Weingut bezeichnen (BayObLG GRUR 1972, 659). Die Führung der Bezeichnung „**Weingut**" in einer **Preisliste**, in der ohne bes Hinweis auch Weine fremder Erzeuger angeboten werden, ist irreführend, weil der Durchschnittsverbraucher mit Recht annimmt, es würden nur selbst erzeugte Weine vertrieben (OLG Koblenz GRUR 1988, 43, 45; LRE 14, 302, 304).

Deutlich strengere Regeln gelten, wenn Bezeichnungen, die sich auf den landwirtschaftlichen Betrieb beziehen (Weinbau, Weingut, Winzer, Weingärtner oÄ), **auf dem Etikett** verwendet werden. Hierfür gelten vorrangig **unionsrechtliche Bestimmungen** (s Rdn 4.40). Durch diese Regelung wird auch unter dem Gesichtspunkt des § 5 verhindert, dass der Verbraucher über die **Herkunft eines Weines getäuscht** wird. Grundlage ist das allgemeine Irreführungsverbot in Art 48 VO (EG) 1493/1999 des Rates v 17. 5. 1999 über die gemeinsame Marktorganisation für Wein (ABl EG Nr L 179 S 1), das durch die Bestimmungen der Verordnung (EG) Nr 753/2002 v 29. 4. 2002 mit Durchführungsbestimmungen hins der Beschreibung, der Bezeichnung, der Aufmachung und des Schutzes bestimmter Weinbauerzeugnisse (ABl EG Nr L 118 S 1) ergänzt wird. Nach Art 15 II VO (EG) 753/2002 dürfen nur dann Hinweise auf den landwirtschaftlichen Betrieb verwendet werden, wenn das betreffende Erzeugnis **ausschließlich aus Trauben** gewonnen wurde, die **aus Weinbergen dieses Weinbaubetriebs stammen,** und wenn die **Weinbereitung in diesem Betrieb** erfolgt ist. Diese Bestimmung wird wiederum ergänzt durch § 38 I WeinV, wonach die Begriffe Weinbau, Weingut, Winzer, Weingärtner für einen Betrieb nach Art 15 II VO (EG) 753/2002 verwendet werden dürfen. **5.40**

Die Angabe „**Trierer Winzer-Verein**" auf den Etiketten von Wein- und Sektflaschen ist irreführend, wenn Erzeuger des Weins eine Zentralkellerei des gesamten Anbaugebietes Mosel-Saar-Ruwer ist, der mehr als 4000 Winzer angeschlossen sind und deren Weinen jeder reale Bezug zur Stadt Trier fehlt (OLG Köln WRP 1994, 201). Hingegen erweckt die Bezeichnung **Weinkellerei** nicht die Vorstellung eines Betriebes, in dem das gelagerte Getränk hergestellt und abgefüllt wird (OLG Koblenz WRP 1984, 430). **5.41**

s) Werk, Werke. Die Firmenbezeichnung „**Werk**" wird im Verkehr häufig als Hinweis auf einen **industriellen Großbetrieb** mit eigenen großen Fabrikräumen, größeren Maschinenanlagen und einer größeren Arbeiterzahl verstanden (OLG Hamm BB 1960, 958; OLG Hamm 1968, 311; OLG Frankfurt BB 1965, 803). Ein „Werk" sollte daher größer sein als eine Fabrik (s Rdn 5.11) sein. In der Vergangenheit sind daher teilweise Grenzen bestimmt worden, unterhalb deren ein Betrieb sich nicht „Werk" nennen dürfe (OLG Frankfurt BB 1965, 803: Mitarbeiterzahl und Umsatz; LG Mannheim BB 1962, 387: Mitarbeiterzahl). Dem ist entgegenzuhalten, dass die der Verkehrsauffassung je nach Branche variieren kann (OLG Stuttgart BB 1969, 1194). Für die **Holz-, Stein-** und **Erdindustrie** ist es kraft ständiger Übung anerkannt, dass der Zusatz „Werk" kein Großunternehmen der Industrie verlangt, sondern auch von kleineren Unternehmen geführt werden darf (OLG Stuttgart WRP 1982, 433 f). **Beispiele:** „Sägewerk"; „Kalksteinwerk", „Hobelwerk", „Wasserwerk". Als Bezeichnung für eine Betriebsabteilung deutet der Begriff „Werk" nicht auf eine bes Größe hin, sondern kennzeichnet nur die betriebsinterne Organisation. Ebenso verhält es sich, wenn „Werk" nicht als Firmenzusatz verwendet wird, sondern nur am unteren Rand des Briefbogens in gleicher kleiner Schrift neben vier anderen Betriebsabteilungen, und auch dort nicht an erster Stelle steht (OLG Stuttgart WRP 1982, 433). **5.42**

Der Zusatz „**Werke**" in der Firma ist grds an noch strengere Voraussetzungen gebunden als der Zusatz „Werk" (OLG Oldenburg BB 1962, 386). Nur Unternehmen von bes Bedeutung dürfen den Zusatz „Werke" führen, es sei denn, dass es sich um Bereiche handelt, in denen sich eine andere Übung gebildet hat („Bayerwerke Leverkusen"). Mehrere selbstständige Werke müssen unter einheitlicher Leitung stehen (OLG Oldenburg BB 1962, 386; *Frey* BB 1964, 1102). Zur Bezeichnung „Industriewerke" vgl auch ÖOGH ÖBl 1962, 34. **5.43**

5.44 **t) Zentrale, Zentrum, Center. aa) Ursprüngliche Bedeutung.** Die Begriffe **Zentrale, Zentrum** und **Center** wurden nach ihrem ursprünglichen Sinn als ein Hinweis auf die bes **Größe** und **Bedeutung** eines Unternehmens verstanden (BGH GRUR 1977, 503, 504 – *Datenzentrale*). Der Verkehr erwartete hiernach einen kapitalkräftigen Großbetrieb, der innerhalb eines größeren oder kleineren räumlichen Bezirks die Handelsbeziehungen einer bestimmten Branche ganz oder doch überwiegend zusammenfasst und als Verkehrsmittelpunkt des einschlägigen Marktes in Betracht kommt. Nach der früheren Rspr war es nicht nötig, dass ein als „Centrale" oder „Center" werbendes Unternehmen auch über sämtliche Mitbewerber in Größe und Bedeutung herausragt, vielmehr genügte es, dass es deutlich **über den Durchschnitt gleichartiger Betriebe hinausragt** und daher Käuferwünsche bevorzugt befriedigen kann (OLG Stuttgart WRP 1986, 242, 243). Nur dann kam es auf eine **Vorrangstellung** gegenüber **sämtlichen Mitbewerbern** an, wenn nach Lage des Falles ausnahmsweise gerade dieser Eindruck erweckt wurde, zB durch Zusätze in Form von **Gebiets-, Orts- oder Branchenangaben** (BGH GRUR 1986, 903 – *Küchen-Center*).

5.45 **bb) Heutige Bedeutung.** Die Bezeichnung „**Center**" hat ihre Bedeutung weitgehend verloren (Baumbach/*Hopt* HGB § 18 Rdn 30). Der Begriff ist in vielen Branchen geradezu zu einem Modewort geworden, das in verschiedenen Zusammensetzungen gebraucht wird, wie zB **Möbel-Center, Teppich-Center, Fitness-Center, Service-Center** für Tankstellen, **Buch-Center** für Bücherläden usw. In diesen **Zusammensetzungen** weist das Wort „Center" nicht auf ein kapital- oder umsatzstarkes Unternehmen hin, das seine Mitbewerber überragt (BGH GRUR 1986, 903 – *Küchen-Center*; KG GRUR-RR 2002, 79). Im Hinblick auf die Entwicklungen des Internets ist es denkbar, auch nur virtuelle Geschäftslokale als „Center" zu bezeichnen (KG aaO). Etwas anderes kann allerdings dann gelten, wenn sich der geschilderte Bedeutungswandel in einigen Branchen noch nicht durchgesetzt hat und der Begriff „Center" noch in seinem **ursprünglichen Sinn** (s Rdn 5.44 f) verstanden wird.

5.46 Ein ähnlicher Bedeutungswandel wie für den Begriff „Center" lässt sich für die Bezeichnungen „**Zentrale**" und „**Zentrum**" nicht oder jedenfalls nicht im selben Umfang feststellen (vgl GK/*Lindacher* § 3 Rdn 354). „**Zentrale**" weist bei einem Dienstleistungsunternehmen bspw meist nicht nur auf die Organisation (zB Autozentrale), sondern auch auf **Größe** und **Bedeutung** des Unternehmens hin (BGH GRUR 1977, 503, 504 – *Datenzentrale*). So wäre die Bezeichnung „**Wettbewerbszentrale**" für einen Wettbewerbsverein, der nur über wenige Mitglieder aus einer Branche verfügt, irreführend. Auch der Begriff „**Zentrum**" wird vom Verkehr noch weitgehend im Wortsinn verstanden. Ein „**Einkaufszentrum**" muss aus einer Reihe von Geschäften bestehen, so dass sich dem Käufer insgesamt ein breites Sortiment bietet. Von einem „**Handelszentrum**" erwartet der Verkehr eine zentrale Zusammenfassung nahezu aller Waren des täglichen Bedarfs, wie es in ähnlicher Weise bei einem großen Kaufhaus oder einem Verbrauchermarkt vor den Toren einer Stadt üblich ist (OLG Düsseldorf WRP 1982, 224). Unter einem „**Rechenzentrum**" versteht der Verkehr nach wie vor eine Institution, die entweder bei einem großen Unternehmen zentral die Verarbeitung von Daten übernimmt oder diese Tätigkeit als eigenständiges Unternehmen für andere Betriebe zu deren Entlastung im Rahmen eines Outsourcings durchführt. Ein Betrieb, der dieses Profil nicht aufweist, führt die angesprochenen Verkehrskreise in die Irre, wenn es sich werblich und/oder in seiner Firma als „Rechenzentrum" bezeichnet (OLG Köln NJWE-WettbR 1999, 196). Die Bezeichnung **Bildungszentrum** für EDV-Lehrgänge und Schulungen wird nach wie vor von den angesprochenen Verkehrskreisen dahin verstanden, dass es sich bei dem Veranstalter um ein Unternehmen handelt, das über den Durchschnitt gleichartiger Unternehmen hinausragt (OLG Koblenz WRP 1990, 125). Vgl auch LG Münster WRP 2009, 350 [LS]: „**Kompetenzzentrum Kältetechnik**" irreführend für einen Aus- und fortbildungsbetrieb, der im Wesentlichen nur von dem Werbenden betrieben wird.

5.47 Andererseits kann bereits der **Kontext** den Begriff des Zentrums relativieren. So ist die Bezeichnung „**Zentrum für Kleintiermedizin Oldenburg**" für eine große Tierarztpraxis mit zwei Tierärzten nicht irreführend, weil der Verkehr bei Tierarztpraxen unterhalb der Tierklinik keine noch größeren Organisationseinheiten erwartet (vgl BVerfG NJW 2005, 2140 (Ls) = NVwZ 2005, 683). Das BVerfG hat beiläufig die noch weitergehende Vermutung geäußert, der Begriff des „Zentrums" habe im Zusammenhang mit der Bezeichnung von Dienstleistungslokalitäten einen Bedeutungswandel erfahren, der auch der Öffentlichkeit nicht verborgen geblieben sei. In jedem Fall ist zu beachten, dass der Prozess des Bedeutungswandels nicht abgeschlossen zu sein braucht (vgl BVerfG aaO). – Zur Bezeichnung **„Reha-Zentrum"** OLG Hamm WRP 1992, 576.

Weist ein Betrieb die erforderliche Größe und Bedeutung auf, die für eine Zentrale oder für ein Zentrum zu verlangen ist, darf der Begriff auch für eine **Zweigstelle** verwendet werden, die diese Voraussetzungen erfüllt (OLG Stuttgart WRP 1976, 794; aA RGZ 166, 244). 5.48

4. Weitere Fälle

Der Bezeichnung **„Agentur"** hat die Rspr eine mehrdeutige Bedeutung entnommen: Der Begriff werde entweder als Hinweis auf eine Vermittlungstätigkeit oder die Bezeichnung für eine Nebenstelle eines Kreditinstituts verstanden. Sie reiche daher nicht aus, die Vermittlungstätigkeit eines Kreditmittlers eindeutig zu kennzeichnen, so dass nicht hinreichend deutlich werde, dass sich die Kreditunkosten um die Vermittlungsprovision erhöhen (OLG Karlsruhe WRP 1977, 655 f). Das erscheint zweifelhaft (s Rdn 5.18). Als irreführend ist auch die Werbung mit dem Kennwort „SEGURA BARGELDAGT" angesehen worden (KG WRP 1978, 133). Nur einige Leser des Inserats werden in „AGT" die Abkürzung für „Agentur" erkennen, so dass unklar bleibt, dass nur für eine **Kreditvermittlung** geworben wird, bei der ein anonymer Dritter Kreditgeber ist. – **„Atelier"** ist eine Werkstatt für Arbeiten der Kunst oder des Kunstgewerbes. 5.49

Die Verwendung des Wortes **„Kanzlei"** ist nicht auf den öffentlichen bzw behördlichen Bereich beschränkt, zB Rechtsanwaltskanzlei. Sie wird idR als Synonym für den Begriff „Büro" verstanden. Nicht irreführend ist daher auch die Verwendung des Wortes „Kanzlei" im Briefkopf eines öffentlich bestellten und vereidigten Auktionars (OLG Zweibrücken WRP 1992, 419). – Die Rspr hat die Bezeichnung **„Kolleg"** für eine rein private Ausbildungsstätte für Heilpraktiker als irreführend beanstandet, weil ein nicht ganz unerheblicher Teil der in Frage kommenden Verkehrskreise irrigerweise annehme, es handele sich um eine Einrichtung des sog zweiten Bildungsweges, die sich überwiegend in **staatlicher Hand** oder unter **staatlichem Einfluss** befinde (BGH GRUR 1983, 512, 513 – *Heilpraktikerkolleg*). Eine solche Verkehrsauffassung könnte heute auf Grund der Verwässerung des Begriffs durch eine Vielzahl privater Kollegs nicht mehr zugrunde gelegt werden können. 5.50

Mit einem **Studio** verbindet der Verkehr heute weder eine wissenschaftliche oder sonst überdurchschnittliche Ausbildung des Betriebsinhabers noch eine überdurchschnittliche personelle und/oder sachliche Ausstattung des Betriebes Auch ein bes kreatives Angebot wird nicht erwartet, weil dem Begriff kein bes Inhalt beigemessen wird. Zugelassen wurde daher die Aufschrift „City-Funk-Fahrschule-W…-Verkehrs-Lehr-Studio" für eine Fahrschule (OLG Hamm WRP 1979, 320) und „Studio S Donna" für ein Damenoberbekleidungsgeschäft (ferner OLG Stuttgart NJW-RR 1987, 739). – **„Technik"** deutet auf ein Unternehmen hin, das sich mit der Forschung, Entwicklung oder Lösung technischer Probleme befasst (OLG Frankfurt BB 1981, 1669). Bei einem Unternehmen, das die Bezeichnung „Küchentechnik" verwendet, erwartet man daher, dass es sich nicht auf das bloße Einpassen von Küchenmöbeln beschränkt (GA 2/1976, WRP 1982, 366). 5.51

„Treuhand" weist auf die Besorgung fremder Vermögensangelegenheiten im eigenen Namen und die dazugehörige Qualifikation hin. Die Bezeichnung ist unzulässig als Zusatz zur Firma einer Steuerberatungsgesellschaft, die eine solche Tätigkeit nicht ausübt, und zwar auch dann, wenn die Treuhandtätigkeit als Gegenstand des Unternehmens in der Satzung genannt ist (OLG Frankfurt DB 1980, 1641). Ebenso verhält es sich, wenn nur solche Treuhandaufgaben übernommen werden, die nach dem Gesetz **keiner Genehmigung** bedürfen, weil dann die vom Publikum erwarteten Schwerpunkte treuhänderischer Tätigkeit (Anlage und Verwaltung fremden Vermögens im eigenen Namen und Beratung in Wirtschafts-, Steuer- und Rechtssachen) gerade nicht vorliegen (BayObLG BB 1989, 727). 5.52

Die Unternehmensbezeichnung **„Unfallversorgung Deutscher Ärzte und Zahnärzte –** Versicherungsvermittlungsgesellschaft mbH" ist als irreführend untersagt worden, weil der Erste – bes herausgestellte – Teil, auf den sich der Verkehr bei einer längeren Firma zu konzentrieren pflegt, den unzutr Eindruck erweckt, als handele es sich um eine berufsständische Versorgungseinrichtung (BGH GRUR 1968, 431 – *Unfallversorgung*). – **Videothek** besitzt keinen eindeutigen Bedeutungsgehalt, beschränkt sich daher nicht auf das **Vermieten** von Videokassetten (OLG Köln WRP 1982, 356). – Als **Wäscherei, Färberei und Chemische Reinigung** darf sich auch eine bloße **Annahmestelle** bezeichnen; wo die Reinigungsarbeiten ausgeführt werden, interessiert den Verkehr idR nicht (OLG Koblenz GRUR 1986, 552). 5.53

III. Irreführende Angaben über Eigenschaften, Umfang und Bedeutung des Unternehmens (§ 5 I 2 Nr 3)

1. Überblick

5.54 Die Fälle einer Irreführung über Eigenschaften des Unternehmens lassen sich wiederum in **fünf Untergruppen** einteilen: Hierher gehört zunächst die **Traditions- und Alterswerbung** (dazu Rdn 5.55 ff) sowie die **Allein- oder Spitzenstellungsberühmung** (dazu Rdn 5.69 ff). In einer dritten Untergruppe sind Fälle zusammengefasst, in denen Unternehmen in der Werbung **bes Vorzüge herausstreichen** (dazu Rdn 5.86 ff). Die vierte Untergruppe betrifft die Fälle der Anmaßung einer in Wirklichkeit nicht bestehenden **Autorität einer öffentlichen Institution** (dazu Rdn 5.91 ff), die fünfte schließlich die Fälle irreführender **geografischer Zusätze** (dazu Rdn 5.98 ff). Zur irreführenden Neuheitswerbung s Rdn 4.57 ff.

2. Traditions- und Alterswerbung

5.55 **a) Grundsatz.** Die Werbung mit dem **Alter des Unternehmens** erweckt bei den angesprochenen Verkehrskreisen **positive Assoziationen.** Dem Unternehmen werden vom Verkehr bes Erfahrungen auf dem betreffenden Gebiet, wirtschaftliche Leistungskraft, Zuverlässigkeit und Solidität sowie langjährige Wertschätzung innerhalb des Kundenkreises zugesprochen. Damit enthält die Alterswerbung **versteckte Qualitätssignale,** die geeignet sind, die Kaufentscheidungen der Verbraucher zu beeinflussen (BGH GRUR 2003, 628, 629 – *Klosterbrauerei*). Wer sein Unternehmen in der Werbung älter macht, als es in Wirklichkeit ist, verstößt daher grds gegen § 5. Ebenso wenig darf sich ein Unternehmen als das „ältester am Platz" bezeichnen, wenn es nicht älter als ein Konkurrenzunternehmen ist (OLG Köln WRP 1996, 328).

5.56 **b) Fehlvorstellung des Verkehrs. aa) Direkte und indirekte Altersangaben.** Vorstellungen über das Alter des Unternehmens können auf vielfältige Art und Weise hervorgerufen werden, zB durch Jahreszahlen, eine historisierende Warenaufmachung, der Verwendung althergebrachter Begriffe etc. Ob sich eine Altersangabe auf den **Firmennamen** oder das **Unternehmen** bezieht, ist eine Auslegungsfrage, auch wenn der Verkehr im Allgemeinen die Altersangabe auf das Unternehmen beziehen wird. – Nicht jedes Jubiläum braucht ein Geschäftsjubiläum zu sein. Das zu feiernde Ereignis kann zB der Ursprung oder die Tradition des Unternehmens, die Herstellung eines bestimmten Erzeugnisses, auch ein außerbetriebliches Ereignis sein. Ein Verlag oder eine Buchdruckerei kann zB die Erfindung der Buchdruckerkunst feiern. Die Werbung eines Steinmetz- und Bildhauerbetriebs „100 Jahre berufliche Tradition" fasst der Durchschnittsverbraucher allerdings als Hinweis auf das **Alter des Betriebes** auf (vgl OLG Stuttgart WRP 1978, 480). Der Hinweis **„Familientradition seit 1910"** ohne erläuternden Zusatz wird vom Verkehr als Hinweis auf eine Unternehmenstradition und nicht auf eine davon unabhängige über Generationen hinweg ausgeübte Handwerkstätigkeit verstanden (OLG Hamburg GRUR 1984, 290).

5.57 Irreführend ist die Werbebehauptung **„Four Centuries old Tradition"** (sic!), weil ein nicht unerheblicher Teil des Publikums darin einen Hinweis auf die vierhundertjährige **Unternehmenstradition** und nicht nur auf die Tradition der Herstellung des Likörs im Gebiet von Zadar sieht (BGH GRUR 1982, 111, 113 – *Original-Maraschino*). Auf eine lange Unternehmenstradition weist die Werbung für ein Bier mit der Angabe **„Königl.-Bayerische Weisse"** hin. Sie ist als irreführend verboten worden, weil der fragliche Braubetrieb erst 1954 von einem Mitglied der Familie der Wittelsbacher erworben worden war und hiervon abgesehen keine Beziehungen zum früheren bayerischen Königshaus aufwies (BGH GRUR 1992, 66 – *Königl.-Bayerische Weisse*). Die Bezeichnung **„Porzellan-Manufaktur"** deutet auf eine Herstellungsstätte mit längerer, geschichtlich bedeutsamer Tradition hin, die hochwertiges Porzellan mit handbemalten Dekors hervorbringt (KG GRUR 1976, 640; s auch Rdn 5.66).

5.58 **bb) Eindruck der Kontinuität.** Der Hinweis auf Alter und Tradition eines Unternehmens suggeriert **Kontinuität.** Daher muss die **wirtschaftliche Fortdauer** während der behaupteten Jahre vorliegen. Das gegenwärtige Unternehmen muss trotz aller im Laufe der Zeit eingetretenen Änderungen noch mit dem früheren Unternehmen als **wesensgleich** angesehen werden können, damit die Werbung mit dessen Gründungsjahr sachlich gerechtfertigt ist. Erforderlich ist dafür grds **Geschäftskontinuität,** während die bloße **Namenskontinuität** nicht ausreicht. Eine **völlige Änderung des Fabrikationsprogramms** kann bei den angesprochenen Verkehrskreisen zur Fehlvorstellungen führen, da sie davon ausgehen werden, dass auch für diese Waren eine bes Erfahrung und Tradition besteht. Allerdings muss sich das Herstellungsprogramm **wesentlich geändert** haben, um eine Alterswerbung wegen fehlender Kontinuität als irreführend anzusehen. Mit gewissen Änderungen, die im Zuge der Entwicklung der Technik liegen, rechnet der Durchschnittsverbraucher.

Die **ältere Rspr** ist von einer **strengen,** zuweilen fast kleinlich anmutenden **Haltung** bestimmt. So wurde in dem **Übergang vom Weinbau** und Weinhandel **zur Sektherstellung** eine wesentliche Änderung des Herstellungsprogramms gesehen (BGH GRUR 1960, 563 – *Sektwerbung*). In einem weiteren Fall ging es ebenfalls um den Übergang von Wein zu Sekt. Hier warb ein namhafter deutscher Sekthersteller mit seinem Gründungsjahr (1811), obwohl mit der Sektherstellung erst etwa dreißig Jahre später begonnen worden war. Außerdem enthielt die Werbung ein Bildnis des Firmengründers mit dessen Lebensdaten 1773 bis 1847. Beides wurde als irreführend untersagt, weil der Verkehr die Jahreszahl bei einem Unternehmen, zumal wenn es nur eine Ware herstellt, als den Beginn der Herstellung **gerade dieser Ware** auffassen werde. Die Angabe sei daher unrichtig, wenn die Sektfabrikation erst später aufgenommen worden sei. Auch die Angabe der Lebensdaten des Firmengründers sei irreführend, weil der Leser, dem sich die erste Zahl stärker als die zweite einpräge, den unrichtigen Eindruck gewinne, der Gründer habe schon gegen Ende des 18. Jahrhunderts mit der Sektherstellung durch das Unternehmen begonnen (BGH GRUR 1962, 310, 312 – *Gründerbildnis*). In einem weiteren Fall wurde die Werbung mit dem Gründungsjahr des werbenden Unternehmens (1842) untersagt, weil der Verkehr diese Altersangabe gerade auch auf das beworbene Produkt (Fleischereimaschinen) beziehe, obwohl die Produktion dieser Maschinen erst Jahrzehnte später aufgenommen worden sei (BGH GRUR 1961, 485, 487 – *Fleischereimaschinen*). Einem Bettenfachgeschäft wurde die Werbung mit der Altersangabe „seit 75 Jahren" verboten, weil sich das Unternehmen dabei auf die im Jahre 1912 erfolgte Gründung einer Dampfwäscherei bezog; für die erforderliche Kontinuität der Geschäftstätigkeit reiche es nicht aus, dass sich die Dampfwäscherei mit der Reinigung von Textilien und das heutige Unternehmen ua mit der Reinigung von Bettfedern befasse (OLG Hamm WRP 1989, 740; vgl auch LG Stuttgart WRP 2001, 189).

Es handelt sich hierbei um **Grenzfälle,** in denen heute wohl kein Verbot mehr ausgesprochen würde. Zwei Gründe sind hierfür maßgeblich: Zum einen rechnet der Durchschnittsverbraucher damit, dass sich der **Gegenstand eines** über hundert Jahre alten **Unternehmens im Laufe der Zeit verändern** kann. Zum anderen trifft das Verbot das Unternehmen unverhältnismäßig hart, weil es in der Produktwerbung allenfalls dann noch auf sein Alter hinweisen kann, wenn es umständlich erläutert, dass sich die lange Tradition nicht in vollem Umfang auch auf die beworbenen Produkte bezieht.

Ist die **wirtschaftliche Kontinuität** gegeben, so ist es unerheblich, ob Inhaberwechsel, Rechtsnachfolgen, Änderungen des Firmennamens oder der Rechtsform erfolgt sind (OLG Dresden GRUR 1998, 171, 172). Daher ist die Alterswerbung einer Fahrschule auch dann nicht irreführend, wenn während der herausgestellten Bestehenszeit des Unternehmens der Inhaber gewechselt hat (OLG Düsseldorf OLG-Rp 2001, 446). Einschränkungen können sich im Falle der **Rechtsnachfolge** ergeben, etwa wenn der Erwerber das Unternehmen auflöst. Ein Erbe führt nur fort, wenn ihm das Unternehmen bei der Erbauseinandersetzung zugeteilt ist. Bezieht sich die Altersangabe auf die Firma, so ist die Zeit der Rechtsvorgänger nur einzubeziehen, wenn eine förmliche rechtliche Befugnis besteht, die alte Firma weiterzuführen. Wählt ein neues Unternehmen eine Firma, die mit der Firma eines in Insolvenz geratenen Unternehmens derselben Branche weitgehend übereinstimmt, so kann dadurch der irreführende Eindruck einer Fortsetzung des in Insolvenz geratenen Unternehmens erweckt werden (OLG Hamm OLG-Rp 1992, 318 = GRUR 1992, 566 [LS], dazu *Tappmeier* EWiR 1992, 819).

cc) **Erzwungene Unterbrechungen. Zwangspausen** (zB wegen Krieg, Naturkatastrophen) sind unerheblich und wirken sich nicht auf die Kontinuität der Unternehmensführung aus (GK/*Lindacher* § 3 Rdn 296). Eine **Ausdehnung** des Geschäftsbetriebs ist unschädlich, wenn sie Ausdruck einer **organischen Entwicklung** des Unternehmens ist, der wesentliche Charakter des Unternehmens gewahrt bleibt und wirtschaftlich keine Unterbrechung vorliegt (BGH GRUR 1960, 563, 565 – *Sektwerbung*).

dd) **Berufung früherer volkseigener Betriebe auf übernommene Unternehmenstradition.** Grds kann sich auch ein Unternehmen, das aus einem volkseigenen Betrieb hervorgegangen ist, auf die vom früheren Unternehmensinhaber aufgebaute Tradition stützen. Voraussetzung ist dabei jedoch, dass eine Kontinuität der Geschäftstätigkeit im oben beschriebenen Sinne (s Rdn 5.58 ff) besteht. Weil es an dieser Voraussetzung fehlte, wurde dem Nachfolgeunternehmen des von Käthe Kruse in Bad Kösen aufgebauten und bei ihrer Flucht in den Westen 1950 zurückgelassenen Puppenproduktionsunternehmens untersagt, sich in der Werbung auf die bes, von Käthe Kruse begründete Tradition der Puppen- und Stofftiergestaltung und -herstellung zu berufen. Denn von 1950 bis zur Wende war bei der Führung des volkseigenen Betriebes, insbes in der Werbung, jede Bezugnahme auf den Namen, die Person und das Wirken von Käthe Kruse unterblieben. Auch das Produktionsprogramm hatte sich (bis hin zur Herstellung von Plastikspielzeug) grundlegend gewandelt (OLG München NJWE-WettbR 1999, 52, 53; vgl auch BGH, GRUR 2004, 712 – *PEE-WEE* unter II.2.c).

5.64 **ee) Berufung auf den Familiennamen.** Ein aus einem alten Unternehmen ausgeschiedenes Familienmitglied darf bei Neugründung eines branchengleichen Geschäfts auf die Tradition des **Familiennamens,** nicht dagegen auf die alte Geschäftstradition hinweisen (BGH GRUR 1951, 412 – *Graphia*).

5.65 **ff) Alterswerbung für Filialen.** Ein Juwelier- und Uhrmacherunternehmen darf nicht mit dem Alter des Stammhauses für eine nachträglich übernommene **Filialkette** werben, ohne darauf hinzuweisen, dass es sich diese erst mehr als 100 Jahre nach der Unternehmensgründung eingegliedert hat; der Verkehr erwartet, dass die einzelnen Filialen eines Unternehmens aus der Tradition des Stammhauses erwachsen sind und es sich deshalb um ein organisch entwickeltes Gesamtunternehmen handelt (BGH GRUR 1981, 69 – *Alterswerbung für Filialen*).

5.66 **gg) Werbung mit zutr Altersangaben.** Sind die Altersangaben wahr, so ist eine superlative Alterswerbung grds zulässig, wenn nur das Gründungsdatum oder der zeitliche Bestand des Unternehmens herausgestellt wird (BGH GRUR 1960, 563, 565 – *Sektwerbung;* BGH GRUR 1981, 69, 70 – *Alterswerbung für Filialen;* BGH GRUR 1991, 680, 681 – *Porzellanmanufaktur*). Anders verhält es sich, wenn sich der Werbende berühmt, eine Spitzenstellung unter den Mitbewerbern einzunehmen (s Rdn 5.68 für die Angaben „größte", „führende" usw). Dann muss der Werbende gegenüber den Mitbewerbern eine **herausragende Stellung** besitzen. Beschränkt sich die Werbung jedoch auf die im Superlativ ausgedrückte zutr Altersangabe, kann sie nicht als irreführend untersagt werden, selbst wenn der Verkehr von dieser Eigenschaft auf eine Spitzenstellung schließt. Wirbt bspw eine Porzellanmanufaktur der Wahrheit entspr damit, **die „älteste Porzellanmanufaktur auf westdeutschem Boden"** zu sein, kann ihr diese Werbeaussage nicht untersagt werden, auch wenn ihr Vorsprung (Gründung im Januar 1747) zum nächstälteren Mitbewerber nur zehn Monate beträgt und der Verkehr bei der ältesten Porzellanmanufaktur einen Betrieb mit einer Erfahrung erwartet, die die Erfahrung der anderen alten Prozellanmanufakturen bei weitem übertrifft (so aber BGH GRUR 1991, 680, 682 – *Porzellanmanufaktur*).

5.67 **c) Relevanz.** Die wettbewerbsrechtliche **Relevanz der Alterswerbung** variiert branchenabhängig. Auf dem Gebiet der **Brauereierzeugnisse** ist das **Alter** eines Herstellungsunternehmens dem kaufenden Publikum **nicht gleichgültig** (OLG Dresden GRUR 1998, 171, 172). Die Kaufentscheidungen des Publikums werden sich zwar in erster Linie an den **Geschmacksrichtungen** der Erzeugnisse orientieren. Unabhängig davon werden sie aber auch von Erwägungen beeinflusst, die sich einer rationalen Überprüfung entziehen (BGH GRUR 2003, 628, 629 – *Klosterbrauerei*). Als aussagekräftiges Indiz kann dafür das Werbeverhalten der Anbieter herangezogen werden, die versuchen, sich durch solche Merkmale von den Mitbewerbern abzuheben (BGH aaO – *Klosterbrauerei*). Mit Recht wurde daher eine Brauerei zur Unterlassung verurteilt, die in ihrer Werbung statt ihres wirklichen Gründungsjahrs 1835 die falsche Jahreszahl 1762 herausgestellt hatte (OLG Dresden GRUR 1936, 1009). Unzulässig ist auch eine **Alterswerbung für Kölsch** mit der Darstellung des „Original-Rezeptes" auf einer alten, im Laufe der Zeit erheblich beschädigten Pergamentrolle mit auffallendem Siegel, wenn die Brauerei das Bier erst seit den 60er Jahren des 20. Jahrhunderts braut (OLG Köln WRP 1979, 751). Ein gewichtiges Indiz für die Relevanz der Alterswerbung ist im Übrigen das Verhalten der werbenden Unternehmen: Sie versprechen sich von der Alters- und Traditionswerbung ganz offensichtlich viel und legen großen Wert darauf, durch Hinweise auf Alter und Tradition den Eindruck eines seit langem eingeführten und erfolgreichen Produkts zu bieten. Zur **Relevanz der Alters- und Traditionswerbung** s auch Rdn 2.182.

5.68 **d) Verhältnismäßigkeit des Verbots.** Ist eine unzutr Altersangabe in der Firma enthalten, die seit Jahrzehnten unbeanstandet in Gebrauch ist, kann sich ein Verbot als unverhältnismäßig erweisen, wenn das Gewicht der in Rede stehenden Irreführung gering ist (vgl BGH GRUR 2003, 628 – *Klosterbrauerei;* ferner BGH GRUR 1957, 285, 287 – *Erstes Kulmbacher*). Zur Verhältnismäßigkeitsprüfung bei § 5 s Rdn 2.198 und 2.211 ff; ferner *Wuttke* WRP 2003, 839, 841 ff.

3. Unternehmensbezogene Allein- und Spitzenstellungswerbung

a) Allgemeines. Eine Allein- oder Spitzenstellungswerbung kann sich entweder auf das Produkt (s Rdn 4.47) oder auf das Unternehmen beziehen. Die allgemeinen Grundsätze der Allein- und Spitzenstellungswerbung sind daher im „allgemeinen Teil" der Kommentierung zu § 5 behandelt (s Rdn 2.136 ff). An dieser Stelle wird die wettbewerbsrechtliche Beurteilung der (unternehmensbezogenen) Aussageformen **„größte", „erste"** und **„führende"** erläutert.

5.69

b) Ernst genommene Anpreisungen. Hinweise darauf, dass es sich bei dem werbenden Unternehmen um das größte, erste oder führende handelt, werden vom Verkehr gewöhnlich **ernst genommen** (BGH GRUR 1969, 415, 416 – *Kaffeerösterei;* dazu Rdn 2.138 und 2.152). Es kann sich aber bei derartigen Anpreisungen auch um eine auf den ersten Blick zu erkennende nicht ernst gemeinte Übertreibung ohne sachlichen Hintergrund handeln (OLG Schleswig OLG-Rp 2002, 172 für die Aussage „... und die größte Auswahl der Welt. Mindestens."; OLG Frankfurt NJW-RR 1999, 770 für die Aussage: „Radio Diehl the best deal"). Ihre Zulässigkeit hängt grds aber von ihrer **Richtigkeit** ab. Bei dieser Prüfung kommt es darauf an, welche Faktoren bei der Werbung mit diesen Begriffen nach der Vorstellung der angesprochenen Verkehrskreise als vorhanden angenommen werden.

5.70

c) Größe. Für die **Größe eines Unternehmens** werden häufig mehrere Faktoren als bestimmend angesehen. Dann ist die Größenbehauptung schon unzulässig, wenn einer dieser Faktoren, den der durchschnittlich informierte, aufmerksame und verständige Verbraucher als vorliegend erachtet, mit den wirklichen Verhältnissen nicht im Einklang steht. Wird ein Unternehmen als das „größte" bezeichnet, so stellt sich das Publikum vor, dass es seine Mitbewerber im **Umsatz** und im **Warenangebot** merklich überragt (BGH GRUR 1991, 850, 851; BGH GRUR 1996, 910, 911 – *Der meistverkaufte Europas;* BGH GRUR 1998, 951 – *Die große deutsche Tages- und Wirtschaftszeitung*). Je nach Branche können aber auch andere Gesichtspunkte von Bedeutung sein, zB die räumliche Ausdehnung des Geschäfts, die Betriebsgebäude, die betriebliche Organisation, die Zahl der Beschäftigten, die Verkehrslage und der Lagerbestand. Dagegen pflegt man die „Größe" eines Unternehmens nicht danach zu messen, ob es auch **qualitativ** bessere Leistungen und bes Preisvorteile bietet. Hierauf wird jedoch vielfach auf Grund der Größe des Unternehmens geschlossen (vgl OLG Hamburg GRUR-RR 2002, 73 zur Angabe „Europas größter Onlinedienst", vgl dazu auch (BGH GRUR 2004, 786, 788 – *Größter Online-Dienst*).

5.71

d) Warenangebot. Das Publikum erwartet in erster Linie ein bes **reichhaltiges Warenangebot,** das ihm große Auswahlmöglichkeiten bietet. Bei reinen **Fabrikbetrieben** ist auf das Produktionsvermögen abzustellen, und zwar auf die **quantitative** Kapazität. Bei einem Onlinedienst, der sich als „Europas größter Onlinedienst" bezeichnet, erwartet der Verkehr, dass er die meisten Kunden hat und von diesen am umfangreichsten genutzt wird (BGH GRUR 2004, 786, 788 – *Größter Online-Dienst*). Im Zeitschriftengewerbe kommt es namentlich auf die Höhe der **Auflage** an (OLG München GRUR 1955, 595: „Deutschlands größte Illustrierte"; KG MuW 1932, 305: „die größte aller ... Zeitungen Deutschlands"). Die Anpreisung „Österreichs größte Tageszeitung" („Kurier") ist unwahr, wenn die Auflagenhöhe einer anderen Zeitung („Kronen-Zeitung") die des Kurier übersteigt (ÖOGH ÖBl 1971, 18). Auf die Höhe der Auflage ist auch abzustellen bei der Frage, unter welchen Voraussetzungen eine Tageszeitung mit mehreren Ortsausgaben mit der **Höhe der Gesamtauflage** werben darf. Zulässig die Werbung, das „Westfalen-Blatt" sei mit seinen Ortsausgaben die größte Tageszeitung in Ostwestfalen-Lippe, wenn dies objektiv richtig und der Irrtum eines Teiles der Bevölkerung Bielefelds, der diese Stadt mit der Landschaft Westfalen-Lippe gleichsetzt, nicht schutzwürdig ist (BGH GRUR 1968, 433, 435 – *Westfalen-Blatt II*). Ob sich eine **Tageszeitung** als „größte" bezeichnen kann, hängt nicht allein von der Höhe der Auflage, sondern auch von anderen Faktoren, insbes den feststellbaren **redaktionellen** Leistungen ab (ÖOGH ÖBl 1969, 5). Bei **Fachzeitschriften** ist auch die **Zahl der Bezieher** ein entscheidender Bewertungsfaktor (BGH GRUR 1963, 34 – *Werkstatt und Betrieb*). Bei einem Möbelgeschäft, das mit der Bezeichnung **„Die größte Wohnwelt im Bodensee-**

5.72

raum" wirbt, ist die **räumliche** Ausdehnung der Verkaufs- und Ausstellungsfläche das entscheidende Merkmal für die „Größe" (OLG Karlsruhe WRP 1985, 357).

5.73 **e) Beträchtlicher Vorsprung gegenüber den Mitbewerbern?** Die Zulässigkeit einer Werbung, in der sich ein Unternehmen als das „größte" anpreist, soll nach der Rspr davon abhängen, ob es in den für die Auffassung des Verkehrs maßgeblichen Punkten einen beträchtlichen und offenkundigen **Vorsprung** vor den Mitbewerbern erreicht, der für einen längeren Zeitraum eine **Spitzenstellung** begründet, die von allen voraussehbaren und wettbewerbsbedingten Schwankungen weitgehend unabhängig ist, wofür die Umsatzhöhe ein wesentliches Kriterium bildet. Nur wenn das werbende Unternehmen gegenüber den Mitbewerbern eine **hervorgehobene Stellung** habe, soll die Behauptung einer **Spitzenstellung nicht irreführend** sein (BGH GRUR 1963, 34, 36 – *Werkstatt und Betrieb;* BGH GRUR 1985, 140, 141 – *Größtes Teppichhaus der Welt;* BGH GRUR 1991, 680 – *Porzellanmanufaktur;* BGH GRUR 2004, 786 – *Größter Online-Dienst;* s auch Rdn 2.150 mwN). Welche Kriterien und welche Zeitspanne einen solchen Status begründen, lässt sich freilich nicht generell festlegen. Es soll auf die Branche, insbes die Art und Lage des Unternehmens und des Abstandes zu den Konkurrenten, ankommen. Auch hier ist jedoch zu beachten, dass einem Unternehmen die Werbung mit einer zutreffenden und belastbaren Aussage über eine wesentliche Eigenschaft, etwa über seine Größe oder sein Alter, nicht ohne weiteres untersagt werden kann (vgl Rdn 2.150). Die Berechtigung dieser zusätzlichen Voraussetzung muss daher angezweifelt werden. Warum soll einem Unternehmen, das tatsächlich das größte am Ort ist, verboten werden, mit diesem Umstand zu werben, nur weil das nächstgroße Unternehmen nicht erheblich viel kleiner ist?

5.74 **f) Zugehörigkeit zur Spitzengruppe.** Wird in einer **Spitzengruppen**-Werbung behauptet, „eines der größten und modernsten Unternehmen eines bestimmten Geschäftszweiges in Europa" zu sein, so genügt es noch nicht, dass man unter vergleichbaren Unternehmen den dritten, fünften oder achten Rang einnimmt; es kommt darauf an, dass man überhaupt einer **geschlossenen Spitzengruppe** angehört, die gegenüber dem übrigen Feld der Mitbewerber den nötigen Abstand gewonnen hat (BGH GRUR 1969, 415, 416 – *Kaffeerösterei;* OLG Hamm WRP 1978, 71). Auch das drittgrößte Unternehmen darf daher nicht behaupten, es gehöre zu den „größten", wenn zwei andere Unternehmen erheblich größer sind. – Die Behauptung „Einer der größten Polstermöbel-Spezialhäuser im Großraum ..." zu sein, ist nicht irreführend, wenn der Werbende in diesem Bereich den zweiten Rang einnimmt und die ausgestellten Möbelgarnituren etwa die Hälfte hinter denen eines Konkurrenten zurückbleiben (OLG Koblenz WRP 1985, 289). – Die Werbeaussage „Eines der reinsten Mineralwässer der Erde" ist irreführend, da sie den Eindruck erweckt, als gehörten die derart beworbenen Produkte zu einer **Spitzengruppe** von Mineralwässern, die „reiner" sind als die anderer Mitbewerber, deren Mineralwässer als „weniger rein" einzustufen sind (OLG Köln WRP 1989, 821, 823 ff). – Die Behauptung eines Lohnsteuerhilfevereins in Stellenanzeigen, er sei „einer der beiden führenden Lohnsteuerhilfevereine in Deutschland" bzw „der neue Marktführer" stellt eine unzulässige Alleinstellungsbehauptung dar (OLG Zweibrücken NJW-RR 2002, 1066).

5.75 **g) Bezugnahme auf einen bestimmten Markt.** Zur Überprüfung der erforderlichen Voraussetzungen einer zulässigen Allein- und Spitzengruppenwerbung kommt es entscheidend darauf an, den aus der Sicht der angesprochenen Verkehrskreise relevanten **örtlichen** und **sachlichen Vergleichsmarkt** zu bestimmen. Ob die Werbung eines auf den Teppichhandel spezialisierten Unternehmens als „**Größtes Teppichhaus der Welt**" irreführend ist, weil der Umsatz dieses Unternehmens durch den Teppichumsatz eines deutschen Kaufhauskonzerns um das Doppelte übertroffen wird, hängt davon ab, wie der Verkehr den Begriff „Teppichhaus" versteht (Rdn 2.152). – Unzulässig ist die Werbung eines Verlages, seine Zeitschrift sei die „größte unabhängige deutsche Luftfahrt-Zeitschrift", wenn sie gegenüber einer anderen Fachzeitschrift keinen merklichen Auflagenvorsprung aufweist und diese nach Auffassung der Leser ebenfalls nicht im abwertenden Sinne als „abhängig" (= nicht neutral) angesehen werden kann (BGH GRUR 1968, 440, 442 – *Luftfahrt-Zeitschrift*).

5.76 Die Werbebehauptungen eines Unternehmens, das sich in erster Linie mit dem **Immobilien-Leasing** befasst, es sei das größte und erste Leasingunternehmen, das das Leasing in Deutschland als Pionier eingeführt habe und das größte Know-how besitze, werden vom Verkehr als ernst gemeint verstanden und sind irreführend, wenn nicht hinreichend deutlich wird, dass sich die beanspruchte Alleinstellung allein auf den Bereich des Immobilien- und nicht auch auf das Mobilien-Leasing beziehen soll (OLG Düsseldorf WRP 1980, 419).

Bei der Bestimmung des **relevanten örtlichen Vergleichsmarktes** hat die Verkehrsauffassung auf Grund der europäischen Integration und der Schaffung des Binnenmarktes einen Wandel erfahren, der dazu geführt hat, dass die Marktübersicht der Verbraucher heute breiter und nicht mehr so sehr an nationalen Verhältnissen ausgerichtet ist (BGH GRUR 1996, 910, 912 – *Der meistverkaufte Europas*). Berühmt sich eine inländische Rösterei, deren Tätigkeitsfeld sich auf das Inland beschränkt, „eine der größten Kaffeeröstereien Europas" zu sein, fordert die Verkehrsauffassung heute nicht mehr zugleich eine Zugehörigkeit zur Spitzengruppe im Inland (anders noch BGH GRUR 1969, 415 – *Kaffeerösterei*). Ebenso überholt ist die Entscheidung des BGH (BGH GRUR 1972, 129, 130 – *Der meistgekaufte der Welt*), bei der die Behauptung einer Spitzenstellung auf dem Weltmarkt zugleich als Spitzenstellung auf dem Inlandsmarkt verstanden wurde. Mit Recht ist die Werbung für einen Elektrorasierer im Gebiet der Bundesrepublik Deutschland mit der Behauptung „Die meistverkaufte Rasierermarke Europas" nicht als irreführend angesehen worden, wenn die Spitzenstellung **nur auf dem europäischen und nicht zugleich auf dem deutschen Markt** besteht, der inländische Marktanteil aber mit ca 25% nicht unbedeutend ist (BGH GRUR 1996, 910 – *Der meistverkaufte Europas*; Martinek NJW 1996, 3136; Doepner GRUR 1996, 914). – Zur Werbung mit der Angabe „Ein deutsches Spitzenerzeugnis" s Rdn 4.47 und 4.85).

Eine Alleinstellungsberühmung, die erkennbar nur das **„Segment der überregionalen meinungsbildenden Zeitungen"** betrifft, ist nicht unzutr und demgemäß nicht irreführend, wenn davon nicht erfasste Zeitschriften und/oder Massenpublikationen insoweit höhere Auflagen als die beworbene Zeitung haben (OLG Hamburg GRUR 1999, 429).

Besteht ein Markt wie zB derjenige der Wirtschafts- und Finanzzeitungen nur aus **zwei Marktteilnehmern,** so stellt jede Spitzengruppenbehauptung des einen Marktteilnehmers für eine bestimmte, hervorgehobene Eigenschaft des vertriebenen Produkts zugleich im Verhältnis zum anderen Marktteilnehmer eine Alleinstellungsbehauptung dar (LG Köln AfP 2003, 461).

h) Reklamehafte Übertreibungen. Häufig ist eine Superlativwerbung – für den Durchschnittsverbraucher erkennbar – eine reklamehafte Übertreibung, die nicht beansprucht, für bare Münze genommen zu werden. So stellen die Werbebehauptungen *„Die einfachste Art Telefonkosten zu sparen"* oder (LG Köln MMR 2002, 556) oder *„Ab sofort heißt es bundesweit ... vorwählen und schon haben Sie gespart"* (LG Düsseldorf MMR 2003, 341) in einer Werbung auf dem Gebiet der Telekommunikation nicht automatisch, dass es sich um den günstigsten Anbieter handelt, der alle in Betracht kommenden Mitkonkurrenten übertrifft. Dagegen ist in der Werbebehauptung „Der bessere Anschluss", mit der für T...ISDN geworben wurde, eine irreführende Behauptung einer Alleinstellung gesehen worden (OLG Hamburg CR 2002, 268).

i) Telekommunikation, Internet. Irreführend ist es, wenn ein Internet-Online-Dienst, der zwar die meisten Kunden hat, aber am meisten genutzt wird, sich als **„Europas größter Onlinedienst"** oder als **„der größte Internet-Provider Europas"** bezeichnet. Der durchschnittlich informierte, aufmerksame und verständige Adressat, der die Werbung mit einer der Situation entspr angemessenen Aufmerksamkeit zur Kenntnis nimmt, bezieht diese Angabe nicht allein auf die Zahl der Kunden, sondern nimmt auch an, dass dieser Dienst am häufigsten und umfangreichsten benutzt wird (BGH GRUR 2004, 786, 788 – *Größter Online-Dienst*). Der Werbung *„weltweit die Nr 1 in Online und Internet"* versteht der Verkehr allerdings nicht in der Weise, dass dieser Onlinedienst in jedem Land der Welt die Nummer 1 sei (OLG Frankfurt GRUR 2003, 1059).

j) „Erste...". Die Bezeichnung eines Unternehmens als das **„erste"** kann beim angesprochenen Verkehr verschiedene Vorstellungen hervorrufen. „Erstes" kann rangmäßig ebenso wie **„größtes"** eine Allein- oder Spitzenstellung zum Ausdruck bringen, aber auch im zeitlichen Sinne als **„ältestes"** zu verstehen sein. Es kann sich jedoch auch um eine rein betriebliche Herkunftsangabe handeln, wenn die Bezeichnung andere Bedeutungen kraft Durchsetzung als Unternehmensbezeichnung oder Marke verloren hat (BGH GRUR 1957, 285 – *Erstes Kulmbacher*). – Zur **Alterswerbung** s Rdn 5.55 ff).

k) Führerschaft, „Führende...". Bezeichnet der Werbende sein Unternehmen als das **„führende"** der Branche, so erwartet der Verkehr weniger einer **quantitativen** als eine **qualitative** Alleinstellung. Im Einzelfall kann je nach Art der Branche und Werbeaussage das kumulative Vorliegen beider Voraussetzungen zu fordern sein. Für **Produktionsunternehmen** wird dies idR der Fall sein (HdbWettbR/*Helm* § 59 Rdn 225). – Die Behauptung, Linoleum habe „**die führende Stellung**" gegenüber Kunststoffbelägen, ist irreführend, wenn diese bei den nach der Publikumsvorstellung maßgeblichen Eigenschaften überlegen sind oder das zumindest für einen Teil der Kunststoffbeläge zutrifft, der in der Umsatzmenge dem Linoleum gleichkommt (BGH GRUR 1964, 33, 36 – *Bodenbeläge*). Hingegen ist das „**führende Hotel**" einer Stadt nicht das Hotel mit den meisten Betten, sondern das Hotel, das seinen Gästen an Komfort, Service und Küche das Beste bietet. Das „**führende Filmtheater**" muss ebenfalls nicht das größte sein, sondern das qualitativ beste Programmangebot bieten. – Behauptet ein Unternehmen die „**Technologieführerschaft**" auf einem bestimmten Gebiet, so setzt dies voraus, dass es der gesamten Branche mit bedeutenden Neuentwicklungen vorangeht, an denen sich die Konkurrenz orientiert. Der angenommene Vorsprung muss sich dabei auf alle wesentlichen Technologie-Merkmale beziehen (OLG Hamburg GRUR-RR 2002, 71). – Ein Nachrichtenmagazin, das das Konkurrenzblatt zwar in der Reichweite leicht übertrifft, die verkaufte Auflage des Konkurrenten aber bei weitem nicht erreicht, darf für sich nicht die „**Marktführerschaft**" in Anspruch nehmen, und zwar nicht nur gegenüber dem allgemeinen Publikum, für das die Reichweite nur von geringer Bedeutung ist, sondern auch gegenüber den potentiellen Inserenten, für die die Reichweite ein wichtiger Faktor ist (BGHZ 156, 250, 256 = GRUR 2004, 244, 246 – *Marktführerschaft*).

5.84 **l) Tiefste Preise.** Ein Unternehmen, das für sich eine „**Tiefpreisgarantie**" und „die tiefsten Preise der Region" in Anspruch nimmt, nimmt an sich eine Alleinstellung in Anspruch. Gleichwohl kann sich aus dem Gesamtzusammenhang der Werbeaussage ergeben, dass der Werbende preisgünstigere Angebote von Mitbewerbern für möglich hält und den Verbrauchern daher garantiert, im Falle des Nachw günstigerer Preise bei einem Mitbewerber die Differenz zu erstatten (OLG Bremen 2004, 505; OLG Bamberg OLG-Rp 1999, 223; anders aber OLG Bremen WRP 1999, 214 für den Slogan „... kauft man am besten dort, wo die Preise am tiefsten sind").

5.85 **m) Domainname.** Verwendet ein Unternehmen einen Gattungsbegriff als **Domainname**, kann darin eine Alleinstellungsbehauptung liegen, wenn der Verkehr von diesem Angebot um ein umfassendes Angebot handelt. So ist es denkbar, dass Internetnutzer, die auf das Informationsangebot eines Verbandes von Mitwohnzentralen stoßen, im Hinblick auf den Domainnamen „**Mitwohnzentrale.de**" annehmen werden, es handele sich dabei um den einzigen oder doch den größten Verband von Mitwohnzentralen, und dass sie deswegen nach weiteren Angeboten nicht suchen werden (BGHZ 148, 1, 13 – *Mitwohnzentrale.de*). Wegen der beschränkten Gestaltungsmöglichkeiten bei Domainnamen kann eine solche Irreführung aber auch noch dadurch ausgeräumt werden, dass auf der Ersten sich öffnenden Seite eine unmissverständliche Klarstellung erfolgt (BGH aaO; OLG Hamburg GRUR 2003, 1058). Zur Irreführung im Zusammenhang mit Domainnamen s im Übrigen Rdn 4.102 ff und 4.110 ff.

4. Beilegung bes Vorzüge

5.86 **a) Fehlende Gewinnerzielungsabsicht.** Die zulässige Verwendung des Begriffs der **Gemeinnützigkeit** setzt zunächst voraus, dass das Unternehmen von der Finanzverwaltung gem § 52 AO als gemeinnützig anerkannt worden ist (BGH GRUR 2003, 448, 450 – *Gemeinnützige Wohnungsgesellschaft*). Das geforderte Entgelt gemeinnütziger Einrichtungen darf grds die **Selbstkosten** nicht überschreiten, wobei diese nach billiger **Durchschnittskalkulation** ermittelt werden dürfen (BGH GRUR 1981, 670, 671 – *Gemeinnützig*). Ferner erwartet der Verkehr, dass keine eigene Gewinnabsicht besteht und deshalb wegen der Steuervorteile bes günstig angeboten wird, insbes preisgünstiger als die Mitbewerber (BGH GRUR 2003, 448, 450 – *Gemeinnützige Wohnungsgesellschaft;* BGH GRUR 1981, 670, 671 – *Gemeinnützig*). Weder Kapitalverzinsung noch Kapitalgewinn darf erstrebt werden (OLG Naumburg OLG-Rp 2001, 198 [LS]).

5.87 **Gemeinwirtschaftlich** wird meist wie gemeinnützig verstanden (OLG Düsseldorf WRP 1981, 649). – **Selbsthilfeeinrichtungen** sind ihrer Natur nach nicht darauf angelegt, Gewinne zu erwirtschaften, sondern nur die Kosten zu decken. – Durch die Bezeichnung „**Selbsthilfeeinrichtungen der Beamten**" werden die angesprochenen Verkehrskreise irregeführt, wenn der Gesellschaftsvertrag von einer **Gewinnerzielung** ausgeht und die Gesellschafter Anspruch auf den nach der Jahresbilanz sich ergebenden Reingewinn haben (BGH GRUR 1997, 927 – *Selbsthilfeeinrichtung der Beamten*). – Irreführend ist die Werbung eines sich mit der Verwaltung und Vermittlung von Versicherungsverträgen befassenden Unternehmens, wenn es darauf hinweist, es werde **unentgeltlich** tätig, obwohl es zwar nicht von den umworbenen Versicherungsnehmern, wohl aber von den Versicherungsgesellschaften **Provisionen** erhält (BGH GRUR 1981, 823, 826 – *Ecclesia-Versicherungsdienst*). Erwerbs- und Wirtschaftsgenossenschaften arbeiten nie gemeinnützig.

b) Kontrolle, Überwachung. „Unternehmer-Selbstkontrolle" wird vom Publikum in der Weise verstanden, dass die der Gemeinschaft angehörenden Unternehmen irgendeiner Kontrolle durch irgendein Kontrollorgan in Bezug auf Qualität und Preiswürdigkeit von Ware und Kundendienst unterworfen sind; daher irreführend, wenn kein Kontrollorgan vorhanden ist und jeder Unternehmer sich nur selbst kontrolliert (LG Braunschweig WRP 1971, 339, 340). – Wird bei der Beschreibung von Verlagsmaßnahmen zur innerbetrieblichen Überwachung der Verbreitung unentgeltlich versandter Fachzeitschriften mit dem Hinweis auf „**Kontrollierte Verbreitung**" geworben, so erweckt dies den Eindruck einer unabhängigen Überwachung.

c) Weitere Beispiele. In einer älteren Entscheidung ist dem (handwerklich arbeitenden) Hersteller eines Bruchbands die Ankündigung von **Sprechstunden** mit der Begründung untersagt worden, er erwecke damit den Anschein **fachmännischer Beratung;** die Kunden erwarteten auf Grund einer solchen Ankündigung auch eine Beratung hins des zugrunde liegenden medizinischen Leidens (BGH GRUR 1952, 582, 583 – *Sprechstunden*). Damit wird das Interesse des Anbieters, seinen Betrieb nach seinen Vorstellungen zu organisieren, nicht hinreichend Rechnung getragen. Es verhält sich nicht anders als bei einem Maßschneider oder einem Friseur, der ebenfalls nur nach Terminvereinbarung tätig wird. Der Begriff „Sprechstunde" mag an eine ärztliche Leistung denken lassen, ist aber begrifflich nicht auf diesen Bereich beschränkt.

Die Angabe „**Import**" ist unzulässig bei Bezug aus zweiter Hand (OLG Hamburg GRUR 1939, 81). Erlaubt wurde die Bezeichnung „**Taxi-Gilde**" für eine **Fahrtenvermittlung,** der über 40 Taxiunternehmen angeschlossen waren, auch wenn sich der Verkehr darunter eine **Genossenschaft** vorstellen konnte, weil damit nicht die Erwartung einer besseren Vermittlung verknüpft ist (OLG Hamm WRP 1985, 507). Die Bezeichnung „**Deutsche Solarschule**" wird im angesprochenen Verkehr überwiegend dahin verstanden, dass die unter diesem Namen tätigen Institutionen sich ausschließlich mit Problemen der Solarenergie beschäftigen und in einheitlicher Trägerschaft stünden; sie ist relevant irreführend, wenn tatsächlich von fünf „Solarschulen" nur eine ausschließlich Kurse in Solartechnik veranstaltet, während bei den übrigen „Schulen" lediglich Lehrgänge unterschiedlichster Art angeboten werden (OLG Köln NJWE-WettbR 1997, 197).

5. Autoritätsbezugnahme

a) Grundsatz. Stellt der Werbende mit der Unternehmensbezeichnung oder ihr beigefügten Zusätzen einen Bezug zu staatlichen Stellen her, der in Wirklichkeit nicht besteht, so führt diese **unberechtigte Autoritätsanmaßung** den Verkehr über die Bedeutung des Unternehmens in die Irre. Der Hinweis auf Bund, Länder, Gemeinden, Behörden und öffentliche Einrichtungen setzt grds eine **entspr Verbindung** mit einer solchen Institution voraus. Die Stärke der notwendigen Verbindung hängt von der Art der Angabe ab und kann von Förderung und Kontrolle bis hin zu staatlicher Führung und zum staatlichen Betrieb des Unternehmens reichen.

b) Staatlich. „**Staatl. Selters**" wird vom Verkehr bspw in der Weise verstanden, dass das Mineralwasser aus einer dem **Staat gehörenden** und nicht lediglich aus einer staatlich anerkannten **Quelle** stammt; eine staatliche Beteiligung von nur 5% des Stammkapitals genügt nicht (BGH GRUR 1986, 316, 318 – *„Urselters";* OLG Hamburg WRP 1985, 504, 509). – Untersagt worden ist auch der Zeitschriftentitel einer privaten Publikation „**Polizei intern**" mit Abbildung eines Polizei-Sternes auf dem Titelblatt, weil bei den angesprochenen Polizeibeamten der Eindruck entstehe, es handele sich um ein offizielles Organ der Polizei (LG Frankfurt WRP 1977, 519). Das erscheint aus zwei Gründen bedenklich: Zum einen muss es der Zeitschrift gestattet sein, schon in ihrem Titel darauf hinzuweisen, dass sie sich nicht an das allgemeine Publikum, sondern nur an Polizisten richtet. Zum anderen kann dem Eindruck eines amtlichen Organs leicht entgegengewirkt werden, ohne dass der Titel schlechthin verboten werden muss.

5.92a c) **Bundes-.** Bei einer Firmenbezeichnung, die den **Bestandteil „Bundes"** enthält, nimmt der Verkehr idR an, dass die Bundesrepublik Deutschland zumindest Mehrheitsgesellschafter dieses Unternehmens ist (BGH GRUR 2007, 1079 Tz 37 – *Bundesdruckerei*). Diese Fehlvorstellung ist auch relevant, weil sich an die Eigentümerstellung des Bundes die Vorstellung einer besonderen Bonität und Insolvenzfestigkeit knüpft; dieser Eindruck wird durch den GmbH-Zusatz nicht relativiert (BGH GRUR 2007, 1079 Tz 28 f – *Bundesdruckerei*).

5.93 d) **Städtisch, Universitäts-.** Der Zusatz „städtisch" oder „Universitäts-" deutet auf Beziehungen zur Stadt oder Universität hin. Der Titel **„Städtischer Theater- und Konzertanzeiger"** für eine private Veröffentlichung ist untersagt worden, weil es sich um eine Bezeichnung für ein amtliches Organ einer Stadt handele (RGZ 88, 210). Dagegen braucht eine **„Universitätsbuchhandlung"** keine offizielle Verbindung zur Universität zu haben; ausreichend ist, dass sie sich in räumlicher Nähe zu Universitätseinrichtungen befindet und die Universität beliefert.

5.94 e) **Geografische Bezeichnungen.** Geografische Bezeichnungen weisen normalerweise auf den **Standort des Unternehmens** hin. Auch wenn es sich gleichzeitig um den Namen einer Gebietskörperschaft oder eines Bundeslandes handelt („Dresdner ...", „Bayerische ..." etc), wird damit nicht unbedingt eine Nähe zu entspr städtischen oder staatlichen Einrichtungen nahe gelegt. Allerdings ist die Bezeichnung **„Jagdschule SL"** untersagt worden, weil sie den Eindruck einer staatlichen Einrichtung vermittle (OLG Saarbrücken OLG-Rp 2001, 207).

5.95 f) **Akademie, Diplom.** Der Begriff **Akademie** ist mehrdeutig. In neuerer Zeit wird er vor allem auch von solchen schulmäßigen Anstalten und Veranstaltungen gebraucht, die mit öffentlich-rechtlichen Ausbildungsstätten nichts gemein haben (OLG Düsseldorf GRUR-RR 2003, 49: „Akademie" zulässig für ein Unternehmen, das Weiterbildung in den Bereichen „Musik, Medien, Events und Kultur"). Auch die Bezeichnung „Manager-Akademie" ist nach LG Frankfurt (NJWE-WettbR 1998, 244) zulässig, weil der Verkehr überwiegend erkennt, dass es sich um eine Bezeichnung für eine **private Weiterbildungseinrichtung** handelt. Sofern es noch Verkehrsteile gibt, die mit dem Begriff Akademie die Vorstellung von öffentlich-rechtlichen Ausbildungsstätten verbinden, kann deren Fehlvorstellung auch im Hinblick darauf hingenommen werden, dass sich jedem Interessenten der private oder staatliche Charakter der Einrichtung bei näherer Information über das Angebot sofort erschließen wird (vgl auch OLG Düsseldorf GRUR-RR 2003, 49, 50). – Bei einem **Diplom** erwartet der Verkehr eine Qualifizierung, die auf Grund einer feststehenden Prüfungsanforderung durch staatliche Stellen verliehen wird (OLG Köln GRUR-RR 2003, 160; s Rdn 5.136 ff).

5.96 g) **Bundeszentrale.** Eine **„Bundeszentrale für Fälschungsbekämpfung"**, die von einem Verband des Briefmarkenhandels gegründet wurde, erweckt bei Privatleuten den Eindruck einer öffentlichen Einrichtung, mit der man eine bes Vertrauenswürdigkeit verbindet, wenn nicht zugleich klargestellt wird, dass es sich lediglich um eine Einrichtung auf privater Grundlage ohne öffentlich-rechtlichen Charakter und hoheitliche Befugnisse handelt (BGH GRUR 1980, 794 – *Bundeszentrale für Fälschungsbekämpfung;* OLG Köln WRP 1979, 73).

5.97 h) **Vereinsname.** Erweckt ein eingetragener Verein, dem während des Krieges als Berufsvertretung öffentlich-rechtliche Befugnisse übertragen worden waren, in seiner Werbung den Eindruck, diese Sonderstellung bestehe – auch nur teilweise – fort, so verstößt er gegen § 5 (BGH GRUR 1984, 457, 459 – *Deutsche Heilpraktikerschaft*). Der Vereinsname **„Standesorganisation der staatlichen Lotterieeinnehmer"** ist irreführend, wenn eine konkurrierende Berufsvertretung der staatlichen Lotterieeinnehmer vorhanden ist und es sich um eine reine Interessenvertretung ohne öffentliche Funktion handelt (OLG Frankfurt WRP 1982, 97).

5.97a i) **Verbraucherschutzorganisation.** Ein Hinweis auf eine bes Ausrichtung auf Verbraucherinteressen erweckt den Eindruck, es handele sich um eine einer Verbraucherschutzorganisation ähnliche Einrichtung. Einem rein privatwirtschaftlichen Vermittler von Finanzdienstleistungen ist daher die Bezeichnung **„Betreuungsverbund Verbraucherorientierter Finanzpartner"** als irreführend untersagt worden (LG WRP 2006, 1268).

6. Geografische Zusätze

5.98 a) **Allgemeines.** Eine Unternehmensbezeichnung, die auf einen bestimmten Ort oder ein bestimmtes Gebiet hinweist, kann bei den angesprochenen Verkehrskreisen eine Vielzahl von

Vorstellungen hervorrufen (zur Frage der Verbindung mit der jeweiligen Stadt oder dem jeweiligen Land s Rdn 5.94). In jedem Fall ist für den Regelfall zu fordern, dass sich der **Sitz des Betriebes** in dem angegebenen Gebiet befindet. Ein „Hamburger Importhaus" muss daher in Hamburg eine Niederlassung haben und darf nicht nur von dort Ware beziehen. Ebenso muss ein Hersteller von Lodenwaren, der sich „Münchner Loden" nennt, in München oder Umgebung ansässig sein. Bei **Ladengeschäften** ist dagegen eine solche Regel nicht am Platz. Denn der Verbraucher, der in Hamburg eine „Salzburger Trachtenstube" betritt, erkennt, dass der geografische Zusatz nicht den Standort des Unternehmens, sondern die Art der angebotenen Ware beschreibt. Auch bei **Restaurants** und **Hotels** sind geografische Bezeichnungen weit verbreitet und völlig unbedenklich, auch wenn es sich dabei nicht um den Standort handelt („Pizzeria Napoli", „Ristorante Toscana", „Badische Weinstube" in Berlin, „Hotel Stadt Wien" in Freiburg, „Schweriner Hof" in Hamburg etc).

b) Alleinstellung. aa) Grundsatz. Geografische Angaben können aber auch eine Aussage über die bes **Bedeutung**, die **Leistungsfähigkeit**, den **Geschäftsumfang** oder die **Sonderstellung** des Unternehmens in dem genannten Gebiet enthalten (BGHZ 53, 339, 343 – *Euro-Spirituosen*; dazu Rdn 5.107). Auch auf einzelne Branchen beschränkt besteht kein Erfahrungssatz, dass die Benutzung von geografischen Angaben in der Geschäftsbezeichnung als Alleinstellungsberühmung aufgefasst wird (HdbWettbR/*Helm* § 59 Rdn 441). Ob ein entspr Verkehrsverständnis besteht, hängt von den Umständen des Einzelfalls, vor allem von der Art des Unternehmens und den sonstigen Firmenbestandteilen, ab. Sofern keine weiteren Zusätze in eine andere Richtung weisen, kann die Kombination der **Ortsangabe** mit dem **Tätigkeitsbereich** des Betriebes auf eine Alleinstellung hindeuten, muss es aber nicht (HdbWettbR/*Helm* § 59 Rdn 441). 5.99

bb) Beispiele. Die Beispiele aus der Rspr zeigen meist eine übertrieben strenge Linie, die heute nicht mehr als Richtschnur dienen kann. Als irreführend untersagt worden ist bspw die Firmenbezeichnung **„Kiesbaggerei Rinteln"**, weil dadurch der unrichtige Eindruck erweckt werde, es handele sich um das Einzige oder doch das bedeutendste Unternehmen der Branche an diesem Ort (BGH GRUR 1964, 314 – *Kiesbaggerei*). – Eindeutig zu streng ist das Verbot der Unternehmensbezeichnung, **„Wolfganger Trachtenstube"** für ein Trachtenbekleidungsgeschäft in St. Wolfgang, dessen Angebote sich qualitativ kaum von Konkurrenzangeboten unterscheiden (ÖOGH ÖBl 1977, 39 – *Wolfganger Trachtenstube*); denn bei der Bezeichnung eines Ladengeschäfts steht im Zweifel die Beschreibung des angebotenen Sortiments im Vordergrund. – Die Firmenbezeichnung **„Bayerische Bank"** ohne jeden einschränkenden oder individualisierenden Zusatz soll den Eindruck erwecken, das Unternehmen sei die bayerische Bank schlechthin und damit das führende Bankunternehmen in Bayern (BGH GRUR 1973, 486 – *Bayerische Bank*). – Um die Firma **„Hamburger Volksbank"** zu führen, müsse eine Bank ein über das ganze Stadtgebiet sich erstreckendes Filialnetz haben (BGH GRUR 1968, 702 – *Hamburger Volksbank*). – Ebenso ist die Firma **„Baugesellschaft Feldkirchen GmbH"** als irreführend untersagt worden, weil sie den Eindruck erwecken kann, das so bezeichnete Unternehmen besitze eine überragende Bedeutung unter den im Raum Feldkirchen ansässigen Baufirmen (ÖOGH ÖBl 1982, 97). – Die Firma **„Oberhessische Volksbank eGmbH"** erwecke den Eindruck, dass es sich um eine Volksbank von überörtlicher Bedeutung handelt, deren Geschäftsbereich sich auf ganz Oberhessen erstreckt; sie sei daher irreführend, wenn sie mit einer Bilanzsumme von (damals) ca 24 Mio DM zu den kleinen Volksbanken gehöre und ihr Geschäftsbereich sich nur auf das Gebiet von Hungen und Umgebung, nicht aber auf ganz Oberhessen erstrecke (BGH GRUR 1975, 380, 381 – *Die Oberhessische*). Nach Lage des Falles kann durch die Angabe des eigentlichen Betätigungsgebiets erreicht werden, dass der großräumige Begriff nur als geografischer Hinweis verstanden wird; auf jeden Fall unproblematisch daher „Oberhessische Volksbank Hungen". – Von einer „Düsseldorfer" Wirtschaftsprüfungs- und Steuerberatungsgesellschaft erwartet der Verkehr, dass ihr eine im Vergleich zu anderen im gleichen geografischen Raum tätigen gleichartigen Gesellschaften maßgebliche Bedeutung zukommt (OLG Düsseldorf GRUR 1980, 315). 5.100

c) Deutsch. aa) Bedeutungswandel. Die Bedeutung des **Firmenzusatzes „deutsch"** hat im Laufe der Zeit einen erheblichen Wandel erfahren. Während der Zeit des Nationalsozialismus forderte die damalige Rspr in persönlicher Hinsicht das Vorliegen der deutschen Staatsangehörigkeit der Inhaber. In sachlicher Hinsicht musste dem Betrieb eine Sonderstellung zukommen, die ihn im Hinblick auf Kapital, Umsatz und Warenqualität, zu einem beispielhaften Unternehmen 5.101

der einheimischen Wirtschaft machte. Nach Kriegsende hat die Rspr zunächst an diesen strengen Voraussetzungen festgehalten (BayObLG NJW 1959, 147; OLG Karlsruhe BB 1964, 572; OLG Stuttgart BB 1961, 500; DIHT BB 1967, 1100; *Knöchlein* DB 1960, 746). Die zunehmende internationale Verflechtung des Wirtschaftslebens und die Schaffung des Binnenmarktes haben jedoch zu einem erheblichen Wandel der Verkehrsauffassung geführt. Zahllose ausländische Unternehmen haben in Deutschland Niederlassungen errichtet und viele deutsche Unternehmen stehen in Auslandsbeziehungen. Die Zulässigkeit des Firmenzusatzes „deutsch" hängt daher heute von anderen Voraussetzungen ab (für den Zusatz „national" gelten die gleichen Grundsätze).

5.102 **bb) Heutige Verkehrserwartung.** Mit dem Firmenzusatz „deutsch" weist der Werbende zunächst auf den **Sitz des Unternehmens in Deutschland** hin. Im Übrigen erwartet der Verkehr idR lediglich ein nach Ausstattung und Umsatz auf den deutschen Markt zugeschnittenes Unternehmen (BGHZ 53, 339, 342 – *Euro-Spirituosen;* BGH GRUR 1982, 239, 240 – *Allgemeine Deutsche Steuerberatungsgesellschaft;* BGH GRUR 1987, 638 – *Deutsche Heilpraktiker;* KG NJWE-WettbR 2000, 33, 34; ÖOGH ÖBl 1993, 242, 243 – *AUSTRIA II*). Dafür muss das auf dem Inlandsmarkt tätige Unternehmen den Anforderungen des deutschen Marktes entsprechen. Bei dieser Wertung kommt es entscheidend auf den Gesamtcharakter des Betriebes an. Zukünftige Entwicklungen können für die Beurteilung der Größenzuschnittes eingerechnet werden, wenn objektive Umstände vorliegen, die eine baldige Erweiterung des Tätigkeitsfeldes erwarten lassen. Bedenklich ist es daher, dass die Bezeichnung **„Deutsche Kreditkarte"** als irreführend angesehen wurde, weil die entspr Kreditkarte des Handels gegenüber den vorhandenen Kreditkarten „American Express", „Diners Club", „Eurocard" und „Visa" in der Bundesrepublik Deutschland keine nach Größe, Ausstattung und Umsatz herausragende Sonderstellung oder zumindest Gleichstellung besaß (OLG München GRUR 1988, 709, 710). Denn diese vom Handel geplante Kreditkarte sollte eine Alternative zu den herkömmlichen Karten darstellen und hätte sich vermutlich im Handel wegen der günstigeren Konditionen rasch durchgesetzt.

5.103 Eine **bloß regionale Bedeutung** des Betriebes ist meist nicht als ausreichend angesehen worden, um den Firmenzusatz „deutsch" zulässigerweise zu verwenden. Daher ist die Bezeichnung **„Deutsches Verkehrspädagogisches Institut"** in der Werbung für einen Fahrschulbetrieb, der keinen überregionalen Charakter hat, als irreführend angesehen worden, obwohl das Unternehmen mit seiner Betätigung auf anderen Gebieten der Verkehrspädagogik überregionale Bedeutung hat (OLG Stuttgart WRP 1986, 628). Die nicht hervorgehobene Verwendung des Bestandteils „Deutschland" oder „Deutsche..." in der **Firma einer Tochtergesellschaft** eines ausländischen Unternehmens wird vom Verkehr lediglich die Aussage entnommen, dass es sich um ein Unternehmen mit Sitz in Deutschland handelt und sein Geschäftsbetrieb auf den deutschen Markt als Ganzes zugeschnitten und nicht auf eine Region innerhalb Deutschlands beschränkt ist (OLG Düsseldorf NJWE-WettbR 1998, 245; s aber Rdn 5.104). Keinesfalls erwartet der Verkehr eine bes Güte, Größe oder Bedeutung des Unternehmens, auch wenn das inländische Unternehmen dem Publikum nicht bekannt ist.

5.104 **cc) Ausnahmen.** Unternehmen, die nach ihrem Gesamtcharakter nicht auf den deutschen Markt im Ganzen zugeschnitten sind, dürfen den Zusatz „deutsch" oder „Deutschland" nur führen, wenn bes Umstände vorliegen, die eine Irreführung des Verkehrs ausschließen. Führt die **inländische Tochtergesellschaft einer ausländischen Muttergesellschaft** den gleichen oder einen ähnlichen Firmennamen wie diese und ist dieser Name in weiten Teilen Deutschlands bekannt, wird der Verkehr den Zusatz meist nur als einen Hinweis auf die Verbindungen der inländischen Tochter- mit ihrer ausländischen Muttergesellschaft auffassen, jedoch nicht annehmen, dass die Tochtergesellschaft den Anforderungen des deutschen Marktes als ganzen entspricht (BGH GRUR 1982, 239, 240 – *Allgemeine Deutsche Steuerberatungsgesellschaft;* BayObLG NJW 1959, 47; *Müller* GRUR 1971, 141, 143). Entsprechendes gilt für Niederlassungen ausländischer Unternehmer sowie für im Ausland tätige deutsche Unternehmen. **Beispiele:** „Deutsche Shell AG", „Deutsche Fiat AG", „Allgemeine Deutsche Philips Industrie GmbH". Bei diesen Beispielsfällen handelt es sich freilich um Unternehmen, die auf den deutschen Markt als ganzen zugeschnitten sind.

5.105 **dd) Deutsche Ware, Deutsches Erzeugnis.** Die irreführende Werbung mit den Bezeichnungen „Deutsche Ware", „Deutsches Erzeugnis", „Made in Germany" beziehen sich nicht das Unternehmen, sondern auf das Produkt. Sie wird daher im Zusammenhang mit der produktbezogenen Irreführung behandelt (s Rdn 4.83 ff).

d) International. Überregionale Zusätze dürfen grds nur von **bedeutenden Unternehmen** 5.106 verwendet werden. Die Bezeichnung „International" setzt voraus, dass ein Unternehmen auf Grund seiner Organisation, wirtschaftlichen Stärke und ausländischen Geschäftsbeziehungen einen bedeutenden Teil seiner Geschäfte außerhalb des Bundesgebiets abwickelt; der bloße Export von Waren ins Ausland wird hierfür nicht als ausreichend erachtet (vgl ÖOGH ÖBl 1979, 155: „Schubert international" für ein Erzeugerunternehmen). Wann die Bedeutung eines Unternehmens den Gebrauch des Wortes „International" rechtfertigt, lässt sich nur im Hinblick auf den konkreten Geschäftszweig beantworten. So kann es auf die **Höhe des Umsatzes** oder des Kapitals, aber auch auf die **Verwendung modernster technischer Hilfsmittel** ankommen. Auf modernste Einrichtungen technischer Art kommt es jedoch nicht immer an, zB bei „**Internationales Reisebüro**". Von einem Unternehmen, das in der Firma den Zusatz „**Internationaler Messebau**" führt, erwartet der Verkehr kein Unternehmen von internationalem Rang, jedoch auch kein Kleinunternehmen, sondern ein Unternehmen, das häufig auch im Ausland tätig ist (OLG Hamburg WRP 1984, 93, 95). Für eine „**Internationale Apotheke**" ist es als ausreichend angesehen worden, dass sie mit ausländischen Arzneimitteln handelt und das Apothekenpersonal fremde Sprachen beherrscht (OLG München WRP 2003, 398; dazu Rdn 5.8). Der Zusatz „**Interbau**" ist als irreführend untersagt worden, weil die Geschäftstätigkeit nur von geringem Umfang war und regional beschränkt ausgeübt wurde (OLG Stuttgart GRUR 1970, 36).

e) Euro. aa) Grundsatz. Enthalten Firmennamen Zusätze, die auf Europa verweisen, so 5.107 gelten hier die für den Zusatz „deutsch" geltenden Grundsätze noch in weit stärkerem Maße. Zur **Lokalisierung des Firmensitzes** sind solche Unternehmensbezeichnungen ungeeignet und zudem auch in der Praxis unüblich. In der Regel wird eine **Gedankenverbindung zum europäischen Markt** hervorgerufen und die Vorstellung vermittelt, dass es sich um ein schon **nach Größe und Marktstellung** den **Anforderungen des europäischen Marktes** entspr Unternehmen handelt (BGH GRUR 1997, 669 – *Euromint* mwN). Diese Vorstellung beruht auf der Erfahrung, dass ein erheblich größerer Markt als der inländische regelmäßig eine höhere Kapitalausstattung und einen größeren Betriebsumfang erfordert, als sie für das Inland nötig sind (BGHZ 53, 339, 343 – *Euro-Spirituosen*; BGH GRUR 1972, 357 – *euromarin*; BGH GRUR 1978, 251 – *Euro-Sport*; BGH GRUR 1994, 120, 121 – *EUROCONSULT*).

bb) Zuschnitt für Tätigkeit auf dem europäischen Markt. Ist ein europäischer Zuschnitt 5.108 zu fordern, muss er an sich bereits zum Zeitpunkt der Werbung bestehen; die bloße Absicht europaweit tätig zu werden, reicht idR nicht aus. Daher muss ein Unternehmen, das sich auf dem europäischen Markt zu betätigen beginnt, nach Kapitalausstattung, Umsatz, Warenangebot, Lieferanten- und Abnehmerbeziehungen erkennen lassen, dass es in Kürze den Vorstellungen des Verkehrs entsprechen wird (BGH GRUR 1979, 716, 718 – *Kontinent-Möbel*). Die Vorstellungen, die über die Bedeutung und den Umfang der Geschäftstätigkeit hervorgerufen werden, können im Einzelfall unterschiedlich sein. Von Bedeutung ist dabei der Umstand, ob die Bezeichnung lediglich zur Kennzeichnung des Angebotes oder des gesamten Unternehmens dient (BGH GRUR 1994, 120, 121 – *EUROCONSULT*). In letzterem Fall sind die Gegebenheiten des Marktes und die Vertriebsart zu beachten (BGH GRUR 1997, 669 – *Euromint*). Bei einem überschaubaren Markt können die Anforderungen auch von kleineren Unternehmen erfüllt werden (BGH aaO).

Auf Grund der **Abbildung einer Europaflagge** in der Werbung für Kaffeefilter erwarten 5.109 erhebliche Teile der Verbraucher, dass sich die damit beworbene Ware europaweit auf dem Markt befindet, demnach in allen wesentlichen Teilen der Staaten Europas tatsächlich vertrieben wird (OLG Hamburg NJWE-WettbR 1999, 172). Dagegen ist die Aussage „**Europas größter Onlinedienst**" – wenn sie an sich zutrifft – nicht etwa deswegen irreführend, weil sie den Eindruck vermittelt, dass der Werbende überall in Europa tatsächlich präsent ist und in wesentlichen Teilen des Kontinents einen Online-Dienst unterhält. Im Gegensatz zur Vorinstanz (OLG Hamburg GRUR-RR 2002, 73, 74) hat der BGH auf diesen Gesichtspunkt nicht abgestellt (BGH GRUR 2004, 785, 788 – *Größter Online-Dienst*).

cc) Ausnahmen. Eine Ausnahme liegt dann vor, wenn durch genügende Konkretisierung 5.110 der Firmenbezeichnung sichergestellt ist, dass der Verkehr den Hinweis auf Europa nicht als Aussage über Größe, Bedeutung und Marktstellung des Unternehmens auffasst (BGHZ 53, 339, 345 – *Euro-Spirituosen*). An das Vorliegen solcher Ausnahmefälle wurden früher strenge Anforderungen gestellt. Heute ist nicht zuletzt im Hinblick auf die Doppelbedeutung des Begriffs „Euro" je nach Geschäftszweig eine großzügigere Beurteilung am Platze.

5.111 **dd) Euro als Markenbestandteil.** Bei **Marken** wird ein auf einen geografischen Begriff hinweisender Zusatz idR nicht so leicht wie bei Firmennamen als **Hinweis auf Eigenschaften des Unternehmens** aufgefasst. Ob heute der Bestandteil „Euro" in einer Marke wirklich auf den Zuschnitt des Unternehmens hinweist, das die entspr markierten Waren herstellt oder vertreibt, erscheint daher fraglich (so aber noch BGH GRUR 1972, 353, 354 – *euromarin*). Es kommt hinzu, dass der Begriff „Euro" als Hinweis auf ein europäisches Tätigkeitsfeld des betreffenden Unternehmens dadurch (weiter) verwässert worden ist, dass für die europäische Währung dieselbe Bezeichnung verwendet wird.

5.112 **f) Kontinent.** Ob – wie früher angenommen – auch heute noch der Begriff **„Kontinent"** auf den europäischen Zuschnitt des Unternehmens hinweist, erscheint zweifelhaft. Wie bei vielen derartigen Begriffen ist im Zuge der Schaffung des Binnenmarktes und der fortschreitenden Globalisierung eine Verwässerung von Begriffen eingetreten, die in der Vergangenheit auf einen internationalen Zuschnitt hindeuteten. In vielen Bereichen ist das Agieren im Binnenmarkt zu einer Selbstverständlichkeit geworden, der keine große Beachtung mehr geschenkt wird. Die Bezeichnung **„Kontinent-Möbel"** hat der BGH jedoch noch 1979 als irreführend behandelt, weil es an einer umfangreichen, über das Übliche hinausgehenden Auswahl aus mehr als einem Land fehlte. Ein Importanteil von ca 10% verleihe dem Angebot noch keinen „kontinentalen", europäischen Anstrich, der erst die Verwendung der Bezeichnung „Kontinent-Möbel" rechtfertige (BGH GRUR 1979, 716, 718 – *Kontinent-Möbel;* OLG Düsseldorf WRP 1977, 644).

IV. Irreführende Angaben über das Vermögen einschließlich der Rechte des geistigen Eigentums sowie über den Umfang von Verpflichtungen (§ 5 I 2 Nr 3)

Schrifttum: *Barth/Wolhändler,* Werbung mit Patentschutz – Erfreulicher Ansatz des OLG München zum Schließen einer Rechtsprechungslücke, Mitt. 2006, 16; *Bogler,* Werbung mit Hinweisen auf zukünftigen oder bestehenden Patentschutz, DB 1992, 413; *Bornkamm,* Die Werbung mit der Patentanmeldung, GRUR 2009, 227; *Bulling,* Werbung mit unveröffentlichten Patentanmeldungen, Mitt 2008, 61; *Jordan,* Unbegründete Abmahnungen aus Schutzrechten – Die Entscheidung des Großen Zivilsenats vom 15. Juli 2005 – verfrühtes Ende statt fälliger Wende?, 2008; *Klöhn,* Wettbewerbswidrigkeit von Kapitalmarktinformationen?, ZHR 172 (2008), 388; *Köndgen,* Die Ad hoc-Publizität als Prüfstein informationsrechtlicher Prinzipien, FS Druey, 2002, 791; *Lambsdorff/Hamm,* Zur wettbewerbsrechtlichen Zulässigkeit von Patent-Hinweisen, GRUR 1985, 244; *Lettl,* Die wettbewerbswidrige Ad hoc-Mitteilung, ZGR 2003, 853; *ders,* Die Zulässigkeit von Werbung mit der Einlagensicherung nach UWG und KWG, WM 2007, 1345 und WM 2007, 1397; *Sack,* Unbegründete Schutzrechtsverwarnungen, 2006; *Zimmermann,* Die unberechtigte Schutzrechtsverwarnung, 2008.

1. Überblick

5.113 Die Schutzrechtsanmaßung begegnet uns in **drei Formen: (1)** Bei der Angabe, ein bestimmtes Produkt sei „gesetzlich geschützt", „patentiert" oder es sei ein Schutz beantragt („Pat. angem." oder „pat. pend."), handelt es sich um eine **Angabe über die Beschaffenheit** des jeweiligen Produkts. **(2)** Die Schutzrechte können werbend herausgestellt werden, um die **Bedeutung des Unternehmens** zu unterstreichen. **(3)** Und schließlich kann die Behauptung, im Besitz eines Schutzrechts zu sein, eingesetzt werden, um einen Dritten – häufig handelt es sich um einen Mitbewerber oder um dessen Abnehmer – abzumahnen **(Schutzrechtsverwarnung).** Werden in diesem Zusammenhang unrichtige Angaben gemacht, handelt es sich um eine **irreführende Werbung iSv § 5 I.** Die erste Variante (Beschaffenheitsangabe) gehört an sich zur **produktbezogenen Irreführung** (§ 5 I 2 Nr 1), während die anderen beiden Varianten zur **unternehmensbezogenen Irreführung** zu rechnen sind (§ 5 I 2 Nr 3). Trotz der unterschiedlichen Anbindung wird die Schutzrechtsanmaßung an dieser Stelle im Zusammenhang behandelt.

5.114 Der Verkehr zieht aus Hinweisen auf technische Schutzrechte die Schlussfolgerung, dass der Inhaber des Schutzrechts über eine gewisse **technische Sonderstellung** verfügt. Daher kommt der Werbung mit diesen Umständen eine erhebliche Relevanz zu. Die Schutzrechtsverwarnung ist ebenfalls von **hoher wettbewerblicher Relevanz:** Sie veranlasst den Verwarnten nicht selten, die Herstellung oder den Vertrieb des Produkts, auf das sich die Verwarnung bezieht, einzustellen.

2. Irreführung über das Vermögen sowie über den Umfang von Verpflichtungen

5.114a **a) Allgemeines. Angaben über das Vermögen** sowie **über den Umfang von Verpflichtungen** sind – in Umsetzung der UGP-Richtlinie – durch die UWG-Novelle 2008 in die Bezugspunkte der Irreführung (vgl Rdn 1.91 ff) aufgenommen worden. Eine sachliche Änderung ist damit nicht verbunden. Denn das Vermögen und der Umfang der Verpflichtungen gehörten schon immer zu den Eigenschaften eines Unternehmens, über die irregeführt werden konnte. Macht bspw der Kaufmann bei der Bank, bei der er um einen Kredit nachsucht, falsche Angaben über seine Verbindlichkeiten, liegt darin nicht nur ein (versuchter) Betrug, sondern auch ein Verstoß gegen das wettbewerbsrechtliche Irreführungsverbot. Umgekehrt macht eine Bank irreführende Angaben im geschäftlichen Verkehr, wenn sie – um die Sicherheit der Einlagen zu betonen – der Wahrheit zuwider behauptet, sie sei durch die Finanzkrise nicht betroffen, habe insbes keine Vermögenswerte im amerikanischen Subprime-Hypothekenmarkt angelegt.

b) Unrichtige Ad-hoc-Meldungen. Nach § 15 I 1 WpHG muss eine börsennotierte Aktiengesellschaft unverzüglich eine neue Tatsache veröffentlichen, die geeignet ist, den Börsenpreis der Wertpapiere erheblich zu beeinflussen **(Ad-hoc-Meldung).** Ob auf derartige Meldungen – wenn sie geeignet sind, die Adressaten irrezuführen – das **Irreführungsverbot** anzuwenden ist, ist streitig (bejahend *Lettl* ZGR 2003, 853, 856; *Köndgen,* FS Druey, 2002, 791, 812; s auch oben § 4 Rdn 3.30; verneinend *Klöhn* ZHR 172 [2008], 388, 402 ff). 5.114b

Das **OLG Hamburg** (GRUR-RR 2006, 377) hat in einer Ad-hoc-Meldung eine **irreführende Werbung** gesehen. Es ging um den Streit zwischen der Deutschen Telekom und dem Telefondienstleister telegate AG, der gegenüber der Deutschen Telekom eine zweistellige Millionenforderung wegen überhöhter Gebühren für die Überlassung von Telefondaten geltend gemacht und nach dem Erfolg einer Teilklage in zweiter Instanz eine Ad-hoc-Meldung veröffentlicht hatte („Das OLG Düsseldorf hat telegate einen ersten Teilbetrag des gesamten Streitwerts nunmehr bereits in zweiter Instanz zugesprochen"). Den Vorwurf der Irreführung hat das OLG darauf gestützt, dass die Meldung in zwei Punkten einen unzutreffenden Eindruck erwecke: Zum einen werde nahegelegt, dass es sich um den Teilbetrag aus einer größeren Klageforderung gehandelt habe; zum anderen lasse die Formulierung „nunmehr bereits in zweiter Instanz" vermuten, dass die (Teil-)Klage auch in erster Instanz erfolgreich gewesen sei. 5.114c

Hierzu ist **zweierlei zu bemerken: (1)** Nach dem UWG 2008 ist keine Wettbewerbshandlung mehr erforderlich. Der an ihre Stelle getretene Begriff **der geschäftlichen Handlung** setzt **keine Wettbewerbsabsicht** voraus. Eine geschäftliche Handlung wird man aber nicht verneinen können, so dass es nach dem UWG 2008 auf den Einwand der fehlenden Wettbewerbsabsicht (*Klöhn* ZHR 172 [2008], 388, 402 ff) nicht mehr ankommt. **(2)** Dass das Wertpapierhandelsgesetz, das ebenfalls unrichtige Ad-hoc-Meldungen verbietet, einen anderen Maßstab für die Annahme der Unrichtigkeit vorsieht, muss nicht gegen eine Anwendung des Irreführungsverbots sprechen. Das **Irreführungsverbot muss** aber dann **zurückstehen,** wenn das Wertpapierhandelsgesetz dem börsennotierten Unternehmen eine Meldung vorschreibt, die nach dem UWG als irreführend zu untersagen wäre. Ein solcher **Zielkonflikt** wird aber nicht die Regel sein. Auch in dem zitierten Fall des OLG Hamburg hätte man ohne weiteres eine Ad-hoc-Meldung formulieren können, die sowohl § 15 WpHG also auch § 5 UWG genügt. 5.114d

3. Irreführende Werbung mit Schutzrechten

a) Grundsätze. Grds steht es jedem Kaufmann frei, die ihm zustehenden **Schutzrechte werblich** für sich **zu nutzen** und bspw mit den bekannten Abkürzungen wie „DBP" (Deutsches Bundespatent) oder „DBGM" (Deutsches Bundesgebrauchsmuster) darauf hinzuweisen, dass das beworbene Produkt unter Verwendung einer geschützten Erfindung hergestellt worden ist. Ebenso wenig ist es ihm verwehrt, Schutzrechtsverletzungen unter Berufung auf seine Schutzrechte zu verfolgen. Bei der **Schutzrechtsverwarnung** stellt sich die Frage, ob der Verwarnende **für eine Fehleinschätzung** haftet, wenn er bspw den Mitbewerber mit der Behauptung, das Produkt des Mitbewerbers verletze sein Patent, zur Einstellung der Herstellung und des Vertriebs des Konkurrenzprodukts aufgefordert hat und sich später herausstellt, dass das Produkt des Verwarnten außerhalb des Schutzumfangs des Patents liegt (dazu § 4 Rdn 10.169 ff). Streitig ist hierbei, ob die unberechtigte Schutzrechtsverwarnung einen Anspruch aus § 823 I BGB unter dem Gesichtspunkt eines Eingriffs in den eingerichteten und ausgeübten Gewerbebetrieb (dazu § 4 Rdn 10.181) oder aus § 3 iVm § 4 Nr 10 (wettbewerbswidrige Behinderung, s § 4 Rdn 10.178) begründen kann. Bei diesem Streit geht es jedoch niemals um den Sachverhalt einer **Irreführung;** denn es ist unbestritten, dass die **irreführende Berufung auf ein Schutzrecht** dem Schutzrechtsinhaber **stets verboten** ist. Dies gilt für die Werbung mit Schutzrechten, es gilt aber auch und erst recht bei der Schutzrechtsverwarnung gegenüber dem Hersteller und vor allem gegenüber dem Abnehmer. 5.115

5.116 **b) Irreführung über den Bestand des Schutzrechts.** Wenn in der Werbung mit einem gewerblichen Schutzrecht oder Urheberrecht geworben wird, müssen die zugrunde liegenden Tatsachen der Wahrheit entsprechen. Beispielsweise muss das Patent, auf das sich der Inhaber in der Werbung beruft, tatsächlich erteilt, seine Schutzdauer darf aber noch nicht abgelaufen sein. Allein das Vorliegen der materiellen Voraussetzungen für die Gewährung des Schutzes berechtigt nicht zur Berühmung (Piper/Ohly/*Sosnitza* § 5 Rdn 572).

5.117 **aa) Patentschutz.** Die Bewerbung einer Ware als „**gesetzlich geschützt**" oder nur „**geschützt**" versteht der Verkehr als Hinweis auf ein bestehendes Patent. Unzulässig ist daher die Aufschrift „**Doppelpackung ges gesch**" für Zellstofftaschentücher, wenn kein Patent- oder Musterschutz besteht (ÖOGH ÖBl 1962, 9 – *Molett-Taschentücher*). Ebenso beziehen sich die Zusätze „**Patentamtlich geschützt**", oder „**patentiert**" nur auf Patente und nicht auf Gebrauchs- oder Geschmacksmuster, die ungeprüft eingetragen worden sind (OLG München NJWE-WettbR 1997, 37, 38; dazu Rdn 5.121). Auch die Angabe „**gesetzlich geschützt**" oder „**im Inland geschützt**" deutet auf Patentschutz hin; sie ist idR irreführend, wenn lediglich ein Gebrauchsmusterschutz besteht (OLG Düsseldorf GRUR 1978, 437).

5.118 Wird ein **technisches Erzeugnis** als „**neu**" angekündigt, nimmt der Werbende damit nicht notwendig eine Neuheit im patentrechtlichen Sinne (§ 3 I PatG) für sich in Anspruch. Ausreichend ist es vielmehr, wenn es um eine **Neuheit auf dem Markt** handelt (vgl BGH GRUR 1958, 553 – *Saugrohr*). – Wird der Zusatz „**Patent-**" dem Begriff für das angebotene Produkt zugesetzt (zB „Patentstuhl", „Patentschloss", „Patentgriff", „Patentrad"), wird damit ein Patentschutz behauptet. – Wer das Patent auf die Ware hat, darf sie auch in der Werbung als „**Patentware**" oder als „**patentiert**" bezeichnen. Ein Patentinhaber ist berechtigt, den gesetzlichen **Schutzbereich** seines Patents darzustellen und hierbei auf alle innerhalb des Schutzbereichs liegenden konkreten Ausführungsformen hinzuweisen, auch wenn diese in den Patentansprüchen nicht wörtlich beschrieben sind. Die uneingeschränkte Berufung auf die Schutzwirkungen des Patents wird nicht dadurch ausgeschlossen, dass bei einem Teil der Umworbenen irrige Vorstellungen über das Verhältnis des Schutzbereichs zu den Patentansprüchen entstehen (BGH GRUR 1985, 520, 521 – *Konterhauben-Schrumpfsystem*).

5.119 **bb) Angemeldetes Patent.** Von der Anmeldung eines Patents bis zu dessen Erteilung ist es ein weiter Weg. Die Prüfung der Patentfähigkeit kann einen langen Zeitraum beanspruchen, so dass in der Praxis ein Bedürfnis daran besteht, schon **vor der Erteilung des Patents** auf eine technische Sonderstellung **werbend hinzuweisen.** Hinzu kommt, dass auch das Patentgesetz den Anmelder bis zur Patenterteilung nicht schutzlos stellt, sondern ihm gem § 33 PatG **für die unbefugte Benutzung** der offengelegten Erfindung eine **angemessene Entschädigung** zuspricht. Tatbestandsvoraussetzung des § 33 PatG ist jedoch die Bösgläubigkeit des Benutzers, so dass auch aus diesem Grund ein Interesse des Anmelders besteht, potenzielle Benutzer seiner Erfindung auf die Patentanmeldung hinzuweisen. Fraglich ist aber, ob dem Anmelder gestattet werden soll, **schon vor Offenlegung** der Anmeldung auf diese werbend hinzuweisen. Die Frage stellt sich in dieser Form nicht, weil ein Hinweis nur untersagt werden kann, wenn er irreführend ist. Die wettbewerbsrechtliche Frage kann immer nur sein: In welchem Umfang muss der Werbende darüber **aufklären,** dass die Patentanmeldung dem Anmelder noch keine verfestigte Rechtsposition verschafft und sich insbes aus einer noch nicht offengelegten Anmeldung **keine Rechte gegenüber Dritten** herleiten lassen, die die Erfindung benutzen.

5.119a Die **Frage nach der Irreführung** ist demnach **nicht einheitlich** zu beantworten. Ein Start-up-Unternehmen kann bspw gegenüber Investoren ohne weiteres auf Patentanmeldungen hinweisen, auch wenn diese noch nicht offengelegt sind. Auch gegenüber gewerblichen Abnehmern besteht ein berechtigtes Interesse, auf die Patentanmeldung hinzuweisen. Denn der **gewerbliche Abnehmer,** der ein dieselbe Erfindung nutzendes Konkurrenzprodukt erwirbt, läuft Gefahr, nach Erteilung des angemeldeten Patents von der Nutzung des Produkts ausgeschlossen zu sein. Problematisch ist dagegen die Werbung mit einer nicht offengelegten Patentanmeldung in der **Publikumswerbung.** Sie sollte idR nur zugelassen werden, wenn gleichzeitig darüber aufgeklärt wird, dass die Anmeldung vor Offenlegung noch keinerlei Wirkung gegenüber Dritten entfaltet. Auf diese Weise kann dem Missbrauch wirksam begegnet werden. Andernfalls bestünde stets der Anreiz, mit Hilfe von Patentanmeldungen, die nicht ernsthaft verfolgt werden und kaum Aussicht auf Erfolg bieten, eine nicht vorhandene technische Sonderstellung zu beanspruchen und potenzielle Benutzer einzuschüchtern. Die Werbung mit der Patentanmeldung hat gegenüber dem Verbraucher gerade den Sinn, auf eine Rechtswirkung hinzuweisen, die dem angemeldeten, aber noch nicht offengelegten Patent eben nicht zukommt (so auch Benkard/*Ullmann*

PatG, 10. Aufl 2006, § 146 Rdn 37; *Bornkamm* GRUR 2009, 227, 230; aA *Bulling* Mitt 2008, 60, 62).

Schutzwürdig ist demnach der Irrtum der angesprochenen Verkehrskreise, die von der werblich herausgestellten (noch nicht offengelegten) Patentanmeldung **auf eine offengelegte Anmeldung** schließen, der bereits Rechtswirkungen gegenüber Dritten zukommen können. Im Hinblick auf § 33 PatG unbeachtlich ist dagegen der Irrtum des Verkehrs, wenn von der Werbung mit einer (offengelegten) Patentanmeldung bereits auf die **Patenterteilung** geschlossen wird (*Bornkamm* GRUR 2009, 227, 229). Irreführend ist es wiederum, wenn das **Patent nur angemeldet** ist, aber der Eindruck erweckt wird, es sei **bereits erteilt**. Ebenso sind **Abkürzungen** unzulässig, die vom angesprochenen Verkehr mangels eingehender Kenntnis als Hinweis auf ein erteiltes Patent verstanden werden, wie zB „DPa", „D. P. a.", „B. P. a.". Ist die Offenlegung bereits erfolgt, sind Hinweise wie „**Patent angemeldet**" oder „**Patentanmeldung offengelegt**" ohne weiteres zulässig. Dagegen reicht der Hinweis „**pat. pend.**" gegenüber einem patentrechtlich nicht vorgebildeten Publikum nicht aus, um deutlich zu machen, dass ein Patent angemeldet, aber noch nicht erteilt ist (OLG Düsseldorf NJWE-WettbR 1997, 5, 6 f). Die ausgeschriebene Angabe „**Patent Pending**" wird dagegen vom Durchschnittsverbraucher verstanden; dabei ist zu beachten, dass eine relevante Irreführung ohnehin nur bei dem Teil des Verkehrs in Frage kommt, der mit dem Patentschutz irgendeine realistische Vorstellung verbindet; es kann davon ausgegangen werden, dass dieser Teil des Verkehrs den englischen Begriff „pending" richtig versteht.

cc) **Ungeprüfte Registerrechte (Gebrauchsmuster, Geschmacksmuster).** Auch mit ungeprüften gewerblichen Schutzrechten darf geworben werden, selbst wenn der Aussagegehalt einer solchen Werbung gering ist. Einen Rechtssatz, dass eine Werbung mit ungeprüften Schutzrechten stets wettbewerbswidrig sei (so aber wohl Busse/*Keukenschrijver* PatG, 6. Aufl 2003, § 11 GebrMG Rdn 6), gibt es nicht. Es kann immer nur darum gehen, ob der Verkehr den objektiv zutr werblichen Hinweis auf ein Gebrauchs- oder Geschmacksmuster falsch versteht; den Werbenden könnte dann allenfalls eine **Pflicht zu weiterer Aufklärung** über das Schutzrecht treffen. Aber auch eine solche Pflicht ist **zu verneinen**. Die Werbung mit dem ungeprüften Recht kann nicht mit der Begründung untersagt werden, der Verkehr stelle sich unter einem Gebrauchs- oder Geschmacksmuster ein vom DPMA geprüftes Recht vor; denn gegenüber der zutr Angabe ist diese Vorstellung nicht schutzwürdig. Dagegen ist es irreführend, wenn der Werbende sich auf ein Gebrauchs- oder Geschmacksmuster stützt, das **noch gar nicht eingetragen** ist (LG Düsseldorf Urt v 15. 9. 1998 – 4 O 35/98, Entsch 4. ZK 1998, 97, 99).

dd) **Markenschutz.** Erlaubt ist der **Hinweis auf den Schutz der Marke**, sofern dieser Schutz besteht; sonst liegt ein Verstoß gegen §§ 3, 5 vor. Als Hinweis auf den Markenschutz dienen auch das „**R**" im Kreis (®) oder die Abkürzung „**TM**" () für „(Registered) Trademark" (BGH GRUR 2009, 888 Tz 15 – *Thermoroll;* OLG Hamburg WRP 1986, 290; OLG Stuttgart WRP 1994, 126; OLG Düsseldorf NJWE-WettbR 1997, 5 ff). Wer seiner Marke das Zeichen ® oder beifügt, bringt damit zum Ausdruck, dass es eine **Marke genau dieses Inhalts** gibt (BGH GRUR 1990, 364, 366 – *Baelz;* BGH GRUR 2009, 888 Tz 15 – *Thermoroll*). Abweichungen sind nur dann unbeachtlich, wenn sie den kennzeichnenden Charakter der Marke nicht verändern (§ 26 III MarkenG). Dies hat der BGH in einem Fall verneint, in dem ein Unternehmen mit dem Zeichen „Thermoroll®" warb, obwohl es nur eine Lizenz an der Marke „Termorol" besaß (BGH GRUR 2009, 888 Tz 16 – *Thermoroll*). – Zur Verwendung des Begriffs „Markenware" s Rdn 4.79 f, zur Frage der Irreführung über Qualität oder Eigenschaften, die der Verkehr mit einer Marke verbindet, s Rdn 4.81 f.

ee) **Urheberrechte und verwandte Schutzrechte.** Bei vielen urheberrechtlichen Werken ist es üblich, dass die vertriebenen Vervielfältigungsstücke einen **Hinweis auf den urheberrechtlichen Schutz** enthalten. Dies geschieht – gleichzeitig als Hinweis darauf, dass das Werk in den USA registriert worden ist – idR durch **ein „C" im Kreis** (©) und durch die Angabe der Jahreszahl des ersten Erscheinens. Auf das **Leistungsschutzrecht** der ausübenden Künstler und/ oder der Tonträgerhersteller wird idR durch ein **„P" im Kreis** hingewiesen (Art 11 Rom-Abkommen). Dass der Berechtigte auf diese Weise auf ein vorhandenes Urheber- oder Leistungsschutzrecht hinweisen darf, ist unbestritten. Besteht das Urheber- oder Leistungsschutzrecht in Wirklichkeit nicht (weil es sich bspw um ein gemeinfreies Werk handelt), ist der Hinweis irreführend. Die Relevanz dieser Irreführung kann aber im Einzelfall zweifelhaft sein, weil nicht ohne weiteres ersichtlich ist, inwieweit die Nachfrageentscheidung des Abnehmers durch einen solchen Hinweis beeinflusst wird. Die denkbaren Fälle, in denen sich der Käufer eines gemeinfreien Werks durch den Urheberrechtsvermerk davon abhalten lässt, nach demselben Werk im Angebot anderer Verlage zu suchen, sind eher theoretischer Natur. Zu bedenken ist ferner, dass der Verleger eines gemeinfreien Werks, der für die Werkbearbeitung – nach deutschem Recht: zu Unrecht – Urheberrechtsschutz in Anspruch nimmt, ein berechtigtes Interesse an dem Copyright-Vermerk haben kann, weil er nur auf diese Weise in den Genuss der Beweiserleichterungen kommt, die das amerikanische Recht für registrierte Werke vorsieht.

5.124 **c) Umfang des Schutzrechts.** Berühmt sich ein Unternehmer des **uneingeschränkten Patentschutzes** an einem Gegenstand, obwohl ihm dieser nur teilweise zukommt, verstößt dies gegen § 5. Er darf aber den gesamten Gegenstand als „patentiert" bezeichnen, wenn der Patentschutz für die prägenden Teile vorliegt. So ist die Werbung mit einem „patentierten System" zulässig, wenn sich das Schutzrecht nicht auf das gesamte System, wohl aber auf einen wesentlichen Teil desselben erstreckt (OLG Karlsruhe GRUR 1980, 118). Fasst der Verkehr den Hinweis „1 DRP" oder „2 DRP" irrtümlich dahin auf, dass nicht der ganze Gegenstand, sondern nur Teile patentiert sind, so brauchen sie nicht dem Hauptgegenstand ein eigentümliches Gepräge zu geben; es genügt, dass die Brauchbarkeit erhöht oder verbessert wird (BGH GRUR 1957, 372, 373 – *2 DRP*). Unzulässig ist es, eine Vorrichtung mit einem Patentvermerk zu bewerben, ohne erkennbar darauf hinzuweisen, dass lediglich ein Verfahrenspatent besteht (OLG München GRUR 1996, 144).

5.125 **d) Irreführung über die territoriale Reichweite des Schutzrechts. aa) Grundsätze.** Bestehen für eine Ware nur **Auslandspatente,** besteht grds die Gefahr, dass die angesprochenen Verkehrskreise von dem ausländischen auf den nationalen Patentschutz schließen. So wird die Angabe „**patented**" vom allgemeinen Publikum idR dahin aufgefasst, dass die vertriebene Ware nicht nur für das Gebiet der fremden Sprache, sondern auch für das Inland geschützt ist, da die deutschen Begriffe „patentiert" und „Patent" in Schreibweise und Klang gleich lautend und sinngleich sind (BGH GRUR 1984, 741, 742 – *PATENTED*). Ebenso führt der Hinweis auf einer Schuhsohle „**Patent Pending**" die Konsumenten in die Irre, wenn Patentschutz nur in Fernost, nicht aber im Inland besteht oder zumindest beantragt ist (OLG Hamburg GRUR 1999, 373 [LS], Rev nicht angen, BGH Beschl v 8. 10. 1998 – I ZR 41/98). Patenthinweise in anderen als der englischen und deutschen Sprache lassen diese Fehlvorstellungen der Verbraucher aber nicht entstehen, so zB für das französische „breveté" oder das italienische „brevettato". In jedem Fall können **klarstellende Hinweise** die Irreführungsgefahr ausschließen, zB „US-Patent" oder „frz. Patent". Ferner sollte den Umständen des Einzelfalls bei der rechtlichen Bewertung die maßgebliche Bedeutung zukommen, wie bspw die Produktaufmachung oder Werbesprache.

5.126 **bb) Unionsrecht.** Nationale Werbeverbote sind in grenzüberschreitenden Fällen an die unionsrechtlichen Schranken gebunden (s Rdn 1.28 ff). Es stellt eine **Beeinträchtigung des freien Warenverkehrs** (Art 34 AEUV) dar, wenn eine Ware, die in einem Mitgliedstaat zutr mit dem Hinweis auf ein dort bestehendes Schutzrecht in Verkehr gebracht worden ist, nicht frei zirkulieren darf, weil der Schutz in einem anderen Mitgliedstaat nicht besteht. Das bedeutet indessen noch nicht, dass die mit dem Hinweis auf ein lediglich in einem anderen Mitgliedstaat bestehendes Schutzrecht verbundene Irreführung in jedem Fall hingenommen werden muss. Es ist zu unterscheiden:

5.127 Der **Hinweis auf die Marke** (s Rdn 5.122) ist ohnehin für den Verbraucher von eingeschränkter Bedeutung; dies gilt erst recht, wenn an sich Markenschutz besteht, aber eben nur in einem anderen Mitgliedstaat und nicht im Inland. Hier wäre ein auf die Irreführung gestütztes Verbot, das wie eine Handelsschranke wirkt, unverhältnismäßig (EuGH Slg 1990, I-4827 Rdn 22 = GRUR Int 1991, 215 – *Pall/Dahlhausen*). Aber der **Hinweis auf ein Patent** hat für den Adressaten idR eine größere Bedeutung. Aber auch hier wäre ein Verbot unverhältnismäßig, wenn der Patentschutz, auf den etwa durch eine Einprägung „Patented" auf der Ware hingewiesen wird, in anderen wichtigen Mitgliedstaaten besteht, nur eben in Deutschland nicht (vgl ÖOGH GRUR Int 1999, 796 – *Screwpull*). Anders kann es sich aber verhalten, wenn der Patentschutz nur in einem kleinen Mitgliedstaat besteht, zumal wenn das Patentamt in jenem Mitgliedstaat für eine großzügige Erteilungspraxis bekannt ist. In keinem Fall rechtfertigt Art 34 AEUV eine klare Lüge: Findet sich etwa auf einer Ware der Hinweis „**Patentschutz überall in Europa**", muss diese Angabe stimmen. Das Verbot der Irreführung ist auch dann nicht unverhältnismäßig, wenn die angesprochenen Verkehrskreise ein besonderes Interesse daran haben zu erfahren, ob im Inland ein Schutzrecht besteht. So ist es in hohem Maße irreführend und auch im Hinblick auf die Dienstleistungsfreiheit (Art 56 AEUV) nicht hinzunehmen, wenn ein Franchisegeber in einem Prospekt, mit dem er deutsche Franchisenehmer sucht, auf die im

Rahmen des Franchisevertrages zu lizenzierenden Schutzrechte hinweist, obwohl diese Schutzrechte nur in anderen Mitgliedstaaten, aber nicht im Inland bestehen.

e) Rechtsfolgen irreführender Patentberühmung. Wer sich zu Unrecht eines Patents 5.128 berühmt hat, haftet zwar nicht nur auf **Unterlassung,** sondern bei Verschulden auch auf **Schadensersatz.** Bei der **Berechnung des Schadens,** der durch die Irreführung über eine Patentanmeldung entstanden ist („B P a"), kommt es aber nicht auf den Zustand an, der bestehen würde, wenn nicht der Eindruck eines bereits erteilten Patents erweckt worden wäre, sondern der bestünde, wenn lediglich auf die bekannt gemachte Patentanmeldung („DBP angemeldet") hingewiesen worden wäre (BGH GRUR 1966, 92, 94 – *Bleistiftabsätze*). Ob Umsatzeinbußen wirklich entstanden sind, kann daher fraglich sein. Ist eine Verkehrsverwirrung eingetreten, so sind bei der Schadensberechnung auch die Kosten ihrer Beseitigung durch erhöhte Werbeanstrengungen sowie eine etwaige Einbuße an geschäftlichem Ansehen zu berücksichtigen. Entfällt ein Patentschutz, so ist ein weiterer Hinweis darauf unzulässig; doch wird nach Lage des Falles eine angemessene **Aufbrauchsfrist** für die schon im Verkehr befindlichen und mit nicht leicht entfernbarem Patenthinweis versehenen Waren zuzubilligen sein.

4. Irreführende Schutzrechtsverwarnung

Die traditionelle Begründung der Rspr, dass es sich bei der unberechtigten Schutzrechtsver- 5.129 warnung um einen **Eingriff in den eingerichteten und ausgeübten Gewerbebetrieb** nach § 823 I BGB handelt (vgl BGHZ 38, 200, 203 f – *Kindernähmaschinen;* BGH GRUR 1997, 741, 742 – *Chinaherde*), war vor der Entscheidung des Großen Senats für Zivilsachen des BGH v 15. 7. 2005 (GRUR 2005, 882 – *Unberechtigte Schutzrechtsverwarnung;* dazu § 4 Rdn 10.174 ff und § 12 Rdn 1.72) immer **stärker in die Kritik geraten** (vgl nur OLG Düsseldorf GRUR-RR 2002, 213; OLG Düsseldorf GRUR 2003, 814, 815; *Deutsch* WRP 1999, 25 ff; Ahrens/ Deutsch Kap 3 Rdn 20 ff; *Ullmann* GRUR 2001, 1027, 1028 ff). Damit wurden die wettbewerbsrechtlichen Tatbestände, die bei einer unberechtigten Schutzrechtsverwarnung erfüllt sein können, stärker ins Blickfeld gerückt. Neben dem **Behinderungstatbestand** (§ 4 Nr 10; dazu § 4 Rdn 169 ff) ist dies in den Fällen der Abnehmerverwarnung die **Irreführung** (§ 5) und zusätzlich die **Anschwärzung** (§ 4 Nr 8) und die **Herabsetzung von Mitbewerbern** (§ 4 Nr 7). Zur Anwendung des § 5 auf die Verwarnung von Mitbewerbern s Rdn 2.15.

Eine **irreführende Schutzrechtsverwarnung** ist stets wettbewerbswidrig. Gegenüber dem 5.130 Vorwurf der Irreführung ist dem Verwarner der Einwand verwehrt, er habe nichts anderes getan, als einen (vermeintlichen) Unterlassungsanspruch auf Grund einer Schutzrechtsverletzung durchzusetzen. Er kann sich nicht darauf berufen, es müsse in dem dafür vorgesehenen Streitverfahren (Verletzungsklage oder negative Feststellungsklage) geklärt werden, ob dieser Anspruch besteht. Die irreführende Schutzrechtsverwarnung steht daher nicht unter einem verfahrensrechtlichen Privileg.

Irreführend ist eine Schutzrechtsverwarnung jedenfalls, wenn sie objektiv **unzutr Angaben** 5.131 enthält, wenn also der Schutzanspruch des Patents unrichtig wiedergegeben oder über den Umstand getäuscht wird, dass das angemeldete Schutzrecht noch nicht eingetragen ist. Dagegen ist es keine unzutr Angabe, wenn der Verwarner seine Einschätzung mitteilt, dass die Vorrichtung des Verwarnten sein Schutzrecht verletzt. Dabei ist dem Verwarner zu empfehlen, den subjektiven Charakter dieser **Meinungsäußerung** in der Verwarnung, vor allem im Falle der Abnehmerverwarnung, zum Ausdruck zu bringen („stellt nach unserer Einschätzung eine Verletzung unseres Patents DE-... dar"). Darüber hinaus können den Verwarner aber auch **Aufklärungspflichten** treffen (§ 5a), wenn abzusehen ist, dass eine objektiv zutr Aussage falsch verstanden wird oder ihr eine Bedeutung beigemessen wird, als ihr in Wirklichkeit nicht zukommt (s § 5 a Rdn 9). So ist es irreführend, wenn der Schutzrechtsinhaber ein für ihn günstiges Patentverletzungsurteil des Landgerichts an gewerbliche Abnehmer des Herstellers verschickt, ohne darauf hinzuweisen, dass der Beklagte Berufung gegen dieses Urteil eingelegt hat. Denn ein erheblicher Teil der Adressaten wird den Eindruck gewinnen, es handele sich um eine abschließende Entscheidung (BGH GRUR 1995, 424 – *Abnehmerverwarnung* zu § 1 UWG aF).

V. Unrichtige Angaben über Befähigung und Qualifikation

1. Handwerkliche Leistungen

a) Allgemeines. Wer unberechtigt ein Handwerk als selbstständiges Gewerbe betreibt, ohne 5.132 auf Grund des Nachw seiner Befähigung durch eine Meisterprüfung in die Handwerksrolle eingetragen zu sein (§§ 1, 7 HandwO), handelt nach § 117 I Nr 1 HandwO ordnungswidrig. Gleiches gilt nach § 117 I Nr 2 HandwO, wer entgegen § 51 HandwO die Bezeichnung „Meister" führt. Unabhängig von der gewerberechtlichen Ahndung kann das Verhalten eines sich handwerklich betätigenden Nichthandwerkers auch **wettbewerbswidrig** sein, und zwar zum einen unter dem Gesichtspunkt des Rechtsbruchs (§ 4 Nr 11; vgl § 4 Rdn 11.79), zum anderen unter dem der **Irreführung** nach § 5, wenn mit handwerklichen Bezeichnungen, Begriffen oder Hinweisen geworben wird, die auf ein Handwerk hindeuten und geeignet sind, Nachfrager über die **Qualifikation** des Anbieters zu täuschen. Ob dies der Fall ist, lässt sich nur nach Lage des Einzelfalls beurteilen. Eine der HandwO unterliegende handwerkliche Tätigkeit setzt voraus, dass es sich um **wesentliche Handwerkstätigkeiten** handelt, die den Kernbereich eines Handwerks ausmachen und ihm sein essentielles Gepräge geben; sonst liegt nur ein Minderhandwerk vor, das der HandwO **nicht** unterliegt (BGH GRUR 1992, 123, 124 – *Kachelofenbauer II*). – Nur wenn die beworbene handwerkliche Tätigkeit **einem Handwerksbetrieb iSd § 1 I HandwO vorbehalten** ist, ist eine **irreführende** Berühmung bes handwerklicher Tätigkeiten nach § 5 unzulässig (vgl BGH GRUR 1989, 432, 433 – *Kachelofenbauer I*; BGH GRUR 1992, 123, 124 – *Kachelofenbauer II;* OLG Dresden WRP 1995, 731; OLG Zweibrücken WRP 1997, 795, 797).

5.133 **b) Beispiele.** Das Angebot von Glas- und Gebäudereinigung ohne Einschränkung auf bestimmte Leistungen erweckt den Eindruck, dass der Werbende auf diesem Gebiet **sämtliche Tätigkeiten** ausführen darf und ist irreführend, wenn der Werbende nicht in die Handwerksrolle eingetragen ist (OLG Karlsruhe OLG-Rp 1998, 73). Wer nur über die berufliche Qualifikation als Tischlermeister verfügt, handelt irreführend, wenn er für die handwerkliche Tätigkeit **Trockenbau** wirbt. Das gilt auch, wenn diese Tätigkeit dem Tätigkeitsbereich verschiedener Handwerke unterfällt, jedoch nicht deutlich darauf hingewiesen wird, dass die beworbene Leistung ausschließlich für und im Zusammenhang mit der dem werbenden Handwerker **erlaubten** Tätigkeit (Innenbau) angeboten wird (BGH GRUR 1993, 397 – *Trockenbau*). Eine Irreführung wurde bejaht, wenn ein nicht in die Handwerksrolle eingetragener Unternehmer seinen Betrieb als **Gebäudereinigung** bezeichnet (OLG Stuttgart WRP 1986, 358; OLG Koblenz WRP 1988, 555). Wer handwerkliche Leistungen anbietet, die wesentlich zum Berufsbild des Maler- und Lackierer-Handwerks gehören, ohne in die Handwerksrolle eingetragen zu sein, verstößt gegen die Bestimmungen der HandwO und unter dem Gesichtspunkt des Rechtsbruchs gegen § 4 Nr 11 (vgl OLG Hamm WRP 1999, 455).

5.134 Auch handwerkliche **Nebenbetriebe,** die mit einem Unternehmen des Handwerks, der Industrie, des Handels, der Landwirtschaft und sonstiger Berufszweige verbunden sind und in denen Waren zum Absatz an Dritte hergestellt oder Leistungen für Dritte handwerksmäßig bewirkt werden, müssen nach § 2 Nr 3 HandwO in die **Handwerksrolle** eingetragen werden, es sei denn, dass eine solche Tätigkeit nur in **unerheblichem Umfang** ausgeübt wird, oder es sich um einen unselbstständigen, der wirtschaftlichen Zweckbestimmung des Hauptbetriebes dienenden Handwerksbetrieb (Hilfsbetrieb) handelt (§ 3 HandwO). **Unerheblich** ist eine handwerksmäßige Tätigkeit nach § 3 II HandwO, wenn sie während eines Jahres den durchschnittlichen Umsatz und die durchschnittliche Arbeitszeit eines ohne Hilfskräfte arbeitenden Betriebes des betreffenden Handwerkszweiges nicht übersteigt. Wer sich auf die **Unerheblichkeitsgrenze** beruft, muss **beweisen,** dass diese Grenze nicht überschritten ist. Für eine unterhalb der Unerheblichkeitsgrenze liegende **erlaubte** handwerkliche Tätigkeit darf auch in zurückhaltender Weise geworben werden, ohne dass falsche Vorstellungen über Inhalt und Umfang der beworbenen Tätigkeit geweckt werden. – Ein Altbausanierer, der einige der angebotenen Leistungen mangels Eintragung in die Handwerksrolle nicht selbst ausführen kann und deshalb Subunternehmer beauftragen muss, verstößt gegen § 5, wenn er mit der Angabe „*Übernahme sämtlicher Handwerksleistungen*" wirbt (vgl OLG Stuttgart WRP 1988, 563). Die Werbeaussage „*Wir ... dekorieren*" enthält nicht die Vortäuschung handwerklicher Qualifikation, wenn damit lediglich das Aufhängen fertig vorbereiteter Gardinen gemeint ist (OLG Zweibrücken WRP 1997, 795, 797). Eine KG darf sich in der Werbung nicht als **„Der erfahrene Meisterbetrieb"** bezeichnen, wenn ihr persönlich haftender Gesellschafter nicht die Meisterprüfung bestanden hat, sondern nur in ihrem Betrieb ein Meister tätig ist (OLG Düsseldorf GRUR 1973, 33).

2. Titel und Berufsbezeichnungen

Schrifttum: *Ottofülling,* Der „Bausachverständige" und die wettbewerbsrechtlichen Implikationen, DS 2008, 53.

a) **Allgemeines.** Gegen § 5 verstößt, wer für sich Bezeichnungen verwendet, namentlich **5.135**
akademische Grade, Titel, Berufsbezeichnungen, Prüfungszeugnisse, die das Vertrauen
der Verbraucher gewinnen und ihre Nachfrageentscheidung anregen sollen (vgl BGH GRUR
1989, 516, 517 – *Vermögensberater*).

b) **Akademische Grade. aa) Professorentitel.** Die Führung des Professorentitels setzt eine **5.136**
entspr **Verleihung durch eine Hochschule** voraus. Die Verwendung des Professorentitels in
einer Werbung für eine medizinische Therapie ist nicht irreführend, wenn die Therapie von
einem Wissenschaftler entwickelt wurde, der zwar keine medizinische Ausbildung absolviert hat,
dem aber der Professorentitel für seine Leistungen auf dem Gebiet der Physik verliehen worden
ist (BGH GRUR 1995, 612, 613 – *Sauerstoff-Mehrschritt-Therapie*). Die Werbung mit „Prof. h. c.
(GCA)" oder „Prof." oder „Professor" ist irreführend, wenn der Arzt, der Träger dieser Titel zu
sein vorgibt, nicht darlegt, dass ihm die Ehrenprofessur für konkrete Leistungen auf dem Gebiet
der Medizin verliehen worden ist.

bb) **Doktortitel.** Der Doktortitel setzt unabhängig von der Fakultätszugehörigkeit eine **5.137**
abgeschlossene Hochschulausbildung voraus und bietet im Verkehr eine erhöhte Gewähr für
die Fähigkeiten, die Zuverlässigkeit und den guten Ruf seines Trägers (BGHZ 53, 65, 68 =
GRUR 1970, 320 – *Doktor-Firma*; BGH GRUR 1959, 375, 376 – *Doktortitel*; BGH GRUR
1992, 121 – *Dr. Stein ... GmbH*). Irreführend ist es daher, wenn im Firmennamen ein Doktortitel enthalten ist, obwohl kein Gesellschafter diesen Grad führt oder wenn zwar ein Gesellschafter den Titel führt, er aber nur **Strohmann** ist. Das gilt auch für die Personenfirma einer
GmbH (BGHZ 65, 89, 92). Welche Bedeutung dem Doktortitel in einer bestimmten Firma
zukommt, beurteilt sich nach den Umständen des Einzelfalls, insbes nach dem Gegenstand des
Unternehmens. Führt der Inhaber eines Rundfunkeinzelhandelsgeschäfts seinen Doktortitel der
Medizin ohne Angabe der Fakultät in der Firma, so liegt keine relevante Irreführung vor (BGH
GRUR 1959, 375, 376 – *Doktortitel*).

Zur **Weiterführung des Dr.-Titels** ist bei einer abgeleiteten Firma ein Nachfolgezusatz zu **5.138**
verlangen (RGZ 162, 121; RGZ 169, 150; BGH GRUR 1998, 391 – *Dr. St. ... Nachf.*). Der
selbst nicht promovierte **Erwerber eines Maklergeschäfts** darf daher einen in der übernommenen Firmenbezeichnung enthaltenen Doktortitel ohne Nachfolgezusatz nicht beibehalten
(BGHZ 53, 65, 68 = GRUR 1970, 320 – *Doktor-Firma*; LG Stuttgart WRP 2009, 496). Eine
Personengesellschaft, die **Bankgeschäfte** betreibt, darf in der Firma nicht als einzigen Familiennamen den eines früheren Gesellschafters mit Doktortitel ohne Nachfolgezusatz verwenden
(OLG Koblenz GRUR 1988, 711, 712). – Wird ein als **Gruppenbezeichnung** für eine
bestimmte Art von Arzneimitteln verwendeter Herstellers durchgesetzter Personenname – „Dr. S-
Arzneimittel" – zugleich als Firma des Herstellerunternehmens (GmbH) im Handelsregister
eingetragen, ohne dass der Träger dieses Namens Gesellschafter der derzeitigen Inhabergesellschaft ist und ohne früher dieser Gesellschaft oder ihren Rechtsvorgängern angehört zu haben, so
ist trotz der Durchsetzung im Verkehr die Möglichkeit einer Täuschung nicht ganz unerheblicher
Verkehrskreise **nicht** ausgeschlossen (BGH GRUR 1990, 604, 605 – *Dr. S-Arzneimittel*); nur ein
ungewöhnlich hoher Grad der Durchsetzung als reine Gruppenbezeichnung kann die Möglichkeit einer nach § 5 beachtlichen Irreführung ausschließen (OLG Hamburg GRUR 1993, 690). –
Scheidet ein den akademischen Grad führender Gesellschafter, der nur als **Strohmann** fungierte,
aus der Gesellschaft aus, so wird der Verkehr nicht mehr getäuscht, wenn zurzeit der Letzten
mündlichen Verhandlung eine **andere den Doktor-Titel führende Person** Gesellschafter
geworden ist und nicht nur die Stellung eines Strohmanns hat, sondern einen bestimmenden
Einfluss in der Gesellschaft ausübt (BGH GRUR 1992, 121 – *Dr. Stein ... GmbH*).

cc) **Diplomingenieur.** Bei dem Titel „**Diplomingenieur**" handelt sich um einen ge- **5.139**
schützten akademischen Grad, auch wenn er heute – nach den Bologna-Reformen – in
Deutschland nicht mehr vergeben wird. Nur Personen, die das Abschlusszeugnis einer Hochschule über eine Ingenieurausbildung besitzen, dürfen den akademischen Grad „Dipl.-Ing." oder
„Dr.-Ing." führen, und zwar ohne Zusatz die Absolventen einer Technischen Hochschule, mit
dem Zusatz „FH" die Absolventen einer Fachhochschule und mit dem Zusatz „BA" die Absolventen einer Berufsakademie. In der Geschäftsbezeichnung eines **Ingenieurbüros** darf der
Titel „Diplom-Ingenieur" nicht verwendet werden, wenn keiner der Inhaber des Büros zur
Führung dieses Titels berechtigt ist. Das gilt auch, wenn der frühere, inzwischen verstorbene
Inhaber des Büros zur Titelführung berechtigt war und auf die gegenwärtigen Inhaber durch
Namensnennung ohne Beifügung des Titels „Diplom-Ingenieur" hingewiesen wird (BGH
GRUR 1965, 610 – *Diplom-Ingenieur*). Dadurch wird eine Irreführung nicht ausgeschlossen; der

Verkehr erwartet überwiegend von einem Diplom-Ingenieur bessere Leistungen als von einem nichtakademischen Ingenieur. Auch wenn dessen Leistungen gleichwertig oder sogar besser sein sollten, darf nicht mit irreführenden Bezeichnungen geworben werden.

5.140 **dd) Ausländische akademische Grade.** Ihre Führung ausländischer akademischer Grade ist grds nur erlaubt mit Genehmigung des Kultusministeriums oder auf Grund bilateraler Abkommen wie zB mit Österreich. Die Titel sind so zu **führen, wie sie verliehen** sind. Eine Dienstbezeichnung ist in Deutschland der Professortitel (§§ 42 ff HRG). Die Verwendung des **Professorentitels in der Arzneimittel-** oder in der **Arztwerbung** ist irreführend, wenn es sich um eine außerordentliche Professur an einer ausländischen Universität handelt und es an den typischen Merkmalen für das Professorenamt fehlt (BGH GRUR 1987, 839 – *Professorentitel in der Arzneimittelwerbung;* BGH GRUR 1989, 445 – *Professorenbezeichnung in der Arztwerbung I).* – Eine relevante Irreführung liegt aber nicht vor, wenn beachtliche Teile des Verkehrs annehmen, ein in Deutschland geführter Professortitel sei dem Träger auch **in Deutschland verliehen** worden, und ihm deshalb eine höhere Wertschätzung entgegenbringen als einem im Ausland erworbenen Titel. Maßgeblich ist vielmehr, ob der ausländische Titel im konkreten Fall unter Umständen und Voraussetzungen verliehen worden ist, die denen entsprechen, die der Verkehr mit einem Professorenamt und mit der Verleihung eines Professorentitels verbindet (BGH GRUR 1992, 525 – *Professorenbezeichnung in der Arztwerbung II; Schricker* EWiR 1992, 707). Das trifft jedoch nicht zu, wenn die Führung des von einer Universität in Südamerika verliehenen Professorentitels deshalb verwehrt ist, weil die Lehrtätigkeit nicht die **Qualitätsmerkmale** erfüllt hatte, die nach dem Verständnis der inländischen Verkehrskreise Voraussetzung für die Verleihung des Professorentitels sind (BGH GRUR 1998, 487 – *Professorenbezeichnung in der Arztwerbung III).* – Der von einem Zahnarzt an der (österreichischen) Donau-Universität Krems erworbene Titel eines „**Master of Science Kieferorthopädie**" kann nicht als irreführend untersagt werden, auch wenn der Verkehr vermuten mag, es handele sich um eine dem Facharzt für Kieferorthopädie gleichwertige Qualifikation (BGH GRUR 2010, 1024 Tz 29 – *Master of Science Kieferorthopädie).*

5.140a **ee) Sonstiges.** Die Bezeichnung „**Fachexperte für Psychologie**" lässt den Verkehr eine akademische Ausbildung erwarten. Dem kann eine auf Selbststudium beruhende Ausbildung nicht genügen (OLG Karlsruhe GRUR-RR 2008, 179). – Wirbt ein Diplom-Wirtschaftsjurist (FH), der weder Volljurist noch als Rechtsanwalt zugelassen ist, mit den Bezeichnungen „**Wirtschaftsjurist**" und „Wirtschaftsjuristenkanzlei", liegt darin eine Irreführung über seine Qualifikation, weil der Verkehr anwaltliche Dienste erwartet. Um einer Irreführung entgegenzuwirken, muss er seine berufliche Qualifikation als Dipl.-Wirtschaftsjurist (FH) angeben (OLG Hamm GRUR-RR 2007, 294, 296).

5.141 **c) Adelstitel.** Irreführend ist auch die missbräuchliche Aufnahme **adliger** und **fürstlicher Namen** in die Firma, um dadurch bes vertrauensvoll zu wirken (BGH v 9. 6. 1972 – I ZR 4/71 – „Fürst zu Schwarzburg Weinhandelsgesellschaft mbH"). – Hierin liegt ein Verstoß gegen § 5.

5.142 **d) Sachverständiger.** Als irreführend ist es angesehen worden, wenn die **freie Sachverständigentätigkeit** mit der Ausübung eines **Gewerbes** verknüpft wird; denn der Verkehr nehme irrig an, der Gewerbetreibende sei auch im Geschäftsleben mehr unabhängiger und unparteiischer Gutachter als ein am Verkauf interessierter Geschäftsmann. Ein Juwelier dürfe daher im Zusammenhang mit dem Verkauf von Schmuckwaren nicht als „Sachverständiger für Edelsteine" oder als „Diamant-Sachverständiger" werben (KG WRP 1977, 403, 405). Handelt es sich bei dem Juwelier um Inhaber eines Ladengeschäfts, der dort dem Publikum entgegentritt, erscheint diese Besorgnis jedoch übertrieben. Denn der verständige Durchschnittsverbraucher weiß, dass der ihm gegenübertretende Juwelier kaufmännische Interessen verfolgt.

5.142a Die Bezeichnung „**geprüfter Sachverständiger**" deutet auf eine gegenüber den Mitbewerbern erhöhte Qualifikation und insbes darauf hin, dass die Qualifikation in einer amtlich festgelegten einheitlichen Prüfung unter Beweis gestellt worden ist. Die Bezeichnung ist irreführend, wenn der Betreffende nach einem Lehrgang an der IHK lediglich eine Zertifizierung erhalten hat. In diesem Fall wäre die Bezeichnung „**Gutachter mit Zertifizierung durch die IHK**" nicht zu beanstanden (LG Kiel GRUR-RR 2009, 184).

5.143 Die Verwendung eines **Rundstempels** durch einen freien Sachverständigen verstößt gegen das Irreführungsverbot, wenn dadurch im Verkehr der irrige Eindruck erweckt wird, es handele sich um einen **öffentlich bestellten und vereidigten Sachverständigen**. Ob das generell der Fall ist oder ob dabei auf die Umstände des Einzelfalls abzustellen ist, ist umstr (für ein generelles Verbot OLG München WRP 1981, 483 und WRP 1983, 528; OLG Bamberg WRP 1982, 158; OLG Düsseldorf WRP 1988, 278; OLG Köln GRUR 1999, 375 [LS]; für ein Abstellen auf die

Umstände des Einzelfalls OLG Hamm GRUR 1987, 57; OLG Stuttgart WRP 1987, 334). Die Irreführung liegt jedenfalls in aller Regel nahe, nicht nur weil der Rundstempel an das Dienstsiegel einer Behörde erinnert und auch sonst meist von Einrichtungen verwendet wird, die ihre Autorität auf eine staatliche Verleihung zurückführen, sondern weil auch die Sachverständigenordnungen der Industrie- und Handelskammern, der Handwerks-, der Landwirtschafts-, der Ingenieurs- und der Architektenkammern ausdrücklich vorsehen, dass der öffentlich bestellte und vereidigte Sachverständige einen Rundstempel als Zeichen seiner öffentlichen Bestellung erhält und benutzen darf.

Ein Kraftfahrzeugmeister, der von der **Handwerkskammer** als Sachverständiger für das Kraftfahrzeugmechaniker-Handwerk bestellt und vereidigt worden ist, darf sich im amtlichen Telefonbuch nicht als „Kfz-Mstr vereid Kfz-Sachverst" eintragen lassen, ohne die Sparte des Kfz-Wesens anzugeben, für die er als Sachverständiger bestellt und vereidigt ist (OLG Hamm GRUR 1983, 673). – Als **Sachverständiger** für Kfz darf sich nur bezeichnen, wer auf diesem Sachgebiet eine überdurchschnittliche Sachkunde besitzt (OLG Hamm WRP 1997, 972, 974). – Auch wenn ein **Kfz-Sachverständiger** mit dem Hinweis auf Anerkennung durch eine private Einrichtung wirbt, zB einen Automobilklub oder eine Verbrauchervereinigung, der vom Publikum die erforderliche Qualifikation, Unabhängigkeit und Objektivität beigemessen wird, ist das unzulässig, wenn der irrige Eindruck entsteht, dass der anerkannte Sachverständige gegenüber seinen Mitbewerbern eine deutlich überragende Qualifikation besitzt und diese in einer Prüfung vor einer dafür kompetenten Stelle unter Beweis gestellt hat (BGH GRUR 1984, 740 – *Anerkannter Kfz-Sachverständiger*). Der Verkehr erwartet nicht nur von öffentlich bestellten und vereidigten **Sachverständigen,** an deren Sachkunde und Unabhängigkeit hohe Anforderungen gestellt werden, sondern auch von einem schlichten Sachverständigen uneingeschränktes Fach- und Erfahrungswissen (BGH GRUR 1997, 758 – *Selbsternannter Sachverständiger;* OLG Köln NJWE-WettbR 1998, 3; GK/*Lindacher* § 3 Rdn 424 ff, 430). Wer von der Handwerkskammer nach § 91 I Nr 8 HandwO zum **Sachverständigen für das Kraftfahrzeugmechanikerhandwerk** bestellt ist, darf beim Angebot und bei der Erstattung von Gutachten über Kfz-Unfallschäden nicht hierauf hinweisen, wenn er in den Gutachten – über den Umfang seiner öffentlichen Bestellung hinaus – auch Feststellungen über die Art und die Unfallbedingtheit der Schäden und/oder über den Minder- oder Restwert des Fahrzeugs trifft (BGH GRUR 1985, 56, 57 – *Bestellter Kfz-Sachverständiger*).

3. Gesetzlich geschützte Berufsbezeichnungen

a) **Allgemeines.** Viele **Berufsbezeichnungen** sind heute **gesetzlich geschützt.** Die Voraussetzungen, unter denen die Berufsbezeichnung geführt werden darf, sind meist zugleich die Voraussetzungen für die Ausübung der Berufstätigkeit. Stets irreführend ist es, ohne die entspr Erlaubnis eine derartige Berufsbezeichnung zu führen. Die unbefugte Führung bestimmter Berufsbezeichnungen ist strafbar nach § 132 a StGB.

b) **Arzt, Zahnarzt, Tierarzt.** Diese Bezeichnungen sind staatlich geprüften Akademikern vorbehalten. Die Berufsbezeichnung „**Arzt**" oder „**Ärztin**" darf nach § 2a BÄrzteO idF der Bek v 16. 4. 1987 (BGBl I 1218, zuletzt geändert durch G v 24. 7. 2010, BGBl I 983) nur führen, wer von der zuständigen Landesbehörde als Arzt approbiert oder unter bes Voraussetzungen auf Grund einer Erlaubnis zur vorübergehenden Ausübung des ärztlichen Berufs befugt ist. Zur Berufsbezeichnung „**Zahnarzt**" vgl § 1 I 2 Gesetz über Ausübung der Zahnheilkunde idF der Bek v 16. 4. 1987 (BGBl I 1225, zuletzt geändert durch G v 24. 7. 2010, BGBl I 983). Zur Berufsbezeichnung „**Tierarzt**" vgl § 3 BTierÄrzteO idF der Bek v 20. 11. 1981 (BGBl I 1193, zuletzt geändert durch G v 11. 12. 2007, BGBl I 2882). „**Facharzt**" ist kein bes ärztlicher Beruf (BVerfGE 33, 125, 152). Er muss über die notwendigen Einrichtungen zur Ausübung seiner fachärztlichen Tätigkeit verfügen, muss sich grds auf sein Spezialgebiet beschränken; doch ist die Führung mehrerer Fachbezeichnungen nicht schlechthin unzulässig (BVerfG aaO).

Die **Führung des Doktortitels** bei Ausübung der Heilkunde enthält konkludent die Behauptung, es handelt sich um den Dr. med. (ebenso GK/*Lindacher* § 3 Rdn 394). – **Im Ausland approbierte Ärzte** dürfen sich im Wettbewerb Arzt nur nennen, wenn sie nach § 2 BÄrzteO im Inland den Arztberuf ausüben dürfen. – Die Bezeichnung „**Naturarzt**" für einen Heilpraktiker ist in Deutschland – anders als in der Schweiz – ungewöhnlich. Die Bezeichnung „Naturärzte" im Vereinsnamen eines in Deutschland ansässigen Verbandes Freier Heilpraktiker ist daher zur Irreführung iSd § 5 I geeignet, wenn der Verband nicht auch die berufsständischen Interessen von Ärzten wahrnimmt (OLG Köln OLG-Rp 2006, 577).

5.147 Die Existenz einer **Facharztbezeichnung** führt noch nicht dazu, dass die Werbung mit der entspr Tätigkeit – wenn sie auch ohne Facharztausbildung ausgeübt werden darf – irreführend ist. So dürfen Zahnärzte, die in diesem Bereich nachhaltig tätig sind, mit dem „**Tätigkeitsschwerpunkt Kieferorthopädie**" werben, obwohl es eine geschützte Gebietsbezeichnung „Facharzt/Fachärztin für Kieferorthopädie" gibt (OLG Schleswig Urt v 3. 2. 2004 – 6 U 36/03; NZB zurückgewiesen: BGH Beschl v 9. 9. 2004 – I ZR 32/04).

5.148 c) **Heilpraktiker. Heilpraktiker** darf sich nur nennen, wer eine entspr Erlaubnis besitzt (§ 1 III HeilpraktikerG). Dagegen ist die Berufsbezeichnung **Tierheilpraktiker** nicht gesetzlich geschützt (BGH GRUR 2000, 73, 74 – *Tierheilpraktiker*); hierauf braucht von einem Tierheilpraktiker nicht hingewiesen zu werden (OLG Celle WRP 1996, 1167, 1168; aM OLG Hamm NJW-RR 1995, 1070). Die Verwendung der gesetzlich nicht geschützten Berufsbezeichnung „Tierheilpraktiker" durch Personen, die – ohne Arzt zu sein – bei der Behandlung von Tieren Naturheilverfahren anwenden und eine entspr Ausbildung abgeleistet haben, ist nicht irreführend, da selbst eine Fehlvorstellung beachtlicher Teile des Verkehrs über das Erfordernis einer – nicht bestehenden – staatlichen Erlaubnispflicht im Rahmen der gebotenen Interessenabwägung als nicht schützenswert anzusehen ist (BGH GRUR 2000, 73, 75 – *Tierheilpraktiker*). – Irreführend ist die Berufsbezeichnung „**exam. med. Fußpfleger**", da sie den Eindruck erweckt, der medizinische Fußpfleger habe eine Ausbildung nach einer staatlichen Ausbildungsordnung mit entsprechendem Abschlussexamen durchlaufen (OLG Frankfurt NJWE-WettbR 1996, 13). Ein Heilpraktiker, der mit seiner Berufsbezeichnung die Angaben „**prakt. Psychologe**" und/oder „**Intern-Medizin**" verbindet, täuscht eine bes Befähigung, akademische Ausbildung oder zumindest eine bes behördliche Genehmigung oder Prüfung, vor (BGH GRUR 1985, 1064 – *Heilpraktikerbezeichnung*). – Bei einem Tierbehandler ist die Bezeichnung „**Naturheilpraxis für Tiere**" irreführend, weil sie nicht hinreichend deutlich macht, dass hier kein Tierarzt mit bes Behandlungsmethoden tätig wird (OLG München WRP 1996, 603). – Zur Bezeichnung „**Naturarzt**" für einen Heilpraktiker Rdn 5.146 a.

5.149 d) **Anwalt, Rechtsanwalt, Fachanwalt.** Anwalt ist nach der Verkehrsanschauung der **Rechtsanwalt, ein unabhängiges Organ der Rechtspflege.** Nur wer zur Rechtsanwaltschaft zugelassen ist, darf die Berufsbezeichnung „Rechtsanwalt" führen (§ 12 BRAO; BGHSt 26, 131). – Als „**Patentanwalt**" darf sich nach § 19 II PatAnwO v 7. 9. 1966 (BGBl I 557, zuletzt geändert durch G v 14. 8. 2009, BGBl I 2827) nur bezeichnen, wer zur Patentanwaltschaft **zugelassen** ist. – **Rechtsbeistand** dürfen sich nur die nach dem RBerG zugelassenen Rechtsberater nennen. – Der Versuch, Rechtsanwälten mit Hilfe des Irreführungsverbots **werbemäßige Anpreisungen** ihrer Tätigkeit oder in der Berufsordnung nicht vorgesehene **Hinweise auf Spezialkenntnisse** zu untersagen, sind enge **verfassungsrechtliche Grenzen** gesetzt. Als unbedenklich wurde bspw angesehen, dass ein Rechtsanwalt eine „**optimale Interessenvertretung**" ankündigt (BVerfG NJW 2003, 1307) oder sich auf dem Briefkopf als „**Spezialist für Verkehrsrecht**" bezeichnet (BVerfG Beschl v 28. 7. 2004 – 1 BvR 159/04). – Zum Verbot der Anpreisung „**Ihre Rechtsfragen sind unsere Aufgabe**" durch das OLG Köln (NJW 1999, 63) hat das BVerfG (Beschl v 1. 12. 1999 – 1 BvR 1638/99) bemerkt, es sei „nur schwer vorstellbar, dass durch die(se) Aussage ... ein irreführender Eindruck bei den Rechtsuchenden entstehen kann". – Der Domainname „**presserecht.de**" eines auf Presserecht spezialisierten Anwalts, der unter dieser Adresse auch sachliche Informationen zum Thema angeboten hatte, ist vom Anwaltssenat des BGH ebenfalls nicht als irreführend angesehen worden (BGHZ 153, 61, 66 f). – Zur Bezeichnung „**Wirtschaftsjurist**" s Rdn 5.140 a.

5.149a Unter einem **Fachanwalt** versteht der Verkehr einen Rechtsanwalt, der auf ein bestimmtes Fachgebiet spezialisiert ist und eine entsprechende **Zusatzqualifikation** erworben hat (BGH GRUR 2007, 807 Tz 12 – *Fachanwälte*). Die Verwendung des Begriffs „Fachanwälte" als Zusatz zu der Kurzbezeichnung einer **überörtlichen Anwaltssozietät** auf einem Praxisschild oder auf dem Briefkopf setzt voraus, dass eine den Plural rechtfertigende Zahl von Sozietätsmitgliedern Fachanwälte sind. Nicht erforderlich ist es, dass an jedem Standort, an dem der Zusatz verwendet wird, ein oder mehrere Fachanwälte tätig sind (BGH GRUR 2007, 807 Tz 13 – *Fachanwälte*; anders noch die Vorinstanz OLG Bremen OLG-Rp 2005, 44). Allerdings muss die Sozietät – wenn sie in ihrer Kurzbezeichnung den Begriff „Fachanwälte" verwendet – immer dann, wenn die Mitglieder der Sozietät namentlich aufgeführt sind (Briefkopf, Türschild etc), genau bezeichnen, wer welche Zusatzqualifikation erworben hat (BGH GRUR 2007, 807 – *Fachanwälte*). – Die Bezeichnung „**Erster Fachanwalt für Erbrecht in ...**" ist irreführend, auch wenn der fragliche Anwalt der Erste war, der in dieser Stadt die jeweilige Zusatzqualifikation erworben hat;

denn es entsteht der unzutreffende Eindruck einer gesetzlich vorgesehenen besonderen Qualifikation (OLG Bremen NJW 2007, 1539).

e) Wirtschaftsprüfer, Steuerberater. Nur wer zum Wirtschaftsprüfer öffentlich bestellt ist, darf die Berufsbezeichnung „Wirtschaftsprüfer" führen (§§ 1, 18, 132, 133 WPO idF der Bek v 5. 11. 1975, BGBl I 2803, zuletzt geändert durch G v 29. 7. 2009, BGBl I 2274). Verboten ist die Führung der Bezeichnung „Buchprüfer", „Bücherrevisor" oder „Wirtschaftstreuhänder". Eine Ausnahme besteht für die zurzeit des In-Kraft-Tretens des Gesetzes bestellten Buchprüfer (Bücherrevisoren) und zugelassenen Buchprüfungsgesellschaften. – **Steuerberater** dürfen sich nur die von der zuständigen Steuerberaterkammer als Steuerberater bestellten Personen nennen (§§ 40 I, 43 IV 1 StBerG idF der Bek v 4. 11. 1975, BGBl I 2735, zuletzt geändert durch G v 30. 7. 2009, BGBl I 2449). Sie dürfen sonstige Berufsbezeichnungen nur führen, wenn sie ihnen, wie zB beim Rechtsanwalt oder Wirtschaftsprüfer, **amtlich** verliehen worden sind. – **Rechtsanwälte** dürfen bei entspr Qualifikation die Bezeichnung „Fachanwalt für Steuerrecht" oder „Steuerberater" zum Hinweis auf ihre Tätigkeit in Steuersachen verwenden, ferner die Bezeichnung „Wirtschaftsprüfer", wenn sie dafür die Voraussetzungen erfüllen. – „JUS-Steuerberatungsgesellschaft" deutet auf eine allgemeine und bes qualifizierte rechtswissenschaftliche Ausrichtung des Unternehmens hin oder auf eine Spezialisierung der Steuerberatung auf Angehörige juristischer Berufe; sonst ist die Firmierung irreführend (BGH GRUR 1985, 930 – *JUS-Steuerberatungsgesellschaft*). Auch verstößt die Verwendung des Bestandteils „JUS" gegen die Werbebeschränkungen der §§ 43 IV, 53, 57 I, 72 StBerG.

5.150

f) Architekt. Die Bezeichnungen „Architekt", „Innenarchitekt", „(Garten- und) Landschaftsarchitekt" und „Stadtplaner" sind landesrechtlich geschützt, zB in Baden-Württemberg (ArchitektenG BW idF v 5. 10. 1999, GBl 411, zuletzt geändert durch G v 19. 10. 2010, GBl 745), Bayern (Gesetz über die Bay. Architektenkammer und die Bay. Ingenieurekammer-Bau [BauKaG] v 9. 5. 2007, GVBl 308), vgl BayVerfGH GRUR 1970, 150; Hessen (HessStadtplaner- und ArchitektenG [HSAG] v 23. 5. 2002, GVBl I 182, zuletzt geändert durch G v 15. 12. 2009, GVBl I 716), oder Nordrhein-Westfalen (BaukammernG [BauKaG] v 16. 12. 2003, GVBl 786, zuletzt geändert durch G v 9. 12. 2008, GVBl 774). Ihre Verwendung setzt die **Eintragung in die Architektenliste** voraus. – Eine Werbung mit dem hervorgehobenen Hinweis „**Architektur**" erweckt den Eindruck, dass die beworbenen Leistungen von einem Architekten erbracht werden, der in der Architektenliste eingetragen ist. Die Irreführung wird nicht dadurch ausgeschlossen, dass das werbende Ingenieurbüro Architektenleistungen erbringen darf und auch in der Lage ist, diese Leistungen in gleicher Qualität wie ein Architekt zu erbringen (OLG Karlsruhe WRP 2003, 781, 782; LG Freiburg IBR 2001, 204). – Die Verwendung des Begriffs „**Architektur**" **als Firmenbestandteil** einer GmbH ist als irreführend angesehen worden, obwohl die Alleingeschäftsführerin eingetragene Architektin, die GmbH dagegen nicht in die Architektenliste eingetragen war (OLG Hamm WRP 2002, 1103, 1105; vgl auch OLG Nürnberg GRUR 1983, 453). Das ist nicht haltbar, weil der Verkehr mit der Angabe „Architektur" die (zutr) Vorstellung verbindet, dass die fragliche Gesellschaft von Architekten geleitet wird (so auch OLG Düsseldorf WRP 1996, 564). Auch **von Verfassungs wegen** kann es einer – nicht in die Architektenliste eingetragenen – GmbH nicht untersagt werden, ihre Leistungen in der Werbung mit dem Begriff „Architektur" zu beschreiben, wenn die entspr Mitarbeiter in die Liste eingetragene Architekten sind (BVerfG GRUR 2008, 806 Tz. 18 – *Architektur*). – Auch einer Ingenieursgesellschaft, die auch (angestellte) Architekten beschäftigt, ist es nicht verwehrt, zumindest mit dem Firmenzusatz „**Beratende Ingenieure und Architekten**" zu werben (BVerfG BauR 2004, 1834 (LS); dazu Anm *Meurer* IBR 2004, 700).

5.151

Der Gebrauch der Bezeichnung „**Dipl.-Ing. Architektur**" offenbart dagegen nur den akademischen Grad und stellt keine Berufsbezeichnung iSd Architektengesetze dar, die ausdrücklich das Recht zur Führung akademischer Grade unberührt lassen (OLG Frankfurt OLG-Rp 1999, 243; BGH Beschl v 27. 1. 2005 – I ZR 113/04). – Einem Architekten, der (nur) in einem Bundesland in die Architektenliste eingetragen war, ist es untersagt worden, die Bezeichnung in einem anderen Bundesland, in dem er einen **Zweitwohnsitz** hatte, ins Telefonbuch und Branchenverzeichnis eintragen zu lassen (OLG Koblenz NJW-RR 1996, 3066). – Die Werbung eines nicht in die Architektenliste eingetragenen Küchenstudios mit der Bezeichnung „**Innenarchitektur**" verstößt gegen § 2 HambArchitektenG idF v 26. 3. 1991 (GVOBl 85) und ist wettbewerbswidrig (BGH GRUR 1980, 855 – *Innenarchitektur* mit Anm *Bürglen*).

5.151a

g) Ingenieur. In den im Wesentlichen übereinstimmenden Ingenieurgesetzen der Länder ist eine einheitliche Regelung zum Schutze der Berufsbezeichnung „**Ingenieur**" getroffen worden, zB IngenieurG Baden-Württemberg v 30. 3. 1971 (GBl 105, zuletzt geändert durch G v 17. 12.

5.152

2009, GBl 809), IngenieurG Bayern v 27. 7. 1970 (BayRS 702–2-W, zuletzt geändert durch G v 24. 3. 2010, GVBl 138) oder IngenieurG Nordrhein-Westfalen v 5. 5. 1970 (GVBl 312, zuletzt geändert durch G v 24. 6. 2008, GVBl 489). Danach hat derjenige das Recht, die Berufsbezeichnung „Ingenieur" zu führen, der ein entspr Studium mit Erfolg abgeschlossen hat oder dem durch die zuständige Behörde das Recht verliehen worden ist, die Bezeichnung „Ingenieur (grad.)" zu führen. – Durch bes Landesgesetze geschützt ist die Bezeichnung „**Beratender Ingenieur**", zB § 15 IngenieurkammerG Baden-Württemberg v 8. 1. 1990 (GBl 16, zuletzt geändert durch G v 17. 12. 2009, GBl 809), Gesetz über die Bay. Architektenkammer und die Bay. Ingenieurekammer-Bau [Bau-KaG] v 9. 5. 2007, GVBl 308), BaukammernG Nordrhein-Westfalen v 16. 12. 2003 (GVBl 786, zuletzt geändert durch G v 9. 12. 2008, GVBl 774); ihre Verwendung setzt – wie die Bezeichnung „Architekt" – die Eintragung in eine von der Ingenieurkammer geführte Liste voraus. – Die Bezeichnung „**Ingenieurbüro**" erfordert, dass innerhalb des Büros Ingenieure hauptberuflich arbeiten und sich nicht nur auf die Kontrolle freier Mitarbeiter beschränken; auch müssen die vom Büro erbrachten technischen Leistungen auf die Tätigkeit von Ingenieuren zurückgehen (OLG Frankfurt WRP 1972, 328).

5.153 h) **Sonstige geschützte Bezeichnungen. Meister:** Meister eines Handwerks darf sich nur nennen, wer für dieses die Meisterprüfung bestanden hat (§ 51 HandwO idF der Bek v 24. 9. 1998, BGBl I 3074, zuletzt geändert durch G 17. 7. 2009, BGBl I 2091). Die Berufsbezeichnung „Baumeister" darf nur noch führen, wer am 31. 12. 1980 zur Führung dieser Bezeichnung berechtigt war oder wer noch nach diesem Zeitpunkt die Baumeisterprüfung bestanden hat (§ 2 BauMVAblV v 2. 4. 1979, BGBl I 419). – **Krankenpflegeberufe:** Zu den Bezeichnungen „Gesundheits- und Krankenpfleger(in)", „Gesundheits- und Kinderkrankenpfleger(in)" vgl § 1 KrankenpflegeG idF der Bek v 16. 7. 2003 (BGBl I 1442, zuletzt geändert durch G v 24. 7. 2010, BGBl I 983). – „Hebammen" müssen nach § 2 HebammenG v 4. 6. 1985 (BGBl I 902, zuletzt geändert durch G v 24. 7. 2010, BGBl I 983) staatlich anerkannt sein. – „Technischer Assistent in der Medizin" (MTA-Gesetz v 2. 8. 1993, BGBl I 1515, zuletzt geändert durch G v 2. 12. 2007, BGBl I 2686, 2729). – „Diätassistent" (DiätassistentenG v 8. 3. 1994, BGBl I 466, zuletzt geändert durch G v 2. 12. 2007, BGBl I 2686, 2734). – **Ausbildungsberufe:** Zahlreiche Ausbildungsberufe sind auf Grund von § 4 BerufsbildungsG v 23. 3. 2005 (BGBl I 931, zuletzt geändert durch G v 5. 2. 2009, BGBl I 160) staatlich anerkannt, zB die Berufe „Industriekaufmann/Industriekauffrau" (VO v 23. 7. 2002, BGBl I 2764, zuletzt geändert durch VO v 20. 7. 2007, BGBl I 1518), „Kaufmann/Kauffrau im Groß- und Außenhandel" (VO v 14. 2. 2006, BGBl I 409), „Bankkaufmann/Bankkauffrau" (VO v 30. 12. 1997, BGBl 1998 I 51), „Kaufmann/Kauffrau für Versicherungen und Finanzen" (VO v 17. 5. 2006, BGBl I 1187).

5.154 Die Berufsbezeichnungen „**Masseur und medizinischer Bademeister**" und „**Physiotherapeut**" sind nach dem Masseur- und PhysiotherapeutenG v 26. 5. 1994 (BGBl I 1084, zuletzt geändert durch G v 25. 9. 2009, BGBl I 3158) geschützt; dabei ist die Bezeichnung „Physiotherapeut(in)" an die Stelle der früher üblichen Bezeichnung „Krankengymnast(in)" getreten. – Der werbende Hinweis eines Masseurs und medizinischen Bademeisters auf „**Krankengymnastik**" oder „Physiotherapie" erweckt bei einem nicht unerheblichen Teil der umworbenen Verkehrskreise den Eindruck, dass der Werbende die hierfür nötige staatlich vorgeschriebene Ausbildung durchlaufen hat. Unter dem Gesichtspunkt der **Verhältnismäßigkeit** kann jedoch einem Verbot eines solchen Hinweises im Hinblick auf die **Berufsfreiheit** (Art 12 I GG) entgegenstehen, wenn ihm – obwohl nicht Krankengymnast oder Physiotherapeut – die Ausübung **krankengymnastischer** (physiotherapeutischer) **Tätigkeit** nach dem Gesetz erlaubt ist, insbes dann, wenn er hierauf hinweist, um Fehlvorstellungen auszuschließen (BGH GRUR 1990, 1032, 1034 – *Krankengymnastik*).

4. Zusatz „geprüft"

5.155 Wer den Zusatz „**geprüft**" verwendet, ohne dass dem eine staatliche oder staatlich anerkannte Prüfung zugrunde liegt, handelt irreführend, wenn er dies nicht klarstellt. Die Bezeichnung „geprüfter Diamantfachmann" setzt ein durch staatliche oder staatlich anerkannte Prüfung nachgewiesenes **Fachwissen** von einem Grade voraus, das den Standard anderer Juweliere deutlich überragt. Liegen diese Voraussetzungen nicht vor, so wird die Irreführung durch den Zusatz „**GDE**", der auf die Zugehörigkeit zu einem Fachverband hinweist, nicht ausgeräumt, sondern eher noch verstärkt, weil dadurch beim breiten Publikum der Eindruck eines bes exklusiven Titels hervorgerufen werden kann (BGH GRUR 1978, 368 – *Gemmologe DGemG*).

Irreführend ist die **Werbung eines Fußpflegers** mit dem Hinweis **„ärztlich geprüft"**, wenn 5.156 es das Berufsbild eines ärztlich geprüften Fußpflegers nicht gibt und auch keine irgendwie anerkannten Ausbildungs- und Prüfungsrichtlinien für Fußpfleger bestehen (LG Hannover WRP 1982, 173). Unzulässig ist ferner die Bezeichnung **„Elektrotechnische Prüfstelle"** für den Geschäftsbetrieb eines Sachverständigen, der keine gesetzlich anerkannte technische Prüfstelle ist (OLG Karlsruhe WRP 1981, 225). – Die Bezeichnung **„Geprüfter Bilanzbuchhalter"** im Zeugnis einer privaten Steuer-Fachschule täuscht eine **staatliche** anerkannte Prüfung vor, wenn sie drucktechnisch hervorgehoben und auf eine PrüfungsVO von 1990 Bezug genommen wird (OLG Köln WRP 1994, 130). – Wer sich wahrheitsgemäß als **„staatlich geprüfter"** Blitzableiterbauer bezeichnet, verstößt nicht gegen § 5 (OLG Oldenburg GRUR 1986, 178).

5. Irreführende Angaben über Mitarbeiter

Irreführend sind auch unrichtige Angaben über bes Fähigkeiten oder Leistungen von Mitarbeitern. So zB wenn der Anpreisende behauptet, er habe **Spezialarbeiter,** jedoch Arbeiter ohne bes Vorbildung verwendet. Bei einem juristischen **Pressedienst** ist es irreführend, als **Mitarbeiter** Personen zu bezeichnen, die sich lediglich auf einer vorgedruckten Antwortkarte zu gelegentlicher Mitarbeit bereit erklärt haben und die keine laufenden Beiträge leisten (BGH GRUR 1961, 356 – *Pressedienst*). Auch bei **wissenschaftlichen Zeitschriften** kann die werbemäßige Herausstellung von Personen als Mitarbeiter, die in Wahrheit überhaupt keine Beiträge zur Verfügung stellen, wettbewerbswidrig sein. 5.157

VI. Irreführung über Auszeichnungen und Ehrungen

1. Begriff und Arten der Auszeichnungen und Ehrungen

Der Hinweis auf den Besitz von Auszeichnungen oder Ehrungen ist ein beliebtes Werbemittel, 5.158 dem eine hohe wettbewerbsrechtliche Relevanz zukommt. Als Beispiel für eine Irreführung über geschäftliche Verhältnisse wurden die Auszeichnungen in § 3 UWG aF ausdrücklich genannt. In § 5 I 2 Nr 3 sind – entspr Art 6 I lit f der UGP-Richtlinie – die (synonymen) Begriffe Auszeichnungen und Ehrungen aufgeführt. Unter einer **Auszeichnung** oder **Ehrung** versteht der Verkehr alles, was das Unternehmen oder seinen Träger aus der Menge der Mitbewerber hervorhebt und ihm von **dritter Seite** bescheinigt worden ist. Die **Erscheinungsformen** von möglichen Auszeichnungen und Ehrungen sind vielfältig (zB Denkmünzen, Ehrenurkunden, Diplome, behördliche Anerkennungsschreiben). Hierher gehört zB auch die Bezeichnung „Hofjuwelier", „Hoflieferant" und dgl, mit der weite Kreise noch die Auffassung bes Tüchtigkeit und Zuverlässigkeit verbinden (ebenso für die Bezeichnung „Mannheimer Hofbräu" LG Mannheim GRUR 1959, 378). Rein **private Anerkennungsschreiben,** denen es an einem objektiven Prüfungsverfahren fehlt, sind keine Auszeichnungen. Sie können aber eine Irreführung über geschäftliche Verhältnisse im Allgemeinen enthalten, so zB wenn Empfehlungen von Heilmitteln durch Geheilte, Abnehmer, Ärzte vorgeschwindelt werden. Wer in einer Werbung solche Schreiben mitteilt, macht sich die darin enthaltenen Behauptungen zu Eigen (Rdn 2.35 und 2.163 ff). Über **Titel** und **Würden** s Rdn 5.135 ff).

2. Täuschungsformen

Eine irreführende Angabe über eine Auszeichnung ist zweifelsohne dann gegeben, wenn 5.159 deren **Bestand** nur vorgetäuscht wird, in Wahrheit also schlicht erdichtet wurde. Die Bewerbung eines Computers „Unser Computer der Jahres" deutet aber nicht auf den Besitz einer in Wirklichkeit nicht bestehenden Auszeichnung hin (OLG Hamburg CR 1995, 538). Anders wenn der **Anschein des Besitzes** einer Denkmünze durch Embleme und ähnliche Zeichnungen vorgetäuscht wird. Unzulässig ist daher die Abbildung von Olympiade- und Weltmeisterschaftsmedaillen und Zahlen auf der Oberseite von **Metallskiern,** wenn dadurch der irrige Eindruck entsteht, mit solchen Skiern seien bestimmte sportliche Erfolge erzielt worden (ÖOGH ÖBl 1962, 11). Ebenso kann über den Bestand einer Auszeichnung getäuscht werden, wenn diese für einen **anderen Zeitraum** vergeben wurde, etwa das vorangegangene Kalenderjahr. Der Verkehr erwartet bei einer Auszeichnung, dass dem Verleiher **fachliche Kompetenz** und **Neutralität** zukommt und diese auf Grund eines ernsten und objektiven **Prüfungsverfahrens** vergeben wird (BGH GRUR 1984, 740, 741 – *Anerkannter KFZ-Sachverständiger;* OLG Hamburg GRUR 1991, 470). Bloße **Scheinauszeichnungen,** bei denen diese Voraussetzungen nicht erfüllt werden, führen daher in relevanter Weise irre. Unzulässig sind daher **Qualitäts-**

werbezeichen, die den irrigen Eindruck erwecken, die so gekennzeichnete Ware sei von zuständiger Stelle auf Qualität geprüft (GA Nr 2/1971, WRP 1973, 56). Hierher gehört auch der Gebrauch von Rundstempeln, weil sie die Bestellung und Anerkennung als Sachverständiger vortäuschen (OLG München WRP 1981, 483; OLG Bamberg WRP 1982, 158; OLG Frankfurt NJW-RR 1988, 103; *Bleutge* WRP 1979, 777).

5.160 Über die Frage, für welche **Zwecke** die Auszeichnung im Einzelnen verwendet werden darf, entscheidet vor allem der Wortlaut und Sinn der **Verleihungsurkunde.** Aus dieser ergeben sich die Bedeutung und der Umfang des Rechts; die tatsächliche Benutzung muss hiermit übereinstimmen. Wie sie verstanden wird, richtet sich nach der Auffassung der Verkehrskreise, denen gegenüber von der Auszeichnung werbend Gebrauch gemacht wird. Unzulässig ist es daher Auszeichnungen für **einzelne Produkte** zu verwenden, die dem Unternehmen für **gute gewerbliche Leistungen im Allgemeinen** verliehen worden sind. Daher ist eine **Medaillenwerbung** auf dem Flaschenetikett eines *„Premium-Pils"* irreführend, wenn die Medaillen nicht für dieses Produkt, sondern allgemein für die Leistungen der Brauerei verliehen worden sind (OLG München GRUR 1989, 123). Aus den gleichem Grund wurde es einem französischen Hersteller untersagt, ein mit einem Kranz von Ausstellungsmedaillen aus den Jahren 1862 bis 1900 geschmücktes Etikett für einen Apéritif zu verwenden, die allgemein für gute gewerbliche Leistungen verliehen worden waren (BGH GRUR 1961, 193, 196 – *Medaillenwerbung*). Als irreführend angesehen wurde auch die Werbung mit der Prämiierung mit „wertvollen Goldmedaillen", sofern solche nicht nur an Gruppensieger oder dergleichen verliehen werden (OLG Koblenz WRP 1984, 503, 504 f); ferner die Werbung mit „internationalen Auszeichnungen", sofern sich am Wettbewerb nur inländische Mitbewerber beteiligt haben (OLG Koblenz aaO). Sofern dem Unternehmer die Auszeichnung für ein bestimmtes Produkt verliehen wurde, darf er sie nicht gleichzeitig auch für andere Waren verwenden (OLG München GRUR 1983, 339).

5.161 Auszeichnungen und Ehrungen können zulässigerweise von behördlichen, als auch privaten Instituten verliehen werden. Gleichwohl kommt den **amtlichen** Ehrungen idR eine höhere Werbekraft zu. Daher darf der Werbende nicht den Anschein amtlicher Auszeichnung erwecken, wenn die Auszeichnung in Wahrheit von privaten Stellen vergeben worden ist (Piper/Ohly/ *Sosnitza* § 5 Rdn 593).

5.161a Ein Fall der irreführenden Werbung mit Gütezeichen ist in Anh I Nr 2 UGP-Richtlinie geregelt (dazu UGP-RL Anh I Rdn 2.1 ff). Damit verwandt ist der Tatbestand des Anh I Nr 4 UGP-Richtlinie, der eine Irreführung mit einer Bestätigung, Billigung oder Genehmigung seitens einer öffentlichen oder privaten Stelle betrifft (dazu UGP-RL Anh I Rdn 4.1 ff).

3. Träger der Auszeichnung und Rechtsnachfolge

5.162 Die Auszeichnung wird dem Unternehmen als solchem verliehen oder auch einer am Unternehmen als Inhaber oder Angestellter beteiligten Person. In der Regel wird sie **mit dem Unternehmen verknüpft** sein und darf dann auch nicht ohne Hinweis auf ihn benutzt werden (aA GK/ *Lindacher* § 3 Rdn 968). Sind Auszeichnungen dem **Unternehmen** (Geschäft) verliehen worden, so gehen sie auf jeden Erwerber über (ÖOGH ÖBl 1963, 88 – *Martino Balbo*). Sind sie dagegen einer **Person,** etwa einem Erfinder, verliehen, so sind sie höchstpersönlich und können vertraglich nicht wirksam übertragen werden. **Lizenzen an Auszeichnungen** sind regelmäßig unzulässig. Doch haftet die für eine bestimmte Ware verliehene Auszeichnung an dieser Ware; darum wird dann eine Lizenz (ein Gebrauchsrecht) an der Auszeichnung mit dem Gebrauchsrecht an der Ware erteilt. Der Gebrauchsnehmer muss jedoch immer auf die Person des Berechtigten hinweisen.

VII. Irreführung über Verhaltenskodizes (§ 5 I 2 Nr 6)

Schrifttum: *Dreyer,* Verhaltenskodizes im Referentenentwurf eines Ersten Gesetzes zur Änderung des Gesetzes gegen unlauteren Wettbewerb – Wird das Wettbewerbsrecht zum Motor für die Durchsetzung vertraglicher Verpflichtungen?, WRP 2007, 1294; *Sosnitza,* Wettbewerbsregeln nach §§ 24 ff GWB im Lichte der 7. GWB-Novelle und des neuen Lauterkeitsrechts, FS Bechtold, 2006, S 515.

1. Begriff des Verhaltenskodexes

5.163 Ein Verhaltenskodex ist eine Vereinbarung, in der sich Unternehmen **auf bestimmte Verhaltensweisen** oder auf das **Unterlassen bestimmter Verhaltensweisen einigen** (vgl Art 2 lit f UGP-Richtlinie). Es besteht kein wesentlicher Unterschied zu den **Wettbewerbsregeln,** die in § 24 II GWB definiert sind als „Bestimmungen, die das Verhalten von Unternehmen im

Wettbewerb regeln zu dem Zweck, einem den Grundsätzen des lauteren oder der Wirksamkeit eines leistungsgerechten Wettbewerbs zuwiderlaufenden Verhalten im Wettbewerb entgegenzuwirken und ein diesen Grundsätzen entsprechendes Verhalten im Wettbewerb anzuregen". Der von einer Regierungskommission erarbeitete **„Deutsche Corporate Governance Kodex"**, der die wesentlichen gesetzlichen Vorschriften zur Leitung und Überwachung deutscher börsennotierter Gesellschaften darstellt und international und national anerkannte Standards guter und verantwortungsvoller Unternehmensführung enthält, ist kein Verhaltenskodex iSv § 2 I Nr 5, weil ihm keine Vereinbarung von Unternehmen zugrunde liegt.

2. Bedeutung von Verhaltenskodizes

Die Richtlinie über unlautere Geschäftspraktiken (UGP-Richtlinie) hat den Begriff des Verhaltenskodexes eingeführt. Sie geht davon aus, dass solche Verhaltenskodizes die in einer bestimmten Branche geltenden **Anforderungen an die berufliche Sorgfalt** (vgl Art 2 lit h, Art 5 II lit a UGP-Richtlinie) **widerspiegeln** (vgl Erwägungsgrund 20; ferner § 3 Rdn 36 b). Man könnte daher meinen, ein Verstoß gegen einen Verhaltenskodex stelle stets auch eine unlautere Geschäftspraxis dar; denn nach Art 5 II UGP-Richtlinie ist eine Geschäftspraxis unlauter, wenn sie den Erfordernissen der beruflichen Sorgfalt widerspricht und geeignet ist, das wirtschaftliche Verhalten des angesprochenen Durchschnittsverbrauchers wesentlich zu beeinflussen. Der Schluss vom Verstoß gegen einen Verhaltenskodex auf einen Wettbewerbsverstoß darf gleichwohl nicht gezogen werden. Die UGP-Richtlinie zieht ihn nicht, sondern behandelt den Fall des **Nichteinhaltens eines Verhaltenskodexes** lediglich als einen **Fall einer Irreführung,** wenn der Gewerbetreibende werbend darauf hinweist, an einen bestimmten Verhaltenskodex gebunden zu sein, und sich gleichwohl nicht an eindeutige Verpflichtungen hält, die sich aus diesem Kodex ergeben (Art 6 II lit b UGP-Richtlinie). Im Übrigen bestimmt Art 10 UGP-Richtlinie, dass die Möglichkeit, unlautere Geschäftspraktiken auch mit Hilfe von Verhaltenskodizes einzuschränken, durch die Richtlinie nicht ausgeschlossen wird. Sie macht damit deutlich, dass die Selbstkontrolle, die in manchen Mitgliedstaaten als Mittel zur Bekämpfung unlauteren Wettbewerbs eingesetzt wird, durch die Richtlinie nicht verdrängt werden soll. Schließlich enthält der Anh I der UGP-Richtlinie in Nr 1 und 3 zwei Tatbestände, die eine irreführende Werbung im Zusammenhang mit einem Verhaltenskodex betreffen (vgl UGP-RL Anh I Rdn 1.1 ff und 3.1 ff).

3. Kartellrechtliche Problematik von Verhaltenskodizes

Erstaunlich ist, dass die Richtlinie mit keinem Wort die **kartellrechtliche Problematik** von Verhaltenskodizes erkennen lässt. Schließlich stellen sie immer dann, wenn sie ein an sich zulässiges Verhalten untersagen, **eine wettbewerbsbeschränkende Vereinbarung** oder – im Falle eines von einem Verband für seine Mitglieder herausgegebenen Kodexes – einen Beschluss einer Unternehmensvereinigung iSv § 1 GWB bzw Art 101 AEUV dar. Wird beispielsweise die Möglichkeit, neue Abonnenten für eine Zeitschrift durch großzügige Probeabonnements beschränkt, werden damit Marktzutrittsschranken für neue Anbieter geschaffen, die auf besondere Werbeformen angewiesen sind, um ihre Produkte bekanntzumachen (vgl den Sachverhalt, der der Entscheidung BGHZ 166, 154 = GRUR 2006, 773 – *Probeabonnement* zugrunde lag). Auch wenn die Richtlinie die notwendige Sensibilität gegenüber vereinbarten Wettbewerbsregeln vermissen lässt, begibt sie sich doch auch nicht in einen offenen Konflikt mit dem Kartellrecht. Denn sie postuliert nicht, dass jeder Verstoß gegen einen Verhaltenskodex eine unlautere Geschäftspraxis darstelle. Nur wenn ein Unternehmen sich damit brüstet, an einen Verhaltenskodex gebunden zu sein, muss es sich – will es sich nicht dem Vorwurf der Irreführung aussetzen – auch an diesen Kodex halten (Art 6 II lit b UWG-Richtlinie; s Rdn 5.164).

Für das deutsche Recht hat der Kartellsenat des BGH in der **Probeabonnement-Entscheidung** klargestellt, dass Wettbewerbsregeln iSv § 24 GWB (der Sache nach handelt es sich dabei um Verhaltenskodizes; s Rdn 5.163) nur eine begrenzte Wirkung zukommt. Sie können **allenfalls indizielle Bedeutung** für die Frage der Unlauterkeit haben (BGHZ 166, 154 Tz 19 = GRUR 2006, 773; vgl ferner BGH GRUR 1991, 462, 463 – *Wettbewerbsrichtlinie der Privatwirtschaft*). Insbesondere verleiht auch die in § 26 GWB vorgesehene Anerkennung durch das Bundeskartellamt Wettbewerbsregeln keinen normenähnlichen Status (BGHZ 166, 154 Tz 20 = GRUR 2006, 773 – *Probeabonnement*). Diese Grundsätze gelten uneingeschränkt auch für Verhaltenskodizes.

6. Kapitel. Irreführung über den Anlass des Verkaufs, über die Bezugsart und die Bezugsquelle

Übersicht

	Rdn
I. Irreführung über den Anlass des Verkaufs (§ 5 I 2 Nr 2)	6.1–6.12
1. Allgemeines	6.1, 6.2
2. Scheininsolvenzwarenverkäufe	6.3, 6.4
3. (Schein-)Sonderverkäufe	6.5–6.11
a) Grundsatz	6.5
b) Zeitliche Begrenzung	6.6–6.6 d
aa) Ankündigung ohne zeitliche Begrenzung	6.6–6.6 b
bb) Ankündigung mit zeitlicher Begrenzung	6.6 c
cc) Ankündigung des Anfangstermins	6.6 d
c) Scheinsonderverkäufe	6.6 e–6.11
aa) Saisonschlussverkäufe	6.6 e
bb) Jubiläumsverkäufe	6.7
cc) Scheinräumungsverkäufe	6.8–6.11
4. Sonstige Fälle	6.12
II. Irreführung über die Bezugsart und die Bezugsquelle	6.13–6.42
1. Allgemeines	6.13, 6.13 a
2. Vortäuschen des Bezugs vom Hersteller	6.14–6.27
a) Sachverhalt	6.14, 6.15
b) Herstellereigenschaft	6.16–6.18
c) Täuschung über die Herstellereigenschaft	6.19–6.24
d) Kennzeichnung von Ersatzteilen	6.25, 6.26
e) Qualität von Ersatzteilen	6.27
3. Vortäuschen des Bezugs vom Großhändler	6.28–6.30
a) Allgemeines	6.28
b) Grundsätze	6.29
c) Offenbarung der Doppelstellung	6.30
4. Vortäuschen der Eigenschaft als Händler, Vertragshändler oder Vertragswerkstatt	6.31–6.37
a) Grundsatz	6.31–6.34
b) Vortäuschen der Eigenschaft als Vertragshändler oder Vertragswerkstatt	6.35
c) Kundendienst	6.36
d) Fachliche Qualifikation	6.37
5. Vortäuschen des Bezugs aus Privathand	6.38–6.40
a) Allgemeines	6.38–6.39 a
b) Beispiele	6.40
6. Verschweigen der Maklereigenschaft	6.41
7. Reisegewerbe und stehendes Gewerbe	6.42

Schrifttum: *Ahlert/Siebenbrock,* Der Großhandelsbegriff im Spannungsfeld marketing wissenschaftlicher Betrachtungen, BB 1987, Beilage 15 zu Heft 23; *Gröner/Köhler,* Der SB-Großhandel zwischen Rechtszwang und Wettbewerb, 1986; *Hereth,* Großhandel und Wettbewerbsrecht, WRP 1989, 352; *Herb,* Spezialisierungshinweise und irreführende Werbung nicht markenbezogener Reparaturwerkstätten, WRP 1991, 699; *Lindemann/Bauer,* Fabrikverkauf, Lagerverkauf, Hersteller-Direkt-Verkauf und Factory Outlet – Werbung am Rande der Legalität, WRP 2004, 45; *Okonek,* Factory Outlet Center: Eine neue Chance durch E-Commerce?, K & R 2001, 91; *Schartel,* Der wettbewerbsrechtliche Schutz vor qualitativ geringwertigen Ersatz- und Nachbauteilen, WRP 1995, 901; *Schmitz-Temming,* Wettbewerbsrecht contra Factory Outlet Center – Fangschuß oder untauglicher Versuch?, WRP 1998, 680; *Schricker,* Funktionstreue des Großhandels – ein Rechtswert? – Bemerkungen zur Metro-III- und Metro-IV-Entscheidung des Bundesgerichtshofs, GRUR 1990, 567; *Schricker/Lehmann,* Der Selbstbedienungsgroßhandel, 2. Aufl. 1987; *Weyhenmeyer,* Der wettbewerbsrechtliche Großhandelsbegriff, WRP 1988, 141.

I. Irreführung über den Anlass des Verkaufs (§ 5 I 2 Nr 2)

1. Allgemeines

6.1 Die Irreführung über den **Anlass** und den **Zweck** des Verkaufs war in § 3 UWG 1909 ausdrücklich aufgeführt. In § 5 I 2 Nr 2 wird nur noch vom „Anlass" des Verkaufs gesprochen, ohne dass damit eine Einschränkung des Regelungsgehalts verbunden wäre. Im Gegenteil: In dem bis 2004 geltenden Recht gab es in § 6 den Sondertatbestand des Insolvenzwarenverkaufs und in §§ 7, 8 die umfassende Regelung für Sonderveranstaltungen einschließlich der Räumungsverkäufe, die Sonderbestimmungen über den Anlass und Zweck des Verkaufs enthielten. Sie sind 2004 ersatzlos gestrichen worden. Heute ist ausschließlich § 5 I 2 Nr 2 anzuwenden ist.

Wird in der Werbung ein bes Anlass des Verkaufs herausgestellt, entnimmt dem der Verkehr 6.2 erfahrungsgemäß das Vorliegen einer **preisgünstigen Einkaufsmöglichkeit** (BGH GRUR 2000, 239, 241 – *Last-Minute-Reise;* Piper/Ohly/*Sosnitza* § 5 Rdn 424). Daher ist es dem Werbenden untersagt, irreführende Angaben über den Verkaufsanlass zu machen. Dabei ist unerheblich, ob im Einzelfall tatsächlich eine günstige Einkaufsmöglichkeit geboten wird oder nicht.

2. Scheininsolvenzwarenverkäufe

§ 6 I des bis 2004 geltenden UWG enthielt einen **abstrakten Gefährdungstatbestand** für 6.3 bestimmte Fälle der Ankündigung von **Insolvenzwarenverkäufen.** Verboten war jede Bezugnahme auf die Herkunft der Ware aus einer Insolvenzmasse, sofern diese Ware im Zeitpunkt der Ankündigung nicht mehr zur Masse gehörte. Beabsichtigt war der Schutz des Verbrauchers vor unrichtigen Ankündigungen (wenn also die Waren nicht aus einer Insolvenzmasse stammten) und Ankündigungen, bei denen die **Insolvenzwaren aus zweiter und dritter Hand** stammten (und deswegen die vom Verkehr erwartete Preisgünstigkeit wegen der weiteren Handelsspannen nicht mehr vorlag).

Wird heute damit geworben, dass die angebotenen Waren **aus einer Insolvenz stammen,** 6.4 kommt es nur noch auf die Richtigkeit dieser Angabe an. Richtig ist eine solche Angabe, wenn die Waren aus einem Vermögen stammen, über das tatsächlich das **Insolvenzverfahren eröffnet** worden ist (§ 35 InsO). Werden dagegen Waren aus einem Vermögen zum Verkauf angeboten, hins dessen die Eröffnung des Insolvenzverfahrens – bspw mangels Masse (§ 26 I 1 InsO) – abgelehnt worden ist, ist der Hinweis auf das Insolvenzverfahren irreführend. Wird darüber hinaus von einem **Insolvenzwarenverkauf** gesprochen, wird damit der Eindruck erweckt, es handele sich um eine **freihändige Verwertung** beweglicher Gegenstände durch den InsV (§ 166 InsO). Dies setzt voraus, dass das **Insolvenzverfahren eröffnet** worden ist und **noch andauert.** Umgekehrt ist aber zu beachten, dass keine Pflicht besteht, in der Werbung auf die Eröffnung des Verfahrens hinzuweisen (BGH GRUR 1989, 682, 683 – *Konkursvermerk*).

3. (Schein-)Sonderverkäufe

a) Grundsatz. Sonderverkäufe oder **Sonderveranstaltungen** – also nach der Legalde- 6.5 finition des bis 2004 geltenden Rechts „Verkaufsveranstaltungen im Einzelhandel, die außerhalb des regelmäßigen Geschäftsverkehrs stattfinden, der Beschleunigung des Warenabsatzes dienen und den Eindruck der Gewährung bes Kaufvorteile hervorrufen" – sind nach der Aufhebung der §§ 7, 8 UWG in der bis 2004 geltenden Fassung unbeschränkt zulässig, sofern keine konkrete Gefahr einer Irreführung iSd § 5 I 2 Nr 2 besteht. Eine solche Gefahr besteht immer dann, wenn der ausdrücklich oder konkludent **angekündigte Preisvorteil** in Wirklichkeit gar **nicht besteht,** wenn also bspw die Waren im Rahmen eines Sommerschlussverkaufs zu denselben Preisen angeboten werden, die schon vorher verlangt wurden (s dazu Rdn 2.189 f auch zur Frage der Irreführung bei vorgetäuschtem Anlass eines Sonderverkaufs, wenn also die angekündigten Preisvorteile tatsächlich bestehen). Im Übrigen ist für die Frage der Irreführung über den Verkaufsanlass entscheidend, ob der vorgegebene **Sonderaktionsgrund** tatsächlich besteht.

b) Zeitliche Begrenzung. aa) Ankündigung ohne zeitliche Begrenzung. Saison- 6.6 abschlussverkäufe oder sonstige Verkaufsförderungsmaßnahmen sind – anders als nach dem bis 2004 geltenden Recht – **auch ohne konkrete zeitliche Beschränkung** zulässig, also ohne Einhaltung eines in der Werbung angekündigten Zeitrahmens (vgl OLG Köln GRUR 2006, 786 zu § 4 Nr 4; anders wohl LG Wiesbaden WRP 2006, 780 [LS]). Dabei kommt es (entgegen OLG Köln aaO) nicht darauf an, ob die Verbraucher auf Grund der Presseberichterstattung über die Gesetzesänderung informiert sind; denn eine mögliche Irreführung in der Übergangsphase wäre bei einer Gesetzesänderung hinzunehmen (BGH GRUR 2008, 1114 Tz 14 – *Räumungsfinale*). Eine Verpflichtung, für eine derartige Verkaufsaktion eine zeitliche Begrenzung vorzusehen, lässt sich weder aus dem Verbot der irreführenden Werbung noch aus § 4 Nr 4 herleiten. Denn weder das Irreführungsverbot noch § 4 Nr 4 schreibt für Verkaufsförderungsmaßnahmen bestimmte Bedingungen vor; § 4 Nr 4 verlangt lediglich einen **Hinweis auf bestehende Bedingungen** für die Inanspruchnahme der Verkaufsförderungsmaßnahme (BGH GRUR 2008, 1114 Tz 13 – *Räumungsfinale;* BGH GRUR 2009, 1184 Tz 13 und 15 – *Totalausverkauf;* BGH GRUR 2009, 1183 Tz 11 – *Räumungsverkauf wegen Umbau*). Der Kaufmann, der die Saisonware zum Saisonabschluss oder der das gesamte Sortiment im Hinblick auf eine geplante Geschäftsaufgabe oder wegen eines bevorstehenden Umbaus verbilligt anbietet, muss sich daher nicht von vornherein auf einen zeitlichen Rahmen festzulegen. Es ist ihm weder verwehrt, die Aktion nach wenigen Tagen zu beenden, weil das Lager bereits geräumt ist, noch kann es ihm untersagt werden, die Aktion nach zwei Wochen noch einige Tage fortzusetzen, bis die vorhandene Ware abverkauft ist.

6.6a Hiervon zu unterscheiden ist die Frage, ob der Kaufmann verpflichtet ist, auf eine **bestehende zeitliche Begrenzung hinzuweisen.** Eine solche Verpflichtung ergibt sich – wenn nicht aus § 5 – jedenfalls aus § 4 Nr 4 (OLG Oldenburg OLG-Rp 2007, 652). Der Verkehr wird ebenfalls irregeführt, wenn für die Sonderaktion mit einer zeitlichen Beschränkung geworben wird, dann aber auch nach Ablauf die reduzierten Preise verlangt werden (LG Ulm WRP 2006, 780 [LS]; LG Konstanz WRP 2006, 780 [LS]).

6.6b Dies bedeutet aber nicht, dass Sonderveranstaltungen, die ohne zeitliche Begrenzung angekündigt werden, **unbeschränkt zulässig** wären. Immerhin geht von derartigen Ankündigungen ein erheblicher Kaufanreiz aus, weil der Verkehr eine besondere Aktion außerhalb des üblichen Geschäftsablaufs **während eines beschränkten Zeitraums** annimmt. Der Charakter als zeitlich begrenzte besondere Verkaufsveranstaltung muss gewahrt sein. Daher gibt es auch heute noch **zeitliche Grenzen für einen Saisonschluss-, Jubiläums- oder Räumungsverkauf.** Die zeitlichen Grenzen sind aber großzügiger zu bemessen als unter altem Sonderveranstaltungsrecht, das alle erlaubten Winter- und Sommerschlussverkäufe, Jubiläumsverkäufe sowie Räumungsverkäufe auf zwölf Werktage begrenzte. Als Anhaltspunkt kann **bei Saisonschlussverkäufen von drei, bei Jubiläums- und Räumungsverkäufen von vier Wochen** ausgegangen. Umgekehrt muss ein ohne zeitliche Begrenzung angekündigter Sonderverkauf eine **Mindestdauer** aufweisen. Es ist bspw irreführend, wenn für einen „Winterschlussverkauf ab Montag, 15. Januar" geworben wird und der Kunde, der am folgenden Wochenende das Geschäft aufsucht, erfährt, dass der Schlussverkauf schon nach drei Tagen beendet worden ist. Bei Saisonschluss- und Jubiläumsverkäufen wird man die Ankündigung einer Aktion ohne Hinweis auf deren Dauer als irreführend ansehen müssen, wenn sie kürzer als eine Woche dauert. Bei Räumungsverkäufen kann ein großzügigerer Maßstab angebracht sein, wenn der zu räumende Bestand früher als erwartet abverkauft ist.

6.6c **bb) Ankündigung mit zeitlicher Begrenzung.** Werden in der Ankündigung der Sonderveranstaltung von vornherein feste zeitliche Grenzen angegeben, **muss sich der Kaufmann hieran festhalten lassen.** Wird bspw ein Sommerschlussverkauf für die beiden letzten Juliwochen angekündigt, wird der Verkehr nicht nur in die Irre geführt, wenn der Schlussverkauf schon nach einer Woche beendet ist, sondern auch dann, wenn er über die angekündigte Zeit hinaus fortgeführt wird. Andererseits bestehen keine Bedenken, wenn eine Sonderaktion für eine kürzere oder für eine längere Dauer angekündigt wird, als sie für Veranstaltungen angemessen erscheint, die ohne zeitliche Begrenzung angekündigt werden (s oben Rdn 6.6b). Wird ein Jubiläumsverkauf für einen Tag (etwa den Geburtstag des Inhabers) oder ein Sommerschlussverkauf für mehrere Wochen (etwa für die gesamte Dauer der Schulferien) angekündigt, mag das ungewöhnlich sein; eine Notwendigkeit mit dem Irreführungsverbot (oder mit § 4 Nr 1) einzuschreiten, besteht aber nicht.

6.6d **cc) Ankündigung des Anfangstermins.** Der **kalendermäßige Anfangstermin** eines Sonderverkaufs muss nur dann in der Werbung angegeben werden, wenn dieser Termin **in der Zukunft** liegt, wenn der Sonderverkauf also zum Zeitpunkt des Erscheinens der Werbung noch nicht läuft. Dass es sich nicht um einen beginnenden, sondern um einen bereits laufenden Sonderverkauf handelt, muss sich aus der Werbung nicht ergeben; dies fordert auch § 4 Nr 4 nicht (BGH GRUR 2009, 1184 Tz 11 – *Totalausverkauf*).

6.6e **c) Scheinsonderverkäufe. aa) Saisonschlussverkäufe.** Was die früher nach § 7 III in der bis 2004 geltenden Fassung nur ausnahmsweise zulässigen **Sommer- und Winterschlussverkäufe** angeht, ist eine Irreführung über den Anlass des Verkaufs nur schwer vorstellbar, weil niemand im Juli einen Winterschlussverkauf oder im Januar einen Sommerschlussverkauf ankündigen wird. **Nicht erforderlich** ist ferner, dass es sich bei den angebotenen Waren um **Saisonwaren** handelt, die typischerweise nur in der ablaufenden oder abgelaufenen Saison benötigt

6. Kap. Irreführung über den Anlass des Verkaufs   6.7–6.11   § 5 UWG

wurden (vgl Begr RegE BT-Drucks 15/1487 S 14). Als Verkaufsgrund reicht vielmehr aus, dass der Kaufmann seine Lager leeren möchte, ein Verkaufsmotiv, das kaum in Zweifel gezogen werden kann.

bb) Jubiläumsverkäufe. Für **Jubiläumsverkäufe** muss das behauptete Jubiläum tatsächlich   6.7
erreicht sein. Seit der Abschaffung der detaillierten Regelung durch das UWG 2004 spielt es keine Rolle mehr, welches Jubiläum gefeiert wird. Bei Geschäftsjubiläen kommt es für die Berechnung auf die **Gründung**, dh die Aufnahme der Geschäftstätigkeit, sowie die **Kontinuität des Unternehmens** an (s dazu § 5 Rdn 5.55 ff). Eine Jubiläumswerbung ist nur zulässig, soweit sie zeitnah zu dem Jubiläum stattfindet. Was noch zeitnah ist, beurteilt sich nach den Umständen des Einzelfalls. Dabei ist kein kleinlicher Maßstab anzulegen. So ist es nicht zu beanstanden, wenn ein in der Vorweihnachtszeit gegründetes Unternehmen mit dem Jubiläumsverkauf bis zu den umsatzschwachen Anfangsmonaten des neuen Jahres wartet.

cc) Scheinräumungsverkäufe. Irreführungsgefahren hins des Verkaufsanlasses entstehen bei   6.8
Räumungsverkäufen dann, wenn der behauptete **Räumungsgrund** in Wahrheit nicht vorliegt. Für die bis 2004 in § 8 I Nr 1 UWG aufgeführten **außergewöhnlichen Schadensereignisse** („Feuer, Wasser, Sturm oder ein vom Veranstalter nicht zu vertretendes vergleichbares Ereignis") ist es erforderlich, dass diese tatsächlich eingetreten sind und nicht bloß drohen. Bei einer Räumung wegen **Umbaus** erwartet der Verkehr, dass eine nach baurechtlichen Vorschriften anzeige- oder genehmigungspflichtige Baumaßnahme vorgenommen wird, die eine **wesentliche Änderung der Einrichtung** zur Folge hat. Ist Anlass für den Räumungsverkauf die **Geschäftsaufgabe**, bedarf es der **endgültigen** Aufgabe der **gesamten** Geschäftstätigkeit. Selbstverständlich kann der Werbende auch andere Räumungsgründe angeben, die nach bisheriger Rechtslage nicht zur Zulässigkeit des Räumungsverkaufs geführt hätten (zB Geschäftsverlegung an einen anderen Ort, Aufgabe einer Filiale). Entscheidend ist nur, dass diese Gründe tatsächlich bestehen und nicht nur vorgetäuscht werden. Zur zeitlichen Begrenzung s oben Rdn 6.6 ff.

Allerdings ist das Irreführungsverbot bei **missbräuchlichen Räumungsverkäufen** nur eine   6.9
stumpfe Waffe. Da die Gründe für eine Geschäftsaufgabe **kaum objektivierbar** sind, kann ein Kaufmann, der nach einem Räumungsverkauf sein Geschäft fortsetzt, stets behaupten, er habe seine Pläne geändert (bspw weil ihm der unerwartete Erfolg des Räumungsverkaufs die zwingend notwendigen Investitionen ermöglicht oder weil er von einer Depression, die ihn zunächst zur Geschäftsaufgabe gezwungen habe, geheilt worden sei). Auch wenn sich – was selten genug der Fall sein wird – eine irreführende Ankündigung eines Räumungsverkaufs einmal erweisen lässt, wird das in aller Regel erst nach der Durchführung des Räumungsverkaufs sein, wenn der Geschäftsbetrieb entgegen der Ankündigung fortgesetzt wird. Dann aber steht das wichtigste Instrument, der **Unterlassungsanspruch,** mit dem der irreführend angekündigte Verkauf hätte unterbunden werden können, nicht mehr zur Verfügung. Ein **Fortsetzungsverbot**, wie es das alte Recht vorsah (§ 8 VI Nr 2 aF), kennt das neue Recht ohnehin nicht. – Die unzutreffende Behauptung, ein Unternehmen werde demnächst sein **Geschäft aufgeben** oder seine **Geschäftsräume verlegen,** gehört nach Nr 15 des Anh zu § 3 III zu den geschäftlichen Handlungen, die unter allen Umständen unlauter sind; dazu Anh zu § 3 III Rdn 15.1 ff.

Neben der Irreführung über den Anlass kommt bei **Räumungsverkäufen** eine zweite Form   6.10
des Missbrauchs vor, der ebenfalls mit den Mittel des neuen Rechts kaum beizukommen ist: das **Vor- oder Nachschieben von Waren.** Ein solcher missbräuchlicher Räumungsverkauf war nach altem Recht ausdrücklich verboten (§ 8 V Nr 2 UWG in der bis 2004 geltenden Fassung); die vom Räumungsverkauf betroffenen Waren mussten mit der Anmeldung des Räumungsverkaufs angezeigt werden (§ 8 III 2 Nr 3 aF); die Industrie- und Handelskammern hatten die Befugnis, die Einhaltung dieser Angaben zu überwachen (§ 8 IV aF). Nach neuem Recht lässt sich ein solcher Missbrauch weder von Mitbewerbern noch von nach § 8 III befugten Verbänden nicht (mehr) bekämpfen. Das dafür allein zur Verfügung stehende Irreführungsverbot greift nicht, weil der Kaufmann den Verbrauchern nicht erkennen lassen kann, ob hins der im Rahmen des Räumungsverkaufs zum Verkauf angebotenen Waren eine Räumungsnotlage besteht.

Im **Gesetzgebungsverfahren** war die **Gefahr eines solchen Missbrauchs** bekannt. Zwei   6.11
Gründe waren dafür maßgeblich, dass dennoch die Regelung über Räumungsverkäufe aufgehoben wurden: Zum einen bestand die Hoffnung, dass **Räumungsverkäufe** heute **weniger attraktiv** sind, weil der Kaufmann seine Lager jederzeit durch legale Sonderverkäufe leeren kann (Begr RegE BT-Drucks 15/1487 S 14). Zum anderen hätte ein Verbot von Räumungsverkäufen, von dem es wie bisher einige Ausnahmen hätte geben müssen, auch wieder die **Notwendigkeit**

für flankierende Regelungen – zB ein Fortsetzungsverbot und detaillierte Anzeigepflichten mit Kontrollbefugnissen der Industrie- und Handelskammern – nach sich gezogen. Verständlicherweise schreckte der Gesetzgeber vor einer solchen Regelung mit erheblicher Regulierungsdichte zurück.

4. Sonstige Fälle

6.12 Irreführend ist der Hinweis auf einen **Notverkauf,** wenn keine Zwangslage vorliegt, die zum Verkauf nötigt. Ebenso unzulässig ist der generelle Hinweis „Verkauf aus Versicherungsschäden" bei planmäßigen Zukäufen (OLG Hamburg WRP 1972, 558). Die Ankündigung einer Veräußerung **Umstände halber** ist dagegen nichts sagend und aus diesem Grund nicht zu beanstanden, solange nicht über einen konkreten Anlass getäuscht wird (vgl Piper/Ohly/*Sosnitza* § 5 Rdn 434). Wird ein Verkauf in der Werbung als **„Versteigerung"** oder **„Auktion"** bezeichnet, kommt es nicht notwendig darauf an, ob sich der Verkauf tatsächlich in der rechtlichen Form der Versteigerung vollzieht (§ 156 S 1 BGB: Zustandekommen des Vertrags durch den Zuschlag) und von einem gewerbsmäßigen Auktionator (§ 34b GewO) durchgeführt wird, sondern darauf, ob die bes Vorteile, die der Verkehr mit dieser Ankündigung verbindet, tatsächlich gewährt werden, ob also der Verkauf zu einem vorher festgesetzten Zeitpunkt an den Meistbietenden erfolgt (vgl auch BGH GRUR 2003, 626, 627 – *Umgekehrte Versteigerung;* ebenso wohl Piper/Ohly/*Sosnitza* § 5 Rdn 435). Auch eine **Internetauktion** muss keine Versteigerung iSv § 34b GewO sein (dazu Rdn 4.127).

II. Irreführung über die Bezugsart und die Bezugsquelle

1. Allgemeines

6.13 Die Werbung mit einer bestimmten Bezugsart oder Bezugsquelle ist deshalb attraktiv, weil ihr der Verkehr erfahrungsgemäß das Vorliegen einer **preisgünstigen Einkaufsmöglichkeit** entnimmt. Unrichtige Angaben darüber können daher den Käufer zum Kauf veranlassen. Unter der Bezugsart ist der Weg zu verstehen, auf dem eine Ware bezogen wurde, zB „Direktimport", „ohne Zwischenhändler"; „Schnelltransport", „ohne Umladung in Kühlwagen"; vgl Piper/Ohly/*Sosnitza* § 5 Rdn 657). Die Bezugsquelle weist auf die Herkunft der Ware hin, sei es aus einem bestimmten Land, Ort oder Unternehmen, sei es aus einem Nachlass, einer Privatsammlung oder einem übernommenen Fabriklager (RGSt 36, 430; GK/*Lindacher* § 3 Rdn 951). Die Irreführung über die geografische und die betriebliche Herkunft ist in § 5 I 2 Nr 1 geregelt (s Rdn 4.201 ff und 4.209 ff). Im Folgenden werden die Hauptfälle irreführender Angaben über Bezugsart oder Bezugsquelle behandelt.

6.13a Ein Fall, in dem ein Kaufmann mit **falschen Informationen zu den Bezugsquellen** wirbt, ist nach Nr 19 des Anh zu § 3 III als Per-se-Verbot ausgestaltet, zählt also zu den geschäftlichen Handlungen, die unter allen Umständen unlauter sind; dazu Anh zu § 3 III Rdn 19.1 ff.

2. Vortäuschen des Bezugs vom Hersteller

6.14 **a) Sachverhalt.** Angaben, die bei einem durchschnittlich informierten, aufmerksamen und verständigen Abnehmer den falschen Eindruck erwecken, unter Ausschaltung jedes Zwischenhandels direkt vom Hersteller zu kaufen, verstoßen gegen das Irreführungsverbot nach §§ 3, 5. Solche Angaben rufen beim Verbraucher die Vorstellung **bes Vorteile** hervor, die in der wegen des Wegfalls von Zwischenhandelsspannen **günstigen Preisstellung,** in der **Qualität** der angebotenen Ware, in einer vereinfachten **Garantiestellung** und anderen Momenten liegen können. Ob das Angebot iErg den tatsächlichen Erwartungen entspricht, ist ohne Belang. Entscheidend ist, dass der Verbraucher durch die Irreführung über den direkten Bezug vom Hersteller **zum Kauf verleitet** werden kann. Zur Frage, ob ein Unternehmen als Hersteller anzusehen ist, s Rdn 6.16.

6.15 Von der Irreführung über den Direktbezug vom Hersteller ist die **qualifizierte Irreführung über die betriebliche Herkunft** einer Ware zu unterscheiden (s dazu Rdn 4.222 f). Diese verlangt eine Irreführung über eine **bestimmte Herkunftsstätte,** mit der jedoch für Verbraucher, die direkt vom Hersteller kaufen wollen, zugleich eine Irreführung über den Direktbezug verbunden sein kann.

6.16 **b) Herstellereigenschaft.** Wer sich als „Hersteller" bezeichnet oder die Bezeichnungen „Herstellung" oder „Fabrik" verwendet, wird vom Verkehr als ein Unternehmen angesehen, das die von ihm angebotenen Waren im Wesentlichen selbst herstellt. Dabei fragt es sich, welche Tätigkeiten qualitativ dem **Bereich der Herstellung** zuzuordnen sind. Das hängt von der jeweiligen Branche, der Auffassung der Hersteller und Händler und insbes von der Ansicht der Verbraucher ab. Im Rahmen der wirtschaftlichen Entwicklung können sich die Auffassungen wandeln. Die **bloße Behandlung und Wartung einer fertigen Ware** ist grds nicht als „Herstellung" anzusehen. Wer sich als Hersteller bezeichnet, braucht aber auch nicht sämtliche Fertigungsschritte vollzogen zu haben. Bei den aus verschiedenen Teilen und aus unterschiedlichem Material bestehenden Waren geht der durchschnittlich informierte Verbraucher nicht davon aus, dass alle Teile und alle Substanzen von demjenigen stammen, der sich als Hersteller präsentiert. Auch wird die Herstellereigenschaft vor allem bei serienmäßig hergestellten Massenwaren nicht dadurch ausgeschlossen, dass ein Teil in fremden Werkstätten gefertigt oder zugekauft wird. Man wird für eine Werbung mit dem Begriff des Herstellers noch nicht einmal voraussetzen können, dass der Fremdherstelleranteil geringfügig ist. Denn in vielen Branchen – etwa bei der PC-Herstellung – ist die Herstellung eines Produkts darauf beschränkt, von anderen hergestellte Komponenten auszuwählen und zusammenzubauen. – Aus dem Gebrauch einer eigenen Firmen- oder Warenbezeichnung eines Unternehmens lässt sich nicht darauf schließen, dass der Zeicheninhaber diese Ware tatsächlich im eigenen Betrieb hergestellt hat.

Die **Beispiele aus der älteren Rspr** zeigen teilweise eine Strenge, die mit dem heute **6.17** maßgeblichen Verbraucherleitbild und vor allem mit den Verhältnissen, die im produzierenden Gewerbe herrschen, nur schwer zu vereinbaren sind. Es ist **zu unterscheiden:** Wird damit geworben, dass ein bestimmtes Erzeugnis aus eigener Herstellung stammt, dann muss diese Angabe grds zutreffen. Stellt sich heraus, dass der Hersteller ein Teil der Waren, die er mit dem Prädikat „aus eigener Herstellung" versieht, **zugekauft** hat, so ist das irreführend. Der Verbraucher, der bspw auf einem Erzeugermarkt Eier erwirbt, die entgegen der Ankündigung „aus eigener Herstellung" von einem Großerzeuger zugekauft sind, wird in relevanter und erheblicher Weise irregeführt. Ein großzügigerer Maßstab ist dagegen am Platze, wenn es um die **Fertigungstiefe** geht. Auch in traditionellen Produktionsindustrien wie der Automobilindustrie werden heute erhebliche Teile von Zulieferern hergestellt. Computer oder Fahrräder werden von den Herstellern häufig nur aus Komponenten zusammengebaut, die sie bei Zulieferern erwerben. Das Verkehrsverständnis hat sich auf diese Sachverhalte eingestellt. Auch bei geringer Fertigungstiefe darf daher der Hersteller derartige Produkte als aus eigener Herstellung stammend bezeichnen, wenn jedenfalls die Endfertigung in seinen Händen lag. Bringt er dagegen – wie es etwa bei Haushaltsgeräten häufig geschieht – auf dem von einem Dritten vollständig hergestellten Gerät lediglich noch seine Marke an, darf er selbstverständlich nicht behaupten, das Gerät stamme aus der eigenen Produktion.

Beispiele: Die Werbung „**aus eigener Fabrikation**" wurde als irreführend angesehen, weil **6.18** 15 bis 20% des Gesamtumsatzes planmäßig zugekauft wurden; die bloße Prüfung des zugekauften Gemüses, das Ausscheiden minderwertiger Teile, die Reinigung von Fremdkörpern und das Umpacken wurden nicht als hinreichende Rechtfertigung für die Verwendung der Bezeichnung „Fabrikation" angesehen (RG GRUR 1940, 585 – *Trockengemüse*). – Die Verwendung der Marke „**Klasen-Möbel**" ist als irreführend untersagt worden, obwohl es sich um eine Fabrik- oder Handelsmarke handeln konnte, weil die in dem Möbelverkaufslager angebotenen Möbel nur zu $^{1}/_{10}$ vom Werbenden selbst hergestellt, zu $^{9}/_{10}$ jedoch von anderen Firmen bezogen wurden (BGH GRUR 1957, 348, 349 – *Klasen-Möbel*). Diese Begründung begegnet Zweifeln, weil die Entscheidung keine Grundlage für die Annahme erkennen lässt, dass der Verkehr die Bezeichnung „Klasen-Möbel" notwendig als Fabrikationsmarke versteht. – Irreführend ist es, sich in der Publikumswerbung für den Verkauf von Bekleidungsgegenständen über als eigene bezeichnete Verkaufsniederlassungen blickfangmäßig als **Bekleidungswerk** zu bezeichnen, wenn das angebotene Sortiment zu einem erheblichen Teil ($^{1}/_{3}$ des Angebots) nicht in dem Bekleidungswerk hergestellt, sondern von anderen Herstellern **zugekauft** worden ist (BGH GRUR 1986, 676 – *Bekleidungswerk*). – Die Bezeichnung „Herstellung und Vertrieb" wird gewöhnlich dahin verstanden, dass zumindest ein nennenswerter Teil des Sortiments selbst hergestellt wird, und zwar darunter auch ein Teil der Waren, die im Sortiment eine gewisse Bedeutung nach Umsatz und werblicher Herausstellung haben (BGH GRUR 1976, 197 – *Herstellung und Vertrieb*).

c) Täuschung über die Herstellereigenschaft. Der falsche Eindruck, man kaufe direkt **6.19** vom Hersteller (Erzeuger), kann, wie die folgenden Beispiele zeigen, auf verschiedene Weise entstehen.

6.20 Wer **Händler** ist, darf nicht als **Hersteller** werben. Ein Einzelhändler, der Staubsauger vertreibt, darf nicht den Eindruck erwecken, über ihn könne im Wege des Direktbezugs unmittelbar beim Hersteller gekauft werden (BGH GRUR 1955, 409 – *AEG Vampyrette*). Über die Bezugsquelle wird auch irregeführt, wenn jemand Händler ist, aber durch Abbildungen von Warenlagern und Betriebsstätten der Lieferfirma als Hersteller erscheint (RG GRUR 1938, 726). – Als unzulässig angesehen wurde die Bezeichnung einer Kaffeehandlung als Kaffeerösterei, auch wenn sie ebenso frisch gerösteten Kaffee durch Lohnröster liefert (OLG Hamburg GRUR 1953, 531). – Erweckt ein mit **Leasingangeboten** werbender Kfz-Händler den unzutr Eindruck, er selbst trete als Leasinggeber auf, so liegt darin eine relevante Irreführung (OLG Karlsruhe NJWE-WettbR 1999, 28).

6.21 Die Werbung mit der Angabe „**Verkauf direkt ab Fabrik**" oder „**vom Fabrikanten direkt zum Verbraucher**" wird vom Durchschnittsverbraucher dahin verstanden, dass der Werbende die Ware selbst herstellt und ohne Einschaltung der Handelsstufe vertreibt (OLG München GRUR 1979, 159). Jeder Zwischenhandel muss deshalb ausgeschaltet sein. – Irreführend ist der Werbespruch einer Ein- und Verkaufsgenossenschaft „**Vom Erzeuger zum Verbraucher**", wenn sie nicht Erzeugerin ist, sondern die Waren wie jeder Händler einkaufen muss. Die bloße Verkürzung des Vertriebswegs vom Erzeuger zum Verbraucher genügt nicht, und zwar auch dann nicht, wenn der Kunde zum Erzeugerpreis beliefert wird (*Frey* WRP 1963, 317 f). – Unzulässig ist die Werbung „**direkt vom Hersteller**" bei Damenledermänteln, wenn der Werbende keinen Einfluss auf den Herstellungsvorgang hat und die Herstellung nicht von Anfang bis Ende überwacht (OLG Düsseldorf GRUR 1965, 192; ÖOGH ÖBl 1972, 65).

6.22 Auch wenn der Hersteller im Rahmen einer eigenen Absatzorganisation den Verkauf durchführt und dadurch höhere Vertriebskosten entstehen, ist die Werbung „**direkt ab Fabrik – ohne Zwischenhandel**" irreführend, weil ein nicht unerheblicher Teil der Verbraucher annimmt, bes preisgünstig zu kaufen. – Hat ein Hersteller mehrere unselbstständige Verkaufsniederlassungen, so darf er auch in solchen, die sich nicht am Herstellungsort befinden, mit dem Hinweis „**direkt vom Hersteller**" werben. Entscheidend ist, dass Verkäufer und Hersteller identisch sind; die Ware muss jedoch nicht am Verkaufsort der Niederlassung hergestellt sein. In einem solchen Fall muss der Verkauf an Endverbraucher auch nicht auf dem Werksgelände stattfinden. – Wird eine Ware überhaupt nicht über den Zwischenhandel vertrieben, so kann die Werbung „**direkt ab Fabrik**" unter dem Gesichtspunkt der Werbung mit Selbstverständlichkeiten unzulässig sein (s Rdn 2.115 ff). – In der Entscheidung „Direkt ab Werk" hat es der BGH offen gelassen, ob der Verkehr die Aussage „**Direkt ab Werk! kein Zwischenhandel!**" so versteht, dass direkt vom Hersteller gekauft werden könne, oder ob er darin nur den Ausschluss jeglichen Zwischenhandels zwischen Hersteller und Einzelhändler sieht (BGH GRUR 2005, 442 – *Direkt ab Werk*). Dies hängt von den Umständen des Einzelfalls ab. Irreführend ist es aber, wenn in diesem Zusammenhang von einem „garantierten Tief-Preis" die Rede ist, obwohl der Händler in diesen Preis seine Spanne einkalkuliert hat. Denn dieser Hinweis verleitet den Verbraucher zu der Annahme, er habe hier die Gelegenheit, zum Herstellerabgabepreis zu erwerben (BGH aaO; vgl auch Rdn 7.133).

6.23 Die Werbung eines Herstellers, der ambulante Verkäufe in Gastwirtschaften mit einem eigenen Verkaufsleiter durchführt, mit der Angabe „**vom Hersteller zum Verbraucher**", insbes mit Hinweisen auf Qualität und Preisvorteile, erweckt den Eindruck, dass auf Grund des Direktverkaufs günstigere Preise gewährt werden, nicht aber, dass zu Fabrikpreisen verkauft wird (BGH GRUR 1964, 397, 399 – *Damenmäntel*). Der Verbraucher weiß, dass die Einschaltung von Absatzmittlern tendenziell den Preis erhöht. Nur wenn mit „**echten Fabrikpreisen**" geworben wird, erwartet er, dass die Preisbildung ohne Spannen von Absatzmittlern kalkuliert sind (OLG Oldenburg GRUR 1960, 270). – Zugelassen wurde auch die Werbung eines Handelsvertreters mit der Angabe „**direkt ab Fabrik**" im Blickfang, wenn die Erzeugnisse eines bestimmten Herstellers angeboten werden, der Handelsvertreter kein Lager unterhält, der Kunde zum Hersteller in unmittelbare vertragliche Beziehungen tritt und von diesem die Erzeugnisse geliefert und eingebaut werden (BGH GRUR 1976, 596 – *Aluminiumrollläden* mit Anm *Utescher*). In diesem Fall wird weder über den Vertriebsweg irregeführt, noch rechnet der Verbraucher damit, zum Fabrikpreis kaufen zu können; wohl aber erwartet er Preisvorteile, so dass er über deren Höhe nach Lage des Falles irregeführt werden kann.

6.24 Eine **Handelsmarke** darf nicht den Eindruck einer Herstellermarke und dadurch einen Direktbezug mit Vorteilen in preislicher und qualitativer Hinsicht vortäuschen. Doch sind heute Handelsmarken häufiger anzutreffen als früher, so dass nicht ohne weiteres davon ausgegangen werden kann, der Verkehr verstehe eine Marke im Zweifel als Herstellermarke (zu streng daher

BGH GRUR 1957, 348 – *Klasen-Möbel*, s dazu Rdn 6.18). Nicht jede Marke wird im Verkehr als „Herstellermarke" aufgefasst; sonst wäre wettbewerbsrechtlich die reine Handelsmarke unzulässig. Die Bezeichnung **„Edeka-Schloss-Export"** erweckt nicht den Eindruck einer Herstellermarke, wenn auf den Etiketten der Name der Herstellerbrauerei deutlich angegeben ist und der Verbraucher daher die Bezeichnung nur als Handelsmarke auffassen kann (BGH GRUR 1967, 100, 103 – *Edeka-Schloss-Export*). Eine Täuschung der Verbraucher liegt auch nicht darin, dass unter der einheitlichen Handelsmarke Bier aus zehn verschiedenen Brauereien vertrieben wird. Zwar kann sich auch mit einer bekannten Handelsmarke die Vorstellung einer gewissen Qualität der mit ihr bezeichneten Waren verbinden; im Gegensatz zur Herstellermarke erwartet der Verbraucher aber bei einer Handelsmarke nicht die einheitliche Herkunft und die gleich bleibende Beschaffenheit (BGH aaO). – Bei **Modellbezeichnungen für Serienfahrzeuge** nimmt der Verkehr an, sie seien vom Hersteller für den Handel festgelegt worden. Ersetzt ein Einzelhändler die Modellbezeichnung („C Visa Super") durch eine eigene Bezeichnung („C Visa Husar"), die er in der Werbung mit dem Hinweis „nur bei uns" verwendet, so erweckt er bei einem beachtlichen Teil der Kaufinteressenten die irrige Vorstellung, es handele sich um ein anderes Modell des Herstellers, das nur bei diesem Händler erworben werden könne (OLG Nürnberg WRP 1982, 114).

d) Kennzeichnung von Ersatzteilen. Wer nur Ersatzteile oder Zubehör herstellt, darf sie **6.25** nicht unter der Marke der Hauptware vertreiben und dadurch den falschen Eindruck erwecken, die Ware stamme vom Originalhersteller (§ 14 II Nr 1 MarkenG). Er ist aber nicht gehindert, die **Marke des Originalherstellers** – soweit notwendig – **als Hinweis auf die Bestimmung des Zubehörs oder des Ersatzteils** zu benutzen (§ 23 Nr 3 MarkenG). Es ist ihm sogar gestattet, für nachgebaute Ersatzteile die Bestellnummern des Originalherstellers zu verwenden (EuGH Slg 2001, I-7945 = GRUR 2002, 354 Rdn 54 – *Toshiba/Katun*; BGH GRUR 2001, 350, 351 – *OP-Lampen*; BGH GRUR 2003, 444, 445 – *„Ersetzt"*); denn darin liegt eine zulässige vergleichende Werbung nach § 6, die insbes keine unlautere Ausnutzung der Wertschätzung des Originalkennzeichens nach § 6 II Nr 4 darstellt (dazu § 6 Rdn 71 f). Ältere Entscheidungen des BGH, die einen strengeren Maßstab angelegt hatten (BGH GRUR 1996, 781 – *Verbrauchsmaterialien*), sind damit überholt. Voraussetzung eines zulässigen Vergleichs ist jedoch stets, dass die Verbraucher nicht über die Herkunft irregeführt werden und nicht der Eindruck erweckt wird, die Ersatzteile stammten vom Originalhersteller (BGH GRUR 1962, 537, 542 – *Radkappe*). Entsprechendes gilt für die **Verwendung von Typenbezeichnungen.**

Früher hatte man die Forderung aufgestellt, dass auch umgekehrt der Hersteller der Hauptware **6.26** **von einem Dritten bezogene Ersatz- oder Zubehörteile** nicht ohne weiteres **mit seiner eigenen Marke kennzeichnen** durfte. Auch hier haben sich die Erwartungen des Verkehrs infolge der Änderung der zugrunde liegenden Umstände verändert (s Rdn 6.17). In vielen Industrien werden, was allgemein bekannt ist, **Teile des Fertigprodukts** von Zulieferern gefertigt, so zB in der Automobilindustrie. Als **„Original-Ersatzteile"** dürfen Kfz-Teile nicht nur dann angekündigt werden, wenn sie von der Autofabrik selbst hergestellt worden sind. Der Kfz-Besitzer weiß, dass einzelne Teile – wie Vergaser, Anlasser, Lichtmaschinen, Getriebe, ABS, Klima- oder Navigationsanlage – von Spezialherstellern und Zulieferbetrieben stammen. Wohl aber wird bei dieser Ankündigung erwartet, dass die Ersatzteile derselben Fertigung entstammen wie die bei der Erstausstattung des Wagens verwendeten Teile, so dass der Hersteller mit seinem Namen und Ruf für die Güte dieser Teile einsteht (BGH GRUR 1963, 142, 146 – *Original-Ersatzteile*; BGH GRUR 1966, 211, 212 – *Ölfilter*). Der Verkehr geht hierbei davon aus, dass der Hersteller der Hauptware die Qualität der Teile, die als „Original-Ersatzteil" vertrieben werden, in ähnlicher Weise kontrolliert wie die bei der Erstausstattung eingebauten Teile. – Die Bezeichnung eines Kfz-Ersatzteils als „Original-Ersatzteil" für Fahrzeuge einer bestimmten Kfz-Herstellers verstößt nicht schon deshalb gegen § 5, weil das Teil für Fahrzeuge nicht nur dieses Herstellers, sondern auch anderer Hersteller verwendet wird (BGH GRUR 1966, 211 – *Ölfilter*). Ob das zutrifft oder nicht, wird für die Entschließung des Käufers idR gleichgültig sein (*Schartel* WRP 1995, 901).

e) Qualität von Ersatzteilen. Bei Ersatzteilen, die sich in die Hauptware integrieren (zB **6.27** Kotflügel eines Autos), erwartet der Verkehr die durch Werbung bekannt gemachte **Qualität der Hauptware** (zB Verzinkung gegen Durchrostung), es sei denn, der Ersatzteilhersteller weist ausdrücklich darauf hin, dass es sich um ein Produkt minderer Güte handelt. Der Hersteller, der – ohne einen solchen Hinweis – integrierende Ersatzteile liefert, die in der Qualität hinter der bekannten Qualität der Hauptware zurückbleiben, hängt sich wettbewerbswidrig an den guten

Ruf der Hauptware an und entwertet die Hauptware eines anderen (OLG München GRUR 1995, 429). Außerdem täuscht er Endverbraucher, die Ersatzteile einbauen lassen, die bei Ersatzteilen die Qualität der Originalteile erwarten OLG München aaO).

3. Vortäuschen des Bezugs vom Großhändler

6.28 a) **Allgemeines.** Die Rspr zur **Großhandelswerbung** ist ganz von einer **Funktionstrennung** beherrscht, die für den Handel typisch ist und in der Vergangenheit durch das Verbot des § 6a II aF gestützt wurde. Danach war es unzulässig, auf die Eigenschaft als Großhändler hinzuweisen, wenn nicht überwiegend Wiederverkäufer oder gewerbliche Verbraucher beliefert wurden; außerdem durfte bei der Preisgestaltung nicht nach Endverbraucher oder Wiederverkäufer unterschieden werden, es sei denn, es wurde unmissverständlich auf die unterschiedlichen Preise für Endverbraucher und Wiederverkäufer hingewiesen. Dieses Verbot ist zwar im Zuge der **UWG-Reform 2004** gestrichen worden, lässt sich aber ohne weiteres als **Bestandteil des allgemeinen Irreführungsverbots des § 5** verstehen, so dass es in der Sache fortbesteht. Denn es ist davon auszugehen, dass es auch in Zukunft weitgehend bei einer Funktionstrennung zwischen Groß- und Einzelhandel bleibt und die Erwartungen von Endverbrauchern und Wiederverkäufern an das, was einen Großhändler auszeichnet, sind nicht grundlegend wandeln werden. Eine Vermischung der Handelsfunktionen war auch nach altem Recht zulässig; dennoch wurde von dieser Möglichkeit nur wenig Gebrauch gemacht. Hieran wird sich vermutlich nichts Grundlegendes ändern. Würden Großhändler in Zukunft ihre Tore uneingeschränkt für Endverbraucher öffnen und an diese – auch in kleineren Gebinden – dieselbe Ware zum selben Preis verkaufen, die sie auch Wiederverkäufern anbieten, würden sie schnell für Wiederverkäufer an Attraktivität verlieren.

6.29 b) **Grundsätze.** Ein Handelsunternehmen darf gegenüber dem Endverbraucher nur dann auf seine **Großhändlereigenschaft** hinweisen, wenn es überwiegend Wiederverkäufer oder gewerbliche Verbraucher beliefert und an den letzten Verbraucher zu den seinen gewerblichen Abnehmern eingeräumten Preisen verkauft (BGHZ 28, 54, 64 ff – *Direktverkäufe*; BGH Urt v 30. 11. 1989 – I ZR 184/88 – *Metro IV*). Ob ein Unternehmer mit den Begriffen „Großhändler", „Großhandlung", „ab Großhandlung", „direkt vom Großhändler" usw werben darf, hängt davon ab, was nach der Auffassung des Verkehrs unter „Großhandel" zu verstehen ist. Hierbei kommt es nicht entscheidend auf die Unterhaltung eines umfangreichen Warenlagers an (OLG Hamm NJW 1963, 863). Auch auf die Höhe des Warenumsatzes und die Preisstellung sind nicht maßgeblich. Wesentlich für die Betriebsform des Großhandels ist jedoch nach der Auffassung der Durchschnittsverbraucher, dass der Betrieb des Großhändlers ganz auf die Belieferung von Wiederverkäufern und Großabnehmern (gewerbliche Verbraucher und Großverbraucher) eingestellt ist. Ein Handelsunternehmen, das neben dem Großhandel in erheblichem Umfang auch den Einzelhandel betreibt, darf sich gegenüber letzten Verbrauchern und Facheinzelhändlern nicht ausschließlich als „Großhändler", sein Unternehmen nicht ausschließlich als „Großhandelsunternehmen" („Großhandel") bezeichnen und nicht mit „Großhandelspreisen" werben (BGHZ 50, 169, 173 – *Wiederverkäufer*). Wer vortäuscht, „Großhändler" zu sein, verstößt auch dann gegen § 5, wenn er tatsächlich zu Preisen verkauft, die Großhandelspreisen entsprechen. Neben den Endverbrauchern wird auch der **Facheinzelhandel** durch das **Vortäuschen des Bezugs vom Großhändler** irregeführt; denn der Weiterverkauf zu einem die Kosten deckenden Preis wird erschwert, wenn ein Unternehmen außer an Einzelhändler in erheblichem Umfang auch an Letztverbraucher liefert (BGHZ 50, 169, 173 – *Wiederverkäufer*). Liegt „Großhandel" dagegen vor, so ist die Verwendung dieser Bezeichnung nicht deshalb irreführend, weil der Großhändler gelegentlich an Wiederverkäufer für den Eigenbedarf verkauft.

6.30 c) **Offenbarung der Doppelstellung.** Ein Großhändler, der neben dem Großhandel in erheblichem Umfang auch Letztverbraucher beliefert, kann die Bezeichnung „Großhandel" verwenden, wenn er seine Doppelstellung offenbart, zB durch die Angabe „Groß- und Einzelhandel". Auch um eine Irreführung der Einzelhändler und Lieferanten auszuschließen, ist eine Verpflichtung zur Offenbarung der Doppelstellung zu bejahen, wenn es sich nicht nur um gelegentliche Direktgeschäfte handelt. Eine Irreführung ist zu verneinen, wenn das Unternehmen, das sich in einem Kundenausweis als „Großhändler" bezeichnet, die Letztverbraucher über seine Funktionen wahrheitsgemäß und unmissverständlich aufklärt (BGH GRUR 1965, 431, 433 – *Wickel*).

4. Vortäuschen der Eigenschaft als Händler, Vertragshändler oder Vertragswerkstatt

a) Grundsatz. Im Gegensatz zum Handelsvertreter, Kommissionär oder Vermittler handelt der Händler **im eigenen Namen und für eigene Rechnung.** Für die Entschließung des Käufers ist es von Belang, ob er es mit einem **Händler** oder einem **Vermittler,** mit einem **autorisierten oder einem nichtautorisierten Händler** zu tun hat. Wer neue Kraftfahrzeuge nur vermittelt, darf nicht vortäuschen, er sei Vertragshändler. Ob der Vermittler die gleichen Kundendienstleistungen wie ein Eigenhändler bietet, ist unerheblich. – Wird in der Werbung für den eigenen Betrieb auf eine Spezialisierung auf Fahrzeuge einer bestimmten Marke hingewiesen, so wird ein solcher Hinweis nach der Lebenserfahrung im Verkehr meist dahin verstanden, dass es sich um einen Vertragshändler oder eine Vertragswerkstatt handelt. Wer nur mit Gebrauchtfahrzeugen handelt und zugleich eine Reparaturwerkstatt unterhält, darf nicht in seiner Werbung durch die Worte „Opel-Kunden" und „Abt Opel" beim Publikum den irrigen Eindruck hervorrufen, ein Opel-Händler oder eine autorisierte Opel-Werkstätte zu sein (BGH GRUR 1969, 467, 469 – *Vertragswerkstatt*). Auch wird ein als Kfz-Vertragshändler auftretender Unternehmer ohne bes Hinweis nicht nur als Anbieter von Gebrauchtfahrzeugen angesehen. Die Werbung „Die Werkstatt für Ihren Opel" kann unter bes Umständen den Eindruck erwecken, es handle sich um eine Opel-Vertragswerkstatt; auch der Hinweis „Ihr Opel-Vermittlungspartner" schließt diesen Eindruck nicht aus (OLG Hamm GRUR 1990, 383).

Ist dem durchschnittlich informierten Verbraucher bekannt, dass es **spezielle Vertragshändler** gibt, die den Kundendienst leisten und Garantieleistungen erbringen, muss sich aus der **Werbung eines nichtautorisierten Händlers** für den Verkauf von Neufahrzeugen ergeben, dass es sich nicht um das Angebot eines autorisierten Vertragshändler handelt (vgl OLG München GRUR 1988, 708); ob ein wirksames selektives Vertriebsbindungssystem des Herstellers besteht, ist insoweit gleichgültig. Die bloße Angabe des Tätigkeitsbereichs, wie zB „Reparaturen von Mercedes-Fahrzeugen" oder „Kfz-Werkstatt für Porsche-Fahrzeuge", deutet noch nicht auf eine vertragliche Beziehung zu einem bestimmten Hersteller hin (*Herb* WRP 1991, 699, 701 f).

Andererseits muss es der **nichtautorisierten Werkstatt** immer möglich sein, auf den **Gegenstand des eigenen Geschäftsbetriebs** hinzuweisen. Hierfür wird aber die Verwendung des Markenwortes ausreichen („Golf-Werkstatt"); das Bildzeichen (Logo) ist für die Beschreibung des Unternehmensgegenstandes nicht erforderlich (vgl § 23 Nr 3 MarkenG, s auch Rdn 6.35; vgl EuGH Slg 1999, I-905 Rdn 59–63 und Rdn 51–54 = GRUR Int 1999, 438 – *BMW/Deenik* zu Art 6 I lit c der Markenrechtsrichtlinie). Maßgeblich sind insofern die markenrechtlichen Grundsätze des § 23 MarkenG.

Ähnliche Grundsätze gelten für den **nichtautorisierten Handel.** Auch hier muss es dem Händler, der nicht Vertragshändler ist, rechtlich möglich sein, sein **Angebot unter Verwendung der Marke** des angebotenen Produkts **zu beschreiben.** Markenrechtlich fällt dies unter die **Erschöpfung des Markenrechts** (§ 24 MarkenG; vgl EuGH Slg 1999, I-905 = GRUR Int 1999, 438 Rdn 50 ff – *BMW/Deenik*). Diese Erschöpfung betrifft nicht nur das Recht des Weitervertriebs der markierten Ware, sondern auch das **Ankündigungsrecht** (vgl EuGH Slg 1997, I-6013 = GRUR Int 1998, 140 Rdn 36 – *Dior/Evora* zu Art 7 der Markenrechtsrichtlinie). Schon zum Warenzeichenrecht hatte der BGH entschieden, dass ein Händler bei der Werbung für eine Markenware neben der Abbildung in der Originalpackung nochmals auf die Marke des Herstellers in vergrößerter Form hinweisen darf (BGH GRUR 1987, 707, 709 – *Ankündigungsrecht I*). Ein Einzelhändler, der Markenwaren (Schuhe) verschiedener Hersteller führt, erweckt auch nicht dadurch den Eindruck eines autorisierten Vertragshändlers, dass er innerhalb seiner Geschäfte generell jeweils die Stellen, an denen Schuhe bestimmter Marken zu finden sind, durch über den Regalen angebrachte Schilder mit den Marken der darunter angebotenen Ware kennzeichnet (BGH GRUR 1987, 823, 824 f – *Ankündigungsrecht II*).

b) Vortäuschen der Eigenschaft als Vertragshändler oder Vertragswerkstatt. Von der Prüfung im Einzelfall hängt es ab, ob ein Werbehinweis entspr der Lebenserfahrung tatsächlich den Eindruck hervorruft, dass es sich um einen Vertragshändler oder eine Vertragswerkstatt handelt, oder ob durch Zusätze eine Irreführung des Verkehrs ausgeschlossen wird. Die Rspr zeichnet sich in diesem Punkt nicht durch eine klare Linie aus. Teilweise wird auch nicht hinreichend beachtet, dass es dem nichtautorisierten Händler/Reparaturbetrieb stets möglich sein muss, auf seine (spezialisierte) Tätigkeit hinzuweisen, was bedeuten kann, dass im Einzelfall auch einmal eine Irreführung der Verbraucher hingenommen werden muss (vgl OLG Hamm GRUR 1990, 383). – Der Werbehinweis **„Kfz-Meisterbetrieb speziell für Mercedes-Benz"** ist bspw als zulässig angesehen worden (OLG Hamm GRUR 1989, 285, 287), ebenso die

Werbung mit „**Mercedes-Benz Spezial-Abtlg**" durch einen Autoreparaturdienst, der nicht Vertragspartner der Daimler-Benz AG war (KG GRUR 1977, 537). – Dagegen wurde die Angabe „**Porsche-Spezial-Werkstatt**" für eine Kfz-Werkstatt ohne Vertragsbeziehungen zum Porsche-Werk untersagt, weil der Verkehr nicht hinreichend zwischen „Vertragswerkstätten" und „Spezialwerkstätten" für Porsche-Fahrzeuge unterscheide (KG WRP 1978, 54). Allein der Umstand, dass bislang alle Fach- und Spezialwerkstätten gleichzeitig Vertragswerkstätten waren, darf aber keine Rolle spielen, weil auch der Newcomer das Recht hat, auf seine Leistung hinzuweisen und in der Werbung seine Spezialisierung zu beschreiben. – Verwendet ein Autohändler die weltbekannte Marke eines Kfz-Herstellers nicht bloß als unschädliche bloße **Bestimmungsangabe,** sondern nimmt er sie ohne jeden einschränkenden **Zusatz in seine Unternehmensbezeichnung** auf („Mercedes-Teyrowsky"), werden die angesprochenen Verkehrskreise daraus schließen, dass zum Hersteller eine bes Nähe in wirtschaftlicher oder organisatorischer Hinsicht besteht und dass das so bezeichnete Unternehmen ein Vertragshändler des Herstellers und Markeninhabers ist (ÖOGH ÖBl 1992, 273, 277).

6.36   c) **Kundendienst.** Der Begriff „Kundendienst" wird im Allgemeinen so verstanden, dass es sich um das vom Hersteller unterhaltene **Netz von Reparatur- und Wartungsbetrieben** handelt, die für die Abwicklung von Garantiefällen, für Reparaturen und für die Beschaffung von Ersatz- und Zubehörteilen zuständig sind. Wer bspw mit dem Hinweis wirbt, er führe an Hausgeräten der Marke/Firma Bosch den „Kundendienst" durch, erweckt den Eindruck, dass es sich um einen vom Hersteller selbst organisierten Kundendienst oder um eine Vertragswerkstatt der Firma Bosch handele (OLG Hamburg GRUR 1993, 488). Einen Fall irreführender Werbung hinsichtlich eines besonderen Aspektes des Kundendienstes, nämlich der Sprache, betrifft die Nr 8 des Anh zu § 3 III; dazu Anh zu § 3 III Rdn 8.1 ff.

6.37   d) **Fachliche Qualifikation.** Ungeachtet der Beziehung zum Hersteller müssen Betriebe, die ihre Spezialisierung auf einen bestimmten Typ oder auf einen bestimmten Hersteller in der Werbung herausstellen, auch die **Erwartungen des Verkehrs an die fachliche Qualifikation** erfüllen. Denn wer sich als Spezialwerkstatt für einen bestimmten Typ bezeichnet, weist damit darauf hin, dass er für die fraglichen Erzeugnisse mehr oder weniger über dieselben Qualifikationen verfügt, die von einer Vertragswerkstatt erwartet werden. So ist die Bezeichnung „**Jaguar Spezialwerkstatt**" als irreführend angesehen worden, wenn die Mitarbeiter dieser Werkstatt nicht über die Entwicklung dieses Autotyps auf dem Laufenden gehalten werden (OLG Karlsruhe WRP 1980, 574). Dabei ist zu berücksichtigen, dass auf Grund von Art 4 II der Verordnung (EG) 1400/2002 über die Anwendung von Art 81 III EG auf Gruppen von vertikalen Vereinbarungen im Kraftfahrzeugsektor jeder Kfz-Hersteller verpflichtet ist, den nichtautorisierten Werkstätten (in der Terminologie der Gruppenfreistellungsverordnung: den unabhängigen Marktbeteiligten) „Zugang zu den für die Instandsetzung und Wartung seiner Kraftfahrzeuge oder für Umweltschutzmaßnahmen erforderlichen technischen Informationen, Diagnose- und anderen Geräten und Werkzeugen nebst einschlägiger Software oder die fachliche Unterweisung" zu gewähren. Ein Betrieb, der werbend auf seine Spezialisteneigenschaft hinweist, muss diese sich ihm bietenden Möglichkeiten wahrnehmen.

5. Vortäuschen des Bezugs aus Privathand

6.38   a) **Allgemeines.** Wirbt ein Unternehmer unter einer Kennziffer (Chiffre), einer Telefonnummer oder einer sonstigen Deckadresse gegenüber dem Verbraucher, so **täuscht** er über den **gewerblichen Charakter des Angebots** (BGH GRUR 1987, 748 – *Getarnte Werbung II* mit Anm *Jacobs;* Piper/Ohly/*Sosnitza* § 5 Rdn 658). Der durchschnittlich informierte, aufmerksame und verständige Verbraucher erwartet bei einer Kaufgelegenheit aus Privathand, dass die preisgünstiger oder verhandelbarer erscheint, weil die Spanne des Handels entfällt (OLG München WRP 1977, 278; LG Stuttgart NJW 1969, 1257; OLG Frankfurt WRP 1979, 468; GK/*Lindacher* § 3 Rdn 954). Das **Verschweigen der Händlereigenschaft** ist stets unlauter iSd § 5 und § 4 Nr 3. Darauf, ob das Angebot tatsächlich günstig ist, kommt es nicht an. Auch für günstige Angebote darf nicht irreführend geworben werden (GK/*Lindacher* § 3 Rdn 954).

6.39   Zur **Verdeutlichung des gewerblichen Charakters** eines Angebots reichen allerdings Abkürzungen (zB Gew für gewerbliche; Fa für Firma; Hdl für Händler) aus, wenn sich ihr Sinn dem durchschnittlich informierten, aufmerksamen und verständigen Verbraucher unschwer erschließt. Doch kommt es auf die konkrete Verwendung an (Piper/Ohly/*Sosnitza* § 5 Rdn 659; GK/*Lindacher* § 3 Rdn 958 mwN). – Die für die Werbung gegenüber dem Verbraucher geltenden Grundsätze greifen aber nicht bei Werbung gegenüber Unternehmern ein. Denn ihnen ist es idR gleichgültig, ob die Anzeige von einem Privaten oder Gewerbetreibenden ausgeht. – Die genannten Grundsätze greifen auch dann nicht ein, wenn Unternehmer Privatverkäufe anbieten und dabei nicht auf ihre berufliche Stellung hinweisen (BGH GRUR 1993, 761 – *Makler-Privatangebot;* BGH GRUR 1993, 760 – *Provisionsfreies Maklerangebot; Gröning* WRP 1993, 621). Hier besteht grds keine Irreführungsgefahr.

Gibt sich ein **Gewerbetreibender als Privatmann** aus, erfüllt dies idR den Sondertatbestand der Nr 23 des Anh zu § 3 III; ein solches Verhalten zählt also zu den geschäftlichen Handlungen, die unter allen Umständen unlauter sind; dazu Anh zu § 3 III Rdn 23.1 ff. **6.39a**

b) Beispiele. Die Werbung eines Elektroinstallateurs unter einer Chiffre-Nr macht durch den Zusatz „**Prüfprotokoll und Bauabnahme**" noch nicht deutlich, dass es sich um eine gewerbliche Anzeige handelt (OLG München WRP 1985, 231). – Irreführend ist es, wenn in einer gewerblichen Anzeige nur eine Telefonnummer angegeben ist (OLG Hamm WRP 1981, 540; OLG Hamm GRUR 1984, 538; OLG Köln WRP 1985, 580). Eine Anzeige, die einen Gegenstand mit dem Zusatz „**aus Privat**" und der Telefonnummer zum Kauf anbietet, weist den Leser auf einen Kauf unter Privaten hin, ist daher irreführend, wenn das Angebot von einem Händler stammt. – Die Werbung „**Priv. Partnervermittlung**" verschleiert den gewerblichen Charakter eines Angebots (OLG Hamm WRP 1989, 532). – Aus dem Immobilienangebot eines Immobilienunternehmens muss dessen gewerblicher Charakter ersichtlich sein. Nichtssagende Namen, Chiffren oder Telefonnummern, die geeignet sind, beim Publikum den unzutr Eindruck eines Verkaufs aus Privathand zu erwecken, sind unzulässig. Das Inserat eines Immobilienmaklers darf nicht den Eindruck erwecken, die Anzeige sei von einer privaten Person aufgegeben, wenn der Makler ohne Auftraggeber handelt (OLG Karlsruhe GRUR 1984, 602). Ein Maklerinserat ist nicht hinreichend als Maklerangebot gekennzeichnet, wenn mehrere Einzelinserate unter die Überschrift „**X–Immobilien bietet an . . .**" gesetzt werden, ohne dass ein optischer Zusammenhang zwischen der Überschrift und den Einzelanzeigen hergestellt wird, und hinter jedem einzelnen Objekt nur die Fernsprechnummer angegeben ist (KG GRUR 1984, 137). Die Kleinanzeige mit dem Text „Wohnw z verm Tel . . ." unter der Rubrik „Wohnwagen" erweckt den Eindruck, dass ein Privatmann und nicht ein Gewerbetreibender sein Wohnmobil zur Vermietung anbietet (OLG Hamm WRP 1998, 327, 328). **6.40**

6. Verschweigen der Maklereigenschaft

Auch wenn sich aus einem Angebot dessen **gewerblicher Charakter** ergibt (s Rdn 6.38 ff), kann es gleichwohl noch irreführend sein, wenn nicht deutlich wird, dass es sich um das **Angebot eines Maklers** handelt. Denn die Angabe des gewerblichen Anbieters vermittelt den Eindruck, dass das Geschäft unmittelbar, also **provisionsfrei**, zustande komme. So ist es unzulässig, wenn in einer Immobilienanzeige nicht darauf hingewiesen wird, dass **bei Vertragsschluss eine (Makler-)Provision** zu zahlen ist. Die Irreführung wird nicht schon dadurch ausgeschlossen, dass sich der Inserent in der Anzeige als „**Finanz- und Vermögensberater**" bezeichnet; denn dieser Begriff macht nicht deutlich, dass der – mutmaßlich im Auftrag des Verkäufers handelnde – Berater auch vom Erwerber eine Provision fordern möchte (BGH GRUR 1991, 324 – *Finanz- und Vermögensberater*). – Dagegen braucht ein Makler nicht darauf hinzuweisen, dass das Angebot provisionspflichtig ist (OLG Celle WRP 1996, 910). – Umgekehrt ist es keine irreführende Werbung mit Selbstverständlichkeiten, wenn ein Immobilienverwalter Wohnungen in Zeitungsinseraten unter der herausgestellten Angabe „**Ohne Maklergebühr**" anbietet (OLG Hamburg GRUR-RR 2001, 4170). **6.41**

7. Reisegewerbe und stehendes Gewerbe

Das **Reisegewerbe** zeichnet sich dadurch aus, dass der Gewerbetreibende unangemeldet ohne eine entsprechende Terminsvereinbarung zum Kunden kommt (§ 55 I GewO). Zwar muss der Reisegewerbetreibende seine Leistung nicht sofort erbringen, die **Initiative** zur Erbringung der Leistung muss aber – anders als beim stehenden Gewerbe, bei dem der Kunde um Angebote nachsucht – **stets vom Anbietenden ausgehen** (BVerfG GewA 2007, 294). Erweckt der Reisegewerbetreibende – etwa durch Kontaktangaben (Telefonnummer, E-mail-Adresse und Anschrift) auf einem Baustellenschild – den Eindruck, es handele sich um ein stehendes Gewerbe, täuscht er den Verkehr über die Bezugsart (OLG Jena NJW-RR 2009, 975, 976). **6.42**

7. Kapitel. Irreführung über die Preisbemessung und die Vertragsbedingungen

Übersicht

	Rdn
A. Allgemeines	7.1–7.11
I. Grundsatz der Preiswahrheit	7.1–7.2a
II. Preisangabenverordnung (PAngV)	7.3, 7.4
III. Zulässigkeit von Preisnachlässen und Zugaben	7.5–7.7
IV. Zulässigkeit von Sonderveranstaltungen	7.8–7.11
B. Irreführung über die Preisbemessung	7.12–7.136a
I. Irreführung durch Preisgestaltung	7.12–7.18
1. Preisschaukelei	7.12, 7.13
2. Preisspaltung und divergierende Preisankündigung	7.14–7.17
a) Grundsatz	7.14
b) Unlautere Preisspaltung	7.15, 7.16
c) Divergierende Preisankündigung	7.17
3. Diskriminierende Preisgestaltung	7.18
II. Sonderangebote, Lockvogelwerbung	7.19–7.28
1. Sonderangebote	7.19–7.21a
2. Lockvogelwerbung	7.22–7.28
a) Irreführung über angemessene Bevorratung	7.22
b) Irreführung über die Preisbemessung des übrigen Sortiments	7.23–7.28
aa) Tatbestand	7.23
bb) Abgrenzung	7.24–7.28
(1) Frühere Rspr	7.24–7.26
(2) Gewandeltes Verbraucherleitbild	7.27, 7.28
III. Unbestimmte oder unvollständige Produktangaben	7.29, 7.30
IV. Preisbemessung bei Mehrheit von Waren oder Leistungen	7.31–7.43
1. Werbung mit Preisbestandteilen	7.31
2. Kopplungsangebote	7.32–7.40
a) Allgemeines	7.32
b) Transparenzgebot	7.33–7.40
aa) Grundsatz	7.33
bb) Keine umfassende Aufklärungspflicht	7.34–7.34b
cc) Irreführung	7.35–7.38
dd) Beispiele	7.39, 7.40
3. Werbung mit Teilzahlungspreis	7.41–7.43
V. Preisgegenüberstellung	7.44–7.87
1. Werbung mit empfohlenen Preisen	7.44–7.59
a) Kartellrechtliche Zulässigkeit von Preisempfehlungen	7.44, 7.45
b) Lauterkeitsrechtliche Beurteilung im Allgemeinen	7.46
c) Grundsatz der lauterkeitsrechtlichen Beurteilung nach § 5	7.47
d) Irreführung	7.48–7.58
aa) Keine Klarstellung unverbindlicher Preisempfehlung	7.49, 7.50
bb) Kein angemessener Verbraucherpreis	7.51–7.56
(1) Keine ernsthafte Kalkulation	7.51–7.54
(2) Zeitpunkt der Bezugnahme	7.55, 7.56
cc) Unklare oder unbestimmte Bezugnahme auf den empfohlenen Preis	7.57, 7.58
e) Darlegungs- und Beweislast	7.59
2. Werbung mit Listenpreisen oder Katalogpreisen, Prinzip der Preislistentreue	7.60–7.61a
a) Begriff	7.60
b) Irreführung	7.61, 7.61a
3. Werbung mit Preisen der Konkurrenz	7.62–7.66
4. Eigenpreisgegenüberstellung	7.67–7.87
a) Begriff	7.67
b) Grundsätze des Verbots und Schwierigkeit der Durchsetzung	7.68–7.70
aa) Irreführende Eigenpreisgegenüberstellung	7.68

	Rdn
bb) Schwierigkeiten bei der Durchsetzung von Abwehransprüchen	7.69, 7.70
c) Irreführung	7.71–7.87
aa) Kein Fordern des angegebenen ursprünglichen Preises	7.72
bb) Fordern des ursprünglichen Preises lediglich für eine unangemessen kurze Zeit (§ 5 IV)	7.73–7.82
(1) Tatbestand (§ 5 IV 1)	7.73–7.74 a
(2) Beweislastregel des § 5 IV 2	7.75–7.80
(3) Vermutung des § 5 IV 1	7.81, 7.82
cc) Wie lange darf mit einer erfolgten Preisherabsetzung geworben werden?	7.83, 7.84
dd) Irreführung über den Umfang der Preisherabsetzung	7.85, 7.86
(1) Unbestimmte Preisherabsetzungen	7.85
(2) Irreführung über die zu herabgesetztem Preis angebotene Ware oder Dienstleistung	7.86
ee) Irreführung durch mehrdeutige Preisgegenüberstellung	7.87
VI. Preisgarantie	7.88–7.93
1. Geld-zurück-Garantie	7.88, 7.89
2. Feste Preise	7.90
3. Übertreibungen	7.91–7.93
VII. Einzelfälle	7.94–7.136 a
1. Abholpreis	7.94
2. Buchungsgebühren, Kreditkartengebühren	7.95
3. Direktpreis	7.96
4. Discountpreis	7.97–7.99
5. Durchgestrichener Preis	7.100
6. Eckpreis, Margenpreis	7.101
7. Einführungspreis	7.102, 7.103
8. Einkaufspreis, Fabrikpreis, Einstandspreis und Selbstkostenpreis	7.104–7.107
a) Begriffe	7.104
b) Verwendung durch den Hersteller	7.105, 7.106
c) Verwendung durch Wiederverkäufer	7.107
9. Endpreis, Inklusivpreis	7.108–7.111 a
10. Eröffnungspreis	7.112–7.114
a) Irreführung über die bes Preisgünstigkeit	7.113
b) Irreführung über die Zeitdauer der Geltung	7.114
11. Gratisabgabe	7.115–7.118
12. Großhandelspreis	7.119–7.121
a) Begriff	7.119
b) Verwendung	7.120, 7.121
13. Ladenpreis und Preisbindung bei Verlagserzeugnissen	7.122
14. Mittlerer Preis und circa-Preis	7.123
15. Nettopreis, Bruttopreis	7.124, 7.125
16. Normalpreis	7.126
17. Probierpreis, Testpreis, Schnupperpreis	7.127
18. Regulärer Preis	7.128
19. Schätzpreis und Taxpreis	7.129
20. Sommerpreis	7.130
21. Statt-Preis	7.131, 7.132
22. Tiefpreis, Tiefstpreis, Dauertiefpreis, Höchstpreis	7.133–7.135
23. Versandhandelspreise, Versandkosten	7.136, 7.136 a
C. Irreführung über die Vertragsbedingungen	7.137–7.148
I. Allgemeines	7.137
II. Form der Irreführung	7.138–7.143 a
III. Garantien	7.144–7.148

Schrifttum: *Berlit,* Auswirkungen der Aufhebung des Rabattgesetzes und der Zugabeverordnung auf die Auslegung von § 1 UWG und § 3 UWG, WRP 2001, 349; *Berneke,* Zum Lauterkeitsrecht nach einer Aufhebung von Zugabeverordnung und Rabattgesetz, WRP 2001, 615; *Blasek,* Versteckte Preisangaben im Internet, GRUR-RR 2009, 241; *Bodendorf/Nill,* Das Prinzip der Preislistentreue – Bedeutung und Berechtigung im Umfeld des neuen Wettbewerbsrechts, AfP 2005, 251; *Bullinger/Emmerich,* Irreführungsgefahr durch selektive Produktauswahl bei Preisvergleichen, WRP 2002, 608; *Cordes,* Die Gewährung von Zugaben und

Rabatten und deren wettbewerbsrechtliche Grenzen nach Aufhebung von Zugabeverordnung und Rabattgesetz, WRP 2001, 867; *Enßlin,* Verpflichtung zur Angabe von Preisen in der Werbung für Telefonmehrwertdienste, WRP 2001, 359; *Gaedertz,* „Lockvogelangebote" im Widerstreit zwischen der Rechtsprechung des BGH und der 6. Novelle zum GWB?, WRP 1999, 31; *Haedicke,* Die künftige Zugabe- und Rabattregulierung durch das UWG zwischen Liberalisierung und Lauterkeitsschutz, CR 2001, 788; *Haller,* Die Werbung mit dem Zusatz „inkl. MWSt.", WRP 1989, 5; *Heermann,* Rabattgesetz und Zugabeverordnung ade! – Was ist nun erlaubt? Was ist nun verboten?, WRP 2001, 855; *ders,* Prämien, Preise, Provisionen – Zur lauterkeitsrechtlichen Beurteilung von Absatzförderungsmaßnahmen im Handel gegenüber Nichtverbrauchern, WRP 2006, 8; *Heermann/Rueß,* Verbraucherschutz nach RabattG und ZugabeVO – Schutzlücke oder Freiheitsgewinn?, WRP 2001, 883; *Hoß/Laschet,* Die Einführung des Euro in der wettbewerbsrechtlichen Praxis, MDR 1999, 726; *Jacobi,* Die optische Vergrößerung der Grundpreisangabe – Notwendigkeit und Umsetzung, WRP 2010, 1217; *Kiethe/Groeschke,* Die Mogelpackung – Lebensmittel- und wettbewerbsrechtliche Risiken der Produkteinführung – Rechtsschutzmöglichkeiten der Wettbewerber, WRP 2003, 962; *Kisseler,* Preiswahrheit und Preisklarheit in der Werbung, FS Traub, 1994, 163; *Köhler,* Rabattgesetz und Zugabeverordnung: Ersatzlose Streichung oder Gewährleistung eines Mindestschutzes für Verbraucher und Wettbewerber?, BB 2001, 265; *ders,* Zum Anwendungsbereich der §§ 1 und 3 UWG nach Aufhebung von RabattG und ZugabeVO, GRUR 2001, 1067; *ders,* Kopplungsangebote (einschließlich Zugaben) im geltenden und künftigen Wettbewerbsrecht, GRUR 2003, 729; *ders,* Preisinformationspflichten, FS Loschelder, 2010, 127; *Kügele,* Wettbewerbsrechtliche Beurteilung von Kopplungsangeboten, GRUR 2006, 105; *Lettl,* Irreführung durch Lock(vogel)angebote im derzeitigen und künftigen UWG, WRP 2008, 155; *Molle,* Werbung für Telefontarife und notwendige Angaben – „Sondernewsletter" – Zugleich Kommentar zu BGH, Urteil vom 10. 12. 2009 – I ZR 149/07, K&R 2010, 545; *Möller,* Neue Erscheinungsformen von Rabattwerbung und „Rabatte" zu Lasten Dritter – Die wundersame Entledigung unliebsamer Belastungen; GRUR 2006, 292; *Nippe,* Werbung mit der unverbindlichen Preisempfehlung des Herstellers, WRP 2004, 1397; *ders,* Liefer- und Versandkosten im Internet-Versandhandel, WRP 2009, 690; *Nordemann,* Wegfall von Zugabeverordnung und Rabattgesetz – Erlaubt ist, was gefällt?, NJW 2001, 2505; *Ohly,* Die wettbewerbsrechtliche Beurteilung von Gesamtpreisangeboten, NJW 2003, 2135; *Pluskat,* Das kombinierte Warenangebot – dieses Mal als unzulässiges verdecktes Kopplungsgeschäft, WRP 2002, 789; *ders,* Zur Zulässigkeit von Kopplungsgeschäften – Zugleich Besprechung des Urteils BGH WRP 2002, 1256 – Kopplungsangebot, WRP 2002, 1381; *ders,* Kopplungsangebote und keine Ende – Zugleich Besprechung des Urteils des BGH WRP 2003, 743 – Gesamtpreisangebot, WRP 2004, 282; *Quantius,* Zur Preisangabenpflicht bei der Bewerbung von Auskunftsdienstleistungen im TK-Sektor, WRP 2002, 901; *Scholz,* Ist Werbung für den Verkauf von Waren mit der Behauptung, der Verkauf erfolge ohne Mehrwertsteuer, zulässig?, WRP 2008, 571; *Schünemann,* Defizitäre Garantien, NJW 1988, 1943; *Seichter,* „20% auf alles – nur heute!" – Zur wettbewerbsrechtlichen Beurteilung von kurzfristigen Rabattaktionen, WRP 2006, 628; *Splittgerber/Krone,* Bis dass der Tod Euch scheide – Zur Zulässigkeit lebenslanger Garantien auf IT-Produkte, CR 2008, 341; *Steinbeck,* Rabatte, Zugaben und andere Werbeaktionen: Welche Angaben sind notwendig?, WRP 2008, 1046; *Tonner,* Preisangaben in Reisekatalogen – ein Auslaufmodell?, VuR 2008, 210; *Trube,* „Mondpreiswerbung" und der geplante § 5 IV UWG, WRP 2003, 1301; *P. Ulmer,* Wettbewerbsrechtliche Schranken für die Händlerwerbung mit bekannten Herstellermarken?, WRP 1987, 299; *Usselmann/Seichter,* „20% auf alles" – aber teurer als vergangene Woche – Zur Auslegung des Tatbestandsmerkmals der unangemessen kurzen Zeit i. S. v. § 5 Abs 4 UWG, WRP 2007, 1291; *Völker,* Preisangaben und Preiswerbung nach Einführung des Euro, WRP 1999, 756; *Worok,* Totgesagte leb(t)en länger – der Saisonschlussverkauf nach der UWG-Novelle, WRP 2004, 1431.

A. Allgemeines

I. Grundsatz der Preiswahrheit

7.1 Der **Preis** einer Ware oder Leistung ist in fast allen Wirtschaftszweigen und Wirtschaftsstufen neben der Qualität und den Vertragsbedingungen das **zentrale Instrument des Wettbewerbs**. Denn er ist für die Entscheidung zum Absatz oder Bezug von herausragender Bedeutung. In manchen Bereichen ist er sogar **der** Aktionsparameter schlechthin (GK/*Lindacher* § 3 Rdn 820). Der Preis einer Ware oder Leistung wird durch die **Preisbemessung** ermittelt. Es ist dies die Bestimmung des vom Abnehmer für die Ware oder Leistung zu zahlenden Preises, also der in Geld ausgedrückten Gegenleistung. Dazu gehören auch Preisbestandteile (zB Preisnachlässe). Seit dem UWG-Änderungsgesetz von 1969 untersagte der Wortlaut des damaligen § 3 UWG unmissverständlich irreführende Angaben sowohl über die Preisbemessung einzelner Waren oder gewerblicher Leistungen als auch über die Preisbemessung des gesamten Angebots. Seit der **UWG-Reform 2004** findet sich das Verbot der Irreführung über die Preisbemessung in redaktionell abgewandelter Form in § 5 I 2 Nr 2. Danach sind bei der Beurteilung der Frage, ob eine Werbung irreführend iSd § 5 I ist, insbes die in ihr enthaltene Angaben über **„den Anlass des Verkaufs wie das Vorhandensein eines besonderen Preisvorteils, den Preis oder die Art und Weise, in der er berechnet wird",** zu berücksichtigen. Diese Formulierung entspricht der Sache nach Art 6 I lit d der UGP-Richtlinie sowie Art 3 lit b der Richtlinie über irreführende und vergleichende Werbung.

Durch das Verbot der Irreführung über die Preisbemessung soll insbes die **Preiswahrheit** 7.2 gewährleistet werden, während die Regelungen der Preisangabenverordnung (PAngV), die Preisangabe- und Preisauszeichnungspflichten vorsehen, vorwiegend der **Preisklarheit** dienen (s Rdn 7.3). Wegen der Bedeutung des Preises für die Entscheidung zum Absatz oder Bezug ist wirksamer Schutz vor irreführenden Preisangaben unbedingt geboten. Auch wird wegen dieser bes Bedeutung des Preises die **wettbewerbliche Relevanz** idR ohne weiteres gegeben sein. Stets irreführend ist es daher, Waren oder Leistungen im Geschäftslokal mit höheren Preisen auszuzeichnen als denjenigen, die in der Werbung herausgestellt worden sind (BGH GRUR 2000, 907, 909 – *Filialleiterfehler*). Dies gilt unabhängig davon, ob dem Kunden an der Kasse nach einem Hinweis auf den in der Werbung angegebenen günstigeren Preis lediglich der niedrigere Preis abverlangt wird (BGH GRUR 1988, 629 f – *Konfitüre;* GK/*Lindacher* § 3 Rdn 828). Nur wenn sichergestellt ist, dass an der Kasse unaufgefordert immer nur der niedrigere Preis verlangt wird, fehlt es an der Relevanz der Irreführung (s Rdn 7.17; BGH GRUR 2008, 442 Tz 11 – *Fehlerhafte Preisauszeichnung*); hinsichtlich des Verstoßes gegen § 1 VI PAngV kann und muss in einem solchen Fall auf die Bagatellklausel des § 3 zurückgegriffen werden (BGH GRUR 2008, 442 Tz 15 – *Fehlerhafte Preisauszeichnung*).

Eine generelle Pflicht zur Angabe der Preise besteht für den Unternehmer außerhalb des 7.2a Geltungsbereichs der PAngV jedoch nicht. Im Einzelfall kann sich eine Pflicht zur Preisangabe aber aus dem Gesichtspunkt der Irreführung durch Unterlassen ergeben (§ 5 a; dazu § 5 Rdn 2.60 f und § 5 a Rdn 1 ff). Auch ein Preisgebaren, das die wahren Preise verschleiert und die Marktgegenseite dadurch irreführt, kann gegen § 3 iVm § 5 verstoßen. Dann jedoch kann nur eine Aufgliederung der Preise verlangt werden, nicht aber die Einhaltung bestimmter – zB marktgerechter – Preise (BGH WM 1979, 1190, 1191 – *Münzautomatenhersteller*). Preisangaben in ausländischer Währung sind nicht ohne weiteres irreführend (BGH GRUR 1995, 274, 275 – *Dollar-Preisangaben*), können aber uU gegen die PAngV verstoßen und deshalb unter dem Gesichtspunkt des Rechtsbruchs (§ 4 Nr 11) unlauter sein (Rdn 7.4 aE). Zur Beurteilung des Überbietens und Unterbietens der Preise von Mitbewerbern s § 4 Rdn 10.184 ff.

II. Preisangabenverordnung (PAngV)

Die Regelungen der **Preisangabenverordnung** (PAngV) idF der Bek v 18. 10. 2002 7.3 (BGBl I 4197, zuletzt geändert durch G v 29. 7. 2009, BGBl I 2355), sehen Preisangabe- und Preisauszeichnungsvorschriften vor. Danach hat der Kaufmann beim Angebot von Waren und Leistungen und bei der Werbung mit Preisangaben gegenüber Letztverbrauchern die Endpreise, bei Krediten den effektiven Jahreszins anzugeben (§§ 1 I 1, 6 I PAngV). Die PAngV verfolgt den Zweck, durch eine sachlich zutr und vollständige Verbraucherinformation in erster Linie **Preisklarheit** zu gewährleisten, um durch optimale Preisvergleichsmöglichkeiten die Stellung der Verbraucher gegenüber Handel und Gewerbe zu stärken und den Wettbewerb zu fördern (Begr zur PAngV 1985 Abschn A; BGH GRUR 1974, 281, 282 – *Clipper*; BGH GRUR 1980, 304, 306 – *Effektiver Jahreszins;* BGH GRUR 1982, 493, 494 – *Sonnenring;* BGH GRUR 1991, 845, 846 – *Nebenkosten;* BGH GRUR 1994, 222, 224 – *Flaschenpfand I;* BGH GRUR 1997, 767, 769 – *Brillenpreise II;* BGH GRUR 1999, 762, 763 – *Herabgesetzte Schlussverkaufspreise;* BGH GRUR 2003, 971, 972 – *Telefonischer Auskunftsdienst*). Denn dem Verbraucher soll es ermöglicht werden, sich zutr und erschöpfend durch Preisvergleiche über den Preisstand zu unterrichten.

Für **Preisklarheit unter Vermeidung jeglicher Irreführung** soll die PAngV insbes durch 7.4 die Verpflichtung zur **Angabe von Endpreisen** einschließlich aller Preisbestandteile führen (BGH GRUR 1991, 847, 848 – *Kilopreise II*), um zu verhindern, dass sich der Verbraucher seine Preisvorstellungen anhand von untereinander nicht vergleichbaren Preisen bildet (BGH in stRspr vgl zB BGH GRUR 1981, 140, 141 – *Flughafengebühr;* BGHZ 108, 39, 41 = GRUR 1981, 140, 141 – *Stundungsangebote;* BGH GRUR 1991, 685, 686 – *Zirka-Preisangabe;* BGH GRUR 1992, 856, 857 – *Kilopreise IV;* BGH GRUR 1995, 274, 275 – *Dollar-Preisangaben;* BGH GRUR 2001, 1166, 1168 – *Fernflugpreise*). Denn nur der informierte Verbraucher ist in der Lage, dem günstigsten Angebot den Vorzug zu geben und mit dessen Auswahl dem weiteren Ziel der PAngV gerecht zu werden, einen sachbezogenen Wettbewerb zu fördern und einen Beitrag zur Dämpfung des Preisauftriebs zu leisten (BVerfGE 65, 248, 260 = GRUR 1984, 276, 278 ff). Soweit keine gesetzlichen Regelungen wie die PAngV eingreifen, besteht **keine Pflicht zur Preisangabe**. Etwas anderes ergibt sich auch nicht aus § 5. Insbes liegt in der Werbung ohne

Preisangabe **keine Irreführung durch Verschweigen** iSd § 5 a (HdbWettbR/*Helm* § 59 Rdn 349). Zu Einzelheiten der PAngV vgl die gesonderte Kommentierung der Verordnung. Ein Verstoß gegen die PAngV kann wettbewerbswidrig nach § 3 iVm § 4 Nr 11 (Rechtsbruch) sein, da die Regelungen der PAngV Wettbewerbsbezug haben (vgl BGH GRUR 2003, 971, 972 – *Telefonischer Auskunftsdienst; Ullmann* GRUR 2003, 817, 823: „in weiten Bereichen"; s dazu auch § 4 Rdn 11.79).

III. Zulässigkeit von Preisnachlässen und Zugaben

7.5 **Maßnahmen der Verkaufsförderung** (= Wertreklame) wurden in der Vergangenheit zwar nicht als schlechthin unlauter, aber doch im Einzelfall als bedenklich angesehen. Ausgehend von dem Leitbild eines an Qualität und Preiswürdigkeit orientierten Wettbewerbs erblickte man in ihnen ein unsachliches Mittel, das geeignet sei, die Marktgegenseite zu sachfremden Überlegungen und Entschlüssen zu verleiten. Diese Erwägungen konnten sich insbes auf das RabattG und die ZugabeVO stützen, die ein grds Verbot von Zugaben und Rabatten vorsahen. Nach der **Aufhebung von RabattG und ZugabeVO** (Gesetz zur Aufhebung der ZugabeVO und zur Anpassung weiterer Rechtsvorschriften v 23. 7. 2001, BGBl I 1661) dem **gewandelten Verbraucherleitbild** infolge des Abstellens auf einen durchschnittlich informierten, situationsadäquat aufmerksamen und verständigen Durchschnittsverbraucher (Rdn 1.57 ff) haben sich jedoch die Maßstäbe zur lauterkeitsrechtlichen Beurteilung von Maßnahmen der Verkaufsförderung geändert (dazu eingehend § 4 Rdn 1.46 ff). Sie sind in wesentlich weiterem Umfang zulässig als früher. An die Stelle von Per-se-Verboten bestimmter Maßnahmen der Verkaufsförderung ist wegen des Grundsatzes der Wettbewerbsfreiheit eine Art **Missbrauchskontrolle** getreten (grundlegend BGHZ 151, 84, 88 ff – *Kopplungsangebot I;* BGH GRUR 2002, 1258, 1259 – *Kopplungsangebot II*).

7.6 Unter **der Geltung des UWG 2004** stehen im Hinblick auf den Schutz der Entscheidungsfreiheit der Marktgegenseite auch nach der UWG-Novelle 2008 die Einhaltung des **Transparenzgebots** (§ 5 a I) und das **Verbot der unangemessenen unsachlichen Beeinflussung** (§ 4 Nr 1) im Vordergrund. Unabhängig davon sind Maßnahmen der Verkaufsförderung stets auch unter dem Gesichtspunkt der gezielten Behinderung von Mitbewerbern (§ 4 Nr 10) sowie der allgemeinen Marktstörung (§ 4 Rdn 12.1 ff), des Rechtsbruchs (§ 4 Nr 11) und der irreführenden Werbung (§ 5) zu prüfen.

7.7 **Preisnachlässe** (= Rabatte; zum Begriff des Preisnachlasses vgl § 4 Rdn 1.92; zur rechtlichen Beurteilung vgl § 4 Rdn 1.94 ff sowie BGH GRUR 2003, 1057 – *Einkaufsgutschein I;* BGH GRUR 2004, 349 – *Einkaufsgutschein II*) und **Zugaben** (zum Begriff vgl § 4 Rdn 1.46; zur rechtlichen Beurteilung vgl § 4 Rdn 1.60 ff) sind also lauterkeitsrechtlich **grds zulässig** und nur in Ausnahmefällen, dh bei Hinzutreten bes Umstände zu beanstanden. Ein solcher Ausnahmefall liegt dann vor, wenn mit der Preisnachlass- oder Zugabegewährung eine **Irreführung** verbunden ist. Eine Werbung mit Preisnachlässen ist insbes irreführend, wenn sie unzutr Aussagen über Höhe, Dauer, Ausmaß und Gründe der Preisnachlassgewährung enthält (zur Werbung mit Preisgegenüberstellungen vgl näher Rdn 7.44 ff). Zur Irreführung im Zusammenhang mit Zugaben vgl § 4 Rdn 1.62 ff.

IV. Zulässigkeit von Sonderveranstaltungen

7.8 Mit der UWG-Reform 2004 ist das **Sonderveranstaltungsverbot** (§§ 7 und 8 UWG aF) gefallen. Werbeaktionen, die nach früherem Recht als Sonderveranstaltungen unzulässig waren, sind nun ohne Beschränkungen zulässig. Daher sind Preisherabsetzungen des gesamten Angebots unabhängig von der Zugehörigkeit zu einem bestimmten Sortiment erlaubt, und in der Werbung sind Begriffe, die das Außergewöhnliche der Verkaufsaktion betonen, nicht zuletzt die Begriffe „**Schlussverkauf**", „**Jubiläumsverkauf**" und „**Räumungsverkauf**" freigegeben. Die Grenze des Zulässigen bildet heute vor allem das Irreführungsverbot, dem insofern eine bes verantwortungsvolle Rolle zufällt (vgl Begr RegE BT-Drucks 15/1487 S 14; näher dazu Rdn 6.5 ff).

7.9 Die Regelung über die **Saisonschlussverkäufe** im früheren Recht (§ 7 III Nr 1 UWG aF) beschränkte die Freiheit des Handels, auf Preisreduktionen in der Werbung hinzuweisen, über Gebühr. Dem Irreführungspotential, das mit derartigen Sonderveranstaltungen verbunden ist, kann mit der dafür vorgesehenen Bestimmung, dem Irreführungsverbot nach §§ 3, 5, begegnet werden. Andererseits ist zu beachten, dass der Handel mit der Abschaffung der Saisonschlussverkäufe auch ein Marketinginstrument verloren hat. Es ist daher im Gesetzgebungsverfahren erwogen worden, jedenfalls die Bezeichnung „Sommerschlussverkauf" und „Winterschlussverkauf" in der Weise zu schützen, dass hiervon nur unter bestimmten Voraussetzungen Gebrauch gemacht werden könne. Der Entwurf hat diesen Vorschlag zu Recht nicht aufgegriffen, weil eine solche Regelung mit dem beabsichtigten Liberalisierungsziel nicht zu vereinbaren sei und für den Verbraucher eine wenig überschaubare Situation entstünde (Begr RegE BT-Drucks 15/1487 S 14). Im Gesetzgebungsverfahren hat die Frage eine Rolle gespielt, ob die für den Handel wichtige **Funktion der Schlussverkäufe als Nachfragestimulans** auch ohne eine gesetzliche Regelung durch **Absprachen im Handel** erreicht werden kann. Diese Frage ist inzwischen zu bejahen. Zwar begegneten derartige Absprachen nach altem Kartellrecht Bedenken, weil sie unter das Kartellverbot des § 1 GWB aF fielen und weil sie häufig – wenn sich an ihnen Großunternehmen des Handels beteiligten – nicht nach § 4 GWB aF als Mittelstandskartelle freigestellt werden konnten. Mit der 7. GWB-Novelle ist jedoch das Kartellverbot des deutschen Rechts dem Art 101 AEUV nachgebildet worden; Absprachen von Handelsunternehmen zur Durchführung von Saisonschlussverkäufen fallen nunmehr wohl unter den – Art 101 III AEUV entspr – Freistellungstatbestand des § 2 I GWB.

Die Beschränkung der **Jubiläumsverkäufe** im früheren Recht (§ 7 III Nr 2 UWG aF) war ein Beispiel der Überregulierung. Sie ließ sich nicht als Maßnahme zum Schutz der Verbraucher vor Irreführung oder unsachlicher Beeinflussung rechtfertigen, sondern stellte ein gesetzliches Instrument zur Dämpfung des Wettbewerbs dar. Eine relevante Irreführung kommt immer nur dann in Betracht, wenn ein Unternehmen sich älter darstellt als es in Wirklichkeit war. Diesen Fällen der unzutr Alterswerbung kann aber ohne weiteres mit dem Irreführungsverbot begegnet werden (s Rdn 5.55 ff und 6.7). Liegt keine Irreführung vor, ist es wettbewerbsrechtlich nicht zu beanstanden, wenn Preisherabsetzungen mit einem Firmenjubiläum begründet werden. **7.10**

Mit **Räumungsverkäufen** sind dagegen **typische Irreführungsgefahren** verbunden. Diese Form der Sonderveranstaltung kann zu einer erheblichen Umlenkung der Nachfrageströme führen, weil sich die Verbraucher von Räumungsverkäufen ganz **bes Preisvorteile** versprechen. Wird zum Schein ein Räumungsverkauf wegen Geschäftsaufgabe angekündigt, stellt sich dies für Mitbewerber und Verbände idR erst durch die Geschäftsfortführung heraus, so dass der **Unterlassungsanspruch** nichts nützt. Aber auch ein **Schadensersatzanspruch** wird – abgesehen von Schwierigkeiten bei der Darlegung des Schadens – immer dann scheitern, wenn der Kaufmann dartun kann, dass er sich eines anderen besonnen und den ursprünglichen Plan der Schließung aufgegeben habe (s Rdn 6.9). Das frühere Recht sah hier das drakonische Verbot der Geschäftsfortführung vor (§ 8 VI Nr 2 UWG aF). Eine Irreführung ist auch dann gegeben, wenn der Kaufmann den Räumungsverkauf dazu nutzt, nicht nur sein Lager zu räumen, sondern auch **zusätzlich erworbene Ware zu verkaufen.** Ob Lagerware oder nachgeschobene Ware verkauft wird, lässt sich jedoch für den Außenstehenden nicht erkennen (s Rdn 6.10). Das frühere Recht half hier mit einer Anzeigepflicht gegenüber der Industrie- und Handelskammer und mit entspr Kontrollbefugnissen (§ 8 III Nr 3 und IV UWG aF). Für den Gesetzgeber waren zwei Erwägungen maßgeblich, die Regelung über die Räumungsverkäufe dennoch ersatzlos zu streichen. Zum einen bestehe kein Anlass, Räumungsverkäufe ohne Räumungsabsicht durchzuführen, wenn die Möglichkeit bestehe, die Lager mit Hilfe legaler Sonderveranstaltungen zu räumen. Zum anderen biete das Irreführungsverbot einen ausreichenden Schutz vor Missbrauch (Begr RegE BT-Drucks 15/1487 S 14). Beide Erwägungen sind zwar nicht falsch, aus den og Gründen aber zu optimistisch. Das Problem wird sich eher dadurch lösen, dass Räumungsverkäufe – wie in manchen Branchen schon unter Geltung des früheren Rechts zu beobachten – im Falle eines inflationären Einsatzes schnell ihre Attraktivität für die Verbraucher verlieren werden. **7.11**

B. Irreführung über die Preisbemessung

I. Irreführung durch Preisgestaltung

1. Preisschaukelei

Der Unternehmer ist in seiner Preisgestaltung grds frei (BGH GRUR 2003, 626, 627 – *Umgekehrte Versteigerung II;* § 4 Rdn 10.184). Er darf grds den Preis einer Ware oder Leistung nach seinem eigenen freien Ermessen bilden und seine allgemein angekündigten Preise zu jedem ihm sinnvoll erscheinenden Zeitpunkt nach Belieben erhöhen oder senken **(Grundsatz der Preisgestaltungsfreiheit).** Dabei spielt es keine Rolle, ob der jeweils geforderte Preis einem objektiven Marktwert entspricht (BGH GRUR 2003, 626, 627 – *Umgekehrte Versteigerung II*). **7.12**

Die Preisgestaltungsfreiheit des Unternehmers wird nur dadurch eingeschränkt, dass bindende **Preisvorschriften** (dazu § 4 Rdn 11.138 ff) entgegenstehen oder der Preis einer Ware oder Leistung systematisch zur Verschleierung von Mondpreisen herauf- und herabgesetzt wird (**Preisschaukelei**; vgl BGH GRUR 2003, 626, 628 – *Umgekehrte Versteigerung II*; Piper/Ohly/ *Sosnitza* § 5 Rdn 453). Ein solches Schaukeln mit dem Preis ist geeignet, die Marktteilnehmer auf der Marktgegenseite irrezuführen oder doch zumindest über den tatsächlich maßgebenden Preis zu verunsichern (BGH GRUR 1974, 342, 343 – *Campagne*) und sie dazu zu veranlassen, Vorräte anzulegen (HdbWettbR/*Helm* § 59 Rdn 370).

7.13 Die Marktteilnehmer auf der Marktgegenseite, insbes die Verbraucher, werden jedoch idR dann **nicht irregeführt oder verunsichert,** wenn der Preis **allgemein herabgesetzt** wird, in der Werbung aber aus drucktechnischen Gründen kurzfristig noch teilweise der höhere Preis erscheint (BGH GRUR 1986, 322 – *Unterschiedliche Preisankündigung;* aM OLG Hamm GRUR 1983, 453). Ein Unternehmer darf auch kurzfristig gegenüber einem Mitbewerber mit Preisherabsetzungen reagieren (zu beachten ist aber § 5 IV; dazu Rdn 7.73 ff), auch wenn er seine Werbung nicht mehr vollständig auf den neuen Preis umstellen kann (OLG Hamm GRUR 1990, 627). Anders liegt es, wenn der Eindruck erweckt wird, alsbald werde der höhere Preis verlangt, so dass ein durchschnittlich informierter, situationsadäquat aufmerksamer und verständiger Werbeadressat (vgl zum Verbraucherleitbild Rdn 1.46 ff und dessen Rezeption durch Gesetzgebung und Rspr Rdn 1.54 ff) zum sofortigen Kauf veranlasst wird. Ein Händler, der gegenüber dem Endverbraucher auf eine Preisempfehlung mit dem Zusatz Bezug nimmt „**Wir lassen darüber auch mit uns reden**", verstößt damit nicht gegen § 5, zumal er in seiner Preisgestaltung grds frei ist.

2. Preisspaltung und divergierende Preisankündigung

7.14 **a) Grundsatz.** Grds besteht für den Unternehmer Preisgestaltungsfreiheit (s Rdn 7.12). Er handelt daher grds nicht unlauter, wenn er seine Waren oder Leistungen mit **unterschiedlichen Preisen** bewirbt und/oder unterschiedliche Preise fordert. Daraus folgt, dass es einem Wettbewerber grds nicht verwehrt ist, **regionale oder örtliche Preisdifferenzierungen** vorzunehmen oder seine Ware oder Leistung mehrgleisig zu verschiedenen Preisen zu vertreiben (§ 4 Rdn 10.212 f). Ein generelles Gleichbehandlungsgebot ist mit der Vorstellung nicht vereinbar, dass sich der Preis im Wettbewerb bildet. Nur für marktbeherrschende oder marktstarke Unternehmen besteht ein gesetzliches Diskriminierungsverbot (§ 20 I und II GWB). Da ihr (Preis-)Gestaltungsspielraum nicht hinreichend durch den Wettbewerb beschränkt ist, muss er durch eine gesetzliche Regelung künstlich eingeschränkt werden.

7.15 **b) Unlautere Preisspaltung.** Eine **Preisspaltung** ist nur unter bes Umständen unlauter. Das ist zB der Fall, wenn die gleiche Ware im selben Geschäft **unterschiedlich ausgezeichnet** ist, ohne dass auf diesen Umstand hingewiesen wird. Denn die Kunden gehen als Regelfall mit Recht von einer einheitlichen Preisauszeichnung aus. Es ist daher irreführend, wenn ein CD-Laden einige Stücke in einem Verkaufsstand am Eingang zu einem günstigeren Preis anbietet, um die Kunden in das Geschäft zu locken und Unentschlossene zu einem Kauf zu bewegen, während die gleiche Ware im Ladeninneren zu einem höheren Preis ausgezeichnet ist, weil man annimmt, dass der Kunde, der schon den Weg zum Regal gefunden habe, auch einen höheren Preis zu zahlen bereit sei (HdbWettbR/*Helm* § 59 Rdn 368; GK/*Lindacher* § 3 Rdn 929; Piper/ Ohly/*Sosnitza* § 5 Rdn 453). Es besteht aber **kein generelles Verbot der Preisdifferenzierung** für gleiche Waren in demselben Geschäft. Es ist zB denkbar und (nach Abschaffung des Rabattgesetzes) in keiner Weise wettbewerbswidrig, dass sich der Kaufmann von einem Kunden herunterhandeln lässt, während er gegenüber anderen den ausgezeichneten Preis durchsetzen kann. Auch ist es ihm nicht verwehrt, eine **beschränkte Stückzahl** einer bestimmten Ware zu einem **Sonderpreis** anzubieten, während es für den Rest bei dem regulären Preis bleibt. Auf eine solche Beschränkung eines Sonderangebots muss jedoch klar und deutlich hingewiesen werden (zur Irreführung über den Warenvorrat s Rdn 8.1 ff).

7.16 Irreführend ist es ferner, wenn beim Abnehmer **falsche Vorstellungen über die Güte** einer Ware oder Leistung hervorgerufen werden. Ein Händler, der eine Markenware zu einem bestimmten Preis verkauft, führt die Abnehmer aber nicht über die Preisbemessung irre, wenn er die gleiche Ware oder Leistung ohne Marke oder unter einer Zweitmarke billiger verkauft (aA Baumbach/*Hefermehl*, 22. Aufl, § 3 Rdn 326 aE). Denn der Umstand, dass eine Ware mit einer Marke versehen ist, ist aus der Sicht des Verbrauchers idR ein preisbestimmender Faktor. Schon gar nicht liegt im Angebot einer Ware die konkludente Behauptung, diese Ware sei überall zum selben Preis erhältlich. Das Angebot bringt auch nicht zum Ausdruck, dass der Unternehmer die Ware oder Leistung nur eingleisig und nicht an andere Kunden oder über andere Stellen billiger verkauft.

c) Divergierende Preisankündigung. Von der Preisspaltung ist der Fall der divergierenden Preisankündigung zu unterscheiden, bei dem in verschiedenen, zum gleichen Zeitpunkt getroffenen Werbeaussagen – bspw in der Zeitungswerbung einerseits und durch die Preisauszeichnung im Regal oder auf der Ware andererseits – **unterschiedliche Preise** angekündigt, tatsächlich aber nur ein Preis verlangt wird. Hier ist, wenn der Werbende den höheren Preis fordert, die Werbeaussage zu dem niedrigeren Preis irreführend (BGH GRUR 1986, 322 – *Unterschiedliche Preisankündigung*; OLG Hamm GRUR 1983, 453, 454). Dies gilt auch dann, wenn der Werbende prinzipiell den höheren Preis fordert und sich nur „kulanzweise" zur Berechnung des niedrigeren Preises bereiterklärt (BGH GRUR 1988, 629 f – *Konfitüre*; KG GRUR 1979, 725, 726; GK/*Lindacher* § 3 Rdn 932). Fordert der Werbende allgemein nur den niedrigeren Preis (ist der niedrigere Preis etwa in der EDV gespeichert und wird an der Kasse ungeachtet eines höheren, ausgezeichneten Preises immer nur dieser niedrigere Preis berechnet), liegt in der falschen Preisauszeichnung mangels wettbewerblicher Relevanz (vgl dazu im Einzelnen Rdn 2.174) keine Irreführung (s oben Rdn 7.2; BGH GRUR 2008, 442 Tz 11 – *Fehlerhafte Preisauszeichnung*).

7.17

3. Diskriminierende Preisgestaltung

Grds besteht für den Unternehmer Preisgestaltungsfreiheit (s Rdn 7.12 und 7.14). Er handelt daher im Allgemeinen **nicht unlauter,** wenn er seine Abnehmer im Preis unterschiedlich behandelt. Daraus folgt, dass es einem Unternehmen, das nicht Normadressat des § 20 I oder II GWB ist, nicht verwehrt ist, Preisdifferenzierungen je nach der Person des Abnehmers vorzunehmen, für die es keinen sachlichen Grund gibt. Für die Unlauterkeit einer Preisdiskriminierung müssen **bes Umstände** wie eine Irreführung im Einzelfall hinzutreten. Zur Verwendung unterschiedlicher Preislisten vgl Rdn 7.61.

7.18

II. Sonderangebote, Lockvogelwerbung

1. Sonderangebote

Schon im früheren Recht waren **Sonderangebote** – nach der Legaldefinition des alten Rechts handelt es sich dabei um Angebote im Einzelhandel, die sich auf einzelne nach Güte oder Preis gekennzeichnete Waren beziehen und sich in den regelmäßigen Geschäftsvertrieb des Unternehmens einfügen – **wettbewerbsrechtlich zulässig** (§ 7 II UWG aF). Sonderangebote sind ein **Zeichen funktionierenden Wettbewerbs.** Sie sind Beleg dafür, dass der Handel durch den Wettbewerb zu Preiszugeständnissen genötigt wird, und es ist nur legitim und für die Verbraucher von großem Informationswert, wenn auf diese Zugeständnisse in der Werbung hingewiesen wird. Es stellte daher einen Angriff auf die Substanz des Wettbewerbs dar, dass das Gesetz von 1986 bis 1994 durch die §§ 6 d und 6 e UWG aF Bestimmungen enthielt, die die Durchführung von Sonderangeboten durch ein Verbot mengenmäßiger Beschränkungen bei der Abgabe von Waren und entspr Hinweise in der Werbung erschwerten (§ 6 d UWG aF, dazu Rdn 8.3) und eine herausgestellte Werbung mit eigenen früheren Preise generell untersagten (§ 6 e UWG aF, dazu Rdn 7.69).

7.19

Abgesehen von den Fällen der Lockvogelwerbung (dazu Rdn 7.23 f) können **Sonderangebote** vor allem dadurch **irreführen,** dass sich der als bes günstig herausgestellte Preis von dem üblicherweise geforderten Preis nicht unterscheidet. Wirbt bspw ein Versandunternehmen damit, dass alle im Katalog angebotenen Waren zum halben Preis erworben werden können, so geht der Verkehr davon aus, dass der volle Preis tatsächlich über eine gewisse Zeit verlangt worden ist. Irreführend ist es daher, wenn auch schon im vorangegangenen Katalog die gleichen Waren „zum halben Preis" angeboten worden waren. Die Werbung mit einem **„Sonderpreis"** oder einem **„Sonderangebot"** ist keine inhaltsleere Anpreisung, sondern enthält den Hinweis, dass bes (Preis-)Vorteile geboten werden. Ist dies nicht der Fall, ist die Werbung irreführend (BGH GRUR 1979, 474, 475 – *10-Jahres-Jubiläum*; KG GRUR 1990, 482).

7.20

Als Ausgleich für die mit dem Wegfall des Sonderveranstaltungsverbots verbundene **weitgehende Freigabe der Preiswerbung** ist mit der Doppelvermutung des § 5 IV ein Korrektiv geschaffen worden, das zu einer Erhöhung der Preistransparenz führen soll (dazu Rdn 7.73 ff).

7.21

UWG § 5 7.21a–7.25 Irreführende geschäftliche Handlungen

7.21a Einen besonderen Fall der Irreführung im Zusammenhang mit einem Sonderangebot betrifft der Tatbestand der Nr 7 des Anh zu § 3 III. Danach zählt es zu den **„stets unzulässigen geschäftlichen Handlungen"**, wenn der Wahrheit zuwider behauptet wird, ein Produkt sei nur eine sehr begrenzte Zeit oder nur eine sehr begrenzte Zeit zu bestimmten Bedingungen verfügbar. Hierzu eingehend Anh zu § 3 III Rdn 7.1 ff.

2. Lockvogelwerbung

7.22 **a) Irreführung über angemessene Bevorratung.** Vgl dazu die Darstellung in Rdn 8.1 ff, ferner Anh zu § 3 III Rdn 5.1 ff.

7.23 **b) Irreführung über die Preisbemessung des übrigen Sortiments. aa) Tatbestand.** Unternehmer, die ein breites Sortiment verschiedener Waren führen, kalkulieren häufig bestimmte Waren preisgünstiger als andere Waren. Das ist vor allem im Einzelhandel üblich, und, da jeder Händler die Preise seiner Waren frei festlegen kann, nicht zu beanstanden (Grundsatz der Preisgestaltungsfreiheit; Rdn 7.12). Nach stRspr (vgl etwa BGH GRUR 2000, 911, 912 – *Computerwerbung I;* BGH GRUR 2003, 804, 805 – *Foto-Aktion*) liegt eine irreführende Werbung aber dann vor, wenn ein ungewöhnlich günstiges Angebot eine **Irreführung über die Preisbemessung des übrigen Sortiments** enthält. Sofern schon die Ankündigung über die als preisgünstig herausgestellte Ware als solche unwahr ist, liegt zwar eine relevante Irreführung hins dieser einzelnen Ware, aber nicht zwangsläufig auch hins des gesamten Sortiments vor. Maßgeblich ist dafür allein, inwiefern durch die Werbeaussage – ob wahr oder unwahr – eine bes Preisgünstigkeit der übrigen Waren suggeriert wird. Dafür ist entscheidend, ob der über einen durchschnittlichen Grad an Verständigkeit verfügende Adressat der Werbung von der günstigen Preisstellung einzelner Waren auf die Preisgünstigkeit des gesamten Sortiments schließt.

7.24 **bb) Abgrenzung. (1) Frühere Rspr.** Ob ein preisgünstiges Einzelangebot als **Aussage über die Preisbemessung** des gesamten übrigen Sortiments aufzufassen ist, beurteilt sich nach den Umständen des Einzelfalls. Solche Vorstellungen werden jedenfalls dann hervorgerufen, wenn – was freilich eher selten ist – das Sonderangebot ausdrücklich als beispielhaft für das gesamte Angebot bezeichnet wird. Hingegen lässt die bloße Anpreisung einiger preisgünstiger Waren als Sonderangebote noch nicht den Schluss zu, dass auch das übrige Sortiment niedrig kalkuliert ist (OLG Stuttgart WRP 1977, 739). Anders wurde es aber in der Vergangenheit dann beurteilt, wenn solche Waren als bes günstig beworben wurden, hins deren die Verbraucher konkrete Preisvorstellungen haben, während die übrigen Waren, deren Preisniveau für die Verbraucher im Unklaren liegen, zu überhöhten oder jedenfalls normalen Preisen angeboten wurden. In solchen Fällen sollte bspw in dem Verkauf einer bekannten Markenware unter Einstandspreis (s § 4 Rdn 10.185 ff und 10.196) zugleich die konkludente Behauptung liegen, dass auch das übrige Angebot bes preisgünstig sei.

7.25 So wurde es als unzulässig angesehen, Spirituosen deutlich **unter dem günstigsten Herstellerabgabepreis** anzubieten, wenn darin eine Irreführung über die Preisgestaltung des übrigen Sortiments erblickt werden kann, was im Streitfall bejaht wurde. Das Angebot richtete sich auf „$^1/_1$ Flasche Scharlachberg Meisterbrand (0,7 l) nur 9,40 DM – $^1/_1$ Flasche Doornkaat (0,7 l) nur 7,25 DM", obwohl der Fabrikabgabepreis günstigstenfalls 9,85 bzw 7,63 DM pro Flasche betrug (BGHZ 52, 302, 306 = GRUR 1970, 33 – *Lockvogel* mit Anm *Droste*). Für die rechtliche Beurteilung wurde insbes der Umstand als maßgeblich angesehen, dass die günstige Preisgestaltung der bekannten Markenware evident und der **Ausnahmecharakter des Angebots** nicht erkennbar waren. Aus der Verbindung dieser beiden Gegebenheiten sollte der Verbraucher die falsche Vorstellung gewinnen, es biete sich ihm eine allgemein günstige Einkaufsquelle. – Untersagt wurde das Anbieten von Margarine, Mehl und Zucker unter Einkaufspreis mit dem Slogan „*Bei uns ist Ihre Mark mehr wert*" (OLG Hamburg BB 1969, 1319). – Die Werbung eines Einkaufszentrums mit Tagesangeboten *("Jeden Dienstag bietet Ihnen Skala einen schrägen Dienstag, tolle Knüller, tolle Preise")* wurde als irreführend erachtet, wenn sie beim Verbraucher den Eindruck erweckt, das ganze Sortiment sei an einem bestimmten Wochentag verbilligt und nicht nur einige Artikel (BGH GRUR 1975, 491, 492 – *Schräger Dienstag*). – Auch die Werbung mit **„Tiefstpreise Tag für Tag, das ist . . ."** werde von nicht unerheblichen Teilen des Verkehrs dahin verstanden, dass ein SB-Warenhaus das gesamte Sortiment ständig zu im Vergleich mit den Mitbewerbern niedrigsten Preisen anbietet; die Gefahr einer Irreführung bestehe selbst dann, wenn außerhalb des Werbesatzes der Begriff „Sonderangebot" oder eine ähnliche Wendung gebraucht werde (OLG Hamburg WRP 1977, 651).

Allerdings konnte keinesfalls regelmäßig davon ausgegangen werden, dass eine Anzeige, in der 7.26
einige Waren als auffallend preisgünstig bes herausgestellt wurden, von einem nicht unerheblichen Teil der angesprochenen Verkehrskreise als eine Information nicht nur über die Preise der genannten Waren, sondern auch **über die Preisbemessung des gesamten übrigen Sortiments** aufgefasst wird (BGH GRUR 1978, 649, 651 – *Elbe-Markt*). Sofern der Unternehmer Waren anbot, mit denen der Verbraucher genaue Preisvorstellungen verband und diese – für jedermann ins Auge fallend – preisgünstig bewarb, musste er zur Vermeidung des lauterkeitsrechtlichen Verbotsausspruchs wegen Irreführung deutlich machen, dass das Angebot **Ausnahmecharakter** besitzt. Es musste also klargestellt werden, dass es sich um ein Sonderangebot handelt (BGHZ 52, 302, 306 f = GRUR 1970, 33 – *Lockvogel* mit Anm *Droste;* BGH GRUR 1978, 649, 651 – *Elbe-Markt;* BGH GRUR 1979, 116, 117 – *Der Superhit;* ÖOGH ÖBl 1972, 36, 38 – Niedrigpreis-Werbung). Entscheidend für die Beseitigung einer etwaigen Irreführung war es, das Einmalige des Angebotes durch Art und Charakter der Werbung zu unterstreichen. In jedem Fall ausreichend war dafür der Gebrauch des Begriffs **„Sonderangebot"**, da dieses den bes Charakter der Preiskalkulation offen legt. Eine Irreführung über die Preisbemessung des gesamten Angebots konnte aber auch durch andere Bezeichnungen oder durch die grafische Aufmachung (BGH GRUR 1974, 344 – *Intermarkt;* BGH GRUR 1978, 649, 651 – *Elbe-Markt*) ausgeschlossen werden. Es genügte also jede Angabe oder Aufmachung, die die günstige Preisstellung bes hervorhebt und dadurch eine Irreführung über die Preisbemessung des gesamten Angebots ausschließt (BGH GRUR 1979, 116, 117 – *Der Superhit*). Je deutlicher der Ausnahmecharakter eines bes preisgünstigen Angebots herausgestellt wurde, desto eher entfiel die Annahme des Publikums, das Gesamtangebot sei preisgünstig.

(2) Gewandeltes Verbraucherleitbild. Die frühere Rspr kann wegen des gewandelten 7.27
Verbraucherleitbilds nur mehr **mit Zurückhaltung** herangezogen werden. Denn idR wird der durchschnittlich informierte und verständige Durchschnittswerbeadressat durch bes preisgünstige Angebote, insbes durch erkennbare Angebote unter Einstandspreis, nicht auf eine bes Preisgünstigkeit des gesamten Sortiments schließen. Wird eine einzelne Ware zu einem bes günstigen Preis oder gar unter Einstandspreis verkauft, gehen die Vorstellungen der maßgeblichen Verkehrskreise nicht so weit, dass alle Preise in gleicher Weise kalkuliert sind und das ganze Sortiment derart günstig oder sogar unter Einstandspreis angeboten wird. Ebenso zweifelhaft erscheint auch die These, der Verkehr nehme auf Grund derartiger Angebote an, die Preise lägen generell unter dem sonst üblichen Einzelhandelsniveau (so aber BGH GRUR 1974, 344, 345 – *Intermarkt*). Die Verbraucher sind heute **an die Werbung mit bes günstigen Angeboten gewöhnt** und richten ihr Nachfrageverhalten an solchen Angeboten aus. Daher müssen schon bes Umstände vorliegen, die sie zu der Annahme verleiten, auch das gesamte übrige Sortiment werde bes preisgünstig angeboten. Dies gilt umso mehr, als der Durchschnittsverbraucher weiß, dass das anbietende Unternehmen nichts zu verschenken hat und deshalb ein bes günstiges Angebot mit anderweitigen Erlösen finanzieren muss (BGHZ 139, 368, 373 = GRUR 1999, 264 – *Handy für 0,00 DM*). Es ist daher kein Zufall, dass in den letzten Jahren keine Entscheidungen mehr bekannt geworden sind, in denen ein Verkehrsverständnis zugrunde gelegt wurde, das allein auf Grund einzelner günstiger Angebote auf die Preisgünstigkeit des gesamten Sortiments schließt.

Dagegen geht der Verkehr nach wie vor von einer **bes Preiswürdigkeit des gesamten** 7.28
Sortiments aus, wenn ihm massiert bes günstige Angebote entgegentreten und dadurch der Eindruck entsteht, die Vielfalt dieser Angebote spiegele die Vielfalt des Sortiments wider. Häufig wird eine solche Annahme dadurch unterstützt, dass die preisgünstig herausgestellte Ware ausdrücklich als beispielhaft für das gesamte Angebot bezeichnet wird. In diesen Fällen müssen die Preise dann insgesamt günstig sein, um nicht gegen das Irreführungsverbot zu verstoßen.

III. Unbestimmte oder unvollständige Produktangaben

Der Werbende ist nicht verpflichtet, die von ihm angebotene **Ware oder Leistung in allen** 7.29
Einzelheiten zu beschreiben. Da keine Pflicht zur Individualisierung besteht, muss der Werbende auch nicht die jeweilige Marke benennen (GK/*Lindacher* § 3 Rdn 928). Eine Irreführung über die Preisbemessung kann aber insbes dann gegeben sein, wenn der Unternehmer die angebotene Ware oder Leistung derart unbestimmt oder unvollständig beschreibt, dass der Verbraucher nicht erkennen kann, auf welches Produkt sich der Preis bezieht (zur Irreführung durch Unterlassen nach § 5 a vgl auch Rdn 2.60 f und § 5 a Rdn 1 ff).

So kann es irreführend sein, wenn Geräte der Unterhaltungselektronik **nur nach Marke und** 7.30
allgemeinen Ausstattungsmerkmalen umschrieben werden, jedoch mehrere Geräte unter-

schiedlicher Preisklassen unter diese globale Beschreibung fallen. In einem solchen Fall werden Verbraucher getäuscht, die das Angebot irrtümlich auf Geräte der höheren Preiskategorie beziehen (OLG Saarbrücken WRP 1982, 358, 359; OLG Stuttgart WRP 1984, 356; OLG Köln GRUR 1984, 72; GA WRP 1981, 122; HdbWettbR/*Helm* § 59 Rdn 367; *Nacken* WRP 1981, 79, 81). Ebenso verhält es sich, wenn ohne nähere Angaben **Sachgesamtheiten** zu einem bestimmten Preis beworben werden, bspw durch Abbildung einer Sitzgruppe im Katalog eines Möbelhändlers (OLG Stuttgart WRP 1984, 450) oder durch die Angabe „mit Einbaugeräten" beim Angebot einer Küche (OLG Köln GRUR 1990, 293). Zur Vermeidung einer Irreführung muss in derartigen Fällen das **Angebot näher konkretisiert** werden, was jedoch nicht nur durch Angabe der Typenbezeichnung (so aber OLG Köln WRP 1981, 118), sondern auch auf andere Weise geschehen kann, zB durch Beschreibung der technischen Ausstattung des Gerätes. Eine Werbung für Elektrogeräte unterschiedlichster Art mit Angaben wie „Markenvollautomat" oder „Markenkühlschrank", ohne die Marken zu nennen, reicht zur Konkretisierung nicht aus (LG Göttingen WRP 1981, 356). Andererseits ist aber eine Werbung für Elektrogeräte **ohne Typenangabe** nicht stets irreführend (OLG Hamm WRP 1982, 41 und 43; OLG Frankfurt WRP 1982, 98; OLG Koblenz WRP 1982, 657; KG GRUR 1984, 135, 136; OLG Köln WRP 1984, 107, 109; OLG Stuttgart WRP 1984, 356; GK/*Lindacher* § 3 Rdn 925; aA OLG Köln WRP 1981, 118). Eine Verpflichtung zur vollständigen Produktbeschreibung folgt auch nicht aus der PAngV (GK/*Lindacher* § 3 Rdn 925).

IV. Preisbemessung bei Mehrheit von Waren oder Leistungen

1. Werbung mit Preisbestandteilen

7.31 Grds ist es zulässig, mehrere Waren und/oder Leistungen jeweils einzeln zu Einzelpreisen und gekoppelt zu einem günstigen Gesamtpreis anzubieten (vgl § 4 Rdn 1.60 ff). Irreführend ist es jedoch, die Waren zu einem im Vergleich zur Summe der Einzelpreise ungewöhnlich günstigen Gesamtpreis anzubieten, wenn die **Einzelpreise nicht ernsthaft kalkulierte Preise** sind, die regelmäßig gefordert und vom Kunden regelmäßig gezahlt werden (BGH GRUR 1984, 212, 213 – *unechter Einzelpreis;* OLG Bremen NJW-RR 1994, 734). Für Mehrfachpackungen, die mehrere Einzelpackungen in Klarsichthüllen oder mit Banderolen dergestalt zusammenfassen, dass die unverbindliche Preisempfehlung des Herstellers für die Einzelware erkennbar bleibt, kann mit der Bezeichnung „Sparpackung" unter Gegenüberstellung von Einzel- und jeweiligem Packungspreis nur geworben werden, wenn die Packungspreise tatsächlich günstiger sind und die genannten höheren Einzelpreise auch tatsächlich ernsthaft gefordert werden (BGH GRUR 1985, 392, 393 – *Sparpackung* mit Anm *P. Sambuc*). Die Werbung mit einer Preisherabsetzung durch die Bildung eines „Setpreises" für eine Kompaktanlage und einen Lautsprecher ist nicht schon deshalb irreführend, weil einer der angegebenen Einzelpreise über dem „Setpreis" liegt, wohl aber dann, wenn der höhere Einzelpreis vorher überhaupt nicht oder nicht ernsthaft gefordert worden ist (BGH GRUR 1996, 796 – *Setpreis*). – Zur Preiswerbung für den Internetzugang s Rdn 4.117 f.

2. Kopplungsangebote

7.32 **a) Allgemeines.** Die Werbung für Angebote, bei denen mehrere Waren und/oder Leistungen angeboten werden (sog **Kopplungsangebote**), ist lauterkeitsrechtlich **grds zulässig** (vgl hierzu § 4 Rdn 1.60 ff). Der Unternehmer kann frei und ohne Rücksicht darauf, ob ein Funktionszusammenhang zwischen den zusammen angebotenen Waren oder Dienstleistungen besteht, entscheiden, ob er Waren und/oder Leistungen – auch ganz verschiedener Art – zusammen zu einem einheitlichen Preis abgeben will. Er darf dementsprechend für ein solches Gesamtangebot auch werben und ist nicht gehalten, für die einzelnen Waren oder Leistungen Einzelpreise auszuweisen (BGHZ 151, 84, 88 – *Kopplungsangebot I;* BGH GRUR 2003, 77, 78 – *Fernwärme für Börnsen;* BGH GRUR 2003, 538, 539 – *Gesamtpreisangebot* mit Anm *Köhler* LMK 2003, 110; BGH GRUR 2004, 343 – *Playstation*). Die Möglichkeit, Waren und/oder Leistungen zu Gesamtangeboten (insbes Komplettangeboten wie zB bestehend aus einer Pauschalreise und einer Skiausrüstung) zusammenzustellen und dementsprechend zu bewerben, gehört zur Freiheit des Wettbewerbs. Dies gilt auch dann, wenn ein Teil der auf diese Weise gekoppelten Waren und/oder Leistungen ohne gesondertes Entgelt abgegeben wird (BGHZ 151, 84, 88 – *Kopplungsangebot I;* BGH GRUR 2002, 979, 981 – *Kopplungsangebot II;* BGH GRUR 2003, 890, 891 – *Buchclub-Kopplungsangebot;* BGH GRUR 2004, 343 – *Playstation*) oder wenn das Recht, näher bestimmte Waren zu erwerben, daran geknüpft wird, dass zuvor andere Waren mit einem bestimmten Wert gekauft worden sind (BGH GRUR 2004, 344, 345 – *Treue-Punkte*). Die Werbung mit einem Kopplungsangebot darf daher nicht mehr als solche, sondern nur zur Verhinderung des in solchen Angeboten steckenden Irreführungs- und Preisverschleierungspotenzials sowie zur Unterbindung einer missbräuchlichen Ausnutzung von Marktmacht beschränkt werden (BGHZ 151, 84, 89 – *Kopplungsangebot I;* BGH GRUR 2003, 77, 78 – *Fernwärme für Börnsen;* zu den kartellrechtlichen Grenzen s § 4 Rdn 1.89 f).

b) Transparenzgebot. aa) Grundsatz. Die Werbung für ein Kopplungsangebot ist irreführend, wenn sie die Verbraucher über die Preisbestandteile **täuscht** oder sonst **unzureichend** über dessen Inhalt **informiert** (BGHZ 151, 84, 89 = GRUR 2002, 976 – *Kopplungsangebot I;* BGH GRUR 2002, 979, 981 – *Kopplungsangebot II;* BGH GRUR 2003, 538, 539 – *Gesamtpreisangebot;* BGH GRUR 2003, 890, 891 – *Buchclub-Kopplungsangebot;* BGH GRUR 2004, 343, 344 – *Playstation;* BGH GRUR 2009, 1180 Tz 29 – *0,00 Grundgebühr;* Einzelheiten bei § 4 Rdn 1.62 ff). Es besteht auch bei der Werbung für Kopplungsangebote keine generelle Pflicht, den Preis oder Preisbestandteile zu nennen. Es ist aber zu beachten, dass derartigen Angeboten ein erhebliches Irreführungs- und Preisverschleierungspotenzial innewohnt. Daher ist es unzulässig, einzelne Preisbestandteile („Handy für 0,00 DM", „Videorecorder für 49 DM", „Grundig Fernsehgerät für 1 DM" etc) in der Werbung herauszustellen, ohne gleichzeitig die anderen Preisbestandteile – aus denen sich im Zweifel die wirtschaftliche Belastung ergibt – in derselben Deutlichkeit hervorzuheben. Dieses Transparenzgebot kann dogmatisch entweder § 4 Nr 1 oder § 5 a I zugeordnet werden (*Köhler* GRUR 2003, 729, 733 f; s auch § 4 Rdn 1.67).

bb) Keine umfassende Aufklärungspflicht. Den Werbenden trifft grds **keine Pflicht zu umfassender Aufklärung** über alle Preisbestandteile. Insbesondere ist er nicht verpflichtet, den tatsächlichen Wert der Einzelleistungen, also die Preisbestandteile des Gesamtangebots, anzugeben, solange eine Täuschung oder unzureichende Information der Verbraucher nicht zu befürchten ist. Dies gilt auch dann, wenn es sich bei der Einzelleistung um eine Zugabe handelt (BGHZ 151, 84, 89 – *Kopplungsangebot I;* BGH GRUR 2003, 538, 540 – *Gesamtpreisangebot;* aA *Köhler* GRUR 2001, 1067, 1071 und GRUR 2003, 729, 735 f für den Fall einer Zugabe, die nicht nur geringwertig oder handelsübliches Zubehör ist und für die es keinen Marktpreis gibt; vgl auch *Schricker/Henning-Bodewig* WRP 2001, 1367, 1404; s ferner § 4 Rdn 1.175).

Das **Transparenzgebot für Kopplungsangebote** gilt im Übrigen nur, wenn das eine Produkt bei Erwerb eines anderen Produkts miterworben werden muss. Es gilt nicht für Produkte, die lediglich – wie etwa benötigte Verbrauchsmaterialien, Zubehör- und Ersatzteile und Kundendienstleistungen – für die Verwendung der angebotenen oder beworbenen Produkte **erforderlich** oder mit diesen **kompatibel** sind. Der Anbieter oder Werbende ist daher nach der Preisangabenverordnung auch dann nicht zur Angabe der Preise solcher weiterer erforderlicher oder kompatibler Produkte verpflichtet, wenn er diese selbst in seinem Angebotsprogramm hat und daher ggf immerhin indirekt mitbewirbt. Ein Kopplungsangebot wurde bei einem **Angebot für einen Telefonanschluss** der Deutschen Telekom verneint. Hier müssen nicht gleichzeitig die Tarife für Telefongespräche aufgeführt werden, weil im Hinblick auf „Pre-Selection" und „Call by call" mit dem Telefonanschluss der Deutschen Telekom nichts darüber gesagt ist, bei welchem Anbieter der Kunde die Verbindungsdienstleistungen „einkauft" (BGH GRUR 2008, 729 Tz 15 f – *Werbung für Telefondienstleistungen*). Anders verhält es sich bei einer **Werbung für einen Zusatztarif** der Deutschen Telekom, der den Kunden für das Wochenende eine Flatrate verspricht. Um dieses Angebot in Anspruch nehmen zu können, muss man über einen Netzanschluss der Deutschen Telekom verfügen. In diesem Fall muss die Werbung daher auch diese Kosten des Netzanschlusses aufführen, die notwendig anfallen, wenn man den neuen Zusatztarif nutzen möchte (BGH GRUR 2009, 73 Tz 18 und 20 – *Telefonieren für 0 Cent!*).

Auf der Grenze liegt insofern die Entscheidung „XtraPac" des BGH: Hier ging es um die Werbung für ein **Mobiltelefon mit festem Startguthaben** (10 €) zum Preis von 39,95 € mit einer zweijährigen (SIM-Lock gesicherten) Bindung an den Anbieter, wobei sich der Kunde für 99,50 € freikaufen konnte. Zwei Informationen fehlten in der Werbung: Zum einen konnte man der Anzeige nicht entnehmen, wie viele Gespräche mit dem Startguthaben in Höhe von 10 € geführt werden konnten; zum anderen wurde nicht darüber aufgeklärt, was – nach Verbrauch des Startguthabens – weitere „XtraCards" kosten würden. Hier wurde auf der Grundlage des UWG 2004 eine Irreführung verneint (BGH GRUR 2009, 690 – *XtraPac*). Offengelassen wurde, ob unter Geltung des UWG 2008 etwas anderes zu gelten hätte, ob insbes die für das Startguthaben maßgeblichen Tarife sowie die Kosten des Aufladens der Karte als wesentliche

Informationen iSv § 5 a II anzusehen sind, die dem Verbraucher im Interesse einer auf Grund von ausreichenden Informationen getroffenen Kaufentscheidung nicht vorenthalten werden dürfen (BGH GRUR 2009, 690 Tz 20 – *XtraPac*). Diese Frage ist zu bejahen. Nach UWG 2008 hätte man also eine Irreführung durch Unterlassen nach § 5 a II annehmen müssen.

7.35   cc) **Irreführung**. Ein **Verstoß gegen das Transparenzgebot** und damit auch **gegen das Irreführungsverbot** liegt vor, wenn die Werbung für das Kopplungsangebot **täuscht** oder sonst **unzureichend über dessen Inhalt informiert** (BGHZ 151, 84, 89 = GRUR 2002, 976 – *Kopplungsangebot I*; BGH GRUR 2002, 979, 981 – *Kopplungsangebot II*; BGH GRUR 2003, 538, 539 – *Gesamtpreisangebot*; BGH GRUR 2003, 890, 891 – *Buchclub-Kopplungsangebot*; BGH GRUR 2004, 343, 344 – *Playstation*; BGH GRUR 2009, 1180 Tz 29 – *0,00 Grundgebühr*; Einzelheiten bei § 4 Rdn 1.62 ff).

7.36   Es geht im Wesentlichen um drei Konstellationen: **(1)** In der Werbung für das Kopplungsangebot wird der **Preis des einen Teils als bes günstig herausgestellt**. Hier folgt aus dem Transparenzgebot, dass über die anderen Preisbestandteile, aus denen sich die wirtschaftliche Belastung des Verbrauchers ergibt, in derselben Deutlichkeit informiert werden muss. Da sich etwaige Einschränkungen eines blickfangmäßig herausgestellten Angebots auf den „ersten Blick" ergeben müssen, reicht es zur Vermeidung einer Irreführung nicht aus, wenn sie an ganz anderer Stelle erscheinen. So wird die durch die **blickfangmäßige Herausstellung** eines Preises dem Verbraucher vermittelte unzutr Vorstellung, dieser beziehe sich auf das werbemäßig herausgestellte Gesamtpaket etwa aus PC mit Monitor, nicht dadurch aufgehoben, dass es an anderer Stelle des Werbeprospekts im Zusammenhang mit der Produktbeschreibung heißt, der Preis gelte nur für einen Teil der beworbenen Geräte (BGH GRUR 2003, 249 – *Preis ohne Monitor*). Eine Werbung informiert auch dann unzureichend, wenn ein Teil des Gesamtangebots als „unentgeltlich" oder bes günstig herausgestellt wird, ohne gleichzeitig in klarer Zuordnung leicht erkennbar und deutlich lesbar auf die Folgekosten hinzuweisen, die sich ergeben, wenn der Werbeadressat auf das Angebot eingeht (BGH aaO – *Buchclub-Kopplungsangebot*). Es darf daher nicht die Gesamtbelastung verschwiegen werden oder in den Hintergrund treten, sondern es müssen ausreichende Angaben über die mit dem Abschluss eines Rechtsgeschäfts entstehenden Folgekosten gemacht werden.

7.37   **(2)** In der Werbung wird eine **Teilleistung,** zB eine Zugabe, in einer Weise **angepriesen,** dass der Verkehr **sich falsche Vorstellungen von ihrem Wert** macht. Das Transparenzgebot fordert hier, dass die Verbraucher **durch Angabe entweder des Preises oder der wertbestimmenden Faktoren** über den Wert der Teilleistung informiert werden. In diese Kategorie fallen zum einen die Fälle, in denen Verbraucher eine in der Werbung herausgestellte Zugabe, etwa ein zur Hauptleistung zugegebenes Schmuck-Set, auf Grund der Angaben deutlich überbewerten. Es lassen sich hier aber auch die Fälle einordnen, in denen der Erwerb des Hauptprodukts mit einer **Sponsorleistung** gekoppelt ist, die der Erwerber des Hauptprodukts mit dem Kauf erbringt (vgl OLG Hamm GRUR 2003, 975; LG Siegen GRUR-RR 2003, 379).

7.38   **(3)** In der **Werbung ist für ein Gesamtangebot** aus nicht zusammengehörenden Produkten ein (zutr) Gesamtpreis angegeben. Da die Einzelpreise nicht genannt sind, ist für den Verbraucher ein **Preisvergleich erschwert**. Werden in diesem Fall über die Einzelbestandteile der Gesamtleistung keine Angaben gemacht, die beim Verbraucher zu übertriebenen Wertvorstellungen führen, fordert das Transparenzgebot **keine Aufklärung**. Denn das UWG hat nicht den Zweck, die Anbieter von Waren und Leistungen generell anzuhalten, in der Werbung die Elemente ihrer Preisbemessung nachvollziehbar darzustellen, um Preisvergleiche zu erleichtern (BGH GRUR 2003, 538, 539 – *Gesamtpreisangebot* insoweit unter Aufgabe von BGH GRUR 1971, 582, 584 – *Kopplung im Kaffeehandel* und BGH GRUR 1996, 363, 364 – *Saustarke Angebote;* vgl ferner BGH GRUR 2004, 344, 345 – *Treue-Punkte*).

7.39   dd) **Beispiele**. In folgenden Fällen wurde eine **Irreführung** wegen Verstoßes gegen das Transparenzgebot **bejaht:** Das in der Werbung herausgestellte Angebot für den Erwerb eines Mobiltelefons, das bei gleichzeitigem Abschluss eines Netzkartenvertrags nichts oder fast nichts kostet („Handy für 0,00 €") ist irreführend, wenn die für den Verbraucher mit dem Abschluss des Netzkartenvertrages verbundenen Kosten nicht deutlich herausgestellt werden (BGHZ 138, 368 = GRUR 1999, 264 – *Handy für 0,00 DM;* OLG Düsseldorf CR 2005, 518). Insbesondere dürfen die für die Freischaltung des Kartenvertrags anfallende Aktivierungskosten, die aus der Sicht des Verbrauchers als sofort zu zahlendes Entgelt genauso wichtig sind wie die Kosten für das Mobiltelefon, nicht zwischen untergeordneten Informationen versteckt sein (BGH GRUR 2006, 164 – *Aktivierungskosten II*). – Ein Kopplungsangebot, das aus einem Fernsehgerät zum Preis von 0,50 € und einem Stromlieferungsvertrag mit einer Laufzeit von mindestens zwei Jahren besteht, ist irreführend, wenn die Bedingungen, unter denen der günstige Preis für den Erwerb des Fernsehgeräts gewährt wird, nicht hinreichend deutlich werden (BGH GRUR 2002, 979, 981 – *Kopplungsangebot II*). – Eine Irreführung kann sich auch aus der Unübersichtlichkeit der Darstellung der Preisangaben ergeben. So bei der Werbung für einen Handy-Kauf und Netzkartenvertrag mit zweijähriger Laufzeit des Netzkartenvertrages unter Angabe unterschiedlich hoher, teils fester, teils variabler Preise, wobei die Festpreise nicht in der insgesamt anfallenden Höhe genannt werden, sondern jeweils nur in Höhe der monatlichen Rate (BGH GRUR 2002, 287, 288 – *Widerruf der Erledigungserklärung*). – Stellt ein Betreiber eines TV-Kabelnetzes, der auch Telefondienstleistungen und einen Internetzugang anbietet, in einer an die Allgemeinheit gerichteten Werbung die besonders günstigen Preise für Telefonanschluss und Internetzugang heraus, muss er – wenn die Inanspruchnahme dieser Leistungen einen Kabelanschluss voraussetzt – hinreichend deutlich auf die Kosten des Kabelanschlusses hinweisen (BGH GRUR 2010, 744 Tz. 43 ff – *Sondernewsletter*).

In folgenden Fällen wurde hingegen eine **Irreführung verneint**: Keine Irreführung besteht **7.40** bei einem Angebot eines dem Typ nach bezeichneten Videorekorders zum Preis von 24,50 €, wenn ein bei der blickfangmäßig herausgestellten Preisangabe angebrachter Stern den Leser darauf verweist, dass dieser Preis nur bei gleichzeitigem Abschluss eines Stromlieferungsvertrags gültig ist und in einem Kasten, der etwa der Größe der unmittelbar daneben stehenden Preisangabe für den Videorekorder entspricht, eine Glühbirne abgebildet ist, neben der die Vertragsbedingungen für den Stromlieferungsvertrag genannt werden (BGHZ 151, 84, 89 – *Kopplungsangebot I*). – Das Angebot eines dem Typ nach bezeichneten Mobiltelefons einer bestimmten Marke und einer Playstation zum Preis von 1 DM informiert ausreichend über die mit dem Abschluss des Netzkartenvertrages verbundenen Folgekosten, wenn ein bei der blickfangmäßig herausgestellten Preisangabe angebrachter Stern den Leser darauf verweist, dass der Angebotspreis nur in Verbindung mit der Freischaltung eines bestimmten Netzkartenvertrages mit einer Vertragslaufzeit von 24 Monaten Gültigkeit habe und die Bedingungen dieses Netzkartenvertrages klar erkennbar im Einzelnen genannt werden (BGH GRUR 2004, 343, 344 – *Playstation*). – Die Werbung eines Einzelhandelsunternehmens, für jeden Einkauf in einem Warenwert von 10 DM Marken auszugeben, die zum Erwerb bestimmter Waren zu bes günstig erscheinenden Preisen berechtigen, informiert ausreichend über den Inhalt des Angebots und ist daher nicht irreführend, wenn die Preise der Waren, für deren Kauf Wertmarken ausgegeben werden, ebenso wie die „Treue-Preise" der Sonderbezugswaren angegeben werden (BGH GRUR 2004, 344, 345 – *Treue-Punkte*). Eine Verpflichtung zu weiteren aufklärenden Angaben könnte nur dann bestehen, wenn andernfalls die Gefahr einer Irreführung über den Wert des Angebots, insbes über den Wert der angebotenen Sonderbezugswaren gegeben wäre (BGH aaO – *Treue-Punkte*).

3. Werbung mit Teilzahlungspreis

Der **Teilzahlungspreis** besteht aus dem Gesamtbetrag von Anzahlung und allen vom Käufer zu **7.41** entrichtenden Raten einschließlich Zinsen und sonstiger Kosten; es ist der **Endpreis** iSd § 1 PAngV. Kennzeichnend für ein Teilzahlungsgeschäft ist, dass der Käufer die Ware oder Leistung sofort erhält, die Gegenleistung, idR den Kaufpreis, jedoch in Raten erbringen kann (vgl auch § 499 II Alt 2 BGB). Irreführend ist daher die Ankündigung „ohne Teilzahlungsaufschlag – Ratenzahlung bis zwei Jahre möglich", wenn der Kunde die Ware oder Leistung erst nach mehreren Monaten und nach Leistung von 30% oder mehr des Kaufpreises erhält (LG Kiel MDR 1953, 554). Eine Irreführung über die Preisbemessung kann auch dann vorliegen, wenn nur die Anzahlungssumme und die einzelnen Raten, nicht aber der Gesamtpreis angegeben wird; doch kommt es auf den Einzelfall an. Die Ankündigung „Teilzahlung ohne Aufschlag" oder „Bei Inanspruchnahme von Kredit werden trotz der Kassapreise keinerlei Teilzahlungsaufschläge erhoben" ist zulässig, wenn sie wahr ist. Das ist dann der Fall, wenn der Werbende nicht zusätzliche Kreditierungskosten verlangt und die Summe der zu zahlenden Raten **(Kreditpreis)** dem **Barpreis** entspricht, den der Werbende bei Kassageschäften verlangt (BGH GRUR 1957, 280 – *Kassa-Preis*; OLG Hamm NJW-RR 1994, 107, 109). Auf die Gründe, warum der Werbende keine zusätzlichen Kreditierungskosten verlangt (zB bspw um den Absatz zu fördern), kommt es nicht an. Liegt der Kreditpreis über dem Barpreis, ist es unerheblich, dass der Werbende mit seinem Kreditpreis den vergleichbaren Barpreis anderer Mitbewerber nicht überschritten hat. Maßgebend ist allein seine eigene Preisbemessung. Der Kreditpreis entspricht zB dann nicht dem Barpreis, wenn dem sofort bei Übergabe der Ware zahlenden Käufer ein Barzahlungsrabatt gewährt wird.

In folgenden Fällen wurde eine **Irreführung bejaht**: Irreführend ist die Angabe eines monatli- **7.42** chen „Ratenzuschlags von 0,50%" in der Rechnung für einen Teilzahlungskauf ohne gleichzeitige

Nennung des effektiven Jahreszinses (BGH GRUR 1990, 609 – *Monatlicher Ratenzuschlag*). – Wird bei einem finanzierten Kauf der Teilzahlungspreis nicht genannt, kann eine nach § 5 irreführende Preisangabe vorliegen, wenn der Durchschnittsverbraucher auf Grund der konkreten Gestaltung der Angaben zum (Bar-)Preis und zur unmittelbar unter diesem stehenden Zahl und Höhe der Raten des finanzierten Kaufes annimmt, der beworbene Preis sei der Teilzahlungspreis (BGH GRUR 1993, 127 – *Teilzahlungspreis II*). – Irreführend ist es nach Auffassung des OLG Hamm (WRP 1978, 309), wenn nur der drucktechnisch herausgestellte Gesamtpreis genannt ist und zusätzlich auf die Möglichkeit einer Ratenzahlung ohne Angabe der Höhe der Raten hingewiesen wird. Denn – so das OLG Hamm – viele Leser halten den Gesamtpreis für den Kreditpreis, während es in Wahrheit der Barpreis sei. Sofern das OLG Hamm annimmt, durch die Angabe der effektiven Jahreszinses werde eine Irreführung nicht ausgeräumt, wenn der flüchtige Leser der Anzeige nicht erkenne, dass es sich hierbei um eine zusätzliche Belastung handele, erscheint dies wegen des gewandelten Verbraucherleitbildes überholt.

7.43 In folgenden Fällen wurde eine **Irreführung verneint:** Die Ankündigung eines Versandhandelsunternehmens, alle Waren gegen Zahlung des Kaufpreises in Raten zu veräußern, ohne hierbei darauf hinzuweisen, dass in Fällen zweifelhafter wirtschaftlicher Leistungsfähigkeit eines Kunden die Lieferung nur gegen Zahlung des Kaufpreises per Nachnahme erfolgt, verstößt nicht gegen § 5, weil die angesprochenen Verkehrskreise mit einer solchen Einschränkung als selbstverständlich rechnen oder redlicherweise rechnen müssen (BGH GRUR 1988, 459, 460 – *Teilzahlungsankündigung*). – Nach Auffassung des LG Köln (GRUR 1954, 353, 355) ist es nicht irreführend, wenn nur eine einmalige, mit der ersten Rate fällige Abwicklungsgebühr von 3 DM (Gesamtpreis 299 DM) zu entrichten ist, da dieser geringfügige Betrag kein „Aufschlag" sei. Dagegen spricht aber, dass der Käufer mit keinerlei sonstigen Belastungen (Zinsen, Aufschlägen ua) rechnet. – Irreführend ist es, neben einem Barpreis einen um 10% höheren Teilzahlungspreis anzukündigen, wenn weitere Finanzierungskosten verlangt werden (OLG Düsseldorf DB 1965, 100). – Zum Erfordernis einer Widerrufsbelehrung beim Teilzahlungskauf s § 501 S 1 BGB iVm § 495 I BGB iVm § 355 II BGB und BGH GRUR 1986, 816 – *Widerrufsbelehrung bei Teilzahlungskauf* zum Tatbestand des Rechtsbruchs iSd § 4 Nr 11 bei Verstoß gegen dieses Erfordernis vgl § 4 Rdn 11.170. – Der blickfangmäßig herausgestellten Angabe „bis zu 150% Zinsbonus" in einer Werbung für eine Festgeldanlage entnimmt der Verkehr nicht, der Anlagebetrag werde mit 150% pro anno verzinst (BGH GRUR 2007, 981–*150% Zinsbonus*).

V. Preisgegenüberstellung

1. Werbung mit empfohlenen Preisen

7.44 **a) Kartellrechtliche Zulässigkeit von Preisempfehlungen.** Preisempfehlungen waren bis zum Inkrafttreten der 7. GWB-Novelle am 1. 7. 2005 grds verboten (§ 22 GWB aF). Nur Hersteller von **Markenwaren** durften nach § 23 GWB aF unter bestimmten Voraussetzungen unverbindliche Preisempfehlungen für die Weiterveräußerung von Markenwaren (Legaldefinition in § 23 II GWB aF) aussprechen, die über den Handel abgesetzt wurden. Nur dann lag ein echter empfohlener Preis vor, den der Händler als Bezugsgröße in der Werbung verwenden durfte (s auch Informationsblatt des BKartA zu den Verwaltungsgrundsätzen bei unverbindlichen Preisempfehlungen für Markenwaren, *Langen/Bunte* KartellR 9. Aufl Anh 1.10). Dabei galt die Ausnahme vom Empfehlungsverbot nur, wenn die Empfehlung „ausdrücklich als unverbindlich bezeichnet" wurde (§ 23 I Nr 1 GWA aF).

7.45 Im Rahmen der **7. GWB-Novelle** sind die Bestimmungen über **Preisempfehlungen** in §§ 22, 23 GWB aF ersatzlos **gestrichen worden,** weil auch das europäische Recht keine bes Bestimmungen über Preisempfehlung für Markenwaren kennt (RegE GWB BR-Drucks 441/04 S 79). Auch eine klarstellende Regelung, die der Regierungsentwurf (§ 4) noch vorgesehen hatte, ist nicht Gesetz geworden. Mit ihr sollte deutlich gemacht werden, dass das Preisbindungsverbot „unbeschadet der Möglichkeit des Lieferanten (gilt), ... Preisempfehlungen auszusprechen, sofern sich diese nicht infolge der Ausübung von Druck oder der Gewährung von Anreizen durch eine der Vertragsparteien tatsächlich wie Fest- oder Mindestpreise auswirken." – Die **neue kartellrechtliche Beurteilung** folgt nunmehr dem, was schon immer im europäischen Kartellrecht galt: Danach sind Preisempfehlungen zulässig, solange sie nicht unter das **Abstimmungsverbot** fallen, wobei die Abstimmung weder zwischen dem Empfehlenden und dem Empfehlungsempfänger noch zwischen den Empfehlungsempfängern untereinander vorliegen darf (Langen/*Bunte* KartellR Art 81 generelle Prinzipien Rdn 184; Langen/Bunte/*Nolte* KartellR Art 81 Fallgruppen Rdn 542 ff). Eine Abstimmung liegt vor, wenn die Preisempfehlung zu einem **abgestimmten Verhalten** führt. Dies ist bspw der Fall, wenn in einem selektiven Vertriebssystem alle Vertragshändler den empfohlenen Preis fordern und diese Gleichförmigkeit des Verhaltens auf eine vom Hersteller durchgesetzte Preisdisziplin schließen lässt (Langen/Bunte/*Nolte* KartellR Art 81 Fallgruppen Rdn 543).

b) Lauterkeitsrechtliche Beurteilung im Allgemeinen. Die **lauterkeitsrechtliche Beurteilung** der Werbung mit empfohlenen Preisen muss sich der neuen kartellrechtlichen Beurteilung anpassen. Daher kann nicht mehr auf die Grundsätze zurückgegriffen werden, die auf der Grundlage des alten Empfehlungsverbots entwickelt worden sind. 7.46

c) Grundsatz der lauterkeitsrechtlichen Beurteilung nach § 5. Die werbende Bezugnahme auf kartellrechtlich zulässige (s Rdn 7.45) unverbindliche Preisempfehlungen eines Herstellers ist lauterkeitsrechtlich **grds zulässig** (BGH GRUR 2004, 246, 247 – *Mondpreise?*). Einzelhändler dürfen daher bei ihren Preisankündigungen wahrheitsgemäß auf einen unverbindlich empfohlenen Preis Bezug nehmen, um das eigene Angebot als preisgünstig herauszustellen. Die Bezugnahme auf den empfohlenen Preis besagt nicht, dass die Ware zu diesem Preis auch von anderen Händlern vertrieben wird, sondern bringt nur zum Ausdruck, dass der eigene Verkaufspreis niedriger als der vom Hersteller sachgerecht errechnete und dem Handel empfohlene Preis ist (BGH GRUR 1966, 327, 332 – *Richtpreiswerbung I*). 7.47

d) Irreführung. Die Bezugnahme auf eine kartellrechtlich zulässige unverbindliche Preisempfehlung des Herstellers ist dann jedoch als irreführend anzusehen, wenn **(1)** nicht klargestellt wird, dass es sich bei der Herstellerempfehlung um eine **unverbindliche** Preisempfehlung handelt (dazu Rdn 7.49), **(2)** die Empfehlung nicht auf der Grundlage einer ernsthaften Kalkulation **als angemessener Verbraucherpreis** ermittelt worden ist (dazu Rdn 7.51 ff) oder **(3)** der vom Hersteller empfohlene Preis im Zeitpunkt der Bezugnahme **nicht als Verbraucherpreis in Betracht** kommt (dazu Rdn 7.52 f) oder **(4)** die Bezugnahme auf den empfohlenen Preis nach Form und Begleitumständen **nicht hinreichend klar und bestimmt** ist (dazu Rdn 7.57 f). 7.48

aa) Keine Klarstellung unverbindlicher Preisempfehlung. Die Bezugnahme auf eine Preisempfehlung des Herstellers ist als irreführend anzusehen, wenn nicht klargestellt wird, dass es sich um eine **unverbindliche** Preisempfehlung handelt (BGH GRUR 2000, 436, 437 – *Ehemalige Herstellerpreisempfehlung;* BGH GRUR 2003, 446 – *Preisempfehlung für Sondermodelle;* BGH GRUR 2004, 246, 247 – *Mondpreise?*). Dagegen verstößt die Ankündigung **„20% unter dem unverbindlich empfohlenen Preis"** bei einer Markenware nicht deshalb gegen § 5, weil Teile des Verkehrs annehmen, es handele sich – wenn auch nicht um einen gebundenen, so doch – um einen Preis, an den sich die Einzelhändler weitgehend halten. Diese irrige Auffassung ist nicht schutzwürdig, weil der Begriff **„unverbindlich empfohlener Preis"** die Unverbindlichkeit der Preisempfehlung eindeutig kennzeichnet. Der Begriff entspricht im Übrigen der Preiskennzeichnung, die bis 2005 im Falle von Preisempfehlungen kartellrechtlich vorgeschrieben war (§ 23 I Nr 1 GWB aF; vgl BGHZ 42, 134, 135 = GRUR 1965, 96 – *„20% unter dem empfohlenen Richtpreis";* BGH GRUR 1980, 108 – *„. . . unter empf. Preis";* BGH GRUR 1981, 137, 138 – *Tapetenpreisempfehlung*). Andererseits muss der empfohlene Preis ein ernsthaft kalkulierter, realistischer Endverbraucherpreis sein (vgl Rdn 7.51). 7.49

Der Umstand, dass bis Juni 2005 Preisempfehlungen nur zugelassen waren, wenn sie „ausdrücklich als unverbindlich bezeichnet" waren (§ 23 I Nr 1 GWB aF), hat in der Vergangenheit zu einer **relativ kleinlichen Beurteilung** auch der Frage der Irreführung geführt, und zwar dann, wenn der in der Werbung für einen empfohlenen Preis gewählte Begriff von dem gesetzlich erlaubten abwich. Während vor Einführung des § 23 I Nr 1 GWB aF bzw der Vorgängernorm im Jahre 1980 auch der Zusatz **„unter empfohlenem Richtpreis"** zugelassen worden war, weil dessen häufiger Gebrauch Irrtümer ausschließe, so dass kein schutzwürdiges Interesse des Publikums an einem Verbot bestehe (BGHZ 42, 134, 139 = GRUR 1965, 96 – *20% unter dem empfohlenen Richtpreis;* BGHZ 45, 115, 128 = GRUR 1966, 327 – *Richtpreiswerbuenng I*), hielt man eine solche Abweichung vom gesetzlich geforderten Ausdruck unter Geltung des § 23 I Nr 1 GWB aF für bedenklich, ebenso Hinweise wie **„unverbindlicher Richtpreis", „Inlands-Richtpreis"** oder **„empfohlener Richtpreis"** (OLG Düsseldorf WRP 1982, 224). Unter der **Geltung des neuen Kartellrechts** kommt es nur noch darauf an, dass empfohlene Preise **nicht als verbindlich dargestellt** werden; eine bestimmte Wortwahl ist nicht mehr erforderlich (BGH GRUR 2007, 603 – *UVP*); dem informierten, angemessen aufmerksamen und verständigen Durchschnittsverbraucher sei bekannt, dass Preisempfehlungen üblicherweise vom Hersteller ausgesprochen würden und unverbindlich sei. Die **Bezeichnung „UVP"** hat der BGH nicht als irreführend beanstandet (BGH GRUR 2007, 603 – *UVP*). 7.50

7.51 **bb) Kein angemessener Verbraucherpreis. (1) Keine ernsthafte Kalkulation.** Die Bezugnahme auf eine unverbindliche Preisempfehlung des Herstellers ist dann als irreführend anzusehen, wenn die Empfehlung nicht auf der Grundlage einer ernsthaften Kalkulation als angemessener Verbraucherpreis ermittelt worden ist (BGH GRUR 2000, 436, 437 – *Ehemalige Herstellerpreisempfehlung;* BGH GRUR 2003, 446 – *Preisempfehlung für Sondermodelle;* BGH GRUR 2004, 426, 427 – *Mondpreise?).* Denn bei einem unverbindlich empfohlenen Preis geht der Verbraucher davon aus, dass es sich um einen vom Hersteller auf Grund **ernsthafter Kalkulation** ermittelten, angemessenen Verbraucherpreis handelt, der den auf dem Markt allgemein üblich gewordenen Durchschnittspreis für die Ware nicht in einem solchen Maß übersteigt, dass er nur noch eine Fantasiegröße darstellt (BGHZ 45, 115, 128 – *Richtpreiswerbung I;* BGH GRUR 1966, 333, 335 – *Richtpreiswerbung II;* BGH GRUR 1966, 686 – *Richtpreiswerbung III* mit Anm *Knopp;* BGH GRUR 1980, 108, 109 – *„... unter empf. Preis";* BGH GRUR 1981, 137, 138 – *Tapetenpreisempfehlung;* BGH GRUR 1983, 661, 663 – *Sie sparen 4000 DM;* BGH GRUR 1987, 367, 371 – *Einrichtungs-Pass;* BGH GRUR 2000, 436, 437 – *Ehemalige Herstellerpreisempfehlung;* BGH GRUR 2004, 236, 237 – *Mondpreise?).* Ein vom Hersteller willkürlich festgesetzter Fantasiepreis („Mondpreis") ist kein empfohlener Preis. Er wird dem Händler in Wahrheit nicht als Preis empfohlen, sondern soll ihm nur die Werbung erleichtern.

7.52 Der Verbraucher rechnet mit einem **marktgerechten Preis als angemessenem Verbraucherpreis,** der die ernstliche Preisvorstellung des Herstellers wiedergibt. Er wird daher durch einen willkürlich empfohlenen Preis irregeführt. Zum „Mondpreis" wird ein empfohlener Preis freilich noch nicht dadurch, dass er über dem normalen Verkaufspreis liegt. Einen empfohlenen Preis für Uhren, der 100% über dem Händlereinkaufspreis lag, hat der BGH jedoch als „Mondpreis" beurteilt (BGHZ 45, 115, 128 – *Richtpreiswerbung I*). Im Allgemeinen ist die Höhe der Spanne jedoch nur ein Indiz für einen Fantasiepreis; entscheidend ist die konkrete **Wettbewerbslage auf dem relevanten Markt,** die je nach Branche, Zeitpunkt und Wettbewerbsintensität sehr verschieden sein kann. Daher müssen auch hohe Handelsspannen die Marktbedeutung einer Preisempfehlung nicht ausschließen. So ist bspw ein von 50% der Händler eingehaltener, unverbindlich empfohlener Wiederverkaufspreis nicht als Mondpreisempfehlung ohne Marktbedeutung angesehen worden, obwohl er dem Einzelhändler einen Aufschlag von ca 150% auf den tatsächlich gewährten Großhandelsabgabepreis ermöglichte (BGH GRUR 1981, 137, 139 – *Tapetenpreisempfehlung*).

7.53 Die Gegenüberstellung mit einem niedrigeren eigenen Preis des Händlers führt über die Preisgünstigkeit des Angebots im Marktvergleich irre, wenn es nur einen **Alleinvertriebsberechtigten** und damit weder einen Markt gibt, für den die Preisempfehlung eine Hilfe sein könnte, noch einen Marktpreis, der der Empfehlung entspricht oder nahe kommt (BGH GRUR 2002, 95, 96 – *Preisempfehlung bei Alleinvertrieb).* An einer „echten" Empfehlung des Herstellers kann es auch dann fehlen, wenn der Hersteller den Preis nach dem Wunsch eines Händlers festgesetzt hat (OLG Hamm WuW/E OLG 777, 779). – Irreführend ist es, einen Preis als „vom Hersteller empfohlenen Endverkaufspreis" zu bezeichnen, wenn der Hersteller die Ware unter Ausschaltung des Großhandels direkt an ein einziges Einzelhandelsunternehmen liefert, in den Betrag aber gleichwohl eine Großhandelsspanne eingerechnet hat (BGH GRUR 1966, 686, 688 – *Richtpreiswerbung III* mit Anm *Knopp).* – Beliefert ein Hersteller außer Einzelhändlern auch den Großhandel, sind die von ihm empfohlenen Preise nicht deshalb als „Mondpreise" zu beanstanden, weil sie unter Einkalkulierung einer Großhandelsspanne errechnet wurden (OLG Düsseldorf WuW/E OLG 829).

7.54 **Nach der 7. GWB-Novelle** fehlt eine gesetzliche Bestimmung, die Empfehlungen nur dann zulässt, wenn „der empfohlene Preis dem von der Mehrheit der Empfehlungsempfänger voraussichtlich geforderten Preis entspricht" (§ 23 I Nr 2 GWB aF). Diese Lücke kann allerdings weitgehend mit Hilfe des § 5 geschlossen werden. Denn die Erwartung der Verbraucher geht unverändert dahin, dass es sich bei den empfohlenen Preisen um ernsthaft kalkulierte, realistische Endverbraucherpreise handelt.

7.55 **(2) Zeitpunkt der Bezugnahme.** Die Bezugnahme auf eine unverbindliche Preisempfehlung des Herstellers ist dann als irreführend anzusehen, wenn der vom Hersteller empfohlene Preis im Zeitpunkt der Bezugnahme nicht (mehr) als Verbraucherpreis in Betracht kommt (BGH GRUR 2000, 436, 437 – *Ehemalige Herstellerpreisempfehlung;* BGH GRUR 2003, 446 – *Preisempfehlung für Sondermodelle;* BGH GRUR 2004, 426, 427 – *Mondpreise?).* Abzustellen ist für die Marktbedeutung eines empfohlenen Preises auf den Zeitpunkt, zu dem auf ihn in der Werbung Bezug genommen wird. Hat ein empfohlener Preis durch die **spätere Entwicklung der Marktpreise** seine Eignung verloren, als Preisempfehlung zu dienen, kommt er also als Verbraucherpreis nicht mehr in Betracht und darf vom Händler nicht mehr als Bezugsgröße in der Werbung verwendet werden. Der empfohlene Preis muss im Zeitpunkt des Vergleichs noch den wirklichen Verkaufspreisen für gleiche und gleichartige Waren auf dem Markt entsprechen und ernsthaft als Verbraucherpreis in Betracht kommen.

Ein Vergleich der eigenen Preise mit einer **ehemaligen unverbindlichen Preisempfehlung** **7.56** **des Herstellers** ist grds nicht irreführend, wenn die unverbindliche Preisempfehlung als ehemalige, nicht mehr gültige Herstellerempfehlung kenntlich gemacht wird und früher tatsächlich bestanden hat, also zurzeit ihrer Gültigkeit den oben angeführten Anforderungen (Rdn 7.51 ff) entsprach (BGH GRUR 2000, 436, 437 – *Ehemalige Herstellerpreisempfehlung*). Auch eine frühere Preisempfehlung kann nämlich für die Preisüberlegungen der Umworbenen eine sachgerechte Orientierungshilfe sein. Das ist zB der Fall, wenn der Umworbene, der an dem Erwerb eines als Auslaufmodell bezeichneten Produkts interessiert ist, das Ausmaß der Preisabsetzung einschätzen will. Doch ist die Bezugnahme auf die ehemalige unverbindliche Preisempfehlung irreführend, wenn es nicht die zuletzt gültige Preisempfehlung war.

cc) Unklare oder unbestimmte Bezugnahme auf den empfohlenen Preis. Die Bezug- **7.57** nahme auf den empfohlenen Preis muss nach Form und Begleitumständen **klar und bestimmt** sein (BGHZ 45, 115, 128 = GRUR 1966, 95 – *Richtpreiswerbung I;* OLG Bremen WRP 1983, 408 f). Die Werbung **„nur zum Teil bis zu 25% unter dem empfohlenen Richtpreis"** ist als zu unbestimmt für unzulässig gehalten worden, weil sie dem Verbraucher nicht die notwendige Information an die Hand gebe (OLG Frankfurt GRUR 1968, 320 – *Großeinkauf*). Dagegen ist die Werbung mit Vergünstigungen **„bis zu 50% unter dem empfohlenen Preis"** für unbedenklich angesehen worden (OLG Hamm WuW/E OLG 1859). – Als unzulässig wurde es angesehen, die unverbindliche Preisempfehlung für eine Originalware dem eigenen Preis für eine von der Originalware abweichende Ware gegenüberzustellen, auch wenn keine Qualitätsminderung vorliegt (KG WRP 1985, 488). Diese Entscheidung ist jedoch im Hinblick auf die Regelung der vergleichenden Werbung (§ 6) überholt. – Die Werbung **„Wahnsinn für nur ..."** ist irreführend, wenn der „Wahnsinnspreis" der unverbindlichen Preisempfehlung des Herstellers entspricht (OLG Düsseldorf GRUR 1988, 712). – **Die Bezeichnung „UVP"** hat der BGH nicht als irreführend beanstandet (BGH GRUR 2007, 603 – *UVP*).

Ein in Bezug genommener Preis darf **nicht mehrdeutig** sein. Irreführend ist es daher, wenn **7.58** ein Kfz-Händler seinem Preis für einen Gebrauchswagen einen höheren Neupreis gegenüberstellt, ohne anzugeben, ob dieser die unverbindliche Preisempfehlung des Herstellers, der eigene frühere Neuwagenpreis oder der Neuwagenpreis eines anderen Herstellers ist (OLG Stuttgart WRP 1997, 873, 876). – Der empfohlene Herstellerpreis muss **zutr in Bezug genommen** werden. Die Werbung mit einer unrichtigen, insbes zu hoch angegebenen Herstellerpreisempfehlung ist irreführend. Auch kommt es nicht darauf an, ob aus dem weiteren Inhalt der Anzeige auf die Unrichtigkeit der Preisempfehlung geschlossen werden kann (BGH GRUR 2001, 78, 79 – *Falsche Herstellerpreisempfehlung;* OLG Zweibrücken OLG-Rp 2003, 78, 80, bestätigt BGH GRUR 2005, 689, 690 – *Sammelmitgliedschaft III*).

e) Darlegungs- und Beweislast. Für Ansprüche wegen irreführender Werbung mit bestehen- **7.59** den **unverbindlichen Herstellerpreisempfehlungen** trägt der Kläger nach den insoweit geltenden allgemeinen Grundsätzen (dazu BGH GRUR 1997, 229, 230 – *Beratungskompetenz*) die volle Darlegungs- und Beweislast für die rechtsbegründenden Tatsachen, während der Beklagte für diejenigen Umstände darlegungs- und beweispflichtig ist, die den rechtsbegründenden Tatsachen ihre Bedeutung oder Grundlage nehmen (BGH GRUR 2003, 446 – *Preisempfehlung für Sondermodelle;* BGH GRUR 2004, 246, 247 – *Mondpreise?; Teplitzky* Kap 47 Rdn 30 ff). Danach trägt der Kläger auch für die Behauptung, dass eine Werbung mit einer bestehenden unverbindlichen Preisempfehlung des Herstellers im Hinblick auf die Marktverhältnisse zur Irreführung geeignet ist, die volle Darlegungs- und Beweislast (BGH aaO – *Mondpreise?*). Ihm kommen dabei jedenfalls dann keine Darlegungs- und Beweiserleichterungen durch prozessuale Erklärungspflichten des Beklagten nach dem Gebot redlicher Prozessführung (§ 242 BGB) zugute, wenn er die Marktverhältnisse ebenso ermitteln kann wie der Beklagte (BGH aaO – *Mondpreise?*).

2. Werbung mit Listenpreisen oder Katalogpreisen, Prinzip der Preislistentreue

a) Begriff. Als Listenpreis oder Katalogpreis kann ein gebundener, empfohlener oder der **7.60** frühere eigene Preis des Händlers verstanden werden (BGHZ 42, 134, 135 = GRUR 1965, 96 – *„20% unter dem empfohlenen Richtpreis"*).

7.61 b) Irreführung. Die Bezugnahme auf einen so vieldeutigen Begriff wie den „**Listenpreis**" oder „**Katalogpreis**" ist geeignet, den Verbraucher irrezuführen, es sei denn, dass der Werbende genau angibt, um welchen Preis es sich handelt. Eine Irreführung scheidet auch dann aus, wenn jede Deutungsalternative der Wahrheit entspricht, also sowohl der empfohlene Preis als auch der bisherige Eigenpreis mindestens gleich dem „Listenpreis" ist (GK/*Lindacher* § 3 Rdn 827). Eine Irreführung mit Listenpreisen liegt insbes dann vor, wenn ein vom Werbenden behaupteter Listenpreis gar nicht besteht oder wenn unter Heranziehung eines Listenpreises ein niedrigerer Preis errechnet wird, obwohl generell zu diesem niedrigeren Preis verkauft wird (GK/*Lindacher* § 3 Rdn 917; Piper/Ohly/*Sosnitza* § 5 Rdn 476). Einem Unternehmen ist es, soweit es keinem Diskriminierungsverbot unterliegt, nicht verwehrt, **mehrere Preislisten** zu führen und von einer Preisliste abzuweichen (s Rdn 7.14 und 7.18). Verboten sind allein irreführende Angaben über Preislisten. So darf ein Wettbewerber nicht behaupten, nur nach **einer** Preisliste anzubieten, während er in Wahrheit **mehrere** unterschiedliche Preislisten verwendet und auch zu anderen Preisen anbietet. Gleiches gilt, wenn jemand behauptet, nach einer Konzernpreisliste zu verkaufen, obwohl er sich in Wahrheit nicht an diese Liste hält. Das Verbot bezieht sich jedoch nur auf die gleiche Handelsstufe. Wer gegenüber Verbrauchern nur nach einer Preisliste verkauft, braucht nicht zu offenbaren, dass er gegenüber Wiederverkäufern eine andere Liste verwendet (*Harmsen* WRP 1969, 357, 359).

7.61a Gelegentlich werden **Preislisten** – etwa im Impressum einer Zeitschrift – in einer Weise näher bezeichnet, die eine gewisse Verbindlichkeit andeuten soll (bspw „Verbindliche Anzeigenpreis gültig ab ..."). Eine solche Bezeichnung führt nicht dazu, dass dem so werbenden Unternehmen jedes **Abweichen von der Preisliste** als unlautere geschäftliche Handlung zum Vorwurf gemacht werden kann. Insbesondere ist der Hinweis auf die Preisliste nicht schon deswegen irreführend, weil gelegentlich günstigere Preise gewährt werden. Das **Prinzip der Preislistentreue,** das im Zeitungswesen lange Zeit als eine Art Diskriminierungsverbot und damit zur Preisdisziplinierung von preisaktiven Wettbewerbern eingesetzt worden ist (BGH GRUR 1958, 487, 489 – *Antibiotica;* KG NJWE-WettbR 2000, 153, 154; vgl auch HdbWettbR/*Ahrens* § 70 Rdn 109), hat im geltenden Recht keine Grundlage mehr (§ 4 Rdn 10.198 und 10.212; aA *Bodendorf/Nill* AfP 2005, 251 ff). Das Irreführungsverbot kommt erst dann zum Zug, wenn eine konkrete unwahre Angabe gemacht wird („noch kein Kunde hat von uns auf diese Preise einen Rabatt bekommen"). Aber selbst dann ist zu berücksichtigen, dass vor allem der gewerbliche Nachfrager derartigen Behauptungen keine große Bedeutung beimessen wird. Rechnet er doch nicht damit, dass ihm sein Verhandlungspartner offenherzig über die seinen Konkurrenten gewährten Preise Auskunft geben wird.

3. Werbung mit Preisen der Konkurrenz

7.62 Für die Werbung mit Preisen der Konkurrenz gelten in erster Linie die Regelungen zur **vergleichenden Werbung** (§ 6; § 5 III Alt 1). Dort ist der Preis in § 6 II Nr 2 gesondert aufgeführt. Auch die Werbung mit Preisen der Konkurrenz unterliegt daher einem Irreführungsverbot. Unwahre Preisvergleiche sind stets irreführend nach § 5 III Alt 1 und unlauter nach § 6 II Nr 2 (eingehend dazu § 6 Rdn 52). Der Preisvergleich ist zwar nicht auf identische (zB Vergleich von Markenartikelpreisen durch Händler) oder homogene Produkte beschränkt. Er ist aber dann unzulässig, wenn er sich nicht auf **vergleichbare Waren oder Dienstleistungen** iSd § 6 II Nr 1 bezieht (s § 6 Rdn 52). Daher ist ein Preisvergleich zwischen zwei Produkten irreführend, wenn zwischen den Produkten nicht unwesentliche Qualitätsunterschiede bestehen (OLG Frankfurt GRUR-RR 2001, 89; s § 6 Rdn 55) oder wenn die Vergleichsgrundlage nicht hinreichend deutlich gemacht wird (OLG Frankfurt GRUR-RR 2005, 128: Vergleich von Telefontarifen gilt nur für Pre-Selection- nicht für Call-by-Call-Angebot; vgl auch OLG Frankfurt MMR 2005, 463: Vergleich irreführend, wenn verschwiegen wird, dass für die Inanspruchnahme des günstigen Tarifs ein Prepaid-Konto mit einem bestimmten Guthaben eingerichtet werden muss). Beispielsweise ist die Werbebehauptung eines Pharmaherstellers, **sein Präparat sei preisgünstiger als die Konkurrenzpräparate,** als irreführend angesehen worden, weil die konkurrierenden Arzneimittel nicht in allen den verschreibenden Arzt und den Patienten interessierenden Punkten gleichwertig waren (OLG Düsseldorf WRP 1990, 177, 179).

7.63 Generell gilt, dass ein **Preisvergleich** immer dann irreführend ist, wenn sich die **preisrelevanten Konditionen** der Wettbewerber **unterscheiden** und auf diese Unterschiede nicht deutlich und unmissverständlich hingewiesen wird (BGH GRUR 2010, 658 Tz 16 – *Paketpreis-*

vergleich; ferner s § 6 Rdn 116 und 119). So ist es für unzulässig gehalten worden, dass ein Anbieter von ISDN-Anschlüssen das von ihm geforderte monatliche Grundentgelt mit einem tatsächlich nicht verlangten Grundentgelt eines Mitbewerbers verglich, das er als Durchschnittspreis für zwei unterschiedliche Versionen ermittelt hatte (OLG Hamburg NJWE-WettbR 2000, 109). Andererseits dürfen an den **Preisvergleich** auch keine übertriebenen Anforderungen gestellt werden: So ist nicht zu beanstanden, wenn die **Tarife für den Internetzugang** denen eines Konkurrenten gegenübergestellt und dabei nicht alle Besonderheiten der jeweiligen Tarifstruktur im Detail herausgestellt werden. Bietet der verglichene Konkurrent etwa in einer Sonderaktion für die ersten Monate die Befreiung von der Monatsgebühr an, reicht es zur Ausräumung einer Irreführungsgefahr aus, wenn der Vergleich der regulären Tarife einen Hinweis darauf enthält, dass zeitlich befristete Sonderpreisvorteile im Angebot des Mitbewerbers keine Berücksichtigung gefunden haben (vgl OLG Frankfurt MMR 2005, 53, 54).

In den Vergleich darf außerdem nur der jeweils **aktuelle Preis des Mitbewerbers** einbezogen werden (s § 6 Rdn 55 aE). Irreführend ist daher die Bezugnahme auf einen Preis, den der Mitbewerber in der Vergangenheit verlangt hat, und der Werbende selbst in diesem Zeitpunkt das fragliche Produkt noch gar nicht angeboten hatte (ÖOGH GRUR Int 2001, 776, 780). Denn es ist nicht auszuschließen, dass der Mitbewerber später auf Grund des Konkurrenzverhältnisses seine Preise gesenkt hat (vgl § 6 Rdn 55 aE). Irreführend ist auch eine vergleichende Preiswerbung eines Telefondienstanbieters, wenn die Tarife mit Preisen und Geltungsbereich zwar richtig angegeben sind, aber nicht deutlich wird, dass sich der Vergleich nur auf einen (eng) **begrenzten Zeitraum** der verglichenen Tarife bezieht (OLG Hamburg GRUR-RR 2005, 131). **7.64**

Der **Preisvergleich** braucht sich nicht auf einzelne Waren zu beziehen, er kann auch ein **ganzes Warensortiment** – etwa einen Korb mit verschiedenen Waren – betreffen (EuGH Slg 2006, I-8501 Rdn 36 = GRUR 2007, 69 – *Lidl/Colruyt*). Auch wenn die Waren des Warenkorbs nicht identisch sein müssen, müssen sie doch nach Qualität und Menge hinreichend austauschbar sein (EuGH aaO Rdn 26 – *Lidl/Colruyt*). Nachprüfbar ist ein solcher Vergleich nur, wenn der verglichene Mitbewerber genannt wird und die Verbraucher die Preisangaben selbst überprüfen können (EuGH aaO Rdn 74 – *Lidl/Colruyt*). Er ist irreführend, wenn nicht deutlich wird, dass der Vergleich sich nur auf Auswahl und nicht auf alle Produkte des Werbenden bezieht (EuGH aaO Rdn 83 – *Lidl/Colruyt*). **7.64a**

Preisvergleiche, die den **Mitbewerber nicht erkennen lassen** und die daher außerhalb des Anwendungsbereichs der Regelung der vergleichenden Werbung in § 6 I sind, gleichwohl aber den Eindruck einer objektiven Vergleichserhebung und Marktübersicht vermitteln, sind unzulässig, weil der Verkehr mangels Kenntnis der Namen der Mitbewerber und der in den Preisvergleich einbezogenen Produkte die Vollständigkeit und Richtigkeit des Preisvergleichs nicht überprüfen kann. In solchen Fällen wird dem Verkehr eine Marktübersicht nur vorgespiegelt, tatsächlich aber nicht verschafft (BGH GRUR 1996, 983, 985 – *Preisvergleich II/Dauertiefpreise;* BGH WRP 1996, 1097, 1098 – *Preistest;* EuGH Slg 2006, I-8501 Tz 74 = GRUR 2007, 69 – *Lidl/Colruyt*). Nachdem auf Grund der Regelung über die vergleichende Werbung eine Bezugnahme auf Mitbewerber zulässig ist, besteht auch **keine Veranlassung** mehr, derartige **Vergleiche verdeckt zu veranstalten.** Denn verdeckte Vergleiche haben nicht nur den Nachteil, dass sie kaum auf ihre Richtigkeit und Vollständigkeit hin überprüft werden können; sie bergen auch die Gefahr, dass der Verkehr eine schlechte Leistung einem anderen Mitbewerber zuschreibt als dem, dessen Leistungen tatsächlich verglichen worden sind. **7.65**

Grds zulässig sind hingegen Werbeaussagen, man sei „**bis zu ... €**" oder „**bis zu ...%** **billiger als die Konkurrenz,** sofern sämtliche Waren verbilligt angeboten werden oder der Höchstbetrag/Höchstsatz bei einem im Rahmen des Gesamtangebots ins Gewicht fallenden Teil erreicht wird (GK/*Lindacher* § 3 Rdn 903). So ist die Werbeaussage einer Buchgemeinschaft „*Bei Büchern sparen Sie bis zu 40% gegenüber den inhaltlich gleichen, aber anders gestalteten Buchhandelsausgaben"* nicht irreführend, wenn 15% der Titel eine Verbilligung von 40% und mehr haben, über 25% der Titel eine Verbilligung von 35% und mehr aufweisen und die Zahl der verbilligten Titel im Übrigen um 30% liegt (BGH GRUR 1983, 257 – *bis zu 40%*). Werbeaussagen, die eine „**Ersparnis**" in Aussicht stellen, werden auch bei Benennung einer Herstellerpreisempfehlung als konkurrentenbezogene Preisberühmung verstanden (BGH GRUR 1968, 443, 444 f – *40% können Sie sparen*). – Preisvergleiche dürfen außerdem die Konkurrenz nicht **herabsetzen** oder **verunglimpfen.** Zu den insoweit geltenden Anforderungen an vergleichende Werbung vgl § 6 Rdn 74 ff (mit Bezugnahme auf bestimmte Mitbewerber) und § 4 Rdn 10.153 (ohne Bezugnahme). **7.66**

4. Eigenpreisgegenüberstellung

7.67 **a) Begriff.** Häufig kommt es vor, dass Werbende ihren derzeit geforderten Preisen die zuvor von ihnen geforderten (höheren) **Preise gegenüberstellen**. Diese Gegenüberstellung geschieht zB in der Form, dass der alte höhere Preis durchgestrichen und daneben ein neuer, niedrigerer Preis gesetzt wird. Maßgebend für die Frage, ob mit einer **Preisherabsetzung** geworben wird, ist die Auffassung des Durchschnittswerbeadressaten. Eine Werbeaussage „Jetzt nur 5 €" versteht er als Preisherabsetzung im Vergleich zu einem zuvor geforderten Preis (BGH GRUR 2000, 337 – *Preisknaller*). Wird für eine **Gattungsware** mit einer Preisherabsetzung geworben, bezieht der Verkehr die behauptete Preisherabsetzung nicht allein auf das konkret angebotene Einzelstück, sondern auf alle angebotenen Waren vergleichbarer Güte und Qualität (BGH GRUR 1999, 507, 508 – *Teppichpreiswerbung*). Zur „statt-Preis-Werbung" s Rdn 7.131, zur Werbung mit dem Begriff „regulärer Preis" Rdn 7.128, zum Vergleich der Preise verschiedener Waren im Sortiment eines Händlers BGH GRUR 2007, 896 – *Eigenpreisvergleich;* ferner § 6 Rdn 26 und 55 f.

7.68 **b) Grundsätze des Verbots und Schwierigkeit der Durchsetzung. aa) Irreführende Eigenpreisgegenüberstellung.** Der Unternehmer ist in seiner Preisgestaltung grds frei (Grundsatz der **Preisgestaltungsfreiheit;** s Rdn 7.12 und 7.14 sowie § 4 Rdn 10.184). Er kann seine Preise daher nach freiem Belieben herauf- und herabsetzen. So ist denn auch eine Werbung mit einer Preisherabsetzung im Allgemeinen wettbewerbskonform, da es dem Interesse eines jeden Unternehmens entspricht, eine Preisherabsetzung öffentlich bekannt zu machen. In jedem Fall muss aber streng darauf geachtet werden, dass die potenziellen Abnehmer nicht irregeführt werden. Die Werbung mit einer Preisherabsetzung hat nämlich ein hohes Irreführungspotenzial, da der Eindruck vermittelt wird, es handele sich um ein bes günstiges Angebot (Begr RegE zu § 5 BT-Drucks 15/1487 S 20).

7.69 **bb) Schwierigkeiten bei der Durchsetzung von Abwehransprüchen.** Das **Irreführungspotenzial,** das von unzutr Eigenpreisgegenüberstellungen ausgeht, ist noch aus einem weiteren Grund bes gefährlich. In der Praxis bestehen große Schwierigkeiten, einem derartigen **Missbrauch auf die Spur zu kommen.** Denn die Mitbewerber sind idR nicht in der Lage, ständig über das Preisverhalten ihrer Konkurrenten Buch zu führen. Für Wettbewerbsvereine und Verbraucherverbände gilt nichts anderes. Auch sie können Preisbewegungen im Handel nicht in einer Weise dokumentieren, die es ihnen im Falle eines Missbrauchs erlauben würde, ihren Unterlassungsanspruch sofort geltend zu machen. In der Vergangenheit bedeutete dies, dass in derartigen Fällen wegen der klaren Darlegungs- und Beweislast des Gläubigers – er muss die irreführende Werbung dartun und notfalls beweisen – die Durchsetzung von Abwehransprüchen oft scheiterte. Hier soll nun die **doppelte Vermutung des § 5 IV** greifen: Vermutung der Irreführung (§ 5 IV 1; dazu Rdn 7.81) und Beweislastumkehr hins des Umstands, dass der frühere Preis überhaupt und, wenn ja, für eine angemessene Zeit gefordert worden ist (§ 5 IV 2; dazu Rdn 7.75).

7.70 § 5 IV ist **nicht der erste Versuch** des Gesetzgebers, den bes Missbrauchsgefahren bei Eigenpreisgegenüberstellungen Herr zu werden. Von 1986 bis 1994 gab es eine Bestimmung, die das Kind mit dem Bade ausschüttete: Nach **§ 6 e UWG aF** waren in der Werbung herausgestellte Eigenpreisvergleiche generell untersagt. Die Bestimmung wurde allerdings vom BGH derart restriktiv ausgelegt, dass sie kaum Wirkung entfalten konnte (vgl BGHZ 105, 89 – *Schilderwald;* BGH GRUR 1988, 836 – *Durchgestrichener Preis;* BGH GRUR 1989, 446 – *Preisauszeichnung;* BGH GRUR 1989, 848 – *Kaffeepreise;* BGH GRUR 1990, 465 – *mehr als ...% sparen*). Außerdem konnte sie in Fällen, in denen der Handel zwischen den Mitgliedstaaten betroffen war, nicht angewandt werden, weil der – vom BGH mit einem Vorabentscheidungsersuchen angerufene – EuGH 1993 entschieden hatte, dass es sich bei dieser Bestimmung um eine Maßnahme gleicher Wirkung handelte (Art 34 AEUV), die nicht durch zwingende Erfordernisse des Handelsverkehrs zu rechtfertigen sei (EuGH Slg 1993, I-2361 Tz 23 = GRUR 1993, 747 – *Yves Rocher* mit Anm *Bornkamm*).

7.71 **c) Irreführung.** Irreführend sind Gegenüberstellungen mit eigenen (früheren) Preisen, wenn der Preis systematisch herauf- und herabgesetzt wird, um eine Preissenkung vorzutäuschen (sog Preisschaukelei; vgl dazu schon Rdn 7.12 f) oder wenn der (angebliche) frühere Preis nicht ernsthaft gefordert wurde. Diese zweite Gruppe lässt sich in folgende Erscheinungsformen gliedern: Der (angebliche) frühere Preis ist zuvor niemals gefordert worden (dazu Rdn 7.72); der frühere Preis ist nur für eine unangemessen kurze Zeit gefordert worden (§ 5 IV; dazu Rdn 7.73); der frühere Preis ist nicht unmittelbar vor der Ankündigung der Preisherabsetzung gefordert worden (dazu Rdn 7.83); es wird in sonstiger Weise über den Umfang der Preisherabsetzung irregeführt, etwa weil die Preisherabsetzungswerbung zu unbestimmt ist (dazu Rdn 7.85) oder weil über die zu herabgesetztem Preis angebotenen Waren oder Dienstleistungen irregeführt wird (dazu Rdn 7.86).

aa) Kein Fordern des angegebenen ursprünglichen Preises. Irreführend ist eine Preisgegenüberstellung des derzeit geforderten Preises mit einem niedrigeren Preis, der **zuvor niemals gefordert** worden ist. Die Gegenüberstellung hat hier allein den Zweck, eine **Preissenkung vorzutäuschen** (ÖOGH ÖBl 1991, 83 – *Orientteppich-Mondpreis;* OLG Hamm WuW/E OLG 777, 780). So verhält es sich bsw, wenn bereits Ware mit Preisschildern produziert wird, auf denen ein zu keinem Zeitpunkt geforderter Preis durchgestrichen und dem „derzeit" geforderten Preis gegenübergestellt wird. Irreführend ist es auch, wenn die Preisgünstigkeit eines aus mehreren Einzelwaren bestehenden Sets mit der Herabsetzung des Preises für eine der Einzelwaren begründet wird, in Wirklichkeit aber die Einzelware zu dem angegebenen Preis niemals verkauft worden ist (BGH GRUR 1996, 796, 798 – *Setpreis*). Ebenso verhält es sich, wenn ein Einzelhändler neben einen durchgestrichenen Preis seinen Verkaufspreis setzt und der Verkehr auf eine Preisherabsetzung schließt, der durchgestrichene Preis aber nicht der früher geforderte Preis, sondern in Wahrheit der höhere Listenpreis des Herstellers ist (OLG Köln GRUR 1961, 137 – *Canzonetta I*). – Untersagt worden ist ein in den frühen siebziger Jahren verbreitetes Verkaufskonzept, bei dem im Rahmen einer „Großen Einführungsaktion" der Verkauf eines Transistorradios nur gegen Hingabe eines 10-DM-Scheines mit einem bestimmten Merkmal (einer „7" in der Seriennummer) angekündigt wurde; der Verkehr entnehme den gesamten Umständen, dass der geforderte Preis unter dem üblicherweise geforderten Preis liege (BGH GRUR 1975, 262 – *10-DM-Schein*). – Der Preisgegenüberstellung mit einem zuvor niemals verlangten Preis steht es gleich, wenn der frühere höhere Preis sich zwar in Ankündigungen findet, aber **niemals ernsthaft verlangt** worden ist. Deuten die Umstände darauf hin, dass der frühere Preis möglicherweise ein solcher **„Mondpreis"** ist, obliegt es dem Werbenden darzulegen und ggf zu beweisen, dass er den früheren Preis ernsthaft verlangt hat (OLG Karlsruhe WRP 2005, 637). 7.72

bb) Fordern des ursprünglichen Preises lediglich für eine unangemessen kurze Zeit (§ 5 IV). (1) Tatbestand (§ 5 IV 1). Missbräuche in der Werbung mit einer Preisherabsetzung sind vor allem auch dadurch denkbar, dass für kurze Zeit sog **Mondpreise** gefordert werden, um kurz darauf mit einer Preisherabsetzung werben zu können. Mondpreise sind Preise, die den bei verständiger ernsthafter Kalkulation vertretbaren Preis oder den auf dem Markt allgemein üblich gewordenen Durchschnittspreis für ein Produkt derart übersteigen, dass der Preis nur eine **Fantasiegröße** darstellt (BGHZ 45, 115 – *Richtpreiswerbung I;* BGH GRUR 1981, 137 – *Tapetenpreisempfehlung*). Diese Fantasiegröße dient allein dem Zweck, dass der niedrigere tatsächliche Verkaufspreis dem Mondpreis gegenüber gestellt werden kann, um den Verkaufspreis als besonders günstig erscheinen zu lassen (zum systematischen Herauf- und Herabsetzen von Preisen durch sog Preisschaukelei vgl Rdn 7.12 f). Deshalb hat die UWG-Reform 2004 das Irreführungsverbot für die Fallgruppe der Werbung mit einer Preisherabsetzung durch eine **(widerlegliche) Vermutung** und durch eine **Beweislastumkehr** präzisiert (Begr RegE zu § 5 IV BT-Drucks 15/1487 S 20). Das Verständnis der Norm wird erleichtert, wenn man mit der Beweislastregelung des § 5 IV 2 beginnt, weil sich zunächst und logisch vorrangig die Frage stellt, ob der frühere Preis für eine angemessene Zeit gefordert worden ist (dazu Rdn 7.76 ff). Erst wenn diese Frage verneint worden ist, muss man sich der zweiten Frage zuwenden, ob die Werbung mit dem nur für unangemessen kurze Zeit geforderten früheren Preis geeignet ist, die angesprochenen Verkehrskreise irrezuführen (§ 5 IV 1; dazu Rdn 7.81 ff). 7.73

Die Dauer des Zeitraums **„unangemessen kurzer Zeit"** richtet sich nach den jeweiligen Umständen des Einzelfalls wie der Art der Ware oder Dienstleistung (langlebige Wirtschaftsgüter oder Waren/Leistungen des täglichen Bedarfs) und der Marktsituation. Auch wenn der frühere Preis nur kurze Zeit gefordert worden ist, muss es sich nicht um eine unangemessen kurze Zeit iSd § 5 IV 1 handeln, während auch ein längerer Zeitraum eine unangemessen kurze Zeit iSd § 5 IV 1 sein kann (BGH GRUR 1975, 78, 79 – *Preisgegenüberstellung I*). **Beispiele:** Werden schon nach drei Wochen Preise gesenkt, die nur testweise für bisher nicht absetzbare Ware verlangt worden waren, ist die vorausgegangene höhere Preisforderung nur für einen unangemessen kurzen Zeitraum erfolgt (OLG Hamm WRP 1977, 814). – Bei Orientteppichen wurde die Werbung mit einer 50%igen Preissenkung als irreführend angesehen, weil nicht zuvor mindestens sechs Monate lang (!) für die gleiche Ware Verkaufspreise verlangt worden waren, die den gesenkten Preis um mindestens 100% überstiegen (OLG Bremen WRP 1971, 530). – Bei 7.74

Möbeln wurde eine Frist von mindestens einem Monat angesetzt, sofern der Anbieter nicht bes Gründe für einen früheren Preiswechsel nachweist (OLG Stuttgart WRP 1996, 469, 473).

7.74a Das Gesetz geht als selbstverständlich davon aus, dass der (höhere) Referenzpreis **bis unmittelbar vor der beworbenen Preisherabsetzung** gegolten haben muss. Es ist also nicht ausreichend, darauf zu verweisen, dass der Referenzpreis lange, aber eben nicht unmittelbar vor der Aktion gegolten hat. Deshalb ist die Werbung eines Baumarktes mit Recht als irreführend beanstandet worden, der mit dem Slogan „**20% auf alles,** ausgenommen Tiernahrung" geworben hatte und der den Preis einzelner Artikel zu Beginn der Sonderaktion heraufgesetzt hatte (BGH GRUR 2009, 788 Tz 15 und 17 – *20% auf alles*). Dass für diese Artikel in der Woche zuvor (als solche nicht gekennzeichnete) Sonderpreise galten und man zu Beginn der Aktion lediglich zu den (Normal-)Preisen zurückgekehrt war, die zuvor über längere Zeit gegolten hatten, änderte an der Irreführung nichts. Möchte ein Unternehmen – wie in diesem Fall – mit einem Rabatt auf das gesamte Sortiment werben, von diesem Rabatt aber Sonderpreise ausnehmen, hat es zwei Möglichkeiten: Entweder es weist in der Werbeankündigung ausdrücklich auf die Ausnahme hin („20% auf alles außer Tiernahrung und Sonderangebote") oder es kündigt die vor der Aktion angebotenen Sonderpreise mit einem Hinweis auf die zeitliche Beschränkung an („Sonderpreis bis 13.1.", wenn ab 14.1. der pauschale Rabatt gewährt wird).

7.75 (2) **Beweislastregel des § 5 IV 2.** Mitbewerber und Verbände haben gegen einen Wettbewerber, der neue niedrigere Preise früher geforderten, höheren Preisen in der Werbung gegenüberstellt, keinen Anspruch auf Auskunft darüber, wann und bis zu welchem Zeitpunkt dieser die früheren Preise gefordert hat. Dies gilt selbst dann, wenn ein starker Verdacht für einen Verstoß gegen § 5 besteht (BGH GRUR 1978, 54, 55 – *Preisauskunft*). Daher wären Mitbewerber und Verbände im Streitfall nur selten in der Lage, den Beweis für die Zeitdauer, in der der frühere Preis gefordert wurde, zu erbringen. Da sie als Kläger nach **allgemeinen zivilprozessualen Grundsätzen** die volle Darlegungs- und Beweislast für alle anspruchsbegründenden Tatsachen tragen (BGH GRUR 1997, 229, 230 – *Beratungskompetenz;* BGH GRUR 2004, 246, 247 – *Mondpreise?*), könnten sie gegen einen Verletzer kaum mit Aussicht auf Erfolg vorgehen. Zur besseren Durchsetzung von § 5 IV 1 sieht § 5 IV 2 deshalb eine **Beweislastumkehr** vor (Begr RegE zu § 5 IV BT-Drucks 15/1487 S 20). Danach trifft dann, wenn streitig ist, ob und in welchem Zeitraum der (ursprüngliche) Preis gefordert worden ist, die Beweislast denjenigen, der mit der Preisherabsetzung geworben hat (krit dazu *Trube* WRP 2003, 1301 ff).

7.76 Die Regelung des § 5 IV 2 hat **zwei Defizite.** Das Erste dieser Defizite hat der Gesetzgeber bewusst in Kauf genommen; es kann nicht oder nur schwer korrigiert werden (dazu Rdn 7.77 f). Das zweite Defizit folgt aus dem ersten und lässt sich dadurch beheben, dass man § 5 IV 2 nicht als Beweislastumkehr, sondern als Vermutung liest (dazu Rdn 7.79 f).

7.77 Zunächst zum **ersten Defizit:** Es besteht darin, dass dem Gläubiger **kein Auskunftsanspruch** zusteht, er also keinen Anspruch hat, vom werbenden Schuldner zu erfahren, über welche Zeit er den früheren Preis gefordert hat. Ein solcher Anspruch ist im Rahmen der Vorarbeiten zum Regierungsentwurf ausführlich diskutiert (vgl so bereits *Köhler/Bornkamm/ Henning-Bodewig* WRP 2002, 1317, 1322 – dort § 9 IV – und 1327; ferner *Trube* WRP 2003, 1301, 1311 ff), letztlich aber aus nachvollziehbaren Gründen verworfen worden, weil jedes Sonderangebot eine Fülle von Auskunftsansprüchen ausgelöst hätte und man – gewiss nicht ganz ohne Grund – eine missbräuchliche oder jedenfalls den Handel übermäßig belastende Ausübung des Auskunftsanspruchs befürchtete. Die Konsequenz ist freilich, dass die **Wirkung der Beweislastregel** des § 5 IV 2 **weitgehend verpufft.** Denn der Händler, der den Verdacht hat, dass sein Mitbewerber den in der Werbung durchgestrichenen Preis nicht für angemessene Zeit gefordert hat, ist genötigt, Klage zu erheben, um den Gegner dazu zu bewegen, die Karten auf den Tisch zu legen. Stellt sich jetzt heraus, dass der frühere Preis für angemessene Zeit gefordert worden ist, bleibt dem Kläger nichts anderes übrig, als die Klage (kostenpflichtig) zurückzunehmen. Eine Erledigungserklärung ist nicht geeignet, die Kostenlast von ihm abzuwenden, weil – wie sich herausgestellt hat – die Klage von Anfang an unbegründet war. Ein solches Risiko werden Mitbewerber und Verbände kaum eingehen wollen. Immerhin zwingt die neue gesetzliche Regelung der Beweislastumkehr den Werbenden dazu, die **Preisbewegungen zu dokumentieren,** um in einer möglichen gerichtlichen Auseinandersetzung Nachteile zu vermeiden. Doch bleibt die Wirkung der Beweislastumkehr gering.

7.78 Freilich ist zu hoffen, dass sich die Frage in der Praxis bereits **mit der Abmahnung klären** lässt. Eine Gewähr hierfür besteht aber nicht. Spricht der Gläubiger, der eine Werbung mit einem niemals oder nur für unangemessen kurze Zeit geforderten „Mondpreis" vermutet, gegenüber dem Werbenden eine Abmahnung aus, wäre es sinnvoll, wenn der Abgemahnte den Verdacht sogleich zerstreut, indem er dartut, dass und über welche Zeit er den höheren Preis tatsächlich gefordert hat. Ist der Verdacht wirklich unbegründet, trifft ihn insofern aber **keine Aufklärungspflicht** des Abgemahnten, weil es an einem gesetzlichen Schuldverhältnis, das nur durch den Wettbewerbsverstoß entstanden sein könnte, fehlt (s § 12 Rdn 1.64). Würde man an dieser Stelle eine Aufklärungspflicht – entgegen den sonst geltenden Regeln – bejahen, liefe das auf eine **Einführung des Auskunftsanspruchs durch die Hintertür** hinaus. Besteht aber keine Aufklärungspflicht, kann der zu Unrecht Abgemahnte in Ruhe abwarten, bis er verklagt wird, um dann der Klage mit seiner Darlegung eines über einen angemessenen Zeitraum geforderten Preises die Grundlage zu entziehen.

Das **zweite Defizit** betrifft den Umstand, dass das Gesetz in § 5 IV 2 **nur die Beweis- und nicht auch die Darlegungslast** regelt. Die Bestimmung greift nach ihrem Wortlaut erst im Prozess, wenn der klagende Mitbewerber oder Verband bereits substantiiert vorgetragen hat, der frühere Preis sei nicht oder nur für eine unangemessen kurze Zeit gefordert worden, während der Beklagte dieses Vorbringen bestritten hat. Erst jetzt setzt die Beweislastumkehr zugunsten des Klägers ein. Das befreit den Kläger, der sich an die **Wahrheitspflicht des § 138 I ZPO** hält, nicht aus seinem Dilemma. Er soll die Tatsachen, die seinen Anspruch begründen, substantiiert darlegen. Da er nur einen Verdacht hat, dass mit einem Mondpreis geworben worden ist, kann er mit seiner Klage nicht einfach die Behauptung aufstellen, der frühere Preis sei niemals oder nur für – sagen wir – eine Woche gefordert worden. 7.79

Das zweite Defizit lässt sich aber in der Weise lösen, dass die Regelung des § 5 IV 2 **nicht nur als Umkehr der Beweislast,** sondern auch als **Umkehr der Darlegungslast** und damit als eine (weitere) **widerlegliche Vermutung** verstanden wird. Das entspricht auch der **gesetzgeberischen Intention,** dem Kläger zu helfen, der „idR keinen Zugang zu den maßgeblichen Informationen hat" (Begr RegE zu § 5 IV BT-Drucks 15/1487 S 20). Nach diesem Verständnis ist es ausreichend, wenn der Kläger mit der Klageerhebung (oder mit dem Antrag auf Erlass einer einstweiligen Verfügung) wahrheitsgemäß lediglich den Verdacht äußert, dass der frühere Preis nicht oder nicht für eine angemessene Zeit gefordert worden ist; denn mehr kann er in dieser Situation guten Gewissens nicht behaupten. 7.80

(3) Vermutung des § 5 IV 1. Steht fest, dass der frühere Preis nur für eine unangemessen kurze Zeit gefordert worden ist, stellt sich die weitere und idR leichter zu beantwortende Frage, ob der Verkehr hierdurch irregeführt wird. Hier ist die Vermutung des § 5 IV 1 anzuwenden; es ist also – wenn nicht etwas anderes dargetan und ggf bewiesen wird – von einer Irreführung auszugehen (vgl auch schon BGH GRUR 1975, 78, 79 – *Preisgegenüberstellung I*). Dies gilt nicht nur für einzelne Preisherabsetzungen, sondern auch für Preisherabsetzungen eines Teils oder gar des gesamten Sortiments (*Trube* WRP 2003, 1301, 1306). Der ursprüngliche Preis ist der unmittelbar vor der Ankündigung der Preisherabsetzung geforderte Preis (Begr RegE zu § 5 IV BT-Drucks 15/1487 S 20). Im Einzelfall kann eine andere Irreführung aber auch ausscheiden, wobei es Sache des Unternehmers ist, die **Vermutung** zu entkräften (Begr RegE aaO S 20). Die Vermutung des § 5 IV 1 ist also **widerlegbar.** 7.81

Die Vermutung des § 5 IV 1 kann nur durch die Darlegung entkräftet werden, dass eine **Irreführung des Verkehrs** im Einzelfall **nicht eingetreten** ist. Das wird dem Werbenden idR nur gelingen, wenn er in seiner Werbung mit der Preisgegenüberstellung bereits die Zeitspanne, in der der frühere Preis gegolten hat, angegeben hat (vgl *Trube* WRP 2003, 1301, 1313). **Beispiel:** „Dose geschälter Tomaten ... 0,69 €, Preis in der 41. Kalenderwoche: 0,79 €" oder „Gartenbank aus ...-Holz 249 €, Preis seit 30. 6. 349 €". Dagegen kann der Werbende die Vermutung des § 5 IV 1 nicht dadurch entkräften, dass er vorträgt, bona fide, also **ohne Täuschungsabsicht,** gehandelt zu haben. Denn wenn er bspw darlegt, dass er den früheren höheren Preis nur deswegen für so kurze Zeit gefordert hat, weil er sich verkalkuliert habe oder weil er durch den Wettbewerb genötigt worden sei, den an sich auf längere Zeit geplanten Preis schon nach wenigen Tagen zu reduzieren, ändert dies nichts an der Fehlvorstellung, die sich bei den Verbrauchern bildet (aA *Trube* WRP 2003, 1301, 1306). Allerdings kann die Notwendigkeit, rasch auf Preisbewegungen im Wettbewerb zu reagieren, ein Hinweis darauf sein, dass die Preise generell einem raschen Wandel unterworfen sind. Das kann dazu führen, dass der Zeitraum, in dem der höhere Preis gefordert ist, nicht als unangemessen kurz anzusehen ist. 7.82

cc) Wie lange darf mit einer erfolgten Preisherabsetzung geworben werden? Wie lange der Zeitraum zurückliegen darf, in dem der höhere, zur Preisgegenüberstellung verwendete Preis gegolten hat, richtet sich nach der Verkehrsauffassung, wobei – wie stets – auf einen 7.83

durchschnittlich informierten, situationsadäquat aufmerksamen und durchschnittlich verständigen Verbraucher abzustellen ist. Die Frage lässt sich nicht einheitlich beantworten (BGH GRUR 1999, 507, 508 – *Teppichpreiswerbung;* BGH GRUR 2000, 337, 338 – *Preisknaller*). Auch die Festlegung starrer Fristen ist ausgeschlossen (BGH GRUR 1975, 78, 79 – *Preisgegenüberstellung I;* BGH aaO – *Teppichpreiswerbung*). Maßgebend sind vielmehr die jeweiligen Umstände des Einzelfalls, die auch die Länge des Zeitraums bestimmen, in dem der frühere Preis verlangt worden ist (dazu Rdn 7.74), also die Art der Ware oder Dienstleistung (langlebige Wirtschaftsgüter oder Waren/Dienstleistungen des täglichen Bedarfs), die Verhältnisse des werbenden Unternehmens und die Marktsituation (BGH GRUR 1999, 507, 508 – *Teppichpreiswerbung;* BGH GRUR 2000, 337, 338 – *Preisknaller*).

7.84 Unzulässig ist der **Preisvergleich eines Zeitungsverlags** mit der eigenen früheren Leistung, wenn die Mehrleistung (Erhöhung der Gesamtauflage) **schon drei Monate** zurückliegt, jedoch der falsche Eindruck einer jetzt erst eingetretenen Neuerung erweckt wird (BGH GRUR 1968, 433, 437 – *Westfalen-Blatt II*). Bei Nahrungs- und Genussmitteln sowie Verbrauchsgütern wird die **Zeitspanne meist kürzer** (4–10 Wochen) als bei anderen Waren oder Leistungen zu bemessen sein. Auch kann es eine Rolle spielen, ob in einer **Zeitungsanzeige**, einem **Prospekt** oder einem **Katalog** geworben wird (BGH aaO – *Westfalen-Blatt II*); denn der Verkehr erwartet in der Zeitungsanzeige eine aktuelle Information, während ein Katalog für eine längere Verwendungszeit aufgelegt wird. Ausdrücke wie „**ab sofort**" oder „**jetzt**" weisen auf eine unmittelbar vorangegangene Herabsetzung hin. Die Ankündigung „**ab sofort im Preis reduziert**" ist daher irreführend, wenn die „Statt-Preise" bereits drei Wochen zuvor herabgesetzt worden sind (OLG Nürnberg GRUR 1979, 558; OLG Hamm DB 1979, 1356). Als irreführend ist es untersagt worden, dass ein Händler ein Fernsehgerät im August mit einer erheblichen Preisherabsetzung bewarb (399 DM statt 555 DM), obwohl er das gleiche Gerät bereits im Frühjahr desselben Jahres ebenfalls zu dem herabgesetzten Preis angeboten hatte und in der Zwischenzeit zu dem höheren Preis zurückgekehrt war (KG GRUR 1999, 769).

7.85 dd) **Irreführung über den Umfang der Preisherabsetzung. (1) Unbestimmte Preisherabsetzungen.** Die Werbung mit einer Preisherabsetzung muss **deutlich erkennbar** machen, auf **welche Preise** für **welche Waren** oder Leistungen zu Vergleichszwecken hingewiesen wird. Wird anlässlich eines Jubiläumsverkaufs angekündigt, das **gesamte Warenlager** sei bis zu 20% im Preis herabgesetzt, so liegt darin keine Irreführung, wenn sämtliche Waren im Preis herabgesetzt sind, mag auch das Ausmaß der Herabsetzung unterschiedlich sein und höchstens 20% des früheren Preises ausmachen (BGH GRUR 1966, 382, 384 – *Jubiläum*). Anders läge es, wenn nicht die Preise sämtlicher Waren gesenkt wären, oder das Höchstmaß der Herabsetzung von 20% nur bei einem unbedeutenden, im Rahmen des Gesamtangebots nicht ins Gewicht fallenden Teil der Waren erreicht und das Ausmaß der Herabsetzung bei den übrigen Waren erheblich hinter diesem Hundertsatz zurückbliebe (BGH aaO – *Jubiläum*). Eine Preissenkung um zirka 15% wurde wegen ihrer Unbestimmtheit als unzulässig angesehen (LG Gießen BB 1967, 430). Mit dem gewandelten Verbraucherleitbild wird dies jedoch nicht mehr vereinbar sein (aA daher zu Recht auch KG WRP 1984, 603 und HdbWettbR/*Helm* § 59 Rdn 358 aE).

7.86 (2) **Irreführung über die zu herabgesetztem Preis angebotene Ware oder Dienstleistung.** Die Werbung mit einer Preisherabsetzung muss sich auf ein und dieselbe Ware oder Dienstleistung beziehen. Wird für eine Ware, die **Gattungsware** ist, mit einer Preisherabsetzung geworben, bezieht der Verkehr die behauptete Preisherabsetzung nicht allein auf das konkret angebotene Einzelstück, sondern auf alle angebotenen Waren oder Dienstleistungen vergleichbarer Güte und Qualität (BGH GRUR 1999, 507, 508 – *Teppichpreiswerbung*). Irreführend ist die Ankündigung eines Herstellers, das von ihm hergestellte Erzeugnis sei „25% billiger als seither", wenn dieses Erzeugnis vom Anpreisenden bisher überhaupt nicht hergestellt worden ist (RG GRUR 1936, 436, 442 – *Kunstwaben-Gussformen*). – Wird im Rahmen einer Eröffnungswerbung mit herabgesetzten Preisen geworben, erwartet der Verbraucher, dass ihm nur Modelle aus der **laufenden Produktion** und nicht Auslaufmodelle angeboten werden, die nicht mehr oder mit wesentlichen Änderungen hergestellt werden (OLG Karlsruhe WRP 1980, 632; zur Werbung für Auslaufmodelle s Rdn 2.48 ff). – Hat die Ware **nicht mehr denselben Wert,** weil sie beschädigt, fehlerhaft oder unmodisch geworden ist, darf für sie ohne klarstellenden Hinweis nicht mit einer Preisherabsetzung geworben werden (OLG Celle WRP 1969, 246; OLG Hamm WRP 1968, 447; OLG Karlsruhe WRP 1979, 225, 226; GK/*Lindacher* § 3 Rdn 913). Hat sich hingegen nicht der Zustand der Ware verändert, sondern ist nur die Nachfrage zurückgegangen, ist eine Preisgegenüberstellung nicht ohne weiteres irreführend. – Moderne Berberteppiche werden als Gattungsware gehandelt, so dass es nicht irreführend ist, in der Werbung einen günstigen Preis durch Vergleich mit dem früheren Preis herauszustellen, falls dieser nicht nur eine unangemessen kurze Zeit gefordert worden ist und die angebotene Ware nach Art und Güte den Preisvergleich zulässt (OLG Karlsruhe WRP 1979, 225).

ee) Irreführung durch mehrdeutige Preisgegenüberstellung. Die Bezugnahme auf einen anderen Preis muss stets klar und bestimmt sein (s Rdn 7.57 f). Insbes muss deutlich werden, um was für einen Preis es sich bei dem durchgestrichenen Preis handelt (BGH GRUR 1980, 306, 307 – *Preisgegenüberstellung III;* BGH GRUR 1981, 654, 655 – *Testpreiswerbung*). Irreführend ist es bsw, wenn ein Kfz-Händler seinem Preis für einen Gebrauchtwagen einen höheren Neupreis gegenüberstellt, ohne anzugeben, ob dies die unverbindliche Preisempfehlung des Herstellers, der eigene frühere Neuwagenpreis oder der Neuwagenpreis eines anderen Herstellers ist (OLG Stuttgart WRP 1997, 873, 876).

VI. Preisgarantie

1. Geld-zurück-Garantie

Eine Werbung mit einer „Geld-zurück"-Garantie beim Nachweis eines günstigeren Konkurrenzangebots fasst der Verkehr nicht nur als Einräumung eines (aufschiebend bedingten) Rücktrittsrechts, sondern auch als Behauptung dahin auf, dass der Werbende preiswerter als jeder Mitbewerber ist (GK/*Lindacher* § 3 Rdn 868). Sie ist zulässig, wenn der Werbende auf Grund einer Marktbeobachtung zu der **Preisberühmung** berechtigt und ein echter Preisvergleich möglich ist. Letzteres setzt voraus, dass die der Preisgarantie unterliegenden Waren oder Leistungen in gleicher Ausführung und Qualität auch von Mitbewerbern geführt werden (BGH GRUR 1975, 553, 554 – *Preisgarantie I* mit Anm *Klaka;* BGH GRUR 1991, 468, 469 – *Preisgarantie II*). Daher ist eine „Geld-zurück"-Garantie für Exklusivangebote des Werbenden – also für Waren, die nur er führt – stets irreführend (BGH GRUR 1994, 57, 58 – *Geld-zurück-Garantie*). Beispielsweise hatte ein Optikerfachgeschäft für Brillenfassungen mit einer „Geld-zurück-Garantie" beim Nachweis eines billigeren Konkurrenzangebots geworben, obwohl die Werbung sich teilweise auch auf ausschließlich beim Werbenden erhältliche Brillenfassungen bezog (BGH aaO – *Geld-zurück-Garantie*). Wird den Käufern von nicht exklusiv angebotenen Brillenfassungen ein auf sechs Wochen befristetes Rücktrittsrecht für den Nachweis eines billigeren Konkurrenzangebots gleicher Art und Güte eingeräumt, ist dies, wenn Vergleichsmöglichkeiten bei Mitbewerbern auch tatsächlich bestehen, grds unbedenklich (BGH aaO – *Geld-zurück-Garantie*). Für einen echten Preisvergleich ist es nicht erforderlich, dass der Werbeadressat die Ware oder Leistung bei einem nahe gelegenen Mitbewerber ohne weiteres wieder finden kann. Auch längeres Suchen kann zumutbar sein (BGH GRUR 1991, 468, 469 – *Preisgarantie II;* BGH GRUR 1994, 57, 58 – *Geld-zurück-Garantie*). Irreführend ist es aber, wenn der Werbeadressat Vergleichsobjekte nur zufällig oder ausnahmsweise wieder finden kann. Ein preiswerteres Konkurrenzprodukt ist nicht nur dann nachgewiesen, wenn dessen Angebot insgesamt günstiger ist. Die Preisgarantie des Werbenden muss, um nicht irreführend zu sein, auch dann eingelöst werden, wenn das Konkurrenzprodukt nur in einem und sei es auch nur ganz unwesentlichen Punkt günstiger ist, in anderen aber nicht (BGH GRUR 1991, 468, 469 – *Preisgarantie II;* dazu auch Rdn 7.147).

Irreführend ist es, wenn vom Werbenden mit dem Schlagwort „Preisgarantie" eine **Einstands- und Risikobereitschaft** suggeriert wird, die näheren Bedingungen des Rücktritts- oder Preisminderungsrechts aber so ausgestaltet sind, dass eine **Inanspruchnahme** des Werbenden aus Garantie praktisch so gut wie **ausgeschlossen** ist (GK/*Lindacher* § 3 Rdn 869). Denn die qualifizierte Preiswürdigkeitsberühmung wird erst und gerade im Hinblick auf die Garantiesanktion ernst genommen. Irreführend ist daher die Preisgarantie für Brillenfassungen mit dem Versprechen der Erstattung des Differenzbetrages für den Fall, dass der Kunde ein anderwärts billiger gekauftes Exemplar vorlegt (OLG Hamburg WRP 1984, 32). Denn so gut wie kein Kunde kauft nochmals die gleiche Brille bei der Konkurrenz, nur um in den Genuss des Preisunterschiedsbetrags beim Erstverkäufer zu kommen. – Außer an § 5 können Preisgarantien, wenn sie mit einer Preisgestaltung unter Einstandspreis verbunden sind und zur gezielten **Behinderung eines Mitbewerbers** oder zu einer **Gefährdung des Wettbewerbsbestands** führen, auch an § 4 Nr 10 oder § 3 zu messen sein (BGH GRUR 1990, 371 – *Preiskampf*).

2. Feste Preise

7.90 „Feste Preise" setzen voraus, dass keine Zuschläge hinzukommen (GK/*Lindacher* § 3 Rdn 846). Die Ankündigung „Feste Preise" führt zwar zu Fehlvorstellungen, wenn die Möglichkeit des Aushandelns besteht und der Werbeadressat, der keinen Preisnachlass verlangt, zu teuer kauft. Dennoch fehlt es insoweit an der Relevanz des Irrtums, da die irrige Annahme fester Preise nicht geeignet ist, die Kaufentschließung des Kunden positiv zu beeinflussen, sofern von der urspr angekündigten Festsetzung nur nach unten abgewichen wird (GK/*Lindacher* § 3 Rdn 847; Piper/Ohly/*Sosnitza* § 5 Rdn 446; aA HdbWettbR/*Helm* § 59 Rdn 361). – Wirbt eine Immobilienfirma mit einem **„notariellen Festpreis"**, kann das bei einem Teil der Leser den irrigen Eindruck einer bes Zuverlässigkeit und Sicherheitsgewähr oder einer gesetzlichen Garantie erwecken (BGH GRUR 1990, 532, 533 – *Notarieller Festpreis;* OLG Nürnberg GRUR 1983, 677; OLG Düsseldorf GRUR 1984, 145 und GRUR 1985, 67; OLG Hamm GRUR 1984, 67; OLG München GRUR 1984, 373 ff; aM OLG Stuttgart GRUR 1984, 66). Auch die werblichen Anpreisungen **„Notar. Vermietungsgarantie"** (OLG Nürnberg GRUR 1984, 216) und **„notarieller Kaufpreis"** (KG GRUR 1986, 554) laden auf Seiten der Verbraucher zu entspr Fehlvorstellungen ein.

3. Übertreibungen

7.91 Sofern die Unternehmer mit Aussagen über die Preisbemessung werben, sind **Übertreibungen** an der Tagesordnung. Der Verkehr hat sich mittlerweile daran gewöhnt und relativiert die Aussagen in dem gebotenen Umfang (GK/*Lindacher* § 3 Rdn 823). In ihrem inhaltlich nachprüfbaren Kern müssen sie aber gleichwohl der Wahrheit entsprechen. Wird für Waren oder Leistungen mit **„Sparpreis"**, **„Preisbrecher"**, **„Superpreise"**, **„Preisknüller"** oder **„Preisleistungen"** geworben, müssen sie auch tatsächlich preisgünstig, dh im Bereich des **unteren Preisniveaus** angeboten werden (OLG München WRP 1985, 580; GK/*Lindacher* § 3 Rdn 873; Piper/Ohly/*Sosnitza* § 5 Rdn 528, 536 und 538). Dasselbe muss für Aussagen wie **„irre Preise"** (OLG Stuttgart WRP 1984, 645), **„billig"**, **„Preise, die Kopf stehen lassen"**, **„Traumpreise"** oder **„Wahnsinnspreise"** gelten.

7.92 Auch der Slogan **„radikal gesenkte Preise"** wird vom Verkehr nicht nur als Leseanreiz, sondern als sachinformative Aussage verstanden (BGH GRUR 1979, 781 f – *Radikal gesenkte Preise* mit Anm *Schulze zur Wiesche:* Bei Sonderangeboten im Möbelhandel erwarte man eine Preissenkung von mehr als 12,5% bzw 20%). Zur Werbung mit Discount-Preisen s Rdn 7.97 ff, zur Werbung mit Tiefpreisen, Tiefstpreisen und Dauertiefpreisen Rdn 7.133 ff. – Die Ankündigung **„Sie haben vier Monate Preisschutz"** ist irreführend, weil jedem Händler bei Lieferfristen bis zu vier Monaten Änderungsvorbehalte bei Preisangaben in der Werbung und in Angeboten untersagt sind (BGH GRUR 1981, 206 – *4 Monate Preisschutz*). Zur Werbung mit Selbstverständlichkeiten vgl allgemein Rdn 2.115 ff.

7.93 Die Führung des Firmenbestandteils **„Mehrwert"** für eine Verkaufsstätte des Einzelhandels ist unzulässig, wenn das Warenangebot nicht insgesamt preisgünstiger als in anderen Kaufhäusern ist (BGH GRUR 1973, 534 – *Mehrwert II* mit Anm *Neubert*). – Ebenso wenig dürfen regelmäßig wiederkehrende Ansichtssendungen innerhalb eines Kaufs auf Probe als „Gratisleistungen" angekündigt werden (KG WRP 1983, 563). – Auch bei einem sehr niedrigen Preis darf eine fehlerhafte Ware nicht als **„Ware 1. Wahl"** angepriesen werden (OLG Karlsruhe WRP 1968, 36). – Zur Werbung für Mehrfachpackungen unter der Bezeichnung **„Sparpackung"** vgl Rdn 7.31.

VII. Einzelfälle

1. Abholpreis

7.94 Preise, die von **Fachmärkten** für ihre Waren oder Leistungen verlangt werden, sind regelmäßig – auch bei Großgeräten wie Möbeln, Kühlschränken usw – **Abholpreise** und werden von den daran gewöhnten Verbrauchern auch so verstanden (Piper/Ohly/*Sosnitza* § 5 Rdn 477). Es ist daher nicht irreführend, wenn Abholpreise nicht als solche gekennzeichnet werden und die vom Kunden gewünschte Anlieferung gesondert berechnet wird (Piper/Ohly/*Sosnitza* § 5 Rdn 159 und 477; aA OLG Köln WRP 1986, 51; GA-Ausschuss WRP 1998, 533). Abholpreis bedeutet also, dass bei der Zustellung der Ware ein höherer Preis zu zahlen ist (BGH WRP 1993, 108, 109 – *Teilzahlungspreis II;* HdbWettbR/*Helm* § 59 Rdn 351).

2. Buchungsgebühren, Kreditkartengebühren

Wirbt ein Reiseveranstalter mit Preisen, müssen die vom Reisenden zwingend zu zahlenden **Buchungsgebühren** in den angegebenen Preisen eingeschlossen sein (OLG Karlsruhe WRP 2005, 1188). Ebenso verhält es sich, wenn – etwa bei einer Bestellung im Internet – **gesonderte Kosten für die Zahlung** (mit Kreditkarte oder per Nachnahme) anfallen. Werden solche zwingend anfallenden Kosten nicht in Preis der beworbenen Ware oder Leistung eingerechnet, liegt nicht nur ein Verstoß gegen die Preisangabenverordnung, sondern auch eine irreführende Werbung vor.

3. Direktpreis

Der Begriff des „**Direktpreises**" ist eine Neuschöpfung der letzten Jahre. Ohne klare begrifflichen Grenzen ist der Direktpreis das **Pendant zum Direktverkauf** (dazu Rdn 7.105 ff und 7.119) und bringt damit zum Ausdruck, dass der Verbraucher von dem Überspringen zumindest einer Absatzstufe profitiert. Besonders verbreitet ist der Begriff im Internet- und im Versandhandel, beides Vertriebsformen, die in vielfacher Form den positiven Klang des Begriffs „direkt" für sich zu nutzen suchen. Zum Großhandelsdirektpreis s Rdn 7.119.

4. Discountpreis

Eine Werbung mit „**Discountpreisen**" wird heute im Verkehr dahin verstanden, dass die Preise, die der Werbende allgemein fordert, niedriger als die sonst im Handel geforderten Preise sind (Richtwert 10%; vgl GK/*Lindacher* § 3 Rdn 834). Das in der Discountwerbung liegende vergleichende Moment zieht den Kunden an; er greift davon aus, beim „Discounter" billiger als anderswo zu kaufen. Ursprünglich warben nur Discounthäuser mit Discountpreisen. Hieraus folgt aber nicht, dass unter einem Discountpreis nur der Preis eines Discounthauses zu verstehen ist (OLG Düsseldorf BB 1963, 364; OLG Hamburg BB 1963, 1233; OLG Hamm BB 1963, 1234). Auch braucht nicht eine Vielzahl von Waren im ganzen Geschäft oder einem räumlich abgegrenzten größeren Teil dauernd zu einem augenfällig günstigeren Preis angeboten zu werden. Denn bei Discountpreisen handelt es sich lediglich um eine Art der Preisbemessung, eine **bes Kalkulation** (OLG Düsseldorf BB 1963, 364; OLG Hamburg BB 1963, 1233). Bedeuten „Discountpreise" nichts anderes als **niedrigere Preise als in üblichen Einzelhandelsgeschäften** (OLG Frankfurt WRP 1969, 388; GK/*Lindacher* § 3 Rdn 834: Niedrigpreisberühmung), so kann die Verwendung des Ausdrucks kein Vorrecht bestimmter Geschäftstypen, Verkaufssysteme oder Betriebsformen sein. Deshalb darf jeder Händler mit Discountpreisen werben, vorausgesetzt, dass der Verbraucher nicht irregeführt wird. Die Preisstellung des Discounters muss daher tatsächlich günstiger sein.

Wird allgemein mit Discountpreisen geworben, wird der Verbraucher annehmen, dass zwar nicht alle Waren des Sortiments, aber doch der **größte Teil** von ihnen **billiger als in üblichen Einzelhandelsgeschäften angeboten** wird. Bietet zB ein Kaufmann seine im Schaufenster liegende Ware zu Discountpreisen an, ist dies irreführend, wenn der größte Teil seines Sortiments nicht preisgünstiger verkauft wird (OLG Bremen NJW 1963, 864). In diesem Fall ist der Discountpreis ein Lockvogel, der über die Preisbemessung des übrigen Sortiments irreführt (zur Lockvogelwerbung im Einzelnen Rdn 7.23 ff).

In Geschäften, die die gleichen Fabrikate derselben Hersteller vertreiben, bringt die Werbung „**Discount-Geschäft**" und „**Discount-Preis**" pauschal zum Ausdruck, dass alle Preise des Sortiments erheblich unter den Preisen liegen, die für gleiche Waren im regulären Einzelhandel gefordert werden (BGH GRUR 1971, 164, 165 f – *Discount-Geschäft* für den Elektrohandel). Ein Preisniveau, bei dem allgemein höhere oder nur leicht niedrigere Preise geboten werden, ist mit einer **pauschalen Discount-Werbung** unvereinbar. Vielmehr wird hierdurch die Erwartung deutlich günstiger Preisstellung hins des gesamten Sortiments hervorgerufen (BGH aaO – *Discount-Geschäft;* vgl auch BGH GRUR 2004, 605, 607 – *Dauertiefpreise;* GK/*Lindacher* § 3 Rdn 835). Der Einwand, wenigstens das Gesamtpreisniveau wahre den erwarteten Abstand, schließt die Irreführung nicht aus. Kann der Discount-Abstand nicht im ganzen Sortiment gewahrt werden, sind die verbilligten Waren in bes Discount-Abteilungen räumlich zusammenzufassen und die Discount-Werbung auf solche Warengruppen oder räumlich abgegrenzte Teile des Geschäfts zu beschränken (BGH aaO – *Discount-Geschäft*). Ein Discountangebot ist nicht dasselbe wie ein sich auf einzelne Waren beziehendes **Sonderangebot**. Bietet ein Kaufmann nur einzelne Waren „diskontiert" an, muss dies aus seiner Anpreisung deutlich hervorgehen. Eine

Discountwerbung, in der die eigenen Preise den höheren Preisen individuell bestimmter Mitbewerber gegenübergestellt werden, muss den **Anforderungen an vergleichende Werbung** (§ 6 II; § 5 III Alt 1, dazu Rdn 7.62 ff) genügen.

5. Durchgestrichener Preis

7.100 Wird mit **durchgestrichenen Preisen** ohne weitere Hinweise (zB „alter Preis"/"neuer Preis") geworben, liegt die Annahme fern, der Verkehr halte den durchgestrichenen Preis für eine vom Werbenden unterschrittene unverbindliche Herstellerpreisempfehlung. Der Verkehr wird in solchen Fällen vielmehr eigene (Alt- und Neu-)Preise des Werbenden annehmen, wenn nicht weitere Umstände eine andere Annahme nahe legen (GA-Ausschuss WRP 1999, 449). – Vgl zur ähnlichen Beurteilung der Begriffe Normalpreis Rdn 7.126, des regulären Preises Rdn 7.128, zum „Statt-Preis" s Rdn 7.131.

6. Eckpreis, Margenpreis

7.101 Preisangaben, die nur die Unter- bzw die Unter- und Obergrenze der Preise wie zB „ab ... €" oder „von-bis-Preise" nennen, sind **grds zulässig** (GK/*Lindacher* § 3 Rdn 920; HdbWettbR/*Helm* § 59 Rdn 358). Die Ankündigung muss wahr sein. Insbes muss Ware der unteren Preiskategorie in nennenswertem Umfang vorhanden sein. Eine Preisangabe durch einen Eck- oder Margenpreis verstößt nicht gegen die PAngV, bes wenn durch den Eck- oder Margenpreis auf den Umfang des von der Werbung erfassten Angebots hingewiesen werden soll (OLG Stuttgart WRP 1983, 51, 52; OLG Stuttgart NJW-RR 1988, 358). Im Allgemeinen nicht irreführend sind Werbehinweise auf eine Ersparnis oder Preissenkung „bis zu ... €" oder „bis zu ...%", wenn sämtliche Waren, auf die sich die Ankündigung bezieht, verbilligt angeboten werden und der genannte Höchstsatz nicht nur bei einem unbedeutenden, im Rahmen des Gesamtangebots nicht ins Gewicht fallenden Teil der Waren erreicht wird (HdbWettbR/*Helm* § 59 Rdn 358 und Rdn 385). So ist die Werbung einer Buchgemeinschaft mit der Behauptung „Bei Büchern zB sparen Sie bis zu 40% gegenüber den inhaltlich gleichen, aber anders gestalteten Handelsausgaben" nicht irreführend, wenn der Höchstsatz der Verbilligung bei 15% der angebotenen Bücher erreicht wird (BGH GRUR 1983, 257, 258 – *bis zu 40%*). Eine Irreführung kann aber durch eine bes grafische Gestaltung verursacht werden. So, wenn die Wörter „bis zu" unverhältnismäßig klein geschrieben werden, so dass sie von einem situationsadäquat aufmerksamen Werbeadressaten nicht wahrgenommen werden können.

7. Einführungspreis

7.102 **Einführungspreise** für neu auf den Markt gelangte oder neu in das Sortiment aufgenommene oder nachhaltig verbesserte Produkte sind **grds zulässig** (BGH GRUR 1966, 214 – *Einführungsangebot*; GK/*Lindacher* § 3 Rdn 837). Auch darf dem bezifferten Einführungspreis ein bezifferter höherer späterer Preis gegenübergestellt werden (offen lassend BGH GRUR 1985, 929 – *späterer Preis*). Doch ist es nach BGH (aaO – *späterer Preis*) idR unlauter, wenn kein bestimmter **Zeitpunkt** für das In-Kraft-Treten des höheren späteren Preises angegeben wird, weil sich der Werbende auf diese Weise den Übergang auf den höheren Preis vorbehalten und somit lediglich die hohe Werbekraft der Preisgegenüberstellung für sich ausnutzen könnte (so auch Piper/Ohly/*Sosnitza* § 5 Rdn 437; gegen diese Differenzierung GK/*Lindacher* § 3 Rdn 839). – Die Verlängerung einer befristeten **Einführungsphase** mit niedrigeren Einführungspreisen ist zulässig, solange die Einführungsphase ihrer Dauer nach angemessen bleibt (KG GRUR 2000, 77; zust *Bullinger* WRP 1999, 1118). Der Umfang dieses Zeitraums hängt von der **Art der Ware** ab. Bei hochwertigen langlebigen Wirtschaftsgütern sind auch längere Zeiträume gerechtfertigt (GK/*Lindacher* § 3 Rdn 838). So ist für eine 1000 € teure Nähmaschine eine Einführungsphase von sechs Monaten zulässig (vgl KG GRUR 1982, 620).

7.103 Anlass für die Gewährung von **Einführungspreisen** kann uU auch ein Wechsel in der Inhaberschaft eines Unternehmens sein. So bestehen keine Bedenken, wenn Anzeigenkunden Einführungspreise aus Anlass der Fortführung einer Zeitschrift unter ihrem bisherigen Titel in einem neuen Verlag angeboten werden (OLG Hamburg WRP 1989, 115). An derartige Anlässe brauchen keine strengen Anforderungen gestellt zu werden. Liegt jedoch kein Anlass für einen Einführungspreis vor oder wird die zeitliche Grenze der Einführungsphase überschritten, ist die Werbung irreführend iSd § 5. – Zum Eröffnungspreis s Rdn 7.112 ff.

8. Einkaufspreis, Fabrikpreis, Einstandspreis und Selbstkostenpreis

a) Begriffe. Wirbt ein Anbieter mit einem Verkauf zum **Einkaufspreis**, darf er nur den nackten Warenpreis fordern (GK/*Lindacher* § 3 Rdn 840), wobei in Warenlagern mit wechselndem Bestand eine Durchschnittsrechnung zulässig ist (GK/*Lindacher* § 3 Rdn 840; HdbWettbR/ *Helm* § 59 Rdn 356). Der nackte Warenpreis wird gebildet durch den Rechnungspreis abzüglich Rabatten, Skonti und sonstigen konkret einer bestimmten Ware oder Leistung zuordenbaren Vergütungen (zB Werbekostenzuschüsse). Der Einkaufspreis ist gleichbedeutend mit dem **Fabrikpreis** (vgl dazu Rdn 6.23). Bei der Verwendung des Begriffes Fabrikpreis ist zwischen einer Verwendung durch den Hersteller (dazu Rdn 6.23) und einer Verwendung durch den Wiederverkäufer (dazu Rdn 7.107) zu unterscheiden. Über dem Einkaufspreis liegt der **Einstandspreis** (vgl auch § 20 IV 2 GWB). Er wird gebildet durch den nackten Warenpreis zuzüglich aller sonstigen direkten Beschaffungskosten (zB Frachtspesen, Versicherung, Zoll; vgl *Köhler* BB 1999, 697). Anders als im Selbstkostenpreis sind im Einstandspreis aber keine Lager-, Vertriebs- oder Gemeinkosten enthalten (GK/*Lindacher* § 3 Rdn 840). Der **Selbstkostenpreis** wird gebildet durch die Summe aller durch den betrieblichen Leistungsprozess entstandenen Kosten, bezogen auf die jeweilige Leistungseinheit (HdbWettbR/*Helm* § 59 Rdn 356). Einzubeziehen sind Lager-, Verwaltungs- und Vertriebskosten, bezogen auf die Leistungseinheit, nicht jedoch ein kalkulatorischer Gewinnzuschlag. – Der Begriff des Werkspreises ist gleichbedeutend mit dem Fabrikpreis.

b) Verwendung durch den Hersteller. Verkauft der Hersteller unmittelbar an Verbraucher, darf er als **Fabrikpreis** nicht den Preis bezeichnen, dem er einen Aufschlag für die Kosten des Einzelverkaufs (Ladenmiete, Personal usw) zugeschlagen hat. Unter der Ankündigung „Verkauf zu Fabrikpreisen" versteht der durchschnittlich informierte und verständige Verbraucher nämlich, dass ihm der Hersteller die Ware für den Preis überlässt, den er von seinem Wiederverkäufer verlangt. Der Preis darf daher den Einkaufspreis des Wiederverkäufers nicht übersteigen (OLG Oldenburg GRUR 1960, 250; *Frey* WRP 1963, 317, 321). In diesem Preis dürfen außer den Kosten der Herstellung und dem Herstellergewinn nur die gegenüber Wiederverkäufern entstehenden Verteilungs- und Werbekosten stecken. Vertreterprovisionen für Direktverkäufe dürfen nicht in den Fabrikpreis einbezogen werden, wohl aber alle Kosten, die durch den Vertrieb an Wiederverkäufer entstehen, so zB auch Kosten für Werbung gegenüber Wiederverkäufern.

„**Original-Fabrikpreis**" kann nicht der Durchschnitt der geforderten und erreichten Händlerpreise sein, weil die Allgemeinheit der Käufer die Staffelpreise nicht kennt. Auch wenn ein Hersteller für den Direktverkauf eigene Verkaufsstellen unterhält, ist die Ankündigung „**Verkauf zum Fabrikpreis**" nur zulässig, wenn er die Ware zu dem Preis an Verbraucher abgibt, den er seinen Wiederverkäufern berechnet. Dagegen rechnet der Verbraucher ohne einen entspr Hinweis nicht damit, dass ihm die Ware zum Fabrikpreis verkauft wird, wenn der Hersteller mit der Ankündigung wirbt „**Vom Hersteller direkt zum Verbraucher**" (BGH GRUR 1964, 397, 399 – *Damenmäntel*). Die Verbraucher werden jedoch annehmen, dass sie die Ware zu einem Preis beziehen können, der deutlich unter den Preisen liegt, die der Einzelhandel verlangt. Darauf, ob der Hersteller eine eigene Absatzorganisation unterhält (zB bes Verkaufsstellen für den Kleinhandel), kommt es nicht an. Der wahre Hinweis, dass man Eigenproduktion und Einzelhandel betreibe (zB „**Fabrikation und Handel**", „**Tapetenhandel und Tapetenfabrik**") besagt nicht zugleich, dass der auf die Eigenproduktion entfallende Warenanteil zum Fabrikpreis oder einem bes günstigen Preis angeboten wird (OLG Hamm BB 1969, 1238). Kündigt ein Versandgeschäft an „**Versand direkt ab Fabrik an Private**"; wird dadurch nicht der Anschein eines Verkaufs zu Fabrikpreisen erweckt. Das gilt auch dann, wenn die Werbung nicht erkennen lässt, dass Einzelhandel betrieben wird.

c) Verwendung durch Wiederverkäufer. Wirbt ein Wiederverkäufer (Groß- oder Einzelhändler) mit Fabrikpreisen, muss er dem Verbraucher **denselben Preis berechnen, zu dem er die Ware vom Hersteller bezieht,** also seinen Einkaufspreis. Er muss auf eigenen Gewinn ebenso wie auf Ersatz seiner Vertriebs- und Werbekosten verzichten. Dafür können etwa beim Eintritt in einen neuen Markt durch Newcomer gute Gründe bestehen. Wirbt ein Großhändler mit „**Original-Fabrikpreisen**", ist das irreführend, wenn er nicht zu echten Fabrikpreisen verkauft, sondern darüber hinaus Provisionen erhält und die Kosten seines Auslieferungslagers in seine Verkaufspreise einkalkuliert (BGH GRUR 1974, 225 – *Lager-Hinweiswerbung*). Wirbt er mit „**Fabriklager**", „**Fabrikauslieferungslager**", „**Auslieferungslager**" und „**Spezialauslieferungslager**", so deutet das auf bes enge Beziehungen zum Hersteller und lässt daher günstigere Preise als Großhandelspreise erwarten; die Bezeichnungen sind daher irreführend, wenn es sich in erheblichem Umfang und ohne Kenntlichmachung um vom Großhändler bezogene Ware handelt, die mit einem entspr Großhandelsaufschlag verkauft wird (BGH GRUR 1974, 225, 226 – *Lager-Hinweiswerbung;* LG Augsburg WRP 1978, 666). Ebenso verhält es sich bei einer Werbung mit dem Begriff **„Möbelfabrikauslieferungslager",** wenn außer Fabrikantenware ohne Kenntlichmachung auch eigene Großhandelsware nicht zum Fabrikpreis, sondern mit Großhandelsaufschlag verkauft wird (RG GRUR 1938, 657).

9. Endpreis, Inklusivpreis

7.108 Nach der in § 1 I 1 PAngV enthaltenen Legaldefinition sind unter **Endpreisen** die Preise zu verstehen, die **einschließlich der Umsatzsteuer und sonstiger Preisbestandteile** zu zahlen sind. Sofern die Umsatzsteuer (Mehrwertsteuer = MwSt) zu entrichten ist, bildet sie ein Teil des vom Empfänger der Lieferung oder Leistung zu zahlenden Entgelts (BGHZ 58, 292, 295; BGHZ 103, 284, 287). Im Verkehr mit dem Verbraucher muss der angegebene Preis die **Mehrwertsteuer** enthalten (§ 1 I 1 PAngV). Es ist aber unbedenklich, wenn ein Anbieter von Linienflügen im **Internet** bei der erstmaligen Benennung eines Preises die anfallende Mehrwertsteuer noch nicht angibt, der zutreffende Endpreis aber bei der fortlaufenden Eingabe in das Reservierungssystem genannt und der Nutzer zuvor hierauf klar und unmissverständlich („Nettopreise zuzüglich Steuern und Gebühren") hingewiesen wird (BGH GRUR 2003, 889, 890 – *Internet-Reservierungssystem;* OLG Köln GRUR-RR 2005, 90). Verlangt eine Fluggesellschaft statt der üblichen Gewichtsbegrenzung ein Beförderungsentgelt für jedes aufgegebene Gepäckstück, muss sie in der Werbung mit Flugpreisen auf diesen Umstand hinweisen (OLG Hamburg WRP 2008, 149).

7.108a Unabhängig vom Irreführungsverbot ergibt sich aus **§ 1 II Nr 1 PAngV** die – nur aus dem europäischen Kontext verständliche – Verpflichtung, bei Angeboten im Fernabsatz anzugeben, dass die geforderten Endpreise die **Umsatzsteuer enthalten.** Dieser Hinweis muss – auch wenn er dem Angebot und der Preiswerbung eindeutig zugeordnet, leicht erkennbar, deutlich lesbar und sonst gut wahrnehmbar sein muss – im Falle der Internetwerbung nicht unmittelbar bei der angebotenen Ware stehen. Es genügt, wenn diese Angaben alsbald sowie leicht erkennbar und gut wahrnehmbar auf einer gesonderten Internetseite gemacht werden, die noch vor Einleitung des Bestellvorgangs notwendig aufgerufen werden muss. Dagegen reicht es nicht, wenn der Umsatzsteuerhinweis nur in den AGB oder erst im Laufe des Bestellvorgangs erfolgt (BGH GRUR 2008, 84 – *Versandkosten;* BGH GRUR 2008, 532 – *Umsatzsteuerhinweis*).

7.109 Wird mit **Endverbraucherpreisen** geworben, ohne darauf hinzuweisen, dass zuzüglich zum Kaufpreis die Mehrwertsteuer zu entrichten ist, ist die Werbung irreführend (OLG Karlsruhe WRP 1977, 420; OLG Köln NJW 1971, 894), weil der Verkehr mit Recht davon ausgeht, dass in den ihm gegenüber anzugebenden Endpreisen die Mehrwertsteuer enthalten ist. Die Werbeangabe „inklusive Mehrwertsteuer" hat daher nur eine klarstellende Funktion und ist auf Grund ihres sachlich zutr Gehalts grds nicht irreführend (OLG Hamm NJW-RR 1989, 35; OLG Hamm GRUR 1989, 216; OLG Stuttgart WRP 1989, 682, 684; *Haller* WRP 1989, 5, 8 ff). Gleiches gilt für eine Kfz-Werbung „mit Vorsteuerabzug" und „Preis gemäß § 25 a UStG"; da sie kein besonderes Angebot enthält, mit dem sich der Werbende gegenüber seinen Mitbewerbern herauszustellen sucht.

7.110 Trotz objektiver Richtigkeit kann die Preisangabe mit dem Zusatz „inklusive Mehrwertsteuer" aber unter dem Gesichtspunkt der **Werbung mit Selbstverständlichkeiten** (dazu allgemein Rdn 2.115 ff) irreführend sein, wenn sich die Mehrwertsteuerangabe in der durch Fettdruck und größere Schrift blickfangmäßig vorangestellten Werbeangabe befindet, nicht aber in dem nachfolgenden, in wesentlich kleinerer Schrift gedruckten Werbetext (BGH GRUR 1990, 1027, 1028 – *incl. MwSt. I*). Um eine unzulässige Werbung mit Selbstverständlichkeiten handelt es sich aber nicht, wenn der Hinweis auf die im Preis enthaltene Mehrwertsteuer im Gegensatz zur Preisangabe und der sonstigen Gestaltung der Werbeanzeige klein gehalten ist und nur beim sorgfältigen Lesen vom Verkehr wahrnehmbar ist (BGH GRUR 1990, 1029 – *incl. MwSt. III*). Gleiches gilt für den Hinweis, dass ein beworbener Pauschalpreis die Mehrwertsteuer einschließt, wenn weder durch diesen Hinweis noch durch das Gesamtbild der Werbeanzeige die Inklusivangabe werbemäßig hervorgehoben wird (BGH GRUR 1991, 323 – *incl. MwSt. IV*). Demgegenüber ist eine Händlerwerbung für Kraftfahrzeuge mit dem Zusatz „incl. MwSt." für ein Gebrauchtfahrzeug irreführend, wenn die Werbung sich nicht nur an Gewerbetreibende, sondern an die breite Öffentlichkeit richtet. Denn diese wird auf Grund der bes Hervorhebung der Mehrwertsteuerangabe zu einem nicht unbeachtlichen Teil verunsichert und gewinnt den Eindruck einer bes günstigen Preisgestaltung im Vergleich zu anderen Autohändlern (BGH GRUR 1990, 1028, 1029 – *incl. MwSt. II;* OLG Düsseldorf WRP 1989, 64).

Obwohl der Verkehr idR ohnehin von **Endpreisen** ausgeht, kann sich dieser Eindruck **durch** 7.111
bestimmte Werbeaussagen verstärken. Wird für ein Kraftfahrzeug mit einem **Inklusivpreis** geworben, muss dieser auch die Überführungskosten enthalten, falls nicht deutlich darauf hingewiesen wird, dass diese Kosten nicht im angegebenen Preis enthalten sind und es sich demnach nicht um den Endpreis handelt (OLG Frankfurt WRP 1985, 497). – Wirbt ein Vertragshändler für Kraftwagen einer bestimmten Marke in einem vom Verkehr zugleich als Verkaufswerbung verstandenen Leasingangebot mit der Angabe des als „**Unverb. Preisempfehlung des Importeurs**" genannten Betrages und nimmt der Verbraucher an, dass es sich bei der Angabe des empfohlenen Betrages zugleich um den Endpreis des Händlers handelt, was insbes naheliegt, wenn der Händler dem empfohlenen Importeur-Preis keinen eigenen Preis gegenüberstellt und auch sonst keine Hinweise auf einen abweichenden Händlerpreis gibt, so geht er grds davon aus, dass die Überführungskosten im Endpreis enthalten sind; ist dies nicht der Fall, ist die Werbung irreführend, wenn nicht auf die hinzutretenden Überführungskosten hingewiesen wird (BGH GRUR 1989, 606, 608 – *Unverb. Preisempfehlung*). Unabhängig davon sind die **Überführungskosten** jedenfalls dann § 1 I 1 PAngV in den Endpreis einzurechnen, wenn diese Kosten stets entstehen, wenn sie also nicht einmal dadurch umgangen werden können, dass der Käufer das Neufahrzeug selbst ab Werk abholt (vgl OLG Düsseldorf VuR 2008, 65; OLG Bremen WRP 2008, 1606 [LS]). – Die Inseratwerbung „**Beerdigungs-Endpreis ... DM 1800**" ist irreführend, wenn der Endpreis nicht sämtliche Grablegungskosten angibt, zB nicht die Kosten für Trauermusik und Kranztransport; Grabgebühren und Friedhofskosten sind aber keine Beerdigungskosten (OLG Hamm GRUR 1987, 921).

Bei **Flugreisen** hatte es sich eingebürgert, einen Flugpreis anzugeben, zu dem noch diverse 7.111a
Zuschläge für Steuern und Gebühren, Kerosin etc hinzuzurechnen waren. Diese Praxis verstieß schon immer gegen § 1 I 1 PAngV (vgl BGH GRUR 2001, 1166, 1168 – *Fernflugpreise*). Inzwischen schreibt auch die **Verordnung (EG) 1008/2008** des Europäischen Parlaments und des Rates v 24. 9. 2008 über gemeinsame Vorschriften für die Durchführung von Luftverkehrsdiensten in der Gemeinschaft (ABl EG Nr L 293 S 3) in Art 23 I 2 ausdrücklich vor, dass der zu zahlende Endpreis alle anwendbaren Steuern und Gebühren, Zuschläge und Entgelte einschließen muss, die unvermeidbar und zum Zeitpunkt der Veröffentlichung vorhersehbar sind. Ein Verstoß gegen diese Verpflichtung zur Angabe des vollständigen Endpreises kann nicht nur über § 4 Nr 11 als Rechtsbruch, sondern vor allem auch als Irreführung durch Unterlassen nach § 5 a IV verfolgt werden.

10. Eröffnungspreis

Bei Eröffnung eines neuen Geschäfts oder einer neuen Filiale wird oft mit **Eröffnungs-** 7.112
preisen geworben. Das ist **grds zulässig**. Es darf aber nicht zu einer Irreführung kommen. Eine Irreführung bei der Werbung mit Eröffnungspreisen kommt insbes über das Vorliegen **eines bes günstigen Preises** im Vergleich zum regulär geforderten und künftigen Preis (dazu Rdn 7.113) sowie über die Zeitdauer der Geltung des Eröffnungspreises (dazu Rdn 7.114) in Betracht. Zur Irreführung über eine angemessene Bevorratung s § 5 Rdn 8.1 ff.

a) Irreführung über die bes Preisgünstigkeit. Eine Eröffnungswerbung mit einer Preis- 7.113
gegenüberstellung ist grds auch mit „statt"-Preisen zulässig (GA Nr 1/97 WRP 1998, 531). Da der Verbraucher bei der Werbung mit einem Eröffnungspreis von einem bes günstigen Preis, der jedenfalls **niedriger als der regulär geforderte und künftige Preis** ist, ausgehen darf, muss ein als Eröffnungspreis beworbener Preis aber unter dem nach Ablauf der Eröffnungsphase geforderten Preis liegen. Irreführend ist es daher, anlässlich der **Neueröffnung** einer neuen Filiale mit einem Eröffnungspreis zu werben, wenn bei schon bestehenden Filialen der gleiche Preis gilt (Piper/Ohly/*Sosnitza* § 5 Rdn 436). Eine Werbung „**Neu nach Umbau**" lässt für sich allein nicht die Annahme zu, dass die Preise günstiger als vor dem Umbau seien. „**Neu**" fasst der Verkehr in dem gegebenen Zusammenhang nämlich nicht als synonym mit „**im Preis herabgesetzt**" auf (BGH GRUR 1993, 563, 564 – *Neu nach Umbau*).

b) Irreführung über die Zeitdauer der Geltung. Es ist zwar nicht erforderlich, den 7.114
genauen Zeitpunkt anzugeben, bis zu dem ein Eröffnungspreis gelten soll. Die Werbung mit Eröffnungspreisen ist jedoch zeitlich begrenzt, da hierauf seine Werbekraft beruht. Über die Zeitdauer entscheiden die Umstände des Einzelfalls, insbes die **Art der Ware oder Leistung**. Als zulässig wurde die Werbung für eine Haushaltsnähmaschine zu einem Eröffnungspreis von DM 1998,– statt DM 2298,– für die Dauer von sechs Monaten angesehen (KG GRUR 1982, 620 – *Synchrotronic*).

11. Gratisabgabe

7.115 Die **Gratisabgabe** einer (meist: Neben-)Leistung liegt nur bei **völliger Kostenfreiheit** vor; denn das versteht der Verkehr unter **„gratis"** (umsonst). Es ist deshalb irreführend, wenn auf die Gratisabgabe einer Ware oder Leistung hingewiesen wird, dem Kunden aber Verpackungs- oder Versandkosten in einem – selbst angemessenen – Pauschbetrag berechnet werden (GK/*Lindacher* § 3 Rdn 852 f; HdbWettbR/*Helm* § 59 Rdn 354; Piper/Ohly/*Sosnitza* § 5 Rdn 508). Nach den Grundsätzen zur **Blickfangwerbung** (dazu allgemein Rdn 2.92 ff, insbes zur Relativierung durch Fußnotenstern Rdn 2.98) müssen Einschränkungen für den situationsadäquat aufmerksamen Werbeadressaten „auf den ersten Blick" erkennbar sein.

7.116 Zu weit geht es aber, wenn gefordert wird, das Versprechen der Umsonst-Leistung dürfe nicht dadurch umgangen werden, dass **an anderer Stelle ein Entgelt** in den vom Kunden zu zahlenden Preis **einkalkuliert** werde (so aber Baumbach/*Hefermehl*, 22. Aufl, § 3 Rdn 338; wie hier GK/*Lindacher* § 3 Rdn 854; vgl auch BGHZ 139, 368, 373 = GRUR 1999, 264 – *Handy für 0,00 DM*). Es ist daher nicht irreführend, wenn eine Wochenendbeilage „ohne jeden Preisaufschlag" einer Tageszeitung beigelegt wird, wenn sie von vornherein im Verkaufspreis der Zeitung einkalkuliert ist (aA OLG Stuttgart NJW 1954, 925). Die Gegenansicht liefe auf ein generelles Verbot von Zugaben hinaus, die der Kaufmann schließlich auch nicht aus seiner privaten Börse finanziert. Mit dem gleichen Recht müsste man anderenfalls auch das Glas Prosecco oder das Amuse Geule als irreführende Werbung untersagen, das im Restaurant ohne (gesonderte) Berechnung serviert wird.

7.117 Die Maklerwerbung **„Keine Provision"** führt irre, wenn die Provision bereits in den Kaufpreis für das zu vermittelnde Objekt eingerechnet ist (OLG Schleswig ZMR 1981, 156). Auch regelmäßig wiederkehrende Ansichtssendungen innerhalb eines Kaufs auf Probe (§§ 495 f BGB) dürfen nicht als „Gratis"-Leistungen angekündigt werden (KG GRUR 1983, 784). Im Einzelfall kann aber der Verkehr den werbenden Hinweis auf die Gratisabgabe der (Neben-)Leistung auch dahin verstehen, dass der vom Kunden **zu zahlende Preis die Nebenleistung mit abdeckt** oder dass gewisse, auch für die Nebenleistung anfallende Grundkosten im Preis enthalten sind (GK/*Lindacher* § 3 Rdn 854; Piper/Ohly/*Sosnitza* § 5 Rdn 508).

7.118 Stellt eine Bank eine von anderen Kreditinstituten erhobene **Bearbeitungsgebühr** nicht in Rechnung, ist der werbende Hinweis darauf nicht irreführend, auch wenn die Kosten der Bearbeitung in die Kreditkosten kalkulatorisch berücksichtigt sind (BGH GRUR 1989, 611, 612 – *Bearbeitungsgebühr*). – Das an Mitglieder gesetzlicher Krankenkassen gerichtete Festpreisangebot für sog Kassenbrillen mit dem Preisschlagwort **„Null-Tarif"** und dem Hinweis, dass die Brillenfassung bei Verordnung von zwei Brillengläsern im Festpreis enthalten sei, ist nicht irreführend, weil der Verkehr zutr erkennt, dass die Kosten für die aus dem Null-Tarif-Sortiment des Werbenden vorgehaltenen Brillenfassungen nach der Kalkulation des Werbenden von der Zahlung der gesetzlichen Krankenkasse mit abgedeckt sind (BGH GRUR 2000, 918, 919 – *Null-Tarif*). Ein Optiker darf zur Beseitigung von (auch gesundheitspolitisch unerwünschten) Hemmschwellen selbst dann mit einem „Gratis-Sehtest" werben, wenn auch allen anderen Optikerfachgeschäfte des Ortes einen solchen Service freiwillig und unentgeltlich erbringen (BGH GRUR 1987, 916, 917 – *Sehtest* mit Anm *Schulze zur Wiesche*). Zur Werbung mit Selbstverständlichkeiten vgl allgemein Rdn 2.115 ff.

12. Großhandelspreis

7.119 **a) Begriff.** Großhandelspreis ist der Preis, den ein Großhändler seinen Wiederverkäufern (Einzelhändlern) berechnet (GK/*Lindacher* § 3 Rdn 857; Piper/Ohly/*Sosnitza* § 5 Rdn 509). Bei **Aufschlägen** liegt grds kein Großhandelspreis mehr vor; doch ist die Werbung „zu Großhandelspreisen" noch nicht irreführend, wenn dem Kunden die gesetzliche Umsatzsteuer berechnet wird. Ob weitere Zuschläge zulässig sind, lässt sich nur nach Lage des Einzelfalls beurteilen. So verneint OLG Hamm (BB 1960, 801) bei Direktverkäufen eines Großhändlers auf Grund von Kundenausweisen eines Einzelhandelsunternehmens (Vermittler) eine Irreführung, wenn zum Großhandelspreis zuzüglich 4% Umsatzsteuer und 5% „Kostendeckung" verkauft wird. Auch nach OLG Oldenburg (BB 1961, 307) kann die Provision des Vermittlers aufgeschlagen werden.

7.120 **b) Verwendung.** Die für die **Großhändlerwerbung** geltende Regelung des § 6a II UWG aF ist zwar im Rahmen der UWG-Reform 2004 ersatzlos gestrichen worden. Sie war jedoch nichts anderes als eine **Konkretisierung des allgemeinen Irreführungsverbots**, so dass in dem Verhalten, das früher unter § 6a II UWG aF fiel, heute ein Verstoß gegen das Irreführungsverbot nach §§ 3, 5 liegt. Nach § 6a II UWG aF war es Großhändlern im Verkehr mit den Letztverbrauchern untersagt, auf ihre Großhändlereigenschaft hinzuweisen, wenn sie nicht zwei Bedingungen erfüllten: **(1)** Sie mussten überwiegend Wiederverkäufer oder gewerbliche Verbraucher beliefern; **(2)** sie mussten an private Verbraucher zu Großhandelspreisen verkaufen oder unmissverständlich darauf hinweisen, dass die Preise für private Verbraucher über den für Wiederverkäufer und Großabnehmer geltenden Großhandelspreisen lagen. Diese Regelung lässt sich heute dem **allgemeinen Verbot irreführender Werbung** entnehmen, so wie auch schon unter dem alten Recht der Einzelhändler, der sich fälschlich als Großhändler gerierte, immer nur unter das allgemeine Irreführungsverbot fiel (BGH WRP 1996, 1102, 1104 – *Großimporteur;* OLG München WRP 1979, 159). Zum **Vortäuschen des Bezugs vom Großhändler** s Rdn 6.28 ff.

Ob die **Betriebsform des Großhandels** vorliegt, richtet sich nicht nach einem umfangreichen Warenlager oder der Höhe des Warenumsatzes, sondern nach der Verkehrsauffassung. Der durchschnittlich informierte und verständige Verbraucher sieht hierfür als wesentlich an, dass Wiederverkäufer und Großabnehmer beliefert werden. – Ein Großhändler, der nicht nur an Einzelhändler, sondern auch an Verbraucher verkauft, darf bei einer Werbung gegenüber Verbrauchern mit Großhandelspreisen oder mit der Eigenschaft als Großhändler nur den Preis fordern, den er auch von Wiederverkäufern fordert. Einzelhändler dürfen deshalb nicht mit „Großhandelspreisen" werben, mögen sie auch „wie ein Großhändler einkaufen" und wie ein solcher kalkulieren (OLG Celle WRP 1960, 274; OLG Köln WRP 1961, 126). – Ein Großhändler, der allgemein ankündigt, zu Großhandelspreisen an Verbraucher zu verkaufen, wirbt irreführend, wenn er nur einige Waren seines Sortiments zu diesem Preis verkauft. Entsprechendes gilt bei Sonderangeboten an Verbraucher zu Großhandelspreisen.

7.121

13. Ladenpreis und Preisbindung bei Verlagserzeugnissen

Wird ein nach § 30 GWB **preisgebundenes Verlagserzeugnis** (das sind nur noch Zeitungen und Zeitschriften, weil für Bücher das BuchpreisbindungsG gilt) einmal zum festen Ladenpreis, ein anderes Mal zu einem niedrigeren Preis angeboten, liegt darin nicht ohne weiteres ein Verstoß gegen das Irreführungsverbot (aA Baumbach/*Hefermehl,* 22. Aufl, § 3 Rdn 327 mwN). – Zu Verstößen gegen das Buchpreisbindungsgesetz vgl § 4 Rdn 11.141.

7.122

14. Mittlerer Preis und circa-Preis

Die Begriffe **„mittlerer Preis"** und **„circa-Preis"** sind unklar, mehrdeutig und daher irreführend (BGH GRUR 1981, 654 – *Testpreiswerbung*). Es sind errechnete Durchschnittspreise, keine tatsächlich verlangten Preise. Irreführend ist insbes die Werbung für Elektrogeräte mit **„circa-Preisen laut Test"** (BGH aaO). Das folgt nicht nur aus der Mehrdeutigkeit des Begriffs „circa"-Preis, sondern auch aus der Nichtangabe des Instituts, das den Test durchgeführt hat. Die Nennung eines ca-Preises genügt im Geschäftsverkehr mit dem Letztverbraucher nicht der PAngV, da nicht einmal eine Preisgrenze angegeben wird (HdbWettbR/*Helm* § 58 Rdn 9). Als zulässig wurde es dagegen angesehen, dass ein Hersteller den häufigsten oder mittleren Preis seiner Produkte im Handel mit „ca. DM..." in der Werbung darstellt (KG WRP 1984, 603). Damit kommt man dem Interesse des Herstellers entgegen, der keine Preisempfehlung ausspricht, gleichwohl in seiner Werbung aber auf den Preis hinweisen möchte, mit dem der Verbraucher rechnen muss. Dagegen ist einzuwenden, dass von einer solchen Werbung außerhalb des Instituts der Preisempfehlung ein Druck auf den Händler ausgehen kann, der kartellrechtlich bedenklich ist.

7.123

15. Nettopreis, Bruttopreis

Die Werbung mit **„Nettopreisen"**, die die Mehrwertsteuer noch nicht enthalten, ist gegenüber Letztverbrauchern wegen des Verstoßes gegen § 1 I 1 PAngV unzulässig, darüber hinaus irreführend. Nur wenn sichergestellt ist, dass als Letztverbraucher ausschließlich Personen auftreten, die mehrwertsteuerpflichtig (§ 9 I Nr 1 PAngV) und daher zum Vorsteuerabzug berechtigt sind, ist eine solche Werbung zulässig. Diese Voraussetzung ist noch nicht deswegen erfüllt, weil das mit Nettopreis ohne Mehrwertsteuer blickfangmäßig beworbene (Pickup-)Fahrzeug über eine Lkw-Zulassung verfügt (OLG Zweibrücken GRUR-RR 2002, 306; zu Nettopreisen im Internet OLG Karlsruhe CR 1998, 361; LG Ellwangen MMR 1999, 675).

7.124

Im der Begriff „Netto-Preise" als solcher ist ebenso wie die Angabe „Brutto-Preise" **mehrdeutig** (vgl HdbWettbR/*Helm* § 59 Rdn 352). So kann unter einem „Netto-Preis" der Preis verstanden werden, von dem der Unternehmer bei Barzahlung keine Abzüge duldet, oder der

7.125

Preis der Ware ohne Verpackung (OLG Hamburg WRP 1980, 298, 299). Ferner kann er den Verbraucher auf eine günstige Preisstellung hinweisen, weil er suggeriert, dass im Gegensatz zu Bruttopreisen irgendwelche Kostenfaktoren außer Ansatz geblieben sind (OLG Köln WRP 1981, 44). Sein Inhalt ergibt sich daher nur aus dem Kontext, in dem seine Verwendung erfolgt. Die lauterkeitsrechtliche Beurteilung richtet sich folglich danach, was der Begriff im Einzelfall besagen soll. Sofern es neben den genannten Preisen für die Verbraucher noch zu Zusatzkosten kommt, bedarf es nur dann keiner unmissverständlichen aufklärenden Hinweise, wenn sich der Verkehr dessen bewusst ist. So haben sich im Bereich der Fachmärkte die Verbraucher mittlerweile daran gewöhnt, dass es sich bei den in der Werbung hervorgehobenen Preisangaben stets um Abholpreise handelt. Insbesondere wenn sperrige Möbelstücke beworben werden, erübrigt sich ein Hinweis, das die Anlieferung nicht mit inbegriffen ist (s Rdn 7.94). Hingegen bezieht der Verkehr Preisangaben für lose Waren (zB gerösteten Kaffee oder Bonbons) idR auf die Nettomenge der Ware und nicht auf das Bruttogewicht einschließlich der Verpackung (OLG Hamm GRUR 1961, 45). Insofern bedarf es zur Vermeidung von Irreführungsgefahren unmissverständlicher aufklärender Hinweise.

16. Normalpreis

7.126 Der Begriff „**Normalpreis**" ist früher als mehrdeutig angesehen worden. Die Vorstellung, der Verkehr könne darunter nicht nur den früheren Preis des werbenden Händlers, sondern auch einen **„allgemein gültigen Marktpreis"** verstehen, hat der BGH indessen als fern liegend angesehen. Die nahe liegende Annahme sei vielmehr, dass der durchgestrichene (Normal-)Preis derjenige ist, den der Händler verlangt (BGH GRUR 2001, 84, 85 – *Neu in Bielefeld II*). – Vgl zur ähnlichen Beurteilung des Begriffs des regulären Preises Rdn 7.128, zum „Statt-Preis" Rdn 7.131.

17. Probierpreis, Testpreis, Schnupperpreis

7.127 Die Verwendung der Begriffe „**Probierpreis**", „**Testpreis**" oder „**Schnupperpreis**" ist idR nicht irreführend. Ausnahmsweise kann durch den sonstigen Werbetext der Eindruck hervorrufen werden, die Qualität der angebotenen Ware oder Leistung beruhe auf der Verwendung neuen Materials oder neuer Herstellungstechniken (BGH GRUR 1978, 372, 374 – *Farbbilder*). Ohne solche zusätzlichen Informationen wird eine solche Annahme aber fern liegen. Anders als die Bezeichnung „Einführungspreis" (dazu Rdn 7.102) erweckt die Verwendung des Begriffs „Probierpreis" auch nicht notwendig den Eindruck der Neuheit. Vielmehr vermitteln diese Begriffe den Eindruck, es handele sich um günstige Preise, mit denen die Verbraucher eingeladen werden sollen, das beworbene Produkt zu probieren (GK/*Lindacher* § 3 Rdn 870). Irreführend ist die Verwendung des Begriffs „Probierpreis" nur dann, wenn die hervorgerufene Vorstellung der Preisgünstigkeit enttäuscht wird.

18. Regulärer Preis

7.128 Der Begriff „**regulärer Preis**" ist in der Vergangenheit als **mehrdeutig** angesehen worden. Es könne darunter der Preis der Mitbewerber, ein empfohlener Preis, ein gebundener Preis oder der eigenen ursprünglicher Preis verstanden werden. Daher verstoße ein Preisvergleich, in dem dem beworbenen Preis ein höherer, als „regulärer Preis" bezeichneter Betrag gegenübergestellt werde, gegen das Irreführungsverbot (vgl BGH GRUR 1969, 609 – *Regulärer Preis*). Ein solches Verkehrsverständnis ist nicht mehr aktuell. Für den Verkehr kommt heute – je nach den Umständen, unter denen geworben wird – nur der frühere eigene oder – im Regelfall eher fern liegend – der empfohlene Preis des Herstellers in Betracht. Im Einzelfall wird es sich meist so verhalten, dass für den Durchschnittsverbraucher kein Zweifel besteht, dass der frühere eigene Preis gemeint ist. Vgl zum Normalpreis Rdn 7.126, zum „Statt-Preis" Rdn 7.131.

19. Schätzpreis und Taxpreis

7.129 Bei Versteigerungen eines öffentlich bestellten und vereidigten Auktionators erwartet der Verkehr, dass die angegebenen **Schätzpreise** in etwa dem Preis entsprechen, der im Handel für gleichartige Waren (zB Teppiche) verlangt wird (OLG Frankfurt WRP 1985, 427). Der Werbende kann sich auf die Schätzungen eines öffentlich bestellten und vereidigten Sachverständigen nicht verlassen, sondern muss sie, wenn er sie sich zu eigen gemacht hat, wie seine eigenen vertreten. Der Taxpreis erweckt den Anschein amtlicher Schätzung und ist nur bei solcher erlaubt (RGSt 35, 235).

20. Sommerpreis

Bei einem **„Sommerpreis"** erwartet der Verbraucher normale Waren aus dem laufenden Angebot des Anbieters, die aus jahreszeitlichen Gründen reduziert worden sind, nicht aber qualitativ mindere Ware, zB Ski-Auslaufmodelle (BGH GRUR 1987, 45, 47 – *Sommerpreiswerbung*). 7.130

21. Statt-Preis

Mit **„Statt-Preisen"** verhält es sich ähnlich wie mit „Normalpreisen" (s Rdn 7.126) oder „regulären Preisen" (s Rdn 7.128). Der Begriff wird als mehrdeutig angesehen (Baumbach/*Hefermehl*, 22. Aufl, § 3 Rdn 319), weil der Verbraucher ihn nicht nur auf die früher vom Werbenden geforderten Preise beziehen könne, sondern auch auf einen vom Hersteller empfohlenen Preis, einen in der Branche durchschnittlich verlangten Preis oder einen allgemeinen Marktpreis. Aus diesem Grunde müsse klargestellt werden, auf welche Preise zu Werbezwecken hingewiesen werde (ÖOGH WBl 1996, 291 – *Eau de Toilette*). Zumindest in Fällen, in denen sich die Werbung ganz oder überwiegend auf **Markenwaren** beziehe, müsse diese Klarstellung erfolgen (BGH GRUR 1980, 306, 307 – *Preisgegenüberstellung III* mit Anm *Tilmann*; OLG Düsseldorf WRP 1985, 215 und 492; ÖOGH ÖBl 1997, 64, 65 – *EU-Tiefpreis*). Dagegen wird bei Waren, die keine Markenwaren sind, eine Werbung mit „Statt"-Preisen als zulässig angesehen (OLG Hamm WRP 1986, 349, 350; OLG Köln GRUR 1987, 447 – *Reduzierte Markenware*). 7.131

Gegenüber den zitierten Entscheidungen hat sich die **Sachlage indessen verändert.** Zum einen ist nunmehr auf den durchschnittlich informierten, situationsadäquat aufmerksamen und verständigen **Durchschnittsverbraucher** abzustellen. Zum anderen haben sich für eine Werbung mit den eigenen früheren Preisen auf der einen und mit den empfohlenen Herstellerpreisen **feste Usancen** eingebürgert. Wird nur mit „Statt-Preisen" geworben, wird dies den Durchschnittsverbraucher in aller Regel darauf hinweisen, dass es sich um frühere Preise des Werbenden handelt. Dagegen werden – einem rechtlichen Gebot folgend (s Rdn 7.49) – Preisempfehlungen der Hersteller ausdrücklich als unverbindliche Preisempfehlungen bezeichnet. 7.132

22. Tiefpreis, Tiefstpreis, Dauertiefpreis, Höchstpreis

Wird für Waren oder Dienstleistungen mit **„Tiefpreisen"** geworben, müssen sie auch tatsächlich preisgünstig, dh im Bereich des **unteren Preisniveaus** angeboten werden (OLG München WRP 1985, 580; GK/*Lindacher* § 3 Rdn 873; Piper/Ohly/*Sosnitza* § 5 Rdn 541; vgl auch OLG Frankfurt NJW-RR 1996, 945 und Rdn 7.53). Wird mit **„Tiefstpreise"** geworben, müssen die geforderten Preise in der Spitzengruppe der Unternehmen liegen, die zu Discount-Preisen anbieten. Dagegen wird der Begriff vom verständigen Durchschnittsverbraucher nicht als Alleinstellung verstanden, also nicht so verstanden, dass Werbende hins aller angebotenen Waren der absolut billigste Anbieter ist (OLG Köln GRUR 1990, 131; HdbWettbR/*Helm* § 59 Rdn 359; strenger OLG Hamburg WRP 1977, 651). Wird der Begriff „Tiefpreis" im Zusammenhang mit dem Hinweis einer Abgabe **„direkt ab Werk"** verwendet, darf der Preis nicht über dem Abgabepreis des Herstellers liegen (BGH GRUR 2005, 442 – *Direkt ab Werk*; vgl Rdn 6.22). 7.133

Wird für Waren oder Leistungen mit **„Dauertiefpreisen"** geworben, erwartet der Verkehr, dass die Preise unter den sonst üblichen Marktpreisen liegen. Darüber hinaus müssen die auf diese Weise beworbenen **lagerfähigen Waren** für eine gewisse Zeitspanne – angemessen ist **ein Monat** – zu diesem Preis angeboten werden (BGH GRUR 2004, 605, 606 – *Dauertiefpreise*; vgl ferner OLG Frankfurt WRP 1989, 808, 809; Piper/Ohly/*Sosnitza* § 5 Rdn 494; GK/*Lindacher* § 3 Rdn 833). Der Begriff „Dauertiefpreise" erlaubt jedoch nicht das Verständnis, dass die angegebenen Preise „auf Dauer" auf dem in der Werbung angegebenen niedrigen Niveau bleiben werden. Der Begriff kann auch so verstanden werden, dass es sich um einen Discount-Markt handelt, der **auf Sonderangebote vollständig verzichtet** und stattdessen **sämtliche angebotenen Artikel** – bei Einhaltung eines unter den Marktpreisen liegenden Preisniveaus (vgl BGH GRUR 1971, 164, 166 – *Discount-Geschäft*) – **mit einer verhältnismäßig geringen Spanne kalkuliert.** So verstanden soll der Begriff des Dauertiefpreises nicht zum Ausdruck bringen, dass der konkret für eine Ware angegebene Discount-Preis über längere Zeit unverändert bleiben wird, sondern dass alle von dem Werbenden geführten Artikel gleichermaßen knapp kalkuliert sind. Macht ein Unternehmen in seiner Werbung deutlich, dass der Begriff in diesem letzteren Sinne zu verstehen ist, dass also **Veränderungen der Einkaufskonditionen** – in der einen wie in der anderen Richtung – sofort **an die Verbraucher weitergegeben** werden, wird der Verkehr den Begriff „Dauertiefpreise" in diesem letzteren Sinne und nicht so verstehen, dass 7.134

der angegebene Preis „auf Dauer" gilt (BGH GRUR 2004, 605, 607 – *Dauertiefpreise*). Dabei ist auch zu berücksichtigen, dass ein Discount-Unternehmen, das sein gesamtes Sortiment unter Verzicht auf Sonderangebote stets knapp kalkuliert, auf dieses Geschäftsprinzip in der Werbung angemessen hinweisen können muss.

7.135 Die Werbung mit einem Ankauf zu **„Höchstpreisen"** (zB die Werbung eines Geschäfts für Unterhaltungselektronik „Wir zahlen Höchstpreise für Ihr Altgeräte") setzt voraus, dass der Werbende mit seinen Ankaufspreisen **zur Spitzengruppe** gehört, wobei wegen der Art dieses Geschäfts nicht auszuschließen ist, dass im Einzelfall auch einmal ein höherer Peis geboten werden kann (OLG Köln WRP 1986, 425; OLG Düsseldorf GRUR 1988, 711; OLG Nürnberg GRUR 1991, 857; OLG Frankfurt WRP 1991, 176). – Vgl zur übertreibenden Preiswerbung auch Rdn 7.91.

23. Versandhandelspreise, Versandkosten

7.136 **Versandkosten im Versandhandel** sind kein Bestandteil des Endpreises iSv § 1 I 1 PAngV (BGH GRUR 1997, 479 – *Münzangebot;* § 4 Rdn 11.143). Weil ihre Höhe meist von der Menge der bestellten Ware abhängt, brauchen sie nicht in den Endpreis der einzelnen Waren eingerechnet zu werden. Dies bedeutet aber nicht, dass auf diese zusätzlichen Kosten nicht in der Werbung, in der auch mit dem Preis der Ware geworben wird, hingewiesen werden müsste (BGH GRUR 1997, 479, 481 – *Münzangebot;* BGH Beschl v 3. 12. 1998 – I ZR 125/98, MD 1999, 135). § 1 II Nr 2 PAngV verlangt, dass derjenige, der Waren im Wege des Fernabsatzes anbietet, zusätzlich zu den Preisen anzugeben hat, ob zusätzliche Liefer- und Versandkosten anfallen. Dieser Hinweis muss dem Angebot und der Preiswerbung eindeutig zugeordnet, leicht erkennbar, deutlich lesbar und sonst gut wahrnehmbar sein (OLG Hamburg MMR 2005, 467). Dies bedeutet aber nicht, dass bei einem **Angebot im Internet** die Angaben nach § 1 II PAngV in unmittelbarer Nähe direkt bei der Abbildung oder Beschreibung der angebotenen Ware stehen müssen. Es genügt, wenn diese Angaben alsbald sowie leicht erkennbar und gut wahrnehmbar auf einer gesonderten Seite gemacht werden, die noch vor Einleitung des Bestellvorgangs notwendig aufgerufen werden muss. Dagegen reicht es nicht, wenn in den AGB oder erst im Laufe des Bestellvorgangs auf die Versandkosten hingewiesen wird (BGH GRUR 2008, Tz 33 – *Versandkosten;* BGH GRUR 2008, 532 Tz 28 – *Umsatzsteuerhinweis;* BGH GRUR 2010, 248 Tz 23 ff – *Kamerakauf im Internet;* BGH, Urt v 18. 3. 2010 – I ZR 16/08 Tz 23 f – *Versandkosten bei Froogle II;* vgl auch OLG Hamburg WRP 2006, 771 (LS); OLG Köln MMR 2005, 111). Ist auf die Versandkosten klar und deutlich hingewiesen worden, ist nicht erforderlich, dass sie in der „Bestell-Übersicht" noch einmal neben dem Warenpreis der Höhe nach ausgewiesen werden (BGH NJW 2006, 211 zu § 312 c I 1 BGB).

7.136a Etwas Besonderes gilt für **Versandkosten bei Angeboten in Preissuchmaschinen.** Vergleichslisten in Preissuchmaschinen verschaffen dem Verbraucher einen schnellen Überblick darüber, was er für das fragliche Produkt letztlich zahlen muss. Hierzu erwartet der Verbraucher die Angabe des Endpreises sowie aller zusätzlichen Kosten, insbesondere der Versandkosten. Da die Versandkosten der verschiedenen Anbieter nicht unerheblich voneinander abweichen, ist der Verbraucher darauf angewiesen, dass in der Liste ein Preis genannt wird, der diese Kosten einschließt oder bei dem bereits darauf hingewiesen wird, in welcher Höhe zusätzliche Versandkosten anfallen (BGH GRUR 2010, 251 Tz 14 – *Versandkosten bei Froggle I*). Bei solchen Preissuchmaschinen sind für den Verbraucher die günstigsten Angebote von besonderem Interesse. Auf sie richtet er sein Augenmerk. Wird er erst später darauf hingewiesen, dass bei dem fraglichen Produkt zusätzliche Versandkosten anfallen, ist die für den Kaufentschluss wichtige Vorauswahl bereits getroffen (BGH GRUR 2010, 251 Tz 15 – *Versandkosten bei Froggle I;* BGH, Urt v 18. 3. 2010 – I ZR 16/08 Tz 25 ff – *Versandkosten bei Froggle II*).

C. Irreführung über die Vertragsbedingungen

Schrifttum: *Schünemann,* Defizitäre Garantien, NJW 1988, 1943; *Splittgerber/Krone,* Bis dass der Tod Euch scheide – Zur Zulässigkeit lebenslanger Garantien auf IT-Produkte, CR 2008, 341.

I. Allgemeines

7.137 Wettbewerb findet nicht zuletzt in der Form des **Konditionenwettbewerbs** statt. Davon geht auch § 5 aus, der diesen Aktionsparameter wegen seiner bes Bedeutung als Beispiel für einen möglichen Bestandteil irreführender Werbung iSd § 5 I ausdrücklich nennt. So kann eine Irreführung nach § 5 I 2 Nr 2 insbes über die Bedingungen, unter denen die Waren geliefert oder die Dienstleistungen erbracht werden, erfolgen. Diese Formulierung entspricht der Sache nach Art 6 I lit d der UGP-Richtlinie sowie Art 3 lit b der Richtlinie über irreführende und vergleichende Werbung.

II. Form der Irreführung

Eine Irreführung über die Vertragsbedingungen kann in **beliebiger Form,** dh ausdrücklich oder konkludent, mündlich oder schriftlich erfolgen. So ist die Verwendung von **rechnungsähnlichen Formularen** über nicht bestellte Leistungen, die bei einem situationsadäquat aufmerksamen Empfänger den Eindruck einer bereits bestehenden Zahlungspflicht hervorrufen können, tatsächlich aber nur ein Angebot zum Abschluss eines Vertrages sind, irreführend (BGH GRUR 1994, 126, 127 – *Folgeverträge I;* BGH GRUR 1995, 358, 360 – *Folgeverträge II;* BGH GRUR 1998, 415, 416 – *Wirtschaftsregister;* OLG Karlsruhe WRP 1988, 322: Tarnung eines Bestellscheins als Geschenkgutschein in Form eines Anforderungsschreibens; LG Hamburg NJW-CoR 1996, 256 [LS]: Formularmäßige Angebote für teils kostenfreie, teils kostenpflichtige Eintragungen in eine Formulardatenbank ohne ausreichenden Hinweis auf den kostenpflichtigen Teil; zu Einzelheiten vgl § 4 Rdn 3.49 ff). – Irreführend ist das Anbieten einer **Höherversicherung** durch ein Schreiben, das der situationsadäquat aufmerksame Leser als Aufforderung zur laufenden Beitragszahlung verstehen kann (BGH GRUR 1992, 450, 452 – *Beitragsrechnung).*

Irreführend ist auch eine Kundenwerbung in der vorgefassten Absicht der **Minder-** oder **Schlechterfüllung** (BGH GRUR 1983, 451, 452 – *Ausschank unter Eichstrich I;* BGH GRUR 1987, 180, 181 – *Ausschank unter Eichstrich II*). **Mogelpackungen** – also Warenbehältnisse, die beim Verkehr den Eindruck einer größeren als der tatsächlich vorhandenen Füllmenge hervorrufen – führen den Verbraucher über die Füllmenge irre (Piper/Ohly/*Sosnitza* § 5 Rdn 550; oben Rdn 2.6 f). Derartige Packungen sind ferner nach § 7 II EichG unzulässig, so dass die entspr Verstöße wettbewerbsrechtlich auch über §§ 3, 4 Nr 11 verfolgt werden können. Ist die Überdimensionierung technisch bedingt ist, mag die Irreführungsgefahr nicht entfallen; das Interesse des Verkehrs an einer funktionstüchtigen Verpackung macht es aber in einem solchen Fall erforderlich, eine geringe Täuschungsgefahr hinzunehmen (BGH GRUR 1982, 118, 119 – *Kippdeckeldose*). Bei konzentrierten Lebensmitteln kommt dem Volumen der Verpackung im Verhältnis zu deren Füllung kein für den Schutz der Verbraucher relevantes Gewicht zu (LG Hamburg GRUR-RR 2004, 186).

Irreführende Angaben über **die dem Vertragspartner zustehenden Rechte** verstoßen gegen § 5 (Rdn 2.8 ff). So, wenn ein Unternehmer Kunden, die von einem Anfechtungs-, Widerrufs-, Rücktritts- oder Kündigungsrecht Gebrauch machen wollen, planmäßig und wider besseres Wissen erklärt, ein solches Recht stehe ihnen nicht zu (BGH GRUR 1977, 498, 500 – *Aussteuersortimente;* BGH GRUR 1986, 816, 818 – *Widerrufsbelehrung bei Teilzahlungskauf).* Anders liegt es dagegen, wenn die Beurteilung zweifelhaft ist und nur im Einzelfall gegenüber einem Kunden eine unzutr Rechtsansicht vertreten wird. – Die Verwendung von Bestellformularen bei Kredit- und Haustürgeschäften sowie Zeitungsabonnements, deren **Widerrufsbelehrung** nicht den gesetzlichen Anforderungen entspricht (vgl § 355 II BGB), ist geeignet, den Verbraucher über sein Widerrufsrecht irrezuführen (BGH aaO – *Aussteuersortimente;* BGH aaO – *Widerrufsbelehrung bei Teilzahlungskauf;* BGH GRUR 1995, 68, 70 – *Schlüssel-Funddienst;* BGH WRP 1996, 202 – *Widerrufsbelehrung II;* BGH WRP 1996, 204 – *Widerrufsbelehrung III*). Darüber hinaus kann insoweit ein Rechtsbruch iSd § 4 Nr 11 (§ 4 Rdn 11.170 ff) und die Ausnutzung der Rechtsunkenntnis (§ 4 Rdn 2.21 ff) vorliegen.

Bei Angeboten gewerblicher Art bedarf es zur Vermeidung einer Irreführung potenzieller Kunden regelmäßig des **Hinweises auf den gewerblichen Charakter** des Angebots, da der Interessent bei gewerblichen Angeboten regelmäßig mit anderen Bedingungen als bei einem Erwerb von privat rechnet. Dies gilt insbes hins der Provisionspflicht bei Leistungen gewerblicher Vermittler (BGH GRUR 1987, 748, 749 – *Getarnte Werbung II;* BGH GRUR 1990, 377 – *RDM;* BGH GRUR 1994, 760 – *Provisionsfreies Maklerangebot*). Es ist jedoch nicht irreführend, wenn Unternehmer in Zeitungsanzeigen Privatbesitz (provisionsfrei) zum Verkauf stellen, ohne dabei auf ihre berufliche Stellung und Tätigkeit als Makler hinzuweisen (BGH GRUR 1993, 761, 762 – *Makler-Privatangebot*). Zum Vortäuschen eines Bezugs aus Privathand eingehend Rdn 6.38 ff.

Gutscheine, die der Verbraucher verwenden soll, um ein groß angekündigtes Werbegeschenk oder ein preisgünstiges Werbeangebot anzufordern, sind irreführend, wenn der Verwender sich im klein gedruckten Text dazu verpflichtet, weitere Waren zu kaufen oder einer Buchgemeinschaft beizutreten (BGH GRUR 1999, 282, 286 – *Wettbewerbsverein IV;* KG GRUR 1984, 285; KG AfP 1987, 695; OLG Karlsruhe WRP 1988, 322).

7.143　Unter dem Gesichtspunkt der Irreführung ist die Verwendung **Allgemeiner Geschäftsbedingungen** gegenüber Verbrauchern grds unbedenklich. So darf ein Versicherer in der Werbung für seine Reisegepäckversicherung auf seine Allgemeinen Versicherungsbedingungen verweisen, auch soweit diese Haftungsausschlüsse und Beschränkungen seiner Ersatzpflicht enthalten. Er ist nicht ohne weiteres verpflichtet, den Versicherungsnehmer darauf im Einzelnen hinzuweisen (BGH GRUR 1983, 654, 655 – *Kofferschaden*). Es darf aber nicht der Eindruck hervorgerufen werden, bestimmte Risiken seien abgesichert, wenn dies in Wirklichkeit nicht der Fall ist (BGH aaO – *Kofferschaden;* KG WRP 1987, 32; KG GRUR 1991, 787). Ein allgemeiner Hinweis auf die Vorteile des Versicherungsschutzes etwa mit dem Hinweis „rundum sorglos reisen" genügt dafür aber nicht (KG WRP 1985, 637). – Die Aussage, man könne bei einem **neuen Bauspartarif** „ähnlich wie beim Sparbuch Geld abheben", lässt zwar gewisse Unterschiede zu, ist aber irreführend, wenn dies nach den Bausparbedingungen tatsächlich nur eingeschränkt und mit erheblichen wirtschaftlichen Nachteilen möglich ist (KG WRP 1987, 32). – Das Angebot, eine **Kreditkarte „ohne jedes Risiko"** zu testen, ist irreführend, wenn tatsächlich eine Haftung im Falle des Kartenverlustes besteht (OLG Hamburg WRP 1986, 344). – Irreführend ist es, wenn ein Anbieter bei eBay unter der **Option „sofort kaufen"** eine Ware anbietet und damit dem Verkehr signalisiert, dass es sich um ein bindendes Angebot handelt, obwohl seine AGB deutlich machen, dass sein Angebot nicht bindend sein soll (OLG Hamburg MMR 2008, 44, 45 = CR 2008, 116).

7.143a　Das OLG Hamburg hat in **AGB, die mit den verbraucherschützenden Bestimmungen des BGB und der BGB-InfoV nicht in Einklang stehen,** nicht nur einen Verstoß gegen die entsprechenden bürgerlich-rechtlichen Bestimmungen, sondern auch eine Irreführung gesehen, weil der Kunde unzutreffend über die Rechtslage informiert werde (MMR 2008, 44 f = CR 2008, 116). Es ging um eine Bestimmung, nach der die Ware im Falle der Ausübung des Widerrufsrechts nicht unfrei an den Verkäufer zurückgesandt werden durfte. Dies verstieß nach Ansicht des OLG nicht nur gegen § 312 c I 1 BGB iVm § 1 I Nr 10 BGB-InfoV, sondern auch gegen § 5 I Nr 2, weil unrichtig über die Bedingungen der Ausübung des Widerrufsrechts belehrt worden sei. Dies erscheint zweifelhaft. Die AGB täuschen nicht darüber, was vereinbart worden ist. Die einzige Frage ist, ob die fragliche Klausel wirksam vereinbart worden ist. Diese Frage ist nicht im Rahmen der Irreführung zu klären. Das **Irreführungsverbot** dient **nicht dazu, die Verwendung unzulässiger AGB zu unterbinden.** Dieses Ziel kann über die AGB-Kontrolle nach dem UKlaG und ggf auch wettbewerbsrechtlich über §§ 3, 4 Nr 11 erreicht werden. Derjenige, der eine unzulässige Vertragsklausel verwendet, führt aber deswegen noch nicht irre.

III. Garantien

7.144　**Langjährige Garantiezusagen,** die sich auf die Freiheit von Mängeln, insbes die Haltbarkeit eines Materials, einer Konstruktion oder eines Werkes beziehen, sind grds erlaubt, wenn sie bei **normaler Abnutzung** sachlich zutreffen und für den Kunden **nicht praktisch bedeutungslos** sind (BGH GRUR 1958, 455 – *Federkernmatratzen;* BGH GRUR 1976, 146, 147 – *Kaminisolierung* mit Anm *Schwanhäuser*). Dagegen ist es bedenklich, wenn eine langjährige Garantie blickfangmäßig in der Werbung hervorgehoben wird, nach den Vertragsbedingungen aber nur geringfügige Leistungen versprochen werden, die den Erwartungen der Verbraucher nicht gerecht werden (s dazu *Schünemann* NJW 1988, 1943 ff). Ebenso kann eine langjährige Garantie im Hinblick auf die Lebens- oder Gebrauchsdauer der Ware für den Verbraucher wertlos sein, etwa weil sich wegen der vielfältigen Ursachen von Schäden die Garantiepflicht kaum jemals beweisen lässt. Als **zulässig** wurden angesehen: eine 25-jährige Garantie für die Haltbarkeit von Federkernmatratzen, weil sie für den Käufer nicht bedeutungslos ist (BGH GRUR 1958, 455 – *Federkernmatratzen*); eine 15-jährige Garantie für die Innenbearbeitung gebrauchter Hausschornsteine (BGH GRUR 1976, 146 – *Kaminisolierung*).

7.144a　Bei der **Werbung mit Langzeitgarantien** ist ferner darauf zu achten, dass nicht der Eindruck erweckt wird, eine Verjährungsfrist werde über das zulässige Maß von 30 Jahren hinaus verlängert (§ 202 II BGB). Unter diesem Gesichtspunkt ist die Werbung mit einer **unbefristeten, über 30 Jahre hinausreichenden Garantiezusage** als irreführend angesehen worden, weil eine solche Verpflichtung mit § 202 II BGB nicht im Einklang stehe und deswegen nicht wirksam eingegangen werden könne (BGH GRUR 1994, 850 – *Zielfernrohr*).

Dagegen ist die Werbung mit einer Garantielaufzeit von 40 Jahren unbedenklich ist, wenn es sich nicht um die Verlängerung der Verjährungsfrist für gesetzliche Gewährleistungsansprüche, sondern um die **Gewährung einer selbstständigen Garantie** handelt. Bei einer solchen Garantie handelt es sich um Dauerschuldverhältnis, das unverjährbar ist (BGH GRUR 2008, 915 Tz 16 ff – *40 Jahre Garantie*). Im konkreten Fall war auch nach dem Gegenstand der Werbung (Dächer) klar, dass eine solch lange Garantie in der Sache sinnvoll ist. Derartige selbstständige Garantien werden nicht dadurch berührt, dass die Verjährungsfrist rechtsgeschäftlich nicht über 30 Jahre hinaus verlängert werden kann (BGH NJW 1979, 645).

Die Werbung eines Rundfunk- und Fernseheinzelhändlers mit dem Hinweis auf **„Vollgarantie"** und **„volle Garantie"** ist irreführend, wenn keine umfassende Garantie gewährt wird, sondern Austauschteile und Reparaturarbeiten berechnet werden. Dagegen wird der Begriff „Vollgarantie" nicht ohne weiteres als **Herstellergarantie** verstanden; Händlergarantien sind keinesfalls unüblich (KG WRP 1981, 99; GK/*Lindacher* § 3 Rdn 944; aM OLG Düsseldorf WRP 1977, 193). Irreführend ist eine Werbung mit fünfjähriger **„Vollgarantie"** für Polsterteile, wenn sich die Garantie nicht auf alle Polstermöbel bezieht oder wenn sie sich nach den AGB nur auf Mängel bezieht, die bei normalem Gebrauch und sachgemäßer Behandlung nicht auftreten dürfen (OLG Köln WRP 1980, 648). Ebenso eine „Drei-Jahres-Garantie" für Teppichböden, wenn die Garantie nur bei Verwendung des Teppichbodens für bestimmte Einsatzbereiche gilt (OLG Köln WRP 1982, 47). 7.145

Die Bezeichnung **„Garantiekarte"** deutet auf eine **Herstellergarantie** hin. Die Werbung für Gebrauchtwagen mit dem Hinweis **„Mit Garantiekarte"** verstößt daher gegen §, wenn es sich um eine Händlergarantie handelt (OLG Köln WRP 1979, 887; aM GK/*Lindacher* § 3 Rdn 944). Irreführend ist eine Garantiezusage beim Verkauf eines **Gebrauchtwagens,** wenn die verwendeten Garantiebedingungen die Übernahme von natürlichen Verschleißschäden ausschließen (OLG Saarbrücken NJW-RR 1996, 1325). – Dem **Hersteller** steht es grds frei, ob er eine Garantie übernimmt, die dann neben die Gewährleistungspflicht des Händlers tritt. Irreführend ist jedoch die **Werbung mit einer Herstellergarantie** im Kfz-Handel, wenn in den Garantiebedingungen Ansprüche auf Wandelung oder Minderung gegenüber dem Hersteller, also auch bei einer fehlgeschlagenen Nachbesserung ausgeschlossen sind. Doch gilt das nicht, wenn der Hersteller den Kunden in einer „Garantie-Information" auch darauf hingewiesen hat, dass neben der Herstellergarantie die **Gewährleistungspflicht des Händlers** gegenüber seinen Kunden besteht (BGH GRUR 1997, 929 f – *Herstellergarantie*, *Mischke* BB 1998, 447). – Gibt ein Autohändler eine Garantie auf Gebrauchtwagen ohne zu unterscheiden, ob er Eigenhändler oder nur Vermittler ist, so werden die umworbenen Verkehrskreise jedoch dadurch nicht irregeführt, wenn in beiden Fällen die Reparaturen in einem **autorisierten Herstellerbetrieb** ausgeführt werden (OLG Frankfurt WRP 1983, 569). – Eine Werbung mit dem Begriff „Garantie" für eine reine **Reparaturkosten-Versicherung** führt den Kunden über die Art der ihm angebotenen Leistung irre (OLG München NJW-RR 1996, 1386). Irreführend ist die Werbung mit einer **„bankgarantierten Rückzahlung der Einlage",** wenn die Realisierung der Garantie voraussichtlich mit erheblichen Schwierigkeiten verbunden ist (KG WRP 1997, 31; dazu *Klaas* EWiR 1997, 137). – Zur Irreführung bei **EU-importierten** Kraftfahrzeugen über den Beginn der Neuwagengarantie (s Rdn 1.39, 2.53). 7.146

Die Werbung für Brillenfassungen eines Optikfachgeschäfts mit einer **„Geld-zurück-Garantie"** für den Fall des Nachweis eines billigeren Konkurrenzangebots ist irreführend, soweit sie sich auf exklusiv, also nur von diesem Geschäft angebotene Brillenfassungen bezieht (BGH GRUR 1994, 57 – *Geld-zurück-Garantie*). Ebenfalls als irreführend ist es angesehen worden, wenn ein Nachhilfekurse für Schüler mit der wahren Ankündigung **„bei Misserfolg Geld zurück"** werben; denn der Verkehr verstehe das als eine 100%ige Garantie des Erfolgs (= nachträgliche Versetzung), die naturgemäß bei einer solchen Dienstleistung nicht abgegeben werden könne (OLG Hamm WRP 1981, 328). Die Entscheidung ist mit dem heute maßgeblichen Verbraucherbild nicht zu vereinbaren; denn zum einen erkennt der Durchschnittsverbraucher, dass der Erfolg letztlich von dem jeweiligen Schüler abhängt und der Veranstalter daher unmöglich eine Erfolgsgarantie übernehmen kann; zum anderen besteht ein berechtigtes Interesse des Werbenden, auf die „Geld-zurück-Garantie" in seiner Werbung mit zutr Angaben hinzuweisen (s dazu Rdn 7.88 f). 7.147

Unzulässig ist die Werbung eines Studios für **Gewichtsreduzierung** mit dem Schlagwort **„Wir machen Sie schlank"** und dem Hinweis auf bestimmte Erfolgsfristen, weil viele Leser meinen, der Höchsterfolg trete bei jedem Kunden ein (OLG Hamm GRUR 1984, 140). – Zu **Preisgarantien** s Rdn 7.88 ff. 7.148

8. Kapitel. Irreführung über angemessene Bevorratung

Übersicht

	Rdn
I. Irreführung über den Warenvorrat (§ 5 I 2 Nr 1, Anh zu § 3 III Nr 5) ..	8.1–8.18
1. Allgemeines	8.1–8.4
2. Verhältnis der Regelung in § 5 I 2 Nr 1 zu Nr 5 des Anh zu § 3 III ..	8.4 a
3. Waren- und Dienstleistungsangebote iSd § 5 a III	8.4 b
4. „Dieses oder ein gleichwertiges Produkt"	8.4 c
5. Feststellung der Irreführungsgefahr	8.5, 8.5 a
6. Ausschluss der Irreführung durch entspr Hinweis	8.6, 8.7
7. Vorhalten der Ware	8.8, 8.9
8. Angemessenheit des Warenvorrats	8.10–8.17
a) Fehlen jeglichen Warenvorrats	8.10
b) Fehlen eines angemessenen Vorrats	8.11–8.16
aa) Grundsatz	8.11
bb) Angemessenheit im Regelfall	8.12, 8.12 a
cc) Kürzere Fristen der Verfügbarkeit	8.13, 8.14
dd) Längere Fristen der Verfügbarkeit	8.15, 8.16
c) Fehlen angemessenen Vorrats zu den angebotenen Bedingungen ..	8.17
9. Verfügbarkeit bei Werbung im Internet	8.18
II. Irreführung über den Dienstleistungsvorrat	8.19, 8.20
III. Verfügbarkeit sortimentsfremder Angebotswaren	8.21
IV. Umfang des Unterlassungsanspruchs und Fassung des Unterlassungsantrags	8.22

Schrifttum: *Berlit,* Handel im Wandel: Die Warenbevorratung bei Sonderangeboten und Sonderveranstaltungen gem. § 5 Abs. 4, 5, § 3 UWG, WRP 2004, 1245; *v Gierke,* Zur Irreführung durch Angaben über den Warenvorrat, GRUR 1996, 579; *Lettl,* Irreführung durch Lock(vogel)angebote im derzeitigen und künftigen UWG, WRP 2008, 155; *Reuthal,* Irreführung gemäß § 3 UWG und Verschulden – Zugleich Anmerkung zu BGH, GRUR 1988, 629 f – „Konfitüre", GRUR 1989, 173; *Sosnitza,* Das Koordinatensystem des Rechts des unlauteren Wettbewerbs im Spannungsfeld zwischen Europa und Deutschland – Zum Regierungsentwurf zur Reform des UWG vom 9. 5. 2003, GRUR 2003, 739; *Vykydal/v. Diemar,* Gatoring – Eine zulässige Form der Werbung im Internet?, WRP 2004, 1237.

I. Irreführung über den Warenvorrat (§ 5 I 2 Nr 1, Anh zu § 3 III Nr 5)

1. Allgemeines

8.1 Nach Nr 5 des Anh zu § 3 III stellt es eine **stets irreführende geschäftliche Handlung** dar, wenn ein Unternehmer Waren oder Dienstleistungen iSv § 5 a III konkret anbietet und „nicht darüber aufklärt, dass er hinreichende Gründe für die Annahme hat, er werde nicht in der Lage sein, diese oder gleichartige Waren oder Dienstleistungen für einen angemessenen Zeitraum in angemessener Menge zum genannten Preis bereitzustellen oder bereitstellen zu lassen (Lockangebote)". Das entspricht der Sache nach dem **Tatbestand des § 5 V 1 UWG 2004,** nach dem es irreführend war, „für eine Ware zu werben, die unter Berücksichtigung der Art der Ware sowie der Gestaltung und Verbreitung der Werbung nicht in angemessener Menge zur Befriedigung der zu erwartenden Nachfrage vorgehalten ist". § 5 V 3 UWG 2004 stellte klar, dass Entsprechendes für die Werbung für Dienstleistungen galt.

8.1a Die Regelung in Nr 5 des Anh zu § 3 III präzisiert das Irreführungsverbot. Sie hat eine **doppelte Bedeutung: (1)** Zum einen ordnet sie die unzureichende Vorratshaltung (genauer: die Aufforderung zum „Kauf" ohne Hinweis auf die eingeschränkte Verfügbarkeit der beworbenen Waren oder Dienstleistungen) den **Tatbeständen der Schwarzen Liste** zu, also den Tatbeständen, die – ohne Wertungsmöglichkeit – stets als irreführend anzusehen sind. **(2)** Sie hat zum anderen eine **klarstellende Bedeutung.** Sie knüpft ebenso wie die Vorgängernorm des § 5 V 1 UWG 2004 an die in der Rspr zu § 3 UWG 1909 entwickelten Grundsätze (BGH GRUR 1999, 1011, 1012 – *Werbebeilage;* BGH GRUR 2002, 1095 – *Telefonische Vorratsanfrage;* BGH GRUR 2003, 163, 164 – *Computerwerbung II;* BGH GRUR 2003, 804, 805 – *Foto-Aktion*) zur sog Lockvogelwerbung an, die zwei Erscheinungsformen hat: Zum einen die Irreführung über die Preisgünstigkeit des gesamten Angebots, die in einem bes günstigen Angebot liegen kann (vgl BGHZ 52, 302, 306 – *Lockvogel;* s Rdn 7.23) und zum anderen die Irreführung über die Verfügbarkeit der beworbenen Waren oder Leistungen.

Der Regelung liegt folgende **rechtfertigende Erwägung** zugrunde: „Wird im Handel für den Verkauf bestimmter Waren öffentlich geworben, so erwartet der Verbraucher, dass die angebotenen Waren zu dem angekündigten oder nach den Umständen zu erwartenden Zeitpunkt **in einer solchen Menge** vorhanden sind, dass **die zu erwartende Nachfrage gedeckt** ist. Besteht kein angemessener Warenvorrat, so wird der Verbraucher irregeführt und ggf veranlasst, andere Waren zu kaufen." (Begr RegE zu § 5 V UWG 2004, BT-Drucks 15/1487 S 20). Die Irreführung führt dazu, dass Verbraucher, die andernfalls das fragliche Geschäftslokal nicht aufgesucht hätten, durch das konkrete Angebot angelockt werden. Das begründet vor allem aus der Sicht der Mitbewerber die Gefahr, dass die durch die Werbung geförderte Nachfrage durch den Erwerb anderer Waren befriedigt wird. Es geht also um einen Anwendungsfall der sog **Lockvogelwerbung.** 8.2

Die **Grundsätze** zu dieser Form der Lockvogelwerbung sind von der deutschen Rspr erst in den achtziger Jahren des letzten Jahrhunderts entwickelt worden, nachdem aufgefallen war, dass einige Handelsunternehmen systematisch die als bes günstig beworbene Ware in unzureichenden Mengen vorhielten, um die erzeugte **Nachfrage dann auf andere (teurere) Produkte umleiten** zu können. Dabei waren die BGH-Entscheidungen der ersten Jahre, die häufig die Sportartikel- und die Lebensmittelbranche betrafen, davon geprägt, einerseits dem **Missbrauch Herr** zu werden, andererseits aber **keine neue Spielwiese** für unseriöse Abmahnvereine oder Mitbewerber zu schaffen (vgl BGH GRUR 1982, 681, 683 – *Skistiefel;* BGH GRUR 1983, 650 f – *Kamera;* BGH GRUR 1984, 593, 595 – *adidas-Sportartikel* mit Anm *Harte-Bavendamm;* BGH GRUR 1985, 980, 981 – *Tennisschuhe;* BGH GRUR 1987, 52, 53 – *Tomatenmark;* BGH GRUR 1987, 371, 372 – *Kabinettwein;* BGH GRUR 1987, 835, 837 – *Lieferbereitschaft;* BGH GRUR 1988, 311, 312 – *Beilagen-Werbung;* BGH GRUR 1989, 609, 610 – *Fotoapparate;* BGH GRUR 1992, 858, 859 – *Clementinen;* BGH GRUR 1999, 1011, 1012 – *Werbebeilage*). Das Gesetz leistete damals dem Missbrauch noch dadurch Vorschub, dass es dem Kaufmann durch die 1986 eingeführte und 1994 wieder gestrichene Vorschrift des § 6 d aF die mengenmäßige Beschränkung von Waren und den Hinweis auf eine solche Beschränkung in der Werbung untersagte. Dies lud dazu ein, den durch Sonderangebote unbeliebten Konkurrenten erst leer zu kaufen, um dann die mangelnde Vorratshaltung zu beanstanden. 8.3

Die Auseinandersetzungen der neunziger und der der letzten Jahren betrafen dann meist die **Branchen Unterhaltungselektronik und Computer** (vgl BGH GRUR 1996, 800, 801 – *EDV-Geräte;* BGH GRUR 1998, 949, 950 – *D-Netz-Handtelefon;* BGH GRUR 1999, 509, 511 – *Vorratslücken;* BGH GRUR 2000, 911 – *Computerwerbung I;* BGH GRUR 2000, 907, 911 – *Filialleiterfehler;* BGH GRUR 2002, 187 – *Lieferstörung*). Anlass für viele Beanstandungen war die Geschäftspolitik einzelner Handelsunternehmen, die ihre Lagerkosten dadurch zu reduzieren versuchten, dass sie bspw einen PC in verschiedenen Konfigurationen jeweils herausgestellt bewarben, im Ladengeschäft aber nur einzelne wenige Geräte als Anschauungsobjekte vorhielten, um den jeweils gewünschten PC kurzfristig auf Bestellung aus dem zentralen Lager zu beschaffen. 8.4

2. Verhältnis der Regelung in § 5 I 2 Nr 1 zu Nr 5 des Anh zu § 3 III

Während der Anh zu § 3 III an sich ganz spezielle Einzelfälle regelt, umfasst die Nummer 5 eine **ganze Fallgruppe.** Dies führt dazu, dass dieser Tatbestand relativ **weit gefasst** ist und eine Reihe **unbestimmter Begriffe** enthält (vgl Anh zu § 3 III Rdn 5.1). Generell gilt, dass bei der Prüfung stets mit dem Tatbestand der „Schwarzen Liste" begonnen werden muss: Zunächst ist das Per-se-Verbot in Nr 5 des Anh zu § 3 III zu prüfen, bevor man zur Regelung der Irreführung in § 5 gelangt (vgl Anh zu § 3 III Rdn 0.2 und 5.8). Während bei den anderen Tatbeständen aus dem Umstand, dass der Tatbestand der Schwarzen Liste nicht erfüllt ist, keinesfalls geschlossen werden darf, dass das fragliche Verhalten unbedenklich ist, verhält es sich bei der Nr 5 des Anh zu § 3 III anders: Liegen hier die in Nr 5 geregelten Voraussetzungen nicht vor, kann nicht oder jedenfalls nicht ohne weiteres unter dem Gesichtspunkt einer Irreführung über die Verfügbarkeit der beworbenen Waren oder Leistungen auf den Tatbestand des § 5 I 2 Nr 1 zurückgegriffen werden. 8.4a

3. Waren- und Dienstleistungsangebote iSd § 5 a III

Der Tatbestand der Nr 5 des Anh zu § 3 III verwendet anders als die UGP-Richtlinie nicht den Begriff der **Aufforderung zum Kauf,** der in Art 2 lit i UGP-Richtlinie definiert ist. Stattdessen nimmt er auf § 5 a III Bezug, wo der deutsche Gesetzgeber ebenfalls den Begriff der 8.4b

Aufforderung zum Kauf aus der entspr Bestimmung des Art 7 IV UGP-Richtlinie umschrieben hat. Ein sachlicher Unterschied ist damit nicht verbunden. Insbes verwendet die Richtlinie den Begriff „Kauf" nicht nur für den Warenkauf, sondern auch für den „Kauf" von Dienstleistungen. Ein **Waren- oder Dienstleistungsangebot iSd Nr 5** ist danach ein Angebot von Waren oder Dienstleistungen, das in einer dem verwendeten Kommunikationsmittel angemessenen Weise auf Merkmale und Preis des angebotenen Produkts hinweist, so dass der durchschnittliche Verbraucher das Geschäft abschließen kann (s dazu Anh zu § 3 III Rdn 5.2).

4. „Dieses oder ein gleichwertiges Produkt"

8.4c Die Regelung der Nr 5 enthält insofern eine Erleichterung für den Unternehmer, als er nicht unbedingt genau das beworbene Produkt entsprechend der erwarteten Nachfrage vorrätig halten muss; vielmehr reicht auch ein **gleichwertiges Produkt.** Die Erleichterung ist aber nur gering. Gleichwertig sind andere Produkte nur, wenn sie aus der Sicht des Verbrauchers **nach Preis und Qualität austauschbar** sind (vgl Begr RegE UWG 2008 BT-Drucks 16/10145 S 31). Das stellt aber eher die Ausnahme dar (s dazu Anh zu § 3 III Rdn 5.5).

5. Feststellung der Irreführungsgefahr

8.5 Maßgebend für die Feststellung der Irreführungsgefahr ist es, ob der durchschnittlich informierte, (situationsadäquat) aufmerksame Verbraucher die Werbung für eine bestimmte Ware dahin versteht, dass sie in angemessener Menge vorrätig ist. Dabei sind die **Art der Ware** sowie die **Gestaltung und Verbreitung der Werbung** zu berücksichtigen. Bei der Art der Ware kann etwa Exklusivität, Preis, Haltbarkeit, Größe und Transportfähigkeit eine Rolle spielen. Bei der Gestaltung und Verbreitung der Werbung kann von Bedeutung sein, welche Personenkreise angesprochen werden und wie intensiv oder herausgehoben die Werbung ist. Maßgebend sind insoweit insbes Inhalt und Umfang der konkreten Werbung sowie die Größe und Bedeutung des werbenden Unternehmens (BGH GRUR 1999, 1011, 1012 – *Werbebeilage*).

8.5a **Wirbt** nicht der Händler, sondern der **Hersteller für ein bestimmtes Produkt,** ohne dabei bestimmte Verkaufsstätten anzugeben, wird der Verkehr idR keine Aussage über die Verfügbarkeit des beworbenen Gegenstandes etwa bei den Vertragshändlern des Herstellers entnehmen. So hatte eine Klage gegen den Uhrenhersteller Rolex keinen Erfolg. Rolex hatte für das Uhrenmodell „Rolex GMT-Master II" anlässlich eines Sportereignisses geworben, obwohl das beworbene Modell nur auf Bestellung hergestellt wird und eine Lieferfrist von zwei Jahren besteht (BGH GRUR 2007, 991 – *Weltreiterspiele*). Zur Anwendbarkeit der Regelung in Nr 6 des Anh zu § 3 III in einem solchen Fall s Anh zu § 3 III Rdn 6.6. – Wird ein **Räumungsverkauf** beworben, kann der Verkehr nicht mit einem üblichen Vorrat rechnen. Auch die Werbung für Einzelstücke ist in diesem Zusammenhang möglich (OLG Oldenburg GRUR-RR 2006, 202).

6. Ausschluss der Irreführung durch entspr Hinweis

8.6 Der Werbende kann eine Irreführung ohne weiteres ausschließen, indem er in der Werbung die **konkrete Warenmenge angibt (**s auch Anh zu § 3 III Rdn 5.3). Dann kann der Verbraucher seine Chancen einschätzen, ob er seinen Bedarf decken kann oder nicht. Der Werbende kann Fehlvorstellungen auch durch **andere aufklärende Hinweise** entgegenwirken. Steht dem Händler nur eine geringe Warenmenge zur Verfügung, muss er in der Werbung – möchte er die konkrete Menge nicht angeben – deutlich darauf hinweisen, dass es sich um **Restposten oder Einzelstücke** handelt, um auf diese Weise eine Irreführung über die Vorratsmenge auszuschließen. Bei **blickfangmäßig herausgestellten Angaben** muss für eine irrtumsausschließende Aufklärung ein klarer und unmissverständlicher Hinweis erfolgen, der am Blickfang teilhat, so dass dadurch eine Zuordnung zu den herausgestellten Angaben gewahrt bleibt (BGH GRUR 1990, 1027, 1028 – *incl. MwSt. I;* BGHZ 139, 368, 376 = GRUR 1999, 264 – *Handy für 0,00 DM;* BGH GRUR 2000, 911, 913 – *Computerwerbung I;* BGH GRUR 2003, 163, 164 – *Computerwerbung II*).

8.7 Maßgebend für das Verkehrsverständnis ist die Sichtweise eines durchschnittlich informierten, verständigen und der Situation, in der er mit der Aussage konfrontiert wird, entspr aufmerksamen **Durchschnittsverbrauchers** (BGH GRUR 2003, 163, 164 – *Computerwerbung II*). Hierbei kommt es darauf an, dass der Hinweis leicht lesbar ist, sofort ins Auge fällt, prägnant gefasst ist und vom Verkehr gerade auch auf die Waren bezogen wird, deren fehlende Verfügbarkeit beanstandet worden ist. Wirbt bspw ein Händler in einem Prospekt für eine Fülle von Angeboten, von denen einige wenige groß herausgestellt sind, wird der Verkehr den Hinweis „Aufgrund der Vielzahl der Waren ist nicht immer alles sofort verfügbar, wir bestellen sofort für Sie. Keine Mitnahme-Garantie" im Zweifel nicht gerade auf die herausgestellten Produkte beziehen (BGH GRUR 2000, 911, 913 f – *Computerwerbung I*). Nach Umstellung der Werbung auf den Hinweis „Keine Mitnahmegarantie. Sofern nicht vorhanden, gleich bestellen. Wir liefern umgehend" wurde eine im Übrigen ähnliche Werbung nicht mehr als irreführend angesehen (BGH GRUR 2003, 163, 164 – *Computerwerbung II*). Auch der Hinweis „Abgabe nur in haushaltsüblichen Mengen, solange der Vorrat reicht" kann geeignet sein, eine Irreführung über die Vorratsmenge zu vermeiden (BGH GRUR 2004, 343, 344 – *Playstation*). Dem Händler, der mit einem solchen Hinweis wirbt, kann jedenfalls nicht zum Vorwurf gemacht werden, er übe auf diese Weise auf die Entscheidungsfreiheit des Werbeadressaten einen unlauteren zeitlichen Druck iSd § 4 Nr 1 aus (vgl BGH aaO – *Playstation*; BGH GRUR 2004, 344, 345 – *Treue-Punkte*).

7. Vorhalten der Ware

Die Irreführung setzt voraus, dass der **Warenvorrat zur Befriedigung der zu erwartenden Nachfrage nicht ausreichend** ist. Der Händler muss die beworbene Ware vorhalten; das bedeutet, dass die Ware vom Kunden unter normalen Umständen ohne Verzögerung erworben werden kann. Befindet sich die angekündigte Warenmenge nur zu einem Teil im Geschäft, zum anderen Teil aber in Lagerräumen, denen sie ohne weiteres und innerhalb der zu erwartenden Lieferfrist entnommen werden kann, ist das unschädlich, wenn nur im Geschäftsraum selbst so viel Ware vorhanden ist, dass der Kunde eine Auswahl in dem zu erwartenden Ausmaß treffen kann und er die bestellte Ware innerhalb der üblichen Lieferfrist erhält (ÖOGH ÖBl 1973, 104 – *Spannteppiche*; s auch OLG Oldenburg GRUR 1978, 114 – *Autoradios*).

8.8

Die Werbung für zum persönlichen Gebrauch bestimmte Waren wie eine Computeranlage auf der ersten Seite einer Werbebeilage vermittelt für sich gesehen, dh ohne abweichende Angaben am Ende der Seite, den Eindruck, die Ware sei **im Zeitpunkt des Erscheinens der Werbung** im Verkaufslokal vorrätig und stehe dort zur sofortigen Mitnahme bereit (BGH GRUR 1996, 800, 801 – *EDV-Geräte*; BGH GRUR 1999, 1011, 1012 – *Werbebeilage*; BGH GRUR 2000, 911, 912 – *Computerwerbung I*; BGH GRUR 2003, 163 – *Computerwerbung II*). Enthält eine Werbeaussage eine **Zeitangabe** (zB Frühjahr 2008), erwartet der durchschnittlich informierte, situationsadäquat aufmerksame und verständige Verbraucher zwar sofortige Lieferbereitschaft im Zeitpunkt des Erscheinens der Werbung für den Beginn der angekündigten Zeitspanne und auch für eine gewisse Folgezeit, aber nicht ohne weiteres auch für die gesamte Jahreszeit. Dass – bei grds Lieferbarkeit – im Laufe der Zeit ein Produkt vergriffen sein kann und nachbestellt werden muss, stellt ein solcher Werbeadressat in Rechnung. Er erwartet auch nicht stets und ohne Einschränkung, dass nach Kundenwünschen individuell zu konfigurierende, wenig auffällig beworbene Computer am Tag der Werbung zur sofortigen Mitnahme im Geschäft zur Verfügung stehen (BGH GRUR 1999, 509, 511 – *Vorratslücken*).

8.9

8. Angemessenheit des Warenvorrats

a) Fehlen jeglichen Warenvorrats. Der Verbraucher wird stets dann irregeführt, wenn die beworbene Ware überhaupt nicht vorrätig ist (ÖOGH ÖBl 1992, 39 – *Blaupunkt Brm.*). Sofern der Unternehmer Waren anbietet, müssen diese auch so wie beworben verkauft werden. Deshalb ist es irreführend, wenn eine bes preisgünstige Ware angekündigt wird, die dann im Geschäft aber nicht gezeigt werden kann (OLG Hamburg WRP 1955, 150). Ebenso müssen im Schaufenster beworbene Waren auch zu diesem Preis im Geschäft abgegeben werden. Irreführend sind insbes **Scheinangebote**, dh solche, bei denen angelockten Kunden andere Waren als die angebotenen verkauft werden sollen oder das Angebot vom dem Erwerb zusätzlicher Gegenstände abhängig gemacht wird. Irreführend ist weiter die Werbung für Geräte, die mangels Marktreife vom Hersteller noch **nicht produziert** und demgemäß vom Händler noch nicht verkauft werden können (BGH GRUR 1999, 1011, 1012 – *Werbebeilage*).

8.10

b) Fehlen eines angemessenen Vorrats. aa) Grundsatz. Irreführend ist die Werbung, wenn die Ware nicht **in angemessener Menge** zur Befriedigung der **zu erwartenden Nachfrage** vorgehalten wird. Welche Nachfrage zu erwarten ist, hängt von den Umständen des Einzelfalls ab. Maßgebend ist, wie ein **verständiger Unternehmer in der konkreten Situation des Werbenden** die Nachfrage einschätzen würde. Dabei können Erfahrungen vergangener Aktionen, sei es im eigenen Unternehmen, sei es bei fremden Unternehmen eine Rolle spielen; ferner die Attraktivität des Angebots nach Preis, Qualität im Vergleich zu Konkurrenzangeboten. Dem Unternehmer ist insoweit ein **Beurteilungsspielraum** zuzugestehen.

8.11

8.12 **bb) Angemessenheit im Regelfall.** Ähnlich wie § 5 V 2 UWG 2004 wird das Erfordernis einer angemessenen Bevorratung in Nr 5 S 2 des Anh zu § 3 III **konkretisiert.** Anders als die Regelung in § 5 V 2 UWG 2004 („Angemessen ist im Regelfall ein Vorrat für zwei Tage, es sei denn ..."), ist die Bestimmung im UWG 2008 – was man als geschickten Schachzug des deutschen Gesetzgebers bezeichnen kann – als **Beweislastregel** ausgebildet: Sie belastet den Unternehmer mit der **Darlegungs- und Beweislast der Angemessenheit,** wenn der Vorrat nicht einmal für zwei Tage reicht. Die Ausgestaltung als Beweislastregel hat gegenüber der Regelung in § 5 V 2 UWG 2005 zwei Vorteile: **(1)** Zum einen wird die Regelung auf diese Weise von der Tatbestandsebene auf die Ebene der Rechtsdurchsetzung verlagert, auf der für die Mitgliedstaaten größere Freiräume haben. Eine in der UGP-Richtlinie nicht vorgesehene Konkretisierung des Tatbestands wäre problematisch gewesen. **(2)** Zum anderen musste man der alten Bestimmung die Regel entnehmen, dass ein Vorrat von mehr als zwei Tagen idR ausreicht, obwohl ein solcher geringer Vorrat für viele Güter ganz unangemessen ist.

8.12a In welchem Umfang bevorratet werden muss, dh wie viele Tage der Vorrat normalerweise reichen muss, hängt ganz von den **Umständen des Einzelfalls** ab. Wirbt bspw ein Möbelhaus mit großem Einzugsbereich an einem Mittwoch oder Donnerstag nicht nur in der lokalen, sondern auch in der regionalen Presse für eine Sitzgruppe, dann erwartet ein außerhalb lebender Verbraucher, dass er die Möbel auch noch am Samstag, wenn er in die Stadt kommt, erwerben kann. Die Regelung in Nr 5 S 2 des Anh zu § 3 III hindert den Gläubiger selbstverständlich nicht, in einem solchen Fall die Irreführung darzulegen. Stellt sich der Gläubiger auf den Standpunkt, die Ware hätte auch noch am dritten oder vierten Tag vorhanden sein müssen, bleibt es bei der **allgemeinen Regel,** dass er die Irreführung dartun und beweisen muss (dazu Rdn 8.15).

8.13 **cc) Kürzere Fristen der Verfügbarkeit.** Reicht der Vorrat noch nicht einmal für zwei Tage, kann der Händler gleichwohl die **Angemessenheit seiner Vorratshaltung darlegen.** Er muss dazu nachvollziehbare Gründe dartun, die eine geringere Bevorratung rechtfertigen. Dem liegt die Erwägung zugrunde, dass die Verbraucher eine gewisse Vorstellung von den Schwierigkeiten der Disposition haben und sich nicht irregeführt fühlen, wenn eine Ware wider Erwarten schneller abverkauft ist. Ein solches die Irreführung ausschließende Verständnis wird der Verbraucher freilich viel eher dann aufbringen, wenn der nicht mehr verfügbare Gegenstand nicht blickfangmäßig herausgestellt, sondern eines unter vielen beworbenen Produkten war (BGH GRUR 1987, 371, 372 – *Kabinettwein*).

8.14 Beispielsweise kann der Vorwurf der Irreführung dadurch ausgeräumt werden, dass der Händler angemessen disponiert hat, dann aber der Vorrat wegen einer **unerwartet hohen Nachfrage** doch nicht gereicht hat (vgl BGH GRUR 1987, 371, 372 – *Kabinettwein;* BGH GRUR 1989, 609, 610 – *Fotoapparate*), oder dadurch, dass **unvorhergesehene, vom Händler nicht zu vertretende Lieferschwierigkeiten** eingetreten sind (vgl Begr RegE zu § 5 V UWG 2004, BT-Drucks 15/1487 S 20; allgemein BGH GRUR 1982, 681, 682 – *Skistiefel;* BGH GRUR 1983, 582, 583 – *Tonbandgerät;* BGH GRUR 1983, 650 – *Kamera;* BGH GRUR 2002, 187, 188 f – *Lieferstörung*). Solche Umstände muss der Händler allerdings substantiiert darlegen, etwa den genauen zeitlichen Ablauf der maßgeblichen Ereignisse, aus denen sich ergibt, dass die Nichtbelieferung durch den Hersteller für ihn überraschend und unvorhersehbar war und die Werbemaßnahme auch nicht mehr rechtzeitig abgesagt werden konnte (BGH GRUR 2002, 187, 189 – *Lieferstörung*). Strenge Anforderungen sind zu stellen, wenn der Unternehmer von vornherein mit Lieferschwierigkeiten rechnen muss, zB weil er außerhalb des Vertriebssystems des Herstellers steht (BGH GRUR 1982, 682 – *Skistiefel*). Keine Irreführung liegt ferner in den **Fällen höherer Gewalt** vor wie zB bei Brand, Wassereinbruch oder Diebstahl vor (vgl auch Piper/Ohly/*Sosnitza* § 5 Rdn 245). Dasselbe gilt, wenn es sich um eine Ware handelt, die der Werbende im Verhältnis zu seinem üblichen Sortiment nicht gleichermaßen bevorraten konnte (Begr RegE zu § 5 V UWG 2004, BT-Drucks 15/1487 S 20). Hier spielen insbes Größe und Zuschnitt des Geschäftslokals eine Rolle. Von einem Lebensmittelhändler wird man nicht erwarten können, dass er Kühlschränke in großer Zahl auf Lager hält. – Wie der Unternehmer den Beweis führt, hängt von den Umständen des Einzelfalls ab.

8.15 **dd) Längere Fristen der Verfügbarkeit.** Die Bevorratung kann auch dann unangemessen sein, wenn der Vorrat die Nachfrage **für einen längeren Zeitraum als zwei Tage** nicht deckt. Hierfür kommt es auf die **Umstände des Einzelfalls** und insbes auf die **Verbrauchererwartung** an, also darauf, was der durchschnittlich informierte, (situationsadäquat) aufmerksame und verständige Verbraucher der Werbung im Hinblick auf die Bevorratung entnimmt und ob diese Vorstellung der Wirklichkeit entspricht. Die Beweislastregel in Nr 5 S 2 des Anh zu § 3 III hindert den Gläubiger also nicht, eine auf längere Verfügungsfristen gerichtete Verbrauchererwartung darzulegen, die je nach Art der Werbung und je nach Art der beworbenen Waren unterschiedlich sein kann (s Rdn 8.12 a).

Wird etwa mit der Aussage „Dieser Artikel steht für sie vom 1. 4. bis zum 10. 4. zur Abholung bereit. Garantiert", so kann eine **Bevorratung** erforderlich sein, die auch eine **außergewöhnlich hohe Nachfrage** in diesem Zeitraum deckt. So ist bspw der Zeitraum der erwarteten Verfügbarkeit bei Waren, die in Werbebeilagen beworben werden, länger zu bemessen als bei der Anzeigenwerbung in einer Tageszeitung, die nur einen kurzfristigen Aufmerksamkeitswert hat. Beispielsweise erwartet der Verbraucher bei wöchentlich erscheinenden Werbebeilagen eines Elektronikhändlers, dass die angebotenen Geräte jedenfalls grds innerhalb eines **Zeitraums von einer Woche nach Erscheinen der Beilage** zur sofortigen Mitnahme zur Verfügung stehen; denn er wird die aktuellen Angebote in derartigen Werbebeilagen, die er der Zeitung entnimmt und gesondert aufbewahren kann, zumindest an einem Wochenende miteinander vergleichen und sich danach entscheiden und den Artikel ggf erwerben wollen (BGH GRUR 1999, 1011, 1012 f – *Werbebeilage*). Bei der **Werbung in Katalogen** mit längerer Gültigkeitsdauer geht der Verkehr davon aus, dass die beworbenen Waren grds für die gesamte Laufzeit lieferbar sind, was es auch aus der Sicht der Verbraucher nicht ausschließt, dass einzelne, bes begehrte Artikeln vorübergehend vergriffen sein können und erst nachbestellt werden müssen (BGH aaO – *Werbebeilage*). 8.16

c) Fehlen angemessenen Vorrats zu den angebotenen Bedingungen. Der Irreführung über den vorhandenen Warenvorrat steht es gleich, wenn zwar eine ausreichende Warenmenge zur Verfügung steht, diese aber **nicht zu den in der Werbung angegebenen Bedingungen** angeboten wird. So, wenn mit sog „Ab-Preisen" bei Waren geworben wird, die üblicherweise in größerer Zahl angeboten werden, und nur wenige Stücke der niedrigsten Preislage vorhanden sind. Ein Hersteller, der damit wirbt, dass seine Ware jetzt in vielen Geschäften bes preiswert „im Angebot" zu erhalten ist, wirbt irreführend, wenn er nicht dafür gesorgt hat, dass die von der Werbung regional betroffenen Einzelhändler auch zu günstigeren Preisen verkaufen (OLG Hamburg WRP 1980, 272). Wegen des Drucks, der von einer solchen Herstellerwerbung für den einzelnen Händler ausgeht, kann darüber hinaus ein Verstoß gegen das Preisbindungs- oder das entspr Empfehlungsverbot (früher: §§ 14, 22 I 1 GWB aF) vorliegen (BGHZ 140, 342 – *Preisbindung durch Franchisegeber I;* BGH GRUR 2003, 1062 – *Preisbindung durch Franchisegeber II;* BGH GRUR 2003, 637 – „*1 Riegel extra"*). Irreführend ist auch die Werbung eines Einzelhändlers für Rundfunk- und Fernsehgeräte als echte Preisschlager mit dem Hinweis „teilweise Einzelstücke", wenn eine Reihe von Geräten abgebildet ist, jedoch ohne Angabe, bei welchen es sich um Einzelstücke handelt. Denn Kunden, die an einer bestimmten Sache interessiert sind, die gerade ein Einzelstück ist, werden so über die vorrätige Menge irregeführt (OLG Hamm WRP 1981, 329, 330). 8.17

9. Verfügbarkeit bei Werbung im Internet

Auch bei einer Werbung im Internet erwartet der Verbraucher idR, dass die beworbene **Ware verfügbar** ist, dh nach der **Bestellung unverzüglich versandt** werden kann (BGH GRUR 2005, 690, 692 – *Internet-Versandhandel;* LG Koblenz WRP 2006, 1037). Zwar ist der Tatbestand der Nr 5 des Anh zu § 3 III an sich für den stationären Handel konzipiert, wie die Beweislastregel in S 2 zeigt. Doch passt sie auch für den **Versandhandel,** insbes für den Versandhandel im Internet (BGH aaO). Eine andere Frage ist, in welcher Weise auf die Lieferfrist hingewiesen werden muss. Hier hat es der BGH nicht beanstandet, wenn ein solcher Hinweis erst auf einer „Produktseite" erfolgt, auf die durch einen Link hinreichend deutlich hingewiesen wird (BGH aaO). 8.18

II. Irreführung über den Dienstleistungsvorrat

Die Regelung der Nr 5 des Anh zu § 3 III gilt auch für die **Werbung für eine Dienstleistung.** Dagegen ist die speziell auf den Warenhandel zugeschnittene Beweislastregel des S 2 für Dienstleistungsangebote nicht von Bedeutung. Das ist auch unmittelbar einsichtig, wenn man sich die Fälle der Werbung – etwa für Hotelzimmer, Flugreisen oder Bankkredite – vor Augen führt. Entscheidend ist vielmehr, ob die angesprochenen Verbraucherkreise nach der Art der Dienstleistung und der Gestaltung und Verbreitung der Werbung davon ausgehen können, dass die zu erwartende Nachfrage befriedigt werden kann. Werden bspw **Eintrittskarten für eine Veranstaltung** angeboten, so ist jedem Verbraucher klar, dass nur eine entspr begrenzte 8.19

Zahl von Karten zur Verfügung steht. Das gilt erst recht, wenn Restkarten beworben werden. Der Interessent wird also in einem solchen Fall nicht irregeführt, wenn er keine Karte mehr erhält.

8.20 Bei der Werbung für Dienstleistungen werden die **Preise** häufig **gestaffelt.** Das bedeutet, dass ein **Teil der angebotenen Leistungen** zu einem **bes günstigen Preis** angeboten wird, andere zum höheren, aber immer noch günstigen Preisen, während für einen erheblichen Teil des Kontingents Preise verlangt werden, die weit über dem beworbenen Preis liegen. In solchen Fällen kommt eine Irreführung in Betracht, wenn zu dem beworbenen günstigen Preis kein angemessenes Kontingent zu haben ist, wobei es von der Art der Dienstleistung abhängt, was noch als angemessen angesehen werden kann. Bei Flug-, Schiffs- oder Bahnreisen wird man davon ausgehen können, dass mindestens 10% der Sitzplätze zu den angebotenen Bedingungen zur Verfügung stehen müssen; bei einer bes massiven Werbung wird diese Quote eher noch höher liegen müssen, wobei es dem Werbenden frei steht, den Zwängen des Irreführungsverbots dadurch zu entgehen, dass er die Quote in der Werbung ausdrücklich nennt (zB „Berlin – London 5% der Plätze 19,90 €, 25% der Plätze 49,90 €" oder „Köln – Ravenna 3 Plätze in jeder Maschine 9,99 €").

III. Verfügbarkeit sortimentsfremder Angebotswaren

8.21 Im Hinblick auf die **Ratio der Nr 5 des Anh zu § 3 III** (s Rdn 8.2) könnte man meinen, eine Irreführung scheide immer dann aus, wenn der Händler die durch die Werbung geförderte Nachfrage **nicht auf andere Weise befriedigen** kann. Denn in diesem Fall – so könnte man argumentieren – nützt es dem Werbenden nicht, dass er den Kunden angelockt hat. Dennoch liegt auch in einer solchen Ankündigung eine irreführende geschäftliche Handlung nach Nr 5 des Anh zu § 3 III vor. Denn sie beeinträchtigt nicht nur Verbraucherinteressen, sondern auch die **Belange des Mitbewerbers,** von dem der Verbraucher durch das attraktive Angebot zunächst abgehalten worden ist. Außerdem wird der Verbraucher durch eine solche Werbung in das Geschäft des Werbenden gelockt und wird dort uU zum Nachteil anderer Mitbewerber andere Waren erwerben. Bietet zB ein Lebensmittel-Discounter ein Notebook zu einem überaus attraktiven Preis an, das aber schon nach einer halben Stunde vergriffen ist, kann der angelockte Verbraucher bei diesem Händler **kein substituierbares Produkt** erwerben. Er wird aber vielleicht bei dieser Gelegenheit den Lebensmitteleinkauf hier tätigen. Außerdem hat er sich möglicherweise durch die Werbung davon abhalten lassen, im Computerhandel ein Notebook zu erwerben, und ist nun – nachdem er das günstige Angebot des Lebensmitteldiscounters gesehen hat – nicht mehr geneigt, den höheren Preis zu zahlen, den der Computerhandel fordert (vgl OLG Düsseldorf WRP 2002, 1467, NZB zurückgewiesen: BGH Beschl v 12. 12. 2002 – I ZR 86/02). Die Rspr beanstandet es daher mit Recht, wenn ein bei einem Lebensmittel-Discounter angebotener Computer schon am folgenden Tag nicht mehr vorrätig ist (OLG Stuttgart WRP 2005, 1424). – Vgl zur **wettbewerblichen Relevanz** in diesen Fällen Rdn 2.195.

IV. Umfang des Unterlassungsanspruchs und Fassung des Unterlassungsantrags

8.22 In Fällen der unzureichenden Vorratshaltung stellt sich stets die Frage, wie weit die ein Produkt betreffende **Verletzungshandlung** eine Wiederholungsgefahr **für andere Produkte** des Sortiments begründet, was also als eine im Kern gleichartige Verletzungshandlung Gegenstand des Unterlassungsanspruch ist (s § 8 Rdn 1.37). Die Rspr lässt insofern eine **Verallgemeinerung** auf eine relativ **große Produktgruppe** zu, nicht aber auf das gesamte Sortiment (zB Verallgemeinerung von einem CD-Player auf Produkte der Unterhaltungselektronik, von einem Mobilfunktelefon auf Geräte der Telekommunikation, von einem Notebook auf Computergeräte, nicht aber auf EDV-Geräte schlechthin; vgl BGH GRUR 2000, 907, 909 – *Filialleiterfehler;* BGH GRUR 1996, 800, 802 – *EDV-Geräte).* Nur wenn der Schuldner Gründe darlegt, aus denen sich etwas Spezifisches für ein bestimmtes Produkt ergibt, kommt eine Eingrenzung des Anspruchs auf eine engere Produktgruppe in Betracht (BGH GRUR 1987, 371, 373 – *Kabinettwein).* Dagegen braucht der Anspruch nicht räumlich auf eine Filiale eines bundesweit tätigen Handelsunternehmens beschränkt zu werden, wenn der Schuldner aufzeigt, dass es sich um das Problem einer bestimmten Filiale handelt. Denn dem Inhaber des Unternehmens wird das Verhalten aller Mitarbeiter zugerechnet (§ 8 II), so dass es sich bei dem Fehlverhalten des Mitarbeiters einer Niederlassung um ein Fehlverhalten des Unternehmensinhabers handelt (BGH GRUR 2000, 907, 909 – *Filialleiterfehler).*

Irreführung durch Unterlassen

5a (1) Bei der Beurteilung, ob das Verschweigen einer Tatsache irreführend ist, sind insbesondere deren Bedeutung für die geschäftliche Entscheidung nach der Verkehrsauffassung sowie die Eignung des Verschweigens zur Beeinflussung der Entscheidung zu berücksichtigen.

(2) Unlauter handelt, wer die Entscheidungsfähigkeit von Verbrauchern im Sinne des § 3 Absatz 2 dadurch beeinflusst, dass er eine Information vorenthält, die im konkreten Fall unter Berücksichtigung aller Umstände einschließlich der Beschränkungen des Kommunikationsmittels wesentlich ist.

(3) Werden Waren oder Dienstleistungen unter Hinweis auf deren Merkmale und Preis in einer dem verwendeten Kommunikationsmittel angemessenen Weise so angeboten, dass ein durchschnittlicher Verbraucher das Geschäft abschließen kann, gelten folgende Informationen als wesentlich im Sinne des Absatzes 2, sofern sie sich nicht unmittelbar aus den Umständen ergeben:
1. alle wesentlichen Merkmale der Ware oder Dienstleistung in dem dieser und dem verwendeten Kommunikationsmittel angemessenen Umfang;
2. die Identität und Anschrift des Unternehmers, gegebenenfalls die Identität und Anschrift des Unternehmers, für den er handelt;
3. der Endpreis oder in Fällen, in denen ein solcher Preis auf Grund der Beschaffenheit der Ware oder Dienstleistung nicht im Voraus berechnet werden kann, die Art der Preisberechnung sowie gegebenenfalls alle zusätzlichen Fracht-, Liefer- und Zustellkosten oder in Fällen, in denen diese Kosten nicht im Voraus berechnet werden können, die Tatsache, dass solche zusätzlichen Kosten anfallen können;
4. Zahlungs-, Liefer- und Leistungsbedingungen sowie Verfahren zum Umgang mit Beschwerden, soweit sie von Erfordernissen der fachlichen Sorgfalt abweichen, und
5. das Bestehen eines Rechts zum Rücktritt oder Widerruf.

(4) Als wesentlich im Sinne des Absatzes 2 gelten auch Informationen, die dem Verbraucher auf Grund gemeinschaftsrechtlicher Verordnungen oder nach Rechtsvorschriften zur Umsetzung gemeinschaftsrechtlicher Richtlinien für kommerzielle Kommunikation einschließlich Werbung und Marketing nicht vorenthalten werden dürfen.

Übersicht

	Rdn
I. Überblick	1–7
1. Irreführung durch Unterlassen im früheren Recht	1, 2
2. Irreführung durch Unterlassen in der UGP-Richtlinie	3
3. Irreführung durch Unterlassen nach der UWG-Novelle 2008	4–7
a) Zwei Funktionen von § 5a	4
b) Besonderheiten der Verletzung von Informationspflichten	5
c) Aufbau von § 5a	6, 6a
d) Geschäftliche Relevanz der Irreführung und Spürbarkeit der Interessenbeeinträchtigung	7
II. Herkömmliche Irreführung durch Unterlassen (§ 5a I)	8–28
1. Allgemeines	8–11
a) Inwieweit kann auf die Rspr zu § 3 UWG 1909 und § 5 UWG 2004 zurückgegriffen werden?	8
b) Aufklärungspflicht	9
c) Keine allgemeine Informationspflicht	10
d) Interessenabwägung	11
2. Fallgruppen	12–25
a) Auslaufmodelle	12–15
b) Hinweis auf Insolvenz?	16
c) Werksgarantie	17
d) Parallel- oder reimportierte Kraftfahrzeuge	18, 19
e) Parallel- oder reimportierte Arzneimittel	20
f) Verwendungsbeschränkungen	21
g) Hinweis auf entfernte Kontrollnummern?	22
h) Keine Aufklärungspflicht bei Selbstverständlichkeiten	23
i) Verschiedenes	24–25
3. Bezugnahme auf AGB	26, 27
4. Geschäftliche Relevanz der Irreführung	28

	Rdn
III. Verletzung von allgemeinen und speziellen Informationspflichten (§ 5 a II, III und IV)	29–57
1. Verletzung der allgemeinen Informationspflicht nach § 5 a II	29, 29 a
2. Verletzung von Informationspflichten nach § 5 a III	30–37
a) Allgemeines	30, 30 a
b) Wesentliche Merkmale (§ 5 a III Nr 1)	31, 32
c) Identität und Anschrift des Unternehmers (§ 5 a III Nr 2)	33
d) Endpreis (§ 5 a III Nr 3)	34
e) Von den Erfordernissen der fachlichen Sorgfalt abweichende Zahlungs-, Liefer- und Leistungsbedingungen, Beschwerdeverfahren (§ 5 a III Nr 4)	35
f) Rücktritts- oder Widerrufsrecht (§ 5 a III Nr 5)	36
g) Geschäftliche Relevanz	37
3. Verletzung von Informationspflichten nach § 5 a IV	38–54
a) Allgemeines	38–40
b) Verweis auf unionsrechtliche Informationspflichten nach Anh II der UGP-Richtlinie	41–54
aa) Art 4 und 5 Richtlinie 97/7/EG (Fernabsatzrichtlinie)	41
bb) Art 3 Richtlinie 90/314/EWG (Pauschalreiserichtlinie)	42
cc) Art 3 III Richtlinie 94/47/EG (Teilzeitnutzungsrechterichtlinie)	43
dd) Art 3 IV Richtlinie 98/6/EG (Verbraucherschutz bei Preisangaben)	44
ee) Art 86–100 Richtlinie 2001/83/EG zur Schaffung eines Gemeinschaftskodexes für Humanarzneimittel	45
ff) Art 5 und 6 Richtlinie 2000/31/EG über den elektronischen Geschäftsverkehr	46
gg) Art 1 lit d Richtlinie 98/7/EG zur Änderung der Verbraucherkredit-Richtlinie 87/102/EWG	47
hh) Art 3 und 4 Richtlinie 2002/65/EG (Richtlinie über den Fernabsatz von Finanzdienstleistungen)	48
ii) Art 1 Nr 9 Richtlinie 2001/107/EG	49
jj) Art 12 und 13 Richtlinie 2002/92/EG über Versicherungsvermittlung	50
kk) Art 36 Richtlinie 2002/83/EG über Lebensversicherungen	51
ll) Art 19 Richtlinie 2004/39/EG über Märkte für Finanzinstrumente	52
mm) Art 31 und 43 Richtlinie 92/49/EWG (Dritte Richtlinie Schadenversicherung)	53
nn) Art 5, 7 und 8 Richtlinie 2003/71/EG betreffend den Prospekt, der beim öffentlichen Angebot von Wertpapieren oder bei deren Zulassung zum Handel zu veröffentlichen ist	54
4. Geschäftliche Relevanz	55–57
a) Verweisung auf § 3 II	55
b) Geschäftliche Relevanz bei Verletzung der allg Informationspflicht (§ 5 a II)	56
c) Geschäftliche Relevanz bei Verletzung einer bes Informationspflicht (§ 5 a III und IV)	57

Schrifttum: *Bartenbach/Jung/Fock,* Aktuelles aus dem Wettbewerbsrecht – Das „neue" UWG nach Umsetzung der Richtlinie über unlautere Geschäftspraktiken, Mitt 2009, 99; *A. Bergmann,* Richtlinienkonforme Auslegung im Unterlauterkeitsrecht am Beispiel der Irreführung durch Unterlassen nach § 5 a UWG, FS Krämer, 2009, 163; *Blasek,* Kostenfallen im Internet – ein Dauerbrenner, GRUR 2010, 396; *Ernst,* Noch mehr Informationspflichten – Die DL-InfoV, CR 2010, 481; *Fezer,* Das Informationsgebot der Lauterkeitsrichtlinie als subjektives Verbraucherrecht – Zur Umsetzung des Art. 7 der Richtlinie über unlautere Geschäftspraktiken in § 5 UWG, WRP 2007, 1021; *ders,* Lebensmittelimitate, gentechnisch veränderte Produkte und CSR-Standards als Gegenstand des Informationsgebots im Sinne des Art. 7 UGP-RL – Lauterkeitsrechtliche Informationspflichten nach § 5 a UWG zum Schutz vor irreführender Lebensmittelvermarktung, WRP 2010, 577; *Henning-Bodewig,* Relevanz der Irreführung, UWG-Nachahmungsschutz und die Abgrenzung Lauterkeitsrecht/IP-Rechte, GRUR Int 2007, 986; *Jungheim/Haberkamm,* Probleme der UWG-Novelle zur Umsetzung der Richtlinie über unlautere Geschäftspraktiken, VuR 2009, 250; *Keßler,* Lauterkeitsschutz und Wettbewerbsordnung – zur Umsetzung der Richtlinie 2005/29/EG über unlautere Geschäftspraktiken in Deutschland und Österreich, WRP 2007, 714; *Keßler/Micklitz,* Das neue UWG – auf halbem Wege nach Europa?, VuR 2009, 88; *Köhler,* Konkurrentenklage gegen die Verwendung unwirksamer Allgemeiner Geschäftsbedingungen, NJW 2008, 177; *ders,* Vom deutschen zum europäischen Lauterkeitsrecht – Folgen der Richtlinie über unlautere Geschäftspraktiken für die Praxis, NJW 2008, 3032; *ders,* Die UWG-Novelle 2008, WRP 2009, 109; *ders,* Unzulässige geschäftliche Handlungen bei Abschluss und Durchführung eines Vertrags, WRP 2009, 898; *ders,* Grenzstreitigkeiten im UWG – Zum Anwendungsbereich der Verbotstatbestände des § 3 Abs 1 UWG und des § 3 Abs 2 S 1 UWG, WRP 2010, 1293; *ders,* Preisinformationspflichten, FS Loschelder, 2010, 127; *Körber/Heinlein,* Informationspflichten und neues UWG, WRP 2009, 780; *Peifer,* Die Zukunft der irreführenden Geschäftspraktiken, WRP 2008, 556; *Schirmbacher,* UWG 2008 – Auswirkungen auf den E-Commerce, K&R 2009, 433; *Schützle,* Fernabsatzrechtliche Informationspflichtverstöße immer „spürbar" – Warum die Umsetzung der Richtlinie 2005/29/EG fernabsatzrechtliche Informationspflichtverstöße über die Bagatellschwelle des § 3 Abs 1 UWG hebt, CR 2009, 443; *Schulte/Schulte,* Informationspflichten im elektronischen Geschäftsverkehr – wettbewerbsrechtlich betrachtet, NJW 2003, 2140; *Sosnitza,* Der Gesetzentwurf zur Umsetzung der Richtlinie über unlautere Geschäftspraktiken, WRP 2008, 1014; *Steinbeck,* Richtlinie über unlautere Geschäftspraktiken: Irreführende Geschäftspraktiken – Umsetzung in das deutsche Recht, WRP 2006, 632.

I. Überblick

1. Irreführung durch Unterlassen im früheren Recht

Während das UWG 1909 die Irreführung durch Unterlassen nicht ausdrücklich erwähnte, enthielt das UWG 2004 in **§ 5 II 2** eine Regelung, die die Möglichkeit der Irreführung an sich als selbstverständlich voraussetzte und lediglich bestätigend darauf hinwies, dass für die Frage, ob das **Verschweigen einer Tatsache irreführend ist, die Bedeutung** („… für die Entscheidung zum Vertragsschluss nach der Verkehrsauffassung") **und die Relevanz dieser Tatsache** („Eignung des Verschweigens zur Beeinflussung der Entscheidung") **besonders zu berücksichtigen sind.** Die Rspr hatte zu § 3 UWG 1909 Grundsätze aufgestellt, wann diese Voraussetzungen als erfüllt anzusehen waren (dazu unten Rdn 8 ff). Diese Grundsätze waren unter der Geltung des UWG 2004 uneingeschränkt anzuwenden. 1

Zu dem durch die UGP-Richtlinie und die UWG-Novelle 2008 eingeleiteten **Paradigmenwechsel** (Stichwort: Informationspflichten; dazu sogleich Rdn 5 und 29 ff) gibt es bereits in der Rspr zu § 3 UWG 1909 eine Entsprechung: In den Entscheidungen zu Kopplungsangeboten von Mobiltelefonen und Netzverträgen hat der BGH nicht nur aus § 1 II und VI PAngV, sondern auch **aus dem lauterkeitsrechtlichen Irreführungsverbot** eine Verpflichtung abgeleitet, die mit dem Abschluss eines Netzkartenvertrags verbundenen Kosten anzugeben (BGHZ 139, 368, 376 = GRUR 1999, 264 – *Handy für 0,00 DM;* BGH GRUR 1999, 261, 264 – *Handy-Endpreis*): Auch wenn den Werbenden keine allgemeine Aufklärungspflicht treffe und der Verkehr nicht ohne weiteres die Offenlegung aller Eigenschaften einer Ware erwarte, dürfe doch – wenn bei der Koppelung zweier Angebote mit der besonderen Preiswürdigkeit des einen Angebots geworben werde – der Preis des anderen Angebots nicht verschwiegen werden, weil damit ein unzutreffender Eindruck über die Preiswürdigkeit des gekoppelten Angebots vermittelt werde. In den Entscheidungen zu den **missbräuchlichen Kopplungsangeboten** wurde diese **Informationspflicht** zusätzlich auf die allgemeine Generalklausel des § 1 UWG 1909 gestützt (BGHZ 151, 84, 88 f = GRUR 2002, 976 – *Kopplungsangebot I;* BGH GRUR 2002, 979, 981 – *Kopplungsangebot II*). 2

2. Irreführung durch Unterlassen in der UGP-Richtlinie

Die Richtlinie 2005/29/EG über unlautere Geschäftspraktiken (UGP-Richtlinie) widmet den „Irreführenden Unterlassungen" – besser: der Irreführung durch Unterlassen – mit Art 7 eine eigene Bestimmung. Die Regelung in der Richtlinie hat **zwei voneinander zu unterscheidenden Komponenten: (1)** Zum einen enthält sie in den in Art 7 I, II und III **allgemeine Grundsätze** zur Anwendung des Irreführungsverbots in Fällen, in denen sich die Frage stellt, ob im Verschweigen einer Angabe eine irreführende Angabe liegt. **(2)** Zum anderen stellt sie in Art 7 IV für die Aufforderung zum Kauf (vgl Art 2 lit i UGP-Richtlinie) und in Art 7 V für sämtliche Formen der Werbung und kommerziellen Kommunikation **besondere Informationspflichten** auf. Art 7 IV führt die Informationspflichten, die im Falle der Aufforderung zum Kauf gelten, ausdrücklich auf. Art 7 V verweist auf weitere Informationspflichten, die in anderen unionsrechtlichen Rechtsquellen aufgestellt sind. Anh II der UGP-Richtlinie enthält eine – nicht abschließende – Aufstellung von 14 solchen Informationspflichten (dazu unten Rdn 38). 3

3. Irreführung durch Unterlassen nach der UWG-Novelle 2008

4 **a) Zwei Funktionen von § 5a.** Dem Vorbild der UGP-Richtlinie folgend ist die Irreführung durch Unterlassung seit der UWG-Novelle 2008 in einer **gesonderten Bestimmung,** nämlich in § 5a, geregelt. Diese Regelung ist **durch die gleiche Zweiteilung gekennzeichnet,** die auch Art 7 der UGP-Richtlinie kennzeichnet. **(1)** Sie macht zum einen deutlich, dass sich aus dem Verbot irreführender Angaben ganz natürlich auch das **Verbot** ergibt, **nicht durch beredtes Schweigen zu täuschen.** Wird ein Produkt üblicherweise in einer bestimmten Ausstattung geliefert, wird der Verbraucher irregeführt, wenn das angebotene Produkt eines dieser üblichen Merkmale nicht aufweist. Das Verbot, nicht durch Verschweigen erheblicher, vom Verbraucher als selbstverständlich vorausgesetzter Eigenschaften zu täuschen, gilt nicht allein für konkrete Waren- und Dienstleistungsangebote, auf die die besonderen Informationspflichten des § 5a III Anwendung finden. **(2)** Für konkrete Waren- und Dienstleistungsangebote (Aufforderung zum Kauf iSv Art 2 lit i UGP-Richtlinie) stellt § 5a zum anderen für den Verkehr mit Verbrauchern **ausdrückliche Informationspflichten** auf, die im Gesetz aufgelistet sind (§ 5a III Nr 1–5). Daneben gelten nicht nur für konkrete Angebote, sondern für alle Formen der Werbung und kommerziellen Kommunikation weitere Informationspflichten, auf die teilweise verwiesen wird (§ 5a IV).

5 **b) Besonderheiten der Verletzung von Informationspflichten.** Wenn das Gesetz in § 5a für den Verkehr mit Verbrauchern ausdrückliche Informationspflichten postuliert und deren Verletzung den Rechtsfolgen einer unlauteren geschäftlichen Handlung unterwirft, handelt es sich um eine Regelung, die an sich eher dem **Rechtsbruchtatbestand** des § 4 Nr 11 zuzuordnen ist als der Irreführung nach §§ 5, 5a. Bei der klassischen Irreführung durch Unterlassen, die in § 5a I geregelt ist, kommt es ebenso wie bei der Irreführung durch positives Tun darauf an, dass bei den angesprochenen Verkehrskreisen eine **Fehlvorstellung** erzeugt wird, die **für die zu treffende geschäftliche Entscheidung von Bedeutung** sein kann. Bei § 5a II sowie bei § 5a III und IV geht es dagegen allein um die Verletzung einer – allgemeinen oder speziellen – Pflicht. Das Gesetz **vermutet unwiderleglich,** dass die Informationspflichtverletzung beim Kunden zu einer Fehlvorstellung führt und dass diese Fehlvorstellung sich auf die zu treffende Entscheidung auswirken kann (dazu Rdn 56 f).

6 **c) Aufbau von § 5a.** Der Aufbau von § 5a ist unübersichtlich. Insbesondere das **Verhältnis von § 5a I und II** ist nicht sehr glücklich. § 5a I übernimmt § 5 II 2 UWG 2004 fast unverändert. Nur diese Bestimmung gilt auch für den geschäftlichen **Verkehr mit Unternehmen (B2B).** Sie ist systematisch eigentlich dem § 5 zuzuordnen, weil sie nicht über das hinausgeht, was ohnehin von dieser Bestimmung erfasst wird. Denn bei Licht betrachtet bedarf es für das, was § 5a I regeln soll, eigentlich keines Unterlassungsdelikts, weil die Irreführung auch in diesen Fällen unmittelbar durch positives Tun begründet wird. **Beispiel:** Der Autohändler, der einen Neuwagen anbietet, ohne darauf hinzuweisen, dass es sich um ein Fahrzeug aus der für das Ausland vorgesehenen Produktion handelt, das nicht über die bei für den deutschen Markt bestimmten Fahrzeugen übliche Serienausstattung (ABS und ESP) verfügt, führt durch positives Tun irre; denn seinem Angebot wird die konkludente Aussage entnommen, das Fahrzeug enthalte die übliche Mindestausstattung.

6a § 5a **II, III und IV** sind dagegen **allein auf den Verkehr mit Verbrauchern (B2C) anzuwenden** (zur Unterscheidung B2B und B2C § 5 Rdn 1.12). Das bedeutet: Einen **Grundtatbestand der Irreführung durch Unterlassen** („Unlauter handelt, wer ...") formuliert das Gesetz nur für den Verkehr mit Verbrauchern. Dieser Grundtatbestand, der über das hinausgeht, was durch § 5 erfasst wird, ist in § 5a II zu finden (Beeinflussung der Entscheidungsfähigkeit der Verbraucher durch Verschweigen wesentlicher Informationen), einer Bestimmung, die der Umsetzung von Art 7 I bis III der UGP-Richtlinie dient. Für die Irreführung durch Unterlassen gegenüber Unternehmen fehlt ein entsprechender Grundtatbestand. Hier muss auf den Tatbestand des § 5 I 1 zurückgegriffen werden; § 5a I stellt dann klar, dass das Verschweigen einer Tatsache ebenfalls eine irreführende Angabe sein kann.

7 **d) Geschäftliche Relevanz der Irreführung und Spürbarkeit der Interessenbeeinträchtigung.** Für die Frage der geschäftlichen Relevanz bzw der Spürbarkeit ist an sich zu unterscheiden, ob das Verhalten unter § 5a I oder II (Verschweigen einer wesentlichen Information, ggf unter Heranziehung von § 5a III und IV) fällt. Im ersten Fall gelten dieselben Regeln, die für die Irreführung durch positives Tun gelten (s oben § 3 Rdn 8). Maßgeblich ist also die geschäftliche Relevanz der Irreführung (dazu unten Rdn 28 sowie § 5 Rdn 2.20 f und 2.169 ff). Im Falle des Verschweigens einer wesentlichen Information (§ 5 a II) gilt indessen die besondere Spürbarkeitsregel des § 5 a II, die ihrerseits auf § 3 II verweist (dazu unten Rdn 55 ff).

II. Herkömmliche Irreführung durch Unterlassen (§ 5 a I)

1. Allgemeines

a) Inwieweit kann auf die Rspr zu § 3 UWG 1909 und § 5 UWG 2004 zurückgegriffen werden? Soweit es darum geht, ob im Verschweigen von Informationen eine Irreführung durch Unterlassen liegt, kann weitgehend auf die **Grundsätze** zurückgegriffen werden, die von **der Rspr zu § 3 UWG 1909** entwickelt worden sind und auch im Rahmen des § 5 UWG 2004 Geltung beansprucht haben. Im Rahmen des § 5 a I besteht keine Notwendigkeit, danach zu unterscheiden, ob es sich um einen Verkehr mit Unternehmen oder mit Verbrauchern handelt.

b) Aufklärungspflicht. In dem **Verschweigen einer nachteiligen Eigenschaft** des angebotenen Produkts kann – wie das Gesetz in § 5 a I ausdrücklich klarstellt – eine irreführende Angabe liegen. Voraussetzung dafür ist aber stets, dass den Werbenden eine **Aufklärungspflicht** trifft (BGH GRUR 1999, 757 – *Auslaufmodelle I*). Die Aufklärungspflicht kann sich zwar schon aus Gesetz, Vertrag oder vorangegangenem Tun ergeben; in der unterlassenen Aufklärung liegt aber nur dann eine Irreführung, wenn das Publikum beim Unterbleiben des Hinweises in einem wesentlichen Punkt, der den Kaufentschluss zu beeinflussen geeignet ist, **getäuscht** wird (BGH GRUR 1982, 374, 375 – *Ski-Auslaufmodelle*; BGH GRUR 1987, 45, 47 – *Sommerpreiswerbung*; ferner BGH GRUR 1952, 416, 417 f – *Dauerdose*; BGH GRUR 1958, 30, 31 – *Außenleuchte*; BGH GRUR 1964, 269, 271 – *Grobdesin*; BGH GRUR 1973, 206, 207 – *Skibindungen*; BGH GRUR 1977, 494 – *Dermatex*; BGH GRUR 1982, 437 – *„Test gut"*; BGH GRUR 1985, 450, 451 – *Benzinverbrauch*; BGH GRUR 1988, 823, 824 – *Entfernung von Kontrollnummern I*; BGH GRUR 1989, 682 f – *Konkursvermerk*; BGH WRP 1993, 239 – *Sofortige Beziehbarkeit*; BGH GRUR 1996, 793, 795 – *Fertiglesebrillen*; BGH GRUR 1999, 1122 – *EG-Neuwagen I*; BGH GRUR 2000, 76 – *Shareware-Version*; ÖOGH ÖBl 1982, 126, 127 – *„Nacht & Tag"*). Diese Täuschung muss der Werbende durch geeignete Hinweise vermeiden.

c) Keine allgemeine Informationspflicht. In den meisten der von der Rspr zu § 3 UWG 1909 oder § 5 UWG 2004 entschiedenen Fällen, in denen eine Aufklärungspflicht bejaht worden ist, wird man heute eine Informationspflicht nach § 5 a III Nr 1 annehmen müssen. Denn es handelt sich dabei meist um wesentliche Merkmale des angebotenen Produkts, für die nach § 5 a III Nr 1 eine ausdrückliche Informationspflicht besteht. Die Regelung in § 5 a I und II begründet dagegen **kein generelles Informationsgebot** (BGH GRUR 1996, 367 – *Umweltfreundliches Bauen* zu § 3 UWG 1909). Zur Offenlegung aller, insbes auch der weniger vorteilhaften oder gar negativen Eigenschaften des eigenen Angebots ist der Kaufmann nur verpflichtet, wenn und soweit dies zum Schutz des Verbrauchers auch unter Berücksichtigung der berechtigten Interessen des Werbenden unerlässlich ist (BGH GRUR 1989, 682, 683 – *Konkursvermerk*; BGH GRUR 1999, 757, 758 – *Auslaufmodelle I*; BGH GRUR 1999, 760, 761 – *Auslaufmodelle II*; BGH GRUR 1999, 1122 – *EG-Neuwagen I*; GK/Lindacher § 3 Rdn 199 f; HdbWettbR/Helm § 53 Rdn 49).

d) Interessenabwägung. Das **Interesse des Verbrauchers** an einer umfassenden Information gerade auch über negative Eigenschaften der angebotenen Ware ist **abzuwägen mit dem Interesse des Werbenden,** der nicht nur auf das Herausstellen der positiven Eigenschaften seiner Ware Wert legt, sondern auch ein berechtigtes Interesse an einer einfachen, plakativen Werbeaussage haben kann (BGH GRUR 1999, 1122, 1124 – *EG-Neuwagen I*; BGH GRUR 1999, 1125, 1126 und 1127 f – *EG-Neuwagen II*; Köhler WRP 2009, 109, 116). Dabei ist der Gesamteindruck, den die Werbung hinterlässt, zu berücksichtigen. Denn durch das Verschweigen einer für den Kaufentschluss wesentlichen Tatsache wird meist ein **falscher Gesamteindruck** hervorgerufen, der die Angabe **irreführend** macht.

2. Fallgruppen

12 **a) Auslaufmodelle.** Verschweigt der Kaufmann, dass es sich bei der angebotenen Ware um ein Auslaufmodell handelt, liegt darin eine Irreführung, wenn der Verkehr einen entspr Hinweis erwartet (BGH GRUR 1999, 757 – *Auslaufmodelle I*). Dies hängt ganz von dem jeweiligen Produkt ab. Daher können auch rein **modische Änderungen** die Hinweispflicht auslösen, wenn der Käufer auf den Erwerb des neuesten Modells Wert legt. Es ist daher grds gleichgültig, ob das neue gegenüber dem alten Modell objektive Vorteile aufweist oder ob sich nur die Bezeichnung, die Farbe oder das sonstige Design geändert hat. Maßgeblich ist allein die Verkehrserwartung. Wird bei einer Ware **üblicherweise** hingewiesen, dass es sich um ein **überholtes Modell** handelt, und hat sich das Publikum an den Hinweis gewöhnt, so wird es beim **Unterbleiben des Hinweises** irregeführt (*Loewenheim* GRUR 1980, 14, 16).

13 Einen Hinweis auf die Verkehrserwartung kann die **Preisgestaltung** geben: Gibt der Handel **Auslaufmodelle** deutlich **günstiger** ab als Modelle aus der laufenden Produktion, wird der Verkehr in aller Regel einen entspr Hinweis erwarten (BGH GRUR 1982, 374, 375 – *Ski-Auslaufmodelle*). **Auffallende Preisunterschiede** können für denjenigen, der die Üblichkeit von Modellwechseln kennt, schon ein ausreichender **Hinweis auf ein Auslaufmodell** sein. Ist es jedoch im Einzelhandel weithin üblich, Auslaufmodelle als solche oder als Restposten oder Ähnliches zu kennzeichnen, so kann das Niedrigpreisangebot den Hinweis auf die Eigenschaft als **Auslaufmodell** nicht ersetzen (BGH GRUR 1982, 374, 376 – *Ski-Auslaufmodelle*; BGH GRUR 1987, 45 – *Sommerpreiswerbung*; OLG Hamm WRP 1989, 529; s § 5 Rdn 7.56 und 7.86).

14 Bei hochwertigen Geräten der **Unterhaltungselektronik** besteht grds eine Hinweispflicht, wenn das fragliche Modell vom Hersteller nicht mehr produziert und nicht mehr im Sortiment geführt oder vom Hersteller selbst als Auslaufmodell bezeichnet wird (BGH aaO; BGH GRUR 2000, 616 – *Auslaufmodelle III*). In der Übergangszeit, in der die Produktion bereits umgestellt ist, kann der **Hinweis auf die erfolgte Modelländerung** so lange unterbleiben, bis das Nachfolgemodell im Handel ist oder – wenn es kein Nachfolgemodell gibt – bis die Ware im üblichen Warenumschlag abgesetzt ist (BGH GRUR 1999, 757 – *Auslaufmodelle I*). – Regelmäßig ist auch eine Werbung für **Haushaltsgroßgeräte**, die nicht mehr hergestellt werden, ohne entspr Hinweis irreführend (OLG Koblenz WRP 1994, 896; OLG Stuttgart WRP 1994, 902). Ein elektronisches Haushaltsgerät (hier: Waschmaschine) muss aber nicht in der Werbung als „Auslaufmodell" bezeichnet werden, wenn der Hersteller dieses Gerät baugleich und technisch identisch, jedoch mit neuer Bezeichnung weiterproduziert und ausliefert (GRUR-RR 2004, 27). – Werden **Skier** im Sommer angeboten, ist ein Hinweis üblich und erforderlich, wenn bereits feststeht, dass dieses Modell in der kommenden Saison nicht mehr angeboten wird (OLG München WRP 1977, 279; OLG München WRP 1979, 157; OLG München WRP 1979, 893). – Bei der Werbung für **modische Bekleidungsstücke** muss der Werbende darauf hinweisen, ob es sich um Kollektionen früherer Jahre handelt, wenn dies das Publikum in seinem Kaufentschluss **wesentlich beeinflusst** (OLG Hamm GRUR 1983, 593).

15 Die Erklärung des **Herstellers**, es handele sich bei einem bestimmten Gerät um ein Auslaufmodell, braucht nicht ausdrücklich zu erfolgen, sondern kann sich auch **aus den Umständen** ergeben, etwa daraus, dass das Gerät nicht mehr in dem aktuellen Katalog des Herstellers enthalten, sondern durch ein Nachfragemodell ersetzt ist (BGH GRUR 2000, 616 – *Auslaufmodelle III*).

16 **b) Hinweis auf Insolvenz?** Der Insolvenzverwalter, der das Unternehmen des Gemeinschuldners fortführt, braucht in **Werbeanzeigen** für das laufende Geschäftsjahr idR nicht auf die **Insolvenzeröffnung** hinzuweisen, es sei denn, dass bes schutzwürdige Interessen der **Verbraucher** vorliegen, die einen Hinweis auf die Insolvenzlage erfordern, zB wegen des höheren Risikos aus Geschäftsabschlüssen (BGH WRP 1989, 655 – *Konkursvermerk*).

17 **c) Werksgarantie.** Geht ein erheblicher Teil des Verkehrs davon aus, dass Alfa-Romeo-Wagen mit der üblichen **Werksgarantie** verkauft werden, so muss ein Nicht-Vertragshändler, der im Gegensatz zu Vertragshändlern von Alfa-Romeo Neuwagen ohne Werksgarantie verkauft, in seinen Anzeigen darauf hinweisen, dass die übliche Garantie fehlt (OLG Düsseldorf GRUR 1977, 261, 262). Irreführend ist die Werbung für eine Reparaturkostenversicherung mit der Angabe „*Fernseh-Dauer-Garantie*", wenn nicht hinreichend deutlich wird, dass die Garantie den Abschluss eines mindestens fünfjährigen Versicherungsvertrages mit hohen Beitragszahlungen voraussetzt (OLG München WRP 1989, 50, 53).

II. Herkömmliche Irreführung durch Unterlassen (§ 5 a I) 18–22 § 5a UWG

d) Parallel- oder reimportierte Kraftfahrzeuge. Der Verkäufer eines **nur im Ausland** 18 **erstausgelieferten** Kraftwagens muss den Käufer darauf hinweisen, dass die Erstauslieferung nicht im Inland erfolgte und infolgedessen inländische Vertragswerkstätten die vom Hersteller zugesagte Gratisinspektion nur gegen Berechnung ausführen (KG WRP 1984, 406). Grds ist es auch irreführend, auf dem deutschen Markt Kraftfahrzeuge anzubieten, die gegenüber **gleichnamigen** für den **deutschen Markt** hergestellten Modellen in wesentlichen Ausrüstungs- und Ausstattungsmerkmalen abweichen, sofern nicht deutlich auf die geringerwertige Ausrüstung hingewiesen wird (BGH GRUR 1992, 171, 173 – *Vorgetäuschter Vermittlungsauftrag;* dazu *Knöpfle* EWiR § 1 UWG 4/92, 299). Unterschiede in der Erstausrüstung lösen für sich genommen jedoch noch keine Aufklärungspflicht aus. Für die Kaufentscheidung spielt es erfahrungsgemäß keine Rolle, dass das Fahrzeug für einen anderen als den inländischen Markt produziert worden ist, wenn es in allen für den interessierten Verkehr wesentlichen Punkten dem deutschen Standard entspricht (BGH GRUR 1994, 228, 229 – *Importwerbung*). – Ein Händler, der für den US-Markt bestimmte japanische PKW aus den USA nach Deutschland importiert, muss in der Anzeigenwerbung **nicht unbedingt auf Abweichungen der Garantiebestimmungen** von denen der deutschen Vertriebsgesellschaft des japanischen Herstellers hinweisen, wenn keine erheblichen Abweichungen vorliegen (OLG Stuttgart NJW-RR 1994, 552 ff).

Selbst bei nicht ganz unerheblichen Abweichungen von dem in Deutschland üblichen Standard – insbes **Verkürzung der Garantiezeit** und **Abweichungen bei der Serienausstattung** – muss im Rahmen der gebotenen Interessenabwägung (s § 5 a Rdn 11) beachtet werden, dass **Parallelimporte aus anderen Mitgliedstaaten der EU** schon mit Blick auf die **Warenverkehrsfreiheit des Art 34 AEUV** nicht über Gebühr behindert werden dürfen (s § 5 Rdn 1.28 ff). Denn Parallel- und Reimporte können einer Abschottung der nationalen Märkte entgegenwirken, die Entwicklung des Warenaustauschs begünstigen und den Wettbewerb verstärken (vgl EuGH Slg 1992, I-131 Tz 12 = WRP 1993, 233 – *Nissan*). Daher wäre eine Verpflichtung unverhältnismäßig, bereits in der Zeitungswerbung jede auch noch so geringe Verkürzung der Garantiezeit oder alle Abweichungen von der in Deutschland üblichen Serienausstattung zu offenbaren. Der BGH hat daher bei Abweichungen in der Serienausstattung und bei einer geringfügigen Verkürzung der Garantiezeit (um bis zu zwei Wochen) eine Aufklärungspflicht für die Publikumswerbung verneint (BGH GRUR 1999, 1122, 1124 – *EG-Neuwagen I;* BGH GRUR 1999, 1125, 1126 f – *EG-Neuwagen II*). Auch der EuGH hat in der **Nissan-Entscheidung** das Irreführungsverbot des Art 4 I iVm Art 2 Nr 2 der Irreführungsrichtlinie 84/450/EWG in einem entspr Fall zurücktreten lassen, soweit einerseits die beim Verbraucher hervorgerufenen, nicht als bes gravierend erscheinenden Fehlvorstellungen regelmäßig vor der Kaufentscheidung ausgeräumt werden und andererseits ein Verbot die Tätigkeit von Parallelimporteuren nicht unerheblich beeinträchtigen würde (EuGH Slg 1992, I-131 Tz 13 ff = WRP 1993, 233 – *Nissan*). 19

e) Parallel- oder reimportierte Arzneimittel. Wird die äußere Verpackung eines reimportierten Arzneimittels vom Importeur **willkürlich geöffnet**, so muss dieser, wenn er die äußere Verpackung wieder verschließt, auf ihr einen Hinweis darauf anbringen; das ist jedoch nicht nötig, wenn die Öffnung wegen des Importcharakters der Ware für die Verkehrsfähigkeit im Inland **rechtlich geboten, im Umfang angemessen** ist und nicht den Gebräuchen des redlichen Geschäftsverkehrs widerspricht (BGH GRUR 1982, 115, 118 – *Öffnungshinweis* mit Anm *Bauer*). 20

f) Verwendungsbeschränkungen. Die Werbung für den Betrieb im Inland verbotener Fernmeldeanlagen ohne deutlichen Hinweis auf die verbotene Verwendung im Inland ist irreführend; die Angabe *„nur f. Export"* reicht nicht aus (OLG München GRUR 1987, 181). Wird eine Ware beworben, die für den Werbenden erkennbar von einem Teil der Erwerber, wenn auch nach Umbau, **in strafbarer** Weise benutzt wird, so muss bereits in der Zeitungswerbung auf die **Strafbarkeit** einer entspr Verwendung hingewiesen werden; ein Hinweis auf das Verbot der Benutzung genügt nicht (KG GRUR 1991, 690, 692). 21

g) Hinweis auf entfernte Kontrollnummern? Werden an **Wiederverkäufer** Radio-Recorder verkauft, an denen vorher die vom Hersteller angebrachte **Gerätenummer** entfernt wurde, die jeweils die Fertigungsstätte und das Herstellungsjahr erkennen lässt und ohne die eine Herstellergarantie ausgeschlossen ist, so werden sie **in relevanter Weise irregeführt,** wenn sie nicht ausdrücklich beim Kauf auf das **Fehlen der Gerätenummer** hingewiesen worden sind, da diese der nachträglichen Material- und Fertigungskontrolle, der Identifizierung eines bestimmten 22

Gerätes, dem Auffinden erforderlicher Ersatzteile und der zuverlässigen Abwicklung von Garantiefällen dient und daher Wiederverkäufer auf das Vorhandensein der Nummern wegen der möglichen Haftung gegenüber ihren Abnehmern Wert legen (BGH GRUR 1988, 461 f – *Radio-Recorder*). Gleiches gilt, wenn der Verkehr bei bestimmten Geräten vom Vorhandensein einer **Herstellernummer** und mit ihr verbundener wesentlicher Vorteile (Garantie- und Kundendienstleistungen) ausgeht und der Käufer nicht über das Fehlen der üblicherweise vorhandenen und erwarteten Nummer vom Verkäufer hinreichend deutlich aufgeklärt wird (BGH GRUR 1989, 110, 113 – *Synthesizer*).

23   h) **Keine Aufklärungspflicht bei Selbstverständlichkeiten.** Keine Pflicht zur Aufklärung besteht für Umstände, die **selbstverständlich** sind und mit denen die umworbenen Kunden redlicherweise rechnen müssen. Kündigt ein Unternehmen an, alle Waren gegen Zahlung des Kaufpreises in Raten zu veräußern, so versteht sich von selbst, dass keine unbedingte Lieferbereitschaft in Fällen zweifelhafter wirtschaftlicher Leistungsfähigkeit der Kunden besteht (BGH GRUR 1988, 459, 460 – *Teilzahlungsankündigung;* dazu § 5 Rdn 7.43). – Der schlagwortartige Gebrauch der **Firma** ohne Angabe der Rechtsform (AG, GmbH, GmbH & Co KG) ist in der **Werbung** für das Unternehmen nicht irreführend, es sei denn, dass bes Umstände eine Irreführung begründen, etwa zur Individualisierung des Inhabers bei Geschäftsabschlüssen (OLG Stuttgart BB 1991, 993). Auch wenn eine Publikumswerbung eine faktisch vom Kunden als nachteilig empfundene, aber **warentypische** Eigenschaft nicht erwähnt, wird eine Irreführung nur selten zu bejahen sein (*Schünemann* BB 1997, 2061, 2065).

24   i) **Verschiedenes.** Ein **Möbelversandgeschäft,** das in Zeitungsanzeigen Brautpaaren **Mietwohnungen** anbietet, darf nicht verschweigen, dass der Abschluss eines Mietvertrages von dem Kauf von Möbeln abhängig ist (OLG Stuttgart GRUR 1972, 658). – Geht der Kunde bei einer Ware von einem **Naturerzeugnis** aus, so muss offenbart werden, dass sie ganz oder teilweise aus Kunststoff besteht. Nimmt ein beachtlicher Teil des Verkehrs bei der Werbung für eine Ware erfahrungsgemäß an, dass sie bei gleichartigem Aussehen aus dem früher stets verwendeten Stoff besteht, so ist ein **aufklärender** Hinweis nötig, wenn für die Ware jetzt ein anderer Stoff verwendet wird, zB Möbel kein Holzfurnier mehr, sondern eine Kunststofffolie aufweisen (OLG Düsseldorf GRUR 1975, 146). – Schließt der Verkehr auf Grund der Verwendung einer **Marke** auf **bestimmte Eigenschaften** der gekennzeichneten Ware, kann die Verwendung der Marke für eine diese Eigenschaften nicht aufweisende Ware ohne entspr Aufklärung irreführend sein (BGH GRUR 1984, 737 – *Ziegelfertigstürze;* dazu § 5 Rdn 2.57 und 4.82). – Weist ein Händler bei im normalen Sortiment angebotener Kondensmilch in Weichpackungen nicht darauf hin, dass das auf der Packung aufgedruckte **Mindesthaltbarkeitsdatum** bereits verstrichen ist, so kann der Verbraucher durch Vorenthaltung einer für den Kaufentschluss wesentlichen Information irregeführt werden (OLG Köln GRUR 1988, 920; dazu § 5 Rdn 4.87).

24a   Häufig geht der Verbraucher (mit Recht) davon aus, dass eine bestimmte **Leistung im angebotenen Preis enthalten** ist. Wird dann für die Leistung ein gesondertes Entgelt beansprucht, trifft den Kaufmann der berechtigte Vorwurf, hierauf nicht hingewiesen zu haben: So liegt in der Preisangabe eines Anbieters von Billigflügen eine Irreführung (durch Unterlassen), wenn für den **Transport eines Gepäckstücks** eine **zusätzliche Vergütung** verlangt wird (OLG Hamburg WRP 2008, 149; vgl § 5 Rdn 7.108). Wirbt ein **Fitness-Studio** mit einem Monatspreis, so erwartet der Verbraucher, dass in diesem Preis die **Benutzung der Duschen enthalten** ist. Die Möglichkeit, nach der Benutzung eines Sportstudios zu duschen, zählt zu den elementaren Grundleistungen einer solchen Einrichtung, deren Erbringung der Verbraucher ohne weiteres erwartet. Bietet das Studio die Benutzung der Duschen nur gegen Zahlung eines zusätzlichen Entgelts an, muss hierauf in der Werbung hingewiesen werden (OLG Karlsruhe WRP 2009, 107).

25   Wer unter einer bekannten Bezeichnung, mit der der Verkehr bestimmte Güte- oder Herkunftsvorstellungen verbindet (**Herkunft von Davidoff-Zigarren**), wirbt, muss uU darauf hinweisen, wenn sich die Herkunft der Ware plötzlich ändert (Herkunft nicht mehr aus Kuba, sondern aus der Dominikanischen Republik; OLG Hamburg WRP 1992, 395; dazu § 5 Rdn 4.81). – **Kaltreiniger** mit dem Umweltzeichen „**umweltfreundlich, weil abwasserentlastend**" ohne den nach den Vergaberichtlinien nötigen **Warnhinweis,** dass das Produkt nicht ohne Ölabscheider benutzt werden darf, ruft die irrige Vorstellung hervor, das Produkt belaste die Umwelt nur unerheblich oder überhaupt nicht (OLG Köln GRUR 1988, 630). – Ein **Arbeitskräfte-Verleiher** (§ 1 AÜG), der bei einer Stellenanzeige seine Eigenschaft als

Verleiher nicht erkennen lässt, handelt durch sein Verschweigen über die Beschaffenheit seiner gewerblichen Leistung irreführend (OLG Nürnberg GRUR 1991, 390). – Der Hersteller einer Telefonauskunft-CD, der in der Werbung herausstellt, dass im Liefervorgang alle möglichen Anwendungsprogramme enthalten sind, führt die Verbraucher in die Irre, wenn er nicht darauf hinweist, dass es sich dabei um funktionseingeschränkte **Shareware-Versionen der Programme** handelt (BGH GRUR 2000, 76 – *Shareware-Version*). – Vgl zu einer **unvollständigen Schutzrechtsverwarnung** § 5 Rdn 5.131, zu einer unvollständigen Berechtigungsanfrage § 5 Rdn 5.131 a.

3. Bezugnahme auf AGB

Es bestehen grds keine Bedenken, in einer **Werbeschrift** für einen durch Prämienzahlung mittels Zahlkarte zustande kommenden Abschluss einer **Reisegepäckversicherung** auf Allgemeine Versicherungsbedingungen (AVB) hinzuweisen. In dem Werbeprospekt muss nicht auf sämtliche **Beschränkungen der Leistungspflicht** des Versicherers hingewiesen werden (BGH GRUR 1983, 654, 655 – *Kofferschaden* mit Anm *Schulze zur Wiesche*). Der Kunde muss mit Haftungsausschlüssen rechnen und kann sich über Inhalt und Umfang durch Einsichtnahme in die Bedingungen oder durch Rückfrage beim Versicherer vergewissern; dieser ist im Allgemeinen nicht verpflichtet, auf Beschränkungen hinzuweisen (BGH NJW 1957, 140). Die Werbeschrift muss jedoch so abgefasst sein, dass der Versicherungsnehmer, der sich allein auf die Angaben in der Werbeschrift verlässt, nicht durch Haftungsausschlüsse in den AVB **überrascht** und **irregeführt** wird. Wird in einer Werbeschrift nicht nur allgemein für eine Reisegepäckversicherung geworben und insoweit auf die AVB Bezug genommen, sondern werden auch **einzelne Leistungen** unter ergänzender Bezugnahme auf die AVB hervorgehoben, so fragt es sich, ob der Verkehr auch insoweit mit bestimmten Haftungsausschlüssen rechnet, wobei ins Gewicht fällt, dass solche Schäden von anderen Versicherungen gewöhnlich ersetzt werden. Wird zB in der Werbeschrift darauf hingewiesen, dass auch der Schaden bei Verlust oder „Beschädigung des Reisegepäcks" ersetzt wird, sind jedoch in den AVB „Schäden durch Verschmutzung, Bruch, Verbiegen, Verbeulen, Verkratzen, Verschrammen, Zerreißen, insbes an Koffern und sonstigen Gepäckbehältern" ausgeschlossen, liegt darin eine Irreführung (BGH GRUR 1983, 654, 656 – *Kofferschaden*).

Je **genauer** eine Ware oder Leistung in einer Werbeschrift beschrieben wird, desto eher wird der Verkehr von einer **vollständigen Unterrichtung** über die verkehrswesentlichen Punkte ausgehen und daher durch nicht erwähnte Haftungsausschlüsse irregeführt werden. Aber auch bei **allgemein gehaltenen Werbeschriften** beseitigt eine Bezugnahme auf die AGB nicht die Irreführung zB bei **überraschenden** Haftungsklauseln (§ 305 c BGB).

4. Geschäftliche Relevanz der Irreführung

Eine (unerwünschte) Folge des Umstands, dass der in § 5 a II formulierte Grundtatbestand nur für den Verkehr mit Verbrauchern gilt, ist der, dass auch für die geschäftliche Relevanz der Irreführung durch Unterlassen unnötigerweise **unterschiedliche Regelungen** gelten. Was die Irreführung durch Unterlassen im Verkehr mit Unternehmen (B2B), idR also mit gewerblichen Abnehmern, angeht, gelten die **allgemeinen Regeln** für die geschäftliche Relevanz der Irreführung, wie sie im Rahmen des § 5 unabhängig davon gelten, ob es um eine Verkehr mit Unternehmen (B2B) oder mit Verbrauchern (B2C) geht (dazu § 5 Rdn 2.20 f und 2.169 ff). Dagegen knüpft der Tatbestand des § 5 a II in der Regelung in § 3 II an: Durch das Verschweigen der Tatsache muss die **Entscheidungsfähigkeit der Verbraucher spürbar beeinträchtigt** werden. Damit wird aber nur scheinbar ein anderer Maßstab eingeführt, als er sonst im Rahmen der Irreführung gilt. Denn § 5 a II setzt ohnehin eine Beeinflussung der Entscheidungsfähigkeit des Verbrauchers durch das **Vorenthalten wesentlicher Informationen** voraus. Werden Informationen vorenthalten, die für die geschäftliche Entscheidung, die der Verbraucher zu treffen hat, wesentlich sind, ist das Kriterium der Spürbarkeit stets erfüllt. Dem außerhalb der Irreführungstatbestände liegenden Spürbarkeitsmerkmal kommt daher keine praktische Bedeutung zu.

III. Verletzung von allgemeinen und speziellen Informationspflichten (§ 5 a II, III und IV)

1. Verletzung der allgemeinen Informationspflicht nach § 5 a II

29 Im Gegensatz zu § 5 a I, der in den systematischen Zusammenhang des § 5 gehört, unterstellt § 5 a II mit III und IV dem Irreführungsverbot Sachverhalte, die an sich eher dem **Rechtsbruchtatbestand** zuzurechnen sind. Zu diesem Zweck stellt § 5 a II eine **allgemeine Informationspflicht** auf, die sich auf alle für den Verbraucher **wesentlichen Informationen** bezieht, ungeachtet, ob die Nichtinformation zu einer Irreführung führt oder nicht. Als typische Beispiele können die Fälle herhalten, die der BGH schon in der Vergangenheit unter den Irreführungstatbestand gefasst hat, obwohl auch dort mit dem Unterlassen der Information eigentlich keine Irreführung, sondern eben nur eine mangelnde Information verbunden war (BGHZ 139, 368, 376 = GRUR 1999, 264 – *Handy für 0,00 DM;* BGH GRUR 1999, 261, 264 – *Handy-Endpreis;* BGHZ 151, 84, 88 f = GRUR 2002, 976 – *Kopplungsangebot I;* BGH GRUR 2002, 979, 981 – *Kopplungsangebot II*). Systematisch gehören auch die in den Katalog des § 4 aufgenommenen Fälle des Transparenzgebots (§ 4 Nr 4 und 5) hierher. – Als wesentliche Informationen sind bspw auch die Kosten von Verbrauchsmaterialien anzusehen, auch wenn sich weder aus der PAngV noch aus § 5 a I eine Verpflichtung entnehmen lässt, diese Kosten aufzuführen (vgl BGH GRUR 2009, 690 Tz 20 – *XtraPac;* ferner BGH, Urt v 22. 4. 2009 – I ZR 14/07, Tz 29 – *0,00 Grundgebühr*).

29a Zur **geschäftlichen Relevanz** s unten Rdn 55 ff.

2. Verletzung von Informationspflichten nach § 5 a III

30 a) **Allgemeines.** § 5 a III enthält in Umsetzung von Art 7 IV der UGP-Richtlinie eine Reihe von **Informationspflichten.** Sie gelten – anders als die Informationspflichten nach § 5 IV – nicht für sämtliche Angaben im geschäftlichen Verkehr, sondern **nur für konkrete Angebote.** Die UGP-Richtlinie spricht von einer **„Aufforderung zum Kauf",** definiert in Art 2 lit i als „eine kommerzielle Kommunikation, die die Merkmale des Produkts und den Preis in einer Weise angibt, die den Mitteln der verwendeten kommerziellen Kommunikation angemessen ist und den Verbraucher dadurch in die Lage versetzt, einen Kauf zu tätigen". Die in der deutschen Rechtssprache mit dem Begriff „Kauf" verbundene Beschränkung auf Kaufverträge ist vom Richtliniengeber nicht gewollt. Der deutsche Gesetzgeber spricht daher von einem Angebot „in einer dem verwendeten Kommunikationsmittel angemessenen Weise", das den durchschnittlichen Verbraucher in die Lage versetzt, das Geschäft abzuschließen. Die **essentialia negotii** müssen also bekannt sein. Andererseits ist **weder ein bindendes Angebot** noch auch nur eine **invitatio ad offerendum** erforderlich, um die Informationspflichten auszulösen.

30a Die Informationspflichten gelten somit **nicht für Image- oder Erinnerungswerbung.** Auch die Produktwerbung des nicht über einen integrierten Vertrieb verfügenden Herstellers – etwa in einer Zeitung oder im Rundfunk – wird häufig nicht erfasst, weil sie nicht die für den Kauf erforderlichen Einzelheiten nennt. Erfasst wird dagegen die **Werbung des Händlers,** wenn er – was der Regel entsprechen wird – für konkrete Angebote wirbt. Aber auch die **Werbung eines Herstellers,** etwa für eine kostspielige Uhr, mit einem Vertriebsnachweis und mit der Angabe des (empfohlenen) Preises erfüllt die Voraussetzungen für konkretes Angebot iSd § 5 a III.

31 b) **Wesentliche Merkmale (§ 5 a III Nr 1).** Nennt eine Werbung die für den Kaufentschluss wichtigen Merkmale und fällt sie daher unter die Informationspflicht des § 5 a III, muss auf eine gewisse **Vollständigkeit** geachtet werden. Nun muss – vorbehaltlich der geeigneten Kommunikationsform – über **alle Bedingungen** informiert werden, die für den Verbraucher **von besonderem Interesse** sein können. Wird bspw für ein Mobiltelefon mit einer Netzzugangskarte und einem Startguthaben von 10 € geworben, das in den ersten zwei Jahren nur mit einem Vertrag oder mit weiteren Netzzugangskarten desselben Anbieters betrieben werden kann, müssen auch die Kosten für die nachzurüstende Netzzugangskarte genannt werden, auch wenn das Telefon mit dem beschränkten Lieferumfang auch noch nach Verbrauch des Startguthabens (etwa zum Passivtelefonieren) benutzt werden kann (vgl BGH Urt v 5. 11. 2008 – I ZR 55/06). Denn derjenige, der sich ein solches Telefon ohne Netzvertrag kauft und seinen Nachrüstbedarf

III. Verletzung von allgemeinen und speziellen Informationspflichten   32–39   § 5a UWG

nur bei einem Hersteller befriedigen kann, möchte wissen, wie viel er jeweils für eine solche Karte zum Nachrüsten aufwenden muss.

Allerdings führt die Informationspflicht nach § 5 a III Nr 1 nicht dazu, dass der Werbende **32** über **alle Eigenschaften** informieren muss, **die für den Verbraucher von Interesse** sein können. Von Interesse ist bspw der Umstand, dass die angebotene Waschmaschine nur den vierten Platz beim Test der Stiftung Warentest erreicht hat (vgl *Köhler* WRP 2009, 109, 117) oder dass das Tropenholz, aus dem die angebotenen Gartenmöbel hergestellt sind, nicht aus einer Plantage stammt. Gleichwohl handelt es sich nicht um Informationen, von denen der Verbraucher erwarten kann, dass sie ihm vom anbietenden Unternehmen genannt werden. Diese Liste ließe sich beliebig fortsetzen (Kofferraum des angebotenen Autos kleiner als bei der Konkurrenz; keine warmen Speisen auf dem Flug nach Teneriffa; Lärmexponiertheit der angebotenen Wohnung etc). Insbesondere die Vorzugswürdigkeit eines Konkurrenzproduktes stellt idR keinen Umstand dar, auf die der Anbieter des nachteiligen Produkts hinweisen müsste.

c) Identität und Anschrift des Unternehmers (§ 5 a III Nr 2). Die Pflicht, die **Identität** **33** und **Anschrift** des anbietenden Unternehmens anzugeben, ergibt sich ohnehin in vielen Fällen bereits aus § 312 c I 1 und II 1 iVm § 1 I Nr 1 und 2, IV 1 Nr 1 BGB-InfoV und §§ 15 a und 15 b GewO. Diese Informationen sollen es dem Verbraucher ermöglichen, ohne Schwierigkeiten Kontakt mit dem anbietenden Unternehmen aufzunehmen.

d) Endpreis (§ 5 a III Nr 3). Die Informationspflicht hinsichtlich des **Endpreises** tritt neben **34** die **ohnehin bestehenden Verpflichtungen aus der Preisangabenverordnung.** Zur Klärung der Frage, was im Einzelnen angemessen ist, kann auf die Regelung dort zurückgegriffen werden. Eine selbstständige, insbes eine weiterführende, Bedeutung kommt der Bestimmung der Nr 3 nicht zu.

e) Von den Erfordernissen der fachlichen Sorgfalt abweichende Zahlungs-, Liefer- **35** **und Leistungsbedingungen, Beschwerdeverfahren (§ 5 a III Nr 4).** Bei dieser Informationspflicht geht es vor allem um den aufklärenden Hinweis über **Abweichungen vom Üblichen,** mit denen der Verbraucher nicht ohne weiteres rechnet (dazu *Köhler* NJW 2008, 177, 179 f). Halten sich die Konditionen im Rahmen dessen, was in der Branche üblich ist und womit der Verbraucher ohnehin rechnete, brauchen keine entsprechenden Hinweise gegeben werden. Freilich führt nur eine erhebliche Abweichung von den üblichen Vertragsklauseln zu einer entsprechenden Informationspflicht. Eine Hinweispflicht besteht nicht nur, aber jedenfalls dann, wenn die betreffenden Bedingungen **unwirksam** sind, etwa nach §§ 307 bis 309 BGB (Henning/Harte/*Dreyer* § 5 a Rdn 68; Fezer/*Peifer* § 5 a Rdn 61, 62; Piper/Ohly/*Sosnitza* § 5 a Rdn 31; *Köhler* WRP 2009, 898, 907 f; *ders* NJW 2008, 177, 179 f). Allerdings muss der Unternehmer den Verbraucher nicht über die Unwirksamkeit der Bedingungen aufklären. Die Informationspflicht betrifft die Zeit vor Abschluss des Vertrages und soll dem Verbraucher in dieser Phase zur Kenntnis bringen, worauf er sich einlässt.

f) Rücktritts- oder Widerrufsrecht (§ 5 a III Nr 5). Auf ein bestehendes Rücktritts- oder **36** **Widerrufsrecht** muss **stets hingewiesen** werden. Eine entsprechende Belehrungspflicht ergibt sich ohnehin schon aus § 355 II BGB (Palandt/*Grüneberg* BGB, 69. Aufl 2010, § 355 Rdn 13), nämlich immer dann, wenn dem Verbraucher ein gesetzliches Widerrufsrecht zusteht, etwa aus § 312 (Haustürgeschäft), § 312 d (Fernabsatzvertrag), § 485 (Teilzeit-Wohnrechtvertrag) und § 495 BGB (Verbraucherdarlehensvertrag) sowie aus § 4 FernunterrichtsschutzG.

g) Geschäftliche Relevanz. Zur geschäftlichen Relevanz s Rdn 55 ff. **37**

3. Verletzung von Informationspflichten nach § 5 a IV

a) Allgemeines. § 5 a IV verweist auf einen **offenen Katalog** weiterer, unionsrechtlicher **38** Informationspflichten. Dabei könnte es zwar auch um (unmittelbar anwendbare) Verordnungen gehen. Der Anh II der UGP-Richtlinie, der einen – nicht erschöpfenden – Katalog solcher Informationspflichten enthält, umfasst aber nur **Richtlinien,** die daher idR auch eine Entsprechung im deutschen Recht haben. Auch für diese Informationspflichten gilt, dass es sich um **Marktverhaltensregelungen** handelt. Die Nichtbeachtung dieser Pflichten kann daher auch unabhängig von § 5 a IV als Rechtsbruch nach §§ 3, 4 Nr 11 verfolgt werden. Der Gesetzgeber hätte also an sich auch auf diese Regelung verweisen können.

Der Katalog ist offen gestaltet, um die Wirkung einer **dynamischen Verweisung** zu errei- **39** chen. Es ging also nicht darum, dass die Kommission selbst nicht mehr gewusst hätte, welche unionsrechtlichen Informationspflichten bestehen. Vielmehr soll der Katalog sich laufend ergänzen, ohne dass jede Änderung oder Ergänzung ein Tätigwerden des Gesetzgebers erfordert. Dennoch ist die Dichte der bestehenden Informationspflichten eindrucksvoll. Sie zeigt, dass der Phase der Deregulierung des Wettbewerbsrechts in Deutschland eine Phase der **zunehmenden Regulierung** in Europa Platz gemacht hat.

40 Wird gegen eine der Informationspflichten verstoßen, steht der **Rechtsbruch nach § 4 Nr 11** neben der Irreführung nach § 5a IV. Eine **Konkurrenz** zwischen den beiden Normen besteht nicht, weil beide die unlautere geschäftliche Handlung nach § 3 I begründen.

41 b) **Verweis auf unionsrechtliche Informationspflichten nach Anh II der UGP-Richtlinie. aa) Art 4 und 5 Richtlinie 97/7/EG (Fernabsatzrichtlinie).** Es handelt sich um Vorschriften zur kommerziellen Kommunikation über den Verbraucherschutz bei Vertragsabschlüssen im Fernabsatz. Art 4 RL 97/7/EG regelt die vor Abschluss eines Vertrags im Fernabsatz zu erfüllenden Informationspflichten; Art 5 deren schriftliche Bestätigung. Die Umsetzung ist erfolgt in § 312c BGB (Unterrichtung des Verbrauchers bei Fernabsatzverträgen) iVm § 1 BGB-InfoV sowie für den Versicherungsbereich in der Verordnung über Informationspflichten bei Versicherungsverträgen (VVG-Informationspflichtenverordnung – VVG-InfoV).

42 bb) **Art 3 Richtlinie 90/314/EWG (Pauschalreiserichtlinie).** Art 3 I der Richtlinie sieht vor, dass Beschreibungen einer Pauschalreise durch den Veranstalter oder Vermittler, die Preise und die übrigen Vertragsbedingungen keine irreführenden Angaben enthalten dürfen. Art 3 II der Richtlinie enthält besondere Anforderungen für den Prospekt. Die Vorgaben sind durch § 4 BGB-InfoV umgesetzt.

43 cc) **Art 3 III Richtlinie 94/47/EG (Teilzeitnutzungsrechterichtlinie).** Die Richtlinie enthält in Art 3 III Informationspflichten, deren schuldrechtsbezogene Umsetzung in § 482 BGB (Prospektpflicht bei Teilzeit-Wohnrechteverträgen) iVm § 2 BGB-InfoV erfolgt ist.

44 dd) **Art 3 IV Richtlinie 98/6/EG (Verbraucherschutz bei Preisangaben).** Nach Art 3 IV der Richtlinie ist bei der Werbung für bestimmte grundpreisfähige Produkte nicht nur die Angabe des Endpreises vorgeschrieben, sondern auch der Preis je Maßeinheit. Diese Vorgabe ist in § 2 PAngV umgesetzt.

45 ee) **Art 86–100 Richtlinie 2001/83/EG zur Schaffung eines Gemeinschaftskodexes für Humanarzneimittel.** Dieser Gemeinschaftskodex regelt die Herstellung, das Inverkehrbringen, den Vertrieb und den Einsatz von Humanarzneimitteln. Die Umsetzung ist durch die Vorschriften des Heilmittelwerbegesetzes (HWG) erfolgt.

46 ff) **Art 5 und 6 Richtlinie 2000/31/EG über den elektronischen Geschäftsverkehr.** Art 5 und 6 der Richtlinie sehen allgemeine und besondere Informationspflichten vor, die in den §§ 5 und 6 des Telemediengesetzes (TMG) geregelt sind.

47 gg) **Art 1 lit d Richtlinie 98/7/EG zur Änderung der Verbraucherkredit-Richtlinie 87/102/EWG.** Art 1 lit d Richtlinie schreibt für den Verbraucherkredit bestimmte Informationen vor. Diese Vorgabe wurde inzwischen durch Art 4 der Richtlinie 2008/.../EG des Europäischen Parlaments und des Rates vom 7. April 2008 ersetzt. Die Umsetzung ist bisher in § 6 I PAngV erfolgt.

48 hh) **Art 3 und 4 Richtlinie 2002/65/EG (Richtlinie über den Fernabsatz von Finanzdienstleistungen).** Art 3 und 4 Richtlinie enthalten Anforderungen an die Unterrichtung des Verbrauchers vor Abschluss eines solchen Fernabsatzvertrags. Die Umsetzung ist in § 312c I BGB iVm § 1 BGB-InfoV erfolgt.

49 ii) **Art 1 Nr 9 Richtlinie 2001/107/EG.** Art 1 Nr 9 der Richtlinie 2001/107/EG zur Änderung der Richtlinie 85/611/EWG zur Koordinierung der Rechts- und Verwaltungsvorschriften betreffend bestimmte Organismen für gemeinsame Anlagen in Wertpapieren (OGAW) zwecks Festlegung von Bestimmungen für Verwaltungsgesellschaften und vereinfachte Prospekte sieht Informationspflichten gegenüber den Anlegern vor. Diese Richtlinienvorgabe ist in § 42 InvG umgesetzt worden.

50 jj) **Art 12 und 13 Richtlinie 2002/92/EG über Versicherungsvermittlung.** Die Art 12 und 13 der Richtlinie sehen Informationspflichten vor. Sie sind in den §§ 42b–42d des Gesetzes zur Neuregelung des Versicherungsvermittlerrechts umgesetzt worden.

51 kk) **Art 36 Richtlinie 2002/83/EG über Lebensversicherungen.** Art 36 der Richtlinie schreibt Informationen vor, die dem Versicherungsnehmer vor Abschluss eines Versicherungs-

vertrags und während der Vertragsdauer zu erteilen sind. Die Umsetzung ist in der Verordnung über Informationspflichten bei Versicherungsverträgen (VVG-Informationspflichtenverordnung – VVG-InfoV) erfolgt.

ll) Art 19 Richtlinie 2004/39/EG über Märkte für Finanzinstrumente. Art 19 der Richtlinie enthält unionsrechtliche Vorgaben über Märkte für Finanzinstrumente. Die Umsetzung ist in den §§ 34 und 34a WpHG erfolgt.

mm) Art 31 und 43 Richtlinie 92/49/EWG (Dritte Richtlinie Schadenversicherung). In den Art 31 und 43 der Richtlinie sind Informationen vorgesehen, die dem Versicherungsnehmer vor Vertragsschluss zu erteilen sind. Die Umsetzung ist in der Verordnung über Informationspflichten bei Versicherungsverträgen (VVG-Informationspflichtenverordnung – VVG-InfoV) erfolgt.

nn) Art 5, 7 und 8 Richtlinie 2003/71/EG betreffend den Prospekt, der beim öffentlichen Angebot von Wertpapieren oder bei deren Zulassung zum Handel zu veröffentlichen ist. Art 5, 7 und 8 der Richtlinie enthalten Vorgaben betreffend den Prospekt, der beim öffentlichen Angebot von Wertpapieren oder bei deren Zulassung zum Handel zu veröffentlichen ist. Diese Vorgaben sind durch die §§ 5–8 und 12 WpPG umgesetzt worden.

4. Geschäftliche Relevanz

a) Verweisung auf § 3 II. § 5 II enthält eine Verweisung auf § 3 II und damit scheinbar auf die Generalklausel. Gemeint ist damit aber nur eine **Verweisung auf die** dort (§ 3 II 1) formulierte **Spürbarkeitsklausel,** nicht dagegen die sonstigen Voraussetzungen der Generalklausel. Es ist also nicht zu prüfen, ob der Unternehmer mit der Verletzung der Informationspflicht entgegen der für ihn geltenden fachlichen Sorgfalt gehandelt hat. Denn das steht mit der Verletzung der Informationspflicht bereits fest. Das Spürbarkeitserfordernis des § 3 II 1 entspricht dem Relevanzerfordernis (Art 7 I und II UGP-Richtlinie), das im Rahmen des § 5a ohnehin zu berücksichtigen ist (vgl oben § 3 Rdn 8g mwN). Etwas anderes darf auch der Entscheidung *„Kamerakauf im Internet"* (BGH GRUR 2010, 248 Tz 31) nicht entnommen werden.

b) Geschäftliche Relevanz bei Verletzung der allgemeinen Informationspflicht (§ 5a II). Die Frage, ob eine wesentliche Informationspflicht iSv § 5 II verletzt ist, ist von der Frage nach der geschäftlichen Relevanz nicht zu trennen. Eine wesentliche Information, die der Verbraucher nicht benötigt, um eine informationsgeleitete Entscheidung zu treffen, ist ein Widerspruch in sich (vgl auch jurisPK/*Seichter* § 5a Rdn 56). **Dies bedeutet:** Mit der Bejahung der Wesentlichkeit sind unwiderleglich auch die Erfordernisse des § 3 II erfüllt, weil sich die Wesentlichkeit nach § 5a II gerade dadurch definiert, dass der Verbraucher „im Sinne des § 3 Abs. 2 ... beeinflusst" wird. Etwas anderes ergibt sich (entgegen der noch in der 27. Aufl § 5a Rdn 37 vertretenen Ansicht) auch nicht aus Art 7 I und II der UGP-Richtlinie. Zwar scheint der Wortlaut des Art 7 I neben der Wesentlichkeit eine zweite Voraussetzung zu postulieren, dass nämlich das Vorenthalten der Information den Durchschnittsverbraucher zu einer Entscheidung zu veranlassen geeignet ist, die er sonst nicht getroffen hätte. Das Wörtchen „somit" gestattet aber die ohnehin naheliegende Annahme, dass diese Voraussetzung mit dem Vorenthalten einer wesentlichen Information stets erfüllt ist (vgl *Bergmann,* FS Krämer, 2009, 163, 171).

c) Geschäftliche Relevanz bei Verletzung einer bes Informationspflicht (§ 5a III und IV). Ist eine Informationspflicht verletzt, steht nach dem **Zusammenspiel zwischen § 5a II, III und IV** fest, dass dem Verbraucher eine wesentliche Information vorenthalten worden ist (§ 5a II). Denn die in § 5a III und IV aufgeführten Informationspflichten **„gelten als wesentlich im Sinne des Absatzes 2".** Mit der Verletzung der Informationspflicht nach § 5a III oder IV steht damit ebenfalls fest, dass die Verletzung der Informationspflicht zu einer **relevanten Fehlvorstellung** führt (BGH GRUR 2010, 852 Tz 21 – *Gallardo Spyder;* BGH Urt v 29. 4. 2010 Tz 24 – *Holzhocker*). Die geschäftliche Relevanz ist danach nur dann gesondert zu prüfen, wenn es sich um eine Informationspflicht handelt, die über das Unionsrecht hinausgeht und auch von § 5a III nicht erfasst wird (dazu *Köhler,* FS Loschelder, 2010, 127, 131 ff). Derartige Informationspflichten können nur über § 4 Nr 11 wettbewerbsrechtlich aktiviert werden, so dass hier das Spürbarkeitserfordernis gesondert zu prüfen bleibt (dazu *Köhler,* FS Loschelder, 2010, 127, 136).

Vergleichende Werbung

6 (1) Vergleichende Werbung ist jede Werbung, die unmittelbar oder mittelbar einen Mitbewerber oder die von einem Mitbewerber angebotenen Waren oder Dienstleistungen erkennbar macht.

(2) Unlauter handelt, wer vergleichend wirbt, wenn der Vergleich

1. sich nicht auf Waren oder Dienstleistungen für den gleichen Bedarf oder dieselbe Zweckbestimmung bezieht,
2. nicht objektiv auf eine oder mehrere wesentliche, relevante, nachprüfbare und typische Eigenschaften oder den Preis dieser Waren oder Dienstleistungen bezogen ist,
3. im geschäftlichen Verkehr zu einer Gefahr von Verwechslungen zwischen dem Werbenden und einem Mitbewerber oder zwischen den von diesen angebotenen Waren oder Dienstleistungen oder den von ihnen verwendeten Kennzeichen führt,
4. den Ruf des von einem Mitbewerber verwendeten Kennzeichens in unlauterer Weise ausnutzt oder beeinträchtigt,
5. die Waren, Dienstleistungen, Tätigkeiten oder persönlichen oder geschäftlichen Verhältnisse eines Mitbewerbers herabsetzt oder verunglimpft oder
6. eine Ware oder Dienstleistung als Imitation oder Nachahmung einer unter einem geschützten Kennzeichen vertriebenen Ware oder Dienstleistung darstellt.

Übersicht

	Rdn
I. Entstehungsgeschichte und frühere Rechtslage	1–8
1. Rechtslage bis zum Erlass der Richtlinie 97/55/EG	2
2. Rechtslage nach Erlass der Richtlinie 97/55/EG	3, 4
3. Rechtslage nach Umsetzung der Richtlinie 97/55/EG	5
4. Rechtslage nach Erlass der Richtlinie 2005/29/EG über unlautere Geschäftspraktiken	6
5. Rechtslage nach Erlass der Richtlinie 2006/114/EG	7
6. Rechtslage nach Umsetzung der Richtlinie 2005/29/EG über unlautere Geschäftspraktiken	8
II. Auslegungsgrundsätze, Normzweck und Anwendungsbereich	9–42
1. Auslegungsgrundsätze	9, 10
a) Richtlinienkonforme Auslegung	9
b) Harmonisierung	10
2. Normzweck	11
3. Anwendungsbereich	12–22
a) Ausschluss vergleichender Werbung	12
b) Abgrenzung zum allgemeinen Vergleich	13
c) Einbeziehung des unternehmensbezogenen und persönlichen Vergleichs?	14–17
aa) Problem	14
bb) Meinungsstand	15
cc) Stellungnahme	16, 17
d) Abgrenzung zur Allein- oder Spitzenstellungswerbung	18
e) Verhältnis zur Generalklausel (§ 3 I)	19–22
aa) Konkretisierung des Merkmals der Unlauterkeit	19
bb) Relevanzklausel (Bagatellklausel)	20–22
4. Verhältnis zu anderen Normen des UWG	23–31
a) Verhältnis zum Irreführungsverbot (§ 5)	23–28
aa) Die Regelung des § 5 III 1. Alt	23–27
bb) Die Regelung des § 5 II	28
b) Verhältnis zur Anschwärzung (§ 4 Nr 8)	29, 30
c) Verhältnis zum lauterkeitsrechtlichen Nachahmungsschutz (§ 4 Nr 9) und zu § 5 II	31
5. Verhältnis zum Markenrecht	32–40
a) Problematik	32
b) Markenmäßige Benutzung eines Zeichens in der vergleichenden Werbung	33
c) Markenrechtliche Zulässigkeit der Benutzung	34–40
aa) Allgemeines	34
bb) Schutz vor Verwendung eines mit der Marke identischen Zeichens (§ 14 II Nr 1 MarkenG)	35

		Rdn
cc) Schutz vor Verwendung eines der Marke ähnlichen Zeichens (§ 14 II Nr 2 MarkenG)		36
dd) Schutz der bekannten Marke (§ 14 II Nr 3 MarkenG)		37–40
6. Verhältnis zum Urheberrecht		41
7. Spezialregelungen der vergleichenden Werbung		42
III. Begriff der vergleichenden Werbung		43–94
1. Allgemeines		43–58
a) Legaldefinition		43
b) Einschränkung		44–58
aa) Erfordernis eines Vergleichs?		44–52
(1) Die Rspr des EuGH		45
(2) Die Rspr des BGH		46
(3) Das Schrifttum		47
(4) Stellungnahme		48–52
(a) Fragestellung		48
(b) Der Inhalt eines Vergleichs		49
(c) Der Vergleich als Folge des Mitbewerberbezugs der Werbung		50, 51
(d) Beispiele		52
bb) Abgrenzung		53–58
(1) Bloße Kritik am Mitbewerber		53
(2) Bloße Anlehnung an einen fremden Ruf		54
(3) Bloße Werbung für das eigene Angebot		55
(4) Bloßes Angebot einer Produktnachahmung		55 a
(5) Bloße Aufforderung zum Vergleich		56
(6) Bloße Komplementarität der gegenübergestellten Leistungen		57
(7) Bloßer Eigenvergleich		58
2. Werbung		59–71
a) Begriff der Werbung		59–63
aa) Vorliegen einer Äußerung		60
bb) Zusammenhang mit einer unternehmerischen Tätigkeit		61
cc) Zweck der Äußerung		62, 63
b) Werbung durch Dritte		64–69
c) Vergleich durch unabhängige Dritte		70
d) Adressat der Werbung		71
3. Mitbewerber		72–78
a) Gebot der richtlinienkonformen Auslegung		73
b) „Gewisser Grad der Substituierbarkeit" der angebotenen Produkte als Voraussetzung der Mitbewerbereigenschaft		74–76
c) Schlussfolgerungen		77
d) Mehrheit von Unternehmen		78
4. Erkennbarkeit des Mitbewerbers		79–92
a) Allgemeines		79–82
b) Unmittelbare Erkennbarkeit		83
c) Mittelbare Erkennbarkeit		84–92
aa) Allgemeines		84–86
bb) Anknüpfungspunkte		87–92
(1) Anknüpfung an die Werbung von Mitbewerbern		87
(2) Anknüpfung an sonstige Verhältnisse beim Mitbewerber		88, 89
(3) Direkte oder indirekte Gruppenbezeichnung		90
(4) Begrenzte Mitbewerberzahl		91
(5) Verwendung des Komparativs		92
5. Waren und Dienstleistungen		93, 94
a) Waren		93
b) Dienstleistungen		94
IV. Unlauterkeit der vergleichenden Werbung		95–192
1. Vergleich von Waren oder Dienstleistungen für den gleichen Bedarf oder dieselbe Zweckbestimmung (§ 6 II Nr 1)		96–101
a) Allgemeines		96
b) Waren- oder Dienstleistungsvergleich		97
c) Gleicher Bedarf und dieselbe Zweckbestimmung		98–101
aa) Allgemeines		98
bb) Beispiele		99–101

	Rdn
2. Voraussetzungen des Eigenschaftsvergleichs (§ 6 II Nr 2)	102–141
a) Allgemeines	102
b) Gegenstand des Vergleichs	103–115
aa) Eigenschaft	104–110
(1) Allgemeines	104
(2) Beispiele	105–110
bb) Preis	111–115
c) Objektivität des Vergleichs	116–124
aa) Abgrenzung zur Nachprüfbarkeit und zur Irreführung	116
bb) Objektivität als Sachlichkeitsgebot?	117
cc) Objektivität und Subjektivität	118
dd) Unvollständigkeit und Einseitigkeit des Eigenschaftsvergleichs	119
ee) Unvollständigkeit und Einseitigkeit des Preisvergleichs	120–124
d) Vergleichbare Eigenschaften	125–141
aa) Allgemeines	125–128
bb) Wesentlichkeit	129, 130
cc) Relevanz	131
dd) Nachprüfbarkeit	132–138
(1) Tatsachenbehauptung	133
(2) Beweisbarkeit	134
(3) Überprüfbarkeit zumindest durch Sachverständige	135–138
ee) Typizität	139–141
3. Herbeiführung einer Verwechslungsgefahr (§ 6 II Nr 3)	142–147
a) Allgemeines und Konkurrenzen	142, 143
b) Verwechslungsgefahr	144
c) Gegenstand der Verwechslung	145–147
aa) Mitbewerber	145
bb) Kennzeichen	146
cc) Produkte	147
4. Rufausnutzung und Rufbeeinträchtigung (§ 6 II Nr 4)	148–164
a) Inhalt, Auslegung und Schutzzweck der Norm	148
b) Anwendungsbereich	149
c) Verhältnis zum Markenrecht	150
d) „Kennzeichen" und „Ruf"	151, 152
aa) „Kennzeichen"	151
bb) „Ruf"	152
e) Unlautere Rufausnutzung	153–162
aa) Rufausnutzung	153
bb) „In unlauterer Weise"	154–157
cc) Beispiele	158–162
f) Unlautere Rufbeeinträchtigung	163, 164
aa) Allgemeines	163
bb) Beispiele	164
5. Herabsetzung und Verunglimpfung (§ 6 II Nr 5)	165–181
a) Allgemeines	165
b) Herabsetzung und Verunglimpfung	166–176
aa) Begriffe	166
bb) Abgrenzung	167–169
cc) Voraussetzungen	170–175
(1) Allgemeines	170–173
(2) Beispiele	174, 175
dd) Feststellung	176
c) Einzelfragen	177–181
aa) Preisvergleiche	177, 178
bb) Qualitätsvergleiche	179
cc) Tätigkeiten, persönliche und geschäftliche Verhältnisse	180, 181
6. Darstellung einer Ware als Imitation oder Nachahmung (§ 6 II Nr 6)	182–192
a) Inhalt, Auslegung und Schutzzweck der Norm	182
b) Anwendungsbereich	183
c) Tatbestand	184–191
aa) Bezugnahme auf Waren oder Dienstleistungen mit geschütztem Kennzeichen	184
bb) „Imitation oder Nachahmung"	185
cc) „Darstellung" als Imitation oder Nachahmung	186–192
(1) Allgemeines	186

		Rdn
	(2) Auslegung des Begriffs der Darstellung	187–189
	(3) Feststellung im Einzelfall	190
	(4) Abgrenzung	191
d) Konkurrenzen		192
V. Beweislast und Rechtsfolgen		193, 194
1. Beweislast		193
2. Rechtsfolgen		194
VI. Anh: Vergleichende Waren- und Dienstleistungstests		195–213
1. Begriff und Bedeutung		195, 196
a) Vergleichende Waren- und Dienstleistungstests		195
b) Testveranstalter		196
2. Zulässigkeit		197–202
a) Allgemeines		197
b) Neutralität, Objektivität und Sachkunde		198–200
aa) Neutrale Untersuchung		198
bb) Objektive Untersuchung		199
cc) Sachkundige Untersuchung		200
c) Beurteilungsspielraum		201
d) Grenzen zulässiger Beurteilung		202
3. Abwehr- und Schadensersatzansprüche		203–209
a) Anspruchsgrundlagen		204–207
aa) Haftung aus § 824 BGB		204, 205
bb) Haftung aus § 823 I BGB		206
cc) Haftung aus § 826 BGB		207
b) Anspruchsinhalt		208, 209
aa) Unterlassung und Beseitigung		208
bb) Schadensersatz		209
4. Werbung mit Testergebnissen		210–213
a) Allgemeines		210
b) Verstoß gegen § 3 oder § 3 iVm § 6 II Nr 2		211
c) Verstoß gegen § 3 iVm § 5		212
d) Bedingungen der STIFTUNG WARENTEST zur „Werbung mit Untersuchungsergebnissen" vom April 2008		213

Schrifttum: *Ahrens,* Die Auswirkungen des Urteils des Bundesgerichtshofs vom 5. Februar 1998 – „Testpreis-Angebot" und des Urteils des Gerichtshofs der Europäischen Gemeinschaften vom 16. Juli 1998 – „Gut Springenheide" auf die deutsche Rechtsprechung zur vergleichenden Werbung, WRP 1999, 389; *Alexander,* Markenschutz und berechtigte Informationsinteressen bei Werbevergleichen, GRUR 2010, 482; *Bastian,* Comparative Advertising in Germany – Present Situation and Implementation of EC Directive, IIC 2000, 151; *Bayreuther,* Zur Zulässigkeit vergleichender Werbung und richtlinienkonformer Auslegung vor Ablauf der Umsetzungsfrist, EuZW 1998, 478; *Berlit,* Gesetzentwurf der Bundesregierung zur vergleichenden Werbung und zur Änderung wettbewerbsrechtlicher Vorschriften, BB 2000, 1305; *ders,* Vergleichende Werbung, 2002; *ders,* Der irreführende Werbevergleich, WRP 2010, 1105; *Blankenburg,* Gespaltenes Verständnis des Mitbewerberbegriffs im UWG?, WRP 2008, 186; *ders,* Neues zur vergleichenden Werbung, zur Verwechslungsgefahr und zur markenmäßigen Benutzung?, WRP 2008, 1294; *Borck,* Vermutungen über vergleichende Werbung, über Wertreklame und deren weitere Entwicklung, WRP 2001, 1124; *Bornkamm,* Entwicklungen in Rechtsprechung und Wettbewerbsrecht – Vergleichende Werbung, in Schwarze, Werbung und Werbeverbote im Lichte des europäischen Gemeinschaftsrechts, 1999, 134; *Bottenschein,* Markenrecht versus notwendige Bestimmungshinweise, GRUR 2006, 462; *Bülow,* Vergleichende Werbung im Heilmittelrecht – Ein neuer § 11 Abs. 2 HWG –, PharmR 2000, 138; *Büscher,* Schnittstellen zwischen Markenrecht und Wettbewerbsrecht, GRUR 2009, 230; *Bullinger/Emmerich,* Irreführungsgefahr durch selektive Produktauswahl bei Preisvergleichen, WRP 2002, 608; *Dilly,* Das Irreführungsverbot in Art. 3a Richtlinie über irreführende und vergleichende Werbung, 2001; *Dilly/Ulmar,* Vergleichende Werbung ohne Vergleich?, WRP 2005, 467; *Dittmer,* Rufausbeutung (nicht nur) durch Bestellnummernübernahme, WRP 2005, 955; *Dreyer,* Konvergenz oder Divergenz – Der deutsche und der europäische Mitbewerberbegriff, GRUR 2008, 123; *Eck/Ikas,* Neue Grenzen vergleichender Werbung, WRP 1999, 251; *dies,* „Vergleichen Sie", WRP 1999, 772; *Eichholz,* Herabsetzung durch vergleichende Werbung, 2008; *Fiebig,* Wohin mit dem „look-alike"?, WRP 2007, 1316; *Faßbender,* Zum Erfordernis einer richtlinienkonformen Auslegung des Begriffs der vergleichenden Werbung, EuZW 2005, 42; *Freund,* Vergleichende Werbung nach der RL 97/55/EG und der UWG-Novelle, 2001; *Fröndhoff,* Die Inhaltsbeschränkungen irreführender und vergleichender Werbung, 2002; *Gamerith,* Vergleichende Werbung. Auswirkungen der Richtlinie 97/55/EG auf das österreichische Wettbewerbsrecht, ÖBl 1998, 115; *Gloy/Bruhn,* Die Zulässigkeit von Preisvergleichen nach der Richtlinie 97/55/EG – Kehrtwende oder Kontinuität?, GRUR 1998, 226; *Hasselblatt,* Die vergleichende Werbung in der Europäischen Gemeinschaft für die Zeit nach Maastricht und Amsterdam, 2002; *A. Heister,* Harmonisierung des Rechts der vergleichenden Werbung durch die Richtlinie 97/55/EG?, 2004; *Henning-Bodewig,* Vergleichende Werbung – Liberalisierung des deutschen Rechts?, GRUR Int 1999, 385; *dies,* Nicht markenmäßiger Gebrauch und Art. 5 Abs. 5 Markenrechtsrichtlinie, GRUR Int 2008, 301; *Heydn,* Grenzenlose Markttransparenz im Internet?, GRUR 2000, 657; *Ingerl,* Rechtsverletzende und rechtserhaltende Benutzung im Markenrecht, WRP 2002, 861; *Kebbedies,* Vergleichende Werbung. Die europäischen Harmonisierungsbemühungen im deutschen und englischen Lauterkeitsrecht, 2005; *Kießling/Kling,* Die Werbung mit Emotionen, WRP 2002, 615; *Köhler,* Ranking als Rechtsproblem, FS Sonnenberger, 2004, 249; *ders,* Was ist vergleichende Werbung?, GRUR 2005, 273; *ders,* Die Rechtsprechung des EuGH zur vergleichenden Werbung: Analyse und Kritik, WRP 2008, 414; *ders,* Der „Mitbewerber", WRP 2009, 499; *ders,* Der Schutz vor Produktnachahmung im Markenrecht, Geschmacksmusterrecht und neuen Lauterkeitsrecht, GRUR 2009, 445; *ders,* „Gib mal Zeitung" – oder „Scherz und Ernst in der Jurisprudenz" von heute, WRP 2010, 571; *Koos,* Vergleichende Werbung und die Fesseln der Harmonisierung, WRP 2005, 1096; *Koppe/Zagouras,* Rechtsprobleme der Testwerbung, WRP 2008, 1035; *Kotthoff,* Neue Maßstäbe für vergleichende Werbung, BB 1998, 2217; *Leible/Sosnitza,* Richtlinienkonforme Auslegung vor Ablauf der Umsetzungsfrist und vergleichende Werbung, NJW 1998, 2507; *Lettl,* Lauterkeitsrechtliche Haftung von Presseunternehmen für „Rankings", GRUR 2007, 936; *Lindacher,* Kritisierende vergleichende Werbung, FS Brandner, 1996, 399; *Lux,* Alleinstellungsberühmung als vergleichende Werbung?, GRUR 2002, 682; *Marx,* Vergleichende Werbung – wie weit reicht die Harmonisierung?, EWS 2001, 353; *Menke,* Die vergleichende Werbung in Deutschland nach der Richtlinie 97/55/EG und der BGH-Entscheidung „Testpreis-Angebot", WRP 1998, 811; *Möllers/Schmid,* Der EU-Richtlinienentwurf über irreführende und vergleichende Werbung – neue Chancen für Gesundheits- und Umweltschutz?, EWS 1997, 150; *Naegele,* Die Benutzung fremder Marken im Rahmen von Werbevergleichen, MarkenR 1999, 177; *Neu,* Die vergleichende Werbung in Frankreich und Deutschland im Lichte der EG-Richtlinie 97/55, ZEuP 1999, 123; *Nordmann,* Neuere Entwicklungen im Recht der vergleichenden Werbung, GRUR Int 2002, 297; *Ohly,* Zur Zulässigkeit vergleichender Werbung (Testpreis-Angebot), GRUR 1998, 828; *ders,* Irreführende vergleichende Werbung, GRUR 2003, 641; *ders,* Vergleichende Werbung für Zubehör und Warensortimente, GRUR 2007, 3; *ders,* Unlautere vergleichende Werbung als Markenverletzung?, FS Doepner, 2008, 52; *ders,* Keyword-Advertising auf dem Weg von Karlsruhe nach Luxemburg, GRUR 2009, 709; *Ohly/Spence,* Vergleichende Werbung – Die Auslegung der Richtlinie 97/55/EG in Deutschland und Großbritannien, GRUR Int 1999, 681; *Plassmann,* Vergleichende Werbung im gemeinsamen Markt, GRUR 1996, 377; *Plaß,* Die EG-Richtlinie Vergleichende Werbung, WRP 1999, 766; *dies,* Die gesetzliche Neuregelung der vergleichenden Werbung, NJW 2000, 3161; *Rippert/Weimer,* Vergleichende Werbung – eine Gegenüberstellung der Regeln in Deutschland und den USA, K&R 2007, 302; *Römermann/Günther,* Der Werbevergleich – Humorvoll! Sarkastisch! Zulässig?, BB 2010, 137; *Sack,* Die Bedeutung der EG-Richtlinien 84/450/EWG und 97/55/EG über irreführende und vergleichende Werbung für das deutsche Wettbewerbsrecht, GRUR Int 1998, 263; *ders,* Die Berücksichtigung der Richtlinie 97/55/EG über irreführende und vergleichende Werbung bei der Anwendung der §§ 1 und 3 UWG, WRP 1998, 241; *ders,* Vergleichende Werbung nach der UWG-Novelle, WRP 2001, 327; *ders,* Die Toshiba-Entscheidung des EuGH zur vergleichenden Werbung, WRP 2002, 363; *ders,* Irreführende vergleichende Werbung, GRUR 2004, 89; *ders,* Vergleichende Werbung und die Erheblichkeitsschwelle in § 3 des Regierungsentwurfs einer UWG-Novelle, WRP 2004, 30; *ders,* Markenschutz und UWG, WRP 2004, 1405; *ders,* Vergleichende Werbung ohne Vergleich, WRP 2008, 170; *ders,* Markenrechtliche Probleme vergleichender Werbung, GRUR 2008, 201; *ders,* Der Mitbewerberbegriff des § 6 UWG, WRP 2008, 1141; *Saßmann,* Das Binnenmarktrecht der vergleichenden Werbung, 2002; *Scherer,* Partielle Verschlechterung der Verbrauchersituation durch die europäische Rechtsvereinheitlichung bei vergleichender Werbung, WRP 2001, 89; *dies,* Das Verhältnis des lauterkeitsrechtlichen Nachahmungsschutzes nach § 4 Nr. 9 UWG zur europarechtlichen Vollharmonisierung der irreführenden und vergleichenden Werbung, WRP 2009, 1446; *Siems,* Die Umsetzung der EG-Richtlinie zu vergleichender Werbung im deutschen Recht, ZEuP 2001, 686; *Somarielo,* Vergleichende Werbung in Italien und Deutschland, 2002; *Staudinger,* Zur richtlinienkonformen Auslegung der Zulässigkeit vergleichender Werbung, JR 1999, 198; *Tilmann,* Richtlinie vergleichende Werbung, GRUR 1997, 790; *ders,* Anwendungsbereich und Bindungswirkung der Richtlinie Vergleichende Werbung, GRUR 1999, 546; *Völker,* Die Neuregelung der vergleichenden Werbung, MDR 2000, 1360; *Wambach,* Vergleichende Werbung nur durch Mitbewerber?, MDR 1999, 177; *Ziervogel,* Rufausbeutung im Rahmen vergleichender Werbung, 2002.

I. Entstehungsgeschichte und frühere Rechtslage

1   Die vergleichende Werbung wurde erstmals im Jahre 2000 in § 2 UWG 1909 gesetzlich geregelt. Diese Regelung wurde im UWG 2004 unverändert in § 6 übernommen und durch die Novelle zur Umsetzung der UGP-Richtlinie geringfügig geändert (Rdn 8). Sie geht zurück auf das Gesetz zur vergleichenden Werbung und zur Änderung wettbewerbsrechtlicher Vorschriften v 1. 9. 2000 (BGBl I 1374), durch das die Richtlinie 97/55/EG umgesetzt wurde. Für die rechtliche Beurteilung einer vergleichenden Werbung, die vor dem Inkrafttreten des UWG 2004 am 8. 7. 2004 erfolgte, ist zu unterscheiden: Was den in die Zukunft gerichteten Unterlassungsanspruch angeht, sind die §§ 3, 5, 6 iVm § 8 anzuwenden (BGHZ 158, 26, 31 – *Genealogie der Düfte*). Für den Schadensersatz- und Auskunftsanspruch gelten die §§ 1, 2 und 13 UWG aF (vgl

I. Entstehungsgeschichte und frühere Rechtslage

BGH GRUR 2005, 172, 174 – *Stresstest*), ohne dass sich daraus aber sachliche Unterschiede ergäben.

1. Rechtslage bis zum Erlass der Richtlinie 97/55/EG

In Deutschland wurde die vergleichende Werbung bis zum Erlass der Richtlinie 97/55/EG als **grds unzulässig** und nur **ausnahmsweise erlaubt** angesehen. Im Einzelnen lassen sich in der Beurteilung der vergleichenden Werbung bis zum Erlass der Richtlinie 97/55/EG grob vier Entwicklungsphasen unterscheiden (vgl die Darstellungen in BGH GRUR 1998, 824 – *Testpreis-Angebot;* BGH GRUR 1999, 69, 71 – *Preisvergleichsliste II* mwN). **(1)** In der **ersten** Phase sah die Rspr vergleichende Werbung grds als zulässig und nur bei Vorliegen bes Umstände als wettbewerbswidrig an (vgl die Nachw bei *Sack* RWW 3.2 Rdn 633 ff). **(2)** In der **zweiten** Phase, vorbereitet durch *Kohler* und *Lobe,* wurde das Regel-Ausnahme-Verhältnis umgekehrt. Kritisierende vergleichende Werbung wurde als **grds unzulässig** bewertet. Auch der bloße Preisvergleich wurde als grds unzulässig angesehen, wenn Mitbewerber namentlich genannt oder unnötigerweise erkennbar gemacht wurden. Dahinter stand die Erwägung, ein Vergleich der eigenen Waren oder Leistungen mit denen der Mitbewerber sei grds mit den guten Sitten nicht vereinbar, auch wenn die aufgestellten Behauptungen wahr und die abgegebenen Werturteile sachlich richtig seien. Denn jede Werbung, die die eigene Leistung durch eine vergleichende Herabsetzung des Mitbewerbers herauszustellen suche, stehe mit den Grundsätzen des Leistungswettbewerbs im Widerspruch. Der Mitbewerber solle sich nicht in einer unnötig herabsetzenden Form ein Urteil über fremde Waren oder Leistungen anmaßen, zumal der Mitbewerber sich vielfach nicht oder nicht sofort oder nicht adäquat zur Wehr setzen könne. Von diesem Verbot wurden vom **RG** nur **eng begrenzte Ausnahmen** (Abwehr-, Auskunfts-, System- und Fortschrittsvergleich) zugelassen (vgl RG GRUR 1927, 486 – *Preisvergleich;* RG GRUR 1931, 1299 – *Hellegold;* RG GRUR 1934, 473 – *Konfektionswatte;* RG GRUR 1937, 230 – *Dirro-Ofen;* RG GRUR 1939, 982, 986 – *Lindes Verkaufshelfer;* RG GRUR 1940, 50, 53 – *Kondensableiter;* RG GRUR 1942, 364 – *Förderanlagen).* Der **BGH** hatte an dieser Rspr zunächst festgehalten (BGH GRUR 1952, 417 – *Dauerdose;* BGH GRUR 1952, 582 – *Sprechstunden;* BGH GRUR 1953, 293 – *Fleischbezug;* BGH GRUR 1959, 488 – *Konsumgenossenschaft;* BGH GRUR 1960, 384 – *Mampe I;* BGH GRUR 1961, 85 – *Pfiffikus-Dose;* BGH GRUR 1961, 237 – *TOK-Band;* BGH GRUR 1961, 288 – *Zahnbürsten).* **(3)** In einer **dritten** Phase (ab BGH GRUR 1962, 45, 48 – *Betonzusatzmittel*) wurden die Ausnahmen zu einem **allgemeinen Ausnahmegrundsatz** ausgebaut. Danach war eine vergleichende Werbung zulässig, wenn die in Vergleich gesetzten Leistungen, Waren oder Systeme sachlich vergleichbar waren, für den Vergleich in dieser Form **hinreichender Anlass** bestand und die Angaben sich nach **Art und Maß in den Grenzen des Erforderlichen und der wahrheitsgemäßen sachlichen Erörterung** hielten (vgl BGHZ 49, 325, 329 – *40% können Sie sparen;* BGH GRUR 1974, 666, 668 – *Reparaturversicherung;* BGH GRUR 1986, 618, 620 – *Vorsatz-Fensterflügel;* BGH GRUR 1989, 668, 669 – *Generikum-Preisvergleich;* BGH GRUR 1996, 502, 506 – *Energiekosten-Preisvergleich I;* BGH GRUR 1997, 304, 305 – *Energiekosten-Preisvergleich II).* Als sachlich gerechtfertigter Anlass wurde ua ein berechtigtes Interesse des Werbenden, ein schutzwürdiges Aufklärungsinteresse der Allgemeinheit und ein schutzwürdiges Informationsinteresse des Nachfragers angesehen. **(4)** In einer **vierten** Phase bahnte sich eine weitere **Liberalisierung** an. Sie war dadurch gekennzeichnet, dass vielfach bereits das Vorliegen einer vergleichenden Werbung, nämlich die Bezugnahme auf Mitbewerber, verneint wurde (vgl BGH GRUR 1992, 625 – *Therapeutische Äquivalenz,* aufgehoben durch BVerfG WRP 2001, 1160; BGH GRUR 1997, 227, 228 – *Aussehen mit Brille;* BGH GRUR 1997, 539, 540 – *Kfz-Waschanlagen).* Im Schrifttum (*Köhler*/Piper, 1. Aufl, § 1 Rdn 129, 134; *Kloepfer/Michael* GRUR 1991, 170; *Menke* GRUR 1991, 661) wurde darüber hinaus dafür plädiert, vom Verbots- und Ausnahmeprinzip abzurücken, zum Missbrauchsprinzip überzugehen und das Interesse des Werbenden und der Nachfrager an einer Verbesserung der Markttransparenz durch sachliche Information stärker zu berücksichtigen.

2. Rechtslage nach Erlass der Richtlinie 97/55/EG

Die Richtlinie 97/55/EG v 6. 10. 1997 zur Änderung der Richtlinie 84/450/EWG über irreführende Werbung zwecks Einbeziehung der vergleichenden Werbung (ABl EG Nr L 290 S 18) hatte das Recht der vergleichenden Werbung harmonisiert. Anlass dafür waren die unterschiedlichen Regelungen der vergleichenden Werbung in den einzelnen Mitgliedstaaten und die daraus resultierende Gefahr von Wettbewerbsverzerrungen und einer Behinderung des freien Waren- und Dienstleistungsverkehrs (vgl Erwägungsgrund 3). Vergleichende Werbung sollte nach der Richtlinie zulässig sein, wenn bestimmte Bedingungen erfüllt sind. Dadurch versprach man sich eine objektive Information der Verbraucher über die Vorteile der verschiedenen vergleichbaren Erzeugnisse (vgl Erwägungsgrund 2 und 5) sowie eine Förderung des Wettbewerbs im Interesse der Verbraucher (vgl Erwägungsgrund 2). Die Richtlinie legte die Bedingungen für die Zulässigkeit der vergleichenden Werbung **kumulativ** und **abschließend** fest und ließ daher keinen Spielraum für den nationalen Gesetzgeber (vgl Art 7 I, II der Richtlinie 84/450/EG sowie Erwägungsgründe 2, 3, 11, 18 sowie Art 7 I u II; Begr RegE BT-Drucks 14/2959, abgedr in WRP 2000, 555, 556). Die Richtlinie stellte es den Mitgliedstaaten daher nicht frei, weitere Formen der vergleichenden Werbung zuzulassen als im Katalog vorgesehen (so wohl auch EuGH GRUR 2002, 354, 355 Tz 32 – *Toshiba Europe;* aA *Borck* WRP 2001, 1124, 1128; *Sack* WRP 2001, 327, 329 ff und WRP 2002, 363, 366 ff). Sonst würde der angestrebte Zweck einer Harmonisierung des Rechts der vergleichenden Werbung nicht erreicht und es würden in den Mitgliedstaaten doch unterschiedliche Beurteilungsmaßstäbe außerhalb des Katalogtatbestände gelten. Auch § 6 II geht davon aus, dass vergleichende Werbung nur zulässig ist, sofern die Zulässigkeitsvoraussetzungen der Richtlinie erfüllt sind (ganz hM; vgl *Bornkamm* S 139 f; *Eck/Ikas* WRP 1999, 251, 255 f; *Nordmann* GRUR Int 2002, 297, 299; *Plaß* NJW 2000, 3161, 3163; *Tilmann* GRUR 1999, 546, 549; *Scherer* WRP 2001, 89, 90). Dass die Richtlinie rechtspolitisch nicht vollständig überzeugt, weil sie den Zulässigkeitskatalog zu eng fasst, steht auf einem anderen Blatt. Dabei ist aber zu berücksichtigen, dass eine Harmonisierung nur um den Preis einer strengen Regelung der Zulässigkeitsvoraussetzungen zu erreichen war (vgl Schlussanträge des Generalanwalts Léger in der Rechtssache C-112/99 – *Toshiba Europe,* Tz 1).

4   Für die Umsetzung der Richtlinie 97/55/EG war eine Frist von 30 Monaten vorgesehen (Art 3 I) und ein Tätigwerden des Gesetzgebers war unerlässlich, da eine Umsetzung lediglich durch die Rspr im Rahmen der Anwendung und Auslegung des § 1 aF nicht in Betracht kam (vgl Begr RegE WRP 2000, 555, 556). Gleichwohl wartete die Rspr nicht ab. Vielmehr nahm der BGH in der grundlegenden **Testpreis-Angebot**-Entscheidung v 5. 2. 1998 (BGHZ 138, 55 = GRUR 1998, 824 = WRP 1998, 718 – *Testpreis-Angebot*) die Gelegenheit wahr, seine bisherige Rspr, nach der vergleichende Werbung grds unzulässig und nur ausnahmsweise erlaubt war (Rdn 2), aufzugeben (ebenso ÖOGH GRUR Int 1999, 794, 795 – *AMC/ATC*). Der BGH ging dazu über, die vergleichende Werbung im Wege der **richtlinienkonformen Auslegung** des § 1 aF unmittelbar am Maßstab der Richtlinie zu beurteilen. Zentrale Argumente waren dabei, dass der nationale Gesetzgeber ohnehin keinen nennenswerten Spielraum bei der Umsetzung habe und dass ein Verhalten, das der europäische Gesetzgeber als grds zulässig ansehe, nicht gegen die guten Sitten verstoßen könne. Dem folgten weitere Entscheidungen (BGH GRUR 1999, 69 – *Preisvergleichsliste II;* BGHZ 139, 378 = GRUR 1999, 501 – *Vergleichen Sie;* BGH GRUR 2001, 350 – *OP-Lampen*), die wertvolle Klärungen hins einzelner in der Richtlinie genannter Zulässigkeitsvoraussetzungen brachten.

3. Rechtslage nach Umsetzung der Richtlinie 97/55/EG

5   Mit dem Gesetz zur vergleichenden Werbung und zur Änderung wettbewerbsrechtlicher Vorschriften v 1. 9. 2000 (BGBl I 1374) wurde die Richtlinie 97/55/EG in deutsches Recht umgesetzt. Entsprechend der Systematik des UWG, das Verbotstatbestände vorsieht, wurden die Bedingungen negativ formuliert, dh als Voraussetzungen definiert, unter denen eine vergleichende Werbung gegen die guten Sitten iSv § 1 aF verstößt. Das Verbot der irreführenden vergleichenden Werbung wurde, um der Systematik des UWG Rechnung zu tragen, in § 3 S 2 aF verankert. Nicht umgesetzt wurde Art 3 I lit f der Richtlinie („Champagner-Klausel"; dazu EuGH GRUR 2007, 511 Tz 57–72 – *De Landtsheer/CIVC*), weil dies vom Gesetzgeber als entbehrlich angesehen wurde (dazu *Plass* NJW 2000, 3161, 3169; *Sack* WRP 2001, 327, 347). Der Rspr bleibt es freilich unbenommen, § 3 entspr richtlinienkonform auszulegen (ebenso Piper/*Ohly*/Sosnitza § 6 Rdn 11). – Die **UWG-Reform 2004** hat die bisher in § 2 aF enthaltene Regelung sachlich unverändert in § 6 und die in § 3 S 2 aF enthaltene Regelung in § 5 III 1. Alt übernommen.

4. Rechtslage nach Erlass der Richtlinie 2005/29/EG über unlautere Geschäftspraktiken

6   Durch Art 14 der Richtlinie 2005/29/EG über unlautere Geschäftspraktiken v 11. 5. 2005 (UGP-Richtlinie) wurde die Richtlinie 84/450/EWG in mehreren Punkten geändert. Art 1

wurde dahin geändert, dass der Zweck der Richtlinie „der Schutz von Gewerbetreibenden vor irreführender Werbung und deren unlautere Auswirkungen sowie die Festlegung der Bedingungen für zulässige vergleichende Werbung" ist. Darüber hinaus wurde der Zulässigkeitskatalog des Art 3 a I der Richtlinie über irreführende und vergleichende Werbung inhaltlich geändert. Der bisherige Art 3 a I lit a wurde dahin geändert, dass die vergleichende Werbung „nicht irreführend iSd Art 2 Nr 2, Art 3 und Art 7 I der vorliegenden Richtlinie oder iSd Art 6 und 7 der Richtlinie über unlautere Geschäftspraktiken sein darf. An die Stelle des bisherigen Art 3 a I lit d (Verursachung einer Verwechslung) trat Art 3 a I lit h (Begründung einer Verwechslungsgefahr), ergänzt durch Art 6 II lit a der UGP-Richtlinie. Danach gilt „jegliche Vermarktung eines Produkts, einschließlich vergleichender Werbung, die eine Verwechslungsgefahr mit einem anderen Produkt, Warenzeichen, Warennamen oder anderen Kennzeichen eines Mitbewerbers begründet" als irreführend, wenn sie geeignet ist, die Kaufentscheidung eines Durchschnittsverbrauchers zu beeinflussen.

5. Rechtslage nach Erlass der Richtlinie 2006/114/EG

Durch die Richtlinie 2006/114/EG über irreführende und vergleichende Werbung vom 12. 12. 2006 (ABl EG Nr L 376 S 21) wurde mit Wirkung zum 12. 12. 2007 die mehrfach geänderte Richtlinie 84/450/EWG „aus Gründen der Übersichtlichkeit und Klarheit" (Erwägungsgrund 1) neu gefasst (abgedr im **Anh 3**). Insbesondere wurden die Erwägungsgründe neu strukturiert. Die Definition der vergleichenden Werbung ist nunmehr in Art 2 lit c, die Zulässigkeitsbedingungen sind nunmehr in Art 4 enthalten. Dabei wurde Art 3 a III der Richtlinie 84/450/EWG nicht übernommen.

6. Rechtslage nach Umsetzung der Richtlinie 2005/29/EG über unlautere Geschäftspraktiken

Durch die UWG-Novelle 2008 zur Umsetzung der UGP-Richtlinie wurde in § 6 II Nr 3 das Tatbestandsmerkmal der „Verwechslungen" durch das der „Gefahr von Verwechslungen" und in § 6 II Nr 4 das Tatbestandsmerkmal der „Wertschätzung" durch das des „Rufs" ersetzt. Außerdem wurde § 6 III aufgehoben. Eine bes Erscheinungsform der irreführenden vergleichenden Werbung wurde in Umsetzung des Art 6 II lit a UGP-Richtlinie in § 5 II geregelt.

II. Auslegungsgrundsätze, Normzweck und Anwendungsbereich

1. Auslegungsgrundsätze

a) Richtlinienkonforme Auslegung. Zur Auslegung des § 6 (früher: § 2 UWG 1909) kann zwar die Begr RegE v 23. 2. 2000 (BT-Drucks 14/2959, abgedr in WRP 2000, 555) herangezogen werden. Da mit dieser Vorschrift die Richtlinie 97/55/EG, nunmehr die **Richtlinie 2006/114/EG über irreführende und vergleichende Werbung** (im Folgenden: **Werberichtlinie** oder **Richtlinie**) in das deutsche Recht umgesetzt wurde, gilt für sie aber das Gebot der **richtlinienkonformen** Auslegung. Dabei sind insbes Wortlaut und Zweck der Werberichtlinie, aber auch – zur Vermeidung von Widersprüchen – das sonstige Unionsrecht (zB auch die kodifizierte Fassung der **Markenrechtsrichtlinie** 2008/95/EG v 22. 10. 2008 (ABl EG Nr L 299 S 25) heranzuziehen (EuGH GRUR 2002, 354, 355 Tz 33 – *Toshiba Europe;* EuGH GRUR 2003, 533, 535 Tz 34 ff – *Pippig Augenoptik;* Bornkamm GRUR 2005, 97, 101; *Bottenschein* GRUR 2006, 462, 465). Der Zweck der Richtlinie wird vornehmlich aus den **Erwägungsgründen** erkennbar. Da die Richtlinie in allen Textfassungen gleich verbindlich ist und das Unionsrecht einheitlich angewendet werden muss, sind für die Auslegung **grds alle EU-Sprachen** heranzuziehen (EuGH EuZW 1997, 345, 346 – *Ebony*). Wenn die sprachlichen Fassungen voneinander abweichen, muss die Vorschrift nach dem allgemeinen Aufbau und dem Zweck der Regelung ausgelegt werden, zu der sie gehört (EuGH Slg 1998, I-7053 = EuZW 1999, 55 Tz 16 – *The Institute of the Motors Industry;* EuGH Slg 2003, I-345 Tz 37 – *Givane;* EuGH GRUR 2004, 225, 229 Tz 70 – *Omeprazol*). Die Richtlinie ist ihrerseits im Lichte des primären Unionsrechts (insbes Art 34 ff, 56 ff AEUV) und der dazu ergangenen Entscheidungen des EuGH auszulegen (dazu eingehend MünchKommUWG/*Micklitz* EG F Rdn 270 ff). Eine Überprüfung von Entscheidungen, die auf einer richtlinienkonformen Auslegung des § 6 beruhen, am Maßstab der **deutschen Grundrechte** (insbes Art 5 I GG) ist ausgeschlossen, weil (und solange) das BVerfG sich einer Kontrolle europäischen Rechts am Maßstab des Grundgesetzes enthält (verkannt in BVerfG GRUR 2008, 81, 83 – *Pharmakartell;* OLG Hamburg

GRUR-RR 2005, 129, 131). Wohl dagegen kommt eine Überprüfung am Maßstab der **europäischen Grundrechte**, insbes Art 10 I 1 EMRK iV Art 6 EUV, in Betracht (dazu BGH GRUR 2010, 161 Tz 23 – *Gib mal Zeitung*; *Köhler* GRUR 2005, 273; MünchKommUWG/ *Menke* § 6 Rdn 16; *Lettl* GRUR 2007, 936, 940).

10 **b) Harmonisierung.** Die Richtlinie dient der Verwirklichung des Binnenmarktes durch Harmonisierung des unterschiedlichen nationalen Rechts der vergleichenden Werbung (Erwägungsgrund 20). Auslegungsfragen sollten daher nach Möglichkeit rasch dem EuGH vorgelegt werden, um zu einer unionsweit einheitlichen Anwendung der Grundsätze über vergleichende Werbung zu kommen (vgl bisher EuGH Slg 2001, I-7945 = GRUR 2002, 354, 355 Tz 33 – *Toshiba Europe*; EuGH Slg 2003, I-3095 = GRUR 2003, 533, 535 Tz 34 ff – *Pippig Augenoptik*; EuGH GRUR 2006, 345 Tz 14 ff – *Siemens*; EuGH GRUR 2007, 69 Tz 19 ff – *LIDL Belgium/ Colruyt*; EuGH GRUR 2007, 511 – *De Landtsheer/CIVC*; EuGH GRUR 2009, 756 – *L'Oréal/ Bellure*). Dazu, dass die Richtlinie die Zulässigkeit der vergleichenden Werbung abschließend regelt, die Mitgliedstaaten also nicht befugt sind, vergleichende Werbung in weiter gehendem Umfang zuzulassen, s Rdn 3.

2. Normzweck

11 Die Werberichtlinie 2006/114/EG beurteilt vergleichende Werbung im Grundsatz wettbewerbs- und verbraucherpolitisch positiv und will lediglich vor ihren Nachteilen schützen. Sie sieht in der vergleichenden Werbung eine Möglichkeit, die **„Vorteile der verschiedenen vergleichbaren Erzeugnisse objektiv herauszustellen"** und damit **„den Wettbewerb zwischen den Anbietern von Waren und Dienstleistungen im Interesse der Verbraucher"** zu fördern (Erwägungsgrund 6 S 3 und 4). Die vergleichende Werbung dient, wie jede Werbung, dazu, Märkte wirksam zu erschließen, und sie soll dem Verbraucher die Möglichkeit geben, aus dem Binnenmarkt größtmöglichen Vorteil zu ziehen (EuGH GRUR 2006, 345 Tz 22 – *Siemens*/VIPA). Der Begriff der vergleichenden Werbung soll daher „breit", dh weit gefasst werden, so dass alle Formen der vergleichenden Werbung erfasst sind (Erwägungsgrund 8 S 1). Vergleichende Werbung kann, wenn sie wesentliche, relevante, nachprüfbare und typische Eigenschaften vergleicht und nicht irreführend ist, ein zulässiges Mittel zur Unterrichtung der Verbraucher über ihre Vorteile sein (Erwägungsgrund 8 S 1). Die Anforderungen an die Zulässigkeit der vergleichenden Werbung müssen daher in dem für sie **günstigsten Sinn** ausgelegt werden, damit mit der Werbung objektiv die Eigenschaften der Waren oder Dienstleistungen verglichen werden werden können (EuGH Slg 2001, I-7945 = GRUR 2002, 354, 355 f Tz 37 – *Toshiba Europe*; EuGH Slg 2003, I-3095 = GRUR 2003, 533, 536 Tz 42 – *Pippig Augenoptik*; EuGH GRUR 2007, 69 Tz 22, 33 – *LIDL Belgium/Colruyt*; EuGH GRUR 2007, 511 Tz 35 – *De Landtsheer/CIVC*; EuGH GRUR 2009, 756 Tz 69 – *L'Oréal/Bellure*). Daher sind die Vorteile einer vergleichenden Werbung für die Verbraucher zwingend zu berücksichtigen (EuGH GRUR 2007, 69 Tz 33 – *LIDL Belgium/Colruyt*). Auf der anderen Seite will die Richtlinie durch genaue Festlegung der Zulässigkeitsvoraussetzungen für vergleichende Werbung vor solchen Praktiken schützen, die **„den Wettbewerb verzerren, die Mitbewerber schädigen und die Entscheidung der Verbraucher negativ beeinflussen können"** (Erwägungsgrund 9). Letztlich bezwecken also die Zulässigkeitsvoraussetzungen der Richtlinie 2006/114/EG **„eine Abwägung der verschiedenen Interessen"**, nämlich des Werbenden, des Mitbewerbers und der Verbraucher (EuGH GRUR 2009, 756 Tz 68 – *L'Oréal/Bellure*). Eine objektive Information von Verbrauchern darf nicht unterdrückt werden. Andererseits ist darauf zu achten, dass eine vermeidbare Schädigung der Mitbewerber unterbleibt. Für die Auslegung des § 6 bedeutet dies, dass es bei der Beurteilung der einzelnen Werbemaßnahme einerseits darauf ankommt, ob sie es dem Werbenden ermöglicht, die Vorteile der verschiedenen vergleichbaren Erzeugnisse herauszustellen, andererseits aber zu berücksichtigen ist, inwieweit die beschriebenen Gefahren einer Wettbewerbsverzerrung, Mitbewerberschädigung und negativen Verbraucherbeeinflussung bestehen. Dabei ist auch zu fragen, ob die vergleichende Werbung auch weniger einschneidend für den Mitbewerber hätte gestaltet werden können (Grundsatz der **Verhältnismäßigkeit**).

3. Anwendungsbereich

12 **a) Ausschluss vergleichender Werbung.** Die Regelungen über die vergleichende Werbung greifen nicht ein, soweit die Werbung für bestimmte Waren oder Dienstleistungen entweder generell oder für bestimmte Medien (zB Verbot der Tabakwerbung im Fernsehen) schlechthin

verboten oder doch beschränkt ist (vgl Erwägungsgründe 20, 21, 22 zu Richtlinie 84/450/EGW, die aber in die Richtlinie 2006/114/EG nicht übernommen wurden). Sie greift ferner dann nicht ein, wenn eine vergleichende Werbung verboten ist. So darf nach § 11 II HWG außerhalb der Fachkreise für Arzneimittel zur Anwendung bei Menschen nicht mit Angaben geworben werden, die nahe legen, dass die Wirkung des Arzneimittels einem anderen Arzneimittel oder einer anderen Behandlung entspricht oder überlegen ist (dazu *Bülow* PharmR 2000, 138). Diese Regelung entspricht Art 5 lit b der Richtlinie 92/28/EWG v 31. 3. 1992. Soweit sich die vergleichende Arzneimittelwerbung auf andere Aspekte bezieht (zB Preisvergleich; Vergleich unterschiedlicher Anwendungsbereiche), gelten die allgemeinen Regelungen der §§ 6 II und 5 II, III (OLG Hamburg GRUR-RR 2010, 67, 69). Jedoch darf eine vergleichende Werbung nicht gegen das Verbot der Arzneimittelwerbung, die sich auf einen von der Zulassung nicht gedeckten Anwendungsbereich bezieht (§ 3 a S 2 HWG), verstoßen (OLG Hamburg GRUR-RR 2010, 67, 68 f).

b) Abgrenzung zum allgemeinen Vergleich. Andere Werbeformen wie der allgemein **13** gehaltene, also nicht auf bestimmte Mitbewerber bezogene Vergleich (dazu § 4 Rdn 10.137 ff), werden von der Werberichtlinie und damit von § 6 nicht erfasst. Die Zulässigkeit dieser Werbung ist daher anhand anderer Vorschriften des nationalen Rechts oder des Unionsrechts zu prüfen. Daraus kann sich ein geringerer Schutz der Verbraucher oder der Mitbewerber ergeben (EuGH GRUR 2007, 511 Tz 54–56 – *De Landtsheer/CIVC*). Im deutschen Recht ist der allgemein gehaltene Vergleich nach § 3 iVm § 4 Nr 7, 8 und 10 zu beurteilen (zu § 1 aF vgl BGH GRUR 2002, 75, 77 – *SOOOO ... BILLIG!?*; BGH GRUR 2002, 752, 753 – *Eröffnungswerbung*; BGH GRUR 2002, 828, 830 – *Lottoschein* = LM UWG § 2 aF Nr 3 mit Anm *Jickeli*; BGH GRUR 2002, 982, 983 – *DIE „STEINZEIT" IST VORBEI*). Dabei sind aber, da keine besonderen Wertungskriterien erkennbar sind, Wertungswidersprüche zu § 6 II zu vermeiden. Es dürfen also jedenfalls keine strengeren Maßstäbe angelegt werden, als sie § 6 II vorsieht (OLG Saarbrücken GRUR-RR 2008, 312, 314; *Plaß* WRP 1999, 766, 771).

c) Einbeziehung des unternehmensbezogenen und persönlichen Vergleichs? aa) Pro- 14 blem. Nach dem Wortlaut des § 6 I fällt unter den Begriff der vergleichenden Werbung auch eine Werbung, die keine Aussagen über die Eigenschaften der Waren oder Dienstleistungen des Mitbewerbers, sondern nur Aussagen über die geschäftlichen oder persönlichen Verhältnisse des Mitbewerbers (vgl § 6 II Nr 5) enthält. Wie diese sog **unternehmensbezogene** oder **persönliche vergleichende Werbung** zu beurteilen ist, ist str.

bb) Meinungsstand. Eine Entscheidung des EuGH steht noch aus. Es werden im Wesentli- **15** chen zwei Lösungsmodelle diskutiert: (1) Nach einer Auffassung wird diese Werbung zwar von § 6 I erfasst, sie sei aber stets unlauter nach § 6 II Nr 2, weil es an einem Vergleich der Eigenschaften der angebotenen Waren und Dienstleistungen fehle (*Gloy/Bruhn* GRUR 1998, 226, 233, 237; *Menke* WRP 1998, 811, 825; jurisPK/*Müller-Bidinger* § 6 Rdn 41). (2) Nach einer anderen Auffassung soll es dagegen am Ziel der Richtlinie vorbeigehen, aus ihr die generelle Unlauterkeit der unternehmensbezogenen und persönlichen vergleichenden Werbung herzuleiten. Daher sei es gerechtfertigt, zwar § 6 I, nicht aber auch § 6 II Nr 1 und 2 anzuwenden (vgl Begr RegE WRP 2000, 555, 559; *Tilmann* GRUR 1999, 546, 547; *Berlit* BB 2000, 1305, 1306; *Sack* WRP 2002, 363, 367 und WRP 2008, 170, 175; Harte/Henning/*Sack* § 6 Rdn 107; *Kießling/Kling* WRP 2002, 615, 624).

cc) Stellungnahme. Ausgangspunkt sind Wortlaut und Zweck (dazu Rdn 11) der Werbe- **16** richtlinie. Die Richtlinie sieht in der vergleichenden Werbung eine Möglichkeit, die Vorteile der verschiedenen vergleichbaren Erzeugnisse objektiv herauszustellen und den Wettbewerb zwischen den Anbietern von Waren und Dienstleistungen im Interesse der Verbraucher zu fördern (Erwägungsgrund 6). Andererseits kann vergleichende Werbung auch den Wettbewerb verzerren, die Mitbewerber schädigen und die Entscheidung der Verbraucher negativ beeinflussen (Erwägungsgrund 9 S 1). Daher stellt die Richtlinie Bedingungen für die zulässige vergleichende Werbung auf. Dabei soll der Begriff „vergleichende Werbung" weit gefasst werden, so dass alle Arten der vergleichenden Werbung abgedeckt werden (Erwägungsgrund 8 S 2). Dies dient auch und gerade dazu, die für den Verbraucher und den Wettbewerb nützlichen Arten der vergleichenden Werbung von denen für den Verbraucher und den Wettbewerb schädlichen Arten der vergleichenden Werbung zu unterscheiden (vgl EuGH GRUR 2009, 756 Tz 68 – *L'Oréal*). Daher entspricht es nicht nur dem Wortlaut, sondern auch dem Zweck der Werberichtlinie, auch eine Werbung, die zwar den Mitbewerber als Anbieter konkurrierender Produkte erkennbar macht, ihn aber nur kritisiert, zu erfassen. Eine derartige Werbung dient nicht dazu, die Vorteile der verschiedenen Erzeugnisse für den Verbraucher objektiv herauszustellen (Erwägungsgrund 6 S 2) und einen objektiven Vergleich der Eigenschaften von Waren und Dienstleistungen zu ermöglichen (Erwägungsgrund 9 S 2). Da sie demnach nicht die Voraussetzungen zulässiger vergleichender Werbung erfüllen kann, ist sie nach den Wertungen der Richtlinie von vornherein unzulässig. Im **Grundsatz** gilt daher: Eine **Werbung, die** zwar den Mitbewerber als Anbieter konkurrierender Produkte erkennbar macht, ihn aber **nur kritisiert, ist unlauter,** weil (und soweit) sie nicht die Anforderungen des § 6 II Nr 1 und 2 erfüllt. Diese Werbebeschränkung ist auch mit dem EU-Grundrecht auf freie Meinungsäußerung vereinbar (anders noch *Köhler* GRUR 2005, 273, 279). Überdies kann eine derartige Werbung auch deshalb unlauter sein, weil sie „die persönlichen oder geschäftlichen Verhältnisse eines Mitbewerbers herabsetzt oder verunglimpft" (§ 6 II Nr 5). Notwendig ist dies freilich nicht.

17 Allerdings ist im **Einzelfall** genau zu prüfen, ob die betreffende Äußerung erstens überhaupt eine **„Werbung"** darstellt (dazu Rdn 59 ff), ob sie zweitens die Verbraucherentscheidung negativ beeinflussen kann und ob sie drittens nicht doch einen Vergleich der Eigenschaften der konkurrierenden Erzeugnisse enthält. So ist zB eine Äußerung auf einer Aktionärsversammlung, in der die Entwicklung eines Unternehmens (Umsatz, Gewinn, Mitarbeiterzahlen usw) im Vergleich zu Mitbewerbern dargestellt wird, nicht als Werbung für den Absatz der Produkte zu verstehen (vgl auch Erwägungsgrund 7 S 2 UGP-Richtlinie). Lässt sich einer Äußerung nicht einmal mittelbar entnehmen, dass sich unterschiedliche Angebote von Waren oder Dienstleistungen gegenüberstehen, die für den Verbraucher Alternativen darstellen, handelt es sich nicht um vergleichende Werbung. – Bringt die vergleichende Werbung konkrete Informationen über den Mitbewerber und sein Unternehmen, so werden sie häufig auch mittelbar Schlüsse auf die Qualität der konkurrierenden Erzeugnisse zulassen. Dann ist die Äußerung am Maßstab des § 6 II Nr 2 zu bewerten. Das entspricht der Auffassung des EuGH, nach der die Anforderungen an die vergleichende Werbung „in dem für sie günstigsten Sinn" ausgelegt werden sollen (EuGH Slg 2001, I-7945 = GRUR 2002, 354 Tz 36, 37 – *Toshiba Europe*), „wobei sicherzustellen ist, dass die vergleichende Werbung nicht in einer wettbewerbswidrigen und unlauteren oder die Verbraucherinteressen beeinträchtigenden Weise betrieben wird" (EuGH Slg 2007, I-3115 = GRUR 2007, 511 Tz 35 – *De Landtsheer/CIVC;* EuGH GRUR 2009, 756 Tz 69 – *L'Oréal/ Bellure*). Das kann insbesondere bei Aussagen über die Eigenschaften eines Dienstleisters (Qualifikation, Erfahrung usw) der Fall sein. So etwa bei einem Vergleich im Rahmen eines *„Rankings"* (vgl BGH GRUR 2006, 875 – *Rechtsanwalts-Ranglisten;* OLG München GRUR 2003, 719, allerdings unter Verneinung eines Vergleichs verneint; dazu *Köhler,* FS Sonnenberger, 2004, 249, 254 ff; *Lettl* GRUR 2007, 936). Die Äußerung einer Charterfluggesellschaft über eine noch zu gründende andere Chartergesellschaft *„wir werden mit Sicherheit keinen größeren Veranstalter an sie verlieren"* war als vergleichende Aussage über die Leistungsfähigkeit und damit die Leistungen der konkurrierenden Unternehmen zu verstehen (BGH GRUR 1984, 823, 824 – *Charterfluggesellschaften*); ebenso eine Werbung, in der ein Mitbewerber als Verlierer bezeichnet wurde (OLG Hamburg GRUR-RR 2002, 112). Auch ein Vergleich von Werbemethoden kann hierher gehören (offen gelassen in BGH GRUR 2002, 75, 76 – *SOOOO... BILLIG!?;* dazu Rdn 97). In **Zweifelsfällen** kommt es darauf an, ob die verglichenen Umstände für die Kaufentscheidung des Verbrauchers eine nützliche Information darstellen (dazu näher Rdn 104 ff).

18 **d) Abgrenzung zur Allein- oder Spitzenstellungswerbung.** Auch die Allein- oder Spitzenstellungswerbung fällt nicht unter § 6, weil (und soweit) es an einer Bezugnahme auf bestimmte individualisierbare Mitbewerber fehlt (Begr RegE WRP 2000, 555, 560; OLG Hamburg GRUR-RR 2006, 170, 172; Harte/Henning/*Sack* § 6 Rdn 69; krit *Lux* GRUR 2002, 682; aA wohl ÖOGH GRUR Int 2004, 255, 257 – *Länger frische Vollmilch*). Eine derartige Bezugnahme kann freilich im Einzelfall vorliegen, wenn es sich nur um wenige Mitbewerber handelt, die für den Verbraucher identifizierbar sind (OLG Hamburg GRUR-RR 2001, 84: *„mehr... als jede andere führende Handzahnbürste"*).

19 **e) Verhältnis zur Generalklausel (§ 3 I). aa) Konkretisierung des Merkmals der Unlauterkeit.** Vgl. zunächst § 3 Rdn 152, 153. Die Regelung in § 6 II stellt eine **Konkretisierung** des Tatbestandsmerkmals der Unlauterkeit für die Fälle der vergleichenden Werbung iSd § 6 I dar. Sie ist in dem Sinne **abschließend,** dass vergleichende Werbung nur nach den Kriterien des § 6 II beurteilt werden darf, soweit nicht schon § 5 II, III eingreift. Aus § 3 I dürfen daher weder strengere noch mildere Maßstäbe hergeleitet werden. Insbes ist kein Raum für einen **Abwehrvergleich,** dh der durch einen rechtswidrigen Vergleich angegriffene Mitbewerber darf nicht seinerseits mit einem Vergleich antworten, der nicht den Anforderungen des

§ 6 II entspricht (vgl Rdn 176; *Scherer* WRP 2001, 89, 96). Die Werberichtlinie ließ insoweit keinen Spielraum (vgl Begr RegE WRP 2000, 555, 556). Allerdings gilt dies nur für die in § 6 geregelte vergleichende Werbung. Enthält daher eine Werbung keinen Vergleich, wird zB lediglich auf eine Preiserhöhung bei einem Mitbewerber hingewiesen, so ist § 3 unmittelbar als Beurteilungsmaßstab heranzuziehen (OLG Düsseldorf GRUR-RR 2002, 234, 235).

bb) Relevanzklausel (Bagatellklausel). § 6 II konkretisiert das Tatbestandsmerkmal der 20 Unlauterkeit in § 3 I. Nach der Systematik des UWG ist eine unlautere vergleichende Werbung aber nicht schon dann unzulässig, wenn sie unlauter ist. Vielmehr muss sie nach § 3 I darüber hinaus geeignet sein, die **Interessen** von Mitbewerbern, Verbrauchern oder sonstigen Marktteilnehmern **spürbar zu beeinträchtigen.** Allerdings sieht die Werberichtlinie ein solches Erfordernis nicht ausdrücklich vor. Nach ihr ist eine vergleichende Werbung bereits dann unzulässig und damit verboten, wenn sie nicht den Anforderungen des Art 4 entspricht (vgl Art 5 III und IV Werberichtlinie: „unzulässige vergleichende Werbung"). Dies gilt auch für irreführende vergleichende Werbung gegenüber Verbrauchern (vgl Art 4 lit a Werberichtlinie), sieht man von der Spezialregelung des Art 6 II lit a UGP-Richtlinie einmal ab. Da die Regelung der vergleichenden Werbung in der Werberichtlinie abschließend ist, dürfen die Mitgliedstaaten nicht davon abweichen. Das Spürbarkeitserfordernis des § 3 I ist daher eigentlich mit der Werberichtlinie nicht vereinbar (so bereits *Sack* WRP 2004, 30, 31; *Ohly* GRUR 2004, 889, 896). Dann entspräche es dem Gebot der richtlinienkonformen Auslegung, das Spürbarkeitserfordernis des § 3 I nicht auf die nach § 6 II unlautere vergleichende Werbung anzuwenden und damit § 6 II letztlich als per-se-Verbot zu werten (so Harte/Henning/*Sack* § 6 Rdn 221 aE; *Köhler* WRP 2008, 10, 11; vgl auch § 3 II des Referentenentwurfs zur UWG-Novelle 2008). Dagegen ließe sich allenfalls ins Feld führen, dass es gegen den unionsrechtlichen Grundsatz der Verhältnismäßigkeit verstieße, auch solche Werbemaßnahmen zu verbieten, die die Interessen der Marktteilnehmer nicht spürbar beeinträchtigen (vgl *Köhler* GRUR 2005, 1, 7 Fn 69; *Lettl* WRP 2004, 1079, 1120; *Koos* WRP 2005, 1096, 1097 ff; jurisPK/*Müller-Bidinger* § 6 Rdn 32; krit Harte/Henning/*Sack* § 6 Rdn 218).

Indessen enthält bereits die Werberichtlinie selbst die Lösung des Problems: Nach Erwägungs- 21 grund 9 S 1 soll die Richtlinie Bedingungen für zulässige vergleichende Werbung vorsehen, „*mit denen festlegt wird, welche Praktiken der vergleichenden Werbung den Wettbewerb verzerren, die Mitbewerber schädigen und die Entscheidung der Verbraucher negativ beeinflussen können*". Nach der Auffassung des Richtliniengebers begründet also eine vergleichende Werbung, die nicht die Zulässigkeitsvoraussetzungen des Art 4 erfüllt, Gefahren für den Wettbewerb, die Mitbewerber und die Verbraucher. Das schließt es aber nicht aus, sondern gebietet es vielmehr, bei der **Auslegung** der Zulässigkeitsvoraussetzungen zu fragen, ob eine bestimmte Werbemaßnahme geeignet ist, **die Mitbewerber zu schädigen oder die Entscheidung der Verbraucher negativ zu beeinflussen.** Dementsprechend nimmt der EuGH einen Verstoß gegen (jetzt) Art 4 lit a Werberichtlinie nur dann an, wenn die Werbemaßnahme „die Entscheidung des Käufers spürbar beeinträchtigen kann" (EuGH GRUR 2003, 533 Tz 53 – *Pippig Augenoptik*). Diese Auslegung vermeidet auch einen Widerspruch zur UGP-Richtlinie, nach der Geschäftspraktiken grundsätzlich nur dann unzulässig sind, wenn sie das wirtschaftliche Verhalten der Verbraucher wesentlich beeinflussen können (vgl Art 5 II lit b UGP-Richtlinie). Die in § 3 I angeordnete Spürbarkeitsprüfung ist in der Sache daher bereits bei den Tatbeständen des § 6 II vorzunehmen. Daraus folgt: Ist eine Schädigung der Mitbewerber und eine negative Beeinflussung der Entscheidung der Verbraucher im **Einzelfall** ausgeschlossen, so ist bereits die Unlauterkeit der vergleichenden Werbung zu verneinen. Ein Verbot nach § 3 I scheidet dann von vornherein aus. Ist umgekehrt die Unlauterkeit der vergleichenden Werbung zu bejahen, so steht damit zugleich ihre Unzulässigkeit fest. Allerdings setzt die Unlauterkeit nach § 6 II nur eine Schädigung der Mitbewerber **oder** eine negative Beeinflussung der Entscheidung der Verbraucher voraus. Unlauterkeit iSd Nr 3–6 des § 6 II kann daher auch dann vorliegen, wenn die vergleichende Werbung nur die Mitbewerber schädigen, aber nicht zugleich die Entscheidung der Verbraucher negativ beeinflussen kann. In diesem Fall ist zugleich eine Eignung zur spürbaren Beeinträchtigung der Interessen von Mitbewerbern iSd § 3 I anzunehmen.

Eine negative Beeinflussung der Verbraucherentscheidung ist dann anzunehmen, wenn die 22 vergleichende Werbung geeignet ist, den Durchschnittsverbraucher (oder durchschnittlichen sonstigen Marktteilnehmer) in seiner Fähigkeit, eine informierte Entscheidung zu treffen, spürbar zu beeinträchtigen und auf Grund dessen zu einer Kaufentscheidung zu veranlassen. Das ist im Fall des **§ 6 II Nr 2** und **3** typischerweise anzunehmen, weil es insoweit gerade darum geht, eine objektive Information der Verbraucher „über ihre Vorteile" zu gewährleisten (vgl Erwägungsgrund 8 S 1 Werberichtlinie). Eine Ausnahme ist dann geboten, wenn es sich um **„übertriebene Behauptungen oder nicht wörtlich zu nehmende Behauptungen"** und damit um eine „übliche und rechtmäßige Werbepraxis" handelt (vgl Art 5 III 2 UGP-Richtlinie). Denn der Verbraucher nimmt solche Behauptungen nicht ernst. Witzige und unterhaltsame Werbespots, die bei wörtlicher Anwendung des § 6 II Nr 2 zu verbieten wären, sind daher als zulässig anzusehen. Dazu gehört wohl jener bekannte Werbespot für Jaguar-Automobile, der mit der Aussage endet *„because I always prefer Elgar to Wagner"*.

4. Verhältnis zu anderen Normen des UWG

23 a) **Verhältnis zum Irreführungsverbot (§ 5). aa) Die Regelung des § 5 III 1. Alt.** Der Systematik des UWG folgend, ist die Vorgabe aus Art 4 I lit a Werberichtlinie nicht in § 6 umgesetzt, sondern durch einen klarstellenden Hinweis in § 5 III 1. Alt aufgenommen. Für die Beurteilung einer irreführenden vergleichenden Werbung sind daher die §§ 3, 5 I–III sowie ggf die spezialgesetzlichen Irreführungsverbote einschlägig (BGH GRUR 2002, 633, 634 – *Hormonersatztherapie*). Nach § 5 III 1. Alt sind Angaben iSv § 5 I 2 auch Angaben im Rahmen vergleichender Werbung. Dabei darf auch nicht zwischen den verschiedenen Bestandteilen des Vergleichs, nämlich zwischen den Angaben über das Angebot des Werbenden, den Angaben über das Angebot des Mitbewerbers und dem Verhältnis zwischen diesen Angeboten, unterschieden werden (EuGH GRUR 2003, 533 Tz 56 – *Pippig Augenoptik*; vgl auch Begr RegE WRP 2000, 555, 561). Mit der Regelung in § 5 III 1. Alt wird festgelegt, dass für die Beurteilung der Irreführung in einer vergleichenden Werbung die zu § 5 geltenden Maßstäbe anzuwenden sind, die ihrerseits auf einer Umsetzung des Art 6 UGP-Richtlinie beruhen (zur früheren Rechtslage vgl BGH GRUR 2000, 619 – *Orient-Teppichmuster*). Da der deutsche Gesetzgeber die für das Verhältnis von Unternehmer zu Verbraucher (B2C) geltenden Standards auch auf das Verhältnis von Unternehmer zu sonstigen Marktteilnehmern (B2B) erstreckt hat, ist insoweit ein einheitlicher Beurteilungsmaßstab geschaffen. Dabei ist auf die Sichtweise des **Durchschnittsverbrauchers** (§ 3 II 2 und 3) oder des **Durchschnittsmarktteilnehmers** abzustellen. Maßgeblich ist die mutmaßliche Erwartung eines „angemessen gut unterrichteten und angemessen aufmerksamen und kritischen" (Erwägungsgrund 18 UGP-Richtlinie) oder (gleichbedeutend damit) eines „normal informierten und angemessen aufmerksamen und verständigen Durchschnittsverbrauchers" oder „Durchschnittsmarktteilnehmers" (vgl EuGH WRP 1998, 848 Tz 31 – *Gut Springenheide*; EuGH GRUR 2003, 533 Tz 55 – *Pippig Augenoptik*; EuGH GRUR 2007, 69 Tz 78 – *LIDL Belgium/Colruyt*; dazu eingehend § 5 Rdn 1.14 und 1.52).

24 Irreführend kann ein Vergleich nicht nur dann sein, wenn er Unwahrheiten enthält, sondern auch dann, wenn er **sachlich zutreffende** Tatsachen enthält, aber gleichwohl, etwa auf Grund der einseitigen Auswahl der verglichenen Eigenschaften, bei den Werbeadressaten ein falscher Eindruck entstehen kann. Bei der Werbung mit wissenschaftlichen Erkenntnissen ist eine Irreführung zu verneinen, wenn die Untersuchung, über die berichtet wird, nach wissenschaftlichen Maßstäben nicht zu beanstanden ist (BGH GRUR 2002, 633, 634 – *Hormonersatztherapie*). Allerdings spielt eine Rolle, worauf sich die Untersuchung bezieht. So liegt bei einem vergleichenden Test von Produkten unter Extrembedingungen die Gefahr einer Irreführung der angesprochenen Verkehrskreise nicht fern (BGH GRUR 2005, 172, 175 – *Stresstest*).

25 Eine Irreführung kann auch durch das **Unterlassen** einer Angabe herbeigeführt werden (vgl § 5 a; EuGH GRUR 2003, 533 Tz 52 – *Pippig Augenoptik*). Wenn zB die Marke der Produkte die Entscheidung des Käufers spürbar beeinflussen kann und der Vergleich konkurrierende Produkte betrifft, deren jeweilige Marken deutliche Unterschiede hins ihres Ansehens aufweisen, so wird die Nichtangabe der angeseheneren Marke idR irreführend sein (EuGH GRUR 2003, 533 Tz 53, 55 – *Pippig Augenoptik*). Irreführend ist es auch, wenn bei einem Vergleich des allgemeinen Preisniveaus des Sortiments von Supermärkten nicht deutlich gemacht wird, dass sich der Vergleich nur auf eine Musterauswahl bezieht oder dass das allgemeine Preisniveau der jeweiligen Mitbewerber nicht individualisiert wird (EuGH GRUR 2007, 69 Tz 85 – *LIDL Belgium/Colruyt*).

26 Dagegen ist es nicht irreführend, wenn nicht darauf hingewiesen wird, dass die verglichenen Produkte auf verschiedenen **Vertriebswegen** beschafft wurden (Bezug vom offiziellen Vertriebspartner und Bezug im Wege des Parallelimports). Denn die Richtlinie verlangt nicht, dass die verglichenen Produkte auf denselben Vertriebswegen beschafft wurden (EuGH GRUR 2003, 533 Tz 61–64 – *Pippig Augenoptik*).

II. Auslegungsgrundsätze, Normzweck und Anwendungsbereich   27–31   § 6 UWG

Eine Irreführung ergibt sich auch nicht schon ohne weiteres daraus, dass der Werbende zuerst 27
einen **Testkauf** durchführt, um daran anschließend einen für ihn günstigen Preisvergleich
vorzunehmen (EuGH GRUR 2003, 533 Tz 79, 71 – *Pippig Augenoptik*). Ein Testkauf wird
vielfach geradezu notwendig sein, um einen verlässlichen Preisvergleich durchführen zu können.

bb) Die Regelung des § 5 II. Durch § 5 II wurde Art 6 II lit a UGP-Richtlinie umgesetzt. 28
Danach ist eine geschäftliche Handlung irreführend, wenn sie im Zusammenhang mit der
Vermarktung von Waren oder Dienstleistungen eine Verwechslungsgefahr mit einer anderen
Ware oder Dienstleistung oder mit der Marke oder einem anderen Kennzeichen eines Mitbewerbers hervorruft. Die Regelung bezieht ausdrücklich auch den Fall der vergleichenden Werbung
ein. Während allerdings Art 6 II lit a UGP-Richtlinie sich auf das Verhältnis Unternehmer zu
Verbraucher (B2C) beschränkt, gilt § 5 II, jedenfalls dem Wortlaut nach, auch für das Verhältnis
von Unternehmer zu Unternehmer (B2B). Damit entsteht ein Konkurrenzproblem zu § 6 II
Nr 3 (dazu Rdn 142). Zum Verhältnis von § 5 II zu § 4 Nr 9 a vgl Rdn 31 und § 4 Rdn 9.5.

b) Verhältnis zur Anschwärzung (§ 4 Nr 8). Vgl auch § 4 Rdn 8.8. Erfolgt die geschäfts- 29
schädigende unwahre Äußerung im Rahmen einer **vergleichenden Werbung,** so ist sie nicht
nur idR (so aber MünchKommUWG/*Menke* § 6 Rdn 22), sondern stets irreführend iSv § 5 III
(BGH GRUR 2002, 633, 635 – *Hormonersatztherapie;* vgl auch Art 7 I der UGP-Richtlinie).
Zwar wird § 4 Nr 8 durch die Vorschriften über die vergleichende Werbung (§§ 5 III, 6 II Nr 5)
nicht verdrängt, jedoch darf die Anwendung des § 4 Nr 8 zu keinen von diesen Vorschriften
abweichenden Ergebnissen führen (vgl BGH GRUR 2002, 633, 635 – *Hormonersatztherapie* zur
Regelung der Beweislastumkehr in der Vorgängervorschrift des § 14 UWG 1909 und ihrer
Vereinbarkeit mit [jetzt] Art 7 Werberichtlinie; vgl ferner BGH GRUR 2005, 172, 175 – *Stresstest* zum Irreführungsmaßstab). Denn die bei der Auslegung dieser Vorschriften zu beachtende
Werberichtlinie bezweckt eine abschließende Regelung (vgl Erwägungsgrund 6). Daran ändert
es nichts, dass § 4 Nr 8 dem Schutz der Mitbewerber dient, bezweckt doch die Werberichtlinie
nach Erwägungsgrund 9 gleichfalls den Schutz der Mitbewerber. Die unterschiedlichen **Beweislastregelungen** in § 4 Nr 8 HS 1 und 2 sind, soweit sie Behauptungen im Rahmen einer
vergleichenden Werbung betreffen, durch Art 7 lit a der Richtlinie über irreführende und
vergleichende Werbung und Art 12 lit a der UGP-Richtlinie gedeckt. IErg stellt sonach § 4
Nr 8 eine Ergänzung zu § 6 II Nr 4, 5 und zu § 5 III dar (ebenso Begr RegE WRP 2000, 555,
561; *Berlit* BB 2000, 1305, 1306; vgl auch *Sack* GRUR 2004, 89, 93). Daher ist **§ 4 Nr 8** neben
§ 6 II Nr 4, 5 (und **§ 5 III**) anwendbar.

Fraglich kann daher nur der verbleibende eigenständige Anwendungsbereich des § 4 Nr 8 30
sein. Da § 4 Nr 8 eine geschäftliche Handlung voraussetzt und damit nur Äußerungen erfasst,
die dem Ziel der Absatzförderung dienen, ist in den Fällen der Anschwärzung vielfach eine
Werbung iSd § 6 I anzunehmen. Folglich hat § 4 Nr 8 letztlich nur für die Fälle eigenständige
Bedeutung, in denen es an einer vergleichenden Werbung fehlt. Im Übrigen werden von § 4
Nr 8 nur unwahre Tatsachenbehauptungen über einen Unternehmer, sein Unternehmen und
seine Produkte erfasst, nicht dagegen abträgliche wahre Tatsachenbehauptungen und bloße
Werturteile (vgl § 4 Rdn 8.2). Außerdem setzt § 4 Nr 8 tatbestandlich nicht voraus, dass die
Äußerung eine Herabsetzung oder gar Verunglimpfung enthält (vgl § 4 Rdn 8.19; BGH GRUR
2002, 633, 635 – *Hormonersatztherapie* zu § 14 aF). Die Tatbestände des § 4 Nr 8 und der §§ 5
und 6 überschneiden sich daher zwar, aber sie decken sich nicht.

c) Verhältnis zum lauterkeitsrechtlichen Nachahmungsschutz (§ 4 Nr 9) und zu § 5 31
II. Die Regelungen in § 6 II Nrn 3, 5 und 6 und die Regelung des lauterkeitsrechtlichen
Nachahmungsschutzes (§ 4 Nr 9) stehen nebeneinander (vgl BGH WRP 2010, 527 Tz 42 –
Oracle; § 4 Rdn 9.5). Die Regelung § 5 II überschneidet sich zwar vom Wortlaut her zwar mit
dem Tatbestand des § 6 II Nr 3. In richtlinienkonformer Auslegung ist § 5 II, soweit es die
vergleichende Werbung betrifft, auf den Schutz der Verbraucher zu beschränken (Rdn 142).
Allerdings wird der Begriff der vergleichenden Werbung sehr weit gefasst. Er bezieht sich nach
der Rspr auch auf Fälle, in denen bereits die Bezeichnung oder Präsentation eines Produkts eine
mittelbare Bezugnahme auf die Produkte eines Mitbewerbers bewirkt (vgl BGH GRUR 2008,
628 – *Imitationswerbung* mit Anm *Köhler;* BGH GRUR 2009, 871 Tz 31 – *Ohrclips:* Bezeichnung
des eigenen Produkts als „a la Cartier"; BGH GRUR 2010, 343 Tz 28 – *Oracle*). Folgt man dem,
könnte im Grunde bereits die Bezeichnung oder Präsentation eines Nachahmungsprodukts,
wenn nicht zugleich die Zulässigkeitsvoraussetzung des § 6 II Nr 2 erfüllt ist, zu einem Verbot
der Werbung führen, selbst wenn der Tatbestand des § 5 II oder der des § 4 Nr 9 lit a und b
nicht erfüllt ist (vgl *Köhler* GRUR 2008, 632, 633; *ders* GRUR 2009, 445, 450).

5. Verhältnis zum Markenrecht

32 **a) Problematik.** Das Verhältnis des Markenrechts zum Recht der vergleichenden Werbung ist noch nicht abschließend geklärt. Fest steht nur, dass das Markenrecht keinen grundsätzlichen Vorrang vor dem Recht der vergleichenden Werbung (vgl Erwägungsgrund 7 der Markenrechtsrichtlinie 2008/95/EG; BGH GRUR 2009, 871 Tz 30 – *Ohrclips*), umgekehrt aber auch das Recht der vergleichenden Werbung keinen grundsätzlichen Vorrang vor dem Markenrecht hat (vgl EuGH GRUR 2008, 698 Tz 37 – *O2 und O2 (UK)* mit Anm *Ohly*). Da beiden Regelungen **Richtlinien** zugrunde liegen, muss die Abstimmung im Wege der Auslegung der **Markenrechtsrichtlinie** 2008/95/EG (früher: 89/104/EWG) und der **Werberichtlinie** 2006/114/EG erfolgen. Dazu ist in erster Linie auf die Rspr des EuGH abzustellen (zuletzt EuGH GRUR 2008, 698 – *O2 und O2 (UK);* EuGH GRUR 2009, 756 – *L'Oréal/Bellure;* dazu *Alexander* GRUR 2010, 482; *Büscher* GRUR 2009, 230, 234 ff). Dabei sind mehrere Fragen zu unterscheiden.

33 **b) Markenmäßige Benutzung eines Zeichens in der vergleichenden Werbung.** Die Benutzung eines mit der Marke eines Mitbewerbers identischen oder ihm ähnlichen Zeichens durch einen Werbenden in einer vergleichenden Werbung **zur Kennzeichnung der von ihm angebotenen Waren oder Dienstleistungen** kann eine **markenmäßige Benutzung** sein (vgl EuGH GRUR Int 1999, 438 Tz 38 f – *BMW/Deenik;* EuGH GRUR 2002, 692 Tz 16 f – *Hölterhoff;* EuGH GRUR 2005, 509 Tz 33 f – *Gilette;* EuGH GRUR 2008, 698 Tz 33–37 – *O2 und O2 (UK)* mit Anm *Ohly;* EuGH GRUR 2009, 756 Tz 53 – *L'Oréal/Bellure; Sack* GRUR 2008, 201, 202 mwN; *Blankenburg* WRP 2008, 1294). Das Vorliegen einer markenmäßigen Benutzung beurteilt sich danach, ob die Benutzung die Funktionen der Marke beeinträchtigt oder beeinträchtigen könnte (EuGH GRUR 2010, 445 Tz 49 – *Google und Google France*).

34 **c) Markenrechtliche Zulässigkeit der Benutzung. aa) Allgemeines.** Grds kann eine Markenbenutzung in einer vergleichenden Werbung eine Markenverletzung darstellen. Allerdings wollte der europäische Gesetzgeber die vergleichende Werbung im Interesse der Verbraucher und des Wettbewerbs fördern (Erwägungsgründe 6, 8, 9 der Werberichtlinie 2006/114/EG). Daraus folgt indessen noch nicht, dass den Regelungen über die vergleichende Werbung Vorrang vor dem Markenrecht zukäme (so BGH GRUR 2008, 628 Tz 15 – *Imitationswerbung; Henning-Bodewig* GRUR Int 2008, 301, 306). Vielmehr geht es nur darum, den Schutz eingetragener Marken und die Verwendung vergleichender Werbung in Einklang zu bringen. Dazu ist es lediglich geboten, das **Recht aus der Marke** in gewissem Umfang **einzuschränken** (EuGH GRUR 2008, 698 Tz 38, 39 – *O2 und O2 (UK);* dazu *Alexander* GRUR 2010, 482, 486; *Blankenburg* WRP 2008, 1294). Da eine vergleichende Werbung bereits dann vorliegt, wenn der Durchschnittsverbraucher die Benutzung eines mit der Marke eines Mitbewerbers identischen oder ähnlichen Zeichens als Hinweis auf den Mitbewerber oder auf die von ihm angebotenen Waren oder Dienstleistungen auffasst, sind die Art 5 I und II Markenrechtsrichtlinie und Art 4 I Werberichtlinie 2006/114/EG dahin auszulegen, dass der Inhaber einer eingetragenen Marke nicht berechtigt ist, die Benutzung eines mit seiner Marke identischen oder ihr ähnlichen Zeichens durch einen Dritten in einer vergleichenden Werbung zu verbieten, wenn diese sämtliche in Art 4 I Werberichtlinie 2006/114/EG genannten Zulässigkeitsvoraussetzungen erfüllt (EuGH GRUR 2008, 698 Tz 45–51 – *O2 und O2 (UK);* EuGH GRUR 2009, 756 Tz 54 – *L'Oréal/Bellure*). Übertragen auf die Systematik des UWG bedeutet dies: Die Benutzung einer fremden Marke in einer vergleichenden Werbung ist zulässig, wenn sie keinen der Unlauterkeitstatbestände des § 6 II (und des § 5 II, III) erfüllt. Dabei sind insbes die markenbezogenen Tatbestände des § 6 II Nr 3, 4 und 6 von Bedeutung. Ist dagegen umgekehrt die Benutzung der Marke unlauter iSd § 6 II, so kann auch eine Markenverletzung vorliegen. Im Einzelnen:

35 **bb) Schutz vor Verwendung eines mit der Marke identischen Zeichens (§ 14 II Nr 1 MarkenG).** Benutzt der Werbende ein mit der Marke identisches Zeichen für Waren oder Dienstleistungen, die mit denjenigen identisch sind, für die die Marke eingetragen wurde, und erfüllt die vergleichende Werbung nicht alle Zulässigkeitsvoraussetzungen des § 6 II, kann der Markeninhaber die Benutzung auch dann untersagen, wenn die Herkunftsfunktion der Marke nicht beeinträchtigt ist, sofern nur eine andere Funktion der Marke beeinträchtigt werden kann (EuGH GRUR 2009, 756 Tz 65 – *L'Oréal/Bellure*). Zu diesen anderen Funktionen gehören ua die Qualitätsgewährleistungs-, Kommunikations-, Investitions- und Werbefunktion der Marke (EuGH GRUR 2009, 756 Tz 58, 65 – *L'Oréal/Bellure*). Der Tatbestand des § 14 II Nr 1 MarkenG kann insbes bei der Verwendung von Duft-Vergleichslisten zwischen namentlich genannten Markenparfüms und Duftimitationen verwirklicht sein (EuGH GRUR 2009, 756 Tz 63 – *L'Oréal/Bellure*).

cc) Schutz vor Verwendung eines der Marke ähnlichen Zeichens (§ 14 II Nr 2 MarkenG). Besteht **Verwechslungsgefahr** zwischen dem vom Werbenden verwendeten Zeichen und der Marke des Mitbewerbers iSd (insoweit einheitlich auszulegenden) Bestimmungen des Art 5 I lit b Markenrechtsrichtlinie (= § 14 II Nr 2) und des Art 4 I lit h Werberichtlinie (= § 6 II Nr 3), so erfüllt die vergleichende Werbung die Zulässigkeitsvoraussetzungen nicht. Die Markenbenutzung kann daher auch nach Markenrecht verboten werden (EuGH GRUR 2008, 698 Tz 45–51 – *O2 und O2 (UK)*). Von einer Verwechslungsgefahr ist dann auszugehen, wenn das Publikum glauben könnte, dass die in Frage stehenden Waren oder Dienstleistungen aus demselben Unternehmen oder aus wirtschaftlich verbundenen Unternehmen stammen (EuGH GRUR 2008, 698 Tz 59 – *O2 und O2 (UK)*). Fehlt es an einer Verwechslungsgefahr, so kann der Inhaber der Marke dem Werbenden die Benutzung eines dieser Marke **ähnlichen** Zeichens für Waren oder Dienstleistungen, die mit denen, für die die Marke eingetragen wurde, identisch oder ihnen ähnlich sind, nicht nach Art 5 I lit b Markenrecht verbieten, und zwar unabhängig davon, ob die vergleichende Werbung alle in Art 4 I Werberichtlinie 2006/114/EG genannten Zulässigkeitsbedingungen erfüllt oder nicht (EuGH GRUR 2008, 698 Tz 69 – *O2 und O2 (UK)*).

dd) Schutz der bekannten Marke (§ 14 II Nr 3 MarkenG). Die Benutzung der Marke im Rahmen einer vergleichenden Werbung kann allerdings auch den Tatbestand des § 14 II Nr 3 MarkenG erfüllen. Den zugrunde liegende Art 5 II Markenrichtlinie hat der EuGH wie folgt ausgelegt: Die Bestimmung gilt auch in Bezug auf Waren oder Dienstleistungen, die mit denen, für die die Marke eingetragen ist, identisch oder ihnen ähnlich ist (EuGH GRUR 2009, 756 Tz 35 – *L'Oréal/Bellure*). Die **Ähnlichkeit** zwischen der bekannten Marke und der von dem Dritten verwendeten Zeichen erfordert keine Verwechslungsgefahr, vielmehr genügt es, dass die beteiligten Verkehrskreise das Zeichen und die Marke gedanklich miteinander in Verbindung bringen (EuGH GRUR 2009, 756 Tz 36 – *L'Oréal/Bellure*).

Eine **Beeinträchtigung der Unterscheidungskraft** der Marke („Verwässerung", „Schwächung") liegt vor, wenn die Eignung dieser Marke, die Waren oder Dienstleistungen, für die sie eingetragen ist, zu identifizieren, geschwächt wird, weil die Benutzung des identischen oder ähnlichen Zeichens durch Dritte zur Auflösung der Identität der Marke und ihrer Bekanntheit beim Publikum führt (EuGH GRUR 2009, 756 Tz 39 – *L'Oréal/Bellure*).

Eine **Beeinträchtigung der Wertschätzung** der Marke („Herabsetzung", „Verunglimpfung") liegt vor, wenn die Waren oder Dienstleistungen, für die das identische oder ähnliche Zeichen von Dritten benutzt wird, auf die Öffentlichkeit in einer Weise wirken kann, dass die Anziehungskraft der Marke geschmälert wird. Die Gefahr einer solchen Beeinträchtigung kann sich insbes daraus ergeben, dass die von Dritten angebotenen Waren oder Dienstleistungen Merkmale oder Eigenschaften aufweisen, die sich negativ auf das Bild einer bekannten älteren Marke auswirken können (EuGH GRUR 2009, 756 Tz 40 – *L'Oréal/Bellure*).

Die **unlautere Ausnutzung** der Unterscheidungskraft oder der Wertschätzung der Marke („parasitäres Verhalten", „Trittbrettfahren") setzt weder eine Verwechslungsgefahr noch die Gefahr einer Beeinträchtigung dieser Unterscheidungskraft oder Wertschätzung oder allgemein des Inhabers der Marke voraus. Sie knüpft an den **Vorteil** an, den der Dritte aus der Benutzung des identischen oder ähnlichen Zeichens zieht. Es sollen damit insbes die Fälle erfasst werden, in denen auf Grund der **Übertragung** des Bilds der Marke oder der durch sie vermittelten Merkmale auf die mit dem identischen oder ähnlichen Zeichen gekennzeichneten Waren eine eindeutige Ausnutzung der bekannten Marke gegeben ist (EuGH GRUR 2009, 756 Tz 41 – *L'Oréal/Bellure*). Um eine unlautere Ausnutzung festzustellen, bedarf es einer umfassenden Beurteilung aller relevanten Umstände des konkreten Falles. Insbesondere ist das Ausmaß der Bekanntheit und der Grad der Unterscheidungskraft der Marke, der Grad der Ähnlichkeit der einander gegenüberstehenden Marken sowie der Art der betroffenen Waren und Dienstleistungen und der Grad ihrer Nähe zu berücksichtigen (EuGH GRUR 2009, 756 Tz 44 – *L'Oréal/Bellure*). Außerdem kann auch die Gefahr einer Verwässerung oder Verunglimpfung der Marke berücksichtigt werden (EuGH GRUR 2009, 756 Tz 45 – *L'Oréal/Bellure*). Eine unlautere Ausnutzung der Unterscheidungskraft oder der Wertschätzung einer Marke liegt dann vor, wenn der Werbende durch die Benutzung der Marke versucht, sich in den Bereich der **Sogwirkung** der Marke zu begeben, um von ihrer Anziehungskraft, ihrem Ruf und ihrem Ansehen zu **profitieren** und um ohne finanzielle Gegenleistung die wirtschaftlichen Anstrengungen des

Markeninhabers zur Schaffung und Aufrechterhaltung des Images dieser Marke auszunutzen (EuGH GRUR 2009, 756 Tz 49, 50 – *L'Oréal/Bellure*). Der Begriff der unlauteren Ausnutzung der Wertschätzung der Marke in Art 5 II Markenrechtsrichtlinie (= § 14 II Nr 3 MarkenG) ist im gleichen Sinne auszulegen wie der Begriff der unlauteren Ausnutzung des Rufs einer Marke iSd Art 4 lit f Werberichtlinie (= § 6 II Nr 4) (EuGH GRUR 2009, 756 Tz 77 – *L'Oréal/Bellure*; vgl auch Ohly GRUR 2008, 701, 702; *ders,* FS Doepner, 2008, 51).

6. Verhältnis zum Urheberrecht

41   Die Abbildung eines urheberrechtlich geschützten Konkurrenzprodukts im Rahmen einer vergleichenden Werbung kann zwar tatbestandlich eine Urheberrechtsverletzung iSd § 97 UrhG iVm §§ 16, 17 UrhG darstellen, da die Einschränkung zugunsten einer werblichen Darstellung durch den Vertriebsberechtigten (vgl BGHZ 144, 232, 237 ff = GRUR 2001, 51 – *Parfumflakon*) insoweit nicht eingreift. Entsprechend den Grundsätzen zum Markenrecht wird man jedoch auch insoweit von einem Vorrang der Regelungen über die vergleichende Werbung ausgehen müssen. Eine Untersagung ist daher nicht möglich, wenn die Abbildung unter Beachtung der Zulässigkeitsvoraussetzungen für eine vergleichende Werbung erfolgt und nur eine Unterscheidung bezweckt, durch die die Unterschiede der konkurrierenden Produkte objektiv herausgestellt werden sollen (vgl Erwägungsgrund 15 der Richtlinie 2006/114/EG).

7. Spezialregelungen der vergleichenden Werbung

42   Spezielle Regelungen zur vergleichenden Werbung enthalten: § 4 III WpDVerOV, durch den Art 27 III Richtlinie 2006/73/EG v 10. 8. 2006 umgesetzt wurde, für die vergleichende Werbung für **Wertpapierdienstleistungen** (dazu *Köhler* WM 2009, 385; Art 9 VO (EG) Nr 1924/2006 über nährwert- und gesundheitsbezogene Angaben über Lebensmittel (Health-Claim-VO) für die vergleichende Werbung mit **nährwertbezogenen Angaben** (dazu *Köhler* ZLR 2008, 135).

III. Begriff der vergleichenden Werbung

1. Allgemeines

43   **a) Legaldefinition.** In § 6 I wird die vergleichende Werbung definiert als **„jede Werbung, die unmittelbar oder mittelbar einen Mitbewerber oder die von einem Mitbewerber angebotenen Waren oder Dienstleistungen erkennbar macht"**. Diese Legaldefinition entspricht weitgehend dem Wortlaut von Art 2 lit c der Richtlinie 2006/114/EG (dazu EuGH Slg 2001, I-7945 = GRUR 2002, 354, 355 Tz 31 – *Toshiba Europe;* zur früheren deutschen Rspr vgl BGH GRUR 1998, 824, 826 – *Testpreis-Angebot*). Nach dem Erwägungsgrund 8 der Richtlinie ist die Begriffsbestimmung breit zu fassen und soll alle Arten der vergleichenden Werbung abdecken (vgl EuGH Slg 2001, I-7945 = GRUR 2002, 354, 355 Tz 30 – *Toshiba Europe;* EuGH GRUR 2003, 533, 535 Tz 35 – *Pippig Augenoptik;* EuGH GRUR 2007, 511 Tz 16 – *De Landtsheer/CIVC;* EuGH GRUR 2009, 756 Tz 52 – *L'Oréal/Bellure;* BGHZ 158, 26 = GRUR 2004, 607, 611 – *Genealogie der Düfte*). Die Definition in § 6 I umfasst alle der früher im deutschen Recht unter den Fallgruppen der kritisierenden, anlehnenden und persönlichen vergleichenden Werbung zusammengefassten Formen vergleichender Werbung, soweit sie Mitbewerber erkennbar machen (vgl Begr RegE WRP 2000, 555, 559).

44   **b) Einschränkung. aa) Erfordernis eines Vergleichs?** Setzt der Tatbestand der vergleichenden Werbung in Art 2 lit c Werberichtlinie bzw § 6 I als ungeschriebenes Tatbestandsmerkmal auch einen Vergleich voraus? Oder ist auch eine **„vergleichende Werbung ohne Vergleich"** anzuerkennen? Diese Fragen wurden erstmals in der *Toshiba-Europe*-Entscheidung des EuGH aufgeworfen und werden immer noch diskutiert.

45   **(1) Die Rspr des EuGH.** Nach dem **Wortlaut** des Art 2 lit c Werberichtlinie könnte die Definition der „vergleichenden Werbung" auch solche Werbeformen erfassen, die zwar einen Mitbewerber erkennbar machen, bei denen aber der Werbende weder sich noch die von ihm angebotenen Produkte in eine vergleichende Beziehung zu einem Wettbewerber oder dessen Produkte setzt. Vom Wortlaut her ist es daher nach Auffassung des EuGH ohne Belang, ob die Werbung einen Vergleich zwischen den vom Werbenden angebotenen Erzeugnissen und Dienstleistungen und denjenigen des Mitbewerbers darstellt (EuGH Slg 2001, I-7945 = GRUR 2002, 354, 355 Tz 31 – *Toshiba Europe;* EuGH GRUR 2007, 511 Tz 16 – *De Landtsheer/CIVC*).

III. Begriff der vergleichenden Werbung

Vergleichende Werbung iSv Art 2 lit c Werberichtlinie liegt nach der Rspr des **EuGH** vielmehr schon dann vor, wenn eine Äußerung in einer beliebigen Form vorliegt, die – wenn auch nur mittelbar – auf einen Mitbewerber oder die Erzeugnisse oder Dienstleistungen, die dieser anbietet, Bezug nimmt (zuletzt EuGH GRUR 20 907, 511 Tz 16 – *De Landtsheer/CIVC;* EuGH GRUR 2009, 756 Tz 52 – *L'Oréal/Bellure*). Da jedoch vergleichende Werbung nach Art 3 a (jetzt: Art 4 I) Werberichtlinie nur zulässig ist, wenn ein Vergleich vorliegt, hätte dies zur Folge, dass jede Äußerung, die einerseits eine Identifizierung eines Mitbewerbers oder der von ihm angebotenen Waren oder Dienstleistungen ermöglicht, andererseits keinen Vergleich iSd Art 4 der Richtlinie enthält, unzulässig wäre. Dies würde ua einen Widerspruch zu Art 6 I lit c der Markenrechtsrichtlinie) und zur Rspr des EuGH (Slg 1999, I-905 = WRP 1999, 407 Tz 58–60 – *BMW/Deenik*) darstellen. Daher lehnt der EuGH (Slg 2001, I-7945 = GRUR 2002, 354 Tz 35 – *Toshiba Europe*) iErg zu Recht eine wörtliche Auslegung der Richtlinie ab. Er versucht, den Widerspruch durch **teleologische** Auslegung, nämlich unter Rückgriff auf die Ziele der Richtlinie (dazu Rdn 8), aufzulösen. Die Anforderungen an die vergleichende Werbung sollen „in dem für sie günstigsten Sinn" ausgelegt werden (EuGH Slg 2001, I-7945 = GRUR 2002, 354 Tz 36, 37 – *Toshiba Europe*), „wobei sicherzustellen ist, dass die vergleichende Werbung nicht in einer wettbewerbswidrigen und unlauteren oder die Verbraucherinteressen beeinträchtigenden Weise betrieben wird" (EuGH GRUR 2009, 756 Tz 69 – *L'Oréal/Bellure*). Es soll also nach Möglichkeit im Einzelfall ein Waren- oder Dienstleistungsvergleich angenommen werden. In der Folgezeit brauchte der EuGH das Problem nicht mehr aufzugreifen, weil in allen entschiedenen Fällen die Werbung einen Vergleich enthielt (vgl zuletzt EuGH GRUR 2009, 756 Tz 52 – *L'Oréal/Bellure:* Duftvergleichslisten).

(2) Die Rspr des BGH. Die Rspr des BGH zu dieser Frage bietet kein einheitliches Bild. **46** Manche Entscheidungen hielten einen Vergleich als Tatbestandsmerkmal der vergleichenden Werbung für erforderlich (vgl BGH GRUR 1999, 1100, 1101 – *Generika-Werbung;* BGH GRUR 2002, 75, 76 – *SOOOO... BILLIG!?;* BGH GRUR 2002, 828, 829 – *Lottoschein;* BGH GRUR 2002, 982, 984 – *DIE „STEINZEIT" IST VORBEI!;* BGH GRUR 2005, 163, 165 – *Aluminiumräder*). In anderen Entscheidungen hieß es dagegen, für das Vorliegen einer vergleichenden Werbung iSd § 6 I sei es ohne Belang, ob ein Vergleich zwischen den vom Werbenden angebotenen Waren und Dienstleistungen und denen des Mitbewerbers vorliege (BGH GRUR 2004, 607, 611 – *Genealogie der Düfte;* BGH GRUR 2005, 348 – *Bestellnummernübernahme;* BGH WRP 2008, 930 Tz 20 – *Imitationswerbung;* BGH GRUR 2008, 443 Tz 15 – *Saugeinlagen;* vgl auch BGH GRUR 2005, 172, 174 – *Stresstest*).

(3) Das Schrifttum. Das Schrifttum ist in dieser Frage gespalten. Die Befürworter des **47** Vergleichserfordernisses weisen insbes auf die Gefahr hin, bei einer Anerkennung einer „**vergleichenden Werbung ohne Vergleich**" könnten viele für sich gesehen unbedenkliche Formen der Werbung an den engmaschigen Zulässigkeitsvoraussetzungen des § 6 II scheitern (vgl Begr RegE WRP 2000, 555, 560; *Köhler* GRUR 2005, 273, 278; *Dilly/Ulmar* WRP 2005, 467, 471; *Sack* WRP 2008, 170, 174 f; Harte/Henning/*Sack* § 6 Rdn 98 ff; Piper/*Ohly*/Sosnitza § 6 Rdn 36). Diese Beschränkung könnte auch gegen das europäische Grundrecht auf freie Meinungsäußerung verstoßen. Die Gegner des Vergleichserfordernisses verweisen auf die Rspr des EuGH (vgl MünchKommUWG/*Menke* § 6 Rdn 99; jurisPK/*Müller-Bidinger* § 6 Rdn 104; HK-WettbR/*Plaß* § 6 Rdn 44; *Fassbender* EuZW 2005, 42) und wollen mit einer großzügigen Auslegung der Zulässigkeitsvoraussetzungen des § 6 II, notfalls gegen den Wortlaut dieser Norm helfen.

(4) Stellungnahme. (a) Fragestellung. Die Definition der vergleichenden Werbung enthält **48** nicht den Begriff des Vergleichs, wie ihn Art 4 Werberichtlinie und § 6 II verwenden. Das könnte zur Annahme verleiten, eine vergleichende Werbung setze keinen „Vergleich" voraus. Da aber – wie zu zeigen ist – die Definition der vergleichenden Werbung bereits die Beschreibung eines Vergleichs enthält, erweist sich die Frage, ob es eine „vergleichende Werbung ohne Vergleich" gibt und welche Regelungen dafür gelten, als **Scheinproblem.**

(b) Der Inhalt eines Vergleichs. Ein „**Vergleich**" iSd des Art 4 der Richtlinie (und damit **49** des § 6 II) hat nach Auffassung des EuGH drei Bestandteile: Angaben über das Angebot des Werbenden, Angaben über das Angebot des Mitbewerbers und das Verhältnis zwischen diesen beiden Angeboten. Letzteres ergebe sich allerdings bereits zwangsläufig aus der Beschreibung der beiden Angebote (EuGH GRUR 2003, 533 Tz 36, 37 – *Pippig Augenoptik*). Das bedeutet: Eine Bewertung der beiden Angebote durch den Werbenden ist für das Vorliegen eines Vergleichs nicht erforderlich. Für einen Vergleich genügt es also, wenn die Werbung Angaben über das eigene Angebot und Angaben über das Angebot des Mitbewerbers enthält. Dass die Werbung dem Verbraucher eine Kaufalternative bieten will, ergibt sich schon aus dem Erfordernis der Mitbewerbereigenschaft des anderen Anbieters.

50 **(c) Der Vergleich als Folge des Mitbewerberbezugs der Werbung.** Um die Ziele der Richtlinie zu erreichen, sind die Anforderungen an die vergleichende Werbung „in dem für sie günstigsten Sinn" auszulegen (EuGH GRUR 2002, 354 Tz 36, 37 – *Toshiba Europe;* EuGH GRUR 2003, 533 Tz 42 – *Pippig Augenoptik;* EuGH GRUR 2009, 756 Tz 52 – *L'OréalBellure*). Das hat auch für die Auslegung der Definition der vergleichenden Werbung zu gelten. Von einer **Werbung** iSd Art 2 lit a Richtlinie ist daher nur dann auszugehen, wenn die Äußerung einen Bezug zum Angebot des Werbenden hat. Der Verbraucher muss also aus der Werbung erkennen können, welche Waren oder Dienstleistungen der Werbende anbietet. Darüber hinaus muss die Werbung einen **Mitbewerber** oder die von ihm **angebotenen Waren** („Erzeugnisse") oder **Dienstleistungen erkennbar** machen. Im letzteren Fall ist ohne Weiteres ein Vergleich, nämlich eine Gegenüberstellung der beiden Angebote, gegeben. Schwierigkeiten bereitet nur der erste Fall, dass lediglich der Mitbewerber als solcher erkennbar gemacht wird. Als **Mitbewerber** wird ein Unternehmer aber nur dann erkennbar gemacht, wenn für den Verbraucher erkennbar ist, dass er Waren oder Dienstleistungen anbietet, die „in gewissem Grad" mit denen des Werbenden austauschbar sind (vgl EuGH GRUR 2007, 511 Tz 36 ff – *De Landtsheer/CIVC*). Der Bezugnahme auf einen Mitbewerber ist daher eine Bezugnahme auf sein konkurrierendes Leistungsangebot immanent. Das aber reicht aus, um einen Vergleich iSd Art 4 Richtlinie (bzw des § 6 II) anzunehmen. **Der Definition der vergleichenden Werbung ist daher ein Vergleich immanent.** Eine „vergleichende Werbung ohne Vergleich" gibt es nicht. Lässt sich der Werbung nicht einmal mittelbar entnehmen, dass sich unterschiedliche Angebote von Waren oder Dienstleistungen gegenüberstehen, die für den Verbraucher Alternativen darstellen, handelt es sich nicht um vergleichende Werbung. Die Wendung in Art 4 Werberichtlinie **„was den Vergleich anbelangt"** sowie in Erwägungsgrund 9 **„soweit der vergleichende Aspekt betroffen ist"** bezieht sich also nur auf das Verhältnis zwischen den vom Werbenden und den vom Mitbewerber angebotenen Waren und Dienstleistungen.

51 **Vergleichende Werbung** liegt daher nur, aber auch immer dann vor, wenn die **Werbung das Angebot des Werbenden dem Angebot eines anderen Unternehmers gegenüberstellt und die von beiden Unternehmern angebotenen Waren oder Dienstleistungen bis zu einem gewissen Grad austauschbar sind.** Da es das Ziel der Werbung ist, den Absatz der eigenen Waren oder Dienstleistungen zu fördern, ist es der vergleichenden Werbung immanent, dem Verbraucher eine **Kaufalternative** zum Konkurrenzprodukt vor Augen zu führen.

52 **(d) Beispiele.** Ein Vergleich liegt vor bei der Übermittlung von **Parfüm-Vergleichslisten** an Einzelhändler, in denen Luxusparfums und Imitate gegenübergestellt werden (EuGH GRUR 2009, 756 Tz 52 – *L'Oréal/Bellure*). – Bei der Gegenüberstellung von eigenen **Bestellnummern** mit den Originalbestellnummern des Wettbewerbers kommt es darauf an, ob der Verkehr erkennt, dass es sich nicht um Originalprodukte handelt (BGH GRUR 2001, 350 – *OP-Lampen*). Ist dies der Fall, so stellt die Gegenüberstellung der Artikelnummern die Behauptung der Gleichwertigkeit hins der technischen Eigenschaften der beiden Erzeugnisse, dh einen Vergleich wesentlicher, relevanter, nachprüfbarer und typischer Eigenschaften iSv § 6 II Nr 2, dar (vgl EuGH GRUR 2002, 354, 356 Tz 39 – *Toshiba Europe;* BGH GRUR 2003, 444, 445 – „*Ersetzt"*). Ebenso liegt ein Vergleich unter Behauptung der Gleichwertigkeit vor, wenn ein mit der ausländischen Ursprungsmarke gekennzeichnetes **Importarzneimittel** mit dem Hinweis versehen wird, das gleiche Produkt werde in Deutschland unter einer anderen Marke angeboten (OLG Stuttgart GRUR-RR 2002, 397). – Unerheblich für das Vorliegen eines Vergleichs ist hingegen, ob die verglichenen Produkte demselben Bedarf dienen oder dieselbe Zweckbestimmung haben. Dies ist nur für die Frage der Unlauterkeit des Vergleichs relevant (§ 6 II Nr 1). Ein Vergleich liegt daher auch dann vor, wenn ungleichartige Produkte als substituierbar dargestellt werden (BGH GRUR 1972, 553 – *Statt Blumen ONKO-Kaffee;* BGH GRUR 1986, 548 – *Dachsteinwerbung;* OLG Stuttgart NJW-RR 1999, 266, 267). – Nicht erforderlich ist es, dass der Werbende eigene Produkte, Preise usw mit denen anderer Mitbewerber vergleicht. Vielmehr genügt es, dass **fremde** Produkte oder Preise miteinander verglichen werden, sofern der Werbende zur Förderung fremden Wettbewerbs handelt (BGH GRUR 1999, 69, 70 – *Preisvergleichsliste II*). Fehlt es an einer geschäftlichen Handlung, wie zB bei neutralen Waren- oder Preistests (dazu Rdn 195 ff), so findet § 6 daher keine Anwendung (BGH aaO – *Preisvergleichsliste II*). – **Wie** der Vergleich vorgenommen wird, etwa durch Äußerungen oder Handlungen, durch Bilder

III. Begriff der vergleichenden Werbung   53–55a § 6 UWG

oder Symbole, durch Wiedergabe von vergleichenden wissenschaftlichen Untersuchungen (OLG Hamburg GRUR 2000, 530, 532), Testberichten, Gutachten oder Meinungsumfragen, spielt keine Rolle (BGH GRUR 2004, 607, 611 – *Genealogie der Düfte*). Entscheidend ist nur, ob der angesprochene Personenkreis darin einen Vergleich erblickt.

bb) Abgrenzung. Eine vergleichende Werbung ist in folgenden Fällen nicht gegeben: **53**
(1) Bloße Kritik am Mitbewerber. An einer vergleichenden Werbung, genauer: an dem Bezug der Werbung zum eigenen Angebot, fehlt es idR – maßgebend ist aber jeweils das Verkehrsverständnis unter Berücksichtigung der bes Umstände des Einzelfalls – wenn ein Mitbewerber oder seine Produkte lediglich kritisiert werden, ohne dass gleichzeitig eine Werbung für das das eigene Unternehmen oder seine Produkte erfolgt (BGH GRUR 2002, 75, 76 – *SOOOO ... BILLIG!?*). Es fehlt insoweit an der Herstellung eines Bezugs zwischen zwei Mitbewerbern, zwischen Waren oder Dienstleistungen oder zwischen Tätigkeiten oder sonstigen Verhältnissen. **Beispiel:** Die Äußerung über einen Mitbewerber, er beschäftige Schwarzarbeiter, ist nicht ohne Weiteres als vergleichende Werbung anzusehen (vgl *Köhler* GRUR 2005, 273). Dass sich aus einer allgemein gehaltenen Aussage idR unausgesprochen ergibt, sie treffe auf den Werbenden selbst nicht zu, reicht für eine Bezugnahme auf den Werbenden nicht aus. Derartige kritische Äußerungen können im Einzelfall eine „Herabsetzung" (dazu § 4 Rdn 7.12 ff) oder „Anschwärzung" (§ 4 Nr 8) darstellen. Die Grundsätze über die vergleichende Werbung finden aber keine Anwendung.

(2) Bloße Anlehnung an einen fremden Ruf. Die bloße Bezugnahme auf ein anderes **54** Unternehmen, seine Produkte oder Kennzeichen, sei es auch mit dem Ziel einer Rufausbeutung (zB im Fall BGH GRUR 1983, 247 – *Rolls-Royce*), stellt ebenfalls für sich allein keinen Vergleich dar (BGH GRUR 2005, 163, 165 – *Aluminiumräder*). Vielmehr muss (wie zB im Fall BGH GRUR 1992, 625 – *Therapeutische Äquivalenz*) hinzukommen, dass die Werbung das eigene Angebot als **Alternative zum fremden Angebot** erscheinen lässt (BGH GRUR 2005, 163, 165 – *Aluminiumräder*). Das ist bspw anzunehmen bei der Verwendung von Parfüm-Vergleichslisten (EuGH GRUR 2009, 756 Tz 52 – *L'Oréal/Bellure*); bei der Bezeichnung der eigenen Waren als „a la Cartier" (BGH GRUR 2009, 871 Tz 31 – *Ohrclips*), aber nicht ohne Weiteres schon bei der Behauptung „passen wunderbar zu Cartier Schmuck" (aA wohl BGH GRUR 2009, 871 Tz 30 – *Ohrclips*). Fehlt es an einer Kaufalternative, so gelten die allgemeinen Grundsätze über die Anlehnung und Rufausbeutung (§ 4 Rdn 9.51 und § 4 Rdn 10.13).

(3) Bloße Werbung für das eigene Angebot. An einem Vergleich fehlt es idR auch dann, **55** wenn ein Unternehmen sich darauf beschränkt, seine eigene Ware oder Dienstleistung anzupreisen, indem es deren Eigenschaften hervorhebt, weil es dann an einer Gegenüberstellung mit dem Angebot eines Mitbewerbers fehlt (BGH GRUR 1999, 1100, 1101 – *Generika-Werbung*; BGH GRUR 2002, 75, 76 – „*SOOOO ... BILLIG!*"?; BGH GRUR 2002, 982, 984 – *DIE „STEINZEIT" IST VORBEI!*). Denn der durchschnittlich informierte, aufmerksame und verständige Verbraucher weiß, dass es Sinn und Zweck einer jeden Werbung ist, die Vorzüge der eigenen Waren oder Leistungen herauszustellen, um deren Absatz zu fördern. Ihm ist auch bekannt, dass die in der Werbung bes herausgestellten persönlichen Eigenschaften bei den Mitbewerbern so nicht in gleicher Weise gegeben sein müssen (BGH GRUR 1999, 1100, 1101 – *Generika-Werbung*). Auch die Alleinstellungswerbung ist daher idR kein Vergleich (*Lehment* GRUR 1999, 503, 504).

(4) Bloßes Angebot einer Produktnachahmung. Nach der Rspr des **BGH** kann allerdings **55a** bereits das **bloße Angebot einer Produktnachahmung,** wenn sie für die potenziellen Käufer (Verbraucher oder Wiederverkäufer) auf Grund ihrer Gesamtaufmachung und/oder Bezeichnung das dahinter stehende Originalerzeugnis erkennen lässt, den Tatbestand der vergleichenden Werbung erfüllen (BGH GRUR 2008, 628 Tz 20 – *Imitationswerbung;* BGH GRUR 2010, 343 Tz 28 – *Oracle;* ähnl *Scherer* WRP 2009, 1446, 1451; krit *Köhler* GRUR 2008, 632, 633 und GRUR 2009, 445, 450; *Ohly* GRUR 2010, 487, 491; *Sack* WRP 2008, 170, 173 ff). Eine vergleichende Werbung liegt nach dieser Rspr nur dann vor, wenn die angesprochenen Verkehrskreise allein auf Grund **außerhalb der Werbung** liegender Umstände eine Verbindung zwischen dem beworbenen Produkt und denjenigen von Mitbewerbern herstellen (BGH GRUR 2008, 628 Tz 20 – *Imitationswerbung*). Das bloße Wissen um die Existenz des Originalprodukts reiche daher nicht aus, um die für eine vergleichende Werbung erforderliche *deutliche* Bezugnahme auf dieses Produkt als Konkurrenzprodukt bejahen zu können (BGH GRUR 2008, 628 Tz 20 – *Imitationswerbung*). – Aus der Rspr des **EuGH** gibt es indessen für diese Auffassung noch keinen Beleg. Eine vergleichende Werbung beim Angebot einer Produktnachahmung wurde in einem Fall (EuGH GRUR 2006, 345 Tz 12 – *Siemens/VIPA*) im Hinblick auf das verwendete Bestellnummernsystem, in einem anderen Fall (EuGH GRUR 20009, 756 – *L'Oréal/Bellure*) im Hinblick auf die verwendete Duftvergleichsliste, also jeweils auf Grund von Umständen außerhalb der Produktgestaltung und -bezeichnung, bejaht. Die Frage kann daher nicht als geklärt gelten. – Gegen die Auffassung des BGH bestehen mehrere Bedenken. Gegen sie spricht zunächst die **UGP-Richtlinie 2005/29/EG,** durch deren Art 14 auch die damalige Werberichtlinie 84/450/EWG geändert wurde. Diese Richtlinie enthält drei Irreführungstatbestände, die jedenfalls auch den Vertrieb von Produktnachahmungen erfassen (vgl BGH GRUR 2010, 80 Tz 17– *LIKEaBIKE*). Es sind dies Art 6 I lit b [kommerzielle Herkunft], Art 6 II lit a und Nr 13 Anh I UGP-Richtlinie, jeweils umgesetzt in § 5 I 2 Nr 1, § 5 II und Nr 13 Anh § 3 III. Daraus ergibt sich, dass der Vertrieb von Produktnachahmungen für sich allein nicht den Tatbestand der vergleichenden Werbung erfüllt. Besonders deutlich ergibt sich dies aus § 5 II. Danach ist ua die Vermarktung von Waren oder Dienstleistungen, einschließlich vergleichender Werbung, irreführend, wenn sie eine Verwechslungsgefahr mit einer anderen Ware oder Dienstleistung eines Mitbewerbers herbeiführt. Gerade weil diese Vorschrift die vergleichende Werbung einbezieht, lässt sie den Schluss zu, dass die Herbeiführung einer Verwechslungsgefahr bei der Vermarktung eines Produkts für sich allein keine vergleichende Werbung darstellt. Bestätigt wird dies durch Erwägungsgrund 14 S 5. Danach wird mit der UGP-Richtlinie „nicht beabsichtigt, die Wahl für die Verbraucher einzuschränken, indem die Werbung für Produkte, die anderen Produkten ähneln, untersagt wird, es sei denn, dass diese Ähnlichkeit eine Verwechslungsgefahr für die Verbraucher hinsichtlich der kommerziellen Herkunft des Produkts begründet und damit irreführend ist". – Aus der **Werberichtlinie 2006/114/EG** selbst ergibt sich ein weiteres Bedenken. Der Begriff der vergleichenden Werbung soll zwar nach Erwägungsgrund 8 S 1 denkbar weit ausgelegt werden. Dies aber aus der Erwägung, dass vergleichende Werbung, „wenn sie wesentliche, relevante, nachprüfbare und typische Eigenschaften vergleicht und nicht irreführend ist, ein zulässiges Mittel zur Unterrichtung der Verbraucher über ihre Vorteile darstellen" kann (Erwägungsgrund 8 S 1). Würde der Begriff der vergleichenden Werbung auf Fälle des bloßen Angebots einer Produktnachahmung ausgedehnt, so müsste eine derartige Werbung folgerichtig (auch) am Maßstab des § 6 II Nr 2 gemessen werden. Es müsste also stets gefragt werden, ob das Angebot der Produktnachahmung die Anforderungen des Eigenschaftsvergleichs erfüllt. Man mag diese Anforderungen herunterschrauben, darf sie aber nicht so verwässern, dass sie ihre Funktion verlieren (vgl *Scherer* WRP 2009, 1446, 1451: Produktnachahmung enthalte eine „konkludente Gleichwertigkeitsbehauptung, die sich auf jeden Fall auf den Grundnutzen bezieht"). Die Anwendung des § 6 II Nr 2 würde daher in vielen Fällen zu einem Verbot des Angebots von Produktnachahmungen führen. Dies sogar dann, wenn weder eine Verwechslungsgefahr begründet noch der Ruf des nachgeahmten Produkts beeinträchtigt oder ausgenutzt wird und das Angebot daher nach § 4 Nr 9 lita und b nicht zu beanstanden wäre (vgl BGH GRUR 2007, 795 – *Handtaschen:* Billigimitation von hochwertigen und teuren Handtaschen). Umgekehrt ließe sich ein Verbot nicht auf § 4 Nr 9 lit a und b stützen, wenn nicht gleichzeitig die Verbotsvoraussetzungen des § 6 II erfüllt wären. Denn die Werberichtlinie sieht für den Bereich der vergleichenden Werbung eine abschließende Regelung, auch hinsichtlich des **Mitbewerberschutzes,** vor. Lediglich eine parallele Anwendung des § 4 Nr 9 (vgl BGH GRUR 2010, 343 Tz 39 ff – *Oracle*) wäre möglich (und im Hinblick auf die Möglichkeit der dreifachen Schadensberechnung sinnvoll). – Daher sollte das bloße Angebot einer Produktnachahmung (einschließlich der dafür verwendeten Marke) für sich allein noch nicht als vergleichende Werbung angesehen werden. Vielmehr muss die Werbung über das bloße Produktangebot (einschließlich der dafür verwendeten Marke) hinaus noch eine erkennbare Bezugnahme auf den Mitbewerber oder seine Produkte enthalten. Diese Bezugnahme kann bspw durch die Verwendung von Bestellnummern (EuGH GRUR 2006, 345 Tz 12 – *Siemens/VIPA*), von Vergleichslisten (EuGH GRUR 20009, 756 – *L'Oréal/Bellure*) oder Produktbeschreibungen mit Bezug auf das Konkurrenzprodukt (BGH GRUR 2009, 871 Tz 31 – *Ohrclips* [„a la Cartier"]), die natürlich auch durch entsprechende Hinweise auf der Produktverpackung (zB „baugleich mit"; „genauso gut wie") erfolgen können. – Vgl. weiter § 4 Rdn 9.16.

56 **(5) Bloße Aufforderung zum Vergleich.** Ein Vergleich setzt voraus, dass der Werbende eine konkrete Aussage über das Verhältnis seines Angebots zum Angebot des Mitbewerbers macht. An einem Vergleich fehlt es daher grds bei der bloßen Aufforderung, sich über das Angebot von Mitbewerbern zu informieren, um einen Vergleich vornehmen zu können (ebenso *Sack* WRP 2008, 170, 176). Denn hier überlässt der Werbende dem Kunden das Urteil (BGH GRUR 1987, 49, 50 – *Cola-Test;* BGHZ 139, 378, 382 = GRUR 1999, 501, 502 – *Vergleichen*

III. Begriff der vergleichenden Werbung   57–60 § 6 UWG

Sie). Hierher gehört auch der Fall, dass in einer Internet-Werbung ein Link zum Angebot eines Mitbewerbers gesetzt wird und der Nutzer auf diese Weise sich über das Konkurrenzangebot informieren kann (ebenso Piper/*Ohly*/Sosnitza § 6 Rdn 37). Erst recht greift § 6 nicht ein, wenn nicht einmal die Mitbewerber oder deren Produkte erkennbar gemacht werden, wie etwa bei dem Slogan „*Vergleichen . . . vergleichen . . . und nochmals vergleichen . . . dann kaufen Sie doch bei Divi"* (BGH GRUR 1974, 280 – *Divi*). Allerdings kommt es darauf an, wie die angesprochenen Verkehrskreise die Äußerung des Werbenden im konkreten Zusammenhang verstehen (BGH aaO – *Vergleichen Sie*). Je konkreter die Werbung sich auf ein Produkt, seine Eigenschaften oder seinen Preis bezieht, desto eher wird in der Aufforderung zum Vergleich mit dem Angebot eines Mitbewerbers ein verkappter Vergleich liegen. Denn darin steckt die Behauptung, das eigene Angebot sei dem des Mitbewerbers überlegen oder doch gleichwertig. So kann die Aufforderung „Vergleichen Sie einmal mit dem Katalog von P. L. (BGH aaO – *Vergleichen Sie*) oder der Aussage „*Die beste Werbung für S. sind die Angebote der Konkurrenz"* (KG WRP 1999, 339, 340) einen konkludenten Preisvergleich enthalten. Weiter kann die Aufforderung zum Vergleich unter gleichzeitiger Bereitstellung von Vergleichswaren zum Test einen Eigenschaftsvergleich enthalten (vgl OLG Bamberg WRP 1988, 611).

(6) Bloße Komplementarität der gegenübergestellten Leistungen. Kein Vergleich liegt 57 vor, wenn eine Ware oder Dienstleistung lediglich als Ergänzung zu einer anderen Ware oder Dienstleistung beworben wird *(„passt zu . . .", „ideale Ergänzung zu . . ."),* weil es dann an einem Wettbewerbsverhältnis und damit an der Mitbewerbereigenschaft fehlt (OLG Stuttgart NJW-RR 1999, 266, 267). Dies gilt auch für die Werbung für Ersatzteile und Zubehör (aA wohl *Krieger* WRP 2000, 927, 130). Anders liegt es, wenn gleichzeitig ein Vergleich mit Originalersatzteilen oder -zubehör des Herstellers der Hauptware vorgenommen wird.

(7) Bloßer Eigenvergleich. Kein Vergleich iSd § 6 liegt vor, wenn der Werbende lediglich 58 seine eigenen Produkte und deren Preise vergleicht (**Eigenvergleich**), weil es am Mitbewerberbezug fehlt (OLG Köln GRUR-RR 2002, 334, 336; *Lehment* GRUR 1999, 503, 504). Ein derartiger Vergleich ist grds zulässig, soweit der Nachfrager nicht irregeführt (§ 5) oder unangemessen unsachlich beeinflusst (§ 4 Nr 1) wird. Ein **Mitbewerberbezug** liegt aber dann vor, wenn ein Händler die Preise der von ihm unter einer Hausmarke vertriebenen eigenen Produkte mit den Preisen der von einem Markenartikelherstellers bezogenen Waren vergleicht (BGH WRP 2007, 1181 Tz 16 – *Eigenpreisvergleich;* MünchKommUWG/*Micklitz* EG F Rdn 285; aA noch 27. Aufl). Denn aus der Sicht der Verbraucher stellen sich diese Angebote als Kaufalternativen dar. Der Markenartikelhersteller ist insofern Mitbewerber, als es um den Absatz der von ihm gelieferten Waren an den Verbraucher geht. Dass der Händler die Preise der verglichenen Waren selbst festsetzt, ändert daran nichts. Insoweit kann allenfalls § 4 Nr 10 eingreifen.

2. Werbung

a) Begriff der Werbung. Eine vergleichende Werbung setzt voraus, dass die betreffende 59 Äußerung sich als „Werbung" darstellt. Nach Art 2 lit a der Richtlinie 2006/114/EG fällt darunter **„jede Äußerung bei der Ausübung eines Handels, Gewerbes, Handwerks oder freien Berufs mit dem Ziel, den Absatz von Waren oder die Erbringung von Dienstleistungen, einschließlich unbeweglicher Sachen, Rechte und Verpflichtungen zu fördern".** Diese Definition ist auch für die Auslegung des Begriffs der vergleichenden Werbung heranzuziehen (EuGH GRUR 2009, 756 Tz 52 – *L'Oréal/Bellure*). Da § 6 richtlinienkonform auszulegen ist, muss dies auch für die Auslegung des § 6 I gelten (BGH GRUR 2008, 628 Tz 18 – *Imitationswerbung;* vgl auch BGH WRP 2006, 1109 Tz 22 – *Rechtsanwalts-Ranglisten* mit allerdings bedenklicher Schlussfolgerung, dass für eine Werbung die Absicht erforderlich sei, den eigenen oder fremden Wettbewerb „zum Nachteil eines anderen" zu fördern). Allerdings bedarf die Definition ihrerseits der Auslegung (Rdn 9). Dabei ist auch auf die Formulierung des Richtlinientextes in anderen EU-Sprachen Rücksicht zu nehmen (Rdn 9). – Zur vergleichbaren Problematik bei der irreführenden Werbung vgl § 5 Rdn 2.22 ff.

aa) Vorliegen einer Äußerung. Der Begriff der „Äußerung" ist weit zu verstehen. Es ist 60 daher unerheblich, wie die Äußerung (verbal oder nonverbal, öffentlich oder individuell) erfolgt (vgl EuGH Slg 2001, I-7945 = GRUR 2002, 354 Tz 31 – *Toshiba Europe:* „Äußerung in einer beliebigen Form"). Eine Werbung kann daher auch durch Verwendung bestimmter Produktbezeichnungen erfolgen (BGH GRUR 2008, 628 Tz 18 – *Imitationswerbung*). Werbung liegt auch dann vor, wenn ein Unternehmen sich die Äußerungen Dritter (zB wissenschaftliche Untersuchungen, BGH GRUR 2002, 633, 634 – *Hormonersatztherapie;* Presseberichte, OLG Hamburg GRUR-RR 2002, 112) zu Werbezwecken zu eigen macht (BGH GRUR 1962, 45 – *Betonzusatzmittel;* BGH GRUR 1966, 92 – *Bleistiftabsätze;* BGH aaO – *Hormonersatztherapie;* OLG Hamburg GRUR 2000, 530, 532).

61 **bb) Zusammenhang mit einer unternehmerischen Tätigkeit.** Der Begriff der Werbung erfasst – insoweit enger als der Begriff der „geschäftlichen Handlung" iSd § 2 I Nr 1 – nur Äußerungen „bei der Ausübung eines Handels, Gewerbes, Handwerks oder freien Berufs". Dieses Tatbestandsmerkmal ist weit auszulegen. Gemeint ist damit, wie auch die zur Auslegung heranzuziehenden englischen und französischen Fassung des Richtlinientexts („in connection with a trade, ..."; „dans le cadre d'une activité commerciale, ...") verdeutlicht, dass ein funktioneller **Zusammenhang** mit einer (eigenen oder fremden) unternehmerischen Tätigkeit bestehen muss (*Köhler/Lettl* WRP 2003, 1019, 1022 Tz 10). Die Abgrenzung spielt bei Äußerungen von Privaten, Verbänden und Behörden eine Rolle (dazu Rdn 64). – Eine unternehmerische Tätigkeit setzt, wie beim kartellrechtlichen Unternehmensbegriff der Art 81, 82 EG und des GWB, eine **selbstständige wirtschaftliche,** dh planmäßige und auf Erzielung eines Entgelts gerichtete **Tätigkeit** voraus. Nicht ausreichend ist daher eine bloß einmalige entgeltliche oder eine unentgeltliche Tätigkeit.

62 **cc) Zweck der Äußerung.** Die Äußerung muss das Ziel verfolgen, **„den Absatz von Waren oder die Erbringung von Dienstleistungen, einschließlich unbeweglicher Sachen, Rechte und Verpflichtungen zu fördern".** Auch dieses Begriffsmerkmal der Werbung ist weit auszulegen. Erfasst wird daher neben der Produktwerbung und konkreten Verkaufsangeboten auch die **Aufmerksamkeitswerbung,** weil sie letztlich der Absatzförderung dient (vgl auch die Begriffsbestimmung der „kommerziellen Kommunikation" in Art 2 lit f der E-Commerce-Richtlinie). Selbst die bloße Mitteilung einer Adresse kann, soweit sie nicht gesetzlich vorgeschrieben ist, Werbung sein (vgl *Köhler* GRUR 2005, 273, 277). Eine Äußerung zum Zwecke der Absatzförderung kann auch noch nach Vertragsschluss erfolgen; etwa dann, wenn der Kunde von der Geltendmachung eines Vertragslösungsrechts abgehalten oder der Vertrag inhaltlich erweitert werden soll. – Allerdings muss aus der Äußerung zumindest mittelbar hervorgehen, **welche Waren oder Dienstleistungen der Werbende anbietet.** Denn andernfalls kann sie keinen **Mitbewerberbezug** haben (Rdn 50; aA Harte/Henning/*Sack* § 6 Rdn 33). Dafür kann allerdings bereits die Nennung des eigenen und des konkurrierenden Unternehmens genügen, wenn und soweit für die Verbraucher der Mitbewerberbezug erkennbar ist, wie bspw bei der Aussage: *„Wo ALDI ist, ist in der Nähe auch LIDL".* Bloße kritische Äußerungen über Mitbewerber oder die von ihnen angebotenen Waren oder Dienstleistungen erfüllen dagegen für sich genommen nicht den Tatbestand der Werbung (Rdn 53), wenn nicht gleichzeitig für das eigene Angebot geworben und damit eine Kaufalternative aufgezeigt wird. Allerdings ist stets zu fragen, ob in solchen Äußerungen nicht mittelbar oder im Umkehrschluss auch Angaben über den Werbenden und sein Angebot enthalten sind. Maßgeblich ist der Eindruck, den ein durchschnittlich informierter, aufmerksamer und verständiger Empfänger der Äußerung gewinnt (vgl auch § 6 II Nr 5).

63 Noch ungeklärt ist, ob über den Wortlaut der Definition der Werbung hinaus auch die Förderung des **Bezugs** von Waren oder Dienstleistungen vom Begriff der „Werbung" erfasst ist. Es geht insoweit darum, ob auch die **vergleichende Werbung eines Nachfragers** unter § 6 fallen kann. Das ist nicht selbstverständlich, weil die Verfasser der Richtlinie nur den Fall der Absatzwerbung im Auge hatten (vgl Erwägungsgrund 6). Offenbar wurde die Frage gar nicht gesehen. Ein sachlicher Grund, der es rechtfertigt, Angebot und Nachfrage unterschiedlich zu behandeln, ist allerdings nicht zu erkennen. Vielmehr kann auch vergleichende Werbung eines Nachfragers zu einer Verzerrung des Wettbewerbs und zu einer Schädigung der Mitbewerber führen (vgl Erwägungsgrund 9). Es liegt daher eine planwidrige Lücke vor (vgl auch BGH GRUR 2008, 923 Tz 12 – *Faxanfrage im Autohandel* und BGH GRUR 2008, 925 Tz 16 – *FC Troschenreuth* zur vergleichbaren Problematik bei § 7 II). Demnach ist es geboten, im Wege der ergänzenden, den Wortlaut übersteigenden Auslegung die vergleichende Werbung beim Bezug von Waren oder Dienstleistungen in den Anwendungsbereich des § 6 einzubeziehen (aA Harte/Henning/*Sack* § 6 Rdn 35; jurisPK/*Müller-Bidinger* § 6 Rdn 59). Dies entspricht im Übrigen der Gleichbehandlung von Angebot und Nachfrage bei der Definition der geschäftlichen Handlung (§ 2 I Nr 1). – In der Praxis kann die Frage insbes bei knappem Angebot eine Rolle spielen. **Beispiel:** Molkerei A versucht, Bauern, die ihre Milch an die Molkerei B liefern, mit der Aussage abzuwerben, sie würde für den Liter 5 Cent mehr bezahlen als die B.

III. Begriff der vergleichenden Werbung　　　　　　　　64–68　§ 6 UWG

b) Werbung durch Dritte. Ob von § 6 I nur die von einem Mitbewerber oder auch die von 64 einem Dritten zu seinen Gunsten vorgenommene vergleichende Werbung erfasst wird, ist vom EuGH noch nicht entschieden und str (bejahend BGH GRUR 1999, 69, 70 f – *Preisvergleichsliste II;* wohl auch BGH GRUR 2006, 875 – *Rechtsanwalts-Ranglisten;* KG GRUR 2000, 242; *Köhler,* FS Sonnenberger, 2004, 249, 254; verneinend OLG München GRUR 2003, 719). Richtigerweise ist zu differenzieren:

Erste Voraussetzung für die Anwendbarkeit des § 6 ist, dass die Äußerung „**in Ausübung** 65 **eines Handels, Gewerbes, Handwerks oder freien Berufs**" erfolgt. Damit ist, wie aufgezeigt (Rdn 61), der (funktionelle) **Zusammenhang mit einer unternehmerischen Tätigkeit** gemeint. Das ist unproblematisch, wenn die Äußerung von einem **Unternehmer** iSv § 2 I Nr 6 ausgeht, also vom Unternehmensinhaber oder einer Person, die in seinem Namen oder Auftrag handelt. Das ist ferner anzunehmen bei Äußerungen eines (privat- oder öffentlich-rechtlich organisierten) **Verbands,** dem das Unternehmen angehört und dessen Interessen er fördert (vgl zB BGH GRUR 1986, 905, 907 – *Innungskrankenkassenwesen* zu einem Vergleich zwischen Innungskrankenkassen und anderen Krankenkassen). Dagegen fällt die von einem **Privaten** oder einer **Behörde,** wenngleich in Wettbewerbsförderungsabsicht, betriebene Werbung nicht darunter. Laienwerber sind stets als Beauftragte eines Unternehmens anzusehen und werden daher von § 6 I erfasst.

Zweite Voraussetzung für die Anwendbarkeit des § 6 I ist, dass die Werbung einen Mitbewerber 66 oder dessen Waren oder Dienstleistungen **erkennbar** macht. Daraus ist aber nicht der Schluss zu ziehen, dass die Werbung ihrerseits von einem Unternehmer ausgehen muss, der in Wettbewerb mit dem in den Vergleich einbezogenen Unternehmer steht (so aber OLG München GRUR 2003, 719). Vielmehr gebietet es der Schutzzweck der Richtlinie, auch den Fall einzubeziehen, dass der Vergleich von einem Dritten ausgeht. Das ist unabweislich, wenn der Dritte von einem Unternehmer mit der Wahrung seiner Interessen betraut ist (Mitarbeiter; Beauftragter; Verband), weil es andernfalls ein Leichtes wäre, die strengen Vorschriften über die vergleichende Werbung zu umgehen. Aber auch der Fall ist einzubeziehen, dass der Dritte selbst unternehmerisch tätig ist, aber den Wettbewerb eines von mehreren konkurrierenden Unternehmen fördern möchte. Denn auch der von einem unternehmerisch tätigen Dritten vorgenommene Vergleich zweier miteinander konkurrierender Unternehmen kann „dazu beitragen, die Vorteile der verschiedenen vergleichbaren Erzeugnisse objektiv herauszustellen" und „kann den Wettbewerb zwischen den Anbietern von Waren und Dienstleistungen im Interesse der Verbraucher fördern" (Erwägungsgrund 6). Ein eigenes unternehmerisches Handeln liegt zB vor, wenn ein Versicherungsmakler die Leistungsangebote verschiedener Versicherer tabellarisch gegenüberstellt, um dem Kunden die Auswahl zu erleichtern (vgl OLG München NJW-RR 1995, 1196; KG GRUR 2000, 242).

Allerdings ist stets zu fragen, ob der Dritte vergleichende **Werbung** treibt, also das Ziel 67 verfolgt, mit dem Vergleich den Wettbewerb eines der konkurrierenden Unternehmen zu fördern. Das ist bei einem von einem Presseunternehmen durchgeführten Vergleich – schon im Hinblick auf die Pressefreiheit – jedenfalls nicht zu vermuten, so dass es insoweit konkreter Anhaltspunkte bedarf (vgl dazu BGH GRUR 1997, 912, 913 – *Die Besten I;* BGH GRUR 1997, 914, 915 – *Die Besten II;* BGH WRP 2006, 1109 Tz 23 – *Rechtsanwalts-Ranglisten* sowie *Köhler,* FS Sonnenberger, 2004, 249, 254 ff; *Lettl* GRUR 2007, 936, 938). Auch bei einem Händler, der die Waren konkurrierender Hersteller in seinem Sortiment führt und in seiner Werbung gegenüberstellt, ist das Ziel, fremden Wettbewerb zu fördern, nicht zu vermuten. Wird er allerdings von einem Hersteller dafür bezahlt, einen Vergleich durchzuführen, so steht einer Anwendung des § 6 nichts im Wege. Vergleicht ein Händler die Preise von Eigenmarkenwaren mit den Preisen von Herstellermarkenwaren, die er in seinem Sortiment führt, liegt ebenfalls ein Vergleich vor. Denn der Markenhersteller ist hins der an den Händler gelieferten Waren nicht nur Lieferant, sondern auch Mitbewerber des Händlers, da der Vergleich seinen Absatz an die Verbraucher beeinträchtigen kann (Rdn 58). – Zur Problematik des Angebots von **Preisvergleichssoftware** vgl *Heydn* GRUR 2000, 657.

Ein Handeln zu Gunsten eines fremden Unternehmens ist weiterhin problematisch bei der 68 **individuellen Verkaufsberatung** durch einen Händler, der konkurrierende Herstellerprodukte vertreibt. Eine solche Zielsetzung kann zB fehlen, wenn ein Gastwirt einem Kunden auf dessen Frage hin mitteilt, dass ihm der Wein A besser munde als der Wein B, oder ein Bekleidungsverkäufer einer Kundin erklärt, dass ihr ein bestimmtes Kleid besser stehe als ein anderes (dazu *Ohly/Spence* GRUR Int 1999, 681, 685; *Scherer* WRP 2001, 89, 91). – Ob der Dritte den Vergleich selbst erarbeitet oder von einem anderen übernommen hat, ist unerheblich (vgl KG GRUR 2000, 242: Übernahme eines mit Software erstellten Vergleichs).

69 Hat der Mitbewerber den Vergleich durch den Dritten veranlasst oder gefördert, ist er dafür als mittelbarer Täter oder Anstifter verantwortlich, wie wenn er selbst den Vergleich vorgenommen hätte. Ein bloßes Dulden der vergleichenden Werbung durch einen Dritten begründet seine Verantwortlichkeit jedoch nur dann, wenn er nicht nur die rechtliche und tatsächliche Möglichkeit hat, den Vergleich zu unterbinden, sondern wenn er dazu auch (zB berufs-)rechtlich verpflichtet ist. **Beispiel:** Ein Arzt duldet es pflichtwidrig, dass ein Journalist seine Leistungen gegenüber bestimmten Mitbewerbern herausstreicht.

70 **c) Vergleich durch unabhängige Dritte.** Nicht unter § 6 fällt der Vergleich von Waren und Dienstleistungen durch unabhängige, dh nicht mit Wettbewerbsförderungsabsicht tätige Dritte (Testinstitute usw) mit dem Ziel der Information und Aufklärung der Verbraucher (BGH GRUR 1999, 69, 70 – *Preisvergleichsliste II;* zu Einzelheiten Rdn 195 ff), da es insoweit schon an einer „Werbung" fehlt. Dass auf Grund dieser Information das Erscheinungsbild oder der Absatz eines Unternehmens gefördert werden kann, bleibt als notwendige Folge außer Betracht. – Zur **vergleichenden Werbung mit den Ergebnissen der von Dritten durchgeführten Tests** führt die Richtlinie (Erwägungsgrund 10) aus, dass insoweit die „internationalen Vereinbarungen zum Urheberrecht und die innerstaatlichen Bestimmungen über vertragliche und außervertragliche Haftung" gelten. Das besagt aber nicht, dass die vergleichende Werbung damit den Anforderungen der Richtlinie entzogen wäre. Vielmehr bezieht sich diese Äußerung nur auf die Rechtmäßigkeit der Verwendung der Testergebnisse eines Dritten.

71 **d) Adressat der Werbung.** Für die Anwendbarkeit des § 6 spielt es keine Rolle, ob sich die vergleichende Werbung an Verbraucher oder Unternehmer (Wiederverkäufer usw) oder sonstige Marktteilnehmer richtet (vgl BGH GRUR 1999, 501, 502 – *Vergleichen Sie;* BGH GRUR 2004, 607, 611 – *Genealogie der Düfte;* BGH WRP 2008, 666 Tz 15 – *Saugeinlagen*). Es spielt auch keine Rolle, ob sie in der Öffentlichkeit oder nur gegenüber Einzelpersonen erfolgt. Auch eine im individuellen Verkaufsgespräch vorgenommene vergleichende Werbung wird von § 6 erfasst (BGH GRUR 2004, 607, 612 – *Genealogie der Düfte; Scherer* WRP 2001, 89, 92; diff *Bornkamm* S 141; aA Harte/Henning/*Sack* § 6 Rdn 45: vergleichende Werbung nur, soweit eigene Produkte mit fremden verglichen werden). Unerheblich ist weiter, dass der Adressat durch eine entspr Frage den Vergleich erst veranlasst hat (**Auskunftsvergleich;** dazu Rdn 128 aE). Dagegen kann es für die Beurteilung der Unlauterkeit der vergleichenden Werbung anhand des Leitbilds einer durchschnittlich informierten, aufmerksamen und verständigen Person eine Rolle spielen, ob sich die Werbung an Fachleute oder an Verbraucher wendet (vgl EuGH Slg 2001, I-7945 = GRUR 2002, 354, 356 Tz 52 – *Toshiba Europe:* Fachhändler als Adressaten; BGH GRUR 2003, 444, 445 – *„Ersetzt":* fachkundige Abnehmer; BGH GRUR 2004, 607, 612 – *Genealogie der Düfte:* Verbraucher und Verkaufsberater; OLG Hamburg GRUR 2001, 33: Werbewirtschaft als Adressat).

3. Mitbewerber

72 Die Werbung muss sich auf einen oder mehrere **Mitbewerber** oder die von ihnen angebotenen Waren oder Dienstleistungen beziehen.

73 **a) Gebot der richtlinienkonformen Auslegung.** Der Begriff des Mitbewerbers in § 6 I ist nicht ohne weiteres iSd Legaldefinition des § 2 I Nr 3 (dazu § 2 Rdn 90 ff) zu verstehen. Denn er ist aus der Richtlinie (Art 2 lit c) übernommen und daher **richtlinienkonform** auszulegen. Daraus können sich Unterschiede zur Auslegung der Mitbewerberdefinition in § 2 I Nr 3 ergeben (dazu *Dreyer* GRUR 2008, 123, 129 f; *Blankenburg* WRP 2008, 186; *Köhler* WRP 2008, 414 f und WRP 2009, 499, 500 ff; *Sack* WRP 2008, 1141). Allerdings enthält die Richtlinie selbst keine Definition. Maßgeblich ist daher die Auslegung durch den EuGH.

74 **b) „Gewisser Grad der Substituierbarkeit" der angebotenen Produkte als Voraussetzung der Mitbewerbereigenschaft.** Die Einstufung von Unternehmen als Mitbewerber beruht nach Auffassung des EuGH definitionsgemäß (?) auf der **Substituierbarkeit (Austauschbarkeit)** der Waren oder Dienstleistungen, die sie auf dem Markt anbieten (EuGH GRUR 2007, 511 Tz 36 ff – *De Landtsheer/CIVC*). Erforderlich, aber auch ausreichend für das Bestehen eines Wettbewerbsverhältnisses sei es, dass die von ihnen angebotenen Waren oder Dienstleistungen oder zumindest ein Teil von ihnen in allgemeiner Weise **„in gewissem Grad substituierbar"** seien (EuGH GRUR 2007, 511 Tz 28, 32, 47 – *De Landtsheer/CIVC*). Von einem gewissen Grad der Substituierbarkeit sei auszugehen, wenn „Waren in gewisser Weise gleichen Bedürfnissen dienen können" (EuGH GRUR 2007, 511 Tz 30 – *De Landtsheer/CIVC*).

III. Begriff der vergleichenden Werbung

Für die **Feststellung** des erforderlichen Substitutionsgrads gibt der EuGH detaillierte Anweisungen. Da die Austauschbarkeit von Produkten im Wesentlichen auf den Kaufentscheidungen der Verbraucher beruhen, müssen zusätzlich zu einer abstrakten Beurteilung der Warengattungen auch die **konkreten Merkmale** der beworbenen Produkte, die **konkrete Werbung** und die Möglichkeit einer **Änderung der Verbrauchergewohnheiten** berücksichtigt werden. Dementsprechend ist nach Auffassung des EuGH für die Feststellung eines Wettbewerbsverhältnisses abzustellen auf (1) den augenblicklichen Zustand des Markts und die Verbrauchsgewohnheiten und ihre Entwicklungsmöglichkeiten, (2) den Teil des Binnenmarkts, in dem die Werbung verbreitet wird, ohne jedoch ggf die Auswirkungen auszuschließen, die die Entwicklung der in anderen Mitgliedstaaten festgestellten Verbrauchsgewohnheiten auf den in Frage stehenden innerstaatlichen Markt haben kann, und (3) die besonderen Merkmale der Ware (oder Dienstleistung), für die geworben werden soll, und das Image, das der Werbende ihnen geben will (EuGH GRUR 2007, 511 Tz 36–42 – *De Landtsheer/CIVC*).

Von der Feststellung der Mitbewerbereigenschaft iSd § 6 I zu unterscheiden ist die Feststellung, ob es sich um Waren oder Dienstleistungen „für den gleichen Bedarf oder dieselbe Zweckbestimmung" iSd § 6 II Nr 1 handelt (dazu Rdn 98).

c) Schlussfolgerungen. Bei der Feststellung, ob die angebotenen Waren oder Dienstleistungen in gewissem Grad substituierbar sind, ist auf die konkrete Werbung und die Sichtweise des durchschnittlich informierten, situationsadäquat aufmerksamen und verständigen **Durchschnittsverbrauchers** abzustellen. Maßgebend ist, ob aus seiner Sicht eine Substitution **ernsthaft** (iSv nicht völlig fern liegend) in Betracht kommt (BGH GRUR 2002, 828, 829 – *Lottoschein*; OLG München GRUR-RR 2009, 67, 69; Köhler WRP 2009, 499, 501). Das kann bei der Gegenüberstellung von „Champagnerbier" und Champagner nicht von vornherein ausgeschlossen werden (vgl EuGH GRUR 2007, 511 Tz 36–42 – *De Landtsheer/CIVC*; aA Sack WRP 2008, 1141, 1143). Dagegen liegt mangels realistischer Austauschbarkeit bei der Abbildung eines Lottoscheins in einer Wirtschaftszeitschrift mit dem Hinweis *„Zur Geldvermehrung empfehlen wir ein anderes Papier"* (BGH aaO – *Lottoschein*) oder bei der Aussage einer Börsenzeitschrift *„Bereits im Jahre ... schlug unser Musterdepot mit ...% Jahresgewinn den DAX (Zuwachs ... + ... %) um Längen"* (OLG Frankfurt GRUR 2000, 84) keine vergleichende Werbung vor. Unternehmen müssen nicht der gleichen Branche angehören, um Mitbewerber zu sein. Es kann also genügen, dass die Werbung zu einer Substitution wie zB *„Legen Sie ihr Geld besser in einer Yacht von A, als in einem Auto von B an"* auffordert oder eine solche zumindest nahelegt (vgl BGH GRUR 2002, 828, 829 – *Lottoschein*; vgl weiter BGH GRUR 1972, 553 – *Statt Blumen ONKO-Kaffee*; BGH GRUR 1986, 548 – *Dachsteinwerbung*; OLG Stuttgart NJW-RR 1999, 266, 267).

d) Mehrheit von Unternehmen. Mitbewerber kann nur ein vom Werbenden **verschiedenes** Unternehmen sein, das selbst Waren oder Dienstleistungen anbietet. Es muss sich um rechtlich selbstständige Unternehmen handeln. Unschädlich ist es jedoch, dass die betreffenden Unternehmen konzernmäßig verbunden sind und eine einheitliche Steuerung des Marktverhaltens (Produkt- und Preispolitik) möglich ist. Entscheidend ist insoweit lediglich, ob der Nachfrager eine Wahlmöglichkeit zwischen den Angeboten verschiedener Anbieter hat. Vergleichende Werbung iSd § 6 I ist daher auch innerhalb eines **Konzerns** möglich, bei dem die Konzernspitze die Produktpreise festlegt (aA ÖOGH ÖBl-LS 2001, 162, 166 – *Konzernpreise II*). An einem Mitbewerberbezug fehlt es dagegen beim sog **Eigenvergleich,** bei dem der Werbende lediglich einen Vergleich der von ihm selbst angebotenen Waren oder Dienstleistungen vornimmt (Rdn 58).

4. Erkennbarkeit des Mitbewerbers

a) Allgemeines. Eine vergleichende Werbung iSd § 6 I liegt nur vor, wenn die Werbung den Mitbewerber oder die von ihm angebotenen Waren oder Dienstleistungen **„unmittelbar oder mittelbar erkennbar"** macht, also eine Identifizierung ermöglicht. Das andere Unternehmen muss daher in seiner **Eigenschaft als Mitbewerber** bzw die von ihm angebotenen Produkte müssen daher in ihrer **Eigenschaft als konkurrierende Produkte** erkennbar gemacht werden (*Köhler* GRUR 2005, 275, 280; *Sack* WRP 2008, 170, 176). Maßgebend dafür ist nicht die Sichtweise des Werbenden, sondern die mutmaßliche Wahrnehmung des normal informierten und angemessen aufmerksamen und verständigen **Durchschnittsverbrauchers** (EuGH GRUR 2007, 511 Tz 23 – *De Landtsheer/CIVC*). Ob Erkennbarkeit gegeben ist, ist unter Berücksichtigung aller Umstände des Einzelfalls zu prüfen (EuGH GRUR 2007, 511 Tz 22 – *De Landtsheer/CIVC*; BGH GRUR 2008, 628 Tz 20 – *Imitationswerbung*). Erkennbarkeit ist jedenfalls dann gegeben, wenn sich eine Bezugnahme auf den Mitbewerber oder seine Waren oder Dienstleistungen förmlich aufdrängt (vgl BGH GRUR 1999, 1100, 1101 – *Generika-Werbung;* BGH GRUR 1997, 539, 540 – *Kfz-Waschanlagen;* BGH GRUR 2001, 752, 753, – *Eröffnungswerbung;* BGH WRP 2001, 1291, 1293 – *SOOOO... BILLIG!?;* BGH GRUR 2002, 982, 983 – *DIE „STEINZEIT" IST VORBEI!*). Unerheblich ist, ob die Werbung nur einen einzigen oder mehrere Mitbewerber oder die von ihnen angebotenen Waren oder Dienstleistungen erkennbar macht (EuGH GRUR 2007, 511 Tz 22–24 – *De Landtsheer/CIVC*).

80   Vergleichende Werbung kann sogar dann vorliegen, wenn **alle** Mitbewerber unmittelbar oder mittelbar in Bezug genommen werden (KG WRP 1999, 339, 340). Eine mittelbare Bezugnahme auf alle Mitbewerber setzt freilich voraus, dass es sich um einen überschaubaren Kreis handelt, da sonst die Grenze zum allgemein gehaltenen Vergleich (§ 4 Rdn 10.137 ff) überschritten wird (ebenso BGH GRUR 2002, 982, 983 – *DIE „STEINZEIT" IST VORBEI!*). Je größer der Kreis der in Betracht kommenden Mitbewerber ist, desto weniger werden die angesprochenen Verkehrskreise eine allgemein gehaltene Werbung auf einzelne Mitbewerber beziehen (BGH GRUR 2001, 752, 753 – *Eröffnungswerbung;* BGH GRUR 2002, 982, 983 – *DIE „STEINZEIT" IST VORBEI!;* OLG Hamburg GRUR-RR 2003, 50, 251). Die Alleinstellungsbehauptung einer Krankenkasse reicht daher im Hinblick auf die Vielzahl von Krankenkassen nicht für eine mittelbare Bezugnahme auf die Mitbewerber aus (OLG Saarbrücken GRUR-RR 2008, 312, 313).

81   Eine vergleichende Werbung liegt nicht vor, wenn eine Werbeaussage so allgemein gehalten ist, dass sich den angesprochenen Verkehrskreisen eine Bezugnahme auf Mitbewerber nicht aufdrängt, sondern diese sich nur reflexartig daraus ergibt, dass mit jeder Hervorhebung eigener Vorzüge idR unausgesprochen zum Ausdruck gebracht wird, dass nicht alle Mitbewerber die gleichen Vorteile zu bieten haben (BGH GRUR 1999, 1100, 1101 – *Generika-Werbung;* BGH GRUR 2002, 75, 76 – *SOOOO... BILLIG!?*). Zur Abgrenzung s Rdn 13.

82   Ebenso wenig liegt eine vergleichende Werbung iSd § 6 I vor, wenn in der Werbung zum Preisvergleich auf unverbindliche Preisempfehlungen des Herstellers hingewiesen wird (BGH WRP 2000, 383, 385 – *Ehemalige Herstellerpreisempfehlung*).

83   **b) Unmittelbare Erkennbarkeit.** Ein Mitbewerber und/oder seine Produkte sind unmittelbar erkennbar, wenn sie im Vergleich namentlich genannt oder bildlich wiedergegeben werden oder sonst eindeutig identifizierbar sind. Ein Mitbewerber ist zB dann eindeutig identifizierbar, wenn seine Kennzeichen oder Werbemotive angegeben werden (vgl OLG Frankfurt GRUR 2000, 621, 623). Eine eindeutige Identifizierung der Erzeugnisse eines Mitbewerbers ist zB dann möglich, wenn dessen Originalbestellnummern (OEM-Nummern) angegeben werden (EuGH Slg 2001, I-7945 = GRUR 2002, 354, 355 Tz 38 – *Toshiba Europe;* BGH GRUR 2003, 444, 445 – *„Ersetzt"*).

84   **c) Mittelbare Erkennbarkeit. aa) Allgemeines.** Nach dem Gesetzeswortlaut genügt es, wenn der Mitbewerber oder seine Produkte **mittelbar**, dh ohne deren Nennung unter Hinzuziehung sonstiger Umstände erkennbar gemacht sind. Es genügt, dass der Durchschnittsverbraucher unter Berücksichtigung der Umstände des Einzelfalls den oder die vom Vergleich betroffenen Mitbewerber oder deren Produkte **konkret** als die erkennen kann, auf die die Werbeaussage **konkret** Bezug nimmt (EuGH GRUR 2007, 511 Tz 24 – *De Landtsheer/CIVC*). Dazu kann auch die in einer Werbeaussage enthaltene Bezugnahme auf eine **Warengattung** (EuGH GRUR 2007, 511 Tz 24 – *de Landtsheer/CIVC*) oder eine Angabe bestimmter Eigenschaften eines Produkts (BGH GRUR 2008, 628 Tz 20 – *Imitationswerbung*) genügen. Die Werbung muss zwar nicht so deutlich gegen einen oder mehrere bestimmte Mitbewerber gerichtet sein, dass sich eine Bezugnahme auf sie für die angesprochenen Verkehrskreise förmlich aufdrängt (so BGH GRUR 1999, 1100 – *Generika-Werbung;* BGH GRUR 2002, 752, 753 – *Eröffnungswerbung*). Andererseits darf das Erfordernis der „mittelbaren Erkennbarkeit" nicht überstrapaziert werden. Es genügt nicht jede noch so fern liegende, „nur um zehn Ecken gedachte" Bezugnahme. Denn sonst würde der Begriff des Werbevergleichs uferlos ausgeweitet (BGH GRUR 2008, 628 Tz 29 – *Imitationswerbung;* BGH GRUR 2002, 982, 983 – *DIE „STEINZEIT" IST VORBEI!*). Auch würden der Werbung Beschränkungen auferlegt, die weder mit dem Sinn der Werbung noch mit dem Zweck der Regelung vereinbar sind (BGH GRUR 1999, 1100, 1101 – *Generika-Werbung*).

85   Die Bezugnahme muss sich aus der in der Werbung enthaltenen Äußerung ergeben. Es reicht daher nicht aus, dass die angesprochenen Verkehrskreise allein auf Grund außerhalb der angegriffenen Werbung liegenden Umstände eine Verbindung zwischen dem beworbenen Produkt und

III. Begriff der vergleichenden Werbung 86–88 § 6 UWG

denjenigen von Mitbewerbern herstellen lassen (BGH GRUR 2008, 628 Tz 20 – *Imitationswerbung*). Eine mittelbare Bezugnahme liegt daher noch nicht vor, wenn eine Werbeaussage, die die Vorzüge der eigenen Leistung hervorhebt, den Umkehrschluss erlaubt, dass diese Vorzüge bei anderen Wettbewerbern nicht vorliegen. Insoweit handelt es sich um einen bloß reflexartigen Effekt (BGH GRUR 1999, 1100, 1101 – *Generika-Werbung;* Rdn 46). Dies gilt auch dann, wenn der Werbende eine Vorzugs- oder Spitzenstellung oder sogar eine Alleinstellung behauptet (vgl Rdn 18). Die Werbung als solche muss vielmehr die Bezugnahme auf bestimmte Mitbewerber oder ihre Produkte **eindeutig** nahe legen (BGH GRUR 1999, 1100, 1101, 1102 – *Generika-Werbung*). Insbes bei leeren Redensarten, Zusätzen oder Symbolen, auf die der Verkehr wegen ihrer Abgedroschenheit oder Übertreibung kaum achtet, wird eine gedankliche Hinlenkung der Umworbenen auf Angebote bestimmter Mitbewerber zu verneinen sein. So werden inhaltlich nicht nachprüfbare Aussagen über das eigene Erzeugnis wie zB der Kaufappell *„den und keinen anderen"* vom Publikum nicht als Bezugnahme auf die Erzeugnisse bestimmter Mitbewerber aufgefasst (BGH GRUR 1965, 365, 367 – *Lavamat II*). – Die Werbung eines Holzhausherstellers mit dem Slogan *„DIE STEINZEIT IST VORBEI!"* enthält nach ihrem Wortlaut von sich aus keinen Bezug zu Mitbewerbern, die Ziegelsteinhäuser errichten. Eine mittelbare Bezugnahme auf Mitbewerber scheidet auch schon im Hinblick auf ihre große Zahl aus (BGH GRUR 2002, 982, 983 – *DIE „STEINZEIT" IST VORBEI!*).

Die bloße **räumliche Nähe** einer Werbung zu der eines Mitbewerbers reicht ebenfalls für sich 86 allein noch nicht aus, um eine vergleichende Werbung zu bejahen. Dies gilt auch dann, wenn diese Nähe gewollt ist, um dem Verbraucher einen Vergleich zu ermöglichen oder zu erleichtern. Es **fehlt** insoweit an der erforderlichen **inhaltlichen Bezugnahme** auf einen Mitbewerber. Wenn daher ein Unternehmer sein Werbeplakat neben dem eines Mitbewerbers anbringt, stellt dies noch keine vergleichende Werbung dar. – Bei der sog **adword-Werbung** im Internet ist zu unterscheiden, welches Schlüsselwort („Keyword") vom Werbenden gewählt wird. Hat das Schlüsselwort keinen unmittelbaren Bezug zum Waren- oder Dienstleistungsangebot eines bestimmten Mitbewerbers (zB bei Verwendung eines Gattungsbegriffs), und kommt es dazu, dass bei Eingabe dieses Suchbegriffs neben der Trefferliste („natürliche Suchergebnisse") unter der Rubrik Anzeigen eine Werbung als Anzeige erscheint, die sich als Alternative zum Unternehmen, das auf der Trefferliste erscheint, darstellt, liegt darin noch keine vergleichende Werbung. Anders verhält es sich bei der Verwendung eines mit der Marke eines Mitbewerbers identischen Zeichens als Schlüsselwort. Denn dies stellt eine gezielte inhaltliche Bezugnahme auf das Waren- oder Dienstleistungsangebot des Mitbewerbers zu dem Zweck, dem Internetnutzer eine Kaufalternative anzubieten, dar (offengelassen in EuGH GRUR 2010, 445 Tz 71 – *Google und Google France;* vgl auch Ohly GRUR 2009, 709, 716).

bb) Anknüpfungspunkte. Mittelbare Erkennbarkeit kann ua bei folgenden Werbegestaltun- 87 gen gegeben sein:

(1) Anknüpfung an die Werbung von Mitbewerbern. Erkennbarkeit der Mitbewerber wurde bejaht in folgenden Fällen: Werbung in Berliner Omnibussen *„ja, aber Odol ist besser"* wegen der dort gleichzeitigen Werbung für *Chlorodont*-Erzeugnisse (RGZ 131, 75). – Werbung einer Möbelfirma *„Echter Großeinkauf – Viele reden davon, doch Möbel-X . . . hat ihn wirklich",* weil von einem Mitbewerber kurz vorher in derselben Zeitung mit *„Großeinkauf"* und *„Großangebot"* geworben worden war (OLG Frankfurt GRUR 1968, 320). – Ankündigung von *Sprechstunden* zur Erlangung von Bestellungen auf Sprechbändern mit dem Appell *„Lassen Sie sich nicht durch vielversprechende Anzeigen auswärtiger Firmen beirren"* (BGH GRUR 1952, 582 – *Sprechstunden*). – Anzeige *„Wir bieten mehr fürs gleiche Geld. Kuchenfest ab 11 Uhr im . . . Verbrauchermarkt – Große Stücke geschnitten vom Bäcker"* in enger zeitlicher Übereinstimmung mit dem Konkurrenzinserat *„Große Kuchenschlacht am Sonnabend im XY-Center! . . . und alles natürlich zu Kuchen-Schlacht-Preisen!"* (Zentrale WRP 1972, 217). Gleichgültig ist in diesen Fällen, ob der Werbende die Bezugnahme auf bestimmte Mitbewerber beabsichtigt; es genügt, dass sie tatsächlich auf Grund des zeitlichen oder räumlichen Zusammenhangs eintritt.

(2) Anknüpfung an sonstige Verhältnisse beim Mitbewerber, die seine Identifizierung 88 ermöglichen (BGH GRUR 1961, 237, 240 – *TOK-Band;* OLG Köln WRP 1993, 522). Dazu gehört insbes der Herstellungs- oder Verkaufsort der Mitbewerber. So ist bei einer Werbung für Jaguar, bei der ein Fahrzeug dieser Marke auf einer deutschen Autobahn fährt und Schilder zu sehen sind, die auf München und Stuttgart verweisen, ein Hinweis auf die konkurrierenden Marken BMW und Mercedes anzunehmen (Beispiel nach *Bornkamm* S 142; dazu Rdn 22 aE). Bei der Werbung *„Düsseldorfs größtes Möbelhaus steht in Mönchengladbach"* ist jedenfalls eine Bezugnahme auf die größeren Möbelhäuser in Düsseldorf gegeben (vgl OLG Hamm GRUR 1977, 38). Bei einer an Ärzte gerichteten Werbung für ein Präparat kann bereits die Angabe der jeweiligen Wirkstoffzusammensetzung genügen, um den Mitbewerber erkennbar zu machen, wenn andere Präparate mit derselben Zusammensetzung nicht vertrieben werden (BGH GRUR 2002, 633, 635 – *Hormonersatztherapie*). Eine mittelbare Erkennbarmachung eines Mitbewerbers soll dagegen nicht vorliegen, wenn die Werbung einer „noch jungen Firma" auf „bekannte Gesichter" hinweist und der Leser daraus erkennen kann, dass die **Mitarbeiter** dieser Firma zuvor bei einem bestimmten Mitbewerber beschäftigt waren (BGH WRP 2010, 636 Tz 23 – *Hier spiegelt sich Erfahrung*; zw, vgl *Köhler* GRUR 2005, 273, 277 [sub 2 a]).

89 Eine mittelbare Erkennbarmachung liegt auch dann vor, wenn der Werbende zur Kennzeichnung seiner Produkte ein Zeichen benutzt, das der **Marke** des Mitbewerbers ähnlich ist, wenn der Durchschnittsabnehmer diese Benutzung als Hinweis auf diesen Mitbewerber oder auf die von ihm angebotenen Produkte auffasst (EuGH GRUR 2008, 698 Tz 44 – *O2 und O2 (UK)*). Dann stellt sich das Problem des Verhältnisses zum Markenschutz (dazu Rdn 32 ff). Eine mittelbare Erkennbarmachung liegt ferner vor, wenn der Werbende **Produktbezeichnungen** verwendet, die von den jeweils angesprochenen Verkehrskreisen auf Grund ihres Hintergrundwissens gleichsam als „Übersetzungscode" zur Erkennung der Produkte von Mitbewerbern (Produkt x des Werbenden entspricht dem Produkt y des Mitbewerbers) benutzt werden können (BGH GRUR 2008, 628 Tz 21 – *Imitationswerbung*). Werden durch die Werbung **unterschiedliche** Verkehrskreise angesprochen, so kann dies dazu führen, dass für die einen Verkehrskreise (Verbraucher) eine vergleichende Werbung zu verneinen, für die anderen Verkehrskreise (Händler) dagegen zu bejahen ist.

90 **(3) Direkte oder indirekte Gruppenbezeichnung,** sofern ein Rückschluss auf ein oder mehrere Mitbewerber möglich ist (RG GRUR 1930, 200 – *Ramschware*).

91 **(4) Begrenzte Mitbewerberzahl.** Ist die Werbung zwar allgemein gehalten (zB durch Bezugnahme auf eine Warengattung), sind aber nur ein oder wenige (wichtige) Mitbewerber auf dem Markt tätig, die dem Verkehr bekannt sind, so ist dies ein Indiz für deren Erkennbarkeit (BGH GRUR 1971, 317, 319 – *Grabsteinwerbungen II*; BGH GRUR 1972, 553, 554 – *Statt Blumen ONKO-Kaffee*; BGH GRUR 1973, 534, 536 – *Mehrwert II*; BGH GRUR 1987, 49, 50 – *Cola-Test*; vgl auch BGH GRUR 1961, 85, 90 – *Pfiffikus-Dose*). Je größer der Kreis der in Betracht kommenden Mitbewerber ist, desto weniger werden die angesprochenen Nachfrager eine allgemeine Werbeaussage auf einzelne Mitbewerber beziehen, die von ihr allenfalls pauschal erfasst werden (BGH GRUR 2001, 752, 753 – *Eröffnungswerbung*; BGH GRUR 2002, 982, 983 – *DIE „STEINZEIT" IST VORBEI!*). Werden Konkurrenzprodukte abstrakt, also zB nach ihrer Stoffqualität oder technischen Beschaffenheit, bezeichnet *(„Billige Composite Rackets (Graphite-Fiberglas) muten wir Ihnen nicht zu")*, kann darin zwar im Einzelfall eine mittelbare Bezugnahme auf alle Hersteller dieser Produkte erblickt werden (BGHZ 138, 54, 65 = GRUR 1998, 824 – *Testpreis-Angebot*). Maßgebend sind aber die Verhältnisse auf dem jeweiligen Markt und die Marktkenntnisse der angesprochenen Nachfrager (*Gloy/Bruhn* GRUR 1998, 226, 229). Der Hinweis auf konkurrierende Cognacs, „*die durch großen Werbeaufwand auffallen*" (vgl BGH GRUR 1985, 982 – *Großer Werbeaufwand*), reicht daher nicht aus, um die betreffenden Produkte und/oder ihre Hersteller erkennbar zu machen. Festzuhalten bleibt, dass es sich dabei im Regelfall um einen **überschaubaren** Kreis von Mitbewerbern handeln muss. Die bloße Tatsache, dass sich eine Werbung unmissverständlich auf alle (zB produktmäßig definierten) Mitbewerber bezieht, reicht daher für die Erkennbarkeit nicht aus (OLG Hamburg GRUR-RR 2006, 170, 172; *Sack* WRP 2001, 327, 334; *Scherer* WRP 2001, 89, 95, 96; aA OLG München NJW-RR 2000, 177 – ZLR 2000, 949 mit Anm *Eck/Ikas*).

92 **(5) Verwendung des Komparativs.** Häufig dient zum Vergleich der Komparativ, der schon seiner Natur nach vergleichend wirkt und daher den Umworbenen leicht an bestimmte Mitbewerber denken lässt (ebenso OLG Frankfurt GRUR-RR 2005, 137; OLG Köln GRUR-RR 2009, 181). Es genügt nicht, dass die Umworbenen gewisse Konkurrenzerzeugnisse bereits im Gedächtnis haben oder diese in ihrer Vorstellung „aufsteigen" (OLG Düsseldorf GRUR 1955, 427). Entscheidend ist, ob der Vergleich nach der Auffassung der angesprochenen Verkehrskreise auf bestimmte Mitbewerber abzielt. So liegt in dem Werbeslogan „*Lieber besser aussehen als viel bezahlen*" keine pauschale Bezugnahme auf bestimmte Mitbewerber (BGH GRUR 1997, 227, 228 – *Aussehen mit Brille*). Ebenso wenig wird die Werbeaussage „*Ich bin doch nicht blöd*" von den angesprochenen Verkehrskreisen als herabsetzende Bezugnahme auf das Leistungsangebot konkurrierender Unternehmen verstanden (OLG Karlsruhe WRP 1997, 865). Auch liegt in der

Inseratsüberschrift „*Der Spezialist bietet mehr*" nur eine reklamehafte Anpreisung der eigenen Ware, nicht aber ein Vergleich mit bestimmten Mitbewerbern (OLG Hamm DB 1968, 1850, 1852). – Der Slogan „*Kaufen Sie, wo man mehr bietet, mehr weiß und mehr vom Fach versteht – kaufen Sie beim Fachhandel*" wurde als Bezugnahme auf den örtlichen Nichtfachhandel aufgefasst (OLG Köln GRUR 1962, 102). Hebt der Werbende seine Leistung nicht nur als „besser" oder „billiger" hervor, sondern verstärkt er die Aggression durch weitere Momente, wie zB die negative Wendung, dass „nichts anderes" besser oder billiger sei oder seine Ware bestimmte Nachteile *nicht* aufweise, so kann darin eine Bezugnahme auf Mitbewerber liegen, wenn deren Zahl überschaubar ist. Das war zB anzunehmen bei der Werbung eines Autovermieters „*Lieber zu Sixt als zu teuer*" (OLG Hamburg GRUR 1992, 531; *Berlit* Rdn 45) oder bei der Aussage, das eigene Produkt habe in einem Test der Feuchtigkeitswirkung einiger der teuersten Prestige-Cremes alle übertroffen (OLG Köln GRUR-RR 2009, 181).

5. Waren und Dienstleistungen

a) Waren. Während Art 2 lit c der Richtlinie von „Erzeugnissen" spricht, verwenden Art 2 lit a der Richtlinie und § 6 II Nr 1 den Begriff der Ware. Er ist weit zu verstehen und umfasst nicht nur Produktionserzeugnisse, sondern alle Güter, die Gegenstand des geschäftlichen Verkehrs sein können. Dazu gehören daher nicht nur **bewegliche Sachen,** sondern auch **Grundstücke** (vgl BGH GRUR 1976, 316, 317 – *Besichtigungsreisen II*) und **Rechte** aller Art wie zB gewerbliche Schutzrechte, Nutzungsrechte (zB an Computerprogrammen), Miteigentumsrechte, gesellschaftsrechtliche Rechte, ferner Unternehmen sowie vermögenswerte **Immaterialgüter** wie zB Know-how, Goodwill, Werbeideen, Nachrichten.   93

b) Dienstleistungen. Dienstleistungen sind alle Tätigkeiten, die für einen anderen erbracht werden und ihm zugute kommen sollen, idR also dienst- und werkvertragliche Tätigkeiten von Unternehmen, einschließlich Vermittlungs- und Finanzdienstleistungen. Dazu gehören auch Dienstleistungen als Nebenleistung zu Warenlieferungen (zB Garantien, Kreditgewährungen), auch soweit sie in Allgemeinen Geschäftsbedingungen geregelt sind. Staatliche Tätigkeiten fallen nur darunter, soweit sie im erwerbswirtschaftlichen Bereich erbracht werden; ausgenommen sind also hoheitliche Tätigkeiten.   94

IV. Unlauterkeit der vergleichenden Werbung

Während Art 4 der Richtlinie 2006/114/EG kumulativ und abschließend die Bedingungen regelt, unter denen eine vergleichende Werbung als zulässig gilt, geht § 6 II den umgekehrten Weg und legt, der Systematik des UWG folgend, Voraussetzungen fest, unter denen eine vergleichende Werbung als unlauter iSd § 3 anzusehen ist. Die **irreführende** vergleichende Werbung (Art 4 lit a) ist nicht in § 6 II geregelt, sondern, wiederum der Systematik des UWG folgend, in § 5 II und III 1. Alt erfasst. Der Aufstellung eines Katalogs der Zulässigkeitsvoraussetzungen liegt eine **Abwägung der Interessen** aller Beteiligten zugrunde, die durch die Gestattung der vergleichenden Werbung berührt sein können (EuGH GRUR 2009, 756 Tz 68 – *L'Oréal/Bellure*). Die Regelungen dienen dazu, den Wettbewerb zwischen den Anbietern von Waren und Dienstleistungen im Interesse der Verbraucher zu fördern, indem den Mitbewerbern erlaubt wird, die Vorteile der verschiedenen vergleichbaren Erzeugnisse objektiv herauszustellen, und zugleich dazu, Praktiken zu verbieten, die den Wettbewerb verzerren, die Mitbewerber schädigen und die Entscheidung der Verbraucher negativ beeinflussen können (vgl Erwägungsgründe 2, 7 und 9 der Richtlinie; EuGH GRUR 2009, 756 Tz 68 – *L'Oréal/Bellure*). Dieser Regelungszweck ist bei der **Auslegung** des § 6 II zu berücksichtigen (EuGH GRUR 2009, 756 Tz 69 – *L'OréalBellure*), inbes auch im Hinblick auf das Verhältnis zum Markenrecht (EuGH GRUR 2009, 756 Tz 70 ff – *L'Oréal/Bellure*).   95

1. Vergleich von Waren oder Dienstleistungen für den gleichen Bedarf oder dieselbe Zweckbestimmung (§ 6 II Nr 1)

a) Allgemeines. Nach § 6 II Nr 1 ist vergleichende Werbung unlauter, wenn der Vergleich „sich nicht auf Waren oder Dienstleistungen für den gleichen Bedarf oder dieselbe Zweckbestimmung bezieht". Damit wird Art 4 lit b umgesetzt. Diese Beschränkung des zulässigen Vergleichs auf Waren und Dienstleistungen ist rechtspolitisch zweifelhaft, weil auch andere Arten der vergleichenden Werbung den Wettbewerb fördern und dem Verbraucher wertvolle Informationen geben können (zB Vergleich der Ladenöffnungszeiten oder der Dichte des Händlernet-   96 zes). Dem lässt sich zwar durch eine weite Auslegung dieser Begriffe in gewisser Weise Rechnung tragen (vgl Rdn 11, 104), aber die gesetzgeberische Grundentscheidung lässt sich nicht in Frage stellen.

97 **b) Waren- oder Dienstleistungsvergleich.** Voraussetzung ist zunächst ein Waren- oder Dienstleistungsvergleich. Zum Begriff der Waren und Dienstleistungen s Rdn 93 f. Unerheblich ist, ob die verglichenen Produkte auf denselben oder verschiedenen **Vertriebswegen** (zB über offizielle Vertriebspartner oder durch Parallelimport) beschafft werden (EuGH GRUR 2003, 533 Tz 61–65 – *Pippig Augenoptik/Hartlauer*). Ein Vergleich liegt auch vor, wenn Waren (zB Arzneimittel) mit Dienstleistungen (zB Heilbehandlung) oder Warensortimente (EuGH GRUR 2007, 69 Tz 28 ff – *LIDL Belgium/Colruyt*) untereinander verglichen werden oder wenn eine Kombination von Waren (zB Auto mit Zubehör) mit einer Ware oder eine Kombination von Ware und Dienstleistung (zB Möbel plus Transport und Aufstellung) mit einer Ware (zB Möbel) verglichen wird. Sind Gegenstand des Vergleichs dagegen nicht Waren oder Dienstleistungen, sondern nur die persönlichen oder geschäftlichen Verhältnisse des Werbenden und seines Mitbewerbers (sog unternehmensbezogener Vergleich), führt dies zur Unlauterkeit des Vergleichs (sehr str; nach aA gelten insoweit die allgemeinen, zu § 4 entwickelten Grundsätze; Rdn 14). Was den Vergleich von **Werbemethoden** angeht, hat der BGH offen gelassen, ob er von § 6 II Nr 1 erfasst wird (BGH GRUR 2002, 75, 76 – *SOOOO . . . BILLIG!?*). Richtigerweise ist danach zu unterscheiden, ob sie einen Rückschluss auf die Eigenschaften oder den Preis der beworbenen Waren oder Dienstleistungen zulassen oder nicht. – Ein Dienstleistungsvergleich liegt auch vor, wenn die Leistungen von Dienstleistern (zB Ärzten, Anwälten) in der Weise verglichen werden, dass eine **„Rangliste"** erstellt wird (vgl dazu BGH GRUR 1997, 912 – *Die Besten I;* BVerfG WRP 2003, 69 – *Veröffentlichung von Anwalts-Ranglisten*, wobei die Gerichte nur den Aspekt der getarnten Werbung, nicht auch den der vergleichenden Werbung ansprechen; dazu *Köhler,* FS Sonnenberger, 2004, 249, 254 ff). § 6 ist jedoch nur insoweit anwendbar, als Mitbewerber erkennbar gemacht werden. Das sind idR nur die in der Rangliste aufgeführten, unterschiedlich bewerteten Dienstleister.

98 **c) Gleicher Bedarf und dieselbe Zweckbestimmung. aa) Allgemeines.** Während die Mitbewerbereigenschaft iSd § 6 I schon dann zu bejahen ist, wenn die angebotenen Waren oder Dienstleistungen „in gewissem Grad substituierbar" sind (dazu Rdn 74), ist für der Feststellung, ob es sich um Waren oder Dienstleistungen „für den gleichen Bedarf oder dieselbe Zweckbestimmung" handelt, ein **„hinreichender Grad an Austauschbarkeit"** erforderlich (EuGH GRUR 2007, 69 Tz 26 – *LIDL Belgium/Colruyt;* EuGH GRUR 2007, 511 Tz 44 – *De Landtsheer/CIVC;* BGH GRUR 2009, 418 Tz 26 – *Fußpilz;* vgl auch BGHZ 139, 378, 383 = GRUR 1999, 501, 502 – *Vergleichen Sie*). Es ist insoweit zu fragen, ob die verglichenen Waren oder Dienstleistungen wirklich substituierbar sind. Dazu bedarf es einer **individuellen und konkreten Beurteilung** der in der Werbeaussage verglichenen Waren oder Dienstleistungen dahin, ob sie **wirklich untereinander substituierbar** sind (EuGH GRUR 2007, 511 Tz 47, 48 – *De Landtsheer/CIVC*). Diese Unterscheidung soll vermeiden, dass das Zulässigkeitskriterium des § 6 II Nr 1 jede praktische Wirksamkeit verliert. Welchen Bedarf eine Ware oder Dienstleistung decken soll oder für welchen (Verwendungs-)Zweck sie bestimmt ist, ist aus der Sicht der durch die vergleichende Werbung angesprochenen Verkehrskreise zu beurteilen. Dabei kommt es, wie stets, auf das durchschnittliche Mitglied dieser Verkehrskreise an. Bedarf und Verwendungszweck brauchen daher nicht objektiv-generell festzustehen. Sie können auch durch die Werbung des Anbieters kreiert, spezifiziert oder durch Vereinbarung mit einem Nachfrager oder einer spezifischen Gruppe von Nachfragern festgelegt werden (vgl auch § 434 I 1 BGB: „vereinbarte Beschaffenheit"). Die Begriffe des „gleichen" Bedarfs und „derselben" Zweckbestimmung dürfen auch nicht zu eng verstanden werden, da sonst der Anwendungsbereich der vergleichenden Werbung übermäßig eingeschränkt würde. Daher braucht **keine völlige Funktionsidentität** vorzuliegen (BGH GRUR 2009, 418 Tz 26 – *Fußpilz*). Ein Vergleich ist daher nicht schon deshalb nach § 6 II Nr 1 unlauter, weil verschiedene Wirkstoffe und Arzneimittel mit unterschiedlichen Anwendungsgebieten verglichen werden (BGH aaO – *Fußpilz;* OLG Hamburg GRUR-RR 2010, 67, 69).

99 **bb) Beispiele.** Da es auf den Bedarf und die Zweckbestimmung ankommt, spielt es keine Rolle, ob die verglichenen Waren oder Dienstleistungen in unterschiedlichen Mengen (zB Gebindegrößen) angeboten werden (OLG Frankfurt GRUR 2001, 358) oder identisch sind (zB beim Vergleich der Preise von Markenwaren durch Händler) oder der gleichen Produktkategorie angehören (zB beim Vergleich von Kfz) oder völlig unterschiedlich sind (zB Vergleich von Öl

und Strom als Energiequellen; Vergleich von Bahn und Luftfahrt als Beförderungsmöglichkeiten). Austauschbarkeit ist zu bejahen bei einem Vergleich von Leitungswasser und Mineralwasser (OLG München NJWE-WettbR 2000, 177), bei einem Vergleich zwischen Müsli- und Schokoladenriegeln (OLG Hamburg GRUR-RR 2003, 251, 252), bei einem Vergleich zwischen hochwertigen Luxusprodukten und billiger Massenware (*Scherer* WRP 2001, 89, 91), bei einem Vergleich der Reichweite von Publikationen, auch wenn die Verbreitungsgebiete nicht (ganz) identisch sind (OLG Hamburg NJWE-WettbR 1999, 276), bei einem für Anzeigenkunden bestimmten Vergleich zwischen Tages- und Wochenzeitungen (OLG Hamburg MD 1999, 979), bei einem Vergleich von ISDN-Anschlüssen, auch wenn einer davon zusätzlich einen Anrufbeantworter enthält (OLG Frankfurt GRUR 2001, 89), bei einem Vergleich von HPLC-Säulen zur Trennung chemischer Stoffgemische (BGH GRUR 2005, 172, 174 – *Stresstest*). – Eine Vergleichbarkeit zwischen einer Wirtschaftszeitung und einer Lotteriegesellschaft unter dem Gesichtspunkt der Möglichkeit der Geldvermehrung ist freilich zu verneinen, da sie vom verständigen Durchschnittsverbraucher nicht als substituierbar angesehen werden (BGH GRUR 2002, 828, 830 – *Lottoschein*).

Der Vergleich braucht sich auch nicht auf konkrete Waren zu beschränken, er kann sich vielmehr auch auf eine Warenart (Produktgruppe oder Warengattung) beziehen (BGH aaO – *Vergleichen Sie:* „hochwertiger Designer-Modeschmuck"), sofern sie über übereinstimmende Eigenschaften verfügt und eine hinreichende Abgrenzung zu anderen Warenarten möglich ist.

Darüber hinaus kann sich der Vergleich auf die **Sortimente** von Supermärkten beziehen, soweit diese Sortimente aus einzelnen Produkten bestehen, die jeweils hinreichend austauschbar sind (EuGH GRUR 2007, 69 Tz 39 – *LIDL Belgium/Colruyt*). – Bietet ein Mitbewerber Waren und/oder Dienstleistungen an, die nicht alle dem gleichen Bedarf oder derselben Zweckbestimmung dienen, so muss der Vergleich kenntlich machen, auf welche konkreten Waren oder Dienstleistungen bzw Waren- oder Dienstleistungsarten er sich bezieht. Eine pauschale Bezugnahme auf das Sortiment des Mitbewerbers reicht dann nicht aus. Auch ein Vergleich von Produkten, die nur in Teilbereichen austauschbar sind, ist grds zulässig. Jedoch muss der Werbende auf diesen Umstand hinweisen, um einem Irrtum über Gegenstand und Umfang des Vergleichs vorzubeugen (OLG Hamburg GRUR-RR 2002, 169, 171).

2. Voraussetzungen des Eigenschaftsvergleichs (§ 6 II Nr 2)

a) Allgemeines. Nach § 6 II Nr 2 ist der Vergleich unlauter, wenn er „nicht objektiv auf eine oder mehrere wesentliche, relevante, nachprüfbare und typische Eigenschaften oder den Preis dieser Waren oder Dienstleistungen bezogen ist". Mit dieser Regelung wird Art 4 lit c Werberichtlinie umgesetzt, der wiederum weitgehend auf den früheren Art L 121–8 des französischen Code de la consommation zurückgeht („... une comparaison objective qui ne peut porter que sur des caractéristiques essentielles, significantes, pertinentes et vérifiables des biens ou services"). **Zweck** der Regelung ist es sicherzustellen, dass die Vorteile der verschiedenen vergleichbaren Erzeugnisse objektiv herausgestellt und damit die Verbraucher über ihre Vorteile unterrichtet werden (vgl Erwägungsgrund 6 S 3 und 8 S 1 Werberichtlinie; Rdn 12). Dementsprechend sind die Anforderungen an die Zulässigkeit der vergleichenden Werbung in dem für die Verbraucher günstigsten Sinn auszulegen (st Rspr des EuGH; zuletzt EuGH GRUR 2009, 756 Tz 52 – *L'Oréal/Bellure*). Dabei handelt es sich nicht um einen typisierten Irreführungsschutz (so aber Harte/Henning/*Sack* § 6 Rdn 113; Piper/Ohly/*Sosnitza* § 6 Rdn 46), zumal irreführende Angaben bereits von Art 4 lit a Werberichtlinie und damit von § 5 III erfasst sind, sondern um ein **Informationsgebot,** das dem Verbraucher eine „informierte" Entscheidung ermöglichen soll.

b) Gegenstand des Vergleichs. Der Vergleich muss sich auf eine oder mehrere **Eigenschaften** einer Ware oder Dienstleistung oder ihren **Preis** beziehen. Ob dies der Fall ist, beurteilt sich aus der Sicht der angesprochenen Verkehrskreise (BGH GRUR 2010, 161 Tz 26 – *Gib mal Zeitung*). – Wie schon aus Wortlaut hervorgeht, kann sich der Vergleich auf eine **einzige** Eigenschaft beschränken, sofern er die sonstigen Zulässigkeitskriterien erfüllt, insbes keinen unzutreffenden Gesamteindruck hervorruft. Unbedenklich ist es daher, wenn eine Vergleichsstudie zwei Produkte nur unter einem Gesichtspunkt untersucht, ohne andere Eigenschaften aufzuführen (BGH GRUR 2002, 633, 635 – *Hormonersatztherapie;* OLG Hamburg GRUR-RR 2001, 33). – Unlauter ist ein Vergleich, wenn er sich weder auf die Eigenschaften eines Produkts noch auf seinen Preis bezieht. Grds unlauter ist daher etwa ein Vergleich der Umsätze konkurrierender Produkte, weil und soweit daraus kein Rückschluss auf die Produkteigenschaften möglich ist. Bei einer an Facheinkäufer gerichteten Werbung können allerdings Umsätze oder Umsatzzuwächse Eigenschaften des Produkts sein (BGH GRUR 2007, 605 Tz 30 – *Umsatzzuwachs*). – Unlauter ist auch ein pauschaler, nicht näher spezifizierter Vergleich mit fremden Angeboten etwa mit dem Slogan „*Die beste Werbung für S. sind die Angebote der Konkurrenz*" (vgl KG WRP 1999, 339, 340), vorausgesetzt, die Mitbewerber sind erkennbar iSd § 6 I.

104 **aa) Eigenschaft. (1) Allgemeines.** Unter Eigenschaften sind die unterscheidenden Merkmale einer Ware oder Dienstleistung zu verstehen. Um vergleichende Werbung in breitem Umfang zuzulassen, wie es dem Zweck der Richtlinie entspricht (Rdn 11), ist es geboten, den Begriff der Eigenschaft richtlinienkonform **weit** zu verstehen (BGHZ 158, 26, 33 = GRUR 2004, 607, 611 – *Genealogie der Düfte;* BGH GRUR 2005, 172, 174 – *Stresstest*). Er ist daher nicht auf Eigenschaften iSd kaufrechtlichen Mängelhaftung (§ 434 BGB) oder der Irrtumsanfechtung (§ 119 II BGB) zu beschränken. Entscheidend ist vielmehr, ob die Angabe einen Bezug zur Ware oder Dienstleistung hat und die angesprochenen Verkehrskreise ihr eine **nützliche Information** für die Nachfrageentscheidung entnehmen können (ebenso BGHZ 158, 26, 33 = GRUR 2004, 607, 611 – *Genealogie der Düfte;* BGH GRUR 2005, 172, 174 – *Stresstest;* BGH GRUR 2007, 605 Tz 30 – *Umsatzzuwachs;* BGH GRUR 2010, 161 Tz 27 – *Gib mal Zeitung*). Dabei kommt es auf die Sichtweise des durchschnittlich informierten, aufmerksamen und verständigen Durchschnittsverbrauchers an. Der Eigenschaftsbegriff erfasst daher nicht nur die physische Beschaffenheitsmerkmale einer Ware oder Dienstleistung und ihre tatsächlichen, wirtschaftlichen, sozialen oder rechtlichen Beziehungen zur Umwelt, soweit sie nach der Verkehrsanschauung für ihre Brauchbarkeit und ihren Wert von Bedeutung sind (vgl *Plaß* WRP 1999, 766, 768), sondern darüber hinaus alle Faktoren, die für die Nachfrageentscheidung aus der Sicht der angesprochenen Verkehrskreise eine Rolle spielen können. Außerdem müssen die genannten Faktoren einen unmittelbaren Bezug zu den beworbenen Waren oder Dienstleistungen aufweisen.

105 **(2) Beispiele.** Eine Eigenschaft kann die Art und Weise der **Herstellung** einer Ware sein, etwa ob sie im Inland oder im Ausland oder unter Verletzung von Umwelt-, Steuer- oder Personenschutzvorschriften hergestellt wurde oder ob es sich um ein Handwerks- oder ein Industrieprodukt handelt. Weiter kann es eine Eigenschaft darstellen, dass die Ware von einer fachlichen Stelle (zB TÜV) auf ihre Qualität **geprüft** wurde, dass sie Auszeichnungen erhalten hat oder dass ihr Erwerb steuerlich begünstigt ist. Vor allem kann auch die **Auswirkung** eines Produkts auf die Gesundheit oder die Umwelt eine Eigenschaft sein. Selbst die räumliche und zeitliche **Lieferbarkeit** bzw Erhältlichkeit einer Ware dürfte im weiteren Sinne zu den relevanten Produkteigenschaften gehören, so dass der Vergleich sich zB auch darauf beziehen kann, wo und wie das Produkt bezogen werden kann (Abholung durch Kunden/Lieferung durch Unternehmer), ob das Produkt ständig auf Lager ist oder erst bestellt oder gar hergestellt werden muss.

106 Zu den vergleichbaren Eigenschaften gehören ferner: Die Dichte eines **Händler**- oder **Servicenetzes** oder die Ladenöffnungs- oder Servicezeiten („rund um die Uhr" usw); die **Leserschaft** von **Zeitungen** und **Zeitschriften,** weil sie Rückschlüsse auf deren Inhalt und die Ausrichtung zulässt (BGH GRUR 2010, 161 Tz 27 – *Gib mal Zeitung*); die **Reichweitenzahlen** oder **Auflagenzahlen** von Zeitschriften, soweit es um die Werbung von Anzeigenkunden geht (OLG München GRUR-RR 2003, 189, 190; iErg auch OLG Hamburg GRUR 2001, 33, 35); die **Umsatzzahlen** und **Umsatzzuwächsen** (BGH GRUR 2007, 605 Tz 30 – *Umsatzzuwachs*), weil und soweit die angesprochenen Verkehrskreise (Facheinkäufer) daraus auf die Attraktivität eines Produkts auch in der Zukunft schließen können. – Ein Eigenschaftsvergleich kann ferner darin bestehen, dass auf das **Fehlen** einer bestimmten Eigenschaft beim Konkurrenzangebot (zB Kauf mit/ohne Beratung) oder dass auf die unterschiedliche Stabilität von Produkten auch außerhalb der regelmäßigen oder empfohlenen Betriebsbedingungen hingewiesen wird, sofern dies für die angesprochenen Verkehrskreise von Interesse ist (BGH GRUR 2005, 172, 174 – *Stresstest*).

107 Bei Waren oder Dienstleistungen, deren Qualität von der Zahl, Leistungsfähigkeit und Zuverlässigkeit von **Mitarbeitern** abhängt (zB Hotels, Restaurants, Paketzustelldienste), wird man Aussagen darüber ebenfalls als Eigenschaftsvergleich qualifizieren müssen. Darüber hinaus wird man auch **Art und Umfang des Waren- oder Dienstleistungsangebots im Ganzen** noch zu den Eigenschaften iSd § 6 II Nr 2 rechnen müssen, weil auch diese Information für den Verbraucher von Nutzen ist. Ein Hotel darf daher zB vergleichend nicht nur mit der Ausstattung, sondern auch mit der Zahl seiner Zimmer werben; desgleichen ein Warenhaus mit dem Umfang seines Sortiments (EuGH GRUR 2007, 69 Tz 28 ff – *LIDL Belgium/Colruyt*) und seines Services.

108 Zweifelhaft ist dagegen, ob sich der Begriff der Eigenschaft auch auf „imagebezogene oder geschmacksabhängige" Produktmerkmale, dh die subjektive Wertschätzung durch den Verbraucher einbeziehende Merkmale erstreckt (verneinend OLG München WRP 1999, 692; OLG München GRUR-RR 2003, 373; offen lassend OGH GRUR Int 2005, 161, 62 – *Dan aktuell;* bejahend Fezer/*Koos* § 6 Rdn 132 ff; MünchKommUWG/*Menke* § 6 Rdn 125; Piper/*Ohly/ Sosnitza* § 6 Rdn 48; vgl auch *Henning-Bodewig* GRUR 1999, 385, 391; *Scherer* WRP 2001, 89, 97). Zwar handelt es sich dabei nicht um nachprüfbare Eigenschaften des Produkts als solchem. Indessen kann auch die Einschätzung eines Produkts durch die Verbraucher grds eine Eigenschaft sein, so dass die vergleichende Werbung mit derartigen Wertschätzungen (zB dass ein Lebensmittel einer größeren Zahl von Testpersonen besser schmeckt als ein Konkurrenzprodukt) zulässig ist, soweit die Behauptung nachprüfbar (dh der Test zutr) ist. Auch die Kundenzufriedenheit stellt daher eine Eigenschaft dar (OLG Saarbrücken GRUR-RR 2008, 312, 313).

Auch die **Beschreibung sinnlicher Wahrnehmungen** (zB der Duftnote von Parfüms oder Weinen) kann eine Eigenschaft darstellen (BGH GRUR 2004, 607, 611 – *Genealogie der Düfte;* MünchKommUWG/*Menke* § 6 Rdn 126: „sensorische Tests"). Allerdings ist zu unterscheiden zwischen *Beschreibung* („duftet nach Heu", „schmeckt wie Essig") und qualitativer *Bewertung* („duftet gut"; „schmeckt nicht"). **109**

Beim Vergleich von Markenartikeln kann auch der **Markenwert** eine Rolle spielen, soweit er objektiv feststellbar ist (ÖOGH GRUR Int 2005, 161, 162 – *Dan aktuell*). **110**

bb) Preis. Der Vergleich darf sich auch auf den Preis von Waren oder Dienstleistungen beziehen **(Preisvergleich).** Der Preis ist in § 6 II Nr 2 gesondert aufgeführt, da er nach deutscher Zivilrechtstradition nicht zu den Eigenschaften einer Ware oder Dienstleistung gehört. Die richtlinienkonforme Auslegung gebietet es, dass auch Angaben über den Preis „wesentlich, relevant, nachprüfbar und typisch" sein und dem Objektivitätserfordernis genügen müssen (vgl EuGH GRUR 2007, 69 Tz 56 – *LIDL Belgium/Colruyt*). Unter Preis ist die in Geld ausgedrückte Gegenleistung zu verstehen. Zum Preis gehören auch **Preisbestandteile** (Rabatte, Skonti usw). Ein Preisvergleich setzt voraus, dass der Mitbewerber einen Preis angegeben hat, auf den der Werbende Bezug nehmen kann. Ist ein solcher Preis angegeben, so darf sich der Werbende darauf beziehen, auch wenn der Mitbewerber von Fall zu Fall **individuelle** Rabatte gewährt. Denn der durchschnittlich informierte, aufmerksame und verständige Verbraucher weiß dies und berücksichtigt es in seiner Entscheidung. Wirbt der Mitbewerber dagegen mit allgemeinen Preissenkungen (zB „20% auf alles"), muss sich der Preisvergleich auf den reduzierten Preis beziehen. Kennt der werbende Händler den Preis des Mitbewerbers nicht, so kann er nicht einfach den vom Hersteller des Konkurrenzprodukts empfohlenen Endverbraucherpreis zu Grunde legen. Denn dies ist kein verlässlicher Maßstab für den vom Mitbewerber tatsächlich verlangten Preis. Auch eine Preisvergleichswerbung von Herstellern, die sich auf die empfohlenen Endverbraucherpreise bezieht, ist unlauter, weil ungewiss ist, ob die Ware tatsächlich von den Händlern zu diesem Preis verkauft wird. Es spielt auch keine Rolle, ob der empfohlene Preis von den Händlern überwiegend eingehalten wird (aA *Beater* § 15 Rdn 69). **111**

Die **Liefer-** und **Zahlungsbedingungen** sind in § 6 II Nr 2 nicht ausdrücklich erwähnt. Denkbar ist, sie, soweit preisrelevant, in den Begriff des „Preises" einzubeziehen. Im Übrigen sind sie als Eigenschaften des beworbenen Produkts oder als Dienstleistungen anzusehen. Auch ein Konditionenvergleich ist daher zulässig. Werden bei einem Waren- oder Dienstleistungsvergleich die preisrelevanten Konditionen nicht deutlich herausgestellt, obwohl sie sich nicht unwesentlich unterscheiden, so wird man im Einzelfall die Objektivität des Vergleichs verneinen oder sogar einen irreführenden Vergleich iSd § 5 III annehmen müssen (vgl KG GRUR-RR 2003, 319). Unlauter ist daher eine Gegenüberstellung von Zinsen eines Kreditvermittlers und einer Bank, wenn nicht auch die unterschiedlichen Bedingungen der Kreditvergabe mitgeteilt werden, damit die Wertung des Werbenden nachvollzogen werden kann (vgl OLG Frankfurt WRP 1977, 28). **112**

Der Preis- und Konditionenvergleich ist **nicht** auf **völlig identische** (zB Vergleich von Markenartikelpreisen durch Händler) oder homogene Produkte beschränkt. Er ist aber dann unlauter, wenn er sich nicht auf vergleichbare Waren oder Dienstleistungen iSd § 6 II Nr 1 bezieht. Maßgebend ist also die Substituierbarkeit der verglichenen Produkte (iErg ebenso OLG Karlsruhe GRUR-RR 2008, 407). Es dürfen daher zwar nicht die Preise von „Äpfeln" mit denen von „Birnen" verglichen werden, wohl aber zB die Preise von Mittelklassewagen verschiedener Hersteller oder von Hotels der gleichen Kategorie. **113**

Der Preisvergleich enthält **nicht** die konkludente Behauptung, dass die Produkte die **gleiche Qualität** aufweisen. Der verständige Durchschnittsverbraucher geht auch nicht davon aus, dass die im Preis verglichenen Produkte die gleichen Produkteigenschaften haben. Auch ein Vergleich **114** der Preise nicht qualitätsgleicher Produkte kann für ihn eine nützliche Information sein, insbes bei beschränktem Budget. Daher darf der Hersteller von Ersatzteilen auch einen Preisvergleich mit Originalersatzteilen vornehmen (BGH GRUR 2001, 350 – *OP-Lampen* und daher ist auch ein Preisvergleich zwischen unterschiedlichen Energiequellen, wie Gas und Heizöl oder zwischen Arzneimitteln mit Unterschieden in Wirkstoffen, Indikationen oder sonstigen medizinisch-pharmakologischen Eigenschaften (OLG Düsseldorf GRUR-RR 2004, 24 [LS]; OLG Hamburg GRUR-RR 2010, 67, 69)) zulässig. Die Grenze wird durch das Objektivitätsgebot (§ 6 II Nr 2) und das Irreführungsverbot (§ 5 II, III) gezogen (OLG Hamburg GRUR-RR 2010, 67, 69). Der Werbende muss jedenfalls dann auf Qualitätsunterschiede der Leistung hinweisen, wenn der durchschnittlich informierte Verbraucher diese Unterschiede nicht kennt (vgl auch Rdn 120). Wer zB Flüge von (Frankfurt-)Hahn, ein Ort, der 120 km von Frankfurt entfernt liegt und schlecht erreichbar ist, anbietet und seine Flugpreise mit den Preisen von Mitbewerbern vergleicht, die Flüge von Frankfurt aus anbieten, muss auf diesen Umstand hinweisen (OLG Hamburg GRUR-RR 2003, 219; vgl weiter OLG Frankfurt GRUR-RR 2001, 89; KG GRUR-RR 2003, 319; OLG Düsseldorf GRUR-RR 2004, 24 LS). Zur Objektivität des Preisvergleichs vgl weiter Rdn 120.

115 Das Irreführungsverbot ist tangiert, wenn der Mitbewerber den Preis tatsächlich gar nicht oder nicht mehr verlangt. Ein Anbieter von ISDN-Anschlüssen darf daher sein monatliches Grundentgelt nicht mit einem tatsächlich nicht verlangten Grundentgelt eines Wettbewerbers vergleichen, das er als Durchschnittspreis für zwei unterschiedliche Versionen ermittelt hat (vgl OLG Hamburg NJWE-WettbR 2000, 109: irreführender Preisvergleich).

116 **c) Objektivität des Vergleichs. aa) Abgrenzung zur Nachprüfbarkeit und zur Irreführung.** Nach § 6 II Nr 2 ist ein Vergleich unlauter, wenn er nicht **objektiv** auf wesentliche, relevante, nachprüfbare und typische Eigenschaften oder den Preis bezogen ist. Die Eigenschaften (und der Preis), auf die sich der Vergleich bezieht, müssen daher den genannten vier Kriterien genügen und außerdem objektiv verglichen werden (EuGH GRUR 2007, 69 Tz 45 – *LIDL Belgium/Colruyt;* BGH GRUR 2010, 161 Tz 30 – *Gib mal Zeitung*). Die **Nachprüfbarkeit** von Eigenschaften und Preis ist daher von der **Objektivität** des Vergleichs zu unterscheiden. Andererseits kann Objektivität nicht gleichbedeutend mit der Richtigkeit des Vergleichs sein, da die Eignung zur **Irreführung** (iSd § 5 III oder anderer Irreführungstatbestände wie zB § 3a HWG) selbstständig zu prüfen ist (BGH GRUR 2010, 658 – *Paketpreisvergleich;* OLG Hamburg GRUR-RR 2010, 67, 69; *Berlit* WRP 2010, 1105,1107; *Ohly* GRUR 2007, 3, 7).

117 **bb) Objektivität als Sachlichkeitsgebot?** Früher wurde in Deutschland die Verpflichtung zur Objektivität als Sachlichkeitsgebot verstanden, nämlich als Bemühen um Sachlichkeit und Richtigkeit des Vergleichs, um dem Verbraucher nützliche Informationen zu geben (vgl BGH GRUR 1999, 69, 71 – *Preisvergleichsliste II;* MünchKommUWG/*Menke* § 6 Rdn 132). Daran lässt sich aber nach der *LIDL Belgium*-Entscheidung des EuGH (GRUR 2007, 69 Rdn 40ff – *LIDL Belgium/Colruyt*) nicht mehr festhalten (vgl *Piper/Ohly/Sosnitza* § 6 Rdn 50). Will man überhaupt am Begriff der Sachlichkeit festhalten, muss er daher iSd Ausschlusses subjektiver Wertungen (Rdn 118) verstanden werden (BGH WRP 2007, 1181 Tz 17 – *Eigenpreisvergleich;* BGH GRUR 2010, 161 Tz 30 – *Gib mal Zeitung;* BGH GRUR 2010, 658 Tz 12 – *Paketpreisvergleich*).

118 **cc) Objektivität und Subjektivität.** Das Objektivitätserfordernis zielt nach Auffassung des EuGH im Wesentlichen darauf ab, Vergleiche auszuschließen, die sich aus einer **subjektiven Wertung** ihres Urhebers und nicht aus einer objektiven Feststellung ergeben (EuGH GRUR 2007, 69 Tz 46 – *LIDL Belgium/Colruyt*). Den Gegensatz zur Objektivität bildet also die **Subjektivität** des Vergleichs (EuGH GRUR 2007, 69 Tz 40ff – *LIDL Belgium/Colruyt*). Soll allerdings das Kriterium der Objektivität neben dem Kriterium der Nachprüfbarkeit eine selbstständige Funktion haben und nicht bloß eine Wiederholung bedeuten, kann es nicht für die Angaben über die jeweiligen Produkte, sondern nur für die Vergleichsaussage als solche, also für die Aussage über das Verhältnis zwischen den konkurrierenden Angeboten (EuGH GRUR 2003, 533 Tz 37 – *Pippig Augenoptik/Hartlauer*) gelten. Da aber eine Vergleichsaussage notwendig wertend ist, ist die Grenzziehung zwischen objektiver Feststellung und subjektiver Wertung allerdings fließend. Maßgebend sollte sein, ob die Schlussfolgerung von den zu Grunde liegenden Tatsachenbehauptungen gedeckt und somit objektiv nachvollziehbar ist. Daher stellt die Aussage, ein Produkt sei billiger als das andere oder funktionell gleichwertig mit ihm, eine zulässige objektive Feststellung, die Aussage, ein Produkt sei schöner oder eleganter als das andere, eine

unzulässige subjektive Wertung dar (vgl GA Tizzano in Nr 45 der Schlussanträge im Fall *LIDL Belgium*).

dd) Unvollständigkeit und Einseitigkeit des Eigenschaftsvergleichs. Folgt man der **119** Rspr des EuGH (Rdn 118), wonach das Kriterium der Objektivität lediglich subjektive Wertungen ausschließen soll, verliert es die ihm früher beigemessene Bedeutung der Sachlichkeit und Richtigkeit. Insbes ist das Objektivitätserfordernis nicht verletzt, wenn der Vergleich lediglich **unvollständig** oder **einseitig** ist. Prüfungsmaßstab ist allein die **Irreführung** (dazu § 5 Rdn 2.63). Unter besonderen Umständen kann sogar die Unterlassung eines Hinweises auf die fremde Marke irreführend sein (EuGH GRUR 2006, 533 Tz 52, 53 – *Pippig Augenoptik*). Das Irreführungsverbot bedeutet aber nicht, dass der Werbende **alle** wesentlichen Eigenschaften in den Vergleich einbeziehen muss (OLG Hamburg NJWE-WettbR 1999, 278). Er kann vielmehr eine Auswahl treffen und die Eigenschaften herausgreifen, bei denen er nach seiner Auffassung besser abschneidet als der Mitbewerber (vgl OLG Hamburg GRUR-RR 2001, 33, 36). In Erwägungsgrund 6 S 3 der Richtlinie 2006/114/EG ist ausdrücklich die Rede davon, dass vergleichende Werbung dazu beitragen kann, *„die Vorteile der verschiedenen Erzeugnisse objektiv herauszustellen"*. Der Durchschnittsverbraucher geht auch nicht davon aus, dass ein Werbevergleich ebenso wie ein von einem unabhängigen Testveranstalter vorgenommener Vergleich auf einer neutralen Untersuchung beruht (BGH GRUR 2010, 658 Tz 15 – *Paketpreisvergleich*). Es begegnet daher auch keinen Bedenken, wenn eine Vergleichsstudie zwei Produkte nur unter einem Gesichtspunkt untersucht, ohne andere Eigenschaften aufzuführen (BGH GRUR 2002, 633, 635 – *Hormonersatztherapie;* OLG Hamburg GRUR-RR 2001, 33). Der Werbende braucht seine Auswahl grds nicht zu begründen. Die Grenze zur Irreführung ist aber überschritten, wenn der falsche Eindruck vermittelt wird, es seien mehr oder weniger **alle** wesentlichen Eigenschaften in den Vergleich einbezogen (ebenso BGH GRUR 2010, 658 Tz 16 – *Paketpreisvergleich*).

ee) Unvollständigkeit und Einseitigkeit des Preisvergleichs. Auch die Unvollständigkeit **120** und Einseitigkeit eines Preisvergleichs hat nichts mit der Objektivität zu tun (ebenso BGH GRUR 2010, 658 Tz 12 – *Paketpreisvergleich;* OLG Hamburg GRUR-RR 2010, 67, 69). Prüfungsmaßstab ist auch hier wiederum nur die Gefahr der **Irreführung** (Rdn 116). Eine Irreführung liegt stets dann vor, wenn die Preise eines Mitbewerbers objektiv unrichtig wiedergegeben werden, mag dies auch auf einer versehentlich falschen Auskunft des Mitbewerbers beruhen. Ob der Werbende die Unrichtigkeit dieser Auskunft kennt oder sich ihm die Kenntnis geradezu aufdrängt, ist unerheblich. Dies spielt nur eine Rolle für den Schadensersatzanspruch. Irreführend kann ein Preisvergleich auch dann sein, wenn sich die preisrelevanten Konditionen (Zahlungsbedingungen, Berechnungsgrundlagen, Zugaben usw) der Wettbewerber nicht unwesentlich unterscheiden und auf diese Unterschiede nicht deutlich und unmissverständlich hingewiesen wird (Rdn 111; § 5 Rdn 7.63; ebenso BGH GRUR 2010, 658 Tz 16 – *Paketpreisvergleich*). Ferner liegt eine Irreführung dann vor, wenn die verglichenen Produkte nicht unwesentliche, für den Nachfrager nicht ohne weiteres erkennbare Quantitäts- oder Qualitätsunterschiede aufweisen und der Werbende die Unterschiede nicht deutlich und unmissverständlich hervorhebt (OLG Frankfurt GRUR-RR 2001, 89; OLG Hamburg GRUR-RR 2003, 219; OLG Düsseldorf GRUR-RR 2004, 24 [LS]; OLG Hamburg GRUR-RR 2010, 67, 69; vgl auch Rdn 114). Doch wird hier vielfach schon die Voraussetzung des § 6 II Nr 1 nicht erfüllt sein. Dagegen ist ein Preisvergleich zulässig, wenn sich die verglichenen Produkte lediglich in ihrem Prestigewert unterscheiden, wie etwa beim Vergleich eines bekannten Markenartikels mit einem no-name-Produkt. Allenfalls kann umgekehrt die Nichterwähnung der angesehenen Marke eine Irreführung darstellen (EuGH GRUR 2003, 533, 536 Tz 53 – *Pippig Augenoptik*).

Der Preisvergleich ist grds auch dann objektiv, wenn der Werbende nur eines oder mehrere, aber **121** nicht alle in Betracht kommenden Produkte eines Mitbewerbers in den Vergleich einbezieht. Dass der Werbende gerade die Produkte für den Vergleich auswählt, bei denen eine für ihn günstige Preisdifferenz besteht, verletzt nicht das Objektivitätserfordernis. Denn dieses gebietet nicht, den Preisvergleich auf die **Durchschnittspreise** der vom Werbenden und der vom Mitbewerber angebotenen Produkte zu beschränken (EuGH GRUR 2003, 533 Tz 81, 82 – *Pippig Augenoptik*). Vielmehr sollen durch den Vergleich gerade die Vorteile der verschiedenen vergleichbaren Erzeugnisse objektiv herausgestellt werden, wie sich aus Erwägungsgrund 6 (früher: 2) der Richtlinie ergibt. Allerdings müssen bei einem Vergleich der Preise oder des Preisniveaus bezogen auf das Sortiment eines Supermarkts, soweit es vergleichbare Waren betrifft, die verglichenen Preise und Produkte nicht ausdrücklich und umfassend in der Werbung genannt sein (EuGH GRUR 2007, 69 Tz 54 – *LIDL Belgium/Colruyt*). Das Irreführungsverbot ist auch dann noch nicht verletzt, wenn der Werbende in einer Preisvergleichsliste nicht alle (teureren oder billigeren) Konkurrenzangebote aufführt. Allerdings darf nicht der Eindruck erweckt werden, es würden beim Vergleich alle Produkte des Mitbewerbers berücksichtigt. Das ist aber noch nicht dann anzunehmen, wenn im Vergleich alle Produkte des Mitbewerbers mit Ausnahme der bes günstigen angeführt werden (aA OLG Düsseldorf NJW-RR 1999, 408, 409). Irreführend ist allerdings ein Vergleich, wenn von mehreren Produkten des Mitbewerbers nur das teurere herangezogen wird und der Eindruck entsteht, es wäre das Einzige vergleichbare Produkt. Unlauter ist daher ein Vergleich der Gebühren für Ferngespräche, wenn neben den verglichenen Minutenpreisen der Vorteil einer fehlenden Grundgebühr hervorgehoben und dabei ein Mitbewerbertarif mit einer höheren Grundgebühr genannt wird, obwohl es in diesem Bereich einen Tarif dieses Mitbewerbers mit einer niedrigeren Grundgebühr gibt (OLG Hamburg GRUR 2005, 129, 131).

122   Bei einem **Eigenpreisvergleich** (Rdn 58) zwischen selbst hergestellten und fremdbezogenen Waren ist das Objektivitätserfordernis nicht schon deshalb verletzt, weil der Händler die Preise für die fremdbezogenen Waren selbst festsetzt *(double agent)*. Allerdings kann bei willkürlicher Heraufsetzung der Preise für fremdbezogene Waren ein Verstoß gegen das Irreführungsverbot vorliegen (BGH WRP 2007, 1181 Tz 18 – *Eigenpreisvergleich*).

123   Der Vergleich muss sich auf die Verhältnisse im Zeitpunkt bzw im Zeitraum der Werbung beziehen. Er ist daher irreführend, wenn die Aussage wegen Veränderung der Produkteigenschaften, sei es beim eigenen, sei es beim fremden Produkt, nicht mehr zutreffen. Der Werbende kann sich nicht damit rechtfertigen, die Änderung der Produkteigenschaften beim Mitbewerber sei ihm nicht bekannt geworden. Ihn trifft insoweit eine Marktbeobachtungslast. Das Gesagte gilt auch und insbes für den Preisvergleich. In den Vergleich darf nur der jeweils **aktuelle** (zB durch einen Testkauf ermittelte) Preis des Mitbewerbers einbezogen werden. Irreführend ist daher die Bezugnahme auf einen Preis, den der Mitbewerber in der Vergangenheit verlangt hat, der aber nicht mehr aktuell ist. Senkt der Mitbewerber später seinen Preis, so wird der Preisvergleich von diesem Zeitpunkt an irreführend und damit unlauter (vgl *Ohly* GRUR 2003, 641, 646). Irreführend ist es auch, wenn bei einem Preisvergleich von Zeitungsabonnements nicht auf die unterschiedliche Erscheinungshäufigkeit der Einzelzeitungen hingewiesen wird (KG GRUR-RR 2003, 319). – Vergleicht ein Telefondiensteanbieter in einem tabellarischen Preisvergleich die Kosten für ein dreiminütiges Auslandstelefongespräch zu einer **bestimmten Uhrzeit** mit den höheren Kosten der Mitbewerber, so ist es dagegen unerheblich, wenn er zu anderen Uhrzeiten nicht zu den günstigen Tarifen anbietet (OLG Düsseldorf NJW-RR 1999, 408).

124   Ein Preisvergleich ist nicht bereits dann irreführend, wenn das werbende Unternehmen und sein Mitbewerber **konzernmäßig** verbunden sind und die Konzernspitze die Preise festsetzt. Nur wenn der Preis des Produkts eines Konzernunternehmens in der Absicht festgesetzt wird, das Produkt des anderen Konzernunternehmens als preisgünstig erscheinen zu lassen, kann der Vergleich irreführend (§ 5 III 1. Alt) sein.

125   d) **Vergleichbare Eigenschaften. aa) Allgemeines.** Der Vergleich muss „auf eine oder mehrere wesentliche, relevante, nachprüfbare und typische" Eigenschaften der Waren oder Dienstleistungen oder deren Preis bezogen sein. Der EuGH spricht insoweit von den **Haupteigenschaften** einer Ware oder Dienstleistung (EuGH GRUR 2003, 533 Tz 36 – *Pippig Augenoptik/Hartlauer*). Bezweckt ist mit der Regelung vor allem die **Gewährleistung nützlicher Information.** Durch das Herausgreifen unmaßgeblicher Eigenschaften kann nämlich ein verzerrter Gesamteindruck entstehen. Außerdem soll dem **Verhältnismäßigkeitsgrundsatz** Rechnung getragen werden. Die Interessen des Wettbewerbers sollen nicht stärker beeinträchtigt werden als im Interesse des Werbenden und der angesprochenen Verbraucher an sachlicher Information erforderlich ist (Begr RegE WRP 2000, 555, 560). – Die Regelung bedeutet andererseits nicht, dass der Werbende überhaupt nicht mit unwesentlichen usw Eigenschaften seines Produkts werben dürfte; er darf es lediglich nicht im Wege der vergleichenden Werbung.

126   Die **vier** Voraussetzungen der zu vergleichenden Eigenschaften müssen **kumulativ** erfüllt sein (EuGH GRUR 2007, 69 Tz 44 – *LIDL Belgium/Colruyt;* BGH GRUR 2010, 161 Tz 26 – *Gib mal Zeitung*). Es handelt sich, trotz aller Überschneidungen, um selbstständige, unterschiedliche Aspekte ansprechende und getrennt zu prüfende Tatbestandsmerkmale (*Eck/Ikas* WRP 1999, 251, 263). Ob eine Eigenschaft wesentlich, relevant, nachprüfbar und typisch ist, beurteilt sich aus der Sicht der jeweils angesprochenen Verkehrskreise. Werden unterschiedliche Verkehrskreise (zB Verkaufsberater und Verbraucher) angesprochen, ist es daher möglich, dass für die einen die Voraussetzungen der Wesentlichkeit usw erfüllt sind, für die anderen dagegen nicht (vgl BGH GRUR 2004, 607, 612 – *Genealogie der Düfte* zur Duftnote von Parfüms).

IV. Unlauterkeit der vergleichenden Werbung   127–131   § 6 UWG

Diese Voraussetzungen sind – nach der nicht unbedenklichen Rspr – stets erfüllt, wenn die **127** technische oder funktionale **Gleichwertigkeit** von Produkten behauptet wird, sei es unmittelbar durch die Angabe „X ersetzt" (BGH GRUR 2003, 444, 445 – *„Ersetzt"*), sei es auch nur mittelbar durch die Gegenüberstellung der eigenen Bestellnummern mit denen des Konkurrenten (EuGH Slg 2001, I-7945 = GRUR 2002, 354, 355 Tz 39, 40 – *Toshiba Europe*) oder durch die Einbeziehung fremder Bestellnummern in die eigenen (EuGH GRUR 2006, 345 Tz 17 – *Siemens/VIPA;* BGH GRUR 2005, 348 – *Bestellnummernübernahme*), sei es durch die Angabe „Produktalternative zu ..." (OLG Köln GRUR-RR 2008, 315: Behauptung der funktionalen Gleichwertigkeit). Erst recht sind diese Voraussetzungen erfüllt, wenn die Bau- oder Stoffgleichheit der verglichenen Produkte behauptet wird (vgl OLG Stuttgart GRUR-RR 2002, 397, 398). Eine Gleichwertigkeitsbehauptung hins der Produktqualität ist aber nicht einer Gegenüberstellung von *„namhaften Markenprodukten"* und *„Ihre Qualitätsmarke von M."* im Rahmen eines Eigenpreisvergleichs anzunehmen (BGH WRP 2007, 1181 Tz 22 – *Eigenpreisvergleich*).

Wird im Rahmen eines **individuellen Verkaufsgesprächs** der Vergleich nur gegenüber **128** einem oder einer begrenzten Anzahl von Kunden vorgenommen, kommt es auf deren Sichtweise an (BGH GRUR 2004, 607, 612 – *Genealogie der Düfte*). Insbes kann hier eine Rolle spielen, welche Eigenschaften gerade für diesen Kunden von maßgeblicher Bedeutung sind. Das kann zB aus entspr Fragen dieser Kunden deutlich werden. Ein sog **Nachfrage-** oder **Auskunftsvergleich** ist daher auch dann zulässig, wenn es um Eigenschaften geht, die aus objektiver Sicht eines Dritten nicht wesentlich, relevant oder typisch sind (vgl Begr RegE WRP 2000, 555, 560; *Lettl* UWG Rdn 499 f, 504). Denn insoweit ist nur der konkrete Kunde Adressat des Vergleichs und nur seine Sichtweise maßgebend (ebenso MünchKommUWG/*Menke* § 6 Rdn 147; s auch Rdn 71).

bb) Wesentlichkeit. Die verglichenen Eigenschaften müssen **wesentlich** sein. Damit sollen **129** Vergleiche mit völlig unwichtigen und bedeutungslosen Eigenschaften ausgeschlossen werden, weil dadurch der Gesamteindruck verzerrt wird. Für die Beurteilung ist maßgebend, welche Bedeutung die Eigenschaft objektiv (*Tilman* GRUR 1997, 790, 796), dh bei vernünftiger Betrachtung für den Bedarf des Verbrauchers und die Zweckbestimmung des Produkts, hat. Wesentlich ist eine Eigenschaft dann, wenn ihre Bedeutung für den Abnehmer im Hinblick auf die vorgesehene Verwendung des Produkts nicht völlig unerheblich ist (BGHZ 158, 26, 35 = GRUR 2004, 607, 612 – *Genealogie der Düfte;* BGH GRUR 2005, 172, 175 – *Stresstest;* BGH GRUR 2010, 161 Tz 29 – *Gib mal Zeitung*). Dabei ist auf die Sichtweise des Durchschnitts der angesprochenen Verkehrskreise abzustellen. So kann es für Fachkreise eine wesentliche Eigenschaft darstellen, wie sich ein Produkt auch außerhalb der üblichen oder empfohlenen Betriebsbedingungen verhält, wenn ein Bedarf für eine entspr Erweiterung der Nutzung besteht oder wenn das Produktverhalten Rückschlüsse auf die Stabilität unter den üblichen oder empfohlenen Betriebsbedingungen zulässt (BGH GRUR 2005, 172, 175 – *Stresstest*). Beim **individuellen** Verkaufsgespräch, insbes beim **Nachfrage-** bzw **Auskunftsvergleich,** kommt es auf die Sichtweise des betreffenden Kunden an (vgl *Scherer* WRP 2001, 89, 93 mwN). Eine abstrakte Wesentlichkeit iSv Eigenschaften, die das „Wesen" oder den „Kern" einer Sache ausmachen, kann es dagegen nicht geben. Ob die Eigenschaft aus der Sicht des Werbenden wesentlich ist, spielt ebenfalls keine Rolle. Im Zweifel ist eine **weite Auslegung** geboten (ähnlich *Eck/Ikas* WRP 1999, 251, 263).

Wesentlich können insbes Produktinnovationen sein. Bei einer Zahnbürste ist etwa wesentlich, **130** dass sie „signifikant mehr Plaque" entfernt als andere Zahnbürsten (OLG Hamburg GRUR-RR 2001, 84). Beim Kauf einer Waschmaschine sind der Energie-, Spülmittel- und Wasserverbrauch, das Fassungsvermögen usw wesentliche Eigenschaften, die Farbe dagegen nicht. Die **Verpackung** einer Ware kann dann eine wesentliche Eigenschaft sein, wenn ihr der Verkehr Bedeutung beimisst (zB bei Luxusartikeln). Das gilt ganz generell für die äußere Form und Gestaltung einer Ware. Auch **die äußere Gestaltung** eines Produkts kann eine Rolle spielen. Verallgemeinerungen, zB dass bei Lebensmitteln idR nicht mit ihrem Aussehen geworben werden dürfe, sind daher nicht möglich. Generell wird auch die Kompatibilität eines Produkts von wesentlicher Bedeutung sein.

cc) Relevanz. Eine Eigenschaft ist dann **relevant,** wenn ihr Vorliegen den Kaufentschluss **131** eines durchschnittlich informierten, aufmerksamen und verständigen Verbrauchers beeinflussen kann (aA st Rspr, zuletzt BGH GRUR 2010, 161 Tz 29 – *Gib mal Zeitung:* Einfluss auf Kaufentschluss einer nicht völlig unerheblichen Zahl der angesprochenen Kaufinteressenten maßgebend). Auch hier ist wiederum von dem Bedarf und der Zweckbestimmung auszugehen. Der praktische Unterschied zur Wesentlichkeit dürfte nicht groß sein. Für die Unlauterkeit des Vergleichs spielt dieses Tatbestandsmerkmal nur dann eine eigenständige Rolle, wenn Wesentlichkeit zwar gegeben, Relevanz aber zu verneinen ist oder umgekehrt. Das dürfte in der Praxis selten anzunehmen sein. Sollte aber tatsächlich eine Eigenschaft zwar relevant, aber nicht wesentlich sein, wäre der Vergleich unzulässig.

132 **dd) Nachprüfbarkeit.** Die Eigenschaft muss nachprüfbar sein. Das soll es ermöglichen, den Vergleich auf seine sachliche Berechtigung hin zu überprüfen (BGHZ 139, 378, 385 – *Vergleichen Sie;* BGH GRUR 2005, 172, 175 – *Stresstest;* BGH GRUR 2010, 161 Tz 28 – *Gib mal Zeitung*). Da eine solche Prüfung nur bei Tatsachenbehauptungen möglich ist, muss der Vergleich Tatsachenbehauptungen und darf nicht nur Werturteile zum Inhalt haben. Daher kommt es auf die Unterscheidung zwischen **Tatsachenbehauptung** und **Werturteil** an (BGH GRUR 1999, 69, 71 – *Preisvergleichsliste II*). Das Erfordernis der Nachprüfbarkeit gilt auch für den **Preis** (Rdn 120). Bei einem (grds zulässigen) Vergleich des allgemeinen Preisniveaus des Sortiments vergleichbarer Waren von Supermärkten ist Nachprüfbarkeit gegeben, sofern die betreffenden Waren tatsächlich zu den Waren gehören, auf deren Grundlage das allgemeine Preisniveau ermittelt worden ist (EuGH GRUR 2007, 69 Tz 62 – *LIDL Belgium/Colruyt*). Dasselbe gilt für einen Vergleich, der sich auf die Höhe der Ersparnis bezieht, die ein Verbraucher erzielen kann, wenn er bei dem einen und nicht bei dem anderen Unternehmen kauft (EuGH aaO – *LIDL Belgium/Colruyt*).

133 **(1) Tatsachenbehauptung.** Der Vergleich muss Tatsachenbehauptungen und darf nicht bloße Werturteile zum Inhalt haben (BGH GRUR 2010, 161 Tz 28 – *Gib mal Zeitung*). Daher sind rein subjektive Werturteile nach dem Muster „*A ist schöner als B*", „*X schmeckt besser als Y*" oder „*S ist genauso gut wie T*" objektiv nicht nachprüfbar und somit unlauter (KG GRUR 2000, 242). Um eine Tatsachenbehauptung handelt es sich zwar, wenn Werturteile befragter Kunden wiedergegeben werden; doch sagt dies nichts über die Produkteigenschaften aus (OLG Hamburg Pharma Recht 2007, 201). Bei der Abgrenzung ist allerdings zu beachten, dass auch Werturteile einen nachprüfbaren **Tatsachenkern** haben können (BGH GRUR 1999, 69, 71 – *Preisvergleichsliste II*; BGH GRUR 2005, 172, 175 – *Stresstest;* BGH GRUR 2010, 161 Tz 28 – *Gib mal Zeitung*). Dass sich an Tatsachenbehauptungen Werturteile wie etwa die Angaben „+" und „–" oder an bestimmte Ergebnisse Noten oder Wertungspunkte anschließen, ist unschädlich, sofern die Objektivität des Vergleichs (Rdn 116 ff) gewahrt bleibt, die Wertung also von den Tatsachenbehauptungen gedeckt ist.

134 **(2) Beweisbarkeit.** Die Tatsachenbehauptung muss mit den Mitteln des Beweises überprüfbar sein, so dass rein spekulative Aussagen (zB „hält ewig") unlauter sind, es sei denn, sie stellen eine übertriebene oder nicht wörtlich zu nehmende Behauptung iSv Art 5 III 2 UGP-Richtlinie dar (dazu Rdn 22).

135 **(3) Überprüfbarkeit zumindest durch Sachverständige.** Die bloß allgemeine Möglichkeit der Nachprüfung im Wege des Beweises genügt grds nicht (aA *Menke* WRP 1998, 811, 820). Hinzukommen muss vielmehr die **konkrete** Möglichkeit der Nachprüfung der Angaben des Werbenden durch die angesprochenen **Verkehrskreise** (vgl BGH WRP 1997, 549, 551 – *Dauertiefpreise*) oder jedenfalls durch **Sachverständige** (EuGH GRUR 2007, 69 Tz 74 – *LIDL Belgium/Colruyt;* BGHZ 158, 26, 34 – *Genealogie der Düfte;* BGH GRUR 2005, 172, 175 – *Stresstest;* BGH GRUR 2007, 605 Tz 31 – *Umsatzzuwachs;* BGH GRUR 2010, 161 Tz 28 – *Gib mal Zeitung*). Zwar ist grds der **Kläger darlegungs-** und **beweispflichtig,** dass die Voraussetzungen der Unlauterkeit des Vergleichs und damit auch der mangelnden Nachprüfbarkeit gegeben sind. Indessen trifft den **Beklagten** eine **sekundäre Darlegungslast.** Nämlich dann, wenn der Kläger keine Kenntnis davon hatte, ob die Angaben nachprüfbar waren, und er auch keine Möglichkeit zur Sachverhaltsaufklärung hatte, während der Beklagte diese Kenntnis hatte und die Aufklärung ohne Weiteres leisten konnte (BGH GRUR 2007, 605 Tz 31 – *Umsatzzuwachs*). Denn der Werbende muss die Adressaten der Werbeaussage darüber informieren, wo und wie sie die Angaben leicht in Erfahrung bringen können, um deren Richtigkeit nachzuprüfen oder, falls sie nicht über die dafür erforderliche Sachkenntnis verfügen, nachprüfen zu lassen, und er muss in der Lage sein, die Richtigkeit seiner Werbung in einem Prozess kurzfristig nachzuweisen (vgl Art 7 lit a Werberichtlinie; EuGH GRUR 2007, 69 Tz 74 – *LIDL Belgium/Colruyt;* BGH GRUR 2007, 605 Tz 34 – *Umsatzzuwachs*). Dazu gehört bei der Werbung mit einem Test die Angabe der Stelle (zB Internet-Seite), bei der die näheren Informationen abgefragt werden können (OLG Köln GRUR-RR 2009, 181). Weigert sich der Werbende, eine zitierte Vergleichsstudie auf Befragen zur Verfügung zu stellen, ist die Überprüfbarkeit nicht gegeben (LG München WRP 2004, 406 LS). – Die Behauptung, die Zeitschrift TAZ sei „nicht für jeden" im Zusammenhang mit der Darstellung eines BILD-Zeitungslesers wurde als eine insbes durch Sachverständige überprüfbare Tatsachenbehauptung angesehen (BGH GRUR 2010, 161 Tz 28 – *Gib mal Zeitung;* krit *Köhler* WRP 2010, 571, 573).

Allerdings dürfen die Anforderungen an den Werbenden **nicht überspannt** werden, um 136 nicht die Möglichkeiten der vergleichenden Werbung übermäßig einzuschränken. Das Informationsverlangen muss angemessen sein. Es ist daher nicht erforderlich, dass der Werbeadressat die verglichenen Eigenschaften ohne weiteres und ohne jeden Aufwand nachprüfen kann (BGH GRUR 1999, 69, 71 – *Preisvergleichsliste II;* BGH GRUR 1999, 501, 503 – *Vergleichen Sie*). Vielmehr genügt es grds, dass er dies mit **zumutbarem Aufwand** tun kann (BGH aaO – *Vergleichen Sie:* Durchsicht eines Katalogs zumutbar). Dabei kann eine Rolle spielen, welchen Inhalt die Werbeaussage hat, welche Eigenart das beworbene Produkt besitzt und an welche Verkehrskreise (Laien, Fachleute usw) sich die Werbung richtet (vgl OLG Hamburg GRUR-RR 2001, 84, 86). Zumutbarkeit ist auch gegeben, wenn die Nachprüfung nur durch Einsichtnahme in allgemein zugängliche Veröffentlichungen (Kataloge; Testberichte usw) oder durch Befragen Dritter möglich ist, und der Adressat auf diese Informationsquellen konkret (also durch genaue Angabe der **Fundstelle** usw) hingewiesen wird. Die Informationsquellen müssen freilich ihrerseits mit **zumutbarem Aufwand** auffindbar sein (*Nordmann* GRUR Int 2002, 297, 300). Dazu gehört nicht nur der zeitliche, sondern auch der finanzielle Aufwand (vgl OLG Saarbrücken GRUR-RR 2008, 312, 314: Betrag von 40 € für die Überlassung einer Studie im Einzelfall noch zumutbar, insbes wenn Überprüfung nur durch Sachverständigen möglich). – Die Nachprüfbarkeit kann zB bei einem auf eine ganze Warengattung bezogenen Vergleich erschwert sein, ist aber auch insoweit nicht ausgeschlossen. Für die Nachprüfbarkeit kann es genügen, dass sich der angesprochene Personenkreis durch **Rückfrage** beim Werbenden und/oder beim Mitbewerber nähere Auskunft verschaffen kann (BGH GRUR 1999, 69, 71 – *Preisvergleichsliste II*). Doch kommt es auf die Umstände des Einzelfalls an. Unzumutbar ist eine derartige Rückfrage, wenn damit für den Auskunftsuchenden das Risiko verbunden ist, unangemessen unsachlich beeinflusst zu werden (so wohl auch KG GRUR 2000, 242, 243).

Auf die Überprüfbarkeit durch den angesprochenen Verbraucher kommt es dann nicht an, 137 wenn die Überprüfung wegen der Eigenart des Produkts von vornherein nur durch **Sachverständige** möglich ist (BGH GRUR 2004, 607, 612 – *Genealogie der Düfte;* BGH GRUR 2005, 172, 175 – *Stresstest;* BGH GRUR 2007, 605 Tz 31 – *Umsatzzuwachs*). In diesem Fall genügt es, dass die Richtigkeit der Werbeaussage im Rechtsstreit festgestellt wird (vgl OLG Hamburg GRUR-RR 2001, 84 zur Überprüfung der Eignung einer Zahnbürste zur Plaqueentfernung).

Dass der Werbende die Mitbewerber **namentlich** nennt, ist nicht erforderlich, es sei denn, 138 dass für den Verbraucher anders eine Überprüfung nicht möglich ist (OLG Naumburg WRP 2004, 406 [LS]).

ee) Typizität. Die Eigenschaft muss typisch sein, also die Eigenart der verglichenen Produkte 139 im Hinblick auf den Bedarf oder die Zweckbestimmung prägen und damit repräsentativ oder aussagekräftig für deren Wert als Ganzes sein (BGH GRUR 2004, 607, 612 – *Genealogie der Düfte;* BGH GRUR 2005, 172, 175 – *Stresstest;* BGH GRUR 2010, 161 Tz 29 – *Gib mal Zeitung*). Dazu können auch gesundheits- oder umweltbezogene Eigenschaften gehören. Maßgebend ist die Sicht der jeweils angesprochenen Verkehrskreise. So kann es für Fachkreise eine typische Eigenschaft darstellen, wie sich ein Produkt auch außerhalb der üblichen oder empfohlenen Betriebsbedingungen verhält, wenn ein Bedarf für eine entspr Erweiterung der Nutzung besteht oder wenn das Produktverhalten Rückschlüsse auf die Stabilität unter den üblichen oder empfohlenen Betriebsbedingungen zulässt (BGH GRUR 2005, 172, 175 – *Stresstest*). Die Typizität muss daher nicht objektiv allgemein gültig sein. Im Einzelfall – wie etwa bei individueller Werbung und beim Auskunftsvergleich – kann es auch auf die Sicht des einzelnen Kunden ankommen (ebenso *Scherer* WRP 2001, 89, 93; *Tilmann* GRUR 1997, 790, 796). Dem kommt es iErg gleich, wenn gesagt wird, auf Nachfrage des Verbrauchers dürften auch andere als wesentliche, relevante und typische Eigenschaften verglichen werden (Begr RegE WRP 2000, 555, 560).

Nicht erforderlich ist, dass diese Eigenschaft schon bei früher gefertigten Produkten vorhanden 140 war (*Eck/Ikas* WRP 1999, 251, 265). Es genügt, dass sie – ähnlich wie bei der Handelsüblichkeit iSd früheren § 1 II lit d ZugabeVO – typisch werden kann. Andernfalls würde die Möglichkeit, mit **Innovationen** zu werben, unnötig beschränkt, was nicht iSd Richtlinie ist. Der Fortschrittsvergleich scheitert daher nicht an der fehlenden Typizität.

Ein Fall fehlender Typizität dürften negative Eigenschaften des fremden Produkts sein, die 141 diesem normalerweise nicht anhaften (zB wenn einzelne Produkte einer Serie Qualitätsmängel aufweisen, sog „Ausreißer", und der Werbende gerade diese Produkte zum Vergleich benutzt; *Nordmann* GRUR Int 2002, 297, 300). Auch kann ein derartiger Vergleich irreführend sein.

3. Herbeiführung einer Verwechslungsgefahr (§ 6 II Nr 3)

142 **a) Allgemeines und Konkurrenzen.** Nach § 6 II Nr 3 ist ein Vergleich unlauter, wenn er „im geschäftlichen Verkehr zur Gefahr von Verwechslungen zwischen dem Werbenden und einem Mitbewerber oder zwischen den von diesen angebotenen Waren oder Dienstleistungen oder den von ihnen verwendeten Kennzeichen führt". Während § 6 II Nr 3 aF entsprechend dem Art 3a lit d der Richtlinie 84/450/EWG in der ursprünglichen Fassung von „Verwechslungen" sprach, genügt nunmehr entsprechend dem Art 4 lit h der Richtlinie 2006/114/EG und Art 6 II lit a der Richtlinie 2005/29/EG über unlautere Geschäftspraktiken eine „Gefahr von Verwechslungen". Das **Verhältnis zu § 5 II** ist noch nicht geklärt. Jedoch dürfte § 5 II in seinem Anwendungsbereich für die vergleichende Werbung gegenüber einem **Verbraucher** die speziellere Regelung sein (*Köhler* WRP 2008, 109, 115; GRUR 2009, 445, 448 f). Dementsprechend ist § 6 II Nr 3 auf das Verhältnis zu **sonstigen Marktteilnehmern**, insbes Unternehmen beschränkt. Eine vergleichende Werbung, die sich sowohl an Verbraucher als auch an sonstige Marktteilnehmer richtet, ist folgerichtig nach beiden Vorschriften zu beurteilen.

143 Für das **Verhältnis zu § 14 II Nr 1, 2 MarkenG** gilt: Diese Vorschriften setzen einen kennzeichenmäßigen Gebrauch voraus, der auch bei der Verwendung eines mit der Marke eines Mitbewerbers identischen oder ihm ähnlichen Zeichens in einer vergleichenden Werbung zur Kennzeichnung der eigenen Produkte vorliegen kann (vgl EuGH GRUR 2008, 698 Tz 33, 34 – *O2 und O2 (UK)*; weit Nachw in Rdn 33). Jedoch gebietet es der Zweck der Richtlinie 2006/114/EG über irreführende und vergleichende Werbung, nämlich vergleichende Werbung im Interesse der Verbraucher und des Wettbewerbs zu fördern, das Recht aus der Marke einzuschränken. Daher ist der Inhaber einer Marke nicht berechtigt, dem Werbenden die Benutzung eines mit seiner Marke identischen oder ihr ähnlichen Zeichens zu verbieten, wenn die vergleichende Werbung alle Zulässigkeitsbedingungen des Art 4 I Richtlinie 2006/114/EG über irreführende und vergleichende Werbung erfüllt (EuGH GRUR 2008, 698 Tz 45–51 – *O2 und O2 (UK)*). Daraus folgt aber zugleich, dass die Herbeiführung einer Kennzeichenverwechslung iSd § 6 II Nr 3 zugleich eine Markenverletzung sein kann (Piper/*Ohly*/Sosnitza § 6 Rdn 57; MünchKommUWG/*Menke* § 6 Rdn 30; *Berlit* Rdn 238; *Hacker* Rdn 663). Besteht daher Verwechslungsgefahr iSv § 6 II Nr 3, kann der Inhaber der Marke auch aus Markenrecht gegen den Werbenden vorgehen, zumal der Begriff der Verwechslungsgefahr in Art 5 I lit b Markenrechtsrichtlinie (= § 14 II Nr 2 MarkenG) in gleicher Weise auszulegen ist (EuGH GRUR 2008, 698 Tz 49 – *O2 und O2 (UK)*).

144 **b) Verwechslungsgefahr.** Im Unterschied zu § 14 II Nr 2 MarkenG genügte es in der Vergangenheit nach dem Wortlaut des § 6 II Nr 3 nicht bereits, dass der Vergleich die abstrakte „Gefahr von Verwechslungen" begründete (Begr RegE WRP 2000, 555, 560). Vielmehr musste er zu „Verwechslungen" führen. Es musste also zu einer tatsächlichen Täuschung von (zumindest einzelnen) Werbeadressaten kommen. Allerdings sieht **Art 4 lit h Richtlinie 2006/114/EG über irreführende und vergleichende Werbung** vor, dass die vergleichende Werbung keine „Verwechslungsgefahr" bei den Gewerbetreibenden usw begründen darf. Für die Werbung gegenüber Verbrauchern ergibt sich das Gleiche aus **Art 6 II lit a UGP-Richtlinie.** Die UWG Novelle 2008 zur Umsetzung der UGP-Richtlinie hat § 6 II Nr 3 entspr geändert. Maßgebend ist also das Bestehen einer **Verwechslungsgefahr.** Für ihre Feststellung ist maßgebend, welche Verkehrskreise (Fachleute oder Verbraucher) durch die vergleichende Werbung angesprochen werden (BGH GRUR 2003, 444, 445 – *„Ersetzt"*). **Verwechslungsgefahr** iSv § 6 II Nr 3 (und zugleich iSv § 14 II Nr 2 MarkenG) liegt dann vor, wenn die angesprochenen Verkehrskreise glauben könnten, dass die in Frage stehenden Waren oder Dienstleistungen aus **demselben Unternehmen** oder ggf aus **wirtschaftlich verbundenen Unternehmen** stammen (EuGH GRUR 2008, 698 Tz 59 – *O2 und O2 (UK)*).

145 **c) Gegenstand der Verwechslung. aa) Mitbewerber.** Da vergleichende Werbung voraussetzt, dass der Mitbewerber oder seine Produkte in Bezug zum Werbenden gesetzt, also von ihm gerade unterschieden werden, wird idR keine Verwechslungsgefahr bestehen (vgl *Ohly* GRUR 2008, 701). Denkbar ist sie bei Vorliegen einer **„gespaltenen Verkehrsauffassung",** wenn also wenigstens ein beachtlicher Teil der angesprochenen Verkehrskreise das in Bezug genommene Unternehmen mit dem Werbenden verwechseln kann. Eine Verwechslung ist ferner möglich, wenn der Verkehr den Eindruck gewinnt, der Werbende stehe in irgendeiner geschäftlichen, insbes gesellschaftsrechtlichen, Verbindung mit dem Mitbewerber (EuGH GRUR 2008, 698 Tz 63 – *O2 und O2 [UK]*).

bb) Kennzeichen. Der Begriff des „Kennzeichens", den der deutsche Gesetzgeber statt den 146 Begriffen der „Marke", des „Handelsnamens" und „anderer Unterscheidungszeichen" in Art 4 I lit d und g Werber verwendet, ist zunächst einmal wie in § 1 MarkenG zu verstehen, umfasst also nicht nur Marken, sondern auch geschäftliche Bezeichnungen und geografische Herkunftsangaben (Begr RegE WRP 2000, 555, 560). Weiter gehend wird man aber in richtlinienkonformer Auslegung auch markenrechtlich nicht geschützte Kennzeichen (*Sack* WRP 2001, 327, 345) – wie etwa Artikelnummern oder typische Farben eines Herstellers – als Kennzeichen ansehen müssen (offen gelassen in BGH GRUR 2003, 444, 445 – „*Ersetzt*"). Voraussetzung ist nur, dass der Verkehr sie dahin versteht, dass die damit gekennzeichneten Produkte von einem bestimmten Unternehmen stammen (EuGH Slg 2001, I-7945 = GRUR 2002, 354 Tz 49 ff – *Toshiba Europe*). Zu einer Kennzeichenverwechslung kann es dann kommen, wenn der Verkehr annimmt, mit dem fremden Zeichen werde auch das eigene Produkt des Werbenden bezeichnet.

cc) Produkte. Zu einer Verwechslung der Produkte von Werbendem und Mitbewerber ohne 147 gleichzeitige Kennzeichenverwechslung kann es durch die bloße Produktgestaltung oder Produktbeschreibung kommen, wenn das Produkt kennzeichenrechtlich (noch) nicht geschützt ist (zB mangels Eintragung oder Verkehrsgeltung der Marke, § 4 Nr 2 MarkenG) oder wenn auf das fremde Kennzeichen nicht Bezug genommen wird (*Köhler* GRUR 2009, 445, 449). Da die vergleichende Werbung an sich eine Gegenüberstellung der Produkte des Werbenden und des Mitbewerbers voraussetzt, kann dieser Tatbestand wohl nur erfüllt sein, wenn eine **„gespaltene Verkehrsauffassung"** vorliegt, also die überwiegende Mehrzahl zwar den Unterschied erkennt, gleichwohl aber ein nicht unerheblicher Teil der angesprochenen Kreise die verglichenen Produkte verwechselt, etwa die Produkte des Werbenden für Originalprodukte oder Zweitprodukte des Mitbewerbers hält (vgl dazu BGH GRUR 2001, 350, 351 – *OP-Lampen*, wenngleich darin nur § 3 aF (= § 5), aber nicht § 6 II Nr 3 angesprochen wird).

4. Rufausnutzung und Rufbeeinträchtigung (§ 6 II Nr 4)

a) Inhalt, Auslegung und Schutzzweck der Norm. Nach § 6 II Nr 4 ist vergleichende 148 Werbung unlauter, wenn sie **„den Ruf des von einem Mitbewerber verwendeten Kennzeichens in unlauterer Weise ausnutzt oder beeinträchtigt"**. Die Vorschrift ist richtlinienkonform auszulegen. Anknüpfungspunkt ist dabei, soweit es die **Rufausnutzung** betrifft, Art 4 lit f (früher Art 3 a lit g) Werberichtlinie. (Der darin mitgeregelte Tatbestand der Ausnutzung der **„Ursprungsbezeichnung"** von Konkurrenzerzeugnissen wurde bewusst nicht in das UWG übernommen.) Soweit es die **Rufbeeinträchtigung** angeht, soll § 6 II Nr 4 die in Art 4 lit d (früher Art 3 a lit d) Werberichtlinie geregelte Tatbestandsalternative der Herabsetzung oder Verunglimpfung von Marken, Handelsnamen oder anderer Unterscheidungszeichen abdecken. Die Beeinträchtigung eines Kennzeichens in unlauterer Weise ist daher iS einer Herabsetzung oder Verunglimpfung dieses Kennzeichens zu verstehen.

b) Anwendungsbereich. Da die Werberichtlinie eine abschließende Regelung der verglei- 149 chenden Werbung vorsieht, ist auch § 6 II Nr 4 als abschließende Regelung zu begreifen. Das schließt die gleichzeitige Anwendung des § 4 Nr 9 lit b nicht aus (BGH WRP 2010, 527 Tz 42 – *Oracle*; *Fiebig* WRP 2007, 1316, 1319). Der betroffene Mitbewerber kann daher nach wie vor seinen Schaden nach den Grundsätzen der dreifachen Schadensberechnung geltend machen. Jedoch darf sich die Auslegung des § 4 Nr 9 lit b nicht in Widerspruch zu § 6 II Nr 4 setzen. – Nicht erfasst wird die Ausnutzung oder Beeinträchtigung des Rufs einer Ware oder Dienstleistung außerhalb eines Vergleichs (dazu § 4 Rdn 7.9, 9.51 und 10.13).

c) Verhältnis zum Markenrecht. Vgl zunächst Rdn 16 b ff. Die UWG-Novelle 2008 hat 150 den Begriff der „Wertschätzung" in § 6 II Nr 4 durch den des „Rufs" ersetzt. Damit sollte der Unterschied zum Begriff der „Wertschätzung in der markenrechtlichen Terminologie in Art 4 Nr 4, Art 5 Nr 2 und 5 Markenrechtsrichtlinie 89/104/EWG, nunmehr Art 4 III, IV lit a und Art 5 II und V Markenrechtsrichtlinie 2008/95/EG zum Ausdruck kommen, zumal nicht gesichert sei, dass beide Begriffe inhaltlich das Gleiche bedeuten (BT-Drucks 16/10 145). Etwaige inhaltliche Unterschiede dürften jedoch marginal sein. Der EuGH hat mittlerweile entschieden, dass der Begriff der „unlauteren Ausnutzung" der Wertschätzung im Markenrecht und des Rufs im Recht der vergleichenden Werbung grundsätzlich einheitlich auszulegen ist (vgl EuGH GRUR 2009, 756 Tz 44–50, 77 – *L'Oréal/Bellure*). – Verwirklicht die Werbung den Tatbestand einer nicht gerechtfertigten, unlauteren Ausnutzung der Wertschätzung einer bekannten Marke iSd § 14 II Nr 3 MarkenG, so ist damit gleichzeitig der Tatbestand des § 6 II Nr 4 erfüllt (vgl

EuGH GRUR 2009, 756 Tz 77 – *L'Oréal/Bellure;* BGH GRUR 2010, 161 Tz 32 – *Gib mal Zeitung*).

151   d) „Kennzeichen" und „Ruf". aa) „Kennzeichen". Der Begriff des „Kennzeichens" (dazu Rdn 146) ist richtlinienkonform (Art 4 lit f Werberichtlinie spricht von „Marken", „Handelsnamen" und „anderen Unterscheidungszeichen") auszulegen. Maßgebend ist, ob die angesprochenen Verkehrskreise das Zeichen als von einem bestimmten Unternehmen stammend identifizieren. Dabei kommt es auf den durchschnittlich informierten, aufmerksamen und verständigen Adressaten der vergleichenden Werbung an (vgl EuGH Slg 2001, I-7945 = GRUR 2002, 354, 356 Tz 49 ff – *Toshiba Europe*). Daher können im Einzelfall auch bloße Artikelnummern eines Mitbewerbers als Kennzeichen anzusehen sein (BGH GRUR 2005, 348, 349 – *Bestellnummernübernahme*). Die Vorschrift setzt keine Bekanntheit des Kennzeichens iSd §§ 9 I Nr 3, 14 II Nr 3, 15 III MarkenG voraus (*Berlit* BB 2000, 1305, 1308; *Sack* WRP 2004, 1405, 1417; aA *Plaß* WRP 1999, 776, 770). Denn § 6 II Nr 4 spricht nur von der Ausnutzung des Rufs eines Kennzeichens und verwendet, anders als das MarkenG, nicht den Begriff des „bekannten" Kennzeichens. Allerdings wird bei völlig unbekannten Zeichen eine Rufausbeutung oder -beeinträchtigung von vornherein nicht in Betracht kommen (*Bornkamm* GRUR 2005, 97, 101; aA jurisPK/*Müller-Bidinger* § 6 Rdn 164).

152   bb) „Ruf". Unter dem (guten) „Ruf" (engl *„reputation";* frz *„notoriéte"*) (früher: „Wertschätzung") ist das **Ansehen** zu verstehen, das einem Kennzeichen im Verkehr zukommt. Dieses Ansehen kann auf unterschiedlichen Faktoren beruhen, die entsprechende **Wertvorstellungen** bei den angesprochenen Verkehrskreisen begründen. Bei Waren oder Dienstleistungen können dies insbes die bes Preiswürdigkeit, die bes Qualität, die Exklusivität oder der Prestigewert sein. Bei Unternehmen kommen inbes die Größe, das Alter, die Tradition, der Erfolg und die Leistungsfähigkeit in Betracht.

153   e) Unlautere Rufausnutzung. aa) Rufausnutzung. Eine „Ausnutzung" des Rufs eines Kennzeichens liegt nach der Rspr vor, wenn seine Verwendung bei den angesprochenen Verkehrskreisen zu einer **Assoziation** zwischen dem Werbenden und dem Mitbewerber in der Weise führen kann, dass diese Kreise den **Ruf der Erzeugnisse des Mitbewerbers auf die Erzeugnisse des Werbenden übertragen** (vgl EuGH GRUR 2002, 354 Tz 52, 57 – *Toshiba Europe;* EuGH GRUR 2006, 345 Tz 18 – *Siemens/VIPA;* BGH GRUR 2005, 348, 349 – *Bestellnummernübernahme;* BGH GRUR 2010, 161 Tz 33 – *Gib mal Zeitung*). Man spricht insoweit von einem „**Imagetransfer**". Ob es zu einer Rufausnutzung kommt, hängt von den Umständen des Einzelfalls, insbes von der Präsentation der vergleichenden Werbung, und von den angesprochenen Verkehrskreisen ab (EuGH GRUR 2002, 354, 357 Tz 58 – *Toshiba Europe;* BGH GRUR 2004, 607, 611 – *Genealogie der Düfte*). Dabei ist auf die Sichtweise eines durchschnittlich informierten, aufmerksamen und verständigen Angehörigen dieser Verkehrskreise abzustellen (EuGH GRUR 2002, 354 Tz 52 – *Toshiba Europe;* BGH GRUR 2004, 607, 611 – *Genealogie der Düfte*). Wiederverkäufer oder gewerbliche Verbraucher als Fachleute dürften insoweit weniger einer solchen Assoziation unterliegen als Verbraucher (vgl EuGH GRUR 2002, 354 Tz 52 – *Toshiba Europe;* EuGH GRUR 2006, 345 Tz 19 – *Siemens/VIPA;* BGH GRUR 2004, 607, 611 – *Genealogie der Düfte*). Eine Assoziation setzt nicht voraus, dass eine Verwechslungsgefahr besteht (EuGH GRUR 2009, 756 Tz 50, 77 – *L'Oréal/Bellure*), zumal dieses Unlauterkeitskriterium bereits in § 6 II Nr 3 berücksichtigt ist (vgl BGH GRUR 2005, 348, 349 – *Bestellnummernübernahme; Köhler* WRP 2008, 414, 420).

154   bb) „In unlauterer Weise". Die bloße Ausnutzung des Rufs macht die vergleichende Werbung noch nicht unlauter. Sie muss vielmehr „**in unlauterer Weise**" erfolgen. Das ist nicht schon dann der Fall, wenn im Vergleich das Kennzeichen eines Mitbewerbers aufgeführt wird (BGH WRP 2007, 1181 Tz 24 – *Eigenpreisvergleich*) und es auf Grund dessen zu einer Rufübertragung kommt. Nach Erwägungsgrund 14 der Werberichtlinie kann die Bezugnahme auf ein fremdes Kennzeichen sogar für eine wirksame vergleichende Werbung unerlässlich sein. Eine solche Bezugnahme stellt daher, wie Erwägungsgrund 15 der Werberichtlinie klarstellt, keine Verletzung des Ausschließlichkeitsrechts des Mitbewerbers dar, wenn sie unter Beachtung der in der Richtlinie aufgestellten Bedingungen erfolgt und nur eine Unterscheidung bezweckt, durch die Unterschiede objektiv herausgestellt werden sollen (EuGH Slg 2001, I-7945 = GRUR 2002, 354, 355 Tz 53 – *Toshiba Europe;* EuGH GRUR 2006, 345 Tz 14 – *Siemens/VIPA;* EuGH GRUR 2009, 756 Tz 72 – *L'Oréal/Bellure*).

155   Soweit daher ein Hinweis auf das Kennzeichen des Mitbewerbers für eine objektive Unterscheidung der Erzeugnisse und damit für einen wirksamen Wettbewerb auf dem fraglichen Markt

IV. Unlauterkeit der vergleichenden Werbung   156–159   § 6 UWG

unerlässlich ist, liegt keine unlautere Rufausnutzung vor (EuGH GRUR Slg 2001, I-7945 = GRUR 2002, 354, 355 Tz 54 – *Toshiba Europe;* EuGH GRUR 2006, 345 Tz 15 – *Siemens/ VIPA;* BGH GRUR 2010, 161 Tz 32 – *Gib mal Zeitung*). Dies gilt auch, wenn eine ausdrückliche („ersetzt") oder konkludente (zB Bestellnummernübernahme) Gleichwertigkeitsbehauptung aufgestellt wird (BGH GRUR 2003, 444, 445 – *„Ersetzt";* vgl auch BGH GRUR 1996, 781, 784 – *Verbrauchsmaterialien*). Die mit einem Vergleich notwendigerweise verbundene Rufausnutzung ist daher vom betroffenen Mitbewerber hinzunehmen.

Es müssen daher über die bloße Nennung des Kennzeichens hinaus **zusätzliche** Umstände   156
hinzukommen, um den Vorwurf einer unlauteren Rufausnutzung zu begründen (dazu EuGH GRUR 2009, 756 Tz 44–50, 77 – *L'Oréal/Bellure;* BGHZ 158, 26, 32 = GRUR 2004, 607, 611 – *Genealogie der Düfte;* BGH GRUR 2007, 896 Tz 24 – *Eigenpreisvergleich;* BGH GRUR 2010, 161 Tz 32 – *Gib mal Zeitung*). Dabei sind alle Umstände des Einzelfalls zu berücksichtigen, insbes das Ausmaß der Bekanntheit und der Grad der Unterscheidungskraft der Marke, der Grad der Ähnlichkeit der einander gegenüberstehenden Marken sowie der Art der betroffenen Waren und Dienstleistungen und der Grad ihrer Nähe. Auch kann die Gefahr einer Verwässerung oder Verunglimpfung der Marke berücksichtigt werden (EuGH GRUR 2009, 756 Tz 44–45, 77 – *L'Oréal/Bellure*). Speziell im Falle der vergleichenden Werbung kann die **Gestaltung des Produkts** und der **Werbung** von Bedeutung sein. Es spielt also der Grad der Annäherung an das fremde Markenprodukt und der Grad der Herausstellung des fremden Markenprodukts in der Werbung eine maßgebliche Rolle. Je stärker das fremde Markenprodukt als **„Zugpferd"** für den Absatz des eigenen Produkts genutzt wird, desto eher ist von einer unlauteren Rufausnutzung auszugehen. Der Werbende handelt insbes dann unlauter, wenn er versucht, sich in den Bereich der Sogwirkung des fremden Kennzeichens zu begeben, um von seiner Anziehungskraft, seinem Ruf und seinem Ansehen zu profitieren und um ohne finanzielle Gegenleistung die wirtschaftlichen Anstrengungen des Kennzeicheninhabers zur Schaffung und Aufrechterhaltung des Images dieses Kennzeichens auszunutzen (vgl EuGH GRUR 2009, 756 Tz 50, 77 – *L'Oréal/Bellure;* dazu krit *Ohly* GRUR 2010, 166, 167). Dafür ist es ein Anhaltspunkt, wenn sich das eigene Produkt nur deshalb absetzen lässt, weil es das fremde Produkt gibt. Stets ist der Tatbestand der unlauteren Rufausnutzung erfüllt, wenn das eigene Produkt in der Werbung als Imitation oder Nachahmung des fremden Markenprodukts dargestellt und damit zugleich der Tatbestand des § 6 II Nr 6 verwirklicht wird (vgl EuGH GRUR 2009, 756 Tz 78–80 – *L'Oréal/Bellure*). Umgekehrt spricht es gegen eine unlautere Rufausbeutung, wenn sich der Werbende mit Produkt als dem konkurrierenden Markenprodukt überlegen darstellt.

Die Feststellung der Unlauterkeit im Einzelfall muss daher anhand einer **Interessenabwä-**   157
gung (*Menke* WRP 1998, 811, 825; *Sack* WRP 2001, 327, 345) zwischen den Interessen des Werbenden, des Mitbewerbers und der Verbraucher unter Berücksichtigung der legitimen **Funktion der vergleichenden Werbung** (objektive Verbraucherinformation) und des Grundsatzes der **Verhältnismäßigkeit** erfolgen (dazu *Ohly* GRUR 2007, 3, 9). Entscheidend ist, ob das legitime Anliegen des Vergleichs ohne Benutzung des fremden Kennzeichens oder unter geringerer Ausnutzung des Rufs des fremden Kennzeichens erreichbar gewesen wäre (zB Verwendung nur der Wortbezeichnung des Mitbewerbers oder der Artikelnummer seines Produkts anstelle seiner Bildmarke oder seines Logos; vgl OLG Köln GRUR-RR 2008, 315, 316; *Henning-Bodewig* GRUR Int 1999, 385, 393).

cc) **Beispiele.** Der bloße Hinweis auf **Artikelnummern** des Mitbewerbers ist grds nicht zu   158
beanstanden. Denn anders wird sich ein Vergleich kaum in der gebotenen Weise darstellen lassen (so wohl auch EuGH Slg 2001, I-7945 = GRUR 2002, 354 Tz 59 – *Toshiba Europe*). Aber auch dann, wenn der Werbende die Bestellnummer des Mitbewerbers vollständig oder in ihrem Kern übernimmt und in der Werbung darauf hinweist, ist eine unlautere Rufausnutzung zu verneinen. Denn müsste der Besteller anhand von Vergleichslisten die entspr Bestellnummern des Werbenden heraussuchen, wäre dies für die Verbraucher und den Werbenden von Nachteil und würde den Wettbewerb erschweren (EuGH GRUR 2006, 345 Tz 26 – *Siemens/VIPA;* aA noch BGH GRUR 2005, 348, 349 – *Bestellnummernübernahme* im Vorlagebeschluss; krit auch *Köhler* WRP 2008, 414, 420).

Die Verwendung einer fremden Marke im eigenen Internet-Verkaufsangebot mit dem Ziel,   159
Kunden, die sich einer **Suchmaschine** bedienen, auf sich aufmerksam zu machen, stellt für sich allein noch keine unlautere Rufausnutzung dar (aA KG MMR 2005, 315; jurisPK/*Müller-Bidinger* § 6 Rdn 170). Insoweit steht das Interesse der Verbraucher, von konkurrierenden Angeboten zu erfahren, im Vordergrund. Vielmehr kommt es auf die Umstände des Einzelfalls an.

160 Auch eine **tabellenartige Gegenüberstellung von Eigenmarken und namhaften Herstellermarken** im Rahmen eines Eigenpreisvergleichs begründet noch keine unlautere Rufausnutzung oder Rufbeeinträchtigung (BGH WRP 2007, 1181 Tz 24–26 – *Eigenpreisvergleich*).

161 Unlauterkeit der Rufausbeutung wurde angenommen bei der **Produktbezeichnung** „a la Cartier", weil damit dem Verkehr signalisiert werde, die angebotenen Schmuckstücke seien im **Design** vergleichbar mit Cartier-Schmuckstücken (BGH GRUR 2009, 871 Tz 31 – *Ohrclips*).–Unlauterkeit der Rufausbeutung wurde weiter bejaht bei der Erwähnung der **Unternehmensbezeichnung** und der namhaften Marken eines Mitbewerbers, weil diese Art der Produktgegenüberstellung nicht durch ein Bedürfnis der angesprochenen Fachkreise nach Information und Aufklärung gerechtfertigt war und ein Hinweis auf die Substituierbarkeit durch Angabe der Artikelnummern gereicht hätte (OLG Köln GRUR-RR 2008, 315, 316). – Dagegen liegt eine unlautere Rufausbeutung nicht von vornherein dann vor, wenn ein namenloses Produkt (**„no name"-Produkt**) mit einer Markenware verglichen wird (BGH GRUR 2004, 607, 611 – *Genealogie der Düfte*). Denn der Vergleich soll ja gerade den Gegensatz zwischen diesen Produkten zum Ausdruck bringen. – Nicht unlauter ist es, wenn der Werbende darauf hinweist, dass sein Produkt **stoffgleich** mit dem Produkt eines Mitbewerbers ist und auf dessen Marke nur unauffällig Bezug genommen wird (OLG Stuttgart GRUR-RR 2002, 397, 398). Im Übrigen ist zu berücksichtigen, dass nicht nur der Innovationswettbewerb, sondern auch der Imitationswettbewerb im Interesse der Allgemeinheit und des Verbrauchers liegt.–Die Werbung für ein Produkt „fettfrei/wasserloses Garen wie AMC" stellt daher wohl nur die Behauptung einer technischen Gleichwertigkeit der Erzeugnisse, nicht aber eine unlautere Rufausbeutung der Marke AMC dar (aA ÖOGH GRUR Int 1999, 794, 795 – *AMC/ATC*). – Eine Rufausbeutung ist zu verneinen, wenn das Produkt und damit die Marke des Mitbewerbers **negativ** oder jedenfalls nicht positiv dargestellt werden (BGH GRUR 2010, 161 Tz 33 – *Gib mal Zeitung*); insoweit kommt allenfalls eine Rufbeeinträchtigung in Betracht.

162 Unlauter ist eine Rufausnutzung jedenfalls dann, wenn bei den angesprochenen Verkehrskreisen ein **falscher Eindruck über die Beziehungen zwischen dem Werbenden und dem Mitbewerber** erweckt wird (vgl EuGH Slg 2001, I-7945 = GRUR 2002, 354, 356 Tz 55 – *Toshiba Europe*; ÖOGH GRUR 1999, 794, 795 – *AMC/ATC*).

163 **f) Unlautere Rufbeeinträchtigung. aa) Allgemeines.** In richtlinienkonformer (vgl Art 4 lit d Werberichtlinie) Auslegung des § 6 II Nr 4 ist unter einer unlauteren Rufbeeinträchtigung die **Herabsetzung** oder **Verunglimpfung** (dazu § 6 II Nr 5) des **Kennzeichens** zu verstehen. Eine unlautere Rufbeeinträchtigung liegt aber nicht schon darin, dass überhaupt auf das fremde Kennzeichen Bezug genommen wird, da andernfalls jede Bezugnahme unlauter wäre (vgl Begr RegE WRP 2000, 555, 561; BGH GRUR 2003, 444, 445 – *„Ersetzt"*). Insoweit gilt das Gleiche wie zur unlauteren Rufausnutzung. Eine mit dem Vergleich notwendigerweise verbundene Rufbeeinträchtigung, wie sie etwa beim Vergleich eines Markenprodukts mit einem no-name-Artikel in Betracht kommt, muss der Mitbewerber daher hinnehmen (vgl auch *Bornkamm* GRUR 2005, 97, 101). Liegt eine unlautere Rufausnutzung vor, so wird im Allgemeinen – wenngleich nicht notwendig – auch der Tatbestand der unlauteren Rufbeeinträchtigung erfüllt sein (vgl zum Markenrecht EuGH GRUR 2009, 756 Tz 33, 50 – *L'Oréal/Bellure*).

164 **bb) Beispiele.** Eine unlautere Rufbeeinträchtigung kommt sowohl bei der **anlehnenden** als auch bei der **kritisierenden** vergleichenden Werbung in Betracht. Im Falle der anlehnenden vergleichenden Werbung ist der Tatbestand erfüllt, wenn der Werbende für das eigene Produkt ein mit dem Kennzeichen des Mitbewerbers identisches oder ähnliches Kennzeichen verwendet und dies die Anziehungskraft des fremden Kennzeichens schmälert. Das ist insbes dann anzunehmen, wenn das beworbene Produkt Merkmale oder Eigenschaften aufweist, die sich negativ auf das fremde Markenprodukt auswirken können (vgl zum Markenrecht EuGH GRUR 2009, 756 Tz 40 – *L'Oréal/Bellure*). – Im Falle der kritisierenden vergleichenden Werbung ist der Tatbestand erfüllt, wenn der Vergleich das fremde Kennzeichen in einer Weise (zB durch eine ungünstige Abbildung) präsentiert, dass der Verkehr daraus den Schluss ziehen kann, das damit gekennzeichnete Konkurrenzprodukt habe nicht (mehr) die angenommene Qualität oder sei nur eines von vielen Massenprodukten (vgl auch *Ohly* GRUR 2003, 641, 645). Dann kann zugleich der Tatbestand des § 6 II Nr 5 erfüllt sein. – Verwendet der Mitbewerber markenrechtlich geschützte Werbeslogans (zB „*Geiz ist geil*"), die der Werbende dann persifliert, kann im Einzelfall ebenfalls eine unlautere Rufbeeinträchtigung vorliegen (vgl OLG Hamburg MD 2005, 942; OLG Köln MD 2006, 1198). Allerdings ist dabei stets zu fragen, ob es sich dabei nicht um lauterkeitsrechtlich unbedenkliche „übertriebene Behauptungen oder nicht wörtlich zu nehmende Behauptungen" (iSd Art 5 III 2 UGP-Richtlinie) handelt. Entscheidend ist, wie der Durchschnittsverbraucher die Äußerung empfindet.

5. Herabsetzung und Verunglimpfung (§ 6 II Nr 5)

a) **Allgemeines.** Nach § 6 II Nr 5 ist ein Vergleich unlauter, wenn er „die Waren, Dienstleistungen, Tätigkeiten oder persönlichen oder geschäftlichen Verhältnisse eines Mitbewerbers herabsetzt oder verunglimpft". Die Regelung gibt weitgehend den Inhalt von Art 4 lit d der Richtlinie 2006/114/EG wieder. (Die Herabsetzung und Verunglimpfung von „Marken, Handelsnamen oder anderer Unterscheidungszeichen" ist in § 6 II Nr 4 als „Beeinträchtigung des Rufs" geregelt; Rdn 163). Sie erfasst Elemente der früher sog „persönlich vergleichenden Werbung" und ergänzt § 4 Nr 8 (Anschwärzung) insoweit, als alle herabsetzenden und verunglimpfenden Äußerungen im Rahmen eines Vergleichs erfasst werden, ohne Rücksicht darauf, ob sie erweislich wahr sind oder nicht. Dagegen ist § 6 II Nr 5 eine Spezialregelung zu § 4 Nr 7. Die Herabsetzung oder Verunglimpfung kann sich beziehen auf die Waren, Dienstleistungen, Tätigkeiten oder die persönlichen oder geschäftlichen Verhältnisse eines Mitbewerbers. Ob eine Herabsetzung oder Verunglimpfung vorliegt, beurteilt sich nicht nach den Vorstellungen und Absichten des Werbenden, sondern nach dem Eindruck der angesprochenen Verkehrskreise. Maßgebend ist die Sichtweise des durchschnittlich informierten, aufmerksamen und verständigen Durchschnittsverbrauchers oder -marktteilnehmers (EuGH GRUR 2007, 511 Tz 16 – *De Landtsheer/CIVC*; BGH GRUR 2010, 161 Tz 20 – *Gib mal Zeitung* mwN).

b) **Herabsetzung und Verunglimpfung. aa) Begriffe.** Die **Herabsetzung** besteht in der **sachlich nicht gerechtfertigten Verringerung der Wertschätzung** (des „Rufs") des Mitbewerbers und/oder seiner Produkte in den Augen der angesprochenen Verkehrskreise. Unerheblich sind daher die Sichtweisen des Werbenden und des betroffenen Mitbewerbers (§ 4 Rdn 7.12). Sie kann sowohl durch wahre oder unwahre Tatsachenbehauptungen als auch durch Werturteile erfolgen. Die **Verunglimpfung** ist eine gesteigerte Form der Herabsetzung und besteht in der Verächtlichmachung in Gestalt eines abträglichen Werturteils oder einer abträglichen unwahren Tatsachenbehauptung ohne sachliche Grundlage. Die in § 6 II Nr 5 enthaltene Gleichstellung von Herabsetzung und Verunglimpfung macht eine genaue Unterscheidung der Begriffe entbehrlich. Andererseits geht es nicht an, nur noch auf den stärkeren Begriff der Verunglimpfung abzustellen.

bb) **Abgrenzung.** Eine Herabsetzung liegt noch nicht darin, dass der Vergleich den Namen, das Kennzeichen oder das Geschäftslokal des Mitbewerbers (EuGH GRUR 2003, 533 Tz 83, 84 – *Pippig Augenoptik/Hartlauer*; OLG Frankfurt GRUR 2000, 621, 623) oder sein Angebot mehr oder weniger identisch wiedergibt (BGH GRUR 2002, 72, 73 – *Preisgegenüberstellung im Schaufenster*) und sich nicht mit einer mittelbaren Bezugnahme begnügt, weil dies noch zum Tatbestand der vergleichenden Werbung gehört und somit nicht seine Unlauterkeit begründen kann (anders die frühere Rspr, welche die Unlauterkeit gerade mit der unnötigen Erkennbarmachung von Mitbewerbern begründet hatte; vgl BGH GRUR 1989, 668, 669 – *Generikum-Preisvergleich*). Außerdem bekommt der Verbraucher dadurch eine zusätzliche, für ihn nützliche Information. Allerdings kann die **namentliche** Anführung eines Mitbewerbers eine Kritik an der fremden Leistung verschärfen und daher bei der gebotenen Gesamtwürdigung zu berücksichtigen sein (ebenso MünchKommUWG/*Menke* § 6 Rdn 205).

Die bloße **Hervorhebung der Vorzüge der eigenen Leistung** im Rahmen eines Vergleichs stellt noch **keine** Herabsetzung der fremden Leistung dar. Nicht herabsetzend ist daher zB die Aussage „*Sind Sie immer noch T-Kunde? Dann können wir Ihnen ein lukratives Angebot unterbreiten*" (OLG Frankfurt GRUR-RR 2003, 198, 200). Denn es ist das legitime Interesse des Werbenden, auf die Vorzüge der eigenen Leistung hinzuweisen und sich auf diese Weise von den Mitbewerbern abzugrenzen. Dass die fremde Leistung beim Vergleich schlechter abschneidet, ist eine zwangsläufige und dem Vergleich daher immanente Folge. Eine Herabsetzung setzt daher mehr voraus als den Hinweis auf die Vorzüge der eigenen Leistung und der daraus folgenden herabsetzenden Wirkung des Vergleichs (BGH GRUR 1999, 501, 503 – *Vergleichen Sie*; BGH GRUR 2008, 443 Tz 18 – *Saugeinlagen*). Dafür spricht vor allem die Gleichstellung von Herabsetzung und Verunglimpfung in § 6 II Nr 5 (BGH aaO – *Vergleichen Sie*).

Auch die Hervorhebung der **Nachteile der fremden Leistung** im Rahmen des Vergleichs (zB bei einem Hotelvergleich der Hinweis auf die Lage an einer belebten Straße; bei einem Automobilvergleich der Hinweis auf die Reparaturanfälligkeit) stellt für sich allein keine Herabsetzung dar, wenn die Nachteile sachlich richtig und ohne zusätzliche negative Wertung dargestellt werden.

170 **cc) Voraussetzungen. (1) Allgemeines.** Es müssen über die mit jedem Werbevergleich verbundenen (negativen) Wirkungen hinaus bes Umstände hinzutreten, die den Vergleich in **unangemessener Weise abfällig, abwertend** oder **unsachlich** erscheinen lassen (vgl BGH GRUR 1999, 501, 503 – *Vergleichen Sie;* BGH GRUR 1999, 1100, 1102 – *Generika-Werbung;* BGH GRUR 2001, 752, 753 – *Eröffnungswerbung;* BGH GRUR 2002, 72, 73 – *Preisgegenüberstellung im Schaufenster;* BGH GRUR 2002, 75, 77 – *SOOOO... BILLIG!?;* BGH GRUR 2002, 633, 635 – *Hormonersatztherapie;* BGH GRUR 2010, 443 Tz 18 – *Saugeinlagen;* LG Köln GRUR-RR 2009, 154). Dabei sind die angegriffenen Aussagen in ihrem Gesamtzusammenhang zu sehen und dürfen nicht isoliert betrachtet werden (BGH GRUR 2008, 443 Tz 18 – *Saugeinlagen*). Maßgebend ist, ob die Äußerung für den legitimen Zweck des Vergleichs (Unterrichtung der Verbraucher über die Vorteile des eigenen Angebots und damit Verbesserung der Markttransparenz) erforderlich oder doch nützlich ist oder ob auch eine weniger einschneidende Äußerung ausreichend gewesen wäre. Stets ist also zu fragen, ob der Verbraucher die betreffende Information für eine sachgerechte, informierte Nachfrageentscheidung benötigt.

171 Die Behauptung von **unwahren** abträglichen Tatsachen ist stets unlauter. Die Behauptung von **wahren** Tatsachen, die für den Mitbewerber und seine Wettbewerbschancen abträglich sind, ist dann unzulässig, wenn sie bei verständiger Würdigung keine für die Nachfrageentscheidung des Verbrauchers nützliche Information liefern und ihn damit unangemessen unsachlich beeinflussen. Grds zulässig ist es daher, wahrheitsgemäß über Mängel des Konkurrenzprodukts oder über unsachgemäße Werbemethoden eines Mitbewerbers (*Kießling/Kling* WRP 2002, 615, 627) zu berichten. Eine Herabsetzung liegt auch dann nicht vor, wenn wissenschaftliche Erkenntnisse sachlich, dh nüchtern und zurückhaltend formuliert wiedergegeben werden, mögen sich daraus auch deutliche Nachteile des Konkurrenzprodukts ergeben (BGH GRUR 2002, 633, 635 – *Hormonersatztherapie;* BGH GRUR 2008, 443 Tz 19 – *Saugeinlagen*). Negative Werturteile mit Tatsachenkern sind dann unlauter, wenn die darin enthaltene Kritik über das vertretbare Maß hinausgeht.

172 Abträgliche **Werturteile** ohne jeden sachlichen Gehalt (Schmähkritik) sind stets unzulässig. Dabei ist aber zu berücksichtigen, dass Werbung auch von **Humor** und **Ironie** lebt und begleitet wird (BGH GRUR 2002, 72, 74 – *Preisgegenüberstellung im Schaufenster*). Auch ist der Durchschnittsverbraucher zunehmend an pointierte Werbeaussagen gewöhnt und empfindet sie als Ausdruck lebhaften Wettbewerbs (ebenso BGH GRUR 2010, 161 Tz 20 – *Gib mal Zeitung* mAnm *Ohly*). Daher kann ein humorvoll (witzig, scherzhaft) oder ironisch (sarkastisch) gestalteter Werbevergleiche auch dann zulässig sein, wenn er sich nicht auf feinen Humor und leise Ironie beschränkt (BGH GRUR 2010, 161 Tz 20 – *Gib mal Zeitung;* vgl auch BGH GRUR 2002, 828, 830 – *Lottoschein;* vgl auch BGH GRUR 2002, 982, 984 – *DIE „STEINZEIT" IST VORBEI!*). Die Grenze zur unzulässigen Herabsetzung ist aber dann überschritten, wenn die Äußerung von den Adressaten der Werbung **wörtlich** und damit **ernst** genommen wird (vgl auch Rdn 22) oder den Mitbewerber der **Lächerlichkeit** oder dem **Spott** preisgibt (BGH GRUR 2010, 161 Tz 20 – *Gib mal Zeitung*). Dies beurteilt sich nach den Umständen des Einzelfalls (BGH GRUR 2002, 72, 73 – *Preisgegenüberstellung im Schaufenster;* Köhler WRP 2010, 571, 575 f).

173 Eine übermäßig strenge Beurteilung ist generell nicht (mehr) angebracht, zumal auch die **Presse-** und **Meinungsfreiheit** (Art 11 EUGR-Charta bzw Art 10 EMRK) angemessen zu berücksichtigen ist (BGH GRUR 2010, 161 Tz 23 – *Gib mal Zeitung*). Die gleichzeitige Heranziehung des Art 5 I GG (dafür BGH aaO – *Gib mal Zeitung*) ist zumindest entbehrlich, da § 6 auf einer abschließenden Regelung des Unionsrechts beruht (*Köhler* GRUR 2005, 273, 276; nicht berücksichtigt in BVerfG GRUR 2008, 81, 82 – *Pharmakartell*). Die Meinungsfreiheit ist jedoch kein Freibrief für Beschimpfungen von Mitbewerbern. Eine glatte Verunglimpfung stellt daher die Aussage „*Lufthansa zieht Ihnen die Hosen aus*" oder die Aussage „*Expensive ba ... ds*" [= bastards] über einen Mitbewerber dar (vgl High Court of Justice v 5. 12. 2000 – British Airways vs Ryanair – [2001] F.S.R. 541 ff; weit Beispiele aus der liberalen englischen Entscheidungspraxis bei *Eichholz* S 84 ff).

174 **(2) Beispiele. Herabsetzung verneint:** Identische Wiedergabe einer fremden PC-Sonderangebotswerbung mit dem handschriftlichen Zusatz „*Dieser PC wird bei uns normal für... verkauft*" (BGH aaO – *Preisgegenüberstellung im Schaufenster*). – Abbildung eines Lottoscheins mit dem Zusatz „*Zur Geldvermehrung empfehlen wir ein anderes Papier*" (BGH GRUR 2002, 828, 830 – *Lottoschein* zu § 1 aF). – Abbildung eines (nicht *des*) typischen BILD-Zeitungslesers in einem

IV. Unlauterkeit der vergleichenden Werbung 175–178 § 6 UWG

Werbespot der TAZ (BGH GRUR 2010, 161 Tz 21- 23 – *Gib mal Zeitung*). – Humorvoll persiflierende Darstellung unterschiedlich großer Hunde zur Verdeutlichung unterschiedlicher Reichweitenzahlen von Magazinen (OLG München GRUR-RR 2003, 189, 190). – Bezeichnung des Nutzers eines billigeren Telefontarifs des Werbenden als „schlau" (OLG Hamburg GRUR-RR 2005, 131, 135).

Herabsetzung bejaht: Äußerung „*Hängen Sie noch an der Flasche?*" bei vergleichender 175 Werbung zwischen Leitungswasser und Mineralwasser (OLG München NJWE-WettbR 2000, 177; sehr bedenklich; vgl *Eck/Ikas* WRP 1999, 251, 269; *Berlit* Rdn 213). – Äußerung „*Fremdgehen kann teuer werden*" bei einem Preisvergleich (OLG Jena GRUR-RR 2003, 254; sehr bedenklich). – Darstellung eines kreisenden Flugzeugs mit der Aussage „*Deutschlands Manager machen zu viele Überstunden*" im Rahmen eines Vergleichs von Bahn und Flugzeug, weil bekanntermaßen gerade auch die Bahn sehr oft unpünktlich ist (vgl OLG Frankfurt GRUR-RR 2001, 221; *Berlit* Rdn 212). – Bezeichnung des Mitbewerbers als „Verlierer" (OLG Hamburg GRUR-RR 2002, 112). – Äußerung: „*Fühlen sich manche feuchten Toilettentücher nicht ein bisschen steif an?*", wenn sie mit der Abbildung eines Stachelschweins verbunden wird (OLG Frankfurt GRUR-RR 2005, 137, 138). – Äußerung „*Jetzt auf zum fröhlichen Preisvergleich! ... kaufen ohne Risiko – unser „m" macht doppelt froh!*", die sich ersichtlich auf einen Mitbewerber mit der Unternehmensbezeichnung „Das fröhliche m" bezieht (LG/OLG Saarbrücken WRP 2008, 529). – Szenische Darstellung, bei der das Navigationsgerät „Lucca" des Werbenden als attraktive, intelligente Schülerin und das Navigationsgerät „TomTom" des Mitbewerbers als dumme, ausgelachte Schüler auftreten (LG Köln GRUR-RR 2009, 154, 155).

dd) Feststellung. Bei der Würdigung sind die Umstände des Einzelfalls, insbes Inhalt und 176 Form der Äußerung, der Anlass des Vergleichs und der gesamte Sachzusammenhang sowie die Verständnismöglichkeiten der angesprochenen Verkehrskreise zu berücksichtigen. Dabei kommt es auf die Sichtweise des durchschnittlich informierten, verständigen und aufmerksamen Durchschnittsverbrauchers an, der freilich zunehmend aggressive Aussagen nicht als herabsetzend empfindet. Das Bestehen einer **Abwehrlage** kann allerdings, weil die Voraussetzungen der Unlauterkeit des Vergleichs in § 6 II abschließend geregelt sind, keine Rechtfertigung für eine Herabsetzung und für deren mildere Beurteilung sein (*Plaß* WRP 1999, 766, 770; *Scherer* WRP 2001, 89, 96; aA *Eck/Ikas* WRP 1999, 251, 270). Wohl aber können die bes Umstände bei der Beurteilung des Vorliegens einer Herabsetzung eine Rolle spielen (ebenso MünchKommUWG/ *Menke* § 6 Rdn 207). Auf welche Weise die Herabsetzung bewirkt wird, spielt keine Rolle. Sie kann daher auch nonverbal, etwa durch Verwendung von Symbolen oder Bildern erfolgen (vgl OLG Köln NJWE-WettbR 1999, 277: Abbildung einer neidisch, niedergeschlagen und hilflos dargestellten Person als Verkörperung eines Mitbewerbers).

c) Einzelfragen. aa) Preisvergleiche. Eine bloße Preisgegenüberstellung von identischen 177 oder vergleichbaren Produkten stellt niemals eine Herabsetzung oder Verunglimpfung dar (BGH GRUR 1999, 501, 503 – *Vergleichen Sie;* OLG Frankfurt GRUR 2000, 621, 623). Dies gilt auch dann, wenn der Preisunterschied über dem durchschnittlichen Preisunterschied liegt und derartige Preisvergleiche immer wieder durchgeführt werden, so dass zwangsläufig der Eindruck entsteht, die Preise der Mitbewerber seien überhöht (EuGH GRUR 2003, 533 Tz 80, 84 – *Pippig Augenoptik/Hartlauer*). Denn es liegt im Wesen eines Preisvergleichs, der die eigenen Produkte als preisgünstiger herausstellt, dass er zu Lasten der teureren Produkte der Mitbewerber geht. Der Verbraucher weiß, dass es für identische oder vergleichbare Produkte unterschiedliche Preise gibt, und ist daran gewöhnt. Er empfindet einen Preisvergleich daher nicht als Herabsetzung oder gar Verunglimpfung des teureren Mitbewerbers, sondern als Ausdruck funktionierenden Preiswettbewerbs (BGH GRUR 1999, 501, 503 – *Vergleichen Sie;* BGH GRUR 2002, 72, 73 – *Preisgegenüberstellung im Schaufenster*). Auch liegt keine Herabsetzung darin, dass in einer Preisvergleichsliste das Produkt eines Mitbewerbers als teuerstes aufgeführt wird, obwohl andere darin nicht aufgeführte Konkurrenzprodukte noch teurer sind (überholt daher BGH GRUR 1992, 61, 62 – *Preisvergleichsliste I*). Der bloße Preisvergleich ist auch dann zulässig, wenn die Preise von (Hersteller-)**Markenwaren** mit denen von **no-name**-Produkten oder von Handelsmarken verglichen werden (BGH GRUR 1999, 501, 502 – *Vergleichen Sie;* OLG Stuttgart NJWE-WettbR 1999, 98; *Sack* GRUR Int 1998, 263, 272). In der Äußerung, man biete zu akzeptablen Preisen an, verbunden mit der Aufforderung, damit die Preise der Konkurrenz zu vergleichen, liegt ebenfalls noch keine Herabsetzung (BGH aaO – *Vergleichen Sie*).

Anders liegt es, wenn ausdrücklich erklärt oder auf Grund der Umstände der Eindruck 178 erweckt wird, die Preise der Mitbewerber seien nicht akzeptabel, weil generell überhöht oder überteuert und daher außerhalb eines vernünftigen Preis-Leistungs-Verhältnisses liegend (BGH aaO – *Vergleichen Sie;* OLG Hamm WRP 2000, 1316). Ein herabsetzender Preisvergleich kann daher auch in der Aussage enthalten sein *„Die beste Werbung für S sind die Angebote der Konkurrenz"*, sofern die Mitbewerber erkennbar sind (KG WRP 1999, 339, 340). Dagegen liegt in der (zutr) Aussage, das Konkurrenzprodukt falle durch großen Werbeaufwand auf, noch keine Herabsetzung (*Kießling/Kling* WRP 2002, 615, 627; aA noch BGH GRUR 1985, 982, 983 – *Großer Werbeaufwand*); ebenso wenig in der Aussage, der Sonderpreis des Mitbewerbers für ein bestimmtes Produkt sei höher als der eigene Normalpreis, insbes liegt darin nicht der Vorwurf generell überhöhter Preise (BGH GRUR 2002, 72, 74 – *Preisgegenüberstellung im Schaufenster*). Erst recht zulässig ist die Aussage, das eigene Produkt sei preiswerter als das des Mitbewerbers. – Herabsetzend ist ein Preisvergleich, wenn er mit einem außerhalb des Vergleichs liegenden ironisch abwertenden „Seitenhieb" verknüpft wird (OLG Frankfurt WRP 2005, 635 LS).

179   **bb) Qualitätsvergleiche.** Regelmäßig liegt eine Herabsetzung vor, wenn ein Konkurrenzprodukt im Vergleich zum eigenen Produkt direkt oder indirekt als **minderwertig** bezeichnet wird (BGH GRUR 1998, 824, 828 – *Testpreis-Angebot,* aA Piper/Ohly/Sosnitza § 6 Rdn 68). Dies wurde angenommen bei der Aussage *„Billige Composite Rackets (Graphite Fiberglas) muten wir ihnen nicht zu"* (BGH aaO – *Testpreis-Angebot*). Eine Verunglimpfung liegt in der Aussage, das Konkurrenzprodukt sei „Mist" (OLG Köln WRP 1985, 233) oder ein „Schwindelmittel" (BGH GRUR 1964, 392, 394 – *Weizenkeimöl*). Eine Herabsetzung liegt auch dann vor, wenn das Konkurrenzprodukt zu Unrecht als Imitation oder Nachahmung bezeichnet wird (dazu, dass dieser Fall nicht von § 6 II Nr 6 erfasst wird, s Rdn 182). Ferner dann, wenn vom Kauf des Konkurrenzprodukts wegen seiner minderen Qualität abgeraten wird. Zulässig ist dagegen die Aussage, das eigene Produkt sei qualitativ besser als das Konkurrenzprodukt.

180   **cc) Tätigkeiten, persönliche und geschäftliche Verhältnisse.** Die Herabsetzung oder Verunglimpfung der Tätigkeiten, persönlichen oder geschäftlichen Verhältnisse eines Mitbewerbers spielt bei der Beurteilung der Zulässigkeit einer vergleichenden Werbung nur dann eine entscheidende Rolle, wenn sie im Zusammenhang mit einem Vergleich der Eigenschaften von Waren oder Dienstleistungen stattfindet. Denn sonst ist der Vergleich bereits nach § 6 II Nr 1 unlauter. Wird in einer vergleichenden Werbung nicht nur der Name, sondern auch das Firmenlogo und/oder die Geschäftsfassade des Mitbewerbers abgebildet, so stellt dies für sich allein noch keine Herabsetzung dar (EuGH GRUR 2003, 533 Tz 80, 84 – *Pippig Augenoptik*), weil die Benutzung von Marken, Handelsnamen und anderen Unterscheidungszeichen eines Mitbewerbers keine Verletzung seiner Ausschließlichkeitsrechte darstellt (vgl 15. Erwägungsgrund) und dadurch der Vergleich im Hinblick auf den Mitbewerber lediglich verdeutlicht wird.

181   Eine Herabsetzung ist aber dann anzunehmen, wenn ungünstige Aussagen über den Mitbewerber gemacht werden, die zur Erläuterung des eigentlichen Waren- oder Dienstleistungsvergleichs **nicht erforderlich** sind, mag die Aussage auch für sich gesehen zutreffen. Unlauter ist daher etwa der Hinweis eines Bauunternehmers, dass der Mitbewerber dreimal geschieden sei, zulässig dagegen der (wahre) Hinweis, dass der Mitbewerber kein qualifiziertes Personal beschäftige, sofern diese Aussage für die Nachfrageentscheidung von Bedeutung ist. Unlauter ist es, wenn der Konkurrenz pauschal die Befähigung zur Leistung gleicher Art und Güte abgesprochen wird (KG WRP 1999, 339). Das ist der Fall bei der Aussage *„Die beste Werbung für S sind die Angebote der Konkurrenz"* (KG WRP 1999, 339, 340), aber nicht schon dann, wenn lediglich die sachlichen Vorzüge der eigenen Leistung hervorgehoben werden. Eine Herabsetzung liegt daher nicht schon dann vor, wenn ein Generika-Hersteller in seiner Werbung wahrheitsgemäß auf die Förderung der Forschung hinweist, mag darin auch der unausgesprochene Hinweis liegen, dass andere Hersteller keine Forschung betreiben (BGH GRUR 1999, 1100, 1102 – *Generika-Werbung*). Bedenklich wird eine derartige, die eigene Leistung herausstellende Werbung erst, wenn sie sich darauf nicht beschränken, sondern so dargestellt würde, dass sie als Aufforderung zu verstehen wäre, keine Produkte von Herstellern zu verschreiben, die keine Forschung betreiben (BGH aaO – *Generika-Werbung*). In diesem Falle läge auch ein unlauterer Boykottaufruf (§ 4 Rdn 10.116 ff) vor. Herabsetzend ist die Bezeichnung eines Mitbewerbers als „(Marktanteils-)Verlierer", wenn dies nicht entspr substanziiert belegt wird (OLG Hamburg GRUR-RR 2002, 112).

6. Darstellung einer Ware als Imitation oder Nachahmung (§ 6 II Nr 6)

182   **a) Inhalt, Auslegung und Schutzzweck der Norm.** Nach § 6 II Nr 6 ist ein Vergleich unlauter, wenn er **„eine Ware oder Dienstleistung als Imitation oder Nachahmung einer**

unter einem geschützten Kennzeichen vertriebenen Ware oder Dienstleistung darstellt". Die Regelung setzt die (wettbewerbspolitisch umstrittene, weil protektionistisch wirkende) sog **„Parfümklausel"** des Art 4 lit g Werberichtlinie um. Sie ist daher richtlinienkonform unter Berücksichtigung der Zwecke der Richtlinie und der ihr zugrunde liegenden Interessenabwägung auszulegen (dazu EuGH GRUR 2009, 756 Tz 66 ff – *L'Oréal/Bellure*). Der EuGH sieht in dieser Form der vergleichenden Werbung eine Geschäftspraxis, die den Wettbewerb verzerren, den Mitbewerber schädigen und die Entscheidung der Verbraucher negativ beeinflussen kann (vgl EuGH GRUR 2009, 756 Tz 68, 69, 72 – *L'Oréal/Bellure:* Erwägungsgrund 9 Werberichtlinie). Geschützt werden daher nicht nur die Hersteller der betreffenden Markenwaren (zB Medikamente, Parfüms) und Markendienstleistungen vor Rufausbeutung, sondern auch die Interessen aller sonstigen Mitbewerber des Werbenden sowie der Abnehmer und das Interesse der Allgemeinheit an einem unverfälschten Wettbewerb. Allerdings knüpft das Unlauterkeitsurteil nicht an die Benutzung des geschützten Zeichens als solches an, sondern an den Vergleich der Produkte, bei dem das beworbene Produkt als eine Imitation oder Nachahmung des mit dem geschützten Zeichen versehenen Produkts dargestellt wird.

b) Anwendungsbereich. Die Regelung bezieht sich nur auf den Fall, dass der Werbende sein **eigenes** Produkt als Imitation oder Nachahmung eines fremden Produkts darstellt (Begr RegE WRP 2000, 555, 561; BGH GRUR 2008, 628 Tz 22 – *Imitationswerbung*). – Wird dagegen in einer vergleichenden Werbung das **Produkt des Mitbewerbers** als Imitation oder Nachahmung des eigenen Produkts bezeichnet, ist diese Aussage nach § 6 II Nr 5 zu würdigen. Insofern kommt es dann (auch) darauf an, ob die Aussage sachlich zutreffend ist oder nicht. Handelt es sich beim fremden Produkt tatsächlich um eine **unerlaubte** Imitation oder Nachahmung, dh verstößt sie gegen Sonderschutzrechte oder gegen die §§ 3 I, 4 Nr 9 (lauterkeitsrechtlicher Nachahmungsschutz; dazu § 4 Rdn 9.1 ff), so ist die Aussage grds nicht zu beanstanden.

c) Tatbestand. aa) Bezugnahme auf Waren oder Dienstleistungen mit geschütztem Kennzeichen. Die Vorschrift bezieht sich nur auf den Vergleich der eigenen Ware oder Dienstleistung mit **„einer unter einem geschützten Kennzeichen vertriebenen Ware oder Dienstleistung"**. In den Worten der Werberichtlinie muss es sich um Waren oder Dienstleistungen mit **„geschützter Marke oder geschütztem Handelsnamen"** (*„protected trade mark or trade name"*) handeln. In richtlinienkonformer Auslegung muss also das Originalprodukt mit einer Marke oder einer Unternehmenskennzeichnung geschützt sein, während andere „Unterscheidungszeichen", wie etwa eine geographische Herkunftsangabe, nicht erfasst sind. Was den Markenschutz angeht, werden allerdings nicht nur eingetragene Marken erfasst, sondern auch nicht eingetragene Marken iSd § 4 Nr 2 und 3 MarkenG (vgl EuGH GRUR 2009, 756 Tz 80 – *L'Oréal/Bellure* zur notorisch bekannten Marke; Harte/Henning/*Sack* § 6 Rdn 205 mwN auch zur Gegenansicht). Ob im Einzelfall Kennzeichenschutz besteht, beurteilt sich nach dem jeweils geltenden Markenrecht (§§ 4, 5 MarkenG). Nach dem Wortlaut des § 6 II Nr 6 müssen die Originalwaren im Zeitpunkt der Werbung **„vertrieben"** werden. Das lässt sich allerdings dem Art 4 lit g Werberichtlinie nicht entnehmen. In richtlinienkonformer Auslegung genießen daher auch solche Produkte Schutz, die (zB vorübergehend) nicht auf dem Markt sind (jurisPK/*Müller-Bidinger* § 6 Rdn 199), solange noch Markenschutz besteht.

bb) „Imitation oder Nachahmung". Die Begriffe der Imitation und der **Nachahmung** sind aus Art 4 lit g Werberichtlinie übernommen. Eine Definition existiert nicht. In der englischen Fassung ist von *„imitation"* und *„replica"*, in der französischen Fassung von *„imitation"* und *„reproduction"* die Rede. Eine Definition der Begriffe fehlt. Der Begriff der Imitation weist mehr auf die Annäherung der Produktgestaltung an das Original, der Begriff der Nachahmung dagegen mehr auf die vollständige Übernahme der Gestaltungsmerkmale des Originals iSe Reproduktion oder Kopie hin. Eine genaue Abgrenzung der beiden Begriffe ist indessen nicht erforderlich, da beide Erscheinungsformen der Produktgestaltung gleich behandelt werden. Da es sich um unionsrechtliche Begriffe handelt, ist ein Rückgriff auf die Auslegung des Begriffs der Nachahmung in § 4 Nr 9 nicht statthaft. Erfasst werden jedenfalls nicht nur gefälschte Produkte, sondern alle Imitationen und Nachahmungen (EuGH GRUR 2009, 756 Tz 73 – *L'Oréal/Bellure*). Außerdem ist es nicht erforderlich, dass es sich um eine umfassende Imitation oder Nachahmung des Produkts mit geschützter Marke handelt, vielmehr reicht eine Imitation eines wesentlichen Merkmals des Produkts, wie zB der Geruch eines Parfüms, aus (EuGH GRUR 2009, 756 Tz 76 – *L'Oréal/Bellure*). Es muss jedenfalls das Originalprodukt in der Werbung als **Vorbild** oder **Grundlage** des Produkts des Werbenden aufscheinen. – Um keine Imitation oder

Nachahmung handelt es sich, wenn das Produkt mit dem Markenprodukt des Herstellers identisch ist und auch von ihm hergestellt wurde. Es ist daher nicht nach § 6 II Nr 6 unlauter, für ein ohne die Herstellermarke oder unter einer Handelsmarke vertriebenes Produkt mit der Aussage „*identisch mit* ..." oder „*baugleich mit* ..." zu werben, wenn das Produkt vom Originalhersteller stammt.

186 cc) „Darstellung" als Imitation oder Nachahmung. (1) Allgemeines. Die Werbung muss das eigene Produkt als Imitation oder Nachahmung **darstellen** (BGH GRUR 2008, 726 Tz 19 – *Duftvergleich mit Markenparfüm*). Maßgebend ist die Sichtweise eines durchschnittlichen Mitglieds der jeweils angesprochenen Verkehrskreise. Ob die Werbung darüber hinaus irreführend ist oder eine Verwechslungsgefahr hervorruft, spielt dagegen keine Rolle. Denn dies sind eigenständige Voraussetzungen der Unzulässigkeit der vergleichenden Werbung (vgl EuGH GRUR 2009, 756 Tz 74 – *L'Oréal/Bellure*). Daher ist auch unerheblich, ob die beworbenen Produkte wirklich Imitationen oder Nachahmungen von Produkten eines Mitbewerbers sind. Entscheidend ist nur ob sie als solche dargestellt werden. Die Vorschrift verbietet nur die Darstellung des eigenen Produkts als Imitation oder Nachahmung, **nicht** dagegen seinen **Vertrieb**. Ein Verbot des Vertriebs kann sich aus den §§ 3 I, 4 Nr 9 und aus Markenrecht ergeben.

187 (2) Auslegung des Begriffs der Darstellung. Die Auslegung des Merkmals der Darstellung hat sich an den Zwecken der Richtlinie zu orientieren. Dabei zeigte sich allerdings, dass die Interessen der Beteiligten unterschiedlich gewichtet werden können.

188 Nach der **früher** in Deutschland vertretenen Auffassung war das Merkmal der Darstellung restriktiv auszulegen, um zu verhindern, dass den Verbrauchern entgegen dem Zweck der Richtlinie im Hinblick auf die Vergleichbarkeit gleichwertiger Fremdprodukte mit Markenprodukten vorteilhafte Sachinformationen vorenthalten werden (BGH GRUR 2008, 628 Tz 25 – *Imitationswerbung* mit Anm *Köhler*). Es müsse sich daher um eine **„offene"** Darstellung der beworbenen Produkte als Imitation oder Nachahmung handeln (BGH GRUR 2010, 343 Tz 35, 36 – *Oracle;* Begr RegE WRP 2000, 555, 561; OLG Frankfurt GRUR-RR 2004, 359, 361; OLG Frankfurt WRP 2007, 1372, 1374). Dazu sei zwar eine Bezeichnung als Imitation oder Nachahmung nicht erforderlich (BGH GRUR 2008, 628 Tz 26 – *Imitationswerbung*). Jedoch müsse das Produkt mit einem **besonderen Grad** an **Deutlichkeit,** der über ein bloßes Erkennbarmachen iSv § 6 I hinausgehe, als Imitation oder Nachahmung des Produkts eines Mitbewerbers beworben werden (BGH GRUR 2008, 628 Tz 26 – *Imitationswerbung*), etwa mit der Angabe „ähnlich wie" oder „wie" (OLG Hamburg WRP 2008, 1569, 1592). Dagegen reiche es nicht aus, dass die angesprochenen Verkehrskreise lediglich auf Grund außerhalb der beanstandeten Werbung liegender Umstände oder eines auf andere Weise erworbenen Wissens in der Lage seien, die Produkte des Werbenden mit Hilfe der für sie verwendeten Bezeichnungen jeweils bestimmten Produkten des Mitbewerbers zuzuordnen (BGH GRUR 2008, 628 Tz 30, 31 – *Imitationswerbung;* BGH GRUR 2008, 726 Tz 19 – *Duftvergleich mit Markenparfüm;* BGH GRUR 2010, 343 Tz 36 – *Oracle*).

189 Nach Auffassung des **EuGH** muss die Werbebotschaft dagegen lediglich die Aussage **erkennen** lassen, dass die angebotene Ware oder Dienstleistung eine Imitation oder Nachahmung der Markenware oder Markendienstleistung ist (EuGH GRUR 2009, 756 Tz 75 – *L'OréalBellure*). Daher sind nicht nur solche Werbebotschaften verboten, die den Gedanken an eine Imitation oder Nachahmung **ausdrücklich** wecken, sondern auch solche Botschaften, die in Anbetracht ihrer Gesamtdarstellung und des wirtschaftlichen Kontextes im jeweiligen Fall geeignet sind, den betreffenden Verkehrskreisen diesen Gedanken **implizit** zu vermitteln (EuGH GRUR 2009, 756 Tz 75 – *L'Oréal/Bellure*). Der BGH hat sich dieser Auffassung zwar angeschlossen (BGH GRUR 2010, 343 Tz 29 – *Oracle;* BGH WRP 2010, 761 – *Darstellung als Imitation*). Jedoch setzt nach seiner Auffassung eine Darstellung als Imitation oder Nachahmung mehr voraus als eine bloße Gleichwertigkeitsbehauptung und aus der Werbung müsse mit einer entsprechenden Deutlichkeit hervorgehen, dass das Produkt des Werbenden gerade als eine Imitation oder Nachahmung des Produkts eines Mitbewerbers beworben werde. Es müsse in diesem Sinne eine „offene" oder deutlich erkennbare Imitationsbehauptung vorliegen. – Darüber hinaus ist nach Auffassung des EuGH nicht einmal erforderlich, dass die Werbung die Aussage enthält, es handle sich um eine umfassende Imitation der Ware mit geschützter Marke oder nur um die Imitation eines **wesentlichen Merkmals** der Ware, etwa des Geruchs eines Parfums (EuGH GRUR 2009, 756 Tz 76 – *L'Oréal/Bellure*). Damit wird der Anwendungsbereich des § 6 II Nr 6 sehr weit gezogen. Bei der Werbung für pharmazeutische **Generika** ist daher Vorsicht geboten (großzügiger Harte/Henning/*Sack* § 6 Rdn 210).

(3) Feststellung im Einzelfall. Bei der Beurteilung kommt es sonach auf die Umstände des 190 Einzelfalls, insbes auf den Zweck und die Wirkung der Werbung, an. In der Praxis spielt vor allem die Imitation des Geruchs von **Markenparfüms** eine Rolle. Die Hersteller der Duftimitationen verwenden für den Vertrieb sog **Vergleichslisten,** die die Wortmarke des jeweiligen Markenparfums aufweisen, das das vertriebene Parfüm imitiert, und gestalten Flakons und Schachteln ähnlich wie die der Markenparfüms (vgl EuGH GRUR 2009, 756 Tz 14–21 – *L'Oréal/Bellure*). In einem solchen Fall ist ohne weiteres der Tatbestand des § 6 II Nr 6 erfüllt. Indessen ist die Nennung der Marke des fremden Produkts oder die Bezeichnung als Imitation oder Nachahmung nicht zwingend erforderlich. Es braucht daher nicht gleichzeitig ein markenrechtlicher Verletzungstatbestand vorzuliegen (BGH GRUR 2008, 628 Tz 16 – *Imitationswerbung*). Entscheidend ist vielmehr, ob das Nachahmungsprodukt Merkmale, wie zB Bezeichnung, Ausstattung, Umverpackung, aufweist, denen der Verkehr einen zwar impliziten, aber doch deutlichen Hinweis des Herstellers entnimmt, das Produkt sei eine Imitation oder Nachahmung eines bestimmten fremden Produkts. Das setzt allerdings voraus, dass der Verkehr zwischen dem Nachahmungs- und dem Originalprodukt eine gedankliche Verbindung herstellt. Insoweit spielen die Bekanntheit des Originalprodukts und der Grad der Annäherung an seine Gesamtausstattung eine Rolle, wobei die Annäherung umso unauffälliger erfolgen kann, je bekannter das Original ist und umgekehrt (Wechselwirkung; OLG Frankfurt WRP 2007, 1372, 1374 betr Duftimitat).

(4) Abgrenzung. Um keine Darstellung als Imitation oder Nachahmung handelt es sich, 191 wenn das eigene Produkt lediglich als (funktionell) **gleichwertig** mit einem fremden Produkt dargestellt wird (vgl BGH GRUR 2010, 343 Tz 29 – *Oracle*; BGH GRUR 1996, 781, 782 f – *Verbrauchsmaterialien*, aber auch BGHZ 107, 136 – *Bioäquivalenz-Werbung*).

d) Konkurrenzen. Ist der Tatbestand des § 6 II Nr 6 erfüllt, so stellt der dadurch vom 192 Werbenden erzielte Vorteil zugleich eine unlautere Ausnutzung des Rufs des von dem Mitbewerber verwendeten Kennzeichens iSd § 6 II Nr 4 (vgl EuGH GRUR 2009, 756 Tz 79, 80 – *L'Oréal/Bellure*) und des § 4 Nr 9 lit b (BGH GRUR 2010, 343 Tz 42 – *Oracle*) dar. Darüber hinaus kann der betroffene Mitbewerber gegen die Benutzung seines Kennzeichens nach **Markenrecht** vorgehen, auch wenn diese Benutzung nicht die Hauptfunktion der Marke (Herkunftsfunktion) beeinträchtigt, sofern nur andere Funktionen der Marke, insbes die Kommunikations-, Investititons- oder Werbefunktionen, beeinträchtigt werden können (vgl EuGH GRUR 2009, 756 Tz 63–65 – *L'Oréal/Bellure*). – Ist umgekehrt der Tatbestand des § 6 II Nr 6 nicht erfüllt, so scheidet mangels eines Imagetransfers auch eine unlautere Rufausbeutung iSd § 4 Nr 9 lit b aus (OLG Frankfurt WRP 2007, 1372, 1377).

V. Beweislast und Rechtsfolgen

1. Beweislast

Grds trägt der Kläger die Darlegungs- und Beweislast dafür, dass eine vergleichende Werbung 193 iSd § 6 I vorliegt und die Voraussetzungen ihrer Unzulässigkeit, dh mindestens eines der Verbotskriterien, erfüllt sind (BGH GRUR 2007, 605 Tz 33 – *Umsatzzuwachs;* OLG Hamburg GRUR-RR 2002, 362; OLG Köln GRUR-RR 2008, 315). Nach allgemeinen Grundsätzen gilt dies jedoch nicht, wenn es sich um Tatsachen handelt, die der außerhalb des Geschehensablaufs stehende Kläger nicht oder nur unter größten Schwierigkeiten im Einzelnen darlegen oder beweisen kann, während es umgekehrt dem Beklagten zumutbar ist, die erforderliche Aufklärung zu geben (vgl BGH GRUR 1970, 461, 463 – *Euro-Spirituosen;* BGH GRUR 1997, 229, 230 – *Beratungskompetenz;* OLG Jena GRUR-RR 2006, 291, 292; Begr RegE WRP 2000, 550, 558; vgl auch ÖOGH GRUR Int 2004, 255 – *Länger frische Vollmilch*). Insoweit trifft den Beklagten eine sekundäre Darlegungslast (zum Kriterium der Nachprüfbarkeit einer Eigenschaft vgl BGH GRUR 2007, 605 Tz 33 – *Umsatzzuwachs;* Rdn 132). – Da diese Grundsätze auch für das Verfahren der einstweiligen Verfügung Geltung beanspruchen (*Ulrich* GRUR 1985, 201, 206), ist dem Erfordernis des Art 5 der Richtlinie 2006/114/EG genügt.

2. Rechtsfolgen

Da § 6 II nur das Tatbestandsmerkmal der Unlauterkeit konkretisiert, gelten für die unlautere 194 vergleichende Werbung, sofern die sonstigen Voraussetzungen des § 3 I erfüllt sind (dazu Rdn 19), dessen Rechtsfolgen. Unzulässige vergleichende Werbung kann also Unterlassungs- und Beseitigungsansprüche nach § 8 sowie bei Verschulden Schadensersatzansprüche nach § 9 auslösen. Ob in den Fällen des § 6 II Nr 4–6 nur die betroffenen Hersteller oder alle in § 8 III genannten Mitbewerber und Verbände anspruchsberechtigt sind, war umstritten (vgl 27. Aufl Rdn 85). Der BGH hat die Frage offengelassen (BGH GRUR 2008, 628 Tz 12 – *Imitationswerbung*). Sieht man mit dem EuGH in diesen Tatbeständen Verbote von Praktiken, die den Wettbewerb verzerren, die Mitbewerber schädigen und die Entscheidung der Verbraucher negativ beeinflussen können (vgl EuGH GRUR 2009, 756 Tz 68 – *L'Oréal/Bellure*), wird man alle in § 8 III genannten Mitbewerber und Verbände als anspruchsberechtigt ansehen müssen.

VI. Anhang: Vergleichende Waren- und Dienstleistungstests

Schrifttum: *Ahrens,* Vergleichende Bewertung von Universitätsdienstleistungen, FS Ullmann, 2006, 565; *Himmelsbach,* Die neuen Werbe-Bedingungen der Stiftung Warentest, K&R 2008, 335; *Koppe/Zagouras,* Haftung für Produktkritik, GRUR 2005, 1011; *dies,* Rechtsprobleme der Testwerbung, WRP 2008, 1035; *Messer,* Der unvollständige Testbericht, GRUR 1996, 647; *Paschke,* Verbraucherinformation in der Marktwirtschaft – Rechtliche Grenzen der Publikationstätigkeit der Stiftung Warentest im Spannungsfeld zwischen Verbraucheraufklärung und Pressemarktschutz, AfP 1991, 683.

1. Begriff und Bedeutung

195 **a) Vergleichende Waren- und Dienstleistungstests** sind Untersuchungen, in denen bestimmte Produkte (Waren oder Dienstleistungen) verschiedener Hersteller oder Anbieter auf ihre Eigenschaften und Preiswürdigkeit hin vergleichend geprüft werden und deren Veröffentlichung der Verbraucheraufklärung dienen soll. Solche Tests liegen auch im Allgemeininteresse, weil sie die Markttransparenz und den Wettbewerb fördern, und damit zugleich im wohlverstandenen Interesse der fraglichen Hersteller und Anbieter liegen (BGHZ 65, 325 = GRUR 1976, 268, 270 – *Warentest II* mit Anm *Schricker*). – Sie haben erfahrungsgemäß für den Absatz der beurteilten Unternehmen eine ganz erhebliche Bedeutung. – Von den eigentlichen Warentests zu unterscheiden sind die (bloßen) **Preistests,** in denen die Preise bestimmter Anbieter für ein und dasselbe Produkt verglichen werden (dazu BGH GRUR 1981, 658 – *Preisvergleich;* BGH GRUR 1986, 330 – *Warentest III*).

196 **b) Testveranstalter** sind zumeist Verbraucherverbände und Zeitschriftenverlage. Die wichtigste und einflussreichste Institution ist jedoch die von der Bundesrepublik errichtete „**Stiftung Warentest**" mit ihren Zeitschriften „**test**" und „**FINANZtest**". Sie ist kein Verbraucherverband, sondern eine Stiftung bürgerlichen Rechts. Wegen des Vertrauens, das sie in der Öffentlichkeit als staatliche Einrichtung genießt, ist sie in besonderem Maße zur Unparteilichkeit verpflichtet (BGH GRUR 1987, 468, 471 – *Warentest IV*). Die Testveranstalter können ihrerseits auf dem „Testmarkt" in Wettbewerb zueinander stehen (vgl OLG Düsseldorf GRUR 1977, 164; *Ahrens* WRP 1977, 13). Jedoch begründet die Werbung mit dem Schlagwort „anzeigenfrei" durch die Stiftung Warentest noch keinen Wettbewerbsverstoß (OLG Düsseldorf aaO), insbes wird dadurch nicht der Eindruck einer bei dieser Zeitschrift vorhandenen, bei anderen Zeitschriften aber fehlenden Unabhängigkeit erweckt.

2. Zulässigkeit

197 **a) Allgemeines.** Die Veröffentlichung vergleichender Warentests ist, wenn sie keine geschäftliche Handlung darstellt (dazu BGH GRUR 1981, 658, 659 f – *Preisvergleich*), nicht nach Lauterkeitsrecht (§§ 3 ff), sondern allein nach Bürgerlichem Recht (§§ 823 ff BGB) unter Beachtung des Art 5 I GG zu überprüfen (BGH GRUR 1976, 268, 269 – *Warentest II;* BGH GRUR 1999, 69, 70 – *Preisvergleichsliste II;* OLG Karlsruhe ZLR 2003, 77 mit Anm *Frenz*). Der einzelne Unternehmer hat keinen Anspruch darauf, dass ein Test seines Produkts und seine Kritik in Testveröffentlichungen unterbleibt. Im Hinblick auf die Angriffspunkte, die solche Tests in Bezug auf Verfahren und Art der Darstellung für die betroffenen Unternehmen immer bieten werden, muss dem Testveranstalter insoweit ein gewisser Freiraum verbleiben. Andernfalls könnten solche Tests ihre volkswirtschaftliche **Funktion** für **Verbraucheraufklärung und Markttransparenz** nicht erfüllen. Ein Beurteilungsspielraum ist jedoch nur zuzuerkennen, wenn die Untersuchung **neutral, objektiv** und **sachkundig** durchgeführt wird und sowohl die Art des Vorgehens bei der Prüfung als auch die aus den Untersuchungen gezogenen Schlüsse **vertretbar,** dh diskutabel erscheinen (BGH GRUR 1989, 539 – *Warentest V;* BGH GRUR 1997, 942, 943 – *Druckertest;* OLG Frankfurt GRUR 2003, 85; LG Berlin GRUR-RR 2005, 290).

b) Neutralität, Objektivität und Sachkunde. aa) Neutrale Untersuchung. Die Unter- 198 suchung muss neutral vorgenommen werden (BGH GRUR 1976, 268, 271 – *Warentest II;* BGH GRUR 1989, 539 – *Warentest V*). Das setzt zunächst die Unabhängigkeit des Testveranstalters voraus. Sie ist nicht gegeben, wenn der Testveranstalter in irgendeiner Weise mit Herstellern, Anbietern oder deren Verbänden rechtlich oder wirtschaftlich verbunden (vgl OLG Hamm WRP 1980, 281) oder von ihnen abhängig ist oder für seine Tätigkeit ein Entgelt oder eine Belohnung anstrebt. Die Unabhängigkeit kann zumindest zweifelhaft sein, wenn ein Unternehmen für den Fall günstiger Testergebnisse die Abnahme eines größeren Postens der Zeitschrift in Aussicht stellt, nicht aber dann, wenn die Bestellung erst nach Veröffentlichung des Tests erfolgt. Die Unabhängigkeit ist auch nicht schon dadurch gefährdet, dass eine Zeitschrift neben Testergebnissen zur Deckung ihrer Kosten zugleich Inserate veröffentlicht. Anders verhält es sich, wenn mittels des Anzeigenauftrags auf den Inhalt des Tests Einfluss genommen wird. – Zur Neutralität gehört aber auch die neutrale Durchführung der Untersuchung („Neutralitätspflicht"). Dazu gehört zunächst die Unabhängigkeit der eingesetzten Prüfer. Sie ist nicht gewährleistet, wenn die Prüfer Mitarbeiter von Herstellern oder Anbietern der geprüften Produkte sind (OLG Frankfurt GRUR 2003, 85) oder wenn Prüfer Testgeräte eines Wettbewerbers einsetzen (OLG München NJW-RR 1997, 1330). Zur Neutralität der Untersuchung gehört aber auch die Beachtung des Gleichbehandlungsgrundsatzes. Dies beginnt bei der Auswahl der zu vergleichenden Produkte. Sie müssen im Hinblick auf den Verwendungszweck sachlich-funktional miteinander vergleichbar sein. Sind zu viele Produkte auf dem Markt, kann eine sachgerechte Auswahl iSe repräsentativen Querschnitts genügen. Doch müssen die Auswahlkriterien offen gelegt und unsachliche Diskriminierungen vermieden werden, um den Verbraucher vor falschen Rückschlüssen zu bewahren. Die Neutralität ist noch nicht tangiert, wenn ein in den Test aufgenommenes Produkt vom weiteren Prüfungsverfahren ausgeschlossen wird, weil es im Testbereich „Sicherheitsprüfung" nicht einmal den DIN-Anforderungen entspricht (BGH GRUR 1987, 468, 469 – *Warentest IV*). – Die Neutralität ist auch bei der Darstellung der Ergebnisse zu beachten (BGH aaO – *Warentest IV*). – Fehlende Neutralität kann eine geschäftliche Handlung und zugleich eine Irreführung des Publikums indizieren. Die Zulässigkeit der Testveröffentlichung ist dann anhand des § 6 zu beurteilen (vgl *Ahrens,* FS Ullmann, 2006, 565, 773; überholt daher BGH GRUR 1976, 268, 271 – *Warentest II;* OLG München NJW-RR 1997, 1330). Fehlt es an einer geschäftlichen Handlung, so kann ein Abwehranspruch der betroffenen Unternehmen aus §§ 823 I, 1004 BGB bestehen (Rdn 203).

bb) Objektive Untersuchung. Die Untersuchung muss objektiv, nämlich iSd Bemühens 199 um richtige Ergebnisse durchgeführt werden. Ein Test ist also nicht schon deshalb angreifbar, weil er sich als objektiv unrichtig erweist (OLG Frankfurt GRUR 2003, 85). Objektivität ist jedenfalls dann zu bejahen, wenn in einem Untersuchungsprogramm das Vorgehen beim Test festgelegt und der Test durch Fachleute durchgeführt wird (vgl OLG Frankfurt aaO). Die Prüfungsmethoden müssen anerkannt, zumindest vertretbar, dh diskutabel sein. Die Prüfung hat sich auf die für die Verbraucherentscheidung wesentlichen Punkte zu erstrecken, aber auch zu beschränken. Bei der Darstellung der Testergebnisse ist darauf zu achten, dass für den Durchschnittsleser kein falsches, weil zB unvollständiges Gesamtbild entsteht. Zur Missdeutung des Untersuchungsergebnisses führende Äußerungen müssen unterlassen werden. Aussagen, für deren richtige Bewertung und Einordnung ein erläuternder Zusatz erforderlich ist, dürfen nur mit einem entspr Zusatz, der seinerseits nicht missverständlich, verzerrend oder unwahr sein darf, veröffentlicht werden (OLG Karlsruhe NJW-RR 2003, 177). Diese Voraussetzungen liegen aber nicht vor bei der Mitteilung über Antibiotikum-Rückstände in Muskelfleisch, weil derartige Rückstände auf Grund Unionsrechts in jeder Konzentration verboten sind. Daher kann der Hersteller nicht den Zusatz verlangen, unterhalb eines bestimmtes Wertes liegende Rückstände seien unmaßgeblich und seien mit früher üblichen Messverfahren nicht nachweisbar gewesen (OLG Karlsruhe NJW-RR 2003, 177).

cc) Sachkundige Untersuchung. Die Untersuchung muss sachkundig durchgeführt wer- 200 den. Dies setzt eine entspr Qualifikation, Erfahrung und Unparteilichkeit der ausgewählten Prüfer und eine sorgfältige Durchführung der Prüfung voraus (BGH GRUR 1997, 942, 944 – *Druckertest;* OLG Frankfurt GRUR 2003, 85).

c) Beurteilungsspielraum. Sind die Anforderungen an Neutralität, Objektivität und Sach- 201 kunde erfüllt, ist dem Testveranstalter auf Grund des Art 5 I GG ein erheblicher Beurteilungsspielraum (BGH GRUR 1987, 468, 469 – *Warentest IV;* BGH GRUR 1997, 942, 943 – *Druckertest:* Ermessensfreiraum; OLG München GRUR-RR 2006, 208; LG Frankfurt GRUR-

RR 2010, 83, 84) zuzugestehen, soweit es um die Angemessenheit der Prüfungsmethoden, die Auswahl der Testobjekte und die Darstellung der Untersuchungsergebnisse geht. Insoweit ist also die Richtigkeitskontrolle eingeschränkt.

202 **d) Grenzen zulässiger Beurteilung.** Ob die Grenzen des Beurteilungsspielraums überschritten sind, ist nach den Umständen des Einzelfalls zu entscheiden. Jedoch hat die Rspr (vgl insbes BGH GRUR 1987, 468, 469 – *Warentest IV*) hierzu bestimmte Grundsätze aufgestellt. Unzulässig ist die Beurteilung danach in folgenden Fällen: **(1)** Die Wertung ist nicht mehr sachbezogen, sondern eine reine Schmähkritik. **(2)** Die Beurteilung ist offensichtlich unrichtig. Das ist der Fall, wenn sie bewusste Fehlurteile und bewusste Verzerrungen (insbes auch bewusst unrichtige Angaben und eine bewusst einseitige Auswahl der verglichenen Produkte) enthält. **(3)** Die Art des Vorgehens bei der Prüfung und die aus den durchgeführten Untersuchungen gezogenen Schlüsse sind als nicht mehr vertretbar („diskutabel") anzusehen (BGH GRUR 1976, 268, 271 – *Warentest II*; BGH GRUR 1997, 942, 943 – *Druckertest*). Vertretbar ist grds die Beschränkung der Untersuchung auf ein Prüfmuster, wenn es sich um einen Markenartikel ohne erkennbare individuelle Abweichungen von der Serie handelt (BGH GRUR 1976, 268, 271 – *Warentest II*). Vertretbar ist es ferner, von strengeren Voraussetzungen, als sie DIN-Normen aufstellen, auszugehen (BGH GRUR 1987, 468, 469 – *Warentest IV*). **(4)** Der Testbericht enthält eigenständige, dh nicht in der Bewertung aufgehende und ihr untergeordnete, nachweisbar unrichtige Tatsachenbehauptungen (BGH GRUR 1989, 539 – *Warentest V*; OLG Karlsruhe ZLR 2003, 77, 80). – Bei der Anwendung dieser Kriterien kann ein Blick auf die Kontrollmaßstäbe des § 6 II hilfreich sein (dazu auch *Ahrens*, FS Ullmann, 2006, 565, 577).

3. Abwehr- und Schadensersatzansprüche

203 Fehlt dem Testveranstalter die Wettbewerbsabsicht, so kommen gegen ihn nur bürgerlichrechtliche Ansprüche des betroffenen Unternehmens aus den §§ 823 ff, 1004 BGB in Betracht.

204 **a) Anspruchsgrundlagen. aa) Haftung aus § 824 BGB.** Werden Testberichte veröffentlicht, die **unrichtige Tatsachen** enthalten, so hat das geschädigte Unternehmen einen **Schadensersatzanspruch** aus § 824 BGB. Die Stiftung Warentest haftet für Fehler ihrer Sachbearbeiter nach § 831 BGB. Daneben haftet sie aus §§ 824, 31 BGB, wenn ihre satzungsmäßigen Vertreter nicht Vorkehrungen getroffen haben, die fehlerhafte Beurteilungen verhindern (BGH GRUR 1986, 330, 331 – *Warentest III*). Die Haftung aus § 824 BGB hat zwar Vorrang vor der Haftung aus § 823 I BGB wegen Eingriffs in den Gewerbebetrieb (BGH GRUR 1976, 268, 269 – *Warentest II*), setzt aber das Vorliegen einer nachweislich unrichtigen **Tatsachenbehauptung** voraus. Testberichte können sowohl Tatsachenbehauptungen als auch Meinungsäußerungen enthalten. Im Allgemeinen wird aber ein Testbericht rechtlich als Gesamtheit zu beurteilen sein. Liegt der Schwerpunkt in wertenden Äußerungen und werden die Grundlagen des Testverfahrens sowie die für die Gewichtung maßgeblichen Umstände dargelegt, so wird eine selbstständig angreifbare Tatsachenbehauptung nur ausnahmsweise anzunehmen sein. Letzteres etwa dann, wenn einer Äußerung jeder Wertungscharakter fehlt und ihr in ihrem tatsächlichen Gehalt im Rahmen des Testberichts aus der Sicht des Durchschnittslesers eigenständige Bedeutung zukommt, sie also als Grundlage seines eigenen Qualitätsurteils dient (BGH GRUR 1976, 268, 272 – *Warentest II*; BGH GRUR 1989, 539 – *Warentest V*). Als selbstständig angreifbare Tatsachenbehauptungen wurden zB angesehen: die Feststellung „*kleine Lautsprecherklemmen, dünne Kabel*" (BGH GRUR 1989, 539, 540 – *Warentest V*); die unrichtige Zusammenfassung mehrerer Selbstbedienungsläden zu einer einheitlichen Ladenkette bei einem Preisvergleich (BGH GRUR 1986, 330, 331 – *Warentest III*); die Nichterwähnung, dass das getestete Produkt nicht mehr im Handel ist (BGH GRUR 1989, 539, 540 – *Warentest V*). Eine objektiv unrichtige Tatsachenbehauptung ist grds **rechtswidrig**. Dies gilt aber dann nicht, wenn der Prüfer seine Angaben dem Hersteller zur Stellungnahme zuleitet und dieser den Angaben nicht widerspricht (BGH GRUR 1997, 942, 944 – *Druckertest*).

205 Bei der Prüfung des **Verschuldens** ist zu beachten, dass an die Sorgfaltspflicht des Testveranstalters (bzw seiner Mitarbeiter, §§ 31 bzw 831 BGB) im Hinblick auf die Bedeutung öffentlicher Warentests für die betroffenen Unternehmen hohe Anforderungen zu stellen sind (BGH GRUR 1986, 330, 331 – *Warentest III*). – Auf die **Wahrnehmung berechtigter Interessen** gem § 824 II BGB, nämlich des Informationsinteresses der Öffentlichkeit, kann sich der Tester dann nicht berufen, wenn – wie idR – dieses Interesse gerade an zuverlässigen, auf ihre Richtigkeit ausreichend geprüften Informationen besteht und die fragliche Tatsache für die

Werbung und den Absatz des betroffenen Unternehmens bedeutsam ist (BGH aaO – *Warentest III*).

bb) Haftung aus § 823 I BGB. Stellt sich die angegriffene Testäußerung über ein Produkt **206** als Werturteil dar, so kommt eine Haftung aus § 823 I BGB wegen Eingriffs in das „Recht am eingerichteten und ausgeübten Gewerbebetrieb" in Betracht (BGH GRUR 1976, 268, 270 – *Warentest II;* BGH GRUR 1997, 942, 943 – *Druckertest;* OLG München NJW-RR 1997, 1330; LG Frankfurt GRUR-RR 2010, 83). Im Rahmen der gebotenen Güter- und Interessenabwägung zur Feststellung der Rechtswidrigkeit sind die oben dargestellten Grundsätze zu berücksichtigen. Der erwähnte Beurteilungsspielraum kann vom Testveranstalter nur in Anspruch genommen werden, wenn er den Anforderungen an Neutralität, Objektivität und Sachkunde genügt. – Die bessere Bewertung eines Konkurrenzprodukts oder die Nichterwähnung noch schlechterer Produkte stellt mangels „Betriebsbezogenheit" keinen Eingriff in den Gewerbebetrieb dar (BGH GRUR 1987, 468, 472 – *Warentest IV;* OLG Frankfurt GRUR 2003, 85).

cc) Haftung aus § 826 BGB. Bei bewusst unrichtigen und unsachlichen Beurteilungen **207** kommt auch eine Haftung aus § 826 BGB in Betracht (BGH GRUR 1976, 268, 271 – *Warentest II*).

b) Anspruchsinhalt. aa) Unterlassung und Beseitigung. Unterlassung kann stets verlangt **208** werden, Beseitigung durch Widerruf dagegen nur bei unwahren Tatsachenbehauptungen (BGH GRUR 1976, 267, 272 – *Warentest II*). Der Unterlassungsanspruch setzt Erstbegehungs- oder Wiederholungsgefahr voraus. Im Regelfall ist bei Vorliegen einer objektiv unrichtigen Tatsachenbehauptung von Wiederholungsgefahr auszugehen. Sie kann jedoch auch ohne Abgabe einer strafbewehrten Unterlassungserklärung entfallen, wenn der Prüfer sofort nach Kenntniserlangung sich bereit erklärt, bei nächster Gelegenheit in angemessener Form auf die Unrichtigkeit hinzuweisen, und dies auch tut (BGH GRUR 1997, 942, 944 – *Druckertest*).

bb) Schadensersatz. Zum ersatzfähigen Schaden können auch die Kosten einer Anzeigen- **209** aktion gehören, allerdings nur in engen Grenzen: Es muss ein ungewöhnlich hoher Schaden (Umsatzrückgang) drohen, dem durch eine Gegendarstellung nicht so rechtzeitig oder nicht so gezielt entgegengewirkt werden kann wie durch eine Anzeige (BGH GRUR 1986, 330, 332 – *Warentest III*). Zu Einzelheiten vgl § 9 Rdn 1.32.

4. Werbung mit Testergebnissen

a) Allgemeines. Auf die Werbung eines Unternehmens mit Testergebnissen, insbes solchen **210** der Stiftung Warentest, ist das Lauterkeitsrecht anwendbar, da insoweit eine geschäftliche Handlung vorliegt. Voraussetzung für die Anwendung des § 6 ist allerdings, dass Mitbewerber oder deren Produkte erkennbar gemacht werden; sonst greifen die Grundsätze über den allgemein gehaltenen Vergleich ein (dazu § 4 Rdn 10.137 ff). Bei der rechtlichen Bewertung sind die **Empfehlungen der Stiftung Warentest zur „Werbung mit Testergebnissen"** (Rdn 213) mit zu berücksichtigen (BGH GRUR 1991, 679 – *Fundstellenangabe*), wenngleich ihnen keine verbindliche Wirkung zukommt (vgl OLG München VersR 2000, 909 mit Anm *Dallmayr*). Insbes ist eine Werbung nicht schon aus dem Grund wettbewerbswidrig, weil sie – entgegen den Empfehlungen der Stiftung Warentest – nur das Testergebnis eines Einzelmerkmals angibt, nicht aber auch das Gesamturteil (OLG Celle GRUR-RR 2005, 286) Die bloße **Testhinweiswerbung,** also der Hinweis auf eine Testveröffentlichung, sowie die Aufforderung, sich den Testbericht zu verschaffen, stellt idR keine vergleichende Werbung dar. Entspricht allerdings der Testbericht nicht den dafür geltenden Grundsätzen (Rdn 213 ff), kann darin eine irreführende Werbung liegen, weil und soweit der Verbraucher davon ausgeht, dass es sich um einen ordnungsgemäß durchgeführten Test handelt. – Werden in der vergleichenden Werbung die Ergebnisse der von Dritten durchgeführten vergleichenden Tests angeführt oder wiedergegeben, so gelten insoweit die „internationalen Vereinbarungen zum Urheberrecht und die innerstaatlichen Bestimmungen über vertragliche und außervertragliche Haftung" (vgl Erwägungsgrund 10 der Richtlinie 2006/114/EG über irreführende und vergleichende Werbung).

b) Verstoß gegen § 3 oder § 3 iVm § 6 II Nr 2. Unzulässig im Hinblick auf § 6 II Nr 2 **211** (Nachprüfbarkeit) ist eine Werbung mit einem Testergebnis ohne Angabe der Fundstelle der Veröffentlichung (OLG Saarbrücken GRUR-RR 2008, 312, 313; so bereits BGH GRUR 1991, 679 – *Fundstellenangabe*). Denn dem Verbraucher wird dadurch die Kenntnisnahme vom Test und die Überprüfung der Werbung unnötig erschwert, wenn nicht unmöglich gemacht (vgl BGH GRUR 1999, 69, 71 – *Preisvergleichsliste II*). – Ist § 6 nicht anwendbar, weil weder ein Mitbewerber noch sein Produkt erkennbar gemacht wird, so greift bei einer derartigen Werbung § 3 unmittelbar ein (OLG Hamburg WRP 2007, 557, 558; *Koppe/Zagouras* WRP 2008, 1035, 1042).

212   **c) Verstoß gegen § 3 iVm § 5.** Nach § 5 I 2 Nr 1 kann sich die Irreführung auch auf „die Ergebnisse oder wesentlichen Bestandteile von Tests der Waren oder Dienstleistungen" beziehen (dazu § 5 Rdn 4.256 ff). Eine Werbung mit älteren Testergebnissen ist dann nicht irreführend, wenn der Zeitpunkt der Veröffentlichung erkennbar gemacht wird und die angebotenen Waren mit den seinerzeit geprüften gleich sind, technisch nicht durch neuere Entwicklungen überholt sind und für solche Waren auch keine neueren Prüfungsergebnisse vorliegen (BGH GRUR 1985, 932, 933 – *Veralteter Test;* OLG Hamburg GRUR 2000, 530, 532; OLG Düsseldorf GRUR 1981, 750). Eine Irreführung liegt stets dann vor, wenn sich der Test nicht auf die beworbene, sondern eine andere Ware bezog, auch wenn sie äußerlich ähnlich und technisch baugleich war (OLG Köln GRUR 1988, 556). Irreführend kann die Werbung mit der Benotung „gut" sein, wenn das Produkt mit dieser Note unter dem Notendurchschnitt der getesteten Waren geblieben ist und der Werbende die Zahl und die Noten der besser beurteilten Erzeugnisse nicht angibt. Dagegen dürfte die Werbung mit dieser Note zulässig sein, wenn das Erzeugnis über dem Notendurchschnitt geblieben ist (BGH GRUR 1982, 436, 437 – *Test gut*). Die Werbung mit der Note „sehr gut" vermittelt idR nicht den Eindruck einer Alleinstellung und ist daher zulässig (OLG Frankfurt WRP 1985, 495, 496). Erhielt eine Vollversicherung einer Krankenversicherung bei einem Test der Stiftung Warentest das Gesamturteil „mangelhaft", eine Zusatzversicherung desselben Unternehmens dagegen die Bewertung „sehr gut", so ist es nicht irreführend, wenn die Krankenversicherung für ihre Zusatzversicherung mit dem Testurteil der STIFTUNG WARENTEST, für ihre Vollversicherung dagegen mit dem für sie sehr guten Ergebnis der Untersuchung eines Wirtschaftsmagazins wirbt (OLG München VersR 2000, 909). – Eine Werbung ist nicht ohne weiteres deshalb irreführend, weil sie – entgegen den Empfehlungen der STIFTUNG WARENTEST – nur das Testergebnis eines Einzelmerkmals (Kaffeearoma bei Werbung für Kaffeemaschinen), nicht aber das Gesamturteil angibt (OLG Celle GRUR-RR 2005, 286). – Werden in einem Test verschiedener Lohnsteuerhilfevereine nur einzelne Beratungsstellen einbezogen, so ist die Werbung eines am Test beteiligten Vereins, die den Eindruck erweckt, die vergebene Testnote beziehe sich auf seine gesamte Organisation, irreführend, wenn dem Test nur eine auf die jeweils getesteten Beratungsstellen beschränkte Aussagekraft zukommt (BGH GRUR 2005, 877, 879 f – *Werbung mit Testergebnis*).

213   **d) Bedingungen der STIFTUNG WARENTEST zur „Werbung mit Untersuchungsergebnissen" vom April 2008.** Die Stiftung Warentest hat (mehrfach geänderte) Bedingungen zur Nutzung ihrer Untersuchungsergebnisse aufgestellt. Die im April 2008 geänderten Bedingungen gelten für die Werbung mit Untersuchungsergebnissen, die seit dem 24. 4. 2008 in der Zeitschrift test und/oder unter der Internet-Domain der Stiftung www.test.de oder seit dem 21. 5. 2008 in der Zeitschrift Finanztest veröffentlicht wurden (dazu Himmelsbach K&R 2008, 335). Diese Bedingungen stellen aber weder Marktverhaltensregelungen iSv § 4 Nr 11 noch Verhaltenskodices iSv § 2 I Nr 5 dar (*Koppe/Zagouras* WRP 2008, 1035, 1044 f). Ihre Nichteinhaltung ist daher nicht ohne weiteres wettbewerbswidrig.

Bedingungen der Stiftung Warentest zur „Werbung mit Untersuchungsergebnissen"

Die Untersuchungsergebnisse der Stiftung Warentest sollen den Markt für die Verbraucher übersichtlicher machen. Dieses Bemühen wird durchkreuzt, wenn die Untersuchungsergebnisse in der Werbung dazu verwendet werden, den Verbrauchern einen Eindruck von der Überlegenheit einzelner Waren oder Leistungen zu vermitteln, der durch die veröffentlichten Untersuchungsergebnisse nicht gerechtfertigt ist. Die Stiftung Warentest erwartet daher eine lautere Werbung mit ihren Untersuchungsergebnissen.

Zur Werbung mit ihren Untersuchungsergebnissen erlaubt die Stiftung Warentest die Nutzung ihrer für die vergebenen Urteile zu verwendenden Logos, sofern der Werbende die nachfolgenden Bedingungen einhält:

I.

1. Die Werbung mit den Untersuchungsergebnissen der Stiftung Warentest ist nur gestattet, wenn ihre Verwendung bei den Verbrauchern keine falschen Vorstellungen über die vorgenommene Beurteilung der Produkte oder Leistungen entstehen lässt. Die Verwendung der Untersuchungsergebnisse ist daher insbes nur gestattet,

VI. Anh: Vergleichende Waren- und Dienstleistungstests **213** **§ 6 UWG**

   a) wenn die Aussagen in der Werbung, die sich auf die Untersuchungsergebnisse der Stiftung Warentest beziehen, von anderen Aussagen des Werbenden abgesetzt sind,
   b) wenn die Aussagen der Stiftung Warentest vom Werbenden nicht mit eigenen Worten umschrieben werden,
   c) wenn die Terminologie der Bewertungsskala nicht auch bei solchen Werbeaussagen verwendet wird, die sich nicht auf die Untersuchungsergebnisse der Stiftung Warentest beziehen,
   d) wenn günstige Einzelaussagen oder Kommentierungen nicht isoliert angegeben werden, wenn andere Aussagen/Kommentierungen weniger günstig sind,
   e) wenn ein veröffentlichtes zusammenfassendes Qualitätsurteil in jedem Fall mitgeteilt wird,
   f) wenn die Werbung alle Gruppenurteile bzw. die zusammenfassende Beurteilung enthält, wenn kein Qualitätsurteil vergeben worden ist.
2. Die Werbung mit den Untersuchungsergebnissen der Stiftung Warentest ist nur gestattet, wenn die Untersuchung nicht mit Produkten oder Leistungen in Zusammenhang gebracht wird, für die sie nicht gilt. Die Verwendung der Untersuchungsergebnisse ist daher insbes nur gestattet,
   a) wenn das Produkt oder die Leistung sich seit der Veröffentlichung der Untersuchung nicht in Merkmalen geändert hat, die Gegenstand der Untersuchung waren,
   b) wenn bei einem Test von Lebensmitteln Ergebnisse, die sich auf eine bestimmte in der Veröffentlichung angegebene Charge (MHD, UBA-Nr. oa) beziehen, nur unter Angabe der untersuchten Charge zur Werbung benutzt werden,
   c) wenn das Qualitätsurteil für ein gleiches Produkt, welches von der Untersuchung nicht erfasst war, nicht ohne Erwähnung des untersuchten Produkts verwendet wird,
   d) wenn die Übertragung eines Qualitätsurteils auf nicht getestete Produkte oder Leistungen weder vorgenommen noch nahe gelegt wird.
3. Die Werbung mit den Untersuchungsergebnissen der Stiftung Warentest ist nur gestattet, wenn die Untersuchung nicht durch eine neue Untersuchung der gleichen Produktgruppe unter geänderten Bedingungen oder durch neue Erkenntnisse zur Untersuchungs- bzw. Bewertungsmethodik überholt ist.
4. Die Werbung mit den Untersuchungsergebnissen der Stiftung Warentest ist nur gestattet, wenn die Angaben über die Untersuchungsergebnisse leicht und eindeutig nachprüfbar sind. Dazu gehört, dass in der Werbung Titel, Monat und Jahr der Erstveröffentlichung angegeben werden.
5. Die Werbung mit den Untersuchungsergebnissen der Stiftung Warentest ist nur gestattet, wenn der Rang des verwendeten Qualitätsurteils insbes dann erkennbar gemacht wird, wenn bessere Qualitätsurteile für andere Produkte oder Leistungen vergeben worden sind.

II.

Um die Einheitlichkeit des Erscheinungsbildes der Werbung mit Untersuchungsergebnissen der Stiftung Warentest zu gewährleisten, gestattet die Stiftung Warentest die Nutzung ihrer für die vergebenen Urteile zu verwendenden Logos nur dann, wenn durch den Werbenden keine grafischen Veränderungen an den zur Verfügung gestellten und unten wiedergegebenen Logos vorgenommen werden. Insbesondere gestattet die Stiftung Warentest die Verwendung ihrer Logos nur,
1. wenn die Proportionen der einzelnen Logo-Bestandteile zueinander nicht verändert werden,
2. wenn die Farbzusammensetzung der Logos beibehalten wird; ist im Einzelfall eine mehrfarbige Darstellung der Logos aus technischen Gründen nicht möglich oder auf Grund des verwendeten Mediums nicht üblich, hat die Darstellung in schwarz/weiß zu erfolgen,
3. wenn der in den Logos zu erstellende Text in der Schriftart
   – Linotype Univers BasicHeavy
   – Linotype Univers BasicRegular
   – Linotype Univers BasicBold
   oder alternativ in der Schriftart
   – Arial
   – Arial Black
   – Arial Fett

und in der Farbe „schwarz" gestaltet und ein Qualitätsurteil in Versalien (Großbuchstaben) wiedergegeben wird.

Die Farbzusammensetzung für die test- bzw. Finanztest-Logos ist wie folgt vorgesehen:

Farbangaben für test-Logos

	Kopf	Bildzeichen	Graue Fläche für Beschriftung
Sonderfarbe uncoated	Pantone Cool Gray 10C	Pantone 199 c	27% Pantone Cool Gray 10C
Sonderfarbe coated	Pantone Cool Gray 9C	Pantone 199 c	27% Pantone Cool Gray 9C
4-Farb-Satz	Cyan = 0% Magenta = 0% Yellow = 0% Schwarz = 75%	Cyan = 5% Magenta = 100% Yellow = 70% Schwarz = 0%	Cyan = 0% Magenta = 0% Yellow = 0% Schwarz = 20%
RGB-Farbraum	R = 102% G = 102% B = 102%	R = 204% G = 0% B = 51%	R = 218% G = 218% B = 218%

Farbangaben für Finanztest-Logos

	Kopf	Bildzeichen	Graue Fläche für Beschriftung
Sonderfarbe uncoated	Pantone Cool Gray 10C	Pantone 3005C	27% Pantone Cool Gray 10C
Sonderfarbe coated	Pantone Cool Gray 9C	Pantone Process Blue U	27% Pantone Cool Gray 9C
4-Farb-Satz	Cyan = 0% Magenta = 0% Yellow = 0% Schwarz = 75%	Cyan = 100% Magenta = 40% Yellow = 0% Schwarz = 0%	Cyan = 0% Magenta = 0% Yellow = 0% Schwarz = 20%
RGB-Farbraum	R = 102% G = 102% B = 102%	R = 0% G = 91% B = 187%	R = 218% G = 218% B = 218%

Der Werbende darf nur in dem grau unterlegten Teil der Logos – unterhalb bzw rechts des farbigen Bestandteils (siehe die folgenden Abbildungen) – die sein Produkt betreffenden Angaben unter Beachtung der Bedingungen zur Werbung mit Untersuchungsergebnissen einfügen.

Hochformat	Querformat schmal	Querformat breit

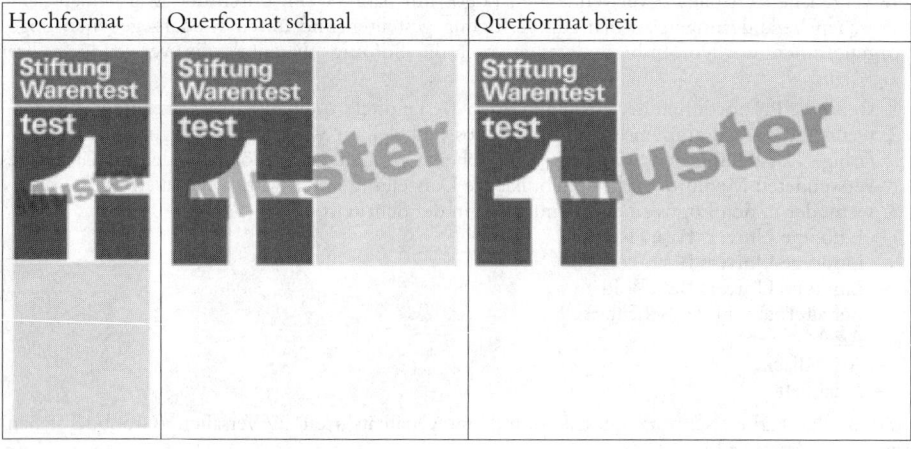

VI. Anh: Vergleichende Waren- und Dienstleistungstests 213 § 6 UWG

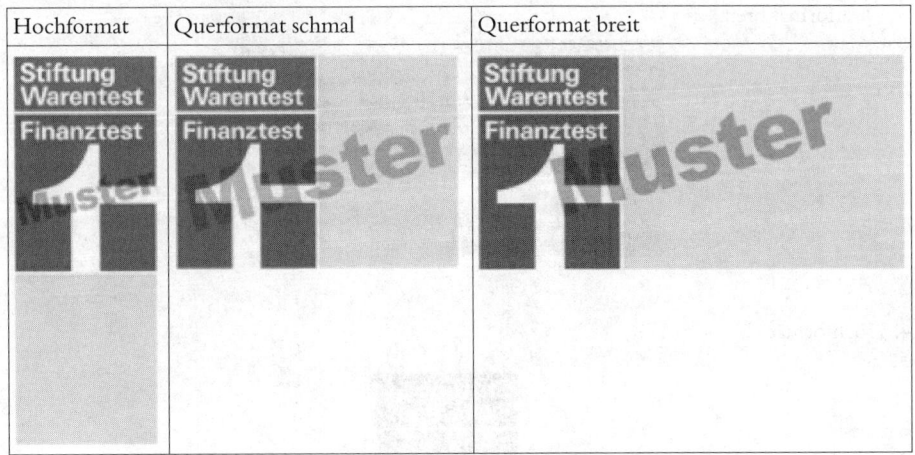

III.

Folgende – mit Untersuchungsergebnissen beispielhaft versehene – Verwendungen der Logos der Stiftung Warentest mit Untersuchungsergebnissen sind zulässig:

1. Hochformat

2. Querformat schmal

3. Querformat breit

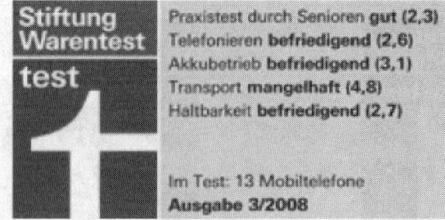

4. Hochformat

5. Querformat schmal

6. Querformat breit

Unzumutbare Belästigungen

7 (1) ¹Eine geschäftliche Handlung, durch die ein Marktteilnehmer in unzumutbarer Weise belästigt wird, ist unzulässig. ²Dies gilt insbesondere für Werbung, obwohl erkennbar ist, dass der angesprochene Marktteilnehmer diese Werbung nicht wünscht.

(2) Eine unzumutbare Belästigung ist stets anzunehmen

1. bei Werbung unter Verwendung eines in den Nummern 2 und 3 nicht aufgeführten, für den Fernabsatz geeigneten Mittels der kommerziellen Kommunikation, durch die ein Verbraucher hartnäckig angesprochen wird, obwohl er dies erkennbar nicht wünscht;
2. bei Werbung mit einem Telefonanruf gegenüber einem Verbraucher ohne dessen vorherige ausdrückliche Einwilligung oder gegenüber einem sonstigen Marktteilnehmer ohne dessen zumindest mutmaßliche Einwilligung;
3. bei Werbung unter Verwendung einer automatischen Anrufmaschine, eines Faxgerätes oder elektronischer Post, ohne dass eine vorherige ausdrückliche Einwilligung des Adressaten vorliegt, oder
4. bei Werbung mit einer Nachricht, bei der die Identität des Absenders, in dessen Auftrag die Nachricht übermittelt wird, verschleiert oder verheimlicht wird oder bei der keine gültige Adresse vorhanden ist, an die der Empfänger eine Aufforderung zur Einstellung solcher Nachrichten richten kann, ohne dass hierfür andere als die Übermittlungskosten nach den Basistarifen entstehen.

(3) Abweichend von Absatz 2 Nr. 3 ist eine unzumutbare Belästigung bei einer Werbung unter Verwendung elektronischer Post nicht anzunehmen, wenn

1. ein Unternehmer im Zusammenhang mit dem Verkauf einer Ware oder Dienstleistung von dem Kunden dessen elektronische Postadresse erhalten hat,
2. der Unternehmer die Adresse zur Direktwerbung für eigene ähnliche Waren oder Dienstleistungen verwendet,
3. der Kunde der Verwendung nicht widersprochen hat und
4. der Kunde bei Erhebung der Adresse und bei jeder Verwendung klar und deutlich darauf hingewiesen wird, dass er der Verwendung jederzeit widersprechen kann, ohne dass hierfür andere als die Übermittlungskosten nach den Basistarifen entstehen.

Übersicht

	Rdn
A. Allgemeines	1–14
I. Entstehungsgeschichte und Normzweck	1–3
1. Entstehungsgeschichte	1
2. Normzweck	2, 3
a) Schutz der Marktteilnehmer vor Beeinträchtigung ihrer privaten oder beruflichen Sphäre	2
b) Schutz der Marktteilnehmer vor Beeinträchtigung ihrer Entscheidungsfreiheit	3
II. Überblick über die Normstruktur	4–6
1. § 7 I als „kleine Generalklausel"	4
2. § 7 II als „Erweiterung der Schwarzen Liste"	5
3. § 7 III als Ausnahmeregelung zu § 7 II Nr 3	6
III. Verhältnis zu anderen Normen	7–14
1. Verhältnis zum Unionsrecht	7–9
a) Allgemeines	7
b) Datenschutzrichtlinie für die elektronische Kommunikation	8
c) Richtlinie über unlautere Geschäftspraktiken	9
2. Verhältnis zu anderen Normen des UWG	10–13
a) Verhältnis zu § 4 Nr 1 und 2	10
b) Verhältnis zu § 4 Nr 3	11
c) Verhältnis zu § 4 Nr 10	12
d) Verhältnis zu § 4 Nr 11	13
3. Verhältnis zum Bürgerlichen Recht	14
B. Der Grundtatbestand des § 7 I 1	15–30
I. Die Besonderheiten der Regelung	15

	Rdn
II. Erfordernis einer geschäftlichen Handlung	16–18
1. Erfassung aller geschäftlichen Handlungen vor, bei und nach Vertragsschluss	16
2. Abgrenzung zu sonstigen Handlungen	17
3. Keine Beschränkung auf individuelle Maßnahmen	18
III. Erfordernis einer unzumutbaren Belästigung	19–27
1. Belästigung	19
2. In unzumutbarer Weise	20–27
a) Allgemeines	20
b) Empfinden des Durchschnittsmarktteilnehmers als Maßstab	21
c) Interessenabwägung am Maßstab der europäischen und deutschen Grundrechte	22
d) Einzelne Beurteilungskriterien	23–27
aa) Intensität des Eingriffs in die private oder berufliche Sphäre	24
bb) Möglichkeit zum Vorgehen in schonenderer Weise	25
cc) Ausweichmöglichkeiten des Adressaten	26
dd) Gefahr der Summierung der Belästigung	27
IV. Schutz der Marktteilnehmer	28–30
C. Der Beispielstatbestand des § 7 I 2	31–37
I. Die Regelung und ihre Rechtsnatur	31
II. Das Verhältnis zu den Tatbeständen des § 7 II	32
III. Anwendungsbereich des § 7 I 2	33–35
1. Beschränkung auf Individualwerbung	33
2. Beschränkung auf die Form der Werbung	34
3. Beschränkung auf die erkennbar unerwünschte Werbung	35
IV. Normzweck	36
V. Erkennbarkeit des entgegenstehenden Willens	37
D. Fallgruppen zu § 7 I	38–95 a
I. Haustürwerbung	38–62
1. Allgemeines	38–40
a) Begriff und wirtschaftliche Bedeutung	38
b) Unionsrecht	39
c) Bürgerliches Recht	40
2. Unerbetene Haustürwerbung als unzumutbare Belästigung?	41–51
a) Problematik	41
b) Haustürwerbung als unzumutbare Belästigung iSv § 7 I?	42
c) Haustürwerbung als unzumutbare Belästigung iSv § 7 I 1?	43–51
aa) Entwicklung der Rspr	43, 44
(1) Rspr zum UWG 1909	43
(2) Rspr zum UWG 2004	44
bb) Schrifttum	45
cc) Stellungnahme	46–50
(1) Grundsatz	46
(2) Hoher Belästigungsgrad	47
(3) Keine schutzwürdigen Besitzstände	48
(4) Keine Präjudizierung durch gewerberechtliche Vorschriften	49
(5) Keine Präjudizierung durch Vorschriften über Haustürgeschäfte	50
dd) Zulässigkeit der Haustürwerbung nur bei tatsächlichem oder mutmaßlichem Einverständnis	51
3. Besondere unlauterkeitsbegründende Umstände bei der Haustürwerbung	52–62
a) Allgemeines	52
b) Unangemessene unsachliche Beeinflussung (§ 4 Nr 1)	53–59
aa) Besuchsankündigung	54
bb) Provokation eines Hausbesuchs	55
cc) Vorherige unentgeltliche Zuwendung	56
dd) Ausnutzung persönlicher Beziehungen	57
ee) Gefühlsausnutzung oder -missachtung	58
ff) Einsatz von Werbekolonnen	59
c) Täuschung über den Werbecharakter des Hausbesuchs (§ 4 Nr 3)	60

	Rdn
d) Rechtsbruch (§ 4 Nr 11)	61
e) Rechtsfolgen (§§ 8, 9)	62
II. Ansprechen in der Öffentlichkeit	63–76
1. Begriff und wirtschaftliche Bedeutung	63
2. Lauterkeitsrechtliche Beurteilung	64–68
a) Entwicklung der Rspr.	64
b) Beurteilung nach § 7 I	65, 66
c) Beurteilung nach Nr 23 Anh zu § 3 III	66 a
d) Beurteilung nach § 4 Nr 1 und 2	67
e) Beurteilung nach § 4 Nr 3	68
3. Einzelfragen	69–76
a) Einwilligung	69
b) Ausrufen	70
c) Ansprechen auf Jahrmärkten und Messen	71
d) Ansprechen in Geschäftsräumen	72
e) Ansprechen am Unfallort	73
f) Meinungsumfragen	74
g) Verteilen von Werbematerial	75
h) Ansprechen von Kindern	76
III. Unbestellte Waren und Dienstleistungen	77–91
1. Begriff und wirtschaftliche Bedeutung	77, 78
a) Begriff der „unbestellten" Ware oder Dienstleistung	77
b) Wirtschaftliche Bedeutung	78
2. Verhältnis zum Unionsrecht	79, 80
a) Fernabsatzrichtlinie	79
b) Richtlinie über unlautere Geschäftspraktiken	80
3. Bürgerlichrechtliche Beurteilung	81
4. Lauterkeitsrechtliche Beurteilung	82–87
a) Nach Nr 29 des Anhangs zu § 3 III	82
b) Nach § 7 I 1	83–86
aa) Unbestellte Lieferung oder Leistung ohne Aufforderung zur Zahlung, Rücksendung oder Verwahrung	83–85
(1) Unbestellte Warenlieferung	84
(2) Unbestellte Dienstleistung	85
bb) Unbestellte Lieferung oder Leistung an Unternehmer unter Aufforderung zur Zahlung, Rücksendung oder Verwahrung	86
c) Beurteilung nach § 4 Nr 1 und § 5	87
5. Einzelfragen	88–91
a) Fehlende Bestellung	88
b) Ankündigung der unbestellten Zusendung	89
c) Tatsächliche oder mutmaßliche Einwilligung in die unbestellte Zusendung	90
d) Sonderfälle	91
IV. Sonstiges	92–95 a
1. Werbung in Schulen und Behörden	92
2. Werbung im Internet	93
3. Werbung auf Trägermedien	94
4. Rechtsgeschäftliche Maßnahmen als unzumutbare Belästigung?	95, 95 a
E. Die Tatbestände des § 7 II	96–211
I. Allgemeines	96, 97
1. Rechtsnatur	96
2. Verhältnis zu Anh I Nr 26 UGP-Richtlinie	97
II. Werbung mit sonstigen Fernkommunikationsmitteln (§ 7 II Nr 1)	98–117
1. Anwendungsbereich	98
2. Werbung	99
3. Fernkommunikationsmittel	100
4. Hartnäckiges und unerwünschtes Ansprechen eines Verbrauchers	101, 102
a) Verbraucher	101
b) Hartnäckiges und unerwünschtes Ansprechen	102
5. Briefkastenwerbung	103–111
a) Begriff und wirtschaftliche Bedeutung	103
b) Wettbewerbsrechtliche Beurteilung	104–107

	Rdn
aa) Grundsätzliche Zulässigkeit	104
bb) Unzulässigkeit nach § 7 II Nr 1	105
cc) Unzulässigkeit nach § 7 I 2	106
dd) Verantwortlichkeit	107
c) Einzelfragen	108–110
aa) Postwurfsendungen	108
bb) Gratisblätter	109
cc) Zeitungsbeilagenwerbung	110
d) Bürgerlichrechtliche Beurteilung	111
6. Briefwerbung	112–116
a) Begriff und wirtschaftliche Bedeutung	112
b) Wettbewerbsrechtliche Beurteilung	113–116
aa) Grundsätzliche Zulässigkeit	113
bb) Unlauterkeit nach § 4 Nr 3.	114
cc) Unzulässigkeit nach § 7 II Nr 1.	115
dd) Unzulässigkeit nach § 7 I 2	116
7. Scheibenwischerwerbung	117
III. Telefonwerbung (§ 7 II Nr 2)	118–178 b
1. Wirtschaftliche Bedeutung der Telefonwerbung	118
2. Bürgerlichrechtliche Beurteilung der Telefonwerbung	119
3. Unionsrechtliche Regelung der Telefonwerbung	120–124
a) Primäres Unionsrecht.	120
b) Sekundäres Unionsrecht	121–124
aa) Fernabsatzrichtlinie und Finanzdienstleistungsfernabsatzrichtlinie	122
bb) Datenschutzrichtlinie für elektronische Kommunikation	123
cc) Richtlinie über unlautere Geschäftspraktiken	124
4. Lauterkeitsrechtliche Regelung der Telefonwerbung	125, 126
a) Entstehungsgeschichte	125
b) Jetzige gesetzliche Regelung	126
5. Telefonanruf	127, 128
a) Begriff	127
b) Abgrenzung	128
6. Werbung	129–131
7. Einwilligung	132–141
a) Begriff und Arten	132
b) „Vorherige" Einwilligung	133
c) Rechtsnatur und Beweislast	134
d) Feststellung	135
e) Mindestanforderungen und Wirksamkeit	136
f) AGB-Kontrolle	137–141
aa) Zulässigkeit	137
bb) Kontrollmaßstäbe	138–141
8. Telefonwerbung gegenüber Verbrauchern	142–157
a) Die gesetzliche Regelung	142
b) Zweck und Rechtfertigung der Regelung	143
c) „Verbraucher" als Adressaten des Anrufs	144–146
d) Erfordernis der vorherigen ausdrücklichen Einwilligung	147–157
aa) Überblick	147
bb) Ausdrückliche Einwilligung	148
cc) Konkludente Einwilligung	149
dd) Beispiele fehlender ausdrücklicher Einwilligung	150–156 a
(1) Bloße Eintragung im Telefonbuch	150
(2) Bloße geschäftliche Beziehung	151
(3) Vorhergehendes Kundenverhalten	152
(4) Bloße Branchenüblichkeit	153
(5) Bloßes Schweigen	154
(6) Bestehen persönlicher Beziehungen	155
(7) Mutmaßliches Interesse am Anruf	156
(8) Werbung erst nach Gesprächsbeginn	156 a
ee) Sonstige Rechtfertigungsgründe für Telefonwerbung gegenüber Verbrauchern?	157
9. Telefonwerbung gegenüber „sonstigen Marktteilnehmern"	158–175
a) Die gesetzliche Regelung	158

	Rdn
b) Normzweck	159
c) „Sonstige Marktteilnehmer" als Adressaten des Anrufs	160
d) Erfordernis der zumindest mutmaßlichen Einwilligung	161–173
aa) Tatsächliche Einwilligung	162
bb) Mutmaßliche Einwilligung	163–173
(1) Anforderungen an eine mutmaßliche Einwilligung	164–168
(2) Fallgruppen	169–173
e) Zulässigkeit der Telefonwerbung auf Grund einer Interessenabwägung	174
f) Zulässigkeit einer telefonischen Mitarbeiterabwerbung	175
10. Sonstige Formen der Telefonwerbung	176–178
a) Umgekehrte Telefonwerbung	176
b) Werbefinanzierte Telefongespräche	177
c) Werbung während eines Kundenanrufs	178
11. Flankierende Regelungen	178 a, 178 b
a) Unerlaubte Telefonwerbung gegenüber Verbrauchern als Ordnungswidrigkeit	178 a
b) Rufnummernunterdrückung als Ordnungswidrigkeit	178 b
IV. Werbung unter Verwendung von automatischen Anrufmaschinen, Faxgeräten oder elektronischer Post (§ 7 II Nr 3 und III)	179–207
1. Allgemeines	179–181
a) Entstehungsgeschichte	179
b) Rechtsnatur der Regelung	180
c) Anwendungsbereich	181
2. Verhältnis zum Unionsrecht	182–184
a) Verhältnis zu Nr 26 Anh I der UGP-Richtlinie	182
b) Verhältnis zur Datenschutzrichtlinie für elektronische Kommunikation	183, 184
3. „Vorherige ausdrückliche Einwilligung"	185–189
a) Begriff	185
b) Einwilligung „für den konkreten Fall"	186, 187
c) Einwilligung „ohne Zwang" und „in Kenntnis der Sachlage"	188
d) Beweislast	189
4. Werbung unter Verwendung automatischer Anrufmaschinen	190
5. Werbung unter Verwendung von Telefaxgeräten	191–195
a) Begriff und wirtschaftliche Bedeutung	191
b) Unzumutbare Belästigung	192, 193
c) Einzelfragen	194
d) Bürgerlichrechtliche Beurteilung	195
6. Werbung mit elektronischer Post (E-Mail-, SMS- und MMS-Werbung)	196–201
a) Begriff, Funktionsweise und wirtschaftliche Bedeutung der elektronischen Post	196–198
aa) Begriff	196
bb) Funktionsweise	197
cc) Wirtschaftliche Bedeutung	198
b) Bürgerlichrechtliche Beurteilung	199
c) Wettbewerbsrechtliche Regelung	200
d) Werbung als Bestandteil privater E-Mails	201
7. Die Ausnahmeregelung in § 7 III für elektronische Post	202–207
a) Rechtsnatur und Normzweck	202
b) Tatbestand	203–207
aa) Überblick	203
bb) Erlangung der Adresse	204
cc) Verwendung zur Direktwerbung für eigene ähnliche Waren oder Dienstleistungen	205
dd) Widerspruch als Ausschlussgrund	206
ee) Information über die Möglichkeit des Widerspruchs	207
V. Anonyme elektronische Werbung (§ 7 II Nr 4)	208–211
1. Überblick	208
2. Tatbestand	209–211
a) Werbung mit Nachrichten	209
b) Verschleierung oder Verheimlichung der Identität des Werbenden	210
c) Fehlen einer gültigen Adresse	211

Schrifttum: *Alexander,* Neuregelungen zum Schutz der Verbraucher bei unerlaubter Telefonwerbung, JuS 2009, 1070; *Ayad/Schafft,* Einwilligung ins Direktmarketing – formularmäßig unwirksam?, BB 2002, 1711; *Bernreuther,* Neues zur Telefonwerbung, WRP 2009, 390; *Bierekoven,* Die BDSG-Novelle II und ihre Folgen für die Werbung, IPRB 2010, 15; *Böhm,* Unerlaubte Telefonwerbung im geschäftlichen Bereich, MMR 1999, 643; *Bodewig,* Elektronischer Geschäftsverkehr und Unlauterer Wettbewerb, GRUR Int 2000, 475; *Bornkamm/Seichter,* Das Internet im Spiegel des UWG, CR 2005, 747; *Brömmelmeyer,* Internetwettbewerbsrecht, 2007; *Buchner,* Die Einwilligung im Datenschutzrecht, DuD 2010, 39; *Bunte,* Zusendung unbestellter Waren, FS Gaedertz, 1992, 87; *Burmeister,* Belästigung als Wettbewerbsverstoß, 2006; *Busche/Kraft,* Werbung per electronic mail: Eine neue Herausforderung für das Wettbewerbsrecht, WRP 1998, 1142; *Decker,* Zusendung unbestellter Ware, NJW 2001, 1474; *Dendorfer,* Aktives Telefonmarketing, 2003; *Drexl,* Verbraucherschutz und Electronic Commerce in Europa, in Lehmann (Hrsg), Electronic Business in Europa, 2002, 473; *Ebnet,* Rechtsprobleme bei der Verwendung von Telefax, NJW 1992, 2985; *Eckhardt,* Datenschutzrichtlinie für elektronische Kommunikation – Auswirkungen auf Werbung mittels elektronischer Post, MMR 2003, 557; *Ehlers,* Die unerwünschte Zusendung von Werbematerial durch öffentliche Unternehmen, JZ 1991, 231; *Engels,* Grenzen des Direktmarketing aus europarechtlicher, rechtsvergleichender und wettbewerbsrechtlicher Sicht, 2000; *Engels/Brunn,* Wettbewerbsrechtliche Beurteilung von telefonischen Kundenzufriedenheitsbefragungen, WRP 2010, 687; *dies,* Ist § 7 II Nr 2 UWG europarechtswidrig?; *Engels-Stulz-Herrnstadt,* Aktuelle Rechtsfragen des Direktmarketings nach der UWG-Reform, WRP 2005, 1218; *Ernst,* Die Einwilligung in belästigende telekommunikative Werbung nach neuer Rechtslage in UWG und BDSG, WRP 2009, 1455; *Fezer,* Telefonmarketing im b2c- und b2b-Geschäftsverkehr, WRP 2010, 1075; *Fikentscher/Möllers,* Die (negative) Informationsfreiheit als Grenze von Werbung und Kunstdarbietung, NJW 1998, 1337; *Freitag/Busemann,* Zur wettbewerbsrechtlichen Zulässigkeit von elektronischer Post als Mittel des Direktmarketing, AfP 1998, 475; *Funk,* Grenzen bei E-Mail-Werbung, CR 1998, 415; *Gruber,* E-mail-Werbung – Kundenfang oder legitimes Direktmarketing?, FS Koppensteiner, 2001, 381; *Günther,* Erwünschte Regelung unerwünschter Werbung? Zur Auslegung von Art. 10 der Fernabsatzrichtlinie, CR 1999, 172; *Gummig,* Rechtsfragen bei Werbung im Internet, ZUM 1996, 573; *Hanloser,* „opt-in" im Datenschutzrecht und Wettbewerbsrecht, CR 2008, 713; *Heermann,* Vertrags- und wettbewerbsrechtliche Probleme bei der E-Mail-Nutzung, K&R 1999, 6; *Hoeren,* Cybermanners und Wettbewerbsrecht – Einige Überlegungen zum Lauterkeitsrecht im Internet, WRP 1997, 993; *Hug/Gaugenrieder,* Cold Calls in der Marktforschung?, WRP 20 906, 1420; *Isele,* Das gezielte und individuelle Ansprechen von Passanten in öffentlichen Verkehrsräumen, GRUR 2008, 1061; *Jahn/Gonzalez,* Wettbewerbsvorteil und Gewinnerzielungsinteresse contra personales Selbstbestimmungsrecht – Briefkastenwerbung durch Wurfsendungen vor Gericht, WRP 1991, 1; *Jankowski,* Nichts ist unmöglich! – Möglichkeiten der formularmäßigen Einwilligung in die Telefonwerbung, GRUR 2010, 495; *Klein/Insam,* Telefonische Abwerbung von Mitarbeitern am Arbeitsplatz und im Privatbereich, GRUR 2006, 379; *Klawitter,* Telefonakquisition im gewerblichen Bereich verboten?, NJW 1993, 1620; *Köhler,* Der Streit um die Telefonwerbung, FS Koppensteiner, 2001, 431; *ders,* Zur wettbewerbsrechtlichen Zulässigkeit der telefonischen Ansprache von Beschäftigten am Arbeitsplatz zum Zwecke der Abwerbung, WRP 2002, 1; *Köhler,* Neue Regelungen zum Verbraucherschutz bei Telefonwerbung und Fernabsatzverträgen, WRP 2009, 2567; *ders,* Unzulässige geschäftliche Handlungen bei Abschluss und Durchführung eines Vertrags, WRP 2009, 898; *Köhler/Lettl,* Das geltende europäische Lauterkeitsrecht, der Vorschlag für eine Richtlinie über unlautere Geschäftspraktiken und die UWG-Reform, WRP 2003, 1019; *Lange,* Werbefinanzierte Kommunikationsdienstleistungen, WRP 2002, 786; *Leible/Sosnitza,* Telefonwerbung und Fernabsatzrichtlinie, K&R 1998, 283; *Leistner/Pohlmann,* E-Mail-Direktmarketing im neuen europäischen Recht und in der UWG-Reform, WRP 2003, 815; *Lettl,* Rechtsfragen des Direktmarketings per Telefon und e-mail, GRUR 2000, 977; *ders,* Die AGB-rechtliche Relevanz einer Option in der formularmäßigen Einwilligungserklärung zur Telefonwerbung, NJW 2001, 42; *ders,* Werbung mit einem Telefonanruf gegenüber einem Verbraucher nach § 7 Abs 2 Nr 2 Alt 1 UWG n. F., WRP 2009, 1315; *Leupold,* Die massenweise Versendung von Werbe-eMails: Innovatives Direktmarketing oder unzumutbare Belästigung des Empfängers?, WRP 1998, 270; *Lindacher,* Headhunting am Arbeitsplatz, FS Erdmann, 2002, 647; *Lober,* Spielend werben: Rechtliche Rahmenbedingungen des Ingame-Advertising, MMR 2006, 643; *Löwisch,* Briefkastenwerbung von Parteien, NJW 1990, 437; *Lorenz,* Im BGB viel Neues: Die Umsetzung der Fernabsatzrichtlinie, JuS 2000, 833; *Mankowski,* Scheibenwischerwerbung und andere belästigende Werbung an Auto und Fahrrad, GRUR 2010, 578; *Mederle,* Die Regulierung von Spam und unerbetenen kommerziellen E-Mails, 2010; *Möller,* Die Änderung der rechtlichen Rahmenbedingungen durchsetzen, WRP 2010, 321; *Möschel,* Wettbewerbsrechtliche und urheberrechtliche Aspekte der Internet-Benutzung, FS Zäch, 1999, 377; *Nippe,* Belästigung zwischen Wettbewerbshandlung und Werbung, WRP 2006, 951; *Nordemann,* Telefonwerbung – bald ganz verboten?, AfP 1991, 484; *von Nussbaum/Krienke,* Telefonwerbung gegenüber Verbrauchern nach dem Payback-Urteil, MMR 2009, 372; *Paefgen,* Neues zur Telefonwerbung in den USA, GRUR Int 1993, 208; *ders,* Ist die Telefonwerbung noch zu retten? WRP 1994, 73; *Paschke,* Zur Liberalisierung des Rechts der Telefonmarketing, WRP 2002, 1219; *Peifer,* Neue Regeln für die Datennutzung zu Werbezwecken, MMR 2010, 524; *Plath/Frey,* Direktmarketing nach der BDSG-Novelle: Grenzen erkennen, Spielräume optimal nutzen, BB 2009, 1762; *Pohle,* Rechtliche Aspekte des Mobile Marketing, K&R 2008, 711; *Quiring,* Gedanken zur Mitarbeiteranwerbung am Telefon, WRP 2001, 470; *ders,* Die Abwerbung von Mitarbeitern im Licht der UWG-Reform – und vice versa, WRP 2003, 1181; *Pauli,* Die Einwilligung in Telefonwerbung per AGB bei der Gewinnspielteilnahme – Trotz verschärfter Gesetze ein Lichtblick für werbende Unternehmen, WRP, 2009, 1192; *Pauly/Jankowski,* Rechtliche Aspekte der Telefonwerbung im B-to-B-Bereich, GRUR 2007, 118; *van RaayMeyer/van Raay,* Opt-in,

A. Allgemeines § 7 UWG

Opt-out und (k)ein Ende der Diskussion, VuR 2009, 103; *Raczinski/Bernhardt,* Rechtsfragen der Telefonakquise, VersR 1992, 405; *Raeschke/Kessler,* 25 Jahre Rechtsprechung zur Telefonwerbung und kein Ende?, FS Piper, 1996, 399; *Rath-Glawatz,* Rechtsfragen der Haushaltswerbung (Briefkastenwerbung), K&R 2007, 295; *Reichelsdörfer,* e-Mails zu Werbezwecken – ein Wettbewerbsverstoß?, GRUR 1997, 191; *Reufels,* Neue Fragen der wettbewerbsrechtlichen Bewertung von „Headhunting", GRUR 2001, 214; *Sachs,* Marketing, Datenschutz und das Internet, 2008; *Scherer,* Privatrechtliche Grenzen der Verbraucherwerbung, 1996; *Schmid,* Freier Dienstleistungsverkehr und Recht des unlauteren Wettbewerbs, dargestellt am Beispiel der Telefonwerbung, 2000; *Schmidt,* Telefonische Abwerbung – neue Sitten braucht das Land?, WRP 2001, 1138; *Schmittmann,* Überblick über die rechtliche Zulässigkeit von SMS-Werbung, K&R 2004, 58; *Schmitz/Eckhardt,* AGB-Einwilligung in Werbung, CR 2006, 533; *Schomburg,* Schwierige Beweisführung des Verbrauchers in der Praxis, NJW 1995, 111; *Schrey/Westerwelle,* „Junk-Emails" im Internet, K&R 1997, 17; *Schricker,* Hundert Jahre Gesetz gegen den unlauteren Wettbewerb – Licht und Schatten, GRUR Int 1996, 475; *ders,* Zur wettbewerbsrechtlichen Bewertung der Telefonwerbung im geschäftlichen Bereich, GRUR Int 1998, 541; *Schwab,* Denn sie wissen, was sie tun – notwendige wettbewerbsrechtliche Neubewertung des Anreißens bei unaufgefordertem Ansprechen von Passanten in der Öffentlichkeit, GRUR 2002, 579; *Schweizer,* Grundsätzlich keine Anwendbarkeit des UWG auf die Medien- und insgesamt der Markt- und Meinungsforschung, ZUM 2010, 400; *Seichter/Witzmann,* Die Einwilligung in die Telefonwerbung, WRP 2007, 699; *Sokolowski,* E-Mail-Werbung als Spamming, WRP 2008, 888; *Sosnitza,* Wettbewerbsrechtliche Sanktionen im BGB: Die Reichweite des neuen § 241 a BGB, BB 2001, 2317; *ders,* Der Gesetzentwurf zur Umsetzung der Richtlinie über unlautere Geschäftspraktiken, WRP 2008, 1014; *Splittgerber/Zscherpe/Goldmann,* Werbe-E-Mails – Zulässigkeit und Verantwortlichkeit, WRP 2006, 178; *Steckler,* Die wettbewerbsrechtlichen Unlauterkeitskriterien bei Verwendung teletechnischer Kommunikationsmedien im Direktmarketing, GRUR 1993, 865; *Steinbeck,* Anm zu BGH – Telefonwerbung V, GRUR 1995, 492; *Timmermans,* Werbung und Grundfreiheiten, in Schwarze (Hrsg), Werbung und Werbeverbote im Lichte des europäischen Gemeinschaftsrechts, 1999, 26; *Tönner/Reich,* Die Entwicklung der wettbewerbsrechtlichen Beurteilung der Telefonwerbung, VuR 2009, 95; *Trube,* Zur telefonischen Abwerbung von Beschäftigten, WRP 2001, 97; *Ulrich,* Unlauterer Wettbewerb im Reisegewerbe, FS Gaedertz, 1992, 577; *ders,* Der wettbewerbsrechtliche Schutz der Privatsphäre, FS Vieregge, 1995, 901; *ders,* Die Telefonwerbung, das Haustürwiderrufgesetz und die Ineffizienz der Rechtsprechung, WRP 1996, 1011; *Unger/Sell,* Unlautere Telefax-Werbung, GRUR 1993, 24; *Vehslage,* Auswirkungen der Fernabsatzrichtlinie auf die Telefon- und E-Mail-Werbung, GRUR 1999, 656; *Wahl,* Die Einwilligung des Verbrauchers in Telefonwerbung durch AGB, WRP 2010, 599; *von Wallenberg,* Ist das Telefonmarketing gegenüber Verbrauchern tot?, BB 2009, 1768; *Wasse,* Endlich: Unzulässigkeit der Scheibenwischerwerbung nach dem UWG, WRP 2010, 191; *Weber,* E-Mail-Werbung im geschäftlichen Verkehr, WRP 2010, 462; *Wegmann,* Anforderungen an die Einwilligung in Telefonwerbung nach dem UWG, WRP 2007, 1141; *Wendlandt,* Cybersquatting, Metatags und Spam, 2002; *Zehentmeier,* Unaufgeforderte E-Mail-Werbung – Ein wettbewerbswidriger Boom im Internet?, BB 2000, 940; *Ziem,* Spamming – Zulässigkeit nach § 1 UWG, Fernabsatzrichtlinie und E-Commerce-Richtlinienentwurf, MMR 2000, 129; *Zöller,* Telefonwerbung ist nicht grundsätzlich unzulässig, GRUR 1992, 297.

A. Allgemeines

I. Entstehungsgeschichte und Normzweck

1. Entstehungsgeschichte

Schon im **früheren Recht** war die „Belästigung" bzw „belästigende Werbung" als Fallgruppe 1 des § 1 aF anerkannt (vgl Baumbach/*Hefermehl,* 22. Aufl, § 1 aF Rdn 57 ff; *Köhler*/Piper, 3. Aufl, § 1 aF Rdn 107 ff). Die **UWG-Novelle 2004** regelte sie als Beispielstatbestand unlauteren Verhaltens unter dem Stichwort „Unzumutbare Belästigungen" in § 7 relativ ausführlich. Die **UWG-Novelle 2008** änderte § 7 in mehrfacher Hinsicht. Die unzumutbare Belästigung stellt nicht mehr einen bloßen Beispielstatbestand der Unlauterkeit, sondern einen selbstständigen Tatbestand einer Zuwiderhandlung (vgl § 8 I 1, § 10 I) dar (krit Fezer WRP 2010, 1075, 1079). Diese Verselbstständigung bedeutet zugleich, dass die Bagatellklausel des § 3 nicht mehr anwendbar ist (BGH WRP 2010, 1249 Tz 18 – *Telefonwerbung nach Unternehmenswechsel*). Die bisherige Regelung in § 7 II Nr 1 wurde nach § 7 I 2 verschoben. Für die Beispielsfälle des § 7 II wurde festgelegt, dass sie „stets" (dh ohne Wertungsmöglichkeit) eine unzumutbare Belästigung darstellen. Durch den neuen § 7 II Nr 1 wurde der Unlauterkeitstatbestand der Nr 26 der Schwarzen Liste der UGP-Richtlinie, soweit nicht bereits durch § 7 II Nr 2 und 3 erfasst, umgesetzt. In § 7 II Nr 3 wurde das Erfordernis der „Einwilligung" durch das Erfordernis der „vorherigen ausdrücklichen Einwilligung" ersetzt und verschärft. Durch das Gesetz zur Bekämpfung unerlaubter Telefonwerbung und zur Verbesserung des Verbraucherschutzes bei besonderen Vertriebsformen v 29. 7. 2009 (BGBl I 2413) wurde eine entsprechende Regelung auch in § 7 II Nr 2 eingefügt.

2. Normzweck

2 **a) Schutz der Marktteilnehmer vor Beeinträchtigung ihrer privaten oder beruflichen Sphäre.** Unmittelbarer Zweck des § 7 ist der Schutz der Marktteilnehmer, also der Mitbewerber, der Verbraucher und der sonstigen Marktteilnehmer vor einer unangemessenen Beeinträchtigung ihrer privaten oder beruflichen Sphäre. Diese Sphäre wird beeinträchtigt, wenn sie sich ohne oder gegen ihren Willen mit dem Anliegen des geschäftlich Handelnden auseinandersetzen müssen und dementsprechend in ihrer Ruhe oder in ihrer anderweitigen Beschäftigung gestört werden. Hinzu können noch – je nach Eigenart der geschäftlichen Handlung – Störungen durch die Inanspruchnahme von Ressourcen der angesprochenen Marktteilnehmer (zB Nutzung von privaten oder betrieblichen Einrichtungen wie Briefkasten, Faxgerät, Computer; Aufwendungen für die Entsorgung von Werbematerial) kommen. Der Schutz der privaten und beruflichen Sphäre hat grds Vorrang vor dem wirtschaftlichen Gewinnstreben des Unternehmers (BGH GRUR 1965, 315, 316 – *Werbewagen;* BGH GRUR 1970, 523, 524 – *Telefonwerbung I;* BGH GRUR 1971, 317, 318 – *Grabsteinwerbung II*).

3 **b) Schutz der Marktteilnehmer vor Beeinträchtigung ihrer Entscheidungsfreiheit.** Jede geschäftliche Handlung ist ihrem Wesen nach darauf gerichtet, geschäftliche Entscheidungen von Marktpartnern zu beeinflussen. Mittelbar gewährleistet daher § 7 auch einen Schutz der Marktteilnehmer vor einer Beeinträchtigung ihrer Entscheidungsfreiheit (str; vgl Rdn 10 zur Anwendbarkeit des § 7 neben § 4 Nr 1 und 2). Das kommt deutlich in § 7 II Nr 4 zum Ausdruck: Die Verschleierung oder Verheimlichung der Identität des Werbenden ist deshalb verboten, weil sie den Werbeadressaten daran hindern kann, später Ansprüche gegen den Werbenden geltend zu machen. Dieser weitere Schutzzweck steht auch im Einklang mit der UGP-Richtlinie. Denn diese ermöglicht es nach Erwägungsgrund 7 S 5, dass die Mitgliedstaaten Geschäftspraktiken aus Gründen der guten Sitten und des Anstands verbieten können, „auch wenn diese Praktiken die Wahlfreiheit des Verbrauchers nicht beeinträchtigen". Verbote sind aus diesen Gründen also zulässig, unabhängig davon, ob die fraglichen Handlungen die Entscheidungsfreiheit der Verbraucher beeinträchtigen. Allerdings setzt § 7 keine tatsächliche oder voraussichtliche Beeinträchtigung der Entscheidungsfreiheit der Marktteilnehmer voraus.

II. Überblick über die Normstruktur

1. § 7 I als „kleine Generalklausel"

4 § 7 I 1 enthält den allgemeinen Grundsatz, dass eine geschäftliche Handlung (iSd § 2 I Nr 1), durch die ein Marktteilnehmer (iSd § 2 I Nr 2) in unzumutbarer Weise belästigt wird, unzulässig ist. Die Regelung stellt daher einen selbstständigen Tatbestand einer Zuwiderhandlung neben § 3 dar. Allerdings handelt es sich dabei um eine **„kleine Generalklausel",** die in **§ 7 I 2** um einen Beispielsfall („insbes") ergänzt wird, nämlich die erkennbar unerwünschte Werbung.

2. § 7 II als „Erweiterung der Schwarzen Liste"

5 Bei § 7 II handelt es sich dagegen nicht um Beispielsfälle im eigentlichen Sinn, sondern um **Spezialtatbestände,** bei deren Verwirklichung „stets", also ohne Rücksicht auf die Umstände des Einzelfalls und die Auswirkungen auf die Entscheidungsfreiheit, eine unzumutbare Belästigung und damit die Unzulässigkeit der Werbung anzunehmen ist. In der Sache handelt es sich um eine **Erweiterung der Schwarzen Liste** des Anh zu § 3 III. Vorrangig vor § 7 I zu prüfen sind auch die von § 7 II nicht abgedeckten **sonstigen Tatbestände der Schwarzen Liste** des Anh zu § 3 III, die Fälle der Belästigung regeln, wie zB **Nr 25** und **Nr 29,** weil auch in diesen Fällen eine Berücksichtigung der Umstände des Einzelfalls entbehrlich ist.

3. § 7 III als Ausnahmeregelung zu § 7 II Nr 3

6 § 7 III regelt eine Ausnahme von § 7 II Nr 3 für den Fall der Werbung mit elektronischer Post (dazu Rdn 202–207).

III. Verhältnis zu anderen Normen

1. Verhältnis zum Unionsrecht

7 **a) Allgemeines.** Das Unionsrecht hat Vorrang vor § 7. Im Bereich des primären Unionsrechts sind, soweit grenzüberschreitende Handlungen nach § 7 zu beurteilen sind, die **Grund-**

A. Allgemeines

freiheiten der Art 34 AEUV und Art 56 AEUV zu berücksichtigen. Die Auslegung des § 7 hat sich an den einschlägigen **Richtlinien** zu orientieren (Gebot der richtlinienkonformen Auslegung).

b) Datenschutzrichtlinie für die elektronische Kommunikation. Die Regelungen in 8 der Fernabsatzrichtlinie v 20. 5. 1997 (97/7/EG; ABl EG Nr L 144 S 19), der Richtlinie v 15. 12. 1997 (97/66/EG; ABl EG Nr L 24 S 1), der Richtlinie über den elektronischen Geschäftsverkehr v 4. 5. 2000 (2000/31/EG; ABl EG Nr L 178 S 1) und der Richtlinie über den Fernabsatz von Finanzdienstleistungen an Verbraucher (2002/65/EG) sind mittlerweile überholt durch Art 13 der Datenschutzrichtlinie für die elektronische Kommunikation v 12. 7. 2002 (2002/58/EG; ABl EG Nr L 201 S 37). Die Regelungen in § 7 II Nr 2–4 und III dienen der Umsetzung dieser Richtlinie.

c) Richtlinie über unlautere Geschäftspraktiken. Die Richtlinie 2005/29/EG über un- 9 lautere Geschäftspraktiken (UGP-Richtlinie) lässt die Datenschutzrichtlinie für die elektronische Kommunikation unberührt (vgl Nr 26 S 2 Anh I UGP-Richtlinie). Sie behandelt in Art 8 und 9 sowie in Anh I Nr 25, 26 und 29 die Belästigung unter bestimmten Voraussetzungen als aggressive Geschäftspraktik (dazu näher Einl Rdn 3.60 ff; § 4 Rdn 1.⊠; *Köhler/Lettl* WRP 2003, 1019, 1043 ff; *Burmeister* S 15 ff, 72 ff). Sie trifft aber nur für solche Geschäftspraktiken eine abschließende Regelung, die geeignet sind, das wirtschaftliche Verhalten der Verbraucher zu beeinflussen. Das gilt nicht nur für Art 8 und 9, sondern auch für Nr 25, 26 und 29 Anh I UGP-Richtlinie, wenngleich insoweit diese Eignung unwiderleglich vermutet wird. Dagegen bezieht sich die UGP-Richtlinie nach ihrem Erwägungsgrund 7 „nicht auf die gesetzlichen Anforderungen in Fragen der guten Sitten und des Anstands, die in den Mitgliedstaaten sehr unterschiedlich sind." Als Beispiel dient das „Ansprechen von Personen auf der Straße zu Verkaufszwecken". Nach Auffassung des Richtliniengebers sollen daher die Mitgliedstaaten „weiterhin Geschäftspraktiken aus Gründen der guten Sitten und des Anstands verbieten können, auch wenn diese Praktiken die Wahlfreiheit des Verbrauchers nicht beeinträchtigen". – Aus diesem Grund ist der deutsche Gesetzgeber durch die UGP-Richtlinie nicht gehindert, geschäftliche Handlungen, die eine unzumutbare Belästigung der Verbraucher darstellen, ohne Rücksicht darauf zu verbieten, ob sie darüber hinaus auch die Entscheidungsfreiheit der Verbraucher beeinträchtigen. § 7 ist daher mit der UGP-Richtlinie vereinbar. Allerdings muss § 7 dahingehend richtlinienkonform ausgelegt werden, dass auch der Tatbestand der Nr 26 des Anh I UGP-Richtlinie vollständig erfasst wird. Dazu gehört – entgegen der insoweit zu engen deutschen Fassung der UGP-Richtlinie – nicht nur der belästigende Einsatz von Fernkommunikationsmitteln bei der Werbung, sondern auch bei der *Vertragsdurchführung* (vgl Rdn 16, 97).

2. Verhältnis zu anderen Normen des UWG

a) Verhältnis zu § 4 Nr 1 und 2. Geschäftliche Handlungen, die die angesprochenen 10 Marktteilnehmer belästigen, können unter den Voraussetzungen des § 4 Nr 1 oder des § 4 Nr 2 unlauter und unter den Voraussetzungen des § 3 I unzulässig sein. Gerade bei aufdringlicher Werbung besteht die Gefahr, dass der Werbeadressat eine Kaufentscheidung nur deshalb trifft, weil er vom Werbenden ohne oder gegen seinen Willen in eine bestimmte Situation gebracht wurde (§ 4 Nr 1). Nimmt die Aufdringlichkeit einen solchen Grad an, dass dem Umworbenen eine ruhige, sachliche Prüfung unmöglich gemacht wird, droht die Gefahr, dass der Umworbene sich nur deshalb zum Vertragsschluss bereit findet, weil er den Werber loswerden will. Der Unterschied zu den Fällen des „psychischen" Kaufzwangs (§ 4 Rdn 1.24 ff) liegt darin, dass der Kunde nicht aus einem Gefühl der Dankbarkeit kauft, sondern um der aufdringlichen Belästigung zu entgehen und den Werbenden loszuwerden. Daneben besteht die Gefahr der Überrumpelung (§ 4 Nr 1) und der Ausnutzung einer Zwangslage, wie etwa beim Ansprechen am Unfallort (§ 4 Nr 2). Denn auch wer nicht zur Nachgiebigkeit gegenüber aufdringlichen Werbern neigt, kann sich durch die unerwartete Konfrontation dazu verleiten lassen, seine Entschließung nach weniger gründlicher Überlegung zu fassen, als er sie sonst angestellt hätte. (Im Falle des gezielten Ansprechens von Passanten in der Öffentlichkeit spielt dieser Gesichtspunkt in der heutigen Zeit aber keine Rolle mehr; vgl Rdn 67). In gleicher Weise kann § 4 Nr 1 anwendbar sein, wenn die Belästigung als Mittel zur Beeinflussung sonstiger geschäftlicher Entscheidungen des Verbrauchers, etwa der Zahlung des Kaufpreises oder der Geltendmachung vertraglicher Rechte, eingesetzt wird. So etwa, wenn der Verbraucher durch hartnäckige Anrufe zur Nachtzeit dazu gebracht werden soll, eine Forderung zu bezahlen. Denn bei der Anwendung des § 4 Nr 1 und 2 ist das Gebot der richtlinienkonformen Auslegung am Maßstab der Art 8 und 9 UGP-Richtlinie zu beachten. Dabei ist daran zu erinnern, dass Art 8 gerade auch die „Belästigung" als Mittel zur Beeinflussung der Verbraucherentscheidung anführt. – Neben § 4 Nr 1 und 2 ist § 7 anwendbar, soweit die Belästigung das Ausmaß der Unzumutbarkeit erreicht. Der Gesichtspunkt der Beeinträchtigung der Entscheidungsfreiheit ist auch bei der Prüfung nach § 7 zu berücksichtigen (Rdn 3; aA *Burmeister* S 57 ff). Denn die Beispielstatbestände des § 4 Nr 1 und 2 einerseits und der Tatbestand des § 7 andererseits stellen keine in sich abgeschlossenen Regelungen dar, sondern können sich überschneiden. Von praktischer Bedeutung ist dies insbes dann, wenn die Einflussnahme auf die geschäftliche Entscheidung nicht die nach § 4 Nr 1 oder 2 erforderliche Intensität erreicht und daher nur bei der Prüfung der Unzumutbarkeit iSd § 7 als zusätzlicher Umstand berücksichtigt werden kann.

11 **b) Verhältnis zu § 4 Nr 3.** Verschleiert der Werber, zB bei einem Hausbesuch oder einem Telefonat, zunächst sein eigentliches, kommerzielles Anliegen, kann dies den Tatbestand des § 4 Nr 3 erfüllen. Daneben ist jedoch auch § 7 anwendbar, wenn dessen Voraussetzungen erfüllt sind.

12 **c) Verhältnis zu § 4 Nr 10.** Da § 7 I 1 nur von „Marktteilnehmern" spricht und daher die Definition des § 2 I Nr 2 eingreift, erfasst die Vorschrift von ihrem Wortlaut her auch geschäftliche Handlungen, die Mitbewerber unzumutbar belästigen (vgl Rdn 30). Dies kann gleichzeitig den Tatbestand des § 4 Nr 10 erfüllen. Daneben ist jedoch auch § 7 I 1 anwendbar, wenn dessen Voraussetzungen erfüllt sind.

13 **d) Verhältnis zu § 4 Nr 11.** Soweit es Marktverhaltensregelungen gibt, die zumindest auch dem Schutze von Mitbewerbern, Verbrauchern oder sonstigen Marktteilnehmern vor Belästigung dienen, kann ihre Verletzung den Tatbestand des Rechtsbruchs iSv § 4 Nr 11 erfüllen (vgl Rdn 61). Daneben ist jedoch auch § 7 I 1 anwendbar, wenn dessen Voraussetzungen erfüllt sind.

3. Verhältnis zum Bürgerlichen Recht

14 Dem von einer unzumutbar belästigenden geschäftlichen Handlung betroffenen Marktteilnehmer stehen zwar keine lauterkeitsrechtlichen Ansprüche zu (Ausnahme: Mitbewerber, § 8 III Nr 1). Wohl aber können sich Schadensersatzansprüche aus § 823 I BGB unter dem Gesichtspunkt der Verletzung des „Allgemeinen Persönlichkeitsrechts" oder des „Rechts am Unternehmen" sowie Unterlassungs- und Beseitigungsansprüche aus § 823 I iVm § 1004 BGB ergeben (BGH GRUR 2009, 980 Tz 10 – *E-Mail-Werbung II*). Bei der Prüfung dieser generalklauselartigen Tatbestände des Bürgerlichen Rechts sind grds die gleichen Wertmaßstäbe wie bei § 7 anzulegen, um unterschiedliche Ergebnisse zu vermeiden (ebenso BGH GRUR 2009, 980 Tz 14 – *E-Mail-Werbung II*).

B. Der Grundtatbestand des § 7 I 1

I. Die Besonderheiten der Regelung

15 Nach § 7 I 1 ist eine geschäftliche Handlung, durch die ein Marktteilnehmer in unzumutbarer Weise belästigt wird, **unzulässig.** Anders als im früheren Recht (§ 7 I aF) ist die unzumutbare Belästigung daher kein bloßer Beispielsfall der Unlauterkeit eines Handelns, sondern ein **selbstständiger Verbotstatbestand** (vgl § 8 I 1). Die nach § 3 I und II grds erforderliche Prüfung der „Spürbarkeit" einer unlauteren geschäftlichen Handlung entfällt daher. Vielmehr stellt das Erfordernis der „Unzumutbarkeit" eine spezielle Bagatellschwelle dar, die bereits eine umfassende Wertung ermöglicht und erfordert (vgl Begr RegE UWG 2009 zu § 7 Abs 1, BT-Drucks 16/10145 S 56 ff). Das entspricht der bisherigen Rspr zum UWG 2004, die in den Fällen des § 7 aF stets die Bagatellschwelle des § 3 aF überschritten sah (vgl BGH GRUR 2007, 607 Tz 23 – *Telefonwerbung für „Individualverträge";* BGH GRUR 2007, 189 Tz 23 – *Suchmaschineneintrag; Köhler* GRUR 2005, 1, 7; *Ohly* GRUR 2004, 889, 895).

II. Erfordernis einer geschäftlichen Handlung

1. Erfassung aller geschäftlichen Handlungen vor, bei und nach Vertragsschluss

16 § 7 I 1 erfasst, anders als § 7 I 2, II und III, **nicht nur** die **Werbung,** sondern **alle geschäftlichen Handlungen.** Bereits in der Begr zum RegE UWG 2004 wurde deutlich gemacht, dass der Tatbestand des § 7 nicht auf Werbung beschränkt sein sollte. Erfasst werden

sollte insbes der Fall, dass mittels unerbetener Faxmitteilungen zur Abstimmung über bestimmte politische Fragen aufgerufen wird, hierfür aber eine Mehrwertdienstnummer gewählt werden muss (vgl Begr RegE UWG 2004 zu § 7 Abs 1; BT-Drucks 15/1487 S 20; vgl auch OLG Frankfurt GRUR 2003, 805, 806). Der Begriff der „geschäftlichen Handlung" ist iSv § 2 I Nr 1 zu verstehen. Er erstreckt sich daher auf alle Handlungen vor, bei und nach Vertragsschluss, sofern sie in einem objektiven Zusammenhang mit der Förderung des Absatzes oder Bezugs oder mit dem Abschluss oder der Durchführung eines Vertrages stehen. Insofern geht § 7 I 1 über § 7 I aF hinaus. Das Erfordernis des „objektiven Zusammenhangs" mit dem Abschluss oder der Durchführung eines Vertrages stellt klar, dass Belästigungen, die mit dem Vertragsschluss oder der Vertragsdurchführung nichts zu tun haben, nicht erfasst werden. **Beispiel:** Belästigende Telefonanrufe eines gewerblichen Vermieters beim Mieter können unter § 7 I 1 fallen, wenn der Vermieter damit den Zweck verfolgt, den Mieter zur Kündigung oder zur Zahlung rückständiger Miete zu veranlassen (Rdn 97), nicht dagegen, wenn er damit private Zwecke verfolgt (*Köhler* WRP 2009, 898, 911; Rdn 17).Unter § 7 II Nr 2 fallen solche Anrufe nicht, weil es nicht um „Werbung" geht (insoweit ist Nr 26 Anh I UGP-Richtlinie nicht korrekt umgesetzt; vgl Rdn 97).

2. Abgrenzung zu sonstigen Handlungen

§ 7 I 1 regelt nur den Fall, dass die Belästigung eines Marktteilnehmers durch eine **geschäft-** **17** **liche Handlung** iSd § 2 I Nr 1 erfolgt. Die Belästigung muss also von einer Person ausgehen, die **zugunsten des eigenen oder eines fremden Unternehmens** handelt. Sonstige Belästigungen, etwa im privaten, unternehmensinternen, verbands- oder parteibezogenen Bereich (zB nachbarschaftliche Belästigungen; aggressive Werbung um Mitglieder oder Stimmen), fallen nicht in den Anwendungsbereich des § 7.

3. Keine Beschränkung auf individuelle Maßnahmen

Für die Anwendung des § 7 I 1 spielt es (anders als bei § 7 II) keine Rolle, ob sich die **18** Maßnahme gezielt an einzelne Marktteilnehmer oder (wie zB bei einer Lautsprecherdurchsage) an einen unbestimmten Adressatenkreis wendet. Unerheblich ist auch, ob die Maßnahme gegenüber mehreren oder nur gegenüber einem einzelnen Marktteilnehmer erfolgt.

III. Erfordernis einer unzumutbaren Belästigung

1. Belästigung

Unter Belästigung sind solche Auswirkungen einer geschäftlichen Handlung zu verstehen, die **19** bereits wegen der **Art und Weise des Herantretens** an andere Marktteilnehmer, unabhängig vom Inhalt der Äußerung von den Adressaten als Beeinträchtigung ihrer privaten oder beruflichen Sphäre empfunden werden. Die Beeinträchtigung besteht darin, dass das Anliegen den Empfängern „aufgedrängt" wird, sie sich also ohne oder gegen ihren Willen damit auseinandersetzen müssen. Häufig wird die Belästigung mit anderen Mitteln unzulässiger Kundenbeeinflussung oder mitunter auch mit einer gezielten Behinderung der Mitbewerber zusammentreffen. Zumeist, aber nicht notwendigerweise, handelt es sich um Werbung. – Nicht unter den Begriff der „Belästigung" fällt der belästigende **Inhalt** einer Werbung (Rdn 34). Eine Werbung, die dem Adressaten wegen ihres Inhalts missfällt, zB ihn in seinen sittlichen, weltanschaulichen, religiösen oder politischen Anschauungen verletzt, oder die er als geschmacklos empfindet, kann nicht nach § 7 I 1 untersagt werden. Diese Vorschrift stellt kein Instrument zur Kontrolle des Inhalts von Werbung dar (vgl auch BVerfG GRUR 2003, 442, 444 – *Benetton-Werbung II;* BVerfG GRUR 2001, 170, 174 – *Schockwerbung*). Dies gilt auch für „pietätlose" Werbung auf Friedhöfen (bedenklich daher OLG München GRUR-RR 2003, 117: Aufstellen von Containern auf Friedhof mit deutlich sichtbarem Firmenschlagwort sei wettbewerbswidrig; relativierend OLG München WRP 2008, 380, 382; dazu *Haslinger* WRP 2008, 1052, 1053).

2. In unzumutbarer Weise

a) Allgemeines. Der Gesetzgeber lässt nicht jede Belästigung genügen, sondern verlangt eine **20** Belästigung „in unzumutbarer Weise". Denn jede geschäftliche Handlung ist mit einer gewissen Belästigung für den Adressaten verbunden, weil und soweit er sich damit auseinandersetzen muss. Wettbewerb ist ohne umfangreiche und intensive Einwirkung auf die Marktteilnehmer nicht möglich. Soll Werbung ihr Ziel, auf den Kunden einzuwirken, ihn anzulocken und seine Kaufentscheidung zu Gunsten des Werbenden zu beeinflussen, erreichen, so muss sie dem Adressaten nahe gebracht werden und seine Aufmerksamkeit wecken. Mit jeder Werbung ist daher ein gewisses Maß an Belästigung und Beeinflussung verbunden. Dies ist im Interesse des Wettbewerbs den Adressaten der Werbung zuzumuten, auch wenn sie persönlich die Werbung als lästig empfinden. Es kann daher nicht darum gehen, mittels des Lauterkeitsrechts jede Belästigung auszuschalten, sondern nur die als unerträglich empfundene und damit unzumutbare Belästigung zu verhindern. Im Ergebnis kommt es, wie der Wortlaut des § 7 I 1 klar zum Ausdruck bringt, jeweils darauf an, welches Maß an Belästigung und Beeinflussung dem jeweiligen Adressaten noch **zumutbar** ist. Bei der Prüfung der Unzumutbarkeit sind allerdings im Interesse eines effektiven Schutzes der Marktteilnehmer vor Belästigung keine strengen Maßstäbe anzulegen (ähnlich Begr RegE UWG 2004 zu § 7 Abs 1 aaO). Es ist dabei auch zu fragen, wie sich ein Verbot oder umgekehrt eine Zulassung einer bestimmten Werbemaßnahme auf den Wettbewerb und die Allgemeinheit sowie auf die an solcher Werbung interessierten Adressaten auswirkt (vgl BGH GRUR 1960, 431, 432 – *Kraftfahrzeugnummernschilder*). Eine unzumutbare Belästigung ist umso eher anzunehmen, je mehr sie nicht eine ungewollte oder nur gelegentliche Nebenwirkung einer Werbemaßnahme darstellt, sondern mit der beanstandeten Werbemaßnahme notwendig und regelmäßig verbunden ist. Daher liegt regelmäßig eine unzumutbare Belästigung vor, wenn belästigendes Verhalten bewusst und gezielt im eigenen Absatzinteresse angewandt wird (BGH WRP 2005, 485, 487 – *Ansprechen in der Öffentlichkeit II*).

21 b) **Empfinden des Durchschnittsmarktteilnehmers als Maßstab.** Ob eine geschäftliche Handlung zu einer „unzumutbaren Belästigung" führt, beurteilt sich nicht nach dem subjektiven Empfinden des einzelnen Adressaten. Vielmehr ist – wie bei irreführenden oder sonst unangemessen unsachlich beeinflussenden Handlungen – auf den angemessen gut informierten und angemessen aufmerksamen und kritischen Durchschnittsmarktteilnehmer abzustellen (OLG München GRUR-RR 2008, 355, 356). Maßgebend ist insoweit das Empfinden („Reizschwelle") des Durchschnittsmarktteilnehmers (ebenso BGH GRUR 2010, 939 Tz 24 – *Telefonwerbung nach Unternehmenswechsel;* vgl auch Begr RegE UWG 2004 zu § 7 Abs 1, BT-Drucks 15/1487 S 21, wonach die Fälle erfasst werden sollen, in denen sich die Belästigung zu einer solchen Intensität verdichtet hat, dass sie von einem großen Teil der Verbraucher als unerträglich empfunden wird). Wendet sich die Maßnahme gezielt an eine bestimmte Personengruppe (zB Fachleute, Kinder, Hausfrauen, Ausländer, Kranke), ist der Durchschnitt dieser Gruppe maßgebend (vgl § 3 II 2, 3).

22 c) **Interessenabwägung am Maßstab der europäischen und deutschen Grundrechte.** Bei der Prüfung der Unzumutbarkeit sind nicht nur die Interessen der betroffenen Marktteilnehmer zu berücksichtigen, sondern auch die Interessen der handelnden Unternehmen. Darüber hinaus sind auch die Interessen der Werbedienstleister sowie die Interessen der Adressaten, die an nützlicher Information interessiert sind, sowie die Interessen der Mitbewerber zu berücksichtigen. Die Abwägung hat am Maßstab der europäischen und deutschen Grundrechte zu erfolgen. Soweit es den Anwendungsbereich der UGP-Richtlinie angeht, nimmt diese Richtlinie für sich in Anspruch „die insbes in der Charta der Grundrechte der Europäischen Union anerkannten Grundrechte und Grundsätze" zu achten (Erwägungsgrund 25). Von Bedeutung werden die europäischen Grundrechte aber erst bei der Auslegung der UGP-Richtlinie (grundrechtskonforme Auslegung der UGP-Richtlinie). Im verbleibenden, vom europäischen Recht nicht geregelten Bereich des § 7 muss die Auslegung sich an den deutschen Grundrechten orientieren. Das Interesse des Unternehmers an Werbung ist durch Art 5 I (vgl BVerfGE 71, 162, 175 = NJW 1986, 1533) und Art 12 GG, das Interesse der an Werbung interessierten Marktteilnehmer durch Art 2 I und Art 5 I GG geschützt. Demgegenüber ist das Interesse, von Werbung verschont zu bleiben, durch Art 2 I GG und Art 14 GG, ggf auch durch Art 5 I GG (zur **negativen Informationsfreiheit** als Bestandteil des Grundrechts aus Art 5 I GG vgl *Fikentscher/Möllers* NJW 1998, 1337, 1340 mwN) und, soweit Unternehmer betroffen sind, nach Art 12 GG geschützt. Auch das durch die Art 5, 12 GG geschützte Interesse der Mitbewerber, ihre eigene Werbung zur Geltung zu bringen, ist einzubeziehen (BGH GRUR 1960, 431, 432 – *Kraftfahrzeugnummernschilder*). Bei der Abwägung der grundgesetzlich geschützten Interessen von Werbendem und Umworbenem ist grds das Interesse des Umworbenen an einer ungestörten Individualsphäre höher zu bewerten, weil dem Werbenden idR ausreichende sonstige Werbemöglichkeiten zu Gebote stehen (vgl BGH WRP 2005, 485, 487 – *Ansprechen in der Öffentlichkeit II*).

d) **Einzelne Beurteilungskriterien.** Bei der Beurteilung der Unzumutbarkeit einer Belästigung ist zunächst zu fragen, ob einer der Spezialtatbestände des § 7 II oder ein Tatbestand der Schwarzen Liste (Anh zu § 3 III) verwirklicht ist. Ist dies nicht der Fall, greift also der Auffangtatbestand des § 7 I ein, so können folgende Umstände eine Rolle spielen:

aa) **Intensität des Eingriffs in die private oder berufliche Sphäre.** Am stärksten greift ein **unerbetener persönlicher Kontakt** des Handelnden zum Adressaten in dessen Interessenkreis ein. Dazu gehören die Fälle des *„Ansprechens in der Öffentlichkeit"* (Rdn 63 ff), der *„Haustürwerbung"* (Rdn 38 ff), weil es hier einer persönlichen Anstrengung bedarf, um sich der Werbung zu entziehen. Bei der Übermittlung von **verkörperter Werbung** ist insbes zu berücksichtigen, welche Kosten und Mühen die Fernhaltung, Erkennung und Entsorgung des Werbematerials verursacht.

bb) **Möglichkeit zum Vorgehen in schonenderer Weise.** Kann der Handelnde sein (insbes werbliches) Anliegen ebenso gut in einer Weise verwirklichen, die mit einer geringeren Belästigung des Adressaten verbunden ist, ist auch dies zu berücksichtigen.

cc) **Ausweichmöglichkeiten des Adressaten.** Hier kann eine Rolle spielen, welches Maß an Zeit, Arbeit und Kosten der Adressat aufwenden muss, um der Werbung zu entgehen oder sich ihrer zu entledigen. Dies kann bei den einzelnen Werbemethoden sehr unterschiedlich sein. Am Beispiel einer aufdringlichen Lautsprecherwerbung: Sie kann durchaus eine Belästigung des Publikums darstellen. Allerdings wird diese Belästigung idR nicht unzumutbar sein, da sich die betroffenen Personen ihr durch Weitergehen oder Verlassen des Geschäfts entziehen können. Besteht diese Möglichkeit jedoch nicht, wie zB bei einer Lautsprecherwerbung in einem Flugzeug oder einem Zug, bleibt der Rückgriff auf § 7 I 1 offen.

dd) **Gefahr der Summierung der Belästigung.** Die mit einer bestimmten Werbemethode verbundene Belästigung der Umworbenen kann in Grenzfällen ein so geringes Ausmaß besitzen, dass sie, solange sie nicht massiv auftritt, gerade noch hinnehmbar erscheint (zu **„Ausreißer"**-Fällen vgl Rdn 105). Die Unzumutbarkeit einer Belästigung kann sich jedoch auch aus der Gefahr ihrer Summierung ergeben. Denn mag auch die Belästigung im einzelnen Fall geringfügig sein, so kann sie sich doch im Falle ihrer Wiederholung oder Nachahmung durch Dritte zu einer unerträglichen Beeinträchtigung der Betroffenen auswachsen. Daher sind stets auch die Folgen zu berücksichtigen, wenn die Werbung im Einzelfall erlaubt würde. Wäre damit zu rechnen, dass andere Unternehmen in größerer Zahl die gleiche Methode anwenden und es durch die Nachahmung zu einer Summierung der Belästigung kommt, so kann auch diese Auswirkung die Unlauterkeit einer Werbemaßnahme begründen (BGH WRP 2005, 485, 486 – *Ansprechen in der Öffentlichkeit II*). Dies entspricht der Rspr zu § 1 aF (vgl BGH GRUR 1959, 277 – *Künstlerpostkarten;* BGH GRUR 1960, 431 – *Kraftfahrzeugnummernschilder;* BGH GRUR 1965, 315, 316 – *Werbewagen;* BGH GRUR 1967, 430, – *Grabsteinaufträge I;* BGH GRUR 1970, 523, 524 – *Telefonwerbung I;* BGH GRUR 1973, 210, 212 – *Telex-Werbung;* BGH GRUR 1975, 264, 266 – *Werbung am Unfallort I;* BGH GRUR 1975, 264, 266 – *Werbung am Unfallort II;* BGH GRUR 1980, 790 – *Werbung am Unfallort III;* BGH GRUR 2000, 235 – *Werbung am Unfallort IV*).

IV. Schutz der Marktteilnehmer

§ 7 I 1 schützt nur **„Marktteilnehmer"** vor unzumutbarer Belästigung. Das sind nach der Legaldefinition in § 2 I Nr 2 „neben Mitbewerbern und Verbrauchern alle Personen, die als Anbieter oder Nachfrager von Waren oder Dienstleistungen tätig sind". Dritte werden daher nur geschützt, wenn sie von der geschäftlichen Handlung in ihrer Eigenschaft als Marktteilnehmer angesprochen werden. Geht bspw von einer Werbeveranstaltung auf einem Grundstück ruhestörender Lärm aus, durch den sich Dritte gestört fühlen, erfüllt dies zwar möglicherweise einen Deliktstatbestand, nicht aber den Tatbestand des § 7 I 1.

Wie bereits aus dem Wortlaut des § 7 I 1 („ein Marktteilnehmer") hervorgeht, kann der Tatbestand bereits dann erfüllt sein, wenn nur **ein einziger** Marktteilnehmer von der Handlung betroffen ist. Der mögliche Einwand des Handelnden, es habe sich um ein einmaliges Versehen (**„Ausreißer"**) gehandelt, ist unbeachtlich, soweit es um den Unterlassungs- und Beseitigungsanspruch geht. Anders kann es sich bei dem verschuldensabhängigen Schadensersatzanspruch eines Mitbewerbers und bei dem ebenfalls verschuldensabhängigen Vertragsstrafenanspruch verhalten.

30 In der Praxis steht sicher der Schutz der **Verbraucher** im Vordergrund. Maßgebend ist nach § 2 II insoweit der Verbraucherbegriff des § 13 BGB. Darüber hinaus schützt § 7 I 1 **alle sonstigen als Anbieter oder Nachfrager von Waren oder Dienstleistungen tätigen Personen.** Darunter fallen insbes Unternehmen, Verbände und die öffentliche Hand. Auch sie haben ein schutzwürdiges Interesse vor unzumutbarer Belästigung durch geschäftliche Handlungen, insbes Werbemaßnahmen, bewahrt zu werden. Weitergehend schützt § 7 I 1 auch die **Mitbewerber** (iSd § 2 I Nr 3). Dabei kommt insbes der Fall in Betracht, dass ein Unternehmer (oder ein von ihm beauftragter Headhunter) mittels Telefonanrufen im Betrieb eines Mitbewerbers dessen Mitarbeiter abzuwerben versucht. Solche Maßnahmen sind nicht nur nach §§ 3, 4 Nr 10 (vgl § 4 Rdn 10.112), sondern auch nach § 7 I 1 zu beurteilen. Ausschließlich nach § 7 I 1 zu beurteilen sind geschäftliche Handlungen, die den Mitbewerber nicht im Wettbewerb behindern, sondern nur seine geschäftliche Tätigkeit stören, wie zB hartnäckige und daher belästigende Versuche, einen Mitbewerber zur Teilnahme an einem Kartell oder an einem Boykott zu bewegen.

C. Der Beispielstatbestand des § 7 I 2

I. Die Regelung und ihre Rechtsnatur

31 Nach § 7 I 2 gilt die Regelung des § 7 I 1 „insbes für Werbung, obwohl erkennbar ist, dass der angesprochene Marktteilnehmer diese Werbung nicht wünscht." Wie sich aus dem Wortlaut der Vorschrift („insbes") ergibt, handelt es sich lediglich um einen (abstrakt gefassten) **Beispielstatbestand** der unzumutbaren Belästigung. Aus ihr ist daher nicht der Umkehrschluss zu ziehen, eine Werbung stelle so lange keine Belästigung dar, als der Umworbene nicht erklärt habe, er wünsche sie nicht (vgl Begr RegE UWG 2004 zu § 7 Abs 2 Nr 1, BT-Drucks 15/1487 S 21). Ob und inwieweit andere Werbeformen zu einer „unzumutbaren Belästigung" führen, ist vielmehr von der Rspr zu klären (Begr RegE UWG 2004 zu § 7 Abs 2, BT-Drucks 15/1487 S 21).

II. Das Verhältnis zu den Tatbeständen des § 7 II

32 Die Regelung des § 7 I 2 war früher in § 7 II Nr 1 aF enthalten. Da die Tatbestände des § 7 II als per-se-Verbote ausgestaltet sind, wie sich aus dem Wortlaut („stets") ergibt, sah sich der Gesetzgeber veranlasst, den Tatbestand der erkennbar unerwünschten Werbung in den § 7 I 1 zu verschieben, um nicht mit der UGP-Richtlinie in Konflikt zu kommen (vgl Begr RegE UWG 2009 zu § 7, BT-Drucks 16/10145 S 57 ff). Damit soll zugleich zum Ausdruck gebracht werden, dass bei der Beurteilung der Unzumutbarkeit der Belästigung grds alle Umstände des Einzelfalls zu berücksichtigen sind.

III. Anwendungsbereich des § 7 I 2

1. Beschränkung auf Individualwerbung

33 Zum Begriff der **Werbung** vgl § 2 Rdn 15. Nach Sinn und Zweck der Regelung fällt darunter nicht nur die **Absatzwerbung,** sondern auch die **Nachfragewerbung,** also das Bemühen um den Bezug von Waren oder Dienstleistungen (vgl Rdn 129, 181; BGH GRUR 2008, 923 Tz 12 – *Faxanfrage im Autohandel;* BGH GRUR 2008, 925 Tz 16 – *FC Troschenreuth;* OLG Karlsruhe GRUR-RR 2010, 51, 52; vgl auch *Nippe* WRP 2006, 951, 956). Die Regelung bezieht sich aber nur auf die **Individualwerbung,** also die gezielt gegenüber einer Person vorgenommene Werbung (ebenso *Sosnitza* GRUR 2003, 739, 744; aA Harte/Henning/*Ubber* § 7 Rdn 79). Dies ergibt sich ua daraus, dass die Vorschrift nur den **„angesprochenen"** Marktteilnehmer schützt. **Allgemeinwerbung,** also Werbung, die sich an einen unbestimmten Personenkreis wendet, wie zB Plakat- oder Medienwerbung, kann zwar ebenfalls vom Einzelnen als unzumutbare Belästigung empfunden werden, fällt aber nicht unter § 7 I 2. IdR ist der Einzelne insoweit auch nicht schutzbedürftig, da er sich einer solchen Werbung ohne Weiteres entziehen kann (zB durch Wegsehen oder Weggehen). Besteht diese Möglichkeit nicht, wie zB bei einer aufdringlichen Lautsprecherwerbung in einem Flugzeug oder einem Zug, bleibt der Rückgriff auf § 7 I 1 offen.

2. Beschränkung auf die Form der Werbung

34 Die Regelung bezieht sich nur auf die Form der Werbung, dh auf die Art und Weise, wie die Werbung dem Empfänger nahe gebracht wird, nicht auch auf den Inhalt der Werbung (vgl Begr RegE UWG 2004 zu § 7, BT-Drucks 15/1487 S 207; Rdn 19; aA *Haslinger* WRP 2008, 1052,

1056). Zwar mag vielfach der Inhalt einer Werbung vom Empfänger als Beeinträchtigung seiner Gefühle und Anschauungen empfunden werden (wie zB in den *Benetton*-Fällen). Darum geht es aber bei § 7 I 2 nicht. Vielmehr geht es lediglich darum, ob und inwieweit eine Werbung jemandem gegen seinen Willen aufgedrängt werden darf, so dass er gezwungen ist, sich damit auseinanderzusetzen.

3. Beschränkung auf die erkennbar unerwünschte Werbung

Die Regelung bezieht sich nur auf die erkennbar unerwünschte Werbung. Ob der Wunsch, nicht mit der Werbung konfrontiert zu werden, schon vor Beginn der Werbemaßnahme geäußert wird (**Beispiel:** Briefkastenaufkleber „Werbung unerwünscht"; dazu Rdn 103 ff) oder erst zu einem späteren Zeitpunkt (**Beispiel:** Aufforderung an Werber, das Haus zu verlassen), ist unerheblich. Aus der Regelung ist aber **kein Umkehrschluss** zu ziehen, dass jede Werbung so lange zulässig ist, als kein entgegenstehender Wille erkennbar ist. Denn in vielen Fällen kann der Empfänger einen entgegenstehenden Willen gar nicht sofort erkennbar machen, wie etwa bei dem Ansprechen in der Öffentlichkeit (Rdn 63 ff) oder bei der Zusendung unbestellter Waren (vgl Rdn 77; Begr RegE UWG 2004 zu § 7 Abs 2 Nr 1; BT-Drucks 15/1487 S 21).

IV. Normzweck

Die Norm dient vor allem dem Schutz der privaten und beruflichen **Individualsphäre** des Umworbenen vor Beeinträchtigung (vgl Rdn 2). Aus dem Blickwinkel des Bürgerlichen Rechts geht es zum einen um die Beeinträchtigung des **allgemeinen Persönlichkeitsrechts.** Der Wille des Einzelnen, sich mit unerbetener Werbung auseinandersetzen zu müssen, ist als Ausfluss seines personalen Selbstbestimmungsrechts schutzwürdig und hat Vorrang vor dem Interesse des Werbenden an „freier Meinungsäußerung". Zum anderen dient die Norm, soweit die Werbemaßnahme die räumlich-gegenständliche Sphäre des Empfängers gegen seinen Willen beeinträchtigt, dem Schutz von **Besitz und Eigentum.** Das Interesse der werbenden Wirtschaft hat insoweit zurückzutreten (BGHZ 106, 229, 233 f = GRUR 1989, 225 – *Handzettel-Wurfsendung*). Darüber hinaus schützt die Norm auch die **Entscheidungsfreiheit** der angesprochenen Werbeadressaten (Rdn 3). Geschützt wird jeder durch die Werbung angesprochene Marktteilnehmer. Die Vorschrift ist also nicht auf den Schutz der Verbraucher beschränkt.

V. Erkennbarkeit des entgegenstehenden Willens

Für den Werbenden muss **„erkennbar"** sein, „dass der Empfänger diese Werbung nicht wünscht". Der entgegenstehende Wille kann auf Grund der **äußeren Umstände** erkennbar sein. Das ist insbes anzunehmen, wenn der Werbende das Werbematerial dem Empfänger außerhalb der verkehrsüblichen Zugangseinrichtungen **aufdrängt,** wie etwa beim Anbringen von Prospekten an der Windschutzscheibe („Scheibenwischerwerbung"; Rdn 117) oder beim Ablegen von Anzeigenblättern im Hausflur. In den übrigen Fällen muss der Empfänger seinen **entgegenstehenden Willen geäußert,** also irgendwie zum Ausdruck gebracht haben. Darüber hinaus muss dies in einer Weise geschehen sein, dass gerade der Werbende bei Anwendung der gebotenen Sorgfalt diesen Willen **erkennen** kann. **Beispiele:** Hat ein Unternehmer einem Vertreter schriftlich mitgeteilt, dass er keine Besuche mehr wünsche, so muss die Erklärung dem Vertreter zugegangen (§ 130 BGB analog) sein, um ihre Wirkung zu entfalten. Dass der Werbende den entgegenstehenden Willen tatsächlich gekannt hat, ist dagegen nicht erforderlich.

D. Fallgruppen zu § 7 I

I. Haustürwerbung

1. Allgemeines

a) Begriff und wirtschaftliche Bedeutung. Unter „Haustürwerbung" ist das Aufsuchen potenzieller Kunden in ihren privaten oder betrieblichen Räumlichkeiten mit dem Ziel der Absatzwerbung zu verstehen. Dieser Direktvertrieb von Waren und Dienstleistungen hat einen Strukturwandel erlebt. Während vor dem 2. Weltkrieg der Hausierhandel des kleinen selbstständigen Händlers im Vordergrund stand, kam es in der Nachkriegszeit mehr und mehr zum Direktvertrieb von Unternehmen und der Einschaltung eines Außendienstes („Vertreterbesuche"). Wegen seiner hohen Kosten für den Vertretereinsatz ist die wirtschaftliche Bedeutung des

Direktvertriebs zwar im Vergleich zum gesamten Einzelhandelsumsatz gering. Absolut gesehen kommt ihm aber immer noch eine wichtige wirtschaftliche Bedeutung zu.

39 **b) Unionsrecht.** Eine unionsrechtliche Regelung der Zulässigkeit der Haustürwerbung besteht nur partiell. Der EuGH (Slg 1989, 1235 – *Buet*) hielt eine französische Regelung, die den Verkauf von pädagogischen Materialien und den Abschluss von Unterrichtsverträgen im Wege der Haustürwerbung verbot, für nicht unvereinbar mit (jetzt) Art 34 AEUV. Maßgebend war dafür die Erwägung, dass auf diesem Gebiet die Einräumung eines Rücktrittsrechts nicht ausreiche und ein völliges Verbot der Kundenwerbung an der Haustür erforderlich sei. – Diesen Ausführungen ist jedoch nicht ohne Weiteres im Umkehrschluss zu entnehmen, dass die Haustürwerbung in anderen Fällen zuzulassen sei. Denn der EuGH hatte es nur mit einer Regelung zu tun, die den Schutz des Verbrauchers vor Überrumpelung und Täuschung bezweckte. Der im deutschen Recht im Vordergrund stehende Gesichtspunkt der unzumutbaren Belästigung des Verbrauchers spielte in diesem Verfahren keine Rolle. – Nach **Anh I Nr 25 UGP-Richtlinie** ist es schlechthin unlauter, die Aufforderung des Verbrauchers bei persönlichen Besuchen in dessen Wohnung, diese zu verlassen bzw nicht zurückzukehren, nicht zu beachten, außer in den Fällen und in den Grenzen, in denen dies nach nationalem Recht gerechtfertigt ist, um eine vertragliche Verpflichtung durchzusetzen. Daraus ist aber ebenfalls nicht der Umkehrschluss zu ziehen, dass der unerbetene Hausbesuch im Übrigen zulässig ist. Vielmehr kommt es insoweit auf die Umstände des Einzelfalls an.

40 **c) Bürgerliches Recht.** Verträge, die auf Grund einer im Einzelfall wettbewerbswidrigen Haustürwerbung zu Stande gekommen sind, sind nicht schon aus diesem Grund nichtig oder anfechtbar. Jedoch steht dem Kunden unter bestimmten Voraussetzungen bei Haustürgeschäften (gleichgültig, ob das Vorgehen dabei wettbewerbswidrig war oder nicht) nach §§ 312 I, 355 BGB ein **Widerrufsrecht** zu. – Die unerbetene Haustürwerbung kann eine **Eigentums-** bzw **Besitzstörung** iSd §§ 1004, 858 BGB sein. So etwa, wenn ein Werber ein erkennbares Hausverbot missachtet oder sich nach Aufforderung des Wohnungsinhabers nicht entfernt.

2. Unerbetene Haustürwerbung als unzumutbare Belästigung?

41 **a) Problematik.** „Der Verkauf an der Haustür ist eine der am meisten umstrittenen Verkaufstechniken, die im Laufe dieses Jahrhunderts erdacht und entwickelt wurden." (Generalanwalt *Tesauro* im Fall EuGH Slg 1989, 1235, 1240 – *Buet*). Die rechtliche Problematik besteht darin, dass der Verkauf an der Haustür einerseits eine lange Tradition besitzt und für viele Verbraucher eine bequeme Möglichkeit des Produkterwerbs darstellt, andererseits aber zu einer nicht unbeträchtlichen Beeinträchtigung der Privatsphäre der Verbraucher und zur Überrumpelung der Verbraucher führen kann. Dem gilt es, bei der lauterkeitsrechtlichen Beurteilung Rechnung zu tragen.

42 **b) Haustürwerbung als unzumutbare Belästigung iSv § 7 I 2?** Der unerbetene Hausbesuch zu Werbezwecken stellt eine unzumutbare Belästigung iSv § 7 I 2 dar, wenn der Werbende ein erkennbares Verbot des **Wohnungsinhabers** („Betteln und Hausieren verboten"; „Für Vertreter verboten") missachtet (LG Hamburg WRP 1987, 272). Dies gilt gleichermaßen für erkennbare Besuchsverbote oder Besuchsbeschränkungen, die ein **Unternehmer** ausgesprochen hat (zB „Vertreterbesuche nur zwischen 14:00 und 17:00").

43 **c) Haustürwerbung als unzumutbare Belästigung iSv § 7 I 1? aa) Entwicklung der Rspr. (1) Rspr zum UWG 1909.** Die **ältere Rspr** zu § 1 aF (BGH GRUR 1955, 541 – *Bestattungswerbung*; BGH GRUR 1959, 277, 280 – *Künstlerpostkarten*; BGHZ 54, 188, 193 = GRUR 1970, 523 – *Telefonwerbung I*; BGH GRUR 1967, 430, 431 – *Grabsteinaufträge I*; BGH GRUR 1971, 317 – *Grabsteinaufträge II*) beurteilte die Zulässigkeit von Vertreterbesuchen im Einzelfall unter Berücksichtigung aller Umstände. Die **neuere Rspr** zu § 1 aF (BGH GRUR 1994, 380, 382 – *Lexikothek* = LM UWG § 1 Nr 643 mit Anm *Köhler*; BGH GRUR 1994, 818, 819 – *Schriftliche Voranmeldung*) sah dagegen den ohne vorheriges Einverständnis getätigten Hausbesuch bei Verbrauchern oder Unternehmern grds als wettbewerbsrechtlich zulässig an, sofern nicht auf Grund bes Umstände die Gefahr einer untragbaren oder sonst wettbewerbswidrigen Belästigung oder Beunruhigung des privaten Lebensbereichs gegeben sei. Denn Vertreterbesuche lägen im Rahmen einer traditionell zulässigen gewerblichen Betätigung, wovon auch die Gewerbeordnung (§§ 55 ff GewO) und die Vorschriften über Haustürgeschäfte (§ 312 I BGB) ausgingen. Dass ein Teil der Bevölkerung diese Werbemethode als belästigend erachte, spiele für die lauterkeitsrechtliche Bewertung keine Rolle (BGH GRUR 1994, 818, 819 – *Schriftliche Vor-*

D. Fallgruppen zu § 7 I   44–47   § 7 UWG

anmeldung). Eine abweichende Bewertung würde einen unzulässigen Eingriff in die Berufsausübungsfreiheit (Art 12 GG) darstellen. Denn die mit jedem Besuch im Privatbereich verbundene Störung oder Belästigung reiche allein nicht aus, um ein generelles Verbot dieser Art von Werbung zu rechtfertigen (BGH GRUR 1994, 818, 819 – *Schriftliche Voranmeldung*). Weiter lasse sich im Wege eines Umkehrschlusses anführen, dass der Gesetzgeber nur in einem Fall unangemeldete Hausbesuche ausdrücklich verboten habe (§ 17 FernUSG).

(2) Rspr zum UWG 2004. Unter Geltung des § 7 UWG 2004 hat der BGH (in einem **44** obiter dictum ausgeführt, dass Hausvertreterbesuche „seit jeher als zulässig erachtet worden" seien (BGH GRUR 2004, 699, 701 – *Ansprechen in der Öffentlichkeit I*).

bb) Schrifttum. Teile des Schrifttums (Harte/Henning/*Ubber* § 7 Rdn 48; jurisPK/*Koch* § 7 **45** Rdn 63 ff) folgen der Rspr. Doch mehren sich die Vorbehalte gegen die grds Zulässigkeit unangemeldeter Hausbesuche. Vornehmlich wird die unterschiedliche Behandlung unerbetener Telefonanrufe und unerbetener Hausbesuche kritisiert (Fezer/*Mankowski* § 7 Rdn 181; Piper/ Ohly/*Sosnitza* § 7 Rdn 80; *Ulrich*, FS Vieregge, 1995, 901, 912; *Scherer* S 120; *Köhler* Anm zu BGH LM UWG § 1 Nr 643). Denn die Zwangssituation, in die Wohnungsinhaber bei unerbetenen Hausbesuchen gerieten, sei auf Grund der Überraschungswirkung und des persönlichen Kontakts grds stärker als bei einem unerbetenen Telefonanruf, dem man mit Auflegen des Hörers sofort begegnen könne. Der wettbewerbsrechtlichen Bewertung stünden die §§ 55 ff GewO nicht entgegen (*Ulrich* aaO S 914). Auch die Vorschriften über Haustürgeschäfte (§ 312 I BGB) sprächen nicht dagegen, da sie allein an das soziale Faktum von Haustürgeschäften und ähnlichen Geschäften anknüpften und den Verbraucher lediglich vor den Folgen einer möglichen Überrumpelung schützen wollten. Die Regelung erfülle ihren Sinn auch und gerade dann, wenn die Art der Vertragsanbahnung zweifelsfrei wettbewerbswidrig sei, wie beim „überraschenden Ansprechen in Verkehrsmitteln oder im Bereich öffentlich zugänglicher Verkehrswege" iSv § 312 I Nr 3 BGB (*Scherer* S 128). Daher käme lediglich das Besitzstandswahrungsargument in Betracht. Zulässig sei daher nur der Direktvertrieb durch seriöse Unternehmen, die seit Jahren ihre Waren im Direktvertrieb absetzten, einen festen Kundenkreis erworben und ihr Absatzsystem durch die Auswahl und laufende Beaufsichtigung der Mitarbeiter so organisiert hätten, dass grds keine Missstände einträten (*Baumbach/Hefermehl*, 22. Aufl, § 1 aF Rdn 75 b). Indessen wurde gegen die Besitzstandswahrung angeführt, dass dem durch eine Ankündigung einer Rechtsprechungsänderung Rechnung getragen werden könne (*Paefgen* WRP 1994, 73, 76 ff) und dass sich die sozialen Verhältnisse gewandelt hätten (*Scherer* S 123). Teils wurde die Auffassung vertreten, der Gesetzgeber solle eingreifen und die unerbetene Haustürwerbung generell (*Nordemann* Rdn 183) oder doch partiell (*Krüger-Nieland* GRUR 1974, 561, 563 f) verbieten. Teils wurde die Auffassung vertreten, die unerbetene Hausbesuche bei Privaten für generell unzulässig erachtet (*Völp* GRUR 1979, 435, 436; *v Hippel* BB 1983, 2024; *Borck* WRP 1980, 184, 188; *Scherer* S 120 ff; *Köhler* Anm zu BGH LM UWG § 1 Nr 643 – *Lexikothek; Beater* § 16 Rdn 43).

cc) Stellungnahme. (1) Grundsatz. Unter Geltung des § 7 ist zu fragen, ob unerbetene **46** Hausbesuche eine **unzumutbare Belästigung** darstellen. Dass der Hausbesuch eine Belästigung der aufgesuchten Personen zur Folge hat, liegt auf der Hand. Die Frage ist nur, ob die Belästigung so stark ist, dass sie – auch unter Berücksichtigung der Interessen der Werbenden – unzumutbar ist. Das ist dann anzunehmen, wenn **weder eine tatsächliche noch eine mutmaßliche Einwilligung** des Wohnungsinhabers vorliegt (Rdn 51). Das ergibt sich aus folgenden Erwägungen:

(2) Hoher Belästigungsgrad. Nicht beizupflichten ist dem BGH zunächst einmal in der **47** Bewertung des Grades der Belästigung, der von einem unangemeldeten Hausbesuch ausgeht. Um die unterschiedliche Behandlung von Telefonwerbung und Haustürwerbung zu rechtfertigen, weist der BGH (GRUR 1994, 380, 381 – *Lexikothek*) auf folgende Gesichtspunkte hin: Hausbesuche würden im Allgemeinen tagsüber stattfinden und sich auf Werktage beschränken, Telefonanrufe seien zeitlich unbeschränkt möglich. Ein Vertreterbesuch an der Haustür könne als solcher bald erkannt und abgelehnt werden. Wiederholte Anrufe in der gleichen Angelegenheit seien eher möglich als wiederholte Vertreterbesuche. Unternehmen hätten bei der Telefonwerbung nicht denselben Kostenaufwand wie bei Hausbesuchen. – Dem ist entgegenzuhalten, dass eine Werbemethode, die ganz überwiegend von der Bevölkerung als belästigend empfunden wird (vgl *Ulrich*, FS Vieregge, 1995, 901, 912, der von einer Infratest-Umfrage im Auftrag des Direktvertriebsunternehmens Vorwerk berichtet. Demzufolge lehnen 77% einen Direktvertrieb an der Haustür entschieden ab und 15% tolerieren ihn nur mit Einschränkungen; vgl weiter *Schade* S 43 ff), nicht aus dem Grund hingenommen werden kann, weil sie aus Kostengründen

„sparsamer" eingesetzt wird als eine andere Werbemethode. Vor allem aber trifft es nicht zu, dass ein Vertreterbesuch mit einer geringeren Belästigung verbunden sei, weil leichter abwehrbar als ein Telefonanruf. Zunächst einmal muss der Wohnungsinhaber sich zur Tür (oder Haussprechanlage) begeben, um festzustellen, wer ihn sprechen möchte. Diese Störung lässt sich nicht mehr rückgängig machen, selbst wenn der Vertreter kurz abgefertigt wird. Auch lässt sich das werbliche Anliegen des Besuchers meist nicht sofort feststellen, da dieser – aus verkaufspsychologischen Gründen – nicht sofort mit seinem Anliegen hervortreten wird. Ist aber das Werbeanliegen erkannt, so bedarf es – im Vergleich zu einem anonymen Anrufer – einer größeren Anstrengung, den vor einem stehenden Werber abzuweisen, ohne sich auf eine Auseinandersetzung mit ihm einzulassen (hierzu treffend *Krüger-Nieland* GRUR 1974, 561, 563; *Ulrich* aaO S 901, 912; *Scherer* S 121). Mit Recht hat der XI. Senat des BGH (NJW 1996, 929, 930) im Zusammenhang mit Haustürgeschäften darauf hingewiesen, „dass es dem Kunden leichter fällt, ein Telefongespräch abzubrechen als einen Besucher aus der Wohnung zu weisen". – Da der Wohnungsinhaber idR nicht weiß und erkennen kann, wer ihn sprechen möchte, liegt auch die Parallele zum überraschenden Ansprechen durch einen als solchen nicht erkennbaren Werber in der Öffentlichkeit auf der Hand. Wenn die Rspr diese Art Werbung als unzumutbare Belästigung ansieht (Rdn 65), ist es nur folgerichtig, diese Wertung auch auf den unerbetenen Hausbesuch zu übertragen (aA jurisPK/*Koch* § 7 Rdn 63). Auch für diese Werbemethode gilt, dass die Belästigung nicht nur eine ungewollte oder nur gelegentliche Nebenwirkung ist, sondern bewusst und gezielt als Mittel im eigenen Interesse eingesetzt wird (vgl BGH GRUR 2005, 443, 445 – *Ansprechen in der Öffentlichkeit II*). Hinzu kommt, dass der Hausbesuch im Vergleich zum überraschenden Ansprechen in der Öffentlichkeit einen stärkeren Eingriff in die Individualsphäre des Umworbenen darstellt. Der Straßenwerber kann nämlich leichter, durch schlichtes Weitergehen abgeschüttelt werden als der Haustürwerber, zumal dann, wenn dieser sich schon Zutritt zur Wohnung verschafft hat (ebenso *Ulrich* aaO S 901, 913; *Scherer* S 121). Die Annahme, der Durchschnittsbürger fühle sich in den eigenen vier Wänden sicherer als in der Öffentlichkeit und es falle ihm daher leichter, unerwünschte Werber zurückzuweisen, trifft nicht zu. – Es ist daher festzuhalten, dass der Hausbesuch eine stärkere Belästigung zur Folge hat als ein bloßer Telefonanruf oder als das Ansprechen in der Öffentlichkeit. – Es ist dem Privaten auch nicht zumutbar, selbst für seinen Schutz zu sorgen, etwa durch Anbringung von Schildern an der Haustür, die Vertreterbesuche untersagen (ebenso *Scherer* S 129; aA *Lehmann* GRUR 1974, 133, 138; *Hefermehl* GRUR 1980, 622, 627), zumal solche Schilder deutlich lesbar sein müssten und daher verunzierend wirken könnten. – Bei der Abwägung zwischen dem Interesse des Gewerbetreibenden an freier Berufsausübung (Art 12 GG) und dem Interesse des Einzelnen an Wahrung seiner Privatsphäre (Art 2 GG) hat daher das Interesse des Unternehmers an unerbetener Haustürwerbung zurückzutreten.

48 **(3) Keine schutzwürdigen Besitzstände.** Das Besitzstandsargument (Art 14 GG) kann von vornherein nur für konkrete Unternehmen gelten, die bereits längere Zeit im Direktvertrieb tätig sind und entspr Investitionen getätigt haben. Nicht dagegen kann es für Branchen als solche gelten (ebenso *Ulrich*, FS Vieregge, 1995, 901, 913). Hinzu kommt, dass sich die wirtschaftlichen und sozialen Verhältnisse stark gewandelt haben (hierzu *Scherer* S 122 ff). Das spiegelt sich bei den Waren und Dienstleistungsarten wider, die in heutiger Zeit „an der Haustür" verkauft werden (Kosmetika; Zeitschriften; Versicherungen; Weine; Unterrichtsmaterialien; Staubsauger; Teppiche). – Hatte früher der Hausierhandel, insbes auf dem flachen Land, seine Berechtigung („Scherenschleifer und Kesselflicker"; OLG Hamburg WRP 1992, 728, 729), so ist heute ein wirtschaftliches Bedürfnis der Bevölkerung an dieser Form des Absatzes von Waren und Dienstleistungen kaum mehr zu erkennen. In der Hauptsache geht es bei den Hausbesuchen darum, Bestellungen zu akquirieren und nicht – wie früher – die Bevölkerung unmittelbar mit Waren und Dienstleistungen zu versorgen. Im Übrigen ist die Mobilität der Bevölkerung deutlich gestiegen und die Direktlieferung durch den Versandhandel ins Haus möglich. – Selbst wenn man aber das Besitzstandsargument grds gelten ließe (ablehnend BVerfGE 32, 311, 319 = NJW 1972, 573, 574), so kann es doch nicht einen ewigen Fortbestand einer Vertriebsmethode rechtfertigen, wenn sie gewandelten Wertvorstellungen nicht mehr entspricht (ebenso *Ulrich*, FS Vieregge, 1995, 901, 914; Fezer/*Mankowski* § 7 Rdn 189). Vielmehr würde dies allenfalls eine Umstellungsfrist oder Übergangszeit rechtfertigen (*Paefgen* WRP 1994, 73, 76 ff).

49 **(4) Keine Präjudizierung durch gewerberechtliche Vorschriften.** Dass die §§ 55 ff GewO das sog Reisegewerbe in weiten Bereichen zulassen, kann die wettbewerbsrechtliche Bewertung von Hausbesuchen nicht präjudizieren (ebenso BGH GRUR 1998, 1041, 1042 – *Verkaufsveranstaltung in Aussiedlerwohnheim*). Denn die Zulässigkeit des Reisegewerbes in den von der GewO gezogenen Grenzen wird nicht dadurch ausgehöhlt, dass man – wie hier vorgeschlagen (Rdn 117) – die wettbewerbsrechtliche Zulässigkeit von Hausbesuchen vom tatsächlichen oder mutmaßlichen Einverständnis des Umworbenen abhängig macht. Der im Reisegewerbe Tätige hat noch andere Möglichkeiten, „ohne vorherige Bestellung" (§ 55 GewO) Kunden auf sich aufmerksam zu machen, als durch Klingeln an der Haustür (vgl *Scherer* S 124 f).

(5) Keine Präjudizierung durch Vorschriften über Haustürgeschäfte. Auch die Vorschriften über Haustürgeschäfte (§ 312 BGB) lassen keinen Rückschluss auf die grds wettbewerbsrechtliche Zulässigkeit unerbetener Hausbesuche zu (ebenso BGH GRUR 1998, 1041, 1042 – *Verkaufsveranstaltung in Aussiedlerwohnheim;* BGH GRUR 2000, 235, 236 – *Werbung am Unfallort IV* und BGH WRP 2005, 485, 487 – *Ansprechen in der Öffentlichkeit I* zum unerlaubten Ansprechen in der Öffentlichkeit). Sie bezwecken nicht den Schutz vor Belästigung, sondern lediglich den Schutz der Verbraucher vor unüberlegten Geschäften durch Zuerkennung eines Widerrufsrechts. Das UWG könnte einen effektiven Überrumpelungsschutz im Übrigen gar nicht leisten, da das infolge eines Wettbewerbsverstoßes zu Stande gekommene sog Folgegeschäft grds zivilrechtlich wirksam ist. Der Schutz durch § 312 BGB gilt auch unabhängig davon, ob der Hausbesuch im Einzelfall wettbewerbswidrig war oder nicht. Dies zeigt sich gerade beim „überraschenden Ansprechen in Verkehrsmitteln oder im Bereich öffentlicher Verkehrsflächen" (§ 312 I Nr 3 BGB), das stets als wettbewerbswidrig angesehen wurde. Dem Gesetzgeber ging es lediglich um die Regelung des sozialen Faktums von Haustürgeschäften, das unabhängig davon besteht, ob unerbetene Hausbesuche als wettbewerbswidrig angesehen werden oder nicht (vgl *Ulrich*, FS Vieregge, 1995, 901, 914 f). Schließlich gilt § 312 BGB nicht für alle in der Privatwohnung zu Stande gekommen entgeltlichen Geschäfte (vgl § 312 III BGB) und von vornherein nicht für sonstige Geschäfte (zB Mitgliedschaft in Vereinen oder gesetzlichen Krankenversicherungen).

dd) Zulässigkeit der Haustürwerbung nur bei tatsächlichem oder mutmaßlichem Einverständnis. Im Gegensatz zur bisherigen Rspr sollte daher die Haustürwerbung gegenüber **Verbrauchern** nur mit deren **vorheriger tatsächlicher** oder doch **mutmaßlicher Einwilligung** zulässig sein (*Köhler/Lettl* WRP 2003, 1019, 1045 Tz 118; ebenso MünchKommUWG/ *Leible* § 7 Rdn 228; *Piper/Ohly/Sosnitza* § 7 Rdn 80; HdbWettbR/*Hasselblatt* § 61 Rdn 66). Letztlich dient diese Regelung auch dem wohlverstandenen Interesse der seriösen Direktvertriebsunternehmen. Die **tatsächliche** Einwilligung kann unschwer durch vorherige Übersendung von frankierten Antwortkarten oÄ eingeholt werden. Dadurch stellt der Gewerbetreibende auch sicher, dass der Hausbesuch nicht von vornherein zum Scheitern verurteilt ist, zB weil der potenzielle Kunde gar nicht angetroffen wird oder keine Zeit oder Lust für ein Gespräch hat. Allerdings muss die Einwilligungserklärung, da vorformuliert, den Anforderungen des AGB-Rechts entsprechen (zur Parallelproblematik bei der Telefonwerbung vgl Rdn 137 ff). Es bleiben die Fälle, in denen ein tatsächliches Einverständnis nicht eingeholt wird oder aus wirtschaftlichen oder technischen Gründen nicht eingeholt werden kann. Hier ist auf eine **mutmaßliche** Einwilligung abzustellen. Es kommt darauf an, ob im Einzelfall konkrete Umstände vorliegen, die den Schluss erlauben, dass der Wohnungsinhaber dem Hausbesuch aufgeschlossen gegenübersteht. Hier wird man zunächst eine zeitliche Grenze setzen müssen: Hausbesuche zu bestimmten Zeiten, etwa mittags oder abends, werden regelmäßig nicht erwünscht sein. Im Übrigen kann es eine Rolle spielen, in welchen Haushalten sich der Hausbesuch abspielt (vgl auch BGH GRUR 1998, 1041 – *Verkaufsveranstaltung in Aussiedlerwohnheim* = LM UWG § 1 Nr 778 mit Anm *Köhler*), welche wirtschaftliche Bedeutung das angestrebte Geschäft für den Aufgesuchten hat und welche (zB in der Beschaffenheit des Produkts liegende) Gründe der Unternehmer hat, durch unangemeldete Hausbesuche für seine Waren oder Leistungen zu werben. So wird sicher eine mutmaßliche Einwilligung bei der Direktvermarktung land- oder forstwirtschaftlicher Produkte (zB durch Bauern, die Kartoffeln, Obst, Brennholz usw anbieten) anzunehmen sein. Ganz allgemein dürfte ein Einverständnis zu vermuten sein, wenn bereits eine Geschäfts- und damit Vertrauensbeziehung zu einem Unternehmen hergestellt ist und ein bes Grund vorliegt, den Kunden unangemeldet zu Hause aufzusuchen. Dagegen besteht kein Anlass, ein Einverständnis zu vermuten, wenn es etwa um die erstmalige Akquisition von Aufträgen für Zeitschriften, Bücher, Versicherungen usw oder um die „Nachbearbeitung" abgesprungener Kunden (hierzu BGH GRUR 1994, 380, 382 – *Lexikothek*) geht. Dies gilt auch dann, wenn der Besuch schriftlich angemeldet und dem Angeschriebenen Gelegenheit gegeben wurde, mittels beigefügter frankierter Antwortkarte den Besuch abzulehnen (vgl aber BGH GRUR 1994, 818, 819 – Schriftliche Voranmeldung sowie Rdn 53, 120). – Die genannten Grundsätze gelten auch für das

Aufsuchen von Unternehmern in ihren Geschäftsräumen. Es ist daher grds nur mit deren vorherigem, tatsächlichem oder mutmaßlichem Einverständnis zulässig. Eine mutmaßliche Einwilligung ist dann anzunehmen, wenn das Aufsuchen in einem sachlichen Zusammenhang mit dem betreffenden Geschäftsbetrieb steht (vgl OLG Hamburg WRP 1992, 728: Besuch eines Vertreters für Kopiergeräte bei einem Anwalt). Dem Unternehmer steht es aber frei, Besuchsverbote oder Besuchsbeschränkungen aufzustellen, die vom Werbenden dann auch beachtet werden müssen (vgl Rdn 42).

3. Besondere unlauterkeitsbegründende Umstände bei der Haustürwerbung

52   **a) Allgemeines.** Unabhängig davon, ob man die unerbetene Haustürwerbung für grds zulässig oder nach § 7 I für unzulässig erachtet, können jedenfalls besondere Umstände die Unlauterkeit eines Hausbesuchs iSv § 3 begründen.

53   **b) Unangemessene unsachliche Beeinflussung (§ 4 Nr 1).** Der Haustürwerber handelt unlauter nach § 4 Nr 1, wenn er durch sein Vorgehen auf die Entscheidungsfreiheit des Angesprochenen einen unangemessen unsachlichen Einfluss nimmt. Das kann durch die **Vorbereitung** des Hausbesuchs geschehen (vgl BGH GRUR 1968, 648 – *Farbbildangebot;* BGH GRUR 1971, 320 – *Schlankheitskur;* BGH GRUR 1973, 81 – *Gewinnübermittlung;* BGH GRUR 1976, 32, 33 – *Präsentation*).

54   **aa) Besuchsankündigung.** Die unerbetene **telefonische Besuchsankündigung** ist zwar von vornherein unzulässig nach § 7 II Nr 2 (Rdn 142), macht aber nach der Rspr den nachfolgenden Hausbesuch nicht aus diesem Grund unlauter (BGH GRUR 1994, 380, 381 – *Lexikothek*). Die **schriftliche Besuchsankündigung** beeinträchtigt nach der Rspr (BGH GRUR 1994, 818, 819 – *Schriftliche Voranmeldung*) die Entscheidungsfreiheit des Angesprochenen, ob er den Vertreter empfängt oder abweist, jedenfalls dann noch nicht in unzumutbarer Weise, wenn ihm Gelegenheit gegeben wurde, mittels beigefügter Rückantwortkarte den Besuch des Vertreters ohne weiteres abzulehnen (nur über diese Fallgestaltung hatte der BGH aaO – *Schriftliche Voranmeldung* zu befinden). Allerdings dürfte nach den Gründen dieser Entscheidung (der Leitsatz ist etwas missverständlich) wohl auch die bloße schriftliche Voranmeldung den nachfolgenden Hausbesuch nicht wettbewerbswidrig machen. Denn hier könnte der Vertreter dem Angeschriebenen von vornherein nicht entgegenhalten, er habe ihn – mangels Ablehnung des Besuchs – zu einem nutzlosen Tun veranlasst. Vor allem aber hebt der BGH den Vorteil der schriftlichen Voranmeldung für den Adressaten hervor: Die Belästigung sei für ihn im Vergleich zu einem unangemeldeten Besuch geringer, weil das Moment der Überrumpelung fehle. Er könne sich auf das Gespräch vorbereiten, dadurch die Gefahr unüberlegter Entschlüsse reduzieren und durch den Besuch zusätzliche Informationen gewinnen. – Der Rspr ist nicht zuzustimmen. Vielmehr ist zu fordern, dass der Hausbesuch in den Fällen schriftlicher Kontaktaufnahme nur stattfinden darf, wenn der Angeschriebene ihn (zB mittels frankierter Antwortkarte, die den Anforderungen des AGB-Rechts genügt) anfordert. Dies ist der werbenden Wirtschaft auch zumutbar, zumal das Risiko des Fehlschlags eines Besuchs deutlich verringert wird.

55   **bb) Provokation eines Hausbesuchs.** Die Veranlassung zu Äußerungen, die als Vorwand für einen Vertreterbesuch dienen, ist unlauter, weil sie es dem Umworbenen erschwert, den Besuch ohne Angabe von Gründen zurückzuweisen, vielmehr ihn dazu nötigt, sich mit dem Anliegen des Werbers auseinanderzusetzen. Dazu gehören folgende Fälle: Der Hausbesuch erfolgt auf Grund einer vom Angeschriebenen zurückgesandten Antwortkarte, in der es heißt: *„Ich wünsche eine unverbindliche Präsentation der ... Kollektion in Verbindung mit der Vorlage des neuesten Katalogs"* (BGH GRUR 1976, 32, 33 – *Präsentation* mit Anm *Harmsen*). Denn für den Umworbenen kommt darin nicht zweifelsfrei zum Ausdruck, dass dies auf einen Vertreterbesuch hinausläuft. Er wird aber Hemmungen haben, den Vertreter zurückzuweisen, weil er glauben könnte, er habe sich mit dem Besuch einverstanden erklärt. Daran ändert es nichts, wenn vor dem Hausbesuch nochmals dem Umworbenen mitgeteilt wird, er habe den Besuch eines Vertreters gewünscht (BGH aaO – *Präsentation*). – Der Umworbene hat lediglich einen Prospekt angefordert (BGH GRUR 1968, 648 – *Farbbildangebot;* BGH GRUR 1971, 320 – *Schlankheitskur*). – Dagegen wurde mangels psychischen Kaufzwanges ein Hausbesuch eines Weinvertreters nicht beanstandet, der zwar im Anschluss an eine schriftliche Befragungsaktion, aber mit Einverständnis des Umworbenen erfolgte (BGH GRUR 1973, 268, 269 – *Verbraucher-Briefumfrage*).

56   **cc) Vorherige unentgeltliche Zuwendung.** Die Anknüpfung des Hausbesuchs an eine vorherige unentgeltliche Zuwendung kann unlauter nach § 4 Nr 1 sein, weil und soweit sie

Dankbarkeitsgefühle und damit Hemmungen des Umworbenen hervorrufen kann, den Hausbesuch ohne Angabe von Gründen zurückzuweisen, und dadurch die Entscheidungsfreiheit unangemessen unsachlich beeinträchtigt wird. So wurde ein Hausbesuch als unzulässig angesehen, der im Zusammenhang mit einer unbestellten Warenzusendung angekündigt wurde (BGH GRUR 1959, 277, 280 – *Künstlerpostkarten*); ferner ein Hausbesuch bei den Gewinnern eines Preisausschreibens, um sie in ein Verkaufsgespräch zu verwickeln (BGH GRUR 1973, 81, 82 – *Gewinnübermittlung*), und zwar auch dann, wenn ihnen die Möglichkeit eröffnet wurde, sich den Gewinn in bar auszahlen zu lassen (BGH aaO – *Gewinnübermittlung*).

dd) Ausnutzung persönlicher Beziehungen. Unlauter nach § 4 Nr 1 ist es ferner, den **57** Umworbenen unter Ausnutzung persönlicher (nachbarschaftlicher, freundschaftlicher, beruflicher, verwandtschaftlicher usw) Beziehungen zu Hause aufzusuchen, um für ein Produkt zu werben (**Laienwerbung;** vgl § 4 Rdn 1.172; vgl auch BGH GRUR 1974, 341, 343 – *Campagne* mit Anm *Krieger*). Vielfach wird hier schon eine Täuschung über den wahren Grund des Hausbesuchs vorliegen (Rdn 123). Unabhängig davon aber wird die Freiheit des Umworbenen, den Besuch ohne Angabe von Gründen zurückzuweisen oder das Gespräch abzubrechen, unangemessen beeinträchtigt. Denn der Umworbene muss ggf eine Verschlechterung der Beziehungen befürchten. Auch kann er aus einem Gefühl der Dankbarkeit oder sozialen Verantwortung heraus sich auf Bestellungen einlassen, die er bei einem Dritten nicht tätigen würde.

ee) Gefühlsausnutzung oder -missachtung. Nach der Rspr (BGH GRUR 1955, 541 – **58** *Bestattungswerbung;* BGH GRUR 1971, 317, 318 – *Grabsteinwerbungen II;* bestätigt durch BVerfGE 32, 311 = GRUR 1972, 358, 360 = NJW 1972, 573 mit krit Anm *Schröder*) sind unerbetene Hausbesuche, um Aufträge anlässlich eines (bevorstehenden oder eingetretenen) **Todesfalls** (Sterbegeldversicherungen; Bestattungsverträge; Grabmäler usw) zu erhalten, stets – auch nach Ablauf einer Wartefrist (anders noch BGH GRUR 1967, 430, 431 – *Grabsteinaufträge I*) – unlauter. Denn insoweit besteht die Gefahr, dass der Werbende die besondere Situation ausnutzt, in der sich die Angehörigen befinden und die ihr Urteilsvermögen beeinträchtigen kann (vgl Art 9 lit c UGP-Richtlinie). Dies gilt umso mehr, als auch andere Möglichkeiten einer angemessenen Werbung im Trauerfall zur Verfügung stehen (BVerfGE NJW 1972, 573, 574), etwa Werbedrucksachen (OLG Hamburg WRP 1972, 362), Übersendung von Antwortkarten zur Anforderung eines Vertreterbesuchs (OLG Oldenburg GRUR 1987, 300) oder Zeitungsannoncen (LG Hamburg NJW-RR 1989, 488).

ff) Einsatz von Werbekolonnen. Der Einsatz von Werbekolonnen („Drückern") bringt die **59** Gefahr mit sich, dass einzelne Werber einen unangemessenen unsachlichen Einfluss auf die Verbraucher ausüben, ggf sogar den Tatbestand der Nr 30 des Anhangs zu § 3 III verwirklichen. Dies allein reicht jedoch nicht aus, um generell diese Geschäftspraxis für unlauter zu erklären (MünchKommUWG/*Leible* § 7 Rdn 240; aA noch *Köhler* WRP 1997, 373, 375 zu § 1 aF).

c) Täuschung über den Werbecharakter des Hausbesuchs (§ 4 Nr 3). Unlauter nach **60** § 4 Nr 3 ist es, dem Umworbenen zunächst den wahren, kommerziellen Grund des Hausbesuchs zu verschweigen, um mit ihm ins Gespräch und zu ihm in die Wohnung zu kommen. Denn erfahrungsgemäß fällt es dem Umworbenen schwerer, den Kontakt wieder abzubrechen, wenn er sich erst einmal auf ein Gespräch eingelassen hat. Unzulässig ist es insbes, eine **Marktuntersuchung** oder **Meinungsbefragung** vorzutäuschen, um ins Gespräch zu kommen (OLG Stuttgart WRP 1976, 400: Bitte um Beantwortung einiger Fragen, nämlich ob und wie viele Schallplatten und Bücher der Umworbene kaufe und ob er einem Lesering angehöre). Es kommt hinzu, dass dadurch die Arbeit seriöser Meinungsforscher diskreditiert werden kann (hierzu auch BGH GRUR 1973, 268, 269 – *Verbraucher-Briefumfrage*).

d) Rechtsbruch (§ 4 Nr 11). Unlauterkeit nach § 4 Nr 11 liegt vor, wenn der Werber **61** gegen ein gesetzliches Verbot von Hausbesuchen (wie zB §§ 17 I, 24 I Nr 4 FernUSG) oder gegen die Vorschriften über das Reisegewerbe (§§ 55 ff GewO) verstößt.

e) Rechtsfolgen (§§ 8, 9). Handelt ein Haustürvertreter dem § 3 oder § 7 zuwider, so ist er **62** nach § 8 I zur Unterlassung und ggf nach § 9 Mitbewerbern zum Schadenersatz verpflichtet. Ist der Vertreter Angestellter eines Hersteller- oder Handelsunternehmens oder ist er als rechtlich selbstständiger Handelsvertreter in die Vertriebsorganisation des Unternehmens eingegliedert, so begründen von ihm im Dienste des Unternehmens begangene Wettbewerbsverstöße nach § 8 II auch Unterlassungsansprüche gegen das Unternehmen. Soweit man unerbetene Haustürwerbung – entgegen der hier vertretenen Auffassung – grds für zulässig erachtet, werden Wettbewerbsverstöße, solange es sich um Einzelfälle handelt, das gesamte Direktvertriebssystem eines Unternehmens nicht in Gefahr bringen. Sind sie jedoch systembedingt, beruhen sie zB auf ungenügender Ausbildung oder Überwachung der Vertreter oder auf unzulässigen Anweisungen, so kann das gesamte Vertriebssystem wettbewerbswidrig sein.

II. Ansprechen in der Öffentlichkeit

1. Begriff und wirtschaftliche Bedeutung

63 Unter dem „**Ansprechen in der Öffentlichkeit**" ist die **gezielte individuelle Kontaktaufnahme zu Verbrauchern an einem allgemein zugänglichen Ort mit dem Ziel der Absatzförderung** zu verstehen. Dazu gehören nicht nur öffentliche Straßen, Wege und Plätze, sondern auch öffentliche Verkehrsmittel und öffentlich zugängliche Gebäude (Bahnhöfe, Einkaufszentren, Geschäftspassagen, Warenhäuser, Gaststätten, Behörden; vgl BGH GRUR 2004, 699, 701 – *Ansprechen in der Öffentlichkeit I*) und Flächen (Parks, Sportplätze). Ob ein Ansprechen in der **Öffentlichkeit** stattfindet, hängt nicht davon ab, in wessen Eigentum sich das Gelände befindet und ob der Eigentümer das Handeln des Werbers genehmigt oder geduldet hat (ebenso OLG Hamburg BB 1970, 1275; HdbWettbR/*Hasselblatt* § 61 Rdn 39). Den Gegensatz zur Öffentlichkeit bildet die **Privatsphäre**. Für das Eindringen in die Privatsphäre (Hausbesuch, Besuch am Arbeitsplatz) gelten andere Grundsätze (Rdn 38 ff). Das Ansprechen in der Öffentlichkeit ist wirtschaftlich attraktiv, weil mit geringem Personalaufwand eine Vielzahl von potenziellen Kunden erreicht werden kann. Sie wird insbes von Unternehmen genutzt, die Kunden in ihr Geschäftslokal locken wollen. Verbreitet ist auch die Werbung für Kreditkarten und Zeitschriftenabonnements in Bahnhöfen oder Flughäfen.

2. Lauterkeitsrechtliche Beurteilung

64 **a) Entwicklung der Rspr.** Das Ansprechen in der Öffentlichkeit wurde in der **älteren Rspr** ohne weiteres als unlauter iSd § 1 aF angesehen (vgl BGH GRUR 1960, 431, 432 – *Kfz-Nummernschilder;* BGH GRUR 1965, 315, 316 – *Werbewagen*). Später wurde dies unter Hinweis auf das gewandelte Verbraucherverhalten kritisiert (OLG Frankfurt GRUR 2002, 641, 642; *Schwab* GRUR 2002, 579). Die **neuere Rspr** hat unter der Geltung des UWG 2004 die lauterkeitsrechtlichen Schranken präzisiert (BGH GRUR 2004, 699, 700 – *Ansprechen in der Öffentlichkeit I;* BGH GRUR 2005, 443, 445 – *Ansprechen in der Öffentlichkeit II*) und stellt nunmehr auf § 7 I ab.

65 **b) Beurteilung nach § 7 I.** Eine unzumutbare Belästigung liegt nicht vor, wenn der Angesprochene zuvor **eingewilligt** hat (Rdn 69). Davon abgesehen ist nach der Rspr eine unzumutbare Belästigung iSd § 7 I von vornherein dann anzunehmen, wenn der **Werber sich nicht als solcher zu erkennen** gibt (BGH GRUR 2004, 699, 701 – *Ansprechen in der Öffentlichkeit I;* BGH GRUR 2005, 443, 444 f – *Ansprechen in der Öffentlichkeit II;* dazu *Hartwig* CR 2005, 340). Denn der Angesprochene wird sich idR schon aus Gründen der Höflichkeit nicht von vornherein abweisend und ablehnend verhalten und der Werber erschleicht auf diese Weise seine Aufmerksamkeit für den zunächst verdeckt gehaltenen geschäftlichen Zweck. – Anders verhält es sich, wenn der Werbende von **vornherein eindeutig als solcher erkennbar** ist (zB durch entsprechende Bekleidung oder Abzeichen oder Stehen hinter einem als solchem erkennbaren Werbestand; vgl OLG Frankfurt GRUR 2008, 353; dazu *Isele* GRUR 2008, 1061). Denn hier kann der Angesprochene sich idR der Ansprache ohne große Mühe durch Nichtbeachtung des Werbenden oder durch abweisende Bemerkungen oder Gesten entziehen. Eine unzumutbare Belästigung liegt in einem solchen Fall nur vor, wenn der Werbende **nachhaltig** auf den Angesprochenen **einwirkt**, etwa ihn mit sich zerrt, am Weitergehen hindert, ihm folgt oder an einem Ort anspricht, an dem ein Ausweichen nur schwer möglich ist (zB enge Straße, BGH GRUR 2005, 443, 445 – *Ansprechen in der Öffentlichkeit II*). Missachtet der Werbende einen erkennbar entgegenstehenden Willen des Passanten, etwa indem dieser sich ein weiteres Ansprechen verbittet, so ist bereits der Tatbestand des § 7 I 2 erfüllt.

66 Das gezielte individuelle Ansprechen stellt in diesen Fällen einen unzulässigen **Eingriff in die Individualsphäre** dar. Der Angesprochene wird nämlich in seinem Bedürfnis, auch im öffentlichen Raum möglichst ungestört zu bleiben, beeinträchtigt und unmittelbar persönlich für die geschäftlichen Zwecke des werbenden Unternehmens in Anspruch genommen. Die damit verbundene Belästigung ist zwar für sich allein gesehen geringfügig. Würde man jedoch diese Werbemethode zulassen, so könnte dies andere Unternehmen zur Nachahmung ermutigen. Das aber würde zu einer unzumutbaren Summierung der Belästigung führen (BGH aaO – *Ansprechen*

in der Öffentlichkeit I und II). Da die Belästigung nicht nur ungewollte oder nur gelegentliche Nebenwirkung der Werbemethode ist, sondern bewusst und gezielt als Mittel im eigenen Interesse eingesetzt wird, ist sie stets geeignet, den Wettbewerb nicht nur unerheblich zum Nachteil der anderen Marktteilnehmer zu beeinträchtigen (BGH GRUR 2005, 443, 445 – *Ansprechen in der Öffentlichkeit II*). – Die Unzumutbarkeit der Belästigung wird nicht dadurch ausgeräumt, dass dem auf diese Weise geworbenen Kunden ein **Widerrufsrecht** nach §§ 312 I Nr 3, 355 BGB zusteht (BGH GRUR 2004, 699, 701 – *Ansprechen in der Öffentlichkeit I*). Das BGB will nicht derartige Vertriebsformen schützen, sondern lediglich dem Kunden helfen, sich von unüberlegt geschlossenen Verträgen zu lösen. Der Widerruf beseitigt nur die vertragliche Bindung, nicht auch die wettbewerbsrechtliche Unlauterkeit (BGH GRUR 2000, 235, 236 = LM UWG § 1 Nr 808 – *Werbung am Unfallort IV* mit Anm *Köhler*). Das BGB gewährleistet auch nicht, dass der Kunde tatsächlich über sein Widerrufsrecht belehrt wird.

c) Beurteilung nach Nr 23 Anh zu § 3 III. Gibt sich der Werber gegenüber den angesprochenen Verbrauchern als Privatmann aus, ist er aber in Wahrheit Inhaber oder Mitarbeiter oder Beauftragter eines Unternehmens, so erfüllt dies den Tatbestand der Nr 23 Anh zu § 3 III. Das kann bspw bei der Empfehlung eines bestimmten Unternehmens gegenüber den Angesprochenen relevant werden. Dagegen ist Nr 23 nicht anwendbar, wenn der Werber zunächst als solcher nicht erkennbar ist, aber aus dem Inhalt seiner werblichen Ansprache der Werbezweck klar erkennbar wird. **66a**

d) Beurteilung nach § 4 Nr 1 und 2. Das Ansprechen in der Öffentlichkeit ist aus heutiger Sicht nicht mehr unter dem Gesichtspunkt der Überrumpelungsgefahr zu beurteilen. Denn in der heutigen Zeit ist nicht mehr zu befürchten, der durchschnittlich informierte, aufmerksame und verständige Verbraucher könne sich durch bloßes Ansprechen zu einem unerwünschten Vertragsschluss verleiten lassen (BGH GRUR 2004, 699, 700 – *Ansprechen in der Öffentlichkeit I*). Insoweit müssen besondere Umstände vorliegen, die eine Anwendung des § 4 Nr 1 rechtfertigen (Rdn 73: Werbung am Unfallort). **67**

e) Beurteilung nach § 4 Nr 3. Gibt sich der Werber nicht als solcher zu erkennen, kann dies gleichzeitig den Unlauterkeitstatbestand des § 4 Nr 3 erfüllen, sofern er nicht sofort sein werbliches Anliegen offenbart. **68**

3. Einzelfragen

a) Einwilligung. Das Ansprechen ist zulässig, wenn der Angesprochene ein Verhalten an den Tag legt, aus dem der Werber auf ein Einverständnis mit dem Ansprechen schließen darf. Dieses Einverständnis kann ausdrücklich erklärt werden, etwa durch entspr Aufforderung oder Frage seitens des Angesprochenen. Es kann aber auch konkludent zum Ausdruck gebracht werden, etwa durch Betreten eines Geschäfts mit Bedienungspersonal. Nicht ausreichend ist das bloße Stehenbleiben vor einem Schaufenster oder einem Werbewagen (BGH GRUR 1965, 315, 316 – *Werbewagen*) oder das Betreten eines Selbstbedienungsladens (HdbWettbR/*Hasselblatt* § 61 Rdn 47). Nicht ausreichend ist auch ein erkennbarer Bedarf an einer bestimmten Waren- oder Dienstleistung beim Kunden (zB Bedarf an einem Kfz-Nummernschild, erkennbar an dem entspr Laufzettel; vgl BGH GRUR 1960, 431, 432 – *Kfz-Nummernschilder*). Denn dies besagt noch lange nicht, dass der Angesprochene seinen Bedarf gerade beim Werber decken will. Liegt keine Einwilligung vor, kommt es darauf an, ob das Ansprechen eine unzumutbare Belästigung darstellt (Rdn 65 ff). **69**

b) Ausrufen. Grds zulässig ist es, Waren und Dienstleistungen in der Öffentlichkeit durch Ausrufen anzubieten, sofern nur ein gezieltes, individuelles Ansprechen vermieden wird. Dazu gehört insbes das Ausrufen von Waren auf Märkten („Marktschreierei") oder das Ausrufen bestimmter Produkte (Zeitungsausrufen; Angebote von Speisen und Getränken durch einen Kellner im Zug; Angebot von ambulanten Blumen- oder Zeitungsverkäufern in Lokalen usw). Für den Einzelnen wird dadurch nur eine (ggf sogar nützliche) Information geboten; seine Individualsphäre wird aber nicht eingeschränkt. Dass das Ausrufen – je nach den Umständen – als lästig empfunden wird, macht es noch nicht unlauter. Die Abgrenzung kann mitunter schwierig sein und hängt dann vom Einzelfall ab (wie zB bei Blumen- und Zeitungsverkäufern in Restaurants). **70**

c) Ansprechen auf Jahrmärkten und Messen. Auf Jahrmärkten und Messen ist das gezielte Ansprechen grds zulässig, weil der Verkehr daran gewöhnt ist (vgl BGH GRUR 1965, 315, 317 – *Werbewagen*; HdbWettbR/*Hasselblatt* § 61 Rdn 48). Wer sich auf derartige – zudem räumlich **71**

begrenzte – Veranstaltungen begibt, rechnet idR damit, angesprochen zu werden, und ist daher nicht unvorbereitet. Die Grenze des Zulässigen wird aber überschritten, wenn der Kunde über das Übliche und Vorhersehbare hinaus beeinflusst wird (zB Hindern am Weitergehen; Anfassen; Nachgehen; Täuschen über das Gesprächsziel), oder wenn er mit Angeboten konfrontiert wird, mit denen er auf dieser Veranstaltung nicht zu rechnen braucht.

72 **d) Ansprechen in Geschäftsräumen.** Das Ansprechen in allgemein zugänglichen Geschäftsräumen (Einkaufszentren, Warenhäusern, Geschäftspassagen) ist zulässig, soweit es das dort typischerweise anzutreffende Waren- und Dienstleistungsangebot betrifft, weil der Kunde insoweit nicht unvorbereitet ist und zudem durch das Betreten der Geschäftsräume ein allgemeines Interesse an dem dortigen Angebot signalisiert (OLG Köln GRUR 2002, 641, 644) und außerdem der Werbende (Verkaufspersonal) als solcher erkennbar ist.

73 **e) Ansprechen am Unfallort.** Das Ansprechen von Unfallbeteiligten am Unfallort mit dem Ziel eines Vertragsabschlusses (zB Abschleppen; Ersatzwagenmiete; Reparatur) ist unzulässig nach § 7 I und zugleich unlauter nach § 4 Nr 1 und 2 (vgl § 4 Rdn 2.38; BGH GRUR 1975, 264 – *Werbung am Unfallort I;* BGH GRUR 1975, 266 – *Werbung am Unfallort II;* BGH GRUR 1980, 790 – *Werbung am Unfallort III;* BGH GRUR 2000, 235 – *Werbung am Unfallort IV* = LM UWG § 1 Nr 808 mit Anm *Köhler*). Denn zur Belästigung kommt die unangemessene unsachliche Beeinflussung oder die Ausnutzung einer Zwangslage hinzu, da hier auf Grund der psychisch belastenden Unfallsituation die Gefahr eines unüberlegten und übereilten Vertragsschlusses bes groß ist. Zugleich besteht eine bes Nachahmungsgefahr und damit das Risiko des Überhandnehmens dieser Werbemethode. Daran ändert auch die Möglichkeit eines Widerrufs nach §§ 312 I, 355 BGB nichts (BGH aaO – *Werbung am Unfallort IV*). Auf die nachträglich nur schwer aufzuklärenden Umstände des Einzelfalls kann es im Interesse der Rechtssicherheit nicht ankommen (BGH aaO – *Werbung am Unfallort IV*). Insbes steht es der Unlauterkeit nicht entgegen, dass möglicherweise ein erkennbarer Bedarf der Beteiligten an derartigen Leistungen besteht und sie nicht wissen, an wen sie sich ggf wenden können. Dem unzulässigen Ansprechen am Unfallort stehen in dieser bes Situation andere aktive Maßnahmen zur Willensbeeinflussung (zB Überreichen von Visitenkarten oder Werbezetteln) gleich. Keine unzumutbare Belästigung stellt es dagegen dar, wenn der Werbende in geziemender Entfernung vom Unfallort abwartet, ob der Geschädigte von sich aus die Initiative ergreift.

74 **f) Meinungsumfragen.** Das gezielte Ansprechen von Passanten im Rahmen einer Meinungsumfrage zu bestimmten Themen ist grds zulässig, da es nicht zu Zwecken der Wirtschaftswerbung geschieht. Anders verhält es sich, wenn die Meinungsumfrage nur als Vorwand für eine Produktwerbung dient. In diesem Fall ist neben § 7 I auch § 4 Nr 3 anwendbar. Problematisch ist der Fall, dass ein Unternehmen die Umfrage durchführt, um die Akzeptanz eines (zB noch zu entwickelnden) Produkts zu testen oder den Bedarf der Verbraucher kennen zu lernen. Auch dabei handelt es sich indessen um eine geschäftliche Handlung. Entscheidend ist dann wiederum, ob der Fragesteller sich offen als Vertreter des Unternehmens zu erkennen gibt (zB durch entsprechende Kleidung).

75 **g) Verteilen von Werbematerial.** Das bloße Verteilen von Werbematerial (Werbezettel; Werbegeschenke) in der Öffentlichkeit ist seit jeher wettbewerbsrechtlich unbedenklich (vgl BGH GRUR 1994, 339, 340 – *Pinguin-Apotheke;* LG Kiel GRUR 2005, 446, 447; HdbWettbR/*Hasselblatt* § 61 Rdn 50), da die davon ausgehende Belästigung geringfügig ist und auch keine unmittelbare Gefahr der unsachlichen Beeinflussung (§ 4 Nr 1) besteht. Dem Verbraucher steht es frei, ob er das Werbematerial entgegennimmt oder nicht. Anders verhält es sich, wenn es mit dem Anbieten von Werbematerial nicht sein Bewenden hat, der Werber vielmehr weitere Maßnahmen ergreift (zB Aufnötigen des Werbematerials; Verwickeln in ein Verkaufsgespräch; Auffordern zum Betreten des Geschäftslokals; Hindern am Weitergehen). Wettbewerbswidrig ist es aber noch nicht, wenn die Verteilung des Werbematerials gezielt zu dem Zweck erfolgt, Kunden abzufangen, die ersichtlich entschlossen sind, ein anderes Geschäft zu betreten, es sei denn, sie werden am Betreten des Geschäfts gehindert (dann auch Fall des § 4 Nr 10; vgl HdbWettbR/*Hasselblatt* § 61 Rdn 50).

76 **h) Ansprechen von Kindern.** Werden Kinder in der Öffentlichkeit mit dem Ziel eines Vertragsschlusses angesprochen, ist zunächst zu prüfen, ob dieses Verhalten den Beispielstatbestand **Nr 28** des Anh zu § 3 III („unmittelbare Aufforderung an Kinder") erfüllt und somit schlechthin unzulässig ist. Ist dies nicht der Fall, gelten die allgemeinen Grundsätze (§ 4 Nr 1 und 2). Beschränkt sich die Werbung auf das Aushändigen von Werbematerial zur Weiterleitung

an die nicht anwesenden Eltern, ist dies auch nach § 4 Nr 1 nicht zu beanstanden, weil bei den Eltern keine psychische Zwangslage entsteht. Anders kann es sein, wenn die Eltern anwesend sind und zu befürchten ist, dass die Kinder spontan versuchen, die Eltern zum Vertragsschluss zu überreden. Das wettbewerbswidrige Element solcher Praktiken besteht darin, dass die Kinder als Werkzeug zur Beeinflussung der Erwachsenen benutzt werden (vgl § 4 Rdn 2.17). Maßgebend sind die Umstände des Einzelfalls, insbes die Intensität der Einflussnahme und die äußeren Umstände.

III. Unbestellte Waren und Dienstleistungen

1. Begriff und wirtschaftliche Bedeutung

a) Begriff der „unbestellten" Ware oder Dienstleistung. Waren oder Dienstleistungen sind dann unbestellt, wenn der Lieferung oder Leistung kein entgeltlicher Vertrag zugrunde liegt. Darauf, ob der schuldrechtliche Vertrag bürgerlichrechtlich wirksam ist oder nicht, kommt es nicht an. Ein Fall der „Nichtbestellung" liegt also nicht vor, wenn der zugrunde liegende Vertrag unwirksam (nichtig, angefochten) ist. Nicht gemeint ist auch der Fall, dass ein schuldrechtlicher Vertrag vorliegt, der Unternehmer aber **irrtümlich** eine andere als die bestellte Ware liefert oder Dienstleistung erbringt. Denn in diesem Fall dient die Maßnahme nicht der Absatzförderung, sondern der Vertragserfüllung, und ist daher keine geschäftliche Handlung. Das Gleiche gilt, wenn der Unternehmer ggf schuldlos von einem tatsächlichen Vertragsschluss ausgeht (zB durch Adressenverwechslung), Es muss sich vielmehr so verhalten, dass der Unternehmer **eigenmächtig** eine Ware liefert oder eine Dienstleistung erbringt, um seinen Absatz zu fördern.

b) Wirtschaftliche Bedeutung. Wohl auf Grund der restriktiven wettbewerbsrechtlichen Bewertung durch die Rspr und der hohen Kosten dieser Methode des Direktvertriebs kommt der Zusendung unbestellter Waren und der Erbringung unbestellter Dienstleistungen heute nur noch geringe Bedeutung zu. Allerdings ist sie immer noch anzutreffen, wie Entscheidungen aus neuerer Zeit (zB BGH GRUR 1992, 855, 856 – *Gutscheinübersendung;* ÖOGH ÖBl 1996, 275, 276; OLG Stuttgart NJWE-WettbR 1996, 38; KG GRUR-RR 2001, 189; OLG Köln NJW-RR 2002, 472; OLG Köln GRUR-RR 2002, 236) und spektakuläre Fälle aus der Praxis (unbestellte Zusendung einer CD-ROM im Wert von 100,– DM an etwa 37 000 Anwälte) zeigen.

2. Verhältnis zum Unionsrecht

a) Fernabsatzrichtlinie. Die **Fernabsatzrichtlinie** (Richtlinie 97/7/EG v 20. 5. 1997 über den Verbraucherschutz bei Vertragsschlüssen im Fernabsatz [ABl EG Nr L 144 S 19], geändert durch die UGP-Richtlinie) schreibt in Art 9 den Mitgliedstaaten die erforderlichen Maßnahmen vor, um zu untersagen, dass einem Verbraucher ohne vorherige Bestellung Waren geliefert oder Dienstleistungen erbracht werden, wenn mit der Warenlieferung oder Dienstleistungserbringung eine Zahlungsaufforderung verbunden ist. Ferner ist der Verbraucher von jedweder Gegenleistung für den Fall zu befreien, dass unbestellte Ware geliefert oder Dienstleistungen erbracht werden, wobei das Ausbleiben einer Reaktion nicht als Zustimmung gilt. Entsprechendes gilt für Art 9 der Richtlinie 2002/65/EG.

b) Richtlinie über unlautere Geschäftspraktiken. Nach **Anh I Nr 29 UGP-Richtlinie** ist es unter allen Umständen unlauter, einen Verbraucher zur sofortigen oder späteren Bezahlung oder zur Rücksendung oder Verwahrung von Produkten, die der Gewerbetreibende geliefert, der Verbraucher aber nicht bestellt hat, aufzufordern; ausgenommen hiervon sind Produkte, bei denen es sich um Ersatzlieferungen gemäß Art 7 III der Richtlinie 97/7/EG handelt.

3. Bürgerlichrechtliche Beurteilung

Die Zusendung unbestellter Waren mit der Aufforderung, sie zu bezahlen oder zurückzusenden, stellt ein Vertragsangebot zum Erwerb der Ware dar. Das Schweigen hierauf ist jedoch keine Annahme, selbst wenn der Absender erklärt hat, der Vertrag gelte im Falle der Nichtablehnung oder Nichtrücksendung als geschlossen. Liefert ein Unternehmer unbestellte Ware an einen **Verbraucher,** so werden dadurch nach § 241a I BGB nicht nur keine Zahlungsansprüche, sondern überhaupt keine Ansprüche begründet, also auch keine Herausgabe-, Nutzungsersatz- oder Schadensersatzansprüche. Der deutsche Gesetzgeber ist insoweit noch strenger, als es die Fernabsatzrichtlinie vorgeschrieben hatte. Der Verbraucher kann praktisch mit der Sache nach

Belieben verfahren. Bei unbestellter Lieferung an einen **Unternehmer** gelten dagegen die allgemeinen Grundsätze (vgl aber Palandt/*Heinrichs* BGB § 241 a Rdn 7). Dh der Empfänger muss zwar auf Verlangen die Ware herausgeben, ist aber zur Rücksendung nicht verpflichtet, auch dann nicht, wenn entspr Porto beigelegt ist. Bei Verschlechterung oder Untergang der Ware haftet er nur außervertraglich (§ 989 BGB) für Vorsatz und grobe Fahrlässigkeit (§ 300 I BGB analog). Geringwertige Ware braucht nicht aufbewahrt zu werden, da der Versender an einer kostspieligen Abholung oder Rücksendung mutmaßlich nicht interessiert ist. Bei sperriger Ware kann der Unternehmer die Kosten einer Aufbewahrung bis zur Abholung ersetzt verlangen (§§ 683, 670 BGB).

4. Lauterkeitsrechtliche Beurteilung

82 a) **Nach Nr 29 des Anhangs zu § 3 III.** Die Regelung in Anh I Nr 29 UGP-Richtlinie (Rdn 80) wurde in **Nr 29 des Anh zu § 3 III** umgesetzt (Zu Einzelheiten vgl dort). Sie ist vorrangig vor § 7 I (Rdn 5) und § 4 Nr 1 zu prüfen, da eine Prüfung der Umstände des Einzelfalls entbehrlich ist. Jedoch erfasst sie nicht den Fall der unbestellten Lieferung oder Leistung ohne die Aufforderung zur sofortigen Bezahlung oder Rücksendung oder Verwahrung der betreffenden Produkte (dazu Rdn 83). Sie regelt auch nur das Verhältnis von Unternehmern zu Verbrauchern, dagegen nicht das Verhältnis zu sonstigen Marktteilnehmern, insbes Unternehmern, auch wenn sie mit einer Zahlungsaufforderung usw verbunden ist (dazu Rdn 86). Die Ausnahme für die „nach den Vorschriften über Vertragsabschlüsse im Fernabsatz zulässigen Ersatzlieferungen" ist in Deutschland praktisch bedeutungslos, da Ersatzlieferungsklauseln zu Lasten von Verbrauchern in AGB idR unwirksam sind (vgl BT-Drucks 16/10145 S 34 f).

83 b) **Nach § 7 I 1. aa) Unbestellte Lieferung oder Leistung ohne Aufforderung zur Zahlung, Rücksendung oder Verwahrung.** Ob die bloße unbestellte Lieferung oder Leistung **ohne** damit verbundene Aufforderung zur Zahlung, Rücksendung oder Verwahrung eine unzumutbare Belästigung iSd § 7 I 1 darstellt, hängt von den Umständen des Einzelfalls ab. Daher kann im Einzelfall auch die Äußerung einer Bitte für eine Aufforderung genügen, und zwar selbst dann, wenn damit der Hinweis verbunden ist, dass den Verbraucher keine Pflicht zur Zahlung oder Rücksendung oder Aufbewahrung trifft (vgl auch jurisPK/*Koch* § 7 Rdn 104, 113: Grenzfall; aA *Sosnitza* WRP 2008, 1014, 1026: zwar Aufforderung, aber keine Druckausübung).

84 (1) **Unbestellte Warenlieferung.** Zunächst ist zu fragen, ob es sich bei der Lieferung lediglich um ein **Werbegeschenk** handelt, dessen Übersendung grds zulässig ist. Die Abgrenzung hat danach zu erfolgen, ob der Empfänger den Umständen nach davon ausgehen muss, dass der Lieferer eine Zahlung, Rücksendung oder Verwahrung erwartet oder nicht. Von einer solchen Erwartung ist jedenfalls dann auszugehen, wenn der Lieferer gleichzeitig oder später eine entsprechende, wenngleich unverbindliche Bitte äußert. Liegt in diesem Sinne eine unbestellte Warenlieferung vor, so wird der Empfänger in die Situation gebracht, die Ware entgegenzunehmen, ggf die Verpackung zu öffnen und sich Gedanken darüber zu machen, wie er mit der Ware verfahren soll. Entschließt er sich zur Rücksendung, verursacht ihm dies Kosten und Mühen. Entschließt er sich, sie einstweilen zu behalten, kann ihn dies verunsichern, weil er nicht weiß, ob der Absender die Ware zurückfordert oder möglicherweise Zahlungsansprüche geltend macht. Die damit verbundene Beeinträchtigung seiner Individualsphäre ist im Regelfall so stark, dass von einer unzumutbaren Belästigung auszugehen ist. Etwas anderes mag dann gelten, wenn es sich um ersichtlich geringwertige Waren (zB Weihnachtskarten) handelt, oder wenn die Lieferung an einen Unternehmer erfolgt. Umgekehrt ist eine unzumutbare Belästigung umso eher anzunehmen, wenn der Absender gleichzeitig einen moralischen Druck aufbaut, der ihn zur freiwilligen Zahlung, Rücksendung oder Verwahrung bestimmen soll (aA jurisPK/*Koch* § 7 Rdn 111). – Stellt dagegen der Lieferer den Empfänger ausdrücklich von einer Zahlungs-, Rückgabe- oder Verwahrungspflicht frei und baut er auch keinen moralischen Druck auf, so ist das Verhalten weder nach § 7 I noch nach § 4 Nr 1 zu beanstanden (anders noch die ältere Rspr; vgl BGH GRUR 1959, 277, 279 f – *Künstlerpostkarten;* BGH GRUR 1960, 382, 383 – *Verbandsstoffe*). – Dagegen ist es unzulässig, wenn ein Vertreterbesuch angekündigt wird, um die Rückgabe der Ware zu ermöglichen. Denn hier wird dem Empfänger iErg doch gesetzwidrig (§ 241 a I BGB) eine Aufbewahrungs- und Rückgabepflicht angesonnen und von ihm verlangt, den Vertreter zu empfangen (vgl BGH GRUR 1959, 277, 279 f – *Künstlerpostkarten*). – Die unzumutbare Belästigung entfällt nicht dadurch, dass der unbestellten Sendung Umschlag und Porto für die Rücksendung beigefügt sind oder der Empfänger einen Teil der Ware zur Deckung seiner

Unkosten behalten darf. Denn den Empfänger trifft nach § 241a I BGB ohnehin weder eine Aufbewahrungs- noch eine Rücksendungspflicht und iErg wird der Empfänger doch mit der Mühe für die Rücksendung belastet.

(2) **Unbestellte Dienstleistung.** Die Besonderheit bei der unbestellten, aber erbrachten 85 Dienstleistung besteht darin, dass sie weder zurückgegeben noch verwahrt werden kann. Auch hier ist zunächst zu fragen, ob der Empfänger den Umständen nach davon ausgehen muss, dass der Erbringer der Dienstleistung eine freiwillige Zahlung erwartet oder ob es sich um eine unentgeltliche Dienstleistung zu Werbezwecken handelt. Muss der Empfänger davon ausgehen, dass der Erbringer der Dienstleistung eine freiwillige Zahlung erwartet, so liegt im Regelfall eine unzumutbare Belästigung vor. Denn eine Rückgabe oder Verwahrung ist naturgemäß ausgeschlossen und der Empfänger muss sich mit der Frage auseinandersetzen, ob er zahlen soll oder nicht, und dies ist möglicherweise eine viel stärkere Belastung als bsw das Löschen einer unerbetenen E-Mail. Etwas anderes mag in den Fällen geringwertiger Dienstleistungen bei entsprechender Verkehrssitte gelten (zB Tankwart säubert Windschutzscheibe in Erwartung eines Trinkgelds). Keine unzumutbare Belästigung liegt in den Fällen vor, in denen die Dienst- oder Werkleistung im Rahmen einer berechtigten Geschäftsführung ohne Auftrag (§ 683 BGB) erfolgt (zB Rettungsmaßnahmen bei Unglücksfällen; Gefahrenabwehr).

bb) Unbestellte Lieferung oder Leistung an Unternehmer unter Aufforderung zur 86 **Zahlung, Rücksendung oder Verwahrung.** Dieser Fall wird von Nr 29 des Anhangs zu § 3 III nicht erfasst, weil er sich nur auf Verbraucher bezieht. Im Ergebnis ändert sich jedoch nichts, da insoweit von einer unzumutbaren Belästigung iSd § 7 I 1 auszugehen ist. Dies gilt insbes für Dienstleistungen, die im Zusammenhang mit Reparaturaufträgen erbracht und abgerechnet werden, ohne dass ein entsprechender Auftrag erteilt worden war. Ausnahmen sind wiederum nur in den Fällen der berechtigten Geschäftsführung ohne Auftrag (§§ 677 ff BGB) zu machen.

c) Beurteilung nach § 4 Nr 1 und § 5. Die Zusendung unbestellter Waren und die 87 Erbringung unbestellter Dienstleistungen mit Zahlungsaufforderung usw gegenüber einem **Unternehmer** wird idR auch den Tatbestand des § 4 Nr 1 erfüllen, weil er in eine Situation gebracht wird, die ihm die freie Entscheidung zum Erwerb der Ware oder Dienstleistung erschwert. Der Empfänger wird, auch wenn er Unternehmer ist, möglicherweise nur deshalb der Aufforderung des Leistenden nachkommen, um sich Unannehmlichkeiten zu ersparen (vgl auch Art 8 UGP-Richtlinie: „Belästigung" als Mittel zur Beeinträchtigung der Entscheidungs- oder Verhaltensfreiheit). – Täuscht der Lieferer oder Leistungserbringer über das Bestehen einer Rechtspflicht zur Zahlung, Rücksendung oder Verwahrung, so kann dies auch den Tatbestand des § 5 I 1 erfüllen.

5. Einzelfragen

a) Fehlende Bestellung. Die Zusendung muss **unbestellt** sein. Das Vorliegen einer vorheri- 88 gen Bestellung kann zweifelhaft sein, wenn die Bestellung in der Anforderung einer kostenlosen Probelieferung oder dergleichen enthalten ist. Hier kommt es darauf an, ob für den Kunden unmissverständlich erkennbar ist, dass er (auch) eine Warenbestellung aufgibt (vgl OLG Düsseldorf DB 1979, 255: Werbung mit der Aufforderung zur Bestellung von zwei Probeheften, verbunden mit dem unübersehbaren Hinweis, dass die Anforderung als Bestellung gilt, wenn nicht binnen zwei Wochen nach Zusendung des ersten Probehefts gekündigt wird). Die unbestellte Zusendung muss eine **entgeltpflichtige** Ware oder Dienstleistung zum Gegenstand haben. Nicht hierher gehört also der Fall, dass einer bestellten Ware eine kostenlose Warenprobe oder ein Werbezettel für eine andere Ware beigefügt ist (vgl BGH GRUR 1970, 557 – *Erotik in der Ehe*).

b) Ankündigung der unbestellten Zusendung. Die Unzumutbarkeit der Belästigung 89 durch eine unbestellte Warenzusendung entfällt nicht dadurch, dass sie vorher (zB in einem Begleitschreiben zu einer Warenlieferung oder Prospektübersendung) angekündigt wird. Dies gilt auch dann, wenn dem Empfänger die Möglichkeit eingeräumt wird, innerhalb einer bestimmten Frist die Übersendung abzulehnen (vgl BGH GRUR 1966, 47, 48 – *Indicator* mit Anm *Sprick*). Nach § 4 Nr 1 und ggf § 4 Nr 2 unlauter ist es, dem Empfänger anzukündigen, man werde ein bestimmtes Verhalten als Bestellung werten. Denn darin liegt eine unzulässige Beeinträchtigung der Entscheidungsfreiheit. Auch ist es nicht auszuschließen, dass es zu Missverständnissen und Fehlreaktionen kommt. Zu Recht hat es der BGH (GRUR 1977, 157, 158 – *Filmzusendung*) daher beanstandet, dass Versandtaschen für die Filmentwicklung ein Zettel des

Inhalts beigefügt wurde, man werde neben den fertigen Bildern gleich einen frischen Film schicken, sofern dieser Zettel nicht in den Versandbeutel zurückgesteckt werde. Denn es ist jedenfalls unüblich und missverständlich, dem Kunden aufzuoktroyieren, das Einlegen des Zettels gelte als „Nichtbestellung", das Entfernen dagegen als „Bestellung"; das aber kann bei einem nicht unerheblichen Teil der angesprochenen Kreise zur Zusendung unbestellter Ware führen. Die Beeinträchtigung des Kunden, der keinen neuen Film haben will, ist umso stärker, als er rechtlich verunsichert sein kann und sich im Hinblick auf den geringen Wert des Films gleich gar nicht auf eine Auseinandersetzung einlassen wird. Zu Unrecht wurde eingewandt, hier werde zum Nachteil des Verbrauchers eine Methode unterbunden, die auf billigste Weise dem Verbraucher eine Bestellmöglichkeit eröffne (*Fritze* GRUR 1977, 158, 159). Denn es wäre dem Gewerbetreibenden unbenommen gewesen, einen Zettel beizufügen, der als Bestellformular gestaltet ist und damit keinen Anlass zu Missverständnissen gibt.

90 **c) Tatsächliche oder mutmaßliche Einwilligung in die unbestellte Zusendung.** Hat der Empfänger sich mit der Lieferung von Waren oder Dienstleistungen ohne vorherige Bestellung und ohne Bestellpflicht ausdrücklich oder stillschweigend **einverstanden** erklärt, ist eine unzumutbare Belästigung grds zu verneinen (vgl OLG Frankfurt WRP 1990, 765 zu § 1 aF). In dieser Entscheidung ist offen gelassen, ob ein entspr Vertriebssystem insgesamt gegen § 1 aF verstößt, da es auf die Trägheit der Empfänger abgestellt ist, die die Rücksendung der Ware scheuen und sie deshalb lieber behalten und bezahlen. Eine unzumutbare Belästigung oder unangemessene unsachliche Beeinflussung ist jedenfalls dann zu verneinen, wenn erkennbar ist, welche Art von Waren oder Dienstleistungen geliefert wird. Denn der Kunde weiß dann, was auf ihn zukommt. Auch kann ein solches System gerade dem Interesse des Kunden entsprechen. – Dies gilt allerdings nicht, wenn das Einverständnis durch Täuschung erschlichen oder in sonst unlauterer Weise (zB im Wege eines unerbetenen Telefonanrufs) eingeholt wird. – Ein Einverständnis mit der Zusendung von Ansichtssendungen, für die Bezahlung oder Rückgabe binnen zehn Tagen verlangt wird, liegt nicht schon in der Anforderung eines kostenlosen Überraschungspakets, wenn nicht gleichzeitig auf dem Anforderungszettel auch für den flüchtigen Leser unübersehbar darauf hingewiesen wird (OLG Stuttgart NJWE-WettbR 1996, 38, 39: Hinweis lediglich auf der Rückseite genügt nicht). – Eine **mutmaßliche Einwilligung** kann ebenfalls zur Zulässigkeit der unbestellten Zusendung führen. Sie kann vor allem einer **ständigen Geschäftsverbindung** zu entnehmen sein (vgl BGH GRUR 1960, 382, 384 – *Verbandsstoffe;* BGH GRUR 1966, 47, 48 f – *Indicator;* HdbWettbR/*Hasselblatt* § 61 Rdn 93). Doch ist auch hier stets zu prüfen, ob der Absender davon ausgehen kann, dass der Kunde eine unbestellte Zusendung wünsche. Dabei können insbes Verkehrssitten (§ 157 BGB), etwa bei Bücheransichtssendungen, oder Handelsbräuche (§ 346 HGB) zu berücksichtigen sein. Auch spielt der mutmaßliche Bedarf des Kunden eine Rolle. Wird einem Verbraucher statt der bestellten eine nach Qualität und Preis gleichwertige Leistung angeboten und wird er gleichzeitig darauf hingewiesen, dass er zur Annahme nicht verpflichtet ist und er die Kosten der Rücksendung nicht zu tragen hat (vgl § 241 a III BGB), ist ebenfalls von einem mutmaßlichen Einverständnis mit der Zusendung auszugehen.

91 **d) Sonderfälle.** Der unbestellten Warenzusendung soll es gleichstehen, wenn bei Einsendung einer Kamera zur Reparatur mit der Bitte um Kostenvoranschlag dem Kunden mitgeteilt wird, die Reparatur sei unmöglich, ihm aber statt der Kamera ein Prospekt für neue Kameras und ein Gutschein über 30,– DM für eine Neubestellung zurückgeschickt wird. Der Kunde werde hier unzumutbar belästigt, ua weil er sich genötigt sehen könne, eine neue Kamera zu erwerben (BGH GRUR 1992, 855, 856 – *Gutscheinübersendung*). Nach heutigem Recht sind solche Fälle nur nach § 4 Nr 1 zu beurteilen.

IV. Sonstiges

1. Werbung in Schulen und Behörden

92 Verteilen Verlage mit Genehmigung der Schulbehörden in Schulen Werbung für Zeitschriften und lassen sie Bestellungen einsammeln, stellt dies keine unzumutbare Belästigung der Lehrer und Schüler dar (BGH GRUR 1984, 665, 667 – *Werbung in Schulen;* vgl auch OLG Hamburg GRUR-RR 2005, 224 zu § 4 Nr 1). Denn es ist in erster Linie Sache des Schulrechts, der Schulorganisation und des Hausrechts, Schüler und Lehrer vor belästigender Werbung zu schützen (BGH aaO – *Werbung in Schulen*). Die Entscheidung der Schulverwaltung, Werbung zuzulassen, kann – sofern diese nicht unangemessen unsachlich beeinflusst wurde (vgl OLG

Brandenburg WRP 2003, 903) – nicht mittels des Lauterkeitsrechts unterlaufen werden. – Entsprechende Grundsätze gelten für die Werbung innerhalb von Behörden.

2. Werbung im Internet

Internet-Seiten werden vielfach für werbliche Zwecke genutzt. Soweit Werbung klar erkennbar ist (sonst § 4 Nr 3), wie bei der Banner-Werbung, ist dies ebenso wenig zu beanstanden wie die Anzeigenwerbung in der Zeitung. Auch Werbung mittels **Interstitials** oder **Pop-Up-Fenstern** ist nicht zu beanstanden, soweit sich der Nutzer der Werbung durch Wegklicken oder durch Verlassen der Seite entziehen kann (ebenso *Bornkamm/Seichter* CR 2005, 747, 752; aA *Burmeister* S 97 ff; *Fezer/Mankowski* § 4 S 12 Rdn 131; *Schreibauer/Mulch* WRP 2005, 442, 457). Wird es dem Internet-Nutzer jedoch durch das Öffnen immer neuer Fenster unmöglich gemacht oder erschwert, die urspr aufgerufene Seite zu verlassen (Exit-Pop-Up-Fenster), liegt eine unzumutbare Belästigung vor (vgl LG Düsseldorf MMR 2003, 486; § 4 Rdn 1.209; *Piper/Ohly/Sosnitza* § 7 Rdn 95; *Schirmbacher* K&R 2009, 433, 437). Dasselbe gilt für **Pop-Under-Fenster** wegen der Schwierigkeiten, die aufgerufene Seite zu verlassen. – Die Verwendung von Metatags, um die Aufmerksamkeit des Nutzers auf das eigene Angebot zu lenken, stellt dagegen keine unzumutbare Belästigung dar, weil damit keine nennenswerte Beeinträchtigung der Nutzung der Internet-Informationsmöglichkeiten verbunden ist (*Brömmelmeyer* S 389). – Wer einen kostenlosen Push-Dienst, dh die Übermittlung bestimmter Informationen über das Internet, in Anspruch nimmt, erklärt damit konkludent seine Zustimmung zur Zusendung auch von Werbung. Denn er muss davon ausgehen, dass derartige Dienstleistungen – ähnlich wie beim Free-TV – durch Werbung finanziert werden (*Lange* WRP 2002, 786, 788; *Sieber/Klimek* K&R 1999, 305, 307). 93

3. Werbung auf Trägermedien

Die sog *Trailer*-Werbung auf Spielfilm-DVDs (idR Vorschau auf einen anderen Film) kann bei entsprechender Länge eine unzumutbare Belästigung darstellen, weil sich der Käufer dieser Werbung nicht durch ausblenden entziehen kann. Etwas anderes gilt, wenn der Käufer vor dem Kauf darauf hingewiesen wurde (aA *Burmeister* S 94). – Das sog **In-Game-Advertising** (dazu *Schaar* GRUR 2005, 912, 913 ff; *Burmeister* S 95 f; *Lober* MMR 2006, 643) besteht in einem Product Placement auf Computerspielen. Es kann den Tatbestand des § 4 Nr 3, aber auch des § 7 I erfüllen, es sei denn, der Käufer wurde vor dem Kauf hingewiesen oder die Werbung lässt sich „wegklicken". 94

4. Rechtsgeschäftliche Maßnahmen als unzumutbare Belästigung?

Als unzumutbare Belästigung wird das **Slamming** angesehen. Darunter ist die Umstellung eines Endkunden-Telefonanschlusses auf einen neuen Betreiber ohne Wissen und Einverständnis des Kunden zu verstehen. Telekommunikationsunternehmen schicken den meist telefonisch kontaktierten Kunden eine Auftragsbestätigung über die Umstellung (Preselection-Vertrag) zu und kündigen gleichzeitig in deren Namen den Vertrag mit dem bisherigen Diensteanbieter, verbunden mit dem Antrag auf technische Umsetzung des neuen Dienstes. Diese Geschäftspraxis sei gegenüber dem Verbraucher irreführend (§ 5) und belästige ihn unzumutbar (§ 7 I), weil er mit der Mühe der Auseinandersetzung mit dem Anbieter und mit der Verhinderung oder Rückgängigmachung der Umstellung belastet werde. Außerdem stelle sie eine gezielte Behinderung des betroffenen Mitbewerbers (§ 4 Nr 10) dar (vgl OLG Frankfurt WRP 2009, 348, 349; LG Hamburg WRP 2008, 841). – Als unzumutbare Belästigung werden ferner **unzutreffende Bestätigungsschreiben** über die Einwilligung in Werbung (LG Bonn K&R 2007, 225, 226 f) und **unberechtigte Abbuchungen** vom Konto (OLG Stuttgart GRUR-RR 2007, 330, 331) angesehen. Denn der Verbraucher sehe sich genötigt, solchen Maßnahmen mit entsprechenden Zeit- und Kostenaufwand zu widersprechen, um keine Rechtsnachteile zu erleiden (zust juris PK/*Koch* § 7 Rdn 107 aE, 125, 126). 95

Dieser Auffassung ist indessen nicht zu folgen. Zwar sind derartige Maßnahmen grds als geschäftliche Handlungen iSd § 2 I Nr 1 anzusehen. Sie stellen aber – gleichgültig, ob sie auf einem technischem Defekt, einem Versehen oder einer bewussten Täuschung beruhen – keine unzumutbare Belästigung iS eines Eingriffs in die private oder unternehmerische Sphäre des Betroffenen dar. Die Notwendigkeit, sich dagegen zur Wehr zu setzen, um keine Rechtsnachteile zu erleiden, gehört zum **allgemeinen Lebensrisiko**. Wollte man anders entscheiden, müsste jede unberechtigte rechtsgeschäftliche Maßnahme (zB unberechtigte Kündigung), ja jedes irre- 95a führende Handeln oder Unterlassen, das den Kunden zum Kauf einer Ware veranlasst, die er eigentlich nicht kaufen wollte, als unzumutbare Belästigung angesehen werden. Denn stets muss der Kunde tätig werden, um seine Rechte zu wahren.

E. Die Tatbestände des § 7 II

I. Allgemeines

1. Rechtsnatur

96   Bei den in § 7 II aufgeführten vier Fällen ist „stets" eine unzumutbare Belästigung anzunehmen. Diese Formulierung soll deutlich machen, dass die in § 7 I 1 enthaltene Bagatellschwelle der Unzumutbarkeit nicht auf die Sachverhalte des § 7 II anwendbar sein soll. Vielmehr soll ohne Wertungsmöglichkeit von einer unzumutbaren Belästigung und damit von der Unzulässigkeit der betreffenden Handlung auszugehen sein (Begr RegE UWG 2009 zu § 7 Abs 2, BT-Drucks 16/10145 S 57 ff).

2. Verhältnis zu Anh I Nr 26 UGP-Richtlinie

97   Die Regelung des § 7 II steht nicht in Widerspruch zu Anh I Nr 26 UGP-Richtlinie. Die Schwarze Liste enthält zwar eine abschließende Aufzählung von unter allen Umständen unlauteren (und damit per se unzulässigen) Geschäftspraktiken. Diese Liste kann nach Art 5 V 2 UGP-Richtlinie auch nur durch eine Änderung dieser Richtlinie abgeändert werden und darf dementsprechend von den Mitgliedstaaten nicht erweitert werden. Der Tatbestand des **§ 7 II Nr 1** stellt eine (unvollständige) Umsetzung der Nr 26 S 1 der Schwarzen Liste dar, beschränkt auf die nicht in § 7 II Nr 2 und 3 geregelten, sonstigen Fernkommunikationsmittel. Dies ist im Wege der richtlinienkonformen Auslegung des § 7 II Nr 1 zu berücksichtigen. Im Übrigen ist zu berücksichtigen, dass der Anwendungsbereich des Anh I Nr 26 UGP-Richtlinie durch Nr 26 S 2 ua zugunsten der Richtlinie 2002/58/EG eingeschränkt wird („unbeschadet"). Der Tatbestand des **§ 7 II Nr 4** entspricht der Regelung in Art 13 IV Richtlinie 2002/58/EG. Der Tatbestand des **§ 7 II Nr 3** ist durch Art 13 I Richtlinie 2002/58/EG gedeckt. Danach darf auf die Verwendung von automatischen Anrufmaschinen, Faxgeräten oder elektronischer Post nur bei vorheriger Einwilligung der Teilnehmer gestattet werden. Der Tatbestand des § 7 II Nr 2 ist durch Art 13 III Richtlinie 2002/58/EG gedeckt. Der Tatbestand des **§ 7 II Nr 2** ist gedeckt von Art 13 III Richtlinie 2002/58/EG, der dem nationalen Gesetzgeber ausdrücklich gestattet, die Telefonwerbung von der Einwilligung der betreffenden Teilnehmer („opt-in") abhängig zu machen. Daran wollte die UGP-Richtlinie ausweislich Erwägungsgrund 14 (vorletzter und letzter Satz) nichts ändern (aA *Bernreuther* WRP 2009, 390, 399). – Der Anwendungsbereich des § 7 II beschränkt sich auf die **Werbung**. Das entspricht der deutschen Fassung der Nr 26 des Anh I („geworben"). Allerdings ist diese Fassung zu eng geraten, wie ein Blick auf die engl und franz Fassung („solicitation"; „sollicitation") zeigt. Die Vorschrift gilt vielmehr für alle geschäftlichen Handlungen vor, bei oder nach Vertragsschluss und bezieht sich auf das „Bedrängen" eines Verbrauchers mit dem Ziel, ihn zu einer geschäftlichen Entscheidung zu veranlassen. Nur so wird auch die Einschränkung in der Nr 16 („außer in Fällen und in den Grenzen, in denen ein solches Verhalten nach den nationalen Rechtsvorschriften gerechtfertigt ist, um eine vertragliche Verpflichtung durchzusetzen"). Die Nr 26 erfasst daher bspw auch den Fall, dass ein Verbraucher durch „Telefonterror" gedrängt wird, eine Kaufpreisschuld zu bezahlen. Mangels konkreter Umsetzung der Nr. 26 sind derartige Fälle nach § 7 I 1 und/oder § 4 Nr 1 zu beurteilen.

II. Werbung mit sonstigen Fernkommunikationsmitteln (§ 7 II Nr 1)

1. Anwendungsbereich

98   Nach § 7 II Nr 1 ist eine unzumutbare Belästigung stets anzunehmen „bei Werbung unter Verwendung eines in den Nummern 2 und 3 nicht aufgeführten, für den Fernabsatz geeigneten Mittels der kommerziellen Kommunikation, durch die ein Verbraucher hartnäckig angesprochen wird, obwohl er dies nicht wünscht". Die Vorschrift ist daher nicht anwendbar auf die Werbung mit einem Telefonanruf (§ 7 II Nr 2) oder unter Verwendung einer automatischen Anrufmaschine, eines Faxgeräts oder elektronischer Post (§ 7 II Nr 3).

E. Die Tatbestände des § 7 II

2. Werbung

Zum Begriff der Werbung vgl § 2 Rdn 15. Dazu gehört nicht nur die Absatzwerbung, sondern auch die Werbung bei der Nachfrage nach Waren oder Dienstleistungen (vgl Rdn 129). Der Tatbestand setzt nicht voraus, dass es auf Grund der Werbung zu einem Vertragsschluss gekommen ist.

3. Fernkommunikationsmittel

Der Begriff des Fernkommunikationsmittels ist iSd Fernabsatzrichtlinie zu verstehen und umfasst alle Kommunikationsmittel, die zur Anbahnung oder zum Abschluss eines Vertrages zwischen einem Verbraucher und einem Unternehmer ohne gleichzeitige körperliche Anwesenheit der Vertragsparteien eingesetzt werden können (vgl § 312 b II BGB). Als von § 7 II Nr 1 erfasste „sonstige" Fernkommunikationsmittel kommen insbes **Briefe, Prospekte** und **Kataloge** in Betracht (vgl die Aufzählung in § 312 b II BGB). Dagegen scheiden Rundfunk und Telemediendienste ihrer Natur nach aus, weil bei ihnen keine hartnäckige und unerwünschte Werbung möglich ist.

4. Hartnäckiges und unerwünschtes Ansprechen eines Verbrauchers

a) Verbraucher. Die Vorschrift beschränkt sich auf das Ansprechen eines **Verbrauchers.** Das Ansprechen eines sonstigen Marktteilnehmers, insbes eines **Unternehmers,** beurteilt sich nach den allgemeinen Regelungen in § 7 I 1 und 2. Es genügt, wie bereits im Gesetzeswortlaut zum Ausdruck kommt, zur Verwirklichung des Tatbestands, dass ein einzelner Verbraucher angesprochen wird.

b) Hartnäckiges und unerwünschtes Ansprechen. Der Begriff des **Ansprechens** bezieht sich nicht auf das persönliche Gespräch mit dem anwesenden Verbraucher (zB bei einem Hausbesuch oder beim Ansprechen in der Öffentlichkeit), sondern beschränkt sich auf Maßnahmen, die das Fernkommunikationsmittel dem Verbraucher zur Kenntnis bringen sollen. – Anders als in den Fällen des § 7 II Nr 2 und 3, in denen bereits eine einmalige Kontaktaufnahme ausreicht, setzt § 7 II Nr 1 ein **„hartnäckiges"** Ansprechen voraus. Darunter ist ein **wiederholtes** Ansprechen zu verstehen. Denn der Begriff „hartnäckig" ist aus Nr 26 des Anh I der UGP-Richtlinie übernommen. Aus der englischen und französischen Fassung („persistent" und „répété") ist zu entnehmen, dass es nur auf die Wiederholung, nicht aber auf eine besonders intensive Einwirkung ankommt. Eine bestimmte Anzahl von Wiederholungen ist nicht erforderlich, so dass bereits ein zweimaliges Ansprechen genügen kann. Erfolgt nur ein einmaliges Ansprechen, so scheidet jedenfalls § 7 II Nr 1 aus. Es bleibt aber der Rückgriff auf § 7 I 2, wobei indessen besondere Umstände vorliegen müssen, um die Unzumutbarkeit der Belästigung zu bejahen (so auch *Sosnitza* WRP 2008, 1014, 1034). **Beispiel:** Wohnungsinhaber bemerkt, wie ein Werber einen Prospekt in den Briefkasten einwerfen möchte, und verbittet sich das. – Die Werbung muss **erkennbar unerwünscht** sein („obwohl er dies erkennbar nicht wünscht"). Das bleibt zwar hinter dem Wortlaut der Regelung in Nr 26 Anh I UGP-Richtlinie zurück, nach der bereits das „unerwünschte" Ansprechen ausreicht, jedoch dürfte sich dieses Erfordernis aus dem Zweck der Regelung ergeben. (Zur entsprechenden Regelung in § 7 I 2 vgl Rdn 37). Der ablehnende Wille („opt-out") des Adressaten muss also in einer Weise zum Ausdruck gebracht worden sein, dass der Werbende ihn hätte erkennen können. **Beispiel:** Ist der Briefkastenaufkleber „Keine Werbung" abgerissen worden, so ist der entgegenstehende Wille nicht (mehr) erkennbar und der wiederholte Einwurf eines Werbeprospekts daher nicht nach § 7 II Nr 1 zu beanstanden. Der ablehnende Wille muss nicht ausdrücklich geäußert worden sein, vielmehr kann er sich auch aus den Umständen ergeben. Das ist insbes dann anzunehmen, wenn das Werbematerial an einer Stelle deponiert wird, die dafür nicht vorgesehen ist (zB Windschutzscheibe eines Fahrzeugs; Hausflur). Überdies muss der entgegenstehende Wille nicht von Anfang an für den Werbenden erkennbar gewesen sein. Es genügt vielmehr, dass der Unternehmer die Werbung fortsetzt, obwohl ihn der Verbraucher zwischenzeitlich darauf aufmerksam gemacht hat, dass er dies nicht wünscht (vgl auch Anh zu § 3 III Nr 25).

5. Briefkastenwerbung

a) Begriff und wirtschaftliche Bedeutung. Unter Briefkastenwerbung ist der Einwurf von nicht adressiertem Werbematerial (Prospekte, Handzettel, Kataloge, Offerten- und Anzeigenblätter usw) in den Briefkasten der Empfänger zu verstehen. Diese Werbemethode ist nach wie vor sehr verbreitet, vor allem bei lokalen Anbietern.

104 **b) Wettbewerbsrechtliche Beurteilung. aa) Grundsätzliche Zulässigkeit.** Im Gegensatz zu Werbemethoden, die mit einer persönlichen oder individuellen Ansprache des Umworbenen verbunden sind, führt die Briefkastenwerbung zu einer geringeren Belästigung der Privatsphäre der Empfänger. Sie ist, da der Werbecharakter des Materials offen zu Tage tritt, vom Empfänger sofort als Werbung erkennbar. Ihn trifft, falls er sich nicht dafür interessiert, lediglich die Mühe der Entgegennahme und Entsorgung. Da die werbende Wirtschaft ein berechtigtes Interesse hat, auf ihre Angebote aufmerksam zu machen, und andererseits viele Verbraucher an dieser Art Werbung interessiert sind, um attraktive Angebote wahrzunehmen, ist die Briefkastenwerbung grds wie im früheren Recht (BGHZ 106, 229, 235 = GRUR 1989, 225 – *Handzettel-Wurfsendung; Jahn/Gonzalez* WRP 1991, 1, 3) als zulässig anzusehen.

105 **bb) Unzulässigkeit nach § 7 II Nr 1.** Die Briefkastenwerbung gegenüber einem **Verbraucher** ist nach § 7 II Nr 1 iV I 1 unzulässig, wenn sie **hartnäckig,** dh wiederholt erfolgt und wenn der Verbraucher dies **erkennbar nicht wünscht.** Der entgegenstehende Wille wird entweder unmittelbar gegenüber den werbenden Unternehmen oder – üblicherweise – durch einen **Sperrvermerk** am Briefkasten („Keine Werbung", „Keine Reklame" usw) zum Ausdruck gebracht. Die sog **Ausreißerproblematik** (versehentliche Nichtbeachtung des Sperrvermerks), wie sie im früheren Recht diskutiert wurde (vgl BGH GRUR 1992, 617 – *Briefkastenwerbung;* OLG Karlsruhe GRUR 1991, 940, 941) stellt sich unter Geltung des § 7 II Nr 1 nicht, da ohnehin eine hartnäckige, dh wiederholte, also mindestens zweimalige Missachtung des Sperrvermerks erforderlich ist und dies vom Kläger im Streitfall zu beweisen ist.

106 **cc) Unzulässigkeit nach § 7 I 2.** Die Zulässigkeit der Briefkastenwerbung gegenüber einem **Unternehmer** beurteilt sich nicht nach § 7 II Nr 1, sondern nach § 7 I 2. Allerdings dürfen insoweit keine strengeren Anforderungen gelten als gegenüber Verbrauchern. Es ist daher ebenfalls ein „hartnäckiges", dh wiederholtes Handeln und eine erkennbare Ablehnung durch den Empfänger erforderlich (aA Piper/*Ohly*/Sosnitza § 7 Rdn35). **Beispiel:** Einlegen von Werbematerial in Anwaltsfächer bei den Gerichten ist unzulässig, wenn es vom Gerichtsvorstand generell oder vom Fachinhaber durch einen Hinweis am Fach untersagt ist (vgl OLG Karlsruhe NJW 1996, 3283 zu § 1 UWG 1909).

107 **dd) Verantwortlichkeit.** Wird der Sperrvermerk nicht beachtet, so hat dafür nicht nur die **Verteilerorganisation** (insbes auch die Deutsche Post AG) und ggf auch der einzelne Verteiler, sondern auch das **werbende Unternehmen** als mittelbarer Täter oder nach Maßgabe des § 8 II einzustehen. Dem werbenden Unternehmen ist es zumutbar, durch entspr Vorkehrungen im Vertrag mit der Verteilerorganisation (bzw mit dem Verteiler), dafür Sorge zu tragen, dass ein Sperrvermerk beachtet wird. Haben sich Personen, die keine Werbesendungen erhalten wollen, in eine (allerdings missbrauchsanfällige) **„Robinson-Liste"** aufnehmen lassen, so muss das Werbeunternehmen diese Personen von künftigen Werbesendungen ausschließen (vgl *Weichert* WRP 1996, 522, 531). – Für den Ausschluss der Verantwortlichkeit des **Werbenden** reicht die bloße Anweisung, Sperrvermerke zu beachten, nicht aus. Damit würde sich das werbende Unternehmen allzu leicht aus seiner Verantwortung stehlen können. Vielmehr ist es erforderlich, dass das werbende Unternehmen die Verteilerorganisation eindringlich auf die Notwendigkeit einer entspr Organisation und Kontrolle der Werbeaktion hinweist, sich über den Einsatz etwaiger Schutzvorkehrungen vergewissert, Beanstandungen nachgeht und ggf Sanktionen (zB Vertragsstrafenvereinbarung, Kündigung) vorsieht (BGH GRUR 1992, 617 – *Briefkastenwerbung*).

108 **c) Einzelfragen. aa) Postwurfsendungen.** Ein Sperrvermerk am Briefkasten ist auch bei der Zustellung von Postwurfsendungen zu beachten, zumal die Postbediensteten angewiesen sind, derartige Vermerke als Annahmeverweigerung zu beachten (vgl ABl BMPT 1991, 483, 1019 ff, 1025). – Zur früheren Rechtslage vgl BGH GRUR 1992, 316 – *Postwurfsendung.*

109 **bb) Gratisblätter.** Ob ein Sperrvermerk am Briefkasten auch für den Einwurf von Gratisblättern (Zeitschriften, Zeitungen, Anzeigenblättern usw) gilt, hängt von der (durch Auslegung zu ermittelnden) Reichweite des Sperrvermerks ab. Wünscht der Empfänger erkennbar keinen Einwurf von Gratisblättern, so ist dieser Widerspruch zu beachten. Hat sich der Empfänger lediglich den Einwurf von „Werbesendungen und Prospekten" verboten, so ist damit nicht auch der Einwurf von Gratisblättern mit redaktionellem Teil (zB Anzeigenblätter) untersagt (vgl OLG Karlsruhe GRUR 1991, 940 – *Anzeigenblatt im Briefkasten*). Das Gleiche gilt freilich auch, wenn sich der Empfänger den Einwurf von „Werbung" verboten hat (OLG Stuttgart NJW-RR 1994,

502; aA OLG Karlsruhe GRUR 1991, 940 – *Anzeigenblatt im Briefkasten,* wonach ein Anzeigenblatt ungeachtet seines redaktionellen Teils als Werbung anzusehen ist). Denn daraus ist nicht ohne Weiteres der Wille des Empfängers ersichtlich, auch keine Anzeigenblätter mit redaktionellem Teil entgegennehmen zu wollen. Dem Empfänger ist es möglich und zumutbar, entweder den Sperrvermerk entspr zu formulieren oder beim Herausgeber zu intervenieren.

cc) Zeitungsbeilagenwerbung. Zeitungen und Zeitschriften enthalten nahezu in jeder Ausgabe mehrere beigelegte Werbeprospekte. Offenbar ist es für die werbenden Unternehmen preiswerter und effizienter, Prospekte auf diesem Wege als durch eigene Verteiler unter die Leute zu bringen. Problematisch ist jedoch, ob ein Sperrvermerk gegenüber Werbeprospekten auch für die Zeitungsbeilagenwerbung gilt. Das ist für Abonnementzeitungen und -zeitschriften zu verneinen (OLG Karlsruhe NJW 1991, 2913; LG Bonn NJW 1992, 1112). Denn der Abonnementvertrag bezieht sich auf die Lieferung der Zeitung oder Zeitschrift, so wie sie der Verleger vertreibt, also ggf mit Beilagen. Der Verleger ist daher zur entspr Auslieferung an den Abonnenten berechtigt. Das mag für den Kunden, der gerade von Werbeprospekten verschont bleiben will, bedauerlich sein. Will er dies nicht hinnehmen, bleibt ihm aber nur der Weg, entweder eine Sondervereinbarung zu treffen oder den Abonnementvertrag zu kündigen.

d) Bürgerlichrechtliche Beurteilung. Die Missachtung eines Sperrvermerks stellt eine rechtswidrige Beeinträchtigung von Eigentum und/oder Besitz des Briefkasteninhabers und auch seines allgemeinen Persönlichkeitsrechts (Selbstbestimmungsrechts) dar und erfüllt damit den Tatbestand der §§ 1004, 823 I BGB (BGHZ 106, 229 = GRUR 1989, 225, 226 – *Handzettel-Wurfsendung*). Denn das Interesse des Einzelnen am Schutze seiner Individualsphäre hat grds Vorrang vor dem Gewinnstreben der werbenden Wirtschaft. Das Selbstbestimmungsrecht des Umworbenen hat Vorrang vor dem Interesse des Unternehmers an Werbung (BGHZ 106, 229 = GRUR 1989, 225 – *Handzettel-Wurfsendung*). Die Wirtschaft kann sich insoweit weder auf „gewachsene Besitzstände" noch auf „Sozialadäquanz" der Beeinträchtigung berufen. Denn angesichts des Ausmaßes, das die Briefkastenwerbung erreicht hat, lässt sich nicht mehr von einer unwesentlichen Beeinträchtigung sprechen. Der Einzelne hat ein schutzwürdiges Interesse daran, dass sein Briefkasten nicht überfüllt oder gar verstopppft wird und dass ihm nicht die Mühe der Entsorgung aufgebürdet wird. Vor allem aber geht es ihm darum, sich nicht gegen seinen Willen mit der Werbung geistig auseinander setzen zu müssen.

6. Briefwerbung

a) Begriff und wirtschaftliche Bedeutung. Die Briefwerbung unterscheidet sich von anderen Werbemitteln (Postwurfsendungen usw) dadurch, dass sie an den Empfänger persönlich adressiert ist. Der Werbende kann sich von dieser individualisierten Werbung eine stärkere Beachtung erhoffen. Auf Grund der modernen Computer- und Druckertechnik lässt sich ohne großen Aufwand damit Massenwerbung betreiben, so dass sich diese Werbeform nach wie vor großer Beliebtheit erfreut. Ein Sonderfall der Briefwerbung ist die Briefbeilagenwerbung, bei der einem Geschäftsbrief (zB Gebührenabrechnung; Kontoauszug; Rechnung) ein Werbeprospekt oÄ beigelegt ist.

b) Wettbewerbsrechtliche Beurteilung. aa) Grundsätzliche Zulässigkeit. Grds ist die Briefwerbung auch ohne das vorherige Einverständnis des Empfängers zulässig. Denn die damit verbundene Beeinträchtigung der Privatsphäre des Empfängers (Belästigung auf Grund der Notwendigkeit der Entgegennahme, Prüfung und ggf Entsorgung der Werbung; Verstoppfung des Briefkastens) ist nicht so gravierend, als dass das Absatzinteresse der werbenden Wirtschaft und das Informationsinteresse der Verbraucher dahinter zurücktreten müssten. Das gilt auch dann, wenn man die Konkretisierung des Wertmaßstabs des § 7 I mittels einer Abwägung der widerstreitenden Grundrechte (Art 2 I GG einerseits und Art 12, 14 GG sowie Art 5 I 1 GG andererseits) vornimmt. Es kann daher nicht von vornherein angenommen werden, dass der Umworbene jegliche Art von Briefwerbung ablehnt. – Auch die **Briefbeilagenwerbung** ist grds zulässig, sofern der Empfänger nicht widersprochen hat oder sich in eine Robinson-Liste eintragen lassen hat.

bb) Unlauterkeit nach § 4 Nr 3. Unlauter nach § 4 Nr 3 kann die Briefwerbung sein, wenn der Werbebrief als **Privatbrief** getarnt ist und der Empfänger erst nach näherer Befassung mit dem Inhalt erkennen kann, dass es sich um Werbung handelt (vgl BGH GRUR 1973, 552, 553 – *Briefwerbung*). Dabei spielt es keine Rolle, ob es sich um einen Erstbrief oder um eine Reihe von Werbebriefen handelt. Zu Recht weist die Rspr darauf hin, dass der, der werben wolle, sich dazu auch eindeutig bekennen solle und nicht dadurch, dass er der Werbesendung den Anstrich eines Privatschreibens gebe, eine Aufmerksamkeit erwecke, die er ohne den irreführenden Vorspann nicht zu erzielen vermöchte. Der Versender von Werbebriefen muss also sicherstellen, dass der werbliche Charakter des Schreibens zwar nicht schon aus dem Briefumschlag (hierfür *Freund* BB 1986, 409, 415), wohl aber nach dem Öffnen des Briefs sofort und unmissverständlich („auf den ersten Blick") erkennbar ist.

115 cc) Unzulässigkeit nach § 7 II Nr 1. Eine unzumutbare Belästigung iSv § 7 II Nr 1 stellt eine Briefwerbung gegenüber einem Verbraucher dann dar, wenn sie **„hartnäckig"**, dh wiederholt, also mindestens zweimal, erfolgt und wenn der Verbraucher ihr widersprochen hat. Dies gilt auch dann, wenn der Werbecharakter des Briefs ohne Weiteres erkennbar ist. Ein Widerspruch ist – entgegen der älteren Rspr (BGH aaO – *Briefwerbung;* OLG Hamburg NJW-RR 1989, 873) – unabhängig davon zu beachten, ob nach der Art der Werbeaktion eine Beachtung des Widerspruchs für den Werbenden mit Mühen und Kosten verbunden ist, die in keinem Verhältnis zu der Verärgerung und Belästigung des Umworbenen stehen. Der **Widerspruch** muss freilich für den Werbenden **erkennbar** sein. Das ist stets der Fall, wenn er gegenüber dem Werbenden erklärt wurde, etwa brieflich oder telefonisch. – Das ist weiter der Fall, wenn sich der Empfänger in eine (in ihrer Wirkung freilich zweifelhafte, weil missbrauchsanfällige) **Robinson-Liste** hat eintragen lassen. Die **Robinson-Liste** des Deutschen Direktmarketing-Verbandes eV, Wiesbaden, verpflichtet zwar nur die angeschlossenen Unternehmen, den eingetragenen Personen keine Briefwerbung zukommen zu lassen. Indessen wird die Robinson-Liste sowohl Mitgliedern als auch Nichtmitgliedern zum Abgleich angeboten. Auch Nichtmitglieder haben daher die Möglichkeit, mit zumutbarem Aufwand einen Datenabgleich vorzunehmen. Daher ist auch Nichtmitgliedern die Kenntnisnahme und Beachtung des entgegenstehenden Willens des Empfängers möglich und zumutbar (*Weichert* WRP 1996, 522, 531 f). – Problematisch ist der Fall, dass der Empfänger lediglich einen allgemeinen Sperrvermerk an seinem Briefkasten angebracht hat. Hier ist zu unterscheiden. Der (dem Werbenden unbekannte) Widerspruch ist unbeachtlich, soweit der Werbebrief mit der Post zugestellt wird. Denn für die Postbediensteten ist nicht erkennbar, ob es sich um einen unerbetenen Werbebrief handelt. Anders verhält es sich, wenn der Werbebrief von einem damit beauftragten Verteiler ausgetragen wird. Denn hier weiß der Verteiler, dass es sich um einen Werbebrief handelt. Ihm ist es daher möglich und zumutbar, den Sperrvermerk zu beachten. Der Werbende muss sich die Nichtbeachtung derartiger Sperrvermerke durch den Verteiler jedenfalls nach § 8 II zurechnen lassen.

116 dd) Unzulässigkeit nach § 7 I 2. Briefwerbung gegenüber einem **Unternehmer** kann nach § 7 I 2 iVm I 1 unzulässig sein, wenn dieser sie erkennbar nicht wünscht. Allerdings dürfen insoweit keine strengeren Anforderungen gelten als gegenüber Verbrauchern. Es ist daher, wie bei § 7 II Nr 1 ein „hartnäckiges", dh wiederholtes Handeln erforderlich, sofern keine besonderen Umstände vorliegen.

7. Scheibenwischerwerbung

117 Scheibenwischerwerbung, dh das Anbringen von Werbematerial hinter dem Scheibenwischer eines Autos, und vergleichbare Werbemaßnahmen stellen stets eine unzumutbare Belästigung iSd § 7 I 2 dar (ebenso Piper/*Ohly*/Sosnitza § 7 Rdn 78; *Wasse* WRP 2010, 191; Mankowski GRUR 2010, 578; aA OLG Hamm NJW-RR 1991, 1263, 1264; *Schwab* GRUR 2002, 579, 585; jurisPK/*Koch* § 7 Rdn 124). Denn sie beeinträchtigt den Autofahrer in der Nutzung seines Fahrzeugs, bürdet ihm die Last der Entsorgung auf und ist daher erkennbar unerwünscht. Außerdem kann sich der Fahrer nicht durch eine Art Sperrvermerk wie bei der Briefkastenwerbung dagegen wehren (Piper/*Ohly*/Sosnitza § 7 Rdn 78). Im Hinblick auf diese Besonderheit ist ein hartnäckiges, dh wiederholtes Handeln iSv § 7 II Nr 1 nicht erforderlich. Jedoch ist selbstverständlich auch § 7 II Nr 1 anwendbar, wenn dessen Voraussetzungen vorliegen.

III. Telefonwerbung (§ 7 II Nr 2)

1. Wirtschaftliche Bedeutung der Telefonwerbung

118 Die Telefonwerbung (= Telefonmarketing) als eine Form des Direkt-Marketing hat ihren Ursprung in den Vereinigten Staaten und ist in den Ländern, in denen sie rechtlich zulässig ist (zB auch in England) von erheblicher wirtschaftlicher Bedeutung (vgl *Paefgen* GRUR Int 1993, 208). In Deutschland hat sie – auf Grund der von Anfang an sehr restriktiven Haltung der Rspr – zwar einen geringeren, aber ebenfalls beachtlichen und auch ständig wachsenden Umfang

(*Leible/Sosnitza* K&R 1998, 283, 284; *Schricker* GRUR Int 1998, 541, 545; *Böhm* MMR 1999, 643), ungeachtet dessen, dass sie weithin als „Landplage" empfunden wird. Der Nutzen dieser Vertriebsmethode besteht darin, dass der Verkäufer den Kunden individuell ansprechen und auf seine Fragen und Bedürfnisse eingehen, ihm das Gefühl der bes Dringlichkeit und Wichtigkeit des Geschäfts vermitteln und ihn damit gezielt beeinflussen kann. Kunden, die mit schriftlicher Werbung uU überhaupt nicht erreichbar sind, lassen sich auf diese Weise ganz gezielt ansprechen. Gerade bei Geschäften größeren Umfangs und/oder speziellem Kundenkreis lässt sich auf diese Weise der Umsatz mit relativ geringem Kostenaufwand fördern. Auch spart sich ein Unternehmen, das seine Produkte nur auf diese Weise vertreibt, die Kosten eines stationären (ladengebundenen) oder ambulanten (vertretergebundenen) Vertriebs (dazu *Paefgen* WRP 1994, 73 mwN). Die stark gesunkenen Telefonkosten stellen einen zusätzlichen Anreiz für diese Art des Direktmarketing dar.

2. Bürgerlichrechtliche Beurteilung der Telefonwerbung

Nach § 312 c I 2 BGB muss bei Telefongesprächen zur Anbahnung oder zum Abschluss von Fernabsatzverträgen mit Verbrauchern zu Beginn des Gesprächs der geschäftliche Zweck und die Identität des Unternehmers eindeutig erkennbar sein. Die Verletzung dieser **Informationspflichten** kann eine Haftung aus culpa in contrahendo (§§ 311 II, 241 II BGB) auslösen und, wenn sie planmäßig erfolgt, eine Unterlassungsklage nach § 2 UKlaG rechtfertigen. – Am Telefon abgeschlossene Verträge zwischen einem Unternehmer (§ 14 I BGB) und einem Verbraucher (§ 13 BGB) unterliegen darüber hinaus einem **Widerrufsrecht** des Verbrauchers zwar nicht nach § 312 I BGB (BGH NJW 1996, 929 zur Vorläufernorm § 1 HWiG), wohl aber nach § 312 d I, IV Nr 3 und 4 BGB iVm § 355 BGB (dazu *Köhler* NJW 2009, 2567). Sie sind aber nicht schon aus dem Grund nichtig oder anfechtbar, weil sie auf Grund eines unlauteren Telefonanrufs eines Unternehmers zu Stande gekommen sind. – Unabhängig davon kann ein unerbetener Telefonanruf bei einem **Verbraucher** zu Werbezwecken einen Eingriff in das „allgemeine Persönlichkeitsrecht" darstellen (vgl OLG Stuttgart NJW 1988, 2615 zur telefonischen Wahlwerbung; LG Hamburg GRUR-RR 2007, 61 zur Marktforschung) und damit Unterlassungs- und Schadensersatzansprüche (§§ 823 I, 1004 I BGB) auslösen. Die (zu vermutende) Wiederholungsgefahr wird noch nicht durch die Aufnahme der Telefonnummer in eine Sperrdatei, sondern grds nur durch Abgabe einer strafbewehrten Unterlassungserklärung ausgeräumt (LG Hamburg GRUR-RR 2007, 61, 62). Ein Anruf bei einem **Unternehmer** zu Werbezwecken stellt, wenn keine tatsächliche oder mutmaßliche Einwilligung vorliegt, grds einen Eingriff in das „Recht am Unternehmen" dar (LG München I GRUR-RR 2007, 59; aA *Böhm* MMR 1999, 643, 644), gegen den sich dieser nach §§ 823 I, 1004 BGB analog zur Wehr setzen kann. Deren Anwendung ist nicht schon wegen der Subsidiarität gegenüber den §§ 7, 8 ausgeschlossen. Denn der angerufene Unternehmer könnte, da er nur im Vertikalverhältnis und nicht als Mitbewerber (§ 8 III Nr 1) betroffen ist, gerade nicht aus Wettbewerbsrecht (§ 7 I iVm § 7 II Nr 2) vorgehen. Von einer mutmaßlichen Einwilligung ist auszugehen, wenn zwischen den Beteiligten geschäftliche Beziehungen bestehen und dabei regelmäßig Faxsendungen erfolgen, wenn und solange dies nicht beanstandet wird (vgl LG München I GRUR-RR 2007, 59, 60).

3. Unionsrechtliche Regelung der Telefonwerbung

a) Primäres Unionsrecht. Ein nationales Verbot der Telefonwerbung muss sich an den Maßstäben der Art 34, 56 AEUV (= ex-Art 28, 49 EG) [Warenverkehrs- und Dienstleistungsfreiheit] messen lassen (*Köhler*, FS Koppensteiner, 2001, 431, 432 ff; *Schmid* S 339 ff; *Lettl* WRP 2009, 1315, 1316 f). In Bezug auf Art 34 AEUV ist ein solches Verbot als Regelung einer „sonstigen Verkaufsmodalität" zu bewerten, so dass es grds dem Zugriff des Art 34 AEUV entzogen ist (ÖOGH ÖBl 1995, 12). Allerdings ist nicht auszuschließen, dass sich das Verbot in tatsächlicher Hinsicht zum Nachteil ausländischer Anbieter auswirkt, die keine zumutbaren Möglichkeiten haben, auf andere Werbemittel auszuweichen (vgl EuGH GRUR Int 1997, 313 – *de Agostini*). In Bezug auf Art 56 AEUV hat der EuGH (GRUR Int 1995, 900, 902 Tz 39 – *Alpine Investments*) ausgesprochen, dass die Regelung eines Mitgliedstaats, wonach in diesem ansässige Dienstleistungserbringer in anderen Mitgliedstaaten ansässigen potenziellen Kunden nicht unaufgefordert telefonisch ihre Dienstleistungen anbieten dürfen, eine Beschränkung des freien Dienstleistungsverkehrs darstellt. Er hat aber zugleich festgestellt, dass Art 56 AEUV einer nationalen Regelung nicht entgegensteht, die es zum Schutze des Vertrauens der Kapitalanleger in die nationalen Finanzmärkte untersagt, in anderen Mitgliedstaaten ansässigen potenziellen Kunden unaufgefordert telefonisch Finanzdienstleistungen anzubieten. Die Tragweite dieser Entscheidung lässt sich noch nicht absehen. Ausgangspunkt ist, ob eine nationale Beschränkung der unerbetenen Telefonwerbung („cold calling") aus zwingenden Gründen des Allgemeininteresses gerechtfertigt ist und die Beschränkung als objektiv erforderlich und dem verfolgten Ziel angemessen ist (vgl EuGH aaO Tz 40). Die Besonderheit des Falles bestand darin, dass die nationale Regelung (ausschließlich) mit dem Zweck gerechtfertigt wurde, zum einen den Ruf der nationalen Finanzmärkte und zum anderen die Kapitalanleger (vor unüberlegten Entscheidungen, Rdn 46) zu schützen. Der EuGH war daher auch darauf beschränkt, das nationale Verbot auf der Grundlage dieser Rechtfertigung zu überprüfen. Der Fall bot somit keinen Anlass, die unionsrechtliche Zulässigkeit unerwünschter Telefonanrufe generell, insbes auch unter dem Aspekt der unzumutbaren Belästigung, zu beurteilen. – Ein nationales Verbot der unerbetenen Telefonwerbung kann sonach zwar die Dienstleistungsfreiheit und uU auch die Warenverkehrsfreiheit einschränken. Jedoch ist diese Beschränkung aus **„zwingenden Gründen des Allgemeininteresses"**, nämlich des Verbraucherschutzes und des Schutzes der Lauterkeit des Handelsverkehrs, gerechtfertigt (ebenso *Raeschke-Kessler/Schroeder* FS Piper, 1996, S 391, 416 ff; diff *Schmid* S 339 ff). Insbes ist ein derartiges Verbot auch nicht unverhältnismäßig. Das Interesse der Wirtschaft an einer Werbung mittels unerbetener Telefonanrufe muss hinter dem Interesse der Verbraucher, vor solchen zu jeder Tageszeit möglichen Anrufen verschont zu bleiben, zurücktreten (Rdn 143). – Beschränkungen der Telefonwerbung gegenüber sonstigen Marktteilnehmern, insbes Unternehmern, (Rdn 158 ff) sind zwar nicht mit dem Verbraucherschutzgedanken zu rechtfertigen, wohl aber mit dem Schutz des Unternehmens vor unerbetenen Störungen. – Im Hinblick darauf, dass Art 13 III und V der Datenschutzrichtlinie für elektronische Kommunikation es den Mitgliedstaaten ausdrücklich freistellt, ob sie Telefonwerbung von der Einwilligung der Teilnehmer abhängig machen (opt-in-Lösung), ist kaum vorstellbar, dass ein nationales Verbot der Telefonwerbung ohne Einwilligung gegen primäres Unionsrecht verstoßen kann.

121 **b) Sekundäres Unionsrecht.** In den Mitgliedstaaten bestehen immer noch unterschiedliche Regelungen der Telefonwerbung (dazu EuGH GRUR Int 1995, 900, 902 Tz 27 – *Alpine Investments; Schricker* GRUR Int 1996, 467, 475; *ders* GRUR 1998, 541, 546). Denn eine abschließende europarechtliche Regelung der Telefonwerbung existiert bis heute nicht. Vielmehr wird den Mitgliedstaaten die Wahl zwischen mehreren Modellen gelassen. Dies ergibt sich aus den einschlägigen Richtlinien:

122 **aa) Fernabsatzrichtlinie und Finanzdienstleistungsfernabsatzrichtlinie.** In Art 10 der Richtlinie 97/7/EG über den Verbraucherschutz bei Vertragsschlüssen im Fernabsatz v 20. 5. 1997 (ABl EG Nr L 144/19) wurde eine Mindestschutzregelung getroffen. Danach ist die telefonische Kommunikation mit Verbrauchern auch ohne deren vorherige Zustimmung zulässig (vgl auch Erwägungsgrund 12) und ist lediglich dann verboten, wenn der Verbraucher sie offenkundig abgelehnt hat. Jedoch lässt Art 14 S 1 der Fernabsatzrichtlinie den Mitgliedstaaten Raum für den Erlass oder die Aufrechterhaltung strengerer Bestimmungen, um ein höheres Schutzniveau für die Verbraucher sicherzustellen. Dementsprechend brauchte die (strengere) deutsche Rspr zu § 1 UWG 1909 betreffend die Telefonwerbung nicht aufgegeben zu werden (BGH GRUR 2000, 818, 820 – *Telefonwerbung VI;* BGH GRUR 2001, 1181, 1184 – *Telefonwerbung für Blindenwaren;* BGH GRUR 2002, 637, 638 – *Werbefinanzierte Telefongespräche*). Daran änderte auch Art 14 S 2 der Richtlinie nichts, da diese Bestimmung sich nur auf Vertriebsverbote (iSv § 134 BGB) bezieht, also den S 1 nur konkretisiert, aber nicht einschränkt (BGH GRUR 2001, 1181, 1184 – *Telefonwerbung für Blindenwaren;* BGH GRUR 2002, 637, 638 – *Werbefinanzierte Telefongespräche;* OLG Stuttgart NJW-RR 2002, 767, 769). Der deutsche Gesetzgeber hatte bei Umsetzung der Fernabsatzrichtlinie zwar davon Abstand genommen, die wettbewerbsrechtliche Zulässigkeit der Telefonwerbung zu regeln. Nach § 312 c IV BGB (früher § 2 I 3 FernAbsG; dazu BGH aaO – *Werbefinanzierte Telefongespräche*) bleiben weitergehende Einschränkungen bei der Verwendung von Fernkommunikationsmitteln „auf Grund anderer Vorschriften" unberührt. Zu diesen Einschränkungen zählte insbes das von der Rspr aus § 1 aF abgeleitete Verbot unerwünschter Telefonwerbung (BGH GRUR 2002, 637, 638 – *Werbefinanzierte Telefongespräche* im Anschluss an die Gesetzesbegründung BT-Drucks 14/2658 S 24 ff, 37 f) und zählt nunmehr das Verbot in § 7 II Nr 2. – Auf die Telefonwerbung gegenüber *Gewerbetreibenden* erstreckt sich die Richtlinie ohnehin nicht (BGH GRUR 2002, 637, 638 – *Werbefinanzierte Telefongespräche*). Daraus lässt sich aber nicht im Umkehrschluss die Zulässigkeit der Telefonwerbung gegenüber

Gewerbetreibenden in Europa ableiten, soweit keine bes Umstände hinzutreten (aA OLG Frankfurt K&R 2002, 252, 254). – Die Richtlinie 2002/65 über den Fernabsatz von Finanzdienstleistungen an Verbraucher (2002/65/EG v 23. 9. 2002, ABl EG Nr L 271 S 16) gibt in Art 10 II den Mitgliedstaaten zwei Optionen: Benutzung des Telefons nur mit Zustimmung des Verbrauchers oder Benutzung nur dann, wenn der Verbraucher keine deutlichen Einwände dagegen erhebt.

bb) Datenschutzrichtlinie für elektronische Kommunikation. Die Datenschutzrichtlinie für elektronische Kommunikation (2002/58/EG v 12. 7. 2002, ABl EG Nr L 201 S 37) stellt es, wie sich aus Art 13 III und V sowie Erwägungsgrund 42 ergibt, den Mitgliedstaaten ebenfalls frei, Regelungen beizubehalten, die für Telefonwerbung die Einwilligung des Teilnehmers fordern. Von dieser Möglichkeit hat der deutsche Gesetzgeber in § 7 II Nr 2 Gebrauch gemacht. Zum unionsrechtlichen Begriff der Einwilligung vgl Rdn 147.

cc) Richtlinie über unlautere Geschäftspraktiken. In Nr 26 S 1 Anh I der UGP-Richtlinie ist als Beispiel einer unter allen Umständen unlauteren (und damit unzulässigen) Geschäftspraxis der Fall angeführt, dass Kunden „durch hartnäckiges und unerwünschtes Ansprechen über Telefon ... geworben" werden. Das deutsche per-se-Verbot in § 7 II Nr 2, das kein „hartnäckiges Ansprechen" verlangt, steht dazu aber nicht in Widerspruch (aA *Bermreuther* WRP 2009, 390, 396 ff). Denn in Nr 26 S 2 Anh I der UGP-Richtlinie ist ausdrücklich gesagt, dass die Regelung in S 1 „unbeschadet des Artikels 10 der Richtlinie 97/7/EG sowie der Richtlinien 95/46/EG und 2002/58/EG" gilt. Diese Bestimmungen sollen also durch die Nr 26 Anh I UGP-Richtlinie nicht angetastet werden. Art 13 der Richtlinie 2002/58/EG erlaubt aber eine nationale Regelung, nach der Telefonwerbung ohne die Einwilligung der betreffenden Teilnehmer „nicht gestattet" ist. Daran wollte die UGP-Richtlinie ausweislich Erwägungsgrund 14 (vorletzter und letzter Satz) nichts ändern. Nr 26 S 1 Anh I hat daher nur für die Mitgliedstaaten Bedeutung, die für die Telefonwerbung eine „opt-out"-Regelung getroffen haben.

4. Lauterkeitsrechtliche Regelung der Telefonwerbung

a) Entstehungsgeschichte. Die Rspr hatte bereits zu § 1 UWG 1909 den Grundsatz entwickelt, dass Telefonwerbung gegenüber Verbrauchern nur mit deren Einwilligung und gegenüber Unternehmern nur mit deren zumindest mutmaßlicher Einwilligung zulässig ist (vgl BGHZ 54, 188, 190 = GRUR 1970, 523 – *Telefonwerbung I;* BGH GRUR 1989, 753, 754 – *Telefonwerbung II;* BGH GRUR 1990, 280, 281 – *Telefonwerbung III;* BGH GRUR 1991, 764, 765 – *Telefonwerbung IV;* BGH GRUR 1995, 220, 221 – *Telefonwerbung V;* BGH WRP 1999, 847, 851 – *Private Vorsorge bei Arbeitslosigkeit;* BGH GRUR 2000, 818, 819 – *Telefonwerbung VI;* BGH GRUR 2002, 637, 638 – *Werbefinanzierte Telefongespräche; Beater* § 16 Rdn 42; *Steckler* GRUR 1993, 865; *Paefgen* WRP 1994, 73). Kritische Stimmen (zuletzt *Paschke* WRP 2002, 1219) konnten sich nicht durchsetzen. An dieser wettbewerbsrechtlichen Bewertung hielt die Rspr auch nach Inkrafttreten der Vorschriften über die Fernabsatzverträge (§§ 312b ff BGB) fest (BGH GRUR 2000, 818, 820 – *Telefonwerbung VI;* BGH GRUR 2001, 1181, 1184 – *Telefonwerbung für Blindenwaren;* BGH GRUR 2002, 637, 638 – *Werbefinanzierte Telefongespräche*). Denn diese Vorschriften regeln nicht die Zulässigkeit der Telefonwerbung, wie sich aus § 312c IV BGB ergibt. – Der Gesetzgeber hätte bei der **UWG-Reform 2004** zwar nach Art 13 III der Datenschutzrichtlinie für elektronische Kommunikation die Möglichkeit gehabt, eine weniger strenge Lösung (opt-out-Modell) zu wählen. Er hat davon aber keinen Gebrauch gemacht, sondern sich – mit Recht – in § 7 II Nr 2 für eine Beibehaltung der Grundsätze der Rspr zu § 1 UWG 1909 entschieden (BGH GRUR 2008, 189 Tz 13 – *Suchmaschineneintrag*). In der **UWG-Novelle 2008** wurde zwar der bisherige Unlauterkeitstatbestand des § 7 zu einem selbstständigen Verbotstatbestand neben § 3 erhoben, die Regelung der Telefonwerbung aber sachlich nicht geändert.

b) Jetzige gesetzliche Regelung. Durch das G zur Bekämpfung unerlaubter Telefonwerbung und zur Verbesserung des Verbraucherschutzes bei besonderen Vertriebsformen v 29. 7. 2009 (BGBl I 2413) wurde das Einwilligungserfordernis verschärft. Nach § 7 II Nr 2 ist eine unzumutbare und damit unzulässige Belästigung iSv § 7 I 1 „stets anzunehmen bei Werbung mit einem Telefonanruf gegenüber einem Verbraucher ohne dessen **vorherige ausdrückliche** Einwilligung oder gegenüber einem sonstigen Marktteilnehmer ohne dessen zumindest mutmaßliche Einwilligung". Darauf, ob die Spürbarkeitsschwelle des § 3 I überschritten ist, kommt es nicht an, da § 7 ein eigenständiger Verbotstatbestand ist. – Eine Verletzung der Hinweispflicht nach § 312c I 2 BGB kann, da es sich insoweit um eine Marktverhaltensregelung handelt, überdies zur Unzulässigkeit des Anrufs nach § 3 I iVm § 4 Nr 11 führen, auch wenn eine Einwilligung vorliegt. – Nach **§ 20 I** stellt ein vorsätzlich oder fahrlässig begangener Verstoß gegen § 7 I iVm § 7 II Nr 2 eine **Ordnungswidrigkeit** dar. – Außerdem ist die **Rufnummernunterdrückung** verboten (§ 102 II TKG) und wird als Ordnungswidrigkeit geahndet (§ 149 I Nr 17 a).

5. Telefonanruf

127 a) **Begriff.** Die Regelung des § 7 II Nr 2 bezieht sich nur auf „Telefonanrufe". Darunter ist nur die von dem Werbenden eingeleitete **individuelle mündliche Kommunikation** zu verstehen.

128 b) **Abgrenzung.** Für die „**Verwendung von automatischen Anrufmaschinen**" (*voice mail*-Systeme) gilt die Sonderregelung des § 7 II Nr 3, dh es ist generell die vorherige ausdrückliche Einwilligung des Adressaten, sei er nun Verbraucher oder sonstiger Marktteilnehmer, erforderlich. Unter diese Vorschrift fallen auch die sog **Lockanrufe** oder **Pinganrufe,** bei denen die Verbindung nach einmaligem Klingeln unterbrochen wird und der Angerufene zum Rückruf unter einer kostenpflichtigen Nummer veranlasst werden soll (vgl VG Köln NJW 2005, 1880, 1881; *Scherer* NJW 2006, 2016, 2021). Zugleich kann dadurch der Tatbestand der Irreführung (§ 5) erfüllt sein. Für den Lockanrufer gelten außerdem die Einschränkungen durch § 66j TKG (dazu *Zagouras* NJW 2007, 1914, 1916). – Die Versendung von **SMS** und **MMS** an die Inhaber von Mobiltelefonen (dazu LG Berlin MMR 2003, 419) fällt unter die Regelung für elektronische Post (§ 7 II Nr 3; vgl Rdn 197).

6. Werbung

129 Die Regelung des § 7 II Nr 2 bezieht sich nur auf die „**Werbung**" mit Telefonanrufen. Fehlt es an einer „Werbung", wie etwa bei Anrufen, die zur Durchführung eines Vertrages erforderlich sind, ist die Zulässigkeit eines Anrufs nach der allgemeinen Regelung in § 7 I zu beurteilen. Zur Konkretisierung des Begriffs der Werbung ist die Definition in Art 2 lit a der Richtlinie über irreführende und vergleichende Werbung heranzuziehen (BGH GRUR 2009, 980 Tz 13 – *E-Mail-Werbung II;* vgl dazu näher § 6 Rdn 27 ff). Erforderlich ist also eine Äußerung mit dem **Ziel,** den Absatz von Waren oder Dienstleistungen zu fördern. Allerdings ist es geboten, den Begriff der Werbung in § 7 II auch auf die **Nachfragewerbung,** dh auf Äußerungen zum Zwecke der Förderung des Bezugs von Waren oder Dienstleistungen, zu erstrecken (Rdn 33; BGH GRUR 2008, 923 Tz 12 – *Faxanfrage im Autohandel;* BGH GRUR 2008, 925 Tz 16 – *FC Troschenreuth;* OLG Hamm GRUR-RR 2006, 379; aA OLG Düsseldorf MMR 2006, 171). **Beispiele:** Gebrauchtwagenhändler, Antiquitätenhändler oder Immobilienmakler rufen Privatleute an, um sie zum Verkauf von Objekten zu veranlassen; Unternehmer ruft bei Sportverein, um ihn zu veranlassen, ihm auf seiner Homepage Platz für eine Bannerwerbung gegen Entgelt zur Verfügung zu stellen. Denn insoweit enthält die Richtlinie eine planwidrige Lücke (§ 5 Rdn 2.32; § 6 Rdn 63; *Nippe* WRP 2006, 951, 953 ff; aA *Klein/Insam* GRUR 2006, 379, 380). Im Hinblick auf das Schutzbedürfnis der Umworbenen kann es keinen Unterschied machen, ob ihm Verkaufs- oder Kaufangebote unterbreitet werden. Im Übrigen ist auch die Nachfrage eines Unternehmers nach Waren oder Dienstleistungen mittelbar auf die Förderung seines Absatzes gerichtet.

130 Das Ziel der Förderung des Absatzes oder Bezugs von Waren oder Dienstleistungen ist stets gegeben, wenn der Angerufene **unmittelbar** zu einem Geschäftsabschluss bestimmt werden soll. Dazu genügt es, wenn im Rahmen eines bestehenden Vertragsverhältnisses die Fortsetzung oder Erweiterung der Vertragsbeziehung (zB die Versicherung eines weiteren Risikos oder die Erhöhung der Versicherungssumme; vgl BGH GRUR 1995, 220 – *Telefonwerbung V*) angestrebt wird (krit *Eckhardt* K&R 2005, 520, 521). Ferner, wenn ein Kunde abgeworben oder ein abgesprungener Kunde zur Wiederaufnahme der Geschäftsbeziehung bestimmt werden soll (und sei es auch nur in der Weise, dass er nach den Gründen seines Wechsels befragt werden soll; vgl BGH GRUR 1994, 380, 382 – *Lexikothek*) oder ein Kunde von der Ausübung eines Vertragsauflösungsrechts (Widerruf, Rücktritt, Kündigung, Anfechtung) abgehalten werden soll (*Lettl* WRP 2009, 1315, 1321). – Ein Werbezweck liegt aber auch dann vor, wenn der Anruf **mittelbar** das Ziel verfolgt, den Absatz oder Bezug von Waren oder Dienstleistungen zu fördern (vgl auch die Definition der „kommerziellen Kommunikation" in Art 2 lit f Richtlinie über den elektronischen Geschäftsverkehr). Das ist insbes dann der Fall, wenn der Anruf lediglich der

E. Die Tatbestände des § 7 II   131–134   § 7 UWG

Anbahnung eines geschäftlichen Kontakts oder der Vorbereitung eines Geschäftsabschlusses dienen soll, etwa der Ankündigung bzw Vereinbarung eines Termins für einen Vertreterbesuch (BGH GRUR 1989, 753, 754 – *Telefonwerbung II;* BGH GRUR 1994, 380, 381 – *Lexikothek;* BGH GRUR 2000, 818, 819 – *Telefonwerbung VI*) oder der Ankündigung der Übersendung von Informationsmaterial oder Werbegeschenken. Hierher gehört auch der Fall, dass der Anruf dazu dient, eine **Einwilligung** in Werbeanrufe zu erlangen. Das Gleiche gilt für **Kundenzufriedenheitsanfragen**, weil ein solcher Anruf jedenfalls mittelbar dazu dient, den Kunden zu behalten und damit künftige Geschäftsabschlüsse zu fördern (ebenso OLG Köln GRUR-RR 2009, 240; aA *Engels/Brunn* WRP 2010, 687). Ein Werbezweck ist schließlich schon dann zu bejahen, wenn der Anruf dazu dient, die Aufmerksamkeit auf ein bestimmtes Produkt zu lenken (OLG Stuttgart NJW-RR 2002, 767, 768).

Bei Umfragen zu **Markt-** und **Meinungsforschungszwecken** im Auftrag eines Unternehmens kommt es darauf an, ob die Umfrage dem Ziel dient, **unmittelbar** oder **mittelbar** den Absatz dieses Unternehmens zu fördern (vgl § 2 Rdn 47; dazu *Hug/Gaugenrieder* WRP 2006, 1420, 1424; *Schweizer* ZUM 2010, 400). Denn solche Umfragen lassen sich ohne weiteres als Instrumente der Absatzförderung einsetzen (vgl OLG Köln GRUR-RR 2009, 240; OLG Oldenburg WRP 2006, 492, 495; OLG Stuttgart GRUR 2002, 457; *Schäfer-Newiger* WRP 2001, 782). Wegen der Tarnung des Absatzinteresses greifen sie sogar noch gravierender in die Privatsphäre des Verbrauchers ein (OLG Stuttgart aaO). Dann kann auch § 3 III iVm Anh Nr 23 sowie § 4 Nr 3 verwirklicht sein. Eine absatzfördernde Zielsetzung ist bereits dann anzunehmen, wenn Verbrauchergewohnheiten abgefragt werden, die im Zusammenhang mit den Waren oder Dienstleistungen des Auftraggebers stehen (GA Nr 1/96 WRP 1997, 298; LG Hamburg GRUR-RR 2007, 61).   131

7. Einwilligung

a) **Begriff und Arten.** Unter **Einwilligung** ist das **Einverständnis** mit dem Anruf zu   132
verstehen. Dabei ist zu unterscheiden zwischen der tatsächlichen und der mutmaßlichen Einwilligung. Die tatsächliche Einwilligung kann ausdrücklich oder konkludent erfolgen. Jedoch ist nach § 7 II Nr 2 gegenüber Verbrauchern eine **ausdrückliche** Einwilligung erforderlich, so dass eine bloß konkludente Einwilligung nicht genügt. Bei Anrufen gegenüber sonstigen Marktteilnehmern genügt dagegen bereits eine „zumindest mutmaßliche Einwilligung".

b) **„Vorherige" Einwilligung.** Dass die Einwilligung schon **vor** dem Anruf vorliegen muss,   133
versteht sich an sich von selbst und war auch in der Vergangenheit nie zweifelhaft (vgl BGH GRUR 1989, 753, 754 – *Telefonwerbung II;* BGH GRUR 1994, 380, 381 – *Lexikothek;* BGH GRUR 1995, 220 – *Telefonwerbung V*). Es genügt also nicht, dass der Angerufene **nachträglich** den Anruf billigt (BGH GRUR 1994, 380, 381 – *Lexikothek;* OLG Köln NJW 2005, 2786), etwa nachdem er zu Beginn des Gesprächs über die Identität des Anrufers und den geschäftlichen Zweck des Anrufs unterrichtet worden ist (BGH GRUR 2002, 637, 638 – *Werbefinanzierte Telefongespräche*). Denn in diesem Zeitpunkt ist die Belästigung bereits eingetreten (BGHZ 113, 282, 284 – *Telefonwerbung IV*). Etwas anderes gilt für werbefinanzierte Telefongespräche (dazu Rdn 177). – An einer vorherigen (und auch einer ausdrücklichen) Einwilligung fehlt es ferner, wenn der Werbeanruf zunächst von der Einwilligung gedeckt ist, der Anrufer aber während des Gesprächs zu einer Werbung übergeht, die von der ursprünglichen Einwilligung nicht gedeckt ist (*Seichter/Witzmann* WRP 2007, 699, 703; *v Wallenberg* BB 2009, 1768, 1769). – Maßgebend ist die Einwilligung des **Anschlussinhabers.** Nimmt ein Dritter den Anruf entgegen und weist dieser darauf hin, dass er nicht der Anschlussinhaber sei, muss sich der Anrufer darauf beschränken, um Weitervermittlung zu bitten (vgl *Möller* WRP 2010, 321, 331), und zwar selbst dann, wenn der Dritte mit der Werbung einverstanden sein sollte.

c) **Rechtsnatur und Beweislast.** Unter der „Einwilligung" ist nicht die in § 183 S 1 BGB   134
geregelte vorherige Zustimmung zu einem Rechtsgeschäft zu verstehen (wie *Splittgerber/Zscherpe/Goldmann* WRP 2006, 178, 179 meinen), sondern das Einverständnis mit einem tatsächlichen Eingriff in ein Rechtsgut (ebenso *Seichter/Witzmann* WRP 2007, 699, 701; BT-Drucks 16/10734 S 13). Sie kann sowohl vertraglich (als „vertragliche Gestattung"), aber auch einseitig erteilt werden. Im letzteren Fall handelt es sich um kein Rechtsgeschäft (BGHZ 29, 33; BGHZ 105, 45, 47 f; aA *Ohly* S 210 ff), sondern um eine **geschäftsähnliche Handlung** (vgl auch BGH WRP 2010, 916 Tz 35 – *Vorschaubilder*). Die §§ 104 ff BGB können zwar grds analog angewendet werden, aber nicht ungeprüft, sondern nur soweit die einzelne Bestimmung nach ihrem Sinn und Zweck dies rechtfertigt (Rdn 136). – Die Einwilligung ist zwar formlos möglich, die

Beweislast für das Vorliegen einer Einwilligung trägt jedoch der Werbende (BGH GRUR 2004, 517, 519 – *E-Mail-Werbung*). Behauptet der Werbende, er habe nicht bei einem Verbraucher, sondern bei einem sonstigen Marktteilnehmer, insbes einem Unternehmer, angerufen, so dass eine mutmaßliche Einwilligung genüge, trägt er dafür die Beweislast. – Aus diesem Grunde (und auch im Hinblick auf § 4 Nr 11 iVm § 4a I 3, § 28 III 1 BDSG) empfiehlt es sich, sich die Einwilligung **schriftlich** geben zu lassen. – Von der **Einwilligung in Werbung** grds zu unterscheiden ist die **Einwilligung in die Datenverarbeitung.** Letztere beurteilt sich nach den §§ 4, 4a, 28 BDSG. Zu den Anforderungen des **§ 4a I BDSG** an eine wirksame Einwilligung vgl BGH GRUR 2008, 1010 Tz 20–25 – *Payback;* BGH NJW 2010, 864 Tz 20 ff – *Happy Digits:* „opt-out" – Erklärung ausreichend; dazu krit *Buchner* DuD 2010, 39; *Hanloser* CR 2008, 713. – Zur **elektronischen Einwilligung** vgl § 28 IIIa BDSG.

135   d) **Feststellung.** Vorliegen, Dauer und Umfang der Einwilligung sind durch **Auslegung** zu ermitteln (vgl BGH GRUR 1995, 220 – *Telefonwerbung V*). Dabei sind die allgemeinen Auslegungsgrundsätze (§§ 133, 157 BGB) heranzuziehen. Es kommt also darauf an, ob aus der Sicht des Anrufers bei verständiger Würdigung eine Einwilligung des Anzurufenden für den betreffenden Anruf zu Werbezwecken anzunehmen ist. Eine Einwilligung ist aber jedenfalls noch nicht in der Bekanntgabe der Telefonnummer in Telefon- oder Branchenverzeichnissen, auf Briefköpfen, Visitenkarten usw zu erblicken (BGH GRUR 1989, 753, 754 – *Telefonwerbung II;* LG Münster WRP 2005, 639); ebenso wenig in der Angabe der Telefonnummer durch den Teilnehmer eines Gewinnspiels, weil er damit lediglich in die telefonische Unterrichtung über einen Gewinn einwilligt (LG Hamburg MMR 2005, 630); ebenso wenig bei der Angabe der Telefonnummer auf einem Bestellformular, weil damit mangels anderer Anhaltspunkte lediglich in Anrufe mit Bezug auf das konkrete Vertragsverhältnis eingewilligt wird (OLG Stuttgart WRP 2007, 854 [LS]).

136   e) **Mindestanforderungen und Wirksamkeit.** Für eine richtlinienkonforme Auslegung am Maßstab des Art 13 III der Datenschutzrichtlinie 2002/58/EG ist die Definition der Einwilligung in Art 2 S 2 lit f dieser Richtlinie iVm Art 2 lit h Richtlinie 95/48/EG heranzuziehen. Die Einwilligung setzt also eine Willensbekundung voraus, die **ohne Zwang,** für den **konkreten Fall** und **in Kenntnis der Sachlage** erfolgt (dazu näher bei Rdn 185–188; eingehend *Lettl* WRP 2009, 1315, 1325 ff). Auf die einseitige Einwilligung sind die §§ 104 ff BGB weitgehend entspr anwendbar. Bei **Minderjährigen** reicht allerdings die Einsichtsfähigkeit für die Wirksamkeit einer Einwilligung aus (Abweichung zu § 107 BGB). Eine durch **Täuschung** oder **Zwang** herbeigeführte Einwilligung ist nicht bloß anfechtbar, sondern von vornherein unwirksam (Abweichung zu § 123 BGB). Im Einzelfall kann die Einwilligung nach § 134 BGB oder § 138 BGB unwirksam sein. Die einseitig erklärte Einwilligung ist grds **frei widerruflich,** aber nur mit Wirkung für die Zukunft. Ebenso wie die Erteilung ist auch der Widerruf der Einwilligung **formlos** möglich, und zwar auch dann, wenn sie schriftlich erteilt wurde (*Köhler*, FS Koppensteiner, 2001, 431, 441; *Seichter/Witzmann* WRP 2007, 699, 701). Für die Wirksamkeit der Einwilligung ist es an sich nicht erforderlich, dass bei ihrer Einholung der Adressat auf die Möglichkeit des Widerrufs hingewiesen wird. Allerdings muss nach § 7 II Nr 4 der Werbende spätestens zugleich mit der Werbung eine gültige Adresse angeben, an der der Empfänger eine Aufforderung zur Einstellung der Werbung richten kann. Daher ist es sinnvoll, den Adressaten schon bei Einholung der Einwilligung darauf hinzuweisen. – Eine einmal erteilte Einwilligung ist zwar an sich unbefristet (OLG Hamburg WRP 2009, 1282, 1284), kann aber durch **Zeitablauf** erlöschen. Maßgeblich sind die Umstände des Einzelfalls, insbes, ob noch von einem Interesse an einem Anruf auszugehen ist (vgl auch LG Stuttgart WRP 2006, 1548 [LS] zur Faxwerbung).

137   f) **AGB-Kontrolle. aa) Zulässigkeit.** Eine vom Werbenden **vorformulierte Einwilligungserklärung** muss nicht nur den Mindestanforderungen an eine Einwilligung (Rd 136) genügen, sondern unterliegt darüber hinaus der AGB-Kontrolle nach den §§ 305 ff BGB. Nach der Rspr (BGH GRUR 2000, 818, 819 – *Telefonwerbung VI;* BGH GRUR 2008, 1010 Tz 18 – *Payback*) handelt es sich bei der Einwilligung als einer einseitigen Erklärung allerdings um keine Vertragsbedingung im eigentlichen Sinne. Das greift zwar zu kurz, weil – wie zB auch die Vollmacht (hM; vgl nur OLG Karlsruhe NJW-RR 1986, 101) – auch die Einwilligung im Wege vertraglicher Vereinbarung erteilt werden kann. Aber auch die Rspr erkennt an, dass eine AGB-Kontrolle stattfindet, weil der Verwender einseitig seine rechtsgeschäftliche Gestaltungsfreiheit für sich in Anspruch nimmt und der Kunde auf ihren Inhalt keinen Einfluss hat. Dies gilt auch

dann, wenn der Verwender dem Kunden die Wahl zwischen mehreren Alternativen überlässt (BGHZ [XI. Senat] 141, 124, 126 ff; BGH GRUR 2000, 818, 819 – *Telefonwerbung VI*).

bb) Kontrollmaßstäbe. (1) Auslegung. Vor Prüfung der Unwirksamkeit ist der Inhalt der **138** Einwilligungserklärung durch Auslegung zu ermitteln. Dabei ist die **Unklarheitenregel** des § 305c II BGB zu berücksichtigen. Im Rahmen einer Unterlassungsklage nach UWG oder UKlaG ist allerdings bei mehreren Auslegungsmöglichkeiten diejenige zu Grunde zu legen, die zur Unwirksamkeit der Klausel führt (sog kundenfeindlichste Auslegung; stRspr; vgl BGH NJW 2003, 1337, 1338).

(2) Überraschende Klauseln. Bereits an einer wirksamen Einbeziehung fehlt es, wenn die **139** Klausel **überraschend** iSd § 305 c I BGB ist, zB wenn sie in den AGB an versteckter Stelle untergebracht ist oder wenn der Kunde damit bei einem Verkaufsgespräch überrumpelt wird (vgl auch *Ayad/Schafft* BB 2002, 1711, 1712 ff; *Engels/Stulz-Herrnstadt* WRP 2005, 1218, 1224; *Köhler*, FS Koppensteiner, 2001, 431, 443).

(3) Fehlende Transparenz. Stets unwirksam ist eine Einwilligungsklausel, wenn sie gegen **140** das **Transparenzgebot** des § 307 I 2 BGB verstößt, weil sie für einen durchschnittlich informierten, aufmerksamen und verständigen Kunden „**nicht klar und verständlich ist**". Das ist der Fall, wenn sie entweder **nicht hinreichend bestimmt** (Beispiele: „in Geldangelegenheiten", BGH GRUR 2000, 818, 819 – *Telefonwerbung VI;* „aus dem Abonnementbereich" OLG Hamburg WRP 2009, 1282, 1284; „und deren Partner", OLG Hamburg VuR 2010, 104) oder inhaltlich für den **Kunden unverständlich** ist.

(4) Unangemessene Benachteiligung. Eine vorformulierte Einwilligung in Telefonwer- **141** bung stellt nicht generell eine unangemessene Benachteiligung des Kunden dar (BGH GRUR 2000, 818, 819 – *Telefonwerbung VI;* OLG Hamburg WRP 2009, 1282; anders noch BGHZ 141, 124, 128; BGHZ 141, 137, 149 = WRP 1999, 847, 851 – *Private Vorsorge bei Arbeitslosigkeit*). Vielmehr ist zu unterscheiden. Eine unangemessene Benachteiligung iSd § 307 I, II 1 BGB liegt sicher vor bei Verwendung einer „**opt-out**"-Klausel in AGB (BGH GRUR 2008, 1010 Tz 33 – *Payback*), nicht dagegen schon dann, wenn dem Kunden ein vom Vertrag getrenntes Formular zur Unterschrift vorgelegt und ihm dabei (zB durch Ankreuzen eines entspr Kästchens) die Wahl gelassen wird, ob er mit einer telefonischen Beratung oder Werbung durch den Verwender einverstanden ist oder nicht („**opt-in**"-Klausel; dazu BGH GRUR 2008, 1010 Tz 30 – *Payback*). – Eine unangemessene Benachteiligung liegt weiter dann vor, wenn die Einwilligung nicht auf den **Verwender** der Klausel (idR Vertragspartner) beschränkt ist, sondern sich auf die Werbung durch andere Unternehmen erstreckt, weil damit die Möglichkeit des jederzeitigen Widerrufs der Einwilligung gegenüber dem Werbenden unangemessen beschränkt würde. – Noch nicht abschließend geklärt ist, ob eine unangemessene Benachteiligung dann vorliegt, wenn sich die Einwilligung nicht auf die konkrete Vertragsbeziehung beschränkt, sondern auch die Werbung **für sonstige Vertragsschlüsse** ermöglichen soll. So etwa, wenn aus Anlass des Abschlusses eines Kontoeröffnungsvertrages auch das Einverständnis in die telefonische Beratung in „Geldangelegenheiten" erklärt wird (vgl BGH GRUR 2000, 818, 820 – *Telefonwerbung VI*). Nach der bisherigen Rspr (vgl BGH GRUR 2000, 818, 820 – *Telefonwerbung VI;* OLG Köln WRP 2008, 1130, 1131; OLG Hamburg WRP 2009, 1282) ist eine so weitreichende Einwilligung unwirksam, weil damit ein vom Kunden nicht überschaubares und von seinem Interesse nicht abgedecktes Risiko geschaffen werde. Daran ändere es nichts, dass der Kunde die Einwilligung jederzeit widerrufen könne, weil dadurch dem Angerufenen die Last zur Wiederherstellung der ungestörten Privatsphäre aufgebürdet werde (BGH aaO – *Telefonwerbung VI*). – Diese Rspr ist allerdings zu streng. Sie berücksichtigt zu wenig, dass ein echtes wirtschaftliches Interesse des Kunden an telefonischer Beratung bestehen kann und dass es Unternehmen in einer Vielzahl von Kunden sonst faktisch unmöglich wäre, eine Einwilligung herbeizuführen (ähnlich *Lettl* GRUR 2000, 977, 979 sowie NJW 2001, 42; *Engels/Stulz-Herrnstadt* WRP 2005, 1218, 1225; *Jankowski* GRUR 2010, 495, 500). So kann der Kunde einer Bank, mit der er einen Vermögensverwaltungsvertrag geschlossen hat, durchaus ein Interesse an telefonischer Beratung über Anlagemöglichkeiten haben. Eine unangemessene Benachteiligung liegt daher nur dann vor, wenn in der vorformulierten Einwilligungserklärung der **Inhalt** der möglichen Werbung **nicht hinreichend konkretisiert** ist (Verstoß gegen das Transparenzgebot des § 307 I 2 BGB). Der Kunde muss nämlich klar und eindeutig erkennen können, auf welche Werbeinhalte sich die Einwilligung bezieht (vgl auch *Seichter/Witzmann* WRP 2007, 699, 705; *Schmitz/Eckhardt* CR 2006, 533). Das ist bspw nicht der Fall, wenn sich die Einwilligung auf Werbeanrufe „in Geldangelegenheiten" (BGH aaO – *Telefonwerbung VI*) oder „im Abonnementbereich" (OLG

Hamburg WRP 2009, 1282, 1284; dazu *Pauli* WRP 2009, 1192) erstreckt. Dagegen ist es unerheblich, dass die Einwilligung über das konkrete Vertragsverhältnis hinausreicht (vgl *Lettl* WRP 2009, 1315, 1328; *Wahl* WRP 2010, 599, 604; *Jankowski* GRUR 2010, 495, 500) oder lediglich aus Anlass einer **Gewinnspielteilnahme** erteilt wurde (dazu OLG Hamburg WRP 2009, 1282; § 4 Rdn 2.2, 2.41). Stets unwirksam ist allerdings eine „**Generaleinwilligung**", zumal sie dann nicht für den „konkreten Fall" (Rdn 136) erteilt ist

8. Telefonwerbung gegenüber Verbrauchern

142 a) **Die gesetzliche Regelung.** Nach § 7 II Nr 2 ist die Telefonwerbung gegenüber einem Verbraucher ohne dessen **vorherige ausdrückliche Einwilligung** stets als unzumutbare und damit unzulässige Belästigung iSv § 7 I 1 anzusehen. Es genügt daher bereits **ein Anruf** gegenüber **einem Verbraucher,** um den Tatbestand zu verwirklichen.

143 b) **Zweck und Rechtfertigung der Regelung.** Das Verbot der unerbetenen Telefonwerbung („cold calling") dient dem Schutz des Verbrauchers vor einer unzumutbaren Beeinträchtigung seiner Privatsphäre und seiner Entscheidungsfreiheit (vgl Rdn 2, 3). Die mit dem Verbot verbundene Einschränkung der Grundrechte des Werbenden aus Art 5 und Art 12 GG (dazu *Köhler,* FS Koppensteiner, 2001, 431, 438 ff) rechtfertigt sich aus folgenden Erwägungen: **(1)** Der zu jeder Tageszeit mögliche Anruf als solcher stellt bereits ein Eindringen in die (auch verfassungsrechtlich, Art 2 GG) geschützte Privatsphäre des Einzelnen dar, da er in seiner Beschäftigung oder Ruhe gestört wird (BGHZ 141, 124, 127). Zudem wird der Einzelne in seinem (nach Art 5 I GG) geschützten Recht auf negative Informationsfreiheit beeinträchtigt (vgl *Köhler,* FS Koppensteiner, 2001, 431, 438 f). **(2)** Der Einzelne weiß zunächst nicht, von wem und zu welchem Zweck er angerufen wird. Er ist daher idR gezwungen, den Anruf entgegenzunehmen, da es sich um eine für ihn wichtige Nachricht handeln kann. **(3)** Der Anrufer, der vielfach nicht sofort den Zweck seines Anrufs offenbart, nötigt ihn, sich mit ihm und seinem werblichen Anliegen gedanklich und verbal auseinanderzusetzen. Selbst wenn aber – wie Art 4 III der Fernabsatz-Richtlinie und § 312c I 2 BGB dies vorschreiben – zu Beginn des Gesprächs die Identität des Anrufers und der kommerzielle Zweck des Gesprächs ausdrücklich offengelegt wird, ist ein sofortiger Abbruch des Gesprächs häufig nicht ohne Weiteres mehr möglich. Denn in aller Regel sind die Telefonwerber psychologisch geschult (BGHZ 141, 124, 127; BGH WRP 1999, 847, 851 – *Private Vorsorge bei Arbeitslosigkeit*) und wissen, wie sie vorzugehen haben, um einen vorzeitigen Gesprächsabbruch zu verhindern. Ein Gesprächsabbruch wird daher oft nur unter „peinlicher Verletzung der Regeln der Höflichkeit" möglich sein (BGHZ 141, 124, 127). Im Übrigen ist die Störung in jedem Fall bereits erfolgt und die Zeit des Angerufenen aus dessen Sicht unnütz in Anspruch genommen. Vor allem aber ist der Angerufene aus seiner sonstigen Beschäftigung herausgerissen oder doch in seiner Ruhe gestört und Ärger über die Belästigung entstanden (BGH GRUR 2002, 637, 638 – *Werbefinanzierte Telefongespräche*). Hier von einem „Minimum an Belästigung" zu sprechen (*Leible/Sosnitza* K&R 1998, 283, 291), ist eine unzutreffende Verharmlosung, zumal wenn sich derartige Anrufe häufen. **(4)** Es besteht die Gefahr zu unüberlegten Geschäftsabschlüssen, da der Angerufene auf den Anruf nicht vorbereitet ist. Zwar hat der Verbraucher ein Widerrufsrecht nach §§ 312d I 1, 355 I BGB; es bleibt aber ungewiss, ob er davon Kenntnis hat und Gebrauch macht. Ein präventiver Schutz ist daher unentbehrlich. **(5)** Der Telefonanschluss ist für die Dauer des Gesprächs blockiert (BGHZ 141, 124, 127 f). **(6)** Würde man den unerbetenen Telefonanruf zu werblichen Zwecken zulassen, würde dies voraussichtlich bei den für die betreffenden Wirtschaftskreise interessanten Kundenschichten zu einer schlechthin unerträglichen Belästigung mit Anrufen führen (BGHZ 141, 127, 128; *Teplitzky* ZHR 162 (1998), 639, 642). Das (ebenfalls verfassungsrechtlich geschützte, Art 5 I, 12 GG) Interesse der Wirtschaft an der Nutzung des (vergleichsweise kostengünstigen) Werbeinstruments Telefon zur Vermarktung ihrer Produkte muss demgegenüber zurücktreten (BGH GRUR 1995, 220 – *Telefonwerbung V;* BGH GRUR 2000, 818, 819 – *Telefonwerbung VI;* OLG Stuttgart NJW-RR 2002, 767, 768; aA *Paschke* WRP 2002, 1219). Denn es stehen ihr vielfältige andere, den Verbraucher weniger beeinträchtigende Werbemöglichkeiten zur Verfügung. Für die grds Zulässigkeit der unerbetenen Telefonwerbung wird zwar ins Feld geführt, dass sie weniger belästigend sei als die Haustürwerbung. Da diese nach der Rspr grds zulässig sei, müsse dies erst recht für die Telefonwerbung gelten (*Zöller* GRUR 1992, 297). Dagegen lassen sich zwar die von der Rspr (BGH GRUR 1994, 380, 381 – *Lexikothek*) herausgearbeiteten unterschiedlichen Grade der Belästigung durch Telefonwerbung und Haustürwerbung (Haustürbesuche würden im Allgemeinen tagsüber stattfinden und sich auf Werktage beschränken, Telefonanrufe seien zeitlich unbe-

schränkter möglich; Vertreterbesuche könnten als solche alsbald erkannt und abgelehnt werden, bei Telefonanrufen müsse erst der Anruf entgegengenommen sowie die Person des Anrufers und der Zweck seines Anrufs festgestellt werden) kaum ins Feld führen. Denn typischerweise stellt der Hausbesuch ein stärkeres Eindringen in die Privatsphäre dar als ein Telefonanruf und zutr weist der XI. Senat des BGH (NJW 1996, 929, 930) darauf hin, „dass es dem Kunden leichter fällt, ein Telefongespräch abzubrechen als einen Besucher aus der Wohnung zu weisen". Daraus lässt sich aber allenfalls der Schluss ziehen, dass – entgegen der bisherigen Rspr – auch der unerbetene Hausbesuch wettbewerbsrechtlich strenger zu beurteilen ist (ebenso *Paefgen* WRP 1994, 73, 76 ff). Jedenfalls aber liegt kein Verstoß gegen Art 3 GG vor, weil es sich um nicht vergleichbare Sachverhalte handelt (ebenso BGH GRUR 1994, 380, 381 – *Lexikothek*). – Das 2009 in § 7 II Nr 2 eingefügte Erfordernis der **vorherigen ausdrücklichen Einwilligung** dient der **besseren Bekämpfung unerlaubter Telefonwerbung.** Damit reicht, anders als früher, eine bloß konkludente Einwilligung nicht aus (dazu *Köhler* NJW 2009, 2567, 2568; krit *Möller* WRP 2010, 321, 327). Diese Verschärfung sorgt außerdem für **mehr Rechtsklarheit** sowohl für den Anrufer als für den Verbraucher. Denn erklärt der Verbraucher ausdrücklich seine Einwilligung, so wissen beide, dass ein Werbeanruf im konkreten Fall erlaubt ist. Umgekehrt wissen beide, dass der Anruf unzulässig ist, wenn keine solche Einwilligung vorliegt (vgl BT-Drucks 16/10 734 S 13).

c) **„Verbraucher" als Adressaten des Anrufs.** Da für Anrufe gegenüber „sonstigen Marktteilnehmern", insbes Unternehmern, andere Grundsätze als für Anrufe gegenüber Verbrauchern gelten (Rdn 158 ff), kommt der Unterscheidung zwischen beiden Personengruppen wesentliche Bedeutung zu. **Verbraucher** ist nach der Legaldefinition des § 2 II iVm § 13 BGB jede natürliche Person, die ein Rechtsgeschäft zu einem Zweck abschließt, der weder ihrer gewerblichen noch ihrer selbstständigen beruflichen Tätigkeit zugerechnet werden kann (zB Urlaub, Vermögensanlage, Gesundheits- und Altersvorsorge). Diese Definition passt zwar nicht unmittelbar auf (dem Vertragsschluss vorgelagerte) Werbemaßnahmen gegenüber Verbrauchern, ist aber sinngemäß anzuwenden. Sie gilt des Weiteren auch für Anrufe gegenüber Privatpersonen, die als Verkäufer angesprochen werden. Ruft ein Unternehmer Privatpersonen an, um sie zum Verkauf von Waren (zB Antiquitäten; Gebrauchtwagen) zu bewegen, sind diese ebenfalls Verbraucher iSd Gesetzes.

Die Abgrenzung zum Begriff des Unternehmers ist grds auch für die Beurteilung der Telefonwerbung heranzuziehen. Bei einem Anruf unter der **Geschäftsnummer** einer Person kommt es daher darauf an, ob der Anruf einem geschäftlichen oder privaten Zweck des Angerufenen dient. Jedoch sind die Besonderheiten der telefonischen Kommunikation zu berücksichtigen. Werbliche Anrufe unter der **Privatnummer** einer Person sind daher grds als Werbung gegenüber Verbrauchern zu werten, gleichgültig ob der Angerufene in seiner Eigenschaft als Privatmann, als Verbandsfunktionär, Berufstätiger oder als Unternehmer angesprochen werden soll (ebenso OLG Köln GRUR-RR 2005, 138, 139; *Lettl* WRP 2009, 1315, 1323). Denn ein solcher Anruf stellt einen Eingriff **in die Privatsphäre** dar. Werbliche Anrufe unter der Geschäftsnummer eines Unternehmers zu geschäftlichen Zwecken sind dagegen auch dann als Werbung gegenüber einem „sonstigen Marktteilnehmer" zu werten, wenn der Anruf ohne Wissen des Anrufers automatisch zu einem privaten Anschluss des Angerufenen umgeleitet wird (OLG Köln GRUR-RR 2005, 138, 139). Besitzt ein Geschäftsmann nur eine Telefonnummer, die er sowohl privat als auch geschäftlich nutzt, wird man danach unterscheiden müssen, ob der Anruf zu geschäftlichen Zwecken noch zur üblichen Geschäftszeit erfolgt oder nicht. Besitzt er einen Anschluss mit mehreren Rufnummern, von denen er die einen gewerblich, die anderen privat nutzt, ist maßgebend, wie er die jeweilige Rufnummer nach außen (zB in Telefonverzeichnissen) kommuniziert hat.

Der Anruf bei einem **Arbeitnehmer** unter seiner **dienstlichen** oder **privaten Telefonnummer** zum Zwecke der **Abwerbung** stellt indessen keine Werbung gegenüber einem Verbraucher, sondern gegenüber einem **„sonstigen Marktteilnehmer"** dar (§ 2 Rdn 140; ebenso *Quiring* WRP 2003, 1181, 1183; iErg auch *Klein/Insam* GRUR 2006, 379, 382; aA *Lettl* WRP 2009, 1315, 1324 für Anrufe unter der Privatnummer). Grds fällt zwar der Arbeitnehmer unter den Begriff des Verbrauchers iSd § 2 II iVm § 13 BGB. Jedoch ist insoweit eine teleologische Reduktion geboten, weil sich die Interessen des Arbeitnehmers, was sein Arbeitsverhältnis betrifft, grundlegend von denen des „Normalverbrauchers" unterscheiden (vgl auch BAG NZA 145, 149 zu § 312 BGB). Diese Auslegung steht im Einklang mit dem unionsrechtlichen Verbraucherbegriff (Art 2 lit a UGP-Richtlinie). Danach ist Verbraucher jede natürliche Person, die im Geschäftsverkehr zu Zwecken handelt, die nicht ihrer gewerblichen, handwerklichen oder beruflichen Tätigkeit zugerechnet werden können. Unter beruflicher Tätigkeit ist dabei im Gegensatz zu § 13 BGB auch die unselbstständige berufliche Tätigkeit zu verstehen. Folglich kommt es bei Anrufen bei einem Arbeitnehmer zum Zweck der Abwerbung nicht auf das Vorliegen einer vorherigen ausdrücklichen, sondern nur auf das Vorliegen einer mutmaßlichen Einwilligung an. Ein entspr mutmaßliches Interesse des Arbeitnehmers ist aber grds zu bejahen, sofern der Anruf sich in den Grenzen der kurzen sachlichen Information hält und nicht aufdringlich, bedrängend oder belästigend ist (vgl BGHZ 158, 174 = GRUR 2004, 696, 699 – *Direktansprache am Arbeitsplatz I;* BGH GRUR 2006, 426 Tz 19 – *Direktansprache am Arbeitsplatz II;* OLG Jena GRUR-RR 2003, 158, 159). – Zur Beurteilung solcher Anrufe im Verhältnis zum **Arbeitgeber** vgl Rdn 175.

147 **d) Erfordernis der vorherigen ausdrücklichen Einwilligung. aa) Überblick.** Eine unzumutbare Belästigung liegt nicht vor, wenn der Verbraucher in den Telefonanruf vorher ausdrücklich eingewilligt hat. Allg zur Einwilligung Rdn 132 ff. Die Einwilligung muss **vor** dem Anruf erklärt worden sein (Rdn 133). Diese Regelung ist mit Art 13 III Datenschutzrichtlinie für elektronische Kommunikation (2002/58/EG) vereinbar. Zwar ist der darin verwendete Begriff der Einwilligung in Art 2 lit f unter Verweis auf Art 2 lit h der Richtlinie 95/46/EG legaldefiniert (dazu Rdn 185 ff). Dem nationalen Gesetzgeber steht es aber frei, strengere Anforderungen an die Einwilligung zu stellen, als es die unionsrechtliche Definition verlangt, weil er sich damit noch innerhalb des ihm gewährten Gestaltungsspielraums bewegt (ebenso *Lettl* WRP 2009, 1315, 1319). Anders als noch in der UWG-Novelle 2008 bedarf es aber einer **ausdrücklichen** Einwilligung. Daher reicht – anders als früher – die konkludente Einwilligung nicht aus. Erst recht nicht ausreichend ist eine nur **mutmaßliche** Einwilligung (Rdn 140), wie dies auch schon zum früheren Recht anerkannt war (BGH GRUR 1991, 764, 765 – *Telefonwerbung IV;* BGH GRUR 1994, 380, 382 – *Lexikothek;* BGH GRUR 1995, 220, 221 – *Telefonwerbung V;* OLG Köln K&R 2002, 254, 255). – Jedoch kommen außer der Einwilligung noch **andere Rechtfertigungsgründe** für einen Anruf in Betracht, die dann die Unzumutbarkeit der Belästigung ausschließen (Rdn 157).

148 **bb) Ausdrückliche Einwilligung.** Eine ausdrückliche Einwilligung liegt vor, wenn sich aus der Erklärung des Umworbenen unmittelbar das Einverständnis mit dem späteren Anruf ergibt. Davon zu trennen ist die Frage nach der Reichweite der Einwilligung (dazu Rdn 135). Zur vorformulierten Einwilligungserklärung vgl Rdn 137 ff. Eine ausdrückliche Einwilligung kann insbes in der Mitteilung der Telefonnummer an den Werbenden liegen (vgl BGH GRUR 1989, 753, 754 – *Telefonwerbung II;* BGH GRUR 1990, 280, 281 – *Telefonwerbung III*). Die eigentliche Frage ist aber, auf welche möglichen Werbeanrufe sich diese Erklärung bezieht. Es ist Sache des Unternehmers, den Zweck potenzieller Anrufe genau festzulegen. Im Zweifel ist eine enge Auslegung, dh eine Beschränkung auf das konkret angebahnte Geschäft, geboten. Gibt ein Kunde auf einem Bestell- oder Vertragsformular seine Telefonnummer an, so bezieht sich das Einverständnis mangels bes Anhaltspunkte (zB fortlaufender Bedarf; vgl LG Offenburg WRP 1998, 85, 88) lediglich auf Anrufe, die das konkrete Vertragsverhältnis (zB Durchführung oder Störungsabwicklung) betreffen, nicht aber auf Anrufe zu weitergehenden Zwecken. Dazu gehören etwa die Vertragsverlängerung oder -erweiterung, eine Wiederaufnahme der Vertragsbeziehung oder eine weitere Bestellung (BGH GRUR 1995, 220, 221 – *Telefonwerbung V; Paefgen* WRP 1994, 73, 86). – Ausdrücklich ist nicht gleichbedeutend mit „schriftlich", so dass die Einwilligung grds auch **mündlich** erteilt werden kann (Rdn 136). In der Praxis dürfte dies aber keine große Rolle spielen, da der Werbende die Beweislast für die Einwilligung trägt. Eine Speicherung der mündlichen Einwilligung mittels eines **Audiofile** kommt zwar theoretisch in Betracht. Da sie aber nur während eines Telefonats erfolgen kann, ist ihre Wirksamkeit zu bezweifeln. Vielmehr stellt das Ansinnen zu einer solchen Einwilligung seinerseits eine unzumutbare Belästigung iSv § 7 II Nr 2 dar, weil es Werbecharakter hat (Rdn 130) und der Kunde darin nicht vorher ausdrücklich eingewilligt hat. Hinzu kommt, dass der Kunde in dieser Situation nicht in Ruhe abwägen kann, ob und in welchem Umfang er eine Einwilligung erteilen will. Aus diesem Grund kann die – vom Anrufer typischerweise vorformulierte – Einwilligungserklärung eine überraschende Klausel iSv § 305 c I BGB sein. Außerdem ist nach § 28 III a BDSG 2009 eine mündlich erteilte Einwilligung schriftlich zu bestätigen (dazu *Plath/Frey* BB 2009, 1762, 1766).

149 **cc) Konkludente Einwilligung.** Eine nur **konkludente** (und damit **nicht ausreichende**) Einwilligung liegt vor, wenn der Verbraucher ein Verhalten an den Tag legt, aus dem **mittelbar**

auf ein Einverständnis zu schließen ist. Die Abgrenzung mag im Einzelfall schwierig sein, ist aber nicht unmöglich (so indessen *Möller* WRP 2010, 321, 327). Von der konkludenten Einwilligung ist die lediglich mutmaßliche Einwilligung zu unterscheiden. Sie reicht erst recht nicht aus.

dd) Beispiele fehlender ausdrücklicher Einwilligung. (1) Bloße Eintragung im Telefonbuch. Weder eine ausdrückliche noch eine konkludente Einwilligung ergeben sich daraus, dass der Angerufene in ein **Telefonbuch eingetragen** ist (BGH GRUR 1989, 753, 754 – *Telefonwerbung II;* BGH GRUR 1990, 280, 281 – *Telefonwerbung III;* vgl weiter *Seichter/Witzmann* WRP 2007, 699, 702).

(2) Bloße geschäftliche Beziehung. Eine allenfalls konkludente (und damit nicht ausreichende) Einwilligung ist anzunehmen, wenn ein Kunde in einer **geschäftlichen Beziehung** zum Anrufer steht, etwa in der Vergangenheit Anrufe eines Gewerbetreibenden nicht nur nicht beanstandet, sondern sogar begrüßt oder gar Bestellungen getätigt hat (BGH GRUR 1989, 753, 754 – *Telefonwerbung II;* BGH GRUR 1990, 280, 281 – *Telefonwerbung III*).

(3) Vorhergehendes Kundenverhalten. In einer bloßen **schriftlichen Bitte,** etwa auf einer Antwortkarte, um Informationsmaterial, ohne gleichzeitige Angabe der Telefonnummer liegt idR nicht einmal ein konkludentes Einverständnis mit einem Anruf (BGH GRUR 1990, 280, 281 – *Telefonwerbung III*). Denn dieses Bedürfnis kann genauso gut anders als durch einen Anruf befriedigt werden. Auch nach Übersendung des erbetenen Informationsmaterials besteht noch kein Anlass, telefonisch an den Interessenten heranzutreten (BGH aaO – *Telefonwerbung III*). Das Gleiche gilt, wenn ein Kunde telefonisch bei einem Unternehmen vorstellig wird, ohne ausdrücklich einen Rückruf zu erbitten (*Lettl* GRUR 2000, 977, 980). – Erst recht besteht kein, nicht einmal ein konkludentes Einverständnis, wenn der Interessent auf der Antwortkarte das Feld für die Angabe der Telefonnummer durchgestrichen (BGH aaO – *Telefonwerbung III*) oder nur um Abgabe eines schriftlichen Angebots gebeten hat (OLG Düsseldorf WRP 1997, 853, 854). – Das sog **Nachbearbeiten** von Kunden, die von einem Widerrufsrecht Gebrauch gemacht haben und nach den Gründen für den Widerruf befragt werden, ist nicht von dem ursprünglichen Einverständnis gedeckt (OLG Karlsruhe WRP 1992, 125, 126).

(4) Bloße Branchenüblichkeit. Eine angebliche oder tatsächliche **Branchenüblichkeit,** Verbraucher anzurufen, ersetzt das fehlende Einverständnis nicht (BGH aaO – *Telefonwerbung II*). – Eine Einwilligung ergibt sich auch nicht daraus, dass einem **anderen, in der gleichen Branche tätigen Unternehmen** gegenüber ein Einverständnis abgegeben worden ist (BGH GRUR 1994, 380, 381 – *Lexikothek*). Wechselt also zB ein Handelsvertreter zu einem anderen Unternehmen, so kann er sich im Zweifel nicht auf das gegenüber seinem früheren Geschäftsherrn erteilte Einverständnis berufen.

(5) Bloßes Schweigen. Das bloße Schweigen auf die briefliche oder sonstige Ankündigung eines Anrufs stellt noch kein Einverständnis dar (BGH GRUR 1989, 753, 754 – *Telefonwerbung II*).

(6) Bestehen persönlicher Beziehungen. Bestehen zwischen dem Anrufer und dem Verbraucher persönliche Beziehungen, die der Anrufer für geschäftliche Zwecke nutzen will (**Laienwerbung;** dazu § 4 Rdn 1.172 ff), so liegt darin keine, nicht einmal eine konkludente Einwilligung für werbliche Anrufe. Dies gilt auch dann, wenn der Anrufer erst während des Gesprächs den werblichen Charakter offenbart (aA *Seichter/Witzmann* WRP 2007, 699, 703), zumal hier auch der Tatbestand des § 4 Nr 3 verwirklicht sein dürfte.

(7) Mutmaßliches Interesse am Anruf. Nicht einmal eine mutmaßliche Einwilligung liegt vor, wenn der Anrufer glaubt, ein bes günstiges Angebot unterbreiten zu können, oder wenn er einen bestimmten Bedarf beim Angerufenen annimmt. So etwa beim Anruf eines Heizölhändlers bei einem Kunden, von dem er annimmt, dass er seine Vorräte ergänzen sollte (so aber *Zöller* GRUR 1992, 297, 300; hiergegen mit Recht krit *Steinbeck* GRUR 1995, 492, 493), oder beim Anruf eines Telefondiensteanbieters mit dem Ziel, den Kunden zu einer (angeblich für ihn günstigen) Umstellung des Tarifs zu veranlassen (OLG Köln K&R 2002, 254, 256).

(8) Werbung erst nach Gesprächsbeginn. Ist der Anruf zunächst zulässig, etwa weil er von einer ausdrücklichen Einwilligung zur Anbahnung eines konkreten Vertragsverhältnisses gedeckt ist, betreibt der Anrufer aber während des Gesprächs von sich aus eine weitergehende Werbung, so erfüllt dies ebenfalls den Tatbestand des § 7 II Nr 2. Denn es fehlt insoweit an einer vorherigen ausdrücklichen Einwilligung. Daran ändert es auch nicht, wenn der Verbraucher das Gespräch widerspruchslos fortsetzt. Denn darin ist allenfalls im Einzelfall eine konkludente (und damit nicht ausreichende), nicht aber als ausdrückliche Einwilligung zu erblicken (vgl *Seichter/*

Witzmann WRP 2007, 699, 703). Es genügt auch nicht, dass der Anrufer während des Gesprächs den Verbraucher um seine Einwilligung bittet, das Gespräch nunmehr mit Werbung fortzusetzen. Denn der Verbraucher kann in dieser Situation nicht frei und auf Grund reiflicher Überlegung entscheiden. Das Gleiche gilt, wenn der Anruf als solcher aus sonstigen Gründen zulässig ist (zB bei Versicherten einer gesetzlichen Krankenkasse zum Zwecke der Information), der Anrufer während des Gesprächs aber dazu übergeht, Werbung (zB für eine private Zusatzversicherung bei einer privaten Krankenversicherung) zu treiben (OLG Braunschweig GRUR-RR 2009, 182).

157 **ee) Sonstige Rechtfertigungsgründe für Telefonwerbung gegenüber Verbrauchern?** Die Einwilligung stellt einen Rechtfertigungsgrund für eine Werbung mit einem Telefonanruf dar. Daran knüpft sich die Frage, ob es auch sonstige Rechtfertigungsgründe geben kann, die eine unzumutbare Belästigung ausschließen oder ob § 7 II Nr 2 eine abschließende Regelung ist. Eine Rechtfertigung aus **sozialpolitischen** Gründen kommt dabei allerdings nicht in Betracht (aA BGH GRUR 2001, 1181, 1183 – *Telefonwerbung für Blindenwaren*). Denkbar ist jedoch eine Rechtfertigung auf Grund einer **vertraglichen Verpflichtung** (§ 241 II BGB) oder einer **berechtigten Geschäftsführung ohne Auftrag** (§ 677 BGB). In diesem Fall ist § 7 II Nr 2 nicht anzuwenden (teleologische Reduktion). So kann es liegen, wenn „**Gefahr im Verzug**" ist und der Telefonanruf das **einzige oder sicherste** Mittel darstellt, um etwaige Schäden vom Angerufenen abzuwenden. Das ist zB zu bejahen, wenn ein Patient vom behandelnden Arzt angerufen wird, weil anlässlich eines Untersuchungsbefunds eine sofortige Operation angezeigt ist, oder wenn ein Autofahrer sein Fahrzeug zur Reparatur gegeben hat und anlässlich der Reparatur Sicherheitsmängel festgestellt werden, die sofort beseitigt werden müssten, oder wenn eine Versicherung feststellt, dass bei einem Kunden ein größeres, nur vermeintlich abgesichertes Risiko besteht und es eines eiligen Hinweises bedarf (so wohl auch BGH GRUR 1995, 220, 221 – *Telefonwerbung V*). Zum gleichen Ergebnis führt es allerdings, in derartigen Fällen eine Werbung mit der Begründung zu verneinen, das Ziel, einen Auftrag zu erlangen, trete gegenüber dem Ziel der Vertragserfüllung oder der Geschäftsführung im Fremdinteresse völlig in den Hintergrund (vgl jurisPK/*Koch* § 7 Rdn 200). – Nutzen **mehrere Personen** ein und denselben Telefonanschluss, wie idR bei einem Mehrpersonenhaushalt, und haben nicht alle in den konkreten Werbeanruf eingewilligt, so ist ein Werbeanruf, der von einer Person entgegen genommen wird, die nicht eingewilligt hat, ihr gegenüber an sich unzulässig. Jedoch ist insoweit eine teleologische Einschränkung des Verbots vorzunehmen. Denn derjenige, der den Anruf entgegennimmt, weiß, dass der Anruf nicht unbedingt ihm gilt. Allerdings muss der Anrufer in diesem Fall sofort klarstellen, dass er nur mit der Person sprechen möchte, die in den Anruf eingewilligt hat. Wirbt er stattdessen auch gegenüber dem Gesprächspartner, so erfüllt er damit den Tatbestand des § 7 II Nr 2 (ebenso OLG Köln GRUR-RR 2010, 219 [LS]).

9. Telefonwerbung gegenüber „sonstigen Marktteilnehmern"

158 **a) Die gesetzliche Regelung.** Nach § 7 II Nr 2 ist eine unzumutbare Belästigung iSv § 7 I stets anzunehmen „bei einer Werbung mit einem Telefonanruf ... gegenüber einem sonstigen Marktteilnehmer ohne dessen zumindest mutmaßliche Einwilligung". Diese Regelung ist durch Art 13 III und V Datenschutzrichtlinie für elektronische Kommunikation (2002/58/EG) gedeckt (Rdn 123).

159 **b) Normzweck.** Die Norm bezweckt nicht den Schutz der Privatsphäre, sondern den **Schutz der geschäftlichen Betätigungsfreiheit** des Angerufenen. Die Werbung mit Telefonanrufen kann zu belästigenden oder sonst unerwünschten Störungen der beruflichen Tätigkeit des Angerufenen führen (BGH WRP 2010, 1249 Tz 20 – *Telefonwerbung nach Unternehmenswechsel*) und in die betrieblichen Arbeitsabläufe hemmend eingreifen. Es wird aber nicht nur Arbeitszeit des Angerufenen in Anspruch genommen. Vielmehr wird auch für die Dauer des Anrufs der Anschluss blockiert. Unerheblich ist, dass auf Grund der modernen Telekommunikationstechnik im Einzelfall mehrere Anrufe gleichzeitig entgegengenommen werden können. Andererseits ist zu bedenken, dass Unternehmer und sonstige Organisationen durchaus mit geschäftsbezogenen Anrufen rechnen und ihnen sogar aufgeschlossen gegenüberstehen können, ferner weit weniger als bei Privatpersonen die Gefahr der Überrumpelung besteht. Aus diesem Grunde ist es gerechtfertigt, eine Belästigung bei einer mutmaßlichen Einwilligung in den Anruf zu verneinen.

160 **c) „Sonstige Marktteilnehmer" als Adressaten des Anrufs.** Nach der Legaldefinition in § 2 I Nr 2 sind sonstige Marktteilnehmer neben Mitbewerbern und Verbrauchern „alle Per-

sonen, die als Anbieter oder Nachfrager von Waren oder Dienstleistungen tätig sind". In der Hauptsache geht es bei den „sonstigen Marktteilnehmern" um **Unternehmer** als Adressaten einer Telefonwerbung. Darunter fallen aber auch alle **juristischen Personen des Privatrechts und des öffentlichen Rechts**, soweit sie nicht die Eigenschaft eines Unternehmers iSd § 2 II iVm § 14 BGB haben, wie zB Idealvereine, Gewerkschaften, Parteien, staatliche Behörden, Kirchen. Werden die Vertreter solcher Organisationen zu Werbezwecken angerufen, betrifft dies nicht ihre Privatsphäre, sondern die Geschäftssphäre. Daher ist es gerechtfertigt, nicht die strengen Maßstäbe der Werbung gegenüber Verbrauchern anzuwenden.

d) Erfordernis der zumindest mutmaßlichen Einwilligung. Eine Belästigung ist nicht 161 gegeben, wenn die Werbung mit Telefonanrufen mit der zumindest mutmaßlichen Einwilligung der Adressaten erfolgt. Über die tatsächliche Einwilligung hinaus reicht also bereits eine mutmaßliche Einwilligung aus. Dabei ist allerdings zu beachten, dass die tatsächliche oder mutmaßliche Einwilligung nur den Anruf als solchen deckt. Erklärt der Angerufene unmissverständlich sein Desinteresse an der Werbung, so entfällt damit auch die mutmaßliche Einwilligung ex nunc. Erzwingt der Anrufer gleichwohl die Fortsetzung des Gesprächs, so wird der Anruf zur unzumutbaren Belästigung. Der Fall ist nicht anders zu beurteilen als die Nichtbeachtung der Aufforderung an einen Haustürwerber, die Räume zu verlassen (vgl § 3 III Anh 26).

aa) Tatsächliche Einwilligung. Die Telefonwerbung gegenüber sonstigen Marktteilneh- 162 mern ist stets zulässig, wenn der Adressat seine Einwilligung, also sein vorheriges **ausdrückliches** (zum Begriff Rdn 148) oder doch **konkludentes Einverständnis** (zum Begriff Rdn 149) erklärt hat. An die Annahme eines solchen Einverständnisses sind indessen strenge Anforderungen zu stellen. Daher begründet die Eintragung in ein Telefonverzeichnis noch keine Einwilligung in Telefonwerbung (LG Münster WRP 2005, 639, 640). Grds genügt es auch nicht, dass mit dem Werbenden schon eine Geschäftsbeziehung besteht. Denn daraus ist nicht der Schluss zu ziehen, dass der Kunde mit einer – noch dazu telefonischen – Werbung für eine Erweiterung der Geschäftsbeziehung einverstanden ist. Daher ist ein tatsächliches Einverständnis mit einer Telefonwerbung für eine entgeltliche Erweiterung einer Eintragung in ein Branchenverzeichnis oder mit einer Eintragung im elektronischen Branchenverzeichnis nicht schon darin zu sehen, dass ein Kunde einer Telefongesellschaft sich mit einem unentgeltlichen Standard- oder Grundeintrag in ein solches Verzeichnis einverstanden erklärt hat (BGH GRUR 2004, 520, 521 – *Telefonwerbung für Zusatzeintrag*). Insoweit kommt jedoch eine mutmaßliche Einwilligung in Betracht (BGH GRUR 2004, 520, 521 f – *Telefonwerbung für Zusatzeintrag*).

bb) Mutmaßliche Einwilligung. Die Telefonwerbung gegenüber sonstigen Marktteilneh- 163 mern ist weiter zulässig, wenn eine mutmaßliche Einwilligung des Adressaten vorliegt. Auf eine mutmaßliche Einwilligung kann sich der Anrufer allerdings nicht berufen, wenn der Angerufene **zuvor** seine Ablehnung derartiger Anrufe und damit seinen wirklichen Willen zum Ausdruck gebracht hat. Das Vorliegen einer mutmaßlichen Einwilligung ist anhand der **Umstände vor dem Anruf** sowie anhand der **Art** und des **Inhalts** der Werbung festzustellen. Maßgeblich ist, ob der Werbende bei verständiger Würdigung der Umstände annehmen durfte, der Anzurufende erwarte einen solchen Anruf oder werde ihm jedenfalls aufgeschlossen gegenüberstehen (BGH GRUR 2007, 607 Tz 21 – *Telefonwerbung für „Individualverträge"*; BGH GRUR 2008, 189 Tz 15, 17 – *Suchmaschineneintrag*; BGH GRUR 2010, 939 Tz 21 – *Telefonwerbung nach Unternehmenswechsel*). Ist dies zu verneinen, so kommt es grds nicht mehr darauf an, ob der Anruf zu einer sonstigen Belästigung oder zu einem Vertragsschluss geführt hat (BGH GRUR 2007, 607 Tz 21 – *Telefonwerbung für „Individualverträge"*). Denn für die wettbewerbsrechtliche Bewertung ist auf die Umstände vor dem Anruf abzustellen.

(1) Anforderungen an eine mutmaßliche Einwilligung. Nach der Rspr ist erforderlich, 164 dass „**auf Grund konkreter Umstände ein sachliches Interesse des Anzurufenden**" am Anruf durch den Anrufer vermutet werden kann (BGH GRUR 2001, 1181, 1183 – *Telefonwerbung für Blindenwaren;* BGH GRUR 2004, 520, 521 – *Telefonwerbung für Zusatzeintrag;* BGH GRUR 2008, 189 Tz 14 – *Suchmaschineneintrag;* BGH GRUR 2010, 939 Tz 20 – *Telefonwerbung nach Unternehmenswechsel*). Für diese, an § 683 BGB (Interesse und wirklicher oder mutmaßlicher Wille) angelehnte Bewertung sind folgende Aspekte maßgebend: Einerseits ist zu berücksichtigen, dass durch derartige Anrufe der Privatbereich (Individualbereich) nicht beeinträchtigt wird und auch weit weniger die Gefahr der Überrumpelung besteht; ferner, dass der sonstige Marktteilnehmer mit geschäftsbezogenen Anrufen rechnet und ihnen sogar aufgeschlossen gegenüberstehen kann. Andererseits unterhält der Marktteilnehmer seinen Telefonanschluss in erster Linie im eigenen Interesse und nicht im Interesse eines Werbenden. Er möchte in seiner beruflichen, gewerblichen oder amtlichen Tätigkeit nicht unnötig gestört werden. Auch ist zu bedenken, dass für die Dauer des Anrufs der Anschluss belegt ist und damit der Geschäftsgang gestört werden kann.

165 Eine mutmaßliche Einwilligung ist im Allgemeinen noch nicht dann zu vermuten, wenn der Anruf lediglich eine **„allgemeine Sachbezogenheit"** aufweist, da sie nahezu immer gegeben sein dürfte und damit die Telefonwerbung fast unbegrenzt möglich wäre (BGH GRUR 2001, 1181, 1183 – *Telefonwerbung für Blindenwaren;* BGH GRUR 2007, 607 Tz 20 – *Telefonwerbung für „Individualverträge";* BGH GRUR 2010, 939 Tz 25 – *Telefonwerbung nach Unternehmenswechsel;* aA *Engels/Stulz-Herrnstadt* WRP 2005, 1218, 1229; *Fezer* WRP 2010, 1075, 1091). Auch eine typisierende oder generalisierende Unterscheidung zwischen Anrufen, die die eigentliche Geschäftstätigkeit betreffen, und solchen, die sich auf Hilfsmittel beziehen, ist nicht statthaft. Denn weder ist bei Ersteren stets ein sachliches Interesse generell zu vermuten noch bei Letzteren stets zu verneinen (BGH GRUR 1991, 764, 765 – *Telefonwerbung IV*). Vielmehr ist mit der Rspr darauf abzustellen, ob im **Einzelfall** der Werbende bei verständiger Würdigung davon ausgehen kann, der Anzurufende erwarte den Anruf oder stehe ihm jedenfalls positiv gegenüber (BGH aaO – *Telefonwerbung IV;* BGH GRUR 2001, 1181, 1183 – *Telefonwerbung für Blindenwaren;* BGH GRUR 2008, 189 Tz 14 – *Suchmaschineneintrag;* BGH GRUR 2010, 939 Tz 20 – *Telefonwerbung nach Unternehmenswechsel*). Es ist also zu fragen, ob ein **konkreter,** aus dem Interessenbereich des Anzurufenden herzuleitender Grund vorliegt, der die Werbung rechtfertigen könnte (BGH aaO – *Telefonwerbung für Blindenwaren).*

166 Das bezieht sich sowohl auf die **Art** der Werbung (Telefonanruf) als auch auf den **Inhalt** der Werbung. Es genügt also nicht, dass der Werbende von einem aktuellen oder konkreten Bedarf für die angebotene Ware oder Dienstleistung ausgehen darf. Vielmehr muss hinzukommen, dass der Angerufene mutmaßlich (gerade) auch mit einer telefonischen Werbung einverstanden sein wird (BGH GRUR 2004, 520, 521 – *Telefonwerbung für Zusatzeintrag;* BGH GRUR 2008, 189 Tz 15 – *Suchmaschineneintrag;* BGH GRUR 2010, 939 Tz 20 – *Telefonwerbung nach Unternehmenswechsel).* Das ist dann zu bejahen, wenn der Angerufene ein Interesse hat, vom Werbenden Einzelheiten über die anzubahnende Geschäftsbeziehung zu erfahren, wie etwa beim Anruf eines ausgeschiedenen Mitarbeiters eines Unternehmens bei dessen Kunden (BGH GRUR 2010, 939 Tz 33 – *Telefonwerbung nach Unternehmenswechsel).* Anders verhält es sich bei dem Angebot konkreter Wirtschaftsgüter. Benötigt zB der Gewerbetreibende einen Neuwagen, so ist daraus nicht ohne Weiteres sein Einverständnis mit Telefonanrufen aller möglichen Autohändler zu mutmaßen; erscheint die Neuauflage eines Kommentars, so rechtfertigt dies nicht Telefonanrufe aller möglichen Buchhändler bei einem Rechtsanwalt (aA *Engels/Stulz-Herrnstadt* WRP 2005, 1218, 1229). – Betrifft der Bedarf eine Ware oder Dienstleistung, mit der der Unternehmer handelt oder die er für seine Produktion laufend benötigt, ist zwar meist von einem Interesse des Unternehmers auch an einem Angebot von „Newcomern" auszugehen. Jedoch spielt dabei eine Rolle spielen, ob die Angelegenheit so eilig ist, dass sie eines Telefonanrufs bedarf (so auch OLG Hamburg GRUR 1987, 60, 61; OLG Stuttgart NJW-RR 1998, 184; aA *Pauly/Jankowski* GRUR 2007, 118, 122 ff und *Seichter/Witzmann* WRP 2007, 699, 707, die bei einem den „Kern" des Geschäftsbetriebs betreffenden Anruf stets eine mutmaßliche Einwilligung bejahen). Eilbedürftigkeit kann zB gegeben sein, wenn von vornherein nur ein umgehender Vertragsschluss in Betracht kommt (zB Kauf von Wertpapieren oder von leicht verderblicher Ware). Daraus ist aber nicht der Umkehrschluss zu ziehen, dass bei eiligen Angeboten Abstriche im Hinblick auf die sachliche Rechtfertigung des Anrufs zu machen wären.

167 Der Anrufer trägt demnach grds das **Risiko einer subjektiven Fehleinschätzung.** Er kann aber dieses Risiko dadurch minimieren, dass er in Zweifelsfällen auf andere Weise (zB brieflich oder durch persönliche Vorsprache) einen geschäftlichen Kontakt herstellt und sich das Einverständnis mit Telefonanrufen geben lässt. Allerdings kann eine mutmaßliche Einwilligung auch dann anzunehmen sein, wenn die Werbung durch Telefonanruf gegenüber einer schriftlichen Werbung zwar keine oder sogar weniger Vorzüge aufweist, den Interessen des Anzurufenden aber gleichwohl noch in einem Maße entspricht, dass die mit dem Anruf verbundenen Belästigungen hinnehmbar erscheinen (BGH GRUR 2004, 520, 522 – *Telefonwerbung für Zusatzeintrag;* BGH GRUR 2008, 189 Tz 15 – *Suchmaschineneintrag:* BGH GRUR 2010, 939 Tz 32 – *Telefonwerbung nach Unternehmenswechsel).*

168 Was den **Inhalt** der Werbung angeht, können die jeweilige Branchenzugehörigkeit, die Größe und konkrete Zielsetzungen des Unternehmens eine Rolle spielen. Bei einem Bauhandwerker ist nicht von einer mutmaßlichen Einwilligung in eine Telefonwerbung auszugehen, wenn sie eine nach Inhalt und Umfang nicht näher bestimmte Vermittlungsleistung betrifft, für die eine

nicht unbeträchtliche Gegenleistung im Voraus erbracht werden soll (BGH GRUR 2007, 607 Tz 20 – *Telefonwerbung für „Individualverträge"*). Ganz allgemein ist bei einem objektiv ungünstigen Angebot eine mutmaßliche Einwilligung zu verneinen (BGH GRUR 2007, 607 Tz 21 – *Telefonwerbung für „Individualverträge"*).

(2) Fallgruppen. (a) Ein konkreter Grund kann in einem sachlichen Zusammenhang mit **169** einer bereits bestehenden oder doch angebahnten **Geschäftsverbindung** liegen (BGH GRUR 1991, 764, 765 – *Telefonwerbung IV;* BGH GRUR 2008, 189 Tz 18 – *Suchmaschineneintrag;* BGH GRUR 2010, 939 Tz 27 – *Telefonwerbung nach Unternehmenswechsel*). Doch hängt dies nicht nur von Art, Inhalt und Intensität der Geschäftsbeziehung ab, sondern auch davon, ob der Werbende erwarten darf, der Anzurufende werde mit einem Anruf zu den damit verfolgten Zwecken einverstanden sein BGH GRUR 2008, 189 Tz 18 – *Suchmaschineneintrag*). Ein mutmaßliches Einverständnis ist zu bejahen, wenn der **ausgeschiedene Mitarbeiter** eines Unternehmens bei dessen Kunden anruft, um eine Geschäftsbeziehung aufzubauen. Denn es kann für die Kunden eine nützliche Information sein, zu erfahren, dass der Mitarbeiter ausgeschieden und für ein neues Unternehmen tätig ist, das mit dem bisherigen Arbeitgeber im Wettbewerb steht (BGH GRUR 2010, 939 Tz 29, 30 – *Telefonwerbung nach Unternehmenswechsel*). Der Werbende muss allerdings auch berücksichtigen, welches Interesse der Anzurufende an der Werbung hat und ob und inwieweit die Gefahr besteht, dass seine Mitbewerber mit gleichartigen Anrufen werben und dadurch sich die Störungen des Geschäftsbetriebs des Anzurufenden summieren können (BGH GRUR 2008, 189 Tz 20 – *Suchmaschineneintrag*). So ist zwar eine mutmaßliche Einwilligung anzunehmen, wenn ein Telefonbuchverlag („Gelbe Seiten") einen Anruf, mit dem die Daten des kostenlosen Grundeintrags für einen Neudruck überprüft werden sollen, zur Werbung für eine entgeltpflichtige Erweiterung des Eintrags nutzt (BGH GRUR 2004, 520, 521 f – *Telefonwerbung für Zusatzeintrag*). Dagegen ist eine mutmaßliche Einwilligung zu verneinen, wenn der Betreiber einer Internet-Suchmaschine, die nur eine unter vielen gleichartigen Suchmaschinen ist, den kostenlosen Eintrag eines Gewerbetreibenden im Verzeichnis dazu nutzt, telefonisch für eine Werbung für einen erweiterten entgeltlichen Eintrag zu werben (BGH GRUR 2008, 189 Tz 20 – *Suchmaschineneintrag*). Das Gleiche gilt, wenn der Inhaber eines Telefonanschlusses angerufen wird, um ihn für einen DS L-Anschluss oder eine Flatrate zu werben (OLG Hamm MMR 2009, 559).

(b) Ein konkreter Grund kann auch bei **Äußerung eines Interesses** an derartigen Angebo- **170** ten, und sei es auch nur Dritten gegenüber, anzunehmen sein. Erfährt zB ein Makler von dritter Seite, dass ein Rechtsanwalt an neuen Büroräumen interessiert ist, so kann dies ein konkreter Grund für einen Anruf sein.

(c) Ein konkreter Grund ist **nicht** schon dann anzunehmen, wenn eine **Vielzahl** von **171** Unternehmen einer bestimmten Branche von Telefonwerbung Gebrauch macht. Denn dies sagt nichts darüber aus, ob der Durchschnittsmarktteilnehmer damit mutmaßlich einverstanden ist und das Verbot gerade eine Nachahmung durch Wettbewerber verhindern soll (BGH GRUR 2010, 939 Tz 24 – *Telefonwerbung nach Unternehmenswechsel*). **Branchenüblichkeit** stellt einen konkreten Grund nur dann dar, wenn sich also eine entspr **Verkehrssitte** (§ 157 BGB) oder ein entspr **Handelsbrauch** (§ 346 HGB) gebildet hat (vgl BGH GRUR 2001, 1181, 1183 – *Telefonwerbung für Blindenwaren*).

(d) Im Allgemeinen ist es nicht gerechtfertigt, einen Unternehmer ohne bes geschäftlichen **172** Kontakt oder mindestens Anlass anzurufen, um ihn zum Abschluss eines **„kaufmännischen Hilfsgeschäfts"** zu veranlassen. Unzulässig ist daher ein Anruf bei einem Unternehmer, um ihm eine kostenlose Probefahrt mit einem Neuwagen zu offerieren (BGH aaO – *Telefonwerbung IV*) oder ihn zur Schaltung einer Werbeanzeige aufzufordern (OLG Hamburg NJWE-WettbR 1997, 3). Ein konkreter Grund fehlt auch, wenn ein Diamantenhändler bei einem Ingenieurbüro zwecks Übersendung von Informationsmaterial (OLG Frankfurt WRP 1975, 773 LS) oder ein Bürobedarfshändler bei einem Übersetzungsbüro zwecks Verkaufs von Büromaterial anruft (OLG Köln WRP 1991, 836). Doch kommt es auch hier stets auf die Umstände des **Einzelfalls** an. Als zulässig erachtet wurde ein Anruf eines Anbieters von Hochgeschwindigkeitszugängen bei einem Unternehmen, das seinen Kunden Dateien zum Herunterladen (Download) offeriert, weil hier ein vitales Interesse des Angerufenen vermutet werden kann (OLG Frankfurt K&R 2002, 252). Allerdings ist auch in einem solchen Fall zu prüfen, ob außer einem Telefonanruf noch eine andere Möglichkeit der wirksamen Kontaktaufnahme gegeben ist (zB brieflicher Kontakt).

173 (e) Umstritten ist die Zulässigkeit von unerbetenen Anrufen durch **Leiharbeitsunternehmen** (dazu OLG Düsseldorf WRP 1997, 853; LG Mainz WRP 1997, 806; *Schricker* GRUR Int 1998, 541, 551 ff). Auch hier kommt es darauf an, ob das Leiharbeitsunternehmen auf Grund konkreter Umstände von einem aktuellen Bedarf an Arbeitskräften ausgehen kann (OLG Düsseldorf WRP 1997, 853, 854; strenger noch LG Mannheim WRP 1999, 460; aA *Schricker* GRUR Int 1998, 541, 551 ff). Bei Großunternehmen mit eigener Personalabteilung und ständigem Bedarf an Personal mag der Leiharbeitsunternehmer von einem mutmaßlichen Einverständnis mit einem Telefonanruf ausgehen; anders dagegen bei mittelständischen, insbes Handwerksunternehmen, bei denen nur gelegentlich ein solcher Bedarf auftritt. Dem Leiharbeitsunternehmen ist es durchaus zuzumuten, sich vorab mit den potenziellen Nachfragern seiner Vermittlungsleistung zu verständigen, ob telefonische Werbemaßnahmen (bzw E-Mail- oder Telefax-Werbung) erwünscht sind oder nicht. – Gegen die Anknüpfung an konkrete Umstände wird allerdings eingewandt, dass damit die Interessen des angerufenen Unternehmers überbewertet würden (vgl *Schricker* GRUR Int 1998, 541, 545, 550 ff; *Böhm* MMR 1999, 643, 644): Der Angerufene könne Störungen minimieren, indem er den unerwünschten Telefonkontakt sofort abbreche; er könne sich künftige Anrufe verbeten; die Bearbeitung eines schriftlichen Angebots werde nicht weniger, oft mehr Zeitaufwand erfordern als ein Telefongespräch. Weiter gehend wird daher, auch unter Berufung auf die Meinungs- und Berufsfreiheit (Art 5, 12 GG) des Werbenden, vertreten, Werbeanrufe gegenüber Unternehmern seien stets dann zulässig, wenn sie einen generell nach der Art des Angebots und der Art der Tätigkeit des Adressaten zu vermutenden, nicht nur marginalen geschäftlichen Bedarf betreffen (*Schricker* GRUR Int 1998, 541, 550 f). Im Rahmen von Werbekampagnen sei für einzelne Anrufe, die diesen Kriterien nicht entsprächen, eine Toleranzgrenze von mindestens 10% anzusetzen (*Schricker* aaO). Mit der Zuerkennung einer solchen Toleranzgrenze würde freilich der unerbetenen Telefonwerbung gegenüber Unternehmern ein Freibrief erteilt, weil sich das werbende Unternehmen bei Beschwerden regelmäßig darauf zurückziehen könnte, es liege ein „Ausreißer" vor. Auch sollte die wirtschaftliche Belastung eines Unternehmens bei einer erweiterten Zulassung unerbetener Telefonwerbung nicht unterschätzt werden. Die Möglichkeit, Mitarbeiter zu instruieren, Werbeanrufe nicht entgegenzunehmen, und damit Störungen zu minimieren, lässt sich nicht ohne Weiteres in die Praxis umsetzen. Denn sie setzt voraus, dass erstens entspr Personal zur Verfügung steht und zweitens die betreffende Person jeden Anruf richtig einzuordnen weiß. Auch werden geschulte Telefonwerber solche Hürden zu überwinden wissen. Letztlich ist daher immer zu befürchten, dass Personen mit Entscheidungskompetenz erreicht werden, und dies ist ja auch das Ziel des Anrufers. Die Störungen ihrer beruflichen Tätigkeit sollten nicht unterschätzt werden (*Raeschke-Kessler/Schroeder*, FS Piper, 1996, 399, 409 ff mit einem Beispiel aus der Praxis). Denn beim Telefonanruf muss sich – im Unterschied zur Prüfung eines schriftlichen Angebots – der Angerufene **sofort** mit dem Anliegen des Anrufers auseinander setzen und seine sonstige Arbeit unterbrechen. Vor allem ist im Auge zu behalten, dass es gerade die **Gefahr der Summierung** von unerbetenen Telefonanrufen ist, die eine strenge Bewertung erfordert. Jeder einzelne Werbende mag für sich plausible Gründe ins Feld führen, warum gerade er auf die Notwendigkeit eines telefonischen Kontakts angewiesen ist. Man muss die Dinge jedoch auch aus der Sicht des Empfängers sehen, der dann einer Unzahl unerbetener Anrufe ausgesetzt ist, deren Beantwortung Arbeitskraft bindet und absorbiert.

174 e) **Zulässigkeit der Telefonwerbung auf Grund einer Interessenabwägung.** Im Einzelfall kann die Wettbewerbswidrigkeit eines unerbetenen Anrufs bei einem Gewerbetreibenden trotz Fehlens eines vermuteten Einverständnisses auf Grund einer **Interessenabwägung** zu verneinen sein. Dabei kann eine Rolle spielen, ob der Verkehr aus sozialpolitischen Gründen einer Telefonwerbung für bestimmte Waren aufgeschlossener gegenübersteht als sonstiger Werbung und ob sich sogar eine entspr Branchenüblichkeit herausgebildet hat (BGH GRUR 2001, 1181, 1183 – *Telefonwerbung für Blindenwaren;* bedenklich).

175 f) **Zulässigkeit einer telefonischen Mitarbeiterabwerbung.** Die Zulässigkeit eines Telefonanruf auf dem Festnetz- oder dem Mobiltelefonanschluss bei einem **Arbeitnehmer** während der Arbeitszeit zum **Zweck der Abwerbung („Headhunting")** beurteilt sich im Verhältnis zu diesem nach § 7 II Nr 2 (dazu Rdn 146). Darüber hinaus ist aber zu prüfen, ob der Anruf eine nach § 7 I 1 und/oder nach § 3 I (ggf iVm § 4 Nr 10) unzulässige Handlung gegenüber dem **Arbeitgeber** des Angerufenen darstellt. Das setzt eine **Abwägung der Interessen aller beteiligten Marktteilnehmer** (Anrufer, Auftraggeber, Angerufener, Arbeitgeber als Mitbewerber) voraus. Danach ist ein solcher Anruf zulässig, wenn er sich auf eine erste Kontaktaufnahme unter

E. Die Tatbestände des § 7 II   176–178a   § 7 UWG

Hinweis auf die Möglichkeit eines Stellenwechsels, eine kurze Beschreibung der Stelle und das Angebot einer Kontaktaufnahme außerhalb des Betriebs beschränkt. Denn die damit verbundene geringfügige Beeinträchtigung der Betriebsabläufe fällt gegenüber dem schutzwürdigen Interesse von Beschäftigten an einer Verbesserung ihrer beruflichen Situation nicht ins Gewicht (vgl § 4 Rdn 10.112; BGH GRUR 2004, 696, 697 ff – *Direktansprache am Arbeitsplatz I;* BGH GRUR 2006, 426 Tz 18 ff – *Direktansprache am Arbeitsplatz II;* BGH GRUR 2008, 262 Tz 8 – *Direktansprache am Arbeitsplatz III; Klein/Insam* GRUR 2006, 379; *Köhler* WRP 2002, 1; *Lindacher,* FS Erdmann, 2002, 647; *Reufels* GRUR 2001, 214; *Quiring* WRP 2000, 33 sowie WRP 2001, 470; aA OLG Stuttgart WRP 2000, 318; *Trube* WRP 2001, 97; *Schmidt* WRP 2001, 1138). Die Grenzen der Zulässigkeit sind aber bei nachhaltigen oder wiederholten telefonischen Abwerbeversuchen überschritten (BGH aaO – *Direktansprache am Arbeitsplatz I;* OLG Jena GRUR-RR 2003, 158, 159). Insbes ist es wettbewerbswidrig, wenn der Werbende dem Arbeitnehmer Daten zu dessen Lebenslauf und bisherigen Tätigkeiten vorhält (BGH GRUR 2008, 262 Tz 12 – *Direktansprache am Arbeitsplatz III*). Ein Indiz für die Wettbewerbswidrigkeit ist es, wenn der Anruf länger als nur wenige Minuten dauert (BGH GRUR 2008, 262 Tz 13 – *Direktansprache am Arbeitsplatz III*). Auch braucht der Unternehmer eine telefonische Ausforschung nach potenziellen Abwerbekandidaten nicht hinzunehmen (*Lindacher,* FS Erdmann, 2002, 647, 655). Insoweit liegt eine wettbewerbswidrige unzumutbare Belästigung und gleichzeitig gezielte Behinderung des Mitbewerbers vor.

10. Sonstige Formen der Telefonwerbung

a) **Umgekehrte Telefonwerbung.** Sie besteht darin, dass der Werbende in Fernsehsendungen oder Zeitungsanzeigen Interessenten auffordert, bei ihm anzurufen. Diese Maßnahme ist wettbewerbsrechtlich grds zulässig, insbes ist damit keine Beeinträchtigung der Privatsphäre des Umworbenen verbunden. Denn es steht dem Umworbenen frei, ob er auf seine Kosten anrufen will. – Etwas anderes kann aber gelten, wenn sich eine derartige Werbung gezielt an Kinder richtet (§ 4 Nr 2). Denn hier besteht die Gefahr, dass sie spontan und ohne Rücksicht auf die Kosten den Anruf tätigen, ferner, dass sie leichter beeinflussbar sind und mit ihren Wünschen die Eltern unter Druck setzen können. Außerdem wälzt das Unternehmen auf diese Weise Kosten seiner Werbung auf die Eltern der Kinder ab. Eine derartige Werbung ist daher als unlauter iSv § 4 Nr 2 anzusehen (OLG Frankfurt WRP 1994, 426; *Benz* WRP 2003, 1160, 1164). Als unzulässig ist die Aufforderung zum Telefonanruf auch dann anzusehen, wenn der Umworbene über die **Gebührenpflichtigkeit** oder die Höhe der anfallenden Telefongebühren getäuscht wird (ebenso VG Köln NJW 2005, 1880, 1881). Eine solche Täuschung iSv § 5 ist bereits dann gegeben, wenn auf die Gebührenpflichtigkeit des Anrufs nicht eigens hingewiesen wird.   176

b) **Werbefinanzierte Telefongespräche.** Das Angebot kostenlosen, aber durch Werbung unterbrochenen Telefonierens ist nicht unlauter (BGH GRUR 2002, 637, 638 – *Werbefinanzierte Telefongespräche;* BVerfG NJW 2003, 1726; *Lange* WRP 2002, 786). Denn der Anrufer wird regelmäßig den Angerufenen über die Werbeunterbrechung informieren, um eine vorzeitige Beendigung des Gesprächs zu vermeiden, und der Angerufene erklärt durch Fortführung des Gesprächs und Hinnahme der Werbeunterbrechung sein konkludentes Einverständnis. Eine Information durch die Telefongesellschaft vor Beginn des eigentlichen Gesprächs ist nicht erforderlich (aA *Hartwig/Ferschl* WRP 1999, 1083). Dass dieses Einverständnis möglicherweise unter einem gewissen psychischen Druck erklärt wird, um den Anrufer nicht zu brüskieren, ist unerheblich (BGH aaO – *Werbefinanzierte Telefongespräche*). Im Übrigen kann der Angerufene, wenn er die Belästigung durch Werbung nicht wünscht, das Gespräch jederzeit beenden.   177

c) **Werbung während eines Kundenanrufs.** Nutzt ein Unternehmen Kundenanrufe dazu, die Wartezeit bis zur Entgegennahme des Anrufs durch einen Kundenbetreuer mit Werbung „aufzufüllen" oder sogar zu verlängern, kann dies eine unzumutbare Belästigung iSv § 7 I 1 darstellen, soweit der Kunde in einer vertraglichen Beziehung zum Unternehmen steht und auf eine telefonische Kontaktaufnahme in Vertragsangelegenheiten angewiesen ist. Denn der Kunde kann sich dieser Werbung nicht (zB durch Auflegen des Hörers) entziehen.   178

11. Flankierende Regelungen

a) **Unerlaubte Telefonwerbung gegenüber Verbrauchern als Ordnungswidrigkeit.**   178a
Wer vorsätzlich oder fahrlässig entgegen § 7 I 1 iVm § 7 II Nr 2 gegenüber einem Verbraucher

ohne dessen vorherige ausdrückliche Einwilligung mit einem Telefonanruf wirbt, handelt nach § 20 I ordnungswidrig. Zu Einzelheiten vgl § 20.

178b **b) Rufnummernunterdrückung als Ordnungswidrigkeit.** Die Rufnummernunterdrückung dient dazu, die Identifizierung des Anrufers oder seines Auftraggebers und damit das rechtliche Vorgehen gegen sie zu erschweren. Aus diesem Grund ist die Rufnummernunterdrückung nach Maßgabe des § 102 II und III TKG verboten. Wer vorsätzlich oder fahrlässig die Rufnummernanzeige unterdrückt oder veranlasst, dass diese unterdrückt wird, handelt nach § 149 I Nr 17 a TKG ordnungswidrig und ihm droht nach § 149 II 1 TKG eine Geldbuße bis zu 10 000 €.

IV. Werbung unter Verwendung von automatischen Anrufmaschinen, Faxgeräten oder elektronischer Post (§ 7 II Nr 3 und III)

1. Allgemeines

179 **a) Entstehungsgeschichte.** Im **früheren Recht** beurteilte sich die Zulässigkeit der Telefaxwerbung und der E-Mail-Werbung nach den gleichen Grundsätzen wie die Telefonwerbung (vgl zur Telefaxwerbung BGH GRUR 1996, 208, 209 – *Telefax-Werbung I;* BGH GRUR 2007, 164 Tz 8 – *Telefax-Werbung II;* zur E-Mail-Werbung BGH GRUR 2004, 517, 518 f – *E-Mail-Werbung*). Diese Art der Werbung gegenüber Unternehmern war danach schon bei Vorliegen einer mutmaßlichen Einwilligung zulässig (vgl BGH GRUR 1996, 208 – *Telefax-Werbung I;* BGH GRUR 2007, 164 Tz 8 – *Telefax-Werbung II*). Die **jetzige Regelung** in § 7 II Nr 3 stellt eine Verschärfung gegenüber der früheren Rechtslage insoweit dar, als sie die Zulässigkeit dieser Art von Werbung generell von der vorherigen **ausdrücklichen** Einwilligung des Adressaten abhängig macht.

180 **b) Rechtsnatur der Regelung.** In den Fällen des § 7 II Nr 3 ist, sofern nicht die Ausnahmeregelung des § 7 III eingreift, „stets" eine unzumutbare Belästigung iSv § 7 I 1 anzunehmen. Die betreffende Werbung ist daher **unzulässig**, ohne dass es auf eine Würdigung der Umstände des Einzelfalls, insbes die Spürbarkeit für die betroffenen Marktteilnehmer iSv § 3 I ankäme. (Im Ergebnis war dies schon zum früheren Recht anerkannt (vgl BGH GRUR 2007, 607 Tz 23 – *Telefonwerbung für „Individualverträge";* Köhler GRUR 2005, 1, 7). Der Werbende kann sich daher auch nicht darauf berufen, dass es sich im Einzelfall um ein Versehen oder um einen atypischen Fall gehandelt habe. Auch lässt sich mit dieser Begründung nicht die **Wiederholungsgefahr** iSv § 8 I 1 ausschließen. Es ist dem Werbenden zuzumuten, eine strafbewehrte Unterlassungserklärung abzugeben. Der Einwand des fehlenden Verschuldens kann nur beim Schadensersatz- und beim Vertragsstrafeanspruch eine Rolle spielen.

181 **c) Anwendungsbereich.** § 7 II Nr 3 spricht von **Werbung**. Obwohl die der Vorschrift zugrunde liegende unionsrechtliche Regelung (Rdn 183) sich nur auf die **Absatzwerbung** bezieht (vgl OLG Düsseldorf MMR 2006, 171; zweifelnd *Schulze zur Wiesche* MMR 2008, 664), schließt dies nicht aus, § 7 II Nr 3 auch auf die **Nachfragewerbung** zu erstrecken (Rdn 33; BGH GRUR 2008, 925 Tz 16 – *Faxanfrage im Autohandel;* BGH GRUR 2008, 925 Tz 12–19 – *FC Troschenreuth*). Denn von der belästigenden Wirkung her macht es keinen Unterschied, ob die Mitteilung der Förderung des Absatzes oder des Bezugs des Werbenden dient (**Beispiel:** Gewerbetreibende senden Faxmitteilungen oder E-Mails an Privatleute, um sie zum Verkauf von Grundstücken, Antiquitäten oder Fahrzeugen zu veranlassen).

2. Verhältnis zum Unionsrecht

182 **a) Verhältnis zu Nr 26 Anh I der UGP-Richtlinie.** § 7 II Nr 3 steht nicht in Widerspruch zu Nr 26 des Anh I UGP-Richtlinie, in der ein „hartnäckiges und unerwünschtes" Ansprechen Tatbestandsmerkmal ist (aA *Bernreuther* WRP 2009, 390, 401 ff; *Engels/Brunn* GRUR 2010, 886, 888). Denn nach S 2 dieser Vorschrift gilt diese Regelung unbeschadet des Art 10 der Richtlinie 97/7/EG sowie der Richtlinien 95/46/EG und 2002/58/EG. Der deutsche Gesetzgeber hat den durch diese Richtlinien, speziell durch Art 13 I Richtlinie 2002/58/EG, eröffneten Gestaltungsspielraum genutzt.

183 **b) Verhältnis zur Datenschutzrichtlinie für elektronische Kommunikation.** § 7 II Nr 3 hat seine unionsrechtliche Grundlage in Art 13 I der **Datenschutzrichtlinie für elektronische Kommunikation** 2002/58/EG v 12. 7. 2002 (BGH GRUR 2008, 1010 Tz 28 – *Payback*). Diese Regelung geht weiter als zuvor noch Art 7 der Richtlinie 2000/31/EG über den elektronischen Geschäftsverkehr v 8. 6. 2000 und Art 10 I der Fernabsatz-Richtlinie 97/7/EG v

20. 5. 1997 und ersetzt diese partiell. Sie hat auch in ihrem Anwendungsbereich Vorrang vor Art 10 II der Richtlinie 2002/65/EG über den Fernabsatz von Finanzdienstleistungen an Verbraucher v 23. 9. 2002 (ABl Nr L 271), da automatische Anrufmaschinen, Faxgeräte und elektronische Post keine Fernkommunikationsmittel darstellen, die eine individuelle Kommunikation erlauben (zum Ganzen vgl *Köhler/Lettl* WRP 2003, 1019, 1025 ff; *Leistner/Pohlmann* WRP 2003, 817, 823 ff; *Brömmelmeyer* S 352). – Nach Art 13 I der Richtlinie darf die Verwendung von automatischen Anrufsystemen ohne menschlichen Eingriff (automatische Anrufmaschinen), Faxgeräten oder elektronischer Post nur bei vorheriger Einwilligung der Teilnehmer gestattet werden. Nach Art 13 V 1 dieser Richtlinie gilt dies unmittelbar nur für Teilnehmer, die natürliche Personen sind. Jedoch ordnet Art 13 V 2 der Richtlinie an, dass die Mitgliedstaaten im Rahmen des Unionsrechts und der geltenden einzelstaatlichen Rechtsvorschriften außerdem dafür Sorge tragen, dass die berechtigten Interessen anderer Teilnehmer als natürlicher Personen in Bezug auf unerbetene Nachrichten ausreichend geschützt werden. Der deutsche Gesetzgeber hat von einer danach möglichen Differenzierung beim Schutz vor unerbetenen Nachrichten abgesehen, sondern in unionsrechtlich zulässiger Weise die Regelung auf alle Marktteilnehmer, insbes also auch auf Unternehmer als Werbeadressaten, erstreckt. Der Grund dafür liegt in dem stark belästigenden Charakter solcher Werbemaßnahmen gerade auch im geschäftlichen Bereich (vgl Begr RegE UWG 2004 zu § 7 Abs 2 Nr 3, BT-Drucks 15/1487 S 21).

Da § 7 II Nr 3 in Umsetzung der Datenschutzrichtlinie 2002/58/EG für elektronische Kommunikation geschaffen wurde, ist im Rahmen der gebotenen **richtlinienkonformen Auslegung** deren Schutzzweck zu berücksichtigen. Die Richtlinie unterscheidet nicht zwischen Verbrauchern und Unternehmern, sondern zwischen natürlichen und juristischen Personen. Sie will **natürliche Personen** als Teilnehmer eines elektronischen Kommunikationssystems vor einer Verletzung ihrer **Privatsphäre** durch unerbetene Nachrichten für Zwecke der Direktwerbung schützen. Die darin erwähnten Formen der Direktwerbung können zum einen leicht und preiswert zu versenden sein und zum anderen eine Belastung und/oder einen Kostenaufwand für den Empfänger bedeuten. Darüber hinaus kann ihr Umfang im Einzelfall auch Schwierigkeiten für die elektronischen Kommunikationsnetze und die Endgeräte verursachen. Daher erscheint es gerechtfertigt zu verlangen, die Einwilligung der Empfänger einzuholen, bevor ihnen solche Nachrichten gesandt werden (vgl Erwägungsgrund 40 der Datenschutzrichtlinie für elektronische Kommunikation). – Soweit es den Schutz **juristischer Personen** angeht, will die Richtlinie nicht die Vorkehrungen der Mitgliedstaaten berühren, mit denen die legitimen Interessen juristischer Personen gegen unerbetene Nachrichten geschützt werden sollen (vgl Erwägungsgrund 45 der Datenschutzrichtlinie für elektronische Kommunikation). Es ist also mit der Richtlinie vereinbar, wenn der deutsche Gesetzgeber juristischen Personen den gleichen Schutz gewährt wie natürlichen Personen. Das **Herkunftslandprinzip** ist auf die unaufgefordert zugeschickte elektronische Post nicht anwendbar, wie bereits Art 3 III der Richtlinie über den elektronischen Geschäftsverkehr (iVm dem Anh) klargestellt hat. **184**

3. „Vorherige ausdrückliche Einwilligung"

a) Begriff. Nach § 7 II Nr 3 sind die dort genannten Maßnahmen der Direktwerbung stets als unzumutbare Belästigung anzusehen, wenn nicht die **vorherige ausdrückliche Einwilligung** des Adressaten vorliegt (zum früheren § 7 II Nr 3 vgl *Schmitz/Eckhardt* CR 2006, 533). Damit soll zum Ausdruck gebracht werden, dass eine **konkludente** Einwilligung **nicht** ausreicht (aA *Möller* WRP 2010, 321, 326). Da aber durch diese Vorschrift Art 13 I Datenschutzrichtlinie über die elektronische Kommunikation 2002/58/EG v 12. 7. 2002 umgesetzt wird, ist im Wege der richtlinienkonformen Auslegung die Definition der Einwilligung in Art 2 S 2 lit f dieser Richtlinie heranzuziehen. Diese wiederum verweist auf die Begriffsbestimmung in **Art 2 lit h der Richtlinie 95/46/EG.** Danach bezeichnet der Begriff der „Einwilligung" **jede Willensbekundung, die ohne Zwang, für den konkreten Fall und in Kenntnis der Sachlage erfolgt und mit der die betroffene Person akzeptiert, dass personenbezogene Daten, die sie betreffen, verarbeitet werden** (dazu BGH GRUR 2008, 923 Tz 16, 18 – *Faxanfrage im Autohandel;* BGH GRUR 2008, 1010 Tz 28 f – *Payback;* LG Ulm WRP 2009, 1016; *Buchner* DuD 2010, 39, 43; *Hanloser* CR 2008, 713, 717; *Lettl* WRP 2009, 1315, 1324 ff). Der Begriff der „vorherigen ausdrücklichen Einwilligung" ist daher richtlinienkonform iS dieser unionsrechtlichen Definition auszulegen. Es dürfen sonach mittels des Erfordernisses der „ausdrücklichen" Einwilligung keine strengeren Anforderungen an die Einwilligung aufgestellt werden, als sie die Richtlinie aufstellt. Ergänzend können die Erläuterungen zum Begriff der Einwilligung **185**

im Zusammenhang mit der Telefonwerbung (Rdn 132 ff) herangezogen werden. Eine **mutmaßliche** Einwilligung reicht in den Fällen des § 7 II Nr 3 keinesfalls aus (missverständlich der LS 1 in OLG Bamberg GRUR 2007, 167).

186 **b) Einwilligung „für den konkreten Fall".** An das Vorliegen einer vorherigen ausdrücklichen Einwilligung sind – wie bei der Telefonwerbung (Rdn 148) – strenge Anforderungen zu stellen. Die Einwilligung muss in richtlinienkonformer Auslegung (Rdn 185) **„für den konkreten Fall"** erteilt sein (dazu *Sokolowski* WRP 2008, 888, 893; *Lettl* WRP 2009, 1315, 1326). Damit wird eine **„Generaleinwilligung"** gegenüber jedermann etwa auf Grund der bloßen Angabe der Faxnummer oder der E-Mail-Adresse ausgeschlossen. Das Erfordernis der Einwilligung „für den konkreten Fall" dient dem Schutz des Adressaten, der idR die Einwilligungserklärung nicht selbst formuliert, sondern eine vom Werbenden vorformulierte Erklärung akzeptiert. Aus der Einwilligungserklärung muss daher hervorgehen, auf welchen konkreten Fall sie sich bezieht. Das bedeutet nicht, dass für jede einzelne Werbemaßnahme eine gesonderte Einwilligung vorliegen muss. Vielmehr darf sich ein und dieselbe Erklärung auf eine Vielzahl von Fällen beziehen, sofern sie nur konkret beschrieben oder doch für Außenstehende erkennbar gemeint sind. Entscheidend ist, dass aus der Erklärung hinreichend klar hervorgeht, welche konkreten **Unternehmen** für welche konkreten **Produkte** werben dürfen. Gibt bspw ein privater Immobilieninserent in einer Anzeige seine Faxnummer an, erstreckt sich die darin liegende Einwilligung nicht auf die Telefax-Anfrage eines Immobilienmaklers zur Erteilung eines Immobilienauftrags (GA Nr 1/2000, WRP 2001, 435). Was den Produktbezug angeht, so reichen vom Werbenden vorformulierte allgemeine Umschreibungen, etwa dahin, dass sich die Einwilligung auf „Finanzdienstleistungen aller Art" erstreckt, nicht aus. Andererseits dürfen die Anforderungen auch nicht überspannt werden, weil dies auf eine Bevormundung des Adressaten und eine Einschränkung seiner Privatautonomie hinausliefe. Der erforderliche **Grad der Konkretisierung** bestimmt sich daher auch nach der Schutzbedürftigkeit des Adressaten und nach seinen Interessen. Dabei spielt nicht nur eine Rolle, wer die Einwilligung formuliert hat, sondern auch, ob der Einwilligende Unternehmer oder Verbraucher oder sonstiger Marktteilnehmer ist (s auch Rdn 187). Wenn daher ein **Unternehmer** die Nummer seines Faxanschlusses in allgemein zugänglichen Verzeichnissen bekannt gibt, so erklärt er damit nicht nur sein konkludentes (so BGH GRUR 2008, 923 Tz 17, 18 – *Faxanfrage im Autohandel*), sondern sein ausdrückliches Einverständnis dazu, dass potentielle **Kunden** seinen Telefaxanschluss bestimmungsgemäß nutzen und ihm auf diesem Wege insbes Kaufanfragen im Rahmen seiner üblichen Verkaufstätigkeit übermitteln können (*Köhler* GRUR 2008, 927, 928). Eine solche Einwilligung erfolgt „für den konkreten Fall" und darüber hinaus „freiwillig" und „in Kenntnis der Sachlage" (BGH aaO – *Faxanfrage im Autohandel*). – Einen Anhaltspunkt für den erforderlichen Grad der Konkretisierung geben § 7 III bzw Art 13 II Richtlinie 2002/58/EG („ähnliche Produkte oder Dienstleistungen"; enger *Lettl* WRP 2009, 1315, 1327: § 6 II Nr 1 als Anhaltspunkt). – Eine einmal erteilte Einwilligung kann durch **Zeitablauf** erlöschen. Maßgebend ist der mit der Einwilligung verfolgte Zweck (vgl LG Berlin MMR 2004, 688; LG Stuttgart WRP 2006, 1548 [LS]: 4 Wochen bei Faxwerbung; *Pohle* K&R 2008, 711, 713).

187 **Beispiele:** Gibt ein **Verbraucher** seine Telefaxnummer oder E-Mail-Adresse in öffentlichen Verzeichnissen oder auf Briefköpfen, Visitenkarten und dergleichen an, so ist darin keine Einwilligung gegenüber jedermann in die Zusendung von Werbung zu erblicken. Das Gleiche gilt für **sonstige Marktteilnehmer,** wie zB **Idealvereine** (vgl BGH GRUR 2008, 925 Tz 22 – *FC Troschenreuth*). Gibt ein **Unternehmer** seine Telefaxnummer oder E-Mail-Adresse gegenüber potentiellen Kunden oder in öffentlichen Verzeichnissen oder auf seiner Homepage an, so erklärt er damit sein (sogar ausdrückliches; Rdn 186) Einverständnis dazu, dass potentielle **Kunden** seinen Telefaxanschluss oder seine E-Mail-Adresse bestimmungsgemäß nutzen und ihm auf diesem Wege insbes Kaufanfragen im Rahmen seiner üblichen Verkaufstätigkeit übermitteln (einschränkend BGH GRUR 2008, 923 Tz 17, 18 – *Faxanfrage im Autohandel* und BGH GRUR 2008, 925 Tz 22 – *FC Troschenreuth*: nur konkludente Einwilligung). Dagegen liegt in der Bekanntgabe der Telefaxnummer oder der E-Mail-Adresse in öffentlichen Verzeichnissen oder auf der Homepage keine ausdrückliche Einwilligung in deren Nutzung durch **gewerbliche Anbieter** von Waren oder Dienstleistungen zu Werbezwecken (LG Leipzig WRP 2007, 1018, 1019; LG Ulm WRP 2009, 1016, 1017 ff; aA *Weber* WRP 2010, 462, 465 f). – Lässt sich ein Unternehmer in das Ausstellerverzeichnis einer Messe mit seiner E-Mail-Adresse eintragen, kann dies eine Einwilligung in messebezogene Werbung (zB für Mittel zur Präsentation von Waren per E-Mail) enthalten (LG Mainz WRP 2007, 1019). – Gibt ein Unternehmen nur auf Grund

eines Telefonanrufs seine Faxnummer an, so liegt darin jedenfalls dann keine Einwilligung in eine Faxwerbung, wenn der werbliche Zweck der Anfrage nicht ausdrücklich offengelegt wird (OLG Stuttgart WRP 2007, 854 LS). Im Übrigen kommt es darauf an, ob der Mitarbeiter des Unternehmens, der die Faxnummer mitteilt, überhaupt zur Erteilung der Einwilligung befugt ist. Das ist jedenfalls zu verneinen, wenn die Mitteilung durch einen Mitarbeiter in der Telefonzentrale erfolgt (LG Leipzig WRP 2007, 1018, 1019).

c) Einwilligung „ohne Zwang" und „in Kenntnis der Sachlage". Die Einwilligung muss **„ohne Zwang"** und **„in Kenntnis der Sachlage"** erfolgt sein. Nach Erwägungsgrund 17 S 2 der Richtlinie 2002/58/EG kann die Einwilligung in jeder geeigneten Weise gegeben werden, wodurch der Wunsch des Nutzers in einer spezifischen Angabe zum Ausdruck kommt, die sachkundig und in freier Entscheidung erfolgt. „In Kenntnis der Sachlage" wird eine Einwilligung erteilt, wenn der Betroffene weiß, worauf sich seine Einwilligung bezieht. Hat er auf Grund eines (auch unverschuldeten) Irrtums oder auf Grund einer Täuschung eine falsche Vorstellung, worauf sich seine Einwilligung bezieht, liegt daher keine wirksame Einwilligung vor. „Ohne Zwang" wird die Einwilligung erteilt, wenn auf den Betroffenen kein Druck ausgeübt wird, sondern er frei entscheidet. Eine Ausübung von Druck kann vorliegen, wenn der Werbende eine rechtliche, wirtschaftliche oder soziale Überlegenheit ausnutzt, um den Betroffenen zur Einwilligung zu bestimmen. – Eine Einwilligung kann selbstverständlich nicht aus der widerspruchslosen Hinnahme zuvor übersandter E-Mails abgeleitet werden (LG Braunschweig WRP 2007, 222 [LS]. – Die Einwilligung muss, falls sie im Zusammenhang mit anderen Erklärungen steht, **gesondert** erfolgen, sei es durch zusätzliche Unterschrift oder durch individuelles Markieren eines bestimmten Feldes (**„opt-in"-Erklärung**; BGH GRUR 2008, 1010 Tz 30 – *Payback*). Eine **„opt-out"-Klausel** reicht daher nicht aus. – Etwas anderes gilt für die **Einwilligung in die Erhebung, Verarbeitung und Nutzung personenbezogener Daten:** Nach §§ 4 I, 4 a I 1, 3 BDSG ist die Einwilligung nur wirksam, wenn sie auf der **„freien Entscheidung"** des Betroffenen beruht und **schriftlich** erfolgt (dazu BGH NJW 2010, 864 Tz 21 ff – *Happy Digits*). Das schließt die Verwendung einer **„opt-out"-Klausel** nicht aus (BGH GRUR 2008, 1010 Tz 23 – *Payback;* dazu krit *Buchner* DuD 2010, 39, 42 f). Dem Schutz des Betroffenen wird vielmehr durch das **Hervorhebungserfordernis** in § 4 a I 4 BDSG genügt (BGH NJW 2010, 864 Tz 25 ff – *Happy Digits*). Bei einer Verarbeitung oder Nutzung personenbezogener Daten für Zwecke des Adresshandels oder der Werbung ist das Hervorhebungserfordernis durch § 28 a IIIa 2 BDSG verschärft („drucktechnisch deutliche Gestaltung"; dazu BGH NJW 2010, 864 Tz 33, 34 – *Happy Digits*).

d) Beweislast. Der Werbende muss darlegen und im Streitfall beweisen, dass im Zeitpunkt der Werbung eine ausdrückliche Einwilligung vorlag. Dafür genügt nicht die standardisierte Angabe auf Werbefaxen oder E-Mail-Newslettern, der Adressat habe in die Werbung eingewilligt und er möge sich melden, wenn er keine weiteren Mitteilungen mehr wünsche. Ebenso wenig genügt die Eintragung der E-Mail-Adresse auf der Homepage des Werbenden, da die Eintragung auch durch einen Dritten erfolgt sein kann. Keine Lösung stellt auch das **double-opt-in-**Verfahren (confirmed-opt-in) dar, bei dem der Werbende zunächst eine Bestätigungsmail sendet und den Adressaten auffordert, mittels Link die Einwilligung zu bestätigen bzw einen Widerruf zu erklären. Denn auch diese e-Mail stellt bereits eine Werbung iSd § 7 II Nr 3 dar (*Möller* WRP 2010, 321, 328; aA AG München GRUR-RR 2007, 128; LG Essen GRUR-RR 2009, 353, 354 und 28. A.).

4. Werbung unter Verwendung automatischer Anrufmaschinen

Diese Werbeform ist in Deutschland, soweit ersichtlich, vor allem bei „Gewinnbenachrichtigungen" verbreitet, die die Verbraucher dazu verleiten sollen, teure Mehrwertdienste anzurufen. Spezielle Rechtsfragen dazu sind nicht aufgetreten.

5. Werbung unter Verwendung von Telefaxgeräten

a) Begriff und wirtschaftliche Bedeutung. Telefax-Werbung ist eine elektronisch übermittelte, beim Adressaten originalgetreu ausgedruckte Werbung. Diese Werbemöglichkeit hat den Vorteil, dass mit geringem Kostenaufwand (ggf sogar computergesteuert) rasch und sicher Werbebotschaften an eine Vielzahl von Empfängern übermittelt werden können. Außerdem werden Streuverluste durch Zusendung an von vornherein Uninteressierte vermieden. Die Kosten des Empfangs müssen vom Adressaten getragen werden. Schließlich wird Telefax-Mitteilungen eine größere Aufmerksamkeit zuteil als anderen Werbemitteilungen (vgl *Unger/Sell* GRUR 1993, 24). Im Hinblick auf die große Zahl von Telefax-Anschlüssen und die sinkenden Telekommunikationsgebühren kommt dieser Werbeform große wirtschaftliche Bedeutung zu. Trotz des schon früher bestehenden „Verbots mit Einwilligungsvorbehalt" wird diese Werbemethode weiterhin hartnäckig – insbes durch Anbieter mit Sitz im Ausland oder ohne Adressenangabe – genutzt.

192 **b) Unzumutbare Belästigung.** Bei unerbetener Werbung unter Verwendung eines Telefaxgeräts ist nach § 7 II Nr 3 stets, dh ohne Wertungsmöglichkeit, eine unzumutbare Belästigung iSd § 7 I 1 anzunehmen. Hinter dieser gesetzgeberischen Entscheidung stehen folgende Erwägungen: Die Unzumutbarkeit der Belästigung durch unerbetene Faxwerbung ergibt sich – anders als bei der Telefonwerbung – nicht so sehr aus einer Störung des Empfängers in seiner Beschäftigung oder seiner Ruhe – sondern aus der eigenmächtigen Inanspruchnahme der Ressourcen des Empfängers. Denn die Zusendung solcher Werbung verursacht beim Empfänger Kosten für Papier, Toner, Strom und Wartung. Außerdem wird für die Dauer der Übertragung das Gerät blockiert, dh es können Telefax-Mitteilungen weder abgesandt noch empfangen werden. Hinzu kommt die Belästigung des Empfängers, der die eingehenden Mitteilungen sortieren und sich inhaltlich damit auseinandersetzen muss, zumal dann, wenn der werbliche Charakter nicht sofort und ohne weiteres erkennbar ist. Dies wiegt umso stärker, als Telefax-Mitteilungen im Gegensatz etwa zu Wurfsendungen den Eindruck der Wichtigkeit und Dringlichkeit erwecken. Außerdem kann sich der Empfänger – anders als etwa bei der Briefkastenwerbung – nicht gegen unverlangte Zusendungen wehren. Bei vereinzelten Telefax-Werbesendungen könnte die damit verbundene Beanspruchung und Belästigung des Empfängers möglicherweise noch hingenommen werden. Würde man aber die unerbetene Telefax-Werbung gestatten, so hätte dies angesichts der wirtschaftlichen Vorteile dieses Mediums zur Folge, dass die werbende Wirtschaft – auch aus Wettbewerbsgründen – in immer größerem Maße sich dieser Werbemöglichkeit bedienen würde mit der Folge einer untragbaren Belastung und Belästigung der privaten Anschlussinhaber. Schon nach früherem Recht war daher Telefaxwerbung nur mit Einwilligung des Verbrauchers zulässig (vgl BGH GRUR 1996, 208, 209 – *Telefax-Werbung*).

193 Bei der Telefaxwerbung gegenüber **Unternehmern** (und sonstigen Organisationen) kommt noch der Gesichtspunkt der Störung des Betriebsablaufs beim Empfänger hinzu. Denn das Telefax-Schreiben wird üblicherweise in den Geschäftsgang geleitet, wobei derartigen Schreiben erfahrungsgemäß mehr Beachtung geschenkt wird als der Briefwerbung. Je nach der Organisation des Geschäftsablaufs im Betrieb werden Telefax-Mitteilungen möglicherweise ungelesen an die Geschäftsleitung weitergegeben, die sich idR mit Werbeschreiben nicht befasst. Auch kann es zu unerwünschten Arbeitsunterbrechungen kommen, da – anders als beim Posteingang – Telefax-Mitteilungen jederzeit eintreffen können. Im Hinblick auf das Interesse der Anschlussinhaber, den Anschluss für ihre Geschäftszwecke (Rationalisierung und Beschleunigung des Geschäftsverkehrs und ständige Erreichbarkeit für Mitteilungen) zu nutzen und von unerbetener Nutzung freizuhalten, sowie im Hinblick auf die drohende Dauerbelästigung bei Freigabe der unverlangten Telefaxwerbung, ist es gerechtfertigt, die Telefaxwerbung gegenüber Unternehmen (und sonstigen Marktteilnehmern) nicht anders zu behandeln als die Telefaxwerbung gegenüber Verbrauchern.

194 **c) Einzelfragen.** Die Notwendigkeit der vorherigen ausdrücklichen Einwilligung besteht unabhängig davon, ob Adressat der Werbung ein Verbraucher oder ein Unternehmer ist. Daher kommt es nicht darauf an, ob die Versendung innerhalb oder außerhalb der Geschäftszeiten des Empfängers erfolgt (BGH GRUR 1996, 208, 209 – *Telefax-Werbung I*). Die Einwilligung ist auch nicht deshalb entbehrlich, weil die Telefax-Werbung immer häufiger auf einen PC umgeleitet wird und der Nutzer über einen Ausdruck entscheiden kann (BGH GRUR 2007, 164 Tz 8 – *Telefax-Werbung II* zu § 1 aF). Erst recht kann sich der Werbende dem Erfordernis der Einwilligung nicht durch eine Aufforderung an den Empfänger entziehen, ihm mitzuteilen, dass weitere Werbung unerwünscht sei (LG Frankfurt NJWE-WettbR 1996, 156). – Fehlt eine Einwilligung, so ist eine unzumutbare Belästigung ausnahmsweise dann nicht anzunehmen, wenn die Faxwerbung sich als **berechtigte Geschäftsführung ohne Auftrag** darstellt (dazu Rdn 157 zur vergleichbaren Rechtslage bei der Telefonwerbung).

195 **d) Bürgerlichrechtliche Beurteilung.** Die Zusendung von Telefax-Werbung ohne das vorherige Einverständnis des Adressaten stellt, soweit es sich um Privatpersonen handelt, wegen der damit verbundenen Belästigung einen Eingriff in deren **allgemeines Persönlichkeitsrecht** sowie wegen der unerlaubten Inanspruchnahme der Funktionen des Geräts einen Eingriff in

deren Eigentum bzw Besitz am Gerät dar. Bei Gewerbetreibenden als Adressaten liegt im Hinblick auf die Störung des Betriebsablaufs ein Eingriff in das **Recht am eingerichteten und ausgeübten Gewerbebetrieb** und im Hinblick auf die unerlaubte Inanspruchnahme der Funktion des Geräts ein Eingriff in das Eigentum oder den Besitz am Gerät vor. Daraus können Unterlassungs-, Beseitigungs- und ggf Schadensersatzansprüche (§§ 823 I, 1004 I BGB analog) resultieren (KG NJW-CoR 1998, 111; OLG Bamberg MMR 2006, 481: Anspruch auf Löschung der gespeicherten Daten und auf Sperrung der Mail-Adresse; AG Ludwigshafen MMR 2006, 421: Abmahnkosten als Schaden). Kommt es infolge der elektronischen Werbung zu einem Vertragsschluss, sind die Vorschriften über **Fernabsatzverträge** (§§ 312b ff BGB) zu beachten.
– Entsprechendes gilt für **E-Mail-Werbung** (Rdn 197 ff) und Werbung unter Verwendung **automatischer Anrufmaschinen** (Rdn 190).

6. Werbung mit elektronischer Post (E-Mail-, SMS- und MMS-Werbung)

a) Begriff, Funktionsweise und wirtschaftliche Bedeutung der elektronischen Post. **196**
aa) Begriff. Der Begriff der „**elektronischen Post**" ist in Art 2 S 2 lit h der Datenschutzrichtlinie für elektronische Kommunikation definiert. Diese Definition beansprucht auf Grund des Gebots der richtlinienkonformen Auslegung Geltung auch für § 7 II Nr 3. Danach ist „elektronische Post" jede über ein öffentliches Kommunikationsnetz verschickte Text-, Sprach-, Ton- oder Bildnachricht, die im Netz oder im Endgerät des Empfängers gespeichert werden kann, bis sie von diesem abgerufen wird. Nicht darunter fallen Faxgeräte und automatische Anrufmaschinen, da nicht nur § 7 II Nr 3, sondern auch die Richtlinie in Art 13 I zwischen automatischen Anrufmaschinen, Faxgeräten und elektronischer Post unterscheidet (*Köhler/Lettl* WRP 2003, 1019, 1026). Bekannter als der Begriff der elektronischen Post ist der gleichbedeutende Begriff der **E-Mail** (= Electronic Mail), der im Folgenden ebenfalls verwendet werden soll. Allerdings fällt auch die sog **SMS** (short message service) und die **MMS** (multimedia messaging service) unter den Begriff der elektronischen Post (vgl Erwägungsgrund 40 der Datenschutzrichtlinie über elektronische Kommunikation). Zu sonstigen Formen elektronischer Werbung vgl *Pohle* K&R 2008, 711, 712 f.

bb) Funktionsweise. Der elektronische Datenaustausch findet über einen Diensteanbieter **197** (Provider) statt. Die Teilnehmer benötigen einen mit individueller Adresse ausgestatteten elektronischen Briefkasten (Mailbox), der ihnen von einem Diensteanbieter zur Verfügung gestellt wird. Dieser Diensteanbieter unterhält einen ständig erreichbaren Mail-Server. Der Absender einer Botschaft übermittelt sie elektronisch an seinen Anbieter. Dieser leitet sie an den Anbieter des Adressaten weiter. Bei ihm wird die Botschaft gespeichert. Der Adressat kann die ihm zugeordnete Mailbox unter Verwendung eines Geheimcodes abfragen und die eingegangenen, zunächst nur mit Absender und Betreff gekennzeichneten Mitteilungen entweder löschen oder auf seinen Rechner übertragen.

cc) Wirtschaftliche Bedeutung. Die E-Mail eignet sich auch für die massenhafte Versen- **198** dung von Botschaften und damit in bes Weise für die Werbung. E-Mail-Werbung ist im Vergleich zu anderen Werbemitteln billiger, schneller, arbeitssparender und gezielter einsetzbar. Überdies kann die Werbebotschaft unter Einsatz von Schrift, (bewegten) Bildern und Ton erfolgen. Dies macht dieses Medium für die werbende Wirtschaft interessant (vgl *Leupold* WRP 1998, 270 mwN). Allerdings stellt mittlerweile die Versendung von Werbe-E-Mails ohne Einwilligung der Empfänger (**„Spamming"**) eine regelrechte Landplage dar. – Der E-Mail-Werbung über das Internet steht der Versand von **SMS** und **MMS** gleich (vgl Erwägungsgrund 40 der Datenschutzrichtlinie über elektronische Kommunikation), zumal sie ua wegen der begrenzten Speicherungsfähigkeit der Mobiltelefone für SMS und MMS noch stärker in die private oder geschäftliche Sphäre des Adressaten eingreift (ebenso LG Berlin MMR 2003, 419).

b) Bürgerlichrechtliche Beurteilung. Unverlangte E-Mail-Werbung kann wegen der da- **199** mit verbundenen Belästigung des privaten Anschlussinhabers einen Eingriff in dessen „allgemeines Persönlichkeitsrecht" mit der Folge eines Unterlassungs- und ggf Schadensersatzanspruchs nach §§ 823 I, 1004 BGB analog darstellen (LG Berlin NJWE-WettbR 2000, 91; *Leistner/Pohlmann* WRP 2003, 815, 817; *Brömmelmeyer* S 367 ff). Bei unverlangter E-Mail-Werbung gegenüber Gewerbetreibenden kommt eine entspr Haftung unter dem Gesichtspunkt des rechtswidrigen Eingriffs in das Recht am Unternehmen in Betracht (BGH GRUR 2009, 980 Tz 11 – *E-Mail-Werbung II;* LG Essen GRUR-RR 2009, 353; *Lettl* GRUR 2000, 977, 982; *Leistner/Pohlmann* WRP 2003, 815, 817). Dafür reicht bereits eine einmalige unverlangte Zusendung aus.

Denn der Zeit- und Kostenaufwand für das Aussortieren einer einzigen Werbe-E-Mail mag zwar geringfügig sein, zumal wenn der Werbecharakter bereits aus dem Betreff erkennbar ist. Jedoch ist mit dem Umsichgreifen dieser Werbeart zu rechnen, wenn die Zusendung im Einzelfall zulässig ist (BGH aaO – *E-Mail-Werbung II*). – Kommt es im Rahmen der Kommunikation mittels elektronischer Post zu einem Vertragsschluss mit einem Verbraucher, gelten dafür die §§ 312b ff BGB.

200 c) **Wettbewerbsrechtliche Regelung.** Die ohne **vorherige ausdrückliche Einwilligung** des Adressaten (dazu Rdn 185 ff) abgeschickte E-Mail-Werbung stellt nach der gesetzlichen Regelung in § 7 II Nr 3 stets eine unzumutbare und damit unzulässige Belästigung dar. Dies war iErg auch schon zum früheren Recht anerkannt (BGH GRUR 2004, 517, 518 – *E-Mail-Werbung*), wenngleich nach § 7 II Nr 3 aF noch keine ausdrückliche Einwilligung erforderlich war, sondern eine konkludente Einwilligung ausreichte (BGH GRUR 2008, 925 Tz 21 – *FC Troschenreuth*). Die Unzumutbarkeit der Belästigung folgt zum einen aus dem Kostenaufwand (Telefonkosten plus ggf Nutzungsgebühren) und zum anderen aus dem Aufwand an Mühe und Zeit für die Wahrnehmung und Aussonderung unerbetener E-Mails. Zwar werden die E-Mails zunächst nur mit dem Absender und dem Betreff angezeigt, so dass es der Empfänger in der Hand hat, ob er die eingegangenen Mitteilungen löschen oder auf seinen Rechner laden und lesen will. Letzteres bleibt ihm aber dann nicht erspart, wenn er nicht weiß, mit welcher Art von Mitteilung er es zu tun hat. Dieser Aufwand wäre wohl noch als zumutbare Belästigung hinzunehmen, wenn E-Mail-Werbung nur vereinzelt versandt würde. Auf Grund der Eigenart dieses Werbemittels, mit geringem finanziellem Aufwand eine Vielzahl von Adressaten zu erreichen, ist aber zu befürchten, dass es bei Gestattung der unverlangten Zusendung von E-Mails zu Werbezwecken zu einer Überflutung der Anschlussinhaber mit Werbebotschaften kommt. (Eine „Verstopfung" des „elektronischen Briefkastens" ist dagegen bei zunehmenden Speicherkapazitäten nur ausnahmsweise zu befürchten.) Der Nutzen eines E-Mail-Anschlusses, nämlich Mitteilungen rasch und preiswert empfangen zu können, würde dadurch in Frage gestellt. Der Empfänger wäre gezwungen, aus der Vielzahl der eingegangenen Sendungen die für ihn wichtigen und erwünschten mit entsprechendem Zeit- und Arbeitsaufwand auszusondern. Auch sog Filterprogramme (Twit-Filter), die Werbung herausfiltern sollen (dazu *Leupold* WRP 1998, 270, 272), helfen nur begrenzt, da sie umgangen werden können, andererseits aber die Gefahr besteht, dass auch wichtige Post herausgefiltert wird. Abgesehen davon ist es dem Adressaten nicht zumutbar, auf eigene Kosten und Mühen ein solches Filterprogramm zu installieren. – Eine unzumutbare Belästigung ist auch dann noch gegeben, wenn die Empfänger Absender und Betreffzeile einer elektronischen Post sehen und diese Post löschen können, ohne die gesamte Post und deren Anlagen herunterladen zu müssen. Zwar verringert sich dadurch der Zeit- und Kostenaufwand des Empfängers. Dies ändert jedoch an der lauterkeitsrechtlichen Beurteilung nichts, da die der gesetzlichen Regelung zu Grunde liegende Richtlinie in diesem Punkt eindeutig ist (vgl Erwägungsgrund 44 der Datenschutzrichtlinie für elektronische Kommunikation). Eine unzumutbare Belästigung ist daher selbst dann noch zu bejahen, wenn die Werbebotschaft im „Betreff" von vornherein klar und unzweideutig als Werbung gekennzeichnet ist und der Empfänger sie auf Grund dieser Beschreibung ohne Weiteres löschen kann, ohne sie erst lesen zu müssen. Denn auch Aufbau und Anzeige der E-Mail sowie das Lesen des Betreffs kosten Zeit und Geld (ebenso Fezer/*Mankowski* § 7 Rdn 96). – Eine (nicht einmal konkludente) Einwilligung in Werbe-Mails liegt vor, wenn ein Verbraucher oder ein Idealverein auf seiner Website eine E-Mail-Adresse angibt (BGH GRUR 2008, 925 Tz 21 ff – *FC Troschenreuth*). Gibt dagegen ein Unternehmen auf seiner Website seine E-Mail-Adresse an, so kann darin nicht nur seine konkludente (so BGH GRUR 2008, 925 Tz 22 – *FC Troschenreuth*), sondern sogar seine ausdrückliche Einwilligung in Anfragen potentieller **Kunden** zu dem üblichen Waren- oder Dienstleistungsangebot unter dieser E-Mail-Adresse liegen (aA *Schirmbacher* K&R 2009, 433, 438: nicht hinreichend konkret).

201 d) **Werbung als Bestandteil privater E-Mails.** Vielfach setzt der Werbende die Versender privater E-Mails (oder SMS) ein, um Werbung an möglichst viele Verbraucher zu übermitteln (**Virales Marketing** in der Form der „**tell-a-friend**"-**Werbung**). Es handelt sich um eine Erscheinungsform der Laienwerbung. Für die wettbewerbsrechtliche Beurteilung nach § 7 II Nr 3 und ggf nach § 7 II Nr 4 ist dies grds unerheblich (OLG Nürnberg GRUR-RR 2006, 26, 27; LG Berlin MMR 2003, 419). Insbes kommt es nicht darauf an, dass die Belästigung durch die beigefügte Werbung nur geringfügig ist. Entscheidend ist, dass der Empfänger in diese Art Werbung nicht eingewilligt hat und sich, falls er überhaupt vor Öffnen der E-Mail von dieser Art

Werbung weiß, praktisch nicht zur Wehr setzen kann. Das gilt auch für die Werbung mittels **E-Cards**, dh E-Mails, die mit einem Link versehen sind, unter dem eine persönliche Nachricht (zB Geburtstagsglückwünsche) innerhalb eines mit Werbung versehenen Web-Formulars abgerufen werden kann (KG MMR 2004, 616; OLG München MMR 2004, 324; aA *Sokolowski* WRP 2008, 888, 895 mwN). Das gilt ferner für die Werbung, die der Inhaber eines kostenlosen, weil durch Werbung finanzierten E-Mail-Accounts mit seinen E-Mails gewissermaßen zwangsläufig mitverschickt (dazu *Sokolowski* WRP 2008, 888, 895 f). Allenfalls ist daran zu denken, in solchen Fällen gegen Abwehransprüche den Einwand der Unverhältnismäßigkeit (§ 242 BGB) zuzulassen. Das steht im Einklang mit der UGP-Richtlinie, da nach deren Erwägungsgrund 22 S 2 die Sanktionen „wirksam, verhältnismäßig und abschreckend" sein müssen.

7. Die Ausnahmeregelung in § 7 III für elektronische Post

a) Rechtsnatur und Normzweck. In § 7 III wird eine **Ausnahme** vom Erfordernis der Einwilligung des Adressaten in die Zusendung elektronischer Post (§ 7 II Nr 3) gemacht. Im Rahmen bestehender Kundenbeziehungen soll es dem Händler möglich sein, für den Absatz ähnlicher Waren und Dienstleistungen per E-Mail zu werben, ohne die Einwilligung des Kunden eingeholt zu haben, jedoch nur so lange, bis dieser die weitere Nutzung untersagt (**opt-out-Modell**). Die Regelung soll den elektronischen Handel fördern. Die mit der Erleichterung der elektronischen Direktwerbung verbundene Beeinträchtigung der Privatsphäre der Verbraucher erscheint unter Berücksichtigung der wohlverstandenen Verbraucherinteressen hinnehmbar. Denn es ist davon auszugehen, dass der Durchschnittskunde die Werbung eines Unternehmens für ähnliche Produkte und Dienstleistungen wie die bereits gekauften idR nicht als Belästigung empfindet, sondern als nützliche Information auffasst. Inhaltlich entspricht die Regelung weitgehend dem **Art 13 II der Datenschutzrichtlinie für elektronische Kommunikation** und ist richtlinienkonform auszulegen (vgl dazu Erwägungsgrund 41 der Datenschutzrichtlinie für elektronische Kommunikation). Zum Schutze des Kunden vor unerbetener Werbung ist die Ausnahmeregelung **eng** auszulegen. 202

b) Tatbestand. aa) Überblick. Nach § 7 III ist eine Einwilligung für die Direktwerbung eines Unternehmers mit elektronischer Post dann nicht erforderlich, wenn er **(1)** die elektronische Postadresse (das ist die E-Mail-Adresse; nicht dagegen die Telefonnummer, auch nicht hins SMS; aA *Pohle* K&R 2008, 711, 713) eines Kunden im Zusammenhang mit dem Verkauf einer Ware oder Dienstleistung erhalten hat, **(2)** er diese Adresse zur Direktwerbung für eigene ähnliche Waren oder Dienstleistungen verwendet, **(3)** der Kunde der Verwendung nicht widersprochen hat und **(4)** der Kunde bei Erhebung der Adresse und bei jeder Verwendung klar und deutlich darauf hingewiesen wird, dass er der Verwendung jederzeit widersprechen kann, ohne dass hierfür andere als die Übermittlungskosten nach den Basistarifen entstehen. 203

bb) Erlangung der Adresse. Der Werbende muss die elektronische Postadresse „im Zusammenhang mit dem Verkauf einer Ware oder Dienstleistung" erhalten haben. Dies setzt zunächst voraus, dass der Werbende die Adresse vom Kunden selbst, sei es auf Anfrage („bei Erhebung der Adresse"), sei es unmittelbar, etwa auf Grund einer Bestellung per E-Mail oder SMS, erhalten hat. Es genügt also nicht, dass der Werbende sich die Adresse anderweit (zB durch kooperierende Händler; Adressenhändler; Adressbücher) beschafft hat. Ferner muss ein (sachlicher und zeitlicher) „Zusammenhang mit dem Verkauf einer Ware oder Dienstleistung" gegeben sein. Ein sachlicher Zusammenhang ist ohne Weiteres gegeben, wenn der Kunde per E-Mail oder SMS eine Bestellung aufgegeben hat. Es muss jedoch zu einem Verkauf, dh zu einem Vertragsschluss, gekommen sein. Es reicht daher nicht aus, dass der Kunde zwar Informationen über das Angebot des Werbenden eingeholt, aber dann doch nichts bestellt hat (*Köhler/Lettl* WRP 2003, 1019, 1027 Tz 30; jurisPK/*Koch* § 7 Rdn 294; *Fezer/Mankowski* § 7 Rdn 124; *Splitgerber/Zscherpe/Goldmann* WRP 2006, 178, 181; aA *Harte/Henning/Ubber* § 7 Rdn 221; *Leistner/Pohlmann* WRP 2003, 817, 822; *Ohlenburg* MMR 2003, 83, 84; *Brömmelmeyer* S 359: Vertragsverhandlungen ausreichend). Ein sachlicher Zusammenhang mit dem Verkauf ist ferner dann gegeben, wenn der Werbende die elektronische Adresse im Zuge der Vertragsdurchführung (zB Schadensabwicklung durch eine Versicherung) oder zur Erfüllung einer nachvertraglichen Verpflichtung (zB Rückrufaktion bei erkanntem Sicherheitsmangel bei PKW) erhalten und der Kunde der Verwendung für Zwecke der Direktwerbung nicht widersprochen hat. Etwas anderes hat dann zu gelten, wenn der Werbende die elektronische Adresse lediglich im Zusammenhang mit der Auflösung des (einzigen) geschlossenen Vertrages durch den Kunden erhalten hat, der Kunde also zB mittels elektronischer Post widerrufen, gekündigt oder angefochten hat oder 204 zurückgetreten ist. Denn dann fehlt es an einer „bestehenden" Kundenbeziehung. – Als „Verkauf" iSd § 7 III ist selbstverständlich nicht nur der Kaufvertrag im bürgerlichrechtlichen Sinne (§ 433 BGB), sondern jeder Austauschvertrag (also zB auch Werkvertrag, Geschäftsbesorgungsvertrag, Mietvertrag usw) anzusehen. – Am erforderlichen zeitlichen Zusammenhang fehlt es, wenn der Kauf bereits längere Zeit zurückliegt. Eine feste Zeitgrenze lässt sich nicht angeben, da es auf die Umstände des Einzelfalls ankommt (aA *Splittgerber/Zscherpe/Goldmann* WRP 2006, 178, 181). Zwei Jahre sind jedenfalls zu lange (LG Berlin CR 2004, 941). – Ist die elektronische Adresse nicht korrekt erlangt worden, so greift die Ausnahmeregelung des § 7 III nicht ein. Die Nutzung der Adresse zur Werbung stellt dann eine unzumutbare Belästigung iSd § 7 II Nr 3 dar. – Die **Beweislast** für die Erlangung der elektronischen Adresse vom Kunden trägt der Werbende. Dazu reicht es nicht aus, wenn der Werbende auf einen entsprechenden Eintrag der elektronischen Adresse auf seiner Homepage hinweist, ist es doch jedermann möglich, beliebige Adressen einzugeben (KG CR 2003, 291, 292 f; jurisPK/*Koch* § 7 Rdn 287).

205   **cc) Verwendung zur Direktwerbung für eigene ähnliche Waren oder Dienstleistungen.** Der Unternehmer darf die elektronische Postadresse des Kunden nur „zur Direktwerbung für eigene ähnliche Waren oder Dienstleistungen" verwenden. Er darf die Adresse also weder an andere Unternehmen weitergeben noch zur Werbung für Waren- oder Dienstleistungsangebote anderer Unternehmen benutzen. Dies gilt auch für solche Unternehmen, die mit dem werbenden Unternehmen konzernmäßig verbunden sind. Ferner ist nur eine Werbung für **„ähnliche"** Waren oder Dienstleistungen gestattet. Die Ähnlichkeit muss im Hinblick auf die bereits gekauften Waren oder Dienstleistungen gegeben sein. Die beworbene Ware oder Dienstleistung muss also dem **gleichen erkennbaren** oder doch **typischen Verwendungszweck** oder **Bedarf** des Kunden entsprechen (*Köhler/Lettl* WRP 2003, 1019, 1028 Tz 35). **Beispiel:** Wer per E-Mail französischen Rotwein bestellt hat, dem darf künftig auch Werbung für chilenischen Rotwein übersandt werden. Wer einen Hotelaufenthalt in Kärnten per E-Mail gebucht hat, dem darf auch eine Werbung für einen Hotelaufenthalt in Sizilien geschickt werden. Vom Normzweck her erscheint es darüber hinaus vertretbar, Werbung sogar für funktionell zusammengehörige Waren, wie **Zubehör** und **Ergänzung**, zuzulassen (*Köhler/Lettl* WRP 2003, 1019, 1028; Fezer/*Mankowski* § 7 Rdn 138; *Brömmelmeyer* GRUR 2006, 285, 289; aA *Leistner/Pohlmann* WRP 2003, 817, 822; Harte/Henning/*Ubber* § 7 Rdn 225: Austauschbarkeit der Waren erforderlich). **Beispiel:** Wer per E-Mail ein Jagdgewehr bestellt hat, dem darf auch per E-Mail Werbung für ein Zielfernrohr oder für Munition geschickt werden. Dagegen ginge es zu weit, auch Werbung für Jagdbekleidung zuzulassen. – Erfüllt eine Werbung diese Voraussetzungen nicht, so greift die Ausnahmeregelung des § 7 III nicht ein. Die Werbung stellt dann eine unzumutbare Belästigung iSd § 7 II Nr 3 dar.

206   **dd) Widerspruch als Ausschlussgrund.** Die elektronische Werbung ist nicht gestattet, wenn der Kunde ihr widersprochen hat. Ist dies der Fall, greift die Regelung des § 7 II Nr 3 ein, dh die Werbung stellt eine unzumutbare Belästigung und unter den weiteren Voraussetzungen des § 3 (dazu Rdn 2) einen Wettbewerbsverstoß dar. Der Widerspruch stellt keine Willenserklärung, sondern ebenso wie die Einwilligung eine **geschäftsähnliche Handlung** dar. Er kann mit jedem Kommunikationsmittel, nicht nur per E-Mail, erklärt werden. Er muss aber dem Unternehmer **zugehen** (§ 130 BGB analog), um wirksam zu werden, so dass bspw eine Eintragung in eine Robinson-Liste nicht ausreicht.

207   **ee) Information über die Möglichkeit des Widerspruchs.** Die elektronische Werbung ist außerdem nur zulässig, **„wenn der Kunde bei Erhebung der Adresse und bei jeder Verwendung klar und deutlich darauf hingewiesen wird, dass er der Verwendung jederzeit widersprechen kann, ohne dass hierfür andere als die Übermittlungskosten nach den Basistarifen entstehen".** Dem Kunden muss es also ermöglicht werden, seinen Widerspruch dem Unternehmer zu übersenden. Zu diesem Zweck muss der Unternehmer dem Kunden eine entspr Kontaktadresse benennen (Postadresse, Telefon- oder Faxnummer; E-Mail-Adresse), wie sich auch aus § 7 II Nr 4 ergibt. – Ferner muss die entspr Information „klar und deutlich" erfolgen, sie darf also nicht an versteckter Stelle stehen und sie muss inhaltlich verständlich und hinreichend bestimmt sein. **Beispiel:** „Falls Sie keine weitere Werbung wünschen, teilen Sie uns dies bitte per E-Mail an folgende Adresse mit: ...". Darüber hinaus muss die Information nicht nur „bei Erhebung der Adresse", sondern „bei jeder Verwendung" erfolgen. – Schließlich dürfen für die Übermittlung keine höheren Kosten als nach den Basistarifen entstehen, insbes darf also nicht für die telefonische Übermittlung des Widerspruchs eine kostenpflichtige Rufnummer angegeben werden. Ebenso wenig darf eine „Gebühr" für die Einstellung der Werbung berechnet werden. – Kommt der Unternehmer diesen Pflichten nicht nach, so greift die Ausnahme-

regelung des § 7 III nicht ein und die elektronische Werbung stellt eine unzumutbare Belästigung iSd § 7 II Nr 3 dar.

V. Anonyme elektronische Werbung (§ 7 II Nr 4)

1. Überblick

Nach § 7 II Nr 4 ist eine unzumutbare Belästigung anzunehmen „bei einer Werbung mit Nachrichten, bei der die Identität des Absenders, in dessen Auftrag die Nachricht übermittelt wird, verschleiert oder verheimlicht wird oder bei der keine gültige Adresse vorhanden ist, an die der Empfänger eine Aufforderung zur Einstellung solcher Nachrichten richten kann, ohne dass hierfür andere als die Übermittlungskosten nach den Basistarifen entstehen". Die Regelung soll es dem Werbeadressaten ermöglichen, gegen unerbetene Werbung vorzugehen, insbes auch eine Einwilligung zu widerrufen, und etwaige Ansprüche gegen den Werbenden durchzusetzen. Sie entspricht weitgehend dem (bisherigen) **Art 13 IV** der **Datenschutzrichtlinie über elektronische Kommunikation** und ist richtlinienkonform auszulegen. Die Regelung des § 7 II Nr 4 ist unabhängig davon anwendbar, ob eine Einwilligung in die Werbung mit Nachrichten iSv § 2 I Nr 4 vorliegt oder nicht. Es können also die Tatbestände des § 7 II Nr 2, 3 und 4 nebeneinander erfüllt sein. – Unabhängig von § 7 verbietet es § 6 II TMG Unternehmen, die per E-Mail werben, in der Kopf- und Betreffzeile den Absender und den kommerziellen Charakter der Nachricht zu verheimlichen oder zu verschleiern (dazu *Kitz* DB 2007, 385). – Nach dem (durch die Richtlinie2009/136/EG v 25. 11. 2009) **neu gefassten** Art 13 IV Datenschutzrichtlinie für elektronische Kommunikation ist „die Praxis des Versendens elektronischer Nachrichten zu Zwecken der Direktwerbung, ... bei der gegen Artikel 6 der Richtlinie 2000/31/EG verstoßen wird", auf jeden Fall verboten. Es handelt sich insoweit um ein per-se-Verbot, das nach Art 3 IV UGP-Richtlinie der UGP-Richtlinie vorgeht. Das bedeutet, dass eine E-Mail-Werbung, die nicht den Anforderungen des Art 6 lit c der Richtlinie 2000/31/EG entspricht, stets unzulässig ist. Diese Regelung ist allerdings erst bis zum 25. 5. 2011 umzusetzen (Art 4 I Richtlinie 2009/136/EG).

2. Tatbestand

a) **Werbung mit Nachrichten.** Es muss eine „Werbung mit Nachrichten" vorliegen. Der Begriff der „**Nachrichten**" ist in § 2 I Nr 4 (inhaltsgleich mit Art 2 S 2 lit d der Datenschutzrichtlinie für elektronische Kommunikation) definiert. Darunter fallen Mitteilungen unter Nutzung elektronischer Kommunikationsmedien, wie Telefonanrufe, SMS- und Faxmitteilungen und E-Mail-Nachrichten.

b) **Verschleierung oder Verheimlichung der Identität des Werbenden.** Die Werbung darf die Identität des Werbenden nicht verschleiern oder verheimlichen. Dadurch soll insbes die Durchsetzung etwaiger Ansprüche gegen den Werbenden erleichtert werden (vgl Begr RegE zu § 7 II Nr 4 UWG 2004, BT-Drucks 15/1487 S 21). Ein Verschleiern liegt vor, wenn zwar ein Name angegeben wird, dahinter aber keine oder eine andere Person steht als der Werbende (Schein- oder Tarnadressen). Ein Verheimlichen liegt vor, wenn überhaupt kein Name angegeben wird oder nur eine Adressangabe, aus der die Identität des Werbenden nicht hervorgeht (zB bloße Angabe einer Postfach- oder Faxnummer oder einer E-Mail-Adresse). – Im Bürgerlichen Recht sind vergleichbare Informationspflichten angeordnet (vgl § 312c I BGB).

c) **Fehlen einer gültigen Adresse.** Es muss außerdem bei der Werbung eine gültige Adresse vorhanden sein, an die der Empfänger eine Aufforderung zur Einstellung solcher Nachrichten richten kann. Der Empfänger soll nämlich jederzeit die Möglichkeit haben, die Einstellung der Nachrichten zu verlangen, und zwar auch dann, wenn er zuvor – wie in den Fallgruppen Nummer 2 und 3 vorausgesetzt – seine Einwilligung erklärt hat (vgl Begr RegE zu § 7 II Nr 4, BT-Drucks 15/1487 S 21). Bei der „gültigen Adresse" kann es sich um eine Postadresse, eine Telefon- oder Faxnummer oder eine E-Mail-Adresse handeln. Nicht erforderlich ist die Angabe einer ladungsfähigen oder einer inländischen Anschrift Für die Mitteilung dürfen dem Empfänger keine anderen als die Übermittlungskosten nach den Basistarifen entstehen. Diese Voraussetzung ist zB dann nicht erfüllt, wenn eine Mehrwertdiensterufnummer angerufen werden muss (vgl Begr RegE zu § 7 II Nr 4 UWG 2004, BT-Drucks 15/1487 S 21). Außerdem darf dem Empfänger keine „Gebühr" für die Einstellung der Werbung abverlangt werden (vgl Art 13 III Datenschutzrichtlinie für elektronische Kommunikation: „gebührenfrei"). Dagegen braucht der Werbende nicht die Kosten des Widerspruchs zu übernehmen.

Kapitel 2. Rechtsfolgen

Beseitigung und Unterlassung

8 (1) ¹Wer eine nach § 3 oder § 7 unzulässige geschäftliche Handlung vornimmt, kann auf Beseitigung und bei Wiederholungsgefahr auf Unterlassung in Anspruch genommen werden. ²Der Anspruch auf Unterlassung besteht bereits dann, wenn eine derartige Zuwiderhandlung gegen § 3 oder § 7 droht.

(2) Werden die Zuwiderhandlungen in einem Unternehmen von einem Mitarbeiter oder Beauftragten begangen, so sind der Unterlassungsanspruch und der Beseitigungsanspruch auch gegen den Inhaber des Unternehmens begründet.

(3) Die Ansprüche aus Absatz 1 stehen zu:
1. jedem Mitbewerber;
2. rechtsfähigen Verbänden zur Förderung gewerblicher oder selbständiger beruflicher Interessen, soweit ihnen eine erhebliche Zahl von Unternehmern angehört, die Waren oder Dienstleistungen gleicher oder verwandter Art auf demselben Markt vertreiben, soweit sie insbesondere nach ihrer personellen, sachlichen und finanziellen Ausstattung imstande sind, ihre satzungsmäßigen Aufgaben der Verfolgung gewerblicher oder selbständiger beruflicher Interessen tatsächlich wahrzunehmen und soweit die Zuwiderhandlung die Interessen ihrer Mitglieder berührt;
3. qualifizierten Einrichtungen, die nachweisen, dass sie in die Liste qualifizierter Einrichtungen nach § 4 des Unterlassungsklagengesetzes oder in dem Verzeichnis der Kommission der Europäischen Gemeinschaften nach Artikel 4 der Richtlinie 98/27/EG des Europäischen Parlaments und des Rates vom 19. Mai 1998 über Unterlassungsklagen zum Schutz der Verbraucherinteressen (ABl. EG Nr. L 166 S. 51) eingetragen sind;
4. den Industrie- und Handelskammern oder den Handwerkskammern.

(4) Die Geltendmachung der in Absatz 1 bezeichneten Ansprüche ist unzulässig, wenn sie unter Berücksichtigung der gesamten Umstände missbräuchlich ist, insbesondere wenn sie vorwiegend dazu dient, gegen den Zuwiderhandelnden einen Anspruch auf Ersatz von Aufwendungen oder Kosten der Rechtsverfolgung entstehen zu lassen.

(5) ¹§ 13 des Unterlassungsklagengesetzes ist entsprechend anzuwenden; in § 13 Absatz 1 und 3 Satz 2 des Unterlassungsklagengesetzes treten an die Stelle des Anspruchs gemäß § 1 oder § 2 des Unterlassungsklagengesetzes die Unterlassungsansprüche nach dieser Vorschrift. ²Im Übrigen findet das Unterlassungsklagengesetz keine Anwendung, es sei denn, es liegt ein Fall des § 4 a des Unterlassungsklagengesetzes vor.

Gesamtübersicht[1]

	Rdn
1. Kapitel. Wettbewerbsrechtliche Abwehransprüche (§ 8 I)	
A. Grundzüge	1.1–1.6
I. Wettbewerbsrechtliche Abwehransprüche	1.1–1.4
II. Bürgerlichrechtlicher Abwehranspruch	1.5, 1.6
B. Unterlassungsanspruch	1.7–1.68
I. Überblick	1.7–1.14
II. Vorbeugender Unterlassungsanspruch	1.15–1.29
III. Verletzungsunterlassungsanspruch	1.30–1.51
IV. Umfang des Unterlassungsanspruchs	1.52–1.68
C. Beseitigung und Widerruf	1.69–1.109
I. Beseitigungsanspruch	1.69–1.94
II. Widerrufsanspruch	1.95–1.109
D. Verfahrensbezogene Äußerungen	1.110–1.117
I. Grundsätze	1.110–1.112
II. Privilegierte Äußerungen	1.113–1.116
III. Schadensersatzanspruch	1.117

---

[1] Detaillierte Übersichten finden sich zu Beginn der jeweiligen Kapitel.

Rdn

2. Kapitel. Die Schuldner der Abwehransprüche

1. Abschnitt. Allgemeine Grundsätze 2.1–2.31
    I. Überblick 2.1
    II. Die Haftung des Zuwiderhandelnden (Verletzers) 2.2–2.10
    III. Haftung auch des Störers? 2.11–2.18
    IV. Haftung für fremdes Verhalten 2.19–2.24
    V. Verantwortlichkeit von Telemedienanbietern 2.25–2.29
    VI. Mehrheit von Schuldnern 2.30
    VII. Verantwortlichkeit bei Unternehmensnachfolge, Insolvenz und Arbeitsplatzwechsel 2.31

2. Abschnitt. Die Haftung des Unternehmensinhabers für Mitarbeiter und Beauftragte (§ 8 II) 2.32–2.56
    I. Rechtsnatur, Normzweck und Auslegung 2.32–2.34
    II. Anwendungsbereich 2.35–2.37
    III. Zurechnungsvoraussetzungen 2.38–2.51
    IV. Rechtsfolgen 2.52–2.56

3. Kapitel. Die Gläubiger der Abwehransprüche

    I. Allgemeines 3.1–3.25
    II. Anspruchsberechtigung der Mitbewerber (§ 8 III Nr 1) 3.26–3.29
    III. Rechtsfähige Verbände zur Förderung gewerblicher Interessen (§ 8 III Nr 2) 3.30–3.51
    IV. Qualifizierte Einrichtungen zum Schutz von Verbraucherinteressen (§ 8 III Nr 3) 3.52–3.63
    V. Industrie- und Handelskammern und Handwerkskammern (§ 8 III Nr 4) ... 3.64
    VI. Beweislast 3.65, 3.66

4. Kapitel. Missbräuchliche Geltendmachung von Abwehransprüchen

    I. Allgemeines 4.1–4.9
    II. Missbrauch 4.10–4.23
    III. Adressatenkreis 4.24
    IV. Beweislast 4.25

5. Kapitel. Auskunftsanspruch

    I. Allgemeines 5.1
    II. Auskunftsberechtigte 5.2
    III. Auskunftsverpflichtete 5.3
    IV. Inhalt, Voraussetzungen und Umfang der Auskunftserteilung 5.4
    V. Kosten der Auskunft 5.5
    VI. Durchsetzung des Auskunftsanspruchs 5.6

1. Kapitel. Wettbewerbsrechtliche Abwehransprüche (§ 8 I)

Übersicht

	Rdn
A. Grundzüge	1.1–1.6
I. Wettbewerbsrechtliche Abwehransprüche	1.1–1.4
1. Neuregelung im UWG 2004	1.1
2. Terminologie	1.2
3. Bedeutung	1.3
4. Verfolgung	1.4
II. Bürgerlichrechtlicher Abwehranspruch	1.5, 1.6
B. Unterlassungsanspruch	1.7–1.68
I. Überblick	1.7–1.14
1. Wesen	1.7–1.8 a
a) Abwehr künftiger Beeinträchtigungen	1.7
b) Rechtsnatur	1.8
c) Unterlassungsanspruch und Gesetzesänderung	1.8 a
2. Begehungsgefahr	1.9–1.14
a) Konkretisierung des allgemeinen Verbots	1.9
b) Materielle Anspruchsvoraussetzung	1.10–1.12
c) Rechtsschutzbedürfnis	1.13, 1.14
II. Vorbeugender Unterlassungsanspruch	1.15–1.29
1. Voraussetzungen	1.15, 1.16
2. Erstbegehungsgefahr	1.17–1.29
a) Die Begehungsgefahr begründende Umstände	1.17–1.25
aa) Objektive Feststellung	1.17
bb) Berühmung	1.18–1.22
cc) Sonstige Anzeichen für eine Verletzungshandlung	1.23–1.24
dd) Weitere Beispiele	1.25
b) Wegfall der Erstbegehungsgefahr	1.26–1.27
c) Vorbeugender Unterlassungsanspruch und Verletzungsunterlassungsanspruch	1.28, 1.29
III. Verletzungsunterlassungsanspruch	1.30–1.51
1. Voraussetzungen	1.30, 1.31
2. Wiederholungsgefahr	1.32–1.37
a) Tatbestand	1.32
b) Tatsächliche Vermutung	1.33, 1.34
c) Anwendungsbereich	1.35
d) Erstreckung der Wiederholungsgefahr auf im Kern gleichartige Verstöße	1.36, 1.37
3. Wegfall der Wiederholungsgefahr	1.38–1.51
a) Strafbewehrte Unterwerfung	1.38
b) Wegfall der Störung oder Zusage des Verletzers	1.39
c) Aufgabe des Geschäftsbetriebs, Insolvenz	1.39 a
d) Änderung der tatsächlichen Verhältnisse	1.40
e) Wettbewerbsverstoß ohne Wiederholungsgefahr?	1.41
f) Keine Wiederholungsgefahr bei Rechtsirrtum?	1.42
g) Gesetzesänderung	1.43
h) Prozessverhalten	1.44
i) Kein Wiederaufleben der Wiederholungsgefahr	1.45
j) Rechtskräftiges Unterlassungsurteil	1.46–1.50
k) Vergleich	1.50 a
l) Einstweilige Verfügung mit Abschlusserklärung	1.51
IV. Umfang des Unterlassungsanspruchs	1.52–1.68
1. Sachlicher Umfang	1.52–1.55 a
a) Grundsatz	1.52
b) Beispiele	1.53
c) Konsequenzen für die Antragsfassung	1.54
d) Begrenzung des Anspruchs durch den Verhältnismäßigkeitsgrundsatz	1.55
e) Geltung der Grundsätze der Kerntheorie außerhalb des Wettbewerbsrechts	1.55 a
2. Räumlicher Umfang	1.56–1.57

	Rdn
3. Aufbrauchsfrist	1.58–1.68
a) Allgemeines	1.58
b) Rechtsnatur	1.59, 1.60
c) Voraussetzungen	1.61–1.65
aa) Interessen des Schuldners	1.62
bb) Interessen des Gläubigers	1.63, 1.64
cc) Interessen der Allgemeinheit	1.65
d) Gewährung der Aufbrauchsfrist	1.66–1.68
aa) Keine Ermessensentscheidung	1.66
bb) Gewährung einer Aufbrauchsfrist in den Rechtsmittelinstanzen	1.67
cc) Gewährung von Aufbrauchsfristen im Verfügungsverfahren	1.68
C. Beseitigung und Widerruf	1.69–1.109
I. Beseitigungsanspruch	1.69–1.94
1. Wesen, Funktion und Rechtsgrundlage	1.69–1.75
a) Abwehransprüche	1.69
b) Rechtsgrundlage	1.70
c) Verhältnis zum Unterlassungsanspruch	1.71, 1.72
d) Verhältnis zum Schadensersatzanspruch	1.73–1.75
2. Anspruchsvoraussetzung: Fortdauernder Störungszustand	1.76–1.79
a) Materielle Anspruchsvoraussetzung	1.76
b) Verletzungshandlung	1.77
c) Widerrechtlichkeit der Beeinträchtigung	1.78
d) Wegfall des Störungszustands	1.79
3. Inhalt des Beseitigungsanspruchs	1.80–1.88
a) Art der Beeinträchtigung	1.80
b) Bestimmte Anordnungen	1.81–1.86
c) Möglichkeit der Beseitigung	1.87
d) Verhältnismäßigkeit der Beseitigung	1.88
4. Einzelfälle	1.89–1.94
a) Körperliche Störungen	1.90–1.92
aa) Akute Störungszustände	1.91
bb) Latente Störungszustände	1.92
b) Unkörperliche Störungen	1.93
c) Von Registereintragungen ausgehende Störungen	1.94
II. Widerrufsanspruch	1.95–1.109
1. Wesen, Funktion und Rechtsgrundlage	1.95, 1.96
2. Voraussetzungen	1.97–1.108
a) Fortdauernder Störungszustand	1.97, 1.98
b) Verhältnismäßigkeit	1.99–1.102
c) Unrichtigkeit der Behauptung	1.103, 1.104
d) Rechtmäßig aufgestellte unwahre Behauptung	1.105, 1.106
e) Beweislast	1.107, 1.108
3. Durchführung des Widerrufs	1.109
D. Verfahrensbezogene Äußerungen	1.110–1.117
I. Grundsätze	1.110–1.112
II. Privilegierte Äußerungen	1.113–1.116
1. Interessenabwägung	1.113
2. Umfang des Privilegs	1.114–1.116
III. Schadensersatzanspruch	1.117

Schrifttum: *H.-J. Ahrens,* Unterlassungsschuldnerschaft beim Wechsel des Unternehmensinhabers, GRUR 1996, 518; *Bacher,* Die Beeinträchtigungsgefahr als Voraussetzung für Unterlassungsklagen im Wettbewerbsrecht und in anderen Gebieten des Zivilrechts, 1996; *Berlit,* Aufbrauchsfrist im Gewerblichen Rechtsschutz und Urheberrecht, 1997; *ders,* Zur Frage der Einräumung einer Aufbrauchsfrist im Wettbewerbsrecht, Markenrecht und Urheberrecht, WRP 1998, 250; *Beuchler,* Wegfall der Wiederholungsgefahr im Wettbewerbs- und Verbraucherrecht, VuR 2007, 66; *Borck,* Über unbegründete Nebenentscheidungen in Unterlassungsurteilen, WRP 1997, 1162; *ders,* Über unrichtig gewordene Unterlassungstitel und deren Behandlung, WRP 2000, 9; *Bornkamm,* Unterlassungstitel und Wiederholungsgefahr, FS Tilmann, 2003, 769; *E. Deutsch/ H.-J. Ahrens,* Deliktsrecht, 4. Aufl 2002; *Ernst-Moll,* Beseitigungsanspruch und Rückruf im gewerblichen Rechtsschutz, FS Klaka, 1987, 16; *Foerste,* Umschreibung des Unterlassungstitels bei Betriebserwerb – negatorische Haftung und Betriebsinhaberhaftung nach § 13 IV UWG, GRUR 1998, 450; *Fritzsche,* Unterlassungsanspruch und Unterlassungsklage, 2000; *ders,* Der Beseitigungsanspruch im Kartellrecht nach der 7. GWB-Novelle – Zugleich ein Beitrag zur Dogmatik des quasi-negatorischen Beseitigungsanspruchs, WRP 2006, 42; *Gruber,* Der wettbewerbsrechtliche Unterlassungsanspruch nach einem „Zweitverstoß", WRP 1991, 279; *ders,* Die tatsächliche Vermutung der Wiederholungsgefahr, WRP 1991, 368; *ders,* Grundsatz des Wegfalls der Wiederholungsgefahr, WRP 1992, 71; *Hartwig,* Die auflösend bedingte Unterlassungs- und Verpflichtungserklärung, FS Pagenberg, 2006, 301; *Heckelmann,* Zum wettbewerbsrechtlichen Unterlassungsvertrag bei Wegfall der Geschäftsgrundlage und dem Verbot der geltungserhaltenden Reduktion nach dem AGBG, WRP 1995, 166; *Helle,* Der Ausschluss privatrechtlichen Ehrenschutzes gegenüber Zeugenaussagen im Strafverfahren, NJW 1987, 233; *Hofmeister,* Die Fischdose der Pandora – Rechtsfragen zur Durchsetzung der Unterlassung von abwertenden Äußerungen in Patentschriften, Mitt 2010, 178; *Jacobs,* Zum Anspruch auf Drittauskunft beim wettbewerbsrechtlichen Leistungsschutz, GRUR 1994, 634; *Kisseler,* Die Aufbrauchsfrist im vorprozessualen Abmahnverfahren, WRP 1991, 691; *Köhler,* Zum „Wiederaufleben der Wiederholungsgefahr" beim wettbewerblichen Unterlassungsanspruch, GRUR 1989, 804; *ders,* Vertragliche Unterlassungspflichten, AcP 190 (1990), 496; *ders,* Die wettbewerbsrechtlichen Abwehransprüche (Unterlassung, Beseitigung, Widerruf), NJW 1992, 137; *ders,* Grenzen der Mehrfachklage und Mehrfachvollstreckung im Wettbewerbsrecht, WRP 1992, 359; *ders,* Die Begrenzung wettbewerbsrechtlicher Ansprüche durch den Grundsatz der Verhältnismäßigkeit, GRUR 1996, 82; *ders,* Die Auswirkungen der Unternehmensveräußerung auf gesetzliche und vertragliche Unterlassungsansprüche, WRP 2000, 921; *Köhler,* Zur Geltendmachung und Verjährung von Unterlassungsansprüchen, JZ 2005, 489; *Körner,* Befristete und unbefristete Unterlassungstitel bei Wettbewerbsverstößen, GRUR 1985, 909; *Ch. Krüger,* Wiederholungsgefahr – unteilbar?, GRUR 1984, 785; *Leisse,* Schadenersatz durch befristete Unterlassung, FS Traub, 1994, 229; *Lettl,* Kein vorbeugender Schutz des Persönlichkeitsrechts gegen Bildveröffentlichung?, NJW 2008, 2160; *Lindacher,* Unterlassungs- und Beseitigungsanspruch, GRUR 1985, 423; *ders,* Zur wettbewerbsrechtlichen Unterlassungshaftung der Presse im Anzeigengeschäft, WRP 1987, 585; *ders,* Der „Gegenschlag" des Abgemahnten, FS v Gamm, 1990, 83; *v Linstow,* Die rechtsverletzende Titelschutzanzeige, FS Erdmann, 2002, 375; *Lohse,* § 1004 BGB als Rechtsgrundlage für Zahlungsansprüche?, AcP 201 (2001), 902; *Loschelder,* Anspruch aus § 1 UWG, gerichtet auf die Unterlassung einer Unterlassung, WRP 1999, 57; *Mankowski,* Für einen Wegfall des Fortsetzungszusammenhangs bei der Unterlassungsvollstreckung, WRP 1996, 1144; *Melullis,* Zu den Auswirkungen der UWG-Novelle v. 25. 7. 1994 auf bestehende Unterlassungsverpflichtungen, FS Piper, 1996, 375; *Mels/Franzen,* Rechtsnachfolge in die gesetzliche Unterlassungsschuld des Wettbewerbsrechts – Zugleich eine kritische Stellungnahme zur „Schuldnachfolge"-Entscheidung des BGH, GRUR 2008, 968; *Nägele,* Das konkrete Wettbewerbsverhältnis – Entwicklungen und Ausblick, WRP 1996, 997; *Nieder,* Aufbrauchfrist via Unterwerfungserklärung?, WRP 1999, 583; *Pohlmann,* Das Rechtsschutzbedürfnis bei der Durchsetzung wettbewerbsrechtlicher Unterlassungsansprüche, GRUR 1993, 361; *Pokrant,* Zur vorprozessualen Erfüllung wettbewerbsrechtlicher Unterlassungsansprüche, FS Erdmann, 2002, 863; *E. Rehbinder,* Vergütung für eingespeisten Strom im Wege der Beseitigung auch nach Betriebseinstellung?, NJW 1997, 564; *Retzer,* Vernichtungsanspruch bei Nachahmung, FS Piper, 1996, 421; *Rheineck,* Rückrufpflichten des Unterlassungsschuldners?, WRP 1992, 753; *Rüßmann,* Die Bindungswirkung rechtskräftiger Unterlassungsurteile, FS Lüke, 1997, 675; *Sack,* Die Durchsetzung unlauter zustande gebrachter Verträge als unlauterer Wettbewerb?, WRP 2002, 396; *W. Schmid,* Überlegungen zum Sinn und zu den Rechtsfolgen von Titelschutzanzeigen, FS Erdmann, 2002, 469; *Schnepel,* Zum Streit um das „Wiederaufleben der Wiederholungsgefahr" beim wettbewerblichen Unterlassungsanspruch, WRP 1994, 467; *Schrader,* Wettbewerbsrechtlicher Unterlassungs- und Beseitigungsanspruch gegen Vorstandsmitglieder oder gegen die Aktiengesellschaft?, DB 1994, 2221; *Schuschke,* Wiederholte Verletzungshandlungen: Natürliche Handlungseinheit, Fortsetzungszusammenhang und Gesamtstrafe im Rahmen des § 890 ZPO, WRP 2000, 1008; *Spätgens,* Drittwirkung bei Bewilligung einer Aufbrauchfrist, WRP 1994, 693; *Steiniger,* Unterlassungstitel – Verletzungshandlung – Kerntheorie – oder warum man Untersagungsgeboten Folge leisten sollte, WRP 2000, 1415; *Teplitzky,* Unterwerfung oder Unterlassungsurteil? Zur Frage des aus der Verletzerperspektive „richtigen" Streiterledigungsmittels, WRP 1996, 171; *ders,* Die Auflösung von Unterwerfungsverträgen mit nicht mehr verfolgungsberechtigten Gläubigern, WRP 1996, 1004; *ders,* Streitgegenstand und materielle Rechtskraft im wettbewerbsrechtlichen Unterlassungsprozess, GRUR 1998, 320; *ders,* Die jüngste Rechtsprechung des BGH zum wettbewerbsrechtlichen Anspruchs- und Verfahrensrecht I bis XI, GRUR 1989, 661; GRUR 1990, 393; GRUR 1991, 709; GRUR 1992, 821; GRUR 1993, 857; GRUR 1994, 765; GRUR 1995, 627; GRUR 1997, 691; GRUR 1999, 1050; GRUR 2003, 272; GRUR 2007, 177; *Thun,* Der immaterialgüterrechtliche Vernichtungsanspruch, 1998; *Ullmann,* Erstbegehungsgefahr durch Vorbringen im Prozess?, WRP 1996, 1007; *Ulrich,* Die Aufbrauchsfrist im Verfahren der einstweiligen Verfügung, GRUR 1991, 26; *ders,* Die Vollstreckungsabwehrklage in Wettbewerbssachen, FS Traub, 1994, 423; *ders,* Die fortgesetzte Handlung im Zivilrecht, WRP 1997, 1; *ders,* Abänderungsklage (§ 323 ZPO) oder/und Vollstreckungsabwehrklage (§ 767 ZPO) bei „unrichtig gewordenen" Unterlassungstiteln?, WRP 2000, 1054; *Vogt,* Die Entwicklung des Wettbewerbsrechts in den Jahren 2003 bis 2005, NJW 2006, 2960; *Völp,* Änderung der Rechts- oder Sachlage bei Unterlassungstiteln, GRUR 1984, 486; *Walchner,* Der Beseitigungsanspruch im gewerblichen Rechtsschutz und Urheberrecht, 1998; *Walter,* Ehrenschutz gegenüber Parteivorbringen im Zivilprozess, JZ 1986, 614.

A. Grundzüge

I. Wettbewerbsrechtliche Abwehransprüche

1. Neuregelung im UWG 2004

Im **UWG 2004** sind die **Verbote** und die **Anspruchsgrundlagen** voneinander getrennt geregelt. Während die §§ 3–7 das unlautere Verhalten umschreiben, sind die Ansprüche, die durch ein solches Verhalten ausgelöst werden, umfassend in den §§ 8–10 geregelt, wobei **§ 8 I die Abwehransprüche** (Beseitigung und Unterlassung), **§ 9 den Schadensersatzanspruch** und **§ 10 den Gewinnherausgabeanspruch** betrifft. Das Gesetz nennt in § 8 I auch den Beseitigungsanspruch, den das alte UWG nicht erwähnt hatte. Die Begründung des Gesetzentwurfs macht indessen deutlich, dass hiermit wie auch sonst mit der Regelung der wettbewerbsrechtlichen Ansprüche keine sachliche Änderung bezweckt ist (BT-Drucks 15/1487 S 22). Neu ist lediglich der Gewinnabschöpfungsanspruch (§ 10), der im früheren Recht keine Entsprechung hatte.

2. Terminologie

Der **wettbewerbsrechtliche Abwehranspruch** schließt den **gegen künftige unlautere geschäftliche Handlungen gerichteten Unterlassungsanspruch** und den gegen bereits eingetretene Beeinträchtigungen gerichteten **Beseitigungsanspruch** ein. § 8 I nennt ebenso wie § 1004 BGB, § 97 I UrhG, § 42 I GeschmMG und § 33 I 1 GWB sogar zuerst den Beseitigungsanspruch. Andere Gesetze – § 139 I PatG sowie §§ 14 v und 15 IV MarkenG – sprechen dagegen nur von Unterlassung. Der Beseitigungsanspruch ist aber auch dort immer mitzudenken. Die beiden Ansprüche sind jedoch nicht zwangsläufig verbunden. Sie stehen **selbstständig nebeneinander** und unterscheiden sich in ihren rechtlichen Voraussetzungen. Beide Ansprüche setzen **kein Verschulden** voraus und unterscheiden sich dadurch von den Schadenersatzansprüchen. Diese zielen auf den Ausgleich des eingetretenen Schadens ab (§§ 249 ff BGB) und entsprechen daher auch in ihrer Zielsetzung nicht dem Abwehranspruch. Lässt sich die geschaffene Beeinträchtigung nur durch eine Zahlung beseitigen, kann sich der Abwehranspruch ausnahmsweise auch auf die Zahlung von **Geld** richten (BGHZ 133, 177, 181 f – *Kraft-Wärme-Kopplung I;* dazu Rdn 1.75).

3. Bedeutung

Der im Wettbewerbsrecht wichtigste Anspruch ist der auf **Abwehr künftiger Wettbewerbsverstöße** gerichtete **Unterlassungsanspruch**. Die Gesetze gewähren ihn regelmäßig mit der Wendung, der Verletzer könne „auf **Unterlassung** in Anspruch genommen werden", zB in § 8 I UWG und in §§ 14 V, 15 IV MarkenG. Wer durch wettbewerbsbeschränkendes Verhalten eines anderen beeinträchtigt wird, hat einen Unterlassungsanspruch aus § 33 S 1 GWB, sofern die verletzte Vorschrift des GWB seinen Schutz bezweckt (BGHZ 64, 232, 237 – *Krankenhauszusatzversicherung;* BGHZ 86, 324, 330 – *Familienzeitschrift;* BGHZ 96, 337, 351 – *Abwehrblatt II*). Wie bei § 1004 BGB wird der wettbewerbsrechtliche Unterlassungsanspruch gewährt, wenn Umstände auf eine bevorstehende Verletzungshandlung hindeuten (vorbeugender Unterlassungsanspruch) oder wenn es bereits zu einer Verletzungshandlung gekommen ist und weitere Beeinträchtigungen zu besorgen sind (Verletzungsunterlassungsanspruch). Materielle Voraussetzung für die Geltendmachung des Anspruchs ist stets die **Begehungsgefahr,** entweder in der Form der **Erstbegehungsgefahr** oder in der Form der **Wiederholungsgefahr**.

4. Verfolgung

Um einen **Unterlassungsanspruch** durchzusetzen, hat der Gläubiger **mehrere** Möglichkeiten: Gewöhnlich wird er den Schuldner vor einer gerichtlichen Verfolgung **abmahnen,** um kein Kostenrisiko einzugehen (dazu § 12 Rdn 1.4 und 1.8). Gibt der Schuldner hierauf eine **strafbewehrte Unterlassungserklärung** ab, so entfällt grds die Wiederholungsgefahr und damit auch der Unterlassungsanspruch (s Rdn 1.38 und § 12 Rdn 1.102). Gibt der Verletzer auf eine ordnungsgemäße Abmahnung hin keine strafbewehrte Unterlassungserklärung ab, so gibt er damit **Veranlassung** zur gerichtlichen Verfolgung (§ 93 ZPO; s § 12 Rdn 1.40). Der Gläubiger kann dann entweder den Erlass einer **einstweiligen Verfügung** beantragen, die zu einem endgültigen Titel (Beschluss oder Urteil) führt, wenn der Schuldner die Verfügung als endgültige Regelung anerkennt (§ 12 Rdn 3.74). Zum anderen kann der Gläubiger auf Unterlassung klagen, wodurch er einen Titel in der Hauptsache erlangt. Gibt der Schuldner während des Verfügungs- oder des Klageverfahrens eine **strafbewehrte Unterlassungserklärung** ab, muss der Gläubiger dadurch reagieren, dass er den Rechtsstreit in der Hauptsache für erledigt erklärt (s im Einzelnen § 12 Rdn 1.108), weil sein Anspruch durch den Wegfall der Wiederholungsgefahr entfallen ist. – Außer dem Unterlassungsanspruch können dem Gläubiger **Beseitigungsansprüche**, auch in der Form von **Widerrufsansprüchen, Ersatzansprüche, Auskunfts-** und **Rechnungslegungsansprüche** sowie **Herausgabeansprüche** zustehen.

II. Bürgerlichrechtlicher Abwehranspruch

1.5 Zum Schutz des **Eigentums** gibt § 1004 BGB einen Anspruch auf **Beseitigung** einer bereits bestehenden und auf **Unterlassung** einer künftigen Störung. Entgegen der Gesetzesformulierung, wonach „der Eigentümer auf Unterlassung klagen" kann (vgl auch § 12 S 2 und § 862 I 2 BGB), gibt § 1004 BGB nicht nur ein Klagerecht, sondern gewährt – wie im Falle der Beseitigung – auch den zugrunde liegenden Anspruch (s Rdn 1.8). In analoger Anwendung des in § 1004 BGB für den Schutz des **Sacheigentums** ausgesprochenen Rechtsgedankens hat die Rspr einen Abwehranspruch gegen jeden objektiv widerrechtlichen Eingriff in ein absolutes Recht oder in ein sonstiges Rechtsgut oder rechtlich geschütztes Interesse entwickelt (stRspr seit RGZ 60, 6; vgl BGHZ 14, 163, 173 = GRUR 1955, 97 – *Constanze II*; BGH GRUR 1958, 448 – *Blanko-Verordnungen*; zur Entwicklung des Unterlassungsanspruchs *Fritzsche* S 18 ff). Zu diesen Rechten gehört auch das **allgemeine Persönlichkeitsrecht** (BGHZ 13, 334, 338 – *Leserbriefe*; BGHZ 24, 72, 76 – *Krankenpapiere*; BGHZ 27, 284, 286 – *Tonbandaufnahme I*; BGH GRUR 1984, 688, 690 – *AEG-Aktionär*; BGHZ 143, 214, 218 – *Marlene Dietrich*).

1.6 Die Unterscheidung zwischen **negatorischen** und **quasi-negatorischen Abwehransprüchen** – Erstere dienen dem Schutz dinglicher (§§ 1004, 1027, 1065, 1090, 1134, 1227 BGB) und anderer absoluter Rechte (§ 12 BGB, §§ 14, 15 MarkenG; § 97 UrhG; § 139 PatG), Letztere flankieren die deliktsrechtlichen Verhaltensregeln der §§ 823 II, 824, 826 BGB, zu denen auch die wettbewerbsrechtlichen Tatbestände gehören – ist im heutigen Recht nicht mehr von Bedeutung. Auch die Unterscheidung zwischen **direkten** und **indirekten Abwehransprüchen** – erstere sind unmittelbar dem Gesetz zu entnehmen, letztere knüpfen an gesetzlich geregelte Schadensersatzansprüche an – erfüllt keine rechtliche Funktion. Denn die Rechtsordnung gewährt bei deliktischen Handlungen – seien es unerlaubte Handlungen nach § 823 BGB, seien es Schutzrechtsverletzungen oder seien es Wettbewerbsverstöße – immer eine **Trias von Ansprüchen:** Unterlassung, Beseitigung und Schadensersatz.

B. Unterlassungsanspruch

I. Überblick

1. Wesen

1.7 **a) Abwehr künftiger Beeinträchtigungen.** Der Unterlassungsanspruch dient der Abwehr künftiger Beeinträchtigungen (Störungen, Eingriffe). Seine Entstehung setzt die drohende Gefahr einer Beeinträchtigung voraus. Die Beeinträchtigung braucht jedoch noch nicht eingetreten zu sein. Darin liegt der Unterschied zum negatorischen Beseitigungs- oder deliktischen Schadensersatzanspruch. Der Unterlassungsanspruch wäre eine stumpfe Waffe, wenn der Bedrohte – um weitere Angriffe abzuwehren – abwarten müsste, bis ihm ein Schaden zugefügt worden ist. In Wahrheit sind die Interessen desjenigen, der unter der Drohung eines Angriffs lebt, bereits beeinträchtigt. Er braucht die **Durchführung** des Eingriffs nicht erst abzuwarten; es genügt die **Erstbegehungsgefahr** (stRspr; BGHZ 2, 394, 395 f – *Widia/Ardia*; BGH GRUR 2001, 1174, 1175 – *Berühmungsaufgabe*).

1.8 **b) Rechtsnatur.** Früher war – nicht zuletzt im Hinblick auf den Gesetzeswortlaut des § 1004 I 2 BGB („... kann der Eigentümer auf Unterlassung klagen") – streitig, ob der Unterlassungsanspruch ein **materiell-rechtlicher Anspruch** iSv § 241 I BGB oder nur ein **prozessualer Rechtsbehelf** ist (dazu *Teplitzky* Kap 1 Rdn 4 ff; *Fritzsche* S 115 ff mwN). Diese weitgehend akademische Frage ist inzwischen zugunsten des materiell-rechtlichen Anspruchscharakters entschieden, und zwar sowohl für den negatorischen wie für den quasi-negatorischer Anspruch (zu den Begriffen Rdn 1.6). Der Einwand, der Anspruch sei, weil er sich gegen jedermann richte, nicht genügend individuell, trifft nicht zu. Der Anspruch ist durch das Tatbestandsmerkmal der Begehungsgefahr – sei es als Erstbegehungsgefahr oder als Wiederholungsgefahr – hinreichend individualisiert. – Zur **Verjährung des** gesetzlichen **Unterlassungsanspruchs** s § 11 Rdn 1.3, zur Verjährung des vertraglichen Unterlassungsanspruchs s § 11 Rdn 1.15 und Ahrens/*Bornkamm* Kap 34 Rdn 24.

c) **Unterlassungsanspruch und Gesetzesänderung** Der in die Zukunft gerichtete Unterlassungsanspruch setzt voraus, dass das Verbot, gegen das verstoßen worden ist, noch besteht. Gerichte können daher ein Unterlassungsurteil nur aussprechen oder bestätigen, wenn das zu untersagende Verhalten **auch am Tage des Urteils noch verboten** ist. Das gilt auch in der Revisionsinstanz. Ein Unterlassungsanspruch besteht also nicht, wenn das beanstandete Verhalten zum Tatzeitpunkt verboten war, dieses Verbot aber inzwischen entfallen ist (BGH GRUR 2002, 717, 719 – *Vertretung der Anwalts-GmbH;* BGHZ 141, 329, 336 = GRUR 1999, 923 – *Tele-Info-CD;* BGH WRP 2000, 759, 760 – *Zahnersatz aus Manila;* BGH GRUR 2001, 348, 349 – *Beratungsstelle im Nahbereich;* BGH GRUR 2009, 79 Tz 25 – *Gebäckpresse;* BGH GRUR 2009, 845 Tz 38 – *Internet-Videorecorder*). Ist umgekehrt das beanstandete Verhalten erst **danach durch eine Gesetzesänderung verboten** worden, besteht ebenfalls kein Unterlassungsanspruch, weil es dann an der Wiederholungsgefahr fehlt (BGH GRUR 2009, 977 Tz 11 – *Brillenversorgung;* dazu unten Rdn 1.43). 1.8a

2. Begehungsgefahr

a) **Konkretisierung des allgemeinen Verbots.** Wie jeder Anspruch konkretisiert auch der Unterlassungsanspruch eine bestehende rechtliche Pflicht (§ 194 I BGB). Da das **Unterlassungsgebot** – etwa das Gebot, die Verbraucher nicht irrezuführen – ohnehin besteht, bedarf es einer Anspruchsvoraussetzung, die erklärt und begründet, weshalb das allgemeine Verhaltensgebot in einem Urteil zu einem vollstreckbaren Verbot konkretisiert werden muss. Dieses Merkmal ist die **Begehungsgefahr.** Der Schuldner unterscheidet sich von anderen, die in derselben Weise dem Verbot unterworfen sind, allein dadurch, dass in seiner Person eine Begehungsgefahr besteht. 1.9

b) **Materielle Anspruchsvoraussetzung.** Die Begehungsgefahr ist eine materielle Anspruchsvoraussetzung (BGH GRUR 1973, 208, 209 – *Neues aus der Medizin;* BGH GRUR 1980, 241, 242 – *Rechtsschutzbedürfnis;* BGH GRUR 1983, 127, 128 – *Vertragsstrafeversprechen;* BGH GRUR 1992, 318, 319 – *Jubiläumsverkauf*) und vom allgemeinen Rechtsschutzinteresse zu unterscheiden (s Rdn 1.13). Begehungsgefahr liegt vor, wenn entweder die Gefahr eines **erstmaligen** Wettbewerbsverstoßes drohend bevorsteht **(Erstbegehungsgefahr)** oder der Anspruchsgegner sich bereits wettbewerbswidrig verhalten hat und **Wiederholungsgefahr** besteht. Im ersten Fall handelt es sich um den **vorbeugenden Unterlassungsanspruch,** im zweiten Fall um den **Verletzungsunterlassungsanspruch.** 1.10

Die beiden **Ansprüche unterscheiden sich** (nur) dadurch, dass für die **Erstbegehungsgefahr** entspr Tatsachen vorgetragen werden müssen (s Rdn 1.17), während die **Wiederholungsgefahr** auf Grund einer bereits erfolgten Verletzungshandlung vermutet wird (s Rdn 1.33). Für den Unterlassungsanspruch kommt es allein darauf an, ob eine **künftige** Verletzung zu besorgen ist. Ob sie sich aus vorangegangenen Verletzungshandlungen oder aus anderen Umständen erstmalig ergibt, ist unerheblich (BGH GRUR 1992, 318 – *Jubiläumsverkauf*). Ob eine wettbewerbswidrige Handlung **künftig** zu befürchten ist, ist – wie bei allen Tatbestandsvoraussetzungen – nach den Verhältnissen zu beurteilen, die zurzeit der Letzten mündlichen Verhandlung in der Tatsacheninstanz bestehen (BGH GRUR 1964, 274, 275 – *Möbelrabatt;* BGH GRUR 2002, 717, 719 – *Vertretung der Anwalts-GmbH*). Besteht keine Begehungsgefahr, gibt es keinen Unterlassungsanspruch. Eine gleichwohl erhobene Klage ist als **unbegründet** abzuweisen. Da es sich um eine **Tatfrage** handelt (stRspr; BGH GRUR 1983, 186 – *Wiederholte Unterwerfung;* BGH GRUR 1987, 45, 46 – *Sommerpreiswerbung*), kommt es darauf an, ob die Begehungsgefahr zum Zeitpunkt der Letzten mündlichen Verhandlung in der Tatsacheninstanz bestand. Ein späterer Wegfall – etwa durch eine Unterwerfungserklärung – bleibt unberücksichtigt (§ 559 I 1 ZPO). Er kann aber die Parteien dazu veranlassen, den Rechtsstreit übereinstimmend für erledigt zu erklären. Ist der Wegfall unstreitig, ist auch eine einseitige Erledigungserklärung möglich. 1.11

Anders als der gesetzliche kennt der **vertragliche Unterlassungsanspruch** kein Erfordernis der Begehungsgefahr. Denn der vertragliche Unterlassungsanspruch wird durch die vertraglich 1.12

übernommene Unterlassungsverpflichtung hinreichend konkretisiert. Gleichwohl kann der Unterlassungsgläubiger auch bei einem vertraglichen Unterlassungsanspruch nicht ohne Anlass Erfüllungsklage erheben. Besteht keine Begehungsgefahr, fehlt es für die klageweise Geltendmachung am Rechtsschutzbedürfnis (BGH GRUR 1999, 522, 524 – *Datenbankabgleich*).

1.13 **c) Rechtsschutzbedürfnis.** Von der zur Begründetheit der Klage gehörenden Begehungsgefahr ist das allgemeine Rechtsschutzbedürfnis zu unterscheiden (s § 12 Rdn 2.15 ff). Wie jede Leistungsklage verlangt auch die Unterlassungsklage als **prozessuales Erfordernis** ein allgemeines Rechtsschutzinteresse im Sinne eines Interesses an gerichtlicher Geltendmachung (BGH 1980, 241, 242 – *Rechtsschutzbedürfnis*; BGH GRUR 1987, 45 – *Sommerpreiswerbung*; BGHZ 121, 242, 244 f – *TRIANGLE*). Dieses Interesse fehlt, wenn ein einfacherer Weg zum selben oder zu einem gleichwertigen Ergebnis wie der Prozess führt.

1.14 Streitig ist, ob die Unterlassungsklage ein Anwendungsfall der **Klage auf künftige Leistung** (§ 259 ZPO) ist, deren prozessuale Zulässigkeit vom Vorliegen eines **bes Rechtsschutzinteresses** abhängt (so für den vertraglichen Unterlassungsanspruch noch BGH GRUR 1956, 238, 240 – *Westfalenzeitung*). Jedenfalls für die Geltendmachung des gesetzlichen Unterlassungsanspruchs ist dies zu verneinen, weil bei bestehendem Anspruch stets eine **gegenwärtige Leistung** geschuldet ist (*Teplitzky* Kap 9 Rdn 8; *Fritzsche* S 580 ff).

II. Vorbeugender Unterlassungsanspruch

1. Voraussetzungen

1.15 Aus dem Wesen des Unterlassungsanspruchs (s Rdn 1.7) folgt, dass er schon dann gegeben ist, wenn ein rechtswidriger Eingriff **erstmals unmittelbar drohend bevorsteht**, zB eine irreführende Werbemaßnahme oder eine Kennzeichenverletzung (BGHZ 2, 394 – *idia/Ardia*; BGHZ 3, 276 – *Constance I*; BGH GRUR 1992, 318, 319 – *Geld-zurück-Garantie*; BGH GRUR 1999, 1097, 1099 – *Preissturz ohne Ende* mwN). Insoweit gilt nichts anderes als beim Unterlassungsanspruch des § 1004 BGB, obwohl dort der Wortlaut den Unterlassungsanspruch von einer früheren Verletzung abhängig zu machen scheint (§ 1004 I 2 BGB). Anspruchsvoraussetzung ist in diesem Fall nicht die rechtswidrige **Verletzung** eines absoluten Rechts oder eines geschützten Rechtsguts oder Interesses; es genügt, dass eine solche Verletzung **unmittelbar droht**. Das bedeutet, dass auch bei Fehlen einer Verletzungshandlung in der Vergangenheit immer noch zu prüfen ist, ob nicht eine unmittelbar drohende Gefahr einer **erstmaligen Rechtsverletzung** besteht (BGH GRUR 1960, 126, 127 – *Sternbild*). Eine Erstbegehungsgefahr kann auch begründen, wer sich des Rechts berühmt, bestimmte Handlungen vornehmen zu dürfen (vgl BGH GRUR 1987, 125, 126 – *Berühmung*; BGH GRUR 2001, 1174, 1175 – *Berühmungsaufgabe*).

1.16 Stützt sich die Begehungsgefahr nicht auf eine Dauerhandlung, sondern auf ein abgeschlossenes, in der Vergangenheit liegendes Ereignis, etwa auf eine bestimmte Äußerung, kann entgegen einer vielfach vertretenen Ansicht (*Teplitzky* Kap 16 Rdn 4 mwN; beiläufig in diesem Sinne BGH GRUR 1979, 121, 122 – *Verjährungsunterbrechung*) auch der **vorbeugende Unterlassungsanspruch verjähren** (GK/*Messer* § 21 Rdn 12; Ahrens/*Bornkamm* Kap 34 Rdn 11; ferner § 11 Rdn 3). Beruht die Erstbegehungsgefahr dagegen auf einer Dauerhandlung (Beispiel: Die Eintragung einer Marke begründet die Gefahr, dass diese Marke im geschäftlichen Verkehr benutzt wird), fängt wie beim Verletzungsunterlassungsanspruch die Verjährungsfrist täglich neu zu laufen an mit der Folge, dass Verjährung nicht eintreten kann, solange die fragliche Handlung andauert.

2. Erstbegehungsgefahr

1.17 **a) Die Begehungsgefahr begründende Umstände. aa) Objektive Feststellung.** Erstbegehungsgefahr muss ebenso wie Wiederholungsgefahr **objektiv** vorliegen. Während diese aber auf Grund einer begangenen Verletzung **vermutet** wird, muss der Kläger die tatsächlichen Umstände, die eine **ernstlich drohende und unmittelbar bevorstehende Gefahr erstmaliger Begehung** begründen, im Einzelnen darlegen und ggf beweisen. Darin liegt für den Kläger im Gegensatz zur Beweislage bei der Wiederholungsgefahr (Rdn 1.33) eine bes Schwierigkeit. Die bloß theoretische Möglichkeit der Begehung genügt nicht; gegen sie schützt kein Gesetz. Gewöhnlich werden sich die Umstände, die eine Erstbegehungsgefahr begründen, aus dem **Verhalten** des Schuldners ergeben, möglicherweise auch erst im Prozess. Liegt keine Erstbegehungsgefahr vor, ist die **Unterlassungsklage als unbegründet** abzuweisen; die rechtskräftige

Abweisung steht der Geltendmachung eines künftigen Unterlassungsanspruchs bei Erstbegehungsgefahr nicht entgegen (BGH GRUR 1990, 687, 689 – *Anzeigenpreis II*).

bb) Berühmung. Wer sich berühmt, zu einer bestimmten Handlung **berechtigt** zu sein, kann dadurch den Eindruck erwecken, auch entspr zu handeln, so dass Erstbegehungsgefahr besteht (BGH GRUR 1957, 342, 345 – *Underberg*; BGH GRUR 1963, 218, 220 – *Mampe Halb und Halb II*; BGH GRUR 1987, 45, 46 – *Sommerpreiswerbung*; BGH GRUR 1987, 125, 126 – *Berühmung*; BGH GRUR 1988, 313 – *Auto F. GmbH*; BGH GRUR 1990, 678, 679 – *Herstellerkennzeichen auf Unfallwagen*; BGH GRUR 1992, 404, 405 – *Systemunterschiede*; OLG Düsseldorf WRP 1978, 727; OLG Stuttgart WRP 1982, 115, 116). Unter Umständen kann die Berühmung auch in Erklärungen zu sehen sein, die im Rahmen der Rechtsverteidigung in einem gerichtlichen Verfahren abgegeben werden (BGH GRUR 1993, 53, 55 – *Ausländischer Inserent*; BGH GRUR 1999, 418, 420 – *Möbelklassiker*; BGH GRUR 2001, 1174, 1175 – *Berühmungsaufgabe*).

1.18

Allerdings begründet nicht jede **Berühmung** die ernsthafte Gefahr erstmaliger Begehung. Es kommt auf die Umstände des Einzelfalls an. Das gilt insbes dann, wenn sich der Schuldner im **Unterlassungsprozess** darauf beruft, das beanstandete Verhalten, zB eine Werbebehauptung, sei rechtmäßig (*Ullmann* WRP 1996, 1007, 1009 f). Ist hier die Verletzungshandlung, auf die die Klage an sich gestützt war, zweifelhaft, so besteht zuweilen die Versuchung, auf die **Erstbegehungsgefahr auszuweichen** und diese mit dem Prozessverhalten des Beklagten zu begründen, der das beanstandete Verhalten als rechtmäßig verteidigt hat. Für dieses Prozessverhalten gibt es indessen nicht nur die Erklärung, dass der Schuldner beabsichtigt, sich – wenn nicht in der Vergangenheit, so doch in der Zukunft – entspr der Beanstandung zu verhalten, sondern auch die deutlich näher liegende Annahme einer **optimalen Rechtsverteidigung:** Der Beklagte leugnet nicht nur, die ihm vorgeworfene Handlung begangen zu haben; er vertritt darüber hinaus die Ansicht, das beanstandete Verhalten sei gar nicht wettbewerbswidrig. Aus einer solchen, zum Zweck der Verteidigung geäußerten **Rechtsauffassung** lässt sich **nicht schließen,** dass der Beklagte sich auch entspr verhalten werde (vgl BGH GRUR 1968, 49, 50 – *Zentralschlossanlagen*; BGH GRUR 1992, 116, 117 – *Topfgucker-Scheck*; BGH GRUR 1992, 627, 630 – *Pajero*; BGH GRUR 2001, 1174, 1175 – *Berühmungsaufgabe*).

1.19

Dies gilt erst recht, wenn der Beklagte **klarstellt,** dass er die fragliche Rechtsauffassung nur zum Zweck der Rechtsverteidigung vertreten hat, nicht aber in der Praxis umsetzen will (BGH GRUR 1988, 313 – *Auto F. GmbH*; BGH Brandenburg 1990, 2068 – *Kreishandwerkerschaft II*; BGH GRUR 1992, 404 – *Systemunterschiede*; OLG Stuttgart WRP 1997, 358, 361 f; OLG Stuttgart WRP 1997, 1219, 1223). Verteidigt sich etwa ein Presseunternehmen im Wettbewerbsprozess mit dem Einwand, seine Prüfungspflicht erfüllt zu haben, so begründet dieses Prozessverhalten **keine Erstbegehungsgefahr,** zumal wenn gleichzeitig zum Ausdruck gebracht wird, dass die Verteidigung ausschließlich der Wahrung der Rechte im Prozess, nicht aber der Rechtfertigung eines beabsichtigten Verhaltens dient (vgl BGH GRUR 1992, 618 – *Pressehaftung II*). Aus dem Umstand, dass der Beklagte von sich aus eine solche **Klarstellung** nicht vornimmt, kann aber nicht auf eine Begehungsgefahr geschlossen werden (Piper/*Ohly*/Sosnitza § 8 Rdn 30; GK/*Köhler* Vor § 13 B Rdn 79; *Fritzsche* S 180 f). Die anders lautende, bis 1995 immer wieder als gefestigt bezeichnete **Rspr des BGH** (BGH GRUR 1987, 125 – *Berühmung*; BGH GRUR 1988, 313 – *Auto F. GmbH*; BGH GRUR 1992, 404, 405 – *Systemunterschiede*; BGH GRUR 1992, 618, 619 – *Pressehaftung II,* mit krit Anm *Köhler* LM UWG § 1 Nr 598; BGH GRUR 1995, 595, 598 – *Kinderarbeit*; BGH GRUR Int 1995, 503, 505 – *Cliff Richard*; vgl auch noch BGH GRUR 1999, 1097, 1099 – *Preissturz ohne Ende*) kann nach der **Entscheidung „Berühmungsaufgabe"** (BGH GRUR 2001, 1174, 1175) nicht mehr als maßgeblich angesehen werden (zur Wandlung der Auffassung *Teplitzky* Kap 10 Rdn 9 ff). Vielmehr wird eine Klarstellung vom Beklagten nur verlangt, wenn sein Verhalten über die bloße Rechtsverteidigung hinausging und deswegen Anlass zu der Annahme gab, er werde sich entspr verhalten; nur in diesem Fall muss er die gegenteilige Absicht ausdrücklich kundtun (BGH GRUR 2001, 1174, 1175 – *Berühmungsaufgabe*).

1.20

Ist auf Grund des **Prozessverhaltens** des Beklagten **unklar,** ob er das beanstandete Verhalten nur zur Begründung seines Klageabweisungsantrags verteidigt oder ob es ihm darum geht, sich auch in Zukunft entspr verhalten zu können, muss das Gericht – bevor es von einer Erstbegehungsgefahr durch Berühmung ausgeht – dem Beklagten **Gelegenheit zur Klärung** geben (§ 139 ZPO). Im Übrigen ist es – entgegen BGH GRUR 1992, 618, 619 – *Pressehaftung II* – **Sache des Klägers,** sich auf eine Erstbegehungsgefahr auf Grund einer Berühmung zu stützen. Ist die Klage mit einer früheren Verletzungshandlung begründet worden, kann das Gericht nicht

1.21

von sich aus wegen einer aus dem Prozessverhalten des Beklagten geschlossenen Erstbegehungsgefahr verurteilen. Denn es handelt sich insoweit um einen anderen Streitgegenstand, der nur im Wege einer Klageänderung ins Verfahren eingeführt werden könnte (vgl *Köhler* in seiner krit Anm zu BGH LM UWG § 1 Nr 598 = GRUR 1992, 618 – *Pressehaftung II; Teplitzky* Kap 9 Rdn 5).

1.22 Auch an die Begründung der **Erstbegehungsgefahr** durch prozessuale Erklärungen im Rahmen eines **Vergleichsgesprächs** sind **strenge Anforderungen** zu stellen (BGH GRUR 1992, 627, 630 – *Pajero;* OLG Köln NJWE-WettbR 1997, 181). Ebenso begründet eine in einem **Musterprozess** zur Klärung der Rechtslage aufgestellte Berühmung keine Erstbegehungsgefahr, wenn eine tatsächliche Begehung nur für den Fall zu erwarten ist, dass der Prozess die Rechtmäßigkeit des Verhaltens erwiesen hat (BGH GRUR 1987, 45 – *Sommerpreiswerbung*).

1.23 cc) **Sonstige Anzeichen für eine Verletzungshandlung.** Da eine Rechtsgutverletzung nicht erforderlich ist, können **Drohungen, Warnungen, Absichtserklärungen und vorbereitende Maßnahmen,** die einen künftigen Eingriff **unmittelbar** befürchten lassen, die Erstbegehungsgefahr begründen. Es müssen aber **greifbare Anhaltspunkte** dafür vorliegen, dass das wettbewerbswidrige Verhalten in naher Zukunft bevorsteht (BGH GRUR 1963, 218, 220 – *Mampe Halb und Halb II;* BGH GRUR 1991, 607 – *VISPER;* BGH GRUR 1994, 57 – *Geldzurück-Garantie;* BGH GRUR 1990, 687, 689 – *Anzeigenpreis II;* BGH GRUR 1999, 1097, 1099 – *Preissturz ohne Ende*), zB auf Grund einer entspr **Ankündigung** (BGH GRUR 1974, 477, 478 – *Hausagentur*) oder auf Grund von **Vorbereitungshandlungen.** Die Gefahr einer unlauteren Werbemaßnahme besteht etwa, nachdem hierfür eine betriebsinterne Weisung erteilt worden ist (BGH GRUR 1971, 119, 120 – *Branchenverzeichnis*); Gegenstand des Unterlassungsanspruchs ist dann nicht die interne Weisung, die mangels einer geschäftlichen Handlung (§ 2 I Nr 1) noch keinen Wettbewerbsverstoß darstellt, sondern das angeordnete und damit ernstlich drohende Werbeverhalten.

1.23a Eine typische Vorbereitungshandlung für die (wettbewerbswidrige) **Benutzung einer Marke** stellt bspw die in Benutzungsabsicht vorgenommene Anmeldung dar (BGH GRUR 1985, 550, 553 – *DIMPLE;* OLG Köln WRP 1997, 872 zum Markenrecht). Auch markenrechtlich stellt die **Anmeldung der Marke** noch keine Markenbenutzung dar, begründet aber regelmäßig die Erstbegehungsgefahr (BGH GRUR 2004, 600, 601 – *d-c-fix/CD-FIX;* BGH GRUR 2008, 912 Tz 30 – *Metrosex*).

1.24 Auch in der **Schaltung einer Titelschutzanzeige** wird meist die Begehungsgefahr für eine Verwendung des angezeigten Titels gesehen (BGH GRUR 2001, 1054, 1055 – *Tagesreport;* LG Hamburg NJWE-WettbR 2000, 296), was aber – wie *v Linstow* (FS Erdmann, 2002, 375, 380 ff) und *W. Schmid* (FS Erdmann, 2002, 469, 479) aufgezeigt haben – nicht unproblematisch ist und jedenfalls durch eine vorsichtige Formulierung vermieden werden kann (statt „nehmen wir in Anspruch" sollte formuliert werden „wir ziehen in Erwägung ...").

1.25 dd) **Weitere Beispiele:** Lässt sich ein Versicherungsmakler von Versicherungsnehmern eine Vollmacht zur Verbesserung und ggf Kündigung bestehender Versicherungsverträge geben, besteht die ernste Gefahr, dass er von den Kündigungsrechten auch Gebrauch macht (BGH GRUR 1966, 509, 511 – *Assekuranz;* die Klage wurde aber aus anderen Gründen abgewiesen). – Wird für ein wettbewerbswidriges Verhalten geworben (ohne dass die Werbung selbst wettbewerbswidrig ist), begründet diese **Werbung** eine **Erstbegehungsgefahr** hins des beworbenen Verhaltens (BGH GRUR 1989, 432, 434 – *Kachelofenbauer I*). – Um eine Erstbegehungsgefahr zu bejahen, muss sich die drohende Verletzungshandlung stets so **konkret abzeichnen,** dass sich für **alle Tatbestandsmerkmale** beurteilen lässt, ob sie verwirklicht sein werden (BGH GRUR 1970, 305, 306 – *Löscafé;* BGH GRUR 2008, 912 Tz 17 – *Metrosex*). – Die mangelnde Vorratshaltung einer beworbenen, nicht (mehr) vorrätigen Ware kann eine **Erstbegehungsgefahr** auch für Waren anderer Art begründen (BGH GRUR 1987, 371, 373 – *Kabinettwein;* die Frage wird heute allerdings als eine Frage der Wiederholungsgefahr angesehen, s Rdn 1.28). – Der Schluss von einem auf das andere Produkt muss sich aber bei anderen Formen wettbewerbswidrigen Verhaltens nicht in gleicher Weise anbieten; so kann auf Grund einer herabsetzenden vergleichende Werbung für ein bestimmtes Produkt (Bananen) nicht ohne weiteres geschlossen werden, dass eine solche Gefahr auch für weitere Handelswaren besteht; entscheidend ist, ob die angegriffene Werbung eine ausgesprochen **produktspezifische** unzulässige Angabe enthielt (OLG Frankfurt GRUR 1989, 136).

1.26 b) **Wegfall der Erstbegehungsgefahr.** Anders als bei einem **begangenen** Wettbewerbsverstoß (s Rdn 1.33) besteht **keine Vermutung für den Fortbestand einer Erstbegehungs-**

gefahr. Anders als bei der Wiederholungsgefahr ist daher für die Beseitigung der Erstbegehungsgefahr **keine strafbewehrte Unterlassungserklärung** erforderlich. Die Erstbegehungsgefahr kann im Allgemeinen durch ein **entgegengesetztes Verhalten** (actus contrarius) beseitigt werden (BGH GRUR 2008, 912 Tz 30 – *Metrosex;* BGH GRUR 2009, 841 Tz 23 – *Cybersky*). Bei der durch eine Markenanmeldung oder -eintragung begründeten Erstbegehungsgefahr führt demnach die Rücknahme der Markenanmeldung oder der Verzicht auf die Eintragung der Marke regelmäßig zum Fortfall der Erstbegehungsgefahr (BGH GRUR 2008, 912 Tz 30 – *Metrosex*).

Beruht die Erstbegehungsgefahr auf einer **Äußerung,** ist der Widerruf oder die Erklärung des Unterlassungswillens ausreichend. Voraussetzung ist stets, dass die Äußerung **unmissverständlich** und **ernst gemeint** ist (vgl BGH GRUR 2001, 1174, 1176 – *Berühmungsaufgabe*). Ob dies der Fall ist, hängt von den Umständen des **Einzelfalls** ab (*Teplitzky* Kap 10 Rdn 21). Verneint wurde eine klare Aussage etwa bei der Erklärung, von der (markenverletzenden) Verwendung eines Titels werde „wohl Abstand genommen" (LG Hamburg NJWE-WettbR 2000, 296). **1.26a**

Eine **Berühmung** (Rdn 1.18) endet mit der **Aufgabe der Berühmung** (BGH GRUR 1987, 125, 126 – *Berühmung;* BGH GRUR 1989, 432 – *Kachelofenbauer I;* BGH GRUR 1992, 116, 117 – *Topfgucker-Scheck;* BGH GRUR 1993, 53, 55 – *Ausländischer Inserent*). Eine solche liegt jedenfalls in der uneingeschränkten und eindeutigen Erklärung, dass die beanstandete Handlung in der Zukunft nicht vorgenommen werde (BGH GRUR 2001, 1174, 1176 – *Berühmungsaufgabe*). Beruht die Erstbegehungsgefahr auf einer Werbung, so endet sie, wenn diese Werbung aufgegeben wird (BGH GRUR 1992, 116, 117 – *Topfgucker-Scheck*). – Zur Frage, ob vor der gerichtlichen Geltendmachung des vorbeugenden Unterlassungsanspruchs abgemahnt werden muss, um im Falle des sofortigen Anerkenntnisses eine Kostenentscheidung gegen den Kläger (§ 93 ZPO) zu vermeiden, s § 12 Rdn 1.6. **1.27**

c) Vorbeugender Unterlassungsanspruch und Verletzungsunterlassungsanspruch. Die Frage, ob auf Grund eines Verstoßes nicht nur die Wiederholung der konkreten Verletzungshandlung, sondern darüber hinaus auch **ähnliche Verletzungshandlungen** drohen, wird heute nicht als Frage der Erstbegehungsgefahr, sondern als eine Frage der **Reichweite der Wiederholungsgefahr** verstanden (BGHZ 126, 287, 295 – *Rotes Kreuz;* BGH GRUR 1996, 800, 802 – *EDV-Geräte;* BGH GRUR 1998, 1039, 1040 – *Fotovergrößerungen;* BGH GRUR 2000, 337, 338 – *Preisknaller;* anders noch BGH GRUR 1987, 371, 373 – *Kabinettwein;* vgl auch *Teplitzky* Kap 10 Rdn 16). Denn der Verletzungsunterlassungsanspruch ist nicht auf die konkrete Verletzungshandlung begrenzt, sondern erstreckt sich auf **im Kern gleiche Verletzungshandlungen** (s Rdn 1.36). – Nach Eintritt der **Verjährung** entfällt eine **Wiederholungsgefahr** mangels einer in unverjährter Zeit begangenen Verletzungshandlung. Jedoch kann auf Grund neuer Umstände **Erstbegehungsgefahr** bestehen (BGH GRUR 1973, 203, 205 – *Badische Rundschau;* BGH GRUR 1988, 313 – *Auto F. GmbH*). **1.28**

Ist eine beanstandete geschäftliche Handlung zunächst rechtmäßig und wird erst infolge einer Gesetzesänderung von einem **im Laufe des Verfahrens in Kraft tretenden Verbot erfasst,** kann nicht von dem früheren (rechtmäßigen) Verhalten auf eine (Erst-)Begehungsgefahr geschlossen werden, zumal wenn der Beklagte erklärt, sich künftig nach dem neuen Gesetz zu richten (BGH GRUR 1998, 591, 592 f – *Monopräparate;* vgl zur entspr Frage bei der Wiederholungsgefahr Rdn 1.43). **1.29**

III. Verletzungsunterlassungsanspruch

1. Voraussetzungen

Ist es bereits in der Vergangenheit zu einer **Verletzungshandlung** gekommen, stellt sich die Frage der **Begehungsgefahr in anderem Licht.** Weiterer Anzeichen für die bevorstehende Gefahr einer Zuwiderhandlung bedarf es nun nicht mehr, vielmehr besteht auf Grund des bereits geschehenen Verstoßes **grds Wiederholungsgefahr.** Damit ist Voraussetzung des Verletzungsunterlassungsanspruchs zum einen ein bereits erfolgter Wettbewerbsverstoß, zum anderen die Wiederholungsgefahr. Das wettbewerbswidrige Verhalten muss dabei rechtswidrig, braucht aber nicht schuldhaft zu sein. **1.30**

Während § 1004 II BGB ausdrücklich bestimmt, dass der Anspruch ausgeschlossen ist, „wenn der Eigentümer **zur Duldung verpflichtet** ist", kennt der wettbewerbsrechtliche Unterlassungsanspruch eine solche Einschränkung nicht. Das heißt aber nicht, dass es nicht auch Fallkonstellationen gäbe, in denen ein Wettbewerber eine Beeinträchtigung durch einen Mitbewer- **1.31** ber hinnehmen muss. Liegt eine solche Duldungspflicht vor, scheidet aber schon ein Wettbewerbsverstoß aus. Die Frage der Duldung ist also, etwa im Rahmen einer Interessenabwägung, auf der **Tatbestandsebene** zu beantworten.

2. Wiederholungsgefahr

1.32   a) **Tatbestand.** Die **Wiederholungsgefahr** ist als Tatbestandsmerkmal materiell-rechtliche Voraussetzung eines (Verletzungs-)Unterlassungsanspruchs (s Rdn 1.10). Sie liegt vor, wenn eine Wiederholung des wettbewerbswidrigen Verhaltens **ernsthaft** und **greifbar** zu besorgen, nicht schon, wenn sie nur denkbar oder möglich ist. Ob Wiederholungsgefahr besteht, hängt von der **Willensrichtung** des Verletzers ab. Diese lässt sich als eine rein subjektive Tatsache nicht mit Sicherheit feststellen, sondern nur auf Grund **äußerlich erkennbarer** Umstände erschließen. Da die Unterlassungspflicht **höchstpersönlicher Natur** ist, setzt sich auch die in der Person des Erblassers begründete Wiederholungsgefahr nicht in der Person des Erben fort (BGH GRUR 2006, 879 Tz 17 – *Flüssiggastank*). Nichts anderes gilt im Falle der Verschmelzung eines Unternehmens auf ein anderes: Eine in der Person des alten Rechtsträgers begründete Wiederholungsgefahr lässt nicht auch bei dem übernehmenden Rechtsträger eine Wiederholungs- oder Erstbegehungsgefahr entstehen (BGHZ 172, 165 Tz 12 = GRUR 2007, 995 – *Schuldnachfolge;* BGH GRUR 2008, 1002 Tz 39 – *Schuhpark;* s Rdn 2.53).

1.33   b) **Tatsächliche Vermutung.** Ist es zu einem Wettbewerbsverstoß gekommen, streitet eine **tatsächliche Vermutung für die Wiederholungsgefahr** (stRspr; BGH GRUR 1997, 379, 380 – *Wegfall der Wiederholungsgefahr II;* BGH GRUR 1997, 929, 930 – *Herstellergarantie;* BGH GRUR 2001, 453, 455 – *TCM-Zentrum;* BGH GRUR 2002, 717, 719 – *Vertretung der Anwalts-GmbH*). Die Wiederholungsgefahr beschränkt sich dabei nicht auf die identische Verletzungsform, sondern umfasst auch alle im Kern gleichartigen Verletzungsformen (vgl. BGH GRUR 1996, 290, 291 – *Wegfall der Wiederholungsgefahr I;* BGH GRUR 1996, 800, 802 – *EDV-Geräte;* BGH GRUR 1997, 931, 932 – *Sekundenschnell;* BGH GRUR 1999, 1017, 1018 – *Kontrollnummernbeseitigung I;* BGH GRUR 2005, 443, 446 – *Ansprechen in der Öffentlichkeit II*). An den **Fortfall** der Wiederholungsgefahr sind **strenge Anforderungen** zu stellen (BGHZ 14, 163 – *Constance;* BGH GRUR 1959, 368, 374 – *Ernst Abbe;* BGH GRUR 1965, 198, 202 – *Küchenmaschinen;* BGH GRUR 1970, 558, 559 – *Sanatorium;* BGH GRUR 1972, 550 – *Spezialsalz II;* BGH GRUR 1998, 483, 485 – *Der M.-Markt packt aus;* BGH GRUR 2002, 180 – *Weit-Vor-Winterschluss-Verkauf*); im Einzelnen hierzu Rdn 1.38 ff.

1.34   Die **Vermutung** beschränkt sich auf die **konkrete Verletzungshandlung** und auf im Kern gleichartige Verstöße (s Rdn 1.36 und 1.52). Sie ist aber **widerleglich.** Sie zu widerlegen, obliegt dem **Verletzer** (BGH GRUR 1993, 579, 581 – *Römer GmbH*). Dies gelingt im Allgemeinen nur dadurch, dass der Verletzer eine **bedingungslose und unwiderrufliche Unterlassungsverpflichtungserklärung** unter Übernahme einer angemessenen **Vertragsstrafe** für jeden Fall der Zuwiderhandlung abgibt (BGH GRUR 1984, 214, 216 – *Copy-Charge;* BGH GRUR 1984, 593, 595 – *adidas-Sportartikel;* BGH GRUR 1985, 155, 156 – *Vertragsstrafe bis zu ... I; Teplitzky* GRUR 1983, 609 ff; s auch Rdn 1.38). In der Praxis ist die **strafbewehrte Unterlassungserklärung** des Verletzers, kurz **Unterwerfungserklärung,** zum festen Brauch geworden. Weil dem Verletzer stets dieser einfache Weg offen steht, kann sonst kaum ein Umstand die Wiederholungsgefahr ausräumen. Vielmehr zeigt der Verletzer mit der Verweigerung der Unterwerfung, dass nach wie vor Wiederholungsgefahr besteht (BGH GRUR 1959, 367, 374 – *Ernst Abbe;* BGHZ 115, 105, 115 – *Anwaltswerbung I;* BGH GRUR 1998, 1045, 1046 – *Brennwertkessel*). Auch wenn sich der Unterlassungsanspruch gegen eine am privaten Geschäftsverkehr teilnehmende Körperschaft des öffentlichen Rechts richtet, gilt die Vermutung der Wiederholungsgefahr (BGH GRUR 1991, 769, 771 – *Honoraranfrage;* BGH GRUR 1994, 516 – *Auskunft über Notdienste*).

1.35   c) **Anwendungsbereich.** Die strenge Vermutung der Wiederholungsgefahr, die idR nur durch Abgabe einer (strafbewehrten) Unterwerfungserklärung ausgeräumt werden kann, gilt nicht nur im **Wettbewerbsrecht,** sondern generell im **gewerblichen Rechtsschutz** (zum Patentrecht: BGH GRUR 1976, 579, 582 f – *Tylosin; Busse/Keukenschrijver* PatG, 6. Aufl 2004, § 139 Rdn 45 ff; zum Kennzeichenrecht: BGH GRUR 2000, 605, 607 f – *comtes/ComTel;* BGH GRUR 2001, 422, 424 – *ZOCOR;* BGHZ 149, 191, 196 – *shell.de*) und **Urheberrecht** (BGHZ 136, 380, 390 – *Spielbankaffaire; Schricker/Wild* UrhR, 2. Aufl 1999, § 97 UrhG Rdn 42) sowie im **Kartellrecht** (*Langen/Bunte/Bornkamm* § 33 GWB Rdn 41). Auch bei **Persönlichkeitsrechtsverletzungen** (BGH GRUR 1961, 138, 140 – *Familie Schölermann;* BGH GRUR 1994,

394, 395 – *Bilanzanalyse*) und bei der **Verwendung unzulässiger AGB-Klauseln** (BGHZ 81, 222, 225 f; BGHZ 119, 152, 164 f) geht die Rspr von einer solchen Vermutung aus.

d) Erstreckung der Wiederholungsgefahr auf im Kern gleichartige Verstöße. Die 1.36 durch eine Verletzungshandlung begründete Wiederholungsgefahr erstreckt sich grds auch auf alle **im Kern gleichartigen Verletzungshandlungen** (BGH GRUR 1989, 445, 446 – *Professorenbezeichnung in der Ärztewerbung II;* BGH GRUR 1991, 672, 674 – *Anzeigenrubrik I;* BGH GRUR 1993, 579, 581 – *Römer-GmbH;* BGH GRUR 1996, 199 – *Wegfall der Wiederholungsgefahr I;* BGH GRUR 1996, 800, 802 – *EDV-Geräte;* BGH GRUR 1997, 379, 380 – *Wegfall der Wiederholungsgefahr II;* BGH GRUR 1999, 509, 511 – *Vorratslücken;* BGH GRUR 2000, 337, 338 – *Preisknaller;* BGH GRUR 2000, 907, 909 – *Filialleiterfehler;* BGH GRUR 2008, 702 Tz 55 – *Internet-Versteigerung III*). Dieses Verständnis hat sich durchgesetzt, auch wenn es logischer wäre, nur hins der konkreten Verletzungshandlung von einer Wiederholungsgefahr zu sprechen und im Übrigen auf Grund der erfolgten Verletzungshandlung für ähnliche Verhaltensweisen von einer Erstbegehungsgefahr auszugehen.

Im Kern gleichartig ist ein Verhalten, das – ohne identisch zu sein – von der Verletzungs- 1.37 handlung nur unbedeutend abweicht (*Teplitzky* Kap 57 Rdn 12). Entscheidend ist, dass sich das **Charakteristische der Verletzungshandlung** wieder findet. – **Beispiele:** Auf Grund einer irreführenden Werbung in einer Zeitung besteht die Gefahr, dass dieselbe Anzeige auch in einer **anderen Zeitung** erscheint. Wird ein Fernsehgerät der Marke X mit nicht vorhandenen Ausstattungsmerkmalen beworben, besteht die Gefahr, dass auch Fernsehgeräte der Marken Y und Z auf diese Weise beworben werden. Fraglich ist aber bereits, ob eine entspr Gefahr auch für sonstige Artikel der **Unterhaltungselektronik** besteht (OLG Saarbrücken WRP 1997, 603). Aus dem vorübergehenden Nichtvorhandensein eines Computergeräts kann nicht die Vermutung abgeleitet werden, dass für das gesamte Sortiment des EDV-Handels die Gefahr einer unzureichenden Vorratshaltung besteht (BGH GRUR 1996, 800 – *EDV-Geräte;* vgl auch BGH GRUR 1992, 858, 860 – *Clementinen*). Werden Fotovergrößerungen nicht zu den für die Anfertigung beworbenen Preisen ausgeführt, so rechtfertigt die Wettbewerbswidrigkeit nicht ein Verbot der Werbung für **Fotoarbeiten** schlechthin (BGH GRUR 1998, 1039, 1040 – *Fotovergrößerungen*). Auf den Kern der Verletzungshandlung wird auch bei der Bestimmung des **Verbotsumfangs gerichtlicher Unterlassungsgebote** abgestellt (s § 12 Rdn 6.4).

3. Wegfall der Wiederholungsgefahr

a) Strafbewehrte Unterwerfung. Der Normalfall des Wegfalls der Wiederholungsgefahr ist 1.38 die strafbewehrte Unterwerfungsklärung, also die **Erklärung** des Schuldners, mit der er sich verpflichtet, das beanstandete Verhalten **zukünftig zu unterlassen,** und mit der er zur Bekräftigung dieser übernommenen Verpflichtung für jeden Fall der Zuwiderhandlung die **Zahlung einer Vertragsstrafe** verspricht. Auch wenn nicht ohne Ausnahmen (s unten Rdn 1.43 ff), lässt sich doch die Regel aufstellen, dass der Verletzer die zu vermutende Wiederholungsgefahr nach einem Wettbewerbsverstoß lediglich durch eine strafbewehrte Unterwerfungserklärung beseitigen kann (BGHZ 14, 163, 168 = GRUR 1955, 97 – *Constanze II;* BGH GRUR 1972, 550 f – *Spezialsalz II;* BGH GRUR 1990, 617, 624 – *Metro III;* BGH GRUR 1993, 53, 55 – *Ausländischer Inserent;* BGH GRUR 1994, 443, 445 – *Versicherungsvermittlung im öffentlichen Dienst;* BGH GRUR 1998, 1045, 1046 – *Brennwertkessel;* BGH GRUR 2003, 450, 452 – *Begrenzte Preissenkung;* BGH GRUR 2008, 996 Tz 33 – *Clone-CD;* BGH GRUR 2008, 1108 Tz 23 – *Haus & Grund III;* OLG Celle WRP 2009, 867). Die Unterwerfung ist der wichtigste und häufigste Grund für den Wegfall der Wiederholungsgefahr. Ihr geht idR die **Abmahnung** des Gläubigers voraus. Diese beiden Rechtsinstitute sind bei § 12 (dort Rdn 1.3 ff und 1.101 ff) kommentiert.

b) Wegfall der Störung oder Zusage des Verletzers. Zur Beseitigung der Wiederholungs- 1.39 gefahr genügen weder der bloße **Wegfall der Störung** noch die **Zusage des Verletzers,** von Wiederholungen künftig Abstand zu nehmen. Hiervon geht die Rspr in Wettbewerbsprozessen seit jeher mit Recht aus (BGHZ 1, 241, 248 – *Piek-fein;* BGH GRUR 1955, 342, 345 – *Holländische Obstbäume*). Die Wiederholungsgefahr wird auch nicht dadurch beseitigt, dass der Gläubiger bereits eine gleich lautende **einstweilige Verfügung** erwirkt hat, solange der Schuldner nicht eine **durch Vertragsstrafe gesicherte Unterlassungserklärung** oder eine **Abschlusserklärung** abgegeben hat (BGH GRUR 1964, 274, 275 – *Möbelrabatt*). Im Falle des § 8 II UWG kommt es für den Wegfall der Wiederholungsgefahr auf die Person und das Verhalten des Unternehmers **und** des Mitarbeiters an (BGH GRUR 1964, 263, 266 – *Unterkunde;* BGH GRUR 1965, 155 – *Werbefahrer;* BGH GRUR 1973, 208, 209 – *Neues aus der*

Medizin). Es reicht daher im Allgemeinen nicht aus, dass der fragliche Mitarbeiter entlassen worden ist (großzügiger OLG Stuttgart WRP 1993, 780). Auch derjenige, der ernstliche Anstalten getroffen hat, um jeder Wiederholung vorzubeugen, hat damit die Wiederholungsgefahr noch nicht ausgeräumt. Ebenso wenig wird die Wiederholungsgefahr dadurch ausgeräumt, dass dem Gläubiger die Möglichkeit gegeben wird, durch einfache Erklärung weitere Verletzungshandlungen zu unterbinden. So entfällt die Wiederholungsgefahr im Falle einer unaufgeforderten E-Mail-Werbung nicht schon dadurch, dass der Adressat weitere Belästigungen durch Mausklick abstellen kann (aA AG Dresden NJW 2005, 2561, 2562). Dem Gläubiger ist die Abgabe einer solchen Erklärung schon deswegen nicht zuzumuten, weil er damit rechnen muss, dass solche Erklärungen unbeachtet bleiben und ihnen umgekehrt der Hinweis entnommen wird, dass der Absender eine derartige Werbung überhaupt zur Kenntnis nimmt.

1.39a **c) Aufgabe des Geschäftsbetriebs, Insolvenz.** Selbst die **Aufgabe jeder Geschäftsbetätigung** lässt die Wiederholungsgefahr nicht entfallen, es sei denn, es ist auszuschließen, dass der Verletzer denselben oder einen ähnlichen Geschäftsbetrieb wieder aufnimmt (BGH GRUR 1959, 367, 374 – *Ernst Abbe;* BGH GRUR 1972, 550, 551 – *Spezialsalz II;* BGH GRUR 1976, 657, 583 – *Tylosin;* BGH GRUR 1992, 318, 320 – *Jubiläumsverkauf;* BGH GRUR 1998, 824, 828 – *Testpreis-Angebot;* BGH GRUR 2001, 453 – *TCM-Zentrum;* ÖOGH ÖBl 1995, 214, 215 – *Ausverkaufszeitraum;* großzügiger dagegen OLG Koblenz GRUR 1988, 43, 45). Auch die Auflösung eines Unternehmens nach Ablehnung des Insolvenzantrags mangels Masse stellt lediglich eine Änderung der tatsächlichen Verhältnisse dar, die für sich genommen die Wiederholungsgefahr nicht entfallen lässt (BGH GRUR 2008, 625 Tz 23 – *Fruchtextrakt*).

1.40 **d) Änderung der tatsächlichen Verhältnisse.** Auch die Einstellung der Produktion eines – möglicherweise technisch veralteten – Erzeugnisses führt nicht dazu, dass die Wiederholungsgefahr entfällt (BGH GRUR 1998, 1045, 1046 – *Brennwertkessel;* vgl auch BGH GRUR 1961, 356, 360 – *Pressedienst;* BGH GRUR 1965, 198, 202 – *Küchenmaschine*). Dies gilt erst recht, wenn lediglich die beanstandete Werbung eingestellt worden ist (BGH GRUR 1974, 225, 227 – *Lager-Hinweiswerbung*). Generell gilt, dass eine nur **tatsächliche Veränderung** der Verhältnisse die Wiederholungsgefahr nicht berührt, solange nicht auch jede Wahrscheinlichkeit für eine Aufnahme des unzulässigen Verhaltens durch den Verletzer beseitigt ist; sie entfällt nicht schon dann, wenn ein Wiedereintreten völlig gleichgearteter Umstände nicht zu erwarten ist (BGH GRUR 1961, 288, 290 – *Zahnbürsten;* BGH GRUR 1988, 38, 39 – *Leichenaufbewahrung*).

1.41 **e) Wettbewerbsverstoß ohne Wiederholungsgefahr?** Häufig werden als Argument gegen die Wiederholungsgefahr die **einzigartigen Umstände** angeführt, die angeblich zu dem Verstoß geführt haben. Dieser Einwand kann zwar im Einzelfall begründet sein (vgl GK/*Köhler* Vor § 13 B Rdn 28, 33), ist aber meist unbehelflich. Ihm steht idR gerade die Vermutung entgegen, dass diese Umstände erneut auftreten werden und sich der Verstoß wiederholen wird. Dabei ist zu beachten, dass die Wiederholungsgefahr auch dann zu bejahen ist, wenn in Zukunft zwar keine identischen, aber **im Kern gleichartige Verstöße** zu erwarten sind. Bedenken begegnet insoweit die Entscheidung „Jubiläumsverkauf" des BGH. Dort war es als Verstoß gegen § 1 I PAngV beanstandet worden, dass ein Unternehmen anlässlich eines zulässigen Jubiläumsverkaufs pauschal einen Nachlass von 10% auf alle Waren angekündigt hatte, ohne die Preisauszeichnung der einzelnen Waren zu verändern (eine solche Auszeichnungspraxis ist inzwischen auf Grund einer Änderung des § 9 II PAngV legalisiert!). Der BGH wies die Klage mit der Begründung ab, es fehle an der Wiederholungsgefahr, weil frühestens in 25 Jahren erneut ein zulässiger Jubiläumsverkauf denkbar sei (BGH GRUR 1992, 318, 319 – *Jubiläumsverkauf*). Das lässt sich bezweifeln, wenn man als Kern der Verletzungshandlung die Werbung mit der pauschalen Preisherabsetzung während einer (zulässigen) Sonderveranstaltung ansieht (zu einer derartigen Konstellation BGH GRUR 1999, 762 – *Herabgesetzte Schlussverkaufspreise*). Als solche kamen aber auch Saisonschluss- und Räumungsverkäufe in Betracht.

1.42 **f) Keine Wiederholungsgefahr bei Rechtsirrtum?** Vereinzelt hat die Rspr jedoch **Ausnahmen** zugelassen, die allerdings wenig überzeugen und nicht verallgemeinert werden dürfen: Zum einen ist die Wiederholungsgefahr in der Entscheidung „**Versicherungsvermittlung im öffentlichen Dienst**" verneint worden, weil sich der Verletzer bei unklarer Rechtslage in einem **entschuldbaren Rechtsirrtum** befunden habe und zu erwartet gewesen sei, dass er den Gesetzesverstoß nach höchstrichterlicher Klärung nicht wiederholen würde (BGH GRUR 1994, 443, 445 – *Versicherungsvermittlung im öffentlichen Dienst*). Dasselbe Argument ist jedoch in vergleichbaren Fällen des Rechtsbruchs in anderer Weise verwandt worden, um zu begründen, dass sich der Verletzer nicht bewusst und planmäßig über eine Rechtsnorm hinweggesetzt hatte

(BGH GRUR 1988, 382, 383 – *Schelmenmarkt;* BGH GRUR 1994, 222, 224 – *Flaschenpfand I*). Zum anderen ist in derselben Entscheidung darauf abgestellt worden, dass die **Wettbewerbsverstöße provoziert** worden waren und der Dienstherr weitere Verstöße durch eine **verstärkte Kontrolle** unterbinden werde (BGH GRUR 1994, 443, 445 – *Versicherungsvermittlung im öffentlichen Dienst*). Mit Recht ist diese Abweichung von der klaren Linie der Rspr kritisiert worden (*Teplitzky* Kap 7 Rdn 4; vgl hierzu auch Piper/*Ohly*/Sosnitza § 8 Rdn 19).

g) Gesetzesänderung. An der Wiederholungsgefahr fehlt es von vornherein, wenn das beanstandete Verhalten **zum Zeitpunkt der Begehung nicht verboten** war. Denn eine Vermutung, dass ein Verhalten wiederholt wird, nachdem es vom Gesetz ausdrücklich verboten worden ist, besteht nicht (BGH GRUR 2005, 442 – *Direkt ab Werk;* BGH GRUR 2008, 186 Tz 17 – *Telefonaktion;* BGH GRUR 2009, 79 Tz 25 – *Gebäckpresse;* BGH GRUR 2009, 845 Tz 38 – *Internet-Videorecorder;* BGH GRUR 2009, 875 Tz 8 – *Jeder 100. Einkauf gratis;* BGH GRUR 2009, 977 Tz 11 – *Brillenversorgung;* BGH GRUR 2009, 886 Tz 13 – *Die clevere Alternative*). An der Wiederholungsgefahr kann es auch fehlen, wenn der Verstoß unter Geltung einer **zweifelhaften Rechtslage** erfolgt ist, diese Zweifel aber inzwischen durch eine **Gesetzesänderung** beseitigt sind und außer Frage steht, dass das beanstandete Verhalten verboten ist. In diesem Sinne hat der BGH etwa in einem Fall entschieden, in dem es darum ging, ob eine in der Rechtsform der GmbH organisierte überörtliche Anwaltssozietät an jedem Standort einen organschaftlichen Vertreter benötigt; diese Frage ist spätestens durch § 59i BRAO in der Weise entschieden, dass an jedem Standort zumindest ein geschäftsführender Anwalt tätig sein muss, war aber zuvor streitig (BGH GRUR 2002, 717, 719 – *Vertretung der Anwalts-GmbH;* vgl auch BGH NJW-RR 1989, 101, 102 – *Brillenpreise I;* BGH GRUR 1997, 665 – *Schwerpunktgebiete;* BGH GRUR 1998, 591, 592f – *Monopräparate*). Es kann nicht angenommen werden, dass derjenige, der bei zweifelhafter Rechtslage sein Verhalten mit vertretbaren Gründen verteidigt, auch dann auf einer Fortsetzung oder Wiederholung seines Handelns besteht, wenn der Gesetzgeber die offene Frage eindeutig iSd – früher streitigen – Verbots entschieden hat. Zum umgekehrten Fall der inzwischen erfolgten Legalisierung eines Verhaltens oben Rdn 1.8 a).

h) Prozessverhalten. Das Prozessverhalten spielt **für die Frage der Wiederholungsgefahr** nur eine **geringe Rolle.** Denn wenn es bereits zu einem Verstoß gekommen ist, bedarf es meist keiner Bekräftigung der – ohnehin bestehenden – Wiederholungsgefahr. Nur in den seltenen Fällen, in denen ein Wegfall der Wiederholungsgefahr in Betracht zu ziehen ist, kann auf das Prozessverhalten als wichtiges Indiz zurückgegriffen werden. Dabei ist aber zu beachten, dass ein Beklagter sich widerspruchslos auf den Standpunkt stellen kann, sein Verhalten sei rechtmäßig gewesen, im Übrigen sei aber die Wiederholungsgefahr entfallen (zur Berühmung s Rdn 1.18). Allein der Umstand, dass ein früheres Verhalten als rechtmäßig verteidigt wird, besagt nichts für die Wiederholungsgefahr (zu weitgehend daher BGHZ 14, 163, 168 = GRUR 1955, 97 – *Constanze II*). – Bei Licht betrachtet geht es in den Fällen, in denen das Prozessverhalten als Indiz herangezogen wird, meist um Fälle, in denen entweder die Wiederholungsgefahr schon nach den allgemeinen Kriterien nicht bezweifelt werden kann oder in denen es gar nicht um eine Wiederholung, sondern um einen Erstverstoß geht. Für die **Erstbegehungsgefahr** spielt die Frage der **Berühmung,** und damit auch das Prozessverhalten eine große Rolle; dazu Rdn 1.18.

i) Kein Wiederaufleben der Wiederholungsgefahr. Ist die Wiederholungsgefahr einmal entfallen, **erlischt der Unterlassungsanspruch.** Dies ist die Konsequenz daraus, dass die Wiederholungsgefahr als materielle Tatbestandsvoraussetzung begriffen wird (Rdn 1.10). Der Anspruch kann auch **nicht** mehr **wiederaufleben,** wenn es – wider Erwarten – doch zu einem erneuten Verstoß kommt. Grundlage des Unterlassungsanspruchs kann dann nicht der Erste, sondern nur der zweite Verstoß sein, der eine **neue Wiederholungsgefahr** begründet (BGHZ 130, 288, 292 – *Kurze Verjährungsfrist;* BGH GRUR 1998, 1043, 1044 – *GS-Zeichen;* OLG Stuttgart WRP 1997, 1219, 1223; *Teplitzky* Kap 8 Rdn 49; vgl dazu auch § 12 Rdn 1.106, 1.108 und 1.177). Liegt kein erneuter Verstoß vor, macht aber der Schuldner auf andere Weise deutlich, dass er nicht daran denkt, sich an eine Unterwerfungserklärung oder einen Unterlassungstitel (dazu als Grund für den Wegfall der Wiederholungsgefahr Rdn 1.46ff) zu halten, wird dadurch eine originäre **Begehungsgefahr** begründet. Dem Gläubiger steht dann ein vorbeugender Unterlassungsanspruch (kein Verletzungsunterlassungsanspruch) zu.

j) Rechtskräftiges Unterlassungsurteil. In der Regel entfällt die Wiederholungsgefahr – ebenso wie durch eine strafbewehrte Unterwerfungsklärung – auch durch ein **rechtskräftiges Urteil,** durch das der Schuldner zur Unterlassung verurteilt wird. Die Frage ist allerdings umstritten. Insbes *Teplitzky* ist in der Vergangenheit nachdrücklich für die Gegenmeinung eingetreten (8. Aufl Kap 7 Rdn 13 ff; WRP 1996, 171, 173; inzwischen einlenkend *Teplitzky* Kap 7 Rdn 4 a; *ders* GRUR 2003, 272, 275 Fn 53). Mittlerweile überwiegen indessen die Stimmen in der Rspr und im Schrifttum, die im Allgemeinen auch bei (rechtskräftigen) Unterlassungsurteilen von einem **Wegfall der Wiederholungsgefahr** ausgehen und lediglich im Einzelfall prüfen wollen, ob sich aus den Umständen Zweifel an dem Unterlassungswillen des Schuldners ergeben (OLG Hamburg GRUR 1984, 889, 890; OLG Karlsruhe GRUR 1991, 619, 621; OLG Karlsruhe GRUR 1995, 510, 513; OLG Karlsruhe WRP 1995, 649, 650; OLG Karlsruhe GRUR 1997, 72, 73; KG WRP 1993, 22; KG WRP 1998, 71, 72; *Köhler* WRP 1992, 359, 362; GK/*Köhler* Vor § 13 B Rdn 73; Piper/*Ohly*/Sosnitza § 8 Rdn 21; *Bornkamm,* FS Tilmann, 2003, 769, 771 ff; *Melullis* Rdn 588; *Bacher* S 254 f; diff, aber ohne Festlegung *Fritzsche* S 196 ff; aM auch OLG Hamm GRUR 1991, 706, 707; *Traub* WRP 1987, 256 f).

1.47 Es besteht tatsächlich **kein Anlass, die Kopie anders zu behandeln als das Original,** dem sie nachgebildet ist. Denn die Unterwerfungserklärung hat die Funktion, den Gläubiger auch ohne Rechtsstreit möglichst so zu stellen, als hätte er einen Unterlassungstitel erstritten. Es entspricht nicht der Realität, dass derjenige, der sich verurteilen lässt, stets der nicht zu überzeugende Rechtsbrecher, derjenige, der sich unterwirft, dagegen der zum Besseren Bekehrte sei. Auch die Unterwerfungserklärung wird meist nicht aus innerer Einsicht, sondern im Hinblick auf drohende Prozesskosten abgegeben. Umgekehrt hat der verurteilte Schuldner die Rechtslage klären lassen, was für eine **höhere Akzeptanz des Verbots** sprechen kann. Die Gegenansicht steht auf dem Standpunkt, dass der rechtskräftig verurteilte Schuldner sich noch gegenüber einem anderen Gläubiger unterwerfen muss, um die Wiederholungsgefahr entfallen zu lassen. Die unerfreuliche Folge wäre, dass der Schuldner nach rechtskräftiger Verurteilung noch einmal ohne Risiko abgemahnt werden könnte und dafür auch noch die Abmahnkosten zu tragen hätte.

1.48 Gegen die – mittlerweile wohl herrschende – Meinung, dass auch ein Unterlassungstitel die Wiederholungsgefahr entfallen lassen kann, werden **drei Argumente** vorgebracht: (1) Dem Unterlassungstitel fehle das **Moment der Freiwilligkeit,** das die Unterwerfungserklärung auszeichne. (2) Der Unterlassungstitel sei der Unterwerfungserklärung **nicht gleichwertig;** außerdem werde die Unterwerfungserklärung als Streiterledigungsalternative entwertet, wenn der Unterlassungstitel dieselben Wirkungen entfalte. (3) Der Wegfall der Wiederholungsgefahr durch die Rechtskraft des Unterlassungstitels führe zu der absurden Konsequenz, dass der Schuldner – weil ja die Voraussetzungen des Anspruchs nachträglich entfallen seien – mit der **Vollstreckungsgegenklage** (§ 767 II ZPO) gegen das rechtskräftige Unterlassungsurteil vorgehen könne (dieses Argument stammt von *Bacher* S 250 f, der es aber sogleich wieder verwirft).

1.49 **Zu (1)** ist bereits oben Rdn 1.47 Stellung genommen worden; im Übrigen beruht auch mancher Unterlassungstitel (Anerkenntnisurteil, einstweilige Verfügung mit Abschlusserklärung) auf **Freiwilligkeit. Zu (2):** Richtig ist, dass der Titel in manchem schuldnerfreundlicher ist als die Unterwerfung, weil in der Zwangsvollstreckung § 278 BGB generell nicht gilt, der Schuldner daher nur für eigenes Verschulden haftet und weil der Anreiz, einen Verstoß zu verfolgen, bei der in die Tasche des Gläubigers fließenden Vertragsstrafe größer sein mag. Nach hier vertretener Auffassung kann jedoch auch bei der Unterwerfungserklärung die Haftung für Erfüllungsgehilfen ausgeschlossen werden (vgl dazu § 12 Rdn 1.157). Wie die Erfahrung zeigt, hält der Umstand, dass das Ordnungsgeld dem Staat zufließt, Gläubiger nicht von der Vollstreckung des Unterlassungstitels ab. Zu beachten ist aber, dass die **Vollstreckungsbereitschaft des Gläubigers** stets Voraussetzung für den Wegfall der Wiederholungsgefahr ist (vgl OLG Karlsruhe GRUR 1997, 72, 73). **Zu (3):** Zwei Argumente lassen sich gegen die **Vollstreckungsgegenklage** vorbringen: Ihr steht zum einen der **Einwand aus Treu und Glauben** entgegen (vgl *Bacher* S 250 f); zwar mag in dem Verhalten des Schuldners, der nach rechtskräftiger Verurteilung sogleich versucht, diese Verurteilung zu beseitigen, kein venire contra factum proprium liegen; doch wird mit seinem Vorgehen erneut eine Begehungsgefahr und damit ein neuer Unterlassungsanspruch begründet; er verlangt also mit der Vollstreckungsgegenklage etwas, was er sofort wieder hergeben müsste. Zum anderen handelt es sich bei dem rechtskräftigen Titel um eine **innerprozessualen Umstand,** der nicht als neue Tatsache iSv § 767 II ZPO gewertet werden kann; der Titel ist das von der ZPO vorgesehene Ziel der Unterlassungsklage und kann nicht gleichzeitig der Grund für seine Aufhebung sein (vgl *Fritzsche* S 199). Im Übrigen stellt sich das Problem mit der Vollstreckungsgegenklage auch für die Gegenansicht: Folgt man ihr, muss sich der rechtskräftig verurteilte Schuldner – von einem anderen Gläubiger abgemahnt – unterwerfen, wenn er einen zweiten Prozess vermeiden möchte (dazu Rdn 1.47 aE). Spätestens nach dieser Unterwerfung ist aber die Wiederholungsgefahr generell entfallen, was der Schuldner mit der Vollstreckungsgegenklage geltend machen könnte (vgl *Bornkamm,* FS Tilmann, 2003, 769, 776).

Auch der **BGH** hat sich in der Entscheidung „**Begrenzte Preissenkung**" auf den Standpunkt gestellt, dass ein rechtskräftiges Unterlassungsurteil die Wiederholungsgefahr entfallen lassen kann (BGH GRUR 2003, 450 – *Begrenzte Preissenkung*). Voraussetzung ist danach allerdings, dass sich der Verurteilte im Verhältnis zu dem weiteren Unterlassungsgläubiger **auf den rechtskräftigen Titel beruft** und damit deutlich macht, dass er darin auch eine Regelung des Streits mit dem weiteren Gläubiger sieht und sich dementsprechend verhalten wird. Führt er die erfolgte Verurteilung nicht an, verteidigt er vielmehr gegenüber dem weiteren Gläubiger sein Verhalten, zeigt dies, dass das rechtskräftige Urteil die Wiederholungsgefahr ausnahmsweise nicht hat entfallen lassen. Im **konkreten Fall** war ein Berliner Möbelhändler wegen derselben Werbung von zwei verschiedenen Gläubigern in Anspruch genommen worden. Nachdem er im ersten Verfahren rechtskräftig verurteilt worden war, verteidigte er sein Verhalten in dem zweiten Verfahren weiterhin als rechtmäßig und erwähnte auch das Ergebnis des Parallelprozesses nicht. Deshalb bestand die Wiederholungsgefahr – so der BGH aaO – fort (vgl die ähnlichen Konstellation im Fall OLG Karlsruhe GRUR 1997, 72, 73). Genau genommen handelt es sich hier aber nicht einmal um eine Besonderheit, die nur für Unterlassungsurteile gilt. Hat sich ein Schuldner gegenüber einem Gläubiger unterworfen und verteidigt er – von einem zweiten Gläubiger abgemahnt – sein Verhalten, ohne auf die abgegebene Unterwerfungserklärung hinzuweisen, begründet dies ebenfalls Zweifel am bestehenden Unterlassungswillen (OLG Düsseldorf WRP 2002, 1019).

k) Vergleich. Ebenso wie durch ein rechtskräftiges Urteil entfällt die Wiederholungsgefahr auch durch einen Vergleich, in dem sich der Schuldner strafbewehrt unterwirft (vgl OLG Celle VuR 2007, 65). In diesem Fall fehlt auch das Freiwilligkeitsmoment (oben Rdn 1.48 f) nicht. Bei einem **Widerrufsvergleich** fällt die Wiederholungsgefahr allerdings erst weg, wenn feststeht, dass der Vergleich Bestand hat. Wird der Vergleich widerrufen, besteht nach wie vor Wiederholungsgefahr. Dies gilt nicht nur für den Fall, dass der Schuldner, sondern – entgegen OLG Celle VuR 2007, 65 (mit krit Anm *Beuchler* VuR 2007, 66, 68) – auch dann, wenn der Gläubiger den Vergleich aus welchen Gründen auch immer widerruft. Nur der Vergleich, der Bestand hat, bietet eine **Sanktionsmöglichkeit** im Falle eines erneuten Verstoßes. Im Übrigen ist zu fragen: Welche Gewähr für ein Wohlverhalten bietet die uneinsichtige Schuldner, der sich die Unterwerfungserklärung nur für den Fall abnötigen lässt, dass der Gläubiger eine bestimmte Gegenleistung (zB Übernahme eines Teils der entstandenen Kosten) erbringt? Letztlich handelt es sich hier um eine bedingte Unterwerfungserklärung, die schon durch den Nichteintritt der Bedingung gegenstandslos wird. Will der Schuldner den Unterlassungsanspruch entfallen lassen, bleibt es ihm im Falle des Widerrufs des Vergleichs unbenommen, unverzüglich eine vom Vergleich unabhängige Unterwerfungserklärung abzugeben.

l) Einstweilige Verfügung mit Abschlusserklärung. Die Wiederholungsgefahr entfällt schließlich nicht nur durch ein rechtskräftiges Unterlassungsurteil in der Hauptsache, sondern auch durch eine **einstweilige Verfügung**, die der Schuldner durch **Abschlusserklärung** als endgültige Regelung anerkannt hat (s § 12 Rdn 3,77; ferner OLG Hamburg GRUR 1984, 889, 890; OLG Karlsruhe GRUR 1995, 510, 513; *Fritzsche* S 631).

IV. Umfang des Unterlassungsanspruchs

1. Sachlicher Umfang

a) Grundsatz. Der sachliche Umfang des Unterlassungsanspruchs richtet sich danach, in welchem Umfang eine Begehungsgefahr (Wiederholungs- oder Erstbegehungsgefahr) besteht. Ausgangspunkt ist dabei die konkrete Verletzungshandlung (s Rdn 1.34 und 1.36), die sich entweder aus einem bereits erfolgten Wettbewerbsverstoß oder aus den Umständen ergibt, die – wie bspw eine Berührung – die Erstbegehungsgefahr begründen. Dabei ist zu beachten, dass sich die durch eine Verletzungshandlung begründete **Wiederholungsgefahr** grds auch auf alle **im Kern gleichartigen Verletzungshandlungen** erstreckt, ohne dass insofern auf eine Erstbegehungsgefahr zurückgegriffen werden müsste (BGH GRUR 1989, 445, 446 – *Professorenbezeichnung in der Ärztewerbung II*; BGH GRUR 1991, 672, 674 – *Anzeigenrubrik I*; BGH GRUR 1993, 579, 581 – *Römer-GmbH*; BGH GRUR 1996, 199 – *Wegfall der Wiederholungsgefahr I*; BGH GRUR 1996, 800, 802 – *EDV-Geräte*; BGH GRUR 1997, 379, 380 – *Wegfall der Wiederholungsgefahr II*; BGH GRUR 1999, 509, 511 – *Vorratslücken*; BGH GRUR 2000, 337, 338 – *Preisknaller*; BGH GRUR 2000, 907, 909 – *Filialleiterfehler*; BGHZ 148, 221, 224 – *SPIEGEL-*

CD-ROM zum Urheberrecht; BGH GRUR 2004, 155, 156 – *Farbmarkenverletzung II* zum Markenrecht; BGH GRUR 2009, 772 Tz 29 – *Augsburger Puppenkiste* zum Kennzeichenrecht).

1.53 **b) Beispiele.** Wirbt ein Händler mit einer unzutreffenden Preisgegenüberstellung für eine Polstergarnitur, erstreckt sich der Anspruch auf eine entspr Werbung für Teppiche und Möbel (BGH GRUR 2000, 337, 338 – *Preisknaller*). Dagegen ist es als zu weitgehend angesehen worden, auf Grund einer irreführenden Preiswerbung für Fotovergrößerungen den Unterlassungsanspruch auf eine entspr Irreführung in der Werbung für Fotoarbeiten zu erstrecken; denn damit bezieht sich der Anspruch auch auf die Werbung für Filmentwicklungen, für das Anfertigen von Passfotos, Ausschnittsabzügen oÄ, die mit Vergrößerungsarbeiten von der Art her nicht ohne weiteres gleichartig erscheinen (BGH GRUR 1998, 1039, 1040f – *Fotovergrößerungen*). Wird mit unzutreffenden unverbindlichen Preisempfehlungen für einen Radiorecorder, eine Waschmaschine und einen Kühlautomaten geworben, umfasst der Unterlassungsanspruch generell die Werbung mit unrichtigen Preisempfehlungen für Artikel der Unterhaltungselektronik und für Haushaltsgeräte; es ginge aber zu weit, das Verbot auf sämtliche vom Schuldner geführte Markenartikel zu erstrecken (BGH GRUR 2003, 446, 447 – *Preisempfehlung für Sondermodelle*). Entsprechendes gilt bei unzureichender Vorratshaltung einer Videokamera; auch hier erstreckt sich der Anspruch und damit das zu beantragende Verbot auf eine entspr unzureichende Vorratshaltung für Geräte der Unterhaltungselektronik (BGH GRUR 2000, 907, 909 – *Filialleiterfehler*). Schließlich ist der Unterlassungsanspruch wegen einer unaufgeforderten Zusendung von E-Mails nicht auf die Versendung des konkreten Rundschreibens an die E-Mail-Adressen beschränkt, die bereits Adressaten der bisherigen Werbeaktionen waren (BGH GRUR 2004, 517, 520 – *E-Mail-Werbung*).

1.54 **c) Konsequenzen für die Antragsfassung.** Wird im Prozess mehr verlangt, als es dem materiellen Unterlassungsanspruch entspricht, kann das Gericht das **Verbot auf das angemessene Maß beschränken,** das als ein Minus in der zu weiten Antragsfassung enthalten ist. Fehlen Anhaltspunkte für eine solche Beschränkung auf das angemessene Maß, ist das Verbot auf die konkrete Verletzungsform zu beschränken. – Bei der üblichen Bezugnahme im Schadensersatzfeststellungs- und im Auskunftsantrag auf den Unterlassungsantrag ist zu bedenken, dass sich die Schadensersatzfeststellung und die Verpflichtung zur Auskunftserteilung ebenfalls auf im Kern gleichartige Verletzungshandlungen erstrecken können (BGH GRUR 1996, 502, 507 – *Energiekosten-Preisvergleich*). Eine Bezugnahme auf den Unterlassungsantrag ist dagegen problematisch, wenn sich ein Unterlassungsanspruch in dem beantragten Umfang nur deswegen begründen lässt, weil hins des Teils, für den keine Wiederholungsgefahr besteht, eine Erstbegehungsgefahr angenommen werden kann (BGH GRUR 2000, 907, 910 – *Filialleiterfehler*).

1.55 **d) Begrenzung des Anspruchs durch den Verhältnismäßigkeitsgrundsatz.** Wettbewerbsrechtliche Unterlassungsansprüche können ferner durch den Grundsatz der Verhältnismäßigkeit begrenzt sein (BGH GRUR 1999, 504, 506 – *Implantatbehandlung*; BGH GRUR 2003, 628, 630 – *Klosterbrauerei*). Eine solche Begrenzung kann auf der Tatbestandsebene dazu führen, dass das in Frage stehende Verhalten nicht verboten ist. Hiervon zu unterscheiden ist die Begrenzung auf der Ebene der Rechtsfolgen, also der Ansprüche, die das Verbot an sich unberührt lässt (dazu eingehend *Köhler* GRUR 1996, 82ff; zum Verhältnismäßigkeitsgrundsatz als Korrektiv für den Beseitigungs-, insbes den Widerrufsanspruch s Rdn 1.88 und 1.99). Eine solche dem Gebot der Verhältnismäßigkeit entspringende Einschränkung auf der Rechtsfolgenseite ist die Aufbrauchsfrist (dazu Rdn 1.58ff).

1.55a **e) Geltung der Grundsätze der Kerntheorie außerhalb des Wettbewerbsrechts.** Die Grundsätze zur Bestimmung des sachlichen Umfangs des Unterlassungsanspruchs gelten nicht nur im Lauterkeitsrecht, sondern im gesamten **Immaterialgüterrecht** (Busse/*Keukenschrijver* PatG, 6. Aufl 2004, § 139 Rdn 49 zum Patentrecht; *Dreier*/Schulze UrhG, 2. Aufl 2006, § 97 Rdn 42 und 46 zum Urheberrecht; BGHZ 166, 233 Tz 34 = GRUR 2006, 504 – *Parfümtestkäufe*; BGHZ 166, 253 Tz 27 = GRUR 2006, 421 – *Markenparfümverkäufe*; Ströbele/*Hacker* MarkenG § 14 Rdn 318 zum Markenrecht) sowie im **Kartellrecht** (vgl BGH GRUR 2007, 172 Tz 10 – *Lesezirkel II;* BGH WRP 2006, 1030 Tz 13 – *Call-Option;* BGHZ 136, 268, 273 = WRP 1998, 194 – *Stromversorgung Aggertal*). Für den **Bereich der Bildberichterstattung** wendet der VI. ZS des BGH dagegen die Grundsätze der Kerntheorie nicht an, weil „die Prüfung der Zulässigkeit einer Bildveröffentlichung ohne Einwilligung des Abgebildeten in jedem Einzelfall eine Abwägung zwischen dem Informationsinteresse der Öffentlichkeit und dem Interesse des Abgebildeten an dem Schutz seiner Privatsphäre (erfordert), wobei die begleitende Wortberichterstattung eine wesentliche Rolle spielen kann" (BGHZ 174, 262 =

WRP 2008, 673; BGH GRUR 2008, 446). Dabei werden freilich die Möglichkeiten der Kerntheorie unterschätzt. Auch bei ihrer Anwendung ist auf die Umstände des konkreten Verletzungsfalls abzustellen. Dass es gerade auf diese Umstände ankommt, kann sich aus den Entscheidungsgründen ergeben, braucht also nicht im Antrag bzw im ausgesprochenen Unterlassungsgebot seinen Niederschlag gefunden zu haben (vgl *Lettl* NJW 2008, 2160, 2162). Daher empfiehlt sich auch für den **Bereich des Persönlichkeitsrechts** die Orientierung an der konkreten Verletzungsform (MünchKommBGB/*Rixecker* § 12 Anh Rdn 202) mit der unausgesprochenen Maßgabe, dass dieses Verbot für kerngleiche Verletzungen ebenfalls gilt.

2. Räumlicher Umfang

Nach einer Phase der Verunsicherung herrscht seit der Entscheidung „**Vorratslücken**" aus dem Jahre 1998 Klarheit darüber, dass der wettbewerbsrechtliche Unterlassungsanspruch in seinem **räumlichen Umfang** durch ein räumlich beschränktes Tätigkeitsfeld des Gläubigers oder des Schuldners nicht eingeschränkt wird und dass auch ein entspr Titel im gesamten Bundesgebiet vollstreckt werden kann (BGH GRUR 1999, 509, 510 – *Vorratslücken*; vgl ferner BGH GRUR 2000, 907, 910 – *Filialleiterfehler*; BGHZ 144, 165, 178 f – *Missbräuchliche Mehrfachverfolgung*; BGH GRUR 2001, 85, 86 f – *Altunterwerfung IV*). **Beispiel:** Der im gesamten Bundesgebiet tätige Handelskonzern A begeht in Düsseldorf einen Wettbewerbsverstoß; dem nur in Düsseldorf tätigen Mitbewerber B steht ein Unterlassungsanspruch für das gesamte Bundesgebiet zu. Aus dem entspr Titel kann B auch dann vollstrecken, wenn A in Berlin, Hamburg oder München dem titulierten Verbot zuwidergehandelt hat.

Der Unterlassungsanspruch ist allerdings nur dann räumlich unbeschränkt, wenn die **rechtliche Grundlage ausschließlich bundesrechtlich** ist. Scheidet dagegen eine einheitliche Beurteilung im Hinblick auf verschiedene landesrechtliche Regelungen aus, weil es zB um den Verstoß gegen eine auf Landesrecht beruhende Marktverhaltensregelung (§ 4 Nr 11) geht, kommt ein bundesweiter Unterlassungsanspruch nicht in Betracht (BGHZ 175, 207 Tz 28 = GRUR 2008, 438 – *ODDSET*).

Eine andere Frage ist, ob der Titel, den ein Mitbewerber mit **räumlich begrenztem Tätigkeitsfeld** erstreitet, im gesamten Bundesgebiet die **Wiederholungsgefahr entfallen** lässt (vgl Rdn 1.46 f). Das wird man idR nicht annehmen können, weil dem Gläubiger Verstöße, die der Schuldner an anderen Standorten begeht, gar nicht zur Kenntnis gelangen, und für ihn im Übrigen keine Veranlassung besteht, Mittel aufzuwenden zur Durchsetzung eines Verbots in Bereichen, in denen er nicht tätig ist. Handelt es sich beim Gläubiger zwar um ein selbstständiges Unternehmen, das jedoch zu einem bundesweit agierenden Konzern gehört, wird man idR davon ausgehen können, dass der Titel auch bundesweit durchgesetzt werden wird (zur ähnlichen Frage, ob durch eine Unterwerfung gegenüber einem räumlich beschränkt tätigen Gläubiger die Wiederholungsgefahr auch in Bereichen entfällt, in denen dieser Gläubiger nicht tätig ist, s § 12 Rdn 1.170; ferner OLG Schleswig NJWE-WettbR 1998, 91, 92). – Dem Gläubiger steht es allerdings frei, den **Unterlassungsanspruch nur für einen räumlich begrenzten Bereich** – zB einen bestimmten Regierungsbezirk oder einen Postleitzahlbereich – geltend zu machen (Piper/*Ohly*/Sosnitza § 8 Rdn 36).

3. Aufbrauchsfrist

a) Allgemeines. Das Unterlassungsgebot trifft den Schuldner – wenn es sofort mit Zustellung des Titels uneingeschränkt zu beachten ist – zuweilen **ungebührlich hart;** so, wenn er in gutem Glauben Tausende von Flaschen mit einer Marke widerrechtlich versehen hat und nun diese Flaschen vernichten oder wegwerfen müsste. Dem Schuldner kann in solchen Fällen unter Abwägung der gegenseitigen Interessen im Rahmen von § 242 BGB eine **Aufbrauchs- oder Umstellungsfrist** bewilligt werden. Das setzt voraus, dass dem Schuldner durch ein unbefristetes Verbot **unverhältnismäßige Nachteile** entstünden und die Belange sowohl des Gläubigers als auch der Allgemeinheit durch eine befristete Fortsetzung des Wettbewerbswidrigkeit nicht unzumutbar beeinträchtigt werden (BGH GRUR 1974, 474, 476 – *Großhandelshaus*; BGH GRUR 1982, 425, 431 – *Brillen-Selbstabgabestellen*; BGH GRUR 1990, 522, 528 – *HBV-Familien- und Wohnungsrechtsschutz*).

b) Rechtsnatur. Heute wird zutr in der Aufbrauchsfrist eine dem **Verhältnismäßigkeitsgrundsatz** zuzuschreibende **materiell-rechtliche Beschränkung** des Unterlassungsanspruchs gesehen (OLG Karlsruhe GRUR 1991, 619, 621; Piper/*Ohly*/Sosnitza § 8 Rdn 39; *Teplitzky*

Kap 19 Rdn 20 und Kap 57 Rdn 18; *Köhler* GRUR 1996, 82, 90; *Berlit* WRP 1998, 250, 251; *Ahrens/Bähr* Kap 38 Rdn 5 ff; *Fezer/Büscher* § 8 Rdn 124; aA *Harte/Henning/Brüning* Vor § 12 Rdn 236). Die früher vom BGH vertretene Auffassung, nach der es sich bei der Aufbrauchsfrist um eine Art Vollstreckungsschutzmaßnahme nach § 765a ZPO handeln sollte (BGH GRUR 1960, 563, 567 – *Alterswerbung*), ist vollständig in den Hintergrund getreten. Seit BGH GRUR 1974, 735, 737 – *Pharmamedan* nennt der BGH als Grundlage lediglich § 242 BGB, ohne deutlich zu machen, ob mit Hilfe des Grundsatzes von Treu und Glauben das Vollstreckungsrecht oder der zu Grunde liegende Anspruch relativiert wird (vgl BGH GRUR 1982, 425, 431 – *Brillen-Selbstabgabestellen*; BGH GRUR 1990, 522, 528 – *HBV-Familien- und Wohnungsrechtsschutz*; s auch BGH GRUR 1961, 283f – *Mon Chéri II*). Immerhin bezeichnet der BGH die Aufbrauchsfrist als „eine dem Beklagten gewährte Rechtswohltat, die nur den Unterlassungsanspruch des Klägers beschränkt" (BGH GRUR 1974, 735, 737 – *Pharmamedan*).

1.60 Auch wenn es sich bei der Aufbrauchsfrist um eine materiell-rechtliche Einschränkung des Unterlassungsanspruchs handelt, betrifft sie **nicht die Tatbestandsseite** des Verbots, sondern **nur die Rechtsfolge** (s Rdn 1.55). Die Gewährung der Aufbrauchsfrist ändert daher nichts daran, dass es sich um ein rechtswidriges Verhalten handelt, das auch einen **Schadensersatzanspruch** nach sich ziehen kann (BGH GRUR 1960, 563, 567 – *Alterswerbung*; BGH GRUR 1974, 735, 737 – *Pharmamedan*; BGH GRUR 1982, 420, 423 – BBC/DDC; aA *Spätgens* WRP 1994, 693, 695; GK/*Jakobs* Vor § 13 Rdn 185; *Teplitzky* Kap 8 Rdn 10 Fn 43). Das rechtsverletzende Verhalten muss – nur für eine kurze Übergangszeit – **ausnahmsweise geduldet** werden.

1.61 c) **Voraussetzungen.** Im Kern der Prüfung steht eine **Abwägung der Interessen** des Schuldners auf der einen sowie des Gläubigers und der Allgemeinheit auf der anderen Seite (*Melullis* Rdn 896 f). Die weitere (negative) Voraussetzung – im Falle eines **vorsätzlichen oder grob fahrlässigen Verstoßes** soll die Gewährung einer Aufbrauchsfrist im Allgemeinen ausscheiden – lässt sich ohne weiteres in die Interessenabwägung integrieren.

1.62 aa) **Interessen des Schuldners.** Auf der Seite des Schuldners ist zunächst von Bedeutung, wie schwer sein **Verschulden** wiegt. Liegt ihm – was im Wettbewerbsrecht im Hinblick auf die großzügige Bejahung eines schuldhaften Rechtsirrtums (dazu § 9 Rdn 1.18 f) freilich nur selten vorkommt – überhaupt kein oder nur ein geringes Verschulden zur Last, stellt das sein Interesse an der Aufbrauchsfrist in ein günstiges Licht. Umgekehrt kann ein Schuldner kaum den Schutz seiner Interessen beanspruchen, wenn er den zu Grunde liegenden Verstoß vorsätzlich oder grob fahrlässig begangen hat. In erster Linie muss der Schuldner darlegen können, dass er durch den sofortigen Vollzug des Verbots **schwere Nachteile** erleiden würde. Daneben ist der **Zeitfaktor** von entscheidender Bedeutung: Ab wann musste er mit dem Verbot rechnen? Hatte er Gelegenheit, sich auf das drohende Verbot einzurichten? Die Frage macht deutlich, dass eine Aufbrauchsfrist am dringendsten benötigt wird, wenn der Schuldner durch das gerichtliche Verbot quasi überrascht wird, also dann, wenn das gerichtliche Unterlassungsgebot am Anfang der Auseinandersetzung steht, wie es häufig im **Verfahren der einstweiligen Verfügung** der Fall ist (zur Gewährung von Aufbrauchsfristen im Verfügungsverfahren s Rdn 1.68).

1.63 bb) **Interessen des Gläubigers.** Auf der Gegenseite ist zunächst zu fragen, in welcher Weise der Gläubiger durch den Verstoß betroffen ist. Wird der Unterlassungsanspruch von einem Verband oder einer Kammer (§ 8 III Nr 2–4) geltend gemacht, ist – je nach Schutzrichtung der verletzten Norm – auf die Interessen der Mitbewerber oder der Marktgegenseite abzustellen. Macht ein Mitbewerber den Unterlassungsanspruch geltend, ist zu fragen, ob er durch den Verstoß **wie jeder andere Mitbewerber** oder **gezielt und individuell** – etwa durch Anschwärzung (§ 4 Nr 8), durch wettbewerbswidrige Nachahmung (§ 4 Nr 9), durch gezielte Behinderung (§ 4 Nr 10) oder gar durch die Verletzung eigener Schutzrechte – **betroffen** ist. Ist er nur als Mitbewerber tangiert, ist das Augenmerk vor allem auf die Interessen der Allgemeinheit, also wiederum auf die betroffenen Mitbewerber insgesamt und auf die Marktgegenseite, zu richten (dazu Rdn 1.65).

1.64 Schützt die Verbotsnorm, gegen die verstoßen worden ist, in erster Linie die Interessen des Gläubigers, kommt die Gewährung der Aufbrauchsfrist nur in Betracht, wenn ihm der **Aufschub zuzumuten** ist. Dabei ist zu berücksichtigen, dass die Aufbrauchsfrist nur den Unterlassungsanspruch des Gläubigers einschränkt, nicht dagegen einen möglichen **Schadensersatzanspruch** (s Rdn 1.60). Stehen die Gläubigerinteressen in Rede, kann die Zumutbarkeit auch dadurch erreicht werden, dass die Aufbrauchsfrist nur gegen **Sicherheitsleistung** gewährt wird (*Köhler* GRUR 1996, 82, 90).

cc) Interessen der Allgemeinheit. Ist der Gläubiger durch den Verstoß nur in seiner **1.65**
Eigenschaft als Mitbewerber betroffen – wie etwa in Fällen der belästigenden oder der irreführenden Werbung –, ist zu fragen, ob die **geschützten Interessen der Mitbewerber und der Marktgegenseite,** insbes der Verbraucher, durch die Gewährung der Aufbrauchsfrist erheblich beeinträchtigt werden. In Fällen der Irreführung kann nicht etwa stets von einer solchen Beeinträchtigung ausgegangen werden (zurückhaltend aber *Teplitzky* Kap 57 Rdn 21); vielmehr gibt es durchaus Fälle, in denen ein kurzer Aufschub bei der Durchsetzung des Verbots die Mitbewerber- und Verbraucherinteressen nur marginal berührt (vgl BGH GRUR 1960, 563, 567 – *Alterswerbung;* KG WRP 1999, 339, 341). Mit dem Schutzbedürfnis der Allgemeinheit kann zuweilen auch das Interesse an der Verfügbarkeit des Produkts verquickt sein, wenn es sich bspw um die Auslieferung einer Zeitung oder Zeitschrift handelt, die eine irreführende Anzeige enthält (*Lindacher* WRP 1987, 585, 587).

d) Gewährung der Aufbrauchsfrist. aa) Keine Ermessensentscheidung. Die Gewährung der Aufbrauchsfrist liegt **nicht im Ermessen des Gerichts.** Liegen die Voraussetzungen für eine Aufbrauchsfrist vor, muss sie gewährt werden, ohne dass es insofern eines Antrags bedarf; denn das Unterlassungsgebot mit Aufbrauchsfrist ist in dem uneingeschränkten Unterlassungsantrag als ein Minus enthalten. Die nicht immer beachtete Konsequenz ist allerdings, dass die Klage teilweise abgewiesen werden muss, wenn eine im Antrag noch nicht berücksichtigte Aufbrauchsfrist einräumt wird (Kostenfolge idR: § 92 II ZPO). **1.66**

bb) Gewährung einer Aufbrauchsfrist in den Rechtsmittelinstanzen. Lassen sich den **1.67**
Feststellungen die Voraussetzungen entnehmen, ist eine Aufbrauchsfrist auch noch in der Revisionsinstanz zu gewähren (BGH GRUR 1966, 495, 498 – *UNIPLAST*). Freilich hat sich der Schuldner bis dahin auf das drohende Unterlassungsgebot einstellen können, bes wenn er auch schon in der Vorinstanz zur Unterlassung verurteilt worden ist (BGH GRUR 1974, 474, 476 – *Großhandelshaus;* OLG Köln NJWE-WettbR 2000, 209, 211; KG WRP 1999, 339, 341 f), so dass die Interessenlage in den Rechtsmittelinstanzen häufig die Gewährung der Aufbrauchsfrist nicht gebietet.

cc) Gewährung von Aufbrauchsfristen im Verfügungsverfahren. Zu Unrecht wird in **1.68**
Rspr und Schrifttum bezweifelt, dass auch im **Verfahren der einstweiligen Verfügung** eine Aufbrauchsfrist gewährt werden kann (OLG Stuttgart WRP 1989, 832, 833; Piper/*Ohly*/*Sosnitza* § 8 Rdn 46; *Ulrich* WRP 1991, 26, 28 mit ausführlichem Referat der Gegenansicht; aA OLG Frankfurt WRP 1988, 110, 113). Ist die einstweilige Verfügung im Beschlusswege erlassen worden, erfährt der Schuldner oftmals erst mit der Zustellung etwas von dem drohenden Verbot, das in diesem Moment Beachtung gebietet. Daraus wird deutlich, dass **gerade im Verfügungsverfahren häufiger** eine Aufbrauchsfrist eingeräumt werden müsste, weil der Schuldner hier oftmals keine Gelegenheit hatte, sich auf das Verbot einzustellen und entspr zu disponieren. Andererseits scheitert hier die Gewährung der Aufbrauchsfrist oft daran, dass der Schuldner vor Erlass nicht gehört wird, und deswegen die Gründe, die für die Aufbrauchsfrist sprechen, dem Richter vor Erlass der Beschlussverfügung nicht bekannt sind. Dies sollte für den Richter Anlass sein, dem Schuldner in Fällen, in denen mit der Unterlassungsverfügung in ein laufendes Geschäft eingegriffen wird, rechtliches Gehör zu gewähren, was auch im Beschlussverfahren möglich ist, also nicht notwendig den Übergang ins Urteilsverfahren erfordert.

C. Beseitigung und Widerruf

I. Beseitigungsanspruch

1. Wesen, Funktion und Rechtsgrundlage

a) Abwehransprüche. Zu den **wettbewerbsrechtlichen Abwehransprüchen** zählt neben **1.69**
dem gegen künftige Wettbewerbsverstöße gerichteten Unterlassungsanspruch auch der **gegen bereits eingetretene Beeinträchtigungen gerichtete Beseitigungsanspruch.** Die Rechtsordnung gewährt bei allen deliktischen Handlungen neben dem Unterlassungs- und dem Schadensersatzanspruch auch den Beseitigungsanspruch. Er ist allerdings nur in manchen Gesetzen ausdrücklich genannt, so in § 1004 BGB, § 97 I, § 42 I GeschmMG und nunmehr im UWG und im GWB (§ 33 I 1). Andere Gesetze – § 139 I PatG und §§ 14 V, 15 IV MarkenG sowie das alte UWG – sprechen dagegen nur den Unterlassungsanspruch an, ohne den Beseitigungsanspruch zu nennen. Der Beseitigungsanspruch ist dabei aber immer mitzudenken. Mit

dem Unterlassungsanspruch hat er gemein, dass er **kein Verschulden** voraussetzt und sich insofern vom Schadenersatzanspruch unterscheidet.

1.70 **b) Rechtsgrundlage.** Der wettbewerbsrechtliche Beseitigungsanspruch ist nunmehr in § 8 I 1 ausdrücklich neben dem Unterlassungsanspruch genannt. In der rechtlichen Beurteilung hat sich dadurch nichts geändert; denn der Beseitigungsanspruch wurde auch schon bisher unter Verzicht auf eine analoge Anwendung des § 1004 BGB unmittelbar den wettbewerbsrechtlichen Verbotsnormen entnommen (BGH GRUR 2001, 420, 422 – *SPA;* vgl BGHZ 121, 242, 247 – *TRIANGLE; Teplitzky* Kap 22 Rdn 11; GK/*Köhler* Vor § 13 B Rdn 125). Vgl auch § 15 östUWG, wonach der Anspruch auf Unterlassung auch das Recht umfasst, die **Beseitigung** des gesetzwidrigen Zustandes zu verlangen.

1.71 **c) Verhältnis zum Unterlassungsanspruch.** Trotz des gemeinsam verfolgten **Abwehrzwecks** sind Unterlassungs- und Beseitigungsanspruch in ihrer Zielsetzung **wesensverschiedene Ansprüche.** Der Unterlassungsanspruch zielt auf die Abwehr künftigen rechtswidrigen Handelns, der Beseitigungsanspruch auf die Abwehr einer bereits eingetretenen, aber fortwirkenden Beeinträchtigung (BGH GRUR 1995, 424, 426 – *Abnehmerverwarnung;* BGH WRP 1993, 396, 397 – *Maschinenbeseitigung;* BGH GRUR 1998, 415, 416 – *Wirtschaftsregister; Teplitzky* Kap 22 Rdn 3 ff).

1.72 Häufig laufen Beseitigungs- und Unterlassungsanspruch allerdings parallel, dann nämlich, wenn die **Nichtbeseitigung gleich bedeutend mit der Fortsetzung der Verletzungshandlung** ist (BGH GRUR 1972, 558, 560 – *Teerspritzmaschinen;* BGH GRUR 1977, 614, 616 – *Gebäudefassade;* BGHZ 121, 242, 248 – *TRIANGLE).* Denn auch die Unterlassungsverpflichtung erschöpft sich nicht im bloßen Nichtstun (BGHZ 120, 73, 76 f – *Straßenverengung).* Wer durch eine Zuwiderhandlung einen **fortdauernden Störungszustand** geschaffen hat, stört auch in Zukunft, solange er die von ihm geschaffene **Störungsquelle nicht beseitigt** hat. In einem solchen Fall kann der Gläubiger neben Unterlassung auch Beseitigung verlangen (*Teplitzky* Kap 22 Rdn 5; GK/*Köhler* Vor § 13 B Rdn 127). Ein **Rechtsschutzbedürfnis** besteht schon deshalb, weil der Beseitigungstitel anders als der Unterlassungstitel **vollstreckt** wird, und zwar **durch Ersatzvornahme** (§ 887 ZPO) oder – bei nicht vertretbaren Handlungen – **durch Zwang** (§ 888 ZPO). Anders als der Unterlassungsanspruch, der sich auch gegen eine bevorstehende Verletzungshandlung richten kann, setzt der Beseitigungsanspruch eine **in der Vergangenheit liegende Verletzungshandlung** voraus (dazu Rdn 1.77). – Geht der Kläger im Rechtsstreit vom Unterlassungs- zum Beseitigungsanspruch über oder umgekehrt, liegt darin eine **Klageänderung** (BGH NJW-RR 1994, 1404 f).

1.73 **d) Verhältnis zum Schadensersatzanspruch.** Beseitigungs- und Schadensersatzanspruch haben verschiedene Ziele. Ersterer zielt ab auf die Beseitigung der **Störungsquelle,** um **fortdauernde Störungen** zu verhindern; er ist ein Gefahrenbeseitigungsanspruch. Letzterer zielt ab auf den Ausgleich des durch den Eingriff **entstandenen Schadens.** Da sich der fortdauernde Störungszustand aber auch als Schaden darstellen kann, können die beiden Ansprüche auch parallel laufen (vgl BGH NJW 1996, 845, 846). Kann die gewünschte Rechtsfolge schon mit dem Beseitigungsanspruch erreicht werden, entfällt das Verschuldenserfordernis.

1.74 Auch im Rahmen des Beseitigungsanspruchs ist der **Rechtsgedanke des § 254 BGB** entspr heranzuziehen (BGHZ 135, 235, 239 zu § 1004 BGB), so dass sich der Beseitigungsanspruch um den **Mitverursachungsanteil** des Gläubigers reduziert. Diese Beschränkung des Beseitigungsanspruchs tritt nicht nur ein, wenn lediglich Kostenerstattung begehrt wird, sondern auch dann, wenn die eigentliche Beseitigung verlangt wird; in diesem Fall wird der Beseitigungsausspruch im Urteil durch eine **Feststellung zur Kostenbeteiligung des Klägers** ergänzt (BGHZ 135, 235, 239).

1.75 **Ausnahmsweise** kann der **Beseitigungsanspruch auf Zahlung von Geld** gerichtet sein, wenn sich anders als durch die Geldzahlung die geschaffene Beeinträchtigung nicht beseitigen lässt. Einen solchen Anspruch hat der BGH in einem kartellrechtlichen Fall zu §§ 33, 20 I GWB bejaht, in dem das Vorenthalten der Vergütung für eingespeisten Strom eine unbillige Behinderung darstellte und den Einspeiser zur Einstellung seines Betriebs genötigt hatte. Die Beeinträchtigung, um deren Beseitigung es geht, lag hier in einer fortdauernden unbilligen Behinderung durch Vorenthalten gesetzlich geschuldeter Geldbeträge (BGHZ 133, 177, 181 f – *Kraft-Wärme-Kopplung I;* dazu *E. Rehbinder* NJW 1997, 564; *Lohse* AcP 201 [2001], 902).

2. Anspruchsvoraussetzung: Fortdauernder Störungszustand

a) Materielle Anspruchsvoraussetzung. Der **fortdauernde Störungszustand** bildet die **materielle Anspruchsgrundlage** für den Beseitigungsanspruch. Es muss ein Zustand entstanden sein, der sich für den Verletzten als eine sich ständig erneuernde und fortwirkende Quelle der Störung darstellt. Im Prozess muss der Störungszustand noch im Zeitpunkt der Letzten mündlichen Verhandlung vor dem Tatrichter fortbestehen (KG GRUR-RR 2002, 337). **Passiv legitimiert** ist der Schuldner, der den fortwirkenden Störungszustand herbeigeführt hat und in der Lage ist, ihn zu beseitigen. 1.76

b) Verletzungshandlung. Der Beseitigungsanspruch, bei dem es um die Beseitigung einer bereits eingetretenen Störung geht, setzt grds eine **Verletzungshandlung** voraus, kann also **nicht vorbeugend** gewährt werden (s Rdn 1.87 und 1.92). Eine praktische Notwendigkeit, den Anspruch auf die Arbeitsergebnisse von **Vorbereitungshandlungen** zu erstrecken (zB auf das Klischee einer durch Unterlassungsverfügung gestoppten wettbewerbswidrigen Anzeige) besteht nicht (weitergehend allerdings GK/*Köhler* Vor § 13 Rdn B 130; *Köhler* WRP 1999, 1075, 1077, 1079; ferner *Teplitzky* Kap 22 Rdn 14; wie hier Piper/*Ohly*/Sosnitza § 8 Rdn 71; *Teplitzky* WRP 1984, 365, 366). Mit dem Wettbewerbsrecht kann stets nur das **Verhalten im geschäftlichen Verkehr** bekämpft werden; so ist beim Leistungsschutz nach stRspr nur der **Vertrieb, nicht** aber die **Herstellung** der nachgeahmten Ware verboten (BGH GRUR 1988, 690, 693 – *Kristallfiguren*; BGH GRUR 1996, 210, 212 – *Vakuumpumpen*; BGH GRUR 1999, 751, 754 – *Güllepumpen*; BGHZ 141, 329, 346 – *Tele-Info-CD*; eingehend dazu § 4 Rdn 9.79). Selbst wenn es zu einer Verletzungshandlung gekommen ist, kann die **Vernichtung** weiterer nachgeahmter Waren nur ausnahmsweise verlangt werden (BGH GRUR 1957, 278, 279 – *Evidur*; BGH GRUR 1963, 539, 542 – *echt skai*; BGH GRUR 1974, 666, 669 – *Reparaturversicherung*; BGH GRUR 2002, 709, 711 – *Entfernung der Herstellungsnummer III*). Insoweit unterscheidet sich der wettbewerbsrechtliche Schutz vom Schutz der Immaterialgüterrechte, die nicht nur durch den Vertrieb, sondern bereits durch die Herstellung der nachgeahmten Ware verletzt werden. 1.77

c) Widerrechtlichkeit der Beeinträchtigung. Für den Beseitigungsanspruch ist es ausreichend, dass die **Störung rechtswidrig** ist, auch wenn die zu Grunde liegende Handlung rechtmäßig war, weil sie zB in Wahrnehmung berechtigter Interessen erfolgt ist (BGHZ 14, 163, 173 = GRUR 1955, 97 – *Constanze II*; BGH GRUR 1958, 448, 449 – *Blanko-Verordnungen*; BGH GRUR 1960, 500, 502 – *Plagiatvorwurf I*; BGHZ 66, 37, 39 zu § 1004 BGB; BGH GRUR 1977, 614, 615 – *Gebäudefassade*; *Teplitzky* Kap 22 Rdn 14; GK/*Köhler* Vor § 13 Rdn B 129). Die Beeinträchtigung ist auch dann nicht rechtswidrig, wenn der Betroffene **zur Duldung verpflichtet** ist, etwa weil der Verletzte damit einverstanden ist oder sich aus Rechtsvorschriften die Duldungspflicht ergibt (*Teplitzky* Kap 22 Rdn 17; GK/*Köhler* Vor § 13 Rdn B 132). – Zum Anspruch auf **Widerruf unwahrer Behauptungen** s Rdn 1.95 ff und 1.103. 1.78

d) Wegfall des Störungszustands. Ein Wegfall des Störungszustandes führt zum **Erlöschen des Beseitigungsanspruchs** (BGH WRP 1993, 396, 398 – *Maschinenbeseitigung*). Endet der Störungszustand während des Prozesses noch in den Tatsacheninstanzen, wird die Beseitigungsklage unbegründet, auch wenn der Kläger die Verfahrensdauer nicht zu vertreten hat (KG GRUR-RR 2002, 337). Der Kläger ist in dieser Situation genötigt, die Hauptsache hins des Beseitigungsantrags für erledigt zu erklären. 1.79

3. Inhalt des Beseitigungsanspruchs

a) Art der Beeinträchtigung. Es liegt in der Natur des Beseitigungsanspruchs, dass er **nicht auf eine bestimmte Handlung** gerichtet ist, sondern dass sich sein Inhalt stets nach der **Art der Beeinträchtigung** bestimmt. Was auch immer erforderlich ist, um den rechtswidrigen Störungszustand zu beseitigen, ist Gegenstand des Anspruchs (*Teplitzky* Kap 24 Rdn 1; Ahrens/*Loewenheim* Kap 73 Rdn 4). Damit hängt der Inhalt des Beseitigungsanspruchs stets von der **Art und dem Umfang der Beeinträchtigung** ab. Näheres lässt sich deshalb nur für den Einzelfall sagen. 1.80

b) Bestimmte Anordnungen. Häufig kann der Störungszustand auf **unterschiedliche Art und Weise** beseitigt werden. Dabei stellt sich die Frage, ob sich der Beseitigungsanspruch auf eine **bestimmte Maßnahme** richten kann und muss. Für den Beseitigungsanspruch aus § 1004 BGB gilt insofern der Grundsatz, dass es dem Schuldner überlassen bleiben muss, wie er den 1.81

Störungszustand beseitigt (BGH NJW 1960, 2335; BGHZ 67, 252, 253). Die Beschränkung auf eine bestimmte Beseitigungshandlung kann – so der BGH – nicht mit dem wohlverstandenen Interesse des Störers begründet werden, dem ein aufwändiges Vollstreckungsverfahren erspart werden soll. Im Interesse des Schuldners liegt es allein, dass er in seinen **Handlungsmöglichkeiten nicht mehr eingeschränkt** wird, als es der Schutz des Gläubigers gebietet (BGHZ 67, 252, 253). Auch die Schwierigkeit, den Beseitigungsanspruch in einen hinreichend bestimmten Klageantrag zu fassen (§ 253 II Nr 2 ZPO), rechtfertigt nach Ansicht des BGH keine Reduzierung des Beseitigungsanspruchs auf eine von mehreren möglichen Beseitigungsmaßnahmen (BGHZ 121, 248, 251, zum Unterlassungsanspruch aus § 1004 BGB).

1.82 Für den **wettbewerbsrechtlichen Beseitigungsanspruch** aus § 8 I 1 kann nichts anderes gelten (§ 12 Rdn 2.52; Piper/Ohly/Sosnitza § 8 Rdn 81; zum früheren Recht so auch *Melullis* Rdn 1005; *v Gamm* WettbR Kap 48 Rdn 35 und Kap 57 Rdn 49; vermittelnd: GK/*Köhler* Vor § 13 Rdn B 133; *Teplitzky* Kap 24 Rdn 2 ff; Ahrens/*Loewenheim* Kap 73 Rdn 5). Die Gegenmeinung (GK/*Jacobs* Vor § 13 Rdn D 211; *Ahrens* WbVerfR S 65; Baumbach/*Hefermehl*, 22. Aufl, Einl Rdn 313) beruft sich auf das **Bestimmtheitsgebot des § 253 II Nr 2 ZPO;** der Zwang zur Konkretisierung sei erforderlich, weil es im Wettbewerbsrecht häufig zweifelhaft sei, welches die richtige Beseitigungsmaßnahme sei; der Streit darüber dürfe aber nicht ins Vollstreckungsverfahren verlagert werden. Diese Argumente für einen wettbewerbsrechtlichen Sonderweg überzeugen aus **drei Gründen** nicht:

1.83 (1) Es stellt **keine Besonderheit des Wettbewerbsrechts** dar, dass die Störung nicht nur auf eine Weise beseitigt werden kann. Bei Immissionen geht es bspw um die Frage, ob Einwirkungen, die von einem anderen Grundstück ausgehen (zB Lärm oder Geruch), zu mehr als einer „unwesentlichen Beeinträchtigung" führen (§ 906 I BGB). Ist eine solche Störung zu bejahen, lässt sie sich idR auf mehr als eine Weise beseitigen. Gerade dies ist Anlass für die Rspr, den Anspruch nicht auf eine bestimmte Beseitigungsmaßnahme zu beschränken.

1.84 (2) Der **Umfang des materiell-rechtlichen Anspruchs** bestimmt sich niemals nach der Antragsfassung, sondern umgekehrt. Kann ein materiell-rechtlicher Anspruch nicht anders als durch einen relativ unbestimmten Begriff umschrieben werden, muss die Unbestimmtheit hingenommen werden (BGH GRUR 2002, 1088, 1089 – *Zugabenbündel*; zum Kartellrecht BGHZ 128, 17, 24 – *Gasdurchleitung;* BGH GRUR 2003, 169, 170 – *Fährhafen Puttgarden*). Die Anforderungen an die Bestimmtheit müssen sich an dem Möglichen orientieren.

1.85 (3) Durch die Konkretisierung werden **Rechte des Schuldners beschnitten,** ohne dass es hierfür eine Grundlage im materiellen Recht gäbe. Ist bspw die Verwendung grüner Gestaltungselemente für eine Gebäudefassade wettbewerbswidrig, kann die fortgesetzte Störung nicht nur durch das Abmontieren der Elemente, sondern uU auch durch eine rote Färbung beseitigt werden (vgl *Teplitzky* Kap 24 Rdn 4 mit zu Recht kritischem Hinweis auf die bei Baumbach/*Hefermehl*, 22. Aufl, Einl Rdn 313 zustimmend zitierte Entscheidung RG MuW 1932, 338, 342 – *Bensdorp*). In vielen Fällen stellt sich die Streitfrage indessen nicht, weil sich die Störung **nur auf eine Weise** beseitigen lässt, etwa durch **Löschung der Marke** in der Markenrolle oder der Firma im Handelsregister oder durch **Widerruf** einer unwahren Behauptung (BGH NJW 1983, 751, 752 zu §§ 1004, 906 BGB; *v Gamm* WettbR Kap 57 Rdn 49). Gibt es mehrere konkrete Möglichkeiten, kann der Gläubiger auch verlangen, dass der Schuldner die Störung **auf die eine oder andere Art und Weise** beseitigt (vgl zu einer solchen Konstellation BGH GRUR 1954, 337, 338, 342 – *Radschutz;* ferner § 12 Rdn 2.52; *Teplitzky* Kap 22 Rdn 8; GK/*Köhler* Vor § 13 Rdn B 133; GK/*Jacobs* Vor § 13 D Rdn 211; Ahrens/*Loewenheim* Kap 73 Rdn 5). Auch in einem solchen alternativen Verlangen kommt das **Wahlrecht des Schuldners** zum Ausdruck, das erst in der Vollstreckung auf den Gläubiger übergeht (Zöller/*Greger* ZPO, 26. Aufl, § 253 Rdn 13 c).

1.86 Im Prozess birgt das **Alternativbegehren** allerdings Risiken, weil zuweilen – freilich zu Unrecht – eingewandt wird, ein solcher Antrag sei nicht hinreichend bestimmt (vgl BGH NJW-RR 1990, 122; *Melullis* Rdn 1005). Der Antrag stellt nichts anderes dar als eine Konkretisierung des abstrakten Gebots, das dem Schuldner ebenfalls Alternativen des Handelns lässt. Kann der Schuldner dartun, dass es **noch weitere Möglichkeiten** für eine Beseitigung der Störung gibt, muss der Gläubiger entweder diese ebenfalls in seinen Antrag aufnehmen oder doch wieder auf eine abstraktere Antragsfassung (*Teplitzky* Kap 24 Rdn 8: nächst höhere Handlungsebene) zurückgreifen.

1.87 c) **Möglichkeit der Beseitigung.** Es liegt auf der Hand, dass der Schuldner nur zu einer Beseitigung verpflichtet ist, die **in seiner Macht** steht. Auch der markenrechtliche Vernichtungsanspruch, ebenfalls ein Beseitigungsanspruch, setzt voraus, dass sich die widerrechtlich gekennzeichneten Gegenstände im Besitz oder Eigentum des Verletzers befinden (§ 18 I MarkenG). Beim wettbewerbsrechtlichen Leistungsschutz scheitert der auf eine Vernichtung der Plagiate zielende Beseitigungsanspruch daher im Allgemeinen daran, dass der Schuldner die vertriebenen Gegenstände **nicht mehr in Besitz** hat und hins der noch auf Lager befindlichen Waren **keine akute Störung** besteht (BGHZ 141, 329, 346 – *Tele-Info-CD;* BGH GRUR 2002, 709, 711 – *Entfernung der Herstellungsnummer III;* s auch Rdn 1.77 und 1.92). Ähnlich ist es bei wettbewerbswidrigem Werbematerial. Insofern käme als Vorstufe einer möglichen Vernichtung zunächst eine **Rückrufaktion** in Betracht, die vom Schuldner allerdings nur verlangt werden kann, wenn sich die störenden Gegenstände noch in seinem **Einflussbereich,** etwa bei Kommissionären oder Franchisenehmern, befinden und der Störer für den Rückruf eine **rechtliche Handhabe** hat (BGH GRUR 1954, 337, 342 – *Radschutz;* BGH GRUR 1954, 163, 165 – *Bierbezugsverträge;* BGH GRUR 1956, 284, 287 – *Rheinmetall Borsig II;* BGH GRUR 1974, 666, 669 – *Reparaturversicherung*).

d) Verhältnismäßigkeit der Beseitigung. Der wettbewerbsrechtliche Beseitigungsanspruch **1.88** steht unter einem **Verhältnismäßigkeitsvorbehalt** (vgl auch Begr BT-Drucks 15/1487 S 22). Beseitigung wird nur geschuldet, wenn sie **geeignet** und **erforderlich** ist, um den widerrechtlichen Störungszustand zu beseitigen, und wenn sie darüber hinaus **im engeren Sinne verhältnismäßig** und dem Störer **zumutbar** ist (BGH GRUR 1994, 630, 633 – *Cartier-Armreif;* BGH GRUR 1995, 424, 426 – *Abnehmerverwarnung;* BGH GRUR 1998, 415, 416 – *Wirtschaftsregister;* BGH GRUR 2002, 709, 711 – *Entfernung der Herstellungsnummer III; Teplitzky* Kap 25 Rdn 5 und Kap 26 Rdn 10; *Köhler* GRUR 1996, 82, 85 ff). Diese Voraussetzung ist vor allem dann zu verneinen, wenn der mit der Beseitigung verfolgte Zweck auch auf anderem, **weniger einschneidendem Weg** erreicht werden kann (BGH GRUR 1956, 553, 558 – *Coswig:* Überkleben statt Vernichten; BGH GRUR 1957, 278, 279 – *Evidur;* BGH GRUR 1963, 539, 542 – *echt skai; Köhler* GRUR 1996, 82, 85 ff; *Retzer*, FS Piper, 1996, 421, 426). Für die Prüfung der Verhältnismäßigkeit ist Art und Schwere der Rechtsverletzung von Bedeutung (BGH GRUR 1978, 52, 53 – *Fernschreibverzeichnisse*). Außerdem sind die **Interessen** des Gläubigers und des Schuldners angemessen zu berücksichtigen (BGH GRUR 1976, 367, 369 – *Ausschreibungsunterlagen*). Die Verhältnismäßigkeit stellt je nach Rechtsfolge, die mit dem Beseitigungsanspruch erreicht werden soll, eine **unterschiedlich hohe Hürde** dar. Ist die Verwendung einer Unternehmensbezeichnung als irreführend zu unterlassen, bedarf es für den Anspruch auf Einwilligung in die **Löschung** der entsprechenden Firma im Handelsregister keines großen Begründungsaufwands. Anders verhält es sich dagegen, wenn mit Hilfe des Beseitigungsanspruchs eine **Drittauskunft** beansprucht wird, also zB Auskunft über die Wege, auf denen nachgeahmte Waren abgesetzt worden sind (BGH aaO; BGHZ 148, 26, 30 – *Entfernung der Herstellungsnummer II*).

4. Einzelfälle

So vielfältig wie die Formen wettbewerbsrechtlicher Beeinträchtigung ist auch die **Kasuistik** **1.89** **zum Beseitigungsanspruch.** Es lassen sich **körperliche,** von Sachen ausgehende und **unkörperliche Störungen** unterschieden, wobei sinnvollerweise eine dritte Kategorie, die **von Registereintragungen ausgehenden Störungen,** gebildet wird. Bei all diesen Kategorien können wiederum **akute** und **latente Störungszustände** unterschieden werden.

a) Körperliche Störungen. Ein wichtiger Beispielsfall der körperlichen Störungen ist der **1.90** wettbewerbswidrige Vertrieb **nachgeahmter Gegenstände.** Hierzu zählen aber auch irreführende oder sonst wettbewerbswidrige **Werbematerialien,** Firmenschilder, Reklametafeln oÄ, schließlich Gegenstände, deren Herstellung bereits wettbewerbswidrig ist, wie etwa die unter Verstoß gegen ein Betriebsgeheimnis erstellten **Pläne oder Entwürfe** oder die weggenommene Maschine, in der ein Betriebsgeheimnis verkörpert ist.

aa) Akute Störungszustände. Ist es bereits zu einem Wettbewerbsverstoß gekommen, ist **1.91** also die nachgeahmte Ware bereits vertrieben, die irreführende Werbebroschüre bereits verteilt oder das Betriebsgeheimnis bereits zur Erstellung eines Entwurfs verwendet worden, liegt zwar ein **akuter Störungszustand** vor, dem Schuldner fehlt aber häufig die Verfügungsgewalt über die störenden Gegenstände. Lediglich in Fällen, in denen schon die Herstellung eines Gegenstandes wettbewerbswidrig ist (zB Erstellung eines Entwurfs unter Verwendung eines Betriebsgeheimnisses, nicht dagegen beim wettbewerbsrechtlichen Leistungsschutz), kann der Gläubiger **Vernichtung** oder uU sogar **Herausgabe** verlangen. Im Falle der wettbewerbswidrigen Verbreitung kommt dagegen – mangels Verfügungsgewalt – idR kein die Sache selbst betreffender Beseitigungsanspruch in Betracht. Zur Beseitigung des fortdauernden Störungszustands kann dem Gläubiger aber in diesem Fall uU ein **selbstständiger Auskunftsanspruch** (Drittauskunft) zustehen, den die Rspr ebenfalls aus dem Beseitigungsanspruch abgeleitet hat (BGHZ 125, 322, 330 – *Cartier-Armreif;* BGH GRUR 1994, 635, 637 – *Pulloverbeschriftung;* BGH GRUR 1995, 427, 428 f – *Schwarze Liste;* BGH GRUR 2001, 841, 844 – *Entfernung der Herstellungsnummer II;* s dazu § 9 Rdn 4.2 f). Ausdrücklich anerkannt ist ein solcher Anspruch bislang für Fälle des **wettbewerbsrechtlichen Leistungsschutzes,** der **Verbreitung geschäftsschädigender Äußerungen** und des **Vertriebs von vertriebsgebundenen Waren,** bei denen die Herstellungsnummer entfernt worden ist; er ist aber – vorbehaltlich der Verhältnismäßigkeitsprüfung – ebenso denkbar in Fällen der Verbreitung irreführender oder pauschal herabsetzender Werbeaussagen.

1.92   bb) **Latente Störungszustände.** Hinsichtlich der im Besitz des Schuldners befindlichen Waren, bei denen ein Wettbewerbsverstoß allenfalls bevorsteht, lehnt die Rspr einen auf Vernichtung gerichteten Beseitigungsanspruch ab (BGHZ 141, 329, 346 – *Tele-Info-CD;* BGH GRUR 2002, 709, 711 – *Entfernung der Herstellungsnummer III;* s Rdn 1.77 und 1.87 mwN auch zur Gegenmeinung).

1.93   b) **Unkörperliche Störungen.** Häufig geht die wettbewerbswidrige Störung nicht von Sachen, sondern von einem bestimmten Verhalten, etwa einer Äußerung, aus. In diesen Fällen kommt nach einhelliger Auffassung nur die **Beseitigung eines akuten Störungszustands** in Frage. Geht es um wettbewerbswidrige Äußerungen, richtet sich der Beseitigungsanspruch meist auf einen Widerruf (der Rdn 1.95 ff gesondert behandelt wird). Es kommen aber auch – je nach Fallkonstellation – andere Gegenmaßnahmen in Betracht, etwa im Falle des **Boykotts** die Aufhebung der Sperre, also häufig die Lieferung von Waren (*Teplitzky* Kap 26 Rdn 45). In Fällen der irreführenden Werbung kann als Gegenmaßnahme eine **berichtigende Werbung** zu gewähren sein, die dazu beitragen kann, eine entstandene Marktverwirrung zu beseitigen (*Schricker* GRUR Int 1975, 191, 193 ff).

1.94   c) **Von Registereintragungen ausgehende Störungen.** In diesen Fällen kann typischerweise die Beseitigung der Störung durch **Löschung der Eintragung im Register** erfolgen, sei es die Löschung der Marke in der Markenrolle, die Löschung der Firma im Handelsregister, die Löschung des Domainnamens im Register des zuständigen Providers oder die Löschung der zugewiesenen Telefonnummer. Hier besteht Einigkeit, dass der Beseitigungsanspruch auch dann besteht, wenn in der **Registereintragung** an sich noch **keine wettbewerbswidrige Handlung** zu sehen ist (GK/*Köhler* Vor § 13 Rdn B 141). Es ist dies der einzige Fall, in dem auch die Rspr auf das Erfordernis eines **akuten Störungszustandes** verzichtet.

II. Widerrufsanspruch

1. Wesen, Funktion und Rechtsgrundlage

1.95   Der Widerrufsanspruch ist ein **bes Beseitigungsanspruch** und daher ebenfalls in § 8 I 1 geregelt. Er dient dazu, die **negativen Folgen wettbewerbswidriger Tatsachenbehauptungen,** insbes ruf- und kreditschädigender Äußerungen und irreführender Werbeaussagen, zu beseitigen. Auch dort, wo der Beseitigungsanspruch nicht unmittelbar im Gesetz geregelt ist, wird heute zur Begründung des Widerrufsanspruchs nicht mehr auf § 1004 BGB zurückgegriffen. Vielmehr wird er ebenso wie der generelle Beseitigungsanspruch unmittelbar der jeweiligen Verbotsnorm entnommen (BGH GRUR 2001, 420, 422 – *SPA* zu dem Recht aus einer geografischen Herkunftsbezeichnung). Für diesen Anspruch kommt es weder auf Verschulden oder bösen Glauben des Verletzers noch auf Wiederholungsgefahr an. Es genügt, dass die aufgestellte Behauptung **objektiv unrichtig** ist und die dadurch für den Betroffenen eingetretene Beeinträchtigung des Rufes fortwirkt (s Rdn 1.97).

1.96   Die **Verjährung** eines Anspruchs auf **Widerruf** einer gegen das UWG verstoßenden geschäftsschädigenden Äußerung richtet sich nicht nach den §§ 195, 199 BGB, sondern ebenso wie ein Schadenersatzanspruch auf Widerruf nach § 11 (vgl BGH GRUR 1974, 99 – *Brünova* zu § 21 UWG aF; s § 11 Rdn 1.3 und 1.34). Durch eine Klage auf **Unterlassung** geschäftsschädigender Äußerungen wird die **Verjährung des Widerrufsanspruchs** nicht gehemmt. Mit dem Widerrufsanspruch verjährt nach der hM auch ein seiner Vorbereitung dienender Auskunftsanspruch (BGH GRUR 1972, 558, 560 – *Teerspritzmaschinen; Teplitzky* Kap 38 Rdn 37 mwN). Richtiger ist es, den Auskunftsanspruch einer selbstständigen Verjährung zu unterziehen (so auch BGHZ 33, 373, 379; BGH GRUR 1988, 533, 536 – *Vorentwurf II;* BGH NJW 1990,

180, 181; Piper/*Ohly*/Sosnitza § 8 Rdn 82; s auch § 11 Rdn 1.17). In der Sache ändert sich dadurch nichts, weil ein Anspruch auf Erteilung einer Auskunft zur Durchsetzung eines verjährten und damit nicht mehr durchsetzbaren Anspruchs nicht besteht (BGH NJW 1990, 180, 181). – Eine Klage auf **Feststellung** der Unwahrheit oder Rechtswidrigkeit ehrverletzender Tatsachenbehauptungen ist nach § 256 ZPO **nicht** zulässig (BGH GRUR 1977, 674, 676 – *Abgeordnetenbestechung*).

2. Voraussetzungen

a) Fortdauernder Störungszustand. Der Störungszustand muss durch eine **unrichtige Tatsachenbehauptung** hervorgerufen worden sein (BGH GRUR 1969, 368, 370 – *Unternehmensberater;* BGH GRUR 1976, 268, 272 – *Warentest II*). Der Widerruf einer subjektiven Meinungsäußerung oder eines Werturteils kann nicht verlangt werden; das widerspräche dem Recht auf freie Meinungsäußerung (Art 5 I GG). Eine Tatsachenbehauptung liegt nur vor, wenn sie auf ihre **Wahrheit** objektiv nachgeprüft werden kann. Die Einstufung eines Vorgangs als strafrechtlich relevanter Tatbestand ist grds keine Tatsachenbehauptung, sondern ein Werturteil (BGH GRUR 1965, 206 – *Volkacher Madonna;* BGH GRUR 1974, 797 – *Fiete Schulze;* BGH GRUR 1982, 631, 632 – *Klinikdirektoren* für die Bezeichnung eines Verhaltens als „illegal"). Als Tatsachenbehauptung ist eine solche Äußerung nur zu werten, wenn das Urteil **nicht als Rechtsauffassung kenntlich gemacht** ist, sondern beim Adressaten zugleich die Vorstellung von **konkreten** in die Wertung eingekleideten Vorgängen hervorruft, die auf ihren Wahrheitsgehalt im Beweisweg objektiv nachprüfbar sind. Hierbei kommt es auf den **Zusammenhang** an, in dem das Urteil getroffen wird (BGH GRUR 1982, 633, 635 – *Geschäftsführer*).

Die Folgen einer Behauptung sind nicht dadurch aus der Welt geschafft, dass der Schuldner sie nicht wiederholt oder sie ausdrücklich aufgibt. Andererseits muss durch die zu widerrufende Aussage „ein dauernder Zustand geschaffen sein, der sich für den Gläubiger als eine **stetig neu fließende und fortwirkende Quelle der Schädigung** und Ehrverletzung darstellt" (vgl BGHZ 10, 104 f; BGHZ 34, 99, 102; BGHZ 57, 325, 327; BGH GRUR 1958, 448, 449 – *Blanko-Verordnungen;* BGH GRUR 1970, 254, 256 – *Remington;* BGH NJW 1965, 35 – *Lüftungsanlage*). Die Äußerung muss sich dem Gedächtnis Dritter – meist geht es um die Verbraucher – derart eingeprägt haben, dass sie in ihnen **geistig fortlebt.** Das liegt bei der kurzlebigen Werbung häufig nicht nahe; hier fehlt oft das Erfordernis **fortwirkender** Störung. Anders verhält es sich, wenn Gefahr besteht, eine Geschäftsverbindung zu verlieren. Als **Schadensfolge** lässt sich der Störungszustand mit dem deliktischen, als **Ursache neuer Beeinträchtigungen** der Ehre und des Rufes mit dem negatorischen Widerrufsanspruch beseitigen. Die Ansprüche schließen sich somit hier nicht aus (s Rdn 1.73).

b) Verhältnismäßigkeit. Steht schon der allgemeine Beseitigungsanspruch unter einem Verhältnismäßigkeitsvorbehalt, gilt dies in besonderem Maße für den Widerrufsanspruch. Der Widerruf muss nötig und dazu geeignet sein, den Störungszustand zu beseitigen. Besondere Bedeutung kommt der Abwägung der Interessen beider Parteien zu. Ebenso wie bei Anordnung der Bekanntmachungsbefugnis bei einem Unterlassungsurteil (§ 12 III UWG) müssen auch bei einer Verurteilung zum Widerruf oder zur Berichtigung die **Interessen beider Parteien** sorgfältig gegeneinander abgewogen werden (BGH GRUR 1957, 236 – *Pertussin I*). Mitunter kann die Bekanntmachung, mitunter der Widerruf oder die Berichtigung den Schuldner härter treffen.

Ist dem Verletzten die Befugnis zur **Veröffentlichung** des Unterlassungsgebots nach § 12 III zugesprochen worden, so wird, falls nicht bes Gründe dargelegt werden, **nicht** noch ein öffentlicher **Widerruf** der Behauptung durch den Verletzer nötig sein, um die andauernden Folgen der Schädigung zu beseitigen (BGH GRUR 1966, 272 – *Arztschreiber;* vgl auch § 12 Rdn 4.7). Der Widerruf darf ferner nicht geeignet sein, zum Nachteil des Widerrufenden ein unrichtiges Bild vom wirklichen Sachverhalt hervorzurufen (BGH GRUR 1957, 561, 564 – *REI-Chemie*). Es ist nicht Aufgabe des Widerrufs, dem Verletzten innerlich „Genugtuung zu verschaffen" oder „sein Rechtsgefühl wiederherzustellen" oder gar den Schuldner zu „demütigen" (stRspr; BGHZ 10, 106; BGHZ 31, 308, 320; BGH GRUR 1957, 278 – *Evidur*).

Zivilrechtlich kann ein **Widerruf** nur **formaler Beleidigungen** (Schimpfworte) oder **bloßer Meinungsäußerungen** nicht verlangt werden. Hier steht dem Verletzten, wenn sich der Beleidiger nicht entschuldigt, nur **strafrechtlicher** Schutz zur Seite (§ 185 StGB). Aber auch gegenüber **Tatsachenbehauptungen** scheidet ein Widerrufsanspruch aus, wenn sie **nur dem Gläubiger gegenüber** aufgestellt oder von diesem selbst Dritten mitgeteilt worden sind, ohne dass dies nötig war (BGHZ 10, 105; BGH LM BGB § 1004 Nr 54 a). Dagegen steht einem Widerruf grds **nicht** entgegen, dass die ehrverletzenden unwahren Angaben nur im „kleinen Kreis" gemacht worden sind, zu dem die Öffentlichkeit keinen Zugang gehabt hat (BGHZ 89, 189, 203 – *Aktionärsversammlung*). Beschuldigungen „unter vier Augen" oder im „kleinen Kreis" können den Betroffenen nachhaltiger beeinträchtigen als eine öffentliche Kritik, von der er idR schneller erfährt und der er daher eher begegnen kann. Eine Ausnahme ist lediglich für **Beschuldigungen im engsten Familienkreis** und allenfalls auch **im engsten Freundeskreis** zu machen sowie bei gesetzlich abgesicherter Vertraulichkeit, so bei Beziehungen zwischen Mandant und Rechtsanwalt oder Patient und Arzt (BGH aaO).

1.102   Niemals darf der Widerruf über das Erforderliche hinausgehen, insbes **nicht** mit einer **Demütigung** oder Abbitte verbunden sein. Mitunter genügt die Erklärung des Schuldners, er halte die ehrenrührige Behauptung nicht mehr aufrecht. Im Rahmen der erforderlichen Interessenabwägung ist auch eine vorangegangene öffentliche **Herabsetzung der Leistung** des Schuldners durch den Gläubiger zu berücksichtigen (BGH GRUR 1992, 527 – *Plagiatsvorwurf II*).

1.103   c) **Unrichtigkeit der Behauptung.** Ein Anspruch auf einen uneingeschränkten Widerruf setzt voraus, dass die **Unrichtigkeit** der Behauptung **positiv feststeht** (BGHZ 37, 187 – *Eheversprechen*; BGHZ 65, 325, 337 – *Warentest II*; BGH GRUR 1970, 370, 372; krit *Schnur* GRUR 1979, 139, 140). Die Unwahrheit bestimmt sich nach dem Sinn, den der Verkehr der Äußerung beimisst. Der Widerruf ist im Grunde nichts anderes als die Erklärung, die Behauptung zurückzunehmen. Der Schuldner kann nicht zum Widerruf einer Behauptung verurteilt werden, die möglicherweise doch wahr ist. Steht die Unrichtigkeit der Behauptung nicht fest, hat jedoch die Beweisaufnahme für einen objektiven Beurteiler keine ernstlichen Anhaltspunkte dafür ergeben, dass der Vorwurf zutrifft, kann der Äußerer nur zu der **eingeschränkten Erklärung** verurteilt werden, dass er seinen **Vorwurf** nach dem Ergebnis der Beweisaufnahme nicht aufrechterhalten könne. Um seine inneren Vorbehalte zum Ausdruck zu bringen, kann er seiner Erklärung hinzufügen, dass er zu ihr verurteilt worden sei (BGH GRUR 1977, 674, 677). Auch eine eingeschränkte Verurteilung scheidet aus, wenn die **Wahrheit der Behauptung** zwar nicht erwiesen, aber als **wahrscheinlich** oder **durchaus möglich** anzusehen ist (BGHZ 69, 181, 183 – *Heimstättengemeinschaft*).

1.104   Ist eine **Behauptung** nur **teilweise unwahr,** so kann nur eine **Richtigstellung** der Behauptung, nicht aber Widerruf schlechthin verlangt werden (BGHZ 31, 308, 318 – *Alte Herren*; BGH GRUR 1976, 651 – *Der Fall Bittenbinder*; BGH GRUR 1982, 631, 633 – *Klinikdirektoren*; BGH GRUR 1987, 397, 399 – *Insiderwissen*). - **Sachverständigengutachten** sind, auch soweit sie die Feststellung von Tatsachen bezwecken, als **Werturteile** anzusehen und daher keinem Widerruf zugänglich (BGH GRUR 1978, 258 – *Schriftsachverständiger*).

1.105   d) **Rechtmäßig aufgestellte unwahre Behauptung.** Wird die **Unwahrheit** einer ehrenkränkenden oder kreditschädigenden Behauptung **nachgewiesen,** so kann sich der Schuldner nicht mehr darauf berufen, dass die Aufstellung der Behauptung wegen Wahrnehmung berechtigter Interessen rechtmäßig sei. Sofern Wiederholungsgefahr besteht, kann er daher auf **Unterlassung** in Anspruch genommen werden, auch wenn er bei Aufstellung der unwahren Behauptung in Wahrnehmung berechtigter Interessen gehandelt hat (RGZ 95, 342 f; BGH GRUR 1962, 35 – *Torsana*).

1.106   Streitig ist, ob den Schuldner in dieser Situation bei einem fortdauernden Zustand der Beeinträchtigung auch eine **Widerrufspflicht** trifft, obwohl sein früheres Verhalten **rechtmäßig** war. Das ist, sofern der Schuldner nicht seine unrichtige Behauptung ausdrücklich aufrecht erhalten hatte, mitunter mit der Begründung verneint worden, dass durch den späteren Nachweis der Unrichtigkeit die rechtmäßig aufgestellte ehrenkränkende Äußerung nicht nachträglich rechtswidrig geworden sei. Aber auf die **Rechtswidrigkeit des Verhaltens** des Störers kommt es für den Beseitigungsanspruch **nicht** an (BGHZ 66, 37, 39). Da der Schuldner eine unrichtige Behauptung aufgestellt hat, die im Gedächtnis der Adressaten fortlebt, zieht sein vorangegangenes, die Gefahrenquelle bewirkendes Verhalten für ihn die Rechtspflicht nach sich, die **fortdauernde Störung zu beseitigen.** Ansatzpunkt für die Beseitigungspflicht ist nicht die frühere (rechtmäßige) Handlung, sondern der **jetzige Störungszustand,** den der Gläubiger nicht hinzunehmen braucht. Auch Rspr und Schrifttum bejahen die Widerrufspflicht, wenn die Unwahrheit der ehrenkränkenden Behauptung feststeht (BGHZ 37, 187, 191; 57, 325, 328; BGH GRUR 1958, 448 f – *Blanko-Verordnungen*; BGH NJW 1959, 2011 f; BGH GRUR 1960, 500, 502 – *Plagiatsvorwurf I*).

e) Beweislast. Für die **Beweislast** kommt es darauf an, auf welchen **Tatbestand** sich der 1.107 Widerruf gründet (§ 4 Nr 8 UWG, §§ 824, 823 II BGB iVm § 186 StGB). Die Frage der Beweislast lässt sich deshalb nicht einheitlich beantworten (BGHZ 37, 187; BGH NJW 1966, 1214; BGH GRUR 1960, 135 – *Druckaufträge*). Günstig für den **Gläubiger** ist § 4 Nr 8: Bei einer **Anschwärzung** zu Wettbewerbszwecken ist der Beweis der tatsächlichen Richtigkeit der geschäftsschädigenden Behauptung vom Schuldner (Angreifer) zu erbringen (s § 4 Rdn 8.20). Ebenso verhält es sich, wenn der Widerrufsanspruch als deliktischer Anspruch nach § 823 II BGB oder als quasi-negatorischer Anspruch aus § 1004 BGB auf **üble Nachrede** (§ 186 StGB) gestützt wird: Auch hier muss der Schuldner den **Wahrheitsbeweis** führen. Bei einer **Kreditgefährdung** außerhalb des Wettbewerbs liegt es anders (§ 824 BGB): Hier muss der angegriffene Gläubiger die Unwahrheit beweisen.

Doch auch wenn die Beweislast den Gläubiger bevorzugt, kann er vom Schuldner **keinen** 1.108 **uneingeschränkten Widerruf** beanspruchen, solange die Unrichtigkeit der Behauptung nicht positiv feststeht. Er kann in diesem Fall nur zu einer Art Distanzierung von seiner früheren Aussage verurteilt werden, und auch das nur, wenn die Unwahrheit der Behauptung auf Grund der Beweisaufnahme nahe liegt. Im Einzelnen s Rdn 1.103.

3. Durchführung des Widerrufs

Die Einzelheiten, wie der **Widerruf durchzuführen** ist, werden im Urteil bestimmt. Hierzu 1.109 gehört auch, wem gegenüber, wie und wann zu widerrufen ist. Beim Widerruf handelt es sich um eine nicht vertretbare Handlung, so dass die **Vollstreckung grds nach § 888 I ZPO** erfolgt. Insbes gilt der Widerruf nicht etwa – wie bei der Verurteilung zur Abgabe einer Willenserklärung nach § 894 ZPO – bereits mit der Rechtskraft des Urteils als abgegeben (BGH NJW 1962, 1438; OLG Frankfurt GRUR 1993, 697; *Teplitzky* Kap 26 Rdn 16). Die Fiktion passt nicht für tatsächliche Erklärungen. Dass eine „Demütigung" des Verletzers weder Sinn noch Folge der Verurteilung sein darf, muss auch bei der Vollstreckung beachtet werden. Hat der Schuldner durch eigenhändig unterzeichnete schriftliche Erklärung zu widerrufen, so kann er hinzufügen, dass er sie in Erfüllung eines rechtskräftigen Urteils abgibt (BVerfGE 28, 1, 10; BGHZ 69, 181, 184). Er darf jedoch nicht einen uneingeschränkten Widerruf in seiner Wirkung abschwächen, zB durch den Zusatz, er halte seine früheren Behauptungen nach wie vor für wahr (BGH GRUR 1977, 674, 676 – *Abgeordnetenbestechung*). Die Beseitigung des Störungszustands erfordert **nicht zwingend eine höchstpersönliche Handlung,** sondern lässt sich uU auch in Anlehnung an § 12 III UWG durch **Bekanntmachung des Urteils** erreichen (s § 12 Rdn 4.3; *Teplitzky* Kap 26 Rdn 25). Doch kann die Bekanntmachung den Schuldner uU mehr treffen als ein (mündlicher oder schriftlicher) Widerruf gegenüber bestimmten Personen. Auch reicht die Urteilsveröffentlichung nicht immer aus, das Ansehen des Verletzten wiederherzustellen; Richtigstellung gegenüber einem bestimmten Empfängerkreis kann unerlässlich sein.

D. Verfahrensbezogene Äußerungen

I. Grundsätze

Nach § 8 I UWG (oder § 823 I BGB) besteht grds kein Anspruch auf Unterlassung oder 1.110 Widerruf von Behauptungen, zB ehrverletzenden Äußerungen, einer **Partei** oder ihres **Anwalts,** eines **Zeugen** oder **Sachverständigen in einem Zivilprozess, Straf-** oder **Verwaltungsverfahren,** wenn sie – ungeachtet ihres Wahrheitsgehalts – der Rechtsverfolgung in einem Verfahren dienen (BGH GRUR 1965, 381, 385 – *Weinbrand;* BGH GRUR 1969, 236, 237 – *Ostflüchtlinge;* BGH GRUR 1971, 175, 176 – *Steuerhinterziehung;* BGH GRUR 1973, 550, 551 – *halbseiden;* BGH GRUR 1977, 745, 747 – *Heimstättengemeinschaft;* BGH GRUR 1984, 301, 304 – *Aktionärsversammlung;* BGH GRUR 1987, 568 f – *Gegenangriff;* BGH NJW 1992, 1314, 1315; BGH GRUR 1995, 66, 67 – *Konkursverwalter;* BGH GRUR 1998, 587, 589 – *Bilanzanalyse Pro 7;* BGHZ 183, 309 = GRUR 2010, 253 Tz 14 – *Fischdosendeckel; Teplitzky* Kap 19 Rdn 16 ff). Darin läge eine Einengung der **Äußerungsfreiheit** der am Verfahren Beteiligten. Für solche Unterlassungs- oder Widerrufsklagen **fehlt** bereits **das prozessuale Rechtsschutzbedürfnis,** so dass sie als **unzulässig** abzuweisen sind (BGH GRUR 1971, 175, 176; 1987, 568, 569 – *Gegenangriff* für eine Widerklage auf Unterlassung von zu Prozesszwecken erhobenen Vorwürfen gegenüber einer Klage auf Unterlassung angeblicher Rabattverstöße).

1.111 Die **Privilegierung verfahrensbezogener Angaben** bezieht sich nicht allein auf die Konstellation, dass eine Partei, die sich in einem Verfahren den Angriffen der anderen Partei ausgesetzt sieht, diese Angriffe mit Hilfe eines wettbewerbsrechtlichen Anspruchs zu unterbinden sucht. Dennoch ist es hilfreich, den Ausgangspunkt des Konflikts als **Urmodell** wie folgt zu beschreiben: A klagt gegen B wegen Patentverletzung vor einer Patentstreitkammer. B beantragt mit der Begründung, es handele sich bei der Patentverletzungsklage um eine gegen ihn gerichtete gezielte individuelle Behinderung seines Konkurrenten A, Erlass einer einstweiligen Verfügung bei der für Wettbewerbssachen zuständige Kammer für Handelssachen; mit einstweiliger Verfügung soll A die Behauptung einer Patentverletzung gegenüber jedermann, insbes gegenüber den Richtern der Patentstreitkammer, untersagt werden. Bei dieser Konstellation ist das Ergebnis eindeutig. Das Forum, vor dem über die Patentverletzungsklage gestritten werden soll und das allein für die zu treffende Entscheidung zuständig ist, ist die Patentstreitkammer. B hat in diesem Verfahren alle notwendigen Rechte, um einen unbegründeten Angriff zurückzuweisen.

1.112 In der Entscheidung „**Unberechtigte Schutzrechtsverwarnung**" vom 15. 7. 2005 hat der Große Senat für Zivilsachen des BGH klargestellt, dass bei subjektiver Redlichkeit des Klägers gegenüber einer unbegründeten Klage aus einem Schutzrecht kein Schadensersatz- und erst recht kein Unterlassungsanspruch besteht (BGH GRUR 2005, 882, 884 – Unberechtigte *Schutzrechtsverwarnung;* anders noch BGHZ 38, 200, 206 f – *Kindernähmaschinen*). Dagegen hat der Große Senat in einem obiter dictum die frühere Rspr (BGHZ 38, 200, 206 – *Kindernähmaschinen*) bestätigt, wonach dem durch eine Abnehmerverwarnung betroffenen Mitbewerber **im Falle einer unberechtigten Abnehmerverwarnung** gegen den Schutzrechtsinhaber nicht nur ein Schadensersatz-, sondern auch ein **Unterlassungsanspruch** zusteht (BGH GRUR 2005, 882, 885 – *Unberechtigte Schutzrechtsverwarnung*); denn anders lassen sich die Erwägungen nicht erklären, mit denen der Große Senat die Auswirkungen einer unberechtigten Geltendmachung dieses Unterlassungsanspruchs diskutiert. Mit einem solchen Unterlassungsanspruch wird jedoch der Schutzrechtsinhaber von dem Weg abgehalten, den ihm die Rechtsordnung zur Durchsetzung seiner (vermeintlichen) Ansprüche und zur Klärung der Frage weist, ob diese Ansprüche wirklich bestehen.

II. Privilegierte Äußerungen

1. Interessenabwägung

1.113 Die Privilegierung verfahrensbezogener Äußerungen beruht auf einer **Interessenabwägung**. Auf der einen Seite steht das Interesse des Schuldners an einem ungehinderten Vortrag in dem fraglichen Verfahren, das sich nicht zuletzt auf das öffentliche Interesse am sachgerechten Funktionieren der Rechtspflege stützen kann. Diesem Interesse kommt idR der Vorrang vor den Interessen des Mitbewerbers zu, das in der fraglichen Äußerung einen Wettbewerbsverstoß sieht und deswegen auf Unterlassung der Äußerung besteht. Durch die Anerkennung von Abwehransprüchen wäre die sachgerechte Verfolgung oder Verteidigung von Rechten in einem schwebenden Zivilprozess oder Verwaltungsverfahren in Frage gestellt. Die Unterlassungs- oder Widerrufsklage darf daher auch nicht dazu dienen, das Vorbringen des Schuldners in einem **künftigen gerichtlichen Verfahren** zu verhindern oder zu entwerten (BGH GRUR 1977, 745, 747 – *Heimstättengemeinschaft;* BGH GRUR 1995, 66, 67 f – *Konkursverwalter*). Ob die fraglichen Behauptungen wahr und erheblich sind, muss grds in dem Verfahren geprüft werden, in dem diese Äußerungen gemacht werden sollen. Auf der anderen Seite ist aber auch das schutzwürdige Interesse desjenigen in Rechnung zu stellen, der durch die Äußerung in seinen Rechten verletzt wird. Ihm ist es grds nur dann zuzumuten, seine auf Unterlassung und Widerruf der fraglichen Äußerung gerichteten Ansprüche zurückzustellen, wenn das Verfahren, in dem die Äußerung gemacht worden ist, unter seiner Beteiligung Gelegenheit zu einer abschließenden Klärung der Vorwürfe bietet (BGH GRUR 1998, 587, 590 – *Bilanzanalyse Pro 7*).

2. Umfang des Privilegs

1.114 In **sachlicher Hinsicht** sind nur verfahrensbezogene Äußerungen privilegiert, die allein der Wahrung einer Rechtsposition in einem Verfahren dienen (BGH GRUR 1987, 568 – *Gegenangriff*), etwa in einem Schriftsatz, der in einem Zivilprozess eingereicht werden soll, oder in einer Zeugenaussage. Äußerungen mit einer anderen Zielrichtung – etwa Unterrichtung der Presse oder der Kunden über das Verfahren – fallen nicht unter das Privileg. Die Äußerungen müssen in sachlichem Zusammenhang mit dem Verfahren stehen (BGH GRUR 1973, 550, 551 – *halbseiden;* BGH GRUR 1995, 66, 68 – *Konkursverwalter*). Äußerungen, die sachlich nichts mit dem Verfahren zu tun haben, sind nicht privilegiert.

Privilegiert sind nicht nur Äußerungen in gerichtlichen, sondern – bei entspr Interessenlage – auch **Äußerungen in einem Verwaltungsverfahren** (BGH GRUR 1998, 587, 589 – *Bilanzanalyse Pro 7*). So kann die Eingabe eines Sendeunternehmens gegenüber den Landesmedienanstalten, mit der auch im Interesse der Wahrung der Meinungsvielfalt ein **Einschreiten gegen einen Mitbewerber** verlangt wird, nicht mit einem wettbewerbsrechtlichen Abwehranspruch unterbunden werden. Das gilt nur dann nicht, wenn es sich um bewusst unwahre oder leichtfertig aufgestellte falsche Behauptungen handelt und das auf Grund der Eingabe eingeleitete Verwaltungsverfahren **keine Gewähr für eine Klärung der erhobenen Vorwürfe** bietet (BGH GRUR 1998, 587, 590 – *Bilanzanalyse Pro 7;* BGHZ 183, 309 = GRUR 2010, 253 Tz 17 – *Fischdosendeckel*). **1.115**

Betrifft die Verfahrensäußerung die **Rechte Dritter,** die an dem betreffenden Verfahren nicht beteiligt sind, kann das Privileg ebenfalls gelten (BGH GRUR 1973, 550, 551 – *halbseiden;* BGHZ 183, 309 = GRUR 2010, 253 Tz 15 – *Fischdosendeckel*). In einer solchen Konstellation sind die im Spiel befindlichen Interessen bes sorgfältig zu analysieren. Auch hier können die Äußerungsrechte in dem Verfahren nicht durch Unterlassungs- und Widerrufsansprüche des Dritten bestimmt werden. Wird bspw ein Unternehmen von einem Verband wegen eines Wettbewerbsverstoßes in Anspruch genommen und trägt es vor, das beanstandete Verhalten sei ein reines Abwehrverhalten gegenüber dem wettbewerbswidrigen Verhalten eines Mitbewerbers (s § 9 Rdn 5.4), kann dieser Mitbewerber nicht Unterlassung dieser Äußerung verlangen, auch wenn er an dem Verfahren, in dem die für ihn nachteilige Behauptung aufgestellt wird, nicht beteiligt ist und dort keine Klärung des Sachverhalts unter seiner Mitwirkung stattfindet. Hier führt die **Interessenabwägung** dazu, dass der Mitbewerber diese Äußerung hinnehmen muss. **Erst nach rechtskräftigem Abschluss** des Verfahrens kann er den Unterlassungsanspruch geltend machen und eine Klärung des gegen ihn erhobenen Vorwurfes erreichen. **1.116**

III. Schadensersatzanspruch

Anders als der Abwehranspruch wird ein Schadensersatzanspruch nicht notwendig von dem Privileg erfasst. Wie weit die Privilegierung reicht, kann nur im Einzelfall festgestellt werden: In dem Beispielsfall Rdn 1.111, in dem B die gegen ihn gerichtete Patentverletzungsklage des A mit einem wettbewerbsrechtlichen Anspruch nicht unterbinden konnte, kann B auch nicht Schadensersatz verlangen, wenn die Klage gegen ihn abgewiesen worden ist. Denn die Nachteile, die dem B dadurch entstehen, dass er mit einer unbegründeten Klage überzogen worden ist, werden abschließend durch die Kostenregelung der ZPO ausgeglichen. Auch für Nachteile, die ihm durch den Vollzug eines vorläufigen Verbots entstehen, enthält die ZPO eine abschließende Regelung (§§ 717 II, 945 ZPO). Außerhalb dieses prozessrechtlichen Rahmens ist dagegen die spätere Geltendmachung eines Schadensersatzanspruchs nicht ausgeschlossen (BGH GRUR 1998, 587, 590 – *Bilanzanalyse Pro 7*). **1.117**

2. Kapitel. Die Schuldner der Abwehransprüche

Übersicht

	Rdn
1. Abschnitt. Allgemeine Grundsätze	2.1–2.31
I. Überblick	2.1
II. Die Haftung des Zuwiderhandelnden (Verletzers)	2.2–2.10
1. Begriff des Zuwiderhandelnden (Verletzers)	2.2–2.7
a) Terminologie	2.2, 2.3
b) Unterscheidung zwischen Täterschaft und Teilnahme	2.4–2.7
aa) Überblick	2.4
bb) Täter	2.5–2.5 f
(1) Allgemeines	2.5
(2) Täterschaft auf Grund Verkehrspflichtverletzung	2.5 a, 2.5 b
(3) Täterschaft auf Grund unzureichender Kontrolle geschäftlicher Einrichtungen	2.5 c–2.5 f

	Rdn
cc) Teilnehmer	2.6
dd) Mitwirkung von nicht entscheidungsbefugten Personen	2.7
2. Begehung der Zuwiderhandlung	2.8
3. Art und Umfang des Tatbeitrages	2.9
4. Beispiele	2.10
III. Haftung auch des Störers?	2.11–2.18
1. Begriff des Störers	2.11
2. Stand der Rspr	2.12–2.14 a
3. Stellungnahme	2.15–2.17
4. Beispiele	2.18
IV. Haftung für fremdes Verhalten	2.19–2.24
1. Organ- und Repräsentantenhaftung nach §§ 31, 89 BGB	2.19, 2.20
2. Haftung der Gesellschafter	2.21
3. Haftung für Organisationsmängel	2.22
4. Haftung für Erfüllungs- und Verrichtungsgehilfen	2.23
5. Haftung für Mitarbeiter und Beauftragte nach § 8 II	2.24
V. Verantwortlichkeit von Telemedienanbietern	2.25–2.29
1. Rechtsgrundlagen und Anwendungsbereich	2.25
2. Verantwortlichkeit für eigene Informationen	2.26
3. Abgrenzung von eigenen und fremden Informationen	2.27
4. Verantwortung für fremde Informationen	2.28
5. Verantwortlichkeit der Access- und Network-Provider	2.29
VI. Mehrheit von Schuldnern	2.30
VII. Verantwortlichkeit bei Unternehmensnachfolge, Insolvenz und Arbeitsplatzwechsel	2.31
2. Abschnitt. Die Haftung des Unternehmensinhabers für Mitarbeiter und Beauftragte (§ 8 II)	**2.32–2.56**
I. Rechtsnatur, Normzweck und Auslegung	2.32–2.34
1. Rechtsnatur	2.32
2. Normzweck	2.33
3. Auslegung	2.34
II. Anwendungsbereich	2.35–2.37
III. Zurechnungsvoraussetzungen	2.38–2.51
1. Zuwiderhandlung	2.38
2. Mitarbeiter	2.39, 2.40
a) Begriff	2.39
b) Beispiele	2.40
3. Beauftragter	2.41–2.46
a) Begriff	2.41
b) Abgrenzung	2.42
c) Einzelheiten	2.43, 2.44
aa) Person des Beauftragten	2.43
bb) Rechtsnatur der Beauftragung	2.44
d) Beispiele	2.45, 2.46
4. In einem Unternehmen	2.47
5. Unternehmensinhaber	2.48–2.50
a) Begriff	2.48
b) Beispiele	2.49
c) Abgrenzung	2.50
6. Beweislast	2.51
IV. Rechtsfolgen	2.52–2.56
1. Zusätzlicher Unterlassungsanspruch	2.52
2. Haftung bei Unternehmensübergang	2.53
3. Haftung für ausgeschiedene und neu eingetretene Mitarbeiter und Beauftragte	2.54
4. Urteilsformel	2.55
5. Zwangsvollstreckung	2.56

Schrifttum: *Ahrens,* Beteiligung der Presse an Wettbewerbsverstößen von Anzeigenkunden, FS Traub, 1994, 11; *ders,* Störerhaftung als Beteiligungsform im Zivilrecht, FS Canaris, 2007, 3; *ders,* 21 Thesen zur Störerhaftung im UWG und im Recht des Geistigen Eigentums, WRP 2007, 1281; *Alexander,* Schadensersatz

2. Kap. Die Schuldner der Abwehransprüche   § 8 UWG

und Abschöpfung im Lauterkeits- und Kartellrecht, 2010; *Alpert,* Virtuelle Marktplätze im Internet: Typische Haftungsrisiken des Anbieters von B2B-Portalen, CR 2001, 604; *Berger,* Verantwortlichkeit von TK-Unternehmen für wettbewerbswidrig genutzte Rufnummern, MMR 2003, 642; *Döring,* Die Haftung für eine Mitwirkung an Wettbewerbsverstößen nach der Entscheidung des BGH „Jugendgefährdende Medien bei eBay", WRP 2007, 1131; *ders,* Die zivilrechtliche Inanspruchnahme des Access-Providers auf Unterlassung bei Rechtsverletzungen auf fremden Webseiten, WRP 2008, 1155; *Ehret,* Internet-Aktionshäuser auf dem haftungsrechtlichen Prüfstand, CR 2003, 754; *Engels/Köster,* Haftung für „werbende Links" in Online-Angeboten, MMR 1999, 522; *Flechsig,* Subdomain Sicher, versteckt und unerreichbar? – Die Verkehrssicherungspflichten des Hostproviders, MMR 2002, 347; *Foerste,* Umschreibung des Unterlassungstitels bei Betriebserwerb, GRUR 1998, 450; *Freytag,* Haftung im Netz, 1999; *Fritzsche,* Unterlassungsanspruch und Unterlassungsklage, 2000; *Gaertner,* Die Haftung der Verlage für den wettbewerbswidrigen Inhalt von Anzeigen, AfP 1990, 269; *v Gierke,* Grenzen der wettbewerbsrechtlichen Störerhaftung, WRP 1997, 892; *Glockshuber,* Die Passivlegitimation im deutschen Recht des unlauteren Wettbewerbs, 1997; *Götting,* Die persönliche Haftung des GmbH-Geschäftsführers für Schutzrechtsverletzungen und Wettbewerbsverstöße, GRUR 1994, 6; *Hackbarth,* Zur Störerverantwortlichkeit für die Inhalte von Internetseiten, CR 1998, 307; *Haedicke,* Die Haftung für mittelbare Urheber- und Wettbewerbsrechtsverletzungen, GRUR 1999, 397; *Harrer,* Die Verantwortlichkeit des Geschäftsführers im Wettbewerbsrecht, FS Koppensteiner, 2001, 407; *Heermann/Ohly,* Verantwortlichkeit im Netz, 2002; *Hoeren,* Cybermanners und Wettbewerbsrecht – Einige Überlegungen zum Lauterkeitsrecht im Internet, WRP 1997, 993; *Hoeren/Eustergerling,* Die Haftung des Admin C, MMR 2006, 132; *Hoeren/Semrau,* Haftung des Merchant für wettbewerbswidrige Affiliate-Werbung, MMR 2008, 571; *Hoffmann,* Zivilrechtliche Haftung im Internet, MMR 2002, 284; *Jacobs,* Markenrechtsverletzungen durch Internet-Auktionen, FS Erdmann, 2002, 327; *Jahn/Pirrwitz,* Die wettbewerbsrechtliche Verantwortlichkeit eines Unternehmens für Presseveröffentlichungen, insbesondere redaktionelle Werbung, WRP 1990, 372; *Janal,* Lauterkeitsrechtliche Betrachtungen zum Affiliate-Marketing, CR 2009, 317; *Jergolla,* Das Ende der wettbewerbsrechtlichen Störerhaftung, WRP 2004, 655; *Kiethe,* Werbung im Internet, WRP 2000, 616; *Kloos,* Wettbewerbsrechtliche Verantwortlichkeit für Hyperlinks, CR 1999, 46; *Kniesbeck,* Die Haftung der Konzernobergesellschaft für Wettbewerbsverstöße der Untergesellschaft, 1999; *Koch,* Perspektiven für die Link- und Suchmaschinen-Haftung – Kommissionsbericht zur Umsetzung der E-Commerce-Richtlinie und seine Konsequenzen für das TDG, CR 2004, 213; *ders,* Die Haftung für Schutzrechtsverletzungen und Wettbewerbsverstöße Dritter im Internet in der Rechtsprechung des BGH, KSzW 2010, 229; *Köhler,* Die Haftung des Betriebsinhabers für Wettbewerbsverstöße seiner Mitarbeitern und Beauftragten (§ 13 IV UWG), GRUR 1991, 344; *ders,* Pressehaftung für wettbewerbswidrige Anzeigen, JuS 1991, 719; *ders,* Die Beteiligung an fremden Wettbewerbsverstößen, WRP 1997, 897; *ders,* Die Auswirkungen der Unternehmensveräußerung auf gesetzliche und vertragliche Unterlassungsansprüche, WRP 2000, 921; *ders,* „Täter" und „Störer" im Wettbewerbs- und Markenrecht, GRUR 2008, 1; *ders,* Neubeurteilung der wettbewerblichen Haftung des Rechtsnachfolgers eines Unternehmers?, WRP 2010, 475; *König,* Wettbewerbsrechtliche Abwehransprüche gegen die GmbH und ihre Gesellschafter, 1992; *Köster/Jürgens,* Haftung professioneller Anbieter im Internet – Eine Bestandsaufnahme nach der Novellierung der Haftungsregelungen, MMR 2002, 420; *Krekel,* Diensteanbieter als Überwachungsgaranten?, WRP 2009, 1029; *Lehment,* Zur Störerhaftung von Online-Auktionshäusern, WRP 2003, 1058; *Leible/Sosnitza,* „3... 2... 1... meins!" und das TDG, WRP 2004, 592; *dies,* Neues zur Störerhaftung von Internet-Auktionshäusern, NJW 2004, 3225; *Leistner,* Von „Grundig-Reporter (n) zu Paperboy(s)", GRUR 2006, 801; *ders,* Störerhaftung und mittelbare Schutzrechtsverletzung, GRUR 2010, Beilage zu Heft 1; *Leistner/Stang,* Die Neuerung der wettbewerbsrechtlichen Verkehrspflichten – Ein Siegeszug der Prüfungspflichten?, WRP 2008, 533; *Lensing/Kramer,* Markenrechtliche Verantwortlichkeit von Internet-Auktionsportalen im Rechtsvergleich, GRUR 2009, 722; *Loschelder/Dörre,* Wettbewerbsrechtliche Verkehrspflichten des Betreibers eines realen Marktplatzes, WRP 2010, 822; *Lunk/Nebendahl,* Zur Unterlassungshaftung des Inserenten für wettbewerbswidrige Zeitungsanzeigen, GRUR 1991, 656; *Nordemann,* Verkehrspflichten und Urheberrecht, FS Loewenheim, 2009, 215; *Mels/Franzen,* Rechtsnachfolge in die gesetzliche Unterlassungsschuld des Wettbewerbsrechts, GRUR 2008, 968; *Pankoke,* Von der Presse- zur Providerhaftung, 2000; *Ottofülling,* Die wettbewerbsrechtliche und immaterialgüterrechtliche Störerhaftung des Geschäftsführers der GmbH, 1990; *Reichelsdorfer,* Die Haftung für Dritte im Wettbewerbsrecht, Diss Erlangen, 2001; *Remmertz,* Werbebotschaften per Handy, MMR 2003, 314; *Säcker,* Die Haftung von Diensteanbietern nach dem Entwurf des EGG, MMR-Beilage 9/2000; *Samwer,* Die Störerhaftung und die Haftung für fremdes Handeln in wettbewerbsrechtlichen Unterlassungsrecht, WRP 1999, 67; *Schünemann,* Die wettbewerbsrechtliche „Störer"-Haftung, WRP 1998, 120; *Spindler,* Verantwortlichkeit und Haftung für Hyperlinks im neuen Recht, MMR 2002, 495; *ders,* Das Gesetz zum elektronischen Geschäftsverkehr – Verantwortlichkeit der Diensteanbieter und Herkunftslandprinzip, NJW 2002, 921; *ders,* Hyperlinks und ausländische Glücksspiele, GRUR 2004, 724; *Spindler/Volkmann,* Die zivilrechtliche Störerhaftung der Internet-Provider, WRP 2003, 1; *dies,* Haftung für wettbewerbswidrig genutzte Mehrwertdienst-Rufnummern und Domains, NJW 2004, 808; *Stadler,* Haftung für Informationen im Internet, 2002; *Tettenborn/Bender/Lübben/Karenfort,* Rechtsrahmen für den elektronischen Geschäftsverkehr, K&R 2001, Beilage 1 zu Heft 12/2001; *Volkmann,* Die Unterlassungsvollstreckung gegen Störer aus dem Online-Bereich, CR 2003, 440; *ders,* Verkehrspflichten für Internet-Provider, CR 2008, 232; *Wiegand,* Die Passivlegitimation bei wettbewerbsrechtlichen Abwehransprüchen, 1997; *Wilmer,* Überspannte Prüfungspflichten für Host-Provider?, NJW 2008, 1845; *Wimmer,* Die Verantwortlichkeit des Online-Providers nach dem neuen Multimediarecht, ZUM 1999, 436.

1. Abschnitt. Allgemeine Grundsätze

I. Überblick

2.1 **Schuldner des Abwehranspruchs** (Unterlassungs- und Beseitigungsanspruch) ist zunächst jeder, der dem § 3 oder § 7 zuwiderhandelt (§ 8 I 1). Beim vorbeugenden Unterlassungsanspruch ist Schuldner jeder, von dem die Gefahr einer Zuwiderhandlung gegen § 3 oder § 7 ausgeht (§ 8 I 2). Für die (erfolgte oder drohende) Zuwiderhandlung können gleichzeitig mehrere Personen verantwortlich sein. Insbes besteht unter bestimmten Voraussetzungen auch eine Verantwortlichkeit für die von Dritten begangene Zuwiderhandlung. Eine Teilregelung hierzu enthält § 8 II (dazu Rdn 2.32 ff). Umstritten ist, ob auch solche Personen verantwortlich sein können, die selbst nicht Täter oder Teilnehmer der Zuwiderhandlung sind, aber in sonstiger Weise daran mitgewirkt haben (Problem der Störerhaftung; Rdn 2.11 ff).

II. Die Haftung des Zuwiderhandelnden (Verletzers)

1. Begriff des Zuwiderhandelnden (Verletzers)

2.2 **a) Terminologie.** Wie der Schuldner des Abwehranspruchs zu bezeichnen ist, ist umstritten. In der Vergangenheit wurde dafür sowohl der Begriff des **Verletzers** als auch der Begriff des **Störers** verwendet. Der Begriff des Störers ist insoweit mehrdeutig, als er teils zur Kennzeichnung der Person verwendet wird, die den Tatbestand des Wettbewerbsverstoßes nicht schuldhaft verwirklicht (BGH GRUR 2002, 618, 619 – *Meißner Dekor I*), teils auf solche Personen bezogen wird, die lediglich an einem fremden Wettbewerbsverstoß mitwirken, aber nicht die „Täterqualifikation" haben (vgl BGH GRUR 1997, 313, 315 – *Architektenwettbewerb;* BGH WRP 1999, 501, 504 f – *Implantatbehandlungen).*

2.3 Richtigerweise sollte bei die ihrer Natur nach deliktsrechtlichen(!) Abwehransprüchen aus § 8 I der **sachenrechtliche** Begriff des **Störers** (§§ 862, 1004 BGB) überhaupt nicht verwendet werden (aA aber *Ahrens* FS Canaris, 2007, 3, 4 ff). Die Haftung für unverschuldet begangene Zuwiderhandlungen ergibt sich aus § 8 I unmittelbar; eines Rückgriffs auf sachenrechtliche Bestimmungen (§§ 862, 1004 BGB) bedarf es nicht (aA BGH GRUR 2002, 618, 619 – *Meißner Dekor I).* Denn es geht im Lauterkeitsrecht nicht um den Schutz des Eigentums oder vergleichbarer absoluter Rechte, sondern um die Verletzung von Marktverhaltenspflichten. § 8 I gebraucht dafür den Begriff der **Zuwiderhandlung** und trifft eine eigenständige Regelung für die Abwehransprüche. Verantwortlich ist daher der **Zuwiderhandelnde,** den man iSd bisherigen Rspr auch als **Verletzer** bezeichnen kann.

2.4 **b) Unterscheidung zwischen Täterschaft und Teilnahme. aa) Überblick.** Der Begriff des Zuwiderhandelnden (Verletzers) bedarf der Präzisierung, um die Voraussetzungen und den Umfang der lauterkeitsrechtlichen Verantwortlichkeit der einzelnen Beteiligten festzustellen. Da das Lauterkeitsrecht ein Sonderdeliktsrecht ist, sind hierzu die Begriffe der **Täterschaft** (einschließlich Mittäterschaft, mittelbare Täterschaft, Nebentäterschaft) und **Teilnahme** (Anstiftung, Beihilfe) aus dem allgemeinen Deliktsrecht (§ 830 BGB) heranzuziehen (vgl BGHZ 11, 286, 287 – *Kundenzeitschrift;* BGH WRP 1963, 306 – *Verona-Gerät;* BGH GRUR 2003, 624, 626 – *Kleidersack;* BGH GRUR 2007, 890 Tz 21 ff – *Jugendgefährdende Medien bei eBay).* Diese Begriffe sind zwar auf den (verschuldensabhängigen) Schadensersatzanspruch zugeschnitten, aber mit entspr Modifikation auch auf den (verschuldensunabhängigen) Abwehranspruch anzuwenden. Die Unterscheidung zwischen Täter und Teilnehmer ist gerade im Lauterkeitsrecht bedeutsam.

2.5 **bb) Täter. (1) Allgemeines. Täter** ist, wer die Zuwiderhandlung selbst oder durch einen Anderen (mittelbare Täterschaft) **begeht** (vgl § 25 I StGB) oder **Mittäter** ist. Erforderlich, aber auch ausreichend ist es, dass der Inanspruchgenommene durch sein Handeln (positives Tun oder pflichtwidriges Unterlassen; Rdn 2.8) den objektiven Tatbestand einer Zuwiderhandlung iSd § 3 oder des § 7 adäquat kausal verwirklicht (BGH GRUR 2008, 530 Tz 21 ff – *Nachlass bei der Selbstbeteiligung).* **Mittelbarer Täter** ist derjenige, der die Zuwiderhandlung im eigenen Interesse veranlasst hat. **Mittäterschaft** setzt eine gemeinschaftliche Begehung (§ 830 I 1 BGB), also ein bewusstes und gewolltes Zusammenwirken voraus (BGHZ 180, 134 = GRUR 2009, 597 Tz 14 – *Halzband;* BGH GRUR 2010, 536 Tz 85 – *Modulgerüst II).* Psychische oder intellektuelle Mitwirkung genügt. **Täter einer Zuwiderhandlung** iSd § 3 oder des § 7 kann aber nur sein, wer eine **geschäftliche Handlung** iSd § 2 I Nr 1 vorgenommen hat. Eine geschäftliche Handlung liegt allerdings auch bei einem Handeln „zugunsten eines fremden Unternehmens" vor (§ 2 I Nr 1). Täter kann also auch sein, wer nicht zur Förderung des eigenen, sondern eines **fremden** Unternehmens tätig wird. Das können nicht nur Mitarbeiter und Beauftragte eines Unternehmers (so aber *Schünemann* WRP 1998, 120, 123), sondern auch kooperierende Unternehmen, Privatleute, öffentliche Hände, Verbände usw sein. – Stellt das Lauterkeitsrecht **weitere Anforderungen** an die Person des Handelnden, muss er auch diese Anforderungen erfüllen. Knüpft zB die Unlauterkeit an die Verletzung einer Marktverhaltensregelung iSd § 4 Nr 11 an, die sich nur an einen bestimmten Personenkreis (zB Ärzte; Architekten) richtet, kann Täter dieses Wettbewerbsverstoßes nur sein, wer zu diesem Personenkreis gehört (vgl auch BGH GRUR 1997, 313, 315 – *Architektenwettbewerb*).

(2) Täterschaft auf Grund Verkehrspflichtverletzung. Täter kann auch sein, wer durch sein Handeln die Gefahr eines rechtswidrigen Handelns eines Dritten begründet und dieses erkennen und verhindern kann (vgl BGHZ 173, 188 Tz 22 ff, 36 ff = GRUR 2007, 890 – *Jugendgefährdende Medien bei eBay*; BGH GRUR 2008, 530 Tz 21 – *Nachlass bei der Selbstbeteiligung*; *Ahrens* WRP 2007, 1281; *Döring* WRP 2007, 1131; *Köhler* GRUR 2008, 1, 3; *Leistner* GRUR-Beil 2010, 1). Die Rspr (BGH GRUR 2007, 890 LS 2 – *Jugendgefährdende Medien bei eBay*) hat dazu folgenden Grundsatz aufgestellt: „**Wer durch sein Handeln im geschäftlichen Verkehr die ernsthafte Gefahr begründet, dass Dritte durch das Wettbewerbsrecht geschützte Interessen von Marktteilnehmern verletzen, ist auf Grund einer wettbewerbsrechtlichen Verkehrspflicht dazu verpflichtet, diese Gefahr im Rahmen des Möglichen und Zumutbaren zu begrenzen. Wer in dieser Weise gegen eine wettbewerbsrechtliche Verkehrspflicht verstößt, ist Täter einer unlauteren Wettbewerbshandlung".** Dies gilt auch dann, wenn es um die Abwendung eines Verhaltens Dritter geht. Denn es ist unerheblich, ob sich die Gefahr in einem Erfolgs- oder Handlungsunrecht realisiert. Die **Unlauterkeit** iSd § 3 ergibt sich letztlich daraus, dass der Handelnde weiß oder bewusst in Kauf nimmt, dass der Absatz seines oder eines fremden Unternehmens durch das rechtswidrige Verhalten des Dritten gefördert wird und dass er dies verhindern könnte (vgl BGH GRUR 2007, 890 Tz 42 aE – *Jugendgefährdende Medien bei eBay*; vgl weiter BGH GRUR 2008, 702 Tz 51 ff – *Internet-Versteigerung III*).

2.5a

Die täterschaftliche Verantwortung für Verkehrspflichtverletzungen hat folgende Voraussetzungen: (a) **Vorliegen einer geschäftlichen Handlung.** Dafür reicht auch die Förderung eines *fremden* Unternehmens aus (§ 2 I Nr 1).

2.5b

(b) Begründung der ernsthaften Gefahr einer Verletzung der Interessen von Marktteilnehmern durch Dritte. Zum Begriff der *Marktteilnehmer* vgl § 2 I Nr 2. Die ernsthafte Gefahr einer Interessenverletzung ist nur dann gegeben, wenn vom Handeln des Dritten die Erstbegehungs- oder Wiederholungsgefahr eines Rechtsverstoßes ausgeht. Dies ist erforderlich, „um einer unangemessenen Ausdehnung der Haftung für Rechtsverstöße Dritter entgegenzuwirken" (BGH GRUR 2007, 890 Tz 38 – *Jugendgefährdende Medien bei eBay*).

(c) Verletzung einer wettbewerbsrechtlichen Verkehrspflicht. Die wettbewerbsrechtliche Verkehrspflicht kann dabei insbes in **Prüfungs- und Überwachungspflichten,** aber auch **Eingreifpflichten** bestehen (dazu *Döring* WRP 2007, 1131, 1136 ff; *Leistner* GRUR-Beil 2010, 1, 2 ff; *Volkmann* CR 2008, 232). Zu den Verkehrspflichten des Betreibers einer **Internet-Auktionsplattform** vgl BGH GRUR 2007, 890 Tz 38 ff – *Jugendgefährdende Medien bei eBay*; BGH GRUR 2008, 702 Tz 51 ff – *Internet-Versteigerung III*; zu den Verkehrspflichten bei Einschaltung von **Affiliates** (= Internet-Vertriebspartner) vgl BGH GRUR 2009, 1166 Tz 21 ff – *Partnerprogramm*; OLG München WRP 2008, 1471, 1473 ff; zu den Verkehrspflichten des Verpächters einer **Domain** vgl BGH GRUR 2009, 1093 Tz 27 – *Focus Online*; zu den Verkehrspflichten des Betreibers einer Suchmaschine vgl BGH WRP 2010, 916 Tz 39 – *Vorschaubilder*; zu den Verkehrspflichten des Betreibers eines **Kleinanzeigen-Internet-Portals** für Kleinanzeigen hinsichtlich der Einhaltung der Impressumspflicht nach § 5 I Nr 1 TMG durch gewerbliche Anbieter vgl OLG Frankfurt GRUR-RR 2009, 315; zu den Verkehrspflichten des Betreibers eines **realen Marktplatzes** vgl *Loschelder/Dörre* WRP 2010, 822. – Zu der für den Unterlassungsanspruch gegen den Täter erforderlichen Wiederholungsgefahr oder Erstbegehungsgefahr vgl BGH GRUR 2007, 890 Tz 53, 54 – *Jugendgefährdende Medien bei eBay*. – Mindestvoraussetzung einer Pflichtverletzung ist, dass die Interessenbeeinträchtigung objektiv **erkennbar** war und dass die Gefahrabwendungsmaßnahmen **möglich** und **zumutbar** waren. Die Zumutbarkeit hängt einerseits davon ab, wie groß die vom Dritten ausgehende Verletzungsgefahr und wie gewichtig das verletzte Interesse ist, andererseits davon, welches wirtschaftliches Eigeninteresse der Verpflichtete hat (vgl BGH GRUR 2010, 633 Tz 13 – *Sommer unseres Lebens*) und welcher Aufwand für die Gefahrenabwehr erforderlich ist (vgl *Loschelder/Dörre* WRP 2010, 822, 824). Dabei besteht eine **Wechselwirkung** zwischen dem Grad der Schutzbedürftigkeit des Verletzten einerseits und dem Ausmaß der Prüfungs- und Handlungspflichten andererseits (BGH GRUR 2009, 1142 Tz 43 – *MP3-Player-Import* zum Patentrecht). Ist der Inhaber der Einrichtung gesetzlich nicht verpflichtet, die von ihm übermittelten oder gespeicherten Informationen zu überwachen oder nach Umständen zu forschen, die auf eine rechtswidrige Tätigkeit hinweisen (vgl § 7 II 1 TMG), so entsteht eine Verkehrspflicht erst dann, wenn er selbst oder über Dritte von dem Wettbewerbsverstoß Kenntnis erlangt hat (BGH GRUR 2007, 890 Tz 39, 42 – *Jugendgefährdende Medien bei eBay*). – Zur Darlegungslast des Klägers und zur sekundären Darlegungslast des Beklagten vgl BGH WRP 2008, 1517 Tz 19, 20 – *Namensklau im Internet*.

(d) Schutzbedürftigkeit des Verletzten. Sie ist nicht gegeben, wenn dem Verletzten ein unmittelbares Vorgehen gegen den Dritten möglich und zumutbar ist (*Köhler* GRUR 2008, 1, 4 f; aus heutiger Sicht daher abzulehnen: BGH GRUR 1995, 601 – *Bahnhofs-Verkaufsstellen*). Allenfalls besteht eine Verpflichtung, den Verletzten im Rahmen des Möglichen und Zumutbaren bei der Rechtsverfolgung zu unterstützen, etwa durch Auskunfterteilung (*Loschelder/Dörre* WRP 2010, 822, 825).

2.5c **(3) Täterschaft auf Grund unzureichender Kontrolle geschäftlicher Einrichtungen.** Bestimmte geschäftliche Einrichtungen eines Unternehmers, wie etwa Mitgliedskonten bei eBay, E-Mail-Adressen, Telefon- und Telefaxanschlüsse oder Briefbögen, lassen sich – befugt oder unbefugt – auch von Dritten für eigene geschäftliche Zwecke nutzen, ohne dass dies für Außenstehende (Kunden, Mitbewerber) erkennbar ist. Begeht ein Dritter dabei einen Wettbewerbsverstoß, so kann der Unternehmer dafür als Mittäter oder Teilnehmer oder als Unternehmensinhaber nach § 8 II mitverantwortlich sein. Liegen diese Voraussetzungen nicht vor oder sind sie nicht nachweisbar, kommt gleichwohl nach der Rspr eine täterschaftliche Verantwortlichkeit des Unternehmers in Betracht, wenn er den Zugang zu dieser Einrichtung nicht hinreichend vor fremdem Zugriff gesichert hat (BGH GRUR 2009, 597 Tz 16 ff – *Halzband*). Ein Bedürfnis für eine solche Haftung besteht jedenfalls dann, wenn Außenstehende den Umständen nach von einem Handeln des Inhabers der Einrichtung ausgehen müssen. In der Sache handelt es sich um eine Verkehrspflicht zur Sicherung eigener geschäftlicher Einrichtungen (*Leistner* GRUR 2010, Beilage Heft 1 S 8 ff).

2.5d Das ist bspw bei den **Mitgliedskonten** von **eBay** der Fall, weil die Kontrolldaten und das Passwort ein besonderes Identifikationsmittel darstellen. Insoweit besteht ein berechtigtes Interesse des Verkehrs, nicht im Unklaren darüber zu sein, welche Person gehandelt hat, die ggf vertraglich oder deliktisch, insbes wettbewerbsrechtlich, in Anspruch genommen werden kann. Vom Inhaber der Einrichtung ist daher zu verlangen, dass er die Zugangsdaten hinreichend vor fremdem Zugriff sichert. Tut er dies nicht, muss er sich das Handeln Dritter, soweit es um den Unterlassungsanspruch geht, wie eigenes zurechnen lassen; er haftet insoweit als **Täter** (BGH GRUR 2009, 597 Tz 16, 23 – *Halzband*). Eine Schadensersatzpflicht des Inhabers der Einrichtung kommt allerdings idR nur dann in Betracht, wenn er weiß oder jedenfalls damit rechnen muss, dass der Dritte sie für rechtsverletzende Handlungen nutzt (BGH GRUR 2009, 597 Tz 21 – *Halzband*). Ob der konkret angesprochene Kunde im Einzelfall den Missbrauch erkennt oder erkennen kann, ist für die wettbewerbsrechtliche Haftung unerheblich (BGH GRUR 2009, 597 Tz 19 – *Halzband*).

2.5e Bei **sonstigen geschäftlichen Einrichtungen,** wie zB geschäftlichen Telefon- und Telefaxanschlüsse, E-Mail-Adressen, IP-Adressen, Briefbögen, die Dritte ohne Zustimmung des Inhabers verwenden, kann der Verkehr dagegen nicht ohne Weiteres davon ausgehen, dass die jeweilige geschäftliche Aktivität vom Inhaber der Einrichtung oder mit dessen Zustimmung von einem Dritten ausgeht (vgl BGH GRUR 2009, 597 Tz 18 – *Halzband;* BGH GRUR 2010, 633 Tz 15 – *Sommer unseres Lebens*). Auch sind insoweit Kontroll- und Sicherungsmaßnahmen schwieriger durchzuführen. Insoweit muss es dabei bleiben, dass der Inhaber nur nach den allgemeinen Grundsätzen der Haftung als Mittäter, Teilnehmer, Unternehmensinhaber oder Verletzer von wettbewerbsrechtlichen Prüfungspflichten haftet. Am Beispiel der unberechtigten Nutzung eines geschäftlichen **Telefonanschlusses** durch einen Mitarbeiter für eigene geschäftliche Zwecke: Der Inhaber des Anschlusses haftet für Wettbewerbsverstöße des Mitarbeiters nur, wenn er nicht dagegen einschreitet, obwohl er weiß oder damit rechnen muss, dass der Mitarbeiter den Anschluss ohne seine Zustimmung für wettbewerbswidrige Handlungen nutzt und Außenstehende im Unklaren sind, von wem die Handlung ausgeht. Am Beispiel der unberechtigten Nutzung eines **WLAN-Anschlusses** eines PC durch einen Dritten: Der private Inhaber eines unzureichend gesicherten WLAN-Anschlusses ist unter dem Gesichtspunkt der Verletzung wettbewerbsrechtlicher Verkehrspflichten für Rechtsverletzungen Dritter verantwortlich, die unter Nutzung seiner IP-Adresse begangen werden. Zu den gebotenen verkehrsüblichen und zumutbaren Sicherungsmaßnahmen gehört die Verwendung eines persönlichen, ausreichend langen und sicheren Passwortes (BGH GRUR 2010, 633 Tz 33, 34 – *Sommer unseres Lebens* zum Urheberrecht).

Das für eBay-Konten entwickelte neue „Haftungsmodell" (so BGHZ 180, 134 = GRUR 2.5f 2009, 597 Tz 23 – *Halzband*) unterscheidet sich von der Haftung wegen Verletzung wettbewerbsrechtlicher Prüfungspflichten hinsichtlich des rechtsverletzenden Verhaltens Dritter (BGHZ 173, 188 Tz 41 f – *Jugendgefährdende Schriften bei eBay*). Denn dem Inhaber der Einrichtung wird bereits die Erste auf der unzureichenden Sicherung seiner Einrichtung beruhende Rechtsverletzung des Dritten täterschaftlich zugerechnet (BGH GRUR 2009, 597 Tz 21 – *Halzband*). Gemeinsame Wurzel ist allerdings das Prinzip der Haftung für unterlassene Schutzvorkehrungen bei vorangegangenem erlaubtem, aber gefahrbegründendem Tun.

cc) Teilnehmer. Teilnehmer sind der **Anstifter** und der **Gehilfe**. Diese Begriffe (§ 830 II 2.6 BGB) sind, soweit es den **Schadensersatzanspruch** (§ 9) angeht, wie im Strafrecht zu verstehen (ebenso OLG Brandenburg GRUR-RR 2007, 18, 19). Danach ist **Anstifter,** wer vorsätzlich einen anderen zu dessen vorsätzlich begangener Zuwiderhandlung bestimmt hat (vgl § 26 StGB). Ein Bestimmen setzt eine wirkliche Einflussnahme, also die Aufforderung zu einem bestimmten Verhalten (vgl BGH GRUR 2001, 255, 256 – *Augenarztanschreiben*) voraus. Dies kann auch durch die Behauptung der Zulässigkeit einer Maßnahme erfolgen (BGH GRUR 2008, 810 Tz 37 – *Kommunalversicherer*). Ob bloße Werbe- und Informationsschreiben dazu ausreichen, hängt von den Umständen des Einzelfalls ab (vgl OLG Frankfurt GRUR-RR 2005, 230, 231), ggf kann zumindest psychische Beihilfe vorliegen. **Gehilfe** ist, wer vorsätzlich einem anderen zu dessen vorsätzlich begangener Zuwiderhandlung Hilfe geleistet hat (vgl § 27 StGB; BGH GRUR 2003, 624, 626 – *Kleidersack;* BGH WRP 2004, 1021, 1023 – *Verabschiedungsschreiben;* BGH GRUR 2008, 810 Tz 37 – *Kommunalversicherer*). – Für die verschuldensunabhängigen **Abwehransprüche** sind diese Definitionen nach ihrer Funktion zu modifizieren. Demnach ist eine vorsätzliche Zuwiderhandlung des Täters nicht erforderlich (ebenso OLG Brandenburg GRUR-RR 2007, 18, 19). Ausreichend, aber auch notwendig ist eine **vorsätzliche Mitwirkung an der Verwirklichung des objektiven Tatbestands der Zuwiderhandlung durch einen Anderen.** Zum Teilnehmervorsatz gehört dabei neben der Kenntnis der objektiven Tatumstände auch das Bewusstsein der Rechtswidrigkeit der Haupttat (BGHZ 177, 150 = GRUR 2008, 810 Tz 15 – *Kommunalversicherer;* BGHZ 180, 134 = GRUR 2009, 597 Tz 14 – *Halzband;* BGH GRUR 2010, 536 Tz 65 – *Modulgerüst II;* vgl auch Rdn 2.16). Bedingter Vorsatz genügt. Das Vorsatzerfordernis (dazu krit Harte/Henning/*Bergmann* § 8 Rdn 62) rechtfertigt sich daraus, dass der Teilnehmer auch dann haftet, wenn er keine geschäftliche Handlung vornimmt oder keine Täterqualifikation hat. Als Teilnahmehandlung kommt auch ein pflichtwidriges Unterlassen, etwa einer Aufklärung, in Betracht (BGH GRUR 2008, 810 Tz 48 – *Kommunalversicherer*). Da auch derjenige, der lediglich fremden Wettbewerb fördert (vgl § 2 I Nr 1: „zugunsten des eigenen oder eines fremden Unternehmens"), als Täter oder Mittäter anzusehen ist, beschränkt sich der Anwendungsbereich der Teilnehmerhaftung allerdings von vornherein auf die Fälle, in denen der Handelnde keine geschäftliche Handlung vornimmt oder mangels Tätereigenschaft nicht Täter sein kann. **Beispiele:** Lieferant L stiftet den Händler H an, in irreführender Weise für sein Produkt zu werben. H hält die Werbung schuldlos für sachlich zutr; L weiß dagegen, dass die Werbung irreführend ist. L haftet, wenn schon nicht als mittelbarer Täter, so doch als Anstifter für den objektiven Wettbewerbsverstoß des H. – Ein spezielles Werbeverbot für Ärzte, das eine Marktverhaltensregelung iSd § 4 Nr 11 darstellt, kann nur von einem Arzt verletzt werden; Teilnehmer an der Zuwiderhandlung kann aber auch ein Nichtarzt sein (vgl OLG Frankfurt GRUR-RR 2005, 230, 231). – Ein Vergaberechtsverstoß, der unter § 4 Nr 11 fällt, kann nur vom Auftraggeber begangen werden; Teilnehmer kann aber der begünstigte Bieter sein (BGH GRUR 2008, 810 Tz 14 – *Kommunalversicherer*). – Der Betreiber eines **Internet-Auktionshauses,** das Informationen lediglich speichert oder durchleitet, haftet für Wettbewerbsverstöße in Angeboten von Nutzern nur dann als Gehilfe, wenn er davon erfährt und die Angebote nicht unverzüglich sperrt, wozu er auch nach § 10 S 1 Nr 2 TMG verpflichtet ist (vgl OLG Brandenburg GRUR-RR 2007, 18, 19). Soweit allerdings derartige Angebote im Rahmen eines Registrierungsverfahrens automatisch ins Internet gestellt werden, hat der Betreiber zunächst keine Kenntnis von konkret drohenden Haupttaten, so dass es an dem erforderlichen Gehilfenvorsatz fehlt (BGH GRUR 2007, 890 Tz 21 – *Jugendgefährdende Medien bei eBay*). Jedoch kommt nach der Rspr insoweit eine **Täterhaftung** unter dem Gesichtspunkt der Verletzung einer wettbewerbsrechtlichen Verkehrspflicht, insbes Prüfungs- und Überwachungspflicht in Betracht (Rdn 2.5; vgl auch OLG Hamburg WRP 2008, 1569, 1588 ff). – Gestattet eine **Testzeitschrift** einem Unternehmen gegen Entgelt die Werbung mit einem Testergebnis und wirbt dieses Unternehmen in vorhersehbarer Weise damit irreführend, so kann der Verleger der Zeitschrift dafür nach § 830 II BGB als Anstifter oder Gehilfe verantwortlich sein, wenn er das Unternehmen nicht auf die Irreführungsgefahr hinweist (OLG Frankfurt GRUR-RR 2007, 16, 18).

2.7 dd) **Mitwirkung von nicht entscheidungsbefugten Personen.** Bei **Personen,** die zwar rein tatsächlich an der Verletzung mitwirken, aber (wie zB Plakatkleber oder Prospektverteiler) **nicht entscheidungsbefugt** und **in völlig untergeordneter Stellung** ohne eigenen Entscheidungsspielraum tätig sind, dürfte idR schon keine geschäftliche Handlung iSd § 2 I Nr 1 vorliegen. Sie könnten daher allenfalls als **Gehilfen** (§ 830 II BGB) zur Verantwortung gezogen werden. Allerdings setzt dies **Vorsatz** voraus, dh das Bewusstsein der Unlauterkeit des Handelns. Selbst wenn aber diese Voraussetzung im Einzelfall erfüllt wäre, wird es solchen Personen idR nicht zumutbar sein, die Mitwirkung am Wettbewerbsverstoß zu unterlassen, obwohl sie ein Leistungsverweigerungsrecht nach § 275 III BGB haben. Soweit es den Beseitigungsanspruch (zB Entfernen eines Plakats) angeht, wird es solchen Personen ohnehin unmöglich (§ 275 I BGB) sein, die Störung ohne oder gegen den Willen des Geschäftsherrn zu beseitigen. Sie können daher idR nicht wettbewerbsrechtlich in Anspruch genommen werden (OLG Nürnberg WRP 1981, 166; aA *Schünemann* WRP 1998, 120, 124; zweifelnd *Teplitzky* Kap 14 Rdn 13). Mit dem prozessualen Rechtsschutzinteresse hat diese Frage aber nichts zu tun.

2. Begehung der Zuwiderhandlung

2.8 Die Zuwiderhandlung kann entweder durch **positives Tun** oder **pflichtwidriges Unterlassen** (einschließl **Dulden**) erfolgen (BGH WRP 1994, 859, 861 – *GmbH-Werbung für ambulante ärztliche Leistungen;* BGH GRUR 2001, 82, 83 – *Neu in Bielefeld I*). Pflichtwidrig ist ein Unterlassen oder Dulden dann, wenn eine **Erfolgsabwendungspflicht** und eine **Erfolgsabwendungsmöglichkeit** bestehen. Eine Erfolgsabwendungspflicht kann sich vor allem aus Gesetz oder vorangegangenem gefahrbegründendem Tun ergeben (BGH GRUR 2001, 82, 83 – *Neu in Bielefeld I;* BGH GRUR 2008, 186 Tz 21 – *Telefonaktion*). Täter durch Unterlassen kann aber nur sein, wer eine geschäftliche Handlung (§ 2 I Nr 1) vornimmt. Eine **Teilnahme durch pflichtwidriges Unterlassen** ist möglich, wenn aus **Gesetz** oder **vorangegangenem Tun** eine Pflicht besteht, den fremden Wettbewerbsverstoß zu verhindern. Eine entsprechende wettbewerbsrechtliche Verkehrspflicht (dazu BGH GRUR 2007, 890 Tz 22, 36 ff – *Jugendgefährdende Medien bei eBay;* dazu *Köhler* GRUR 2008, 1) kann sich für den ergeben, der durch sein Handeln im geschäftlichen Verkehr in einer ihm zurechenbaren Weise die Gefahr begründet, dass Dritte wettbewerbsrechtlich geschützte Interessen von Marktteilnehmern verletzen. Verletzt er diese Pflicht, so ist dies unlauter iSv § 3. Die bloße Tatsache einer Vertragsbeziehung genügt jedoch noch nicht, um daraus eine Pflicht zu begründen, ein wettbewerbswidriges Verhalten eines Vertragspartners abzuwenden (BGH GRUR 2001, 82, 83 – *Neu in Bielefeld I* zum Franchisevertrag). Etwas anderes gilt dann, wenn der betreffende Unternehmer aus dem Wettbewerbsverstoß des Vertragspartners mittelbar einen Nutzen zieht und er vertragsrechtlich in der Lage ist, Wettbewerbsverstöße des Vertragspartners abzuwenden (vgl BGH WRP 1995, 691, 693 – *Bahnhofs-Verkaufsstellen;* LG Oldenburg WRP 2000, 660). Erst recht besteht eine Haftung, wenn der Unternehmer durch positives Tun – etwa durch Stellung entspr Einrichtungen – den konkreten Wettbewerbsverstoß ermöglicht. So zB wenn der Gaststättenverpächter bewusst Gläser mit falschem Eichstrich zur Verfügung stellt.

3. Art und Umfang des Tatbeitrages

2.9 Art und Umfang des Tatbeitrages von Täter und Teilnehmer sind, soweit abgrenzbar, für den konkreten Inhalt des Abwehranspruchs von Bedeutung (BGH GRUR 1977, 114, 115 – *VUS*). Dem Gläubiger steht es grds frei, ob er alle oder nur einzelne Beteiligte zur Verantwortung zieht und in welcher Reihenfolge er vorgeht (BGH aaO – *VUS; Teplitzky* Kap 14 Rdn 12). Eine Schranke setzt insoweit nur § 8 IV.

4. Beispiele

Bei Verbreitung wettbewerbswidriger Äußerungen in **Medien** haftet nicht nur der Urheber, sondern jeder an der Weitergabe und der Verbreitung Beteiligte (insbes Verleger oder Sendeanstalt, Herausgeber, Redakteur, Vertriebsorgane; vgl BGH GRUR 1977, 114, 116 – *VUS;* BGH GRUR 1980, 259 – *Wahlkampfillustrierte;* BGH GRUR 1994, 441, 443 – *Kosmetikstudio*), sofern er mit dem Ziel der Wettbewerbsförderung (§ 2 I Nr 1) handelte. – Wer der Presse sachliche und zutreffende Informationen zur Verfügung stellt, ist nicht schon aus diesem Grunde für eine **redaktionell getarnte Werbung** verantwortlich (§ 4 Rdn 3.33 ff; BGH GRUR 1993, 561, 562 – *Produktinformation I;* BGH GRUR 1994, 445, 446 – *Beipackzettel;* BGH GRUR 1994, 819, 821 – *Produktinformation II;* BGH GRUR 1996, 71, 72 f – *Produktinformation III*). Sperrauflagen sind nur geboten, wenn mit einer unzulässigen Werbung zu rechnen ist (BGH GRUR 1994, 819, 821 – *Produktinformation II*). – Bei der Verbreitung wettbewerbswidriger **Anzeigen** trifft den Verleger und den Anzeigenredakteur wegen des Zeitdrucks und zur Gewährleistung der Pressefreiheit nur eine grds auf grobe und unschwer zu erkennende Verstöße beschränkte Prüfungspflicht (BGH GRUR 1990, 1012, 1014 – *Pressehaftung I;* BGH GRUR 1992, 618, 619 – *Pressehaftung II;* BGH GRUR 1994, 454, 455 – *Schlankheitswerbung;* BGH GRUR 1995, 751, 752 – *Schlussverkaufswerbung;* Piper, FS Vieregge, 1994, 721); weiter gehende Prüfungsanforderungen bestehen auch nicht bei Inserenten mit Sitz im Ausland (BGH GRUR 1993, 53, 55 – *Ausländischer Inserent*). – **Werbeagenturen** haften, da sie zur Förderung des Absatzes ihrer Auftraggeber handeln, für von ihnen verursachte Verstöße bei Gestaltung und Durchführung der Werbung, unabhängig von der Haftung des Auftraggebers (BGH GRUR 1973, 208, 209 – *Neues aus der Medizin;* zu Unrecht einschränkend OLG Frankfurt WRP 2001, 713, 715: Haftung nur nach den Grundsätzen der Störerhaftung). – Bei wettbewerbswidrigem **Händlerverhalten** haftet auch der Hersteller oder Großhändler, wenn er durch sein Verhalten die Verstöße fördert oder ermöglicht und er mit solchen Verstößen rechnen muss (BGH GRUR 1973, 370, 371 – *Tabac;* BGH GRUR 2003, 624, 626 – *Kleidersack*). – Bei **Reiseveranstaltungen** haften neben dem Veranstalter auch der Busunternehmer (OLG Stuttgart NJWE-WettbR 1998, 101) und (bei Verkaufsfahrten) der Produzent (BGH aaO – *Verkaufsfahrten II;* OLG Frankfurt GRUR 1992, 711), sofern sie mit dem Ziel der Wettbewerbsförderung handelten. – Der **Vermieter** haftet für einen Wettbewerbsverstoß des Mieters, sofern er mit dem Ziel der Wettbewerbsförderung handelt, etwa wenn er einen Wettbewerbsverstoß aktiv unterstützt (zB durch Anzeigen) oder den Wettbewerbsverstoß kennt, aber nicht unterbindet, obwohl er dazu auf Grund seiner vertraglichen Beziehungen die Rechtsmacht besitzt (Rdn 8; BGH WRP 1995, 691, 693 – *Bahnhofs-Verkaufsstellen;* LG Oldenburg WRP 2000, 660). – Der Inhaber eines eBay-Kontos, der nicht eindeutig zum Ausdruck bringt, dass Angebote nicht von ihm stammen (zB weil er sich als „Verkaufsagent" bezeichnet), ist für den Inhalt dieser Angebote als Täter, zumindest als Gehilfe verantwortlich (vgl LG Bonn WRP 2005, 640, 641).

III. Haftung auch des Störers?

1. Begriff des Störers

Der Begriff des **Störers** ist dem Sachenrecht (§§ 862, 1004 BGB) entlehnt (vgl BGH GRUR 2002, 618, 619 – *Meißner Dekor I*). Seine Übernahme in die Dogmatik des Wettbewerbsrechts sollte zweierlei zum Ausdruck bringen: Zum einen die Verantwortlichkeit für objektiv rechtswidriges Verhalten mit der Folge des Unterlassungs- und Beseitigungsanspruchs; zum anderen die Erweiterung dieser Verantwortlichkeit auf alle Personen, die – ohne den Tatbestand der Zuwiderhandlung gegen § 3 oder § 7 verwirklicht zu haben – in irgendeiner Weise **willentlich und adäquat kausal** zur Verletzung eines geschützten Gutes oder zu einer verbotenen Handlung beigetragen haben (BGH aaO – *Meißner Dekor I*).

2. Stand der Rspr

In der Rspr zur Störerhaftung lassen sich vier Phasen feststellen.

(1) Anfänglich zog die Rspr den Kreis der verantwortlichen Personen sehr weit, um Wettbewerbsverstöße in allen Stadien ihrer Verwirklichung bekämpfen zu können (BGH GRUR 1990, 463, 464 – *Firmenrufnummer*). Sie ließ in entspr Anwendung des § 1004 BGB als „**Störer**" („**Mitstörer**") auch die Person haften, die an sich nicht den Verletzungstatbestand erfüllte, sei es, weil sie **ohne Wettbewerbsförderungsabsicht** oder doch **ohne Täterqualifikation** handelte, aber an dem Wettbewerbsverstoß eines Dritten in der Weise beteiligt war, dass sie in irgendeiner Weise willentlich und adäquat kausal an der Herbeiführung der rechtswidrigen Beeinträchtigung mitwirkte (BGH GRUR 2002, 618, 619 – *Meißner Dekor I*). Dabei sollte als Mitwirkung auch die Unterstützung oder Ausnutzung der Handlung eines eigenverantwortlich handelnden Dritten genügen, sofern der Inanspruchgenommene die rechtliche Möglichkeit zur Verhinderung dieser Handlung hatte (vgl BGH GRUR 1990, 373, 374 – *Schönheits-Chirurgie;* BGH GRUR 1997, 313, 315 – *Architektenwettbewerb* mwN; BGH (X. Senat) WRP 1999, 1045, 1048 – *Räumschild;* BGH GRUR 2003, 798, 799 – *Sanfte Schönheitschirurgie*). Vorausgesetzt wurde aber stets die tatsächliche Wettbewerbswidrigkeit des Verhaltens des Dritten (sog **Akzessorietätserfordernis;** BGH GRUR 1997, 313, 315 – *Architektenwettbewerb;* BGH GRUR 1996, 905 – *GmbH-Werbung für ambulante ärztliche Leistungen;* BGH GRUR 2000, 613, 615 f – *Klinik Sanssouci*). Ob die (Mit-)Störerhaftung auch dann eingreifen könnte, wenn eine Wettbewerbsbeeinträchtigung lediglich zu befürchten ist, hat der BGH (aaO – *Architektenwettbewerb*) offen gelassen.

2.13 (2) Später nahm die Rspr eine **Einschränkung** vor, um eine uferlose Ausdehnung der Störerhaftung auf unbeteiligte Dritte zu vermeiden. Voraussetzung der Haftung sei die Verletzung einer **„Prüfungspflicht".** Für Ausmaß und Umfang einer Prüfungspflicht solle die Funktion und Aufgabenstellung des als Störer Inanspruchgenommenen sowie die Eigenverantwortung des unmittelbar handelnden Dritten maßgebend sein (BGH GRUR 2003, 969, 970 – *Ausschreibung von Vermessungsleistungen;* BGH GRUR 2004, 693, 695 – *Schöner Wetten;* BGH GRUR 2006, 875 Tz 32 – *Rechtsanwalts-Ranglisten*). Eine Haftung soll daher entfallen, wenn für den Inanspruchgenommenen im konkreten Fall der Störungszustand nicht ohne weiteres oder nur mit unverhältnismäßigem Aufwand erkennbar ist (BGH aaO – *Architektenwettbewerb;* BGH WRP 1997, 1059, 1061 – *Branchenbuch-Nomenklatur;* BGH GRUR 2004, 693, 695 – *Schöner Wetten* zur Störerhaftung eines Presseunternehmens bei Setzung eines Links zu einem Glücksspielveranstalter; BGH WRP 2001, 1305, 1307 f – *ambiente.de* – zur Störerhaftung der DENIC; BGH WRP 1999, 211, 212 – *Möbelklassiker* – zum Urheberrecht; weiter gehend *v Gierke* WRP 1997, 892: umfassende, einzelbezogene Interessenabwägung; ähnlich *Haedicke* GRUR 1999, 397). Damit kam in den an sich verschuldensabhängigen Abwehranspruch ein Verschuldenselement hinein (*Teplitzky* Kap 14 Rdn 10 a). In neuerer Zeit hatte die Rspr (BGH WRP 1999, 501, 505 – *Implantatbehandlungen;* BGH GRUR 2001, 181, 184 – *Dentalästhetika I;* vgl auch BGH GRUR 2003, 624, 626 – *Kleidersack*) die Störerhaftung mehrfach von einer **vorsätzlichen** Mitwirkung am Wettbewerbsverstoß eines Dritten abhängig gemacht (vgl weiter OLG Köln NJWE-WettbR 1999, 252, 254: Mitstörerhaftung des Händlers bei Kenntnis vom Wettbewerbsverstoß des Herstellers).

2.14 (3) In neuerer Zeit hatte der BGH – unter dem Eindruck der Kritik aus dem Schrifttum – seine Rspr selbst in Frage gestellt (BGH GRUR 2003, 807, 808 – *Buchpreisbindung;* BGH GRUR 2003, 969, 970 – *Ausschreibung von Vermessungsleistungen;* BGH GRUR 2004, 693, 695 – *Schöner Wetten;* BGH GRUR 2005, 171, 172 – *Ausschreibung von Ingenieurdienstleistungen;* vgl auch noch BVerfG WRP 2003, 1425 – *Werbung einer Zahnarzt-GmbH;* BGH GRUR 2004, 860, 864 – *Internet-Versteigerung;* BGH GRUR 2006, 875 Tz 32 – *Rechtsanwalts-Ranglisten;* OLG Brandenburg GRUR-RR 2007, 18, 20). Er hat diese Rspr allerdings für den Bereich der Verletzung **absoluter Rechte** beibehalten (vgl zum Namensrecht, § 12 BGB, BGH GRUR 2006, 957 Tz 13 – *Stadt Geldern;* zum Markenrecht BGHZ 158, 236, 252 – *Internet-Versteigerung I;* BGH GRUR 2007, 708 Tz 34 ff – *Internet-Versteigerung II;* BGH GRUR 2008, 702 Tz 50 – *Internet-Versteigerung III;* zum Urheberrecht BGH GRUR 2010, 633 Tz 19 – *Sommer unseres Lebens*).

2.14a (4) Eine Wende in der Rspr stellte die Entscheidung v 12. 7. 2007 (BGHZ 173, 188 = GRUR 2007, 890 Tz 21 – *Jugendgefährdende Medien bei eBay*) dar. Sie nimmt zwar aus der Störerhaftung die Rechtsfigur der Prüfungspflichten auf, sieht ihre Grundlage aber in dem allgemeinen Rechtsinstitut der deliktischen Verkehrspflichten und gelangt auf diesem Wege zu einer wettbewerbsrechtlichen Täterhaftung (dazu Rdn 2.5). Auch die *Halzband*-Entscheidung (BGH GRUR 2009, 597 Tz – *Halzband*), die eine weitere Variante der Täterhaftung entwickelt (Rdn 2.5 c), stellt nicht mehr auf die Störerhaftung ab. Damit wird zwar die Rechtsfigur der Störerhaftung noch nicht ausdrücklich aufgegeben, sie dürfte aber jedenfalls für den Bereich des Wettbewerbsrechts entbehrlich geworden sein (ebenso *Döring* WRP 2007, 1131, 1137, 1140; *Leistner/Stang* WRP 2008, 533, 537 ff; jurisPK/*Seichter* § 8 Rdn 122; aA wohl Harte/Henning/ *Bergmann* § 8 Rdn 63 ff).

3. Stellungnahme

Die bisherige Lehre von der Störerhaftung findet im Gesetz keine Grundlage und überdehnt 2.15 grundlos den Anwendungsbereich des Wettbewerbsrechts (vgl auch BVerfG GRUR 2004, 68, 69 – *Werbung einer Zahnarzt-GmbH*). Sie ist daher abzulehnen (*Köhler* WRP 1997, 897, 898 und GRUR 2008, 1; iErg auch OLG Hamburg GRUR-RR 2006, 339, 342; MünchKommUWG/*Fritzsche* § 8 Rdn 256 ff; *Schünemann* WRP 1998, 120; tendenziell auch *Teplitzky* Kap 14 Rdn 10 b f; jurisPK/*Seichter* § 8 Rdn 122; *Döring* WRP 2007, 1131, 1133 ff; *Leistner/Stang* WRP 2008, 533, 537 ff; *Piper/Ohly*/Sosnitza § 8 Rdn 122 ff). Die von der Rspr bemühte Parallele zur sachenrechtlichen Störerhaftung (§§ 862, 1004 BGB), die lediglich eine Ergänzung zum dinglichen Herausgabeanspruch (§§ 861, 985 BGB) darstellt, ist nicht tragfähig. Zwar ist im Bürgerlichen Recht die Analogie zu § 1004 BGB möglich, um bei der objektiv rechtswidrigen, aber nicht schuldhaften Verwirklichung von Deliktstatbeständen (§§ 823 ff BGB) einen Unterlassungs- und Beseitigungsanspruch gewähren zu können. Voraussetzung für eine solche Analogie ist aber stets, dass der jeweilige Deliktstatbestand objektiv erfüllt ist. Das ist unproblematisch, soweit es sich um Tatbestände handelt, die von jedermann erfüllt werden können. Anders verhält es sich bei Tatbeständen, die eine bestimmte Täterqualifikation voraussetzen, wie dies bei den Schutzgesetzen iSd § 823 II BGB der Fall sein kann. Liegt in der Person des Handelnden diese Täterqualifikation nicht vor, kommt auch im Bürgerlichen Recht nur die Haftung als Teilnehmer in Betracht (vgl nur BGHZ 75, 96, 106 f).

Das **Wettbewerbsrecht** als Sonderdeliktsrecht zeichnet sich aber gerade dadurch aus, dass 2.16 **nicht jedermann Normadressat** ist (wie etwa bei den §§ 823 I, 1004 BGB), sondern nur derjenige, der eine geschäftliche Handlung vornimmt und etwaige sonstige Anforderungen an die Person des Handelnden (wie insbes bei **Marktverhaltensregelungen** für bestimmte Unternehmen oder Berufe iSd § 4 Nr 11) erfüllt (Rdn 2.5). Der Unterschied der wettbewerbsrechtlichen Schadensersatzhaftung zur wettbewerbsrechtlichen Haftung auf Unterlassung und Beseitigung besteht – wie im Bürgerlichen Recht – lediglich darin, dass im einen Fall Verschulden erforderlich ist, im anderen nicht. Eine analoge Heranziehung des § 1004 BGB könnte daher auf keinen Fall zur wettbewerbsrechtlichen Haftung von Personen führen, die weder Täter noch Teilnehmer sind. Abgesehen davon erübrigt sich die Heranziehung des § 1004 BGB schon deshalb, weil in § 8 I die verschuldensunabhängige Haftung gesetzlich geregelt ist. Wer daher in seiner Person den Tatbestand einer Zuwiderhandlung nicht verwirklichen kann (zB weil er keine geschäftliche Handlung vornimmt oder weil er spezifischen, zB ärztlichen Verhaltenspflichten nicht unterliegt), den kann auch keine wettbewerbsrechtliche (Mit-)Verantwortlichkeit nach § 1004 BGB analog treffen (ebenso MünchKommUWG/*Fritzsche* § 8 Rdn 258, 260 sowie für das Kartellrecht Langen/Bunte/*Bornkamm* GWB § 33 Rdn 85). Etwas anderes gilt nur, wenn der **geschäftlich Handelnde** mit seinem Tun in zurechenbarer Weise die ernsthafte Gefahr begründet, dass Dritte eine Zuwiderhandlung begehen. Der Handelnde haftet dann aber nicht als Störer, sondern als Täter unter dem Gesichtspunkt der Verletzung einer **wettbewerbsrechtlichen Verkehrspflicht** (BGH GRUR 2007, 890 Tz 21 – *Jugendgefährdende Medien bei eBay*; dazu Rdn 2.5). Liegt diese Voraussetzung (dazu *Köhler* GRUR 2008, 1, 3 ff; *Leistner* GRUR 2010, Beilage Heft 1, S 2 ff) nicht vor, so ist derjenige, der selbst keine geschäftliche Handlung begeht, für einen fremden Wettbewerbsverstoß nur dann verantwortlich, wenn er **Anstifter** oder **Gehilfe** war (Rdn 2.6). Denn Teilnehmer kann auch sein, wer nicht die bes Voraussetzungen an die Person des Täters erfüllt (vgl BGHZ 75, 96, 107; BGH GRUR 2008, 810 Tz 14 – *Kommunalversicherer*). Zwar gilt § 830 II BGB unmittelbar nur für den Schadensersatzanspruch; er muss aber erst recht für den Abwehranspruch gelten (so auch OLG Frankfurt GRUR-RR 2007, 16, 18; OLG Brandenburg GRUR-RR 2007, 18, 19). Für eine Anwendung der Störerhaftung ist letztlich auch kein Bedürfnis mehr gegeben (*Köhler* GRUR 2008, 1, 6; *Leistner* GRUR 2010, Beilage Heft 1 S 8 ff). Der sachenrechtliche **Begriff des Störers** sollte daher für das Wettbewerbsrecht **aufgegeben** werden, um Missverständnisse zu vermeiden. (Geht es um Schadensersatz, greift die Lehre von der Störerhaftung von vornherein nicht ein; BGH GRUR 2001, 82, 83 – *Neu in Bielefeld I*; BGH GRUR 2002, 618, 619 – *Meißner Dekor I*). Die Heranziehung des § 830 II BGB dient wohlgemerkt dazu, überhaupt erst eine Verantwortlichkeit solcher Personen zu begründen, die ihrerseits keinen Wettbewerbsverstoß (auch nicht durch pflichtwidriges Unterlassen) begangen haben. Voraussetzung dafür ist allerdings eine **vorsätzliche** Mitwirkung (Anstiftung, Beihilfe) an einem (mindestens objektiv rechtswidrigen; Rdn 2.6; *Köhler* WRP 1997, 897, 899) Wettbewerbsverstoß („qualifizierte Akzessorietät"). Der **Vorsatz** setzt nicht nur die Kenntnis der objektiven Tatbestandsmerkmale der Haupttat, sondern auch das Bewusstsein der Rechtswidrigkeit der Haupttat, im Wettbewerbsrecht also der Unlauterkeit, voraus. Der Handelnde muss also wissen, dass der Täter einen Wettbewerbsverstoß begeht, oder dies für möglich halten und billigend in Kauf nehmen (BGH GRUR 2008, 810 Tz 45 – *Kommunalversicherer*). Dem Vorsatz steht es gleich, wenn der Handelnde sich bewusst einer Kenntnisnahme von dem von ihm veranlassten oder geförderten Verhalten verschließt (BGH GRUR 2008, 810 Tz 45 – *Kommunalversicherer*). Die erforderliche „Bösgläubigkeit" des Teilnehmers lässt sich durch eine substanziierte Aufklärung, insbes in einer Abmahnung, seitens des Verletzten herbeiführen (BGH GRUR 2008, 810 Tz 47 – *Kommunalversicherer*). Für die Praxis bedeutet dies, dass die (erste) Abmahnung den gutgläubig Handelnden zwar bösgläubig und damit ex nunc verantwortlich machen kann (iErg ebenso OLG Köln NJWE-WettbR 1999, 252, 254), aber ansonsten noch keine weiteren Folgen auslöst, insbes keine Haftung für die Abmahnkosten nach § 12 I 2.

2.17 Bei der **Verletzung von Immaterialgüterrechten** kann eine Einschränkung, aber auch Erweiterung der Haftung durch das Aufstellen von Prüfungs- oder Eingreifpflichten angemessen sein (vgl BGH GRUR 1999, 418, 419 – *Möbelklassiker;* BGH WRP 1999, 1045, 1048 – *Räumschild*). Die **Rspr** stellt hier nach wie vor auf die Grundsätze der **Störerhaftung** ab (vgl BGH GRUR 2004, 860, 863 f – *Internet-Versteigerung I;* BGH GRUR 2007, 708 Tz 40 ff – *Internet-Versteigerung II;* BGH GRUR 2008, 702 Tz 50 – *Internet-Versteigerung III* [jeweils zum Markenrecht]; BGH GRUR 2006, 957 Tz 13 – *Stadt Geldern* [zum Namensrecht];BGH GRUR 2009, 841 Tz 19 ff – *Cybersky;* BGH GRUR 2010, 633 Tz 19 – *Sommer unseres Lebens* [jeweils zum Urheberrecht]; BGH GRUR 2009, 1093 Tz 13 ff – *Focus Online;* vgl auch *Leistner* GRUR 2006, 801, 807 ff). Das erscheint freilich zweifelhaft (krit *Köhler* GRUR 2008, 1, 6 f [zum Markenrecht]; *Nordemann*, FS Loewenheim, 2009, 215 [zum Urheberrecht]; *Volkmann* CR 2008, 232 Fn 2; *Leistner* GRUR 2010, Beil Heft 1 S 20 ff; *Stang/Hühner* GRUR 2010, 636). In den fraglichen Fällen könnte nämlich – je nach Ausgestaltung des jeweiligen Immaterialgüterrechts – auch eine Verantwortlichkeit als Täter unter dem Gesichtspunkt der Verletzung einer **Verkehrspflicht** oder eine Verantwortlichkeit als Teilnehmer in Betracht kommen. Deren Umfang würde sich nach den geschaffenen Risiken und den bestehenden Prüfungs-, Kontroll- und Einflussmöglichkeiten bestimmen.

4. Beispiele

2.18 Wer eine fremde **wettbewerbswidrige Arztwerbung** ermöglicht oder unterstützt, haftet nicht schon auf Grund der objektiven Mitwirkung ohne Rücksicht auf Verschulden (so aber BGH WRP 1994, 859, 861 – *GmbH-Werbung für ambulante ärztliche Leistungen;* BGH GRUR 2003, 798, 799 – *Sanfte Schönheitschirurgie*), sondern – sofern nicht die Grundsätze über die wettbewerbsrechtlichen Verkehrspflichten (Rdn 2.5) eingreifen, nur bei **vorsätzlicher** Mitwirkung, dh der Handelnde muss wissen (oder sich bewusst der Kenntnis verschließen), dass die fremde Werbung wettbewerbswidrig ist (vgl BGH WRP 1999, 501, 505 – *Implantatbehandlungen;* BGH GRUR 2001, 181, 184 – *Dentalästhetika;* vgl weiter BGH WRP 2000, 506, 509 – *Klinik Sanssouci*). Wenn der Arzt die Werbung nicht kennt und duldet, fehlt es bereits am fremden Wettbewerbsverstoß, so dass eine Haftung des Werbenden unter dem Aspekt der Teilnahme ausscheidet und allenfalls unter dem Aspekt der „redaktionellen Werbung" in Betracht kommt (BGH GRUR 1990, 373, 374 – *Schönheits-Chirurgie;* vgl § 4 Rdn 11.112). – Wer einen **Arzt** dazu **verleitet,** gegen Berufsrecht (zB § 34 MBO) zu verstoßen, haftet dafür als Anstifter (vgl OLG Köln GRUR-RR 2006, 600, 601). – Wer Freiberufler zu Angeboten auffordert, die nur unter rechtswidriger **Gebührenunterschreitung** erfolgen können, kann nach der (neueren) Rspr als „Störer" nur dann in Anspruch genommen werden, wenn ihm eine Prüfung der Rechtslage möglich und zumutbar war (BGH GRUR 1997, 313, 315 f – *Architektenwettbewerb;* undifferenziert noch BGH GRUR 1991, 540 – *Gebührenausschreibung;* BGH GRUR 1991, 769 – *Honoraranfrage*), richtigerweise aber nur dann, wenn er in Kenntnis von der Rechtswidrigkeit der Gebührenunterschreitung handelte, also Anstifter war und es tatsächlich zu einem Wettbewerbsverstoß kam. Eine Haftung unter dem Gesichtspunkt der Verletzung wettbewerbsrechtlicher Verkehrspflichten scheidet aus, weil der Handelnde insoweit keine geschäftliche Handlung vornimmt. – Wer einem Dritten einen **Telefon-, Fax-** oder **E-Mail-Anschluss** überlässt, über den dieser unlautere Werbung treibt, haftet als Täter, wenn er die Absicht hat, den Wettbewerb des Dritten zu fördern (vgl OLG Hamm GRUR 1992, 126; KG BB 1997, 2348), oder als Teilnehmer, wenn er vorsätzlich am Wettbewerbsverstoß des Dritten mitwirkt. Dazu reicht aber die bloße Kenntnis von der Nutzung des Anschlusses zu wettbewerbswidrigen Zwecken nicht aus. Vielmehr ist erforderlich, dass der Anschluss bewusst zu dem Zweck überlassen wird, die angesprochenen Verbraucher über den Inhaber des Anschlusses zu täuschen. Die erforderliche Bösgläubigkeit wird durch eine substanziierte Abmahnung hergestellt. Eine Haftung als Täter unter dem Gesichtspunkt der Verletzung einer wettbewerbsrechtlichen Verkehrspflicht kommt jedoch in Betracht, wenn der Überlassende ein geschäftliches Interesse an der Überlassung hat und er auf Grund der Umstände davon ausgehen muss, dass der Anschluss zu wettbewerbswidrigen Mitteilungen missbraucht wird (vgl BGH GRUR 2007, 890 Tz 21 – *Jugendgefährdende Medien bei eBay*). – Entsprechendes gilt für fremde Schutzrechtsverletzungen mittels des Anschlusses (vgl BGH WRP 1999, 1045, 1048 – *Räumschild*). – Eine **Domain-Vergabestelle** (DENIC eG) haftet wegen Registrierung einer zeichenverletzenden Domain nur bei bestehender oder sich aufdrängender Kenntnis von der Rechtsverletzung (zB bei Vorlage eines rechtskräftigen Titels). Dagegen trifft sie keine allgemeine Prüfungspflicht (vgl BGHZ 148, 13, 18 ff = GRUR 2001, 1038 – *ambiente.de*; § 4 Rdn 10.99). – Zu den Prüfungs- und Handlungspflichten des Betreibers einer **Internet-Auktionsplattform** vgl BGH GRUR 2007, 890 Tz 38 ff – *Jugendgefährdende Medien bei eBay*; BGH GRUR 2008, 534 Tz 22 ff – *ueber18.de*; *Leistner/Stang* WRP 2008, 533; *Volkmann* CR 2008, 232. Im Wesentlichen geht es darum, dass der Betreiber ein konkretes Angebot sperren muss, wenn er auf eine Rechtsverletzung hingewiesen wird, und dass er Vorsorge treffen muss, damit es möglichst nicht zu weiteren Verletzungen kommt.

IV. Haftung für fremdes Verhalten
1. Organ- und Repräsentantenhaftung nach §§ 31, 89 BGB

Hat ein **Organ** oder ein anderer **verfassungsmäßig berufener Vertreter** iSd §§ 31, 89 BGB den Wettbewerbsverstoß „in Ausführung der ihm zustehenden Verrichtungen" begangen, so ist die dahinterstehende Organisation dafür verantwortlich, ohne dass die Möglichkeit einer Entlastung besteht. Die Vorschrift ist nicht nur auf den Schadensersatzanspruch, sondern auch auf den verschuldensunabhängigen **Unterlassungsanspruch** anwendbar. Das „Organ" begeht dann einen Wettbewerbsverstoß „in Ausführung der ihm zustehenden Verrichtungen", wenn zwischen seinem Aufgabenkreis und der schädigenden Handlung nicht bloß ein zufälliger zeitlicher und örtlicher, sondern ein sachlicher Zusammenhang besteht. Dieser Zusammenhang kann auch bei einer Aufgabenüberschreitung oder sogar einer vorsätzlichen unerlaubten Handlung gegeben sein. Die Haftung gilt nicht nur für den eingetragenen Verein (§ 21 BGB), sondern auch für sonstige juristische Personen des öffentlichen und privaten Rechts, insbes AG und GmbH, und Personenverbände, insbes den nichtrechtsfähigen Verein, die OHG, die KG, die Partnerschaftsgesellschaft, die BGB-Gesellschaft (einschließlich der Rechtsanwaltssozietät) und wohl auch für die Insolvenzmasse hins des Insolvenzverwalters (Palandt/*Ellenberger* § 31 Rdn 3). Für andere „Vertreter" kraft Amtes, wie zB Testamentsvollstrecker, ist dies noch ungeklärt, aber ebenfalls zu bejahen (Rdn 2.42, 2.50). Die Organ- oder Repräsentantenhaftung besteht nicht nur für gesetzliche Vertreter (zB Vorstand einer AG; Geschäftsführer einer GmbH), sondern auch für „verfassungsmäßig berufene Vertreter". Zu diesen sog Repräsentanten gehören alle Personen, denen durch die allgemeine Betriebsregelung und Handhabung bedeutsame, wesensmäßige Funktionen der Organisation zur selbstständigen, eigenverantwortlichen Erfüllung zugewiesen sind, unabhängig davon, ob ihre Stellung satzungsmäßig geregelt ist oder ihnen entspr Vertretungsmacht erteilt ist (vgl BGH NJW 1998, 1854, 1856; BGHZ 172, 169 Tz 16). Es sind dies maW **Führungskräfte** (insbes leitende Mitarbeiter, aber auch Aufsichtsräte, selbstständige Unternehmer). Das kann zB ein Filialleiter oder im Rahmen eines „Strukturvertriebs" auch ein selbstständiger Handelsvertreter mit Führungsaufgaben sein (BGH NJW 1998, 1854, 1856). Eine Einstandspflicht für eine juristisch selbstständige, nicht weisungsgebundene **Schwestergesellschaft** besteht nicht (OLG München WRP 1985, 238), ebenso wenig eine Einstandspflicht des Franchisegebers für den **Franchisenehmer** (BGH GRUR 2001, 82, 83 – *Neu in Bielefeld I*). – Ist der Handelnde Organ **mehrerer** juristischer Personen, so entscheidet über die Zuordnung seines Handelns nicht sein innerer Wille, sondern eine objektive Betrachtung (OLG Frankfurt OLGZ 85, 112; vgl auch BGH GRUR 2009, 1166 Tz 27 – *Partnerprogramm* zum entsprechendem Problem bei § 14 VII MarkenG und § 8 II).

Die Organ- oder Repräsentantenhaftung schließt die **Eigenhaftung des Repräsentanten** nicht aus, wenn er persönlich den Haftungstatbestand verwirklicht hat (BGH NJW 1996, 1535, 1536 zum GmbH-Geschäftsführer; OLG Düsseldorf NJWE-WettbR 1997, 245 zum Geschäftsführer einer Komplementär-GmbH). Dies gilt auch dann, wenn die juristische Person bereits erfolgreich auf Unterlassung in Anpruch genommen wurde (OLG Bremen AfP 2007, 219 Tz 37). Der Repräsentant haftet persönlich, wenn er **(a)** entweder selbst die Rechtsverletzung begangen oder veranlasst hat oder **(b)** die eines anderen gekannt und pflichtwidrig nicht verhindert hat (BGH GRUR 1986, 248, 251 – *Sporthosen;* BGH GRUR 2005, 1061, 1064 – *Telefonische Gewinnauskunft;* BGH WRP 2009, 1001 Tz 47 – *Internet-Video-Recorder;* BGH WRP 2010, 922 Tz 34 – *marions-kochbuch.de; Messer,* FS Ullmann, 2006, 769, 772). Die **Wiederholungsgefahr** entfällt nicht schon mit Aufgabe der Tätigkeit, da der Repräsentant die Verletzungshandlung in gleicher Weise als selbstständiger Unternehmer oder als Verantwortlicher eines anderen Unternehmens weiter betreiben oder wieder aufnehmen kann (BGH WRP 2009, 1001 Tz 47 – *Internet-Video-Recorder*). Ggf kann beim Repräsentanten auch **Erstbegehungsgefahr** bestehen, wenn er nicht gegen einen drohenden Wettbewerbsverstoß einschreitet. Erstbegehungsgefahr wird aber nicht schon durch die bloße Rechtsverteidigung im Prozess begründet (vgl BGH GRUR 2006, 879 Tz 17 – *Flüssiggastank;* aA noch BGH aaO – *Sporthosen*). – Ist einer von mehreren GmbH-Geschäftsführern auf Grund interner Geschäftsverteilung für den Bereich der Werbung nicht zuständig, und kennt er den in diesem Bereich erfolgten Wettbewerbsverstoß nicht, kann er dafür auch nicht persönlich verantwortlich gemacht werden. Die Grundsätze über die Wissenszurechnung bei juristischen Personen sind auf die persönliche Haftung der Geschäftsführer nicht anwendbar (aA OLG Frankfurt GRUR-RR 2001, 198). – Zur Haftung der gesetzlichen Vertreter natürlicher Personen vgl Rdn 2.42.

2. Haftung der Gesellschafter

2.21 Ist ein Unterlassungsanspruch gegen eine **Kapitalgesellschaft** (zB GmbH) begründet, haftet der Gesellschafter dafür nicht ohne weiteres daneben, sondern nur, wenn er auch in seiner Person den Tatbestand der Zuwiderhandlung begründet (zB als faktischer Geschäftsführer anzusehen ist oder durch Weisungen an den Geschäftsführer den Wettbewerbsverstoß veranlasst hat). Entsprechendes gilt für die **Personengesellschaft** (OHG, KG, BGB-Gesellschaft, Partnerschaftsgesellschaft usw). Ist ein Unterlassungsanspruch gegen eine solche Gesellschaft begründet, so haftet der einzelne Gesellschafter nicht schon auf Grund seiner Gesellschafterstellung ebenfalls auf Unterlassung (§ 128 S 1 HGB ist nicht anwendbar; BGH WRP 2006, 767 Tz 22 – *Michel-Nummern;* OLG Nürnberg GRUR 1996, 206, 208; OLG Karlsruhe WRP 1998, 898, 899; *Fritzsche* S 446; aA *Ahrens/Jestaedt* Kap 21 Rdn 45; ÖOGH RdW 1989, 192; *Rüffler* ÖstJBl 1999, 293 ff). Denn sonst würde es über eine Haftungserstreckung auf das Privatvermögen hinaus zu einer Verdoppelung der Haftung kommen. Der persönlich haftende Gesellschafter ist vielmehr nur dann mitverantwortlich, wenn er selbst den Wettbewerbsverstoß begangen oder ihn pflichtwidrig nicht verhindert hat oder wenn er Teilnehmer (iSv § 830 II BGB) ist. Begeht ein persönlich haftender Gesellschafter daher einen Wettbewerbsverstoß, so ist dafür zwar nach § 31 BGB analog die OHG (mit-)verantwortlich und kann dementsprechend abgemahnt und verklagt werden. Jedoch kann neben der OHG nicht noch ein anderer (etwa gar ein nicht geschäftsführungsberechtigter) Gesellschafter abgemahnt und verklagt werden. Letzterer haftet nur (auf Schadensersatz oder Vertragsstrafe), wenn die Gesellschaft ihre Unterlassungspflicht verletzt.

3. Haftung für Organisationsmängel

2.22 Der Unternehmer haftet für sog **Organisationsmängel** (*Samwer* WRP 1999, 67, 69). Dies gilt zunächst einmal für juristische Personen, die für bestimmte, wesentliche Aufgaben kein Organ iSd § 31 BGB bestellt haben (**Beispiel:** Bestellt Verleger für Korrekturen bes gefährlicher Beiträge kein Organ, sondern lässt er sie durch Rechtsanwalt erledigen, haftet er für dessen Versehen ohne Entlastungsmöglichkeit; BGH NJW 1980, 2810, 2811). Dem steht es gleich, wenn zwar ein Organ bestellt ist, die betreffende Person aber wegen Überlastung oder dergl faktisch nicht in der Lage ist, mögliche Wettbewerbsverstöße zu erkennen und zu verhindern. Die Haftung für Organisationsmängel gilt darüber hinaus für jeden Unternehmensinhaber, gleichgültig wie er rechtlich organisiert ist, also auch für den Einzelunternehmer (BGH GRUR 1969, 51, 52 – *Glassteine* – zur Beschäftigung unzureichend ausgebildeter Verkäufer).

4. Haftung für Erfüllungs- und Verrichtungsgehilfen

2.23 Die Haftung für Erfüllungsgehilfen nach § 278 BGB setzt ein bestehendes Schuldverhältnis (zB Unterlassungsvertrag) voraus und ist daher auf den Abwehranspruch nicht anwendbar. Die Haftung nach § 831 I 1 BGB ist eine Haftung für eigenes vermutetes Verschulden bei objektiv rechtswidrigem Handeln eines Dritten, eingeschränkt durch die Möglichkeit des Entlastungsbeweises (§ 831 I 2 BGB). Ob § 831 BGB auf den verschuldensunabhängigen Abwehranspruch analog (unter Ausschluss der Exkulpation) anwendbar ist, ist noch nicht geklärt (vgl *Larenz/ Canaris* SchuldR II § 86 III 2 c; *Fritzsche* S 424 ff); für das Wettbewerbsrecht ist die Frage auf Grund der Sonderregelung des § 8 II (Rdn 2.32 ff) praktisch bedeutungslos.

5. Haftung für Mitarbeiter und Beauftragte nach § 8 II

Begehen Mitarbeiter oder Beauftragte einen Wettbewerbsverstoß in einem Unternehmen, so 2.24 ist nach § 8 II der Abwehranspruch auch gegen den Unternehmensinhaber begründet. Dazu näher Rdn 2.32 ff.

V. Verantwortlichkeit von Telemedienanbietern

1. Rechtsgrundlagen und Anwendungsbereich

Die „Verantwortlichkeit" der Diensteanbieter von Telemedien hat in den §§ 7–10 TMG 2.25 (früher: §§ 8–11 TDG) eine Sonderregelung erfahren, die zwischen der Bereithaltung von **eigenen** und **fremden Informationen** und **Inhalten** sowie der **Zugangsvermittlung** zu fremden Diensten unterscheidet. Die Diensteanbieter iSv § 2 Nr 1 TMG sind nach § 7 I TMG für eigene Informationen, die sie zur Nutzung bereithalten, nach den allgemeinen Gesetzen verantwortlich. Dagegen trifft Diensteanbieter, die lediglich fremde Informationen durchleiten oder für einen Nutzer speichern, nur eine eingeschränkte Verantwortung nach Maßgabe der §§ 8–10 TMG. Die Anwendbarkeit der Regelungen wird durch das **Herkunftslandprinzip** (§ 3 TMG, dem Art 3 der E-Commerce-Richtlinie zugrunde liegt) präzisiert. Die in Deutschland niedergelassenen Diensteanbieter und ihre Telemedien unterliegen also dem deutschen Recht auch dann, wenn die Telemedien in einem anderen Mitgliedstaat geschäftsmäßig angeboten oder erbracht werden (§ 3 I TMG). Dagegen wird der freie Dienstleistungsverkehr von Telemedien, die in Deutschland von Diensteanbietern, die in einem anderen Mitgliedstaat niedergelassen sind, nicht beeinträchtigt, dh diese unterliegen grds nur der Kontrolle durch deren Heimatrecht (§ 3 II TMG). Ausnahmebestimmungen sind in § 3 III–V TMG enthalten. – Auf die Setzung eines **Links** finden die §§ 7 ff TMG keine, auch keine entspr Anwendung (zum früheren Recht: BGH GRUR 2004, 693, 694 – *Schöner Wetten; Koch* CR 2004, 213, 215 f; *Spindler* GRUR 2004, 724, 727; str). Dies ergibt sich zwar nicht ohne weiteres aus dem Wortlaut, wohl aber aus einer richtlinienkonformen Auslegung (vgl Art 21 der II Richtlinie über den elektronischen Geschäftsverkehr) sowie aus der Entstehungsgeschichte der Vorschriften (vgl BT-Drucks 14/6098 S 34, 37). Ebenso wenig sind diese Vorschriften auf die bloße Überlassung einer Domain durch eine Vergabestelle anwendbar (OLG Frankfurt WRP 2000, 214, 217). – Zur Verantwortlichkeit des **Rufnummern-Providers** für wettbewerbswidrig genutzte Mehrwertdienst-Rufnummern nach § 13 a TKV vgl *Spindler/Volkmann* NJW 2004, 808. – Zur Verantwortlichkeit der **Internet-Provider** vgl *Volkmann* CR 2008, 232.

2. Verantwortlichkeit für eigene Informationen

Diensteanbieter sind für **eigene Informationen,** die sie zur Nutzung bereithalten, nach den 2.26 **allgemeinen Gesetzen** verantwortlich (§ 7 I TMG). Zu den allgemeinen Gesetzen gehören neben den §§ 1004 I 2, 823 I BGB (BGH GRUR 2009, 1093 Tz 10 – *Focus* Online) auch das UWG. Soweit das Bereithalten von Informationen wettbewerbsrechtlich relevant ist, richtet sich also die Verantwortlichkeit nach § 3 iVm §§ 8 ff.

3. Abgrenzung von eigenen und fremden Informationen

Zu den eigenen Informationen und Inhalten gehören zunächst die selbst hergestellten Inhalte 2.27 eines Diensteanbieters, etwa die Werbung für eigene und fremde Angebote auf der Homepage eines Unternehmens. Hinzu kommen fremde Inhalte, soweit der Diensteanbieter sie sich zu Eigen macht (BT-Drucks 14/6098 S 23; BGH GRUR 2008, 534 Tz 20 f – *ueber18.de*). Der Diensteanbieter muss sich mit der fremden Äußerung identifizieren, so dass sie als seine eigene erscheint (BGH GRUR 2009, 1093 Tz 19 – *Focus Online*). Ob ein Zueigenmachen eines fremden Inhalts vorliegt, beurteilt sich aus der Sicht eines durchschnittlich informierten, aufmerksamen und verständigen Durchschnittsnutzers (OLG Düsseldorf WRP 2004, 631, 635). Dabei ist grds Zurückhaltung geboten (BGH GRUR 2009, 1093 Tz 19 – *Focus Online*). Daher macht sich der Betreiber einer Internet-Plattform, der sich erkennbar darauf beschränkt, den Nutzern lediglich eine Handelsplattform zur Verfügung zu stellen (eBay), die Angebote der

Nutzer nicht zu Eigen (Brandenb OLG WRP 2004, 627, 628; OLG Düsseldorf WRP 2004, 631, 635); ebenso wenig der Verpächter einer Domain für darunter abrufbare Äußerungen (BGH GRUR 2009, 1093 Tz 19 – *Focus Online*). – Auf das Setzen von **(Hyper-)Links,** die zu fremden Inhalten führen, sind die §§ 7–10 TMG nicht, auch nicht analog, anwendbar (BGH GRUR 2004, 693, 694 – *Schöner Wetten;* Rdn 2.25). Vielmehr gelten insoweit die **allgemeinen Grundsätze** des Wettbewerbsrechts (BGH aaO – *Schöner Wetten*). Entsprechendes gilt bei **deep links,** die sogleich zu den Folgeseiten der Homepage eines fremden Anbieters führen, bei **inline-links** und **frames,** bei denen fremde Inhalte bereits beim Seitenaufbau integriert werden und ein zusätzliches Anklicken nicht erforderlich ist (vgl *Bettinger/Freytag* CR 1998, 545, 551; *Engels/ Köster* MMR 1999, 522, 523; *Hoeren* WRP 1997, 993, 996; *Ernst* NJW-CoR 1999, 430; *Plaß* WRP 2000, 599, 609). – Von der Frage, ob es sich um eigene oder fremde Inhalte handelt, ist die Frage zu unterscheiden, ob es zulässig ist, sich fremde Inhalte zu eigen zu machen. Insoweit kann uU ein Verstoß gegen §§ 3, 4 Nr 9 durch unzulässige Leistungsübernahme (vgl OLG Celle WRP 1999, 865; *Wiebe* WRP 1999, 734, 735), gegen §§ 3, 4 Nr 10 durch Behinderung (vgl *Menke* WRP 1999, 982, 989; *Kotthoff* K&R 1999, 157; *Vießhues* MMR 1999, 336: Verwendung fremder Kennzeichen in **Meta-Tags**), gegen §§ 3, 4 Nr 3 durch Verletzung des auch für die elektronische Kommunikation geltenden „Trennungsgebots" oder gegen §§ 3 I, 5 I durch Vorspiegelung geschäftlicher Verbindungen (vgl *Menke* WRP 1999, 982, 989) vorliegen.

4. Verantwortung für fremde Informationen

2.28   Nach § 10 S 1 TMG sind Diensteanbieter für **fremde Informationen,** die sie für einen Nutzer speichern, nicht verantwortlich, sofern sie keine Kenntnis von der rechtswidrigen Handlung oder der Information haben. Dieses Haftungsprivileg betrifft aber – wie § 7 II 2 TMG zu entnehmen ist – nur die strafrechtliche Verantwortlichkeit und die Schadensersatzhaftung. Der Unterlassungsanspruch bleibt hiervon grds unberührt (vgl BGH GRUR 2004, 860, 862 – *Internet-Versteigerung I;* BGH GRUR 2007, 890 Tz 20 – *Jugendgefährdende Medien bei eBay;* vgl auch *Lehment* WRP 2003, 1058, 1063; *Jacobs,* FS Erdmann, 2002, 327, 340 f; *Spindler/Volkmann* WRP 2003, 1, 3). Der Diensteanbieter kann als Täter eines Wettbewerbsverstoßes unter dem Gesichtspunkt der Verletzung einer **wettbewerbsrechtlichen Verkehrspflicht** in Betracht kommen (vgl BGH GRUR 2007, 890 Tz 21 ff – *Jugendgefährdende Medien bei eBay;* dazu *Ahrens* WRP 2007, 1281; *Köhler* GRUR 2008, 1). Bei Verletzung von Immaterialgüterrechten kommt darüber hinaus nach der Rspr des BGH auch eine Störerhaftung in Frage, die aber unter dem Vorbehalt steht, dass der Diensteanbieter nur technisch mögliche und ihm zumutbare Maßnahmen ergreifen muss (BGH aaO – *Internet-Versteigerung I* betr die Versteigerung gefälschter ROLEX-Uhren; OLG Hamburg WRP 2008, 1569; zu Einzelheiten vgl *Volkmann* CR 2008, 232; *Wilmer* NJW 2008, 1845; *Krekel* WRP 2009, 1029). Diese Einschränkung der Haftung deckt sich mit der Regelung in § 7 II 1 TMG für die Übermittlung oder Speicherung „fremder Informationen" (vgl BGH NJW 2003, 3764 zu § 5 II TDG aF; *Leible/Sosnitza* WRP 2004, 592, 597 f): Diensteanbieter iSd §§ 8–10 TMG sind nicht verpflichtet, die von ihnen übermittelten oder gespeicherten Informationen zu überwachen oder nach Umständen zu forschen, die auf eine rechtswidrige Tätigkeit hinweisen. (So sind die sog **Host-Provider** nach § 10 TMG für fremde Informationen, die sie für einen Nutzer speichern, nicht verantwortlich, sofern sie keine Kenntnis von der rechtswidrigen Handlung oder Information haben und ihnen im Falle von Schadensersatzansprüchen auch keine Tatsachen oder Umstände bekannt sind, aus denen die rechtswidrige Handlung oder die Information ersichtlich wird, oder sie unverzüglich nach Kenntniserlangung tätig geworden sind, um die Information zu entfernen oder den Zugang zu ihr zu sperren.) Nach § 7 II 2 TMG bleiben jedoch Verpflichtungen zur Entfernung oder Sperrung der Nutzung von Informationen nach den allgemeinen Gesetzen auch im Falle der Nichtverantwortlichkeit des Diensteanbieters nach den §§ 8–10 TMG unberührt. – Eine wettbewerbsrechtliche Verantwortung kommt daher, sofern nicht die Haftung wegen Verletzung einer wettbewerbsrechtlichen Verkehrssicherungspflicht eingreift, nur in Betracht, wenn der Diensteanbieter die Rechtswidrigkeit der fremden Information kennt oder eine Kenntnis sich ihm geradezu aufdrängen muss. Fahrlässige Unkenntnis reicht nicht aus. Kenntnis liegt spätestens dann vor, wenn der Diensteanbieter von dritter Seite darauf aufmerksam gemacht wird. (Das läuft darauf hinaus, dass die erste Abmahnung keinen Aufwendungsersatzanspruch nach § 12 I 2 auslöst; vgl OLG Düsseldorf WRP 2004, 631, 635; *Spindler* NJW 2002, 921, 925). In diesem Fall trifft ihn nach den „allgemeinen Gesetzen" (wettbewerbsrechtlicher Beseitigungsanspruch) die Pflicht zur Entfernung oder Sperrung der Nutzung der fremden Information, und zwar nach § 7

II 2 TMG auch dann, wenn er nach den §§ 8–10 TMG nicht verantwortlich ist. Die Verhinderung einer Nutzung ist im Falle der Link- und Frame-Technik idR ohne weiteres technisch möglich und zumutbar, indem die Verbindung gelöscht wird. Führt erst ein weiterer Link zu rechtswidrigen Inhalten, den der Diensteanbieter nicht löschen kann, kommt es darauf an, ob ihm die Löschung des ersten Links zumutbar ist. Dies hängt von den Umständen des Einzelfalls ab (vgl auch *Freytag* S 253). – Die **Beweislast** für das Vorliegen der Kenntnis trägt der Anspruchsteller (OLG Düsseldorf WRP 2004, 631, 635; *Leible/Sosnitza* WRP 2004, 592, 593).

5. Verantwortlichkeit der Access- und Network-Provider

Die sog **Access-** und **Network-Provider** sind nach § 8 I TMG für fremde Informationen 2.29 nicht verantwortlich, sofern sie die Übermittlung nicht veranlasst, die Adressaten nicht ausgewählt und die übermittelten Informationen nicht ausgewählt oder verändert haben. Sie haften grds auch nicht unter dem Gesichtspunkt der Verletzung einer wettbewerbsrechtlichen Verkehrspflicht, weil (und soweit) sie nicht im eigenen Verantwortungsbereich eine Gefahrenquelle für Wettbewerbsverstöße eröffnen, sondern nur den Zugang zu etwaigen Wettbewerbsverstößen ermöglichen, die aus einer von einem Dritten eröffneten Gefahrenquelle herrühren (OLG Frankfurt CR 2008, 242; eingehend *Döring* WRP 2008, 1131). Die sog **Proxy-Cache-Server** sind für die Übermittlung fremder Informationen nach § 9 TMG unter den dort genannten Voraussetzungen nicht verantwortlich.

VI. Mehrheit von Schuldnern

Sind mehrere nebeneinander für einen Wettbewerbsverstoß verantwortlich (zB Unternehmensinhaber neben Mitarbeitern; GmbH-Geschäftsführer neben GmbH), ist der Gläubiger grds 2.30 frei, ob er gegen alle (gemeinsam oder getrennt) oder nur einzelne Verantwortliche vorgeht (OLG Düsseldorf NJWE-WettbR 1997, 245). Eine Grenze setzt der Missbrauchstatbestand des § 8 IV. Die Regeln über die **Gesamtschuld** (§§ 421 ff BGB) sind auf den Unterlassungsanspruch nicht und auf den Beseitigungsanspruch nur eingeschränkt anwendbar (vgl *Teplitzky* Kap 14 Rdn 29; HdbWettbR/*Fritzsche* § 79 Rdn 158).

VII. Verantwortlichkeit bei Unternehmensnachfolge, Insolvenz und Arbeitsplatzwechsel

Besteht gegen einen Unternehmer ein **gesetzlicher Unterlassungsanspruch,** erlischt er 2.31 weder durch **Unternehmensveräußerung** noch haftet der Erwerber anstelle des Veräußerers. § 25 HGB ist insoweit nicht anwendbar. Der Erwerber haftet auch nicht bei einem Übergang des Unternehmens auf einen anderen Rechtsträger kraft Gesetzes unter Wegfall des ursprünglichen Schuldners, etwa durch **Erbfolge** oder **Verschmelzung** (BGH GRUR 2006, 879 Tz 17 – *Flüssiggastank;* BGH GRUR 2007, 995 Tz 10 – *Schuldnachfolge;* BGH GRUR 2008, 1002 Tz 39 – *Schuhpark; Köhler* WRP 2000, 921 und WRP 2010, 475; krit Fezer/*Büscher* § 8 Rdn 158). Denn die Unterlassungspflicht ist **höchstpersönlicher** Natur, dh an die Person des Schuldners geknüpft (differenzierend *Mels/Franzen* GRUR 2008, 968; HdbWettbR/*Fritzsche* § 79 Rdn 161; OLG Frankfurt OLGR 2008, 192). Daher sind auch die §§ 265, 325, 727 ZPO nicht anwendbar. Der Wettbewerbsverstoß in der Person des Rechtsvorgängers begründet keine Wiederholungsgefahr in der Person des Rechtsnachfolgers (BGH GRUR 2007, 995 Tz 10, 11 – *Schuldnachfolge*). Der Rechtsnachfolger haftet nur, wenn er in seiner Person die Anspruchsvoraussetzungen erfüllt, zB das Verhalten des Vorgängers fortsetzt oder fortzusetzen droht (vgl OLG München GRUR-RR 2007, 211, 214). Für eine **Erstbegehungsgefahr** reichen für sich allein aber weder die Unternehmensnachfolge noch die bloße Verteidigung des Verhaltens des Rechtsvorgängers aus (BGH GRUR 2006, 879 Tz 18 – *Flüssiggastank*). Diese Grundsätze gelten auch dann, wenn der Veräußerer nur nach § 8 II oder nach § 31 BGB für den Wettbewerbsverstoß einzustehen hat (Rdn 2.53 mit Nachw zur Gegenansicht; wie hier auch BGH GRUR 2007, 995 Tz 10 – *Schuldnachfolge;* BGH GRUR 2008, 1002 Tz 39 – *Schuhpark; Teplitzky* Kap 15 Rdn 12; offen gelassen noch in BGH GRUR 2006, 879 Tz 17 – *Flüssiggastank*). Allerdings kann eine **originäre** Haftung des Rechtsnachfolgers aus § 8 II oder § 31 BGB (analog) in Betracht kommen, wenn die Zuwiderhandelnden in mehr oder weniger unveränderter Funktion für den Rechtsnachfolger tätig sind und die in ihrer Person bestehende Wiederholungsgefahr im Zeitpunkt der Rechtsnachfolge nicht ausgeräumt ist (Rdn 2.53). – Besteht gegen den Veräußerer ein **gesetzlicher Beseitigungsanspruch,** erlischt er nur bei objektiver Unmöglichkeit (§ 275 I

BGB) der Beseitigung. Der **Erwerber** haftet originär auf Beseitigung, wenn er den Störungszustand aufrechterhält, obwohl er zur Beseitigung in der Lage wäre (**Beispiel:** Der Veräußerer hat ein wettbewerbswidriges Werbeplakat in den Verkaufsräumen nicht beseitigt. Seine Beseitigungspflicht erlischt ggf nach § 275 BGB, uU besteht eine Schadensersatzpflicht nach §§ 280 ff BGB; stattdessen haftet der Erwerber auf Beseitigung). – Die gleichen Grundsätze gelten im Fall der **Insolvenz** des Schuldners für die Verantwortlichkeit des **Insolvenzverwalters** wegen eines Wettbewerbsverstoßes des Schuldners (BGH GRUR 2010, 536 Tz 40, 41 – *Modulgerüst II*). – Entsprechendes gilt für einen Unterlassungsanspruch gegen einen **gesetzlichen Vertreter** oder **Mitarbeiter**, der das Unternehmen wechselt: Der Unterlassungsanspruch gegen ihn erlischt nicht (BGH GRUR 1976, 579, 583 – *Tylosin*) und erstreckt sich nicht auf den Nachfolger am Arbeitsplatz. Beim Beseitigungsanspruch kommt es darauf an, ob dem Ausgeschiedenen eine Beseitigung tatsächlich und rechtlich noch möglich ist (vgl BGH GRUR 1974, 666, 669 – *Reparaturversicherung*; *Klaka* GRUR 1988, 729, 733).

2. Abschnitt. Die Haftung des Unternehmensinhabers für Mitarbeiter und Beauftragte (§ 8 II)

Schrifttum: *Ahrens,* Beteiligung der Presse an Wettbewerbsverstößen von Anzeigenkunden, FS Traub, 1994, 11; *ders,* Unterlassungsschuldnerschaft beim Wechsel des Unternehmensinhabers, GRUR 1996, 518; *Fritzsche,* Unterlassungsanspruch und Unterlassungsklage, 2000; *Foerste,* Umschreibung des Unterlassungstitels bei Betriebserwerb, GRUR 1998, 450; *Hahn,* Die Haftung des Unternehmensinhabers nach § 8 Abs. 2 UWG, 2007; *Köhler,* Die Haftung des Unternehmensinhabers für Wettbewerbsverstöße seiner Mitarbeitern und Beauftragten (§ 13 IV UWG), GRUR 1991, 344; *ders,* Neubeurteilung der wettbewerblichen Haftung des Rechtsnachfolgers eines Unternehmers?, WRP 2010, 475; *Lunk/Nebendahl,* Zur Unterlassungshaftung des Inserenten für wettbewerbswidrige Zeitungsanzeigen, GRUR 1991, 656; *Reichelsdorfer,* Die Haftung für Dritte im Wettbewerbsrecht, Diss Erlangen 2001; *Renner/Schmidt,* Unterlassung von Handlungen Dritter?, GRUR 2009, 908; *Schünemann,* Die wettbewerbsrechtliche „Störer"-Haftung, WRP 1998, 120.

I. Rechtsnatur, Normzweck und Auslegung

1. Rechtsnatur

2.32 Die Rechtsnatur der Regelung in § 8 II, die inhaltlich dem § 13 IV UWG 1909 entspricht und nur redaktionell verbessert wurde, ist umstritten. Nach einer Auffassung ist der Norm zu entnehmen, dass der Unternehmensinhaber stets als Verletzer haftet und diese Haftung auf die Mitarbeiter ausgedehnt wird (*Schünemann* WRP 1998, 120, 123 zu § 13 IV UWG 1909). Diese Auffassung ist aber mit dem Wortlaut der Norm („auch") nicht und erst recht nicht mit der Definition des Unternehmers in § 2 I Nr 6 („und jede Person, die im Namen oder Auftrag einer solchen Person handelt") vereinbar. Nach einer zweiten Auffassung stellt § 8 II keine selbstständige Anspruchsgrundlage, sondern nur eine Zurechnungsnorm dar (*Fritzsche* S 443 f zu § 13 IV UWG 1909). Daran ist zwar richtig, dass sich der Unternehmensinhaber die Zuwiderhandlung wie eine eigene zurechnen lassen muss. Das ändert aber nichts daran, dass § 8 II – ähnlich wie § 831 BGB – einen **zusätzlichen selbstständigen Anspruch** des Verletzten gegen den Unternehmensinhaber begründet (BGH GRUR 1973, 208, 209 – *Neues aus der Medizin*; BGH GRUR 1995, 605, 608 – *Franchise-Nehmer*; BGH GRUR 2000, 907 – *Filialleiterfehler*; *Harte/Henning/Bergmann* § 8 Rdn 255; *Teplitzky* Kap 14 Rdn 19). – Auf die Haftung aus § 8 II braucht dann nicht zurückgegriffen zu werden, wenn der Unternehmensinhaber selbst als (mittelbarer oder Mit-)**Täter** haftet (BGH GRUR 1994, 441, 443 – *Kosmetikstudio*; OLG München WRP 2008, 1471, 1473). Allerdings kann sich der Gläubiger auch in diesem Fall auf § 8 II berufen, etwa weil dessen Voraussetzungen leichter beweisbar sind (MünchKommUWG/*Fritzsche* § 8 Rdn 297). Dasselbe gilt, wenn der Handelnde **Organ** des Unternehmensinhabers ist (zB GmbH-Geschäftsführer; OHG-Gesellschafter; Rdn 2.19 ff) ist und der Unternehmensinhaber für sein Handeln bereits nach §§ 31, 89 BGB haftet (*Köhler* GRUR 1991, 344, 347 f; *Hahn* S 310 ff).

2. Normzweck

2.33 § 8 II regelt den Unterlassungsanspruch gegen den Unternehmensinhaber bei Zuwiderhandlungen seiner Mitarbeiter und Beauftragten iSe **Erfolgshaftung** ohne Entlastungsmöglichkeit (BGH GRUR 2000, 907, 909 – *Filialleiterfehler*). Der Unternehmensinhaber kann sich also nicht darauf berufen, er habe die Zuwiderhandlung seines Mitarbeiters oder Beauftragten nicht gekannt oder nicht verhindern können. Die verfassungskonforme (BVerfG NJW 1996, 2567) Norm schließt damit eine Schutzlücke, die bestünde, wenn nur die allgemeine deliktsrechtliche Haftung des Unternehmers für seine Mitarbeiter nach § 831 iVm § 1004 BGB bestünde. Der Inhaber des Unternehmens, dem die geschäftlichen Handlungen zugute kommen sollen, soll sich nicht hinter von ihm abhängigen Dritten verstecken können (BGH GRUR 1980, 116, 117 – *Textildrucke;* BGH GRUR 1990, 1039, 1040 – *Anzeigenauftrag;* BGH GRUR 2003, 453, 454 – *Verwertung von Kundenlisten;* BGH GRUR 2008, 186 Tz 22 – *Telefonaktion*). Seine Haftung rechtfertigt sich daraus, dass er durch den Einsatz von Mitarbeitern und Beauftragten seinen Geschäftskreis erweitert und damit zugleich das Risiko von Zuwiderhandlungen innerhalb seines Unternehmens schafft (BGH GRUR 1995, 605, 607 – *Franchise-Nehmer; Köhler* GRUR 1991, 344, 345 f; *Hahn* S 186 ff). Da er die Vorteile der arbeitsteiligen Organisation in Anspruch nimmt, soll er auch die damit verbundenen und in gewisser Weise auch beherrschbaren Risiken tragen (vgl BGH GRUR 2007, 994 Tz 19 – *Gefälligkeit;* BGH GRUR 2009, 597 Tz 15 – *Halzband;* BGH GRUR 2009, 1167 Tz 21 – *Partnerprogramm*). Darauf, ob diese Risiken im Einzelfall für ihn tatsächlich beherrschbar sind, kommt es nicht an (*Köhler* GRUR 1991, 344, 346; *Hahn* S 186). Daher kann er sich auch nicht darauf berufen, er habe dem Mitarbeiter in dem fraglichen Bereich Entscheidungsfreiheit eingeräumt (BGH GRUR 2000, 907, 909 – *Filialleiterfehler*). Die (zusätzliche) Haftung des Unternehmensinhabers ist auch deshalb geboten, weil er die Beweislage beherrscht, und weil Ansprüche gegen Mitarbeiter oder Beauftragte oftmals nicht durchsetzbar oder wirtschaftlich wertlos sind (*Köhler* GRUR 1991, 344, 345 f).

3. Auslegung

Die ratio legis (Rdn 2.33) gebietet eine **weite Auslegung** der Tatbestandsmerkmale „in einem Unternehmen" und „Mitarbeiter" und „Beauftragte" (vgl BGH GRUR 1995, 605, 607 – *Franchise-Nehmer;* BGH GRUR 2009, 1167 Tz 21 – *Partnerprogramm;* OLG Köln GRUR-RR 2006, 205, 206; OLG Stuttgart GRUR-RR 2009, 343, 346). 2.34

II. Anwendungsbereich

Anwendbar ist § 8 II auf den (vorbeugenden und Verletzungs-) **Unterlassungs-** und den **Beseitigungsanspruch** (§ 8 I), einschließlich des dazugehörigen Auskunftsanspruchs (BGH GRUR 1995, 427, 428 – *Schwarze Liste*), der aus Zuwiderhandlungen gegen § 3 und § 7 resultiert. 2.35

Nicht anwendbar ist § 8 II auf **Schadensersatzansprüche** (§ 9; anders § 13 VII MarkenG), **Gewinnabschöpfungsansprüche** (§ 10) und dazugehörige Auskunftsansprüche (BGH GRUR 2006, 426 Tz 24 – *Direktansprache am Arbeitsplatz II;* aA *Alexander* aaO S 665 ff). Insoweit gelten die §§ 31, 89, 831 BGB. Auch bei Verstößen gegen die §§ 17, 18, 20 gilt § 8 II nicht. Jedoch kann gleichzeitig ein Verstoß gegen § 3 I vorliegen und dann § 8 II anwendbar sein. – Handelt jedoch der Unternehmensinhaber schuldhaft seiner aus § 8 II resultierenden Unterlassungspflicht zuwider, etwa indem er es schuldhaft unterlässt, weitere Verletzungshandlungen seines Beauftragten zu unterbinden, haftet er dem Verletzten nach § 9 S 1 auf Schadensersatz (vgl LG Köln GRUR-RR 2009, 154). 2.36

Dem § 8 II **vergleichbare Regelungen** enthalten §§ 14 VII, 15 VI, 128 III MarkenG (zu § 14 VII MarkenG vgl BGH GRUR 2009, 1166 Tz 21 ff – *Partnerprogramm*), § 44 GeschmMG, § 100 S 1 UrhG sowie § 2 I 2 UKlaG. 2.37

III. Zurechnungsvoraussetzungen

1. Zuwiderhandlung

Der Mitarbeiter oder Beauftragte muss eine Zuwiderhandlung gegen § 3 oder § 7 **begangen,** dh ihren Tatbestand verwirklicht haben (arg „auch"). § 8 II greift also nicht ein, wenn der Anspruch aus § 8 I gegen den Mitarbeiter oder Beauftragten (zB wegen Fehlens einer geschäftlichen Handlung oder wegen zulässiger Abwehr) nicht entstanden ist (vgl BGH GRUR 1996, 798, 800 – *Lohnentwesungen*). Nach dem Gesetzeswortlaut reicht es an sich nicht aus, dass eine Zuwiderhandlung lediglich droht, also nur ein **vorbeugender** Unterlassungsanspruch gegen den Mitarbeiter oder Beauftragten besteht. Nach dem Normzweck muss indessen die Haftung aus § 8 II auch in diesem Fall eingreifen (so auch Harte/Henning/*Bergmann* § 8 Rdn 253). Der Unternehmensinhaber kann den gegen ihn gerichteten vorbeugenden Unterlassungsanspruch 2.38

nur in der Weise beseitigen, dass er gleichzeitig die von den Mitarbeitern oder Beauftragten ausgehende Erstbegehungsgefahr ausräumt. – Unerheblich ist es, ob der Anspruch gegenüber dem Mitarbeiter oder Beauftragten auch *durchsetzbar* ist. So kann zB ein grds gegebener Beseitigungsanspruch gegen den Mitarbeiter nicht durchsetzbar sein, weil diesem die rechtliche Befugnis fehlt, die Störung im Unternehmen zu beseitigen (vgl *Köhler* GRUR 1991, 344, 345). Ohne Einfluss auf die Haftung des Unternehmensinhabers ist es auch, wenn der Anspruch gegen den Mitarbeiter oder Beauftragten später entfällt (zB durch Abgabe einer strafbewehrten Unterwerfungserklärung) oder verjährt oder diese Personen nicht mehr im Unternehmen tätig sind.

2. Mitarbeiter

2.39 **a) Begriff.** Es ist eine weite Auslegung geboten (Rdn 2.34). Mitarbeiter ist danach jeder, der auf Grund eines (nicht notwendig entgeltlichen oder wirksamen) Vertrages oder Dienstverhältnisses **weisungsabhängige** Dienste zu leisten hat (so wohl auch Harte/Henning/*Bergmann* § 8 Rdn 249). Eine genaue Abgrenzung zum Begriff des Beauftragten ist aber entbehrlich, da die Rechtsfolgen beide Male gleich sind (vgl *Köhler* GRUR 1991, 344, 346). Ist der Handelnde **weisungsunabhängig,** so greift § 31 BGB (ggf analog) ein (Rdn 2.19).

2.40 **b) Beispiele.** Arbeitnehmer (BGH GRUR 1965, 155 – *Werbefahrer*); Auszubildende; Praktikanten; Volontäre (RG GRUR 1936, 989); freiberufliche Mitarbeiter; Beamte. – Mitarbeiter, die in ihrer Eigenschaft als Betriebsrat handeln, fallen nicht darunter, weil sie insoweit nicht weisungsabhängig sind (Ahrens/*Jestaedt* Kap 21 Rdn 31).

3. Beauftragter

2.41 **a) Begriff.** Beauftragter ist jeder, der, ohne Mitarbeiter zu sein, für das Unternehmen eines anderen auf Grund eines vertraglichen oder anderen Verhältnisses tätig ist. Er muss aber in die betriebliche Organisation dergestalt eingliedert sein, dass einerseits der Erfolg seiner Handlung zumindest auch dem Unternehmensinhaber zugute kommt, andererseits dem Unternehmensinhaber ein bestimmender und durchsetzbarer Einfluss auf die beanstandete Tätigkeit eingeräumt ist (vgl BGH GRUR 1990, 1039, 1040 – *Anzeigenauftrag;* BGH GRUR 1995, 605, 607 – *Franchise-Nehmer;* BGH GRUR 2005, 864, 865 – *Meißner Dekor II*). Ausreichend ist jedoch, dass sich der Unternehmensinhaber einen solchen Einfluss sichern konnte und musste (BGH GRUR 2009, 1167 Tz 21 – *Partnerprogramm;* OLG Köln GRUR-RR 2006, 205, 206; OLG Stuttgart NJW-RR 2009, 913, 916). Unterlässt er dies, handelt er auf eigenes Risiko.

2.42 **b) Abgrenzung.** Auf Grund des Normzwecks ist zwar eine weite Auslegung geboten (Rdn 2.34). Unter den Begriff des Beauftragten fallen dagegen nicht die **gesetzlichen Vertreter** des Unternehmensinhabers, die ihn auf Grund eines ihnen verliehenen Amtes (Insolvenzverwalter, Testamentsvollstrecker, Vormund, Betreuer usw) oder auf Grund ihrer familiären Stellung (Eltern) vertreten (aA 28. Aufl.). Andererseits sind diese Personen auch nicht als Unternehmensinhaber anzusehen. Um eine Haftungslücke zu vermeiden, ist es geboten, den § 31 BGB analog anzuwenden (Rdn 2.50; *Renner/Schmidt* GRUR 2009, 908, 909; HdbWettbR/*Fritzsche* § 79 Rdn 125; str). Bei Eltern und Vormündern folgt dies mittelbar aus § 1629a I 1 BGB („sonstige Handlung mit Wirkung für das Kind").

2.43 **c) Einzelheiten. aa) Person des Beauftragten.** Beauftragter kann eine natürliche oder juristische Person oder eine rechtsfähige Personengesellschaft sein. Unerheblich ist, dass der Beauftragte die Tätigkeit nur gelegentlich oder vorübergehend ausübt, dass er auch noch für andere Unternehmer tätig ist oder dass er selbst ein selbstständiger Unternehmer ist (BGH GRUR 2009, 1166 Tz 21 – *Partnerprogramm*). Der Unternehmensinhaber muss sich auch das Handeln von Mitarbeitern oder Beauftragten seines Beauftragten zurechnen lassen (BGHZ 28, 1, 12 f – *Buchgemeinschaft II:* **Mehrstufigkeit des Auftragsverhältnisses;** OLG Stuttgart WM 1998, 2054), zumindest dann, wenn er ausdrücklich oder stillschweigend mit ihrer Heranziehung einverstanden war (vgl BGH GRUR 1988, 561, 563 – *Verlagsverschulden* – zu § 278 BGB).

2.44 **bb) Rechtsnatur der Beauftragung.** Die Rechtsnatur des Vertragsverhältnisses (zB Auftrag, Geschäftsbesorgungs-, Werk-, Lizenz-, Treuhand-, Beherrschungsvertrag iSv § 291 AktG) ist unerheblich (BGH GRUR 2009, 1166 Tz 21 – *Partnerprogramm*); desgleichen die Entgeltlichkeit und die Wirksamkeit des Vertrages. Sonstige Rechtsverhältnisse müssen den Vertragsverhältnissen gleichstehen, soweit sie funktionsgleich sind (zB Vereins- und Genossenschaftssatzungen; qualifizierte faktische Konzernverhältnisse). Zur Unternehmensorganisation gehören auch solche Unternehmensfunktionen, die aus dem Betrieb ausgegliedert und auf andere Unternehmen übertragen sind (zB Einkauf, Vertrieb, Werbung; OLG Köln GRUR-RR 2006, 205, 206; OLG Stuttgart GRUR-RR 2009, 343, 346). Der Handelnde muss tatsächlich in die (freilich weit zu verstehende) geschäftliche oder betriebliche Organisation eingegliedert sein und seine Tätigkeit muss tatsächlich dem Unternehmen zugute kommen, ein **bloßer Anschein genügt nicht** (BGH GRUR 1963, 438, 439 f – *Fotorabatt;* OLG Frankfurt WRP 1984, 330, 331; OLG München WRP 1989, 756, 757). Darauf, ob der Unternehmensinhaber auf die Tätigkeit, in deren Bereich die Verletzungshandlung fällt, tatsächlich einen bestimmenden Einfluss nehmen kann (so BGH GRUR 1964, 263 – *Unterkunde;* OLG Köln WRP 1984, 166, 168), kommt es nicht an, zumal er sie sich auf Grund des Rechtsverhältnisses sichern könnte und müsste (BGHZ 28, 1, 12 – *Buchgemeinschaft II*). Vielmehr genügt es, dass der Handelnde die **Interessen** des Geschäftsinhabers wahrnehmen soll (vgl *Köhler* GRUR 1991, 344, 348; *Hahn* S 192 ff).

d) Beispiele. Maßgebend ist, ob im Einzelfall die Voraussetzungen vorliegen, eine pauschale Zuordnung ist nicht möglich. **Beauftragte können sein: (1) Gesetzliche Vertreter** des Unternehmensinhabers (Rdn 2.42), unabhängig davon, ob auch die §§ 31, 89 BGB eingreifen (Rdn 2.19). **(2)** Im Rahmen von **Interessenwahrungsverhältnissen** tätige Unternehmer. Dazu gehören Mitglieder von **Absatzorganisationen,** wie selbstständige **Handelsvertreter** (BGH GRUR 1971, 119, 120 – *Branchenverzeichnis*); **Vertragshändler** (BGH GRUR 1971, 119, 120 – *Branchenverzeichnis*); **Franchisenehmer** (BGH GRUR 1995, 605, 607 – *Franchise-Nehmer*); **Kommissionäre; Einkaufsagenturen; Versteigerer** (KG WRP 1973, 642); **Einzelhändler** als Beauftragte des Großhändlers beim Unterkundengeschäft (BGH GRUR 1964, 263 – *Unterkunde*) oder bei enger organisatorischer und kapitalmäßiger Verflechtung mit dem Großhändler (BGH GRUR 1964, 88, 89 – *Verona-Gerät*); **Hersteller** bei Auftragsproduktion für einen Händler; Personen, die mit der Umstellung, Sanierung oder Liquidierung des Unternehmens beauftragt sind; beauftragte **Rechtsanwälte,** sofern sie nicht als selbstständige Organe der Rechtspflege tätig werden und somit nicht eingegliedert sind (OLG München NJWE-WettbR 1999, 5, 6). **(3)** Im Rahmen von **gesellschaftsrechtlichen Verbindungen** tätige Personen. Dazu gehören **Gesellschafter** einer Personengesellschaft (vgl § 713 BGB); **Einzelhändler** als Mitglieder von (zB Einkaufs-)Genossenschaften oder Gesellschaften (vgl RGZ 151, 287, 292; aber auch OLG Köln WRP 1984, 166); **Aufsichtsräte** (RG JW 1934, 1360); **Kartellsyndikate; abhängige Unternehmen** beim Beherrschungsvertrag (§ 291 AktG) und beim faktischen Konzern (§§ 308 ff AktG), soweit sie im Rahmen eines einheitlichen Wirtschaftsplans tätig sind und einem beherrschenden Einfluss der Muttergesellschaft unterliegen (BGH GRUR 2005, 864, 865 – *Meißner Dekor II;* OLG Frankfurt WRP 2001, 1111, 1113). **(4)** Im Rahmen von **Dienst-, Werk- oder Lieferverträgen** tätige Personen. Dies gilt jedoch nur, soweit sie Aufgaben übernommen haben, die in den Geschäftskreis des Unternehmensinhabers fallen. Dazu gehört die Tätigkeit zB von **Werbeagenturen** (BGH GRUR 1973, 208, 209 – *Neues aus der Medizin;* BGH GRUR 1991, 772, 774 – *Anzeigenrubrik I;* BGH GRUR 1994, 219, 220 – *Warnhinweis;* LG Köln GRUR-RR 2009, 154), **Werbegemeinschaften** (*Stute* WRP 1999, 875; *Teplitzky* Kap 14 Rdn 25), **Affiliates** (= Internet-Werbepartner; dazu BGH GRUR 2009, 1166 Tz 21 ff – *Partnerprogramm;* OLG Köln MMR 2006, 622; LG Potsdam K&R 2008, 117; *Ernst/Seichter* WRP 2006, 810; *Spieker* GRUR 2006, 903; *Hoeren/Semrau* MMR 2008, 571; *Janal* CR 2009, 317; *Renner/Schmidt* GRUR 2009, 908, 910); **Laienwerber** (MünchKommUWG/*Fritzsche* § 8 Rdn 302) und **Werbestars** (*Henning-Bodewig* GRUR 1982, 202, 204). Ein **Zeitungsverleger** ist aber nur dann Beauftragter eines Anzeigenkunden, wenn ihm dieser einen Gestaltungsspielraum eingeräumt hat, da er nur dann Aufgaben wahrnimmt, die in den Geschäftskreis des Anzeigenkunden fallen. Das ist der Fall, wenn der Anzeigenkunde ihm zusätzliche Dispositionen etwa hins Inhalt, Gestaltung oder Zeitpunkt des Erscheinens eingeräumt hat, die er normalerweise selbst vornimmt (BGH GRUR 1990, 1039, 1040 – *Anzeigenauftrag;* aA noch *Köhler* GRUR 1991, 344, 350). Bei einer Anzeigenseite mit unterschiedlicher Ausgestaltung ist das Vorliegen eines Gestaltungsspielraums im Einzelnen widerleglich zu vermuten (OLG Stuttgart WRP 1998, 327, 328).

Nicht als Beauftragte anzusehen sind: **selbstständige Händler** im Verhältnis zum Lieferanten (OLG Frankfurt GRUR 1987, 549, 550; OLG Köln GRUR-RR 2006, 205, 206); **Reseller** von Telekommunikationsnetzbetreibern (BGH, Urt v 28. 10. 2010 – I ZR 174/08; aA OLG Frankfurt WRP 2009, 348, 349); die **Aktiengesellschaft** im Verhältnis zu ihren Aktionären, da die Aktionäre kein Weisungsrecht gegenüber ihrer Gesellschaft haben (aA OLG Hamburg GRUR-RR 2004, 87); anders mag es sein, wenn daneben noch ein spezielles Auftragsverhältnis zwischen Aktionär und AG besteht.

4. In einem Unternehmen

2.47 Die Zuwiderhandlung muss „in einem Unternehmen" begangen sein. Das ist nicht räumlich, sondern **funktional** zu verstehen. Es muss ein **innerer Zusammenhang** mit dem Unternehmen bestehen (BGH GRUR 2008, 186 Tz 23 – *Telefonaktion*). Daher ist es weder erforderlich noch ausreichend, dass die Handlung in den Räumlichkeiten des Unternehmens vorgenommen wurde (BGH GRUR 1963, 438, 439 – *Fotorabatt*). Maßgebend ist allein, dass der Zuwiderhandelnde nicht für einen Dritten oder zu privaten Zwecken, sondern in seiner Eigenschaft als Mitarbeiter oder Beauftragter des Unternehmers tätig wurde, die Handlung also in den Geschäftskreis oder die tatsächlich ausgeübte gewerbliche Tätigkeit des Unternehmers fiel und diesem zugute kommen sollte (vgl BGH GRUR 1963, 434, 435 – *Reiseverkäufer;* BGH GRUR 1990, 1039, 1040 – *Anzeigenauftrag;* BGH GRUR 1995, 605, 608 – *Franchise-Nehmer;* BGH GRUR 2007, 994 Tz 19 – *Gefälligkeit;* BGH GRUR 2009, 597 Tz 15 – *Halzband*). Keine Zurechnung findet folglich statt, wenn Mitarbeiter oder Beauftragte die geschäftlichen Einrichtungen für **private Zwecke** missbrauchen (BGH GRUR 1963, 438, 439 – *Fotorabatt;* BGH GRUR 2007, 994 Tz 19 – *Gefälligkeit*), etwa betriebsfremde Ware auf eigene Rechnung beschaffen und veräußern (BGH GRUR 1963, 434, 435 – *Reiseverkäufer;* BGH GRUR 1963, 438, 439 – *Fotorabatt*). Ob die Tätigkeit ihrer Art nach zur Unternehmenstätigkeit gehört, ist unerheblich (BGH aaO – *Gefälligkeit*). Unerheblich ist auch, dass sie ohne Wissen oder sogar gegen eine Weisung des Unternehmers handelten oder ihren Auftrag überschritten (BGH GRUR 2008, 186 Tz 23 – *Telefonaktion;* BGH GRUR 2009, 1166 Tz 21 – *Partnerprogramm*). Allerdings soll der Unternehmensinhaber nicht dafür haften, dass ein Mitarbeiter oder Beauftragter (Handelsvertreter) ein Geschäftsgeheimnis (Kundenlisten) nutzt, das er sich bei seinem früheren Arbeit- oder Auftraggeber unbefugt verschafft hat, weil sich eine solche Haftung nicht mit der arbeitsteiligen Organisation des Unternehmens begründen lasse (BGH GRUR 2003, 453, 454 – *Verwertung von Kundenlisten;* Fezer/*Büscher* § 8 Rdn 226; Harte/Henning/*Bergmann* § 8 Rdn 254). Dagegen spricht indessen, dass die Tätigkeit sehr wohl in den Geschäftskreis des Unternehmers fällt und ihm zugute kommt. – Wird der Beauftragte auch für **Dritte** oder für sein **eigenes Unternehmen** tätig, haftet der Auftraggeber nur für solche Handlungen, die dem Geschäftsbereich des Auftragsverhältnisses zuzurechnen sind. Dies gilt jedenfalls dann, wenn der Auftrag auf einen bestimmten Geschäftsbereich des Beauftragten beschränkt ist und der Auftraggeber nicht damit rechnen muss, dass der Beauftragte auch anderweit für ihn tätig wird. Denn nur in diesem Umfang ist das Risiko für ihn beherrschbar (BGH GRUR 2009, 1166 Tz 27 – *Partnerprogramm*).

5. Unternehmensinhaber

2.48 a) **Begriff.** Nach Sinn und Zweck des § 8 II ist Inhaber des Unternehmens derjenige, in dessen Namen und Verantwortung das Unternehmen geführt wird. Das ist der Eigentümer, Pächter oder Nießbraucher des Unternehmens, nicht dagegen derjenige, der das Unternehmen tatsächlich führt und entweder Organ iSd § 31 BGB oder Mitarbeiter oder Beauftragter iSd § 8 II ist. Unternehmensinhaber kann eine natürliche oder juristische Person oder eine rechtsfähige Personengesellschaft (§ 14 II BGB) sein.

2.49 b) **Beispiele.** Gehört das Unternehmen einer OHG, KG, Partnerschaftsgesellschaft, EWIV oder BGB-Gesellschaft, ist die Gesellschaft selbst als Inhaber anzusehen (arg §§ 124 I, 161 II HGB; zur Rechtsfähigkeit der BGB-Gesellschaft vgl BGH NJW 2001, 1056). Gehört das Unternehmen einer **Erbengemeinschaft,** sind die Erben in ihrer Gesamtheit („Gesamthand") als Inhaber anzusehen. Dass der Inhaber in seiner Entscheidungsfreiheit beschränkt ist (zB durch Insolvenz, Testamentsvollstreckung, Vormundschaft, Betreuung), ist unerheblich. Bei treuhänderischer Unternehmensübertragung ist der Treuhänder als Unternehmensinhaber anzusehen. Es genügt dagegen nicht, dass jemand nach außen den **Anschein** erweckt, Unternehmensinhaber zu sein, ohne es tatsächlich zu sein und die Verantwortung innezuhaben (wie hier Harte/Henning/*Bergmann* § 8 Rdn 247; Melullis Rdn. 507; aA Ahrens/*Jestaedt* Kap 21 Rdn 25; Fezer/*Büscher* § 8 Rdn 227). Denn § 8 II regelt eine Erstreckung einer Delikthaftung und bezweckt keinen rechtsgeschäftlichen Vertrauensschutz. Auch ist dem Verletzten mit einem Unterlassungsanspruch oder -titel gegen den vermeintlichen Unternehmensinhaber nicht gedient, weil er keinen Einfluss auf das Verhalten der Mitarbeiter und Beauftragten hat und daher mangels Verschulden auch keine Vollstreckung möglich wäre (vgl auch Hahn S 202 ff). Allenfalls kommt eine Haftung des vermeintlichen Unternehmensinhabers unter dem Gesichtspunkt der Mittäterschaft oder Beihilfe in Betracht.

c) Abgrenzung. Nicht Unternehmensinhaber sind: **Die Organe** einer juristischen Person (Vorstand; GmbH-Geschäftsführer; verfassungsmäßig berufene Vertreter); die **persönlich haftenden Gesellschafter** einer OHG oder KG; die einzelnen **Mitglieder einer BGB-Gesellschaft** oder **Erbengemeinschaft;** der **Insolvenzverwalter;** der **Testamentsvollstrecker,** soweit nicht als Treuhänder im eigenen Namen tätig. Sie alle haften aber persönlich, soweit sie selbst die Verletzung (mit) verursacht haben. Nicht Unternehmensinhaber sind auch die **gesetzlichen Vertreter** einer **natürlichen Person,** der das Unternehmen gehört (aA Harte/Henning/*Bergmann* § 8 Rdn 246 aE). Das gilt sowohl für die gesetzlichen Vertreter von Minderjährigen, die das Unternehmen nicht selbst gem § 112 BGB führen (Eltern, Vormund, Pfleger) als auch für die gesetzlichen Vertreter von Volljährigen (Betreuer). Der Unternehmensinhaber haftet für Wettbewerbsverstöße dieser Personen nach **§ 31 BGB, ggf in analoger Anwendung** (Rdn 2.42). Eine Anwendung des § 8 II scheidet aus, da es an der Einwirkungsmöglichkeit des Unternehmensinhabers auf das Verhalten dieser Personen fehlt.

6. Beweislast

Der Anspruchsteller trägt grds die Darlegungs- und Beweislast für das Vorliegen der Voraussetzungen des § 8 II (BGH GRUR 1963, 434 – *Reiseverkäufer;* BGH GRUR 2007, 994 Tz 20 – *Gefälligkeit*). Jedoch gelten insoweit die allgemeinen Einschränkungen (BGH GRUR 1963, 270 – *Bärenfang*). Macht bspw der Unternehmensinhaber geltend, der Mitarbeiter habe die Tätigkeit aus Gefälligkeit privat ausgeübt (BGH GRUR 2007, 994 Tz 20 – *Gefälligkeit*), trifft ihn insoweit eine sekundäre Darlegungslast (Fezer/*Büscher* § 8 Rdn 228).

IV. Rechtsfolgen

1. Zusätzlicher Unterlassungsanspruch

Der gegen den Mitarbeiter oder Beauftragten gerichtete Unterlassungsanspruch ist nach § 8 II „auch gegen den Inhaber des Unternehmens begründet". (Zur Rechtsnatur dieser Regelung vgl Rdn 2.1.) Die Wiederholungsgefahr ist damit auch beim Inhaber des Unternehmens zu unterstellen. Ihre Reichweite erstreckt sich auf den gesamten Unternehmensbereich, ist also zB nicht auf die Filiale beschränkt, in der der Mitarbeiter tätig ist (vgl Harte/Henning/*Bergmann* § 8 Rdn 254). Der Verletzte ist nicht darauf beschränkt, gegen die Mitarbeiter oder Beauftragten vorzugehen. Es bestehen vielmehr **zwei grds selbstständige Unterlassungs- oder Beseitigungsansprüche,** die unabhängig voneinander geltend gemacht werden (BGH GRUR 1973, 208, 209 – *Neues aus der Medizin;* BGH GRUR 1995, 605, 608 – *Franchise-Nehmer;* BGH GRUR 2000, 907 – *Filialleiterfehler;* Teplitzky Kap 14 Rdn 19, 20) und auch ein getrenntes rechtliches Schicksal nehmen können. Der Wegfall der Erstbegehungs- oder Wiederholungsgefahr in der Person des Zuwiderhandelnden (zB durch Tod; Abgabe einer strafbewehrten Unterwerfungserklärung) berührt den Anspruch gegen den Unternehmensinhaber nicht (BGH GRUR 1995, 605, 608 – *Franchise-Nehmer;* Harte/Henning/*Bergmann* § 8 Rdn 253). Umgekehrt gilt dasselbe. Der Unternehmensinhaber schuldet Unterlassung im gleichen Umfang wie der Zuwiderhandelnde; er hat nicht etwa bloß dafür zu sorgen, dass derartige Zuwiderhandlungen nicht mehr erfolgen (*Köhler* GRUR 1991, 344, 353). Er kann sich auch – anders als bei der Haftung nach § 831 BGB – nicht exkulpieren, etwa damit, dass er den Verstoß gar nicht verhindern konnte: § 8 II begründet eine **echte Erfolgshaftung.**

2. Haftung bei Unternehmensübergang

Vgl auch Rdn 2.31. Beim **Unternehmensübergang** auf einen neuen Rechtsträger haftet der frühere Unternehmensinhaber aus § 8 II grds weiter, sofern nicht ausnahmsweise in seiner Person die Wiederholungsgefahr wegfällt (wofür aber die Übernahme eines Wettbewerbsverbots gegenüber dem Erwerber nicht ausreicht). Der neue Unternehmensinhaber tritt nicht im Wege der **Rechtsnachfolge** in die gesetzliche Unterlassungspflicht ein; § 25 I HGB ist insoweit nicht anwendbar, ebenso wenig sind es die §§ 265, 325, 727 ZPO (BGHZ 172, 165 = GRUR 2007, 995 Tz 12 – *Schuldnachfolge;* BGH GRUR 2008, 1002 Tz 39 – *Schuhpark;* offen gelassen noch in BGH GRUR 2006, 879 Rdn 17 – *Flüssiggastank; Köhler* WRP 2000, 921 und WRP 2010, 475; Harte/Henning/*Bergmann* § 8 Rdn 248; aA Fezer/*Büscher* § 8 Rdn 158; *Ahrens* GRUR 1996, 518; *Foerste* GRUR 1998, 450; *Mels/Franzen* GRUR 2008, 968). Dies gilt auch dann, wenn der frühere Rechtsträger, wie im Fall des Erbgangs oder der Verschmelzung, nicht mehr existiert. – Davon zu unterscheiden ist die Frage, ob den neuen Unternehmensinhaber eine **originäre**

Haftung aus § 8 II im Hinblick auf die früher begangenen Wettbewerbsverstöße von Mitarbeitern oder Beauftragten treffen kann. Dann muss in seiner Person der Tatbestand dieser Norm erfüllt sein. Für den **Unterlassungsanspruch** genügt es aber nicht, dass es früher im Unternehmen von Mitarbeitern oder Beauftragten zu einem Wettbewerbsverstoß gekommen ist und in ihrer Person noch Wiederholungsgefahr besteht. Vielmehr muss, soweit es die Haftung des **neuen** Unternehmensinhabers aus § 8 II (oder § 31 BGB analog) angeht, in der Person der betreffenden Mitarbeiter oder Beauftragten **Erstbegehungsgefahr** bestehen. Dafür reicht die bloße Tatsache des Unternehmensübergangs nicht aus (BGH GRUR 2008, 1002 Tz 39 – *Schuhpark;* aA Fezer/*Büscher* § 8 Rdn 158). Vielmehr müssen dafür **konkrete Anhaltspunkte** vorliegen, dass die Mitarbeiter oder Beauftragten auch unter dem neuen Unternehmensinhaber vergleichbare Wettbewerbsverstöße begehen. Zumindest müssen die betreffenden Mitarbeiter oder Beauftragten in mehr oder weniger unveränderter Funktion für den neuen Unternehmensinhaber tätig sein und der gegen sie persönlich bestehende Unterlassungsanspruch muss weiterbestehen, weil sie die Wiederholungsgefahr nicht durch Unterwerfung ausgeräumt haben. Gegen eine Erstbegehungsgefahr spricht es, wenn der neue Inhaber konkrete Maßnahmen (Anweisungen; Kontrollen) getroffen hat, um die Begehung vergleichbarer Wettbewerbsverstöße zu verhindern, oder wenn der frühere Verstoß lange zurückliegt und vereinzelt geblieben ist. Für eine Erstbegehungsgefahr spricht es wiederum, wenn Verstöße wiederholt begangen wurden und die Geschäftsstrategie, die derartige Verstöße begünstigt, nicht geändert wird (vgl *Köhler* WRP 2010, 475, 478 ff). – Was den **Beseitigungsanspruch** angeht, ist eine originäre (Zustandsstörer-)Haftung des neuen Unternehmensinhabers anzunehmen, soweit die Störung fortbesteht und die Beseitigung rechtlich und tatsächlich nur dem (jeweiligen) Unternehmensinhaber möglich ist (*Köhler* GRUR 1991, 344, 353).

3. Haftung für ausgeschiedene und neu eingetretene Mitarbeiter und Beauftragte

2.54 Die Haftung des Unternehmensinhabers endet nicht mit dem Ausscheiden des zuwiderhandelnden Mitarbeiters oder Beauftragten. Umgekehrt haftet der Arbeitgeber oder Auftraggeber nicht für Zuwiderhandlungen, die ein neu eingetretener Mitarbeiter oder Beauftragter in seinem früheren Unternehmen begangen hat, weil insoweit die ratio legis (Rdn 2.33) nicht zutrifft (BGH GRUR 2003, 453, 454 – *Verwertung von Kundenlisten;* OLG Brandenburg WRP 2007, 1368, 1371). Der neue Arbeitgeber oder Auftraggeber haftet jedoch dann, wenn der Mitarbeiter oder Beauftragte in seinem Unternehmen die Zuwiderhandlung fortsetzt. Auch kommt eine eigenverantwortliche Haftung als Mittäter oder Teilnehmer in Betracht, wenn er an der Zuwiderhandlung beteiligt ist (BGH aaO – *Verwertung von Kundenlisten*).

4. Urteilsformel

2.55 Die Urteilsformel kann genauso wie bei einem eigenen Verstoß des Unternehmensinhabers lauten, aber auch (zusätzlich) den Fremdverstoß aufnehmen (vgl BGH GRUR 1961, 288, 290 – *Zahnbürsten*), etwa mit den Worten: „*wird untersagt, unmittelbar oder mittelbar durch . . .*".

5. Zwangsvollstreckung

2.56 Verstöße gegen das Unterlassungsurteil durch Mitarbeiter oder Beauftragte rechtfertigen die Vollstreckung gegen den Unternehmensinhaber nur bei dessen eigenem Verschulden (BVerfG NJW 1996, 2567; BGH GRUR 1972, 208, 209 – *Neues aus der Medizin; Teplitzky* Kap 14 Rdn 22; § 12 Rdn 6.6 ff).

3. Kapitel. Die Gläubiger der Abwehransprüche

Übersicht

	Rdn
I. Allgemeines	3.1–3.25
1. Durchsetzung des Lauterkeitsrechts mittels zivilrechtlicher Ansprüche	3.1
2. Gläubigermehrheit und Anspruchsmehrheit	3.2, 3.3
a) Gläubigermehrheit	3.2
b) Anspruchsmehrheit	3.3
3. Abschließende Regelung der Anspruchsberechtigung	3.4

	Rdn
4. Sachliche Schranken der Anspruchsberechtigung	3.5, 3.6
a) Allgemeines	3.5
b) Beispiele	3.6
5. Zeitliche Anforderungen an die Anspruchsberechtigung	3.7
6. Prozessuale Bedeutung der Anspruchsberechtigung	3.8–3.12
a) Fragestellung	3.8
b) Stand der Rspr und hL	3.9
c) Stellungnahme	3.10–3.12
aa) Grundsatz	3.10
bb) Rechtsnatur des § 8 III Nr 2	3.11
cc) Rechtsnatur des § 8 III Nr 3	3.12
7. Anwendungsbereich	3.13–3.16
a) Erfasste Ansprüche	3.13–3.15
aa) Unterlassungs- und Beseitigungsanspruch	3.13
bb) Auskunftsanspruch	3.14
cc) Aufwendungsersatzanspruch (§ 12 I 2)	3.15
b) Ausgeschlossene Ansprüche	3.16
8. Abtretung, Prozessstandschaft und gesetzlicher Forderungsübergang	3.17–3.24
a) Abtretung	3.17–3.21
aa) Abtretung durch den Mitbewerber	3.18–3.20
bb) Abtretung durch Verbände	3.21
b) Prozessstandschaft	3.22, 3.23
aa) Prozessstandschaft für Mitbewerber	3.22
bb) Prozessstandschaft für Verbände	3.23
c) Gesetzlicher Forderungsübergang	3.24
9. Mehrfachverfolgung	3.25
II. Anspruchsberechtigung der Mitbewerber (§ 8 III Nr 1)	3.26–3.29
1. Entstehungsgeschichte	3.26
2. Mitbewerber	3.27–3.29
a) Begriff	3.27
b) Sachliche Grenzen der Anspruchsberechtigung	3.28
c) Zeitliche Grenzen der Anspruchsberechtigung	3.29
III. Rechtsfähige Verbände zur Förderung gewerblicher Interessen (§ 8 III Nr 2)	3.30–3.51
1. Funktion und Grenzen der Anspruchsberechtigung	3.30
2. Rechtsfähigkeit des Verbands	3.31–3.33
a) Juristische Personen des Privatrechts	3.32
b) Juristische Personen des öffentlichen Rechts	3.33
3. Verbandszweck	3.34
4. Mitgliedsunternehmen	3.35–3.44
a) Allgemeines	3.35
b) Waren oder Dienstleistungen	3.36
c) Vertreiben	3.37
d) Tätigkeit auf demselben sachlich relevanten Markt	3.38, 3.39
aa) Begriff	3.38
bb) Einzelfragen	3.38a
cc) Beispiele	3.39
e) Tätigkeit auf demselben räumlich relevanten Markt	3.40, 3.41
aa) Begriff	3.40
bb) Beispiele	3.41
f) Erhebliche Zahl	3.42–3.42b
aa) Begriff und Funktion	3.42
bb) Einzelfragen	3.42a
cc) Beispiele	3.42b
g) Mittelbare Verbandszugehörigkeit	3.43
h) Verbandsangehörigkeit von Verbrauchern	3.44
5. Fähigkeit zur Wahrnehmung der satzungsmäßigen Aufgaben	3.45–3.48
a) Allgemeines	3.45
b) Personelle Ausstattung	3.46
c) Sachliche Ausstattung	3.47
d) Finanzielle Ausstattung	3.48
6. Erforderlichkeit tatsächlicher Zweckverfolgung	3.49
7. Zeitliche Grenzen der Anspruchsberechtigung	3.50
8. Sachliche Grenzen der Anspruchsberechtigung	3.51

	Rdn
IV. Qualifizierte Einrichtungen zum Schutz von Verbraucherinteressen (§ 8 III Nr 3)	3.52–3.63
1. Entstehungsgeschichte und Normzweck	3.52
2. Anspruchsberechtigung der deutschen „qualifizierten Einrichtungen"	3.53–3.61
a) Allgemeines	3.53
b) Das Eintragungserfordernis	3.54
c) Die Eintragungsvoraussetzungen (§ 4 II 1 UKlaG)	3.55–3.59
aa) Rechtsfähiger Verband	3.55
bb) Satzungszweck	3.56
cc) Satzungsmäßige Tätigkeit	3.57
dd) Mitglieder	3.58
ee) Vermutung	3.59
d) Aufhebung der Eintragung	3.60
e) Keine gerichtliche Überprüfung der Eintragungsvoraussetzungen	3.61
3. Anspruchsberechtigung der ausländischen „qualifizierten Einrichtungen"	3.62, 3.63
V. Industrie- und Handelskammern und Handwerkskammern (§ 8 III Nr 4)	3.64
VI. Beweislast	3.65, 3.66

Schrifttum: *Beater,* Zur Deregulierung des Wettbewerbsrechts ZHR 159 (1995), 217; *ders,* Mitbewerber und sonstige unternehmerische Marktteilnehmer, WRP 2009, 768; *Borck,* Gesetz zur Änderung des Gesetzes gegen den unlauteren Wettbewerb, WRP 1994, 719; *Bornkamm,* Das Wettbewerbsverhältnis und die Sachbefugnis der Mitbewerber, GRUR 1996, 527; *Brönneke* (Hrsg), Kollektiver Verbraucherschutz im Zivilprozeßrecht, 2001; *Derleder/Zänker,* Die Anforderungen an die Struktur von Abmahnvereinen seit der UWG-Novelle 1994, GRUR 2002, 490; *Dieselhorst,* Der „unmittelbar Verletzte" im Wettbewerbsrecht nach der UWG-Novelle, WRP 1995, 1; *Garbers,* Das Ende anonymisierter Mitgliederlisten, WRP 1996, 265; *Gloy,* Hat die Einschränkung der Klagebefugnis gewerblicher Verbände sich bewährt?, WRP 1999, 34; *Goldbeck,* Der „umgekehrte" Wettbewerbsprozess, 2008; *Greger,* Neue Regeln für die Verbandsklage im Verbraucherschutz- und Wettbewerbsrecht, NJW 2000, 2457; *Gröning,* 100 Tage UWGÄndG, WRP 1994, 775; *ders,* Die „Eignung zur wesentlichen Beeinträchtigung des Wettbewerbs", WRP 1995, 278; *Hasselbach,* Durchbrechungen der Rechtskraft im Verbandsklageverfahren, GRUR 1997, 40; *Köhler,* Grenzen der Mehrfachklage und Mehrfachvollstreckung im Wettbewerbsrecht, WRP 1992, 359; *ders,* UWG-Reform und Verbraucherschutz, GRUR 2003. 265; *ders,* Schutzlücken bei der Verbandsklagebefugnis im Kartell- und Wettbewerbsrecht – eine Aufgabe für den Gesetzgeber, WRP 2007, 602; *ders,* Der „Mitbewerber", WRP 2009, 499; *ders,* Der Schutz vor Produktnachahmung im Markenrecht, Geschmacksmusterrecht und neuen Lauterkeitsrecht, GRUR 2009, 441; *ders,* Unzulässige geschäftliche Handlungen bei Abschluss und Durchführung eines Vertrags, WRP 2009, 898; *Lambsdorff,* Zur Klagebefugnis von Rechtsanwaltskammern, WRP 1998, 1151; *Lindacher,* Die internationale Verbandsklage in Wettbewerbssachen, FS Lüke, 1997, 377; *Linstow,* Klagebefugnis und Gerichtsstand nach der UWG-Novelle, WRP 1994, 787; *Mankowski,* Können ausländische Schutzverbände der gewerblichen Wirtschaft „qualifizierte Einrichtungen" im Sinne der Unterlassungsklagenrichtlinie sein und nach § 8 III Nr. 3 UWG klagen?, WRP 2010, 186; *Mees,* Verbandsklagebefugnis in Fällen des ergänzenden wettbewerbsrechtlichen Leistungsschutzes, WRP 1999, 62; *Nacken,* Anmerkungen zu den Änderungen des UWG, WRP 1994, 791; *Schaffert,* Der durch § 4 Nr. 11 UWG bewirkte Schutz der Mitbewerber, FS Ullmann, 2006, 845; *Spätgens,* Gedanken zur Klageberechtigung und zum Herstellerbegriff beim ergänzenden wettbewerbsrechtlichen Leistungsschutz, FS Erdmann, 2002, 727; *Tsantinis,* Aktivlegitimation und Prozessführungsbefugnis von Individuen und Organisationen im UWG-Prozessrecht, 1995; *Ulrich,* Die Mehrfachverfolgung von Wettbewerbsverstößen durch einem Konzernverbund angehörige, rechtlich selbständige Unternehmen, die auf einem regionalen Markt tätig sind, WRP 1998, 826; *Weiß,* Die Verbandsklagebefugnis nach neuem Recht, WRP 1995, 155; *Welzel,* Anforderungen an die Struktur von „Abmahnvereinen" seit der UWG-Novelle 1994 – Entgegnung auf Derleder/Zänker, GRUR 2003, 762.

I. Allgemeines

1. Durchsetzung des Lauterkeitsrechts mittels zivilrechtlicher Ansprüche

3.1 Die Durchsetzung des Lauterkeitsrechts ist – von den Straf- und Ordnungswidrigkeitstatbeständen der §§ 16–20 abgesehen – **grds** privater Initiative überlassen und bewusst nicht – wie etwa in einigen anderen Mitgliedstaaten – einer Behörde übertragen (vgl Begr RegE UWG zu § 8, BT-Drucks 15/1487 S 22). Das Instrument dazu ist der gerichtlich durchsetzbare **zivilrechtliche Anspruch** gegen den Zuwiderhandelnden (§ 194 BGB). Dieses Sanktionensystem bringt zwar Nachteile (Fehlen von hoheitlichen Ermittlungsbefugnissen zur Sachverhaltsaufklärung; Missbräuche bei der Geltendmachung von Ansprüchen) mit sich, hat sich aber gleichwohl bewährt. – Eine Ausnahme sieht das **EG-Verbraucherschutzdurchsetzungsgesetz**

(VSchDG) v 21. 12. 2006 (BGBl I 3367) vor. Danach sind bestimmte Behörden, hauptsächlich das Bundesamt für Verbraucherschutz und Lebensmittelsicherheit, für die Verfolgung innergemeinschaftlicher Verstöße gegen Gesetze zum Schutz der Verbraucherinteressen, zu denen auch das UWG gehört, zuständig. Sie erlassen verwaltungsrechtliche Entscheidungen (§ 5 VSchDG). Über Beschwerden gegen solche Entscheidungen entscheiden jedoch die ordentlichen Gerichte (§ 13 IV VSchDG). Zu Einzelheiten vgl § 12 Rdn 7.1 ff.

2. Gläubigermehrheit und Anspruchsmehrheit

a) Gläubigermehrheit. In § 8 III ist geregelt, wer **Gläubiger** der in § 8 I genannten Unterlassungs- und Beseitigungsansprüche (= **Abwehransprüche**) ist. Dazu gehören nicht nur die vom Wettbewerbsverstoß betroffenen **Mitbewerber** (§ 8 III Nr 1), sondern auch **Wirtschaftsverbände** (§ 8 III Nr 2), „**qualifizierte Einrichtungen**", dh Verbraucherverbände (§ 8 III Nr 3), und **Industrie- und Handelskammern** sowie **Handwerkskammern** (§ 8 III Nr 4). Anders als im allgemeinen Deliktsrecht und im Immaterialgüterrecht, bei denen nur der in seinen Rechten Verletzte anspruchsberechtigt ist, können also im Lauterkeitsrecht **mehrere Gläubiger** berechtigt sein, Abwehransprüche geltend zu machen. Das ist zur Verwirklichung der Schutzzwecke des UWG (§ 1) auch sinnvoll. Die Bekämpfung von Wettbewerbsverstößen liegt nämlich nicht nur im Interesse der davon unmittelbar betroffenen Unternehmen, sondern idR auch im Interesse der Verbraucher und der übrigen Marktteilnehmer und letztlich im Interesse der Allgemeinheit an einem unverfälschten Wettbewerb. Zugleich lassen sich auf diese Weise Wettbewerbsverstöße rasch und wirksam bekämpfen.

b) Anspruchsmehrheit. § 8 III ist nicht so zu verstehen, dass mehrere Personen ein und denselben Anspruch aus § 8 I in einer Art gesetzlicher Prozessstandschaft geltend machen können (so aber *Marotzke* ZZP 98 [1985], 160, 188). Vielmehr hat jeder der in § 8 III genannten Gläubiger einen **eigenen** Anspruch (ganz hM; vgl *Teplitzky* Kap 13 Rdn 14). Es besteht also nicht nur Gläubigermehrheit, sondern auch **Anspruchsmehrheit**. Grds gelten für diese Ansprüche, weil sie inhaltlich auf dasselbe Ziel gerichtet sind, die Regeln über die **Gesamtgläubigerschaft** (§§ 428 ff BGB; vgl auch § 10 III zum Gewinnherausgabeanspruch). Allerdings sind diese Regelungen auf die Geldschuld zugeschnitten. Es ist also jeweils zu prüfen, ob sie auch auf den Unterlassungs- und den Beseitigungsanspruch iSd § 8 I passen. **Einwendungen** und **Einreden**, die nur in der Person eines einzelnen Anspruchsberechtigten begründet sind, wie zB Verzicht, Verwirkung, Verjährung, lassen die Ansprüche der übrigen Gläubiger unberührt (vgl §§ 429 III, 425 BGB; BGH GRUR 1960, 379, 381 – *Zentrale*). Davon zu unterscheiden sind Einwendungen, die den Anspruch generell beseitigen. Dazu gehört der Wegfall der Wiederholungsgefahr, insbes infolge Abgabe einer strafbewehrten Unterlassungserklärung (sog Unteilbarkeit der Wiederholungsgefahr). Wenn man so will, handelt es sich insoweit um einen Fall der §§ 429 III, 422 I BGB. **Prozessrechtlich** entspricht der Anspruchsmehrheit die **Mehrheit von Streitgegenständen.** Die Ansprüche der Einzelnen (uU unbestimmt vielen) Gläubiger sind folglich auch prozessual voneinander unabhängig. Sie können grds nebeneinander im Wege der Abmahnung und Klage (Rdn 3.25) geltend gemacht werden (Mehrfachabmahnung; Mehrfachklage), sofern dem nicht der Einwand des Rechtsmissbrauchs (§ 8 IV) entgegensteht.

3. Abschließende Regelung der Anspruchsberechtigung

§ 8 III stellt eine abschließende Regelung dar. **Nicht anspruchsberechtigt** sind die von einem Wettbewerbsverstoß im Vertikalverhältnis betroffenen **Verbraucher** (§ 2 II) und **sonstigen Marktteilnehmer** (§ 2 I Nr 2). Dies war schon im früheren Recht anerkannt (vgl *Köhler/Piper* Vor § 13 aF Rdn 84 mwN) und wurde in der Begr zum RegE UWG 2004 ausdrücklich noch einmal bekräftigt (vgl Begr RegE UWG 2004 zu § 8, BT-Drucks 15/1487 S 22). Daran ändert auch die Erwähnung der Verbraucher in der Schutzzweckbestimmung des § 1 nichts. Denn diese Bestimmung sagt nichts darüber aus, **wie** der **lauterkeitsrechtliche** Verbraucherschutz zu gewähren ist. Der **Individualschutz** von Verbrauchern und sonstigen Marktteilnehmern wird durch das **Bürgerliche Recht** ausreichend sichergestellt (vgl § 1 Rdn 39; BGH GRUR 2009, 980 Tz 10 ff – *E-Mail-Werbung II; Köhler* GRUR 2003, 265, 267; *Weiler* WRP 2003, 415; *Engels/Salomon* WRP 2004, 32, 33). Es fehlt daher bereits an einer materiellrechtlichen Schutzlücke. Das UWG gewährleistet, insofern über das Bürgerliche Recht hinausgehend, zusätzlich einen **Kollektivschutz** der Verbraucher (und sonstigen Marktteilnehmer) durch die Zuerkennung der Anspruchsberechtigung auch von Wirtschafts- und Verbraucherverbänden

(§ 8 III Nr 2–4). Das gleiche Regelungsmodell (Verstärkung des bürgerlichrechtlichen Individualschutzes durch einen sondergesetzlichen Kollektivschutz) liegt auch dem Unterlassungsklagengesetz (UKlaG) zu Grunde. Verbraucher, die sich durch (angebliche) Wettbewerbsverstöße betroffen fühlen, können sich daher, ohne das Risiko einer privaten Klage eingehen zu müssen, an die in § 8 III und in § 3 UKlaG genannten Anspruchsberechtigten wenden und die Verfolgung des Wettbewerbsverstoßes anregen. Eine wettbewerbsrechtliche **Schutzlücke** besteht allerdings bei Wettbewerbsverstößen im **Vertikalverhältnis** gegenüber sonstigen Marktteilnehmern, insbes **Unternehmern.** Denn deren Interessen können weder von Wirtschaftsverbänden iSv § 8 III Nr 2, noch von Verbraucherverbänden iSv § 8 III Nr 3 wahrgenommen werden (vgl *Köhler* WRP 2007, 602, 603; zur entspr Problematik im Kartellrecht LG Köln GRUR-RR 2010, 125; vgl auch die differenzierte Regelung in § 3 I 1 Nr 2 UKlaG). – Für die Entscheidung des Gesetzgebers, dem einzelnen Verbraucher wie im bisherigen Lauterkeitsrecht keinen individuellen Abwehranspruch zuzugestehen, war auch die Erwägung maßgeblich, dass ein solcher Anspruch auf eine Popularklage hinausliefe. Unternehmen müssten mit einer Vielzahl von Abmahnungen und Klagen von Verbrauchern wegen eines (angeblichen) Verstoßes gegen das UWG rechnen. Die damit verbundenen Belastungen, insbes Abmahn- und Prozesskosten, ließen sich nur durch eine Absenkung des Schutzniveaus und Verringerung des Prozessrisikos für die Unternehmen vermeiden. Dies wiederum wäre nicht im Sinne eines wirksamen Verbraucherschutzes (vgl Begr RegE UWG 2004 zu § 8, BT-Drucks 15/1487 S 22). Würde man aber – wie im Bürgerlichen Recht (vgl KG K&R 2003, 291; LG Berlin K&R 2004, 90, 91; ferner BGH BB 2004, 964 – *E-Mail-Werbung*) – dem Verbraucher einen Anspruch nur auf Unterlassung der geschäftlichen Handlung ihm gegenüber und nicht gegenüber jedermann gewähren, so wäre damit unter wettbewerblichen Gesichtspunkten nichts gewonnen. Denn der Unternehmer könnte sich ihm gegenüber unterwerfen und im Übrigen seine Werbung ungehindert fortsetzen. Bei einer allgemein gehaltenen irreführenden Werbung (zB in Zeitungen, im Fernsehen) wäre ein Individualanspruch des Verbrauchers ohnehin sinnlos. Denn mit der Geltendmachung des Anspruchs (und der darin enthaltenen Behauptung, er könne irregeführt werden) würde er gerade deutlich machen, dass er selbst nicht zum Kreis der Getäuschten gehört oder künftig gehören würde. – Zur vergleichbaren Problematik beim Schadensersatzanspruch vgl § 9 Rdn 1.10.

4. Sachliche Schranken der Anspruchsberechtigung

3.5 **a) Allgemeines.** Dem Wortlaut nach besteht die Anspruchsberechtigung der in § 8 III genannten Mitbewerber und Verbände für alle Fälle einer Zuwiderhandlung gegen § 3 oder § 7. Dies kann aber dann nicht gelten, wenn die Zuwiderhandlung **ausschließlich Interessen eines bestimmten Mitbewerbers** berührt (vgl BGH GRUR 1968, 95 – *Büchereinachlass; Bornkamm* GRUR 1996, 527, 529). Denn in derartigen Fällen muss ein Vorgehen gegen den Verletzer dem betroffenen („unmittelbar verletzten") Mitbewerber überlassen bleiben. Er mag Gründe haben, dies nicht zu tun. Das Einschreiten anderer Mitbewerber und der in § 8 III Nr 2–4 genannten Verbände, qualifizierten Einrichtungen und Kammern ist nur gerechtfertigt, wenn die Zuwiderhandlung **zugleich Interessen anderer Marktteilnehmer,** insbes der Verbraucher (§ 1 S 1), oder das **Interesse der Allgemeinheit** an einem unverfälschten Wettbewerb (§ 1 S 2) berührt (ebenso BGH WRP 2009, 432 Tz 22 – *Küchentiefstpreis-Garantie;* vgl auch BGH GRUR 1998, 415, 416 – *Wirtschaftsregister* mwN).

3.6 **b) Beispiele.** In den Fällen des **Nachahmungsschutzes** nach § 4 Nr 9 ist grds nur der betroffene Originalhersteller anspruchsberechtigt. In den Fällen des § 4 Nr 9 lit b und c ergibt sich dies daraus, dass nur seine Interessen beeinträchtigt sind (vgl BGH WRP 2009, 432 Tz 23 – *Küchentiefstpreis-Garantie*). Was den Schutz der Verbraucher (und sonstigen Marktteilnehmer) vor Verwechslungsgefahren (§ 4 Nr 9 lit a) betrifft, ist zu beachten, dass insoweit eine abschließende (und weitergehende) Regelung durch die § 3 III Anh Nr 13, § 5 I 2 Nr 1, II und in § 6 II Nr 3 vorliegt (vgl *Köhler* GRUR 2009, 445, 450, 451). (Zur früheren Rechtslage vgl BGH GRUR 1988, 620, 621 – *Vespa-Roller;* BGH GRUR 1991, 223, 224 – *Finnischer Schmuck;* BGH GRUR 1994, 630, 634 – *Cartier-Armreif; Mees* WRP 1999, 62; *Spätgens,* FS Erdmann, 2002, 727.) In den Fällen der **Herabsetzung** (§ 4 Nr 7) oder **Anschwärzung** von Mitbewerbern (§ 4 Nr 8) ist grds nur der angegriffene Mitbewerber anspruchsberechtigt. Allerdings kann die betreffende Äußerung gleichzeitig den Tatbestand des § 4 Nr 1 („unangemessene unsachliche Beeinflussung der Entscheidungsfreiheit der Verbraucher oder sonstigen Marktteilnehmer") oder des § 5 erfüllen. Darauf gestützt können dann auch die sonstigen Anspruchsberechtigten gegen die Äußerung vorgehen. – In den Fällen der **gezielten Behinderung** (§ 4 Nr 10) kommt es ebenfalls darauf an, ob außer den Interessen des behinderten Unternehmens noch die Interessen sonstiger Marktteilnehmer betroffen sind (vgl § 4 Rdn 10.220; BGH WRP 2009, 432 Tz 22 – *Küchentiefstpreis-Garantie*). Das ist zB der Fall, wenn die Werbung eines Unternehmens gezielt ausgeschaltet wird (§ 4 Rdn 10.71), etwa Werbeplakate eines Mitbewerbers abgerissen oder überklebt werden. Denn hier wird das Informationsinteresse der Verbraucher am Angebot des Mitbewerbers beeinträchtigt. – In den Fällen des **Rechtsbruchs** (§ 4 Nr 11) kommt es darauf an, welchen Schutzweck die betreffende Norm verfolgt. – In den Fällen der **vergleichenden Werbung** sind die Tatbestände des § 6 II Nr 4–6 grds als rein individualschützend anzusehen (§ 6 Rdn 85; *Beater* § 15 Rdn 61). Jedoch können im Einzelfall auch Interessen der Verbraucher betroffen sein (zB wenn ein herabsetzender Vergleich zugleich irreführend ist).

5. Zeitliche Anforderungen an die Anspruchsberechtigung

Die Voraussetzungen für die Anspruchsberechtigung müssen schon im Zeitpunkt der Begründung der Erstbegehungsgefahr oder der Zuwiderhandlung (OLG Hamm GRUR 1991, 692, 693; aA Harte/Henning/Bergmann § 8 Rdn 262: Bestehen einer Wiederholungsgefahr ausreichend) und noch im Zeitpunkt der Letzten mündlichen Verhandlung in der Tatsacheninstanz (BGH GRUR 1998, 170 – *Händlervereinigung*) vorliegen. **Beispiele:** Der klagende Mitbewerber war zur Zeit der Zuwiderhandlung noch nicht oder ist im Zeitpunkt der Letzten mündlichen Verhandlung nicht mehr auf dem Markt tätig (dazu Rdn 3.29). Der klagende Verband iSd § 8 III Nr 2 hatte im Zeitpunkt der Zuwiderhandlung noch nicht die erforderliche Mitgliederzahl. Erblickt man mit der hM (vgl BGH GRUR 2005, 689, 690 – *Sammelmitgliedschaft III* mwN; BGH WRP 2006, 747 Tz 15 – *Blutdruckmessungen*) in § 8 III Nr 2 und 3 auch eine Regelung der **Prozessführungsbefugnis**, so müssen die dort genannten Voraussetzungen auch im Revisionsverfahren vorliegen (BGH aaO).

3.7

6. Prozessuale Bedeutung der Anspruchsberechtigung

a) Fragestellung. § 8 III regelt, wem die Ansprüche aus § 8 I „zustehen". Nicht geklärt ist, ob damit die **Anspruchsberechtigung (= Sachbefugnis = Aktivlegitimation)** oder die **Prozessführungsbefugnis (= Klagebefugnis)** oder **beides** gemeint ist. Auch terminologisch herrscht keine Klarheit. So ist schwer auszumachen, ob der vielfach daneben – auch im Gesetz (vgl § 8 V 1) – benutzte Begriff der **Klageberechtigung** der einen oder anderen Kategorie zuzuordnen ist (vgl GK/*Erdmann* § 13 UWG 1909 Rdn 15 mwN). Teilweise wird vorgeschlagen, diesen Begriff zur Kennzeichnung der Doppelnatur der gewährten Befugnis (Sach- *und* Prozessführungsbefugnis) zu verwenden (GK/*Erdmann* § 13 UWG 1909 Rdn 15).

3.8

b) Stand der Rspr und hL. Nach der Rspr und hL ist zu unterscheiden: Für den **Mitbewerber** iSd § 8 III Nr 1 ergibt sich die Prozessführungsbefugnis allein aus den allgemeinen Vorschriften (§ 51 ZPO; vgl *Teplitzky* Kap 13 Rdn 13). Für die Wirtschafts und Verbraucherverbände iSd § 8 III Nr 2 und 3 gilt die **Theorie der Doppelnatur** (vgl BGH GRUR 2005, 689, 690 – *Sammelmitgliedschaft III*; BGH WRP 2006, 747 Tz 15 – *Blutdruckmessungen*; BGH GRUR 2007, 610 Tz 14 – *Sammelmitgliedschaft V*; BGH WRP 2007, 1088 Tz 12 – *Krankenhauswerbung*; Fezer/*Büscher* § 8 Rdn 214; Harte/Henning/*Bergmann* § 8 Rdn 261 f). Die in diesen Vorschriften aufgestellten Begründetheitsvoraussetzungen werden zugleich als Prozessvoraussetzungen, nämlich der Prozessführungsbefugnis, qualifiziert. Das hat wegen der grds vorrangig zu prüfenden Frage der Zulässigkeit der Klage mehrere prozessuale Folgen: Die Voraussetzungen sind von Amts wegen in jeder Lage des Verfahrens, auch noch in der **Revisionsinstanz**, zu prüfen (stRspr; zuletzt BGH GRUR 2007, 610 Tz 14 – *Sammelmitgliedschaft V*; BGH WRP 2007, 1088 Tz 12 – *Krankenhauswerbung*). Die Tatsachen, aus denen sich die Klagebefugnis ergibt, müssen spätestens im Zeitpunkt der Letzten mündlichen Verhandlung in der Tatsacheninstanz vorgelegen haben (BGH GRUR 2007, 610 Tz 14 – *Sammelmitgliedschaft V*). Für die Feststellung der Voraussetzungen gelten die Grundsätze des Freibeweises (vgl BGH GRUR 2001, 846, 847 – *Metro V*). Bei Fehlen einer dieser Voraussetzungen ist die Klage als unzulässig und nicht als unbegründet abzuweisen (vgl BGH GRUR 1996, 217 – *Anonymisierte Mitgliederliste*).

3.9

c) Stellungnahme. aa) Grundsatz. Der **Gesetzeswortlaut** (§ 8 III: „Die Ansprüche aus Abs. 1 stehen zu: ...") spricht für eine ausschließlich materiellrechtliche Betrachtung (vgl *Greger* NJW 2000, 2457, 2462; *E. Schmidt* NJW 2002, 25, 28; ferner *Fritzsche* Unterlassungsanspruch,

3.10

599 ff; *Goldbeck,* Der „umgekehrte" Wettbewerbsprozess, 2008, 67; krit *Teplitzky* Kap 13 Rdn 25). Auch § 3 UKlaG spricht in der Überschrift von den „Anspruchsberechtigten Stellen". Die **Gesetzesbegründung** spricht überdies sowohl von Aktivlegitimation als auch von Klagebefugnis (vgl Begr RegE UWG 2004 zu § 8 Abs 3, BT-Drucks 15/1487 S 22 f). Die unterschiedliche Terminologie zeigt, dass der Gesetzgeber offensichtlich nicht die Absicht hatte, eine dogmatische Streitfrage zu entscheiden. Ausgangspunkt muss daher die Rechtsnatur der **Prozessführungsbefugnis** sein. Sie ist das Recht, über den behaupteten Anspruch einen Prozess als die richtige Partei im eigenen Namen zu führen. Im Prozess entspringt die Prozessführungsbefugnis der behaupteten Inhaberschaft des geltend gemachten Rechts (Zöller/*Vollkommer* ZPO Vor § 50 Rdn 18; Thomas/*Putzo* ZPO § 51 Rdn 21). Sie ist nur dann gesondert festzustellen, wenn ein fremdes Recht im eigenen Namen geltend gemacht wird (Prozessstandschaft). So aber liegt es im Falle des § 8 III gerade nicht. Vielmehr machen die Verbände einen eigenen Anspruch geltend (Rdn 3.3). Von diesen prozessualen Grundsätzen sollte nur dann abgewichen werden, wenn dafür zwingende Gründe sprechen (ebenso MünchKommUWG/*Ottofülling* § 8 Rdn 322).

3.11 bb) **Rechtsnatur des § 8 III Nr 2.** Prozessvoraussetzung ist nach § 51 I ZPO zwar, dass der klagende Verband **rechtsfähig** ist (vgl § 8 III Nr 2). Dagegen beziehen sich die in § 8 III Nr 2 aufgestellten zusätzlichen Anforderungen nur auf die Anspruchsberechtigung als (materiellrechtliche) **Begründetheitsvoraussetzung.** Es besteht keine sachliche Notwendigkeit, diese Anforderungen **zusätzlich** als Prozessvoraussetzung, nämlich der Prozessführungsbefugnis, anzuerkennen und damit die Prüfung der tatsächlichen Voraussetzungen von Amts wegen (mit der – fragwürdigen – Möglichkeit des Freibeweises) noch in der Revisionsinstanz zu eröffnen. Besonders deutlich wird dies, wenn man das Tatbestandsmerkmal *"und soweit die Zuwiderhandlung die Interessen ihrer Mitglieder berührt"* in § 8 III Nr 2 betrachtet. Das Vorliegen einer Zuwiderhandlung wäre demnach Voraussetzung der Prozessführungsbefugnis und es müsste somit die eigentliche materiellrechtliche Prüfung des Wettbewerbsverstoßes bereits im Rahmen der Zulässigkeitsprüfung erfolgen. Innerhalb des Tatbestands des § 8 III Nr 2 aber zwischen Merkmalen, die die Prozessführungsbefugnis, und solchen, die nur die Anspruchsberechtigung betreffen, zu unterscheiden (so *Piper* GRUR 1996, 147, 151 zu § 13 II Nr 2 UWG 1909), erscheint nicht gerechtfertigt. Daher sollte man die Regelung in § 8 III Nr 2 rein materiellrechtlich begreifen mit der Folge, dass die Klage als unbegründet abzuweisen ist, wenn die tatbestandlichen Voraussetzungen nicht erfüllt sind. Zugleich wird damit ein vom allgemeinen Zivilprozessrecht abweichendes Sonderprozessrecht für wettbewerbsrechtliche Streitigkeiten vermieden. Die Theorie der Doppelnatur sollte daher zu Gunsten einer rein materiellrechtlichen Betrachtungsweise aufgegeben werden. Der sachliche Unterschied beschränkt sich freilich darauf, dass in der Revisionsinstanz kein Beweis über die Anspruchsberechtigung erhoben werden kann. Denn hins der Rechtskraftwirkungen dürften sich keine Unterschiede zwischen beiden Auffassungen ergeben.

3.12 cc) **Rechtsnatur des § 8 III Nr 3.** Auch die in § 8 III Nr 3 ("Qualifizierte Einrichtungen, die nachweisen ...") aufgestellte Voraussetzung ist nur als materiellrechtliche Regelung der Anspruchsberechtigung und nicht zugleich als eine von Amts wegen zu prüfende **Prozessvoraussetzung** zu verstehen (aA Palandt/*Bassenge* BGB § 3 UKlaG Rdn 2 zum vergleichbaren Problem im UKlaG). Bestreitet etwa der Beklagte, dass der Kläger in die Liste der qualifizierten Einrichtungen eingetragen ist, und tritt der Kläger dafür keinen Beweis an, so ist die Klage als unbegründet abzuweisen. Zwar kann das Gericht, wenn sich in einem Rechtsstreit begründete Zweifel an dem Vorliegen der Voraussetzungen des § 4 II UKlaG bei einer eingetragenen Einrichtung ergeben, nach § 8 III Nr 3 iVm § 4 IV UKlaG das Bundesverwaltungsamt zur Überprüfung der Eintragung auffordern und die Verhandlung bis zu dessen Entscheidung aussetzen. Dies bezieht sich aber nur auf die Aufhebung der Eintragung durch das Bundesverwaltungsamt für die Zukunft (§ 4 II 4 UKlaG), weil die Eintragung konstitutiv ist. Hebt das Bundesverwaltungsamt die Eintragung auf, so entfällt damit ex nunc die Anspruchsberechtigung des Verbands. Ein Bedürfnis, die Eintragung zugleich als Prozessvoraussetzung anzuerkennen, ist nicht erkennbar. Die Theorie der Doppelnatur ist daher auch im Falle des § 8 III Nr 3 abzulehnen.

7. Anwendungsbereich

3.13 a) **Erfasste Ansprüche. aa) Unterlassungs- und Beseitigungsanspruch.** § 8 III gilt für den Unterlassungs- und Beseitigungsanspruch iSd § 8 I. Diese Ansprüche sind nicht auf den räumlichen Tätigkeitsbereich des Verletzten beschränkt, sondern erstrecken sich auf das gesamte Bundesgebiet und sind auch bundesweit durchsetzbar (vgl BGH WRP 1999, 421, 422 – *Vorratslücken;* aA *Ulrich* WRP 1998, 826, 827). Dies rechtfertigt sich daraus, dass die Ansprüche auch im Interesse der übrigen Marktteilnehmer und der Allgemeinheit gewährt sind.

bb) Auskunftsanspruch. Die Anspruchsberechtigung beim Beseitigungsanspruch erstreckt sich kraft Sachzusammenhangs auch auf den Auskunftsanspruch (vgl BGH GRUR 1972, 552, 560 – *Teerspritzmaschinen;* § 9 Rdn 4.4). **3.14**

cc) Aufwendungsersatzanspruch (§ 12 I 2). Die Anspruchsberechtigung für den Unterlassungsanspruch schließt die Abmahnberechtigung und damit die Berechtigung ein, den Anspruch auf Aufwendungsersatz nach § 12 I 2 geltend zu machen. Fehlt dem Abmahner die Anspruchsberechtigung, kann er daher auch keinen Ersatz der Abmahnkosten nach § 12 I 2 verlangen (so iErg auch OLG Frankfurt WRP 1999, 347, 349). **3.15**

b) Ausgeschlossene Ansprüche. § 8 III gilt nicht für den **Schadensersatzanspruch**, der in § 9 geregelt ist; ferner nicht für **außerwettbewerbsrechtliche Ansprüche** (zu § 13 II UWG 1909 vgl BGHZ 41, 314, 318 – *Lavamat I;* BGH WRP 1997, 731, 735 – *Euromint*), insbes Unterlassungs-, Schadensersatz- und Bereicherungsansprüche aus Bürgerlichem Recht und Handelsrecht (vgl BGH GRUR 1980, 309 – *Straßen- und Autolobby*). Diese Ansprüche hat nur der jeweils Verletzte selbst, ein Verband also nur, soweit er in eigenen Interessen oder Rechten verletzt ist. **3.16**

8. Abtretung, Prozessstandschaft und gesetzlicher Forderungsübergang

a) Abtretung. Das UWG regelt – anders als das UKlaG – die Abtretung nicht. Eine analoge Anwendung des § 3 I 2 UKlaG ist zwar denkbar. Da aber der Gesetzgeber keine vergleichbare Regelung in das UWG aufgenommen hat und dafür auch keine sachliche Notwendigkeit besteht, ist eine Analogie abzulehnen. Vielmehr ist die Frage nach dem Zweck der Regelung in § 8 III zu entscheiden. Dabei ist zwischen der **Mitbewerberklage** (§ 8 III Nr 1) und der **Verbandsklage** (§ 8 III Nr 2–4) zu unterscheiden. – Ist die Abtretung unwirksam, so ist eine Umdeutung in eine gewillkürte Prozessstandschaft zwar möglich, aber nur wenn deren Voraussetzungen (Rdn 3.22) erfüllt sind (BGH GRUR 2007, 978 Tz 34 – *Rechtsberatung durch Haftpflichtversicherer*). **3.17**

aa) Abtretung durch den Mitbewerber. Die Regelung des § 8 III Nr 1 hat den Zweck, nur ganz bestimmten Unternehmen, nämlich den vom Wettbewerbsverstoß betroffenen Mitbewerbern (vgl Rdn 3.27), den Abwehranspruch zu gewähren. Daher ist jedenfalls eine Abtretung an **beliebige Dritte** (Private, Unternehmen, Verbände) ausgeschlossen. Andernfalls würde der geschlossene Kreis der Anspruchsberechtigten gesprengt (BGH GRUR 1983, 379, 381 – *Geldmafiosi;* BGH GRUR 1993, 151, 152 – *Universitätsemblem;* BGH WRP 2007, 1334 Tz 33 – *Rechtsberatung durch Haftpflichtversicherer*). Es handelt sich sonach um **höchstpersönliche** Ansprüche, bei denen nach § 399 1. Alt BGB die Abtretung ausgeschlossen ist (vgl OLG Hamburg NJW 1963, 2128; Palandt/*Grüneberg* BGB § 399 Rdn 4, 6). **3.18**

Aber auch eine Abtretung an **Mitbewerber** oder **Verbände** iSd § 8 III ist nach § 399 1. Alt BGB ausgeschlossen (BGH GRUR 2007, 978 Tz 33 – *Rechtsberatung durch Haftpflichtversicherer*). Denn diese haben bereits einen eigenen Anspruch und es käme zu einer unnötigen Vervielfachung der Ansprüche (und damit der Streitgegenstände!). Ein sachliches Bedürfnis für eine Abtretung wäre nur denkbar, wenn der Abtretende kein eigenes Interesse an der Durchsetzung des Anspruchs hat, der Abtretungsempfänger seinen eigenen Anspruch aber – etwa auf Grund von **Verjährung** (§ 11) – nicht mehr durchsetzen kann. Damit würde aber die Funktion der Verjährungsfristen geschwächt. Es wäre für den klagewilligen Mitbewerber oder Verband ein Leichtes, sich einen neuen, unverjährten Anspruch zu „besorgen" und dadurch das Verjährungshindernis zu umgehen. Wollte man eine Abtretung zulassen, müsste daher die Verjährungseinrede auch gegen den abgetretenen Anspruch möglich sein. **3.19**

Eine Ausnahme ist jedoch für den Fall der **Unternehmensnachfolge** zu machen. Denn hier kommt es nicht zu einer Abspaltung des Anspruchs von der Mitbewerberstellung; vielmehr tritt der Erwerber voll in die Mitbewerberstellung des Veräußerers ein. Veräußert der Gläubiger sein Unternehmen, wird im Zweifel auch der Abwehranspruch als Bestandteil des Betriebsvermögens mit übertragen. Denn der Veräußerer würde den Anspruch ohnehin verlieren, weil die Anspruchsberechtigung an das Unternehmen gebunden ist. **3.20**

3.21 bb) Abtretung durch Verbände. Eine Abtretung des Anspruchs an Personen, die nicht zu den Anspruchsberechtigten iSd § 8 III gehören, ist von vornherein nach § 399 1. Alt BGB ausgeschlossen. Andernfalls würde der geschlossene Kreis der Anspruchsberechtigten gesprengt. Auch bestünde die Gefahr einer Kommerzialisierung der Anspruchsberechtigung durch Verkauf von Ansprüchen. Aber auch eine Abtretung an Mitbewerber und Verbände, die ihrerseits nach § 8 III anspruchsberechtigt sind, ist ausgeschlossen (iErg auch BGH GRUR 2007, 978 Tz 33 – *Rechtsberatung durch Haftpflichtversicherer*). Es gelten insoweit die gleichen Erwägungen wie zur Abtretung durch den Mitbewerber (Rdn 3.19). Sinn ergäbe die Abtretung an Mitbewerber und Verbände nur im Hinblick auf rechtskräftig festgestellte Ansprüche (§ 325 ZPO), weil sich dann der Abtretungsempfänger einen eigenen Prozess sparen könnte. Allerdings müsste er im Streitfall dann immer noch nachweisen, dass im Zeitpunkt der Abtretung nicht nur der Abtretende sondern auch er selbst zum Kreis der Anspruchsberechtigten gehört. Da eine Abtretung mit der Eigenverantwortung der Anspruchsberechtigten nur schwer in Einklang zu bringen ist, bedürfte es einer ausdrücklichen gesetzlichen Regelung. Eine Analogie zu dem – rechtspolitisch bedenklichen – § 3 I 2 UKlaG kommt jedenfalls nicht in Betracht (Rdn 3.17).

3.22 b) Prozessstandschaft. Es handelt sich um eine Prozessvoraussetzung, die in jeder Lage des Verfahrens von Amts wegen zu prüfen ist (BGH GRUR 2005, 166, 171 – *Puppenausstattungen*).

aa) Prozessstandschaft für Mitbewerber. Grds ist es zulässig, den Anspruch eines Mitbewerbers in gewillkürter Prozessstandschaft geltend zu machen. Voraussetzung dafür sind eine Ermächtigung und ein eigenes schutzwürdiges Interesse des Ermächtigten an der Rechtsverfolgung auf Grund der bes Beziehungen zum Rechtsinhaber. Dabei sind auch wirtschaftliche Interessen zu berücksichtigen (BGH GRUR 1990, 361, 362 – *Kronenthaler* – mwN; BGH GRUR 1992, 108, 109 – *Oxygenol*; BGH GRUR 1993, 151, 152 – *Universitätsemblem*; BGHZ 144, 165, 178 = GRUR 2000, 1089, 1093 – *Missbräuchliche Mehrfachverfolgung*; BGH GRUR 2006, 329 Tz 21 – *Gewinnfahrzeug mit Fremdemblem*; BGH GRUR 2007, 978 Tz 34 – *Rechtsberatung durch Haftpflichtversicherer*; HdbWettbR/*Fritzsche* § 79 Rdn 228). Das erforderliche eigene Interesse kann sich insbes aus einer gesellschaftsrechtlichen Verbindung ergeben (BGH GRUR 2006, 329 Tz 21 – *Gewinnfahrzeug mit Fremdemblem*). Bei einer Beteiligung reicht es aus, wenn der Anteilsinhaber in einem Maße an der Gesellschaft beteiligt ist, dass sich seine wirtschaftlichen Interessen im Wesentlichen mit denen der Gesellschaft decken. Das ist insbes bei einer Holdinggesellschaft der Fall (BGH GRUR 1995, 54, 57 – *Nicoline*; BGH GRUR 2000, 1089, 1093 – *Missbräuchliche Mehrfachverfolgung*). Bei Fällen mit **Auslandsberührung** ist zu beachten, dass sich die Zulässigkeit der gewillkürten Prozessstandschaft grds nach deutschem Prozessrecht als der lex fori bestimmt und dass auch die Wirksamkeit der gewillkürten Prozessstandschaft sich nach deutschem Recht richtet (BGHZ 125, 196, 199; BGH GRUR 2005, 168, 171 – *Puppenausstattungen*). – **Verbände** und **Kammern** iSd § 8 III Nr 2–4 können nicht in Prozessstandschaft für einen Mitbewerber klagen. Denn ihnen ist ein eigener Anspruch eingeräumt. Sie haben daher kein schutzwürdiges Interesse, daneben fremde Ansprüche im eigenen Namen geltend zu machen. Bei den Wirtschaftsverbänden würde sonst auch die Beschränkung der Anspruchsberechtigung auf die kollektive Wahrnehmung von Mitgliederinteressen unterlaufen (vgl BGH GRUR 1998, 417, 418 – *Verbandsklage in Prozessstandschaft*; *Ulrich* WRP 1995, 441).

3.23 bb) Prozessstandschaft für Verbände. Dritte können den Anspruch eines Verbandes nicht in Prozessstandschaft geltend machen. Ein schutzwürdiges Interesse (etwa eines Verbandsmitglieds), den Prozess im eigenen Namen für den Verband zu führen, ist nicht anzuerkennen. Insbes reicht es nicht aus, dass der Verband das Prozesskostenrisiko nicht übernehmen will, kann doch der Dritte insoweit eine Prozesskostendeckungszusage geben. Auch ein anderer Verband kann, wie dargelegt (Rdn 3.22), nicht in Prozessstandschaft für einen Verband klagen.

3.24 c) Gesetzlicher Forderungsübergang. Im Falle einer Gesamtrechtsnachfolge (Erbfall, Verschmelzung) geht der Abwehranspruch kraft Gesetzes auf den Rechtsnachfolger über. Jedoch müssen in seiner Person noch die Voraussetzungen für die Geltendmachung des Anspruchs erfüllt sein (BGH GRUR 1999, 1100 – *Generika-Werbung*), wie zB die Eigenschaft als Unternehmer (BGH GRUR 1995, 817, 818 – *Legehennenhaltung*). Dies gilt nicht, wenn die Verletzungshandlung gegen den früheren Gläubiger persönlich gerichtet war (OLG Koblenz GRUR 1988, 43, 46), weil in diesem Fall die Wiederholungsgefahr entfällt.

9. Mehrfachverfolgung

Die Einräumung der Anspruchsberechtigung an Mitbewerber und Verbände begründet für den Verletzer die Gefahr der Mehrfachverfolgung ein und desselben Verstoßes. Da es sich um unterschiedliche Parteien und damit Streitgegenstände handelt, kann der Verletzer einem weiteren Kläger weder die Einrede des fehlenden Rechtsschutzbedürfnisses, noch die der Rechtshängigkeit, noch die der Rechtskraft entgegenhalten (BGH GRUR 1960, 379, 380 – *Zentrale;* BGH GRUR 1994, 307, 308 – *Mozzarella I;* OLG Hamburg WRP 1996, 31, 34; *Köhler* WRP 1992, 359, 361 f). Eine weitere Klage ist jedoch **unbegründet,** wenn sie rechtsmissbräuchlich erhoben wird (§ 8 IV; dazu Rdn 4.4) oder wenn der Anspruch durch Wegfall der Wiederholungsgefahr untergegangen ist. Dies ist regelmäßig, aber nicht ausnahmslos, der Fall, wenn der Verletzer gegenüber (irgend-)einem Anspruchberechtigten eine strafbewehrte Unterlassungserklärung abgegeben hat oder er rechtskräftig zur Unterlassung verurteilt worden ist (Rdn 1.46 ff). – Kommt es im Einzelfall zu **divergierenden** rechtskräftigen Entscheidungen (zB auf Grund von Klagen an unterschiedlichen Gerichtsständen), kann sich der Verletzer nach einer Auffassung (*Hasselbach* GRUR 1997, 40) uU mit der Vollstreckungsgegenklage (§ 767 ZPO analog), dem Wiederaufnahmeverfahren nach § 580 Nr 6, 7a ZPO analog oder – im Vollstreckungsverfahren – mit der Arglisteinrede zur Wehr setzen. Eine angemessene Problemlösung erscheint nur durch Zurückdrängung der Mehrfachklage möglich.

II. Anspruchsberechtigung der Mitbewerber (§ 8 III Nr 1)

1. Entstehungsgeschichte

Die Regelung in § 8 III Nr 1 geht zurück auf den Vorschlag von *Köhler/Bornkamm/Henning-Bodewig* (WRP 2002, 1371, 1321, dort § 8 II Nr 1). Während im früheren Recht zwischen der Anspruchsberechtigung des „unmittelbar Verletzten" und der Anspruchsberechtigung des Mitbewerbers nach § 13 II Nr 1 UWG 1909 unterschieden wurde, kennt § 8 III Nr 1 nur noch die Anspruchsberechtigung des Mitbewerbers. In der Sache läuft dies darauf hinaus, dass nur noch der unmittelbar verletzte Mitbewerber anspruchsberechtigt ist. Die Einschränkung in § 13 II Nr 1 aF, wonach die Anspruchsberechtigung nur für solche Wettbewerbsverstöße bestand, die geeignet waren, den Wettbewerb auf dem relevanten Markt wesentlich zu beeinträchtigen, ist in der Bagatell- bzw Relevanzklausel des § 3 I (dazu § 3 Rdn 108 ff) aufgegangen.

2. Mitbewerber

a) Begriff. Mitbewerber ist nach der Legaldefinition des § 2 I Nr 3 jeder Unternehmer, der mit einem oder mehreren Unternehmern als Anbieter oder Nachfrager von Waren oder Dienstleistungen in einem **konkreten** Wettbewerbsverhältnis steht (dazu § 2 Rdn 94 ff; BGH GRUR 2007, 1079 Tz 18 – *Bundesdruckerei*). Dies beurteilt sich nach dem jeweiligen Schutzzweck der verletzten Norm (vgl *Köhler* WRP 2009, 499, 506 ff). Geht der Unternehmer gegen einen **Dritten** vor, der durch seine geschäftliche Handlung ein fremdes Unternehmen fördert, so muss das konkrete Wettbewerbsverhältnis zu dem geförderten Unternehmen bestehen (§ 2 Rdn 96 g; OLG Düsseldorf GRUR 2006, 782, 783). Im Unterschied zum früheren Recht reicht ein sog abstraktes Wettbewerbsverhältnis zum Verletzer für die Anspruchsberechtigung nicht aus. Der Begriff des **Unternehmers** ist weit auszulegen (vgl § 2 Rdn 20 ff; 118 ff). Geboten ist eine wirtschaftliche Betrachtungsweise, die auf die tatsächliche Stellung im Wettbewerb abhebt (BGH GRUR 1976, 370, 371 – *Lohnsteuerhilfeverein*). Erforderlich ist lediglich eine auf Dauer angelegte, selbstständige wirtschaftliche Betätigung, die darauf gerichtet ist, Waren oder Dienstleistungen gegen Entgelt zu vertreiben (vgl § 2 Rdn 21 ff; BGH GRUR 1995, 697, 699 – *FUNNY PAPER;* BAG GRUR 2006, 244, 245). Daher können auch **Idealvereine** (BGH GRUR 1976, 370, 371 – *Lohnsteuerhilfeverein;* OLG Köln WRP 1985, 660) und **Freiberufler** (BGH GRUR 1981, 529 – *Rechtsberatungsanschein;* BGH GRUR 1993, 675, 676 – *Kooperationspartner;* OLG Frankfurt GRUR 1962, 323: Zauberkünstler) anspruchsberechtigt sein. Unerheblich sind ferner Rechtsform, Gewinnerzielungsabsicht (aA BGH GRUR 1995, 697, 699 – *FUNNY PAPER:* „gewinnbringend") und Tätigkeitsumfang. Wird das Unternehmen von einer **Gesellschaft** betrieben, ist Unternehmer nur die Gesellschaft, nicht der oder die einzelnen Gesellschafter (OLG Stuttgart WRP 1996, 63, 64 zur GmbH; OLG Hamburg GRUR-RR 2005, 167 zur GmbH & Co. KG; *Teplitzky* Kap 13 Rdn 8 zur Handelsgesellschaft). Ob es sich um eine **Kapital-** oder **Personengesellschaft** (OHG, KG, BGB-Gesellschaft usw) handelt, spielt keine Rolle. Der einzelne Gesellschafter kann im eigenen Namen Ansprüche aus § 8 III Nr 1 nur geltend machen, wenn die Voraussetzungen der Prozessstandschaft gegeben sind (Rdn 3.22). Unternehmer ist nicht, wer an einem fremden Unternehmen lediglich **finanziell** beteiligt ist (zB als stiller Gesellschafter) oder daran ein sonstiges **mittelbares Interesse** (zB als Lizenzgeber, Verpächter, Kreditgeber) hat (BGH GRUR 1995, 697 – *FUNNY PAPER;* OLG Hamburg GRUR-RR 2005, 167; aA Ahrens/*Jestaedt* Kap 18 Rdn 13). Auch hier kommt allenfalls eine Klage in Prozessstandschaft in Betracht (Rdn 3.22). – Unerheblich ist für die Geltendmachung des Unterlassungsanspruchs, ob der Mitbewerber sein Unternehmen in **rechtlich zulässiger Weise** (zB mit der erforderlichen öffentlich-rechtlichen Genehmigung) betreibt (§ 2 Rdn 27; BGH GRUR 2005, 519, 520 – *Vitamin-Zell-Komplex;* offen gelassen noch in BGH GRUR 2005, 176 – *Nur bei Lotto*). Denn diese Frage, die die Zulässigkeit des Marktzutritts betrifft, ist für die Mitbewerbereigenschaft ohne Bedeutung. Anders verhält es sich, wenn die betreffende unternehmerische Tätigkeit schlechthin verboten ist (zB Rauschgifthandel), doch werden solche „Unternehmer" ohnehin nicht die Gerichte anrufen.

3.28   b) **Sachliche Grenzen der Anspruchsberechtigung.** Nicht jeder Mitbewerber ist ohne weiteres auch anspruchsberechtigt. Der Verstoß muss vielmehr auch seine **Interessen** berühren, wie sich mittelbar aus § 8 III Nr 2 („Interessen ihrer Mitglieder") ergibt. Das ist nicht der Fall, wenn sich der Wettbewerbsverstoß **ausschließlich** gegen die Interessen eines bestimmten anderen Mitbewerbers richtet. Denn es muss dann ihm überlassen bleiben, ob er die Beeinträchtigung seiner Interessen hinnimmt oder nicht (zu Einzelheiten vgl Rdn 3.5 ff; BGH GRUR 2005, 519, 520 – *Vitamin-Zell-Komplex;* BGH GRUR 2007, 978 Tz 26 – *Rechtsberatung durch Haftpflichtversicherer;* BGH WRP 2009, 432 Tz 22 – *Küchentiefstpreis-Garantie*). Dagegen wird die Anspruchsberechtigung eines Mitbewerbers nach § 8 III Nr 1 nicht dadurch ausgeschlossen, dass der einschlägige Unlauterkeitstatbestand, wie etwa § 4 Nr 1, nur geschäftliche Handlungen gegenüber Verbrauchern oder sonstigen Marktteilnehmern zum Gegenstand hat (vgl *Schaffert*, FS Ullmann, 2006, 845, 846). – Gegen unzulässige geschäftliche Handlungen **bei Abschluss** und **Durchführung** eines **Vertrags,** die nicht zugleich der Absatzförderung dienen (wie zB die Abwehr von Verbraucherrechten), können Mitbewerber dann vorgehen, wenn die Handlungen ihre Absatzinteressen beeinträchtigen können (*Köhler* WRP 2009, 898, 911 f). Das ist insbes dann zu bejahen, wenn ein möglicher Neubedarf nach einer Ware oder Dienstleistung unterdrückt wird. So etwa, wenn der Kunde daran gehindert wird, wegen eines Mangels vom Vertrag zurückzutreten. Dagegen reicht es nicht aus, dass sich der Verletzer durch seine Handlung einen Kostenvorteil verschaffen kann, der ihm im Wettbewerb zugute kommen könnte. Die Absatzinteressen von Mitbewerbern sind stets dann beeinträchtigt, wenn der Handelnde behauptet, die Mitbewerber würden genauso vorgehen. Denn dies könnte die Kunden davon abhalten, später Verträge mit Mitbewerbern zu schließen.

3.29   c) **Zeitliche Grenzen der Anspruchsberechtigung.** Der Mitbewerber muss seine unternehmerische Tätigkeit im Zeitpunkt der Verletzungshandlung bereits aufgenommen und darf sie im Zeitpunkt der Letzten mündlichen Verhandlung noch nicht beendet haben (BGH GRUR 1995, 697, 699 – *FUNNY PAPER*). Maßstab hierfür ist, ob der Betreffende schon oder noch als mindestens **potenzieller** Wettbewerber auf dem Markt anzusehen ist. Konkrete Vorbereitungshandlungen zur Aufnahme des Geschäftsbetriebs, etwa Anmietung eines Geschäftslokals, Einkauf von Waren, gewerbepolizeiliche Anmeldung (§ 2 Rdn 30; OLG Brandenburg GRUR-RR 2006, 167, 168; aA BGH GRUR 1995, 697, 699 – *FUNNY PAPER*) können daher genügen (aA KG WRP 1981, 461; vgl noch OLG Hamburg WRP 1982, 533). Nicht ausreichend ist allerdings die bloße Anmeldung und Eintragung einer Marke, soweit es um den Vertrieb von Waren oder Dienstleistungen unter einer Marke geht, (vgl BGH aaO – *FUNNY PAPER*). Ist die Geschäftstätigkeit endgültig und nicht nur vorübergehend eingestellt, so besteht mangels Wettbewerbsverhältnisses auch keine Anspruchsberechtigung mehr (vgl BGH aaO – *FUNNY PAPER*).

III. Rechtsfähige Verbände zur Förderung gewerblicher Interessen (§ 8 III Nr 2)

1. Funktion und Grenzen der Anspruchsberechtigung

3.30   Den Verbänden zur Förderung gewerblicher oder selbstständiger beruflicher Interessen ist die Anspruchsberechtigung verliehen, weil die Bekämpfung unlauteren Wettbewerbs auch im Interesse der Allgemeinheit an einem unverfälschten Wettbewerb (§ 1 S 2) liegt (vgl BGH GRUR 1990, 282, 284 – *Wettbewerbsverein IV;* BGH GRUR 1994, 304, 305 – *Zigarettenwerbung in Jugendzeitschriften*). Sie ist also nicht etwa deshalb ausgeschlossen, weil die Wettbewerbswidrigkeit auf einem Verstoß gegen Verbraucherschutzgesetze (BGH aaO – *Zigarettenwerbung in Jugendzeit-*

schriften) oder gegen bilaterale Abkommen (BGH GRUR 1994, 307, 308 – *Mozzarella I*) beruht. Ihre Legitimation erhält die Anspruchsberechtigung der Verbände aber auch aus ihrer Funktion der **kollektiven Wahrnehmung von Mitgliederinteressen** (BGH GRUR 1995, 604, 605 – *Vergoldete Visitenkarten;* BGH GRUR 1997, 933, 934 – *EP;* OLG Düsseldorf GRUR 2003, 131; aA *Lindacher,* FS Lüke, 1997, 377, 380). Diese Funktion kann ein Verband nur erfüllen, wenn ihm tatsächlich eine ausreichende Zahl von Mitgliedern angehört, deren Interessen von der Zuwiderhandlung berührt sind und die aus diesem Grund als Mitbewerber anspruchsberechtigt sind. Allerdings weist § 8 III Nr 2 insoweit eine **Schutzlücke** auf, als Wettbewerbsverstöße im Vertikalverhältnis zu Unternehmern nicht verfolgt werden können, da diese weder Mitbewerber sind noch ihre Verbände anspruchsberechtigt sind (vgl *Köhler* WRP 2007, 602; zu § 33 II GWB vgl LG Köln GRUR-RR 2010, 124). – Die (Klagebefugnis und) Anspruchsberechtigung eines Verbandes folgte nicht bereits daraus, dass er zu den in § 1 UKlaV aufgeführten auskunftsberechtigten Verbänden gehörte (BGH WRP 2007, 1088 Tz 10 – *Krankenhauswerbung;* stRspr). Mit Aufhebung des bisherigen § 13 V UKlaG durch G v 29. 7. 2009 ist die UKlaV ohnehin entfallen.

2. Rechtsfähigkeit des Verbands

Es muss sich um einen **Verband** handeln, dh die Organisation muss körperschaftliche Struktur haben. Dies ist bei der rechtsfähigen Personengesellschaft (§ 14 II BGB) nicht der Fall. Der Verband muss **rechtsfähig** sein, also die Fähigkeit besitzen, Rechte zu erwerben und Verbindlichkeiten einzugehen. Anders als in § 8 III Nr 3 ist nicht erforderlich, dass der Verband auch in eine bestimmte Liste eingetragen ist. Der Gesetzgeber hat bewusst nicht das „bei den Verbraucherverbänden praktizierte Listensystem übernommen" (Begr RegE UWG 2004 zu § 8 Abs 3 Nr 2, BT-Drucks 15/1487 S 22). **Rechtsfähige Verbände** in diesem Sinne sind: **3.31**

a) Juristische Personen des Privatrechts. Dazu gehören insbes der rechtsfähige Verein (§§ 21–23 BGB), die Stiftung (§ 81 BGB), die AG, die GmbH und die Genossenschaft), nicht dagegen der nichtrechtsfähige Verein (§ 54 BGB), weil ihm die Rechtsfähigkeit fehlt. **3.32**

b) Juristische Personen des öffentlichen Rechts. Dazu gehören insbes die **Handwerksinnungen** (§ 53 HandwO; BGH GRUR 1996, 70, 71 – *Sozialversicherungsfreigrenze*), vor allem aber auch die **Kammern der freien Berufe** (BVerfGE 111, 366 = NJW 2004, 3765, 3766), wie die Kammern der **Rechtsanwälte** (*Bürglen,* FS Ullmann, 2006, 913, 918 ff; aA *Lambsdorff* WRP 1998, 1151; *Büttner,* FS Vieregge, 1995, 99, 119), **Ärzte** (BGH GRUR 1999, 1009 – *Notfalldienst für Privatpatienten*), **Zahnärzte** (BGH GRUR 2001, 181, 182 – *dentalästhetika*), **Steuerberater** (BVerfG NJW 2004, 3765; BGH GRUR 2001, 348 – *Beratungsstelle im Nahbereich*), **Architekten, Ingenieure** usw. Diese Kammern sind „Verbände zur Förderung selbstständiger beruflicher Interessen" iSd § 8 III Nr 2, weil sie die beruflichen Belange ihrer Mitglieder zu wahren und zu fördern haben (BGH GRUR 2006, 598 Tz 12 – *Zahnarztbriefbogen;* zu § 13 II Nr 2 aF vgl BGH GRUR 1998, 835, 836 – *Zweigstellenverbot;* BGH WRP 1999, 824, 825 – *Steuerberaterwerbung auf Fachmessen;* BGH GRUR 2002, 77, 78 – *Rechenzentrum;* BGH GRUR 2002, 717, 718 – *Vertretung der Anwalts-GmbH*). Die Anspruchsberechtigung (und damit Klagebefugnis) ist mit der öffentlichrechtlichen Aufgabenstellung der Kammern (Überwachung der Berufspflichten der Mitglieder und Wahrung der Gesamtinteressen der zusammengeschlossenen Berufsangehörigen) vereinbar. Dass die Kammern auch berufsrechtliche Maßnahmen gegen ihre Mitglieder ergreifen können, schließt ein wettbewerbsrechtliches Vorgehen nicht aus, zumal damit ein vergleichsweise einfaches und schnelles Vorgehen zur Unterbindung berufswidrigen Verhaltens möglich ist (BGH GRUR 2006, 598 Tz 14 – *Zahnarztbriefbogen*). Im Hinblick auf das Grundrecht der Mitglieder aus Art 12 I 2 GG ist Voraussetzung für ein wettbewerbsrechtliches **Vorgehen gegen Mitglieder** zwar, dass (1) die in dem jeweiligen Kammergesetz vorgesehenen berufsrechtlichen Eingriffsmöglichkeiten (zB Rüge; berufsgerichtliches Verfahren) keine abschließende Regelung darstellen, (2) der Wettbewerbsverstoß aus der Verletzung berufsrechtlicher Pflichten folgt und (3) der Grundsatz der Verhältnismäßigkeit (Aufsichtsmaßnahmen möglicherweise ein milderes, aber gleich geeignetes Mittel) beachtet wird (BVerfGE 111, 366 = NJW 2004, 3765, 3766 f). Diese Voraussetzungen sind aber praktisch immer erfüllt. Denn die Kammergesetze enthalten keine abschließende Regelung, der Wettbewerbsverstoß stellt stets auch einen Verstoß gegen Berufsrecht dar und der Grundsatz der Verhältnismäßigkeit ist bei einem Vorgehen gegen einen Wettbewerbsverstoß gewahrt, zumal Bagatellfälle nach § 3 ohnehin nicht verfolgt werden können. Allenfalls bei Vorliegen bes Umstände könnte ein Vorgehen unverhältnismäßig sein (BGH GRUR 2006, 598 Tz 15 – *Zahnarztbriefbogen*). – Die Kammern können darüber hinaus gegen Wettbewerbsverstöße von Außenstehenden vorgehen (BVerfG **3.33**

aaO), soweit dadurch der (Dienstleistungs-)Wettbewerb von Mitgliedern berührt ist (BGH GRUR 2006, 598 Tz 12 – *Zahnarztbriefbogen*). Ob die Außenstehenden dem betreffenden Berufsstand angehören oder nicht, ist unerheblich (BGH GRUR 1998, 835, 836 – *Zweigstellenverbot;* BGH GRUR 1997, 313, 314 – *Architektenwettbewerb*).

3. Verbandszweck

3.34 Es muss sich um einen Verband **zur Förderung gewerblicher oder selbstständiger beruflicher Interessen** handeln. Dies ist anhand der Zielsetzung, dh der **Satzung** und der tatsächlichen Betätigung des Verbands zu ermitteln (BGH WRP 2005, 1007, 1008 – *Sammelmitgliedschaft III*). Aus der Satzung muss sich ausdrücklich oder durch Auslegung (BGH GRUR 1965, 485, 486 – *Versehrten-Betrieb*) ergeben, dass und in welcher Art und in welchem Umfang der Verband unternehmerische Interessen fördert. Die Bekämpfung unlauteren Wettbewerbs ist als Zielsetzung (bei einem sog **Wettbewerbsverein**) ausreichend (BGH GRUR 1990, 282, 284 – *Wettbewerbsverein IV*), aber (bei einem sog **Fachverband**) nicht erforderlich (offen gelassen in BGH GRUR 1990, 1038, 1039 – *Haustürgeschäft I*). Nicht erforderlich ist auch, dass die Mitglieder den Verband ausdrücklich zur Verfolgung von Wettbewerbsverstößen ermächtigt haben (BGH GRUR 2005, 689, 690 – *Sammelmitgliedschaft III*). Die Verfolgung von Wettbewerbsverstößen muss der Förderung gewerblicher oder selbstständiger beruflicher Interessen dienen. Sie darf daher nicht lediglich **Vorwand** sein, um sich selbst, Mitarbeitern oder Anwälten Einnahmen zu verschaffen. Indizien dafür können sein, dass ein Verband überhöhte Abmahnpauschalen fordert, in Abmahnschreiben systematisch einen Verzicht auf die Einrede des Fortsetzungszusammenhangs verlangt und erwirkte Verfügungstitel ständig durch strafbewehrte Unterlassungserklärungen zu ersetzen trachtet (BGH GRUR 1990, 282, 284 – *Wettbewerbsverein IV;* BGH WRP 1993, 240, 243 – *Fortsetzungszusammenhang;* BGH GRUR 1993, 761, 762 – *Makler-Privatangebot*). Verfolgt der Verband in Wahrheit ausschließlich oder überwiegend Gebühreninteressen, kommt sogar die Entziehung der Rechtsfähigkeit nach § 43 II BGB in Betracht (BGH GRUR 1978, 182 – *Kinder-Freifahrt*). Missbräuche im Einzelfall schließen zwar nicht generell die Anspruchsberechtigung des Verbands aus, sind jedoch nach § 8 IV (Rdn 4.10 ff) zu beurteilen. – Ist die Anspruchsberechtigung gegeben, so spielt es keine Rolle, ob der Verband auf Grund eigener Initiative oder auf Anregung Dritter tätig wird (BGH GRUR 1997, 761, 763 – *Politikerschelte*). Unschädlich ist es auch, dass sich der Verband eine Prozesskostendeckungszusage geben lässt (vgl aber Rdn 4.22).

4. Mitgliedsunternehmen

3.35 **a) Allgemeines.** Verbände sind nur dann anspruchsberechtigt, soweit ihnen eine erhebliche Zahl von Unternehmen angehört, **„die Waren oder Dienstleistungen gleicher oder verwandter Art auf demselben Markt vertreiben"**. Damit sind solche Unternehmen gemeint, die dem Verletzer (oder dem von ihm geförderten Unternehmen; BGH WRP 1997, 843, 845 – *Emil-Grünbär-Klub*) auf **demselben sachlich und räumlich relevanten Markt** als Wettbewerber begegnen, also um Kunden konkurrieren können (BGH GRUR 2000, 1084, 1085 – *Unternehmenskennzeichnung* mwN; HdbWettbR/*Fritzsche* § 79 Rdn 185 ff). Maßgebend ist allerdings nicht – wie im Kartellrecht – das zur Feststellung von Marktanteilen entwickelte Bedarfsmarktkonzept. Vielmehr kommt es im Lauterkeitsrecht nach der Rspr darauf an, ob sich die betreffenden Waren oder Dienstleistungen ihrer Art nach so gleichen oder nahe stehen, dass der Absatz des einen Unternehmers durch irgendein wettbewerbswidriges Handeln des anderen beeinträchtigt werden kann. Es reicht aus, dass die Mitgliedsunternehmen eine zumindest nicht gänzlich unbedeutende Beeinträchtigung durch die Wettbewerbsmaßnahme mit einer gewissen, wenn auch nur geringen Wahrscheinlichkeit zu befürchten haben (BGH GRUR 2000, 438, 440 – *Gesetzeswiederholende Unterlassungsanträge;* BGH GRUR 2000, 1084, 1085 – *Unternehmenskennzeichnung;* BGH GRUR 2006, 778 Tz 19 – *Sammelmitgliedschaft IV;* BGH GRUR 2007, 610 Tz 17 – *Sammelmitgliedschaft V;* BGH GRUR 2007, 809 Tz 14 – *Krankenhauswerbung*). Es muss also ein **Wettbewerbsverhältnis** zwischen den Mitgliedsunternehmen und dem Verletzer bestehen. Die frühere Rspr verwendete dafür verschiedentlich die Bezeichnung **abstraktes Wettbewerbsverhältnis** (vgl BGH GRUR 2000, 438, 440 – *Gesetzeswiederholende Unterlassungsanträge;* BGH GRUR 2006, 778 Tz 19 – *Sammelmitgliedschaft IV;* ebenso Fezer/*Büscher* § 8 Rdn 254; Harte/Henning/*Bergmann* § 8 Rdn 279). Die neuere Rspr hat sich von diesem Begriff zu Recht gelöst (BGH GRUR 2007, 809 Tz 13–15 – *Krankenhauswerbung;* OLG Koblenz GRUR-RR 2010, 16). Denn entweder sind die Parteien auf demselben sachlich und räumlich relevanten

Markt tätig: Dann sind sie zugleich Mitbewerber iSd § 2 I Nr 3. Oder sie sind es nicht: Dann kommen sie auch nicht als Mitgliedsunternehmen iSd § 8 III Nr 2 in Betracht (ebenso HdbWettbR/*Fritzsche* § 79 Rdn 186; *Piper/Ohly/*Sosnitza § 8 Rdn 99, 108). – Ein Wettbewerbsverhältnis wird idR durch die Zugehörigkeit zur selben **Branche** (zB Unterhaltungselektronik) oder zumindest zu angrenzenden Branchen begründet (OLG Stuttgart GRUR-RR 2009, 343, 344). Wird die Werbung für ein konkretes Produkt beanstandet, ist daher grds nicht das Gesamtsortiment maßgeblich. Vielmehr ist grds auf den Branchenbereich abzustellen, dem die beanstandete Wettbewerbsmaßnahme zuzurechnen ist (BGH GRUR 2006, 778 Tz 19 – *Sammelmitgliedschaft IV;* BGH GRUR 2007, 610 Tz 17 – *Sammelmitgliedschaft V;* BGH GRUR 2007, 809 Tz 14 – *Krankenhauswerbung).* Dagegen ist nicht erforderlich, dass der Mitbewerber gerade bei den Waren oder Dienstleistungen, die mit den beanstandeten Wettbewerbsmaßnahmen beworben worden sind, mit den Mitgliedsunternehmen im Wettbewerb steht (BGH GRUR 2007, 809 Tz 14 – *Krankenhauswerbung).*

b) **Waren oder Dienstleistungen.** Zu diesen Begriffen vgl § 2 Rdn 18. 3.36

c) **Vertreiben.** Damit ist der Absatz von Waren oder Dienstleistungen auf dem **Markt** 3.37 gemeint. Eine konzerninterne Belieferung reicht nicht aus (BGH GRUR 1969, 479, 480 – *Colle de Cologne),* außer das Konzernunternehmen steht bei der Belieferung mit anderen Lieferanten im Wettbewerb (vgl BGH GRUR 1958, 544 – *Colonia).* Der Vertrieb von Waren oder Dienstleistungen gleicher oder verwandter Art braucht nicht den ausschließlichen Gegenstand der Geschäftstätigkeit der Mitglieder zu bilden, darf andererseits aber nicht von völlig untergeordneter Bedeutung sein (BGH GRUR 1998, 417, 418 – *Verbandsklage in Prozessstandschaft).* Das Gesetz erfasst nicht den Fall der Nachfrage nach Waren und Dienstleistungen (BGH aaO – *Colonia).* Das ist rechtspolitisch verfehlt, weil Zuwiderhandlungen nicht nur im Absatz-, sondern auch im **Nachfragewettbewerb** möglich sind und Unternehmen davon betroffen sein können, die mit dem Verletzer in keinem Absatzwettbewerbsverhältnis stehen. Eine Analogie ist geboten, weil die zentralen Begriffe der geschäftlichen Handlung (§ 2 I Nr 1), der Marktteilnehmer (§ 2 I Nr 2) und des Mitbewerbers (§ 2 I Nr 3) sich ausdrücklich auch auf die Nachfrage erstrecken (ebenso HdbWettbR/*Fritzsche* § 79 Rdn 187; *Piper/Ohly/*Sosnitza § 8 Rdn 100; aA Harte/ Henning/*Bergmann* § 8 Rdn 287).

d) **Tätigkeit auf demselben sachlich relevanten Markt. aa) Begriff.** Die auf demselben 3.38 Markt vertriebenen Waren oder Dienstleistungen müssen „**gleicher oder verwandter Art**" sein. Damit wird der sachlich relevante Markt umschrieben (ganz hM; Harte/Henning/*Bergmann* § 8 Rdn 288). Die Begriffe sind weit auszulegen (BGH GRUR 1997, 479, 480 – *Münzangebot;* BGH GRUR 1998, 489, 490 – *Unbestimmter Unterlassungsantrag III;* BGH GRUR 2000, 438, 440, 391 – *Gesetzeswiederholende Unterlassungsanträge;* BGH GRUR 2001, 260 – *Vielfachabmahner;* BGH GRUR 2007, 610 Tz 17 – *Sammelmitgliedschaft V;* BGH WRP 2007, 1088 Tz 14 – *Krankenhauswerbung;* OLG München WRP 2009, 1014, 1015). Für die lauterkeitsrechtliche Marktabgrenzung ist, weiter gehend als im Kartellrecht, nicht ausschließlich der Verwendungszweck des Abnehmers (Bedarfsmarktkonzept) maßgebend. Vielmehr müssen die beiderseitigen Waren (Leistungen) sich ihrer Art nach so gleichen oder nahe stehen, dass der Absatz des einen Unternehmers durch (irgendein) wettbewerbswidriges Handeln des anderen Unternehmers beeinträchtigt werden kann (BGH GRUR 1998, 489, 490 – *Unbestimmter Unterlassungsantrag III;* BGH GRUR 2000, 438, 440 – *Gesetzeswiederholende Unterlassungsanträge;* BGH GRUR 2001, 260 – *Vielfachabmahner).* Dazu kann nach der Rspr (BGH GRUR 2007, 610 Tz 17 – *Sammelmitgliedschaft V;* BGH WRP 2007, 1088 Tz 14 – *Krankenhauswerbung;* weit Nachw bei Rdn 3.35) eine nicht gänzlich unbedeutende potenzielle Beeinträchtigung mit einer gewissen, wenn auch nur geringen Wahrscheinlichkeit ausreichen. Das kann auch dann der Fall sein, wenn die konkrete Werbemaßnahme (Sonderverkauf) auf ganz bestimmte Waren beschränkt ist (aA OLG Frankfurt WRP 1999, 347, 348).

bb) **Einzelfragen.** Bei der Marktabgrenzung ist von der **Geschäftstätigkeit des werbenden** 3.38a **Unternehmens** auszugehen (BGH GRUR 1998, 489, 491 – *Unbestimmter Unterlassungsantrag III;* BGH WRP 2000, 517, 518 – *Orient-Teppichmuster;* BGH GRUR 2001, 260, 261 – *Vielfachabmahner;* BGH GRUR 2004, 251, 252 – *Hamburger Auktionatoren;* BGH GRUR 2006, 778 Tz 19 – *Sammelmitgliedschaft IV).* Dabei kommt es darauf an, auf welche Waren oder Dienstleistungen und dementsprechend auf welchen Branchenbereich sich die beanstandete **Wettbewerbsmaßnahme** bezieht (BGH GRUR 2006, 778 Tz 19 – *Sammelmitgliedschaft IV).* Bei einem Unternehmen mit einem Gesamtsortiment unterschiedlicher Waren ist dementsprechend nur auf den Branchenbereich abzustellen, dem die beanstandete Wettbewerbsmaßnahme zuzurechnen ist (BGH aaO – *Sammelmitgliedschaft IV;* BGH GRUR 2007, 610 Tz 17 – *Sammelmitgliedschaft V*). Die Zugehörigkeit zu derselben oder einer verwandten **Branche** ist zwar ein ausreichendes (BGH GRUR 2006, 778 Tz 19 – *Sammelmitgliedschaft IV;* BGH GRUR 2007, 610 Tz 17 – *Sammelmitgliedschaft V*), aber kein notwendiges Kriterium (BGH GRUR 1972, 553 – *Statt Blumen ONKO-Kaffee;* BGH GRUR 2001, 260, 261 – *Vielfachabmahner*). Vielmehr kann der erforderliche Bezug auch durch die konkrete Wettbewerbsmaßnahme hergestellt werden (BGH GRUR 1972, 553 – *Statt Blumen ONKO-Kaffee*). Bei Immobilienangeboten sind daher alle Anbieter (Makler, Bauträger, Bauunternehmer usw) einzubeziehen (BGH GRUR 1997, 934, 935 – *50% Sonder-AfA;* BGH GRUR 2001, 260, 261 – *Vielfachabmahner*). Auch müssen die Beteiligten nicht ein und denselben Kundenkreis (BGH GRUR 1989, 673 – *Zahnpasta;* BGH GRUR 1993, 563, 564 – *Neu nach Umbau*) oder dasselbe Sortiment haben. Ein Wettbewerbsverhältnis kann auch zwischen dem Vertrieb von Waren (zB Arzneimitteln) und von Dienstleistungen (zB Heilbehandlung in Sanatorien) bestehen (BGH GRUR 2000, 438, 440, 391 – *Gesetzeswiederholende Unterlassungsanträge;* BGH aaO – *Lebertran I*). – Die Beteiligten müssen im Übrigen nicht derselben **Wirtschafts-** oder **Handelsstufe** angehören (BGH GRUR 1996, 804, 805 – *Preisrätselgewinnauslobung III;* BGH GRUR 1998, 489, 490 – *Unbestimmter Unterlassungsantrag III;* BGH GRUR 1997, 541, 542 – *Produkt-Interview;* OLG München WRP 2001, 300, 301). Weiter genügt es, dass **potenzieller** (oder künftiger) **Wettbewerb** (zB hins einer Sortimentserweiterung) behindert wird (BGHZ 13, 244, 249 – *Cupresa-Kunstseide;* BGH GRUR 1997, 681, 682 – *Produktwerbung*). Ausreichend ist ferner, dass die Behinderung sich aus der irrigen Annahme des Verkehrs von der Substituierbarkeit der angebotenen Güter ergeben kann (BGH GRUR 1981, 529, 530 – *Rechtsberatungsanschein*). – Unerheblich für die sachliche Marktabgrenzung ist die **Vertriebsform** (zB Direktvertrieb; Versandhandel; Auktionen; vgl BGH GRUR 2004, 251, 252 – *Hamburger Auktionatoren*) oder **Vertriebsmethode** (zB Benutzung des Begriffs „Marktforschung"). Selbst wenn Verletzer und Mitgliedsunternehmen des Verbandes die gleiche Vertriebsform benutzen, besteht daher keine Anspruchsberechtigung des Verbandes, wenn nicht die vertriebenen Waren „gleich oder verwandt" sind (BGH GRUR 1997, 478 – *Haustürgeschäft II;* OLG Karlsruhe NJWE-WettbR 1997, 42, 43; aA OLG Dresden GRUR 1995, 444).

3.39   cc) Beispiele. Waren „verwandter Art" sind zB in Bezug auf **Orientteppiche:** Teppichböden und sonstige Fußbodenbeläge sowie in gewissem Umfang auch Heimtextilien (BGH WRP 1996, 1102, 1103 – *Großimporteur;* BGH GRUR 1998, 417, 418 – *Verbandsklage in Prozessstandschaft;* BGH GRUR 2000, 619, 620 – *Orient-Teppichmuster*); in Bezug auf **Schlafunterlagen:** Matratzen und (in Berlin!) Teppiche (KG WRP 2001, 48, 50); in Bezug auf **Mahlzeiten** von Gastronomiebetrieben: Fertiggerichte von Einzelhändlern (KG NJWE-WettbR 1997, 209); in Bezug auf **Neuwagen:** Gebrauchtwagen (OLG Stuttgart WRP 1997, 873, 876); in Bezug auf **Münzen** und **Medaillen:** Silberwaren und Schmuck (BGH GRUR 1997, 479, 480 – *Münzangebot*); in Bezug auf einzelne **Arzneimittel** usw: nicht nur die unmittelbar damit konkurrierenden, sondern (wegen der Produktionsflexibilität der Hersteller) sämtliche Arzneimittel (BGH WRP 1998, 177, 179 – *Fachliche Empfehlung III*), darüber hinaus ggf auch Medizinprodukte (BGH WRP 1998, 181, 183 – *Warentest für Arzneimittel;* BGH WRP 1998, 312, 313 – *Lebertran I*), Kosmetika (BGH GRUR 1997, 681, 682 – *Produktwerbung*) und Nahrungsergänzungsmittel; in Bezug auf **Nahrungsergänzungsmittel** (Vitaminpräparate): Lebensmittel, Naturheilmittel, diätetische Mittel, Arzneimittel (BGH GRUR 1997, 541, 542 – *Produkt-Interview*). – **Dienstleistungen „verwandter Art"** sind insbes Glücksspielangebote innerhalb und außerhalb von Spielbanken, wie zB Roulette, Glücksspielautomaten, Lotto (OLG München WRP 2009, 1014, 1015).

3.40   e) **Tätigkeit auf demselben räumlich relevanten Markt. aa) Begriff.** Der räumlich relevante Markt kann örtlich oder regional begrenzt sein, aber auch – etwa bei bundesweiter Werbung – das ganze Bundesgebiet erfassen (BGH GRUR 1996, 804, 805 – *Preisrätselgewinnauslobung III;* BGH GRUR 1997, 479, 480 – *Münzangebot;* BGH GRUR 1998, 170 – *Händlervereinigung;* BGH GRUR 2000, 438, 440 – *Gesetzeswiederholende Unterlassungsanträge;* Gloy WRP 1999, 34, 36). Es genügt also nicht, dass überhaupt Waren oder Dienstleistungen gleicher oder verwandter Art vertrieben werden. Vielmehr müssen sich die Beteiligten als Mitbewerber gegenüberstehen (BGH GRUR 1997, 145, 146 – *Preisrätselgewinnauslobung IV;* BGH WRP 1998, 177, 179 – *Fachliche Empfehlung III*). Bei der Abgrenzung des räumlich maßgeblichen Markts ist von der **Geschäftstätigkeit des werbenden Unternehmens** auszugehen (BGH GRUR 1998, 489, 491 – *Unbestimmter Unterlassungsantrag III;* BGH WRP 2000, 517, 518 – *Orient-Teppichmuster;* BGH GRUR 2001, 260, 261 – *Vielfachabmahner;* BGH GRUR 2004, 251, 252 – *Hamburger*

Auktionatoren; BGH GRUR 2009, 692 Tz 8 – *Sammelmitgliedschaft VI)* und zu fragen, ob die Werbemaßnahme sich zumindest auch auf den potenziellen Kundenkreis der Mitgliedsunternehmen auswirken kann (vgl OLG Frankfurt WRP 1995, 333; OLG Karlsruhe WRP 1995, 413; OLG Köln GRUR 1997, 316, 317). Dabei genügt es, dass eine gewisse – sei es auch nur geringe – Wahrscheinlichkeit einer nicht gänzlich unbedeutenden potenziellen Beeinträchtigung besteht (BGH GRUR 1998, 489, 491 – *Unbestimmter Unterlassungsantrag III;* BGH GRUR 2000, 438, 440 – *Gesetzeswiederholende Unterlassungsanträge).* Ob dies der Fall ist, beurteilt sich nach den Umständen des Einzelfalls. Hierbei sind insbes die **Marktstellung** des werbenden Unternehmens, die **Attraktivität seines Angebots,** die **Reichweite seiner Werbung** (BGH GRUR 1997, 379, 380 – *Münzangebot;* BGH GRUR 1998, 170 – *Händlervereinigung;* BGH GRUR 2001, 260, 261 – *Vielfachabmahner)* sowie die **Vertriebsart** (Versandhandel oder Ladengeschäft) zu berücksichtigen. Letztlich kommt es darauf an, ob trotz der räumlichen Entfernung des Kunden zum Anbieter noch ein Vertragsschluss möglich erscheint. Unerheblich ist, dass es sich bei der beanstandeten geschäftlichen Handlung um eine Gemeinschaftsaktion mit anderen Unternehmen handelt, die außerhalb des räumlich relevanten Marktes tätig sind (BGH GRUR 2009, 692 Tz 9 – *Sammelmitgliedschaft VI).*

bb) Beispiele. Beim Vertrieb einer Ware im Wege des **Versandhandels** kommt es maßgeblich auf das **Werbemedium** an. Bei einer Werbung im Internet ist idR ein bundesweiter Markt anzunehmen. Bei einer Werbung in einer Zeitung ist der räumlich relevante Markt auf das Verbreitungsgebiet der Zeitung beschränkt (OLG Karlsruhe NJOZ 2003, 485). – Beim **stationären Vertrieb** einer Ware oder Dienstleistung stellt zwar das Verbreitungsgebiet des Werbemediums (Zeitung, Lokalfernsehen, Plakate, Handzettel) die äußerste Grenze des räumlichen Markts dar. Jedoch kann der Markt enger begrenzt sein (OLG München WRP 1995, 1057, 1059; OLG Celle GRUR 1998, 77, 78; *Gloy* WRP 1999, 34, 36). Maßgebend ist insoweit, welche Entfernungen ein **durchschnittlicher Kunde** zurückzulegen bereit ist, um die beworbene Ware zu erwerben oder Dienstleistung in Anspruch zu nehmen. Hierbei kommt es vornehmlich auf die Art und den Preis des Produkts, die Attraktivität des Angebots, die Wettbewerbsverhältnisse und den Abnehmerkreis an. Bei **Kraftfahrzeugen** ist der räumliche Markt nicht auf den Ort der Niederlassung des Anbieters begrenzt, vielmehr sind zumindest auch die umliegenden Gemeinden noch erfasst (BGH GRUR 1998, 170 – *Händlervereinigung);* bei seltenen oder sehr teuren Modellen („Oldtimer"; Luxusfahrzeuge) kann der räumliche Markt auch sehr viel größer sein (OLG Stuttgart GRUR-RR 2001, 343, 344). Bei einer Werbung für **Immobilien** kann auch die Reichweite einer überregionalen Zeitung den räumlichen Markt darstellen. So kann die Werbung eines Münchner Immobilienmaklers in einer überregionalen Zeitung für Immobilien in München auch die Absatzmöglichkeiten eines Berliner Immobilienmakler im Hinblick auf die von ihm angebotenen Berliner Immobilien beeinträchtigen (vgl BGH GRUR 2001, 258, 259 – *Immobilienpreisangaben).* – Beim Wettbewerb um **Anzeigenkunden** ist zu berücksichtigen, dass sich die Verbreitungsgebiete von Zeitungen nicht exakt abgrenzen lassen und es Überschneidungsgebiete gibt, insbes beim Wettbewerb um Anzeigenkunden (BGH GRUR 1998, 489, 491 – *Unbestimmter Unterlassungsantrag III).*

f) Erhebliche Zahl. aa) Begriff und Funktion. Des Weiteren muss es sich um eine **erhebliche** Zahl von betroffenen Mitgliedsunternehmen handeln, die auf dem betreffenden sachlich und räumlich maßgebenden Markt tätig sind. Von dieser Einschränkung der Anspruchsberechtigung versprach man sich eine Austrocknung von „Wettbewerbsvereinen", die vornehmlich aus Gebühreninteresse gegen Wettbewerbsverstöße vorgehen. Das ist zwar weitgehend erreicht worden, freilich um den Preis eines erheblichen Prüfungsaufwands, der bisweilen zu einer „Erbsenzählerei" nötigt (vgl etwa BGH GRUR 1997, 934, 936 – *50% Sonder-AfA).* Welche Anzahl von Gewerbetreibenden „erheblich" ist, lässt sich nicht von vornherein und generell bestimmen (BGH GRUR 1998, 489, 491 – *Unbestimmter Unterlassungsantrag III).* Es handelt sich dabei streng genommen nicht um eine Tatfrage (so aber BGH aaO – *Unbestimmter Unterlassungsantrag III),* sondern um eine Frage der rechtlichen Wertung.

bb) Einzelfragen. Jedenfalls ist **keine Mindestanzahl** erforderlich (BGH GRUR 1998, 489, 491 – *Unbestimmter Unterlassungsantrag III;* Amtl Begr WPR 1994, 369, 378), zumal auf vielen Märkten nur wenige Unternehmen tätig sind (vgl OLG Nürnberg WRP 1995, 338, 343). Nicht einmal die Mehrheit der Mitbewerber muss dem Verband angehören (BGH GRUR 1998, 489, 491 – *Unbestimmter Unterlassungsantrag III).* Es müssen lediglich Unternehmen aus dem Kreis der Mitbewerber auf dem relevanten Markt (BGH GRUR 1998, 170 – *Händlervereinigung)* nach Anzahl und/oder Größe, Marktbedeutung oder wirtschaftlichem Gewicht in der Weise **reprä-**

sentativ vertreten sein, dass ein missbräuchliches Vorgehen des Verbandes ausgeschlossen werden kann (stRspr; vgl BGH GRUR 2007, 610 Tz 18 – *Sammelmitgliedschaft V*; BGH GRUR 2007, 809 Tz 15 – *Krankenhauswerbung*). Eine reine Quoten- oder Prozentbeurteilung (vgl *Gröning* WRP 1994, 775, 777 f; *Derleder/Zänker* GRUR 2002, 490) wird dem nicht gerecht (*Welzel* GRUR 2003, 762, 763). Vielmehr ist in Zweifelsfällen darauf abzustellen, ob die Zahl und wirtschaftliche Bedeutung der branchenzugehörigen Verbandsmitglieder den Schluss darauf zulässt, dass nicht lediglich Individualinteressen Einzelner, sondern objektiv gemeinsame („kollektive") gewerbliche Interessen der Wettbewerber wahrgenommen werden. Dies kann auch bei einer geringen Zahl entsprechend tätiger Mitglieder anzunehmen sein (BGH GRUR 2007, 610 Tz 18 – *Sammelmitgliedschaft V*). Daher ist nicht erforderlich, dass die Verbandsmitglieder nach ihrer Zahl und ihrem wirtschaftlichen Gewicht im Verhältnis zu allen anderen auf dem Markt tätigen Unternehmen repräsentativ sind (BGH GRUR 2007, 809 Tz 10 – *Krankenhauswerbung*; BGH GRUR 2009, 692 Tz 12 – *Sammelmitgliedschaft VI*; OLG Frankfurt GRUR-RR 2010, 301, 302). Dementsprechend braucht der Kläger im Prozess nicht zur Bedeutung und zum Umsatz seiner (unmittelbaren und mittelbaren) Mitglieder vorzutragen; vielmehr reicht es aus, wenn sich im Wege des Freibeweises feststellen lässt, dass es dem Verband nach der Struktur der Mitglieder um die ernsthafte kollektive Wahrnehmung der Mitgliederinteressen geht (BGH GRUR 2009, 692 Tz 12 – *Sammelmitgliedschaft VI*). Im Einzelfall, nämlich bei engen Oligopolen, kann die Mitgliedschaft sogar nur eines Unternehmens ausreichen (OLG Nürnberg WRP 1995, 338, 339: Zeitungen; OLG Stuttgart NJWE-WettbR 1999, 30, 31 – *Automobilclubs*; iErg auch GRUR WRP 2009, 692 Tz 12 – *Sammelmitgliedschaft VI*). Wirkt sich der Wettbewerbsverstoß nur auf einem **räumlich begrenzten Markt** aus, muss dem Verband nur für diesen Markt repräsentative Zahl von Mitgliedern angehören. Bei Spitzenverbänden oder Fachverbänden wird die erforderliche Zahl auf Grund der Homogenität der Mitglieder regelmäßig gegeben sein (BGH GRUR 1997, 479, 480 – *Münzangebot*; BGH GRUR 1998, 417, 418 – *Verbandsklage in Prozessstandschaft*; Begr RegE UW GÄndG WRP 1994, 369, 378). – Es ist ausreichend, wenn es sich um **potenzielle** Mitbewerber handelt (Rdn 3.29).

3.42b   cc) **Beispiele.** Zwei Autohändler im Ruhrgebiet nicht ausreichend (BGH GRUR 1998, 170 – *Händlervereinigung*); drei Gebrauchtwagenhändler auf dem Markt in Hamburg nicht ausreichend (BGH GRUR 2004, 251, 252 – *Hamburger Auktionatoren*); zwei Lebensmittel-Filialisten mit über 240 Geschäften in Berlin ausreichend (BGH GRUR 1997, 476 – *Geburtstagswerbung II*); 10% der auf dem räumlichen Markt tätigen Autohändler nicht ausreichend (OLG Karlsruhe NJOZ 2003, 485; bedenkl).

3.43   g) **Mittelbare Verbandszugehörigkeit.** Die Mitbewerber müssen dem Verband nicht unmittelbar angehören. Auch eine mittelbare Zugehörigkeit zum Verband, etwa durch Mitgliedschaft in verbandsangehörigen Spitzenverbänden oder Fachverbänden, kann genügen (BGH WRP 1996, 1102, 1103 – *Großimporteur*; BGH WRP 2005, 742, 743 – *Sammelmitgliedschaft II*; BGH GRUR 2006, 873 Tz 15 – *Brillenwerbung*; OLG Düsseldorf WRP 2009, 653, 655). Eine (wegen eines Beitrittsmangels nur) faktische Mitgliedschaft des vermittelnden Verbands im Wettbewerbsverband genügt (BGH GRUR 2006, 873 Tz 17 – *Brillenwerbung*). Stets anspruchsberechtigt ist ein Verband, wenn ihm Industrie- und Handelskammern (zB Wettbewerbszentrale, BGH GRUR 1997, 758, 759 – *Selbst ernannter Sachverständiger*; Schutzverband gegen Wirtschaftskriminalität, BGH GRUR 1995, 358, 359 – *Folgeverträge II*) oder Handwerkskammern angehören, zumal diese ihrerseits nach § 8 III Nr 4 anspruchsberechtigt sind (vgl BGH GRUR 1995, 122 – *Laienwerbung für Augenoptiker*; BGH GRUR 1997, 933, 934 – *EP*). Auch braucht der die Mitgliedschaft vermittelnde Verband selbst nicht anspruchsberechtigt zu sein (BGH GRUR 1999, 1116, 1118 – *Wir dürfen nicht feiern*; BGH GRUR 2003, 454, 455 – *Sammelmitgliedschaft I*; BGH WRP 2005, 1007, 1008 – *Sammelmitgliedschaft III*; BGH GRUR 2006, 873 Tz 17 – *Brillenwerbung*). Voraussetzung ist dann aber, dass der die Mitgliedschaft vermittelnde Verband seinerseits den Zweck verfolgt, gewerbliche oder selbstständige berufliche Interessen seiner Mitglieder zu fördern, und den anderen Verband zur Wahrnehmung dieser Interessen beauftragt (sog **Kompetenzübertragung**; BGH GRUR 1999, 1116, 1118 – *Wir dürfen nicht feiern*; BGH GRUR 2003, 454, 455 – *Sammelmitgliedschaft I*; BGH GRUR 2005, 689, 690 Tz 24 – *Sammelmitgliedschaft III*; BGH GRUR 2007, 610 Tz 21 – *Sammelmitgliedschaft V*). Ein solcher Auftrag zur Wahrnehmung gewerblicher oder selbstständiger beruflicher Interessen durch Geltendmachung von wettbewerbsrechtlichen Ansprüchen setzt keine ausdrückliche Ermächtigung durch die Mitglieder voraus (BGH GRUR 2003, 454, 455 – *Sammelmitgliedschaft I*; BGH GRUR 2007, 610 Tz 21 – *Sammelmitgliedschaft V*). Vielmehr kann sich eine solche Kompetenzübertragung auch im Wege der

Auslegung der Satzung ergeben. Es kann daher ausreichen, dass der Verband den Zweck verfolgt, die Leistungsfähigkeit der beteiligten mittelständischen Facheinzelhändler insbes gegenüber Großbetrieben und Großvertriebsformen zu stärken (BGH GRUR 2007, 610 Tz 2 – *Sammelmitgliedschaft V*). Denn diese Stärkung kann auch durch ein Vorgehen gegenüber wettbewerbswidrigen Verhaltensweisen von derartigen Mitbewerbern erfolgen (BGH GRUR 2003, 454, 455 – *Sammelmitgliedschaft I;* BGH GRUR 2005, 522, 523 – *Sammelmitgliedschaft II;* BGH GRUR 2005, 689, 690 – *Sammelmitgliedschaft III*). Nicht ausreichend ist es hingegen, wenn sich ein Verband (zB Einkaufsgenossenschaft) auf den Einkauf und die Durchführung von Werbeaktionen beschränkt (BGH GRUR 2003, 454, 455 – *Sammelmitgliedschaft I;* OLG Frankfurt WRP 1999, 347, 349). Es reicht auch nicht aus, dass sich der Mitgliedsverband an den klagenden Verband mit der Bitte um Hilfeleistung gewandt hat, weil dies nicht den Schluss zulässt, dass der Mitgliedsverband seinen Mitgliedern gegenüber dazu berechtigt war (BGH aaO – *Sammelmitgliedschaft I*). Es genügt auch nicht, dass der Verband lediglich die wettbewerbsrechtliche Beratung seiner Mitglieder bezweckt (OLG Celle GRUR 1998, 77, 78). Die Kompetenzübertragung muss **ernsthaft** gewollt sein. Das ist nicht der Fall, wenn lediglich künstlich die Voraussetzungen für die Anspruchsberechtigung eines Verbands geschaffen werden sollen (BGH GRUR 2003, 454, 455 – *Sammelmitgliedschaft I;* BGH GRUR 2006, 873 Tz 20 – *Brillenwerbung;* BGH GRUR 2007, 610 Tz 21 – *Sammelmitgliedschaft V;* OLG Frankfurt WRP 1999, 347, 349), etwa Verbände sich zu diesem Zweck wechselseitig als Mitglieder aufnehmen (*Teplitzky* Kap 13 Rdn 30 c). Eine Rolle spielt dabei, ob die die Mitgliedschaft vermittelnde Organisation bei dem klagenden Verband stimmberechtigt ist (BGH GRUR 2007, 610 Tz 14 – *Sammelmitgliedschaft V*). – Eine mittelbare Mitgliedschaft kann sich auch daraus ergeben, dass Unternehmen ein anderes Unternehmen, das Verbandsmitglied ist, mit der Wahrnehmung ihrer Interessen unmittelbar oder mittelbar betraut haben. Dazu ist ihr Einverständnis erforderlich, das sich allerdings auch aus der Natur eines Vertragsverhältnisses (zB Absatzmittlervertrag) ergeben kann (BGH WRP 2005, 742, 743 f – *Sammelmitgliedschaft II* für das Verhältnis des Herstellers zu seinen Vertragshändlern). Ist eine Konzernmuttergesellschaft Mitglied des Verbandes, so sind die Tochtergesellschaften nicht ohne weiteres als mittelbare Mitglieder anzusehen. Insbes spricht keine Vermutung dafür, dass die Tochtergesellschaften mit einer Wahrnehmung ihrer Interessen durch die Muttergesellschaft einverstanden sind (OLG Celle GRUR 2006, 521). Vielmehr kommt es auf die Umstände des Einzelfalls an. Indiz für eine Kompetenzübertragung kann es sein, wenn die Muttergesellschaft die geschäftlichen Aktivitäten der Tochtergesellschaften einheitlich steuert. – Zu den die Mitgliedschaft vermittelnden Verbänden kann auch ein Landesinnungsverband von Handwerkern gehören, wie sich aus den §§ 82 I, 54 IV HandwO ergibt (BGH GRUR 2007, 610 Tz 25 – *Sammelmitgliedschaft V*).

h) Verbandsangehörigkeit von Verbrauchern. Die Mitglieder des Verbandes und des Vorstandes brauchen nicht ausschließlich Unternehmer zu sein (BGH GRUR 1974, 729, 730 – *Sweepstake;* str), es genügt, dass dies im Wesentlichen der Fall ist (BGH GRUR 1985, 58, 59 – *Mischverband II*). Unschädlich ist daher die Mitgliedschaft von Verbrauchern, sofern nur die Gefahr von Interessenkollisionen und die Beeinträchtigung der Funktionsfähigkeit des Verbandes ausgeschlossen sind (BGH GRUR 1983, 129, 130 – *Mischverband I;* KG GRUR 1991, 618, 619). 3.44

5. Fähigkeit zur Wahrnehmung der satzungsmäßigen Aufgaben

a) Allgemeines. Der Verband muss in der Lage sein, seine satzungsgemäßen Aufgaben der Verfolgung gewerblicher oder selbstständiger beruflicher Interessen **tatsächlich** wahrzunehmen. Der Satzungszweck darf also nicht bloß auf dem Papier stehen. Welche Tätigkeiten der Verband iE entfalten muss, wird durch den jeweiligen Satzungszweck bestimmt. Besteht der Satzungszweck in der Bekämpfung unlauteren Wettbewerbs, reicht eine reine Abmahn- und Klagetätigkeit nicht aus. Vielmehr müssen weitere Aktivitäten hinzukommen (Beobachtung des Wettbewerbsgeschehens; Durchführung von Testkäufen; Aufklärung der Mitglieder und der Allgemeinheit usw; vgl BGH GRUR 1990, 282, 284 – *Wettbewerbsverein IV*). Ob ein Verband den Satzungszweck verfolgen kann, ist nach dem Gesetz insbes nach seiner **personellen, sachlichen** und **finanziellen Ausstattung** zu beurteilen (dazu BGH GRUR 1998, 489, 491 – *Unbestimmter Unterlassungsantrag III*). 3.45

b) Personelle Ausstattung. Zur personellen Ausstattung gehört idR eine entspr fachliche (dh wettbewerbsrechtliche) Qualifikation der Mitglieder, des Vorstands oder der Mitarbeiter des Verbands, die aber auch durch Berufserfahrung eines Laien erworben worden sein kann (BGH GRUR 2000, 1093, 1095 – *Fachverband;* KG WRP 1999, 1302, 1305; OLG München NJWE-WettbR 1999, 66: Anstellung eines Referendars nicht ausreichend; aA OLG Köln GRUR 1999, 3.46

93). Ein Verband, der sich (auch) die Bekämpfung unlauteren Wettbewerbs zur Aufgabe gemacht hat, muss dementsprechend in der Lage sein, das Wettbewerbsgeschehen zu beobachten und zu bewerten, damit er mindestens typische Wettbewerbsverstöße, deren rechtliche Bewertung keine bes Schwierigkeiten aufweist, auch ohne anwaltlichen Rat erkennen kann (BGH GRUR 1984, 691, 692 – *Anwaltsabmahnung;* BGH GRUR 1986, 676, 677 – *Bekleidungswerk;* BGH GRUR 1991, 684 f – *Verbandsausstattung I;* BGH GRUR 1999, 1116, 1118 – *Wir dürfen nicht feiern;* BGH GRUR 2000, 1093, 1094 – *Fachverband*). Eine eigene Geschäftsstelle und Geschäftsführung sind idR unerlässlich (BGH WRP 1994, 737, 739 – *Verbandsausstattung II*), ausnahmsweise dürfen auch Dritte mit der Wahrnehmung der Aufgaben betraut sein (BGH GRUR 1986, 320, 321 – *Anwaltsverein;* BGH GRUR 1986, 676, 677 – *Bekleidungswerk*). Bei einem Fachverband genügt es, wenn er von Mitgliedern über Wettbewerbsverstöße informiert wird und er sodann ggf einen Anwalt mit der weiteren Prüfung und Verfolgung beauftragt (BGH GRUR 2000, 1093, 1094 – *Fachverband* mwN). Erst recht ist die Einschaltung eines Anwalts zulässig, wenn es um die Klärung schwieriger Rechtsfragen geht (OLG Koblenz GRUR-RR 2010, 16, 17). Doch geht es nicht an, dass lediglich Anwälte betraut werden, die praktisch in eigener Regie arbeiten (BGH GRUR 1991, 684 – *Verbandsausstattung I;* BGH GRUR 1994, 831 – *Verbandsausstattung II*).

3.47 c) **Sachliche Ausstattung.** Zur sachlichen Ausstattung gehört es, dass der Verband über die entspr Sachmittel (etwa Büroräume und -maschinen, Kommunikationsmittel wie Telefon, Fax, E-Mail) verfügt, um den Satzungszweck tatsächlich wahrnehmen zu können (KG WRP 1999, 1302, 1306).

3.48 d) **Finanzielle Ausstattung.** Zur finanziellen Ausstattung gehört es, dass der Verband insbes in der Lage ist, seine Fixkosten aus der Existenz, Grundausstattung und Grundbetätigung (BGH GRUR 1990, 282, 285 – *Wettbewerbsverein IV*) und etwaige gegnerische Kostenerstattungsansprüche (KG WRP 1982, 650, 651) abzudecken. Er muss grds in der Lage sein, Prozesskosten in Verfahren bis hin zur Revisionsinstanz ohne Streitwertherabsetzung zu tragen (vgl BGH GRUR 1994, 385 – *Streitwertherabsetzung*). Die Finanzierung braucht nicht ausschließlich durch Mitgliedsbeiträge und Spenden gesichert zu sein. Vielmehr ist es grds zulässig, die Verfolgung von Wettbewerbsverstößen in erheblichem Umfang anders als durch kostendeckende Mitgliedsbeiträge zu finanzieren, etwa durch Abmahngebühren, Vertragsstrafen oder Prozesskostendeckungszusagen (BGH GRUR 2005, 689, 690 – *Sammelmitgliedschaft III*). Daher sind auch Einnahmen aus Vertragsstrafen zu berücksichtigen, sofern sie in einer Höhe und Regelmäßigkeit fließen, dass eine hinreichend sichere Teilbilanzierung möglich ist. Entsprechendes gilt für Einnahmen aus **Abmahngebühren,** soweit sie die Abmahntätigkeit abdecken und andere Aufgaben dahinter nicht völlig zurücktreten (BGH GRUR 1999, 1116, 1118 – *Wir dürfen nicht feiern*). Jedoch dürfen die Abmahnpauschalen nicht deutlich überhöht sein oder in einem krassen Missverhältnis zu den sonstigen Einnahmen stehen (BGH GRUR 1991, 684, 685 – *Verbandsausstattung;* BGH GRUR 1998, 489, 490 – *Unbestimmter Unterlassungsantrag III;* vgl auch OLG Nürnberg WRP 1995, 338, 341). Ein krasses Missverhältnis wurde verneint bei einem Anteil der Einnahmen aus Abmahnungen in Höhe von 47% der Gesamteinnahmen (BGH GRUR 1998, 489, 490 f – *Unbestimmter Unterlassungsantrag III*). Geht es um die Deckung von Prozesskostenrisiken, sind auch etwaige Kostenübernahmezusagen oder Bürgschaften Dritter zu berücksichtigen.

6. Erforderlichkeit tatsächlicher Zweckverfolgung

3.49 Der Verband muss imstande sein, seine satzungsmäßigen Aufgaben der Verfolgung gewerblicher oder selbstständiger beruflicher Interessen wahrzunehmen. An sich ist es daher – entgegen der früheren Rspr (vgl etwa BGH GRUR 1990, 282, 284 – *Wettbewerbsverein IV*) – nicht erforderlich, dass der Verband seinen Satzungszweck auch tatsächlich verfolgt. Das ist insbes bei neu gegründeten Verbänden von Bedeutung (vgl bereits BGH GRUR 1973, 78, 79 – *Verbraucherverband*). Wenn allerdings ein Verband keine angemessene Tätigkeit zur Verwirklichung seines Satzungszwecks entwickelt, etwa sich auf eine bloße Abmahntätigkeit beschränkt, dürfte dies ein gewichtiges Indiz dafür sein, dass er dazu auch nicht in der Lage ist. Bei einem ordnungsgemäß errichteten und aktiv tätigen Verband spricht eine widerlegliche (BGH GRUR 1986, 320, 321 – *Wettbewerbsverein I*) tatsächliche Vermutung für die tatsächliche Zweckverfolgung (BGH GRUR 2000, 1093, 1095 – *Fachverband;* BGH WRP 2000, 1397, 1398 – *Impfstoffversand an Ärzte;* OLG Stuttgart NJW-RR 2009, 913, 914; OLG Koblenz GRUR-RR 2010, 16, 17; Ahrens/*Jestaedt* Kap 19 Rdn 20).

3. Kap. Die Gläubiger der Abwehransprüche 3.50–3.53 § 8 UWG

7. Zeitliche Grenzen der Anspruchsberechtigung

Die Rechtsfähigkeit des Verbandes muss bereits im Zeitpunkt der Verletzungshandlung und 3.50
noch im Zeitpunkt der Letzten mündlichen Verhandlung (BGH GRUR 1998, 170 – *Händlervereinigung;* Rdn 3.7) vorgelegen haben. Mit Eröffnung des Insolvenzverfahrens (§ 42 BGB) verliert
ein Verein bspw auch seine Anspruchsberechtigung. – Die Anspruchsberechtigung kann auch
ausländischen Verbänden zustehen (BGH GRUR 1969, 611 – *Champagner-Weizenbier*), sofern sie
nur die Voraussetzungen des § 8 III Nr 2 erfüllen. Davon zu unterscheiden ist die (nach IPR bzw
nach der EuGVVO zu beantwortende) Frage, ob ein ausländischer Verband seine Klage auch auf
ausländisches Wettbewerbsrecht stützen kann (dazu BGH GRUR 1998, 419, 420 – *Gewinnspiel
im Ausland* = LM UWG § 13 Nr 91 mit Anm *Köhler; Lindacher,* FS Lüke, 1997, 377, 387).

8. Sachliche Grenzen der Anspruchsberechtigung

Die Anspruchsberechtigung der Verbände iSd § 8 III Nr 2 setzt weiter voraus, dass **„die** 3.51
Zuwiderhandlung die Interessen ihrer Mitglieder berührt". Die Interessen sind dann
berührt, wenn die Mitglieder auf Grund der Zuwiderhandlung einen eigenen Anspruch aus
§ 8 III Nr 1 haben (ebenso *Piper/Ohly/*Sosnitza § 8 Rdn 108). Das setzt folgerichtig voraus, dass
die Beeinträchtigung der Interessen „spürbar" iSd § 3 I ist (so iErg auch Harte/Henning/*Bergmann* § 8 Rdn 298: „gewisse Erheblichkeit"). Darauf, ob dieser Anspruch im Einzelfall (zB
wegen Verjährung) undurchsetzbar ist, kommt es nicht an (ebenso OLG Bamberg GRUR 2007,
167). Es müssen selbstverständlich nicht die Interessen aller Mitglieder betroffen sein, wohl aber
die Interessen der Mitglieder, die auf demselben sachlich und räumlich relevanten Markt wie der
Zuwiderhandelnde tätig sind.

IV. Qualifizierte Einrichtungen zum Schutz von Verbraucherinteressen (§ 8 III Nr 3)

1. Entstehungsgeschichte und Normzweck

Bei der Regelung geht es in der Sache um die Anspruchsberechtigung der **Verbraucher-** 3.52
verbände. Ursprünglich waren anspruchsberechtigt alle „rechtsfähigen Verbände, zu deren satzungsgemäßen Aufgaben es gehört, die Interessen der Verbraucher durch Aufklärung und
Beratung wahrzunehmen". Die Neufassung des § 13 II Nr 3 UWG 1909 erfolgte durch Art 4
des Gesetzes v 27. 6. 2000 (BGBl I 897) in Umsetzung der Unterlassungsklagenrichtlinie 98/27/
EG v 19. 5. 1998 (ABl EG Nr L 166 S 51). Diese Richtlinie knüpft an grenzüberschreitende
Verstöße innerhalb der Union an und will sicherstellen, dass „qualifizierte Einrichtungen" zum
Schutze von Verbraucherinteressen auch in dem Mitgliedstaat eine Unterlassungsklage erheben
können, in dessen Hoheitsgebiet der Verstoß seinen Ursprung hat. Zur Bekämpfung von Wettbewerbsverstößen sind demnach nicht nur deutsche Verbraucherschutzorganisationen berufen,
sondern unter bestimmten Voraussetzungen auch entspr Einrichtungen in anderen Mitgliedstaaten. Um Klarheit über die Befugnisse einer Einrichtung zu haben, verpflichtet Art 4 II der
Unterlassungsklagerichtlinie die einzelnen Mitgliedstaaten, der Kommission mitzuteilen,
welche Einrichtungen klagebefugt bzw anspruchsberechtigt sind. Die Kommission erstellt auf dieser
Grundlage ein Verzeichnis der in den jeweiligen Mitgliedstaaten bestehenden „qualifizierten
Einrichtungen". Im Anschluss an diese Richtlinie verwendet auch der deutsche Gesetzgeber den
farblosen Begriff der „qualifizierten Einrichtung" (Art 3 der Richtlinie) zur gemeinsamen Bezeichnung der in- und ausländischen Anspruchsberechtigten. – Anders als noch § 13 II Nr 3 S 2
UWG 1909 setzt § 8 III Nr 3 nicht voraus, dass durch die Zuwiderhandlung „wesentliche
Belange der Verbraucher berührt werden". Dieses Erfordernis (dazu BGH GRUR 2004, 435,
436 – *FrühlingsgeFlüge*) ist durch Einführung der **Bagatellklausel** in § 3 UWG 2004, ersetzt
durch die Relevanzklausel des § 3 I UWG 2008, entbehrlich geworden (vgl näher § 3 Rdn 10 ff;
aA KG GRUR-RR 2005, 359). Werden durch einen Wettbewerbsverstoß Verbraucherinteressen
nicht beeinträchtigt, besteht allerdings von vornherein kein Interesse an einer Klage (Begr RegE
UWG 2004 zu § 8 Abs 3 Nr 3, BT-Drucks 15/1487 S 23), zumal auch die Klageerhebung nicht
vom Satzungszweck gedeckt wäre. Missbräuche lassen sich mit Hilfe des § 8 IV bekämpfen (vgl
Begr RegE UWG 2004 zu § 8 Abs 3 Nr 3, BT-Drucks 15/1487 S 23).

2. Anspruchsberechtigung der deutschen „qualifizierten Einrichtungen"

a) Allgemeines. Anspruchsberechtigt nach § 8 III Nr 3 (und zugleich nach § 3 I Nr 1 3.53
UKlaG, soweit es um Verstöße gegen das UKlaG geht) sind zunächst einmal die deutschen

„qualifizierten Einrichtungen" zum Schutze von Verbraucherinteressen. Es sind dies die „qualifizierten Einrichtungen, die nachweisen, dass sie in die Liste qualifizierter Einrichtungen nach § 4 des Unterlassungsklagengesetzes ... eingetragen sind". Die jeweils aktuelle **Liste qualifizierter Einrichtungen** ist im Internet auf den Seiten des Bundesamtes für Justiz unter folgendem Link abrufbar:

http://www.bundesjustizamt.de/cln_101/nn_258902/SharedDocs/Publikationen/Verbraucher_Liste_qualif_Eintr,templateId=raw,property=publicationFile.pdf/Verbraucher_Liste_qualif_Eintr.pdf

3.54 **b) Das Eintragungserfordernis.** Die Anspruchsberechtigung setzt die Eintragung in die beim Bundesverwaltungsamt geführte Liste qualifizierter Einrichtungen voraus, soweit nicht die Übergangsregelung in § 16 IV UKlaG eingreift. Der Nachweis der Eintragung erfolgt durch Vorlage einer vom Bundesverwaltungsamt auf Antrag erteilten Bescheinigung (§ 4 III 2 UKlaG). Fehlt die Eintragung oder wird sie nachträglich aufgehoben (§ 4 II 4 UKlaG), ist daher die Anspruchsberechtigung nicht gegeben. Die Eintragung erfolgt auf Antrag der Einrichtung (§ 4 II 1 UKlaG) durch Verwaltungsakt; der Bescheid ist dem Antragsteller zuzustellen (§ 4 III 1 UKlaG). Sind die Eintragungsvoraussetzungen erfüllt, besteht ein Rechtsanspruch auf Eintragung. Für das Verfahren gilt das Verwaltungsverfahrensgesetz des Bundes.

3.55 **c) Die Eintragungsvoraussetzungen (§ 4 II 1 UKlaG). aa) Rechtsfähiger Verband.** In die Liste kann nur ein rechtsfähiger Verband eingetragen werden. Praktisch kommt dafür nur der in das Vereinsregister eingetragene Idealverein (§ 21 BGB) in Betracht. Andere Organisationsformen, wie etwa die Stiftung, sind von vornherein nicht eintragungsfähig.

3.56 **bb) Satzungszweck.** Zu den satzungsmäßigen Aufgaben des Verbands muss es gehören, die Interessen der Verbraucher durch Aufklärung und Beratung nicht gewerbsmäßig und nicht nur vorübergehend wahrzunehmen. Die Zielsetzung muss in der **Satzung** verankert sein, also sich zumindest aus ihr hinreichend deutlich ergeben (BGH GRUR 1983, 130, 133 – *Lohnsteuerhilfe-Bundesverband*). Die Zielsetzung muss ferner auf die Wahrnehmung von kollektiven **Verbraucherinteressen** gerichtet sein. Dazu reicht es nicht aus, dass der Verband nur die Interessen seiner Mitglieder, mögen sie auch Verbraucher sein, wahrnehmen will (BGH GRUR 1973, 78, 79 – *Verbraucherverband*). Der Begriff der Verbraucherinteressen ist **marktbezogen** auszulegen, nämlich als Interesse der Verbraucher an Marktübersicht und Produktkenntnis, um eine bessere Auswahl treffen zu können oder vor Übervorteilung und Irreführung bewahrt zu werden (BGH GRUR 1983, 775, 776 – *Ärztlicher Arbeitskreis*). Eine bloße gesundheitspolitische Zielsetzung genügt daher nicht (BGH aaO – *Ärztlicher Arbeitskreis*). Andererseits kann sich der Verband mit der Wahrnehmung partieller marktbezogener Verbraucherinteressen begnügen (zB auf bestimmte Verbrauchergruppen, wie Mieter, Hausfrauen, Autofahrer, oder auf bestimmte Produktgruppen, wie Lebensmittel, oder auf bestimmte Gebiete beschränken). Dass der Verband dagegen über die Wahrnehmung marktbezogener Verbraucherinteressen hinaus auch noch andere Ziele (zB im politischen Raum) verfolgt, ist unschädlich. Es darf sich jedoch nicht um einen sog **Mischverband** handeln, der satzungsgemäß oder tatsächlich gleichrangig Verbraucherinteressen und gewerbliche Interessen vertritt (vgl zum früheren Recht BGH GRUR 1983, 129, 130 – *Mischverband I;* BGH GRUR 1985, 58, 59 – *Mischverband II;* BGH GRUR 1988, 832, 833 – *Benzinwerbung*), weil insoweit die Gefahr einer Interessenkollision besteht. Ein solcher Verband ist nicht eintragungsfähig. Ein Verbraucherverband wird aber noch nicht dadurch zum Mischverband, dass er – wie zB der ADAC – Beteiligungsgesellschaften mit unternehmerischer Zielsetzung gründet und hält, sofern er sich nicht selbst unternehmerisch betätigt (BGH GRUR 1988, 832, 833 – *Benzinwerbung*). – Der Satzungszweck muss dahin gehen, die Verbraucherinteressen „**durch Aufklärung und Beratung**" (kumulativ!) wahrzunehmen. Die bloße Bekämpfung unlauteren Wettbewerbs reicht daher als Verbandsziel nicht aus. Auch **Antidiskriminierungsverbände** iSd § 23 I AGG (Allgemeines Gleichbehandlungsgesetz) sind nur dann eintragungsfähig, wenn sie aktiv die Aufklärung und Beratung der von ihnen vertretenen Personenkreise im Hinblick auf den Verbraucherschutz betreiben (vgl BT-Drucks 16/1780 v 8. 6. 2006, zu § 24 Abs 4, S 49) und es sich dabei nicht um eine völlig untergeordnete Nebenaufgabe handelt.

3.57 **cc) Satzungsmäßige Tätigkeit.** Es genügt für die Eintragung in die Liste nicht, dass der Verband sich die erforderlichen satzungsmäßigen Aufgaben gestellt hat. Er muss vielmehr seit mindestens einem Jahr bestehen und auf Grund seiner bisherigen Tätigkeit Gewähr für eine sachgerechte Aufgabenerfüllung bieten (vgl zum früheren Recht BGH GRUR 1973, 78, 79f – *Verbraucherverband;* OVG Münster GRUR 2004, 347, 348), also in der Wahrnehmung der

Verbraucherinteressen durch Aufklärung und Beratung nachhaltig und in angemessenem Umfang tätig werden. Der Verband muss dazu über eine hinreichende **finanzielle, sachliche** und **personelle Ausstattung** verfügen. Dazu gehören insbes eigene Finanzmittel zur Deckung der Fixkosten, in die jedoch Einnahmen aus Abmahnungen nicht einzurechnen sind (BGH GRUR 1990, 282, 285 – *Wettbewerbsverein IV*). Eine eigene Geschäftsstelle ist wohl nicht zwingend erforderlich (aA OLG Frankfurt GRUR 1974, 228), sofern nur insgesamt ausreichende Organisationsstrukturen vorliegen (zB feste Mitarbeiter). Zur personellen Ausstattung gehört es, dass Vereins- oder Vorstandsmitglieder oder angestellte Mitarbeiter über ausreichende Fachkenntnisse verfügen. – Der Verband muss die Interessen der **Verbraucher** wahrnehmen. Fördert er gleichzeitig offen oder verdeckt damit kollidierende gewerbliche Interessen (Spendenproblematik!), ist er als nicht eintragungsfähiger Mischverband anzusehen. Die Verbraucherinteressen müssen tatsächlich durch **Aufklärung** und **Beratung** wahrgenommen werden (zB durch Herausgabe von Schriften, Abhaltung von Versammlungen und Sprechstunden, Veranstaltung und Veröffentlichung von Warentests, Leserbriefe). Die bloße Bekämpfung unlauteren Wettbewerbs durch Abmahnungen genügt nicht (OVG Münster GRUR 2004, 347, 348). Vielmehr muss die Tätigkeit maßgeblich (auch) darauf gerichtet sein, die Verbraucher über die Marktlage, die Qualität und Preiswürdigkeit der verschiedenen im Wettbewerb angebotenen Güter zu unterrichten und ihnen die Auswahl unter ihnen zu erleichtern (vgl zum früheren Recht BGH GRUR 1983, 775, 776 – *Ärztlicher Arbeitskreis*; BGH GRUR 1992, 450, 451 – *Beitragsrechnung*).

dd) Mitglieder. Der Verband braucht keine natürlichen Personen als Mitglieder zu haben. Es genügt, wenn ihm Verbände angehören, die in dem satzungsmäßigen Aufgabenbereich des Vereins tätig sind (zB Verbraucherzentrale Bundesverband eV = vzbv). Ist dies nicht der Fall, muss der Verband aber mindestens 75 natürliche Personen als Mitglieder haben. Verbandsmitglieder müssen nicht ausschließlich Verbraucher oder (bei einem Spitzenverband) Verbraucherverbände sein. Jedoch muss auch durch die Mitgliederstruktur sichergestellt sein, dass der Verband vorrangig Verbraucherinteressen vertritt und eine Kollision mit gewerblichen Interessen ausgeschlossen ist (BGH GRUR 1983, 129, 130 – *Mischverband I*; BGH GRUR 1985, 58, 59 – *Mischverband II*, BGH GRUR 1988, 832, 833 – *Benzinwerbung*). Damit unvereinbar wäre es, wenn einzelne gewerbliche Mitglieder etwa auf Grund hoher Mitgliedsbeiträge oder Spenden maßgeblichen Einfluss auf den Verband nehmen können.

ee) Vermutung. Von den Verbraucherzentralen und anderen mit öffentlichen Mitteln geförderten Verbraucherverbänden wird unwiderleglich vermutet, dass sie die Eintragungsvoraussetzungen erfüllen (§ 4 II 2 UKlaG).

d) Aufhebung der Eintragung. Die Eintragung ist mit Wirkung für die Zukunft aufzuheben, wenn der Verband dies beantragt oder wenn die Eintragungsvoraussetzungen von Anfang an nicht vorlagen oder nachträglich weggefallen sind (§ 4 II 4 UKlaG). Die Aufhebung führt zum Verlust der Anspruchsberechtigung. Die Aufhebung ist ein **Verwaltungsakt,** für das Aufhebungsverfahren gelten grds die Regelungen des VwVfG (OVG Münster GRUR 2004, 347, 348). Die Behörde ermittelt daher den Sachverhalt von Amts wegen.

e) Keine gerichtliche Überprüfung der Eintragungsvoraussetzungen. Darüber, ob die sachlichen Voraussetzungen für die Eintragung (noch) vorliegen, entscheidet nicht das Gericht der Unterlassungsklage. Bestehen insoweit begründete Zweifel, so kann (und muss ggf) das Gericht das Bundesverwaltungsamt zur Überprüfung auffordern und die Verhandlung bis zu dessen Entscheidung aussetzen (§ 4 IV UKlaG).

3. Anspruchsberechtigung der ausländischen „qualifizierten Einrichtungen"

Qualifizierte Einrichtungen eines anderen Mitgliedstaates sind in Deutschland nach § 8 III Nr 3 dann anspruchsberechtigt, wenn sie „nachweisen, dass sie ... in dem Verzeichnis der Kommission der Europäischen Gemeinschaften nach Art 4 der Richtlinie 98/27/EG des Europäischen Parlaments und des Rates vom 19. Mai 1998 über Unterlassungsklagen zum Schutze der Verbraucherinteressen (ABl EG Nr L 166 S 51) eingetragen sind" Das Verzeichnis ist abrufbar unter EU>EUR-Lex>ID celex 52006XC0216(01). Die Vorschrift lautet:

Art. 4 Grenzüberschreitende Verstöße innerhalb der Gemeinschaft

(1) [1]Jeder Mitgliedstaat trifft die erforderlichen Maßnahmen, damit im Fall eines Verstoßes, dessen Ursprung in seinem Hoheitsgebiet liegt, jede qualifizierte Einrichtung eines anderen Mitgliedstaats, in dem die von dieser qualifizierten Einrichtung geschützten Interessen durch den Verstoß beeinträchtigt werden, nach

Vorlage des in Absatz 3 vorgesehenen Verzeichnisses das nach Artikel 2 zuständige Gericht oder die nach Artikel 2 zuständige Verwaltungsbehörde anrufen kann. ²Die Gerichte oder Verwaltungsbehörden akzeptieren dieses Verzeichnis als Nachweis der Berechtigung der qualifizierten Einrichtung zur Klageerhebung unbeschadet ihres Rechts zu prüfen, ob der Zweck der qualifizierten Einrichtung deren Klageerhebung in einem speziellen Fall rechtfertigt.

(2) ¹Im Hinblick auf grenzüberschreitende Verstöße innerhalb der Gemeinschaft und unbeschadet der Rechte, die anderen Stellen gemäß den einzelstaatlichen Rechtsvorschriften zustehen, teilen die Mitgliedstaaten auf Antrag ihrer qualifizierten Einrichtungen der Kommission mit, daß diese Einrichtungen berechtigt sind, eine in Artikel 2 vorgesehene Klage zu erheben. ²Die Mitgliedstaaten teilen der Kommission Namen und Zweck dieser qualifizierten Einrichtungen mit.

(3) ¹Die Kommission erstellt ein Verzeichnis der in Absatz 2 bezeichneten qualifizierten Einrichtungen und gibt darin deren Zweck an. ²Dieses Verzeichnis wird im *Amtsblatt der Europäischen Gemeinschaften* veröffentlicht; Änderungen an diesem Verzeichnis werden unverzüglich veröffentlicht; die aktualisierte Liste wird alle sechs Monate veröffentlicht.

3.63 Das deutsche Gericht muss den Nachweis der Eintragung in das von der Kommission erstellte Verzeichnis als Nachweis der Berechtigung zur klageweisen Geltendmachung der in § 8 I aufgeführten Unterlassungsansprüche akzeptieren (Art 4 I 2 der Richtlinie), kann also nicht seinerseits überprüfen, ob die Voraussetzungen der Eintragung erfüllt sind. „Qualifizierte Einrichtung" iSd Art 3 der Richtlinie kann dabei auch eine „öffentliche Stelle" sein, die für den Schutz der Kollektivinteressen der Verbraucher zuständig ist (zB Ombudsmann; Behörde). Aus einer richtlinienkonformen Auslegung des § 8 II Nr 3 ergibt sich jedoch, dass das deutsche Gericht prüfen kann, ob der Zweck der ausländischen qualifizierten Einrichtung deren Klageerhebung im konkreten Fall rechtfertigt (Art 4 I 2 der Richtlinie). Ist dieser Zweck bspw auf eine Verfolgung im Herkunftsland beschränkt, ist daher eine Klageerhebung nicht gerechtfertigt. Dies lässt sich über den Missbrauchseinwand nach § 8 IV berücksichtigen (vgl *Mankowski* WRP 2010, 186, 189 f). Dagegen rechtfertigt Art 4 I 2 der Richtlinie nicht eine Prüfung, ob die Eintragung in das Verzeichnis zu Recht erfolgt ist oder nicht (Harte/Henning/*Bergmann* § 8 Rdn 303). Das gilt auch für den Fall, dass ein Wirtschaftsverband zu Unrecht in das Verzeichnis eingetragen worden ist, weil er nicht primär verbraucherschützende Zwecke verfolgt (aA *Mankowski* WRP 2010, 186, 190).

V. Industrie- und Handelskammern und Handwerkskammern (§ 8 III Nr 4)

3.64 Anspruchsberechtigt sind nach § 8 III Nr 4 die öffentlichrechtlich verfassten Industrie- und Handelskammern und Handwerkskammern. Eine ungeschriebene Einschränkung ergibt sich aus der Verfassung dieser Einrichtungen: Handwerkskammern sind nur anspruchsberechtigt, soweit es um Wettbewerbsverstöße von Handwerkern geht, Industrie- und Handelskammern sind nur anspruchsberechtigt, soweit es um Wettbewerbsverstöße von Unternehmen aus dem Bereich Industrie und Handel geht. Die Vorschrift hatte bislang aber keinerlei praktische Bedeutung. – **Sonstige** öffentlich-rechtlich verfasste **Berufskammern,** wie zB Ärzte-, Anwalts-, Steuerberater-, Architektenkammern, sind nur unter den Voraussetzungen des § 8 III Nr 2 anspruchsberechtigt (Begr RegE UWG zu § 8 Abs 3 Nr 4, BT-Drucks 15/1487 S 23; BGH GRUR 1987, 444, 445 – *Laufende Buchführung;* Rdn 3.33). Eine analoge Anwendung des § 8 III Nr 4 erübrigt sich daher (OLG Koblenz GRUR 1995, 144).

VI. Beweislast

3.65 Nach der gegenwärtigen Rspr und hL sind die Voraussetzungen des § 8 III Nr 2 und 3 als Voraussetzungen der **Prozessführungsbefugnis** des Verbandes anzusehen und dementsprechend von Amts wegen und auch noch in der Revisionsinstanz im **Freibeweisverfahren** (BGH WRP 1998, 177, 179 – *Fachliche Empfehlung III)* zu prüfen (Rdn 3.9). Nach der hier vertretenen Ansicht handelt es sich um materiellrechtliche Voraussetzungen der Anspruchsberechtigung, die bereits im Zeitpunkt des Wettbewerbsverstoßes (Rdn 3.7) und noch im Zeitpunkt der letzten mündlichen Verhandlung in der Tatsacheninstanz, nicht aber noch in der Revisionsinstanz (offen gelassen in BGH GRUR 1999, 1116, 118 – *Wir dürfen nicht feiern)* vorgelegen haben müssen. Eine Beweiserhebung in der Revisionsinstanz scheidet daher folgerichtig aus (Rdn 3.11 aE).

3.66 Unabhängig von dieser dogmatischen Einordnung besteht Übereinstimmung darüber, dass der **Kläger** die **Darlegungs-** und **Beweislast** für die Tatsachen hat, aus denen sich seine Anspruchsberechtigung und – nach hM – seine Klagebefugnis ergibt. Nicht zu prüfen ist allerdings, ob ein Verband die Rechtsfähigkeit zu Recht erlangt hat. Denn die Zuerkennung der Rechtsfähigkeit ist konstitutiv (BGH GRUR 1983, 130, 131 – *Lohnsteuerhilfe-Bundesverband;* für „qualifizierte

Einrichtungen" ergibt sich dies aus § 4 IV UKlaG). Um im Streitfall den **Nachweis der Mitgliedschaft** einer **erheblichen** Anzahl von Mitgliedsunternehmen iSv § 8 III Nr 2 zu führen, muss der Verband die Namen, Branchen, Umsätze und örtlichen Tätigkeitsbereiche seiner Mitglieder insoweit bekannt geben, als dies zur Überprüfung der (Klagebefugnis und) Anspruchsberechtigung durch das Gericht und den Beklagten erforderlich ist (BGH GRUR 1996, 217, 218 – *Anonymisierte Mitgliederliste;* BGH GRUR 1997, 934, 936 – *50% Sonder-AfA;* BGH WRP 1998, 177, 179 – *Fachliche Empfehlung III;* OLG Düsseldorf GRUR-RR 2003, 131, 133; krit Ahrens/*Jestaedt* Kap 19 Rdn 31). Geringfügige Fehler sind unschädlich (OLG Naumburg WRP 1997, 228, 230; dazu krit *Derleder/Zänker* GRUR 2002, 490). Wichtig ist, dass die Voraussetzungen auch noch in der letzten mündlichen Verhandlung vorliegen, die entspr Daten also **aktuell** sein müssen. Mitglieder sind aber nicht schon deshalb unberücksichtigt zu lassen, weil sie ihren Beitrag nicht bezahlt haben (so aber *Derleder/Zänker* GRUR 2002, 490, 493), denn dadurch wird die Mitgliedschaft nicht beendet. – Der **Nachweis der erforderlichen personellen, sachlichen und finanziellen Ausstattung** und der Fähigkeit zur tatsächlichen Zweckverfolgung dürfte seriösen Verbänden nicht schwer fallen. Ist ein Verband jahrelang als klagebefugt anerkannt, so ist zu vermuten, dass diese Voraussetzungen weiterh vorliegen. Ein bloßes Bestreiten durch den Bekl genügt also nicht (BGH GRUR 2000, 1093, 1095 – *Fachverband;* OLG Stuttgart GRUR-RR 2009, 343, 344). – Was die **Prüfungsreihenfolge** angeht, kann aus Gründen der Prozessökonomie offen bleiben, ob die Klagebefugnis oder Anspruchsberechtigung zu Recht besteht, wenn bereits eine Rechtsprüfung ergibt, dass der Anspruch nicht besteht und damit die Klage unbegründet ist (BGH GRUR 1999, 1119, 1120 – *RUMMS!;* BGH WRP 1999, 421, 422 – *Vorratslücken* zur vergleichbaren Problematik bei § 8 IV; *Teplitzky* WRP 1997, 691, 695). Dasselbe gilt, wenn die Beweiserhebung über die Begründetheit des Anspruchs leichter und rascher möglich ist.

4. Kapitel. Missbräuchliche Geltendmachung von Abwehransprüchen

Übersicht

	Rdn
I. Allgemeines	4.1–4.9
1. Entstehungsgeschichte und Zweck der Regelung	4.1, 4.2
a) Entstehungsgeschichte	4.1
b) Normzweck	4.2
2. Rechtsnatur und Rechtsfolgen	4.3–4.7
a) Missbrauchseinwand gegenüber Klage	4.3, 4.4
b) Missbrauchseinwand gegenüber Abmahnung	4.5
c) Rechtsfolgen des Missbrauchs	4.6, 4.7
3. Anwendungsbereich	4.8
4. Abgrenzung	4.9
II. Missbrauch	4.10–4.23
1. Begriff	4.10
2. Konkretisierung	4.11–4.23
a) Allgemeines	4.11
b) Gebührenerzielungsinteresse	4.12
c) Kostenbelastungsinteresse	4.13–4.19
aa) Allgemeines	4.13
bb) Missbräuchliches Vorgehen eines Anspruchsberechtigten	4.14, 4.15
(1) Mehrfache Klagen, Verfügungsanträge und Abmahnungen	4.14
(2) Gleichzeitiges Verfügungs- und Hauptsacheverfahren	4.15
cc) Missbräuchliches Vorgehen mehrerer Anspruchsberechtigter	4.15a–4.19
(1) Mehrfachklagen	4.15a–4.18
(2) Mehrfachabmahnungen	4.19
d) Sonstige sachfremde Erwägungen	4.20–4.23
aa) Wettbewerberbehinderung	4.20
bb) Diskriminierende Auswahl des Verletzers?	4.21
cc) Fremdbestimmung	4.22
dd) Sonstiges	4.23
III. Adressatenkreis	4.24
IV. Beweislast	4.25

Schrifttum: *Borck,* Der Missbrauch der Aktivlegitimation (§ 13 Abs. 5 UWG), GRUR 1990, 249; *Hantke,* Zur Beurteilung der Mehrfachverfolgung eines Wettbewerbsverstoßes als rechtsmissbräuchlich, FS Erdmann, 2002, 831; *Jackowski,* Der Missbrauchseinwand nach § 8 Abs. 4 UWG gegenüber einer Abmahnung, WRP 2010, 38; *Köhler,* Rechtsnatur und Rechtsfolgen der missbräuchlichen Geltendmachung von Unterlassungsansprüchen (§ 8 Abs 4 UWG), FS Schricker, 2005, 725; *Rath/Hausen,* Ich bin doch nicht blöd? Rechtsmissbräuchliche gerichtliche Mehrfachverfolgung wettbewerbsrechtlicher Unterlassungsansprüche, WRP 2007, 133; *Schinnenburg,* Zivilrechtliche Abmahnungen der Ärztekammern gegen ihre eigenen Mitglieder, GesR 2007, 568; *Schulte-Franzheim,* Missbrauch durch Mehrfachverfolgung von Wettbewerbsverstößen, WRP 2001, 745; *Stickelbrock,* Mehrfachverfolgung von Wettbewerbsverstößen durch konzernmäßig verbundene Unternehmen, WRP 2001, 648.

I. Allgemeines

1. Entstehungsgeschichte und Zweck der Regelung

4.1 **a) Entstehungsgeschichte.** Die Rspr zur Erstattung der Abmahnkosten (erstmals BGHZ 52, 393 – *Fotowettbewerb*) schuf für unseriöse Gewerbetreibende und „Abmahnvereine" Anreize, sich mittels der Verfolgung von Wettbewerbsverstößen eine Einnahmequelle zu erschließen (vgl *Albrecht* WRP 1983, 540 mwN). Die Gerichte traten solchen Missständen entgegen, indem sie die Anspruchsberechtigung (Klagebefugnis) nach § 13 II aF (BGH GRUR 1986, 320, 321 – *Wettbewerbsverein I;* vgl auch BGH GRUR 1998, 489, 491 – *Unbestimmter Unterlassungsantrag III*) oder die Erforderlichkeit von Abmahnkosten verneinten (BGH GRUR 1984, 691, 692 – *Anwaltsabmahnung*). Eine gesetzliche Regelung erfolgte 1986 mit Einführung des § 13 V aF. Bezweckt wurde damit, „die in der Rspr vermehrt festzustellende Tendenz zu fördern, Missbräuchen bei der Geltendmachung von Unterlassungsansprüchen durch Verbände und Mitbewerber dadurch zu begegnen, dass die Klagebefugnis und damit auch die Abmahnbefugnis in bestimmten Fällen verneint wird" (BT-Drucks 10/5771 v 25. 6. 1986 S 22). Das UWG 2004 übernahm diese Regelung weitgehend unverändert in § 8 IV. Allerdings bezieht sich § 8 IV dem Wortlaut nach nicht nur auf den Unterlassungsanspruch, sondern auch auf den Beseitigungsanspruch. Eine dem § 8 IV entspr Regelung enthält § 2 III UKlaG.

4.2 **b) Normzweck.** § 8 IV schützt die von einer Abmahnung oder Klage Betroffenen und mittelbar auch die Gerichte vor missbräuchlicher Inanspruchnahme (vgl BGH GRUR 1999, 509, 510 – *Vorratslücken*). Dieser Schutz ist umso notwendiger, als ein Wettbewerbsverstoß eine Vielzahl von Unterlassungsansprüchen unterschiedlicher Personen und Verbände (§ 8 III) auslösen kann. Das erleichtert zwar im Interesse der Allgemeinheit die effektive Rechtsverfolgung. Andererseits kann die Vielzahl der Anspruchsberechtigten den Anspruchsgegner in erheblichem Maße belasten, insbes durch Mehrfachabmahnung und Mehrfachklage. Gerade durch extensive Mehrfachabmahnungen und Mehrfachklagen kann das in Deutschland bewährte System der Rechtsdurchsetzung durch Mitbewerber und Verbände anstelle durch Verwaltungsbehörden in Misskredit und Gefahr geraten (BGH GRUR 2002, 357, 358 – *Missbräuchliche Mehrfachabmahnung;* Fezer/*Büscher* § 8 Rdn 228). So muss der Schuldner bei gleichzeitiger Mehrfachabmahnung jedem Abmahner die erforderlichen Aufwendungen ersetzen (§ 12 I 2). Daher kommt dem § 8 IV auch die Funktion eines **Korrektivs** gegenüber dieser weit gefassten Anspruchsberechtigung zu (BGH GRUR 2000, 1089 – *Missbräuchliche Mehrfachverfolgung;* BGH GRUR 2001, 260, 261 – *Vielfachabmahner*).

2. Rechtsnatur und Rechtsfolgen

4.3 **a) Missbrauchseinwand gegenüber Klage.** Die Rechtsnatur des Missbrauchseinwands ist umstritten (vgl *Teplitzky* Kap 13 Rdn 44 ff). Bei missbräuchlicher gerichtlicher Geltendmachung des Unterlassungsanspruchs ist nach ganz hM **Fehlen der Klage-** oder **Prozessführungsbefugnis** anzunehmen. Klage und Verfügungsantrag sind danach als **unzulässig** abzuweisen (vgl BGH GRUR 1999, 509, 510 – *Vorratslücken;* BGH GRUR 2002, 357, 359 – *Missbräuchliche Mehrfachabmahnung;* BGH GRUR 2006, 243 Tz 22 – *MEGA SALE;* OLG Hamburg GRUR-RR 2006, 374; KG WRP 2008, 511; Harte/Henning/*Bergmann* § 8 Rdn 309, Fezer/*Büscher* § 8 Rdn 230; *Teplitzky* Kap 13 Rdn 50). Doch kann das Gericht aus Gründen der Prozessökonomie von der Prüfung des Missbrauchs absehen, wenn bereits eine Rechtsprüfung ergibt, dass die Klage unbegründet ist (BGH GRUR 1999, 509, 510 – *Vorratslücken*).

4.4 Richtiger erscheint es, den Missbrauch iSd § 8 IV als speziell geregelten Fall der **unzulässigen Rechtsausübung** zu begreifen (vgl *Köhler,* FS Schricker, 2005, 725, 726 ff; *Rath/Hausen* WRP 2007, 133, 134 Fn 16; früher schon *v Ungern-Sternberg,* FS Klaka, 1987, 95 ff). Er führt zu einer immanenten Inhaltsbegrenzung des Anspruchs und begründet daher eine materiellrechtliche Einwendung, wie dies auch bei vergleichbaren Gestaltungen der Geltendmachung eines Rechts aus sachfremden Zwecken im Bürgerlichen Recht (vgl Palandt/*Grüneberg* BGB § 242 Rdn 50) und im Aktienrecht (vgl BGH WM 1992, 1041, 1042) angenommen wird. Diese Einwendung ist nicht auf den konkreten Fall der Geltendmachung begrenzt. Vielmehr ist es geboten, eine **rechtsvernichtende Einwendung** anzunehmen, um Schuldner und Gerichte wirksam und nachhaltig vor Missbräuchen zu schützen. Der Missbrauch führt daher zum Erlöschen des Anspruchs. Eine missbräuchlich erhobene Klage ist sonach als **unbegründet** abzuweisen. Im Unterschied zur hM (Rdn 4.3) ist folgerichtig eine Beweiserhebung zum Missbrauch in der Revisionsinstanz ausgeschlossen (vgl *Köhler,* FS Schricker, 2005, 725, 730).

b) Missbrauchseinwand gegenüber Abmahnung. Die missbräuchliche Geltendmachung des Unterlassungsanspruchs durch Abmahnung führt ebenfalls zum Erlöschen des Anspruchs. 4.5

c) Rechtsfolgen des Missbrauchs. Die missbräuchliche Abmahnung ist nicht berechtigt iSd § 12 I 2. Es kann daher kein **Aufwendungsersatz** verlangt werden. Hat der Abgemahnte in Unkenntnis des Missbrauchs Aufwendungsersatz geleistet, kann er den Betrag nach § 812 I 1 BGB, ggf auch nach § 826 BGB (AG Schleiden GRUR-RR 2009, 156) **zurückfordern.** – Weiter scheiden Schadensersatzansprüche wegen Verletzung von Antwort- oder Auskunftspflichten aus dem sog **Abmahnverhältnis** (dazu § 12 Rdn 1.61) aus, weil der zu Grunde liegende Anspruch infolge des Missbrauchs erloschen ist. – Ist es auf Grund der missbräuchlichen Abmahnung zum Abschluss eines **Unterwerfungsvertrages** gekommen, kann der Abgemahnte den Vertrag aus wichtigem Grund **kündigen** (§ 314 BGB). Macht der Abmahner eine vor Kündigung verwirkte Vertragsstrafe geltend, steht dem der Einwand des Rechtsmissbrauchs aus § 242 BGB entgegen. – Die missbräuchliche Abmahnung stellt hingegen idR keinen Wettbewerbsverstoß iSd §§ 3, 4 Nr 10 und auch keinen Eingriff in das Recht am Unternehmen (§ 823 I BGB) dar. Der Betroffene ist darauf beschränkt, sich mit dem Missbrauchseinwand zu verteidigen. 4.6

Die wegen Missbrauchs unzulässige Geltendmachung des Anspruchs durch Abmahnung führt nach der Rspr dazu, dass auch eine **nachfolgende Klage unzulässig** ist (vgl BGHZ 149, 371, 379 = GRUR 2002, 357, 359 – *Missbräuchliche Mehrfachabmahnung;* BGH GRUR 2002, 715, 717 – *Scanner-Werbung;* aA mit beachtlichen Gründen Harte/Henning/*Bergmann* § 8 Rdn 311). Folgt man der hier vertretenen Auffassung, so ist die nachfolgende Klage **unbegründet,** weil der Anspruch bereits erloschen ist (vgl *Köhler,* FS Schricker, 2005, 725, 730). Nach beiden Auffassungen ist also im Verfahren nicht mehr zu prüfen, ob die Klage ihrerseits ebenfalls missbräuchlich erhoben wurde. 4.7

3. Anwendungsbereich

Der Anwendungsbereich des § 8 IV ist auf **gesetzliche** Unterlassungs- und Beseitigungsansprüche aus dem UWG beschränkt. Auf **vertragliche** Ansprüche ist die Vorschrift nicht, auch nicht analog anwendbar (ebenso Harte/Henning/*Bergmann* § 8 Rdn 307; nicht eindeutig insoweit BGH WRP 1993, 240, 243 – *Fortsetzungszusammenhang).* Ebenso wenig ist sie auf den **Aufwendungsersatzanspruch** nach § 12 I 2 anwendbar (BGH GRUR 2007, 164 Tz 11 – *Telefax-Werbung II).* – Auch eine analoge Anwendung auf den allgemeinen **deliktsrechtlichen** Unterlassungsanspruch aus § 1004 BGB scheidet aus. Vielmehr sind, weil insoweit die Besonderheiten des wettbewerbsrechtlichen Rechtsschutzes nicht vorliegen, grds höhere Anforderungen an einen Rechtsmissbrauch iSd § 242 BGB zu stellen (OLG Frankfurt GRUR-RR 2008, 96). Insbes reicht es für einen Missbrauch nicht aus, wenn der Verletzte während des Verfügungsverfahrens Hauptsacheklage erhebt (OLG Frankfurt GRUR-RR 2008, 96). 4.8

4. Abgrenzung

Die Abgrenzung zwischen dem **generellen** Fehlen der Prozessführungsbefugnis (bzw Anspruchsberechtigung) nach § 8 III und dem **konkreten** Fehlen der Prozessführungsbefugnis (bzw Anspruchsberechtigung) wegen Missbrauchs nach § 8 IV ist fließend, zumal die Rspr den Gedanken des § 8 IV bereits bei der Prüfung der Klagebefugnis (bzw Anspruchsberechtigung) nach § 8 III Nr 2 heranzieht (vgl BGH GRUR 1988, 918 – *Wettbewerbsverein III;* BGH GRUR 1990, 282, 285 – *Wettbewerbsverein IV;* BGH WRP 1993, 240, 243 – *Fortsetzungszusammenhang).* Sie sollte danach erfolgen, ob die formal bestehende Rechtsposition allgemein oder nur im 4.9

konkreten Fall missbräuchlich ausgenutzt wird. Für die konkrete Entscheidung spielt die Abgrenzung freilich keine Rolle: In beiden Fällen ist die Klage abzuweisen.

II. Missbrauch

1. Begriff

4.10 Der Missbrauch iSv § 8 IV bezieht sich nur auf die **Geltendmachung** des Unterlassungsanspruchs, dh auf die Begleitumstände des vorprozessualen oder prozessualen Vorgehens, nicht aber auf sonstige Umstände, die der Durchsetzung des Anspruchs entgegenstehen und aus diesem Grunde die Einwendung des Rechtsmissbrauchs begründen können, wie zB die Verwirkung (ebenso OLG Hamm GRUR-RR 2005, 141, 142; *Teplitzky* Kap 13 Rdn 59). Ein Missbrauch liegt vor, wenn der Anspruchsberechtigte mit der Geltendmachung des Anspruchs **überwiegend sachfremde**, für sich gesehen nicht schutzwürdige Interessen und Ziele verfolgt und diese als die eigentliche Triebfeder und das beherrschende Motiv der Verfahrenseinleitung erscheinen (BGH GRUR 2000, 1089, 1090 – *Missbräuchliche Mehrfachverfolgungen;* BGH GRUR 2001, 82 – *Neu in Bielefeld I;* BGH GRUR 2001, 260, 261 – *Vielfachabmahner;* BGH GRUR 2009, 1180 Tz 20 – *0,00 – Grundgebühr*). Ein Fehlen oder vollständiges Zurücktreten legitimer wettbewerbsrechtlicher Ziele ist indessen nicht erforderlich (BGH GRUR 2001, 82 – *Neu in Bielefeld I;* KG WRP 2008, 511; *Teplitzky* Kap 13 Rdn 56; Fezer/*Büscher* § 8 Rdn 231). Ausreichend ist, dass die sachfremden Ziele überwiegen (BGH GRUR 2006, 243 Tz 16 – MEGA SALE). Ein Indiz für einen Missbrauch ist es, wenn dem Anspruchsberechtigten **schonendere Möglichkeiten** der Anspruchsdurchsetzung zu Gebote stehen (Grundsatz der **Verhältnismäßigkeit**), er sie aber nicht nutzt (ebenso KG WRP 2008, 511, 512). Zum gleichen Ergebnis führt es, wenn man insoweit eine materiellrechtliche Pflicht zur Rücksichtnahme auf die Interessen des Schuldners annimmt (*Rath/Hausen* WRP 2007, 133, 134 f).

2. Konkretisierung

4.11 **a) Allgemeines.** Das Vorliegen eines Missbrauchs ist jeweils im **Einzelfall** „unter Berücksichtigung der gesamten Umstände" zu beurteilen (BGH GRUR 2001, 354, 355 – *Verbandsklage gegen Vielfachabmahner;* KG WRP 2008, 511; für Beschränkung auf „krasse Fälle" *Stickelbrock* WRP 2001, 648). Maßgebend sind die Motive und Zwecke der Geltendmachung des Anspruchs, die aber idR nur aus äußeren Umständen erschlossen werden können. Dazu gehören: Art und Umfang des Wettbewerbsverstoßes und Verhalten des Verletzers nach dem Verstoß; Verhalten des Klagebefugten bei der Verfolgung dieses und anderer Verstöße; Verhalten sonstiger Klagebefugter (BGH GRUR 2000, 1089, 1091– *Missbräuchliche Mehrfachverfolgung*). Im Rahmen der gebotenen Interessenabwägung ist auch zu fragen, ob Interessen der Allgemeinheit eine Rechtsverfolgung rechtfertigen. Denn der Regelung kommt nicht nur die Aufgabe einer Bekämpfung von Missbräuchen bei Wettbewerbsverbänden, sondern auch die Funktion eines Korrektivs gegenüber der Möglichkeit einer Inanspruchnahme durch eine Vielzahl von Anspruchsberechtigten zu. Dies gilt auch bei der Geltendmachung eines Anspruchs durch Mitbewerber iSd § 8 III Nr 1.

4.12 **b) Gebührenerzielungsinteresse.** Als typischen Beispielsfall nennt das Gesetz die Geltendmachung eines Anspruchs, die **„vorwiegend dazu dient, gegen den Zuwiderhandelnden einen Anspruch auf Ersatz von Aufwendungen oder Kosten der Rechtsverfolgung entstehen zu lassen".** Davon ist auszugehen, wenn der Anspruchsberechtigte kein nennenswertes wirtschaftliches oder wettbewerbspolitisches Interesse an der Rechtsverfolgung haben kann. Maßgebend ist dabei die Sichtweise eines wirtschaftlich denkenden Unternehmers (BGH GRUR 2001, 260, 261 – *Vielfachabmahner;* Harte/Henning/*Bergmann* § 8 Rdn 316). Es kommt also auf die äußeren Umstände, nicht auf die subjektive Zielsetzung des Anspruchsberechtigten an. Handelt es sich um einen Verband, wird insoweit meist schon die Anspruchsberechtigung nach § 8 III Nr 2 generell zu verneinen sein (vgl BGH GRUR 1990, 282, 285 – *Wettbewerbsverein; Teplitzky* Kap 13 Rdn 57; diff Harte/Henning/*Bergmann* § 8 Rdn 318). Ein Rückgriff auf § 8 IV ist jedoch unentbehrlich, wenn ein Mitbewerber iSd § 8 III Nr 1 Wettbewerbsverstöße in erster Linie aus Gewinninteresse (Vorgehen durch Anwalt, der zugleich Mitbewerber ist, oder eines Mitbewerbers zu Gunsten eines ihm nahe stehenden Anwalts; OLG Zweibrücken GRUR 1997, 77, 78; OLG Frankfurt GRUR-RR 2007, 56, 57) mittels Abmahnung und Klage verfolgt. Ein Indiz dafür ist freilich nicht schon eine umfangreiche Abmahntätigkeit (OLG Köln GRUR 1993, 571; OLG München NJWE-WettbR 1998, 29, 30). Vielmehr ist eine **Gesamtwürdigung** unter Berücksichtigung aller Umstände des Einzelfalls (vgl HdbWettbR/*Fritzsche* § 79 Rdn 243 a), einschließlich des Prozessverhaltens (vgl AG Schleiden GRUR-RR 2009, 156), vorzunehmen. Ein Missbrauch ist dann anzunehmen, wenn die Abmahntätigkeit sich verselbstständigt, dh in keinem vernünftigen Verhältnis zur eigentlichen Geschäftstätigkeit steht und bei objektiver Betrachtung an der Verfolgung bestimmter Wettbewerbsverstöße kein nennenswertes wirtschaftliches Interesse außer dem Gebührenerzielungsinteresse bestehen kann (BGH GRUR 2001, 260, 261 – *Vielfachabmahner;* OLG Frankfurt GRUR-RR 2007, 56, 57; LG Würzburg MMR 2009, 200; LG Hamburg MMR 2010, 258 [LS]), zumal wenn es sich um geringfügige Verstöße handelt. Das liegt insbes dann nahe, wenn ein Anwalt ein (grds erlaubtes) Nebengewerbe betreibt und dies zum Anlass einer eigenen umfangreichen Abmahntätigkeit nimmt (KG GRUR-RR 2004, 335). Ein Indiz für einen Missbrauch kann es auch sein, wenn der Gewerbetreibende systematisch überhöhte Abmahngebühren oder Vertragsstrafen oder einen Verzicht auf die Einrede des Fortsetzungszusammenhangs fordert (BGHZ 121, 13, 19 f – *Fortsetzungszusammenhang*) oder sich nur an erfolgreiche Verfahren anhängt (*Scholz* WRP 1987, 437) oder trotz umfangreicher Abmahntätigkeit in keinem Fall den Anspruch gerichtlich durchzusetzen versucht (BGH GRUR 1999, 1116, 1118 – *Wir dürfen nicht feiern;* LG Bremen WRP 1999, 570). Auch ist ein Rechtsmissbrauch anzunehmen, wenn der beauftragte Anwalt das Abmahngeschäft „in eigener Regie" betreibt, insbes selbst Wettbewerbsverstöße erst ermittelt (vgl OLG Köln GRUR 1993, 571; OLG München WRP 1992, 270) oder den Auftraggeber vom Kostenrisiko ganz oder teilweise freistellt (OLG Frankfurt GRUR-RR 2007, 56, 57). Das Gleiche gilt, wenn im Zusammenwirken von Anwalt und **Prozessfinanzierer** dem Mandanten eine kostenfreie Verfolgung von Unterlassungsansprüchen angeboten wird, der Kläger jedenfalls aus späteren Vertragsstrafen Gewinn erzielen soll, der Prozessfinanzierer und der von ihm vermittelte Anwalt eng und fortlaufend zusammenarbeitet und der Kläger die maßgeblichen Umstände kennt (KG WRP 2010, 1177). – Eine Vielzahl von Klagen (oder Verfügungsanträgen) gegen Mitbewerber, die sich auf Umstände des Einzelfalls stützen und nicht auf unproblematische Fälle beschränkt sind, ist kein Indiz für ein Gebührenerzielungsinteresse (BGH WRP 2005, 598, 600 – *Telekanzlei*). Verhalten sich viele Mitbewerber wettbewerbswidrig, so muss es dem betroffenen Unternehmen auch möglich sein, gegen sie alle vorzugehen (OLG München GRUR-RR 2007, 55; OLG Frankfurt GRUR-RR 2007, 56, 57).

c) Kostenbelastungsinteresse. aa) Allgemeines. Ein Missbrauch kann auch vorliegen, wenn es dem Anspruchsberechtigten zwar nicht ausschließlich, aber doch überwiegend darum geht, den Verletzer mit Kosten und Risiken zu belasten und seine personellen und finanziellen Kräfte zu binden (BGH GRUR 2001, 78, 79 – *Falsche Herstellerpreisempfehlung;* BGH GRUR 2001, 82, 83 – *Neu in Bielefeld I*). Ein Indiz ist es, wenn ein schonenderes Vorgehen im Einzelfall möglich und zumutbar ist. Unerheblich ist es, ob die zusätzliche Kostenbelastung den Verletzer im Wettbewerb behindert. Andernfalls würde allein die Größe und Finanzkraft des Schuldners den Gläubiger von dem Missbrauchsvorwurf entlasten (BGH GRUR 2006, 243 Tz 19 – *MEGA SALE*).

bb) Missbräuchliches Vorgehen eines Anspruchsberechtigten. (1) Mehrfache Klagen, Verfügungsanträge und Abmahnungen. Geht ein Anspruchsberechtigter bei einem **einheitlichen Wettbewerbsverstoß** mit mehrfachen Klagen, Verfügungsanträgen oder Abmahnungen vor und erhöht er dadurch die Kostenlast erheblich, obwohl ein einheitliches Vorgehen für ihn mit keinerlei Nachteilen verbunden wäre, ist dies ein Anhaltspunkt für einen Missbrauch (BGHZ 144, 165, 170 f = GRUR 2000, 1091, 1093 – *Missbräuchliche Mehrfachverfolgung;* BGH GRUR 2006, 243 Tz 16 – *MEGA SALE;* BGH GRUR 2010, 454 Tz 19 – *Klassenlotterie*). Dieser Grundsatz gilt auch dann, wenn es um die getrennte Verfolgung gleichartiger oder ähnlich gelagerter Wettbewerbsverstöße geht (BGH GRUR 2010, 454 Tz 19 – *Klassenlotterie*). Kann der Anspruchsberechtigte mehrere (zB in einer Werbeaktion enthaltene) **gleichartige** oder **ähnlich gelagerte Wettbewerbsverstöße** mit einer Klage (oder einem Verfügungsantrag oder einer Abmahnung) geltend machen, so kann es einen Missbrauch darstellen, wenn er **ohne sachlichen Grund** eine Aufspaltung vornimmt und mehrere Klagen neben- oder nacheinander erhebt (BGH GRUR 2009, 1180 Tz 20 – *0,00 – Grundgebühr;* OLG Hamburg WRP 2009, 1296 [LS 1]; *Teplitzky* Kap 13 Rdn 58). Das gilt auch dann, wenn der Kläger von dem weiteren Verstoß erst später Kenntnis erlangt, diesen aber ohne Weiteres, etwa in einer erweiterten Abmahnung, hätte mitverfolgen können (KG WRP 2010, 1273, 1274). Ein sachlicher Grund liegt allerdings vor, wenn eine inhaltlich übereinstimmende Werbung in unterschiedlichen Medien oder mittels unterschiedlicher Maßnahmen erfolgt und der Kläger jeweils die konkrete Verletzungsform angreift (und somit unterschiedliche Streitgegenstände vorliegen), sofern die rechtliche Beurteilung oder die Beweisbarkeit des jeweiligen Wettbewerbsverstoßes unterschiedlich sein kann (BGH GRUR 2009, 1180 Tz 20 – *0,00 – Grundgebühr;* BGH GRUR 2010, 454 Tz 21 – *Klassenlotterie;* LG/OLG Frankfurt WRP 2010, 158, 160). Das ist anzunehmen bei Wettbewerbsverstößen, die zwar Gemeinsamkeiten, aber auch Unterschiede aufweisen, etwa im Hinblick auf Art, Zeit, Ort und Gegenstand der Werbung. Dazu gehören insbes die „zweigliedrigen" Irreführungstatbestände (einheitliche Werbung; unterschiedliche sachliche Gegebenheiten). **Beispiele:** Handzettelwerbung einerseits und Plakatwerbung andererseits (BGH GRUR 2009, 1180 Tz 18 – *0,00 Grundgebühr*); Werbung in einem Spielplan und einem Internetauftritt einerseits und im Rahmen von Telefon- und Postmarketingmaßnahmen andererseits (BGH GRUR 2010, 454 Tz 21 – *Klassenlotterie*).

4.15 **(2) Gleichzeitiges Verfügungs- und Hauptsacheverfahren.** Leitet ein Anspruchsberechtigter neben dem Verfügungs- auch ein Hauptsacheverfahren ein, ohne dass dafür eine sachliche Notwendigkeit besteht und ohne abzuwarten, ob eine inhaltsgleiche Verfügung ergeht und als endgültige Regelung anerkannt wird, ist die Erhebung der Hauptsacheklage missbräuchlich (BGH GRUR 2000, 1091, 1093 – *Missbräuchliche Mehrfachverfolgung;* BGH GRUR 2001, 82 – *Neu in Bielefeld I;* BGH GRUR 2001, 78, 79 – *Falsche Herstellerpreisempfehlung;* BGH GRUR 2002, 715, 716 – *Scanner-Werbung;* OLG Nürnberg GRUR-RR 2004, 336; Harte/Henning/ *Bergmann* § 8 Rdn 321). Kein Missbrauch liegt jedoch vor, wenn der Gläubiger nach Erlass der einstweiligen Verfügung Hauptsacheklage auf Unterlassung, Schadensersatz und Auskunfterteilung erhebt, weil der Schuldner Widerspruch eingelegt und in der ihm gesetzten angemessenen Frist nicht die geforderte Abschlusserklärung abgegeben hat (OLG Köln GRUR-RR 2009, 183). Es ist ihm in diesem Fall nicht zuzumuten, den rechtskräftigen Abschluss des Verfügungsverfahrens und eine Entscheidung des Schuldners, die Regelung doch noch als endgültige anzuerkennen, abzuwarten (aA OLG Nürnberg GRUR-RR 2004, 336).

4.15a **cc) Missbräuchliches Vorgehen mehrerer Anspruchsberechtigter. (1) Mehrfachklagen.** Eine Klage ist nicht schon deshalb missbräuchlich, weil vorher oder gleichzeitig ein anderer Anspruchsberechtigter Klage bei dem gleichen oder einem anderen zuständigen Gericht erhoben hat. Daran ändert es auch nichts, wenn dieselben oder geschäftlich verbundene Anwälte eingeschaltet wurden (OLG Hamburg NJW-RR 1997, 1269; OLG Hamm GRUR 1999, 361, 362) oder wenn die Klagen von einem Verband und daneben von einem Unternehmer, der gleichzeitig ein (nicht allein entscheidungsbefugtes) Vorstandsmitglied des Verbands ist, erhoben werden (OLG Hamburg NJWE-WettbR 1996, 73, 75).

4.16 Die Mehrfachverfolgung ist jedoch missbräuchlich, wenn sie auf einem **abgestimmten** oder **zentral koordinierten Verhalten** der Unterlassungsgläubiger beruht, für sie kein vernünftiger Grund vorliegt und die Vervielfachung der Belastung und das Kostenrisiko beim Anspruchsgegner unangemessen ist (BGHZ 144, 165 = GRUR 2000, 1089, 1091 – *Missbräuchliche Mehrfachverfolgung*), weil ein schonenderes Vorgehen im Einzelfall möglich und zumutbar ist. Handelt es sich bei den Mehrfachklägern um unter einheitlicher Leitung stehende **Konzernunternehmen** oder sind sie in sonstiger Weise geschäftlich oder organisatorisch verbunden und werden Informationen über Wettbewerbsverstöße zentral gesammelt, so ist den Umständen nach davon auszugehen, dass den Mehrfachklagen gegen einen Mitbewerber oder gegen mehrere Verantwortliche eine interne Abstimmung oder Anweisung zugrunde liegt, zumindest aber die Kläger die Mehrfachverfolgung kennen, billigen und fördern wollen (vgl BGHZ 144, 165 = GRUR 2000, 1089, 1091 f – *Missbräuchliche Mehrfachverfolgung;* BGH GRUR 2001, 78, 79 – *Falsche Herstellerpreisempfehlung;* BGH GRUR 2001, 82, 83 – *Neu in Bielefeld I*). Typisch dafür ist der Fall, dass ein Rechtsanwalt nicht zufällig mehrere Konzernunternehmen vertritt, sondern nach entspr Weisung der Konzernmutter auf der Grundlage der bei ihm zusammenfließenden Informationen auch die zentrale Koordinierung der Rechtsverfolgungsmaßnahmen übernimmt (BGH GRUR 2002, 715, 717 – *Scanner-Werbung*). – Die solchermaßen koordinierte Mehrfachverfolgung ist missbräuchlich, wenn Möglichkeiten bestehen, eine den Gegner weniger belastende Verfahrenskonzentration zu wählen und das Vorgehen **schonender** zu gestalten. Zu den Möglichkeiten des schonenderen Vorgehens gehören insbes die Klage in **Streitgenossenschaft** oder gegen mehrere Verantwortliche als **Streitgenossen** oder die Klage **nur einer Partei,** entweder eines Konzernunternehmens oder eines Verbands oder der dazu ermächtigten Muttergesellschaft. Wenn jedes Konzernunternehmen einen eigenen Titel erwirken möchte, sind sie gehalten, gemeinsam am Sitz des Beklagten zu klagen (BGH GRUR 2002, 713, 714 – *Zeitlich versetzte*

4. Kap. Missbräuchliche Geltendmachung von Abwehransprüchen 4.17–4.19 § 8 UWG

Mehrfachverfolgung; krit Harte/Henning/*Bergmann* § 8 Rdn 320). Erscheint nach Lage des Falles ein schonenderes Vorgehen möglich, so ist es Sache der Kläger, vernünftige sachliche Gründe für die Mehrfachklage (zB fehlende Abstimmung; unterschiedliche Anträge; OLG Düsseldorf WRP 1999, 865, 866) darzulegen (BGH GRUR 2002, 357, 359 – *Missbräuchliche Mehrfachabmahnung;* BGH GRUR 2008, 915 Tz 11 – *40 Jahre Garantie*).

Ein Missbrauch kann auch darin liegen, dass zwar nicht identische, aber **gleichartige,** **ähnliche Fälle getrennt** verfolgt werden, es sei denn, dass dafür ein sachlicher, vernünftiger Grund, etwa Vorliegen einer unterschiedlichen Beweissituation (Rdn 4.14; BGH GRUR 2002, 713, 714 – *Zeitlich versetzte Mehrfachverfolgung;* BGH GRUR 2004, 70, 71 – *Preisbrecher;* BGH GRUR 2009, 1180 Tz 20 – *0,00 – Grundgebühr;* OLG Frankfurt GRUR-RR 2004, 334, 335). Dazu gehören die Fälle, die sich durch einen zweigliedrigen Sachverhalt (zB überregionale Anzeigenwerbung; unterschiedliche Vorratsmengen in einzelnen Filialen) auszeichnen. Denn hier lassen sich Wettbewerbsverstöße nicht einheitlich feststellen und einzelne Konzernunternehmen haben daher ein legitimes Interesse, den Wettbewerber am jeweiligen Ort seiner Filialen in Anspruch zu nehmen (BGHZ 144, 165, 170 = GRUR 2000, 1089 – *Missbräuchliche Mehrfachverfolgung;* BGH GRUR 2004, 70, 71 – *Preisbrecher;* OLG Nürnberg GRUR-RR 2005, 169). Ein sachlicher Grund liegt aber nicht in einer räumlich beschränkten Betroffenheit der einzelnen Gesellschaften, weil der Unterlassungsanspruch bundesweit durchsetzbar ist (BGH GRUR 1999, 509, 510 – *Vorratslücken*). Ein sachlicher Grund für die Mehrfachverfolgung kann auch darin liegen, dass die zum selben Konzern gehörenden Kläger in ihrer Stellung als Mitbewerber unterschiedlich betroffen sind und daher aus ihrer Sicht ein unterschiedlicher Verlauf der Verfahren nicht auszuschließen ist (BGH GRUR 2008, 915 Tz 12 – *40 Jahre Garantie*).

4.17

Der Einwand des Rechtsmissbrauchs ist für jeden mit Klage (oder Verfügungsantrag oder Abmahnung) geltend gemachten Anspruch selbstständig zu prüfen. Das kann, insbes bei mehr oder weniger **gleichzeitig erhobenen** Klagen wegen eines einheitlichen Wettbewerbsverstoßes, dazu führen, dass alle Klagen unzulässig sind (ebenso KG WRP 2010, 1273, 1274). Liegt dagegen zwischen der Erhebung der Klagen eine gewisse Zeitspanne, so ist aus der Erhebung der späteren Klage nicht unbedingt zu schließen, dass auch bereits die frühere Klage als unzulässig anzusehen ist (vgl BGH GRUR 2000, 1089, 1093 – *Missbräuchliche Mehrfachverfolgung*). Nehmen mehrere vom selben Rechtsanwalt vertretene Konzernunternehmen einen Mitbewerber wegen desselben Wettbewerbsverstoßes **zeitlich versetzt** beim selben Gericht in Anspruch, so ist zwar nicht die Erste, wohl aber die zweite Klage missbräuchlich, wenn sich der Kläger des zweiten Verfahrens dem ersten Verfahren noch ohne weiteres im Wege der Klageerweiterung anschließen kann. Dies ist in einem frühen Verfahrensstadium, in dem der Gegner gerade erst seine Verteidigungsbereitschaft angezeigt hat, der Fall (BGH GRUR 2002, 713, 714 – *Zeitlich versetzte Mehrfachverfolgung*). – Sind die Mehrfachklagen rechtsmissbräuchlich erhoben, so können die Kläger der Abweisung aller Klagen nicht dadurch entgehen, dass sie sich nachträglich auf eine Klage beschränken. Andernfalls ließe sich ein effektiver Schutz vor missbräuchlicher Geltendmachung des Unterlassungsanspruchs nicht verwirklichen. – Hat ein Anspruchsberechtigter bereits einen Titel oder eine strafbewehrte Unterlassungserklärung erlangt, so kann (und wird idR) die Wiederholungsgefahr und damit der Unterlassungsanspruch der übrigen Anspruchsberechtigten entfallen sein. Unabhängig davon kann aber bereits die Geltendmachung des Unterlassungsanspruchs missbräuchlich und die Klage damit unzulässig (bzw nach hier vertretener Auffassung: unbegründet) sein, so dass sich eine Prüfung des Anspruchs erübrigt.

4.18

(2) Mehrfachabmahnungen. Gehen mehrere Unterlassungsgläubiger mit Abmahnungen gegen den Verletzer vor, ist zu unterscheiden. Zulässig ist eine **gemeinsame Abmahnung,** weil sich dadurch die Kosten nur unwesentlich erhöhen (BGH GRUR 2002, 357, 359 – *Missbräuchliche Mehrfachabmahnung*). Unzulässig ist eine Mehrfachabmahnung aber dann, wenn dafür keine vernünftigen Sachgründe erkennbar sind, wenn also nach Lage der Dinge eine einzige Abmahnung ausgereicht hätte, um die Interessen der anderen anspruchsberechtigten Abmahner zu wahren. Dies ist zB der Fall, wenn mehrere durch denselben Anwalt vertretene Konzernunternehmen ein und denselben Wettbewerbsverstoß in jeweils getrennten Anwaltsschreiben abmahnen. Denn sie können ihr Vorgehen in der Weise koordinieren, dass die Abmahnung entweder nur von einem Konzernunternehmen oder gemeinsam ausgesprochen wird (BGH aaO – *Missbräuchliche Mehrfachabmahnung*). Sind Mehrfachabmahnungen rechtsmissbräuchlich, so sind sie alle unwirksam (KG NJWE-WettbR 1998, 160, 161). Eine zeitgleiche Abmahnung durch zwei von demselben Anwalt vertretene Konzernunternehmen ist nicht missbräuchlich, wenn

4.19

beide Unternehmen namentlich angegriffen werden und der Konzernverband nicht ohne weiteres erkennbar ist (OLG Hamburg GRUR-RR 2003, 53).

4.20 **d) Sonstige sachfremde Erwägungen. aa) Wettbewerberbehinderung.** Missbräuchlich ist die Geltendmachung des Unterlassungsanspruchs, wenn sie von der Absicht getragen ist, den Verletzer im Wettbewerb zu behindern oder zu schädigen (KG GRUR-RR 2010, 22, 23). Das kann der Fall sein, wenn der Anspruchsberechtigte die ihm eröffneten Verbotsmöglichkeiten nicht voll ausschöpft, sondern ohne sachlichen Grund sukzessive gegen den Verletzer vorgeht (vgl OLG Hamburg GRUR 1984, 826; aber auch GRUR 1989, 133). So, wenn er bei mehrfachen Wettbewerbsverstößen in einem Werbeschreiben diese nacheinander angreift und den Verletzer dadurch zu mehrfacher Abänderung zwingt (OLG Hamburg WRP 1996, 579; OLG München NJW-WettbR 1998, 211, 212). – Versucht ein Verband durch unzutreffende Belehrungen, unberechtigte Abmahnungen oder Androhung von Prozessen planvoll Druck auf Unternehmer auszuüben, um sie zu einem Verhalten zu veranlassen, das nach dem GWB nicht zum Gegenstand einer vertraglichen Bindung gemacht werden darf, ist es Sache der Kartellbehörden, dagegen vorzugehen (§§ 21 II, 32, 81 I Nr 1 GWB). Dagegen ist die Einzelklage eines Verbands nicht deshalb missbräuchlich, weil er damit seinem Ziel ein wenig näher kommen könnte (BGH GRUR 1987, 304, 305/306 – *Aktion Rabattverstoß*). – Erst recht nicht missbräuchlich ist es, wenn ein Verband gegen Missbräuche von staatlichen Monopolunternehmen vorgeht, mag er auch das rechtspolitische Ziel einer Beseitigung des Monopols verfolgen (KG GRUR-RR 2010, 22, 23 f).

4.21 **bb) Diskriminierende Auswahl des Verletzers?** Grds nicht missbräuchlich ist es, wenn der Anspruchsberechtigte nur gegen einen oder einzelne von mehreren Verletzern vorgeht. Denn es steht dem Inanspruchgenommenen frei, seinerseits gegen die anderen Verletzer vorzugehen (BGH GRUR 1967, 430, 432 – *Grabsteinaufträge I*; BGH GRUR 1985, 58, 59 – *Mischverband II*; BGH WRP 1999, 424, 426 – *Bonusmeilen*; BGH GRUR 2001, 178 – *Impfstoffversand an Ärzte*). Dies gilt auch dann, wenn ein Verband, der eine Rechtsfrage höchstrichterlich klären lassen will, zunächst gegen einen Dritten und nicht auch gegen ein eigenes Mitglied vorgeht (BGH GRUR 1997, 537, 538 – *Lifting-Creme*; BGH GRUR 1997, 681, 683 – *Produktwerbung*; BGH GRUR 1999, 515, 516 – *Bonusmeilen*; BGH WRP 2000, 502, 504 – *Johanniskraut-Präparat*; BGH WRP 2004, 1024, 1027 – *Sportlernahrung II*). – Nach verbreiteter Auffassung (auch noch 27. A) soll es dagegen missbräuchlich sein, wenn ein **Verband** grds nur gegen Außenstehende und nicht gegen eigene Mitglieder vorgeht, vielmehr deren Wettbewerbsverstöße **planmäßig duldet** (vgl BGH GRUR 1997, 681, 683 – *Produktwerbung*; OLG Frankfurt WRP 1996, 213, 214; LG Berlin GRUR-RR 2005, 325, 328; Harte/Henning/*Bergmann* § 8 Rdn 324; noch strenger *Teplitzky* Kap 13 Rdn 59). Dem ist aber nicht zu folgen (so bereits OLG Schleswig WRP 1996, 937, 938; wohl auch BGH GRUR 2004, 793, 795 – *Sportlernahrung II* und OLG Koblenz GRUR-RR 2010, 16, 17). Denn dies liefe auf eine Art unclean-hands-Einwand (dazu § 11 Rdn 2.38 ff) oder aber auf eine Rechtspflicht des Verbands hinaus, auch gegen eigene Mitglieder vorzugehen. Für beides gibt es keine Rechtsgrundlage. Vielmehr bleibt es auch in diesem Falle Sache des in Anspruch genommenen Unternehmers (oder eines von ihm eingeschalteten Verbands) gegen wettbewerbswidrig handelnde Verbandsmitglieder vorzugehen. – Ebenso wenig ist es missbräuchlich, wenn der Verletzte nur gegen Händler und nicht auch gegen Hersteller vorgeht (offen gelassen von OLG Köln NJWE-WettbR 1999, 252, 253; aA MünchKommUWG/*Fritzsche* § 8 Rdn 255).

4.22 **cc) Fremdbestimmung.** Missbrauch kann im Einzelfall vorliegen, wenn der Anspruchsberechtigte nicht mehr im eigenen oder im Verbandsinteresse, sondern als „Werkzeug" oder „Handlanger" eines Dritten tätig wird (BGH GRUR 2001, 178 – *Impfstoffversand an Ärzte*; Harte/Henning/*Bergmann* § 8 Rdn 324). Das ist nicht schon dann der Fall, wenn ein Verband auf Anregung und Prozesskostenzusage eines Dritten hin tätig wird (BGH aaO – *Impfstoffversand an Ärzte*); wohl aber dann, wenn der Dritte seine eigene Anspruchsberechtigung verloren hat, die Kosten des Verfahrens übernimmt und den Gang des Verfahrens steuert (vgl BGH GRUR 1960, 379, 381 – *Zentrale*; *Teplitzky* Kap 13 Rdn 37). Nicht ohne weiteres missbräuchlich ist es dagegen, wenn der eigentlich Interessierte einen Verband einschaltet, um die Prozesskosten über § 12 IV zu senken (aA *Teplitzky* Kap 13 Rdn 60).

4.23 **dd) Sonstiges.** Ein Anspruch wird auch dann missbräuchlich geltend gemacht, wenn der Anspruchsberechtigte zuvor vergeblich versucht hat, sich die Anspruchsberechtigung **„abkaufen"** zu lassen (OLG Hamm GRUR-RR 2005, 141, 142). – Die Ausnutzung eines „Rechtsprechungsgefälles" bei der **Wahl des Gerichtsstands** (§ 14 II) ist noch kein Missbrauch (KG

WRP 1992, 34, 36; KG WRP 2008, 511, 512). Allerdings kann es im Einzelfall missbräuchlich sein, wenn ein Massenabmahner bei ausbleibender Unterwerfung das Gericht nach § 14 II 1 grds so auswählt, dass dieses vom Sitz des Gegners weit entfernt liegt (KG WRP 2008, 511). – Besitzt der Verletzte bereits einen **Vollstreckungstitel,** um die Zuwiderhandlung zu ahnden, ist schon das Rechtsschutzinteresse an einer erneuten Klage zu verneinen (KG WRP 1998, 1189, 1190), sofern nicht bes Umstände vorliegen. – Kein Missbrauch liegt in der Erhebung der Hauptsacheklage ohne vorherige Einleitung eines Verfügungsverfahrens, selbst wenn der Verletzer eine Urteilsverfügung durch Abschlussschreiben anerkennen will (KG GRUR 1996, 144). Der Verletzer hat es in der Hand, den Kläger durch Unterwerfung klaglos zu stellen. – Kein Missbrauch ist es, wenn Kammern von Freiberuflern ohne vorheriges berufsrechtliches Einschreiten gegen Mitglieder mit einer wettbewerbsrechtlichen Abmahnung vorgehen, sofern nicht besondere Umstände vorliegen (vgl § 8 Rdn 3.33; BGH GRUR 2006, 598 Tz 15 – *Zahnarztbriefbogen;* aA *Schinnenburg* GesR 2007, 568). – Kein Missbrauch ist auch in einer Abmahnung zu sehen, die als Reaktion auf eine vorherige Abmahnung eines Mitbewerbers („Retourkutsche") erfolgt (OLG Frankfurt MMR 2009, 564; jurisPK/*Seichter* § 8 Rdn 189).

III. Adressatenkreis

Das Missbrauchsverbot wendet sich gegen **alle Anspruchsberechtigten** iSd § 8 III (vgl **4.24** BGH GRUR 2000, 1089, 1090 – *Missbräuchliche Mehrfachverfolgung;* BGH GRUR 2001, 82 – *Neu in Bielefeld I;* BGH GRUR 2001, 260, 261 – *Vielfachabmahner*). Beim **Mitbewerber** iSd § 8 III Nr 1 wird zwar typischerweise ein berechtigtes Interesse an der Rechtsverfolgung gegeben sein. Jedoch kann auch hier ein Missbrauch wegen vorwiegenden Gebühreninteresses vorliegen (vgl Rdn 4.11; KG GRUR-RR 2004, 335). Es hat auch insoweit eine „Berücksichtigung der gesamten Umstände" (§ 8 IV) stattzufinden. Dementsprechend sind nicht generell strengere Anforderungen an einen Missbrauch zu stellen (ebenso Harte/Henning/*Bergmann* § 8 Rdn 308; aA OLG Hamburg WRP 1995, 240, 241).

IV. Beweislast

Im Rahmen der gerichtlichen Geltendmachung des Unterlassungsanspruchs ist das Vorliegen **4.25** eines Missbrauchs nach hM, da eine Prozessvoraussetzung betreffend (Rdn 4.3), von Amts wegen auch noch in der Revisionsinstanz (BGH GRUR 2002, 715, 716 – *Scanner-Werbung*) im Wege des **Freibeweises** zu prüfen (OLG München WRP 1992, 270, 273). Ein **non-liquet** geht zu Lasten des Beklagten, da grds von der Zulässigkeit der Geltendmachung des Anspruchs auszugehen ist (KG WRP 2008, 511; KG GRUR-RR 2010, 22, 23; *Teplitzky* Kap 13 Rdn 54; *Schulte-Franzheim* WRP 2001, 745, 750; aA OLG Köln WRP 1999, 357, 361). Nach der hier vertretenen Meinung (Rdn 4.4) handelt es sich um eine Frage der Begründetheit, so dass die allgemeinen Grundsätze gelten. Grds ist es Sache des Beklagten, Tatsachen für das Vorliegen eines Missbrauchs darzulegen und dafür Beweis anzubieten (OLG Hamm MD 2007, 381, 382; OLG Köln GRUR 1993, 571; *Hantke,* FS Erdmann, 2002, 831, 842). Dies gilt auch für das Vorgehen eines Verbandes, zumal für ihn die Vermutung spricht, dass er seinen satzungsmäßigen Zwecken nachgeht (BGH GRUR 2001, 178 – *Impfstoffversand an Ärzte*). Ist allerdings durch entspr Tatsachenvortrag (zB dass die Mehrfachverfolgung durch konzernmäßig verbundene Unternehmen erfolgt) die für die Prozessführungsbefugnis (bzw Anspruchsberechtigung) sprechende Vermutung erschüttert, so muss der Kläger substanziiert die Gründe darlegen, die gegen einen Missbrauch sprechen (BGH GRUR 2001, 178 – *Impfstoffversand an Ärzte;* BGH GRUR 2006, 243 Tz 21 – *MEGA SALE;* KG WRP 2008, 511; *Teplitzky* Kap 13 Rdn 54). Das Gleiche gilt, wenn der Kläger bereits in der Vergangenheit missbräuchlich gegen bestimmte Wettbewerbsverstöße vorgegangen ist und die äußeren Umstände der jetzigen Rechtsverfolgung im Wesentlichen damit übereinstimmen. Es ist dann Sache des Klägers, gewichtige Veränderungen in den maßgeblichen Umständen darzulegen, die die Gewähr für eine redliche Rechtsverfolgung bieten (KG GRUR-RR 2004, 335). Maßgeblicher Zeitpunkt ist der Schluss der mündlichen Verhandlung bzw die Abgabe übereinstimmender Erledigterklärungen (OLG Düsseldorf OLG-Rp 1998, 328). – Geht der Rechtsstreit um die Rechtsfolgen einer Abmahnung, zB um Aufwendungsersatz, ist ohnehin das Vorliegen eines Missbrauchs (und damit der Unwirksamkeit der Abmahnung) nach allgemeinen Beweislastregeln zu beurteilen. Der Anspruchsgegner muss also grds den Missbrauch beweisen, wobei freilich der Anspruchsteller zur Klärung solcher Tatsachen beitragen muss, die in seiner Sphäre liegen und dem Anspruchsgegner nicht bekannt sind.

5. Kapitel. Auskunftsanspruch

Übersicht

	Rdn
I. Allgemeines	5.1
II. Auskunftsberechtigte	5.2
III. Auskunftsverpflichtete	5.3
IV. Inhalt, Voraussetzungen und Umfang der Auskunftserteilung	5.4
V. Kosten der Auskunft	5.5
VI. Durchsetzung des Auskunftsanspruchs	5.6

I. Allgemeines

5.1 Mit einer etwas komplizierten Verweisung auf den (2009 neugefassten) § 13 UKlaG (Unterlassungsklagengesetz) gewährt § 8 V einen **Auskunftsanspruch** bestimmter Organisationen gegen bestimmte Diensteerbringer zur leichteren Durchsetzung von Unterlassungsansprüchen iSd § 8 I. Nach allgemeinen Grundsätzen gilt dies auch für den Beseitigungsanspruch, nicht jedoch für sonstige Ansprüche, insbes Schadensersatzansprüche. Die Regelung des § 8 V ist an die Stelle des früheren § 13 VII aF getreten. Die Änderungen in S 1 sollen die Vorschrift verständlicher machen, S 2 soll klarstellen, dass Wettbewerbsverstöße nicht über das UKlaG geltend gemacht werden können (Begr RegE UWG, BT-Drucks 15/1487 S 23). Dementsprechend gilt für Klagen, die sich nur auf UWG-Verstöße stützen, nicht die Zuständigkeitsregelung des § 6 UKlaG, sondern die des § 14. Eine Ausnahme gilt für den Fall des § 4 a UKlaG. Die nach § 4 a UKlaG anspruchsberechtigten Verbände sind demnach befugt, innergemeinschaftliche Verstöße gegen Verbraucherschutzgesetze zu verfolgen, auch wenn sie sich im Einzelfall als UWG-Verstöße darstellen (vgl BT-Drucks 16/2930 S 26 f). An dieser Beurteilung wird man allerdings nach dem 29. 12. 2009, dem Zeitpunkt des Inkrafttretens der kodifizierten Unterlassungsklagenrichtlinie 2009/22/EG, nicht festhalten können (vgl die Erläuterung in § 2 UKlaG Rdn 11 b). – Zum **allgemeinen Auskunftsanspruch** vgl § 9 Rdn 4.1 ff.

II. Auskunftsberechtigte

5.2 Auskunftsberechtigt sind nach § 8 V iVm § 13 I UKlaG nur **qualifizierte Einrichtungen** (§ 13 I Nr 1 UKlaG), **rechtsfähige Verbände zur Förderung gewerblicher oder selbstständiger beruflicher Interessen** (§ 13 I Nr 2 UKlaG) und **Industrie- und Handelskammern** sowie **Handwerkskammern** (§ 13 I Nr 3 UKlaG). Nicht anspruchsberechtigt sind hingegen Mitbewerber iSd § 8 III Nr 1 sowie sonstige Verbände und Kammern. Diese Einschränkung des Kreises der Auskunftsberechtigten erklärt sich aus dem Bestreben, etwaigen Missbräuchen und einer übermäßigen Belastung der auskunftspflichtigen Stellen vorzubeugen. Der Anspruch ist aus diesem Grunde auch nicht abtretbar. – Zum Auskunftsanspruch individuell Betroffener vgl § 13 a UKlaG. Dieser Anspruch wird nicht schon durch das gleichzeitige Bestehen eines Auskunftsanspruchs der Verbände ausgeschlossen. Der missverständlich gefasste frühere § 13 a S 2 UKlaG (dazu BGH WRP 2008, 355 Tz 9–12 – *SMS-Werbung*) wurde 2009 aufgehoben.

III. Auskunftsverpflichtete

5.3 Zur Auskunft verpflichtet ist nach § 13 I UKlaG, „wer geschäftsmäßig Post-, Telekommunikations-, Tele- oder Mediendienste erbringt oder an der Erbringung solcher Dienste mitwirkt".

IV. Inhalt, Voraussetzungen und Umfang der Auskunftserteilung

5.4 Die Anspruchsberechtigten können von den Anspruchsverpflichteten verlangen, dass ihnen **Namen** und **zustellungsfähige Anschrift** eines am Post-, Telekommunikations-, Tele- oder Mediendiensteverkehr Beteiligten mitgeteilt wird, sofern sie **schriftlich versichern,** dass sie die Angaben (a) zur Durchsetzung eines Unterlassungsanspruchs iSd § 8 I benötigen und (b) nicht anderweitig beschaffen können. Außerdem besteht der Anspruch nur, soweit die Auskunft ausschließlich anhand der bei dem Auskunftspflichtigen vorhandenen Bestandsdaten mitgeteilt werden kann (§ 13 II 1 UKlaG). Jedoch darf die Auskunft nicht deshalb verweigert werden, weil der Beteiligte, dessen Angaben mitgeteilt werden sollen, in die Übermittlung nicht einwilligt (§ 13 II 2 UKlaG). Zur Wahrung der Schriftform vgl §§ 126, 126a BGB. Nach dem Gesetzeswortlaut genügt an sich die bloße Behauptung eines Unterlassungsanspruchs. Zum Schutz der betroffenen Beteiligten, die sich gegen die Weitergabe ihrer Daten nicht wehren können, ist jedoch zu verlangen, dass der Unterlassungsanspruch in gleicher Weise präzisiert wird wie bei einer Abmahnung.

V. Kosten der Auskunft

Nach § 13 III 1 UKlaG kann der Auskunftspflichtige vom Anspruchsberechtigten einen angemessenen Ausgleich für die Erteilung der Auskunft verlangen. Zu ersetzen sind die tatsächlich entstandenen (ggf pauschalierten) Kosten. Der Beteiligte hat nach § 13 III 2 UKlaG dem Anspruchsberechtigten den gezahlten Ausgleich zu erstatten, wenn der gegen ihn gerichtete Unterlassungsanspruch begründet ist. Von der Begründetheit des Unterlassungsanspruchs ist nur bei Anerkenntnis oder rechtskräftiger Verurteilung zur Unterlassung auszugehen. Dem steht der Fall gleich, dass eine einstweilige Verfügung durch Abschlusserklärung unangreifbar geworden ist. Dagegen genügt nicht die Abgabe einer strafbewehrten Unterlassungserklärung. Weigert sich daher der Beteiligte trotz Unterwerfung, den Ausgleich zu erstatten, ist im Prozess das Bestehen des Unterlassungsanspruchs zu prüfen. 5.5

VI. Durchsetzung des Auskunftsanspruchs

Der Anspruch gegen den Diensteerbringer ist mit der Leistungsklage durchsetzbar. Wird die Auskunft zur Durchsetzung eines Unterlassungsanspruchs im Wege der einstweiligen Verfügung benötigt, muss auch der Auskunftsanspruch im Wege der einstweiligen Verfügung durchsetzbar sein, da er sonst wertlos wäre. 5.6

Schadensersatz

9 ¹Wer vorsätzlich oder fahrlässig eine nach § 3 oder § 7 unzulässige geschäftliche Handlung vornimmt, ist den Mitbewerbern zum Ersatz des daraus entstehenden Schadens verpflichtet. ²Gegen verantwortliche Personen von periodischen Druckschriften kann der Anspruch auf Schadensersatz nur bei einer vorsätzlichen Zuwiderhandlung geltend gemacht werden.

Übersicht

	Rdn
1. Kapitel. Der Schadensersatzanspruch (Satz 1)	
I. Allgemeines	1.1, 1.2
1. Entstehungsgeschichte	1.1
2. Eigenart des wettbewerbsrechtlichen Schadensersatzanspruchs und Konkurrenzen	1.2
II. Schuldner und Gläubiger	1.3–1.11
1. Schuldner	1.3–1.7
a) Haftung des Verletzers	1.3
b) Haftung des Störers?	1.4
c) Haftung für Dritte	1.5–1.7
aa) Überblick	1.5
bb) Haftung für Organe (§ 31 BGB)	1.6
cc) Haftung für Verrichtungsgehilfen (§ 831 BGB)	1.7
2. Gläubiger	1.8–1.11
a) Mitbewerber	1.9
b) Verbraucher und sonstige Marktpartner?	1.10
c) Verbände?	1.11
III. Voraussetzungen und Grenzen der Schadenszurechnung	1.12–1.22
1. Verletzungshandlung	1.12
2. Kausalität und Schutzweck der Norm	1.13–1.15
a) Adäquate Kausalität	1.14
b) Schutzweck der Norm	1.15
3. Tatbestandsmäßigkeit und Rechtswidrigkeit	1.16

		Rdn
4. Verschulden		1.17
5. Einzelfragen zum Verschulden		1.18–1.21
a) Verschulden bei der rechtlichen Beurteilung		1.19
b) Verschulden bei der Durchführung von Werbemaßnahmen		1.20
c) Nachfolgendes Verschulden		1.21
6. Mitverschulden (§ 254 BGB)		1.22
IV. Überblick über Inhalt und Umfang des Schadensersatzes		1.23
V. Naturalherstellung		1.24–1.28
1. Allgemeines		1.24
2. Herstellung durch tatsächliche Maßnahmen		1.25
3. Herstellung durch Unterlassen		1.26
4. Herstellung durch Vertragsschluss		1.27
5. Herstellung durch Verletzten		1.28
VI. Einzelne Vermögensschäden		1.29–1.35
1. Kosten der Rechtsverfolgung		1.29
2. Marktverwirrung und Marktverwirrungsschaden		1.30–1.34
a) Begriffe		1.30
b) Anspruch auf Beseitigung der Marktverwirrung		1.31
c) Anspruch auf Ersatz von Marktentwirrungskosten		1.32
d) Ersatz von fiktiven Marktentwirrungskosten?		1.33
e) Ersatz von verbleibenden Marktverwirrungsschäden		1.34
3. Entgangener Gewinn		1.35
VII. Dreifache Schadensberechnung		1.36–1.50
1. Anwendungsbereich		1.36–1.36 b
a) Rechte des geistigen Eigentums		1.36
b) Bürgerliches Recht		1.36 a
c) Recht des unlauteren Wettbewerbs		1.36 b
2. Bedeutung		1.37–1.40
a) Rechtsnatur		1.37
b) Arten der Schadensberechnung		1.38
c) Wahlrecht		1.39
d) Vermengungsverbot		1.39 a
e) Mehrheit von Verletzern (Verletzerkette)		1.40
3. Funktion und Rechtfertigung		1.41
4. Lizenzanalogie		1.42–1.44
a) Grundlagen und Voraussetzungen		1.42
b) Berechnung		1.43
c) Zu- und Abschläge		1.44
5. Herausgabe des Verletzergewinns		1.45–1.50
a) Grundlagen und Voraussetzungen		1.45
b) Ermittlung des Verletzergewinns		1.46–1.49
c) Abzugsfähigkeit von Kosten		1.50

2. Kapitel. Die Verantwortlichkeit der Presse

I. Überblick		2.1
II. Abwehransprüche		2.2–2.4
1. Kreis der Verantwortlichen		2.2
2. Haftungsvoraussetzungen		2.3
3. Anspruchsinhalt		2.4
III. Gegendarstellungsanspruch		2.5–2.9
1. Funktion und Rechtsgrundlagen		2.5
2. Verhältnis zu den Abwehransprüchen		2.6
3. Inhalt, Umfang und Grenzen		2.7
4. Abdruck		2.8
5. Gerichtliche Durchsetzung		2.9
IV. Selbsthilfe durch Anzeigenaktion		2.10
V. Schadensersatzanspruch gegen die Presse (Satz 2)		2.11–2.17
1. Rechtsentwicklung		2.11
2. Zweck des Presseprivilegs		2.12
3. Anwendungsbereich		2.13, 2.14
a) Privilegierte Medien		2.13
b) Privilegierte Personen		2.14

	Rdn
4. Grenzen	2.15
5. Zuwiderhandlungen gegen § 3	2.16
6. Beweislast	2.17

3. Kapitel. Der Bereicherungsanspruch

	Rdn
I. Voraussetzungen	3.1–3.3
1. Allgemeines	3.1
2. Erwerb auf Kosten eines anderen	3.2
3. Erwerb ohne rechtlichen Grund	3.3
II. Inhalt und Umfang des Anspruchs	3.4–3.6
1. Das Erlangte	3.4
2. Die Wertersatzpflicht (§ 818 II BGB)	3.5
3. Der Wegfall der Bereicherung (§ 818 III BGB)	3.6
III. Sonstiges	3.7

4. Kapitel. Ansprüche auf Auskunft, Rechnungslegung und Besichtigung

	Rdn
I. Funktion, Arten und Rechtsgrundlage des Auskunftsanspruchs	4.1–4.7
1. Allgemeines	4.1
2. Selbstständiger Auskunftsanspruch (auf Drittauskunft)	4.2, 4.3
a) Inhalt und Rechtsnatur	4.2
b) Spezielle gesetzliche Regelungen	4.3
3. Unselbstständiger Auskunftsanspruch	4.4
4. Rechtsgrundlage des wettbewerbsrechtlichen Auskunftsanspruchs	4.5
5. Rechnungslegungsanspruch	4.6, 4.7
a) Verhältnis zum Auskunftsanspruch	4.6
b) Rechtsgrundlagen	4.7
II. Voraussetzungen des Auskunftsanspruchs	4.8–4.10
1. Bestehen einer Rechtsbeziehung zwischen den Parteien	4.8
2. Unmöglichkeit oder Unzumutbarkeit der eigenen Informationsbeschaffung	4.9
3. Unverschuldete Ungewissheit des Gläubigers	4.10
III. Umfang und Grenzen des Auskunftsanspruchs	4.11–4.24
1. Umfang	4.11
2. Grenzen	4.12–4.24
a) Geeignetheit und Erforderlichkeit der Auskunft	4.13, 4.14
aa) Allgemeines	4.13
bb) Mitteilung von Kontrolltatsachen	4.14
b) Zumutbarkeit der Auskunfterteilung	4.15–4.24
aa) Art und Schwere der Verletzung	4.16
bb) Arbeitsaufwand des Auskunftspflichtigen	4.17
cc) Geheimhaltungsinteresse des Verletzers und Aufklärungsinteresse des Verletzten	4.18
dd) Wirtschaftsprüfervorbehalt	4.19–4.22
(1) Förmliche und sachliche Voraussetzungen	4.20
(2) Auswahl und Bezahlung des Wirtschaftsprüfers	4.21
(3) Durchführung des Wirtschaftsprüfervorbehalts	4.22
ee) Selbstbezichtigung durch den Verletzer	4.23
ff) Drittbezichtigung durch den Verletzer	4.24
IV. Einzelheiten	4.25–4.28
1. Störungsbeseitigung	4.25
2. Ermittlung des konkreten Schadens	4.26
3. Ermittlung der fiktiven Lizenzgebühr	4.27
4. Ermittlung des Verletzergewinns	4.28
V. Erfüllung und Durchsetzung des Auskunftsanspruchs	4.29–4.41
1. Erfüllung	4.29–4.34
a) Wer hat zu erfüllen?	4.30
b) Wie ist zu erfüllen?	4.31
c) Wann ist erfüllt?	4.32
d) Anspruch auf Ergänzung	4.33
e) Kosten	4.34

		Rdn
2.	Durchsetzung	4.35
3.	Anspruch auf Abgabe einer eidesstattlichen Versicherung	4.36–4.41
	a) Voraussetzungen	4.37
	b) Umfang	4.38
	c) Grenzen	4.39
	d) Bedeutung	4.40
	e) Verfahren	4.41
VI.	Einwendungen und Einreden	4.42
VII.	Der Anspruch auf Besichtigung (§ 809 BGB)	4.43–4.46
1.	Allgemeines	4.43
2.	Voraussetzungen	4.44, 4.45
	a) (Möglicher) Anspruch gegen den Besitzer	4.44
	b) Interesse an der Besichtigung	4.45
3.	Rechtsfolgen	4.46

1. Kapitel. Der Schadensersatzanspruch (Satz 1)

Schrifttum: *Alexander,* Schadensersatz und Abschöpfung im Lauterkeits- und Kartellrecht, 2010; *Beuthien/Wasmann,* Zur Herausgabe des Verletzergewinns bei Verstößen gegen das Markengesetz – Zugleich Kritik an der sogenannten dreifachen Schadensberechnung, GRUR 1997, 255; *Bodewig/Wandtke,* Doppelte Lizenzgebühr als Berechnungsmethode im Lichte der Durchsetzungsrichtlinie, GRUR 2008, 220; *Dilly,* „Nicola" siegt über „Gaby" – zum Umfang des akzessorischen Auskunftsanspruchs nach § 242 BGB, WRP 2007, 1313; *Dreier,* Kompensation und Prävention, 2002; *Fezer,* Schadensersatz und subjektives Recht im Wettbewerbsrecht, WRP 1993, 565; *Fritze,* Schadensersatz für rechtswidrige Anbringung einer Marke im Inland und anschließenden Export durch fiktive Lizenzgebühr?, FS Erdman, 2002, 291; *Götz,* Schaden und Bereicherung in der Verletzerkette, GRUR 2001, 295; *Grüger,* „Catwalk" – Synonym für eine höhere Schadensliquidation, GRUR 2006, 536; *Haedicke,* Die Gewinnhaftung des Patentverletzers, GRUR 2005, 529; *Heil/Roos,* Zur dreifachen Schadensberechnung bei Übernahme sonderrechtlich nicht geschützter Leistungen, GRUR 1994, 26; *Kicker,* Problematik des Beschäftigungsverbots als Nachlese zum „López-Szenario", FS Piper, 1996, 273; *Köhler,* Zur Abwerbung von Mitarbeitern, FS Buchner, 2009, 452; *Körner,* Schadensausgleich bei Verletzung gewerblicher Schutzrechte und bei ergänzendem Leistungsschutz, FS Steindorff, 1990, 877; *Loschelder,* Rechtsfortbildung der Schadensberechnungsmethode „Herausgabe des Verletzergewinns", NJW 2007, 1503; *Meier-Beck,* Herausgabe des Verletzergewinns – Strafschadensersatz nach deutschem Recht?, GRUR 2005, 617; *Melullis,* Zur Schadensberechnung im Wege der Lizenzanalogie bei zusammengesetzten Vorrichtungen, FS Traub, 1994, 287; *Messer,* Der Anspruch auf Geldersatz bei Kreditgefährdung, § 824 BGB und Anschwärzung, § 14 UWG, FS Steffen, 1995, 347; *Ohly,* Schadensersatzansprüche wegen Rufschädigung und Verwässerung im Marken- und Lauterkeitsrecht, GRUR 2007, 926; *v d Osten,* Zum Anspruch auf Herausgabe des Verletzergewinnes im Patentrecht, GRUR 1998, 284; *Peifer,* Die dreifache Schadensberechnung im Lichte zivilrechtlicher Dogmatik, WRP 2008, 48; *Pross,* Verletzergewinn und Gemeinkosten, FS Tilmann, 2003, 881; *Rinnert/Tilmann,* Schadensberechnung ohne Gemeinkosten, FS Helm, 2002, 337; *Rojahn,* Praktische Probleme bei der Abwicklung der Rechtsfolgen einer Patentverletzung, GRUR 2005, 623; *Rössel/Kruse,* Schadensersatzhaftung bei Verletzung von Filterpflichten – Verkehrssicherungspflichten der Telemediendienstanbieter, CR 2008, 35; *Runkel,* Der Abzug von Kosten nach der „Gemeinkostenanteil"-Entscheidung des BGH, WRP 2005, 968; *Schaub,* Schadensersatz und Gewinnabschöpfung im Lauterkeits- und Immaterialgüterrecht, GRUR 2005, 918; *ders,* Die Ansprüche auf Drittauskunft und Schadensersatz im Fall der Beeinträchtigung schutzwürdiger Kontrollnummernsysteme durch Entfernen oder Unkenntlichmachen der Kontrollnummern, FS Erdmann, 2002, 719; *ders,* Der durch § 4 Nr. 11 UWG bewirkte Schutz der Mitbewerber, FS Ullmann, 2006, 845; *Schramm,* Der Marktverwirrungsschaden, GRUR 1974, 617; *Stieper,* Dreifache Schadensberechnung nach der Durchsetzungsrichtlinie 2004/48/EG im Immaterialgüter- und im Wettbewerbsrecht, WRP 2010, 624; *Teplitzky,* Grenzen des Verbots der Verquickung unterschiedlicher Schadensberechnungsmethoden, FS Traub, 1994, 401; *ders,* Die jüngste Rechtsprechung des BGH zum wettbewerbsrechtlichen Anspruchs- und Verfahrensrecht, GRUR 2003, 272; *Tetzner,* Der Verletzerzuschlag bei der Lizenzanalogie, GRUR 2009, 6; *Tilmann,* Gewinnherausgabe im gewerblichen Rechtsschutz und Urheberrecht, GRUR 2003, 647; *v Ungern-Sternberg,* Die Rechtsprechung des Bundesgerichtshofs zum Urheberrecht und zu den verwandten Schutzrechten in den Jahren 2006 und 2007, Teil II, GRUR 2008, 291; *ders,* Einwirkung der Durchsetzungsrichtlinie auf das deutsche Schadensersatzrecht, GRUR 2009, 460; *ders,* Schadensersatz in Höhe des Verletzergewinns nach Umsetzung der Durchsetzungsrichtlinie, FS Loewenheim, 2009, 351; *Wedemeyer,* Beschäftigungsverbote trotz Beschäftigungspflicht?, FS Traub, 1994, 437; *Zahn,* Die Herausgabe des Verletzergewinnes, 2005.

I. Allgemeines

1. Entstehungsgeschichte

Im früheren Recht war der wettbewerbsrechtliche Schadensersatzanspruch unübersichtlich **1.1** geregelt. So sah § 1 aF zwar einen Schadensersatzanspruch vor, erwähnte aber nicht das Verschuldenserfordernis. Weitere Anspruchsgrundlagen waren § 13 VI iVm §§ 3, 6–6c, 7, 8 aF sowie die §§ 14 und 19 aF. Die jetzige, durch die UWG-Novelle 2008 neugefasste Regelung in § 9 S 1 schaffte einen einheitlichen Schadensersatzanspruch für schuldhafte Zuwiderhandlungen gegen § 3 oder § 7. Eine Änderung der Rechtslage war damit nicht verbunden (vgl Begr RegE UWG 2004 zu § 9, BT-Drucks 15/1487 S 23). Für Schadensersatzansprüche wegen Verstoßes gegen die Strafbestimmungen der §§ 16–18 gilt § 823 II BGB.

2. Eigenart des wettbewerbsrechtlichen Schadensersatzanspruchs und Konkurrenzen

Da es sich beim Wettbewerbsrecht um ein **Sonderdeliktsrecht** handelt, sind auf den wett- **1.2** bewerbsrechtlichen Schadensersatzanspruch ergänzend die Vorschriften des allgemeinen Deliktsrechts anwendbar, soweit das Wettbewerbsrecht keine speziellen Regelungen (zB hins der Verjährung, § 11) vorsieht. Dies gilt insbes für die §§ 827–829 BGB, aber auch die §§ 830, 831, 840 sowie die §§ 852, 853 BGB. Der wettbewerbsrechtliche Schadensersatzanspruch ist **abtretbar** (§ 398 BGB). Auch ein **Verzicht** (**Erlassvertrag** iSv § 397 BGB) ist zulässig. Eine entspr Vereinbarung erfasst iZw dann auch einen etwaigen Auskunftsanspruch (OLG Stuttgart WRP 1997, 1219, 1222), dagegen iZw nicht den auf die Zukunft gerichteten Unterlassungsanpruch. Umgekehrt ist in der bloßen Annahme einer Unterwerfungserklärung noch kein konkludenter Verzicht auf einen wettbewerbsrechtlichen Schadensersatzanspruch zu erblicken. Ebenso wenig ist aber mit der Unterwerfung das **Anerkenntnis** (§ 212 I Nr 1 BGB) eines wettbewerbsrechtlichen Schadensersatzanspruchs verbunden. – Mit dem wettbewerbsrechtlichen Schadensersatzanspruch können andere **gesetzliche** Schadensersatzansprüche, insbes aus dem Bereich des Kartellrechts, des Immaterialgüterrechts und des Bürgerlichen Rechts, konkurrieren, sofern nicht die eine oder andere Regelung als lex specialis anzusehen ist. Uneingeschränkt neben dem wettbewerbsrechtlichen Schadensersatzanspruch stehen **vertragliche** und **quasivertragliche** Schadensersatzansprüche. Sie können sich aus der schuldhaften Verletzung eines vertraglichen Unterlassungsversprechens (§§ 280 ff BGB) oder des sog Abmahnverhältnisses (dazu § 12 Rdn 1.61 ff) ergeben. Für das Verhältnis von Vertragsstrafeanspruch und wettbewerbsrechtlichem Schadensersatzanspruch gilt § 340 II BGB (dazu *Köhler* GRUR 1994, 260).

II. Schuldner und Gläubiger

1. Schuldner

a) Haftung des Verletzers. Schuldner des Schadensersatzanspruchs ist nach § 9 S 1 jeder, **1.3** der vorsätzlich oder fahrlässig eine nach § 3 oder § 7 unzulässige geschäftliche Handlung vornimmt, sofern daraus einem „Mitbewerber" (§ 2 I Nr 3) ein Schaden entstanden ist. Aus der Erwähnung des Mitbewerbers in § 9 folgt nicht, dass nur ein Unternehmer, der zu dem Geschädigten in einem konkreten Wettbewerbsverhältnis steht, als Schuldner in Betracht kommt. Vielmehr kann dies auch jemand sein, der lediglich den Wettbewerb eines fremden Unternehmers gefördert hat, der zum geschädigten Unternehmer in einem konkreten Wettbewerbsverhältnis steht. Entscheidend ist nur, dass die unlautere geschäftliche Handlung gegen ein Unternehmen in seiner Eigenschaft als Mitbewerber (Horizontalverhältnis), und nicht als (potenzieller) Marktpartner (Vertikalverhältnis) gerichtet war. Daher kann zB auch ein Privater oder die öffentliche Hand einem Schadensersatzanspruch aus § 9 S 1 ausgesetzt sein. Schuldner ist jedoch nur, wer den Tatbestand des § 3 oder des § 7 als **Täter, Mittäter** (§ 830 I 1 BGB) oder **Teilnehmer** (**Anstifter, Gehilfe;** § 830 II BGB) verwirklicht hat (vgl BGH GRUR 2002, 618, 619 – *Meißner Dekor I; Köhler* WRP 1997, 897, 899 f). Täter ist auch der **mittelbare Täter,** also derjenige, der die Tat durch einen anderen begehen lässt (vgl § 25 I StGB). Da zur Tatbestandsverwirklichung eine geschäftliche Handlung iSd § 2 I Nr 1 erforderlich ist, haften solche Personen nicht, die weisungsgebunden und ohne persönlichen Entscheidungsspielraum handeln (zB Plakatkleber; Zeitungsausfahrer). Insoweit haftet nur der Weisungsgeber als (mittelbarer) Täter (vgl § 8 Rdn 2.11 ff; OLG Nürnberg WRP 1981, 166, 167; MünchKommUWG/*Fritzsche* § 9 Rdn 52; str).

1.4 **b) Haftung des Störers?** Die von der Rspr in Anlehnung an die §§ 862, 1004 BGB entwickelte „Störerhaftung" (§ 8 Rdn 2.11 ff; zur Kritik vgl § 8 Rdn 2.15 ff mwN) bezieht sich von vornherein nur auf Abwehransprüche (Unterlassung und Beseitigung). Gegenüber dem Störer kommen daher keine Schadensersatzansprüche in Betracht (BGH WRP 2000, 1263, 1266 – *Neu in Bielefeld I*; BGH GRUR 2002, 618, 619 – *Meißner Dekor I*).

1.5 **c) Haftung für Dritte. aa) Überblick.** Da das Wettbewerbsrecht ein Sonderdeliktsrecht darstellt, gelten für die Haftung für Dritte die §§ 31, 831 BGB. Die Haftungsnorm des § 8 II gilt nur für den Abwehr-, nicht für den Schadensersatzanspruch (§ 8 Rdn 2.36; BGH GRUR 2006, 426 Tz 24 – *Direktansprache am Arbeitsplatz II*; aA *Alexander* aaO S 665 ff). In den Fällen des Handelns von Mitarbeitern oder Beauftragten ist aber stets auch zu prüfen, ob nicht der Geschäftsinhaber selbst (zB als mittelbarer Täter) den Tatbestand der Anspruchsnorm verwirklicht hat oder ob § 831 BGB eingreift. Die Zurechnungsnorm des § 278 BGB ist nur innerhalb bestehender gesetzlicher oder vertraglicher Schuldverhältnisse anwendbar (BGH GRUR 1990, 381 – *Antwortpflicht des Abgemahnten*). Das Wettbewerbsverhältnis selbst stellt kein Schuldverhältnis dar.

1.6 **bb) Haftung für Organe (§ 31 BGB).** Die Haftung gilt nicht nur für juristische Personen, sondern auch für rechtsfähige Personengesellschaften (§ 14 II BGB) einschließlich der BGB-(Außen-)Gesellschaft (BGH NJW 2003, 1446). Die Regelung setzt den schuldhaften, zum Schadensersatz verpflichtenden Wettbewerbsverstoß eines verfassungsmäßigen Vertreters („Organs") voraus, und rechnet der Organisation die Handlung als eigene zu. Für die Organeigenschaft ist nicht erforderlich, dass die Person gesetzlicher Vertreter (zB GmbH-Geschäftsführer; persönlich haftender OHG-Gesellschafter) ist. Vielmehr genügt es, wenn einer Person durch die allgemeine Betriebsregelung und Handhabung bedeutsame wesensmäßige Funktionen der juristischen Person zur selbstständigen, eigenverantwortlichen Erfüllung zugewiesen sind und sie die juristische Person insoweit repräsentiert (sog **Repräsentantenhaftung;** vgl BGH NJW 1998, 1854, 1856). Wurde für solche Funktionen kein Organ bestellt, so haftet die juristische Person unter dem Gesichtspunkt des **Organisationsmangels.** Die Rspr tendiert mit Recht dazu, den Begriff des Organs weit auszulegen, um die Haftung aus § 831 BGB zurückzudrängen. Als Organe sind zB anzusehen die Leiter einer unselbstständigen Filiale, einer Rechtsabteilung oder einer Anzeigenabteilung einer Zeitschrift (vgl Palandt/*Ellenberger* BGB § 31 Rdn 9).

1.7 **cc) Haftung für Verrichtungsgehilfen (§ 831 BGB).** Nach § 831 BGB haftet der „Geschäftsherr" für rechtswidrige Handlungen seiner „Verrichtungsgehilfen", jedoch – im Unterschied zu § 31 BGB – mit der Möglichkeit des Entlastungsbeweises. Verrichtungsgehilfe iSd § 831 BGB ist nur, wer **weisungsabhängig** ist. Dabei genügt es, dass der Geschäftsherr die übertragene Tätigkeit jederzeit beschränken oder entziehen oder nach Zeit und Umfang bestimmen kann. Das ist zB bezüglich eines Testessers anzunehmen (BGH GRUR 1998, 167, 169 – *Restaurantführer*). Je schwerwiegender die Auswirkungen der übertragenen Tätigkeit (zB Restaurantkritik) sein können, desto strengere Anforderungen sind an den Entlastungsbeweis zu stellen (BGH aaO – *Restaurantführer*). Ggf muss der Geschäftsherr bes gefährliche Beiträge selbst überprüfen oder dem Beauftragten eine Organstellung iSv §§ 30, 31 BGB verschaffen, andernfalls haftet er unter dem Gesichtspunkt des **Organisationsmangels** ohne die Möglichkeit der Entlastung (BGH GRUR 1980, 1099, 1104 – *Das Medizinsyndikat II*; BGH GRUR 1998, 168, 169 – *Restaurantführer*; MünchKommUWG/*Fritzsche* § 9 Rdn 61). Trifft den Geschäftsherrn als Träger öffentlicher Gewalt eine Auskunftspflicht, muss er seine Mitarbeiter so instruieren, dass sie richtige und vollständige Auskünfte erteilen können. Andernfalls haftet er ebenfalls unter dem Gesichtspunkt des Organisationsmangels (BGH WRP 2009, 1369 Tz 22 – *Auskunft der IHK*). Erkennt der Geschäftsherr, dass ein Verrichtungsgehilfe einen Wettbewerbsverstoß begangen hat und unterbindet er ihn nicht, so haftet er für dieses pflichtwidrige Unterlassen auf jeden Fall persönlich.

2. Gläubiger

1.8 Während das frühere UWG nicht ausdrücklich bestimmte, wer Gläubiger eines wettbewerbsrechtlichen Schadensersatzanspruchs sein kann, legt nunmehr § 9 S 1 fest, dass (nur) die **Mitbewerber** (§ 2 I Nr 3) ersatzberechtigt sind.

1.9 **a) Mitbewerber.** Mitbewerber sind nach der Legaldefinition in § 2 I Nr 3 nur Unternehmer, die mit einem oder mehreren Unternehmern als Anbieter oder Nachfrager von Waren in einem konkreten Wettbewerbsverhältnis stehen. Das UWG gibt also einen **Individualschutz** von vornherein nur **im Horizontalverhältnis.** Welche Mitbewerber iE geschützt sind, ergibt sich aus dem Schutzzweck der jeweiligen wettbewerbsrechtlichen Verhaltensnorm (*Bornkamm* GRUR 1996, 527, 529). Ist der Wettbewerbsverstoß gegen ganz bestimmte Mitbewerber gerichtet, so sind nur diese geschützt. Das ist zB beim ergänzenden Leistungsschutz (§ 4 Nr 9) idR nur der verletzte Hersteller und allenfalls der Alleinimporteur (BGH GRUR 1991, 223, 224 – *Finnischer Schmuck;* BGH GRUR 1994, 630, 634 – *Cartier-Armreif*), bei der gezielten Behinderung (§ 4 Nr 10) oder Herabsetzung (§ 4 Nr 7) eines bestimmten Mitbewerbers nur dieser; bei der Anschwärzung (§ 4 Nr 8) nur der „Angeschwärzte"; beim Schadensersatzanspruch aus § 823 II BGB iVm den Straftatbeständen der §§ 17 ff nur der Inhaber des Geschäftsgeheimnisses oder der Vorlage; bei einer unzulässigen vergleichenden Werbung (§ 6 II) nur der in den Vergleich einbezogene Mitbewerber. Ist der Wettbewerbsverstoß dagegen **marktbezogen,** wie idR bei der irreführenden Werbung oder bei der unsachlichen Verbraucherbeeinflussung, so kommen alle Mitbewerber in Betracht, die davon in ihren Wettbewerbschancen unmittelbar betroffen sind (vgl *Bornkamm* GRUR 1996, 527, 529).

b) Verbraucher und sonstige Marktpartner? § 9 S 1 ist nicht analog auf Verbraucher und sonstige Marktpartner anzuwenden. Die Normen des Wettbewerbsrechts bezwecken nämlich keinen Individualschutz im **Vertikalverhältnis** für **Verbraucher** und sonstige Marktpartner (zum früheren Recht bereits *Bornkamm* GRUR 1996, 527, 528 f). Ein Schadensersatzanspruch lässt sich auch nicht auf dem Umweg über § 823 II BGB begründen. Denn § 3 stellt kein Schutzgesetz iSd § 823 II BGB dar (vgl Begr RegE UWG zu § 8, BT-Drucks 15/1487 S 22; Harte/Henning/*Goldmann* § 9 Rdn 10; Harte/Henning/*Keller* Einl A Rdn 20; MünchKommUWG/*Fritzsche* § 9 Rdn 48 f; aA Fezer/*Koos* § 9 Rdn 3; *Sack,* FS Ullmann, 2006, 825, 841 ff; *ders* GRUR 2004, 630; *Kessler* WRP 2005, 272; *Augenhofer* WRP 2006, 169, 176). (Etwas anderes kann für die strafrechtlichen Normen der §§ 16 ff gelten, da das UWG insoweit keine Regelung der zivilrechtlichen Rechtsfolgen eines Verstoßes trifft; vgl Begr RegE UWG zu § 8, BT-Drucks 15/1487 S 22). – Der Ausschluss von wettbewerbsrechtlichen Schadensersatzansprüchen der Verbraucher und sonstigen Marktpartner wird rechtspolitisch vielfach kritisiert (vgl *Sack* BB 2003, 1073, 1079; *Kessler/Micklitz* VuR 2009, 88, 95), indessen zu Unrecht. Die Regelung eines wettbewerbsrechtlichen Schadensersatzanspruchs der Mitbewerber im Horizontalverhältnis ist notwendig, weil insoweit das Bürgerliche Recht keinen adäquaten Rechtsschutz gewährt (der Schutz des Unternehmens nach § 823 I BGB würde viel zu kurz greifen). Daraus folgt aber nicht, dass auch im Vertikalverhältnis ein wettbewerbsrechtlicher Schutz geboten wäre. Denn insoweit besteht gerade keine Schutzlücke, die es durch Anerkennung eines wettbewerbsrechtlichen Schadensersatzanspruchs zu schließen gälte. Der **Schutz im Vertikalverhältnis** wird vielmehr ausreichend durch die Normen des **Bürgerlichen Rechts** gewährleistet. Soweit es um den **außervertraglichen Rechtsgüterschutz** geht (zB Schutz der Privatsphäre vor belästigender Werbung), sind die §§ 823 ff BGB einschlägig. Soweit es um den Schutz der rechtsgeschäftlichen Entscheidungsfreiheit und den **quasivertraglichen** und **vertraglichen Schutz** von Vermögensinteressen geht, geben die §§ 119, 123 BGB, die Vorschriften über die Widerrufsrechte bei bestimmten Absatzverträgen (zB §§ 312 ff BGB), über die Mängelhaftung (§§ 434 ff BGB) sowie über die culpa in contrahendo (§§ 311 II, 280 BGB) usw ausreichenden Schutz. Eine Schutzlücke ist insoweit nicht zu erkennen. Zwar wird gelegentlich auf eine Entscheidung des ÖOGH v 24. 2. 1998 (ÖOGH GRUR Int 1999, 181 – *1. Hauptpreis*) hingewiesen, in der ein Schadensersatzanspruch eines Verbrauchers aus dem östUWG bejaht wird (vgl *Sack* BB 2003, 1073, 1079). Gerade der entschiedene Fall (Rechtsverfolgungskosten eines Verbrauchers wegen Nichteinhaltung einer Gewinnzusage), zeigt indessen, dass jedenfalls im deutschen Recht keine Schutzlücke besteht. Zum einen hätte der Verbraucher im deutschen Recht sogar einen Anspruch auf Gewinnauszahlung (§ 661 a BGB). Zum anderen aber hätte der Verbraucher auch ohne einen solchen Anspruch auf das positive Interesse einen Anspruch auf Ersatz seines Vertrauensschadens (den der ÖOGH ausdrücklich annimmt) nach den Grundsätzen über die culpa in contrahendo. – Mehr noch: Die bürgerlichrechtlichen Regelungen mit ihren konkret umrissenen Tatbestandsmerkmalen und Verjährungsfristen würden weitgehend entwertet, wollte man einen allgemeinen Schadensersatzanspruch der Verbraucher und sonstigen Marktpartner bei Wettbewerbsverstößen gewähren (vgl *Köhler* GRUR 2003, 265, 271; *Weiler* WRP 2003, 423). Das wird gerade am praktisch bedeutsamsten Fall der irreführenden Werbeangaben beim Kauf deutlich: Der Käufer hat insoweit Mängelrechte nach §§ 434 I 3, 437 BGB. Schadensersatz nach § 437 Nr 3 BGB kann er aber nicht sofort, sondern nur dann verlangen, wenn der primär gegebene Nacherfüllungsanspruch nicht durchsetzbar ist. Wollte man parallel dazu einen wettbewerbsrechtlichen Schadensersatzanspruch gewähren, würde diese wohlerwogene abgestufte Regelung unterlaufen. – Sollten sich auf Grund neuartiger Wettbewerbsmethoden künftig Schutzlücken im Bürgerlichen Recht ergeben, so ist die Lücke dort zu schließen, wie dies auch in der Vergangenheit geschehen ist (zB Einführung der §§ 241a, 355, 434 I 3, 661a BGB). – Auch die **Richtlinie 2005/29/EG über unlautere Geschäftspraktiken** gebietet es nicht, Verbrauchern einen Schadensersatzanspruch einzuräumen (vgl Art 11 II). Da das Bürgerliche Recht, genauer das Vertragsrecht und das Deliktsrecht, einen ausreichenden Verbraucherschutz vor unlauteren geschäftlichen Handlungen gewährleistet, gebietet auch die zu Art 81, 82 EG entwickelte *Courage*-Doktrin des EuGH (EuGH Slg 2001, I-6297 Tz 29 – *Courage*; Slg 2006, I-6619 Tz 61 ff, 92 ff – *Manfredi*) keine Änderung des UWG.

1.11   c) **Verbände?** Die in § 8 III Nr 2–4 genannten Verbände können zwar einen Unterlassungsanspruch haben, aber mangels Mitbewerbereigenschaft keinen wettbewerbsrechtlichen Schadensersatzanspruch nach § 9. Ein Ersatzanspruch kann ihnen nur aus außerwettbewerbsrechtlichen Normen zustehen (zB aus der Verletzung von Aufklärungspflichten im Rahmen eines Abmahn- oder Vertragsverhältnisses; vgl BGH GRUR 1988, 716, 717 – *Aufklärungspflicht gegenüber Verbänden*). Die Kosten der Verfolgung von Wettbewerbsverstößen, insbes Abmahnkosten, sind zwar nach § 12 I 2, aber nicht als Schaden erstattungsfähig.

III. Voraussetzungen und Grenzen der Schadenszurechnung

1. Verletzungshandlung

1.12   Voraussetzung für eine Schadenszurechnung ist eine Verletzungshandlung, die für den Schaden ursächlich ist. Im Hinblick insbes auf die Verjährung ist zwischen **einmaligen** (uU Dauer-) und **wiederholten** Handlungen zu unterscheiden (vgl § 11 Rdn 1.20 ff). So ist ein unzulässiger Antrag auf Firmeneintragung eine einmalige Handlung mit Dauerwirkung, die Verwendung der Firma im Geschäftsverkehr dagegen eine wiederholte Handlung (BGH GRUR 1984, 820, 822 – *Intermarkt II*). Beim Unterlassen beginnt die Verjährungsfrist für jeden infolge der Nichtbeseitigung entstehenden Schaden gesondert (BGHZ 71, 86, 94 – *Fahrradgepäckträger II*).

2. Kausalität und Schutzzweck der Norm

1.13   Wie im Bürgerlichen Recht wird auch im Wettbewerbsrecht ebenso wie im gewerblichen Rechtsschutz und im Urheberrecht die Schadenszurechnung anhand der Kausalität durch die Adäquanztheorie und die Lehre vom Schutzzweck der Norm eingeschränkt (BGH GRUR 1958, 86 – *Ei-fein*; BGH WRP 2000, 101, 103 – *Planungsmappe*; *Teplitzky* Kap 30 Rdn 3 ff). Es werden also nur solche Schäden ersetzt, die adäquat kausal herbeigeführt wurden und im Schutzbereich der verletzten Norm liegen.

1.14   a) **Adäquate Kausalität.** Die Adäquanztheorie besagt, dass nur solche Tatsachen als Schadensursachen zu berücksichtigen sind, die adäquat sind, dh im Allgemeinen und nicht nur unter bes eigenartigen, ganz unwahrscheinlichen und nach regelmäßigem Verlauf der Dinge außer Acht zu lassenden Umständen zur Herbeiführung des konkreten Erfolges geeignet sind (BGH NJW 1998, 138, 140 mwN). Als adäquat verursacht ist auch eine schadensbegründende Handlung des Verletzten anzusehen, wenn sie durch ein rechtswidriges Verhalten eines anderen herausgefordert worden ist und eine nicht ungewöhnliche Reaktion auf dieses Verhalten darstellt. Bei Aufwendungen, etwa zur Rechtsverfolgung, kommt eine Ersatzpflicht in Betracht, wenn ein wirtschaftlich denkender Geschädigter sie für notwendig erachten durfte, um einen konkret drohenden Schadenseintritt zu verhindern (BGH GRUR 2007, 631 Tz 23, 24 – *Abmahnaktion*). – Adäquanz ist zwar zu verneinen, wenn dem Verletzten Kosten durch versehentliche Inanspruchnahme eines Dritten entstehen, selbst wenn der Verletzer die Verwechslungsmöglichkeit verursacht hat (BGH GRUR 1988, 313, 314 – *Auto F GmbH*). Etwas anderes gilt aber dann, wenn die Herbeiführung der Gefahr der falschen Inanspruchnahme selbst einen schuldhaft herbeigeführten eigenständigen Wettbewerbsverstoß darstellt (BGH aaO – *Auto F GmbH*; BGH GRUR 2007, 631 Tz 24 – *Abmahnaktion*).

1.15   b) **Schutzzweck der Norm.** Die Lehre vom Schutzzweck der Norm besagt, dass nur solche Schäden zu ersetzen sind, vor deren Eintritt die betreffende Norm schützen will. Dies ist durch **Auslegung** der Norm zu ermitteln. Bei § 3 kommt es darauf an, worin die Wettbewerbswidrigkeit des Verhaltens liegt. **Beispiel:** Der Vertrieb von decodierten Waren ist nach § 3 wettbewerbswidrig, wenn das Kontrollnummernsystem des Herstellers zulässig und schutzwürdig ist.

Das ist es ua dann, wenn das zu Grunde liegende selektive Vertriebssystem kartellrechtlich zulässig und schutzwürdig ist (vgl § 4 Rdn 10.65; BGHZ 148, 26 = GRUR 2001, 841, 845 – *Entfernung der Herstellungsnummer II*). Der Vertrieb der decodierten Ware bewirkt zwar möglicherweise eine Gefährdung des Kontrollnummernsystems und rechtfertigt insoweit ein Vertriebsverbot. Ein ersatzfähiger Schaden beim Hersteller tritt aber nur dann ein, wenn infolge der Decodierung zB Mehrkosten bei der Ermittlung des vertragsbrüchigen Händlers oder beim Rückruf mangelhafter Ware entstanden sind. Dagegen können die Kosten für das Anbringen der Kontrollnummern nicht ersetzt verlangt werden, da es sich um allgemeine und ohne Bezug auf den konkreten Verletzungsfall getroffene Aufwendungen handelt (BGH aaO – *Entfernung der Herstellungsnummer II; Schaffert*, FS Erdmann, 2002, 719, 726). – Wird der Schadensersatzanspruch auf die Verletzung einer **Marktverhaltensregelung** iSd § 4 Nr 11 gestützt, kommt es nicht darauf an, ob diese Regelung zumindest auch den Schutz der Mitbewerber bezweckt (BGH WRP 2010, 869 Tz 25 – *Golly Telly* mwNachw). Entscheidend ist, dass sich der Verletzer durch den Verstoß einen Vorsprung im Wettbewerb verschafft (anders noch Voraufl und *Schaffert*, FS Ullmann, 2006, 845). – Nach dem Schutzzweck der Norm ist außerdem über die Zulässigkeit des Einwands des **rechtmäßigen Alternativverhaltens,** dh des Schadenseintritts auch bei rechtmäßigem Verhalten (BGH NJW 1986, 576, 579 mwN), zu entscheiden. Die Beweislast dafür trägt der Verletzer (BGHZ 78, 209, 214). Regelmäßig wird der Einwand nicht durchgreifen (BGH GRUR 1964, 392, 396 – *Weizenkeimöl*). – Haben die Beteiligten im Wesentlichen gleichzeitig, in gleicher Art und Weise und in gleichem Umfang wettbewerbswidrig gehandelt, hat grds keiner gegen den anderen einen Schadensersatzanspruch (BGH GRUR 1970, 563 – *Beiderseitiger Rabattverstoß;* BGH GRUR 1971, 582, 584 – *Kopplung im Kaffeehandel*), weil es an einem ersatzfähigen Schaden fehlt.

3. Tatbestandsmäßigkeit und Rechtswidrigkeit

Erfüllt ein Handeln den Tatbestand einer Zuwiderhandlung gegen § 3 oder § 7, so ist dadurch auch die Rechtswidrigkeit gegeben (vgl BGH NJW 1993, 1580 zu § 823 II BGB). Anders verhält es sich im Bürgerlichen Recht bei den sog Rahmenrechten (allgemeines Persönlichkeitsrecht; Recht am Unternehmen), bei denen eine Interessenabwägung erforderlich ist. Bei der Schädigung durch sachlich ungerechtfertigte Verfahrenseinleitung – sofern sie überhaupt einen Wettbewerbsverstoß darstellt – gilt, dass ein subjektiv redliches Verhalten die Vermutung der Rechtmäßigkeit begründet (BGHZ 74, 9, 13; 95, 10, 19 f).

4. Verschulden

Nach § 9 S 1 muss die Zuwiderhandlung **vorsätzlich** oder **fahrlässig,** also schuldhaft, erfolgt sein. Das war auch im früheren Recht so, obwohl zB in § 1 aF nicht erwähnt (vgl BGH GRUR 1990, 1012, 1014 – *Pressehaftung*). Es muss also über die Verwirklichung des Tatbestands des § 3 oder des § 7 hinaus noch das Verschulden als Ausdruck subjektiver Vorwerfbarkeit hinzukommen. **Vorsatz** bedeutet dabei Wissen und Wollen des rechtswidrigen Erfolgs, wobei bedingter Vorsatz iSe „Fürmöglichhaltens" und „Inkaufnehmens" ausreicht (BGH NJW 2010, 596 Tz 41). Er setzt das Bewusstsein der Rechtswidrigkeit (st Rspr; BGHZ 177, 150 = GRUR 2008, 810 Tz 15 – *Kommunalversicherer;* BGHZ 180, 134 = GRUR 2009, 597 – *Halzband*) und bei § 3 demnach das **Bewusstsein der Unlauterkeit** voraus (Begr RegE UWG zu § 9, BT-Drucks 15/ 1487 S 23; krit *Alexander* aaO S 631). Die bloße Kenntnis der Tatsachen, aus denen sich die Unlauterkeit ergibt, reicht daher nicht aus. Auf eine genaue Rechtskenntnis kann es dabei aber nicht ankommen; es genügt eine **„Parallelwertung in der Laiensphäre",** wenn sich also dem Handelnden auf Grund der Kenntnis der Tatsachen die Rechtswidrigkeit (Unlauterkeit) seines Tuns geradezu aufdrängt (BGHZ 160, 151, 156) oder er sich auf Grund der ihm bekannten Tatsachen nicht dieser Einsicht entziehen kann (OLG Stuttgart GRUR 2007, 435; OLG Hamm GRUR-RR 2008, 435, 437). **Fahrlässigkeit** bedeutet Außerachtlassung der im Verkehr erforderlichen Sorgfalt (§ 276 II BGB). Sie ist nach objektiven Maßstäben zu beurteilen. Eingerissene Unsitten entschuldigen nicht (BGH GRUR 1965, 495, 496 – *Wie uns die anderen sehen*). Besondere Fähigkeiten oder Kenntnisse können eine höhere Sorgfaltspflicht begründen (BGHZ 62, 29, 37 – *Maschenfester Strumpf*). Praktisch bedeutsam ist die Behandlung des **Rechtsirrtums** (dazu Rdn 1.19). Kennt der Täter die Tatsachen, die die Unlauterkeit begründen, oder entzieht er sich bewusst dieser Kenntnis, ist im Allgemeinen Verschulden anzunehmen (BGH GRUR 1960, 144, 146 – *Bambi;* BGH GRUR 1960, 200, 202 – *Abitz II*). Hält der Täter sein Handeln für erlaubt, ist zwar Vorsatz ausgeschlossen, jedoch kommt Fahrlässigkeit in Betracht. Die

Unterscheidung zwischen Vorsatz und Fahrlässigkeit kann ua bei der Prüfung der Pressehaftung nach § 9 S 2, der Gewinnabschöpfung nach § 10 und des Mitverschuldens sowie – außerhalb des Schadensersatzrechts – bei der Verwirkung bedeutsam werden.

5. Einzelfragen zum Verschulden

1.18 Im Lauterkeitsrecht ist an die Sorgfaltspflicht grds ein strenger Maßstab anzulegen (BGHZ 141, 329, 345 f = GRUR 1999, 923, 928 – *Tele-Info-CD;* BGH GRUR 2002, 248, 252 – *Spiegel-CD-ROM* (insoweit nicht in BGHZ 148, 221); BGH GRUR 2002, 622, 626 – *shell.de;* BGH GRUR 2002, 706, 708 – *vossius.de*). Schuldhaft handelt, wer sich erkennbar in einem Grenzbereich des rechtlich Zulässigen bewegt, in dem er mit einer abweichenden Beurteilung der Zulässigkeit seines Verhaltens rechnen muss (vgl BGH WRP 2010, 927 Tz 32 – *Restwertbörse*). Im Einzelnen:

1.19 **a) Verschulden bei der rechtlichen Beurteilung.** Ein Rechtsirrtum schließt nur dann ein Verschulden aus, wenn der Irrende bei Anwendung der im Verkehr erforderlichen Sorgfalt mit einer anderen Beurteilung der Gerichte nicht zu rechnen brauchte (BGHZ 141, 329, 345 = GRUR 1999, 923 – *Tele-Info-CD*). Dabei ist ein strenger Maßstab anzulegen. Der Verletzer soll das Risiko einer zweifelhaften Rechtslage nicht dem Verletzten zuschieben können (BGH WRP 1990, 263 – *Neugeborenentransporte;* BGH GRUR 1999, 923, 928 – *Tele-Info-CD*). Von einem Unternehmer ist zu verlangen, dass er sich Kenntnis von den für seinen Tätigkeitsbereich einschlägigen Bestimmungen verschafft. In Zweifelsfällen muss er mit zumutbaren Anstrengungen bes sachkundigen Rechtsrat einholen (BGH GRUR 2002, 269, 270 – *Sportwetten-Genehmigung*). Die Nichteinholung einer Rechtsauskunft bei wettbewerbsrechtlich erfahrenen Rechtskundigen begründet daher regelmäßig den Schuldvorwurf (BGH GRUR 1960, 186, 189 – *Arctos;* Teplitzky Kap 30 Rdn 15). Aber auch eine günstige Rechtsauskunft exkulpiert nicht, wenn die Auskunft die Rechtslage als zweifelhaft erkennen lässt (BGH GRUR 1981, 286, 288 – *Goldene Karte I*) oder Anlass bestand, an der Objektivität, Qualität oder Sorgfalt des Rechtsberaters zu zweifeln (BGHZ 62, 29, 40 – *Maschenfester Strumpf;* vgl weiter Schultz-Süchting GRUR 1974, 432). Auch muss der Verletzer entspr seinen Kenntnissen und Fähigkeiten selbst noch eine gewissenhafte Prüfung anstellen (BGH GRUR 1965, 198, 202 – *Küchenmaschine*). Er handelt daher fahrlässig, wenn er bei erkennbar unklarer oder zweifelhafter, dh durch die höchstrichterliche Rspr (einschließlich der des BPatG) noch nicht geklärter Rechtslage die ihm günstigere Beurteilung aufgreift (BGH GRUR 1991, 153 – *Pizza & Pasta;* BGH GRUR 1993, 556, 559 – *TRIANGLE;* BGH GRUR 1999, 492, 495 – *Altberliner;* BGH GRUR 2002, 248, 252 – *SPIEGEL-CD-ROM*). Denn er muss mit abweichender Beurteilung durch die Gerichte rechnen (BGH GRUR 1990, 1035, 1038 – *Urselters II;* BGH GRUR 1999, 923, 928 – *Tele-Info-CD;* BGH GRUR 1999, 1011, 1014 – *Werbebeilage* mwN). Erst recht gilt dies, wenn sich aus der bisherigen höchstrichterlichen Rspr Anhaltspunkte für die Bedenklichkeit seines Handelns ergeben (BGH GRUR 1971, 223, 225 – *Clix-Mann;* BGH GRUR 1981, 286, 288 – *Goldene Karte I*). Fahrlässigkeit ist dagegen zu verneinen, wenn die höchstrichterliche Rspr ein bestimmtes Verhalten für erlaubt erklärt hat, mag auch diese Rechtsauffassung mittlerweile umstritten sein (BGH GRUR 1961, 97, 99 – *Sportheim*). – Fehlt es an einer höchstrichterlichen Rspr, haben aber die zuständigen Gerichte und Behörden das konkrete Verhalten rechtskräftig ausdrücklich als zulässig bewertet, ist Fahrlässigkeit zu verneinen (BGH GRUR 2002, 269, 270 – *Sportwetten-Genehmigung;* allerdings lag in diesem Fall eine zwar rechtswidrige, aber noch nicht aufgehobene Genehmigung und daher keine Zuwiderhandlung vor). Es wäre eine Überspannung der Sorgfaltspflichten, wollte man von einem Unternehmen verlangen, sich gleichwohl vorsichtshalber nach der strengsten Gesetzesauslegung und Einzelfallbeurteilung zu richten (BGH aaO – *Sportwetten-Genehmigung*). Insoweit besteht Vertrauensschutz (vgl BGH GRUR 1988, 382, 383 – *Schelmenmarkt*) für die Vergangenheit. Fahrlässigkeit ist auch dann zu verneinen, wenn es sich um eine rechtlich schwierige Frage handelt, zu der die Rspr noch keine festen Grundsätze entwickelt hat, der Handelnde sich aber für seine Auffassung auf namhafte Vertreter im Schrifttum und/oder auf eine Reihe von Gerichtsentscheidungen berufen kann (BGH GRUR 1996, 271, 275 – *Gefärbte Jeans; Teplitzky* Kap 30 Rdn 19). Allerdings reicht es noch nicht aus, wenn für die Auffassung des Unternehmers eine einzelne, in einem anderen Verfahren ergangene instanzgerichtliche Entscheidung streitet (BGH GRUR 1993, 556, 559 – *TRIANGLE*). Das gilt insbes dann, wenn es sich um eine umstrittene Rechtsfrage handelt oder die Entscheidung nur vorläufig bzw summarisch ergangen ist oder nur ein *obiter dictum* darstellt (BGH GRUR 1963, 197, 202 – *Zahnprothesen-Pflegemittel;* BGH GRUR 1981, 286, 288 – *Goldene Karte I*). – Besonders streng sind die Sorgfaltsmaßstäbe, wenn es um **Werbemaßnahmen** geht (BGH GRUR 1981, 286, 288 – *Goldene Karte I*), weil der Unternehmer nicht gezwungen ist, sich bei der Werbung auf rechtlich zweifelhaftes Gebiet zu begeben. Fahrlässig handelt bereits, wer sich erkennbar in einem Grenzbereich des rechtlich Zulässigen bewegt, in dem er eine von der eigenen Einschätzung abweichende Beurteilung der rechtlichen Zulässigkeit des fraglichen Verhaltens in Betracht ziehen muss (stRspr; vgl BGHZ 130, 205, 220 – *Feuer, Eis & Dynamit I*; BGHZ 131, 308, 318 – *Gefärbte Jeans*; BGH GRUR 1999, 1011, 1014 – *Werbebeilage* mwN; BGH GRUR 2002, 248, 252 – *SPIEGEL-CD-ROM*; BGH GRUR 2010, 738 Tz 40 – *Peek & Cloppenburg*). Bei der **unberechtigten Schutzrechtsverwarnung** (§ 4 Rdn 10.169 ff) ist – falls man darin einen Verstoß gegen § 4 Nr 10 erblickt (dazu § 4 Rdn 10.176 a) – dagegen eine mildere Beurteilung angezeigt, um den (vermeintlichen) Schutzrechtsinhaber nicht mit unübersehbaren Risiken zu belasten (vgl BGHZ 62, 29, 35 – *Maschenfester Strumpf*; BGH GRUR 1979, 332, 333 – *Brombeerleuchte*; BGH GRUR 1987, 520, 522 – *Chanel Nr 5 (I)*; BGH GRUR 1995, 424, 425 – *Abnehmerverwarnung*; BGH GRUR 1997, 896, 897 – *Mecki-Igel III*; BGH GRUR 2006, 432 Tz 26 – *Verwarnung aus Kennzeichenrecht II*; umfangreiche Nachw bei GK/*Köhler* Vor § 13 aF Rdn B 283 ff). Zum Mitverschulden Rdn 1.22. – Beim Wettbewerbsverstoß durch **Rechtsbruch** (§ 4 Nr 11) muss sich das Verschulden auf den Gesetzesverstoß beziehen. Der Handelnde muss also wissen, dass er gegen das Gesetz verstößt, oder darüber fahrlässig in Unkenntnis sein. Fahrlässigkeit ist dann anzunehmen, wenn er es unterlässt, sich über die geltenden Bestimmungen zu unterrichten und in Zweifelsfällen Rechtsrat einzuholen (vgl BGH GRUR 1988, 699, 700 – *qm-Preisangaben II*; BGH GRUR 2002, 269, 270 – *Sportwetten-Genehmigung*).

b) Verschulden bei der Durchführung von Werbemaßnahmen. Der Werbende muss alles in seiner Macht Stehende tun, damit es bei der Durchführung von Werbemaßnahmen zu keinen Wettbewerbsverstößen kommt. Wer zB eine Werbebeilage drucken lässt, muss sich vergewissern, dass die beworbenen Produkte auch tatsächlich lieferbar sind. Verlässt er sich lediglich auf eine Zusage des Lieferanten, handelt er auf eigenes Risiko und muss dafür sorgen, dass ggf noch eine Korrektur erfolgen kann (BGH GRUR 1999, 1011, 1014 – *Werbebeilage*). Wer eine Werbeanzeige drucken lässt, ohne sich vorher einen vollständigen Korrekturabzug vorlegen zu lassen, handelt schuldhaft (OLG Frankfurt GRUR 2007, 612).

c) Nachfolgendes Verschulden. Wird ein anfänglich unverschuldeter Wettbewerbsverstoß fortgesetzt, obwohl der Verletzer nunmehr weiß oder wissen müsste, dass das Handeln wettbewerbswidrig ist, so kommt von diesem Zeitpunkt an ein Schadensersatzanspruch in Betracht. Hauptfall ist die Herbeiführung der „Bösgläubigkeit" durch eine Abmahnung. Bei schwierigeren Tat- und Rechtsfragen ist freilich dem Abgemahnten noch eine angemessene Prüfungsfrist ab Zugang der Abmahnung zuzubilligen (BGH GRUR 1973, 375, 376 – *Miss Petite*; BGH GRUR 1974, 735, 737 – *Pharmamedan*; *Teplitzky* Kap 30 Rdn 22 f).

6. Mitverschulden (§ 254 BGB)

Die Ersatzpflicht kann durch ein Mitverschulden des Verletzten oder seiner Hilfsperson (§ 254 II 2 BGB) ausgeschlossen oder doch gemindert sein. Dabei ist zunächst das Ausmaß der Verursachung und danach der Grad des Verschuldens zu berücksichtigen. Hat der Verletzer vorsätzlich gehandelt, bleibt allerdings Fahrlässigkeit des Verletzten grds außer Betracht (BGHZ 98, 148, 158). Ein mitwirkendes Verschulden kommt ua in Betracht (vgl GK/*Köhler* Vor § 13 aF Rdn B 291 ff; *Teplitzky* Kap 30 Rdn 25 ff): **(1)** wenn der Verletzte durch eigenes wettbewerbswidriges oder provozierendes Verhalten erst den Entschluss des Verletzers herbeigeführt hat (BGH GRUR 1964, 392, 396 – *Weizenkeimöl*; BGH GRUR 1994, 447, 449 – *Sistierung von Aufträgen*), was insbes bei (unberechtigten) Abwehrmaßnahmen möglich ist; **(2)** wenn nach einer **unberechtigten Schutzrechtsverwarnung** (dazu § 4 Rdn 10.169 ff) – soweit man sie überhaupt als rechtswidrig ansieht – der Verwarnte voreilig die Produktion oder den Vertrieb einstellt, obwohl er die fehlende Berechtigung der Verwarnung hätte erkennen können (BGH GRUR 1963, 255, 259 – *Kindernähmaschinen*; BGH WRP 1965, 97, 101 – *Kaugummikugeln*; BGH GRUR 1997, 741, 743 – *Chinaherde*) oder wenn er die Verwarnung weiterhin befolgt, obwohl ihm neue Umstände bekannt geworden sind (BGH GRUR 1978, 492, 494 – *Fahrradgepäckträger II*); der Verwarner kann allerdings ein Mitverschulden des Abnehmers nicht dem Hersteller entgegensetzen (BGH GRUR 1979, 332, 337 – *Brombeerleuchte*); **(3)** wenn der Verletzte es unterlässt, den Verletzer (zB durch Abmahnung) auf die (mögliche) Wettbewerbswidrigkeit seines Tuns oder auf den Eintritt oder die Höhe eines Schadens hinzuweisen; **(4)** wenn der Verletzte mögliche und zumutbare Aufklärungsmaßnahmen (zB Rundschreiben;

presserechtliche Gegendarstellung) gegenüber Dritten (zB den Adressaten herabsetzender oder irreführender Werbung) unterlässt (BGH GRUR 1979, 421, 423 – *Exdirektor*); dabei können jedoch kostspielige **Maßnahmen** nicht erwartet werden, wenn die Rechtslage oder die Kostenerstattung durch den Verletzer nicht geklärt ist (*Teplitzky* Kap 30 Rdn 31); **(5)** wenn der Verletzte bei wettbewerbswidriger Verleitung von Kunden zum Vertragsbruch nichts unternimmt, um die Kunden zur Vertragserfüllung anzuhalten (BGH GRUR 1994, 446, 449 – *Sistierung von Aufträgen*).

IV. Überblick über Inhalt und Umfang des Schadensersatzes

1.23 Für Inhalt und Umfang des wettbewerbsrechtlichen Schadensersatzanspruchs gelten grds die §§ 249–254 BGB (Begr RegE UWG zu § 9, BT-Drucks 15/1487 S 23). Die Eigenart und Unterschiedlichkeit der Wettbewerbsverstöße bringen jedoch einige Besonderheiten mit sich. Das Hauptproblem ist, dass Wettbewerbsverstöße sich zwar idR auf die Geschäftschancen der Mitbewerber nachteilig auswirken, angesichts der Komplexität des Wirtschaftsgeschehens das Ausmaß des Schadens sich aber kaum feststellen lässt. In der Praxis spielt daher der wettbewerbsrechtliche Schadensersatzanspruch, soweit er auf Ersatz des entgangenen Gewinns (§ 252 BGB) gerichtet ist, nur eine geringe Rolle. Zumeist geht es lediglich um die Feststellung einer Schadensersatzpflicht, für die die Darlegung einer – nicht einmal hohen – Wahrscheinlichkeit eines Schadenseintritts ausreichend ist (vgl etwa BGHZ 130, 205, 220 ff – *Feuer, Eis & Dynamit I* mwN; BGH GRUR 2001, 78, 79 – *Falsche Herstellerpreisempfehlung*; zu Einzelheiten vgl § 12 Rdn 2.55). Zu Recht wird daher gefordert, bei der Feststellung eines Gewinnentgangs § 287 ZPO und § 252 S 2 BGB nicht zu kleinlich anzuwenden (*Teplitzky* Kap 33 Rdn 3). Für bes Verletzungstatbestände wurde die dreifache Schadensberechnung entwickelt (Rdn 1.36 ff).

V. Naturalherstellung

1. Allgemeines

1.24 Nach § 249 I BGB kann der Verletzte vom Verletzer grds Herstellung des Zustands verlangen, der bestehen würde, wenn der zum Ersatz verpflichtende Umstand nicht eingetreten wäre (sog Naturalherstellung). In bestimmten Fällen kann der Verletzte stattdessen auch den dazu erforderlichen Geldbetrag verlangen (§ 249 II 1 BGB). In beiden Fällen kommt es nicht darauf an, ob die Beeinträchtigung materieller oder immaterieller Natur ist.

2. Herstellung durch tatsächliche Maßnahmen

1.25 Vielfach überschneidet sich diese Art des Schadensersatzes mit dem verschuldensunabhängigen Beseitigungsanspruch aus § 8 I 1 (zB Abhängen von Plakaten mit wettbewerbswidriger Werbung; Widerruf geschäftsschädigender Tatsachenbehauptungen) und dem Herausgabeanspruch (§ 985 BGB) und hat insoweit keine eigenständige Bedeutung. Anders liegt es zB in den Fällen der Vernichtung oder Beschädigung von fremden Werbematerialien, Gerätschaften, Dokumenten, Daten usw. Im Rahmen des Möglichen und Zumutbaren (§ 251 II BGB) kann der Verletzte hier Rekonstruktion verlangen.

3. Herstellung durch Unterlassen

1.26 Insbes bei der wettbewerbswidrigen Kunden- oder Mitarbeiterabwerbung und bei der rechtswidrigen Nutzung fremder Ressourcen kommt Naturalherstellung in Gestalt des zeitweiligen Unterlassens der **Belieferung**, des **Bezugs**, der **Herstellung**, des **Vertriebs** oder der **Beschäftigung** in Betracht. Es können also entspr Verbote oder Unterlassungsgebote ausgesprochen werden (BGH GRUR 1961, 482, 483 – *Spritzgussmaschine*; BGH GRUR 1964, 215, 216 f – *Milchfahrer*; BGH GRUR 1967, 428, 429 – *Anwaltsberatung I*; BGH GRUR 1970, 182, 184 – *Bierfahrer*; BGH GRUR 1971, 358, 359 – *Textilspitzen*; BGH GRUR 1976, 306, 307 – *Baumaschinen*; OLG Oldenburg WRP 1996, 612, 615 f; OLG Jena WRP 1997, 363, 365; *Piper* GRUR 1990, 643, 649 f; *Wedemeyer*, FS Traub, 1994, 437; *Teplitzky* Kap 33 Rdn 13). Umfang und Dauer des Verbots bestimmen sich nach den Umständen des Einzelfalls unter Berücksichtigung des Zwecks der Naturalrestitution (*Piper* GRUR 1990, 643, 649) und des Grundsatzes der Verhältnismäßigkeit (*Köhler* GRUR 1996, 82, 83). Es kommt darauf an, ob eine Störungsbeseitigung (noch) möglich und (noch) erforderlich ist. Bei der **Mitarbeiterabwerbung** ist dies ausgeschlossen, wenn die Rückkehr zum alten Arbeitgeber bezweckt, aber nicht sicher ist, dass die Abgeworbenen zu ihrem früheren Arbeitgeber zurückkehren (ThürOLG WRP 1997, 363, 365). Hat der abgeworbene Mitarbeiter Geschäftsgeheimnisse seines früheren Arbeitgebers verraten, ist ein Beschäftigungsverbot als Maßnahme der Naturalrestitution zwecklos (*Kicker*, FS Piper, 1996, 273, 277). – Bei der **Kundenabwerbung** kommt ein Belieferungsverbot für den Zeitraum von zwei Jahren in Betracht (BGH GRUR 1970, 182, 184 – *Bierfahrer*). Der Fristbeginn kann dabei an den Zeitpunkt der vorläufigen Vollstreckbarkeit (riskant!) oder der Rechtskraft anknüpfen (BGH aaO – *Bierfahrer*). Vielfach können entspr Maßnahmen bereits mit dem (verschuldensunabhängigen) Beseitigungsanspruch begehrt werden (*Teplitzky* Kap 33 Rdn 12). – Da derartige Verbote aber massiv in das Wettbewerbsgeschehen und die Interessen Dritter (Arbeitnehmer, Kunden) eingreifen, sollten sie – wenn überhaupt (ablehnend *Alexander* aaO S 236 ff) – nur mit größter Zurückhaltung ausgesprochen und stattdessen idR Geldersatz gewährt werden (ThürOLG WRP 1997, 363, 365; *Köhler* GRUR 1996, 82, 84 u FS Buchner, 2009, 452, 459 f). Ist Naturalherstellung nicht (mehr) möglich, zB wegen zwischenzeitlicher Änderung der tatsächlichen Verhältnisse, kann ohnehin nur Geldersatz verlangt werden (BGH GRUR 1976, 306, 307 – *Baumaschinen*).

4. Herstellung durch Vertragsschluss

Besteht der Wettbewerbsverstoß in der Verweigerung eines Vertragsschlusses, kann nach 1.27 § 249 I BGB auch der Abschluss eines entspr Vertrages zu üblichen bzw angemessenen Bedingungen verlangt werden (**Kontrahierungszwang**; vgl *Teplitzky* Kap 33 Rdn 14). Zumeist handelt es sich dabei jedoch um kartellrechtliche Sachverhalte.

5. Herstellung durch Verletzten

Nach § 249 II 1 BGB kann der Gläubiger in den Fällen der Verletzung einer Person oder der 1.28 Beschädigung einer Sache statt der Herstellung den dazu erforderlichen Geldbetrag verlangen. Er ist dabei nicht verpflichtet, die Herstellung tatsächlich durchzuführen (hM; BGH NJW 1997, 520), wie sich nunmehr auch aus § 249 II 2 BGB ergibt. Die Vorschrift ist im Lauterkeitsrecht selten unmittelbar anwendbar. Jedoch ist sie analog auf die Fälle anzuwenden, in denen es dem Verletzten nicht zumutbar ist, die Naturalherstellung dem Verletzer zu überlassen (zB bei der Beseitigung einer Marktverwirrung durch berichtigende Anzeigen; Rdn 1.32).

VI. Einzelne Vermögensschäden

1. Kosten der Rechtsverfolgung

Grds nicht ersatzfähig ist der eigene Zeit- und Arbeitsaufwand des Verletzten zur Schadens- 1.29 abwicklung, da dies zum allgemeinen Lebensrisiko gehört und nicht im Schutzbereich der Norm fällt (dazu BGH NJW 1977, 35; BGHZ 127, 348, 352). Ersatzfähig sind daher nur Zahlungen an Dritte, soweit sie tatsächlich entstanden sind und erforderlich waren. In Betracht kommen: **(1) Anwaltskosten** für eine vorprozessuale berechtigte **Abmahnung** (BGH GRUR 1982, 489 – *Korrekturflüssigkeit;* BGH GRUR 1990, 1012, 1014 f – *Presseheftung I;* BGH WRP 2010, 384 Tz 51 – *BTK;* krit Ahrens/*Scharen* Kap 11 Rdn 13). Daneben kann ein Anspruch aus § 12 I 2 bestehen. Erforderlich ist die Abmahnung aber nur, soweit sie einen weiteren Schaden verhindern oder mindern kann, wie etwa bei **Dauerhandlungen** (BGH GRUR 2007, 631 Tz 21 – *Abmahnaktion; Köhler*, FS Erdmann, 2002, 845, 846; § 12 Rdn 1.88; aA *Teplitzky* Kap 41 Rdn 82). In diesem Fall erfüllt der Mitbewerber mit der Abmahnung seine Obliegenheit nach § 254 II 1 BGB. – Die Einschaltung eines Anwalts ist grds auch bei **Unternehmen mit einer eigenen Rechtsabteilung** als erforderlich anzusehen (§ 12 Rdn 1.93; BGH GRUR 2008, 928 – Tz 14 – *Abmahnkostenersatz;* aA noch BGH (VI. Senat) GRUR 2007, 620 Tz 11 – *Immobilienwertgutachten;* BGH GRUR 2004, 789, 790 – *Selbstauftrag*). Denn es gehört – anders als bei den Verbänden iSd § 8 III Nr 2 und 3 – nicht zu den originären Aufgaben eines Unternehmens, Wettbewerbsverstöße Dritter zu verfolgen und dafür eigene Ressourcen einzusetzen. Handelt es sich bei dem vom Wettbewerbsverstoß betroffenen Mitbewerber um einen **Anwalt** ist zu unterscheiden: Er kann zwar die Kosten eines von ihm eingeschalteten Anwalts ersetzt verlangen, weil auch ihm nicht zuzumuten ist, eigene Ressourcen zur Bekämpfung des Wettbewerbsverstoßes einzusetzen (aA für einfach gelagerte Fälle BGH GRUR 2004, 789, 790 – *Selbstauftrag;* BGH [VI. Senat] GRUR 2007, 620 Tz 11 – *Immobilienwertgutachten*). Dagegen kann er nicht die Gebühren aus einem sich selbst erteilten Mandat ersetzt verlangen. Denn dabei handelt es sich um keine Ausgaben, die sein Vermögen mindern, sondern um die Erzielung von Einnahmen (iErg ebenso, wenngleich mit anderer Begründung BGH GRUR 2004, 789, 790 – *Selbstauftrag;* BGH GRUR 2007, 620 Tz 11 – *Immobilienwertgutachten*). **(2) Anwaltskosten** für Bemühungen um **Auskunftserteilung,** Anerkennung einer **Schadensersatzpflicht** und **Schadensersatzleistung** (vgl *Leisse/Traub* GRUR 1980, 1, 6; GK/*Köhler* Vor § 13 aF Rdn B 311). **(3) Kosten** für **Testkäufe** (OLG Hamm MDR 1985, 414), **Sachverständige** (BGH NJW-RR 1989, 956; OLG München GRUR 1987, 322) und (in Ausnahmefällen) **Rechtsgutachter** (vgl OLG Frankfurt GRUR 1987, 322; *Leisse/Traub* GRUR 1980, 1, 6).

2. Marktverwirrung und Marktverwirrungsschaden

1.30 **a) Begriffe.** Es ist zwischen der Marktverwirrung und dem Marktverwirrungsschaden zu unterscheiden (BGHZ 148, 26 = GRUR 2001, 841, 845 – *Entfernung der Herstellungsnummer II;* OLG Frankfurt GRUR-RR 2003, 204, 205; krit *Alexander* aaO S 277 ff). Die **Marktverwirrung** ist ein durch eine wettbewerbswidrige Maßnahme herbeigeführter Zustand, der objektiv geeignet ist, die geschäftlichen Entschlüsse von Marktpartnern, insbes Verbrauchern, zu Gunsten des Verletzers und zu Ungunsten seiner Mitbewerber zu beeinflussen (vgl GK/*Köhler* Vor § 13 aF Rdn B 313). Das ist insbes dann der Fall, wenn die Maßnahme zu (noch fortbestehenden) Fehlvorstellungen von Marktpartnern über ein Unternehmen, ein Kennzeichen oder ein Produkt geführt hat (vgl BGH WRP 2000, 101, 103 – *Planungsmappe*). Der nach den §§ 251 ff BGB zu ersetzende **Marktverwirrungsschaden** ist der durch die Marktverwirrung eingetretene tatsächliche Vermögensschaden bei einem Unternehmen in Gestalt der Beeinträchtigung der Wertschätzung des Unternehmens, seiner Kennzeichen oder seiner Produkte (BGH GRUR 1987, 364, 365 – *Vier-Streifen-Schuh;* BGH GRUR 1991, 921, 923 – *Sahnesiphon;* BGHZ 148, 26 = GRUR 2001, 841, 845 – *Entfernung der Herstellungsnummer II*). Er kann sich ua in einem Verlust von Kunden oder einem Umsatzrückgang äußern. Nicht darunter fällt der Aufwand zur Beseitigung der Marktverwirrung, der allenfalls als **Schadensersatz** erstattet verlangt werden kann (Rdn 1.32). Allerdings besteht über diese Begriffe und ihr Verhältnis zueinander noch keine endgültige Klarheit (vgl *Leisse/Traub* GRUR 1980, 1; *Leisse* GRUR 1988, 88; *Schramm* GRUR 1974, 617; *Teplitzky* Kap 34 Rdn 7 Fn 24; für eine Aufgabe des Begriffs des Marktverwirrungsschadens, soweit es den Ruf oder die Kennzeichnungskraft betrifft, *Ohly* GRUR 2007, 926, 931).

1.31 **b) Anspruch auf Beseitigung der Marktverwirrung.** Die Marktverwirrung stellt zunächst einen Störungszustand dar, dem mit Abwehransprüchen (BGH GRUR 1991, 921, 923 – *Sahnesiphon;* BGH GRUR 2001, 841, 845 – *Entfernung der Herstellungsnummer II; Teplitzky* Kap 34 Rdn 7; MünchKommUWG/*Fritzsche* § 9 Rdn 78) zu begegnen ist. Der Beseitigungsanspruch ist insoweit auf eine Marktentwirrung durch entspr Aufklärungsmaßnahmen gerichtet. Dieser Anspruch steht nicht nur den betroffenen Mitbewerbern, sondern grds allen in § 8 III genannten Verbänden zu. Ein derartiges Begehren kann aber auch Inhalt eines Anspruchs auf Naturalherstellung iSd § 249 I BGB sein, wenn und soweit die Marktverwirrung zu einer Beeinträchtigung der Geschäftschancen eines konkreten Mitbewerbers führt. Der Anspruch entfällt, wenn eine Marktentwirrung nicht mehr möglich ist, weil durch Zeitablauf entweder die Marktverwirrung sich aufgelöst hat oder ein konkreter Bezug zur Verletzungshandlung nicht mehr herstellbar ist. So etwa, wenn eine irreführende oder sonst unzulässige vergleichende Werbung in einem Katalog enthalten war, der mittlerweile von einem anderen abgelöst wurde (vgl GK/*Köhler* Vor § 13 aF Rdn B 317).

1.32 **c) Anspruch auf Ersatz von Marktentwirrungskosten.** Vom Anspruch auf Durchführung der Marktentwirrung zu trennen ist die Frage, ob ein Mitbewerber die Marktentwirrung (zB durch Gegenanzeigen) in Analogie zu § 249 II 1 BGB selbst vornehmen darf und die dafür erforderlichen Kosten ersetzt verlangen kann. Würde man dies jedem Mitbewerber zubilligen, könnte dies zu einer übermäßigen und sachlich nicht notwendigen Belastung des Verletzers führen. Insoweit ist daher eine Beschränkung auf die Fälle vorzunehmen, in denen sich die Wettbewerbsmaßnahme unmittelbar gegen einen ganz bestimmten Mitbewerber richtet. So etwa, wenn es (zB durch unerlaubte Nachahmung) zu konkreten Verwechslungen zwischen dem Unternehmen, der Marke oder der Produkte des Verletzers mit denen des Verletzten gekommen ist. Ferner bei unzulässiger vergleichender Werbung, die einen Mitbewerber oder sein Produkt herabsetzt oder bei der Täuschung von Kunden über den wahren Vertragspartner oder Gläubiger (BGH WM 2001, 2315, 2316). Stets bedarf es aber eines entspr Tatsachenvortrags. Nur solche Mitbewerber also, gegen die sich die wettbewerbswidrige Maßnahme unmittelbar richtet, sind berechtigt, in Analogie zu § 249 II 1 BGB vom Verletzer Ersatz der für eine Naturalherstellung erforderlichen Kosten (**Marktentwirrungskosten**) zu verlangen. Dazu gehören zB ein vermehrter Werbeaufwand und die Kosten einer berichtigenden Werbung, einer Aufklärung der Kunden oder einer Rückrufaktion beim Vertrieb von Waren, deren Kontrollnummer unzulässig beseitigt worden war (BGH WM 2001, 2315, 2316; BGH GRUR 2001, 841, 845 – *Entfernung der Herstellungsnummer II; Schaffert*, FS Erdmann, 2000, 719, 726), soweit sie (zB zur Wiederherstellung des guten Rufs der Ware oder des Unternehmens oder zur Klärung der Echtheit einer Ware) aus der Sicht eines verständigen Unternehmers erforderlich waren (dazu BGH GRUR 1978, 187, 189 – *Alkoholtest*). Ist im Einzelfall ein Produkt völlig ruiniert worden (zB durch massenhafte Billignachahmung eines Luxusartikels), kann ggf Ersatz der Kosten für die Entwicklung eines gleichwertigen Produkts verlangt werden. – An die Erforderlichkeit sind strenge Anforderungen zu stellen, um zu verhindern, dass es zu verkappten Strafmaßnahmen gegen den Verletzer kommt. Die Kosten für berichtigende „Gegenanzeigen" als Maßnahmen der Schadensbeseitigung oder Schadensminderung (BGH GRUR 1990, 1012, 1015 – *Pressehaftung*) sind nur ausnahmsweise erstattungsfähig, dh die objektive Eignung und die Erforderlichkeit (Möglichkeit der presserechtlichen Gegendarstellung? Angemessenes Verhältnis zwischen Schwere des Verstoßes bzw Schadens und Anzeigenkosten? Schutzwürdige Belange des Verletzers?) sind bes sorgfältig zu prüfen (vgl BGH GRUR 1978, 187 – *Alkoholtest;* BGH GRUR 1979, 804, 805 – *Falschmeldung;* BGH GRUR 1986, 330, 332 – *Warentest III;* BGH GRUR 1990, 1012, 1015 – *Pressehaftung*). Der Zweck der Richtigstellung erfordert auch, dass jedenfalls der orientierte Leser die Zusammenhänge zwischen „Falschmeldung" und „Berichtigung" erkennt (BGH GRUR 1979, 804, 806 – *Falschmeldung*). Andernfalls fehlt es an der Eignung zur Berichtigung. Auch eine aufklärende Werbemaßnahme muss grds einen erkennbaren Bezug zur Verletzungshandlung aufweisen. Darauf ist nur ausnahmsweise zu verzichten, wenn nämlich eine Richtigstellung schädigender Äußerungen durch rationale Argumentation unmöglich ist (BGH GRUR 1982, 489, 490 – *Korrekturflüssigkeit*). – Selbst wenn der Aufwand zur Beseitigung der Marktverwirrung erforderlich ist, kann der Verletzer den Anspruch aus § 249 II 1 BGB durch eine Geldentschädigung hins des Marktverwirrungsschadens (Ansehensminderung usw) abwenden, wenn die Marktverwirrung nur mit unverhältnismäßigen Kosten möglich wäre (§ 251 II BGB). – Grds **nicht ersatzfähig** sind **vorbeugende** Maßnahmen vor dem Verletzungsfall zum Schutze vor einer Marktverwirrung, da sie unabhängig von dem einzelnen Schadensfall entstehen und durch diesen nicht veranlasst sind. Dazu gehören zB die Kosten für ein Qualitätssicherungssystem, soweit sie allgemeine und ohne Bezug auf einen konkreten Schadensfall, im Eigeninteresse vorgenommene Vorkehrungen zur Schadensminderung darstellen (BGH GRUR 2001, 841, 845 – *Entfernung der Herstellungsnummer II; Schaffert*, FS Erdmann, 2000, 79, 726). – Der Anspruch ist ausgeschlossen, wenn eine Marktentwirrung infolge Zeitablaufs nicht mehr möglich ist. In diesem Fall kommt nur die Geldentschädigung für den Marktverwirrungsschaden nach § 251 I BGB in Betracht.

d) Ersatz von fiktiven Marktentwirrungskosten? Von den tatsächlichen Marktentwirrungskosten zu unterscheiden sind wiederum die „fiktiven Marktentwirrungskosten". An sich läge es nahe, die Analogie zu § 249 II 1 BGB auch auf den Ersatz der erforderlichen, aber vom Verletzer nicht aufgewandten Kosten zu erstrecken (so noch *Köhler*/Piper Vor § 13 Rdn 98; iErg auch, wenngleich zu Unrecht auf den Gesichtspunkt eines Mindestgewinnentgangs gestützt, *Leisse/Traub* GRUR 1980, 1, 9). Denn im Grundsatz ist der Geschädigte bei einem Vorgehen nach § 249 II 1 BGB frei, ob er den Betrag für die Naturalherstellung verwendet oder nicht, wie sich aus § 249 II 2 ergibt (sog Dispositionsfreiheit). Da hier aber nicht die unmittelbare, sondern nur die analoge Anwendung dieser Vorschrift auf wettbewerbsrechtliche Sachverhalte in Frage steht, müssen auch deren Besonderheiten berücksichtigt werden. Im Hinblick auf die Gefahr, dass damit in verkappter Form Ersatz für – nicht nachgewiesenen – Gewinnentgang begehrt wird, wird man daher einen Ersatz der fiktiven Marktentwirrungskosten ablehnen müssen (so iErg auch BGH GRUR 1982, 489, 491 – *Korrekturflüssigkeit; GK/Köhler* Vor § 13 aF Rdn B 317; *Ohly* GRUR 2008, 926, 931; aA *Leisse* GRUR 1988, 88).

1.33

e) Ersatz von verbleibenden Marktverwirrungsschäden. Soweit die Naturalherstellung durch Marktentwirrung nicht möglich oder zur Entschädigung des Verletzten nicht genügend ist, hat der Verletzer den Verletzten nach § 251 I BGB in Geld zu entschädigen. Es sind dies die seltenen Fälle, in denen – ggf trotz Marktentwirrung – beim Verletzten eine Minderung seiner Rechte oder seines Ansehens und damit ein **Vermögensschaden** verbleibt (vergleichbar dem „merkantilen Minderwert" bei technisch einwandfrei reparierten Autos). Anhaltspunkte für die Schadensschätzung nach § 287 ZPO sind Art, Inhalt, Zeitpunkt, Dauer sowie Intensität der Verletzungshandlung (idR Werbung), nicht dagegen die **Kosten** der Werbung (BGH GRUR

1.34

1987, 364, 365 – *Vier-Streifen-Schuh*). Die bloße Abbildung eines Plagiats in einem Katalog mit vielen vergleichbaren Artikeln wird idR keinen Marktverwirrungsschaden verursachen (OLG Frankfurt GRUR-RR 2003, 204, 205). Der Marktverwirrungsschaden ist nicht gleichbedeutend mit dem entgangenen Gewinn. Bei einer Minderung des Ansehens des nachgeahmten Produkts kann die Entschädigung daher neben dem entgangenen Gewinn (bzw der fiktiven Lizenzgebühr bzw dem Verletzergewinn) verlangt werden (BGH GRUR 1982, 489, 490 – *Korrekturflüssigkeit;* BGHZ 44, 372, 382 – *Messmer-Tee II*). Dagegen kann der Verletzte, der eine konkrete Vermögenseinbuße nicht darlegen kann, nicht stattdessen Schadensersatz im Wege der Lizenzanalogie verlangen (BGH GRUR 1987, 364, 365 – *Vier-Streifen-Schuh;* BGH GRUR 1990, 1008 – *Lizenzanalogie;* OLG Frankfurt GRUR-RR 2003, 204, 205; GK/*Köhler* Vor § 13 UWG 1909 Rdn B 318).

3. Entgangener Gewinn

1.35 Der entgangene Gewinn ist nach § 252 BGB neben dem positiven Schaden zu ersetzen, soweit er **rechtmäßig** erzielbar war (BGH GRUR 1964, 392, 396 – *Weizenkeimöl;* BGH GRUR 1995, 424, 426 – *Abnehmerverwarnung;* BGH GRUR 2005, 519, 520 – *Vitamin-Zell-Komplex*). Zum entgangenen Gewinn gehört auch die entgangene Erzielung eines Kostendeckungsbeitrags (*Tilmann* GRUR 2003, 647, 652; *Rinnert/Küppers/Tilmann*, FS Helm, 2002, 337, 353). Bei bestimmten Wettbewerbsverstößen – wie zB einem (erfolgreichen) Boykottaufruf – lässt sich der Nachweis des Gewinnentgangs relativ leicht führen. In aller Regel fällt dieser Nachweis im Wettbewerbsrecht wegen der Vielzahl von Faktoren, die das Marktgeschehen beherrschen, aber sehr schwer. Für den Nachweis des Gewinnentgangs nach §§ 252 S 2 BGB, 287 ZPO gilt zwar nach der Lebenserfahrung, dass unlauterer Wettbewerb die Mitbewerber schädigt (BGH GRUR 1993, 55, 57 – *Tchibo/Rolex II;* KG WRP 1999, 339, 342) und dem Verletzten durch die Verletzung eigene Geschäfte und damit Gewinnmöglichkeiten entgangen sind (BGH GRUR 1993, 757, 758 f – *Kollektion „Holiday";* BGH GRUR 1995, 349, 351 – *Objektive Schadensberechnung*). Das rechtfertigt eine Schadensersatzfeststellungsklage, ersetzt aber nicht den Nachweis der Höhe des entgangenen Gewinns. Zumeist wird ein solcher Nachweis nur bei „mitbewerberbezogenen" Wettbewerbsverstößen, also solchen Verstößen, die sich gezielt oder unmittelbar gegen einen Mitbewerber richten (zB gezielte Behinderung, unzulässige vergleichende Werbung) in Betracht kommen, nicht dagegen bei lediglich „marktbezogenen" Wettbewerbsverstößen (zB irreführende Werbung mit Preissenkungen). Auch in den Fällen der „mitbewerberbezogenen" Wettbewerbsverstöße gibt es aber keinen Erfahrungssatz dahin, dass der entgangene Gewinn dem Verletzergewinn entspricht oder der Umsatz des Verletzers dem Verletzten zugute gekommen wäre (BGH GRUR 1993, 757, 758 f – *Kollektion „Holiday";* BGH NJW 2008, 2716 Tz 20 – *Schmiermittel*). Die Umsatzentwicklung beim Verletzer kann allenfalls Anhaltspunkt, nicht aber alleinige Berechnungsgrundlage sein (BGH GRUR 1982, 489, 490 – *Korrekturflüssigkeit;* BGH NJW 2008, 2716 Tz 20 – *Schmiermittel*). Der Geschädigte muss, soweit es ihm möglich ist, Tatsachen vorbringen, die dem Gericht eine wenigstens grobe Schätzung des Gewinnentgangs ermöglichen (BGHZ 77, 16, 19 – *Tolbutamid* – auch zum Mehrproduktunternehmen; BGH GRUR 1993, 757, 758 f – *Kollektion „Holiday"*), zB die Umsatzentwicklung nach Verletzung beim Verletzten und beim Verletzer. Er braucht nicht darzulegen, ob und welche Kunden zum Verletzer gewechselt sind (BGH GRUR 1990, 687, 689 – *Anzeigenpreis II*). Eine Umsatzeinbuße ist Anhaltspunkt, aber nicht Voraussetzung eines Ersatzanspruchs, weil es auf die allgemeinen und bes Marktverhältnisse ankommt. Ein Gewinnentgang kann auch darin bestehen, dass der Verletzte seine Preise herabsetzen musste, um gegenüber dem Verletzer wettbewerbsfähig zu bleiben. An die Darlegung der Mindestvoraussetzungen für eine Schätzung sind keine allzu hohen Anforderungen zu stellen BGH NJW 2008, 2716 Tz 19 – *Schmiermittel*). Das Gericht muss einen **Mindestschaden** schätzen, wenn ein Schaden (ggf nach der Lebenserfahrung) feststeht und nicht jegliche Anhaltspunkte zur Schätzung fehlen (BGH GRUR 1993, 55, 59 – *Tchibo-Rolex II;* BGH NJW 2008, 2716 Tz 21 – *Schmiermittel*). Das Gericht muss das Ergebnis der Schätzung nicht durch Angabe jeder Einzelnen dafür maßgeblichen Tatsache begründen. Soweit es aber Tatsachen anführt, müssen diese rechtlich einwandfrei festgestellt sein (BGH GRUR 1982, 489, 490 – *Korrekturflüssigkeit*). In der Revisionsinstanz ist die Schadensschätzung durch den Tatrichter nur beschränkt überprüfbar, nämlich darauf, ob der Tatrichter Rechtsgrundsätze der Schadensbemessung verkannt, wesentliche Bemessungsfaktoren außer Betracht gelassen oder seiner Schätzung unrichtige Maßstäbe zu Grunde gelegt hat (BGH GRUR 1991, 914, 917 – *Kastanienmuster*).

VII. Dreifache Schadensberechnung

1. Anwendungsbereich

a) Rechte des geistigen Eigentums. Die von der Rspr entwickelte sog dreifache Schadensberechnung ist, soweit es die **Rechte des geistigen Eigentums** betrifft, durch das G zur Verbesserung der Durchsetzung von Rechten des geistigen Eigentums v 7. 7. 2008 in Umsetzung der **Durchsetzungsrichtlinie 2004/48/EG** v 29. 4. 2004 einheitlich geregelt worden (dazu *Dörre/Maaßen* GRUR-RR 2008, 217; *von Ungern-Sternberg* GRUR 2009, 460; *Stieper* WRP 2010, 624). Danach kann bei der Bemessung des Schadensersatzes auch der Gewinn, den der Verletzer durch die Verletzung des Rechts erzielt hat, berücksichtigt werden. Der Schadensersatzanspruch kann ferner auf der Grundlage des Betrages berechnet werden, den der Verletzer als angemessene Vergütung hätte entrichten müssen, wenn er die Erlaubnis zur Nutzung des Rechts eingeholt hätte. Diese Regelungen gelten für die Verletzung von **(1) Urheberrechten** (§ 97 II 2, 3; dazu *von Ungern-Sternberg*, FS Loewenheim, 2009, 351, 359 ff; vgl auch BGH GRUR 1980, 227, 232 – *Monumenta Germaniae Historica*; BGH GRUR 1993, 899, 900 – *Dia-Duplikate*; BGH WRP 2000, 101, 102 – *Planungsmappe*); **(2) Patentrechten** (§ 139 II 2, 3 PatG; vgl auch BGH GRUR 1962, 401, 402 – *Kreuzbodenventilsäcke III*); **(3) Marken** (§§ 14 VI 2, 3, 15 V 2, 3 MarkenG; vgl auch BGHZ 44, 372, 376 – *Messmer-Tee II*; BGH GRUR 1987, 364, 365 – *Vier-Streifen-Schuh*; BGH GRUR 1995, 50, 54 – *Indorektal/Indohexal*; OLG Frankfurt GRUR-RR 2003, 274, 276; *Ingerl/Rohnke* MarkenG Vor §§ 14–19 Rdn 112 ff; *Ströbele/Hacker* MarkenG § 14 Rdn. 299 ff). **(4) Gebrauchsmusterrechten** (§ 24 II 2, 3 GebrMG; vgl auch BGHZ 82, 299 – *Kunststoffhohlprofil II*); **(5) Geschmacksmusterrechten** (§ 42 II 2, 3 GeschmMG; vgl auch BGH GRUR 2001, 329, 330 f – *Gemeinkostenanteil*); **(6) Sortenschutzrechten** (§ 37 II 2, 3 SortenSchG); **(7) Halbleiterschutzrechten** (§ 9 I 3 HalbleiterschutzG). Inwieweit diese gesetzlichen Regelungen auch auf die Grundsätze zur dreifachen Schadensberechnung im **Bürgerlichen Recht** und **Lauterkeitsrecht** ausstrahlen, ist noch durch die Rspr zu klären. Im Interesse einer einheitlichen Rechtsanwendung ist dies grds zu befürworten (*Alexander*, Schadensersatz S 269 ff; krit *Stieper* WRP 2010, 624, 628 ff). Jedenfalls sind die Mitgliedstaaten nach Erwägungsgrund 13 S 2 der Durchsetzungsrichtlinie nicht gehindert, die Bestimmungen dieser Richtlinie „bei Bedarf zu innerstaatlichen Zwecken auf Handlungen auszuweiten, die den unlauteren Wettbewerb einschließlich der Produktpiraterie oder vergleichbare Tätigkeiten betreffen".

b) Bürgerliches Recht. Für den bürgerlichrechtlichen Schadensersatzanspruch ist die dreifache Schadensberechnung von der Rspr anerkannt bei der Verletzung von **(1) Persönlichkeitsrechten,** soweit vermögenswerte Bestandteile verletzt werden (BGHZ 26, 349, 352 – *Herrenreiter;* BGH GRUR 2000, 709 – *Marlene Dietrich;* BGH GRUR 2000, 715, 717 – *Der blaue Engel*) sowie von **(8) Namensrechten** (BGHZ 60, 206, 208 – *Miss Petite*). – Eine Anwendung auf rein **vertragliche Schadensersatzansprüche** ist dagegen ausgeschlossen, da schuldrechtliche Vereinbarungen über ein Immaterialgut keine diesem vergleichbare Rechtsposition begründen (BGH GRUR 2002, 795, 797 – *Titelexklusivität*).

c) Recht des unlauteren Wettbewerbs. Für den lauterkeitsrechtlichen Schadensersatzanspruch aus § 9 besteht noch keine gesetzliche Regelung der dreifachen Schadensberechnung. Vielmehr gelten insoweit die der Rspr entwickelten Grundsätze, die ggf unter dem Einfluss der **Durchsetzungsrichtlinie** zu modifizieren sind (Rdn 1.36). Nach der Rspr ist die dreifache Schadensberechnung anerkannt bei Schadensersatzansprüchen wegen Verletzung der **(1) nach §§ 3 I, 4 Nr 9 geschützten Leistungen** (BGH GRUR 1977, 539, 541 – *Prozessrechner;* BGH GRUR 1981, 517, 520 – *Rollhocker;* BGH GRUR 1993, 55, 57 – *Tchibo/Rolex II;* BGH GRUR 1993, 757, 759 – *Kollektion „Holiday";* BGH GRUR 2002, 795, 797 – *Titelexklusivität;* BGH GRUR 2007, 431 Tz 21 – *Steckverbindergehäuse;* zur Kritik vgl *Köhler* GRUR 2007, 548, 554) sowie der **(2) nach §§ 17 ff geschützten Geschäftsgeheimnisse und Vorlagen** (vgl § 17 Rdn 58 mwN). Eine Anwendung der Grundsätze der dreifachen Schadensberechnung auf **sonstige Wettbewerbsverstöße** (zB § 3 I iVm § 4 Nr 10) kommt dagegen nicht in Betracht. Denn insoweit weist das Lauterkeitsrecht dem Mitbewerber, anders als das Recht des geistigen Eigentums, keine eingriffsfähigen Rechtspositionen zu. Dies gilt nicht nur für den Tatbestand der gezielten Mitbewerberbehinderung nach § 4 Nr 10 (vgl *Teplitzky* GRUR 1987, 215, 216), sondern auch für die Tatbestände der Herabsetzung von Mitbewerbern nach § 3 I iVm § 4 Nr 7 und § 6 II Nr 5 (aA *Ohly* GRUR 2007, 926, 927 f).

2. Bedeutung

1.37 **a) Rechtsnatur.** Bei der dreifachen Schadensberechnung handelt es sich nur um verschiedene Bemessungsarten (Liquidationsformen) eines einheitlichen Schadensersatzanspruchs, nicht um unterschiedliche Ansprüche mit unterschiedlichen Rechtsgrundlagen (BGH GRUR 1993, 55, 57 – *Tchibo/Rolex II*). Es liegt also kein Wahlschuldverhältnis vor (BGH NJW 2007, 373 Tz 7 – *Berechnungswechsel nach Rechtskraft*). Im **Prozess** bilden der Lebenssachverhalt und der Anspruch nur **einen** Streitgegenstand, selbst wenn die Berechnungsarten wechseln oder als Haupt- und Hilfsvorbringen geltend gemacht werden.

1.38 **b) Arten der Schadensberechnung.** Der Verletzte hat die Wahl, seinen Schaden auf folgende Weise zu berechnen: **(1) Konkreter Schaden** einschließlich des Gewinnentgangs (§§ 249 ff BGB); dazu Rdn 1.24 ff. **(2) Angemessene (fiktive) Lizenzgebühr;** dazu Rdn 1.41 ff. **(3) Herausgabe des Verletzergewinns;** dazu Rdn 1.45.

1.39 **c) Wahlrecht.** Der Verletzte kann zwischen den drei Arten **frei wählen** und grds **auch noch im Prozess** von einer Berechnungsart auf die andere übergehen (BGH GRUR 2000, 226, 227 – *Planungsmappe;* OLG Düsseldorf GRUR-RR 2006, 383; *Stjerna* GRUR-RR 2006, 353). Es soll ihm möglich sein, auf Änderungen der Sach- und Beweislage einzugehen, die sich oft erst im Laufe eines Verfahrens, insbes aus dem Vorbringen des Verletzers ergeben (BGH GRUR 2008, 93 Tz 8 – *Zerkleinerungsvorrichtung*). Er kann nicht deshalb auf eine bestimmte Berechnungsart verwiesen werden, weil sie für den Verletzer weniger Aufwand bedeutet (BGH GRUR 1982, 723, 726 – *Dampffrisierstab I*). Das Wahlrecht des Verletzten erlischt erst durch Erfüllung oder wenn über seinen Schadensersatzanspruch bereits rechtskräftig, jedenfalls für ihn selbst unangreifbar, nach einer Berechnungsart entschieden worden ist (BGH GRUR 2000, 226, 227 – *Planungsmappe;* BGH GRUR 2008, 93 Tz 14 – *Zerkleinerungsvorrichtung*), dagegen noch nicht durch Erhebung einer Zahlungsklage unter Zugrundelegung einer bestimmten Berechnungsart (BGH GRUR 1993, 55, 57 – *Tchibo/Rolex II*).

1.39a **d) Vermengungsverbot.** Der Verletzte kann nach der bisherigen Rspr die Berechnungsarten nicht häufen oder miteinander verquicken. Man spricht insoweit vom **Vermengungsverbot** (BGH GRUR 1993, 757, 758 – *Kollektion „Holiday"*). Diesem Verbot steht im Bereich der Rechte des geistigen Eigentums die Durchsetzungsrichtlinie 2004/47/EG nicht entgegen (dazu BGH WRP 2010, 390 Tz 12 – *Zoladex;* Ströbele/Hacker, MarkenG § 14 Rdn 356). Allerdings kann es wohl nur noch für das Verhältnis von Herausgabe des Verletzergewinns und Lizenzanalogie Geltung beanspruchen (Rdn 1.36, 1.36 b). Dies sollte auch für den Bereich des Lauterkeitsrechts gelten (vgl *Alexander,* Schadensersatz S 269 ff). Stützt sich der Kläger auf mehrere Berechnungsarten im Eventualverhältnis, so ist auf die hilfsweise gewählte Berechnungsart erst zurückzugreifen, wenn die vorrangig gewählte entweder ausscheidet oder einen niedrigeren Betrag ergibt. Insgesamt ist also die ihm günstigste Berechnungsart zu Grunde zu legen (BGH GRUR 1993, 55, 58 – *Tchibo/Rolex II*). Das **Vermengungsverbot** ist aber nicht tangiert, wenn der Verletzte zusätzlich Ersatz von Schäden verlangt, die durch die dreifache Schadensberechnung nicht abgegolten sind. Das gilt zunächst für den Ersatz von **Rechtsverfolgungskosten** (*Teplitzky* Kap 34 Rdn 22 f; aA BGH GRUR 1977, 539, 543 – *Prozessrechner*). Das gilt weiter für den Marktverwirrungs- bzw Diskreditierungsschaden (BGHZ 44, 372, 376 – *Messmer-Tee II;* BGHZ 60, 168, 173 – *Modeneuheit;* BGH GRUR 1987, 364, 367 – *Vier-Streifen-Schuh*), es sei denn, der Verletzte verlangt eine **erhöhte** Lizenzgebühr als Ausgleich für das Risiko einer verbleibenden Rufschädigung (vgl Rdn 1.44; BGH GRUR 2006, 143, 146 – *Catwalk; Ohly* GRUR 2007, 926, 934).

1.40 **e) Mehrheit von Verletzern (Verletzerkette).** Wird die Verletzung sukzessive begangen (zB Hersteller-Großhändler-Einzelhändler), besteht das Wahlrecht gegenüber jedem Verletzer. Zur Frage inwieweit sie als Gesamtschuldner haften (vgl BGH WRP 2009, 1129 Tz 68 – *Tripp-Trapp-Stuhl;* BGH GRUR 2002, 618, 619 – *Meißner Dekor I;* zu Einzelheiten *Götz* GRUR 2001, 295; *Rinnert/Küppers/Tilmann,* FS Helm, 2002, 337, 353 f). Eine gesamtschuldnerische Haftung scheidet jedoch dann aus, wenn von mehreren Verletzern jeder für sich einen (getrennten) Schaden verursacht (BGH WRP 2009, 1129 Tz 68 – *Tripp-Trapp-Stuhl*).

3. Funktion und Rechtfertigung

1.41 Die Anerkennung der sog objektiven Schadensberechnung nach Maßgabe der fiktiven Lizenzgebühr oder des Verletzergewinns rechtfertigt sich aus dem bes **Schutzbedürfnis** des Inhabers eines Immaterialgüterrechts (oder einer vergleichbaren Rechtsposition; § 4 Nr 9). Diese Rechte sind in bes Weise verletzlich und damit schutzbedürftig. Denn im Einzelfall ist kaum feststellbar, welcher Gewinn dem Rechtsinhaber durch den Eingriff in das ihm zugewiesene Recht und die damit verbundene Beeinträchtigung seiner Verwertungschancen entgangen ist (BGH GRUR 2001, 329, 331 – *Gemeinkostenanteil*). Die objektive Schadensberechnung trägt dem regelmäßig bestehenden Zusammenhang zwischen Gewinnentgang beim Verletzten und Lizenzgebührersparnis oder Gewinn beim Verletzer Rechnung und eignet sich daher für einen billigen und angemessenen Interessenausgleich (vgl BGHZ 57, 116, 118 – *Wandsteckdose II;* BGH GRUR 1995, 349, 351 – *Objektive Schadensberechnung;* BGH WRP 2007, 533 Tz 21 – *Steckverbindergehäuse*). Sie dient zugleich der **Sanktionierung** des schädigenden Verhaltens und mittelbar der **Prävention** gegen eine Verletzung der bes schutzbedürftigen Immaterialgüterrechte (BGH GRUR 2001, 329, 331 – *Gemeinkostenanteil;* vgl auch Ohly GRUR 2007, 926, 933).

4. Lizenzanalogie

a) Grundlagen und Voraussetzungen. Die Schadensberechnung nach der Lizenzanalogie 1.42 entspricht dem Bereicherungsausgleich (§§ 812 I 1, 818 II BGB; BGH GRUR 2006, 143, 145 – *Catwalk*). Sie ermöglicht eine erleichterte Schadensberechnung und ist daher am verbreitetsten. Gesetzliche Regelungen finden sich in § 139 II 3 PatG, § 24 II 3 GebrMG, § 42 II 3 GeschmMG, § 37 II 3 SortSchG, § 97 II 3 UrhG. Ihr liegt die Überlegung zu Grunde, dass der Verletzer grds nicht besser, aber auch nicht schlechter stehen soll als ein vertraglicher Lizenznehmer, der eine Lizenzgebühr entrichtet hätte (BGHZ 82, 310 – *Fersenabstützvorrichtung;* BGH GRUR 1993, 55, 58 – *Tchibo/Rolex II;* BGH GRUR 2000, 685, 688 – *Formunwirksamer Lizenzvertrag;* BGH GRUR 2006, 143, 145 – *Catwalk;* krit Tilmann GRUR 2003, 647, 652, Ohly GRUR 2007, 926, 933). Zum Zwecke der Schadensberechnung wird daher ein Lizenzvertrag fingiert und ermittelt, was vernünftig denkende Parteien für die betreffende Handlung als Lizenzgebühr vereinbart hätten (BGHZ 77, 16, 25 f – *Tolbutamid;* BGH GRUR 2006, 136 Tz 23 – *Pressefotos;* GRUR 2009, 407 Tz 22 – *Whistling for a train;* BGH GRUR 2009, 660 Tz 13 – *Resellervertrag*). Voraussetzung ist lediglich, dass ein Lizenzvertrag über das betreffende Gut rechtlich möglich und eine Überlassung verkehrsüblich ist (BGHZ 60, 206, 211 – *Miss Petite;* BGH GRUR 2006, 143, 145 – *Catwalk*). Das Erfordernis der Verkehrsüblichkeit ist weit zu verstehen, um (ggf neuartige) Verletzungen ausreichend zu sanktionieren. Es genügt, dass das verletzte Gut seiner Art nach überhaupt durch Einräumung von Nutzungsrechten genutzt werden kann und genutzt wird. Auf die Verhältnisse in der betreffenden Branche kommt es nicht an (BGH GRUR 2006, 143, 145 – *Catwalk*). Daher kann auch das bloße Anbieten eines rechtsverletzenden Gegenstandes in einem **Katalog** eine Schadensersatzpflicht begründen (BGH GRUR 2006, 143, 145 – *Catwalk*). Unerheblich ist im Hinblick auf die normative Zielsetzung dieser Berechnungsmethode, ob es bei korrektem Verhalten des Verletzers im konkreten Fall zu einer entspr Lizenzerteilung gekommen wäre (BGHZ 44, 372, 379 – *Messmer-Tee II;* BGH GRUR 1984, 820, 822 – *Intermarkt II;* BGH GRUR 1993, 55, 58 – *Tchibo/Rolex II;* BGH GRUR 2006, 143, 145 – *Catwalk*) und ob der Verletzer zur Zahlung einer entspr Vergütung bereit gewesen wäre (BGH GRUR 2006, 136 Tz 23 – *Pressefotos;* BGH WRP 2010, 384 Tz 36 – *BTK*). Es kommt lediglich darauf an, dass der Verletzte die Nutzung nicht ohne Entgelt gestattet haben würde. Der Eintritt eines Schadens in Höhe der nicht geleisteten Vergütung wird dann indiziert (BGH GRUR 1995, 349, 351 – *Objektive Schadensberechnung;* BGH GRUR 2006, 143, 145 – *Catwalk*). Leistet der Verletzer Schadensersatz, so führt dies aber nicht zum Abschluss eines Lizenzvertrages und damit auch nicht zur Einräumung eines Nutzungsrechts (BGH WRP 2002, 214, 218 – *SPIEGEL-CD-ROM*). Der Verletzte kann also weitere Verletzungshandlungen unterbinden.

b) Berechnung. Bei der Ermittlung der **Gebührenhöhe** ist auf den **objektiven Wert der** 1.43 **Benutzungsberechtigung** abzustellen, der in der **angemessenen** und **üblichen Lizenzgebühr** besteht (BGH GRUR 2006, 136 Tz 23 – *Pressefotos;* BGH GRUR 2009, 660 Tz 13 – *Resellervertrag;* BGH WRP 2010, 927 Tz 33 – *Restwertbörse*). Dabei ist von der Sachlage bei Schluss der mündlichen Verhandlung auszugehen (BGHZ 119, 20, 27 = GRUR 1993, 55, 58 – *Tchibo/Rolex II*). Es ist sodann (ex-post-Betrachtung) darauf abzustellen, was vernünftig denkende Parteien bei Kenntnis dieser Sachlage und gegebenem Vereinbarungszwang im Zeitpunkt des Abschlusses des fiktiven Lizenzvertrags vereinbart hätten, wenn sie die künftige Entwicklung und namentlich die Dauer und das Ausmaß der Nutzung vorausgesehen hätten (BGHZ 44, 372, 376 – *Messmer-Tee II;* BGH GRUR 1990, 1008, 1009 – *Lizenzanalogie;* BGH GRUR 1993, 55, 58 – *Tchibo/Rolex II;* BGH WRP 2000, 766, 768 – *Formunwirksamer Lizenzvertrag*). Es ist also die zwischenzeitliche Informations- und Marktentwicklung grds zu berücksichtigen (str; vgl die

Nachw bei GK/*Köhler* Vor § 13 UWG 1909 Rdn B 332). Allerdings bedarf die ex-post-Betrachtung der Begrenzung, weil der Verletzer grds weder besser noch schlechter stehen soll als ein vertraglicher Lizenznehmer. Die für den Zeitpunkt des fiktiven Vertragsschlusses anzustellende Prognose bleibt daher auch dann maßgeblich, wenn sich das Vertragsrisiko anders entwickelt (BGH GRUR 1993, 55, 58 – *Tchibo/Rolex II*), gleichgültig zu wessen Nachteil. Die Angemessenheit lässt sich idR nur auf Grund einer wertenden Entscheidung unter Berücksichtigung aller Umstände des Einzelfalls, insbes auch der Fixkosten (BGH GRUR 2001, 329, 332 – *Gemeinkostenanteil*), gem **§ 287 I ZPO** bestimmen (BGH WRP 2000, 766, 768 – *Formunwirksamer Lizenzvertrag*; BGH GRUR 2006, 136 Tz 24 – *Pressefotos*; BGH GRUR 2006, 143, 145/146 – *Catwalk*; dazu *Grüger* GRUR 2006, 536). Dabei liegt es nahe, **branchenübliche** Vergütungssätze und Tarife als Maßstab heranzuziehen, wenn sich für den betreffenden Zeitraum eine solche Übung herausgebildet hat (BGH GRUR 2006, 136 Tz 27 – *Pressefotos*; BGH GRUR 2009, 407 Tz 29 – *Whistling for a train*; BGH WRP 2010, 927 Tz 36 – *Restwertbörse*; BVerfG NJW 2003, 1655). Allerdings ist dem Risiko der Minderung des Prestigewerts des nachgeahmten Erzeugnisses durch eine angemessene Erhöhung der normalerweise üblichen Lizenz Rechnung zu tragen (BGH GRUR 2006, 143, 146 – *Catwalk*). Das Gleiche gilt für den Marktverwirrungsschaden, wie er bei Verwendung eines nahezu identischen Unternehmenskennzeichens eintreten kann (BGH WRP 2010, 384 Tz 29 – *BTK*). – Zumeist ist von einer **Stücklizenz** unter Zugrundelegung der Nettoverkaufspreise des Verletzers auszugehen (BGH GRUR 1993, 55, 56 – *Tchibo/Rolex II;* OLG Düsseldorf GRUR-RR 2003, 209, 210; OLG Hamburg GRUR-RR 2009, 136, 139). In der Praxis beträgt der Lizenzbetrag zwischen 1% und 5% (OLG Hamburg GRUR-RR 2009, 136, 139: 1%), bei Prestigeobjekten bis zu 20% (BGH GRUR 1991, 914, 917 – *Kastanienmuster*: 10%; BGH GRUR 1993, 55, 58 – *Tchibo/Rolex II:* 12,5%; BGH GRUR 2006, 143, 146 – *Catwalk; Ingerl/Rohnke* MarkenG Vor §§ 14–19 Rdn 116). Ist eine **Pauschallizenz** üblich, so ist sie unabhängig davon zu bezahlen, wie lange und wie intensiv die Verletzungshandlung war (BGH GRUR 1990, 353, 355 – *Raubkopien;* BGH GRUR 1993, 899, 901 – *Dia-Duplikate*). Die Zahlungspflicht bleibt also auch dann bestehen, wenn infolge Vernichtung der unrechtmäßig hergestellten Werkstücke die Verwertung unmöglich wird (BGH aaO – *Dia-Duplikate*). In Betracht kommt auch eine **Kombination von Pauschal- und Stücklizenz.** In diesem Fall kann sich die Einmalzahlung auf die Höhe der Stücklizenz auswirken. Außerdem kommt in Betracht, dass die Parteien in einem solchen Fall eine Stücklizenz erst von einer bestimmten Verkaufszahl an vorsehen (BGH GRUR 2006, 143, 146 – *Catwalk*). Die Höhe der Lizenzgebühr bestimmt sich beim Fehlen eines marktüblichen Satzes nach den Umständen, insbes nach dem wirtschaftlichen Wert des verletzten Immaterialguts und nach Art und Intensität der Verletzung (vgl BGHZ 44, 372, 391 – *Messmer-Tee II;* BGH GRUR 1962, 401, 404 f – *Kreuzbodenventilsäcke III;* BGH GRUR 1975, 85, 87 – *Clarissa;* BGH WRP 2009, 1143 Tz 39 – *CAD-Software;* zu Einzelheiten GK/*Köhler* Vor § 13 aF Rdn B 343; *Nieder,* Außergerichtliche Konfliktlösung im gewerblichen Rechtsschutz, 1998, 108 ff; *Teplitzky* Kap 34 Rdn 31). Der Wert des verletzten Rechts kann uU durch tolerierte sonstige Verletzungen gemindert sein (BGH GRUR 1993, 55, 58 – *Tchibo/Rolex II*). Ist das verletzte Schutzrecht (Patent, Gebrauchsmuster) von einem älteren Schutzrecht abhängig, so ist die Lizenzgebühr nicht auf die Benutzung des „überschießenden Teils" beschränkt (BGH GRUR 1992, 597, 598 – *Steuereinrichtung*). – Im **Revisionsverfahren** ist lediglich zu überprüfen, ob die tatrichterliche Schätzung auf grds falschen oder offenbar unsachlichen Erwägungen beruht oder ob wesentliche, die Entscheidung bedingende Tatsachen außer Acht gelassen worden sind, insbes ob schätzungsbegründende Tatsachen, die von den Parteien vorgebracht worden sind oder sich aus der Natur der Sache ergeben, nicht gewürdigt worden sind (BGH GRUR 2006, 136 Tz 24 – *Pressefotos;* BGH GRUR 2009, 660 Tz 14 – *Resellervertrag*). Soweit es um eine unterbliebene **Beweisaufnahme** geht, kann – da der Umfang einer Beweisaufnahme im Ermessen des Tatrichters steht (§ 287 I 2 ZPO) – das Revisionsgericht nur Ermessensfehler berücksichtigen. Das Ermessen ist dann fehlerhaft ausgeübt, wenn die Schätzung des Tatrichters auf grundsätzlich falschen oder offenbar unsachlichen Erwägungen beruht oder ob wesentliche, die Entscheidung bedingende außer Acht gelassen worden sind, insbesondere ob schätzungsbegründende Tatsachen nicht gewürdigt worden sind, die von den Parteien vorgebracht worden sind oder sich aus der Natur der Sache ergeben oder der Tatrichter sich eine Sachkunde zutraut, über die er nicht verfügen kann (BGH GRUR 2006, 136 Tz 28 – *Pressefotos;* BGH GRUR 2009, 407 Tz 23 – *Whistling for a train*).

1.44 **c) Zu- und Abschläge.** Da eine unerlaubte Nutzung des Immaterialguts sowohl Vorteile als auch Nachteile gegenüber einer erlaubten Nutzung haben kann (vgl die Aufzählung bei GK/

Köhler Vor § 13 aF Rdn B 339), sind Zu- und Abschläge zur fiktiven Lizenzgebühr denkbar (BGHZ 77, 16, 27 – *Tolbutamid;* BGHZ 82, 310, 321 – *Fersenabstützvorrichtung;* BGH WRP 2000, 766, 769 f – *Formunwirksamer Lizenzvertrag;* BGH GRUR 1993, 897, 898 – *Mogul-Anlage;* vgl weiter *Körner* GRUR 1983, 611; GK/*Köhler* Vor § 13 aF Rdn B 339 ff; *Tilmann* GRUR 2003, 647, 652). Zu berücksichtigen ist dabei, inwieweit sich typische Verletzungsvorteile und -nachteile im Einzelfall tatsächlich auswirken. Besteht die Gefahr einer Minderung des Prestigewerts des nachgeahmten Produkts, so ist dem durch eine angemessene Erhöhung der normalerweise üblichen Lizenzgebühr Rechnung zu tragen (BGH GRUR 2006, 143, 146 – *Catwalk*). Weiter sind **aufgelaufene Zinsen** lizenzerhöhend zu berücksichtigen, weil (und soweit) vernünftige Parteien bei Abschluss eines Lizenzvertrags auch eine Fälligkeits- und Verzinsungsvereinbarung getroffen hätten (BGHZ 82, 299, 309 – *Kunststoffhohlprofil II;* BGHZ 82, 310, 321 – *Fersenabstützvorrichtung;* BGH WRP 2010, 384 Tz 55 – *BTK*). Eine Minderung der üblichen Lizenzgebühr kommt in Betracht, wenn keine identische Nachahmung vorliegt und die Nachahmung nur neben zahlreichen anderen Produkten angeboten wurde (BGH GRUR 2006, 143, 146 – *Catwalk*). – Die aus einer Präventionsfunktion des Schadensersatzrechts abgeleitete Forderung nach einem **allgemeinen Verletzerzuschlag** wurde bisher von der Rspr (BGHZ 77, 16, 26 – *Tolbutamid;* BGHZ 82, 310, 316 f – *Fersenabstützvorrichtung;* OLG München NJW-RR 2003, 767) abgelehnt. Daran ist auch festzuhalten, da der Verletzte auf die Schadensberechnung nach der Lizenzanalogie nicht beschränkt ist, sondern alternativ den Verletzergewinn herausverlangen kann und dies bereits in hohem Maße präventiv wirkt (aA *Bodewig/Wandtke* GRUR 2008, 220: doppelte Lizenzgebühr geboten). – Von der nach der Lizenzanalogie geschuldeten Zahlung sind Ersatzleistungen, die der Verletzer seinen Vertragspartnern wegen deren Inanspruchnahme durch den Verletzten erbringt, nicht abzuziehen (BGH GRUR 2009, 660 Tz 39 – *Resellervertrag*).

5. Herausgabe des Verletzergewinns

a) Grundlagen und Voraussetzungen. Diese Art des Schadensausgleichs entspricht dem Herausgabeanspruch bei der angemaßten Eigengeschäftsführung (§§ 687 II 1, 681 S 2, 667 BGB). Sie geht aber darüber hinaus, weil sie grds auch bei nur **fahrlässigem** Verletzerhandeln eingreift. Allerdings kann bei bloß fahrlässiger Verletzung der Schadensanspruch **gemindert** werden (vgl *von Ungern-Sternberg,* FS Loewenheim (2009) 351, 358). Das wird insbesondere bei der Inanspruchnahme von Händlern in Betracht kommen. Die Herausgabe des Verletzergewinns rechtfertigt sich aus der besonderen Schutzwürdigkeit des Verletzten und zielt auf einen billigen Ausgleich des Vermögensnachteils des Verletzten (Rdn 1.41; BGH GRUR 2007, 431 Tz 21 – *Steckverbindergehäuse*). Denn es wäre unbillig, dem Verletzer einen Gewinn, der auf der unbefugten Nutzung eines Immaterialgüterrechts oder einer wettbewerbsrechtlich geschützten Leistung beruht, zu belassen (BGH GRUR 1993, 55 – *Tchibo/Rolex II;* BGHZ 145, 366 = GRUR 2001, 329, 331 – *Gemeinkostenanteil;* BGH GRUR 2007, 431 Tz 25 – *Steckverbindergehäuse*). Dazu wird fingiert, dass der Rechtsinhaber ohne die Rechtsverletzung durch die Verwertung seines Rechts oder seiner Leistung in gleicher Weise Gewinn erzielt hätte wie der Verletzer (BGH GRUR 2007, 431 Tz 21 – *Steckverbindergehäuse;* BGH WRP 2010, 390 Tz 18 – *Zoladex*). Gesetzliche Regelungen enthalten die § 139 II 2 PatG, § 24 II 2 GebrMG, § 42 II 2 GeschmG, § 37 II 2 SortSchG, § 97 II 2 UrhG. – § 819 BGB ist auf den Anspruch auf Herausgabe des Verletzergewinns nicht anwendbar (BGH WRP 2010, 390 Tz 22 – *Zoladex*).

b) Ermittlung des Verletzergewinns. Verlangt der Verletzte Herausgabe des Verletzergewinns, muss er im Rahmen des § 287 ZPO nachweisen, dass die Verletzungshandlung mit Wahrscheinlichkeit bei ihm zu einem Schaden und beim Verletzer zu einem Gewinn geführt hat (BGH GRUR 1962, 509, 512 – *Dia-Rähmchen II; Körner* GRUR 1983, 611). Ein Verletzergewinn lässt jedoch im Regelfall auf einen Schaden des Verletzten auf Grund entgangener Geschäfte schließen (BGH GRUR 1993, 55, 57 – *Tchibo/Rolex II;* BGH GRUR 1995, 349, 351 – *Objektive Schadensberechnung*). Das gilt aber nicht, wenn mit dem Verletzergewinn auch der Gewinn des Verletzten ansteigt (BGH aaO – *Objektive Schadensberechnung*). Dann scheidet diese (und nur diese) Berechnungsmethode aus. Der erzielte Gewinn ist allerdings nicht vollständig, sondern nur insoweit herauszugeben, als er auf der Rechtsverletzung beruht (BGH GRUR 2007, 431 Tz 37 – *Steckverbindergehäuse;* BGH WRP 2008, 938 Tz 7 – „*entwendete Datensätze mit Konstruktionszeichnungen";* BGHZ 181, 98 = WRP 2009, 1129 Tz 41 – *Tripp-Trapp-Stuhl;* BGH WRP 2010, 390 Tz 20 – *Zoladex*).).

1.47 Bei der Verletzung von **Kennzeichenrechten, Geschmacksmusterrechten, Urheberrechten, Patentrechten** und bei **wettbewerbswidriger Leistungsübernahme** (§ 4 Nr 9) wird der Verletzergewinn meist nicht ausschließlich, vielfach nicht einmal überwiegend, auf die Verletzungshandlung zurückzuführen sein (BGH GRUR 2006, 419 Tz 15 – *Noblesse;* BGH WRP 2008, 938 Tz 8 – *„entwendete Datensätze mit Konstruktionszeichnungen";* OLG Frankfurt GRUR-RR 2003, 274, 277; *Teplitzky* Kap 34 Rdn 33). Bei der Verletzung von **Betriebsgeheimnissen** ist dagegen grds der gesamte unter Einsatz des geheimen Knowhows erzielte Gewinn herauszugeben (BGH GRUR 1985, 294, 296 – *Füllanlage;* BGH WRP 2008, 938 Tz 9). Dies gilt auch für solche Entwicklungen, die zwar nicht vollständig auf den unlauter erlangten Kenntnissen beruhen, bei denen diese aber in einer Weise mitursächlich geworden sind, die wirtschaftlich oder technisch nicht bedeutungslos ist (BGH WRP 2008, 938 Tz 9 – *„entwendete Datensätze mit Konstruktionszeichnungen").* Auch beim Vertrieb von Arzneimitteln, die ohne die Verwendung der Marke des Verletzen nicht verkehrsfähig gewesen wären, ist der volle Gewinn herauszugeben (BGH WRP 2010, 390 Tz 20 – *Zoladex).*

1.48 Der herauszugebende Gewinnanteil ist nach **§ 287 ZPO** zu **schätzen** (BGH GRUR 2006, 419 Tz 16 – *Noblesse;* BGH GRUR 2007, 431 Tz 38 – *Steckverbindergehäuse),* wenn nicht ausnahmsweise jeglicher Anhaltspunkt für eine Schätzung fehlt (BGHZ 181, 98 = WRP 2009, 1129 Tz 42 – *Tripp-Trapp-Stuhl* mwN). Die Schätzung liegt im tatrichterlichen Ermessen und ist daher im Revisionsverfahren nur begrenzt überprüfbar (dazu BGH GRUR 2007, 431 Tz 38 – *Steckverbindergehäuse).* Sie hat sich daran zu orientieren, inwieweit die rechtswidrige Handlung (Gestaltung als Imitat) **ursächlich** für Kaufentschlüsse war. Maßgebend ist also, von welchen Gesichtspunkten sich ein durchschnittlich informierter, aufmerksamer und verständiger Nachfrager beim Kauf leiten lässt. Das ist nicht iSe adäquaten Kausalität, sondern – vergleichbar der Würdigung des Mitverschuldens bei § 254 BGB – wertend zu verstehen (ebenso BGH GRUR 2007, 431 Tz 37 – *Steckverbindergehäuse;* OLG Frankfurt GRUR-RR 2003, 274, 278). Maßgebend sind die **Umstände des Einzelfalls** und zwar auch bei der wettbewerbswidrigen Leistungsübernahme (BGH GRUR 2007, 431 Tz 39 – *Steckverbindergehäuse:* Gewinnanteilsquote von 40% bei Steckverbindergehäusen; OLG Hamburg GRUR-RR 2009, 136, 139: Gewinnanteilsquote von 60% bei Nachahmung des Designs von Damenunterwäsche). Bei der wettbewerbswidrigen Leistungsübernahme werden insbes die Bekanntheit des nachgeahmten Produkts und der Grad der Nachahmung, ggf auch der günstigere Preis des Nachahmungsprodukts (BGH WRP 2008, 938 Tz 8 – *Entwendete Datensätze mit Konstruktionszeichnungen)* sowie das Bestreben, sich mehrere Bezugsquellen zu eröffnen, zu berücksichtigen sein. Bei technischen Erzeugnissen kann auch bei identischer Nachahmung neben der Gestaltung auch die technische Funktionalität eine Rolle für die Kaufentscheidung spielen (BGH GRUR 2007, 431 Tz 40 – *Steckverbindergehäuse).* Es ist wenigstens ein Mindestschaden zu schätzen, sofern nicht ausnahmsweise auch dafür jeglicher Anhaltspunkt fehlt (BGH GRUR 1993, 55, 59 – *Tchibo/Rolex II).* Die Einschaltung eines Sachverständigen ist nur gerechtfertigt, wenn kein unverhältnismäßiger Aufwand zu befürchten ist (BGH GRUR 1993, 757, 760 – *Kollektion „Holiday").*

1.49 Ob der Verletzte denselben Gewinn wie der Verletzer hätte erzielen können, ist unbeachtlich (BGHZ 60, 168, 173 – *Modeneuheit;* BGH GRUR 2001, 329, 332 – *Gemeinkostenanteil;* BGH GRUR 2007, 431 Tz 40 – *Steckverbindergehäuse;* BGH WRP 2009, 1129 Tz 77 – *Tripp-Trapp-Stuhl).* Daher sind der bes Einsatz des Verletzers für die Vermarktung (zB Ausnutzung von Geschäftsbeziehungen, Einsatz von Vertriebskenntnissen und Preispolitik) nicht gewinnmindernd zu berücksichtigen (BGH GRUR 2001, 329, 332 – *Gemeinkostenanteil).* Unbeachtlich ist auch, dass der Verletzergewinn die angemessene Lizenzgebühr beträchtlich übersteigt (OLG Düsseldorf GRUR 2004, 53; OLG Hamburg GRUR-RR 2009, 136, 139). Denn es ist gerade auch das Ziel dieser Schadensberechnung, durch Abschöpfung des Verletzergewinns das schädigende Verhalten zu sanktionieren (BGH GRUR 2001, 329, 331 – *Gemeinkostenanteil).*

1.50 **c) Abzugsfähigkeit von Kosten.** Herauszugeben ist nicht nur ein Nettogewinn, sondern auch ein bloßer **Kostendeckungsbeitrag.** Es darf also vom Gewinn **kein Gemeinkostenanteil abgezogen** werden, es sei denn, die Gemeinkosten könnten ausnahmsweise den rechtsverletzenden Gegenständen unmittelbar zugerechnet werden (BGH GRUR 2007, 431 Tz 25 ff – *Steckverbindergehäuse).* Denn der Verletzte ist durch die Herausgabe des Verletzergewinns so zu stellen, als hätte er ohne die Rechtsverletzung in gleicher Weise wie der Verletzer einen Gewinn erzielt. In diesem Falle hätte der Verletzte einen Deckungsbeitrag zu seinen eigenen Gemeinkosten erwirtschaften können (BGH GRUR 2001, 329, 331 – *Gemeinkostenanteil* unter Hinweis auf §§ 687 II, 684 S 1). Die Frage wird im Schrifttum lebhaft diskutiert (vgl *Teplitzky* Kap 34

Rdn 33; *Haedicke* GRUR 2005, 529; *Körner,* FS Steindorff, 1990, 877, 886 f; *Lehmann* BB 1988, 1680, 1683; *Meier-Beck* GRUR 2005, 617; *v d Osten* GRUR 1998, 284, 286; *Rinnert/Küper/ Tilmann,* FS Helm, 2002, 337; *Pross,* FS Tilmann, 2003, 881; *Rojahn* GRUR 2005, 623; *Runkel* WRP 2005, 968; *Tilmann* GRUR 2003, 647). – In der Praxis werden sich die konkret abzugsfähigen Kosten nur schwer ermitteln lassen (dazu *Meier-Beck* GRUR 2005, 617; *Loschelder* NJW 2007, 1503, 1504) und die Einholung von Sachverständigengutachten könnte Prozesse verteuern und in die Länge ziehen (vgl *Runkel* WRP 2005, 968, 970 ff). Daher ist bei der Unterscheidung von abzugsfähigen und nicht abzugsfähigen Kosten eine gewisse **Typisierung** geboten, die einerseits dem Gebot der Praktikabilität, andererseits dem Zweck dieser Form des Schadensersatzes Rechnung trägt (BGH GRUR 2007, 431 Tz 30 – *Steckverbindergehäuse*). Dabei ist zu unterstellen, dass der Verletzte einen entsprechenden Betrieb unterhält, der dieselben Produktions- und Vertriebsleistungen wie der Betrieb des Verletzers hätte erbringen können (BGH GRUR 2007, 431 Tz 31 – *Steckverbindergehäuse*). **Abzugsfähig** sind daher: Kosten für Produktion, Material und Vertrieb; Kosten für Personaleinsatz bei Herstellung und Vertrieb; Kosten für Maschinen und Räumlichkeiten (anteilig bezogen auf die Lebensdauer), die nur für die Herstellung und den Vertrieb der Nachahmungen eingesetzt werden (BGH GRUR 2007, 431 Tz 31 – *Steckverbindergehäuse*). – **Nicht abzugsfähig** sind dagegen: Kosten, die unabhängig vom Umfang der Produktion und des Vertriebs durch die Unterhaltung des Betriebs entstanden sind. Dazu gehören: allgemeine Marketingkosten; Geschäftsführergehälter, Verwaltungskosten und Kosten für Anlagevermögen, das nicht konkret der Rechtsverletzung zurechenbar ist; ferner Anlauf- und Entwicklungskosten und Kosten für unverkäuflich gewordene Produkte (BGH GRUR 2007, 431 Tz 32 – *Steckverbindergehäuse*). – Zur Abzugsfähigkeit von **Schadensersatzleistungen** des haftenden Herstellers an seine Abnehmer wegen deren Inanspruchnahme durch den Rechtsinhaber vgl BGH WRP 2009, 1129 Tz 78 f – *Tripp-Trapp-Stuhl*).

2. Kapitel. Die Verantwortlichkeit der Presse

Schrifttum: *Ahrens,* Beteiligung der Presse an Wettbewerbsverstößen von Anzeigenkunden, FS Traub, 1994, 11; *Beater,* Medienrecht, 2007; *R. Damm,* Der Gegendarstellungsanspruch in der Entwicklung der neueren Rechtsprechung, FS Löffler, 1980, 25; *Damm/Kuner,* Widerruf, Unterlassung und Schadensersatz in Presse und Rundfunk, NJW-Schriftenreihe, 1991; *Damm/Rehbock,* Widerruf, Unterlassung und Schadensersatz in Presse und Rundfunk, 2. Aufl 2001; *Fuchs,* Die wettbewerbsrechtliche Beurteilung redaktioneller Werbung in Presseerzeugnissen unter besonderer Berücksichtigung der Kopplung von entgeltlicher Anzeige und redaktioneller Berichterstattung, GRUR 1988, 736; *Henning-Bodewig,* Das „Presseprivileg" in § 13 Abs. 2 Nr. 1 UWG, GRUR 1985, 258; *Lettl,* Allgemeines Persönlichkeitsrecht und Medienberichterstattung, WRP 2005, 1045; *Lindacher,* Zur wettbewerbsrechtlichen Unterlassungshaftung der Presse im Anzeigengeschäft, WRP 1987, 585; *Messer,* Wettbewerbsrechtliche Beurteilung von Presseäußerungen, FS v Gamm, 1990, 95; *Piper,* Zur wettbewerbsrechtlichen Beurteilung von Werbeanzeigen, FS Vieregge, 1995, 715; *Prinz,* Nochmals: „Gegendarstellung auf dem Titelblatt einer Zeitschrift", NJW 1993, 3039; *Prinz/Peters,* Medienrecht, 1999; *Schmidt/Seitz,* Aktuelle Probleme des Gegendarstellungsrechts, NJW 1991, 1009; *P. Scholz,* Der Gegendarstellungsanspruch in der Presse, Jura 1986, 19; *Seitz/Schmidt/Schoener,* Der Gegendarstellungsanspruch in Presse, Film, Funk und Fernsehen, 3. Aufl 1998; *Wenzel,* Recht der Wort- und Bildberichterstattung, 1994; *Wronka,* Gegendarstellung und Gegenäußerung, WRP 1974, 527.

I. Überblick

In diesem Abschnitt geht es nicht so sehr um die wettbewerbliche Betätigung der Presse im Rahmen der Werbung für Unternehmen (redaktionelle Werbung; vgl § 4 Nr 3), sondern um die kritische Berichterstattung über Unternehmen. Sie kann über die Beeinträchtigung des Persönlichkeitsrechts hinaus auch das Wettbewerbsgeschehen stark beeinflussen und soll daher hier behandelt werden. Werden bei einer kritischen Berichterstattung die Grenzen der Pressefreiheit (Art 5 I 2 GG) überschritten, kann sich daraus eine **straf-** und eine **zivilrechtliche Verantwortung** ergeben. Soweit der verantwortliche Redakteur und der Verleger nicht schon nach den allgemeinen Strafgesetzen als Täter oder Teilnehmer strafbar sind, können sie wegen vorsätzlicher oder fahrlässiger Verletzung der **beruflichen Sorgfaltspflicht** nach den einschlägigen Vorschriften der Landespressegesetze (Übersicht: *Löffler* PresseR, LX) bestraft werden. Die **zivilrechtliche Verantwortung** richtet sich nach allgemeinen Grundsätzen. Bei wettbewerbs- oder rechtswidrigen Pressemitteilungen im redaktionellen oder im Anzeigenteil stehen dem Verletzten die negatorischen bzw quasinegatorischen Ansprüche auf **Unterlassung, Beseitigung** bzw **Widerruf** zu (§§ 3, 8 I UWG; §§ 1004, 823, 824 BGB). Objektive Rechtswidrigkeit genügt. Dagegen setzt ein **Schadensersatzanspruch** grds Verschulden voraus (§ 9 S 1; § 276 BGB). Jedoch haften **„verantwortliche Personen von periodischen Druckschriften"** nur für **vorsätzliche** Zuwiderhandlungen gegen § 3 (§ 9 S 2; dazu Rdn 2.11 ff). Ferner kann der Verletzer zum Abdruck einer **Gegendarstellung** nach Presserecht verpflichtet sein (Rdn 2.5 ff). Der in einem Unterlassungsprozess obsiegenden Partei kann gem § 12 III die Befugnis zur **Bekanntmachung** des Urteils zugesprochen werden.

II. Abwehransprüche

1. Kreis der Verantwortlichen

2.2 Eine wettbewerbsrechtliche Verantwortlichkeit nach §§ 3, 8 I oder §§ 7, 8 I setzt eine „geschäftliche Handlung" iSv § 2 I Nr 1 voraus. Verantwortlich ist daher jedenfalls der **Verleger** als der Unternehmer, der eine Druckschrift auf eigene Rechnung zur Vervielfältigung und Verbreitung in Verlag nimmt (vgl *Schricker* VerlagsG § 1 Rdn 30) und damit zur Förderung des eigenen Absatzes handelt. Er haftet nicht nur für eigenes Handeln, sondern auch für das Handeln seiner **Mitarbeiter** und **Beauftragten** (§ 8 II). Gestattet er den Vertrieb einer Beilage mit wettbewerbswidrigem Inhalt zusammen mit dem Druckwerk, ist er dafür auch dann verantwortlich, wenn die Beilage nicht von ihm gedruckt und für sie ein von ihm völlig unabhängiger Redakteur bestellt worden ist (BGHZ 14, 163, 173 ff – *Constanze II*). Entscheidend ist seine tatsächliche Mitwirkung an der Verbreitung des Beitrags. Auch wenn eine Zeitung **Äußerungen Dritter** wiedergibt und von ihrem Inhalt abrückt, leistet der Verleger als „Herr der Zeitung" einen entscheidenden Tatbeitrag zur Verbreitung der Äußerung (BGH GRUR 1986, 683 – *Ostkontakte*). Verantwortlich ist weiter der **verantwortliche Redakteur** iSd Presserechts (BGHZ 39, 124, 129; BGH GRUR 1975, 208 – *Deutschland-Stiftung*). Verantwortlich ist auch der **Drucker,** also der Unternehmer, der eigenverantwortlich den Druck besorgt. Verantwortlich ist schließlich auch der **Verbreiter,** also jeder Unternehmer, der es übernimmt, die Druckschrift öffentlich zugänglich zu machen.

2. Haftungsvoraussetzungen

2.3 Die Haftung eines Verlegers kann sich bereits daraus ergeben, dass er es versäumt hat, einen verfassungsmäßigen Vertreter (§§ 30, 31 BGB) mit der Überwachung des Redaktionsbetriebs und der Überprüfung kritischer Berichte zu beauftragen, die möglicherweise die Ehre und den geschützten privaten Bereich Dritter beeinträchtigen (BGHZ 24, 200, 213 – *Spätheimkehrer*; BGHZ 39, 124). Einen bes gefährlichen Beitrag, mit dem ehr- oder persönlichkeitsrechtliche Beeinträchtigungen verbunden sind, müssen Verleger und Herausgeber grds entweder selbst überprüfen oder einem damit beauftragten Dritten die Stellung eines **Organs** (§§ 30, 31 BGB) verschaffen, so dass sie für sein Verschulden ohne Entlastungsmöglichkeit einzustehen haben (BGH GRUR 1980, 1099, 1104 – *Das Medizinsyndikat II;* BGH GRUR 1997, 167 – *Restaurantführer*). Der verantwortliche Redakteur haftet für eine Persönlichkeitsrechtsverletzung bei unterlassener Inhaltskontrolle auch dann, wenn er keine Kenntnis von dem Presseartikel hatte (BGH NJW 1977, 626). – Verantwortlich gegenüber Dritten sind der Verleger und der verantwortliche Redakteur nicht nur für den **redaktionellen,** sondern auch für den **Anzeigenteil** (BGH GRUR 1972, 722 – *Geschäftsaufgabe*). Er hat, wenn auch nicht selbst, so doch durch entspr Anweisungen, sicherzustellen, dass nicht gesetzwidrige Anzeigen erscheinen und nicht durch unwahre Veröffentlichungen Rechtsgüter Dritter verletzt werden. Im Hinblick auf die **Besonderheiten des Anzeigengeschäfts** kann allerdings ein Presseunternehmen bzw der verantwortliche Redakteur nur eingeschränkt für wettbewerbswidrige Anzeigen verantwortlich gemacht werden. Um die tägliche Arbeit nicht über Gebühr zu erschweren und die Verantwortlichen nicht zu überfordern, bestehen bei Anzeigen keine umfassenden Prüfungspflichten. Vielmehr besteht eine Haftung für die Veröffentlichung einer Anzeige nur dann, wenn diese **grobe und eindeutige, unschwer erkennbare Wettbewerbsverstöße** enthält (stRspr; vgl BGH GRUR 1990, 1012, 1014 – *Pressehaftung I;* BGH GRUR 1994, 454 – *Schlankheitswerbung;* ferner BGH GRUR 1992, 618 – *Pressehaftung II* mit Hinweis auf Art 5 GG; BGH GRUR 1995, 595 – *Kinderarbeit;* BGH GRUR 2001, 529, 531 – *Herz-Kreislauf-Studie;* BGHZ 149, 247 = GRUR 2002, 360, 366 – *H. I. V. POSITIVE II;* BGH GRUR 2006, 429 Tz 13, 15 – *Schlank-Kapseln;* BGH GRUR 2006, 957 Tz 14 – *Stadt Geldern;* OLG Frankfurt GRUR 2005, 157). Der Umfang der Prüfungspflicht hängt auch davon, ob die Anzeige dem Massengeschäft zuzuordnen ist oder den Rahmen herkömmlicher Werbung überschreitet (BGH GRUR 2002, 360, 366 –

H. I. V. POSITIVE II). Ferner kommt es darauf an, ob es sich um einen typischen, immer wiederkehrenden Wettbewerbsverstoß handelt oder ob der Fall eine schwierige rechtliche Beurteilung erfordert (vgl OLG Frankfurt NJW 2005, 157, 158). Ein Zeitungsverlag oder seine Angestellten haften daher nicht wegen Veröffentlichung von Kundenkleinanzeigen, wenn die Wettbewerbswidrigkeit des Anzeigeninhalts nicht offenkundig ist, insbes nicht gegen ein eindeutiges gesetzliches Verbot verstößt (OLG Hamm GRUR 1984, 538). – Auf die subjektive Rechtsauffassung des Anzeigenredakteurs kommt es dann nicht an, wenn es sich um eine außergewöhnliche Anzeige handelt und er den Umständen nach damit rechnen muss, dass sie wettbewerbswidrig ist. – Anforderungen an rechtliche Detailkenntnisse, etwa hins der Auslegung und Anwendung von Nebengesetzen oder den Stand der (zB ernährungswissenschaftlichen) Forschung, sind nicht zu stellen (BGH GRUR 2002, 360, 366 – *H. I. V. POSITIVE II;* BGH GRUR 2006, 429 Tz 16 – *Schlank-Kapseln*). Auf die beschränkte Verantwortlichkeit für den Anzeigentext können sich der Verleger und der Anzeigenredakteur aber dann nicht berufen, wenn sie zB auf Grund von Vorprozessen die Wettbewerbswidrigkeit einer bestimmten Anzeige kennen oder kennen müssen (KG NJW-RR 1989, 620). Beharren sie trotz ausführlicher Rechtsbelehrung auf ihrer Ansicht, der Anzeigentext sei nicht wettbewerbswidrig, begründen sie die Erstbegehungsgefahr, auch künftig wettbewerbswidrige Anzeigen zu veröffentlichen (OLG Frankfurt WRP 1985, 81). – Die Beschränkung der Prüfungspflicht auf grobe, der Anzeige unschwer zu entnehmende Verstöße gegen das UWG oder andere Gesetze gilt auch dann, wenn der Anzeigenkunde seinen **Sitz im Ausland** hat (BGH GRUR 1993, 53 – *Ausländischer Inserent;* BGH GRUR 1994, 841 – *Suchwort;* KG GRUR 1988, 223; KG NJW-RR 1990, 1325; OLG Koblenz GRUR 1988, 552).

3. Anspruchsinhalt

Besteht die rechtswidrige Äußerung in einer unrichtigen Tatsachenbehauptung, so kann je nach den Umständen des Einzelfalls und der Abwägung der konkurrierenden Rechtsgüter Berichtigung in Form des **Widerrufs** (BGHZ 128, 1, 6), der **Richtigstellung** (BGHZ 31, 308, 318 f; BGH NJW 1982, 2246, 2248) oder des **Abrückens** von Behauptungen (BGHZ 66, 182, 189 ff) verlangt werden (vgl BVerfG NJW 1998, 1381, 1383). Dadurch wird die Pressefreiheit nicht über Gebühr beschränkt (BVerfG aaO).

III. Gegendarstellungsanspruch

1. Funktion und Rechtsgrundlagen

Der Gegendarstellungsanspruch dient dem Schutz der Selbstbestimmung des Einzelnen über die Darstellung der eigenen Person, die von der verfassungsrechtlichen Gewährleistung des allgemeinen Persönlichkeitsrechts umfasst wird (OLG München NJW-RR 1998, 26). Die **Landespressegesetze** enthalten für den Betroffenen einen vor den Zivilgerichten klagbaren Anspruch auf Abdruck einer Gegendarstellung (*Wenzel* Kap 11 S 475 ff): § 10 für Bayern, Hessen, Berlin, Mecklenburg-Vorpommern, Sachsen, Sachsen-Anhalt; § 11 für Baden-Württemberg, Bremen, Hamburg, Niedersachsen, Nordrhein-Westfalen, Rheinland-Pfalz, Saarland, Schleswig-Holstein, Thüringen; § 12 für Brandenburg. Diese Regelungen stellen allgemeine Gesetze iSd Art 5 II GG dar und sind mit dem Grundgesetz vereinbar (BVerfGE 97, 125, 145 ff = NJW 1998, 1381; BVerfG NJW 2002, 356, 357 – *Gysi I*). Der verantwortliche Redakteur und der Verleger eines **periodischen Druckwerks** sind danach verpflichtet, eine **Gegendarstellung** der Person oder Stelle zum Abdruck zu bringen, die durch eine in dem Druckwerk aufgestellte Tatsachenbehauptung betroffen ist. Der Gegendarstellungsanspruch dient dem Schutz des **Persönlichkeitsrechts** (BVerfG NJW 1998, 1381, 1383; BVerfG NJW 2002, 356, 357 – *Gysi I;* BGH GRUR 1963, 83 – *Staatskarossen*), setzt aber das Vorliegen einer Ehrverletzung nicht voraus (BVerfG NJW 1998, 1381, 1383). Anspruchsberechtigt ist nur ein **individuell** Betroffener (OLG Hamburg AfP 1977, 46). Das ist der Chefredakteur einer Tageszeitung auch bei Tatsachenbehauptungen, die nicht gegen ihn selbst, sondern seine Zeitung gerichtet sind, da er Ausgestaltung und Stil der Zeitung bestimmt (OLG München AfP 1977, 47). Überwiegend wird in den LPG bestimmt, dass das Abdruckverlangen dem verantwortlichen Redakteur oder Verleger unverzüglich, spätestens innerhalb von **drei Monaten**, zugeht. Es erfordert **Schriftform** und muss daher vom Betroffenen oder seinem gesetzlichen Vertreter eigenhändig unterzeichnet sein (OLG Hamburg AfP 1971, 37 für § 11 Hamburger PresseG). – Zum **Gegendarstellungsanspruch bei journalistisch-redaktionell gestalteten Angeboten von Tele-**

medien vgl § 56 RStV. – Bei sonstigen Darstellungen im **Internet** besteht kein Gegendarstellungsanspruch, da es sich dabei weder um Rundfunk noch um Presse handelt (*Lettl* WRP 2005, 1045, 1081).

2. Verhältnis zu den Abwehransprüchen

2.6 Der Gegendarstellungsanspruch besteht unabhängig davon, ob daneben auch Abwehransprüche auf Unterlassung, Berichtigung oder Widerruf von Äußerungen gegeben und durchsetzbar sind (BVerfG NJW 1998, 1381, 1382). Denn zum einen führen diese Rechtsbehelfe zu keinem Entgegnungsrecht in dem Medium, das über ihn berichtet hat. Zum anderen lässt sich der Anspruch auf Berichtigung idR nicht zeitnah verwirklichen, weil er im Unterschied zum Gegendarstellungsanspruch die Feststellung der Unwahrheit der Erstmitteilung voraussetzt (BVerfG aaO). Umgekehrt kann jedoch bei der Prüfung der Erforderlichkeit und Zumutbarkeit einer Berichtigung auch die Möglichkeit der Gegendarstellung berücksichtigt werden.

3. Inhalt, Umfang und Grenzen

2.7 Der Anspruch auf Gegendarstellung beschränkt sich auf Tatsachenbehauptungen und erfasst nicht Werturteile (zu denen auch Schlussfolgerungen gehören; OLG Karlsruhe NJW-RR 2003, 109, 110). Er wird weiter nach Gegenstand und Umfang durch die Erstmitteilung begrenzt. Der Betroffene kann also nur den in der Erstmitteilung wiedergegebenen Tatsachenbehauptungen widersprechen und muss dabei einen angemessenen Rahmen wahren, der regelmäßig durch den Umfang des beanstandeten Texts bestimmt wird (BVerfG NJW 1998, 1381, 1383). Das presserechtliche Gegendarstellungsrecht setzt weder den Nachweis der Unwahrheit der Erstmitteilung noch den der Wahrheit der Gegendarstellung voraus. Kein Anspruch auf Gegendarstellung besteht allerdings, wenn diese offensichtlich unwahr oder irreführend ist (BVerfG NJW 2002, 356, 357 – *Gysi I*; OLG Hamburg AfP 1973, 387; 1974, 573). Es ist der Presse nicht zuzumuten, eine Gegendarstellung zu veröffentlichen, deren Inhalt das in einer vorveröffentlichten Darstellung gefällte Sachurteil rechtfertigt (OLG Köln AfP 1972, 231). – Die Wahrheitsunabhängigkeit der Gegendarstellung resultiert aus dem – aus der staatlichen Schutzpflicht für das Persönlichkeitsrecht folgenden – Gebot der Sicherstellung gleicher publizistischer Wirkung. Der Anspruch ist dementsprechend nicht gegeben, wenn sich die Tatsachenbehauptungen nicht nennenswert auf das Persönlichkeitsrecht des Betroffenen auswirken können (BVerfG NJW 1998, 1381, 1383). Der Anspruch ist ferner dann nicht gegeben, wenn die Gegendarstellung in einzelnen Teilen nicht den Anforderungen entspricht (Grundsatz des „ganz oder gar nicht"; OLG Stuttgart NJW-RR 2003, 109, 110). Das Gericht kann auch nicht ohne entspr Ermächtigung durch den Anspruchsteller die Gegendarstellung um die nicht gegendarstellungsfähigen Teile kürzen, weil es sich bei der Gegendarstellung um eine persönliche (und somit grds unteilbare) Erklärung des Betroffenen handelt (OLG Stuttgart NJW-RR 2003, 109, 110).

4. Abdruck

2.8 Die Gegendarstellung muss unverzüglich, dh in der nach Eingang der Einsendung nächsten für den Druck nicht abgeschlossenen Nummer im gleichen Teil der Druckschrift und mit gleicher Schrift wie der beanstandete Text ohne Einschaltungen und Weglassungen abgedr werden (vgl zB Art 10 II 1 Bay PresseG). Zeitschriften haben Gegendarstellungen nicht versteckt, sondern an derselben Stelle („in demselben Teil") wie die Erstmitteilung zu veröffentlichen. Fehlt die entspr Rubrik in der für den Abdruck bestimmten Ausgabe, so muss sie eigens für die Gegendarstellung eingerichtet werden (OLG Hamburg AfP 1973, 388.) Ist die Erstmitteilung auf der **Titelseite** erfolgt, so kann grds Abdruck der Gegendarstellung ebenfalls auf der Titelseite verlangt werden. Jedoch darf dadurch die Möglichkeit der Identifizierung des Blatts nicht gefährdet werden und es ist darauf zu achten, dass davon kein übermäßig abschreckender Effekt auf die Pressefreiheit ausgeht (BVerfG NJW 1998, 1381, 1384). Zu der Gegendarstellung darf vor- oder nachgeschaltet, jedoch deutlich von ihr getrennt, eine **redaktionelle Anmerkung** gebracht werden, die sich aber auf **Tatsachen** beschränken muss (§ 11 III LPG). Der Abdruck der Gegendarstellung ist kostenfrei (vgl zB Art 10 II 4 Bay PresseG).

5. Gerichtliche Durchsetzung

2.9 Die gerichtliche Durchsetzung erfolgt im **ordentlichen Rechtsweg** (vgl Art 10 III Bay PresseG). Der Gegendarstellungsanspruch besitzt keinen vermögensrechtlichen Charakter

(BVerfG NJW 1983, 1179; BGH GRUR 1963, 638 – *Geisterregen;* BGH GRUR 1976, 651 – *Der Fall Bittenbinder;* OLG Frankfurt NJW 1960, 2059; MünchKommBGB/*Rixecker* Anh zu § 12 BGB Rdn 252). Sachlich zuständig ist daher das Landgericht ohne Rücksicht auf den Streitwert (§§ 23 Nr 1, 71 GVG). Der Erlass einer **einstweiligen Verfügung** ist ohne Glaubhaftmachung einer Gefährdung des Anspruchs zulässig. Die Entscheidung über die Gegendarstellung ist nur im Rahmen des § 11 IV LPG zulässig. Verleger und Redakteur können daher nicht mit einer negativen Feststellungsklage eine Entscheidung des Gerichts im ordentlichen Verfahren darüber erreichen, ob sie zum Abdruck einer ihnen vorgelegten Gegendarstellung verpflichtet sind (BGH GRUR 1968, 214 – *Südkurier*). Das Gericht darf ohne Ermächtigung des Antragstellers den Text der Gegendarstellung nicht kürzen (OLG Stuttgart NJW-RR 2003, 109, 110).

IV. Selbsthilfe durch Anzeigenaktion

Der in seinem Persönlichkeitsrecht Verletzte, dem der presserechtliche Anspruch auf Gegendarstellung zusteht (Rdn 2.5 ff), kann den ihm durch die Berichterstattung eines Massenmediums (Presse, Rundfunk, Fernsehen) zugefügten Schaden ersetzt verlangen. Ihn trifft aber die Obliegenheit (§ 254 II BGB), den Schaden abzuwenden oder zu mindern. Es handelt sich um eine Einwendung. Der Obliegenheit entspricht die Pflicht des Schädigers, dem Geschädigten den **Aufwand** für seine Maßnahmen zur Schadensminderung oder -abwendung **zu ersetzen** (BGHZ 32, 280, 285). Diesem Zweck dient in erster Linie der presserechtliche Anspruch auf **Gegendarstellung.** Der Geschädigte kann nicht ohne weiteres auch die Aufwendungen für eine Anzeigenaktion erstattet verlangen, mit der er in der Presse eine **berichtigende** Darstellung anstelle oder neben der Gegendarstellung hat veröffentlichen lassen (BGHZ 66, 182, 192 ff – *Der Fall Bittenbinder*). Das folgt aus der gesetzlichen Wertung, die dem Recht auf Gegendarstellung gegenüber der verfassungsrechtlichen Gewährleistung der Pressefreiheit zukommt, Art 5 GG. Nur in **Ausnahmefällen** kann es auf Grund einer Interessenabwägung gerechtfertigt sein, das Presseorgan mit den erheblich höheren Kosten einer **Anzeigenaktion** zu belasten, so zB, wenn ein ungewöhnlich hoher Schaden droht, dem durch eine Gegendarstellung nicht ausreichend begegnet werden kann, wenn das Verfahren der Gegendarstellung sich hinzieht oder wenn ihre Wirkungen durch Zusätze des Verletzers abgeschwächt werden (BGHZ 66, 182, 194 – *Der Fall Bittenbinder* für eine Verletzung des Persönlichkeitsrechts; BGH GRUR 1986, 330, 332 – *Warentest III;* BGH GRUR 1990, 1012, 1014 – *Pressehaftung I* für die Kosten einer **Gegenanzeige,** die durch vorangegangene Zeitungsanzeigen herabsetzenden und geschäftsschädigenden Inhalts (Verkauf gefälschter Jeans-Hosen) veranlasst war). Bei der Prüfung der **Erforderlichkeit** ist darauf zu achten, dass die **Kosten** derartiger Anzeigen in einem angemessenen Verhältnis zur Größe und Schwere des drohenden Schadens stehen. Sie müssen dem Maßstab wirtschaftlicher Vernunft genügen. Auch muss verhindert werden, dass der Geschädigte seinen Schaden erst dadurch konkretisiert und uU vergrößert, dass er teure Anzeigen in Auftrag gibt (BGH aaO – *Pressehaftung I; Assmann/Kübler* ZHR 142 [1978], 413, 430). **Anzeigenkosten** sind daher nur in schwer wiegenden **Ausnahmefällen** zu ersetzen, in denen berichtigende Anzeigen dringend geboten sind, um einen unmittelbar bevorstehenden und sich in seinen Ausmaßen bereits klar abzeichnenden schweren Schaden abzuwenden (BGH GRUR 1986, 330, 332 – *Warentest III;* BGH GRUR 1990, 1012, 1014 – *Pressehaftung I*). Auch ein **Warenhersteller,** der wegen eines Presseangriffs auf sein Produkt nach § 824 BGB ersatzberechtigt ist, kann zur Schadensminderung uU eine Richtigstellung als Werbeanzeige im Anzeigenteil der verantwortlichen Zeitung auf deren Kosten veröffentlichen (BGH GRUR 1978, 187 – *Alkoholtest*). Aufwendungen für eine **zusätzliche Werbung,** die nicht der sachlichen Richtigstellung dient, kann der Geschädigte nur in bes Fällen vom Schädiger erstattet verlangen, zB zum Ausgleich von Rufschäden (BGH aaO – *Alkoholtest*). Die Kosten für die Richtigstellung in einer Werbeanzeige sind nur erstattungsfähig, wenn der Inhalt der Anzeige deutlich auf die **Falschmeldung** bezogen ist, da sonst der Zweck einer Richtigstellung nicht erreicht wird (BGH GRUR 1979, 804, 806 – *Falschmeldung*).

V. Schadensersatzanspruch gegen die Presse (Satz 2)

1. Rechtsentwicklung

Im **früheren Recht** (§ 13 VI Nr 1 S 2 UWG 1909) war das „**Presseprivileg**" (Begrenzung der Schadensersatzhaftung auf Vorsatztaten) nur für den Fall der irreführenden Angaben iSd § 3 UWG 1909 vorgesehen. Ob und inwieweit dieses Privileg auch auf andere

Wettbewerbsverstöße auszudehnen war, war umstritten (verneinend unter Hinweis auf die Gesetzgebungsgeschichte: BGH GRUR 1990, 1012, 1014 – *Pressehaftung I;* bejahend: *Henning-Bodewig* GRUR 1985, 258, 261; *Köhler*/Piper § 13 UWG 1909 Rdn 75; GK/*Erdmann* § 13 UWG 1909 Rdn 160). Im **jetzigen Recht** ist das Haftungsprivileg auf alle Fälle einer Zuwiderhandlung gegen § 3 oder § 7 erstreckt. Dies soll dem Geist der Pressegesetzgebung entsprechen (Begr RegE UWG 2009 zu § 9, BT-Drucks 15/1487 S 23). Richtigerweise folgt dies aber aus dem Zweck des Presseprivilegs (Rdn 2.12), das keine Beschränkung auf Fälle irreführender Werbung gebietet. – Für die Anbieter von **Telemedien** gelten, was die Haftung für „fremde Inhalte" angeht, die Regelungen der §§ 8–10 TMG (vgl zum früheren Recht *Spindler/Volkmann* WRP 2003, 1).

2. Zweck des Presseprivilegs

2.12 Die wettbewerbsrechtliche Verantwortlichkeit der Presse erstreckt sich grds auch auf **fremdverfasste** Inhalte (insbes **Anzeigen**). Allerdings besteht insoweit nur eine auf grobe, unschwer zu erkennende Verstöße begrenzte Prüfungspflicht (Rdn 2.3). Würde man eine Schadensersatzhaftung auch auf die Fälle fahrlässiger Unkenntnis vom Wettbewerbsverstoß erstrecken, so hätte dies eine zeitlich und personell unzumutbare Belastung für die Abwicklung des regelmäßig existenznotwendigen Anzeigengeschäfts zur Folge. Deshalb und im Interesse der Pressefreiheit wird ein Haftungsprivileg gewährt.

3. Anwendungsbereich

2.13 a) **Privilegierte Medien.** Das Privileg des § 9 S 2 gilt dem Wortlaut nach nur für **periodische Druckschriften.** Es sind dies Zeitungen, Zeitschriften und sonstige auf wiederkehrendes, nicht notwendig regelmäßiges Erscheinen angelegte Druckwerke (vgl auch Begr RegE UWG 2004 zu § 9). Allerdings darf der Zeitraum zwischen den einzelnen Erscheinungsterminen nicht sechs Monate überschreiten (vgl zB Art 6 II Bay PresseG; § 7 IV Nordrhein-Westfalen PresseG). Davon zu unterscheiden sind die in längeren Zwischenräumen („Jahrbücher") oder nur einmal erscheinenden Publikationen, (zB Jubiläumsbroschüren mit Werbeteil). Der Grund für die Privilegierung nur der periodischen Druckschriften ist, dass nur bei ihnen typischerweise ein zeitlicher Druck bei Prüfung der Anzeigen besteht. – Auf **sonstige Medien (Rundfunk)**, die periodisch Informationen übermitteln, ist § 9 S 2 entspr anwendbar, soweit sie den Schutz des Art 5 I 2 GG genießen.

2.14 b) **Privilegierte Personen.** Das Privileg gilt für alle **„verantwortlichen Personen"**, also für alle Personen, die eine wettbewerbsrechtliche Verantwortung nach § 3 treffen kann. Von einer Aufzählung wie im früheren Recht (§ 13 VI Nr 1 S 2 UWG 1909) hat der Gesetzgeber abgesehen. Es sind dies aber wie bisher der Redakteur, der Verleger, der Herausgeber, der Drucker und der Verbreiter der Druckschrift.

4. Grenzen

2.15 Auf das Privileg kann sich nach seinem Sinn und Zweck (Rdn 2.12) nicht berufen, wer selbst aktiv den Inhalt einer Anzeige (mit)gestaltet (Begr RegE UWG zu § 9). Davon zu unterscheiden ist die bloße Mitwirkung bei ihrer äußeren Gestaltung oder die Beanstandung des Inhalts. Nicht privilegiert ist ferner, wer unter Missachtung der presserechtlich vorgeschriebenen Trennung von Anzeigen und redaktionellem Text an der Verschleierung des werbenden Charakters einer Anzeige mitwirkt („redaktionelle Werbung") und damit unlauter iSd § 4 Nr 3 handelt (§ 4 Rdn 3.20 ff).

5. Zuwiderhandlungen gegen § 3

2.16 Das „Presseprivileg" des § 9 S 2 erstreckt sich grds auf alle Zuwiderhandlungen gegen § 3 oder § 7 und ist nicht mehr, wie im früheren Recht, auf irreführende Angaben beschränkt. Allerdings muss sich die Zuwiderhandlung auf die unterbliebene Kontrolle des **fremden** Textes auf seinen wettbewerbswidrigen Inhalt beziehen. Der fremde Inhalt kann zB eine Irreführung (§ 5), eine Herabsetzung (§ 4 Nr 7), eine Kreditschädigung (§ 4 Nr 8), einen Rechtsbruch (§ 4 Nr 11) oder eine unzulässige vergleichende Werbung (§ 6) enthalten. – Auf Schadensersatzansprüche, die sich auf **konkurrierende Anspruchsgrundlagen** stützen (zB § 824 BGB), ist § 9 S 2 analog anzuwenden, da das Presseprivileg sonst leer liefe.

6. Beweislast

Wer sich auf das Presseprivileg beruft, muss seine Voraussetzungen darlegen und im Streitfall 2.17
beweisen. Die Anspruchsvoraussetzungen, einschließlich Vorsatz, hat hingegen der Anspruchsteller zu beweisen.

3. Kapitel. Der Bereicherungsanspruch

Schrifttum: *Brandner,* Die Herausgabe von Verletzervorteilen im Patentrecht und im Recht gegen den unlauteren Wettbewerb, GRUR 1980, 359; *Bruchhausen,* Bereicherungsausgleich bei schuldloser Patentverletzung, FS Wilde, 1970, 23; *Büsching,* Der Anwendungsbereich der Eingriffskondiktion im Wettbewerbsrecht, 1992; *Delahaye,* Die Bereicherungshaftung bei Schutzrechtsverletzungen, GRUR 1985, 856; *Dreier,* Kompensation und Prävention, 2002; *Enzinger,* Die Eingriffskondiktion als Rechtsbehelf im gewerblichen Rechtsschutz, GRUR Int 1997, 96; *Falk,* Zu Art und Umfang des Bereicherungsanspruchs bei Verletzung eines fremden Patents, GRUR 1983, 488; *Fournier,* Bereicherungsausgleich bei Verstößen gegen das UWG, 1999; *Haines,* Bereicherungsansprüche bei Warenzeichenverletzungen und unlauterem Wettbewerb, 1970; *Jestaedt,* Bereicherungsausgleich bei unwirksamen Lizenzverträgen, WRP 2000, 899; *Joerges,* Bereicherungsrecht als Wirtschaftsrecht, 1977; *Kaiser,* Die Eingriffskondiktion bei Immaterialgüterrechten, insbesondere Warenzeichenrechten, GRUR 1988, 501; *Köhler,* Der Schadensersatz-, Bereicherungs- und Auskunftsanspruch im Wettbewerbsrecht, NJW 1992, 1477; *ders,* Zur Bereicherungshaftung bei Wettbewerbsverstößen, 2. FS Lorenz, 2001, 167; *Loewenheim,* Bereicherungsansprüche im Wettbewerbsrecht, WRP 1997, 913; *Sack,* Die Lizenzanalogie im System des Immaterialgüterrechts, FS Hubmann, 1985, 373; *Ullmann,* Die Verschuldenshaftung und die Bereicherungshaftung des Verletzers im gewerblichen Rechtsschutz und Urheberrecht, GRUR 1978, 615.

I. Voraussetzungen

1. Allgemeines

Die Eingriffskondiktion (§ 812 I 1 2. Alt BGB) setzt voraus, dass jemand in sonstiger Weise, 3.1
dh ohne Leistung, auf Kosten eines anderen etwas ohne rechtlichen Grund erlangt hat. Auf ein Verschulden des Verletzers oder einen Schaden des Verletzten kommt es nicht an (BGHZ 81, 75, 81 – *Carrera*). Unerheblich ist auch, ob sich der Erwerb auf Grund gesetzlicher Vorschriften oder durch (rechtmäßiges) Handeln Dritter, auch staatlicher Hoheitsträger, vollzogen hat (BGHZ 107, 117, 118 – *Forschungskosten*).

2. Erwerb auf Kosten eines anderen

Ein Erwerb „auf Kosten" eines anderen ist nach der Lehre vom **Zuweisungsgehalt** gegeben, 3.2
wenn die vom Verletzer in Anspruch genommene Nutzungsmöglichkeit an einem (Immaterial-)Gut von der Rechtsordnung einem anderen ausschließlich zugewiesen ist (BGHZ 107, 117, 118 – *Forschungskosten*). Die geschäftliche Handlung muss aber eine **Nutzung** und nicht bloß eine Beeinträchtigung eines fremden geschützten Guts darstellen (*Köhler,* 2. FS Lorenz, 2001, 167, 174 ff). Die Erzielung von Vorteilen durch eine bloße Behinderung von Mitbewerbern, etwa durch wettbewerbswidrige Abwerbung von Mitarbeitern oder Kunden oder durch „Rufausbeutung" ohne Imagetransfer, reicht daher nicht aus, um eine Eingriffskondiktion zu rechtfertigen. – Ob und inwieweit ein Recht oder eine Leistungsposition Zuweisungsgehalt besitzt, ist durch eine Interessenbewertung zu entscheiden. Voraussetzung ist erstens, dass der Betroffene die Verletzungshandlung verbieten darf, dh ein Unterlassungsanspruch besteht, und zweitens, dass der Betroffene einem anderen die Nutzung des Guts gegen Entgelt gestatten darf (BGH aaO – *Forschungskosten;* Ahrens/*Loewenheim* Kap 70 Rdn 5; GK/*Köhler* Vor § 13 UWG 1909 Rdn B 369). Dagegen reicht es nicht aus, dass die verletzte Norm eine Individualbegünstigung (mit)bezweckt (aA *Dreier* S 401). Die Eingriffskondiktion ist anerkannt bei Eingriffen in **(1) Urheber-** und **Geschmacksmusterrechte** (BGH GRUR 1963, 640, 642 – *Plastikkorb;* BGHZ 56, 317, 320 – *Gasparone II;* BGH WRP 2010, 927 Tz 33 – *Restwertbörse;* **(2) Patent-** und **Gebrauchsmusterrechte** (BGHZ 68, 90 – *Kunststoffhohlprofil I;* BGHZ 82, 299 = GRUR 1977, 250 – *Kunststoffhohlprofil II;* BGH GRUR 1992, 599, 600 – *Teleskopzylinder*); **(3) Marken** (BGHZ 99, 244, 246 f – *Chanel Nr. 5 (I)*); **(4) Namens-** und **Firmenrechte** (BGHZ 81, 75, 78 – *Carrera;* BGHZ 91, 117, 120 – *Mordoro*); **(5) Allgemeine Persönlichkeitsrechte,** sofern eine Nutzungsgestattung rechtlich zulässig und marktüblich ist (BGHZ 81, 75, 82 – *Carrera*). – Noch nicht abschließend geklärt ist die Zulässigkeit der Eingriffskondiktion bei Eingriffen in bloß

wettbewerbsrechtlich geschützte Positionen (vgl BGH GRUR 1960, 554, 557 – *Handstrickverfahren*; aber auch BGHZ 107, 117, 120 – *Forschungskosten*; BGH WRP 1993, 91, 94 – *Kastanienmuster*; *Larenz/Canaris* SchuldR II/2 § 69 I 2 f). Sie ist zu bejahen, soweit solchen Positionen **Zuweisungsgehalt** (Verbietungsrecht plus Verwertungsrecht) zukommt, wie zB den nach § 4 Nr 9 geschützten Leistungsergebnissen und den in §§ 17, 18 geschützten Geheimnissen, Modellen usw, vorausgesetzt, dass eine Nutzung und nicht lediglich eine Beeinträchtigung der Position vorliegt. Generell lässt sich sagen: Soweit die dreifache Schadensberechnung möglich ist, ist es auch die Eingriffskondiktion (GK/*Köhler* Vor § 13 aF Rdn B 370; ebenso *Teplitzky* Kap 40 Rdn 7). – Bei Eingriffen in das **Recht am Unternehmen** scheidet nach hM (BGHZ 71, 86, 98 – *Fahrradgepäckträger II*; BGHZ 107, 117, 121 – *Forschungskosten*) die Eingriffskondiktion mangels Zuweisungsgehaltes aus, soweit es um Fälle der Behinderung (zB unberechtigte Schutzrechtsverwarnung; Boykott) oder der bloßen Abwerbung von Kunden oder Mitarbeitern geht (GK/*Köhler* Vor § 13 UWG 1909 Rdn B 364; *Köhler*, 2. FS Lorenz, 2001, 167, 170 ff; Ahrens/*Loewenheim* Kap 70 Rdn 9).

3. Erwerb ohne rechtlichen Grund

3.3   Der Erwerb ist rechtsgrundlos, wenn ihm keine Gestattung des Verletzten und kein sonstiger Rechtfertigungsgrund zu Grunde liegt.

II. Inhalt und Umfang des Anspruchs

1. Das Erlangte

3.4   Nach hM (BGHZ 82, 299, 306 – *Kunststoffhohlprofil II*; BGHZ 99, 244, 248 – *Chanel Nr. 5 (I)*; GK/*Köhler* Vor § 13 UWG 1909 Rdn B 377 ff; Ahrens/*Loewenheim* Kap 70 Rdn 10) ist nur der tatsächliche Gebrauch des Guts als erlangt anzusehen, **nicht** dagegen die Ersparnis von Aufwendungen (so aber die Rspr bei Verletzung von Persönlichkeitsrechten; BGHZ 81, 75, 82 – *Carrera*; BGH GRUR 1979, 732, 734 – *Fußballtor*) oder die Marktchance (so aber *Kraßer* GRUR Int 1980, 259) oder die Nutzungsmöglichkeit als solche oder der Verletzergewinn (so aber *Leisse/Traub* GRUR 1980, 1, 4; *Bruchhausen*, FS Wilde, 1970, 23). Da der tatsächliche Gebrauch nicht herausgegeben werden kann, greift § 818 II BGB ein (BGH aaO – *Kunststoffhohlprofil II*; BGH WRP 2000, 766, 767 – *Formunwirksamer Lizenzvertrag*). Der Verletzergewinn kann nur als Schadensersatz (Rdn 1.45) oder nach § 687 II BGB herausverlangt werden.

2. Die Wertersatzpflicht (§ 818 II BGB)

3.5   Der Wert ist **objektiv** zu bestimmen. Er bestimmt sich nach der für die Nutzung **üblichen** oder **angemessenen Lizenzgebühr** (BGHZ 81, 75, 82 – *Carrera*; BGHZ 99, 244, 248 – *Chanel Nr. 5 (I)*; BGH WRP 2010, 927 Tz 33 – *Restwertbörse*; Ahrens/*Loewenheim* Kap 70 Rdn 11), zuzüglich ersparter Zinsen (BGH GRUR 1982, 286, 289 – *Fersenabstützvorrichtung*). – Für die Berechnung gelten die bei der dreifachen Schadensberechnung dargestellten Grundsätze (Rdn 1.41 ff) entspr (BGHZ 82, 299 = GRUR 1977, 250 – *Kunststoffhohlprofil II*; BGH GRUR 1992, 599, 600 – *Teleskopzylinder*; BGH WRP 2000, 766, 767 – *Formunwirksamer Lizenzvertrag*).

3. Der Wegfall der Bereicherung (§ 818 III BGB)

3.6   Die Zulässigkeit dieses Einwands ist sehr umstritten (vgl *Ullmann* GRUR 1978, 615, 620 f). Richtigerweise kann sich der **gutgläubige, unverklagte** (iSv §§ 818 IV, 819 I BGB) Verletzer grds auf Wegfall bzw Nichteintritt der Bereicherung berufen. So, wenn er darlegt, dass er die Lizenz billiger als üblich erlangt hätte, wenn er darum nachgesucht hätte; ferner, dass er keinen die Lizenzgebühr abdeckenden Gewinn erzielt hat, wobei jedoch auch Kostendeckungsbeiträge als Gewinn anzusehen sind (vgl GK/*Köhler* Vor § 13 UWG 1909 Rdn B 383), oder dass er den Gewinn nachträglich verloren hat, ohne sich etwas zu ersparen.

III. Sonstiges

3.7   Der Bereicherungsanspruch steht selbstständig neben dem Schadensersatzanspruch (BGHZ 68, 90 ff – *Kunststoffhohlprofil I*; BGHZ 71, 86, 98 ff – *Fahrradgepäckträger II* – auch zu § 852 III BGB aF = § 852 BGB) und verjährt in drei Jahren (§§ 195, 199 BGB; vgl BGHZ 56, 317, 319 – *Gasparone II* zum früheren Recht). Neben dem Bereicherungsanspruch ist bei **vorsätzlichem** Handeln des Verletzers auch ein Anspruch aus angemaßter Eigengeschäftsführung (§§ 687 II,

681 S 2, 667 BGB) auf Herausgabe des Verletzergewinns möglich. Gegenüber dem Bereicherungsanspruch kann wie gegenüber einem Schadensersatzanspruch der Einwand des **Mitverschuldens** erhoben werden (§§ 254, 242 BGB; BGHZ 57, 135, 152).

4. Kapitel. Ansprüche auf Auskunft, Rechnungslegung und Besichtigung

Schrifttum: *Abel,* Der Gegenstand des Auskunftsanspruches im deutschen gewerblichen Rechtsschutz und Urheberrecht, FS Pagenberg, 2006, 221; *Asendorf,* Auskunftsansprüche nach dem Produktpirateriegesetz und ihre analoge Anwendung auf Wettbewerbsverstöße, FS Traub, 1994, 21; *Beyerlein,* Gaby./. Nicola – Keine zeitliche Begrenzung von Schadensersatz- und Auskunftsanspruch durch die vom Gläubiger nachgewiesene erste Verletzungshandlung, WRP 2007, 1310; *Brandi-Dohrn,* Wer hat die eidesstattliche Versicherung auf die Richtigkeit einer Auskunft zu leisten?, GRUR 1999, 131; *Dilly,* „Nicola" siegt über „Gaby" – zum Umfang; *Eichmann,* Die Durchsetzung des Anspruchs auf Drittauskunft, GRUR 1990, 575; *v Gamm,* Zur sog. Drittauskunft bei Wettbewerbsverletzungen, FS Vieregge, 1995, 261; *Jestaedt,* Auskunfts- und Rechnungslegungsanspruch bei Sortenschutzverletzung, GRUR 1993, 219; *Knieper,* Mit Belegen gegen Produktpiraten, WRP 1999, 1116; *v Olenhusen/Crone,* Der Anspruch auf Auskunft gegenüber Internet-Providern bei Rechtsverletzungen nach Urheber- bzw. Wettbewerbsrecht, WRP 2002, 164; *Oppermann,* Der Auskunftsanspruch im gewerblichen Rechtsschutz und Urheberrecht, 1997; *Osterloh-Konrad,* Der allgemeine vorbereitende Informationsanspruch, 2007; *Schaffert,* Die Ansprüche auf Drittauskunft und Schadensersatz im Fall der Beeinträchtigung schutzwürdiger Kontrollnummernsysteme durch Entfernen oder Unkenntlichmachen der Kontrollnummern, FS Erdmann, 2002, 719; *Steinbeck,* „Windsor Estate" – Eine Anmerkung, GRUR 2008, 110; *Teplitzky,* Die jüngste Rechtsprechung des BGH zum wettbewerbsrechtlichen Anspruchs- und Verfahrensrecht, GRUR 2003, 272; *ders,* Neue Entwicklungen beim wettbewerbs- und markenrechtlichen Auskunftsanspruch, FS Tilmann, 2003, 913; *Tilmann,* Zum Anspruch auf Auskunftserteilung wegen Warenzeichenverletzung II, GRUR 1990, 160; *Ulrich,* Die Geltendmachung von Ansprüchen auf Erteilung einer Auskunft im Verfahren der einstweiligen Verfügung, WRP 1997, 135.

I. Funktion, Arten und Rechtsgrundlage des Auskunftsanspruchs

1. Allgemeines

Um einen bestehenden Anspruch gerichtlich durchsetzen zu können, muss er nach Inhalt und Umfang substanziiert dargelegt und ggf bewiesen werden. Das setzt ein Wissen voraus, das vielfach nur der Verletzer, nicht aber der Verletzte besitzt. Dann stellt sich die Frage, ob ihm der Verletzer die notwendigen Informationen geben muss. Dafür spricht, dass andernfalls das materielle Recht nicht durchsetzbar ist; dagegen, dass der Verletzer gezwungen wird, gegen seine Interessen zu handeln. Dieser Konflikt ist letztlich durch Interessenabwägung zu bewältigen. Das rechtstechnische Mittel zur Durchsetzung der Informationsinteressen des Verletzten ist der Auskunftsanspruch einschließlich des Rechnungslegungsanspruchs. Er soll dazu dienen, einen anderen, den sog **Hauptanspruch,** durchzusetzen. Üblicherweise wird dabei unterschieden zwischen dem **selbstständigen** und dem **unselbstständigen** (akzessorischen) Auskunftsanspruch (vgl *Teplitzky* Kap 38 Rdn 5 ff und 33 ff), je nachdem, ob Schuldner des durchzusetzenden Hauptanspruchs ein Dritter oder der Auskunftspflichtige selbst ist. Die Unterscheidung hat im Wesentlichen nur noch rechtsdogmatische Bedeutung, seit die Rspr die Rechtsgrundlage beider Ansprüche einheitlich in dem durch Wettbewerbsverstoß begründeten Rechtsverhältnis iVm dem Grundsatz von Treu und Glauben (§ 242 BGB) erblickt (vgl BGH GRUR 2001, 841, 842 – *Entfernung der Herstellungsnummer* II; BGH GRUR 2010, 343 Tz 35, 37 – *Oracle).*

4.1

2. Selbstständiger Auskunftsanspruch (auf Drittauskunft)

a) Inhalt und Rechtsnatur. Der selbstständige Auskunftsanspruch ist darauf gerichtet, einen (Haupt-)Anspruch gegen einen Dritten durchzusetzen. Man spricht insoweit (sprachlich etwas missglückt, wie häufig im „Gewerblichen Rechtsschutz") vom Anspruch auf **Drittauskunft.** Gemeint ist der Anspruch auf Auskunft über Namen und Adressen Dritter, um einen gegen sie bestehenden (Haupt-)Anspruch, sei es auf Unterlassung, Beseitigung, Schadensersatz oder Auskunft, rechtlich oder tatsächlich durchsetzen zu können (BGHZ 148, 26 = GRUR 2001, 841, 842 – *Entfernung der Herstellungsnummer II).* Solange ein Hauptanspruch gegen den Dritten nicht feststeht, kann auch keine Drittauskunft verlangt werden (BGH GRUR 1987, 647, 648 – *Briefentwürfe).* Der Auskunftsanspruch kann sich aus einem deliktischen (zB § 9) oder vertraglichen Schadensersatz- oder Beseitigungsanspruch iVm dem Grundsatz von Treu und Glauben (§ 242 BGB) ergeben (BGH GRUR 1976, 367, 368 – *Ausschreibungsunterlagen;* GK/*Köhler* Vor

4.2

§ 13 aF Rdn B 400). Er setzt, wenn er aus dem Beseitigungsanspruch abgeleitet wird, kein Verschulden des Verletzers voraus (*v Gamm,* FS Vieregge, 1995, 261, 262; *Jacobs* GRUR 1994, 634; *Teplitzky* Kap 38 Rdn 35; missverständlich BGHZ 125, 322, 330 – *Cartier-Armreif*). Ein selbstständiger Auskunftsanspruch kommt insbes in Betracht in den Fällen **(1)** des **ergänzenden Leistungsschutzes** nach § 3, 4 Nr 9 (BGHZ 125, 322, 330 = GRUR 1994, 630, 633 – *Cartier-Armreif;* BGH GRUR 1994, 635, 636 – *Pulloverbeschriftung;* BGH GRUR 1996, 78, 79 – *Umgehungsprogramm*), **(2)** der **Rufausbeutung** oder **-beeinträchtigung** nach §§ 3, 6 II Nr 4 und 6 (BGH GRUR 2010, 343 Tz 35, 37 – *Oracle*), **(3)** des **Vertriebs decodierter Ware** durch Außenseiter eines legalen Vertriebssystems (BGHZ 148, 26, 30 f = GRUR 2001, 841, 842 – *Entfernung der Herstellungsnummer II;* OLG Frankfurt GRUR 2001, 532, 534; OLG Köln WRP 1997, 597, 603), **(4)** der **Verbreitung geschäftsschädigender Äußerungen** Dritter (BGH GRUR 1995, 427, 429 – *Schwarze Liste*) sowie **(5)** des Wettbewerbsverstoßes durch dem Verletzten nicht bekannte **Mitarbeiter und Beauftragte** eines Unternehmers (§ 8 II). – Um einen bes Fall der Drittauskunft handelt es sich **(5)** bei § 8 V, weil der darin geregelte, auf Mitteilung von Namen und Anschrift eines mutmaßlichen Verletzers gerichtete Auskunftsanspruch sich gegen eine Stelle richtet, die am Wettbewerbsverstoß nicht beteiligt ist, sondern lediglich das Medium dafür bereit gestellt hat (dazu näher § 8 Rdn 5.1 ff).

4.3 **b) Spezielle gesetzliche Regelungen.** Im Bereich des gewerblichen Rechtsschutzes und des Urheberrechts ist der selbstständige Auskunftsanspruch teilweise speziell geregelt (vgl § 19 MarkenG und dazu BGH GRUR 2002, 709, 712 – *Entfernung der Herstellungsnummer III;* § 101 UrhG; § 46 GeschmMG; § 140 b PatG; § 24 b GebrMG; § 37 b SortenschutzG). Diese Vorschriften sind mangels Regelungslücke zwar auf die Verletzungen wettbewerbsrechtlich geschützter Leistungspositionen nicht analog anzuwenden (BGHZ 125, 322, 329 – *Cartier-Armreif;* aA noch OLG Frankfurt WRP 1992, 797, 799). Andererseits enthalten diese Vorschriften aber auch keine abschließende Regelung etwa hins der Drittauskunft (BGH GRUR 1995, 427, 429 – *Schwarze Liste;* BGHZ 125, 322, 330 – *Cartier-Armreif*). Vielmehr hat der Gesetzgeber es ausdrücklich der Rspr überlassen, entspr der technischen und wirtschaftlichen Entwicklung den Schutz des Betroffenen zu verbessern (BGHZ 125, 322, 331 – *Cartier-Armreif*). Gleichwohl ist zu beachten, dass ein Wettbewerbsverstoß nicht notwendig dieselben Auskunftsansprüche nach sich zieht wie zB eine Markenverletzung (BGH GRUR 2002, 709, 711 – *Entfernung der Herstellungsnummer III*).

3. Unselbstständiger Auskunftsanspruch

4.4 Der unselbstständige („akzessorische") Auskunftsanspruch dient der Vorbereitung und Durchsetzung eines Hauptanspruchs gegen den Auskunftspflichtigen selbst. Als Hauptansprüche kommen Schadensersatz-, Bereicherungs-, Geschäftsführungs- oder Beseitigungsansprüche (BGH GRUR 1976, 367, 368 – *Ausschreibungsunterlagen;* BGHZ 125, 322, 329 = GRUR 1994, 630, 632 – *Cartier-Armreif;* BGH GRUR 1996, 271, 275 – *Gefärbte Jeans;* GK/*Köhler* Vor § 13 UWG 1909 Rdn B 406), in Ausnahmefällen auch Unterlassungsansprüche (zB bei Ungewissheit über deren sachliche und zeitliche Reichweite) in Betracht. Voraussetzung für das Bestehen eines derartigen Auskunftsanspruchs ist aber das Bestehen eines Hauptanspruchs. Ist er (noch) nicht entstanden, besteht auch (noch) kein Auskunftsanspruch. Besteht noch kein Schadensersatzanspruch, weil die Verletzung noch nicht erfolgt ist, sondern lediglich droht, und aus diesem Grund die Wahrscheinlichkeit eines Schadenseintritts nicht gegeben ist, so kann auch kein Auskunftsanspruch bestehen (BGH GRUR 2001, 849, 851 – *Remailing-Angebot*). Ist dagegen eine Verletzung erfolgt, so ist in Wettbewerbssachen in aller Regel ein Schadenseintritt wahrscheinlich und damit ein Schadensersatzanspruch dem Grunde nach gegeben.

4. Rechtsgrundlage des wettbewerbsrechtlichen Auskunftsanspruchs

4.5 Das deutsche Recht kennt keine allgemeine Auskunftspflicht (BGH GRUR 1978, 54, 55 – *Preisauskunft;* RGZ 102, 236). Ein Auskunftsanspruch kann sich daher nur aus einem bestehenden vertraglichen oder gesetzlichen Rechtsverhältnis zwischen dem Anspruchsberechtigten und dem Anspruchsverpflichteten ergeben. Rechtsgrundlage des wettbewerbsrechtlichen Auskunftsanspruchs, einschließlich des Rechnungslegungsanspruchs, ist das durch den Wettbewerbsverstoß begründete **gesetzliche Schuldverhältnis** iVm dem Grundsatz von **Treu und Glauben** gem § 242 BGB (BGHZ 125, 322, 329 = GRUR 1994, 630, 632 – *Cartier-Armreif;* BGH GRUR 1994, 635, 636 – *Pulloverbeschriftung;* BGH GRUR 1995, 427, 429 – *Schwarze Liste;* BGH

GRUR 2001, 841, 842 – *Entfernung der Herstellungsnummer II;* BGH GRUR 2008, 360 Tz 17 – *EURO und Schwarzgeld*. Dies gilt sowohl für den unselbstständigen wie für den selbstständigen Auskunftsanspruch. Es ist daher nicht (mehr) erforderlich, die Auskunftspflicht als Teil der Schadensersatzpflicht gem § 249 BGB zu begreifen (so noch BGH GRUR 1972, 558, 560 – *Teerspritzmaschinen;* BGH GRUR 1974, 351, 352 – *Frisiersalon;* BGH GRUR 1976, 367, 368 – *Ausschreibungsunterlagen*). Vielmehr gilt mittlerweile **gewohnheitsrechtlich** der Satz: „Nach Treu und Glauben besteht eine Auskunftspflicht, wenn die zwischen den Parteien bestehenden Rechtsbeziehungen es mit sich bringen, dass der Berechtigte in entschuldbarer Weise über Bestehen und Umfang seines Rechts im Ungewissen ist, er sich die zur Vorbereitung und Durchsetzung seines Anspruchs notwendigen Auskünfte nicht auf zumutbare Weise selbst beschaffen kann und der Verpflichtete sie unschwer, dh ohne unbillig belastet zu sein, zu geben vermag" (vgl RGZ 108, 1, 7; BGHZ 81, 21, 24; BGHZ 95, 274, 279 – *GEMA-Vermutung I;* BGHZ 97, 188, 192; BGHZ 125, 322, 329 = GRUR 1994, 630, 632 – *Cartier-Armreif;* BGH GRUR 1987, 647 – *Briefentwürfe;* BGH GRUR 1992, 176, 178 – *Abmahnkostenverjährung;* BGH WRP 1999, 534, 540 – *Preisbindung durch Franchisegeber;* BGH GRUR 2001, 841, 842 – *Entfernung der Herstellungsnummer II;* BGH NJW 2007, 1806 Tz 13 – *Meistbegünstigungsvereinbarung*).

5. Rechnungslegungsanspruch

a) Verhältnis zum Auskunftsanspruch. Rechnungslegung ist eine gesteigerte Form der Auskunft (zum Inhalt Rdn 4.31), so dass für sie die gleichen Grundsätze wie für den Auskunftsanspruch gelten. Aus einer Auskunftspflicht folgt aber nicht ohne weiteres eine Rechnungslegungspflicht.

b) Rechtsgrundlagen. aa) Bürgerliches Recht. Eine Rechnungslegungspflicht sehen zB die §§ 666, 675 BGB bei Auftrag und Geschäftsbesorgung und die §§ 687 II, 681, 666 BGB bei berechtigter und wissentlich unberechtigter Geschäftsführung ohne Auftrag vor. Sie kann sich nach der Rspr aber auch aus § 242 BGB ergeben.

bb) Gewerblicher Rechtsschutz und Urheberrecht. Die Rspr (erstmals RGZ 46, 14) hatte eine Rechnungslegungspflicht bei schuldhafter Verletzung eines Patents, Gebrauchsmusters oder Urheberrechts anerkannt, da der Verletzte im Wege des Schadensersatzes analog §§ 687 II, 681, 667 BGB auch die Herausgabe des vom Verletzer erzielten Gewinns verlangen könne. Mit einiger Verzögerung wurde diese Rspr auch auf Warenzeichenverletzungen (BGHZ 34, 320 – *Vitasulfal;* BGHZ 44, 372, 374 – *Messmer-Tee II;* aM RGZ 58, 323; 108, 5; RG GRUR 1939, 97, 99; RGZ 141, 145) und auf Namens- und Firmenverletzungen (BGH GRUR 1973, 375, 378 – *Miss Petite*) ausgedehnt. Der Gesetzgeber übernahm diese Ergebnisse weitgehend im ProduktpiraterieG.

cc) Wettbewerbsrecht. Bei Wettbewerbsverstößen besteht idR nur ein Auskunftsanspruch, aber kein Rechnungslegungsanspruch (BGH GRUR 1969, 292, 294 – *Buntstreifensatin II;* BGH GRUR 1978, 52 – *Fernschreibverzeichnisse* mit Anm *Schulze zur Wiesche*). Denn idR kann der Verletzte nur Ersatz des konkreten *Schadens* verlangen und diese Schadensberechnung erfordert keine Rechnungslegung. Wohl dagegen kommt eine Rechnungslegung in den Fällen der objektiven Schadensberechnung (Herausgabe des Verletzergewinns; Zahlung einer Lizenzgebühr) in Betracht (vgl *Teplitzky* Kap 39 Rdn 9), vorausgesetzt, dass dieser Schaden bezifferbar ist. Dies wird derzeit nur in zwei Fällen anerkannt. Zum einen bei Schadensersatzansprüchen wettbewerbswidriger (identischer) Leistungsübernahme (vgl BGH GRUR 1972, 189 – *Wandsteckdose II;* BGH GRUR 1973, 478, 480 – *Modeneuheit;* BGH GRUR 1981, 517, 520 – *Rollhocker;* BGH GRUR 1986, 673, 676 – *Beschlagprogramm*). Zum anderen bei Schadensersatzansprüchen aus der Verletzung von Betriebsgeheimnissen nach § 9 iVm §§ 17, 18 (vgl BGH GRUR 1960, 554, 556 – *Handstrickverfahren;* BGH GRUR 1965, 313 f – *Umsatzauskunft*). Hinzu kommen gleichlaufende Ansprüche aus Bereicherungsrecht (Lizenzanalogie, § 818 II BGB) und angemaßter Eigengeschäftsführung (Gewinnherausgabe; §§ 687 II 1, 681 S 2, 666, 667 BGB).

II. Voraussetzungen des Auskunftsanspruchs

1. Bestehen einer Rechtsbeziehung zwischen den Parteien

Es muss zwischen den Parteien ein vertraglicher oder gesetzlicher Anspruch auf eine Leistung, zumindest dem Grunde nach, bestehen (BGHZ 95, 274, 279 – *GEMA-Vermutung I*). Beim vorbeugenden Unterlassungsanspruch besteht allerdings keine Auskunftspflicht hins künftiger Rechtsverletzungen (BGH GRUR 1962, 91 – *Jenaer Glas*). Das durch einen Wettbewerbsverstoß begründete und durch eine Abmahnung zu einer wettbewerbsrechtlichen Sonderbeziehung eigener Art konkretisierte gesetzliche Schuldverhältnis kann Mitteilungs- und Aufklärungspflichten für den Schuldner, unter besonderen Voraussetzungen auch für den Gläubiger mit sich bringen (dazu BGH GRUR 2008, 360 Tz 19 – *EURO und Schwarzgeld* sowie § 12 Rdn 1.61–1.63). Jedoch hat der Schuldner, der klären lassen möchte, ob ein beabsichtigtes abgewandeltes Verhalten von dem titulierten Unterlassungsgebot erfasst wird, keinen Anspruch gegen den Gläubiger auf Mitteilung, ob dieser wegen eines entsprechenden Verhaltens einen Ordnungsmittelantrag stellen möchte (BGH GRUR 2008, 360 Tz 19–27 – *EURO und Schwarzgeld*)

2. Unmöglichkeit oder Unzumutbarkeit der eigenen Informationsbeschaffung

4.9 Grds muss der Gläubiger alle ihm zu Gebote stehenden Informationsmöglichkeiten ausschöpfen, es sei denn, der Aufwand hierfür wäre unverhältnismäßig hoch oder die Information könnte nur mit gesetzeswidrigen oder unlauteren Mitteln erlangt werden oder vom Informanten wäre mit Sicherheit keine (zutr) Auskunft zu erwarten (GK/*Köhler* § 13 UWG 1909 Rdn B 405).

3. Unverschuldete Ungewissheit des Gläubigers

4.10 Verschulden ist gegeben, wenn der Gläubiger früher gegebene Informationsmöglichkeiten nicht genutzt (BGH NJW 1980, 2463, 2464) oder vorhandene Informationen vorwerfbar nicht gesichert hat.

III. Umfang und Grenzen des Auskunftsanspruchs

1. Umfang

4.11 Das Auskunftsverlangen darf nicht dazu dienen, erst die anspruchsbegründenden Tatsachen zu ermitteln. Dies liefe auf eine unzulässige Ausforschung unter Vernachlässigung allgemein anerkannter Beweislastregelungen hinaus (BGHZ 148, 26 = GRUR 2001, 841, 844 – *Entfernung der Herstellungsnummer II;* BGHZ 166, 253 = GRUR 2006, 421 Tz 41 – *Markenparfümverkäufe;* BGH NJW 2007, 679 Tz 38 – *Alpensinfonie;* BGH WRP 2010, 927 Tz 54 – *Restwertbörse*). Grds erstreckt sich der Auskunftsanspruch daher in sachlicher Hinsicht nur auf Art, Zeitpunkt und Umfang des **konkreten Verletzungsfalls,** also der **konkreten Verletzungshandlung** einschließlich **im Kern gleichartiger Handlungen** (BGHZ 166, 233 = GRUR 2006, 696 Tz 34 – *Parfümtestkäufe*) und nicht auf alle möglichen weiteren oder auch nur ähnlichen Verletzungshandlungen (BGH GRUR 1992, 117, 120 – *IEC-Publikation;* BGH GRUR 2000, 907, 910 – *Filialleiterfehler;* BGH GRUR 2001, 841, 844 – *Entfernung der Herstellungsnummer II* unter Hinweis auf entspr Regelungen im ProduktpiraterieG, zB § 19 I MarkenG; BGH GRUR 2003, 446, 447 – *Preisempfehlung für Sondermodelle;* BGH GRUR 2004, 696, 699 – *Direktansprache am Arbeitsplatz I;* BGH GRUR 2006, 426 Tz 24 – *Direktansprache am Arbeitsplatz II; Teplitzky* Kap 38 Rdn 7). Danach kommt es entscheidend darauf an, ob und welche Akte noch als Teil der konkreten Verletzungshandlung, einschließlich im Kern gleichartiger Handlungen, oder bereits als selbstständige sonstige Verletzungshandlungen anzusehen sind. **Beispiele:** Wurde in einer Filiale irreführend geworben, so besteht kein Anspruch darauf, zu erfahren, ob eine vergleichbare Werbung in anderen Filialen, ggf auch zu anderen Zeiten und unter anderen Umständen stattgefunden hat (BGH GRUR 2000, 907, 910 – *Filialleiterfehler*). – Ebenso wenig ist ein Händler, der in einer Zeitung geworben hat, darüber auskunftspflichtig, ob er auch noch in anderen als Printmedien geworben hat (BGH WRP 2000, 1266, 1269 – *Neu in Bielefeld II*). – Hat ein Händler wettbewerbswidrig decodierte Waren vertrieben, schuldet er nicht nur Auskunft über bestimmte festgestellte Lieferungen, sondern über alle in einem bestimmten Zeitraum erfolgten Lieferungen (BGHZ 164, 233 = GRUR 2006, 696 Tz 38 – *Parfümtestkäufe* in Abweichung von BGH GRUR 2001, 841, 844 – *Entfernung der Herstellungsnummer II*). – Bei einer wettbewerbswidrigen Geschenkaktion erstreckt sich die Auskunftspflicht auch auf die Zahl der ausgehändigten Geschenke, da jeder Geschenkakt noch Teil der Verletzungshandlung ist (BGH GRUR 1981, 286, 288 – *Goldene Karte*). – Unschädlich ist es, wenn die konkrete Verletzungshandlung im Klageantrag verallgemeinert umschrieben wurde, sofern die Auslegung ergibt, dass sich das Auskunftsverlangen nur auf die konkrete Verletzungshandlung bezieht (BGH GRUR 1996, 502, 507 – *Energiekosten-Preisvergleich;* BGH GRUR 2000, 907, 910 – *Filialleiterfehler*). Ein Auskunfts-

4. Kap. Ansprüche auf Auskunft, Rechnungslegung u. Besichtigung 4.12, 4.13 § 9 UWG

anspruch in Bezug auf weitere, nicht kerngleiche Verletzungshandlungen besteht aber, wenn zwischen dem Verletzten und dem Verletzer eine **vertragliche Beziehung** bestanden hat und dem kein anerkennenswertes Interesse des Verletzers entgegensteht (BGH WRP 2010, 927 Tz 51 – *Restwertbörse*). – Die Auskunftspflicht beschränkt sich **zeitlich** nicht auf den Zeitraum von dem Zeitpunkt an, für den der Kläger eine konkrete Verletzungshandlung erstmals schlüssig vorgetragen hat (BGHZ 173, 269 = GRUR 2007, 877 Tz 24 – *Windsor Estate;* BGH WRP 2010, 927 Tz 54 – *Restwertbörse;* Steinbeck GRUR 2008, 110; anders noch BGH GRUR 1988, 307, 308 – *Gaby;* BGH GRUR 1992, 523, 525 – *Betonsteinelemente;* BGH GRUR 1995, 50, 54 – *Indorektal/Indohexal;* BGH GRUR 2003, 892, 893 – *Alt Luxemburg*). Damit wird der Gleichlauf zu den sondergesetzlichen Ansprüchen auf Drittauskunft (zB § 19 MarkenG), die ebenfalls keine zeitliche Begrenzung kennen, hergestellt (BGH aaO Tz 25 – *Windsor Estate*). – Zeitlich unbegrenzte Auskunft ist gem § 242 BGB auch beim Bestehen vertraglicher Beziehungen, insbes bei Verletzung eines **Unterlassungsvertrags,** geschuldet (BGH GRUR 1992, 61, 64 – *Preisvergleichsliste;* OLG Köln WRP 1998, 808, 809). – Zum **Besichtigungsanspruch** aus § 809 BGB vgl Rdn 4.43 ff sowie BGH GRUR 2002, 1046 – *Faxkarte* und dazu *Tilmann/Schreibauer* GRUR 2002, 1015. – Zur **Urkundenvorlegung** auf Grund gerichtlicher Anordnung vgl § 142 ZPO.

2. Grenzen

Eine Auskunftspflicht besteht nicht, wenn der Auskunftspflichtige zur Auskunft nicht befugt 4.12 ist (BGH NJW 1979, 2351, 2353). Dazu reicht eine bloße vertragliche Verpflichtung gegenüber einem Dritten jedoch nicht aus, sofern beim Dritten kein schutzwürdiges Interesse vorliegt. Bestehen und Umfang des Auskunfts- bzw Rechnungslegungsanspruchs werden im Übrigen durch den Grundsatz der **Verhältnismäßigkeit** (Geeignetheit, Erforderlichkeit und Zumutbarkeit) begrenzt (BGH GRUR 1965, 313, 314 – *Umsatzauskunft;* BGH GRUR 1995, 427, 429 – *Schwarze Liste;* BGH GRUR 2001, 841, 843 – *Entfernung der Herstellungsnummer II; Köhler* GRUR 1996, 82; *Teplitzky,* FS Tilmann, 2003, 913, 915).

a) Geeignetheit und Erforderlichkeit der Auskunft. aa) Allgemeines. Ob und inwie- 4.13 weit Auskunft (bzw Rechnungslegung) geschuldet ist, bestimmt sich danach, ob die entspr Informationen zur Vorbereitung und Durchsetzung des Hauptanspruchs geeignet und erforderlich sind. Weitergehende Daten ohne zusätzlichen Erkenntniswert brauchen daher nicht mitgeteilt zu werden. Hat zB überhaupt kein Umsatz mit der Marke des Verletzten stattgefunden, so kann auch keine Auskunft über die Kosten der Werbung für eine Schätzung des Marktverwirrungsschadens in Betracht kommen (BGH GRUR 1987, 364, 365 – *Vier-Streifen-Schuh;* BGH GRUR 1991, 921, 924 – *Sahnesiphon*). Dies gilt auch dann, wenn die erteilte Auskunft widersprüchlich oder fehlerhaft ist (BGH WRP 1999, 534, 542 – *Preisbindung durch Franchisegeber*). Die Erforderlichkeit der Auskunft ist darüber hinaus zu verneinen, wenn der Gläubiger seinen (ggf zu schätzenden Mindest-)Schaden auch bei Erteilung der gewünschten Auskunft nicht konkretisieren könnte (*Köhler* GRUR 1996, 82, 88; ebenso *Teplitzky* Kap 38 Rdn 11). Das wird häufig bei markt- und nicht mitbewerberbezogenen Wettbewerbsverstößen der Fall sein (vgl OLG Schleswig NJWE-WettbR 1998, 91, 93). Der Gläubiger muss jedenfalls darlegen, inwieweit er mit Hilfe der verlangten Auskunft seinen Schaden berechnen will. Mindestens ist in solchen Fällen in die Verurteilung zur Auskunft ein **Wirtschaftsprüfervorbehalt** (vgl Rdn 4.19) aufzunehmen mit der Maßgabe, dass der Verletzte dem Wirtschaftsprüfer seine Schadensberechnungsgrundlagen unterbreiten und ihn auffordern muss, die zur Schadensbezifferung noch fehlenden Daten mitzuteilen (*Köhler* GRUR 1996, 82, 89). Kommt allenfalls ein sehr beschränkter Schadensersatz in Betracht, kann eine Auskunftspflicht wegen Unverhältnismäßigkeit entfallen (BGH GRUR 1991, 921, 924 – *Sahnesiphon*). Bei Wettbewerbsverstößen, die nur einen Anspruch auf Ersatz des **konkreten** Schadens auslösen, insbes in den Fällen des § 3 I iVm § 5, besteht sonach allenfalls ein Auskunfts-, aber kein Rechnungslegungsanspruch (BGH GRUR 1969, 294 – *Buntstreifensatin II;* BGH GRUR 1978, 52, 53 – *Fernschreibverzeichnisse*). Hat der Verletzte die Möglichkeit der **dreifachen Schadensberechnung** (Rdn 1.36 ff), so braucht er seine Wahl nicht sofort zu treffen. Er kann vielmehr alle Angaben verlangen, die notwendig sind, um seinen Schaden nach jeder Berechnungsart zu berechnen und darüber hinaus die Richtigkeit der Berechnung nachzuprüfen (BGH GRUR 1977, 491, 494 – *ALLSTAR;* BGH GRUR 1980, 227, 232 – *Monumenta Germaniae Historica*). Kann der Verletzte (ausnahmsweise) nicht die Herausgabe des Verletzergewinns fordern, so kann er nur Auskunft über die Fakten verlangen, die die Berechnung der angemessenen fiktiven Lizenzgebühr ermöglichen (BGH WRP 1995, 393, 397 – *Objektive Schadensberechnung*). Nach der Erforderlichkeit bestimmt sich auch, ob bloß eine Grundauskunft (BGHZ 95, 274, 280 – *GEMA-Vermutung I*) oder eine vollständige Auskunft oder sogar Rechnungslegung verlangt werden kann. Im Einzelfall kann eine vorläufige Auskunft geschuldet sein (LG Stuttgart NJW 1968, 2337).

4.14 **bb) Mitteilung von Kontrolltatsachen.** Sowohl der Auskunfts- als auch der Rechnungslegungsanspruch erstrecken sich auf die sog Kontrolltatsachen, welche die Überprüfung der Verlässlichkeit der Angaben hins Vollständigkeit und Richtigkeit und damit ein Vorgehen des Verletzten nach §§ 259 II, 260 II BGB ermöglichen (BGH GRUR 1978, 52, 53 – *Fernschreibverzeichnisse;* BGH GRUR 1980, 227, 233 – *Monumenta Germaniae Historica;* OLG Frankfurt WRP 1992, 797, 799; teilweise abweichend *Tilmann* GRUR 1987, 251, 253 f). Hierfür kommen insbes die Namen und Anschriften von Abnehmern in Betracht. **Belege** (zB Auftragsbestätigung, Rechnung, Lieferschein) brauchen, anders als bei der Rechnungslegung (Rdn 4.31), grds nicht vorgelegt zu werden (BGH LM BGB § 810 Nr 5). Allerdings kann sich der Auskunftsanspruch im Einzelfall auf die **Vorlage von Belegen** erstrecken, wenn der Gläubiger darauf angewiesen und dem Schuldner dies zumutbar ist (BGH GRUR 2001, 841, 845 – *Entfernung der Herstellungsnummer II;* BGH GRUR 2002, 709, 712 – *Entfernung der Herstellungsnummer III;* BGH GRUR 2003, 433, 434 – *Cartier-Ring* [zu § 19 MarkenG]; *Teplitzky* Kap 38 Rdn 27; *Knieper* WRP 1999, 1116). Für den Anspruch auf **Drittauskunft** ist dies im Allgemeinen zu bejahen (BGH GRUR 2002, 709, 712 – *Entfernung der Herstellungsnummer III;* BGH GRUR 2003, 433, 434 – *Cartier-Ring* [zu § 19 MarkenG]). Das sonst einer Vorlage von Belegen entgegenstehende Geheimhaltungsinteresse muss im Interesse einer wirksamen Bekämpfung von Wettbewerbsverstößen zurückstehen. Im Übrigen kann die Vorlage von Belegen Zweifel an der Verlässlichkeit der Auskunft ausräumen und damit eine eidesstattliche Versicherung gem § 259 II BGB entbehrlich machen (BGH GRUR 2002, 709, 712 – *Entfernung der Herstellungsnummer III*). Soweit die Belege Daten enthalten, an denen ein Geheimhaltungsinteresse besteht, die aber nicht offenbarungspflichtig sind, kann dem durch Vorlage ggf beglaubigter Kopien, bei denen die betreffenden Daten abgedeckt oder geschwärzt sind, Rechnung getragen werden (BGH aaO – *Entfernung der Herstellungsnummer III*).

4.15 **b) Zumutbarkeit der Auskunfterteilung.** Der Schuldner muss die Auskunft unschwer erteilen können, er darf also nicht unbillig belastet werden. Die Auskunfterteilung muss ihm maW zumutbar sein. Dies ist durch eine Interessenabwägung unter Wahrung des Grundsatzes der Verhältnismäßigkeit und unter Berücksichtigung der Umstände des Einzelfalls, auch der Art und Schwere der Verletzung, zu ermitteln (BGHZ 125, 322, 331 = GRUR 1994, 630, 633 – *Cartier-Armreif;* BGH GRUR 1995, 427, 429 = WRP 1995, 493, 495 – *Schwarze Liste;* BGH GRUR 2001, 841, 843 – *Entfernung der Herstellungsnummer II;* BGH NJW 2007, 1806 Tz 18 – *Meistbegünstigungsvereinbarung;* OLG Hamm GRUR-RR 2010, 295). Dabei sind auch grundrechtliche Wertungen (zB Art 5 GG bei Presseunternehmen; BGH GRUR 1987, 647, 648 – *Briefentwürfe*) einzubeziehen. Bei vielen gesetzlich normierten Auskunftspflichten ist die „Unverhältnismäßigkeit" als Grenze angegeben (vgl § 19 I MarkenG; § 101 IV UrhG; § 24 b I GebrMG; § 140 b IV PatG; § 46 IV GeschmMG). Im Wettbewerbsrecht sind für die Prüfung der Zumutbarkeit von Bedeutung:

4.16 **aa) Art und Schwere der Verletzung.** Je stärker die Verletzung in die Rechtsposition des Verletzten eingreift, desto eher ist die Auskunfterteilung zumutbar (BGH GRUR 1976, 367, 369 – *Ausschreibungsunterlagen;* BGH GRUR 1978, 52, 53 – *Fernschreibverzeichnisse;* BGH GRUR 2001, 841, 843 – *Entfernung der Herstellungsnummer II*).

4.17 **bb) Arbeitsaufwand des Auskunftspflichtigen.** Die Auskunfterteilung darf in Bezug auf das Interesse des Verletzten an der Erfüllung des Hauptanspruchs keinen unverhältnismäßigen Zeit- und Arbeitsaufwand mit sich bringen (vgl BGHZ 70, 86, 91). Dies wiederum hängt vom Ausmaß der (festgestellten oder doch sehr wahrscheinlichen) Verletzung (BGHZ 95, 274, 281 – *GEMA-Vermutung I*) und ggf von der Schwere des Verschuldens sowie vom sonstigen Verhalten des Schuldners (zB widersprüchliche Angaben bei der Erstauskunft (BGH GRUR 1982, 723, 726 – *Dampffrisierstab I*) ab. Die Wahlmöglichkeit bei der dreifachen Schadensberechnung wird nicht dadurch eingeschränkt, dass die Auskunft für eine bestimmte Berechnung für den Gläubiger weniger aufwändig ist (BGH aaO – *Dampffrisierstab I*). Kann der Verletzer (zB zur Höhe der Kosten) keine exakten Angaben machen, sondern nur eine Schätzung vornehmen, hat er hierfür ggf einen Wirtschaftsprüfer heranzuziehen, der dem Verletzten das Ergebnis seiner Feststellungen mitzuteilen hat (BGH GRUR 1982, 723, 727 – *Dampffrisierstab I*).

cc) Geheimhaltungsinteresse des Verletzers und Aufklärungsinteresse des Verletzten. 4.18
Die Zumutbarkeit hängt wesentlich davon ab, ob das Geheimhaltungsinteresse des Verletzers oder das Aufklärungsinteresse des Verletzten überwiegt. Ein schutzwürdiges Geheimhaltungsinteresse des Verletzers kann sich insbes aus Wettbewerbsgründen ergeben, etwa weil die Parteien Wettbewerber sind und der Verletzte die mitgeteilten Daten im Wettbewerb zum Nachteil des Verletzers verwenden kann. Ist er allerdings ohnehin, etwa vertraglich, zur Offenbarung verpflichtet, kann er auch kein schützenswertes Geheimhaltungsinteresse geltend machen (BGH NJW 2007, 1806 Tz 18 – *Meistbegünstigungsvereinbarung*). Zu den schutzwürdigen Aufklärungsinteressen des Verletzten kann auch das Interesse gehören, ein legales Vertriebsbindungssystem zu überwachen (BGH GRUR 2001, 841, 843 – *Entfernung der Herstellungsnummer II*). Bei der Abwägung sind aber auch übergeordnete **Interessen der Allgemeinheit,** zB daran, dass Verstöße mit Auswirkungen auf die Volksgesundheit unterbunden werden, zu berücksichtigen (BGH GRUR 2001, 841, 843 – *Entfernung der Herstellungsnummer II*). Für die Abwägung gilt: Grds hat es sich der Verletzer selbst zuzuschreiben, wenn er Daten aus seinem Bereich offen legen muss (BGH GRUR 1996, 78, 79 – *Umgehungsprogramm*). Das aus Wettbewerbsgründen an sich berechtigte Interesse des Verletzers an der Geheimhaltung seiner Bezugsquelle oder eines Vertriebswegs (zB beim Vertrieb von Waren mit unzulässig entfernter Kontrollnummer oder von nachgeahmten Waren) oder an seiner Kalkulation hat daher grds gegenüber dem Interesse des verletzten Herstellers zurückzutreten, wenn dieser auf die Angaben angewiesen ist, um seinen Schaden zu berechnen (BGH GRUR 2006, 419 Tz 17 – *Noblesse*). Darauf, ob die Rechtsposition des Berechtigten empfindlich beeinträchtigt würde, wenn die Verletzung nicht unterbunden wird, kommt es nicht an (BGH GRUR 2001, 841, 843 – *Entfernung der Herstellungsnummer II* in Klarstellung zu BGHZ 125, 322, 331 – *Cartier-Armreif*). Bei wettbewerblich sensiblen (zB Kunden-)Daten hat das Geheimhaltungsinteresse des Verletzers allerdings Vorrang, wenn die Nachteile der Auskunft für den Verletzer außer Verhältnis zum Wert der Auskunft für den Verletzten stehen (BGH GRUR 1965, 313, 314 – *Umsatzauskunft;* BGH GRUR 1973, 375, 378 – *Miss Petite;* BGH GRUR 1991, 921, 924 – *Sahnesiphon;* BGH GRUR 1994, 635, 636 – *Pulloverbeschriftung* mit Anm *Ahrens;* BGH GRUR 2006, 419 Tz 14 – *Noblesse*). Kommt nur eine grobe Schätzung des Verletzergewinns in Betracht, ist außerdem dem Verletzer meist eine Offenbarung seiner Geschäftsinterna nicht zuzumuten, da die Schätzung auch auf der Grundlage der Umsätze und ggf grob ermittelter Gewinne erfolgen kann. Der Verletzer kann in diesem Fall zwar einwenden, er habe keinen oder einen niedrigeren Gewinn erzielt, muss aber dann die Einzelheiten seiner Kalkulation offen legen (BGH GRUR 2006, 419 Tz 18 – *Noblesse*).

dd) Wirtschaftsprüfervorbehalt. Ist die Angabe bestimmter Daten lediglich erforderlich, 4.19
um die Richtigkeit und Vollständigkeit einer (zB Umsatz-)Auskunft überprüfen zu können, kann das Gericht einen sog **Wirtschaftsprüfervorbehalt** in das Urteil aufnehmen (stRspr, BGH GRUR 1957, 336 – *Rechnungslegung;* BGH GRUR 1978, 52, 53 – *Fernschreibverzeichnisse;* BGH GRUR 1980, 227, 232 – *Monumenta Germaniae Historica;* BGH GRUR 1981, 535 – *Wirtschaftsprüfervorbehalt*). – **Beispiel** für einen *Urteilsausspruch:* „Der Beklagte kann diese Angaben einem vom Kläger zu bezeichnenden, zur Verschwiegenheit verpflichteten vereidigten Wirtschaftsprüfer mitteilen, sofern er die Kosten seiner Einschaltung trägt und ihn gleichzeitig ermächtigt und verpflichtet, dem Kläger auf Antrag mitzuteilen, ob in der Rechnungslegung ein oder mehrere bestimmte Abnehmer enthalten sind" (vgl BGH WRP 1999, 1031, 1032 – *Rollstuhlnachbau*).

(1) Förmliche und sachliche Voraussetzungen. Die Aufnahme eines Wirtschaftsprüfer- 4.20
vorbehalts in das Urteil kann von Amts wegen, also auch ohne entspr Antrag des Klägers oder des Beklagten, erfolgen (BGH GRUR 1978, 52, 53 – *Fernschreibverzeichnisse*). Erfolgt die Anordnung ohne Antrag des Klägers, stellt dies keine Teilabweisung der Auskunftsklage dar, sondern eine nach § 242 BGB gebotene Modifizierung (BGH aaO – *Fernschreibverzeichnisse*) ohne Kostenfolge. Will der Verletzer einen Wirtschaftsprüfervorbehalt in das Urteil aufgenommen haben, muss er allerdings die dafür sprechenden Umstände (zB Gefahr der unlauteren Nutzung der erlangten Informationen im Wettbewerb) darlegen und beweisen (BGH GRUR 1981, 535 – *Wirtschaftsprüfervorbehalt*). Das ist in seinem eigenen Interesse, weil sich ein Versäumnis eines Antrags nach § 712 ZPO durch einen Antrag nach § 719 II ZPO nicht mehr beheben lässt (BGH NJWE-WettbR 1997, 230, 231; 1999, 238, 239). Sachlich setzt der Wirtschaftsprüfervorbehalt eine Abwägung der beiderseitigen Interessen voraus (BGH GRUR 1981, 535 – *Wirtschaftsprüfervorbehalt;* BGH NJWE-WettbR 1999, 238, 239). Dabei ist zu berücksichtigen, dass durch einen solchen Vorbehalt die Prozessführung des Gläubigers erschwert wird, weil er die Entscheidung über sein weiteres prozessuales Vorgehen nicht mehr auf eine umfassende eigene Kenntnis des

Sachverhalts stützen kann, sondern teilweise auf ihm nur von Dritten zugänglich gemachte Informationen angewiesen ist (BGH NJWE-WettbR 1999, 238, 239). Hinzu kommt, dass er die Informationen des Auskunftspflichtigen nicht selbst überprüfen kann, sondern dies einem Dritten überlassen muss, dem eine vergleichbare Kenntnis aller maßgeblichen Tatsachen fehlt (BGHZ 140, 342 = GRUR 1999, 1025, 1031 – *Preisbindung durch Franchisegeber*). Ein Wirtschaftsprüfervorbehalt kommt daher dann in Betracht, wenn dem Auskunftsanspruch **deutlich höhergewichtige Belange** des Auskunftspflichtigen gegenüberstehen (BGH NJWE-WettbR 1999, 238, 239; BGH GRUR 1999, 1025, 1031 – *Preisbindung durch Franchisegeber;* vgl auch OLG München NJWE-WettbR 1998, 64). Das kann bei einzelnen Auskunftstatsachen unterschiedlich zu beurteilen sein (MünchKommUWG/*Fritzsche* § 9 Rdn 169). Ein Vorrang des Geheimhaltungsinteresses liegt zB nicht vor, wenn die Parteien in einem Vertragsverhältnis stehen und der Auskunftspflichtige es versäumt hat, darin für eine Sicherstellung der Geheimhaltung der Informationen zu sorgen (BGH GRUR 1999, 1025, 1031 – *Preisbindung durch Franchisegeber*). Ein Vorbehalt kommt nicht in Betracht, wenn lediglich Auskunft über die Anzahl zB der versandten Kataloge geschuldet ist (BGH GRUR 1992, 117, 120 – *IEC-Publikation*); ferner dann nicht, wenn eine bes grobe Verletzungshandlung, etwa ein grober Vertrauensbruch innerhalb einer Vertragsbeziehung, zu Grunde liegt (BGH GRUR 1958, 346, 349 – *Spitzenmuster*). – Im Bereich der **selbstständigen Drittauskunftsansprüche** nach dem ProduktpiraterieG kommt – von Ausnahmefällen abgesehen – ein Wirtschaftsprüfervorbehalt nicht in Betracht (BGHZ 128, 220, 228 = GRUR 1995, 338, 342 – *Kleiderbügel* zu § 140 b PatG 1981; BGH GRUR 2002, 709, 713 – *Entfernung der Herstellungsnummer III* zu § 19 MarkenG). Wird Auskunft mit einem Wirtschaftsprüfervorbehalt beantragt, soll dies daher dahin zu verstehen sein, dass kein selbstständiger Auskunftsanspruch geltend gemacht wird. Besteht zwar kein unselbstständiger, kommt aber ein selbstständiger Auskunftsanspruch in Betracht, so muss das Gericht gleichwohl den Antrag insgesamt abweisen (§ 308 ZPO), weil es ihm verwehrt ist, einen nicht lediglich hilfsweise beantragten Vorbehalt wegzulassen (BGH GRUR 2002, 709, 713 – *Entfernung der Herstellungsnummer III*). Das ist bedenklich, weil der Wirtschaftsprüfervorbehalt an sich keine Einschränkung, sondern lediglich eine Modifizierung des Auskunftsanspruchs darstellt (vgl *Teplitzky* GRUR 2003, 272, 277 und FS Tilmann, 2003, 913, 917; ferner *ders* Kap 38 Rdn 31).

4.21 **(2) Auswahl und Bezahlung des Wirtschaftsprüfers.** Die Auswahl des Wirtschaftsprüfers ist dem Verletzten vorbehalten (BGH GRUR 1962, 354 – *Furniergitter;* BGH GRUR 1980, 227, 233 – *Monumenta Germaniae Historica:* § 87 c IV HGB analog). Hat der Verletzer jedoch begründete Zweifel an der Neutralität des ausgewählten Wirtschaftsprüfers, etwa weil dieser ständig mit dem Verletzten zusammenarbeitet, so kann er gerichtliche Überprüfung der Auswahl und ggf Bestellung durch das Gericht gem § 315 III BGB analog beantragen (GK/*Köhler* Vor § 13 UWG 1909 Rdn B 413). Der Konflikt lässt sich von vornherein vermeiden, wenn das Gericht das Bestimmungsrecht von vornherein auf einen neutralen, dh nicht in ständiger Geschäftsbeziehung mit dem Verletzten stehenden Wirtschaftsprüfer beschränkt (*Teplitzky* Kap 38 Rdn 29). Die Kosten für die Einschaltung des Wirtschaftsprüfers hat der Verletzer zu tragen, da sie in seinem Interesse erfolgt (BGH GRUR 1957, 336 – *Rechnungslegung*).

4.22 **(3) Durchführung des Wirtschaftsprüfervorbehalts.** Der Verletzer muss die betreffenden Daten dem Wirtschaftsprüfer (oder einer sonst zur Berufsverschwiegenheit verpflichteten Person) mitteilen. Er muss ihn ferner ermächtigen und verpflichten, gezielte Fragen des Verletzten zu beantworten, um diesem eine stichprobenartige Überprüfung der Angaben des Verletzers zu ermöglichen, so zB, ob ein ganz bestimmter Kunde beliefert wurde (BGH GRUR 1978, 52, 53 – *Fernschreibverzeichnisse*). Erweisen sich dann die Angaben als unrichtig, hat der Verletzte einen Anspruch auf umfassende Offenlegung ihm gegenüber.

4.23 **ee) Selbstbezichtigung durch den Verletzer.** Die Auskunfterteilung ist nicht von vornherein deshalb unzumutbar, weil sich der Auskunftspflichtige einer **Straftat** oder **Ordnungswidrigkeit** bezichtigen müsste (BGHZ 41, 318, 326 f), da insoweit ein strafrechtliches Verwertungsverbot anzuerkennen ist (ebenso *Schaffert,* FS Erdmann, 2002, 719, 722 f; vergleichbare Regelungen wurden durch das ProduktpiraterieG im gewerblichen Rechtsschutz und Urheberrecht geschaffen; vgl § 19 IV MarkenG; § 101 a UrhG). Doch ist das Interesse des Verletzers, sich nicht selbst zu belasten, im Rahmen der Verhältnismäßigkeit zu berücksichtigen (Ahrens/*Loewenheim* Kap 72 Rdn 11; *Teplitzky* Kap 38 Rdn 22). Würde die Auskunft dazu führen, dass auch ein **Vertragsstrafeanspruch** oder ein **Ordnungsmittel** nach § 890 ZPO geltend gemacht werden kann, soll nach einer Auffassung Auskunft nur bei Verzicht des Verletzten auf diese Rechte geschuldet sein, weil es insoweit kein zivilprozessuales Verwertungsverbot gebe (*v Ungern-Stern-*

berg WRP 1984, 55; aA *Eichmann* GRUR 1990, 575, 579). Dem ist jedenfalls für die Vertragsstrafe nicht zu folgen, da sie keinen eigentlichen Strafcharakter hat und überdies auf den Schadensersatzanspruch anzurechnen ist (§ 340 II BGB). Im Übrigen ist zu bedenken, dass bereits die Verletzung als solche die Vertragsstrafe bzw das Ordnungsmittel auslöst, ihr Nachweis aber regelmäßig Voraussetzung für einen Auskunftsanspruch ist (GK/*Köhler* Vor § 13 UWG 1909 Rdn B 414).

ff) Drittbezichtigung durch den Verletzer. Die Drittauskunft kann bedeuten, dass der Auskunftspflichtige einen **Dritten** einer **Straftat** (§§ 143, 144 MarkenG; §§ 17, 18) oder **Ordnungswidrigkeit** bezichtigen oder zumindest dem Risiko einer Strafverfolgung aussetzen müsste. Dies ist ihm nicht von vornherein unzumutbar (BGHZ 125, 322, 331 – *Cartier-Armreif*; *Tilmann* GRUR 1987, 251, 260). Da ein derartiges Verhalten jedoch weithin als anstößig angesehen wird (BGH GRUR 1976, 367, 368 f – *Ausschreibungsunterlagen* mit krit Anm *Fritze*) und den Auskunftspflichtigen in große Schwierigkeiten (Gewissenskonflikte; Gefahr von Racheakten) bringen kann, ist dem bei der Interessenabwägung zu beachtenden Grundsatz der Verhältnismäßigkeit (BGHZ 125, 322, 331 – *Cartier-Armreif*; *Köhler* GRUR 1996, 82, 89) bes Bedeutung beizumessen. Das muss nicht bedeuten, dass eine Drittbezichtigung nur in bes Ausnahmefällen verlangt werden kann (so aber BGH GRUR 1976, 367, 369 – *Ausschreibungsunterlagen*). Vielmehr ist auf die Umstände des Einzelfalls abzustellen und eine Interessenabwägung vorzunehmen (*Teplitzky* Kap 38 Rdn 26). Dabei kann eine Rolle spielen, wie schwer wiegend die Verletzung ist, ferner, ob der Verletzte seinen Schaden vollständig vom Verletzer ersetzt bekommen kann (so im Falle BGH aaO – *Ausschreibungsunterlagen*), ob vom Dritten weitere Rechtsverletzungen ausgehen können, ob dem Dritten wirklich eine Strafverfolgung droht (zB nicht, wenn er sich im Ausland aufhält) und in welchen Beziehungen der Verletzer zum Dritten steht (vgl *Köhler* GRUR 1996, 82, 89). Auch sollte der Gedanke der Generalprävention von Wirtschaftsstraftaten nicht unberücksichtigt bleiben. Die Problematik erledigt sich dann, wenn man auch zu Gunsten des Dritten ein strafrechtliches Verwertungsverbot anerkennt (GK/*Köhler* Vor § 13 UWG 1909 Rdn B 438).

IV. Einzelheiten

1. Störungsbeseitigung

Zur Vorbereitung eines Beseitigungsanspruchs kann ein Auskunftsanspruch bestehen, wenn andernfalls die zu einer Beseitigung der fortwirkenden Störung erforderlichen Maßnahmen praktisch nicht verwirklicht werden können (BGH GRUR 1972, 558, 560 – *Teerspritzmaschinen*). Ist zB im Falle einer ehrverletzenden (§ 4 Nr 7) oder unwahren kreditschädigenden (§ 4 Nr 8) Äußerung davon auszugehen, dass sie mehreren Personen gegenüber getan wurde, kann Nennung dieser Personen verlangt werden, um durch deren Aufklärung den fortdauernden Störungszustand zu beenden (RGZ 162, 192; BGH GRUR 1962, 382 – *Konstruktionsbüro*). Besondere Bedeutung hat in diesem Zusammenhang der Anspruch auf **Drittauskunft**. Vgl zunächst Rdn 4.2. Art und Umfang der Auskunftspflicht hins der Drittauskunft bestimmen sich ebenfalls nach den Grundsätzen von Treu und Glauben (BGHZ 125, 322, 331 – *Cartier-Armreif*; BGHZ 148, 26, 30 f = GRUR 2001, 841, 842 – *Entfernung der Herstellungsnummer II*). Der Anspruch auf Drittauskunft dient (auch) der Verhinderung von künftigen Wettbewerbsverstößen Dritter und erlischt daher nicht durch eine strafbewehrte Unterlassungserklärung des auskunftspflichtigen Verletzers (BGHZ 148, 26, 30 f – *Entfernung der Herstellungsnummer II*). – Auskunft über die Bezugsquelle wird auch dann geschuldet, wenn die Störung zwar beendet ist, es aber um die Vermeidung künftiger vergleichbarer Beeinträchtigungen geht (BGHZ 125, 322, 330 – *Cartier-Armreif*; BGHZ 148, 26, 30 f – *Entfernung der Herstellungsnummer II*). Die Nennung der Bezugsquelle soll es dem Berechtigten ermöglichen, die Quelle zu verstopfen, aus der die Rechtsverletzung fließt und jederzeit neu fließen kann (BGH aaO – *Entfernung der Herstellungsnummer II*). Kann der zur Auskunft Verpflichtete den Lieferanten anhand seiner Unterlagen nicht mit ausreichender Sicherheit benennen, so kann im Einzelfall die Pflicht bestehen, diese Zweifel durch Nachfrage bei den in Betracht kommenden Lieferanten aufzuklären (BGH GRUR 2003, 433, 434 – *Cartier-Ring* [zu § 19 MarkenG]; OLG Köln GRUR 1999, 337, 339). Er braucht allerdings nicht Nachforschungen bei seinen Lieferanten vorzunehmen, um unbekannte Vorlieferanten und den Hersteller erst zu ermitteln (BGHZ 125, 322, 326 = GRUR 1994, 630 – *Cartier-Armreif*; BGH GRUR 2003, 433, 434 – *Cartier-Ring*). – Die Drittauskunft kann unabhängig davon begehrt werden, ob ein rechtliches Vorgehen gegen den Dritten (zB im Ausland) möglich ist. Denn die Auskunftsverpflichtung dient auch dazu, es dem Verletzten zu ermöglichen, den Markt zu beobachten und ggf die Störung durch wirtschaftliche Mittel, etwa Kündigung des Vertrages mit dem vertragsbrüchigen Händler, zu unterbinden (BGHZ 125, 322, 333 – *Cartier-Armreif*). Zum (verschuldensunabhängigen) Anspruch auf Drittauskunft bei der Verletzung von **Rechten des geistigen Eigentums** vgl insbes § 19 I–III MarkenG, § 101 I–III UrhG, § 140 b I–III PatG, § 24 b I–III GerbrMG, § 46 I–III GeschmMG, § 37 I–III SortSchG. – Zur Problematik der Selbst- und Drittbezichtigung vgl Rdn 4.23 f.

2. Ermittlung des konkreten Schadens

4.26   Besteht ein Schadensersatzanspruch dem Grunde nach, so kann der Verletzte, um den Schaden beziffern oder schätzen zu können, insbes Auskunft über Art, Zeitpunkt oder Dauer sowie Umfang und Intensität des Wettbewerbsverstoßes verlangen (BGH GRUR 1981, 286, 288 – *Goldene Karte I;* BGH GRUR 1987, 364, 365 – *Vier-Streifen-Schuh*). Dies gilt zB auch für Auflagenhöhe, Verbreitungsgebiet und angesprochene Verkehrskreise bei wettbewerbswidrigen Veröffentlichungen (BGH GRUR 1987, 647, 648 – *Briefentwürfe*), für Hörerreichweiten und Sendedaten bei Funkwerbung; für Liefermengen, Lieferzeiten und Lieferorte bei wettbewerbswidrigem Warenvertrieb (BGH GRUR 1978, 52, 53 – *Fernschreibverzeichnisse;* BGH GRUR 1981, 286, 288 – *Goldene Karte I*). – Im Regelfall brauchen Umsatzzahlen, Verkaufspreise und Gestehungskosten, Adressen von Geschäftspartnern und der Werbung nicht angegeben zu werden (BGH GRUR 1965, 313, 315 – *Umsatzauskunft;* BGH GRUR 1981, 286, 288 – *Goldene Karte I;* BGH GRUR 1987, 364, 365 – *Vier-Streifen-Schuh;* BGH GRUR 1987, 647, 648 – *Briefentwürfe;* BGH GRUR 1991, 153, 155 – *Pizza & Pasta;* BGH WRP 2000, 1266, 1269 – *Neu in Bielefeld II*). **Ausnahmen** sind freilich bei Vorliegen bes Umstände möglich. So, wenn die Schadensschätzung davon abhängt, ob und inwieweit das Verletzererzeugnis oder die Verletzungshandlung (OLG Hamburg WRP 2006, 128 LS zur Umsatzauskunft) geeignet war, den Absatz des Erzeugnisses des Verletzten zu beeinträchtigen. Daher sind ggf auch die Kosten der Werbung anzugeben, wenn deren Kenntnis zur Beurteilung des Umfangs der Werbung erforderlich ist (BGH GRUR 2007, 877 Tz 36 – *Windsor Estate*). Ggf ist ein Wirtschaftsprüfervorbehalt (Rdn 4.19 ff) anzuordnen (BGH GRUR 1965, 313, 314 – *Umsatzauskunft;* BGH GRUR 1978, 52, 53 – *Fernschreibverzeichnisse;* GRUR 1982, 489, 490 – *Korrekturflüssigkeit;* BGH GRUR 1987, 364, 365 – *Vier-Streifen-Schuh*). Ferner, wenn die Angaben zur Kontrolle der sonstigen Informationen sinnvoll und nützlich sind (BGH WRP 2000, 1266, 1269 – *Neu in Bielefeld II*). – Hat ein Anwalt eine **Internet-Domain** unter Verletzung des Kennzeichenrechts eines Mitbewerbers verwendet, so kann zwar von ihm Auskunft darüber verlangt werden, seit wann und in welchem Umfang der Domain-Name benutzt wurde. Dagegen braucht er im Hinblick auf die anwaltliche Verschwiegenheitspflicht nicht mitzuteilen, in welchem Umfang über die Internet-Seite Kontakte zu späteren Mandanten entstanden und welche Honorareinnahmen hierdurch erzielt wurden (BGH GRUR 2002, 706, 708 – *vossius.de*). – Hat der Schuldner einen Dritten (zB Werbeagentur) für seine Werbung eingeschaltet, so ist es ihm zumutbar, die zur Erteilung der Auskunft erforderlichen Informationen beim Dritten einzuholen (LG Köln GRUR-RR 2009, 154, 155).

3. Ermittlung der fiktiven Lizenzgebühr

4.27   Kann nach den Grundsätzen der dreifachen Schadensberechnung oder nach Bereicherungsrecht Zahlung der fiktiven Lizenzgebühr begehrt werden, ist **Rechnungslegung** über die Umsätze (vgl BGH GRUR 1982, 420, 423 – *BBC/DDC;* BGH GRUR 1995, 349, 352 – *Objektive Schadensberechnung*), aufgegliedert in Zeiträume (wegen der aufgelaufenen Zinsen), zu erteilen. Sonstige Daten (zB genaue Lieferdaten; Abnehmer) sind (ggf unter Wirtschaftsprüfervorbehalt) nur mitzuteilen, soweit dies zur Kontrolle der Angaben erforderlich ist.

4. Ermittlung des Verletzergewinns

4.28   Kann nach den Grundsätzen der objektiven Schadensberechnung oder nach §§ 687 II, 681 S 2, 667 BGB Herausgabe des Verletzergewinns begehrt werden, ist **Rechnungslegung** geschuldet (BGH GRUR 1995, 349, 352 – *Objektive Schadensberechnung*). Bei den **Einnahmen** sind anzugeben: Liefermengen, Lieferpreise, Lieferzeiten und ggf Lieferorte und Abnehmer; nicht dagegen: Angebote, Angebotspreise und -empfänger (BGH GRUR 1980, 227, 233 – *Monumenta Germaniae Historica*). Bei den **Ausgaben** sind anzugeben: Einstandspreise, Fertigungs- und Lohnkosten, ggf auch Vertriebskosten (vgl aber BGH aaO – *Monumenta Germaniae Historica*) und Gemeinkostenanteile. – Kann (wie zB bei Kennzeichenverletzungen und nicht identischer Nachahmung) nur ein zu schätzender anteiliger Gewinn herausverlangt werden (BGH GRUR 1993, 55, 59 – *Tchibo/Rolex II*), soll nur die Mitteilung der zeitlich aufgegliederten Verletzerumsätze sowie ggf der Art und des Umfangs der Werbemaßnahmen geschuldet sein (BGH GRUR 1982, 420, 423 – *BBC/DDC;* BGH GRUR 1995, 50, 54 – *Indorektal/Indohexal*), nicht dagegen der Lieferdaten und -preise sowie der Abnehmer. Doch müssten wohl auch gewisse Angaben über die Gestehungskosten mitgeteilt werden, um eine Schätzung zu ermöglichen (vgl GK/*Köhler* Vor § 13 UWG 1909 Rdn B 425).

V. Erfüllung und Durchsetzung des Auskunftsanspruchs

1. Erfüllung

Der Auskunftsanspruch erlischt durch Erfüllung gem § 362 I BGB (BGH GRUR 2001, 841, 844 – *Entfernung der Herstellungsnummer II*). Im Einzelnen ist dabei zu unterscheiden, **wer** den Anspruch zu erfüllen hat, **wie** er zu erfüllen ist und **wann** vollständig erfüllt ist.   4.29

a) Wer hat zu erfüllen? Die Auskunftspflicht ist durch den Auskunftspflichtigen **persönlich** (BGH GRUR 1961, 288, 291 – *Zahnbürsten*), bei Gesellschaften durch das vertretungsberechtigte Organ, zu erfüllen und kann nicht auf Hilfspersonen abgewälzt werden (Palandt/*Heinrichs* BGB § 261 Rdn 29; krit *Brandi-Dohrn* GRUR 1999, 131). Zulässig ist es allerdings Hilfspersonen heranzuziehen, insbes wenn andernfalls der Auskunftspflichtige zu einer sachgerechten Auskunftserteilung nicht in der Lage ist oder durch Einschaltung als Boten (BGH NJW 2008, 917 Tz 15). Sind **mehrere** Personen auskunftspflichtig, schuldet jeder nur für sich Auskunft. Dies gilt auch dann, wenn für den Hauptanspruch eine gesamtschuldnerische Haftung (zB nach §§ 830, 840 BGB) besteht (BGH GRUR 1981, 592, 595 – *Championne du Monde*). Es muss jeder Gesamtschuldner so viele Informationen geben, wie nötig sind, um die Gesamtschuld ermitteln zu können (*Schulz*, FS Klaka, 1987, 43 Fn 54).   4.30

b) Wie ist zu erfüllen? Der Auskunftsanspruch ist auf die Mitteilung von Tatsachen in Beantwortung einer Frage gerichtet. Es handelt sich um eine Wissenserklärung (BGH GRUR 1994, 630, 632 – *Cartier-Armreif*), die grds **schriftlich** abgegeben werden muss, wobei jedoch die Schriftform des § 126 BGB nicht erfüllt sein muss (BGH NJW 2008, 917 Tz 12 ff). Sie beschränkt sich nicht auf die Mitteilung von präsentem Wissen. Der Auskunftspflichtige kann sich also nicht damit verteidigen, er habe an den Vorgang keine Erinnerung mehr oder er sei dafür nicht zuständig gewesen. Vielmehr muss er alle ihm zur Verfügung stehenden und mit zumutbarem Aufwand erschliessbaren Erkenntnisquellen (zB Einsichtnahme in Geschäftsunterlagen). Verfügt ein **Dritter** (zB Mitarbeiter, Konzerngesellschaften, Kunde, Lieferant) über die zur Erteilung der Auskunft erforderlichen Kenntnisse, so muss der Schuldner alles ihm Zumutbare tun, um sich von ihm die Kenntnisse zu verschaffen. Dazu kann auch die Beschreitung des Rechtswegs gehören (BGHZ 128, 220, 227 = GRUR 1995, 338 – *Kleiderbügel;* BGH GRUR 2003, 433, 434 – *Cartier-Ring;* BGH WRP 2006, 749 Tz 40 – *Parfümtestkäufe;* BGH WRP 2009, 996 Tz 21 – *Auskunft über Tintenpatronen*). Ggf kann ihm auch zuzumuten sein, Daten zu rekonstruieren (zB wenn er sie auf der Festplatte gelöscht hat). Auch die Heranziehung von Sachverständigen kann geboten sein (BGH GRUR 1982, 723, 726 – *Dampffrisierstab I;* BGH GRUR 1995, 338, 341 – *Kleiderbügel*).–Nicht zumutbar ist es dagegen, bei Dritten Ermittlungen vorzunehmen BGH WRP 2006, 749 Tz 40 – *Parfümtestkäufe*, etwa den Aufenthaltsort eines Dritten, der Informationen erteilen kann (zB früherer Geschäftsinhaber), mit Hilfe eines Detektivs zu ermitteln (OLG Köln GRUR-RR 2006, 31, 32). – Die **Rechnungslegung** umfasst über die bloße Auskunft hinaus die weitergehende, genauere Information durch Vorlage einer „die geordnete Zusammenstellung der Einnahmen oder der Ausgaben enthaltenden Rechnung" und von Belegen, soweit solche erteilt zu werden pflegen (§ 259 I BGB). Geordnet heißt so viel wie übersichtlich, aus sich heraus verständlich und der Nachprüfung zugänglich (BGH NJW 1982, 573).   4.31

c) Wann ist erfüllt? Der Auskunftsanspruch ist erfüllt, wenn die Auskunft richtig und vollständig erteilt worden ist. Erfüllung kann auch durch eine **negative Erklärung** eintreten (BGH GRUR 1958, 149, 150 – *Bleicherde;* BGHZ 148, 26, 36 = GRUR 2001, 841, 844 – *Entfernung der Herstellungsnummer II;* BGH GRUR 2003, 433, 434 – *Cartier-Ring*). Erklärungen, die im Prozess nicht zum Zwecke der Auskunfterteilung, sondern unter anderen rechtlichen Gesichtspunkten abgegeben worden sind, stellen noch keine Erfüllung dar (BGH WRP 1999, 544, 546 –   4.32

Datenbankabgleich; OLG Stuttgart WRP 2000, 318, 322). Geht der Berechtigte der ihm erteilten Information ohne Verschulden verlustig (zB durch Abhandenkommen oder Brand), ist ihm aber nach Treu und Glauben ein Anspruch auf erneute Mitteilung gegen Ersatz der damit verbundenen Kosten zuzubilligen, zumal der Auskunftspflichtige dadurch nicht übermäßig belastet wird (GK/*Köhler* Vor § 13 aF Rdn B 427). Erkennt der Auskunftspflichtige nachträglich, dass die erteilte Auskunft unrichtig oder unvollständig ist, so ist ihm eine Berichtigung nicht verwehrt. Maßgebend ist dann die neuere Auskunft (BGH GRUR 1982, 723, 724 – *Dampffrisierstab I*). – Vielfach wird die Auskunft den Anspruchsberechtigten nicht befriedigen, weil er annimmt, der Auskunftspflichtige sage nicht die (volle) Wahrheit. Erfüllung iSv § 362 BGB tritt in der Tat nicht ein, wenn die Erklärung **nicht ernst gemeint, unvollständig oder von vornherein unglaubhaft** ist (BGH GRUR 2001, 841, 844 – *Entfernung der Herstellungsnummer II;* OLG Hamburg GRUR-RR 2001, 197; OLG Köln GRUR-RR 2006, 31); insoweit ist die Erklärung als nicht abgegeben anzusehen. Dies beurteilt sich aber nicht nach der Einschätzung durch den Auskunftsberechtigten, sondern nach objektiven Umständen unter Berücksichtigung der Lebenserfahrung. Ein bloßer Verdacht, der Auskunftspflichtige unterdrücke bewusst oder unbewusst sein Erinnerungsvermögen, oder die Behauptung, die Auskunft sei falsch, reichen allerdings nicht aus, um eine Erklärung von vornherein als unglaubhaft anzusehen (BGHZ 125, 322, 326 = GRUR 1994, 630, 632 – *Cartier-Armreif;* BGH GRUR 2001, 841, 844 – *Entfernung der Herstellungsnummer II;* OLG Hamburg GRUR-RR 2001, 197). Ist der Anspruch nach dem Gesagten nicht erfüllt, kann die Auskunft nach § 888 ZPO erzwungen werden.

4.33 d) **Anspruch auf Ergänzung.** Ist die Auskunft unvollständig, entweder von vornherein oder weil neue Tatsachen bekannt werden oder die zu Grunde gelegten Tatsachen sich als unrichtig erweisen oder weil der Gläubiger auf eine andere Schadensberechnungsmethode übergeht, kann Ergänzung verlangt und mit den Zwangsmitteln des § 888 ZPO durchgesetzt werden (BGH GRUR 1974, 53, 54 – *Nebelscheinwerfer;* BGHZ 92, 62, 69 – *Dampffrisierstab II;* BGHZ 125, 322, 327 = GRUR 1994, 630, 632 – *Cartier-Armreif;* OLG Zweibrücken WRP 1997, 611, 614; OLG München NJWE-WettbR 1996, 134). Unvollständigkeit ist auch gegeben, wenn bei unterschiedlichen Rechnungslegungen Klarheit über den Grund der Abweichung geschaffen werden soll (BGH GRUR 1982, 723, 726 – *Dampffrisierstab I*). Ferner dann, wenn die Auskunft nicht aus sich heraus verständlich ist, etwa weil der Berechtigte sich selbst die einzelnen Vorgänge zusammenstellen müsste oder geschuldete Belege fehlen (RGZ 100, 150, 153). – Nicht dagegen kann Überprüfung der Richtigkeit und Vervollständigung durch einen Wirtschaftsprüfer verlangt werden, da insoweit die §§ 259 II, 260 II BGB eine abschließende Regelung darstellen. Eine abweichende Vereinbarung ist aber möglich (BGHZ 92, 62, 69 – *Dampffrisierstab II*). – Ist bereits Rechnung gelegt, so kann insoweit keine Auskunft mehr verlangt werden. Dagegen kann umgekehrt nach Auskunfterteilung (zB zwecks Berechnung der fiktiven Lizenzgebühr) noch Rechnungslegung verlangt werden (BGH GRUR 1985, 472 – *Thermotransformator*).

4.34 e) **Kosten.** Die Kosten der Auskunft hat der Auskunftspflichtige zu tragen, weil er Schuldner dieser Leistung ist (BGHZ 84, 31, 33).

2. Durchsetzung

4.35 Die Durchsetzung des Auskunftsanspruchs erfolgt durch **Leistungsklage** und Vollstreckung nach § 888 ZPO (bzw § 887 ZPO). Die Möglichkeit der **einstweiligen Verfügung** bei **wettbewerbsrechtlichen** Auskunftsansprüchen ist grds ausgeschlossen, weil damit die Hauptsacheentscheidung vorweggenommen wird und nur in **Ausnahmefällen,** nämlich wenn es um die Existenz des *Gläubigers* geht, anzuerkennen (§ 12 Rdn 3.10; OLG Hamburg GRUR-RR 2007, 29; wohl auch Fezer/*Büscher* § 12 Rdn 95 mwN). Bei den **Rechten des geistigen Eigentums** besteht kraft gesetzlicher Regelung in Fällen offensichtlicher Rechtsverletzung die Möglichkeit, den Auskunftsanspruch im Wege der einstweiligen Verfügung durchzusetzen (vgl § 19 VII MarkenG, § 101 VII UrhG, § 140 b VII PatG, § 24 b VII GebrMG, § 46 VII GeschmMG). Eine analoge Anwendung dieser Vorschriften auf Fälle des **ergänzenden wettbewerbsrechtlichen Leistungsschutzes** (§ 4 Nr 9) ist allerdings nicht möglich (§ 12 Rdn 3.10; OLG Hamburg WRP 2007, 1253; Fezer/*Büscher* § 12 Rdn 95).

3. Anspruch auf Abgabe einer eidesstattlichen Versicherung

4.36 Im Übrigen bleibt dem Verletzten zur Sicherstellung der Richtigkeit und Vollständigkeit der Auskunft oder Rechnungslegung nur das Verlangen auf Abgabe einer entspr Versicherung an

Eides Statt. Es handelt sich um eine materiellrechtliche Pflicht, die über den Gesetzeswortlaut (§ 260 II BGB) hinaus generell bei Auskunftsansprüchen besteht. Diese Verpflichtung ist ebenfalls höchstpersönlicher Natur, kann also nur vom Auskunftspflichtigen selbst (BGHZ 104, 369, 371) oder seinem gesetzlichen Vertreter, nicht durch Hilfspersonen (KG NJW 1972, 2093) erfüllt werden (vgl §§ 889, 478 ZPO).

a) Voraussetzungen. Der Anspruch setzt voraus, dass Auskunft erteilt oder Rechnung gelegt wurde, aber Grund zur Annahme besteht, dass die Angaben nicht mit der erforderlichen Sorgfalt gemacht wurden (§§ 259 II, 260 II BGB). Dazu ist eine Wahrscheinlichkeitsprognose erforderlich (*Lüke* JuS 1986, 2, 7). Der Berechtigte muss eine Verletzung der Sorgfaltspflicht des Auskunftspflichtigen *beweisen,* sofern sie sich nicht ohne weiteres ergibt. Ob eine Verletzung der Sorgfaltspflicht vorliegt, ist Frage des Einzelfalls. Zu berücksichtigen sind die persönlichen Verhältnisse (Bildung, Geschäftserfahrung usw) des Auskunftspflichtigen sowie sein Gesamtverhalten. Mangelnde Sorgfalt ist insbes anzunehmen, wenn die Auskunft mehrfach berichtigt oder ergänzt wurde oder ihre Unvollständigkeit erwiesen ist oder widersprüchliche Einlassungen vorliegen oder die Lebenserfahrung oder objektive Umstände Zweifel an der Glaubhaftigkeit der Auskunft hervorrufen (BGH GRUR 1960, 247, 248 – *Krankenwagen I;* BGHZ 125, 322, 327 = GRUR 1994, 630, 633 – *Cartier-Armreif;* BGH WRP 1999, 534, 542 – *Preisbindung durch Franchisegeber;* BGH GRUR 2001, 841, 845 – *Entfernung der Herstellungsnummer II;* LG Düsseldorf GRUR-RR 2009, 195, 196). Ein begründeter Verdacht liegt aber nicht schon dann vor, wenn die Auskunft urspr verweigert worden oder es schon früher zu Verstößen gekommen war (BGH NJW 1966, 1117, 1120). Ein an sich gegebener Verdacht kann ausgeräumt werden, wenn der Auskunftspflichtige in unverschuldeter Unkenntnis oder unverschuldetem Irrtum gehandelt hat. Insoweit kommt nur ein Anspruch auf ergänzende Auskunft in Betracht (BGH NJW 1984, 484, 485). 4.37

b) Umfang. Der Umfang der Versicherung ergibt sich zunächst aus den §§ 259 II, 260 II BGB. Doch ist diese Regelung nicht abschließend, wie sich aus § 261 II BGB ergibt. Bei einer Rechnungslegung über einen herauszugebenden Verletzergewinn ist daher die eidesstattliche Versicherung auch auf die Kosten und die dazu ggf vorgenommenen Schätzungen des Schuldners zu erstrecken (BGHZ 92, 62, 67 ff = GRUR 1984, 728 – *Dampffrisierstab II*). 4.38

c) Grenzen. Der Anspruch auf Abgabe einer eidesstattlichen Versicherung dient nicht Ausforschungszwecken und auch nicht dem Nachweis der Unrichtigkeit der Auskunft oder Rechnung; er bezieht sich auch nicht auf die Vollständigkeit der Belege (RG MuW 1929, 528). In „Angelegenheiten von geringer Bedeutung" besteht keine Pflicht zur Abgabe einer eidesstattlichen Versicherung (§ 259 III BGB; dazu BGHZ 89, 137, 141). Dies gilt auch dann, wenn der beanstandete Mangel geringfügig ist. Der Anspruch ist nicht dadurch ausgeschlossen, dass der Auskunftspflichtige sich einer Straftat bezichtigen müsste (BGHZ 41, 318, 322 f), weil insoweit ein strafrechtliches Verwertungsverbot anzuerkennen ist. 4.39

d) Bedeutung. Praktische Bedeutung hat die eidesstattliche Versicherung zunächst einmal in den Fällen der Rechnungslegungspflicht zur Bemessung eines Schadensersatz- oder Bereicherungsanspruchs. Besondere Bedeutung kommt aber der eidesstattlichen Versicherung in den Fällen der Drittauskunft zur Durchsetzung eines Unterlassungs- oder Schadensersatzanspruchs gegen den Dritten zu (BGHZ 125, 322, 327 = GRUR 1994, 630, 633 – *Cartier-Armreif;* BGH GRUR 2001, 841, 845 – *Entfernung der Herstellungsnummer II*). Denn die Richtigkeit und Vollständigkeit der Drittauskunft hängt im Wesentlichen von der Auskunftsbereitschaft des Verpflichteten ab und kann nicht ohne Weiteres widerlegt werden. 4.40

e) Verfahren. Der Auskunftspflichtige kann die eidesstattliche Versicherung freiwillig abgeben. **Zuständig** zur Entgegennahme ist das Amtsgericht (§ 261 I BGB iVm §§ 410 Nr 1, 411 I, 413 FamFG). Weigert sich der Auskunftspflichtige, dem Verlangen nachzukommen, muss der Auskunftsberechtigte Klage erheben, die allerdings aus Gründen der Prozessökonomie im Wege der **Stufenklage** mit der Klage auf Auskunft verbunden werden kann (BGH WRP 2000, 101, 103 – *Planungsmappe;* BGH WRP 2010, 927 Tz 59 – *Restwertbörse*). Dem steht nicht entgegen, dass über den Antrag erst nach Erteilung der Auskunft entschieden werden kann. Zuständig zur Entgegennahme ist in diesem Falle das Amtsgericht als Vollstreckungsgericht (§ 889 ZPO). Die **Kosten** der Abnahme der eidesstattlichen Versicherung trägt in beiden Fällen der Auskunftsberechtigte (§ 261 III BGB; BGH NJW 2000, 2113). 4.41

VI. Einwendungen und Einreden

4.42 Das **Erlöschen** des Hauptsacheanspruchs (zB durch Erfüllung, Aufrechnung oder Verzicht; Verwirkung) bringt auch den Auskunftsanspruch zum Erlöschen (BGHZ 85, 16, 29). Der Auskunftsanspruch kann aber auch selbstständig **verwirkt** werden (BGHZ 39, 87, 92). – Für die **Verjährung** gilt: Der Auskunftsanspruch verjährt nicht in derselben Frist wie der Hauptanspruch (so aber BGH GRUR 1972, 558, 560 – *Teerspritzmaschinen;* BGH GRUR 1974, 99, 101 – *Brünova; Teplitzky* Kap 38 Rdn 37), da es sich um einen eigenständigen Anspruch handelt. Dem steht auch nicht die Akzessorietät entgegen. Denn der Gläubiger kann zB auch noch mit einem verjährten Hauptanspruch aufrechnen (§ 215 BGB) und ist insoweit auf die Auskunfterteilung angewiesen. Für den Auskunftsanspruch gilt vielmehr die Regelverjährungsfrist der §§ 195, 199 BGB (BGHZ 33, 373, 379; 108, 393, 399; BGH GRUR 1988, 533, 536 – *Vorentwurf II; Harte/Henning/Bergmann* Vorb zu § 8 Rdn 27; § 11 Rdn 1.17). Ist allerdings der Hauptanspruch (zB nach § 11) verjährt, so fehlt dem Gläubiger idR ein berechtigtes Informationsinteresse (Ausnahme: Möglichkeit der Aufrechnung, § 390 S 2 BGB), so dass eine Auskunftsklage unbegründet ist (BGH NJW 1985, 384, 385; 1990, 180, 181). Ist beim selbstständigen Auskunftsanspruch der Hauptanspruch gegen den Dritten verjährt, hat dies solange keinen Einfluss auf den Auskunftsanspruch, als sich der Dritte nicht auf Verjährung beruft.

VII. Der Anspruch auf Besichtigung (§ 809 BGB)

Schrifttum: *Bork,* Effiziente Beweissicherung für den Urheberrechtsverletzungsprozess – dargestellt am Beispiel raubkopierter Computerprogramme, NJW 1997, 1665; *Müller-Stoy,* Durchsetzung des Besichtigungsanspruchs, GRUR-RR 2009, 161; *Rauschhofer,* Quellcodebesichtigung im Eilverfahren – Softwarebesichtigung nach § 809 BGB, GRUR-RR 2006, 249; *Tilman/Schreibauer,* Beweissicherung vor und im Patentverletzungsprozess, FS Erdmann, 2002, 901; *dies,* Die neueste BGH-Rechtsprechung zum Besichtigungsanspruch nach § 809 BGB, GRUR 2002, 1015.

1. Allgemeines

4.43 Nach § 809 BGB besteht unter bestimmten Voraussetzungen gegen den Besitzer einer Sache ein Anspruch auf Besichtigung der Sache. Darüber hinaus ist ein Besichtigungsanspruch spezialgesetzlich vorgesehen in § 19a I MarkenG, § 101a I UrhG, § 140c I PatG, § 24c I GebrMG, § 46a I GeschmMG, § 37c I SortSchG. Dieser Anspruch dient ähnlich wie der Auskunftsanspruch der Vorbereitung der Rechtsdurchsetzung (BGHZ 150, 377, 385 = GRUR 2002, 1046, 1047 – *Faxkarte*). Er kann im **Wettbewerbsrecht** Bedeutung erlangen, wenn eine Sache möglicherweise unter Verletzung von Geschäfts- oder Betriebsgeheimnissen hergestellt wurde und dem Verletzten aus diesem Grunde ein Anspruch aus den §§ 8, 9 wegen Zuwiderhandlung gegen die §§ 3, 4 Nr 9 oder die §§ 3, 4 Nr 11 iVm §§ 17, 18 zustehen kann.

2. Voraussetzungen

4.44 a) **(Möglicher) Anspruch gegen den Besitzer.** Erste Voraussetzung ist, dass der Anspruchsteller gegen den Besitzer einer Sache einen Anspruch in Ansehung der Sache hat oder sich Gewissheit verschaffen will, ob ihm ein solcher Anspruch zusteht. Dafür genügt es, wenn das Bestehen des Anspruchs in irgendeiner Weise von der Existenz oder Beschaffenheit der Sache abhängt (BGHZ 150, 377, 384 – *Faxkarte*). Das ist insbes der Fall, wenn die Sache unter Verletzung fremder Betriebs- oder Geschäftsgeheimnisse hergestellt worden ist. Es muss jedoch eine **gewisse Wahrscheinlichkeit** für das Bestehen eines solchen Anspruchs gegeben sein (vgl BGHZ 93, 191, 205 – *Druckbalken* zum Patentrecht; BGHZ 150, 377, 386 – *Faxkarte* zum Urheberrecht), dh es muss ein durch bestimmte Anhaltspunkte begründeter Verdacht einer Rechtsverletzung vorliegen. Ausreichend dafür kann es sein, dass ein Produkt des Schuldners Ähnlichkeiten im Aussehen oder in der Funktion mit dem Produkt des Gläubigers hat und ein ehemaliger Mitarbeiter des Gläubigers nunmehr beim Schuldner beschäftigt ist.

4.45 b) **Interesse an der Besichtigung.** Die Besichtigung der Sache muss im Hinblick auf die Durchsetzung etwaiger Ansprüche für den Gläubiger von **Interesse** sein. Das ist dann der Fall, wenn er auf die Besichtigung angewiesen ist, um eine unterstellte Rechtsverletzung nachweisen zu können. Das Interesse fehlt, wenn der Hauptanspruch nicht mehr durchsetzbar (zB verjährt) ist oder der Gläubiger auf andere Weise die erforderliche Kenntnis leichter erlangen kann (etwa durch Kauf der Sache und eigene Untersuchung). Dem Interesse des Gläubigers kann ein Interesse des Schuldners gegenüber stehen, dass der Besichtigungsanspruch nicht zu einer Ausspähung insbes auch solcher Informationen missbraucht wird, die der Schuldner aus schutzwürdigen Gründen geheim halten möchte, und der Gläubiger sich über sein berechtigtes Anliegen hinaus wertvolle Kenntnisse verschafft (BGHZ 150, 377, 386 – *Faxkarte*). Diesem Interessenwiderstreit lässt sich aber zumeist dadurch Rechnung tragen, dass ein neutraler, zur Verschwiegenheit verpflichteter Sachverständiger die Besichtigung vornimmt (BGHZ 150, 377, 387 – *Faxkarte*).

3. Rechtsfolgen

Der Gläubiger kann verlangen, dass der Besitzer ihm die Sache zur Besichtigung vorlegt oder die Besichtigung gestattet. Zur Besichtigung gehört nicht nur die sinnliche Wahrnehmung der Sache, sondern auch die nähere Untersuchung, ggf durch Inbetriebnahme, Ausbau oder Zerlegung (BGHZ 150, 377, 388 – *Faxkarte; Stürner/Stadler* JZ 1985, 1101; aA noch BGHZ 93, 191, 209). Allerdings darf das Interesse des Schuldners an der Unversehrtheit der Sache nicht unberücksichtigt bleiben. Steht fest, dass die Sache dauerhaft beschädigt würde, braucht dies der Schuldner nicht hinzunehmen. Die bloße Gefahr einer Beeinträchtigung reicht dagegen nicht aus, zumal der Schuldner die Vorlage nach § 811 II 2 BGB von einer Sicherheitsleistung abhängig machen und bei Beschädigung Ersatz verlangen kann (BGHZ 150, 377, 389 – *Faxkarte*).

4.46

Gewinnabschöpfung

10 (1) Wer vorsätzlich eine nach § 3 oder § 7 unzulässige geschäftliche Handlung vornimmt und hierdurch zu Lasten einer Vielzahl von Abnehmern einen Gewinn erzielt, kann von den gemäß § 8 Absatz 3 Nummer 2 bis 4 zur Geltendmachung eines Unterlassungsanspruchs Berechtigten auf Herausgabe dieses Gewinns an den Bundeshaushalt in Anspruch genommen werden.

(2) ¹Auf den Gewinn sind die Leistungen anzurechnen, die der Schuldner auf Grund der Zuwiderhandlung an Dritte oder an den Staat erbracht hat. ²Soweit der Schuldner solche Leistungen erst nach Erfüllung des Anspruchs nach Absatz 1 erbracht hat, erstattet die zuständige Stelle des Bundes dem Schuldner den abgeführten Gewinn in Höhe der nachgewiesenen Zahlungen zurück.

(3) Beanspruchen mehrere Gläubiger den Gewinn, so gelten die §§ 428 bis 430 des Bürgerlichen Gesetzbuchs entsprechend.

(4) ¹Die Gläubiger haben der zuständigen Stelle des Bundes über die Geltendmachung von Ansprüchen nach Absatz 1 Auskunft zu erteilen. ²Sie können von der zuständigen Stelle des Bundes Erstattung der für die Geltendmachung des Anspruchs erforderlichen Aufwendungen verlangen, soweit sie vom Schuldner keinen Ausgleich erlangen können. ³Der Erstattungsanspruch ist auf die Höhe des an den Bundeshaushalt abgeführten Gewinns beschränkt.

(5) Zuständige Stelle im Sinn der Absätze 2 und 4 ist das Bundesamt für Justiz.

Übersicht

	Rdn
1. Abschnitt. Allgemeines	1–5
I. Entstehungsgeschichte und rechtspolitische Bewertung	1, 2
1. Entstehungsgeschichte	1
2. Rechtspolitische Bewertung	2
II. Normzweck	3
III. Funktion und Rechtsnatur des Gewinnherausgabeanspruchs	4, 5
1. Funktion	4
2. Rechtsnatur	5
2. Abschnitt. Tatbestand	6–14
I. Vorsätzliche Zuwiderhandlung gegen § 3 oder § 7	6
II. Erzielung eines Gewinns zu Lasten einer Vielzahl von Abnehmern	7–14
1. Gewinn	7
2. Zu Lasten einer Vielzahl von Abnehmern	8–12
a) Abgrenzung zur Gewinnerzielung zu Lasten von Mitbewerbern und Anbietern	8

	Rdn
b) Gewinnerzielung zu Lasten von Abnehmern	9, 10
c) Abnehmer	11
d) Vielzahl von Abnehmern	12
3. Auf den Gewinn anrechenbare Leistungen	13
4. Beweislast	14
3. Abschnitt. Rechtsfolgen	**15–25**
I. Anspruch auf Gewinnherausgabe	15–19
1. Inhalt und Durchsetzung des Anspruchs	15
2. Anspruchsverpflichtung	16
3. Anspruchsberechtigung	17
4. Mehrheit von Gläubigern	18
5. Einwand des Rechtsmissbrauchs	19
II. Gegenanspruch auf Rückerstattung	20
III. Gewinnabführung an den Bundeshaushalt	21–25
1. Überblick	21
2. Auskunftsanspruch der zuständigen Stelle des Bundes	22
3. Erstattung von Aufwendungen durch die zuständige Stelle des Bundes	23, 24
a) Grundsatz	23
b) Aufwendungsersatz bei Mehrfachgeltendmachung des Gewinnherausgabeanspruchs	24
4. Für den Zahlungsempfang zuständige Stelle	25

Schrifttum: *Alexander,* Die strafbare Werbung in der UWG-Reform, WRP 2004, 407; *ders,* Marktsteuerung durch Abschöpfungsansprüche, JZ 2006, 890; *ders,* Schadensersatz und Abschöpfung im Lauterkeits- und Kartellrecht, 2010; *Beuchler,* Das „Schreckgespenst" § 10 UWG: mehr Gespenst als Schrecken, WRP 2006, 1288; *Engels/Salomon,* Vom Lauterkeitsrecht zum Verbraucherschutz: UWG-Reform 2003, WRP 2004, 32; *Gärtner,* Der Gewinnabschöpfungsanspruch nach § 10 UWG, 2006; *ders,* Der Gewinnabschöpfungsanspruch gemäß § 10 UWG, GRUR Int 2008, 817; *Gottwald,* Zum Ausbau des kollektiven Rechtsschutzes in Deutschland, in Tichy (Hrsg), Schutz der kollektiven Interessen im Zivilprozessrecht, S 21, Acta Universitatis Carolinae, 2008; *Köhler,* UWG-Reform und Verbraucherschutz, GRUR 2003, 265; *Micklitz/Stadler,* Unrechtsgewinnabschöpfung, 2001; *Mönch,* Der Gewinnabschöpfungsanspruch nach § 10 UWG, ZIP 2004, 2032; *Neuberger,* Der wettbewerbsrechtliche Gewinnabschöpfungsanspruch im europäischen Rechtsvergleich, 2006; *Oppermann/Müller,* Wie verbraucherfreundlich muss das neue UWG sein?, GRUR 2005, 280; *Pokrant,* Zum Verhältnis von Gewinnabschöpfung gemäß § 10 und Schadensersatz nach § 9 UWG, FS Ullmann, 2006, 813; *van Raay,* Gewinnabschöpfung nach § 10 UWG: Erste Schritte", VuR 2007, 47; *Sack,* Der Gewinnabschöpfungsanspruch von Verbänden in der geplanten UWG-Novelle, WRP 2003, 549; *Schaub,* Schadensersatz und Gewinnabschöpfung im Lauterkeits- und Immaterialgüterrecht, GRUR 2005, 918; *Schmauß,* Der Gewinnabschöpfungsanspruch von Verbänden in der Neufassung des § 10 des Gesetzes gegen den unlauteren Wettbewerb (UWG), 2007; *Sieme,* Die Auslegung des Begriffs „zu Lasten" in § 10 UWG und § 34a GWB, WRP 2009, 914; *ders,* Der Gewinnabschöpfungsanspruch nach § 10 UWG und die Vorteilsabschöpfung gem. §§ 34, 34a GWB, 2009; *Stadler,* Der Gewinnabschöpfungsanspruch: eine Variante des *private enforcement?,* in Augenhofer (Hrsg), Die Europäisierung des Kartell- und Lauterkeitsrechts, 2009, S 117; *Stadler/Micklitz,* Der Reformvorschlag der UWG-Novelle für eine Verbandsklage auf Gewinnabschöpfung, WRP 2003, 559; *Wimmer-Leonhardt,* UWG-Reform und Gewinnabschöpfungsanspruch oder „Die Wiederkehr der Drachen", GRUR 2004, 12; *Zimmer/Höft,* „Private Enforcement" im öffentlichen Interesse, ZGR 2009, 662.

1. Abschnitt. Allgemeines

I. Entstehungsgeschichte und rechtspolitische Bewertung

1. Entstehungsgeschichte

1 Die Einführung eines Gewinnabschöpfungsanspruchs der Verbände stellt ein Novum im Wettbewerbsrecht dar, für das es auch im Ausland kaum Vorbilder gibt. So hat die viel zitierte „Marktstörungsabgabe" nach dem schwedischen Marktvertriebsgesetz (SFS 1995: 450; GRUR Int 1997, 37) mit dem deutschen Gewinnabschöpfungsanspruch nur entfernt Ähnlichkeit. Das Gleiche gilt für die Verbandsklage auf Schadensersatz nach Art 10 § 9 des griechischen Verbraucherschutzgesetzes 2251/1994 (dazu *Microulea,* FS Georgiades, 2005, 281; *Neuberger* S 142 ff). Im Entwurf *Köhler/Bornkamm/Henning-Bodewig* (WRP 2002, 1317) war ein derartiger Anspruch (dort § 9 II) auf bestimmte Täuschungshandlungen gegenüber Verbrauchern beschränkt; außerdem sollte der abgeschöpfte Gewinn den anspruchsberechtigten Verbraucherverbänden verbleiben, allerdings mit der Maßgabe, dass er nur für satzungsmäßige Zwecke verwendet werden dürfe. Der **Referentenentwurf** erweiterte die Gewinnabschöpfung auf alle vorsätzlich und grob fahrlässig begangenen Wettbewerbsverstöße zum Nachteil von Abnehmern, sah aber gleichzeitig die Abführung des Gewinns an den Bundeshaushalt vor. Der **Regierungsentwurf** schränkte dann den Anwendungsbereich auf vorsätzlich begangene Wettbewerbsverstöße ein. Zur Begründung wurde ausgeführt: „Eine Verpflichtung zur Zahlung des Gewinns bei einer fahrlässigen Zuwiderhandlung wäre nicht gerechtfertigt. Ein fahrlässiges Handeln ist idR schon dann gegeben, wenn der Handelnde bei Anwendung der erforderlichen Sorgfalt die Unlauterkeit seines Verhaltens hätte erkennen können, der Irrtum somit vermeidbar war. Wer in Kenntnis des Sachverhalts wettbewerbswidrig handelt, der handelt grds auch schuldhaft. Fahrlässig handelt insbes auch, wer sich in einem Grenzbereich wettbewerbsrechtlicher Zulässigkeit bzw Unzulässigkeit bewegt und deshalb mit einer abweichenden Beurteilung seines zumindest bedenklichen Verhaltens rechnen muss (vgl BGH GRUR 1999, 1011, 1014 – *Werbebeilage*). Würde man den Gewinnabschöpfungsanspruch auch in diesen Fällen zuerkennen, so müsste jeder Unternehmer, der sich in diesem Grenzbereich bewegt, damit rechnen, den Gewinn zu verlieren. Der Unternehmer wäre häufig einem nicht unerheblichen Prozessrisiko ausgesetzt. Ein solches Prozessrisiko ist in den Fällen, in denen ein Mitbewerber durch das wettbewerbswidrige Verhalten einen echten Schaden erleidet, gerechtfertigt. Dies gilt indes nicht beim Gewinnabschöpfungsanspruch. Im Gegensatz zum Schadensersatzanspruch dient der Gewinnabschöpfungsanspruch nicht dem individuellen Schadensausgleich. Der Abnehmer, der durch das wettbewerbswidrige Verhalten Nachteile erlitten hat, erhält den Anspruch gerade nicht. Vielmehr sollen die Fälle erfasst werden, in denen die Geschädigten den Anspruch nicht geltend machen. Der Anspruch dient demnach weniger dem Interessenausgleich, sondern vielmehr einer wirksamen Abschreckung. Um mit Blick auf das erwähnte Prozessrisiko unangemessene Belastungen für die Wirtschaft zu vermeiden, erscheint es gerechtfertigt, dass in den Fällen der fahrlässigen Zuwiderhandlung der Abschreckungsgedanke zurücktritt." (vgl Begr RegE UWG 2004 zu § 10 Abs 1, BT-Drucks 15/1487 S 23, 24). Der **Bundestag** änderte den RegE in einigen Punkten. So wurde in § 10 Abs 1 RegE der Begriff „auf Kosten" durch den Begriff „zu Lasten" ersetzt. Damit sollte klargestellt werden, dass der Gewinnabschöpfungsanspruch nicht die Ermittlung von einzelfallbezogenen Nachteilen voraussetzt. Vielmehr sei es erforderlich, aber auch ausreichend, dass durch die Zuwiderhandlung bei einer Vielzahl von Abnehmern eine wirtschaftliche Schlechterstellung eingetreten sei. Des Weiteren wurde die Gewinnabführung in der Weise vereinfacht, dass der Schuldner den Gewinn unmittelbar an den Bundeshaushalt abzuführen hat. Damit werden die Zahlungs- und etwaige Rückzahlungswege abgekürzt. Schließlich wurde als zuständige Stelle des Bundes das Bundesverwaltungsamt bestimmt, da dieses Amt bereits die Liste der qualifizierten Einrichtungen nach § 4 UKlaG führt und zu erwarten ist, dass gerade diese Einrichtungen den Gewinnherausgabeanspruch geltend machen.

2. Rechtspolitische Bewertung

Die Regelung des § 10 zählt zu den umstrittensten Neuerungen der UWG-Novelle 2004. So **2** hatte der Bundesrat in seiner Stellungnahme (BT-Drucks 15/1487 S 34) die Regelung als „unausgereift" und „nicht praktikabel" bezeichnet. Kritiker aus verschiedenen Lagern lehnen die Regelung entweder als rechtsstaatlich bedenklich oder als unzureichend ab (vgl *Micklitz/Stadler* Unrechtsgewinnabschöpfung, 2001; *Sack* WRP 2003, 549; *Stadler/Micklitz* WRP 2003, 559; *Mönch* ZIP 2004, 2032; *Schaub* GRUR 2005, 918; *Wimmer-Leonhardt* GRUR 2004, 12). – Den Kritikern der Vorschrift ist zuzugeben, dass ungewiss ist, inwieweit ein Gewinnherausgabeanspruch tatsächlich und mit Erfolg geltend gemacht werden wird (vgl *Köhler* GRUR 2003, 265; vgl aber OLG Stuttgart WRP 2007, 350). Insbes das Vorsatzerfordernis stellt eine hohe Hürde auf (vgl LG Bonn GRUR-RR 2006, 111; *Beuchler* WRP 2006, 1288; MünchKommUWG/*Fritzsche* § 9 Rdn 4). Das ist aber noch kein Grund, auf die Einführung der Vorschrift zu verzichten, zumal bereits ihre Existenz abschreckende Wirkung gegenüber Vorsatztätern auslösen kann. Die Einführung einer Parallelregelung im Kartellrecht (§ 34a GWB) bestätigt dies (vgl dazu Langen/Bunte/*Bornkamm* GWB § 34a Rdn 1). Andererseits sollte die Anwendung der Vorschrift nicht durch extensive Auslegung ihrer Tatbestandsmerkmale zu unverhältnismäßigen Sanktionen führen.

II. Normzweck

Der Gewinnabschöpfungsanspruch nach § 10 erweitert die zivilrechtlichen Sanktionen gegen **3** schwer wiegende Wettbewerbsverstöße und schließt damit eine **Rechtsschutzlücke.** Das frühere Wettbewerbsrecht hatte Durchsetzungsdefizite insbes bei den sog **Streuschäden,** nämlich der Schädigung einer Vielzahl von Abnehmern bei gleichzeitiger geringer Schadenshöhe im Einzelnen. Dazu gehören die Einziehung geringer Beträge ohne Rechtsgrund (zB beim „Adressbuchschwindel"), der Vertragsschluss auf Grund irreführender Werbung, der Verkauf von gefälschten Produkten oder von Mogelpackungen, die Täuschung über die Gebührenhöhe bei Telekommunikationsmehrwertdiensten, die Täuschung über Verdienstmöglichkeiten oder Gewinnchancen usw (vgl Begr RegE UWG, BT-Drucks 15/1487 S 23; *Micklitz/Stadler* Unrechtsgewinnabschöpfung, 2003, 80 ff). Ein Rechtsdurchsetzungsdefizit ergibt sich in derartigen Fällen daraus, dass die Betroffenen in aller Regel von einer Durchsetzung der ihnen zustehenden Rechte und Ansprüche absehen, sei es, weil sie sich der rechtswidrigen Übervorteilung gar nicht bewusst sind oder ihre Rechte nicht kennen, sei es, weil sie die Kosten und Mühen einer Rechtsverfolgung in Anbetracht der geringen Beträge scheuen. Da auch Mitbewerber in solchen Fällen entweder keinen Schaden haben oder einen Schadensersatzanspruch nicht durchsetzen können, ein Unterlassungsanspruch zudem nur für die Zukunft Abhilfe schafft, kann der Zuwiderhandelnde den rechtswidrig erzielten Gewinn behalten. Dem will die Regelung des § 10 abhelfen. Sie dient nicht dem Interessenausgleich zwischen dem Zuwiderhandelnden und den Betroffenen, sondern der zivilrechtlichen **Prävention** von schwerwiegenden Wettbewerbsverstößen, die bes gefährlich sind, weil sie vorsätzlich begangen wurden und sich gegen eine Vielzahl von Abnehmern richten (vgl Begr RegE UWG 2004 zu § 10 Abs 1, BT-Drucks 15/1487 S 24). Muss ein Unternehmer damit rechnen, dass er den rechtswidrig erzielten Gewinn nicht behalten darf, wird ihn dies eher von derartigen Wettbewerbsverstößen abschrecken. Die Vorschrift hat insoweit generalpräventiven Charakter. Sie hat Bedeutung auch und gerade für die Fälle, in denen der Verletzer noch keine strafbewehrte Unterlassungsverpflichtung eingegangen ist und demgemäß bei Zuwiderhandlungen keine Vertragsstrafe (§§ 339 ff BGB) zu befürchten hat. Ebenso wie die Vertragsstrafe stellt auch § 10 **keine verkappte Strafvorschrift** dar (ebenso *Lettl* UWG Rdn 672; *Oppermann/Müller* GRUR 2005, 280, 283; aA *Sack* WRP 2003, 549, 552; *Engels/Salomon* WRP 2004, 32, 42; *Wimmer-Leonhardt* GRUR 2004, 12, 16 ff). Denn es soll lediglich ein zu Unrecht erzielter Gewinn abgeschöpft, nicht aber eine darüber hinaus gehende Strafe verhängt werden. Die Vorschrift erschöpft sich in der wirtschaftlichen Neutralisierung von schwerwiegenden Wettbewerbsverstößen (und bleibt insoweit sogar hinter einer Vertragsstrafe zurück); eine Strafe würde eine weitergehende Sanktion erfordern. Dass Verbände mit der Durchsetzung der Gewinnabschöpfung betraut sind, verletzt daher auch nicht das Strafmonopol des Staates (so aber *Sack* WRP 2003, 549, 552). Verfassungsrechtliche Bedenken gegen die Vorschrift bestehen daher nicht (OLG Stuttgart WRP 2007, 350, 352). Im Übrigen ist es gerade ein Wesensmerkmal des deutschen Wettbewerbsrechts, dass Verbände das öffentliche Interesse an einem lauteren und funktionsfähigen Wettbewerb wahrnehmen. Im **Kartellrecht** findet sich eine vergleichbare Regelung in § 34 a GWB (Vorteilsabschöpfung durch Verbände), allerdings sind – im Gegensatz zu § 10 – Verbraucherverbände nicht anspruchsberechtigt. Daneben gibt es die Vorteilsabschöpfung durch die Kartellbehörde (§ 34 GWB).

III. Funktion und Rechtsnatur des Gewinnherausgabeanspruchs

1. Funktion

4   Der Gewinnherausgabeanspruch nach § 10 hat die Funktion, ein **Marktversagen** („Unlauterer Wettbewerb lohnt sich immer") zu korrigieren (eingehend *Alexander* JZ 2006, 890, 893 f). Werden Abnehmer durch vorsätzlich begangene Wettbewerbsverstöße übervorteilt, können sie im Allgemeinen nach den bürgerlichrechtlichen Vorschriften über die Vertrags- und Deliktshaftung einen Ausgleich verlangen. Vielfach bemerken aber Abnehmer gar nicht, dass sie übervorteilt worden sind. Und selbst wenn sie es bemerken, scheuen sie – insbs bei kleinen Alltagsgeschäften – die Kosten und Mühen einer Durchsetzung ihrer Ansprüche. Dem Verletzer verbleibt daher der auf unlautere Weise erzielte Gewinn. Daran ändert es auch nichts, dass Verbände und Mitbewerber gegen das Verhalten zB mittels einer Untersagungsverfügung einschreiten können. Denn Unterlassungsansprüche wirken nur für die Zukunft. Schadensersatzansprüche von Mitbewerbern sind zwar möglich, zielen aber gerade nicht auf den Ausgleich der von den Abnehmern erlittenen Vermögensnachteile. Es liegt daher ein Marktversagen vor. Dieses Marktversagen lässt sich auch nicht durch Sammelklagen („class actions") korrigieren, weil es in aller Regel nicht möglich ist, alle übervorteilten Abnehmer zu ermitteln und zu organisieren (vgl *Stadler/Micklitz* WRP 2003, 559, 562). Nicht weiterführend sind daher Vorschläge, das UWG als Schutzgesetz iSd § 823 II BGB zu Gunsten der Verbraucher anzuerkennen (so zB *Wimmer-*

Leonhardt GRUR 2004, 12, 20). Die Lenkungsfunktion des Haftungsrechts greift nicht ein. Effektive Abhilfe kann daher allein ein Rechtsinstrument schaffen, das die Abschöpfung des unlauter erzielten Gewinns ohne Rücksicht darauf ermöglicht, welche Abnehmer im Einzelnen übervorteilt worden sind. Wem der abgeschöpfte Gewinn letztlich zufließt, ist demgegenüber von sekundärer Bedeutung. Würde man den anspruchsberechtigten Verbänden den abgeschöpften Gewinn belassen, bestünde die Gefahr einer missbräuchlichen Geltendmachung des Anspruchs zum Zweck der bloßen Einnahmenerzielung. Daher ordnet § 10 I die Abführung des abgeschöpften Gewinns an den Bundeshaushalt an. Andere Modelle (zB Abführung an eine Stiftung) wurden im Gesetzgebungsverfahren erwogen, aber verworfen (vgl Begr RegE UWG 2004 zu § 10 Abs 4, BT-Drucks 15/1487 S 25).

2. Rechtsnatur

Der Gewinnherausgabeanspruch nach § 10 lässt sich mit den herkömmlichen Anspruchs- **5** kategorien des Privatrechts nicht erfassen. Er ist seiner Rechtsnatur nach weder ein Schadensersatzanspruch noch ein Bereicherungsanspruch, sondern ein **Anspruch eigener Art** („sui generis"; ebenso *Pokrant,* FS Ullmann, 2006, 813, 817; Harte/Henning/*Goldmann* § 10 Rdn 10). Er entspricht im Tatbestand zwar einem Schadensersatzanspruch, weil er eine vorsätzliche Zuwiderhandlung gegen § 3, also eine unerlaubte Handlung, voraussetzt. Allerdings unterscheidet sich der Anspruch in der Rechtsfolge von einem Schadensersatzanspruch, weil er nicht auf den Ausgleich eines erlittenen Schadens gerichtet ist. Umgekehrt entspricht der Gewinnherausgabeanspruch zwar in der Rechtsfolge einem Bereicherungsanspruch, weil er auf die Herausgabe von „etwas Erlangtem" (vgl § 812 I 1 BGB) gerichtet ist, nicht aber im Tatbestand, weil er verschuldensabhängig ist. Im Übrigen ist das Erlangte nicht an den abzuführen, auf dessen Kosten es erlangt wurde. Am ehesten ist der Gewinnherausgabeanspruch noch mit dem Herausgabeanspruch aus § 852 BGB vergleichbar, der ebenfalls im Tatbestand eine unerlaubte Handlung voraussetzt, in der Rechtsfolge aber auf Herausgabe des auf Kosten des Verletzten Erlangten gerichtet ist. Allerdings besteht auch hier der Unterschied, dass das „zu Lasten" der verletzten Abnehmer Erlangte nicht an diese, sondern an einen Dritten (Bundeshaushalt) herauszugeben ist.

2. Abschnitt. Tatbestand

I. Vorsätzliche Zuwiderhandlung gegen § 3 oder § 7

Erste Voraussetzung des Gewinnherausgabeanspruchs ist eine Zuwiderhandlung gegen § 3 **6** oder § 7. Es muss also **geschäftliche Handlung** iSd § 2 I Nr 1 zugrunde liegen. Daher werden auch Handlungen erfasst, die mit dem Abschluss oder der Durchführung von Verträgen objektiv zusammenhängen. Dazu gehört bspw die systematische Weigerung, Mängelansprüche von Verbrauchern zu erfüllen; vgl den Fall BGH WRP 1987, 379, 381 = (gekürzt) GRUR 1987, 180 – *Ausschank unter Eichstrich II*). Die Zuwiderhandlung muss **vorsätzlich** erfolgt sein. Dem steht eine vorsätzliche Zuwiderhandlung gegen eine kartellrechtliche Vorschrift nicht gleich, weil insoweit die Regelung des § 34 a GWB eingreift und GWB-Verstöße nicht über § 4 Nr 11 als UWG-Verstöße sanktioniert werden können (BGH GRUR 2006, 773 Tz 14 ff – *Probeabonnement;* anders Harte/Henning/*Goldmann* § 10 Rdn 30 f). – **Vorsatz** liegt vor, wenn der Täter weiß, dass er den Tatbestand des § 3 verwirklicht und dies auch will („Wissen und Wollen des rechtswidrigen Erfolgs"). Es genügt auch, dass er die Verwirklichung für möglich hält und billigend in Kauf nimmt (bedingter Vorsatz; vgl BGHZ 133, 246, 250; OLG Frankfurt GRUR-RR 2009, 265, 268). Dagegen muss sich der Vorsatz nicht auf die weiteren Tatbestandsmerkmale des § 10 (Gewinnerzielung zu Lasten einer Vielzahl von Abnehmern) beziehen. Vorsatz ist iSd Zivilrechts zu verstehen, umfasst also das **Bewusstsein der Rechtswidrigkeit** (BGHZ 118, 201, 208; aA *Alexander,* Schadensersatz aaO, 624 ff). Auf eine genaue Rechtskenntnis kann es dabei aber nicht ankommen; es genügt eine **„Parallelwertung in der Laiensphäre"**, wenn sich also dem Handelnden auf Grund der Kenntnis der Tatsachen die Rechtswidrigkeit (Unlauterkeit) seines Tuns geradezu aufdrängt (BGHZ 133, 246, 250; BGHZ 160, 151, 156; Harte/Henning/*Goldmann* § 10 Rdn 44) oder er sich auf Grund der ihm bekannten Tatsachen nicht dieser Einsicht entziehen kann (OLG Stuttgart GRUR 2007, 435; OLG Hamm GRUR-RR 2008, 435, 437). Dagegen reicht Fahrlässigkeit, auch grobe, nicht aus. Irrt daher der Handelnde, wenn auch grob fahrlässig, über die Wettbewerbswidrigkeit seiner Handlungsweise, so greift § 10 nicht ein. Die Abgrenzung kann im Einzelfall schwierig sein (vgl OLG Hamm GRUR-RR 2008, 435, 437). Vorsätzliche Begehung ist aber regelmäßig anzunehmen, wenn der Täter sein Handeln nach einer **Abmahnung** fortsetzt. – Juristische Personen und ihnen gleichgestellte rechtsfähige Personengesellschaften müssen sich vorsätzliches Handeln ihrer Organe nach § 31 BGB (analog) zurechnen lassen; dagegen muss ein Unternehmer nicht für das vorsätzliche Handeln seiner Mitarbeiter oder Beauftragten einstehen (§ 8 II gilt insoweit nicht, auch nicht analog).

II. Erzielung eines Gewinns zu Lasten einer Vielzahl von Abnehmern

1. Gewinn

7   Ein **Gewinn** liegt vor, wenn sich die Vermögenslage des Unternehmens durch die Zuwiderhandlung verbessert hat. Der Gewinn errechnet sich im Grundsatz aus den Umsatzerlösen abzüglich der Kosten. Zu den abzugsfähigen Kosten gehören die Kosten für die Anschaffung oder Herstellung der Waren oder Dienstleistungen und die darauf entfallenden Betriebskosten. Gemeinkosten und sonstige betriebliche Aufwendungen, die auch ohne das wettbewerbswidrige Verhalten angefallen wären, sind nicht abzugsfähig (Begr RegE UWG 2004 zu § 10 Abs 1, BT-Drucks 15/1487 S 24; *Schaub* GRUR 2005, 918, 923; *Pokrant,* FS Ullmann, 2006, 813, 824). Allerdings ist ein Gewinn auch dann anzunehmen, wenn zwar kein Stückgewinn, aber ein Kostendeckungsbeitrag erzielt wurde (vgl BGH GRUR 2001, 329 – *Gemeinkostenanteil;* vgl auch § 9 Rdn 1.45 a). Ist die Höhe des Gewinns streitig, so ist er nach § 287 ZPO zu schätzen (Begr RegE UWG 2004 zu § 10 Abs 1; BT-Drucks 15/1487 S 24). – Der Gewinn muss gerade auf dem vorsätzlichen Wettbewerbsverstoß beruhen **(Kausalität).** Es kommt also nicht darauf an, welchen Gewinn der Unternehmer bei einer Wettbewerbsaktion erzielt hat, sondern darauf, in welchem Umfang der Gewinn gerade auf dem vorsätzlichen Wettbewerbsverstoß beruht (wie hier *Neuberger* S 91 ff; *Alexander,* Schadensersatz und Abschöpfung im Lauterkeits- und Kartellrecht, 2010, 554 f; aA Harte/Henning/*Goldmann* § 10 Rdn 80 ff). (Zur vergleichbaren Fragestellung bei der Herausgabe des Verletzergewinns im Rahmen der dreifachen Schadensberechnung vgl § 9 Rdn 1.44). Das kann zu großen Schwierigkeiten führen, wenn etwa bei einer umfangreichen Werbung einzelne Aussagen unwahr sind (vgl *Sack* WRP 2003, 549, 554). Hier muss der entspr Gewinnanteil anhand der Umstände des Einzelfalls geschätzt werden. – Nicht abzugsfähig sind die **Rechtsverteidigungskosten,** also Kosten, die der Verletzer aufwendet, um einen Anspruch aus § 10 abzuwehren. Denn diese Kosten schmälern nicht den erlangten Gewinn, sondern ganz allgemein das Vermögen des Verletzers. Im Übrigen hätte sonst der Zuwiderhandelnde einen Anreiz, sich auf kostenträchtige Prozesse einzulassen (Begr RegE UWG zu § 10 Abs 2, BT-Drucks 15/1487 S 24). Nicht abzugsfähig sind aus den gleichen Gründen auch die Kosten für die Einstellung oder Beseitigung einer unzulässigen Werbeaktion sowie die Kosten aus einer Abmahnung oder einstweiligen Verfügung (aA *Sack* WRP 2003, 549, 554). – Der Zuwiderhandelnde kann sich auch nicht auf **Wegfall der Bereicherung** iSv § 818 III BGB berufen, da der Gewinnabschöpfungsanspruch kein Bereicherungsanspruch iSd §§ 812 ff BGB ist und abgesehen davon die Berufung auf § 818 III BGB schon wegen Bösgläubigkeit des Zuwiderhandelnden (§§ 819 I, 818 IV BGB) ausscheiden würde.

2. Zu Lasten einer Vielzahl von Abnehmern

8   **a) Abgrenzung zur Gewinnerzielung zu Lasten von Mitbewerbern und Anbietern.** Herauszugeben ist nur der Gewinn, der zu Lasten einer Vielzahl von Abnehmern erzielt worden ist (§ 10 I). Zu unterscheiden ist davon ein Gewinn, der zu Lasten von **Mitbewerbern** (§ 2 I Nr 3) erzielt worden ist. Denn es ist möglich, dass ein vorsätzlicher Wettbewerbsverstoß Mehrumsätze – und damit Gewinne – auf Kosten der Mitbewerber ermöglicht, ohne dass es zu einer Benachteiligung der Abnehmer kommt. **Beispiel:** Die Kaufleute A und B vertreiben die gleichen Waren zum gleichen Preis. A betreibt eine herabsetzende vergleichende Werbung und steigert damit seine Umsätze auf Kosten des B. – Der verletzte Mitbewerber kann seinen Schaden (zB entgangenen Gewinn) nach § 9 ersetzt verlangen. Dagegen ist ein Schaden oder sonstiger Nachteil der Abnehmer nicht ersichtlich. Da § 10 UWG – anders als § 34 a I GWB – nur von Abnehmern spricht, werden Gewinne, die zu Lasten von **Anbietern** (Lieferanten) erzielt werden, nicht erfasst.

b) Gewinnerzielung zu Lasten von Abnehmern. Die Zuwiderhandlung gegen § 3 muss **9 ursächlich** für den erzielten **Gewinn** sein, wie sich schon aus dem Wortlaut des § 10 („und hierdurch") ergibt. Daher geht es nicht an, den gesamten im Zuge einer geschäftlichen Handlung mit unlauteren Bestandteilen erzielten Gewinn abzuschöpfen (so aber Harte/Henning/ *Goldmann* § 10 Rdn 89; MünchKommUWG/*Micklitz* § 10 Rdn 142). Relevant ist vielmehr, wie bei der Berechnung des Verletzergewinns im Rahmen der dreifachen Schadensberechnung (dazu § 9 Rdn 1.45), nur der auf die Zuwiderhandlung entfallende Gewinnanteil, also der „Mehrerlös" (zur Beweislast s Rdn 14 sowie Harte/Henning/*Goldmann* § 10 Rdn 104 f). – Lebhaft umstritten ist, wie das Tatbestandsmerkmal „zu Lasten" von Abnehmern zu verstehen ist (zum Streitstand vgl OLG Frankfurt GRUR-RR 2009, 265, 268; MünchKommUWG/ *Micklitz* § 10 Rdn 119 ff mwN; *Sieme* WRP 2009, 914). **Zu Lasten von Abnehmern** ist ein Gewinn nur dann erzielt, wenn dem Gewinn **unmittelbar** ein **Vermögensnachteil** der Abnehmer gegenübersteht. Das Unmittelbarkeitserfordernis bedeutet, dass nur die Abnehmer in Betracht kommen, die **unmittelbare Vertragspartner** des Verletzers sind (wie hier BGH GRUR 2008, 818 Tz 135 – *Strafbare Werbung im Versandhandel;* Piper/Ohly/Sosnitza § 10 Rdn 10; *Pokrant,* FS Ullmann, 2006, 813, 816; aA Harte/Henning/*Goldmann* § 10 Rdn 71; Fezer/*von Braunmühl* § 10 Rdn 194; *Alexander,* Schadensersatz und Abschöpfung im Lauterkeits- und Kartellrecht, 2010, 520 ff; zu § 34 a GWB Langen/Bunte/*Bornkamm* GWB § 34 a Rdn 8). Das Erfordernis des Vermögensnachteils bedeutet, dass die Beeinträchtigung sonstiger Interessen (zB das Interesse, vor Belästigung bewahrt zu bleiben; § 7) nicht ausreicht. Nicht von § 10 erfasst werden daher etwa die Fälle, dass auf Grund einer unlauteren Telefonwerbung Verträge abgeschlossen werden, aus denen der Verletzer einen Gewinn erzielt, aber die Ware ihren Preis wert ist (aA *Alexander* WRP 2004, 407, 418; JZ 2006, 890, 895; Fezer/*von Braunmühl* § 10 Rdn 177; Harte/Henning/*Goldmann* § 10 Rdn 60), es sei denn, die Ware ist für den Kunden gar nicht brauchbar. – Die Formulierung „zu Lasten" (anstelle „auf Kosten", wie noch im RegE) stellt lediglich klar, dass der Gewinnabschöpfungsanspruch nicht die Ermittlung von einzelfallbezogenen Nachteilen voraussetzt. Vielmehr ist es erforderlich, aber auch ausreichend, dass durch die Zuwiderhandlung bei einer Vielzahl von Abnehmern eine wirtschaftliche Schlechterstellung eingetreten ist. Nach der Gesetzesbegründung ist dies bspw der Fall beim Einziehen geringer Beträge ohne Rechtsgrund, bei Vertragsschlüssen auf Grund irreführender Werbung, beim Absatz von Produktfälschungen oder Mogelpackungen (BT-Drucks 15/4487 S 23).

Eine **wirtschaftliche Schlechterstellung** der Abnehmer kann bereits durch den Abschluss **10** des Vertrages als solchen eintreten (OLG Stuttgart GRUR 2007, 435, 437, 353). Dies setzt jedoch voraus, dass die erworbene Ware oder Dienstleistung für die Abnehmer entweder nicht voll brauchbar (vgl BGHZ 162, 306, 310) oder ihren Preis nicht wert ist (vgl Begr RegE UWG 2004 zu § 10 Abs 1, BT-Drucks 15/1487 S 24; OLG Frankfurt K&R 2009, 197, 201; *Köhler* GRUR 2003, 265, 266; jurisPK/*Koch* § 10 Rdn 44; *Piper/Ohly*/Sosnitza § 10 Rdn 9; aA MünchKommUWG/*Micklitz* § 10 Rdn 127). Allerdings ist nicht erforderlich, dass für jeden einzelnen Abnehmer ermittelt wird, welchen Nachteil er erlitten hat. Es genügt, dass bei einer *Vielzahl* von Abnehmern eine wirtschaftliche Schlechterstellung eingetreten ist. **Beispiele: (1)** Wegen nachlassender Umsätze bei Socken wirbt ein Kaufmann mit einer irreführenden Preisherabsetzung (§ 5 IV), behält aber den ursprünglichen, angemessenen und üblichen Verkaufspreis bei. Wenn Verbraucher sich wegen der irreführenden Werbung zum Kauf entschließen (und dafür Wegekosten haben), so hat der Kaufmann zwar einen Gewinn erzielt, aber nicht zu Lasten der Verbraucher. Denn der Stückgewinn war nicht höher als beim Verkauf ohne die irreführende Werbung. **(2)** Nicht anders verhält es sich, wenn ein Kaufmann für eine nicht ausreichend vorrätige Ware wirbt (vgl Nr 5 Anh zu § 3 III) und der angelockte Kunde dann eine andere Ware zu einem angemessenen Preis erwirbt, wegen der er sich sonst nicht auf den Weg gemacht hätte. Auch hier hat der Kaufmann einen Gewinn erzielt, aber eben nicht zu Lasten der Verbraucher (aA Fezer/*von Braunmühl* § 10 Rdn 183). **(3)** Führt eine vorsätzlich irreführende Angabe über einen Mitbewerber (zB dass er wegen Betruges vorbestraft sei) zwar zu einem Vertragsschluss, ist der Vertrag aber für den Abnehmer nicht wirtschaftlich nachteilig, so mag dem Abnehmer zwar ein Anfechtungsrecht nach § 123 I BGB zustehen. Dies begründet aber noch keinen Gewinn „zu Lasten" der Abnehmer. – **„Zu Lasten"** der Abnehmer ist der Gewinn grds nur dann erzielt, wenn den Abnehmern auf Grund des Geschäfts, das für den Verletzer einen Gewinn abwirft, an sich **bürgerlichrechtliche Rechte und Ansprüche zur Sicherung ihrer Vermögensinteressen gegen den Verletzer** zustehen (wie hier *Pokrant,* FS Ullmann, 2006, 813, 815; aA *Piper/Ohly*/Sosnitza § 10 Rdn 9), wie insbes Mängelrechte nach §§ 434 ff BGB;

ferner Anfechtungsrechte (OLG Frankfurt GRUR-RR 2009, 265, 268); Widerrufsrechte; Ansprüche aus culpa in contrahendo nach §§ 311 II, 280 I BGB oder unerlaubter Handlung nach §§ 823 ff BGB. Eine Beschränkung auf die Fälle, in denen dem Abnehmer ein Schadensersatzanspruch zusteht (dafür *Sieme* WRP 2009, 914, 919), würde den Anwendungsbereich des § 10 unangemessen einschränken. Umgekehrt würde der Anwendungsbereich des § 10 unangemessen ausgeweitet, wollte man nicht einmal einen Vermögensnachteil fordern (so aber *Alexander*, Schadensersatz und Abschöpfung im Lauterkeits- und Kartellrecht, 2010, 540 ff). Denn Sinn und Zweck des § 10 ist es, das Marktversagen zu korrigieren, das darin besteht, dass Abnehmer zwar entspr Rechte und Ansprüche gegen den Verletzer haben, aber nicht geltend machen (vgl Begr RegE UWG 2004 zu § 10 Abs 1, BT-Drucks 15/1487 S 24: „Vielmehr sollen die Fälle erfasst werden, in denen die Geschädigten den Anspruch nicht geltend machen".). Eine nur mittelbare Benachteiligung der Abnehmer, wie etwa bei Kartellverstößen auf einer vorgelagerten Marktstufe, reicht dementsprechend nicht aus (aA Harte/Henning/*Goldmann* § 10 Rdn 30; MünchKommUWG/*Micklitz* § 10 Rdn 138; dazu oben Rdn 6). – **Herauszugeben ist also der Gewinn, der dem Verletzer verbleibt, weil und soweit seine Abnehmer die ihnen zustehenden Rechte und Ansprüche zur Sicherung ihrer Vermögensinteressen nicht geltend machen.** Bei den Fällen der vorsätzlichen Schlecht- oder Minderlieferung ist in **typisierender Betrachtungsweise** darauf abzustellen, welchen Minderwert die gelieferte Ware hat, dh welchen Minderungsbetrag die Abnehmer geltend machen könnten. Denn § 10 geht von der Situation aus, dass die Abnehmer keine Ansprüche geltend machen und sonach die Ware oder Dienstleistung behalten. Daher stellt sich für die Gewinnberechnung wirtschaftlich die Lage wie bei der Minderung dar. **Beispiele:** (1) Verkauf einer Mogelpackung für 5 €; Gewinn 2 €. Der Abnehmer hätte Anspruch auf Kaufpreisminderung in Höhe von 1 €. Gewinnherausgabe daher 1 € pro Stück. – Ist die verkaufte Sache völlig wertlos, beläuft sich der Minderungsbetrag auf 100%, so dass der gesamte Kaufpreis abzüglich der Unkosten als Gewinn herauszugeben ist. – (2) Bei den Fällen der Täuschung über die Gebührenhöhe (zB 0190er-Nummern) kann dagegen der gesamte Gewinn abzüglich der Unkosten heraus verlangt werden.

11   **c) Abnehmer.** Unter den Begriff des Abnehmers fallen nicht nur Verbraucher, sondern auch sonstige Marktteilnehmer (wie zB Unternehmer; Vereine; öffentliche Hand). Abnehmer sind allerdings nur die **unmittelbaren Vertragspartner** des Verletzers. Im Falle einer Lieferkette kann der Anspruch aus § 10 also nur in Bezug auf das jeweilige Vertragsverhältnis (Hersteller/ Händler; Händler/Verbraucher) geltend gemacht werden (ebenso BGH WRP 2008, 1071 Tz 135). **Beispiel:** Weiß der Händler nicht, dass der Hersteller vorsätzlich eine Mogelpackung liefert, so scheidet ein Anspruch gegen den Händler aus, weil dieser gegenüber seinen Kunden keinen vorsätzlichen Wettbewerbsverstoß begeht. Möglicher Anspruchsverpflichteter ist allein der Hersteller; dessen Abnehmer sind aber nur die von ihm getäuschten Händler. Also beschränkt sich der Anspruch aus § 10 auf den Gewinn, den der Hersteller auf Kosten der Händler erzielt hat. Maßgebend sind insoweit die Ausgleichsansprüche (zB Minderungsansprüche) des Händlers gegen den Hersteller.

12   **d) Vielzahl von Abnehmern.** Vom Wettbewerbsverstoß muss eine **Vielzahl** von Abnehmern betroffen sein. Wann eine Vielzahl vorliegt, lässt sich nicht generell sagen. Maßgebend sind die Umstände des Einzelfalls. Auf eine Vielzahl von betroffenen Anbietern ist jedenfalls dann zu schließen, wenn der Verstoß seiner Art nach Breitenwirkung besitzt (vgl OLG Frankfurt GRUR-RR 2009, 265, 267: monatelanger Verstoß im Internet mit einem hohen Irreführungspotenzial). Andererseits ist keine unbestimmte Vielzahl erforderlich. Es muss sich lediglich um einen „größeren Personenkreis" handeln (Begr RegE UWG 2004 zu § 10 Abs 1, BT-Drucks 15/1487 S 24). Die untere Grenze dürfte – wie im AGB-Recht (vgl § 305 I 1 BGB: „Vielzahl von Verträgen") – bei drei Abnehmern liegen (vgl BGH NJW 2002, 138, 139; Fezer/*von Braunmühl* § 10 Rdn 196; *Alexander*, Schadensersatz und Abschöpfung im Lauterkeits- und Kartellrecht, 2010, 526 f; enger *Micklitz/Stadler*, Unrechtsgewinnabschöpfung: 15–30 Personen; Harte/Henning/*Goldmann* § 10 Rdn 70: 50 Personen als Regelfall). Ausgeschlossen sind daher solche Wettbewerbsverstöße, die gegenüber einem einzelnen Abnehmer begangen wurden (zB Irreführung anlässlich eines einzelnen Verkaufsgesprächs; Begr RegE UWG 2004 zu § 10 Abs 1, BT-Drucks 15/1487 S 24).

3. Auf den Gewinn anrechenbare Leistungen

13   Nach § 10 II 1 sind auf den Gewinn die Leistungen anzurechnen, die der Schuldner auf Grund der Zuwiderhandlung an **Dritte** oder an den **Staat** erbracht hat. Das folgt zwingend aus

Rechtsnatur und Schutzzweck des § 10. Denn diese Vorschrift will nur verhindern, dass dem Zuwiderhandelnden ein Gewinn aus dem Wettbewerbsverstoß verbleibt. Wird dieser Gewinn durch Leistungen an Dritte oder an den Staat aufgezehrt, gibt es nichts mehr abzuschöpfen. Der Gewinnabschöpfungsanspruch ist daher subsidiär gegenüber individuellen Ansprüchen Dritter. Zu diesen Ansprüchen gehören nicht nur Schadensersatzansprüche, sondern alle geldwerten Ansprüche Dritter. Im Einzelnen kommen in Betracht: **Schadensersatzansprüche** (§ 9) und **Bereicherungsansprüche** von Mitbewerbern (zB auf Grund unlauterer Produktnachahmung iSv § 4 Nr 9); **Vertragsstrafeansprüche** von Mitbewerbern oder Verbänden (*Köhler* GRUR 2003, 265, 266; aA *Mönch* ZIP 2004, 2032, 2033; HdbWettbR/*Melullis* § 81 Rdn 30); **Nacherfüllungs-, Rückgewähr-, Minderungs-, Schadensersatz-** und **Bereicherungsansprüche** von Abnehmern (zB aus der Geltendmachung von Mängel-, Anfechtungs- oder Widerrufsrechten). Anzurechnen sind nur tatsächlich erbrachte Leistungen, einschließlich etwaiger Erfüllungssurrogate, wie zB Aufrechnung). Der Zuwiderhandelnde kann sich also nicht darauf berufen, dass er mit der Geltendmachung solcher Ansprüche rechnen muss oder sogar bereits auf Zahlung verklagt ist. Anzurechnen sind außerdem nur solche Leistungen, die auf Grund bestehender Ansprüche Dritter erbracht wurden. Der Verletzer muss also darlegen und ggf beweisen, dass derartige Ansprüche Dritter nach Grund und Höhe tatsächlich bestanden haben. Nicht anrechenbar sind dagegen die Kosten der Rechtsverteidigung gegenüber dem Gläubiger des Gewinnabschöpfungsanspruchs (vgl Begr RegE UWG, BT-Drucks 15/1487 zu § 10 Abs. 2; *Mönch* ZIP 2004, 2032, 2034). – Anrechenbar sind ferner Leistungen an den **Staat** (krit *Mönch* ZIP 2004, 2032, 2033). Dazu gehören insbes **Ordnungsgelder** aus einer Unterlassungsvollstreckung, **Geldstrafen, Bußgelder** (vgl § 81 II GWB), **Mehrerlösabschöpfung** (§ 34 GWB). Auch eine **Verfallanordnung** nach den §§ 73 ff StGB kommt in Betracht (BGH WRP 2008, 1071 Tz 135). Damit wird der Gefahr einer doppelten Inanspruchnahme sowohl im Zivil- als auch im Strafverfahren vorgebeugt. Einer analogen Anwendung des § 73 I 2 StGB bedarf es insoweit nicht (BGH WRP 2008, 1071 Tz 135; aA *Alexander* WRP 2004, 407, 419; *Wimmer-Leonhardt* GRUR 2004, 12, 20). Nicht anrechenbar sind dagegen die Gerichtskosten, die dem Schuldner aus einem Prozess wegen Gewinnabschöpfung entstanden sind (vgl Begr RegE UWG zu § 10 Abs 2, BT-Drucks 15/1487). Hat der Zuwiderhandelnde nach dem Schluss der mündlichen Verhandlung Zahlungen an Dritte oder den Staat geleistet, so kann er lediglich nachträgliche Rückerstattung des Gewinns nach § 10 II 2 verlangen. Er kann dies auch im Wege der **Vollstreckungsabwehrklage** nach § 767 ZPO geltend machen (vgl Begr RegE UWG zu § 10 Abs 2, BT-Drucks 15/1487 S 24). – Die **Beweislast** für erbrachte Leistungen an Dritte trifft den Zuwiderhandelnden. Dies gilt nicht nur für nachträglich (vgl § 10 II 2 „nachgewiesene"), sondern auch für vorher erbrachte Leistungen.

4. Beweislast

Grundsätzlich hat der klagende Verband die Voraussetzungen des Gewinnherausgabeanspruchs darzulegen und im Streitfall zu beweisen. Was die Höhe des erzielten Gewinns angeht, steht ihm allerdings ein Auskunfts- und Rechnungslegungsanspruch zu. Problematisch kann der Nachweis der **Kausalität** zwischen dem Wettbewerbsverstoß und der Gewinnerzielung zu Lasten der Abnehmer sein. Denn vielfach wird sich nicht zuverlässig feststellen lassen, ob und inwieweit Abnehmer gerade durch eine bestimmte rechtswidrige Werbeaktion zu einem Vertragsschluss veranlasst wurden. Soweit nicht die Grundsätze über den **Anscheinsbeweis** eingreifen, sind die §§ 286, 287 ZPO heranzuziehen. – Den Verletzer trifft die Darlegungs- und Beweislast für die nach § 10 II anrechenbaren Leistungen. 14

3. Abschnitt. Rechtsfolgen

I. Anspruch auf Gewinnherausgabe

1. Inhalt und Durchsetzung des Anspruchs

Der Anspruch aus § 10 I geht auf Herausgabe des (verbliebenen) Gewinns an den Bundeshaushalt. In der Regel wird der Anspruchsberechtigte diesen Anspruch nicht beziffern können, da er die Betriebsinterna des Zuwiderhandelnden nicht kennt. Ihm steht aber nach allgemeinen Grundsätzen ein **Auskunfts-** und **Rechnungslegungsanspruch** zu (vgl § 9 Rdn 4.4 ff). Der Anspruchsberechtigte kann daher im Wege der **Stufenklage** (§ 254 ZPO) auf Auskunft oder 15

Rechnungslegung und Leistung klagen (OLG Stuttgart WRP 2007, 350, 352). Ein **Wirtschaftsprüfervorbehalt** (§ 9 Rdn 4.19 ff) kommt insoweit in Betracht, als es um die Vorlage von Belegen gem § 259 I BGB geht, die – wie zB Lieferantenrechnungen – zu den Geschäftsgeheimnissen gehören (vgl BGHZ 126, 109, 116). Dadurch lässt sich verhindern, dass Mitbewerber Verbände vorschieben, um Einblick in die Betriebsinterna des Zuwiderhandelnden zu erlangen (vgl BT-Drucks 15/1487 S 43; krit *Bornkamm,* FS Ullmann, 2006, 893, 900). Die Verjährung des Anspruchs aus § 10 I ist in § 11 IV geregelt.

2. Anspruchsverpflichtung

16 Der Anspruch aus § 10 I richtet sich gegen denjenigen, der vorsätzlich dem § 3 zuwidergehandelt und hierdurch zu Lasten einer Vielzahl von Abnehmern einen Gewinn erzielt hat. Personen, die als gesetzliche Vertreter oder Mitarbeiter eines Unternehmens gehandelt und für dieses Unternehmen einen Gewinn erzielt haben, scheiden sonach als Anspruchsverpflichtete aus. Allerdings muss das Unternehmen für das Verhalten dieser Personen nach den §§ 31, 831 BGB analog einstehen. (Eine unmittelbare Anwendung der §§ 31, 831 BGB scheidet aus, da diese Bestimmungen nur für Schadensersatzansprüche gelten. Jedoch ist wegen der Nähe des Gewinnherausgabeanspruchs zum Schadensersatzanspruch eine analoge Anwendung gerechtfertigt.) Problematisch ist der Fall, dass Täter und Gewinnempfänger verschiedene Personen sind und eine Zurechnung nach §§ 31, 831 BGB analog ausscheidet, so etwa, wenn ein Handelsvertreter die vorsätzliche Zuwiderhandlung begeht, der daraus sich ergebende Gewinn aber dem Geschäftsherrn zufließt. – In diesem Fall haftet nach dem Zweck der Vorschrift der Unternehmer als Geschäftsherr nur, wenn er entweder Teilnehmer (Anstifter, Gehilfe) iSd § 830 II BGB war oder zumindest die vorsätzliche Zuwiderhandlung kannte. – Entsprechendes gilt für das Verhältnis Hersteller zu Händler: Geht eine vorsätzliche Zuwiderhandlung vom Hersteller aus (zB Mogelpackung, Produktfälschung), so haftet der Händler nach § 10 I nur, wenn er entweder selbst ebenfalls einen vorsätzlichen Wettbewerbsverstoß begangen hat oder zumindest Teilnehmer am Wettbewerbsverstoß des Herstellers war. Dass der Händler nach Bürgerlichem Recht (§ 434 I 3 BGB) weitergehend für Werbeangaben des Herstellers haftet, bleibt außer Betracht. – Haben mehrere Verletzer gemeinsam gehandelt, haftet gleichwohl jeder nur auf Herausgabe des gerade von ihm erzielten Gewinns.

3. Anspruchsberechtigung

17 Nach § 10 I dürfen nur die „gemäß § 8 Abs 3 Nr 2–4 zur Geltendmachung eines Unterlassungsanspruchs Berechtigten" den Anspruch auf Gewinnherausgabe geltend machen. Ausgeschlossen sind daher die vom Wettbewerbsverstoß betroffenen Mitbewerber iSd § 8 III Nr 1. Eine **Abtretung** des Gewinnherausgabeanspruchs an Dritte oder eine **Ermächtigung** zur Geltendmachung ist ausgeschlossen, weil sonst die Beschränkung der Anspruchsberechtigung auf ganz bestimmte Verbände ausgehöhlt würde. Es gelten insoweit die gleichen Grundsätze wie zur Abtretung des Unterlassungsanspruchs (vgl § 8 Rdn 3.17 ff). Auch der Bund, obwohl Empfänger des herauszugebenden Gewinns, ist nicht zur Geltendmachung des Anspruchs berechtigt.

4. Mehrheit von Gläubigern

18 Zwar kann eine Vielzahl von Verbänden iSd § 8 III Nr 2–4 anspruchsberechtigt sein, in der Praxis wird aber der Fall einer mehrfachen Geltendmachung selten vorkommen. Denn der Gewinn ist vom Schuldner unmittelbar an den Bundeshaushalt abzuführen und es besteht daher kein finanzielles Eigeninteresse. Die in Betracht kommenden Verbände werden sich daher nach Möglichkeit abstimmen, wer den Anspruch außergerichtlich und gerichtlich geltend macht (vgl Begr RegE UWG zu § 10 Abs 3, BT-Drucks 15/1487 S 24). Eine derartige Abstimmung kann aber aus unterschiedlichen Gründen ausbleiben (mangelnder Informationsaustausch zwischen den Gläubigern, Misstrauen gegenüber der sorgfältigen Prozessführung durch einen anderen Verband, Profilierungsstreben usw). Dann stellt sich die Frage, wie bei mehrfacher Geltendmachung des Gewinnabschöpfungsanspruchs zu verfahren ist. Dabei sind die **prozessrechtliche** und die **materiellrechtliche** Ebene zu trennen. Was die prozessrechtliche Ebene angeht, handelt es sich um jeweils verschiedene Streitgegenstände, weil den Gläubigern jeweils ein eigenständiger Anspruch zusteht. Der Schuldner kann daher gegenüber einer weiteren Klage nicht den Einwand der Rechtshängigkeit erheben. Denkbar ist es dementsprechend auch, dass über die jeweiligen

Klagen unterschiedlich entschieden wird. Mehrere Gläubiger können (und sollten) jedoch gemeinschaftlich klagen und sind dann einfache Streitgenossen iSv § 59 ZPO. Auch kann das Gericht mehrere anhängige Prozesse nach § 145 ZPO zum Zwecke der gleichzeitigen Verhandlung und Entscheidung verbinden. Dagegen kann ein Verband, der einen Titel erstritten hat, nicht einen anderen Verband ermächtigen, aus diesem Titel zu vollstrecken (vgl BGHZ 120, 387 ff; *Petersen* ZZP 114, 2001, 485, 486). Was die materiellrechtliche Ebene angeht, sieht § 10 III für den Fall, dass mehrere Gläubiger – sei es gleichzeitig, sei es nacheinander – den Gewinnabschöpfungsanspruch geltend machen, die **entspr Anwendung der Vorschriften über die Gläubigermehrheit (§§ 428–430 BGB)** vor. Im Einzelnen bedeutet dies: Die anspruchsberechtigten Verbände können als Gesamtgläubiger den Anspruch selbstständig geltend machen und einklagen, der Schuldner braucht aber die Leistung nur einmal zu bewirken. (Da der Gewinn unmittelbar an den Bundeshaushalt abzuführen ist, entfällt für den Schuldner die Befugnis aus § 428 S 1 BGB, nach seinem Belieben an jeden der Gläubiger leisten.) Dies gilt auch dann, wenn einer der Gläubiger bereits Klage auf die Leistung erhoben hat (§ 428 S 2 BGB). Bei der entspr Anwendung des § 429 BGB sind die Besonderheiten des Gewinnabschöpfungsanspruchs aus § 10 zu berücksichtigen: Es geht nicht um die Befriedigung eigener finanzieller Interessen der Verbände, sondern um eine wirksame Abschreckung. Daher ist eine entspr Anwendung des § 429 II BGB ausgeschlossen. Auch die entspr Anwendung des § 429 III BGB, der auf die §§ 422, 423 und 425 BGB verweist, ist aus diesem Grund nur begrenzt möglich. Nicht anwendbar sind die §§ 422 I 2, 423. Die Verweisung auf § 430 BGB (Ausgleichungspflicht der Gesamtgläubiger im Verhältnis zueinander) ist an sich bedeutungslos, weil der Gewinn unmittelbar dem Bundeshaushalt zufließt, es also bei den Gläubigern nichts zu verteilen gibt. Wohl aber kann die Vorschrift entspr herangezogen werden, wenn es um den Anspruch auf Aufwendungsersatz gegen den Bundeshaushalt geht. Da dafür nur der abgeschöpfte Gewinn zur Verfügung steht (§ 10 IV 3), bedeutet die entspr Anwendung des § 430 BGB, dass die zuständige Stelle des Bundes die Gläubiger zu gleichen Anteilen befriedigen muss, wenn der Gewinn nicht zur Befriedigung der Ansprüche aller Gläubiger ausreicht.

5. Einwand des Rechtsmissbrauchs

Da der Anspruch aus § 10 nicht der Befriedigung eigener finanzieller Interessen anspruchsberechtigter Verbände dient, der jeweilige Verband vielmehr nur treuhänderisch den Anspruch geltend macht, ist stets im Einzelfall zu prüfen, ob der Anspruch missbräuchlich geltend gemacht wird. § 8 IV ist entspr anzuwenden. Ein Missbrauch liegt demnach vor, wenn es dem Verband in erster Linie darum geht, gegen den Verletzer einen Anspruch auf Ersatz von Aufwendungen oder Kosten der Rechtsverfolgung entstehen zu lassen. Ein Missbrauch liegt aber nicht ohne weiteres schon dann vor, wenn der Anspruch erst dann geltend gemacht wird, wenn bereits ein anderer Verband Klage auf Gewinnherausgabe erhoben hat. Möglicherweise führt nämlich der Verband den Prozess – absichtlich oder nicht – nachlässig und es kommt daher nicht zur (vollständigen) Gewinnabschöpfung. Selbst das Vorliegen eines rechtskräftigen Urteils bedeutet nicht zwingend, dass die Geltendmachung des Anspruchs durch einen anderen Verband rechtsmissbräuchlich ist. Es ist nämlich denkbar, dass der Schuldner nicht freiwillig bezahlt und der Verband aus dem Urteil nicht vollstreckt. Allerdings sind solche Fallgestaltungen nur ausnahmsweise anzutreffen. Daher ist von einem Verband, der nachträglich den Anspruch gerichtlich oder außergerichtlich geltend macht – und damit die Kosten für den Schuldner in die Höhe treibt –, zu verlangen, dass er die Gründe für sein Vorgehen nachvollziehbar darlegt. Tut er dies nicht, so ist von einem Rechtsmissbrauch iSd § 8 IV auszugehen.

II. Gegenanspruch auf Rückerstattung

Hat der Zuwiderhandelnde erst nach Abführung des Gewinns an den Bundeshaushalt anrechenbare Leistungen an Dritte oder den Staat erbracht, so kann er nach § 10 II 2 von der zuständigen Stelle des Bundes in Höhe der nachgewiesenen Zahlungen Rückerstattung des abgeführten Gewinns verlangen (vgl auch Rdn 13 aE).

III. Gewinnabführung an den Bundeshaushalt
1. Überblick

Die Besonderheit des Gewinnabschöpfungsanspruchs besteht darin, dass der Gewinn unmittelbar an den Bundeshaushalt abzuführen ist. Der Anspruch ist also, ähnlich wie beim unechten

Vertrag zu Gunsten Dritter, auf Leistung an einen Dritten gerichtet. Damit soll einer missbräuchlichen Geltendmachung des Anspruchs vorgebeugt, nicht aber, wie Kritiker meinen (vgl *Sack* WRP 2003, 549, 558; *Stadler/Micklitz* WRP 2003, 559, 562), der Bundeshaushalt saniert werden. Allerdings führt diese Konstruktion zu einigen Folgeproblemen, die im Gesetz nicht vollständig gelöst sind.

2. Auskunftsanspruch der zuständigen Stelle des Bundes

22 Nach § 10 IV 1 haben die Gläubiger der zuständigen Stelle des Bundes über die Geltendmachung von Ansprüchen nach § 10 I **Auskunft** zu erteilen. Zweck der Regelung ist es insbes, der zuständigen Stelle Klarheit zu verschaffen, wer im Einzelnen mit welchem Ziel Ansprüche aus § 10 geltend macht. Denn aus dem abgeführten Gewinn sind ggf Aufwendungsersatzansprüche der Gläubiger zu befriedigen (vgl § 10 IV 2 und 3). Außerdem können auf diese Weise ggf unnötige Prozesse vermieden werden. Die Pflicht zur Auskunft erstreckt sich sowohl auf die außergerichtliche wie auf die gerichtliche Geltendmachung des Anspruchs. – Für den Anspruch gilt ebenfalls die Verjährungsfrist des § 11 IV.

3. Erstattung von Aufwendungen durch die zuständige Stelle des Bundes

23 **a) Grundsatz.** Nach § 10 IV 2 können die Gläubiger von der zuständigen Stelle des Bundes Erstattung der für die Geltendmachung des Anspruchs erforderlichen Aufwendungen verlangen, soweit sie vom Schuldner keinen Ausgleich erlangen können. Der Erstattungsanspruch ist nach § 10 IV 3 auf die Höhe des abgeführten Gewinns beschränkt. Zu den erstattungsfähigen Aufwendungen gehören einmal die Aufwendungen, die an sich der Schuldner nach § 91 ZPO erstatten müsste, aber – aus welchen Gründen auch immer – nicht erstattet. Dafür reicht es aus, dass der Schuldner nach Fristsetzung nicht bezahlt. Vom Gläubiger ist nicht zu verlangen, dass er die Zwangsvollstreckung betreibt und ggf neue finanzielle Risiken eingeht. Erstattung kann der Gläubiger aber auch für die erforderlichen Aufwendungen verlangen, die ihm der Schuldner nicht zu erstatten hat (zB Prozesskosten bei Teilunterliegen). Vorprozessuale Aufwendungen, die nicht von § 91 ZPO erfasst werden, können ebenfalls erstattet verlangt werden, soweit sie für die Rechtsverfolgung erforderlich waren und vom Schuldner nicht erstattet worden sind. Die Aufwendungen müssen für die Geltendmachung des Anspruchs **erforderlich** gewesen sein. Das sind sie nicht, wenn die Geltendmachung des Anspruchs gegenüber dem Schuldner rechtsmissbräuchlich war (Rdn 18).

24 **b) Aufwendungsersatz bei Mehrfachgeltendmachung des Gewinnherausgabeanspruchs.** Haben mehrere Gläubiger den Anspruch geltend gemacht und bekommen sie ihre Aufwendungen vom Schuldner nicht ersetzt, reicht andererseits der an den Bundeshaushalt abgeführte Gewinn nicht aus, um alle Aufwendungsersatzansprüche zu befriedigen, so sind sie in entspr Anwendung des § 430 BGB zu gleichen Anteilen zu befriedigen (Rdn 17).

4. Für den Zahlungsempfang zuständige Stelle

25 In § 10 V wird das **Bundesamt für Justiz** als für den Zahlungsempfang zuständige Stelle des Bundeshaushalts benannt.

Verjährung

11 (1) Die Ansprüche aus den §§ 8, 9 und 12 Absatz 1 Satz 2 verjähren in sechs Monaten.

(2) Die Verjährungsfrist beginnt, wenn
1. der Anspruch entstanden ist und
2. der Gläubiger von den den Anspruch begründenden Umständen und der Person des Schuldners Kenntnis erlangt oder ohne grobe Fahrlässigkeit erlangen müsste.

(3) Schadensersatzansprüche verjähren ohne Rücksicht auf die Kenntnis oder grob fahrlässige Unkenntnis in zehn Jahren von ihrer Entstehung, spätestens in 30 Jahren von der den Schaden auslösenden Handlung an.

(4) Andere Ansprüche verjähren ohne Rücksicht auf die Kenntnis oder grob fahrlässige Unkenntnis in drei Jahren von der Entstehung an.

Übersicht

1. Kapitel. Verjährung

Rdn

- I. Entstehungsgeschichte 1.1
- II. Dogmatische Einordnung und Normzweck 1.2
- III. Anwendungsbereich des § 11 I 1.3–1.17
  - 1. UWG-Ansprüche 1.3
  - 2. Konkurrierende Unterlassungs- und Schadensersatzansprüche 1.4–1.12
    - a) Allgemeines 1.4
    - b) Ansprüche aus MarkenG 1.5
    - c) Ansprüche aus GWB 1.6
    - d) Ansprüche aus Namens- oder Firmenrechtsverletzung 1.7
    - e) Ansprüche aus Eingriff in Gewerbebetrieb (§ 823 I BGB) 1.8
    - f) Ansprüche aus Schutzgesetzverletzung (§ 823 II BGB) 1.9
    - g) Ansprüche aus § 824 BGB 1.10
    - h) Ansprüche aus § 826 BGB 1.11
    - i) Ansprüche aus ergänzendem Leistungsschutz (§ 4 Nr 9) 1.12
  - 3. Sonstige Ansprüche 1.13–1.17
    - a) Bereicherungsansprüche 1.13
    - b) Ansprüche aus Geschäftsanmaßung (§ 687 II BGB) 1.14
    - c) Vertragliche und quasivertragliche Ansprüche 1.15
    - d) Ersatzansprüche aus Abmahnverhältnis 1.16
    - e) (Unselbstständige) Auskunfts- und Rechnungslegungsansprüche .. 1.17
- IV. Verjährungsfristen und Verjährungsbeginn 1.18–1.34
  - 1. Überblick 1.18
  - 2. Entstehung des Anspruchs 1.19–1.23
    - a) Grundsatz 1.19
    - b) Einzelhandlung 1.20
    - c) Dauerhandlung 1.21
    - d) Fortgesetzte (wiederholte) Handlung 1.22
    - e) Abgrenzungsfragen 1.23
  - 3. Kenntnis oder grob fahrlässige Unkenntnis von der Handlung und von der Person des Verpflichteten 1.24–1.28
    - a) Begriff der Kenntnis 1.25
    - b) Umfang der Kenntnis .... 1.26, 1.26 a
    - c) Wissenszurechnung 1.27
    - d) Grob fahrlässige Unkenntnis von der Handlung und von der Person des Verpflichteten 1.28
  - 4. Besonderheiten beim Schadensersatzanspruch 1.29–1.33
    - a) Schadensentstehung als zusätzliche Verjährungsvoraussetzung 1.29
    - b) Kenntnis oder grob fahrlässige Unkenntnis von der Schadensentstehung 1.30
    - c) Grundsatz der Schadenseinheit 1.31
    - d) Unvorhersehbare Schadensfolgen 1.32
    - e) Dauerhandlung und fortgesetzte Handlung 1.33
  - 5. Besonderheiten beim Beseitigungsanspruch 1.34
- V. Eintritt der Verjährung ohne Rücksicht auf Kenntnis und grob fahrlässige Unkenntnis 1.35, 1.36
  - 1. Schadensersatzansprüche 1.35
  - 2. Andere Ansprüche 1.36
- VI. Neubeginn der Verjährung 1.37–1.39
  - 1. Anerkenntnis (§ 212 I Nr 1 BGB) 1.38
  - 2. Vollstreckungshandlung (§ 212 I Nr 2 BGB) 1.39
- VII. Hemmung der Verjährung 1.40–1.46
  - 1. Wichtige Tatbestände der Hemmung 1.40–1.44
    - a) Klageerhebung (§ 204 I Nr 1 BGB) 1.40
    - b) Einreichung bzw Zustellung des Antrags auf Erlass einer einstweiligen Verfügung (§ 204 I Nr 9 BGB) 1.41
    - c) Anrufung der Einigungsstelle (§ 15 VIII 1) 1.42
    - d) Veranlassung der Bekanntgabe des erstmaligen Antrags auf Prozesskostenhilfe (§ 204 I Nr 14 BGB) 1.43
    - e) Schweben von Verhandlungen (§ 203 BGB) 1.44

	Rdn
2. Nicht zur Hemmung führende Tatbestände	1.45
3. Umfang der Hemmung	1.46
VIII. Wirkung der Verjährung	1.47–1.53
1. Allgemeines	1.47
2. Besonderheiten beim Unterlassungsanspruch	1.48
3. Besonderheiten beim Schadensersatzanspruch	1.49
4. Vereinbarungen über die Verjährung (§ 202 BGB)	1.50
5. Verzicht auf die Verjährungseinrede	1.51
6. Unzulässige Rechtsausübung	1.52
7. Prozessuales	1.53
IX. Beweislast	1.54

2. Kapitel. Wettbewerbsrechtliche Einwendungen

	Rdn
I. Allgemeines	2.1
II. Tatbestands- und rechtswidrigkeitsausschließende Einwendungen	2.2–2.12
1. Einwilligung	2.2
2. Üblichkeit	2.3
3. Abwehr	2.4–2.11
a) Begriff	2.4
b) Voraussetzungen	2.5–2.8
aa) Abwehrlage	2.5
bb) Abwehrzweck	2.6
cc) Abwehrnotwendigkeit	2.7
dd) Abwehrberechtigung	2.8
c) Grenzen	2.9
d) Rechtsfolgen	2.10
e) Beispiele	2.11
4. Wahrnehmung berechtigter Interessen	2.12
III. Verwirkung	2.13–2.36
1. Begriff, Rechtsnatur und Anwendungsbereich	2.13–2.17
a) Allgemeines	2.13
b) Unterlassungsanspruch	2.14
c) Schadensersatzanspruch	2.15
d) Bereicherungsanspruch	2.16
e) Markenrecht	2.17
2. Voraussetzungen	2.18–2.32
a) Gesamtwürdigung	2.18
b) Vermeidbares längeres Untätigbleiben des Verletzten	2.19
c) Berechtigtes Vertrauen auf die Duldung des Verhaltens (Duldungsanschein)	2.20–2.23
d) Aufbau eines wertvollen Besitzstandes	2.24–2.28
aa) Geltungsbereich	2.24
bb) Wertvoller Besitzstand	2.25–2.27
cc) Kausalität des Duldungsanscheins	2.28
e) Interessenabwägung	2.29–2.32
aa) Umstände beim Verletzer	2.30
bb) Umstände beim Verletzten	2.31
cc) Allgemeininteressen	2.32
3. Grenzen	2.33, 2.34
a) Grundsatz	2.33
b) Ausnahmen	2.34
4. Rechtsfolgen	2.35, 2.36
a) Rechtshemmende Einwendung	2.35
b) Einwendungsberechtigung	2.36
IV. Rechtsmissbrauch	2.37–2.43
1. Allgemeines	2.37
2. unclean hands-Einwand	2.38–2.40
a) Begriff und Abgrenzung	2.38
b) Zulässigkeit	2.39
c) Berücksichtigung beim Schadensersatzanspruch	2.40
3. Provozierter Wettbewerbsverstoß	2.41
4. Wechsel der Rechtsauffassung	2.42
5. Unredlicher Rechtserwerb	2.43

1. Kapitel. Verjährung

Schrifttum: *Bär-Bouyissiere,* Anspruchsverjährung bei Verstoß gegen wettbewerbliche Unterwerfungserklärung, NJW 1996, 1657; *Borck,* Zur Verjährung wettbewerbsrechtlicher Unterlassungsansprüche, WRP 1979, 341; *Foth,* Fortgesetzte Handlung und Verjährung, FS Nirk, 1992, 293; *Friedrich,* Verjährungshemmung durch Güteverfahren, NJW 2003, 1781; *Fritzsche,* Zum Verjährungsbeginn bei Unterlassungsansprüchen, FS Rolland, 1999, 115; *ders,* Unterlassungsanspruch und Unterlassungsklage, 2000; *Kähler,* Verjährungshemmung nur bei Klage des Berechtigten?, NJW 2006, 1769; *Köhler,* Zur Verjährung des vertraglichen Unterlassungs- und Schadensersatzanspruchs, GRUR 1996, 231; *ders,* Zur Geltendmachung und Verjährung von Unterlassungsansprüchen, JZ 2005, 489; *König,* Verfolgungsverjährung im Ordnungsmittelverfahren und Rückzahlung von Ordnungsgeld durch die Landeskasse, WRP 2002, 404; *Mansel,* Die Neuregelung des Verjährungsrechts, NJW 2002, 89; *Maurer,* Verjährungshemmung durch vorläufigen Rechtsschutz, GRUR 2003, 208; *Messer,* Neue Rechtsfragen zur Verjährung des wettbewerblichen Unterlassungs- und Schadensersatzanspruchs, FS Helm, 2002, 111; *Neu,* Die Verjährung der gesetzlichen Unterlassungs-, Beseitigungs- und Schadensersatzansprüche des Wettbewerbs- und Warenzeichenrechts, GRUR 1985, 345; *Ossenbrügge,* Die Verjährung von rechtskräftig festgestellten Unterlassungsansprüchen, WRP 1973, 320; *Peters,* Die Einrede der Verjährung als ein den Rechtsstreit in der Hauptsache erledigendes Ereignis, NJW 2001, 2289; *Pietzcker,* Feststellungsprozess und Anspruchsverjährung, GRUR 1998, 293; *Rieble,* Verjährung „verhaltener Ansprüche" – am Beispiel der Vertragsstrafe, NJW 2004, 2270; *Rohlfing,* Verjährungsfristbeginn im Wettbewerbsrecht bei grob fahrlässiger Unkenntnis, GRUR 2006, 735; *Sack,* Das Verhältnis des UWG zum allgemeinen Deliktsrecht, FS Ullmann, 2006, 825; *Schabenberger,* Zur Hemmung nach § 204 Abs. 1 Nr. 9 BGB in wettbewerbsrechtlichen Auseinandersetzungen, WRP 2002, 293; *Schulz,* Die neuen Verjährungsvorschriften im UWG, WRP 2005, 274; *Teplitzky,* Zur Unterbrechung und Hemmung der Verjährung wettbewerbsrechtlicher Ansprüche, GRUR 1984, 307; *Traub,* Hemmung oder Unterbrechung der Verjährung durch eine wettbewerbsrechtliche Schlichtung, FS Vieregge, 1995, 869; *ders,* Unterbrechung der Verjährung durch Antrag auf einstweilige Verfügung, WRP 1997, 903; *Ulrich,* Die analoge Anwendung des § 21 UWG, WRP 1996, 371.

I. Entstehungsgeschichte

1.1 Die Vorschrift ist an die Stelle des bisherigen § 21 UWG aF getreten. Die kurze Verjährungsfrist für Wettbewerbsverstöße wurde beibehalten, jedoch wurde im Übrigen eine weitgehende Anpassung an die allgemeinen Verjährungsregelungen des BGB (§ 199 BGB) vorgenommen. Für den **Gewinnabschöpfungsanspruch** aus § 10 gilt die Sonderregelung des § 11 IV.

II. Dogmatische Einordnung und Normzweck

1.2 Wettbewerbsverstöße sind unerlaubte Handlungen (BGH GRUR 1995, 678, 681 – *Kurze Verjährungsfrist;* BGH WRP 2002, 532, 533 – *Meißner Dekor I*). Die Verjährungsregelung des § 11 ist aber in ihrem Anwendungsbereich **lex specialis** zu den für unerlaubte Handlungen geltenden §§ 195, 199 BGB (vgl BGH GRUR 1999, 751, 754 – *Güllepumpen*). Ergänzend anwendbar bleibt jedoch § 852 BGB (Herausgabeanspruch nach Verjährungseintritt). **Zweck** der Verjährung allgemein ist der Schutz des Schuldners und die Wahrung des Rechtsfriedens (BGHZ 128, 74, 82 f; Palandt/*Ellenberger* BGB Überbl v § 194 Rdn 7 ff). Zweck der **kurzen** Verjährung im Besonderen ist die rasche Abwicklung von Wettbewerbsstreitigkeiten wegen der Schwierigkeiten der Tatsachenfeststellung und die Befreiung des Verpflichteten von einer unübersehbaren Vielzahl von Anspruchsberechtigten (vgl BGH GRUR 1984, 820, 823 – *Intermarkt II*). Wer einen wettbewerbsrechtlichen Anspruch aus den §§ 8, 9, 10 oder § 12 I 2 zu haben glaubt, sollte ihn daher bald geltend machen, um nicht die Einrede der Verjährung zu riskieren.

III. Anwendungsbereich des § 11 I

1. UWG-Ansprüche

1.3 Die Verjährungsregelung des § 11 I bezieht sich auf die in den §§ 8, 9 und 12 I 2 genannten **Unterlassungs-, Beseitigungs-, Schadensersatz-** und **Aufwendungsersatzansprüche.** Miterfasst ist der **Widerrufsanspruch** als Unterfall des Beseitigungsanspruchs (BGH GRUR 1974, 99, 100 – *Brünova*). Ob auch der **vorbeugende** Unterlassungsanspruch (§ 8 I 2) der Verjährung unterliegt, ist str. Nach wohl noch hM (BGH GRUR 1966, 623, 626 – *Kupferberg;* BGH GRUR 1979, 121, 122 – *Verjährungsunterbrechung;* OLG Koblenz WRP 1988, 557, 558; OLG Stuttgart NJWE-WettbR 1996, 31, 32; *Teplitzky* Kap 16 Rdn 4) soll dies nicht der Fall sein. Dem ist aber nicht zu folgen (wie hier Harte/Henning/*Schulz* § 11 Rdn 13; Ahrens/ *Bornkamm* Kap 34 Rdn 11). Für die Verjährung kann es keinen Unterschied machen, ob die

Verletzung tatsächlich erfolgt oder nur angekündigt wird. Auch trifft der Zweck der Verjährung (Rdn 1.2) genauso auf den vorbeugenden Unterlassungsanspruch zu. Die Verjährung beginnt mit Entstehung des Anspruchs, nämlich der Begründung der Erstbegehungsgefahr durch eine bestimmte Handlung (vgl OLG Stuttgart WRP 1993, 351, 353), wie etwa einer Berührung oder Vorbereitungshandlung. Allerdings wird vielfach die die Erstbegehungsgefahr begründende Handlung eine Dauerhandlung (zB Aufbewahrung von Produktnachahmungen mit der Absicht des Verkaufs) sein, so dass der vorbeugende Unterlassungsanspruch ständig neu entsteht und daher Verjährung nicht in Betracht kommt. Ob dies der Fall ist, hängt von den Umständen ab (vgl das Beispiel bei *Teplitzky* Kap 16 Rdn 5). – Ausgenommen von der kurzen Verjährungsfrist des § 11 I ist der **Gewinnabschöpfungsanspruch** aus § 10. Für ihn gilt die Sonderregelung in § 11 IV. Doch ist § 11 IV nicht auf den Anspruch aus § 10 beschränkt; er gilt vielmehr für alle wettbewerbsrechtlichen Ansprüche mit Ausnahme des Schadensersatzanspruchs, der in § 11 III eine ergänzende Regelung erfahren hat (Rdn 1.18).

2. Konkurrierende Unterlassungs- und Schadensersatzansprüche

1.4   a) **Allgemeines.** Ansprüche, die mit UWG-Ansprüchen konkurrieren, verjähren grds selbstständig in der für sie geltenden Frist (BGH GRUR 1984, 820, 822 – *Intermarkt II* – mwN). Die Frage einer entspr Anwendung des § 11 stellt sich nur für Ansprüche, die an sich den §§ 195, 199 BGB unterliegen (vgl insbes §§ 823 ff BGB; §§ 33 III, 141 PatG; § 20 MarkenG; § 24 f GebrauchsmusterG; § 102 UrhG; § 49 GeschmMG). Entscheidend ist hierbei, ob die UWG-Regelung hins der Verjährung und ihrer ratio legis als erschöpfend und daher abschließend anzusehen ist (BGH GRUR 1984, 820, 823 – *Intermarkt II*).

1.5   b) **Ansprüche aus MarkenG.** Es gilt § 20 MarkenG iVm § 195 BGB. Allerdings stellt sich das Konkurrenzproblem nur, soweit UWG-Ansprüche neben markenrechtlichen Ansprüchen in Betracht kommen. In der Vergangenheit wurde das Markenrecht in seinem Anwendungsbereich als abschließende Regelung angesehen, die keinen Raum für eine **gleichzeitige** Anwendung des UWG zuließ (vgl BGHZ 138, 349, 351 – *MAC Dog;* BGH WRP 2000, 529, 532 – *ARD-1*). Diese Vorrangthese ist aber mit Art 6 II lit a der Richtlinie über unlautere Geschäftspraktiken unvereinbar. Daher sind jedenfalls UWG-Ansprüche wegen Irreführung der Verbraucher über die betriebliche Herkunft eines Produkts neben dem MarkenG anwendbar (vgl *Köhler* GRUR 2007, 548, 553).

1.6   c) **Ansprüche aus GWB.** Es gelten die §§ 195, 199 BGB (BGH GRUR 1966, 344, 345 – *Glühlampenkartell;* BGHZ 133, 177, 183 – *Kraft-Wärme-Kopplung I* zu § 852 BGB aF), weil es sich um selbstständige tatbestandliche Regelungen handelt. Dies gilt auch dann, wenn der GWB-Anspruch auf denselben Wertungen beruht wie der UWG-Anspruch (wie zB bei den §§ 20 II, 21 I GWB möglich).

1.7   d) **Ansprüche aus Namens- oder Firmenrechtsverletzung.** Es gelten § 12 BGB iVm § 195 BGB; § 823 I BGB iVm §§ 195, 199 BGB (BGH GRUR 1984, 820, 822 f – *Intermarkt II*); § 37 II HGB iVm § 195 BGB, da die ratio legis des § 11 insoweit nicht zutrifft.

1.8   e) **Ansprüche aus Eingriff in Gewerbebetrieb (§ 823 I BGB).** Soweit solche Ansprüche nicht schon wegen ihres subsidiären Charakters gegenüber wettbewerbsrechtlichen Ansprüchen ausgeschlossen sind, gilt für sie § 11 analog (BGHZ 36, 252, 257 – *Gründerbildnis;* BGH GRUR 1974, 99, 100 – *Brünova;* BGH GRUR 1981, 517, 520 – *Rollhocker;* OLG Köln GRUR-RR 2001, 110), weil der UWG-Verstoß typischerweise gleichzeitig einen Eingriff in den Gewerbebetrieb darstellt und § 11 sonst leer liefe. Unerheblich ist insoweit, ob und auf welche Rechtsnormen der Kläger seinen Antrag stützt. Etwas anderes gilt im Hinblick auf die Entscheidung des Großen Zivilsenats des BGH (BGHZ 164, 1) für Ansprüche aus § 823 I BGB wegen **unberechtigter Schutzrechtsverwarnung** (§ 4 Rdn 10.180).

1.9   f) **Ansprüche aus Schutzgesetzverletzung (§ 823 II BGB).** Die §§ 3, 7 stellen keine Schutzgesetze iSd § 823 II BGB dar (vgl Begr RegE UWG 2004 zu § 8, BT-Drucks 15/1487 S 22; zum früheren Recht vgl BGHZ 36, 252 = GRUR 1962, 310, 314 – *Gründerbildnis;* BGH GRUR 1974, 99, 100 – *Brünova*). Dagegen stellen die Strafbestimmungen der §§ 16–18 Schutzgesetze dar, da insoweit die zivilrechtlichen Rechtsfolgen nicht erschöpfend geregelt sind (vgl BGH GRUR 2008, 818 Tz 87 – *Strafbare Werbung im Versandhandel;* § 16 Rdn 29; § 17 Rdn 53). Es gelten dementsprechend die §§ 195, 199 BGB. Soweit das verletzte Gesetz sowohl ein Schutzgesetz iSd § 823 II BGB als auch eine Marktverhaltensregelung iSd § 4 Nr 11 darstellt, kommt es auf das Schwergewicht des Unrechtsgehalts an: Liegt er auf dem Wettbewerbsverstoß, gilt § 11 analog.

g) Ansprüche aus § 824 BGB. Es gelten insoweit die §§ 195, 199 BGB, da es sich um eine 1.10 selbstständige tatbestandliche Regelung handelt (BGHZ 36, 252, 256 – *Gründerbildnis*). Diese Ansprüche können neben solchen aus §§ 8, 9 iVm §§ 3, 4 Nr 8 bestehen (aA *Sack,* FS Ullmann, 2006, 825, 838).

h) Ansprüche aus § 826 BGB. Es gelten insoweit die §§ 195, 199 BGB, da es sich um eine 1.11 selbstständige tatbestandliche Regelung handelt und der Verletzer, der zugleich in Wettbewerbsabsicht gehandelt hat, nicht begünstigt werden soll (BGH GRUR 1964, 218, 220 – *Düngekalkhandel;* BGH GRUR 1977, 539, 543 – *Prozessrechner;* MünchKommBGB/*Wagner* § 826 Rdn 40; aA *Sack* FS Ullmann, 2006, 825, 839).

i) Ansprüche aus ergänzendem Leistungsschutz (§ 4 Nr 9). Es gilt grds nur § 11 (zu § 1 1.12 aF vgl BGH GRUR 1999, 751, 754 – *Güllepumpen;* aA *Nirk* GRUR 1993, 247, 254: daneben §§ 823 I, 852 aF BGB, dh §§ 195, 199 BGB; de lege ferenda auch *Köhler* WRP 1999, 1075, 1080; vgl auch *Sambuc,* Der UWG-Nachahmungsschutz, 1996, Rdn 777). Erfüllt jedoch der Verstoß gleichzeitig den Tatbestand des § 826 BGB (dazu BGH GRUR 1999, 751, 753 f – *Güllepumpen*), sind insoweit die §§ 195, 199 BGB anwendbar (Rdn 1.11).

3. Sonstige Ansprüche

a) Bereicherungsansprüche. Es gelten die §§ 195, 199 BGB, auch soweit ihnen nur ein 1.13 UWG-Verstoß (zB aus §§ 3, 4 Nr 9 beim ergänzenden Leistungsschutz) zugrunde liegt.

b) Ansprüche aus Geschäftsanmaßung (§ 687 II BGB). Es gelten die §§ 195, 199 BGB, 1.14 auch soweit sie nur auf einen UWG-Verstoß gestützt werden.

c) Vertragliche und quasivertragliche Ansprüche. In der Praxis stehen Ansprüche aus der 1.15 Verletzung eines strafbewehrten Unterlassungsversprechens im Vordergrund. Dabei ist zu unterscheiden: **(1) Vertraglicher Unterlassungsanspruch.** Die strafbewehrte Unterlassungsvereinbarung begründet ein Dauerschuldverhältnis, gerichtet auf ein dauerndes Unterlassen als Leistung iSd § 241 I 2 BGB. Der „allgemeine" Unterlassungsanspruch als „Stammrecht" unterliegt nicht der Verjährung (ebenso Ahrens/*Bornkamm* Kap 34 Rdn 24; *Fritzsche* S 477 f). Wird dieser Unterlassungsanspruch durch Zuwiderhandlung verletzt und besteht Wiederholungsgefahr, so entspringt daraus ein „konkreter" Verletzungsunterlassungsanspruch (*Köhler* JZ 2005, 489, 492 ff; iErg auch BGHZ 130, 288, 294 = GRUR 1995, 678 – *Kurze Verjährungsfrist*). Entsprechendes gilt, wenn lediglich Erstbegehungsgefahr einer Zuwiderhandlung besteht, für den daraus entspringenden vorbeugenden Unterlassungsanspruch. Beide Ansprüche, der (konkrete) Verletzungsunterlassungsanspruch und der (konkrete) vorbeugende Unterlassungsanspruch, sind klagbar, ohne dass es eines Rückgriffs auf § 259 ZPO bedürfte (*Köhler* JZ 2005, 489, 494; aA noch 23. Aufl). Sie unterliegen an sich der Verjährungsfrist der §§ 195, 199 BGB. Jedoch ist **§ 11 analog** anzuwenden, soweit damit ein gesetzlicher Unterlassunganspruch aus § 8 konkurriert (BGH aaO – *Kurze Verjährungsfrist*). **(2) Vertraglicher Beseitigungs- und Schadensersatzanspruch.** Der Anspruch auf Beseitigung oder auf Schadensersatz wegen Verletzung des Unterlassungsvertrags (§§ 280 ff BGB) verjährt nach § 11 analog (BGH aaO – *Kurze Verjährungsfrist; Fritzsche* S 487), wenn damit (wie idR) ein Anspruch aus § 8 oder § 9 konkurriert. Denn angesichts der weit gehenden Übereinstimmung der konkurrierenden Ansprüche nach Inhalt und Zielsetzung, der Funktion der Unterwerfungsvereinbarung und der gleich gelagerten Interessen der Parteien, ist nach Sinn und Zweck der Verjährungsregelung des § 11 eine Analogie gerechtfertigt. Ob dies auch dann gelten kann, wenn im Einzelfall kein gesetzlicher Anspruch konkurriert, ist zweifelhaft, aber wohl zu bejahen (vgl *Köhler* GRUR 1996, 231, 233; *Teplitzky* Kap 16 Rdn 21 a). Um freilich etwaige Streitigkeiten zu vermeiden, empfiehlt es sich aber, in der Unterwerfungsvereinbarung eine Regelung über die Verjährung (§ 202 BGB) zu treffen, etwa über die entspr Anwendung des § 11. Allerdings ist insoweit die Einschränkung für Vorsatztaten durch § 202 I BGB zu beachten. **(3) Anspruch auf Vertragsstrafe.** Der Anspruch auf Vertragsstrafe verjährt nicht nach § 11 analog. Denn dieser Anspruch hat keine Parallele bei den gesetzlichen Ansprüchen, enthält vielmehr ein „Mehr" an Sanktion und diese Sanktion darf auch nicht durch eine Absenkung der Verjährungsfrist unter die zweijährige Frist der Ordnungsmittelvollstreckung ausgehöhlt werden. Es gelten daher die §§ 195, 199 BGB (wie hier Ahrens/*Bornkamm* § 34 Rdn 26; zum früheren Recht vgl BGH GRUR 1992, 61, 62 – *Preisvergleichsliste;* BGHZ 130, 288, 295 = GRUR 1995, 678 – *Kurze Verjährungsfrist; Teplitzky* Kap 16 Rdn 21; aA

Ulrich WRP 1996, 379, 381; *Kaiser,* Die Vertragsstrafe im Wettbewerbsrecht, 1999, 172). Dagegen lässt sich auch nicht die funktionale Nähe der Vertragsstrafe zum Schadensersatz einwenden (vgl § 340 II BGB). Denn die Vertragsstrafe hat im Wettbewerbsrecht primär die Funktion, den Schuldner von weiteren Verstößen abzuhalten, und mit Ausnahme der verletzten Mitbewerber haben die Gläubiger des gesetzlichen Unterlassungsanspruchs gar keinen Schadensersatzanspruch (vgl § 9).

1.16 **d) Ersatzansprüche aus Abmahnverhältnis.** Für Ansprüche aus dem sog Abmahnverhältnis als einem Rechtsverhältnis iSd § 311 II Nr 3 BGB gilt § 11 I analog (BGHZ 115, 210 = GRUR 1992, 176, 177 – *Abmahnkostenverjährung* zu § 21 aF; GK/*Kreft* Vor § 13 aF Rdn C 62), soweit ein UWG-Anspruch zu Grunde liegt (*Teplitzky* Kap 16 Rdn 22).

1.17 **e) (Unselbstständige) Auskunfts- und Rechnungslegungsansprüche.** Da es sich um bloße Hilfsansprüche handelt, soll nach früherer Auffassung die Verjährungsfrist des Hauptanspruchs maßgebend sein (BGH GRUR 1972, 558, 560 – *Teerspritzmaschinen*). Richtigerweise ist jedoch von einer selbstständigen Verjährung nach § 195 BGB iVm § 11 IV auszugehen (vgl BGH GRUR 1988, 533, 536 – *Vorentwurf II;* BGH NJW 1990, 180, 181; Ahrens/*Bornkamm* Kap 34 Rdn 20; Harte/Henning/*Schulz* § 11 Rdn 21; *Teplitzky* Kap 38 Rdn 37). Ist der Hauptanspruch verjährt, so fehlt aber dem Gläubiger idR ein berechtigtes Informationsinteresse und seine Auskunftsklage ist unbegründet (BGH NJW 1990, 180, 181).

IV. Verjährungsfristen und Verjährungsbeginn

1. Überblick

1.18 Die Verjährungsfrist für wettbewerbsrechtliche Ansprüche ist in § 11 sehr differenziert geregelt. Der Beginn der Verjährung setzt stets voraus, dass der Anspruch entstanden ist (dazu Rdn 1.19). **(1) Ansprüche aus den §§ 8, 9 und 12 I 2** verjähren grds in einer Frist von **sechs Monaten** (§ 11 I). Ihr Beginn setzt neben der Entstehung des Anspruchs vor, dass der Gläubiger von den den Anspruch begründenden Umständen und der Person des Schuldners Kenntnis erlangt oder ohne grobe Fahrlässigkeit erlangen müsste (dazu Rdn 1.24 ff). Liegen Kenntnis oder grob fahrlässige Unkenntnis nicht vor, so greift § 11 III und IV als Auffangregelung ein. **(2) Schadensersatzansprüche** verjähren ohne Rücksicht auf die Kenntnis oder grob fahrlässige Unkenntnis in **zehn** Jahren von ihrer Entstehung, spätestens in **dreißig** Jahren von der den Schaden auslösenden Handlung (§ 11 III) an. **(3) Andere Ansprüche** verjähren in **drei Jahren** von der Entstehung an (§ 11 IV). Anders als in § 199 I BGB ist der Verjährungsbeginn im Wettbewerbsrecht nicht auf den Schluss des Jahres hinausgeschoben, in dem der Anspruch entstanden ist. Mit „anderen" Ansprüchen sind zum einen die in § 11 I erwähnten Ansprüche aus § 8 und 12 I 2 gemeint, soweit für sie nicht die kurze Verjährungsfrist eingreift, dh der Gläubiger die anspruchsbegründenden Umstände weder kennt noch grob fahrlässig nicht kennt. Zum anderen wird der **Gewinnherausgabeanspruch** aus § 10 erfasst. **(4) Titulierte Ansprüche** verjähren nach §§ 197 I Nr 3, 201 S 1 BGB in dreißig Jahren, beginnend mit der Rechtskraft der Entscheidung. Das wirft Schwierigkeiten beim **titulierten** Unterlassungsanspruch auf. Nach der Rspr zum früheren Recht soll die Verjährung in diesem Falle erst mit der Zuwiderhandlung beginnen. Denn solange der Schuldner nicht zuwiderhandle, sei eine Vollstreckung ausgeschlossen. Dementsprechend könne der Gläubiger auch bei Verstößen, die erst nach Ablauf von 30 Jahren erfolgen, die Zwangsvollstreckung betreiben (BGHZ 59, 72, 74 – *Kaffeewerbung*). Nach der Gegenmeinung (23. Aufl, § 11 Rdn 1.48; GK/*Messer* § 21 aF Rdn 63, 64; *Fritzsche* S 492 ff; *Teplitzky* Kap 16 Rdn 15 Fn 36) soll der Anspruch dagegen nach 30 Jahren seit Titulierung verjähren. – Gegen diese Auffassung spricht jedoch die Regelung in den §§ 201 S 2, 199 v BGB. Danach beginnt die Verjährung titulierter Unterlassungsansprüche erst mit der Zuwiderhandlung (dazu Ahrens/*Bornkamm* Kap 34 Rdn 14 f unter Hinweis auf BT-Drucks 14/6040 S 109). Das bedeutet allerdings nicht, dass der titulierte Unterlassungsanspruch als solcher verjähren würde, wenn der Gläubiger einen Verstoß dreißig Jahre lang unbeachtet lässt. Denn der Unterlassungsanspruch stellt ein **Dauerschuldverhältnis** dar, gegen das immer wieder verstoßen werden kann. Die Vollstreckung wegen eines Verstoßes bewirkt keine Dauerbefriedigung des Anspruchs. Es verhält sich insoweit nicht anders als bei einem vertraglichen Unterlassungsanspruch mit unbestimmter Dauer (zB Wettbewerbsverbot eines OHG-Gesellschafters; Unterwerfungsvertrag), der als solcher ebenfalls keiner Verjährung unterliegt. Der dreißigjährigen Verjährung unterliegt daher nicht der titulierte Unterlassungsanspruch, sondern (in restriktiver Auslegung des § 197 I Nr 3 BGB) nur der „Anspruch auf Vollstreckung" hins des einzelnen

Verstoßes. Man kann dies auch so formulieren, dass mit jeder Zuwiderhandlung eine neue dreißigjährige Verjährungsfrist beginnt (*Köhler* JZ 2005, 489, 494 ff). – Dabei ist aber zusätzlich zu beachten, dass gem Art 9 I EGStGB die Festsetzung eines Ordnungsmittels nach § 890 ZPO ausgeschlossen ist, wenn seit Beendigung der Handlung mehr als **zwei Jahre** vergangen sind (*Köhler* GRUR 1996, 231, 233; JZ 2005, 489, 495). Diese sog **Verfolgungsverjährung,** dh die Verjährung des Anspruchs des Gläubigers, auf Grund des Vollstreckungstitels einen Vollstreckungsantrag nach § 890 ZPO zu stellen, tritt nicht ein, wenn innerhalb der Zweijahresfrist ein Ordnungsmittel festgesetzt worden ist. Dies gilt auch dann, wenn die Festsetzung innerhalb der Zweijahresfrist nicht rechtskräftig wird (BGH GRUR 2005, 269, 270 – *Verfolgungsverjährung;* aA OLG Düsseldorf WRP 2002, 464, 465 f; Ahrens/*Bornkamm* Kap 34 Rdn 16). Verjährung kann daher auch im weiteren Verlauf des Vollstreckungs- bzw Rechtsmittelverfahrens nicht mehr eintreten. Zu begründen ist dies damit, dass der Ordnungsmittelbeschluss bereits mit seinem Wirksamwerden bzw seiner Zustellung wirksam wird (§§ 794 I Nr 3, 793, 570 ZPO). Auch hätte es der Schuldner sonst in der Hand, den rechtskräftigen Verfahrensabschluss bis zum Eintritt der Verjährung hinauszuzögern. Den berechtigten Interessen des Schuldners ist dadurch Rechnung getragen, dass in einem etwaigen Rechtsmittelverfahren die Voraussetzungen für einen Ordnungsmittelbeschluss vorlagen.

2. Entstehung des Anspruchs

a) Grundsatz. Entstanden ist ein Anspruch, sobald er erstmals geltend gemacht und notfalls im Wege der Klage durchgesetzt werden kann (BGHZ 55, 340, 341; 79, 176, 177 f). Beim **Unterlassungs-** und **Beseitigungsanspruch** (§ 8 I 1) entsteht der Anspruch mit der **Zuwiderhandlung,** also mit der Verwirklichung des Tatbestands des § 3. Beim **vorbeugenden Unterlassungsanspruch** (§ 8 I 2) entsteht der Anspruch mit Begründung der Erstbegehungsgefahr (Rdn 1.3). Beim **Schadensersatzanspruch** (§ 9) muss noch der Eintritt eines Schadens hinzukommen, beim **Gewinnherausgabeanspruch** (§ 10) die Erzielung eines Gewinns. Unter der Zuwiderhandlung ist nicht der Beginn, sondern der Abschluss der tatbestandsmäßigen Handlung zu verstehen (BGH GRUR 1974, 99, 100 – *Brünova*), zB bei einer wettbewerbswidrigen Zeitungsanzeige also nicht die Auftragserteilung, sondern das Erscheinen der Anzeige, bei der Übersendung eines Rundschreibens nicht die Absendung, sondern der Zugang (vgl BGH GRUR 2004, 517, 519 – *E-Mail-Werbung*). 1.19

b) Einzelhandlung. Bei einer Einzelhandlung ist deren Abschluss auch dann maßgebend, wenn der Eingriff noch Fortwirkungen zeitigt (BGH GRUR 1974, 99, 100 – *Brünova;* BGH GRUR 1990, 221, 223 – *Forschungskosten; Rogge* GRUR 1963, 345, 348 f). So etwa, wenn eine geschäftsschädigende Äußerung später noch Kaufabschlüsse beeinflusst oder wenn Leser eine Zeitschriftenwerbung (wie zB bei Lesezirkeln) teilweise erst Wochen nach ihrem Erscheinen zur Kenntnis nehmen (KG MD VSW 1987, 586, 588). 1.20

c) Dauerhandlung. Darunter ist eine Verletzungshandlung zu verstehen, von der eine fortwährende, vom Verletzer pflichtwidrig aufrecht erhaltene Störung ausgeht. **Beispiele:** Anbringung eines Reklameschilds an einer Fassade; Führung einer Firma (BGH GRUR 2003, 448 – *Gemeinnützige Wohnungsgesellschaft*); Eintragung einer Firmenbezeichnung im Handelsregister oder in einem Adressbuch (OLG Stuttgart NJWE-WettbR 1999, 200, 202). Der Verjährungsbeginn ist umstritten (vgl *Messer,* FS Helm, 2002, 111, 119 ff). Es ist zu unterscheiden: **(1)** Die Verjährung von **Unterlassungs-** und **Beseitigungsansprüchen** auf Grund einer Dauerhandlung kann nicht beginnen, solange der Eingriff noch fortdauert (BGH GRUR 2003, 448, 450 – *Gemeinnützige Wohnungsgesellschaft;* OLG Hamm GRUR-RR 2010, 216, 217). Es kann jedoch Verwirkung eintreten. Zum Beginn der Verjährung des Beseitigungsanspruchs bei abgeschlossenen Handlungen s Rdn 1.23. **(2)** Beim **Schadensersatzanspruch** ist es anders, weil die Fortdauer der Handlung fortlaufend neue Schäden und damit neue Ersatzansprüche erzeugt (zutr BGHZ 71, 86, 94 – *Fahrradgepäckträger II;* BGH GRUR 1984, 820, 822 – *Intermarkt II;* BGH GRUR 1999, 751, 754 – *Güllepumpen*). Diese Ansprüche sind vergangenheitsbezogen und haben jeder für sich ihre wirtschaftliche Bedeutung. Daher ist es gerechtfertigt, für den Beginn der Verjährungsfrist an den Zeitpunkt der einzelnen Handlung anzuknüpfen, die Dauerhandlung also zeitlich in Teilakte (dh in Tage) aufzuspalten, für die dann jeweils eine gesonderte Verjährungsfrist läuft (BGHZ 71, 86, 94 – *Fahrradgepäckträger II;* BGH GRUR 1999, 751, 754 – *Güllepumpen; Teplitzky* Kap 32 Rdn 5; Ahrens/*Bornkamm* Kap 34 Rdn 18; aA GK/*Messer* § 21 UWG 1909 Rdn 24; *Messer,* FS Helm, 2002, 111, 120). Diese Auffassung entspricht auch der Interessenlage, weil sie den Verletzten davon abhält, den Schaden anwachsen zu lassen. (Der 1.21

Verwirkungseinwand bietet keinen gleichwertigen Schutz). Auch werden Widersprüche zur Behandlung der „fortgesetzten" Handlung, bei der die Rspr ohnehin auf die einzelnen Teilakte abstellt (Rdn 1.22), vermieden. Die Rspr ist freilich nicht ganz eindeutig (vgl die *obiter dicta* zur Dauerhandlung in BGH GRUR 1984, 820, 822 – *Intermarkt II;* BGH GRUR 1992, 61, 63 – *Preisvergleichsliste;* dazu, dass jedenfalls eine Unterwerfung eine Unterbrechung einer Dauerhandlung herbeiführt, vgl BGH aaO – *Preisvergleichsliste*).

1.22 **d) Fortgesetzte (wiederholte) Handlung.** Darunter ist die auf einem einheitlichen Willen beruhende Vornahme gleichartiger Handlungen zu verstehen. **Beispiel:** Wiederholte Erteilung eines Anzeigenauftrags für ein und dieselbe Werbung. – Für alle Ansprüche gilt, dass für jeden Teilakt eine gesonderte Verjährung läuft, auch wenn die einzelnen Akte von einem einheitlichen Verletzerwillen getragen sind (BGH GRUR 1974, 99, 100 – *Brünova;* BGH GRUR 1984, 820, 822 – *Intermarkt II;* BGH GRUR 1992, 61, 63 – *Preisvergleichsliste;* BGH GRUR 1999, 751, 754 – *Güllepumpen; Teplitzky* Kap 32 Rdn 6; LG Amberg WRP 2010, 162, 163; aA GK/*Messer* § 21 UWG 1909 Rdn 29: Beendigung des letzten Teilakts, der vom Gesamtvorsatz getragen ist). Zu beachten ist, dass die Lehre von der Zusammenfassung mehrerer Akte zu einer „rechtlichen Einheit" (BGH GRUR 2001, 758, 759 f – *Trainingsvertrag*), welche die frühere Lehre vom Fortsetzungszusammenhang abgelöst hat, nur für die Verwirkung von Vertragsstrafenansprüchen gilt. **Beispiele:** Sukzessive Erteilung von Anzeigenaufträgen (vgl BGH WRP 1993, 240 – *Fortsetzungszusammenhang*); Vertrieb von nachgeahmten Erzeugnissen (BGH GRUR 1999, 751 – *Güllepumpen*).

1.23 **e) Abgrenzungsfragen.** Die Abgrenzung von abgeschlossener, aber fortwirkender Einzelhandlung und Dauerhandlung ist schwierig (vgl *Rogge* GRUR 1963, 345, 348; *Neu* GRUR 1985, 335, 341 f). Bei einer Zeitungsannonce liegt eine (mit dem Erscheinen) abgeschlossene Einzelhandlung vor; beim Versand von Rundschreiben (BGH GRUR 1974, 99, 100 – *Brünova*), Katalogen, Preislisten usw ist auf den Zugang beim – jeweiligen – Empfänger, nicht auf die Gültigkeitsdauer abzustellen. – Die Abgrenzung von Dauerhandlung und fortgesetzter Handlung hängt davon ab, ob der Verletzer jeweils neu aktiv tätig wird oder nicht (**Beispiel:** Dauerauftrag für eine Anzeige ist Dauerhandlung; sukzessive Auftragserteilung auf Grund Gesamtvorsatzes ist fortgesetzte Handlung; Firmeneintragung ist Dauerhandlung, Gebrauchmachen von dieser Kennzeichnung im Geschäftsverkehr ist fortgesetzte Handlung). Die Abgrenzung ist nur dann entbehrlich, wenn man beide Handlungsformen gleich behandelt (vgl *Messer*, FS Helm, 2002, 111, 121 f).

3. Kenntnis oder grob fahrlässige Unkenntnis von der Handlung und von der Person des Verpflichteten

1.24 Die Kenntnis des Verletzten von der (abgeschlossenen oder drohenden) Verletzungshandlung und von der Person des Verletzers oder die grob fahrlässige Unkenntnis (dazu Rdn 1.28) ist zusätzliche Voraussetzung für den Beginn der sechsmonatigen Verjährungsfrist. Denn nur dann ist dem Gläubiger die rasche gerichtliche Geltendmachung des Anspruchs möglich und zumutbar.

1.25 **a) Begriff der Kenntnis.** Erforderlich ist **positive Kenntnis** der betreffenden Tatsachen. Nach der Rspr zu § 21 UWG 1909 (BGH NJW 1985, 2022, 2023; BGH WRP 1998, 164, 169 – *Modenschau im Salvator-Keller;* BGH NJW 2000, 953; 2001, 1721, 1722) steht es nach dem Rechtsgedanken des § 162 BGB der Kenntnis gleich, wenn der Verletzte sich der sich ihm aufdrängenden Kenntnis bewusst verschließt („bewusstes Wegschauen"). Diese Rspr ist zwar durch die Neuregelung, die grob fahrlässige Unkenntnis der Kenntnis gleichstellt, bedeutungslos geworden. Sie bestätigt aber die Richtigkeit und Notwendigkeit der Neuregelung.

1.26 **b) Umfang der Kenntnis.** Die Kenntnis braucht sich nur auf die den Anspruch begründenden **Tatsachen** zu beziehen (§ 11 II Nr 2). Dass der Verletzte die Tatsachen auch rechtlich zutr gewürdigt hat, ist für den Beginn der Verjährung nicht erforderlich (BGH NJW 1999, 2041, 2042), da er sich rechtlich beraten lassen kann. Ist allerdings die Rechtslage so unübersichtlich oder zweifelhaft, dass selbst ein rechtskundiger Dritter sie nicht einzuschätzen vermag, kann der Verjährungsbeginn bis zu ihrer Klärung ausgeschlossen sein, weil es an der Zumutbarkeit der Klageerhebung als übergreifender Voraussetzung für den Verjährungsbeginn fehlt (BGH NJW 1999, 2041, 2042). Der Verletzte braucht keine lückenlose Kenntnis von den Anspruch begründenden Umständen zu haben. Vielmehr genügt es, wenn er die wesentlichen Umstände der Verletzungshandlung bzw der Erstbegehungsgefahr kennt. Die relevanten Tatsachen müssen ihm aber so vollständig und sicher bekannt sein, dass sie einen einigermaßen aussichtsreichen, wenn auch nicht risikolosen Erfolg einer Klage oder eines Verfügungsantrags versprechen (BGH GRUR 1988, 832, 834 – *Benzinwerbung*), ihm daher bei verständiger Würdigung eine (zB Feststellungs-)Klage zuzumuten ist (BGHZ 122, 317, 325; BGH NJW 1990, 2808; 1999, 2041, 2042; 2000, 1499). Bloße Vermutungen oder unklare Vorstellungen reichen dazu nicht aus. – Sind für die Kenntnis der Handlung innere Tatumstände beim Verletzer maßgeblich (zB Zweck und Beweggrund einer Handlung), kommt es auf die Kenntnis der äußeren Umstände an, aus denen auf die inneren Tatsachen zu schließen ist (BGH GRUR 1964, 218, 220 – *Düngekalkhandel*). Bei einem auf die §§ 3 I, 4 Nr 8 HS 1 gestützten Anspruch gehört auch die Wahrheit oder Unwahrheit der behaupteten Tatsache zu den anspruchsbegründenden Tatsachen (BGH GRUR 2009, 1186 Tz 21 – *Mecklenburger Obstbrände*). Denn dem Gläubiger ist erst dann eine Klageerhebung zumutbar, wenn ihm die für die Beurteilung der Wahrheit oder Unwahrheit der Tatsache maßgeblichen Umstände so vollständig und sicher bekannt sind, dass sie auch unter Berücksichtigung der Beweislastverteilung in § 4 Nr 8 HS 1 einen einigermaßen sicheren Klageerfolg versprechen (BGH GRUR 2009, 1186 Tz 23 – *Mecklenburger Obstbrände*).

Für die nach § 11 II Nr 2 weiter erforderliche Kenntnis von der **Person** des Verletzers ist die Kenntnis seines Namens und seiner Anschrift erforderlich, aber auch ausreichend (BGH NJW 2001, 1721). Im Falle der Haftung des Geschäftsinhabers für Mitarbeiter und Beauftragte (§ 8 II) ist nicht erforderlich, dass der Verletzte auch die Person des Mitarbeiters oder Beauftragten kennt (vgl BGH NJW 1999, 423, 424 zu § 831 BGB); ebenso wenig im Falle der Haftung nach § 31 BGB für gesetzliche Vertreter die Person des Vertreters. – Sind mehrere für eine Verletzung verantwortlich, ist die Kenntniserlangung von Handlung und Person hins eines jeden Verpflichteten gesondert zu prüfen (*Teplitzky* Kap 16 Rdn 11). Daher können bei unterschiedlichen Zeitpunkten der Kenntniserlangung auch die Verjährungsfristen unterschiedlich zu laufen beginnen. Stets ist aber bei fehlender Kenntnis zu prüfen, ob nicht grob fahrlässige Unkenntnis vorliegt.

1.26a

c) Wissenszurechnung. Hierfür gelten die allgemeinen Grundsätze (vgl BGHZ 117, 104, 106 ff; BGHZ 130, 30, 35 ff; BGHZ 133, 129, 139; BGHZ 134, 343, 347 ff; Palandt/*Ellenberger* BGB § 166 Rdn 6 f). Innerhalb eines **Unternehmens** (oder **Verbands**) kann nicht die zufällige Kenntnis irgendeines Beschäftigten maßgebend sein, sondern nach dem Rechtsgedanken des § 166 BGB nur die Kenntnis solcher Personen, die nach der betrieblichen Organisation für die Aufnahme und ggf Weiterleitung wettbewerbsrechtlich relevanter Informationen zwecks Verfolgung von Wettbewerbsverstößen zuständig sind oder von denen dies auf Grund ihrer Stellung im Unternehmen typischerweise erwartet werden kann (**„Wissensvertreter"**; vgl BGHZ 83, 293, 296; BGHZ 133, 129, 139; BGH NJW 1989, 2323; BGH NJW 1994, 1150, 1151; BGH NJW 2000, 1411; *Heinrichs* BB 2001, 1417, 1418; *Mansel* NJW 2002, 89, 92). Ist bei einem Konzern mit mehreren rechtlich selbstständigen Tochtergesellschaften die Ahndung von Wettbewerbsverstößen der Muttergesellschaft übertragen, so kommt es folgerichtig auf die Kenntnis der bei der jeweiligen Tochtergesellschaft für die Weiterleitung der Information zuständigen Person an. Der Verletzte muss sich demnach stets die Kenntnis von „Wissensvertretern" zurechnen lassen, und zwar unabhängig davon, ob sie zugleich gesetzlicher oder rechtsgeschäftlicher Vertreter des Unternehmens sind. **Gesetzliche Vertreter** (AG-Vorstände; GmbH-Geschäftsführer) sind in aller Regel zugleich Wissensvertreter, so dass sich das Unternehmen ihre Kenntnis (bei Gesamtvertretung genügt die Kenntnis eines Vertreters) stets zurechnen lassen muss. Dies gilt aber nur dann, wenn nach der Struktur und Organisation des Unternehmens vom gesetzlichen Vertreter die Verwertung des erlangten Wissens (iSd Einleitung von gerichtlichen Schritten oder der Weitergabe des Wissens an die im Unternehmen zuständige Person) erwartet werden kann. Bei Großunternehmen ist dies nicht notwendig der Fall (vgl OLG Köln WRP 1999, 222). Man wird insoweit zwischen „dienstlichem" und „privatem" Wissen unterscheiden müssen. Die Kenntnis von **rechtsgeschäftlichen Vertretern** (zB Prokuristen, Handlungsbevollmächtigten, Handelsvertretern, Rechtsanwälten usw) ist nach dem Gesagten dem Verletzten nur dann zuzurechnen, wenn sie gleichzeitig „Wissensvertreter" sind (zum Anwalt vgl BGH NJW 2001, 885, 886). Erfährt also zB ein Außendienstmitarbeiter von dem Wettbewerbsverstoß eines Konkurrenten und teilt er dies dem Unternehmer nicht mit, so kommt es darauf an, ob es zu seinem Aufgabenkreis gehört, derartige Informationen weiterzuleiten oder nicht. Umgekehrt braucht aber, wie erwähnt, ein „Wissensvertreter" keine Vertretungsmacht im Unternehmen zu haben. **Beispiele:** Testkäufer (OLG Stuttgart WRP 1985, 242); zuständiger Sachbearbeiter, etwa Leiter der Werbeabteilung, im Unternehmen (*Teplitzky* Kap 16 Rdn 8). – Die Kenntnis sonstiger

1.27

Dritter (zB Informanten) braucht sich der Verletzte nicht zuzurechnen lassen (KG WRP 1992, 564, 566; OLG Bamberg GRUR 2007, 167). – Ein **Verband** iSd § 8 III Nr 2 oder 3 braucht sich nicht die Kenntnis von Mitgliedern zuzurechnen lassen (OLG Karlsruhe GRUR-RR 2007, 51, 53).

1.28 **d) Grob fahrlässige Unkenntnis von der Handlung und von der Person des Verpflichteten.** Anders als im alten Recht (§ 21 UWG 1909) steht nunmehr – im Einklang mit der Regelung im BGB (§ 199 I Nr 2 BGB) – die grob fahrlässige Unkenntnis der Kenntnis gleich (dazu *Rohlfing* GRUR 2006, 735). Grobe Fahrlässigkeit ist dann anzunehmen, wenn die Unkenntnis auf einer bes schweren Verletzung der im Verkehr erforderlichen Sorgfalt beruht. Das ist ohne weiteres anzunehmen, wenn der Gläubiger die Augen vor einer sich geradezu aufdrängenden Kenntnis verschließt, wenn er eine auf der Hand liegende Erkenntnismöglichkeit nicht nutzt oder wenn er sich die erforderliche Kenntnis ohne nennenswerte Kosten und Mühen in zumutbarer Weise beschaffen kann. (Es sind dies Fallgestaltungen, die in der früheren Rspr (auch zu § 852 BGB aF) dem Vorsatz zugeordnet wurden; Rdn 1.25.) Grobe Fahrlässigkeit liegt daher schon dann vor, wenn der Schuldner bei dem Verdacht eines Verstoßes die **üblichen Erkenntnis- und Informationsquellen** nicht nutzt, mag dazu auch ein gewisser Zeit- und Kostenaufwand erforderlich sein (zB Recherchen bei Behörden, Verbänden, die uU eine ausführliche schriftliche Anfrage oder längere Telefonate erfordern; vgl BGHZ 133, 192, 199). Dagegen ist es dem Gläubiger nicht zuzumuten, unübliche und kostenträchtige Ermittlungen (zB Einschaltung eines Detektivs; aufwändige Umfragen bei einer Vielzahl von potenziell Betroffenen) durchzuführen. Auch besteht für den Gläubiger keine allgemeine Marktbeobachtungspflicht im Hinblick auf Wettbewerbsverstöße.

4. Besonderheiten beim Schadensersatzanspruch

1.29 **a) Schadensentstehung als zusätzliche Verjährungsvoraussetzung.** Bei Schadensersatzansprüchen beginnt die sechsmonatige Verjährungsfrist nicht vor dem Zeitpunkt zu laufen, in dem ein Schaden entstanden ist (§ 11 II). Es genügt, dass überhaupt ein Schaden entstanden ist, die Schadensentwicklung braucht noch nicht abgeschlossen zu sein. Entsteht bereits im Zeitpunkt der Begehung ein Teil des Schadens in irgendeiner Form, beginnt damit die Verjährungsfrist zu laufen, mag auch der weitere Schaden erst später eintreten (BGH GRUR 1995, 608, 609 – *Beschädigte Verpackung II*). Beim Marktverwirrungsschaden genügt es, dass bereits eine Marktverwirrung (zB auf Grund einer Vertriebshandlung) eingetreten ist, weil insoweit nicht nur ein Beseitigungsanspruch (so BGH GRUR 2001, 841, 845 – *Entfernung der Herstellungsnummer II*), sondern auch ein Anspruch auf Naturalherstellung (§ 249 I BGB) gegeben ist, sonach ein Schaden im Rechtssinne nicht verneint werden kann.

1.30 **b) Kenntnis oder grob fahrlässige Unkenntnis von der Schadensentstehung.** Für den Beginn der sechsmonatigen Verjährungsfrist ist zusätzlich die Kenntnis oder grob fahrlässige Unkenntnis des Verletzten von der Schadensentstehung (*Teplitzky* Kap 36 Rdn 3) und vom Verschulden des Verletzers erforderlich, da er sonst keinen Anlass zur Geltendmachung des Anspruchs hat.

1.31 **c) Grundsatz der Schadenseinheit.** Der gesamte aus einer Verletzungshandlung resultierende Schaden ist als Einheit anzusehen (vgl nur BGH GRUR 1984, 820, 822 – *Intermarkt II*; BGH GRUR 1995, 608, 609 – *Beschädigte Verpackung II*). Für den Beginn der sechsmonatigen Verjährung reicht daher die Kenntnis des Verletzten aus, dass er irgendeinen Schaden erlitten hat, mag er auch über Umfang und Höhe des Schadens im Ungewissen sein (BGH aaO – *Intermarkt II;* BGHZ 107, 117, 122 = GRUR 1990, 221 – *Forschungskosten*). Es genügt nämlich, dass der Verletzte auf Grund der ihm bekannten Tatsachen eine Schadensersatzklage, und sei es auch nur eine Feststellungsklage, mit einigermaßen sicherer Aussicht auf Erfolg erheben könnte (BGHZ 48, 181, 183; BGH GRUR 1974, 99, 100 – *Brünova;* BGHZ 102, 246, 248; BGH NJW 1990, 2808, 2809).

1.32 **d) Unvorhersehbare Schadensfolgen.** Die mit der allgemeinen Kenntnis vom Eintritt eines Schadens fingierte Kenntnis vom Gesamtschaden bezieht sich aber nicht auf die im Zeitpunkt der Kenntniserlangung nicht vorhersehbaren Schadensfolgen. Für sie läuft eine gesonderte Verjährung, die mit der Kenntnis oder grob fahrlässiger Unkenntnis dieser Schäden und ihrer Verursachung durch die Verletzungshandlung beginnt (vgl BGH NJW 1973, 702; BGH GRUR 1974, 99, 100 – *Brünova*).

1.33 **e) Dauerhandlung und fortgesetzte Handlung.** Vgl dazu Rdn 1.21 ff.

5. Besonderheiten beim Beseitigungsanspruch

Liegt dem Beseitigungsanspruch keine Dauerhandlung (Rdn 1.21), sondern ein abgeschlossener Eingriff (zB Versendung eines Schreibens), der eine fortwirkende Störung zur Folge hat, zugrunde, ist für den Verjährungsbeginn der Eintritt (irgend-)einer Beeinträchtigung erforderlich (vgl *Neu* GRUR 1985, 335, 342, 343). Die sechsmonatige Verjährungsfrist beginnt aber erst ab Kenntnis oder grob fahrlässiger Unkenntnis von der Beeinträchtigung und Vorhersehbarkeit ihrer Fortdauer (BGH GRUR 1974, 99, 100 – *Brünova*). Maßgebend ist, ob der Verletzte mit einigermaßen sicherer Aussicht auf Erfolg Beseitigungsklage bzw Feststellungsklage bei voraussehbarer Fortdauer der Beeinträchtigung erheben konnte. Eine gesonderte Verjährung läuft jedoch für unvorhersehbare Auswirkungen, und zwar von der Kenntnis oder grob fahrlässigen Unkenntnis des Verletzten von ihrem Eintritt und vom Ursachenzusammenhang an (BGH aaO – *Brünova*).

V. Eintritt der Verjährung ohne Rücksicht auf Kenntnis und grob fahrlässige Unkenntnis

1. Schadensersatzansprüche

Schadensersatzansprüche verjähren nach § 11 III ohne Rücksicht auf die Kenntnis oder grob fahrlässige Unkenntnis in zehn Jahren von ihrer Entstehung, spätestens in 30 Jahren von der den Schaden auslösenden Handlung an. Die Vorschrift entspricht weitgehend dem § 199 III BGB. Zur Entstehung des Schadensersatzanspruchs vgl Rdn 1.29. Die den Schaden auslösende Handlung ist die Zuwiderhandlung gegen § 3.

2. Andere Ansprüche

Nach § 11 IV verjähren „andere Ansprüche" ohne Rücksicht auf die Kenntnis oder grob fahrlässige Unkenntnis in drei Jahren von der Entstehung an. Gemeint sind damit zunächst alle in § 11 I aufgeführten Ansprüche mit Ausnahme des Schadensersatzanspruchs, also insbes der **Unterlassungs-** und **Beseitigungsanspruch** (Rdn 1.18). Gemeint sind damit aber auch der **Gewinnabschöpfungsanspruch** aus § 10 I (aA *Schulz* WRP 2005, 274, 275) und die damit zusammenhängenden Ansprüche (vgl § 10 II 2, IV). Sie sind bewusst nicht der kurzen Verjährungsfrist des § 11 I unterworfen worden. Die dreijährige Verjährungsfrist beginnt mit der Entstehung des Anspruchs. Das ist bei § 10 I der Fall, wenn irgendein **Gewinn erzielt** wurde. Die Gewinnerzielung braucht nicht abgeschlossen zu sein. Handelt es sich allerdings um eine noch nicht abgeschlossene Aktion (zB längerfristige oder zeitlich nicht begrenzte Verkaufsmaßnahme), liegt also eine Dauerhandlung vor, so ist – wie beim Schadensersatzanspruch (Rdn 1.32) – die Dauerhandlung zeitlich in Teilakte (dh in Tage) aufzuspalten, für die dann jeweils eine gesonderte Verjährungsfrist läuft. Diese Auffassung entspricht auch der Interessenlage, weil sie den Gläubiger davon abhält, den Gewinn weiter anwachsen zu lassen.

VI. Neubeginn der Verjährung

Der in § 212 BGB geregelte Neubeginn der Verjährung (früher: Unterbrechung der Verjährung) hat auch für wettbewerbsrechtliche Ansprüche Bedeutung.

1. Anerkenntnis (§ 212 I Nr 1 BGB)

Das Anerkenntnis ist ein rein tatsächliches Verhalten des Schuldners gegenüber dem Gläubiger, aus dem sich das Bewusstsein vom Bestehen des Anspruchs unzweideutig ergibt und angesichts dessen der Gläubiger darauf vertrauen darf, dass sich der Schuldner nicht nach Ablauf der Verjährungsfrist alsbald auf Verjährung berufen wird (BGH GRUR 1981, 447, 448 – *Abschlussschreiben*). Bloßes Nichtzuwiderhandeln genügt nicht (OLG Hamm WRP 1977, 345, 346). Es muss sich auf den ganzen Anspruch erstrecken. Beim Unterlassungsanspruch genügt daher die Anerkennung der Verletzungshandlung nicht, wenn gleichzeitig die Wiederholungsgefahr bestritten wird (OLG Koblenz GRUR 1985, 388). Ob die Zahlung der Abmahnpauschale oder der Kosten des Verfügungsverfahrens auf Grund Kostenfestsetzungsbeschlusses (dazu BGH aaO – *Abschlussschreiben*) ein Anerkenntnis enthält, ist durch Auslegung zu ermitteln. Die Abgabe einer **strafbewehrten Unterlassungserklärung** führt idR zum Untergang des Unterlassungsanspruchs, so dass für eine Verjährung kein Raum mehr ist (OLG Stuttgart NJWE-WettbR 1996, 83). Es ist Sache des Gläubigers, die Erklärung anzunehmen und dadurch eine vertragliche

Verpflichtung des Schuldners zu begründen. Führt die Unterwerfungserklärung, etwa weil nicht mit einer ausreichenden Vertragsstrafe bewehrt, nicht zum Wegfall des Unterlassungsanspruchs, so stellt sie allerdings idR ein Anerkenntnis iSd § 212 I Nr 1 BGB dar (*Fritzsche* S 501). – Keinesfalls ist einer Unterwerfung jedoch ein Anerkenntnis von Schadensersatzansprüchen zu entnehmen (BGH GRUR 1992, 61, 63 – *Preisvergleichsliste*).

2. Vollstreckungshandlung (§ 212 I Nr 2 BGB)

1.39 Die gerichtliche Vollstreckungshandlung muss vorgenommen oder beantragt werden. Dazu gehören: Antrag auf Festsetzung eines Ordnungsgeldes; nachträgliche Anordnung von Ordnungsmitteln durch Beschluss gem § 890 II ZPO (BGH GRUR 1979, 121, 122 – *Verjährungsunterbrechung* mit Anm *Horn*).

VII. Hemmung der Verjährung

1. Wichtige Tatbestände der Hemmung

1.40 **a) Klageerhebung (§ 204 I Nr 1 BGB).** Die Klage wird durch Zustellung der Klageschrift erhoben (§ 253 ZPO). Die Zustellung wirkt auf den Zeitpunkt der Klageeinreichung zurück, sofern sie demnächst erfolgt (§ 167 ZPO; dazu BGH NJW 2000, 2282 (zu § 270 III ZPO aF). Die Klage muss **wirksam** erhoben worden sein, insbes also dem Bestimmtheitserfordernis entsprechen. Bei zunächst **unbestimmtem** Klageantrag tritt Hemmung gleichwohl ein, wenn er durch Hilfsanträge, die den Gegenstand des Verbots einschränken, ohne den zugrunde liegenden Sachverhalt zu ändern, konkretisiert wird (BGH GRUR 1998, 481, 483 – *Auto '94*; dazu *Teplitzky* GRUR 1999, 1050, 1051). Die Klage muss ferner vom wahren materiell Berechtigten gegen den wahren Schuldner erhoben worden sein (BGH NJW 2010, 2270 Tz 38). Maßgebend ist der Zeitpunkt der Klagezustellung, ein späterer Rechtserwerb reicht daher nicht aus (aA *Kähler* NJW 2006, 1769). Hat der wahre Schuldner den Berechtigten durch falsche Informationen zu einer Klage gegen den falschen Schuldner veranlasst, muss er sich nach § 242 BGB (Verbot des widersprüchlichen Verhaltens) so behandeln lassen, als wäre Hemmung eingetreten. Dagegen steht die **Unzulässigkeit** der Klage (zB wegen Fehlens der Prozessfähigkeit, wegen Fehlens des Feststellungsinteresses, wegen sachlicher oder örtlicher Unzuständigkeit des Gerichts) der Hemmung nicht entgegen (ebenso *Teplitzky* Kap 16 Rdn 37). Auch die unsubstanziierte oder unschlüssige Klage bewirkt die Hemmung. Bei der **Stufenklage** tritt Hemmung der Verjährung des zunächst noch unbestimmten Leistungsantrags nur in der Höhe ein, in der dieser Anspruch nach Erfüllung der seiner Vorbereitung dienenden Hilfsansprüche beziffert wird (BGH NJW 1992, 2563). Zum **Ende der Hemmung** vgl § 204 II BGB.

1.41 **b) Einreichung bzw Zustellung des Antrags auf Erlass einer einstweiligen Verfügung (§ 204 I Nr 9 BGB).** Hemmung tritt mit Zustellung des Antrags auf Erlass einer einstweiligen Verfügung ein. Sie wirkt nach § 167 ZPO auf den Zeitpunkt des Eingangs des Antrags zurück, wenn die Zustellung demnächst erfolgt. Darauf, ob der Antrag unzulässig oder unbegründet ist, kommt es nicht an. Wird der Antrag nicht zugestellt, so tritt Hemmung mit Einreichung des Antrags ein, wenn die eV innerhalb eines Monats seit Verkündung oder Zustellung an den Gläubiger dem Schuldner zugestellt wird. Dagegen tritt keine Hemmung ein, wenn das Gericht, ohne den Antrag dem Gegner zugestellt zu haben, den Antrag zurückweist (dazu *Maurer* GRUR 2003, 208, 210). Die Hemmung **endet** gem § 204 II 1 BGB, wie im Falle der Klageerhebung, sechs Monate nach der rechtskräftigen Entscheidung oder anderweitigen Beendigung des eingeleiteten Verfahrens (dazu *Maurer* GRUR 2003, 208, 210 f; *Schabenberger* WRP 2002, 293; Ahrens/*Bornkamm* Kap 34 Rdn 37). Für das Verfügungsverfahren bedeutet dies: Eine rechtskräftige Entscheidung ist möglich bei Entscheidung durch Urteil oder Zurückweisung des Verfügungsantrags durch Beschluss. Da gegen eine Beschlussverfügung unbefristet Widerspruch erhoben werden kann, ist insoweit eine formelle Rechtskraft nicht möglich. Als anderweitige Beendigung des Verfahrens ist insoweit die Zustellung der Beschlussverfügung an den Gläubiger anzusehen (*Schabenberger* WRP 2002, 293, 299). Legt der Schuldner noch vor Eintritt der Verjährung Widerspruch ein, beginnt die Hemmung nach § 204 II 3 BGB erneut. – Gibt der Schuldner keine ausreichende Abschlusserklärung (dazu § 12 Rdn 3.73 ff) ab, so muss der Gläubiger seinen Anspruch im Hauptsacheverfahren weiter geltend machen, um nicht Verjährung zu riskieren (dazu *Baronikians* WRP 2001, 121). Die Hemmung betrifft nur die mit dem Antrag geltend gemachten Ansprüche (also idR nur den Unterlassungsanspruch, nicht weiter gehende Schadensersatz- und Auskunftsansprüche).

c) **Anrufung der Einigungsstelle (§ 15 VIII 1).** Dazu § 15 Rdn 34. 1.42

d) **Veranlassung der Bekanntgabe des erstmaligen Antrags auf Prozesskostenhilfe** 1.43
(§ 204 I Nr 14 BGB). Hemmung tritt auch dann ein, wenn der Antrag am letzten Tag der Verjährungsfrist gestellt wird (BGHZ 70, 235, 237).

e) **Schweben von Verhandlungen (§ 203 BGB).** Die Verjährung ist nach § 203 S 1 BGB 1.44
gehemmt, bis der eine oder andere Teil die Fortsetzung der Verhandlungen über den Anspruch oder die den Anspruch begründenden Umstände verweigert. Zweck der Vorschrift ist es, Verhandlungen, die bei erfolgreichem Abschluss Rechtsstreitigkeiten vermeiden helfen, von dem zeitlichen Druck einer ablaufenden Verjährungsfrist zu befreien. Der Gläubiger soll nicht gezwungen werden, den Anspruch, über den verhandelt wird, vorsichtshalber durch Klageerhebung oder in anderer die Verjährung hemmender Weise geltend zu machen (BGH NJW 2008, 576 Tz 19; BGH GRUR 2009, 1186 Tz 27 – *Mecklenburger Obstbrände*). Wichtigster Anwendungsfall im Wettbewerbsrecht sind die Verhandlungen über die Abgabe einer strafbewehrten Unterlassungserklärung. Die bloße Abmahnung reicht nicht aus, um Verhandlungen anzunehmen, da es sich um eine einseitige Maßnahme handelt. Der Begriff der **Verhandlungen** ist andererseits weit auszulegen und erfasst jeden Meinungsaustausch über den Anspruch und seine tatsächlichen Grundlagen zwischen dem Gläubiger und dem Schuldner, wenn nicht sofort und eindeutig der Anspruch abgelehnt wird (BGH GRUR 2009, 1186 Tz 27 – *Mecklenburger Obstbrände*). Verhandlungen schweben also schon dann, wenn der Schuldner Erklärungen abgibt, die den Gläubiger zur Annahme berechtigen, der Schuldner lasse sich jedenfalls auf Erörterungen über die Berechtigung des Anspruchs ein. Nicht erforderlich ist, dass der Schuldner dabei eine Vergleichsbereitschaft oder eine Bereitschaft zu einem sonstigen Entgegenkommen erkennen lässt (BGH NJW 2007, 587 Tz 10 mwN; BGH GRUR 2009, 1186 Tz 27 – *Mecklenburger Obstbrände*). Ein Schweben von Verhandlungen ist zB bereits dann anzunehmen, wenn der Schuldner gegenüber dem Gläubiger erklärt, er werde den Vorwurf eines Wettbewerbsverstoßes überprüfen (lassen) oder er werde sich auf eine Erörterung der tatsächlichen Grundlagen eines behaupteten Anspruchs einlassen (BGH GRUR 2009, 1186 Tz 29 – *Mecklenburger Obstbrände*). Dazu gehört auch bereits die Bitte um Fristverlängerung, sofern eine Erklärung zur Abmahnung in Aussicht gestellt wird (Fezer/*Büscher* § 11 Rdn 56). Der Gegenstand der Verhandlungen ist durch Auslegung zu ermitteln, wobei von dem Lebenssachverhalt auszugehen ist, aus dem der Gläubiger Ansprüche herleitet. Beschränkt sich der Gläubiger nicht auf einen bestimmten (zB Unterlassungs-)Anspruch, erstrecken sich die Verhandlungen im Zweifel auf alle in Betracht kommenden Ansprüche. Wird nur über einen abgrenzbaren Teil eines Anspruchs verhandelt, hemmt dies die Verjährung der anderen Anspruchsteile nicht (vgl BGH NJW 1998, 1142). Nach § 203 S 2 BGB **endet** die **Hemmung,** sobald der eine oder andere Teil die **Fortsetzung der Verhandlungen verweigert.** Das setzt grds ein klares und eindeutiges Verhalten einer Partei voraus (BGH NJW 1998, 2819; BGH GRUR 2009, 1186 Tz 30 – *Mecklenburger Obstbrände*). Lässt der Gläubiger die Verhandlungen einschlafen, sind sie zu dem Zeitpunkt als abgebrochen anzusehen, in dem der nächste Schritt zu erwarten gewesen wäre (BGH NJW 1986, 1337). Die Verjährung tritt frühestens drei Monate nach dem Ende der Hemmung ein (§ 203 S 2 BGB). Neben § 203 BGB sind zwar die Grundsätze über die unzulässige Rechtsausübung (Rdn 1.52) anwendbar (BGHZ 93, 64, 69), doch kommt ihnen kaum noch praktische Bedeutung zu.

2. Nicht zur Hemmung führende Tatbestände

Durch Abmahnung oder Verteidigung gegenüber einer negativen Feststellungsklage tritt noch 1.45
keine Hemmung ein (BGH WRP 1994, 810, 812 – *Parallelverfahren II;* stRspr).

3. Umfang der Hemmung

Die Hemmung durch Klageerhebung beschränkt sich auf deren (ursprünglichen) Streitgegen- 1.46
stand (Antrag und Lebenssachverhalt) unter Berücksichtigung aller in Betracht kommenden Anspruchsgrundlagen (BGH GRUR 1990, 221, 223 – *Forschungskosten;* BGH GRUR 1995, 608, 609 – *Beschädigte Verpackung II;* BGH NJW 1999, 2110, 2111; OLG Stuttgart WRP 1997, 605, 610). Die Klage auf Unterlassung hemmt daher nicht die Verjährung eines aus derselben Verletzungshandlung resultierenden Beseitigungs-, Widerrufs- oder Schadensersatzanspruchs (BGH GRUR 1974, 99, 101 – *Brünova;* BGH GRUR 1984, 820, 822 – *Intermarkt II*). Die Klage auf Auskunft oder Rechnungslegung hemmt nicht die Verjährung des Hauptanspruchs (OLG Stuttgart WRP 1997, 605, 610). Die Klage auf Bereicherungsausgleich hemmt nicht die Ver-

jährung des Schadensersatzanspruchs (BGH GRUR 1990, 221, 223 – *Forschungskosten*). § 213 BGB ist auf diese Fälle nicht anwendbar. Ist die Unterlassungsklage auf eine konkrete Verletzungsform gerichtet, soll sie auch die Verjährung hins der „kerngleichen" Verletzungsformen, auf die sich die Rechtskraft des Urteils erstrecken würde, hemmen (*Teplitzky* Kap 16 Rdn 38). Dies gilt aber nur, soweit eine entspr Verletzungshandlung begangen wurde. Denn bei nicht begangenen Handlungen läuft keine Verjährungsfrist (ebenso *Teplitzky* aaO).

VIII. Wirkung der Verjährung

1. Allgemeines

1.47 Nach Ablauf der Verjährungsfrist kann der Schuldner die Leistung verweigern (§ 214 I BGB), dh er kann die Einrede der Verjährung erheben. Hat der Verletzer in Unkenntnis von der Verjährung des gesetzlichen Unterlassungsanspruchs eine strafbewehrte Unterlassungserklärung abgegeben, so kann er sie aber nicht kondizieren (§ 214 II 2 BGB).

2. Besonderheiten beim Unterlassungsanspruch

1.48 Die Verjährung berechtigt den Verletzer nicht zu weiteren Verletzungshandlungen. Diese begründen vielmehr neue Unterlassungsansprüche mit eigener Verjährungsfrist (*Teplitzky* Kap 16 Rdn 28). Die Verjährung bedeutet nur, dass der Anspruchsberechtigte diesen Anspruch nicht mehr im Wege der Klage und/oder Zwangsvollstreckung durchsetzen kann. – Die einem verjährten Unterlassungsanspruch zugrunde liegende Verletzungshandlung kann für sich allein keine Erstbegehungsgefahr und damit keinen vorbeugenden Unterlassungsanspruch begründen, da andernfalls § 11 leer liefe (BGH GRUR 1987, 125 – *Berühmung;* BGH GRUR 1988, 313 – *Auto F. GmbH;* BGH GRUR 1994, 57, 58 – *Geld-zurück-Garantie; Teplitzky* Kap 16 Rdn 31; *Fritzsche* S 499). – Die bloße Geltendmachung der Verjährungseinrede durch den Verletzer stellt keine Berühmung dar und begründet daher keine Erstbegehungsgefahr für künftige Verstöße.

3. Besonderheiten beim Schadensersatzanspruch

1.49 Nach § 852 S 1 BGB (= § 852 III BGB aF) ist der Verletzer auch nach Verjährungseintritt verpflichtet, das durch die unerlaubte Handlung Erlangte nach den Vorschriften über die Herausgabe einer ungerechtfertigten Bereicherung herauszugeben (dazu BGHZ 71, 86, 98 ff = GRUR 1978, 492 – *Fahrradgepäckträger II;* BGH GRUR 1995, 678, 681 – *Kurze Verjährungsfrist;* BGH GRUR 1999, 751, 754 – *Güllepumpen*). Dabei handelt es sich um keine Rechtsgrund-, sondern um eine Rechtsfolgenverweisung (§§ 818 ff BGB; BGHZ 71, 86, 99 – *Fahrradgepäckträger II*). Herauszugeben sind zB zu Unrecht erlangte Lizenzgebühren. Für die Verjährung dieses Anspruchs, der kein Bereicherungs-, sondern ein Deliktsanspruch ist (BGH aaO – *Güllepumpen*), gilt die Sonderregelung des § 852 S 2 BGB.

4. Vereinbarungen über die Verjährung (§ 202 BGB)

1.50 Die Verjährungsfrist kann nach § 202 II BGB durch formloses Rechtsgeschäft verkürzt oder verlängert werden, Letzteres jedoch nicht über eine Frist von 30 Jahren ab dem gesetzlichen Verjährungsbeginn hinaus. Diese Möglichkeit macht den Rückgriff auf ein *pactum de non petendo* weit gehend entbehrlich. Eine Verkürzung der Verjährungsfrist kann bei Haftung wegen Vorsatzes nicht im Voraus vereinbart werden (§ 202 I BGB).

5. Verzicht auf die Verjährungseinrede

1.51 Der Verzicht kann formlos und einseitig erfolgen (BGHZ 22, 267, 269) und auch zeitlich befristet sein (BGH NJW 1986, 1861). Der Verzicht macht aber die Forderung nicht unverjährbar, vielmehr beginnt die Verjährungsfrist neu zu laufen (§ 212 I Nr 1 BGB analog).

6. Unzulässige Rechtsausübung

1.52 Die Berufung auf Verjährung kann im Einzelfall rechtsmissbräuchlich sein. Voraussetzung ist ein – möglicherweise unbeabsichtigtes – Verhalten des Schuldners, aus dem der Gläubiger schließen darf, jener werde den Anspruch jedenfalls nur mit sachlichen Einwendungen bekämpfen, und das ihn veranlasst, von der Klage zwecks Hemmung der Verjährung abzusehen (vgl BGHZ 71, 84, 96 – *Fahrradgepäckträger II*). Das ist aber noch nicht der Fall, wenn der Verfügungsschuldner auf ein Abschlussschreiben nicht reagiert und den Antrag aus § 926 ZPO erst nach Ablauf der Verjährungsfrist stellt (BGH GRUR 1981, 447, 448 – *Abschlussschreiben*). Fallen die Umstände weg, welche den Einwand der unzulässigen Rechtsausübung begründen, muss der Gläubiger in angemessener, idR kurz bemessener Zeit Klage erheben, um die Verjährung zu hemmen (BGHZ 93, 64, 66). Führen Schuldner und Gläubiger Verhandlungen über Grund oder Höhe des Anspruchs, ist die Verjährung bereits nach § 203 BGB gehemmt.

7. Prozessuales

Die Geltendmachung der Verjährungseinrede im Prozess führt zur Erledigung der Hauptsache iSv § 91a ZPO (OLG Karlsruhe GRUR 1985, 454; OLG München WRP 1987, 267; *Teplitzky* Kap 46 Rdn 37; Ahrens/*Bornkamm* Kap 33 Rdn 15; *Peters* NJW 2001, 2289, 2290; aA OLG Schleswig NJW-RR 1986, 38; GK/*Messer* § 21 UWG 1909 Rdn 79; Zöller/*Vollkommer* ZPO § 91a Rdn 58). Denn erst die Erhebung der Einrede macht die vorher begründete Klage unbegründet. Bei der Kostenentscheidung nach § 91a ZPO sollte berücksichtigt werden, ob der Kläger den Anspruch in Kenntnis seiner Verjährung geltend machte, ohne Anhaltspunkte dafür zu haben, dass der Beklagte die Verjährungseinrede nicht erheben wird (Ahrens/*Bornkamm* Kap 33 Rdn 15). 1.53

IX. Beweislast

Der **Anspruchsgegner** hat die tatsächlichen Voraussetzungen der Verjährung zu beweisen, insbes bei der sechsmonatigen Frist die Kenntniserlangung oder grob fahrlässige Unkenntnis iSv § 11 I und II. Ihm darf indessen nichts Unmögliches angesonnen werden. Der **Anspruchsberechtigte** hat aber, soweit es um Umstände aus seiner Sphäre geht, an der Sachaufklärung mitzuwirken. Er muss also ggf darlegen, was er zur Ermittlung der Voraussetzungen seines Anspruchs und der Person des Verpflichteten getan hat (vgl BGHZ 91, 243, 260; Palandt/ *Heinrichs* BGB § 199 Rdn 46). Der **Anspruchsberechtigte** hat seinerseits die tatsächlichen Voraussetzungen für die Hemmung oder den Neubeginn der Verjährung, den Verzicht auf die Verjährungseinrede und die unzulässige Rechtsausübung zu beweisen (vgl Baumgärtel/*Ulrich*, Hdb der Beweislast im Privatrecht, Bd 3, UWG § 21 aF Rdn 3 ff). 1.54

2. Kapitel. Wettbewerbsrechtliche Einwendungen

Schrifttum: *Klaka*, Zur Verwirkung im gewerblichen Rechtsschutz, GRUR 1970, 265; *Neu*, Die neuere Rechtsprechung zur Verwirkung im Wettbewerbs- und Warenzeichenrecht, 1984; *Schütz*, Zur Verwirkung von Unterlassungsansprüchen aus § 3 UWG, GRUR 1982, 526; *Walter*, Das Institut der wettbewerblichen Abwehr, 1986.

I. Allgemeines

Einwendungen sind Tatbestände, die einen Anspruch am Entstehen hindern (rechtshindernde), ihn beschränken (rechtsbeschränkende) oder zum Erlöschen bringen (rechtsvernichtende). Im Prozess sind Einwendungen von Amts wegen zu berücksichtigen. Einwendungsbegründende Tatsachen hat im Streitfall allerdings die Partei zu beweisen, die sich darauf beruft. Gegenüber den allgemeinen bürgerlichrechtlichen Grundsätzen sind im Wettbewerbsrecht einige Besonderheiten (insbes bei Abwehr und Verwirkung) zu beachten. 2.1

II. Tatbestands- und rechtswidrigkeitsausschließende Einwendungen

1. Einwilligung

Die Einwilligung des Verletzten schließt die Rechtswidrigkeit aus, sofern die Verletzungshandlung nicht – wie idR bei Wettbewerbsverstößen – gleichzeitig die Interessen Dritter oder der Allgemeinheit berührt. Soweit der Einwilligung kein Vertrag (zB Lizenzvertrag) zu Grunde liegt, stellt sie eine geschäftsähnliche Handlung dar. Es sind dann jedoch die §§ 104 ff BGB weitgehend entspr anwendbar. Eine durch Täuschung oder Zwang herbeigeführte Einwilligung ist allerdings nicht bloß anfechtbar, sondern von vornherein unwirksam. Dauer, Umfang und Widerruflichkeit der Einwilligung sind durch Auslegung zu ermitteln. 2.2

2. Üblichkeit

2.3 Ein unlauteres Verhalten wird nicht dadurch zulässig, dass es in der Branche üblich ist (BGH GRUR 1982, 242, 244 – *Anforderungsscheck für Barauszahlung;* BGH GRUR 2001, 256, 257 – *Gebührenvereinbarung;* LG Berlin GRUR-RR 2005, 325, 328). Allenfalls wenn Zweifel an der Unlauterkeit eines Verhaltens bestehen, kann die Handels-, Branchen- oder Ortsüblichkeit ein Indiz für die Zulässigkeit sein. Dabei kommt es jedoch nicht nur auf die Auffassung der beteiligten Unternehmen, sondern auch auf die des durchschnittlich informierten, aufmerksamen und verständigen Verbrauchers an (vgl auch BGH GRUR 1955, 541, 542 – *Bestattungswerbung;* BGH GRUR 1961, 588, 592 – *Einpfennig-Süßwaren*). Letztere muss im Zweifel den Ausschlag geben. – Die Unüblichkeit eines Verhaltens stellt umgekehrt noch kein Indiz für seine Wettbewerbswidrigkeit dar; sie kann vielmehr Ausdruck innovativen Wettbewerbs sein (BGH GRUR 1973, 658, 659 – *Probierpreis*).

3. Abwehr

2.4 **a) Begriff.** Abwehr ist ein Wettbewerbsverhalten, das der Verteidigung gegenüber dem wettbewerbswidrigen Angriff eines Mitbewerbers dient. Liegen die Voraussetzungen zulässiger Abwehr vor, nimmt dies dem Verhalten den Makel der Unlauterkeit. Es erfüllt dann von vornherein nicht den Tatbestand des § 3 und ist nicht lediglich (wie die Notwehr, § 227 BGB) gerechtfertigt (BGH GRUR 1971, 259, 260 – *W. A. Z.*). Diese Grundsätze gelten auch für das Kartellrecht (vgl BGH GRUR 2003, 363, 365 f – *Wal*Mart* zum Angebot unter Einstandspreis).

2.5 **b) Voraussetzungen. aa) Abwehrlage.** Es muss ein objektiv rechtswidriger Angriff vorliegen (BGH WRP 1989, 572, 576 – *Bioäquivalenz-Werbung*), Verschulden ist nicht erforderlich (BGH GRUR 1967, 308, 311 – *Backhilfsmittel*). Die Rechtswidrigkeit kann sich auch aus anderen als UWG-Normen ergeben. Der Angriff braucht sich auch nicht gezielt gegen den Abwehrenden zu richten. Es genügt, dass er ihn beeinträchtigt (BGH GRUR 1979, 157, 159 – *Kindergarten-Malwettbewerb*). Der Angriff muss gegenwärtig sein. Dies umfasst die Zeitspanne zwischen dem unmittelbaren Bevorstehen des Angriffs bis zum Ende seiner Wirkungen (GK/*Köhler* Vor § 13 UWG 1909 Rdn B 446).

2.6 **bb) Abwehrzweck.** Der Abwehrende muss subjektiv den Zweck verfolgen, den Angriff abzuwehren. Dass er dabei noch andere Wettbewerbszwecke verfolgt, ist unschädlich (BGH GRUR 1971, 259, 261 – *W. A. Z.*), sofern die Abwehr nicht bloß Vorwand oder Anlass für eigene Angriffe ist (BGH GRUR 1961, 288, 289 – *Zahnbürsten*). Die Abwehr darf aber nicht über die Verteidigung hinausgehende werbliche Elemente enthalten (BGH WRP 1999, 643, 649 – *Hormonpräparate*).

2.7 **cc) Abwehrnotwendigkeit.** Die Abwehrhandlung muss ein **taugliches** und **adäquates** Abwehrmittel sein (BGH GRUR 1971, 259, 260 – *W. A. Z.*). Das setzt einen sachlichen Zusammenhang zwischen Abwehr und Angriff voraus (BGH GRUR 1957, 23, 24 – *Bünder Glas;* BGH GRUR 1960, 193, 196 – *Frachtenrückvergütung*). Täuschungshandlungen sind grds kein taugliches Mittel (BGH GRUR 1988, 916, 918 – *PKW-Schleichbezug*); ebenso wenig unsubstanziierte, „ins Blaue hinein" aufgestellte kritische Äußerungen (vgl aber OLG Hamburg GRUR-RR 2003, 53, 54). Die Abwehr muss ferner **erforderlich** sein. Dies ist nicht der Fall, wenn dem Angriff bereits durch Inanspruchnahme gerichtlicher Hilfe ausreichend begegnet werden kann (BGH GRUR 1990, 371, 373 – *Preiskampf;* BGH GRUR 1990, 685, 686 – *Anzeigenpreis I*). Auf gerichtliche Hilfe braucht sich der Abwehrende jedoch nicht verweisen zu lassen, wenn sie zu spät käme oder zu befürchten ist, dass der Angreifer sich nicht an ein gerichtliches Verbot halten wird oder einer bereits eingetretenen und noch fortdauernden Schädigung nicht hinreichend begegnet werden kann (BGH GRUR 1971, 259, 260 – *W. A. Z.;* BGH GRUR 1989, 516, 518 – *Vermögensberater*). Das Gleiche gilt, wenn sich der Angreifer nicht an ein gerichtliches Verbot hält, sondern hartnäckig sein Verhalten fortsetzt (OLG Jena GRUR-RR 2006, 134, 136). Ferner, wenn eine wettbewerbswidrige Werbung bereits an einen unbestimmten Empfängerkreis gelangt ist (BGH WRP 1999, 643, 649 – *Hormonpräparate*). Abwehr ist unstatthaft, wenn die gerichtliche Durchsetzung des Anspruchs (zB wegen Verjährung oder rechtskräftiger Abweisung) ausgeschlossen ist. – Zur Erforderlichkeit gehört, dass der Abwehrende das **schonendste** von mehreren gleich tauglichen Mitteln wählt (BGH GRUR 1979, 157, 159 – *Kindergarten-Malwettbewerb*). Doch darf die Abwehr umso energischer sein, je schwerwiegender der Angriff nach Richtung, Tragweite und Schärfe ist (BGH GRUR 1968, 382, 394 – *Favorit II*). Spricht die Abwehräußerung einen größeren Adressatenkreis an als die Angriffsäußerung, so ist dies unschädlich, wenn deren Weiterverbreitung nahe liegt oder sogar bezweckt ist (BGH GRUR 1967, 308, 312 – *Backhilfsmittel*).

dd) Abwehrberechtigung. Abwehrberechtigt sind grds nur der Angegriffene und seine Hilfspersonen. Die Klagebefugnis nach § 8 III schließt nicht die Abwehrbefugnis ein. Dritte können zur Abwehr ausnahmsweise dann berechtigt sein, wenn sie vom Verletzten ermächtigt sind oder in berechtigter Geschäftsführung ohne Auftrag handeln. Richtet sich der Angriff gegen die Interessen der Mitglieder eines Verbandes, der mit der Wahrnehmung dieser Interessen betraut ist, so ist auch der Verband abwehrberechtigt; ggf kommt Handeln in Wahrnehmung berechtigter Interessen in Frage (BGH GRUR 1962, 45, 48 – *Betonzusatzmittel;* BGH GRUR 1967, 308, 310 – *Backhilfsmittel*). 2.8

c) Grenzen. Abwehr ist unzulässig, soweit sie in die schutzwürdigen Belange Dritter oder der Allgemeinheit eingreift (BGH GRUR 1983, 335, 335 – *Trainingsgerät;* BGHZ 111, 188, 191 = GRUR 1990, 685, 686 – *Anzeigenpreis I;* BGH GRUR 2008, 530 Tz 22 – *Nachlass bei der Selbstbeteiligung*). Das gilt insbes für sonstige Mitbewerber als unbeteiligte Dritte (BGH aaO – *Anzeigenpreis I;* relativierend BGH GRUR 1961, 237, 241 – *TOK-Band;* BGH GRUR 2003, 363, 366 – *Wal*Mart*), für das Interesse der Allgemeinheit, vor Irreführung bewahrt zu bleiben (BGH GRUR 1983, 335, 336 – *Trainingsgerät;* relativierend BGH WRP 1999, 643, 648 f – *Hormonpräparate*) und für das Sicherheits- und Kundendienstinteresse von Verbrauchern (BGH GRUR 1978, 364, 367 – *Golfrasenmäher;* BGH GRUR 1984, 461, 463 – *Kundenboykott*). Bei unzulässiger Beeinträchtigung von Interessen Dritter sind diese zur Abwehr berechtigt, dagegen darf der Angreifer seinerseits nicht Gegenabwehr üben (BGH GRUR 1967, 308, 310 – *Backhilfsmittel*), es sei denn, dass Interessen der Allgemeinheit berührt sind. – Die Abwehr darf sich nur gegen den Angreifer, nicht gegen einen von diesem Begünstigten richten (BGH GRUR 1990, 685, 686 – *Anzeigenpreis I;* BGH WRP 1999, 643, 648 f – *Hormonpräparate*). Greift die Abwehrmaßnahme in Interessen der Allgemeinheit ein, kann sie jedoch unter dem Gesichtspunkt der Wahrnehmung berechtigter Interessen (Rdn 2.12) zulässig sein (BGH aaO – *Hormonpräparate*). 2.9

d) Rechtsfolgen. Zulässige Abwehr ist nicht wettbewerbswidrig, berechtigt daher nicht zur Gegenabwehr und löst auch keine Unterlassungs- und Schadensersatzansprüche aus. Die Kosten der Abwehr sind ggf als Folgenbeseitigungs- oder Schadensabwehrmaßnahme ersatzfähig. Greift die Abwehr in bürgerlichrechtlich geschützte Rechtspositionen (zB Eigentum, Besitz) ein, müssen zugleich Rechtfertigungsgründe nach bürgerlichem Recht, etwa aus §§ 227, 228, 904 BGB, vorliegen (BGH GRUR 1967, 138, 140 – *Streckenwerbung*). – **Unzulässige** Abwehr ist wettbewerbswidrig und kann zur Gegenabwehr berechtigen. Jedenfalls besteht bei Verschulden des Abwehrenden ein Schadensersatzanspruch (zum Einwand des Mitverschuldens des Angreifers vgl BGH GRUR 1983, 335, 336 – *Trainingsgerät*). Ob auch **ohne Verschulden** (zB schuldlosem Irrtum über Abwehrlage) Ersatz zu leisten ist, ist umstritten (verneinend *Baumbach/Hefermehl,* 22. Aufl, Einl Rdn 365), aber in Analogie zu § 231 BGB zu bejahen. 2.10

e) Beispiele für Abwehrmaßnahmen sind der **Boykottaufruf** (BGH GRUR 1959, 244, 247 – *Versandbuchhandlung*), der **Nachbau** von Waren (OLG Frankfurt GRUR 1973, 83), die **Warnung** in Zeitschriften (BGH GRUR 1971, 259 – *W.A.Z.;* BGH GRUR 1989, 516 – *Vermögensberater*), die **Rückwerbung** abgeworbener Mitarbeiter (BGH GRUR 1967, 428, 429 – *Anwaltsberatung I*) und die **kritische Auseinandersetzung** mit dem Angreifer. – Der Abwehrvergleich ist dagegen nur zulässig, wenn er die Voraussetzungen des § 6 erfüllt, da diese Regelung abschließend ist (vgl § 6 Rdn 13). 2.11

4. Wahrnehmung berechtigter Interessen

Aus § 193 StGB und Art 5 I GG hat die Rspr den übergeordneten Rechtsgedanken entwickelt, dass die Wahrnehmung berechtigter Interessen einem Verhalten die an sich gegebene Wettbewerbswidrigkeit nehmen kann (BGH GRUR 1970, 465, 466 – *Prämixe;* BGH GRUR 1971, 259, 260 – *W.A.Z.;* BGH WRP 1999, 643, 648 – *Hormonpräparate*). Bei der Anschwärzung ist die Regelung in § 4 Nr 8 zu beachten. Äußerungen, die möglicherweise wettbewerbswidrig (vgl § 4 Rdn 8.13 ff) sind, können durch die Wahrnehmung berechtigter (Eigen-, Dritt- oder Allgemein-)Interessen gerechtfertigt sein, solange sie das hierzu sachlich gebotene Maß nicht überschreiten. Die Äußerung muss objektiv nach Inhalt, Form und Begleitumständen das gebotene und notwendige Mittel zur Erreichung des rechtlich gebilligten Zwecks bilden (BGH GRUR 1970, 465, 466 – *Prämixe*). Dazu kann die Aufforderung zur streng vertraulichen Behandlung der Mitteilung gehören. Nie besteht ein berechtigtes Interesse an der Aufstellung 2.12

von Behauptungen, wenn dem Äußernden bekannt ist, dass sie unwahr oder nicht erweislich wahr sind (BGH GRUR 1962, 34, 35 – *Torsana*).

III. Verwirkung

1. Begriff, Rechtsnatur und Anwendungsbereich

2.13 **a) Allgemeines.** Die Verwirkung ist ein Unterfall der unzulässigen Rechtsausübung (§ 242 BGB; BGH WRP 2006, 114 Tz 10) wegen widersprüchlichen Verhaltens (BGH GRUR 1988, 776, 778 – *PPC*) und begründet eine rechtshemmende Einwendung, die im Prozess von Amts wegen zu berücksichtigen ist (BGH GRUR 1966, 623, 625 – *Kupferberg*). Sie ist zu unterscheiden vom **Verzicht,** der einen Erlassvertrag (§ 397 BGB) voraussetzt, und von der **Verjährung,** die lediglich eine Einrede begründet. Als Grundsatz gilt: Ein Recht ist verwirkt, wenn sich ein Schuldner wegen der Untätigkeit seines Gläubigers über einen gewissen Zeitraum hin (Zeitmoment) bei objektiver Beurteilung darauf einrichten durfte und auch eingerichtet hat, dieser werde sein Recht nicht mehr geltend machen (Umstandsmoment), und deswegen die verspätete Geltendmachung gegen Treu und Glauben verstößt (BGH GRUR 2001, 323, 324 – *Temperaturwächter;* BGH WRP 2006, 114 Tz 10). Die Verwirkung ist aber für jeden geltend gemachten Anspruch gesondert zu prüfen, da sich die tatbestandlichen Voraussetzungen unterscheiden.

2.14 **b) Unterlassungsanspruch.** Beim wettbewerbsrechtlichen Unterlassungsanspruch spielt der Verwirkungseinwand vor allem dann eine Rolle, wenn Individualinteressen verletzt wurden (vgl *Fritzsche* S 526). So insbes in den Fällen des § 4 Nr 9 sowie der §§ 17, 18 (vgl BGH GRUR 1996, 210, 213 – *Vakuumpumpen*). Doch kommt der Verwirkungseinwand auch sonst in Betracht (vgl BGH GRUR 1988, 764, 767 – *Krankenkassen-Fragebogen*). Die Verwirkung des Unterlassungsanspruchs setzt voraus, dass der Berechtigte über einen längeren Zeitraum untätig geblieben ist, obwohl er den Verstoß kannte oder ihn bei der gebotenen Wahrung seiner Interessen erkennen musste, so dass der Verpflichtete mit der Duldung seines Verhaltens durch etwaige Berechtigte rechnen durfte und sich daraufhin einen wertvollen **Besitzstand** schuf (BGH GRUR 1989, 449, 452 – *Maritim;* BGH GRUR 1993, 151, 153 – *Universitätsemblem;* BGH GRUR 1998, 1034, 1037 – *Makalu;* BGH GRUR 2001, 323, 325 – *Temperaturwächter;* KG WRP 1999, 339, 341). Es muss ein Zustand geschaffen worden sein, der für den Benutzer einen beachtlichen Wert hat, der ihm nach Treu und Glauben erhalten bleiben muss und den ihm auch der Verletzte nicht streitig machen kann, wenn er durch sein Verhalten diesen Zustand erst ermöglicht hat (BGH GRUR 1985, 72, 73 – *Consilia;* BGH GRUR 1988, 776, 778 – *PPC;* BGH GRUR 1990, 1042, 1046 – *Datacolor;* BGH GRUR 1993, 913, 914 – *KOWOG*). Die Verwirkung kommt praktisch nur bei Dauerhandlungen in Betracht, da bei wiederholten gleichartigen Verletzungen jeweils ein neuer Unterlassungsanspruch entsteht und damit auch die für das Zeitmoment der Verwirkung erforderliche Frist jeweils neu zu laufen beginnt (vgl BGH WRP 2006, 114 Tz 11).

2.15 **c) Schadensersatzanspruch.** Das Besitzstandserfordernis entfällt beim Schadensersatzanspruch (BGH GRUR 2004, 783, 785 – *NEURO-FIBOLEX/NEURO-FIBRALEX;* vgl auch Rdn 2.24). Bei ihm genügt es, wenn der Schuldner sich bei seinen wirtschaftlichen Dispositionen darauf eingerichtet hat und einrichten durfte, keine Zahlung an den Gläubiger (mehr) leisten zu müssen (BGH GRUR 2001, 323, 325 – *Temperaturwächter*). Andererseits können dann im Einzelfall höhere Anforderungen an die Schutzwürdigkeit des Vertrauens des Schuldners zu stellen sein.

2.16 **d) Bereicherungsanspruch.** Beim Bereicherungsanspruch (Lizenanalogie) gilt das Besitzstandserfordernis ebenfalls nicht. Die Verwirkung dieses Anspruchs wird nach der Rspr (BGH GRUR 2001, 323, 325 – *Temperaturwächter*) auch nicht dadurch ausgeschlossen, dass der Schuldner durch § 818 III BGB geschützt ist, da ein Wegfall der Ersparnis selten in Betracht komme (zw).

2.17 **e) Markenrecht.** Das Hauptanwendungsfeld des Verwirkungseinwands ist das Markenrecht, das zwar eine Sonderregelung (§ 21 I–III MarkenG) kennt, aber die Verwirkung nach allgemeinen Grundsätzen nicht ausschließt (§ 21 IV MarkenG).

2. Voraussetzungen

2.18 **a) Gesamtwürdigung.** Die einzelnen Voraussetzungen stehen in enger (Wechselwirkungs-) Beziehung zueinander, so dass eine Gesamtwürdigung vorzunehmen ist (BGH GRUR 1993,

913, 915 – *KOWOG;* BGH GRUR 2001, 323, 327 – *Temperaturwächter*). Je länger der Gläubiger zuwartet, obwohl eine Geltendmachung des Anspruchs zu erwarten wäre, desto schutzwürdiger wird das Vertrauen des Schuldners (BGH aaO – *Temperaturwächter*). Auch sind zB an den Besitzstand umso geringere Anforderungen zu stellen, je schutzwürdiger das Vertrauen des Verletzers in seine Berechtigung ist (BGH GRUR 1992, 45, 48 – *Cranpool;* BGH GRUR 1993, 151, 154 – *Universitätsemblem*).

b) Vermeidbares längeres Untätigbleiben des Verletzten. Vermeidbar ist das Untätigbleiben, wenn ein Einschreiten möglich und zumutbar war. Außer Betracht bleibt die Zeitspanne, in der objektiv rechtliche oder tatsächliche Umstände die Rechtsverfolgung hinderten (BGH GRUR 1969, 615, 616 – *Champi-Krone*), wozu aber enge geschäftliche Beziehungen zwischen den Parteien nicht ausreichen (BGH GRUR 1970, 308, 310 – *Duraflex*). Zumutbar ist ein Einschreiten, wenn der Verletzte die Verletzung kannte oder bei der gebotenen Wahrung seiner Interessen erkennen musste (BGH GRUR 1985, 72, 73 – *Consilia;* BGH GRUR 1988, 776, 778 – *PPC;* BGH GRUR 1989, 449, 452 – *Maritim*). Zur gebotenen Interessenwahrung gehört die Beobachtung des Marktes oder „Umfelds" in allen Bereichen, in denen man sein (zB Kennzeichen-)Recht durchsetzen möchte (BGH aaO – *Maritim;* BGH GRUR 1993, 151, 153 – *Universitätsemblem;* BGH GRUR 1993, 913, 915 – *KOWOG*), nicht dagegen ein völlig anderer Markt, auf dem der Verletzer noch dazu eine untergeordnete Rolle spielt (vgl BGH WRP 1998, 1181, 1184 – *MAC Dog* zum Verhältnis von Fastfood- und Tierfuttermarkt). Die Dauer der vermeidbaren Untätigkeit bestimmt sich nach den Umständen des Einzelfalls. In der Regel sind **mehrere Jahre** erforderlich, zumal dem Verletzten auch zur Beobachtung und Bewertung des Verletzerhandelns angemessene Zeit zuzubilligen ist (BGH WRP 1990, 613, 618 – *AjS-Schriftenreihe;* BGH GRUR 1998, 1034, 1037 – *Makalu:* knapp 2 Jahre nicht ausreichend; KG WRP 1999, 339, 341). Erweckt der Verletzte durch sein konkretes Verhalten einen erkennbar relevanten Duldungsanschein, muss er grds rasche und deutliche Maßnahmen zu dessen Zerstreuung ergreifen (BGH aaO – *Maritim*). Im Übrigen spielt eine Rolle, ob der Verletzer anfangs gutgläubig (dann kürzere Frist) oder bösgläubig (dann längere Frist) war (BGH GRUR 1969, 694, 696 – *Brillant;* BGH GRUR 1993, 913, 915 – *KOWOG*).

c) Berechtigtes Vertrauen auf die Duldung des Verhaltens (Duldungsanschein). Der Verletzer muss bei objektiver Würdigung der Sachlage Anlass zur Annahme haben, eine Verletzung liege nicht vor oder werde jedenfalls geduldet (BGH GRUR 1966, 623, 626 – *Kupferberg*). Dabei spielt auch die Dauer der Untätigkeit eine Rolle (BGH GRUR 1993, 151, 153 – *Universitätsemblem*). Dieses Vertrauen ist am ehesten berechtigt, wenn der Verletzte durch **positives Tun** den Eindruck erweckt, er werde gegen die Verletzungshandlung nicht vorgehen und der Verletzer in gutem Glauben an seine Berechtigung handelt (BGH GRUR 1992, 45, 47 – *Cranpool;* KG WRP 1999, 339, 341). Ferner dann, wenn eine **schuldlose** Verletzung vorliegt. Solche Fälle sind indessen bei Zeichenverletzungen selten: Wer ein Zeichen in Benutzung nimmt, muss sich mit der gebotenen Sorgfalt vergewissern, dass er kein fremdes Zeichen verletzt (BGH GRUR 1960, 183, 186 – *Kosaken-Kaffee;* BGH GRUR 1960, 186, 189 – *arctos;* BGH GRUR 1975, 434, 437 – *BOUCHET;* BGH GRUR 1981, 60, 62 – *Sitex;* BGH GRUR 1993, 913, 914 – *KOWOG*). Die Kenntnis berühmter Marken wird vorausgesetzt (BGH GRUR 1966, 623, 626 – *Kupferberg*). Doch kommt es bei Kenntnis des fremden Zeichens immer noch darauf an, ob der Verletzer weiß oder wissen müsste, dass er in den Schutzbereich dieses Zeichens eingreift (BGH GRUR 1963, 478, 481 – *Bleiarbeiter;* BGH GRUR 1966, 427, 431 – *Prince Albert*).

Verwirkung kommt jedoch auch bei **schuldhafter** Verletzung in Betracht (BGH GRUR 1989, 449, 453 – *Maritim;* BGH GRUR 1993, 913, 914 – *KOWOG;* BGH GRUR 2001, 323, 326 – *Temperaturwächter*). Denn der Verwirkungseinwand setzt weder anfängliche noch später eingetretene Gutgläubigkeit voraus (BGH GRUR 1989, 449, 453 – *Maritim*). Es gilt lediglich allgemein, dass die Anforderungen an die Verwirkung umso strenger sind, je weniger der Verletzer redlich gehandelt hat, dh je weniger sein Eingriff entschuldbar oder verständlich erscheint (BGH GRUR 1963, 478, 481 – *Bleiarbeiter;* BGH GRUR 1981, 60, 62 – *Sitex*). Bei wettbewerbswidriger Werbung ist ein bes strenger Sorgfaltsmaßstab anzulegen (§ 9 Rdn 1.18 ff; KG WRP 1999, 339, 341). Bei bewusster Bezugnahme auf bekannte Marken scheidet der Verwirkungseinwand von vornherein aus (BGH WRP 1998, 1181, 1184 – *MAC Dog*). Im Übrigen kann der Zeitablauf allein anfängliche Bösgläubigkeit bei der Zeichenbenutzung nicht ausgleichen. Vielmehr muss der Verletzer auf Grund seines Auftretens in der Öffentlichkeit damit rechnen können, dass der Verletzte davon Kenntnis erlangt (BGH GRUR 1981, 60, 62 – *Sitex*).

Ein berechtigtes Vertrauen des Verletzers liegt daher nicht vor, wenn er weiß oder doch wissen müsste, dass der Verletzte den Eingriff oder das Entstehen eines Anspruchs daraus (noch) nicht bemerkt hat und deshalb nicht gegen ihn vorgeht (BGHZ 1, 31, 34 – *Störche:* Werbung nur im Ausland; BGH GRUR 1963, 430, 433 – *Erdener Treppchen:* versteckte Zeichenbenutzung; BGH GRUR 1966, 623, 626 – *Kupferberg:* Unterlassen der Eintragung und Verwendung nur in begrenztem Kundenkreis; BGH GRUR 1975, 434, 437 – *BOUCHET:* Vertrieb über nur eine Ladenkette unter Verzicht auf übliche Werbung; BGH WRP 1998, 1181, 1184 – *MAC Dog:* Vertrieb auf einem völlig anderen Markt; BGH GRUR 2000, 144, 145 f – *Comic-Übersetzungen II:* Branchen- und Rechtsunkundigkeit des Verletzten; BGH WRP 2003, 747, 750 – *Klosterbrauerei:* Unkenntnis des Verletzten von Unrichtigkeit einer Bezeichnung).

2.22 Bei der Prüfung der erforderlichen Zeitspanne spielt eine Rolle, ob aus der Sicht des Verletzers der Verletzte eine **bes Veranlassung zum alsbaldigen Vorgehen** hatte (vgl auch BGH GRUR 2003, 237, 239 – *Ozon* zum Erfindervergütungsanspruch). Das ist nicht schon dann zu bejahen, wenn der Verletzer mit einer groß angelegten Werbeaktion an die Öffentlichkeit tritt (BGH GRUR 1967, 490, 495 – *Pudelzeichen*); wohl aber in folgenden Fällen: wenn der Verletzer beim Verletzten anfragt, ob Bedenken bestünden (KG WRP 1999, 339, 341); wenn der Verletzer den Vorwurf einer Verletzung bestreitet (BGHZ 26, 52, 66 – *Sherlock Holmes*); wenn der Verletzte eine Unterlassungsklage nur androht, aber nicht einreicht (BGH WM 1976, 620, 621 – *Globetrotter*); wenn lediglich die Tochtergesellschaft des Verletzten gegen einen vergleichbaren Sachverhalt vorgeht (BGH GRUR 1989, 449, 452 – *Maritim*); wenn der Verletzer gegen eine Zeicheneintragung keinen Widerspruch einlegt (BGH GRUR 1966, 427, 431 – *Prince Albert*) oder zwar Widerspruch einlegt, nach dessen Zurückweisung aber nicht klagt, sondern sich lediglich „alle Rechte vorbehält" (BGH GRUR 1963, 478, 481 – *Bleiarbeiter*); wenn der Verletzte in engen Geschäftsbeziehungen zum Verletzer steht (BGH GRUR 1970, 308, 310 – *Duraflex*; BGH GRUR 1988, 776, 778 – *PPC*; BGH GRUR 2000, 605, 607 – *comtes/ComTel*; aA BGH GRUR 1985, 389, 390 – *Familiennamen;* diff *Teplitzky* Kap 17 Rdn 6: Vorgehen unverzüglich nach Trennung); wenn der Verletzte in vergleichbaren Fällen gegen Dritte nicht eingeschritten ist (BGH GRUR 1970, 315, 319 – *Napoleon III*) oder umgekehrt nur gegen Dritte vorgegangen ist, es sei denn, dass es sich um einen Musterprozess handelt (BGH GRUR 1969, 615, 617 – *Champi-Krone*).

2.23 **Außergerichtliche Maßnahmen** des Verletzten (Abmahnung; Widerspruch gegen Zeichenanmeldung) zerstören einen bis dahin angewachsenen Duldungsanschein (BGH GRUR 1988, 776, 778 – *PPC*), schließen aber bei nachfolgendem Untätigbleiben Verwirkung nicht aus. Bei der Bemessung der erforderlichen Zeitspanne ist dann freilich auch das vorhergehende Untätigbleiben zu berücksichtigen (BGH GRUR 1963, 478, 480 – *Bleiarbeiter*). Nicht ausgeschlossen ist Verwirkung auch dann, wenn bereits **Klage** erhoben war, der Prozess aber nicht weiterbetrieben wurde (BGHZ 26, 52, 67 – *Sherlock Holmes;* BGH GRUR 1977, 503, 506 – *Datenzentrale*) oder wenn bereits ein rechtskräftiges Urteil vorliegt (BGHZ 5, 189 – *Zwilling*). Doch kommt dies nur in extremen Ausnahmefällen in Betracht.

2.24 d) **Aufbau eines wertvollen Besitzstandes. aa) Geltungsbereich.** Das Besitzstandserfordernis gilt nach der Rspr nur für die marken- und wettbewerbsrechtlichen Unterlassungsanspruch, nicht aber für den Schadensersatzanspruch (BGH GRUR 1988, 776, 778 – *PPC*; BGH GRUR 2001, 323, 325 – *Temperaturwächter*), für den Bereicherungsanspruch (BGH aaO – *Temperaturwächter*) und für den markenrechtlichen Löschungsanspruch (BGH GRUR 1970, 315, 319 – *Napoleon III,* auch zum Verhältnis zum Unterlassungsanspruch). Der Besitzstand muss im Vertrauen auf die Duldung der Verletzung aufgebaut worden sein und bis zum Zeitpunkt der Letzten mündlichen Verhandlung fortbestanden haben.

2.25 bb) **Wertvoller Besitzstand.** Der **Besitzstand** iSe sachlich-wirtschaftlichen Basis (betriebliche Einrichtungen, Vermögenswerte, Vorkehrungen, Investitionen) für die künftige wirtschaftliche Betätigung (BGH GRUR 2001, 323, 325 – *Temperaturwächter*) kann sich aus der Benutzung von **Kennzeichen, Werbeaussagen** und **-bildern** (BGH GRUR 1983, 32, 34 – *Stangenglas I;* BGH GRUR 1985, 140, 141 – *Größtes Teppichhaus der Welt,* BGH WRP 2003, 747, 750 – *Klosterbrauerei*) sowie aus **Nachahmungen** fremder Leistungen ergeben. **Wertvoll** ist ein Besitzstand, wenn er, bezogen auf die Betriebsgröße des Verletzers, nicht des Verletzten (BGH GRUR 1993, 151, 154 – *Universitätsemblem;* BGH GRUR 1993, 913, 915 – *KOWOG*), aber auch bereits für sich gesehen einen beachtlichen wirtschaftlichen Wert darstellt (BGH GRUR 1988, 776, 778 – *PPC;* BGH GRUR 1989, 449, 451 – *Maritim;* BGH GRUR 1990, 1042, 1046 – *Datacolor*), weil und soweit sich in den Abnehmerkreisen eine **feste und dauerhafte Vorstellung** vom

Zeichen usw gebildet hat (BGH GRUR 1975, 69, 71 – *Marbon;* KG WRP 1999, 339, 341). Die **Darlegungs-** und **Beweislast** für den wertvollen Besitzstand trägt der Verletzer (BGH GRUR 1988, 776, 778 – *PPC*). Eine schlüssige Besitzstandsbehauptung kann bereits in der Berufung auf Verwirkung unter gleichzeitiger Behauptung einer langjährigen Zeichenbenutzung erblickt werden (BGH GRUR 1992, 45, 48 – *Cranpool*).

Bei der Prüfung ist in erster Linie, aber nicht ausschließlich, abzustellen auf den **Grad der Bekanntheit,** den das Zeichen durch die Benutzung gewonnen hat, und auf den **Umsatz** (BGH GRUR 1993, 151, 153 – *Universitätsemblem;* BGH WRP 1998, 978, 982 – *Makalu*) oder **Gewinn,** den der Benutzer unter dem verwendeten Zeichen erzielt hat, ferner auf Art und Umfang der unter Verwendung des Zeichens betriebenen **Werbung,** die Rückschlüsse auf den Bekanntheitsgrad des Zeichens und den Umfang des erworbenen Besitzstandes zulässt (BGH GRUR 1989, 449, 450 – *Maritim;* BGH WRP 1990, 613, 619 – *AjS-Schriftenreihe;* BGH GRUR 1990, 1042, 1046 – *Datacolor;* BGH WRP 1998, 978, 982 – *Makalu*). Für den Bekanntheitsgrad ist der jeweilige **Kundenkreis** maßgebend, an den sich der Verletzer mit seiner Ware, ihrer Kennzeichnung und der Werbung hierfür wendet, wobei Bekanntheit bei einem kleineren Kundenkreis oder bei Vorliegen bes Umstände auch bei nur gewerblichen Abnehmern ausreichen kann (BGH GRUR 1981, 60, 62 – *Sitex;* BGH GRUR 1989, 449, 450 – *Maritim;* BGH GRUR 1990, 1042, 1046 – *Datacolor*). Zu prüfen ist dann jedoch, ob eine Änderung oder Aufgabe des Zeichens überhaupt zu einer nennenswerten Verschlechterung der Wettbewerbsposition führen würde (BGH GRUR 1966, 623, 626 – *Kupferberg;* BGH GRUR 1981, 60, 63 – *Sitex*). Für einen ausreichenden Bekanntheitsgrad ist Verkehrsgeltung oder gar Eintragung des Zeichens nicht erforderlich (BGH GRUR 1962, 522, 525 – *Ribana*). Umsätze sind in Relation zur Betriebsgröße zu bewerten (BGH GRUR 1993, 913, 915 – *KOWOG*).

Der **Nachweis** des wertvollen Besitzstandes kann aber auch auf **andere Weise** geführt werden (BGH GRUR 1966, 427, 431 – *Prince Albert*). So kann eine nach Abmahnung oder Klageerhebung eingetretene und daher an sich nicht mehr zu berücksichtigende Umsatzsteigerung einen Rückschluss auf den zuvor schon erreichten Besitzstand zulassen; auch kann eine im Ausland erworbene Zeichengeltung zu berücksichtigen sein (BGH aaO – *Prince Albert*). Nicht ausreichend ist hingegen eine (selbst mehrjährige) Benutzung des Zeichens lediglich in Preislisten und auf Ausstellungen zur Bezeichnung eines von mehreren Erzeugnissen desselben Herstellers (BGH GRUR 1975, 69, 71 – *Marbon*).

cc) Kausalität des Duldungsanscheins. Ein erworbener Besitzstand ist nur insoweit zu berücksichtigen, als er auf der Verletzungshandlung beruht (BGH GRUR 1988, 776, 778 – *PPC*) und auf Grund des Duldungsanscheins geschaffen wurde (BGH GRUR 1989, 449, 453 – *Maritim*).

e) Interessenabwägung. Der Verwirkungseinwand lässt sich nicht schematisch handhaben, vielmehr sind im Rahmen einer **Gesamtabwägung** der beiderseitigen Interessen auch alle Umstände des Einzelfalls zu berücksichtigen (BGH GRUR 2001, 323, 327 – *Temperaturwächter*).

aa) Umstände beim Verletzer. Je größer das Ausmaß und Gewicht des wertvollen Besitzstandes sind, desto eher kann auch ein kürzerer Benutzungszeitraum (sechs Jahre, uU noch weniger) ausreichen (BGH GRUR 1990, 1042, 1046 – *Datacolor*). Weiter spielt eine Rolle, ob und in welchem Grad der Verletzer schuldhaft handelte und wie intensiv und umfangreich die Verletzung ist. So kann Verwirkung hins der ursprünglichen Verletzung ausgeschlossen sein, wenn der Verletzer seine Verletzungshandlungen systematisch steigert (BGH GRUR 1958, 143, 147 – *Schwardmann*). Zu berücksichtigen ist auch, ob dem Verletzer eher eine Aufgabe seiner Kennzeichnung zuzumuten ist als dem Verletzten (BGH GRUR 1966, 623, 626 – *Kupferberg;* BGH GRUR 1981, 60, 62 – *Sitex*). Ist dies der Fall, wird idR bereits ein wertvoller Besitzstand zu verneinen sein (BGH GRUR 1985, 930, 931 – *JUS-Steuerberatungsgesellschaft*).

bb) Umstände beim Verletzten. Bedeutsam ist, in welcher Ausgangslage sich der Verletzte befand, insbes ob er das verletzte Zeichen bereits in Benutzung genommen hatte (BGH GRUR 1957, 228, 231 – *Astrawolle;* BGH GRUR 1966, 427, 431 – *Prince Albert*), wie empfindlich der hinzunehmende Rechtsverlust ist (BGH GRUR 1960, 183, 186 – *Kosaken-Kaffee*) und welche Möglichkeiten des Einschreitens bestanden.

cc) Allgemeininteressen. Bei der Abwägung ist auch das Allgemeininteresse am Wettbewerb zu berücksichtigen. Dieses Interesse wird tangiert, wenn ein Mitbewerber ohne sachlichen Grund mit der Geltendmachung von Unterlassungsansprüchen zuwartet, um alsdann einen mit Mühen und Kosten erworbenen Besitzstand des Gegners zu vernichten oder ihn sich kostenlos anzueignen. Soweit die Parteien daher Mitbewerber (§ 2 I Nr 3) sind, sollten die Anforderungen an die Verwirkung möglichst gering gehalten werden (GK/*Köhler* Vor § 13 aF B Rdn 476).

3. Grenzen

2.33 **a) Grundsatz.** Der Verwirkungseinwand kann grds nicht eingreifen, wenn die Verletzung zugleich das **Interesse der Allgemeinheit** beeinträchtigt, weil dieses grds Vorrang vor dem Individualinteresse des Betroffenen hat (BGH GRUR 1985, 930, 931 – *JUS-Steuerberatungsgesellschaft;* BGH GRUR 1986, 903, 904 – *Küchencenter;* BGH GRUR 1991, 848, 850 – *Rheumalind II;* BGH GRUR 1994, 844, 846 – *Rotes Kreuz;* BGH GRUR 1997, 537, 539 – *Lifting-Creme;* BGH GRUR 2003, 448, 450 – *Gemeinnützige Wohnungsgesellschaft*). Dies gilt nicht nur im Verhältnis zu den nach § 8 III Anspruchsberechtigten, sondern auch im Verhältnis zum Verletzten (aA *Schütz* GRUR 1982, 526, 531). Nicht der Verwirkung unterliegen daher grds Ansprüche: aus § 3 iVm § 5 (BGH GRUR 1966, 267, 271 – *White Horse;* BGH GRUR 1990, 604, 606 – *Dr. S-Arzneimittel;* BGH GRUR 1991, 848, 850 – *Rheumalind II*); aus § 3 iVm § 4 Nr 10, 11, soweit der Anspruch auch (zB wegen Irreführungsgefahr) dem Schutz der Allgemeinheit dient (BGH GRUR 1985, 930, 931 – *JUS-Steuerberatungsgesellschaft;* BGH GRUR 1980, 797, 799 – *Topfit Boonekamp;* BGH GRUR 1981, 596, 599 – *Apotheken-Steuerberatungsgesellschaft*); aus § 49 II Nr 2 MarkenG (zu § 11 I Nr 3 WZG vgl BGH GRUR 1952, 577, 582 – *Zwilling;* BGH GRUR 1960, 563, 566 – *Sektwerbung*); aus § 37 II HGB (*v Gamm,* FS Stimpel, 1985, 1007, 1013; GK/*Teplitzky* § 16 aF Rdn 476; aA RGZ 167, 184, 190; offen gelassen in BGH GRUR 1993, 576, 578 – *Datatel*).

2.34 **b) Ausnahmen.** Zu prüfen ist jedoch stets, ob infolge einer langen und unangefochtenen Benutzung einer an sich irreführenden Bezeichnung entweder die tatbestandlichen Voraussetzungen des § 3 iVm § 5 oder anderer Irreführungstatbestände entfallen sind (BGH GRUR 1957, 285, 287 – *Erstes Kulmbacher;* BGH GRUR 1966, 445, 450 – *Glutamal*); ferner, ob das an sich vorrangige Interesse der Allgemeinheit, vor Irreführung bewahrt zu werden, so gering oder so weit geschwunden ist, dass es ausnahmsweise gegenüber bes Belangen, insbes einem zwischenzeitlich erworbenen ganz erheblichen Besitzstand, zurückzutreten hat (BGH GRUR 1977, 159, 161 – *Ostfriesische Teegesellschaft;* BGH GRUR 1979, 415, 416 – *Cantil-Flasche;* BGH GRUR 1985, 930, 931 – *JUS-Steuerberatungsgesellschaft;* BGH WRP 2003, 747, 750 – *Klosterbrauerei*). Insoweit greift der Grundsatz der Verhältnismäßigkeit ein (BGH WRP 2003, 747, 751 – *Klosterbrauerei*). Im Bereich der **Gesundheitswerbung** wird die Irreführungsgefahr allerdings nur in seltenen Fällen hinter dem Individualinteresse zurückstehen (BGH GRUR 1980, 797, 799 – *Topfit Boonekamp;* BGH GRUR 1983, 595, 597 – *Grippewerbung III;* BGH GRUR 1991, 848, 850 – *Rheumalind II*).

4. Rechtsfolgen

2.35 **a) Rechtshemmende Einwendung.** Die Verwirkung gibt dem Verletzer lediglich eine rechtshemmende Einwendung gegen den geltend gemachten Anspruch. Werden mehrere Ansprüche erhoben, so ist die Verwirkung für jeden Anspruch gesondert zu prüfen (BGH GRUR 1970, 315, 319 – *Napoleon III*), zumal die Voraussetzungen jeweils unterschiedlich sein können (Rdn 2.13 ff). So kann im Einzelfall der Unterlassungs-, aber nicht zugleich der Löschungsanspruch verwirkt sein (BGH GRUR 1999, 1017, 1019) oder umgekehrt (BGH GRUR 1970, 315, 319 – *Napoleon III*). Die Verwirkung gibt dem Verletzer kein Recht, den erlangten Besitzstand nach dem Einschreiten des Verletzten noch weiter räumlich oder sachlich auszudehnen oder zu sichern, etwa: durch Marken- oder Firmeneintragung (BGH GRUR 1969, 694, 697 – *Brillant;* BGH GRUR 1992, 45, 47 – *Cranpool;* BGH GRUR 1993, 576, 578 – *Datatel*); durch Erweiterung vom bloßen marken- zum firmenmäßigen Gebrauch (BGH GRUR 1981, 66, 68 – *MAN/G-man*) oder umgekehrt; durch Vertriebserweiterung von Großpackungen an gewerbliche Abnehmer auf Kleinpackungen an Endverbraucher (BGH GRUR 1969, 1017, 1019 – *Brillant*); durch Erweiterung des Absatzgebiets (BGH GRUR 1955, 406, 408 – *Wickelsterne*). Geringfügige Erweiterungen des bisherigen Gebrauchs sind jedoch hinzunehmen (BGH GRUR 1963, 478, 481 f – *Bleiarbeiter;* weiter gehend *Krieger* GRUR 1970, 319, 320). Die Verwirkung berechtigt den Verletzer nicht, gegen die weitere Benutzung des Zeichens durch den Verletzten vorzugehen, sofern dieser nicht seinerseits gegen § 3 verstößt. Die Verwirkung nimmt dem Verletzten auch nicht die Befugnis, gegen neuerliche Verletzungen Dritter vorzugehen (*Klaka* GRUR 1981, 68, 69).

b) Einwendungsberechtigung. Nur der Verletzer, in dessen Person die Voraussetzungen der Verwirkung vorliegen, sowie die für die Verletzung mithaftenden Dritten sind einwendungsberechtigt. Die Rechtsposition aus der (unvollendeten oder vollendeten) Verwirkung stellt kein übertragbares Recht dar (*Klaka* GRUR 1981, 68, 69). Anders verhält es sich jedoch, wenn der Dritte lediglich **Rechtsnachfolger** des Verletzers ist oder ein vergleichbarer Sachverhalt vorliegt (BGH GRUR 1981, 60, 63 – *Sitex:* Rechtsformumwandlung; BGH GRUR 1969, 694, 697 – *Brillant:* Betriebspacht).

IV. Rechtsmissbrauch

1. Allgemeines

Die Verwirkung stellt nur einen Unterfall des Rechtsmissbrauchs dar. Daneben können noch andere Fallgestaltungen treten. Für sie gilt generell, dass der Einwand unbeachtlich ist, sofern der Wettbewerbsverstoß zugleich die Interessen Dritter oder der Allgemeinheit berührt (BGH GRUR 1984, 457, 460 – *Deutsche Heilpraktikerschaft*). Eine Spezialregelung des Rechtsmissbrauchs enthält § 8 IV.

2. unclean hands-Einwand

Schrifttum: *Friehe,* „unclean hands" und lauterer Wettbewerb, WRP 1987, 439; *Prölss,* Der Einwand der „unclean hands" im Bürgerlichen Recht sowie im Wettbewerbs- und Warenzeichenrecht, ZHR 132 (1969), 35; *Traub,* Der Einwand der „unclean hands" gegenüber Folgenbeseitigungsansprüchen, FS v Gamm, 1990, 313.

a) Begriff und Abgrenzung. Der Einwand besagt, dass der Gläubiger seinerseits in gleicher oder vergleichbarer Weise wettbewerbswidrig gehandelt habe. Nicht erfasst sind daher die Fälle, in denen ungleichartige Wettbewerbsverstöße vorliegen oder der Gläubiger nur gegen einen von mehreren Verletzern vorgeht.

b) Zulässigkeit. Die Rspr lässt den Einwand von vornherein nicht zu, wenn durch den Verstoß zugleich die Interessen Dritter oder der Allgemeinheit berührt werden (BGH GRUR 1967, 430, 432 – *Grabsteinaufträge I;* BGH GRUR 1977, 494, 497 – *DERMATEX;* KG GRUR 2000, 93, 94 – *Zugabeverstoß;* OLG Frankfurt GRUR-RR 2008, 410; OLG Oldenburg GRUR-RR 2009, 67, 69) und im Übrigen nur dann, wenn der Kläger sich bei wechselseitiger Abhängigkeit der beiderseitigen Wettbewerbsverstöße zu seinem eigenen Verhalten in Widerspruch setzen würde (BGH GRUR 1957, 23, 24 – *Bünder Glas;* BGH GRUR 1971, 582, 584 – *Kopplung im Kaffeehandel;* OLG Karlsruhe GRUR-RR 2008, 350). Wechselseitige Abhängigkeit soll vorliegen, wenn die Verstöße im Wesentlichen gleichzeitig erfolgen und gleichartig sind (*v Gamm* § 1 aF Rdn 325). Das Schrifttum plädiert zT für eine weiter gehende Zulässigkeit des Einwands (vgl *Prölss* ZHR 132 (1969), 35, 73, 85; *Friehe* WRP 1987, 439, 442; *Fritze* WRP 1966, 158, 160; *Willemer* WRP 1976, 16, 22). Richtigerweise wird man den Einwand im Unterlassungsprozess überhaupt nicht zulassen dürfen, weil wirklich schutzwürdige Interessen des Verletzten bereits durch Abwehr (Rdn 2.4 ff) gewahrt werden können und im Übrigen die Möglichkeit zur Widerklage besteht (GK/*Köhler* Vor § 13 aF Rdn B 488).

c) Berücksichtigung beim Schadensersatzanspruch. Ein Ersatzanspruch gegen einen Mitbewerber ist regelmäßig ausgeschlossen, wenn beide Parteien im Wesentlichen gleichzeitig, in gleicher Art und Weise und in gleichem Umfang wettbewerbswidrig gehandelt haben (BGH GRUR 1970, 563 – *Beiderseitiger Rabattverstoß;* BGH GRUR 1971, 582, 584 – *Kopplung im Kaffeehandel*). Insoweit handelt es sich um eine Art Schadenskompensation. Soweit sich die Verstöße nicht „decken", ist der überschießende Schaden zu ersetzen.

3. Provozierter Wettbewerbsverstoß

Wer auf unlautere Weise einen fremden Wettbewerbsverstoß veranlasst, handelt rechtsmissbräuchlich, wenn er Unterlassung begehrt. Unlauteres oder sonst gesetzwidriges Handeln liegt jedoch nicht schon bei einem normalen **Testkauf** (und ähnlichen Testmaßnahmen; vgl OLG Karlsruhe GRUR 1994, 130) durch einen Mitbewerber oder einen von ihm Beauftragten vor (BGH GRUR 1987, 304, 305 – *Aktion Rabattverstoß;* BGH GRUR 1999, 1017, 1019 – *Kontrollnummernbeseitigung*). Denn Testkäufe sind ein weithin unentbehrliches Mittel zur Überprüfung des Wettbewerbsverhaltens von Mitbewerbern und für ihren Erfolg ist es unvermeidlich, den Zweck zu verheimlichen (BGH aaO – *Kontrollnummernbeseitigung*). Rechtmäßig sind Testkäufe auch dann noch, wenn damit unzutr Belehrungen oder unberechtigte Abmahnungen einhergehen (BGH GRUR 1987, 304, 305 – *Aktion Rabattverstoß*). Unzulässig ist ein Testkauf jedoch dann, wenn für einen begangenen oder drohenden Wettbewerbsverstoß keine Anhaltspunkte vorliegen und er nur dazu dient, einen Mitbewerber „hereinzulegen" (BGH GRUR 1992, 612 – *Nicola*; BGH GRUR 1999, 1017, 1019 – *Kontrollnummernbeseitigung*). Die Provokation muss allerdings **ursächlich** für den Wettbewerbsverstoß sein; dies ist nicht der Fall, wenn der Verletzer den Verstoß auch sonst begangen hätte (BGH GRUR 1985, 447, 450 – *Provisionsweitergabe durch Lebensversicherungsmakler*). Bei Unzulässigkeit des Testkaufs kann weder Unterlassung noch Schadensersatz noch eine Vertragsstrafe verlangt werden. Das Unterlassungsbegehren ist auch dann missbräuchlich, wenn der provozierte Verstoß zugleich die Interessen Dritter oder der Allgemeinheit verletzt. Dagegen sind in diesem Falle Ansprüche Dritter nicht ausgeschlossen; sie können sich sogar gegen den Provokateur unter dem Gesichtspunkt der Haftung für Anstiftung richten.

4. Wechsel der Rechtsauffassung

2.42 Der Wechsel der Rechtsauffassung stellt grds keinen Rechtsmissbrauch dar (BGH GRUR 1957, 499, 503 – *Wipp*), es sei denn, dass (zB bei Abänderung eines Zeichens entspr der Rechtsauffassung des Klägers) beim Gegner ein Vertrauenstatbestand geschaffen wurde und dieser sich darauf eingerichtet hat.

5. Unredlicher Rechtserwerb

2.43 Die Erwirkung einer Zeicheneintragung kann wettbewerbswidrig iSd § 3 iVm § 4 Nr 10 und des § 826 BGB sein (und damit ggf nicht nur eine Einwendung, sondern zugleich einen Löschungs- bzw Unterlassungsanspruch begründen). In den Fällen der Vorbenutzung kann dies der Fall sein, wenn über die Vorbenutzung durch den Gegner hinaus bes Umstände vorliegen. So zB, wenn der Zeicheninhaber in Kenntnis eines schutzwürdigen Besitzstandes des Vorbenutzers ohne zureichenden sachlichen Grund für gleiche oder gleichartige Waren die gleiche oder eine verwechslungsfähige Bezeichnung eintragen lässt, um den Besitzstand des Vorbenutzers zu stören oder für diesen den Gebrauch der Bezeichnung zu sperren (BGH GRUR 1967, 490, 492 – *Pudelzeichen;* BGH GRUR 1967, 298, 301 – *Modess;* BGH GRUR 1980, 110, 112 – *Torch;* BGH GRUR 1986, 74, 76 – *Shamrock III;* § 4 Rdn 10.84 mwN). Bloße Kenntnis von der Vorbenutzung reicht demnach nicht aus (BGH GRUR 1980, 110, 111 – *Torch*). Ob ein schutzwürdiger Besitzstand beim Vorbenutzer vorliegt, beurteilt sich nach den für die Verwirkung geltenden Grundsätzen (Rdn 2.24 ff; BGH GRUR 1984, 210, 211 – *AROSTAR*). Ist ein ausländisches Zeichen im Inland noch wenig benutzt, wird Weltgeltung zu fordern sein (BGH GRUR 1967, 298, 301 – *Modess*). Ein sachlicher Grund für die Eintragung liegt vor, wenn die Wahrung bestehender Rechte gegenüber Angriffen bezweckt wird (BGH GRUR 1984, 210, 211 – *AROSTAR*), nicht dagegen, wenn die Eintragung nur zum Ausbau und zur Abrundung des eigenen Besitzstandes erfolgt (BGH GRUR 1986, 74, 77 – *Shamrock III*). Das Fehlen eines schutzwürdigen Besitzstandes ist dann unerheblich, wenn die Eintragung allein zu dem Zweck erfolgt, Mitbewerber vom Vertrieb einer Ware auszuschließen und sich eine Alleinstellung zu verschaffen (BGH GRUR 1980, 110, 111 – *Torch*). – Ob dem Vorbenutzer nur die Einwendung des Rechtsmissbrauchs zusteht oder ob er darüber hinaus einen Löschungsanspruch hat, beurteilt sich nach den Umständen des Einzelfalls, insbes danach, ob bereits die Anmeldung des vorbenutzten Zeichens oder nur die Geltendmachung der Rechte aus der Anmeldung wettbewerbswidrig ist (BGH GRUR 1984, 210, 211 – *AROSTAR;* BGH GRUR 1986, 74, 77 – *Shamrock III*). – Selbst beim Fehlen einer Vorbenutzung kann die Zeichenanmeldung unlauter bzw rechtsmissbräuchlich sein, wenn sie lediglich zu **Spekulationszwecken** erfolgt (dazu näher BGH GRUR 2001, 242, 244 – *Classe E;* § 4 Rdn 10.86).

Kapitel 3. Verfahrensvorschriften

Anspruchsdurchsetzung, Veröffentlichungsbefugnis, Streitwertminderung

12 (1) ¹Die zur Geltendmachung eines Unterlassungsanspruchs Berechtigten sollen den Schuldner vor der Einleitung eines gerichtlichen Verfahrens abmahnen und ihm Gelegenheit geben, den Streit durch Abgabe einer mit einer angemessenen Vertragsstrafe bewehrten Unterlassungsverpflichtung beizulegen. ²Soweit die Abmahnung berechtigt ist, kann der Ersatz der erforderlichen Aufwendungen verlangt werden.

(2) Zur Sicherung der in diesem Gesetz bezeichneten Ansprüche auf Unterlassung können einstweilige Verfügungen auch ohne die Darlegung und Glaubhaftmachung der in den §§ 935 und 940 der Zivilprozessordnung bezeichneten Voraussetzungen erlassen werden.

(3) ¹Ist auf Grund dieses Gesetzes Klage auf Unterlassung erhoben worden, so kann das Gericht der obsiegenden Partei die Befugnis zusprechen, das Urteil auf Kosten der unterliegenden Partei öffentlich bekannt zu machen, wenn sie ein berechtigtes Interesse dartut. ²Art und Umfang der Bekanntmachung werden im Urteil bestimmt. ³Die Befugnis erlischt, wenn von ihr nicht innerhalb von drei Monaten nach Eintritt der Rechtskraft Gebrauch gemacht worden ist. ⁴Der Ausspruch nach Satz 1 ist nicht vorläufig vollstreckbar.

(4) Bei der Bemessung des Streitwerts für Ansprüche nach § 8 Absatz 1 ist es wertmindernd zu berücksichtigen, wenn die Sache nach Art und Umfang einfach gelagert ist oder wenn die Belastung einer der Parteien mit den Prozesskosten nach dem vollen Streitwert angesichts ihrer Vermögens- und Einkommensverhältnisse nicht tragbar erscheint.

Gesamtübersicht[1]

Rdn

1. Kapitel. Abmahnung und Unterwerfung (§ 12 I)

A. Allgemeines	1.1, 1.2
B. Abmahnung	1.3–1.100 b
I. Rechtliche Bedeutung	1.3–1.11
II. Erfordernisse	1.12–1.36 a
III. Verhalten des Abgemahnten	1.37–1.42
IV. Entbehrlichkeit der Abmahnung	1.43–1.59
V. Abmahnung durch Verbände	1.60
VI. Aufklärungspflichten des Abgemahnten	1.61–1.67
VII. Unbegründete und missbräuchliche Abmahnungen	1.68–1.76
VIII. Abmahnkosten (§ 12 I 2)	1.77–1.100 b
C. Unterwerfung	1.101–1.178
I. Zweck und Wirkungsweise der Unterwerfung	1.101–1.112 d
II. Der Unterlassungsvertrag	1.113–1.137
III. Das Vertragsstrafeversprechen	1.138–1.159
IV. Beendigung des Unterwerfungsvertrages	1.160–1.165
V. Mehrere Gläubiger	1.166–1.178

2. Kapitel. Erkenntnisverfahren

I. Rechtsweg	2.1–2.10
II. Zuständigkeit	2.11–2.14
III. Rechtsschutzbedürfnis	2.15–2.22
IV. Klage	2.23–2.34
V. Unterlassungsklage	2.35–2.50
VI. Sonstige Klagen	2.51–2.64
VII. Beweis	2.65–2.96

---

[1] Detaillierte Übersichten finden sich zu Beginn der jeweiligen Kapitel.

	Rdn
VIII. Verfahrensunterbrechungen	2.97–2.104
IX. Urteil	2.105–2.115
X. Kosten	2.116–2.126
XI. Vergleich	2.127–2.130

3. Kapitel. Einstweilige Verfügung

I. Einführung	3.1
II. Voraussetzungen der einstweiligen Verfügung im Lauterkeitsrecht	3.2–3.21
III. Erlass der einstweiligen Verfügung	3.22–3.37 a
IV. Rechtsbehelfe des Antragstellers	3.38, 3.39
V. Rechtsbehelfe des Antragsgegners	3.40–3.60
VI. Die Vollziehung der einstweiligen Verfügung (§§ 936, 928, 929 ZPO)	3.61–3.68
VII. Das Abschlussverfahren (Abschlussschreiben und Abschlusserklärung)	3.69–3.77
VIII. Schadensersatz nach § 945 ZPO	3.78–3.84

4. Kapitel. Urteilsveröffentlichung

I. Entstehungsgeschichte	4.1
II. Zweck und Anwendungsbereich	4.2, 4.3
III. Voraussetzungen der Bekanntmachungsbefugnis	4.4–4.6
IV. Entscheidung über die Bekanntmachungsbefugnis	4.7, 4.8
V. Entscheidung im Urteil	4.9
VI. Inhalt der Anordnung	4.10–4.15
VII. Ausübung der Veröffentlichungsbefugnis	4.16
VIII. Materiellrechtlicher Veröffentlichungsanspruch	4.17–4.19
IX. Veröffentlichung ohne gerichtlich zugesprochene Befugnis	4.20

5. Kapitel. Streitwert

I. Entstehungsgeschichte	5.1
II. Grundlagen	5.2–5.4
III. Streitwert bei einzelnen Klagearten	5.5–5.17
IV. Streitwertherabsetzung	5.18–5.27

6. Kapitel. Zwangsvollstreckung

I. Unterlassungstitel	6.1–6.20
II. Sonstige Titel	6.21–6.23

7. Kapitel. Vorgehen bei innergemeinschaftlichen Verstößen gegen Verbraucherschutzgesetze (VSchDG)

I. Überblick	7.1
II. Die für innergemeinschaftliche Verstöße zuständige Behörde	7.2
III. Aufgaben der zuständigen Behörde	7.3–7.5
IV. Befugnisse der zuständigen Behörde	7.6–7.8
V. Gerichtliche Überprüfung behördlicher Entscheidungen	7.9
VI. Beauftragung Dritter zur zivilrechtlichen Rechtsdurchsetzung	7.10–7.13

1. Kapitel. Abmahnung und Unterwerfung (§ 12 I)

Übersicht

	Rdn
A. Allgemeines	1.1, 1.2
B. Abmahnung	1.3–1.100 b
I. Rechtliche Bedeutung	1.3–1.11
1. Begriff	1.3
2. Zweck der Abmahnung	1.4, 1.5
3. Abmahnung bei vorbeugendem Unterlassungsanspruch	1.6
4. Keine Pflicht zur Abmahnung	1.7–1.9
5. Rechtsnatur der Abmahnung	1.10, 1.11
II. Erfordernisse	1.12–1.36 a
1. Inhalt	1.12–1.21
a) Aktiv- und Passivlegitimation	1.13, 1.14
b) Beanstandetes Verhalten	1.15
c) Forderung einer Unterwerfungserklärung	1.16–1.18
d) Angemessene Frist	1.19, 1.20
e) Androhung gerichtlicher Schritte	1.21
2. Form und Zugang	1.22–1.36 a
a) Kein Formzwang	1.22, 1.23
b) Beweismittel und Belege	1.24
c) Nachweis der Vollmacht	1.25–1.28
d) Zugang der Abmahnung	1.29–1.35 a
aa) Bedeutung des Zugangs	1.29–1.30
bb) Darlegungs- und Beweislast	1.31–1.35 a
e) Notwendigkeit einer zweiten Abmahnung	1.36, 1.36 a
III. Verhalten des Abgemahnten	1.37–1.42
1. Unterwerfung	1.37–1.39
a) Abgabe der strafbewehrten Unterlassungserklärung	1.37
b) Fristverlängerung	1.38
c) Fristgerechter oder verspäteter Zugang	1.39
2. Verweigerung	1.40–1.42
a) Bei Verweigerung Anlass zur Klage	1.40, 1.41
b) Unbegründete Abmahnung	1.42
IV. Entbehrlichkeit der Abmahnung	1.43–1.59
1. Kriterien	1.43–1.45
a) Allgemeines	1.43
b) Verknüpfung mit der Berechtigung der Abmahnung (§ 12 I 2)	1.44, 1.45
2. Besondere Dringlichkeit	1.46, 1.47
3. Vereitelung des Rechtsschutzes	1.48, 1.48 a
4. Nutzlosigkeit der Abmahnung	1.49–1.51
a) Vorausgegangenes Verhalten des Schuldners	1.49
b) Nutzlosigkeit	1.50, 1.51
5. Besonderer Charakter des Wettbewerbsverstoßes	1.52, 1.53
a) Vorsätzlicher Wettbewerbsverstoß	1.52
b) Unzumutbarkeit der Abmahnung bei bes schweren und hartnäckigen Wettbewerbsverstößen	1.53
6. Abmahnung durch andere Gläubiger	1.54–1.57
a) Erfolgreiche Abmahnung durch Dritte	1.54
b) Erfolglose Abmahnung durch Dritte	1.55, 1.56
c) Noch unbeantwortete Abmahnung durch Dritte	1.57
7. Verhalten des Abmahnenden	1.58, 1.59
V. Abmahnung durch Verbände	1.60
VI. Aufklärungspflichten des Abgemahnten	1.61–1.67
1. Rechtsgrundlage	1.61–1.63
a) Konkretisierung des gesetzlichen Schuldverhältnisses	1.61, 1.62
b) Aufklärungspflicht nur bei Rechtsverletzung	1.63
2. Inhalt der Aufklärungspflicht	1.64
3. Rechtslage bei Mehrfachabmahnung	1.65, 1.66
4. Unterwerfungsvertrag	1.67
VII. Unbegründete und missbräuchliche Abmahnungen	1.68–1.76
1. Begriffe	1.68

	Rdn
2. Unbegründete Abmahnung	1.69–1.73
a) Grundsätze	1.69, 1.70
b) Anspruchsgrundlagen	1.71–1.73
aa) Wettbewerbsrechtliche Ansprüche	1.71
bb) Ansprüche aus allgemeinem Deliktsrecht	1.72
cc) Anspruch aus § 678 BGB	1.73
3. Negative Feststellungsklage (§ 256 ZPO)	1.74, 1.75
4. Missbräuchliche Abmahnung	1.76
VIII. Abmahnkosten (§ 12 I 2)	1.77–1.100 b
1. Allgemeines	1.77
2. Anwendungsbereich	1.78–1.79
a) Abschlussschreiben	1.78
b) Abwehrkosten	1.78 a
c) Außerhalb des Wettbewerbsrechts	1.79
3. Berechtigte Abmahnungen	1.80–1.85
a) Berechtigte und begründete Abmahnungen	1.80
b) Berechtigte Abmahnungen = unentbehrliche Abmahnungen	1.81, 1.82
c) Kosten der Abmahnung nach Schubladenverfügung	1.82 a
d) Weitere Einzelfragen	1.83–1.85
4. Andere Anspruchsgrundlagen und Erstattungsmöglichkeiten	1.86–1.92
a) Bedeutung	1.86
b) Schadensersatz	1.87–1.89
c) Geschäftsführung ohne Auftrag	1.90, 1.91
d) Erstattungsfähigkeit als Kosten des Rechtsstreits?	1.92
5. Beschränkung auf tatsächliche Aufwendungen	1.92 a
6. Höhe des Aufwendungsersatzes	1.93–1.100 b
a) Erforderliche Aufwendungen	1.93, 1.93 a
b) Höhe der Anwaltskosten	1.94–1.96 b
aa) Gesetzliche Gebühren	1.94, 1.95
bb) Geschäftswert der Abmahnung	1.96
cc) Abweichende Gebührenvereinbarung	1.96 a
dd) Teilweise berechtigte Abmahnung	1.96 b
c) Abmahnkosten eines Verbandes	1.97–1.99
aa) Keine Anwaltskosten für Abmahnung	1.97
bb) Zweite Abmahnung	1.97 a
cc) Abschlussschreiben	1.97 b
dd) Kostenpauschale	1.98
ee) Teilweise berechtigte Abmahnung eines Verbandes	1.99
d) Abmahnkosten eines Buchpreisbindungstreuhänders	1.99 a
e) Kein Abzug fiktiver Abmahnkosten	1.100
f) Verzugszinsen	1.100 a
7. Gerichtsstand	1.100 b
C. Unterwerfung	1.101–1.178
I. Zweck und Wirkungsweise der Unterwerfung	1.101–1.112 d
1. Zweck der Unterwerfung	1.101
2. Einfluss auf die Wiederholungsgefahr	1.102
3. Form der Unterwerfungserklärung	1.103, 1.104
4. Unterwerfung ohne Abmahnung	1.105
5. Kein Unterlassungstitel	1.106
6. Unterwerfungserklärung im Prozess	1.107–1.110 b
a) Unterwerfungserklärung vor Rechtshängigkeit	1.107
b) Unterwerfungserklärung nach Rechtshängigkeit	1.108, 1.109
c) Unterwerfungserklärung in der Revisionsinstanz	1.110
d) Unterwerfungserklärung nach Rechtskraft	1.110 a, 1.110 b
7. Unterwerfung ohne Anerkennung einer Rechtspflicht	1.111, 1.112
8. Alternativen zur Unterwerfung	1.112 a–1.112 d
a) Unterwerfungserklärung oder Unterlassungstitel?	1.112 a
b) Beschlussverfügung oder Anerkenntnisurteil	1.112 b, 1.112 c
c) Unterwerfung unter die sofortige Zwangsvollstreckung	1.112 d
II. Der Unterlassungsvertrag	1.113–1.137
1. Rechtsnatur des Unterlassungsvertrags	1.113, 1.114
2. Zustandekommen	1.115–1.120 a
a) Regel	1.115
b) Angebot des Schuldners ohne ausdrückliche Annahme	1.116–1.118

		Rdn
	c) Nachweis des Zugangs der Unterwerfungserklärung	1.119
	d) Ablehnung	1.120
	e) Paralleler Verfügungsantrag	1.120 a
3.	Inhalt und Auslegung des Unterlassungsvertrags	1.121–1.122
4.	Anforderungen im Hinblick auf die Wiederholungsgefahr	1.123, 1.124
	a) Beschreibung der zu unterlassenden Handlung	1.123
	b) Eindeutigkeit, kein Vorbehalt	1.124
5.	Teilunterwerfung, befristete und bedingte Unterwerfungserklärungen	1.125–1.134
	a) Beschränkungen, die das materielle Recht widerspiegeln	1.126–1.130
	aa) Zeitliche Befristungen	1.127
	bb) Räumliche Begrenzung	1.128
	cc) Vorbehalt der Änderung der Rechtslage	1.129
	dd) Aufbrauchsfrist	1.130
	b) Beschränkungen ohne Entsprechung im materiellen Recht	1.131–1.134
	aa) Zeitliche Befristung	1.132
	bb) Aufschiebend befristete Unterwerfung	1.133
	cc) Sachliche oder räumliche Beschränkungen	1.134
6.	Vertraglicher anstelle des gesetzlichen Unterlassungsanspruchs	1.135, 1.136
7.	Rechtsnachfolge	1.137
III. Das Vertragsstrafeversprechen		1.138–1.159
1.	Bedeutung	1.138
2.	Höhe der zu versprechenden Vertragsstrafe	1.139–1.144
	a) Allgemeines	1.139
	b) Absolute Vertragsstrafe	1.140, 1.141
	c) Relative Vertragsstrafe („bis zu … €")	1.142–1.144
3.	Herabsetzung	1.145–1.145 c
4.	Vertragsstrafeversprechen zugunsten eines Dritten	1.146, 1.147
5.	Zusammenfassung von Einzelverstößen	1.148–1.151
	a) Abschied vom Fortsetzungszusammenhang	1.148
	b) Möglichkeiten der Zusammenfassung von Einzelbeiträgen	1.149
	c) Verzicht auf Zusammenfassung	1.150
	d) Ausschluss von Zusammenfassung in AGB	1.151
6.	Verschulden als Voraussetzung für die Verwirkung der Vertragsstrafe	1.152
7.	Haftung für Erfüllungsgehilfen	1.153–1.156
	a) Allgemeines	1.153
	b) Haftung des Schuldners	1.154
	c) Haftungsbeschränkungen im Vertragsstrafeversprechen	1.155, 1.156
8.	Erneute Zuwiderhandlung	1.157–1.159
	a) Neuer gesetzlicher Anspruch	1.157
	b) Einwand mangelnder Wettbewerbswidrigkeit	1.158
	c) Schadensersatz neben Vertragsstrafe?	1.159
IV. Beendigung des Unterwerfungsvertrages		1.160–1.165
1.	Änderung der Rechtslage	1.160–1.164
	a) Auflösende Bedingung	1.160
	b) Kündigung wegen Störung der Geschäftsgrundlage	1.161, 1.162
	c) Wirkung ex nunc	1.163
	d) Rechtsmissbräuchliche Geltendmachung des vertraglichen Vertragsstrafeanspruchs	1.164
2.	Anfechtung des Unterwerfungsvertrages	1.165
V. Mehrere Gläubiger		1.166–1.178
1.	Drittunterwerfung	1.166–1.168 a
	a) Grundsatz	1.166, 1.167
	b) Gesamtwürdigung	1.168, 1.168 a
2.	Einzelfragen	1.169–1.175
	a) Ernsthaftigkeit	1.169
	b) Drittunterwerfung im Prozess	1.170
	c) Erstunterwerfung gegenüber regional tätigem Gläubiger	1.171
	d) Teilunterwerfung	1.172
	e) Unzureichende Unterwerfungserklärung gegenüber Erstabmahner	1.173
	f) Verschweigen der Erstunterwerfung	1.174
	g) Darlegungslast	1.175
3.	Wirkungen	1.176–1.178
	a) Keine weitere Unterwerfung erforderlich	1.176
	b) Anspruch der anderen Gläubiger entfällt	1.177
	c) Kein Wiederaufleben der Wiederholungsgefahr	1.178

UWG § 12 Anspruchsdurchsetzung

Schrifttum: *H.-J. Ahrens,* Zum Ersatz der Verteidigungsaufwendungen bei unberechtigter Abmahnung, NJW 1982, 2477; *ders,* Unterlassungsschuldnerschaft beim Wechsel des Unternehmensinhabers, GRUR 1996, 518; *Aigner,* Beseitigung der Wiederholungsgefahr bei Abbedingung des § 348 HGB in der strafbewehrten Unterlassungserklärung?, GRUR 2007, 950; *Bacher,* Die Beeinträchtigungsgefahr als Voraussetzung für Unterlassungsklagen im Wettbewerbsrecht und in anderen Gebieten des Zivilrechts, 1996; *Berberich,* Beweislastverteilung bei § 93 ZPO im Hinblick auf den Zugang einer Abmahnung, NJ 2007, 317; *Bernreuther,* Zusammentreffen von Unterlassungserklärung und Antrag auf Erlass einer einstweiligen Verfügung, GRUR 2001, 401; *Borck,* Über unrichtig gewordene Unterlassungstitel und deren Behandlung, WRP 2000, 9; *ders,* Andere Ansichten in Kostenfragen, WRP 2001, 20; *Bornkamm,* Unterlassungstitel und Wiederholungsgefahr, FS Tilmann, 2003, 769; *Cichon,* Abmahnung ohne ordnungsgemäße Vollmacht – analog § 174 BGB zurückweisbar?, GRUR-Prax 2010, 121; *v. Criegern,* Die Abmahnung durch Wettbewerber bei Verwendung unwirksamer AGB – ein Problem von praktischer Relevanz, WRP 2003, 1065; *E. Deutsch/H.-J. Ahrens,* Deliktsrecht, 4. Aufl 2002; *V. Deutsch,* Gedanken zur unberechtigten Schutzrechtsverwarnung, WRP 1999, 25; *Dornis/Förster,* Die Unterwerfung: Rechtsnatur und Rechtsnachfolge, GRUR 2006, 195; *Eichelberger,* Die Drittunterwerfung im Wettbewerbsrecht, WRP 2009, 270; *Eichmann,* Die Rechtsnatur der Abmahnung und der Verwarnung, FS Helm, 2002, 287; *Einsiedler,* Geschäftsführung ohne Auftrag bildet keine Anspruchsgrundlage für die Erstattung der Kosten wettbewerbsrechtlicher Abmahnschreiben und Abschlussschreiben, WRP 2003, 354; *Ernst,* Abmahnungen auf Grund von Normen außerhalb des UWG, WRP 2004, 1133; *Ernst/Wittmann,* Die Abmahnung per E-Mail – Ein echtes Problem, MarkenR 2010, 273; *Eser,* Probleme der Kostentragung bei der vorprozessualen Abmahnung und beim Abschlussschreiben in Wettbewerbsstreitigkeiten, GRUR 1986, 35; *D. Fischer,* Rechtsnatur und Funktionen der Vertragsstrafe im Wettbewerbsrecht unter besonderer Berücksichtigung der höchstrichterlichen Rechtsprechung, FS Piper, 1996, 205; *Foerste,* Umschreibung des Unterlassungstitels bei Betriebserwerb – negatorische Haftung und Betriebsinhaberhaftung nach § 13 IV UWG, GRUR 1998, 450; *Fritzsche,* Unterlassungsanspruch und Unterlassungsklage, 2000; *ders,* Die Kündigung wettbewerblicher Unterlassungsverträge wegen Wegfalls der Sachbefugnis des Gläubigers, WiB 1997, 802; *Goldbeck,* Überlegungen zur unberechtigten bildnisrechtlichen Abmahnung – Zugleich Anmerkungen zum Urteil des LG Hamburg v 20. 4. 2007 – 324 O 859/06, AfP 2008, 139; *Gottschalk,* Wie kann eine Unterlassungsvereinbarung erlöschen?, GRUR 2004, 827; *ders,* UWG-Reform: Die Auswirkungen auf Vertragsstrafeversprechen und gerichtliche Unterlassungstitel, WRP 2004, 1321; *Gruber,* Der wettbewerbsrechtliche Unterlassungsanspruch nach einem „Zweitverstoß", WRP 1991, 279; *ders,* Die tatsächliche Vermutung der Wiederholungsgefahr, WRP 1991, 368; *ders,* Drittwirkung (vor-)gerichtlicher Unterwerfungen?, GRUR 1991, 354; *ders,* Grundsatz des Wegfalls der Wiederholungsgefahr, WRP 1992, 71; *Günther,* Zur Höhe der Geschäftsgebühr bei Abmahnungen im Wettbewerbsrecht, gewerblichen Rechtsschutz und Urheberrecht, WRP 2009, 118; *Günther/Beyerlein,* Abmahnen nach dem RVG – Ein Gebühren-Eldorado?, WRP 2004, 1222; *Hartwig,* Die auflösend bedingte Unterlassungs- und Verpflichtungserklärung, FS Pagenberg, 2006, 301; *Heckelmann,* Zum wettbewerbsrechtlichen Unterlassungsvertrag bei Wegfall der Geschäftsgrundlage und dem Verbot der geltungserhaltenden Reduktion nach dem AGBG, WRP 1995, 166; *Heidenreich,* Zum Kostenerstattungsanspruch für eine wettbewerbsrechtliche Gegenabmahnung, WRP 2004, 660; *Heinz/Stillner,* Abmahnung ohne schriftliche Vollmacht, WRP 1993, 379; *Hess,* Unterwerfung als Anerkenntnis?, WRP 2003, 353; *ders,* Beweislast zur fehlenden Klageveranlassung gemäß § 93 ZPO („Zugang des Abmahnschreibens"1), jurisPR-WettbR 7/2007 Anm. 4; *Jackowski,* Der Missbrauchseinwand nach § 8 Abs. 4 UWG gegenüber einer Abmahnung, WRP 2010, 38; *Jennewein,* Zur Erstattung von Abmahnkosten bei Verbänden, WRP 2000, 129; *Kisseler,* Die Aufbrauchsfrist im vorprozessualen Abmahnverfahren, WRP 1991, 691; *Klein,* Keine Vertragsstrafe für die Schwebezeit, GRUR 2007, 664; *Koblitz,* Alte Versprechen, neue Probleme: Vom hoffentlich vorletzten Wort des BGH zur „Altunterwerfung", WRP 1997, 382; *Köhler,* Der wettbewerbliche Unterlassungsvertrag: Rechtsnatur und Grenzen der Wirksamkeit, FS v Gamm, 1990, 57; *ders,* Zum „Wiederaufleben der Wiederholungsgefahr" beim wettbewerblichen Unterlassungsanspruch, GRUR 1989, 804; *ders,* Vertragliche Unterlassungspflichten, AcP 190 (1990), 496; *ders,* Die wettbewerbsrechtlichen Abwehransprüche (Unterlassung, Beseitigung, Widerruf), NJW 1992, 137; *ders,* Grenzen der Mehrfachklage und Mehrfachvollstreckung im Wettbewerbsrecht, WRP 1992, 359; *ders,* „Natürliche Handlungseinheit" und „Fortsetzungszusammenhang" bei Verstößen gegen Unterlassungstitel und strafbewehrte Unterlassungsversprechen im Wettbewerbsrecht, WRP 1993, 666; *ders,* Die wettbewerbsrechtliche Abmahnung, WiB 1994, 16; *ders,* Das strafbewehrte Unterlassungsversprechen im Wettbewerbsrecht, WiB 1994, 97; *ders,* Vertragsstrafe und Schadenersatz, GRUR 1994, 260; *ders,* Die Begrenzung wettbewerbsrechtlicher Ansprüche durch den Grundsatz der Verhältnismäßigkeit, GRUR 1996, 82; *ders,* Zur Verjährung des vertraglichen Unterlassungs- und Schadensersatzanspruchs, GRUR 1996, 231; *ders,* „Abmahnverhältnis" und „Unterwerfungsverhältnis", FS Piper, 1996, 309; *ders,* Die Auswirkungen der Unternehmensveräußerung auf gesetzliche und vertragliche Unterlassungsansprüche, WRP 2000, 921; *ders,* Zur Erstattungsfähigkeit von Abmahnkosten, FS Erdmann, 2002, 845; *ders,* Die notarielle Unterwerfungserklärung – eine Alternative zur strafbewehrten Unterlassungserklärung?, GRUR 2010, 6; *Körner,* Befristete und unbefristete Unterlassungstitel bei Wettbewerbsverstößen, GRUR 1985, 909; *Ch. Krüger,* Wiederholungsgefahr – unteilbar?, GRUR 1984, 785; *Kunath,* Zur Nachfragepflicht des Abmahnenden – Kostenbegünstigung des Verletzers durch neuere Entscheidungen?, WRP 2001, 238; *Leisse,* Schadenersatz durch befristete Unterlassung, FS Traub, 1994, 229; *Lindacher,* Der „Gegenschlag" des Abgemahnten, FS v Gamm, 1990, 83; *ders,* Dogmatik der wettbewerblichen Unterwerfungserklärung, FS Canaris, 2007, 1393; *v Linstow,* Die rechtsverletzende Titelschutzanzeige, FS Erdmann, 2002, 375; *Loschelder,* Anspruch aus § 1 UWG, gerichtet auf die Unterlassung einer Unterlassung, WRP 1999, 57; *Lührig/Lux,* Die Behandlung von Mehrfachverstößen gegen strafbewehrte Unterlassungserklärungen, FS Helm, 2002, 321; *Mankowski,* Für einen Wegfall des Fortsetzungszusammenhangs bei der Unterlassungsvollstreckung, WRP 1996, 1144; *Meier-Beck,* Die Verwarnung aus Schutzrechten – mehr als eine Meinungsäußerung!, GRUR 2005, 535; *Melullis,* Zu den Auswirkungen der UWG-Novelle v 25. 7. 1994 auf bestehende Unterlassungsverpflichtungen, FS Piper, 1996, 375; *Molle,* Werbung für Telefontarife und notwendige Angaben – „Sondernewsletter", K&R 2010, 545; *Nägele,* Das konkrete Wettbewerbsverhältnis – Entwicklungen und Ausblick, WRP 1996, 997; *Nieder,* Außergerichtliche Konfliktlösung im gewerblichen Rechtsschutz, 1998; *ders,* Aufbrauchfrist via Unterwerfungserklärung?, WRP 1999, 583; *ders,* Die vertragsstrafenbewehrte Unterwerfung im Prozessvergleich, WRP 2001, 117; *Nill,* Sachliche Zuständigkeit bei Geltendmachung der Kosten von Abschlussschreiben, GRUR 2005, 741; *J. B. Nordemann,* Die Erstattungsfähigkeit anwaltlicher Abmahnkosten bei Urheberrechtsverletzungen, WRP 2005, 184; *Ohrt,* „Procura nescesse est" oder: Vollmachtsnachweis bei Abmahnschreiben und Kostenerstattung, WRP 2002, 1035; *Oppermann,* Konstruktion und Rechtspraxis der Geschäftsführung ohne Auftrag, AcP 193 (1993), 497; *Pabst,* Zur Frage der Erstattung von Abmahnkosten im Buchhandel, AfP 1998, 163; *Pfister,* Erfordernis des Vollmachtsnachweises bei Abmahnschreiben, WRP 2002, 799; *Pohlmann,* Das Rechtsschutzbedürfnis bei der Durchsetzung wettbewerbsrechtlicher Unterlassungsansprüche, GRUR 1993, 361; *dies,* Zustandekommen wettbewerbsrechtlicher Unterlassungsverträge durch Verwarnung und Unterwerfungserklärung, BB 1995, 1249; *Pokrant,* Zur vorprozessualen Erfüllung wettbewerbsrechtlicher Unterlassungsansprüche, FS Erdmann, 2002, 863; *Quiring,* Zur Haftung wegen unbegründeter Verwarnungen, WRP 1983, 317; *Rehart,* Fiktive Abmahnkosten in einem anderen Licht, WRP 2009, 532; *Rieble,* „Kinderwärmekissen" und Vertragsstrafendogmatik – Besprechung von BGH, Urt. v. 17. 7. 2008 – I ZR 168/05, GRUR 2009, 181 – Kinderwärmekissen; *Rödding,* Die Rechtsprechung zur Drittunterwerfung, WRP 1988, 514; *Rüßmann,* Die Bindungswirkung rechtskräftiger Unterlassungsurteile, FS Lüke, 1997, 675; *Sack,* Die Haftung für unbegründete Schutzrechtsverwarnungen, WRP 2005, 253; *M. Schmid,* Geschäftsführung ohne Auftrag als Anspruchsgrundlage für Kostenerstattung von wettbewerbsrechtlichen Abmahnungen?, GRUR 1999, 312; *W. Schmid,* Überlegungen zum Sinn und zu den Rechtsfolgen von Titelschutzanzeigen, FS Erdmann, 2002, 469; *Schmittmann,* Zur Problematik der wettbewerbsrechtlichen Abmahnung mittels Telefax, WRP 1994, 225; *Schnepel,* Zum Streit um das „Wiederaufleben der Wiederholungsgefahr" beim wettbewerblichen Unterlassungsanspruch, WRP 1994, 467; *Schrader,* Wettbewerbsrechtlicher Unterlassungs- und Beseitigungsanspruch gegen Vorstandsmitglieder oder gegen die Aktiengesellschaft?, DB 1994, 2221; *A. Schulz,* Kostenerstattung bei erfolgloser Abmahnung, WRP 1990, 658; *ders,* Schubladenverfügung und die Kosten der nachgeschobenen Abmahnung, WRP 2007, 589; *Schuschke,* Wiederholte Verletzungshandlungen: Natürliche Handlungseinheit, Fortsetzungszusammenhang und Gesamtstrafe im Rahmen des § 890 ZPO, WRP 2000, 1008; *Selke,* Erstattung von Rechtsanwaltskosten bei unberechtigter Abmahnung aus culpa in contrahendo, WRP 1999, 286; *Sessinghaus,* Abschied von der unberechtigten Schutzrechtsverwarnung – auf Wiedersehen im UWG?, WRP 2005, 823; *Spätgens,* Zur Natur, Gestaltung und Funktion wettbewerbsrechtlicher Unterwerfungserklärungen, FS Gaedertz, 1992, 545; *ders,* Des Anwalts Hindernisparcours – Fallen und Handicaps – Insbesondere: Vollmachtsnachweis bei der Abmahnung?, FS Samwer, 2008, 205; *Steinbeck,* Die strafbewehrte Unterlassungserklärung: ein zweischneidiges Schwert!, GRUR 1994, 90; *Steiniger,* Abmahnung – auch bei notorischen Wettbewerbsverletzern?, WRP 1999, 1197; *ders,* Unterlassungstitel – Verletzungshandlung – Kerntheorie – oder warum man Untersagungsgeboten Folge leisten sollte, WRP 2000, 1415; *Strömer/Grootz,* Die „veranlasste Initiativunterwerfung" – ein untauglicher Versuch?, WRP 2008, 1148; *Teplitzky,* Die Rechtsfolgen der unbegründeten Ablehnung einer strafbewehrten Unterlassungserklärung, GRUR 1983, 609; *ders,* Die (Unterwerfungs-)in der neueren BGH-Rechtsprechung, WRP 1994, 709; *ders,* Zur Frage der überregionalen Drittwirkung einer Unterwerfungserklärung auf Abmahnung eines nur regional tätigen Gläubigers, WRP 1995, 359; *ders,* Unterwerfung oder Unterlassungsurteil? Zur Frage des aus der Verletzerperspektive „richtigen" Streiterledigungsmittels, WRP 1996, 171; *ders,* Die wettbewerbsrechtliche Unterwerfung heute, GRUR 1996, 696; *ders,* Die Auflösung von Unterwerfungsverträgen mit nicht mehr verfolgungsberechtigten Gläubigern, WRP 1996, 1004; *ders,* Streitgegenstand und materielle Rechtskraft im wettbewerbsrechtlichen Unterlassungsprozess, GRUR 1998, 320; *ders,* Zur Frage der Rechtmäßigkeit unbegründeter Schutzrechtsverwarnungen – Zugleich eine Besprechung von BGH „Verwarnung aus Kennzeichenrecht", GRUR 2005, 9; *ders,* Aktuelle Probleme der Abmahnung und Unterwerfung sowie des Verfahrens der einstweiligen Verfügung im Wettbewerbs- und Markenrecht, WRP 2005, 654; *ders,* Die Regelung der Abmahnung in § 12 Abs 1 UWG, ihre Reichweite und einige ihrer Folgen, FS Ullmann, 2006, 999; *ders,* Die jüngste Rechtsprechung des BGH zum wettbewerbsrechtlichen Anspruchs- und Verfahrensrecht I bis XI, GRUR 1989, 661; GRUR 1990, 393; GRUR 1991, 709; GRUR 1992, 821; GRUR 1993, 857; GRUR 1994, 765; GRUR 1995, 627; GRUR 1997, 691; GRUR 1999, 1050; GRUR 2003, 272; GRUR 2007, 177; *ders,* Eingeschränkte Unterwerfungen, VuR 2009, 83; *Traub,* Die Anwendbarkeit des § 278 BGB auf die Erfüllung wettbewerbsrechtlicher Unterlassungsversprechen, FS Gaedertz, 1992, 563; *Ullmann,* Erstbegehungsgefahr durch Vorbringen im Prozess?, WRP 1996, 1007; *ders,* Die Verwarnung aus Schutzrechten – mehr als eine Meinungsäußerung?, GRUR 2001, 1027; *Ulrich,* Zur Aufklärungspflicht des Abgemahnten – Zur sinngemäßen Anwendung des § 93 ZPO zugunsten des Klägers/Antragstellers, WRP 1985, 117; *ders,* Die vorprozessualen Informationspflichten des Anspruchsgegners in Wettbewerbssachen, ZIP 1990, 1377; *ders,* Die Vollstreckungsabwehrklage in Wettbewerbssachen, FS Traub, 1994, 423; *ders,* Die Kosten der Abmahnung und die Aufklärungspflicht des Abgemahnten, WRP 1995, 282; *ders,* Die fortgesetzte Handlung im Zivilrecht, WRP 1997, 1; *ders,* Die Wettbewerbszentrale und das „Fotowettbewerb"-Urteil, WRP 1997, 918; *ders,* Der Zugang der Abmahnung, WRP 1998, 124; *ders,* Die Abmahnung und der Vollmachtsnachweis, WRP 1998, 258; *ders,*

Abänderungsklage (§ 323 ZPO) oder/und Vollstreckungsabwehrklage (§ 767 ZPO) bei „unrichtig gewordenen" Unterlassungstiteln?, WRP 2000, 1054; *Weidert,* Kostenerstattung im Abmahnwesen, AnwBl 2004, 595; *Weisert,* Rechtsprobleme der Schubladenverfügung, WRP 2007, 504; *Welzel,* Anforderungen an die Struktur von „Abmahnvereinen" seit der UWG-Novelle 1994, GRUR 2003, 762; *Wiegand,* Die Passivlegitimation bei wettbewerbsrechtlichen Abwehransprüchen, 1997; *Wilke,* Abmahnung und Schutzschrift im gewerblichen Rechtsschutz, 1991; *Wilke/Jungeblut,* Abmahnung, Schutzschrift und Unterlassungserklärung, 2. Aufl 1995; *Zöller,* Ansätze zur Bekämpfung des Abmahnvereinunwesens, WRP 1994, 156.

A. Allgemeines

1.1 Das UWG 2004 enthält in § 12 I 1 erstmals eine Regelung des richterrechtlich entwickelten Instituts von **Abmahnung und Unterwerfung,** die nicht nur für das Wettbewerbsrecht, sondern auch für alle Bereiche Bedeutung hat, in denen ebenfalls die Grundsätze der Rspr angewandt werden. Dies sind in erster Linie der gesamte Bereich des **gewerblichen Rechtsschutzes** und **Urheberrechts** sowie des **Kartellrechts** (KG GRUR-RR 2007, 255: Anwendbarkeit für die markenrechtliche Löschungsklage wegen Verfalls); daneben werden die Grundsätze von Abmahnung und Unterwerfung inzwischen weitgehend im **Presserecht** (vgl OLG Frankfurt OLG-Rp 2001, 116; OLG München NJW-RR 2001, 42, 43 mwN) und für Klagen nach dem **Unterlassungsklagegesetz** angewandt (vgl OLG Nürnberg BB 1980, 179; Palandt/*Bassenge* BGB, 69. Aufl 2010, § 5 UKlaG Rdn 2 ff). – Die Regelung geht auf den **Vorschlag** im Entwurf von *Köhler/Bornkamm/Henning-Bodewig* (WRP 2002, 1317, 1323, 1328) zurück. Eine Abweichung vom früheren, bis 2004 geltenden (ungeschriebenen) Recht ist nicht beabsichtigt (Begr RegE BT-Drucks 15/1487 S 25), so dass uneingeschränkt auf die bisherige Rspr zurückgegriffen werden kann.

1.2 Auch die **Regelung hins der Abmahnkosten in § 12 I 2** vollzieht nach, was seit nahezu dreißig Jahre ständige Rspr war: Der zu Recht Abmahnende kann Ersatz der für die Abmahnung erforderlichen Aufwendungen verlangen. Die Regelung beendet einen langen Streit um die Abmahnkosten, der zuletzt nur noch ein Streit über die richtige Begründung des Erstattungsanspruchs war (vgl *Köhler,* FS Erdmann, 2002, 845 ff). Der Anspruch an sich war weitgehend anerkannt.

B. Abmahnung

I. Rechtliche Bedeutung

1. Begriff

1.3 Die wettbewerbsrechtliche Abmahnung ist die **Mitteilung eines Anspruchsberechtigten an einen Verletzer,** dass er sich durch eine im Einzelnen bezeichnete Handlung wettbewerbswidrig verhalten habe, verbunden mit der Aufforderung, dieses Verhalten in Zukunft zu unterlassen und binnen einer bestimmten Frist eine strafbewehrte Unterwerfungserklärung abzugeben (Begr RegE BT-Drucks 15/1487 S 25). Meist liegt in der Abmahnung auch ein konkretes Angebot zum Abschluss eines Unterwerfungsvertrags (dazu Rdn 1.10).

2. Zweck der Abmahnung

1.4 Die Abmahnung oder Verwarnung, wie sie vor allem bei Schutzrechtsverletzungen genannt wird, ist ein wichtiger Bestandteil des in der Praxis entwickelten und durch Richterrecht geformten Systems, Streitigkeiten über Unterlassungspflichten nach erfolgten Verletzungshandlungen **ohne Inanspruchnahme der Gerichte zu regeln** (BGHZ 149, 371, 374 – *Missbräuchliche Mehrfachabmahnung*). Wird ein positives Tun (zB die Herausgabe eines Gegenstandes) geschuldet und trotz Fälligkeit nicht erbracht, nimmt der Gläubiger im Allgemeinen auch nicht sofort gerichtliche Hilfe in Anspruch, sondern schickt dem Schuldner zunächst eine Mahnung, um ihn zur Erfüllung zu bewegen (§ 286 I 1 BGB). Wird eine Unterlassung geschuldet, kommen Abmahnung und Unterwerfung ähnliche Funktionen zu wie Mahnung und Erfüllung (vgl *Köhler,* FS Piper, 1996, 309, 313 ff).

1.5 Das durch die Abmahnung eingeleitete und auf die Abgabe einer strafbewehrten Unterlassungserklärung gerichtete Verfahren liegt zugleich im **Interesse beider Parteien** (vgl BGHZ 52, 393, 399 = GRUR 1970, 189 – *Fotowettbewerb*): Es dient dem Interesse des **Gläubigers,** weil er sehr rasch ein dem gerichtlichen Unterlassungstitel nachgebildetes Instrument an die Hand bekommt, mit Hilfe dessen er weitere Verstöße unterbinden kann; vor allem aber liegt es im

Interesse des **Schuldners,** der auf diese Weise dem an sich bestehenden Unterlassungsanspruch die Grundlage entziehen und den Gläubiger klaglos stellen kann, ohne dass die Kosten eines Gerichtsverfahrens anfallen (vgl BGHZ 149, 371, 374 – *Missbräuchliche Mehrfachabmahnung*). Neben diesem auf Kostenvermeidung gerichteten Zweck (Kostenvermeidungsfunktion) hat die Abmahnung auch den Sinn, den Schuldner, der sich möglicherweise des Rechtsverstoßes nicht bewusst ist, zu warnen (Warnfunktion). Das kann wiederum im Interesse des Gläubigers liegen, weil nach erfolgter Abmahnung wohl stets ein Verschulden zu bejahen sein wird.

3. Abmahnung bei vorbeugendem Unterlassungsanspruch

Auch wenn sich die Abmahnung im Allgemeinen auf einen bereits erfolgten Verstoß bezieht, gelten die Regeln im Grundsatz auch für den vorbeugenden Unterlassungsanspruch. Auch der Schuldner dieses Anspruchs kann – bevor er vor Gericht in Anspruch genommen wird – erwarten, auf die Rechtswidrigkeit seines bevorstehenden Tuns hingewiesen zu werden, damit er Gelegenheit hat, die **Erstbegehungsgefahr durch eine Unterlassungserklärung,** die nicht strafbewehrt zu sein braucht (s § 8 Rdn 1.26), zu beseitigen. Das bedeutet freilich, dass der Gläubiger sich mit einer Erklärung zufrieden geben muss, die für den Fall der Zuwiderhandlung **keine Sanktion** zu enthalten braucht, sondern ihm lediglich zusätzlich einen vertraglichen Unterlassungs- und Schadensersatzanspruch verschafft. **1.6**

4. Keine Pflicht zur Abmahnung

Für den Gläubiger besteht **keine Rechtspflicht,** den Schuldner vor der Einleitung des Verfügungs- oder des Hauptsacheverfahrens zu warnen oder zu mahnen. Dies bringt das Gesetz durch die Formulierung „sollen ... abmahnen" zum Ausdruck (vgl OLG München GRUR-RR 2005, 205, 206). Bei der Abmahnung handelt es sich auch **nicht um eine Zulässigkeitsvoraussetzung** für ein anschließendes Verfügungs- oder Klageverfahren; die Zulässigkeit der gerichtlichen Geltendmachung eines Unterlassungsanspruchs wird nicht davon berührt, ob der Schuldner zuvor abgemahnt worden ist. Man kann aber von einer **Obliegenheit** des Gläubigers sprechen (OLG Köln WRP 1986, 426, 427; KG WRP 1990, 415, 418; KG WRP 1991, 304, 307; KG WRP 1992, 716, 717), weil das Unterbleiben der Abmahnung für ihn nachteilige Rechtsfolgen haben kann. **1.7**

Die **Nachteile,** die dem Gläubiger drohen, wenn er auf die Abmahnung verzichtet, liegen darin begründet, dass der nicht abgemahnte Schuldner, der im Falle der gerichtlichen Geltendmachung den Klageanspruch **sofort anerkennt,** idR so behandelt wird, als habe er **keine Veranlassung zur Klage** bzw zum Antrag auf Erlass einer einstweiligen Verfügung gegeben **(§ 93 ZPO).** Die Folge ist, dass zwar zugunsten des Klägers ein **Anerkenntnisurteil** ergeht, dem Kläger aber gleichwohl **die Kosten des Rechtsstreits** auferlegt werden. Diese Regelung beruht auf der prozessrechtlichen Erwägung, dass ein Gläubiger nur dann ohne Kostenrisiko gerichtliche Hilfe in Anspruch nehmen soll, wenn er davon ausgehen muss, sein Ziel ohne Klage- oder Verfügungsverfahren nicht erreichen zu können. Die Begründung des Regierungsentwurfs sagt hierzu (BT-Drucks 15/1487 S 25): „Durch das Erfordernis des Sollens wird klargestellt, dass keine echte Rechtspflicht zur Abmahnung besteht. Wird eine mögliche und zumutbare Abmahnung unterlassen, riskiert der Kläger jedoch, dass er die Kosten zu tragen hat, wenn der Beklagte den Anspruch sofort anerkennt (§ 93 ZPO)." **1.8**

Statt ein sofortiges Anerkenntnis abzugeben, kann der nicht abgemahnte Schuldner sich auch unterwerfen, also eine **strafbewehrte Unterlassungserklärung** abgeben. Weil damit die Wiederholungsgefahr für den Unterlassungsanspruch entfällt, nötigt er auf diese Weise den Gläubiger, die Klage zurückzunehmen oder die Hauptsache für erledigt zu erklären. Im Falle der Klagerücknahme hat der Gläubiger ohnehin die Kosten zu tragen (§ 269 III 2 ZPO); der Fall des § 269 III 3 ZPO liegt nicht vor, weil niemals Anlass für die Klageerhebung bestanden hat. Im Falle der Erledigungserklärung kann der Schuldner ebenfalls der Kostenlast entgehen, indem er der Erledigung zustimmt. Denn im Rahmen der **Kostenentscheidung nach § 91 a ZPO** wird das Gericht den Rechtsgedanken des § 93 ZPO heranziehen und dem Gläubiger ebenfalls die Kosten des Verfahrens auferlegen (OLG Karlsruhe WRP 1990, 640). Nur wenn der Schuldner – schlecht beraten – in dieser Situation der Erledigung nicht zustimmt (etwa mit der Begründung, das beanstandete Verhalten sei nicht wettbewerbswidrig), kommt das Gericht noch zu einer sachlichen Prüfung. War die Klage vor Abgabe der Unterwerfungserklärung begründet, wird nun in einem Feststellungsurteil ausgesprochen, dass sich der Rechtsstreit in der Hauptsache erledigt und der Beklagte (= Schuldner) die Kosten des Rechtsstreits zu tragen hat. Im **Verfügungsverfahren** entspricht es dem sofortigen Anerkenntnis nach § 93 ZPO, wenn der **1.9**

Schuldner den **Widerspruch auf die Kosten beschränkt** und damit zum Ausdruck bringt, dass er die Entscheidung in der Sache akzeptiert (KG AfP 1999, 173; OLG Stuttgart NJWE-WettbR 2000, 125). Der Kostenwiderspruch ist dagegen nicht der richtige Rechtsbehelf, wenn der Schuldner schon eine Unterwerfungserklärung abgegeben hat. In diesem Fall darf er den Widerspruch gegen die ergangene Beschlussverfügung nicht auf die Kosten beschränken; denn er bringt gegen die Beschlussverfügung vor, dass es mangels Wiederholungsgefahr an dem Verfügungsanspruch fehle (OLG Karlsruhe WRP 1990, 640).

5. Rechtsnatur der Abmahnung

1.10 Auf der einen Seite ist die Abmahnung in ihrer Rechtsnatur mit der Mahnung des § 286 I 1 BGB vergleichbar. Sie ist für sich genommen **kein Rechtsgeschäft,** sondern eine **geschäftsähnliche Handlung,** auf die die Vorschriften über Rechtsgeschäft und Willenserklärung (§§ 104–185 BGB) entspr anwendbar sind (für die Mahnung BGHZ 47, 352, 357). Auf der anderen Seite erfüllt die Abmahnung idR noch eine weitere Funktion: Sie enthält meist nicht nur die Aufforderung, innerhalb einer bestimmten Frist eine Unterwerfungserklärung abzugeben (s Rdn 1.3), sondern bereits das **Angebot zum Abschluss eines** ganz bestimmten **Unterlassungsvertrags** mit Vertragsstrafenversprechen (BGHZ 121, 13, 17 – *Fortsetzungszusammenhang; Teplitzky* Kap 41 Rdn 6; *Ahrens/Deutsch* Kap 1 Rdn 31; *Ahrens/Achilles* Kap 7 Rdn 9). Die Rechtsnatur ist für die Frage des Vollmachtsnachweises (Anwendbarkeit von § 174 BGB?) von Bedeutung (dazu Rdn 1.25 ff).

1.11 Durch die Abmahnung wird im Übrigen das **gesetzliche Schuldverhältnis konkretisiert,** das durch den Wettbewerbsverstoß zwischen Gläubiger und Schuldner entstanden ist (BGH GRUR 1987, 54, 55 – *Aufklärungspflicht des Abgemahnten;* BGH GRUR 1988, 716, 717 – *Aufklärungspflicht gegenüber Verbänden;* BGH GRUR 1995, 167, 169 – *Kosten bei unbegründeter Abmahnung).* Im Rahmen dieses Schuldverhältnisses treffen den Abgemahnten bestimmte Aufklärungs- und Antwortpflichten (dazu Rdn 1.61 f).

II. Erfordernisse

1. Inhalt

1.12 Die Abmahnung enthält eine Aufforderung an den Schuldner, innerhalb einer angemessenen Frist eine **strafbewehrte Unterlassungserklärung** abzugeben. Außerdem wird in der Abmahnung ein gerichtliches Vorgehen für den Fall angedroht, dass die geforderte Unterwerfungserklärung innerhalb der gesetzten Frist nicht abgegeben wird (zu den Zwecken der Abmahnung Rdn 1.4). Im Allgemeinen ist mit der Abmahnung auch ein Angebot zum Abschluss eines Unterwerfungsvertrags verbunden (s Rdn 1.10). Zu den Besonderheiten beim vorbeugenden Unterlassungsanspruch s Rdn 1.6. Im Einzelnen:

1.13 **a) Aktiv- und Passivlegitimation.** Zur Abmahnung gehört, dass der Abmahnende seine **Sachbefugnis darlegt,** also kundtut, weshalb er sich für berechtigt hält, den zu beanstandenden Verstoß zu verfolgen (*Ahrens/Deutsch* Kap 1 Rdn 35 ff; *Piper/Ohly/Sosnitza* § 12 Rdn 14). Bei einem Wettbewerber wird sich die Aktivlegitimation meist schon aus den Umständen ergeben. Auch bei manchem Wettbewerbs- oder Verbraucherverband – etwa bei der Wettbewerbszentrale oder bei einer Verbraucherzentrale – braucht nicht viel gesagt zu werden, weil ihre umfassende Berechtigung weithin als bekannt vorausgesetzt werden kann. Kann der Gläubiger dagegen nicht davon ausgehen, dass seine Aktivlegitimation bekannt ist, muss er hierzu Ausführungen machen. Das gilt vor allem für weniger bekannte Verbände nach § 8 II Nr. 2; sie müssen die Zahl der Mitglieder, die auf dem betreffenden Markt tätig sind, angeben.

1.14 Abzumahnen ist die **Person, die den Wettbewerbsverstoß begangen** hat. Bei Verstößen zweier kapitalmäßig und persönlich verflochtener Unternehmen kann die Abmahnung **eines** Unternehmens genügen (OLG Hamburg WRP 1973, 537; LG Berlin WRP 1977, 671, 674). Soll neben der juristischen Person (zB einer GmbH) auch der Geschäftsführer und der handelnde Mitarbeiter verklagt werden, empfiehlt es sich, diese ebenfalls abzumahnen. Denn für jeden Beteiligten kann sich die Frage der Unterwerfung unterschiedlich stellen, so dass aus dem Umstand, dass die GmbH sich nicht unterwirft, nicht ohne weiteres darauf geschlossen werden kann, auch der handelnde Mitarbeiter werde eine Unterwerfung ablehnen. Bei einer Abmahnung mehrerer Schuldner wegen eines Verstoßes ist allerdings darauf zu achten, dass nicht für jede Abmahnung gesondert Kosten, insbes Anwaltskosten, geltend gemacht werden. Denn in der **getrennten Geltendmachung** kann – wenn jeweils gesondert abgerechnet werden soll und durch die gesonderte Abrechnung deutlich höhere Kosten entstehen – eine **missbräuchliche Geltendmachung** des Anspruchs liegen, die nach der Rspr dazu führt, dass der Anspruch auch klageweise nicht mehr durchgesetzt werden kann (BGHZ 149, 371, 379 – *Missbräuchliche Mehrfachabmahnung;* vgl Rdn 1.76 und § 8 Rdn 4.6).

b) Beanstandetes Verhalten. Die Abmahnung muss mit hinreichender Deutlichkeit zum Ausdruck bringen, welches **konkrete Verhalten** beanstandet wird. Auch wenn der Gläubiger Unterlassung nicht nur der konkreten Verletzungsform begehrt, muss er doch den **Anlass der Beanstandung ganz konkret bezeichnen,** damit der Schuldner weiß, was genau für den Gläubiger den Stein des Anstoßes bildet (OLG Stuttgart WRP 1996, 1229, 1230 ff). In **rechtlicher Hinsicht** braucht der Wettbewerbsverstoß nicht richtig und umfassend beurteilt zu werden; es genügt, dass der Abgemahnte in der Lage ist, das als wettbewerbswidrig bezeichnete Verhalten unter den in Betracht kommenden rechtlichen Gesichtspunkten zu würdigen und daraus die nötigen Folgerungen zu ziehen (OLG Koblenz GRUR 1981, 671, 674; OLG Stuttgart WRP 1984, 439; OLG Hamburg WRP 1996, 773; *Teplitzky* Kap 41 Rdn 14 f). Auch **Rechtsprechungsnachweise** braucht der Abmahnende mit der Abmahnung nicht zu liefern. Liegt ihm eine einschlägige Entscheidung vor, empfiehlt es sich jedoch, sie der Abmahnung beizufügen, weil dadurch die Unterwerfungsbereitschaft steigt. **1.15**

c) Forderung einer Unterwerfungserklärung. Die Abmahnung muss dem Schuldner den **Weg weisen,** wie er sich zu verhalten hat, damit ein Prozess vermieden wird (BGH GRUR 2009, 502 Tz 11 – *pcb;* BGH GRUR 2010, 257 Tz 9 – *Schubladenverfügung;* BGH GRUR 2010, 354 Tz 8 – *Kräutertee;* BGH, Urt v 19. 5. 2010 – I ZR 140/08 Tz 16 – *Vollmachtsnachweis*). Der Gläubiger muss den Schuldner daher zur **Abgabe einer Unterwerfungserklärung,** also einer strafbewehrten Unterlassungserklärung, auffordern (beim vorbeugenden Unterlassungsanspruch: Abgabe einer nicht strafbewehrten Unterlassungserklärung; s Rdn 1.6). Nicht erforderlich, aber üblich ist es, dass der Gläubiger dem Schuldner mit der Abmahnung die **abzugebende Erklärung** bereits zuschickt. In diesem Fall handelt es sich um ein **Angebot zum Abschluss eines Unterwerfungsvertrags,** das der Schuldner nur noch anzunehmen braucht (s Rdn 1.10). **1.16**

Enthält die Abmahnung alles, was nötig ist (konkrete Beanstandung, Aufforderung zur Abgabe einer Unterwerfungserklärung), so **ist es unschädlich, wenn der Gläubiger** mit der vorgeschlagenen Unterwerfungserklärung **mehr fordert,** als ihm zusteht. Die Abmahnung wird in ihrer rechtlichen Wirkung also nicht dadurch beeinflusst, dass die geforderte strafbewehrte Unterlassungserklärung zu weit geht oder dass eine zu hohe Vertragsstrafe für den Fall der Zuwiderhandlung verlangt wird (OLG Köln WRP 1988, 56; OLG Hamburg WRP 1977, 808; OLG Hamburg WRP 1990, 32, 33; OLG Stuttgart WRP 1985, 53; aM OLG München WRP 1982, 600, 601). Denn es ist **Sache des Schuldners,** auf Grund der Abmahnung die zur Beseitigung der Wiederholungsgefahr **erforderliche Erklärung abzugeben.** Bei einer zu weitgehenden Forderung bleibt es also dem Schuldner überlassen, eine ausreichende Unterwerfungserklärung abzugeben, in der dann eine Ablehnung des zu weit gehenden Angebots verbunden mit einem neuen Angebot zum Abschluss eines Unterlassungsverpflichtungsvertrages liegt (§ 150 II BGB). Auch wenn der Gläubiger dem Schuldner eine **zu kurze Frist** gesetzt hat, entfaltet die Abmahnung ihre rechtliche Wirkung; durch sie wird lediglich nicht die zu kurze, sondern eine **angemessene Frist in Lauf gesetzt** (s dazu Rdn 1.20). Zum Anspruch auf Erstattung der Abmahnkosten bei nur teilweise berechtigter Abmahnung s unten Rdn 1.97 b. **1.17**

Verlangt der Gläubiger mit der Abmahnung **weniger, als erforderlich** ist, um die Wiederholungsgefahr zu beseitigen, und gibt der Schuldner deswegen eine unzureichende Erklärung ab (bspw eine ungesicherte Unterlassungserklärung oder ein zu niedriges Strafversprechen), **bleibt** zwar die **Wiederholungsgefahr bestehen.** Erhebt der Gläubiger aber nun mit der Begründung, die Wiederholungsgefahr sei nicht entfallen, Klage oder beantragt er eine einstweilige Verfügung, hat der Schuldner, wenn er sofort anerkennt oder eine zweite, diesmal ausreichende Erklärung abgibt, iSv § 93 ZPO keinen Anlass zur Klage gegeben. **1.18**

d) Angemessene Frist. Ob die gesetzte **Frist angemessen** ist, lässt sich nur nach Lage des Einzelfalls bestimmen. Im Regelfall, in dem es darum geht, dass eine wettbewerbswidrige Werbung irgendwann wiederholt wird, muss dem Schuldner Zeit zum Überlegen und zum Einholen anwaltlichen Rats gelassen werden. In diesen Fällen wird eine Zeit von **einer Woche bis zehn Tagen** genügen (OLG Stuttgart WRP 2004, 1395 [LS]: sieben Tage), wobei immer auf die Zeit ab Zugang der Abmahnung abzustellen ist. Ist die Sache bes eilbedürftig, kann aber auch eine **Frist von wenigen Stunden** noch angemessen sein (vgl OLG München WRP 1988, 62, 63; ferner OLG Frankfurt WRP 1996, 1194: Frist von 39 Minuten zu kurz). Die Angelegen- **1.19**

heit kann sogar so eilbedürftig sein, dass dem Gläubiger eine Abmahnung überhaupt nicht zugemutet werden kann (s Rdn 1.54). Der Gläubiger, der sich auf bes **Eilbedürftigkeit beruft,** muss selbst auch **entspr zügig** reagiert haben (OLG Frankfurt WRP 1996, 1194f). Hat er mehrere Tage seit Kenntnis vom Verstoß verstreichen lassen, bis er sich zur Abmahnung entschlossen hat, kann er vom Schuldner nicht eine Reaktion innerhalb weniger Stunden oder gar Minuten erwarten, selbst wenn die Sache inzwischen bes eilbedürftig geworden ist. – Auf eine **Fristverlängerung** muss sich der Gläubiger nur einlassen, wenn der Schuldner nachvollziehbare Gründe dafür anführt (OLG Stuttgart WRP 2004, 1395 [LS]; *Teplitzky* Kap 41 Rdn 16). Eine andere Frage ist, ob der Gläubiger in einer solchen Situation ohne Not am Tag nach Fristablauf den Verfügungsantrag oder die Klage einreichen sollte. Im Zweifel empfiehlt sich eine gewisse Großzügigkeit, weil sich der Ausgang eines Streits über die Angemessenheit einer Frist(verlängerung) nur schwer zu prognostizieren ist.

1.20 Hat der Gläubiger dem Schuldner eine **zu kurze Frist** gesetzt, entfaltet die Abmahnung ihre rechtliche Wirkung. Durch sie wird lediglich statt der unangemessen kurzen Frist eine **angemessene Frist in Lauf gesetzt** (BGH GRUR 1990, 381, 382 – *Antwortpflicht des Abgemahnten;* BGH GRUR 2010, 355 Tz 18 – *Textfundstelle;* OLG München WRP 1988, 62; OLG Köln WRP 1996, 1214, 1215). Der Schuldner braucht den Gläubiger, der eine zu kurze Frist gesetzt hat, auch nicht darauf hinzuweisen, dass er innerhalb angemessener Frist antworten werde (OLG Frankfurt WRP 1996, 1194; aA OLG Hamburg GRUR 1989, 197 [LS]; *Teplitzky* Kap 41 Rdn 16). Etwas anderes gilt nur, wenn der Gläubiger – für den Schuldner erkennbar – die Frist für angemessen halten durfte, zB deshalb, weil sich die Übermittlung der Abmahnung **postalisch verzögert** hat und deswegen die Frist zu kurz bemessen ist, bei normalem Postgang aber ausreichend gewesen wäre. Dennoch empfiehlt es sich auch dann, wenn der Schuldner meint, die gesetzte Frist sei unangemessen kurz, den Gläubiger vor Ablauf der gesetzten Frist darauf hinzuweisen, dass sich die Antwort auf die Abmahnung noch verzögern werde. Denn es lässt sich kaum zuverlässig vorhersagen, ob ein Gericht eine bestimmte Frist für ausreichend erachten wird oder nicht.

1.21 **e) Androhung gerichtlicher Schritte.** Schließlich muss der Gläubiger dem Schuldner zu erkennen geben, dass er gegen ihn **gerichtlich vorgehen** wird, wenn er die geforderte Unterwerfungserklärung nicht innerhalb der gesetzten Frist abgibt (OLG Hamburg WRP 1986, 292; OLG München WRP 1981, 601). Eine **Berechtigungsanfrage** reicht insofern nicht aus (OLG Hamburg GRUR 2006, 616). Andererseits bedarf es häufig **keines ausdrücklichen Hinweises,** um deutlich zu machen, dass gerichtliche Schritte eingeleitet werden. Denn entweder ergibt sich der Wille, notfalls gerichtlich vorzugehen, aus den Umständen (zB Abmahnung durch einen Rechtsanwalt), oder dem Schuldner ist auf Grund seiner geschäftlichen Erfahrungen ohnehin klar, was geschieht, wenn er die geforderte Erklärung nicht abgibt (KG NJW 2005, 2239: Abmahnung eines Notars durch Kollegen). Eine **Festlegung auf ein bestimmtes Vorgehen** ist mit dem Hinweis nicht verbunden. Hat ein Gläubiger bspw erklärt, er werde nach fruchtlosem Ablauf der Frist unverzüglich Klage erheben, kann sich der Schuldner – wenn stattdessen eine einstweilige Verfügung beantragt wird – nicht darauf berufen, er habe mit einem Verfügungsverfahren nicht rechnen müssen (Piper/Ohly/*Sosnitza* § 12 Rdn 18; aA GK/*Kreft* Vor § 13 Rdn C 39; *Köhler*/Piper, 3. Aufl 2002, Vor § 13 Rdn 185). – Wird nach erfolgloser Abmahnung nur der **Anspruch auf Zahlung der Abmahnkosten,** nicht dagegen der Unterlassungsanspruch geltend gemacht, kann das darauf hindeuten, dass von Anfang an die **Ernsthaftigkeit des Unterlassungsverlangens** gefehlt hat. Der Kläger, der isoliert Abmahnkosten geltend macht, muss daher triftige Gründe dafür vorbringen, weshalb er den Unterlassungsanspruch nicht gerichtlich verfolgt (vgl BGH GRUR 2007, 164 Tz 13 – *Telefax-Werbung II*). Andernfalls wird das Gericht von der mangelnden Ernsthaftigkeit der Abmahnung ausgehen und die Klage auf Zahlung der Abmahnkosten abweisen.

2. Form und Zugang

1.22 **a) Kein Formzwang.** Für eine Abmahnung, die für den Verletzten im Hinblick auf die Kostenfolge (§ 93 ZPO) ein Gebot eigenen Interesses ist (Rdn 1.7), besteht **kein Formzwang** (Ahrens/*Deutsch* Kap 1 Rdn 96). Es kann daher per Brief, per Telefax oder E-Mail (OLG Düsseldorf GRUR 1990, 310; KG WRP 1994, 39; OLG Hamburg NJW-RR 1994, 629; *Schmittmann* WRP 1994, 225 ff), aber auch mündlich oder telefonisch wirksam abgemahnt werden. Aus Beweisgründen empfiehlt es sich, grds **schriftlich** abzumahnen. Häufig wird empfohlen, die **Abmahnung als Einschreiben mit Rückschein** (§ 175 ZPO) zu versenden. Bei dieser Versendungsform kann der Adressat zwar den Zugang durch Nichtannahme oder durch Nichtabholung des bei der Post hinterlegten Abmahnschreibens verhindern; je nach den

Umständen kann hierin jedoch eine Obliegenheitsverletzung des Schuldners liegen mit der Folge, dass er sich nach § 242 BGB so behandeln lassen muss, wie wenn die Abmahnung zugegangen wäre (hierzu Rdn 1.34; zur Frage, ob der Zugang der Abmahnung überhaupt vom Abmahnenden bewiesen werden muss, s Rdn 1.29 und 1.31 ff). Bei bes Dringlichkeit (Eilbedürftigkeit) kann für den Verletzten eine vorherige Abmahnung **unzumutbar** sein (s Rdn 1.46 f).

1.23 Der Streit, ob dem Verletzten im Einzelfall eine **mündliche oder telefonische Abmahnung zuzumuten** ist (str; bejahend OLG Köln WRP 1970, 186; OLG Köln WRP 1986, 626; OLG Stuttgart WRP 1986, 54, 55; OLG Frankfurt WRP 1984, 417; OLG München WRP 1988, 62, 63; *Teplitzky* Kap 41 Rdn 10; verneinend KG WRP 1971, 375; OLG Düsseldorf WRP 1972, 257; OLG Hamburg GRUR 1975, 39, 41; OLG Hamm WRP 1979, 563), hat sich durch die elektronischen Kommunikationsformen – Telefax, E-Mail – weitgehend erledigt. In der Praxis stellt sich in Fällen bes Dringlichkeit allein die Frage, ob dem Verletzten das Abwarten bis zum Ablauf der mit der Abmahnung zu setzenden Frist zugemutet werden kann. Diese Frage muss aber gleichermaßen bei einer Abmahnung per E-Mail oder Telefax wie bei einer mündlich ausgesprochenen Abmahnung beantwortet werden. Für eine mündliche Abmahnung spricht daher auch aus der Sicht des Abmahnenden wenig, auch wenn die dagegen angeführten **Beweisschwierigkeiten** sich durch eine **schriftliche Bestätigung** der mündlich erfolgten Abmahnung ausräumen lassen.

1.23a Dass eine **Abmahnung per E-Mail** den Formerfordernissen genügt, unterliegt keinem Zweifel. Da aber der Nachweis des Zugangs für den Abmahnenden erhebliche Risiken birgt, empfiehlt es sich grds nicht, ausschließlich auf diesem Weg abzumahnen (dazu unten § 12 Rdn ; *Ernst/Wittmann,* MarkenR 2010, 273, 276 ff).

1.24 **b) Beweismittel und Belege.** Der Abmahner braucht **keine Beweismittel** – wie etwa den Namen und die Adresse eines Testkäufers – anzugeben. Verweist der Abmahnende dennoch in der Abmahnung auf Belege, die irrtümlich der Abmahnung nicht beigefügt sind, kann der Abgemahnte nicht einfach abwarten. Vielmehr ist er im Rahmen des durch den Wettbewerbsverstoß begründeten gesetzlichen Schuldverhältnisses (dazu Rdn 1.61) gehalten, den Abmahnenden auf das Versäumnis hinzuweisen. Wartet er einfach nur ab, kann er sich im Falle der gerichtlichen Geltendmachung nicht darauf berufen, er habe eine unvollständige Abmahnung erhalten und daher keinen Anlass zur Klage bzw zum Antrag auf Erlass einer einstweiligen Verfügung gegeben (vgl OLG Hamm GRUR 1990, 716).

1.25 **c) Nachweis der Vollmacht.** Streitig ist, ob entspr der Regelung in **§ 174 BGB** die Wirkungen der von einem Bevollmächtigten ausgesprochenen Abmahnung entfallen, wenn ihr kein **Vollmachtsnachweis** beigefügt ist und der Abgemahnte die Abmahnung deswegen unverzüglich zurückweist. In der Vergangenheit wurde diese Frage in der Rspr (OLG Köln WRP 1985, 360; OLG Köln WRP 1988, 79; OLG Karlsruhe NJW-RR 1990, 1323; OLG Frankfurt OLG-Rp 2001, 270; OLG Frankfurt GRUR-RR 2010, 221, 222; vgl auch LG Hamburg GRUR-RR 2009, 198, 199) und in der Literatur (Baumbach/*Hefermehl,* 22. Aufl, Einl Rdn 534; *Teplitzky* Kap 41 Rdn 6 a; HdbWettbR/*Gloy,* 3. Aufl 2005, § 75 Rdn 30; *Melullis* Rdn 784; Ahrens/ *Deutsch* Kap 1 Rdn 107 f; Harte/Henning/*Brüning* § 12 Rdn 31; Fezer/*Büscher* § 12 Rdn 11; *Pfister* WRP 2002, 799) überwiegend verneint. Inzwischen hat sich jedoch eine nicht minderstarke Gegenposition aufgebaut (OLG Düsseldorf OLG-Rp 1996, 279; OLG Düsseldorf NJWE-WettbR 1999, 263; OLG Düsseldorf WRP 2001, 52; OLG Nürnberg GRUR 1991, 387; vermittelnd OLG Hamburg WRP 1982, 478; OLG Hamburg WRP 1986, 106; OLG Stuttgart NJWE-WettbR 2000, 125, vgl OLG Hamburg GRUR-RR 2008, 370, 371), die § 174 BGB uneingeschränkt oder mit Modifikationen für anwendbar hält. Diese Ansicht findet auch im Schrifttum vermehrt Unterstützung (Piper/Ohly/*Sosnitza* § 12 Rdn 11; GK/*Kreft* Vor § 13 Rdn C 78; *Ulrich* WRP 1998, 258; *Ohrt* WRP 2002, 1035; Palandt/*Heinrichs* BGB, 69. Aufl 2010, § 174 Rdn 2; MünchKommBGB/*Schramm,* 5. Aufl 2007, § 174 Rdn 3; HdbWettbR/*Schwippert* § 84 Rdn 14).

1.26 Bei der **Beantwortung der Streitfrage** muss man einerseits im Auge behalten, dass jede Belastung des Abmahnenden durch nicht ohne weiteres zu erfüllende Formerfordernisse die **Abmahnung als Instrument der außergerichtlichen Streitbeilegung** entwertet. Wäre der Abmahnende in allen Fällen der gewillkürten Vertretung stets genötigt, der Abmahnung die Vollmachtsurkunde im Original beizufügen, wäre es ihm häufig nicht zuzumuten, die gerichtliche Durchsetzung seines Unterlassungsanspruchs im Interesse einer gütlichen Regelung zurückzustellen. Denn damit entfiele die Möglichkeit, in Eilfällen per Telefax, E-Mail oder Telefon abzumahnen. Dies gilt in noch verstärktem Maße, wenn man den Abmahnenden auch mit dem Nachweis des Zugangs der Abmahnung belastet (dazu Rdn 1.29 und 1.31 ff). Andererseits geht es nicht an, unter Hinweis auf praktische Schwierigkeiten gesetzliche Bestimmungen oder doch fest gefügte Grundsätze des Zivilrechts oder des Zivilprozessrechts für unanwendbar zu erklären, wobei häufig noch nicht einmal der Versuch einer dogmatischen Begründung unternommen wird. Die praktischen **Schwierigkeiten lassen sich** im Übrigen **vermeiden,** wenn folgende **Grundsätze** beachtet werden:

1.27 Dort, wo die **Abmahnung** nichts anderes ist als eine **einseitige Erklärung,** führt an der **Anwendung von § 174 BGB** kein Weg vorbei; denn auf geschäftsähnliche Handlungen, zu denen die Abmahnung unstreitig gehört (s Rdn 1.10), ist § 174 BGB entspr anzuwenden (BGH NJW 1983, 1542, für die Mahnung; vgl auch BGH Urt v 19. 5. 2010 – I ZR 140/08 Tz 15 – *Vollmachtsnachweis*). Die Zurückweisung der Abmahnung wegen fehlender Vollmacht muss dann aber **unverzüglich nach Zugang** der Abmahnung erfolgen. Erbittet der Abgemahnte zunächst eine Fristverlängerung, um die Berechtigung der Abmahnung prüfen zu können, und weist er erst dann die Abmahnung zurück, ist die Zurückweisung, die ja keiner eingehenden Prüfung bedarf, nicht mehr unverzüglich und führt daher auch nicht zur Unwirksamkeit der Abmahnung (OLG Düsseldorf GRUR-RR 2010, 87).

1.27a § 174 BGB beruht auf der Erwägung, dass bei einseitigen Rechtsgeschäften eine Vertretung ohne Vertretungsmacht nicht zulässig ist (§ 180 BGB). Im Allgemeinen sind **Abmahnungen** aber als **Angebote zum Abschluss eines Unterwerfungsvertrages** ausgestaltet. In diesen Fällen besteht keine Notwendigkeit, die starre Regelung des § 174 BGB anzuwenden (BGH Urt v 19. 5. 2010 – I ZR 140/08 Tz 15 – *Vollmachtsnachweis;* OLG Hamburg GRUR-RR 2008, 370, 371; aA Piper/Ohly/*Sosnitza* § 12 Rdn 11 aE); denn für diese Fälle sieht die Rechtsordnung vor, dass der Vertreter ohne Vertretungsmacht (einstweilen) in die Position des Vertragspartners rückt (§ 179 BGB); der Vertretene kann den Vertragsabschluss **jederzeit genehmigen** (§ 177 I BGB). Zwar lässt eine Unterwerfungserklärung die Wiederholungsgefahr grds nur entfallen, wenn sie gegenüber dem richtigen Gläubiger abgegeben wird; der **falsus procurator** kann aus dem Unterwerfungsvertrag keine Vertragsstrafeansprüche geltend machen. Da der Gläubiger den Vertragsabschluss aber jederzeit mit rückwirkender Kraft genehmigen kann, muss der Schuldner im Falle der Zuwiderhandlung selbst dann mit einer Vertragsstrafeforderung rechnen, wenn er seine Erklärung gegenüber einem Vertreter ohne Vertretungsmacht abgegeben hat. Die Situation ist daher vergleichbar mit den Fällen, in denen der Gläubiger eine inhaltlich ausreichende Unterwerfungserklärung nicht annimmt (dazu Rdn 1.116 ff). Da der Schuldner selbst ein klar definiertes Interesse daran hat, dass er unter dem **Damokles-Schwert des wirksamen Vertragsstrafeversprechens** steht (andernfalls entfiele die Wiederholungsgefahr nicht und er könnte mit Erfolg vor Gericht in Anspruch genommen werden), liegt in seiner Erklärung gegenüber dem falsus procurator auch immer der Verzicht auf das Widerrufsrecht aus § 178 BGB.

1.28 Auch wenn der Schuldner danach eine als Angebot zum Abschluss eines (angemessenen) Unterwerfungsvertrags ausgestaltete Abmahnung nach § 174 BGB mit der Begründung zurückweisen kann, es fehle die Vollmacht, empfiehlt es sich doch, dem **Wunsch eines Schuldners** zu entsprechen, der eine Unterwerfungserklärung ankündigt, zuvor aber den **Vollmachtsnachweis** erhalten möchte (§ 177 II 1 BGB; BGH Urt v 19. 5. 2010 – I ZR 140/08 Tz 15 – *Vollmachtsnachweis*). Selbst wenn die Wiederholungsgefahr auch dann entfällt, wenn der Schuldner die Annahme des Vertragsangebots gegenüber einem Vertreter ohne Vertretungsmacht erklärt, ist doch auf seiner Seite ein berechtigtes Interesse nicht zu leugnen, sich über den Vertragspartner Gewissheit zu verschaffen. Damit entspricht die hier vertretene Auffassung iErg (nicht notwendig in der Begründung) dem Mittelweg, den einige Oberlandesgerichte (OLG Stuttgart NJWE-WettbR 2000, 125; vgl auch OLG Hamburg WRP 1986, 106) beschritten haben und der im Schrifttum weitgehend Zustimmung gefunden hat (*Teplitzky* Kap 41 Rdn 6 a; *Melullis* Rdn 784; Ahrens/*Deutsch* Kap 1 Rdn 108; Fezer/*Büscher* § 12 Rdn 11).

1.29 d) **Zugang der Abmahnung. aa) Bedeutung des Zugangs.** Die Forderung nach einer Abmahnung vor der Inanspruchnahme der Gerichte beruht auf der Erwägung, dass ein Schuldner im Allgemeinen keinen Anlass zur Klage gegeben hat, es sei denn, er hat die Gelegenheit, die Sache durch eine Unterwerfungserklärung beizulegen, ungenutzt verstreichen lassen (s Rdn 1.8). Ist die Abmahnung in einer konkreten Situation dem Gläubiger zuzumuten, dann sagt sie nur dann etwas über den Anlass zur Klage aus, wenn der Schuldner sie erhalten hat. Sie erfüllt also ihren Zweck nur, wenn sie den Schuldner erreicht. Auf den Umstand, dass ein Schuldner auf eine ihm **nicht zugegangene Abmahnung** nicht reagiert, lässt sich **schwerlich ein Anlass zur Klage** stützen. Hiervon geht auch der BGH in seiner Entscheidung v 21. 12. 2006 aus, mit der – so ist zu hoffen – die Kontroverse über den Zugang der Abmahnung zum Abschluss gekommen ist (BGH GRUR 2007, 629 Tz 13 – *Zugang des Abmahnschreibens;* s Rdn 1.33).

Auch aus der Sicht des materiellen Rechts ist die Frage recht eindeutig zu beantworten: Bei **1.29a** der Abmahnung handelt es sich um eine **geschäftsähnliche Handlung**. Für solche Handlungen gelten dieselben Regeln wie für **empfangsbedürftige Willenserklärungen**. Sie werden in dem Zeitpunkt wirksam, in dem sie **dem Empfänger zugehen** (§ 130 I 1 BGB). Eine Willenserklärung, die in einer Postsendung enthalten ist, die zwar abgesandt worden, beim Empfänger aber nicht angekommen ist, ist nicht zugegangen. Zugegangen ist eine Willenserklärung, wenn sie so in den Bereich des Empfängers gelangt ist, dass dieser unter normalen Verhältnissen die **Möglichkeit** hat, **vom Inhalt der Erklärung Kenntnis zu nehmen** (BGHZ 67, 271, 275; BGH NJW 1998, 976, 977; BGH NJW 2004, 1320). Für die Abmahnung gilt nichts anderes. Sie muss bspw nicht an die Hauptniederlassung gerichtet sein; ausreichend ist der **Zugang bei einer Zweigstelle,** wenn diese als Empfangseinrichtung des Unternehmens anzusehen ist (OLG Düsseldorf WRP 1973, 595; MünchKommBGB/*Einsele*, 5. Aufl, § 130 Rdn 17). Eine in der Werbung angegebene Filiale ist stets eine solche Empfangseinrichtung (OLG Naumburg WRP 1999, 570), ebenso wie die Filiale, von der der Wettbewerbsverstoß ausgegangen ist (*Köhler/Piper*, 3. Aufl 2002, Vor § 13 Rdn 177).

Abmahnungen, die **per Telefax übermittelt** werden, gehen dem Adressaten grds mit **1.29b** Abschluss des Druckvorganges am Empfangsgerät zu (BGH NJW 2004, 1320).

Eine **per E-Mail übermittelte Abmahnung** ist zugegangen, wenn sie an eine vom Emp- **1.30** fänger im geschäftlichen Verkehr verwendete E-Mail-Adresse geschickt und in der entspr Mailbox des Empfängers angekommen ist (MünchKommBGB/*Einsele*, 5. Aufl, § 130 Rdn 18). Sie geht dem Empfänger – ebenso wie ein an die Privatanschrift adressierter Brief – auch dann zu, wenn sie an eine privat verwendete E-Mail-Adresse geschickt wird (str; wie hier *Ernst* NJW-CoR 1997, 165, 166; aA MünchKommBGB/*Einsele*, 5. Aufl 2007, § 130 Rdn 18). Da bei privaten E-Mail-Adressen nicht von einer regelmäßigen Kenntnisnahme ausgegangen werden kann, reicht dann aber die Ankunft in der Mailbox nicht aus. Zugegangen ist eine solche Abmahnung erst, wenn der Adressat sie zur Kenntnis genommen hat, was beispielsweise durch eine elektronische Empfangsbestätigung dokumentiert werden kann.

bb) Darlegungs- und Beweislast. Die Frage, wer – Absender oder Empfänger bzw Gläubi- **1.31** ger oder Schuldner – den Zugang der Abmahnung darzulegen und zu beweisen habe, war in der Vergangenheit hochstreitig. Schon bislang standen die **meisten Oberlandesgerichte** und die **meisten Stimmen im Schrifttum** auf dem Standpunkt, nicht der abmahnende Gläubiger, sondern der abgemahnte Schuldner trage das **Risiko** dafür, dass die **Abmahnung auf dem Postweg verloren** geht (OLG Hamburg GRUR 1976, 444; KG WRP 1979, 361; KG WRP 1984, 230; KG WRP 1994, 39; OLG Frankfurt GRUR 1980, 186; OLG Frankfurt GRUR 1985, 240; OLG Karlsruhe WRP 1982, 426, 427; OLG Karlsruhe WRP 1992, 199; OLG Karlsruhe WRP 1997, 477; OLG Koblenz WRP 1982, 437; OLG Stuttgart WRP 1983, 644; OLG Stuttgart WRP 1996, 477, 479; OLG Köln WRP 1984, 230; OLG Hamm WRP 1984, 220, 221; OLG Düsseldorf [2. ZS] WRP 1996, 1111; OLG Karlsruhe WRP 2003, 1146; OLG Braunschweig GRUR 2004, 887). Auch im Schrifttum war diese Ansicht weit verbreitet (Baumbach/*Hefermehl*, 22. Aufl, Einl Rdn 536; *Teplitzky* § 41 Rdn 6 b; *ders* WRP 2005, 654 f; Ahrens/*Deutsch* Kap 1 Rdn 101; *Melullis* Rdn 793 f; HdbWettbR/*Gloy*, 3. Aufl 2005, § 75 Rdn 30; Harte/Henning/*Brüning* § 12 Rdn 24 f; Fezer/*Büscher* 1. Aufl § 12 Rdn 6; MünchKommUWG/*Ottofülling* § 12 Rdn 26). Dieser Standpunkt wurde meist nicht dogmatisch, sondern mit den im Spiel befindlichen Interessen begründet: Bei der Abmahnung handele es sich letztlich um eine **Wohltat für den Schuldner,** der auf diese Weise Gelegenheit erhalte, die Angelegenheit kostengünstig beizulegen. Es sei unbillig, dem Gläubiger, der durch Absendung eines Abmahnschreibens das seinerseits Erforderliche getan habe, die Kosten eines Klageverfahrens aufzuerlegen, wenn der Schuldner den Zugang der Abmahnung bestreite. Letztlich sprach aus den Entscheidungen und Stellungnahmen die nahe liegende Skepsis gegenüber der den Zugang bestreitenden Einlassung des Schuldners.

Dagegen verlangten **einige Oberlandesgerichte** und ein Teil des Schrifttums – so auch der **1.32** Verf noch in der 25. Aufl (§ 12 Rdn 1.33) – **vom Gläubiger den Nachweis des Zugangs der Abmahnung** (KG WRP 1982, 467, 468; KG WRP 1992, 716, 717; KG WRP 1994, 39, 40; OLG Düsseldorf [20. ZS] NJWE-WettbR 1996, 256; OLG Düsseldorf [2. ZS] GRUR-RR 2001, 199; OLG Dresden WRP 1997, 1201, 1203; OLG Schleswig GRUR-RR 2008, 138; *Ulrich* WRP 1998, 124 ff; GK/*Kreft* Vor § 13 Rdn 73 ff; *Eichmann*, FS Helm, 2002, 287, 310 ff).

Es ist davon auszugehen, dass die Streitfrage inzwischen durch den **Beschluss des BGH vom 1.33 21. 12. 2006** (BGH GRUR 2007, 629 Tz 13 – *Zugang des Abmahnschreibens*) **weitgehend geklärt** ist. Denn diese Entscheidung berücksichtigt nicht nur die pragmatischen Erwägungen, die bislang meist für die hM angeführt wurden (s Rdn 1.31); sie liefert auch eine überzeugende rechtliche Begründung. Dabei geht der BGH davon aus, dass für die Abmahnung an sich die für Willenserklärungen geltenden Regeln anzuwenden sind und dass insbes mit dem Beweis der Absendung der Abmahnung noch nicht der Beweis des Zugangs erbracht ist (vgl BGHZ 24, 308, 312 f; BGH NJW 1964, 1176; BGH NJW 1996, 2033, 2035). Doch ist in der bisherigen Diskussion nicht immer (so auch in der Vorauf, § 12 Rdn 1.31 ff; vgl aber bspw OLG Frankfurt NJW-RR 1996, 62; OLG Frankfurt OLG-Rp 1996, 42; OLG Hamm MDR 2004, 1078) hinreichend beachtet worden, dass sich die Frage der Beweislast hier in dem **besonderen prozessualen Kontext des § 93 ZPO** stellt, für den eigene Beweislastregeln gelten. § 93 ZPO macht unter bestimmten Voraussetzungen zugunsten der Beklagten von dem Grundsatz eine Ausnahme, dass die unterlegene Partei die Kosten des Rechtsstreits zu tragen hat (§ 91 I 1 ZPO). Im Prozessrecht ist aber allgemein anerkannt – und dies entspricht auch den allgemeinen Grundsätzen –, dass der Beklagte, der ein sofortiges Anerkenntnis abgibt und geltend macht, er habe keinen Anlass zur Klage gegeben (§ 93 ZPO), diesen Umstand darlegen und beweisen muss (vgl nur MünchKommZPO/ Belz, 2 Aufl 2001, § 93 Rdn 8; Musielak/Wolst, ZPO, 6. Aufl 2008, § 93 Rdn 2).

1.33a   **Danach gilt** hinsichtlich der Darlegungs- und Beweislast **Folgendes** (BGH GRUR 2007, 629 Tz 12 f – *Zugang des Abmahnschreibens;* vgl auch OLG Frankfurt WRP 2009, 347 f): **(1)** Grds muss der **Schuldner darlegen und beweisen,** dass er keinen Anlass zur Klage gegeben hat, dass ihm also eine Abmahnung, auf die hin er eine den Streit erledigende Unterwerfungserklärung hätte abgeben können, nicht zugegangen ist. **(2)** Dabei ist aber zu berücksichtigen, dass es sich hierbei um eine **negative Tatsache** handelt. Dies führt dazu, dass der Gläubiger auf die Behauptung des Schuldners, er habe die Abmahnung nicht erhalten, nicht mit einfachem Bestreiten reagieren darf. Vielmehr muss er im Rahmen einer **sekundären Darlegungslast** im Einzelnen alles vortragen, was er zur Absendung des Abmahnschreibens vorbringen kann. **(3)** Nunmehr hat der Schuldner Gelegenheit, seinen Vortrag zu konkretisieren. Ggf kann er auf das (substantiierte) Bestreiten des Gläubigers auch durch **Beweisantritt,** idR durch Benennung von Zeugen – etwa von Büropersonal –, reagieren. **(4)** Bildet sich das Gericht – und in diesem Punkt unterscheidet sich die Auffassung des BGH von der bislang hM (s Rdn 1.31) – auf Grund der Beweisaufnahme die Überzeugung, dass das Abmahnschreiben – mag es auch abgesandt worden sein – dem Schuldner nicht zugegangen ist, hat der Schuldner bewiesen, dass er keinen Anlass zur Klage gegeben hat. Das **Risiko des Verlusts des Abmahnschreibens trägt** demnach **der Gläubiger.**

1.34   Die immer wieder beschworene **Gefahr des Missbrauchs** wird damit **weitgehend gebannt.** Hat der Schuldner die Abmahnung tatsächlich erhalten, darf er vor kriminellem Verhalten nicht zurückschrecken, wenn er den Zugang mit Erfolg bestreiten und für den Nichtzugang Zeugen benennen möchte, in deren Abhängigkeit er sich damit begibt. Im Regelfall wird der Gläubiger daher keine besondere Vorsorge treffen müssen. Möchte der Gläubiger jedes Risiko von vornherein ausschalten, bietet sich im Übrigen für ihn eine Reihe von Möglichkeiten an:

1.34a   Abgesehen von der **Zustellung durch Boten** kann die Abmahnung als **Einschreiben mit Rückschein** versandt werden. Verweigert der Schuldner die Annahme ohne Grund, muss er sich so behandeln lassen, als wäre ihm die Abmahnung mit dem Angebot zur Aushändigung zugestellt worden (BGH NJW 1983, 929, 930; KG GRUR 1989, 618). Wird beim Schuldner niemand angetroffen (was im geschäftlichen Verkehr eher die Ausnahme bilden dürfte) und nur ein Benachrichtigungsschein hinterlassen, geht es ebenfalls zu Lasten des Schuldners, wenn er es versäumt, die Sendung innerhalb der Lagerfrist von sieben Werktagen abzuholen (BGHZ 67, 271, 277 f; KG GRUR 1989, 618; vgl auch MünchKommBGB/*Einsele,* 5. Aufl 2007, § 130 Rdn 38; Palandt/*Heinrichs* BGB, 69. Aufl 2010, § 130 Rdn 17 f). In diesem Fall muss sich der Schuldner so behandeln lassen, als sei ihm die Abmahnung am letzten Tag der Lagerfrist zugegangen. Zwar hat der BGH (VIII. ZS) in einer neueren – sich von BGHZ 67, 271 vorsichtig absetzenden – Entscheidung eine solche **Zugangsfiktion nach § 242 BGB** in einem Fall verneint, in dem es um den Zugang der Annahme eines Kaufvertragsangebots ging (BGHZ 137, 205, 208, 210). Entsprechendes gilt aber nicht für die wettbewerbsrechtliche Abmahnung. Die Anwendung von § 242 BGB hängt davon ab, ob dem Absender ein nochmaliger Zustellungsversuch zuzumuten ist oder nicht (BGHZ 137, 205, 209). Dies kann je nach zuzustellender Erklärung unterschiedlich sein. Bei der wettbewerbsrechtlichen Abmahnung ist die mit einem zweiten Zustellungsversuch verbundene Zeitverzögerung für den Gläubiger eindeutig unzumutbar. Außerdem sind auch die **Konsequenzen aus der Zugangsfiktion** völlig angemessen: Sie führt lediglich dazu, dass der Schuldner im Falle eines sofortigen Anerkenntnisses die Kosten zu tragen hat, weil er Anlass zur Klage gegeben hat. Der Schuldner, der die als Einschreiben versandte wettbewerbsrechtliche Abmahnung trotz Benachrichtigung nicht abholt, kann daher so behandelt werden, als sei ihm die Abmahnung zugegangen. Der Rückgriff auf die Zugangsfiktion nach § 242 BGB ist im Übrigen nicht dadurch verstellt, dass inzwischen eine zivilprozessrechtlich gebotene Zustellung ebenfalls durch Einschreiben mit Rückschein bewirkt werden kann (§ 175 ZPO). Zwar scheitert diese Zustellung, wenn der Empfänger die Annahme der Sendung verweigert oder die hinterlegte Sendung trotz Benachrichtigung nicht abholt (Zöller/ *Stöber* ZPO, 27. Aufl, § 175 Rdn 3; *Heß* NJW 2002, 2417, 2419). Für den Nachweis des Zugangs nach § 130 I BGB gelten jedoch andere Regeln.

In Eilfällen ist freilich das Einschreiben mit Rückschein, bei dem der Absender erst nach einiger Zeit zuverlässig erfährt, was mit der Sendung geschehen ist, kein gangbarer Weg. Wird die **Abmahnung mit einfacher Post** übersandt, beweist die Absendung noch nicht den Zugang (s Rdn 1.29 und 1.33 a). Hier empfiehlt es sich, die Abmahnung auch noch **parallel per Telefax und/oder E-Mail** zu übermitteln (BGH GRUR 2007, 629 Tz 13 – *Zugang des Abmahnschreibens*). Kann der Gläubiger dartun, dass er die Abmahnung als Brief, als Telefax und als E-Mail abgesandt hat, ist die **Einlassung des Schuldners,** er habe auf keinem der drei Wege die Abmahnung erhalten, von vornherein **wenig glaubhaft.** Der doppelte oder dreifache Zugang wird den Schuldner daher im Allgemeinen von der Behauptung abhalten, er habe die Abmahnung überhaupt nicht erhalten. Wird der Zugang gleichwohl bestritten, liegt es im Übrigen nahe, dass der Richter die Überzeugung gewinnt (§ 286 ZPO), die Abmahnung sei dem Schuldner zugegangen. Es handelt sich um eine Frage **freier richterlicher Überzeugungsbildung.** Die Rspr, wonach allein die Aufgabe eines Briefes auf die Post weder den Anscheinsbeweis noch eine tatsächliche Vermutung des Zugangs begründet (BGHZ 24, 308, 312 ff = NJW 1957, 1230; BGH NJW 1996, 2033, 2035), steht dem nicht entgegen. Die parallele Übermittlung per Telefax und E-Mail bietet sich naturgemäß auch dann noch an, wenn die Sache so eilbedürftig ist, dass dem Gläubiger eine Versendung der Abmahnung auf dem Postweg nicht zuzumuten ist. Schließlich kann der Gläubiger noch ein Übriges tun und seine Bürokraft unmittelbar nach Abgang der Telefaxsendung (oder der E-Mail) im Büro des Schuldners anrufen lassen, um sich den Zugang des Faxes (oder der E-Mail) bestätigen zu lassen (*Hess* jurisPR-WettbR 7/2007 Anm 4). **1.35**

Auch die **Abmahnung allein per E-Mail** ist für den Gläubiger mit dem Risiko des Verlusts verbunden. Kann der Schuldner in diesem Fall beweisen, dass die E-Mail mit der Abmahnung nicht in seiner Mailbox eingegangen, sondern von der Firewall oder (was wahrscheinlicher ist) von einem Spam-Filter abgefangen worden ist, kann nicht davon ausgegangen werden, den Abgemahnten treffe das **Risiko des Verlusts der E-Mail** (so aber LG Hamburg K&R 2010, 207 unter unzutreffender Berufung auf BGH GRUR 2007, 629 – *Zugang des Abmahnschreibens*; dazu *Ernst/Wittmann* MarkenR 2010, 273, 276 ff). Hieran vermag auch der Umstand nichts zu ändern, dass eine Kopie der E-Mail mit der Abmahnung in der Mailbox eines beliebigen Empfängers (im Falle des LG Hamburg Zugang einer „blind carbon copy" an den Sozius des abmahnenden Anwalts) angekommen ist. Denn damit lässt sich eben nicht ausschließen, dass die E-Mail beim abzumahnenden Empfänger in einer Firewall oder einem Spam-Filter hängengeblieben ist. Wird das eigentliche **Abmahnschreiben als Anhang an eine E-Mail** (bspw als pdf-Datei) versandt, ist es erst zugegangen, wenn der Empfänger den Anhang geöffnet hat. Denn im Hinblick darauf, dass wegen des Virenrisikos allgemein davor gewarnt wird, Anhänge von E-Mails unbekannter Absender zu öffnen, ist es dem Empfänger in einem solchen Fall nicht zu verübeln, wenn er den Anhang nicht öffnet. Es empfiehlt sich daher in einem solchen Fall, den Text der Abmahnung in die E-Mail aufzunehmen (*Ernst/Wittmann* MarkenR 2010, 273, 276 f). Generell gilt auch hier, dass es sich stets empfiehlt, die Abmahnung parallel auf mehreren Wegen zu versenden, um den Nachweis des Verlusts zu erschweren (s oben Rdn 1.35). **1.35a**

e) **Notwendigkeit einer zweiten Abmahnung.** Muss der Gläubiger erkennen, dass die erste Abmahnung den Schuldner nicht erreicht hat, muss der **Zustellversuch wiederholt werden,** es sei denn, dem Gläubiger wäre nunmehr ein weiteres Zuwarten nicht mehr zuzumuten (vgl GK/*Kreft* Vor § 13 Rdn C 111; OLG Köln WRP 1989, 47; OLG Stuttgart WRP 1983, 361; *Teplitzky* Kap 41 Rdn 11). Noch weitergehend soll der Gläubiger einen neuen Zustellversuch an die ihm bekannte Anschrift des Geschäftsführers auch dann unternehmen müssen, wenn das durch Einschreiben mit Rückschein an die richtige Adresse der Gesellschaft abgesandte Schreiben trotz Benachrichtigung nicht abgeholt und deswegen an den Absender zurückgeschickt worden ist (OLG Frankfurt WRP 1980, 84). Das geht zu weit, weil schon mit der Nichtabholung des ersten Abmahnschreibens die Zugangsfiktion eintritt (s Rdn 1.34). Dagegen kann eine zweite Abmahnung oder ein Nachfragen geboten sein, wenn die Abgabe einer **1.36** strafbewehrten Unterlassungserklärung – für den Gläubiger erkennbar – nur versehentlich unterblieben ist, zB bei Übersendung eines Schecks für die Abmahnkosten ohne Übermittlung der Unterwerfungserklärung (OLG Köln WRP 1983, 42).

1.36a Lässt sich der Schuldner zwar auf die Abmahnung ein, übermittelt dem Gläubiger aber – abweichend von dem mit der Abmahnung übersandten Entwurf – nur eine **inhaltlich unzureichende Unterwerfungserklärung**, ist der Gläubiger nicht gehalten, ihn auf die Unzulänglichkeit seiner Unterwerfungserklärung hinzuweisen (OLG München MD 2010, 546). Erkennt der Schuldner den – dem ursprünglichen Unterlassungsbegehren des Gläubigers entsprechenden – Antrag an, kann er sich nicht mehr darauf berufen, er habe keinen Anlass zur Klage gegeben (§ 93 ZPO).

III. Verhalten des Abgemahnten

1. Unterwerfung

1.37 **a) Abgabe der strafbewehrten Unterlassungserklärung.** Gibt der Abgemahnte die von ihm verlangte **strafbewehrte Unterlassungserklärung** fristgerecht (s Rdn 1.39) ab, hat er auch dann **keine Veranlassung zur Klageerhebung** gegeben (§ 93 ZPO), wenn die vom Gläubiger verlangte und vom Schuldner versprochene Vertragsstrafe an sich zu niedrig ist, um die Wiederholungsgefahr zu beseitigen. In keinem Fall muss der sich unterwerfende Schuldner ein Anerkenntnis hins der Abmahnkosten abgegeben, damit die Unterwerfungserklärung ihre Wirkung (Wegfall der Wiederholungsgefahr) entfaltet. Aus welchem Grunde sich der Abgemahnte zur Abgabe der Unterlassungserklärung entschließt, ist gleichgültig. Im Allgemeinen wird er die Erklärung abgeben, weil er die Abmahnung für sachlich gerechtfertigt hält. Nicht selten unterwirft sich der Abgemahnte aber nur deswegen, weil er an einer Fortsetzung der beanstandeten, aus seiner Sicht aber unbedenklichen Werbemaßnahme kein Interesse hat und einem Streit vor Gericht aus dem Wege gehen möchte (vgl *Hess* WRP 2003, 353). In diesem Fall muss im Streit um die Abmahnkosten geklärt werden, ob der Gläubiger das Verhalten zu Recht beanstandet hat und die Abmahnung daher berechtigt war. Allenfalls ausnahmsweise ist dabei zu berücksichtigen, dass sich der Schuldner durch die Abgabe der Unterwerfungserklärung in die Rolle des Untergebenen begeben hat (vgl BGH BB 2004, 800).

1.38 **b) Fristverlängerung.** Geht das Abmahnschreiben dem Schuldner verspätet zu mit der Folge, dass die ihm gesetzte Frist unangemessen kurz ist, ist es ihm zuzumuten, den Gläubiger unverzüglich um **Fristverlängerung** zu bitten (vgl OLG Hamm WRP 1978, 225). Dagegen braucht der Gläubiger nicht auf **ausweichende Antworten** zu reagieren, auch nicht auf das noch nicht spezifizierte Angebot einer gütlichen Einigung. – Zu weiteren Bitten um Aufschub vgl Rdn 1.40.

1.39 **c) Fristgerechter oder verspäteter Zugang.** Die strafbewehrte Unterlassungserklärung muss dem Gläubiger **fristgerecht zugehen,** will der Schuldner vermeiden, mit den Kosten eines bereits eingeleiteten Klage- oder Verfügungsverfahrens belastet zu werden. Allerdings lässt eine **verspätete Unterwerfung** die Wiederholungsgefahr entfallen. Hat der Gläubiger die Klage bereits eingereicht, kann er sie – wenn das Unterlassungsbegehren begründet war – **ohne Kostenrisiko zurücknehmen** (§ 269 III 3 ZPO). Entsprechendes gilt für den Antrag auf Erlass einer einstweiligen Verfügung. Die **Hauptsache für erledigt zu erklären,** empfiehlt sich für den Gläubiger nur, wenn die Unterwerfungserklärung erst **nach Rechtshängigkeit** (also nach der Zustellung der Klage) abgegeben worden ist. Zwar entscheidet das Gericht bei übereinstimmenden Erledigungserklärungen über die Kosten ebenfalls nach billigem Ermessen (§ 91a I ZPO). Bleibt die Erledigung aber einseitig, kann dem darin liegenden Feststellungsantrag grds nur stattgegeben werden, wenn die Klage urspr – also bei Klageerhebung – zulässig und begründet war. Ist die Wiederholungsgefahr vor Zustellung der Klage entfallen, droht dem Kläger in diesem Fall eine Abweisung des in der einseitigen Erledigungserklärung liegenden Feststellungsantrags und eine Belastung mit den Kosten des Rechtsstreits.

2. Verweigerung

1.40 **a) Bei Verweigerung Anlass zur Klage.** Kommt der Verletzer einer **ordnungsgemäßen** Abmahnung nicht innerhalb einer ihm gesetzten angemessenen Frist nach, gibt er zB keine oder nur eine unzureichende Unterlassungserklärung ab, so hat er **Veranlassung zur Klage** gegeben. Die Veranlassung zur Klageerhebung kann nur entfallen, wenn **bes Gründe** dies rechtfertigen. Keine Veranlassung zur Klageerhebung gibt der Abgemahnte, wenn er eine Werbung zu unterlassen verspricht, jedoch die Abgabe einer strafbewehrten Verpflichtungserklärung von dem

Nachweis der **Vertretungsbefugnis** des Abmahnenden abhängig macht (OLG Hamburg WRP 1982, 478; OLG Hamburg WRP 1986, 106; OLG Stuttgart NJWE-WettbR 2000, 125; s Rdn 1.25). Kündigt der abgemahnte Schuldner die Unterwerfung zwar an und überweist auch die geforderte Abmahnpauschale, gibt aber gleichwohl die Unterwerfungserklärung nicht ab, braucht der Gläubiger nicht erneut an ihn heranzutreten, bevor er Klage erhebt oder eine einstweilige Verfügung beantragt (OLG Celle GRUR-RR 2009, 198).

Dennoch muss der Gläubiger beachten, dass auch ihn im Rahmen des gesetzlichen Schuldverhältnisses gewisse **Rücksichtnahmepflichten** treffen. Zwar braucht er sich nicht hinhalten zu lassen. Eine nachvollziehbare Bitte sollte er dem Schuldner aber nicht abschlagen, wenn die Rechtsdurchsetzung dadurch nicht beeinträchtigt wird. So ist entschieden worden, dass ein Schuldner keinen Anlass zur Klage geboten hatte, der sich auf die Abmahnung hin sofort bereit erklärt hatte, weitere Zuwiderhandlungen zu unterlassen, jedoch die Abgabe der strafbewehrten Unterlassungserklärung von der **Mitteilung der einschlägigen Rspr** abhängig gemacht hatte (OLG Frankfurt WRP 1984, 155). Nachdem der frühere Hamburger Brauch (Festsetzung der Höhe der Vertragsstrafe durch ein Gericht) auch beim BGH auf Bedenken gestoßen war (BGH GRUR 1978, 192 – *Hamburger Brauch*), wurde vom Gläubiger erwartet, dass er den Schuldner, der erkennbar eine gerichtliche Auseinandersetzung vermeiden wollte, sich aber nach früherem Hamburger Brauch unterworfen hatte, auf die Bedenken hinweist (OLG Hamburg WRP 1987, 34; OLG Hamburg WRP 1988, 929 f; zum unbedenklichen „neuen" Hamburger Brauch Rdn 1.142). 1.41

b) Unbegründete Abmahnung. Wer **zu Unrecht abgemahnt** wird, braucht keine Unterlassungserklärung abzugeben, wenn er nichts getan hat, was eine Begehungsgefahr begründen könnte. Das Schweigen auf eine Abmahnung ruft selbstverständlich keine Begehungsgefahr hervor (OLG Stuttgart WRP 1982, 170). Umgekehrt kann der zu Unrecht Abgemahnte Klage auf Feststellung des Nichtbestehens des Anspruchs erheben, dessen sich der Abmahner berühmt hat (dazu Rdn 1.74, dort auch zur Frage, ob in diesem Fall eine Gegenabmahnung erforderlich ist). – Wer **missbräuchlich** zur Erlangung wirtschaftlicher Vorteile im Eigeninteresse abmahnt hat, kann dem zu Unrecht Abgemahnten zum Ersatz der Verteidigungskosten nach § 826 BGB **verpflichtet** sein (LG Mannheim WRP 1986, 56). – Zur **Antwortpflicht** des Abgemahnten s Rdn 1.61 f. – Zum Begriff der unbegründeten Abmahnung s Rdn 1.68. 1.42

IV. Entbehrlichkeit der Abmahnung

1. Kriterien

a) Allgemeines. Ausnahmsweise gibt ein Verletzer **allein durch den Wettbewerbsverstoß Anlass zur Klage** iSv § 93 ZPO. Auch wenn zwischen bes Dringlichkeit, voraussichtlicher Erfolglosigkeit und anderen Gründen unterschieden wird, geht es letztlich stets darum, ob es **dem Gläubiger zuzumuten** ist, sich – nicht zuletzt im Interesse des Schuldners – vor der gerichtlichen Durchsetzung seiner Ansprüche um eine außergerichtliche Lösung zu bemühen. Ob ein wettbewerbswidriges Verhalten auch ohne vorprozessuale Abmahnung Anlass zur Klage gibt, ist daher immer aus der **Sicht des Gläubigers** zu beurteilen, dem die Gründe für das Verhalten des Schuldners häufig nicht bekannt sein werden. Die relativ strengen Grundsätze der Rspr haben dazu geführt, dass in der Praxis fast durchweg abgemahnt wird, es sei denn man nimmt im Interesse eines Überraschungsschlags das Kostenrisiko bewusst in Kauf. Deswegen ist es auch kein Zufall, dass es sich bei den Streitigkeiten, in denen über die Notwendigkeit der Abmahnung gestritten wird, häufig um Fälle handelt, in denen der Gläubiger ein Abmahnschreiben abgesandt hat, der Zugang oder die Angemessenheit der gesetzten Frist jedoch umstritten war. 1.43

b) Verknüpfung mit der Berechtigung der Abmahnung (§ 12 I 2). Durch die gesetzliche Neuregelung der Abmahnung in § 12 I ist ein **zusätzliches Kriterium** für die Entbehrlichkeit hinzugekommen. Aus der nachteiligen Kostenfolge aus § 93 ZPO, die sich im Falle eines sofortigen Anerkenntnisses an eine Klageerhebung ohne vorherige Abmahnung knüpft, lässt sich entnehmen, dass es sich bei der Abmahnung, um eine **Obliegenheit** handelt (s Rdn 1.7). Das Gesetz spricht darüber hinaus nunmehr von einer **berechtigten Abmahnung** (§ 12 I 2), die dazu führt, dass der Abmahnende Anspruch auf Erstattung seiner erforderlichen Aufwendungen hat (§ 12 I 2). Die beiden Kriterien, das der Entbehrlichkeit und das der Berechtigung der Abmahnung, sind in der Weise miteinander zu verknüpfen, dass eine nicht entbehrliche Abmahnung stets einen Kostenerstattungsanspruch nach sich zieht und umgekehrt für eine entbehrliche Abmahnung keine Kostenerstattung verlangt werden kann. Denn es entstünde ein **Wertungswiderspruch,** wenn eine Abmahnung zur Abwendung einer Kostenbelastung erforderlich wäre, 1.44

gleichwohl diese Abmahnung aber als unberechtigt angesehen würde (vgl bereits zum alten Recht *Teplitzky* Kap 41 Rdn 27 aE).

1.45 Die Berücksichtigung des Kriteriums der Berechtigung bedeutet vor allem in den Fällen, in denen der Schuldner bereits **von einem anderen Gläubiger abmahnt** wurde, eine gewisse Änderung gegenüber dem früheren Recht (dazu Rdn 1.55), weil hier eine großzügige Bejahung der Notwendigkeit weiterer Abmahnungen zu einer erheblichen Kostenbelastung des Schuldners führen würde, der sich nicht sogleich unterwirft, sondern die Frage der Wettbewerbswidrigkeit seines Verhaltens gerichtlich geklärt wissen möchte. Im Übrigen kann es trotz des neuen Kriteriums bei **bisherigen Grundsätze** verbleiben.

2. Besondere Dringlichkeit

1.46 Für den Verletzten kann es nach Lage des Falles **unzumutbar** sein, den Verletzer vor Inanspruchnahme gerichtlicher Hilfe erst noch abzumahnen, wenn **bes Eilbedürftigkeit** besteht (OLG Naumburg WRP 1996, 264; zurückhaltend Ahrens/*Deutsch* Kap 2 Rdn 40). Sie kann vorliegen, wenn sich der Wettbewerbsverstoß ohne sofortige Erwirkung einer einstweiligen Verfügung **nicht mehr verhindern** lässt (OLG Hamburg GRUR 1969, 483, 484) oder die rasche Wiederholung einer unzulässigen Werbeaktion zu befürchten ist (OLG Hamm WRP 1982, 687). Bei einer Dauerhandlung kann ausnahmsweise der laufend eintretende Schaden für den betroffenen Mitbewerber so groß sein, dass ihm auch die mit einer Abmahnung mindestens verbundene Verzögerung von wenigen Stunden nicht mehr zuzumuten ist. Es liegt auf der Hand, dass der Gläubiger sich nur dann auf eine solche bes Eilbedürftigkeit berufen kann, wenn er selbst unverzüglich handelt (OLG Frankfurt GRUR 1984, 693).

1.47 Mit den **modernen Kommunikationsformen** (Telefax und E-Mail) ist die Bedeutung dieser Fallgruppe deutlich gesunken. Denn auch **wenige Stunden** können noch für eine Abmahnung genutzt werden. Der Grad der Eilbedürftigkeit rechtfertigt eine umso kürzere Antwortfrist. Deshalb wird etwa in Messesachen eine Abmahnung für erforderlich gehalten (OLG Frankfurt GRUR 1984, 693; OLG Köln WRP 1986, 626). Auch bei sonstigen zeitlich befristeten Veranstaltungen wird heute fast immer abgemahnt, auch wenn die Rspr bei **wettbewerbswidrigen Sonderveranstaltungen** wegen des kurzfristigen Vorsprungs, den der Verletzer in derartigen Fällen vor seinen Mitbewerbern erlangen kann, die Abmahnung zuweilen nicht für erforderlich gehalten hat (OLG Hamburg GRUR 1975, 39, 40; OLG Hamburg WRP 1973, 591; OLG Hamburg WRP 1977, 113; OLG Hamm WRP 1982, 674; OLG Naumburg WRP 1996, 264).

3. Vereitelung des Rechtsschutzes

1.48 Eindeutig unzumutbar ist die vorherige Abmahnung, wenn durch die damit verbundene Warnung des Schuldners der **Rechtsschutz vereitelt** würde. Dies ist insbes dann der Fall, wenn mit der einstweiligen Verfügung nicht nur Unterlassung, sondern auch eine **Sequestration** – bspw von wettbewerbswidrig nachgeahmten Erzeugnissen oder sonstiger Pirateriware – begehrt wird (OLG Hamburg WRP 1978, 146; OLG Nürnberg WRP 1981, 342; KG WRP 1984, 325; OLG Düsseldorf WRP 1997, 471; OLG Düsseldorf NJWE-WettbR 1998, 234; OLG Stuttgart NJW-RR 2001, 257; OLG Hamburg WRP 2006, 1262 [LS]; OLG Frankfurt GRUR 2006, 264; LG Hamburg GRUR-RR 2004, 191; *Teplitzky* Kap 41 Rdn 30). In derartigen Fällen liegt es im Allgemeinen nahe, dass der Schuldner den Beweis für sein wettbewerbswidriges Verhalten beiseite schaffen würde, wenn er von der bevorstehenden Verfügung durch Abmahnung Kenntnis erhielte. Anders als in den anderen Fallgruppen ist hier eine **großzügige Sichtweise** geboten. Entgegen einigen Stimmen in Rspr und Schrifttum (insbes OLG Köln WRP 1983, 453; OLG Köln 1984, 641, 642; OLG Hamburg WRP 1988, 47; GK/*Kreft* Vor § 13 Rdn C 93) muss der Gläubiger in diesen Fällen die Gefahr einer Vereitelung des Rechtsschutzes nicht durch bes Verdachtsmomente belegen. In derartigen Fällen besteht **von vornherein die ernste Besorgnis,** der Schuldner werde versuchen, die fragliche Ware beiseite zu schaffen. Nur wenn diese Gefahr ausnahmsweise ausgeschlossen erscheint, ist dem Gläubiger eine Abmahnung zuzumuten (OLG Düsseldorf WRP 1997, 471, 472; *Teplitzky* Kap 41 Rdn 30).

1.48a Allerdings ist insofern vor einem **Missbrauch** zu warnen: Es ist zu beobachten, dass zuweilen eine **Sequestration nur beantragt wird,** um die an sich bestehende **Abmahnobliegenheit zu umgehen** und gleichzeitig sicherzustellen, dass die Verfügung ohne Gehör des Schuldners erlassen wird. Dem Antrag selbst wird man dies häufig nicht ohne weiteres entnehmen können. Ein Indiz für einen derartigen Missbrauch kann aber darin liegen, dass der Gläubiger die einstweilige Verfügung nur hinsichtlich des Unterlassungsausspruchs, nicht dagegen hinsichtlich der

Sequestration vollzieht. Um in einem solchen Fall die Notwendigkeit der gerichtlichen Geltendmachung des Unterlassungsanspruchs ohne vorherige Abmahnung darzutun, muss der Gläubiger im Einzelnen darlegen, weshalb er auf die Vollziehung der einstweiligen Verfügung trotz bestehenden Sicherungsinteresses verzichtet hat (KG GRUR-RR 2008, 372).

4. Nutzlosigkeit der Abmahnung

a) Vorausgegangenes Verhalten des Schuldners. Ob der Verletzer **Anlass** zur Klageerhebung gegeben hat, hängt von seinem der Rechtshängigkeit **vorausgegangenen Verhalten** ab, zu dessen Beurteilung aber auch das Verhalten **nach Klageerhebung** herangezogen werden kann (BGH NJW 1979, 2040; OLG Düsseldorf GRUR 1970, 431; Ahrens/*Deutsch* Kap 2 Rdn 36). Das Prozessverhalten des Schuldners kann daher – entgegen *Melullis* Rdn 762 – im Allgemeinen nicht als Argument dafür dienen, dass eine Abmahnung nutzlos gewesen wäre, zumal sich diese Frage immer nur dann stellt, wenn der Schuldner ein sofortiges Anerkenntnis abgegeben oder sich unmittelbar nach Klageerhebung unterworfen und damit seine Unterwerfungsbereitschaft unter Beweis gestellt hat. Vor allem lässt sich die Nutzlosigkeit einer Abmahnung nicht daraus herleiten, dass der Schuldner später im Rechtsstreit den Standpunkt vertritt, sein Verhalten sei rechtmäßig gewesen. Denn zum einen dient eine solche Äußerung der eigenen Rechtsverteidigung, zum anderen kann sich ein Schuldner auch unterwerfen, ohne von der Wettbewerbswidrigkeit seines Verhaltens überzeugt zu sein.

b) Nutzlosigkeit. Eine Abmahnung ist dem Gläubiger nicht zuzumuten, wenn sie **offensichtlich nutzlos** ist, so zB wenn es sich um einen **unnachgiebigen Schuldner** handelt, aus dessen Verhalten deutlich wird, dass er sich in keinem Fall unterwerfen wird (vgl OLG Hamburg WRP 1995, 1037). In diese Kategorie gehören zum einen die Fälle, in denen sich der Schuldner – sei es gegenüber dem Gläubiger oder gegenüber einem anderen Anspruchsberechtigten – bereits einmal unterworfen hat, und gegen das vertragliche Unterlassungsgebot verstößt (OLG Hamburg NJW 1988, 1920; OLG Hamburg GRUR 1989, 707, 708). Dagegen kann aus dem Umstand, dass sich ein Verletzer in der Vergangenheit **nach anderen Wettbewerbsverstößen** nicht unterworfen hat, nicht geschlossen werden, die Abmahnung sei auch wegen des nunmehr in Rede stehenden Verstoßes nutzlos (Ahrens/*Deutsch* Kap 2 Rdn 52; OLG Hamburg CR 2008, 400: Fruchtlosigkeit der Abmahnung wegen einer Werbung speziell im Internet belegt nicht, dass eine Abmahnung wegen der gleichen Werbung in Printmedien entbehrlich wäre). Zur Frage, ob eine Abmahnung entbehrlich ist, wenn der Schuldner wegen desselben Verstoßes bereits von anderen Gläubigern ohne Erfolg abgemahnt worden ist, s Rdn 1.55 f.

Zum anderen sollen in diese Kategorie die Fälle der **Berühmung** fallen (*Teplitzky* Kap 41 Rdn 24). Dagegen ist nichts einzuwenden, wenn damit die Fälle gemeint sind, in denen der Schuldner bereits zum Ausdruck gebracht hat, dass er sein Verhalten auch **im Falle der Abmahnung fortsetzen** werde; hiervon kann bspw ausgegangen werden, wenn der Schuldner eine früher abgegebene Unterwerfungserklärung widerrufen hat (OLG Nürnberg WRP 1981, 229). Verfehlt wäre es jedoch, die Äußerung einer Rechtsansicht ausreichen zu lassen, um auf die Nutzlosigkeit einer Abmahnung zu schließen. Denn die Entscheidung, ob sich ein Schuldner nach einer Abmahnung unterwirft, ist eine Frage, die von vielen Faktoren abhängt; häufig spricht die kaufmännische Vernunft für die Unterwerfung, auch wenn man die Rechtsansicht des Abmahnenden nicht teilt und das eigene Verhalten für rechtmäßig hält.

5. Besonderer Charakter des Wettbewerbsverstoßes

a) Vorsätzlicher Wettbewerbsverstoß. Früher war weitgehend anerkannt, dass bei **vorsätzlichen Verstößen** eine Abmahnung entbehrlich sei. In Fällen eines auch für den Laien klar erkennbaren Wettbewerbsverstoß könne man davon ausgehen, dass eine Abmahnung nichts fruchten wird und Prozesskosten doch entstehen werden (so noch KG WRP 1980, 203; OLG Celle WRP 1993, 812; OLG Frankfurt WRP 1982, 589, 590; OLG Frankfurt GRUR 1985, 240; OLG Karlsruhe WRP 1981, 542; OLG Köln WRP 1986, 426; OLG Stuttgart NJW-RR 2001, 257). Heute wird dagegen **im Vorsatz mit Recht meist kein Merkmal** gesehen, das die Abmahnung entbehrlich macht (KG WRP 1987, 167; KG GRUR 1988, 930; OLG Hamburg GRUR 1973, 50; OLG Hamburg GRUR 1995, 836; OLG Karlsruhe WRP 1986, 165; OLG Köln GRUR 1988, 487; OLG München WRP 1983, 45 f; OLG München WRP 1996, 930, 931; OLG Koblenz WRP 1997, 367, 368; OLG Oldenburg WRP 1991, 193; OLG Saarbrücken WRP 1988, 198; *Teplitzky* Kap 41 Rdn 22; Ahrens/*Deutsch* Kap 2 Rdn 46; Piper/Ohly/*Sosnit-*

za § 12 Rdn 7). Die Erfahrung lehrt, dass sich häufig auch derjenige, der sich der Wettbewerbswidrigkeit seines Verhaltens voll bewusst ist, nach Abmahnung unterwirft. Gerade weil er die Rechtswidrigkeit seines Tuns kennt, weiß er, dass ein Rechtsstreit für ihn nur zusätzliche Kosten bedeuten würde. Im Übrigen ist es für den Gläubiger, auf dessen Sicht es ankommt, meist nicht zu erkennen, ob der Schuldner vorsätzlich gehandelt hat oder nicht.

1.53 **b) Unzumutbarkeit der Abmahnung bei bes schweren und hartnäckigen Wettbewerbsverstößen.** Während die Entbehrlichkeit der Abmahnung bei Vorsatztaten früher – zu Unrecht – mit der offensichtlichen Nutzlosigkeit begründet worden war, besteht heute weitgehend Einigkeit darüber, dass es dem Gläubiger **in krassen Fällen hartnäckiger Wettbewerbsverstöße nicht zumutbar** ist, den Schuldner abzumahnen (KG WRP 2003, 101; OLG Düsseldorf 1998, 1028; OLG Koblenz WRP 1997, 367, 368; OLG München WRP 1996, 930, 931; *Teplitzky* Kap 41 Rdn 35 ff, 39 f; Ahrens/*Deutsch* Kap 2 Rdn 44; Piper/Ohly/*Sosnitza* § 12 Rdn 7). Erforderlich ist hierfür idR nicht nur ein einzelner Verstoß, sondern eine Serie von Verstößen, die zeigen, dass der Schuldner nicht gewillt ist, sich an die Regeln des Wettbewerbsrechts zu halten, wobei durchaus auch Verstöße darunter sein mögen, die – nach Erzielen einer schnell verdienten Unlauterkeitsrendite – Anlass für Unterwerfungserklärungen gaben.

6. Abmahnung durch andere Gläubiger

1.54 **a) Erfolgreiche Abmahnung durch Dritte.** Ist der Schuldner bereits wegen desselben Verstoßes von einem anderen Gläubiger abgemahnt worden, und hat sich diesem gegenüber unterworfen, hängt alles davon ab, ob durch diese **Drittunterwerfung** die **Wiederholungsgefahr entfallen** ist (dazu Rdn 1.166 ff). Ist das der Fall, stellt sich die Frage einer Abmahnung nicht mehr. Auch wenn der Gläubiger von der Abmahnung und der Unterwerfung keine Kenntnis hat, wirkt der Wegfall der Wiederholungsgefahr auch ihm gegenüber und lässt auch seinen Anspruch entfallen, so dass auch eine Abmahnung nicht mehr in Betracht kommt.

1.55 **b) Erfolglose Abmahnung durch Dritte.** Ist ein Schuldner bereits von einem Gläubiger wegen eines Wettbewerbsverstoßes abgemahnt worden und hat er – sei es durch eine ausdrückliche Erklärung oder durch Schweigen – deutlich gemacht, dass er sich **nicht unterwerfen** möchte, es vielmehr auf eine **gerichtliche Klärung** ankommen lassen will, braucht ein anderer Gläubiger, der hiervon Kenntnis hat, vor der Stellung eines Verfügungsantrags oder vor Klageerhebung nicht erneut abzumahnen (anders die überwiegende Meinung zum alten Recht: OLG Frankfurt WRP 1982, 589; OLG Saarbrücken WRP 1990, 548; GK/*Kreft* Vor § 13 Rdn C 99 f; vgl auch Ahrens/*Deutsch* Kap 2 Rdn 14 f; dagegen weist *Teplitzky* Kap 41 Rdn 27 aE bereits auf die Verbindung zum Kostenerstattungsanspruch hin). Eine erneute Abmahnung ist dann zwar unschädlich, für sie kann aber **kein Aufwendungsersatz** gefordert werden (dazu Rdn 1.84). Hier bewirkt die Verknüpfung der Kriterien der Entbehrlichkeit und der Berechtigung der Abmahnung (s Rdn 1.44 f) eine Zurückhaltung bei der großzügigen Bejahung weiterer Abmahnungsobliegenheiten. Würde man jedem weiteren Gläubiger eine Abmahnungslast aufbürden, wäre damit gleichzeitig die Gefahr verbunden, dass eine gerichtliche Klärung einer Streitfrage mit erheblichen Kostenrisiken für den Schuldner verbunden wäre, wenn sich andere Gläubiger durch weitere kostenpflichtige Abmahnungen ohne eigenes Kostenrisiko anhängen könnten.

1.56 Maßgeblich ist hier aber stets die **Kenntnis des Gläubigers.** Weiß er nichts davon, dass ein anderer Gläubiger den Schuldner bereits ohne Erfolg abgemahnt hat, stellt sich die erneute Abmahnung als erforderlich und iSd § 12 I 2 auch als berechtigt dar. Weiß er dagegen von der erfolglosen Abmahnung, ist eine weitere Abmahnung zwar im Allgemeinen nicht missbräuchlich, für sie kann der Gläubiger aber keinen Aufwendungsersatz verlangen. Im Regelfall, in dem die verschiedenen Gläubiger unabhängig voneinander agieren, sich eine Mehrfachverfolgung daher nicht als missbräuchlich erweist (s § 8 Rdn 4.17), ist es ihm unbenommen, seinen Anspruch gerichtlich durchzusetzen. Gibt der Schuldner jetzt ein sofortiges Anerkenntnis ab, hat er Anlass zur Klage gegeben, weil er sich auf die erste Abmahnung hin nicht unterworfen hat. Der Schuldner kann sich in dieser Situation nicht darauf berufen, dass er von dem klagenden Gläubiger noch nicht abgemahnt worden ist.

1.57 **c) Noch unbeantwortete Abmahnung durch Dritte.** Hat der Gläubiger Kenntnis davon, dass der Schuldner von einem Dritten abgemahnt worden ist, die **Antwort** aber **noch aussteht**, ist eine weitere Abmahnung jedenfalls in diesem Zeitpunkt entbehrlich. Denn in dieser Situation ist es idR völlig ausreichend, dass der **Gläubiger das Ergebnis der Drittabmahnung abwartet:** Unterwirft sich der Schuldner, entfällt der Unterlassungsanspruch. Unterwirft er sich nicht, kann der Gläubiger seinen Anspruch nach Fristablauf selbst gerichtlich durchsetzen, ohne nochmals abmahnen zu müssen. Auf Grund der ihn treffenden **Auskunftpflicht** muss der Schuldner dem Gläubiger auf Anfrage auch mitteilen, ob er sich auf die Drittabmahnung hin unterworfen hat oder nicht. Wartet der Gläubiger die gesetzte Frist nicht ab, sondern erhebt Klage oder beantragt eine einstweilige Verfügung, trifft ihn die Kostenlast, wenn der Schuldner nun ein sofortiges Anerkenntnis abgibt oder sich dem Dritten gegenüber unterwirft. – Dem Gläubiger ist nur dann ein Abwarten nicht zuzumuten, wenn die von dem Dritten **gesetzte Frist unangemessen lang** ist. Ist dies der Fall, ist die eigene Abmahnung, die zu einer Klärung innerhalb kürzerer (angemessener) Frist führt, nicht entbehrlich.

7. Verhalten des Abmahnenden

Ein Gläubiger, der zuerst gegen den Schuldner eine einstweilige Verfügung erwirkt, von der dieser nichts erfährt (sog **Schubladenverfügung**), um erst danach abzumahnen, muss sich an seinem eigenen Verhalten messen lassen. Reagiert der Schuldner auf die Abmahnung nicht oder nur ablehnend und stellt der Gläubiger ihm sodann die einstweilige Verfügung zu, wird der Schuldner nicht selten die Segel streichen und den Kampf in der Sache aufgeben. Dies kann er in der Form tun, dass er den **Widerspruch** gegen die einstweilige Verfügung **auf die Kosten beschränkt** (s Rdn 1.9). Die sich daraufhin stellende Frage, ob der Schuldner Veranlassung zum Erlass des Verfügungsantrags gegeben hat, ist **zu verneinen.** Denn durch die Einreichung des Verfügungsantrags ohne vorherige Abmahnung hat der Gläubiger selbst zum Ausdruck gebracht, dass er eine Abmahnung für entbehrlich gehalten hat. Hieran muss er sich festhalten lassen (KG AfP 1999, 173, 174 = KG-Rp 1999, 134; OLG Hamburg OLG-Rp 2003, 196; vgl auch OLG Frankfurt GRUR-RR 2001, 72). Zur Frage, ob der Schuldner die Kosten einer Abmahnung erstatten muss, die erst nach Erlass einer einstweiligen Verfügung ausgesprochen wird, s unten Rdn 1.82 a.

Gegen die **Unsitte der Schubladenverfügungen** können im Übrigen auch die Gerichte etwas tun, indem sie bei Anträgen auf Erlass einer einstweiligen Verfügung nur dann ohne Gewährung rechtlichen Gehörs entscheiden, wenn der Antragsteller dargetan hat, dass er den Antragsgegner zuvor abgemahnt hat und wie dieser auf die Abmahnung reagiert hat (vgl OLG Frankfurt OLG-Rp 2001, 116, 117). Ist der Schuldner noch nicht einmal abgemahnt worden, ist die verbreitete Praxis, dem Antragsgegner vor Erlass der einstweiligen Verfügung kein Gehör zu gewähren, in hohem Maße bedenklich.

V. Abmahnung durch Verbände

Auch den nach § 8 III Nr 2–4 sachbefugten **Verbänden** und **Kammern** ist eine vorherige Abmahnung zuzumuten, es sei denn, dass einer der Gründe vorliegt, die eine Abmahnung als entbehrlich erscheinen lassen (s Rdn 1.43 ff), zB die Verfolgung des Verstoßes **bes dringlich** ist. Hat zuvor ein Mitbewerber erfolglos abgemahnt, muss der Verband nicht allein deswegen abmahnen, weil zu erwarten ist, dass sich der Schuldner lieber gegenüber einem Verband als gegenüber einem Konkurrenten unterwirft. Es besteht insoweit kein Unterschied zwischen Verbänden und einzelnen Mitbewerbern. Auch was den Inhalt der Abmahnung angeht, gelten dieselben Grundsätze wie für Abmahnungen durch andere Gläubiger (s Rdn 1.12).

VI. Aufklärungspflichten des Abgemahnten

1. Rechtsgrundlage

a) Konkretisierung des gesetzlichen Schuldverhältnisses. Durch eine **Abmahnung** wird das durch eine wettbewerbliche Verletzungshandlung zwischen Unterlassungsgläubiger und Unterlassungsschuldner entstandene **gesetzliche Schuldverhältnis aus unerlaubter Handlung** in der Weise konkretisiert, dass der Schuldner dem Gläubiger nach Treu und Glauben (§ 242 BGB) zur **Aufklärung** verpflichtet sein kann (stRspr; BGH GRUR 1987, 54, 55 – *Aufklärungspflicht des Abgemahnten* mit Anm *Lindacher;* BGH GRUR 1987, 640, 641 – *Wiederholte Unterwerfung II;* BGH GRUR 1990, 381, 382 – *Antwortpflicht des Abgemahnten;* OLG Frankfurt WRP 1982, 422; OLG Frankfurt WRP 1989, 391 mit Anm *Traub;* OLG Dresden WRP 1993, 640; *Ulrich* WRP 1985, 117, 120; *ders* ZIP 1990, 1377 ff; *Borck* WRP 1985, 311; *Teplitzky* Kap 41 Rdn 50 ff).

Der abgemahnte Schuldner ist auf Grund des durch den Wettbewerbsverstoß entstandenen und mit der Abmahnung konkretisierten gesetzlichen Schuldverhältnisses **nach Treu und Glauben** verpflichtet, auf die Abmahnung hin **fristgemäß und abschließend zu antworten,** sei es durch Abgabe einer ausreichend strafbewehrten **Unterlassungserklärung** oder durch

Ablehnung einer solchen Erklärung (BGH GRUR 1990, 381, 382 – *Antwortpflicht des Abgemahnten*). Die Aufklärungspflicht besteht nicht nur gegenüber abmahnenden Mitbewerbern, sondern auch gegenüber sachbefugten **Verbänden** (BGH GRUR 1988, 716, 717 – *Aufklärungspflicht gegenüber Verbänden*). Verletzt der Schuldner diese Aufklärungspflicht, macht er sich gegenüber dem Gläubiger schadensersatzpflichtig aus §§ 280 I, 286 I BGB (BGH GRUR 1987, 54, 55 – *Aufklärungspflicht des Abgemahnten*). Eine Verletzung der Aufklärungspflicht liegt einmal darin, dass der abgemahnte Schuldner innerhalb der gesetzten Frist oder – im Falle einer zu kurz bemessenen Frist – innerhalb angemessener Frist überhaupt nicht reagiert und dann eine **verspätete Unterlassungserklärung** zu einem Zeitpunkt abgibt, in dem der Gläubiger ein Gerichtsverfahren bereits angestrengt hat. Die Aufklärungspflicht wird aber auch dadurch verletzt, dass der Schuldner eine Unterwerfung innerhalb der Frist ablehnt und damit an sich seiner Antwortpflicht nachkommt, sich dann aber **wider Erwarten doch noch zu einem späteren Zeitpunkt unterwirft,** in dem der Gläubiger schon Klage eingereicht oder Antrag auf Erlass einer einstweiligen Verfügung gestellt hat; denn der Ersatzanspruch umfasst auch den Schaden, der dem Gläubiger dadurch entsteht, dass der Schuldner sich innerhalb der gesetzten oder angemessenen Frist nicht abschließend äußert (*Köhler*, FS Piper, 1996, 309, 316 und *Köhler*/Piper, 3. Aufl 2002, Vor § 13 Rdn 189 bejaht ebenfalls einen Kostenerstattungsanspruch aus § 286 I BGB, stützt ihn aber nicht auf die Verletzung der Antwortpflicht, sondern auf die als Mahnung anzusehende Abmahnung). – Zur **vertraglichen Aufklärungspflicht** auf Grund Unterwerfungsvertrages s Rdn 1.67.

1.63   b) **Aufklärungspflicht nur bei Rechtsverletzung.** Bevor der BGH in einer Reihe von Entscheidungen über die Aufklärungspflichten des Abgemahnten (BGH GRUR 1987, 54, 55 – *Aufklärungspflicht des Abgemahnten;* BGH GRUR 1987, 640, 641 – *Wiederholte Unterwerfung II;* BGH GRUR 1988, 716, 717 – *Aufklärungspflicht gegenüber Verbänden;* BGH GRUR 1990, 381, 382 – *Antwortpflicht des Abgemahnten;* BGH GRUR 1995, 167, 168 – *Kosten bei unbegründeter Abmahnung*) klargestellt hatte, dass derartige Pflichten sich aus dem durch den Wettbewerbsverstoß begründeten und durch die Abmahnung konkretisierten gesetzlichen Schuldverhältnis ergeben, war lange streitig, ob auch **unbegründete Abmahnungen** derartige Pflichten begründen können. Der BGH hat den Bemühungen, in rechtlich zweifelhaften Fällen eine solche Aufklärungspflicht etwa aus culpa in contrahendo (heute: § 311 II Nr 1 BGB) zu begründen, selbst wenn sich später herausstellt, dass das beanstandete Verhalten nicht wettbewerbswidrig war, eine klare Absage erteilt (BGH GRUR 1995, 167, 168 – *Kosten bei unbegründeter Abmahnung*). Die Praxis hat sich hierauf trotz zuweilen geäußerter Kritik (vgl *Lindacher* GRUR 1987, 55 f; *Köhler*, FS Piper, 1996, 309, 310 f; GK/*Kreft* Vor § 13 Rdn C 52 f; OLG Köln WRP 1991, 257, 258; dem BGH folgend aber jetzt OLG Köln GRUR 2001, 525, 529; ferner OLG Hamburg WRP 2009, 335) eingestellt, so dass auf den bis Ende der achtziger Jahre geführten Streit nicht weiter eingegangen zu werden braucht (vgl dazu Baumbach/*Hefermehl,* 22. Aufl, Einl Rdn 548 b). Lediglich in krassen Fällen, in denen der Abgemahnte den Anschein eines Verstoßes gesetzt hat, kann er aus § 826 BGB unter den dort genannten strengen Voraussetzungen auf Schadensersatz haften.

2. Inhalt der Aufklärungspflicht

1.64   Der **Inhalt der Aufklärungspflicht** bestimmt sich nach Treu und Glauben (§ 242 BGB) unter Berücksichtigung des Zwecks der Abmahnung. Eine Aufklärungspflicht, die den Abmahnenden vom Prozessrisiko befreit, besteht nicht. Auch bezieht sich die Aufklärungspflicht grds nur auf Umstände, die der Abmahnende **nicht wissen** kann, die aber einen Prozess überflüssig machen, wie zB eine **Drittunterwerfung,** durch die die Wiederholungsgefahr entfallen ist (zur Mehrfachabmahnung s Rdn 1.65). Keine Aufklärungspflicht besteht über Umstände, von denen sich der Abmahnende selbst die nötige Kenntnis verschaffen kann, zB aus öffentlichen Registern oder durch behördliche Auskünfte (OLG Frankfurt WRP 1989, 391, 392 mit Anm *Traub; Ulrich* ZIP 1990, 1377, 1380).

3. Rechtslage bei Mehrfachabmahnung

1.65   Wird ein bereits abgemahnter Verletzer **erneut abgemahnt,** so ist er nach Treu und Glauben **verpflichtet,** einen Zweitabmahner klar und umfassend **darüber aufzuklären,** dass er bereits wegen derselben Verletzungshandlung dem Erstabmahner eine **strafbewehrte Unterlassungserklärung** abgegeben hat. Sonst läuft der unwissende Zweitabmahner Gefahr, eine wegen

Wegfalls der Wiederholungsgefahr unnötige und aussichtslose Klage zu erheben oder einen ebenso aussichtslosen Verfügungsantrag zu stellen. Um dem Zweitabmahner eine möglichst sichere Beurteilung zu ermöglichen, ist es dem Abgemahnten zuzumuten, ihm den **Erstabmahner,** den **Inhalt der Unterwerfungserklärung einschließlich der Höhe der Vertragsstrafe** mitzuteilen (BGH GRUR 1987, 54, 55 – *Aufklärungspflicht des Abgemahnten*).

Der abgemahnte Schuldner trägt die **Darlegungs- und Beweislast** dafür, dass die **Wieder-** 1.66 **holungsgefahr** auf Grund einer gegenüber einem anderen Gläubiger abgegebenen strafbewehrten Unterlassungserklärung **entfallen** ist (BGH GRUR 1987, 640 – *Wiederholte Unterwerfung II;* BGH GRUR 1988, 313 – *Auto F. GmbH*). Teilweise vertreten die Oberlandesgerichte die Ansicht, es begründe Zweifel an der Ernsthaftigkeit der abgegebenen Unterwerfungserklärung, wenn diese gegenüber dem Zweitabmahner schuldhaft verschwiegen werde (OLG Düsseldorf WRP 2002, 1019, 1021). Das mag im Einzelfall zutreffen, allein das Schweigen auf die Zweitabmahnung rechtfertigt aber einen solchen Schluss noch nicht (vgl unten Rdn 1.174). Im Regelfall ist vielmehr die vom Zweitabnehmer in Unkenntnis der erfolgten Unterwerfung angestrengte Klage unbegründet. Die dadurch entstandenen Rechtsverfolgungskosten muss aber der Schuldner wegen Verletzung der ihn treffenden Aufklärungspflicht tragen (BGH GRUR 1987, 54, 55 – *Aufklärungspflicht des Abgemahnten*). Die Aufklärungspflicht besteht nicht nur gegenüber **Mitbewerbern,** sondern auch gegenüber den nach § 8 III Nr 2–4 UWG aktivlegitimierten **Verbänden** (BGH GRUR 1988, 716, 717 – *Aufklärungspflicht gegenüber Verbänden;* OLG Hamburg WRP 1989, 28, 31). Schließlich trägt der abgemahnte Schuldner auch die **Darlegungs- und Beweislast** dafür, dass der **Schaden auch bei Aufklärung** über die bereits abgegebene Unterwerfungserklärung eingetreten wäre, weil der Gläubiger auch dann auf Unterlassung geklagt hätte (BGH GRUR 1987, 640, 641 f – *Wiederholte Unterwerfung II;* BGH GRUR 1988, 716, 717 – *Aufklärungspflicht gegenüber Verbänden*).

4. Unterwerfungsvertrag

Der **Unterwerfungsvertrag,** in dem sich der Abgemahnte zur Unterlassung einer bestimm- 1.67 ten geschäftliche Handlung **verpflichtet,** begründet eine selbstständige **Sonderbeziehung,** aus der sich nach Treu und Glauben (§ 242 BGB) und aus dem Gebot gegenseitiger Rücksichtnahme (§ 241 II BGB) nach den Umständen des Einzelfalls **eigenständige Aufklärungspflichten** ergeben können, so zB wenn dem Verletzten als Folge der Verletzung **Kostennachteile** drohen, die durch Aufklärung seitens des Verletzers unschwer zu vermeiden sind; der Schuldner darf den Gläubiger hins der Kosten eines aus der Sicht des Gläubigers erforderlichen, auf Grund ihm unbekannter Umstände aber erfolglosen Rechtsstreits nicht „ins offene Messer laufen lassen" (BGH GRUR 1990, 542, 543 f – *Aufklärungspflicht des Unterwerfungsschuldners*). Die schuldhafte **Verletzung der vertraglichen Unterlassungspflicht** verpflichtet ebenfalls zum **Schadenersatz** nach §§ 280 I, 286 I BGB. – Hat der Schuldner gegen eine übernommene Unterlassungspflicht verstoßen, so trifft ihn nach Treu und Glauben die **zusätzliche Nebenpflicht,** dem verletzten Gläubiger zu offenbaren, ob es sich um einen einmaligen Verstoß handelt oder ob er weitere Verstöße gegen seine vertragliche Verpflichtung begangen hat (BGH GRUR 1992, 61, 64 – *Preisvergleichsliste I;* s § 9 Rdn 4.11 aE).

VII. Unbegründete und missbräuchliche Abmahnungen

1. Begriffe

Eine Abmahnung kann **unbegründet** sein, weil das beanstandete Verhalten nicht wett- 1.68 bewerbswidrig ist. Sie kann begründet, aber **unbefugt** sein, weil das beanstandete Verhalten zwar wettbewerbswidrig ist, dem Abmahnenden aber kein Unterlassungsanspruch zusteht. In einer an sich begründeten und befugten Abmahnung kann unter den Voraussetzungen des § 8 IV schließlich eine **missbräuchliche Geltendmachung** des Unterlassungsanspruchs liegen. Ferner kennt das Gesetz noch **berechtigte Abmahnungen,** für die der Gläubiger Aufwendungsersatz verlangen kann (§ 12 I 2). Berechtigt kann nur eine begründete, befugte und nicht missbräuchliche Abmahnung sein, die darüber hinaus noch veranlasst sein muss.

2. Unbegründete Abmahnung

a) Grundsätze. Die Abmahnung wegen eines vermeintlichen, tatsächlich nicht vorliegenden 1.69 Wettbewerbsverstoßes kann ihrerseits Ansprüche gegen den Abmahnenden auslösen. Anders als bei der unberechtigten **Schutzrechtsverwarnung** (dazu auch § 4 Rdn 10.174 ff) ist hier aber immer anerkannt gewesen, dass allein die objektiv unbegründete Abmahnung noch nicht ausreicht, um Ansprüche des Abgemahnten zu begründen (BGH WRP 1965, 97, 98 f – *Kaugummikugeln*). Ob das abgemahnte Verhalten wettbewerbswidrig ist oder nicht, muss grds in dem Verfahren geklärt werden, in dem der entspr Unterlassungsanspruch geltend gemacht wird. Da die **Abmahnung** eine **Vorstufe der gerichtlichen Geltendmachung** ist, würde die Gewährung von Abwehransprüchen gegen eine unbegründete Abmahnung dazu führen, dass die Frage der Wettbewerbswidrigkeit des beanstandeten Verhaltens nicht in dem dafür vorgesehenen Verfahren geklärt werden könnte (vgl BGH GRUR 2001, 354, 355 – *Verbandsklage gegen Vielfachabmahner*). Hier kann man von einem **verfahrensrechtlichen Privileg** sprechen, das dazu führt, dass der Abgemahnte die Beeinträchtigung seiner Rechtsgüter hinnehmen muss, weil das Primärverfahren ihm hinreichende Möglichkeiten einräumt, sich gegen die ungerechtfertigte Inanspruchnahme zu wehren (s § 4 Rdn 10.166 und § 8 Rdn 1.116). Dieses verfahrensrechtliche Privileg betrifft allerdings nur die Abwehr-, nicht die **Schadensersatzansprüche** (vgl BGH GRUR 1998, 587, 590 – *Bilanzanalyse Pro 7*; *Teplitzky* Kap 41 Rdn 77 und 79 a; *Piper/Ohly/Sosnitza* § 12 Rdn 30). Freilich geht der Große Senat des BGH in seiner Entscheidung vom 15. 7. 2005 davon aus, dass dem betroffenen Hersteller im Falle der unbegründeten Abnehmerverwarnung aus Immaterialgüterrechten ein – notfalls im Verfügungsverfahren durchsetzbarer – **Unterlassungsanspruch** zusteht (BGH GRUR 2005, 882, 885 – *Unberechtigte Schutzrechtsverwarnung*; dazu § 8 Rdn 1.112).

1.70 Die **unterschiedliche Behandlung** von unbegründeten **Schutzrechtsverwarnungen** und unbegründeten **wettbewerbsrechtlichen Abmahnungen** ist damit gerechtfertigt worden, dass die Folgen einer **Schutzrechtsverwarnung** für den Verwarnten, der uU Produktion oder Vertrieb einstellen müsse, ungleich belastender seien als die einer Abmahnung wegen eines **Wettbewerbsverstoßes**, der meist lediglich eine Werbemaßnahme betreffe (BGH WRP 1965, 97, 99 – *Kaugummikugeln*; BGH GRUR 1969, 479, 481 – *Colle de Cologne*; BGH GRUR 1985, 571, 573 – *Feststellungsinteresse*). Diese Differenzierung überzeugt an sich nicht. Sie mag häufig, muss aber nicht immer zutreffen: Die Einstellung einer bundesweiten Werbekampagne, eines seit langem geplanten Messeauftritts oder die Produktionseinstellung wegen eines behaupteten Geheimnisverrats kann weitaus schwerwiegendere Folgen haben als die Aufgabe eines zu Unrecht als Schutzrechtsverletzung abgemahnten Verhaltens. Dies gilt erst recht für Fälle des ergänzenden Leistungsschutzes (§ 4 Nr 9); hier sind die Folgen einer unbegründeten Abmahnung ohnehin nicht anders als die einer Schutzrechtsverwarnung. Dennoch soll einer Ausweitung der für unberechtigte Schutzrechtsverwarnungen entwickelten Grundsätze auf unbegründete wettbewerbsrechtliche Abmahnungen nicht das Wort geredet werden. Denn gegenüber der Geltendmachung von **Abwehransprüchen** ist aus den oben (Rdn 1.69) angeführten Gründen **generell Zurückhaltung** geboten; dagegen können **Schadensersatzansprüche** des unbegründet Abgemahnten unter engen Voraussetzungen (Rdn 1.71) auch hier in Betracht kommen. Auf keinen Fall sind die **Grundsätze der Schutzrechtsverwarnung**, die nach der Entscheidung des Großen Zivilsenats des BGH (BGH GRUR 2005, 882 – *Unberechtigte Schutzrechtsverwarnung*) nicht mehr in Zweifel gezogen werden sollten, auf das Gebiet des Wettbewerbsrechts zu übertragen.

1.71 **b) Anspruchsgrundlagen. aa) Wettbewerbsrechtliche Ansprüche.** Die unbegründete Abmahnung kann im Einzelfall **wettbewerbswidrig** sein. Voraussetzung ist dabei stets, dass eine geschäftliche Handlung vorliegt (§ 2 I Nr 1); die insofern erforderliche Absicht, durch die Abmahnung auch den eigenen Absatz zu fördern, ist bei Mitbewerbern jedenfalls dann zu bejahen, wenn sie in **Kenntnis des Fehlens eines Anspruchs** abmahnen (s zur Schutzrechtsverwarnung § 4 Rdn 10.178). Als Tatbestände kommen neben einer **Anschwärzung** nach § 4 Nr 8 (s § 4 Rdn 8.14) vor allem eine **gezielte Behinderung** nach § 4 Nr 10 (s § 4 Rdn 10.168) oder eine **Irreführung** nach § 5 (s § 5 Rdn 5.129 ff) in Betracht.

1.72 **bb) Ansprüche aus allgemeinem Deliktsrecht.** Scheiden wettbewerbsrechtliche Ansprüche aus, kann sich ein Anspruch **aus § 824** oder **aus § 826 BGB** ergeben. Dagegen wird in der unbegründeten wettbewerbsrechtlichen Abmahnung **keine Verletzung des Rechts am eingerichteten und ausgeübten Gewerbebetrieb** (§ 823 I BGB) gesehen. Die Begründungen hierfür sind unterschiedlich: Die Rspr hat zwar überwiegend in unberechtigten Schutzrechtsverwarnungen einen Eingriff in den eingerichteten und ausgeübten Gewerbebetrieb gesehen, bei unbegründeten wettbewerbsrechtlichen Abmahnungen einen solchen Eingriff jedoch mit der Begründung verneint, dass derartige unrichtige Abmahnungen viel weniger belastend seien (BGH GRUR 1969, 479, 481 – *Colle de Cologne*; BGH GRUR 1985, 571, 573 – *Feststellungsinteresse*; ferner BGH WRP 1965, 97, 99 – *Kaugummikugeln*; OLG Hamm WRP 1980, 216, 218; OLG

Frankfurt NJW-RR 1991, 1006). Der Gegenmeinung im Schrifttum und in der Rspr einiger Oberlandesgerichte, die einen Eingriff in den eingerichteten und ausgeübten Gewerbebetrieb generell ablehnt (*Deutsch* WRP 1999, 25 ff; *Ullmann* GRUR 2001, 1027, 1029 f; OLG Düsseldorf GRUR 2003, 814; vgl auch OLG München ZUM-RD 2001, 522), ist der Große Senat des BGH inzwischen entgegengetreten (BGH GRUR 2005, 882 – *Unberechtigte Schutzrechtsverwarnung*).

cc) Anspruch aus § 678 BGB. Teilweise wird in der unbegründeten Abmahnung auch eine **1.73** **Geschäftsführung ohne Auftrag** gegen den Willen des Geschäftsherrn gesehen, die bei Erkennbarkeit des entgegenstehenden Willens nach § 678 BGB einen Schadensersatzanspruch auslöst (OLG Hamburg WRP 1983, 422, 424; OLG Hamm GRUR 1988, 772; OLG Frankfurt GRUR 1989, 858; OLG Hamburg NJW-RR 2003, 857; OLG München GRUR-RR 2010, 461, 462; *Teplitzky* Kap 41 Rdn 80; *Piper/Ohly/Sosnitza* § 12 Rdn 32; vgl oben § 4 Rdn 10.183). Räumt man dem abmahnenden Gläubiger – wie es bis zur ausdrücklichen Regelung der Abmahnkosten in § 12 I 2 geschah (dazu Rdn 1.90) – einen Aufwendungsersatzanspruch aus Geschäftsführung ohne Auftrag ein, erscheint es konsequent, dem Abgemahnten im Falle der unbegründeten Abmahnung einen Gegenanspruch aus § 678 BGB zuzubilligen. Da ein wettbewerbsrechtlicher Gegenanspruch häufig – etwa im Fall der Abmahnung durch einen Verband – an der fehlenden geschäftlichen Handlung und ein Anspruch aus § 826 BGB am fehlenden Vorsatz scheitern wird, kann es auf den nicht erst bei Vorsatz, sondern bereits bei Erkennbarkeit der Unbegründetheit der Abmahnung eingreifenden Anspruch aus § 678 BGB durchaus ankommen. Im Hinblick darauf, dass der Kaufmann, der seinen Mitbewerber hat abmahnen lassen, im Falle der Begründetheit der Abmahnung die Kosten des eingeschalteten Rechtsanwalts erstattet erhält, ist es nicht unbillig, dem abgemahnten Mitbewerber im Falle der Unbegründetheit der Abmahnung seinerseits einen Anspruch auf Erstattung der Kosten des eingeschalteten Rechtsanwalts einzuräumen.

3. Negative Feststellungsklage (§ 256 ZPO)

Der zu Unrecht Abgemahnte kann auf Feststellung klagen, dass der **Unterlassungsanspruch**, **1.74** dessen Bestehen der Abmahnende behauptet, **nicht besteht** (BGH GRUR 1985, 571, 573 – *Feststellungsinteresse;* BGH GRUR 1994, 846, 848 – *Parallelverfahren II;* BGH GRUR 1995, 697 – *FUNNY PAPER*). Das **rechtliche Interesse** an der Feststellung des Nichtbestehens des Unterlassungsanspruchs folgt aus der **Berührung des Abmahnenden,** einen solchen Anspruch gegen den Abgemahnten zu haben. Der Abgemahnte braucht grds **nicht seinerseits abzumahnen, bevor er die** Feststellungsklage erhebt (BGH GRUR 2004, 790, 792 – *Gegenabmahnung;* OLG Frankfurt GRUR 1972, 670; OLG Frankfurt GRUR 1989, 705; OLG Hamm GRUR 1985, 84; OLG Köln WRP 1986, 428; OLG Köln WRP 2004, 782; OLG Stuttgart WRP 1985, 449; OLG Stuttgart WRP 1988, 766; OLG Hamburg WRP 1994, 315, 320; *Piper/Ohly/ Sosnitza* § 12 Rdn 28; aM KG WRP 1980, 206; OLG Frankfurt WRP 1982, 295; OLG München GRUR 1985, 161). Die **Kosten** für eine solche Gegenabmahnung (dazu unten Rdn 1.86) kann er nur erstattet verlangen, wenn die Gegenabmahnung erforderlich war (OLG Hamm Beck-RS 2009, 89545).

Eine **Gegenabmahnung** kann vor Erhebung einer negativen Feststellungsklage dann erfor- **1.75** derlich sein, wenn dafür ein **bes Grund** vorliegt. Ein solcher bes Anlass für die Gegenabmahnung ist zB in Fällen bejaht worden, in denen der Abmahnende erkennbar von einem **unrichtigen Sachverhalt** ausgegangen war (BGH GRUR 2004, 790, 792 – *Gegenabmahnung;* OLG Düsseldorf WRP 1979, 719; OLG Köln WRP 1983, 172; OLG München WRP 1996, 928, 929; OLG München WRP 1997, 979, 980). Generell lässt sich sagen, dass eine Gegenabmahnung geboten ist, wenn anzunehmen ist, der Abmahnende werde auf Grund der übermittelten Information seinen vermeintlichen Unterlassungsanspruch fallen lassen (BGH aaO, OLG Stuttgart WRP 1985, 449), bspw weil mit der Gegenabmahnung ein ganz **neuer rechtlicher oder tatsächlicher Gesichtspunkt** geltend gemacht wird, der ohne weiteres zur Rücknahme der Berührung führen muss (OLG Frankfurt WRP 1981, 282). Eine Gegenabmahnung ist dementsprechend auch in einem Fall für notwendig erachtet worden, in dem sich der Abmahnende nicht nur eines – tatsächlich bestehenden – Unterlassungs-, sondern auch eines am fehlenden Verschulden scheiternden Schadensersatzanspruchs berühmt hatte, weil er die Gründe für das Fehlen des Verschuldens nicht kennen konnte (OLG Köln WRP 2004, 782). Dagegen ist eine Gegenabmahnung nicht erforderlich, um den Gläubiger auf einen **rechtlichen Irrtum** hinzuweisen, mag er auch eindeutig sein (BGH GRUR 2006, 168 – *Unberechtigte Abmahnung:* unbegründete Forderung nach einer Umsatzauskunft). Erhebt der zu Unrecht Abgemahnte in einem solchen Fall negative Feststellungsklage, die nach Aufgabe der Berührung zurückgenommen wird, können dem Beklagten nach § 269 III 3 HS 2 ZPO die Kosten auferlegt werden (BGH aaO). Ist die Gegenabmahnung geboten, steht dem Abmahnenden ein **Anspruch auf Erstattung seiner Aufwendung** zu; Rechtsgrundlage ist insofern nicht § 12 I 2, sondern §§ 683, 670 BGB (BGH GRUR 2004, 790, 792 – *Gegenabmahnung*). – Ist ein Antragsteller mit einem **Verfügungsantrag gescheitert,** muss der Antragsgegner – will er im Falle eines sofortigen Anerkenntnisses die Kostenlast vermeiden – eine Gegenabmahnung aussprechen, bevor er negative Feststellungsklage erhebt (OLG Oldenburg WRP 2004, 652).

4. Missbräuchliche Abmahnung

1.76 Von der unbegründeten Abmahnung – sie zeichnet sich dadurch aus, dass das beanstandete Verhalten nicht wettbewerbswidrig ist – ist die **missbräuchliche Abmahnung** zu unterscheiden. Sie stellt die Vorstufe der missbräuchlichen gerichtlichen Geltendmachung eines an sich bestehenden Unterlassungsanspruchs dar und hat – wie der BGH entschieden hat (BGHZ 149, 371, 379 f – *Missbräuchliche Mehrfachabmahnung*) – ebenfalls **zur Folge, dass „der Anspruch auf Unterlassung ... nicht geltend gemacht werden"** kann (§ 8 IV). Die Rechtsfolge der missbräuchlichen Abmahnung ist also nicht allein die **Unbeachtlichkeit der Abmahnung,** sie hat vielmehr zur Konsequenz, dass für die Durchsetzung des zugrunde liegenden, in seinem Bestand unberührten Unterlassungsanspruchs keine gerichtliche Hilfe in Anspruch genommen werden kann (BGH aaO). Zu den Voraussetzungen und Folgen der missbräuchlichen Abmahnung s im Einzelnen § 8 Rdn 4.5 ff.

VIII. Abmahnkosten (§ 12 I 2)

1. Allgemeines

1.77 Mit der Normierung der Kostentragungspflicht in § 12 I 2 hat der Gesetzgeber „**die Rspr nachvollzogen,** die über die Regeln der Geschäftsführung ohne Auftrag einen Aufwendungsersatzanspruch des Abmahnenden hergeleitet hat" (Begr RegE BT-Drucks 15/1487 S 25). Diese Bestimmung, die im Gesetzgebungsverfahren niemals umstritten war, zeigt, dass es dem Gesetzgeber (UWG-Novelle 1994) und der Rspr in den letzten zwanzig Jahren gelungen ist, die mit dem Kostenerstattungsanspruch verbundenen Missbrauchsgefahren weitgehend einzudämmen. Der Regierungsentwurf von 1982, der wegen des vorzeitigen Endes der 9. Legislaturperiode der Diskontinuität anheim fiel und in der folgenden Legislaturperiode nicht erneut eingebracht wurde, hatte noch eine Regelung enthalten (§ 13 VI), nach der der Abmahnende für die erste Abmahnung keine Kostenerstattung sollte geltend machen können (BT-Drucks 9/1707; dazu *Reinbothe* WRP 1982, 387, 393). Damit sollte die Entscheidung des BGH korrigiert werden, nach der für die Abmahnung Aufwendungsersatz nach den Grundsätzen der Geschäftsführung ohne Auftrag verlangt werden konnte (BGHZ 52, 393 = GRUR 1970, 189 – *Fotowettbewerb*), und den unseriösen Abmahnvereinen das Hauptmotiv ihrer Tätigkeit genommen werden (*Reinbothe* aaO).

2. Anwendungsbereich

1.78 a) **Abschlussschreiben.** Mit der Abmahnung verwandt ist das **Abschlussschreiben,** mit der Gläubiger nach Erlass einer einstweiligen Verfügung den Schuldner auffordert, die Verfügung als endgültige Regelung anzuerkennen (dazu im Einzelnen § 12 Rdn 3.70 ff). Da das Abschlussschreiben von seiner Funktion her (Vermeidung der Kostenfolge des § 93 ZPO) der Abmahnung entspricht, ist es gewiss nicht abwegig, den Anspruch auf Erstattung der Kosten für dieses Schreiben für das Wettbewerbsrecht § 12 I 2 analog zu entnehmen (so § 12 Rdn 3.73; *Nill* GRUR 2005, 740, 741; vgl auch Ahrens/*Ahrens* Kap 58 Rdn 540). In Ermangelung einer Regelungslücke hat der BGH indessen den Anspruch auf Geschäftsführung ohne Auftrag (§§ 677, 683, 670 BGB) gestützt (BGH WRP 2010, 1169 Tz 26 – *Geschäftsgebühr für Abschlussschreiben;* Fezer/*Büscher* § 12 Rdn 181; Harte/Henning/*Retzer* § 12 Rdn 662; *Teplitzky* Kap 43 Rdn. 30; *ders,* FS Ullmann, 2006, 999, 1005).

1.78a b) **Abwehrkosten.** Weder unmittelbar noch analog anwendbar ist § 12 I 2 auf die Kosten, die der (vermeintliche) Schuldner aufwenden muss, um eine unbegründete **Abmahnung abzuwehren.** Hier gelten die allgemeinen Bestimmungen, was bedeutet, dass ein materiellrechtlicher Kostenerstattungsanspruch nur ganz ausnahmsweise in Missbrauchsfällen (§ 826 BGB!) in Betracht kommt. Insoweit gilt nichts anderes als bei der Geltendmachung nichtbestehender Forderungen außerhalb des Wettbewerbsrechts. Auch wenn der (vermeintliche) Gläubiger noch ein Gericht anruft und dort die Bestätigung erhält, dass ihm kein Anspruch zusteht, kann der zu Unrecht in Anspruch genommene Beklagte die Kosten des Abwehrschreibens nicht als Kosten des Rechtsstreits festsetzen lassen (BGH GRUR 2008, 639 – *Kosten eines Abwehrschreibens*).

c) Außerhalb des Wettbewerbsrechts. Unmittelbare Geltung kann die Neuregelung über die Abmahnkosten naturgemäß nur für die wettbewerbsrechtliche Abmahnung beanspruchen. Der Sache nach gilt sie aber für alle Bereiche, in denen die Grundsätze der wettbewerbsrechtlichen Abmahnung angewandt werden, also auch für (zivilrechtliche) Abmahnungen wegen der **Verletzung gewerblicher Schutzrechte, wegen Urheberrechtsverletzungen oder Kartellverstößen,** auch wenn insofern noch auf die herkömmlichen Anspruchsgrundlagen zurückgegriffen werden muss (dazu Rdn 1.86). Keinesfalls lässt sich aus der Neuregelung der (Umkehr-)Schluss ziehen, überall dort, wo eine ausdrückliche Bestimmung über die Erstattung der Abmahnkosten fehle, scheide ein solcher Anspruch von vornherein aus. Vielmehr hat der Gesetzgeber mit der gesetzlichen Regelung in § 12 I 2 die **Grundsätze anerkannt,** die die Rspr zum Anspruch auf Erstattung der Abmahnkosten im Rahmen der Geltendmachung von Unterlassungsansprüchen entwickelt hat.

1.79

3. Berechtigte Abmahnungen

a) Berechtigte und begründete Abmahnungen. Der Gläubiger kann nur für eine berechtigte Abmahnung Aufwendungsersatz verlangen. Berechtigt ist eine Abmahnung nicht bereits dann, wenn der mit der Abmahnung geltend gemachte **Unterlassungsanspruch** besteht. Der Gesetzgeber wollte mit der Neuregelung in § 12 I 2 lediglich die Rspr zur Erstattung der Abmahnkosten nach den Grundsätzen der Geschäftsführung ohne Auftrag nachvollziehen. Nach diesen Grundsätzen war das Bestehen eines Unterlassungsanspruchs indessen nur eine Voraussetzung für den Kostenerstattungsanspruch; die Abmahnung musste ferner dem wirklichen oder mutmaßlichen Willen des Schuldners entsprechen. Wären die Abmahnkosten immer dann vom Schuldner zu tragen, wenn der Abmahnung ein Unterlassungsanspruch zugrunde liegt, würden sich die **Risiken einer gerichtlichen Klärung** erheblich zu Lasten des Schuldners verschieben. Denn er müsste damit rechnen, dass er im Falle des negativen Ausgangs nicht nur die Kosten des Prozessgegners, sondern auch die Kosten sämtlicher Gläubiger tragen müsste, die ihn inzwischen ebenfalls abgemahnt haben. Dadurch, dass das Wettbewerbsrecht jedem Mitbewerber und einer Vielzahl von Verbänden gleichgerichtete Unterlassungsansprüche einräumt, besteht die Gefahr einer übermäßigen Benachteiligung des Schuldners, der durch den Missbrauchstatbestand (§ 8 IV) sowie durch eine angemessene Einschränkung des Anspruchs auf Erstattung der Abmahnkosten begegnet werden muss. Es ist daher zwischen begründeten und berechtigten Abmahnungen zu unterscheiden (s Rdn 1.68). Begründet ist eine Abmahnung, wenn ihr ein Unterlassungsanspruch zugrunde liegt, berechtigt ist sie dagegen nur, wenn sie **erforderlich** ist, **um dem Schuldner einen Weg zu weisen, den Gläubiger ohne Inanspruchnahme der Gerichte klaglos zu stellen** (BGH GRUR 2010, 354 Tz 8 – *Kräutertee*).

1.80

b) Berechtigte Abmahnungen = unentbehrliche Abmahnungen. Auch nach früherem Recht war für die Frage der Entbehrlichkeit der Abmahnung – wie heute (s Rdn 1.56) – auf die **Kenntnis des Gläubigers** abzustellen. Dagegen kam es im Rahmen der Geschäftsführung ohne Auftrag für die Frage, ob in der Abmahnung die Führung eines Geschäfts des Schuldners gesehen werden konnte, allein darauf an, ob die Abmahnung objektiv dem Interesse und dem mutmaßlichen Willen des Abgemahnten entsprach (BGHZ 149, 371, 375 – *Missbräuchliche Mehrfachabmahnung;* dazu auch *Teplitzky* Kap 41 Rdn 27 und 88 a). Die Folge war, dass nach altem Recht die Kosten einer Abmahnung jedenfalls nicht mehr unter dem Gesichtspunkt einer Geschäftsführung ohne Auftrag ersetzt verlangt werden konnten, wenn der Schuldner bei Eingang der Abmahnung bereits von einem anderen Gläubiger abgemahnt worden war; denn die Zweitabmahnung ist nicht mehr objektiv erforderlich, um dem Schuldner den kostengünstigen Weg aus dem Konflikt aufzuzeigen. Das führte zu dem unbefriedigenden Ergebnis, dass den Gläubiger eine Obliegenheit zur Abmahnung traf, er aber die mit dieser Abmahnung verbundenen Kosten nicht ersetzt verlangen konnte.

1.81

Die gesetzliche Regelung gestattet es, **beide Fragen – Entbehrlichkeit und Berechtigung der Abmahnung – miteinander zu verknüpfen.** Berechtigt ist danach jede Abmahnung, die nicht entbehrlich ist, will der Gläubiger Kostennachteile im Falle eines sofortigen Anerkenntnisses vermeiden (dazu Rdn 1.43 ff). Geht der Gläubiger nach der verständlichen Devise vor,

1.82

lieber einmal mehr abzumahnen, als nachher mit Prozesskosten überzogen zu werden, bleibt ihm dies unbenommen. Er geht dabei allenfalls das Risiko ein, dass ihm seine Abmahnkosten nicht ersetzt werden. Unabhängig davon muss er bedenken, dass eine Mehrfachabmahnung unter bestimmten Bedingungen als missbräuchlich angesehen werden und zum Verlust der Durchsetzbarkeit des Anspruchs führen kann, wenn bspw mehrere konzernmäßig miteinander verbundene und vom selben Anwalt vertretene Gläubiger jeweils getrennt abmahnen und für jede Abmahnung die Anwaltskosten für eine gesonderte Angelegenheit beanspruchen (BGHZ 149, 371, 379 f – *Missbräuchliche Mehrfachabmahnung;* s Rdn 1.76). Zu den Voraussetzungen und Folgen der missbräuchlichen Abmahnung s im Einzelnen § 8 Rdn 4.5 ff.

1.82a   **c) Kosten der Abmahnung nach Schubladenverfügung.** Hat der Gläubiger – ohne den Schuldner zuvor abzumahnen – eine einstweilige Verfügung erwirkt, die ohne Anhörung des Schuldners erlassen worden ist (sog **Schubladenverfügung;** dazu oben Rdn 1.58 f) und mahnt er den Schuldner nunmehr ab, kann er die **Kosten dieser Abmahnung nicht vom Schuldner ersetzt verlangen** (BGH GRUR 2010, 257 – *Schubladenverfügung;* ebenso die Vorinstanz OLG Köln GRUR-RR 2008, 144 [LS]). Dies ergibt sich, was die Anspruchsgrundlage des **§ 12 I 2** angeht, bereits aus dem Wortlaut. Denn der Anspruch auf Erstattung der Abmahnkosten bezieht sich allein auf Abmahnungen nach § 12 I 1, also auf Abmahnungen, die „vor der Einleitung eines gerichtlichen Verfahrens" ausgesprochen worden sind. Im Übrigen handelt es sich bei der Abmahnung, die erst nach Erlass einer Schubladenverfügung nicht um eine unentbehrliche und damit berechtigte Abmahnung (s oben Rdn 1.81 f). Auch aus **Geschäftsführung ohne Auftrag** lässt sich der Erstattungsanspruch nicht begründen. Denn die Abmahnung, die erst nach Erlass einer einstweiligen Verfügung ergeht, liegt nicht im Interesse des Schuldners. Für ihn ist es wesentlich günstiger, wenn der Gläubiger die erwirkte einstweilige Verfügung zustellt. In diesem Fall kann der Schuldner seinen Widerspruch auf die Kosten beschränken. Dies wird idR – weil vor dem Verfügungsantrag nicht abgemahnt worden ist – dazu führen, dass über die Kosten nach § 93 ZPO, also zu Lasten des Gläubigers, entschieden wird.

1.83   **d) Weitere Einzelfragen.** Die Abmahnung auf Grund eines nach § 11 **verjährten Unterlassungsanspruchs** kann iSv § 12 I 2 **zunächst berechtigt** sein; denn der Anspruch ist durchsetzbar, solange die Verjährungseinrede nicht erhoben ist. Insofern stellt sich die Rechtslage etwas anders dar als bei der früheren Begründung des Anspruchs aus Geschäftsführung ohne Auftrag; damals ließ sich dieser Fall leicht unter Hinweis darauf lösen, dass die Abmahnung eines verjährten Anspruchs keinesfalls im Interesse des Schuldners liege (OLG Karlsruhe WRP 1984, 100, 102). Erhebt der Schuldner jedoch die **Verjährungseinrede,** ist der Anspruch **nicht mehr durchsetzbar.** Wie bei der klageweisen Durchsetzung eines solchen Anspruchs trifft den Gläubiger bei Erhebung der Verjährungseinrede das **Kostenrisiko.** Die auf den einredebehafteten Anspruch gestützte Abmahnung ist nunmehr so zu behandeln, als wäre sie **von Anfang an unberechtigt** gewesen. – Ist die Geltendmachung eines Unterlassungsanspruchs nach § 8 IV unter Berücksichtigung der gesamten Umstände **missbräuchlich,** scheidet ein Kostenerstattungsanspruch von vornherein aus, weil eine solche Abmahnung niemals berechtigt ist (vgl auch § 8 Rdn 4.7).

1.84   Ist die **Wiederholungsgefahr** auf Grund einer Unterwerfungserklärung gegenüber einem Gläubiger **entfallen,** sind Kosten, die anderen Gläubigern durch weitere Abmahnungen entstehen, **nicht nach § 12 I 2 zu erstatten;** denn eine Abmahnung ist niemals berechtigt, wenn ihr kein Unterlassungsanspruch zugrunde liegt. **Maßgeblicher Zeitpunkt** ist insofern der **Zugang der Abmahnung,** die wie eine empfangsbedürftige Willenserklärung zu behandeln ist (s Rdn 1.29) und daher erst mit dem Zugang wirksam wird (§ 130 I 1 BGB). Kostenerstattung kann daher nicht verlangt werden, wenn der Anspruch bei Absendung der Abmahnung noch bestand, dann aber noch vor Zugang der Abmahnung entfallen ist.

1.85   Kein Anspruch auf Erstattung der Abmahnkosten besteht, wenn zum maßgeblichen Zeitpunkt (Zugang der Abmahnung) ein **rechtskräftiger Unterlassungstitel zugunsten eines anderen Gläubigers** vorliegt; allerdings kann in diesem Fall auf die Ernsthaftigkeit des Unterlassungswillens nur geschlossen werden, wenn sich der Schuldner gegenüber dem abmahnenden Gläubiger auf das ergangene Urteil beruft (BGH GRUR 2003, 450 – *Begrenzte Preissenkung;* dazu § 8 Rdn 1.50). In keinem Fall hängt die Erstattung der Aufwendungen vom **Erfolg der Abmahnung** ab. Die Kosten müssen also auch dann erstattet werden, wenn der Unterlassungsanspruch im Klagewege durchgesetzt werden muss (BGH GRUR 1984, 129, 131 – *Shop in the shop I;* BGH GRUR 1991, 550, 552 – *Zaunlasur*).

4. Andere Anspruchsgrundlagen und Erstattungsmöglichkeiten

a) Bedeutung. Der Diskussion über andere Anspruchsgrundlagen hat sich im Wettbewerbsrecht auf Grund der Neuregelung in § 12 I 2 weitgehend erledigt. Denn die in Betracht kommenden **Schadensersatzansprüche** (s § 9 Rdn 1.29) und der **Anspruch aus Geschäftsführung ohne Auftrag** gehen idR (zur Ausnahme s Rdn 1.89) über den gesetzlichen Anspruch nicht hinaus: Die Kosten für eine entbehrliche Abmahnung sind keine notwendigen Rechtsverfolgungskosten, die als Schaden ersetzt verlangt werden können. Die entbehrliche Abmahnung erfolgt auch nicht im wirklichen oder mutmaßlichen Interesse des Schuldners. Bedeutung hat die Diskussion um andere Anspruchsgrundlagen jedoch noch für **andere Rechtsgebiete,** in denen die für die wettbewerbsrechtliche Abmahnung entwickelten Grundsätze ebenfalls Geltung beanspruchen können (gewerblicher Rechtsschutz, Urheberrecht, Kartellrecht, Presserecht, Unterlassungsklagen nach dem UKlaG). Auch in Fällen, in denen eine **Gegenabmahnung** erforderlich ist (s Rdn 1.75), muss für den Aufwendungsersatz auf Geschäftsführung ohne Auftrag zurückgegriffen werden, weil § 12 I 2 diesen Fall nicht erfasst.

b) Schadensersatz. In der Vergangenheit ist dem Gläubiger des Unterlassungsanspruchs ein **Anspruch auf Erstattung der ihm aus der berechtigten Abmahnung entstandenen Kosten** auch aus dem Gesichtspunkt des Schadensersatzes zugestanden worden, gleichviel ob sich der Schuldner unter Abgabe eines angemessenen Vertragsstrafeversprechens bedingungslos zur Unterlassung verpflichtet oder eine solche Unterlassungserklärung nicht abgegeben hat (BGH GRUR 1982, 489 – *Korrekturflüssigkeit;* BGH GRUR 1990, 1012, 1014 – *Pressehaftung;* BGHZ 115, 210, 212 – *Abmahnkostenverjährung;* vgl auch BGHZ 149, 371, 374 f – *Missbräuchliche Mehrfachabmahnung*). Der Schadensersatzanspruch setzt stets ein **schuldhaftes Verhalten des Abgemahnten** voraus. Anspruchsgrundlage kann der zu dem jeweiligen Verletzungstatbestand gehörende Schadensersatzanspruch sein (zB § 9 UWG, § 97 I UrhG, § 14 VI MarkenG, § 139 II PatG, § 33 III 1 GWB). Für Unterlassungsgläubiger, die ihre Sachbefugnis aus § 8 III Nr 2–4 oder aus § 33 II GWB ableiten, spielt der Schadensersatzanspruch keine Rolle, weil ihnen nur Abwehrrechte (Unterlassung und Beseitigung) zustehen. Deswegen ist für den Anspruch auf Erstattung der Abmahnkosten schon immer ein anderer Weg gesucht und gefunden worden: die Geschäftsführung ohne Auftrag (dazu Rdn 1.90).

Dass die **Abmahnkosten als ein Schaden** verstanden werden, der auf der in der Vergangenheit liegenden Verletzungshandlung beruht, ist allerdings von *Scharen* mit der beachtlichen Begründung in Zweifel gezogen worden, die Abmahnung diene der **Verhinderung zukünftiger Verstöße,** während der Schutzzweck des Schadensersatzanspruchs darauf gerichtet sei, Vermögenseinbußen auszugleichen, die aus der abgeschlossenen Verletzungshandlung herrühren (Ahrens/*Scharen* Kap 11 Rdn 13). Folgt man dieser nicht von der Hand zu weisenden Erwägung, kann man einen auf die Erstattung der Abmahnkosten gerichteten Schadensersatzanspruch nur in Fällen eines Dauerdelikts anerkennen, in denen die Abmahnung auch der Begrenzung des Schadens aus der in der Vergangenheit liegenden Verletzungshandlung dient (dazu näher § 9 Rdn 1.29; *Köhler,* FS Erdmann, 2002, 845, 846). *Teplitzky* (GRUR 2004, 900, 905 f [Fn 56 und bei Fn 68]) hält dem entgegen, man könne nicht daran zweifeln, dass die Abmahnkosten durch die Verletzungshandlung adäquat verursacht worden seien. Das mag sein; die Lehre vom Schutzzweck der Norm erschöpft sich jedoch nicht in einer Anwendung der Adäquanzlehre; sie begründet vielmehr ungeachtet der Kausalität eine normative Begrenzung der Schadenszurechnung.

Kann der Gläubiger (ausnahmsweise) Abmahnkosten unter dem Gesichtspunkt des Schadensersatzes beanspruchen, kann dieser Anspruch unter bestimmten Bedingungen **über den gesetzlichen Anspruch aus § 12 I 2 hinausgehen.** Denn der abgemahnte Schuldner kann gegenüber einem Schadensersatzanspruch nicht mit Erfolg geltend machen, er habe sich – noch bevor ihn der Gläubiger abgemahnt habe – wegen des beanstandeten Wettbewerbsverstoßes schon gegenüber einem Dritten strafbewehrt unterworfen. Durch die Unterwerfung ist zwar idR die Wiederholungsgefahr beseitigt (s § 8 Rdn 1.38 und § 12 Rdn 1.101), sie verhindert aber nicht – wenn der Gläubiger nichts davon weiß – die Entstehung eines weiteren Schadens. Die Abmahnkosten können also auch dann als Schaden zu erstatten sein, wenn die Wiederholungsgefahr zum Zeitpunkt der Abmahnung bereits nicht mehr bestand (LG Hamburg GRUR 1990, 216, 217; LG Köln GRUR 1987, 741, 742).

c) Geschäftsführung ohne Auftrag. Für **wettbewerbsrechtliche Streitigkeiten** braucht auf Ansprüche aus Geschäftsführung ohne Auftrag im Allgemeinen nicht mehr zurückgegriffen zu werden; denn die gesetzliche Regelung in § 12 I 2 hat gerade die Aufgabe, diese Anspruchsgrundlage durch eine konkrete gesetzliche Regelung zu ersetzen. Nur für den Anspruch auf Erstattung der für die Gegenabmahnung getätigten Aufwendungen (s dazu Rdn 1.75 und 1.86) muss auf die Geschäftsführung ohne Auftrag zurückgegriffen werden (vgl noch zum alten Recht BGH GRUR 2004, 790, 792 – *Gegenabmahnung*). – Anders verhält es sich aber **außerhalb des Wettbewerbsrechts.** Eine entspr Anwendung von § 12 I 2 auf die Geltendmachung urheber-, marken-, patent- oder presserechtlicher Ansprüche kommt nicht in Betracht, weil es insofern an einer Regelungslücke fehlt. In diesen Bereichen kann der Unterlassungsgläubiger, dem kein Schadensersatzanspruch zur Seite steht, die Erstattung der Abmahnkosten nach der fest gefügten Rspr des BGH aus **Geschäftsführung ohne Auftrag** (§ 683 S 1, §§ 677, 670 BGB) beanspruchen. Der BGH hat diesen Weg erstmals in der Entscheidung **„Fotowettbewerb"** aus dem Jahre 1969 beschritten (BGHZ 52, 393, 399 f). Abgesehen von einem kurzen Zaudern fünfzehn Jahre später (BGH GRUR 1984, 691, 692 – *Anwaltsabmahnung*) hat er seitdem trotz vielfältiger Kritik mit Beharrlichkeit an dem einmal eingeschlagenen Weg festgehalten (BGH GRUR 1973, 384, 385 – *Goldene Armbänder*; BGH GRUR 1984, 129, 131 – *shop-in-the-shop I*; BGH GRUR 1991, 550, 552 – *Zaunlasur*; BGHZ 115, 210, 212 – *Abmahnkostenverjährung*; BGH GRUR 1994, 311, 312 f – *Finanzkaufpreis ‚ohne Mehrkosten'*; BGH GRUR 2000, 337, 338 – *Preisknaller*; BGHZ 149, 371, 374 f – *Missbräuchliche Mehrfachabmahnung*). Die Oberlandesgerichte haben sich dieser Rspr durchweg angeschlossen (KG WRP 1977, 793; OLG Köln WRP 1978, 917; OLG Frankfurt WRP 1977, 129; OLG Stuttgart WRP 1979, 818). Auch Kritiker der dogmatischen Konstruktion erkennen diesen Anspruch als verbindliches Richterrecht an (so *Köhler*, FS Erdmann, 2002, 845, 850 f).

1.91 Im Gegensatz zum Kostenerstattungsanspruch aus § 12 I 2 (dazu Rdn 1.81), setzt der **Anspruch aus §§ 683, 670 BGB** voraus, dass die Abmahnung dem Geschäftsherrn (also dem abgemahnten Schuldner) **objektiv nützlich** war und seinem **wirklichen oder mutmaßlichen Willen** entsprach. Hierfür kommt es allein auf die **objektive Sicht**, nicht auf die Sicht des abmahnenden Gläubigers an (*Teplitzky* Kap 41 Rdn 86; *GK/Kreft* Vor § 13 Rdn C 150). Dies bedeutet, dass den Schuldner, der nach einem Wettbewerbsverstoß von einer Vielzahl von Gläubigern abgemahnt wird, **nur hins der ersten Abmahnung** eines Erstattungspflicht aus Geschäftsführung ohne Auftrag trifft (BGHZ 149, 371, 375 – *Missbräuchliche Mehrfachabmahnung*; *Teplitzky* Kap 41 Rdn 88 a). Denn ist der Schuldner einmal abgemahnt, liegen **weitere Abmahnungen** nicht mehr in seinem wohlverstandenen Interesse. Dies gilt unabhängig davon, ob der Schuldner die Abmahnung zum Anlass nimmt, sich zu unterwerfen. Auch wenn er es auf einen Prozess ankommen lässt, liegen sich wiederholende (kostenpflichtige) Hinweise auf die Möglichkeit der Unterwerfung nicht in seinem Interesse.

1.92 **d) Erstattungsfähigkeit als Kosten des Rechtsstreits?** Kosten einer fehlgeschlagenen Abmahnung sind zwar nach dem Zweck der Abmahnung (Rdn 1.4) im weiteren Sinne auch zur **Vorbereitung eines Rechtsstreits** (genauer: zur Vermeidung einer ungünstigen Kostenentscheidung im Falle des sofortigen Anerkenntnisses) aufgewandt worden; sie sind aber – ebenso wenig wie die Kosten einer Mahnung, die unstreitig nicht als Prozesskosten erstattet werden können (Zöller/*Herget* ZPO, 27. Aufl, § 91 Rdn 13 Stichwort: Mahnschreiben) – **nicht Kosten des Rechtsstreits,** weil sie (noch) nicht einem bestimmten Rechtsstreit zugeordnet werden können und in erster Linie nicht der Vorbereitung, sondern der Vermeidung des Rechtsstreits dienen. Die Frage war lange Zeit umstritten (wie hier ablehnend: OLG Koblenz JurBüro 1981, 1089; OLG Frankfurt GRUR 1985, 328; OLG Rostock WRP 1996, 790; OLG Karlsruhe AnwBl 1997, 681; OLG Hamburg JurBüro 1993, 487 f; OLG Hamm JurBüro 1997, 258 f; OLG Frankfurt NJW 2005, 759; *Melullis* Rdn 802; Ahrens/*Scharen* Kap 11 Rdn 3; skeptisch auch Zöller/*Herget* ZPO, 27. Aufl, § 91 Rdn 13 Stichwörter: Abmahnung und Vorbereitungskosten; aA KG WRP 1982, 25; OLG Nürnberg WRP 1992, 588; *GK/Kreft* Vor § 13 Rdn C 159; *Borck* WRP 2001, 20, 23; Baumbach/*Hefermehl*, 22. Aufl, Einl Rdn 552). Sie ist inzwischen vom BGH iSd hier vertretenen Auffassung geklärt worden (BGH GRUR 2006, 439 – *Geltendmachung der Abmahnkosten*). Dementsprechend werden Abmahnkosten (soweit sie nicht in der Prozessgebühr des Prozessbevollmächtigten aufgehen) in der Praxis meist neben dem Unterlassungsantrag als Zahlungsantrag geltend gemacht. Wird der Unterlassungsanspruch dagegen im Verfügungsverfahren verfolgt, bleibt dem Gläubiger nichts anderes übrig, als die Abmahnkosten gesondert einzuklagen; hierbei muss beachtet werden, dass dieser Anspruch nach § 11 I ebenfalls in sechs Monaten verjährt (BGHZ 115, 210 – *Abmahnkostenverjährung*; s § 11 Rdn 1.3). – Zu den Kosten, die ein Schuldner aufwendet, um eine unberechtigte Abmahnung abzuwehren (**Abwehrkosten**), s oben Rdn 1.78 a.

5. Beschränkung auf tatsächliche Aufwendungen

Ersatz der Aufwendungen kann der Gläubiger allerdings nur verlangen, wenn er seinerseits die **1.92a** Aufwendungen bereits erbracht hat. Die Zahlung von Anwaltskosten kann er bspw nur beanspruchen, wenn er die Rechnung des Anwalts bereits beglichen hat. Ist er lediglich einer Forderung des Anwalts ausgesetzt, kann er lediglich Freistellung von der Verbindlichkeit verlangen (LG Karlsruhe NJW 2006, 1526). Um einen Zahlungsanspruch schlüssig zu begründen, muss der Gläubiger daher vortragen, dass er die Kosten bereits aufgewendet hat. Nur wenn feststeht, dass der abmahnende Gläubiger von seinem Anwalt in Anspruch genommen wird, kann er **auf Zahlung klagen** (OLG Köln MD 2010, 210, 211 f unter II 3 c; vgl auch RGZ 78, 26, 34; MünchKommBGB/*Krüger*, 5. Aufl 2007, § 257 Rdn 5). Hierfür reicht es aber idR nicht aus, dass die drohende Inanspruchnahme durch den eigenen Anwalt vorgetragen wird. Denn bei dieser Konstellation ist es – anders als im Falle RGZ 78, 26 (Inanspruchnahme des Bürgen nach Zahlungsunfähigkeit des Hauptschuldners) – keineswegs sicher, dass der Anwalt seinen Anspruch auch im Falle „erfolgloser" Abmahnungen durchsetzt. – Auch hinsichtlich der Höhe der zu ersetzenden Anwaltsgebühren richtet sich der Aufwendungsersatzanspruch allein nach den tatsächlich gezahlten Beträgen, solange sie die gesetzlichen Gebühren nicht überschreiten; dazu Rdn 1.96 a.

6. Höhe des Aufwendungsersatzes

a) Erforderliche Aufwendungen. Maßstab für die Höhe des Aufwendungsersatzes ist die **1.93** **Erforderlichkeit,** vergleichbar der Notwendigkeit der Kosten der Rechtsverfolgung oder Rechtsverteidigung in § 91 I 1 ZPO. Ob Aufwendungen erforderlich sind, bestimmt sich nach den Verhältnissen des jeweiligen Gläubigers. Ein Unternehmen kann idR die für eine Abmahnung entstandenen **Anwaltskosten** ersetzt verlangen (OLG Stuttgart WRP 2007, 688 zur Abschlusserklärung; zur Höhe s Rdn 1.94). Dies gilt auch dann, wenn dieses Unternehmen über eine eigene Rechtsabteilung verfügt, die aber mit anderen Bereichen als dem Wettbewerbsrecht befasst ist. Denn auch einem Unternehmen dürfen keine Nachteile dadurch entstehen, dass es für die Abwehr wettbewerbswidriger Angriffe keine eigene Rechtsabteilung unterhält (vgl BGH GRUR 2008, 928 – *Abmahnkostenersatz;* BGH Urt v 19. 5. 2010 – I ZR 140/08 Tz 26 – *Vollmachtsnachweis;* OLG Karlsruhe WRP 1996, 591; *Möller* NJW 2008, 2652). Ein **Rechtsanwalt,** der sich **selbst für die Abmahnung** eines unschwer zu erkennenden Wettbewerbsverstoßes **mandatiert,** kann dagegen keine Anwaltsgebühren beanspruchen (BGH GRUR 2004, 789 – *Selbstauftrag;* ferner KG AfP 2010, 271 in einem Fall, in dem die Beauftragung der eigenen Sozietät des abmahnenden Anwalts für erforderlich gehalten wurde).

Auch ein **Wettbewerbsverband** muss **ohne anwaltlichen Rat** in der Lage sein, typische **1.93a** und durchschnittlich schwer zu verfolgende Wettbewerbsverstöße zu erkennen und abzumahnen, weil es gerade seine Aufgabe ist, die Interessen seiner Mitglieder wahrzunehmen (BGH GRUR 1984, 691, 692 – *Anwaltsabmahnung;* BGH GRUR 1991, 684 f – *Verbandsausstattung I;* BGHZ 126, 145, 147 = GRUR 1994, 831 – *Verbandsausstattung II;* BGH GRUR 2000, 1093, 1094 – *Fachverband;* BGH GRUR 2004, 448 – *Auswärtiger Rechtsanwalt IV*). Der Verband kann daher die für eine Abmahnung angefallenen Anwaltskosten idR nicht als erforderliche Aufwendungen ersetzt verlangen. Dazu unten Rdn 1.97.

b) Höhe der Anwaltskosten. aa) Gesetzliche Gebühren. Ist ein Anwalt **nur mit der** **1.94** **Abmahnung,** nicht mit Einreichung einer Klage oder Erwirkung einer einstweiligen Verfügung, beauftragt worden, steht ihm nach §§ 2 II, 13 RVG iVm Nr 2300 VV eine **Geschäftsgebühr** mit einem Rahmen von 0,5 bis 2,5 zu; die **Mittelgebühr** von 1,5 (vgl BGH Urt v 19. 5. 2010 – I ZR 140/08 Tz 27 f – *Vollmachtsnachweis; Hartung* NJW 2004, 1409, 1414; *Otto* NJW 2004, 1420, 1421) wird allerdings für Tätigkeiten, die nicht umfangreich oder schwierig sind, **auf 1,3 begrenzt** (Nr 2300 VV zu § 2 II RVG; dazu *Günther/Beyerlein* WRP 2004, 1222, 1223). In einem durchschnittlichen Fall kann der Rechtsanwalt eine solche Gebühr in Höhe von 1,3 beanspruchen (BGH Urt v 19. 5. 2010 – I ZR 140/08 Tz 31 – *Vollmachtsnachweis*). Da sich die Höhe der vollen Gebühr nicht verändert hat (früher § 11 BRAGO, heute § 13 RVG), liegen die Kosten einer anwaltlichen Abmahnung heute mit einer im Normalfall auf 1,3 begrenzten Mittelgebühr deutlich höher als unter der Geltung der BRAGO: Die für angemessen erachtete mittlere Geschäftsgebühr nach § 118 I Nr 1 BRAGO (OLG Hamburg WRP 1981, 470, 473; OLG Hamburg WRP 1982, 477; LG Braunschweig WRP 1999, 1189; vgl auch BGH GRUR 1973, 384, 385 – *Goldene Armbänder*) wurde dem Rahmen von 0,5 bis 1,0 entnommen und lag daher bei nur $^{7,5}/_{10}$. Nach neuem Gebührenrecht ist allerdings mit der Geschäftsgebühr auch eine Besprechung mit dem Gegner abgegolten, die früher gesondert berechnet wurde (§ 118 I Nr 2 BRAGO). Wird ein besonderer Umfang oder eine besondere Schwierigkeit dargetan, kann die Regelgebühr von 1,3 auch überschritten werden (vgl OLG München MMR 2008, 334, 335: Geschäftsgebühr von 1,8 in einem markenrechtlichen Streit um Adwords; ferner OLG Hamburg WRP 2007, 1380 [LS]).

1.95 Kommt es nach erfolgloser Abmahnung **zum gerichtlichen Verfahren,** wird die für die Abmahnung entstandene Geschäftsgebühr zur Hälfte, maximal jedoch mit einem Gebührensatz von 0,75 auf die Verfahrensgebühr (Nr 3100 VV zu § 2 II RVG) **angerechnet** (Vorbem 3 IV VV zu § 2 II RVG). Für alle vor dem 1. 7. 2004 erteilten Mandate gelten noch die Bestimmungen der BRAGO; insoweit ist von einer Mittelgebühr von $^{7,5}/_{10}$ und einer vollen Anrechenbarkeit (§ 118 II BRAGO) auszugehen.

1.96 **bb) Geschäftswert der Abmahnung.** Der Geschäftswert der Abmahnung richtet sich nach der **Höhe des für die Gerichtskosten geltenden Wertes** (§ 23 I 3 RVG, § 12 I GKG; § 3 ZPO). Da die Abmahnung auf Verschaffung eines endgültigen Titels gerichtet ist, entspricht der Gegenstandswert nicht dem des Verfügungs-, sondern dem des **Hauptsacheverfahrens** (KG WRP 1977, 793, 795).

1.96a **cc) Abweichende Gebührenvereinbarung.** Hat der Gläubiger mit seinem Anwalt eine Vereinbarung getroffen, der zufolge der Rechtsanwalt eine **niedrigere als die gesetzliche Vergütung** erhält, kann die Abrechnung der Abmahnkosten gegenüber dem Schuldner nur auf dieser Grundlage erfolgen (vgl OLG München MMR 2007, 415 f; OLG Hamburg Urt v 12. 11. 2008 – 5 U 245/07, juris; *Rehart* WRP 2009, 532). Überschreitet die vereinbarte Vergütung – etwa das vereinbarte Zeithonorar – dagegen die gesetzliche Vergütung, bleibt der Aufwendungserstattungsanspruch auf die Höhe dieser Vergütung beschränkt. Zum schlüssigen Vortrag gehört daher auch die Darlegung, ob nach den gesetzlichen Gebühren abgerechnet wurde und was ggf Abweichendes vereinbart worden ist.

1.96b **dd) Teilweise berechtigte Abmahnung.** Der Gläubiger kann Erstattung seiner Abmahnkosten **nur verlangen, soweit seine Abmahnung berechtigt war.** Ist die von einem Anwalt ausgesprochene Abmahnung nur zum Teil berechtigt – liegt bspw nur ein von zwei gerügten Wettbewerbsverstößen vor –, können die Kosten der Abmahnung nur anteilig (im Beispielsfall bei gleichem Wert der beiden Vorgänge zur Hälfte) beansprucht werden (BGH GRUR 2010, 744 Tz 50 – *Sondernewsletter;* OLG Stuttgart MMR 2010, 284, 286). Bei der Abmahnkostenpauschale, die von einem Verband in Rechnung gestellt werden kann, kommt dagegen keine Kürzung in Betracht (s unten Rdn 1.99); denn die Höhe der Abmahnkostenpauschale ist nicht von der Zahl der abgemahnten Verstöße abhängig. Ebenfalls kein Anlass zum Abzug besteht, wenn der Gläubiger die mit der Abmahnung übersandte vorformulierte Unterwerfungserklärung zu weit – bspw die zu unterlassende Handlung weiter als notwendig – gefasst oder eine höhere als die angemessene Vertragsstrafe vorgeschlagen hat (vgl *Molle* K&R 2010, 545, 547). Denn die Formulierung der Unterwerfungserklärung ist grds Sache des Schuldners (s oben Rdn 1.17).

1.97 **c) Abmahnkosten eines Verbandes. aa) Keine Anwaltskosten für Abmahnung.** Anders als die Mitbewerber müssen **Wettbewerbsvereine** (§ 8 III Nr 2), aber auch Fachverbände, deren Tätigkeit die Bekämpfung unlauteren Wettbewerbs nach der Satzung einschließt, zur Erfüllung des Satzungszwecks sachlich und personell so ausgestattet sein, dass sie durchschnittlich schwierige Abmahnungen **ohne anwaltliche Hilfe** mit eigenen Kräften bearbeiten können. Beauftragen sie dennoch einen Anwalt für die erste Abmahnung, so geschieht dies zur Erfüllung des Verbandszwecks im **eigenen, nicht im fremden Interesse** (BGH GRUR 1984, 691, 692 – *Anwaltsabmahnung,* mit Anm *Jacobs;* BGH GRUR 2004, 448 – *Auswärtiger Rechtsanwalt IV;* OLG München WRP 1970, 36; OLG Köln WRP 1970, 365; OLG Koblenz WRP 1979, 389, 391; OLG Karlsruhe WRP 1984, 339; *Loewenheim* WRP 1979, 839, 843; Ahrens/*Scharen* Kap 11 Rdn 27). Durfte der Verband anwaltliche Hilfe **nicht für erforderlich** halten, so steht ihm **kein Anspruch** auf Erstattung der anwaltlichen Kosten für die erste Abmahnung zu.

1.97a **bb) Zweite Abmahnung.** Ob dies auch für den Fall gilt, dass eine erste Abmahnung durch den Verband selbst keinen Erfolg hatte und mit einer **zweiten Abmahnung durch den Rechtsanwalt** noch einmal nachgefasst werden sollte, war umstr. Der BGH hat diese Frage inzwischen in der Entscheidung „*Kräutertee*" **eindeutig verneint** (BGH GRUR 2010, 354 Tz 8; OLG Hamburg WRP 2009, 1569; anders noch OLG Brandenburg WM 2008, 418). Die Unklarheit in diesem Punkt ist vor allem darauf zurückzuführen, dass der BGH 1969 in der Entscheidung

„*Fotowettbewerb*" die Beauftragung eines Anwalts durch einen Verband nach erfolgloser Abmahnung als „adäquate und im Rahmen der zweckentsprechenden Rechtsverfolgung notwendige Folge" bezeichnet hatte, deren Kosten als Aufwendungsersatz zu erstatten seien (BGHZ 52, 393, 400 = GRUR 1970, 189 – *Fotowettbewerb*). Hiervon ist der BGH inzwischen unter Hinweis darauf abgerückt, dass die Entscheidung „Fotowettbewerb" am Anfang einer umfangreichen Rechtsprechung steht, bei der es nicht zuletzt darum geht, eine missbräuchliche Geltendmachung des Kostenerstattungsanspruchs sowie eine unbillige Belastung des Schuldners mit Kosten zu vermeiden, die zur Erreichung des Ziels einer Streitbeilegung ohne Inanspruchnahme der Gerichte nicht erforderlich sind (BGH GRUR 2010, 354 Tz 9 – *Kräutertee*). Der BGH stellt nunmehr allein darauf ab, ob die zweite Abmahnung noch erforderlich war, um dem Schuldner einen Weg zu weisen, den Gläubiger ohne Inanspruchnahme der Gerichte klaglos zu stellen (s oben § 12 Rdn 1.80); das ist in aller Regel zu verneinen. Im Übrigen liegt die zweite Abmahnung auch nach den Grundsätzen der Geschäftsführung ohne Auftrag nicht mehr im wohlverstandenen Interesse des Schuldners (BGHZ 149, 371, 375 = GRUR 2002, 357 – *Missbräuchliche Mehrfachabmahnung;* s oben § 12 Rdn 1.91). Schließlich soll jeder Anreiz zu einer durch Kosteninteressen begründeten Abmahntätigkeit eines mit einem Verband zusammenarbeitenden Rechtsanwalts von vornherein unterbunden werden (BGH GRUR 2010, 354 Tz 9 – *Kräutertee*).

cc) Abschlussschreiben. Der Grundsatz, dass einem Verband die Anwaltskosten für die Abmahnung idR nicht erstattet werden, gilt auch für das Abschlussschreiben entspr. In durchschnittlich gelagerten Fallkonstellationen ist einem nach § 8 III Nr 2 UWG berechtigten Wettbewerbsverein idR zumutbar, das Abschlussschreiben selbst abzufassen (OLG Köln WRP 2000, 226, 230 unter Hinweis auf BGH GRUR 1984, 691, 692 – *Anwaltsabmahnung*). Dazu unten § 12 Rdn 3.73.

1.97b

dd) Kostenpauschale. Für einen Verband, dem es zuzumuten ist, **typische und durchschnittlich schwer zu verfolgende Wettbewerbsverstöße** zu erkennen und abzumahnen, kommt in derartigen Fällen nur ein Anspruch auf anteiligen Ersatz der Personal- und Sachkosten in Form einer **Kostenpauschale** in Betracht. Diese Pauschale beträgt derzeit für die **Zentrale zur Bekämpfung unlauteren Wettbewerbs** (Wettbewerbszentrale), die einen umfangreichen gemeinnützigen Zweckbetrieb für den Abmahnbereich unterhält, 195,00 € zzgl 7% MWSt (vgl zur Gewährung von Abmahnkosten in Form einer solchen Pauschale OLG Hamburg AfP 1990, 215, 217; OLG Stuttgart WRP 1991, 347, 348; OLG Schleswig WRP 1996, 1123, 1125; anders KG WRP 1991, 398, 402; s auch BGH GRUR 1990, 282 – *Wettbewerbsverein IV*). In welcher Höhe andere Verbände eine Kostenpauschale für Personal- und Sachkosten verlangen können, richtet sich nach Lage des Einzelfalls. – Die Kostenpflicht entfällt nicht dadurch, dass der Abgemahnte satzungsgemäß **Mitgliedsbeiträge** zahlt (LG Frankfurt WRP 1982, 553, 554).

1.98

ee) Teilweise berechtigte Abmahnung eines Verbandes. Die Kostenpauschale ist auch in voller Höhe zu zahlen, wenn die **Abmahnung nur teilweise berechtigt** war (BGH WRP 1999, 503, 512; BGHZ 177, 253 Tz 50 = GRUR 2008, 1010 – *Payback;* BGH GRUR 2009, 1064 Tz 47 – *Geld-zurück-Garantie II,* BGH GRUR 2009, 413 Tz. 31 – *Erfokol-Kapseln;* BGH GRUR 2010, 744 Tz 51 – *Sondernewsletter;* OLG Frankfurt WRP 1991, 326).

1.99

d) Abmahnkosten eines Buchpreisbindungstreuhänders. Der Treuhänder, der nach § 9 II Nr 3 BuchpreisbindungsG den Unterlassungsanspruch nach § 9 I BuchpreisbindungsG geltend macht, kann – obwohl Rechtsanwalt – nicht nach §§ 13, 14 RVG abrechnen, sondern nur seine tatsächlichen Aufwendungen ersetzt verlangen, die als Pauschale zu berechnen sind (OLG Frankfurt GRUR-RR 2010, 221: **Abmahnkostenpauschale** in Höhe von 175 € netto = 208,25 € brutto).

1.99a

e) Kein Abzug fiktiver Abmahnkosten. Ist eine **Abmahnung unterblieben** und werden dem Gläubiger nach **sofortigem Anerkenntnis** die Kosten des Rechtsstreits auferlegt, kann er entgegen der vereinzelt gebliebenen Rspr einiger Oberlandesgerichte (OLG Hamburg WRP 1968, 338; OLG Frankfurt BB 1973, 379; OLG Köln WRP 1969, 248; OLG Köln WRP 1970, 186; dagegen bspw OLG Celle WRP 1996, 757, 759) die **fiktiven Kosten,** die ihm durch eine Abmahnung entstanden wären, nicht in Abzug bringen.

1.100

f) Verzugszinsen. Im Falle des Verzugs sind die Abmahnkosten **mit 5%,** nicht mit 8% **über dem Basiszinssatz** zu verzinsen (§ 288 I 2 BGB). § 288 II BGB findet auf Abmahnkosten keine Anwendung, weil es sich nicht um eine Entgeltforderung, dh um ein Forderung im Rahmen eines Austauschgeschäfts, handelt (OLG München K&R 2008, 620, 621 f).

1.100a

7. Gerichtsstand

1.100b Soweit nach § 14 II der Gerichtsstand des **Tatorts** gegeben ist, kann dort auch die **Klage auf Kostenerstattung** nach § 12 I 2 erhoben werden, denn es handelt sich um eine „Klage auf Grund dieses Gesetzes" (s unten § 14 Rdn 4).

C. Unterwerfung

I. Zweck und Wirkungsweise der Unterwerfung

1. Zweck der Unterwerfung

1.101 Erklärt der Verletzer gegenüber dem Verletzten **uneingeschränkt, bedingungslos** und **unwiderruflich** und unter Übernahme einer angemessenen **Vertragsstrafe** für jeden Fall der Zuwiderhandlung, weitere Verletzungshandlungen zu unterlassen, so ist die **Vermutung** der Wiederholungsgefahr (s § 8 Rdn 1.33) widerlegt, vorausgesetzt, dass an der **Ernsthaftigkeit** der Unterlassungserklärung kein Zweifel besteht (stRspr; BGH GRUR 1983, 127, 128 – *Vertragsstrafeversprechen;* BGH GRUR 1993, 677, 679 – *Bedingte Unterwerfung*). Ein drohender Prozess wird vermieden, ein schwebender hat sich erledigt. Zugleich stellt die Vertragsstrafe die **Sanktion** bei einer erneuten Zuwiderhandlung dar.

2. Einfluss auf die Wiederholungsgefahr

1.102 Die Unterwerfungserklärung hat aus zwei Gründen **Einfluss auf die Wiederholungsgefahr:** Zum einen zeigt sie den **Willen des Schuldners,** die Verletzungshandlung zu unterlassen. Dies allein reicht aber nicht aus. Hinzu treten muss zum anderen ein drohender Nachteil für den Fall einer Zuwiderhandlung, der so schwer wiegt, dass er den Schuldner vernünftigerweise von Wiederholungen abhält. Dabei ist immer zu bedenken, dass die Rechtsordnung mit dem **System von Abmahnung, Unterwerfung und Wegfall der Wiederholungsgefahr** einen ganz bestimmten Zweck verfolgt: Gläubiger und Schuldner sollen Mittel an die Hand gegeben werden, um einen Streit ohne Inanspruchnahme der Gerichte beizulegen (BGHZ 149, 371, 374 – *Missbräuchliche Mehrfachabmahnung*). Da der Unterlassungsanspruch immer nur in der Zukunft erfüllt werden kann, soll der bei anderen Ansprüchen durch die Erfüllung eintretende Rechtsfriede auf andere Weise erreicht werden. Dies soll jedoch nicht nur inter partes gelten, vielmehr soll es dem Schuldner ermöglicht werden, ein für allemal gegenüber allen Gläubigern, also erga omnes, „zu erfüllen". Dieses **Schuldnerprivileg** – der Schuldner muss sich nicht von allen Gläubigern in Anspruch nehmen lassen, sondern kann durch die Unterwerfung gegenüber einem Gläubiger die anderen Gläubiger ihres Unterlassungsanspruchs berauben – ist gerade im Wettbewerbsrecht wegen der **Vielzahl möglicher Gläubiger** unverzichtbar (s Rdn 1.167). Andererseits muss der Schuldner zeigen, dass die abgegebene Unterwerfungserklärung auch seinen Unterlassungswillen widerspiegelt. Verschweigt er nach einer zweiten Abmahnung beharrlich die bereits abgegebene Unterwerfungserklärung, können sich daraus Zweifel an der Ernstlichkeit dieser Erklärung mit der Folge ergeben, dass die Wiederholungsgefahr nicht entfällt (OLG Düsseldorf WRP 2002, 1019; s näher Rdn 1.66). Unabhängig davon macht sich der Schuldner gegenüber dem Gläubiger, der eine Zweitabmahnung ausspricht schadensersatzpflichtig, wenn er die bereits abgegebene Unterwerfungserklärung verschweigt und dadurch den Gläubiger zur Erhebung einer mangels Wiederholungsgefahr unbegründeten Klage veranlasst (s Rdn 1.66).

3. Form der Unterwerfungserklärung

1.103 Lange Zeit wurde davon ausgegangen, dass für die Unterwerfungserklärung ebenso wie für die Abmahnung (s Rdn 1.22) **kein Formzwang** besteht (vgl Voraufl Einl Rdn 538, andererseits aber Rdn 272). Vor allem auf Grund der Beiträge *Köhlers* (*Köhler*, FS v Gamm, 1990, 57, 64 ff; GK/ *Köhler* Vor § 13 Rdn B 89 ff) ist inzwischen jedoch weitgehend anerkannt, dass die Unterwerfung als abstraktes Schuldversprechen oder -anerkenntnis (§§ 780, 781 BGB) grds dem **Schriftformerfordernis** unterliegt. Denn die Unterwerfung zielt idR auf eine Vereinbarung ab, durch die eine neue (vertragliche) Grundlage für die Unterlassungsverpflichtung geschaffen werden soll, die an die Stelle des gesetzlichen Unterlassungsanspruchs tritt. Da der gesetzliche Unterlassungsanspruch mit Abgabe einer ausreichenden Unterwerfungserklärung entfällt, soll der Unterwerfungsvertrag eine neue konstitutive Verpflichtung schaffen (Novation). Die Vereinbarung, auf die die Unterwerfungserklärung abzielt, ist daher ein abstraktes Schuldversprechen oder – besser – ein **ab-**

straktes Schuldanerkenntnis nach §§ 780, 781 BGB (BGHZ 130, 288, 292 – *Kurze Verjährungsfrist;* BGH GRUR 1998, 953, 954 – *Altunterwerfung III; Teplitzky* Kap 8 Rdn 5; s Rdn 1.113). Lediglich eine Unterwerfung, die die Wiederholungsgefahr nicht berührt (zB weil die versprochene Vertragsstrafe zu niedrig ist oder der Gläubiger keine Gewähr dafür gibt, künftige Zuwiderhandlungen zu verfolgen), kann als deklaratorisches Anerkenntnis formfrei abgegeben werden. Auch wenn die Unterwerfungerklärung ausnahmsweise in einen **Vergleich** mündet (§ 779 BGB), ist sie formfrei möglich (zur Rechtsnatur des Unterlassungsvertrags s Rdn 1.114).

Das **Schriftformerfordernis entfällt** allerdings, wenn der Schuldner – wie im Regelfall – Kaufmann ist (§§ 350, 343 HGB). Der Formzwang beschränkt sich damit auf nicht eingetragene **Kleingewerbetreibende** und die **Träger der freien Berufe** (Rechtsanwälte, Steuerberater, Ärzte, soweit sich die Kaufmannseigenschaft nicht aus der Rechtsform – GmbH, AG oder EWIV – ergibt). Gilt für die Unterwerfung kein Formzwang, kann der Gläubiger bei einer telekommunikativen Übermittlung der Unterwerfungserklärung (per Telefax oder E-Mail) nach § 127 II 2 BGB eine mit verbindlicher Unterschrift versehene **Bestätigung** verlangen (vgl OLG Frankfurt WRP 1989, 18; KG GRUR 1988, 567, 568; dazu *Lachmann* GRUR 1989, 96 ff). Unabhängig davon folgt aus Sinn und Zweck der Unterwerfungserklärung die Verpflichtung des Schuldners, dem Gläubiger auf sein Verlangen die mündlich, telefonisch, per Telefax oder E-Mail abgegebene Erklärung **schriftlich zu bestätigen**. Kommt der Schuldner dem Verlangen nicht nach, so ist die Erklärung wegen des Fehlens ernsthafter Unterwerfungsbereitschaft **wirkungslos** (BGH GRUR 1990, 530, 532 – *Unterwerfung durch Fernschreiben*). 1.104

4. Unterwerfung ohne Abmahnung

Der Unterwerfungserklärung geht im Allgemeinen eine Abmahnung voraus, durch die der Schuldner zur Abgabe einer strafbewehrten Unterlassungserklärung aufgefordert wird. Eine zwingende Voraussetzung für den **Wegfall der Wiederholungsgefahr** ist die Abmahnung aber nicht. Sie kann auch dann entfallen, wenn sich der Schuldner **aus freien Stücken entschließt,** eine strafbewehrte Unterlassungserklärung abzugeben, weil er bsw die Wettbewerbswidrigkeit seines Verhaltens erkannt hat und den zu erwartenden Abmahnungen zuvorkommen möchte. Selbst dann, wenn der Schuldner sich nur deswegen gegenüber dem Dritten – zB einem seriösen Wettbewerbsverein – unterwirft, weil er vermeiden möchte, dem abmahnenden Gläubiger als Schuldner von Vertragsstrafeansprüchen ausgesetzt zu sein, kann die Wiederholungsgefahr entfallen (OLG Frankfurt WRP 1997, 101; OLG Frankfurt WRP 1998, 895, 896). Allerdings ist in einem solchen Fall bes sorgfältig zu prüfen, ob die **Unterwerfungserklärung ernst gemeint** ist und der Gläubiger, mit dem der Unterlassungsvertrag geschlossen wurde, zukünftige Zuwiderhandlungen auch wirklich verfolgen wird. 1.105

5. Kein Unterlassungstitel

Dadurch, dass die Unterwerfungserklärung die **Wiederholungsgefahr** als Tatbestandsmerkmal des Unterlassungsanspruchs entfallen lässt, ist es dem Gläubiger verwehrt, einen **Unterlassungstitel** zu erstreiten, aus dem er bei einer erneuten Zuwiderhandlung nach § 890 ZPO vollstrecken könnte. Die einmal entfallene Wiederholungsgefahr kann auch **nicht wieder aufleben** (*Teplitzky* Kap 8 Rdn 49; s § 8 Rdn 1.45 und § 12 Rdn 1.108). Nur wenn ausnahmsweise nach Wegfall der Wiederholungsgefahr Umstände eintreten, die eine **Erstbegehungsgefahr** begründen (s § 8 Rdn 1.45) – wenn zB der Schuldner erklärt, sich an die abgegebene Unterwerfungserklärung nicht mehr halten zu wollen –, liegen wieder sämtliche Voraussetzungen eines Unterlassungsanspruchs vor, der dann auch mit Erfolg gerichtlich geltend gemacht werden kann. – Da die Wiederholungsgefahr schon mit der Abgabe der Erklärung, nicht erst mit der Annahme entfällt (s Rdn 1.115), ist der Gläubiger praktisch genötigt, eine angemessene strafbewehrte Unterwerfungserklärung anzunehmen. Einen Unterlassungstitel kann er in dieser Situation nicht erzwingen. 1.106

6. Unterwerfungserklärung im Prozess

a) Unterwerfungserklärung vor Rechtshängigkeit. Gibt der Schuldner noch vor Rechtshängigkeit – also nach Einreichung, aber vor Zustellung der Klage – eine Unterwerfungserklärung ab, empfiehlt es sich für den Gläubiger, die **Klage zurückzunehmen.** Denn nach § 269 III 3 ZPO „bestimmt sich die Kostentragungspflicht unter Berücksichtigung des bisherigen Sach- und Streitstands nach billigem Ermessen", wenn der Anlass zur Einreichung der Klage vor Rechtshängigkeit weggefallen ist und die Klage daraufhin unverzüglich zurückgenommen wird. 1.107

Die **Hauptsache für erledigt zu erklären** empfiehlt sich in dieser Phase nicht. Zwar entscheidet das Gericht bei übereinstimmenden Erledigungserklärungen über die Kosten ebenfalls nach billigem Ermessen (§ 91 a I ZPO); dabei wird es berücksichtigen, dass der Beklagte die ihm für die Unterwerfung gesetzte angemessene Frist ungenutzt hat verstreichen lassen und die von ihm geforderte Erklärung erst verspätet abgegeben hat. Bleibt die Erledigung aber einseitig, kann dem darin liegenden Feststellungsantrag nur stattgegeben werden, wenn die Klage urspr – also bei Klageerhebung – zulässig und begründet war. Ist die Wiederholungsgefahr vor Zustellung der Klage entfallen, droht dem Kläger in diesem Fall eine Abweisung des in der einseitigen Erledigungserklärung liegenden Feststellungsantrags und eine Belastung mit den Kosten des Rechtsstreits (vgl Rdn 1.39).

1.108   b) **Unterwerfungserklärung nach Rechtshängigkeit.** Wird die Unterwerfungserklärung nach Klageerhebung abgegeben, muss der Kläger den Rechtsstreit **in der Hauptsache für erledigt erklären;** andernfalls wird die Klage auf seine Kosten als **unbegründet** abgewiesen. Denn mit der Unterwerfungserklärung entfällt die Wiederholungsgefahr. Die früher teilweise vertretene Gegenansicht, die Wiederholungsgefahr könne wiederaufleben (vgl *Köhler* GRUR 1989, 804 ff; *Schnepel* WRP 1994, 467, 470 ff), etwa wenn der Verletzer sich von seiner Unterwerfungserklärung lossagt oder das Interesse des Gläubigers an der Durchsetzung der Unterlassungsverpflichtung wegfällt, wird heute nicht mehr vertreten (vgl Piper/*Ohly*/Sosnitza § 8 Rdn 23; s oben § 8 Rdn 1.45 und § 12 Rdn 1.106). – Auch ein Verstoß gegen eine durch Unterwerfung eingegangene Unterlassungsverpflichtung lässt die beseitigte Wiederholungsgefahr nicht wieder aufleben, sondern begründet eine neue Wiederholungsgefahr und damit einen neuen gesetzlichen Unterlassungsanspruch (BGH GRUR 1998, 1043, 1044 – *GS-Zeichen*).

1.109   Unterwirft sich der Schuldner **„ohne Anerkennung einer Rechtspflicht",** macht er damit deutlich, dass er den Unterlassungsanspruch mit der Unterwerfung **nicht anerkennt.** Das ist sein gutes Recht; denn oftmals wird der Abgemahnte sich nur unterwerfen, weil er an der Wiederholung der Werbemaßnahme kein besonderes Interesse hat und die Kosten einer gerichtlichen Auseinandersetzung scheut. Selbstverständlich kann er die Zahlung der Abmahnkosten dann mit der Begründung ablehnen, das beanstandete **Verhalten** sei **nicht wettbewerbswidrig** gewesen. Trifft dies zu, ist ein Anspruch auf Erstattung der Abmahnkosten unter keinem rechtlichen Gesichtspunkt zu begründen. Denn die Abmahnung wegen eines rechtmäßigen Verhaltens kann niemals im Interesse des Abgemahnten liegen (anders AG Oberhausen WRP 2000, 137).

1.110   c) **Unterwerfungserklärung in der Revisionsinstanz.** Unterwirft sich der Beklagte erst **in der Revisionsinstanz,** handelt es sich um eine neue Tatsache, die an sich nicht mehr berücksichtigt werden kann. Die Parteien können aber die Unterwerfung zum Anlass nehmen, den Rechtsstreit übereinstimmend **in der Hauptsache für erledigt zu erklären,** so dass nur noch nach § 91a ZPO über die Kosten des Rechtsstreits zu entscheiden ist. Auch eine **einseitige Erledigungserklärung** ist möglich, wenn kein Streit über das behauptete erledigende Ereignis besteht, wenn insbes beide Parteien davon ausgehen, dass auf Grund der Unterwerfungserklärung die Wiederholungsgefahr entfallen ist.

1.110a   d) **Unterwerfungserklärung nach Rechtskraft.** Nach **Eintritt der Rechtskraft** kann der Schuldner den gegen ihn gerichteten Unterlassungstitel nicht nach Belieben dadurch beseitigen, dass er eine Unterwerfungserklärung abgibt und dann beantragt, die weitere Vollstreckung aus dem Titel für unzulässig zu erklären (§ 767 I ZPO). Teilweise wird angenommen, dass auch eine solche Unterwerfungserklärung die Wiederholungsgefahr entfallen lasse, dass aber dieser Umstand nicht mit der **Vollstreckungsgegenklage** geltend gemacht werden könne. Der Fall sei vergleichbar mit den gesetzlichen Gestaltungsrechten (zB die Aufrechnung), bei denen es nicht auf den Zeitpunkt der Abgabe der Willenserklärung, sondern darauf ankomme, ob die Gestaltungsmöglichkeit schon vor der Letzten mündlichen Verhandlung in der Tatsacheninstanz bestanden habe (so KG WRP 2005, 1113 = OLG-Rp 2005, 970, 971). In der Tat stellt die Rspr beispielsweise bei der Aufrechung nicht auf die Aufrechnungserklärung, sondern auf die Aufrechnungslage ab: Wird die Aufrechnung erst nach der Letzten mündlichen Verhandlung in der Tatsacheninstanz erklärt, obwohl die Aufrechnungslage bereits vorher bestand, wird dem Schuldner § 767 II ZPO entgegengehalten; er kann die weitere Vollstreckung nicht mit der Vollstreckungsgegenklage unterbinden (BGHZ 24, 97, 98; BGHZ 34, 275, 279). Hiermit ist jedoch der Wegfall der Wiederholungsgefahr durch Unterwerfungserklärung nicht vergleichbar, weil es nicht um die Ausübung eines gesetzlichen Gestaltungsrechts geht (vgl auch BGHZ 94, 29, 34 f). Vielmehr geht es allein um die tatsächlichen Voraussetzungen der Wiederholungsgefahr, die auf Grund einer bestimmten Erklärung entfallen können.

Dasselbe Ergebnis – **Unbeachtlichkeit der Unterwerfungserklärung nach Rechtskraft** – 1.110b
lässt sich indessen für den Regelfall mit einer anderen Erwägung begründen: Die Unterwerfungserklärung hat nur deswegen die besondere Wirkung auf die Wiederholungsgefahr und damit auf das Bestehen des Unterlassungsanspruchs, weil entweder mit dem Zugang der Erklärung ein Vertragsstrafeversprechen zustande kommt oder der Schuldner doch damit rechnen muss, dass der Gläubiger das in der Unterwerfungserklärung liegende Angebot jederzeit annimmt (dazu oben Rdn 1.102 und unten Rdn 1.115 ff). Diese Voraussetzungen liegen aber regelmäßig nicht mehr vor, wenn der Gläubiger einmal einen rechtskräftigen Unterlassungstitel erstritten hat. Abgesehen von den Fällen, in denen der Gläubiger selbst die „Umschuldung" – also die Ersetzung des Unterlassungstitels durch einer Vertragsstrafeversprechen – vorschlägt, liegt in der **zur Unzeit erfolgenden Unterwerfungserklärung** weder die Annahme eines entsprechenden Angebots des Gläubigers noch ein eigenes Angebot des Schuldners, mit dessen Annahme durch den Gläubiger er rechnen müsste. Kann der Schuldner aber nicht davon ausgehen, dass seine Unterwerfungserklärung zu einem Unterlassungsverpflichtungsvertrag mit Vertragsstrafeversprechen führt, fehlt der Unterwerfungserklärung von vornherein die entscheidende, die Wiederholungsgefahr zerstörende Wirkung.

7. Unterwerfung ohne Anerkennung einer Rechtspflicht

Mit der Abgabe einer strafbewehrten Unterlassungserklärung muss nicht notwendig ein **An-** 1.111
erkenntnis des zugrunde liegenden **gesetzlichen Unterlassungsanspruchs** verbunden sein. Der Schuldner kann sich ohne weiteres auf den Standpunkt stellen, dass sein Verhalten rechtmäßig war, und sich gleichzeitig unterwerfen, weil er an der Wiederholung der beanstandeten Werbemaßnahme kein besonderes Interesse hat, die Kosten einer gerichtlichen Auseinandersetzung aber scheut. Dabei weist er sinnvollerweise darauf hin, dass die Unterwerfung „mit Rechtsbindungswillen, aber **ohne Anerkennung einer Rechtspflicht**" erfolgt. Die Gegenansicht (KG WRP 1977, 793 mit zust Anm *Burchert;* AG Oberhausen WRP 2000, 137; AG Charlottenburg WRP 2002, 1472), die dem Abgemahnten die Berufung auf die Rechtmäßigkeit seines Tuns abschneiden möchte, wird der Funktion der Unterwerfungserklärung als Streitbeilegungsinstrument in keiner Weise gerecht. Nach zutreffender Ansicht enthält die zur Vermeidung eines gerichtlichen Verfahrens abgegebene Unterwerfungserklärung weder eine Anerkennung der Rechtswidrigkeit der konkreten Verletzungshandlung noch ein Anerkenntnis des Unterlassungsanspruchs oder einer Schadenersatzpflicht (Ahrens/*Scharen* Kap 11 Rdn 39; *Hess* WRP 2003, 353).

Sinn des Vorbehalts ist es zum einen, mit der Unterwerfungserklärung nicht zugleich die 1.112
Belastung mit den **Abmahnkosten** anzuerkennen. Dieser Streit ist mit der Unterwerfungserklärung **nicht präjudiziert.** Der Schuldner kann sich ohne weiteres auf den Standpunkt stellen, trotz abgegebener Unterwerfungserklärung keinen Aufwendungsersatz zu schulden. In diesem Fall muss im Rahmen der (gerichtlichen) Auseinandersetzung um die Abmahnkosten geklärt werden, ob die Abmahnung berechtigt war (§ 12 I 2; dazu Rdn 1.81 ff). Der Vorbehalt dient zum zweiten dazu, die **Kosten des Rechtsstreits** abzuwenden, wenn die Unterwerfungserklärung im Prozess abgegeben wird. Auch hier führt die Unterwerfung nach übereinstimmenden Erledigungserklärungen nicht notwendig zu einer Kostenentscheidung zum Nachteil des Schuldners. Er kann sich darauf berufen, die Klage sei von Anfang an unbegründet gewesen; mit der Unterwerfungserklärung habe er allein weiterem Streit aus dem Weg gehen wollen (*Teplitzky* Kap 46 Rdn 45 mwN).

8. Alternativen zur Unterwerfung

a) Unterwerfungserklärung oder Unterlassungstitel? Auch wenn der abgemahnte 1.112a
Schuldner den Verstoß einräumen möchte, kann es sich im Einzelfall doch empfehlen, **keine Unterwerfungserklärung abzugeben.** Denn in mancher Hinsicht ist der **gerichtliche Unterlassungstitel für den Schuldner günstiger: (1)** Zum einen kann der **Anreiz für den Gläubiger** geringer sein, im Falle einer Zuwiderhandlung gegen den Schuldner vorzugehen, weil das Ordnungsgeld – anders als die Vertragsstrafe – nicht ihm, sondern dem Justizfiskus zufließt. Deswegen will mancher Schuldner dem Gläubiger nicht so weit entgegenkommen, zumal wenn er den Eindruck hat, es gehe dem Gläubiger mit der Abmahnung in erster Linie um die mögliche Vertragsstrafe. **(2)** Zum anderen haftet der Titelschuldner nach § 890 ZPO nicht für das **Verschulden von Erfüllungsgehilfen** (§ 278 S 1 BGB), während diese Haftung im Rahmen eines Vertragsstrafeversprechens die Regel ist, wenn sie nicht ausdrücklich abbedungen worden ist. Zwar kann der Schuldner nach richtiger Auffassung die Haftung nach § 278 BGB in der Unterwerfungserklärung ohne nachteilige Wirkung auf die Wiederholungsgefahr ausschlie-

ßen (s unten Rdn 1.156); immerhin besteht aber das Risiko, dass ein Gericht immer noch der lange herrschenden Auffassung anhängt und den Wegfall der Wiederholungsgefahr bei einer solchen Einschränkung der Unterwerfungserklärung verneint. **(3)** Schließlich hat das Ordnungsmittelverfahren jedenfalls gegenüber der weitgehend üblichen fixen Vertragsstrafe den Vorteil, dass im Falle einer Zuwiderhandlung die **Besonderheiten des Einzelfalls** berücksichtigt werden können.

1.112b b) **Beschlussverfügung oder Anerkenntnisurteil.** Möchte der Schuldner sich nicht unterwerfen, dem Unterlassungsanspruch aber gleichwohl nicht entgegentreten, kann er – einem Vorschlag *Teplitzkys* folgend (*Teplitzky* Kap 41 Rdn 45; *ders* WRP 1996, 171, 172) – dem Gläubiger in der Antwort auf die Abmahnung mitteilen, er ziehe der Unterwerfungserklärung einen **gerichtlichen Titel** vor; der Gläubiger möge eine einstweilige Verfügung beantragen oder Unterlassungsklage erheben. Eine gegen ihn ergangene einstweilige Verfügung werde er als endgültige Regelung anerkennen; im Falle einer Klage werde er den Klageanspruch anerkennen.

1.112c Zu Unrecht meint *Teplitzky* (Kap 41 Rdn 45 sowie Fn 201) allerdings, hierfür stehe dem Gläubiger letztlich **nur das Verfügungsverfahren** offen; eine **Hauptsacheklage** sei mangels Rechtsschutzbedürfnisses unzulässig, weil der Rechtsschutz auf einfacherem Wege, nämlich durch eine Beschlussverfügung, erreicht werden könne. Dabei übersieht *Teplitzky* allerdings, dass das **Verfügungsverfahren in keiner Weise der einfachere Weg zum Unterlassungstitel** ist, und zwar aus drei Gründen: **(1)** Zum einen setzt der Erlass einer Beschlussverfügung – anders als das Anerkenntnisurteil – eine **sachliche Prüfung durch das Gericht** voraus, die auch nicht etwa deswegen entfällt, weil der Schuldner dem Gericht vorab in einer Schutzschrift mitgeteilt hat, dass er dem Anspruch nicht entgegentreten werde. Vor allem darf für den Erlass der Verfügung die Dringlichkeit nicht entfallen sein. **(2)** Anders als im Verfügungsverfahren, das mit einer Beschlussverfügung endet, **reduziert sich die gerichtliche Verfahrensgebühr** im Falle des Anerkenntnisurteils von 3,0 auf 1,0 (weil das Gericht den Klageanspruch eben nicht sachlich prüfen musste). Damit dürfte das Klageverfahren trotz des etwas höheren Streitwerts das kostengünstigere sein. **(3)** Aus der Sicht des Gläubigers bleibt die **Ungewissheit,** ob der Schuldner nach Erlass einer Beschlussverfügung wirklich die versprochene Abschlusserklärung abgeben wird; ggf muss er hierzu noch durch ein Abschlussschreiben aufgefordert werden; notfalls muss doch noch Hauptsacheklage erhoben werden. Das ist dem Gläubiger kaum zuzumuten. Erhebt er dagegen Hauptsacheklage, kann er – falls das versprochene Anerkenntnis wider Erwarten nicht abgegeben wird – immer noch eine einstweilige Verfügung beantragen, wenn die Dringlichkeitsvermutung nicht widerlegt ist. Unter diesen Umständen kann keinesfalls angenommen werden, der Hauptsacheklage fehle das Rechtsschutzbedürfnis.

1.112d c) **Unterwerfung unter die sofortige Zwangsvollstreckung.** Eine weitere – und aus Kostengründen sogar vorzugswürdige – Möglichkeit besteht schließlich darin, dass der **Schuldner sich** – einem Vorschlag *Köhlers* folgend (*Köhler* GRUR 2010, 6 ff) – gegenüber einem Notar hinsichtlich des geltend gemachten Anspruchs **der sofortigen Zwangsvollstreckung unterwirft** (§ 794 I Nr 5 ZPO). Eine vollstreckbare Ausfertigung dieser notariellen Urkunde muss der Schuldner dann dem Gläubiger mit dem Hinweis zuleiten, dass eine Vollstreckung aus diesem Unterlassungstitel noch die **gerichtliche Androhung von Ordnungsmitteln** voraussetzt (§ 890 II ZPO; dazu ausführlich *Köhler* GRUR 2010, 6, 8). Damit ist der Gläubiger klaglos gestellt. Da er bereits im Besitz eines Titel ist, sind sowohl der Antrag auf Erlass einer einstweiligen Verfügung als auch die Hauptsacheklage mangels Rechtsschutzbedürfnisses unzulässig. Ist die Ordnungsmittelandrohung erfolgt und besteht die Gewähr dafür, dass der Gläubiger gegen Zuwiderhandlungen einschreitet, entfällt auch die Wiederholungsgefahr gegenüber anderen Gläubigern. Insofern gelten dieselben Grundsätze wie für den Wegfall der Wiederholungsgefahr auf Grund eines rechtskräftigen Titels (s oben § 8 Rdn 1.46 ff) und für die Drittunterwerfung (s unten Rdn 1.166 ff).

II. Der Unterlassungsvertrag

1. Rechtsnatur des Unterlassungsvertrags

1.113 Jeder wettbewerbsrechtliche Unterwerfungsvertrag begründet – unabhängig davon, welchem Vertragstyp er rechtsdogmatisch zugeordnet wird – stets ein auf Unterlassung einer bestimmten Verletzungsform gerichtetes **Dauerschuldverhältnis** (BGHZ 130, 288, 293 – *Kurze Verjährungsfrist*). Da für den Wegfall der Wiederholungsgefahr ein Vertragsstrafeversprechen erforderlich ist, bedarf es idR eines Vertrages zwischen Gläubiger und Schuldner. Durch diesen Vertrag wird eine **neue selbstständige Unterlassungsverpflichtung** geschaffen, die den gesetzlichen Unterlassungsanspruch **ersetzen** soll (BGH GRUR 1998, 953, 954 – *Altunterwerfung III;* BGH GRUR 2001, 85, 86 – *Altunterwerfung IV*). Es handelt sich also um ein **abstraktes Schuldversprechen** oder – wohl richtiger, weil ein bestehendes Schuldverhältnis anerkannt werden soll – um ein **abstraktes Schuldanerkenntnis** (BGHZ 130, 288, 292 – *Kurze Verjährungsfrist;* BGH GRUR 1998, 953, 954 – *Altunterwerfung III;* Piper/Ohly/Sosnitza § 8 Rdn 49). Diese Einordnung spielt für die Frage der Form eine Rolle, die der Schuldner bei der Unterwerfungserklärung einhalten muss (s Rdn 1.103). Dagegen hat die Unterscheidung zwischen Schuldversprechen und Schuldanerkenntnis (§§ 780, 781 BGB) hat keine sachliche Bedeutung. Auch das abstrakte Schuldanerkenntnis ist konstitutiv und schafft anstelle der alten Verpflichtung eine neue Schuld (Novation). Die von *Teplitzky* (s dort Kap 8 Rdn 5 Fn 22) erhobene Kritik an der vom BGH gewählten Terminologie ist daher unbegründet. – Den Charakter eines abstrakten Schuldanerkenntnisses hat der Unterlassungsvertrag aber nur, wenn die Wiederholungsgefahr entfällt und er deswegen den gesetzlichen Anspruch ersetzt. Das deklaratorische Anerkenntnis, das keine bes Formerfordernisse kennt, liegt idR nicht im Interesse der Parteien (BGHZ 130, 288, 292 f – *Kurze Verjährungsfrist*). – In der strafbewehrten Unterlassungsverpflichtungserklärung liegt ein **Anerkenntnis,** das nach § 212 I Nr 1 BGB zum Neubeginn der **Verjährung führt.**

Bei dem Unterlassungsvertrag handelt es sich idR **nicht um einen** – durch gegenseitiges Nachgeben gekennzeichneten – **Vergleich** (vgl *Teplitzky* Kap 8 Rdn 5). Auch wenn der Gläubiger sich mit einer Unterwerfungserklärung zufrieden gibt, die hinter der urspr geforderten Erklärung zurückbleibt, verzichtet er mit dem Abschluss des Vertrags idR nicht auf einen möglichen **weitergehenden Anspruch** (aA offenbar OLG Hamburg GRUR-RR 2004, 376 (Ls) = NJOZ 2004, 1637, 1643 f). Dessen Geltendmachung bleibt ihm grds unbenommen bleibt. Eine andere Frage ist, ob er den Schuldner vor Inanspruchnahme der Gerichte darauf hinweisen muss, dass er sich mit der Unterwerfungserklärung nicht zufrieden gibt. Unterlässt er dies, obwohl er zuvor die Unterwerfungserklärung angenommen hat, muss er damit rechnen, im Falle eines sofortigen Anerkenntnisses die Kosten auferlegt zu bekommen (§ 93 ZPO). 1.114

2. Zustandekommen

a) Regel. Für das Zustandekommen eines Unterlassungsvertrags ist eine vorausgegangene Abmahnung zwar nicht Bedingung (s Rdn 1.105). Im Allgemeinen kommt der Unterlassungsvertrag aber in der Weise zustande, dass der Gläubiger in seiner Abmahnung eine bestimmte **Unterwerfungserklärung verlangt** und der Schuldner dieses **Angebot mit der Unterwerfungserklärung annimmt** (KG WRP 1986, 680, 682; OLG Köln WRP 1985, 175, 176; *Teplitzky* Kap 8 Rdn 3; *Pohlmann* BB 1995, 1249). Es ist aber auch denkbar, dass erst die **Unterwerfungserklärung** des Schuldners das **Angebot zum Abschluss des Unterwerfungsvertrags** enthält. Dies ist dann der Fall, wenn der Gläubiger in seiner Abmahnung kein (konkretes) Angebot zum Abschluss eines Unterwerfungsvertrags gemacht oder wenn er zwar ein Angebot gemacht hat, der Schuldner dieses Angebot aber nicht angenommen, sondern durch ein **ausreichendes Gegenangebot** ersetzt hat (§ 150 II BGB), wobei die Abweichungen meist darin liegen, dass der Schuldner die Unterlassungsverpflichtung enger fasst oder eine niedrigere Vertragsstrafe verspricht (vgl BGH GRUR 2006, 878 Tz 15 – *Vertragsstrafevereinbarung*). Nimmt der Gläubiger dieses Angebot des Schuldners an, ist der Unterwerfungsvertrag zustande gekommen. Ist die versprochene Vertragsstrafe ausreichend, besteht an dem Wegfall der Wiederholungsgefahr kein Zweifel. 1.115

b) Angebot des Schuldners ohne ausdrückliche Annahme. Die **Wiederholungsgefahr** entfällt im Allgemeinen auch dann, wenn die Unterwerfungserklärung erst das Angebot zum Abschluss eines Unterwerfungsvertrags mit angemessenem Inhalt enthält, der Gläubiger dieses Angebot jedoch – aus welchen Gründen auch immer – nicht annimmt (BGH GRUR 1983, 186, 187 – *Wiederholte Unterwerfung I;* BGH GRUR 1984, 214, 216 – *Copy-Charge;* BGH GRUR 1985, 155, 156 – *Vertragsstrafe bis zu ... I;* BGH GRUR 1985, 937, 938 – *Vertragsstrafe bis zu ... II* mit Anm *Ahrens;* BGH GRUR 1986, 814, 815 – *Whisky-Mischgetränk;* BGH GRUR 1990, 1051, 1052 – *Vertragsstrafe ohne Obergrenze;* BGH GRUR 1996, 290 – *Wegfall der Wiederholungsgefahr I;* BGH GRUR 2006, 878 Tz 20 – *Vertragsstrafevereinbarung*). Dies ist iErg geklärt. Die **Begründungen,** die hierfür gegeben werden, sind aber nicht einheitlich, ohne dass sich hieraus erhebliche praktische Konsequenzen ergeben würden. Übereinstimmung besteht noch insofern, als durch die **Abgabe** einer solchen mit dem **Zugang** (§ 130 I BGB) wirksamen Unterwerfungserklärung zum Ausdruck kommt, dass der Schuldner bei ihrer Abgabe den ernstlichen Willen hat, seine Handlung nicht zu wiederholen (*Teplitzky* Kap 8 Rdn 36). Dies reicht jedoch nach zutreffender Ansicht nicht aus, um die Wiederholungsgefahr entfallen zu lassen. Denn die 1.116

Unterwerfungserklärung ist idR nicht Ausdruck eines geläuterten Gewissens, sondern aus der Not geboren, weil der Schuldner befürchten muss, andernfalls mit einem kostenträchtigen Prozess überzogen zu werden. In dieser Situation allein auf den Willen des Schuldners abzustellen, erscheint blauäugig, solange ein Rückfall keinerlei (vertragliche) Sanktion nach sich zieht. Entscheidend ist, dass auch von dem bloßen Angebot zum Abschluss des Unterlassungsvertrags ein **abschreckendes Sanktionspotential** ausgeht: Der Schuldner, der die Unterwerfungserklärung abgegeben hat, muss damit rechnen, dass im Fall einer Zuwiderhandlung die versprochene **Vertragsstrafe fällig** wird. Hierfür sind **zwei Besonderheiten** im Zusammenspiel von **Angebot und Annahme** von Bedeutung.

1.117 Zum einen: Da der Schuldner daran interessiert ist, dass sein Angebot auch noch nach der üblichen Annahmefrist (§ 147 II BGB) angenommen werden kann, ist – insofern besteht Einigkeit – davon auszugehen, dass er dieses Angebot **unbefristet abgegeben** hat mit der Folge, dass es vom Gläubiger jederzeit angenommen werden kann. Die dispositive Bestimmung des § 147 II BGB steht dem nicht entgegen (BGH GRUR 2010, 355 Tz 21 – *Testfundstelle*). Die Funktion des **Damokles-Schwertes** könnte die unbefristete Angebot gleichwohl nicht erfüllen, wenn die Annahme des Angebots dem Schuldner zugehen müsste. Denn dann wüsste der Schuldner stets, ob ihm eine Vertragsstrafe droht oder nicht.

1.118 Hier kommt die **zweite Besonderheit** ins Spiel: Der Schuldner weiß nicht, ob der Gläubiger sein Angebot angenommen hat. Nach § 151 S 1 BGB kann der „Antragende" darauf verzichten, dass ihm die **Annahme seines Angebots zugeht.** Da der Schuldner mit seinem Angebot selbst daran interessiert ist, dass das Damokles-Schwert einer möglichen Vertragsstrafe über ihm schwebt, kann in seine Erklärung auch ein solcher Verzicht des Zugangs der Annahme hineingelesen werden (offen gelassen in BGH GRUR 2006, 878 Tz 16 – *Vertragsstrafevereinbarung*). Der Schuldner muss danach stets damit rechnen, dass der Gläubiger das Angebot inzwischen angenommen hat (BGH GRUR 2010, 355 Tz 21 – *Testfundstelle*; GK/*Köhler* Vor § 13 Rdn B 52; *Fritzsche* S 284; *Bornkamm*, FS Tilmann, 2003, 769, 774). Auf diese Weise geht schon von der Unterwerfungserklärung die erforderliche Abschreckungswirkung aus. Das wird von der Gegenansicht nicht hinreichend berücksichtigt, die den Verzicht auf den Zugang der Annahme (§ 150 I 1 BGB) auf diejenigen Fälle beschränken möchte, in denen der Schuldner fest mit der Annahme seiner Unterwerfungserklärung rechnen muss (Baumbach/*Hefermehl*, 22. Aufl, Einl Rdn 289; *Pokrant*, FS Erdmann, 2002, 863, 867; OLG Köln GRUR-RR 2010, 339; in diesem Sinne auch BGH GRUR 2002, 824, 825 – *Teilunterwerfung*).

1.119 c) **Nachweis des Zugangs der Unterwerfungserklärung.** Beweispflichtig für den Zugang, durch den die Unterwerfungserklärung unwiderruflich wird (§ 130 I 2 BGB), ist der Schuldner (vgl zur parallelen Frage des Zugangsnachweises bei der Abmahnung oben Rdn 1.31 ff). Die Absendung der Erklärung beweist noch nicht deren Zugang. Auch die Absendung eines **Telefax** rechtfertigt grds keinen Anscheinsbeweis für den Zugang; dieser ist vom Absender voll nachzuweisen (BGH NJW 1995, 665, 667).

1.120 d) **Ablehnung.** Lehnt der Gläubiger die ihm angebotene und durch eine Vertragsstrafe in angemessener Höhe gesicherte Unterlassungserklärung **ohne stichhaltigen Grund** ab, so ist eine gleichwohl erhobene Unterlassungsklage als **unbegründet** abzuweisen, da mit der **Abgabe** der strafbewehrten Unterlassungserklärung die **Wiederholungsgefahr** beseitigt ist. Dagegen entfällt durch die nicht angenommene Unterwerfungserklärung nicht das **allgemeine Rechtsschutzbedürfnis** (BGH GRUR 1984, 214, 216 – *Copy-Charge*; BGH GRUR 1980, 241 – *Rechtsschutzbedürfnis*; OLG Köln WRP 1996, 333, 336 – *Anzeigenwerbung für Telefaxbuch*; *Teplitzky* GRUR 1983, 609 f).

1.120a e) **Paralleler Verfügungsantrag.** Hat der Gläubiger vor Zugang und Annahme der vom Schuldner zur Vermeidung eines Rechtsstreits abgegebenen strafbewehrten Unterlassungserklärung eine **einstweilige Verfügung erwirkt** und zugestellt (etwa weil sich der Postlauf verzögert hat), hindert dies nicht das Zustandekommen des Unterlassungsvertrags. Diesem Vertrag fehlt auch nicht die **Geschäftsgrundlage** (BGH GRUR 2010, 355 Tz 21 – *Testfundstelle*). Der doppelten Sanktionsmöglichkeit, die durch den Titel und durch das Vertragsstrafeversprechen besteht, muss der Schuldner dadurch begegnen, dass er den Unterlassungstitel aus der Welt schafft, indem er Widerspruch gegen die einstweilige Verfügung einlegt (§ 924 I ZPO) oder einen Antrag nach § 927 I ZPO stellt (BGH GRUR 2010, 355 Tz 25 – *Testfundstelle*). Da die Wiederholungsgefahr durch das Vertragsstrafeversprechen entfallen ist, muss die einstweilige Verfügung aufgehoben werden.

3. Inhalt und Auslegung des Unterlassungsvertrags

Die Parteien sind bei der Formulierung des Unterlassungsvertrags frei. Grenzen ergeben sich nur aus den gesetzlichen Verboten (§§ 134, 138 BGB; § 1 GWB). Die Auslegung des **vertraglichen** Unterlassungsanspruchs bestimmt sich nach den allgemeinen für **Verträge** geltenden Auslegungsregeln (§§ 133, 157 BGB) und braucht daher nicht den an die Beseitigung der Wiederholungsgefahr zu stellenden Bestimmtheitsanforderungen zu genügen (BGHZ 121, 13, 16 – *Fortsetzungszusammenhang;* BGH GRUR 1994, 387, 388 – *Back-Frites;* BGH GRUR 1997, 931, 932 – *Sekundenschnell;* KG WRP 1990, 39, 41; OLG Karlsruhe WRP 1990, 51, 53; OLG Koblenz WRP 1986, 694; *Teplitzky* Kap 8 Rdn 14, 16 a, Kap 12 Rdn 13 und WRP 1990, 26 f; *Spätgens,* FS Gaedertz, 1992, 545, 555). Ein unmittelbarer Rückgriff auf die Grundsätze, die für die Auslegung eines in gleicher Weise formulierten **Unterlassungstitels** gelten, kommt nicht in Betracht, weil einem Unterlassungsvertrag der Charakter eines vollstreckbaren Titels fehlt (BGH GRUR 1997, 931 – *Sekundenschnell;* BGH GRUR 1992, 61, 62 – *Preisvergleichsliste*). Für die Auslegung einer Unterwerfungserklärung kann zB auch die Höhe der versprochenen Vertragsstrafe eine Rolle spielen. Denn je höher die vereinbarte Vertragsstrafe im Verhältnis zur Bedeutung des gesicherten Unterlassungsanspruchs ist, desto eher ist eine eng am Wortlaut orientierte Auslegung des Unterlassungsvertrages geboten (BGH GRUR 2003, 545 – *Hotelfoto*).

1.121

Der Unterwerfungserklärung des Schuldners, die noch keine Annahme, sondern erst das Angebot zum Abschluss des Unterlassungsvertrags enthält, kann im Allgemeinen nur entnommen werden, dass der Schuldner die Unterlassung und ggf die Zahlung einer Vertragsstrafe nur **für die Zeit ab Vertragsschluss** und nicht bereits für die Zeit an der Abgabe der Erklärung verspricht. Der gegenteiligen Auffassung des OLG Köln (OLG-Rp 2003, 150, 151 f) hat der BGH eine Absage erteilt (BGH GRUR 2006, 878 Tz 22 – *Vertragsstrafevereinbarung*). Zuwiderhandlungen, die in der **Schwebezeit nach Abgabe der Unterwerfungserklärung,** aber vor dem Zustandekommen des Unterlassungsvertrags begangen werden, lösen daher noch keine Vertragsstrafe aus (vgl *Klein* GRUR 2007, 664). Dies ändert aber – entgegen OLG Köln (OLG-Rp 2003, 150, 151 f) – nichts daran, dass die Unterwerfungserklärung die Wiederholungsgefahr entfallen lässt, selbst wenn sie erst das Angebot zum Abschluss des Unterlassungsvertrags enthält (BGH GRUR 2006, 878 Tz 20 – *Vertragsstrafevereinbarung;* s Rdn 1.116).

1.121a

Den Parteien steht es frei, das vertragliche Verbot eng auf die **konkrete Verletzungsform** zu beschränken oder eine weite Formulierung zu wählen, um möglichst das **Charakteristische** des untersagten Verhaltens zu erfassen (BGH GRUR 1997, 931 – *Sekundenschnell;* BGH GRUR 1992, 61, 62 – *Preisvergleichsliste*). Allerdings ist – wie stets bei der Formulierung von Unterlassungsverträgen – darauf zu achten, dass das, was rechtlich zulässig vereinbart werden darf, nicht notwendig auch im Verhältnis zu weiteren Gläubigern die **Wiederholungsgefahr entfallen** lässt. Nimmt der Gläubiger eine begrenzte Unterwerfungserklärung an, liegt darin idR **kein Verzicht auf die Geltendmachung des weitergehenden Anspruchs** (s Rdn 1.114).

1.122

4. Anforderungen im Hinblick auf die Wiederholungsgefahr

a) Beschreibung der zu unterlassenden Handlung. Wird das vertragliche Verbot **auf die konkrete Verletzungsform** beschränkt, kann das dazu führen, dass die Wiederholungsgefahr **nicht erga omnes** entfällt, weil nach dem Vertrag nicht auch kerngleiche Verletzungshandlungen untersagt sind (OLG Frankfurt WRP 1997, 101). Zwar kann sich eine Unterwerfungserklärung, die lediglich die konkrete Verletzungsform wiedergibt, ebenso wie ein entspr Unterlassungstitel nicht allein auf identische, sondern auf alle Handlungen erstrecken, die gleichfalls das **Charakteristische der verletzenden Handlung** aufweisen (BGH GRUR 1996, 290, 291 – *Wegfall der Wiederholungsgefahr I;* BGH GRUR 1997, 379, 380 – *Wegfall der Wiederholungsgefahr II;* BGH GRUR 1998, 483, 485 – *Der M.-Markt packt aus*). Denn der **Zweck eines Unterlassungsvertrages** spricht erfahrungsgemäß dafür, dass die Vertragsparteien durch ihn auch im Kern gleichartige Verletzungsformen erfassen wollten (BGH GRUR 1997, 931, 932 – *Sekundenschnell;* BGH GRUR 2009, 418 Tz 18 – *Fußpilz*). An den Fortfall der Wiederholungsgefahr werden aber **strenge Anforderungen** gestellt. Bestehen an der Ernstlichkeit der übernommenen Verpflichtung auch nur **geringe Zweifel,** ist sie grds nicht geeignet, die Besorgnis künftiger Verstöße auszuräumen (BGH GRUR 1997, 379, 380 – *Wegfall der Wiederholungsgefahr II;* BGH GRUR 1998, 483, 485 – *Der M.-Markt packt aus; Cl. Biermann* WRP 1999, 1311). Zweifel gehen daher zu Lasten des Schuldners. Ist er bspw zu einer weiter gefassten Unterlassungserklärung aufgefordert worden, hat sich dann aber auf die konkrete Verletzungsform beschränkt, deutet dies auf einen Mangel an Ernstlichkeit hin (OLG Frankfurt WRP 1997, 101). Unter

1.123

Umständen können derartige Zweifel durch eine nachträgliche Erklärung ausgeräumt werden, wenn diese einen Schluss darauf zulässt, wie die Unterwerfungserklärung von Anfang an gemeint war (BGH GRUR 1998, 483, 485 – *Der M.-Markt packt aus*).

1.124 **b) Eindeutigkeit, kein Vorbehalt.** Eine Unterlassungsverpflichtungserklärung ist nach Lage des Falles ungeeignet, die Vermutung der Wiederholungsgefahr auszuräumen, wenn der Verletzer sie nicht unwiderruflich und nicht mit Bindungswillen über die Annahmefrist des § 147 BGB hinaus erklärt hat (BGH GRUR 1984, 593, 595 – *adidas-Sportartikel*). Unzureichend ist eine mit dem **Vorbehalt des Widerrufs** und der Aufforderung abgegebene Unterwerfungserklärung, der Abmahner möge seine Klagebefugnis und das Bestehen des Unterlassungsanspruchs nachweisen (KG WRP 1987, 322).

5. Teilunterwerfung, befristete und bedingte Unterwerfungserklärungen

Schrifttum: *Teplitzky*, Eingeschränkte Unterwerfungen, VuR 2009, 83.

1.125 Lange Zeit ging man davon aus, dass nur eine **bedingungslose Unterwerfung** die Wiederholungsgefahr entfallen lassen könne. Sei die Unterwerfung, so wurde argumentiert, an eine Bedingung geknüpft, werde damit deutlich, dass es an dem ernstlichen **Unterlassungswillen fehle** (vgl BGH GRUR 1993, 677, 679 – *Bedingte Unterwerfung*: „unzweideutig und grds auch ohne zeitliche oder bedingende Einschränkungen"; Baumbach/*Hefermehl*, 22. Aufl, Einl Rdn 273). Dieser Standpunkt kann – jedenfalls in dieser kategorischen Form – nicht mehr aufrechterhalten werden (vgl *Teplitzky* Kap 8 Rdn 8 ff). Dabei ist zu beachten, dass eine eingeschränkte Unterwerfungserklärung immer nur zu einem eingeschränkten Wegfall der Wiederholungsgefahr führen kann. Dennoch gibt es häufig für eine derartige Einschränkung einen berechtigten Anlass, der die Annahme nicht rechtfertigt, die Einschränkung sei Zeichen für das Fehlen eines ernsthaften Unterlassungswillens.

1.126 **a) Beschränkungen, die das materielle Recht widerspiegeln.** Unproblematisch sind zunächst alle Begrenzungen, die notwendig sind, um den Umfang dessen, was der Gläubiger beanspruchen kann, zu umschreiben. Denn der Wegfall der Wiederholungsgefahr scheitert niemals daran, dass der Schuldner sich geweigert hat, seine Unterwerfungserklärung auf ein Verhalten zu erstrecken, das ihm von Gesetzes wegen nicht verboten werden kann.

1.127 **aa) Zeitliche Befristungen.** Selbst zeitliche Befristungen der Unterwerfungserklärung können die materiellen Grenzen des zugrunde liegenden Unterlassungsanspruchs zum Ausdruck bringen (vgl *Teplitzky* Kap 8 Rdn 13). Dies gilt etwa in einem Fall, in dem sich ein Schuldner für die nur noch beschränkte Dauer eines gesetzlichen Verbots unterwirft (bspw zu einem Zeitpunkt, in dem die Abschaffung der Zugabeverordnung schon beschlossen, aber noch nicht in Kraft getreten war).

1.128 **bb) Räumliche Begrenzung.** Eine **räumlich eingegrenzte Teilunterwerfungserklärung** ist zulässig, wenn nur eine räumlich begrenzte Wiederholungsgefahr vorliegt, zB für einen Grenzbereich (BGH GRUR 1986, 814, 815 – *Whisky-Mischgetränk*).

1.129 **cc) Vorbehalt der Änderung der Rechtslage.** Schon seit längerem wird es für unbedenklich gehalten, dass sich ein Schuldner **unter der auflösenden Bedingung einer Änderung** oder einer endgültigen **Klärung der Rechtslage** unterwirft (BGH GRUR 1997, 386 ff – *Altunterwerfung II;* BGH GRUR 1993, 677, 679 – *Bedingte Unterwerfung;* BGH GRUR 1983, 127, 128 – *Vertragsstrafeversprechen; Klaka* Anm zu BGH GRUR 1983, 602, 604 – *Vertragsstraferückzahlung; Teplitzky* Kap 8 Rdn 8; GK/*Köhler* Vor § 13 Rdn B 37 und 109). Dadurch wird die Ernsthaftigkeit des Willens, wettbewerbswidriges Handeln zu unterlassen, nicht in Frage gestellt. Eine **auflösend bedingte** Unterwerfung wirkt jedoch im Zweifel nur **ex nunc** und kann daher im Falle späterer Änderung einer bestimmten Rspr **nicht zu einem Wegfall der Unterlassungsverpflichtung für die Vergangenheit** führen (§§ 158 II, 159 BGB).

1.130 **dd) Aufbrauchsfrist.** Da die dem Schuldner unter bestimmten Umständen (s § 8 Rdn 1.61 ff) zu gewährende Aufbrauchsfrist auf einer materiell-rechtlichen Beschränkung des Unterlassungsanspruchs beruht (s § 8 Rdn 1.59), kann sich der Schuldner eine solche Frist **auch in der Unterwerfungserklärung ausbedingen.** Auf Grund einer solchen Erklärung entfällt die **Wiederholungsgefahr** zwar nicht in vollem Umfang, aber eben so weit, wie der materiell-rechtliche Anspruch reicht. Soweit sie fortbesteht (also in dem Umfang, in dem sich der Schuldner das Aufbrauchen vorbehält), wird idR auch anderen Gläubigern kein Anspruch zustehen, so dass deren Unterlassungsansprüche – Ernstlichkeit unterstellt – durch die Erklärung ebenfalls in vollem Umfang entfallen.

b) Beschränkungen ohne Entsprechung im materiellen Recht. In den letzten Jahren 1.131
hat sich die Rspr auch gegenüber **Einschränkungen von Unterwerfungserklärungen** großzügiger gezeigt, die keine Grundlage im materiellen Recht haben (BGH GRUR 2002, 824 – *Teilunterwerfung;* BGH GRUR 2002, 180 – *Weit-Vor-Winter-Schluss-Verkauf*). Mit einer solchen Unterwerfungserklärung kann freilich immer nur eine Beschränkung, niemals ein Wegfall der Wiederholungsgefahr und damit des Unterlassungsanspruchs erreicht werden (s Rdn 1.172). Die einzige Frage, die sich dabei stellt, ist die, ob die Begrenzung **Zweifel an der Ernsthaftigkeit** des Unterlassungsversprechens begründen kann oder nicht (BGH GRUR 2002, 180, 181 – *Weit-Vor-Winter-Schluss-Verkauf*). Dies ist wiederum davon abhängig, ob der Schuldner für die Beschränkung ein **berechtigtes Interesse** anführen kann oder ob es erkennbar nur darum geht, dem Gläubiger die Verfolgung seines Anspruchs zu erschweren (BGHZ 171, 151 Tz 41 = GRUR 2007, 871 – *Wagenfeld-Leuchte*). Für den Gläubiger von vornherein unzumutbar sind Beschränkungen, die **zu unklaren Grenzen** und damit zu einer Grauzone führen, in der zweifelhaft ist, ob der vertragliche oder der gesetzliche Anspruch besteht.

aa) Zeitliche Befristung. Unterwirft sich ein Schuldner nur für einen beschränkten Zeitraum, wird im Allgemeinen angenommen, eine solche Erklärung sei nicht geeignet, die Wiederholungsgefahr für den Zeitraum entfallen zu lassen, für den die Unterlassung versprochen worden ist (BGH GRUR 2002, 180 f – *Weit-Vor-Winter-Schluss-Verkauf; Teplitzky* Kap 8 Rdn 13). Doch sollte auch in einem solchen Fall gefragt werden, ob der Schuldner **ein berechtigtes Interesse** an einer solchen Beschränkung hat. Wird bspw eine saisonale Werbemaßnahme eines Kaufmanns beanstandet und gibt dieser Kaufmann eine Unterwerfungserklärung für die laufende Saison ab, behält sich aber vor, die Werbemaßnahme im kommenden Jahr zu wiederholen, kann dahinter die vernünftige Erwägung stehen, dass eine Klärung der wettbewerbsrechtlichen Zulässigkeit nicht durch eine Beschlussverfügung präjudiziert werden soll, sondern möglichst in einem Hauptsacheverfahren erfolgen soll. 1.132

bb) Aufschiebend befristete Unterwerfung. Für den umgekehrten Fall einer Unterwerfungserklärung, die erst ab einem bestimmten Datum gelten soll, hat der BGH in der Entscheidung „**Weit-Vor-Winter-Schluss-Verkauf**" eine Beschränkung zugelassen (BGH GRUR 2002, 180 – *Weit-Vor-Winter-Schluss-Verkauf*). Der Streit der Parteien betraf einen vorweggenommenen Schlussverkauf in der Zeit vom 2. 1. bis 4. 1. 1997, der nach dem damals geltenden Recht wettbewerbswidrig war. Der BGH hatte gleichwohl an der Ernsthaftigkeit der Erklärung keinen Zweifel und hat darauf verwiesen, dass der Schuldner nachvollziehbare Gründe für die Beschränkung angeführt habe. Der Gläubiger wird in dieser Situation nicht rechtlos gestellt. Für die unmittelbar bevorstehende Veranstaltung konnte er ohnehin nur im Wege der einstweiligen Verfügung Rechtsschutz erhalten; dieser Weg stand ihm auch nach der (beschränkten) Unterwerfungserklärung noch offen. 1.133

cc) Sachliche oder räumliche Beschränkungen. Auch für sachliche oder räumliche Beschränkungen können auf der Seite des Schuldners **nachvollziehbare Gründe** für eine Beschränkung der Unterwerfung vorliegen, durch die andererseits **keine berechtigten Interessen des Gläubigers** beeinträchtigt werden. Es kann sinnvoll sein, den Streitstoff dadurch einzugrenzen, dass der Schuldner den Gläubiger hins einzelner Streitpunkte durch eine Unterwerfungserklärung klaglos stellt. Häufig kann in einer solchen beschränkten Erklärung auch ein Angebot zur Güte liegen, wenn etwa ein bundesweit tätiges Unternehmen, das von einem nur regional tätigen Wettbewerber wegen einer Werbemaßnahme abgemahnt worden ist, sich strafbewehrt verpflichtet, die Maßnahme im Einzugsbereich des Gläubigers nicht mehr zu wiederholen. Es ist kein Grund ersichtlich, weshalb nicht auf diese Weise ein Streit sollte begrenzt oder ausgeräumt werden können. Dem Gläubiger bliebe es ebenso wie anderen Wettbewerbern des Schuldners unbenommen, den fortbestehenden gesetzlichen Unterlassungsanspruch zu verfolgen, soweit er von der Unterwerfungserklärung nicht berührt wird. 1.134

6. Vertraglicher anstelle des gesetzlichen Unterlassungsanspruchs

Ist es zwischen Gläubiger und Schuldner zu einem Unterwerfungsvertrag gekommen, hat der Gläubiger statt des gesetzlichen den **vertraglichen,** durch Vertragsstrafe gesicherten **Unterlassungsanspruch** (GK/*Köhler* Vor § 13 Rdn B 90). Das gilt unabhängig davon, ob die Wiederholungsgefahr auf Grund der Unterwerfungserklärung generell, also auch gegenüber Dritten, entfallen ist oder nicht (s Rdn 1.173). Die Geltendmachung des vertraglichen Unterlassungsanspruchs setzt keine Erstbegehungs- oder Wiederholungsgefahr voraus, wohl aber das für jede 1.135

Klage erforderliche **Rechtsschutzbedürfnis** (BGH GRUR 1999, 522 – *Datenbankabgleich;* *Teplitzky* Kap 12 Rdn 1 und Kap 51 Rdn 59; s § 8 Rdn 1.12). Verlangt man für die Unterlassungsklage nach § 259 ZPO ein **besonderes Rechtsschutzbedürfnis,** so ist dieses jedenfalls gegeben, wenn nach den Umständen die Besorgnis gerechtfertigt ist, der Schuldner werde seiner Unterlassungspflicht künftig nicht nachkommen. – Ob eine auf **Verwarnung** hin erfolgte Zusage, eine Unternehmensbezeichnung zu ändern, schon eine **vertragliche** Unterlassungspflicht begründet, ist **Auslegungsfrage** (BGH GRUR 1957, 433 f – *St. Hubertus*), wird man aber im Zweifel bejahen müssen (zur Frage der Schriftform s Rdn 1.103 f).

1.136   Zweifelhaft ist, ob eine bestehende vertragliche Unterlassungsverpflichtung das Interesse des Schuldners begründet, in Zweifelsfragen vorab verbindlich zu klären, ob eine geplante Werbemaßnahme, zB eine neue Anzeigenserie, mit der vertraglichen Verpflichtung im Einklang steht oder nicht. Das OLG Düsseldorf (GRUR 1988, 789) hat angenommen, der Schuldner habe ein rechtliches Interesse an der gerichtlichen Feststellung (§ 256 ZPO), wenn der **Gläubiger** eine entspr Anfrage des Schuldners unbeantwortet lasse. Bedenkt man, dass der Gläubiger möglichst so gestellt werden soll wie ein Titelgläubiger, geht eine solche Prüfungspflicht allerdings sehr weit. Denn der Gläubiger wird uU genötigt, einen Anwalt einzuschalten; außerdem muss er sich festlegen: Erhebt er Bedenken, wird er mit einer Feststellungsklage überzogen; beanstandet er die Werbung nicht, ist er festgelegt und kann später seine Meinung nicht mehr ändern.

7. Rechtsnachfolge

1.137   Hat sich der **frühere Inhaber eines Handelsgeschäfts** zur Unterlassung und bei einer Zuwiderhandlung zur Zahlung einer Vertragsstrafe verpflichtet, so schuldet derjenige, der das Handelsgeschäft übernimmt und unter der bisherigen Firma fortführt, nicht nur nach § 25 I HGB **Unterlassung,** sondern für den Fall der Zuwiderhandlung auch die versprochene **Vertragsstrafe** (BGH GRUR 1996, 995 – *Übergang des Vertragsstrafeversprechens;* Piper/Ohly/Sosnitza § 8 Rdn 66, aA *Köhler* WRP 2000, 921).

III. Das Vertragsstrafeversprechen

1. Bedeutung

1.138   Die **Strafbewehrung ergänzt** das Unterlassungsversprechen. Sie ist immer dann erforderlich, wenn Wiederholungs- und nicht nur Erstbegehungsgefahr besteht. Sie hat an sich eine **doppelte Zweckrichtung: Druckausübung** und **erleichterte Schadloshaltung.** Im Zusammenhang mit der Unterwerfung steht die erste Funktion im Vordergrund. Denn dem Gläubiger soll auch ohne Titel ein **Sanktionsinstrument** an die Hand gegeben werden, das den Schuldner zum Wohlverhalten veranlasst (BGHZ 49, 84, 89; 63, 256, 259; BGH NJW 1976, 1886; BGH GRUR 1984, 72, 73 – *Vertragsstrafe für versuchte Vertreterabwerbung;* zur Schadensausgleichsfunktion: BGHZ 63, 256, 259; BGH GRUR 1994, 146, 148 – *Vertragsstrafebemessung; Teplitzky* Kap 8 Rdn 19; *Köhler* GRUR 1994, 260, 262 f).

2. Höhe der zu versprechenden Vertragsstrafe

1.139   a) **Allgemeines.** Die Höhe der Vertragsstrafe hängt von der **Art** und **Größe des Unternehmens** ab, vom **Umsatz** und möglichen **Gewinn,** von der **Schwere** und dem **Ausmaß der Zuwiderhandlung,** von deren **Gefährlichkeit** für den Gläubiger, vom **Verschulden** des Verletzers, von dessen Interesse an weiteren gleichartigen Begehungshandlungen, aber auch von dem im Zusammenhang mit dem Verstoß auch nachträglich gezeigten Verhalten des Verletzers (BGH GRUR 1983, 127, 129 – *Vertragsstrafeversprechen;* BGH GRUR 1984, 72, 74 – *Vertragsstrafe für versuchte Vertreterabwerbung;* BGH GRUR 1985, 155, 157 – *Vertragsstrafe bis zu ... I;* BGH GRUR 1994, 146, 147 – *Vertragsstrafebemessung;* OLG Oldenburg GRUR-RR 2010, 252). Im Falle der nachträglichen Bestimmung (Hamburger Brauch) oder im Falle der späteren Herabsetzung durch das Gericht ist für die Höhe der Vertragsstrafe außer der Sanktionsfunktion ihre Funktion als **pauschalierter (Mindest-)Schadenersatz** maßgeblich (BGH GRUR 1994, 146, 148 – *Vertragsstrafebemessung;* ferner *Köhler* GRUR 1994, 260, 262 f zur Berücksichtigung eines festgestellten Schadens; s auch Rdn 1.159). Um als **Druckmittel** zu wirken, muss die Vertragsstrafe so hoch sein, dass ein Verstoß sich für den Verletzer voraussichtlich nicht mehr lohnt (OLG Hamm WRP 1978, 395, 397; KG WRP 1987, 322). Bietet der Schuldner eine **zu niedrige Strafe** an, kann der Gläubiger die Unterlassungserklärung als unzureichend zurückweisen; dann liegen Wiederholungsgefahr und Klageveranlassung vor.

b) Absolute Vertragsstrafe. Im Allgemeinen wird für jeden Fall der Zuwiderhandlung die **1.140** **Zahlung eines bestimmten Betrages** versprochen, wobei in der Vergangenheit häufig eine Höhe gewählt wurde, um die Zuständigkeit des Landgerichts zu erreichen. Diese Grenze braucht im neuen Recht wegen der umfassenden Zuständigkeit der Landgerichte (§ 13 I 1) keine Rolle mehr zu spielen.

Die **Festlegung auf einen bestimmten Betrag** ist in Fällen unbefriedigend, in denen zum **1.141** Zeitpunkt der Unterwerfungserklärung noch nicht abzusehen ist, ob bei der Bemessung der Vertragsstrafe eine **Zusammenfassung von Einzelverstößen** in Betracht kommen wird oder nicht (dazu Rdn 1.148 ff). Lässt der Schuldner sich in einer solchen Situation auf eine hohe Vertragsstrafe ein, die bei einer Zusammenfassung von Einzelverstößen angemessen wäre, muss er mit exorbitant hohen Forderungen rechnen, wenn nachher eine solche Zusammenfassung doch ausscheidet. Besteht er dagegen auf eine niedrig bemessenen Vertragsstrafe, um dieser Gefahr vorzubeugen, wird dieses Versprechen uU nicht als ausreichend erachtet, um die Wiederholungsgefahr zu beseitigen. Außerdem läuft der Gläubiger, der sich mit einer solchen niedrigen Vertragsstrafe zufrieden gibt, Gefahr, dass er im Falle einer Zusammenfassung von zahlreichen Verstößen nur eine verhältnismäßig niedrige Vertragsstrafe erhält (vgl OLG Köln WRP 2004, 387 [NZB zurückgewiesen: BGH Beschl v 18. 12. 2003 – I ZR 147/03]: Vertragsstrafe nur einmal verwirkt, weil die Zuwiderhandlung – Auslegen von Werbematerial in 74 Arztpraxen – auf einem Entschluss beruhte und sich als eine einzige Handlung darstellte). Deshalb empfiehlt es sich in solchen Fällen, eine relative Vertragsstrafe nach „neuem" Hamburger Brauch zu versprechen (dazu Rdn 1.142; *Hess* WRP 2004, 296 f).

c) Relative Vertragsstrafe („bis zu ... €"). Statt einer der Höhe nach unbegrenzten **1.142** Vertragsstrafe ist es grds auch zulässig und häufig auch empfehlenswert, die zu bestimmende Vertragsstrafe durch einen **Höchstbetrag** zu begrenzen (zB „Vertragsstrafe bis zu 5000 Euro"), und es nach § 315 I BGB dem Gläubiger zu überlassen, innerhalb des festgelegten Rahmens die für die konkrete Zuwiderhandlung angemessene Strafe zu bestimmen, wenn auch vorbehaltlich der Bestimmung der Angemessenheit gem § 315 III BGB durch das Gericht (sog **„neuer" Hamburger Brauch;** vgl BGH GRUR 1985, 155, 157 – *Vertragsstrafe bis zu ... I* mit Anm *Ahrens; BGH GRUR 1994, 146, 147 – Vertragsstrafebemessung;* OLG Karlsruhe WRP 1982, 595; *Ahrens/Deutsch* Kap 1 Rdn 67 ff; *Ahrens/Achilles* Kap 7 Rdn 29; *Lührig/Lux*, FS Helm, 2002, 321, 333). Durch einen solchen Bestimmungsrahmen wird das Risiko beider Parteien überschaubar und ein sachgerechter Interessenausgleich erreicht. Um den für den Gläubiger sich aus der gerichtlichen Nachprüfbarkeit der Angemessenheit ergebenden Nachteil auszugleichen, muss die Obergrenze des Rahmens so bemessen sein, dass der Gläubiger **schwerwiegenden Verstößen** mit einer entspr höheren Strafe begegnen kann. Sie muss deshalb die Höhe einer fest bestimmten Strafe in angemessener Weise übersteigen (BGH GRUR 1985, 155, 157 – *Vertragsstrafe bis zu ... I*).

Die **Angemessenheit** hängt dabei von den **Umständen des Einzelfalls** ab, insbes vom **1.143** Ausmaß der Wiederholungsgefahr und der Berücksichtigung möglicherweise künftig noch schwererer Verstöße (BGH GRUR 1985, 937 – *Vertragsstrafe bis zu ... II*). Für den Regelfall wird, wenn kein fester Strafbetrag versprochen wird, als Obergrenze des Bestimmungsrahmens das **Doppelte** einer sonst fest bestimmten Vertragsstrafe anzusetzen sein. Aber auch wenn **keine Obergrenze** für die Vertragsstrafe genannt ist, ist eine einseitige Unterlassungserklärung, mit der die Bestimmung der Vertragsstrafe dem Gläubiger überlassen wird, als Ausdruck eines ernsthaften Unterlassungswillens geeignet, die Wiederholungsgefahr zu beseitigen (BGH GRUR 1990, 1051, 1052 – *Vertragsstrafe ohne Obergrenze*). – Bei der Bemessung der Vertragsstrafe nach Hamburger Brauch ist ein für dieselbe Zuwiderhandlung bereits gerichtlich verhängtes **Ordnungsgeld zu berücksichtigen** (BGH GRUR 2010, 355 Tz 32 – *Testfundstelle*).

Die **Bestimmung der Strafe** kann nach § 317 BGB auch einem **Dritten** überlassen werden, **1.144** nicht jedoch unmittelbar dem Gericht (sog „alter" Hamburger Brauch; BGH GRUR 1978, 192 – *Hamburger Brauch I*; KG WRP 1981, 145; OLG Frankfurt WRP 1976, 563, 565). Aber ein solches Strafversprechen kann uU entgegen seinem Wortlaut dahin auszulegen sein, dass zuerst der Kläger die Höhe der Strafe zu bestimmen hat, und erst bei Nichteinigung das Gericht entscheidet (BGH aaO; OLG Hamburg WRP 1968, 301).

3. Herabsetzung

Die versprochene Vertragsstrafe kann – wenn nichts anderes vereinbart ist – nur unter **Nicht-** **1.145** **kaufleuten** herabgesetzt werden (§ 343 BGB). Für **Kaufleute** gilt grds **§ 348 HGB**; danach kann eine Vertragsstrafe, die ein Kaufmann im Betriebe seines Handelsgeschäftes versprochen hat, nicht nach § 343 BGB herabgesetzt werden. Diese Bestimmung kann jedoch **abbedungen** werden (*Teplitzky* Kap 8 Rdn 30 b sowie Kap 20 Rdn 8 und 16; Staudinger/*Rieble* BGB, 2009, § 343 Rdn 41), ohne dass das Vertragsstrafeversprechen dadurch seine Qualität zur **Beseitigung der Wiederholungsgefahr** verliert (*Teplitzky* Kap 8 Rdn 30 b; Staudinger/*Rieble* BGB, 2009, § 343 Rdn 42; Harte/Henning/*Brüning* § 12 Rdn 241; Ahrens/*Achilles* Kap 7 Rdn 37).

1.145a Nachdem diese Auffassung lange Zeit weithin unbestritten war, sind inzwischen **Zweifel an der Ernsthaftigkeit** einer § 348 HGB abbedingenden Unterwerfungserklärung laut geworden (*Aigner* GRUR 2007, 950, 953 ff), die vor allem die Nachteile der Herabsetzungsmöglichkeit für den Gläubiger ins Feld führen. Wenn überhaupt, müsse – entsprechend der Obergrenze beim „Hamburger Brauch" (dazu Rdn 1.143) – bei einem Abbedingen des § 348 HGB die an sich angemessene Vertragsstrafe verdoppelt werden. Diese **Argumente überzeugen nicht.** Warum soll die Herabsetzungsmöglichkeit des § 343 BGB beim Kaufmann Zweifel an der Ernsthaftigkeit der Unterwerfungserklärung begründen, wenn dieselbe Herabsetzungsmöglichkeit beim Nichtkaufmann keinen Anlass für solche Zweifel gibt? Der Vergleich mit der im Rahmen des „Hamburger Brauchs" festgesetzten Obergrenze ist nicht stichhaltig. Dort kommt für einen durchschnittlichen Verstoß immer nur eine Vertragsstrafe in Betracht, die mehr oder weniger deutlich unter der Obergrenze liegt. Ohne den erweiterten Rahmen lägen die zu zahlenden Vertragsstrafen stets unter dem an sich für ein festes Vertragsstrafeversprechen angemessenen Maß. Die Herabsetzungsmöglichkeit des § 343 BGB, zu der das Abbedingen des § 348 HGB führt, kommt dagegen nur in Ausnahmefällen in Betracht, an die häufig bei Abgabe des Versprechens noch niemand gedacht hat. Für den Standardverstoß bleibt es dagegen bei der versprochenen Vertragsstrafe.

1.145b Unabhängig davon kann die Geltendmachung einer exorbitant hohen Vertragsstrafenforderung – auch wenn unter Kaufleuten eine Herabsetzung der Vertragsstrafe nach § 343 BGB nicht in Betracht kommt (§ 348 HGB) – **ausnahmsweise gegen Treu und Glauben** verstoßen (BGH NJW 1971, 1126; BGH GRUR 1984, 72, 74 – *Vertragsstrafe für versuchte Vertreterabwerbung;* BGH GRUR 1998, 471, 473 f – *Modenschau im Salvatorkeller;* s Rdn 1.149). Dies hat der BGH erst jüngst in der Entscheidung **„Kinderwärmekissen"** in einem Fall bestätigt, in dem sich eine bekannte Kaffeerösterei, die in ihrem Nebensortiment ein geschmacksmusterverletzendes Wärmekissen vertrieben hatte, zur Unterlassung verpflichtet und „für jeden einzelnen Fall der Zuwiderhandlung, also insbesondere für jedes angebotene, verkaufte bzw verbreitete Produkt, unter Verzicht auf die Einwände des Fortsetzungszusammenhangs und der Initialtat" Zahlung einer Vertragsstrafe von 15 000 € versprochen hatte. Die Gläubigerin hatte es der Kaffeerösterei allerdings gestattet, den vorhandenen Restposten im Nachweihnachtsquartal abzusetzen. Versehentlich gelangte ein Teil der Restanten (7000 Stück) außerhalb dieser Zeit in den Verkauf, woraus die Gläubigerin eine Vertragsstrafe von 53,68 Mio €(!) errechnete. Der BGH hat in diesem Fall die Grenze der Treuwidrigkeit bei 200 000 € gezogen und die darüber hinausgehende Forderung a limine abgewiesen (BGH GRUR 2009, 181 – *Kinderwärmekissen*).

1.145c Diese Entscheidung ist teilweise **heftiger Kritik** begegnet (Staudinger/*Rieble* BGB, 2009, § 343 Rdn 157 ff; *Rieble* GRUR 2009, 824). Das Argument, solche Fälle ließen sich mit Hilfe von § 138 BGB lösen, weil ein Vertragsstrafeversprechen mit einer derart drastisch überhöhten Vertragsstrafe von vornherein nichtig sei, überzeugt nicht. Mit § 138 BGB wird man nur selten helfen können. Auch in casu lässt sich die Angemessenheit der Einzelvertragsstrafe nicht allein dadurch ermessen, dass man sie in Relation zum Verkaufspreis des Verletzers setzt. Im Übrigen hilft der Hinweis auf § 138 BGB dann nicht, wenn der Vorschlag für die hohe Vertragsstrafe vom Schuldner stammte. Ist dies der Fall, wird man ihm die Berufung auf § 138 BGB wiederum aus § 242 BGB verwehren.

4. Vertragsstrafeversprechen zugunsten eines Dritten

1.146 Die **Vertragsstrafe** soll auf den Schuldner **Druck ausüben,** künftig nicht mehr wettbewerbswidrig zu handeln. Dieser Druck ist idR schwächer, wenn die Strafe nicht an den Gläubiger, sondern an einen unbeteiligten **Dritten,** bspw an eine gemeinnützige Einrichtung, zu zahlen ist. Daher kann das Versprechen, die Vertragsstrafe nicht an den Gläubiger, sondern an einen Dritten zu zahlen, **Zweifel an der Ernstlichkeit** der Unterlassungserklärung begründen, wobei die Rspr aber ganz auf die Umstände des Einzelfalls abstellen möchte (BGH GRUR 1987, 748, 749 f – *Getarnte Werbung II* mit Anm *Jacobs*). Eine solche Unterwerfungserklärung birgt das Risiko, dass ihr später nicht die Eigenschaft zuerkannt wird, die Wiederholungsgefahr zu beseitigen. Die Situation ist nicht vergleichbar mit der Drittunterwerfung. Denn der Schuldner, der eine solches Vertragsstrafeversprechen abgibt, möchte offenbar den Gläubiger düpieren; außerdem verschafft ihm jede verwirkte Vertragsstrafe die moralische Genugtuung, sich für einen guten Zweck eingesetzt zu haben (so mit Recht *Teplitzky* GRUR 1996, 696, 700). Schließlich lässt sich fragen, ob der Schuldner nicht auch darauf spekuliert, dass der Gläubiger wenig Interesse haben wird, Vertragsstrafeansprüche zugunsten eines Dritten – notfalls auch vor Gericht – geltend zu machen.

Dem Umstand, dass die Vertragsstrafe nicht nur Druck auf den Schuldner ausüben soll, sondern ihr auch eine **Schadensersatzfunktion** zukommt (arg § 340 II BGB; vgl BGHZ 63, 256, 259), die sie nicht erfüllen kann, wenn sie etwa einer gemeinnützigen Einrichtung zufließt, hat dagegen auf den Wegfall der Wiederholungsgefahr **keinen Einfluss** (BGH GRUR 1987, 748, 750 – *Getarnte Werbung II*). Denn dann müsste auch an der Vollwertigkeit von Unterwerfungserklärungen gezweifelt werden, die gegenüber Wettbewerbsverbänden abgegeben werden, denen kein Schadensersatzanspruch zusteht, so dass im Verhältnis zu ihnen die Schadensersatzfunktion stets ausscheidet (BGH GRUR 1970, 559, 560 – *Sanatorium; Teplitzky* Kap 8 Rdn 21 ff; vgl auch Ahrens/ *Achilles* Kap 7 Rdn 27). Ein Verband ist also wegen der im Verhältnis zu ihm ausfallenden Schadensersatzfunktion der Vertragsstrafe nicht genötigt, sich auf ein Strafversprechen zugunsten eines geschädigten Mitbewerbers einzulassen. Allein maßgeblich ist, mit dem Versprechen zugunsten eines Dritten noch der **Sicherungs- oder Abschreckungszweck** der Strafe erreicht wird. **1.147**

5. Zusammenfassung von Einzelverstößen

a) **Abschied vom Fortsetzungszusammenhang.** Während in der Vergangenheit das Rechtsinstitut des **Fortsetzungszusammenhangs** auch für fahrlässige Verstöße herangezogen wurde (vgl noch BGHZ 121, 13, 15 f – *Fortsetzungszusammenhang*), hat der BGH mit der Entscheidung **„Trainingsvertrag"** v 25. 1. 2001 einen Wandel eingeleitet und seine frühere Rspr aufgegeben (BGHZ 146, 318, 324; dazu *Rieble* LM BGB § 157 (Gh) Nr 10; *Schuschke* BGH-Rp 2001, 475; *Lührig/Lux*, FS Helm, 2002, 321, 322 ff; noch offen gelassen in BGH GRUR 1998, 471, 473 – *Modenschau im Salvatorkeller*). Als Begründung führt der BGH an, die frühere Auffassung berücksichtige nicht hinreichend, dass Grundlage für Vertragsstrafeforderungen **allein der konkrete Vertrag** ist. Die Frage, in welchem Umfang bei mehrfachen Verstößen gegen die Unterlassungsverpflichtung Vertragsstrafen verwirkt sind, könne nur nach einer **Vertragsauslegung im Einzelfall** entschieden werden, nicht nach festen Regeln für alle einschlägigen Fälle, wie sie aus einem Rechtsbegriff abgeleitet werden könnten (BGHZ aaO). Für die Frage, welchen Inhalt das Versprechen einer Vertragsstrafe „für jeden Fall der Zuwiderhandlung" hat, kommt es damit auf die inhaltlichen **Ausgestaltung des Unterlassungsvertrages** an, bei der die Parteien grds frei sind (vgl BGHZ 121, 13, 15 – *Fortsetzungszusammenhang*). Ist der Wortlaut der Vereinbarung auslegungsbedürftig und ein eindeutiger Vertragswille der Parteien nicht zu erkennen, muss auf den **objektiv erkennbaren Erklärungsinhalt** des Unterlassungsversprechens abgestellt werden (BGHZ 146, 318, 322 f – *Trainingsvertrag*; BGHZ 33, 163, 164 f – *Krankenwagen II*; BGHZ 121, 13, 17 – *Fortsetzungszusammenhang*). **1.148**

b) **Möglichkeiten der Zusammenfassung von Einzelbeiträgen.** Verspricht ein Schuldner die Zahlung einer Vertragsstrafe „für jeden Fall der Zuwiderhandlung", kann die **Auslegung** des Versprechens – ebenso wie in der Vergangenheit – ergeben, dass mehrere zeitlich nicht zu weit auseinander liegende Einzelverstöße, die auf **fahrlässigem** Verhalten beruhen, als **eine Zuwiderhandlung** anzusehen sind. Ist es zu einer **Vielzahl von Einzelverstößen** gekommen, ist in einem ersten Schritt zu prüfen, ob eine **natürliche Handlungseinheit** vorliegt (BGHZ 33, 163, 168 – *Krankenwagen II*; BGHZ 146, 318, 326 – *Trainingsvertrag*; dazu eingehend *Köhler* WRP 1993, 666, 669 ff; ferner *Schuschke* WRP 2000, 1008, 1012). Sie zeichnet sich durch einen engen Zusammenhang der Einzelakte und durch eine auch für Dritte äußerlich erkennbare Zugehörigkeit zu einer Einheit aus. In einem zweiten Schritt ist zu fragen, ob – wenn nicht schon eine natürliche Handlungseinheit – die einzelnen Zuwiderhandlungen in der Weise **zusammenhängen,** dass sie **gleichartig** sind und unter wiederholter **Außerachtlassung derselben Pflichtenlage** begangen wurden (BGHZ 33, 163, 168 – *Krankenwagen II*). Hier setzt die Vertragsauslegung ein, die idR die Annahme nahe legen wird, dass die Vertragsstrafe nicht für jede einzelne Tat verwirkt sein soll (BGHZ 146, 318, 326, 327 – *Trainingsvertrag*). Schließlich kann – drittens – die Geltendmachung einer exorbitant hohen Vertragsstrafenforderung – auch wenn unter Kaufleuten eine Herabsetzung der Vertragsstrafe nach § 343 BGB nicht in Betracht kommt (§ 348 HGB) – ausnahmsweise **gegen Treu und Glauben** verstoßen (BGH NJW 1971, 1126; BGH GRUR 1984, 72, 74 – *Vertragsstrafe für versuchte Vertreterabwerbung*; BGH GRUR 1998, 471, 473 f – *Modenschau im Salvatorkeller*). Dabei muss dem Gesichtspunkt Rechnung getragen werden, dass sich die Schwierigkeiten, die sich bei der Vertragsstrafenbemessung ergeben, bei Vertragsschluss nicht vorhersagen lassen. **1.149**

1.150 c) Verzicht auf Zusammenfassung. In der Vergangenheit brauchte sich der Schuldner nicht auf die Forderung des Gläubigers einzulassen, **auf die „Einrede" des Fortsetzungszusammenhangs zu verzichten.** Verweigerte er einen solchen Verzicht, wurde dadurch die Eigenschaft der Unterwerfungserklärung, die Wiederholungsgefahr zu beseitigen, nicht berührt (BGHZ 121, 13, 19 – *Fortsetzungszusammenhang*). Dieser Grundsatz ist – mutatis mutandis – auch heute noch anzuwenden: Der Zweck des Unterwerfungsvertrags – der Wegfall der Wiederholungsgefahr – wird nicht dadurch gefährdet, dass der Schuldner mit seinem Versprechen eine Zusammenfassung von Einzelverstößen zu fördern versucht. Andererseits – auch dies hat die Entscheidung *„Trainingsvertrag"* deutlich gemacht – kommt es trotz der Betonung der Vertragsauslegung im Einzelfall nicht allein auf die Ausgestaltung des Strafversprechens an. Vielmehr soll die Frage der Zusammenfassung von Einzelverstößen zu einer rechtlichen Einheit wegen des **typischen Charakters von Unterlassungsverträgen** regelmäßig **nach denselben Grundsätzen** beurteilt werden (BGHZ 146, 318, 325 – *Trainingsvertrag*).

1.151 d) Ausschluss von Zusammenfassung in AGB. Eine Vertragsklausel in Allgemeinen Geschäftsbedingungen, nach der eine Zusammenfassung einer Vielzahl von Einzelverstößen von vornherein ausgeschlossen wird, ist mit wesentlichen Grundgedanken des Vertragsstraferechts unvereinbar und daher nach § 307 II Nr 1 BGB (früher § 9 II Nr 1 AGBG) grds **unwirksam,** falls nicht bes Umstände vorliegen, die die Unangemessenheit der Benachteiligung ausschließen (BGHZ 121, 13, 18 – *Fortsetzungszusammenhang*). Wurde die Zusammenfassung in einer Individualabrede **vertraglich ausgeschlossen,** kann doch die Geltendmachung einer zu hohen Strafe nach § 242 BGB unzulässig sein (s Rdn 1.149; BGH GRUR 1984, 72, 74 – *Vertragsstrafe für versuchte Vertreterabwerbung;* BGH GRUR 1998, 471, 474 – *Modenschau im Salvatorkeller;* OLG Köln WRP 1985, 108, 110; zur Problematik ferner *Bandt* WRP 1982, 5; *Körner* WRP 1982, 75).

6. Verschulden als Voraussetzung für die Verwirkung der Vertragsstrafe

1.152 Die Verwirkung der Vertragsstrafe setzt **Verschulden** voraus, es sei denn, dass sie ähnlich einer Garantie unabhängig vom Verschulden versprochen wurde (BGH GRUR 1982, 688, 691 – *Seniorenpass;* BGH GRUR 1985, 1065 – *Erfüllungsgehilfe;* BGH GRUR 1987, 648, 649 – *Anwalts-Eilbrief;* BGH GRUR 1988, 561, 562 – *Verlagsverschulden I*). Eine Unterwerfungserklärung, die das Verschulden nicht erwähnt, sondern nur davon spricht, dass „für jeden Fall der Zuwiderhandlung eine Vertragsstrafe in Höhe von … €" geschuldet sei, ist so zu verstehen, dass nur eine schuldhafte Zuwiderhandlung die Verwirkung der Vertragsstrafe auslöst (OLG Köln OLG-Rp 2008, 21). Liegt eine Zuwiderhandlung vor, wird das **Verschulden** des Schuldners **vermutet,** er muss sich also entlasten (BGH NJW 1972, 1893, 1895 – *K-Rabatt-Sparmarken;* BGH GRUR 1982, 688, 691 – *Senioren-Pass;* BGHZ 121, 13, 20 – *Fortsetzungszusammenhang*).

7. Haftung für Erfüllungsgehilfen

1.153 a) Allgemeines. Der Schuldner haftet für ein **schuldhaftes Verhalten seines Erfüllungsgehilfen,** das zu einer Verletzung der vertraglichen Unterlassungspflicht geführt hat, es sei denn, dass diese Haftung vertraglich ausgeschlossen worden ist (BGH GRUR 1985, 1065 – *Erfüllungsgehilfe;* BGH GRUR 1987, 648, 649 – *Anwalts-Eilbrief;* BGH GRUR 1988, 561, 562 – *Verlagsverschulden I;* BGH GRUR 1998, 963, 964 – *Verlagsverschulden II;* OLG Karlsruhe WRP 1993, 188 f; zur Frage, ob ein solcher Ausschluss dazu führt, dass die Wiederholungsgefahr nicht entfällt, s Rdn 1.156). Erfüllungsgehilfe kann im Rahmen des § 278 BGB auch eine **unternehmerisch selbstständige Person** sein, die mit dem Willen des Schuldners bei der Erfüllung der Unterlassungspflicht als seine Hilfsperson tätig wird (BGHZ 98, 330, 334 – *Unternehmensberatungsgesellschaft I;* BGH GRUR 1988, 561 – *Verlagsverschulden I*). Ob ein Dritter als Erfüllungshilfe des Unterlassungsschuldners anzusehen ist, richtet sich allein danach, ob er vom Schuldner **in die Erfüllung der übernommenen Unterlassungsverpflichtung einbezogen** ist. Bedient sich bspw der Vertragsstrafeschuldner für seine Werbung der Anzeigenabteilung eines Presseunternehmens, ist es für die Erfüllung der vertraglich übernommenen Unterlassungspflicht unerlässlich, dass auch das beauftragte Unternehmen die zu unterlassende Verletzungshandlung nicht begeht. Die Erfüllung der Verpflichtung des Schuldners ist somit ohne ein ihr genügendes Verhalten auch des beauftragten Zeitungsunternehmens nicht möglich, so dass dieses Verhalten regelmäßig zugleich auch der Erfüllung der Unterlassungspflicht des Schuldners dient (BGH GRUR 1998, 963, 965 – *Verlagsverschulden II*). Dabei kommt es nicht darauf an, ob das beauftragte Unternehmen die Unterlassungspflicht und damit die Bedeutung seines Handelns kennt

(BGHZ 50, 32, 35). – Die Haftung des Schuldners erstreckt sich nicht nur auf das Verhalten seines Erfüllungsgehilfen, sondern auch auf die Personen, deren sich der Erfüllungsgehilfe mit Billigung des Schuldners seinerseits zur Erfüllung der ihm obliegenden Pflichten bedient.

b) Haftung des Schuldners. Hat der Schuldner die Verletzung der Unterlassungspflicht auch **selbst zu vertreten,** weil er nicht das Erforderliche getan hat, um eine erneute Zuwiderhandlung mit Sicherheit auszuschließen, besteht diese Haftung neben der aus § 278 BGB. Häufig wird übersehen, dass in den meisten Fällen, in denen eine Zurechnung des Verschuldens des Erfüllungsgehilfen erfolgt, auch ein **eigenes Verschulden des Vertragsstrafeschuldners** in Betracht kommt. Zur Unterbindung von weiteren Verstößen durch Mitarbeiter und Beauftragte gehört es, sie über die übernommene Verpflichtung zu belehren und entspr Anordnungen zu treffen, deren Einhaltung genau zu überwachen ist. Es genügt zB **nicht** seinen Pflichten, wenn der Schuldner die Mitarbeiter eines Anzeigenblatts nach Abgabe einer strafbewehrten Unterlassungserklärung lediglich telefonisch unterrichtet, dass eine Anzeige nicht mehr erscheinen dürfe; er muss sich zumindest eine schriftliche Bestätigung von dem Anzeigenblatt geben lassen (OLG Köln GRUR 1986, 195). Zum **Sorgfaltsmaßstab in der Zwangsvollstreckung** s Rdn 6.7. **1.154**

c) Haftungsbeschränkungen im Vertragsstrafeversprechen. Ist im Vertragsstrafeversprechen bestimmt, dass der Schuldner nur für schuldhafte Zuwiderhandlungen hafte, ist damit idR keine Beschränkung auf eigenes Verschulden des Schuldners gemeint. Soll die Haftung für Erfüllungsgehilfen ausgeschlossen werden, bedarf es einer ausdrücklichen Erklärung oder zumindest eindeutiger Anhaltspunkte dafür (BGH GRUR 1987, 648, 649 – *Anwalts-Eilbrief*). **1.155**

Streitig ist, ob ein Vertragsstrafeversprechen, das die **Gehilfenhaftung nach § 278 BGB** (ausdrücklich) **ausschließt,** die Wiederholungsgefahr entfallen lässt. Dies wird von einer lange herrschenden, heute aber nicht mehr mit demselben Nachdruck vertretenen Meinung verneint (*Teplitzky* Kap 8 Rdn 29; *ders* GRUR 1996, 696, 700; *Fritzsche* S 189; **aA** *Traub,* FS Gaedertz, 1992, 563, 572; *Bornkamm,* FS Tilmann, 2003, 769, 775 f; vgl auch *Steinbeck* GRUR 1994, 90, 93). Als Argument wird vor allem angeführt, bei einem Ausschluss der Gehilfenhaftung bestehe die Gefahr, dass sich der Schuldner hinter seinen Mitarbeitern verstecke; außerdem zeige die Einschränkung mangelnden Unterlassungswillen. Diese Argumente überzeugen nicht. Denn die Praxis kommt in der Zwangsvollstreckung von Unterlassungstiteln (§ 890 ZPO) mit dem Erfordernis des persönlichen Verschuldens des Schuldners gut zurecht, weil das Verschulden des Erfüllungsgehilfen idR mit einem Verschulden des Schuldners selbst einhergeht. Denn der Schuldner muss seinen Betrieb so organisieren, dass es nicht zu weiteren Verstößen kommt (s Rdn 1.154 und Rdn 6.7). Die praktischen Konsequenzen sind also geringer als weithin angenommen. Auf der anderen Seite wird der Schuldner, der sich unterwirft, zumindest in seinen Augen **schlechter gestellt** als der Titelschuldner. Dies hat zu einer **Entwertung der Unterwerfungserklärung** als Streitbeilegungsmittel und dazu geführt, dass teilweise in der Beratungspraxis dem Abgemahnten empfohlen wird, sich nicht zu unterwerfen, sondern eine einstweilige Verfügung gegen sich ergehen lassen, die dann mit einer Abschlusserklärung als endgültige Regelung anerkannt wird (*Teplitzky* WRP 1996, 171 f, der als gewichtigen Nachteil der Unterwerfung die Haftung für fremdes Verschulden anführt). **1.156**

8. Erneute Zuwiderhandlung

a) Neuer gesetzlicher Anspruch. Begeht der Schuldner nach Abgabe einer strafbewehrten Unterlassungserklärung, mit der die Wiederholungsgefahr beseitigt wurde, einen **identischen oder im Kern gleichartigen Wettbewerbsverstoß,** lebt die **Wiederholungsgefahr** nicht wieder auf (s § 8 Rdn 1.45). Es entsteht jedoch mit der Zuwiderhandlung ein **neuer (gesetzlicher) Unterlassungsanspruch.** Dieser neue Unterlassungsanspruch wird **durch das fortbestehende Strafversprechen** nicht berührt. Der Gläubiger kann auf Grund des neuen Verstoßes auf doppelte Weise vorgehen: Er kann die Klage auf seinen vertraglichen Unterlassungsanspruch stützen und daneben – wenn es sich um eine schuldhafte Zuwiderhandlung geht – die versprochene Vertragsstrafe fordern. Zum anderen kann die Klage auf den neuen (gesetzlichen) Unterlassungsanspruch stützen. In diesem Fall kann er nicht mit der Begründung, es fehle das allgemeine Rechtsschutzinteresse, auf die Rechte aus dem Unterwerfungsvertrag verwiesen werden (BGH GRUR 1980, 241, 242 – *Rechtsschutzbedürfnis;* OLG Stuttgart WRP 1982, 547; OLG Stuttgart WRP 1983, 580). Die nach Abgabe einer Unterlassungserklärung durch einen **erneuten** – auch unverschuldeten – Wettbewerbsverstoß begründete Wiederholungsgefahr kann grds allenfalls durch eine **weitere Unterlassungserklärung** mit einer gegenüber der Ersten **erheblich höheren** Strafbewehrung ausgeräumt werden (BGH GRUR 1990, 534 – *Abruf-* **1.157**

Coupon). Bei einem Vertragsstrafeversprechen „bis zu ..." (s Rdn 1.142) kann eine Verschärfung „nicht unter ..." nach Lage des Falles genügen.

1.158 **b) Einwand mangelnder Wettbewerbswidrigkeit.** Macht der Gläubiger den vertraglichen Unterlassungsanspruch und den Anspruch auf die verwirkte Vertragsstrafe geltend, kann der Schuldner grds nicht einwenden, seine Handlung sei **nicht wettbewerbswidrig**. Dieser Einwand ist **durch den Unterwerfungsvertrag ausgeschlossen**. Der rechtliche Grund für die Abgabe der Unterwerfungserklärung ist regelmäßig der von den Parteien verfolgte Zweck, einen gesetzlichen Unterlassungsanspruch, dessen Bestehen häufig streitig ist, durch einen vereinfacht durchsetzbaren und strafbewehrten vertraglichen Anspruch zu ersetzen (BGH GRUR 1998, 953 – *Altunterwerfung III*). Für den Einwand, das beanstandete Verhalten sei nicht wettbewerbswidrig, ist danach idR ausgeschlossen. Zu den Fällen einer nachträglichen Rechtsänderung s Rdn 1.160 f.

1.159 **c) Schadensersatz neben Vertragsstrafe?** Hat der Schuldner schuldhaft gehandelt, so steht dem Gläubiger außer der verwirkten Vertragsstrafe auch ein **Schadenersatzanspruch wegen Pflichtverletzung** zu, zB nach § 280 BGB. Der Gläubiger kann dann zwischen beiden Ansprüchen wählen, aber auch nach § 340 II BGB die verwirkte Strafe ohne weiteren Nachweis als Mindestbetrag des Schadens verlangen. Dadurch wird die Geltendmachung eines nachgewiesenen **weiter gehenden Schadens** nicht **ausgeschlossen,** jedoch muss dann die verwirkte Vertragsstrafe auf den höheren Schadensbetrag angerechnet werden. Die Vertragsstrafe besitzt somit nicht nur **Sanktions-,** sondern auch **Ausgleichsfunktion,** und zwar als pauschalierter Mindest-Schadensersatz (s Rdn 1.138). Übersteigt die verwirkte Vertragsstrafe den vollen Schadensersatz, so kann der Gläubiger, der den vollen Schadensbetrag verlangt hat, nur die diesen übersteigende Vertragsstrafe verlangen.

IV. Beendigung des Unterwerfungsvertrages

1. Änderung der Rechtslage

1.160 **a) Auflösende Bedingung.** Ändern sich nachträglich die Umstände, die den Schuldner veranlasst haben, eine **strafbewehrte Unterlassungserklärung** abzugeben, zB infolge einer **Gesetzesänderung,** infolge einer **Änderung der höchstrichterlichen Rspr,** oder einer verbindlichen Klärung einer umstrittenen Beurteilung durch eine höchstrichterliche Entscheidung iSd Schuldners, so fragt sich, ob der Schuldner noch **künftig** an seine Verpflichtung gebunden ist. Das ist nicht der Fall, wenn sich der Schuldner unter der **auflösenden Bedingung** zur Unterlassung verpflichtet hat, dass sich die Rechtslage zu seinen Gunsten ändert oder klärt (s Rdn 1.129; BGHZ 133, 331, 333 f – *Altunterwerfung II;* BGH GRUR 1993, 677, 679 – *Bedingte Unterwerfung;* BGH GRUR 1983, 127, 128 – *Vertragsstrafeversprechen; Klaka* GRUR 1983, 604; *Teplitzky* Kap 8 Rdn 8; GK/ *Köhler* Vor § 13 B Rdn 37, 109; Piper/Ohly/Sosnitza § 8 Rdn 60; *Hartwig,* FS Pagenberg, 2006, 301, 310 ff). Selbstverständlich wirkt die Auflösung des Unterwerfungsvertrages nur ex nunc.

1.161 **b) Kündigung wegen Störung der Geschäftsgrundlage.** Fehlt eine solche auflösende Bedingung, kann sich der Schuldner idR auf eine **Störung der Geschäftsgrundlage (§ 313 BGB)** berufen, da er sich gewöhnlich und für den Gläubiger erkennbar nur deshalb zur Unterlassung verpflichtet hat, weil beide Parteien davon ausgingen, das beanstandete Verhalten sei wettbewerbswidrig oder werde zumindest mit großer Wahrscheinlichkeit von den Gerichten als wettbewerbswidrig angesehen. Der Gläubiger kann nicht ohne weiteres annehmen, der Schuldner habe sich schlechthin für alle Zeiten zur Unterlassung auch eines Verhaltens verpflichten wollen, das keinem anderen, insbes seinen Wettbewerbern, nicht untersagt ist. Das Risiko einer Änderung der Rechtslage durch Gesetz oder eine höchstrichterliche Entscheidung ist daher nicht vom Schuldner zu tragen. Die Störung der Geschäftsgrundlage führt zwar grds nur zu einem Anspruch auf Anpassung eines Vertrages (§ 313 I BGB). Da jedoch eine derartige Anpassung nicht möglich ist, kann der Schuldner den Unterwerfungsvertrag nach § 313 III 2 BGB kündigen (*Gottschalk* GRUR 2004, 827, 828 f; zum alten Schuldrecht BGHZ 133, 316, 327 – *Altunterwerfung I;* BGH GRUR 2001, 85, 86 – *Altunterwerfung IV; Teplitzky* Kap 20 Rdn 25 ff; Piper/Ohly/Sosnitza § 8 Rdn 61). Teilweise werden diese Grundsätze auch auf Grundlegende Änderungen der Rspr (zB Einführung des Verbraucherleitbilds des EuGH) angewandt und deswegen die als irreführend verbotene Werbung nunmehr zulässig ist (OLG Hamburg NJWE-WettbR 2000, 129 ff).

1.162 Ist durch eine Gesetzesänderung nicht der durch die Unterwerfungserklärung gesicherte Anspruch entfallen, sondern nur **die Sachbefugnis des Gläubigers** (zB eines Wettbewerbsvereins), kann wegen des Fortbestands des gesetzlichen Verbots nicht davon ausgegangen werden, dass dem Schuldner das Festhalten am Unterwerfungsvertrag schlechterdings unzumutbar ist.

Dennoch kann dem Schuldner auch in diesem Fall ein Kündigungsrecht aus wichtigem Grund nach § 314 BGB zustehen (BGHZ 133, 316 – *Altunterwerfung I*).

c) Wirkung ex nunc. Eine schon vor der Kündigung **verfallene und bezahlte** Vertragsstrafe ist **nicht zurückzuzahlen.** Das gilt auch, wenn die Parteien erst nach Leistung der Vertragsstrafe von einer Entscheidung des BGH Kenntnis erlangt haben, durch die bereits vor der Zuwiderhandlung die bis dahin streitige Frage der Zulässigkeit der den Gegenstand der vertraglichen Unterlassungspflicht bildenden Art der Werbung bejaht worden war (BGH GRUR 1983, 602, 603 – *Vertragsstraferückzahlung* mit Anm *Klaka*). 1.163

d) Rechtsmissbräuchliche Geltendmachung des vertraglichen Vertragsstrafenanspruchs. Versäumt es der Schuldner, den Unterwerfungsvertrag nach der Gesetzesänderung zu kündigen, und verstößt er gegen die (vertragliche) Unterlassungsverpflichtung, bleibt immer noch die Möglichkeit, dem Gläubiger den mangels Kündigung an sich noch gültigen Vertrag mit dem **Einwand des Rechtsmissbrauchs** aus der Hand zu schlagen. Dies führt zu einem auf Treu und Glauben gestützten, nur ausnahmsweise anzunehmenden Fortfall der Bindungswirkung des Unterwerfungsvertrags. Er beruht auf der Erwägung, dass dem Gläubiger das Vorgehen aus einem nicht rechtzeitig gekündigten Vertragsstrafeversprechen verwehrt sein muss, wenn ihm der durch die Unterwerfungserklärung gesicherte Anspruch eindeutig nicht mehr zusteht (BGHZ 133, 316, 329 – *Altunterwerfung I*; BGH GRUR 2001, 85, 86 – *Altunterwerfung IV*). Hierbei ist auch zu berücksichtigen, dass eine Vereinbarung, in der sich ein Unternehmen gegenüber einem Wettbewerber verpflichtet, ein zulässiges Werbeverhalten zu unterlassen, auch **kartellrechtlichen Bedenken** begegnet (§ 1 GWB). 1.164

2. Anfechtung des Unterwerfungsvertrages

Hat sich der Schuldner zur Unterlassung verpflichtet, weil er vom Gläubiger durch eine falsche Darstellung **arglistig getäuscht** worden ist, kann er den Vertrag nach § 123 BGB anfechten. Hat der Gläubiger nur **fahrlässig** gehandelt, so steht dem Schuldner wegen Verschuldens bei Vertragsschluss ein Anspruch auf **Rückgängigmachung** des Vertrages zu (§§ 311 II, 280 I, 249 I BGB), jedenfalls dann, wenn der Vertragsschluss für den Schuldner wirtschaftlich nachteilig gewesen ist, was grds zu bejahen sein wird (BGH NJW 1998, 302, 303; BGH NJW 1979, 1983, 1984; OLG Karlsruhe CR 1998, 361 mit Anm *Mankowski* EWiR 1998, 959). 1.165

V. Mehrere Gläubiger

1. Drittunterwerfung

Schrifttum: *Eichelberger,* Die Drittunterwerfung im Wettbewerbsrecht, WRP 2009, 270.

a) Grundsatz. Ob bei mehreren Unterlassungsgläubigern die einem Gläubiger gegenüber erklärte Unterwerfungserklärung ausreicht, um die **Wiederholungsgefahr auch** gegenüber allen anderen Gläubigern auszuräumen, war lange streitig, wird aber heute **allgemein bejaht,** nachdem der Bundesgerichtshof 1982 entschieden hat, dass die Wiederholungsgefahr **nur einheitlich** und nicht etwa unterschiedlich im Verhältnis zu verschiedenen Gläubigern beurteilt werden könne. Die Annahme einer im Verhältnis zu mehreren Gläubigern unterschiedlichen Wiederholungsgefahr verstoße gegen die Denkgesetze. Die Wiederholungsgefahr könne nur gegenüber allen Gläubigern bestehen oder gegenüber allen Gläubigern ausgeräumt sein. Ob diese Wirkung eingetreten ist, ob also durch die Unterwerfungserklärung gegenüber einem Gläubiger die Wiederholungsgefahr generell entfallen ist, hängt von den Umständen des Einzelfalls ab, insbes von der Beziehung des Schuldners zu dem Gläubiger, gegenüber dem er sich unterworfen hat (BGH GRUR 1983, 186, 187 – *Wiederholte Unterwerfung I;* BGH GRUR 1987, 640, 641 – *Wiederholte Unterwerfung II;* BGH GRUR 1989, 758, 759 – *Gruppenprofil; Teplitzky* Kap 8 Rdn 38 ff; *ders* GRUR 1983, 609 f; *Borck* WRP 1985, 311, 312; *Kues* WRP 1985, 196 ff; vgl zur früheren Gegenmeinung *Ch. Krüger* GRUR 1984, 785, 787 ff; *Ahrens* WRP 1983, 1 ff; auch heute noch aA *Gruber* GRUR 1991, 354 ff). 1.166

Die **Betonung der Einzelfallumstände** in den ersten Entscheidungen ist in der Praxis einer schematischeren **Bejahung des Wegfalls der Wiederholungsgefahr** gewichen, nachdem kaum Fälle vorgekommen sind, in denen sich Zweifel an der Ernsthaftigkeit der Unterwerfung und dem Verfolgungswillen des Gläubigers gezeigt haben. So lässt sich heute – ungeachtet der im Grundsatz immer noch gültigen Vorbehalte – feststellen, dass die **Wiederholungsgefahr idR** durch die Unterwerfung gegenüber einem anderen Gläubiger **entfällt.** Das ist auch angemessen. 1.167

Denn die Fülle der Anspruchsberechtigten im Wettbewerbsrecht (Mitbewerber, Verbände) birgt für den Schuldner das Risiko, dass ein und derselbe Verstoß zum Gegenstand mehrerer gerichtlicher Verfahren gemacht wird. Damit wird dem Anspruchsgegner ein Risiko aufgebürdet, dem er sich nur dadurch entziehen kann, dass er sich gegenüber einem der Gläubiger unterwirft und auf diese Weise sämtliche Gläubiger klaglos stellt (vgl. BGH GRUR 1987, 640, 641 – *Wiederholte Unterwerfung II;* BGHZ 144, 165, 169 f – *Missbräuchliche Mehrfachverfolgung;* s Rdn 1.103). Diese Einschätzung betrifft freilich stets Fälle, in denen der Dritte, gegenüber dem der Schuldner sich unterwirft, zuvor auch selbst abgemahnt und damit seine Bereitschaft gezeigt hat, das weitere Verhalten des Schuldners im Rahmen eines Unterwerfungsvertrags zu überwachen. Ist diese Voraussetzung nicht gegeben, ist es von vornherein mehr als zweifelhaft, ob die Drittunterwerfung die Wiederholungsgefahr hat entfallen lassen (s dazu Rdn 1.168 a).

1.168 **b) Gesamtwürdigung.** Die Wiederholungsgefahr kann durch eine **Drittunterwerfung** nur ausgeräumt sein, wenn die einem Gläubiger (Erstabmahner) abgegebene strafbewehrte Unterwerfungserklärung **geeignet** erscheint, den Verletzer **wirklich und ernsthaft** von Wiederholungen abzuhalten (s Rdn 1.123 ff). Den anderen Gläubigern stehen in diesem Fall keine Sanktionsmöglichkeiten zu. Es kommt deshalb auf die **Person** und die **Eigenschaften des Vertragsstrafegläubigers** und dessen Beziehungen zum Schuldner an, insbes auf seine Bereitschaft und Eignung, die ihm zustehenden **Sanktionsmöglichkeiten** auszuschöpfen, so dass der Schuldner bei Zuwiderhandlungen mit Sanktionen rechnen muss und deshalb keine Zweifel an der **Ernsthaftigkeit** seiner Unterlassungserklärung bestehen (BGH GRUR 1983, 186, 188 – *Wiederholte Unterwerfung I*). Da die Wirkungen einer ernst gemeinten Unterwerfung sofort eintreten und die Wiederholungsgefahr später auf Grund weiterer Umstände nicht mehr aufleben kann (s Rdn 1.178 mwN), ist für die Prüfung der Erstabmahnung grds auf den Zeitpunkt der Abgabe abzustellen. Das hindert nicht daran, in späteren Ereignissen einen Hinweis darauf zu finden, ob die Unterwerfung ernst gemeint war oder nicht.

1.168a Erfolgt die Unterwerfung **gegenüber einem Dritten, der** den Schuldner **zuvor nicht abgemahnt hat,** ist Vorsicht geboten (vgl dazu *Strömer/Grootz* WRP 2008, 1148, 150 ff; OLG Frankfurt NJW-RR 2003, 1430). Zu berücksichtigen ist, dass die Wiederholungsgefahr nur entfällt, wenn entweder ein Unterwerfungsvertrag mit dem Dritten zustande kommt oder wenn der Schuldner doch damit rechnen muss, dass der Dritte das Angebot zum Abschluss eines solchen Unterwerfungsvertrags ohne weiteres annehmen wird (dazu oben Rdn 1.102 und 1.115 ff). Denn nur im Falle des Abschlusses einer solchen Vereinbarung droht dem Schuldner im Falle der Zuwiderhandlung die Vertragsstrafe. Von einer Bereitschaft des Dritten, eine solche Vereinbarung zu schließen, kann nicht ohne weiteres ausgegangen werden, wenn der Dritte – etwa die Wettbewerbszentrale – gar keine Initiative ergriffen hat. Zur Drittunterwerfung muss in einem solchen Fall daher auch die **Annahme des Angebots durch den Empfänger der Drittunterwerfung** kommen. Auch dann stellt sich noch die Frage, ob die Drittunterwerfung ernst gemeint ist und ob der Dritte Gewähr dafür bietet, zukünftige Verstöße zu erkennen und zu verfolgen.

2. Einzelfragen

1.169 **a) Ernsthaftigkeit.** In der 22. Aufl (Baumbach/*Hefermehl,* 22. Aufl, Einl Rdn 280) hieß es noch, die Voraussetzungen für die Annahme einer **generellen Beseitigung der Wiederholungsgefahr** auf Grund einer vom Schuldner gegenüber dem **Erstabmahner** abgegebenen Unterwerfungserklärung würden wegen der hohen an die **Ernsthaftigkeit** der Unterlassungserklärung zu stellenden Anforderungen nur selten vorliegen. Das Gegenteil hat sich im Laufe der Zeit als richtig erwiesen. Im Allgemeinen bestehen keine Zweifel an der Ernsthaftigkeit der Erstunterwerfungen. Selten sind die Verhältnisse so eindeutig, wie in dem Fall des OLG Hamburg (GRUR-RR 2010, 73 [LS]), in dem ein Gebrauchtwagenhändler aus kollegial-fürsorglichen Motiven die Unterwerfungserklärung Mitbewerbers entgegengenommen und im Prozess als Zeuge ausgesagt hatte, eine allfällige Vertragsstrafe mit dem Schuldner „auf dem Rummel teilen" zu wollen. Vielmehr ist der generelle Wegfall der Wiederholungsgefahr heute die Regel, nicht die Ausnahme. Im System von Abmahnung und Unterwerfung ist die Folge, die eine erste Unterwerfung auf die Ansprüche der anderen Gläubiger hat, unverzichtbar, weil andernfalls auf den Schuldner unangemessene Belastungen zukämen.

1.170 **b) Drittunterwerfung im Prozess.** Die Feststellung der Ernsthaftigkeit obliegt dem **Tatrichter.** Eine während des Revisionsverfahrens einem **Dritten** gegenüber abgegebene strafbewehrte Unterlassungserklärung kann als neue Tatsache nicht mehr berücksichtigt werden (§ 559 I 1 ZPO; BGH GRUR 1989, 758, 759 – *Gruppenprofil*). Der Kläger kann eine solche Drittunterwerfung aber auch in der Revisionsinstanz noch zum Anlass nehmen, den Rechtsstreit in der Hauptsache für erledigt zu erklären. Auch wenn diese Erledigungserklärung einseitig bleibt (etwa weil der Beklagte auf dem Standpunkt steht, die Klage sei von Anfang an unbegründet gewesen) und daher als Feststellungsantrag zu behandeln ist, liegt darin eine im Revisionsverfahren ausnahmsweise zulässige Klageänderung, wenn kein Streit über das erledigende Ereignis besteht (s Rdn 1.110).

c) Erstunterwerfung gegenüber regional tätigem Gläubiger. Gibt ein bundesweit tätiger Schuldner gegenüber einem Gläubiger, der nur **regional tätig** ist, eine strafbewehrte Unterwerfungserklärung ab, wird inzwischen davon ausgegangen, dass – wenn keine Zweifel an der Ernsthaftigkeit bestehen – auch eine solche Erklärung die Wiederholungsgefahr bundesweit entfallen lässt (*Teplitzky* Kap 8 Rdn 33). Dies gilt erst recht, wenn der lokal oder regional beschränkt tätige Erstgläubiger mit anderen gleichartigen Unternehmen in einem Konzern verbunden ist, so dass eine Koordinierung der Rechtsverfolgungsmaßnahmen – zumindest aus der Sicht des Schuldners – möglich und wahrscheinlich ist. *Teplitzky* (WRP 1995, 359 ff) schlägt vor, die Ernsthaftigkeit des Schuldners, der sich gegenüber einem regionalen Wettbewerber unterworfen hat, auf folgende Weise auf die Probe zu stellen: Der Zweitgläubiger könne den Schuldner in einem solchen Fall auffordern, sich ihm gegenüber zu verpflichten, im Falle eines Verstoßes die dadurch verwirkte Vertragsstrafe an den Erstgläubiger zu zahlen. Auf diese Weise müsste der Schuldner auch bei Verstößen außerhalb des Tätigkeitsbereichs des Erstgläubigers mit dem Vertragsstrafenanspruch rechnen. Gehe der Schuldner – so die *Teplitzky* – auf dieses Angebot nicht ein, liege darin ein Indiz für die mangelnde Ernsthaftigkeit der Erstunterwerfung (vgl für eine ähnliche Konstellation BGH GRUR 1990, 530, 532 – *Unterwerfung durch Fernschreiben*).

1.171

d) Teilunterwerfung. Durch eine Drittunterwerfung entfällt **nicht** die Wiederholungsgefahr gegenüber einem Gläubiger, wenn dieser **berechtigterweise** eine andere, etwa eine weitergehende Unterwerfungserklärung auf Grund desselben Wettbewerbsverstoßes verlangt, zB auch die Unterlassung einer Anzeige in nichtöffentlichen Mitteilungen und ohne zeitliche Befristung sowie der Durchführung einer angekündigten unzulässigen Verkaufsaktion (BGH GRUR 2002, 824 – *Teilunterwerfung;* OLG Frankfurt WRP 1987, 255 mit Anm *Traub;* OLG Hamm WRP 1987, 261, 263).

1.172

e) Unzureichende Unterwerfungserklärung gegenüber Erstabmahner. Hat sich der erstabmahnende Gläubiger mit einer **unzureichenden** Unterwerfungserklärung abgefunden, so ist die Wiederholungsgefahr nicht beseitigt. Die Wirkungen einer solchen unzulänglichen Unterwerfung beschränken sich auf den Gläubiger, gegenüber dem sie abgegeben worden ist. Ihm steht nur mehr der **vertragliche** (s Rdn 1.135), nicht mehr der gesetzliche Unterlassungsanspruch zu, es sei denn, es läge Erstbegehungsgefahr vor.

1.173

f) Verschweigen der Erstunterwerfung. Verschweigt der Verletzer hartnäckig oder gar böswillig gegenüber einem Gläubiger eine Drittunterwerfung, so kann dies ausnahmsweise einen **Hinweis auf die fehlende Ernsthaftigkeit der Erstunterwerfung** geben (OLG Frankfurt WRP 1984, 413 und 669; KG WRP 1987, 322; KG WRP 1986, 678, 680; *Kues* WRP 1985, 196, 200 f). Allein das Schweigen auf die Zweitabmahnung rechtfertigt aber einen solchen Schluss noch nicht (vgl oben Rdn 1.66). Im Regelfall ist vielmehr die vom Zweitabnehmer in Unkenntnis der erfolgten Unterwerfung angestrengte Klage unbegründet. Die dadurch entstandenen Rechtsverfolgungskosten muss aber der Schuldner wegen Verletzung der ihn treffenden Aufklärungspflicht tragen (BGH GRUR 1987, 54, 55 – *Aufklärungspflicht des Abgemahnten;* s Rdn 1.65).

1.174

g) Darlegungslast. Beruft sich der Beklagte auf eine **Drittunterwerfung,** so obliegt es ihm, darzulegen und zu beweisen, dass die bereits von ihm abgegebene Unterwerfungserklärung geeignet war, die Wiederholungsgefahr generell für alle Gläubiger zu beseitigen (BGH GRUR 1987, 640 – *Wiederholte Unterwerfung II,* mit Anm *Lehmpfuhl* GRUR 1987, 919 f). Zweckmäßigerweise wird der Beklagte die strafbewehrte Unterwerfungserklärung mit dem Abmahnschreiben des Gläubigers vorlegen.

1.175

3. Wirkungen

a) Keine weitere Unterwerfung erforderlich. Ist die Wiederholungsgefahr durch eine strafbewehrte Unterwerfungserklärung des Schuldners gegenüber dem Erstabmahner **generell ausgeräumt** worden, erübrigt sich eine weitere strafbewehrte Unterwerfungserklärung gegenüber späteren Abmahnern. Der abgemahnte Schuldner ist jedoch bei einer **Mehrfachabmahnung** nach Treu und Glauben verpflichtet, den Zweitabmahner darüber **aufzuklären,** dass er wegen derselben Verletzungsverhandlung bereits dem Erstabmahner eine strafbewehrte Unter-

1.176

werfungserklärung abgegeben hat. Zur **Aufklärungspflicht** des Abgemahnten bei **Mehrfachabmahnungen** s Rdn 1.65 f. – In Zweifelsfällen kann es sich für den Schuldner empfehlen, weiterem Streit durch die Abgabe einer weiteren Unterwerfungserklärung entgegenzuwirken, womit sich freilich dem Risiko der Doppelsanktion bei Zuwiderhandlungen aussetzt.

1.177 **b) Anspruch der anderen Gläubiger entfällt.** Eine von einem anderen Verletzten wegen desselben Wettbewerbsverstoßes erhobene Unterlassungsklage ist auf Grund der Beseitigung der Wiederholungsgefahr **unbegründet.** Das gilt auch für den Antrag auf Erlass einer einstweiligen Verfügung. Das Fehlen eigener Sanktions- und Durchsetzungsmöglichkeiten begründet für sich allein noch keine Wiederholungsgefahr (BGH GRUR 1983, 186, 187 – *Wiederholte Unterwerfung I*).

1.178 **c) Kein Wiederaufleben der Wiederholungsgefahr.** Eine durch Abgabe einer strafbewehrten Unterwerfungserklärung gegenüber einem Verletzten **entfallene Wiederholungsgefahr** lebt nicht wieder auf, wenn der Verletzer erklärt, die Verpflichtung künftig nicht mehr einhalten zu wollen (s § 8 Rdn 1.45 und § 12 Rdn 1.106 und 1.108; aM OLG Hamburg WRP 1986, 560). Eine solche Erklärung begründet aber eine Erstbegehungsgefahr und damit einen neuen Unterlassungsanspruch.

2. Kapitel. Erkenntnisverfahren

Übersicht

	Rdn
I. Rechtsweg	2.1–2.10
1. Abgrenzung	2.1–2.4
a) Die Abgrenzung zur öffentlich-rechtlichen Streitigkeit	2.2–2.3 a
aa) Allgemeines	2.2
bb) Sozialrechtliche Streitigkeiten	2.3, 2.3 a
b) Die Abgrenzung zur arbeitsgerichtlichen Streitigkeit	2.4
2. Wettbewerbsbeziehungen der öffentlichen Hand	2.5, 2.6
a) Klagen der öffentlichen Hand	2.5
b) Klagen gegen die öffentliche Hand	2.6
3. Beispiele	2.7, 2.8
a) Bejahung des ordentlichen Rechtswegs	2.7
b) Verneinung des ordentlichen Rechtswegs	2.8
4. Rechtswegprüfung	2.9
5. Ausschluss des ordentlichen Rechtswegs	2.10
II. Zuständigkeit	2.11–2.14
1. Internationale Zuständigkeit	2.11
2. Sachliche Zuständigkeit	2.12
3. Örtliche Zuständigkeit	2.13
4. Funktionelle Zuständigkeit	2.14
III. Rechtsschutzbedürfnis	2.15–2.22
1. Unterlassungsklage	2.15–2.17
2. Feststellungsklage	2.18–2.22
a) Schadensersatzfeststellung	2.18, 2.19
b) Negative Feststellungsklage	2.20
c) Feststellung des ursprünglichen Bestehens eines Verfügungsanspruchs	2.21
d) Feststellung des Nichtbestehens eines Verfügungsanspruchs	2.22
IV. Klage	2.23–2.34
1. Streitgegenstand	2.23, 2.23 a
2. Klagehäufung	2.24, 2.25
a) Objektive Klagehäufung	2.24
b) Subjektive Klagehäufung	2.25
3. Klageänderung	2.26–2.29
a) Zulässigkeit	2.26–2.28
aa) Einwilligung	2.27
bb) Sachdienlichkeit	2.28
b) Vorliegen	2.29
4. Klagerücknahme	2.30
5. Erledigung der Hauptsache	2.31–2.34
a) Übereinstimmende Erledigungserklärung	2.31
b) Einseitige Erledigungserklärung des Klägers	2.32
c) Beispiele	2.33
d) Kostenentscheidung	2.34

	Rdn
V. Unterlassungsklage	2.35–2.50
1. Bestimmtheit des Unterlassungsantrags	2.35–2.42
a) Allgemeines	2.35
b) Verwendung unbestimmter Begriffe	2.36–2.39
aa) Problematik	2.36
bb) Einzelfallwürdigung	2.37
cc) Unstreitige Bedeutung	2.38
dd) Grenzen der Bestimmtheit	2.39
c) Gesetzeswiederholung	2.40
d) Unzulänglichkeit verbaler Beschreibung	2.41
e) Geheimhaltungsinteresse	2.42
2. Konkretisierungsgebot	2.43, 2.44
a) Anknüpfung an die konkrete Verletzungsform	2.43
b) Zulässigkeit von Verallgemeinerungen	2.44
3. Zusätze	2.45, 2.46
a) Einschränkende Zusätze	2.45
b) Insbesondere-Zusätze	2.46
4. Hilfsantrag	2.47, 2.48
a) Unechter Hilfsantrag	2.47
b) Echter Hilfsantrag	2.48
5. Ordnungsmittelantrag	2.49
6. Antragsformulierung	2.50
VI. Sonstige Klagen	2.51–2.64
1. Beseitigungsklage	2.51–2.54
a) Verhältnis zur Unterlassungsklage	2.51
b) Bestimmtheitsgebot	2.52
c) Konkretisierungsgebot	2.53
d) Antragsformulierung	2.54
2. Schadensersatz(feststellungs)klage	2.55–2.59
a) Feststellungsklage	2.55
b) Leistungsklage	2.56–2.58
aa) Bezifferte Leistungsklage	2.56
bb) Unbezifferte Leistungsklage	2.57
cc) Schadensschätzung (§ 287 I ZPO)	2.58
c) Antragsformulierung	2.59
3. Auskunfts- und Rechnungslegungsklage	2.60–2.64
a) Verbindung mit anderen Klagen	2.60
b) Bestimmtheits- und Konkretisierungsgebot	2.61
c) Erledigung der Hauptsache	2.62
d) Ergänzungs- und Offenbarungsanspruch	2.63
e) Antragsformulierung	2.64
VII. Beweis	2.65–2.96
1. Beweisbedürftigkeit	2.65
2. Beweismittel	2.66
3. Beweiserhebung und Beweiswürdigung	2.67–2.70
a) Allgemeines	2.67
b) Einzelfragen	2.68–2.70
aa) Ablehnung der Beweisaufnahme	2.68
bb) Erneute Beweisaufnahme	2.69
cc) Verwertung von Beweismitteln	2.70
4. Feststellung der Verkehrsauffassung ohne Beweiserhebung	2.71–2.74
a) Allgemeines	2.71
b) Bejahung der Irreführungsgefahr	2.72
c) Verneinung der Irreführungsgefahr	2.73
d) Revisibilität	2.74
5. Feststellung der Verkehrsauffassung durch Auskünfte	2.75
6. Feststellung der Verkehrsauffassung durch Meinungsforschungsgutachten	2.76–2.88
a) Zulässigkeit und Problematik	2.76
b) Auswahl des Sachverständigen	2.77
c) Erarbeitung der Fragestellung	2.78–2.85
d) Anforderungen an das Gutachten	2.86
e) Beweiswürdigung	2.87
f) Kosten	2.88

	Rdn
7. Darlegungs- und Beweislast	2.89–2.96
a) Grundsatz	2.89
b) Anscheinsbeweis	2.90
c) Darlegungs- und Beweislast bei Werbeaussagen	2.91–2.96
aa) Allgemeines	2.91
bb) Fallgruppen	2.92–2.96
(1) Innerbetriebliche Vorgänge	2.92, 2.93
(2) Allein- oder Spitzenstellungswerbung	2.94
(3) Werbung mit fachlich umstrittener Behauptung	2.95
(4) Vergleichende Werbung	2.96
VIII. Verfahrensunterbrechungen	2.97–2.104
1. Unterbrechung	2.97–2.100
a) Allgemeines	2.97
b) Insolvenz des Klägers	2.98
c) Insolvenz des Beklagten	2.99
d) Verfahrensaufnahme	2.100
2. Aussetzung nach § 148 ZPO	2.101–2.103
a) Allgemeines	2.101
b) Lauterkeitsrecht und Kartellrecht	2.102
c) Gewerblicher Rechtsschutz	2.103
3. Vorlage an den EuGH	2.104
IX. Urteil	2.105–2.115
1. Prozessurteil	2.105
2. Sachurteil	2.106–2.112
a) Bestimmtheitserfordernis und Auslegung	2.106
b) Bindung an den Antrag	2.107
c) Zeitliche Begrenzung	2.108
d) Aufbrauchsfrist	2.109
e) Ordnungsmittelandrohung	2.110
f) Veröffentlichungsbefugnis	2.111
g) Auskunft und Rechnungslegung	2.112
3. Rechtskraft	2.113–2.115
a) Umfang	2.113
b) Wirkung zwischen den Parteien	2.114
c) Präjudizialität	2.115
X. Kosten	2.116–2.126
1. Kostenentscheidung (§§ 91 ff; § 269 III 2, 3; § 516 III ZPO)	2.116–2.119
a) Teilunterliegen (§ 92 ZPO)	2.116
b) Erledigung der Hauptsache (§ 91 a ZPO)	2.117
c) Sofortiges Anerkenntnis (§ 93 ZPO)	2.118
d) Obsiegen auf Grund neuen Vorbringens (§ 97 II ZPO)	2.119
2. Erstattungsfähigkeit einzelner Kosten	2.120–2.126
a) Kosten eines Patentanwalts	2.121
b) Kosten eines Verkehrsanwalts	2.122
c) Kosten für Testkäufe	2.123
d) Detektivkosten	2.124
e) Kosten einer Meinungsumfrage	2.125
f) Kosten privater Rechtsgutachten	2.126
XI. Vergleich	2.127–2.130
1. Prozessvergleich	2.128
2. Kostenvergleich	2.129
3. Außergerichtlicher Vergleich	2.130

I. Rechtsweg

Schrifttum: *Bosten,* Wettbewerb ohne Wettbewerbsrecht, WRP 1999, 9; *Bumiller,* Zur Zuständigkeit der Sozialgerichte für kartellrechtliche Streitigkeiten, GRUR 2000, 484; *Kessler,* Die gesetzliche Krankenversicherung als Ausnahmebereich im deutschen und europäischen Wettbewerbsrecht im Lichte der neueren Rechtsprechung, WRP 2006, 1283; *Kessler,* Die gesetzliche Krankenversicherung im Spiegel der normativen Wettbewerbsordnung – Weiterungen und Restriktionen, WRP 2007, 1030; *Köhler,* Mitgliederwerbung der Krankenkassen, NZS 1998, 153; *ders,* Neue Wettbewerbsgrundsätze der Aufsichtsbehörden der gesetzlichen Krankenversicherung, WRP 1998, 959; *Mühlhausen,* Der Meinungsstand zur Anwendbarkeit des UWG auf wettbewerbsrelevantes Verhalten von Krankenkassen, insbesondere bei der Mitgliederwerbung, NZS 1999, 120; *Pagenkopf,* Einige Betrachtungen zu den Grenzen für privatwirtschaftliche Betätigung der Gemeinden –

Grenzen für die Grenzzieher?, Gewerbearchiv 2000, 179; *Oehler,* Gesundheitswesen ohne Wettbewerb – Zum Verlust einer rechtlichen Ordnungsidee, FS Priester, 2007, 557; *Schliesky,* Öffentliches Wettbewerbsrecht, 1997; *Tetzlaff,* Wettbewerb von Sozialversicherungsträgern – Rechtswegfrage, WuW 1990, 1009.

1. Abgrenzung

Der Rechtsweg zu den **ordentlichen Gerichten** ist eröffnet, wenn eine wettbewerbsrechtliche und somit eine **bürgerlich-rechtliche Streitigkeit** iSd § 13 GVG vorliegt und **keine spezielle Rechtswegzuweisung** erfolgt ist (zB zu den **Sozialgerichten** gem § 51 II 1 Nr 3, 2 SGG; dazu BGH WRP 1997, 1199, 1200 – *Hilfsmittellieferungsvertrag;* BGH WRP 2000, 636 – *Hörgeräteakustik;* BSG NJW-RR 2002, 1691, 1692; OLG Zweibrücken NJW 1999, 875). Durch § 17 a I GVG (Bindungswirkung) ist die Abgrenzungsproblematik für die Praxis entschärft. Die **UGP-Richtlinie** nimmt auf den Rechtsweg und die Zuständigkeit der Gerichte keinen Einfluss (Art 3 VII UGP-Richtlinie; OLG Celle WRP 2009, 867, 868).

a) Die Abgrenzung zur öffentlich-rechtlichen Streitigkeit. aa) Allgemeines. Die Abgrenzung zur öffentlich-rechtlichen Streitigkeit iSd § 40 VwGO wird erforderlich, wenn an der Streitigkeit ein oder mehrere Träger hoheitlicher Gewalt beteiligt sind. Hierzu wurden verschiedene Theorien entwickelt (*Subordinations-, Interessen-, Zuordnungstheorie;* dazu *Leisner* JZ 2006, 869). Die Rspr stellt, wenn eine ausdrückliche Rechtswegzuweisung des Gesetzgebers (zB § 51 SGG) fehlt, auf die **Natur des Rechtsverhältnisses** ab, aus dem der **Klageanspruch** abgeleitet wird (GmS-OGB BGHZ 97, 312, 313 f – *Orthopädische Hilfsmittel;* GmS-OGB BGHZ 102, 280, 283 – *Rollstühle;* BGHZ 108, 284, 286 – *AOK-Mitgliederwerbung;* BGH WRP 1998, 624, 625 – *Maßnahmen der Mitgliederwerbung;* BGH WRP 1998, 55, 56 – *Diplom-Wirtschaftsjurist/in (FH);* BVerwGE 96, 71, 73). Maßgeblich ist die wahre Natur des Anspruchs, wie er sich nach dem Sachvortrag des Klägers darstellt (aA offenbar BGH WRP 2006, 747 Tz 16 – *Blutdruckmessungen).* Daher reicht es für die Annahme einer bürgerlichrechtlichen Streitigkeit weder aus, dass sich der Kläger auf eine zivilrechtliche Anspruchsgrundlage beruft, noch ist es erforderlich, dass er das Bestehen eines solchen Anspruchs schlüssig dartut. Vielmehr kommt es darauf an, ob der Parteivortrag – seine Richtigkeit unterstellt – Rechtsbeziehungen oder Rechtsfolgen ergibt, die dem Bürgerlichen Recht zugeordnet sind (GmS-OGB BGHZ 102, 280, 286 – *Rollstühle).* Bei der Qualifikation des Rechtsverhältnisses als öffentlich-rechtlich oder als bürgerlich-rechtlich kommt es regelmäßig darauf an, ob die an der Streitigkeit Beteiligten zueinander in einem Verhältnis der Über- und Unterordnung stehen und ob sich der Träger hoheitlicher Gewalt der bes, ihm zugeordneten Rechtssätze des öffentlichen Rechts bedient oder ob er sich den für jedermann geltenden zivilrechtlichen Regelungen unterstellt (GmS-OGB BGHZ 102, 280, 283 – *Rollstühle;* BGH NJW 1988, 2297).

bb) Sozialrechtliche Streitigkeiten. In der Praxis spielt vor allem die rechtliche Regelung der Tätigkeit von gesetzlichen Krankenkassen und damit der Rechtsweg zu den **Sozialgerichten** eine Rolle. Die einschlägigen Vorschriften in der **seit dem 2. 1. 2002** geltenden Fassung lauten:

SGG § 51
(1) Die Gerichte der Sozialgerichtsbarkeit entscheiden über öffentlich-rechtliche Streitigkeiten ...
2. in Angelegenheiten der gesetzlichen Krankenversicherung, der sozialen Pflegeversicherung und der privaten Pflegeversicherung (Elftes Buch Sozialgesetzbuch), auch soweit durch diese Angelegenheiten Dritte betroffen werden; ...
(2) Die Gerichte der Sozialgerichtsbarkeit entscheiden auch über privatrechtliche Streitigkeiten in Angelegenheiten der gesetzlichen Krankenversicherung, auch soweit durch diese Angelegenheiten Dritte betroffen werden. § 87 des Gesetzes gegen Wettbewerbsbeschränkungen findet keine Anwendung. Satz 1 gilt für die soziale Pflegeversicherung und die private Pflegeversicherung (Elftes Buch Sozialgesetzbuch) entsprechend.

Für die Eröffnung des Rechtswegs zu den Sozialgerichten kommt es dementsprechend nur darauf an, ob es sich um eine Streitigkeit in einer „Angelegenheit der gesetzlichen Krankenversicherung" handelt. Dagegen spielt es nach der ausdrücklichen gesetzlichen Regelung keine Rolle, ob die Streitigkeit öffentlich-rechtlicher oder privatrechtlicher Natur ist (BGH GRUR 2004, 444, 445 – *Arzneimittelsubstitution;* BGH GRUR 2007, 535 Tz 10 – *Gesamtzufriedenheit).* Letztere Frage spielt nur eine Rolle, ob die Streitigkeit von den Sozialgerichten nach öffentlichem Recht (Sozialrecht) oder nach dem Privatrecht (Bürgerliches Recht; Lauterkeitsrecht; Kartellrecht) zu entscheiden ist. Wann allerdings eine **„Angelegenheit der gesetzlichen Krankenversicherung, ... auch soweit durch diese Angelegenheiten Dritte betroffen werden"** vorliegt, ist noch nicht abschließend geklärt. Es besteht allerdings kein sachlicher Grund, diese

Regelung extensiv auszulegen (Ahrens/*Bornkamm* Kap 15 Rdn 32). Man wird sie vielmehr auf die Fälle beschränken müssen, in denen es um die Wahrnehmung der gesetzlich zugewiesenen sozialrechtlichen Aufgaben geht (BGH GRUR 2007, 535 Tz 13 – *Gesamtzufriedenheit*). Der Rechtsstreit muss also Maßnahmen betreffen, die unmittelbar der Erfüllung der den Krankenkassen nach dem SGB V obliegenden öffentlichrechtlichen Aufgaben dienen (BGH GRUR 2008, 447 Tz 14 – *Treuebonus*). Dazu gehört auch der Fall, dass eine der Parteien zwar nicht als Leistungsträger oder Leistungserbringer, wohl aber gleichsam als Repräsentant von Leistungserbringern von einem Unternehmen in Anspruch genommen wird (BGH GRUR 2004, 444, 445 – *Arzneimittelsubstitution*). Dazu gehören weiter die Fälle, in denen schon früher der Rechtsweg zu den **Sozialgerichten** bejaht worden war, weil das Schwergewicht des Rechtsstreits in einem Aufgabenbereich anzusiedeln war, dessen Erfüllung den Kassenärztlichen Vereinigungen und Krankenkassen unmittelbar auf Grund der Bestimmungen des SGB V oblag (BGH WRP 1997, 1199, 1200 – *Hilfsmittellieferungsvertrag*; BGH GRUR 2000, 251, 252 f – *Arzneimittelversorgung*; BGH GRUR 2001, 87, 88 – *Sondenernährung*; BGH GRUR 2003, 549 – *Arzneimittelversandhandel*). Denn insoweit wollte der Gesetzgeber keine Änderung herbeiführen (BGH GRUR 2004, 444, 445 – *Arzneimittelsubstitution*). **Beispiele:** Klage eines Pharmaunternehmens gegen eine Kassenärztliche Vereinigung und eine AOK auf Unterlassung der Verbreitung einer „Gemeinsamen Erklärung zur Arzneimittelversorgung" gegenüber Kassenärzten, bestimmte Arzneimittel nicht mehr zu verschreiben (BGH GRUR 2000, 251, 252 f – *Arzneimittelversorgung*); Klage eines Unternehmens gegen eine Betriebskrankenkasse, mit der ihr die Ausübung der sozialrechtlichen Sachleistungsbefugnis verboten werden sollte (BGH GRUR 2001, 87, 88 – *Sondenernährung*); Klage der Wettbewerbszentrale gegen eine Ersatzkasse auf Unterlassung von Hinweisen zum Bezug von Arzneimitteln von Internet-Apotheken (BGH GRUR 2003, 549 – *Arzneimittelversandhandel*); Klage einer Körperschaft gegen eine GmbH betreffend die Frage, ob eine nach § 140 c SGB V zwischen den Krankenkassen und ihren Vertragspartnern im Rahmen der integrierten Versorgung vereinbarte Vergütung mit berufsrechtlichen Vorschriften der Ärzte vereinbar ist (BGH WRP 2009, 846 Tz 13 – *Integrierte Versorgung*). Eine Klage der Wettbewerbszentrale gegen eine Krankenkasse wegen Vereinbarung einer Gutscheinaktion mit einer Apotheke hat der BGH allerdings nicht als unzulässig, sondern als unbegründet abgewiesen (BGH WRP 2006, 747 Tz 20 – *Blutdruckmessungen*). – **Nicht** um eine Angelegenheit der gesetzlichen Krankenversicherung iSv § 51 I Nr 2, II 1 SGG handelt es sich, wenn der geltend gemachte Anspruch ausschließlich auf Normen gestützt wird, deren Beachtung auch jedem privaten Mitbewerber obliegt (BGH GRUR 2007, 535 Tz 13 – *Gesamtzufriedenheit*; BGH GRUR 2008, 447 Tz 14 – *Treuebonus*; BGH WRP 2009, 846 Tz 13 – *Integrierte Versorgung*; OLG Schleswig-Holstein WRP 2009, 494; OLG Celle GRUR-RR 2010, 86). Dazu gehören insbes die **„Jedermanns-Rechtsbeziehungen"** von Krankenkassen zu Dritten, etwa der Kauf von Computern. Was die **Mitgliederwerbung** einer gesetzlichen Krankenkasse angeht, ist zu unterscheiden, ob private Mitbewerber bzw Verbände oder ob gesetzliche Krankenkassen klagen. Im ersteren Fall sind die ordentlichen Gerichte zuständig (zur Klage einer privaten Krankenversicherung vgl BGHZ 66, 229 – *Studentenversicherung*; zur Klage eines Verbraucherverbands vgl BGH GRUR 1999, 88, 89 – *Ersatzkassen-Telefonwerbung*; zur Klage eines Wettbewerbsverbands vgl BGH GRUR 2007, 535 Tz 12 – *Gesamtzufriedenheit* mwNachw auch zur Gegenansicht; OLG Celle WRP 2009, 867; LG München I WRP 2009, 1156, 1157). Im letzteren Fall sind dagegen die Sozialgerichte nach § 51 I SGG zuständig (dazu BGH GRUR 1998, 744, 745 – *Mitgliederwerbung*; BGH GRUR 2007, 535 Tz 14 – *Gesamtzufriedenheit*). Der Rechtsweg zu den Sozialgerichten ist auch nicht bei Maßnahmen der **Öffentlichkeitsarbeit** von Krankenkassen eröffnet. So zB, wenn sich eine Krankenkasse in einer Presseerklärung gegen ein Verhalten einer Kassenärztlichen Vereinigung wendet und diese dagegen eine auf Privatrecht (§§ 823 I, 824, 1004 BGB) gestützte Unterlassungsklage erhebt (BGH NJW 2003, 1192, 1193; Fezer/*Büscher* § 12 Rdn 196). Eine Angelegenheit der gesetzlichen Krankenversicherung liegt auch dann nicht vor, wenn ein Apotheker Sonderzahlungen an privat und gesetzlich Versicherte bei Einlösung von Rezepten gewährt (BGH WRP 2008, 675 Tz 12 ff – *Treuebonus*) oder wenn eine Krankenkasse private Zusatzversicherungen vermittelt (LG Braunschweig GRUR-RR 2008, 181 LS).

2.3a Was das von den Sozialgerichten anzuwendende **materielle Recht** angeht, kommt dem **§ 69 SGB V** maßgebliche Bedeutung zu. Danach sind die Rechtsbeziehungen der Krankenkassen zu den Leistungserbringern in den §§ 69–140 h SGB V **abschließend** geregelt, und zwar auch, „soweit durch diese Rechtsbeziehungen Rechte Dritter betroffen sind" (§ 69 S 5 SGB V). In § 69 S 2 SGB V ist allerdings die entsprechende Anwendung der §§ 19–21 GWB angeordnet, soweit es nicht um Verträge geht, zu deren Abschluss eine gesetzliche Verpflichtung besteht (dazu

Keßler WRP 2007, 1030). Damit ist bezweckt, die Tätigkeiten der Krankenkassen, die im Zusammenhang mit der Erfüllung ihres öffentlich-rechtlichen Versorgungsauftrags stehen, dem Privatrecht und insbes dem Wettbewerbs- und Kartellrecht vollständig zu entziehen (BGH GRUR 2004, 247, 249 – *Krankenkassenzulassung;* BGH GRUR 2006, 517 Tz 22 – *Blutdruckmessungen;* BGHZ 175, 333 Tz 18 – *Kreiskrankenhaus Bad Neustadt;* BSGE 87, 95, 99; 89, 24, 33; Ahrens/*Bornkamm* Kap 15 Rdn 18; *Keßler* WRP 2006, 1283, 1284 ff). Die Rechtswegzuweisung an die Sozialgerichte gem § 51 I Nr 2 SGG bleibt davon unberührt. Hat daher zB das Landgericht seine fehlende Zuständigkeit nicht erkannt und in der Hauptsache entschieden, so ist das Rechtsmittelgericht nach § 17 a V GVG zwar zuständig, muss aber den Rechtsstreit nach Sozialrecht, soweit § 69 SGB V einschlägig ist, entscheiden. Die frühere Rspr (vgl BGH WRP 2000, 759, 762 – *Zahnersatz aus Manila;* BGH GRUR 2000, 636 – *Hörgeräteakustik;* BGH GRUR 2003, 979, 980 – *Wiederverwendbare Hilfsmittel*) ist daher überholt. – Die materiellrechtliche Problematik beschränkt sich auf die Frage, wie weit die sozialrechtliche Regelung in § 69 SGB V reicht (dazu *Kessler* WRP 2007, 1030, 1033 f; *Möschel* JZ 2007, 601). Nicht erfasst ist zB die – nach § 194 I a SGB V erlaubte – Vermittlung von privaten Zusatzversicherungen bei einem privaten Krankenversicherer (OLG Braunschweig GRUR-RR 2009, 182). Insoweit finden die Vorschriften des Kartell- und Wettbewerbsrechts Anwendung (vgl BT-Drucks 15/1525 S 138). Im Anwendungsbereich der UGP-Richtlinie sind auch deren Regelungen und Wertungen im Wege der richtlinienkonformen Auslegung zu berücksichtigen.

b) Die Abgrenzung zur arbeitsgerichtlichen Streitigkeit. Die **Arbeitsgerichte** sind für wettbewerbsrechtliche Streitigkeiten zwischen Arbeitgebern und (auch ausgeschiedenen) Arbeitnehmern nach Maßgabe des § 2 I Nr 3 lit c, d, Nr 4 lit a, III ArbGG zuständig. Im Vordergrund steht § 2 I Nr 3 lit d ArbGG. Danach sind die Arbeitsgerichte für Rechtsstreitigkeiten zwischen Arbeitnehmern und Arbeitgebern „aus unerlaubten Handlungen", soweit diese „mit dem Arbeitsverhältnis im Zusammenhang stehen", **ausschließlich zuständig.** Da Verstöße gegen das UWG (§§ 3, 7, 16 ff) unerlaubte Handlungen darstellen, ist also bei Bestehen eines Zusammenhangs mit dem Arbeitsverhältnis der **Rechtsweg** zu den Arbeitsgerichten eröffnet. Da es sich um die Frage des Rechtswegs, nicht der sachlichen Zuständigkeit handelt, gelten für die Verweisung von Rechtsstreitigkeiten die §§ 17 a II GVG, 48 I ArbGG, nicht § 281 ZPO. – Als „unerlaubte Handlung" iSd § 2 I Nr 3 d ArbGG ist jeder Wettbewerbsverstoß, auch der erst drohende, anzusehen. Ob ein Wettbewerbsverstoß mit einem Arbeitsverhältnis in **Zusammenhang** steht, beurteilt sich nach objektiven Maßstäben (OLG Düsseldorf GRUR-RR 2003, 63; *Fischer* DB 1998, 1182). Erforderlich ist nur, dass die unerlaubte Handlung in einer inneren Beziehung zu dem Arbeitsverhältnis steht, sie also in der bes Eigenart des Arbeitsverhältnisses und den ihm eigentümlichen Reibungs- und Berührungspunkten wurzelt (BGH LM ArbGG § 2 Nr 3). Ein Zusammenhang mit dem Arbeitsverhältnis ist immer dann anzunehmen, wenn der Verstoß zugleich eine Verletzung des Arbeitsvertrages (einschließlich nachwirkender Treuepflichten) darstellt. Es wird nicht vorausgesetzt, dass das Arbeitsverhältnis bereits begonnen hat und noch fortbesteht. Die zwischenzeitliche Beendigung des Arbeitsverhältnisses ist daher unerheblich (OLG Düsseldorf GRUR-RR 2003, 63; OLG Brandenburg GRUR-RR 2009, 37, 38 LS; Ahrens/*Bornkamm* Kap 15 Rdn 13; aA *Asendorf* GRUR 1990, 229, 231). **Beispiele:** Anschwärzende und herabsetzende Äußerungen (§ 4 Nr 7, 8) eines Arbeitnehmers gegenüber Kollegen zwecks Abwerbung (OLG Düsseldorf GRUR-RR 2003, 63); Geheimnisverrat (§ 17 I). – Maßgebend ist allerdings der dem Gericht vorgetragene Lebenssachverhalt. Stützt der Kläger seine Klage auf einen Sachverhalt, der keinen Bezug zum (früheren) Arbeitsverhältnis hat, ist auch nicht die Zuständigkeit der Arbeitsgerichte gegeben (OLG Nürnberg WRP 2008, 1475, 1476). – Für die Verletzung nachvertraglicher Pflichten, die zugleich Wettbewerbsverstöße darstellen, gilt § 2 I Nr 3 lit c ArbGG iVm § 17 II 1 GVG; für die Herausgabe von Schmiergeldern gem §§ 687 II, 667 BGB gilt § 2 I Nr 4 lit a ArbGG. – Dass Arbeitsgerichte trotz ggf mangelnder wettbewerbsrechtlicher Erfahrungen auch über wettbewerbsrechtliche Ansprüche zu entscheiden haben (§ 17 II GVG), ist hinzunehmen. In der Praxis wird die **ausschließliche** Zuständigkeit der Arbeitsgerichte häufig nicht beachtet. Soweit das Landgericht in der Hauptsache entscheidet, ist das Rechtsmittelgericht aber daran gebunden (§ 17 a V GVG). Etwas anderes gilt, wenn das Landgericht nicht vorab über eine Rüge der Zulässigkeit des Rechtswegs durch Beschluss entschieden hat (§ 17 a III 2 GVG; OLG Brandenburg GRUR-RR 2009, 37, 38 LS). Zu vergleichbaren Sachverhalten finden sich daher sowohl BGH- als auch BAG-Entscheidungen (vgl BGH GRUR 1964, 215 – *Milchfahrer;* BAG ZIP 1988, 733, 736). – Die Arbeitsgerichte sind nach § 2 III ArbGG auch für sog **Zusammenhangsklagen** zuständig, nämlich solche Klagen, für die an sich die ordentlichen Gerichte zuständig sind, die aber mit einem vor die Arbeitsgerichte gehörenden Anspruch „in rechtlichem oder unmittelbar wirtschaftlichem Zusammenhang" stehen. **Beispiel:** Klage gegen ausgeschiedenen Beschäftigten wegen Geheimnisverrats und gegen den neuen Arbeitgeber wegen unlauterer Nutzung des Geheimnisses. Der Verletzte kann allerdings stattdessen gegen den neuen Arbeitgeber auch vor den ordentlichen Gerichten vorgehen (Ahrens/*Bornkamm* Kap 15 Rdn 15).

2. Wettbewerbsbeziehungen der öffentlichen Hand

2.5   **a) Klagen der öffentlichen Hand.** Der ordentliche Rechtsweg ist stets gegeben, wenn sich die öffentliche Hand als Teilnehmer am Wirtschaftsleben gegen das Wettbewerbsverhalten privater Mitbewerber wendet (BGHZ 37, 1, 16 = GRUR 1962, 470 – *AKI;* BGHZ 68, 132 = GRUR 1977, 543 – *Der 7. Sinn;* BGHZ 83, 53 = GRUR 1982, 431 – *POINT;* BGH GRUR 1993, 692 – *Guldenburg*). Das Gleiche gilt für öffentlich-rechtliche Verbände, denen nach § 8 III Nr 2 die Klagebefugnis zusteht (BGH GRUR 1991, 540 – *Gebührenausschreibung*). Diese können wettbewerbsrechtliche Ansprüche auch dann geltend machen, wenn ihnen gleichzeitig ein öffentlich-rechtliches Vorgehen möglich wäre (BGH WRP 1999, 824, 825 – *Steuerberaterwerbung auf Fachmessen;* BGH GRUR 2006, 598 Tz 14 f – *Zahnarztbriefbogen*). Eine Ausnahme gilt nur dann, wenn das Wettbewerbsverhältnis öffentlich-rechtlich geregelt ist (BGHZ 130, 13 = NJW 1995, 2295, 2296 – *Remailing I;* § 4 Rdn 13.9).

2.6   **b) Klagen gegen die öffentliche Hand.** Problematisch ist nur der umgekehrte Fall der Klage **Privater** gegen die öffentliche Hand. Tritt ein Träger hoheitlicher Gewalt mit seinem Verhalten in Wettbewerb zu Privaten oder einem anderen Träger öffentlicher Gewalt, so ist dieses Wettbewerbsverhältnis idR von der Gleichordnung der Wettbewerber untereinander bestimmt. Streitigkeiten hieraus sind grds, also sofern das Wettbewerbsverhältnis nicht durch **Normen des öffentlichen Rechts** geregelt ist (wie zB durch Normen des **Sozialrechts;** vgl § 69 SGB V; dazu Rdn 2.3), bürgerlich-rechtlicher Natur. Dies gilt auch dann, wenn sich das Handeln des Trägers hoheitlicher Gewalt als eine Erfüllung öffentlicher Aufgaben darstellt (BVerwGE 17, 306 ff; 39, 329, 337). Allerdings kann von einem Gleichordnungsverhältnis nicht ohne weiteres auf eine bürgerlichrechtliche Streitigkeit geschlossen werden (BGH GRUR 1993, 407, 408 – *Selbstzahler*). Die **Wettbewerbsbeziehungen** der öffentlichen Hand sind unabhängig von ihren **Leistungsbeziehungen** zu beurteilen. Es ist deshalb unerheblich, dass die öffentliche Hand im Verhältnis zu ihren Mitgliedern, Benutzern oder Abnehmern in einem öffentlich-rechtlich gestalteten Leistungsverhältnis steht. Die dazu ergangene Rspr ist allerdings überholt, soweit sie die sozialrechtlichen Leistungsbeziehungen der Krankenkassen zu ihren Mitgliedern betrifft, da durch § 69 S 4 SGB V auch das Rechtsverhältnis zu Dritten, also Wettbewerbern, abschließend dem Sozialrecht zugewiesen ist (vgl Rdn 2.3; überholt daher BGHZ GS 66, 229 = GRUR 1976, 658, 659 – *Studenten-Versicherung;* BGHZ 67, 81, 84 = GRUR 1971, 51 – *Auto-Analyzer;* BGH GRUR 1982, 433, 434 – *Kinderbeiträge;* BGHZ 82, 375, 382 = GRUR 1982, 425, 427 – *Brillen-Selbstabgabestellen;* BGH GRUR 1993, 917, 919 – *Abrechnungs-Software für Zahnärzte*). – Dass die ordentlichen Gerichte durch die Untersagung eines wettbewerblichen Handelns **mittelbar** in den hoheitlichen Tätigkeitsbereich der öffentlichen Hand eingreifen, ist hinzunehmen (BGH aaO – *Brillen-Selbstabgabestellen; Piper* GRUR 1986, 574, 577).

3. Beispiele

2.7   **a) Bejahung des ordentlichen Rechtswegs.** Klagen Privater gegen **Krankenkassen** wegen unlauterer Mitgliederwerbung (BGH WRP 1998, 624 – *Maßnahmen der Mitgliederwerbung;* BGH WRP 1998, 1076, 1077 – *Verbraucherschutzverband gegen Ersatzkasse;* OLG München WRP 2003, 1145, 1146); gegen **kassenärztliche Vereinigungen** wegen unentgeltlicher Software-Abgabe an Mitglieder (BGH GRUR 1993, 917, 919 – *Abrechnungs-Software für Zahnärzte*); gegen **Gemeinden** wegen des Betriebs von Bestattungsunternehmen (BGH GRUR 1987, 116 – *Kommunaler Bestattungswirtschaftsbetrieb I*), der Vergabe von Krankentransporten (BGH GRUR 1987, 829 – *Krankentransporte*), der Werbung in Amtsblättern (BGH GRUR 1973, 530 – *Crailsheimer Stadtblatt*), der Vergabe von Subventionen (OLG Stuttgart WRP 1980, 101; OLG Frankfurt WRP 1997, 592, 593), der Honoraranfrage bei Ingenieuren (BGH GRUR 1991, 769 – *Honoraranfrage*); gegen **Landkreise** wegen des Verkaufs von Kfz-Schildern (BGH GRUR 1974, 733 – *Schilderverkauf*); gegen (Ärzte-, Apotheker-)**Kammern** wegen diskriminierender oder begünstigender Rundschreiben (BGHZ 67, 81 = GRUR 1977, 51 – *Auto-Analyzer;* BGH

2. Kap. Erkenntnisverfahren   2.8–2.15   § 12 UWG

GRUR 1986, 905 – *Innungskrankenkassenwesen*) oder Werbeverbote (BGH GRUR 1987, 178 – *Guten Tag-Apotheke II*); gegen **kirchliche Stellen** betreffend irreführende Werbung (BGH GRUR 1981, 823 – *Ecclesia-Versicherungsdienst*); gegen **öffentlich-rechtliche Rundfunkanstalten** wegen Werbeverstößen (BGH GRUR 1990, 611 – *Werbung im Programm;* BGH GRUR 1992, 518 – *Ereignis-Sponsorwerbung*) oder fehlender Frequenzzuweisung (OLG Dresden NJW-RR 1998, 558). – Rechtsstreit zwischen **Apothekern** über die Zulässigkeit von Sonderzahlungen an privat und gesetzlich Versicherte bei Einlösung von Rezepten (BGH GRUR 2008, 447 Tz 12 ff – *Treuebonus;* OLG München GRUR-RR 2010, 53).

b) Verneinung des ordentlichen Rechtswegs. Streitigkeiten zwischen gesetzlichen Krankenkassen wegen Mitgliederwerbung (BGH WRP 1998, 624, 625 f – *Maßnahmen der Mitgliederwerbung*); zwischen Kassenarzt und Kassenärztlicher Vereinigung wegen Weitergabe von Abrechnungsunterlagen an Mitbewerber (BGH GRUR 1999, 439, 440 – *Abrechnungsprüfung*); zwischen Anwalt und Fachhochschule wegen Verleihung akademischer Grade (BGH GRUR 1998, 174 – *Fachhochschuljurist*).   **2.8**

4. Rechtswegprüfung

Das angerufene Gericht prüft den Rechtsweg von Amts wegen. Zur Entscheidung darüber und zu ihren Auswirkungen vgl §§ 17, 17 a, 17 b GVG. Die Vorschrift des § 17 a v GVG ist nicht anwendbar, wenn das erstinstanzliche Gericht entgegen § 17 a III 2 GVG über die Zulässigkeit des Rechtswegs nicht vorab durch Beschluss, sondern erst im Urteil entschieden hat (BGH GRUR 1993, 420, 421 – *Rechtswegprüfung I*). Mit der rechtskräftigen Feststellung ihrer Zuständigkeit haben die Zivilgerichte nach § 17 II GVG den Rechtsstreit unter allen in Betracht kommenden rechtlichen Gesichtspunkten zu prüfen, soweit es sich um einen einheitlichen prozessualen Anspruch handelt (BGH GRUR 2003, 979, 981 – *Wiederverwendbare Hilfsmittel*). Werden in einer Klage mehrere prozessuale Ansprüche geltend gemacht, die verschiedenen Rechtswegen zugehören, ist eine Prozesstrennung nach § 145 ZPO vorzunehmen (BGH GRUR 1998, 506 – *Rechtsweg*).   **2.9**

5. Ausschluss des ordentlichen Rechtswegs

Wirksame Schiedsgerichtsvereinbarungen (§ 1025 ZPO) schließen den ordentlichen Rechtsweg aus. Die Klage ist daher als unzulässig abzuweisen, wenn sich der Beklagte auf den Schiedsvertrag beruft (§ 1032 I ZPO). Der Rechtsweg bleibt aber für das Verfügungsverfahren (§ 1033 ZPO) sowie für das Vollstreckungsverfahren (§§ 1060 ff ZPO) und das Aufhebungsverfahren (§ 1059 ZPO) eröffnet.   **2.10**

II. Zuständigkeit

1. Internationale Zuständigkeit

Vgl Einl Rdn 5.28 ff.   **2.11**

2. Sachliche Zuständigkeit

Vgl § 13.   **2.12**

3. Örtliche Zuständigkeit

Vgl § 14.   **2.13**

4. Funktionelle Zuständigkeit

Vgl § 13 Rdn 3 ff.   **2.14**

III. Rechtsschutzbedürfnis

1. Unterlassungsklage

Bei wettbewerbsrechtlichen Unterlassungsklagen ergibt sich das Rechtsschutzbedürfnis regelmäßig aus der Nichterfüllung des behaupteten materiellrechtlichen Anspruchs, dessen Bestehen insoweit zu unterstellen ist (BGH GRUR 1973, 208, 209 – *Neues aus der Medizin;* BGH GRUR 1980, 241, 242 – *Rechtsschutzbedürfnis;* BGH GRUR 1987, 568, 569 – *Gegenangriff;* BGH GRUR 1987, 45, 46 – *Sommerpreiswerbung;* BGH GRUR 1993, 576, 577 – *Datatel;* BGHZ 162, 246, 250   **2.15**

= GRUR 2005, 519 – *Vitamin-Zell-Komplex*). Das ist etwas ungenau. Richtigerweise kommt es darauf an, dass der Kläger Wiederholungs- oder Erstbegehungsgefahr einer Zuwiderhandlung gegen § 3 oder gegen § 7 behauptet. Das Gericht darf das Rechtsschutzbedürfnis grds nicht mit materiellrechtlichen Erwägungen verneinen (BGH aaO – *Datatel*), etwa unter Hinweis auf eine erfolgte Unterwerfung (OLG Köln WRP 1996, 333, 336) oder eigenem wettbewerbswidrigen Handelns des Klägers (BGH aaO – *Vitamin-Zell-Komplex*). Das Rechtsschutzbedürfnis entfällt nur ausnahmsweise (BGH aaO – *Datatel*), nämlich wenn das Gericht unnütz, unlauter oder prozesszweckwidrig bemüht wird (BGH GRUR 1976, 256, 257 – *Rechenscheibe;* KG GRUR-RR 2010, 22, 24). Hat der Gläubiger mehrere gleichwertige Wege zur Durchsetzung eines Begehrens, so muss er den prozessual einfacheren und billigeren wählen (BGH GRUR 1980, 241, 242 – *Rechtsschutzbedürfnis;* BGH GRUR 1993, 556, 558 – *TRIANGLE*). Die Gleichwertigkeit war zB zu verneinen zwischen dem Widerspruchsverfahren nach § 5 IV WZG und der Klage auf Rücknahme der Anmeldung (BGH aaO – *TRIANGLE*). – Bei Geltendmachung eines **vertraglichen** Unterlassungsanspruchs fehlt das Rechtsschutzbedürfnis, wenn ein Verstoß gegen die Unterlassungspflicht weder erfolgt ist noch droht (BGH GRUR 1999, 522, 524 – *Datenbankabgleich*).

2.16 **Das Rechtsschutzbedürfnis fehlt:** bei Vorliegen eines vollstreckbaren Hauptsachetitels (Urteil, Vergleich) oder eines diesem auf Grund einer *Abschlusserklärung* gleichwertigen Verfügungstitels (Rdn 3.77; BGHZ 181, 373 = GRUR 2009, 1096 Tz 14 – *Mescher weis;* BGH GRUR 2010, 855 – *Folienrollos*). **Das Rechtsschutzbedürfnis entfällt:** bei einer auf Unterlassen der Behauptung unlauteren Handelns gerichteten Klage, wenn der Beklagte seinerseits Klage auf Unterlassen der betreffenden Handlung erhebt (OLG Nürnberg GRUR-RR 2007, 45, 46).

2.17 **Das Rechtsschutzbedürfnis besteht:** (1) trotz Möglichkeit eines berufsgerichtlichen oder Strafverfahrens (BGHZ 79, 390 = GRUR 1981, 596, 597 – *Apotheken-Steuerberatungsgesellschaft;* BGH GRUR 1957, 558 – *BY-Express*); (2) idR trotz Möglichkeit, Anhängigkeit oder Durchführung einer Vertragsstrafenklage, weil sie einem anderen Zweck dient (BGH GRUR 1980, 241, 242 – *Rechtsschutzbedürfnis;* zur Berücksichtigung bei der Unterlassungsvollstreckung vgl Rdn 6.9); (3) trotz (Antrags auf) Erlass einer einstweiligen Verfügung (BGH GRUR 1973, 384 – *Goldene Armbänder;* OLG Dresden WRP 1996, 432, 433; OLG Köln NJWE-WettbR 1999, 92), weil diese nur vorläufigen Rechtsschutz gewährt; dies gilt auch dann, wenn der Antragsgegner auf das Recht, die Hauptsacheklage zu erzwingen (§ 926 ZPO), verzichtet hat, weil er noch andere Einwendungen gegen die einstweilige Verfügung (§ 927 ZPO) vorbringen kann (BGH GRUR 1989, 115 – *Mietwagen-Mitfahrt*); (4) idR trotz Klage oder Titel eines anderen Gläubigers (Mehrfachklage; BGH GRUR 1960, 379, 381 – *Zentrale;* KG WRP 1993, 22, 23; *Köhler* WRP 1992, 359), weil es sich um einen anderen Streitgegenstand handelt und der Gläubiger keinen Einfluss auf die Prozessführung und Vollstreckung des anderen hat; (5) bei Vorgehen gegen einen „untergeordneten" Störer, selbst wenn ein Vorgehen gegen den „Hauptstörer" möglich oder bereits erfolgt ist (BGH GRUR 1976, 256, 257 – *Rechenscheibe;* vgl auch BGH GRUR 1977, 114, 115 – *VUS*); (6) trotz eigenen wettbewerbswidrigen Verhaltens des Gläubigers, da dieses allenfalls eine materiellrechtliche Einwendung begründen kann (dazu § 11 Rdn 2.38 ff); (7) trotz Verzichts des Schuldners auf die Verjährungseinrede (OLG Hamm WRP 1992, 655). Das gilt jedenfalls für die Unterlassungsklage, weil und solange der Gläubiger keinen Unterlassungstitel hat; (8) trotz vorher erhobener gegnerischer (negativer) Feststellungsklage (BGH WRP 1994, 816, 817 – *Preisrätselgewinnauslobung II,* vgl auch Rdn 2.20). – Zur Einordnung des **Missbrauchstatbestands** des § 8 IV vgl § 8 Rdn 4.3 ff – Zum Verfahren vor den **Einigungsstellen** vgl § 15.

2. Feststellungsklage

2.18 **a) Schadensersatzfeststellung.** Das **Feststellungsinteresse** (§ 256 I ZPO) als spezielle Ausprägung des Rechtsschutzbedürfnisses (BGH GRUR 2002, 795, 796 – *Titelexklusivität*) fehlt, wenn der Kläger eine entspr Leistungsklage erheben kann. Dazu reicht es **grds** aus, wenn der Kläger eine Stufenklage erheben kann, es sei denn, die Schadensentwicklung ist im Zeitpunkt der Klageerhebung noch nicht abgeschlossen (BGH GRUR 1992, 559 – *Mikrofilmanlage;* BGH GRUR 2001, 1177 f – *Feststellungsinteresse II;* OLG Stuttgart GRUR 2005, 944, 946). Auf die Wahrscheinlichkeit einer Schadensentstehung kommt es insoweit nicht an; sie ist erst bei der Begründetheit zu prüfen (BGH aaO – *Mikrofilmanlage;* GRUR 1972, 180, 183 – *Cheri*). – Von diesem Grundsatz ist aber beim wettbewerbsrechtlichen Schadensersatzanspruch eine Ausnahme zu machen. Hier entfällt das Feststellungsinteresse im Regelfall nicht schon dadurch, dass der Kläger im Wege der Stufenklage (§ 254 ZPO) auf Leistung klagen könnte (stRspr; vgl BGH GRUR 1960, 193, 196 – *Frachtenrückvergütung;* BGH GRUR 2001, 1177, 1178 – *Feststellungs-*

interesse II mwN; BGH GRUR 2003, 960 – *Feststellungsinteresse III;* OLG Stuttgart GRUR 2005, 944, 946; OLG Frankfurt GRUR 2007, 612, 614). Denn selbst nach erteilter Auskunft kann die Begründung des Schadensersatzanspruchs Schwierigkeiten bereiten und einer eingehenden sachlichen Prüfung – auch hins der Berechnungsmethode – bedürfen (BGH aaO – *Feststellungsinteresse II*). Auch kann Streit über die Vollständigkeit der erteilten Auskunft entstehen. Ferner müsste der Kläger nach erteilter Auskunft den Prozess weiterbetreiben, um nicht ein Weiterlaufen der Verjährung (§ 204 II 2 BGB) zu riskieren (BGH WRP 2003, 1238, 1239 – *Feststellungsinteresse III*). Hat allerdings der Kläger die zur Konkretisierung seines Schadensanspruchs geforderte Auskunft bereits vor längerer Zeit erhalten, ist das Feststellungsinteresse zu verneinen, weil er dann ausreichend Zeit hatte, Leistungsklage zu erheben (OLG Schleswig NJWE-WettbR 1998, 91, 93). Weiter kann das Feststellungsinteresse nicht mit der Begründung verneint werden, dass bei Begründetheit des Vorbringens das Wahlrecht bei der dreifachen Schadensberechnung sinnvollerweise erst nach Erfüllung des Auskunftsanspruchs ausgeübt werden kann (BGH GRUR 2002, 795, 796 – *Titelexklusivität*). – Das allgemeine *Rechtsschutzbedürfnis* fehlt, wenn der Kläger wegen desselben Verstoßes auf Leistung, zB auf Zahlung einer Vertragsstrafe, klagen kann (BGH GRUR 1993, 926 – *Apothekenzeitschriften*).

Es muss weiter ein Interesse an **„alsbaldiger"** Feststellung vorliegen, das aber in Wettbewerbssachen wegen drohender Verjährung (§ 11) regelmäßig gegeben ist. Die Feststellungsklage hemmt die Verjährung (§ 204 I Nr 1 BGB). Wird der Schaden während des Prozesses bezifferbar, so braucht der Kläger grds nicht auf die Leistungsklage überzugehen (BGH GRUR 1978, 187, 188 – *Alkoholtest;* BGH GRUR 1987, 524, 525 – *Chanel No 5 II*). Etwas anderes kann für das erstinstanzliche Verfahren gelten, wenn der Beklagte den Übergang anregt und auch keine Verzögerung eintritt (BGH LM ZPO § 256 Nr 5; *Teplitzky* Kap 52 Rdn 18). **2.19**

b) Negative Feststellungsklage

Schrifttum: *Hoene,* Negative Feststellungsklage – Rechtsmissbrauch oder Verfahrenstaktik?, WRP 2008, 44; *Keller,* Negative Feststellungsklage, gegenläufige Leistungsklage und Verzicht auf deren Rücknahme, WRP 2000, 908; *Lindacher,* Der „Gegenschlag" des Abgemahnten, FS v Gamm, 1990, 83; *Schotthöfer,* Rechtliche Probleme im Verhältnis zwischen Feststellungsklage und Unterlassungsklage im Wettbewerbsrecht, WRP 1986, 14; *Teplitzky,* Zum Verhältnis von Feststellungs- und Leistungsklage im Bereich des gewerblichen Rechtsschutzes und des Wettbewerbsrechts, FS Lindacher, 2007, 185.

Auch die Klage auf Feststellung des Nichtbestehens eines Unterlassungsanspruchs (negative Feststellungsklage) setzt ein **Feststellungsinteresse** voraus. Es ist noch nicht gegeben, wenn der (angeblich) Verletzte zwar rechtliche Schritte angedroht, aber noch keine Abmahnung ausgesprochen hat (BGH GRUR 1995, 697, 699 – *FUNNY PAPER;* BGH GRUR 2001, 1036, 1037 – *Kauf auf Probe;* krit *Teplitzky* GRUR 2003, 272, 280). Erst durch die Abmahnung wird ein „gegenwärtiges Rechtsverhältnis" begründet. Kommt es zu einer Abmahnung und erhebt der Abgemahnte negative Feststellungsklage, so ist das Feststellungsinteresse auch dann zu bejahen, wenn er möglicherweise auch Leistungsklage, gerichtet auf die Unterlassung weiterer Abmahnungen, erheben könnte. Denn eine solche Leistungsklage würde voraussetzen, dass die (unberechtigte) Abmahnung einen Wettbewerbsverstoß darstellt (§ 4 Rdn 10.166 ff). Dies aber trifft nur ausnahmsweise zu, so dass die Leistungsklage wegen des zusätzlichen Risikos nicht zumutbar erscheint (BGH GRUR 1985, 571, 573 – *Feststellungsinteresse*). Jedoch entfällt das Rechtsschutzbedürfnis für die Klage, wenn der Abmahner seinerseits, sei es als Widerklage, sei es vor einem anderen nach § 14 zuständigen Gericht, Unterlassungsklage erhebt und diese nicht mehr einseitig zurückgenommen werden kann (BGH GRUR 1985, 41, 44 – *REHAB;* BGHZ 99, 340, 341 – *Parallelverfahren I;* BGH GRUR 1994, 846, 848 – *Parallelverfahren II;* BGH GRUR 2006, 217 Tz 12 – *Detektionseinrichtung I;* OLG Nürnberg GRUR-RR 2007, 45, 46; *Ahrens/Bornkamm* Kap 33 Rdn 11; *Keller* WRP 2000, 908, 911). Damit werden auch parallele Verfahren und widerstreitende Entscheidungen zum gleichen Streitgegenstand vermieden (BGH GRUR 2006, 217 Tz 12 – *Detektionseinrichtung I*). Die einseitige Klagerücknahme ist ua dann nicht mehr möglich, wenn der Kläger darauf verzichtet hat (*Keller* aaO). Der Feststellungskläger muss dann, soll seine Feststellungsklage nicht als unzulässig abgewiesen werden, die Hauptsache für erledigt erklären. Dies gilt aber aus Gründen der Prozessökonomie dann nicht, wenn die Feststellungsklage in diesem Zeitpunkt bereits (im Wesentlichen) entscheidungsreif war (BGH GRUR 1987, 402, 403 – *Parallelverfahren I;* OLG Düsseldorf GRUR 1993, 159), es sei denn, dass gleichzeitig auch die Leistungsklage entscheidungsreif ist (BGH GRUR 2006, 217 Tz 12 – *Detektionseinrichtung I*). Das Rechtsschutzbedürfnis bleibt auch dann gegeben, wenn die Leistungsklage sich als unzulässig erweist oder nicht alsbald zur sachlichen Entscheidung ansteht (BGHZ 134, 201, 209; OLG **2.20**

München GRUR 1993, 509). Unzulässig ist die Leistungsklage auch dann, wenn sie an einem anderen zuständigen Gericht erhoben wird und der Kläger mit der Klageerhebung unnötig zugewartet hat, es sei denn, er stellt Verweisungsantrag an das Gericht der Feststellungsklage (*Teplitzky*, FS Lindacher, 2007, 185; anders für den Antrag auf eV *Hoene* WRP 2008, 44, 47). – Hat der Verletzer eine durch Klärung der Rechtslage auflösend bedingte Unterwerfungserklärung abgegeben und ist dadurch die Wiederholungsgefahr weggefallen, so kann er den Eintritt der auflösenden Bedingung nicht mittels einer Klage auf Feststellung des Nichtbestehens des gesetzlichen Unterlassungsanspruchs erreichen (BGH GRUR 1993, 677, 679 – *Bedingte Unterwerfung;* dazu *Köhler* Anm zu BGH LM UWG 1909 § 1 Nr 626). – Hat der Unterwerfungsschuldner den Gläubiger vergeblich aufgefordert, sich darüber zu erklären, ob eine geplante Maßnahme gegen die Unterlassungspflicht verstößt, so ist das Feststellungsinteresse, dass kein solcher Verstoß vorliegt, zu bejahen (OLG Stuttgart WRP 1988, 676). – Ein Feststellungsinteresse besteht auch dann, wenn der Schuldner zur Unterlassung eines bestimmten Verhaltens verurteilt worden ist und zwischen ihm und dem Gläubiger Streit besteht, ob ein beabsichtigtes abgewandeltes Verhalten gegen das titulierte Unterlassungsgebot verstößt. Dieses Feststellungsinteresse entfällt auch nicht dadurch, dass der Gläubiger wegen eines entsprechenden Verhaltens des Schuldners einen Ordnungsmittelantrag stellt (BGH GRUR 2008, 360 Tz 22–26 – *EURO und Schwarzgeld*).

2.21   **c) Feststellung des ursprünglichen Bestehens eines Verfügungsanspruchs.** Ist ein Verfügungsanspruch durch Unterwerfung nachträglich weggefallen, so besteht für eine Klage auf Feststellung des ursprünglichen Bestehens des Verfügungsanspruchs idR kein Feststellungsinteresse (*Teplitzky* Kap 52 Rdn 26; GK/*Jacobs* Vor § 13 UWG 1909 Rdn D 395; aA OLG Hamm WRP 1980, 87, 88; OLG Nürnberg WRP 1980, 443).

2.22   **d) Feststellung des Nichtbestehens eines Verfügungsanspruchs.** Umgekehrt kann der Antragsgegner des Verfügungsverfahrens negative Feststellungsklage erheben. Dies gilt aber nicht, wenn die Verfügung nur kostenrechtliche Wirkungen zeitigt, etwa weil das Verfügungsgebot wegen Nichtwiederholbarkeit der Handlung gegenstandslos geworden ist (wegen vorrangiger Möglichkeit des Kostenwiderspruchs; BGH GRUR 1985, 571, 572 – *Feststellungsinteresse*). Feststellungsklage ist allenfalls hins ähnlicher Handlungen zulässig, wenn sich der Antragsteller insoweit eines Unterlassungsanspruchs berühmt (BGH aaO – *Feststellungsinteresse*).

IV. Klage

Schrifttum: *Bergmann,* Zur alternativen und kumulativen Begründung des Unterlassungsantrags im Wettbewerbsrecht, GRUR 2009, 224; *Berneke,* Der enge Streitgegenstand von Unterlassungsklagen des gewerblichen Rechtsschutzes und des Urheberrechts in der Praxis, WRP 2007, 579; *Götz,* Die Neuvermessung des Lebenssachverhalts, GRUR 2008, 401; *Kamlah/Ulmar,* Neues zum Streitgegenstand der Unterlassungsklage und seine Auswirkung auf Folgeprozesse, WRP 2006, 967; *Lehment,* Zur Bedeutung der Kerntherapie für den Streitgegenstand; *v Linstow/Büttner,* Nach Markenparfümverkäufen sind Reinigungsarbeiten erforderlich, WRP 2007, 169; *Teplitzky,* Der Streitgegenstand in der neuesten Rechtsprechung des I. Zivilsenats des BGH, WRP 2007, 1; *ders,* „Markenparfümverkäufe" und Streitgegenstand, WRP 2007, 397; *ders,* Zum Streitgegenstand der wettbewerbsrechtlichen Unterlassungsklage, WRP 2010, 181; *v Ungern-Sternberg,* Grundfragen des Streitgegenstands bei wettbewerbsrechtlichen Unterlassungsklagen (Teil 1), GRUR 2009, 901; (Teil 2), GRUR 2009, 1009.

1. Streitgegenstand

2.23   Der **Streitgegenstand** (= prozessualer Anspruch) wird auch im Wettbewerbsprozess durch den **Klageantrag** und den zu seiner Begründung vorgetragenen **Lebenssachverhalt** (= **Klagegrund**) bestimmt. Im Klageantrag konkretisiert sich die vom Kläger begehrte Rechtsfolge, wie sie aus dem dazu vorgetragenen Lebenssachverhalt hergeleitet wird. Das entspricht der stRspr (BGHZ 166, 253 = GRUR 2006, 421 Tz 25 – *Markenparfümverkäufe;* BGH GRUR 2006, 960 Tz 15 – *Anschriftenliste;* BGH GRUR 2007, 605 Tz 25 – *Umsatzzuwachs;* BGH GRUR 2008, 186 Tz 15 – *Telefonaktion;* BGH WRP 2009, 956 Tz 18 – *UHU;* BGH, Urt v 11. 2. 2010 – I ZR 85/08 Tz 22 – *Ausschreibung in Bulgarien;* krit *Kamlah/Ulmar* WRP 2006, 967). Beim **Unterlassungsantrag** besteht die begehrte **Rechtsfolge** im Verbot eines bestimmten Verhaltens, das der Kläger im Klageantrag und der zur Auslegung heranzuziehenden Klagebegründung festgelegt hat (Verletzungsform) (BGH GRUR 2008, 1121 Tz 16 – *Freundschaftswerbung im Internet*). Dass sich aus den vorgelegten Unterlagen (zB Werbeprospekt oder Werbe-E-Mail) ein anderes oder weiteres wettbewerbswidriges Verhalten ergeben kann, bleibt außer Betracht. Wird später sein Verbot beantragt, ist dies nur unter den Voraussetzungen einer zulässigen Klageänderung zu berücksichtigen (BGH GRUR 2008, 1121 Tz 23 – *Freundschaftswerbung im Internet*). Ist in einem Verfahren der

Klageantrag auf das Verbot einer konkreten Verletzungsform (zB Plakatwerbung) gerichtet, so steht einer weiteren Klage, mit der das Verbot einer anderen konkreten Verletzungsform (zB Handzettelwerbung) begehrt wird, nicht der Einwand der Rechtshängigkeit entgegen, weil es sich um unterschiedliche Streitgegenstände handelt. Dies gilt auch dann, wenn ein und derselbe Lebenssachverhalt zu Grunde liegen sollte (BGH GRUR 2009, 1180 Tz 16 – *0,00 – Grundgebühr*). – Von einem **einheitlichen Lebenssachverhalt** ist auszugehen, wenn der **Kern** des in der Klage angeführten Sachverhalts unverändert bleibt (BGH GRUR 2008, 186 Tz 15 – *Telefonaktion;* BGH GRUR 2008, 443 Tz 22 – *Saugeinlagen;* BGH GRUR 2009, 1180 Tz 15 – *0,00 – Grundgebühr*). Das ist insbes im Hinblick für den Einwand der Rechtshängigkeit, für die Klageänderung (Rdn 2.29) und für die Rechtskraft (Rdn 2.113) von Bedeutung. – Für das Lauterkeitsrecht charakteristisch ist es, dass ein und derselbe Unterlassungsantrag auf **unterschiedliche** Lebenssachverhalte gestützt werden kann. Trotz einheitlichen Antrags liegen in diesem Fall mehrere Streitgegenstände vor (vgl die Fallgruppen bei *Götz* GRUR 2008, 401). So zB bei einem Schadensersatzanspruch, der auf die Herabsetzung eines Produkts in einem Werbevergleich durch eine abträgliche Wortwahl und auf die irreführende Darstellung von Gefahren eines Produkts wegen Verstoßes gegen lebensmittelrechtliche Vorschriften gestützt wird (BGH GRUR 2008, 443 Tz 23 – *Saugeinlagen*). – Ferner zB bei einem auf ein Schutzrecht und auf einen Wettbewerbsverstoß gestützten Unterlassungsantrag (vgl BGH GRUR 2002, 709, 712 – *Entfernung der Herstellungsnummer III;* BGH GRUR 2001, 755, 756 – *Telefonkarte;* BGH WRP 2009, 956 Tz 18 – *UHU*). – Weiter zB bei einem Unterlassungsantrag, der zunächst auf eine Verletzungshandlung und später auf eine Erstbegehungsgefahr (BGH MMR 2010, 547 Tz 16 – *Internet-Sportwetten vor 2008*) oder umgekehrt zuerst auf eine Erstbegehungsgefahr und später auch noch auf eine Verletzungshandlung gestützt wird (vgl BGH GRUR 2006, 421 Tz 25 – *Markenparfümverkäufe; Köhler* Anm zu BGH LM UWG § 1 Nr 598 – *Pressehaftung II*). Ob dies auch gilt, wenn in einem neuen Verfahren neue Verletzungshandlungen vorgetragen werden (so BGH GRUR 2006, 421 Tz 26 – *Markenparfümverkäufe*), ist sehr str (vgl *Teplitzky* Kap 46 Rdn 5 c; *Götz* GRUR 2008, 401, 404 f; *v Ungern-Sternberg* GRUR 2009, 1009, 1018). Letztlich geht es darum, ob bei der Unterlassungsklage zum Klagegrund nur gehört, *dass* eine Verletzungshandlung in einer bestimmten Verletzungsform oder auch *wann* und *wie oft* sie (in identischer oder kerngleicher Form) begangen worden ist (dazu *Teplitzky* Kap 46 Rdn 5 b; WRP 2010, 181; *v Ungern-Sternberg* GRUR 2009, 1009, 1018). – Will der Kläger mit ein und demselben Unterlassungsantrag mehrere Streitgegenstände in das Verfahren einführen (vgl BGH GRUR 2002, 287, 288 – *Widerruf der Erledigungserklärung*), muss er dies zum Schutz des Beklagten zweifelsfrei deutlich machen (BGH GRUR 2003, 716, 717 – *Reinigungsarbeiten*). Denn für den Beklagten muss erkennbar sein, welche prozessualen Ansprüche gegen ihn erhoben werden, um seine Rechtsverteidigung danach ausrichten zu können. Zur Verdeutlichung gehört eine nähere Substanziierung (BGH WRP 2003, 1107, 1110 – *Sanfte Schönheitschirurgie*). In Zweifelsfällen hat zwar das Gericht nach **§ 139 I ZPO** auf eine Klarstellung hinzuwirken, über welche Streitgegenstände der Kläger eine Entscheidung herbeiführen will. Unterlässt es dies, kann unter dem Gesichtspunkt des Anspruchs auf ein faires Verfahren eine Zurückverweisung geboten sein (BGH WRP 2002, 94, 96 – *Widerruf der Erledigungserklärung*). Eine **Hinweispflicht** besteht jedoch nur dann, wenn das Vorbringen des Klägers Anhaltspunkte dafür bietet, dass er einen weiteren Streitgegenstand zur Entscheidung stellen wollte (BGH GRUR 2001, 52, 54 – *Kompressionsstrümpfe;* BGH GRUR 2003, 436, 439 – *Feldenkrais;* BGH GRUR 2003, 798, 800 – *Sanfte Schönheitschirurgie*). – Der vorgetragene Lebenssachverhalt begrenzt aber auch den Streitgegenstand. Wird etwa die Klage auf § 3 iVm § 5 gestützt, setzt sich der maßgebliche Lebenssachverhalt aus der beanstandeten Werbemaßnahme (zB Anzeige) und der behaupteten Fehlvorstellung zusammen. Bei einer Anzeige, die mehrere Werbeangaben enthält, kommt es also darauf an, welche von diesen als irreführend unter Behauptung einer bestimmten Fehlvorstellung beanstandet wird. Der Streitgegenstand wird also durch die Behauptung einer bestimmten Fehlvorstellung weiter eingegrenzt. Das Gericht darf im Hinblick auf § 308 ZPO ein Verbot nicht auf Angaben stützen, die der Kläger gar nicht als irreführend angegriffen hat (BGH GRUR 2001, 181, 182 – *dentalästhetika I;* BGH GRUR 2003, 798, 800 – *Sanfte Schönheitschirurgie;* BGH GRUR 2007, 161 Tz 9 – *dentalästhetika II*).

Kommen bei ein und demselben Sachverhalt nebeneinander **Ansprüche aus mehreren** **2.23a** **Normen** (zB aus Schutzrechtsverletzung, aus § 3 iVm § 4 Nr 9 und aus § 3 iVm § 5 II) in Betracht, so kommt es darauf an, ob der Kläger sich zur Begründung seiner Klage allein auf den eine Norm betreffenden Sachverhalt gestützt hat oder ob er – kumulativ oder alternativ – einen Lebenssachverhalt vorgetragen hat, der geeignet ist, den Tatbestand auch anderer Normen zu erfüllen (BGHZ = GRUR 2001, 756, 757 – *Telefonkarte;* vgl auch BGH GRUR 1992, 552, 554

– *Stundung ohne Aufpreis;* BGH WRP 2002, 94, 95 – *Widerruf der Erledigungserklärung;* BGH GRUR 2003, 716, 717 – *Reinigungsarbeiten;* zweifelnd *Teplitzky* Kap 46 Rdn 2 ff). Denn insoweit handelt es sich grds um unterschiedliche Streitgegenstände (BGH GRUR 2009, 672 Tz 57 – *OSTSEE-POST*), weil sie an unterschiedliche tatbestandliche Voraussetzungen anknüpfen. Maßgebend ist aber nicht, ob der Kläger sich ausdrücklich auf eine oder mehrere Normen beruft, denn die rechtliche Würdigung ist Sache des Gerichts („jura novit curia"; BGH GRUR 2006, 164 Tz 17 – *Aktivierungskosten II*). Vielmehr kommt es darauf an, ob er sich gegen ein von den jeweiligen Normen erfasstes Verhalten wendet und entspr Tatsachen vorträgt. Stützt der Kläger nach seinem Vortrag seinen Antrag jedoch erkennbar nur (noch) auf eine bestimmte Norm, so ist der Streitgegenstand darauf begrenzt (BGH GRUR 1999, 272, 274 – *Die Luxusklasse zum Nulltarif;* BGH NJWE-WettbR 2000, 232 – *Handy „fast geschenkt" für 0,49 DM;* BGH GRUR 2005, 875, 876 – *Diabeteststreifen;* BGH WRP 2009, 1086 Tz 10 – *Änderung der Voreinstellung II;* OLG Karlsruhe WRP 2008, 135, 137; OLG Stuttgart GRUR-RR 2008, 429, 433; *Bergmann* GRUR 2009, 224; *Fezer/Büscher* § 12 Rdn 230). Das Gericht darf daher im Hinblick auf § 308 ZPO der Klage nicht auf Grund einer Norm stattgeben, zu deren Voraussetzungen der Kläger nicht ausreichend vorgetragen hat (BGH GRUR 2001, 756, 757 – *Telefonkarte;* BGH GRUR 2003, 716, 717 – *Reinigungsarbeiten;* krit *Teplitzky* GRUR 2003, 272, 279; *Meyer* NJW 2003, 2887). Weist das Gericht die Klage ab, so steht folgerichtig die Rechtskraft des Urteils einer auf andere Normen gestützten Klage nicht entgegen (BGH GRUR 2001, 756, 757 – *Telefonkarte*). – Ist zweifelhaft, ob **deutsches** oder **ausländisches Lauterkeitsrecht** anwendbar ist, so muss das Gericht dies von Amts wegen ermitteln (§ 293 ZPO; BGH, Urt v 11. 2. 2010 – I ZR 85/08 Tz 22 – *Ausschreibung in Bulgarien*). Die Parteien trifft grds keine (prozessuale) Beweisführungslast. Der Kläger muss daher den Streitgegenstand nicht im Hinblick auf das anwendbare Recht präzisieren. Allerdings kann der Umfang der Ermittlungspflicht durch den Vortrag beeinflusst werden. – Allgemein gilt, dass ein Gericht gegen § 308 I ZPO verstößt, wenn es seinem Urteilsausspruch über einen Unterlassungsantrag einen anderen Klagegrund zu Grunde legt als denjenigen, mit dem der Kläger seinen Antrag begründet hat (BGH GRUR 2003, 716, 717 – *Reinigungsarbeiten*). Das gilt auch dann, wenn das Gericht dahin erkennt, dass der geltend gemachte Anspruch nur unter bestimmten, nicht zum Inhalt des Antrags erhobenen Voraussetzungen bestehe und im Übrigen nicht bestehe (BGH GRUR 2006, 960 Tz 16 – *Anschriftenliste*). – Ein Verstoß wird auch nicht dadurch geheilt, dass der Kläger die Zurückweisung der Revision beantragt und sich dadurch die Auffassung des Berufungsgerichts zu eigen macht. Denn insoweit handelt es sich um eine Klageerweiterung, die im Revisionsverfahren grds nicht zulässig ist (BGH GRUR 2003, 716, 717 – *Reinigungsarbeiten*). Entscheidet ein Gericht über mehr als den Streitgegenstand, so ist dieser Verstoß in der Revisionsinstanz von Amts wegen zu beachten (BGH GRUR 2002, 153, 155 – *Kinderhörspiele*). Wird das Urteil jedoch nicht angegriffen, erwächst die Entscheidung in Rechtskraft (BGH GRUR 2002, 915, 916 f – *Wettbewerbsverbot in Realteilungsvertrag*). – Wird der Klageantrag auf **mehrere Anspruchsgrundlagen** gestützt, so müsste das Gericht ihn streng genommen unter allen Anspruchsgrundlagen prüfen und dürfte davon nicht mit der Begründung absehen, dass der Anspruch bereits auf Grund einer Anspruchsgrundlage begründet sei (so OLG Nürnberg GRUR-RR 2008, 55). Ggf müsste eine teilweise Klageabweisung erfolgen. Dagegen sprechen indessen Gründe der **Prozessökonomie**. Geht es – wie idR – dem Kläger nur darum, dass seinem Antrag stattgegeben wird, lässt sich das Problem in der Weise lösen, dass man für einen einzigen Streitgegenstand annimmt (*v Ungern-Sternberg* GRUR 2009, 1009, 1018). Angemessener erscheint es, eine **alternative Klagehäufung** anzunehmen: Die mehreren prozessualen Ansprüche werden unter der auflösenden Bedingung geltend gemacht sein, dass einem von ihnen stattgegeben wird (vgl *Götz* GRUR 2008, 401, 407 f; OLG Köln GRUR-RR 2010, 202).

2. Klagehäufung

2.24 a) **Objektive Klagehäufung.** Die Geltendmachung mehrerer prozessualer Ansprüche gegen einen Beklagten ist unter den Voraussetzungen des § 260 ZPO zulässig. Es können zB **mehrere Unterlassungsansprüche** nebeneinander geltend gemacht werden, sei es, weil mehrere Verletzungshandlungen vorliegen, sei es, weil eine Verletzungshandlung mehrere konkrete Verletzungsformen aufweist. Die Frage, ob nur ein oder mehrere Streitgegenstände vorliegen, kann im Einzelfall zweifelhaft sein (dazu Rdn 2.23). Neben Unterlassungsansprüchen können auch **sonstige Ansprüche** geltend gemacht werden, etwa auf Beseitigung, Schadensersatz, Auskunft oder Rechnungslegung, Zahlung einer Vertragsstrafe, Aufwendungsersatz. Zu **Haupt-** und **Hilfs-**

antrag vgl Rdn 2.47 f. – Der Kläger ist an sich nicht gezwungen, mehrere Ansprüche in einem Verfahren geltend zu machen. Doch kann im Einzelfall Missbrauch der Klagebefugnis (§ 8 IV) vorliegen, wenn die Erhebung mehrerer Klagen nur dazu dient, dem Beklagten hohe Kosten aufzubürden.

b) Subjektive Klagehäufung.

Schrifttum: *Köhler,* Grenzen der Mehrfachklage und Mehrfachvollstreckung im Wettbewerbsrecht, WRP 1992, 359.

Die subjektive Klagehäufung ist unter den Voraussetzungen der §§ 59, 60 ZPO möglich. Auf der Klägerseite kann im Einzelfall die Klageerhebung missbräuchlich (§ 8 IV) sein (vgl § 8 Rdn 4.3 ff). Auch ist uU die Beauftragung mehrerer Prozessbevollmächtigter nicht notwendig iSd § 91 I 1 ZPO. Auf der Beklagtenseite kommt Parteienhäufung vielfach deshalb in Betracht, weil mehrere Personen zugleich für einen Wettbewerbsverstoß verantwortlich sein können. **2.25**

3. Klageänderung

Schrifttum: *Borck,* Von Nutzen und Nachteil der Klageänderung für den Wettbewerbsprozess, WRP 1979, 431; *Brückmann,* Klageänderung und „Umformulierung" von Unterlassungsanträgen im Wettbewerbsprozess, WRP 1983, 656.

a) Zulässigkeit. § 263 ZPO; in der Berufungsinstanz ist § 533 ZPO, in der Revisionsinstanz ist § 559 ZPO zu beachten (BGHZ 26, 31, 38 und BGH GRUR 1991, 680 – *Porzellanmanufaktur* zu § 561 ZPO aF). **2.26**

aa) Einwilligung. Vgl § 267 ZPO. Erfolgt die Klageänderung gem § 261 II 2. Alt ZPO durch Zustellung eines Schriftsatzes an den Beklagten (auch gem § 195 ZPO durch Zustellung von Anwalt zu Anwalt), so kann dieser seine Einwilligung auch schon vor der mündlichen Verhandlung schriftsätzlich abgeben (BGH WRP 1992, 757, 759 – *Btx-Werbung II*). **2.27**

bb) Sachdienlichkeit. Sie bestimmt sich maßgeblich nach der Prozesswirtschaftlichkeit (BGH GRUR 1964, 154, 156 – *Trockenrasierer II; Teplitzky* Kap 46 Rdn 24). Ihre Beurteilung ist im Wesentlichen eine Ermessensentscheidung des Tatrichters (BGH GRUR 1991, 852, 856 – *Aquavit*) und daher in der Revisionsinstanz nur begrenzt überprüfbar (BGH GRUR 1964, 154, 156 – *Trockenrasierer II*). Es kommt in erster Linie darauf an, ob und inwieweit die Zulassung der Klageänderung der Ausräumung des sachlichen Streitstoffs im Rahmen des anhängigen Rechtsstreits dient und einem andernfalls zu gewärtigenden weiteren Rechtsstreit vorbeugt (BGH aaO – *Trockenrasierer II*). Das Erfordernis neuer Beweiserhebungen und ggf der Verlust einer Instanz sind grds hinzunehmen (krit *Teplitzky* Kap 46 Rdn 26). Sachdienlichkeit ist aber zu verneinen, wenn der ursprüngliche Antrag entscheidungsreif ist, der spätere Antrag dagegen neue Beweiserhebungen erfordert (BGH aaO – *Trockenrasierer II*). **2.28**

b) Vorliegen. Eine **Klageänderung** liegt vor, wenn der Streitgegenstand, der sich aus Klageantrag und Klagegrund (vorgetragener Lebenssachverhalt) zusammensetzt, geändert wird (stRspr; BGH GRUR 1997, 141 – *Kompetenter Fachhändler;* BGHZ 154, 342, 348 f = GRUR 2003, 716 – *Reinigungsarbeiten;* BGH GRUR 2007, 172 Tz 11 – *Lesezirkel II*). Sie kommt also in Betracht sowohl bei inhaltlicher Umstellung des Klageantrags als auch bei Veränderung des Klagegrundes. Eine Veränderung des Klagegrundes liegt vor, wenn seine Identität nicht mehr gegeben ist, durch den Vortrag neuer Tatsachen also der **Kern** des in der Klage angeführten Lebenssachverhaltes verändert wird. Allerdings muss es sich um wesentliche Abweichungen handeln (BGH aaO – *Kompetenter Fachhändler*), so etwa nach der Rspr bei dem Vortrag zusätzlicher Verletzungshandlungen (BGH GRUR 2006, 421 Tz 26 – *Markenparfümverkäufe;* krit dazu *Teplitzky* Kap 46 Rdn 5 c). Bloße weitere Erläuterungen, ergänzende oder berichtigende tatsächliche Angaben (§ 264 Nr 1 ZPO) stellen daher keine Klageänderung iSd § 263 ZPO dar, wenn der **Kern** des in der Klage angeführten Sachverhalts unverändert bleibt (BGH GRUR 2007, 172 Tz 11 – *Lesezirkel II;* BGH GRUR 2007, 605 Tz 25 – *Umsatzzuwachs;* BGH GRUR 2008, 186 Tz 15 – *Telefonaktion*). Eine abweichende Beurteilung ist auch nicht durch die **Kerntheorie** (dazu § 8 Rdn 1.36 f, 1.52) geboten, weil diese sich nur auf die begehrte Rechtsfolge und nicht auf den Klagegrund bezieht (BGH GRUR 2006, 421 Tz 27 – *Markenparfümverkäufe*). Bei Änderungen lediglich des Antrags ist zunächst zu prüfen, ob nicht lediglich eine Neufassung des Antrags im Wege der Klarstellung (zB durch den Zusatz „insbes ...") vorliegt (BGH GRUR 1993, 556, 557 – *TRIANGLE*). Eine Anschlussberufung, die inhaltlich eine bloße Antragsneufassung zum Gegenstand hat, ist an sich unzulässig, kann jedoch in eine zulässige Antrags- **2.29**

neufassung umgedeutet werden (BGH GRUR 1991, 772, 773 – *Anzeigenrubrik I*). Liegt eine Antragsänderung vor, ist weiter zu prüfen, ob nicht § 264 Nr 2 oder 3 ZPO eingreift. Unter **§ 264 Nr 2 ZPO** fallen: der Übergang von der Auskunfts- oder Rechnungslegungsklage zur Zahlungs- oder Feststellungsklage (BGH NJW 1979, 925) und umgekehrt (*Teplitzky* Kap 46 Rdn 23); der Übergang von der Feststellungs- zur Leistungsklage und umgekehrt (BGH NJW 1985, 1784); der Übergang von der Unterlassungs- zur Beseitigungsklage und umgekehrt (*Teplitzky* aaO); der zusätzliche Antrag auf Urteilsveröffentlichung (BGH GRUR 1961, 538, 541 – *Feldstecher*).

4. Klagerücknahme

2.30 Sie ist unter den Voraussetzungen des § 269 ZPO zulässig. Ob Einschränkungen des Klageantrags als bloße Klarstellungen oder als teilweise Klagerücknahme anzusehen sind, kann im Einzelfall zweifelhaft sein. Ist der Klage ein Verfügungsverfahren vorausgegangen und Fristsetzung zur Hauptsacheklage erfolgt, so kann eine Klagerücknahme zur Aufhebung der einstweiligen Verfügung nach § 929 II ZPO und ggf zur Schadensersatzpflicht nach § 945 ZPO führen.

5. Erledigung der Hauptsache

Schrifttum: *Ulrich,* Die Erledigung der Hauptsache im Wettbewerbsprozess, GRUR 1982, 14; *ders,* Die Erledigung der einstweiligen Verfügungsverfahren durch nachlässige Prozessführung, WRP 1990, 651.

2.31 **a) Übereinstimmende Erledigungserklärung.** § 91 a ZPO. Sie kann bereits zwischen Anhängigkeit und Rechtshängigkeit der Klage (BGHZ 83, 12, 13) und noch in der Revisionsinstanz, auch während des Verfahrens über eine Nichtzulassungsbeschwerde (BGH WRP 2005, 126 – *Erledigung der Hauptsache in der Rechtsmittelinstanz*) erfolgen. Das Gericht prüft nicht, ob Erledigung wirklich eingetreten ist.

2.32 **b) Einseitige Erledigungserklärung des Klägers.** Sie stellt eine Klageänderung in eine Klage auf Feststellung der Erledigung der Hauptsache dar und kann daher nur vom Kläger beantragt werden (BGH WRP 1994, 763, 764 – *Greifbare Gesetzwidrigkeit II*). Zulässig ist sie in jedem Verfahrensstadium, auch noch in der Revisionsinstanz (BGHZ 106, 359, 368; BGH GRUR 2002, 287 f – *Widerruf der Erledigungserklärung;* BGH WRP 2003, 1217, 1220 – *Buchpreis-Kopplungsangebot;* BGH GRUR 2004, 349 – *Einkaufsgutschein II*). Allerdings kann sie **nicht hilfsweise** erklärt werden (BGH aaO – *Berühmungsaufgabe;* BGHZ 106, 359, 368 ff; BGH WRP 2006, 1027 Tz 20 – *Flüssiggastank; Teplitzky* Kap 46 Rdn 42; str) erklärt werden, weil dies mit dem auf Verurteilung gerichteten Hauptantrag nicht zu vereinbaren ist). Ob neben dem auf Verurteilung gerichteten Hauptantrag hilfsweise für den Fall der Bejahung eines erledigenden Ereignisses durch das Gericht die Feststellung begehrt werden kann, dass die Unterlassungsklage bis zum Eintritt des erledigenden Ereignisses zulässig und begründet war, ist zw (vgl BGH GRUR 1998, 1045, 1046 – *Brennwertkessel*), aber abzulehnen, da dafür das erforderliche Feststellungsinteresse fehlt (BGH GRUR 2006, 879 Tz 20 – *Flüssiggastank; Ahrens/Bornkamm* Kap 33 Rdn 35; *Teplitzky,* FS Erdmann, 2002, 889, 894 ff). Wohl aber kann umgekehrt der ursprüngliche Klageantrag ganz oder teilweise hilfsweise aufrechterhalten werden (BGH WRP 1989, 572, 574 – *Bioäquivalenz-Werbung* mwN). Die Hauptsache erledigt sich, wenn **nach** Zustellung der Klage (Eintritt der Rechtshängigkeit) Tatsachen eintreten, die eine in diesem Zeitpunkt zulässige und begründete Klage unzulässig oder unbegründet werden lassen (BGH GRUR 1990, 530, 531 – *Unterwerfung durch Fernschreiben;* BGH GRUR 2004, 349 – *Einkaufsgutschein II*). Eine Erledigung der Hauptsache vor Eintritt der Rechtshängigkeit ist mangels eines Prozessrechtsverhältnisses nicht möglich (BGH GRUR 1990, 381, 382 – *Antwortpflicht des Abgemahnten*). Ist der Anlass zur Einreichung der Klage vor Rechtshängigkeit weggefallen und wird die Klage daraufhin unverzüglich zurückgenommen, so bestimmt sich die Kostentragungspflicht nach billigem Ermessen (§ 269 III 3 ZPO; dazu BGH BB 2004, 688). Unerheblich ist, in wessen Verantwortungsbereich das erledigende Ereignis fällt (BGH GRUR 1993, 769, 771 – *Radio Stuttgart; Ahrens/Bornkamm* Kap 33 Rdn 14; *Teplitzky* Kap 46 Rdn 38; str). Dies kann nur bei der Kostenentscheidung berücksichtigt werden. Nimmt der Kläger nach Erledigung der Hauptsache eine wirksame Klageänderung vor und stellt er danach einen Erledigungsantrag, so ist dieser unbegründet, weil es an einem auch den neuen Streitgegenstand (nachträglich) erledigenden Ereignis fehlt (BGH GRUR 1992, 474, 475 – *Btx-Werbung II*). – Die Erledigungserklärung des Klägers ist frei **widerrufbar,** solange ihr der Gegner nicht zugestimmt und das Gericht noch keine Entscheidung über die Erledigung der Hauptsache getroffen hat (BGH GRUR 2002, 287 f

– *Widerruf der Erledigungserklärung*). – Fehlt ein nachträgliches erledigendes Ereignis, so ist bei einer einseitigen Erledigungserklärung die Klage selbst dann abzuweisen, wenn sie urspr zulässig und begründet gewesen wäre (KG GRUR-RR 2005, 170, 175).

c) Beispiele. Beispiele für erledigende Ereignisse: **(1) Wegfall des Rechtsschutzinteresses** 2.33 (dazu Rdn 2.20). **(2) Wegfall der Anspruchsberechtigung** (bzw **Klagebefugnis**) nach § 8 III, etwa durch Änderungen der Verbandsstruktur oder -tätigkeit oder durch Geschäftsaufgabe oder Tod des Klägers (BGH GRUR 1977, 114 – *VUS; Teplitzky* Kap 46 Rdn 37). **(3) Erfüllung des klägerischen Anspruchs. (4) Wegfall der Wiederholungsgefahr** beim Unterlassungsanspruch (BGH GRUR 1977, 117 – *VUS*), insbes auf Grund einer **Unterwerfungserklärung** (Ahrens/*Bornkamm* Kap 33 Rdn 5 ff) oder einer **Abschlusserklärung** in einem anderen Rechtsstreit (BGH aaO – *Unterwerfung durch Fernschreiben;* BGH GRUR 1991, 76, 77 – *Abschlusserklärung*) oder eines in einem anderen Verfahren ergangenen rechtskräftigen **Unterlassungsurteils,** sofern sich der Schuldner darauf beruft (BGH GRUR 2003, 450, 452 – *Begrenzte Preissenkung*). **(5) Zeitablauf** bei befristeten Schutzrechten (zB Patent, Gebrauchsmuster, BGH GRUR 1983, 560 – *Brückenlegepanzer II*) oder Modeneuheiten (BGHZ 60, 168 = GRUR 1973, 478 – *Modeneuheit*). **(6) Gesetzesänderungen,** wie zB die Aufhebung von RabattG und ZugabeVO (BGH GRUR 2004, 350 – *Pyrex*), nicht aber die Nichtigerklärung eines Gesetzes durch das BVerfG, da diese die Klage rückwirkend unbegründet werden lässt (BGH NJW 1965, 296; KG GRUR-RR 2005, 170, 174). Auch eine Änderung der Rspr stellt kein erledigendes Ereignis dar (BGH GRUR 2004, 349 – *Einkaufsgutschein II;* KG GRUR-RR 2005, 170, 174; Ahrens/*Bornkamm* Kap 33 Rdn 17). **(7) Erhebung der Verjährungseinrede** (dazu § 11 Rdn 1.53).

d) Kostenentscheidung. Bei **einseitiger** Erledigterklärung: §§ 91, 92 ZPO. Bei **überein-** 2.34 **stimmender** Erledigterklärung: § 91 a ZPO. Das Gericht hat insoweit summarisch zu prüfen, wie der Rechtsstreit voraussichtlich ausgegangen wäre. Dabei darf es auch schwierigen Rechtsfragen nicht ausweichen. Allerdings braucht das Gericht nicht alle für den Ausgang bedeutsamen Rechtsfragen zu untersuchen (BGHZ 67, 343, 345), zumindest nicht bei umfangreichen und komplexen Fällen (OLG Frankfurt GRUR 1979, 808, 809). Präsente und sofort verwertbare Beweismittel (zB Urkunden) sind zu berücksichtigen (hL; zB *Teplitzky* Kap 46 Rdn 47), auch dann, wenn sie neu in den Rechtsstreit eingeführt werden (str). Im Übrigen ist eine Beweiserhebung zwar nicht erforderlich, aber auch nicht unstatthaft (BGHZ 21, 298, 300; GK/*Jacobs* Vor § 13 aF Rdn D 295; aA OLG Köln GRUR 1989, 705 mwN). Das Gericht kann also davon absehen, präsente Zeugen zu vernehmen, und muss dies auch tun, wenn sonst die Waffengleichheit verletzt würde. Eine Unterwerfung führt nicht – wie ein Anerkenntnis – zu einer automatischen Kostenbelastung des Beklagten; vielmehr ist das Bestehen des Unterlassungsanspruchs zu prüfen (unstr, zB OLG Köln GRUR 1989, 705). Ist der Prozessausgang offen, so entspricht es regelmäßig der Billigkeit, die Kosten gegeneinander aufzuheben (OLG Köln aaO; *Teplitzky* Kap 46 Rdn 47 mwN). § 93 ZPO ist im Rahmen des § 91 a ZPO ebenfalls anzuwenden, und zwar auch „reziprok" auf den Beklagten, zB wenn dieser dem Kläger vor Klageeinreichung verschwiegen hat, dass er sich einem Dritten unterworfen hatte und dadurch die Wiederholungsgefahr weggefallen war. Gegen die Kostenentscheidung nach § 91 a ZPO ist nach § 91 a II ZPO die sofortige Beschwerde und nach § 574 I Nr. 2 ZPO auch die **Rechtsbeschwerde** zulässig (BGH NJW 2004, 856; *Thomas/Putzo* ZPO § 91 a Rdn 52; aA noch BGH GRUR 2003, 724 – *Rechtsbeschwerde II*). Im Verfahren der einstweiligen Verfügung ist die Rechtsbeschwerde allerdings im Hinblick auf § 542 II 1 ZPO unzulässig (BGH aaO – *Rechtsbeschwerde II*). Die Kostenentscheidung ist auch dann nicht revisibel, wenn sie in Form eines Urteils ergangen ist (BGH GRUR 1986, 812, 813 – *Gastrokritiker*).

V. Unterlassungsklage

1. Bestimmtheit des Unterlassungsantrags

Schrifttum: *Borck,* Das Prokrustesbett „Konkrete Verletzungsform", GRUR 1996, 522; *ders,* Der Weg zum „richtigen" Unterlassungsantrag, WRP 2000, 824; *Bergmann,* Zur alternativen und kumulativen Begründung des Unterlassungsantrags im Wettbewerbsrecht, GRUR 2009, 224; *Brandner/Bergmann,* Zur Zulässigkeit „gesetzeswiederholender" Unterlassungsanträge, WRP 2000, 842; *Kurtze,* Der „insbesondere"-Zusatz bei Unterlassungsanträgen im Wettbewerbsrecht, FS Nirk, 1992, 571; *Oppermann,* Unterlassungsanspruch und materielle Gerechtigkeit im Wettbewerbsprozess, 1993; *Teplitzky,* Anmerkungen zur Behandlung von Unterlassungsanträgen, FS Oppenhoff, 1985, 487.

a) Allgemeines. Ein **bestimmter Klageantrag** (§ 253 II Nr 2 ZPO) ist erforderlich, um 2.35 den Streitgegenstand (Rdn 2.23) und den Umfang der Prüfungs- und Entscheidungsbefugnis des

Gerichts (§ 308 I ZPO) festzulegen, sowie die Tragweite des begehrten Verbots und die Grenzen seiner Rechtskraft zu erkennen. Der Verbotsantrag darf daher nicht derart undeutlich gefasst sein, dass sich der Gegner nicht erschöpfend verteidigen kann und die Entscheidung darüber, was dem Beklagten verboten ist, dem Vollstreckungsgericht überlassen wäre (stRspr, vgl BGHZ 144, 255, 263 = GRUR 2000, 1076 – *Abgasemissionen;* BGH GRUR 2003, 958, 960 – *Paperboy;* BGH GRUR 2004, 696, 699 – *Direktansprache am Arbeitsplatz I;* BGH GRUR 2005, 692, 693 – *„statt"-Preis;* BGH GRUR 2007, 607 Tz 16 – *Telefonwerbung für „Individualverträge";* BGH WRP 2008, 98 Tz 13 – *Versandkosten).* Auch muss der Schuldner, der den Titel freiwillig befolgen möchte, hinreichend genau wissen, was ihm verboten ist. Auf die Formulierung des Verbotsantrags ist daher größte Sorgfalt zu verwenden, um nicht ggf eine Klageabweisung oder Zurückverweisung noch in der Revisionsinstanz zu riskieren. Erweist sich ein Klageantrag als zu unbestimmt, so ist dies nämlich auch noch im Revisionsverfahren von Amts wegen zu berücksichtigen (BGHZ 144, 255, 263 = GRUR 2000, 1076 – *Abgasemissionen* mwN). Grundsätzlich ist die Klage dann als unzulässig abzuweisen. Wurde jedoch in der Vorinstanz § 139 I ZPO verletzt, so kommt unter dem Gesichtspunkt des Vertrauensschutzes und des Anspruchs der Parteien auf ein faires Verfahren eine Zurückverweisung in Betracht, um dem Kläger die Möglichkeit zu einer Neufassung seines Antrags zu ermöglichen (BGH GRUR 1998, 489, 492 – *Unbestimmter Unterlassungsantrag III;* BGH GRUR 2000, 438, 441 – *Gesetzeswiederholende Unterlassungsanträge;* BGH GRUR 2002, 86, 89 – *Laubhefter;* BGH GRUR 2002, 187, 188 – *Lieferstörung;* BGH WRP 2007, 775 Tz 18 – *Telefonwerbung für „Individualverträge").* Auch bei einer im Berufungsverfahren noch ungeklärten Rechtslage kann es die prozessuale Fairness gebieten, es durch Zurückverweisung dem Kläger zu ermöglichen, sich durch sachdienliche Antragstellung auf die wahre Rechtslage einzustellen (BGHZ 158, 174 = GRUR 2004, 696, 699 – *Direktansprache am Arbeitsplatz I;* BGH GRUR 2005, 443, 445 – *Ansprechen in der Öffentlichkeit II;* BGH GRUR 2006, 426 Tz 22 – *Direktansprache am Arbeitsplatz II).* Der **richterlichen Hinwirkungspflicht** (§ 139 I ZPO) und **Hinweispflicht** (§ 139 II–V ZPO) kommt insoweit bes Bedeutung zu (BGH GRUR 1996, 796, 797 – *Setpreis; Danelzik* WRP 1999, 18; *Kehl* WRP 2000, 904). Doch ist aus der Hinwirkungspflicht nicht abzuleiten, dass der Kläger es dem Gericht überlassen könnte, einem zu unbestimmt gefassten und damit unzulässigen Klageantrag einen zulässigen Wortlaut und Inhalt zu geben (BGH GRUR 1991, 254, 257 – *Unbestimmter Unterlassungsantrag I;* BGH WRP 1998, 42, 47 – *Unbestimmter Unterlassungsantrag III).* Die Hinwirkungspflicht gebietet es auch nicht, den Kläger zu einem Antrag zu veranlassen, der auf einem anderen als dem bisher vorgetragenen Sachverhalt beruht und mit dem ein neuer Streitgegenstand eingeführt würde (BGH WRP 2001, 1073, 1076 – *Gewinn-Zertifikat;* BGH GRUR 2003, 798, 800 – *Sanfte Schönheitschirurgie).* Vielmehr ist es grds Sache des Klägers, den Antrag bestimmt zu fassen und das erstrebte Klageziel zu formulieren (BGH GRUR 2002, 86, 89 – *Laubhefter).* Treten jedoch **neue rechtliche Gesichtspunkte** auf, ist es dem Kläger zu ermöglichen, seinen Antrag anzupassen (BGH GRUR 1999, 1017, 1019 – *Kontrollnummernbeseitigung).* Desgleichen muss das Gericht, wenn der Beklagte die mangelnde Bestimmtheit des Klageantrags nicht oder nur am Rande beanstandet, dem Kläger vor Abweisung des Antrags als zu unbestimmt Gelegenheit geben, seinen Antrag zu überprüfen und eventuell neu zu stellen und hierzu sachdienlich vorzutragen (BGH GRUR 2002, 86, 89 – *Laubhefter).* Eine Zurückverweisung scheidet jedoch aus, wenn feststeht, dass dem Kläger keine seinem Begehren entspr materiellrechtlichen Ansprüche zustehen (BGH GRUR 2003, 958, 960 – *Paperboy).* Die Unbestimmtheit des Klageantrags kann unterschiedliche Gründe haben. Sie kann sich zB daraus ergeben, dass die Zielrichtung des Antrags, die er nach seinem Wortlaut hat, in Widerspruch zu seiner Begründung steht (BGH GRUR 1996, 57, 60 – *Spielzeugautos;* BGH GRUR 2003, 958, 960 – *Paperboy).* Im Lauterkeitsrecht steht die Unbestimmtheit auf Grund der Verwendung unbestimmter Begriffe (Rdn 2.36 ff) im Vordergrund.

2.36   **b) Verwendung unbestimmter Begriffe. aa) Problematik.** Die Bestimmtheit eines Unterlassungsantrags ist idR unproblematisch, wenn der Kläger lediglich ein Verbot der Handlung, so wie sie begangen wurde, begehrt (BGH GRUR 2001, 453, 454 – *TCM-Zentrum;* BGH GRUR 2002, 75, 76 – *SOOOO ... BILLIG!?;* BGH GRUR 2002, 177, 178 f – *Jubiläumsschnäppchen).* Zur Umschreibung des zu unterlassenden Verhaltens ist aber vielfach die Verwendung mehr oder weniger unbestimmter oder mehrdeutiger Begriffe und damit in gewissem Umfang die Vornahme von Wertungen durch das Vollstreckungsgericht bei der Prüfung eines Verstoßes nicht zu vermeiden, soll nicht **wirksamer Rechtsschutz** verweigert werden (BGH GRUR 2002, 86, 88 – *Laubhefter;* BGH GRUR 2002, 1088, 1089 – *Zugabenbündel;* BGH

GRUR 2004, 696, 699 – *Direktansprache am Arbeitsplatz I;* Teplitzky Kap 51 Rdn 8 und LMK 2005, 60, 61). Letztlich kann es nur darum gehen, welches Maß an Unbestimmtheit unter Berücksichtigung der Zwecke des Bestimmtheitserfordernisses noch hinnehmbar ist. Die Problematik stellt sich insbes dann, wenn – zulässigerweise (Rdn 2.44) – der Antrag verallgemeinernd gefasst wird, um das Charakteristische der konkreten Verletzungsform herauszuarbeiten. Dabei ist aber streng zwischen der Bestimmtheit und der Begründetheit des Antrags zu unterscheiden: Ein Antrag kann hinreichend bestimmt sein, aber inhaltlich zu weit gehen oder die konkrete Verletzungsform verfehlen und damit (teilweise) unbegründet sein (BGH GRUR 1984, 476, 469 – *Das unmögliche Möbelhaus;* BGH GRUR 1987, 52, 53 – *Tomatenmark;* BGH GRUR 1990, 450, 452 – *St. Petersquelle;* BGH GRUR 1991, 254, 257 – *Unbestimmter Klageantrag I;* BGH GRUR 1992, 625, 627 – *Therapeutische Äquivalenz;* BGH WRP 1992, 706, 707 – *Haftungsbeschränkung bei Anwälten;* BGH GRUR 2000, 907, 908 – *Filialleiterfehler;* BGH GRUR 2001, 255 – *Augenarztanschreiben;* Teplitzky Kap 51 Rdn 11).

bb) Einzelfallwürdigung. Die Frage, welche Formulierungen noch zulässig sind, kann nicht abstrakt-generell, sondern nur anhand des jeweiligen Sach- und Sinnzusammenhangs unter Berücksichtigung der Umstände des Einzelfalls entschieden werden (vgl BGH GRUR 1977, 114, 115 – *VUS;* BGH GRUR 1995, 744, 749 – *Feuer, Eis & Dynamit I;* BGH GRUR 2002, 1088, 1089 – *Zugabenbündel;* BGH GRUR 2004, 696, 699 – *Direktansprache am Arbeitsplatz I*). Der **Auslegung** des Klageantrags kommt daher eine große Bedeutung zu. Hierzu kann die konkrete Verletzungshandlung bzw Verletzungsform und die Klagebegründung im Übrigen herangezogen werden (BGH GRUR 1991, 138 – *Flacon;* BGH GRUR 1991, 929, 930 – *Fachliche Empfehlung II;* BGH GRUR 1991, 772, 773 – *Anzeigenrubrik I;* BGH WRP 2001, 1182, 1183 – *Jubiläumsschnäppchen;* BGH GRUR 2008, 702 Tz 37 – *Internet-Versteigerung III*). Beispiele aus der Rspr dürfen folglich nicht unbesehen auf andere Fälle übertragen werden. Vielmehr kann in einem Fall eine bestimmte Formulierung (zB „unübersehbar") hinreichend bestimmt (BGH GRUR 1992, 406 – *Beschädigte Verpackung I;* BGH GRUR 1999, 1017 – *Kontrollnummernbeseitigung*), in einem anderen jedoch zu unbestimmt sein (BGH GRUR 1991, 254, 257 – *Unbestimmter Unterlassungsantrag I;* BGH NJWE-WettbR 1998, 169, 170; BGH GRUR 2005, 692, 693 f – „*statt*"-*Preis*). Von Bedeutung ist auch, ob der unbestimmte Begriff durch Beispielsfälle oder Bezugnahme auf konkrete Verletzungshandlungen („sofern dies geschieht wie ...") konkretisiert wird (vgl BGH WRP 1998, 164, 168 – *Modenschau im Salvatorkeller;* BGH GRUR 1998, 481, 482 – *Auto '94;* BGH GRUR 2000, 619, 621 – *Orient-Teppichmuster*). Entscheidend ist dabei, ob mit der Formulierung lediglich im Kern gleiche Handlungen oder auch lediglich ähnliche Handlungen erfasst werden sollen. Im ersteren Fall handelt es sich lediglich um einen zulässigen Hinweis darauf, dass dem gerichtlichen Verbot grds nicht nur identische, sondern auch kerngleiche Handlungen unterfallen; im letzteren Fall ist der Antrag regelmäßig nicht hinreichend bestimmt (BGH GRUR 2002, 177, 178 – *Jubiläumsschnäppchen*). – Als **im Einzelfall hinreichend bestimmt** wurden zB angesehen: „im geschäftlichen Verkehr" (BGH GRUR 1962, 310, 313 – *Gründerbildnis*); „warenzeichenmäßig" (BGH GRUR 1988, 776, 777 – *PPC*); „markenmäßig" (BGH GRUR 1991, 138 – *Flacon*); „schlussverkaufsfähig" (BGH GRUR 1987, 171 – *Schlussverkaufswerbung I*); „wörtlich oder sinngemäß" (BGH GRUR 1977, 114, 115 – *VUS;* vgl aber OLG Koblenz GRUR 1988, 142, 143); „wenn dies wie in der Anzeige in ... vom ... geschieht" (BGH GRUR 1991, 254, 257 – *Unbestimmter Unterlassungsantrag I*); „mit Aussagen wie ..." (BGH GRUR 2002, 177, 178 – *Jubiläumsschnäppchen*); „Freizeitveranstaltung" (BGH GRUR 1992, 561, 562 – *Unbestimmter Unterlassungsantrag II*); „ohne bes Berechnung" (OLG Hamburg WRP 1974, 163, 165); „gegen Entgelt" (BGH GRUR 1995, 744, 749 – *Feuer, Eis & Dynamit I*); „Sportartikel" (BGH GRUR 1984, 593, 594 – *adidas-Sportartikel*); „Anwendungsweise", „Wirkungen", „Anwendungsgebiete" (BGH GRUR 1992, 463, 464 – *Anzeigenplatzierung*); „gestatten" (BGH GRUR 1993, 556, 557 – *TRIANGLE*); „unmissverständlich", „unüberhörbar", „unübersehbar", „deutlich hervorgehoben"; „blickfangmäßig" (BGH GRUR 1992, 406 – *Beschädigte Verpackung I;* BGH GRUR 1996, 421 – *Effektivzins;* BGH GRUR 1999, 1017 – *Kontrollnummernbeseitigung;* BGH GRUR 2000, 619, 620 – *Orient-Teppichmuster*); „Geräte der Unterhaltungselektronik" (BGH GRUR 1996, 796, 797 – *Setpreis*); „Artikel der Unterhaltungselektronik" (BGH GRUR 2002, 1095 – *Telefonische Vorratsanfrage*); „günstige" Berichterstattung, sofern auf bestimmte Fälle bezogen (BGH WRP 1998, 164, 168 – *Modenschau im Salvatorkeller*); „Orient-Teppich-Muster" (BGH GRUR 2000, 619, 621 – *Orient-Teppichmuster*); Telefongespräch, das „über eine erste Kontaktaufnahme hinausgeht" (BGH GRUR 2004, 696, 699 – *Direktansprache am Arbeitsplatz I*); gezieltes und individuelles Ansprechen von Passanten in der Öffentlichkeit, „sofern der Werbende nicht eindeutig als solcher erkennbar ist" (BGH GRUR 2005, 443, 445 – *Ansprechen in der Öffentlichkeit II*); „Sperre" (BGH GRUR 2005, 609, 610 – *Sparberaterin II*); „Jugendzeitschrift" (BGH GRUR 2006, 776 Tz 16 – *Werbung für Klingeltöne*); „in unmittelbarem Zusammenhang", wenn damit die unmittelbare räumliche Nähe zwischen Preisangabe und Umsatzsteuerhinweis bezeichnet wird (BGH GRUR 2008, 532 Tz 17 – *Umsatzsteuerhinweis*); „solange der Vorrat reicht" (BGH WRP 2010, 237 Tz 7 – *Solange der Vorrat reicht*).

2.38 **cc) Unstreitige Bedeutung.** Allgemeinbegriffe der Rechts- oder Alltagssprache, wie zB „werben", „anbieten", „in Verkehr bringen", „Wettbewerb" oder „markenmäßig", dürfen und sollen im Interesse einer sachgerechten Titulierung verwendet werden, wenn sie zwar auslegungsfähig sind, aber im konkreten Fall ihr Sinngehalt nicht zweifelhaft und zwischen den Parteien nicht streitig ist (BGH GRUR 1991, 254, 256 – *Unbestimmter Unterlassungsantrag I*; BGH WRP 1999, 200, 202 – *Beanstandung durch Apothekerkammer*; BGH GRUR 2000, 616, 617 – *Auslaufmodelle III*). Dass im Einzelfall bei Beachtung und Durchsetzung eines Verbots in Sonderfällen doch eine nähere Prüfung erforderlich sein kann, ist hinzunehmen (BGH GRUR 2000, 438, 440 – *Gesetzeswiederholende Unterlassungsanträge*).

2.39 **dd) Grenzen der Bestimmtheit.** Die Grenze zur Unbestimmtheit ist überschritten bei **Streit der Parteien** über die Bedeutung des Begriffs im konkreten Fall (BGH GRUR 1992, 561, 562 – *Unbestimmter Unterlassungsantrag II*) und bei **Fehlen objektiver Kriterien** zur Abgrenzung zulässigen und unzulässigen Verhaltens. Allerdings ist stets zu prüfen, ob dem Kläger (ggf im Rahmen der Zurückverweisung) Gelegenheit zu geben ist, seinen Antrag noch zu präzisieren (BGH GRUR 1993, 980, 981 – *Tariflohnüberschreitung*). Als **idR zu unbestimmt** wurden zB angesehen: Anzeigen „ähnlich wie" (BGH GRUR 1991, 254, 256 – *Unbestimmter Unterlassungsantrag I*; BGH WRP 2001, 1182, 1183 – *Jubiläumsschnäppchen*); „mit Anzeigen der nachfolgend eingeblendeten Art" (BGH WRP 2001, 400, 401 f – *TCM-Zentrum*); „zum Verwechseln ähnlich" (BGH WRP 1994, 822, 824 – *Rotes Kreuz*); „zu Verwechslungen geeignet" (BGH GRUR 2002, 86, 88 – *Laubhefter*); „Eindruck erwecken" (BGH aaO – *Gründerbildnis*); „eindeutig", „angemessen", „unmissverständlich", „deutlich", „unübersehbar", „unüberhörbar" (BGH GRUR 1991, 254, 256 – *Unbestimmter Unterlassungsantrag I*; BGH WRP 1999, 1035, 1036 – *Kontrollnummernbeseitigung*; BGH GRUR 2000, 619, 620 – *Orient-Teppichmuster*; BGH GRUR 2005, 692, 693 – *„statt"-Preis*); „Bestellungen, auf die wie in den mit der Klage beanstandeten Fällen deutsches Recht anwendbar ist" (BGH aaO – *Unbestimmter Klageantrag II*); „… mit … verwechslungsfähig" (BGH GRUR 1963, 430, 431 – *Erdener Treppchen*; BGH GRUR 1979, 859, 860 – *Hausverbot II*); Benutzung „in sonstiger Weise" (BGH GRUR 1977, 260 – *Friedrich Karl Sprudel*; BGH GRUR 1981, 60, 64 – *Sitex*); Abwerbung durch „planmäßige Handlungen" (OLG München WRP 1971, 534; OLG Köln GRUR 1990, 536); Abgabe „anderer Reklamegegenstände von mehr als geringem Wert" (OLG Frankfurt WRP 1979, 67, 68); „sofern es sich nicht um ein Ausbedienen handelt" (OLG Koblenz WRP 1983, 353, 354); „angemessener preislicher Abstand nach oben" (BGH GRUR 1992, 310, 311 – *Taschenbuch-Lizenz*); „Vorteil durch Preisunterbietung" (BGH GRUR 1993, 980, 981 – *Tariflohnunterschreitung*); „gleichkommt" (BGH GRUR 1992, 191, 194 – *Amtsanzeiger*); „den privaten Rahmen übersteigende Zusammenkunft" (BGH GRUR 1991, 917, 919 – *Anwaltswerbung*); „Beiträge, die inhaltlich Werbung sind" (BGH GRUR 1993, 565, 566 – *Faltenglätter*); „Vorteil durch Preisunterbietung" (BGH GRUR 1993, 980, 981 – *Tariflohnunterschreitung*); „regelmäßig gefordert und … auch regelmäßig bezahlt" (BGH GRUR 1996, 796, 797 – *Setpreis*); „marktübliche Preise" (BGHZ 144, 255, 263 = GRUR 2000, 1076, 1077 f – *Abgasemissionen*); „überwiegend pauschale Anpreisung des Firmenangebots" (BGH WRP 1998, 42, 46 – *Unbestimmter Unterlassungsantrag III*); „Jubiläumsveranstaltung" (KG NJWE-WettbR 1998, 160); „günstig" (BGH WRP 1998, 164, 168 – *Modenschau im Salvatorkeller*); „mit von vornherein festgelegten transparenten, objektiven und strengen … Kriterien" (BGH WRP 1999, 105, 109 – *Schilderpräger im Landratsamt*); „Preise herabsetzend und/oder ironisch vergleichend gegenübergestellt werden" (BGH GRUR 2002, 72, 73 – *Preisgegenüberstellung im Schaufenster*); „ohne honorarrechtlich anerkannten Grund" (BGH GRUR 2005, 171, 172 – *Ausschreibung von Ingenieurleistungen*); „im geschäftlichen Verkehr" (BGH GRUR 2008, 702 Tz 35 – *Internet-Versteigerung III*); „von Maßnahmen gleicher Zweckbestimmung oder Wirkung abzusehen" (BGHZ 180, 323 Tz 52 – *Gasliefeverträge*).

2.40 **c) Gesetzeswiederholung.** Als **Grundsatz** gilt: Die Wiederholung des Wortlauts eines gesetzlichen Verbotstatbestands genügt nicht für die Bestimmtheit des Unterlassungsantrags (BGH GRUR 2000, 438, 440 – *Gesetzeswiederholende Unterlassungsanträge*; BGH GRUR 2002,

77, 78 – *Rechenzentrum;* BGH GRUR 2003, 886, 887 – *Erbenermittler;* BGH GRUR 2007, 607 Tz 16 – *Telefonwerbung für „Individualverträge";* BGH GRUR 2008, 84 Tz 14 – *Versandkosten* zu § 1 VI 2 PAngV; BGH GRUR 2009, 977 Tz 21 – *Brillenversorgung;* BGH GRUR 2010, 749 Tz 21 – *Erinnerungswerbung im Internet).* Denn das Gesetz stellt nur eine abstrakte Regelung auf und kann daher eine unübersehbare Vielzahl von Fällen erfassen. Ein entspr Unterlassungstitel wäre, da seine Reichweite erst durch Auslegung ermittelt werden müsste, keine geeignete Vollstreckungsgrundlage (BGH aaO – *Gesetzeswiederholende Unterlassungsanträge;* Ahrens/Jestaedt Kap 22 Rdn 22). **Beispiele:** Als unzulässig, weil zu unbestimmt, wurde angesehen: der Antrag auf ein Verbot, „in Nachlassangelegenheiten rechtsberatend und rechtsbesorgend tätig zu werden" (BGH GRUR 2003, 886, 887 – *Erbenermittler*); der Antrag auf ein Verbot, Telefonwerbung zu betreiben, ohne dass ... „zumindest Umstände vorliegen, auf Grund derer das Einverständnis mit einer solchen Kontaktaufnahme vermutet werden kann" (BGH GRUR 2007, 607 Tz 17 – *Telefonwerbung für „Individualverträge");* der Antrag auf ein Verbot, „Artikel des Sortiments ohne den eindeutig zuzuordnenden und leicht erkennbaren Hinweis darauf zu bewerben, ob und ggf in welcher Höhe zusätzlich Liefer- und Versandkosten anfallen und ob die Preise einschließlich der Umsatzsteuer und sonstiger Preisbestandteile gelten" (BGH GRUR 2008, 84 Tz 14 – *Versandkosten).* – Eine **Ausnahme** gilt in drei Fällen (BGH GRUR 2010, 749 Tz 21 – *Erinnerungswerbung im Internet),* nämlich **(1)** wenn bereits das **Gesetz hinreichend eindeutig und konkret gefasst** ist, wie etwa bei Verstößen gegen Straftatbestände (OLG Nürnberg WRP 2008, 1471, 1473), gegen § 49 IV 3 PBefG (BGH GRUR 1989, 835 – *Rückkehrpflicht III; Brandner/Bergmann* WRP 2000, 842), gegen § 4 I HWG (BGH GRUR 2010, 749 Tz 23 – *Erinnerungswerbung im Internet)* oder gegen §§ 3, 7 II Nr 2 Fall 1 (OLG Hamm MD 2006, 1285, 1286; LG Stuttgart WRP 2005, 1041), es sei denn, dass gerade streitig ist, welche von mehreren Verhaltensweisen dem gesetzlichen Verbotstatbestand unterfällt (BGH GRUR 2003, 886, 887 – *Erbenermittler);* **(2)** wenn der Anwendungsbereich einer Norm durch eine **gefestigte Auslegung** geklärt ist (vgl BGH WRP 1999, 183, 185 – *Die Luxusklasse zum Nulltarif)* und eine weitere Konkretisierung im Rahmen des Unterlassungsantrags nicht möglich ist (BGH WRP 2009, 1976 Tz 22, 27 – *Brillenversorgung).* Insoweit ist dann zu prüfen, ob der Antrag nicht, da zu weit gehend, ganz oder teilweise unbegründet ist (BGH GRUR 2003, 886, 887 – *Erbenermittler);* **(3)** wenn der Kläger hinreichend deutlich macht, dass er nicht ein Verbot im Umfang des Gesetzeswortlauts beansprucht, sondern sich mit seinem Unterlassungsbegehren an der **konkreten Verletzungshandlung** orientiert (BGH GRUR 2001, 529, 531 – *Herz-Kreislauf-Studie* – zu § 11 Nr 4 HWG; BGH GRUR 2003, 886, 887 – *Erbenermittler).* Doch darf in allen drei Fällen kein Streit darüber bestehen, dass das Verhalten das fragliche Tatbestandsmerkmal erfüllt (BGH GRUR 2007, 607 Tz 16 – *Telefonwerbung für „Individualverträge"),* vielmehr muss sich der Streit ausschließlich auf die rechtliche Qualifizierung der angegriffenen Verhaltensweise beschränken (BGH GRUR 2010, 749 Tz 21 – *Erinnerungswerbung im Internet).* Eine auslegungsbedürftige Antragsformulierung kann jedoch dann hinzunehmen sein, wenn dies zur Gewährleistung effektiven Rechtsschutzes im Hinblick auf eine bestimmte Wettbewerbsmaßnahme erforderlich erscheint (BGH GRUR 2007, 607 Tz 16 – *Telefonwerbung für „Individualverträge";* BGH WRP 2009, 1076 Tz 22 – *Brillenversorgung;* OLG Hamburg GRUR-RR 2008, 318, 319). – Wird ein nicht hinreichend bestimmtes Tatbestandsmerkmal einer Norm (zB „Handeln im geschäftlichen Verkehr") in den Antrag aufgenommen, so ist der Antrag unzulässig, wenn gerade die Voraussetzungen dieses Tatbestandsmerkmals zwischen den Parteien streitig ist (BGH WRP 2007, 964 Tz 50 – *Internet-Versteigerung II).* – Ist der Antrag verallgemeinernd gefasst, sieht das gesetzliche Verbot aber Ausnahmen vor, so müssen die Umstände, die nach Auffassung des Klägers für die Erfüllung des Ausnahmetatbestands sprechen, so genau umschrieben werden, dass im Vollstreckungsverfahren erkennbar ist, welche konkreten Handlungen von dem Verbot ausgenommen sind (BGH GRUR 2010, 749 Tz 26 – *Erinnerungswerbung im Internet).* Ist dies dem Kläger nicht möglich, so muss er den Antrag auf die konkrete Verletzungsform beschränken (BGH GRUR 2010, 749 Tz 32 – *Erinnerungswerbung im Internet).*

d) Unzulänglichkeit verbaler Beschreibung. Vielfach, insbes in den Fällen unzulässiger Nachahmung (§ 4 Nr 9), lässt sich die zu unterlassende Handlung verbal nicht hinreichend genau beschreiben. Um die notwendige Bestimmtheit zu erreichen, ist es dann gerechtfertigt, eine anderweit sinnlich wahrnehmbare, insbes fotografische oder zeichnerische Darstellung in den Antrag aufzunehmen (Beispiele: BGH GRUR 1981, 517 – *Rollhocker;* BGH GRUR 1986, 673 – *Beschlagprogramm;* BGH GRUR 1988, 690 – *Kristallfiguren;* BGH GRUR 2002, 86, 88 – *Laubhefter).* Bei umfangreichen Unterlagen kann die Beifügung in eine Anlage und eine Bezugnahme hierauf im Antrag geboten sein. Zur Bestimmtheit bei **Computerprogrammen** vgl BGHZ 112, 264 = GRUR 1991, 449, 450 – *Betriebssystem; Schulze* CR 1989, 799, 800.

2.42   e) Geheimhaltungsinteresse. An die Bestimmtheit (bzw Konkretisierung) des Unterlassungsantrags sind dann geringere Anforderungen zu stellen, wenn im Antrag und damit im Titel Umstände (zB Betriebsgeheimnisse) offenbart werden müssten, an denen ein schutzwürdiges Geheimhaltungsinteresse besteht. Doch muss die Vollstreckbarkeit gewährleistet sein (BGH GRUR 1961, 40, 42 – *Wurftaubenpresse*).

2. Konkretisierungsgebot

Schrifttum: *Bergmann,* Zur alternativen und kumulativen Begründung des Unterlassungsantrags im Wettbewerbsrecht, GRUR 2009, 224; *Nirk/Kurze,* Verletzungshandlung und Verletzungsform bei Wettbewerbsverstößen, GRUR 1980, 645; *Oppermann,* Unterlassungsantrag und zukünftige Verletzungshandlung, WRP 1989, 713; *Teplitzky,* Unterwerfung und konkrete Verletzungsform, WRP 1990, 26.

2.43   a) Anknüpfung an die konkrete Verletzungsform. Der Unterlassungsanspruch setzt eine „konkrete Verletzungshandlung" voraus, für die Wiederholungs- oder Erstbegehungsgefahr (§ 8 I) besteht. Die Merkmale dieser Handlung, die ihre Wettbewerbswidrigkeit begründen, bilden die „konkrete Verletzungsform". Auf sie kommt es bei der Umschreibung des künftig zu unterlassenden Verhaltens an (vgl BGH GRUR 1984, 593, 594 – *adidas-Sportartikel*). Dementsprechend muss der Klageantrag, sofern er sich nicht in zulässiger Weise auf ein Verbot der Handlung, so wie sie begangen worden ist, beschränkt (BGH GRUR 2001, 453, 454 – *TCM-Zentrum*), grds auf die „konkrete Verletzungsform" abstellen (Konkretisierungsgebot). Das ist aber keine Frage der Zulässigkeit, sondern der **Begründetheit** der Klage. Der Antrag muss sich möglichst genau an die konkrete Verletzungsform anpassen und deren Inhalt und die Umstände, unter denen ein Verhalten untersagt werden soll, so deutlich umschreiben, dass sie in ihrer konkreten Gestaltung zweifelsfrei erkennbar sind (BGH GRUR 1977, 114, 115 – *VUS*). Eine unmittelbare Bezugnahme auf die konkrete Verletzungsform liegt auch dann vor, wenn der Klageantrag die Handlung abstrakt beschreibt, sie aber mit dem Zusatz „wie" konkretisiert. Die abstrakte Kennzeichnung hat dabei die Funktion, den Kreis der Varianten näher zu bestimmen, die als „kerngleiche" Handlungen von dem Verbot erfasst sein sollen (BGH GRUR 2006, 164 Tz 14 – *Aktivierungskosten II;* BGH GRUR 2010, 749 Tz 36 – *Erinnerungswerbung im Internet*). – Zu beachten ist, dass im Einzelfall eine konkrete Verletzungshandlung (zB Versenden eines Prospekts mit mehreren irreführenden Werbeangaben) mehrere konkrete Verletzungsformen, sei es nebeneinander, sei es ineinander verwoben, enthalten kann (*Nirk/Kurtze* GRUR 1980, 645, 648; *v Ungern-Sternberg* GRUR 2009, 1009, 1012). Sollen sie nebeneinander angegriffen werden, ist die Verbindung im Antrag zweckmäßigerweise nicht mit „und/oder", sondern nur mit „oder" vorzunehmen, um ggf eine Teilabweisung zu vermeiden (vgl Ahrens/Jestaedt Kap 22 Rdn 24). Bei der Verwendung verwechslungsfähiger Firmenbestandteile kann nicht die Verwendung dieser Bestandteile schlechthin untersagt werden, sondern nur die Verwendung in einer Form, die Verwechslungen ermöglicht, also im angegriffenen Firmennamen in seiner vollständigen Gestalt (BGH GRUR 1981, 61, 64 – *Sitex; Teplitzky* Kap 51 Rdn 20). Richtet sich die Klage gegen **mehrere** Verletzer mit unterschiedlichen, von einander abgrenzbaren Tatbeiträgen, so ist dem bei der Formulierung der Antrags- und Verbotsfassung Rechnung zu tragen (BGH GRUR 1977, 114, 115 – *VUS;* KG GRUR 1994, 667, 668).

2.44   b) Zulässigkeit von Verallgemeinerungen. Die von einer konkreten Verletzungshandlung ausgehende Wiederholungsgefahr besteht nicht nur für die identische Verletzungsform, sondern auch für alle **„im Kern gleichartigen Verletzungshandlungen"** (stRspr; vgl BGH GRUR 2010, 749 Tz 42 – *Erinnerungswerbung im Internet*). (*Beispiel* nach BGH GRUR 1984, 593, 594 – *adidas-Sportartikel*): Konkrete Verletzungshandlung war die Werbung für einzelne adidas-Sportartikel; Wiederholungsgefahr bestand aber hins der Werbung für adidas-Sportartikel generell). In diesem Umfang gilt auch ein gerichtliches Verbot, auch wenn es auf die konkrete Verletzungsform beschränkt ist (BGH GRUR 2010, 749 Tz 42, 45 – *Erinnerungswerbung im Internet*). Allerdings kann sich der Antrag auch auf im Kern gleichartige Verletzungshandlungen beziehen. Dementsprechend sind bei der Formulierung des Antrags gewisse **Verallgemeinerungen** zulässig, sofern darin das **Charakteristische** (der **„Kern"**) der konkreten Verletzungsform aus der begangenen Verletzungshandlung zum Ausdruck kommt (stRspr; vgl BGH GRUR 2008, 530 Tz 23 – *Nachlass bei der Selbstbeteiligung;* BGH GRUR 2008, 702 Tz 55 – *Internetversteigerung III;* BGH WRP 2010, 241 Tz 30 – *Fischdosendeckel;* BGH GRUR 2010, 454 Tz 12 – *Klassenlotterie*). Ist eine unzulässige Werbeaussage, zB in einer Zeitungsanzeige, erfolgt, so ist ein Antrag mit der

Formulierung „*... zu unterlassen, mit der Behauptung zu werben, ...*" zulässig (vgl *Nirk/Kurtze* Rdn 231). Verfehlt oder überschreitet die Verallgemeinerung das charakteristische Element, so ist die Klage (teilweise) unbegründet (BGH GRUR 1992, 625, 627 – *Therapeutische Äquivalenz;* BGH WRP 2005, 1009, 1011 – *„statt"-Preis*). Das gilt insbes dann, wenn sie auch Handlungen einbezieht, die nicht wettbewerbswidrig sind (BGH GRUR 1999, 509, 511 – *Vorratslücken;*BGH GRUR 2002, 187, 188 – *Lieferstörung;* BGH GRUR 2010, 749 Tz 26 – *Erinnerungswerbung im Internet;* OLG München GRUR-RR 2008, 355, 356). **Beispiele:** Erweiterung des Antrags auf adidas-Sportartikel zulässig, nicht dagegen auf Sportartikel schlechthin, wenn das Charakteristische des Verstoßes gerade in der Bewerbung von adidas-Sportartikeln liegt (BGH GRUR 1984, 593, 594 – *adidas-Sportartikel*). – Unterlassungsantrag gegen irreführende Preiswerbung darf auf „Geräte der Telekommunikation" erweitert werden, wenn Mobiltelefone und ein Funkempfänger unzulässig beworben worden waren (BGH GRUR 2000, 907, 909 – *Filialleiterfehler*). – Die Werbung mit einer unzutreffenden Leistungsangabe bei einem Mikrowellen-Gerät rechtfertigt ein auf „Haushaltsgeräte" verallgemeinertes Unterlassungsgebot (OLG Stuttgart GRUR-RR 2005, 93). – Die Grenzziehung ist naturgemäß schwierig (vgl BGH GRUR 1974, 225, 226 – *Lager-Hinweiswerbung;* BGH GRUR 1977, 260, 261 – *Friedrich Karl Sprudel;* BGH GRUR 1981, 277, 278 – *Biene Maja;* BGH GRUR 1990, 450, 452 – *St. Petersquelle;* BGH WRP 1992, 706, 707 – *Haftungsbeschränkung bei Anwälten*). – Vielfach, aber nicht immer, kann ein **„insbes"**-Zusatz oder **„wie beispielhaft"**-Zusatz helfen (BGH GRUR 2008, 702 Tz 26 – *Internetversteigerung III;* Rdn 2.46), weil und soweit dies dazu dient, das Charakteristische des Verbots zum Ausdruck zu bringen. – Ist der Antrag zu weit gefasst, kann ihm häufig im Wege der Auslegung als **minus** entnommen werden, dass jedenfalls die konkrete Wettbewerbsmaßnahme verboten werden soll (BGH GRUR 2001, 176, 178 – *Myalgien;* BGH GRUR 2001, 181, 182 – *dentalästhetika;* BGH GRUR 2004, 605, 607 – *Dauertiefpreise;* BGH GRUR 2008, 702 Tz 32 – *Internetversteigerung III*). Voraussetzung ist aber, dass ohne weiteres feststellbar ist, welche konkrete Verletzungsform auf jeden Fall erfasst sein soll. Selbst wenn dies aber möglich ist, scheidet eine Abspaltung als „minus" aus, wenn der Kläger ausdrücklich an seinem Antrag festhält und jede Einschränkung ablehnt. Denn grds ist es nicht Sache des Gerichts, einen zu weit gefassten Antrag so umzuformulieren, dass er Erfolg hat oder haben könnte (BGH GRUR 1998, 489, 492 – *Unbestimmter Unterlassungsantrag III;* BGH GRUR 2002, 187, 188 – *Lieferstörung*). – Sind die nach dem Antrag des Klägers zu untersagenden Verhaltensweisen nicht schlechthin, sondern nur unter bestimmten Voraussetzungen wettbewerbswidrig und sind diese Voraussetzungen noch nicht erörtert, so geht der Antrag zu weit (BGH GRUR 2003, 886, 887 – *Erbenermittler*). Eine Beschränkung auf die wettbewerbswidrigen Verhaltensweisen ist nicht möglich, wenn sie vom Verletzer nicht als charakteristisch für die Verletzungshandlung angesehen werden. Sie werden vom allgemein gefassten Unterlassungsantrag nicht, auch nicht als minus, erfasst (BGH WRP 1999, 517, 519 – *Am Telefon nicht süß sein?;* BGH GRUR 2002, 287, 288 – *Widerruf der Erledigungserklärung;* BGH GRUR 2003, 890, 891 – *Buchclub-Kopplungsangebot;* vgl auch BGH GRUR 2003, 958, 960 – *Paperboy*). **Beispiel:** Kläger beantragt generelles Verbot der Ankündigung und Abgabe kostenloser Bücher an neue Mitglieder eines Buchclubs. Die Ankündigung könnte zwar unter dem Gesichtspunkt wettbewerbswidrig sein, dass die Kunden nicht klar und deutlich auf die Folgekosten hingewiesen werden. Da dies aber nicht als Charakteristikum der Verletzungshandlung herausgearbeitet wird, erfasst der Antrag einen etwaigen Verstoß nicht, auch nicht als minus (BGH GRUR 2003, 890, 891 – *Buchclub-Kopplungsangebot*). – Wird jedoch der zu weit gehende (und daher ganz oder teilweise unbegründete) Antrag vom Beklagten nicht oder nur am Rande gerügt, muss das Gericht dem Kläger nach § 139 ZPO Gelegenheit geben, die Reichweite seines Antrags zu prüfen und ggf ihn neu zu fassen und dazu sachdienlich vorzutragen. Wurde von der Vorinstanz § 139 ZPO verletzt, so ist unter dem Gesichtspunkt des Vertrauensschutzes und des Anspruchs der Parteien auf ein faires Verfahren anstelle einer Abweisung der Klage eine Zurückverweisung geboten, um dem Kläger eine Neufassung seines Antrags und entspr sachdienlichen Vortrag zu ermöglichen (BGH GRUR 2003, 886, 887 – *Erbenermittler;* BGH WRP 2005, 1009, 1011 – *„statt"-Preis*).

3. Zusätze

a) Einschränkende Zusätze. Der Kläger kann sich grds damit begnügen, Unterlassung der Verletzungshandlung in der konkret begangenen Form zu beantragen und braucht keine einschränkenden Zusätze (zB „es sei denn, ..."; „sofern nicht ...") anzuführen. Es ist Sache des Beklagten, Wege zu finden, die aus dem Verbot herausführen (stRspr; BGH GRUR 1991, 860,

862 – *Katovit;* BGH GRUR 1989, 445, 446 – *Professorenbezeichnung in der Arztwerbung I;* BGH WRP 1999, 1035, 1036 – *Kontrollnummernbeseitigung*). Der Kläger kann durch Unbestimmtheit des Zusatzes sogar seinen Antrag unzulässig machen (BGH GRUR 1975, 75, 76 – *Wirtschaftsanzeigen-public relations;* BGH GRUR 1978, 649, 650 – *Elbe-Markt;* BGH GRUR 1978, 652 – *mini-Preis*). Doch ist insoweit großzügig zu verfahren (BGH aaO – *Kontrollnummernbeseitigung*: Begriffe wie „unmissverständlich, unüberhörbar, unübersehbar" genügen dem Bestimmtheitserfordernis). – Stützt sich das Unterlassungsbegehren darauf, dass die beanstandeten Äußerungen vom Verkehr in bestimmter Weise verstanden werden, braucht der Antrag nur die zu untersagende Äußerung zu umfassen. Aus dem Antrag muss sich nicht ergeben, dass das Verbot unter der Voraussetzung eines bestimmten Verkehrsverständnisses ausgesprochen werden soll (BGH GRUR 2008, 725 Tz 13 – *Duftvergleich mit Markenparfüm*).

2.46 **b) Insbesondere-Zusätze.** Unbedenklich sind **„insbes wie"-Zusätze,** durch die der Kläger im Rahmen eines weiter gehend formulierten Antrags am Beispiel der konkreten Verletzungsform das Charakteristische der Verletzung erläutert und verdeutlicht (BGH GRUR 1991, 772, 773 – *Anzeigenrubrik I;* BGH WRP 1999, 509, 511 – *Kaufpreis je nur 1,– DM;* BGH WRP 2002, 952, 953 – *WISO;* BGH GRUR 2008, 702 Tz 26 – *Internetversteigerung III; Kurtze,* FS Nirk, 1992, 571). Darin ist weder eine Einschränkung noch eine Erweiterung des Antrags, sondern eine Auslegungshilfe zu erblicken. Es handelt sich um keinen eigenen Streitgegenstand (BGH GRUR 1996, 793, 795 – *Fertiglesebrillen*). Die nachträgliche Einführung oder Veränderung eines Zusatzes stellt daher weder eine Klageänderung noch eine Klageerweiterung noch eine (teilweise) Klagerücknahme dar (BGH aaO – *Anzeigenrubrik I;* KG GRUR 1988, 78, 79). Doch vermag ein solcher Zusatz einen zu unbestimmten Klageantrag nicht zu retten (BGH GRUR 1993, 565, 566 – *Faltenglätter*); auch gilt für ihn selbst ebenfalls der Bestimmtheitsgrundsatz (BGH GRUR 1997, 767, 768 – *Brillenpreise II;* BGH GRUR 2002, 86, 88 – *Laubhefter*). Wohl aber kann der Zusatz deutlich machen, dass der Kläger, falls er mit dem abstrakt formulierten Verbotsantrag nicht durchdringt, jedenfalls die Unterlassung des konkret beanstandeten Verhaltens (BGH GRUR 1997, 672, 673 – *Sonderpostenhändler;* BGH WRP 1999, 509, 511 – *Kaufpreis je nur 1,– DM;* BGH WRP 1999, 512, 515 – *Aktivierungskosten;* BGH GRUR 2003, 243, 244 – *Dresdner Christstollen;* BGH GRUR 2003, 886, 887 – *Erbenermittler*) und ggf kerngleicher Handlungen begehrt (BGH WRP 1998, 42, 46 – *Unbestimmter Unterlassungsantrag III;* BGH GRUR 2002, 86, 88 – *Laubhefter*). In der Sache hat der Zusatz also die Funktion eines Quasi-Hilfsantrags (*Teplitzky* Kap 51 Rdn 36). Stellt der Zusatz kein *minus,* sondern ein *aliud* gegenüber dem Antrag dar, kann der Antrag insgesamt, weil in sich widersprüchlich, zu unbestimmt sein (*Teplitzky* Kap 51 Rdn 38). Bei Zweifeln empfiehlt sich ein echter Hilfsantrag (s Rdn 2.47 f), der die konkrete Verletzungsform zum Gegenstand hat.

4. Hilfsantrag

Schrifttum: *Borck,* Der Hilfsantrag im Unterlassungsprozess, WRP 1981, 248.

2.47 **a) Unechter Hilfsantrag.** Die Grenzen einer noch zulässigen Verallgemeinerung des Verbotsantrags können häufig zweifelhaft sein. Das mag den Kläger veranlassen, mehrere, ggf stufenweise enger gefasste Anträge bis hin zur konkreten Verletzungsform zu stellen. Hierbei handelt es sich um keine echten Hilfsanträge, weil und soweit sie sich als bloße Konkretisierungen des („Haupt"-)Antrags darstellen (*Teplitzky* Kap 51 Rdn 30) und keinen anderen Streitgegenstand bilden. Gleichwohl kann ein solches Vorgehen ratsam sein: Der Kläger vermeidet damit, dass im Falle einer zu weitgehenden Antragstellung die Klage insgesamt abgewiesen wird.

2.48 **b) Echter Hilfsantrag.** Er setzt einen anderen Streitgegenstand (dazu Rdn 2.23) voraus und steht in einem „*aliud*"-Verhältnis zum Hauptantrag, während der „unechte" Hilfsantrag als „*minus*" im Hauptantrag enthalten ist. Die Abgrenzung kann in der Praxis Schwierigkeiten bereiten (dazu *Teplitzky* Kap 51 Rdn 34). Über den Hilfsantrag ist nur zu entscheiden, wenn der Hauptantrag abgewiesen wird. Gibt das Gericht daher dem Hauptantrag statt, so kommt eine Verurteilung nach dem (uU weiter gehenden; vgl BGH GRUR 1991, 929, 930 – *Fachliche Empfehlung II*) Hilfsantrag nicht in Betracht. Ein Hilfsantrag kann auch darin zu sehen sein, dass der Kläger seinen Unterlassungsanspruch vorrangig auf eine bestimmte Norm und nur hilfsweise auf eine andere Norm stützt, sofern unterschiedliche Streitgegenstände vorliegen (dazu BGH aaO – *Fachliche Empfehlung II;* BGH GRUR 1992, 552, 554 – *Stundung ohne Aufpreis*). – Ein Hilfsantrag, der auf eine Klageerweiterung hinausläuft, ist in der Revisionsinstanz unzulässig (BGH WRP 2003, 1217, 1220 – *Buchpreis-Kopplungsangebot*). In der Revisionsinstanz kann auch nicht zulässigerweise der Hilfsantrag gestellt werden, dass sich der Rechtsstreit in der Hauptsache erledigt hat, weil dem Hauptbegehren wegen eines zwischenzeitlich eingetretenen erledigenden Ereignisses (zB Änderung der Gesetzeslage) nicht entsprochen werden kann. Denn insoweit besteht kein Interesse des Klägers daran, dass sein Unterlassungsbegehren bis zum Eintritt des Ereignisses begründet war (BGH WRP 2006, 1027 Tz 20 – *Flüssiggastank;* aA noch BGH GRUR 1998, 1045, 1046 – *Brennwertkessel;* BGH WRP 2003, 1217, 1220 – *Buchpreis-Kopplungsangebot*).

5. Ordnungsmittelantrag

Zweckmäßigerweise wird mit dem Unterlassungsantrag zugleich der Ordnungsmittelantrag **2.49** nach § 890 II ZPO verbunden („... unter Androhung der gesetzlichen Ordnungsmittel ..."). Soll der Unterlassungstitel im Ausland – mit Ausnahme der Staaten, die der EuGVVO unterliegen – zugestellt werden, darf allerdings darin keine Ordnungsmittelandrohung vorgesehen sein. Die Praxis behilft sich mit entspr Schwärzung im Titel.

6. Antragsformulierung

Dazu eingehend *Nirk/Kurtze* Rdn 220 ff. Mögliche Beispiele: **(1) irreführende Werbung:** **2.50** „*... unter Androhung der gesetzlichen Ordnungsmittel zu verurteilen, es zu unterlassen, zur Förderung des Wettbewerbs in Presseerzeugnissen unter der Rubrik „Stellenangebote" für Fortbildungen zum Berufskraftfahrer und Kraftverkehrsmeister zu werben, insbes wenn dies wie in der in der Anlage angeführten Anzeige geschieht*" (vgl BGH GRUR 1991, 772, 773 – *Anzeigenrubrik I);* „... *unter Androhung der gesetzlichen Ordnungsmittel zu untersagen, im Rahmen der selbstständigen beruflichen Tätigkeit die Bezeichnung „Professor" oder abgekürzt „Prof." zu führen*" (vgl BGH GRUR 1989, 445 – *Professorenbezeichnung in der Arztwerbung I).* **(2) rufschädigende Äußerung:** „*... unter Androhung der gesetzlichen Ordnungsmittel zu untersagen, über die Klägerin und ihre Vertriebsorganisation folgende Behauptungen aufzustellen und zu verbreiten: a) Die Abwanderung der Fachhändler aus dem Canon-C.-Vertrieb ist in vollem Gang b) ...*".

VI. Sonstige Klagen

1. Beseitigungsklage

a) Verhältnis zur Unterlassungsklage. Vielfach kann eine Unterlassungspflicht nur durch **2.51** positives Tun erfüllt werden (zB Beseitigung einer Werbetafel). Dann kann sich der Kläger damit begnügen, auf Unterlassung zu klagen und nach § 890 ZPO zu vollstrecken. Er kann aber auch stattdessen oder daneben auf Beseitigung klagen und nach §§ 887, 888, ggf § 894 ZPO vollstrecken, weil ein Tun des Schuldners dadurch uU direkter und zweckmäßiger durchsetzbar ist. Dementsprechend ist bei einem drohenden Störungszustand neben einer vorbeugenden Unterlassungsklage auch eine **vorbeugende Beseitigungsklage** (zur Verhütung einer Störung) möglich (BGH GRUR 1993, 556, 558 – *TRIANGLE;* aA § 8 Rdn 1.77). Der Streitgegenstand beider Klagen ist nicht identisch. Eine (ggf zusätzliche) Beseitigungsklage ist notwendig, wenn der Kläger ein weiter gehendes Begehren verfolgt, um die noch andauernden Folgen einer Störung zu beseitigen. Am **Beispiel** der rufschädigenden Äußerung: Widerruf oder Urteilsveröffentlichung kann nur mit der Beseitigungsklage erreicht werden (vgl BGH GRUR 1987, 189, 190 – *Veröffentlichungsbefugnis beim Ehrenschutz;* BGH GRUR 1992, 527, 529 – *Plagiatsvorwurf II).*

b) Bestimmtheitsgebot. (Vgl dazu auch § 8 Rdn 1.81 ff.) Das Bestimmtheitsgebot (§ 253 II **2.52** Nr 2 ZPO) gilt auch für den Beseitigungsantrag. Sonst würde der Streit über die richtige und ausreichende Beseitigung in das Vollstreckungsverfahren verlagert. Anderseits soll dem Beklagten nicht eine Maßnahme aufgezwungen werden, wenn ihm andere Möglichkeiten zu Gebote stehen. Daraus folgt: Gibt es erkennbar nur eine Möglichkeit der Störungsbeseitigung, so darf und muss der Kläger sie im Antrag bezeichnen (BGH GRUR 1964, 82, 87 – *Lesering;* GK/*Jacobs* Vor § 13 aF Rdn D 211). Sind mehrere gleichwertige Beseitigungsmöglichkeiten gegeben, ist ein Alternativantrag „*nach Wahl des Beklagten"* zu stellen, nicht aber ein Haupt- und Hilfsantrag (so aber *Teplitzky* Kap 24 Rdn 8), weil dadurch die Wahlmöglichkeit des Schuldners beeinträchtigt würde. Am **Beispiel** eines Prospekts mit einer wettbewerbswidrigen Aussage: Schwärzung der Textstelle oder Vernichtung des Prospekts (vgl BGH GRUR 1954, 337, 338 – *Radschutz).* Lässt sich im Erkenntnisverfahren nicht abschließend feststellen, welche Maßnahmen der Beseitigung in Betracht kommen, ist es im Interesse des Schuldners erforderlich, aber auch ausreichend, den Antrag auf Beseitigung der näher bezeichneten Störung zu stellen. Es bleibt dann Sache des Schuldners, wie er dem Gebot nachkommt. Im Vollstreckungsverfahren kommt es darauf an, ob die Beseitigung eine vertretbare oder eine unvertretbare Handlung erfordert (§§ 887, 888 ZPO). Ist die Handlung vertretbar, so muss das Vollstreckungsgericht nach Anhörung des Schuldners (§ 891 S 2 ZPO) den Gläubiger zur Ersatzvornahme ermächtigen. Bestehen mehrere Möglichkeiten der Ersatzvornahme, ist die den Schuldner am wenigsten belastende zu wählen (Grds der Verhältnismäßigkeit). – Im Unterschied dazu ist bei der **Unterlassungsklage** nicht anzugeben, durch welches positive Tun der Anspruch zu erfüllen ist (BGH GRUR 1993, 556, 557 – *TRIANGLE*).

2.53 c) **Konkretisierungsgebot.** Auch bei der Beseitigungsklage muss der Kläger sein Begehren inhaltlich konkretisieren. Er muss also die zu beseitigende Störung (und ggf die dafür erforderliche Maßnahme, § 8 Rdn 1.81) so genau wie möglich bezeichnen. Die „Kerntheorie" (§ 8 Rdn 1.36 f, 1.52) gilt insoweit nicht. Der Antrag und die Verurteilung dürfen nicht weiter gehen, als zur Beseitigung der Beeinträchtigung erforderlich ist (BGH GRUR 1966, 35, 38 – *multikord;* BGH GRUR 1981, 60, 64 – *Sitex*). Beim Antrag auf Widerruf ist genau anzugeben, welche Behauptungen widerrufen werden sollen. Enthält also ein Text neben unrichtigen auch richtige Tatsachenbehauptungen sowie Werturteile, muss sich der Widerrufsantrag auf die unrichtigen Behauptungen beschränken (BGH GRUR 1992, 527, 529 – *Plagiatsvorwurf II*). Bei wettbewerbswidrigen Firmenbestandteilen kann nur Löschung dieses Bestandteils, nicht der vollen Firmenbezeichnung verlangt werden (BGH GRUR 1974, 162, 164 – *etirex;* BGH GRUR 1981, 60, 64 – *Sitex*).

2.54 d) **Antragsformulierung.** Beispiele möglicher Anträge sind: (1) **Körperliche Störungsbeseitigung:** „... binnen einer angemessenen, vom Gericht festzusetzenden Frist das an der Fassade des Geschäftshauses in ... aufgemalte Muster, bestehend aus zwei fortlaufenden Reihen von stilisierten Blüten auf rotem Grund, zu beseitigen" (BGH GRUR 1977, 614, 615 – *Gebäudefassade*). (2) **Widerruf:** „... die Behauptung, der Entwurf des Klägers sei eine Kopie des Beklagten, gegenüber den jeweiligen Adressaten schriftlich zu widerrufen" (vgl BGH GRUR 1992, 527, 528 – *Plagiatsvorwurf II*). (3) **Urteilsbekanntmachung:** „... dem Kläger die Befugnis einzuräumen, den verfügenden Teil des Urteils drei Monate nach Rechtskraft in der X-Zeitschrift auf Kosten des Beklagten zu veröffentlichen" (BGH aaO – *Plagiatsvorwurf II*). (4) **Löschung:** „... das im Handelsregister des Amtsgerichts Hof unter der Nr ... eingetragene Wort „..." löschen zu lassen." (BGH GRUR 1981, 60 – *Sitex*) oder – praktikabler – „... in die Löschung ... einzuwilligen."

2. Schadensersatz(feststellungs)klage

Schrifttum: *Teplitzky,* Die Durchsetzung des Schadensersatzanspruchs im Wettbewerbsrecht, GRUR 1987, 215.

2.55 a) **Feststellungsklage.** Zum Feststellungsinteresse Rdn 2.18. Zur Begründetheit genügt nicht eine entfernt liegende, also nur theoretische Möglichkeit des Schadenseintritts (BGH GRUR 1995, 744, 749 – *Feuer, Eis & Dynamit I;* BGH GRUR 2001, 849, 850 – *Remailing-Angebot*). Andererseits ist ein tatsächlicher Schadenseintritt nicht erforderlich. Vielmehr braucht nur eine gewisse (nicht einmal hohe) **Wahrscheinlichkeit** eines Schadens vorzuliegen (BGH WRP 1999, 530, 534 – *Cefallone;* BGH WRP 2000, 1258, 1263 – *Filialleiterfehler*). Es genügt nach der Rspr sogar, dass nach der Lebenserfahrung der Eintritt eines Schadens zumindest denkbar und möglich ist (BGH GRUR 2001, 849, 850 – *Remailing-Angebot*). Dies ist bei Wettbewerbsverstößen grds zu bejahen, nicht aber bei bloß drohenden Verstößen (BGH aaO – *Remailing-Angebot*). In der Regel bedarf es daher keiner detaillierten Darlegungen (BGH GRUR 1974, 84, 88 – *Trumpf;* BGH GRUR 1974, 735, 736 – *Pharmamedan;* BGH GRUR 1975, 434, 438 – *BOUCHET;* BGH GRUR 1992, 61, 63 – *Preisvergleichsliste;* BGH GRUR 1993, 926, 927 – *Apothekenzeitschrift;* BGH GRUR 2001, 84 – *Neu in Bielefeld II:* unzulässige Sonderveranstaltung). Liegt aber nach der allgemeinen Lebenserfahrung ein Schaden fern, wie etwa bei einer geringfügigen Irreführung, muss der Kläger näher darlegen, aus welchen bes Umständen (zB Überschneidung des Kundenkreise und übliche Auswirkungen von Werbeaktionen auf Umsätze) sich gleichwohl ein Schaden ergeben könnte (BGH GRUR 1995, 744, 749 – *Feuer, Eis & Dynamit I;* BGH GRUR 1999, 1017, 1019 – *Kontrollnummernbeseitigung;* BGH GRUR 2001, 78, 79 – *Falsche Herstellerpreisempfehlung;* OLG Frankfurt GRUR 2007, 612, 613).

2.56 b) **Leistungsklage. aa) Bezifferte Leistungsklage.** Sie ist in Wettbewerbssachen selten, weil sich ein Schaden kaum ganz exakt berechnen lässt, und kommt allenfalls in den Fällen der objektiven Schadensberechnung vor (vgl BGH GRUR 1993, 55, 56 – *Tchibo/Rolex II*).

bb) Unbezifferte Leistungsklage. Sie kann im Hinblick auf die Rspr zur Verpflichtung des 2.57 Gerichts, unter bestimmten Voraussetzungen einen Mindestschaden zu schätzen (BGH GRUR 1993, 55, 56 – *Tchibo/Rolex II*), an Bedeutung gewinnen. Durch Auslegung ist jedoch zu ermitteln, ob der Kläger nicht in Wahrheit einen Feststellungsantrag stellt (BGH GRUR 1990, 1012, 1014 – *Pressehaftung I*). Nach der Rspr ist eine unbezifferte Leistungsklage zulässig, wenn die Größenordnung des verlangten Betrages (BGH NJW 1982, 340) oder ein Mindestbetrag (BGH GRUR 1977, 539, 542 – *Prozessrechner; Leisse/Traub* GRUR 1980, 1, 12 f) angegeben ist. In der Klagebegründung müssen aber die tatsächlichen Feststellungs- und Schätzungsgrundlagen so genau wie möglich angegeben werden (BGH NJW 1988, 1202; aA *Lepke* BB 1990, 276). Weicht der dem Kläger zugesprochene Betrag wesentlich von dem Mindestbetrag ab, so ist eine Teilabweisung und eine entspr Kostenteilung erforderlich, soweit das Gericht nicht von der Möglichkeit des § 92 II ZPO Gebrauch macht (BGH aaO – *Prozessrechner*). – Von einer Bezifferung kann bei einer Stufenklage gänzlich abgesehen werden.

cc) Schadensschätzung (§ 287 I ZPO). Dazu § 9 Rdn 1.35 und eingehend *Teplitzky* 2.58 Kap 52 Rdn 33 ff.

c) Antragsformulierung. (1) unbezifferte Leistungsklage: „*... an den Kläger einen in das* 2.59 *Schätzungsermessen des Gerichts gemäß § 287 I ZPO gestellten Betrag, mindestens aber ... Euro zu zahlen*".

(2) Stufenklage: „*... an den Kläger den sich aus der Auskunft (Rechnungslegung) ergebenden Betrag zu zahlen*".

(3) Feststellungsklage: „*... festzustellen, dass der Beklagte dem Kläger den bereits entstandenen und künftig noch entstehenden Schaden aus der ... (genau beschriebenen Verletzungshandlung) ... zu ersetzen hat*".

3. Auskunfts- und Rechnungslegungsklage

a) Verbindung mit anderen Klagen. Die Auskunfts- bzw Rechnungslegungsklage kann 2.60 selbstständig erhoben werden (vgl BGH GRUR 1974, 351, 352 – *Frisiersalon*). In der Regel wird sie aber mit einer anderen Klage verbunden, etwa auf Beseitigung oder Schadensersatzfeststellung oder (im Wege der Stufenklage, § 254 ZPO) auf Schadensersatzleistung.

b) Bestimmtheits- und Konkretisierungsgebot. Der Auskunftsantrag muss unter Bezug- 2.61 nahme auf die konkrete Verletzungshandlung Gegenstand, Zeitraum sowie Art und Umfang der Auskunft bezeichnen. Der Rechnungslegungsantrag muss angeben, für welchen Zeitraum und worüber Rechnung gelegt werden soll, etwa über Stückmengen und -preise, Lieferdaten, Einkaufspreise, Kalkulationsgrundlagen, und wofür Belege vorzulegen sind.

c) Erledigung der Hauptsache. Erteilt der Beklagte während des Rechtsstreits die ge- 2.62 wünschte Auskunft, so ist der Kläger gehalten, die Hauptsache für erledigt zu erklären.

d) Ergänzungs- und Offenbarungsanspruch. Vgl zunächst § 9 Rdn 4.33 und 4.36 ff. Sind 2.63 die Angaben nach Auffassung des Verletzten unrichtig oder unvollständig, so kann er nicht Überprüfung durch einen Wirtschaftsprüfer verlangen (BGH GRUR 1984, 728, 729 f – *Dampffrisierstab II*). Doch kann er bei **Unvollständigkeit** eine **Ergänzung** der Auskunft oder Rechnungslegung verlangen (BGH aaO – *Dampffrisierstab II*). Dasselbe gilt, wenn der Verletzer seine Angaben korrigiert, ohne den Grund der Abweichung deutlich zu machen (BGH GRUR 1982, 723, 725 f – *Dampffrisierstab I*). Die Versicherung der Richtigkeit der Angaben zu Protokoll **an Eides statt** kann der Verletzte dagegen nur verlangen, wenn Grund zur Annahme mangelnder Sorgfalt besteht (§§ 259 II, 260 II BGB). Aus diesem Grund ist ein Anspruch auf ergänzende Auskunft auch dann zu gewähren, wenn die **Unrichtigkeit** der Auskunft (Rechnungslegung) auf unverschuldeter Unkenntnis oder entschuldbarem Rechtsirrtum beruht (BGHZ 89, 137, 140).

e) Antragsformulierung. Beispiele möglicher Anträge sind: **(1) Irreführende Werbung:** 2.64 „*... dem Kläger Auskunft zu erteilen, mit welchem Medium, wann, bei welcher Gelegenheit und wie oft er die in Nr 1 bezeichnete Werbebehauptung aufgestellt hat*" (vgl BGH GRUR 1961, 288, 289 – *Zahnbürsten*). **(2) Schadensersatz wegen Produktnachahmung:** „*... dem Kläger darüber Rechnung zu legen, in welchem Umfang die Beklagte die ... Handlungen begangen hat, und zwar unter Angabe der Liefermenge, Lieferzeiten, Lieferpreise und der Namen und Anschriften der Angebotsempfänger, einschließlich der Gestehungskosten und einschließlich sämtlicher Kostenfaktoren und des erzielten Gewinns, ferner unter Angabe der Art und des Umfangs der betriebenen Werbung, aufgeschlüsselt nach Kalendervierteljahren, Bundesländern und Werbeträgern ...*" (BGH WRP 1999, 1031, 1032 – *Rollstuhlnachbau*).

(3) Wirtschaftsprüfervorbehalt: „... *Die Beklagte kann diese Angaben einem vom Kläger zu bezeichnenden, zur Verschwiegenheit verpflichteten vereidigten Wirtschaftsprüfer mitteilen, sofern sie die Kosten seiner Einschaltung trägt und ihn zugleich ermächtigt und verpflichtet, dem Kläger auf Antrag mitzuteilen, ob in der Rechnungslegung ein oder mehrere bestimmte Abnehmer enthalten sind.*" (vgl BGH GRUR 1978, 52, 53 – *Fernschreibverzeichnisse*; BGH WRP 1999, 1031, 1032 – *Rollstuhlnachbau*).

VII. Beweis

Schrifttum: *Ahrens* Wettbewerbsverfahrensrecht, 1983; *Baumgärtel/Ulrich*, Handbuch der Beweislast im Privatrecht, 1987, Bd 3, UWG; *Bornkamm*, Die Feststellung der Verkehrsauffassung im Wettbewerbsprozess, WRP 2000, 830; *Kemper*, Beweisprobleme im Wettbewerbsrecht, 1992; *Kur*, Beweislast und Beweisführung im Wettbewerbsprozess, 1981.

1. Beweisbedürftigkeit

2.65 Gegenstand des Beweises sind nur die entscheidungserheblichen und beweisbedürftigen Tatsachen. Nicht beweisbedürftig sind **nicht bestrittene** (§ 138 III ZPO), **zugestandene** (§ 288 ZPO) und **offenkundige** (§ 291 ZPO) Tatsachen. Offenkundig sind die allgemeinkundigen und die gerichtskundigen, dh vom Gericht amtlich wahrgenommenen Tatsachen. Das Gericht darf aber eine Tatsache, die es als allgemein- oder gerichtskundig ansieht, dann nicht zu Grunde legen, wenn eine Partei für die Unrichtigkeit Beweis antritt (BGH GRUR 1990, 607, 608 – *Meister-Kaffee*; dazu klarstellend und abgrenzend BGH GRUR 1992, 406, 407 – *Beschädigte Verpackung*; BGH GRUR 1993, 677, 678 – *Bedingte Unterwerfung*; *Teplitzky* Kap 47 Rdn 10). Die Parteien müssen Gelegenheit haben, sich zu den Tatsachen und deren Offenkundigkeit zu äußern (arg rechtliches Gehör; BVerfGE 10, 183 f; 48, 208 f). Die **Verkehrsauffassung** stellt allerdings keine offenkundige Tatsache iSd § 291 ZPO dar, da sie auf Erfahrungswissen beruht (BGH GRUR 2004, 244, 245 – *Marktführerschaft* unter Aufgabe von BGH GRUR 1990, 607 – *Meister-Kaffee*). Unter bestimmten Voraussetzungen kann das Gericht die **Verkehrsauffassung** auch ohne Beweiserhebung feststellen (Rdn 2.71).

2. Beweismittel

2.66 Beweismittel sind: **(1)** Augenschein (§ 371 ZPO); **(2)** Zeugen (§ 373 ZPO); **(3)** Sachverständige (§ 402 ZPO); **(4)** Urkunden (§ 415 ZPO); **(5)** Parteivernehmung (§ 445 ZPO); **(6)** Amtliche Auskünfte (§§ 273 II Nr 2, 358 a Nr 2 ZPO). Allerdings kann das Gericht mit Einverständnis der Parteien die Beweise in der ihm geeignet erscheinenden Art aufnehmen (§ 284 S 2 ZPO).

3. Beweiserhebung und Beweiswürdigung

2.67 **a) Allgemeines.** Ist eine Tatsache beweisbedürftig und daher eine Beweiserhebung erforderlich, so muss grds die beweisbelastete Partei einen **Beweisantrag** (= Beweisantritt) stellen. Unzulässig ist ein bloßer *Beweisermittlungsantrag* (Ausforschungsbeweis), der darauf abzielt, durch die angestrebte Beweiserhebung die Grundlage für neue Tatsachenbehauptungen zu gewinnen (BGH NJW 1986, 246, 247). Unschädlich und oft nicht zu umgehen freilich ist es, dass eine Partei Tatsachen behauptet, über die sie keine genaue Kenntnis haben kann, die sie aber nach Sachlage für wahrscheinlich oder möglich hält (BGH aaO). Der Antrag auf Einholung einer Verkehrsbefragung ist dementsprechend kein bloßer Beweisermittlungsantrag. **Von Amts wegen** kann nach pflichtgemäßem Ermessen die Einnahme eines Augenscheins und die Begutachtung durch Sachverständige angeordnet werden (§ 144 ZPO; dazu OLG Frankfurt WRP 2007, 1372, 1376); ebenso die Parteivernehmung (§ 448 ZPO) und die Vorlage bestimmter Urkunden (§§ 142, 143, 273 II Nr 1, 2 ZPO). Die **Anordnung der Beweisaufnahme** erfolgt durch *formlosen* Beschluss, wenn der Beweis *sofort* erhoben werden kann, sonst oder im Fall der Parteivernehmung (§ 450 I 1 ZPO) durch *förmlichen* Beweisbeschluss (§ 358 ZPO). Ob eine Tatsachenbehauptung wahr oder unwahr ist, hat das Gericht in **freier Beweiswürdigung** (§ 286 I 1 ZPO) zu entscheiden. Nach § 286 I 2 ZPO sind die für die richterliche Überzeugung leitenden Gründe anzugeben. Dies erfordert eine Auseinandersetzung mit dem gegenteiligen Vortrag der Partei, die die Beweiserhebung beantragt hat (BGH GRUR 1991, 215 – *Emilio Adani I*).

2.68 **b) Einzelfragen. aa) Ablehnung der Beweisaufnahme.** Die Ablehnung eines Beweises für eine beweiserhebliche Tatsache ist nur dann zulässig, wenn ihre Erheblichkeit mangels

Substanziierung nicht beurteilt werden kann oder wenn sie erkennbar aus der Luft gegriffen ist (BGH GRUR 1992, 559, 560 – *Mikrofilmanlage*).

bb) Erneute Beweisaufnahme. Das Berufungsgericht ist an die Tatsachenfeststellungen des Urteils der 1. Instanz nur dann nicht gebunden, wenn konkrete Anhaltspunkte für fehler- oder lückenhafte Feststellungen bestehen, dadurch sich Zweifel an der Richtigkeit und Vollständigkeit der Tatsachenfeststellung ergeben und auf Grund dieser Zweifel die Notwendigkeit neuer Feststellungen durch eine wiederholte oder ergänzende Beweisaufnahme besteht (§ 529 I ZPO; dazu BVerfG NJW 2003, 2524; *Greger* NJW 2003, 2882). Eine erneute Zeugenvernehmung kann geboten sein, wenn das Berufungsgericht einer protokollierten Aussage eine vom Wortsinn abweichende Auslegung geben will oder wenn es die Aussage anders verstehen will als die Vorinstanz (BGH GRUR 1991, 401, 402 – *Erneute Vernehmung*); ferner, wenn das Berufungsgericht im Gegensatz zur Vorinstanz die Aussage eines Zeugen als glaubhaft ansehen will (BGH GRUR 1992, 61, 63 – *Preisvergleichsliste*).

cc) Verwertung von Beweismitteln. Die Verwertung heimlicher Tonbandaufnahmen ist grds nicht zulässig (§ 201 StGB), ausnahmsweise aber dann, wenn ein wesentlich höherwertiges Interesse auf dem Spiel steht und dieses Interesse nicht auf andere Weise zu schützen ist (BGH NJW 1982, 277, 278). Entsprechendes gilt für die Vernehmung eines Zeugen, der von einer Partei beauftragt war, heimlich ein Gespräch zu belauschen (BGH NJW 1991, 1180). Die Verwertung der Aussage eines Zeugen, der ein Telefongespräch über eine Mithöreinrichtung mitgehört hat, ist nur dann zulässig, wenn der Gesprächspartner in das Mithören eingewilligt hat. Dazu reicht es nicht aus, dass mit der Existenz solcher Einrichtungen gerechnet werden muss (BVerfG NJW 2002, 3619, 3623). Die Verwertung von Beweismitteln, die im Rahmen von **Testkäufen** oder **Testbeobachtungen** gewonnen wurden, ist nicht schon deshalb ausgeschlossen, weil diese Maßnahmen im Einzelfall selbst wettbewerbswidrig waren (vgl nur BGH GRUR 1991, 843 – *Testfotos* mwN). – **Sachverständigengutachten** sind sorgfältig und kritisch zu würdigen. Das setzt voraus, dass der Gutachter die wesentlichen tatsächlichen Grundlagen seines Gutachtens offen legt. Andernfalls ist das Gutachten unverwertbar, zumal auch das rechtliche Gehör (Art 103 I GG) der Gegenpartei betroffen ist (BGH GRUR 1992, 191, 194 – *Amtsanzeiger*). Dies gilt auch dann, wenn es sich um Geschäftsgeheimnisse einer Partei handelt (BGH aaO – *Amtsanzeiger*).

4. Feststellung der Verkehrsauffassung ohne Beweiserhebung

a) Allgemeines. Das Bestehen einer bestimmten **Verkehrsauffassung,** insbes über den Sinn einer bestimmten Werbebehauptung oder die Relevanz einer Fehlvorstellung für die Kaufentscheidung, ist sehr häufig für die Beurteilung einer Wettbewerbsmaßnahme als unlauter relevant. Bei der Ermittlung des Verkehrsverständnisses ist auf die Anschauungen des **durchschnittlich informierten, situationsadäquat aufmerksamen und verständigen** Verbrauchers oder sonstigen Marktteilnehmers abzustellen (vgl BGH GRUR 2002, 550, 552 – *Elternbriefe;* BGH GRUR 2002, 715, 716 – *Scanner-Werbung;* BGH WRP 2003, 1224, 1225 – *Sparvorwahl;* BGH GRUR 2004, 244, 245 – *Marktführerschaft*). Die Rspr erblickt darin – trotz des in ihr enthaltenen normativen Elements – eine **Tatsache,** die dem Beweis zugänglich ist, aber auch auf Grund eigener Sachkunde und Lebenserfahrung des Richters festgestellt werden kann (vgl BGH GRUR 2002, 182, 184 – *Das Beste jeden Morgen;* BGH GRUR 2002, 550, 552 – *Elternbriefe*). Dementsprechend ist die Ermittlung des Verkehrsverständnisses keine Tatsachenfeststellung, sondern Anwendung eines speziellen Erfahrungswissens (BGH GRUR 2007, 1079 Tz 36 – *Bundesdruckerei*). Der Tatrichter muss in eigener Verantwortung entscheiden, ob er die Verkehrsauffassung kraft eigener richterlicher Sachkunde und Lebenserfahrung feststellen oder eine Beweisaufnahme durchführen will (zur Revisibilität s Rdn 2.74). – Der Richter kann die Verkehrsauffassung jedenfalls dann auf Grund eigener Sachkunde und Lebenserfahrung und damit auf Grund eigenen Erfahrungswissens feststellen, wenn er selbst von der fraglichen Werbung angesprochen wird (BGH GRUR 1985, 140, 141 – *Größtes Teppichhaus der Welt* mwN; BGH GRUR 1990, 532, 533 – *Notarieller Festpreis;* BGH GRUR 1992, 406, 407 – *Beschädigte Verpackung;* BGH GRUR 1999, 594, 597 – *Holsteiner Pferd;* BGH GRUR 2000, 239, 240 – *Last-Minute-Reise*). Das wird namentlich beim Angebot von Gegenständen des allgemeinen Bedarfs zu bejahen (BGH GRUR 1992, 406, 407 – *Beschädigte Verpackung;* BGH GRUR 1996, 800, 801 – *EDV-Geräte;* BGH GRUR 2000, 239, 240 – *Last-Minute-Reise*), bei speziellen Sachverhalten idR dagegen zu verneinen sein (BGH WRP 1975, 215, 217 – *Verleger von Tonträgern;* BGH GRUR 1990, 1035, 1037 – *Urselters II;* BGH GRUR 1999, 594, 597 – *Holsteiner Pferd*). Geht es um das Verständnis eines in der Werbung verwendeten Begriffs, ist idR zusätzlich erforderlich, dass das Verständnis in einem bestimmten Sinne einfach und nahe liegend ist und keine Gründe vorliegen, die Zweifel an dem vom Richter angenommenen Verkehrsverständnis wecken können (vgl BGH GRUR 1982, 491, 492 – *Möbel-Haus;* BGH GRUR 1984, 467, 468 – *Das unmögliche Möbelhaus;* BGH GRUR 1995, 354, 357 – *Rügenwalder Teewurst II;* BGH GRUR 2000, 239, 240 – *Last-Minute-Reise;* BGH GRUR 2001, 73, 75 – *Stich den Buben*). Dagegen kann die Einholung eines Sachverständigengutachtens (Rdn 2.76) oder einer amtlichen Auskunft (Rdn 2.75) dann geboten sein, wenn keiner der erkennenden Richter von der Werbung angesprochen wird. Allerdings kann ein Gericht grds auch dann das erforderliche Erfahrungswissen haben, wenn die entscheidenden Richter nicht zu den angesprochenen Verkehrskreisen gehören (BGH GRUR 2007, 1079 Tz 36 – *Bundesdruckerei*). So kann zB die Irreführung über den Preis eines Konsumartikels vom Richter auch dann beurteilt werden, wenn er ihn nicht kauft. Auch können Richter auf Grund ihrer bes Erfahrung in Wettbewerbssachen die erforderliche Sachkunde besitzen, um eigenständig zu beurteilen, wie bestimmte **Fachkreise** eine Aussage verstehen (vgl BGH GRUR 2002, 77, 79 – *Rechenzentrum;* BGH GRUR 2004, 244, 245 – *Marktführerschaft;* BGH WRP 2004, 1024, 1027 – *Sportlernahrung II;* OLG Hamburg GRUR-RR 2010, 67, 70 f; *Bornkamm* WRP 2000, 830, 833 mwN). Der Richter kann, da es nur auf das Verständnis des durchschnittlich informierten, situationsadäquat aufmerksamen und verständigen Marktteilnehmers ankommt, eine bestimmte Verkehrsauffassung bejahen, auch wenn eine abweichende Verkehrsauffassung unter Beweis gestellt ist (BGH GRUR 1992, 406, 407 – *Beschädigte Verpackung;* BGH GRUR 1993, 677, 678 – *Bedingte Unterwerfung;* BGH GRUR 2002, 550, 552 – *Elternbriefe;* BGH GRUR 2004, 244, 245 – *Marktführerschaft*). Eine Beweiserhebung kann allerdings dann geboten sein, wenn Umstände vorliegen, die eine bestimmte Auffassung als bedenklich erscheinen lassen (BGH GRUR 2002, 550, 552 – *Elternbriefe;* BGH GRUR 2004, 244, 245 – *Marktführerschaft*). – Das vom Richter auf Grund eigener Sachkunde und Lebenserfahrung ermittelte Verkehrsverständnis ist keine offenkundige Tatsache iSd § 291 ZPO (BGH GRUR 2002, 550, 551 – *Elternbriefe;* BGH GRUR 2004, 244, 245 – *Marktführerschaft*). Denn der Richter hat oder erlangt die Kenntnis nicht in seiner amtlichen, sondern in seiner privaten Eigenschaft als Angehöriger eines Verkehrskreises (idR Verbraucher) als Erfahrungswissen. Diese Grundsätze sind auch mit der **UGP-Richtlinie** vereinbar. Nach ihrem **Erwägungsgrund 18 S 6** müssen sich die nationalen Gerichte „bei der Frage, wie der Durchschnittsverbraucher in einem gegebenen Fall typischerweise reagieren würde, auf ihre eigene Urteilsfähigkeit unter Berücksichtigung der Rechtsprechung des Gerichtshofs verlassen". Nach dieser Rspr ist der Richter berechtigt, wenn er sich kein sicheres Urteil zutraut, eine **Verkehrsbefragung** durchzuführen (vgl EuGH Slg 1998, I-4657 Tz 32 = GRUR Int 1998, 795 – *Gut Springenheide;* dazu eingehend *Lettl* S 109 ff mwN; vgl weiter § 1 Rdn 38; § 5 Rdn 3.1 ff).

2.72 b) Bejahung der Irreführungsgefahr. Nach der **früheren Rspr** kam eine Feststellung auf Grund eigener Sachkunde und Lebenserfahrung vornehmlich bei der Bejahung einer Irreführungsgefahr in Betracht, weil insoweit die Vorstellung eines nicht ganz unerheblichen Teils des Verkehrs ausreichte (BGH GRUR 1963, 270, 273 – *Bärenfang;* BGH GRUR 1987, 444, 446 – *Laufende Buchführung* mwN; BGH GRUR 1992, 450, 452 – *Beitragsrechnung;* BGH GRUR 1992, 406, 407 – *Beschädigte Verpackung*). Grundsätzlich musste aber das Gericht dem angesprochenen Personenkreis angehören (BGH GRUR 1999, 594, 597 – *Holsteiner Pferd; Teplitzky* Kap 47 Rdn 9). Ausnahmsweise brauchte dies nicht der Fall zu sein, wenn einer Wettbewerbsmaßnahme eine bes hohe Irreführungsgefahr zu eigen und davon auszugehen war, dass nur ein Teil des angesprochenen Verkehrskreises über bes, ihm eigene Erfahrungen verfügt (BGH GRUR 1992, 450, 452 – *Beitragsrechnung*). Nach der **neueren Rspr** ist bei der Ermittlung des Verkehrsverständnisses auf einen durchschnittlich informierten, situationsadäquat aufmerksamen und verständigen Verbraucher oder sonstigen Marktteilnehmer abzustellen (vgl nur BGH GRUR 2001, 1166, 1168 – *Fernflugpreise*). Daher kommt es nicht (mehr) auf die Vorstellungen eines nicht unerheblichen Teils der Verkehrskreise an (BGH GRUR 2002, 550, 552 – *Elternbriefe; Bornkamm* WRP 2000, 830, 832 f). Maßgebend ist, wie ein erheblicher (überwiegender) Teil der angesprochenen Verkehrskreise die Aussage versteht (BGH GRUR 2004, 162, 163 – *Mindestverzinsung*). – Liegen Umstände vor, die eine bestimmte Auffassung, die der Richter zu Grunde legen möchte, als bedenklich erscheinen lassen, sind gleichwohl alle Beweismittel auszuschöpfen (BGH GRUR 1983, 245, 246 – *naturrot;* BGH GRUR 1983, 32, 33 f – *Stangenglas I;* BGH GRUR 1984, 467, 468 – *Das unmögliche Möbelhaus*). – Die Entscheidungspraxis zeigt, dass die Verkehrsauffassung in den Instanzen vielfach unterschiedlich beurteilt wird (vgl etwa BGH

GRUR 1993, 563, 564 – *Neu nach Umbau*). Das sollte zur Vorsicht mahnen (vgl *Bornkamm* WRP 2000, 830).

c) Verneinung der Irreführungsgefahr. Nach der **früheren Rspr** war eine auf eigener 2.73 Sachkunde beruhende Verneinung einer Irreführungsgefahr zwar nicht ausgeschlossen (BGH GRUR 1972, 360, 361 – *Kunststoffglas;* BGH GRUR 1992, 707, 709 – *Erdgassteuer*), aber nur selten möglich. Dem lag die Erwägung zugrunde, dass eine Werbemaßnahme vielfach einen weitgestreuten und vielschichtigen Personenkreis anspricht, dem Gericht aber regelmäßig die Sachkunde fehlt, für nahezu die Gesamtheit der umworbenen Verkehrskreise eine Irreführung auszuschließen (BGH GRUR 1963, 270, 273 – *Bärenfang;* BGH GRUR 1967, 600, 603 – *Rhenodur I*). Da nach der **neueren Rspr** bei der Ermittlung des Verkehrsverständnisses auf einen durchschnittlich informierten, situationsadäquat aufmerksamen und verständigen Verbraucher bzw sonstigen Marktteilnehmer abzustellen ist (vgl nur BGH GRUR 2001, 1166, 1168 – *Fernflugpreise*) und es folglich auf abweichende Anschauungen einer Minderheit nicht ankommt, macht es grds keinen Unterschied, ob der Tatrichter seine Sachkunde und Lebenserfahrung zur Bejahung oder Verneinung einer Irreführungsgefahr einsetzen möchte (BGH GRUR 2002, 550, 552 – *Elternbriefe;* BGH GRUR 2004, 244, 245 – *Marktführerschaft; Bornkamm* WRP 2000, 830, 832 f).

d) Revisibilität. Vgl zunächst § 5 Rdn 3.15. Die Beurteilung, ob eine bestimmte Tatsache 2.74 kraft eigener richterlicher Sachkunde feststellbar ist oder es einer Beweisaufnahme bedarf, ist tatrichterlicher Natur. Sie ist daher in der Revisionsinstanz nur darauf nachprüfbar, ob der Tatsachenstoff fehlerfrei ausgeschöpft und die Beurteilung frei von Widersprüchen mit Denk- und Erfahrungssätzen vorgenommen worden ist (BGH GRUR 1990, 1053, 1054 – *Versäumte Meinungsumfrage;* BGH GRUR 2002, 550, 552 – *Elternbriefe; Bornkamm* WRP 2000, 830, 833). Dazu gehört auch die Lebenserfahrung. Das Revisionsgericht kann die Feststellung des Verkehrsverständnisses durch die Tatsacheninstanz daher darauf überprüfen, ob sie mit der Lebenserfahrung vereinbar ist (BGH GRUR 2002, 182, 184 – *Das Beste jeden Morgen;* BGH WRP 2003, 1224, 1225 – *Sparvorwahl*). Ein Verfahrensfehler nach § 286 ZPO, der im Revisionsverfahren uneingeschränkt gerügt werden kann, liegt vor, wenn die Tatsacheninstanz das Verkehrsverständnis ohne Inanspruchnahme sachverständiger Hilfe beurteilt, obwohl es selbst nicht hinreichend sachkundig ist (vgl *Bornkamm* WRP 2000, 830, 833); ferner dann, wenn es eine mögliche, aber nicht selbstverständliche eigene Sachkunde nicht darlegt (BGH NJW 2000, 1946, 1947; BGH GRUR 2004, 244, 245 – *Marktführerschaft*). Amüsantes Beispiel für die Überschätzung der eigenen Sachkunde durch einen Kölner (Biertrinker-)Senat: BGH GRUR 1983, 32 – *Stangenglas I*.

5. Feststellung der Verkehrsauffassung durch Auskünfte

In der Praxis geht es zumeist um die Einholung von **amtlichen** Auskünften bei Kammern (zB 2.75 IHK, Handwerkskammer, Ärztekammer) und Verbänden (zB DIHT), etwa wenn es darum geht, wie Fachkreise eine bestimmte Werbebehauptung verstehen (vgl BGH GRUR 1997, 669, 670 – *Euromint*: Einführung in den Prozess als Auskunft gem § 377 III ZPO; BGH GRUR 2000, 239, 240 f – *Last-Minute-Reise*). Die Einholung **privater** Auskünfte (zB von Verbraucherverbänden; Berufsverbänden) ist ebenfalls möglich (§ 358a S 2 Nr 3 ZPO iVm § 377 III ZPO). Die Qualität derartiger Auskünfte hängt auch davon ab, wie genau die Vorgaben durch das Gericht sind (vgl § 5 Rdn 3.17; *Teplitzky* Kap 47 Rdn 15).

6. Feststellung der Verkehrsauffassung durch Meinungsforschungsgutachten

Schrifttum: *Böhm,* Die Beweiswürdigung demoskopischer Gutachten im Rahmen von § 3 UWG, GRUR 1986, 290; *Büttner,* Die Irreführungsquote im Wandel, GRUR 1996, 533; *Eichmann,* Gegenwart und Zukunft der Rechtsdemoskopie, GRUR 1999, 939; *ders,* Rechtsdemoskopische Gutachten, in Münchener Anwaltshandbuch, Gewerblicher Rechtsschutz, 2001, 205; *Klette,* Zur sogenannten Additionsmethode bei Mehrfach-Irreführung, GRUR 1983, 414; *Knaak,* Demoskopische Umfragen in der Praxis des Wettbewerbs- und Warenzeichenrechts, 1986; *T. Müller,* Demoskopie und Verkehrsauffassung im Wettbewerbsrecht, insbesondere im Rahmen des § 3 UWG, WRP 1989, 783; *Niedermann,* Empirische Erkenntnisse zur Verkehrsbefragung, GRUR 2006, 367; *Noelle-Neumann,* Über offene Fragen, Suggestivfragen und andere Probleme demoskopischer Erhebungen für die Rechtspraxis, GRUR 1968, 133; *Ohde,* Handbuch Wettbewerbsrecht 1986, § 18; *Sauberschwarz,* Die Auswirkungen der Umfragegutachten auf das Wettbewerbs- und Warenzeichenrecht, WRP 1970, 46; *Spätgens,* Voraussetzungen, Möglichkeiten und Grenzen demoskopischer Umfragen, FS Traub, 1994, 375; *Teplitzky,* Zu Anforderungen an Meinungsforschungsgutachten, WRP 1990, 145; *Tilmann,*

Die Verkehrsauffassung im Wettbewerbs- und Warenzeichenrecht, GRUR 1984, 716; *Tilmann/Ohde,* Die Mindestirreführungsquote im Wettbewerbsrecht und im Gesundheitsrecht, GRUR 1989, 229 und 301; *Ullmann,* Der Verbraucher – ein Hermaphrodit, GRUR 1991, 789.

2.76 **a) Zulässigkeit und Problematik.** Die Feststellung der Verkehrsauffassung, insbes im Zusammenhang mit der Feststellung einer Irreführung iSd § 5, mittels eines Sachverständigengutachtens auf der Grundlage einer Meinungsumfrage ist auch durch das Unionsrecht nicht generell ausgeschlossen. Nach Erwägungsgrund 18 S 5 UGP-Richtlinie müssen sich die Gerichte „auf ihre eigene Urteilsfähigkeit unter Berücksichtigung der Rechtsprechung des Gerichtshofs verlassen". Nach dieser Rspr (EuGH Slg 1998, I-4657 Tz 35 = GRUR Int 1998, 795 = WRP 1998, 848, 851 – *Gut Springenheide;* EuGH WRP 2000, 289, 292 – *Lifting Creme;* eingehend dazu § 5 Rdn 3.1 ff) muss das nationale Gericht „besondere Schwierigkeiten" bei der Beurteilung der Irreführung haben, um zu diesem Beweismittel zu greifen (EuGH aaO – *Gut Springenheide).* Ein Sachverständigengutachten darf also nicht ohne wirkliche Notwendigkeit eingeholt werden. Hinzu kommt, dass diese Art von Beweiserhebung (Sachverständigenbeweis) ein ungewöhnlich aufwändiges Verfahren ist, das regelmäßig hohe Kosten verursacht (etwa zwischen 7500,– und 40 000,– €; *Teplitzky* Kap 47 Rdn 16 Fn 35), längere Zeit in Anspruch nimmt und außerdem wegen der Schwierigkeit richtiger Fragestellungen in besonderem Maße der Gefahr des Misslingens ausgesetzt ist (BGH GRUR 1990, 1053, 1054 – *Versäumte Meinungsfrage;* BGH GRUR 1996, 910, 913 – *Der meistgekaufte Europas;* BGH GRUR 2000, 239, 240 – *Last-Minute-Reise;* BGH GRUR 2007, 1079 Tz 31 – *Bundesdruckerei).* Bisweilen erweist sich die Einholung eines solchen Gutachtens als (teilweise) überflüssig (vgl die Fälle BGH GRUR 1975, 441 – *Passion;* BGH GRUR 1992, 48, 52 – *frei öl;* BGH GRUR 1992, 66, 67 – *Königl.-Bayerische Weisse).* Daher sollte dieses Beweismittel nur dann zum Einsatz kommen, wenn die eigene Sachkunde des Gerichts nicht ausreicht, insbes Umstände vorliegen, die eine bestimmte Auffassung als bedenklich erscheinen lassen (BGH GRUR 2002, 550, 552 – *Elternbriefe)* und andere Beweismittel nicht vorhanden sind oder ausreichen (GK/*Jacobs* Vor § 13 aF Rdn D 375). Eines Beweisantrages bedarf es dazu nicht (§ 144 I 1 ZPO; BGH GRUR 2004, 244, 245 – *Marktführerschaft).* Die Unterlassung eines Beweisantrags in erster Instanz, ohne dass ein entspr Hinweis nach § 139 I ZPO erfolgt war, führt nicht zur Präklusion nach § 531 II 1 ZPO (BGH GRUR 1990, 1053, 1054 – *Versäumte Meinungsumfrage* zu § 528 II ZPO aF). Die Einholung eines Gutachtens **von Amts wegen** (§ 144 ZPO) kann nur ultima ratio sein (*Ullmann* GRUR 1991, 789, 795).

2.77 **b) Auswahl des Sachverständigen.** Sie ist tunlichst in Abstimmung mit den Parteien vorzunehmen (§ 404 III ZPO; *Ullmann* GRUR 1991, 789, 795). Häufig in Anspruch genommene Meinungsforschungsinstitute sind: Emnid/Bielefeld; GfK/Nürnberg; GFM-GETAS/Hamburg; IfD/Allensbach; Infratest/München.

2.78 **c) Erarbeitung der Fragestellung.** Die Brauchbarkeit und damit Verwertbarkeit eines Meinungsforschungsgutachtens hängt maßgeblich von der richtigen Fragestellung ab (dazu *Eichmann* GRUR 1999, 939, 941). Sie ist in Zusammenarbeit mit dem Sachverständigen und den Parteien zu formulieren. Die beweisbelastete Partei hat die Tatsachen vorzutragen, die erforderlich sind, um die Beweisfrage zu beantworten und entspr Fragestellungen zu ermöglichen (dazu BGH GRUR 1993, 488, 490 – *Verschenktexte II).* Zweckmäßigerweise ist wie folgt zu verfahren (*Teplitzky* Kap 47 Rdn 20): Der Richter teilt das Beweisthema dem Sachverständigen mit und fordert ihn auf, einen konkreten Befragungsvorschlag (Fragenkatalog und Methode) vorzulegen. Dieser Vorschlag ist den Parteien zur Stellungnahme zuzuleiten. Die endgültige Festlegung der Fragestellung sollte zweckmäßigerweise (*Teplitzky* Kap 47 Rdn 20: „unerlässlich") in einem Erörterungstermin (§ 404 a ZPO) erfolgen. Letztlich trägt aber der Richter die Verantwortung für die Richtigkeit. Für die korrekte Fragestellung hat die Rspr einige Grundsätze entwickelt:

2.79 **(1)** Die Fragestellung muss auf die Ermittlung einer vorhandenen Meinung zielen und darf nicht (durch Suggestivfragen) eine Meinung erst erzeugen (BGH GRUR 1989, 440, 442 – *Dresdner Stollen I;* BGH GRUR 1990, 461, 462 – *Dresdner Stollen II).* Auch darf die Frage keine Aufforderung zum Raten darstellen (BGH aaO – *Dresdner Stollen I).*

2.80 **(2)** Der Befragung sollen daher grds „offene", also allgemeine, nicht in eine bestimmte Richtung zielende Fragen vorangehen (BGH aaO – *Dresdner Stollen I;* BGH aaO – *Dresdner Stollen II; Tilmann* GRUR 1986, 593; *Eichmann* GRUR 1999, 939, 941). Es sind dies Fragen, für deren Beantwortung nicht von vornherein irgendwelche Alternativen angeboten werden (Beispiel: „Woran denken Sie, wenn ..."). Allerdings ist der unmittelbare Erkenntniswert von

Antworten auf eine offene Fragestellung von Haus aus begrenzt, soweit es um die Ermittlung einer sehr konkreten Vorstellungsmöglichkeit geht (BGH GRUR 1991, 680, 681 – *Porzellanmanufaktur;* BGH GRUR 1992, 66, 68 – *Königl.-Bayerische Weisse;* BGH GRUR 1993, 920, 922 – *Emilio Adani II*). Dies gilt bes dann, wenn nur allgemein danach gefragt wird, was unter einer bestimmten Angabe verstanden wird, und wenn es bei dieser Angabe um einen Begriff geht, der zwar in eine bestimmte allgemeine Richtung weist, bei dem eine nähere Konkretisierung des exakten Gehalts aber jedenfalls bei einem nicht geringen Teil der Befragten auf Schwierigkeiten sowohl bei der spontan zu treffenden Erkenntnis als auch bei der Artikulation der eigenen Vorstellung stoßen kann (BGH aaO – *Königl.-Bayerische Weisse* und *Emilio Adani II*). Immerhin können die Antworten auf eine offene Frage bei der Gewichtung der gewonnenen Ergebnisse eine Rolle spielen (dazu BGH aaO – *Dresdner Stollen I*).

2.81 (3) Um die Bevorzugung der Partei zu vermeiden, die eine bestimmte Antwort nicht wünscht, können daher nachfassende offene, aber auch (durch Antwortvorgaben) „gestützte" („geschlossene", „geführte") Fragen geboten sein (BGH aaO – *Porzellanmanufaktur;* aaO – *Königl.-Bayerische Weisse; Eichmann* GRUR 1999, 939, 942).

2.82 (4) Bei „*gestützten*" Fragen ist darauf zu achten, dass nicht nur einzelne, sondern alle (zB auf Grund des Wortsinns der Angabe oder der allgemeinen Lebenserfahrung) nahe liegenden Antwortmöglichkeiten berücksichtigt sind (BGH GRUR 1992, 66, 69 – *Königl.-Bayerische Weisse;* BGH GRUR 1992, 70, 71 – *40% weniger Fett;* BGH GRUR 1993, 920, 922 – *Emilio Adani II*). Denn sonst sieht sich der Befragte erfahrungsgemäß leicht veranlasst, auf eine ihm ähnlich oder vertretbar erscheinende vorformulierte Antwort auszuweichen, obwohl er eigentlich eine andere Vorstellung hat (BGH aaO – *Emilio Adani II*). Daran ändert auch nichts, dass dem Befragten die (vorgegebene) Antwort, die Bezeichnung habe nach seiner Meinung einen anderen Sinn, offen gehalten wird. Denn dann hat er mit nachfassenden Fragen zu einer eigenen Formulierung des seiner Ansicht nach gegebenen Bedeutungsgehalts zu rechnen. Da ihm dies erfahrungsgemäß lästig erscheint, wird er lieber auf eine ihm nahe liegende vorformulierte Antwort ausweichen (BGH aaO – *Emilio Adani II*). Dadurch kann aber das Ergebnis verfälscht werden.

2.83 (5) Falls erforderlich, sind Splitbefragungen durchzuführen (vgl BGH GRUR 1968, 581, 584 – *Blunazit;* BGH GRUR 1987, 535, 537 – *Wodka „Woronoff";* OLG Köln WRP 1973, 656).

2.84 (6) Die Fragestellung darf nicht missverständlich sein oder in die Irre führen. Das ist etwa der Fall, wenn es um die Erfassung einer relativ geringen Abweichung der Vorstellung von den tatsächlichen Gegebenheiten geht, die Fragestellung aber die Annahme des Befragten nahe legt oder erlaubt, er werde nach der Bedeutung einer erheblich weitergehenden Abweichung der Vorstellung von Verhältnissen gefragt, die im konkreten Fall nicht gegeben sind (BGH GRUR 1991, 852, 855 – *Aquavit*).

2.85 (7) Geht es um die wettbewerbliche Relevanz einer irreführenden Angabe, sind nur die Verkehrskreise zu befragen, die einer unzutr Vorstellung erlegen sind oder bei der geschlossenen Fragestellung keine Antwort gegeben haben (BGH GRUR 1991, 852, 855 – *Aquavit;* BGH aaO – *Emili Adani II*).

2.86 d) **Anforderungen an das Gutachten.** Das Gutachten darf sich nicht auf eine bloße Zusammenstellung der Umfrageergebnisse, also Tabellen und Statistiken, beschränken, sondern muss sie – soweit erforderlich – auch sachverständig (hins Methodik und Fehlerpotenzials) interpretieren und gewichten (BGH GRUR 1989, 440, 442 – *Dresdner Stollen I;* BGH GRUR 1990, 461, 462 – *Dresdner Stollen II;* eingehend *Teplitzky* WRP 1990, 145, 147). Das hat entweder in einem „Begleitgutachten" oder (zweckmäßiger) bei der Erörterung der Ergebnisse mit dem Sachverständigen in der mündlichen Verhandlung zu geschehen (*Ullmann* GRUR 1991, 789, 795).

2.87 e) **Beweiswürdigung.** Die Würdigung eines Meinungsforschungsgutachtens hat nach § 286 ZPO zu erfolgen. Der Richter darf also die Ergebnisse nicht „blind" übernehmen, sondern hat sie selbst – ggf mit Hilfe des Sachverständigen – zu bewerten und zu gewichten. Von der Pflicht, die Ergebnisse selbstständig zu würdigen, ob sie der Entscheidung zu Grunde gelegt werden können, entbindet den Richter auch die Zustimmung beider Parteien zur konkreten Fragestellung nicht (BGH GRUR 1987, 171, 172 – *Schlussverkaufswerbung I;* BGH GRUR 1987, 534, 538 – *Wodka „Woronoff"*). Antworten auf „gestützte" Fragen sind wegen der möglichen Suggestivwirkung iErg mit bestimmten, nicht unerheblichen Abstrichen zu gewichten (BGH aaO – *Königl.-Bayerische Weisse;* BGH GRUR 1992, 70, 71 – *40% weniger Fett*). Es sind also, wenn es zB um die Irreführungsquote geht, Abzüge von den ermittelten Prozentsätzen zu machen (BGH aaO – *40% weniger Fett*). Abzüge können ferner bei Mehrdeutigkeit der gegebenen Antworten veranlasst sein (BGH aaO – *Königl.-Bayerische Weisse*). Bei der erforderlichen umfassenden Würdigung sind auch die Ergebnisse einer im Parteiauftrag durchgeführten Meinungsumfrage – ihre sachgerechte Durchführung vorausgesetzt – einzubeziehen. Falls diese Ergebnisse von der gerichtlich angeordneten Umfrage abweichen, ist die Methodik bei der Umfrage bes sorgfältig und kritisch zu überprüfen (BGH GRUR 1987, 171 – *Schlussverkaufswerbung I*; BGH GRUR 1989, 440, 443 – *Dresdner Stollen I*; BGH GRUR 1990, 461, 462 – *Dresdner Stollen II*; BGH GRUR 1992, 48, 51 – *frei öl*; BGH GRUR 1992, 70, 72 – *40% weniger Fett*). Richtigkeitszweifel sind jedenfalls bei gravierenden Abweichungen veranlasst (ähnlich *Teplitzky* Kap 47 Rdn 23). Weiter können abweichende Gerichtsentscheidungen Anlass zu Zweifeln geben (BGH aaO – *Schlussverkaufswerbung I*). Auch sonst darf der Richter der Sachkunde des Gutachters nicht blind vertrauen. Er muss die Fragestellung und die Umfrageergebnisse an der allgemeinen Lebenserfahrung messen (BGH GRUR 1987, 171, 172 – *Schlussverkaufswerbung I*; BGH aaO – *Dresdner Stollen II*; BGH GRUR 1992, 70, 72 – *40% weniger Fett*; BGH GRUR 1991, 852, 855 – *Aquavit*).

2.88 **f) Kosten.** Die Kosten des gerichtlich angeordneten Gutachtens fallen nach § 91 ZPO dem Unterlegenen zur Last. Die Kosten eines **Privatgutachtens** sind im Regelfall nicht erstattungsfähig (GK/*Jacobs* Vor § 13 aF Rdn D 459 ff). Anderes gilt im Verfügungsverfahren, wenn zur Glaubhaftmachung ein vorprozessual eingeholtes Gutachten erforderlich ist und die Kosten nicht außer Verhältnis zur Bedeutung der Streitsache stehen (KG GRUR 1987, 473, 474).

7. Darlegungs- und Beweislast

Schrifttum: *Fritze*, Die Umkehr der Beweislast, GRUR 1975, 61; *Harmsen*, § 3 UWG und das Problem der Beweislast, GRUR 1969, 251; *Kur*, Beweislast und Beweisführung im Wettbewerbsprozess, 1981; *dies*, Irreführende Werbung und Umkehr der Beweislast, GRUR 1982, 663; *Lindacher*, Beweisrisiko und Aufklärungslast der nicht risikobelasteten Partei in Wettbewerbssachen, WRP 2000, 950; *Ulrich*, Die Beweislast im Verfahren des Arrestes und der einstweiligen Verfügung, GRUR 1985, 201; *ders*, Beweisführung und Beweislast im Wettbewerbsprozess, WRP 1986, 584.

2.89 **a) Grundsatz.** Auch im Lauterkeitsrecht gilt: Der Kläger hat grds die seinen Anspruch begründenden Tatsachen, der Beklagte die den Anspruch hindernden oder vernichtenden Tatsachen darzulegen und im Streitfall zu beweisen (BGH WRP 2000, 724, 727 – *Space Fidelity Peep-Show*; BGH GRUR 2004, 246, 247 – *Mondpreise?*). Beim Unterlassungsanspruch wird jedoch die Wiederholungsgefahr (gewohnheitsrechtlich) vermutet, soweit ein Unternehmer tätig wird (stRspr; vgl BGH GRUR 1989, 445, 446 – *Professorenbezeichnung in der Arztwerbung I*; § 8 Rdn 1.33 ff; krit *Gruber* WRP 1991, 368). Ihr Fehlen oder Wegfall ist vom Beklagten zu beweisen.

2.90 **b) Anscheinsbeweis.** Er ist zulässig bei typischen Geschehensabläufen, die nach der **Lebenserfahrung** bestimmte Folgen auslösen. So ist bei einem Handeln eines Unternehmers, das äußerlich in seinen gewerblichen Tätigkeitsbereich fällt, widerleglich zu vermuten, dass er „*im geschäftlichen Verkehr*" handelt (BGH GRUR 1993, 761, 762 – *Makler-Privatangebot*). Bei Wettbewerbsverstößen ist anzunehmen, dass sie beim Betroffenen regelmäßig zu einem Schaden führen (BGH GRUR 1993, 55, 57 – *Tchibo/Rolex II*). Der Anscheinsbeweis kann durch den Gegenbeweis entkräftet werden, dass die ernsthafte Möglichkeit eines atypischen Geschehensablaufs besteht.

2.91 **c) Darlegungs- und Beweislast bei Werbeaussagen. aa) Allgemeines.** Grundsätzlich (Ausnahme: § 5 IV) hat der Kläger auch bei Klagen aus § 3 iVm § 5 wegen unlauterer, insbes irreführender Werbung die Darlegungs- und Beweislast für das Vorliegen einer wettbewerbswidrigen Werbung (BGH GRUR 1985, 140, 142 – *Größtes Teppichhaus der Welt*; BGH GRUR 1991, 848, 849 – *Rheumalind II*; BGH GRUR 2004, 246, 247 – *Mondpreise?*: Werbung mit Herstellerpreisempfehlung). Jedoch hat die Rspr, gestützt auf den Grundsatz von Treu und Glauben (Gebot der redlichen Prozessführung), dem Beklagten eine **prozessuale Erklärungspflicht** für bestimmte, in seinem Verantwortungsbereich liegende Tatsachen auferlegt, sofern der Kläger über bloße Verdachtsmomente hinaus die für eine Wettbewerbswidrigkeit sprechenden Tatsachen dargetan und unter Beweis gestellt hat (BGH GRUR 1997, 229, 230 – *Beratungskompetenz*; BGH WRP 2000, 724, 727 – *Space Fidelity Peep-Show*; BGH GRUR 2004, 246, 247 – *Mondpreise?*). Darin liegt keine eigentliche Umkehr der Beweislast (vgl BGH GRUR 1971, 164, 167 – *Discount-Geschäft*: „unbeschadet der Beweislast"; missverständlich BGH GRUR 1978, 54, 55 – *Preisauskunft*). Vielmehr handelt es sich um eine **sekundäre Darlegungslast** für den

Beklagten (BGH WRP 2000, 724, 727 – *Space Fidelity Peep-Show;* BGH GRUR 1997, 758, 760 – *Selbsternannter Sachverständiger;* BGH WRP 2009, 967 Tz 27 – *Ohrclips;* § 5 Rdn 3.23 ff; *Teplitzky* Kap 47 Rdn 32). Kommt der Beklagte seiner Erklärungspflicht nicht (hinreichend) nach, kann das Klagevorbringen nach § 138 III ZPO als zugestanden anzusehen sein (BGH GRUR 1961, 85, 90 – *Pfiffikus-Dose;* BGH GRUR 1978, 249, 250 – *Kreditvermittlung*). Auch kann das Gericht daraus im Wege der freien Beweiswürdigung schließen, dass die angegriffene Werbung unrichtig oder jedenfalls irreführend ist (BGH GRUR 1970, 461, 463 – *Euro-Spirituosen;* BGH GRUR 1978, 249, 250 – *Kreditvermittlung*). Aus der prozessualen Erklärungspflicht ist allerdings kein vorprozessualer, materiellrechtlicher Auskunftsanspruch hins der Richtigkeit von Werbeaussagen abzuleiten (BGH GRUR 1978, 54, 55 – *Preisauskunft*). Bis jetzt wurde nur in einer Fallgruppe („Werbung mit fachlich umstrittener Behauptung"; BGH aaO – *Rheumalind II*) eine echte **Umkehr der Beweislast** anerkannt. Von der Umkehr der Beweislast ist wiederum die materiellrechtliche Beweislastverteilung zu unterscheiden (dazu Fallgruppe 4).

bb) Fallgruppen. (1) Innerbetriebliche Vorgänge. Kommt es für die Beurteilung einer Werbeangabe auf innerbetriebliche Vorgänge an, so trifft den Beklagten die Darlegungs- und Beweispflicht, wenn dem außerhalb des Geschehensablaufs stehenden Kläger eine genaue Kenntnis der rechtserheblichen Tatsachen fehlt, der Beklagte dagegen die erforderliche Aufklärung leicht geben kann und ihm dies auch zumutbar ist. Unzumutbarkeit kann bei überwiegendem Geheimhaltungsinteresse gegeben sein; in diesem Fall kann die Einschaltung eines zur Verschwiegenheit verpflichteten Sachverständigen (§ 144 ZPO) in Betracht kommen (vgl BGH GRUR 2005, 1059, 1061 – *Quersubventionierung von Laborgemeinschaften* zum Angebot unter Selbstkosten; *Melullis* Rdn 349). 2.92

Beispiele: Werbung mit „ostpreußischem Familienrezept", wenn berechtigte Zweifel an Verbindungen zu Ostpreußen geltend gemacht werden (BGH GRUR 1963, 270, 271 – *Bärenfang*); Werbung mit Discount-Preisen, weil nur der Werbende erschöpfend seine Preisgestaltung darlegen kann (BGH GRUR 1971, 164, 167 – *Discount-Geschäft*); Werbung mit Eigenpreisvergleich, dh früherem und jetzigem Preis (BGH GRUR 1975, 78, 79 – *Preisgegenüberstellung;* BGH WRP 2004, 343, 345 – *Mondpreise?*); unverschuldete Lieferunfähigkeit, wenn beanstandet wird, die beworbene Ware sei nicht (ausreichend) vorrätig (BGH GRUR 1983, 650, 651 – *Kamera*); Werbung mit „Euro"-Firmenbestandteil, wenn auf niedriges Stammkapital hingewiesen wird und Beklagter keine Umsatzangaben macht (BGH GRUR 1970, 461, 463 – *Euro-Spirituosen;* vgl aber OLG Koblenz WRP 1993, 125). 2.93

(2) Allein- oder Spitzenstellungswerbung (BGH GRUR 1973, 594, 596 – *Ski-Sicherheitsbindung;* BGH GRUR 1978, 249, 250 – *Kreditvermittlung;* BGH GRUR 1983, 779, 781 – *Schuhmarkt;* BGH GRUR 1985, 140, 142 – *Größtes Teppichhaus der Welt*). Wer die geschäftlichen Verhältnisse seiner Mitbewerber in der Weise in seine Behauptung einbezieht, dass er für sich eine Allein- oder Spitzenstellung behauptet, muss darlegen und ggf beweisen (iSd prozessualen Aufklärungspflicht), wie es sich mit den geschäftlichen Verhältnissen dieser Mitbewerber verhält, wenn der Gegner hierzu nicht oder nur mit erheblichen Schwierigkeiten in der Lage ist (zur Abgrenzung OLG Köln WRP 1987, 191). Denn wer eine solche Allein- oder Spitzenstellung behauptet, muss sich vorher über die geschäftlichen Verhältnisse seiner Mitbewerber unterrichten und kann deshalb über diese – jedenfalls bei pflichtgemäßem Handeln – unschwer nähere Angaben machen. Ihn trifft also eine Erklärungspflicht, jedoch keine Umkehr der Beweislast (BGH GRUR 1978, 249, 250 – *Kreditvermittlung;* str, vgl *Lindacher* WRP 2000, 950, 953). 2.94

(3) Werbung mit fachlich umstrittener Behauptung. Erwähnt der damit Werbende die Gegenmeinung nicht, so übernimmt er damit die Verantwortung für die Richtigkeit, die er im Streitfall beweisen muss (BGH GRUR 1958, 485, 486 – *Odol;* BGH GRUR 1965, 368, 373 – *Kaffee C;* BGH GRUR 1971, 153, 155 – *Tampax;* BGH GRUR 1991, 848, 849 – *Rheumalind II*). Trägt der Kläger das Fehlen einer wissenschaftlichen Grundlage einer gesundheitsbezogenen Werbeaussage substanziiert vor, so ist es Aufgabe des Beklagten, die wissenschaftliche Absicherung zu beweisen. 2.95

(4) Vergleichende Werbung. Grundsätzlich trägt der Kläger die Darlegungs- und Beweislast dafür, dass eine vergleichende Werbung iSd § 6 I vorliegt und die Voraussetzungen ihrer Unzulässigkeit, dh mindestens eines der Verbotskriterien, erfüllt sind (§ 6 Rdn 193; OLG Hamburg GRUR-RR 2002, 362; aA *Lindacher* WRP 2000, 950, 953, 954: Werbender hat Richtigkeit seiner Tatsachenbehauptungen zu beweisen). Eine Einschränkung gilt jedoch für solche Tatsachen, die der außerhalb des Geschehensablaufs stehende Kläger nicht oder nur mit größten Schwierigkeiten darlegen und beweisen kann, während es dem Beklagten möglich und 2.96

auch zumutbar ist, die erforderliche Aufklärung zu geben (vgl BGH GRUR 1997, 229, 230 – *Beratungskompetenz*). Diese Rechtslage steht in Übereinstimmung mit Art 6 lit a der Richtlinie über irreführende und vergleichende Werbung.

VIII. Verfahrensunterbrechungen

1. Unterbrechung

Schrifttum: *Ackermann/Wenner,* Auslandskonkurs und Inlandsprozess: Rechtssicherheit contra Universalität im deutschen internationalen Konkursrecht, IPRax 1990, 209; *K. Schmidt,* Unterlassungsanspruch, Unterlassungsklage und deliktischer Ersatzanspruch im Konkurs, ZZP 90 (1977), 38.

2.97   a) **Allgemeines.** Nach § 240 S 1 ZPO wird im Falle der Eröffnung des **Insolvenzverfahrens** über das Vermögen einer Partei das Verfahren unterbrochen, „wenn es die Insolvenzmasse betrifft". Für die Unterbrechung genügt ein mittelbarer Bezug zur Insolvenzmasse. Zu den die Insolvenzmasse betreffenden Ansprüchen gehören insbes auch wettbewerbsrechtliche Unterlassungsansprüche und Schadensersatzansprüche. Ein im **Ausland** eröffnetes Insolvenzverfahren (vgl Art 102 EGInsO) hat die gleiche Wirkung, wenn das betreffende ausländische Recht eine entspr Unterbrechung vorsieht (BGH NJW 1998, 928 zu § 240 ZPO aF). – Im Einzelnen ist zu unterscheiden:

2.98   b) **Insolvenz des Klägers.** Eine Unterbrechung tritt ein, sofern der Kläger **Mitbewerber** iSd § 8 III Nr 1 ist. Die Insolvenzmasse wird – zumindest mittelbar – auch betroffen, wenn lediglich Ansprüche aus § 8 geltend gemacht werden, da das Bestehen oder Nichtbestehen eines Unterlassungsanspruchs die Wettbewerbsposition und damit den Wert des Unternehmens berührt (GK/*Jacobs* Vor § 13 aF Rdn D 301; *Teplitzky* Kap 48 Rdn 6). Auch ist in Rechnung zu stellen, dass während oder nach Abschluss des Prozesses die gesetzliche Unterlassungspflicht vielfach durch Unterwerfung in eine strafbewehrte Unterlassungspflicht umgewandelt wird, die für den Gläubiger einen echten Vermögenswert darstellt. – Eine Unterbrechung tritt nicht ein, wenn der Kläger ein **Verband** iSd § 8 III Nr 2, 3 ist (KG WRP 1990, 83). Denn der Unterlassungsanspruch berührt die Masse nicht und etwaige Kostenerstattungsansprüche entfallen, da der Verband mit Insolvenzeröffnung aufgelöst wird (§ 42 I BGB) und damit die Klagebefugnis nach § 8 III verliert, er somit nicht mehr obsiegen kann.

2.99   c) **Insolvenz des Beklagten.** Geht der Antrag auf **Unterlassung,** tritt stets Unterbrechung ein, weil die Frage, ob die beanstandete Handlung vorgenommen werden darf, für das Unternehmen des Beklagten von wirtschaftlichem Interesse ist (BGH GRUR 1966, 218, 219 – *Dia-Rähmchen III*). Unerheblich ist, ob auch von der **Masse,** dh vom Insolvenzverwalter, eine Begehungsgefahr ausgeht. Die Unterbrechung tritt auch dann ein, wenn der Anspruch auch insolvenzfreies (zB Privat-)Vermögen betrifft. Anders liegt es, wenn der Unterlassungsanspruch nur die persönliche Sphäre, nicht aber den Geschäftsbetrieb des Beklagten berührt, wie zB bei ehrenkränkenden Behauptungen (*Teplitzky* Kap 48 Rdn 7).Geht der Antrag auf **Schadensersatz,** erfasst die Unterbrechung **auch** den seiner Durchsetzung dienenden **unselbstständigen Auskunftsanspruch** (BGH GRUR 2010, 343 Tz 17 – *Oracle*). **Nicht** erfasst wird dagegen der Anspruch auf **Drittauskunft,** da er im Hinblick auf die Insolvenzmasse des Beklagten vermögensmäßig neutral ist und der Schutzzweck der Verfahrensunterbrechung (Bedenkzeit für den Insolvenzverwalter) dadurch nicht beeinträchtigt wird (BGH GRUR 2010, 343 Tz 18 – *Oracle*). Allerdings ist ein entsprechendes Teilurteil über den Antrag auf Drittauskunft grds ausgeschlossen, weil über diesen Anspruch nicht losgelöst von der Frage eines Wettbewerbsverstoßes entschieden werden kann (BGH GRUR 2010, 343 Tz 21 – *Oracle*). Indessen ist ein Teilurteil gegen einen einfachen Streitgenossen möglich, auch wenn gegen den anderen Streitgenossen eine Verfahrensunterbrechung wegen Insolvenzeröffnung erfolgt ist (BGH GRUR 2010, 343 Tz 22 – *Oracle*).

2.100   d) **Verfahrensaufnahme** (§ 250 ZPO; §§ 85, 86 InsO). Nach der neueren Rspr (BGH GRUR 2010, 536 Tz 26 – *Modulgerüst II* unter Aufgabe von BGH GRUR 1983, 179, 180 – *Stapel-Automat*) ist der Unterlassungsprozess wegen eines Wettbewerbsverstoßes als Passivprozess iSv § 86 InsO zu behandeln. Auf die Aufnahme des Rechtsstreites ist § 86 I Nr 3 InsO analog anzuwenden (BGH GRUR 2010, 536 Tz 27, 28 – *Modulgerüst II*).

2. Aussetzung nach § 148 ZPO

2.101   a) **Allgemeines.** Nach § 148 ZPO kann das Gericht, wenn die Entscheidung des Rechtsstreits ganz oder zum Teil von dem Bestehen oder Nichtbestehen eines Rechtsverhältnisses abhängt (Vorgreiflichkeit), das den Gegenstand eines anderen anhängigen Rechtsstreits bildet oder von einer Verwaltungsbehörde festzustellen ist, anordnen, dass die Verhandlung bis zur Erledigung des anderen Rechtsstreits oder bis zur Entscheidung der Verwaltungsbehörde auszusetzen sei. Dafür reicht es nicht aus, dass ein paralleler Rechtsstreit bereits beim BGH anhängig ist, in dem nach Art eines Musterprozesses über einen gleichen oder gleichgelagerten Fall zu entscheiden ist (BGH NJW 2005, 1947 = WRP 2005, 899 – *Aussetzung wegen Parallelverfahren*). Etwas anderes mag gelten, wenn in dem anderen Verfahren ein Vorabentscheidungsersuchen zur gleichen Rechtsfrage beim EuGH anhängig ist (OLG Düsseldorf NJW 1993, 1661; offen gelassen in BGH NJW 2005, 1947, 1948 = WRP 2005, 899 – *Aussetzung wegen Parallelverfahren; Beyerlein* WRP 2006, 731). Die Aussetzung liegt im **Ermessen** des Gerichts (dazu BGH GRUR 1993, 556, 559 – *TRIANGLE*).

b) Lauterkeitsrecht und Kartellrecht. In Wettbewerbsstreitigkeiten kommt eine Aussetzung nach § 148 ZPO iVm § 4 IV UKlaG in Betracht, wenn zweifelhaft ist, ob eine „qualifizierte Einrichtung" iSd § 8 III Nr 3 die Voraussetzungen der Eintragung erfüllt. Sind kartellrechtliche Vorfragen zu entscheiden, so gilt im Hinblick auf § 87 I 2 GWB auch dafür § 148 ZPO.   2.102

c) Gewerblicher Rechtsschutz. In Markenverletzungsprozessen kommt die Aussetzung in Betracht, wenn ein Löschungsverfahren (§§ 48 ff MarkenG) anhängig ist (BGH GRUR 1993, 556, 559 – *TRIANGLE; Teplitzky* Kap 48 Rdn 21); in Patentverletzungsprozessen, wenn ein Nichtigkeits- oder Einspruchsverfahren anhängig ist (BGHZ 81, 397 – *Verbauvorrichtung*), während die Anhängigkeit einer Klage auf Erteilung einer Zwangslizenz nicht ausreicht. Zu Gebrauchsmustersachen vgl § 19 GebrMG.   2.103

3. Vorlage an den EuGH

Dazu Einl Rdn 3.7 ff.   2.104

IX. Urteil

1. Prozessurteil

Die Klage ist (durch „Prozessurteil") als unzulässig abzuweisen, wenn eine Prozessvoraussetzung fehlt. **Beispiele:** **(1)** Fehlen der Klagebefugnis gem § 8 III oder § 8 IV; **(2)** Fehlen des Rechtsschutzbedürfnisses (BGH GRUR 1987, 568 – *Gegenangriff;* BGHZ 99, 340 = GRUR 1987, 402 – *Parallelverfahren*); **(3)** Mangelnde Bestimmtheit des Klageantrags (§ 253 II Nr 2 ZPO). Dazu Rdn 2.35 ff, 2.52, 2.61. – Eine Klageabweisung ist auch noch in der Revisionsinstanz möglich (BGH GRUR 1992, 561, 562 – *Unbestimmter Unterlassungsantrag II*), wenngleich hier idR Zurückverweisung angemessener wäre (GK/*Jacobs* Vor § 13 UWG 1909 Rdn D 414; BGH GRUR 1991, 254, 257 – *Unbestimmter Unterlassungsantrag I*).   2.105

2. Sachurteil

a) Bestimmtheitserfordernis und Auslegung. Die Urteilsformel (§ 313 I Nr 4 ZPO) muss inhaltlich bestimmt sein. Es gelten die gleichen Anforderungen wie an den Klageantrag (dazu Rdn 2.35 ff). Das ist vor allem für ein Unterlassungsgebot von Bedeutung (BGH GRUR 1992, 561, 562 – *Unbestimmter Unterlassungsantrag II*). Grundsätzlich muss der Urteilsinhalt in einer einheitlichen Urkunde festgelegt sein, es sei denn, dass dies nicht möglich ist (zB wenn es auf nicht abbildbare oder mit Worten nicht beschreibbare Eigenschaften des Gegenstands ankommt). In diesen Fällen kann auf eine Anlage verwiesen werden (BGH WRP 2000, 205, 206 f – *Musical-Gala* zu Video-Mitschnitt). Zur Bestimmung von Umfang und Reichweite der Urteilsformel können der Tatbestand und das dort in Bezug genommene Parteivorbringen sowie die Entscheidungsgründe herangezogen werden (stRspr; BGH 1992, 561, 562 – *Unbestimmter Unterlassungsantrag II* mwN; BGH GRUR 1994, 304, 305 – *Zigarettenwerbung in Jugendzeitschriften;* BGH GRUR 1994, 441, 443 – *Kosmetikstudio;* BGH WRP 2001, 1294, 1296 – *Laubhefter;* GRUR 2008, 702 Tz 37 – *Internetversteigerung III*). **Beispiele:** BGH GRUR 1991, 929, 930 – *Fachliche Empfehlung II;* BGH aaO – *Zigarettenwerbung in Jugendzeitschriften*). – Dagegen sind Umstände, die im Urteil keinen objektiven Ausdruck gefunden haben, wie innere Vorstellungen oder Willensrichtungen des Richters, für die Auslegung unmaßgeblich. Denn das Urteil als Vollstreckungstitel muss aus sich heraus verständlich und bestimmt sein (BGH GRUR 1992, 525, 526 – *Professorenbezeichnung in der Arztwerbung II*). Will das Gericht dem Klageantrag stattgeben,   2.106

so ist es nicht an die Formulierung des Klägers gebunden, zumal das eigentliche Klagebegehren oft erst durch Auslegung des Antrags zu ermitteln ist.

2.107 **b) Bindung an den Antrag.** Das Gericht darf nicht etwas zusprechen, was nicht beantragt ist (§ 308 I 1 ZPO). Das ist insbes der Fall, wenn es seinem Urteilsausspruch über einen Unterlassungsantrag einen anderen Klagegrund zu Grunde legt als denjenigen, mit dem Kläger seinen Antrag begründet hat (BGH GRUR 2003, 716, 717 – *Reinigungsarbeiten*). Es kommt daher maßgeblich darauf an, von welchen tatsächlichen Voraussetzungen das angestrebte Verbot abhängt und welche Tatsachen der Kläger zur Begründung seines Antrags anführt. **Beispiele:** Kläger begehrt Auskunft, an welche Personen Kataloge versandt wurden, Gericht verurteilt zur Auskunfterteilung, an welche Dritte verkauft worden war (BGH GRUR 1992, 117, 120 – *IEC-Publikation*); Gericht verurteilt zu einem weiter gehenden Widerruf als beantragt (BGH GRUR 1992, 527, 529 – *Plagiats-Vorwurf II*); Gericht nimmt bei einer auf zwei Anspruchsgrundlagen gestützten Klage zu Unrecht zwei Streitgegenstände an und entscheidet darüber (nach BGH GRUR 1992, 552, 554 – *Stundung ohne Aufpreis*). Vgl weiter Rdn 2.39.

c) Zeitliche Begrenzung

Schrifttum: *Körner*, Befristete und unbefristete Unterlassungstitel bei Wettbewerbsverstößen, GRUR 1985, 909.

2.108 Das Unterlassungsgebot ist nur dann zeitlich zu begrenzen, wenn sein Ende bereits im Zeitpunkt der Letzten mündlichen Verhandlung feststeht (zB begrenzte Schutzdauer von Modeneuheiten; BGHZ 60, 168 = GRUR 1973, 478 – *Modeneuheit;* OLG Düsseldorf GRUR 1983, 748, 750; *Körner* GRUR 1985, 909; *Krüger* GRUR 1986, 115, 125). Lässt sich eine solche Befristung nicht ermitteln und fällt eine materiellrechtliche Voraussetzung des Unterlassungsangebots später weg, ist der Schuldner auf die Vollstreckungsabwehrklage (§ 767 ZPO) angewiesen (OLG Düsseldorf aaO).

2.109 **d) Aufbrauchsfrist.** Das Gericht hat von Amts wegen, also auch ohne Antrag, zu prüfen und zu entscheiden, ob dem Verletzer eine Aufbrauchsfrist (zu Einzelheiten § 8 Rdn 1.58 ff) einzuräumen ist. Doch muss dieser ein entspr Interesse substanziiert vortragen (BGH GRUR 1960, 563, 567 – *Sektwerbung;* BGH GRUR 1961, 283, 284 – *Mon Cherie II;* BGH GRUR 1982, 420, 423 – *BBC/DDC;* BGH GRUR 1985, 930, 932 – *JUS-Steuerberatungsgesellschaft*).

2.110 **e) Ordnungsmittelandrohung.** Sie setzt einen entspr Antrag voraus. Ist jedoch nur Ordnungsgeldandrohung beantragt, so hat das Gericht von Amts wegen Ersatzordnungshaft anzudrohen (BGH GRUR 1993, 62, 63 – *Kilopreise III*). Das Gericht muss bei der Androhung Art und Höchstmaß der Ordnungsmittel ausdrücklich nennen, damit sich das Ausmaß des angedrohten hoheitlichen Zwangs ohne weiteres erkennen lässt (BGH GRUR 1995, 744, 749 – *Feuer, Eis & Dynamit I; Teplitzky* Kap 57 Rdn 25). Eine bloße Androhung der *„gesetzlichen Ordnungsmittel gemäß § 890 ZPO"* reicht nicht aus (aA OLG München WRP 1980, 356; GK/*Jacobs* Vor § 13 aF Rdn D 420). Die Androhung kann entweder im Unterlassungsgebot enthalten sein („... *unter Androhung* ..." oder – veraltet – „... *bei Meidung* ..."). Sie kann aber auch gesondert ausgesprochen werden, etwa: *„Für jeden Fall der Zuwiderhandlung wird dem Beklagten die Festsetzung eines Ordnungsgeldes bis zu 250 000,– Euro, ersatzweise Ordnungshaft, oder Ordnungshaft bis zu sechs Monaten angedroht".* Die Androhung von Ersatzordnungshaft gegen Organe der verurteilten juristischen Person ist zulässig (BVerfGE 20, 323, 335 f; aA *Borck* GRUR 1991, 428, 431). Hat eine GmbH mehrere Geschäftsführer, so ist die Androhung der Vollziehung *„an einem der Geschäftsführer"* hinreichend bestimmt (BGH GRUR 1991, 929, 931 – *Fachliche Empfehlung II*). Eine hinreichende Eingrenzung und Bestimmung erfolgt im Vollstreckungsverfahren. Erst in diesem ist das Organ, an dem die Haft zu vollziehen ist, konkret zu benennen (BGH aaO – *Fachliche Empfehlung II*).

2.111 **f) Veröffentlichungsbefugnis.** Vgl § 12 III.

2.112 **g) Auskunft und Rechnungslegung.** Vgl § 9 Rdn 4.1 ff. In das Urteil ist der Zeitraum aufzunehmen, für den Auskunft oder Rechnungslegung zu erteilen ist. Zum Wirtschaftsprüfervorbehalt § 9 Rdn 4.19 ff. Formulierung etwa (vgl auch Rdn 2.64): *„Der Beklagte wird verurteilt, Auskunft darüber zu erteilen, an welche Dritte er ... verkauft hat, wobei ihm gestattet wird, diese Auskunft auf seine Kosten einer zur Berufsverschwiegenheit verpflichteten Person zu erteilen."*

3. Rechtskraft

a) Umfang. Maßgebend für den Umfang der Rechtskraft ist der **Streitgegenstand** (§ 322 I ZPO; § 12 Rdn 2.23, 2.29). In Rechtskraft erwächst daher nicht der Verbotsausspruch als solcher, sondern nur in seinem Bezug auf die vom Gericht festgestellte(n) Verletzungshandlung (en) (BGH GRUR 2006, 136 Tz 19 – *Pressefotos;* BGH GRUR 2006, 421 Tz 29 – *Markenparfümverkäufe; v Ungern-Sternberg* GRUR 2009, 1009, 1017). Soweit über den Streitgegenstand rechtskräftig entschieden wurde, ist eine neuerliche Klage unzulässig. Auf die richtige Erfassung des Streitgegenstands ist daher bes zu achten (vgl OLG Karlsruhe GRUR 1993, 509, 510). Die Rechtskraftwirkung erstreckt sich auf Änderungen der Verletzungsform, soweit sie den **Kern** der Verbotsform unberührt lassen (BGH WRP 1994, 822, 825 – *Rotes Kreuz*). Gleichartigkeit ist bsw zu verneinen zwischen der Schaltung einer Zeitungsanzeige und der werblichen Ankündigung einer Telefonaktion (BGH GRUR 2008, 186 Tz 16 – *Telefonaktion*). Die Reichweite der Bindungswirkung (zB eines **Feststellungsurteils**) ist in erster Linie der Urteilsformel zu entnehmen (BGH GRUR 2008, 933 Tz 13 – *Schmiermittel*). Lässt die Urteilsformel, wie insbes beim klageabweisenden Urteil, den Streitgegenstand und damit den Umfang der Rechtskraft nicht erkennen, sind Tatbestand und Entscheidungsgründe, falls erforderlich auch das Parteivorbringen, heranzuziehen (BGH GRUR 1993, 157, 158 – *Dauernd billig;* BGH WRP 2005, 1251, 1252 – *Glücksbon-Tage;* BGH GRUR 2008, 933 Tz 13 – *Schmiermittel*). Hatte der Kläger eine konkrete Verletzungshandlung zum Anlass genommen, einen umfassenden oder verallgemeinernden Antrag zu stellen, und ist diese Klage rechtskräftig abgewiesen worden, so steht die Rechtskraft einer neuerlichen Klage auch dann entgegen, wenn der Klageantrag nunmehr eingeschränkt wird (BGH GRUR 1993, 157, 158 – *Dauernd billig*). Ist eine vorbeugende Unterlassungsklage mangels Erstbegehungsgefahr als unbegründet abgewiesen worden, so steht die Rechtskraft dieser Entscheidung einer auf einen konkreten späteren Verstoß gestützten Unterlassungsklage nicht entgegen (BGH GRUR 1990, 687, 689 – *Anzeigenpreis II*). Hat der Kläger einen vollstreckbaren Titel erlangt, so fehlt einer auf eine weitere Verletzungshandlung gestützten Unterlassungsklage aber das Rechtsschutzbedürfnis (BGH GRUR 2006, 421 Tz 32 – *Markenparfümverkäufe; v Ungern-Sternberg* GRUR 2009, 1009, 1017), da der Kläger aus dem Titel dagegen vorgehen kann.

b) Wirkung zwischen den Parteien. Das rechtskräftige Urteil wirkt nur zwischen den Parteien (§ 325 I ZPO). Der Klage weiterer Gläubiger wegen derselben Verletzungshandlung steht daher nicht die Rechtskraft des Ersturteils entgegen (BGH GRUR 1960, 379, 380 – *Zentrale*). Die neuerliche Klage kann jedoch im Einzelfall nach § 8 IV unzulässig oder wegen Wegfalls der Wiederholungsgefahr durch Erlass des (zusprechenden) Ersturteils unbegründet sein (dazu § 8 Rdn 1.46 und *Köhler* WRP 1992, 359, 361 ff).

c) Präjudizialität. Für das **Verhältnis vom gesetzlichen Unterlassungsanspruch zum gesetzlichen** Schadensersatzanspruch gilt, dass vom rechtskräftig positiv oder negativ entschiedenen Schadensersatzprozess **keine Feststellungswirkung** für den Unterlassungsprozess ausgeht und umgekehrt (BGHZ 150, 377, 383 = GRUR 2002, 1046, 1047 – *Faxkarte* mwN zum Streitstand; BGH NJW 2003, 3058, 3059). Dies rechtfertigt sich daraus, dass es beim Schadensersatzprozess allein um die Verletzungshandlung geht, während es beim Unterlassungsprozess um die künftige Verletzungshandlung geht. Außerdem ist den unterschiedlichen Interessen und damit Rechtsschutzzielen des Beklagten Rechnung zu tragen: an der Zurückweisung des einen Anspruchs kann ihm mehr gelegen sein als an der Zurückweisung des anderen Anspruchs. Dementsprechend soll er auch nicht genötigt sein, einen aus seiner Sicht sinnlosen Prozess weiterzuverfolgen (BGH aaO – *Faxkarte; Teplitzky* GRUR 2003, 272, 280). – Die rechtskräftige Feststellung eines **vertraglichen** Unterlassungsanspruchs soll für die Zeit ab Erhebung der Unterlassungsklage auch für einen späteren Schadensersatzprozess bindend sein (BGHZ 42, 340 = GRUR 1965, 327, 329 ff – *Gliedermaßstäbe; Fezer/Büscher* § 12 Rdn 364; einschränkend *Teplitzky* Kap 30 Rdn 2: ab letzter mdl Verhandlung). Richtigerweise sollten jedoch insoweit keine anderen Grundsätze gelten als bei den gesetzlichen Ansprüchen. – Ein Urteil auf **Auskunft** oder Rechnungslegung ist nicht bindend für den Schadensersatzprozess (BGH JZ 1970, 226). – Wird die **Feststellungsklage** rechtskräftig abgewiesen (oder eine entspr negative Feststellungsklage rechtskräftig zugesprochen), so ist eine spätere **Leistungsklage** zwar nicht unzulässig, aber unbegründet. Etwas anderes gilt nur dann, wenn der Entscheidung unmissverständlich zu entnehmen ist, dass das Gericht nicht abschließend über den zu Grunde gelegten Sachverhalt entscheiden, sondern dem Kläger eine erneute Klageerhebung vorbehalten wollte (BGH GRUR 1990, 70 – *Rechtskraft der Feststellung*). Wird eine negative Feststellungsklage aus sachlichen Gründen abgewiesen, so steht damit im Verhältnis der Parteien positiv fest, dass ein Unterlassungsanspruch gegeben ist. Dies gilt auch dann, wenn die Abweisung auf einer Verkennung der Darlegungs- und Beweislast beruht (BGH NJW 1986, 2508, 2509; aA GK/*Jacobs* Vor § 13 aF Rdn D 438 mwN).

X. Kosten

1. Kostenentscheidung (§§ 91 ff; § 269 III 2, 3; § 516 III ZPO)

2.116 a) **Teilunterliegen (§ 92 ZPO).** Es liegt ua vor, wenn der Kläger einen nicht auf die konkrete Verletzungsform beschränkten Unterlassungsantrag stellt, das Gericht aber nur die konkrete Verletzungsform verbietet (BGH GRUR 1992, 625, 627 – *Therapeutische Äquivalenz*).

2.117 b) **Erledigung der Hauptsache (§ 91 a ZPO).** Vgl Rdn 2.31 ff.

2.118 c) **Sofortiges Anerkenntnis (§ 93 ZPO).** Im Regelfall gibt der Schuldner keine Veranlassung zur Klage, wenn er nicht zuvor erfolglos abgemahnt und zur Abgabe einer strafbewehrten Unterlassungsverpflichtungserklärung aufgefordert wurde. Wurde der Schuldner erfolglos abgemahnt, gibt er auch dann Anlass zur Klage, wenn gleichzeitig mit der Klage Antrag auf Erlass einer einstweiligen Verfügung gestellt wird (OLG Köln WRP 1996, 1214, 1216; NJWE-WettbR 1999, 92; aA OLG Hamm WRP 1986, 111, 122; OLG Dresden WRP 1996, 432, 433: nur, wenn zuvor Unterwerfung eindeutig abgelehnt). Allerdings ist in diesen Fällen stets zu fragen, ob die gesetzte Frist für die Erhebung der Klage nicht zu kurz war und daher eine angemessene Frist in Lauf setzte. Gibt der Abgemahnte innerhalb dieser Frist (3–4 Wochen) eine Abschlusserklärung ab, so hat er keinen Anlass zur Klage gegeben (OLG Köln NJWE-WettbR 1999, 92, 93; OLG München NJWE-WettbR 1998, 255). Eine Nachfasspflicht des Abmahners kann bestehen, wenn der Abgemahnte eine unzureichende Erklärung anbietet, dies aber erkennbar auf Missverständnissen in der Vorkorrespondenz beruht (OLG Hamburg GRUR 1992, 479 [LS]). Ein Verzicht des Schuldners auf die Verjährungseinrede beseitigt die Klageveranlassung nicht; daher bedarf es auch keiner entspr Aufforderung durch den Gläubiger (OLG Hamm GRUR 1992, 563). Bei der negativen Feststellungsklage wegen unberechtigter Abmahnung ist eine Gegenabmahnung grds nicht erforderlich (str; vgl § 12 Rdn 1.74 f). – Dem sofortigen Anerkenntnis steht der sofortige Klageverzicht gleich (§ 93 ZPO analog; OLG Frankfurt GRUR 1993, 931 [LS]).

2.119 d) **Obsiegen auf Grund neuen Vorbringens (§ 97 II ZPO).** Die Vorschrift ist auch dann anwendbar, wenn die in erster Instanz mit einem eigenen Anspruch unterlegene Partei zwar in zweiter Instanz mit einem in Prozessstandschaft geltend gemachten Anspruch eines Dritten obsiegt, es ihr aber möglich und zumutbar war, die Ermächtigungserklärung bereits in erster Instanz zu beschaffen und vorzulegen (BGH GRUR 1992, 108, 109 – *Oxygenol*).

2. Erstattungsfähigkeit einzelner Kosten

2.120 Erstattungsfähig sind solche Kosten, die „zur zweckentsprechenden Rechtsverfolgung oder Rechtsverteidigung notwendig waren" (§ 91 I 1 ZPO).

2.121 a) **Kosten eines Patentanwalts.** Spezialregelung in § 143 IV, V PatG, § 27 v GebrMG, § 52 II GeschmMG, § 38 IV SortenSchG, § 140 III MarkenG. In **Wettbewerbssachen** sind die Kosten nur erstattungsfähig, wenn sie im **Einzelfall** notwendig waren, insbes wenn schwierige rechtliche oder technische Fragen im Bereich gewerblicher Schutzrechte (Patente, Marken usw), etwa im Falle einer unberechtigten Patentberühmung, eine Rolle spielen (OLG Koblenz WRP 1988, 126; OLG Frankfurt GRUR 1989, 375 LS und GRUR 1993, 161) oder wenn der Patentanwalt die Aufgaben eines Verkehrsanwalts übernommen hat (OLG Frankfurt WRP 1980, 337, 338). Die Kosten sind nicht gleichbedeutend mit den Gebühren, da Patentanwälte ihre Tätigkeit regelmäßig nach Stundensätzen abrechnen.

2.122 b) **Kosten eines Verkehrsanwalts.** Die Kosten sind nur ausnahmsweise erstattungsfähig (vgl *Thomas/Putzo* ZPO § 91 Rdn 26). Es ist ein strenger Maßstab anzulegen. Der Verlust eines halben Arbeitstages reicht nicht aus (OLG Koblenz WRP 1988, 55; str). Die Zuziehung eines in Wettbewerbssachen erfahrenen oder mit der Sache vertrauten Anwalts kann in Einzelfällen, nicht aber bei Verbänden iSd § 8 III Nr 2, 3 erforderlich sein (dazu GK/*Jacobs* Vor § 13 aF Rdn D 447 mwN).

2.123 c) **Kosten für Testkäufe.** Sie sind grds erstattungsfähig, soweit sie im Rahmen eines schon vorher gefassten Entschlusses zur Rechtsverfolgung getätigt wurden (OLG Düsseldorf WRP

1986, 33) und im Einzelfall erforderlich waren. Der Kläger ist insoweit nicht auf eine gesonderte Klage, gestützt auf § 12 I 2 oder § 9, angewiesen (vgl aber OLG Karlsruhe WRP 1988, 381). Es ist aber auf Wirtschaftlichkeit und Sparsamkeit zu achten (OLG Frankfurt GRUR 1985, 401). Insbes dürfen keine weniger aufwändigen Beweismöglichkeiten (zB Zeugenbeweis, Testfoto) vorhanden sein. Hat die Testkaufsache einen verbleibenden wirtschaftlichen Wert, so darf die Festsetzung der Auslagen nur Zug um Zug gegen Herausgabe erfolgen (KG GRUR 1976, 65; OLG Stuttgart NJW 1986, 978; aA OLG Koblenz WRP 1979, 813; GK/*Jacobs* Vor § 13 aF Rdn D 451). Dies kann aber nicht bei Quotelung gelten. Hier kommt eine Herausgabepflicht nur in Betracht, wenn der Beklagte sich bereit erklärt, den Differenzbetrag zu erstatten.

d) Detektivkosten. Sie sind nur dann erstattungsfähig, wenn sie unbedingt erforderlich waren, also zB die Einschaltung eigener Angestellter nicht ausreicht (OLG Frankfurt WRP 1970, 154). 2.124

e) Kosten einer Meinungsumfrage. Dazu Rdn 2.88. 2.125

f) Kosten privater Rechtsgutachten. Sie sind grds nicht erstattungsfähig, ausnahmsweise dann, wenn das Gutachten für den Prozess erstellt wurde und das Gericht die Ergebnisse verwertet hat oder das Gutachten für eine sachgerechte Rechtsverteidigung unerlässlich war (OLG Frankfurt GRUR 1994, 532). Erstattungsfähig können die Kosten eines Gutachtens zum **ausländischen Recht** sein, wenn es maßgebliche Bedeutung für den Rechtsstreit hat (OLG Frankfurt GRUR 1993, 161). 2.126

XI. Vergleich

Zur gütlichen Beilegung des Rechtsstreits kommt es vielfach in der Weise, dass der Schuldner sich unterwirft, der Gläubiger dafür auf Auskunft und Schadensersatz verzichtet und/oder eine Aufbrauchsfrist einräumt. Für die rechtliche Regelung bieten sich mehrere Möglichkeiten an: 2.127

1. Prozessvergleich

Der Prozessvergleich beendet den Rechtsstreit unmittelbar. Er ist zugleich Vollstreckungstitel (§ 794 I Nr 1 ZPO). Die Vollstreckung einer im Vergleich übernommenen Unterlassungspflicht erfolgt nach § 890 I ZPO. Voraussetzung dafür ist eine Ordnungsmittelandrohung des Prozessgerichts erster Instanz (§ 890 II ZPO). Daher kann nur bei einem in erster Instanz geschlossenen Vergleich ein solcher Beschluss mit der Protokollierung des Vergleichs verbunden werden. Hat der Schuldner, wie praktisch immer, sich strafbewehrt unterworfen, so hat der Gläubiger bei einem späteren Verstoß die Wahl, ob er die Zwangsvollstreckung betreibt oder die Vertragsstrafe geltend macht. Er kann nach hM auch beide Wege zugleich beschreiten (BGH WRP 1998, 507, 508 – *Behinderung der Jagdausübung*). Doch hat dann eine wechselseitige Anrechnung von Ordnungsgeld und Vertragsstrafe zu erfolgen (wobei allerdings bei der Bemessung der Vertragsstrafe das Interesse des Gläubigers an einem Mindestschadensersatz zu berücksichtigen ist). Für den Gläubiger empfiehlt es sich daher, mit dem Bestrafungsantrag zuzuwarten, bis die Vertragsstrafe tituliert ist, um seinen Vertragsstrafeanspruch nicht zu schmälern. Der Schuldner kann der Doppelsanktion entgehen, indem er entweder keine Vertragsstrafe verspricht oder auf einem Verzicht des Gläubigers auf das Antragsrecht aus § 890 II ZPO besteht (*Nieder* WRP 2001, 117, 118). 2.128

2. Kostenvergleich

Vielfach erklären die Parteien die Hauptsache für erledigt und schließen, um Kosten zu sparen, einen bloßen Kostenvergleich. Denn die anwaltliche Vergleichsgebühr bemisst sich in diesem Fall nur nach der Summe der angefallenen Gerichts- und Anwaltskosten. 2.129

3. Außergerichtlicher Vergleich

Er beendet den Rechtsstreit nicht. Dazu bedarf es vielmehr zusätzlicher prozessualer Erklärungen, etwa übereinstimmender Erledigterklärung oder Klage- oder Berufungsrücknahme. Teilen die Parteien dem Gericht lediglich mit, sie hätten sich außergerichtlich geeinigt, so bleibt der Rechtsstreit an sich anhängig. Es tritt aber infolge Nichtbetreibens ein tatsächlicher Stillstand des Verfahrens ein mit der Folge, dass die Verjährungshemmung endet (§ 204 II 2 BGB). 2.130

3. Kapitel. Einstweilige Verfügung

Übersicht

	Rdn
I. Einführung	3.1
II. Voraussetzungen der einstweiligen Verfügung im Lauterkeitsrecht	3.2–3.21
1. Zuständigkeit	3.2–3.5
a) Anhängigkeit der Hauptsache	3.3
b) Fehlende Anhängigkeit der Hauptsache	3.4
c) Ausnahmefälle	3.5
2. Verfügungsantrag	3.6
3. Verfügungsanspruch	3.7–3.11
a) Unterlassungsanspruch	3.8
b) Beseitigungs- und Widerrufsanspruch	3.9
c) Auskunftsanspruch	3.10
d) Ausgeschlossene eV	3.11
4. Verfügungsgrund (§ 935 ZPO)	3.12–3.20
a) Begriff	3.12
b) Nachweis	3.13
c) Anwendungsbereich des § 12 II	3.14
d) Einzelfragen	3.15–3.20
aa) Verzögerung der Antragstellung	3.15
bb) Verzögerung des Verfahrens	3.16, 3.16 a
cc) Verbände	3.17
dd) Beendeter Verstoß	3.18
ee) Frühere Verstöße und Verstöße Dritter	3.19
ff) Vorherige Erhebung der Hauptsacheklage	3.20
5. Darlegung und Glaubhaftmachung	3.21
III. Erlass der einstweiligen Verfügung	3.22–3.37 a
1. Entscheidung durch Beschluss	3.23, 3.24
a) Stattgebende Entscheidung	3.23
b) Ablehnende Entscheidung	3.24
2. Entscheidung durch Urteil	3.25–3.29
a) Terminbestimmung	3.25
b) Mündliche Verhandlung	3.26
c) Verweisung	3.27
d) Aussetzung	3.28
e) Entscheidung	3.29
3. Inhalt der Entscheidung	3.30–3.35
a) Unterlassung	3.30
b) Beseitigung	3.31
c) Androhung von Ordnungsmitteln	3.32
d) Sicherheitsleistung	3.33
e) Vorläufige Vollstreckbarkeit	3.34
f) Kosten	3.35
4. Wirkung der eV	3.36–3.37 a
a) Vollstreckungstitel	3.36
b) Verjährungshemmung durch Antrag	3.37
c) Befolgungspflicht	3.37 a
IV. Rechtsbehelfe des Antragstellers	3.38, 3.39
1. Beschlüsse	3.38
2. Urteile	3.39
V. Rechtsbehelfe des Antragsgegners	3.40–3.60
1. Schutzschrift	3.40, 3.41
a) Allgemeines	3.40
b) Kostenerstattung	3.41
2. Widerspruch	3.42
3. Berufung	3.43
4. Antrag auf Fristsetzung zur Klageerhebung (§ 926 I ZPO)	3.44–3.46
a) Zweck	3.44
b) Zulässigkeit	3.45
c) Entscheidung	3.46

	Rdn
5. Antrag auf Aufhebung der eV wegen unterbliebener Hauptsacheklage (§ 926 II ZPO)	3.47–3.51
a) Zuständigkeit	3.48
b) Zulässigkeit	3.49
c) Begründetheit	3.50
d) Entscheidung	3.51
6. Antrag auf Aufhebung der eV wegen veränderter Umstände (§§ 936, 927 I ZPO)	3.52–3.60
a) Antrag	3.53
b) Zuständigkeit	3.54
c) Zulässigkeit	3.55
d) Begründetheit	3.56
e) Entscheidung	3.57
f) Kosten	3.58
g) Rechtsmittel	3.59
h) Verhältnis zu anderen Rechtsbehelfen	3.60
VI. Die Vollziehung der einstweiligen Verfügung (§§ 936, 928, 929 ZPO)	3.61–3.68
1. Allgemeines	3.61
2. Form der Vollziehung	3.62–3.66
a) Allgemeines	3.62
b) Parteizustellung an wen?	3.63
c) Heilung von Zustellungsmängeln	3.64, 3.65
aa) Beschlussverfügungen	3.64
bb) Urteilsverfügungen	3.65
d) Erneute Vollziehung nach Änderung der eV	3.66
3. Fristbeginn	3.67
4. Fristversäumung	3.68
VII. Das Abschlussverfahren (Abschlussschreiben und Abschlusserklärung)	3.69–3.77
1. Allgemeines	3.69
2. Abschlussschreiben	3.70–3.73
a) Funktion	3.70
b) Form und Inhalt	3.71
c) Zugang	3.72
d) Kosten	3.73
3. Abschlusserklärung	3.74–3.77
a) Inhalt	3.74
b) Form	3.75
c) Zugang	3.76
d) Wirkungen	3.77
VIII. Schadensersatz nach § 945 ZPO	3.78–3.84
1. Allgemeines	3.78
2. Anspruchsvoraussetzungen	3.79–3.82
a) Von Anfang an ungerechtfertigte eV	3.80
b) Aufhebung der eV nach § 926 II ZPO	3.81
c) Aufhebung der eV nach § 942 III ZPO	3.82
3. Umfang des Schadensersatzes	3.83
4. Negative Feststellungsklage	3.84

Schrifttum: *Ahrens,* Der Schadensersatzanspruch nach § 945 ZPO im Streit der Zivilsenate, FS Piper, 1996, 31; *ders,* Die Abschlußerklärung, WRP 1997, 907; *ders,* Die fristgebundene Vollziehung einstweiliger Verfügungen, WRP 1999, 1; *Ahrens/Spätgens,* Einstweiliger Rechtsschutz und Vollstreckung in UWG-Sachen, 4. Aufl 2001; *Anders,* Die Zustellung einstweiliger Verfügungen nach dem Zustellungsreformgesetz, WRP 2003, 204; *Berneke,* Die einstweilige Verfügung in Wettbewerbssachen, 2. Aufl 2003; *Borck,* Probleme bei der Vollstreckung von Unterlassungstiteln, GRUR 1991, 428; *ders,* Ein letztes Mal noch: Zur Unterlassungsvollstreckung, WRP 1996, 181; *Bernreuther,* Einstweilige Verfügung und Erledigungserklärung, GRUR 2007, 660; *ders,* Der negative Feststellungsantrag im einstweiligen Verfügungsverfahren, WRP 2010, 1191; *Danckwerts,* Die Entscheidung über den Eilantrag, GRUR 2008, 763; *Deutsch,* Die Schutzschrift in Theorie und Praxis, GRUR 1990, 327; *Fritze,* Gut gemeint – Ziel verfehlt – Negative Feststellungsklage als Hauptsache im Sinne des § 937 Abs. 1 ZPO, GRUR 1996, 571; *Günther,* Die Schubladenverfügung – Stolperfalle Dringlichkeit?, WRP 2006, 407; *Holzapfel,* Zum einstweiligen Rechtsschutz im Wettbewerbs- und Patentrecht, GRUR 2003, 287; *Kehl,* Einstweilige Verfügung – ähnliche neue Werbung – was tun?, WRP 1999, 46; *Klaka,* Die einstweilige Verfügung in der Praxis, GRUR 1979, 593; *Klute,* Strategische Prozessführung im Verfügungsverfahren, GRUR 2003, 34; *Knieper,* Die Vollziehung von Unterlassungsverfügungen, WRP 1997, 815; *Koch/*

Vykydal, Immer wieder dringlich?, WRP 2005, 688; *Krenz,* Die Geschäftsführung ohne Auftrag beim wettbewerbsrechtlichen Abschlußschreiben, GRUR 1995, 31; *Lindacher,* Einstweiliger Rechtsschutz in Wettbewerbssachen unter dem Geltungsregime von Brüssel I, FS Leipold, 2009, 251; *Mes,* Kenntnis Dritter und Dringlichkeitsvermutung des § 25 UWG, FS Nirk, 1992, 661; *Mes (Hrsg),* Münchener Prozessformularbuch Bd 5, 2000; *Oetker,* Die Zustellung von Unterlassungsverfügungen innerhalb der Vollziehungsfrist des § 929 II ZPO, GRUR 2003, 119; *Retzer,* Widerlegung der „Dringlichkeitsvermutung" durch Interessenabwägung?, GRUR 2009, 329; *Schabenberger,* Zur Hemmung nach § 204 Abs. 1 Nr. 9 BGB in wettbewerbsrechtlichen Auseinandersetzungen, WRP 2002, 293; *Schote/Lührig,* Prozessuale Besonderheiten der Einstweiligen Verfügung, WRP 2008, 1281; *Schulte-Franzheim,* Vom Umgang mit der Dringlichkeit des Newcomers, WRP 1999, 70; *Schulz,* Die Rechte des Hinterlegers einer Schutzschrift, WRP 2009, 1472; *Teplitzky,* Zum Umgang mit Präjudizien in der Instanzrechtsprechung, WRP 1998, 935; *ders,* Die Vollziehung der einstweiligen Verfügung auf Auskunfterteilung, FS Kreft, 2004, 163; *ders,* Aktuelle Probleme der Abmahnung und Unterwerfung sowie des Verfahrens der einstweiligen Verfügung im Wettbewerbs- und Markenrecht, WRP 2005, 654; *ders,* Gerichtliche Hinweise im einseitigen Verfahren zur Erwirkung einer einstweiligen Unterlassungsverfügung, GRUR 2008, 34; *Traub,* Verlust der Eilbedürftigkeit durch prozessuales Verhalten des Antragstellers, GRUR 1996, 707; *ders,* Unterbrechung der Verjährung durch Antrag auf Erlaß einer einstweiligen Verfügung, WRP 1997, 903; *ders,* Der Anwendungsbereich des § 25 UWG, WRP 2000, 1046; *Ulrich,* Die Befolgung und Vollziehung einstweiliger Verfügungen sowie der Schadensersatzanspruch gemäß § 945 ZPO, GRUR 1991, 361; *ders,* Die unterbliebene Vollziehung wettbewerbsrechtlicher Unterlassungsverfügungen und ihre Folgen, WRP 1996, 84; *ders,* Ersatz des durch die Vollziehung entstandenen Schadens gemäß § 945 ZPO auch ohne Vollziehung, WRP 1999, 82; *Weisert,* Rechtsprobleme der Schubladenverfügung, WRP 2007, 504; *Wilke,* Abmahnung, Schutzschrift und Unterlassungserklärung im gewerblichen Rechtsschutz, 2. Aufl 1995; *Wüstenberg,* Die Vollziehung aus Unterlassungsverfügungsurteilen, WRP 2010, 1237.

I. Einführung

3.1 Die Vorschrift entspricht weit gehend dem § 25 aF. Um Wettbewerbsverstöße rasch und wirksam ahnden zu können, erleichtert sie den Erlass einer einstweiligen Verfügung (eV). Trotz seines nur vorläufigen Charakters führt das Verfügungsverfahren häufig zur endgültigen Bereinigung der Wettbewerbsstreitigkeiten durch Abgabe entweder einer Unterwerfungserklärung oder einer Abschlusserklärung (Rdn 3.74 ff). Dem Recht der eV kommt daher große praktische Bedeutung zu. Misslich sind freilich die **Divergenzen in der OLG-Rspr** (weit gehend wiedergegeben bei Harte/Henning/*Retzer* § 12 Rdn 942 ff; *Berneke* Rdn 77).

II. Voraussetzungen der einstweiligen Verfügung im Lauterkeitsrecht

1. Zuständigkeit

3.2 Örtlich und sachlich zuständig ist das Gericht der Hauptsache (§§ 937, 919 ZPO).

3.3 **a) Anhängigkeit der Hauptsache.** Ist die Hauptsache bereits anhängig, so ist das damit befasste Gericht (in der Berufungsinstanz das Berufungsgericht, § 943 I ZPO; dazu OLG Hamm GRUR 1989, 924, 925; in der Revisionsinstanz wieder das erstinstanzliche Gericht) ausschließlich (§ 802 ZPO) zuständig. Der Kläger kann dann die Zuständigkeit eines anderen Gerichts nicht mehr dadurch erreichen, dass er eine (wegen Rechtshängigkeit unzulässige) zweite Hauptsacheklage vor einem anderen Gericht erhebt (OLG Hamburg WRP 1981, 325, 326). „Hauptsache" ist aber nicht ohne weiteres die negative Feststellungsklage (*Fritze* GRUR 1996, 571; aA OLG Frankfurt WRP 1996, 27), da sonst der Verletzte des Gerichtsstands seiner Wahl beraubt würde (vgl BGH GRUR 1994, 846, 848 – *Parallelverfahren II*). Der Verletzte kann daher zwar, muss aber nicht in diesem Gerichtsstand klagen (*Teplitzky* Kap 54 Rdn 3).

3.4 **b) Fehlende Anhängigkeit der Hauptsache.** Ist die Hauptsache noch nicht anhängig, so ist das (jedes) Gericht zuständig, bei dem die Hauptsacheklage erhoben werden könnte. Die Wahl eines bestimmten Gerichts für das Verfügungsverfahren legt allerdings nicht das Hauptsachegericht bindend fest. Die Zuständigkeit des Gerichts für den Verfügungsantrag entfällt auch nicht dadurch, dass nach Einreichung des Antrags bei einem anderen Gericht Hauptsacheklage – und sei es auch in Gestalt einer Widerklage – erhoben wird (arg § 261 III Nr 2 ZPO; OLG Karlsruhe WRP 2010, 793, 794).

3.5 **c) Ausnahmefälle.** In Ausnahmefällen ist das AG zuständig (§ 942 ZPO).

2. Verfügungsantrag

3.6 Erforderlich ist ein **bestimmter Antrag** (§ 253 II Nr 2 ZPO); zweckmäßigerweise wird damit der Antrag auf Androhung von Ordnungsmitteln verbunden, um die Vollziehung zu ermöglichen (Rdn 3.61 ff; OLG Hamm GRUR 1991, 336). **Streitgegenstand** ist nicht der Anspruch, sondern seine vorläufige Befriedigung. Das ist bedeutsam für Rechtshängigkeit (dazu OLG Hamm WRP 1996, 581) und Rechtskraft sowie für Anerkenntnis, Vergleich und Hauptsacheerledigung. Für den Antrag sowie für die Erledigungserklärung nach § 91 a ZPO und den Verweisungsantrag nach § 281 ZPO besteht **kein Anwaltszwang** (§§ 936, 920, 78 v ZPO). Die **Rücknahme** des Antrags ist jederzeit, auch noch nach mündlicher Verhandlung ohne Zustimmung des Gegners möglich (OLG Düsseldorf WRP 1982, 654; OLG Köln GRUR-RR 2008, 445; *Beyerlein* WRP 2005, 1463, 1466) und macht eine bereits erlassene eV wirkungslos. Über die Kosten ist nach § 269 III ZPO analog zu entscheiden (OLG Karlsruhe WRP 1986, 352).

3. Verfügungsanspruch

Verfügungsanspruch kann grds nur ein Anspruch sein, der einer vorläufigen Regelung oder Befriedigung zugänglich ist. In Betracht kommen: **3.7**

a) **Unterlassungsanspruch:** Ja (arg § 12 II). **3.8**

b) **Beseitigungs- und Widerrufsanspruch:** Ja, soweit damit keine endgültigen, nicht wiedergutzumachenden Verhältnisse (zB Firmenlöschung; Vernichtung von Werbematerial) geschaffen werden (Ahrens/*Jestaedt* Kap 56 Rdn 7 mwN); möglich ist daher ein Antrag auf Aussetzung einer Empfehlung (OLG Frankfurt GRUR 1989, 74, 75), auf Beseitigung eines Werbespruchs oder einer irreführenden Angabe auf einem Produkt (OLG Koblenz GRUR 1987, 730, 731), auf Niederlegung von Mandaten durch nicht zugelassenen Anwalt (OLG Naumburg NJWE-WettbR 1996, 155), auf Belieferung (OLG Karlsruhe GRUR 1980, 811) oder Belieferungsverbot (OLG Düsseldorf WRP 1983, 410), auf befristetes Beschäftigungsverbot (ThürOLG WRP 1997, 363, 365; OLG Oldenburg WRP 1996, 612, 615 f), auf Widerruf, wenn er sich auf rein wirtschaftliche Vorgänge bezieht und ohne weiteres rückgängig zu machen ist (OLG Stuttgart WRP 1989, 202, 204), auf Sequestration bei Markenverletzungen (OLG Hamburg WRP 1997, 106, 112); aber nicht bei Ansprüchen aus ergänzendem Leistungsschutz (OLG Hamburg WRP 2007, 1253, 1254). **3.9**

c) **Auskunftsanspruch:** Grds nein, weil damit die Hauptsacheentscheidung vorweggenommen wird (Fezer/*Büscher* § 12 Rdn 95; Ahrens/*Jestaedt* Kap 56 Rdn 13; vgl auch OLG Köln GRUR-RR 2003, 296). Etwas anderes kann gelten, wenn existenzielle Gläubigerinteressen auf dem Spiel stehen (OLG Hamburg GRUR-RR 2007, 29; Fezer/*Büscher* § 12 Rdn 95; Götting/Nordemann/*Kaiser* § 12 Rdn 184). Kraft gesetzlicher Regelung auf Grund des ProduktpiraterieG (§ 19 VII MarkenG; § 46 VII GeschmMG; § 101 VII UrhG; § 140 b VII PatG; § 24 b VII GebrMG; § 37 b VII SortenSchG) kann Auskunft auch bei „offensichtlicher Rechtsverletzung" (dazu OLG Hamburg WRP 1997, 106, 112 f) verlangt werden. Eine analoge Anwendung dieser Vorschriften auf den ergänzenden Leistungsschutz (§ 4 Nr 9) ist allerdings ausgeschlossen (OLG Hamburg WRP 2007, 1253; OLG Frankfurt OLGR 2001, 253; Fezer/*Büscher* § 12 Rdn 95; *Berneke* Rdn 42; diff *Teplitzky* Kap 54 Rdn 11; aA LG Düsseldorf WRP 1997, 253). **3.10**

d) **Ausgeschlossene eV. Ausgeschlossen** ist eine **eV** bei Ansprüchen auf Abgabe einer Willenserklärung (str; vgl die Nachw bei Ahrens/*Jestaedt* Kap 56 Rdn 12), auf Feststellung und auf **Schadensersatz in Geld.** Maßnahmen der Naturalherstellung (§ 249 I BGB) zur vorläufigen Störungsbeseitigung können Gegenstand einer eV sein (vgl Rdn 3.9). **3.11**

4. Verfügungsgrund (§ 935 ZPO)

a) **Begriff.** Verfügungsgrund ist die objektive **Dringlichkeit** (Eilbedürftigkeit) der Sache für den Antragsteller (nicht für Dritte oder die Allgemeinheit). Als bes Form des **Rechtsschutzinteresses** (OLG Hamburg GRUR 2007, 614) und damit als Prozessvoraussetzung ist sie **von Amts wegen** zu prüfen (OLG Stuttgart WRP 1997, 355, 357; OLG Frankfurt GRUR-RR 2002, 44; sehr str; aA OLG Frankfurt NJW 2002, 903). Maßgebender Zeitpunkt ist der Schluss der Letzten mündlichen Verhandlung (ggf in der Rechtsmittelinstanz), ohne eine solche der Zeitpunkt der Entscheidung. Aus Gründen der Prozessökonomie braucht das Gericht die Dringlichkeit nicht zu prüfen, wenn der Antrag ohnehin unbegründet ist (OLG Köln GRUR-RR 2005, 228). **3.12**

b) **Nachweis.** Grds muss der Antragsteller die Dringlichkeit darlegen und glaubhaft machen. Jedoch begründet § 12 II in seinem Anwendungsbereich eine widerlegliche tatsächliche **Vermutung** der Dringlichkeit (BGH GRUR 2000, 151, 152 – *Späte Urteilsbegründung; Teplitzky* **3.13**

Kap 54 Rdn 18; krit *Holzapfel* GRUR 2003, 287, 292: stets Interessenabwägung erforderlich). Ist sie widerlegt, obliegt es dem Antragsteller, die Dringlichkeit darzulegen und glaubhaft zu machen. Da der Antragsgegner idR keine Kenntnis von der (möglichen) Kenntniserlangung des Antragstellers hat, genügt es, dass er Tatsachen vorträgt, die den Schluss auf eine Kenntniserlangung zu einem bestimmten Zeitpunkt zulassen. Alsdann muss der Antragsteller darlegen und glaubhaft machen, wann er tatsächlich Kenntnis erlangt hat (vgl OLG Stuttgart GRUR-RR 2009, 343, 345).

3.14   c) **Anwendungsbereich des § 12 II.** Die Regelung gilt unmittelbar nur für Unterlassungsansprüche aus dem **UWG**, unabhängig davon, ob die Entscheidung aus tatsächlichen oder rechtlichen Gründen einfach, klar und schnell erfolgen kann (OLG Celle GRUR-RR 2008, 441, 442). Ob und inwieweit eine analoge Anwendung auf Unterlassungsansprüche aus anderen Gesetzen in Betracht kommt, ist umstritten. Die Bandbreite der Auffassungen reicht von uneingeschränkter Analogie bis hin zu ihrer grds Ablehnung. Kraft ausdrücklicher gesetzlicher Regelung ist die entspr Anwendung bei Unterlassungsansprüchen aus dem **UKlaG** geboten (§ 5 UKlaG). Im Übrigen kommt es, wie stets bei Prüfung einer Analogie, darauf an, ob eine Regelungslücke vorliegt und ob Normzweck und Interessenlage eine analoge Anwendung gebieten (*Teplitzky* Kap 54 Rdn 19). Nach der (wohl noch) hM ist eine analoge Anwendung auf Ansprüche aus dem **Markenrecht** geboten (KG MarkenR 2008, 219; OLG Stuttgart GRUR 2002, 381; OLG Köln GRUR 2001, 424, 425; GRUR-RR 2002, 309; OLG Nürnberg WRP 2002, 345, 346; Ahrens/*Schmukle* Kap 45 Rdn 64 mwN). Richtiger Ansicht nach scheidet eine Analogie mangels einer Regelungslücke aus (OLG Frankfurt WRP 2002, 1457; OLG Düsseldorf GRUR-RR 2002, 1457; OLG Hamburg WRP 2010, 953; OLG München GRUR 2007, 174; *Teplitzky* Kap 54 Rdn 19–20 e sowie WRP 2005, 654, 659 f; Fezer/*Büscher* § 12 Rdn 56). Desgleichen scheidet eine analoge Anwendung nach hM aus bei Unterlassungsansprüchen aus dem **Urheberrecht** (KG GRUR 1996, 974; GRUR-RR 2003, 262; OLG Köln GRUR 2000, 417; OLG Frankfurt GRUR 1989, 227; aA OLG Karlsruhe NJW-RR 1995, 176; offen gelassen von OLG Celle GRUR 1998, 50), dem **Patentrecht** (OLG Düsseldorf GRUR 1994, 508; aA OLG Karlsruhe GRUR 1979, 700), dem **Gebrauchsmusterrecht** (OLG Hamm NJW-RR 1993, 366; OLG Düsseldorf GRUR-RR 2009, 142) und dem **Kartellrecht** (KG WuW/E OLG 5099; OLG Stuttgart NJW-RR 1990, 940; LG Düsseldorf WRP 1998, 81, 83). Ebenso wenig kommt sie in Betracht bei gesetzlichen oder vertraglichen Unterlassungsansprüchen aus dem **Bürgerlichen Recht**. Für Anwendbarkeit des § 12 II in allen Fällen, in denen ohne eine Sonderschutzregelung ein Wettbewerbsverstoß vorläge, *Traub* WRP 2000, 1046 [zu § 25 aF]. Soweit Unterlassungsansprüche aus dem UWG mit solchen aus anderen Gesetzen konkurrieren, ist auf diese Ansprüche § 12 II nicht kraft Sachzusammenhangs anwendbar (OLG Stuttgart WRP 1988, 400; Harte/Henning/*Retzer* § 12 Rdn 335). – Auf andere als Unterlassungsansprüche ist § 12 II grds nicht anwendbar, auch nicht auf den Beseitigungsanspruch (*Teplitzky* Kap 54 Rdn 21) oder den Auskunftsanspruch.

3.15   d) **Einzelfragen. aa) Verzögerung der Antragstellung.** Die Vermutung der Dringlichkeit ist widerlegt, wenn der Antragsteller durch sein Verhalten selbst zu erkennen gibt, dass es „ihm nicht eilig ist" (dazu BGH GRUR 2000, 151, 152 – *Späte Urteilsbegründung;* OLG München WRP 2008, 972, 976; OLG Hamm GRUR 2007, 173, 174; OLG Hamburg GRUR-RR 2010, 57). Das ist der Fall, wenn er längere Zeit zuwartet, obwohl er den Wettbewerbsverstoß und die Person des Verantwortlichen kennt oder grobfahrlässig nicht kennt. **(1) Kenntnis oder grob fahrlässige Unkenntnis vom Wettbewerbsverstoß und vom Verletzer.** Es genügt grds die Kenntnis der **Tatsachen**, die den Wettbewerbsverstoß begründen (zB Kenntnisnahme von einer Anzeige, von einem Nachahmungsprodukt; vgl OLG Hamburg WRP 2007, 675, 677), es sei denn, dass die Wettbewerbswidrigkeit erst auf Grund weiterer tatsächlicher Nachforschungen erkennbar ist (vgl OLG Köln GRUR 1995, 520; NJWE-WettbR 1998, 138; OLG Hamburg NJWE-WettbR 1999, 264). Der positiven Kenntnis steht – auch im Hinblick auf die Neuregelung der Verjährung in § 11 II Nr 2 – die grob fahrlässige Unkenntnis gleich (ebenso OLG München MD 2007, 973; OLG Karlsruhe WRP 2010, 793, 794; Ahrens/*Schmukle* Kap 45 Rdn 19; Harte/Henning/*Retzer* § 12 Rdn 312; *Teplitzky* Kap 54 Rdn 28 Fn 161; aA Fezer/*Büscher* § 12 Rdn 80). Sie liegt vor, wenn sich der Antragsteller bewusst der Kenntnis verschließt (OLG Hamburg GRUR-RR 2010, 57, 58; nach Fezer/*Büscher* § 12 Rdn 80 ist dies der Kenntnis gleichzusetzen) oder ihm nach Lage der Dinge (insbes auf Grund der Unternehmensgröße und -aktivitäten) der Wettbewerbsverstoß nicht verborgen geblieben sein kann (OLG Oldenburg WRP 1996, 461, 464 zu Fachverband). Dagegen reicht eine bloß **fahrlässige Unkenntnis** nicht

3. Kap. Einstweilige Verfügung   3.15   § 12 UWG

aus, da es **keine allgemeine Marktbeobachtungspflicht** gibt (OLG Karlsruhe WRP 2010, 793, 794; OLG Hamburg WRP 1999, 683, 684; OLG Köln GRUR-RR 2003, 187, 188; *Teplitzky* Kap 54 Rdn 29; Fezer/*Büscher* § 12 Rdn 80). Keine Rolle spielt es, dass der Wettbewerbsverstoß objektiv schon längere Zeit andauert (OLG Hamburg WRP 1999, 683, 684; aA OLG Koblenz WRP 1985, 578, 579). Doch kann im Einzelfall dadurch die Vermutung erschüttert sein, so dass der Antragsteller den Zeitpunkt der Kenntniserlangung glaubhaft machen muss (OLG Karlsruhe GRUR 1995, 510, 511). Eine Kenntnis vom Wettbewerbsverstoß schadet umgekehrt solange nicht, als noch – mangels eines konkreten Wettbewerbsverhältnisses zum Verletzer – kein Unterlassungsanspruch gegeben ist. Dies spielt bei **Newcomern** auf dem Markt eine Rolle (dazu *Schulte-Franzheim* WRP 1999, 70). Die Kenntnis von Vorbereitungshandlungen steht der Kenntnis vom Wettbewerbsverstoß nicht gleich (ebenso Harte/Henning/*Retzer* § 12 Rdn 315; aA *Berneke* Rdn 69 Fn 158). Für die Zurechnung der Kenntnis Dritter gelten die allgemeinen Grundsätze über die **Wissenszurechnung** (Einzelheiten bei § 11 Rdn 1.27; Palandt/*Heinrichs* BGB § 166 Rdn 6 f; *Mes*, FS Nirk, 1992, 661; *Teplitzky* Kap 54 Rdn 29 a). Maßgeblich ist grds nur das Wissen der Personen, die im Unternehmen oder Verband für die Ermittlung und/oder Geltendmachung von Wettbewerbsrechtsverstößen zuständig sind (OLG Köln WRP 1999, 222). Das Wissen außen stehender Dritter ist nur relevant, wenn sie ausdrücklich zum Wissensvertreter bestellt wurden (ebenso OLG Hamburg GRUR-RR 2006, 374, 376). So zB der beauftragte Anwalt, nicht aber der Testkäufer. – Unbeachtlich ist, ob ein **Allgemeininteresse** an der Unterbindung des Wettbewerbsverstoßes besteht (OLG München WRP 1996, 231, 232; offen gelassen von OLG Hamburg WRP 1999, 683, 684). – **(2) Dauer des Zuwartens.** Die Bemessung des Zeitraums des zulässigen Zuwartens ist sehr umstritten. An sich wäre es sachgerecht, stets eine **Einzelfallwürdigung** (unter Berücksichtigung der Art des Verstoßes, der Erforderlichkeit von Ermittlungen, der Reaktion des Gegners auf eine Abmahnung usw) vorzunehmen (hierfür OLG Köln GRUR 1993, 567 und 685; OLG Brandenburg WRP 1998, 97; OLG Hamburg WRP 2007, 675; OLG Hamburg GRUR-RR 2008, 366, 367; Ahrens/*Schmukle* Kap 45 Rdn 38). Andererseits hat dann der Antragsteller keine Orientierung und dies macht den Erfolg der Antragstellung schwer berechenbar. Im Interesse der Praxis ist daher eine **Regelfrist** zu befürworten, die allerdings deutlich unter der 6-Monatsgrenze des § 11 liegen und von der nur bei Vorliegen bes Umstände nach oben oder nach unten abgewichen werden sollte. Die Entscheidungen der meisten Oberlandesgerichte sind im Hinblick auf die jeweiligen Umstände des Einzelfalls (Schwierigkeit der Materie; vorherige Abmahnung; Feiertage usw) nur bedingt aussagekräftig. Einige OLG wenden dagegen starre Fristen an (vgl dazu die Übersicht bei Harte/Henning/*Retzer* Anh zu § 12, bei jurisPK/*Hess* § 12 Rdn 99 sowie bei *Berneke* Rdn 77).

Kammergericht (NJW-WettbR 1998, 269): Zuwarten von 2 Monaten nicht zu lang;

OLG Brandenburg (WRP 1998, 97): Zuwarten von mehr als 1 Monat bei zwischenzeitlicher Abmahnung nicht zu lang;

OLG Bremen (NJW-RR 1991, 44; OLGR 1998, 431): Zuwarten von etwas mehr als 1 Monat nicht zu lang;

OLG Celle (Traub S. 73): 6 Wochen;

OLG Dresden (NJWE-WettbR 1999, 130): idR 1 Monat;

OLG Düsseldorf (NJWE-WettbR 1999, 15, 16): idR 2 Monate;

OLG Frankfurt (WRP 2010, 156, 158): idR 6 Wochen;

OLG Hamburg (WRP 2007, 675; GRUR-RR 2008, 366): 6 Wochen bis zu 6 Monaten;

OLG Hamm (GRUR-RR 2009, 313): idR 1 Monat;

OLG Jena (Bericht *Orth* WRP 1997, 702, 703; Urt v 24. 11. 2004 – 2 U 751/04): 3 Monate zu lang;

OLG Karlsruhe (WRP 2007, 304): idR 1 Monat;

OLG Koblenz (GRUR 1978, 718, 720; WRP 1985, 578): 2–3 Monate;

OLG Köln (GRUR 2000, 167 LS): idR 5 Wochen;

OLG München (WRP 2008, 972, 976): 1 Monat;

OLG Nürnberg (MD VSW 2002, 197, 198): 1 Monat;

OLG Oldenburg (WRP 1996, 461): Zuwarten von mehr als 1 Monat idR zu lang;

OLG Rostock (Bericht WRP 2002, 196): idR 2–3 Monate;

OLG Saarbrücken (GRUR-RR 2001, 71; *Berneke* Rdn 77): 7 Wochen in einfach gelagerten Fällen zu lang;

OLG Schleswig (OLGR 1996, 102; *Traub* S 374): 2 Monate nicht zu lange;

OLG Stuttgart (WRP 1993, 628; NJW-WettbR 1996, 223): 7 Wochen.

Im Einzelfall kann allerdings auch bei Zugrundelegung von Regelfristen auf Grund bes Umstände die Vermutung schon früher widerlegt sein (OLG Hamburg WRP 1983, 101, 102 und WRP 1996, 774). So ist unverzügliche Antragstellung geboten, wenn der Gegner negative Feststellungsklage erhoben hat (OLG Köln GRUR 1999, 376 LS). Umgekehrt kann trotz des Ablaufs der Regelfrist noch Dringlichkeit bejaht werden, wenn der Antragsteller triftige Gründe, etwa die Notwendigkeit umfangreicher Ermittlungen, die Einholung eines Meinungsforschungsgutachtens (KG WRP 1992, 568), die Setzung von Unterwerfungsfristen oder die Führung von Vergleichsverhandlungen (OLG Düsseldorf NJWE-WettbR 1999, 15, 16), für das Zuwarten vorbringt und glaubhaft macht (OLG Hamm WRP 1992, 723; *Teplitzky* Kap 54 Rdn 36). Wenn der Parallelimporteur eines Arzneimittels, der die Gebrauchsinformation des Pharmaunternehmens übernommen hatte, nach mehr als 6 Monaten nach Erhalt wegen eines fehlenden Hinweises in der Gebrauchsinformation, den er nicht bemerkt hatte, gegen das Pharmaunternehmen vorgeht, kann die Eilbedürftigkeit noch gegeben sein (OLG Hamburg GRUR-RR 2002, 277). Durch zeitliche Verzögerungen in der Phase der Vorbereitung des Marktauftritts des Antragstellers wird die Dringlichkeitsvermutung des § 12 II nicht widerlegt (LG Hamburg MMR 2001, 41, 42). Wird die 6-Monatsfrist erheblich überschritten (vgl OLG Stuttgart WRP 1997, 355, 357: 10 Monate; KG WRP 1992, 568: 1 Jahr), dürfte allerdings, selbst wenn keine Verjährung eingetreten sein sollte, die Dringlichkeit stets entfallen sein. – **(3) Eingeschränktes Vorgehen.** Die Dringlichkeit kann auch hins solcher Anträge entfallen, die der Antragsteller sofort hätte stellen können, aber erst während des Verfügungsverfahrens stellt (vgl *Berneke* Rdn 84) oder die er zunächst fallen gelassen hat, aber dann wieder aufgreift (OLG Koblenz WRP 1997, 478). Das gilt insbes für die Erweiterung des Antrags (OLG Hamburg WRP 1982, 161) oder für die Stellung eines Hilfsantrags (OLG Düsseldorf WRP 1997, 968). Unschädlich ist dagegen, wenn lediglich der Antrag sachgerechter formuliert wird.

3.16 bb) **Verzögerung des Verfahrens.** Die Dringlichkeit kann auch noch während des Verfahrens entfallen. So, wenn nachträglich Umstände eintreten, die die Wiederholung des Wettbewerbsverstoßes unwahrscheinlich machen (KG GRUR-RR 2010, 22, 24). Vor allem aber, wenn der Antragsteller das Verfahren verzögert. Das ist nicht der Fall, wenn der Antragsteller nach telefonischem richterlichen Hinweis auf bestehende Bedenken gegen den Antrag zunächst keine Erklärung abgibt, ob er den Antrag zurücknimmt (OLG Frankfurt MMR 2009, 564, 565). Das ist idR auch noch nicht der Fall bei Ausschöpfung der Rechtsmittelfristen (OLG Köln NJWE-WettbR 1997, 176, 177). Denn diese Fristen haben an sich nichts mit der Frage der Dringlichkeit zu tun (OLG Hamm GRUR 1993, 512; *Teplitzky* Kap 54 Rdn 27) und sollten nicht grundlos ausgehöhlt werden (*Traub* GRUR 1996, 707, 711; OLG München GRUR 1992, 328; offen gelassen in BGH GRUR 2000, 151, 152 – *Späte Urteilsbegründung*). Nur ausnahmsweise kann daher – etwa bei tatsächlich und rechtlich ganz einfachen Sachen – trotz Einhaltung der Fristen die Dringlichkeit entfallen (OLG Köln WRP 1980, 503; OLG Düsseldorf NJWE-WettbR 1997, 27, 28; Harte/Henning/*Retzer* § 12 Rdn 328). Andererseits kann aber auch trotz Nichteinhaltung der Fristen (zB bei gewährter Verlängerung) bei Vorliegen bes Gründe (zB ernsthaften Vergleichsgesprächen; OLG Celle GRUR-RR 2008, 441, 442) die Dringlichkeit noch gegeben sein. – Zu **„Tricks"** der Verfahrensverzögerung, welche die Dringlichkeitsvermutung beseitigen, eingehend *Traub* GRUR 1996, 709, 710 f mit zahlr Rspr-Nachw. – Vom Einzelfall hängt es ab, wie sich ein Antrag auf Schriftsatzfrist, auf Verlängerung der zweimonatigen Berufungsbegründungsfrist (§ 520 II 2 ZPO; OLG Karlsruhe WRP 2005, 1188, 1189) oder auf Vertagung (oder das Einverständnis damit; OLG Hamm NJWE-WettbR 1996, 164) oder die Ausschöpfung der verlängerten Berufungsbegründungsfrist (KG GRUR 1999, 1133) oder der Vollziehungsfrist (aA KG WRP 2010, 129, 136: Ausschöpfung nie dringlichkeitsschädlich) oder das Unterlassen einer Begründung der Beschwerde innerhalb der zweiwöchigen Beschwerdefrist auswirken (OLG München WRP 1981, 533; OLG Hamm GRUR 1992, 804 und GRUR 1993, 512; OLG Düsseldorf WRP 1997, 968; OLG Düsseldorf WRP 1996, 1172, 1174; KG GRUR-RR 2008, 368). Das Gericht braucht den Antragsteller bei Verlängerung der Berufungsbegründungsfrist nicht darauf hinzuweisen, dass die Ausschöpfung der verlängerten Frist zum Wegfall der Dringlichkeit führen kann (OLG Düsseldorf GRUR-RR 2003, 31; aA OLG Hamburg WRP 1996, 27, 28; Götting/Nordemann/*Kaiser* § 12 Rdn 170). Die Dringlichkeitsvermutung entfällt nicht, wenn der Antragsteller eine Beschlussverfügung erwirkt hat und sich lediglich im Widerspruchsverfahren zögerlich verhält (OLG Karlsruhe WRP 1986, 232, 234; aA OLG Düsseldorf GRUR 1992, 189). Sie entfällt dagegen, wenn der Antragsteller vor Erlass der eV ein Versäumnisurteil gegen sich ergehen lässt (OLG Hamm GRUR 2007, 173, 174).

Zwar nicht die Dringlichkeit, wohl aber das **Rechtsschutzinteresse** entfällt, wenn der 3.16a
Antragsteller bei **mehreren** Gerichten einen Verfügungsantrag stellt und zwar auch dann, wenn
der Antrag bei dem zuerst angerufenen Gericht noch vor der Entscheidung des danach angerufenen Gerichts zurückgenommen wird (OLG Hamburg WRP 2010, 790, 792). Das Gleiche gilt,
wenn er einen vor einem Gericht gestellten Verfügungsantrag ohne triftigen Grund (zB Unzuständigkeit), idR auf richterlichen Hinweis fehlender Erfolgsaussicht oder Terminbestimmung
hin, zurücknimmt und einen neuen, auf keinen anderen Sachvortrag gestützten Antrag vor
einem anderen Gericht stellt, sog **forum shopping** (OLG Frankfurt GRUR 2005, 972; OLG
Hamburg GRUR 2007, 614, 615; *Teplitzky* GRUR 2008, 34, 38; Götting/Nordemann/*Kaiser*
§ 12 Rdn 166; **aA** für den Fall, dass das Erstgericht noch nicht entschieden hat und der Antragsgegner noch nicht angehört worden ist, OLG Düsseldorf GRUR 2006, 782, 785; Ahrens/
Schmukle Kap 45 Rdn 47; *Beyerlein* WRP 2005, 1463, 1466 f; offen gelassen insoweit in OLG
Hamburg GRUR-RR 2002, 226, 227; differenzierend jurisPK/*Hess* § 12 Rdn 102: fehlendes
Rechtsschutzinteresse nur, wenn der Verletzte eine Beteiligung des Antragsgegners an der Entscheidung vereiteln will). Das Problem ist nur, dass das Zweitgericht idR nichts von dem erfolglosen Erstverfahren erfährt. Daher wird gefordert, dass der Antragsteller bei jedem Verfügungsantrag, für den es mehrere Gerichtsstände gibt, glaubhaft machen muss, dass er den Antrag nicht
bereits bei einem anderen Gericht gestellt hat (*Danckwerts* GRUR 2008, 763, 767)– Die Dringlichkeit entfällt nicht, wenn im Laufe des Verfahrens auf Seiten des Antragstellers ein zulässiger
Parteiwechsel eintritt (OLG Düsseldorf WRP 1995, 732, 734; KG WRP 1996, 556). – Die
Dringlichkeitsvermutung kann entfallen, wenn der Antragsteller nach Erwirkung einer Beschlussverfügung (**„Schubladenverfügung"**) nicht mit angemessen kurzer Unterwerfungsfrist
abmahnt oder die Verfügung nicht sogleich, spätestens aber mit ergebnislosem Fristablauf dem
Antragsgegner **zustellen** lässt (OLG Düsseldorf WRP 1999, 865, 867; Fezer/*Büscher* § 12
Rdn 86; *Teplitzky* Kap 54 Rdn 24 a Fn 144; *Günther* WRP 2006, 407, 409; großzügiger KG
GRUR-RR 2010, 22, 25: Ausschöpfung der Monatsfrist des § 929 II ZPO niemals dringlichkeitsschädlich).

cc) Verbände. Verbände können nicht schon deshalb längere Fristen beanspruchen, weil sie 3.17
auch im öffentlichen Interesse tätig werden (OLG Frankfurt GRUR 1988, 849) oder erst
abwarten wollen, ob sie von Mitgliedern zur Verfolgung aufgefordert oder bevollmächtigt
werden (KG WRP 1992, 568, 569). Bei Verbänden ist auch nicht generell ein großzügigerer
Maßstab als bei Unternehmern anzulegen (OLG München GRUR 1980, 329, 330; aA OLG
Frankfurt GRUR 1988, 849). Das schließt es aber nicht aus, auf die Umstände des Einzelfalls
abzustellen, insbes auf die Organisationsstruktur und Zielsetzung des Verbands. So kann es einen
Unterschied machen, ob es sich um einen neugegründeten oder längere Zeit bestehenden
Verband, einen Verbraucherverband oder einen Wettbewerbsverein handelt. Keine Rolle spielt
dagegen die Bedeutung des konkret verletzten Allgemeininteresses, etwa das Ausmaß und die
Dauer einer Verbraucherirreführung (OLG München WRP 1996, 231, 232 [zum Mitbewerber]). Wird ein Verband auf Veranlassung Dritter tätig, ist zwar grds auf die Kenntniserlangung
durch den Verband abzustellen (OLG München WRP 1990, 719). Ist jedoch beim Verletzten
die Dringlichkeit entfallen und schiebt er deshalb einen Verband vor, so kann dieser sich nicht
auf § 12 II berufen (OLG Frankfurt GRUR 1991, 471; OLG Köln GRUR 1993, 698; OLG
Karlsruhe GRUR 1993, 697). Doch muss der Antragsgegner dartun, dass kein eigenes Verbandsinteresse vorliegt (OLG Hamburg WRP 1992, 186, 187).

dd) Beendeter Verstoß. Die Dringlichkeitsvermutung kann entfallen, wenn der Verstoß im 3.18
Zeitpunkt der Antragstellung, spätestens im Zeitpunkt der frühest möglichen Vollziehung der eV,
beendet und seiner Natur nach (zB Weihnachtsverkauf) erst nach längerer Zeit wiederholbar ist
(KG WRP 1981, 211; OLG Hamm WRP 1985, 435, 436; aA OLG Naumburg WRP 1997,
885). Das Gleiche gilt bei Einstellung des Geschäftsbetriebs des Schuldners. Entscheidend ist, ob
der Antragsteller in der Zwischenzeit einen mindestens vorläufigen Titel im Hauptsacheverfahren
erwirken könnte. Etwas anderes kann aus Gründen der Prozessökonomie gelten, wenn in einer
einfach gelagerten Sache das Verfahren bereits vor Beendigung des Verstoßes zulässig eingeleitet
war (OLG Stuttgart WRP 1982, 604, 605).

ee) Frühere Verstöße und Verstöße Dritter. Ist der Verletzte gegen einen früheren Verstoß 3.19
nicht vorgegangen, so fehlt die Dringlichkeit für einen Antrag zur Untersagung eines neuerlichen
(zumindest kerngleichen) Verstoßes (ganz hM; vgl OLG Frankfurt WRP 1996, 1193, 1194;
OLG Hamburg WRP 2005, 1301 [LS]; Ahrens/*Schmukle* Kap 45 Rdn 56; Harte/Henning/
Retzer § 12 Rdn 332; *Berneke* Rdn 332; *Koch/Vykydal* WRP 2005, 688). Das Gleiche gilt, wenn

der Verletzte nicht schon gegen einen nur drohenden Verstoß vorgegangen ist (OLG Stuttgart GRUR-RR 2009, 447; *Teplitzky* Kap 54 Rdn 37; jurisPK/*Hess* § 12 Rdn 109 aE; aA OLG Hamburg NJWE-WettbR 1998, 202; Harte/Henning/*Retzer* § 12 Rdn 315). – Die Dringlichkeit kann jedoch **wieder aufleben** (besser: neu entstehen), wenn sich die Umstände wesentlich ändern, zB der Verletzer sein Verhalten intensiviert (OLG Koblenz WRP 1978, 835, 837; KG WRP 1979, 305, 307; OLG Hamburg WRP 2005, 1301 [LS]) oder das Hauptsacheverfahren ausgesetzt wird (OLG Köln GRUR 1977, 220, 221) oder zwischenzeitlich eine völlig neue Verletzungssituation vorliegt (OLG Koblenz WRP 1995, 651, 652). Allerdings sind diese Umstände vom Antragsteller darzulegen und glaubhaft zu machen. – Die Dringlichkeitsvermutung wird nicht schon dadurch widerlegt, dass der Antragsteller gegen ihm bekannte **gleichartige Verstöße Dritter** nicht vorgegangen ist (OLG Frankfurt GRUR 2002, 236; *Berneke* Rdn 82), denn es steht ihm frei, ob und gegen welchen Verletzer er vorgeht. Anders liegt es, wenn der Antragsteller auch vom Handeln des Antragsgegners Kenntnis hatte (OLG Frankfurt WRP 1996, 1193, 1194).

3.20   **ff) Vorherige Erhebung der Hauptsacheklage.** Die Dringlichkeitsvermutung kann entfallen, wenn der Gläubiger bereits Hauptsacheklage erhoben hat, es sei denn, es liegen neue Umstände vor, die eine alsbaldige Regelung bis zum Abschluss des Hauptsacheverfahrens dringend erforderlich machen. Dazu reicht es nicht aus, dass der Gläubiger nachträglich Informationen erlangt, die ihm ergänzenden Tatsachenvortrag und Beweisantritt ermöglichen (OLG Karlsruhe WRP 2001, 425, 426; *Berneke* Rdn 83).

5. Darlegung und Glaubhaftmachung

3.21   Verfügungsgrund und -anspruch sind, soweit nicht § 12 II eingreift, darzulegen und glaubhaft zu machen (§§ 936, 920 II, 294 ZPO). Das gilt auch für sonstige Prozessvoraussetzungen. Die Darlegung und Glaubhaftmachung der für die **Widerlegung** der Dringlichkeitsvermutung erforderlichen Umstände obliegt dagegen dem Antragsgegner (OLG München WRP 2008, 972, 976). Soweit erforderlich, muss dann das Gericht im Wege einer Interessenabwägung über die Dringlichkeit entscheiden (*Retzer* GRUR 2009, 329, 333; jurisPK/*Hess* § 12 Rdn 110). Die Beweislastregeln des Hauptsacheverfahrens gelten allerdings erst, wenn es zum Urteilsverfahren mit einer Anhörung des Gegners kommt (hM; OLG Karlsruhe WRP 1988, 631; *Teplitzky* Kap 54 Rdn 45). Im Beschlussverfahren muss der Antragsteller daher nahe liegende oder in einer Schutzschrift vorgetragene Anhaltspunkte für Prozesshindernisse und Einredetatsachen selbst durch entspr Glaubhaftmachung entkräften. Andererseits darf das Gericht einen Antrag nicht zurückweisen wegen fehlender Glaubhaftmachung von Tatsachen, für die den Gegner die Darlegungs- und Glaubhaftmachungslast trifft, sondern muss mündliche Verhandlung anberaumen (OLG Stuttgart NJWE-WettbR 1998, 433; *Teplitzky* Kap 54 Rdn 45; jurisPK/*Hess* § 12 Rdn 116). Mittel der Glaubhaftmachung sind nach § 294 ZPO alle präsenten Beweismittel (Augenschein; Urkundenvorlage; Zeugen), einschließlich der eidesstattlichen bzw anwaltlichen Versicherung (BGH GRUR 2002, 915, 916 – *Wettbewerbsverbot in Realteilungsvertrag;* OLG Köln WRP 1999, 222; jurisPK/*Hess* § 12 Rdn 114) und der Vorlage (nicht dagegen des Antrags auf Einholung) von Sachverständigengutachten (dazu *Krüger* WRP 1991, 68) oder amtlichen Auskünften.

III. Erlass der einstweiligen Verfügung

3.22   Die eV kann durch Beschluss oder Urteil erlassen werden.

1. Entscheidung durch Beschluss

3.23   **a) Stattgebende Entscheidung.** Ohne mündliche Verhandlung kann das Gericht oder der Vorsitzende (§ 944 ZPO; insbes bei Kammern für Handelssachen) in **bes** (OLG Karlsruhe WRP 1989, 265) **„dringenden Fällen"** (§ 937 II ZPO) dem Antrag (ganz oder teilweise) durch **Beschluss** stattgeben. Das setzt voraus, dass entweder bereits die Anberaumung einer mündlichen Verhandlung (Verlust des Überraschungseffekts) oder die Zeitspanne bis dahin den Zweck des Antrags gefährden würden. Das Gericht entscheidet hierüber nach pflichtgemäßem Ermessen („kann"). Eine Beschlussentscheidung ist daher auch bei Vorliegen einer Schutzschrift (Rdn 3.40 f) möglich (*Deutsch* GRUR 1990, 327, 328). Zur Wahrung des **rechtlichen Gehörs** (Art 103 I GG) möglich und geboten kann aber ggf die Zuleitung der Antragsschrift an den Gegner zur kurzfristigen schriftlichen Stellungnahme sein (*Danckwerts* GRUR 2008, 763, 765;

Harte/Henning/*Retzer* § 12 Rdn 378; *Teplitzky* Kap 55 Rdn 3; aA Ahrens/*Scharen* Kap 51 Rdn 19 ff). Der Beschluss ist nur zu begründen, wenn dem Antrag nicht voll stattgegeben wird. Er ist dem Antragsteller zuzustellen (§§ 329 II 2, 936, 929 II ZPO), von diesem im Parteibetrieb dem Gegner (§§ 936, 922 II ZPO).

b) Ablehnende Entscheidung. Sie kann stets durch Beschluss ergehen (§ 937 II ZPO). Das 3.24 Absehen von einer mündlichen Verhandlung liegt im pflichtgemäßen Ermessen des Gerichts (zu Ermessensfehlern KG GRUR 1991, 944). Gibt es Anhaltspunkte, dass Mängel des Antrags behebbar sind, so sollte das Gericht entweder mündliche Verhandlung anberaumen oder dem Antragsteller die Möglichkeit geben, die Mängel zu beheben (*Danckwerts* GRUR 2008, 763, 766 f). Der Beschluss ist dem Gegner nicht (§§ 936, 922 III ZPO), dem Antragsteller nach § 329 II und III ZPO mitzuteilen.

2. Entscheidung durch Urteil

a) Terminbestimmung. Fehlt die (bes) Dringlichkeit, so hat das Gericht Termin zur münd- 3.25 lichen Verhandlung zu bestimmen. Wird der Termin so spät angesetzt, dass dies einer Rechtsverweigerung gleichkäme, ist dagegen (ausnahmsweise) Beschwerde möglich (OLG Stuttgart WRP 1983, 711; hM). Die Ladungsfrist kann (und sollte) abgekürzt werden (§§ 217, 224 ZPO). Einlassungs- und Schriftsatzfristen gibt es nicht (OLG München WRP 1979, 166).

b) Mündliche Verhandlung. Die Parteien können bis zum Schluss der mündlichen Ver- 3.26 handlung neue Tatsachen vortragen und glaubhaft machen (OLG Koblenz GRUR 1987, 319). Das Gericht darf aber seiner Entscheidung nur solche Tatsachen zu Grunde legen, zu denen sich die Parteien sachgerecht äußern konnten (Art 103 I GG). Um das rechtliche Gehör zu wahren, ist ggf sehr kurzfristig zu vertagen (*Teplitzky* Kap 55 Rdn 19; aA *Melullis* Rdn 103). Grds ist aber eine Vertagung der mündlichen Verhandlung oder ein Schriftsatznachlass ausgeschlossen (OLG Hamburg GRUR-RR 2009, 365, 367). Hält eine Partei Angriffs- oder Verteidigungsmittel schuldhaft bis zuletzt zurück, kann dies rechtsmissbräuchlich sein und daher unberücksichtigt bleiben (OLG Koblenz aaO; Ahrens/*Bähr* Kap 52 Rdn 31; *Klute* GRUR 2003, 34; vgl weiter *Schote/Lührig* WRP 2008, 1281: Schriftsatznachlass).

c) Verweisung an das zuständige Gericht (§ 281 ZPO) ist statthaft. 3.27

d) Aussetzung nach § 148 ZPO oder Art 234 III EG (OLG Hamburg WRP 1981, 589) ist 3.28 ausgeschlossen, weil mit dem Eilcharakter des Verfahrens unvereinbar. Das Gericht hat die Vorfragen selbst zu beurteilen. Die Anordnung der **Anrufung einer Einigungsstelle** ist nach § 15 X 2 mit Zustimmung des Gegners möglich.

e) Entscheidung nach mündlicher Verhandlung ergeht durch **Endurteil** (§§ 936, 922 I 1 3.29 ZPO), das mit seiner Verkündung wirksam wird und von diesem Zeitpunkt an vom Schuldner zu beachten ist, wenn es eine Ordnungsmittelandrohung enthält (BGH GRUR 2009, 890 – *Ordnungsmittelandrohung* mit Anm *Weber* = WRP 2009, 999 Tz 11 – *Urteilsverfügung* mwNachw auch zur Gegenansicht). Das Urteil ist den Parteien nach § 317 I 1 ZPO von Amts wegen zuzustellen. Um aber die Vollziehungsfrist des §§ 936, 929 II ZPO zu wahren, muss der Gläubiger ggf das Urteil im Parteibetrieb zustellen (*Bork* WRP 1989, 360, 365).

3. Inhalt der Entscheidung

a) Unterlassung. Spricht das Gericht ein Verbot einer bestimmten Handlung aus, so hat es 3.30 sich am gestellten Antrag zu orientieren (§ 308 I 1 ZPO). Zwar hat es auf Grund des § 938 ZPO bei der Tenorierung eine freiere Stellung, es darf jedoch den Antrag nicht inhaltlich verändern (sehr str; vgl *Teplitzky* Kap 54 Rdn 38; Ahrens/*Jestaedt* Kap 56 Rdn 3). Es kann auch ohne Antrag des Gegners **Aufbrauchsfristen** einräumen (OLG Stuttgart WRP 1989, 832; *Ulrich* GRUR 1991, 26; *Berlit* WRP 1998, 250, 251; aA OLG Frankfurt GRUR 1989, 456). Das Gericht darf aber **keine Urteilsbekanntmachung** zusprechen (§ 12 III 4).

b) Beseitigung. Inhalt einer eV kann auch die Sicherung eines Beseitigungsanspruchs sein, 3.31 sofern sie nicht zu dessen endgültiger Befriedigung führt. In Betracht kommt insbes in den Fällen eines Vernichtungsanspruchs (zB hins Werbemittel; vgl weiter § 18 MarkenG; § 98 UrhG; § 140a PatG) die Anordnung der Herausgabe von Gegenständen an den **Gerichtsvollzieher** zur Verwahrung (OLG Nürnberg WRP 2002, 345, 346; Ströbele/*Hacker* § 18 Rdn 46) oder, soweit eine Verwaltung erforderlich ist, die **Sequestration** (§ 938 II ZPO).

3.32 **c) Androhung von Ordnungsmitteln.** Sie setzt zwar keinen Antrag voraus (OLG Hamburg GRUR-RR 2008, 31, 32; aA HdbWettbR/*Spätgens* § 112 Rdn 39). Er sollte aber zweckmäßigerweise gestellt werden.

3.33 **d) Sicherheitsleistung.** Sie kann nach §§ 936, 921 S 2 ZPO angeordnet werden (OLG München GRUR 1988, 709; OLG Hamm WRP 1989, 116; *Borck* WRP 1978, 435, 437).

3.34 **e) Vorläufige Vollstreckbarkeit:** § 708 Nr 6 ZPO.

3.35 **f) Kosten:** §§ 91 ff ZPO. Teilweises Unterliegen liegt auch vor, wenn das Gericht ohne entspr Antrag des Gläubigers eine Sicherheitsleistung anordnet oder eine Aufbrauchsfrist gewährt. Hat der Gläubiger eine vorherige gebotene **Abmahnung** unterlassen und erkennt der Schuldner im Urteilsverfahren den Anspruch sofort an, ergeht Anerkenntnisurteil mit der Kostenfolge aus § 93 ZPO. Die Kosten sind dem Gläubiger auch dann aufzuerlegen, wenn der Schuldner sofort eine strafbewehrte Unterwerfungserklärung abgibt und die Parteien darauf den Rechtsstreit für erledigt erklären. Nach § 97 II fallen die Kosten des Rechtsmittelverfahrens dem obsiegenden Schuldner zur Last, wenn er erstmals in 2. Instanz die Umstände darlegt, die zur Verneinung der Dringlichkeit führen, und ihm das bereits in 1. Instanz möglich war (OLG Köln GRUR 1993, 685). Ist der Antrag auf eV mangels Dringlichkeit rechtskräftig abgewiesen worden, kann der Antragsteller seine Rechtsverfolgungskosten nicht nach §§ 280, 286 BGB ersetzt verlangen (OLG Dresden WRP 1998, 322, 324 zu § 286 BGB aF).

4. Wirkung der eV

3.36 **a) Vollstreckungstitel.** Die eV ist ein vollstreckungsfähiger Titel, der wie ein Titel im Hauptsacheverfahren durchgesetzt werden kann. Dem Antrag des Verfügungsbeklagten auf Einstellung der Zwangsvollstreckung aus der eV ist grds nicht zu entsprechen, weil dies dem Sinn einer Unterlassungsverfügung widerspräche (OLG Nürnberg WRP 2002, 345, 346). Die Einstellung ist nur ausnahmsweise dann in Betracht zu ziehen, wenn feststeht, dass die eV keinen Bestand haben kann (OLG Nürnberg aaO).

3.37 **b) Verjährungshemmung durch Antrag.** Nach § 204 I Nr 9 HS 1 BGB wird durch die Zustellung des Antrags auf Erlass einer eV die Verjährung gehemmt (§ 209 BGB). Dem steht die Einreichung des Antrags gleich, wenn die eV innerhalb von einem Monat seit Verkündung oder Zustellung an den Gläubiger dem Schuldner zugestellt wird (§ 204 I Nr 9 HS 2 BGB).

3.37a **c) Befolgungspflicht.** Der Antragsgegner muss die eV ab dem Zeitpunkt des Wirksamwerdens beachten und er muss daher im Fall der Zuwiderhandlung mit der Verhängung von Ordnungsmitteln rechnen (BGH GRUR 2009, 890 Tz 11 ff – *Ordnungsmittelandrohung* = WRP 2009, 999 – *Urteilsverfügung*). Eine Urteilsverfügung, die eine Ordnungsmittelandrohung enthält, muss der Schuldner daher bereits ab der Verkündung und nicht erst ab der Vollziehung des Urteils beachten (BGH GRUR 2009, 890 Tz 15 – *Ordnungsmittelandrohung* = WRP 2009, 999 – *Urteilsverfügung*). Der Schuldner ist durch den **Schadensersatzanspruch nach § 945 ZPO** geschützt, wenn sich die eV nachträglich als unberechtigt erweist (BGH GRUR 2009, 890 Tz 16 – *Ordnungsmittelandrohung* = WRP 2009, 999 – *Urteilsverfügung*). Der Gläubiger seinerseits kann sich vor dem Risiko der Haftung aus § 945 ZPO auf zweifache Weise schützen: Entweder er beantragt im Erkenntnisverfahren keine Ordnungsmittelandrohung oder er erklärt vor der Verkündung der mit einer Ordnungsmittelandrohung versehenen eV dem Schuldner gegenüber, er werde für einen bestimmten Zeitraum, etwa bis zur Zustellung der Urteilsverfügung, keine Rechte aus dem Vollstreckungstitel herleiten (BGH GRUR 2009, 890 Tz 16 – *Ordnungsmittelandrohung* = WRP 2009, 999 – *Urteilsverfügung*).

IV. Rechtsbehelfe des Antragstellers

1. Beschlüsse

3.38 Gegen Beschlüsse ist **Beschwerde** (§§ 567 ff ZPO) zulässig, außer wenn sie lediglich die Feststellung der Erledigung der Hauptsache und der Kostenentscheidung bezweckt (OLG Karlsruhe WRP 1998, 429; aA OLG Frankfurt NJW-RR 1992, 493; Ahrens/*Scharen* Kap 51 Rdn 73). Es besteht **kein Anwaltszwang** (§§ 569 III Nr 1, 78 III, 936, 920 III ZPO), solange nicht mündlich verhandelt wird (KG NJW-RR 1992, 576; OLG Karlsruhe GRUR 1993, 697). Die Anberaumung einer mündlichen Verhandlung hängt, wie in erster Instanz, davon ab, ob (noch) ein bes dringender Fall vorliegt. – Gegen OLG-Beschlüsse ist im Hinblick auf § 542 II 1 ZPO (begrenzter Instanzenzug) **keine Rechtsbeschwerde** zulässig (BGH GRUR 2003, 548 f –

Rechtsbeschwerde I). Dies gilt trotz § 574 II ZPO auch dann, wenn das OLG die Rechtsbeschwerde zugelassen hat, weil dies kein gesetzlich nicht vorgesehenes Rechtsmittel eröffnen kann (BGH aaO – *Rechtsbeschwerde I*).

2. Urteile

Gegen Urteile ist nur **Berufung,** im Hinblick auf § 542 II 1 ZPO aber **nicht Revision** zulässig (BGH GRUR 2003, 548 – *Rechtsbeschwerde I*). Das Berufungsgericht kann nicht zurückverweisen (OLG Karlsruhe GRUR 1978, 116). Hat der Antragsteller seinen Antrag in erster Instanz einseitig für erledigt erklärt und stellt er ihn nach Zurückweisung seines Antrags in der Berufungsinstanz erneut, so ist das Berufungsgericht zur Entscheidung hierüber funktionell nicht zuständig (OLG Köln WRP 1982, 599). Wurde durch Urteil eine Beschlussverfügung aufgehoben, dieses Urteil aber auf Berufung abgeändert, muss dies im Wege des Neuerlasses der eV geschehen (OLG Hamburg WRP 1997, 53, 54).

V. Rechtsbehelfe des Antragsgegners

1. Schutzschrift

a) Allgemeines. Wer (insbes nach Abmahnung) den Erlass einer eV ohne mündliche Verhandlung befürchtet, kann bei dem voraussichtlich damit befassten Gericht (uU also bei mehreren Gerichten, arg § 14 II) eine Schutzschrift einreichen, um die (ggf teilweise) Zurückweisung des Antrags oder zumindest die Anberaumung mündlicher Verhandlung zu erreichen (allg dazu: *Teplitzky* NJW 1989, 1667; *Deutsch* GRUR 1990, 327; *Harte/Henning/Retzer* § 12 Rdn 606 ff; *Ahrens/Spätgens* Kap 6 Rdn 1 ff; *Schulz* WRP 2009, 1472; Formulierungsvorschlag bei *Bopp* in Münchener Prozessformularbuch, Bd 4, A 3). Eine Einreichung beim elektronischen Schutzrechtsregister (www.schutzschriftenregister.de) ist empfehlenswert, doch ist (noch) nicht sichergestellt, dass alle Landgerichte dieses Register konsultieren. Die Schutzschrift soll verhindern, dass in zu erwartenden Verfügungsverfahren eine Unterlassungsverfügung ergeht, ohne dass das Gericht die Gesichtspunkte berücksichtigt, die aus der Sicht des Verfassers der Schutzschrift gegen ihren Erlass sprechen (BGH GRUR 2008, 639 Tz 9 – *Kosten eines Abwehrschreibens*). Empfehlenswert kann es sein, die Schutzschrift zugleich dem voraussichtlichen Antragsteller zuzuleiten. Das Gericht hat eine ihm zugeleitete Schutzschrift zu beachten (arg Art 103 I GG; BGH GRUR 2003, 456 – *Kosten einer Schutzschrift I*). Doch muss es seinerseits dem Antragsteller Gelegenheit zur Stellungnahme geben, wenn es auf Grund der Schutzschrift den Antrag zurückweisen möchte. Das kann entweder durch Anberaumung einer mündlichen Verhandlung oder Zuleitung der Schutzschrift und Fristsetzung zur Stellungnahme mit nachfolgender Entscheidung im schriftlichen Verfahren geschehen (*Teplitzky* Kap 55 Rdn 52). Die Schutzschrift unterliegt keinem Anwaltszwang. Jedoch kann sich darin ein Prozessbevollmächtigter für das zu erwartende Verfügungsverfahren bestellen (*Berneke* Rdn 128). – Von der Schutzschrift zu unterscheiden ist das **Abwehrschreiben,** in dem der Gegner einer Abmahnung entgegentritt. Es soll, anders als die Schutzschrift, nicht ein gerichtliches Verfahren fördern, sondern – ebenso wie die Abmahnung – gerade vermeiden (BGH GRUR 2008, 639 Tz 9 – *Kosten eines Abwehrschreibens*). Daher sind die Kosten eines solchen Schreibens auch keine notwendigen Kosten der Rechtsverteidigung iSd § 91 I 1 ZPO (BGH GRUR 2008, 639 Tz 8 – *Kosten eines Abwehrschreibens*).

b) Kostenerstattung. Es ist zu unterscheiden: **(1)** Wird der befürchtete Antrag gar nicht gestellt, so kann dem Einreicher allenfalls ein materiellrechtlicher Erstattungsanspruch unter dem Gesichtspunkt der Verteidigung gegen eine unberechtigte Abmahnung zustehen (dazu § 4 Rdn 10.166 ff). **(2)** Wird der Antrag gestellt, aber ohne mündliche Verhandlung zurückgewiesen oder zurückgenommen, so sind nach zutr hM (BGH GRUR 2003, 456 – *Kosten einer Schutzschrift I* mwN; BGH GRUR 2007, 727 Tz 15 – *Kosten einer Schutzschrift II;* BGH GRUR 2008, 640 Tz 10 – *Kosten einer Schutzschrift III; Teplitzky* Kap 55 Rdn 56 mwN und LMK 2003, 95) die Kosten dem Gegner zu erstatten (§ 91 ZPO), und zwar unabhängig davon, ob die Schutzschrift vor oder nach Eingang des Verfügungsantrags eingegangen ist (OLG Frankfurt WRP 1996, 116; KG WRP 1997, 547; *Berneke* Rdn 390). **(3)** Eine Erstattung scheidet aus, wenn die Schutzschrift erst nach Rücknahme (OLG Karlsruhe WRP 1981, 39) oder endgültiger Zurückweisung des Antrags eingeht. Dies gilt auch dann, wenn der Antragsgegner die Antragsrücknahme nicht kannte oder kennen musste, da es nur auf die objektive Erforderlichkeit einer Rechtsverteidigung ankommt (BGH GRUR 2007, 727 Tz 16, 17 – *Kosten der Schutzzschrift II* mwNachw). **(4)** Gebühren: Hat der Verfahrensbevollmächtigte des Antragsgegners das Geschäft iSv Teil 3 Vorb 3 II RVG VV bereits vor der Rücknahme des Verfügungsantrags betrieben, etwa durch Entgegennahme des Auftrags sowie erster Informationen, ist dadurch die 0,8-fache Verfahrensgebühr gem Nr 3100, 3101 Nr 1 RVG VV angefallen (BGH GRUR 2007, 727 Tz 18, 19 – *Kosten der Schutzschrift II*). Geht der Verfügungsantrag ein und wird er später wieder zurückgenommen, so kann der Anwalt die 1,3 fache Gebühr nach Nr 3100 RVG VV verlangen (BGH GRUR 2008, 640 Tz 11 ff – *Kosten der Schutzschrift III*).

2. Widerspruch

3.42 Gegen eine Beschlussverfügung ist **Widerspruch** möglich (§§ 936, 924 I ZPO), auch zB mit dem Ziel der Einräumung einer Aufbrauchsfrist (*Ulrich* GRUR 1991, 26, 31). Er ist unbefristet, unterliegt aber dem Verwirkungseinwand: noch nicht bei 9 Monaten (KG MD VSW 1988, 547, 550), uU nach 2$^{1}/_{2}$ Jahren (KG GRUR 1985, 237). Wird Widerspruch eingelegt (dazu *Ahrens/ Scharen* Kap 51 Rdn 53), so ist mündlich zu verhandeln (§§ 936, 924 II 2 ZPO) und über die eV durch **Endurteil** zu entscheiden (§ 925 ZPO). Wird die eV aufgehoben, so tritt sie sogleich außer Kraft (OLG Celle GRUR 1989, 541; KG GRUR-RR 2010, 22, 25). Hebt das Berufungsgericht das Urteil wieder auf, so muss es die eV erneut erlassen (KG GRUR-RR 2010, 22, 25), die dann nach § 925 II ZPO noch der Parteizustellung bedarf. Der Widerspruch hemmt die Zwangsvollstreckung nicht (§ 924 III 1 ZPO); eine Einstellung nach §§ 924 III 2, 707 ZPO kommt nur ausnahmsweise in Betracht. Hat das Berufungsgericht eine Beschlussverfügung erlassen, so ist gleichwohl das erstinstanzliche Gericht für die Entscheidung über den Widerspruch **zuständig** (KG WRP 2008, 253, 254; jurisPK/*Hess* § 12 Rdn 149). Neben dem Widerspruch ist **keine Rechtsbeschwerde** zulässig. Denn was für Urteile gilt (§ 542 II 1 ZPO), muss auch für Beschlüsse gelten (BGH GRUR 2003, 548, 549 – *Rechtsbeschwerde I*). – Ist die (regelmäßig erforderliche) **Abmahnung unterblieben** und will sich der Gegner sachlich gar nicht zur Wehr setzen, so hat er zwei Möglichkeiten: **(1)** Er kann vor oder gleichzeitig mit dem (Voll-)Widerspruch eine strafbewehrte **Unterwerfungserklärung** abgeben. Wird dann die Hauptsache für erledigt erklärt (dazu *Bernreuther* GRUR 2007, 660), so sind die Kosten nach §§ 91a, 93 ZPO dem Antragsteller aufzuerlegen (OLG Köln GRUR 1990, 310). **(2)** Die Kostenfolge des § 93 ZPO kann er aber auch durch den bloßen **Kostenwiderspruch** (dazu *Ahrens/ Scharen* Kap 51 Rdn 55 ff) erreichen, weil er damit indirekt den Verfügungsanspruch anerkennt. Sein Vortrag, er hätte sich bei vorheriger Abmahnung unterworfen, wird regelmäßig auch als Anerkenntnis des materiellen (Hauptsache-)Anspruchs und damit als Verzicht auf die Rechte aus § 926 ZPO (nicht aus § 927 ZPO!) und auf eine negative Feststellungsklage auszulegen sein (*Teplitzky* Kap 55 Rdn 12 mwN). Über den Kostenwiderspruch ist durch Endurteil (§§ 936, 925 I ZPO) zu entscheiden. – Mit dem Kostenwiderspruch verzichtet der Antragsgegner konkludent auf einen Vollwiderspruch. Er kann daher nicht geltend machen, die eV sei mangels Dringlichkeit unbegründet (OLG Hamburg WRP 1996, 442).

3. Berufung

3.43 Ist nach mündlicher Verhandlung durch Endurteil entschieden worden, so ist hiergegen nach § 511 ZPO grds **Berufung** (aber nicht **Revision**; § 542 II 1 ZPO; BGH GRUR 2003, 548 – *Rechtsbeschwerde I*) möglich. Die **Präklusionsvorschriften** der §§ 529, 531 ZPO sind im Hinblick auf die Besonderheiten des Verfügungsverfahrens nicht anzuwenden (OLG Frankfurt GRUR-RR 2005, 299, 301; *Schote/Lührig* WRP 2008, 1281, 1285; aA *Ahrens/Bähr* Kap 53 Rdn 5), zumindest sind diese Besonderheiten bei der Prüfung der Nachlässigkeit iSv § 531 II Nr 3 ZPO zu berücksichtigen (OLG Hamburg GRUR-RR 2003, 135, 136; Harte/Henning/ *Retzer* § 12 Rdn 495). – Wurde im Urteil (zB bei bloßem Kostenwiderspruch) nur über die Kosten entschieden, ist allerdings nur die sofortige Beschwerde (§ 99 II ZPO analog) zulässig (OLG München GRUR 1990, 482). Mit der Berufung kann der Schuldner auch geltend machen, dass die eV wegen nicht fristgerechter Vollziehung (§ 929 II ZPO) oder Hauptsacheklage (§ 926 ZPO) aufzuheben oder dass Verjährung eingetreten ist. Grds kommt eine Einstellung der Zwangsvollstreckung (§§ 719, 707 ZPO) nur in den Fällen in Betracht, in denen feststeht, dass die eV keinen Bestand haben wird (OLG Koblenz WRP 1985, 657; OLG Frankfurt WRP 1992, 120). – Die **Verfassungsbeschwerde** gegen Entscheidungen im Verfügungsverfahren ist nur im Ausnahmefall möglich. Ein solcher Ausnahmefall liegt vor, wenn die gerügte Grundrechtsverletzung die eV selbst betrifft und im Hauptsacheverfahren nicht mehr zureichend ausgeräumt werden könnte; ferner dann, wenn es im konkreten Fall einer weiteren tatsächlichen Klärung nicht mehr bedarf, die im vorläufigen Verfahren und im Hauptsacheverfahren zu entscheidenden Rechtsfragen identisch sind und daher nicht damit zu rechnen ist, dass ein Hauptsacheverfahren die Anrufung des BVerfG entbehrlich machen könnte (BVerfG NJW 2004, 3768).

4. Antrag auf Fristsetzung zur Klageerhebung (§ 926 I ZPO)

a) Zweck. Der Schuldner kann den Gläubiger vor die Alternative stellen, entweder eine 3.44 endgültige Entscheidung im Hauptsacheverfahren herbeizuführen oder die Aufhebung der eV zu riskieren. Die Vorschrift trägt Art 50 VI TRIPS Rechnung (Ahrens/*Ahrens* Kap 61 Rdn 4).

b) Zulässigkeit. Der Antrag ist frühestens nach Einreichung des Verfügungsantrags zulässig. 3.45 Der Antrag ist mangels Rechtsschutzbedürfnisses unzulässig, wenn nach dem beiderseitigen Vorbringen die Hauptsacheklage unbegründet wäre (OLG München GRUR 1982, 321). Es genügt also nicht die einseitige Erklärung des Schuldners, der materiellrechtliche Anspruch sei (zB durch Wegfall der Wiederholungsgefahr auf Grund Unterwerfung) untergegangen oder (auf Grund Verjährung) undurchsetzbar. Denn ob dies der Fall ist, kann im Einzelfall durchaus zweifelhaft sein. Daher muss der Gläubiger zusätzlich (zB durch Erledigterklärung oder Verzicht auf die Rechte aus dem Verfügungstitel) verfahrensmäßig eindeutig klargestellt haben, dass er den Schuldner nicht aus der eV in Anspruch nehmen werde (OLG Düsseldorf WRP 1988, 247; teilw aA Fezer/*Büscher* § 12 Rdn 140; *Teplitzky* Kap 56 Rdn 9).

c) Entscheidung. Sie ergeht ohne mündliche Verhandlung durch Beschluss des Verfügungs- 3.46 gerichts erster Instanz (Rechtspfleger, § 20 Nr 14 RPflG), gegen den Erinnerung (§ 11 RPflG) möglich ist. Angemessen ist idR eine Frist von 3 bis 4 Wochen.

5. Antrag auf Aufhebung der eV wegen unterbliebener Hauptsacheklage (§ 926 II ZPO)

Kommt der Gläubiger einer Anordnung nach § 926 I ZPO nicht nach, kann der Schuldner 3.47 Antrag auf Aufhebung der eV stellen.

a) Zuständigkeit. Zuständig ist das Verfügungsgericht bzw das Berufungsgericht (OLG 3.48 Koblenz WRP 1995, 416).

b) Zulässigkeit. Der Antrag ist zulässig, solange die eV (noch) besteht, also auch im laufen- 3.49 den Verfügungsverfahren (OLG Koblenz WRP 1983, 108). Wird trotz unzulässigen Antrags nach § 926 I ZPO (Rdn 3.44 ff) Frist zur Klageerhebung gesetzt, so fehlt einem anschließenden Aufhebungsantrag nach § 926 II ZPO das Rechtsschutzinteresse und es werden auch nicht die Rechtsnachteile des § 945 ZPO ausgelöst (BGH NJW 1974, 503).

c) Begründetheit. Der Antrag ist begründet, wenn der Gläubiger nicht fristgerecht Haupt- 3.50 sacheklage (die den Verfügungsantrag zum Gegenstand haben oder doch mitumfassen muss; OLG Koblenz WRP 1983, 108) erhoben hat (§ 270 III ZPO). Dies hat der Gläubiger glaubhaft zu machen. Die Fristversäumnis wird nach § 231 II ZPO geheilt, wenn bis zum Schluss der mündlichen Verhandlung die Klage tatsächlich zugestellt wird (OLG Frankfurt GRUR 1987, 650).

d) Entscheidung. Sie ergeht nach mündlicher Verhandlung durch Endurteil. 3.51

6. Antrag auf Aufhebung der eV wegen veränderter Umstände (§§ 936, 927 I ZPO)

Das Aufhebungsverfahren dient der Entscheidung über den Fortbestand der eV. 3.52

a) Antrag. Nur der Schuldner kann ihn stellen; es besteht Anwaltszwang (§ 78 ZPO). 3.53

b) Zuständigkeit. Zuständig (§ 927 II ZPO) ist das Gericht der Hauptsache, falls diese 3.54 anhängig ist. Der Aufhebungsantrag kann daher im Wege der Widerklage im Hauptsacheverfahren gestellt werden (OLG Hamburg GRUR-RR 2007, 20, 22). Ist die Hauptsache nicht anhängig, so ist das Verfügungsgericht (erste Instanz; das Berufungsgericht nur, wenn gegen eV Berufung eingelegt ist, nicht aber, wenn es selbst die eV erlassen hat) zuständig.

c) Zulässigkeit. Der Antrag ist zulässig, wenn die eV noch besteht. Hat der Gläubiger auf die 3.55 Rechte aus der eV verzichtet und den Titel herausgegeben, so entfällt jedoch das Rechtsschutzbedürfnis, weil eine Vollstreckung ausgeschlossen ist (OLG Karlsruhe NJWE-WettbR 1999, 39, 40), es sei denn, dass der Schuldner die Rückzahlung von Ordnungsgeldern anstrebt (OLG Celle WRP 1991, 586). Der Antrag ist nicht fristgebunden, unterliegt aber dem Einwand der Verwirkung und des Verzichts (BGH GRUR 1987, 125, 127 – *Berühmung*). Ein Anerkenntnis im Verfügungsverfahren enthält jedoch noch keinen solchen Verzicht (OLG München WRP 1986, 507).

3.56 **d) Begründetheit.** Der Antrag ist begründet, wenn der Schuldner glaubhaft (§ 920 II ZPO) macht, dass sich die Umstände (oder die Beweislage) seit Erlass der eV geändert haben. Das ist zB der Fall **(1)** beim **Verfügungsanspruch,** wenn er durch Abgabe einer Unterwerfungserklärung erloschen oder durch Geltendmachung der Verjährung undurchsetzbar geworden ist; wenn die Klage im Hauptsacheverfahren rechtskräftig abgewiesen (wodurch die Aufhebung der eV nicht entbehrlich wird; BGH GRUR 1987, 125, 126 – *Berühmung*) oder mit der Aufhebung des klageabweisenden Urteils nicht zu rechnen ist (OLG Köln GRUR 2005, 1070, 1071; OLG Düsseldorf WRP 1987, 252, 253; OLG München WRP 1986, 507); wenn Änderungen der Gesetzgebung oder der höchstrichterlichen Rspr (OLG Köln GRUR 2005, 1070, 1071; KG WRP 1990, 330; str) ein Obsiegen in der Hauptsache ausschließen; **(2)** beim **Verfügungsgrund,** wenn der Gläubiger ein rechtskräftiges Urteil in der Hauptsache erstreitet und damit das Bedürfnis für den Fortbestand des vorläufigen Titels entfällt (OLG Karlsruhe NJWE-WettbR 1999, 39, 40; vorläufige Vollstreckbarkeit genügt nicht, KG WRP 1979, 547); anders, wenn noch Ordnungsmittelverfahren aus Zuwiderhandlungen vor Erlass des Hauptsacheurteils anhängig sind (OLG Düsseldorf GRUR 1990, 547); **(3)** bei der **Sicherheitsleistung,** wenn der Gläubiger sie nicht erbringt (OLG Frankfurt WRP 1980, 423); **(4)** bei der **Vollziehung,** wenn der Gläubiger die Frist des § 929 II ZPO nicht einhält (OLG Hamm GRUR 1989, 931).

3.57 **e) Entscheidung.** Sie ergeht durch Endurteil (§ 927 II ZPO). Das Aufhebungsurteil ist für **vorläufig vollstreckbar** zu erklären (§ 708 Nr 6 ZPO). Die weitere Vollstreckung der eV wird damit unzulässig; die Aufhebung von Vollstreckungsmaßnahmen ist zwar erst nach Rechtskraft zulässig, aber es kommt eine einstweilige Anordnung nach §§ 924 III, 707 ZPO analog in Betracht.

3.58 **f) Kosten.** Es gelten die §§ 91 ff ZPO. Nach § 93 ZPO treffen den Schuldner die Kosten, wenn er den Gläubiger nicht vorher zum Verzicht auf die Rechte aus dem Titel aufgefordert hat und der Gläubiger im Aufhebungsverfahren den Aufhebungsanspruch sofort anerkennt, auf seine Rechte aus der eV verzichtet und den Titel herausgibt (OLG München GRUR 1985, 161). Die Kostenentscheidung beschränkt sich auf das Aufhebungsverfahren (OLG Frankfurt WRP 1992, 248). Ausnahmsweise sind dem Gläubiger auch die Kosten des Erlass- (und Widerspruchs-)verfahrens aufzuerlegen, wenn die Hauptsacheklage rechtskräftig als von Anfang an unbegründet abgewiesen worden ist (KG WRP 1990, 330, 333) oder wenn der Gläubiger die Vollziehungsfrist des § 929 II ZPO versäumt hat (OLG Düsseldorf WRP 1993, 327, 329; OLG Karlsruhe WRP 1996, 120, 121), nicht aber bei Aufhebung der eV auf Grund einer Änderung der höchstrichterlichen Rspr (KG aaO). Haben die Parteien den Rechtsstreit in der Hauptsache für erledigt erklärt, etwa weil der Gläubiger auf den Titel verzichtet hat, kann im Aufhebungsverfahren gleichwohl noch die Kostenentscheidung des Anordnungsverfahrens überprüft werden (OLG Karlsruhe NJWE-WettbR 1999, 39, 40).

3.59 **g) Rechtsmittel:** Berufung; wurde nur über die Kosten entschieden, ist nur sofortige Beschwerde (§ 99 II ZPO analog) möglich (OLG Hamburg WRP 1979, 141, 142; HdbWettbR/*Spätgens* § 108 Rdn 15; aA OLG Hamm GRUR 1990, 714).

3.60 **h) Verhältnis zu anderen Rechtsbehelfen.** Ist die eV noch nicht rechtskräftig, so hat der Schuldner zunächst die Wahl, ob er Widerspruch bzw Berufung einlegt oder Aufhebungsantrag stellt. Jedoch fehlt (oder entfällt) das Rechtsschutzbedürfnis für den Antrag nach § 927 ZPO, wenn Widerspruch oder Berufung eingelegt ist (oder wird), weil veränderte Umstände auch in diesen Verfahren geltend gemacht werden können (OLG Koblenz GRUR 1989, 373). Die bloße Möglichkeit des Widerspruchs nimmt aber dem Aufhebungsantrag nicht das Rechtsschutzbedürfnis (OLG Köln WRP 1987, 567).

VI. Die Vollziehung der einstweiligen Verfügung (§§ 936, 928, 929 ZPO)

1. Allgemeines

3.61 Von der Anordnung der eV ist ihre Vollziehung zu unterscheiden, die grds nach den Regeln der Zwangsvollstreckung erfolgt (§§ 936, 928 ZPO). Der Gläubiger muss, will er die Bestandskraft der eV erhalten, die Vollziehung binnen **eines Monats** ab Verkündung des Urteils oder Zustellung des Beschlusses an ihn bewirken (§§ 936, 929 II ZPO). Damit soll eine Vollstreckung nach längerer Zeit und unter veränderten Umständen verhindert werden (BGH WRP 1989, 514, 517; BVerfG NJW 1988, 3141). Das Vollziehungserfordernis gilt nicht nur für Beschluss-, sondern auch für Urteilsverfügungen (Rdn 3.29). Voraussetzung für die Vollziehung ist eine vorherige Ordnungsmittelandrohung (BGH WRP 1996, 104, 105 – *Einstweilige Verfügung ohne*

Strafandrohung). Ist die Monatsfrist fruchtlos verstrichen, kann der Gläubiger eine neue eV nur beantragen, wenn er den ersten Antrag zurücknimmt oder – falls dies wegen der Rechtskraft der alten eV nicht mehr möglich ist – auf den Titel verzichtet und ihn an den Schuldner herausgibt. Davon zu trennen ist die Frage, ob dann noch Dringlichkeit zu vermuten ist (Ahrens/*Berneke* Kap 57 Rdn 59).

2. Form der Vollziehung

a) Allgemeines. Es genügt jede Maßnahme der Zwangsvollstreckung (zB Sequestration). Bei **Unterlassungsverfügungen** setzt die Zwangsvollstreckung (§ 890 ZPO) aber eine schuldhafte Zuwiderhandlung des Schuldners voraus. Damit der Gläubiger bei Wohlverhalten des Schuldners gleichwohl die Monatsfrist wahren kann, lässt man die **Parteizustellung** an den Schuldner als Vollziehung genügen, ohne dass noch Vollstreckungsmaßnahmen hinzutreten müssen (BGH WRP 1989, 514, 517). Die Verfügung muss allerdings eine Ordnungsmittelandrohung enthalten (BGHZ 131, 141, 145 = WRP 1996, 104 – *Einstweilige Verfügung ohne Strafandrohung*). Die Zustellung erfolgt nach § 192 I ZPO durch den Gerichtsvollzieher, so dass eine Übersendung mittels Brief nicht ausreicht (KG WRP 1995, 325). Die Zustellung an einen Anwalt ist auch durch **Telefax** (§ 195 I iVm § 174 II 1 ZPO) oder durch elektronisches Dokument (§ 195 iVm § 174 III 1, 2 ZPO) möglich. Die Zustellung muss die eV vollständig und leserlich wiedergeben (BGHZ 138, 166; OLG Köln GRUR 1995, 284; Ahrens/*Berneke* Kap 57 Rdn 33 f). – Die Amtszustellung von Urteilsverfügungen (§ 317 I 1 ZPO) genügt dagegen für die Vollziehung nicht (BGHZ 120, 73, 79 ff = GRUR 1993, 415, 416 – *Straßenverengung* mit Anm *Teplitzky*; OLG Köln GRUR 1999, 89, 90; OLG Stuttgart GRUR-RR 2009, 194; *Teplitzky* WRP 1998, 935). Vielmehr muss auch bei Urteilsverfügungen zusätzlich eine **Parteizustellung** (§§ 191 ff ZPO) oder eine andere Maßnahme, die den Willen zur zwangsweisen Durchsetzung des Gläubigers bekundet (zB Antrag auf Festsetzung von Ordnungsgeld; OLG Düsseldorf WRP 1993, 327, 329; aA *Ulrich* WRP 1991, 361, 366), erfolgen (BGH WRP 1989, 514, 517; *Teplitzky* Kap 55 Rdn 42). Es reichen jedoch nur solche Maßnahmen aus, die leicht feststellbar, insbes urkundlich belegbar sind, nicht also zB bloß (fern-)mündliche Erklärungen (BGH GRUR 1993, 415, 418 – *Straßenverengung*) oder Übersendung der Urteilsverfügung als Anlage zu einem privatschriftlichen Schreiben (KG WRP 1995, 325). Denn Ungewissheit, ob eine fristgerechte Vollziehung stattgefunden hat, ist zu vermeiden. – Für die Vollziehung einer **Beseitigungs-** und **Auskunftsverfügung** reicht nach verbreiteter Ansicht ebenfalls die Parteizustellung aus, so dass die Stellung eines Vollstreckungsantrags nach §§ 887 f ZPO nicht erforderlich ist (OLG Frankfurt WRP 1998, 223; *Ahrens* WRP 1999, 1, 6; aA OLG Hamburg WRP 1996, 1047 mit Anm *Ulrich*; *Teplitzky* Kap 35 Rdn 40, 40 a). Dies kann jedoch nicht gelten, soweit eine unvertretbare Handlung geschuldet ist, wie stets bei der Auskunfterteilung. Denn insoweit ist die für die Vollziehung grds erforderliche Ordnungsmittelandrohung wegen § 888 II ZPO nicht möglich. Es ist dann die Einleitung einer Vollstreckungsmaßnahme nach § 888 I ZPO erforderlich.

b) Parteizustellung an wen? Sie hat an sich an den Gegner persönlich zu erfolgen (zur Zustellung im Ausland KG NJWE-WettbR 1999, 161). War der Gegner jedoch im Verfahren vertreten, so muss die Parteizustellung nach § 172 ZPO an seinen Prozessbevollmächtigten erfolgen (OLG Celle GRUR 1998, 77; *Anders* WRP 2003, 204). Bestellt iSv § 172 I ZPO ist ein Prozessbevollmächtigter, wenn die vertretene Partei dem Gegner vor Absendung der eV die Bevollmächtigung zur hinreichend sicheren Kenntnis gebracht hat (OLG Köln GRUR 2001, 456). Hat sich der Anwalt nur in einer Schutzschrift zum Verfahrensbevollmächtigten bestellt, kommt es darauf an, ob dem Gegner dies rechtzeitig zur Kenntnis gebracht wurde. Der Kenntnis steht es gleich, wenn sich der Gegner vorwerfbar der Kenntnisnahme verschließt; jedoch besteht keine allgemeine Erkundigungspflicht (OLG Düsseldorf GRUR 1984, 79; Harte/Henning/ *Retzer* § 12 Rdn 529). Ist (noch) kein Prozessbevollmächtigter bestellt, so kann nach § 171 S 1 ZPO die Zustellung an jeden rechtsgeschäftlich bestellten Vertreter mit gleicher Wirkung wie an den Vertretenen erfolgen. Daher ist auch eine Zustellung an den Anwalt möglich, der den Schuldner lediglich vertritt, ohne prozessbevollmächtigt zu sein oder dies nicht mitteilt (*Anders* WRP 2003, 204, 205). Voraussetzung ist jedoch, dass im Zeitpunkt der Zustellung eine wirksame schriftliche Vollmacht besteht (arg § 171 S 2 ZPO) und dass die Bevollmächtigung sich (auch) auf die Entgegennahme von Erklärungen bezieht. Eine solche Bevollmächtigung zur Entgegennahme auch einer eV liegt im Zweifel aber nicht schon in der Erteilung einer Vollmacht für das Abmahnverfahren (OLG Köln GRUR-RR 2005, 143, 144; aA *Anders* WRP 2003, 204, 205).

3.64 **c) Heilung von Zustellungsmängeln. aa)** Bei **Beschlussverfügungen** tritt eine Heilung nach § 189 ZPO ein, wenn sie dem richtigen Zustellungsempfänger tatsächlich zugegangen sind (*Anders* WRP 2003, 204, 206; Ahrens/*Berneke* Kap 57 Rdn 40). Die frühere, auf der Grundlage des § 187 ZPO aF ergangene Rspr (OLG Köln GRUR 2001, 456; OLG Hamm WRP 2001, 299; zur alten Rechtslage auch noch *Oetker* GRUR 2003, 119, 124 f) ist überholt. – Die bloße Kenntniserlangung vom Inhalt der Verfügung (zB durch Einsichtnahme) steht dem Zugang nicht gleich (vgl Ahrens/*Berneke* Kap 57 Rdn 44; *Klute* GRUR 2005, 924). Davon zu unterscheiden ist die Frage nach dem Nachweis des Zugangs, der uU auch dadurch geführt werden kann, dass der Prozessbevollmächtigte einen Widerspruchsschriftsatz innerhalb der Widerspruchsfrist anfertigt (LG Dortmund WRP 2003, 1368).

3.65 **bb)** Bei **Urteilsverfügungen** ist eine Heilung einer mangelhaften Parteizustellung nach § 189 ZPO unstreitig möglich (OLG Hamburg WRP 1997, 53, 55; *Teplitzky* Kap 55 Rdn 47).

3.66 **d) Erneute Vollziehung nach Änderung der eV.** Wird die eV im Widerspruchs- oder Berufungsverfahren **erweitert** oder inhaltlich **geändert,** ist eine erneute Vollziehung binnen Monatsfrist erforderlich (OLG Hamm GRUR 1989, 931; OLG Stuttgart GRUR-RR 2009, 194, 195). Dies gilt allerdings nicht, wenn die eV nur unwesentlich inhaltlich verändert (KG NJWE-WettbR 2000, 197: bloße Änderung der Begründung; OLG Karlsruhe WRP 1997, 57, 59: bloße Konkretisierung eines allgemein gefassten Verbots; OLG Karlsruhe NJWE-WettbR 1999, 39, 40; Ahrens/*Berneke* Kap 57 Rdn 24; *Oetker* GRUR 2003, 119, 123 f) oder inhaltlich eingeschränkt (OLG Stuttgart GRUR-RR 2009, 194, 195) oder gar nur wegen eines offensichtlichen Fehlers berichtigt wird (OLG Celle NJWE-WettbR 1998, 19). Entscheidend ist letztlich, ob aus Sicht des Schuldners ernstliche Zweifel am Willen des Gläubigers, von der veränderten eV Gebrauch zu machen, bestehen können. Erneute Vollziehung ist auch dann erforderlich, wenn ein Berufungsurteil eine zunächst vom LG erlassene, jedoch auf Widerspruch wieder aufgehobene eV bestätigt (OLG Frankfurt WRP 2002, 334 mwN).

3. Fristbeginn

3.67 Die Vollziehungsfrist des § 929 II ZPO beginnt bei der **Beschlussverfügung** mit der Amtszustellung an den Gläubiger, bei der **Urteilsverfügung** mit der Verkündung des Urteils. Wird die Beschlussverfügung im Widerspruchsverfahren ohne Änderung bestätigt, beginnt die Frist nicht von Neuem (*Teplitzky* Kap 55 Rdn 48).

4. Fristversäumung

3.68 Sie macht die eV unheilbar unwirksam (OLG Koblenz GRUR 1980, 1022, 1023). Dies ist von Amts wegen vom Prozess- und vom Vollstreckungsgericht zu beachten. Die Verfügung ist im Widerspruchs-, Berufungs- oder Aufhebungsverfahren aufzuheben (OLG Koblenz GRUR 1981, 91) und die Kosten sind dem Gläubiger aufzuerlegen (OLG Hamm GRUR 1989, 931; OLG Karlsruhe WRP 1998, 330). Der Gläubiger ist gehalten, ggf einen neuen Antrag in einem neuen Verfahren zu stellen (OLG Frankfurt WRP 1983, 212, 213). Nimmt der Gläubiger den Antrag wegen nicht rechtzeitiger Zustellung der eV zurück, so kann er auch dann nicht Ersatz der Kosten des Verfügungsverfahrens (im Wege eines materiell-rechtlichen Kostenerstattungsanspruchs, etwa aus § 9) verlangen, wenn er in der Hauptsache obsiegt (BGH GRUR 1995, 169, 170 – *Kosten des Verfügungsverfahrens bei Antragsrücknahme*).

VII. Das Abschlussverfahren (Abschlussschreiben und Abschlusserklärung)

1. Allgemeines

3.69 Die eV enthält nur eine vorläufige Regelung. Um sie ebenso effektiv und dauerhaft werden zu lassen wie einen Hauptsachetitel (BGH GRUR 1991, 76, 77 – *Abschlusserklärung*), hat die Praxis die sog **Abschlusserklärung** des Schuldners entwickelt, der idR das **Abschlussschreiben** des Gläubigers vorausgeht. Beide zusammen bilden das sog **Abschlussverfahren.** Es ermöglicht die endgültige Beendigung des Rechtsstreits unter Vermeidung eines (uU kostspieligen und langwierigen) Hauptsacheverfahrens. Anstelle einer Abschlusserklärung kann der Schuldner aber auch eine strafbewehrte **Unterwerfungserklärung** abgeben (OLG Karlsruhe NJWE-WettbR 1998, 140; *Teplitzky* Kap 43 Rdn 37; aA Ahrens/*Ahrens* Kap 58 Rdn 7). Dann ist wegen Wegfalls der Wiederholungsgefahr die Hauptsache für erledigt zu erklären.

2. Abschlussschreiben

a) Funktion. Das Abschlussschreiben enthält die Aufforderung zur Abgabe einer Abschlusserklärung. Damit kann der Gläubiger Klarheit gewinnen, ob er noch Hauptsacheklage erheben muss. Zugleich erhält der Schuldner die Möglichkeit, durch fristgerechte Abgabe der Abschlusserklärung den Rechtsstreit endgültig zu beenden. Das Abschlussschreiben ist zwar nicht Voraussetzung für eine Hauptsacheklage, jedoch für den Gläubiger zweckmäßig, um nicht im Hauptsacheverfahren ein Anerkenntnis und die Kostenfolge des § 93 ZPO zu riskieren. Etwas anderes gilt, wenn der Schuldner (zB durch Einlegung von Rechtsmitteln, zu erkennen gibt, dass er die eV nicht als endgültig akzeptiert (OLG Hamm WRP 1991, 496, 497; Fezer/*Büscher* § 12 Rdn 147). Doch kann insoweit zweites Abschlussschreiben geboten sein, wenn der Schuldner das Erste nicht beantwortet, vielmehr Widerspruch gegen die Beschlussverfügung eingelegt hat (OLG Düsseldorf GRUR 1991, 479). Bei unzureichender Abschlusserklärung kann im Einzelfall eine „**Nachfasspflicht**" bestehen (OLG Stuttgart WRP 1996, 152, 153 und WRP 2007, 688, 689; OLG Hamburg WRP 1995, 648, 649).

3.70

b) Form und Inhalt. Das Abschlussschreiben bedarf keiner bestimmten Form, jedoch hat der Gläubiger einen Anspruch auf schriftliche Bestätigung (OLG Hamm GRUR 1993, 1001; Fezer/*Büscher* § 12 Rdn 141). Der Schuldner wird (zweckmäßigerweise schriftlich) aufgefordert, innerhalb einer bestimmten Frist eine (zweckmäßigerweise vorformulierte) Abschlusserklärung abzugeben (Formulierungsvorschlag bei *Bopp* in Münchener Prozessformularbuch, Bd 4, A 7). Die Frist muss angemessen sein: es sollten idR mindestens vier Wochen ab Zustellung der eV und mindestens zwei Wochen ab Zugang des Abschlussschreibens zugebilligt werden (KG WRP 1989, 659, 661; Fezer/*Büscher* § 12 Rdn 152; *Teplitzky* Kap 43 Rdn 23 mwN). Eine Begründung kann ggf (im Hinblick auf § 93 ZPO) zweckmäßig sein, ist aber nicht notwendig. Unentbehrlich ist die Androhung der Hauptsacheklage für den Fall der Fristversäumung.

3.71

c) Zugang. An sich muss das Abschlussschreiben dem Schuldner zugehen und der Gläubiger müsste dies auch beweisen. Jedoch sind, soweit es die Kostenfolge des § 93 ZPO betrifft, die von der Rspr zum Zugang der Abmahnung entwickelten besonderen Grundsätze der Darlegungs- und Beweislast heranzuziehen (vgl BGH GRUR 2007, 629 Tz 13 – *Zugang des Abmahnschreibens*).

3.72

d) Kosten. Die Kosten des Abschlussschreibens sind keine Kosten des Verfügungsverfahrens, wohl aber Vorbereitungskosten des Hauptsacheverfahrens (BGH WRP 2008, 805 Tz 7 – *Abschlussschreiben eines Rechtsanwalts*), wenn es zu einem solchen kommt. Kommt es nicht zum Hauptsacheverfahren, weil der Antragsgegner die geforderten Erklärungen abgibt, steht dem Antragsteller ein materiell-rechtlicher Kostenerstattungsanspruch zu (BGH WRP 2008, 805 Tz 7 – *Abschlussschreiben eines Rechtsanwalts*). Rechtsgrundlage dafür ist der Anspruch auf **Schadensersatz** wegen der Verletzung (zB nach § 9; Fezer/*Büscher* § 9 Rdn 154; OLG Stuttgart WRP 1984, 230, 231) sowie – bei Wettbewerbsverstößen – auf Aufwendungsersatz in **Analogie zu § 12 I 2** (§ 12 Rdn 1.78; *Nill* GRUR 1995, 740, 741; jurisPK-UWG/*Hess* § 12 Rdn 139). Die für die Analogie erforderliche Regelungslücke ist nachträglich, nämlich durch die Einführung des § 12 I 2 entstanden. Ein Rückgriff auf die Grundsätze der GoA (BGH GRUR 1973, 384, 385 – *Goldene Armbänder*) ist daher im Anwendungsbereich des UWG ausgeschlossen (aA BGH WRP 2010, 1169 Tz 26 – *Geschäftsgebühr für* Abschlussschreibe; Fezer/*Büscher* § 12 Rdn 181; *Teplitzky*, FS Ullmann 2006, 999, 1005; wieder anders Ahrens/*Ahrens* Kap 58 Rdn 50, der § 12 I 2 nur als „weitere Anspruchsgrundlage" ansieht). Zu erstatten sind die Kosten – gleichgültig, auf welche Anspruchsgrundlage der Anspruch gestützt ist – nur, wenn das Abschlussschreiben **erforderlich** war (BGH GRUR 2010, 855 Tz 26 – *Folienrollos*). Das ist nicht der Fall, wenn der Schuldner sich bereits vor Absendung des Abschlussschreibens (uU einem Dritten gegenüber) unterworfen hat (ebenso OLG Stuttgart WRP 2007, 688) oder wenn es zeitlich der Abgabe der Abschlusserklärung nachfolgt (OLG Stuttgart WRP 2007, 688). Ferner dann nicht, wenn der Gläubiger dem Schuldner keine ausreichende Gelegenheit gegeben hat, von sich aus eine Abschlusserklärung abzugeben. Welche Frist hierfür als angemessen anzusehen ist, ist eine Frage des Einzelfalls (OLG Frankfurt GRUR-RR 2003, 274, 278; OLG Frankfurt GRUR-RR 2003, 294; *Teplitzky* Kap 43 Rdn 31). Als **äußere Grenze** wird eine Mindestfrist von zwölf Tagen und eine Höchstfrist von einem Monat, gerechnet ab Zugang der eV angesehen (vgl Fezer/*Büscher* § 12 Rdn 55; Harte/Henning/*Retzer* § 12 Rdn 664 mwN; jurisPK/*Hess* § 12 Rdn 140). Im **Regelfall** dürfte eine Frist von mindestens **zwei Wochen** angemessen sein (hM; jurisPK/*Hess* § 12 Rdn 140). – Im Einzelfall kommt jedoch auch eine kürzere oder längere Frist in Betracht:

3.73

eine längere Frist dann, wenn der Schuldner die Bereitschaft zum Einlenken signalisiert hat und der Abschlusserklärung nur solche Hinderungsgründe entgegenstehen, mit deren alsbaldigen Behebung zuverlässig zu rechnen ist; eine kürzere Frist dann, wenn wegen des Verhaltens des Schuldners mit der Abgabe einer Abschlusserklärung in absehbarer Zeit ohnehin nicht zu rechnen ist (OLG Frankfurt GRUR-RR 2003, 274, 278; OLG Frankfurt GRUR-RR 2003, 294). Der BGH hat in einem Fall (BGH WRP 2008, 805 Tz 12 – *Abschlussschreiben eines Rechtsanwalts*) eine Frist von 3 Wochen nach Zustellung der eV als ausreichend angesehen. – Hat der Antragsgegner seine Berufung zurückgenommen, ist die Frist von diesem Zeitpunkt an zu berechnen (LG Heilbronn GRUR-RR 2009, 39, 40). – Ob die Einschaltung eines **Anwalts** erforderlich war, ist wie bei der Abmahnung (Rdn 1.93) und beim Schadensersatzanspruch (§ 9 Rdn 1.29) zu beurteilen. Die **Erforderlichkeit** ist idR also bei Verbänden zu verneinen (BGH GRUR 2008, 928 Tz 15 – *Abmahnkostenersatz* [zu Abmahnkosten]; aA Ahrens/*Ahrens* Kap 58 Rdn 41), bei Unternehmen dagegen zu bejahen, und zwar grds auch dann, wenn sie über eine eigene Rechtsabteilung verfügen (BGH GRUR 2008, 928 Tz 14 – *Abmahnkostenersatz* [zu Abmahnkosten]; BGH WRP 2010, 1169 Tz 23, 24 – *Geschäftsgebühr für Abschlussschreiben;* diff *Teplitzky* Kap 43 Rdn 32; jurisPK/*Hess* § 12 Rdn 142; offen gelassen in BGH GRUR 2007, 621 Tz 11 – *Abschlussschreiben*). Für ein anwaltliches Abschlussschreiben ist im Allg eine **Geschäftsgebühr** auf der Grundlage nicht von Nr 2302 RVG VV, sondern wegen des höheren Schwierigkeitsgrads von **Nr 2300 RVG VV** anzusetzen, die einen Gebührenrahmen von 0,5 bis 2,5 vorsieht (BGH WRP 2010, 1169 Tz 31 – *Geschäftsgebühr für Abschlussschreiben*).

3. Abschlusserklärung

3.74   **a) Inhalt.** Die Abschlusserklärung soll den Gläubiger so stellen, als hätte er statt des vorläufigen einen endgültigen Titel. Dazu bedarf es eines Verzichts auf die möglichen Rechtsbehelfe gegen die eV, mithin der Rechte aus §§ 924, 926, 927 ZPO (BGH GRUR 2009, 1096 Tz 15 – *Mescher weis*), ggf auf die Berufung. Dies gilt auch im Hinblick auf die Verjährung (§ 209 I Nr 9, II 1 BGB). Doch soll der Verzicht den Gläubiger auch nicht besser stellen als er bei einem rechtskräftigen Hauptsachetitel stünde (arg §§ 323, 767 ZPO), was bei einem uneingeschränkten Verzicht auf das Recht aus § 927 ZPO der Fall wäre (dann aber uU Berufung auf Wegfall der Geschäftsgrundlage; dazu *Haag* WRP 2009, 795 mwN). Die Abschlusserklärung braucht daher solche Einwendungen nicht auszuschließen, die der Schuldner mit der Vollstreckungsabwehrklage nach § 767 ZPO gegen einen rechtskräftigen Hauptsachetitel geltend machen könnte (BGH aaO Tz 16 – *Mescher weis*). Zu diesen Einwendungen gehören grds auch Gesetzesänderungen und Änderungen der höchstrichterlichen Rspr, nach denen das untersagte Verhalten nicht mehr verboten ist (BGH aaO Tz 17 – *Mescher weis*). Es empfiehlt sich daher dahin gehend zu formulieren, dass der Schuldner den Verfügungstitel als nach Bestandskraft und Wirkung einem rechtskräftigen Hauptsachetitel gleichwertig anerkennt und demgemäß auf alle Rechte des Vorgehens gegen den Titel oder den zu Grunde liegenden Anspruch verzichtet, soweit auch ein Vorgehen gegen einen rechtskräftigen Hauptsachetitel ausgeschlossen wäre (ebenso OLG Köln WRP 2007, 688, 689; ähnlich *Teplitzky* Kap 43 Rdn 8). Weiter gehend empfehlen Ahrens/*Ahrens* (Kap 58 Rdn 54), dass die eV „zur Gleichstellung mit einem rechtskräftigen Hauptsacheurteil als endgültige und zwischen den Parteien materiellrechtlich verbindliche Regelung anerkannt" wird, ferner, dass „auf die Rechtsbehelfe des Widerspruchs (§ 924 ZPO), der Fristsetzung zur Erhebung der Hauptsacheklage (§ 926 ZPO) sowie des Antrags auf Aufhebung wegen veränderter Umstände (§ 927 ZPO) mit Ausnahme künftiger Umstände, die einem rechtskräftigen Hauptsachetitel entgegen gesetzt werden könnten" und auf die negative Feststellungsklage und Inzidentfeststellungsklage in einem Schadensersatzprozess verzichtet wird. – Zur Übernahme der Kosten des Abschlussschreibens braucht sich der Schuldner nicht zu verpflichten. – Die Abschlusserklärung muss, um die Gleichwertigkeit herbeizuführen, unbedingt und vorbehaltlos abgegeben werden (BGH GRUR 1991, 76, 77 – *Abschlusserklärung*). Ist dies nicht geschehen, so kann sie erst nach Eintritt der aufschiebenden oder Ausfall der auflösenden Bedingung wirksam werden (BGH aaO). Die Abschlusserklärung muss dem Inhalt der eV entsprechen und darf allenfalls auf einzelne in der Entscheidung selbstständig tenorierte Streitgegenstände beschränkt werden, um die angestrebte Gleichstellung des vorläufigen mit dem Hauptsachetitel zu erreichen (BGH GRUR 2005, 692, 694 – „*statt*"-*Preis*). – Die Abschlusserklärung ist nach allgemeinen Grundsätzen (Wortlaut und Begleitumstände) **auszulegen** (BGH WRP 1989, 572, 574 – *Bioäquivalenz-Werbung;* BGH aaO Tz 26 – *Mescher weis*), wobei jedoch Zweifel (zB ob auch auf das Recht aus § 927 ZPO verzichtet wurde; OLG Hamm GRUR 1993,

1001) zu Lasten dessen gehen, der sie verfasst hat (KG WRP 1986, 87; OLG Stuttgart WRP 2007, 688, 689).

b) Form. Der Gläubiger kann, um Beweisschwierigkeiten enthoben zu sein, schriftliche 3.75 (§§ 126, 127 BGB) Abgabe der Erklärung fordern (KG GRUR 1991, 258). (Fern-)Mündliche Erklärung, Fernschreiben, Fax oder E-Mail genügen daher nicht, um den Gläubiger klaglos zu stellen; sie können allenfalls vorläufige Wirkung entfalten, wenn eine nachfolgende schriftliche Erklärung in Aussicht gestellt wird (*Teplitzky* Kap 43 Rdn 14; vgl auch BGH GRUR 1990, 530, 532 – *Unterwerfung durch Fernschreiben*).

c) Zugang. Zugang (§ 130 BGB) ist erforderlich und ggf vom Schuldner zu beweisen. Da es 3.76 sich um eine einseitige Erklärung handelt, ist eine Annahme durch den Gläubiger nicht erforderlich. Soweit allerdings auch eine materiellrechtliche Anerkennung des Unterlassungsanspruchs gewollt ist (dazu Ahrens/*Ahrens* Kap 58 Rdn 25 ff), bedarf es hierzu eines **Vertrages** (wobei allerdings idR bereits das Abschlussschreiben das Angebot und die Abschlusserklärung die Annahme darstellt, im Übrigen § 151 BGB eingreifen kann). Ein solcher Vertrag wäre nicht als kausales (so aber Ahrens/*Ahrens* Kap 58 Rdn 32), sondern als abstraktes Schuldanerkenntnis iSv § 781 BGB zu begreifen.

d) Wirkungen. Die Wirkung der Abschlusserklärung reicht so weit wie der Verbotsumfang 3.77 der Unterlassungsverfügung, die der Schuldner als endgültige Regelung anerkannt hat (BGH GRUR 2010, 855 Tz 17 – *Folienrollos*). Dabei ist zu beachten, dass das Verbot eines Unterlassungstitels über die mit der verbotenen Verletzungsform identischen Handlungen hinaus auch im Kern gleichartige Abwandlungen erfasst, in denen das Charakteristische der konkreten Verletzungsform zum Ausdruck kommt (stRspr; BGH GRUR 2010, 855 Tz 17 – *Folienrollos*). Der Schuldner verliert in diesem Umfang also die Möglichkeit, gegen den Verfügungstitel vorzugehen. Damit entfällt das **Rechtsschutzbedürfnis** für eine **Unterlassungsklage** (BGH GRUR 2009, 1096 Tz 14 – *Mescher weis;* BGH GRUR 2010, 855 Tz 16 – *Folienrollos*). Sind dem Schuldner durch eine eV unterschiedliche, in einem ersten Schreiben enthaltene Äußerungen untersagt worden und hat der Schuldner eine Abschlusserklärung abgegeben, so besteht für eine Unterlassungsklage, die sich auf kerngleiche Äußerungen in einem zweiten Schreiben bezieht, ebenfalls kein Rechtsschutzbedürfnis. Dies gilt auch dann, wenn mit dieser Klage neben den als kerngleich verbotenen Äußerungen weitere darin enthaltene Äußerungen beanstandet werden, die isolierte Untersagung dieser Äußerungen aber nicht begehrt wird (BGH GRUR 2010, 855 Tz 23 – *Folienrollos*). Die Abschlusserklärung lässt auch das Rechtsschutzbedürfnis für eine **negative Feststellungsklage** entfallen. Der Schuldner kann ferner nicht mehr nach **§ 945 ZPO** vorgehen. Die durch die Abschlusserklärung „endgültig" gewordene eV beseitigt ebenso wie die strafbewehrte Unterwerfungserklärung im Regelfall, und zwar auch im Verhältnis zu Dritten, die **Wiederholungsgefahr** (hM; Nachw bei § 8 Rdn 1.51; *Teplitzky* Kap 7 Rdn 17: nur in Ausnahmefällen). Sind also wegen eines Wettbewerbsverstoßes mehrere eV erwirkt worden, genügt es, wenn der Schuldner **einem** Gläubiger gegenüber eine Abschlusserklärung abgibt (OLG Zweibrücken NJWE-WettbR 1999, 66, 67).

VIII. Schadensersatz nach § 945 ZPO

1. Allgemeines

Wer die Vollstreckung aus einem noch nicht endgültigen Titel wie der eV betreibt, soll auch 3.78 das Risiko tragen, dass sich sein Vorgehen nachträglich als unberechtigt erweist (BGH WRP 1996, 104, 105 – *Einstweilige Verfügung ohne Strafandrohung*). Daher gewährt § 945 ZPO dem Antragsgegner, dem aus der Vollziehung Vermögensnachteile erwachsen, zum Ausgleich unter bestimmten Voraussetzungen einen (verschuldensunabhängigen) Schadensersatzanspruch. Auf Grund dieser **Gefährdungshaftung** kann sich die Erwirkung einer eV daher als „Schuss nach hinten" erweisen (Beispiel: BGHZ 122, 172 – *Verfügungskosten*). Eine erweiterte Auslegung oder gar analoge Anwendung des § 945 ZPO ist nicht möglich (BGH aaO – *Verfügungskosten;* str). Daher kann aus der Vollstreckung einer eV, die durch eine Abschlusserklärung zu einem endgültigen Titel geworden ist, kein Schadensersatzanspruch aus § 945 ZPO entstehen (OLG Köln GRUR 1970, 204; *Berneke* Rdn 334).

2. Anspruchsvoraussetzungen

Eine Schadensersatzpflicht des Gläubigers besteht in drei Fällen: 3.79

3.80 **a) Von Anfang an ungerechtfertigte eV** (§ 945 1. Alt ZPO), dh die eV hätte bei richtiger (ex post-)Beurteilung der Sach- und Rechtslage nicht erlassen werden dürfen. Soweit keine gerichtlichen Entscheidungen über die Rechtmäßigkeit der eV ergangen sind, hat das mit dem Schadensersatzanspruch befasste Gericht die Rechtmäßigkeit frei zu prüfen (BGH GRUR 1992, 203, 205 – *Roter mit Genever*). Die Beweislast für die Rechtmäßigkeit trägt der auf Schadensersatz in Anspruch genommene Antragsteller (BGH aaO). Er kann aber neue Tatsachen und Beweismittel vortragen (BGH aaO). Eine Sachentscheidung im Hauptsacheverfahren (auch durch Versäumnisurteil!) ist im Umfang ihrer Rechtskraft – freilich nur in Bezug auf den Verfügungsanspruch – für den Schadensersatzprozess bindend (BGH aaO – *Roter mit Genever*; BGH GRUR 1988, 787, 788 – *Nichtigkeitsfolgen der Preisangabenverordnung*; BGHZ 122, 172, 175 – *Verfügungskosten*). Hinsichtlich der Bindungswirkung von Entscheidungen im Verfügungsverfahren ist zu unterscheiden: **(1)** Die Beschlussverfügung bindet nicht (BGH aaO – *Roter mit Genever*); **(2)** Die rechtskräftige Bestätigung einer eV bindet nicht, soweit der Verfügungsanspruch bejaht wird (RGZ 106, 289, 292); ebenso wenig die rechtskräftige Aufhebung einer eV, soweit der Verfügungsanspruch verneint wird (OLG Stuttgart WRP 1992, 518; 520; *Teplitzky* Kap 36 Rdn 22, 23; BGH GRUR 1998, 1010, 1011 – *WINCAD* [für ein nicht mit Gründen versehenes Verzichtsurteil]; aA BGH NJW 1992, 2297); **(3)** Die Entscheidung über den Verfügungsgrund ist dagegen bindend (*Teplitzky* Kap 36 Rdn 28); nicht dagegen die Entscheidung über andere, auch im Hauptsacheverfahren überprüfbare Prozessvoraussetzungen (zB Parteifähigkeit). Allerdings ist – trotz bindend festgestellter fehlender Dringlichkeit – ein Schadensersatzanspruch zu verneinen, wenn der Antragsgegner materiellrechtlich zur Unterlassung verpflichtet war, weil es dann an einem ersatzfähigen Schaden fehlt (BGH GRUR 1992, 203, 206 – *Roter mit Genever*; BGH WRP 1994, 733, 736 – *Fortsetzungsverbot*).

3.81 **b) Aufhebung der eV nach § 926 II ZPO.** Die Aufhebungsentscheidung ist bindend. Doch fehlt es an einem ersatzfähigen Schaden, wenn ein materiellrechtlicher (Unterlassungs-)Anspruch bestand (BGH GRUR 1992, 203, 206 – *Roter mit Genever*). Eine analoge Anwendung des § 945 ZPO auf den Fall, dass der Antragsteller auf die Rechte aus der eV verzichtet, ist nicht möglich (BGH GRUR 1992, 203, 205 – *Roter mit Genever*); ebenso wenig auf den Fall der Versäumung der Vollziehungsfrist des § 929 II ZPO.

3.82 **c) Aufhebung der eV nach § 942 III ZPO.** Die Aufhebung der eV nach § 942 III ZPO erfolgt nur auf Antrag durch das nach § 942 I ZPO in dringenden Fällen für den Erlass der eV zuständigen Amtsgerichts, also nicht von Amts wegen (Zöller/*Vollkommer* ZPO § 942 Rdn 5). Mündliche Verhandlung ist freigestellt (§ 942 IV ZPO), die Anhörung des Gläubigers aber stets geboten. Die Entscheidung ergeht durch Beschluss, auch wenn mündliche Verhandlung stattfand (RGZ 147, 132). Die Kosten treffen bei Aufhebung den Gläubiger. Die Aufhebung der eV nach § 942 III ZPO hat die Schadensersatzpflicht nach § 945 ZPO zur Folge.

3. Umfang des Schadensersatzes

3.83 Es ist jeder durch die **Vollziehung** der eV (als Beginn der Vollstreckung; BGH WRP 1996, 104, 105 – *Einstweilige Verfügung ohne Strafandrohung*) oder durch Sicherheitsleistung adäquat verursachte Schaden (iSd §§ 249 ff BGB) zu ersetzen. Dazu gehören auch Aufwendungen (wie zB Kosten für Ersatzwerbung), die erforderlich waren, um Schadensfolgen abzuwenden oder zu mindern (arg § 254 BGB; vgl BGHZ 122, 172, 179 – *Verfügungskosten*; OLG München GRUR 1996, 998, 999). Dabei ist ggf ein Mindestschaden zu schätzen (§ 287 ZPO; BGH aaO – *Verfügungskosten*). Der Vollziehung steht unter bestimmten Voraussetzungen (*Teplitzky* Kap 36 Rdn 32) die freiwillige **Befolgung** der eV gleich (BGH GRUR 1975, 390, 392 – *Schaden durch Gegendarstellung*; *Ulrich* WRP 1999, 82; aA Ahrens/*Ahrens* Kap 62 Rdn 26; vermittelnd Harte/Henning/*Retzer* § 12 Rdn 698): **(1)** Die eV muss als Beschlussverfügung zugestellt oder als Urteilsverfügung verkündet worden (OLG Köln GRUR-RR 2003, 294; *Borck* WRP 1989, 360, 365; *Ulrich* WRP 1991, 361, 362) und es muss eine Ordnungsmittelandrohung nach § 890 II ZPO ergangen sein (BGH GRUR 1993, 415, 417 – *Straßenverengung*; OLG Hamm GRUR 1991, 336, 337). Ist die Ordnungsmittelandrohung unterblieben, etwa weil der Antragsgegner seinen Sitz im Ausland hatte und deshalb kein Antrag auf Anordnung von Ordnungsmitteln gestellt worden war, tritt Vollziehung erst dann ein, wenn nachträglich die Anordnung erwirkt und zugestellt wird (BGH WRP 1996, 104, 105 – *Einstweilige Verfügung ohne Strafandrohung*). **(2)** Der Gläubiger darf nicht zu erkennen gegeben haben, dass er wegen Verstößen vor Parteizustellung nicht vollstrecken werde. – Zur Frage, ob die Ersatzpflicht auch für den Zeitraum ab Wegfall der Bestandskraft der eV gem § 929 II ZPO noch besteht, vgl *Teplitzky* GRUR 1993,

418, 420. – An der Ursächlichkeit fehlt es, wenn die unterlassene Handlung bei objektiver Auslegung des Verbotstitels nicht verboten war (OLG Hamm GRUR 1989, 296), nicht aber, wenn die nach § 926 II ZPO aufgehobene eV objektiv zu weit gefasst war (BGH GRUR 1982, 295, 296 – *Fotoartikel I;* BGH GRUR 1985, 397 – *Fotoartikel II*). Als **Schaden** kommt vornehmlich ein Gewinnentgang auf Grund Produktionseinstellung, Auftrags- oder Absatzrückgang in Betracht. Nicht ersatzfähig ist jedoch ein Gewinn aus rechtswidrigem Verhalten; das ist von Bedeutung, wenn die eV nur aus formalen Gründen aufgehoben wird (s Rdn 3.80). Verfahrenskosten des Antragstellers sind ein Schaden, soweit der Antragsgegner sie erstattet hat (BGHZ 45, 251, 252). Seine eigenen Verfahrenskosten kann der Antragsgegner – da keine Folgen der Vollziehung – nicht nach § 945 ZPO (BGHZ 122, 172, 179 – *Verfügungskosten;* aA Ahrens/ *Ahrens* Kap 62 Rdn 34), sondern nur auf die Weise erstattet verlangen, dass er die Aufhebung der eV durch Widerspruch oder nach § 927 ZPO betreibt (BGH aaO – *Verfügungskosten*). Denn in der Aufhebungsentscheidung nach § 927 ZPO ist auf Antrag auch über die Verfahrenskosten zu entscheiden. Das Rechtsschutzinteresse für ein Aufhebungsverfahren besteht auch dann noch, wenn der Verfügungsgläubiger zwar auf die Rechte aus dem Verfügungstitel verzichtet und diesen an den Schuldner herausgibt, dessen Kostenerstattungsanspruch aber nicht anerkennt (BGH aaO – *Verfügungskosten*). Bezahlte Ordnungsgelder sind nicht zu ersetzen (KG GRUR 1987, 571). – **Mitverschulden** (vor oder nach Erlass der eV) ist zu berücksichtigen (BGH NJW 1990, 2689; BGH NJW 2006, 2557 Tz 23 ff). Es kann zB im Unterlassen eines offensichtlich Erfolg versprechenden Widerspruchs liegen (BGH aaO) und dann einen Ersatzanspruch ausschließen (weitergehend OLG München GRUR 1996, 998, 999; enger *Teplitzky* Kap 36 Rdn 39: unterlassene Anfechtung begründet grds kein Mitverschulden) – **Verjährung:** §§ 195, 199 BGB (BGH NJW 1992, 2297 zu § 852 BGB aF). Die Verjährung beginnt, falls die eV aufgehoben worden ist, spätestens dann zu laufen, wenn der vormalige Antragsgegner im Hauptsacheverfahren ein noch nicht rechtskräftiges Urteil erzielt, das in hohem Maße dafür spricht, dass die eV von Anfang an ungerechtfertigt war (BGH NJW 2003, 2610, 2612; dazu *Teplitzky* Kap 36 Rdn 42).

4. Negative Feststellungsklage

Berühmt sich der Antragsgegner einer eV eines Schadensersatzanspruchs nach § 945 ZPO, so **3.84** kann der Antragsteller Klage auf Feststellung des Nichtbestehens dieses Anspruchs erheben; dagegen würde einer Klage auf (positive) Feststellung, dass ein Unterlassungsanspruch bestanden habe, das Rechtsschutzinteresse fehlen, da auf diesem Weg der Streit nicht stets erschöpfend geklärt werden könnte (BGH WRP 1994, 733, 735 – *Fortsetzungsverbot*).

4. Kapitel. Urteilsveröffentlichung

Übersicht

	Rdn
I. Entstehungsgeschichte	4.1
II. Zweck und Anwendungsbereich	4.2, 4.3
1. Zweck	4.2
2. Anwendungsbereich	4.3
III. Voraussetzungen der Bekanntmachungsbefugnis	4.4–4.6
1. Unterlassungsklage	4.4
2. Auf Grund einer der Vorschriften dieses Gesetzes	4.5
3. Antrag der obsiegenden Partei	4.6
IV. Entscheidung über die Bekanntmachungsbefugnis	4.7, 4.8
1. Vorliegen eines berechtigten Interesses	4.7
2. Kann-Entscheidung des Gerichts	4.8
V. Entscheidung im Urteil	4.9
VI. Inhalt der Anordnung	4.10–4.15
1. Befugnis zur öffentlichen Bekanntmachung	4.11
2. Bekanntmachung des Urteils	4.12
3. Art und Umfang der Bekanntmachung	4.13
4. Auf Kosten der unterliegenden Partei	4.14
5. Keine vorläufige Vollstreckbarkeit	4.15

	Rdn
VII. Ausübung der Veröffentlichungsbefugnis	4.16
VIII. Materiellrechtlicher Veröffentlichungsanspruch	4.17–4.19
1. Allgemeines	4.17
2. Voraussetzungen	4.18
3. Entscheidung über die Veröffentlichung	4.19
IX. Veröffentlichung ohne gerichtlich zugesprochene Befugnis	4.20

Schrifttum: *Burhenne,* Der Anspruch auf Veröffentlichung von Gerichtsurteilen im Lichte wettbewerbsrechtlicher Betrachtung, GRUR 1952, 84; *Flechsig/Hertel/Vahrenhold,* Die Veröffentlichung von Unterlassungsurteilen und Unterlassungserklärungen, NJW 1994, 2441; *Greuner,* Urteilsveröffentlichung vor Rechtskraft, GRUR 1962, 71; *Seydel,* Einzelfragen der Urteilsveröffentlichung, GRUR 1965, 650; *Schnur,* Das Verhältnis von Widerruf einer Behauptung und Bekanntmachung der Gerichtsentscheidung als Mittel zur Rufwiederherstellung, GRUR 1978, 225 und 473; *Schricker,* Berichtigende Werbung, GRUR Int 1975, 191; *Walchner,* Der Beseitigungsanspruch im gewerblichen Rechtsschutz und im Urheberrecht, 1998; *Wronka,* Veröffentlichungsbefugnis von Urteilen, WRP 1975, 644.

I. Entstehungsgeschichte

4.1 Die Bestimmung ist aus dem Entwurf von *Köhler/Bornkamm/Henning-Bodewig* (WRP 2002, 1317, dort § 13) übernommen worden und weicht nicht unerheblich von der Vorgängerbestimmung des § 23 II UWG aF ab. Die Regelung in § 23 I aF bezog sich auf die Bekanntmachung von Strafurteilen in den Fällen des § 15 (Verleumdung) und erledigte sich mit Wegfall dieser Strafbestimmung. Vergleichbare Regelungen sind in Art 4 II 3 der Richtlinie über irreführende und vergleichende Werbung, in § 103 UrhG und in § 7 UKlaG enthalten.

II. Zweck und Anwendungsbereich

1. Zweck

4.2 Die Bekanntmachung bezweckt, fortdauernde Beeinträchtigungen auf Grund eines Wettbewerbsverstoßes zu beseitigen. Sie stellt insoweit eine Maßnahme der Störungsbeseitigung dar. Dementsprechend müssen deren Voraussetzungen vorliegen. Diese sind im Rahmen des Tatbestandsmerkmals des „berechtigten Interesses" zu prüfen.

2. Anwendungsbereich

4.3 Dem Wortlaut nach beschränkt sich die Regelung auf **Unterlassungsklagen** iSd § 8 I. Eine analoge Anwendung auf **Beseitigungs-** oder **Schadensersatzklagen** ist jedoch möglich. Andernfalls würde der Kläger ggf unnötigerweise gezwungen, auch Unterlassungsklage zu erheben. Andererseits ist § 12 III keine abschließende Regelung in dem Sinne, dass eine Veröffentlichung nur unter der Voraussetzung eines obsiegenden Urteils in Betracht käme (vgl Rdn 4.6ff sowie *Teplitzky* Kap 26 Rdn 22 zu § 23 II aF).

III. Voraussetzungen der Bekanntmachungsbefugnis

1. Unterlassungsklage

4.4 Es muss eine Unterlassungsklage erhoben worden sein. Dem stehen die Klagen auf Beseitigung oder Schadensersatz nicht gleich (Harte/Henning/*Retzer* § 12 Rdn 734; aA noch 28.A.). Zum Problem bei der einstweiligen Verfügung vgl Rdn 4.9.

2. Auf Grund einer der Vorschriften dieses Gesetzes

4.5 Die Klage oder der Antrag müssen (auch) auf das UWG gestützt sein. Bei sonstigen Anspruchsgrundlagen kommt nur der allgemeine beseitigungs- und schadensersatzrechtliche Veröffentlichungsanspruch (Rdn 4.17ff) in Betracht (BGH GRUR 1987, 189 – *Veröffentlichungsbefugnis beim Ehrenschutz*).

3. Antrag der obsiegenden Partei

4.6 Die Entscheidung setzt einen **Antrag** der „obsiegenden" Partei voraus. Das Verfahren muss mit einem Urteil geendet haben. Gibt der Beklagte im Verfahren eine Unterwerfungserklärung ab, erledigt sich damit hins des Unterlassungsbegehrens die Hauptsache; der Kläger kann dann nicht nach § 12 III, sondern allenfalls bei fortwirkender Störung unter dem Gesichtspunkt des Beseitigungsanspruchs eine dem Unterlassungsbegehren angepasste Form der Veröffentlichung fordern (BGH GRUR 1967, 362, 366 – *Spezialsalz I*). Nur der „obsiegenden" Partei darf die Bekanntmachungsbefugnis zugesprochen werden. Ein Antrag der in der Hauptsache unterliegenden Partei, die ggf ein berechtigtes Interesse an der Bekanntmachung haben könnte (zB um sich gegenüber Vertragspartnern oder Verbrauchern zu salvieren), darf nicht stattgegeben werden. „Obsiegende Partei" kann, nämlich bei Klageabweisung, auch der Beklagte sein. Bei **teilweisem Obsiegen** kann die Veröffentlichungsbefugnis einer oder beiden Parteien zuerkannt werden. Voraussetzung ist allerdings ein entspr Antrag. Die Bekanntmachungsbefugnis ist in diesem Fall nicht notwendig auf den „obsiegenden" Teil des Urteils zu beschränken. Denn möglicherweise ist das Urteil von der Öffentlichkeit nur im Gesamtzusammenhang zu verstehen. Letztlich gibt auch hier eine Interessenabwägung (Rdn 4.7) den Ausschlag. – Wird der Antrag nicht gestellt, gilt § 308 I ZPO; wird er irrtümlich übergangen, ist Ergänzung nach § 321 ZPO möglich. Im Übrigen kann sowohl die Ablehnung als auch die Zuerkennung der Bekanntmachungsbefugnis angefochten werden.

IV. Entscheidung über die Bekanntmachungsbefugnis

1. Vorliegen eines berechtigten Interesses

Voraussetzung für die Zuerkennung der Bekanntmachungsbefugnis ist, dass die obsiegende Partei „**ein berechtigtes Interesse dartut**". Dies ist nunmehr – im Gegensatz zur bisherigen Rechtslage – ausdrücklich im Gesetz vorgeschrieben (§ 12 III 1), da sich aus der Veröffentlichung erhebliche Nachteile für die unterliegende Partei ergeben können (Begr RegE zu § 12 Abs 3). Die Darlegung eines „berechtigten Interesses" setzt voraus, dass die obsiegende Partei einen entspr **Antrag** (Rdn 4.6) mit substanziierter **Begründung**, ggf mit Beweisantrag, gestellt hat. Die unterlegene Partei muss Gelegenheit gehabt haben, sich dazu zu äußern und Gründe darzulegen, die gegen eine Bekanntmachung sprechen. Das Gericht hat bei seiner Entscheidung zu prüfen, ob nach **Abwägung der Interessen** der Parteien und ggf der Allgemeinheit die Zuerkennung der Bekanntmachungsbefugnis geeignet und erforderlich ist, die fortdauernde Störung zu beseitigen. Hierzu muss es die Vor- und Nachteile einer Veröffentlichung gegeneinander abwägen (BGH GRUR 1972, 550, 551 f – *Spezialsalz II*; Begr RegE zu § 12 Abs 3) und die Befugnis versagen, wenn die Nachteile unverhältnismäßig größer wären als die Vorteile (BGH GRUR 1961, 189, 192 – *Rippenstreckmetall*). Dabei spielt das Ausmaß der Beeinträchtigung eine Rolle, das wiederum von der Größe und Bedeutung des Unternehmens des Verletzers (BGH GRUR 1956, 558, 563 – *Regensburger Karmelitengeist*), von Art, Dauer und Schwere der Verletzung, ihrer Beachtung in der Öffentlichkeit und der seither verstrichenen Zeit abhängt (BGHZ 12, 244, 259 – *Cupresa*; BGH GRUR 1967, 362, 366 – *Spezialsalz I*), ferner das Interesse der Öffentlichkeit an Aufklärung (BGH GRUR 1972, 550, 552 – *Spezialsalz II*) und schließlich die Belastung der unterliegenden Partei auf Grund der Kosten und geschäftlichen Auswirkungen der Veröffentlichung (GK/*Teplitzky* § 23 aF Rdn 33). Maßgebend sind die Verhältnisse im Zeitpunkt der Entscheidung (BGH GRUR 1968, 437, 439 – *Westfalen-Blatt III*). Ein überwiegendes berechtigtes Interesse ist idR zu **verneinen,** wenn **(1)** eine Verletzung lediglich droht (BGH GRUR 1957, 231, 237 – *Pertussin I*; BGH GRUR 1962, 91, 97 – *Jenaer Glas*) oder eine (beachtliche) Beeinträchtigung nicht mehr vorliegt (zB die verletzende Äußerung lange zurückliegt; KG GRUR 1999, 152: 2 Jahre) oder eine Irreführung der Öffentlichkeit noch nicht eingetreten ist (BGH GRUR 1961, 538, 541 – *Feldstecher*) oder **(2)** dem Gegner ein unverhältnismäßiger Nachteil (zB Demütigung; vgl OLG Hamburg WRP 1994, 122, 124) entstünde, wobei Art, Dauer und Intensität des Wettbewerbsverstoßes zu berücksichtigen sind oder **(3)** eine Veröffentlichung bereits (zB auch durch den Gegner) erfolgt ist (BGH GRUR 1968, 437, 439 – *Westfalen-Blatt III*) oder **(4)** im Einzelfall weniger einschneidende, aber gleichermaßen wirksame Beseitigungsmöglichkeiten bestehen, wozu die presserechtliche Gegendarstellung nicht (zweifelnd GK/*Teplitzky* § 23 aF Rdn 32) und der Widerruf nur im Einzelfall (zB bei Äußerung gegenüber wenigen Adressaten; BGH GRUR 1954, 337, 342 – *Radschutz*; BGH GRUR 1962, 315, 318 – *Deutsche Miederwoche*) gehören. Im Allgemeinen sind aber an den Widerrufsanspruch strengere Anforderungen zu stellen als an die Veröffentlichungsbefugnis (BGH GRUR 1967, 362, 367 – *Spezialsalz I*; BGH GRUR 1992, 527, 529 – *Plagiatsvorwurf II*). – Die **Geeignetheit ist zu verneinen,** wenn die Veröffentlichung neue Verwirrung schaffen kann (BGH GRUR 1957, 561 – *REI-Chemie*; BGH GRUR 1966, 623, 627 – *Kupferberg*).

2. Kann-Entscheidung des Gerichts

4.8 Aus dem Wortlaut (**„kann"**) folgt an sich, dass die Entscheidung im **Ermessen** des Gerichts liegt. Das Ermessen ist allerdings pflichtgemäß auszuüben (und somit revisibel; BGH GRUR 1961, 538, 541 – *Feldstecher*). Das bedeutet, dass das Gericht dem Antrag stattgeben muss, wenn die Voraussetzungen („berechtigtes Interesse") vorliegen. Letztlich wird durch den Begriff „kann" nur ausgedrückt, dass das Gericht einen **Beurteilungsspielraum** bei der Interessenabwägung hins des „ob" und des „wie" der Bekanntmachung hat.

V. Entscheidung im Urteil

4.9 Dazu gehört, anders als im früheren Recht, wie sich aus § 12 III 4 ergibt, nicht die einstweilige Verfügung (vgl Fezer/*Büscher* § 12 Rdn 160). Ist die eV durch eine Abschlusserklärung zu einer endgültigen Entscheidung geworden, kann sie Gegenstand eines **materiellrechtlichen** Veröffentlichungsanspruchs sein (*Teplitzky* Kap 24 Rdn 26; Harte/Henning/*Retzer* § 12 Rdn 739). – Der Beschluss nach § 91 a ZPO ist nicht erfasst.

VI. Inhalt der Anordnung

4.10 Der Inhalt ist in § 12 III zwingend festgelegt. Die Anordnung kann nur dahin gehen, das **Urteil** auf Kosten der unterliegenden Partei öffentlich bekannt zu machen (§ 12 III 1). Art und Umfang der Bekanntmachung werden im Urteil festgelegt (§ 12 III 2). Der Ausspruch nach § 12 III 1 darf nicht für vorläufig vollstreckbar erklärt werden (§ 12 III 4).

1. Befugnis zur öffentlichen Bekanntmachung

4.11 Öffentliche Bekanntmachung bedeutet Bekanntmachung gegenüber einem größeren, individuell unbestimmten Personenkreis (Druckschriften, Fernsehen; nicht schon Rundschreiben an begrenzten Personenkreis).

2. Bekanntmachung des Urteils

4.12 Gemeint ist damit das ganze Urteil, bestehend aus Urteilskopf, dem „verfügenden Teil" (Urteilsformel) einschließlich der Kostenentscheidung, der Ordnungsmittelandrohung und der Veröffentlichungsbefugnis (§ 313 I Nr 1–4 ZPO), dem Tatbestand und den Entscheidungsgründen (anders noch § 23 II aF: nur „verfügender Teil" des Urteils). Einschränkungen ergeben sich aus § 12 III 2 („Art und Umfang").

3. Art und Umfang der Bekanntmachung

4.13 Das Gericht bestimmt nach § 12 III 2 im Urteil „Art und Umfang" der Bekanntmachung. Die **„Art"** der (öffentlichen) Bekanntmachung bezieht sich darauf, in welchem Medium (Zeitschrift; Rundfunk; Tele- oder Mediendienst), in welcher Aufmachung (Größe usw), wo, wie oft oder wie lange die Veröffentlichung erfolgen darf. Maßgebend (und daher schon beim Antrag zu beachten) ist, wie weit das „berechtigte Interesse" der obsiegenden Partei reicht und inwieweit die Art der Bekanntmachung geeignet und erforderlich ist, ihren Zweck zu erfüllen (Rdn 4.2) und die Störung zu beseitigen. Ggf sind dem Berechtigten Alternativen (zB hins des Mediums) einzuräumen. – Der **„Umfang"** der Bekanntmachung bezieht sich darauf, ob das Urteil zur Gänze oder nur in Teilen bekannt gemacht werden darf. Für die Entscheidung darüber ist maßgebend, wie weit das „berechtigte Interesse" der obsiegenden Partei unter Berücksichtigung der Interessen des Gegners und der Öffentlichkeit reicht. Dementsprechend kann eine Beschränkung der Bekanntmachungsbefugnis auf einen Teil des Urteils oder sogar auf die Urteilsformel geboten sein, wenn dies den Interessen des Berechtigten genügt (BGH GRUR 1992, 527, 529 – *Plagiatsvorwurf II*). Entscheidet das Urteil noch über andere Ansprüche als den Unterlassungsanspruch, darf dieser Teil an sich nicht mitveröffentlicht werden (Ahrens/*Bähr* Kap 37 Rdn 14). Jedoch ist stets zu prüfen, ob nicht eine analoge Anwendung des § 12 III in Betracht kommt (Rdn 4.3).

4. Auf Kosten der unterliegenden Partei

4.14 Im Urteil ist festzulegen, dass das Urteil auf Kosten der unterliegenden Partei bekannt gemacht werden darf (GK/*Teplitzky* § 23 aF Rdn 40; aA zu § 103 UrhG Schricker/*Wild* UrhG § 103

Rdn 6). Ein unterbliebener Ausspruch kann berichtigt werden (§ 319 ZPO). Die Kosten der Bekanntmachung (zB des Anzeigenauftrags) sind Zwangsvollstreckungskosten (§ 788 ZPO). Eine Vorschusspflicht ist im Gesetz (anders als zB in § 103 III UrhG) nicht vorgesehen.

5. Keine vorläufige Vollstreckbarkeit

Nach § 12 III 4 ist der „Ausspruch nach Satz 1" nicht vorläufig vollstreckbar. Denn die Bekanntmachung schafft vollendete Tatsachen. Damit wäre es unvereinbar, wollte man eine vorläufige Vollstreckung zulassen (anders aber § 103 I 2 UrhG). 4.15

VII. Ausübung der Veröffentlichungsbefugnis

Die Ausübung der Bekanntmachungsbefugnis erfolgt durch die obsiegende Partei (zB durch Anzeigenauftrag) und ist (private) Zwangsvollstreckung. Sie darf daher erst nach Zustellung des rechtskräftigen Urteils erfolgen (§ 750 ZPO). Die Kostenerstattung regelt sich nach § 788 ZPO. Nach § 12 III 3 erlischt die Befugnis kraft Gesetzes, wenn von ihr nicht **innerhalb von drei Monaten nach Eintritt der Rechtskraft** Gebrauch gemacht worden ist. Da diese Beschränkung kraft Gesetzes gilt, muss die Frist − anders als bei § 23 II aF − nicht im Urteil selbst angegeben werden. Ein „**Gebrauchmachen**" setzt voraus, dass der Berechtigte alle erforderlichen Schritte (zB Anzeigenauftrag) getan hat, um eine Bekanntmachung herbeizuführen. Nicht notwendig muss auch die Bekanntmachung innerhalb dieser Frist erfolgt sein. Hält sich der Berechtigte nicht an die durch die Anordnung gezogenen Grenzen (zB Fristüberschreitung; Überschreitung des angeordneten Umfangs), hat er die (Mehr-)Kosten selbst zu tragen, mag ihn daran auch kein Verschulden treffen. Die fehlerhafte Bekanntmachung kann im Einzelfall einen Wettbewerbsverstoß darstellen (zB bei irreführenden Zusätzen oder bei unnötiger Herabsetzung der unterliegenden Partei) und dementsprechend Ansprüche der Gegenpartei auslösen. − Aus der gerichtlich zugesprochenen Bekanntmachungsbefugnis folgt nicht, dass das betreffende Medium (zB Zeitschrift; Rundfunk) zivilrechtlich verpflichtet ist, einen entspr Auftrag anzunehmen. Dies ist vielmehr nur dann anzunehmen, wenn die Nichtannahme eine vorsätzliche sittenwidrige Schädigung (§ 826 BGB) oder einen Missbrauch einer marktbeherrschenden Stellung (§ 19 GWB) oder die Diskriminierung iSd § 20 I oder II GWB darstellt. Darauf hat das Gericht bei der Anordnung der „Art" der Bekanntmachung Rücksicht zu nehmen (vgl GK/*Teplitzky* § 23 aF Rdn 39). 4.16

VIII. Materiellrechtlicher Veröffentlichungsanspruch

1. Allgemeines

§ 12 III ist nur Ausdruck eines allgemeinen Rechtsgedankens, dass die Veröffentlichungsbefugnis ein geeignetes und angemessenes Mittel zur Beseitigung noch andauernder Störungen sein kann. Die Vorschrift steht daher der Anerkennung eines Veröffentlichungsanspruchs auf negatorischer (§ 8 I) oder deliktischer (§ 9 S 1 iVm § 249 I BGB) Grundlage nicht entgegen (BGH GRUR 1987, 189 f − *Veröffentlichungsbefugnis beim Ehrenschutz;* BGH GRUR 1992, 527, 529 − *Plagiatsvorwurf II;* GK/*Köhler* Vor § 13 aF Rdn B 186 ff). Letztlich geht es also um die Durchsetzung eines (primären) Anspruchs auf Beseitigung einer Störung im Wege der Bekanntmachung eines anderen Akts als eines Urteils. Es sind dies die Fälle, in denen ein Unterlassungsurteil nicht mehr möglich ist, weil der Verletzer vor oder während des Prozesses eine strafbewehrte Unterlassungserklärung abgegeben hat (BGH GRUR 1967, 362, 366 − *Spezialsalz I;* BGH GRUR 1987, 189 ff − *Veröffentlichungsbefugnis beim Ehrenschutz*), aber die eingetretene Störung dadurch nicht beseitigt ist, sondern noch fortwirkt. 4.17

2. Voraussetzungen

Es ist bes sorgfältig zu prüfen, ob und in welchem Umfang eine Veröffentlichung einer strafbewehrten Unterlassungserklärung geeignet und erforderlich ist, um eine fortdauernde Störung zu beseitigen (dazu Rdn 4.7). Das gilt auch für die Art der Veröffentlichung (vgl GK/*Köhler* Vor § 13 aF Rdn B 189, 190). Die Veröffentlichung darf nicht lediglich dem Zweck dienen, dem Verletzten Genugtuung zu verschaffen (BGH GRUR 1987, 189, 191 − *Veröffentlichungsbefugnis beim Ehrenschutz*). Sie soll gezielt die Adressaten der verletzenden Äußerung oder Handlung erreichen. Dies gebietet eine der Verletzungshandlung **adäquate** Veröffentlichung (zB Zeitungsanzeige an vergleichbarer Stelle; Rundschreiben; Aushang). 4.18

3. Entscheidung über die Veröffentlichung

4.19 Sie erfolgt durch Urteil, das zugleich die Art und den Umfang der Veröffentlichung bestimmt (§ 12 III 2 analog). Das Gericht kann dem Verletzer die Pflicht zur Veröffentlichung oder zur Duldung der Veröffentlichung durch den Verletzten auferlegen (BGH GRUR 1987, 189, 191 – *Veröffentlichungsbefugnis beim Ehrenschutz*). Die Kosten der Veröffentlichung fallen dem Verletzer zur Last. Der Anspruch kann nicht im Wege der eV durchgesetzt werden (arg § 12 III 4; Fezer/ *Büscher* § 12 Rdn 171).

IX. Veröffentlichung ohne gerichtlich zugesprochene Befugnis

4.20 Der Verletzte kann grds ein für ihn günstiges Urteil oder eine ihm gegenüber abgegebene strafbewehrte Unterlassungserklärung auch ohne gerichtlich zugesprochene Befugnis veröffentlichen. Allerdings muss dies in einer Weise geschehen, die nicht ihrerseits gegen §§ 3, 4 Nr 7 verstößt (§ 4 Rdn 7.16 aE; OLG Hamm MMR 2008, 750). Ein Kostenerstattungsanspruch kann sich aus §§ 683, 670 BGB, §§ 812 ff, § 250 BGB analog sowie beim Schadensersatzanspruch aus § 249 II bzw § 250 BGB oder aus dem Gesichtspunkt des Folgeschadens ergeben (vgl BGH GRUR 1979, 804, 805 – *Falschmeldung*; GK/*Köhler* Vor § 13 aF Rdn B 194). Zu ersetzen sind nur die **erforderlichen** Kosten, also die Kosten, die ein vernünftiger, wirtschaftlich denkender Verletzter aufwenden würde (BGH aaO – *Falschmeldung*).

5. Kapitel. Streitwert

Übersicht

	Rdn
I. Entstehungsgeschichte	5.1
II. Grundlagen	5.2–5.4
1. Arten des Streitwerts	5.2
2. Bemessung des Streitwerts	5.3
3. Festsetzung des Gebührenstreitwerts	5.4
III. Streitwert bei einzelnen Klagearten	5.5–5.17
1. Unterlassungsklage	5.5–5.11
a) Klage des Mitbewerbers (§ 8 III Nr 1)	5.6
b) Klagen der in § 8 III Nr 2–4 genannten Verbände	5.7–5.10
aa) Verbände zur Förderung gewerblicher Interessen (§ 8 III Nr 2)	5.8
bb) „Qualifizierte Einrichtungen" (Verbraucherverbände) (§ 8 III Nr 3)	5.9
cc) Kammern (§ 8 III Nr 4)	5.10
c) Mehrheit von Klagen	5.11
2. Verfügungsverfahren	5.12
3. Beseitigungsklage	5.13
4. Schadensersatzfeststellungsklage	5.14
5. Auskunfts- und Rechnungslegungsklage	5.15
6. Vollstreckungsverfahren	5.16
7. Erledigung der Hauptsache	5.17
IV. Streitwertherabsetzung	5.18–5.27
1. Zweck	5.18
2. Anwendungsbereich	5.19, 5.20
a) Ansprüche aus § 8 I	5.19
b) Verfahrensarten	5.20
3. Voraussetzungen und Umfang der Streitwertminderung	5.21–5.24
a) Einfach gelagerte Sache	5.22, 5.23
b) Untragbare Belastung	5.24
4. Entscheidung über die Minderung	5.25–5.27
a) Zeitpunkt	5.25
b) Mehrheit von Instanzen	5.26
c) Form der Entscheidung und Rechtsmittel	5.27

Schrifttum: *Mayer*, Die Streitwertminderung nach § 12 Abs 4 UWG, WRP 2010, 1126; *Traub*, Erhöhungsgebühr oder Streitwertaddition bei Unterlassungsklagen gegen das Unternehmen und seine Organe?, WRP 1999, 79; *Ulrich*, Der Streitwert in Wettbewerbssachen, GRUR 1984, 177; ders, Die UWG-Novelle 1994 und der Streitwert in Wettbewerbssachen WRP 1995, 362.

5. Kap. Streitwert 5.1–5.4 § 12 UWG

I. Entstehungsgeschichte

Die Regelung zur Streitwertherabsetzung durch die UWG-Reform 2004 entspricht weit gehend dem § 23 a aF. Es erfolgten lediglich redaktionelle Anpassungen an das neue Gesetz. Dagegen wurde die Regelung zur Streitwertbegünstigung in § 23 b aF nicht übernommen, weil ihr kein nennenswerter eigenständiger Anwendungsbereich beigemessen wurde (vgl Begr RegE zu § 12 IV 5 c S 26). 5.1

II. Grundlagen

1. Arten des Streitwerts

Beim Streitwert sind verschiedene Arten zu unterscheiden: **(1)** Der **Zuständigkeitsstreitwert** als der für die sachliche Zuständigkeit des Gerichts (§§ 23 Nr 1, 71 I GVG) maßgebliche Wert des Streitgegenstandes. **(2)** Der **Rechtsmittelstreitwert** als der für die Zulässigkeit eines Rechtsmittels erforderliche Wert des „Beschwerdegegenstandes" (§§ 511 II, 567 II ZPO). **(3)** Der **Gebührenstreitwert,** der der Berechnung der Gebühren des Gerichts (§§ 39 ff GKG) und des Anwalts (§ 23 I RVG) dient. Nur auf ihn bezieht sich § 12 IV. 5.2

2. Bemessung des Streitwerts

Da bezifferte Klagen in Wettbewerbsstreitigkeiten, von Vertragsstrafe- und Aufwendungsersatzansprüchen abgesehen, kaum vorkommen, ist idR für die Bemessung des Streitwerts § 3 ZPO maßgebend. Für den Gebührenstreitwert gehen freilich die §§ 39 ff GKG vor; außerdem ist insoweit die Sonderregelung des § 12 IV zu beachten. Das Gericht hat nach § 3 ZPO den Streitwert nach **freiem Ermessen,** dh auf Grund einer **Schätzung,** festzusetzen. Es kann dazu eine Beweisaufnahme anordnen (§ 3 HS 2 ZPO). Maßgeblicher **Zeitpunkt** für die Bewertung ist die Einreichung der Klage- oder Antragsschrift (§ 4 ZPO). An **Parteiangaben** ist das Gericht nicht gebunden. Ihnen kommt zwar „indizielle Bedeutung" (BGH GRUR 1986, 93, 94 – *Berufungssumme;* OLG München WRP 2008, 972, 976) zu. Das Gericht darf aber die Angaben nicht unbesehen übernehmen, sondern hat sie „anhand der objektiven Gegebenheiten und unter Heranziehung seiner Erfahrung und üblicher Wertfestsetzungen in gleichartigen oder ähnlichen Fällen in vollem Umfang selbstständig nachzuprüfen (KG WRP 2010, 789), und zwar nicht etwa nur auf ihre Unvertretbarkeit" (BGH GRUR 1977, 748, 749 – *Kaffee-Verlosung II*). Beantragt eine Partei eine neuerliche Schätzung, ist Zurückhaltung geboten. Unbestimmte Vermutungen reichen nicht aus (BGH GRUR 1992, 562, 563 – *Handelsvertreter-Provision*). Für die Bemessung ist ausschließlich das wirtschaftliche **Klägerinteresse** an der Anspruchsverwirklichung maßgebend (BGH GRUR 1990, 1052, 1053 – *Streitwertbemessung*). **Regelstreitwerte,** die unabhängig von den Umständen des Einzelfalls gelten, werden zwar von einigen Gerichten praktiziert (zB OLG Koblenz GRUR 1988, 474; 1989, 764; WRP 1990, 57; OLG Oldenburg WRP 1993, 351; OLG Saarbrücken WRP 1996, 145, 146: untere Grenze 20 000–30 000 DM (= 10 000–15 000 €) bei einfach gelagerten Fällen von durchschnittlicher Bedeutung, wenn keine sonstigen Anhaltspunkte vorhanden). Sie sind aber unvereinbar mit § 3 ZPO (*Teplitzky* Kap 49 Rdn 17). 5.3

3. Festsetzung des Gebührenstreitwerts

Die Festsetzung des Gebührenstreitwerts erfolgt auf Antrag oder von Amts wegen durch **Beschluss** (§ 63 I 1 GKG) des Gerichts, bei dem das Verfahren sich befindet. Dazu muss das Gericht die Parteien anhören und kann ggf Beweis erheben (§ 3 HS 2 ZPO). Vertrauliche (zB Umsatz-)Angaben darf es nicht berücksichtigen, wenn der Gegner widerspricht (arg Art 103 GG). Eine Abänderung von Amts wegen ist zulässig, ist aber nicht schon bei Änderung der Parteiangaben auf Grund eines sich abzeichnenden Obsiegens oder Unterliegens veranlasst (BGH GRUR 1992, 562, 563 – *Handelsvertreter-Provision;* OLG Hamburg WRP 1976, 254). Der Beschluss ist, soweit er der Beschwerde unterliegt, spätestens in der Abhilfeentscheidung (§ 572 I ZPO) zu begründen. Zur Mitteilung bzw Zustellung: § 329 ZPO. Gegen den Beschluss ist **Beschwerde** möglich (§ 68 I 1 GKG), wenn der Wert des Beschwerdegegenstands 200 € übersteigt. Die Beschwerde ist unzulässig, wenn die Parteien darauf verzichtet haben. Das ist bei Festsetzung des Streitwerts im Einverständnis beider Parteien anzunehmen (OLG Köln GRUR 1988, 724). 5.4

III. Streitwert bei einzelnen Klagearten

1. Unterlassungsklage

5.5 Maßgebend ist das **Interesse des Klägers** an der Verhinderung künftiger Verletzungshandlungen, das sich nach der Art seiner Klagebefugnis bestimmt. Der Umfang des Interesses hängt von der **Gefährlichkeit** der zu verbietenden Handlung, dh der Wahrscheinlichkeit und dem Ausmaß einer künftigen Beeinträchtigung dieses Interesses ab (OLG Stuttgart WRP 1997, 239; *Teplitzky* Kap 49 Rdn 17). Da es sonach immer auf die Umstände des Einzelfalls ankommt, sind „Regelstreitwerte" nicht anzuerkennen (str; s Rdn 5.3). Das schließt es nicht aus, auf Entscheidungen in vergleichbaren Sachverhalten zurückzugreifen. Streitwerte unter 5000,– € kommen praktisch nicht vor.

5.6 a) **Klage des Mitbewerbers (§ 8 III Nr 1).** Hier ist Bewertungsmaßstab allein das Eigeninteresse des Klägers, nicht das Interesse Dritter oder der Allgemeinheit (BGH GRUR 1977, 748, 749 – *Kaffee-Verlosung II*). Die Gefährlichkeit („Angriffsfaktor") der zu unterbindenden Handlung für den Wettbewerber ist anhand des drohenden Schadens (Umsatzeinbußen, Marktverwirrungs- und Rufschaden) zu bestimmen und hängt von den Umständen ab (dazu GK/*Jestaedt* Vor §§ 23a, 23b aF Rdn 12–17). Zu berücksichtigen sind insbes: **(1)** Unternehmensverhältnisse beim Verletzer und beim Verletzten: Umsätze, Größe, Wirtschaftskraft und Marktstellung der Unternehmen unter Berücksichtigung ihrer künftigen Entwicklung („Aufstiegs- oder Abstiegsunternehmen"). **(2)** Intensität des Wettbewerbs zum Verletzten in räumlicher, sachlicher und zeitlicher Hinsicht. **(3)** Ausmaß, Intensität, Häufigkeit und Auswirkungen möglicher künftiger Verletzungshandlungen. Sie wird indiziert durch die Schädlichkeit der bereits begangenen Verletzungs- bzw Vorbereitungshandlung(en), die auch von den Umsätzen und Werbeaufwendungen des Verletzers abhängt (vgl BGH GRUR 1998, 958 – *Verbandsinteresse*). **(4)** Intensität der Wiederholungsgefahr. Sie beurteilt sich nach dem Verschuldensgrad (BGH GRUR 1990, 1052, 1053 – *Streitwertbemessung;* KG WRP 2010, 789) bei der Verletzungshandlung und dem nachherigen Verhalten, ferner danach, ob bereits von Dritten Unterlassungstitel oder Unterwerfungserklärungen erwirkt wurden (soweit dadurch nicht schon die Wiederholungsgefahr weggefallen ist). Bei der Erstbegehungsgefahr kommt es insbes auf die zu Tage tretende Einstellung an. **(5)** Nachahmungsgefahr. Sie hängt ua von der Auffälligkeit der Verletzungshandlung ab.

5.7 b) **Klagen der in § 8 III Nr 2–4 genannten Verbände.** Hier ist zu unterscheiden, welche Interessen der klagende Verband konkret wahrnimmt.

5.8 aa) **Verbände zur Förderung gewerblicher Interessen (§ 8 III Nr 2).** Da ihr Zweck darin besteht, die Interessen ihrer gewerblichen oder selbstständigen beruflich tätigen Mitglieder zu fördern, und die Zuwiderhandlung die Interessen ihrer auf demselben Markt wie der Verletzer tätigen Mitglieder berühren muss, ist bei der Streitwertbemessung nicht das Allgemeininteresse maßgebend (so aber noch OLG Stuttgart WRP 1998, 229). Es sind aber auch nicht die Interessen der betroffenen Verbandsmitglieder zu addieren. Vielmehr ist das Interesse des Verbandes im Regelfall ebenso zu bewerten wie das eines gewichtigen Mitbewerbers (BGH GRUR 1998, 958 – *Verbandsinteresse;* OLG München WRP 2008, 972, 976; LG Bonn WRP 2005, 640, 642). Nimmt der Verband lediglich das Interesse eines bestimmten Mitbewerbers wahr, wofür die Kostendeckungszusage ein Indiz ist, kann dieses Interesse zu Grunde gelegt werden (insoweit zutr OLG Stuttgart aaO).

5.9 bb) **„Qualifizierte Einrichtungen" (Verbraucherverbände) (§ 8 III Nr 3).** Bei ihnen ist das satzungsmäßig wahrgenommene Interesse der Verbraucher maßgebend. Es kommt also auf die gerade den Verbrauchern drohenden Nachteile an. Dieses Interesse kann uU erheblich höher liegen als das Interesse des Mitbewerbers, wie etwa bei Gesundheitsgefährdung oder unzulässiger Belästigung der Verbraucher (KG WRP 2010, 789).

5.10 cc) **Kammern (§ 8 III Nr 4).** Bei den Industrie- und Handelskammern sowie den Handwerkskammern ist auf die Interessen der von ihnen repräsentierten und von der Zuwiderhandlung betroffenen Unternehmen abzustellen. Zu Grunde zu legen ist das Interesse eines gewichtigen Mitbewerbers.

5.11 c) **Mehrheit von Klagen.** Bei Klagen mehrerer ist von dem Beteiligten mit dem höchsten Interesse auszugehen und ein Zuschlag in der Höhe vorzunehmen, der dem Interesse der übrigen Kläger entspricht, den titulierten Anspruch ggf selbstständig geltend machen zu können (OLG Stuttgart WRP 1988, 632). Bei sukzessiven Klagen kann eine Ermäßigung nach § 12 IV geboten sein.

2. Verfügungsverfahren

Die Bemessung ist str (vgl Harte/Henning/*Retzer* § 12 Rdn 841, 844 ff; *Teplitzky* Kap 49 Rdn 25 ff; *Goldmann* WRP 2001, 240). Nach zutr Ansicht (zB KG WRP 2005, 368; OLG Oldenburg WRP 1991, 602, 604; Ahrens/*Schmukle* Kap 54 Rdn 36; *Teplitzky* Kap 49 Rdn 29) ist der Streitwert im Regelfall niedriger anzusetzen als bei der Unterlassungsklage, da das Verfügungsverfahren nur auf die vorläufige Sicherung, nicht aber auf eine Verwirklichung des Anspruchs gerichtet ist. Im Interesse der Praktikabilität und Rechtssicherheit erscheint es gerechtfertigt, im Regelfall ein bestimmtes Wertverhältnis zugrunde zu legen (KG WRP 2005, 368, 369), ohne dass dadurch eine Einzelfallprüfung ausgeschlossen würde (hierfür insbes *Teplitzky* aaO). Angemessen erscheint ein Abzug von einem Drittel vom Streitwert des Hauptsacheverfahrens (KG WRP 2005, 368, 369; OLG Rostock GRUR-RR 2009, 39). Soweit das Verfügungsverfahren tatsächlich zu einer endgültigen Erledigung des Streits führt oder mit höherer Wahrscheinlichkeit führen wird, soll allerdings nach einigen OLG (zB OLG Frankfurt WRP 1981, 221; OLG Köln WRP 2000, 650; OLG Rostock GRUR-RR 2009, 39) annähernd der gleiche Streitwert wie im Hauptsacheverfahren gelten (dazu krit *Teplitzky* Kap 49 Rdn 27: unvereinbar mit § 4 ZPO). Nach wieder anderer Auffassung (zB OLG Hamburg WRP 1981, 470, 473; OLG München WRP 1985, 661, 662; *Melullis* Rdn 436; *Goldmann* WRP 2001, 240) soll dagegen von vornherein und generell für Hauptsache- und Verfügungsverfahren der gleiche Streitwert zu Grunde zu legen sein.

3. Beseitigungsklage

Maßgebend ist das Beseitigungsinteresse des Klägers. Es wird idR geringer sein als das Unterlassungsinteresse (*Teplitzky* Kap 49 Rdn 31).

4. Schadensersatzfeststellungsklage

Maßgebend ist das Interesse an der die Verjährung unterbrechenden Feststellung des Klägers, dass ihm ein Schaden entstanden ist oder entstehen kann (BGH GRUR 1986, 93, 94 – *Berufungssumme*). Dabei ist auf Art, Umfang und erkennbare Auswirkungen der Verletzungshandlung im Hinblick auf die gegenwärtigen und künftigen Verhältnisse beim Verletzten abzustellen. Bei künftigen Schäden ist nicht nur die mögliche Schadenshöhe, sondern auch der Grad der Wahrscheinlichkeit eines Schadenseintritts zu berücksichtigen. Vielfach wird ein Bruchteil, idR zwischen $1/5$ bis $1/4$, bisweilen auch zwischen $1/2$ und $1/10$, des Streitwerts der Unterlassungsklage zu Grunde gelegt, wobei aber bes Umstände des Einzelfalls immer zu berücksichtigen sind (vgl *Teplitzky* Kap 49 Rdn 32, 33). Zum Übergang von der Feststellungs- zur bezifferten Leistungsklage vgl BGH GRUR 1986, 93, 94 – *Berufungssumme*.

5. Auskunfts- und Rechnungslegungsklage

Soweit diese Ansprüche als Hilfsansprüche zum Schadensersatzanspruch geltend gemacht werden, wird dafür idR ein Bruchteil des Streitwerts der Feststellungsklage (idR zwischen $1/10$ bis $1/4$) zu Grunde gelegt, doch sind auch hier bes Umstände des Einzelfalls zu berücksichtigen (*Teplitzky* Kap 49 Rdn 37; Ahrens/Berneke Kap 40 Rdn 57). Die Rechnungslegung dürfte idR höher zu bewerten sein als die bloße Auskunft. Beim selbstständigen Auskunftsanspruch ist das Interesse am Wert der Mitteilung maßgebend.

6. Vollstreckungsverfahren

Maßgebend ist das Interesse des Gläubigers an der Vollstreckung, das sich am Streitwert des Erkenntnisverfahrens orientieren kann. Die Oberlandesgerichte gehen von Bruchteilen zwischen $1/3$ bis $1/5$ aus (vgl OLG Stuttgart WRP 1982, 432, 433; OLG Karlsruhe WRP 1992, 198) und befürworten teilweise sogar Regelstreitwerte (OLG Hamburg WRP 1982, 592: $1/5$). Doch sind die Umstände des Einzelfalls, insbes die Schwere des Verstoßes, der Verschuldensgrad und die Wiederholungsgefahr, zu berücksichtigen.

7. Erledigung der Hauptsache

Bei **übereinstimmender** Erledigterklärung entspricht der Streitwert der Höhe der Kosten. Bei **einseitiger** Erledigterklärung ist nach der Rspr des BGH (GRUR 1990, 530, 531 – *Unterwerfung durch Fernschreiben*) der Streitwert nicht identisch mit dem ursprünglichen Streitwert (so aber zB OLG München MDR 1989, 73). Vielmehr ist das Interesse an der Feststellung der

Erledigung maßgeblich und nach § 3 ZPO zu schätzen. Dabei ist regelmäßig, sofern nicht bes Umstände vorliegen, das Kosteninteresse zu Grunde zu legen (*Teplitzky* Kap 49 Rdn 46). Nach aA (zB OLG München NJW 1975, 2021) ist das Interesse des Klägers an der Feststellung, dass die Klage urspr begründet war, maßgebend und vom ursprünglichen Streitwert ein Abschlag von 50% vorzunehmen.

IV. Streitwertherabsetzung

1. Zweck

5.18   Wettbewerbssachen haben zumeist einen hohen Streitwert, der vor einer Rechtsdurchsetzung abschrecken kann. Dem will § 12 IV als – verfassungsrechtlich unbedenkliche (OLG Koblenz GRUR 1989, 764, 765; Ahrens/*Berneke* Kap 41 Rdn 6) – Sonderregelung für die Streitwertbemessung vorbeugen. Eine Konkretisierung der Regelung soll im Zuge der Umsetzung der UGP-Richtlinie erfolgen. Das Gericht hat im Wege der Schätzung zunächst den „vollen" Streitwert nach § 3 ZPO zu bestimmen und danach **von Amts wegen**, unabhängig von der Frage des Obsiegens der einkommens- oder vermögensschwachen Partei zu entscheiden (BGH GRUR 1990, 1052, 1053 – *Streitwertbemessung;* BGH GRUR 1994, 385 – *Streitwertherabsetzung; Mayer* WRP 2010, 1126, 1127). Die Minderung betrifft nur den Gebührenstreitwert.

2. Anwendungsbereich

5.19   **a) Ansprüche aus § 8 I.** Es müssen Ansprüche aus § 8 I, also **Unterlassungs-** oder **Beseitigungsansprüche**, geltend gemacht werden und diese Normen müssen als Entscheidungsgrundlage in Betracht kommen. Unschädlich ist es, wenn der Anspruch zusätzlich auf andere Rechtsgrundlagen, etwa § 12 BGB oder § 14 MarkenG, gestützt wird oder ihm daraus stattgegeben wird (OLG Köln GRUR 1988, 776, 777; GRUR 1995, 446). Auf lauterkeitsrechtliche Schadensersatzansprüche aus § 9 ist dagegen § 12 IV nicht anwendbar (ebenso Fezer/*Büscher* § 12 Rdn 174).

5.20   **b) Verfahrensarten.** § 12 IV gilt für das Klageverfahren (einschließlich der negativen Feststellungsklage; KG GRUR 1988, 148) sowie das Verfügungsverfahren (OLG Köln NJWE-WettbR 2000, 247) und zwar für alle Instanzen, nicht dagegen für das Vollstreckungsverfahren (GK/*Jestaedt* § 23 a aF Rdn 7). Mittelbar ist § 12 IV auch bei der Berechnung der Kosten von Abmahnungen und Abschlussschreiben zu berücksichtigen.

3. Voraussetzungen und Umfang der Streitwertminderung

5.21   Eine Minderung ist vorzunehmen, wenn eine der beiden in § 12 IV genannten Alternativen vorliegt. Greifen beide ein, ist nur die in der Wirkung weiter gehende maßgebend (OLG Koblenz WRP 1991, 66, 67), eine „Addition" ist im Hinblick auf den klaren Gesetzeswortlaut („oder") ausgeschlossen (OLG Köln GRUR 1995, 446; *Mayer* WRP 2010, 1126, 1130). Die Erfolgsaussichten des Begehrens der einen oder anderen Partei sind nicht zu berücksichtigen.

5.22   **a) Einfach gelagerte Sache.** Mindernd ist zu berücksichtigen, wenn die (Streit-)Sache nach Art und Umfang einfach gelagert ist. Aus dem Wort „und" folgt, dass beide Voraussetzungen erfüllt sein müssen. Ob eine Sache „einfach gelagert" ist, hängt nicht von der Höhe des Streitwerts ab (*Mayer* WRP 2010, 1126, 1128). „Einfach gelagert" ist sie vielmehr, wenn sie nach Art und Umfang ohne größeren Arbeitsaufwand von den Parteien (Anwälten) und Gerichten zu bearbeiten ist, also zur „täglichen Routinearbeit" gehört (OLG Köln GRUR 1988, 775, 776; *Teplitzky* Kap 49 Rdn 60; Fezer/*Büscher* § 12 Rdn 176). Zur **„Art"** der Sache gehören die Sachverhaltsermittlung und die rechtliche Beurteilung. Ihrer Art nach ist eine Sache einfach gelagert, wenn **(1)** der Sachverhalt unstreitig oder ohne umfangreiche oder schwierige Beweiserhebung und -würdigung zu klären ist (zB bei Vorlage von Zeitungsanzeigen oder Vernehmung nur weniger Zeugen bei einfachem Beweisthema; nicht dagegen bei Einholung eines Meinungsforschungsgutachtens) und **(2)** die Rechtsfrage ohne Auseinandersetzung mit Rspr und Literatur entschieden werden kann (zB bei eindeutigen und offensichtlichen Gesetzesverstößen; vgl OLG Köln GRUR 1995, 446; GRUR 1993, 597 LS). Nicht einfach gelagert ist sie dagegen, wenn eine Vielzahl von Verletzungsformen zu behandeln oder komplizierte (Eventual-)Anträge gestellt sind (vgl GK/*Jestaedt* § 23 a aF Rdn 17). Ist eine Sache ihrer Art nach einfach gelagert, wird sie dies idR, aber nicht notwendig auch ihrem **„Umfang"** nach sein. Insoweit ist darauf abzustellen, ob der Streitstoff dem Gericht in wenigen, nicht zu umfangreichen Schriftsätzen unterbreitet werden kann. Ein umfängliches Vorbringen (zB umfangreiche Sachverhaltsdarstellung und Begründung, OLG Köln NJWE-WettbR 2000, 247, 248; Erhebung verschiedener Einwendungen und Vorlage umfangreicher Unterlagen, OLG Koblenz GRUR 1990, 58) kann für eine nicht einfach gelagerte Sache sprechen. Aufbauschungen bleiben freilich außer Betracht. Auch die Einlegung eines Rechtsmittels schließt nicht aus, dass die Sache einfach gelagert ist oder bleibt (*Teplitzky* Kap 49 Rdn 62).

Der **Minderungsumfang** ist nicht schematisch (so aber zB KG WRP 1989, 97, 98 und 1989, 166, 167: stets 50%), sondern graduell, entspr dem konkreten Schwierigkeitsgrad und Umfang, festzustellen (BGH in stRspr, vgl *Teplitzky* GRUR 1991, 709, 715 f; OLG Koblenz GRUR 1988, 474, 475; Ahrens/*Berneke* Kap 41 Rdn 9). Zweckmäßigerweise geschieht dies durch einen prozentualen Abschlag. 5.23

b) Untragbare Belastung. Eine Minderung ist ferner vorzunehmen, wenn „eine Belastung einer der Parteien mit den Prozesskosten nach dem vollen Streitwert angesichts ihrer Vermögens- und Einkommensverhältnisse nicht tragbar erscheint". Die Prüfung erfolgt **von Amts wegen,** doch muss die Partei ihre Vermögens- und Einkommensverhältnisse von sich aus offen legen und ggf beweisen (Ahrens/*Berneke* Kap 41 Rdn 14), sofern sie dem Gericht nicht schon bekannt sind (BGH GRUR 1990, 1052, 1053 – *Streitwertbemessung*). Die Minderung hat ohne Rücksicht auf die Frage des Obsiegens der wirtschaftlich schwachen Partei zu erfolgen (BGH aaO – *Streitwertbemessung*). Untragbarkeit setzt nicht voraus, dass die Belastung die wirtschaftliche Lage einer Partei erheblich gefährden würde oder die Partei gar nicht in der Lage wäre, die Kosten aufzubringen. Vielmehr kommt es auf die Unverhältnismäßigkeit und damit Unzumutbarkeit der konkreten Belastung an. Es ist daher abzuwägen zwischen der wirtschaftlichen Lage der Partei einerseits und der Höhe der Kostenbelastung andererseits (BGH GRUR 1998, 958 – *Verbandsinteresse*). Dabei ist zu berücksichtigen, dass zwar § 12 IV wirtschaftlich schwachen Parteien die gebotene Rechtsverfolgung oder -verteidigung ermöglichen, nicht aber leichtfertiges Prozessieren erleichtern soll (OLG Koblenz GRUR 1988, 474, 475). Auch bei der begünstigten Partei soll noch das Kostenbewusstsein wachgehalten werden. Je niedriger der volle Streitwert liegt, desto weniger wird eine Minderung veranlasst sein. Bei Streitwerten bis zu 10 000 € (*Teplitzky* Kap 49 Rdn 70: 6000 bis 8000 €) wird sie ohnehin ausscheiden. Allerdings ist eine schematische Anwendung des § 12 IV nicht angebracht (BGH GRUR 1994, 385 – *Streitwertherabsetzung*). Insgesamt ist eine eher zurückhaltende Anwendung der Vorschrift angezeigt (vgl OLG Stuttgart WRP 1993, 536, 540). – § 12 IV gilt nicht nur für Mitbewerber, sondern auch für klagebefugte **Verbände.** Verbände iSd § 8 III Nr 2 müssen aber, um überhaupt klagebefugt zu sein, von Haus aus über eine angemessene finanzielle Ausstattung verfügen. Daher wird eine Minderung häufiger bei Verbraucherverbänden (§ 8 III Nr 3), seltener bei Wirtschaftsverbänden (§ 8 III Nr 2) in Betracht kommen (GK/*Jestaedt* § 23 a UWG 1909 Rdn 23; wohl auch OLG Frankfurt WRP 1989, 173). Derartige Verbände müssen sich über ihre Mitglieder ausreichend finanzieren, um auch höhere Streitwerte ohne Streitwertherabsetzung „durchstehen" zu können (vgl BGH GRUR 1998, 958 – *Verbandsinteresse*). Bei sehr hohen Streitwerten ist dagegen auch für die im Allgemeininteresse tätigen Verbände („Wettbewerbsvereine") eine Streitwertherabsetzung grds angebracht, zumal sonst ihre auch im öffentlichen Interesse liegende Tätigkeit gerade bei wirtschaftlich bedeutenderen Streitigkeiten schwerwiegend behindert würde (vgl BGH GRUR 1994, 385 – *Streitwertherabsetzung;* BGH GRUR 1994, 385 – *Verbandsinteresse*). Kommt bei einem Verband eine Minderung nach § 12 IV in Betracht, ist bei der Prüfung der Belastung nicht auf seine Gesamttätigkeit und -situation abzustellen (so aber Ahrens/*Berneke* Kap 41 Rdn 12 sowie OLG Koblenz GRUR 1989, 764, das von einem Sockelbetrag ausgeht und $^1/_{10}$ der Differenz zum vollen Streitwert hinzuschlägt), da dies auf einen „Sonderrabatt" für derartige Verbände hinausliefe (GK/*Jestaedt* § 23 a UWG 1909 Rdn 24). Vielmehr sind die Auswirkungen des konkreten Prozesses maßgebend (BGH GRUR 1994, 385 – *Streitwertherabsetzung;* OLG Frankfurt WRP 1989, 173). 5.24

4. Entscheidung über die Minderung

a) Zeitpunkt. Da § 12 IV von Amts wegen in jedem Verfahrensstadium zu beachten ist, kann die Entscheidung bereits zu Beginn des Verfahrens getroffen werden. Das ist aber vielfach nicht möglich, weil sich die Voraussetzungen oft erst im Laufe des Rechtsstreits oder in der Letzten mündlichen Verhandlung herausstellen. Im Grundsatz gilt daher, dass die Entscheidung zum frühest möglichen Zeitpunkt getroffen werden muss, in der Praxis wird dies aber meist der Zeitpunkt der Letzten mündlichen Verhandlung sein (OLG Köln WRP 1988, 623, 624; Ahrens/*Berneke* Kap 41 Rdn 16; *Teplitzky* Kap 49 Rdn 80). 5.25

5.26 b) Mehrheit von Instanzen. Die Voraussetzungen des § 12 IV sind in jeder Instanz gesondert zu prüfen, zumal sie sich im und durch den Prozessverlauf ändern können. Die Entscheidung über die Streitwertminderung kann also von Instanz zu Instanz unterschiedlich ausfallen. Sind die Voraussetzungen des § 12 IV in der Vorinstanz zu Unrecht angenommen oder verkannt worden, so muss das Rechtsmittelgericht von Amts wegen auch ohne Beschwerde die Streitwertfestsetzung der Vorinstanz abändern. Die Rückgängigmachung einer Streitwertminderung steht dabei in seinem pflichtgemäßen Ermessen, die nachträgliche Streitwertminderung muss es dagegen vornehmen (*Teplitzky* Kap 49 Rdn 87, 88).

5.27 c) Form der Entscheidung und Rechtsmittel. Die Streitwertminderung ist Teil der Streitwertentscheidung und ergeht daher nach Anhörung der Parteien durch **Beschluss**. Zur **Beschwerde** hiergegen vgl Rdn 5.4.

6. Kapitel. Zwangsvollstreckung

Übersicht

	Rdn
I. Unterlassungstitel	6.1–6.20
1. Grundsatz	6.1
2. Vollstreckbare Unterlassungstitel	6.2
3. Androhung von Ordnungsmitteln	6.3
4. Zuwiderhandlung	6.4–6.8
a) Objektiver Tatbestand	6.4
b) Verschulden	6.5–6.7
aa) Persönliches Verschulden	6.6
bb) Verschuldensmaßstab	6.7
c) Beweislast	6.8
5. Festsetzungsverfahren	6.9–6.13
a) Antrag	6.9
b) Zuständigkeit	6.10
c) Entscheidung	6.11
d) Bemessungsgrundsätze	6.12
e) Rechtsmittel	6.13
6. Titelfortfall	6.14–6.17
a) Ausgangspunkt	6.14
b) Titelfortfall vor Zuwiderhandlung	6.15
c) Titelfortfall nach Zuwiderhandlung	6.16
d) Titelfortfall nach Ordnungsmittelfestsetzung	6.17
7. Einstweilige Einstellung der Zwangsvollstreckung nach §§ 719, 707 ZPO	6.18
8. Kosten	6.19
9. Verjährung	6.20
II. Sonstige Titel	6.21–6.23
1. Vertretbare Handlungen (§ 887 ZPO)	6.21
2. Unvertretbare Handlungen (§ 888 ZPO)	6.22
3. Abgabe von Willenserklärungen (§ 894 ZPO)	6.23

Schrifttum: *Ahrens/Spätgens,* Einstweiliger Rechtsschutz und Vollstreckung in UWG-Sachen, 4. Aufl 2001; *Borck,* Ein letztes Mal noch: Zur Unterlassungsvollstreckung, WRP 1996, 656; *v d Groeben,* Zuwiderhandlungen gegen die einstweilige Verfügung zwischen Verkündung und Vollziehung des Unterlassungsurteils, GRUR 1999, 674; *Melullis,* Handbuch des Wettbewerbsprozesses, 3. Aufl 2000; *Ahrens,* Der Wettbewerbsprozeß, 5. Aufl 2005; *Ruess,* Vollstreckung aus Unterlassungstiteln – das Ende einer endlosen Diskussion, NJW 2004, 485; *Sosnitza,* Vom Fortsetzungszusammenhang zur natürlichen und rechtlichen Handlungseinheit – Vertragsstrafe und Ordnungsgeld, FS Lindacher, 2007, 161; *Teplitzky,* Wettbewerbsrechtliche Ansprüche, 9. Aufl 2006, Kap 57, 58.

I. Unterlassungstitel

1. Grundsatz

6.1 Die Vollstreckung aus Unterlassungstiteln (Rdn 6.2) erfolgt nur nach § 890 ZPO (str). Sie setzt voraus: **(1)** vollstreckbarer Unterlassungstitel; **(2)** Ordnungsmittelandrohung durch Gericht;

(3) Zustellung des Titels und der Androhung an den Schuldner; (4) schuldhafte Zuwiderhandlung durch den Schuldner.

2. Vollstreckbare Unterlassungstitel

Zu den vollstreckbaren Unterlassungstiteln gehören insbes: **(1)** rechtskräftige oder vorläufig vollstreckbare Unterlassungsurteile im Klageverfahren; **(2)** einstweilige Verfügungen; **(3)** Prozessvergleiche (§ 794 I Nr 1 ZPO); **(4)** Vergleiche vor Einigungsstellen (§ 15 VII 2); **(5)** notarielle Unterwerfungserklärungen (§ 794 I Nr 5 ZPO); **(6)** vollstreckbare Anwaltsvergleiche (§§ 796 a–796 c ZPO). – Eine vollstreckbare Ausfertigung (§ 724 ZPO) ist bei der einstweiligen Verfügung nicht erforderlich (§§ 936, 929 I ZPO). Ist das Urteil nur gegen Sicherheitsleistung vorläufig vollstreckbar, so fehlt die Vollstreckbarkeit so lange, bis die Sicherheit geleistet ist; vorherige Verstöße können nicht geahndet werden (OLG München GRUR 1990, 638; *Krieger* GRUR 1993, 598).

3. Androhung von Ordnungsmitteln

Sie erfolgt nur auf Antrag des Gläubigers, und zwar entweder – wie idR – zusammen mit dem Unterlassungsausspruch oder (zB bei Prozessvergleichen) in einem nachfolgenden Beschluss (§ 890 II ZPO). Nur im letzteren Fall ist die Androhung eine Maßnahme der Zwangsvollstreckung und unterliegt der sofortigen Beschwerde (BGH GRUR 1991, 929, 931 – *Fachliche Empfehlung II*). Zwar muss nicht der Antrag, wohl aber die Androhung durch das Gericht Art und Höchstmaß (§ 890 I 2 ZPO) des für jeden Einzelfall angedrohten Ordnungsmittels konkret benennen (BGH GRUR 1995, 744, 749 – *Feuer, Eis & Dynamit I;* BGH GRUR 2004, 264, 265 – *Euro-Einführungsrabatt*). Unschädlich ist es, wenn entgegen § 890 ZPO Ordnungsgeld und Ordnungshaft nicht alternativ, sondern kumulativ angedroht werden, weil dadurch kein Schutzinteresse des Schuldners berührt wird (BGH aaO – *Euro-Einführungsrabatt*). Hat der Gläubiger nur Ordnungsgeld beantragt, so hat das Gericht von Amts wegen Ersatzordnungshaft anzuordnen (BGH GRUR 1993, 62, 63 – *Kilopreise III*). Die Androhung setzt nicht voraus, dass Zuwiderhandlungen begangen worden oder zu befürchten sind (OLG Saarbrücken WRP 1979, 235).

4. Zuwiderhandlung

a) Objektiver Tatbestand. Der Schuldner muss dem Verbot zuwidergehandelt haben. Er muss also durch positives Tun oder pflichtwidriges Unterlassen den Tatbestand des Verbots verwirklicht haben. Ob das Handeln eine Zuwiderhandlung darstellt, bestimmt sich nach der durch **Auslegung** zu ermittelnden Reichweite des Unterlassungstitels (dazu ausführl Ahrens/*Ahrens* Kap 65 Rdn 1 ff). Zur Auslegung der Urteilsformel können auch Tatbestand und Entscheidungsgründe (uU auch der in der höheren Instanz; BGH GRUR 1986, 325, 329 – *Peters*), erforderlichenfalls auch die Klage- oder Antragsbegründung herangezogen werden (BGH GRUR 2008, 702 Tz 37 – *Internet-Versteigerung III;* BGH GRUR 2010, 855 Tz 17 – *Folienrollos*). Bei einem Anerkenntnisurteil ist mangels Begründung des Urteils ohnehin die der Klage heranzuziehen (OLG Stuttgart WRP 2005, 1191, 1192). Nimmt das Urteil auf Zeichnungen usw Bezug, müssen diese körperlich mit dem Urteil verbunden sein, damit sie bei der Vollstreckung berücksichtigt werden können (BGH GRUR 1985, 1041, 1049 – *Inkasso-Programm*). Entsprechendes gilt für solche einstweilige Verfügungen, deren Sinngehalt nur aus der Antragsschrift deutlich wird (*Teplitzky* Kap 57 Rdn 6). Der Verbotsumfang ist nicht auf die im Urteil beschriebene sog konkrete Verletzungsform begrenzt, es sei denn, dass das Verbot eng auf die konkrete Verletzungshandlung beschränkt ist (BGH GRUR 2010, 454 Tz 12 – *Klassenlotterie*). Sofern der Titel das **Charakteristische** oder den „**Kern**" der Verletzungsform zweifelsfrei zum Ausdruck bringt, werden nicht nur die mit der verbotenen konkreten Verletzungsform identischen, sondern auch abgewandelte, aber im Kern gleichartige (aber nicht bloß ähnliche) Handlungsformen erfasst (BGH GRUR 2010, 253 Tz 30 – *Fischdosendeckel;* BGH GRUR 2010, 855 Tz 17 – *Folienrollos*). Das ist insbes dann anzunehmen, wenn neben der in Bezug genommenen konkreten Verletzungshandlung zur Beschreibung abstrakt formulierte Merkmale verwendet werden. Sie haben dann die Funktion, den Kreis der Varianten näher zu bestimmen, die von dem Verbot als kerngleiche Handlungen erfasst sein sollen (BGH GRUR 2010, 855 Tz 17 – *Folienrollos*). – Diese sog **Kerntheorie** ist verfassungsrechtlich unbedenklich (BVerfG GRUR 2007, 618 Tz 20 – *Organisationsverschulden*). Eine weiter gehende Titelauslegung ist dagegen schon auf Grund des strafähnlichen Charakters der Ordnungsmittel des § 890 ZPO unstatthaft

(BGH aaO – *Bioäquivalenz-Werbung*). Zweifel gehen zu Lasten des Titelinhabers, da er durch entspr Antragsformulierung die notwendige Verallgemeinerung des Verbots herbeiführen kann und das Vollstreckungsverfahren nicht mit Ungewissheiten belastet werden soll, die besser im Erkenntnisverfahren geklärt werden. Unklarheiten des Titels können auch in einem neuen Hauptsacheprozess ausgeräumt werden, ohne dass die Möglichkeit der Vollstreckung aus diesem Titel entfiele (BGH GRUR 1952, 577, 579 – *Zwilling*). – Die im Recht der Vertragsstrafe bedeutsame Frage, ob und inwieweit mehrere Einzelakte zu einer einzigen Zuwiderhandlung zusammengefasst werden können (Rdn 1.146 ff), stellt sich bei der Ordnungsgeldfestsetzung nicht in gleicher Schärfe, weil das Gericht in der Festsetzung der Gesamtsanktion einen Ermessensspielraum hat, der eine angemessene Würdigung der Einzelakte ermöglicht. Daher können mehrere – auch fahrlässige – Verhaltensweisen zu einer **natürlichen Handlungseinheit** zusammengefasst werden, wenn sie auf Grund ihres räumlich-zeitlichen Zusammenhangs so eng miteinander verbunden sind, dass sie bei natürlicher Betrachtungsweise als ein einheitliches, zusammengehörendes Tun erscheinen (BGHZ 146, 318, 326 = GRUR 2001, 758 – *Trainingsvertrag*). Auf die früher verwendete Rechtsfigur des **Fortsetzungszusammenhangs** ist daher nicht mehr zurückzugreifen (vgl BGH GRUR 2009, 427 Tz 14 – *Mehrfachverstoß gegen Unterlassungstitel; Teplitzky* Kap 57 Rdn 35; *Sosnitza*, FS Lindacher, 2007, 161, 171).

6.5 **b) Verschulden.** Die Zuwiderhandlung muss schuldhaft begangen sein (BGH GRUR 1987, 648, 649 – *Anwaltseilbrief*).

6.6 **aa) Persönliches Verschulden.** Der Schuldner selbst muss schuldhaft gehandelt haben (BVerfGE 84, 82). Ein Verschulden von Hilfspersonen reicht nicht aus. Die §§ 278, 831 BGB und § 8 II sind daher nicht anwendbar. Eine **juristische Person** muss sich jedoch das Verschulden ihrer (uU wechselnden) Organe nach § 31 BGB und ein etwaiges Organisationsverschulden zurechnen lassen (BVerfG GRUR 2007, 618 Tz 11 – *Organisationsverschulden;* BGH GRUR 1991, 929, 931 – *Fachliche Empfehlung II;* OLG Zweibrücken GRUR 1988, 485, 486; OLG Nürnberg WRP 1999, 1184, 1185). Ordnungsmittel gegen Organe können allerdings nur festgesetzt werden, wenn sie selbst zur Unterlassung verurteilt sind. Ist Titelschuldner eine GmbH, so kann ein Ordnungsgeld nicht wegen einer Zuwiderhandlung durch eine (zu diesem Zweck gegründete) Nachfolgegesellschaft festgesetzt werden (OLG Frankfurt GRUR 1994, 668). – Ist auf Seiten des Schuldners eine **Rechtsnachfolge** (zB auf Grund Erbfall oder Verschmelzung) erfolgt, kann gegen Rechtsnachfolger nicht wegen einer Zuwiderhandlung des Rechtsvorgängers vollstreckt werden (OLG Köln GRUR-RR 2009, 192, 193), weil es am persönlichen Verschulden fehlt.

6.7 **bb) Verschuldensmaßstab.** Der Schuldner hat für Vorsatz und Fahrlässigkeit einzustehen. Auf einen vermeidbaren Verbotsirrtum kann sich der Schuldner nicht berufen (Ahrens/*Spätgens* Kap 64 Rdn 73; vgl auch OLG Naumburg GRUR 2005, 1071 zum Irrtum über Vollziehbarkeit einer eV). Entscheidend ist – wie beim Schadensersatzanspruch –, ob er bei gebotener Sorgfalt mit einer für ihn ungünstigen Beurteilung der Rechtslage durch das Gericht rechnen musste (vgl *Teplitzky* Kap 57 Rdn 27 mwN). Fahrlässigkeit ist daher zu bejahen, wenn der Schuldner eine Zuwiderhandlung im Glauben begeht, das Unterlassungsgebot auf Grund einer eV sei noch nicht mit Wirksamwerden der eV zu beachten (BGHZ 180, 72 = GRUR 2009, 890 Tz 18 = WRP 2009, 999 – *Urteilsverfügung*). Der Schuldner muss nicht nur alles unterlassen, was zu einer Verletzung führen kann, sondern auch alles tun, was im konkreten Fall erforderlich und zumutbar ist, um künftige Verletzungen zu verhindern (BGHZ 120, 73, 77 f = GRUR 1993, 415 – *Straßenverengung;* KG GRUR 1989, 707; KG WRP 1998, 627, 628; OLG Zweibrücken WRP 1989, 63, 64; OLG Frankfurt WRP 1992, 185; OLG Frankfurt WRP 1992, 800; OLG München GRUR 1993, 510; Ahrens/*Spätgens* Kap 64 Rdn 71). Dazu gehört auch die **Einwirkung auf Dritte,** soweit deren Handeln in seinem Einflussbereich liegt und ihm wirtschaftlich zugute kommt (zB Mitarbeiter; Mitveranstalter; Werbeagenturen). Der Schuldner kann sich nicht darauf berufen, dass der Wettbewerbsverstoß ohne sein Zutun erfolgt sei. Maßgebend ist insoweit, ob der Schuldner mit Verstößen durch Dritte ernstlich rechnen muss und welche rechtlichen und tatsächlichen Einflussmöglichkeiten der Schuldner auf den Dritten hat. Zur Unterbindung von Wettbewerbsverstößen durch Mitarbeiter und Beauftragte kann es gehören, auf sie durch Belehrungen und Anordnungen entspr einzuwirken und deren Beachtung genau zu überwachen (OLG Zweibrücken GRUR 2000, 921; OLG Köln GRUR-RR 2001, 24). Die Belehrung hat grds schriftlich zu erfolgen und muss auf die Nachteile aus einem Verstoß, sowohl hins des Dienstverhältnisses (Kündigung) als auch der Zwangsvollstreckung, hinweisen (OLG Hamburg NJW-RR 1993, 1392; OLG Nürnberg WRP 1999, 1184, 1185). Es reicht also nicht aus, Mitarbeiter oder Beauftragte (wie zB eine Werbeagentur) lediglich über den Inhalt des Titels zu informieren und sie zu einem entspr Verhalten aufzufordern (OLG Nürnberg aaO; LG Dresden WRP 1999, 250 [LS]; LG Bayreuth WRP 1999, 887). Vielmehr muss die Einhaltung der Anordnungen auch überwacht werden. Ggf müssen angedrohte Sanktionen auch verhängt werden, um die Durchsetzung von Anordnungen sicherzustellen (LG Frankfurt WRP 2008, 691, 692). Dafür trägt der Schuldner die Darlegungs- und Beweislast (LG Frankfurt WRP 2008, 691, 692). – **Beispiele:** Muss ein Lieferant damit rechnen, dass seine Abnehmer eine von ihm ausgehende unlautere Werbung fortsetzen, so muss er ggf die Belieferung der Abnehmer von der Abgabe einer entspr strafbewehrten Unterlassungserklärung und einer entspr Bindung weiterer Zwischenhändler abhängig machen (KG WRP 1998, 627, 628). – Ist dem Schuldner der Vertrieb eines Produkts verboten worden, muss er es aus den verschiedenen Handelsstufen zurückrufen (OLG Zweibrücken GRUR 2000, 921; OLG Köln GRUR-RR 2008, 365). – Ist dem Schuldner eine bestimmte Gestaltung seiner Homepage untersagt worden, so muss er nach Änderung der Homepage auch die entspr Arbeitsschritte des Providers und deren Ergebnisse kontrollieren, um sicherzustellen, dass nur noch die Neufassung abrufbar ist (OLG Köln GRUR-RR 2001, 24). – Ist dem Schuldner eine Werbung verboten worden, so muss er die Rückgabe oder Vernichtung ausgegebenen Werbematerials veranlassen (OLG Hamburg GRUR 1989, 150). – Muss ein Veranstalter damit rechnen, dass sein Mitveranstalter denselben Wettbewerbsverstoß begeht, so muss er sich eine effektive Kontrollmöglichkeit vertraglich vorbehalten (OLG Oldenburg WRP 2007, 361, 362).

c) Beweislast. Die Zuwiderhandlung und das Verschulden sind vom Gläubiger nicht nur glaubhaft zu machen, sondern zu beweisen (OLG Nürnberg WRP 1999, 1184, 1185; *Teplitzky* Kap 57, 28; aA OLG Zweibrücken GRUR 1986, 839 und WRP 1989, 63, 64;), wobei allerdings Beweislasterleichterungen (BGH GRUR 1963, 270, 271 – *Bärenfang;* OLG Frankfurt GRUR 1999, 371) bis hin zum Anscheinsbeweis (BVerfG WRP 1991, 611; *Fischötter/Wrage-Molkenthin,* FS Gaedertz, 1992, 181HdbWettbR/*Spätgens* § 112 Rdn 56) zulässig sind. Daher hat der Schuldner zB darzulegen, welche internen Maßnahmen (wann, wie, was) er unternommen hat, um die Missachtung des Titels durch seine Mitarbeiter zu verhindern (OLG Düsseldorf WRP 1993, 326; OLG Nürnberg WRP 1999, 1184, 1185). – Ist der Schuldner nach § 3 iVm § 5 einschränkungslos verurteilt worden, muss er im Vollstreckungsverfahren nachweisen, dass ein von ihm gewählter Zusatz die Irreführung beseitigt (vgl BGH GRUR 1992, 525, 526 – *Professorenbezeichnung in der Arztwerbung II).* 6.8

5. Festsetzungsverfahren

a) Antrag. Die Festsetzung eines Ordnungsmittels („Verurteilung" iSd § 890 ZPO) setzt einen Antrag des Gläubigers voraus (§ 890 I 1 ZPO). Der Antrag kann selbst dann gestellt werden, wenn der Gläubiger auch eine Vertragsstrafe geltend machen kann oder macht (OLG Karlsruhe WRP 1996, 445, 447). Beim LG besteht Anwaltszwang, auch wenn aus einer Beschlussverfügung vollstreckt werden soll (str). Der Antrag muss begründet, aber nicht bestimmt sein. Er kann bis zur Rechtskraft des Festsetzungsbeschlusses zurückgenommen werden; dieser ist dann nach § 269 III 1 ZPO analog für wirkungslos zu erklären (OLG Düsseldorf WRP 1988, 374). Gegenstand des Verfahrens ist nur die Zuwiderhandlung, auf die sich der Antrag bezieht. Später erfolgte oder bekannt gewordene Zuwiderhandlungen müssen durch einen neuen Antrag (ggf in der Berufungsinstanz; OLG Stuttgart WRP 1990, 134) in das Verfahren einbezogen werden. 6.9

b) Zuständigkeit. Zuständig ist ausschließlich (§ 802 ZPO) das Prozessgericht erster Instanz (§ 890 I 1 ZPO). 6.10

c) Entscheidung. Die Entscheidung kann ohne mündliche Verhandlung ergehen, jedoch ist dem Schuldner rechtliches Gehör zu gewähren (§ 891 ZPO). § 138 III ZPO ist anwendbar (OLG Düsseldorf NJW-RR 1991, 1088; aA Zöller/*Stöber* ZPO § 891 Rdn 1); grds nicht dagegen § 296 ZPO (OLG Stuttgart WRP 1982, 53). Die Festsetzung des Ordnungsmittels erfolgt durch Beschluss, der zu begründen (Zuwiderhandlung; Zumessungserwägungen) und zuzustellen (§ 329 III ZPO) ist. 6.11

d) Bemessungsgrundsätze. Bei der Wahl und Bemessung der Ordnungsmittel steht dem Tatrichter ein Ermessen zu (BGH WRP 2004, 235, 239 – *Euro-Einführungsrabatt).* Die Bemessung hat sich am Zweck des Ordnungsmittels, nämlich künftigen Zuwiderhandlungen vorzubeugen und begangene Zuwiderhandlungen strafähnlich zu sanktionieren, zu orientieren (BGH GRUR 1994, 146, 147 – *Vertragsstrafebemessung;* BGHZ 146, 318, 323 – *Trainingsvertrag;* BGH GRUR 2004, 264, 267 – *Euro-Einführungsrabatt).* Der Grundsatz der **Verhältnismäßigkeit** gebietet es, 6.12

anderweitige Sanktionen des gleichen Verstoßes (Ordnungsmittel aus Paralleltiteln; bezahlte oder eingeklagte Vertragsstrafen) bei der Festsetzung oder Beitreibung zu berücksichtigen (BGH WRP 1998, 507, 509 – *Behinderung der Jagdausübung;* OLG Karlsruhe WRP 1996, 445, 446; OLG Köln GRUR 1986, 688; OLG Hamm WRP 2000, 413; *Köhler* WRP 1992, 359, 364). Ordnungshaft darf das Gericht nur anordnen, wenn ein Ordnungsgeld als Sanktion nicht ausreicht. Die **Höhe des Ordnungsmittels** bemisst sich nicht nach Bruchteilen des Unterlassungsstreitwerts (BGH GRUR 1994, 146, 147 – *Vertragsstrafebemessung; Teplitzky* Kap 57 Rdn 34; str), sondern nach Art, Umfang und Dauer des Verstoßes sowie nach dem Verschuldensgrad, dem Vorteil für den Verletzer (zB Umsatzsteigerung) und der Gefährlichkeit für den Verletzten (BGH aaO – *Vertragsstrafebemessung;* BGH GRUR 2004, 264, 268 – *Euro-Einführungsrabatt;* OLG Hamm WRP 2000, 413, 417; OLG Stuttgart WRP 2005, 1191, 1192). Mindestens ist der Gewinn aus der Verletzung abzuschöpfen (OLG Köln WRP 1987, 569; offen gelassen in BGH GRUR 2004, 264, 268 – *Euro-Einführungsrabatt*), sofern ihn der Verletzte nicht für sich beanspruchen kann (*Köhler* WRP 1993, 666, 674). Denn eine Titelverletzung soll sich für den Verletzer nicht lohnen (BGH GRUR 1994, 146, 147 – *Vertragsstrafebemessung;* BGH GRUR 2004, 264, 268 – *Euro-Einführungsrabatt*). Auch sind die wirtschaftlichen Verhältnisse des Verletzers zu berücksichtigen (OLG München WRP 1978, 72). Ein erneuter Verstoß nach erfolgter Festsetzung rechtfertigt eine erneute, einschneidendere Festsetzung. Ersatzordnungshaft (§ 890 I 1 ZPO) kann auch gegen juristische Personen und Personengesellschaften (OHG, KG) angedroht und festgesetzt werden, allerdings nur mit der Maßgabe, dass sie an deren Organen zu vollziehen ist (BGH GRUR 1991, 929, 931 – *Fachliche Empfehlung II*). Die Festsetzung setzt Verschulden des betreffenden Organs voraus (BGH aaO – *Fachliche Empfehlung II*). – Bei mehreren rechtlich selbstständigen Zuwiderhandlungen sind die Einzelsanktionen zu addieren und nicht etwa ein Gesamtordnungsgeld nach §§ 53 ff StGB analog festzusetzen (OLG Köln GRUR-RR 2007, 31, 32; aA Harte/Henning/ *Brüning* Vor § 12 Rdn 322). Denn das Vollstreckungsverfahren und das Strafverfahren unterliegen unterschiedlichen Grundsätzen (vgl *Schuschke* WRP 2000, 1008, 1013).

6.13 **e) Rechtsmittel.** Sofortige Beschwerde (§ 793 ZPO); Anwaltszwang (OLG Koblenz WRP 1985, 292).

6. Titelfortfall

Schrifttum: *Borck,* Der Streit um den Titelfortfall und immer noch kein Ende, WRP 1994, 656; *Melullis,* Zur Unterlassungsvollstreckung aus erledigten Titeln, GRUR 1993, 241; *Ruess,* Vollstreckung aus Unterlassungstiteln bei Erledigung des Verfahrens – das Ende einer endlosen Diskussion, NJW 2004, 485.

6.14 **a) Ausgangspunkt.** Ausgangspunkt ist, dass mit dem Wegfall des Titels der (vorrangige) Beugezweck des Ordnungsmittels nicht mehr erreicht werden kann (sehr str; vgl *Melullis* GRUR 1993, 241).

6.15 **b) Titelfortfall vor Zuwiderhandlung.** Ordnungsmittel dürfen nicht mehr festgesetzt werden.

6.16 **c) Titelfortfall nach Zuwiderhandlung.** Bei einem rückwirkenden Titelfortfall (zB auf Grund Klagerücknahme, § 269 ZPO; Aufhebung einer einstweiligen Verfügung nach § 926 II ZPO) ist jede weitere Vollstreckung unzulässig (OLG Köln WRP 1982, 429). Fällt der Titel ex nunc weg (zB bei Aufhebung nach § 927 ZPO; Prozessvergleich; übereinstimmende und uneingeschränkte Erledigterklärung, extra nach Unterwerfung; Ablauf der Verbotsfrist), so ist ebenfalls jede weitere Vollstreckung unzulässig (arg § 775 Nr 1, 776 ZPO; BGH GRUR 2004, 264 – *Euro-Einführungsrabatt; Teplitzky* Kap 57 Rdn 38; *Ulrich* WRP 1992, 147; OLG Düsseldorf GRUR 1992, 478; aA OLG Karlsruhe WRP 1992, 405; OLG Frankfurt WRP 1992, 717). Der Titel kann danach auch dann nicht mehr die Grundlage für Vollstreckungsmaßnahmen sein, wenn die Zuwiderhandlung gegen das ausgesprochene Unterlassungsgebot zuvor begangen worden ist (BGH GRUR 2004, 264, 266 – *Euro-Einführungsrabatt* mwN auch zur Gegenansicht). Für den Gläubiger empfiehlt es sich daher, die Erledigterklärung auf die Zeit nach dem erledigenden Ereignis zu beschränken, wenn er wegen Zuwiderhandlungen vor dem erledigenden Ereignis vollstrecken möchte (BGH GRUR 2004, 264, 267 – *Euro-Einführungsrabatt*). Dies gilt auch für einen im Verfügungsverfahren erlassenen Unterlassungstitel. Ob die Parteien die Erledigung nur für die Zukunft erklärt haben, ist durch Auslegung unter Berücksichtigung der Interessenlage festzustellen. Im Zweifel ist dies aber anzunehmen (BGH aaO – *Euro-Einführungsrabatt*). Für die Praxis empfiehlt sich eine ausdrückliche Erklärung. Das Gesagte gilt auch für einen Verzicht auf den Titel (OLG Hamm WRP 1992, 338).

d) Titelfortfall nach Ordnungsmittelfestsetzung. Bei einem Titelwegfall ex tunc ist der 6.17
Beschluss nach §§ 775 Nr 1, 776 ZPO aufzuheben. Dies gilt auch dann, wenn der Ordnungs-
geldbeschluss rechtskräftig geworden ist (OLG Köln GRUR 1992, 476, 477). Auch wenn das
Ordnungsgeld bereits bezahlt worden ist, ist eine Aufhebung noch möglich (OLG Hamm WRP
1990, 423; OLG Köln GRUR 1992, 476, 477; aA GK/*Jestaedt* Vor § 13 aF Rdn E 74). Der
Schuldner kann dann nach hM Rückzahlung von der Staatskasse verlangen.

7. Einstweilige Einstellung der Zwangsvollstreckung nach §§ 719, 707 ZPO

Der Antrag kann auch noch in der Revisionsinstanz (§ 719 II ZPO) gestellt werden. Er ist 6.18
jedoch abzulehnen, wenn der Schuldner in der Berufungsinstanz einen Vollstreckungsschutzantrag nach § 712 ZPO hätte stellen können (BGH GRUR 1992, 65 – *Fehlender Vollstreckungsschutzantrag*); ferner, wenn er den Antrag zwar gestellt, aber nicht substanziiert begründet
hat, obwohl ihm dies damals schon möglich war (BGH GRUR 1991, 159 – *Zwangsvollstreckungseinstellung*; BGH GRUR 1991, 943 – *Einstellungsbegründung*). Bei einstweiligen Verfügungen ist die einstweilige Einstellung der Zwangsvollstreckung nach § 719 ZPO bzw
§§ 936, 924 III ZPO nur in Ausnahmefällen zuzulassen (OLG Koblenz WRP 1990, 366),
insbes dann, wenn der Titel (höchstwahrscheinlich) keinen Bestand haben wird (*Klette* GRUR
1982, 471).

8. Kosten

Die Kosten der Durchführung der Zwangsvollstreckung regeln sich nach § 788 ZPO (hM, zB 6.19
OLG Köln WRP 1987, 569, 570; aA OLG Koblenz GRUR 1984, 838: §§ 91 ff ZPO); Unbil-
ligkeiten ist durch strenge Prüfung der Notwendigkeit und ggf durch analoge Anwendung der
§§ 91 a, 269 III ZPO zu begegnen (*Teplitzky* Kap 57 Rdn 48). Für die Kosten des Festsetzungs-
verfahrens gelten nach § 891 S 3 ZPO die §§ 91 ff ZPO.

9. Verjährung

Für die Vollstreckungsverjährung gilt nicht § 11, sondern die Spezialregelung in Art 9 6.20
EGStGB: Zwei Jahre nach Beendigung der Zuwiderhandlung dürfen Ordnungsmittel nicht
mehr festgesetzt werden (Art 9 I EGStGB); zwei Jahre nach Beginn der Vollstreckbarkeit eines
Festsetzungsbeschlusses (§ 794 I Nr 3 ZPO), dh nach Verkündung und Zustellung des Ord-
nungsmittelbeschlusses, ist die Vollstreckung eines Ordnungsmittels ausgeschlossen (Art 9 II
EGStGB). Ein Neubeginn oder eine Hemmung der Verjährung ist ausgeschlossen (*Teplitzky*
Kap 57 Rdn 59). Die Verfolgungsverjährung nach Art 9 I EGStGB kann, jedenfalls im Anwen-
dungsbereich des § 890 ZPO, nicht mehr eintreten, wenn innerhalb der Zweijahresfrist, ein
Ordnungsmittel festgesetzt wird, auch wenn die Entscheidung nicht rechtskräftig ist (BGH
GRUR 2005, 268, 269 – *Verfolgungsverjährung*; vgl näher § 11 Rdn 1.19 aE).

II. Sonstige Titel

1. Vertretbare Handlungen (§ 887 ZPO)

Dazu gehört ua die Entfernung oder Vernichtung von Gegenständen (zB gem § 18 Mar- 6.21
kenG). Die Vollstreckung setzt nur objektive Nichterfüllung des Schuldners voraus. Kann die
Handlung (zB Beseitigung eines Werbeschildes) nur mit Zustimmung eines Dritten (zB des
Hauseigentümers) erfolgen, so muss dessen Zustimmung vorliegen; die bloße Verpflichtung
hierzu reicht nicht aus (GK/*Jestaedt* Vor § 13 UWG 1909 Rdn E 96; aA OLG Koblenz WRP
1982, 427). Zweckmäßigerweise ist daher der Dritte als Mitstörer (*Teplitzky* Kap 58 Rdn 16)
oder Teilnehmer (§ 830 II BGB) zu verklagen.

2. Unvertretbare Handlungen (§ 888 ZPO)

Dazu gehören ua Auskunft und Rechnungslegung (BGH GRUR 2009, 794 Tz 20 – *Auskunft* 6.22
über Tintenpatronen). Ob der **Widerruf** nach § 888 ZPO oder nach § 894 ZPO zu vollstrecken
ist, ist umstritten (dazu § 8 Rdn 1.109). Die Zwangsmittel (Zwangsgeld, Zwangshaft) sind reine
Beugemittel und können daher jederzeit durch Vornahme der geschuldeten Handlung abgewendet werden. Sie sind unzulässig, wenn der Schuldner zur Vornahme der Handlung außerstande ist, selbst wenn er sein Unvermögen schuldhaft herbeigeführt hat (BGH GRUR 2009,
794 Tz 20 – *Auskunft über Tintenpatronen*). Hängt die Vornahme einer Handlung (zB Auskunfter-

teilung) von der Mitwirkung eines Dritten (zB eines anderen Konzernunternehmens) ab, muss der Schuldner alles ihm Zumutbare tun, um den Dritten zu einer Mitwirkung (zB Mitteilung von Tatsachen) zu veranlassen, ggf also auch gegen den Dritten Klage zu erheben (BGH GRUR 2009, 794 Tz 21 – *Auskunft über Tintenpatronen*). Die dem Schuldner eingeräumte Befugnis, die Beitreibung eines festgesetzten Zwangsmittels durch die Vornahme oder den Nachweis einer Handlung abzuwenden, stellt keine nach § 888 II ZPO unzulässige Androhung von Zwangsmitteln dar (BGH GRUR 2009, 794 Tz 29 – *Auskunft über Tintenpatronen*). Nach Rechtskraft des Beschlusses nach § 888 I ZPO muss der Einwand der Erfüllung oder der Unmöglichkeit durch Klage nach § 767 ZPO geltend gemacht werden.

3. Abgabe von Willenserklärungen (§ 894 ZPO)

6.23 Dazu gehört ua die Einwilligung in die Löschung von Registereintragungen. Zum Widerruf vgl § 8 Rdn 1.95 ff.

7. Kapitel. Vorgehen bei innergemeinschaftlichen Verstößen gegen Verbraucherschutzgesetze (VSchDG)

Übersicht

	Rdn
I. Überblick	7.1
II. Die für innergemeinschaftliche Verstöße zuständige Behörde	7.2
III. Aufgaben der zuständigen Behörde	7.3–7.5
1. Tätigwerden auf Ersuchen einer zuständigen Behörde eines anderen Mitgliedstaates	7.3, 7.4
2. Tätigwerden von Amts wegen („ohne Ersuchen")	7.5
IV. Befugnisse der zuständigen Behörde	7.6–7.8
1. Allgemeines	7.6
2. Befugnisse zur Feststellung von Verstößen	7.7
3. Befugnisse zur Beseitigung und Verhütung von Verstößen	7.8
V. Gerichtliche Überprüfung behördlicher Entscheidungen	7.9
VI. Beauftragung Dritter zur zivilrechtlichen Rechtsdurchsetzung	7.10–7.13
1. Vorrang der Beauftragung Dritter vor eigener Entscheidung der zuständigen Behörde	7.10
2. Vorherige Abstimmung mit der ersuchenden Behörde	7.11
3. Allgemeine Voraussetzungen für eine Beauftragung Dritter	7.12
4. Tätigwerden des Dritten	7.13

I. Überblick

7.1 Bei grenzüberschreitenden Wettbewerbsverstößen ist, insbes wenn der verantwortliche Unternehmer seinen Sitz im Ausland hat, die Rechtsdurchsetzung schwierig und nicht selten praktisch unmöglich. Dies wirkt sich nachteilig für die gesetzestreuen Unternehmer aus und beeinträchtigt die Bereitschaft der Verbraucher, grenzüberschreitende Angebote wahrzunehmen. Um wenigstens für den Bereich der innergemeinschaftlichen Verstöße gegen Gesetze zum Schutz der Verbraucherinteressen Abhilfe innerhalb der Gemeinschaft zu schaffen, wurde die **VO (EG) Nr 2006/2004 über die Zusammenarbeit im Verbraucherschutz** v 27. 10. 2004 (abgedr unter 1) erlassen (vgl dazu die Erläuterungen in Einl 3.65 ff). Ihr Ziel ist es, die Zusammenarbeit zwischen den dafür zuständigen Behörden zu erleichtern und damit eine wirksame Bekämpfung von innergemeinschaftlichen Verstößen auf nationaler Ebene zu ermöglichen. Die Durchführung dieser VO erfolgte durch das **EG-Verbraucherschutzdurchsetzungsgesetz (VSchDG)** v 21. 12. 2006 (abgedr unter Nr 17). Da zu den Verbraucherschutzgesetzen auch lauterkeitsrechtliche Regelungen gehören, nämlich soweit sie die Richtlinie über irreführende und vergleichende Werbung, die Fernsehrichtlinie, die Richtlinie über den elektronischen Geschäftsverkehr und die Richtlinie über unlautere Geschäftspraktiken umsetzen, ist künftig bei der Verfolgung innergemeinschaftlicher Wettbewerbsverstöße, die kollektive Verbraucherinteressen beeinträchtigen, das VSchDG zu beachten. In Deutschland erfolgte bisher die Bekämpfung derartiger Verstöße – anders als in anderen Mitgliedstaaten der EU – nicht durch staatliche Behörden mit den Mitteln des Verwaltungsrechts, sondern durch Mitbewerber und Verbände mit den Mitteln des Zivilrechts. Auf Grund der positiven Erfahrungen mit diesem System der privaten Verbandsklage hat sich der deutsche Gesetzgeber – ermächtigt durch Art 8 III VO (EG) Nr 2006/2004 – dabei für ein zweispuriges System (verwaltungsrechtliche und privatrechtliche Rechtsdurchsetzung) entschieden. Welches materielle Recht auf den innergemeinschaftlichen Verstoß im Einzelfall anwendbar ist, bestimmt sich weiterhin nach den Grundsätzen des **Internationalen Privatrechts** (vgl Art 2 II VO (EG) Nr 2006/2004) und, soweit anwendbar, nach dem Herkunftslandprinzip. Geht es um grenzüberschreitende geschäftliche Handlungen eines in Deutschland ansässigen Unternehmens mit Auswirkungen auf die Verbraucher in einem anderen Mitgliedstaat wird idR nach dem Marktortprinzip das Recht dieses Mitgliedstaats anwendbar sein (vgl Einl Rdn 5.27 ff).

II. Die für innergemeinschaftliche Verstöße zuständige Behörde

Für innergemeinschaftliche Verstöße gegen Verbraucherschutzgesetze, insbes also für wettbewerbswidrige Handlungen gegenüber Verbrauchern, ist das **Bundesamt für Verbraucherschutz und Lebensmittelsicherheit** (BVL) die „zuständige Behörde" (§ 2 Nr 1 a VSchDG). Diese Behörde ist zugleich die Zentrale Verbindungsstelle für den Außenverkehr mit der Kommission und den zuständigen Behörden anderer Mitgliedstaaten (Art 3 lit d VO; § 8 VSchDG).

III. Aufgaben der zuständigen Behörde

1. Tätigwerden auf Ersuchen einer zuständigen Behörde eines anderen Mitgliedstaates

Die deutsche zuständige Behörde wird auf Ersuchen einer zuständigen Behörde eines anderen Mitgliedstaates nach Art 6 oder 8 VO (EG) Nr 2006/2004 tätig (§ 4 Nr 1 VSchDG). Das Ersuchen kann sich auf die Beschaffung und Übermittlung der Informationen beziehen, die erforderlich sind, um festzustellen, ob ein innergemeinschaftlicher Verstoß vorliegt oder ob ein begründeter Verdacht besteht, dass ein solcher erfolgen könnte („**Informationsaustausch auf Ersuchen**" iSv Art 6 VO (EG) Nr 2006/2004). Liegt zB der französischen Behörde eine Verbraucherbeschwerde vor, die darauf hindeutet, dass ein deutsches Unternehmen Verbraucher in Frankreich unter Verstoß gegen Verbraucherschutzgesetze geschädigt hat, so kann sie sich an die deutsche Behörde (BVL) wenden, um nähere Informationen über den Vorgang zu erlangen. Die deutsche Behörde hat dann die entsprechenden Ermittlungen anzustellen, um die erbetenen Informationen zu beschaffen.

Das Ersuchen der ausländischen Behörde kann sich auch auf Durchsetzungsmaßnahmen beziehen, nämlich auf Maßnahmen, um die Einstellung oder ein Verbot des innergemeinschaftlichen Verstoßes zu bewirken („**Durchsetzungsersuchen**" iSv Art 8 I VO (EG) Nr 2006/2004). Um dieser Verpflichtung nachzukommen, hat die zuständige deutsche Behörde zwei Möglichkeiten: Sie trifft selbst die erforderlichen Maßnahmen (Art 8 II VO (EG) Nr 2006/2004). Oder aber sie beauftragt damit einen Dritten (Art 8 III VO (EG) Nr 2006/2004; § 7 VSchDG). Dazu Rdn 7.10.

2. Tätigwerden von Amts wegen („ohne Ersuchen")

Stellt die deutsche zuständige Behörde einen (begangenen oder drohenden) innergemeinschaftlichen Verstoß fest, so informiert sie von sich aus die zuständigen Behörden anderer Mitgliedstaaten und die Kommission (§ 4 Nr 1 VSchDG iVm Art 7 VO (EG) Nr 2006/2004). Außerdem wirkt die deutsche zuständige Behörde an der Koordinierung der Marktüberwachungs- und Durchsetzungstätigkeit und dem dazu erforderlichen Informationsaustausch mit (§ 4 Nr 1 VSchDG iVm Art 9 VO (EG) Nr 2006/2004).

IV. Befugnisse der zuständigen Behörde

1. Allgemeines

Die Befugnisse der zuständigen Behörde sind in § 5 VSchDG geregelt. Die Behörde trifft „die notwendigen Maßnahmen, die zur Feststellung, Beseitigung oder Verhütung künftiger innergemeinschaftlicher Verstöße gegen Gesetze zum Schutz der Verbraucherinteressen erforderlich sind" (§ 5 I 1 VSchDG). Dazu gehören Ermittlungs- und Durchsetzungsmaßnahmen. In der Sache ähneln diese Befugnisse denen der Kartellbehörden bei der Durchsetzung des Kartellrechts (vgl §§ 54 ff GWB).

2. Befugnisse zur Feststellung von Verstößen

7.7 Zur Feststellung von Verstößen hat die Behörde folgende Befugnisse: Sie kann von dem verantwortlichen Verkäufer oder Dienstleister alle erforderlichen Auskünfte innerhalb einer zu bestimmenden angemessenen Frist verlangen (§ 5 I 2 Nr 2 VSchDG). Sie kann weiter Ausdrucke elektronisch gespeicherter Daten verlangen (§ 5 I 2 Nr 3 VSchDG). Sie kann alle erforderlichen Schrift- und Datenträger des Verkäufers oder Dienstleisters, insbes Aufzeichnungen, Vertrags- und Werbeunterlagen, einsehen sowie hieraus Abschriften, Auszüge, Ausdrucke oder Kopien, auch von Datenträgern, anfertigen oder verlangen (§ 5 II 1 Nr 1 VSchDG). Sie kann zu diesem Zweck auch Grundstücke, Betriebs- und Geschäftsräume des Verkäufers oder Dienstleisters während der üblichen Betriebs- oder Geschäftszeit betreten (§ 5 II 1 Nr 2 VSchDG). Zur Durchsetzung der Befugnisse nach § 5 II VSchDG kann die Behörde die erforderlichen Anordnungen treffen (§ 5 I Nr 4 VSchDG). Der Betroffene hat diese Maßnahmen zu dulden und die mit der Ermittlung beauftragten Personen zu unterstützen (§ 6 VSchDG).

3. Befugnisse zur Beseitigung und Verhütung von Verstößen

7.8 Zur Beseitigung und Verhütung von Verstößen kann die Behörde den verantwortlichen Verkäufer oder Dienstleister verpflichten, einen festgestellten innergemeinschaftlichen Verstoß zu beseitigen oder künftige Verstöße zu unterlassen (§ 5 I 2 Nr 1 VSchDG). Dazu muss die Behörde vorab nach den Grundsätzen des **Internationalen Privatrechts** und, soweit anwendbar, nach dem Herkunftslandprinzip klären, welches mitgliedstaatliches Recht auf den Verstoß anwendbar ist, nämlich idR das Recht des ausländischen Marktortes. Ist die Entscheidung **(Verwaltungsakt)** bestandskräftig geworden, kann sie innerhalb von drei Monaten im Bundesanzeiger oder elektronischen Bundesanzeiger bekannt gemacht werden, soweit dies zur Vermeidung eines künftigen Verstoßes erforderlich ist (§ 5 IV 1 VSchDG). Schuldhafte Zuwiderhandlungen gegen eine vollziehbare Anordnung werden als **Ordnungswidrigkeiten** geahndet (§ 9 VSchDG). Außerdem ist eine **Vollstreckung** durch Festsetzung eines Zwangsgelds möglich (§ 10 VSchDG).

V. Gerichtliche Überprüfung behördlicher Entscheidungen

7.9 Gegen Entscheidungen der Behörde nach § 5 I 2 Nr 1, IV oder V ist die **Beschwerde** zulässig (§ 13 I Nr 1 VSchDG), über die ausschließlich das für den Sitz der zuständigen Behörde zuständige **Landgericht** entscheidet (§ 13 IV VSchDG). Die Beschwerde ist innerhalb eines Monats bei der zuständigen Behörde schriftlich einzureichen und innerhalb eines weiteren Monats zu begründen (§ 15 I, III VSchDG). Die Beschwerde hat aufschiebende Wirkung (§ 14 I VSchDG), jedoch kann die Behörde die sofortige Vollziehung anordnen, soweit dies im öffentlichen Interesse geboten ist (§ 14 II VSchDG). Das Beschwerdegericht erforscht den Sachverhalt von Amts wegen (§ 19 I VSchDG) und entscheidet durch Beschluss (§ 20 VSchDG). Gegen den Beschluss findet die **Rechtsbeschwerde** an den Bundesgerichtshof statt, wenn das Landgericht sie zugelassen hat (§ 24 VSchDG). Die Nichtzulassung kann mit der Nichtzulassungsbeschwerde angefochten werden, über die der Bundesgerichtshof entscheidet (§ 25 VSchDG). – Das Landgericht kann auf Antrag, auch schon vor Klageerhebung, eine **einstweilige Anordnung** treffen, die in der Sache einer einstweiligen Verfügung im Zivilprozessrecht entspricht (§ 23 VSchDG).

VI. Beauftragung Dritter zur zivilrechtlichen Rechtsdurchsetzung
1. Vorrang der Beauftragung Dritter vor eigener Entscheidung der zuständigen Behörde

7.10 Bevor die zuständige Behörde eine Entscheidung nach § 5 I 2 Nr 1 erlässt, **soll** sie jedoch eine in § 3 I Nr 1–3 UKlaG oder in § 8 III Nr 2–4 UWG genannte Stelle beauftragen, nach Maßgabe des § 4a UKlaG, auch iVm § 8 V 2 HS 2 UWG, auf das Abstellen innergemeinschaftlicher Verstöße hinzuwirken (§ 7 I VSchDG). Diese durch Art 8 IV und V VO (EG) Nr 2006/2004 ermöglichte und begrenzte Regelung trägt der deutschen Rechtstradition Rechnung, die den Schutz der Verbraucherinteressen den privaten Wirtschafts- und Verbraucherverbänden überlässt. Da es sich um eine „Sollvorschrift" handelt, liegt es nicht im Ermessen der Behörde, ob sie einen Verband beauftragt. Vielmehr wird dadurch ein **Vorrang** der Beauftragung Dritter vor einer eigenen Entscheidung begründet (vgl BT-Drucks 16/2930 S 22). Die Behörde darf nur dann selbst entscheiden, wenn dafür ein sachliches Bedürfnis besteht.

2. Vorherige Abstimmung mit der ersuchenden Behörde

Wird die deutsche zuständige Behörde von einer ausländischen Behörde zum Einschreiten ersucht, so darf die Beauftragung eines Dritten nach Art 8 IV VO (EG) Nr 2006/2004 allerdings nur in Abstimmung mit der ersuchenden Behörde erfolgen. Dabei muss Einigkeit darüber erzielt werden, dass die Beauftragung des Dritten mindestens ebenso effizient und wirksam ist wie das Tätigwerden der Behörde selbst und dass keine geschützten Informationen an den Dritten weitergegeben werden. (Hinter der Regelung verbirgt sich das Misstrauen des europäischen Gesetzgebers gegenüber der Einschaltung privater Verbände zur Bekämpfung von Verstößen.) Kommt es zu keiner Einigung, kann die ersuchte Behörde die Angelegenheit nach Art 8 v VO (EG) Nr 2006/2004 an die Kommission verweisen. **7.11**

3. Allgemeine Voraussetzungen für eine Beauftragung Dritter

Nur eine in § 3 I 1 Nr 1–3 UKlaG oder in § 8 III Nr 2–4 UWG genannte Stelle darf beauftragt werden (§ 7 I 1 VSchDG). Es sind dies die darin genannten Wirtschaftsverbände, Verbraucherverbände und Industrie- und Handelskammern und Handwerkskammern. Der „beauftragte Dritte" muss hinreichende Gewähr für die ordnungsgemäße Erfüllung der Aufgabe bieten (§ 7 II Nr 1 VSchDG) und in die Beauftragung einwilligen (§ 7 II Nr 2 VSchDG). Die zuständige Behörde kann zu diesem Zweck **Rahmenvereinbarungen** über eine allgemeine Beauftragung schließen (§ 7 III VSchDG). In der Praxis kommen dafür namentlich die **Wettbewerbszentrale** und die Verbraucherverbände, insbes der Bundesverband der Verbraucherzentralen **(vzbv)**, in Betracht. **7.12**

4. Tätigwerden des Dritten

Der „beauftragte Dritte" handelt im eigenen Namen (§ 7 I 2 VSchDG). Er wird gewissermaßen als selbstständiger **„Verwaltungshelfer"** tätig. Das Vorgehen erfolgt, wie auch sonst, durch Abmahnung und Unterlassungsklage. Der Unterlassungsanspruch des Dritten bei innergemeinschaftlichen Verstößen ergibt sich aus § 4 a UKlaG. Dabei ist nach den Grundsätzen des Internationalen Privatrechts und, soweit anwendbar, nach dem Herkunftslandprinzip zu prüfen, welches nationale Recht auf den jeweiligen innergemeinschaftlichen Verstoß anzuwenden ist. Dem beauftragten Dritten stehen keine eigenen Ermittlungsbefugnisse zu. Die zuständige Behörde darf an ihn auch keine nach Art 13 VO (EG) Nr 2006/2004 geschützten Informationen weitergeben, wie sich aus § 7 II 1 VSchDG („unbeschadet der Anforderungen des Art 8 Abs 4 und 5 der VO (EG) Nr 2006/2004") ergibt. Eigene Auskunftsansprüche hat der beauftragte Dritte nur, soweit sie gesetzlich vorgesehen sind (§ 13 UKlaG; § 8 V 1 UWG). – Der Dritte kann allerdings auch ohne Beauftragung, also von sich aus, auf der Grundlage des § 4 a UKlaG gegen innergemeinschaftliche Verstöße vorgehen. **7.13**

Sachliche Zuständigkeit

13 (1) ¹Für alle bürgerlichen Rechtsstreitigkeiten, in denen ein Anspruch auf Grund dieses Gesetzes geltend gemacht wird, sind die Landgerichte ausschließlich zuständig. ²Es gilt § 95 Absatz 1 Nummer 5 des Gerichtsverfassungsgesetzes.

(2) ¹Die Landesregierungen werden ermächtigt, durch Rechtsverordnung für die Bezirke mehrerer Landgerichte eines von ihnen als Gericht für Wettbewerbsstreitsachen zu bestimmen, wenn dies der Rechtspflege in Wettbewerbsstreitsachen, insbesondere der Sicherung einer einheitlichen Rechtsprechung, dienlich ist. ²Die Landesregierungen können die Ermächtigung auf die Landesjustizverwaltungen übertragen.

Schrifttum: *Asendorf,* Wettbewerbs- und Patentsachen vor Arbeitsgerichten?, GRUR 1990, 229; *Fischer,* Der Rechtsweg zu den Arbeitsgerichten in UWG-Sachen, DB 1998, 1182; *Goldbeck,* Zur Ermittlung des sachlich zuständigen Gerichts bei der Vertragsstrafeklage wettbewerbsrechtlichen Ursprungs, WRP 2006, 37; *Hess,* Vertragsstrafenklage und wettbewerbsrechtliche Gerichtszuständigkeit, FS Ullmann, 2006, 927; *Lindacher,* Streitwertunabhängige landgerichtliche Zuständigkeit für Vertragsstrafeklagen, FS Ullmann, 2006, 977; *Nill,* Sachliche Zuständigkeit bei Geltendmachung der Kosten von Abschlussschreiben, GRUR 2005, 740.

I. Entstehungsgeschichte

Die Regelung ist an die Stelle des § 27 aF getreten. Durch die Neuregelung des § 78 ZPO hatten sich schon die Vertretungsregelungen in § 27 III und IV aF erledigt. Während der RegE **1**

UWG in § 13 I aber noch eine bloße Regelung der Zuständigkeit der Handelskammern enthielt, wurde im Laufe des Gesetzgebungsverfahrens in § 13 I 1 die ausschließliche sachliche Zuständigkeit der Landgerichte vorgesehen und in § 13 I 2 klargestellt, dass Wettbewerbsstreitigkeiten Handelssachen iSd § 95 I Nr 5 GVG sind, also vor die Handelskammern gehören.

II. Ausschließliche Zuständigkeit der Landgerichte

2   Nach § 13 I 1 sind für alle Streitigkeiten, in denen ein Anspruch auf Grund des UWG geltend gemacht wird, die Landgerichte ausschließlich zuständig. Dazu gehören nicht nur Streitigkeiten aus Ansprüchen nach den §§ 8–10, einschließlich der dazugehörigen Hilfsansprüche auf Auskunft oder Rechnungslegung, sondern auch Prozesse um Abmahnkosten (§ 12 I 2) und Kosten eines Abschlussschreibens (§ 12 I 2 analog; vgl § 12 Rdn 3.73; *Nill* GRUR 2005, 740). Maßgebend für diese gesetzgeberische Entscheidung war die Erwägung, dass die meisten Wettbewerbsstreitigkeiten streitwertbedingt ohnehin bei den Landgerichten anfallen, die Richter daher entspr Berufserfahrung sammeln können, während dies bei den Amtsgerichten nicht der Fall ist. – Zu den Ansprüchen „auf Grund dieses Gesetzes" gehören dagegen – trotz ihrer Erwähnung in § 12 I 1 – nicht **vertragliche** Ansprüche, insbes **Vertragsstrafeansprüche** (wie hier OLG Rostock GRUR-RR 2005, 176; Harte/Henning/*Retzer* § 13 Rdn 11; Ahrens/*Bähr* Kap 17 Rdn 30; *Hess,* FS Ullmann, 2006, 927, 934 ff; **aA** Fezer/*Büscher* § 13 Rdn 8; MünchKomm-UWG/*Ehricke* § 13 Rdn 10; Götting/Nordemann/*Albert* § 12 Rdn 10; *Goldbeck* WRP 2006, 37; *Lindacher,* FS Ullmann, 2006, 977, 979), mögen sie auch aus einer wettbewerbsrechtlichen Streitigkeit hervorgegangen sein. Auch eine analoge Anwendung des § 13 I 1 mit Rücksicht auf den Normzweck, nämlich der Nutzung der wettbewerbsrechtlichen Erfahrung und Sachkunde der Landgerichte, ist nicht gerechtfertigt. Denn die Frage, ob ein Vertragsstrafeversprechen wirksam abgegeben wurde, beantwortet sich allein nach Bürgerlichem Recht. Was aber die Verwirkung der Vertragsstrafe betrifft (§ 339 S 2 BGB), geht es nicht um die Feststellung eines UWG-Verstoßes, mithin um Gesetzesauslegung, sondern um die Feststellung eines Vertragsverstoßes und damit um Vertragsauslegung. Bekanntlich ist nicht jeder UWG-Verstoß zugleich ein Vertragsverstoß und umgekehrt. Selbst wenn also der Kläger neben der Vertragsstrafe einen gesetzlichen Unterlassungs- und Schadensersatzanspruch geltend machen möchte, geht es nicht um eine „einheitliche und stimmige Beurteilung der aufgeworfenen Rechts- und Tatsachenfragen" (so aber *Goldbeck* WRP 2006, 37, 41). Abgesehen davon wird in derartigen Fällen die sachliche Zuständigkeit des Landgerichts, auch wenn eine Vertragsstrafe unter 5000 € eingeklagt wird, nach den §§ 5, 260 ZPO begründet sein (vgl Harte/Henning/*Retzer* § 13 Rdn 11). Dass gerade wegen der Regelung in § 13 I bei den Amtsgerichten keine Wettbewerbssachen mehr anfallen und sie damit keine Sachkunde und Erfahrung bei der Anwendung des UWG sammeln können, kann für die Auslegung des § 13 I nicht ausschlaggebend sein. Andernfalls dürften auch die Arbeitsgerichte nicht über Wettbewerbsverstöße im Zusammenhang mit einem Arbeitsverhältnis entscheiden (dazu § 12 Rdn 2.4). Soweit im Bereich des gewerblichen Rechtsschutzes vergleichbare Bestimmungen (zB § 140 MarkenG; § 143 PatentG) weit ausgelegt und auch auf vertragliche Streitigkeiten erstreckt werden (vgl nur *Ingerl/Rohnke,* MarkenG § 140 Rdn 5), rechtfertigt sich dies aus der unterschiedlichen gesetzlichen Regelung. So sprechen § 140 I MarkenG und § 143 I PatentG von „Klagen, durch die ein Anspruch aus einem der in diesem Gesetz geregelten Rechtsverhältnisse geltend gemacht wird". Zu diesen Rechtsverhältnissen gehören aber nicht nur gesetzliche Rechtsverhältnisse, sondern auch vertragliche Rechtsverhältnisse (vgl §§ 27 ff MarkenG; § 15 PatentG). – Nicht unter § 13 I 1 fallen auch **sonstige vertragliche Ansprüche,** etwa wegen Verletzung eines Beratungsvertrages in Wettbewerbssachen. – Zu den Ansprüchen „auf Grund dieses Gesetzes" gehören auch nicht **sonstige gesetzliche Ansprüche,** wie der Anspruch aus § 945 ZPO oder aus § 717 II ZPO (Harte/Henning/*Retzer* § 13 Rdn 14).

III. Funktionelle Zuständigkeit der Kammer für Handelssachen

1. Überblick

3   Durch den (an sich überflüssigen) Verweis auf § 95 I Nr 5 GVG in § 13 I 2 wird klargestellt, dass Wettbewerbsstreitigkeiten Handelssachen sind. Das bedeutet, dass eine derartige Streitigkeit vor der Kammer für Handelssachen (KfH) zu verhandeln ist, wenn eine solche beim Landgericht besteht (§ 93 GVG) und ein wirksamer Antrag auf Verhandlung vor der KfH entweder vom

Örtliche Zuständigkeit § 14 UWG

Kläger (§ 96 I GVG) oder vom Beklagten (§ 98 I GVG) gestellt wurde, wobei eine erfolgte Verweisung bindend ist (§ 102 GVG).

2. Wettbewerbsstreitigkeiten als Handelssachen

Nach § 13 I 2 iVm § 95 I Nr 5 GVG ist die KfH zuständig für Ansprüche, die auf Grund des UWG geltend gemacht werden. Dazu gehören nicht nur die Ansprüche nach den §§ 8–10, sondern auch der Anspruch auf Aufwendungsersatz nach § 12 I 2 (Rdn 2). Zur Rechtsnatur dieser Zuständigkeit vgl *Gaul* JZ 1984, 57. Der (prozessuale) Anspruch muss nach den Klagebehauptungen schlüssig auf eine wettbewerbsrechtliche Anspruchsgrundlage gestützt sein. Ob und welche Rechtsnormen angeführt sind, ist unerheblich. Eine gleichzeitige Begründung aus bürgerlichem Recht hebt die Zuständigkeit der KfH nicht auf (GK/*Köhler* § 27 aF Rdn 12; *Brandi-Dohrn* NJW 1981, 2454). Handelssachen sind auch kartellrechtliche (§ 87 II GWB) und markenrechtliche (§ 95 I Nr 4 lit b und c GVG) Ansprüche, nicht dagegen rein vertragliche Ansprüche (wie zB auf Zahlung einer Vertragsstrafe). Bei objektiver Klagehäufung ist Abtrennung und Teilverweisung an die Zivilkammer nach § 97 GVG geboten, wenn ein prozessualer Anspruch keine Handelssache darstellt (*Gaul* JZ 1984, 57, 59). Eine Gerichtsstandsvereinbarung (§ 38 ZPO) bezüglich der (Nicht-)Zuständigkeit der KfH ist nicht möglich (ThP ZPO Vor § 38 Rdn 4); allerdings kann dasselbe Ergebnis erreicht werden, indem der Kläger keinen Antrag nach § 96 GVG und der Beklagte keinen Antrag nach § 98 GVG stellt. 4

IV. Konzentrationsermächtigung (§ 13 II)

Von der Ermächtigung, für die Bezirke mehrerer Landgerichte eines als Gericht für Wettbewerbsstreitsachen zu bestimmen, wurde bislang nur vereinzelt Gebrauch gemacht (vgl Anlage 1 Nr 5 zu § 1 I SächsJuZustVO, SächsGVOBl 1999, 281, 284, 285). 5

V. Zuständigkeit der Arbeitsgerichte

Vgl dazu § 12 Rdn 2.4. 6

Örtliche Zuständigkeit

14 (1) ¹Für Klagen auf Grund dieses Gesetzes ist das Gericht zuständig, in dessen Bezirk der Beklagte seine gewerbliche oder selbständige berufliche Niederlassung oder in Ermangelung einer solchen seinen Wohnsitz hat. ²Hat der Beklagte auch keinen Wohnsitz, so ist sein inländischer Aufenthaltsort maßgeblich.

(2) ¹Für Klagen auf Grund dieses Gesetzes ist außerdem nur das Gericht zuständig, in dessen Bezirk die Handlung begangen ist. ²Satz 1 gilt für Klagen, die von den nach § 8 Absatz 3 Nummer 2 bis 4 zur Geltendmachung eines Unterlassungsanspruches Berechtigten erhoben werden, nur dann, wenn der Beklagte im Inland weder eine gewerbliche oder selbständige berufliche Niederlassung noch einen Wohnsitz hat.

Übersicht

	Rdn
I. Allgemeines	1–4
1. Regelung der örtlichen Zuständigkeit	1
2. Gerichtliche Prüfung der örtlichen Zuständigkeit	2
3. Klagen auf Grund dieses Gesetzes	3, 4
a) Klage	3
b) Auf Grund dieses Gesetzes	4
II. Die Gerichtsstände nach § 14 I	5–12
1. Gewerbliche oder selbstständige berufliche Niederlassung des Beklagten	6–10
a) Gewerbebetrieb oder selbstständige berufliche Tätigkeit	7
b) Niederlassung	8
c) Unmittelbarer Abschluss von Geschäften	9
d) Bezug der Klage zum Geschäftsbetrieb	10
2. Wohnsitz	11
3. Inländischer Aufenthaltsort	12
III. Der Gerichtsstand des § 14 II (Begehungsort)	13–18
1. Begehung der Handlung	14

	Rdn
2. Fallgruppen	15–17
a) Druckschriften	15
b) Sonstige Medien	16
c) Sonstige Fälle	17
3. Einschränkung des Wahlrechts (§ 14 II 2)	18

Schrifttum: *Bachmann,* Der Gerichtsstand der unerlaubten Handlung im Internet, IPRax 1998, 179; *Danckwerts,* Örtliche Zuständigkeit bei Urheber-, Marken- und Wettbewerbsverletzungen im Internet, GRUR 2007, 104; 1; *Hess,* Vertragsstrafenklage und wettbewerbsrechtliche Gerichtszuständigkeit, FS Ullmann, 2006, 927; *Hösch,* Die Auswirkungen des § 24 Abs. 2 S. 2 UWG auf Wettbewerbsvereinigungen, WRP 1996, 849; *Kuner,* Internationale Zuständigkeitskonflikte im Internet, CR 1996, 453; *Lindacher,* Internationale Zuständigkeit in Wettbewerbssachen, FS Nakamura, 1996, 323; *ders,* Streitwertunabhängige landgerichtliche Zuständigkeit für Vertragsstrafeklagen, FS Ullmann, 2006, 977; *Mühlberger,* Die Beschränkbarkeit des „fliegenden Gerichtsstands" innerhalb Deutschlands bei Immaterialgüterrechtsverletzungen im Internet, WRP 2008, 1419; *Wahlers,* Die Neuregelung des „fliegenden" Gerichtsstandes in § 24 Abs. 2 UWG, WiB 1994, 902.

I. Allgemeines

1. Regelung der örtlichen Zuständigkeit

1   § 14, der weitgehend dem § 24 UWG 1909 entspricht, enthält eine **Sonderregelung** der örtlichen Zuständigkeit gegenüber den §§ 12 ff ZPO. Zur **internationalen Zuständigkeit** vgl Einl Rdn 5.28 ff; zum Vorrang der **EuGVVO** (VO 44/2001/EG v 22. 12. 2000, ABl EG v 6. 1. 2001 Nr L 12 S 1) vgl Einl Rdn 5.29; *Neuhaus* Mitt 1996, 257. Der Kläger hat die **Wahl** zwischen den Gerichtsständen des § 14 I und des § 14 II (vgl § 35 ZPO). Die Ausübung des Wahlrechts erfolgt erst durch Erhebung der Hauptsacheklage, nicht schon durch den Verfügungsantrag (OLG Karlsruhe NJW 1973, 1509, 1510). Beide Gerichtsstände sind **ausschließlich** (arg § 14 II „außerdem nur"); ein anderes Gericht kann daher weder durch Vereinbarung noch durch rügeloses Verhandeln zur Hauptsache zuständig werden (§ 40 II ZPO). Besteht der ausschließliche Gerichtsstand nur für die **Widerklage,** ist wegen § 33 II ZPO Abtrennung nach § 145 ZPO und auf Antrag des Widerklägers Verweisung nach § 281 ZPO, andernfalls Klageabweisung als unzulässig geboten. Die Inanspruchnahme eines bestimmten Gerichtsstands (zB des § 14 II) kann im Einzelfall **rechtsmissbräuchlich** sein. Das ist aber nicht schon bei Provokationskauf oder -bestellung anzunehmen (GK/*Erdmann* § 24 UWG 1909 Rdn 12), im Regelfall auch nicht bei Ausnutzung bestimmter Rechtsprechungsgewohnheiten (KG WRP 1992, 34, 36; KG WRP 2008, 511, 512). Vielmehr ist zu fragen, ob die Wahl eines bestimmten Gerichts im Einzelfall missbräuchlich iSd § 8 IV ist. Das ist bsw dann anzunehmen, wenn ein Massenabmahner bei ausbleibender Unterwerfung das Gericht nach § 14 II 1 grds so wählt, dass es vom Sitz des Gegners weit entfernt liegt (KG WRP 2008, 511, 512).

2. Gerichtliche Prüfung der örtlichen Zuständigkeit

2   Sie erfolgt von Amts wegen auf Grund der vorgebrachten Tatsachen. Beweisbedürftig sind sie nur dann, wenn sie nicht gleichzeitig für den materiellen Anspruch maßgebend sind (BAG MDR 1961, 1046). Fehlt die örtliche Zuständigkeit, so ist die Klage als unzulässig abzuweisen, falls weder Verweisung von Amts wegen nach §§ 696, 700 ZPO noch auf Antrag nach § 281 ZPO in Betracht kommt. Hat das Gericht seine örtliche Zuständigkeit bejaht, kann dies weder mit der Berufung angegriffen (§ 513 II ZPO) noch vom Revisionsgericht geprüft werden (§ 545 II ZPO). Letzteres gilt auch dann, wenn das Berufungsgericht die örtliche Zuständigkeit des angerufenen Gerichts verneint und deswegen die Revision zugelassen hat (BGH GRUR 1988, 785 – *Örtliche Zuständigkeit* – mit Anm *Jacobs*). Eine revisionsrechtliche Überprüfung ist auch nicht unter dem Gesichtspunkt des fehlenden Rechtsschutzbedürfnisses möglich (BGH GRUR 1996, 800, 801 – *EDV-Geräte*). Die internationale Zuständigkeit bleibt stets überprüfbar (BGH NJW 1996, 1411).

3. Klagen auf Grund dieses Gesetzes

3   **a) Klage.** § 14 gilt für alle Klagen, also nicht nur für **Leistungsklagen** (zB auf Unterlassung oder Schadensersatz), sondern auch für die **positive** und die **negative Feststellungsklage.** Für Letztere ist das Gericht zuständig, welches für die Leistungsklage mit umgekehrtem Rubrum

zuständig wäre (OLG Hamburg WRP 1995, 851, 852; einschränkend *Lindacher*, FS v Gamm, 1990, 83, 89). Für die **Widerklage** ist § 33 II ZPO zu beachten. Besteht daher für die Widerklage ein (abweichender) ausschließlicher Gerichtsstand nach § 14, so ist Trennung nach § 145 ZPO geboten. Stellt der Kläger keinen Verweisungsantrag nach § 281 ZPO, ist die Widerklage als unzulässig abzuweisen (Rdn 1). Für die Klage in **Prozessstandschaft** ist der Gerichtsstand maßgebend, der für die Klage des Rechtsinhabers gilt. Bei **objektiver Klagehäufung** muss das Gericht nach § 260 ZPO für sämtliche (prozessualen) Ansprüche zuständig sein. Für die Klage gegen **mehrere Streitgenossen** mit unterschiedlichen ausschließlichen Gerichtsständen gilt § 36 Nr 3 ZPO (BGH NJW 1972, 1861, 1862; BGHZ 90, 155, 159), dh das gemeinsam zuständige Gericht wird durch das im Rechtszug höhere Gericht bestimmt. – § 14 gilt mittelbar auch für den Antrag auf **einstweilige Verfügung**, wie sich aus § 937 I ZPO ergibt; daneben ist wahlweise das Amtsgericht nach § 942 ZPO zuständig. – Kraft Verweisung gilt § 14 auch für die Anrufung der **Einigungsstelle** (§ 15 IV).

b) Auf Grund dieses Gesetzes, also des UWG. Auf Grund dieses Gesetzes ist die Klage 4 erhoben, wenn das Klagebegehren nach den Klagebehauptungen auf Grund von Bestimmungen des UWG schlüssig begründet ist. Dazu gehört neben den Ansprüchen aus §§ 8, 9 und 10 auch der Anspruch auf Erstattung von **Abmahnkosten** (§ 12 I 2) und der Kosten für ein Abschlussschreiben (§ 12 I 2 analog). Nicht kommt es darauf an, ob und welche Rechtsnormen in der Klage angeführt sind (BGH GRUR 1964, 567, 568 – *Lavamat I*). Unerheblich ist, dass die Klage auch nach anderen Normen, etwa des BGB, begründet sein kann. Das Gericht hat den Anspruch – entspr dem Rechtsgedanken des § 17 II GVG – unter allen in Betracht kommenden Anspruchsgrundlagen zu prüfen (vgl BGH NJW 2003, 828; Harte/Henning/*Retzer* § 14 Rdn 16). Bei Konkurrenz von UWG- und BGB-Anspruchsgrundlagen sind allerdings wahlweise die allgemeinen Gerichtsstände nach §§ 12 ff ZPO eröffnet (Harte/Henning/*Retzer* § 14 Rdn 15). § 14 gilt dagegen nicht für Klagen, die nicht (auch) auf das UWG gestützt sind, etwa für Klagen auf Zahlung einer **Vertragsstrafe** (vgl § 13 Rdn 2; OLG Rostock GRUR-RR 2005, 176; Harte/Henning/*Retzer* § 14 Rdn 13; *Büscher/Dittmer/Schiwy* UWG § 14 Rdn 13; *Hess*, FS Ullmann, 2006, 927, 937; **aA** Fezer/*Büscher* § 14 Rdn 7; *Goldbeck* WRP 2006, 37; MünchKommUWG/*Ehricke* § 14 Rdn 20). Bei Konkurrenz von **markenrechtlichen** mit wettbewerbsrechtlichen Ansprüchen gilt § 141 MarkenG, dh die Ansprüche brauchen nicht im Gerichtsstand des § 14 geltend gemacht zu werden (wichtig wegen § 140 II MarkenG!). – Bei **Auskunftsklagen** ist der Gerichtsstand für den dadurch vorbereiteten Hauptanspruch maßgebend.

II. Die Gerichtsstände nach § 14 I

Maßgebend ist in erster Linie der Ort der inländischen gewerblichen oder selbstständigen 5 beruflichen Niederlassung, hilfsweise der inländische Wohnsitz (§ 14 I 1). Hat der Beklagte auch keinen Wohnsitz, so ist sein inländischer Aufenthaltsort maßgeblich (§ 14 I 2).

1. Gewerbliche oder selbstständige berufliche Niederlassung des Beklagten

Eine Konkretisierung erfolgt durch § 21 ZPO. 6

a) Gewerbebetrieb oder selbstständige berufliche Tätigkeit. Unter einem Gewerbe- 7 betrieb ist jede auf Dauer angelegte und auf Erwerb (nicht notwendig Gewinnerzielung) gerichtete wirtschaftliche Tätigkeit zu verstehen. Gewerbetreibender ist, wer das Gewerbe im eigenen Namen und auf eigene Rechnung betreibt. Das kann auch ein Pächter oder Nießbraucher sein. Dem Gewerbebetrieb steht die selbstständige berufliche Tätigkeit (freie Berufe; Künstler usw) gleich. Auch die Landwirtschaft wird erfasst (arg § 21 II ZPO).

b) Niederlassung. Erforderlich hierfür sind eine gewisse Dauer der gewerblichen Tätigkeit 8 an einem Ort (zu verneinen bei Wandergewerbe, OLG Hamm GRUR 1965, 103) und das Vorliegen bestimmter äußerer Einrichtungen (Geschäftslokal, Fertigungsbetrieb usw). Es kann sich auch um eine **Zweigniederlassung** handeln. Besteht die Niederlassung, so ist die Eintragung des Gewerbes nicht erforderlich. Ist eine Eintragung erfolgt, muss der Eingetragene sie jedoch gegen sich gelten lassen (Fezer/*Büscher* § 14 Rdn 16).

c) Unmittelbarer Abschluss von Geschäften. Von der Niederlassung aus müssen „unmit- 9 telbar Geschäfte geschlossen werden". Die Leitung der Zweigniederlassung muss also das Recht haben, aus eigener, ihr übertragener Entscheidung Geschäfte abzuschließen (BGH NJW 1987, 3081, 3082; OLG München NJW 1993, 701, 704). Das ist nicht der Fall bei bloßen Vermittlungsagenturen oder Filialen, die ihre Weisungen vom Hauptgeschäft empfangen. Maßgebend ist insoweit freilich der **äußere Anschein** (OLG Karlsruhe WRP 1998, 329; Fezer/*Büscher* § 14 Rdn 14; MünchKommBGB/*Ehricke* § 14 Rdn 28 f).

10 **d) Bezug der Klage zum Geschäftsbetrieb.** Er ist gegeben, wenn der Wettbewerbsverstoß vom Geschäftsbetrieb ausgeht (§ 21 ZPO analog; Fezer/*Büscher* § 14 Rdn 15). Bei mehreren (Haupt- oder Zweig-)Niederlassungen kommt es also darauf an, von welcher Niederlassung der Verstoß ausgeht. Bezieht sich die geschäftliche Handlung nur auf eine Zweigniederlassung, so besteht daneben nicht auch noch ein Gerichtsstand bei dem für die Hauptniederlassung zuständigen Gericht (OLG Karlsruhe WRP 1998, 329; Fezer/*Büscher* § 14 Rdn 15; aA Ahrens/*Bähr* Kap 17 Rdn 12: nur Gerichtsstand der Hauptniederlassung, sofern nicht § 14 II eingreift). Ein im Gerichtsstand einer Niederlassung ergangenes Urteil bindet den Beklagten freilich mit allen seinen Niederlassungen, außer bei entspr beschränktem Antrag.

2. Wohnsitz

11 Hat der Beklagte keine (inländische, arg § 14 I 2) gewerbliche oder selbstständige berufliche Niederlassung, ist sein (inländischer, arg § 14 I 2) Wohnsitz (§§ 7–11 BGB) maßgebend. Unter mehreren Wohnsitzen (§ 7 II BGB) kann der Kläger frei wählen. Bei juristischen Personen und parteifähigen Verbänden, insbes Personenhandelsgesellschaften, tritt an die Stelle des Wohnsitzes der **Sitz** iSd § 17 I ZPO (GK/*Erdmann* § 24 aF Rdn 22), der jedoch idR zugleich Ort der „gewerblichen Niederlassung" sein wird. Allerdings kann ein rechtlich selbstständiges Unternehmen mehrere Niederlassungen haben, so dass es darauf ankommt, von welcher Niederlassung die geschäftliche Handlung ausgeht (Rdn 10).

3. Inländischer Aufenthaltsort

12 Der Begriff ist wie in § 16 ZPO zu verstehen. Ein vorübergehender (auch Durchreise; Messebesuch) oder unfreiwilliger Aufenthalt genügt. Der Kläger muss aber (zB anhand vergeblich vorgenommener Ermittlungsversuche) nachweisen, dass eine inländische gewerbliche oder selbstständige berufliche Niederlassung oder ein inländischer Wohnsitz fehlt.

III. Der Gerichtsstand des § 14 II (Begehungsort)

13 Der Kläger kann nach § 14 II 1 wahlweise das Gericht anrufen, „in dessen Bezirk die Handlung begangen ist". Die Vorschrift entspricht dem § 32 ZPO, was bei der Auslegung zu berücksichtigen ist (OLG Köln GRUR 1978, 658). Der Anwendungsbereich des § 14 II 1 ist aber durch § 14 I 2 stark eingeschränkt.

1. Begehung der Handlung

14 Gemeint ist die Handlung, welche den Tatbestand des behaupteten Wettbewerbsverstoßes verwirklicht. Dabei genügt es, dass am betreffenden Ort eines von mehreren Tatbestandsmerkmalen verwirklicht ist. Es können also für ein und denselben Wettbewerbsverstoß mehrere Begehungsorte in Betracht kommen (ganz hM, zB BGH GRUR 1964, 316, 318 – *Stahlexport*; BGH GRUR 1978, 194, 195 – *profil*), zwischen denen der Kläger die Wahl hat (OLG Köln GRUR 1988, 148). Insbes können **Handlungs-** und **Erfolgsort** auseinander fallen. Eine Anknüpfung an den Ort des **Schadenseintritts** kommt freilich nur in Betracht, wenn der Schadenseintritt zum Tatbestand der Rechtsverletzung gehört (BGH GRUR 1964, 316, 318 – *Stahlexport*). Bei der **Verletzungsunterlassungsklage** soll auch der Ort in Betracht kommen, an dem die Wiederholung ernsthaft droht (OLG Stuttgart WRP 1988, 331, 332), wozu aber das Bestehen allgemeiner Wiederholungsgefahr nicht ausreicht (OLG München WRP 1986, 172). In solchen Fällen wird aber ohnehin die **vorbeugende Unterlassungsklage** gegeben sein. Bei dieser ist der Ort maßgebend, an dem die Verwirklichung des Wettbewerbsverstoßes droht (OLG Hamburg GRUR 1987, 403; OLG Düsseldorf WRP 1994, 877, 879). Das kann der Ort der Vorbereitungshandlung, aber auch der davon verschiedene künftige Handlungs- oder Erfolgsort sein (BGH GRUR 1994, 530, 532 – *Beta*). – Dass eine im Ausland vorgenommene geschäftliche Handlung eines Ausländers im Inland Erstbegehungsgefahr begründen kann, so dass die inländischen Gerichte für die Unterlassungsklage zuständig sind (so OLG Hamburg GRUR 1987, 403; OLG Düsseldorf BB 1994, 877, 879), erscheint allerdings zweifelhaft. Dazu wäre mindestens

III. Der Gerichtsstand des § 14 II (Begehungsort)

erforderlich, dass die betreffende Handlung auch im Ausland verboten und mit vergleichbaren Sanktionen belegt ist wie im Inland.

2. Fallgruppen

a) Druckschriften. Bei Wettbewerbsverstößen in Druckschriften (Zeitungen, Zeitschriften, Katalogen, Prospekten usw) ist Begehungsort nicht nur der Ort des Erscheinens, sondern grds auch jeder Ort ihrer **Verbreitung** (sog **fliegender Gerichtsstand**). Verbreitung setzt voraus, dass die Druckschrift dritten Personen **bestimmungsgemäß** und **nicht bloß zufällig** zur Kenntnis gebracht wird (BGH GRUR 1978, 194, 195 – *profil*). Maßgebend ist insoweit das regelmäßige **Verbreitungsgebiet,** also das Gebiet, das der Verleger oder Herausgeber mit der Druckschrift erreichen will oder in dem er mit einer Verbreitung rechnen muss (BGH aaO – *profil; Fezer/Büscher* § 14 Rdn 24). Die Leser müssen aber nicht gleichzeitig die Bezieher oder Adressaten sein; Vertrieb an Behörden, Verbände, Pressedienste usw genügt (OLG Düsseldorf WRP 1987, 476, 477; OLG Hamburg WRP 1985, 351). Nicht ausreichend ist es, wenn einzelne Exemplare durch Dritte außerhalb des Verbreitungsgebiets gebracht werden oder wenn die Druckschrift außerhalb ihres Verbreitungsgebiets nur bezogen wird, um am Wohnsitz des Beziehers den Gerichtsstand des Begehungsorts zu begründen (BGH aaO – *profil*) oder wenn es sich um eine bloße Nachsendung an den Urlaubsort handelt (KG GRUR 1989, 134). – Ein Verbreiten kann allerdings auch schon dann vorliegen, wenn es sich um nur wenige oder gar nur um ein einziges Exemplar handelt, weil es auf die Intensität der Verletzung nicht ankommt (BGH GRUR 1978, 194, 196 – *profil;* OLG München GRUR 1984, 830, 831; OLG Düsseldorf WRP 1987, 476, 477). Umstritten ist hingegen, ob tatsächliches Verbreiten genügt (so KG GRUR 1989, 134, 135; OLG Düsseldorf WRP 1987, 476, 477; OLG Hamburg WRP 1985, 351) oder ob die Druckschrift in **wettbewerblich relevanter Weise** verbreitet sein muss (so OLG Köln GRUR 1988, 148, 149; OLG München WRP 1986, 357, 358; OLG Frankfurt GRUR 1989, 136; OLG Stuttgart WRP 1987, 136 und 476; GK/*Erdmann* § 24 aF Rdn 32; *Teplitzky* Kap 45 Rdn 13; *v Maltzahn* GRUR 1983, 711, 716; *Stapenhorst* GRUR 1989, 176, 177 f mwN). Letzterer Auffassung ist zuzustimmen, weil unlauterer Wettbewerb idR nur dort begangen werden kann, wo wettbewerbliche Interessen von Mitbewerbern aufeinander stoßen (vgl BGH GRUR 1962, 243, 245 – *Kindersaugflaschen;* BGH GRUR 1964, 316, 318 – *Stahlexport;* BGH WRP 2006, 736 Tz 25 – *Arzneimittelwerbung im Internet*) und weil nur so die Sachnähe des angerufenen Gerichts gewährleistet ist. Die Gegenansicht führt zu einer uferlosen Ausweitung des „fliegenden Gerichtsstands". Eine Verbreitung in wettbewerblich relevanter Weise setzt zwar einen möglichen Wettbewerbsnachteil des Verletzten, nicht aber einen Wettbewerbsvorteil des Verletzers am Verbreitungsort voraus (OLG Frankfurt aaO). Bei Herabsetzung fremder Ware liegt wettbewerbliche Relevanz überall vor, wo diese Ware angeboten wird (OLG Frankfurt GRUR 1989, 136); bei Anpreisung eigener Ware kommt es darauf an, ob das Angebot am Verbreitungsort noch Interesse finden kann, so dass auch die räumliche Entfernung zwischen Angebotsort und Verbreitungsort eine Rolle spielen kann (OLG Köln GRUR 1988, 148, 149; OLG München WRP 1986, 357, 358). Bei Verstößen gegen §§ 3, 5 kommt es darauf an, ob im Bezirk des angerufenen Gerichts eine Irreführung Dritter möglich ist. Der bloße Bezug der Druckschrift durch den Verletzten und den Begünstigten reicht nicht aus (OLG Stuttgart WRP 1987, 136, 137).

b) Sonstige Medien. Auf sonstige Medien (Funk, Fernsehen, **Internet** usw) sind die erwähnten Grundsätze entspr anzuwenden (vgl BGH GRUR 2006, 513 Tz 25 – *Arzneimittelwerbung im Internet;* LG Düsseldorf GRUR 1998, 159, 160; *Danckwerts* GRUR 2007, 104, 105 f). Begehungsort ist jedenfalls der (Wohn)Sitz des Werbenden, nicht dagegen auch der Standort des Mediums, etwa des Internet-Servers (aA Fezer/*Büscher* § 14 Rdn 29). Begehungsort ist darüber hinaus (auch) jeder Ort, an dem die Information dritten Personen **bestimmungsgemäß** zur Kenntnis gebracht wird und keine bloß zufällige Kenntnisnahme vorliegt (str; vgl die Nachw in BGH GRUR 2005, 431, 432 – *HOTEL MARITIME*). Ist die Information (zB eine **Homepage**-Information) auch zum Abruf in Deutschland bestimmt, so ist die Zuständigkeit deutscher Gerichte begründet (vgl Einl Rdn 5.8; BGH GRUR 2005, 431, 432 – *HOTEL MARITIME;* BGH GRUR 2006, 513 Tz 25 – *Arzneimittelwerbung im Internet* – dort auch zum Einsatz von Disclaimern; Fezer/*Büscher* § 14 Rdn 29 f; MünchKommUWG/*Ehricke* § 14 Rdn 52). Davon zu unterscheiden ist die Frage, ob und in welchem Umfang materielles deutsches Recht anwendbar ist (zur Geltung des **Herkunftslandsprinzips** bei der Werbung im Internet vgl § 4 Rdn 1.207). Richtet sich die Information nur an einen örtlich begrenzten Kundenkreis (zB

Pizza-Service in einer Stadt), so ist nur das für diesen Bezirk zuständige Gericht örtlich zuständig (vgl *Mühlberger* WRP 2008, 1423). Bei Versendung von **E-Mails** ist Begehungsort der Absende- und der Empfangsort, dh der Standort des Empfängercomputers.

17 c) **Sonstige Fälle.** Bei Versendung von **Schreiben** mit wettbewerbswidrigem Inhalt ist Begehungsort nicht nur der Absende-, sondern auch der Empfangsort (BGH GRUR 1964, 316, 318 – *Stahlexport*), bei einem Boykottaufruf ist Begehungsort neben dem Ort des Zugangs beim Adressaten auch der Sitz des boykottierten Unternehmens (BGH NJW 1980, 1224, 1225; Fezer/ *Büscher* § 14 Rdn 28). Beim wettbewerbswidrigen Angebot **von nachgeahmten Waren** (§ 4 Nr 9) ist der Ort des Angebots Begehungsort. Der bloße Warentransit durch einen Ort macht diesen noch nicht zum Begehungsort (Fezer/*Büscher* § 14 Rdn 28). Bei Verstößen gegen **Vertriebs-** oder (zulässige) **Preisbindungen** ist – soweit überhaupt ein Wettbewerbsverstoß vorliegt – Begehungsort nur der Ort der Verletzungshandlung bzw des Verletzungserfolgs, nicht dagegen der Sitz des verletzten Vertriebs- oder Preisbinders (wie hier GK/*Erdmann* § 24 aF Rdn 29 mwN auch zur Gegenansicht).

3. Einschränkung des Wahlrechts (§ 14 II 2)

18 Für die in § 8 III Nr 2–4 genannten Klageberechtigten ist der Gerichtsstand des Begehungsortes nur gegeben, wenn der Beklagte im Inland weder eine gewerbliche oder selbstständige berufliche Niederlassung noch einen Wohnsitz hat. Das Klagerecht des verletzten **Mitbewerbers** iSd § 2 I Nr 3 wird, wie sich aus einem Umkehrschluss ergibt, davon nicht berührt. Dies entspricht auch der Rspr zu § 24 aF (vgl OLG München WRP 1995, 1054, 1055, 1056; KG GRUR 1995, 752, 753; aA LG Frankenthal BB 1996, 761). Mitbewerber ist allerdings nach § 2 I Nr 3 nur, wer zum Handelnden in einem konkreten Wettbewerbsverhältnis steht. Besteht zum Handelnden nur ein abstraktes Wettbewerbsverhältnis, so ist der betreffende Unternehmer (im Gegensatz zum früheren Recht; vgl § 13 II Nr 1 aF) überhaupt nicht klageberechtigt. Für die Abgrenzung von konkretem und abstraktem Wettbewerbsverhältnis (dazu BGH GRUR 1998, 1039, 1040 – *Fotovergrößerungen*) ist die Frage hilfreich, ob die geschäftliche Handlung bei realistischer Betrachtung eine konkrete Beeinträchtigung (Umsatzeinbußen etc) des Klägers bewirkt hat oder bewirken kann. Ein konkretes Wettbewerbsverhältnis wird zwischen Rechtsanwälten nicht bereits durch den Umstand ihrer bundesweit unbeschränkten Vertretungsbefugnis begründet, vielmehr kommt es auf die Umstände des Einzelfalls, insbes auf die Ausrichtung und Größe der Kanzleien an (vgl BGH GRUR 2005, 520, 521 – *Optimale Interessenvertretung*; § 2 Rdn 66).

Einigungsstellen

15 (1) **Die Landesregierungen errichten bei Industrie- und Handelskammern Einigungsstellen zur Beilegung von bürgerlichen Rechtsstreitigkeiten, in denen ein Anspruch auf Grund dieses Gesetzes geltend gemacht wird (Einigungsstellen).**

(2) ¹**Die Einigungsstellen sind mit einer vorsitzenden Person, die die Befähigung zum Richteramt nach dem Deutschen Richtergesetz hat, und beisitzenden Personen zu besetzen.** ²**Als beisitzende Personen werden im Falle einer Anrufung durch eine nach § 8 Absatz 3 Nummer 3 zur Geltendmachung eines Unterlassungsanspruchs berechtigte qualifizierte Einrichtung Unternehmer und Verbraucher in gleicher Anzahl tätig, sonst mindestens zwei sachverständige Unternehmer.** ³**Die vorsitzende Person soll auf dem Gebiet des Wettbewerbsrechts erfahren sein.** ⁴**Die beisitzenden Personen werden von der vorsitzenden Person für den jeweiligen Streitfall aus einer alljährlich für das Kalenderjahr aufzustellenden Liste berufen.** ⁵**Die Berufung soll im Einvernehmen mit den Parteien erfolgen.** ⁶**Für die Ausschließung und Ablehnung von Mitgliedern der Einigungsstelle sind die §§ 41 bis 43 und § 44 Absatz 2 bis 4 der Zivilprozessordnung entsprechend anzuwenden.** ⁷**Über das Ablehnungsgesuch entscheidet das für den Sitz der Einigungsstelle zuständige Landgericht (Kammer für Handelssachen oder, falls es an einer solchen fehlt, Zivilkammer).**

(3) ¹**Die Einigungsstellen können bei bürgerlichen Rechtsstreitigkeiten, in denen ein Anspruch auf Grund dieses Gesetzes geltend gemacht wird, angerufen werden, wenn der Gegner zustimmt.** ²**Soweit die Wettbewerbshandlungen Verbraucher betreffen, können die Einigungsstellen von jeder Partei zu einer Aussprache mit dem Gegner über den Streitfall angerufen werden; einer Zustimmung des Gegners bedarf es nicht.**

(4) **Für die Zuständigkeit der Einigungsstellen ist § 14 entsprechend anzuwenden.**

(5) ¹Die der Einigungsstelle vorsitzende Person kann das persönliche Erscheinen der Parteien anordnen. ²Gegen eine unentschuldigt ausbleibende Partei kann die Einigungsstelle ein Ordnungsgeld festsetzen. ³Gegen die Anordnung des persönlichen Erscheinens und gegen die Festsetzung des Ordnungsgeldes findet die sofortige Beschwerde nach den Vorschriften der Zivilprozessordnung an das für den Sitz der Einigungsstelle zuständige Landgericht (Kammer für Handelssachen oder, falls es an einer solchen fehlt, Zivilkammer) statt.

(6) ¹Die Einigungsstelle hat einen gütlichen Ausgleich anzustreben. ²Sie kann den Parteien einen schriftlichen, mit Gründen versehenen Einigungsvorschlag machen. ³Der Einigungsvorschlag und seine Begründung dürfen nur mit Zustimmung der Parteien veröffentlicht werden.

(7) ¹Kommt ein Vergleich zustande, so muss er in einem besonderen Schriftstück niedergelegt und unter Angabe des Tages seines Zustandekommens von den Mitgliedern der Einigungsstelle, welche in der Verhandlung mitgewirkt haben, sowie von den Parteien unterschrieben werden. ²Aus einem vor der Einigungsstelle geschlossenen Vergleich findet die Zwangsvollstreckung statt; § 797 a der Zivilprozessordnung ist entsprechend anzuwenden.

(8) Die Einigungsstelle kann, wenn sie den geltend gemachten Anspruch von vornherein für unbegründet oder sich selbst für unzuständig erachtet, die Einleitung von Einigungsverhandlungen ablehnen.

(9) ¹Durch die Anrufung der Einigungsstelle wird die Verjährung in gleicher Weise wie durch Klageerhebung gehemmt. ²Kommt ein Vergleich nicht zustande, so ist der Zeitpunkt, zu dem das Verfahren beendet ist, von der Einigungsstelle festzustellen. ³Die vorsitzende Person hat dies den Parteien mitzuteilen.

(10) ¹Ist ein Rechtsstreit der in Absatz 3 Satz 2 bezeichneten Art ohne vorherige Anrufung der Einigungsstelle anhängig gemacht worden, so kann das Gericht auf Antrag den Parteien unter Anberaumung eines neuen Termins aufgeben, vor diesem Termin die Einigungsstelle zur Herbeiführung eines gütlichen Ausgleichs anzurufen. ²In dem Verfahren über den Antrag auf Erlass einer einstweiligen Verfügung ist diese Anordnung nur zulässig, wenn der Gegner zustimmt. ³Absatz 8 ist nicht anzuwenden. ⁴Ist ein Verfahren vor der Einigungsstelle anhängig, so ist eine erst nach Anrufung der Einigungsstelle erhobene Klage des Antragsgegners auf Feststellung, dass der geltend gemachte Anspruch nicht bestehe, nicht zulässig.

(11) ¹Die Landesregierungen werden ermächtigt, durch Rechtsverordnung die zur Durchführung der vorstehenden Bestimmungen und zur Regelung des Verfahrens vor den Einigungsstellen erforderlichen Vorschriften zu erlassen, insbesondere über die Aufsicht über die Einigungsstellen, über ihre Besetzung unter angemessener Beteiligung der nicht den Industrie- und Handelskammern angehörenden Unternehmern (§ 2 Absatz 2 bis 6 des Gesetzes zur vorläufigen Regelung des Rechts der Industrie- und Handelskammern in der im Bundesgesetzblatt Teil III, Gliederungsnummer 701–1, veröffentlichten bereinigten Fassung) und über die Vollstreckung von Ordnungsgeldern sowie Bestimmungen über die Erhebung von Auslagen durch die Einigungsstelle zu treffen. ²Bei der Besetzung der Einigungsstellen sind die Vorschläge der für ein Bundesland errichteten, mit öffentlichen Mitteln geförderten Verbraucherzentralen zur Bestimmung der in Absatz 2 Satz 2 genannten Verbraucher zu berücksichtigen.

(12) Abweichend von Absatz 2 Satz 1 kann in den Ländern Brandenburg, Mecklenburg-Vorpommern, Sachsen, Sachsen-Anhalt und Thüringen die Einigungsstelle auch mit einem Rechtskundigen als Vorsitzenden besetzt werden, der die Befähigung zum Berufsrichter nach dem Recht der Deutschen Demokratischen Republik erworben hat.

Übersicht

	Rdn
I. Allgemeines	1–3
1. Rechtsentwicklung	1
2. Zweck und Bedeutung des Einigungsverfahrens	2
3. Verhältnis zum Schiedsgerichtsverfahren	3
II. Errichtung und Besetzung der Einigungsstellen	4, 5
1. Errichtung	4
2. Besetzung	5
III. Sachliche Zuständigkeit	6–8
1. Zuständigkeit für bürgerlichrechtliche Streitigkeiten	6

	Rdn
2. Zuständigkeit auf Grund richterlicher Anordnung der Anrufung	7
3. Zuständigkeit in anderen Fällen	8
IV. Örtliche Zuständigkeit	9
V. Verfahren	10–25
1. Allgemeines	10
2. Anrufung der Einigungsstelle	11–16
a) Berechtigung zur Anrufung	11
b) Antrag	12–14
aa) Stellung	12
bb) Änderung	13
cc) Rücknahme	14
c) Zustimmung des Gegners zur Anrufung?	15
d) Vertretung	16
3. Vorgehen der Einigungsstelle	17–25
a) Beschlusserfordernis	17
b) Ablehnung der Einleitung von Verhandlungen	18
c) Terminbestimmung und Ladung	19
d) Mündliche Verhandlung	20–23
aa) Keine Einlassungspflicht	21
bb) Nichtöffentlichkeit	22
cc) Keine förmliche Beweisaufnahme	23
e) Niederschrift	24
f) Anstreben eines gütlichen Ausgleichs	25
VI. Verfahrensbeendigung	26–29
1. Beendigung durch Vergleich	26
2. Beendigung ohne Vergleich	27
3. Kosten	28, 29
a) Kosten des Verfahrens	28
b) Kosten der Parteien	29
VII. Prozessuale und materiellrechtliche Bedeutung des Einigungsverfahrens	30–35
1. Prozessuale Bedeutung	30–33
a) Klageerhebung nach Anrufung	30
b) Anrufung nach Klageerhebung	31–33
aa) Rechtsstreitigkeiten nach § 15 III 2	31
bb) Rechtsstreitigkeiten nach § 15 III 1	32
cc) Beschwerde	33
2. Materiellrechtliche Bedeutung	34, 35
a) Verjährungshemmung	34
b) Sonstiges	35

Schrifttum: *Ahrens/Probandt* 5. Aufl 2005, Kap 13; *Bernreuther,* Zur Zulässigkeit der Einigungsstelle gemäß § 27 a UWG und der dort gegebenen Möglichkeiten der Erörterung wettbewerbswidriger AGB, WRP 1994, 853; *Köhler,* Das Einigungsverfahren nach § 27 a UWG: Rechtstatsachen, Rechtsfragen, Rechtspolitik, WRP 1991, 617; *Krieger,* Die Wiedererrichtung von Einigungsstellen zur Beilegung von Wettbewerbsstreitigkeiten, GRUR 1957, 197; *Ottofülling,* Außergerichtliches Konfliktmanagement nach § 15 UWG, WRP 2006, 410; *Probandt,* Die Einigungsstelle nach § 27 a UWG, 1993; Gloy/Loschelder/*Samwer,* 3. Aufl 2005, § 90; *Teplitzky,* Wettbewerbsrechtliche Ansprüche und Verfahren, 9. Aufl 2006, Kap 42.

I. Allgemeines

1. Rechtsentwicklung

1 Schon vor dem Ersten Weltkrieg hatten die kaufmännischen Berufsvertretungen vielfach **freiwillige Einigungsstellen** eingerichtet, denen die schlichtende, aber auch die schiedsrichterliche Behandlung von Wettbewerbsstreitigkeiten oblag. Die VO v 9. 3. 1932 (RGBl I 121) erhob diese Einigungsstellen zu einer staatlich anerkannten Einrichtung (**„Einigungsämter"**), freilich nur für ihre schlichtende Tätigkeit, und gab ihnen gewisse Zwangsrechte. Die Novelle v 8. 3. 1940 (RGBl I 480) änderte die Fassung des § 27 a aF und dehnte die sachliche Zuständigkeit aus. Die Einigungsämter fällten zwar keine „Urteile in einer Rechtssache", handelten aber in Ausübung öffentlicher Gewalt (RG GRUR 1937, 236). – Nach 1945 veränderte sich die Rechtsstellung der Einigungsämter weitgehend, was vor allem mit der uneinheitlichen Entwicklung des Kammerwesens im Bundesgebiet im Zusammenhang stand. Erst durch die Herstellung

II. Errichtung und Besetzung der Einigungsstellen   2–4 § 15 UWG

der Rechtseinheit auf diesem Gebiet (Gesetz v 18. 12. 1956, BGBl I 920) wurde die in der Praxis bewährte Einrichtung der Einigungsstellen wieder funktionsfähig. – Durch Gesetz v 11. 3. 1957 (BGBl I 172) wurde § 27 a aF unter Anpassung an die geänderten Verhältnisse neu gefasst, zT auch inhaltlich ergänzt und verbessert. Durch das SchuldrechtsmodernisierungsG v 26. 11. 2001 (BGBl I 3138) erfolgte eine Anpassung des § 27 a aF an das neue Verjährungsrecht. – **Die jetzige Regelung in § 15 entspricht im Wesentlichen dem § 27 a aF.** Bei den Änderungen gegenüber § 27 a aF handelt es sich mit Ausnahme des Abs 2 um (sprachlich teils wenig überzeugende) redaktionelle Anpassungen, die auf Grund der Neufassung des UWG erforderlich wurden.

2. Zweck und Bedeutung des Einigungsverfahrens

Das Einigungsverfahren bezweckt die **Herbeiführung eines gütlichen Ausgleichs** (§ 15   **2** V 1) auf Grund einer Aussprache der Parteien vor einer unabhängigen und sachkundigen Stelle. Die Einigungsstellen sind aus der heutigen Praxis nicht mehr wegzudenken, insbes die **Wettbewerbszentrale** bedient sich ihrer. So wurden im Jahre 2005 von der Wettbewerbszentrale 1.129 Fälle zum Gegenstand eines Einigungsverfahrens gemacht (vgl *Ottofülling* WRP 2006, 410, 427). Zu den Vor- und Nachteilen des Verfahrens vor den Einigungsstellen und zu den praktischen Erfahrungen vgl *Köhler* WRP 1991, 617, *Probandt* S 110 ff, *Teplitzky* Kap 42 Rdn 5 ff und *Ottofülling* WRP 2006, 410, 425.

3. Verhältnis zum Schiedsgerichtsverfahren

Die Einigungsstelle ist kein Schiedsgericht iSd §§ 1025 ff ZPO (OLG Frankfurt GRUR   **3** 1988, 150). Eine schiedsrichterliche Tätigkeit dürfen die Einigungsstellen nach wie vor nur auf Grund einer von den Parteien aus freiem Antrieb geschlossenen Schiedsvereinbarung (§ 1029 ZPO) ausüben. Eine solche Klausel kann zwar in den Vergleich (§ 15 VII) aufgenommen werden, doch würde jede diesbezügliche Anregung einer Einigungsstelle den Charakter des Einigungsverfahrens verfälschen (GK/*Köhler* § 27 a aF Rdn 13; *Krieger* GRUR 1957, 207). Dass sich die Praxis daran nicht hält (vgl *Ottofülling* WRP 2006, 410, 411 Fn 19), steht auf einem anderen Blatt. Das Gleiche gilt, wenn in den Vergleich (§ 15 VII) eine Schiedsgutachterklausel (§ 317 BGB) aufgenommen wird, nach der die Einigungsstelle als Schiedsgutachter die Verwirkung einer Vertragsstrafe durch Zuwiderhandlung gegen eine im Vergleich eingegangene strafbewehrte Unterlassungsverpflichtung verbindlich feststellen kann (vgl OLG Hamm WRP 1991, 135).

II. Errichtung und Besetzung der Einigungsstellen

1. Errichtung

Nach § 15 I sind von den Landesregierungen bei Industrie- und Handelskammern **Eini-**   **4** **gungsstellen** (ESt) zur Beilegung von bürgerlichen Rechtsstreitigkeiten zu errichten, in denen ein **Anspruch auf Grund des UWG** geltend gemacht wird. – Entsprechende DVOen wurden in folgenden Ländern erlassen: *Baden-Württemberg* 9. 2. 1987 (GBl 64, berichtigt S 158), zuletzt geändert durch VO v 19. 10. 2004 (GBl 774); *Bayern* 17. 5. 1988 (GVBl 115 – BayRS 7032-2-W), geändert durch VO v 15. 3. 2005 (GVBl 80); *Berlin* 29. 7. 1958 (GVBl 732, zuletzt geändert durch VO v 12. 8. 2008 (GVBl 230); *Brandenburg* 10. 10. 2006 (GVBl II 450); *Bremen* 16. 2. 1988 (GBl 17), zuletzt geändert durch VO v 22. 4. 2008 (GBl 117); *Hamburg* 27. 1. 1959 (GVBl 11), zuletzt geändert durch VO v 23. 12. 1986 (GVBl 368); *Hessen* 13. 2. 1959 (GVBl 3), zuletzt geändert durch VO v 16. 11. 2005 (GVBl I 738); *Mecklenburg-Vorpommern* 19. 9. 1991 (GVOBl 384); *Niedersachsen* 21. 2. 1991 (GVBl 139); *Nordrhein-Westfalen* 15. 8. 1989 (GVBl 460), geändert durch G v 5. 4. 2005 (GVBl 408); *Rheinland-Pfalz* 2. 5. 1988 (GVBl 102), zuletzt geändert durch VO v 19. 10. 2005 (GVBl 489); *Saarland* 21. 1. 1988 (ABl 89), zuletzt geändert durch G v 26. 1. 1994 (ABl 587); *Sachsen* 10. 4. 2006 (GVBl 97); *Sachsen-Anhalt* 21. 1. 1992 (GVBl 39), zuletzt geändert durch G v 14. 2. 2008 (GVBl 58); *Schleswig-Holstein* 19. 7. 1991 (GVOBl 390), zuletzt geändert durch VO v 15. 3. 2006 (GVBl 52); *Thüringen* 10. 12. 1991 (GVBl 666). Diese Regelungen stimmen im Wesentlichen überein; sie enthalten auch Vorschriften über die Organisation und Besetzung der Einigungsstellen und das Verfahren.

2. Besetzung

5 Zur Besetzung der Einigungsstellen im jeweiligen Streitfall gibt § 15 II detaillierte Vorgaben. Im Einzelnen gilt: Die **„vorsitzende Person"** muss die Befähigung zum Richteramt nach dem Deutschen Richtergesetz haben (§ 15 II 1) und soll im Wettbewerbsrecht erfahren sein (§ 15 II 2). Für die Länder Brandenburg, Mecklenburg-Vorpommern, Sachsen, Sachsen-Anhalt und Thüringen gilt die Sonderregelung des § 15 XII. Bei den **„beisitzenden Personen"** ist zu unterscheiden. Wird die Einigungsstelle von einer qualifizierten Einrichtung (§ 8 III Nr 3), dh einem Verbraucherverband, angerufen, müssen die beisitzenden Personen in gleicher Anzahl Unternehmer und Verbraucher sein (§ 15 II 2 1. Alt). In den übrigen Fällen ist die Einigungsstelle mit mindestens zwei sachverständigen Unternehmern als beisitzenden Personen zu besetzen (§ 15 II 2 2. Alt). Die beisitzenden Personen werden von der vorsitzenden Person für den jeweiligen Streitfall aus einer alljährlich für das Kalenderjahr aufzustellenden Liste berufen (§ 15 II 4). Dies soll im Einvernehmen mit den Parteien geschehen (§ 15 II 5). Soweit es die Aufnahme von Verbrauchern in diese Liste betrifft, sind nach § 15 XI 2 die Vorschläge der für ein Bundesland errichteten, mit öffentlichen Mitteln geförderten Verbraucherzentralen zu berücksichtigen. Für die **Ausschließung** und **Ablehnung von Mitgliedern der Einigungsstelle** sind nach § 15 II 6 die §§ 41–43 und § 44 Abs 2–4 der Zivilprozessordnung entspr anzuwenden. Über das Ablehnungsgesuch entscheidet nach § 15 II 7 das für den Sitz der Einigungsstelle zuständige Landgericht (Kammer für Handelssachen oder, falls es an einer solchen fehlt, Zivilkammer). Das Ablehnungsgesuch kann sich nur gegen einzelne Mitglieder der Einigungsstelle richten und nicht etwa gegen die IHK, die Träger der Einigungsstelle ist (LG Hannover WRP 2007, 1520). Die Mitglieder sind nicht schon deshalb befangen, weil die IHK ihrerseits Mitglied des Antragsstellers im Einigungsverfahren (Wettbewerbszentrale) ist (LG Dresden WRP 2007, 359, 360; LG Hannover WRP 2007, 1520).

III. Sachliche Zuständigkeit

1. Zuständigkeit für bürgerlichrechtliche Streitigkeiten

6 Mit **„bürgerlichen Rechtsstreitigkeiten, in denen ein Anspruch aus dem UWG geltend gemacht wird"** (§ 15 III 1), sind die Ansprüche aus den §§ 8, 9 und 10, einschließlich des Auskunftsanspruchs sowie der Anspruch auf Aufwendungsersatz aus § 12 I 2 gemeint. Soweit die Verwendung oder Empfehlung von AGB gegen § 3 iVm § 4 Nr 11 verstößt, können daher auch wettbewerbswidrige AGB einer Kontrolle unterzogen werden (*Bernreuther* WRP 1994, 853).– Soweit Ansprüche aus Verstößen gegen andere Normen (zB §§ 812 ff, 823 ff BGB; §§ 14 ff MarkenG; §§ 19 ff, 33 GWB) mit Ansprüchen aus Verstößen gegen § 3 **konkurrieren**, ist die Einigungsstelle auch für diese zuständig (Gloy/Loschelder/*Samwer* § 90 Rdn 7). Für **sonstige** bürgerlichrechtliche Streitigkeiten im Zusammenhang mit Wettbewerbsverstößen (zB aus strafbewehrten Unterlassungsverträgen) ist die Einigungsstelle dagegen nicht zuständig (ebenso *Ottofülling* WRP 2006, 410, 415). Ist ein wettbewerbsrechtlicher Unterlassungsanspruch geltend gemacht worden, so kann der Gläubiger im Rahmen des Einigungsverfahrens auch den Antrag auf Abgabe einer strafbewehrten Unterlassungsverklärung oder, wenn schon eine einstweilige Verfügung ergangen ist, den Antrag auf Abgabe einer Abschlusserklärung stellen (*Bernreuther* WRP 1994, 853, 854; *Ottofülling* WRP 2006, 410, 415).

2. Zuständigkeit auf Grund richterlicher Anordnung der Anrufung

7 Nach § 15 X 1 ist die sachliche Zuständigkeit ferner gegeben, wenn das Gericht in einem Wettbewerbsprozess über eine bürgerliche Rechtsstreitigkeit der in § 15 III 2 bezeichneten Art auf Antrag einer Partei den Parteien die Anrufung der Einigungsstelle aufgegeben hat (dazu Rdn 31).

3. Zuständigkeit in anderen Fällen

8 Nach § 12 **UKlaG** ist § 15 ferner anwendbar auf Unterlassungsansprüche aus § 2 UKlaG wegen verbraucherschutzgesetzwidriger Praktiken. Dagegen kann die sachliche Zuständigkeit nicht durch **Parteivereinbarung** begründet werden. Die Einigungsstelle kann allenfalls als Schiedsgericht auf Grund einer Schiedsvereinbarung tätig werden (dazu Rdn 3).

IV. Örtliche Zuständigkeit

Sie bestimmt sich gem § 15 IV nach § 14 UWG. Ausschließlich zuständig ist die Einigungs- **9** stelle, in deren Bezirk der Gegner seine **gewerbliche oder selbstständige berufliche Niederlassung** (hilfsweise Wohnsitz oder inländischer Aufenthaltsort) hat (§ 14 I) oder die **Handlung begangen** wurde (§ 14 II 1; vgl aber auch § 14 II 2).

V. Verfahren

1. Allgemeines

Die Grundzüge des Einigungsverfahrens sind in § 15 V–IX geregelt. Ergänzend gelten nach **10** § 15 XI 1 die Durchführungsverordnungen (DVOen) der Länder (vgl Anh zu § 15; die meisten abgedr in GK/*Köhler* § 27 a UWG 1909 nach Rdn 153), die sachlich weitgehend übereinstimmen. Das Verfahren ist kein solches der freiwilligen Gerichtsbarkeit. Es ist einem Gerichtsverfahren ähnlich, aber nicht einem Streit-, sondern einem Güteverfahren, ist doch der **gütliche Ausgleich** sein Hauptziel (§ 15 VI 1). Die ZPO findet nur Anwendung, soweit dies in § 15 oder in den DVOen ausdrücklich vorgesehen ist. Regelungslücken sind nach allgemeinen Verfahrensgrundsätzen (zB hins der Ermessensausübung) unter Berücksichtigung des Verfahrenszwecks (Rdn 2) zu schließen. Die Einigungsstellen sind bei Erfüllung ihrer Aufgaben Träger öffentlicher Gewalt und daher an die Grundrechte gebunden. Bei schuldhafter Verletzung der ihnen gesetzlich auferlegten Pflichten kommt eine **Amtshaftung** in Betracht (näher GK/*Köhler* § 27 a aF Rdn 153).

2. Anrufung der Einigungsstelle

a) Berechtigung zur Anrufung. Die Einigungsstelle kann jeder anrufen, der in Streitig- **11** keiten aus dem UWG oder aus § 2 UKlaG aktiv- oder passivlegitimiert ist, also auch Partei in einem ordentlichen Rechtsstreit sein könnte. Auch Verbände iSd § 8 III Nr 2–4 sind daher anrufungsberechtigt.

b) Antrag. aa) Stellung. Die Anrufung der Einigungsstelle erfolgt durch Antrag, dessen **12** Form und Inhalt sich nach den DVOen (zB § 4 Bay DVO) regeln. Danach sind Anträge schriftlich mit Begründung (Darlegung des Streits und der Zuständigkeit der ESt) in fünffacher Ausfertigung unter Bezeichnung der Beweismittel und unter Beifügung etwa vorhandener Urkunden in Urschrift oder Abschrift und sonstiger Beweisgründe einzureichen; sie können auch zur Niederschrift der Einigungsstelle gestellt werden (§ 4 Bay DVO).

bb) Änderung. Der Antrag kann geändert werden (sofern noch von der ggf erforderlichen **13** Zustimmung des Gegners gedeckt).

cc) Rücknahme. Der Antrag kann jederzeit formlos zurückgenommen werden. Die Einwil- **14** ligung des Gegners dazu ist, auch wenn bereits zur Hauptsache mündlich verhandelt wurde, nicht erforderlich, wenn dies in der DVO vorgesehen ist (zB § 6 VII Bay DVO iVm § 269 ZPO). Mit Rücknahme des Antrags endet das Verfahren. Die Hemmung der Verjährung gilt dann als nicht erfolgt.

c) Zustimmung des Gegners zur Anrufung? Grundsätzlich können die Einigungsstellen **15** nur angerufen werden, wenn der Gegner **zustimmt** (§ 15 III 1). Die Zustimmung ist bei Anrufung der Einigungsstelle nachzuweisen. Ist sie einmal erteilt worden, kann sie nicht mehr widerrufen werden. Fehlt die Zustimmung, so kann nicht nur, sondern muss die Einigungsstelle die Einleitung des Verfahrens ablehnen. Die vorbehaltlose Einlassung stellt nur dann eine konkludente Zustimmung dar, wenn der Gegner über das Zustimmungserfordernis belehrt worden war. – Vom Grundsatz der Zustimmung macht das Gesetz jedoch eine weit reichende **Ausnahme:** Soweit die geschäftlichen Handlungen (zum Begriff § 2 I Nr 1) – wie idR – **Verbraucher** (zum Begriff § 2 II iVm § 13 BGB) betreffen, also die Interessen von Verbrauchern berühren, können die Einigungsstellen von jeder Partei zu einer Aussprache über den Streitfall angerufen werden, ohne dass die Zustimmung des Gegners erforderlich ist (§ 15 III 2).

d) Vertretung. Beide Parteien können sich bei Antragstellung und im Verfahren vertreten **16** lassen. Anwaltszwang besteht nicht.

3. Vorgehen der Einigungsstelle

17 **a) Beschlusserfordernis.** Soweit die Einigungsstelle oder die vorsitzende Person Entscheidungen zu treffen haben, geschieht dies durch Beschluss (vgl § 6 III Bay DVO).

18 **b) Ablehnung der Einleitung von Verhandlungen.** Die Einigungsstelle hat zunächst ihre sachliche und örtliche Zuständigkeit zu prüfen. Verneint sie diese, so **kann** sie (muss aber nicht) nach § 15 VIII die Einleitung von Einigungsverhandlungen ablehnen. Sie **muss** dies tun, wenn sich eine Partei auf die Unzuständigkeit beruft. Zu diesem Zweck hat die Einigungsstelle die Parteien auf etwaige Bedenken gegen die Zuständigkeit hinzuweisen. Ferner hat die Einigungsstelle zu prüfen, ob der Antrag richtig gestellt wurde und die ggf erforderliche Zustimmung des Gegners vorliegt. Schließlich hat sie die Begründetheit des geltend gemachten Anspruchs zu prüfen. Hält sie den Antrag „von vornherein für unbegründet" (oder unzulässig), so kann sie (muss aber nicht) die Einleitung des Verfahrens ablehnen (§ 15 VIII). Sind die Parteien gleichwohl mit der Durchführung des Verfahrens einverstanden, so kann sie gleichwohl (muss aber nicht) das Verfahren durchführen. Hat in einem anhängigen Gerichtsverfahren das Gericht den Parteien aufgegeben, die Einigungsstelle anzurufen, so ist nach § 15 X 3 „Absatz 8 nicht anzuwenden", dh die Einigungsstelle darf die Einleitung des Verfahrens nicht wegen Unzuständigkeit ablehnen. Stellt die Einigungsstelle erst im Laufe des Verfahrens fest, dass sie nicht zuständig ist, kann sie ihre weitere Tätigkeit nicht mehr ablehnen, sondern unter Hinweis darauf allenfalls auf die Rücknahme des Antrags hinwirken. – Gegen die Ablehnung gibt es keinen Rechtsbehelf.

19 **c) Terminbestimmung und Ladung.** Einzelheiten sind in den (in diesem Punkt aber unterschiedlichen) DVOen geregelt (vgl zB § 6 I Bay DVO). Die der Einigungsstelle vorsitzende Person kann (Ermessen!) das **persönliche Erscheinen der Parteien anordnen** (§ 15 V 1). Damit soll der ordnungsmäßige Verfahrensablauf gesichert werden (OLG Frankfurt GRUR 1988, 150, 151). § 141 ZPO ist analog anwendbar (§ 6 I Bay DVO), dh von der Anordnung ist abzusehen, wenn einer Partei wegen weiter Entfernung ihres Aufenthalts vom Sitz der Einigungsstelle oder aus sonstigen wichtigen Gründen die persönliche Wahrnehmung des Termins nicht zuzumuten ist (vgl § 141 I 2 ZPO). Ob Vertretung durch **Bevollmächtigte** zulässig ist, richtet sich nach der Verfahrensordnung der Einigungsstelle; grundsätzliche Bedenken bestehen nicht, falls nur der Bevollmächtigte, wie es in § 141 III ZPO heißt, „zur Aufklärung des Tatbestandes in der Lage und zur Abgabe der gebotenen Erklärungen, insbes zu einem Vergleichsabschluss, ermächtigt ist". – Bei unentschuldigtem Ausbleiben kann die Einigungsstelle ein **Ordnungsgeld** festsetzen (§ 15 V 2). Das entspricht der Praxis der Gerichte (vgl OLG Hamm GRUR 1984, 600; OLG Koblenz GRUR 1988, 560; LG Schwerin WRP 1997, 881; LG Passau WRP 2006, 138; LG München I WRP 2009, 1161, 1162). Dahinter steht die Erwägung, dass die geladene Partei nach eindringlicher Belehrung sich doch zu einem Vergleich bereit finden kann, mehr noch die Befürchtung, die Einigungsstelle würde nicht ernstgenommen. Ein Ordnungsgeld sollte aber nicht festgesetzt werden, wenn ein Bevollmächtigter erscheint oder die ausgebliebene Partei vorher unter Angabe von Gründen erklärt hat, sie lehne einen Einigungsversuch schlechthin ab (vgl *Ottofülling* WRP 2006, 410, 420) oder wenn die Entschuldigung lediglich unzureichend war. Ein Ordnungsgeld erscheint nur gerechtfertigt, wenn sich die Partei entweder überhaupt nicht äußert (*Teplitzky* Kap 42 Rdn 18; vgl auch OLG Frankfurt GRUR 1988, 150, 151) oder ohne Angabe von Gründen das Erscheinen ablehnt. Bei wiederholtem unentschuldigtem Ausbleiben wird idR nach § 15 IX 2 die Beendigung des Verfahrens festzustellen sein. Als Entschuldigungsgründe sind nicht angesehen worden: Nichtbeachtung der Ladung wegen angeblicher geschäftlicher Überlastung (LG Hannover WRP 1991, 64) oder wegen eines anderweitigen geschäftlichen Termins (LG München I WRP 2009, 1160, 1161); große Entfernung zur Einigungsstelle (LG Schwerin WRP 1997, 881; bedenklich im Hinblick auf § 141 I 2 ZPO, da in diesem Fall schon gar nicht das persönliche Erscheinen angeordnet werden dürfte); Nichtwahrnehmung des Termins wegen geschäftlicher Überlastung, sofern dies nicht hinreichend substanziiert geltend gemacht wurde (LG Schwerin WRP 1997, 881); Urlaubsabwesenheit, sofern mit Ladung zu rechnen war (LG Kassel WRP 1990, 574); Annahme, die Beauftragung eines Anwalts erlaube das Fernbleiben (LG Münster WRP 1984, 302). – Gegen die Anordnung des persönlichen Erscheinens und die Festsetzung eines Ordnungsgeldes ist die **sofortige Beschwerde** an das für den Sitz der Einigungsstelle zuständige Landgericht (§ 15 v 3) möglich. Die §§ 567 ff ZPO gelten entspr. Hat das mit der sofortigen Beschwerde angerufene Landgericht den Ordnungsmittelbeschluss **aufgehoben,** so steht weder der IHK noch dem Gegner ein Beschwerderecht zu (OLG Hamm WRP 1987, 187; WRP 1989, 190; OLG Frankfurt GRUR 1988, 150). Die zum persönlichen Erscheinen verpflichtete Partei braucht sich nicht zur Sache einzulassen, sondern kann jede Einigung ablehnen (*Krieger* GRUR 1957, 204). – Ordnungsgelder werden von der IHK wie Beiträge **eingezogen** (§ 6 II Bay DVO).

d) Mündliche Verhandlung. Der gütliche Ausgleich soll im Rahmen einer mündlichen Verhandlung herbeigeführt werden. Für sie gelten kraft Verweisung (zB § 5 I 2 Bay DVO) die §§ 128 I und 136 ZPO. Die mündliche Verhandlung ist unerlässlich für den Abschluss eines vollstreckbaren Vergleichs (arg § 15 VII 1: „in der Verhandlung"). 20

aa) Keine Einlassungspflicht. Die mündliche Verhandlung dient der Aussprache mit dem Gegner (§ 15 III 2). Damit ist aber keine Pflicht zur Einlassung verbunden. Auch besteht keine Wahrheitspflicht, § 138 ZPO ist unanwendbar (*Teplitzky* Kap 42 Rdn 20); jedoch können unwahre Äußerungen materiellrechtliche Rechtsfolgen (zB Anfechtbarkeit des Vergleichs nach § 123 BGB) auslösen. 21

bb) Nichtöffentlichkeit. Die Verhandlung ist grds nicht öffentlich (vgl § 5 I BayDVO). 22

cc) Keine förmliche Beweisaufnahme. Eine förmliche Beweisaufnahme findet nicht statt, jedoch kann die Einigungsstelle Auskunftspersonen (Zeugen, Sachverständige), die freiwillig vor ihr erscheinen, anhören. Sie darf sie aber nicht vereidigen (§ 5 II Bay DVO). Eine Vereidigung ist auch nicht im Wege der Amtshilfe durch ein Gericht nach § 1050 ZPO analog möglich, da mit dem Wesen des Verfahrens unvereinbar. 23

e) Niederschrift. Vgl zB § 6 v und VI Bay DVO. 24

f) Anstreben eines gütlichen Ausgleichs. Zweck des Verfahrens ist der gütliche Ausgleich, den die Einigungsstelle anzustreben hat (§ 15 VI 1). Dazu muss sie die Parteien über die Sach- und Rechtslage belehren, soweit dies erforderlich erscheint. Zulässig und geboten ist dabei auch ein Einwirken auf Rücknahme des Antrags, wenn dieser offensichtlich unbegründet ist, aber auch auf Abgabe einer strafbewehrten Unterlassungserklärung, wenn der Antrag offensichtlich begründet erscheint. Die Einigungsstelle ist zur Objektivität und Neutralität verpflichtet (vgl OLG Frankfurt GRUR 1988, 150, 151), darf also keine Partei begünstigen oder benachteiligen. Um den Parteien die Einigung zu erleichtern, kann (muss aber nicht) die Einigungsstelle ihnen – ggf schon vor der mündlichen Verhandlung – einen schriftlichen, mit Gründen versehenen **Einigungsvorschlag** unterbreiten (§ 15 VI 2). Er kann (muss aber nicht) auf einen Vergleich iSd § 15 VII abzielen. Akzeptieren die Parteien diesen Vorschlag nicht, darf die Einigungsstelle nicht ohne weiteres und von sich aus das Scheitern der Verhandlungen erklären, sondern muss prüfen, ob die Parteien nicht auf einer anderen Grundlage zu einer Einigung kommen können. Hat sie freilich das Verfahren für beendet erklärt, darf sie keinen Einigungsvorschlag mehr machen. Der Einigungsvorschlag und seine Begründung dürfen nur mit Zustimmung der Parteien veröffentlicht werden (§ 15 VI 3), um seinen Missbrauch zu verhindern. 25

VI. Verfahrensbeendigung

1. Beendigung durch Vergleich

Die gütliche Einigung kann (muss aber nicht) in einem **Vergleich** (§ 779 BGB) bestehen (§ 15 VII 1). Ein Vergleich liegt auch vor, wenn der Anspruchsgegner ein (zB auf Unterlassung gerichtetes) abstraktes Schuldversprechen (§ 780 BGB) oder eine strafbewehrte Unterlassungserklärung abgibt (GK/*Köhler* § 27a aF Rdn 96; Ahrens/*Probandt* Kap 13 Rdn 37). Kommt ein Vergleich zu Stande, muss er nach § 15 VII 1 in einem bes Schriftstück niedergelegt und unter Angabe des Tages seines Zustandekommens von den Mitgliedern der Einigungsstelle, welche in der Verhandlung mitgewirkt haben, sowie von den Parteien unterschrieben werden. Der Wirksamkeit des Vergleichs steht nicht entgegen, dass die Einigungsstelle unzuständig war. Eine Veröffentlichung ist nur mit Zustimmung der Parteien zulässig (§ 15 VI 3 analog). – Da aus dem vor der Einigungsstelle zu Stande gekommenen Vergleich die **Zwangsvollstreckung** stattfindet (§ 15 VII 2 HS 1), muss er einen vollstreckungsfähigen Inhalt haben (Ahrens/*Probandt* Kap 13 Rdn 38). Nach § 15 VII 2 HS 2 ist § 797a ZPO entspr anwendbar, dh die Einigungsstelle wird einer staatlichen Gütestelle gleichgesetzt. Die **Vollstreckungsklausel** wird vom Urkundsbeamten der Geschäftsstelle des Amtsgerichts erteilt, in dessen Bezirk die Einigungsstelle ihren Sitz hat (§ 797a I ZPO analog). Dieses Gericht entscheidet auch über Einwendungen zur Zulässigkeit der Vollstreckungsklausel (§ 794a II ZPO analog). Die Landesjustizverwaltung kann zur Erteilung der Vollstreckungsklausel die Vorsitzenden der Einigungsstellen ermächtigen (§ 797a IV ZPO analog). Für die Vollstreckung nach §§ 887, 888, 890 ZPO ist das Prozessgericht zuständig, 26 dh das Gericht, das ohne die Anrufung der Einigungsstelle zuständig gewesen wäre. Eine in den Vergleich aufgenommene strafbewehrte Unterlassungsverpflichtung darf nicht mit einer Vollstreckungsklausel versehen werden (§ 726 ZPO analog). Schließen die Parteien einen derartigen Vergleich, so können sie die Einigungsstelle aber als Schiedsgutachter (§ 317 BGB) einsetzen, um im Streitfall das Vorliegen eines Verstoßes verbindlich feststellen zu lassen (OLG Hamm WRP 1991, 135). – Nicht ausgeschlossen ist, dass sich die Parteien außerhalb des Verfahrens vergleichen, nur ist dieser Vergleich dann kein Vollstreckungstitel.

2. Beendigung ohne Vergleich

27   Kommt es zu keinem Vergleich, so endet das Verfahren in dem Zeitpunkt, in dem die Verhandlungen endgültig gescheitert sind oder der Antrag zurückgenommen wurde. Der Zeitpunkt der Beendigung ist von der Einigungsstelle festzustellen und die vorsitzende Person hat dies den Parteien mitzuteilen (§ 15 IX 2 und 3). Der Zeitpunkt ist ua für das Ende der Hemmung der Verjährung von Bedeutung (§ 204 II 1 BGB). Auch kann der Antragsgegner nunmehr negative Feststellungsklage erheben (arg § 15 X 4 e contrario). Ein endgültiges Scheitern der Verhandlungen ist dann anzunehmen, wenn eine Partei Einigungsverhandlungen von vornherein ablehnt und auch nicht zum Termin erscheint; ferner dann, wenn die Partei im Termin zwar erscheint, aber eine Einigung unmissverständlich und endgültig ablehnt; schließlich dann, wenn eine Partei mehrmals unentschuldigt einem Termin fernbleibt (offen gelassen in OLG Hamm GRUR 1984, 600, 601).

3. Kosten

28   **a) Kosten des Verfahrens.** Das Verfahren als solches ist **gebührenfrei** (vgl nur § 12 BadWürtt DVO). Die Verfahrensauslagen (insbes durch Zeugen oder Sachverständige entstandene Kosten) sind der IHK jedoch zu ersetzen. Sie werden von der vorsitzenden Person von Amts wegen (BadWürtt DVO § 12 II) oder auf Antrag (§ 8 I 2 Bay DVO) festgestellt und von der IHK wie Beiträge eingezogen (§ 8 III Bay DVO). – Über die Verteilung der Auslagen zwischen den Parteien soll eine gütliche Einigung angestrebt werden. Misslingt sie, entscheidet die Einigungsstelle unter Berücksichtigung des Sach- und Streitstands nach billigem Ermessen (§ 8 II Bay DVO). Gegen die Entscheidung findet nach den DVOen der Länder die **sofortige Beschwerde** statt (vgl § 9 Bay DVO; § 12 v SchlHolst DVO). Über sie entscheidet das für den Sitz der Einigungsstelle zuständige Landgericht (Kammer für Handelssachen, sonst Zivilkammer); eine weitere Beschwerde findet nicht statt. Die Kostenentscheidung im Beschwerdeverfahren bestimmt sich nach § 84 FamFG. Eine Klage auf Erstattung der auferlegten Kosten ist wegen dieser Spezialregelung unzulässig (OLG München WRP 1977, 819).

29   **b) Kosten der Parteien.** Zu den Verfahrenskosten gehören nicht die **Auslagen der Parteien.** Diese haben vielmehr ihre Auslagen, einschließlich der Anwaltskosten, grds selbst zu tragen, wenn es nicht zu einer gütlichen Einigung kommt. Eine Kostenerstattung kann auch nicht im Rahmen der Kostenentscheidung des nachfolgenden Gerichtsverfahrens angeordnet werden (OLG München NJWE-WettbR 1999, 185). Davon zu unterscheiden ist die Frage, ob ein materiellrechtlicher Anspruch auf Auslagenersatz bestehen kann. Ein Anspruch aus § 12 I 2 analog scheidet aus, wenn der Antragsteller den Antragsgegner bereits vor Anrufung der Einigungsstelle erfolglos abgemahnt hat (BGH WRP 2001, 1301, 1305 – *Fernflugpreise*; OLG Hamm GRUR 1988, 715; aA offenbar LG Kaiserslautern WRP 2008, 527, 529). Denn die Anrufung ist dann lediglich ein Versuch des Antragstellers, im eigenen Interesse einen Rechtsstreit zu vermeiden. (Allenfalls bei völlig eindeutigen Wettbewerbsverstößen wird man ein Interesse, den Gegner vor einem Prozess zu bewahren, bejahen können; vgl *Ottofülling* WRP 2006, 410, 425). Der Anspruch ist aber dann gegeben, wenn noch keine Abmahnung erfolgt ist, weil dem Antragsgegner – vergleichbar der Abmahnung – die außerprozessuale Möglichkeit der gütlichen Einigung gegeben wird. Voraussetzung ist selbstverständlich, dass der wettbewerbsrechtliche Anspruch besteht oder anerkannt worden ist. Zu erstatten sind nur die Kosten der Anrufung der Einigungsstelle, nicht auch die weiteren Verfahrenskosten. Für eine nach erfolgloser Anrufung der Einigungsstelle ausgesprochene Abmahnung kann der Antragsteller dagegen Aufwendungsersatz nach § 12 I 2 verlangen, wenn sie berechtigt ist. Im Rahmen eines Schadensersatzprozesses können die Kosten der Anrufung als Rechtsverfolgungskosten geltend gemacht werden, sofern die Anrufung erforderlich erschien. Der Antragsgegner hat grds keinen Ersatzanspruch, und zwar auch dann nicht, wenn der Anspruch gegen ihn nicht begründet war. Es

gelten insoweit die gleichen Grundsätze wie bei der unberechtigten Abmahnung (dazu § 4 Rdn 10.166 f).

VII. Prozessuale und materiellrechtliche Bedeutung des Einigungsverfahrens

1. Prozessuale Bedeutung

a) Klageerhebung nach Anrufung. Während der Dauer des vor der Einigungsstelle anhängigen Verfahrens ist eine **negative Feststellungsklage** des Antragsgegners unzulässig (§ 15 X 4). Dies soll die Wirksamkeit des Einigungsverfahrens erhöhen. Der Antragsgegner kann sich dem Verfahren nicht mehr dadurch entziehen, dass er eine negative Feststellungsklage erhebt und den Antragsteller dem Risiko eines Gerichtsverfahrens aussetzt. Eine entspr Klage ist daher als unzulässig abzuweisen, nicht dagegen ist die Verhandlung lediglich nach § 148 ZPO auszusetzen (OLG Stuttgart WRP 1998, 350). Bei der **positiven Feststellungsklage** und der **Leistungsklage** ist dagegen danach zu unterscheiden, wer die Einigungsstelle angerufen hat. Hat der Verletzte sie angerufen, so ist die Klageerhebung missbräuchlich (*Köhler* WRP 1991, 617, 618: venire contra factum proprium; *Teplitzky* Kap 42 Rdn 38; aA *Melullis* Rdn 90; *Pohlmann* GRUR 1993, 361, 364), sofern nicht bes Gründe vorliegen (zB Verzögerung der Einigungsverhandlungen; Zwang zur Klageerhebung auf Grund § 926 ZPO, LG Magdeburg WRP 1998, 540). Hat der Verletzer sie angerufen, ist das Rechtsschutzinteresse des Verletzten dagegen regelmäßig zu bejahen, da er sich die Verzögerung durch ein von ihm nicht eingeleitetes Einigungsverfahren nicht aufzwingen lassen muss und das Einigungsverfahren ihm keinen gleichwertigen Rechtsschutz gibt (*Teplitzky* Kap 42 Rdn 41). Dies gilt allerdings nicht, wenn der Verletzte der Antragstellung zugestimmt hat (*Köhler* WRP 1991, 617, 619; *Teplitzky* Kap 42 Rdn 41). – Die Abgabe einer auf die Beendigung des Verfahrens befristeten Unterwerfungserklärung beseitigt dagegen weder die Wiederholungsgefahr (vgl BGH GRUR 1993, 677, 679 – *Bedingte Unterwerfung*) noch das Rechtsschutzinteresse an einer Klage oder der Dringlichkeit einer einstweiligen Verfügung (*Köhler* WRP 1991, 617, 619). Denn damit würde dem Verletzten eine Verfahrensverzögerung aufgezwungen (*Teplitzky* Kap 42 Rdn 42). – Der Antrag auf Erlass einer **einstweiligen Verfügung** bleibt stets zulässig, wie sich aus § 15 X 2 ergibt (OLG Stuttgart WRP 1980, 508, 509; *Köhler* WRP 1991, 617, 619). Denn das Verfügungsverfahren kann nur zu einer vorläufigen Regelung führen und überdies das Einigungsverfahren fördern. Die Bereitschaft zur Mitwirkung am Einigungsverfahren beseitigt weder die Wiederholungsgefahr hins des Wettbewerbsverstoßes noch die Dringlichkeit.

b) Anrufung nach Klageerhebung. Hierbei ist zu unterscheiden:

aa) Rechtsstreitigkeiten nach § 15 III 2. Ist ein „**Rechtsstreit der in Abs 3 S 2 bezeichneten Art**", also „soweit die Wettbewerbshandlungen Verbraucher betreffen", bereits **anhängig** (Klageeinreichung!) gemacht worden, so ist es den Parteien von diesem Zeitpunkt an verwehrt, aus eigenem Recht die Einigungsstelle anzurufen. Denn sonst käme es zu einem unkoordinierten Nebeneinander von Klageverfahren und Einigungsverfahren (zB Versäumnisurteil hier, Vergleich dort). Jedoch kann (Ermessen!) das **Gericht** auf Antrag einer Partei, also niemals von Amts wegen, den Parteien unter Anberaumung eines neuen Termins die **Anrufung** der Einigungsstelle zur Herbeiführung eines gütlichen Ausgleichs **aufgeben** (§ 15 X 1). Der neue Termin ist so anzusetzen, dass für die Durchführung des Einigungsverfahrens ausreichend Zeit ist. Da auch im gerichtlichen Verfahren eine gütliche Einigung möglich und erwünscht ist, sollte die Anordnung nur erfolgen, wenn bes Gründe vorliegen, etwa weil beide Parteien dies im Hinblick auf das Sachkunde der Einigungsstelle wünschen. Die Anhörung des Gegners ist jedenfalls unerlässlich. Die Anordnung hat zu unterbleiben, wenn der Antrag durch eine Partei erkennbar in der Absicht einer Verfahrensverzögerung gestellt wird (GK/*Köhler* § 27 a aF Rdn 132). Im **Verfahren der einstweiligen Verfügung,** einschließlich des Verfahrens nach §§ 926, 927 ZPO, ist die Anordnung ohnehin nur zulässig, wenn der Gegner zustimmt (§ 15 X 2). – Da die Einigungsstelle im Falle der gerichtlich angeordneten Anrufung die Einleitung eines Verfahrens nicht mit der Begründung ablehnen darf, sie sei nicht zuständig oder der Anspruch sei offensichtlich unbegründet (§ 15 X 3: „Absatz 8 ist nicht anzuwenden"), hat das Gericht eine entspr Vorprüfung vorzunehmen. Es hat dementsprechend von einer Anordnung abzusehen, wenn es den Anspruch für offensichtlich unbegründet hält. Trifft es die Anordnung, so hat es die nach seiner Ansicht zuständige Einigungsstelle anzugeben. Das Gericht kann die Anrufung allerdings nicht erzwingen. Das Verfahren geht also weiter, wenn eine Anrufung durch die eine oder die andere Partei unterbleibt.

32 **bb) Rechtsstreitigkeiten nach § 15 III 1.** Für Rechtsstreitigkeiten nach § 15 III 1, also Klagen betreffend Wettbewerbsverstöße ohne Verbraucherbezug, fehlt eine gesetzliche Regelung. Eine richterliche Anordnung kommt daher nicht in Betracht. Auch die Anrufung durch eine Partei aus eigenem Recht ist unzulässig, es sei denn, die Parteien haben das Ruhen des Verfahrens beantragt und das Gericht hat dies angeordnet (§ 251 ZPO).

33 **cc) Beschwerde.** Gegen die Anordnung ist Beschwerde und gegen deren Ablehnung sofortige Beschwerde möglich, da sie in ihrer Wirkung einer Aussetzung gleichkommt (§ 252 ZPO analog). Dies jedoch nur mit der Begründung, die gesetzlichen Voraussetzungen lägen nicht vor oder das Gericht habe sein Ermessen fehlerhaft gebraucht (GK/*Köhler* § 27a UWG 1909 Rdn 133; aM *Teplitzky* Kap 42 Rdn 35: bloße Vertagung, weil der Gesetzgeber keine förmliche Verfahrensunterbrechung, sondern einen kurzen Verfahrensaufschub für den Einigungsversuch wolle).

2. Materiellrechtliche Bedeutung

34 **a) Verjährungshemmung.** Die Anrufung der Einigungsstelle durch den Gläubiger oder durch den Schuldner mit Zustimmung durch den Gläubiger hemmt die Verjährung nach § 15 IX 1 „in gleicher Weise wie durch Klageerhebung". Dies gilt – entspr der Klageerhebung bei einem unzuständigen Gericht – auch bei Anrufung einer unzuständigen Einigungsstelle (*Teplitzky* Kap 42 Rdn 48 Fn 77). Die Hemmung endet sechs Monate nach Beendigung des Verfahrens (§ 204 II 1 BGB). – Keine Hemmung tritt jedoch ein bei Anrufung durch den Schuldner ohne Zustimmung des Gläubigers (*Köhler* WRP 1991, 617, 620; *Probandt* S 40; *Nieder* S 73; *Teplitzky* Kap 42 Rdn 48 f; aM OLG Koblenz GRUR 1988, 566; *Fritzsche*, Unterlassungsanspruch und Unterlassungsklage, 2000, 504 f). Dies folgt schon aus dem Wortlaut („wie durch Klageerhebung"), denn nur die Klageerhebung durch den Anspruchsteller hemmt die Verjährung, nicht hingegen eine negative Feststellungsklage durch den Anspruchsgegner. Auch für die Hemmung der Verjährung durch Veranlassung der Bekanntgabe eines Güteantrags nach § 204 I Nr 4 BGB ist anerkannt, dass sie nicht eintritt, wenn der Schuldner den Antrag stellt (vgl Palandt/*Heinrichs* BGB § 204 Rdn 19). – Lässt sich allerdings der Schuldner auf das Verfahren ein und verhandelt er zur Sache, so ist die Verjährung nach § 203 BGB gehemmt (*Teplitzky* Kap 42 Rdn 50).

35 **b) Sonstiges.** Die Aufnahme von Einigungsverhandlungen begründet ein gesetzliches Schuldverhältnis iSv § 311 II Nr 1 BGB mit entspr Verhaltenspflichten (§ 241 II BGB). Daraus können sich zB Schadensersatzansprüche aus § 280 BGB für vergeblich aufgewandte Reise- und Anwaltskosten bei unentschuldigtem Fernbleiben des Gegners ergeben.

Anhang

Verordnung über Einigungsstellen zur Beilegung bürgerlicher Rechtsstreitigkeiten auf Grund des Gesetzes gegen den unlauteren Wettbewerb (Einigungsstellenverordnung – EinigungsV)[1]

Vom 17. Mai 1988
(GVBl 115)
geändert durch VO vom 15. 3. 2005 (GVBl S 80)

Auf Grund von § 15 Abs 1 und Abs 11 Satz 1 des Gesetzes gegen den unlauteren Wettbewerb (UWG) in der Fassung der Bekanntmachung vom 3. Juli 2004 (BGBl 1414), erlässt die Bayerische Staatsregierung folgende Verordnung:

§ 1 Errichtung und Geschäftsführung

(1) Bei den Industrie- und Handelskammern werden Einigungsstellen zur Beilegung bürgerlicher Rechtsstreitigkeiten, in denen ein Anspruch auf Grund des Gesetzes gegen den unlauteren Wettbewerb geltend gemacht wird, errichtet.

(2) Die Industrie- und Handelskammern führen die Geschäfte der Einigungsstellen.

§ 2 Aufsicht

Die Aufsicht über die Einigungsstellen übt das Staatsministerium für Wirtschaft, Infrastruktur, Verkehr und Technologie (Aufsichtsbehörde) aus.

§ 3 Besetzung

(1) Die Einigungsstellen entscheiden in der Besetzung mit einer vorsitzenden Person und zwei beisitzenden Personen.

(2) [1] Die Industrie- und Handelskammer beruft nach Anhörung der beteiligten Handwerkskammern und der in Bayern errichteten, mit öffentlichen Mitteln geförderten Verbraucherorganisationen auf die Dauer von fünf Jahren die vorsitzende Person und mindestens eine Person, die diese vertritt. [2] Sie kann die Berufung zurücknehmen, wenn ein wichtiger Grund vorliegt.

(3) [1] Die Industrie- und Handelskammer beruft sachkundige Unternehmer und Verbraucher auf die Dauer von fünf Jahren als beisitzende Personen. [2] Als Unternehmer gelten auch Mitglieder vertretungsberechtigter Organe, Prokuristen und Handlungsbevollmächtigte. [3] Die Industrie- und Handelskammer hat bei der Erstellung der Liste der beisitzenden Personen Vorschläge der beteiligten Handwerkskammern und der in Bayern errichteten, mit öffentlichen Mitteln geförderten Verbraucherschutzorganisationen einzuholen und zu berücksichtigen.

(4) Die Liste der beisitzenden Personen ist im Mitteilungsblatt der Industrie- und Handelskammer bekanntzumachen und in der Geschäftsstelle zur Einsicht aufzulegen.

§ 4 Anträge

Anträge sind schriftlich mit Begründung in fünffacher Fertigung unter Bezeichnung der Beweismittel und unter Beifügung etwa vorhandener Urkunden in Urschrift oder Abschrift und sonstiger Beweisstücke einzureichen; sie können auch zur Niederschrift der Einigungsstelle gestellt werden.

§ 5 Einigungsverhandlung

(1) [1] Die Verhandlung ist nicht öffentlich; die vorsitzende Person kann bei Vorliegen eines berechtigten Interesses Dritten die Anwesenheit gestatten. [2] § 128 Abs. 1 und § 136 der Zivilprozeßordnung (ZPO) gelten sinngemäß.

---

[1] Als Muster abgedruckt ist die Bayerische Einigungsstellenverordnung. Im Übrigen haben die Länder folgende Rechtsvorschriften erlassen:
- **Baden-Württemberg:** VO v 9. 2. 1987 (GBl 64, ber 158), zuletzt geänd durch VO v 19. 10. 2004 (GBl 774).
- **Bayern:** VO v 17. 5. 1988 (GVBl 115, BayRS 7032–2-W), geänd durch VO v 15. 3. 2005 (GVBl 80).
- **Berlin:** VO v 29. 7. 1958 (GVBl 732), zuletzt geänd durch VO v 12. 8. 2008 (GVBl 230).
- **Brandenburg:** VO v 10. 10. 2006 (GVBl II 450).
- **Bremen:** VO v 16. 2. 1988 (GBl 17), zuletzt geänd durch VO v 22. 4. 2008 (GBl 117).
- **Hamburg:** VO v 27. 1. 1959 (GVBl 369), geänd durch VO v 23. 12. 1986 (GVBl 368).
- **Hessen:** VO v 13. 2. 1959 (GVBl 3), zuletzt geänd durch VO v 16. 11. 2005 (GVBl 738).
- **Mecklenburg-Vorpommern:** VO v 19. 9. 1991 (GVOBl 384).
- **Niedersachsen:** VO v 21. 2. 1991 (GVBl 139).
- **Nordrhein-Westfalen:** VO v 15. 8. 1989 (GVBl 460), geänd durch G v 5. 4. 2005 (GVBl 408).
- **Rheinland-Pfalz:** LandesVO v 2. 5. 1988 (GVBl 102), zuletzt geänd durch VO v 19. 10. 2005 (GVBl 489).
- **Saarland:** VO v 21. 1. 1988 (Amtsbl 89), zuletzt geänd durch G v 26. 1. 1994 (Amtsbl 587).
- **Sachsen:** VO v 10. 4. 2006 (GVBl 97).
- **Sachsen-Anhalt:** VO v 21. 1. 1992 (GVBl 39), zuletzt geänd durch VO v 14. 2. 2008 (GVBl 58).
- **Schleswig-Holstein:** LandesVO v 19. 7. 1991 (GVOBl 390), zuletzt geänd durch VO v 15. 3. 2006 (GVOBl 54).
- **Thüringen:** VO v 10. 12. 1991 (GVBl 666).

(2) ¹Die Einigungsstelle kann Auskunftspersonen anhören, die freiwillig vor ihr erscheinen. ²Die Beeidigung solcher Personen oder einer Partei ist nicht zulässig.

§ 6 Verfahren

(1) ¹Die vorsitzende Person bestimmt den Termin zur mündlichen Verhandlung. ²Die Ladungsfrist beträgt mindestens drei Tage. ³Sie kann von der vorsitzenden Person abgekürzt oder verlängert werden, wenn erhebliche Gründe glaubhaft gemacht sind. §§ 214, 216 Abs. 2 und § 224 Abs. 3 ZPO gelten entsprechend.

(2) ¹Für das persönliche Erscheinen einer Partei gilt § 141 ZPO sinngemäß. ²Ordnungsgelder werden von der Industrie- und Handelskammer wie Beiträge eingezogen und beigetrieben.

(3) ¹Die Beschlüsse der Einigungsstelle werden mit Stimmenmehrheit gefaßt. ²Stimmenthaltung ist unzulässig.

(4) Für die Mitglieder der Einigungsstellen gilt die Schweigepflicht des § 43 des Deutschen Richtergesetzes entsprechend.

(5) ¹Über jede Verhandlung ist eine Niederschrift zu fertigen. ²Sie soll Ort und Tag der Verhandlung, die Bezeichnung der Beteiligten und der bei der Verhandlung mitwirkenden Personen, die gestellten Anträge sowie das Ergebnis der Verhandlung enthalten. ³Zu den Verhandlungen kann ein Schriftführer zugezogen werden.

(6) Die Verhandlungsniederschrift ist von der vorsitzenden Person und, sofern ein Schriftführer zugezogen worden ist, auch von diesem zu unterzeichnen.

(7) Soweit nichts anderes bestimmt ist, gelten die Vorschriften der Zivilprozeßordnung über Prozeßbevollmächtigte und Beistände, über die Rücknahme des Antrags sowie über die Zustellung von Amts wegen sinngemäß.

§ 7 Vergütung und Entschädigung

(1) ¹Die Industrie- und Handelskammer kann der vorsitzenden Person der Einigungsstelle eine Vergütung für ihre Tätigkeit gewähren. ²Die Höhe der Pauschalvergütung wird durch Beschluss des Präsidiums der Industrie- und Handelskammer festgesetzt. ³Die beisitzenden Personen erhalten von der Industrie- und Handelskammer auf Antrag eine Entschädigung entsprechend den Bestimmungen des Justizvergütungs- und -entschädigungsgesetzes (JVEG). ⁴Die Entschädigung setzt die vorsitzende Person fest, wenn die beisitzende Person oder die Industrie- und Handelskammer eine Festsetzung beantragt.

(2) ¹Auskunftspersonen, die mit Zustimmung der Einigungsstelle erschienen oder angehört worden sind, erhalten von der Industrie- und Handelskammer auf Antrag eine Entschädigung entsprechend den Bestimmungen des Justizvergütungs- und -entschädigungsgesetzes (JVEG). ²Die Entschädigung setzt die vorsitzende Person fest, wenn die Auskunftsperson oder die Industrie- und Handelskammer eine Festsetzung beantragt.

§ 8 Auslagen

(1) ¹Für das Verfahren vor der Einigungsstelle werden Auslagen entsprechend den Vorschriften des Gerichtskostengesetzes erhoben. ²Die Auslagen setzt die vorsitzende Person fest, wenn eine Partei oder die Industrie- und Handelskammer eine Festsetzung beantragt.

(2) Über die Pflicht zur Tragung der Auslagen zwischen den Parteien entscheidet die Einigungsstelle unter Berücksichtigung des Sach- und Streitstandes nach billigem Ermessen, sofern zwischen den Parteien eine gütliche Einigung nicht zustande kommt.

(3) Die Auslagen werden von der Industrie- und Handelskammer wie Beiträge eingezogen und beigetrieben.

§ 9 Sofortige Beschwerde

Gegen Entscheidungen nach § 7 Abs. 1 Satz 3, Abs. 2 Satz 2, § 8 Abs. 1 Satz 2 und Abs. 2 findet die sofortige Beschwerde nach den Vorschriften der Zivilprozeßordnung an das für den Sitz der Einigungsstelle zuständige Landgericht (Kammer für Handelssachen) statt.

§ 10 Schlußvorschriften

¹Diese Verordnung tritt am 1. Juni 1988 in Kraft. ²Gleichzeitig tritt die Verordnung über Einigungsstellen zur Beilegung von Wettbewerbsstreitigkeiten in der gewerblichen Wirtschaft (BayRS 7032–2-W) außer Kraft.

Kapitel 4. Straf- und Bußgeldvorschriften

Strafbare Werbung

16 (1) **Wer in der Absicht, den Anschein eines besonders günstigen Angebots hervorzurufen, in öffentlichen Bekanntmachungen oder in Mitteilungen, die für einen größeren Kreis von Personen bestimmt sind, durch unwahre Angaben irreführend wirbt, wird mit Freiheitsstrafe bis zu zwei Jahren oder mit Geldstrafe bestraft.**

(2) **Wer es im geschäftlichen Verkehr unternimmt, Verbraucher zur Abnahme von Waren, Dienstleistungen oder Rechten durch das Versprechen zu veranlassen, sie würden entweder vom Veranstalter selbst oder von einem Dritten besondere Vorteile erlangen, wenn sie andere zum Abschluss gleichartiger Geschäfte veranlassen, die ihrerseits nach der Art dieser Werbung derartige Vorteile für eine entsprechende Werbung weiterer Abnehmer erlangen sollen, wird mit Freiheitsstrafe bis zu zwei Jahren oder mit Geldstrafe bestraft.**

Übersicht

	Rdn
A. Allgemeines	1–6
I. Regelungsgegenstand	1
II. Normzweck	2, 3
III. Rechtsnatur	4
IV. Geschäftliche Handlung	5, 6
1. Strafbare Irreführung	5
2. Progressive Kundenwerbung	6
B. Strafbare irreführende Werbung (Abs 1)	7–30
I. Abgrenzung zu § 5	7
II. Objektiver Tatbestand	8–15
1. Angaben	8
2. Irreführend und unwahr	9–11
a) Irreführend	9
b) Unwahr	10, 11
3. Verschweigen, Irreführung durch Unterlassen	12, 12 a
4. Öffentliche Bekanntmachungen und Mitteilungen für größeren Personenkreis	13–15
a) Öffentliche Bekanntmachungen	13
b) Mitteilungen für größeren Personenkreis	14, 15
III. Subjektiver Tatbestand	16–19
1. Vorsatz	16
2. Absicht, den Anschein eines bes günstigen Angebots hervorzurufen	17–18 a
a) Absicht	17
b) Besonders günstiges Angebot	18
c) Bezug der Angabe auf das Angebot	18 a
3. Irrtum	19
IV. Täter	20–22
1. Grundsatz	20
2. Keine Haftung für Dritte	21
3. Haftung der Presse	22
V. Vollendung der Tat	23
VI. Rechtsfolgen	24–29
1. Strafe	24
2. Strafverfolgung und Verjährung	25–27
a) Strafverfolgung	25
b) Verjährung	26
c) Sonstige Maßnahmen	27
3. Wettbewerbsrecht	28
4. Zivilrecht	29
VII. Konkurrenzen	30

	Rdn
C. Progressive Kundenwerbung (Abs 2)	31–52
I. Allgemeines	31–33a
1. Entstehungsgeschichte	31
2. Typische Erscheinungsformen	32
3. Grundprinzip der progressiven Kundenwerbung	33
4. Progressive Kundenwerbung als Tatbestand der „Schwarzen Liste"	33a
II. Objektiver Tatbestand	34–44
1. Veranstalter als Täter	34
2. Handeln im geschäftlichen Verkehr	35
3. Veranlassen von Verbrauchern zur Abnahme von Waren oder Leistungen	36, 36a
4. Einsatz zur Absatzförderung	37
5. Versprechen von bes Vorteilen unter aufschiebender Bedingung	38–41
a) Vorteile	38
b) Besondere Vorteile	39
c) Vom Veranstalter selbst oder von einem Dritten gewährt	40
d) Aufschiebende Bedingung	41
6. Abgrenzung zu verwandten Vertriebsmethoden	42, 43
7. Tatbestandliche Handlungseinheit	44
III. Subjektiver Tatbestand	45
IV. Rechtsfolgen	46–51
1. Strafe	46
2. Strafverfolgung und Verjährung	47–49
a) Strafverfolgung	47
b) Verjährung	48
c) Sonstige Maßnahmen	49
3. Wettbewerbsrecht	50
4. Zivilrechtliche Rechtsfolgen	51
V. Konkurrenzen	52

Schrifttum: *Alexander,* Die strafbare Werbung in der UWG-Reform, WRP 2004, 407; *Alexander/Pützhoven,* Vertragsschluss bei rechnungsähnlich gestalteten Eintragungsofferten, DB 2001, 1133; *Borck,* Verbraucherschutz durch fortschreitende Pönalisierung, WRP 1973, 245; *Dannecker,* Einfluss des EG-Rechts auf den strafrechtlichen Täuschungsschutz im Lebensmittelrecht, WiVerw 1996, 190; *Diemer* in Erbs/Kohlhaas, Strafrechtliche Nebengesetze, 177. Lfg, § 16 UWG Rdn 7–118; *Dierlamm,* Strafbarkeit falscher Versprechungen bei Kaffeefahrten, NStZ 2003, 268; *Dornis,* Der „Anschein eines besonders günstigen Angebots" iSd § 16 I UWG – Von Kaffeefahrten, Zeitschriftenwerbern und der Auslegung lauterkeitsrechtlicher Strafnormen, GRUR 2008, 742; *Endriß,* Strafbare Werbung beim Vertrieb von Zeitschriften, wistra 1989, 90; *Granderath,* Das Zweite Gesetz zur Bekämpfung der Wirtschaftskriminalität, DB 1986, Beilage 18 zu Heft 32 S 7; *Grebing,* Strafrecht und unlauterer Wettbewerb – zur Reform des § 4 UWG, wistra 1982, 83; *Gribkowsky,* Strafbare Werbung (§ 4 UWG), Diss Freiburg, 1989; *Grote/Wellmann,* Geduldeter Betrug? Rechtliche Bewertung unseriöser Kreditvermittlungsangebote, VuR 2007, 258; *Joecks,* Anleger- und Verbraucherschutz durch das 2. WiKG, wistra 1986, 142, 149; *Kempf/Schilling,* Nepper, Schlepper, Bauernfänger – zum Tatbestand strafbarer Werbung (§ 16 Abs 1 UWG), wistra 2007, 41; *Kiethe/Groeschke,* Die Mogelpackung – Lebensmittel- und wettbewerbsrechtliche Risiken der Produkteinführung, WRP 2003, 962; *Kisseler,* Ein Meilenstein für den Verbraucherschutz, WRP 1997, 625; *Kugler,* Die strafbare Werbung (§ 16 Abs. 1 UWG) nach der UWG-Reform 2004, Diss Konstanz, 2008; *Kunkel,* Zur praktischen Bedeutung der strafbaren Werbung gemäß § 16 Abs. 1 UWG vor dem Hintergrund der Ausgestaltung als Privatklagedelikt, WRP 2008, 292; *Lampe,* Strafrechtlicher Schutz gegen irreführende Werbung (§ 4 UWG), FS R. Lange, 1976, 455; *Otto,* Die Reform des strafrechtlichen Schutzes von unwahrer Werbung – Dargestellt am Problem der Bekämpfung unwahrer Werbung für Adressbücher u.ä. Verzeichnisse, GRUR 1979, 90; *ders,* Die Reform des strafrechtlichen Schutzes gegen irreführende Werbung, GRUR 1982, 274; *Pluskat,* Die Tücken von „Kaffeefahrten", WRP 2003, 18; *Rengier,* Strafbare Werbung durch Unterlassen, FS Otto, 2007, 727; *Rose,* Verkaufswerbung mit (unzutreffenden) Gewinnversprechen – Möglichkeiten und Grenzen eines strafrechtlichen Verbraucherschutzes, wistra 2002, 370; *Ruhs,* Strafbare Werbung: Die strafbare Werbung nach § 16 Abs. 1 UWG im Spiegel nationaler Reformbedürfnisse und europarechtlicher Einflüsse, Diss. Gießen, 2006; *Scheinfeld,* Betrug durch unternehmerisches Werben? – Zur Divergenz zwischen Wettbewerbsrecht und Absichtskriterium des BGH, wistra 2008, 167; *Tilmann,* Irreführende Werbeangaben und täuschende Werbung, GRUR 1976, 544; *Többens,* Die Straftaten nach dem Gesetz gegen den unlauteren Wettbewerb (§§ 16–19 UWG), WRP 2005, 552. –

Weiteres Schrifttum s vor Rdn 31 (zu § 16 II UWG).

A. Allgemeines   1–5   § 16 UWG

Materialien: Beschlussempfehlung und Bericht des Rechtsausschusses (6. Ausschuss) v 19. 2. 1986, BT-Drucks 10/5058 S 38 ff; Begründung zum Regierungsentwurf eines Gesetzes zur vergleichenden Werbung und zur Änderung wettbewerbsrechtlicher Vorschriften v 23. 2. 2000, WRP 2000, 555, 561; Begründung zum Regierungsentwurf eines Gesetzes gegen den unlauteren Wettbewerb (UWG), BT-Drucks 15/1487.

A. Allgemeines

I. Regelungsgegenstand

§ 16 umfasst die **früher getrennt geregelten Strafvorschriften der §§ 4 und 6 c UWG aF.** An der Selbstständigkeit beider Straftatbestände hat sich durch die Zusammenfassung in einem Paragraphen allerdings nichts geändert. So unterscheiden sich § 16 I und II etwa hins der Versuchsstrafbarkeit (s Rdn 4, 23, 46) und der zivilrechtlichen Rechtsfolgen (s Rdn 29, 51). Die **Änderungen durch die UWG-Reform 2004** sind – sieht man einmal von der ersatzlosen Streichung des § 4 II UWG aF ab, der eine (nach seinem Wortlaut schuldunabhängige) strafrechtliche Haftung des Betriebsleiters für seine Mitarbeiter postuliert hatte (dazu unten Rdn 21) – gering und beschränken sich auf eine Vereinfachung des Wortlauts (Abs 1) sowie auf eine Einschränkung des geschützten Personenkreises und sprachliche Verbesserungen (Abs 2). Dabei ist zu beobachten, dass sich der Wortlaut – soweit möglich – an den alten Vorschriften orientiert und teilweise Begriffe stehen geblieben sind, die das neue UWG an sich durch andere ersetzt hat. So setzt § 16 II eine Handeln im geschäftlichen Verkehr voraus (so auch § 18 I), obwohl dieses Merkmal im UWG 2004 eigentlich im Begriff der Wettbewerbshandlung und im UWG 2008 im Begriff der geschäftlichen Handlung aufgegangen ist (s § 2 Rdn 4 ff). Zu der Frage, ob die Straftatbestände des § 16 eine geschäftliche Handlung iSv § 2 Nr 1 voraussetzen, s Rdn 5 f. **1**

II. Normzweck

Schutzzweck des Tatbestands der **strafbaren Irreführung** (§ 16 I) ist der **Mitbewerber- und** in erster Linie der **Verbraucherschutz** (BGHSt 27, 293, 294 – *Branchen und Telexverzeichnisse*). Die Verbraucher sollen vor vermögensschädigendem und zweckverfehltem Mitteleinsatz bewahrt werden. § 16 I setzt einen Vermögensschaden nicht voraus und gewährt auf diese Weise Schutz im Vorfeld des Betruges (§ 263 StGB). Die Gefährlichkeit der Werbung ergibt sich vor allem daraus, dass eine Vielzahl von Abnehmern betroffen ist. **2**

Das System der **progressiven Kundenwerbung** (§ 16 II) wird in allen seinen Varianten zum Schutz der Verbraucher und der Wettbewerber verboten. Die Gefährlichkeit solcher Vertriebssysteme resultiert nicht schon aus dem Einsatz von Laienwerbern, der für sich genommen lauterkeitsrechtlich häufig unbedenklich ist (s § 4 Rdn 1.175), sondern aus dem glücksspielartigen Charakter solcher Systeme und drohenden Vermögenseinbußen der im System eingespannten Kunden (*Beater* § 26 Rdn 81; kritisch *Krack*, FS Otto, 2007, 609, 611 ff). Die **Richtlinie 2005/29/EG über unlautere Geschäftspraktiken** (UGP-Richtlinie; dazu Einl Rdn 3.56 ff und § 5 Rdn 1.6 und 1.23 ff) ordnet Schneeballsysteme den irreführenden Geschäftspraktiken zu (UGP-RL Anh I Nr 14) und betont damit den Schutz des Verbrauchers vor Praktiken, durch die er mittels Täuschung davon abgehalten wird, eine „informierte und deshalb effektive Wahl zu treffen" (Erwägungsgrund 14). **3**

III. Rechtsnatur

§ 16 enthält **abstrakte Gefährdungsdelikte,** die unabhängig davon eingreifen, ob die Betroffenen tatsächlich getäuscht, durch das aleatorische Moment verlockt und durch die systembedingte Marktverengung geschädigt werden. Der Versuch des § 16 I ist nicht strafbar. Dagegen wird der Versuch der progressiven Kundenwerbung von der Strafbarkeit des § 16 II erfasst, da die Vorschrift als **Unternehmensdelikt** ausgestaltet ist (§ 11 I Nr 6 StGB). **4**

IV. Geschäftliche Handlung

1. Strafbare Irreführung

Während § 4 UWG 1909 nach seinem Wortlaut kein Handeln im geschäftlichen Verkehr und kein Handeln zu Zwecken des Wettbewerbs erforderte, ist nach § 16 I nur eine **geschäftliche Handlung** strafbar (vgl zum UWG 2004 und dem dort verwendeten Begriff der Wettbewerbshandlung *Alexander* WRP 2004, 407, 413; *Fezer/Rengier* § 16 Rdn 11). Das ergibt sich daraus, **5** dass diese Bestimmung eine Werbung („Wer ... irreführend wirbt") voraussetzt (Harte/Henning/*Dreyer* § 16 Rdn 5); eine Werbung ist stets eine geschäftliche Handlung, während nicht jede geschäftliche Handlung Werbung ist (s § 2 Rdn 15 und § 5 Rdn 2.22).

2. Progressive Kundenwerbung

6   Dagegen verlangt § 16 II nicht ausdrücklich eine geschäftliche Handlung, sondern – in Übereinstimmung mit dem bis 2004 geltenden Recht (§ 6 c UWG aF) – nur ein **Handeln im geschäftlichen Verkehr**. Dies ändert jedoch nichts daran, dass eine progressive Kundenwerbung, die den Merkmalen des § 16 II entspricht, **stets auch eine geschäftliche Handlung iSv § 2 Nr 1** sein wird. Da die folgenden Strafbestimmungen der §§ 17, 18 und 19 immer ein Handeln zu Zwecken des Wettbewerbs voraussetzen, stellt das UWG also der Sache nach nur noch geschäftliche Handlungen unter Strafe. Das Tatbestandsmerkmal des Handelns im geschäftlichen Verkehr – obwohl ein Relikt aus dem alten § 6 c des Jahres 1986 – ist heute als ein Verweis auf die in § 2 I Nr 1 definierte geschäftliche Handlung zu verstehen (so bereits für den Begriff der Wettbewerbshandlung des UWG 2004 *Alexander* WRP 2004, 407, 413).

B. Strafbare irreführende Werbung (Abs 1)

I. Abgrenzung zu § 5

7   Während sich der zivilrechtliche Schutz vor Irreführung aus §§ 3, 5 iVm §§ 8, 9 ergibt, behandelt § 16 I die strafrechtlichen Folgen unwahrer Werbung. Beide Vorschriften unterscheiden sich in einigen relevanten Punkten. Die Strafbestimmung des § 16 I ist tatbestandlich enger gefasst als das Irreführungsverbot nach §§ 3, 5: Erfasst werden nur Fälle der Irreführung durch **unwahre Angaben.** Hinzu kommen muss weiterhin, dass die Werbung den Adressaten in **öffentlichen Bekanntmachungen** oder in **Mitteilungen** zugänglich gemacht wird, die **für einen größeren Kreis von Personen bestimmt** sind. Schließlich setzt § 16 I in subjektiver Hinsicht **vorsätzliches Handeln** sowie die **Absicht** voraus, den Anschein eines **bes günstigen Angebotes** hervorzurufen.

II. Objektiver Tatbestand

1. Angaben

8   Der Begriff der Angabe entspricht dem aus § 5 I 2 (vgl § 5 Rdn 2.37 ff). Folglich werden nur inhaltlich nachprüfbare Aussagen tatsächlicher Art vom Tatbestand erfasst. Reine Werturteile fallen hingegen nicht darunter. Nach § 4 UWG aF mussten sich die Angaben zwingend auf **geschäftliche Verhältnisse** beziehen. Umstände, die – ohne Verbindung zum beworbenen Produkt oder zu den geschäftlichen Belangen des Betriebs – persönliche Eigenschaften und Verhältnisse des Werbenden betrafen, waren ebenso wie die Motive des Werbenden für den Verkauf der Ware von der Strafvorschrift nicht erfasst (BGH [StrS] WRP 2002, 1432, 1433 f = NJW 2002, 3415 – *Kaffeefahrten; Endriss* wistra 1989, 90, 92 f). Unwahre Angaben eines Zeitschriftenwerbers über seine persönlichen Lebensverhältnisse – wie etwa die Motive für seine Werbetätigkeit und die Verwendung seines Verdienstes aus der Zeitschriftenwerbung (zB zum Studium oder zur Rehabilitation) – verstießen zwar idR gegen § 1 UWG aF, nicht aber gegen § 4 UWG aF (BGHSt 36, 389, 393 ff = NJW 1990, 2395; BayObLG wistra 1991, 119; OLG Düsseldorf NJW 1990, 2397; *Endriss* wistra 1990, 335 ff). Diese wenig sinnvolle Beschränkung des Tatbestands kennt das neue Recht nicht mehr (vgl *Kugler* S 84 ff; aA *Diemer* in Erbs/Kohlhaas Strafrechtliche Nebengesetze § 16 UWG Rdn 13). Allerdings wird es bei unwahren Angaben über Lebensverhältnisse etc im Allgemeinen an der Absicht fehlen, den Anschein eines bes günstigen Angebots hervorzurufen (dazu Rdn 17). Außerdem setzt § 16 I stets eine geschäftliche Handlung voraus (s dazu Rdn 5).

2. Irreführend und unwahr

9   **a) Irreführend.** § 16 I erfordert ebenso wie § 5, dass **irreführend** geworben wird. Ob eine Werbung irreführend ist, hängt nicht davon ab, dass einzelne Adressaten der Werbung tatsächlich getäuscht worden sind. Ausreichend ist vielmehr die bloße **Eignung zur Irreführung,** so dass es unerheblich ist, ob eine Irreführung wirklich eingetreten ist (BGHSt 52, 227 Tz 48 = GRUR 2008, 818 – *Strafbare Werbung im Versandhandel;* s dazu auch § 5 Rdn 2.65 und 2.169). Spätere

Aufklärungsbemühungen seitens des Verkäufers sind deshalb grds unbeachtlich. Ebenso wie bei § 5 kommt es für die Frage der Irreführung auf das **tatsächliche Verständnis** der Adressaten an (BGH GRUR 2002, 182, 184 – *Das Beste jeden Morgen,* s dazu § 5 Rdn 2.69).

b) Unwahr. Die Angaben müssen außerdem **objektiv unwahr** sein. Die **frühere Rspr** beurteilte die Frage der Unwahrheit ebenso wie die der Irreführung aus der Sicht der angesprochenen Verkehrskreise (RGSt 40, 439, 440; RGSt 41, 161, 162; RGSt 47, 161, 163). Während bei § 3 UWG aF jedoch auf einen nicht völlig unerheblichen Teil des Verkehrs abgestellt wurde, kam es für die strafbare Irreführung auf die **Durchschnittsauffassung** der Adressaten an (RGSt 40, 439, 440). Dadurch sollte deutlich werden, dass bei der Strafvorschrift des § 4 I UWG aF nicht jede durch eine Werbeangabe ausgelöste Erwartung eines Teils der angesprochenen Verkehrskreise dem Werbenden als Inhalt seiner Werbeangabe zuzurechnen war (Begr RegE BT-Drucks 8/2145 S 11; BT-Drucks 9/1707 S 13).

Bereits zum alten Recht hatte sich eine **Abkehr** von der Auffassung abgezeichnet, dass für die Frage, ob eine Angabe wahr oder unwahr sei, ebenfalls auf die Verkehrsauffassung abzustellen sei (OLG Stuttgart GRUR 1981, 750; Baumbach/*Hefermehl,* 22. Aufl, § 4 Rdn 1 auf der einen und Rdn 8 auf der anderen Seite; Köhler/*Piper,* 3. Aufl 2002, § 4 Rdn 1; aA GK/*Otto* § 4 Rdn 11 zu 4 UWG aF; *Alexander* WRP 2004, 407, 414 zu § 16 I). Im Rahmen des § 16 I muss nun endgültig ein **objektiver Prüfungsmaßstab** herangezogen werden (MünchKommUWG/ *Brammsen* § 16 Rdn 32; Piper/Ohly/*Sosnitza* § 16 Rdn 3). Hierfür sind **drei Erwägungen** maßgeblich: **(1)** Dadurch, dass der Straftatbestand des § 16 I unwahre Angaben verlangt, setzt er sich deutlich vom allgemeinen Irreführungsverbot nach §§ 3, 5 ab, das auch eine Irreführung durch wahre Angaben kennt. Nach dem heute maßgeblichen **Verbraucherleitbild** ist auch im Rahmen des § 5 auf das Verständnis des Durchschnittsverbrauchers abzustellen (s § 5 Rdn 1.55 ff). Würde man für die Frage der Wahrheit oder Unwahrheit der Angabe bei § 16 I mit der früher hM ebenfalls auf den Durchschnittsverbraucher abstellen, ergäbe sich durch das Merkmal der unwahren Angaben keine zusätzliche Eingrenzung des Tatbestands. **(2)** Das **Bestimmtheitsgebot** des Art 103 GG verbietet den Verweis auf die Verkehrsauffassung. **(3)** Soweit das StGB bei verwandten Strafvorschriften von „unrichtigen Angaben" spricht (vgl § 264 I Nr 1 und 4, § 264 a I Nr 2 sowie § 265 b I Nr 1 lit b) wird stets auf den objektiven Sinngehalt und nicht auf das Verständnis der angesprochenen Verkehrskreise abgestellt (vgl *Perron* in Schönke/Schröder StGB, 27. Aufl 2006, § 264 Rdn 44 und § 265 b Rdn 38).

3. Verschweigen, Irreführung durch Unterlassen

Eine unwahre und zur Irreführung geeignete Angabe kann auch durch **Verschweigen** eines wesentlichen Umstandes gemacht werden. Dabei kann grds auf die Kriterien des § 5 a I zurückgegriffen werden (s § 5 Rdn 2.60 und § 5 a Rdn 1 ff). Die Rspr und die – zugegebenermaßen zivilrechtlich geprägte – Literatur gehen dabei davon aus, dass derjenige, der durch **Weglassen wesentlicher Umstände** eine unwahre Angabe macht, idR primär durch positives Tun handelt, dass also das Unterlassungselement zurücktritt. Um eine strafbare Irreführung durch Verschweigen kann es sich danach zB handeln, wenn in Zeitungen preisgünstiger Wohnraum angeboten, dabei aber verschwiegen wird, dass die Vermittlung vom Abschluss von Möbelkaufverträgen in Höhe von 4000 und 10 000 DM abhängig ist (KG GRUR 1973, 601 = JR 1973, 428 mit Anm *Tiedemann;* GK/*Otto* § 4 Rdn 40 ff zu § 4 UWG aF). Unproblematisch als aktives Tun können dagegen Werbeaussagen eingeordnet werden, die nur ganz unzulänglich korrigiert werden, etwa wenn in einer Zeitung für russisch-stämmige Bürger auf russisch hervorgehoben mit dem Begriff „kostenlos" für auf zehn Minuten begrenzte Telefongespräche geworben wird und auf Deutsch in Kleindruck und in anderer drucktechnischer Gestaltung darauf hingewiesen wird, dass nur die Ersten zwei Minuten des Telefongespräches kostenlos sind, im Übrigen aber erhebliche Kosten anfallen (OLG Celle MMR 2004, 821, 822 = NStZ-RR 2005, 25).

Nicht ohne Berechtigung wird demgegenüber vor allem von strafrechtlicher Seite darauf hingewiesen, dass **nicht jedes Unterlassen,** das nach § 5 II 2 bzw nach Art 7 UGP-Richtlinie (vgl § 5 a RefE) eine Irreführung darstellt, im Rahmen des § 16 I als **aktives Tun** angesehen werden kann (MünchKommUWG/*Brammsen* § 16 Rdn 21; Fezer/*Rengier* § 16 Rdn 72; *Rengier,* FS Otto, 2007, 727, 733 ff). Wer es unterlässt, bei Verkauf eines Importfahrzeugs auf die schlechtere Serienausstattung hinzuweisen, führt den Verbraucher unzweifelhaft in die Irre (BGH GRUR 1999, 1122 – *EG-Neuwagen I;* BGH GRUR 1999, 1125 – *EG-Neuwagen I*); seinem Schweigen kann aber kaum die positive (konkludente) Aussage entnommen werden, das angebotene Importfahrzeug verfüge über dieselbe Serienausstattung wie ein im Inland erworbenes

Fahrzeug desselben Herstellers (*Rengier*, FS Otto, 2007, 727, 735). Die strafrechtliche Haftung setzt also in einem solchen Fall eine **Garantenstellung** voraus (vgl § 13 I StGB), die sich nicht ohne weiteres großzügig mit einem Hinweis auf Treu und Glauben begründen lässt (*Rengier*, FS Otto, 2007, 727, 737 ff; Fezer/*Rengier* § 16 Rdn 72; GK/*Otto* § 4 Rdn 40; vgl auch *Tiedemann* JR 1973, 430; *Diemer* in Erbs/Kohlhaas Strafrechtliche Nebengesetze § 16 UWG Rdn 27). Eher lässt sich eine Garantenstellung noch aus den gesetzlichen Informationspflichten ableiten, die das Gesetz in § 5 II 2 bzw in Art 7 UGP-Richtlinie (vgl § 5 a RefE) enthält. Die Ausweitung der Informationspflichten machen jedoch eher deutlich, dass man kaum davon sprechen kann, das „Unterlassen (entspreche) der Verwirklichung des gesetzlichen Tatbestandes durch ein Tun" (§ 13 I StGB), will sagen: das Unterlassen entspreche der ausdrücklichen Lüge. Im Beispiel des Importfahrzeugs müsste das Unterlassen des Hinweises auf die unterschiedliche Serienausstattung der positiven Aussage entsprechen, wonach das angebotene Fahrzeug dieselbe Serienausstattung aufweise wie ein für den deutschen Markt gebautes Fahrzeug. Dies wird man schwerlich annehmen können. Danach ist davon auszugehen, dass die Strafbarkeit einer Irreführung durch Unterlassen an höhere Voraussetzungen geknüpft ist als die zivilrechtliche Haftung. Dies erscheint im Hinblick auf die Ausweitung der Informationspflichten durchaus angemessen (so auch *Rengier*, FS Otto, 2007, 727, 740 f).

4. Öffentliche Bekanntmachungen und Mitteilungen für größeren Personenkreis

13   a) **Öffentliche Bekanntmachungen.** § 16 I setzt voraus, dass die Werbung in öffentlichen Bekanntmachungen oder Mitteilungen, die für einen größeren Personenkreis bestimmt sind, veröffentlicht wird. Daher sind solche Mitteilungen vom Anwendungsbereich der Vorschrift ausgeschlossen, die an Einzelpersonen gerichtet, und nicht zur Verbreitung an die Öffentlichkeit geeignet und bestimmt sind. Angaben, die nur zu Täuschungen individueller Opfer führen, werden von § 5 erfasst und können gem § 263 StGB strafbar sein. Öffentliche Bekanntmachungen sind Veröffentlichungen, die sich an einen grds unbegrenzten Personenkreis, also an jedermann wenden. Dabei genügt die Möglichkeit der Kenntnisnahme. Ob die Werbung tatsächlich wahrgenommen wird, ist unerheblich. Der Wegfall der Kenntnisnahmemöglichkeit lässt die Bekanntmachung entfallen. Beil Druckschriften ist dies der Fall, sobald sie der Verkehr erfahrungsgemäß nicht mehr liest (RGZ 46, 55). Beispiele für öffentliche Bekanntmachungen sind: Werbeanzeigen in Zeitungen, Rundfunk- und Kinowerbung, Warenzeichen und Ausstattungen, wobei sich die Werbung an irgendeiner Stelle der Ware befinden kann (ÖOGH ÖBl 1994, 162, 165 – *Kostenlose Filmentwicklung*).

14   b) **Mitteilungen für größeren Personenkreis.** Mitteilungen für einen größeren Personenkreis richten sich, obwohl sie auch für die Öffentlichkeit bestimmt sind, nicht an die Allgemeinheit schlechthin, sondern an einen größeren Kreis von Personen. Dieser darf individuell weder begrenzt noch begrenzbar sein, sondern muss eine **nach Zahl und Persönlichkeit im Voraus unbestimmte und unbegrenzte Mehrheit von Personen** bilden. Abzugrenzen ist er zum geschlossenen Kreis. Von einem geschlossenen Kreis kann man im Allgemeinen nicht sprechen, wenn der Kreis sehr groß ist (wie zB bei den Mitgliedern eines größeren Vereins) oder wenn der Kreis nicht uneinheitlich ist und die Mitglieder untereinander nicht verbunden sind (wie bei den Kunden eines Geschäfts). Gehen die Mitteilungen einem geschlossenen Kreis oder einzelnen Personen zu, so ist das Verhalten dennoch tatbestandsmäßig, wenn mit einer **Weiterverbreitung an einen größeren Personenkreis** gerechnet werden kann. So ist ein Unternehmer, der durch Hunderte von Vertretern unwahre Angaben einheitlich in einem nicht abzugrenzenden Kreis von Personen verbreiten lässt, als Täter nach § 16 I strafbar (OLG Oldenburg GRUR 1967, 107 – *Wäschefabrik*). Ferner ist es ausreichend, wenn die Mitteilung – schriftlich oder mündlich – den größeren Personenkreis sukzessive erreicht (BGH GRUR 1972, 479 – *Vorführgeräte*). Ebenso wie bei den öffentlichen Bekanntmachungen ist es auch bei den Mitteilungen an einen größeren Personenkreis belanglos, wer Kenntnis genommen hat und ob überhaupt Kenntnis genommen wurde.

15   **Beispiele für Mitteilungen, die sich an einen größeren Personenkreis richten:** Geschäftspapiere, Preislisten, Prospekte, Etiketten (BayObLG GRUR 1972, 659, 660); Hauszeitungen, wenn mit Kenntnis der letzten Abnehmer zu rechnen ist, Geschäftskarten, Zusätze auf Briefbogen, Kapselverschlüsse, Auszeichnungen mit Preisen im Schaufenster, Speisekarten, Einprägungen in Flaschen, Einrücken in Adress- oder Fernsprechbüchern, Jahresberichte gewerblicher Unternehmen. Auch Serienbriefe, die mit einem standardisierten Text versehen sind und dann mit Hilfe von Adressdatenbanken (zB Eintragungsofferten für Branchenverzeichnisse) verschickt werden, werden von § 16 I erfasst.

III. Subjektiver Tatbestand

1. Vorsatz

Vom Vorsatz des Täters müssen die **Unwahrheit der Angaben** sowie deren **Eignung zur Irreführung** erfasst sein (BayObLG WRP 1977, 524, 525). Diese muss der Täter also für möglich gehalten und billigend in Kauf genommen haben.

2. Absicht, den Anschein eines bes günstigen Angebots hervorzurufen

a) Absicht. Absicht iSv § 16 I ist **dolus directus ersten Grades** (Fezer/*Rengier* § 16 Rdn 94; GK/*Otto* § 4 Rdn 93; aA Baumbach/*Hefermehl*, 22. Aufl, § 4 Rdn 9 a, wo nur Vorsatz verlangt wird). Der Täter muss also anstreben, den Anschein eines bes günstigen Angebots hervorzurufen, umso die Kunden zum Kauf anzulocken. § 16 I stellt nur auf den **Anschein der Günstigkeit** ab. Folglich ist es unerheblich, ob die beworbenen Vorteile tatsächlich vorhanden sind. Es genügt irgendein – tatsächlicher oder vermeintlicher – Vorteil, der das Angebot in bes günstigem Licht erscheinen lässt. Worin das Günstige eines Angebots besteht, ist gleichgültig. Es kann im **Preis,** in der **Güte einer Ware,** im **Alter eines Unternehmens,** in einer alten **Geschäftstradition,** in einer **bes Herkunft,** in der **Leistungsfähigkeit** oder in den **bes Eigenschaften des Anpreisenden** (zB als Rechtsanwalt oder Arzt) liegen. Stets ist aber erforderlich, dass sich die angepriesenen Vorteile auf die angebotene Ware oder Leistung bezieht. Daher reichen **ideelle Gesichtspunkte,** die die Attraktivität, nicht aber den objektiven Wert des Angebots steigern mögen, nicht aus, zB unwahre Angaben über die Lebenssituation eines Zeitschriftenverkäufers (*Alexander* WRP 2004, 407, 416). Die unzutreffende Anpreisung einer Seife als **Blindenware** könnte nur dann den Anschein eines bes günstigen Angebots hervorrufen, wenn die von Blinden gefertigte Seife herkömmlicher Seife in der Qualität oder in anderen Eigenschaften vorzuziehen wäre (anders BGHSt 4, 44, 45 = NJW 1953, 592).

b) Besonders günstiges Angebot. Besonders günstig ist das Angebot bereits, wenn es unerheblich mehr als das allgemein Übliche bietet. Der Täter muss die Leistung günstiger darstellen, als sie es in Wirklichkeit ist (Piper/Ohly/*Sosnitza* § 16 Rdn 19). Preist ein Händler **höherwertige Ware** unter der Bezeichnung einer billigeren und schlechteren an, so fehlt ein bes günstiges Angebot. Der Vergleichsmaßstab für die Beurteilung der Frage, ob die Offerte bes günstig ist, sind Angebote mit dem Leistungsinhalt, den der Täter erbringen kann und will (BayObLG WRP 1989, 521, 522). Verspricht der Werbende hingegen eine Leistung, die er überhaupt nicht erbringen will oder kann, so liegt nur eine Täuschung über die Vertragstreue vor (BGHSt 27, 293, 295 = NJW 1978, 173 – *Branchen- und Telexverzeichnisse*).

c) Bezug der Angabe auf das Angebot. Aus dem subjektiven Merkmal der Absicht, den Anschein eines bes günstigen Angebots hervorzurufen, ergibt sich, dass das Gesetz einen **Zusammenhang zwischen der (irreführenden) Werbeaussage und dem beworbenen Produkt** verlangt (BGH [StrS] WRP 2002, 1432, 1433 f = NJW 2002, 3415 – *Kaffeefahrten*; Diemer in Erbs/Kohlhaas Strafrechtliche Nebengesetze § 16 UWG Rdn 104; Fezer/*Rengier* § 16 Rdn 98 ff; *Kugler* S 181 ff; aA *Dornis* GRUR 2008, 742, 749). Ein solcher Zusammenhang fehlt beispielsweise, wenn ein Zeitschriftenwerber nicht über das von ihm verkaufte Produkt, sondern über seine persönlichen Verhältnisse irreführt, indem er etwa eine Behinderung vortäuscht (vgl BGH [StrS] WRP 2002, 1432, 1434 = NJW 2002, 3415 – *Kaffeefahrten,* zum Merkmal der Angaben über geschäftliche Verhältnisse in § 4 UWG aF; s dazu oben Rdn 9). Der erforderliche Zusammenhang kann zweifelhaft sein, wenn dem Kunden im Zusammenhang mit einem Kaufangebot Vorteile versprochen werden und sich die Täuschung nicht auf den angebotenen Kaufgegenstand, sondern auf diese Vorteile beziehen, beispielsweise auf ein scheinbar wertvolles Werbegeschenk oder auf den scheinbar sicheren Gewinn eines wertvollen Preises. In einem solchen Fall ist es für den erforderlichen Zusammenhang ausreichend, dass sich das Kaufangebot und der versprochene Vorteil nach dem Verständnis des Kunden als einheitliches Angebot darstellen. Eine rechtliche Koppelung ist nicht erforderlich (BGHSt 52, 227 Tz 52 = GRUR 2008, 818 – *Strafbare Werbung im Versandhandel;* MünchKommUWG/*Brammsen* § 16 Rdn 44; *Kugler* S 184 f; anders wohl Fezer/*Rengier* § 16 Rdn 98). Der allein notwendige **wirtschaftliche Zusammenhang** ist auch dann gegeben, wenn der Kunde gerade wegen des versprochenen Vorteils, etwa wegen der vorgetäuschten Gewinnankündigung, zu einer Warenbestellung verleitet werden soll, selbst wenn die Warenbestellung nicht zur Bedingung für die Gewinnauszahlung gemacht wird (BGHSt 52, 227 Tz 56 = GRUR 2008, 818 – *Strafbare Werbung im Versandhandel*).

3. Irrtum

19 Irrt der Täter über das Vorliegen der objektiven Tatumstände, so entfällt der Vorsatz gem § 16 I StGB. Ein beachtlicher **Tatbestandsirrtum** liegt zB vor, wenn der Täter irrtümlich von einer Beschaffenheitsangabe ausgeht, obwohl eine Herkunftsangabe vorliegt. Fehlt dem Täter bei Begehung der Tat hingegen nur die Einsicht, Unrecht zu tun **(Verbotsirrtum)**, so handelt er **ohne Schuld,** wenn er diesen Irrtum nicht vermeiden konnte; bei Vermeidbarkeit des Irrtums kann die Strafe gem § 49 I StGB gemildert werden (§ 17 S 2 StGB). Das **Unrechtsbewusstsein** setzt weder die Kenntnis einer bestimmten verletzten Vorschrift noch das Bewusstsein einer vorrechtlichen sozialen Wertwidrigkeit voraus (BGHSt 2, 194, 202 = NJW 1952, 593; BGHSt 11, 263, 266 = NJW 1958, 109). Erforderlich, aber auch genügend ist das **Bewusstsein eines Verstoßes gegen die Rechtsordnung** (BGHSt 52, 227 Tz 58 = GRUR 2008, 818 – *Strafbare Werbung im Versandhandel*). Beurteilt der Täter bei voller Tatsachenkenntnis eine Straftat als Ordnungswidrigkeit, so hat er Unrechtsbewusstsein (BGHSt 11, 263, 266 = NJW 1958, 109; OLG Celle NJW 1987, 78, 79). An die **Vermeidbarkeit des Irrtums** sind hohe Anforderungen zu stellen. Unvermeidbar ist der Verbotsirrtum erst dann, wenn der Täter ihn trotz gehöriger, den Umständen des Falls angemessener und seiner Persönlichkeit sowie seinen Lebens- und Berufskreis zuzumutender Anspannung seines Gewissens nicht vermeiden konnte (BGHSt 2, 194, 201 = NJW 1952, 593; GK/*Otto* § 4 Rdn 107). Eine falsche behördliche Auskunft lässt die Vermeidbarkeit des Irrtums entfallen, wenn die Behörde für diese Auskunft nicht offensichtlich unzuständig ist (BGH NStZ 2000, 364). Bei Zweifeln über die Rechtmäßigkeit seines Handelns ist einem Werbetreibenden regelmäßig zuzumuten, den Rat einer sachkundigen Stelle – zB eines Rechtsanwalts, eines Verbandes oder der IHK – einzuholen (OLG Bremen NStZ 1981, 265; *Sternberg-Lieben* in Schönke/Schröder StGB, 27. Aufl 2006, § 17 Rdn 18). Unzureichend ist jedoch die Auskunft der Rechtsabteilung eines durch das fragliche Verhalten begünstigen Unternehmens (BGHSt 30, 270, 276 f = GRUR 1982, 248 – *Baustoffhändler*).

IV. Täter

1. Grundsatz

20 **Täter** ist jede beliebige Person, die den Straftatbestand des § 16 I mit Wissen und Wollen verwirklicht oder durch einen anderen verwirklichen lässt (§ 25 I 2. Alt StGB). Begehen mehrere die Straftat **gemeinschaftlich,** so wird jeder gem § 25 II StGB als Mittäter bestraft. Keinesfalls muss der Täter ein Mitbewerber sein; das zeigt der Wortlaut: „Wer ... irreführend wirbt". Bei **juristischen Personen,** die selbst nicht schuldhaft handeln können, haften strafrechtlich die Organe, falls sie die Tat begangen haben (§ 14 I Nr 1 StGB), ebenso bei Handelsgesellschaften und jeder Art von Vereinen.

2. Keine Haftung für Dritte

21 Gem § 4 II UWG aF war der Inhaber oder Leiter des Betriebs **neben** seinen Angestellten oder Beauftragten haftbar, wenn die Handlung in seinem **geschäftlichen Betrieb** mit seinem **Wissen** begangen wurde (s Rdn 1). Diese Erweiterung, die schon das Wissen genügen ließ und die Strafbarkeit ihrem Wortlaut nach nicht von der Möglichkeit eines Abwendens der irreführenden Angabe abhängig machte, war mit dem Schuldprinzip (§ 46 I S 1 StGB) nur bei einer korrigierenden Auslegung vereinbaren (vgl GK/*Otto* § 4 Rdn 122 f). Sie ist im neuen § 16 I nicht enthalten. Da aber auch nach neuem Recht von einer **Garantenstellung des Betriebsinhabers** ausgegangen werden kann, wird in derartigen Fällen auch in Zukunft meist eine **strafbare Irreführung durch Unterlassen** vorliegen (s Rdn 12).

3. Haftung der Presse

22 Wurde eine gegen § 16 I verstoßende Straftat mittels eines Druckwerks begangen, so richtet sich die strafrechtliche Verantwortung der Presse zusätzlich nach **Landespressegesetzen.** Unabhängig davon, ob sich Chefredakteur und Verleger nach § 16 I strafbar gemacht haben (die Strafbarkeit wird meist am Vorsatz scheitern), kommt eine strafrechtliche Haftung nach den Landespressegesetzen in Betracht: Bei periodischen Druckwerken haftet der verantwortliche Redakteur, wenn er vorsätzlich oder fahrlässig seine Verpflichtung verletzt hat, Druckwerke von strafbarem Inhalt freizuhalten. Bei sonstigen Druckwerken der Verleger, wenn er vorsätzlich oder

B. Strafbare irreführende Werbung (Abs 1) 23–28 § 16 UWG

fahrlässig seine Aufsichtspflicht verletzt hat und die Verwirklichung des Tatbestandes einer mit Strafe bedrohten Handlung hierauf beruht (zB § 20 II LPresseG BadWürtt). Kommt es zu einer strafrechtlichen Haftung, sind jedoch auch die **Grundsätze** zu beachten, die die Rspr **zur Einschränkung der zivilrechtlichen Haftung** von Presseorganen entwickelt hat (s dazu § 9 Rdn 2.3). Scheitert danach ein Abwehr- oder Schadensersatzanspruch gegenüber dem Verlag daran, dass ihm die Überprüfung der Inhalte einer veröffentlichten Anzeige nicht zuzumuten war, kann gegen den verantwortlichen Redakteur oder Verleger kein Fahrlässigkeitsvorwurf erhoben werden.

V. Vollendung der Tat

Die Tat ist vollendet, wenn die unwahren Angaben dem Publikum, dh einem unbegrenzten 23
Personenkreis, zugänglich geworden sind. Die Aufgabe einer Werbeanzeige bei einer Zeitung oder beim Rundfunk genügt dafür nicht. Gem § 23 I StGB ist der Versuch straflos.

VI. Rechtsfolgen

1. Strafe

Die Straftat ist ein **Vergehen**. Freiheitsstrafe bis zu zwei Jahren oder Geldstrafe ist nur wahl- 24
weise zulässig. Hat der Täter jedoch, wie im Fall des § 16 I meist, in Bereicherungsabsicht gehandelt, so kann gem § 41 StGB auch neben einer Freiheitsstrafe eine Geldstrafe verhängt werden, wenn dies unter Berücksichtigung der persönlichen und wirtschaftlichen Verhältnisse des Täters angebracht ist. Die Geldstrafe wird gem § 40 I StGB in Tagessätzen verhängt, und zwar mindestens fünf, höchstens 360 volle Sätze. Die persönlichen und wirtschaftlichen Verhältnisse des Täters werden gem § 40 II StGB bei Festsetzung der Höhe eines Tagessatzes berücksichtigt. Er wird auf mindestens 1, höchstens 5000 € festgesetzt. Demnach betragen das Mindestmaß der Geldstrafe 5 €, das Höchstmaß 1 800 000 € (Art 12 II EGStGB). Im Urteil werden Zahl und Höhe der Tagessätze angegeben (§ 40 IV StGB).

2. Strafverfolgung und Verjährung

a) Strafverfolgung. Verstöße gegen § 16 I werden von Amts wegen verfolgt. Öffentliche 25
Klage wird gem § 374 I Nr 7, § 376 StPO jedoch nur dann erhoben, wenn es im **öffentlichen Interesse** liegt. Das öffentliche Interesse an der Strafverfolgung ist idR zu bejahen, „wenn eine nicht nur geringfügige Rechtsverletzung vorliegt". Dies ist anzunehmen, „wenn durch unrichtige Angabe ein erheblicher Teil der Verbraucher irregeführt werden kann" (RiStBV Nr 260, abgedr bei § 17 Rdn 71). Zur Privatklage sind nur noch die **Verletzten** befugt. Nach altem Recht waren gem § 22 II UWG aF neben dem Verletzten auch die in § 13 II Nr 1, 2, 4 UWG aF bezeichneten Gewerbetreibenden, Verbände zur Förderung gewerblicher Interessen und Kammern zur Privatklage berechtigt. Die **Verweisung auf die Privatklage** ist nach Nr 260 RiStBV „idR nur angebracht, wenn der Verstoß leichter Art ist und die Interessen eines eng umgrenzten Personenkreises berührt".

b) Verjährung. Die Tat verjährt grds in fünf Jahren (§ 78 III Nr 4 StGB). Die Frist beginnt, 26
sobald die Tat beendet ist (§ 78 a StGB). Straftaten nach den Landespressegesetzen verjähren idR in sechs Monaten (zB § 24 I LPresseG Baden-Württemberg). Die Frist beginnt – falls nicht nach Landesrecht etwas anderes bestimmt ist – mit dem ersten Verbreitungsakt (BGHSt 25, 347 = NJW 1974, 2140).

c) Sonstige Maßnahmen. Verfallanordnung: § 73 StGB; **Einziehung:** §§ 74 ff StGB. Ein 27
vom Täter nach § 16 I durch irreführende Werbeangaben erlangter Vermögensvorteil ist im Falle einer Verurteilung von Amts wegen für verfallen zu erklären, und zwar für den Staat (Land) (§ 73 I 1, § 73 d StGB). Das gilt nicht, soweit dem Verletzten aus der Tat ein Anspruch erwachsen ist, dessen Erfüllung den aus der Tat erlangten Vermögensvorteil beseitigen oder mindern würde (§ 73 I 2 StGB). Da auch der Gewinnabschöpfungsanspruch nach § 10 unter § 73 I 2 StGB fällt, wird eine Verfallanordnung im Allgemeinen nicht mehr in Betracht kommen (*Alexander* WRP 2004, 407, 418).

3. Wettbewerbsrecht

§ 16 I enthält lediglich einen **bes Fall der irreführenden Werbung,** so dass in jedem Fall 28
der strafbaren Irreführung auch ein Verstoß gegen §§ 3, 5 vorliegt. Der Begründung zufolge

stellt ein Verstoß gegen § 16 zugleich auch einen Rechtsbruch iSd §§ 3, 4 Nr 11 dar (Begr RegE BT-Drucks 15/1487 S 26). Es greifen die Ansprüche auf Unterlassung und Beseitigung (§ 8 I) sowie auf Schadensersatz (§ 9). Erwirtschaftet der Täter auf Grund der unwahren Werbung zu Lasten der Abnehmer einen Gewinn, so kann dieser gem § 10 abgeschöpft werden.

4. Zivilrecht

29 Ein Vertrag, den der Abnehmer auf Grund irreführender unwahrer Werbung geschlossen hat, ist **wirksam,** aber regelmäßig nach § 123 BGB **wegen arglistiger Täuschung anfechtbar.** Das nach § 13 a UWG aF bestehende Rücktrittsrecht des Abnehmers ist mit der UWG-Reform 2004 entfallen. § 16 I ist **Schutzgesetz** iSd § 823 II BGB mit der Folge, dass Verbraucher, denen unmittelbar keine Ansprüche aus dem UWG zustehen, im Falle einer strafbaren Irreführung selbst Unterlassung und Schadensersatz nach § 823 II BGB iVm § 16 I geltend machen können (BGHSt 52, 227 Tz 87 = GRUR 2008, 818 – *Strafbare Werbung im Versandhandel;* s oben Einl Rdn 7.5; *Alexander* WRP 2004, 407, 420; Piper/Ohly/*Sosnitza* § 16 Rdn 29; MünchKommUWG/*Brammsen* § 16 Rdn 12; gegenüber der Vorauf1 einlenkend nunmehr auch Harte/Henning/*Dreyer* § 16 Rdn 25). Im Übrigen stellt ein Verstoß gegen § 16 I stets auch einen Verstoß gegen eine Marktverhaltensregelung nach § 4 Nr 11 dar und kann daher als unlautere geschäftliche Handlung nach § 3 verfolgt werden.

VII. Konkurrenzen

30 § 16 I kann in **Tateinheit** zusammentreffen mit § 16 II (progressive Kundenwerbung), § 263 StGB (Betrug), § 143 MarkenG (Zeichenmissbrauch) sowie mit §§ 11, 59 I Nr 7 und 9; §§ 19, 59 I Nr 11 und 12, §§ 27, 59 I Nr 13, §§ 33, 59 I Nr 18 LFBG, § 8 I Nr 2, § 96 Nr 3 AMG, § 49 Nr 4 WeinG und §§ 3, 14 HWG, aber auch mit § 370 I AO. Trifft § 16 I mit einer Ordnungswidrigkeit zusammen, so tritt diese gem § 21 OWiG hinter dem Straftatbestand des § 16 I zurück. Zum Zusammentreffen mit presserechtlichen Strafvorschriften s Rdn 22.

C. Progressive Kundenwerbung (Abs 2)

Schrifttum: *Beckemper,* Die Strafbarkeit des Veranstaltens eines Pyramidenspiels nach § 6 c UWG, wistra 1999, 169; *Brammsen/Leible,* Multi-Level-Marketing im System des deutschen Lauterkeitsrechts, BB 1997, Beilage 10 zu Heft 32; *Diemer* in Erbs/Kohlhaas, Strafrechtliche Nebengesetze, 177. Lfg, § 16 UWG Rdn 119–144; *Dornis,* Der „Schenkkreis" in der Strafbarkeitslücke? – Zum Tatbestandsmerkmal des „geschäftlichen Verkehrs" in § 16 Abs. 2 UWG, WRP 2007, 1303; *Finger,* Strafbarkeitslücken bei so genannten Kettenbrief-, Schneeball- und Pyramidensystemen, ZRP 2006, 159; *Granderath,* Strafbarkeit von Kettenbriefaktionen, wistra 1988, 173; *Grebing,* Die Strafbarkeit der progressiven Kundenwerbung und der Wirtschaftsspionage im Entwurf zur Änderung des UWG, wistra 1984, 169; *Hartlage,* Progressive Kundenwerbung – immer wettbewerbswidrig?, WRP 1997, 1; *Krack,* Legitimationsdefizite des § 16 Abs. 2 UWG, FS Otto, 2007, 609; *Lampe,* Strafrechtliche Probleme der „progressiven Kundenwerbung", Goltdammer's Archiv 1977, 33, 42; *Leible,* Multi-Level-Marketing ist nicht wettbewerbswidrig!, WRP 1998, 18; *Mäsch/Hesse,* Multi-Level-Marketing im straffreien Raum – Veränderungen der strafrechtlichen Beurteilung von Direktvertriebssystemen durch die UWG-Novelle 2008, GRUR 2010, 10; *Olesch,* § 16 II: Ein Schiff ohne Wasser, WRP 2007, 908; *Otto,* „Geldgewinnspiele" und verbotene Schneeballsysteme nach § 6 c UWG, wistra 1997, 81; *ders,* Wirtschaftliche Gestaltung am Strafrecht vorbei – Dargestellt am Beispiel des § 6 c UWG, Jura 1999, 97; *ders,* Zur Strafbarkeit der progressiven Kundenwerbung nach UWG § 6 c, wistra 1998, 227; *H. Richter,* Kettenbriefe doch straflos?, wistra 1990, 216; *Thume,* Multi-Level-Marketing, ein stets sittenwidriges Vertriebssystem?, WRP 1999, 280; *Többens,* Die Straftaten nach dem Gesetz gegen den unlauteren Wettbewerb (§§ 16–19 UWG), WRP 2005, 552; *Wegner,* Reform der Progressiven Kundenwerbung (§ 6 c), wistra 2001, 171; *Willingmann,* Sittenwidrigkeit von Schneeballsystem-Gewinnspielen und Konditkionsausschluss, NJW 1997, 2932.

I. Allgemeines

1. Entstehungsgeschichte

31 § 16 II entspricht weitgehend § 6 c UWG aF. Der durch Art 4 a Nr 1 des **2. WiKG** v 15. 5. 1986 (BGBl I 721) eingefügte § 6 c UWG aF sollte die **Strafbarkeit der progressiven Kundenwerbung** sicherstellen. Dies beruhte auf der Erkenntnis, dass einerseits der **zivilrechtliche Schutz** nicht ausreiche, weil vor Gericht erstrittene Unterlassungsgebote meist zu spät kommen und es die vielfältigen Erscheinungsformen progressiver Kundenwerbung dem Veranstalter leicht

C. Progressive Kundenwerbung (Abs 2)   32, 33   § 16 UWG

machen, sich einem für den konkreten Verletzungsfall ausgesprochenen Verbot durch Abwandlung zu entziehen (Begr RegE BT-Drucks 10/5058 S 38 f), und dass andererseits die **bestehenden Straftatbestände** der §§ 263, 287 StGB und § 4 UWG aF häufig nicht passten. Im Jahre 2000 wurde die Bestimmung durch das **Gesetz zur vergleichenden Werbung und zur Änderung wettbewerbsrechtlicher Vorschriften** v 1. 9. 2000 (BGBl I 1374) noch einmal geändert, um klarzustellen, dass die in Aussicht gestellten Vorteile nicht notwendig vom Veranstalter gewährt werden müssten, sondern dass es ausreichend ist, wenn die Vorteile durch die neu geworbenen Teilnehmer erlangt werden. Denn die Rspr hatte sich in derartigen Fällen gehindert gesehen, § 6 c UWG aF anzuwenden (BayObLG GRUR 1991, 245, 246; OLG Stuttgart wistra 1991, 234; OLG Rostock NStZ 1998, 467 f). Im Zuge der **UWG-Reform 2004** wurde die Vorschrift – abgesehen von einer rein redaktionellen Änderung – nur noch in einem Punkt geändert: Der geschützte Personenkreis, der früher alle Nichtkaufleute umfasste, wurde in § 16 II auf **Verbraucher** beschränkt, weil nur insoweit ein erhebliches Gefährdungspotenzial bestehe (Begr RegE BT-Drucks 15/1487 S 26).

2. Typische Erscheinungsformen

Das **System der progressiven Kundenwerbung** besitzt viele Variationsmöglichkeiten,   **32**
wobei das Typische darin liegt, dass ein Unternehmen für die Werbung und den Vertrieb **Laien** einsetzt, die **zur Abnahme von Waren** durch das Versprechen **bes Vorteile** für den Fall veranlasst werden, dass sie weitere Abnehmer zum Abschluss gleichartiger Geschäfte gewinnen, denen ihrerseits derartige Vorteile für eine entspr Werbung weiterer Abnehmer versprochen werden. Ausgehend von den Rechtsbeziehungen des Veranstalters zu den Kunden können **zwei Erscheinungsformen** unterschieden werden: Beim sog **Schneeballsystem** schließt der Veranstalter den Vertrag mit den von ihm unmittelbar geworbenen **Erstkunden** und sodann mit den durch deren Vermittlung geworbenen weiteren Kunden ab, während beim **sog Pyramidensystem** die vom Veranstalter geworbenen **Erstkunden** ihrerseits mit weiteren Kunden **gleichartige** – systemtypische – Verträge abschließen. Primär geht es um den **Absatz** von Waren, Dienstleistungen oder Rechten, da von diesem Absatz die erhofften Vorteile und Gewinnchancen abhängen. Durch das **Kettenelement** erlangt die Werbung einen von Stufe zu Stufe fortschreitenden **progressiven Charakter**. Beim sog Schneeballsystem liegt der bes Vorteil für den Laienwerber gewöhnlich darin, dass er sich als Käufer einer Ware von seiner Kaufpreisschuld durch Werbung weiterer Kunden befreien kann. Viele Erstkunden glauben die Bedingungen, an die der vorteilhafte Kauf geknüpft ist, leicht erfüllen zu können. Aber der Schein trügt. Die ersten Laienwerber mögen noch gute Gewinnaussichten haben; aber je rascher die Progression steigt, umso geringer werden die Aussichten, neue Kunden zu finden. Vertriebssysteme mit **progressiver Kundenwerbung** sind daher wegen ihrer irreführenden Wirkung, der Ausnutzung der Unerfahrenheit und des Leichtsinns sowie des aleatorischen Reizmoments grds **wettbewerbswidrig**.

3. Grundprinzip der progressiven Kundenwerbung

Mit einem **System der progressiven Kundenwerbung** lassen sich überteuerte Produkte   **33**
absetzen, scheinbar ohne dass der Abnehmer dadurch einen Nachteil erleidet; im Gegenteil: per Saldo soll er für das Produkt weniger als den Marktpreis zahlen (vgl BGHZ 15, 356 – *Progressive Kundenwerbung*). **Beispiel:** Händler H verkauft ein Schmuckset, für das er selbst im Einkauf 50 Euro zahlt, und für das er normalerweise nicht mehr als 100 Euro erzielen könnte, an zehn Käufer für 150 Euro. Er verpflichtet die Käufer, gegen eine Provision von 10% zehn weitere Käufer anzuwerben, die wiederum dieselbe Verpflichtung übernehmen. Die Käufer der ersten Generation haben bald durch die Provision den eingesetzten Kaufpreis wieder eingespielt. Auch die Käufer der zweiten Generation können hoffen, den Kaufpreis mit den Provisionen zu finanzieren. Es scheint nur Gewinner zu geben. Dennoch wird sich das System über kurz oder lang totlaufen, weil der Bedarf nach Schmucksets gedeckt ist. H hat dann auf Grund der Akquisition von nur zehn Kunden Hunderte oder Tausende von Schmucksets zu einem überteuerten Preis abgesetzt. Noch attraktiver wird das Modell, wenn der Werbende die Provision nicht aus dem von ihm eingeworbenen Geschäft, sondern aus dem der nächsten Generation bezieht. Wirbt bspw ein Käufer der ersten Generation zehn neue Kunden, die ihrerseits jeweils zehn neue Kunden werben, und erhält der Kunde der ersten Generation aus diesem zweiten Geschäft die Provision, lassen sich bereits erhebliche Gewinne erzielen (10 × 10 = 100 Provisionen à 15 € = 1500 €). Ein solches System ist genauso gut ohne Warenabsatz als **reines Kettenbriefsystem**

vorstellbar, in dem neue Teilnehmer an weiter oben im System stehende Teilnehmer einen bestimmten Geldbetrag zahlen und ihrerseits den tausendfachen Rücklauf ihres Einsatzes durch die Zahlungen der auf unteren Ebenen noch anzuwerbenden neuen Teilnehmer erwarten.

4. Progressive Kundenwerbung als Tatbestand der „Schwarzen Liste"

33a   Der Anhang zu § 3 III enthält – der Richtlinie 2005/29/EG über unlautere Geschäftspraktiken (UGP-Richtlinie) folgend – in Nr 14 den Tatbestand einer progressiven Kundenwerbung. Danach sind „die Einführung, der Betrieb oder die Förderung eines Systems zur Verkaufsförderung, das den Eindruck vermittelt, allein oder hauptsächlich durch die Einführung weiterer Teilnehmer in das System könne eine Vergütung erlangt werden (Schneeball- oder Pyramidensystem)", stets unzulässige geschäftliche Handlungen. Zu Einzelheiten Anh zu § 3 III Rdn 14.1 ff.

II. Objektiver Tatbestand

1. Veranstalter als Täter

34   Nach dem Wortlaut des § 6 c UWG aF war Täter derjenige, der die progressive Werbung **selbst** oder **durch andere** unternahm. Die Formulierung „durch andere" hatte der Gesetzgeber eingefügt, um klarzustellen, dass die Veranstalter solcher Systeme, die oft im Hintergrund bleiben, als Täter strafbar sind (s dazu BT-Drucks 9/1707 S 16). Dadurch wurden jedoch Unklarheiten provoziert, weil die gewählte Formulierung die mittelbare Täterschaft kennzeichnet (§ 25 I StGB: „... durch einen anderen begeht"). § 16 II verzichtet nunmehr auf diesen Zusatz, weshalb sich die Strafbarkeit des Veranstalters jetzt nach den allgemeinen Grundsätzen von Täterschaft und Teilnahme richtet. Sofern der Initiator des Systems danach nicht als (Mit-)Täter in Frage kommt, liegt grds Anstiftung vor. Die praktischen Auswirkungen der Neufassung sind unerheblich, da gem § 26 StGB der Täter gleich einem Anstifter bestraft wird. **Andere** können als Mittäter, Anstifter oder Gehilfen strafbar sein. Ein Lieferant der Spielmittel, der weder das nachfolgende Gewinnspiel initiiert noch Einfluss auf dessen Verlauf besitzt, veranstaltet nicht das Spiel. Die durch § 16 II geschützten Abnehmer sind als **notwendige Teilnehmer** straflos (Begr RegE BT-Drucks 10/5058 S 39; BGHSt 34, 171, 179 = NJW 1987, 851; GK/*Otto* § 6 c Rdn 52 f; Piper/Ohly/*Sosnitza* § 16 Rdn 41 f). Das gilt aber nur, solange sie nicht als Nutznießer des Systems über die notwendige Teilnahme hinaus tätig geworden sind.

2. Handeln im geschäftlichen Verkehr

35   Die Tathandlung muss gem § 16 II im **geschäftlichen Verkehr** erfolgen. Dem geschäftlichen Verkehr ist jede Tätigkeit zuzurechnen, die irgendwie zur Förderung eines beliebigen eigenen oder fremden Geschäftszwecks dient. Jede selbstständige, wirtschaftlichen Zwecke dienende Tätigkeit im weitesten Sinne wird damit erfasst, nicht dagegen das private oder das bloß betriebsinterne Handeln. Der Veranstalter eines **Kettenbriefsystems,** bei dem jeder Teilnehmer nach Zahlung eines bestimmten Geldbetrages weitere Teilnehmer gewinnen soll, um von diesen gleiche Geldleistungen zu erhalten, handelt **nicht** im geschäftlichen Verkehr, wenn sich seine Tätigkeit darauf beschränkt, das System lediglich **in Gang zu setzen,** jedoch Erwerb und Weiterveräußerung der Namenslisten allein in der Verantwortung der **privaten Teilnehmer** liegt und eine von außen auf den Spielfluss einwirkende Kontrolle nicht stattfindet (BGHSt 34, 171, 179 = NJW 1987, 851, 853; *Granderath* wistra 1988, 173, 175). Seine Tätigkeit ist rein privater Natur. Solche **Selbstläufersysteme** sind nicht nach § 16 II strafbar (*Finger* ZRP 2006, 159, 160 f). Anders verhält es sich, wenn der Veranstalter am Absatz beteiligt ist, die Teilnehmerzertifikate nur von ihm bezogen werden können und er gegen eine von jedem Teilnehmer zu entrichtende Gebühr den Spielverlauf verwaltet bzw ständig überwacht. Dann liegt nicht mehr ein rein privates, sondern ein Handeln im geschäftlichen Verkehr vor (OLG Karlsruhe GRUR 1989, 615; BayObLG GRUR 1991, 245, 246; OLG Stuttgart wistra 1991, 234, 235). Auch bei den sog **Schenkkreisen** verhält es sich häufig so, dass die Initiatoren sich nicht darauf beschränken, das System in Gang zu setzen; vielmehr beteiligen sie sich aktiv an der Akquisition neuer Mitspieler und übernehmen damit eine organisatorische Verantwortung. Ist dies der Fall, wird man ein Handeln im geschäftlichen Verkehr bejahen müssen (dazu *Dornis* WRP 2007, 1303, 1305 ff; zum Bereicherungsausgleich innerhalb eines solchen Schenkkreises BGH NJW 2006, 45; BGH NJW 2008, 1942; BGH WRP 2009, 322). Zu Kettenbriefaktion s unten Rdn 37.

C. Progressive Kundenwerbung (Abs 2) 36–39 § 16 UWG

3. Veranlassen von Verbrauchern zur Abnahme von Waren oder Leistungen

§ 16 II schützt nur die **Verbraucher,** während § 6 c UWG aF alle **Nichtkaufleute** in den 36
Schutz einbezogen hatte. Der Verbraucherbegriff entspricht, wie sich aus § 2 II ergibt, zwar grds
dem des § 13 BGB (*Mäsch/Hesse* GRUR 2010, 10, 14). Dabei ist aber zu berücksichtigen, dass
die angeworbenen Laien im Absatzsystem, für das sie geworben werden, als gewerbliche Absatzmittler, also als Unternehmer, tätig werden. Dieser Umstand führt selbstverständlich nicht dazu,
dass die Verbrauchereigenschaft bei derartigen Systemen stets zu verneinen wäre (so aber *Mäsch/
Hesse* GRUR 2010, 10, 14 f; *Olesch* WRP 2009, 908, 911). Abzustellen ist vielmehr auf den
Zeitpunkt, zu dem die Laien veranlasst werden, sich an dem progressiven Absatzsystem zu
beteiligen. Zu diesem Zeitpunkt sind sie auch noch keine Existenzgründer, die mit dem Ziel, ein
Unternehmen aufzubauen, Verträge abschließen und deswegen nicht als Verbraucher angesehen
werden können (s oben § 2 Rdn 137 mwN). Für die progressive Kundenwerbung ist es typisch,
dass Laien dazu veranlasst werden, ihrerseits andere Laien anzuwerben. Der einmal angeworbene
Laie wird vom Opfer zum Täter: Er wird nunmehr selbst zum Anwerber und erfüllt damit
seinerseits – im geschäftlichen Verkehr handelnd – den Tatbestand des § 16 II. Führt man sich
diese Funktionsweise vor Augen, wird klar, dass es für die Frage, ob es sich bei dem Angeworbenen um einen **Verbraucher** handelt, immer nur **auf den Zustand vor der Anwerbung**
ankommen kann.

Unter dem **Veranlassen** ist die psychische **Beeinflussung** des Verbrauchers zu verstehen. 36a
Einflussmittel ist das Versprechen systemtypischer **bes Vorteile** (s Rdn 38).

4. Einsatz zur Absatzförderung

Ziel der Einflussnahme ist der Absatz von Waren oder Leistungen. Das Veranlassen zur 37
Abnahme kann **durch den Veranstalter** oder **durch Dritte** geschehen, deren er sich zur
Begründung und Durchführung des Systems bedient. Der Abnehmer braucht die Ware nicht für
sich selbst zu erwerben. Strafbar nach § 16 II ist auch, wer andere zur Warenabnahme veranlasst,
die sie ihrerseits im eigenen Namen weiterverkaufen, zB beim Franchising. Bei einem **Kettenbriefsystem** beschränkt sich der Produktabsatz auf die Teilnahme an dem System; dies ist für
den Tatbestand des § 16 II ausreichend (s § 4 Rdn 1.189; aA Piper/Ohly/*Sosnitza* § 16
Rdn 48). Abgesetzt wird in diesem Fall die Gewinnchance. Die bloße Teilnahme am System lässt
sich von den bes Vorteilen unterscheiden, die der Veranstalter im Falle der Teilnahme am System
verspricht. Daher fallen grds auch die sog Schenkkreise unter § 16 II (vgl *Dornis* WRP 2007,
1303 f). Die Strafbarkeit des (verwalteten) Kettenbriefsystems war im Übrigen Anlass für die
Gesetzesänderung im Jahre 2000 (vgl Begr RegE BT-Drucks 14/2959 S 12 f). Auch sonst lässt
sich beobachten, dass das Gefahrenpotenzial der progressiven Kundenwerbung bes deutlich
zutage tritt, wenn es nicht mehr um den Warenabsatz, sondern nur noch um den Absatz von
Gewinnchancen geht (vgl *Thume* WRP 1999, 280, 283).

5. Versprechen von bes Vorteilen unter aufschiebender Bedingung

a) Vorteile. Die für eine erfolgreiche Kundenwerbung versprochenen Vorteile können Ver- 38
günstigungen jeder Art sein. Sie können in gleichen Waren, Leistungen oder Rechten sowie in
Prämien, Provisionen oder anderen **vermögenswerten Leistungen** bestehen. Der verkaufsabhängige Vorteil braucht kein unbedingt zu leistendes Entgelt zu sein, das gesondert von der
Bemessung des Warenentgelts gewährt wird. Er kann auch, wenn der Abnehmer die Ware
gekauft hat, in der Ermäßigung des Kaufpreises oder im unentgeltlichen oder verbilligten Bezug
weiterer Waren liegen (ebenso *Diemer* in Erbs/Kohlhaas Strafrechtliche Nebengesetze § 16
UWG Rdn 134; aM *Richter* wistra 1990, 216, 217). Ein Kaffeehändler, der den Käufern beim
Einkauf von einem Pfund Kaffee die Möglichkeit einräumt, durch Werbung neuer Kunden den
Kaufpreis zu senken, und zwar für jeden Kunden um 20% des Kaufpreises, macht sich nach
§ 16 II strafbar (vgl zu § 1 UWG aF BGHZ 15, 356 – *Progressive Kundenwerbung*).

b) Besondere Vorteile. Die vom Veranstalter versprochenen, verkaufsabhängigen **Vorteile** 39
sind das **Lockmittel,** um den Kunden in das Werbe- und Vertriebssystem einzuspannen. Das
Gesetz verlangt daher **bes Vorteile,** die geeignet sind, die typische Dynamik des Systems der
progressiven Kundenwerbung in Gang zu setzen. Verkaufen zB Hausfrauen die Waren eines
Herstellers gegen Provision, so liegt dann kein Verstoß gegen § 16 II vor, wenn den Käufern
keine bes Vorteile für die Werbung weiterer Kunden gewährt werden. Belanglose, geringwertige
Vorteile sind keine bes Vorteile iSv § 16 II (Begr RegE BT-Drucks 10/5058 S 39). Die bes

Vorteile dürfen jedoch nicht mit den erworbenen Waren bzw gewerblichen Leistungen und Rechten identisch sein, sondern müssen vielmehr ein **zusätzliches Lockmittel** darstellen, um die Kunden zum Eintritt in das Vertriebssystem zu veranlassen (*Wegner* wistra 2001, 171, 172).

40 **c) Vom Veranstalter selbst oder von einem Dritten gewährt.** Die versprochenen bes Vorteile für die Werbung weiterer Teilnehmer muss der **Veranstalter nicht selbst** gewähren. Ausreichend ist es nach der Neufassung des § 16 II (§ 6c UWG aF) aus dem Jahre 2000, wenn die Teilnehmer diese von Dritten, bspw auch von anderen Mitspielern, erhalten (RegBegr WRP 2000, 555, 561). Kettenbriefaktionen, die nach der früheren Rechtslage mangels der Gewährung eines Vorteils durch den Veranstalter selbst straflos waren, werden nun vom Anwendungsbereich der Vorschrift erfasst (anders noch OLG Karlsruhe GRUR 1989, 615, 616; BayObLG WRP 1990, 755, 756; *Granderath* wistra 1988, 173, 176). In diesen Fällen kann sich dennoch die Frage stellen, ob sich die vom Veranstalter gewährte Leistung inhaltlich von der abgenommenen Ware oder dem verkauften Recht unterscheidet und somit als **bes Vorteil** iSv § 16 II angesehen werden kann. Jedoch sind die erworbenen Mitgliedschaftsrechte samt der darin begründeten Anwartschaftsrechte inhaltlich von den tätigkeits- und erfolgsbedingten Provisions- und Geldansprüchen zu trennen und stellen folglich einen bes Vorteil dar, der gerade den Anreiz zur Teilnahme schafft (BGH wistra 1998, 67, 68; *Wegner* wistra 2001, 171, 172).

41 **d) Aufschiebende Bedingung.** Der Teilnehmer an einer progressiven Kundenwerbung erhält die bes Vorteile nur dann, wenn er **andere** zum Abschluss gleichartiger Geschäfte veranlasst, die ihrerseits **nach Art dieser Werbung** derartige Vorteile für die eine entspr Werbung weiterer Abnehmer erlangen sollen. Die Dynamik des Systems wird so gewährleistet. Um die **vielfältigen Varianten** progressiver Kundenwerbung, die den Gegenstand der Abnahme und die vom Veranstalter dem Erstabnehmer und allen weiteren Abnehmern zu gewährenden Vorteile betreffen, zu erfassen, spricht § 16 II von **gleichartigen Geschäften** und **derartigen Vorteilen.** Sie müssen **nach der Art dieser Werbung** gewährt werden. Das besagt, dass der Erstkunde den Zweitkunden und dieser die weiteren Abnehmer **regelmäßig**, aber nicht notwendigerweise gerade durch das In-Aussicht-Stellen der bes Vorteile zur Abnahme veranlassen muss (Begr RegE BT-Drucks 10/5058 S 39). Es genügt, dass das System seiner Anlage nach typischerweise darauf gerichtet ist, auch im Rahmen der weiteren Kundenwerbung die bes Vorteile in Aussicht zu stellen, um **weitere Abnehmer** in das System der progressiven Kundenwerbung einzubeziehen.

6. Abgrenzung zu verwandten Vertriebsmethoden

42 **Formen der Laienwerbung,** bei denen Laien für die Vermittlung von Kunden zwar bes Vorteile versprochen werden, die Vermittlung aber **nicht typischerweise** („nach der Art dieser Werbung") darauf beruht, dass der neu geworbene Kunde ebenfalls durch das Versprechen bes Vorteile für die Vermittlung weiterer Kunden veranlasst wird, sondern es ihm in erster Linie auf den Erhalt der Ware oder Leistung ankommt, fallen nicht unter den Tatbestand des § 16 II. In diesen Fällen fehlt es an dem für § 16 II typischen **Kettenelement,** auf das ein progressives Vertriebssystem von vornherein ausgerichtet sein muss. Der übliche Einsatz von Laien in der Werbung (für Buchclubs, Abonnements, Versicherungen, Bausparkassen), durch den einem auf normalen Weg geworbenen Kunden Gelegenheit gegeben wird, sich durch die Werbung eines neuen Kunden eine Anerkennung in Gestalt einer Prämie oder sonstigen Vergütung zu verdienen, ist wegen Fehlens des **progressiven Elements** zulässig (Begr RegE BT-Drucks 10/5058 S 39). Der Werber eines Buchclub-Mitglieds erhält zwar eine Anerkennung und damit einen bes Vorteil, jedoch scheidet eine Anwendung des § 16 II von vornherein aus, weil typischerweise niemand Mitglied eines Buchclubs wird, um sich durch Werbung neuer Mitglieder ebenfalls Prämien zu verdienen, sondern um die angebotenen Bücher preisgünstig zu erhalten (vgl Anh zu § 3 III Rdn 14.4).

43 Der Verkauf von Produkten (diätetische Lebensmittel und Kosmetika) durch sog Berater an Verbraucher im Wege des **Direktvertriebs** ist ebenfalls keine progressive Kundenwerbung. Auch hier fehlt es an einer **progressiven Ausrichtung** des Vertriebs. Zudem erwirbt der Kunde die Produkt regelmäßig nicht wegen versprochener bes Vorteile, sondern weil es ihm in erster Linie auf den Erhalt der Ware und der Leistung ankommt. Es fehlt daher am glücksspielartigen Charakter (LG Offenburg WRP 1998, 85). Auf Grund der vielfältigen Erscheinungsformen dieser Vertriebssysteme ist stets eine Prüfung im Einzelfall erforderlich, ob der Anwendungsbereich von § 16 II eröffnet ist (*Leible* WRP 1998, 18 ff; *Thume* WRP 1999, 280 ff; Piper/Ohly/ Sosnitza § 16 Rdn 35). Bei einem derartigen **Multi-Level-Marketing-(MLM-)System**

(**"Strukturvertrieb"**) wird der Kunde im Gegensatz zur progressiven Kundenwerbung nicht veranlasst, Waren über den eigenen Bedarf hinaus zu erwerben. Er erhält lediglich die Möglichkeit, sich durch Werben von weiteren Absatzmittlern eine Provision oder einen sonstigen Vermögensvorteil zu verdienen. Eine derartige Absatzorganisation ist daher grds zulässig (LG Offenburg WRP 1998, 85, 86; *Hartlage* WRP 1997, 1; *Leible* WRP 1998, 18; *Thume* WRP 1999, 280, 284 f). Jedoch ist stets zu prüfen, ob das betreffende System im Einzelfall bestimmte Unlauterkeitskriterien aufweist. In Betracht kommt insbes die Ausnutzung der geschäftlichen Unerfahrenheit und Leichtgläubigkeit (§ 4 Nr 2) und die Irreführung (§ 5), insbes über die Verdienstmöglichkeiten (s § 4 Rdn 1.188).

7. Tatbestandliche Handlungseinheit

Bei mehreren Förderungsakten ist eine **tatbestandliche Handlungseinheit** anzunehmen (KG NStZ-RR 2005, 26, 27 f). Dem Tatbestand des § 16 I unterfallen alle Tätigkeitsakte, die dem Vertrieb eines Absatzsystems dienen. Aus dem Umstand, dass hierzu auch die Präsentation des Absatzsystems zählt, folgt aber nicht, dass jede Verkaufsveranstaltung oder jeder Versuch einer Anwerbung rechtlich als selbstständige Handlung zu werten wäre. § 16 I erklärt vielmehr die Förderung des eigenen Absatzes durch die Verwendung eines progressiven Absatzsystems zur tatbestandsmäßigen Handlung. Hierunter können auch mehrere auf dasselbe Absatzsystem gerichtete Förderungsakte fallen. 44

III. Subjektiver Tatbestand

Strafbar ist gem § 15 StGB nur **vorsätzliches Handeln.** Der Täter muss alle Tatbestandsmerkmale seiner Handlung kennen und wissentlich verwirklichen wollen. **Dolus eventualis** ist ausreichend. Zu Tatbestands- und Verbotsirrtum kann auf die Ausführungen zu § 16 I verwiesen werden (s Rdn 19). 45

IV. Rechtsfolgen

1. Strafe

Die Tat ist ein **Vergehen,** das mit **Freiheitsstrafe** bis zu zwei Jahren oder mit **Geldstrafe** geahndet wird. Da der Täter im Fall des § 16 II grds in **Bereicherungsabsicht** handelt, kann neben einer Freiheitsstrafe auch eine Geldstrafe verhängt werden, wenn dies unter Berücksichtigung der persönlichen und wirtschaftlichen Verhältnisse des Täters angebracht ist (§ 41 StGB). Der **Versuch** progressiver Kundenwerbung ist gem § 11 I Nr 6 StGB der Vollendung der Tat gleichgestellt. Die fakultative Strafmilderung nach § 23 II iVm § 49 StGB ist daher wegen des Charakters als Unternehmensdelikt ausgeschlossen. 46

2. Strafverfolgung und Verjährung

a) **Strafverfolgung.** Verstöße gegen § 16 II werden von Amts wegen verfolgt. Öffentliche Klage wird gem §§ 374 I Nr 7, 376 StPO jedoch nur dann erhoben, wenn es im öffentlichen Interesse liegt. Zur Privatklage sind nur noch die Verletzten befugt. Früher waren gem § 22 II UWG aF neben dem Verletzten auch die in § 13 II Nr 1, 2, 4 UWG aF bezeichneten Gewerbetreibenden, Verbände zur Förderung gewerblicher Interessen und Kammern berechtigt. Vgl auch Rdn 25. 47

b) **Verjährung.** Die Tat verjährt grds in fünf Jahren (§ 78 III Nr 4 StGB). Die Frist beginnt, sobald die Tat beendet ist (§ 78 a StGB). 48

c) **Sonstige Maßnahmen.** Vgl Rdn 27. 49

3. Wettbewerbsrecht

Wer dem § 16 II zuwiderhandelt, kann gem §§ 3, 4 Nr 11, § 8 auf **Unterlassung und Beseitigung** in Anspruch genommen werden und ist nach § 9 zum **Schadenersatz** verpflichtet. Häufig wird auch ein Verstoß gegen § 5 iVm § 3 vorliegen. Auf das Irreführungsverbot kann immer **ergänzend zurückgegriffen** werden, wenn der Spezialtatbestand des § 16 II nicht vorliegt. Zu Lasten des Verbraucher erwirtschafteter Gewinn kann gem § 10 abgeschöpft werden. Daneben ist der Tatbestand der Nr 14 des Anhangs zu § 3 III zu beachten, der ebenfalls ein Verbot progressiver Kundenwerbung enthält (dazu Anh zu § 3 III Rdn 14.1 ff). 50

4. Zivilrechtliche Rechtsfolgen

51 **Vereinbarungen** zwischen dem Veranstalter und dem Kunden sowie zwischen diesem und weiteren Kunden sind nach §§ 134, 138 I BGB **nichtig** (BGHZ 71, 358, 366 – *Golden Products;* BGH WRP 1997, 783, 784 – *World Trading System;* OLG München NJW 1986, 1881; OLG Celle NJW 1996, 2660). § 16 II ist anders als § 16 I (s Rdn 29) **Verbotsgesetz** iSd § 134 BGB. Der Veranstalter kann das, was er als **bes Vorteil** geleistet hat, **nicht** nach § 817 I BGB **zurückfordern**. § 16 II ist ebenso wie § 16 I **Schutzgesetz iSd § 823 II BGB** mit der Folge, dass die betroffenen Verbraucher Unterlassungs- und Schadensersatzansprüche geltend machen können. Im Übrigen stellt ein Verstoß gegen § 16 II stets auch einen Verstoß gegen eine **Marktverhaltensregelung** nach § 4 Nr 11 dar und kann daher als unlautere geschäftliche Handlung nach § 3 verfolgt werden. Derselbe Anspruch kann nunmehr auch aus § 3 iVm Nr 14 des Anhangs zu § 3 III hergeleitet werden (vgl Anh zu § 3 III Rdn 14.5).

V. Konkurrenzen

52 Neben dem Straftatbestand progressiver Kundenwerbung können nach Lage des Falles auch die Tatbestände des § 16 I **(strafbare Irreführung)**, des § 263 StGB **(Betrug)** und des § 287 **(Lotterie oder Ausspielung)** vorliegen. Es besteht dann **Tateinheit**.

Vorbemerkungen vor §§ 17–19
Schutz von Betriebsgeheimnissen

Schrifttum: *Brammsen,* Rechtsgut und Täter der Vorlagenfreibeuterei (§ 18 UWG), wistra 2006, 201; *ders,* Wirtschaftsgeheimnisse als Verfassungseigentum, DÖV 2007, 10; *Ann,* Know-how – Stiefkind des Geistigen Eigentums?, GRUR 2007, 39; *Buchner,* Der Schutz von Computerprogrammen und Know-how im Arbeitsverhältnis, in Lehmann (Hrsg), Rechtsschutz und Verwertung von Computerprogrammen, 2. Aufl 1993; *Doepner,* Anmerkungen zum wettbewerbsrechtlichen Geheimnisschutz im Zivilprozess, FS Tilmann, 2003, 105; *Fezer,* Der zivilrechtliche Geheimnisschutz im Wettbewerbsrecht, FS Traub, 1994, 81; *Grunewald,* Fern der Quelle – Geheimnisschutz und Outsourcing, WRP 2007, 1307; *Harte-Bavendamm,* Wettbewerbsrechtliche Aspekte des Reverse Engineering von Computerprogrammen, GRUR 1990, 657; *Kiethe/Groeschke,* Die Durchsetzung von Schadensersatzansprüchen in Fällen der Betriebs- und Wirtschaftsspionage, WRP 2005, 1358; *dies,* Informationsfreiheitsgesetz: Informationsfreiheit contra Betriebsgeheimnis? – Notwendige Vorkehrungen für den Schutz von Betriebs- und Geschäftsgeheimnissen, WRP 2006, 303; *Maier,* Der Schutz von Betriebs- und Geschäftsgeheimnissen im schwedischen, englischen und deutschen Recht, 1998; *Mautz/Löblich,* Nachvertraglicher Verrat von Betriebs- und Geschäftsgeheimnissen, MDR 2000, 67; *Meincke,* Geheimhaltungspflichten im Wirtschaftsrecht, WM 1998, 741; *Mitsch,* Wertungswidersprüche bei § 18 UWG nF, GRUR 2004, 824; *Müller,* Der Schutz von Knowhow nach dem TRIPS-Übereinkommen, 2003; *Nennen,* Rechtsschutz von Akquiseleistungen der Werbebranche, WRP 2003, 1076; *Pfeiffer,* Der strafrechtliche Verrat von Betriebs- und Geschäftsgeheimnissen nach § 17 UWG, FS Nirk, 1992, 681; *Reger,* Der internationale Schutz gegen unlauteren Wettbewerb und das TRIPS-Übereinkommen, 2000; *Reimann,* Einige Überlegungen zur Offenkundigkeit im Rahmen von §§ 17 ff UWG und von § 3 PatG, GRUR 1998, 298; *Rützel,* Illegale Unternehmensgeheimnisse?, GRUR 1995, 557; *Sack,* Zur Vereinbarkeit wettbewerbsbeschränkender Abreden in Lizenz- und Know-how-Verträgen mit europäischem und deutschem Kartellrecht, WRP 1999, 592; *Schlötter,* Der Schutz von Betriebs- und Geschäftsgeheimnissen und die Abwerbung von Arbeitnehmern, 1997; *Siems,* Die Logik des Schutzes von Betriebsgeheimnissen, WRP 2007, 1146; *Többens,* Wirtschaftsspionage und Konkurrenzausspähung in Deutschland, NStZ 2000, 505; *ders,* Die Straftaten nach dem Gesetz gegen den unlauteren Wettbewerb, WRP 2005, 552; *Wemmer,* Nutzung fremder Kundendaten stellt nicht zwingend eine Verwertung von Geschäftsgeheimnissen dar, K&R 2002, 103; *Westermann,* Der BGH baut den Know-how-Schutz aus, GRUR 2007, 116; *Wolff,* Der verfassungsrechtliche Schutz der Betriebs- und Geschäftsgeheimnisse, NJW 1997, 98; *Wüterich/Breucker,* Wettbewerbsrechtlicher Schutz von Werbe- und Kommunikationskonzepten, GRUR 2004, 389; *Zentek,* Präsentationsschutz, WRP 2007, 507.

Übersicht

	Rdn
I. Das Betriebsgeheimnis als Vermögenswert	1–5
1. Wirtschaftliche Bedeutung	1
2. Rechtsnatur	2
3. Verwertung	3, 4
a) Verkauf und Übertragung	3
b) Nutzungsüberlassung	4
4. Zwangsvollstreckung und Insolvenz	5
II. Das Betriebsgeheimnis im Wettbewerb	6
III. Der strafrechtliche Schutz des Betriebsgeheimnisses im Überblick	7

I. Das Betriebsgeheimnis als Vermögenswert

1. Wirtschaftliche Bedeutung

Geschäfts- und Betriebsgeheimnisse (zum Begriff § 17 Rdn 4 ff), vielfach auch Know-how oder Wirtschafts- und Unternehmensgeheimnisse genannt, (im Folgenden: Betriebsgeheimnisse) spielen im Wirtschaftsleben eine große Rolle. Sie stellen häufig den wesentlichen Vermögenswert eines Unternehmens dar und sind oft sogar wertvoller als ein gewerbliches Schutzrecht (BGHZ 16, 172, 175 f – *Dücko;* BGH GRUR 1963, 207, 210 – *Kieselsäure*). Vielfach scheuen es Unternehmen, sich Schutzrechte für Betriebsgeheimnisse einräumen zu lassen, um ein Offenkundigwerden und damit eine Nutzung durch Dritte zu verhindern. Auch genießt das Betriebsgeheimnis anders als Schutzrechte einen zeitlich unbegrenzten Schutz. Seine Schwäche besteht darin, dass es mit Offenkundigwerden (dazu § 17 Rdn 6) grds auch seinen rechtlichen Schutz verliert.

2. Rechtsnatur

Das Betriebsgeheimnis stellt ein **Immaterialgut,** aber **kein Immaterialgüterrecht** dar (aA Piper/*Ohly*/Sosnitza Vor §§ 17–19 Rdn 4: „unvollkommenes Immaterialgüterrecht"), da es keine eigentliche Ausschlussfunktion hat. Eine andere, davon zu trennende Frage ist, ob es als **„sonstiges Recht"** iSd § 823 I BGB Schutz genießt (dazu § 17 Rdn 53). Verfassungsrechtlich ist das Betriebsgeheimnis zwar nicht durch Art 12 GG (so aber *Wolff* NJW 1997, 98, 99 ff), wohl aber durch **Art 14 I GG** (MünchKommUWG/*Brammsen* § 17 Rdn 5 mwN) geschützt.

3. Verwertung

a) Verkauf und Übertragung. Der Unternehmensinhaber kann ein Betriebsgeheimnis mit oder ohne das dazugehörige Unternehmen **veräußern** (BGH GRUR 2006, 1044 Tz 19 – *Kundendatenprogramm*). **Gegenstand des Kaufvertrags** ist zwar weder eine Sache noch ein Recht, sondern **„sonstiger Gegenstand".** Nach § 453 I BGB finden darauf aber die §§ 433–451 BGB entsprechende Anwendung. Umstritten ist, wie ein Kaufvertrag über ein Betriebsgeheimnis zu **erfüllen** ist. Nach einer Meinung erfolgt die Übertragung nach §§ 929 ff BGB analog (*Pfister,* Das technische Geheimnis (Know-how) als Vermögenswert, 1974, 146 ff), nach anderer Ansicht sind die §§ 413, 398, 402 BGB anzuwenden (*Forkel,* FS Schnorr v Carolsfeld, 1972, 123; Piper/*Ohly*/Sosnitza Vor §§ 17–19 Rdn 5). Beide Auffassungen werden jedoch der Rechtsnatur des Betriebsgeheimnisses als eines Immaterialguts nicht gerecht. Richtigerweise sind die Pflichten des Verkäufers zur Erfüllung des Kaufvertrages durch (ggf ergänzende) Vertragsauslegung (§§ 133, 157 BGB) zu ermitteln. Im Wesentlichen hat der Verkäufer die Pflicht, (1) dem Käufer das Geheimnis mitzuteilen, (2) ihn, soweit erforderlich, mit der Nutzung des Geheimnisses vertraut zu machen, (3) ihm die dazugehörigen Unterlagen (Schriften, Zeichnungen, Pläne, Gegenstände usw) zu übereignen und (4) sich künftig der weiteren Nutzung des Geheimnisses zu enthalten. Auftretende Probleme (zB Kosten der Erfüllung; gutgläubiger Erwerb vom Nichtberechtigten) sind, soweit sich dem Vertrag nicht durch (ergänzende) Vertragsauslegung eine Antwort entnehmen lässt, durch Rückgriff auf die sachnächsten gesetzlichen Regelungen zu lösen.

b) Nutzungsüberlassung. Möglich und verbreitet ist auch die Nutzungsüberlassung durch **(Know-how-)Lizenzvertrag,** häufig im Rahmen von Franchiseverträgen. Der Lizenznehmer erwirbt dadurch – je nach Vereinbarung – ein ausschließliches (dingliches) oder einfaches (schuldrechtliches) Nutzungsrecht an dem Geheimnis (Piper/*Ohly* Vor §§ 17–19 Rdn 5). **Kartellrechtliche Grenzen** für Verwertungsverträge bilden im deutschen Recht § 1 GWB und im Europäischen Recht Art 81 I EG. Allerdings ist nach § 2 II GWB bzw Art 81 III EG die VO Nr 772/2004 (Gruppenfreistellungsverordnung für Technologietransfer-Vereinbarungen, ABl EG Nr L 123 S 11 v 27. 4. 2004) zu beachten (dazu *Drexl* GRUR Int 2004, 716; *Hufnagel* Mitt 2004, 297; *Lubitz* EuZW 2004, 652).

4. Zwangsvollstreckung und Insolvenz

Das Betriebsgeheimnis unterliegt der Zwangsvollstreckung nach §§ 857, 828 ff ZPO (*Pfister* S 157 ff) und dem Zugriff des Insolvenzverwalters (BGHZ 16, 172 – *Dücko*).

II. Das Betriebsgeheimnis im Wettbewerb

6 Der Schutz des (häufig mit großen Kosten erarbeiteten oder erworbenen) Betriebsgeheimnisses vor unbefugter Weitergabe und Nutzung liegt nicht nur im Interesse des Unternehmensinhabers, sondern auch der Wettbewerbsordnung. Denn der rechtliche Schutz gibt Ansporn zur Schaffung und Nutzung von Know-how und ermöglicht vorstoßenden Wettbewerb im Allgemeininteresse. Das Interesse an der Schaffung und Erhaltung eines Wettbewerbsvorsprungs kann allerdings kollidieren mit dem Interesse Dritter (zB ausgeschiedener Beschäftigter oder Gesellschafter) an der Weitergabe und Nutzung von Betriebsgeheimnissen und mit dem Allgemeininteresse an nachahmendem Wettbewerb. Der straf- und zivilrechtliche Schutz des Betriebsgeheimnisses muss dem Rechnung tragen. Nicht schutzwürdig ist jedenfalls die unredliche Kenntniserlangung und Nutzung fremder Betriebsgeheimnisse, inbes durch (die in ihrer Tragweite nicht zu unterschätzende und immer mehr zunehmende) **Betriebsspionage** (dazu § 4 Rdn 10.164 f; vgl BGH GRUR 1973, 483 – *Betriebsspionage; Dannecker* BB 1987, 1614; *Kiethe/Groeschke* WRP 2005, 1358).

III. Der strafrechtliche Schutz des Betriebsgeheimnisses im Überblick

7 § 17 enthält drei Straftatbestände: **(1)** den **Geheimnisverrat** durch einen Beschäftigten, § 17 I; **(2)** die **Betriebsspionage,** dh das Ausspähen eines Geheimnisses mit bestimmten Mitteln und Methoden, § 17 II Nr 1; **(3)** die **Geheimnisverwertung,** dh die unbefugte Verwertung eines durch Verrat oder Ausspähung erlangten Geheimnisses, § 17 II Nr 2. – **§ 18** stellt die sog **Vorlagenfreibeuterei,** dh die unbefugte Nutzung anvertrauter Geheimnisse durch Selbstständige, unter Strafe. – **§ 19** erweitert den strafrechtlichen Schutz durch die §§ 17, 18, indem er bestimmte **Vorbereitungshandlungen** (Verleiten und Erbieten) unter Strafe stellt. – Die Anwendung der §§ 17–19 auf bestimmte **Auslandstaten** ist durch den jeweiligen Verweis auf § 5 Nr 7 StGB gewährleistet. Danach gilt das deutsche Strafrecht, unabhängig vom Recht des Tatorts, auch für eine im Ausland begangene Verletzung von Betriebs- und Geschäftsgeheimnissen eines inländischen Betriebs, eines Unternehmens mit Sitz im Inland oder eines Unternehmens mit Sitz im Ausland, das von einem Unternehmen mit Sitz im Inland abhängig ist und mit diesem einen Konzern bildet (§§ 17, 18, 291 ff AktG). Daraus ist nicht zu schließen, dass in ausländischem Besitz stehende Unternehmen mit Sitz im Ausland keinen Strafrechtsschutz bei Inlandstaten genießen (so aber *Bruch* NStZ 1986, 259, 260). Denn insoweit gilt § 9 StGB (GK/*Otto* § 20 a aF Rdn 7). Für PVÜ-Ausländer gilt ohnehin der Grundsatz der Inländergleichbehandlung. – In § 17 V, § 18 III und § 19 IV werden die Voraussetzungen der **Strafverfolgung** geregelt. Dazu § 17 Rdn 66 ff.

Verrat von Geschäfts- und Betriebsgeheimnissen

17 (1) Wer als eine bei einem Unternehmen beschäftigte Person ein Geschäfts- oder Betriebsgeheimnis, das ihr im Rahmen des Dienstverhältnisses anvertraut worden oder zugänglich geworden ist, während der Geltungsdauer des Dienstverhältnisses unbefugt an jemand zu Zwecken des Wettbewerbs, aus Eigennutz, zugunsten eines Dritten oder in der Absicht, dem Inhaber des Unternehmens Schaden zuzufügen, mitteilt, wird mit Freiheitsstrafe bis zu drei Jahren oder mit Geldstrafe bestraft.

(2) Ebenso wird bestraft, wer zu Zwecken des Wettbewerbs, aus Eigennutz, zugunsten eines Dritten oder in der Absicht, dem Inhaber des Unternehmens Schaden zuzufügen,

1. sich ein Geschäfts- oder Betriebsgeheimnis durch
   a) Anwendung technischer Mittel,
   b) Herstellung einer verkörperten Wiedergabe des Geheimnisses oder
   c) Wegnahme einer Sache, in der das Geheimnis verkörpert ist,
   unbefugt verschafft oder sichert oder
2. ein Geschäfts- oder Betriebsgeheimnis, das er durch eine der in Absatz 1 bezeichneten Mitteilungen oder durch eine eigene oder fremde Handlung nach Nummer 1 erlangt oder sich sonst unbefugt verschafft oder gesichert hat, unbefugt verwertet oder jemandem mitteilt.

(3) **Der Versuch ist strafbar.**

(4) ¹In besonders schweren Fällen ist die Strafe Freiheitsstrafe bis zu fünf Jahren oder Geldstrafe. ²Ein besonders schwerer Fall liegt in der Regel vor, wenn der Täter

1. gewerbsmäßig handelt,
2. bei der Mitteilung weiß, dass das Geheimnis im Ausland verwertet werden soll, oder
3. eine Verwertung nach Absatz 2 Nummer 2 im Ausland selbst vornimmt.

(5) **Die Tat wird nur auf Antrag verfolgt, es sei denn, dass die Strafverfolgungsbehörde wegen des besonderen öffentlichen Interesses an der Strafverfolgung ein Einschreiten von Amts wegen für geboten hält.**

(6) § 5 Nummer 7 des Strafgesetzbuches gilt entsprechend.

Übersicht

	Rdn
I. Allgemeines	1–3 c
1. Entstehungsgeschichte	1
2. Normzweck	2
3. Anwendungsbereich und Konkurrenzen	3
4. Internationales Recht, Unionsrecht, Ausländisches Recht	3 a–3 c
a) Internationales Recht	3 a
b) Unionsrecht	3 b
c) Ausländisches Recht	3 c
II. Das „Geschäfts- oder Betriebsgeheimnis"	4–13
1. Begriff und Abgrenzung	4–4 b
a) Definition	4
b) Unterscheidung zwischen Geschäfts- und Betriebsgeheimnis	4 a
c) Abgrenzung zum Know-how	4 b
2. Einzelheiten	5–12
a) Zusammenhang der Tatsache mit einem Geschäftsbetrieb	5
b) Fehlende Offenkundigkeit	6–8
aa) Allgemeine Bekanntheit	7
bb) Abgrenzung: Bekanntheit nur für begrenzten Personenkreis	7 a
cc) Leichte Zugänglichkeit	8
c) Geheimhaltungsinteresse	9
d) Geheimhaltungswille	10
e) Sonstiges	11
f) Beispiele	12
3. Zuordnung zum Unternehmensinhaber	13
III. Der Geheimnisverrat (§ 17 I)	14–28
1. Täter	14
2. Tatobjekt	15–17
a) Anvertraut	16
b) Zugänglich	17
3. Tathandlung	18–21
a) Mitteilung	19
b) Mitteilungsempfänger (jemand)	20
c) Unbefugt	21
4. Tatzeitraum	22
5. Subjektiver Tatbestand	23–27
a) Zu Zwecken des Wettbewerbs	24
b) Aus Eigennutz	25
c) Zu Gunsten eines Dritten	26
d) In der Absicht, dem Inhaber des Geschäftsbetriebs Schaden zuzufügen	27
6. Vollendung und Versuch	28
IV. Betriebsspionage (§ 17 II Nr 1)	29–39
1. Tathandlung	29–31
a) Sichverschaffen	30
b) Sichern	31
2. Tatmittel	32–35
a) Anwendung technischer Mittel	33
b) Herstellung einer verkörperten Wiedergabe des Geheimnisses	34
c) Wegnahme einer Sache, in der das Geheimnis verkörpert ist	35
3. Rechtswidrigkeit	36
4. Täterkreis	37
5. Subjektiver Tatbestand	38
6. Versuch	39

	Rdn
V. Geheimnisverwertung (§ 17 II Nr 2)	40–50
1. Tathandlung	40–43
a) Verwerten	41
b) Mitteilen	42
c) Unbefugt	43
2. Tatvoraussetzungen	44–47
a) Durch eine der in Abs 1 bezeichneten Mitteilungen ... erlangt	45
b) Durch eine eigene oder fremde Handlung nach Nr 1 erlangt	46
c) Sich sonst unbefugt verschafft oder gesichert hat	47
3. Subjektiver Tatbestand	48
4. Täter	49
5. Versuch	50
VI. Zivilrechtliche Folgen	51–65
1. Allgemeines	51
2. Anspruchsgrundlagen	52–57
a) Lauterkeitsrechtliche Ansprüche	52
b) Bürgerlichrechtliche Ansprüche	53–56
aa) Deliktsrechtliche Ansprüche	53
bb) Vertragliche Ansprüche	54
cc) Bereicherungsansprüche	55
dd) Geschäftsführungsansprüche	56
c) Sondergesetzliche Ansprüche	57
3. Schadensersatzansprüche	58–62
a) Voraussetzungen und Inhalt	58
b) Fallgruppen	59–62
aa) Ausgeschiedene Beschäftigte	59
bb) Gesellschafter	60
cc) Absatzmittler	61
dd) Sonstige Dritte	62
4. Abwehransprüche	63–65
a) Anspruchsgrundlagen	63
b) Unterlassungsanspruch	64
c) Beseitigungsanspruch	65
VII. Strafrechtliche Folgen	66–73
1. Strafe	66
2. Strafverfolgung	67–73
a) Allgemeines	67
b) Strafverfolgung auf Antrag	68–70
aa) Grundsatz	68
bb) Antragsberechtigt	69
cc) Antragstellung	70
c) Strafverfolgung ohne Antrag	71, 72
d) Privatklage	73

Schrifttum: s Vor §§ 17–19.

I. Allgemeines

1. Entstehungsgeschichte

1 Der strafrechtliche Schutz von Geschäfts- und Betriebsgeheimnissen war bereits in den §§ 9, 10 UWG 1896 vorgesehen, wurde im UWG 1909 in den §§ 17 ff geregelt und später sukzessive erweitert, zuletzt durch das 2. WiKG von 1986 (dazu *Möhrenschlager* wistra 1986, 137). Die jetzige Regelung im UWG 2004 entspricht sachlich weitgehend dem § 17 aF.

2. Normzweck

2 § 17 schützt den Unternehmensinhaber vor einer Verletzung seiner Geschäfts- und Betriebsgeheimnisse und zugleich den Wettbewerb vor Verfälschung. Dieser Schutz ist umso notwendiger, als durch Wirtschaftsspionage den Unternehmen große Schäden entstehen. Allein für Deutschland werden jährliche Schäden in Milliardenhöhe vermutet (vgl MünchKommUWG/ *Brammsen* Vor § 17 Rdn 7 mwN).

II. Das „Geschäfts- oder Betriebsgeheimnis"   3–4a   § 17 UWG

3. Anwendungsbereich und Konkurrenzen

§ 17 gilt für Inlandstaten (§ 3 StGB) und nach § 17 VI iVm § 5 Nr 7 StGB auch für **3** bestimmte Auslandstaten. Die drei Tatbestände des § 17 sind voneinander unabhängig. Je nach den Umständen kann zwischen § 17 I und anderen Tatbeständen (§§ 123, 202a, 203, 204, 242, 246, 263, 266, 274, 303 a StGB sowie §§ 94 ff StGB) Tateinheit oder Tatmehrheit vorliegen.

4. Internationales Recht, Unionsrecht, Ausländisches Recht

a) Internationales Recht. Nach **Art 39 I TRIPS-Abkommen** v 30. 8. 1994 sind die **3a** Mitgliedstaaten verpflichtet, „nicht offenbarte Informationen" nach Maßgabe des **Art 39 II** zu schützen. Die Vorschrift lautet:

„Natürliche und juristische Personen müssen die Möglichkeit haben zu verhindern, „dass Informationen, die rechtmäßig unter ihrer Kontrolle stehen, ohne ihre Zustimmung auf eine Weise, die den anständigen Gepflogenheiten in Gewerbe und Handel zuwiderläuft, Dritten offenbart, von diesen erworben oder benutzt werden, solange diese Informationen

a) in dem Sinne geheim sind, dass sie entweder in ihrer Gesamtheit oder in der genauen Anordnung und Zusammenstellung ihrer Bestandteile Personen in den Kreisen, die üblicherweise mit den fraglichen Informationen zu tun haben, nicht allgemein bekannt oder leicht zugänglich sind,
b) wirtschaftlichen Wert haben weil sie geheim sind, und
c) Gegenstand von den Umständen nach angemessenen Geheimhaltungsmaßnahmen seitens der Person waren, unter deren Kontrolle sie rechtmäßig stehen."

Allerdings begründet das TRIPS-Abkommen keine Rechte von Privatpersonen.

b) Unionsrecht. Das Unionsrecht enthält keine unmittelbaren Regelungen zum Schutz von **3b** Geschäfts- und Betriebsgeheimnissen.

c) Ausländisches Recht. Geschäfts- und Betriebsgeheimnisse sind praktisch in allen Staaten **3c** zivil- oder strafrechtlich geschützt (vgl die Literaturnachweise in MünchKommUWG/*Brammsen* Vor § 17 Rdn 14).

II. Das „Geschäfts- oder Betriebsgeheimnis"

1. Begriff und Abgrenzung

a) Definition. Geschäfts- oder Betriebsgeheimnis ist jede im Zusammenhang mit einem **4** Geschäftsbetrieb stehende nicht offenkundige, sondern nur einem begrenzten Personenkreis bekannte Tatsache, an deren Geheimhaltung der Unternehmensinhaber ein berechtigtes wirtschaftliches Interesse hat und die nach seinem bekundeten oder doch erkennbaren Willen auch geheim bleiben soll (BVerfG MMR 2006, 375, 376; BGH GRUR 1955, 424, 425 – *Möbelwachspaste;* BGH GRUR 1961, 40, 43 – *Wurftaubenpresse;* BGH NJW 1995, 2301; BGH GRUR 2003, 356, 358 – *Präzisionsmessgeräte;* BGH GRUR 2006, 1044 Tz 19 – *Kundendatenprogramm;* BGH GRUR 2009, 603 Tz 13 – *Versicherungsuntervertreter;* BayObLG WRP 2001, 285). Damit eine Tatsache (Wissen, Informationen, Daten) ein Geschäfts- oder Betriebsgeheimnis darstellt, müssen sonach vier Voraussetzungen erfüllt sein: (1) Zusammenhang mit einem Geschäftsbetrieb (Unternehmensbezug); (2) Fehlende Offenkundigkeit; (3) Geheimhaltungsinteresse; (4) Geheimhaltungswille.

b) Unterscheidung zwischen Geschäfts- und Betriebsgeheimnis. Geschäftsgeheim- 4a nisse beziehen sich auf den kaufmännischen Geschäftsverkehr (zB Kundenadressen, BGH WRP 1999, 912, 914 – *Kundenanschriften,* BGH GRUR 2003, 356, 358 – *Präzisionsmessgeräte;* Geschäftsbriefe, OLG Hamm WRP 1993, 118, 119; Anzeigenaufträge vor Veröffentlichung, BayObLG WRP 2001, 285; Rechnungen der Zulieferer, BGH aaO – *Präzisionsmessgeräte;* Kalkulationsunterlagen, Bezugsquellen, Konditionen, Marktstrategien), **Betriebsgeheimnisse** auf den technischen Betriebsablauf (BAG NJW 1988, 1686). Zu **Beispielen** vgl Rdn 12. Die Unterscheidung ist im Lauterkeitsrecht rechtlich bedeutungslos, die Terminologie uneinheitlich. So wird vielfach auch verallgemeinernd von Unternehmensgeheimnis (Piper/*Ohly*/Sosnitza § 17 Rdn 1) oder Wirtschaftsgeheimnis (MünchKommUWG/*Brammsen* Vor § 17 Rdn 1 ff) gesprochen. Im Folgenden wird der Begriff **Geheimnis** oder **Betriebsgeheimnis** als **Oberbegriff** verwendet.

4b **c) Abgrenzung zum Know-how.** Der Begriff des Know-how wird zwar vielfach synonym zum Begriff des Betriebsgeheimnisses verwendet. Er ist allerdings nicht eindeutig (dazu *Kraßer* GRUR 1970, 587, 590; GRUR 1977, 177, 183) und sollte daher im Zusammenhang mit § 17 nicht verwendet werden. Im Sinne von Art 1 I lit i Technologie-Transfer-VO 772/2004 v 27. 4. 2004 ist Know-how „eine Gesamtheit nicht patentierter praktischer Kenntnisse, die durch Erfahrungen und Versuche gewonnen werden und die (i) geheim, dh nicht allgemein bekannt und nicht leicht zugänglich sind, (ii) wesentlich, dh für die Produktion der Vertragsprodukte von Bedeutung und nützlich sind, und (iii) identifiziert sind, dh umfassend genug umschrieben sind, so dass überprüft werden kann, ob es die Merkmale „geheim" und „wesentlich" erfüllt;". Danach ist zwar jedes Know-how ein Betriebsgeheimnis, aber nicht umgekehrt.

2. Einzelheiten

5 **a) Zusammenhang der Tatsache mit einem Geschäftsbetrieb.** Eine Tatsache muss, um ein Betriebsgeheimnis zu sein, im Zusammenhang mit einem bestimmten Geschäftsbetrieb stehen, ihm also zuzuordnen sein. Dieser **Unternehmensbezug** wird nicht dadurch aufgehoben, dass Waren, in denen das Geheimnis verkörpert ist, weiterveräußert werden (BayObLG GRUR 1991, 694, 695) oder dass geheime Daten (zB Geschäftsbriefe) in den Geschäftsmüll entsorgt werden (OLG Hamm WRP 1993, 118, 120). Er fehlt aber bei Tatsachen, die nur die **Privatsphäre** des Unternehmensinhabers oder die **Sphäre Dritter** betreffen, so etwa die Sphäre von Arbeitnehmern (OLG Stuttgart wistra 1990, 277, 278: Kündigungsabsicht) oder anderer Unternehmen (OLG Stuttgart GRUR 1982, 315, 316). – Unerheblich ist, ob die Tatsache als solche oder nur ihre Beziehung zu einem bestimmten Geschäftsbetrieb geheim ist. Gegenstand eines Betriebsgeheimnisses kann also auch ein an sich bekanntes Verfahren usw sein, sofern nur geheim ist, dass sich ein bestimmtes Unternehmen dieses Verfahrens usw bedient (BGH GRUR 1961, 40, 43 – *Wurftaubenpresse;* BGH GRUR 1963, 207, 211 – *Kieselsäure;* BGH GRUR 2003, 356, 358 – *Präzisionsmessgeräte;* OLG Hamm WRP 1993, 36, 38).

6 **b) Fehlende Offenkundigkeit.** Eine Tatsache ist (wird) offenkundig, wenn sie **allgemein bekannt** oder **doch leicht zugänglich** ist (wird).

7 **aa) Allgemeine Bekanntheit.** Ein Geheimnis liegt nicht (mehr) vor, wenn die Tatsache allgemein bekannt ist. Das ist stets der Fall, wenn die betreffende Information – von wem auch immer, ob mit oder ohne Billigung des Unternehmensinhabers – allgemein **bekannt gemacht** wird und eine Kenntnisnahme der interessierten Kreise zu erwarten ist. Davon ist stets bei einer **Veröffentlichung in allgemein zugänglichen Medien** auszugehen. Dazu gehören **(Fach-)Zeitschriften** (überholt RGSt 40, 406, 407), **Rundfunk** (Hörfunk und Fernsehen), **Internet** (OLG Frankfurt NJW 1996, 264, betr Entschlüsselungsprogramme; einschr MünchKommUWG/*Brammsen* § 17 Rdn 16), **Datenbanken** (OLG Düsseldorf K&R 2002, 101). Von allgemeiner Bekanntheit ist auch auszugehen bei Informationen in offengelegten **Patentanmeldungen** (§ 31 II PatG; Art 93 EPÜ; BGH GRUR 1975, 206, 208 – *Kunststoffschaum-Bahnen;* BGH GRUR 1976, 140, 142 – *Polyurethan*); ferner bei veröffentlichten **Gebrauchsmustern** (§ 8 III GebrMG) und bekannt gemachten **Geschmacksmustern** (§ 20 GeschmMG). Auch die Präsentation auf Messen, Werbeveranstaltungen, Werbeprospekten führt zur allgemeinen Bekanntheit. Von allgemeiner Bekanntheit ist ferner auszugehen, wenn Erzeugnisse in den Verkehr gebracht werden, aus deren Beschaffenheit das Betriebsgeheimnis ohne Weiteres zu erfahren (abzulesen) ist. Dazu gehört auch der Fall, dass Codenummern für Original-Ersatzteile auf Rechnungen erscheinen. Offenkundigkeit ist schließlich hins der Tatsache der Störanfälligkeit eines Produkts anzunehmen (OLG Stuttgart GRUR 1982, 315, 316).

Offenkundigkeit kann daher eintreten, wenn der Unternehmer das Geheimnis Dritten (zB Behörden oder interessierten Fachkreisen) offenlegt, ohne erkennbar auf vertrauliche Behandlung Wert zu legen (BGHZ 82, 369, 373 – *Straßendecke II;* OLG München NJWE-WettbR 1997, 38).

Eine unsichere oder ungewisse Kenntnis Außenstehender vom Betriebsgeheimnis macht es aber noch nicht offenkundig.

7a **bb) Abgrenzung: Bekanntheit nur für begrenzten Personenkreis.** Offenkundigkeit ist noch nicht gegeben, wenn das Geheimnis nur einem eng begrenzten Personenkreis bekannt ist (BGH GRUR 1964, 31, 32 – *Petromax II*). Wie groß und wie beschaffen der Kreis von eingeweihten Mitwissern sein darf, um Offenkundigkeit zu verneinen, hängt von den Umständen ab (BayObLG GRUR 1991, 694, 696). Dabei ist zu unterscheiden: **(1) Mitteilung an**

II. Das „Geschäfts- oder Betriebsgeheimnis"   8, 9   § 17 UWG

zur Verschwiegenheit verpflichtete Dritte. Offenkundigkeit ist nicht gegeben, wenn das Geheimnis nur Personen mitgeteilt wurde, die vertraglich oder gesetzlich zur Verschwiegenheit verpflichtet sind. Dazu gehören zunächst einmal die **Betriebsangehörigen** als Mitwisser, weil sie auf Grund des Arbeitsvertrages zur Verschwiegenheit verpflichtet sind (BGH GRUR 2003, 356, 358 – *Präzisionsmessgeräte*). Die Mitwisser müssen aber nicht notwendig dem Geschäftsbetrieb angehören, sondern können auch **Außenstehende,** zB auch Kunden, Lieferanten, Lizenznehmer, Berater, externe Programmierer, Werksbesucher, Besucher von Fachmessen (*Brandau/Gal* GRUR 2009, 118, 120); ja sogar Mitbewerber (vgl EuGH WuW/E EWG/MUV 494, 497 – *FEDETAB*) sein, sofern ihnen **gesetzlich** (zB Steuerberater) oder **vertraglich** (zB in Softwareherstellungs- oder –lizenzverträgen; Ausstellerteilnahmeverträgen) eine Geheimhaltungspflicht auferlegt ist (vgl BGH GRUR 1985, 1041, 1044 – *Inkasso-Programm;* OLG Hamm WRP 1993, 36; *Doepner,* FS Tilmann, 2003, 105, 109; *Grunewald* WRP 2007, 1307). Allerdings braucht eine vertragliche Geheimhaltungspflicht nicht ausdrücklich vereinbart sein, sondern kann sich auch aus den Umständen ergeben (§§ 133, 157 BGB). Entscheidend dafür ist, ob den Umständen nach der Unternehmer auf eine Geheimhaltung durch diese Personen vertraut und vertrauen darf oder ob er von vornherein mit einer Weitergabe an beliebige Dritte, insbes Konkurrenten, rechnen muss. Es muss sich um einen im Wesentlichen in sich geschlossenen Personenkreis handeln. **(2) Kenntniserlangung durch sonstige Dritte.** Erlangen sonstige Dritte ohne Zutun des Geheimnisinhabers von dem Geheimnis Kenntnis, so führt dies nicht automatisch zur Offenkundigkeit, solange der Personenkreis noch überschaubar ist. Ob dies der Fall ist, beurteilt sich nach den Umständen des Einzelfalls (vgl BayObLG GRUR 1991, 694, 696: Kenntnis mehrerer Personen von einem Programm zur Manipulation von Glücksspielautomaten). Maßgeblich dürfte sein, ob es sich um einen offenen oder geschlossenen Personenkreis handelt. Im Interesse eines effektiven Geheimnisschutzes wird man den Kreis nicht zu eng ziehen dürfen, zumal ohnehin noch das Korrektiv der leichten Zugänglichkeit gegeben ist. **Beispiel:** Wenn ein Reisender im Zug Unterlagen mit fremden Betriebsgeheimnissen findet und diese seinen Bekannten zeigt, wird das Geheimnis dadurch noch nicht offenkundig.

cc) Leichte Zugänglichkeit. Der allgemeinen Bekanntheit steht es gleich, wenn das betreffende Wissen leicht zugänglich ist. Das ist dann anzunehmen, wenn jeder Interessierte sich ohne größere Schwierigkeiten und Opfer mit lauteren Mitteln davon Kenntnis verschaffen kann (BayObLG GRUR 1991, 694, 695). So sind die in einer „Kundenliste" zusammengestellten Kundendaten offenkundig, wenn die Adressen jederzeit ohne großen Aufwand aus allgemein zugänglichen Quellen erstellt werden können (BGH GRUR 2006, 1044 Tz 19 – *Kundendatenprogramm;* BGH GRUR 2009, 603 Tz 13 – *Versicherungsuntervertreter;* BGH WRP 2009, 1377 Tz 20 – *Betriebsbeobachtung*). Lässt sich das Betriebsgeheimnis (zB Konstruktionsart; chemische Zusammensetzung) durch eine Untersuchung (zB Zerlegung, Analyse; Entschlüsselung; sog **reverse engineering**) des in den Verkehr gebrachten Produkts erschließen, ist es nur dann offenkundig, wenn jeder Fachmann dazu ohne größeren Zeit-, Arbeits- und Kostenaufwand in der Lage wäre (RGZ 149, 329, 334 – *Stiefeleisenpresse;* BAG BB 1982, 1792; LG München I CR 1986, 38; OLG Hamburg GRUR-RR 2001, 137; *Reimann* GRUR 1998, 298). Fortschritte im sog **reverse engineering,** die es erlauben, das Geheimnis ohne größere Schwierigkeiten und Kosten zu erkennen, gehen allerdings zu Lasten des Geheimnisinhabers (vgl OLG Düsseldorf OLGR 1999, 55). Konstruktionspläne, Computerprogramme (BayObLG GRUR 1991, 694, 695; *Harte-Bavendamm* GRUR 1990, 657), Rezepturen usw sind dementsprechend nicht schon dann offenkundiges Wissen, wenn ein Konkurrent sie zwar durch eigene Anstrengungen gleichfalls hätte herstellen können, aber sie aus Gründen der Zeit- und Kostenersparnis benutzt (BGH GRUR 1958, 297, 299 – *Petromax I;* BGH GRUR 2003, 356, 358 – *Präzisionsmessgeräte; Junker* BB 1988, 1341). Computerprogramme können durch häufige Raubkopien ebenfalls offenkundig werden (*Meier* JZ 1992, 663).

c) Geheimhaltungsinteresse. Der Unternehmensinhaber muss ein **berechtigtes wirtschaftliches Interesse** an der Geheimhaltung der Tatsache haben (BGH GRUR 1955, 424, 426 – *Möbelpaste;* BGH GRUR 2009, 603 Tz 13 – *Versicherungsuntervertreter*). Es ist immer dann gegeben, wenn die Tatsache für die **Wettbewerbsfähigkeit** des Unternehmens von Bedeutung ist (vgl KG WuW/E OLG 3539), ihr Bekanntwerden also fremden Wettbewerb fördern oder eigenen Wettbewerb schwächen kann. Das kann auch der Fall sein, wenn die Tatsache als solche (zB ein bestimmtes Verfahren) zwar nicht geheim ist, wohl aber, dass sich gerade das betreffende Unternehmen dieses Verfahrens bedient und es die Geheimhaltung bezweckt, damit sich nicht auch andere Unternehmen dieses Verfahrens bedienen (BGH GRUR 1955, 424, 426 – *Möbelwachspaste;* OLG Hamm WRP 1993, 36, 38). Ein Geheimhaltungsinteresse besteht auch dann noch, wenn der Unternehmensinhaber die betreffenden Daten (zB Geschäftsbriefe) entsorgt (zB durch Löschen von Dateien, Shreddern oder Wegwerfen von Schriftstücken), sofern er nur ein Interesse daran hat, dass diese Daten Dritten nicht zugänglich werden. – Das Geheimhaltungsinteresse setzt nicht voraus, dass das Geheimnis einen wirtschaftlichen Wert hat (Rdn 11). – Ob das Geheimnis einen sitten- oder gesetzeswidrigen Inhalt hat (zB geheim gehaltene Schmiergeldpraxis; Produktion unter Verstoß gegen Umweltschutzvorschriften; Kartellbeteiligung), ist grds bedeutungslos (MünchKommUWG/*Brammsen* § 17 Rdn 22; Fezer/*Rengier* § 17 Rdn 21; Piper/*Ohly*/Sosnitza § 17 Rdn 12; aA *Rützel* GRUR 1995, 557; HK/*Kotthoff*/*Gabel* § 17 Rdn 8). Eine andere Frage ist es, ob die Offenbarung des Geheimnisses im Einzelfall rechtmäßig ist (zB nach § 34 StGB) oder sogar eine Rechtspflicht dazu besteht (zB durch Verschweigen ein Betrug begangen würde).

10   **d) Geheimhaltungswille.** Der Unternehmensinhaber muss nach der Rspr ferner den Willen zur Geheimhaltung haben und dieser Wille muss erklärt, zumindest aber erkennbar sein (BGH GRUR 1969, 341, 343 – *Räumzange*). Es genügt, wenn sich dieser Wille aus der Natur der geheim gehaltenen Tatsache ergibt (BGHSt 41, 140, 142 = NJW 1995, 2301; BGH GRUR 2006, 1044 Tz 19 – *Kundendatenprogramm*). IErg ist daher ein solcher Wille für alle Betriebsinterna, die nicht offenkundig sind, zu vermuten. Der Verletzer muss das Gegenteil beweisen. Ein allgemeiner oder hypothetischer Geheimhaltungswille genügt. Es ist deshalb unschädlich, dass der Unternehmensinhaber ein im Betrieb entwickeltes Geheimnis (zB Arbeitnehmererfindung) noch nicht erfahren hat (BGH GRUR 1977, 539, 540 – *Prozessrechner*) und auch nicht erfahren sollte. Es ist auch unschädlich, dass der Unternehmensinhaber bei der Weitergabe an Vertragspartner keine ausdrückliche Geheimhaltungsvereinbarung getroffen hat (aA *Beyerlein* WRP 2007, 1307, 1310). – Dann aber erscheint es nur folgerichtig, auf das subjektive Tatbestandsmerkmal eines Geheimhaltungswillens zu verzichten und stattdessen nur darauf abzustellen, ob der Geheimnisinhaber mit dem Bekanntwerden des Geheimnisses einverstanden war oder in seine Weitergabe eingewilligt hat (MünchKommUWG/*Brammsen* § 17 Rdn 25).

11   **e) Sonstiges.** Das Betriebsgeheimnis braucht keinen Vermögenswert oder nennenswerten Umfang zu besitzen. Es genügt, dass sich die Kenntnis Dritter, insbes Wettbewerber für das Unternehmen nachteilig auswirken kann (so auch BGH GRUR 2006, 1044 Tz 19 – *Kundendatenprogramm*), wie zB die Tatsache der Überschuldung. Es braucht auch nicht die Anforderungen an gewerbliche Schutzrechte zu erfüllen, sondern kann vielmehr lediglich den Stand der Technik wiedergeben (BGH GRUR 2003, 356, 358 – *Präzisionsmessgeräte;* BGH GRUR 2008, 727 Tz 19 – *Schweißmodulgenerator*). Denn für den Schutz als Betriebsgeheimnis kommt es darauf an, ob die fragliche Information allgemein, dh ohne großen Zeit- und Kostenaufwand zugänglich ist. Der Stand der Technik umfasst hingegen eine Fülle von unaufbereiteten Informationen, die nur mit großem Aufwand ausfindig und zugänglich gemacht werden können (BGH aaO – *Schweißmodulgenerator*). Es braucht ferner nicht (in Form von Plänen, Modellen, Aufzeichnungen usw) fixiert zu sein, kann also auch lediglich im Gedächtnis existieren. Der Unternehmensinhaber braucht nicht notwendig von dem Geheimnis Kenntnis zu haben (BGH GRUR 1977, 539, 540 – *Prozessrechner;* Rdn 10). Auch eine gegenwärtige Nutzung des Geheimnisses im Betrieb ist nicht erforderlich. Nur wenn der Unternehmensinhaber den Gedanken an eine Nutzung vollständig und für immer aufgibt, ist – mangels Geheimhaltungsinteresses – ein Geheimnis zu verneinen (BGH GRUR 1983, 179, 181 – *Stapel-Automat*).

12   **f) Beispiele. Geschäftsgeheimnisse** sind alle geheimen Daten eines Unternehmens, die sich auf seinen **Zustand** und sein **Marktverhalten** beziehen, wie: Bilanzen, Mitarbeiter, Organisation, Absatz- und Werbemethoden, Kunden- und Lieferantendaten (BGH WRP 1999, 912, 914 – *Kundenanschriften;* BGH GRUR 2003, 453 – *Verwertung von Kundenlisten;* BGH GRUR 2003, 356, 358 – *Präzisionsmessgeräte;* BGH GRUR 2006, 1044 Tz 19 – *Kundendatenprogramm;* BGH GRUR 2009, 603 Tz 13 – *Versicherungsuntervertreter*), Preise und Konditionen, Kalkulationsunterlagen (OLG Stuttgart GRUR 1982, 315), im Rahmen einer Ausschreibung erlangte Angebotsunterlagen (BGH NJW 1995, 737, 2301), einer Zeitung erteilter Anzeigenauftrag (OLG München NJW-RR 1996, 1134), allgemeine Marktdaten, die für das Unternehmen von Bedeutung sind. Bei Kundendaten muss es sich jedoch um Kunden handeln, zu denen bereits eine Geschäftsbeziehung besteht und die daher auch in Zukunft als Abnehmer der angebotenen Produkte in Frage kommen. Es darf sich auch nicht bloß um Angaben handeln, die jederzeit ohne großen Aufwand aus allgemein zugänglichen Quellen erstellt werden können (BGH

III. Der Geheimnisverrat (§ 17 I)

GRUR 2009, 603 Tz 13 – *Versicherungsuntervertreter*). – **Betriebsgeheimnisse** (ieS) sind alle **technischen** Daten eines Unternehmens, wie Konstruktionszeichnungen und -gedanken (BGH GRUR 1964, 31 – *Petromax II;* BGH GRUR 1983, 179, 180 – *Stapel-Automat*), Herstellungsverfahren und Fertigungsmethoden (BGH GRUR 1963, 367 – *Industrieböden;* BGH GRUR 2003, 356, 358 – *Präzisionsmessgeräte*), Modellskizzen (BGH GRUR 1980, 296 – *Konfektions-Stylist*), Rezepturen (BGH GRUR 1980, 750 – *Pankreaplex*), Kontrollverfahren und -ergebnisse, Eigenschafts- und Wirkungsanalysen, Zusammensetzung und Funktionsweise von Geräten (BGH GRUR 2003, 356, 358 – *Präzisionsmessgeräte*). Betriebsgeheimnisse können insbes auch **Computerprogramme** sein (OLG Celle CR 1989, 1002; BayObLG GRUR 1991, 694; LG Stuttgart NJW 1991, 441; eingehend Gloy/Loschelder/Erdmann/*Harte-Bavendamm* § 77 Rdn 14). Der urheberrechtliche Schutz nach §§ 69 a ff UrhG schließt nach § 69 g I UrhG eine Anwendung der §§ 17 ff UWG nicht aus. Urheberrechtlich zulässige Handlungen (vgl § 69 e UrhG) können aber nicht nach den §§ 17 ff untersagt werden (LG Mannheim NJW 1995, 3322, betr Dongle-Schutz; *Lehmann* GRUR Int 1991, 335; *Dreier* CR 1991, 583; aA *Wiebe* CR 1992, 138).

3. Zuordnung zum Unternehmensinhaber

Das Geheimnis muss dem Unternehmensinhaber zustehen, dh er muss (ggf Mit-)„Eigentümer" oder Nutzungsberechtigter sein. Das ist nicht der Fall, wenn er es veräußert hat (BGHZ 16, 172 – *Dücko;* Vor §§ 17–19 Rdn 2). Lauterkeitsrechtlichen Schutz genießt auch der Unternehmensinhaber, der ein fremdes Betriebsgeheimnis rechtmäßig (zB auf Grund Lizenzvertrages) nutzt. Wurde das Geheimnis von einem Beschäftigten geschaffen, steht es dem Unternehmensinhaber zu, wenn es ohne das Dienstverhältnis nicht zu Stande gekommen wäre (BGH GRUR 1977, 539, 540 – *Prozessrechner;* vgl auch § 69 b UrhG). Zur Arbeitnehmererfindung vgl §§ 17, 24 ArbnErfG. Wurde das Geheimnis von einem selbstständig Tätigen (zB Hersteller von Individualsoftware) im Rahmen eines Werkvertrags geschaffen, steht es im Zweifel mangels abweichender Vereinbarung dem Auftraggeber zu. Das Interesse eines Unternehmensinhabers an der Wahrung fremder Betriebsgeheimnisse (zB seines Abnehmers oder Lieferanten) macht es noch nicht zu seinem eigenen Geheimnis (vgl OLG Stuttgart GRUR 1982, 315, 316). – Ob das Geheimnis einem **deutschen** oder einem **ausländischen** Unternehmen zusteht, ist für die Anwendung des § 17 unerheblich. Entscheidend ist nur, dass die Tat in Deutschland begangen wurde (mit Erweiterung auf die Verwertung im Ausland, § 17 IV 2 Nr 2 und 3).

III. Der Geheimnisverrat (§ 17 I)

1. Täter

Täter kann nur eine **„bei einem Unternehmen beschäftigte Person"** sein. Der Begriff ist **weit** auszulegen, um einen umfassenden Geheimnisschutz zu erreichen. Erfasst werden alle **Beschäftigten** eines Unternehmens, unabhängig von Art, Umfang, Dauer und Bezahlung ihrer Tätigkeit (zB auch unselbstständige Handelsvertreter iSd § 84 II HGB; BGH GRUR 2009, 603 Tz 11 – *Versicherungsuntervertreter*). Nach Wortlaut („Dienstverhältnis") und Zweck der Norm kann es auch nicht auf eine Weisungsabhängigkeit ankommen, so dass auch Vorstands- und Aufsichtsratsmitglieder, GmbH-Geschäftsführer und Amtswalter (Insolvenz-, Zwangsverwalter, Testamentsvollstrecker, Betreuer) Täter sein können (aA *Nordemann* Rdn 459: strafrechtliches Analogieverbot). Der Abschluss eines eigentlichen Dienstvertrages ist nicht erforderlich, auch Leih- und Heimarbeiter werden erfasst. – **Keine** Täter (allenfalls Teilnehmer) können sein: Unternehmensteilhaber (Gesellschafter, Aktionäre), soweit nicht gleichzeitig in einem Beschäftigungsverhältnis stehend; selbstständige Gewerbetreibende (selbstständige Handelsvertreter, einschließl Untervertreter, Vertragshändler, Reparaturunternehmer usw; BGH GRUR 2009, 603 Tz 10 – *Versicherungsuntervertreter*) und Freiberufler (Anwälte, Unternehmens- und Steuerberater, Wirtschaftsprüfer usw), auch wenn sie auf Grund (zB Geschäftsbesorgungs-)Vertrages im Unternehmen Dienste leisten; Freunde und Angehörige des Unternehmensinhabers oder der Beschäftigten; Werksbesucher, Kunden und Lieferanten. – Täter kann ferner nur sein, wer Beschäftigter **des** Unternehmers ist, dem das Betriebsgeheimnis zusteht (Rdn 11). Konzernunternehmen sind dabei als Einheit anzusehen, nicht dagegen reicht eine lockere Unternehmensverbindung (zB in Gestalt einer Arbeitsgemeinschaft oder eines Kartells) aus.

2. Tatobjekt

15 Tatobjekt ist ein **Geschäfts- oder Betriebsgeheimnis** (Rdn 4 ff), das dem Beschäftigten (Rdn 12) **„im Rahmen des Dienstverhältnisses anvertraut worden oder zugänglich geworden ist"**. Das Dienstverhältnis muss also **ursächlich** für die Kenntniserlangung sein. Das ist nicht der Fall, wenn der Beschäftigte es schon vorher kannte oder er es unabhängig vom Dienstverhältnis erfahren hätte.

16 **a) Anvertraut** worden ist ein Betriebsgeheimnis, wenn es dem Beschäftigten mitgeteilt und ihm zuvor oder zugleich ausdrücklich oder konkludent eine **Geheimhaltungspflicht** auferlegt worden ist. Der Anvertrauung steht es gleich, wenn der Beschäftigte ein Geheimnis in den Betrieb (zB gegen Entgelt) „einbringt" und sich zur Geheimhaltung verpflichtet (Harte-Henning/*Harte-Bavendamm* § 17 Rdn 9; aA Piper/*Ohly*/Sosnitza § 17 Rdn 14).

17 **b) Zugänglich** geworden ist dem Beschäftigten ein Betriebsgeheimnis, wenn er es **irgendwie** auf Grund des Dienstverhältnisses erfahren hat. Unerheblich ist, ob er das Geheimnis selbst geschaffen hat (Arbeitnehmererfindung; BGH GRUR 1977, 539, 540 – *Prozessrechner*), ob es ihm mitgeteilt wurde oder ob er sich selbst (ggf vertragswidrig oder zufällig) Kenntnis verschafft hat.

3. Tathandlung

18 Tathandlung ist die unbefugte Mitteilung des Geheimnisses an einen Dritten.

19 **a) Mitteilung** ist jedes Handeln, das zur Kenntniserlangung durch den Dritten führt (aA Fezer/*Rengier* § 17 Rdn 34: Zugang ausreichend). Dem positiven Tun (zB mündliche und schriftliche Äußerungen; Publikation; Übergabe oder Zugänglichmachung von Aufzeichnungen oder Produkten) steht das pflichtwidrige Unterlassen (Dulden der Kenntnisnahme) gleich. Ob und inwieweit eine Pflicht zur Verhinderung der Kenntnisnahme besteht, beurteilt sich nach den Umständen (Vertrauensstellung; Auferlegung einer Geheimhaltungspflicht). Der Dritte muss durch das Handeln des Beschäftigten die Kenntnis dergestalt erlangt haben, dass er das Geheimnis entweder selbst nutzen oder doch an andere weitergeben kann. Ist dies nicht der Fall, weil er zB das Geheimnis schon vorher kannte oder ihn die Mitteilung nicht erreicht oder er sie nicht oder falsch verstanden hat, kann Versuch (§ 17 III) vorliegen. Keine Mitteilung liegt vor, wenn der Täter das Geheimnis lediglich selbst nutzt.

20 **b) Mitteilungsempfänger (jemand)** kann jeder beliebige Dritte, zB auch ein Arbeitskollege, Gesellschafter, Amtsträger, sogar ein Lockspitzel des Unternehmensinhabers sein.

21 **c) Unbefugt** muss die Mitteilung sein, dh unter Verstoß gegen eine Geheimhaltungspflicht, wie sie aber generell bei Dienstverhältnissen besteht (BAG NJW 1988, 1686). **Rechtfertigungsgründe** können sein: Einwilligung (sofern nicht erschlichen); Anzeigepflicht nach § 138 StGB; Aussagepflicht als Zeuge oder Sachverständiger, wobei trotz eines etwaigen Zeugnisverweigerungsrechts (§§ 383 I Nr 6, 384 Nr 3, 408 I ZPO; §§ 52, 55, 76 StPO) die Aussage befugt bleibt, wenn die Geheimhaltung im Prozess sichergestellt ist (vgl § 172 Nr 2 GVG); rechtfertigender Notstand (§ 34 StGB).

4. Tatzeitraum

22 Die Tat muss **„während der Geltungsdauer des Dienstverhältnisses"** begangen werden. Verletzungshandlungen nach Ablauf des Dienstverhältnisses können allenfalls eine zivilrechtliche Haftung auslösen (Rdn 51 ff). Maßgebend ist, ob zur Tatzeit das Dienstverhältnis rechtlich (zumindest als sog faktisches oder fehlerhaftes) Bestand hatte. Den Täter entlastet es also nicht, wenn er vertragswidrig seine Stelle nicht angetreten oder vorzeitig verlassen hat. Auf die Gründe der Beendigung kommt es nicht an. § 17 I ist daher auch dann nicht anwendbar, wenn der Täter die Beendigung provoziert hatte, um nachher einen Geheimnisbruch begehen zu können (BGH GRUR 1955, 402 – *Anreißgerät*).

5. Subjektiver Tatbestand

23 Der Täter muss hins der objektiven Tatbestandsmerkmale (bedingt) **vorsätzlich** und außerdem aus (mindestens) **einem** der folgenden Beweggründe (BGH GRUR 1977, 539, 541 – *Prozessrechner*) gehandelt haben.

IV. Betriebsspionage (§ 17 II Nr 1)

a) Zu Zwecken des Wettbewerbs (vgl auch § 2 I Nr 1), gleichgültig, ob eigenen oder 24 fremden, zulässigen oder unzulässigen, gegenwärtigen oder künftigen Wettbewerbs. Eine Förderung fremden (Forschungs-)Wettbewerbs liegt vor, wenn der Empfänger die Fortsetzung eigener Versuche von der Mitteilung abhängig machen will (aA RG DJZ 1932, 1150).

b) Aus Eigennutz handelt, wer sich (auch) von einem Streben nach einem materiellen oder 25 immateriellen Vorteil leiten lässt (BGHSt 11, 97).

c) Zu Gunsten eines Dritten handelt, wer irgendeinen Dritten (zB fremden Staat; künfti- 26 gen Arbeitgeber) besser stellen will.

d) In der Absicht, dem Inhaber des Geschäftsbetriebs Schaden zuzufügen, handelt, 27 wer den Eintritt eines (auch immateriellen) Schadens will und nicht bloß (zB bei Handeln aus Prahlerei) für möglich hält.

6. Vollendung und Versuch

Die Tat ist vollendet mit der Mitteilung an einen Dritten. Dies setzt nicht positive Kennt- 28 nisnahme durch den Empfänger voraus. Vielmehr genügt Zugang iSd § 130 I BGB (GK/*Otto* § 17 aF Rdn 57). Der Versuch ist strafbar nach § 17 III.

IV. Betriebsspionage (§ 17 II Nr 1)

1. Tathandlung

Der Täter muss sich ein Geschäfts- oder Betriebsgeheimnis (Rdn 4 ff) unter Anwendung 29 bestimmter Mittel unbefugt verschafft oder gesichert haben.

a) Sichverschaffen bedeutet bei verkörperten Geheimnissen die Gewahrsamserlangung, bei 30 nicht verkörperten Geheimnissen die Kenntniserlangung. Eine Erfassung des Sinngehaltes ist nicht erforderlich, weil davon die Nutzungsmöglichkeit (zB Verkauf) nicht abhängt.

b) Sichern bedeutet die Verschaffung genauer oder bleibender Kenntnis(möglichkeit). 31

2. Tatmittel

Die Tat muss unter Einsatz eines der drei im Gesetz (lit a–c) genannten Tatmittel begangen 32 werden.

a) Anwendung technischer Mittel. Dazu gehören zB die Verwendung von Fotokopierge- 33 räten, Fotoapparaten, Filmkameras, Abhörvorrichtungen, Sende- und Empfangsgeräten, das „Anzapfen" von EDV-Anlagen und Datenfernleitungen (vgl BT-Drucks 10/5058 S 39; LG München CR 1998, 209) und der Einsatz von Computern (BayObLG GRUR 1991, 694).

b) Herstellung einer verkörperten Wiedergabe des Geheimnisses, und zwar unabhän- 34 gig davon, ob dies unter Verwendung technischer Mittel iSv § 17 II Nr 1 lit a geschieht. Dazu gehören zB Fotokopien, Fotografien, Tonbandaufzeichnungen, Computerausdrucke, Übertragung auf Datenträger, Abschriften (BGH GRUR 2003, 453, 453 – *Verwertung von Kundenlisten*), Zeichnungen und Nachbau. – Bloße Gedächtnisspeicherung genügt nicht (BGH WRP 1999, 912, 914 – *Kundenanschriften*), wohl aber spätere Aufzeichnung.

c) Wegnahme einer Sache, in das Geheimnis verkörpert ist. Die Verkörperung 35 kann das Original oder eine Wiedergabe sein. Wegnahme bedeutet das Ansichbringen in einer Weise, die eine Weitergabe oder Verwertung ermöglicht. Wegnahme liegt nicht vor, wenn der Täter die Verkörperung bereits besitzt, dh Alleingewahrsam hat (BayObLG WRP 1992, 174, 175), wohl aber dann, wenn er eine ihm dienstlich überlassene Verkörperung unerlaubt mit nach Hause nimmt oder wenn er sich den Gewahrsam durch Täuschung einräumen lässt. Eine Zueignungsabsicht ist nicht erforderlich.

3. Rechtswidrigkeit

Der Täter muss „**unbefugt**" gehandelt haben (dazu auch Rdn 21). Das ist nicht der Fall, 36 wenn er auf Grund einer Einwilligung, die nicht erschlichen sein darf, handelt oder wenn er eigenmächtig einen wirksamen zivilrechtlichen Überlassungsanspruch durchsetzt (BayObLG GRUR 1988, 634 – *Überlassungsanspruch*). Ein **ausgeschiedener Beschäftigter** handelt unbefugt, wenn er auf schriftliche Unterlagen (zB in Form privater Aufzeichnungen oder Speicherung auf einem privaten Notebook), die er während der Beschäftigungszeit angefertigt hat und die ein

Geschäftsgeheimnis enthalten, zurückgreift (BGH GRUR 2003, 453, 454 – *Verwertung von Kundenlisten;* BGH GRUR 2006, 1044 Tz 14 – *Kundendatenprogramm;* BGH GRUR 2009, 603 Tz 15 – *Versicherungsuntervertreter*). Dagegen handelt er befugt, wenn er lediglich in seinem Gedächtnis gespeicherte Informationen verwendet oder auf Quellen zurückgreifen kann, zu denen er befugtermaßen Zugang hat (BGH GRUR 1999, 934, 935 – *Weinberater;* BGH GRUR 2009, 603 Tz 15 – *Versicherungsuntervertreter*), außer er unterliegt einem Wettbewerbsverbot (BGH GRUR 2006, 1044 Tz 13 – *Kundendatenprogramm*).

4. Täterkreis

37   Täter kann jedermann, auch ein Beschäftigter, sein.

5. Subjektiver Tatbestand

38   Wie bei § 17 I (Rdn 23 ff).

6. Versuch

39   Der Versuch ist strafbar, § 17 III iVm § 23 StGB.

V. Geheimnisverwertung (§ 17 II Nr 2)

1. Tathandlung

40   **Tathandlung** ist das unbefugte Verwerten oder Mitteilen eines Geschäfts- oder Betriebsgeheimnisses.

41   a) **Verwerten** ist mehr als das bloße Innehaben des Geheimnisses und umfasst jede Art der wirtschaftlichen Nutzung. Ein Verwerten liegt auch vor, wenn die unbefugte Kenntniserlangung nur teilweise oder mittelbar die Verwertungshandlung ermöglicht hat, sofern nicht das Geheimnis dabei eine völlig unbedeutende Rolle gespielt hat (BGH GRUR 1985, 294, 296 – *Füllanlage*). Modifikationen oder Weiterentwicklungen ändern daher nichts an einer Verwertung, solange für das Geheimnis entscheidende Grundelemente beibehalten worden sind und dasselbe technische Ergebnis ohne Kenntnis des Vorbilds nicht oder nicht in derselben Zeit oder mit derselben Zuverlässigkeit hätte erreicht werden können (BGH WRP 2001, 1174, 1177 – *Spritzgießwerkzeuge*). Ein Verwerten liegt nicht vor, wenn die Maßnahme nur der Sicherung und Erhaltung des Geheimnisses (LG Düsseldorf K&R 2002, 101) dient.

42   b) **Mitteilen** (Rdn 16) ist die Weitergabe an einen beliebigen Dritten.

43   c) **Unbefugt** ist das Handeln, wenn dem Täter kein Rechtfertigungsgrund (zB Einwilligung) zur Seite steht und das Geheimnis auch noch nicht offenkundig geworden ist. Hat sich der Täter das Geheimnis unbefugt verschafft, ist auch eine Verwertung unbefugt (BGH GRUR 2006, 1044 Tz 16 – *Kundendatenprogramm*). Das gilt auch für die Verwertung der Daten solcher Kunden, die der Täter in seiner früheren Eigenschaft als (selbstständiger oder unselbstständiger) Handelsvertreter selbst geworben hat. Denn er ist nach Beendigung des Vertragsverhältnisses nach § 667 BGB verpflichtet, alle Kundenanschriften, auch solche von ihm neu gewonnener Kunden, herauszugeben und er unterliegt insoweit auch dem Verwertungsverbot des § 90 HGB (BGH GRUR 2009, 603 Tz 16–21 – *Versicherungsuntervertreter*). Ausgenommen sind allerdings solche Kundendaten, die ihm unabhängig von schriftlichen oder sonstigen Aufzeichnungen bekannt sind und die er deshalb im Gedächtnis behalten hat oder die er auf Grund seiner Kenntnis leicht ermitteln kann (BGH GRUR 2009, 603 Tz 25 – *Versicherungsuntervertreter*).

2. Tatvoraussetzungen

44   Der Täter muss das Geheimnis, das er verwertet oder weitergibt, zuvor auf eine bestimmte Weise an sich gebracht haben. Das Gesetz führt alternativ und abschließend drei Fälle an.

45   a) **Durch eine der in Abs 1 bezeichneten Mitteilungen ... erlangt.** Der Mitteilende muss den vollen objektiven und subjektiven Tatbestand des § 17 I erfüllt haben. „Erlangt" ist das Geheimnis, wenn der Täter entweder Gewahrsam an der Verkörperung (zB Pläne) erhalten oder den Inhalt des Geheimnisses erfahren hat.

VI. Zivilrechtliche Folgen 46–52 § 17 UWG

b) Durch eine eigene oder fremde Handlung nach Nr 1 erlangt. Es muss also der Täter 46 (ggf in mittelbarer Täterschaft) oder ein Dritter den Tatbestand des § 17 II Nr 1 verwirklicht haben.

c) Sich sonst unbefugt verschafft oder gesichert hat. Zu den Tatbestandsmerkmalen des 47 unbefugten Verschaffens und Sicherns vgl Rdn 30 f. „**Sonst**" bedeutet negativ, dass keine Handlung nach § 17 I oder § 17 II Nr 1 vorliegt, und positiv einen damit vergleichbaren Unrechtsgehalt (dieses Tatbestandsmerkmal ist bedenklich unbestimmt). Erfasst werden insbes Fälle des Einsatzes gesetz-, sitten- oder vertragswidriger Mittel. **Beispiele:** Hausfriedensbruch, Nötigung, Betrug, Erpressung, Bestechung, Täuschung, systematisches Auswendiglernen.

3. Subjektiver Tatbestand

Es muss (bedingter) Vorsatz hins des objektiven Tatbestandes und außerdem eines der in 48 § 17 II genannten Absichtserfordernisse (dazu Rdn 23 ff) vorliegen. Erwirbt zB der Täter ein Geheimnis von einem ausgeschiedenen Beschäftigten, muss der (bedingte) Vorsatz sich auch darauf beziehen, dass dieser sich das Geheimnis unter Verstoß gegen § 17 II Nr 1 verschafft hat.

4. Täter

Täter kann jeder, auch ein (ausgeschiedener) Beschäftigter, sein. 49

5. Versuch

Der Versuch ist strafbar, § 17 III iVm § 23 StGB. 50

VI. Zivilrechtliche Folgen

1. Allgemeines

Im Gegensatz zum **UWG 1909**, das in § 19 aF noch eine Verpflichtung zum Schadensersatz 51 bei Zuwiderhandlungen gegen die §§ 17, 18 vorgesehen hatte, sagt das Gesetz nichts darüber aus, welche zivilrechtlichen Rechtsfolgen sich an einen Verstoß gegen die §§ 17 ff knüpfen. In Betracht kommen lauterkeitsrechtliche, bürgerlichrechtliche und sondergesetzliche Ansprüche, die miteinander konkurrieren können. Der Vorbereitung solcher Ansprüche dienen der **Auskunftsanspruch** aus § 242 BGB ((BGH GRUR 2009, 603 Tz 22 – *Versicherungsuntervertreter;* § 9 Rdn 4.1 ff) und der **Besichtigungsanspruch** (§ 9 Rdn 4.43 ff; Harte/Henning/*Harte-Bavendamm* § 17 Rdn 65). Bei der gerichtlichen Geltendmachung von Ansprüchen ist die ausschließliche (§ 2 I Nr 3 lit d ArbGG) und fakultative (§ 2 III ArbGG) **Zuständigkeit** der **Arbeitsgerichte** zu beachten. Hat aber das Landgericht in der Hauptsache entschieden, so ist es dem Rechtsmittelgericht verwehrt, die Frage des Rechtswegs zu prüfen (§ 17 a GVG). Ein Zusammenhang eines Wettbewerbsverstoßes (unerlaubte Handlung) mit dem Arbeitsverhältnis iSd § 2 I Nr 3 lit d ArbGG ist auch dann noch gegeben, wenn der Wettbewerbsverstoß zwar erst nach Beendigung des Arbeitsverhältnisses erfolgt ist, ihm aber eine Verletzung vertraglicher oder nachvertraglicher Pflichten aus dem Arbeitsverhältnis zu Grunde liegt.

2. Anspruchsgrundlagen

a) Lauterkeitsrechtliche Ansprüche. Sie kommen nur in Betracht, soweit die Handlung 52 einen Verstoß gegen § 3 darstellt. Voraussetzung ist insoweit stets, dass die Handlung eine geschäftliche Handlung iSd § 2 I Nr 1 darstellt. Ist dies ausnahmsweise nicht der Fall, kommen lediglich bürgerlichrechtliche und sondergesetzliche Ansprüche in Betracht. Bei Zuwiderhandlungen gegen die §§ 17 ff wird idR der Tatbestand des § 3 iVm **§ 4 Nr 11 (Rechtsbruch)** erfüllt sein (vgl Begr RegE UWG zu § 16; BGH GRUR 2006, 1044 Tz 17 – *Kundendatenprogramm;* BGH GRUR 2009, 603 Tz 22 – *Versicherungsuntervertreter*). Allerdings kann ein Verstoß gegen § 3 auch dann vorliegen, wenn die Tatbestände der §§ 17 ff objektiv oder subjektiv nicht voll erfüllt sind (vgl BGH GRUR 1964, 31, 32 – *Petromax II;* BGHZ 38, 391, 393 – *Industrieböden;* BGH GRUR 1983, 179, 181 – *Stapel-Automat*). Insoweit kommt insbes der Tatbestand des **§ 4 Nr 9 (unlautere Produktnachahmung;** vgl § 4 Nr 9 lit c; BGH GRUR 2008, 727 Tz 20 – *Schweißmodulgenerator;* vgl auch BGH GRUR 1960, 554, 555 – *Handstrickverfahren* sowie BGH GRUR 1961, 40, 41 – *Wurftaubenpresse*) und der Tatbestand des **§ 4 Nr 10 (gezielte Behinderung;** BGH WRP 2009, 1377 Tz 20 – *Betriebsbeobachtung*) in Betracht. –

Eine andere Frage ist es, ob Ansprüche aus § 3 iVm § 8 I nur vom Mitbewerber des Täters oder des von ihm Begünstigten geltend gemacht werden können oder auch von **Verbänden** iSd § 8 III Nr 2–4. Für Letzteres spricht, dass auch ein Allgemeininteresse bestehen kann, Wettbewerbsverstöße durch Geheimnisverrat zu bekämpfen. Da allerdings das Rechtsgut (Geheimnis) zur Disposition seines Inhabers steht, ist die vorprozessuale (Abmahnung) und prozessuale (Klage) Geltendmachung des Anspruchs durch einen Verband nur mit Zustimmung des Inhabers des Geheimnisses zulässig.

53 **b) Bürgerlichrechtliche Ansprüche. aa) Deliktsrechtliche Ansprüche.** Die strafrechtlichen Bestimmungen der §§ 17 ff sind – anders als § 3 – **Schutzgesetze** iSd § 823 II BGB, da das UWG insoweit keine erschöpfende Regelung der zivilrechtlichen Rechtsfolgen trifft (vgl Begr RegE zu § 8). Verstöße gegen diese Vorschriften können daher Ansprüche aus **§ 823 II BGB** begründen. Zugleich kommen Ansprüche aus **§ 826 BGB** in Betracht. Ein subsidiärer Geheimnisschutz nach **§ 823 I BGB** (von Bedeutung bei fahrlässigem Handeln und bei Fehlen einer geschäftlichen Handlung iSv § 2 I Nr 1 sowie bei Vernichtung oder Beeinträchtigung des Geheimnisses) ist jedenfalls insoweit gegeben, als die Handlung einen Eingriff in den Gewerbebetrieb darstellt (BGHZ 107, 117, 122 – *Forschungskosten*). Man wird jedoch auch ein „sonstiges Recht" am Geheimnis bejahen können, zumal es selbstständig übertragbar ist (vgl *Mes* GRUR 1979, 584, 590 ff; Harte/Henning/*Harte-Bavendamm* § 17 Rdn 50; offen gelassen in BGHZ 38, 391, 395 – *Industrieböden;* zweifelnd *Ann* GRUR 2007, 39, 43; aA MünchKommUWG/*Brammsen* § 17 Rdn 6). Allerdings ist die Rechtswidrigkeit des Eingriffs im Wege der **Interessenabwägung** (dazu Rdn 59 f) positiv festzustellen (BGH aaO – *Industrieböden*). – Für deliktische Ansprüche gilt die allgemeine **Verjährungsfrist** der §§ 195, 199 BGB, und zwar unabhängig davon, ob damit im Einzelfall ein Anspruch aus den §§ 8, 9 konkurriert (so auch, wenngleich beschränkt auf den Anspruch aus § 826 BGB, BGH GRUR 1977, 541 – *Prozessrechner* zu § 852 BGB aF). Denn ein maßgeblicher Schutzzweck der kurzen Verjährungsfrist des § 11, die Befreiung des Verpflichteten von einer Vielzahl von Anspruchsberechtigten (vgl § 11 Rdn 1.2), trifft insoweit nicht zu, ist doch nur der Geheimnisinhaber geschützt. Im Übrigen wäre es angesichts der Schwierigkeiten, eine Verletzung von Geheimnissen zuverlässig festzustellen, auch sachlich nicht gerechtfertigt, den Gläubiger mit der kurzen Verjährungsfrist des § 11 zu belasten.

54 **bb) Vertragliche Ansprüche.** Eine Haftung nach Vertragsgrundsätzen (§ 280 BGB; Verjährung: §§ 195, 199 BGB) besteht, wenn der Handelnde einer (vor-/nach-)vertraglichen Geheimhaltungspflicht zuwidergehandelt hat. Diese kann vereinbart oder auch gesetzlich vorgesehen (zB § 90 HGB; § 9 S 2 Nr 6 BBiG) sein oder sich als Treuepflicht aus den Umständen (Interessenabwägung; dazu Rdn 59 f) ergeben. Die sowohl bei der Deliktshaftung als auch der Vertragshaftung gebotene Interessenabwägung muss nicht stets zu den gleichen Ergebnissen führen (BGH GRUR 1983, 179, 180 – *Stapel-Automat*).

55 **cc) Bereicherungsansprüche.** Die Verwertung fremder Geschäftsgeheimnisse kann den Tatbestand der Eingriffskondiktion iSd § 812 I 1 2. Alt BGB erfüllen (vgl § 9 Rdn 3.1 ff; *Loewenheim* WRP 1997, 913, 916).

56 **dd) Geschäftsführungsansprüche.** Die Verwertung fremder Geschäftsgeheimnisse kann auch den Tatbestand der angemaßten Eigengeschäftsführung iSd § 687 II BGB erfüllen (vgl GK/*Köhler* Vor § 13 aF Rdn B 390 ff).

57 **c) Sondergesetzliche Ansprüche.** Das Geschäfts- oder Betriebsgeheimnis kann ferner sondergesetzlich geschützt sein (zB Computerprogramme nach §§ 69 a ff UrhG).

3. Schadensersatzansprüche

58 **a) Voraussetzungen und Inhalt.** Ein auf eine Zuwiderhandlung gegen die §§ 17 ff gestützter lauterkeitsrechtlicher oder bürgerlichrechtlicher Schadensersatzanspruch setzt voraus, dass auch der subjektive Tatbestand dieser Strafnormen (Vorsatz) erfüllt ist. Das strafrechtliche Analogieverbot ist zu beachten (BGH GRUR 1983, 179, 180 – *Stapel-Automat*). Der Inhalt des Ersatzanspruches, gleichgültig auf welche Grundlage er sich stützt, bestimmt sich nach den **§§ 249 ff BGB.** Folgenbeseitigung kann nach § 249 I BGB begehrt werden. Die **dreifache Schadensberechnung** (§ 9 Rdn 1.36 ff) ist sowohl bei § 17 (BGH GRUR 1977, 539, 541 – *Prozessrechner;* BGH WRP 2008, 938 Tz 6) als auch bei § 18 (KG GRUR 1988, 702, 703 – *Corporate Identity;* aA noch BGH GRUR 1960, 554, 556 – *Handstrickverfahren*) zulässig.

59 **b) Fallgruppen. aa) Ausgeschiedene Beschäftigte.** Eine vertragliche und deliktische Haftung kommt in Betracht, wenn der Beschäftigte auch nach seinem Ausscheiden vertraglich oder

VI. Zivilrechtliche Folgen 60, 61 § 17 UWG

gesetzlich (zB 90 HGB; § 85 GmbHG; § 404 AktG; § 24 ArbnErfG; § 79 BetrVG) zur Geheimhaltung verpflichtet ist. Fehlt es an einer ausdrücklichen Geheimhaltungspflicht (Zulässigkeitsgrenzen: § 1 GWB bei übermäßiger Bindung; § 74 II HGB, wenn im Einzelfall auf ein Wettbewerbsverbot hinauslaufend; dazu BAG NJW 1988, 1686; *Gaul* ZIP 1988, 689), soll nach dem BAG (NJW 1983, 134; 1988, 1686) der Ausgeschiedene auch ohne bes Vereinbarung auf Grund nachwirkender Treuepflicht zur Verschwiegenheit über Geschäfts- und Betriebsgeheimnisse verpflichtet und ihm lediglich die Verwertung des erworbenen beruflichen Erfahrungswissens gestattet sein. Eine sichere Abgrenzung von Geheimnis und Erfahrungswissen ist aber nicht möglich (*Kraßer* GRUR 1977, 177, 186). Daher ist mit dem BGH unter Berücksichtigung der Fassung des § 17 grds davon auszugehen, dass der ausgeschiedene Beschäftigte in der Weitergabe und Verwertung von redlich erworbenen Betriebsgeheimnissen frei ist (BGH GRUR 1964, 215, 216 – *Milchfahrer;* BGH GRUR 1983, 179, 181 – *Stapel-Automat;* BGH GRUR 2002, 91, 92 – *Spritzgießwerkzeuge;* BGH GRUR 2003, 356, 358 – *Präzisionsmessgeräte;* BGH GRUR 2006, 1044 Tz 13 – *Kundendatenprogramm;* (BGH GRUR 2009, 603 Tz 15 – *Versicherungsuntervertreter;* aA *Mes* GRUR 1979, 584, 593). Unter bes Umständen kann jedoch die Weitergabe oder Verwertung gegen eine nachwirkende Treuepflicht und/oder gegen § 3 oder §§ 823 ff BGB verstoßen (BGH aaO – *Stapel-Automat* und *Spritzgießwerkzeuge*). Hierzu ist eine **Interessenabwägung** vorzunehmen, wobei einerseits das Interesse des Beschäftigten an seinem beruflichen Fortkommen (Art 12 GG), andererseits das Interesse des Unternehmers an Geheimhaltung seines Know-how (Art 2 I, 14 GG) in Rechnung zu stellen ist. Zu berücksichtigen sind ua: Interesse des Dienstherrn und des Ausgeschiedenen an der Nutzung des Geheimnisses; Art, Dauer und Beendigung des Dienstverhältnisses (Vertrauensstellung? Vergütung? kurze Dauer? Beendigungsgründe?; BGH GRUR 1955, 404, 405 – *Anreißgerät*); Vereinbarung eines Wettbewerbsverbots und/oder einer Geheimhaltung von Know-how? (BGH GRUR 2002, 91, 94 – *Spritzgießwerkzeuge*); Art der Kenntniserlangung (unredlich? Mitteilung als Vertrauensbeweis?; BGH GRUR 2002, 91, 93 – *Spritzgießwerkzeuge*); Zeit, Art und Umfang der Weitergabe oder Verwertung (Vorbereitung der Verwertung bereits vor Vertragsbeendigung?; vgl BGH aaO – *Stapel-Automat;* BGH GRUR 2002, 91, 93 – *Spritzgießwerkzeuge;* eigene berufliche Nutzung oder Weiterveräußerung; vollständige oder teilweise Nutzung); (ggf auch geringes) Ausmaß eines Beitrags des Ausgeschiedenen zur Schaffung des Geheimnisses (BGH aaO – *Spritzgießwerkzeuge*) und eventuelle Vergütung dafür, vgl auch §§ 9 ff ArbnErfG; Fortzahlung von Bezügen (Betriebsrente). – Die Interessenabwägung kann ergeben, dass die Weitergabe oder Verwertung nur in zeitlich oder sachlich begrenztem Umfang unzulässig ist (BGH GRUR 2002, 91, 94 – *Spritzgießwerkzeuge*). – Keinesfalls ist der Beschäftigte berechtigt, sein redlich erlangtes Wissen zusätzlich durch die Mitnahme von Unterlagen oder Gegenständen, in denen Know-how verkörpert ist, aufzufrischen und zu sichern (BGH GRUR 2003, 356, 358 – *Präzisionsmessgeräte;* BGH GRUR 2006, 1044 Tz 14 – *Kundendatenprogramm;* (BGH GRUR 2009, 603 Tz 15 – *Versicherungsuntervertreter*).

bb) Gesellschafter. Bei Weitergabe oder Verwertung eines Betriebsgeheimnisses vor dem **60** Ausscheiden aus der Gesellschaft bestehen stets vertragliche (§ 280 BGB) und gesetzliche (§ 3 iVm § 9; §§ 823 ff BGB) Ansprüche, auch wenn eine Geheimhaltungspflicht nicht ausdrücklich vereinbart war (gesellschafterliche Treuepflicht). Das Gleiche gilt bei einem Handeln nach dem Ausscheiden, wenn eine Geheimhaltungspflicht wirksam (Grenze: § 1 GWB; Maßstab: Erforderlichkeit) vereinbart war. Ist dies nicht der Fall, so hängt die vertragliche (nachwirkende Treuepflicht) und gesetzliche Haftung letztlich von einer **Interessenabwägung** ab. Dabei sind zu berücksichtigen: Interesse der Gesellschaft und des Ausgeschiedenen an der Nutzung des Geheimnisses; Beitrag des Ausgeschiedenen an der Nutzung des Geheimnisses; Beitrag des Ausgeschiedenen an der Schaffung des Geheimnisses und etwaige Vergütung dafür; Abgeltung des Anteils am Geheimniswert im Rahmen der Abfindung; Stellung des Ausgeschiedenen in der Gesellschaft; Dauer der Zugehörigkeit und Gründe des Ausscheidens; Art und Weise der Kenntniserlangung vom Geheimnis; Art und Umfang der Nutzung durch den Ausgeschiedenen.

cc) Absatzmittler (Handelsvertreter, Vertragshändler, Franchisenehmer) unterliegen wäh- **61** rend der Vertragsdauer einer vertraglichen Geheimhaltungspflicht aus dem Gesichtspunkt der Interessenwahrungs- bzw Treuepflicht gegenüber dem Geschäftsherrn. Für die Zeit **nach** Vertragsende gilt § 90 HGB (analog). Pflichtverstöße können gleichzeitig Verstöße gegen § 3 und §§ 823 ff BGB darstellen. Der Schutz nach § 3 kann weiter gehen als der nach §§ 17, 18, insbes bei enger Auslegung dieser Tatbestände (BGH GRUR 1964, 31, 32 – *Petromax II*).

62 dd) Sonstige Dritte. Eine Geheimhaltungspflicht besteht für alle, die bei der Anbahnung oder Durchführung von **sonstigen** (zB Beratungs-, Geschäftsbesorgungs-, Werk-, Lizenz-)**Verträgen** von einem Geheimnis Kenntnis erlangen. Das folgt aus der Rücksichtspflicht, die (angehende) Vertragspartner einander schulden (§§ 241 II, 242 BGB). Vielfach ist die Geheimhaltungspflicht gesetzlich (zB §§ 90, 333 HGB; § 85 GmbHG; § 404 AktG) oder vertraglich vorgesehen. Sie besteht auch nach Scheitern der Vertragsverhandlungen und nach Vertragsbeendigung fort. – Eine Geheimhaltungspflicht besteht weiter für sog **Amtswalter** (Pfleger, Betreuer, Insolvenzverwalter, Zwangsverwalter, Testamentsvollstrecker, Liquidatoren), die im amtlichen Auftrag den Geschäftsbetrieb führen oder abwickeln. Sie besteht ferner für den **früheren Geschäftsinhaber,** der das Geheimnis an seinen Nachfolger mitveräußert hat (BGHZ 16, 172, 176 – *Dücko:* Veräußerung durch Konkursverwalter). – Keine Geheimhaltungspflicht besteht für Dritte, die in keiner Rechtsbeziehung mit Interessenwahrungscharakter zum Geschäftsinhaber stehen und durch **Zufall** vom Geheimnis Kenntnis erlangen. Sie dürfen es grds frei weitergeben und verwerten, auch wenn sie sich dabei eigene Entwicklungskosten sparen (BGH GRUR 1964, 31, 32 – *Petromax II*). § 3 kann nur unter bes Umständen eingreifen (BGHZ 38, 391, 393 – *Industrieböden*), so bei Verleitung zum Vertragsbruch (sofern nicht schon § 17 eingreift), aber auch bei bloßer Ausnutzung des fremden Vertragsbruchs, wenn der Dritte weiß oder wissen muss, dass der Mitteilende gegen eine (nach-)vertragliche Geheimhaltungspflicht verstößt (BGH GRUR 1980, 296, 297 – *Konfektions-Stylist*). Eine spätere Kenntniserlangung vom Geheimnisbruch ist regelmäßig unschädlich, doch kommt es auf die Umstände an.

4. Abwehransprüche

63 a) Anspruchsgrundlagen. Abwehransprüche können sich aus §§ 17 ff iVm §§ 823 II, 1004 BGB analog, aus §§ 823 I, 826 iVm § 1004 BGB analog, ferner bei gleichzeitigem Wettbewerbsverstoß aus §§ 3, 4 Nr 10 und 11 iVm § 8 ergeben. Sie setzen kein Verschulden des Täters voraus. So braucht zB der Mitteilungsempfänger nicht gewusst zu haben, dass der Mitteilende gegen eine Vertragspflicht verstieß (BGH GRUR 1961, 40, 42 – *Wurftaubenpresse*).

64 b) Unterlassungsanspruch. Er bezieht sich, je nach Verletzungsform, auf die Weitergabe oder die Verwertung des Geheimnisses und erstreckt sich auch auf die Ergebnisse aus einer Nutzung (zB Maschinennachbau), wenn diese mindestens nicht unwesentlich auf der unlauter erlangten Kenntnis beruhen (BGH GRUR 1985, 294, 296 – *Füllanlage*). Daher kann auch – anders als beim ergänzenden Leistungsschutz – Unterlassung der gewerbsmäßigen Herstellung und Benutzung von unlauter nachgebauten Maschinen, Werkzeugen usw verlangt werden (BGH WRP 2001, 1174, 1179 – *Spritzgießwerkzeuge*). Erstbegehungsgefahr hins der Verletzung anderer Geheimnisse liegt noch nicht dann vor, wenn bereits ein einzelnes Geheimnis verletzt wurde. Die Wiederholungsgefahr erstreckt sich allerdings auf kerngleiche Handlungen, dh auf sachlich-funktionell eng mit dem verletzten Geheimnis zusammenhängende weitere Geheimnisse. Soll auch das Feilhalten und Inverkehrbringen untersagt werden, muss dazu eine entspr Wiederholungs- oder Erstbegehungsgefahr festgestellt werden (BGH WRP 2001, 1174, 1178 – *Spritzgießwerkzeuge*). Der Unterlassungsanspruch erlischt mit Ablauf der Geheimhaltungspflicht, insbes mit Offenkundigwerden (dazu Rdn 6) des Geheimnisses (BGH GRUR 1960, 554, 555 – *Handstrickverfahren*). Offenkundigwerden nach Schluss der letzten Tatsachenverhandlung kann nur nach § 767 bzw § 927 ZPO (vgl BGH GRUR 1983, 179, 181 – *Stapel-Automat*) geltend gemacht werden. Im Vollstreckungsverfahren ist der Einwand des Rechtsmissbrauchs möglich (*Körner* GRUR 1985, 909). – Das richterliche **Unterlassungsgebot** ist nur dann zeitlich zu begrenzen, wenn sich im Zeitpunkt der Letzten mündlichen Verhandlung absehen lässt, dass von einem bestimmten, objektiv feststehenden (BGH GRUR 1964, 215, 217 – *Milchfahrer*) Zeitpunkt an das Handeln des Verletzers nicht mehr rechtswidrig sein wird (dazu KG WRP 1982, 153, 157). Im Übrigen ist der Schuldner auf § 767 ZPO beschränkt (dazu neigend auch BGH GRUR 1983, 179, 181 – *Stapel-Automat*). – In **Klageantrag** und **Urteilsformel** ist das Geheimnis im Wettbewerbsinteresse des Geschäftsinhabers nur so weit zu beschreiben, als dies für die Zwangsvollstreckung unerlässlich ist (**Beispiele:** BGH GRUR 1961, 40, 41 – *Wurftaubenpresse;* BGH GRUR 1963, 367 – *Industrieböden;* BGH GRUR 1985, 294 – *Füllanlage;* BAG NJW 1988, 1686; eingehend *Doepner,* FS Tilmann, 2003, 105, 112 ff). Bestimmtheitsgrundsatz und Geheimnisschutz treten insoweit in einen nur schwer aufzulösenden Gegensatz. Wird dem Beklagten die Herstellung bestimmter Gegenstände untersagt, ist in der Begründung anzugeben, weshalb die Herstellung rechtsverletzend ist. Nicht genügt es, die Merkmale der Gegenstände des Klägers wiederzugeben (BGH WRP 2001, 1174, 1179 – *Spritzgießwerkzeuge*). Macht der

Kläger geltend, dass die Übernahme eines bestimmten Schaltplans die Verletzung eines Betriebsgeheimnisses darstellt, braucht er nicht darzulegen, hinsichtlich welcher einzelner Schaltungen ein Betriebsgeheimnis besteht. Kann auf Grund eines solchen Vorbringens lediglich festgestellt werden, dass nur hinsichtlich eines Teils der Schaltungen ein Betriebsgeheimnis vorliegt, während die meisten der in dem Plan enthaltenen Schaltungen dem allgemeinen Standard entsprechen, führt dies lediglich zu einem eingeschränkten Umfang des auszusprechenden Unterlassungsgebots (BGH GRUR 2008, 727 Tz 17 – *Schweißmodulgerät*). – **Urteilsbekanntmachung:** § 12 III.

c) Beseitigungsanspruch. Er bezieht sich auf unbefugt gefertigte Aufzeichnungen und 65 Unterlagen über das Geheimnis sowie auf Gegenstände, die in unzulässiger Weise (dazu BGH GRUR 1985, 294, 296 – *Füllanlage*) unter Verwertung des Geheimnisses hergestellt wurden (BGH GRUR 1958, 297, 299 – *Petromax I*). Der Verletzte kann Vernichtung oder Herausgabe (Bringschuld!) zum Zweck der Vernichtung verlangen (BGH GRUR 2006, 1044 Tz 17 – *Kundendatenprogramm*). Der Verhältnismäßigkeitsgrundsatz ist jedoch zu beachten; daher besteht keine Herausgabepflicht (und damit Entzug des Materialwerts), wenn die Unbrauchbarmachung genügt. Bei Weitergabe des Geheimnisses an Dritte ist auch deren Benennung geschuldet, um gegen sie vorgehen zu können. Der Anspruch erlischt zugleich mit dem Unterlassungsanspruch (Rdn 64). Davon wird aber ein etwaiger Schadensersatzanspruch gleichen Inhalts (§ 249 I BGB) nicht berührt.

VII. Strafrechtliche Folgen

1. Strafe

Die Strafandrohung geht im Regelfall (§ 17 I) bis zu drei Jahren oder Geldstrafe, in „bes 66 schweren Fällen" (§ 17 IV 1) bis zu fünf Jahren oder Geldstrafe. Ein bes schwerer Fall liegt idR vor, wenn der Täter bei der Mitteilung weiß, dass das Geheimnis im Ausland verwertet werden soll, oder wenn er es selbst im Ausland verwertet (§ 17 IV 2) oder wenn bes schwere oder volkswirtschaftlich bedeutsame Schäden vorliegen oder drohen. Zum Ausland gehören auch (noch) andere EU-Staaten (aA Harte/Henning/*Harte-Bavendamm* § 17 Rdn 38). Doch ist hier bes zu prüfen, ob es sich um einen Regelfall handelt. Zum Begriff des Verwertens Rdn 41.

2. Strafverfolgung

a) Allgemeines. Die Verfolgung der Tat erfolgt grds nur nach **Strafantrag,** ohne ihn nur bei 67 **besonderem öffentlichen Interesse** (§ 17 V), zB bei volkswirtschaftlich erheblicher Schadensgefahr. Ist Strafantrag gestellt, erfolgt die Strafverfolgung von Amts wegen bei Vorliegen eines öffentlichen Interesses (§ 376 StPO). Im Übrigen besteht die Möglichkeit der **Privatklage** (§ 374 I Nr 7 StPO). **Verjährung:** § 78 III Nr 4 StGB (5 Jahre).

b) Strafverfolgung auf Antrag. aa) Grundsatz. § 17 V 1 stellt den Grundsatz auf, dass 68 die Tat nur auf Antrag verfolgt wird. Der Strafantrag (§§ 77 ff StGB) ist Prozessvoraussetzung. Fehlt er, ist das Verfahren einzustellen (§§ 206 a, 260 III StPO).

bb) Antragsberechtigt ist grds nur der Verletzte (§ 77 I StGB). Wer Verletzter ist, ist durch 69 Auslegung des jeweiligen Tatbestands zu ermitteln (vgl BGH GRUR 1983, 330 – *Antragsrecht*). Das Antragsrecht ist höchstpersönlich und daher nicht vererblich. Antragsberechtigt ist der unmittelbar Verletzte, nicht dagegen die in § 8 III Nr 2–4 genannten Verbände, da diese Verstöße gegen § 17 nicht verfolgen können.

cc) Antragstellung. (1) Form: § 158 II StPO. **(2) Inhalt.** Erforderlich, aber auch ausrei- 70 chend ist, dass der Wille des Antragsberechtigten zum Ausdruck kommt, eine bestimmte Straftat iSd §§ 155, 264 StPO solle verfolgt werden (BGH WRP 1991, 690). Relevanter Sachverhalt und strafbare Rechtsgutverletzung müssen hinreichend deutlich bezeichnet sein, wobei allerdings auch außerhalb der schriftlichen Erklärung liegende Umstände herangezogen werden können (BGH WRP 1991, 690: Bezugnahme auf andere Schreiben). Beschränkung des Antrags auf bestimmte Taten oder Beteiligte ist möglich. **(3) Vertretung** ist zulässig, setzt aber entspr gesetzliche oder rechtsgeschäftliche Vertretungsmacht voraus (RGSt 12, 327, 329; 15, 144). Im Insolvenzverfahren ist neben dem Insolvenzschuldner auch der Insolvenzverwalter antragsberechtigt. **(4) Frist:** § 77 b StGB (drei Monate ab Kenntniserlangung). **(5) Rücknahme:** § 77 d StGB.

71 c) Strafverfolgung ohne Antrag. Sie ist nach § 17 V möglich, „wenn die Strafverfolgungsbehörde wegen des bes öffentlichen Interesses an der Strafverfolgung ein Einschreiten von Amts wegen für geboten hält". Ein **„besonderes"** öffentliches Interesse setzt mehr voraus als das „öffentliche Interesse" iSd § 376 StPO; es ist nur anzunehmen, wenn die Wirtschaftsspionage zugleich wichtige Allgemeininteressen (zB in Rüstungsfragen) verletzt. Die Bejahung dieses Interesses liegt im pflichtgemäßen Ermessen (besser: Beurteilungsspielraum) der Staatsanwaltschaft; eine Konkretisierung ist jedoch in den Nr 255, 260 ff der Richtlinien für das Strafverfahren und das Bußgeldverfahren (RiStBV) v 1. 1. 1977, zuletzt geänd durch Bek v 1. 11. 2007 erfolgt:

255.

(1) [1] Auch die Straftaten des Nebenstrafrechts sind Zuwiderhandlungen, die ein sozialethisches Unwerturteil verdienen; sie sind deshalb nach den gleichen Grundsätzen und mit dem gleichen Nachdruck zu verfolgen wie Zuwiderhandlungen gegen Vorschriften des Strafgesetzbuchs. [2] Dies gilt auch für die Anwendung der §§ 153, 153 a StPO. [3] Maßnahmen zur Abschöpfung des durch die Tat erlangten wirtschaftlichen Vorteils einer juristischen Person oder Personenvereinigung nach Nummer 180 a können auch bei Straftaten des Nebenstrafrechts in Betracht kommen. [4] Den zuständigen Fachbehörden ist nach den Nr. 90, 93 Gelegenheit zur Äußerung zu geben.

(2) [1] Bei der Verfolgung von Straftaten des Nebenstrafrechts arbeitet der Staatsanwalt mit den zuständigen Fachbehörden zusammen. [2] Die Fachbehörden können vor allem bei der Benennung geeigneter Sachverständiger Hilfe leisten.

260. Öffentliches Interesse an der Strafverfolgung

[1] Das öffentliche Interesse an der Strafverfolgung wegen unlauteren Wettbewerbs (§ 299 StGB, §§ 16 bis 19 UWG) wird in der Regel zu bejahen sein, wenn eine nicht nur geringfügige Rechtsverletzung vorliegt. [2] Dies gilt in Fällen
1. des § 16 Abs. 1 UWG vor allem, wenn durch unrichtige Angaben ein erheblicher Teil der Verbraucher irregeführt werden kann (vgl. auch § 144 Markengesetz in bezug auf geographische Herkunftsangaben);
2. des § 16 Abs. 2 UWG vor allem, wenn insgesamt ein hoher Schaden droht, die Teilnehmer einen nicht unerheblichen Beitrag zu leisten haben oder besonders schutzwürdig sind.

[3] Die Verweisung auf die Privatklage (§ 374 Abs. 1 Nr. 5 a, 7, § 376 StPO) ist in der Regel nur angebracht, wenn der Verstoß leichter Art ist und die Interessen eines eng umgrenzten Personenkreises berührt.

260 a. Besonderes öffentliches Interesse an der Strafverfolgung

(1) Ein besonderes öffentliches Interesse an der Strafverfolgung von Verletzungen von Geschäfts- oder Betriebsgeheimnissen (§§ 17 bis 19 UWG) wird insbesondere dann anzunehmen sein, wenn der Täter wirtschaftsstrafrechtlich vorbestraft ist, ein erheblicher Schaden droht oder eingetreten ist, die Tat Teil eines gegen mehrere Unternehmen gerichteten Plans zur Ausspähung von Geschäfts- oder Betriebsgeheimnissen ist oder den Verletzten in seiner wirtschaftlichen Existenz bedroht.

(2) [1] Kommt ein besonders schwerer Fall (§ 17 Abs. 4 UWG) in Betracht, so kann das besondere öffentliche Interesse an der Verfolgung nur ausnahmsweise verneint werden. [2] Das gleiche gilt, auch bezüglich § 18 UWG, wenn der Täter davon ausgeht, daß das Geheimnis im Ausland verwertet werden soll, oder er es selbst im Ausland verwertet.

260 b. Geheimhaltung von Geschäfts- oder Betriebsgeheimnissen

(1) Bittet der Verletzte um Geheimhaltung oder stellt er keinen Strafantrag, so sollen Geschäfts- oder Betriebsgeheimnisse in der Sachakte nur insoweit schriftlich festgehalten werden, als dies für das Verfahren unerläßlich ist.

(2) [1] Wird in den Fällen des Absatz 1 Akteneinsicht gewährt, so ist darauf hinzuweisen, daß die Akte Geschäfts- oder Betriebsgeheimnisse enthält; hierüber ist ein Vermerk zu den Akten zu nehmen. [2] Dies gilt sinngemäß bei sonstigen Mitteilungen aus den Akten. [3] Es ist zu prüfen, ob nicht Gründe entgegenstehen, dem Verteidiger die Akten zur Einsichtnahme in seine Geschäftsräume oder in seine Wohnung mitzugeben (§ 147 Abs. 4 StPO).

(3) Vor Gewährung von Akteneinsicht an Dritte ist, auch wenn die Voraussetzungen des Absatz 1 nicht vorliegen, besonders sorgfältig zu prüfen, ob nicht schutzwürdige Interessen des Verletzten entgegenstehen.

260 c. Auskünfte

Bei unlauteren Wettbewerbsmethoden von örtlicher Bedeutung können die Industrie- und Handelskammern Auskünfte geben; im übrigen erteilen Auskünfte:
– die Zentrale zur Bekämpfung unlauteren Wettbewerbs e. V. Frankfurt am Main, Landgrafenstraße 24 b, 61348 Bad Homburg v. d. H., die mit den Spitzenverbänden der deutschen gewerblichen Wirtschaft zusammenarbeiten;
– der Gutachterausschuß für Wettbewerbsfragen, Adenauerallee 148, 53113 Bonn;

- der Deutsche Schutzverband gegen Wirtschaftskriminalität e. V. Frankfurt am Main, Landgrafenstraße 24 b, 61348 Bad Homburg v. d. H.;
- der Verein „Pro Honore", Verein für Treu und Glauben im Geschäftsverkehr e. V., Borgfelder Straße 30, 20537 Hamburg;
- Verbraucherzentrale Bundesverband e. V. (VZbV), Markgrafenstraße 66, 10969 Berlin.

Verneint die Staatsanwaltschaft das öffentliche Interesse, soll sie, wenn der Verletzte die Straftat selbst nicht oder nur unter großen Schwierigkeiten aufklären kann, die erforderlichen Ermittlungen anstellen, bevor sie den Verletzten auf die Privatklage verweist (Nr 87 II RiStBV). 72

d) Privatklage. Sie ist bei allen im UWG aufgeführten Straftaten anstelle oder neben (§ 395 II Nr 3 StPO) der öffentlichen Klage möglich (§ 374 I Nr 7 StPO). Privatklageberechtigt ist der Verletzte. Einzelheiten zur Privatklage: §§ 374 ff StPO. 73

Verwertung von Vorlagen

18 (1) **Wer die ihm im geschäftlichen Verkehr anvertrauten Vorlagen oder Vorschriften technischer Art, insbesondere Zeichnungen, Modelle, Schablonen, Schnitte, Rezepte, zu Zwecken des Wettbewerbs oder aus Eigennutz unbefugt verwertet oder jemandem mitteilt, wird mit Freiheitsstrafe bis zu zwei Jahren oder mit Geldstrafe bestraft.**

(2) **Der Versuch ist strafbar.**

(3) **Die Tat wird nur auf Antrag verfolgt, es sei denn, dass die Strafverfolgungsbehörde wegen des besonderen öffentlichen Interesses an der Strafverfolgung ein Einschreiten von Amts wegen für geboten hält.**

(4) **§ 5 Nummer 7 des Strafgesetzbuches gilt entsprechend.**

Schrifttum: s Vor §§ 17–19.

I. Allgemeines

1. Entstehungsgeschichte

§ 18 geht auf Klagen des Stickerei- und Spitzengewerbes über missbräuchliche Verwendung anvertrauter Schablonen zurück (vgl *Wertheimer* MuW 1909, 79; *Zentek* WRP 2007, 507, 511; RGSt 44, 154, 155). Die jetzige Fassung entspricht in § 18 I sachlich dem § 18 aF. In § 18 II wird die Strafbarkeit des Versuchs angeordnet, um Wertungswidersprüche zur Regelung in § 19 zu vermeiden, die bereits Handlungen im Vorfeld des Versuchsstadiums unter Strafe stellt (vgl Begr RegE zu § 19). 1

2. Normzweck

Die Vorschrift ergänzt den Geheimnisschutz nach § 17; sie schützt das Interesse des Unternehmers an der ungestörten Nutzung bestimmten Know-hows und bekämpft, zugleich im Allgemeininteresse, die Erzielung eines Wettbewerbsvorsprungs durch Vertrauensbruch (BGH GRUR 1982, 225, 226 – *Straßendecke II*; krit *Brammsen* wistra 2006, 201, 202 f: reines Vermögensdelikt). 2

3. Anwendungsbereich

Wie § 17 Rdn 3. 3

II. Objektiver Tatbestand

1. Tathandlung 4

Tathandlung ist das unbefugte Verwerten oder Mitteilen von anvertrauten Vorlagen oder technischen Vorschriften.

a) **Verwerten.** Wie § 17 Rdn 41. 5

b) **Mitteilen.** Wie § 17 Rdn 19. 6

c) **Unbefugt.** Wie § 17 Rdn 21. 7

2. Tatobjekt

Tatobjekt sind Vorlagen oder technische Vorschriften, die dem Täter im geschäftlichen Verkehr anvertraut worden waren.

a) Vorlagen sind Mittel, die als Grundlage oder Vorbild für die Herstellung von neuen Sachen oder Dienstleistungen dienen sollen (KG GRUR 1988, 702, 703). Als (nicht abschließende) Beispiele führt das Gesetz „Zeichnungen, Modelle, Schablonen, Schnitte" an. Hierher gehören weiter Werbe- und Kommunikationskonzepte (*Wüterich/Breucker* GRUR 2004, 389). Die Vorlage kann sich als konkrete Verkörperung (Muster, Modell) oder als abstrakte Darstellung (Abbildung, Beschreibung) präsentieren. Sie muss körperlich fixiert sein, eine mündliche Beschreibung reicht nicht aus (strafrechtliches Analogieverbot!). Es genügt aber zB die schriftliche Fixierung eines Werbeslogans (Signets), wenn er bei der Herstellung von Aufklebern, Plakaten usw Verwendung finden soll (KG GRUR 1988, 702, 703; GK/*Otto* § 18 Rdn 8). Die Vorlage braucht nicht einen wirtschaftlich wertvollen neuen technischen Gedanken zu enthalten oder zur Erzielung eines Wettbewerbsvorsprungs geeignet sein; es genügt, dass der Verletzer von dem in der Vorlage verkörperten technischen Gedanken Gebrauch macht und dass dieser weder ihm noch der Allgemeinheit ohne größere Schwierigkeiten und Opfer zugänglich war (BGH GRUR 1960, 554, 556 – *Handstrickverfahren*). Der Verletzer kann sich daher nicht damit verteidigen, er hätte durch eigene Arbeit ähnliche Vorlagen herstellen können, zumal er sich den damit verbundenen Zeit- und Kostenaufwand erspart hat. Die Wertlosigkeit der Vorlage kann nur beim Schadensersatzanspruch berücksichtigt werden (BGH aaO – *Handstrickverfahren*). Die Vorlage braucht nicht notwendig ein Betriebsgeheimnis iSd § 17 darzustellen (RGZ 83, 384, 386; offen gelassen in BGH GRUR 1982, 225, 226 – *Straßendecke II*), darf aber nicht offenkundig sein (BGH aaO – *Straßendecke II*; dazu § 17 Rdn 6 ff), da sie dann nicht mehr „anvertraut" ist. Die Vorlage braucht nicht die Anforderungen an ein Schutzrecht zu erfüllen.

b) Vorschriften technischer Art sind Anweisungen oder Lehren, die sich auf einen (weit zu fassenden) technischen Vorgang beziehen, insbes auch die in § 18 beispielhaft genannten Rezepte, vor allem aber Computerprogramme (krit Piper/*Ohly*/Sosnitza § 18 Rdn 5), soweit sie nicht schon als „Vorlagen" anzusehen sind. Auch wissenschaftliche oder künstlerische Anweisungen (wie zB Drehbücher) werden erfasst (*Zentek* WRP 2007, 507, 512). Vage Einfälle ohne konkrete Ausformulierung reichen nicht aus (OLG München GRUR 1990, 674, 676). Überschneidungen mit dem Begriff der Vorlage sind möglich, jedoch ist eine Verkörperung nicht erforderlich. Zur Frage der technischen Neuheit, des wirtschaftlichen Werts und des Geheimnischarakters gilt das zu den Vorlagen (Rdn 9) Gesagte. Jedoch kann Urheberrechtsschutz eingreifen.

c) Anvertraut sind Vorlagen usw, wenn sie vertraglich oder im Rahmen von Vertragsverhandlungen mit der ausdrücklich oder konkludent auferlegten Verpflichtung überlassen wurden, sie nur im Interesse des Anvertrauenden zu verwenden (KG GRUR 1988, 702, 703; OLG Hamm WRP 1993, 36, 38). Es genügt ein einseitiger Vertraulichkeitshinweis (OLG Karlsruhe WRP 1986, 624 f). Der Anvertrauende muss Unternehmer oder ein in seinem Auftrag handelnder Dritter sein, da sonst kein **„geschäftlicher Verkehr"** vorliegt (aA *Zentek* WRP 2007, 507, 515). Unerheblich ist dagegen, ob ihm die Vorlagen usw rechtmäßig zustehen. Zu Einzelheiten vgl § 17 Rdn 16. Das Anvertrauen setzt **fehlende Offenkundigkeit** voraus (BGHZ 82, 369, 372 = GRUR 1982, 225, 226 – *Straßendecke II*; OLG München NJWE-WettbR 1997, 38, 39), da andernfalls die Erzielung eines Wettbewerbsvorsprungs ausgeschlossen ist. Einzelheiten zur Offenkundigkeit bei § 17 Rdn 6 ff.

d) Im geschäftlichen Verkehr müssen die Vorlagen usw anvertraut worden sein, also nicht im innerbetrieblichen Verkehr mit eigenen Beschäftigten (der nur durch § 17 I erfasst wird). Zum geschäftlichen Verkehr zählen nicht nur die Beziehungen zu gewerblichen und freiberuflichen Unternehmen und deren Beschäftigten (RG GRUR 1939, 733, 735), sondern auch zu Privaten (hL; aA OLG Karlsruhe WRP 1986, 623, 625; *Zentek* WRP 2007, 507, 515), zB die Beziehungen zwischen Architekt und Bauherr oder Möbelhaus und Kunde. Auch ein Privatmann kann sich also strafbar machen. Denn auch er kann zu Zwecken des Wettbewerbs, nämlich der Förderung fremden Wettbewerbs, oder aus Eigennutz, nämlich der Einsparung von Kosten, handeln. Dagegen muss der Anvertrauende Unternehmer oder Beauftragter eines Unternehmers sein (Rdn 11).

3. Tatzeitraum

Die Tatbegehung ist nur möglich in dem Zeitraum, in dem eine Anvertrauung (noch) vorliegt. 13
Sie endet mit Offenkundigwerden (Rdn 9), ferner mit Wegfall des Geheimhaltungswillens oder
-interesses des Anvertrauenden, nicht aber schon mit Beendigung des Vertragsverhältnisses oder
Scheiterns der Vertragsverhandlungen (nachwirkende Treuepflicht!).

4. Täter

Täter kann jeder Dritte mit Ausnahme eines Beschäftigten des Anvertrauenden sein (arg „im 14
geschäftlichen Verkehr"; Rdn 11).

III. Subjektiver Tatbestand

Der Täter muss hins des objektiven Tatbestandes (bedingt) **vorsätzlich** handeln und darüber 15
hinaus **„zu Zwecken des Wettbewerbs"** (dazu § 17 Rdn 24) oder **„aus Eigennutz"** (dazu
§ 17 Rdn 25).

IV. Strafrechtliche Folgen

1. Strafverfolgung

Strafantrag ist erforderlich, soweit nicht die Strafverfolgungsbehörde wegen eines bes öffentli- 16
chen Interesses einschreitet (§ 18 III). Gem § 18 IV gilt § 5 Nr 7 StGB entspr, es können also
auch im Ausland begangene Taten verfolgt werden, sofern sie sich gegen Unternehmen mit Sitz
in Deutschland richten.

2. Privatklage

Privatklage ist möglich nach § 374 I Nr 7 StPO. Klageberechtigt ist der in seiner Ver- 17
fügungsberechtigung über die Vorlagen bzw technischen Vorschriften Verletzte.

3. Verjährung

§ 78 II Nr 4 StGB (5 Jahre). 18

V. Zivilrechtliche Folgen

Zu den zivilrechtlichen Folgen einer Zuwiderhandlung vgl § 17 Rdn 51 ff. – Die unbefugte 19
Verwertung fremder Vorlagen, welche die Anforderungen an ein nicht eingetragenes Geschmacksmuster erfüllen, kann zu einer Offenbarung iSd Art 7 I 1, 11 II 2 GGV und damit zum
Beginn des Schutzes führen. Inhaber des Geschmacksmusterrechts ist aber nicht der Verwerter,
sondern der Vorlagenersteller (*Zentek* WRP 2007, 507, 517 f), dem folglich nicht nur der
Anspruch auf Anerkennung als rechtmäßiger Inhaber (Art 15 GVV), sondern auch der Anspruch
aus dem Schutzrecht gegen den Verwerter zusteht (KG ZUM 2005, 230, 232; *Oldekop* WRP
2006, 801, 806).

Verleiten und Erbieten zum Verrat

19 (1) **Wer zu Zwecken des Wettbewerbs oder aus Eigennutz jemanden zu bestimmen versucht, eine Straftat nach § 17 oder § 18 zu begehen oder zu einer solchen Straftat anzustiften, wird mit Freiheitsstrafe bis zu zwei Jahren oder mit Geldstrafe bestraft.**

(2) Ebenso wird bestraft, wer zu Zwecken des Wettbewerbs oder aus Eigennutz sich bereit erklärt oder das Erbieten eines anderen annimmt oder mit einem anderen verabredet, eine Straftat nach § 17 oder § 18 zu begehen oder zu ihr anzustiften.

(3) § 31 des Strafgesetzbuches gilt entsprechend.

(4) **Die Tat wird nur auf Antrag verfolgt, es sei denn, dass die Strafverfolgungsbehörde wegen des besonderen öffentlichen Interesses an der Strafverfolgung ein Einschreiten von Amts wegen für geboten hält.**

(5) § 5 Nummer 7 des Strafgesetzbuches gilt entsprechend.

I. Allgemeines

1. Entstehungsgeschichte

1   Vorläufer des § 19 war § 20 aF, der urspr auf den Tatbestand der versuchten Anstiftung beschränkt war und durch die Novelle 1932 um weitere Tatbestände ergänzt wurde. Die jetzige Regelung lehnt sich an § 30 StGB (Versuch der Beteiligung) an. Zur Kritik vgl *Mitsch* GRUR 2004, 824, 826.

2. Normzweck

2   § 19 bezweckt die Erweiterung des strafrechtlichen Geheimnisschutzes durch Einbeziehung bestimmter Vorbereitungshandlungen einer Geheimnisverletzung.

3. Anwendungsbereich und Konkurrenzen

3   § 19 gilt für Inlandstaten (§ 3 StGB) und für bestimmte Auslandstaten (§ 19 V iVm § 5 Nr 7 StGB). Für das **Verhältnis zu den §§ 17, 18** gilt: Hat im Falle des § 19 I 1. Alt die Bestimmung zur Begehung einer Straftat nach §§ 17 oder 18 Erfolg, tritt § 19 hinter die §§ 17, 18 iVm § 26 StGB (Anstiftung) zurück (Konsumtion); § 19 II wird durch die §§ 17, 18 konsumiert, wenn es zu einer Verwirklichung dieser Tatbestände kommt (*v Gamm* WettbR Kap 50 Rdn 64).

II. Die einzelnen Tatbestände

1. Die Tatbestände des § 19 I (versuchte Anstiftung)

4   a) **Wer ... zu bestimmen versucht.** Damit ist der (erfolglose) Versuch der Anstiftung gemeint. Es muss also ein unmittelbares Ansetzen (§ 22 StGB) zur Verleitung vorliegen. **Beispiele:** Absenden eines Briefes; Stellen einer Frage, deren Beantwortung einen Geheimnisverrat darstellt (RGSt 32, 308, 310). – Wie der Täter vorgeht (Drohung, Täuschung, Versprechen), ist unerheblich, sofern er nur das eingesetzte Mittel als geeignet ansieht. Es genügt, dass er billigend in Kauf nimmt, der Adressat werde seiner Aufforderung Folge leisten (BGH NJW 1998, 2835). Das Abwerben eines fremden Beschäftigten mit dem Ziel, fremde Betriebsgeheimnisse zu erfahren, fällt nur dann unter § 19, wenn nach der Vorstellung des Täters der Geheimnisbruch noch während der Geltungsdauer des alten Dienstverhältnisses erfolgen soll (zB bei Verlassen der Stelle, ohne den Ablauf der Kündigungsfrist abzuwarten). Aus welchen Gründen der Versuch erfolglos bleibt (zB Ablehnung des Angebots), ist unerheblich. § 19 erfasst auch den untauglichen Versuch, wenn zB das zu verratende Geheimnis nur in der Vorstellung des Täters existiert (OLG Celle GRUR 1969, 548, 549). – Ist die Anstiftung erfolgreich, gelten §§ 17, 18 iVm § 26 StGB (Rdn 3).

5   b) **Jemand.** Der zu Verleitende kann jeder sein, der als Täter der Straftaten der §§ 17, 18 in Betracht kommt.

6   c) **Eine Straftat nach § 17 oder § 18 zu begehen (§ 19 I 1. Alt).** Dieses Erfordernis ist nicht erfüllt, wenn es dem Täter nur auf die Erlangung einer Maschine, aber nicht auf die Erlangung des darin enthaltenen Betriebsgeheimnisses ankommt (OLG Celle GRUR 1963, 548, 549).

7   d) **Oder zu einer solchen Straftat anzustiften (§ 19 I 2. Alt).** Damit wird der Fall der „Kettenanstiftung" erfasst.

8   e) **Subjektiver Tatbestand.** Der Täter muss bezüglich aller Tatbestandsmerkmale (auch der des § 17 oder des § 18) mit (bedingtem) **Vorsatz** handeln. Ferner muss er entweder **„zu Zwecken des Wettbewerbs"** (dazu § 17 Rdn 24) oder **„aus Eigennutz"** (dazu § 17 Rdn 25) handeln.

9   f) **Täter** kann jeder, auch ein Beschäftigter des gefährdeten Betriebsinhabers, sein.

2. Die Tatbestände des § 19 II (Sonstige Vorbereitungshandlungen)

10 Die drei Tatbestände des § 19 II sind dem § 30 II StGB nachgebildet. Dementsprechend sind Rspr und Lehre zu dieser Regelung bei der Auslegung des § 19 II ergänzend heranzuziehen. Die Handlungen müssen, wie bei § 19 I, darauf bezogen sein, eine Straftat nach § 17 oder § 18 zu begehen oder zu ihr anzustiften.

a) **Sich bereit erklären.** Darunter ist, wie beim Tatbestandsmerkmal des „Erbietens" in § 20   11
aF, die ausdrücklich oder konkludent abgegebene, ernst gemeinte Erklärung zu verstehen, einen
Verstoß gegen § 17 oder § 18 begehen zu wollen, unabhängig davon, ob daran Bedingungen
geknüpft sind (vgl *v Gamm* WettbR Kap 50 Rdn 70).

b) **Annehmen des Erbietens eines Anderen** ist die ernstlich gemeinte Einverständniser-   12
klärung damit, dass ein Anderer, der sich dazu bereit erklärt hat, die Tat ausführt. Dies kann
ausdrücklich, aber auch konkludent, insbes durch Akzeptieren oder Erfüllen der vom Erbieter
gestellten Bedingungen geschehen. Jedoch ist Zugang der abgegebenen Erklärung erforderlich.
Unerheblich ist insoweit, ob das Erbieten ernstlich gemeint war (vgl BGHSt 10, 388, 389) oder
ob der Erbieter objektiv zum Geheimnisverrat in der Lage war.

c) **Verabreden mit einem anderen** liegt vor, wenn mindestens zwei Personen sich über die   13
gemeinsame mittäterschaftliche Ausführung einer Straftat oder die gemeinsame Anstiftung hierzu
einigen (vgl BGH NStZ 1993, 137; Schönke/Schröder/*Cramer/Heine* StGB, 27. Aufl 2006, § 30
Rdn 25).

d) **Subjektiver Tatbestand.** Der Täter muss mit (bedingtem) **Vorsatz** hins aller objektiven   14
Tatbestandsmerkmale und außerdem entweder „**zu Wettbewerbszwecken**" (dazu § 17
Rdn 24) oder „**aus Eigennutz**" (dazu § 17 Rdn 25) gehandelt haben.

III. Strafrechtliche Folgen

1. Strafverfolgung

Wie § 18 Rdn 16.   15

2. Rücktritt (§ 19 III)

Da die Tatbestände des § 19 teilweise Tatbestände der versuchten Teilnahme an einem   16
Vergehen nach §§ 17, 18 darstellen, ist die in § 19 III angeordnete entspr Anwendung des § 31
StGB (Rücktritt vom Versuch der Beteiligung) sachgerecht (vgl BT-Drucks 10/5058).

IV. Zivilrechtliche Folgen

1. Abwehranspruch

Soweit der Täter einen Wettbewerbsverstoß begeht, ergibt sich ein Unterlassungs- und   17
Beseitigungsanspruch aus §§ 3, 8, im Übrigen aus §§ 823 I, 823 II, 826, 1004 BGB analog.

2. Schadensersatzanspruch

Soweit dem Geheimnisinhaber ausnahmsweise bereits ein Schaden entstanden ist (zB in Gestalt   18
von Aufwendungen zur Gefahrenabwehr), kann er bei Vorliegen eines Wettbewerbsverstoßes
nach §§ 3, 9, im Übrigen nach §§ 823 I, 823 II, 826 BGB Ersatz verlangen.

Bußgeldvorschriften

20 (1) Ordnungswidrig handelt, wer vorsätzlich oder fahrlässig entgegen § 7 Absatz 1 in
Verbindung mit Absatz 2 Nummer 2 gegenüber einem Verbraucher ohne dessen
vorherige ausdrückliche Einwilligung mit einem Telefonanruf wirbt.

(2) **Die Ordnungswidrigkeit kann mit einer Geldbuße bis zu fünfzigtausend Euro geahndet werden.**

(3) **Verwaltungsbehörde im Sinne des § 36 Absatz 1 Nummer 1 des Gesetzes über Ordnungswidrigkeiten ist die Bundesnetzagentur für Elektrizität, Gas, Telekommunikation,
Post und Eisenbahnen.**

Schrifttum: *Köhler,* Neue Regelungen zum Verbraucherschutz bei Telefonwerbung und Fernabsatzverträgen, NJW 2009, 2567.

I. Entstehungsgeschichte und Normzweck

Die Regelung wurde durch das Gesetz zur Bekämpfung unerlaubter Telefonwerbung und zur   1
Verbesserung des Verbraucherschutzes bei besonderen Vertriebsformen vom 29. 7. 2009 (BGBl I
2413) in das UWG eingefügt. Ihr Zweck ist es, über die bestehenden zivilrechtlichen Sanktionen

nach den §§ 8–10 hinaus eine strafrechtliche Sanktion gegen unerlaubte Telefonwerbung iSd § 7 II Nr 2 zu ermöglichen. Das ermöglicht es, in geeigneten Fällen ohne vorherige Abmahnung unmittelbar gegen einen Rechtsverstoß vorzugehen (vgl RegE zu § 20 Abs 1, BT-Drucks 16/10374 S 13). Von der Sanktion verspricht man sich eine zusätzliche Präventionswirkung.

II. Tatbestand der Ordnungswidrigkeit

1. Überblick

2   Der Tatbestand setzt voraus, dass vorsätzlich oder fahrlässig mit einem Telefonanruf gegenüber einem Verbraucher ohne dessen vorherige ausdrückliche Einwilligung geworben wurde (dazu § 7 Rdn 125 ff). Nicht erfasst ist die 2. Alt des § 7 II Nr 2, nämlich die Telefonwerbung gegenüber einem sonstigen Marktteilnehmer ohne dessen zumindest mutmaßliche Einwilligung, da insoweit offenbar keine größeren Missstände aufgetreten sind. Die Begriffe **Vorsatz** und **Fahrlässigkeit** sind iSd Strafrechts (§ 15 StGB) zu verstehen. Vorsatz setzt Wissen und Wollen der Verwirklichung des objektiven Tatbestands voraus. Bedingter Vorsatz genügt. Fahrlässigkeit liegt vor, wenn der Täter die im Verkehr erforderliche Sorgfalt außer Acht lässt und die Verwirklichung des objektiven Tatbestands für ihn vorhersehbar und vermeidbar ist.

2. Verantwortliche Personen

3   Als **Täter** der Ordnungswidrigkeit (§ 14 I OWiG) kommt zunächst jede Person in Betracht, die persönlich den Telefonanruf tätigt. Es sind dies idR **Mitarbeiter** von Call-Centern oder von den Unternehmen, die in eigener Regie Telefonwerbung betreiben. Diese Personen sind künftig erheblichen Risiken bei der Ausübung ihrer Tätigkeit ausgesetzt. Als **mittelbare Täter** (§ 25 I StGB), **Mittäter** (§ 25 II StGB) oder **Teilnehmer** (Anstifter oder Gehilfen, §§ 26, 27 StGB) kommen alle Personen in Betracht, die bspw durch Beauftragung, Schaffung der organisatorischen Rahmenbedingungen und Bereitstellung der technischen Einrichtungen wesentlich an der Tat mitwirken. Dazu gehören insbes die Betreiber eines Call-Centers und die Auftraggeber eines Call-Centers, in deren Namen oder Auftrag telefonisch geworben wird (vgl RegE zu § 20 Abs. 1, BT-Drucks 16/10374 S 13). Voraussetzung für die Beteiligung an der Ordnungswidrigkeit einer anderen Person ist, dass auch die andere Person vorsätzlich handelt (§§ 26, 27 StGB).

3. Fahrlässigkeit

4   Im Falle der unerlaubten Telefonwerbung ist Fahrlässigkeit anzunehmen, wenn der Anrufer oder sein Auftraggeber sich nicht mit der gebotenen Sorgfalt vergewissern, ob die erforderliche vorherige ausdrückliche Einwilligung im Zeitpunkt des Anrufs (noch) vorliegt. Der Unternehmer, der mit Telefonanrufen werben will, und damit eigene Mitarbeiter oder ein Call-Center beauftragt, darf die Auswahl der anzurufenden Verbraucher nicht dem Mitarbeiter oder dem Call-Center überlassen. Er muss vielmehr selbst – in der Regel anhand einer Liste – festlegen, welche Verbraucher angerufen werden sollen. Dabei muss er dafür Sorge tragen, dass für alle anzurufenden Verbraucher eine vorherige ausdrückliche Einwilligung vorliegt. Dazu muss er grds eine Liste der Personen führt, die schriftlich ihre Einwilligung erteilt haben. Weiter muss er sich vergewissern, dass die Einwilligung den Anforderungen an die Wirksamkeit und die Reichweite entspricht. Schließlich muss der Unternehmer sicherstellen, dass im Zeitpunkt des Anrufs die Einwilligung noch nicht widerrufen worden ist. Er muss also die Liste ggf. aktualisieren.

5   Der Betreiber des Call-Centers seinerseits darf sich nicht blind darauf verlassen, dass die ihm vom Auftraggeber zur Verfügung gestellte Liste von anzurufenden Verbrauchern den Anforderungen entspricht. Ihn trifft vielmehr auch eine Eigenverantwortung. Das gilt auch und gerade dann, wenn er den Umständen nach Zweifel an der Zuverlässigkeit des Auftraggebers oder der Richtigkeit der Liste haben muss. Mindestens in diesem Fall ist von ihm zu verlangen, dass er sich die entsprechenden Nachweise für das Vorliegen einer Einwilligung vorlegen lässt und sie überprüft. Außerdem muss er sicherstellen, dass ihm jeder Widerruf einer Einwilligung unverzüglich mitgeteilt wird.

6   Der jeweilige Mitarbeiter, der einen Anruf tätigt, muss sich in der Regel darauf verlassen können, dass die ihm zur Verfügung gestellten Listen ordnungsgemäß erstellt sind. Fahrlässigkeit wird ihm daher nur vorzuwerfen sein, wenn er weiß, dass eine ausreichende Einwilligung nicht vorliegt oder wenn er daran begründete Zweifel hat. Ist ihm bei der Auswahl der anzurufenden Personen freie Hand gelassen, so handelt er freilich mit bedingtem Vorsatz. Er kann sich dann auch nicht darauf berufen, dass sein Arbeitsplatz gefährdet sei, wenn er keine Anrufe vornehme.

III. Sanktionen

1. Sanktionen nach § 20 III

Nach § 20 II kann die Ordnungswidrigkeit mit einer **Geldbuße bis zu 50 000 €** geahndet werden. Weitergehende Forderungen des Bundesrats nach einem Bußgeldrahmen bis zu 250 000 € wurden zu Recht nicht übernommen. In Anbetracht des nur mittleren Unrechtsgehalts der Tat wäre dies eine unverhältnismäßige Sanktionsandrohung. Die **Höhe** der **im Einzelfall** festzusetzenden Geldbuße bestimmt sich nach § 17 OWiG. Demnach kann nach § 17 II OWiG fahrlässiges Handeln im Höchstmaß nur mit 25 000 € geahndet werden. Grundlage für die Zumessung der Geldbuße sind die Bedeutung der Ordnungswidrigkeit und der Vorwurf, der den Täter trifft (§ 17 III 1 OWiG). Auch die wirtschaftlichen Verhältnisse des Täters kommen in Betracht, bleiben jedoch bei geringfügigen Ordnungswidrigkeiten in der Regel unberücksichtigt (§ 17 III 2 OWiG). Die Geldbuße soll den wirtschaftlichen Vorteil, den der Täter aus der Ordnungswidrigkeit gezogen hat, übersteigen (§ 17 IV 1 OWiG). Reicht das gesetzliche Höchstmaß hierzu nicht aus, so kann es überschritten werden (§ 17 IV 2 OWiG). – Wird gegen den Täter keine Geldbuße festgesetzt, so kann gleichwohl nach § 29 a OWiG der **Verfall** eines Geldbetrages bis zu der Höhe angeordnet werden, die dem Wert des Erlangten entspricht.

2. Sonstige Sanktionen

a) Telekommunikationsrecht. Um ihre Identifikation zu verhindern, sind Werbende und ihre Auftraggeber vielfach zur **Rufnummernunterdrückung** übergegangen. Daran knüpfen § 102 II, III und § 149 Abs. 1 Nr 17 a TKG an. Danach gilt: Wer vorsätzlich oder fahrlässig die Rufnummernanzeige unterdrückt oder veranlasst, dass diese unterdrückt wird, handelt ordnungswidrig und ihm droht nach § 149 Abs 2 S 1 TKG eine Geldbuße bis zu 10 000 €.

b) Zivilrecht und Zivilprozessrecht. Die Verhängung einer Geldbuße oder die Anordnung des Verfalls sind unabhängig von etwaigen **zivilrechtlichen** und **zivilprozessrechtlichen Sanktionen** gegen unerlaubte Telefonwerbung möglich (*Köhler* NJW 2009, 2567, 2569). Hierher gehören Schadensersatz und Gewinnabschöpfung nach den §§ 9, 10 UWG sowie Vertragsstrafe nach § 339 BGB aus einer strafbewehrten Unterlassungserklärung und Ordnungsgeld oder Ordnungshaft nach § 890 ZPO bei einem schuldhaften Verstoß gegen ein gerichtliches Verbot. Jedoch kann das Ausmaß dieser Sanktionen bei der Zumessung der Geldbuße berücksichtigt werden (zur Gewinnabschöpfung vgl allerdings § 10 II 1).

IV. Zuständigkeit

Für die Verfolgung der Ordnungswidrigkeit ist nach § 20 III iVm § 36 I Nr 1 die **Bundesnetzagentur für Elektrizität, Gas, Telekommunikation, Post und Eisenbahnen** mit Sitz in Bonn zuständig. Anders als bei der gerichtlichen Durchsetzung des Unterlassungsanspruchs ist eine vorherige Abmahnung des unerlaubt Werbenden nicht erforderlich. Die Behörde kann also nach ihrem Ermessen auch sofort ein Bußgeld verhängen. Über Einsprüche gegen Bußgeldbescheide entscheidet nach § 68 I 1 OWiG das **Amtsgericht Bonn**.

Anhang zu § 3 Abs. 3

Siehe nach § 3 Anhang S 229.

Preisangabenverordnung (PAngV)

In der Fassung der Bekanntmachung vom 18. Oktober 2002 (BGBl I 4197)
zuletzt geänd durch G v 24. Juli 2010 (BGBl I S 977)

Inhaltsübersicht

	§§
Grundvorschriften	1
Grundpreis	2
Elektrizität, Gas, Fernwärme und Wasser	3
Handel	4
Leistungen	5
Kredite	6
Werbung für Kreditverträge	6 a
Überziehungsmöglichkeiten	6 b
Gaststätten, Beherbergungsbetriebe	7
Tankstellen, Parkplätze	8
Ausnahmen	9
Ordnungswidrigkeiten	10
(aufgehoben)	11
Anlage (zu § 6)	

§ 1 Grundvorschriften

(1) [1] Wer Letztverbrauchern gewerbs- oder geschäftsmäßig oder regelmäßig in sonstiger Weise Waren oder Leistungen anbietet oder als Anbieter von Waren oder Leistungen gegenüber Letztverbrauchern unter Angabe von Preisen wirbt, hat die Preise anzugeben, die einschließlich der Umsatzsteuer und sonstiger Preisbestandteile zu zahlen sind (Endpreise). [2] Soweit es der allgemeinen Verkehrsauffassung entspricht, sind auch die Verkaufs- oder Leistungseinheit und die Gütebezeichnung anzugeben, auf die sich die Preise beziehen. [3] Auf die Bereitschaft, über den angegebenen Preis zu verhandeln, kann hingewiesen werden, soweit es der allgemeinen Verkehrsauffassung entspricht und Rechtsvorschriften nicht entgegenstehen.

(2) [1] Wer Letztverbrauchern gewerbs- oder geschäftsmäßig oder regelmäßig in sonstiger Weise Waren oder Leistungen zum Abschluss eines Fernabsatzvertrages anbietet, hat zusätzlich zu Absatz 1 und § 2 Abs. 2 anzugeben,
1. dass die für Waren oder Leistungen geforderten Preise die Umsatzsteuer und sonstige Preisbestandteile enthalten und
2. ob zusätzlich Liefer- und Versandkosten anfallen.

[2] Fallen zusätzlich Liefer- und Versandkosten an, so ist deren Höhe anzugeben. [3] Soweit die vorherige Angabe dieser Kosten in bestimmten Fällen nicht möglich ist, sind die näheren Einzelheiten der Berechnung anzugeben, aufgrund derer der Letztverbraucher die Höhe leicht errechnen kann.

(3) [1] Bei Leistungen können, soweit es üblich ist, abweichend von Absatz 1 Satz 1 Stundensätze, Kilometersätze und andere Verrechnungssätze angegeben werden, die alle Leistungselemente einschließlich der anteiligen Umsatzsteuer enthalten. [2] Die Materialkosten können in die Verrechnungssätze einbezogen werden.

(4) Wird außer dem Entgelt für eine Ware oder Leistung eine rückerstattbare Sicherheit gefordert, so ist deren Höhe neben dem Preis für die Ware oder Leistung anzugeben und kein Gesamtbetrag zu bilden.

(5) Die Angabe von Preisen mit einem Änderungsvorbehalt ist abweichend von Absatz 1 Satz 1 nur zulässig
1. bei Waren oder Leistungen, für die Liefer- oder Leistungsfristen von mehr als vier Monaten bestehen, soweit zugleich die voraussichtlichen Liefer- und Leistungsfristen angegeben werden,
2. bei Waren oder Leistungen, die im Rahmen von Dauerschuldverhältnissen erbracht werden, oder
3. in Prospekten eines Reiseveranstalters über die von ihm veranstalteten Reisen, soweit der Reiseveranstalter gemäß § 4 Absatz 2 der BGB-Informationspflichten-Verordung in der

Fassung der Bekanntmachung vom 5. August 2002 (BGBl. I S. 3002), die zuletzt durch die Verordnung vom 23. Oktober 2008 (BGBl. I S. 2069) geändert worden ist, den Vorbehalt einer Preisanpassung in den Prospekt aufnehmen darf und er sich eine entsprechende Anpassung im Prospekt vorbehalten hat.

(6) [1] Die Angaben nach dieser Verordnung müssen der allgemeinen Verkehrsauffassung und den Grundsätzen von Preisklarheit und Preiswahrheit entsprechen. [2] Wer zu Angaben nach dieser Verordnung verpflichtet ist, hat diese dem Angebot oder der Werbung eindeutig zuzuordnen sowie leicht erkennbar und deutlich lesbar oder sonst gut wahrnehmbar zu machen. [3] Bei der Aufgliederung von Preisen sind die Endpreise hervorzuheben.

§ 2 Grundpreis

(1) [1] Wer Letztverbrauchern gewerbs- oder geschäftsmäßig oder regelmäßig in sonstiger Weise Waren in Fertigpackungen, offenen Packungen oder als Verkaufseinheiten ohne Umhüllung nach Gewicht, Volumen, Länge oder Fläche anbietet, hat neben dem Endpreis auch den Preis je Mengeneinheit einschließlich der Umsatzsteuer und sonstiger Preisbestandteile (Grundpreis) in unmittelbarer Nähe des Endpreises gemäß Absatz 3 Satz 1, 2, 4 oder 5 anzugeben. [2] Dies gilt auch für denjenigen, der als Anbieter dieser Waren gegenüber Letztverbrauchern unter Angabe von Preisen wirbt. [3] Auf die Angabe des Grundpreises kann verzichtet werden, wenn dieser mit dem Endpreis identisch ist.

(2) Wer Letztverbrauchern gewerbs- oder geschäftsmäßig oder regelmäßig in sonstiger Weise unverpackte Waren, die in deren Anwesenheit oder auf deren Veranlassung abgemessen werden (lose Ware), nach Gewicht, Volumen, Länge oder Fläche anbietet oder als Anbieter dieser Waren gegenüber Letztverbrauchern unter Angabe von Preisen wirbt, hat lediglich den Grundpreis gemäß Absatz 3 anzugeben.

(3) [1] Die Mengeneinheit für den Grundpreis ist jeweils 1 Kilogramm, 1 Liter, 1 Kubikmeter, 1 Meter oder 1 Quadratmeter der Ware. [2] Bei Waren, deren Nenngewicht oder Nennvolumen üblicherweise 250 Gramm oder Milliliter nicht übersteigt, dürfen als Mengeneinheit für den Grundpreis 100 Gramm oder Milliliter verwendet werden. [3] Bei nach Gewicht oder nach Volumen angebotener loser Ware ist als Mengeneinheit für den Grundpreis entsprechend der allgemeinen Verkehrsauffassung entweder 1 Kilogramm oder 100 Gramm oder 1 Liter oder 100 Milliliter zu verwenden. [4] Bei Waren, die üblicherweise in Mengen von 100 Liter und mehr, 50 Kilogramm und mehr oder 100 Meter und mehr abgegeben werden, ist für den Grundpreis die Mengeneinheit zu verwenden, die der allgemeinen Verkehrsauffassung entspricht. [5] Bei Waren, bei denen das Abtropfgewicht anzugeben ist, ist der Grundpreis auf das angegebene Abtropfgewicht zu beziehen.

(4) [1] Bei Haushaltswaschmitteln kann als Mengeneinheit für den Grundpreis eine übliche Anwendung verwendet werden. [2] Dies gilt auch für Wasch- und Reinigungsmittel, sofern sie einzeln portioniert sind und die Zahl der Portionen zusätzlich zur Gesamtfüllmenge angegeben ist.

§ 3 Elektrizität, Gas, Fernwärme und Wasser

[1] Wer Letztverbrauchern gewerbs- oder geschäftsmäßig oder regelmäßig in sonstiger Weise Elektrizität, Gas, Fernwärme oder Wasser leitungsgebunden anbietet oder als Anbieter dieser Waren gegenüber Letztverbrauchern unter Angabe von Preisen wirbt, hat den verbrauchsabhängigen Preis je Mengeneinheit einschließlich der Umsatzsteuer und aller spezifischen Verbrauchssteuern (Arbeits- oder Mengenpreis) gemäß Satz 2 im Angebot oder in der Werbung anzugeben. [2] Als Mengeneinheit für den Arbeitspreis bei Elektrizität, Gas und Fernwärme ist 1 Kilowattstunde und für den Mengenpreis bei Wasser 1 Kubikmeter zu verwenden. [3] Wer neben dem Arbeits- oder Mengenpreis leistungsabhängige Preise fordert, hat diese vollständig in unmittelbarer Nähe des Arbeits- oder Mengenpreises anzugeben. [4] Satz 3 gilt entsprechend für die Forderungen nicht verbrauchsabhängiger Preise.

§ 4 Handel

(1) Waren, die in Schaufenstern, Schaukästen, innerhalb oder außerhalb des Verkaufsraumes auf Verkaufsständen oder in sonstiger Weise sichtbar ausgestellt werden, und Waren, die vom Verbraucher unmittelbar entnommen werden können, sind durch Preisschilder oder Beschriftung der Ware auszuzeichnen.

(2) Waren, die nicht unter den Voraussetzungen des Absatzes 1 im Verkaufsraum zum Verkauf bereitgehalten werden, sind entweder nach Absatz 1 auszuzeichnen oder dadurch, dass die Behältnisse oder Regale, in denen sich die Waren befinden, beschriftet werden oder dass Preisverzeichnisse angebracht oder zur Einsichtnahme aufgelegt werden.

(3) Waren, die nach Musterbüchern angeboten werden, sind dadurch auszuzeichnen, dass die Preise für die Verkaufseinheit auf den Mustern oder damit verbundenen Preisschildern oder Preisverzeichnissen angegeben werden.

(4) Waren, die nach Katalogen oder Warenlisten oder auf Bildschirmen angeboten werden, sind dadurch auszuzeichnen, dass die Preise unmittelbar bei den Abbildungen oder Beschreibungen der Waren oder in mit den Katalogen oder Warenlisten im Zusammenhang stehenden Preisverzeichnissen angegeben werden.

(5) Auf Angebote von Waren, deren Preise üblicherweise aufgrund von Tarifen oder Gebührenregelungen bemessen werden, ist § 5 Abs. 1 und 2 entsprechend anzuwenden.

§ 5 Leistungen

(1) [1]Wer Leistungen anbietet, hat ein Preisverzeichnis mit den Preisen für seine wesentlichen Leistungen oder in den Fällen des § 1 Abs. 3 mit seinen Verrechnungssätzen aufzustellen. [2]Dieses ist im Geschäftslokal oder am sonstigen Ort des Leistungsangebots und, sofern vorhanden, zusätzlich im Schaufenster oder Schaukasten anzubringen. [3]Ort des Leistungsangebots ist auch die Bildschirmanzeige. [4]Wird eine Leistung über Bildschirmanzeige erbracht und nach Einheiten berechnet, ist eine gesonderte Anzeige über den Preis der fortlaufenden Nutzung unentgeltlich anzubieten.

(2) Werden entsprechend der allgemeinen Verkehrsauffassung die Preise und Verrechnungssätze für sämtliche angebotenen Leistungen in Preisverzeichnisse aufgenommen, so sind diese zur Einsichtnahme am Ort des Leistungsangebots bereitzuhalten, wenn das Anbringen der Preisverzeichnisse wegen ihres Umfangs nicht zumutbar ist.

(3) Werden die Leistungen in Fachabteilungen von Handelsbetrieben angeboten, so genügt das Anbringen der Preisverzeichnisse in den Fachabteilungen.

§ 6 Kredite

(1) Bei Krediten sind als Preis die Gesamtkosten als jährlicher Vomhundertsatz des Kredits anzugeben und als „effektiver Jahreszins" zu bezeichnen.

(2) [1]Der anzugebende Vomhundertsatz gemäß Absatz 1 ist mit der in der Anlage angegebenen mathematischen Formel und nach den in der Anlage zugrunde gelegten Vorgehensweisen zu berechnen. [2]Er beziffert den Zinssatz, mit dem sich der Kredit bei regelmäßigem Kreditverlauf, ausgehend von den tatsächlichen Zahlungen des Kreditgebers und des Kreditnehmers, auf der Grundlage taggenauer Verrechnung aller Leistungen abrechnen lässt. [3]Es gilt die exponentielle Verzinsung auch im unterjährigen Bereich. [4]Ist im Vertrag eine Anpassung des Sollzinssatzes oder anderer preisbestimmender Faktoren vorbehalten (§ 1 Abs. 5), sind die zum Zeitpunkt des Angebots oder der Werbung geltenden preisbestimmenden Faktoren zugrunde zu legen. [5]Der anzugebende Vomhundertsatz ist mit der im Kreditgewerbe üblichen Genauigkeit zu berechnen.

(3) In die Berechnung des anzugebenden Vomhundertsatzes sind als Gesamtkosten die vom Kreditnehmer zu entrichtenden Zinsen und alle sonstigen Kosten einschließlich etwaiger Vermittlungskosten, die der Kreditnehmer im Zusammenhang mit dem Kreditvertrag zu entrichten hat und die dem Kreditgeber bekannt sind, mit Ausnahme folgender Kosten einzubeziehen:
1. Kosten, die vom Kreditnehmer bei Nichterfüllung seiner Verpflichtungen aus dem Kreditvertrag zu tragen sind;
2. Kosten mit Ausnahme des Kaufpreises, die vom Kreditnehmer beim Erwerb von Waren oder Dienstleistungen unabhängig davon zu tragen sind, ob es sich um ein Bar- oder Kreditgeschäft handelt;
3. Kosten für die Führung eines Kontos, auf dem sowohl Zahlungen als auch in Anspruch genommene Kreditbeträge verbucht werden, Kosten für die Verwendung eines Zahlungsauthentifizierungsinstruments, mit dem sowohl Zahlungen getätigt als auch Kreditbeträge in Anspruch genommen werden können, sowie sonstige Kosten für Zahlungsgeschäfte, es sei denn, die Kontoeröffnung ist Voraussetzung für die Kreditvergabe oder die mit dem Konto

verbundenen Kosten sind weder im Kreditvertrag noch in einem anderen mit dem Verbraucher geschlossenen Vertrag klar und getrennt ausgewiesen;
4. Kosten für solche Versicherungen und für solche anderen Zusatzleistungen, die keine Voraussetzung für die Kreditvergabe oder für die Kreditvergabe zu den vorgesehenen Vertragsbedingungen sind;
5. Notarkosten;
6. Kosten für Sicherheiten bei Immobiliardarlehensverträgen im Sinne des § 503 des Bürgerlichen Gesetzbuchs.

(4) Ist eine Änderung des Zinssatzes oder sonstiger in die Berechnung des anzugebenden Vomhundertsatzes einzubeziehender Kosten vorbehalten und ist ihre zahlenmäßige Bestimmung im Zeitpunkt der Berechnung des anzugebenden Vomhundertsatzes nicht möglich, so wird bei der Berechnung von der Annahme ausgegangen, dass der Sollzinssatz und die sonstigen Kosten gemessen an der ursprünglichen Höhe fest bleiben und bis zum Ende des Kreditvertrages gelten.

(5) Erforderlichenfalls ist bei der Berechnung des anzugebenden Vomhundertsatzes von den in der Anlage niedergelegten Annahmen auszugehen.

(6) Wird die Gewährung eines Kredits allgemein von einer Mitgliedschaft oder vom Abschluss einer Versicherung abhängig gemacht, so ist dies anzugeben.

(7) [1]Bei Bauspardarlehen ist bei der Berechnung des anzugebenden Vomhundertsatzes davon auszugehen, dass im Zeitpunkt der Kreditauszahlung das vertragliche Mindestspartguthaben angespart ist. [2]Von der Abschlussgebühr ist im Zweifel lediglich der Teil zu berücksichtigen, der auf den Darlehensanteil der Bausparsumme entfällt. [3]Bei Krediten, die der Vor- oder Zwischenfinanzierung von Leistungen einer Bausparkasse aus Bausparverträgen dienen und deren preisbestimmende Faktoren bis zur Zuteilung unveränderbar sind, ist als Laufzeit von den Zuteilungsfristen auszugehen, die sich aus der Zielbewertungszahl für Bausparverträge gleicher Art ergeben.

§ 6 a Werbung für Kreditverträge

(1) [1]Wer gegenüber Letztverbrauchern für den Abschluss eines Kreditvertrags mit Zinssätzen oder sonstigen Zahlen, die die Kosten betreffen, wirbt, muss in klarer, verständlicher und auffallender Weise angeben:
1. den Sollzinssatz,
2. den Nettodarlehensbetrag,
3. den effektiven Jahreszins.

[2]Beim Sollzinssatz ist anzugeben, ob dieser gebunden oder veränderlich oder kombiniert ist und welche sonstigen Kosten der Beworbene im Falle eines Vertragsabschlusses im Einzelnen zusätzlich zu entrichten hätte.

(2) Die Werbung muss zusätzlich die folgenden Angaben enthalten, sofern diese vom Werbenden zur Voraussetzung für den Abschluss des beworbenen Vertrags gemacht werden:
1. die Vertragslaufzeit,
2. bei Teilzahlungsgeschäften die Sache oder Dienstleistung, den Barzahlungspreis sowie den Betrag der Anzahlung,
3. gegebenenfalls den Gesamtbetrag und den Betrag der Teilzahlungen.

(3) [1]Die in den Absätzen 1 und 2 genannten Angaben sind mit einem Beispiel zu versehen. [2]Bei der Auswahl des Beispiels muss der Werbende von einem effektiven Jahreszins ausgehen, von dem er erwarten darf, dass er mindestens zwei Drittel der auf Grund der Werbung zustande kommenden Verträge zu dem angegebenen oder einem niedrigeren effektiven Jahreszins abschließen wird.

(4) Verlangt der Werbende den Abschluss eines Versicherungsvertrags oder eines Vertrags über andere Zusatzleistungen und können die Kosten für diesen Vertrag nicht im Voraus bestimmt werden, ist auf die Verpflichtung zum Abschluss dieses Vertrags klar und verständlich an gestalterisch hervorgehobener Stelle zusammen mit dem effektiven Jahreszins hinzuweisen.

§ 6 b Überziehungsmöglichkeiten

Bei Überziehungsmöglichkeiten im Sinne des § 504 Abs. 2 des Bürgerlichen Gesetzbuchs hat der Kreditgeber statt des effektiven Jahreszinses den Sollzinssatz pro Jahr und die Zinsbelastungsperiode anzugeben, wenn diese nicht kürzer als drei Monate ist und der Kreditgeber außer den Sollzinsen keine weiteren Kosten verlangt.

§ 7 Gaststätten, Beherbergungsbetriebe

(1) [1] In Gaststätten und ähnlichen Betrieben, in denen Speisen oder Getränke angeboten werden, sind die Preise in Preisverzeichnissen anzugeben. [2] Die Preisverzeichnisse sind entweder auf Tischen aufzulegen oder jedem Gast vor Entgegennahme von Bestellungen und auf Verlangen bei Abrechnung vorzulegen oder gut lesbar anzubringen. [3] Werden Speisen und Getränke gemäß § 4 Abs. 1 angeboten, so muss die Preisangabe dieser Vorschrift entsprechen.

(2) [1] Neben dem Eingang der Gaststätte ist ein Preisverzeichnis anzubringen, aus dem die Preise für die wesentlichen angebotenen Speisen und Getränke ersichtlich sind. [2] Ist der Gaststättenbetrieb Teil eines Handelsbetriebes, so genügt das Anbringen des Preisverzeichnisses am Eingang des Gaststättenteils.

(3) In Beherbergungsbetrieben ist beim Eingang oder bei der Anmeldestelle des Betriebes an gut sichtbarer Stelle ein Verzeichnis anzubringen oder auszulegen, aus dem die Preise der im Wesentlichen angebotenen Zimmer und gegebenenfalls der Frühstückspreis ersichtlich sind.

(4) Kann in Gaststätten- und Beherbergungsbetrieben eine Telekommunikationsanlage benutzt werden, so ist der bei Benutzung geforderte Preis je Minute oder je Benutzung in der Nähe der Telekommunikationsanlage anzugeben.

(5) Die in den Preisverzeichnissen aufgeführten Preise müssen das Bedienungsgeld und sonstige Zuschläge einschließen.

§ 8 Tankstellen, Parkplätze

(1) [1] An Tankstellen sind die Kraftstoffpreise so auszuzeichnen, dass sie
1. für den auf der Straße heranfahrenden Kraftfahrer,
2. auf Bundesautobahnen für den in den Tankstellenbereich einfahrenden Kraftfahrer

deutlich lesbar sind. [2] Dies gilt nicht für Kraftstoffmischungen, die erst in der Tankstelle hergestellt werden.

(2) Wer für weniger als einen Monat Garagen, Einstellplätze oder Parkplätze vermietet oder bewacht oder Kraftfahrzeuge verwahrt, hat am Anfang der Zufahrt ein Preisverzeichnis anzubringen, aus dem die von ihm geforderten Preise ersichtlich sind.

§ 9 Ausnahmen

(1) Die Vorschriften dieser Verordnung sind nicht anzuwenden
1. auf Angebote oder Werbung gegenüber Letztverbrauchern, die die Ware oder Leistung in ihrer selbständigen beruflichen oder gewerblichen oder in ihrer behördlichen oder dienstlichen Tätigkeit verwenden; für Handelsbetriebe gilt dies nur, wenn sie sicherstellen, dass als Letztverbraucher ausschließlich die in Halbsatz 1 genannten Personen Zutritt haben, und wenn sie durch geeignete Maßnahmen dafür Sorge tragen, dass diese Personen nur die in ihrer jeweiligen Tätigkeit verwendbaren Waren kaufen;
2. auf Leistungen von Gebietskörperschaften des öffentlichen Rechts, soweit es sich nicht um Leistungen handelt, für die Benutzungsgebühren oder privatrechtliche Entgelte zu entrichten sind;
3. auf Waren und Leistungen, soweit für sie aufgrund von Rechtsvorschriften eine Werbung untersagt ist;
4. auf mündliche Angebote, die ohne Angabe von Preisen abgegeben werden;
5. auf Warenangebote bei Versteigerungen.

(2) § 1 Abs. 1 und § 2 Abs. 1 sind nicht anzuwenden auf individuelle Preisnachlässe sowie auf nach Kalendertagen zeitlich begrenzte und durch Werbung bekannt gemachte generelle Preisnachlässe.

(3) § 1 Abs. 2 ist nicht anzuwenden auf die in § 312b Abs. 3 Nr. 1 bis 4 und 7 des Bürgerlichen Gesetzbuchs genannten Verträge.

(4) § 2 Abs. 1 ist nicht anzuwenden auf Waren, die
1. über ein Nenngewicht oder Nennvolumen von weniger als 10 Gramm oder Milliliter verfügen;
2. verschiedenartige Erzeugnisse enthalten, die nicht miteinander vermischt oder vermengt sind;

3. von kleinen Direktvermarktern sowie kleinen Einzelhandelsgeschäften angeboten werden, bei denen die Warenausgabe überwiegend im Wege der Bedienung erfolgt, es sei denn, dass das Warensortiment im Rahmen eines Vertriebssystems bezogen wird;
4. im Rahmen einer Dienstleistung angeboten werden;
5. in Getränke- und Verpflegungsautomaten angeboten werden.

(5) § 2 Abs. 1 ist ferner nicht anzuwenden bei

1. Kau- und Schnupftabak mit einem Nenngewicht bis 25 Gramm;
2. kosmetischen Mitteln, die ausschließlich der Färbung oder Verschönerung der Haut, des Haares oder der Nägel dienen;
3. Parfüms und parfümierten Duftwässern, die mindestens 3 Volumenprozent Duftöl und mindestens 70 Volumenprozent reinen Äthylalkohol enthalten.

(6) Die Angabe eines neuen Grundpreises nach § 2 Abs. 1 ist nicht erforderlich bei

1. Waren ungleichen Nenngewichts oder -volumens oder ungleicher Nennlänge oder -fläche mit gleichem Grundpreis, wenn der geforderte Endpreis um einen einheitlichen Betrag herabgesetzt wird;
2. leicht verderblichen Lebensmitteln, wenn der geforderte Endpreis wegen einer drohenden Gefahr des Verderbs herabgesetzt wird.

(7) § 4 ist nicht anzuwenden

1. auf Kunstgegenstände, Sammlungsstücke und Antiquitäten im Sinne des Kapitels 97 des Gemeinsamen Zolltarifs;
2. auf Waren, die in Werbevorführungen angeboten werden, sofern der Preis der jeweiligen Ware bei deren Vorführung und unmittelbar vor Abschluss des Kaufvertrages genannt wird;
3. auf Blumen und Pflanzen, die unmittelbar vom Freiland, Treibbeet oder Treibhaus verkauft werden.

(8) § 5 ist nicht anzuwenden

1. auf Leistungen, die üblicherweise aufgrund von schriftlichen Angeboten oder schriftlichen Voranschlägen erbracht werden, die auf den Einzelfall abgestellt sind;
2. auf künstlerische, wissenschaftliche und pädagogische Leistungen; dies gilt nicht, wenn die Leistungen in Konzertsälen, Theatern, Filmtheatern, Schulen, Instituten oder dergleichen erbracht werden;
3. auf Leistungen, bei denen in Gesetzen oder Rechtsverordnungen die Angabe von Preisen besonders geregelt ist.

§ 10 Ordnungswidrigkeiten

(1) Ordnungswidrig im Sinne des § 3 Abs. 1 Nr. 2 des Wirtschaftsstrafgesetzes 1954 handelt, wer vorsätzlich oder fahrlässig

1. entgegen § 1 Abs. 1 Satz 1 Preise nicht, nicht richtig oder nicht vollständig angibt,
2. entgegen § 1 Abs. 1 Satz 2 die Verkaufs- oder Leistungseinheit oder Gütebezeichnung nicht oder nicht richtig angibt, auf die sich die Preise beziehen,
3. entgegen § 1 Abs. 2 Satz 1 Nr. 1, auch in Verbindung mit Satz 3, eine Angabe nicht, nicht richtig oder nicht vollständig macht,
4. entgegen § 1 Abs. 3 Satz 1 Stundensätze, Kilometersätze oder andere Verrechnungssätze nicht richtig angibt,
5. entgegen § 1 Abs. 4 oder 6 Satz 2 Angaben nicht in der dort vorgeschriebenen Form macht,
6. entgegen § 1 Abs. 6 Satz 3 den Endpreis nicht hervorhebt oder
7. entgegen § 2 Abs. 1 Satz 1, auch in Verbindung mit Satz 2, oder § 2 Abs. 2 oder § 3 Satz 1 oder 3, auch in Verbindung mit Satz 4, eine Angabe nicht, nicht richtig oder nicht vollständig macht.

(2) Ordnungswidrig im Sinne des § 3 Abs. 1 Nr. 2 des Wirtschaftsstrafgesetzes 1954 handelt auch, wer vorsätzlich oder fahrlässig einer Vorschrift

1. des § 4 Abs. 1 bis 4 über das Auszeichnen von Waren,
2. des § 5 Abs. 1 Satz 1, 2 oder 4 oder Abs. 2, jeweils auch in Verbindung mit § 4 Abs. 5, über das Aufstellen, das Anbringen oder das Bereithalten von Preisverzeichnissen oder über das Anbieten einer Anzeige des Preises,
3. des § 6 Absatz 1 über die Angabe oder die Bezeichnung des Preises bei Krediten,
4. des § 6 Absatz 2 bis 5 oder 7 über die Berechnung des Vomhundertsatzes,

5. des § 6 Absatz 6 oder § 6b über die Angabe von Voraussetzungen für die Kreditgewährung oder des Zinssatzes oder der Zinsbelastungsperiode,
6. des § 6a über die Pflichtangaben oder -hinweise in der Werbung,
7. des § 7 Abs. 1 Satz 1 oder 2, Abs. 2 Satz 1, Abs. 3 oder 4 über die Angabe von Preisen oder über das Auflegen, das Vorlegen, das Anbringen oder das Auslegen eines dort genannten Verzeichnisses,
8. des § 8 Abs. 1 Satz 1 über das Auszeichnen von Kraftstoffpreisen oder
9. des § 8 Abs. 2 über das Anbringen eines Preisverzeichnisses

zuwiderhandelt.

(3) Ordnungswidrig im Sinne des § 3 Abs. 1 Satz 1 Nr. 3 des Wirtschaftsstrafgesetzes 1954 handelt, wer vorsätzlich oder fahrlässig entgegen § 1 Abs. 2 Satz 1 Nr. 2 oder Satz 2, jeweils auch in Verbindung mit Satz 3, eine Angabe nicht, nicht richtig oder nicht vollständig macht.

§ 11 *(aufgehoben)*

Anlage[1]
(zu § 6)

Berechnung des effektiven Jahreszinses

I. Grundgleichung zur Darstellung der Gleichheit zwischen Kredit-Auszahlungsbeträgen einerseits und Rückzahlungen (Tilgung, Zinsen und Kosten) andererseits.

Die nachstehende Gleichung zur Ermittlung des effektiven Jahreszinses drückt auf jährlicher Basis die rechnerische Gleichheit zwischen der Summe der Gegenwartswerte der in Anspruch genommenen Kredit-Auszahlungsbeträge einerseits und der Summe der Gegenwartswerte der Rückzahlungen (Tilgung, Zinsen und Kosten) andererseits aus:

$$\sum_{k=1}^{m} C_k \left(1+X\right)^{-t_k} = \sum_{l=1}^{m'} D_l \left(1+X\right)^{-s_l}$$

Hierbei ist

- X   der effektive Jahreszins;
- m   die laufende Nummer des letzten Kredit-Auszahlungsbetrags;
- k   die laufende Nummer eines Kredit-Auszahlungsbetrags, wobei $1 \leq k \leq m$;
- C_k die Höhe des Kredit-Auszahlungsbetrags mit der Nummer k;
- t_k der in Jahren oder Jahresbruchteilen ausgedrückte Zeitraum zwischen der ersten Darlehensvergabe und dem Zeitpunkt der einzelnen nachfolgenden in Anspruch genommenen Kredit-Auszahlungsbeträge, wobei $t_1 = 0$
- m'   die laufende Nummer der letzten Tilgungs-, Zins- oder Kostenzahlung;
- l   die laufende Nummer einer Tilgungs-, Zins- oder Kostenzahlung;
- D_l der Betrag einer Tilgungs-, Zins- oder Kostenzahlung;
- s_l der in Jahren oder Jahresbruchteilen ausgedrückte Zeitraum zwischen dem Zeitpunkt der Inanspruchnahme des ersten Kredit-Auszahlungsbetrags und dem Zeitpunkt jeder einzelnen Tilgungs-, Zins- oder Kostenzahlung.

Anmerkungen:
a) Die von beiden Seiten zu unterschiedlichen Zeitpunkten gezahlten Beträge sind nicht notwendigerweise gleich groß und werden nicht notwendigerweise in gleichen Zeitabständen entrichtet.
b) Anfangszeitpunkt ist der Tag der Auszahlung des ersten Kreditbetrags.
c) Der Zeitraum zwischen diesen Zeitpunkten wird in Jahren oder Jahresbruchteilen ausgedrückt. Zugrunde gelegt werden für ein Jahr 365 Tage (bzw. für ein Schaltjahr 366 Tage), 52 Wochen oder zwölf Standardmonate. Ein Standardmonat hat 30,41666 Tage (d. h. 365/12), unabhängig davon, ob es sich um ein Schaltjahr handelt oder nicht.

---

[1] Anl. neu gef. mWv 11. 6. 2010 durch G v. 29. 7. 2009 (BGBl. I S. 2355); geänd. mWv 30. 7. 2010 durch G v. 24. 7. 2010 (BGBl. I S. 977).

PAngV Anlage — Preisangabenverordnung

d) Das Rechenergebnis wird auf zwei Dezimalstellen genau angegeben. Ist die Ziffer der darauf folgenden Dezimalstelle größer als oder gleich 5, so erhöht sich die Ziffer der zweiten Dezimalstelle um den Wert 1.

e) Mathematisch darstellen lässt sich diese Gleichung durch eine einzige Summation unter Verwendung des Faktors „Ströme" (A_k), die entweder positiv oder negativ sind, je nachdem, ob sie für Auszahlungen oder für Rückzahlungen innerhalb der Perioden 1 bis k, ausgedrückt in Jahren, stehen:

$$S = \sum_{k=1}^{n} A_k \left(1 + X\right)^{-t_1}$$

dabei ist S der Saldo der Gegenwartswerte aller Ströme, deren Wert gleich Null sein muss, damit die Gleichheit zwischen den Strömen gewahrt bleibt.

II. Zusätzliche Annahmen für die Berechnung des effektiven Jahreszinses

a) Kann der Kreditnehmer bestimmen, zu welchem Zeitpunkt er den Kredit in Anspruch nehmen will, gilt der gesamte Kredit als sofort in voller Höhe in Anspruch genommen.

b) Sieht der Kreditvertrag verschiedene Arten der Auszahlung mit unterschiedlichen Kosten oder Sollzinssätzen vor, gilt der gesamte Kredit als zu den höchsten Kosten und zum höchsten Sollzinssatz in Anspruch genommen, wie sie für die Art von Geschäften gelten, die bei dieser Kreditvertragsart am häufigsten vorkommt.

c) Kann der Kreditnehmer bestimmen, zu welchem Zeitpunkt er den Kredit in Anspruch nehmen will, sind jedoch je nach Art der Inanspruchnahme Beschränkungen in Bezug auf Betrag und Zeitraum vorgesehen, gilt der gesamte Kredit als zu dem frühesten vertraglich möglichen Zeitpunkt mit den entsprechenden Beschränkungen in Anspruch genommen.

d) Ist kein Zeitplan für die Tilgung festgelegt worden, ist anzunehmen, dass die Kreditlaufzeit ein Jahr beträgt und der Kredit in zwölf gleichen monatlich wiederkehrenden Raten zurückzuzahlen ist.

e) Ist ein Zeitplan für die Tilgung festgelegt worden, kann der Kreditnehmer jedoch die Höhe der einzelnen Tilgungsbeträge selbst bestimmen, ist anzunehmen, dass jeder Tilgungsbetrag dem niedrigsten im Kreditvertrag vorgesehenen Betrag entspricht.

f) Sieht der Kreditvertrag mehrere Termine für die Aus- oder Rückzahlung vor, gelten sowohl die Auszahlung als auch die Rückzahlung des Kredits als zu dem jeweils frühesten vertraglich möglichen Zeitpunkt erfolgt.

g) Ist keine Kreditobergrenze vereinbart, ist anzunehmen, dass der Betrag des gewährten Kredits 1500 EUR beträgt.

h) Bei Überziehungsmöglichkeiten gilt der gesamte Kredit als in voller Höhe und für die gesamte Laufzeit des Kreditvertrags in Anspruch genommen; ist die Laufzeit des Kreditvertrags nicht bestimmt, ist sie mit drei Monaten anzunehmen.

i) Werden für einen begrenzten Zeitraum oder Betrag verschiedene Zinssätze und Kosten angeboten, so werden während der gesamten Laufzeit des Kreditvertrags als Zinssatz der höchste Zinssatz und als Kosten die höchsten Kosten angenommen.

j) Bei Verträgen, bei denen die Sollzinsbindung vor der für die Rückzahlung bestimmten Zeit endet und nach deren Ende ein neuer, veränderlicher Sollzinssatz vereinbart wird, der in regelmäßigen Abständen nach einem vereinbarten Index oder Referenzzinssatz angepasst wird, wird angenommen, dass der Sollzinssatz nach Ablauf der Sollzinsbindung dem Sollzinssatz entspricht, der sich aus dem Wert des vereinbarten Indexes oder Referenzzinssatzes zum Zeitpunkt der Berechnung des effektiven Jahreszinses ergibt.

Vorbemerkungen

Übersicht

	Rdn
I. Allgemeines	1–16
1. Rechtsnatur und Schutzzweck	1, 2
a) Rechtsnatur	1
b) Schutzzweck	2
2. Rechtsentwicklung	3, 4
3. Verhältnis zu anderen Vorschriften	5–8
a) UWG	5, 6
aa) Rechtsbruch (§§ 3, 4 Nr 11 UWG)	5
bb) Irreführung (§§ 3, 5, 5 a UWG)	6
b) Bürgerliches Recht	7
c) Sonstige Vorschriften zu Preisangaben	8
4. Unionsrechtliche Grundlagen der PAngV	9–16
a) Allgemeines	9
b) Die Richtlinie über unlautere Geschäftspraktiken und ihr Verhältnis zu anderen Vorschriften des Unionsrechts	10
c) Die Preisangabenrichtlinie	11
d) Die Dienstleistungsrichtlinie	12
e) Die Fernabsatzrichtlinie und die Richtlinie über den elektronischen Geschäftsverkehr	13
f) Die Verbraucherkreditrichtlinie	14
g) Die Pauschalreiserichtlinie	15
h) Die Luftverkehrsdiensteverordnung	16
II. Persönlicher und sachlicher Anwendungsbereich	17–21
1. Persönlicher Anwendungsbereich	17–20
a) Verpflichtete Personen	17, 18
aa) Allgemeines	17
bb) Einzelheiten	18
b) Letztverbraucher	19, 20
aa) Allgemeines	19
bb) Einzelheiten	20
2. Sachlicher Anwendungsbereich	21

Schrifttum: *Boest,* Die Neuregelung der Preisangabe für Kredite, NJW 1993, 40; *Domke/Sperlich,* Werbung für Verbraucherkredite mit Zinsangaben, BB 2010, 2069; *Enßlin,* Verpflichtung zur Angabe von Preisen in der Werbung für Telefonmehrwertdienste, WRP 2001, 359; *Ernst,* Die Pflichtangaben nach § 1 II PAngV im Fernabsatz, GRUR 2006, 636; *Gelberg,* Verwaltungspraxis und Rechtsprechung zur Preisangabenverordnung in den Jahren 1990/91, GewArch 1992, 161 und 217; *ders,* Verwaltungspraxis und Rechtsprechung 1998/1999 zur Preisangabenverordnung, GewArch 2000, 41; *ders,* Novellierung der Preisangabenverordnung und der Fertigpackungsverordnung, GewArch 2000, 393; *ders,* Verwaltungspraxis und Rechtsprechung 1999/2001 zur Preisangabenverordnung, GewArch 2002, 225; *ders,* Vierte Verordnung zur Änderung der Preisangabenverordnung, GewArch 2003, 137; *Hauptkorn* Preisrecht, 2000; *Hoeren,* Die Pflicht zur Preisangabe für Leistungen eines telefonischen Auskunftsdienstes, MMR 2003, 784; *Jacobi,* Die optische Vergrößerung der Grundpreisangabe – Notwendigkeit und Umsetzung, WRP 2010, 1217; *Kisseler,* Preiswahrheit und Preisklarheit in der Werbung, FS Traub, 1994, 163; *Köhler,* Preisinformationspflichten, FS Loschelder, 2010, 127; *Knauth,* Preisangabenverordnung (PAngV), RWW 5.0; *Leisner,* Selbstbedienungsgroßhandel und Verfassungsrecht, 1986; *Mankowski,* Preisangaben in ausländischer Werbung und deutscher Werbemarkt, GRUR 1995, 539; *ders,* Die Biet & Flieg-Entscheidung – Preisangaben und Internet?, K&R 2001, 257; *Messer,* PreisauszeichnungsVO und Kopplungsgeschäfte, WRP 1976, 442; *Nees,* Der Kauf zum Kreditpreis (Finanzierungskauf), WRP 1988, 509; *Quantius,* Zur Preisangabenpflicht bei der Bewerbung von Auskunftsdienstleistungen im TK-Sektor, WRP 2002, 901; *Rohnke,* Die Preisangabenverordnung und die Erwartungen des Internetnutzers, GRUR 2007, 381; *Ruff,* Das Wettbewerbsrecht und die Preisangabenverordnung beim Verkauf kommunaler Grundstücke, Gemeindehaushalt 2003, 250; *Trube,* Befristet pauschale Preisherabsetzungen nach der Preisangabenverordnung, WRP 1999, 1241; *ders,* Preisangaben nach Wegfall des RabattG, WRP 2001, 878; *Voigt,* Preisangabenverordnung erzwingt mehr Transparenz im Spendenmarkt, WRP 2007, 44; *Vogler,* Das neue Preisangabenrecht, 1998; *Völker,* Änderungen im Recht der Preisangaben, NJW 1997, 1405; *ders,* Neue Entwicklungen im Recht der Preisangaben, NJW 2000, 2787; *ders,* Preisangabenrecht, 2. Aufl 2002; *Wimmer,* Die neue Preisangabenverordnung, WM 2001, 447.

I. Allgemeines

1. Rechtsnatur und Schutzzweck

1 **a) Rechtsnatur.** Die Preisangabenverordnung (PAngV) ist eine **Rechtsverordnung**. Ihr Erlass beruht auf der Ermächtigungsgrundlage (Art 80 I GG) des § 1 Preisangaben- und PreisklauselG v 3. 12. 1984 (BGBl I 1429). Der Gesetzgeber war gezwungen, eine solche Ermächtigungsgrundlage zu schaffen, nachdem das BVerfG die Vorgängerregelung der PAngV für nichtig erklärt hatte (BVerfGE 65, 248 ff). Durch § 20 IX Nr 1 lit b UWG 2004 wurde § 1 II geändert und mit dem Rang eines einfachen Bundesgesetzes neu gefasst (BGH GRUR 2008, 84 Tz 25 – *Versandkosten*). – Das Preisangabenrecht ist **formelles Preisrecht**. Im Unterschied zum materiellen Preisrecht, das die Zulässigkeit von bestimmten Preisen regelt (zB Gebührenregelungen bei den freien Berufen), betrifft das formelle Preisrecht allein die Art und Weise der Preisangabe im geschäftlichen Verkehr.

2 **b) Schutzzweck.** Der Preis einer Ware oder Dienstleistung ist neben ihrer Qualität das wichtigste Entscheidungskriterium für den Verbraucher, wenn es gilt, zwischen verschiedenen Angeboten eine Auswahl zu treffen. Zweck der PAngV ist es, durch eine sachlich zutreffende und vollständige **Verbraucherinformation** Preiswahrheit und Preisklarheit zu gewährleisten und durch optimale Preisvergleichsmöglichkeiten die Stellung der Verbraucher gegenüber Handel und Gewerbe zu stärken und den **Wettbewerb** zu fördern (stRspr; vgl BGH GRUR 1999, 762, 763 – *Herabgesetzte Schlussverkaufspreise;* BGH GRUR 2003, 971, 972 – *Telefonischer Auskunftsdienst;* BGH GRUR 2008, 84 Tz 25 – *Versandkosten;* vgl auch Art 1 sowie Erwägungsgründe 1 und 6 der Preisangabenrichtlinie 98/6/EG). Die PAngV dient also dem **Schutz des Verbrauchers** und zugleich des **Wettbewerbs**. Sie will dem Verbraucher Klarheit über die Preise und deren Gestaltung verschaffen und zugleich verhindern, dass er seine Preisvorstellungen anhand untereinander nicht vergleichbarer Preise gewinnen muss (BGH GRUR 2001, 1166, 1168 – *Fernflugpreise;* BGH GRUR 2003, 971, 972 f – *Telefonischer Auskunftsdienst;* BGH GRUR 2004, 435, 436 – *FrühlingsgeFlüge*). Dieser Schutzzweck erfordert nicht, dass der Unternehmer stets seine Preise angeben muss. Wenn er aber mit Preisen wirbt oder Angebote unterbreitet, muss er den Anforderungen der PAngV gerecht werden. Die PAngV bezweckt dagegen nicht eine Einschränkung der Vertragsfreiheit hins der Preisgestaltung (BGH GRUR 1974, 416, 417 – *Tagespreis*).

2. Rechtsentwicklung

3 Die gesetzliche Verpflichtung zur Angabe von Preisen hat in Deutschland eine lange Tradition, an deren Anfang die Verordnung über Preisauszeichnung v 16. 11. 1940 steht. Die Preisauszeichnungsverordnung v 18. 9. 1969 wurde abgelöst durch die Preisangabenverordnung v 10. 5. 1973, diese wiederum von der Preisangabenverordnung von 1985. Auch die PAngV von 1985 wurde mehrfach geändert, ua in Umsetzung der Richtlinien 98/6/EG und 98/7/EG (zu Einzelheiten vgl Piper/Ohly/*Sosnitza* Einf PAngV Rdn 2 ff).

4 Die Änderungen im Zuge der **UWG-Reform 2004** dienten vor allem der Anpassung des Preisangabenrechts an die Neufassung des UWG. Die Beseitigung des grds Sonderveranstaltungsverbots (§ 7 I UWG aF) und die damit einhergehende Zulässigkeit von Sonderaktionen machte eine Ausnahme von den Grundsätzen des § 1 I PAngV (Endpreisangabe) und § 2 I PAngV (Grundpreisangabe) erforderlich. Sonst müssten Unternehmen nämlich bei Sonderaktionen mit generellen Preisnachlässen jeden Artikel mit dem herabgesetzten Preis auszeichnen. Diese Ausnahmeregelung ist in § 9 II PAngV enthalten (§ 9 Rdn 7 ff). Ferner wurde durch § 1 II PAngV die Preistransparenz bei der Angabe von Liefer- und Versandkosten der im Fernabsatz angebotenen Waren und Leistungen erhöht. Ansonsten wurden keine wesentlichen inhaltlichen Änderungen, sondern vor allem sprachliche Anpassungen in §§ 1, 2, 7 und 9 PAngV sowie eine Korrektur falscher Verweise innerhalb der PAngV in §§ 5 I 1 und 6 I 1 PAngV vorgenommen. § 11 PAngV, der Übergangsregelungen für alte Kataloge, Preislisten, Werbe- und Verkaufsprospekte enthielt, wurde aufgehoben. Eine Änderung des § 1 V PAngV (Preisangaben mit Änderungsvorbehalt) erfolgte mit Wirkung zum 1. November 2008 durch die VO v 23. 3. 2009 (BGBl I 653). In Umsetzung der **Verbraucherkreditrichtlinie 2008/48/EG** v 23. 4. 2008 wurden durch G vom 29. 7. 2009 mit Wirkung zum 11. 6. 2010 **§ 6 PAngV** neu gefasst und die **§§ 6 a und 6 b PAngV** neu hinzugefügt.

3. Verhältnis zu anderen Vorschriften

a) UWG. aa) Rechtsbruch (§§ 3, 4 Nr 11 UWG). Die PAngV stellt eine **Marktverhal-** 5
tensregelung zum Schutze der Verbraucher iSd § 4 Nr 11 UWG dar (vgl BGH GRUR 2008,
84 Tz 25 – *Versandkosten;* BGH GRUR 2009, 1180 Tz 24 – *0,00 Grundgebühr;* BGH GRUR
2010, 652 Tz 11 – *Costa del Sol;* § 4 UWG Rdn 11.142 ff). Denn Preisangaben sollen durch eine
sachlich zutreffende und vollständige Verbraucherinformation Klarheit über die Preise und ihre
Gestaltung gewährleisten. Zugleich soll verhindert werden, dass der Verbraucher seine Preisvorstellungen anhand untereinander nicht vergleichbarer Preise gewinnen muss (stRspr; vgl
BGH GRUR 2003, 971, 972 – *Telefonischer Auskunftsdienst;* BGH GRUR 2004, 435, 436 –
FrühlingsgeFlüge; BGH GRUR 2010, 652 Tz 16 – *Costa del Sol*). **Verstöße gegen die PAngV
sind daher zugleich unlautere geschäftliche Handlungen iSd § 4 Nr 11 UWG** (BGH
GRUR 2009, 73 Tz 14 – *Sammelaktion für Schoko*-Riegel). Sie müssen allerdings die Eignung zu
einer **spürbaren Beeinträchtigung der Interessen** der Verbraucher oder Mitbewerber iSd § 3
I UWG besitzen oder den Tatbestand des § 3 II 1 UWG erfüllen, um lauterkeitsrechtliche
Ansprüche nach den §§ 8–10 UWG zu begründen. Zu Einzelheiten vgl § 3 UWG Rdn 147 a.

bb) Irreführung (§§ 3, 5, 5 a UWG). Eine fehlende oder unklare Preisauszeichnung kann 6
wegen Irreführung über den Preis oder die Preisbemessung **gleichzeitig** gegen §§ 3, 5 I 2 Nr 2
UWG und/oder gegen §§ 3 I, 5 a II, III Nr 3, IV UWG verstoßen (dazu § 5 Rdn 7.4; BGH
GRUR 2009, 1180 Tz 30 – *0,00 – Grundgebühr;* BGH GRUR 2010, 251 Tz 17 – *Versandkosten
bei Froogle;* BGH GRUR 2010, 744 Tz 42 – *Sondernewsletter;* § 5 Rdn 7.3 f, § 5 a Rdn 29 f und
34). Das ist zB der Fall: wenn in einer Werbung in Preisvergleichslisten einer Preissuchmaschine
die Versandkosten erst auf der eigenen Internetseite des Werbenden angegeben werden (BGH
GRUR 2010, 251 Tz 13 ff – *Versandkosten bei Froogle I*); wenn die MWSt nicht ausgewiesen ist
(BGH GRUR 2010, 248 Tz 26 – *Kamerakauf im Internet;* OLG Karlsruhe GRUR-RR 2009,
147, 148); wenn ein in der Werbung blickfangmäßig herausgestellter Preis den irrigen Eindruck
vermittelt, es handle sich um den Endpreis (BGH GRUR 1985, 58, 60 – *Mischverband II;* OLG
Zweibrücken GRUR-RR 2002, 306, 307); wenn ein Teil eines Kopplungsangebots blickfangmäßig oder in anderer Weise als besonders günstig herausgestellt wird, Hinweise auf damit
verbundene Belastungen weder am Blickfang teilnehmen noch sonst hervorgehoben dargestellt
werden (BGH GRUR 2006, 164 Tz 20 – *Aktivierungskosten II;* BGH GRUR 2010, 744 Tz 43 –
Sondernewsletter). – Die Werbeankündigung „1 kg CDs zum Preis von x Euro" verstößt trotz der
ungewöhnlichen Verkaufseinheit weder gegen die PAngV noch gegen §§ 3, 5 UWG, solange
gleichzeitig die Werbung dahingehend erläutert wird, dass mit 1 kg CDs die Anzahl von 10 CDs
gemeint ist (vgl OLG Frankfurt NJWE-WettbR 1996, 77 unter Abgrenzung zu BGH GRUR
1993, 62 – *Kilopreise III*).

b) Bürgerliches Recht. Da die PAngV keinen individuellen Verbraucherschutz bezweckt, ist 7
sie **kein Schutzgesetz** iSv § 823 II BGB. Ebenso wenig ist sie Verbotsgesetz iSv § 134 BGB.
Die Vorschriften der PAngV können aber Bedeutung bei der **Auslegung** von Willenserklärungen erlangen (§§ 133, 157 BGB), weil der Erklärungsgegner, sofern er zu dem von der PAngV
geschützten Personenkreis gehört, bei der Angabe von Preisen regelmäßig davon ausgehen darf,
dass sie den Vorschriften der PAngV entspr angegeben werden, also insbes als Endpreise einschließlich etwaiger Steuern (§ 1 I PAngV). Das gilt auch für vorsteuerabzugsberechtigte Unternehmen (OLG Zweibrücken GRUR-RR 2002, 306, 307). – Zu den Art 246–248 EGBGB und
zur BGB-InfoV vgl Rdn 8.

c) Sonstige Vorschriften zu Preisangaben. Die PAngV enthält **keine abschließende** 8
Regelung des formellen Preisrechts, vielmehr bestehen eine Reihe von Sonderregelungen (vgl
§ 4 UWG Rdn 11.142; zum Sonderpreisrecht *Vogler* S 107 ff). Die PAngV kann durch Sonderregelungen ergänzt oder überlagert werden, wie umgekehrt diese Sonderregelungen durch die
PAngV ergänzt werden (BGH GRUR 2010, 652 Tz 15 – *Costa del Sol*). Dies ist im Einzelfall auf
Grund des jeweiligen Normzwecks zu ermitteln (vgl zB § 19 FahrlehrerG). Zusätzliche Regelungen enthalten etwa: **(1)** Art 246 § 1 I Nr 7, 8 EGBGB für **Fernabsatzverträge; (2)** Art 247
§§ 3, 17 EGBGB für **Verbraucherdarlehensverträge; (3)** § 2 I Nr 9 BGB-InfoV für **Teilzeit-
wohnrechte; (4)** § 4 BGB-InfoV für **Reiseverträge** (dazu BGH GRUR 2010, 652 Tz 15 –
Costa del Sol); **(5)** Art 248 § 13 EGBGB für **Zahlungsdienste); (6)** §§ 66 a ff TKG für **Tele-
kommunikationsleistungen** (dazu *Ditscheid* MMR 2007, 210) und **(7)** Art 23 I VO Nr 1008/
2008 für **Flugpreise** (dazu Rdn 9 f). Die Anwendungsbereiche der PAngV und dieser sonstigen
Regelungen sind nicht deckungsgleich. So gilt bspw für Kleinkredite unter 200 € zwar die

PAngV, nicht aber Art 247 § 3 EGBGB, wie sich aus den §§ 491 II, 491 a I BGB ergibt. Für die Angabe des Reisepreises beim Angebot einer Pauschalreise gilt neben § 4 I BGB-InfoV auch § 1 I PAngV (i Erg auch OLG Celle BeckRS 2008, 52566), dagegen nicht § 1 II PAngV.

4. Unionsrechtliche Grundlagen der PAngV

9 a) **Allgemeines.** Das Unionsrecht hat in seinem Anwendungsbereich Vorrang vor dem nationalen Recht. Soweit **EU-Verordnungen** Preisangaben regeln, wie zB Art 23 I VO (EG) Nr 1008/2008 (dazu Rdn 9 f), haben sie daher Vorrang vor der PAngV. Soweit **EU-Richtlinien** Preisangaben regeln, gilt es vorab, das Verhältnis dieser Richtlinien zueinander zu bestimmen. Die jeweils maßgebliche Richtlinie ist sodann im Wege der richtlinienkonformen Auslegung der PAngV zu berücksichtigen.

10 b) **Die Richtlinie über unlautere Geschäftspraktiken und ihr Verhältnis zu anderen Vorschriften des Unionsrechts.** Die Richtlinie 2005/29/EG über unlautere Geschäftspraktiken (UGP-Richtlinie) bezweckt grds eine vollständige Angleichung des Rechts der unlauteren Geschäftspraktiken von Unternehmern gegenüber Verbrauchern. In Bezug auf Preisangaben stellt die UGP-Richtlinie zwei Regelungen auf. Nach **Art 7 IV lit c UGP-Richtlinie** gelten bei einer „Aufforderung zum Kauf" bestimmte Informationen über den Preis und damit zusammenhängende Angaben als „wesentliche Informationen" iSv Art. 7 I, II UGP-Richtlinie. Nach **Art. 7 V UGP-Richtlinie** iVm Anh II gelten ua als „wesentliche" Informationen die Preisinformationsanforderungen

- aus Art 4 und 5 *Fernabsatzrichtlinie 97/7/EG*,
- aus Art 3 *Pauschalreiserichtlinie 90/314/EWG*,
- aus Art 3 IV *Preisangabenrichtlinie 98/6/EG*,
- aus Art 5 II *Richtlinie über den elektronischen Geschäftsverkehr 2000/31/EG* (vgl BGH GRUR 2008, 532 Tz 28 – *Umsatzsteuerhinweis;* BGH GRUR 2010, 251 Tz 12 – *Versandkosten bei Froogle I;* BGH GRUR 2010, 248 Tz 16 – *Kamerakauf im Internet*) und
- aus Art 3 und 4 *Fernabsatzfinanzdienstleistungsrichtlinie 2002/65/EG*.

Da der Anh II nach Art 7 V UGP-Richtlinie nicht „erschöpfend" ist, sind aus später erlassenen Rechtsakten der Union noch anzuführen:
- Art Art 22 I lit i, III lit a *Dienstleistungsrichtlinie 2006/123/EG* (vgl Erwägungsgrund 22),
- Art 36 ff, 46 ff *Zahlungsdiensterichtlinie 2007/64/EG*,
- Art 23 I VO (EG) Nr 1008/2008 über Luftverkehrsdienste.

Da die genannten Preisinformationspflichten, sie das Verhältnis von Unternehmern zu Verbrauchern betreffen, in den Art 7 V UGP-Richtlinie integriert sind, spielt es insoweit keine Rolle, ob sie mit den Informationsanforderungen aus Art 7 IV UGP-Richtlinie übereinstimmen oder speziellere Vorschriften iSd Art 3 IV UGP-Richtlinie enthalten. Allerdings ist zu beachten, dass sich Art 7 V UGP-Richtlinie auf Informationsanforderungen „in Bezug auf kommerzielle Kommunikation, einschließlich Werbung oder Marketing" beschränkt, also nicht Informationspflichten bei Durchführung eines Vertrages erfasst. Richtlinien, die weitergehende Bestimmungen über Preisangaben enthalten, als sie von Art 7 IV lit c, V UGP-Richtlinie erfasst werden, haben nach **Art 3 IV UGP-Richtlinie** Vorrang. Soweit diese Richtlinien Mindestangleichungsklauseln enthalten, wie zB Art 10 Preisangabenrichtlinie, Art 14 Fernabsatzrichtlinie, Art 22 V Dienstleistungsrichtlinie, eröffnet **Art 3 V UGP-Richtlinie** den Mitgliedstaaten für einen Übergangszeitraum von sechs Jahren ab dem 12. 6. 2007, strengere oder restriktivere Bestimmungen beizubehalten. Dies ist gerade für die PAngV von Bedeutung (vgl Rdn 11).

11 c) **Die Preisangabenrichtlinie.** Die Bestimmungen der **Preisangabenrichtlinie 98/6/EG** (mit Ausnahme des Art 3 IV Preisangabenrichtlinie, der bereits durch Art 7 V iVm Anh II UGP-Richtlinie erfasst wird), haben nach Art 3 IV UGP-Richtlinie im Konfliktsfall grds Vorrang vor der UGP-Richtlinie. An diesem Vorrang haben aber nur die Bestimmungen der PAngV teil, die denen der Preisangabenrichtlinie entsprechen. Das ist nach der Rspr bei § 1 I 1, III und VI 2 und 3 PAngV der Fall (BGH GRUR 2009, 1180 Tz 24 – *0,00* – *Grundgebühr;* BGH GRUR 2010, 251 Tz 16 – *Versandkosten bei Froogle I;* BGH GRUR 2010, 653 Tz 11, 12 – *Costa del Sol*). Das trifft in dieser Allgemeinheit aber nicht zu. Denn der sachliche Anwendungsbereich der Preisangabenrichtlinie ist auf **„Erzeugnisse"**, also Waren, beschränkt, lässt sich also – entgegen BGH GRUR 2010, 744 Tz 26 – *Sondernewsletter* – nicht auf das Angebot von Dienstleistungen (auf die sich § 1 III PAngV bezieht) erweitern. Maßgebend ist insoweit die Dienstleistungsrichtlinie (Rdn 12). Außerdem sind die sehr speziellen Informationspflichten der PAngV für das Angebot

I. Allgemeines 12, 13 Vorb PAngV

bestimmter Waren, wie zB die §§ 4, 7 I, II, 8 I PAngV, von der Preisangabenrichtlinie, selbst unter Berücksichtigung des Art 4 I Preisangabenrichtlinie, nicht gedeckt. – Allerdings können die Mitgliedstaaten nach der Ausnahmebestimmung des **Art 3 V 1 UGP-Richtlinie** für einen Zeitraum von **sechs Jahren** ab dem 12. 6. 2007 – also bis zum 12. 6. 2013 – nationale Vorschriften beibehalten, die restriktiver oder strenger sind als die UGP-Richtlinie und zur Umsetzung von Richtlinien erlassen wurden und die Klauseln über eine Mindestangleichung enthalten. Diese Vorschriften müssen jedoch nach Art 3 V 2 UGP-Richtlinie „unbedingt erforderlich sein, um sicherzustellen, dass die Verbraucher auf geeignete Weise vor unlauteren Geschäftspraktiken geschützt werden und müssen zur Erreichung dieses Ziels verhältnismäßig sein". Da die Preisangabenrichtlinie in **Art 10** die Beibehaltung von für die Unterrichtung der Verbraucher und den Preisvergleich günstigerer Bestimmungen gestattet und somit eine **Mindestangleichungsklausel** enthält, wird die PAngV vorerst in ihrer Geltung nicht berührt, soweit es ihre Anforderungen über die der UGP-Richtlinie hinausgehen. Allerdings kommt das Vorenthalten dieser Informationen nach Erwägungsgrund 15 S 4, 5 der UGP-Richtlinie einem irreführenden Unterlassen nach der UGP-Richtlinie nicht gleich. Das bedeutet, dass § 5a II UWG nicht daneben anwendbar ist.

d) Die Dienstleistungsrichtlinie. Da sich die Preisangabenrichtlinie auf Preisangaben bei 12 „Erzeugnissen", also Waren, beschränkt, gilt für Preisinformationspflichten bei Dienstleistungen **Art 22 I lit i, III lit a Dienstleistungsrichtlinie 2006/123/EG.** Danach ist zu unterscheiden. Der Dienstleistungserbringer muss über den Preis der Dienstleistung, falls er von ihm für eine bestimmte Art von Dienstleistungen im Vorhinein festgelegt wurde (zB Friseurdienstleistungen), in einer von ihm nach Art 22 II zu wählenden Form informieren. Ist der Preis nicht im Vorhinein festgelegt, so muss der Dienstleistungserbringer dem Dienstleistungsempfänger auf Anfrage nach Art 22 III lit a mitteilen „den Preis der Dienstleistung oder, wenn kein genauer Preis angegeben werden kann, die Vorgehensweise zur Berechnung des Preises, die es dem Dienstleistungsempfänger ermöglicht, den Preis zu überprüfen oder einen hinreichend ausführlichen Kostenvoranschlag". Nach Art Art 22 IV müssen die Informationen „klar und unzweideutig" erfolgen und rechtzeitig vor Abschluss des Vertrages oder, wenn kein schriftlicher Vertrag geschlossen wird, vor Erbringung der Dienstleistung bereitgestellt werden. In Art 22 V ist festgelegt, dass die betreffenden Informationen nur die im Gemeinschaftsrecht vorgesehenen Anforderungen ergänzen und dass die Mitgliedstaaten zusätzliche Informationsanforderungen vorschreiben können. Soweit die Mitgliedstaaten von dieser Mindestangleichungsklausel Gebrauch machen, sind sie daran nicht durch Art 3 V UGP-Richtlinie gehindert, da diese nur die Beibehaltung früher (also vor dem 11. 5. 2005) erlassener Bestimmungen regelt. – Eine förmliche Umsetzung der Preisinformationspflichten der Dienstleistungsrichtlinie ist zwar in § 4 I DL-InfoV (Dienstleistungs-Informationspflichten-Verordnung v 12. 3. 2010, BGBl I 267) erfolgt, jedoch ist darin gerade das Verhältnis von Unternehmern zu Letztverbrauchern iSd PAngV ausgenommen (§ 4 II DL-InfoV). Dahinter steht offenbar die Erwägung, dass die PAngV den Anforderungen der Dienstleistungsrichtlinie voll entspricht. Das ist im Hinblick auf Art 22 III lit a (Hinweis auf Kostenvoranschlag) zu bezweifeln. Jedenfalls ist die PAngV soweit sie Preisangaben in Bezug auf Dienstleistungen regelt, richtlinienkonform am Maßstab der Dienstleistungsrichtlinie auszulegen (vgl § 1 PAngV Rdn 27).

e) Die Fernabsatzrichtlinie und die Richtlinie über den elektronischen Geschäfts- 13 **verkehr.** Nach **Art 4 I lit c und d Fernabsatzrichtlinie 97/7/EG** ist der Verbraucher rechtzeitig vor Abschluss eines Fernabsatzvertrages über den „Preis einer Ware einschließlich aller Steuern" und „gegebenenfalls Lieferkosten" zu informieren. Diese Informationen müssen nach Art 4 II Fernabsatzrichtlinie „klar und verständlich auf jedwede der verwendeten Fernkommunikationstechnik angepasste Weise erteilt werden". Diese Bestimmungen sind über Art 7 V iVm Anh II UGP-Richtlinie bereits von der UGP-Richtlinie erfasst. Sie wurden in § 312c I BGB iVm § 1 I Nr 7 und 8 BGB-InfoV umgesetzt und werden damit auch von § 5 IV UWG erfasst, so dass Verstöße auch nach den §§ 3, 5a II UWG geahndet werden können. Allerdings kommt dem Art 4 Fernabsatzrichtlinie bzw dem § 312c I BGB iVm § 1 I Nr 7 und 8 BGB-InfoV keine nennenswerte praktische Bedeutung zu, da es daneben die nicht auf den Fernabsatz beschränkte und auch inhaltlich weitergehende Regelung des Art 7 IV lit c UGP-Richtlinie gibt, die in § 5a III Nr 3 UWG umgesetzt wurde. – Eine andere Richtlinien ergänzende Regelung enthält **Art 5 II Richtlinie 200/31/EG über den elektronischen Geschäftsverkehr.** Danach tragen die Mitgliedstaaten „zusätzlich zu den „sonstigen Informationsanforderungen des Gemeinschaftsrechts ... zumindest dafür Sorge, dass, soweit Dienste der Informationsgesellschaft auf Preise

Bezug nehmen, diese klar und unzweideutig ausgewiesen werden und insbesondere angegeben wird, ob Steuern und Versandkosten in den Preisen enthalten sind". Diese Bestimmung ist über Art 7 V iVm Anh II UGP-Richtlinie ebenfalls von der UGP-Richtlinie und damit auch von § 5 IV UWG erfasst, so dass Verstöße auch nach den §§ 3, 5 a II UWG geahndet werden können. Die Umsetzung des Art 5 II Richtlinie über elektronischen Geschäftsverkehr ist nach Auffassung der Rspr in § 1 II PAngV (BGH GRUR 2010, 251 Tz 12, 16 – *Versandkosten bei Froogle I;* BGH GRUR 2010, 248 Tz 16 – *Kamerakauf im Internet*) erfolgt. Allerdings regelt die Richtlinie über den elektronischen Geschäftsverkehr nicht den **nichtelektronischen** Geschäftsverkehr im Fernabsatz, also zB nicht den Fernabsatz mittels Katalog und Bestellschein. – Für diesen Bereich ist die Verpflichtung aus § 1 II 1 Nr 1 PAngV, beim Angebot von Fernabsatzverträgen anzugeben, dass die Preise auch die Umsatzsteuer und sonstige Preisbestandteile enthalten, also nicht durch Art 5 II Richtlinie über den elektronischen Geschäftsverkehr gedeckt. Insoweit lässt sie sich nur auf die **Mindestangleichungsklausel des Art 14 Fernabsatzrichtlinie** stützen. Dementsprechend ist sie nur unter den Voraussetzungen des Fortgeltungsvorbehalts des **Art 3 V UGP-Richtlinie** zulässig.

14   **f) Die Verbraucherkreditrichtlinie.** Die Regelungen in den §§ 6, 6 a und 6 b PAngV haben ihre Grundlage in der **Verbraucherkreditrichtlinie** 2008/48/EG v 23. 4. 2008, der wiederum Vorrang vor der UGP-Richtlinie zukommt (arg Art 3 IV UGP-Richtlinie; Erwägungsgrund 18 Verbraucherkreditrichtlinie). Schließlich enthält auch die bis zum 28. 12. 2009 umzusetzende **Dienstleistungsrichtlinie** 2006/123/EG bestimmte Preisangabenpflichten (vgl Art 22 I lit i, III lit a Dienstleistungsrichtlinie).

15   **g) Die Pauschalreiserichtlinie.** Die (zur Überarbeitung anstehende) **Pauschalreiserichtlinie 90/314/EWG** sieht in Art 3 II für die Werbung mit Prospekten Angaben über die Modalitäten der Zahlung und die Zulässigkeit von Preisänderungen vor. Diese Vorschrift ist in § 4 BGB-InfoV umgesetzt worden und hat in § 1 V Nr 3 PAngV Berücksichtigung gefunden).

16   **h) Die Luftverkehrsdiensteverordnung.** Die VO (EG) Nr 1008/2008 über gemeinsame Vorschriften für die Durchführung von Luftverkehrsdiensten in der Gemeinschaft normiert in Art 23 I detaillierte Informationspflichten über Flugpreise. Dabei handelt es sich um eine abschließende spezielle Regelung, die in ihrem Anwendungsbereich Vorrang vor der UGP-Richtlinie (arg Art 3 IV UGP-Richtlinie) und als unionsrechtliche Regelung auch vor der PAngV hat. Die Regelung lautet:

Art 23 Information und Nichtdiskriminierung
(1) ¹Die der Öffentlichkeit zugänglichen Flugpreise und Luftfrachtraten, die in jedweder Form – auch im Internet – für Flugdienste von einem Flughafen im Hoheitsgebiet eines Mitgliedstaats, auf das der Vertrag Anwendung findet, angeboten oder veröffentlicht werden, schließen die anwendbaren Tarifbedingungen ein. ²Der zu zahlende Endpreis ist stets auszuweisen und muss den anwendbaren Flugpreis beziehungsweise die anwendbare Luftfrachtrate sowie alle anwendbaren Steuern und Gebühren, Zuschläge und Entgelte, die unvermeidbar und zum Zeitpunkt der Veröffentlichung vorhersehbar sind, einschließen. ³Neben dem Endpreis ist mindestens Folgendes auszuweisen:

a) der Flugpreis bzw. die Luftfrachtrate,
b) die Steuern,
c) die Flughafengebühren und
d) die sonstigen Gebühren, Zuschläge und Entgelte, wie etwa diejenigen, die mit der Sicherheit oder dem Kraftstoff in Zusammenhang stehen,

soweit die unter den Buchstaben b, c und d genannten Posten dem Flugpreis bzw. der Luftfrachtrate hinzugerechnet wurden. Fakultative Zusatzkosten werden auf klare, transparente und eindeutige Art und Weise am Beginn jedes Buchungsvorgangs mitgeteilt; die Annahme der fakultativen Zusatzkosten durch den Kunden erfolgt auf „opt-in"-Basis.

Zu den Entgelten iSd Art 23 I 2 gehört auch eine Servicegebühr, die die Vermittlungsprovision für eine Agentur abdeckt (LG Leipzig WRP 2010, 959, 961). Zu den fakultativen Zusatzkosten, deren Annahme auf „opt-in"-Basis iSv Art 23 I 4 HS 2 erfolgen muss, gehört eine Reiseversicherung (LG Leipzig WRP 2010, 959, 962). Entsprechende „Opt-out"-Klauseln sind unzulässig.

II. Persönlicher und sachlicher Anwendungsbereich

1. Persönlicher Anwendungsbereich

a) Verpflichtete Personen. aa) Allgemeines. Die Verpflichtung zur Preisangabe trifft nach 17
§ 1 I 1 PAngV grds jeden, der Letztverbrauchern gewerbs- oder geschäftsmäßig oder regelmäßig in sonstiger Weise Waren oder Leistungen anbietet oder ihnen gegenüber als Anbieter unter Angabe von Preisen wirbt. Gleichgültig ist, ob der Anbieter als Vermittler oder Vertreter tätig wird (BGH GRUR 1991, 845, 846 – *Nebenkosten;* BGH GRUR 1999, 90, 92 – *Handy für 0,00 DM;* BGH GRUR 2001, 1167, 1168 – *Fernflugpreise;* OLG Karlsruhe WRP 2005, 1188, 1189) oder ob es sich um bes billige oder teure Waren handelt; auch für Attrappen besteht die Preisangabepflicht (BayObLG BB 1954, 729, 733). Die Verpflichtung zur Angabe des Endpreises besteht jedoch nur für den Anbieter, der diesen Preis gegenüber dem Letztverbraucher festsetzt oder von ihm verlangt (Amtl Begr BAnz Nr 70/1985, B zu § 1 I Nr 2).

bb) Einzelheiten. Ein Handelsunternehmen, das entgegen einer dahingehenden irreführen- 18
den Werbung den Kredit zur Finanzierung des Kaufpreises nicht selbst gewährt, ist zur Angabe eines Teilzahlungspreises als Endpreis iSv § 1 I 1 PAngV nicht verpflichtet (BGH GRUR 1992, 857 – *Teilzahlungspreis I;* BGH GRUR 1993, 127 – *Teilzahlungspreis II).* Ein Kfz-Händler, der für fremdfinanzierte Kraftfahrzeuge wirbt, ist nicht verpflichtet, neben der Angabe des effektiven Jahreszinses nach § 6 PAngV auch den Teilzahlungsendpreis anzugeben, und zwar auch dann nicht, wenn die Finanzierung durch ein konzernverbundenes Unternehmen, zB Bank, Kreditinstitut, erfolgt (BGH GRUR 1994, 224 – *Teilzahlungspreis III).* Ein Hersteller, der für die von ihm hergestellten Markenwaren eine kartellrechtlich zulässige Preisempfehlung ausspricht, kann mit ihr auch gegenüber dem Letztverbraucher werben, ohne zur Angabe des Endpreises verpflichtet zu sein. Gleiches gilt für den Alleinimporteur importierter Markenwaren eines ausländischen Herstellers, der eine unverbindliche Preisempfehlung ausspricht (KG GRUR 1983, 455). Weder der Hersteller noch der Importeur kennen die Endpreise der Händler und können sie daher auch nicht nennen. Hersteller, Groß- und Zwischenhändler unterliegen nur dann der Verpflichtung zur Angabe des Endpreises, wenn sie direkt an Letztverbraucher verkaufen. „Maklerangebote" von bebauten Grundstücken ohne genaue Lagebezeichnung mit Preisangabe für das Grundstück und dem Vermerk „zuzüglich Courtage" müssen als Anbieterwerbung unter Preisangabe für Grundstück und Maklerleistung nach § 1 I 1 PAngV den Endpreis angeben, nicht jedoch auch die Höhe der Maklerprovision (OLG Düsseldorf WRP 1982, 655); nur wenn sich der Erwerber im künftigen Kaufvertrag zur Zahlung der Maklerprovision verpflichten soll, bildet diese einen sonstigen Preisbestandteil, der im Endpreis nach § 1 V PAngV enthalten sein muss (OLG Düsseldorf aaO; aM insoweit KG WRP 1980, 694, 695).

b) Letztverbraucher. aa) Allgemeines. Die Regelungen der PAngV gelten nur für Preis- 19
angaben gegenüber **Letztverbrauchern,** also Personen, die die Ware oder Leistung nicht weiter umsetzen, sondern für sich verwenden (BGH GRUR 1974, 477 – *Großhandelshaus;* BGH GRUR 1977, 264 – *Miniaturgolf).* Letztverbraucher sind neben privaten Verbrauchern grds auch gewerbliche, selbstständig beruflich tätige Abnehmer sowie die öffentliche Hand oder sonstige Organisationen (OLG Karlsruhe GRUR-RR 2008, 351: Kirchengemeinden). Insoweit unterscheidet sich der Begriff des Letztverbrauchers vom Verbraucherbegriff des BGB (§ 13 BGB) und des UWG (§ 2 II UWG). Allerdings schränkt § 9 I Nr 1 den Anwendungsbereich der PAngV stark ein.

bb) Einzelheiten. Die Verpflichtung zur Angabe des Endpreises besteht nicht für eine 20
allgemeine Werbung des Herstellers oder Importeurs, der die Ware über Händler vertreibt, auch wenn dabei ein empfohlener Richtpreis angegeben wird. Doch unterliegt der Verpflichtung nach § 1 I S 1, 2. Alt PAngV eine Werbeanzeige, die zwar nicht von einem direkt vertreibenden Hersteller oder Großhändler stammt, aber aus der Sicht des angesprochenen Verkehrs als eine Werbung erscheint, mit der sich ein unmittelbar an Letztverbraucher vertreibender Händler an diese wendet (BGH GRUR 1990, 1022, 1023 – *Importeurwerbung).* Ob in der Werbeaussage eines auf eine unverbindliche Preisempfehlung Bezug nehmenden Händlers eine zur Endpreisangabe verpflichtende Einzelpreisangabe des Händlers selbst zu sehen ist oder nur eine neutrale Information über den Inhalt einer Preisempfehlung, richtet sich nach der Auffassung des Verkehrs, wie sie sich auf Grund des Gesamteindrucks der Anzeige bildet (BGH GRUR 1983, 658, 660 f – *Hersteller-Preisempfehlung in Kfz-Händlerwerbung).* Wird in einer Gemeinschaftsanzeige von Kraftfahrzeughändlern auf eine unverbindliche Preisempfehlung des Herstellers oder Importeurs von Kraftfahrzeugen hingewiesen, so wird diese ohne Hinzutritt weiterer Umstände nicht von den

angesprochenen Letztverbrauchern als Angabe des eigenen Preises der werbenden Händler aufgefasst (BGH GRUR 1990, 1022, 1024 – *Importeurwerbung*). Die Zeitungswerbung für die Vermietung von Büroraum ist auch dann von der Pflicht zur Angabe des Endpreises (§ 1 I 1 PAngV) befreit, wenn sich die Werbung nicht allein an Gewerbetreibende richtet, sondern auch an Personen, die noch nicht Gewerbetreibende sind, aber beabsichtigen, die Mieträume in ihrer selbstständigen beruflichen oder gewerblichen Tätigkeit zu verwenden (BGH GRUR 1993, 984 – *Geschäftsraumwerbung*). Für Angebote an Unternehmen gilt die PAngV nicht. Wendet sich daher ein Internet-Angebot eindeutig ausschließlich an Unternehmen, so liegt kein Verstoß gegen §§ 3, 4 Nr 11 UWG vor, wenn der werbende Internet-Provider nur in einem klein gedruckten Zusatz darauf hinweist, dass die angegebenen Preise sich zuzüglich Mehrwertsteuer verstehen (vgl OLG Karlsruhe CR 1998, 361). Bei Angeboten an einen vorsteuerabzugsberechtigten Unternehmer ist die Mehrwertsteuer grds im angebotenen Preis enthalten, so dass hins der Frage irreführender Preisbezeichnungen die gleichen Maßstäbe gelten wie bei privaten Verbrauchern (OLG Zweibrücken GRUR-RR 2002, 306, 307 – *Neu zum Gebrauchtpreis*).

2. Sachlicher Anwendungsbereich

21 § 1 I 1 PAngV umschreibt den sachlichen Anwendungsbereich dahingehend, dass den Letztverbrauchern **„gewerbs- oder geschäftsmäßig oder regelmäßig in sonstiger Weise"** Waren oder Dienstleistungen angeboten werden. Damit sollen rein private, betriebsinterne und hoheitliche Angebote ausgenommen werden. **Gewerbsmäßiges** Handeln setzt die Absicht eines fortdauernden Absatzes von Waren oder Dienstleistungen gegen Entgelt voraus. **Geschäftsmäßiges** Handeln setzt die Absicht voraus, gleichartige Tätigkeiten zu wiederholen. IErg entspricht dieses Tatbestandsmerkmal daher weitgehend dem Tatbestandsmerkmal der geschäftlichen Handlung iSd § 2 I Nr 1 UWG.

Grundvorschriften

1 (1) ¹Wer Letztverbrauchern gewerbs- oder geschäftsmäßig oder regelmäßig in sonstiger Weise Waren oder Leistungen anbietet oder als Anbieter von Waren oder Leistungen gegenüber Letztverbrauchern unter Angabe von Preisen wirbt, hat die Preise anzugeben, die einschließlich der Umsatzsteuer und sonstiger Preisbestandteile zu zahlen sind (Endpreise). ²Soweit es der allgemeinen Verkehrsauffassung entspricht, sind auch die Verkaufs- oder Leistungseinheit und die Gütebezeichnung anzugeben, auf die sich die Preise beziehen. ³Auf die Bereitschaft, über den angegebenen Preis zu verhandeln, kann hingewiesen werden, soweit es der allgemeinen Verkehrsauffassung entspricht und Rechtsvorschriften nicht entgegenstehen.

(2) ¹Wer Letztverbrauchern gewerbs- oder geschäftsmäßig oder regelmäßig in sonstiger Weise Waren oder Leistungen zum Abschluss eines Fernabsatzvertrages anbietet, hat zusätzlich zu Absatz 1 und § 2 Abs. 2 anzugeben,
1. dass die für Waren oder Leistungen geforderten Preise die Umsatzsteuer und sonstige Preisbestandteile enthalten und
2. ob zusätzlich Liefer- und Versandkosten anfallen.

²Fallen zusätzlich Liefer- und Versandkosten an, so ist deren Höhe anzugeben. ³Soweit die vorherige Angabe dieser Kosten in bestimmten Fällen nicht möglich ist, sind die näheren Einzelheiten der Berechnung anzugeben, aufgrund derer der Letztverbraucher die Höhe leicht errechnen kann.

(3) ¹Bei Leistungen können, soweit es üblich ist, abweichend von Absatz 1 Satz 1 Stundensätze, Kilometersätze und andere Verrechnungssätze angegeben werden, die alle Leistungselemente einschließlich der anteiligen Umsatzsteuer enthalten. ²Die Materialkosten können in die Verrechnungssätze einbezogen werden.

(4) Wird außer dem Entgelt für eine Ware oder Leistung eine rückerstattbare Sicherheit gefordert, so ist deren Höhe neben dem Preis für die Ware oder Leistung anzugeben und kein Gesamtbetrag zu bilden.

(5) Die Angabe von Preisen mit einem Änderungsvorbehalt ist abweichend von Absatz 1 Satz 1 nur zulässig
1. bei Waren oder Leistungen, für die Liefer- oder Leistungsfristen von mehr als vier Monaten bestehen, soweit zugleich die voraussichtlichen Liefer- und Leistungsfristen angegeben werden,

2. bei Waren oder Leistungen, die im Rahmen von Dauerschuldverhältnissen erbracht werden, oder
3. in Prospekten eines Reiseveranstalters über die von ihm veranstalteten Reisen, soweit der Reiseveranstalter gemäß § 4 Absatz 2 der BGB-Informationspflichten-Verordnung in der Fassung der Bekanntmachung vom 5. August 2002 (BGBl. I S. 3002), die zuletzt durch die Verordnung vom 23. Oktober 2008 (BGBl. I S. 2069) geändert worden ist, den Vorbehalt einer Preisanpassung in den Prospekt aufnehmen darf und er sich eine entsprechende Anpassung im Prospekt vorbehalten hat.

(6) ¹Die Angaben nach dieser Verordnung müssen der allgemeinen Verkehrsauffassung und den Grundsätzen von Preisklarheit und Preiswahrheit entsprechen. ²Wer zu Angaben nach dieser Verordnung verpflichtet ist, hat diese dem Angebot oder der Werbung eindeutig zuzuordnen sowie leicht erkennbar und deutlich lesbar oder sonst gut wahrnehmbar zu machen. ³Bei der Aufgliederung von Preisen sind die Endpreise hervorzuheben.

Übersicht

	Rdn
I. Verpflichtung zur Angabe des Endpreises (§ 1 I PAngV)	1–23
1. Grundsatz	1
2. Zur Preisangabe verpflichtete Personen	2
3. Letztverbraucher	3
4. Angebote und Werbung für Waren oder Leistungen	4–13
a) Begriff der Waren und Leistungen	4
b) Begriff des Anbietens und Werbens	5–10
c) Beschränkung der Preisangabe auf den jeweiligen Vertragsgegenstand	11–13
5. „Gewerbs- oder geschäftsmäßig oder regelmäßig in sonstiger Weise"	14
6. Angabe des „Endpreises"	15–19
a) Begriff	15
b) Angabe des Endpreises einschließlich der Umsatzsteuer	16
c) Angabe des Endpreises einschließlich sonstiger Preisbestandteile	17, 18
d) Ausnahme von der Angabe eines Endpreises	19
7. Konkretisierende Angaben	20
8. Einzelpreise, Preisersparnisse, empfohlene Verkaufspreise	21
9. Preisvergleiche	22
10. Bereitschaft zur Verhandlung über den angegebenen Preis	23
II. Zusätzliche Angaben bei Angeboten im Fernabsatz (§ 1 II PAngV)	24–26
1. Anwendungsbereich der Regelung	24
2. Angabe der Umsatzsteuer und sonstiger Preisbestandteile	25
3. Angabe zusätzlich anfallender Liefer- und Versandkosten	26
III. Angabe von Verrechnungssätzen (§ 1 III PAngV)	27
IV. Forderung einer rückerstattbaren Sicherheit (§ 1 IV PAngV)	28
V. Angabe von Preisen mit Änderungsvorbehalt (§ 1 V PAngV)	29–32
1. Liefer- und Leistungsfristen von mehr als vier Monaten (§ 1 V Nr 1 PAngV)	30
2. Dauerschuldverhältnisse (§ 1 V Nr 2 PAngV)	31
3. Reiseprospekte (§ 1 V Nr 3 PAngV)	32
VI. Allgemeine Anforderungen an die Darstellung der Angaben (§ 1 VI PAngV)	33–51
1. Die gesetzliche Regelung	33
2. Die Anforderungen der Verkehrsauffassung und der Preiswahrheit und Preisklarheit	34–43
a) Allgemeines	34–37
aa) Allgemeine Verkehrsauffassung	35
bb) Preiswahrheit	36
cc) Preisklarheit	37
b) Einzelheiten	38–43
aa) Versandhandel	38
bb) Währungsangaben	39
cc) Kopplungsangebote	40
dd) Unterschiedliche Preisangaben	41
ee) Telekommunikationsdienstleistungen	42
ff) Sonstiges	43

	Rdn
3. Eindeutige Zuordnung, leichte Erkennbarkeit, deutliche Lesbarkeit oder sonstige gute Wahrnehmbarkeit	44–50
a) Allgemeines	44
b) Eindeutige Zuordnung	45–47
c) Leichte Erkennbarkeit, deutliche Lesbarkeit oder sonstige gute Wahrnehmbarkeit	48–50
aa) Leichte Erkennbarkeit	48
bb) Deutliche Lesbarkeit	49
cc) Sonstige gute Wahrnehmbarkeit	50
4. Hervorhebung der Endpreise	51

I. Verpflichtung zur Angabe des Endpreises (§ 1 I PAngV)

1. Grundsatz

1 Nach § 1 I 1 PAngV hat, wer Letztverbrauchern Waren oder Leistungen gewerbs- oder geschäftsmäßig oder regelmäßig in sonstiger Weise anbietet oder als Anbieter von Waren oder Leistungen gegenüber Letztverbrauchern unter Angabe von Preisen wirbt, die Preise anzugeben, die einschließlich der Umsatzsteuer und sonstiger Preisbestandteile zu zahlen sind (Endpreise). Damit soll verhindert werden, dass der Letztverbraucher selbst den zu zahlenden Preis ermitteln muss.

2. Zur Preisangabe verpflichtete Personen

2 Vgl PAngV Vorb Rdn 9, 10.

3. Letztverbraucher

3 Die Verpflichtung zur Preisangabe besteht nur gegenüber **Letztverbrauchern**. Zu diesem Begriff vgl PAngV Vorb Rdn 11, 12. Ob sich ein Angebot oder eine Werbung unter Angabe von Preisen an Letztverbraucher wendet, beurteilt sich nicht danach, an welche Kunden der Unternehmer tatsächlich verkaufen will, sondern aus der Sicht der vom Angebot oder der Werbung angesprochenen Verkehrskreise. Bei Internet-Angeboten, die für jedermann zugänglich sind, ist davon auszugehen, dass sie zumindest auch Privatkunden ansprechen, sofern nicht klar und eindeutig eine Beschränkung auf Wiederverkäufer (Händler) vorgenommen wird (OLG Karlsruhe GRUR-RR 2009, 147).

4. Angebote und Werbung für Waren oder Leistungen

4 **a) Begriff der Waren und Leistungen.** Der Begriff der **Ware** beschränkt sich – entspr dem Schutzzweck der PAngV (PangV Vorb Rdn 2) – nicht auf bewegliche Sachen, sondern erstreckt sich auch auf Immobilien (BGH GRUR 1982, 493 – *Sonnenring*). Dass die PAngV auf solche Angebote grds anwendbar ist, folgt im Umkehrschluss auch aus der Ausnahmeregelung in § 9 III PAngV iVm § 312b III Nr 4 BGB. Auch Angebote von Grundstücken und Eigentumswohnungen müssen daher den tatsächlichen Endverkaufspreis angeben; wird mit Einzelpreisangaben (zB Höhe der monatlichen Belastung) geworben, muss auch der Endpreis angegeben werden (BGH GRUR 1982, 493, 494 – *Sonnenring*; KG WRP 1980, 263; OLG Hamburg WRP 1981, 106). Wer für den Verkauf von Eigentumswohnungen nur unter Angabe des Quadratmeter-Preises wirbt, verstößt gegen § 1 I 1 PAngV (KG WRP 1980, 414 und 694). Ebenso die Immobilienwerbung „20% Eigenkapital = DM 51500 …" (OLG Stuttgart WRP 1980, 508; 1981, 119; OLG Nürnberg WRP 1983, 579). Zur Angabe des Endpreises ist verpflichtet, wer für Waren mit seinen alten durchgestrichenen Preisen und mit einer blickfangmäßig herausgestellten Preisherabsetzung von bis zu ca …% wirbt (BGH GRUR 1991, 685, 686 – *Zirka-Preisangabe*). Der Begriff der **Leistungen** in § 1 I 1 PAngV erfasst **Dienstleistungen aller Art,** insbes auch Telekommunikationsdienstleistungen (BGH GRUR 2003, 971, 972 – *Telefonischer Auskunftsdienst*) und Leasingangebote. Zu **Krediten** vgl §§ 6–6b PAngV. – Auf die Werbung um **Spenden**, selbst wenn darin das Angebot einer Dienstleistung enthalten ist (vgl § 2 UWG Rdn 41), ist die PAngV nicht anwendbar, da dafür kein „Preis" verlangt wird (aA *Voigt* WRP 2007, 44: Kostenquote als „Preis").

5 **b) Begriff des Anbietens und Werbens.** Der Begriff des **Anbietens** iSd § 1 I 1 PAngV umfasst nicht nur Vertragsangebote iSd § 145 BGB, sondern darüber hinaus **jede Erklärung**

eines Unternehmers, die im Verkehr in einem rein tatsächlichen Sinne als Angebot verstanden wird, mag dieses auch noch rechtlich unverbindlich sein, sofern es nur schon gezielt auf den Verkauf einer Ware – die Abgabe einer bestimmten Ware oder Dienstleistung gegen Entgelt – gerichtet ist (BGH GRUR 1980, 304, 305 f – *Effektiver Jahreszins;* BGH GRUR 1982, 493, 494 – *Sonnenring;* OLG Karlsruhe GRUR-RR 2009, 147). Der weite Begriff des „Anbietens" erschwert die Abgrenzung von der Werbung. Es darf nicht jede Erklärung, mit der sich ein Unternehmer zwecks Verkaufs seiner Ware an den Kunden wendet und seine Bereitschaft zum Abschluss eines Vertrages zum Ausdruck bringt, als „Anbieten" verstanden werden, da sonst für eine Werbung ohne Preisangabe kein Raum wäre (BGH GRUR 1983, 661, 662 – *Sie sparen DM 4000,–*). Es kommt deshalb darauf an, ob die **Ankündigung ihrem Inhalt nach so konkret gefasst ist, dass sie nach der Auffassung des Verkehrs den Abschluss eines Geschäfts auch aus der Sicht des Kunden ohne Weiteres zulässt** (BGH GRUR 2003, 971, 972 – *Telefonischer Auskunftsdienst*). Letztlich entspricht also der Begriff des Angebots dem Begriff der „Aufforderung zum Kauf" in Art 7 IV UGP-Richtlinie (BGH GRUR 2010, 248 Tz 16 – *Kamerakauf im Internet*) und folgerichtig dem Begriff des Angebots iSd § 5 a III UWG.

Dagegen handelt es sich um **Werbung,** wenn es noch ergänzender Angaben und weiterer **6** Verhandlungen bedarf, um ein Geschäft zum Abschluss zu bringen (BGH GRUR 2004, 960, 961 – *500 DM-Gutschein für Autokauf;* OLG Stuttgart MMR 2008, 754). Der Begriff der Werbung ist insoweit in einem engeren Sinne zu verstehen als iSd Definition in Art 2 lit a Richtlinie über irreführende und vergleichende Werbung. Erforderlich ist aber auch insoweit, dass es sich um eine geschäftliche Äußerung mit dem Ziel der Absatzförderung handeln muss. Die Abgrenzung von Anbieten und Werben ist deshalb von Bedeutung, weil bei bloßer Werbung ohne Angabe von Preisen die Angabe des Endpreises nicht erforderlich ist. Wirbt der Kaufmann aber unter Angabe von Preisen, muss er grds vollständige Angaben machen (BGH GRUR 1999, 264, 267 – *Handy für 0,00 DM;* OLG Schleswig WRP 2007, 1127, 1128). Das Werben unter Angabe von Preisen ist allerdings im Verhältnis zum Anbieten kein Aliud, sondern ein Minus im Sinne einer Vorstufe. Daher stellt ein Anbieten in diesem Zusammenhang regelmäßig auch eine Werbung dar (BGH GRUR 2009, 982 Tz 9 – *Dr. Clauder's Hufpflege*). Sichert ein Vertragsstrafeversprechen daher (nur) das Unterlassen einer Werbung unter Verstoß gegen die PAngV, so erstreckt es sich auch auf den Fall des Anbietens.

Beispiele: **7**
Angebot bejaht: Übersendung von **Warenkatalogen** mit beigefügtem Bestellzettel; Bereitstellung von Krediten auf Abruf lediglich gegen **Einsendung einer Werbepostkarte; Schaufensterauslagen; Werbespots** für gebührenpflichtige Telekommunikationsdienstleistungen können Angebote iSd § 1 I 1 PAngV sein und daher zur Preisangabe verpflichten (OLG Schleswig MMR 2002, 55, 56). Dabei ist aber wegen §§ 4 IV, 5 I 3 und § 9 I Nr 4 PAngV zwischen **Hörfunk- und Bildschirmwerbung zu unterscheiden** (BGH GRUR 2003, 971, 972 – *Telefonischer Auskunftsdienst*).

Angebot verneint: Werbeanzeigen in Zeitungen, die sich auf den Verkauf fabrikneuer **8** Kraftfahrzeuge oder auf Immobilien beziehen, soweit der Abschluss des Geschäfts noch weitere Angaben und Verhandlungen erfordert. – Eine Werbeanzeige, in der ein Farbfernsehgerät abgebildet und in seinen technischen Details beschrieben wird, ist kein „Angebot", sondern bloße Werbung; diese wird auch nicht durch den Zusatz „Preis auf Anfrage" zum Angebot iSv § 1 I S 1 PAngV (OLG Stuttgart WRP 1989, 277).

Werbung unter Angabe von Preisen bejaht: Werbung eines **Telefon-Anbieters** mit der **9** für Wochenenden und Feiertage geltenden Angabe „Telefonieren für 0 Cent" und der Mitteilung des Betrags, um den sich der monatliche Grundpreis dadurch erhöht. Der Werbende muss in diesem Fall auch das Bereitstellungsentgelt und die monatlich anfallenden Grundgebühren angeben (BGH GRUR 2009, 73 Tz 16 ff – *Telefonieren für 0 Cent!*). – Werbung eines **Maklers** für eine Immobilie unter Angabe des qm-Preises. Die Pflicht zur Angabe des Endpreises besteht unabhängig davon, ob die Werbung die für die Ermittlung des Endpreises außerdem erforderlichen Angaben enthält oder nicht (BGH GRUR 1983, 665 – *qm-Preisangaben I;* BGH GRUR 1988, 699 – *qm-Preisangaben II*).

Werbung unter Angabe von Preisen verneint: Werbung für eine Immobilie, die kein **10** Angebot und auch keine Preisangabe enthält und nur den Preis als Verhandlungsgegenstand (Preis VB) bezeichnet (KG GRUR 1983, 667).

c) Beschränkung der Preisangabe auf den jeweiligen Vertragsgegenstand. Der Ver- **11** braucher soll wissen, mit welcher tatsächlichen wirtschaftlichen Belastung er rechnen muss, wenn er sich für ein Angebot entscheidet (vgl BGH GRUR 2009, 73 Tz 21 – *Telefonieren für 0 Cent!*). Maßgebend ist der Gegenstand des jeweils abzuschließenden Vertrages. Bei einer **Mehrzahl** von Leistungen ist danach zu unterscheiden, ob sie einzeln erworben werden können oder ob es sich um ein **einheitliches Leistungsangebot** handelt, das Gegenstand eines einheitlichen Vertragsschlusses ist. Das beurteilt sich nicht aus der Sicht des Werbenden, sondern aus der Sicht der angesprochenen Verkehrskreise (BGH GRUR 2009, 73 Tz 18, 23 – *Telefonieren für 0 Cent!*; BGH GRUR 2010, 744 Tz 30 – *Sondernewsletter*).

12 **Ein einheitliches Leistungsangebot** liegt idR jedenfalls dann vor, wenn die Leistungen nur zusammen erworben werden können oder wenn die Inanspruchnahme der beworbenen Leistung zwangsläufig die Inanspruchnahme einer anderen Leistung voraussetzt (BGH GRUR 1991, 845, 846 – *Nebenkosten;* BGH GRUR 2009, 73 Tz 23 – *Telefonieren für 0 Cent!;* BGH GRUR 2010, 744 Tz 30 – *Sondernewsletter*). Bei solchen **kombinierten Leistungen,** die als einheitliches Leistungsangebot und Gegenstand eines einheitlichen Vertragsschlusses erscheinen, ist ein sich auf das einheitliche Leistungsangebot beziehender Endpreis anzugeben (BGH GRUR 2001, 1166, 1168 – *Fernflugpreise;* BGH GRUR 2009, 73 Tz 18 – *Telefonieren für 0 Cent!*). Das ist zB anzunehmen: beim Bereitstellen und Vorhalten eines Telefonanschlusses sowie einem Zusatztarif für die Möglichkeit kostenloser Gesprächsvermittlung an Wochenenden und Feiertagen (BGH GRUR 2009, 73 Tz 22 – *Telefonieren für 0 Cent!*); beim (nahezu) kostenlosen Angebot eines Mobiltelefons, um den Kunden dazu zu veranlassen, weitreichende vertragliche Bindungen, wie zB Netzkartenverträge, einzugehen (BGH GRUR 2008, 729 Tz 16 – *Werbung für Telefondienstleistungen* im Anschluss an BGHZ 139, 368, 376 ff = GRUR 1999, 264, 267 – *Handy für 0,00 DM;* bei einer Werbung mit Preisen für einen Telefon-Tarif oder eine Internet-Flatrate. wenn für ihre Nutzung Kosten für einen Kabelanschluss anfallen, BGH GRUR 2010, 744 Tz 31 – *Sondernewsletter*). Der Preisangabenpflicht ist nicht Genüge getan, wenn der Unternehmer mit der bes Preiswürdigkeit des einen Angebotsteils wirbt, aber den Preis für das obligatorische Komplementärangebot dagegen verschweigt oder in der Darstellung untergehen lässt, so dass ein unzutreffender Eindruck über die Preiswürdigkeit des gekoppelten Angebots entsteht (BGH GRUR 1999, 264, 267 – *Handy für 0,00 DM;* BGH GRUR 2009, 73 Tz 25 – *Telefonieren für 0 Cent!*).

13 **Kein einheitliches Leistungsangebot** bilden Produkte, bei denen es sich nach Auffassung der angesprochenen Verkehrskreise um selbstständige Leistungsgegenstände handelt, die nur auf Grund des Abschlusses mehrerer Verträge mit den jeweiligen Anbietern zu erhalten sind (OLG Karlsruhe GRUR-RR 2004, 86). Nicht einzubeziehen sind idR auch Produkte, die lediglich für die Verwendung der angebotenen oder beworbenen Produkte **erforderlich** oder mit diesen **kompatibel** sind und lediglich Gegenstand möglicher Folgegeschäfte sind. Dazu gehören zB Verbrauchsmaterialien, Zubehör- und Ersatzteile, Kundendienstleistungen und Leistungen, die mittels der angebotenen oder beworbenen Produkte in Anspruch genommen werden können (BGH GRUR 2008, 729 Tz 15 – *Werbung für Telefondienstleistungen;* BGH GRUR 2009, 73 Tz 17 – *Telefonieren für 0 Cent!;* BGH GRUR 2010, 744 Tz 29 – *Sondernewsletter*). Dies gilt auch dann, wenn der Unternehmer diese Leistungen in seinem Angebot hat und mittelbar mitbewirbt (BGH GRUR 2009, 73 Tz 17 – *Telefonieren für 0 Cent!;* BGH GRUR 2010, 744 Tz 29 – *Sondernewsletter*).

5. „Gewerbs- oder geschäftsmäßig oder regelmäßig in sonstiger Weise"

14 Zum Begriff „**gewerbs- oder geschäftsmäßig oder regelmäßig in sonstiger Weise**" vgl Vorb PAngV Rdn 13.

6. Angabe des „Endpreises"

15 **a) Begriff.** Unter „**Endpreis**" ist das **tatsächlich zu zahlende Gesamtentgelt** zu verstehen (BGH GRUR 1983, 665, 666 – *qm-Preisangaben I*). Der Endpreis ist **genau** zu beziffern. Es genügen also nicht ungefähre Angaben, wie zB „ca" oder „rund". Beim Verkauf einer Brille durch einen Optiker an das Mitglied einer gesetzlichen Krankenkasse ist der Endpreis das Entgelt, das der Optiker von der Kasse und dem Versicherten insgesamt erhält, der sog Selbstzahlerpreis (BGH NJW-RR 1989, 101 – *Brillenpreise I*), und zwar nicht nur, wenn der Optiker an Selbstzahler und Mitglieder gesetzlicher Krankenkassen verkauft, sondern auch dann, wenn er Brillen nur an Mitglieder gesetzlicher Krankenkassen abgibt (BGH GRUR 1997, 767 – *Brillenpreise II*).

b) Angabe des Endpreises einschließlich der Umsatzsteuer. Der anzugebende Endpreis **16** muss die **Umsatzsteuer** enthalten. Gegen § 1 I 1 PAngV verstößt daher die Angabe des Nettopreises mit dem Zusatz „+ MWSt" ohne gesonderte Hervorhebung des Endpreises oder die Angabe „Preise gültig ab allen deutschen Flughäfen zzgl Steuern und Gebühren von x bis y Euro" (vgl BGH GRUR 2001, 1167, 1168 – *Fernflugpreise*). Auch genügt nicht die Angabe des Nettopreises mit dem Hinweis, dass die Mehrwertsteuer noch hinzukomme (BGH GRUR 1979, 553 – *Luxus-Ferienhäuser;* BGH GRUR 1974, 281 – *Clipper;* LG Ellwangen MDR 1999, 675, 676).

c) Angabe des Endpreises einschließlich sonstiger Preisbestandteile. Sonstige Preis- **17** bestandteile sind alle Preise und Kosten, die der Verkäufer in die Kalkulation seiner Endpreise einbezieht. Dazu gehören auch die Entgelte für Leistungen Dritter, die zwangsläufig in Anspruch genommen werden müssen. Dagegen gehören zu den Preisbestandteilen **nicht** die Entgelte, die auf Grund getrennter Vereinbarungen an Dritte zu zahlen sind (zB Maklerprovisionen; Notargebühren; Kurtaxen).

Beispiele: **18**
Ein **Kfz-Einzelhändler** muss bei der Werbung für Kraftfahrzeuge auch die **obligatorischen Überführungskosten** sowie die Kosten für Umrüstung und TÜV-Abnahme in den Endpreis aufnehmen, da der Verkehr solche Nebenkosten nicht als zusätzliche Kosten, sondern als Bestandteile des Endpreises auffasst (BGH GRUR 1983, 443, 445 – *Kfz-Endpreis* mit Anm *Loschelder;* OLG Frankfurt GRUR 1980, 730; OLG Bremen WRP 2008, 1606 LS; OLG Düsseldorf VuR 2008, 65). Etwas anderes gilt, wenn der Händler dem Kunden die Wahl zwischen Selbstabholung und Überführung überlässt. In diesem Fall kann er sich darauf beschränken, die Überführungskosten gesondert anzugeben (BGH GRUR 1983, 658, 661 – *Hersteller-Preisempfehlung in Kfz-Händlerwerbung*)

Ein **Reiseveranstalter** ist verpflichtet, in seiner Werbung bei der Angabe von Mietpreisen für Ferienwohnungen Endpreise anzugeben, in denen die pauschal und in jedem Fall zu zahlenden Nebenkosten für Strom, Wasser, Gas und Heizung einbezogen sind und ebenso die von vornherein festgelegten Kosten für Bettwäsche und Endreinigung, sofern die Inanspruchnahme dieser Leistungen nicht ausdrücklich freigestellt ist (BGH GRUR 1991, 845, 846 – *Nebenkosten;* LG München WRP 2008, 273). Ein Reiseveranstalter muss bei der Werbung für Reisen mit Preisangaben auch die zwingend zu zahlende Buchungsgebühr (OLG Karlsruhe WRP 2005, 1188, 1190) in den Endpreis einbeziehen. Bei Preisaufschlägen für bestimmte Zeiträume sind diese genau einzugrenzen (LG München WRP 2008, 273, 274) und die Aufschläge müssen in den Endpreis einbezogen werden. Eine Prozentangabe genügt nicht.

Für **Flugreisen** gilt die Spezialregelung in **Art 23 I VO (EG) Nr 1008/2008** v 24. 9. 2008 (Vorb PAngV Rdn 9 f). Die frühere zur PAngV ergangene Rspr (BGH GRUR 1981, 140 – *Flughafengebühr;* BGH GRUR 2001, 1166, 1168 – *Fernflugpreise;* BGH GRUR 2003, 889, 890 – *Internet-Reservierungssystem;* BGH GRUR 2004, 435, 436 – *FrühlingsgeFlüge*) enthält zwar vergleichbare Grundsätze, ist aber überholt.

Ein **Makler,** der Letztverbrauchern gegenüber für Wohnungen unter Angabe von Preisen mit der Angabe „x Euro + Garage" wirbt, ohne den Mietpreis für die Garage anzugeben, verstößt wegen der fehlenden Endpreisangabe gegen § 1 I 1 PAngV (OLG Köln NZM 2002, 392, 393).

Werden **Hotelzimmer** im Internet mit einer Preisliste angeboten, dürfen die Preise nicht lediglich in Form einer Spanne „von ... bis" angegeben werden (OLG Schleswig WRP 2007, 1127).

d) Ausnahme von der Angabe eines Endpreises. Lässt sich ein umfassender Endpreis **19** wegen der Zeit- und Verbrauchsabhängigkeit einzelner Preiskomponenten nicht bilden, besteht **keine Verpflichtung, aus den Preisbestandteilen,** die bereits bei Vertragsschluss feststehen, **einen gemeinsamen Endpreis zu bilden** (BGH WRP 2010, 872 Tz 18 – *Costa del Sol;* BGH GRUR 2010, 744 Tz 33 – *Sondernewsletter*). Vielmehr sind dann im Hinblick auf **§ 1 III** und **VI 2 PAngV** die **einzelnen Preisbestandteile anzugeben** und **hinreichend deutlich zu machen** (BGHZ 139, 368, 375 f = GRUR 1999, 264 – *Handy für 0,00 DM;* BGH GRUR 2009, 73 Tz 18 – *Telefonieren für 0 Cent!;* BGH GRUR 2009, 1180 Tz 26 – *0,00 – Grundgebühr;* BGH GRUR 2010, 744 Tz 13 – *Sondernewsletter*). Von Bedeutung ist dies insbes beim Angebot von Reisen oder von Telefonen und Telefontarifen. Wird zB ein Mobiltelefon in der Werbung zu einem bes günstigen Preis mit der Maßgabe angeboten, dass gleichzeitig ein Netzkartenvertrag abgeschlossen wird, so braucht nicht aus dem Preis des Mobiltelefons und den für eine Zusammenrechnung geeigneten Bestandteilen der Kartenvergütung (Abschlussgebühr, Monatsgebühren und Mindestumsätze während der Mindestlaufzeit) ein gemeinsamer Endpreis gebildet zu werden (BGH GRUR 1999, 261, 264 – *Handy-Endpreis;* BGH GRUR 1994, 224 – *Teilzahlungspreis III*). Doch ist der mit Preisen Werbende verpflichtet, die für den Verbraucher mit dem Abschluss eines Netzkartenvertrages verbundenen Kosten (zB Grundgebühr, variable Kosten, Anschlusspreis, monatlicher Mindestgesprächsumsatz, Mindestvertragslaufzeit) hinreichend deutlich, dh deutlich lesbar oder sonst gut wahrnehmbar, kenntlich zu machen (BGH GRUR 2009, 1180 Tz 26 – *0,00 – Grundgebühr*). Wird für einen Telefonanschluss und eine Internet-Flatrate geworben und ist dafür ein Kabelanschluss erforderlich, muss ein hinreichend deutlicher Hinweis erfolgen, dass dafür monatliche Gebühren und eine einmalige Installationspauschale anfallen (BGH GRUR 2010, 744 Tz 33 – *Sondernewsletter*). Denn die PAngV soll verhindern, dass ein Unternehmer mit der bes Preisgünstigkeit eines Preisbestandteils blickfangmäßig wirbt, weitere Preisbestandteile dagegen verschweigt oder in der Darstellung untergehen lässt (BGH WRP 2010, 872 Tz 16 – *Costa del Sol;* BGH GRUR 2010, 744 Tz 35 – *Sondernewsletter*). Die Angaben über die Kosten des Netzzugangs müssen daher räumlich eindeutig dem blickfangmäßig herausgestellten Preis für das Mobiltelefon zugeordnet sowie gut lesbar und grds vollständig sein (BGH GRUR 1999, 264, 267 – *Handy für 0,00 DM;* BGH NJWE-WettbR 2000, 232, 233 – *Handy „fast geschenkt" für 0,49 DM*).

Bei der Preiswerbung für **Flugreisen** sind grds die Preise unter Einschluss der anfallenden Steuern und der Entgelte für die Leistungen Dritter, die – wie zB Flughafengebühren – bei jeder Flugreise in Anspruch genommen werden müssen. Dass sich die Kosten für Letztere vielfach noch nicht im Zeitpunkt der (Katalog-)Werbung genau ermitteln lassen, liegt im Risikobereich des Reiseveranstalters (BGH WRP 2010, 872 Tz 18 – *Costa del Sol*). Vor diesem Risiko kann er sich durch einen Preisanpassungsvorbehalt nach § 4 II 3 BGB-InfoV schützen (BGH WRP 2010, 872 Tz 20 – *Costa del Sol*).

7. Konkretisierende Angaben

20   Neben der Angabe des Endpreises verlangt § 1 I 2 PAngV die Angabe der **Verkaufs- und Leistungseinheiten und der Gütebezeichnung,** wenn dies der allgemeinen **Verkehrsauffassung** entspricht. Erst recht gilt dies, wenn solche Angaben sogar gesetzlich vorgeschrieben sind.

8. Einzelpreise, Preisersparnisse, empfohlene Verkaufspreise

21   Eine Werbung unter Angabe von **Einzelpreisen,** aber ohne Endpreisangabe, ist nach § 1 I 1 PAngV unzulässig. Die **Angabe einer Preisersparnis** ist jedoch für sich allein noch keine Preisangabe, die Rückschlüsse auf den Preis ermöglicht, wenn weder die Höhe der Bezugspreise noch ein Bezugspreis aus der Anzeige ersichtlich oder errechenbar ist (BGH GRUR 1983, 661, 663 – *Sie sparen 4000,– DM* für die Angabe „Sie sparen DM 4000,–"). Zahlenmäßige oder prozentuale Angaben über Preisersparnisse in Werbeanzeigen, wie zB die werbende Bezugnahme des Händlers auf eine (nach § 2 II GWB iVm Art 4 lit a Vertikal-GVO grds zulässige) **Preisempfehlung des Herstellers,** sind keine Preisangaben, da sie den Kaufinteressenten nur über die Hersteller-Preisempfehlung, nicht aber über den Preis des Werbenden informieren und daher keinen Preisvergleich ermöglichen (BGH GRUR 1983, 658, 661 – *Hersteller-Preisempfehlung in Kfz-Händlerwerbung* mit Anm *Sommerlad;* BGH GRUR 1981, 137, 138 – *Tapetenpreisempfehlung;* BGH GRUR 1980, 108, 109 – *... unter empf. Preis*). Erst wenn ein Händler den vom Hersteller unverbindlich empfohlenen Preis als seinen eigenen Preis darstellt, verstößt er ohne Endpreisangabe gegen § 1 I PAngV (BGH GRUR 1983, 658, 660 – *Hersteller-Preisempfehlung in Kfz-Händlerwerbung*). Durch die bloße Bezugnahme auf den unverbindlich empfohlenen Preis in einer Werbeanzeige macht sich der Händler den empfohlenen Preis noch nicht zu eigen, es sei denn, dass der Verkehr in dem Inhalt der Anzeige auf Grund ihres Gesamteindrucks eine Einzelpreisangabe des Händlers erblickt (BGH GRUR 1983, 658, 660 – *Hersteller-Preisempfehlung in Kfz-Händlerwerbung*).

9. Preisvergleiche

22   Für Preisangaben im Rahmen von Preisvergleichen, die gem § 6 II Nr 2 UWG zulässig sind (vgl § 6 UWG Rdn 111 ff, 120 ff), gelten keine Besonderheiten.

10. Bereitschaft zur Verhandlung über den angegebenen Preis

Auf die **Bereitschaft, über den angegebenen Preis zu verhandeln,** kann nach § 1 I 3 PAngV hingewiesen werden, soweit es der allgemeinen Verkehrsauffassung entspricht und Rechtsvorschriften nicht entgegenstehen. Nach dem Wegfall des Rabattgesetzes stehen individuellen Preisnachlässen grds keine rechtlichen Hindernisse mehr entgegen. Jedoch dürfen die näheren Umstände keine Irreführungsgefahr begründen. Zusätze wie „Preis Verhandlungsgrundlage" oder „VB", sind allerdings zulässig (OLG Koblenz WRP 1983, 438; OLG Köln WRP 1983, 639; KG WRP 1983, 639; OLG München WRP 1983, 233; OLG Köln GRUR 1986, 177).

II. Zusätzliche Angaben bei Angeboten im Fernabsatz (§ 1 II PAngV)

1. Anwendungsbereich der Regelung

§ 1 II PAngV stellt für **Angebote** zum Abschluss eines **Fernabsatzvertrages** (iSd **§ 312 b I BGB**) zusätzliche Anforderungen auf (dazu *Ernst* GRUR 2006, 636; *Rohnke* GRUR 2007, 381). Die Vorschrift ist nach der Rspr in richtlinienkonformer Auslegung am Maßstab des Art 5 II der Richtlinie über den elektronischen Geschäftsverkehr auch auf die **Werbung** mit Preisen im Fernabsatzhandel anzuwenden (BGH GRUR 2008, 532 Tz 28 – *Umsatzsteuerhinweis*; BGH GRUR 2010, 251 Tz 12 – *Versandkosten bei Froogle I*; OLG Stuttgart MMR 2008, 754). An sich erfasst diese Bestimmung zwar nur den Fernabsatz im elektronischen Geschäftsverkehr, insbes im Internet. Es wäre jedoch nicht gerechtfertigt, den sonstigen Fernabsatzhandel anders zu beurteilen. Dagegen ist § 1 II PAngV nicht anwendbar auf solche Fernabsatzverträge, auf die nach § 312 b III BGB die bürgerlichrechtlichen Vorschriften über Fernabsatzverträge keine Anwendung finden (zB Fernunterrichtsverträge, Pauschalreiseverträge). Für diese gelten (neben § 1 I, VI PAngV) die in den jeweiligen gesetzlichen Regelungen vorgesehenen Preisangabepflichten.

2. Angabe der Umsatzsteuer und sonstiger Preisbestandteile

Zum einen ist nach § 1 II 1 Nr 1 PAngV zusätzlich zu § 1 I und § 2 II PAngV anzugeben, dass die für Waren oder Leistungen geforderten Preise die **Umsatzsteuer** und **sonstige Preisbestandteile** enthalten (zB durch den Zusatz „incl MWSt"). Zur Vereinbarkeit dieser Bestimmung mit der UGP-Richtlinie vgl VorbPAngV Rdn 9 d. Der Hinweis muss aber nicht in unmittelbarem räumlichem Zusammenhang mit dem angegebenen Preis erfolgen. Dies ergibt sich auch nicht aus § 1 VI 2 PAngV. Vielmehr reicht es aus, wenn der Hinweis räumlich eindeutig dem Preis zugeordnet ist (BGH GRUR 2008, 84 Tz 29 – *Versandkosten*). Dafür genügt im Fall der Anzeigenwerbung ein klarer und unmissverständlicher Sternchenhinweis, wenn dadurch die Zuordnung des Hinweises zum Preis gewahrt bleibt (BGH GRUR 2008, 532 Tz 23 – *Umsatzsteuerhinweis*). Dem steht ein leicht erkennbarer und gut wahrnehmbarer Hinweis auf einer nachgeordneten Internetseite gleich, der allerdings vor Einleitung des Bestellvorgangs durch Einlegen der Ware in den virtuellen Warenkorb erfolgen muss (BGH GRUR 2008, 84 Tz 34 – *Versandkosten*). Denn der Verbraucher benötigt diese Angaben bereits dann, wenn er sich mit dem Angebot näher befasst (BGH GRUR 2010, 248 Tz 24 – *Kamerakauf im Internet*). Das entspricht auch den Vorgaben aus Art 7 I, II und IV lit c UGP-Richtlinie, wonach die Information so rechtzeitig erfolgen muss, dass der durchschnittliche Verbraucher eine „informierte geschäftliche Entscheidung" treffen kann. Denn eine solche Entscheidung ist bereits das Einlegen in den virtuellen Warenkorb (BGH GRUR 2010, 248 Tz 25, 26 – *Kamerakauf im Internet*).

3. Angabe zusätzlich anfallender Liefer- und Versandkosten

Zum anderen ist nach § 1 II 1 Nr 2 PAngV anzugeben, ob zusätzlich **Liefer-** und **Versandkosten** anfallen. Fallen derartige Kosten zusätzlich an, so ist deren Höhe anzugeben (§ 1 II 2 PAngV). Das kann zB auch durch einen Sternchenhinweis erfolgen, der auf die Fußzeile verweist, in der diese Angaben aufgeführt sind (OLG Hamburg GRUR-RR 2005, 236, 239). Beim Warenangebot im **Internet** dürfen die Liefer- und Versandkosten grds auch in einer gesonderten Internetseite angegeben werden. Ein Ausweis in unmittelbarem Zusammenhang mit dem Produktpreis ist also nicht erforderlich (BGH GRUR 2009, 982 Tz 15 – *Dr. Clauder's Hufpflege*). Jedoch muss der Verbraucher gezwungen sein, diese Internetseite noch vor Einleitung des Bestellvorgangs aufzurufen. Denn er benötigt die Angaben nicht erst im Zuge der Bestellung, sondern bereits dann, wenn er sich mit dem Angebot näher befasst (BGH GRUR 2008, 84 Tz 31 – *Versandkosten*). Es genügt also nicht, dass die Informationen auf anderen über Links erreichbaren

Seiten abrufbar sind, deren Kenntnisnahme auf dem Weg zum Vertragsschluss nicht erforderlich ist. Werden daher die Angaben nur in den über einen Link erreichbaren AGB oder Angebotsbeschreibungen des Anbieters oder erstmals im Rahmen des Warenkorbs genannt, genügt dies nicht den Anforderungen des § 1 VI PAngV (BGH GRUR 2008, 84 Tz 31 – *Versandkosten;* OLG Hamburg GRUR-RR 2007, 167; aA *Rohnke* GRUR 2007, 381, 382 f). Wer seine Preisangabe ohne Angabe der Zusatzkosten in eine **Preissuchmaschine** eingibt, verstößt ebenfalls gegen § 1 II PAngV (BGH GRUR 2010, 251 Tz 13 ff – *Versandkosten bei Froogle I;* BGH, Urt v 18. 3. 2010 – I ZR 16/08 Tz 25 ff – *Versandkosten bei Froogle II*). – Im Rahmen einer **Hörfunkwerbung** für mehrere Produkte genügt es, wenn die Versandkosten nur einmal und abschließend genannt werden, wenn für den Verbraucher klar ist, dass die Kosten bei jeder Bestellung anfallen (OLG Hamburg GRUR-RR 2005, 236, 239). Allerdings hängt die Höhe der Kosten oft von den Umständen ab (zB Einzel- oder Gesamtbestellung; Art der Versendung). Soweit daher die vorherige Angabe dieser Kosten in bestimmten Fällen nicht möglich ist, sind die näheren Einzelheiten der Berechnung anzugeben, auf Grund derer der Letztverbraucher die Höhe leicht errechnen kann (§ 1 II 3 PAngV). Es genügt daher, unmittelbar bei der Werbung den Hinweis „zzgl Versandkosten" aufzunehmen, wenn sich beim Anklicken oder Ansteuern dieses Hinweises ein Fenster öffnet, in dem die allgemeinen Berechnungsmodalitäten übersichtlich und verständlich erläutert werden, und wenn außerdem die tatsächliche Höhe der für den Einkauf anfallenden Versandkosten jeweils bei Aufruf des virtuellen Warenkorbs in der Preisaufstellung gesondert ausgewiesen sind (BGH GRUR 2010, 248 Tz 27 – *Kamerakauf im Internet*).

III. Angabe von Verrechnungssätzen (§ 1 III PAngV)

27   Die Vorschrift bezieht sich auf die Fälle, in denen der Umfang der zu erbringenden Leistung bei Vertragsschluss noch nicht feststeht. Danach können bei Leistungen, soweit es **üblich** ist, nach § 1 III 1 PAngV statt der Angabe der Endpreise nach § 1 I 1 PAngV Stundensätze, Kilometersätze und andere **Verrechnungssätze** angegeben werden. Da Stunden- und Kilometersätze nur Beispielsfälle von Verrechnungssätzen darstellen, können bspw auch andere Zeiteinheiten (zB Minuten oder Tage), soweit üblich, angegeben werden. Zulässig ist auch die Angabe von **Arbeitswerten** für standardisierte Dienstleistungen, unabhängig vom jeweiligen Zeitaufwand für die tatsächlich erbrachte Leistung (zB bei Kfz-Reparaturen). Allerdings müssen diese Sätze „alle Leistungselemente, einschließlich der anteiligen Umsatzsteuer, enthalten". Nach § 1 III 2 PAngV können auch die **Materialkosten** in die Verrechnungssätze einbezogen werden. – Die **Üblichkeit** ist iS anständiger Marktgepflogenheiten (Handelsbräuche) unter Einschluss sinnvoller Fortentwicklungen zu verstehen. – § 1 III PAngV ist richtlinienkonform am Maßstab des **Art 22 III lit a Dienstleistungsrichtlinie** auszulegen (Vorb Rdn 12), wobei zu berücksichtigen ist, dass Art 22 V strengere Regelungen zulässt. Daher darf der Dienstleistungserbringer anstelle der Angabe von Verrechnungssätzen auch einen **Kostenvoranschlag** (Kostenanschlag iSd § 650 BGB) unterbreiten. – Für den Bereich von **Telekommunikationsdienstleistungen** gelten die Sondervorschriften der §§ 66 a – 66 c TKG (Vorb Rdn 8).

IV. Forderung einer rückerstattbaren Sicherheit (§ 1 IV PAngV)

28   Fordert der Anbieter zusätzlich eine **„rückerstattbare Sicherheit"** (zB Flaschen- oder Dosenpfand), so ist deren Höhe neben dem Preis für die Ware oder Leistung anzugeben und kein Gesamtbetrag zu bilden (§ 1 IV PAngV). **Beispiel:** „1,50 € zuzüglich 0,30 € Pfand".

V. Angabe von Preisen mit Änderungsvorbehalt (§ 1 V PAngV)

29   In § 1 V PAngV sind drei Ausnahmen vom Grundsatz des § 1 I 1 PAngV geregelt, die sich auf die Angabe von Preisen mit einem Änderungsvorbehalt beziehen. Die Vorschrift wurde neu gefasst durch die VO v 23. 3. 2009 mit Wirkung vom 1. 11. 2008.

1. Liefer- und Leistungsfristen von mehr als vier Monaten (§ 1 V Nr 1 PAngV)

30   Eine Ausnahme vom Grundsatz des § 1 I Nr 1 PAngV gilt für Waren oder Leistungen, bei denen **Liefer-** oder **Leistungsfristen von mehr als vier Monaten** bestehen. In diesen Fällen können nach § 1 V Nr 1 PAngV die Preise mit einem Änderungsvorbehalt angegeben werden. Die Regelung ist im Zusammenhang mit § 309 Nr 1 HS 1 BGB zu sehen. Nach dieser Vorschrift ist eine AGB-Klausel, welche die Erhöhung des Entgelts für Waren oder Leistungen vorsieht, die innerhalb von vier Monaten nach Vertragsschluss geliefert oder erbracht werden

sollen, unwirksam. Im Umkehrschluss ist eine Preisänderungsklausel bei Fristen von mehr als vier Monaten grundsätzlich zulässig. Dem trägt § 1 V Nr 1 PAngV Rechnung.

2. Dauerschuldverhältnisse (§ 1 V Nr 2 PAngV)

Preisangaben mit Änderungsvorbehalt sind nach § 1 V Nr 2 PAngV außerdem zulässig bei Waren oder Leistungen, die im Rahmen von **Dauerschuldverhältnissen** erbracht werden. Dies entspricht der Regelung in § 309 Nr 1 HS 2 BGB. Ein Dauerschuldverhältnis liegt vor, wenn ein dauerndes Verhalten oder eine wiederkehrende Leistung geschuldet wird (vgl Palandt/ *Grüneberg* BGB § 314 Rdn 2). Dazu gehören insbes Abonnementverträge, Sukzessivlieferungsverträge und sonstige Bezugsverträge. 31

3. Reiseprospekte (§ 1 V Nr 3 PAngV)

Preisangaben mit Änderungsvorbehalt sind nach § 1 V Nr 3 PAngV schließlich zulässig bei Prospekten eines Reiseveranstalters über die von ihm veranstalteten Reisen. Allerdings muss der Reiseveranstalter sich eine Änderung im Prospekt vorbehalten haben (§ 4 II 1 BGB-InfoV) und der Vorbehalt der Preisanpassung muss nach § 4 II 3 BGB-InfoV zulässig sein. 32

VI. Allgemeine Anforderungen an die Darstellung der Angaben (§ 1 VI PAngV)

1. Die gesetzliche Regelung

In § 1 VI 1 PAngV wird der Grundsatz aufgestellt, dass die Angaben nach der PAngV der „allgemeinen Verkehrsauffassung und den Grundsätzen von Preisklarheit und Preiswahrheit entsprechen" müssen. In § 1 VI 2 PAngV wird dieser Grundsatz konkretisiert: Die Angaben müssen „dem Angebot oder in der Werbung eindeutig zuzuordnen sowie leicht erkennbar und deutlich lesbar oder sonst gut wahrnehmbar" sein. Nach § 1 VI 3 PAngV sind bei der Aufgliederung von Preisen die Endpreise hervorzuheben. – § 1 VI PAngV bezieht sich auf „alle Angaben nach dieser Verordnung". Erfasst werden damit also auch die Grundpreise iSd § 2 PAngV (BGH GRUR 2009, 982 Tz 12 – *Dr. Clauder's Hufpflege*). – Die Regelung in § 1 VI PAngV hat nach der Rspr (BGH GRUR 2010, 251 Tz 16 – *Versandkosten bei Froogle I*) ihre Grundlage in Art 4 I 1 der Preisangabenrichtlinie 98/6/EG. Da diese Bestimmung aber auf das Angebot von Waren beschränkt ist (*arg* Art 1 1 der Preisangabenrichtlinie 9), reicht dies als Legitimation nicht aus. Ergänzend sind Art 22 IV Dienstleistungsrichtlinie und Art 4 II Fernabsatzrichtlinie 97/7/EG heranzuziehen, die über Anh II und Art 7 V UGP-Richtlinie in die UGP-Richtlinie einbezogen sind. 33

2. Die Anforderungen der Verkehrsauffassung und der Preiswahrheit und Preisklarheit

a) **Allgemeines.** Die nach der PAngV gebotenen Angaben müssen nach § 1 VI 1 PAngV der **allgemeinen Verkehrsauffassung** und den **Grundsätzen von Preisklarheit und Preiswahrheit** entsprechen. Dadurch wird die Pflicht zur Preisangabe nicht eingeschränkt, sondern lediglich geregelt, wie sie zu befolgen ist (BGH GRUR 1981, 140, 141 – *Flughafengebühr*). 34

aa) **Allgemeine Verkehrsauffassung.** Der Maßstab der **allgemeinen Verkehrsauffassung** besagt, dass es weder auf die Auffassungen des anbietenden oder werbenden Unternehmens, noch auf die Auffassung des einzelnen Letztverbrauchers ankommt, sondern auf die Auffassung der Letztverbraucher, an die sich das Angebot oder die Werbung richtet (BGH GRUR 1997, 479, 480 – *Münzangebot*). Dabei ist auf den **durchschnittlich informierten, situationsadäquat aufmerksamen und verständigen Letztverbraucher** abzustellen. Richtet sich das Angebot oder die Werbung an eine bestimmte Zielgruppe, insbes **Internet-Nutzer**, so kommt es auf das Verständnis des durchschnittlichen Mitglieds der angesprochenen Gruppe an (vgl BGH GRUR 2007, 159 Tz 21 – *Anbieterkennzeichnung im Internet*; BGH GRUR 2008, 84 Tz 30 – *Versandkosten*; § 3 II 2 und 3 UWG). So ist dem Internet-Nutzer bekannt, dass Informationen zu angebotenen Waren auf mehrere Seiten verteilt sein können, die untereinander durch elektronische Verweise („Links") verbunden sind (BGH GRUR 2008, 84 Tz 30 – *Versandkosten*). Im Übrigen kann eine Rolle spielen, was in der betreffenden Branche üblich ist und daher auch erwartet werden kann. Auch ist zu berücksichtigen, dass das Internet eine solche Fülle von Informationen enthält, dass zahlreiche Informationen – insbes beim „Surfen" – nur flüchtig wahrgenommen werden. Dies gilt insbes für die Entgeltlichkeit von Informationsangeboten. Da zahlreiche Informationen unentgeltlich zum Download angeboten werden, erwartet der Ver- 35 braucher insoweit einen deutlichen Hinweis auf die Entgeltlichkeit (OLG Frankfurt K&R 2009, 197 zu **Kostenfallen im Internet**). – Wird mit „ab"-Preisen gegenüber jedermann geworben, ist dies dahin zu verstehen, dass es sich um den günstigsten Preis handelt, den ein Erwachsener erlangen kann (vgl OLG Hamburg Beschl v 14. 1. 2009 – 5 W 4/09, MD 2009, 328).

36 **bb) Preiswahrheit.** Der Grundsatz der **Preiswahrheit** bedeutet, dass der angegebene Preis mit dem Preis übereinstimmen muss, den der Letztverbraucher tatsächlich zu bezahlen hat. Ist dies nicht der Fall, so ist gleichzeitig der Irreführungstatbestand des § 5 I 2 Nr 2 UWG erfüllt. Hat bspw ein Anbieter einen Preis einem Suchmaschinenbetreiber mitgeteilt und ändert er später seinen Preis, so wird die Angabe im Suchmaschineneintrag unwahr (OLG Stuttgart MMR 2008, 754, 755). – Der Grundsatz der Preiswahrheit ist an sich auch dann verletzt, wenn irrtümlich oder versehentlich ein höherer als der tatsächlich berechnete Preis angegeben ist (BGH GRUR 1999, 762, 763 – *Herabgesetzte Schlussverkaufspreise*). Jedoch handelt es sich dabei um einen Bagatellverstoß iSd § 3 I UWG. Denn die Angabe des zu hohen Preises wirkt sich allenfalls zu Lasten, nicht aber zugunsten des Unternehmers aus (BGH WRP 2008, 659 Tz 14, 15 – *Fehlerhafte Preisauszeichnung*). Der zu bezahlende Preis ist genau zu beziffern. Ungefähre Angaben („ca" oder „rd") genügen also nicht.

37 **cc) Preisklarheit.** Der Grundsatz der **Preisklarheit** bedeutet, dass der angegebene Preis für den Letztverbraucher klar erkennbar sein muss. Dieser Grundsatz wird in § 1 VI 2 PAngV konkretisiert (Rdn 44 ff).

38 **b) Einzelheiten. aa) Versandhandel.** Im **Versandhandel** werden die Versandkosten grds nicht auf die Ware, sondern auf die Sendung erhoben und sind daher idR kein auf den Endpreis anzurechnender Preisbestandteil (BGH GRUR 2008, 84 Tz 31 – *Versandkosten*). Hierfür gilt die Spezialregelung des § 1 II 2 und 3 PAngV (BGH GRUR 2008, 84 Tz 26 – *Versandkosten*; Rdn 26). Bei der **Internetwerbung** für eine Ware unter Preisangabe darf der Hinweis gem § 1 II 1 Nr 1 und 2 PAngV darauf, dass der Preis die Umsatzsteuer enthält und zusätzlich Liefer- und Versandkosten anfallen, auch auf einer gesonderten Internetseite erfolgen, sofern sie vor Einleitung des Bestellvorgangs notwendig aufgerufen werden muss und der Hinweis leicht erkennbar und gut wahrnehmbar ist (BGH GRUR 2008, 84 Tz 28 ff – *Versandkosten*; OLG Köln GRUR-RR 2005, 89, 90). Zur Preiswerbung in Preissuchmaschinen vgl Rn 26.

39 **bb) Währungsangaben.** Die Preisangaben müssen sich auf die inländische **Währung,** also den Euro, beziehen, weil der Euro das gesetzliche Zahlungsmittel ist. Allerdings braucht das Euro- oder Cent-Zeichen bei der Preisangabe nicht angegeben zu werden, sofern für den Letztverbraucher den Umständen nach erkennbar ist, dass die Ware oder Leistung in Euro zu bezahlen ist. Umgekehrt darf der Preis nicht in einer ausländischen Währung angegeben werden, wenn er letztlich doch in Euro bezahlt werden kann (§ 244 I BGB) oder muss (vgl LG Frankfurt WRP 1990, 724). Ist dagegen die Ware oder Leistung im Inland kraft Vereinbarung **ausschließlich** in einer **fremden Währung** zu bezahlen (vgl § 244 I BGB), so muss diese Währung auch bei der Preisangabe angegeben werden. Es ist dann nicht zulässig, stattdessen den Preis in der Euro-Währung anzugeben, wohl dagegen kann der Preis in Euro als Zusatzinformation angegeben werden (BGH GRUR 1995, 274 – *Dollar-Preisangaben*; krit Mankowski GRUR 1995, 539 ff).

40 **cc) Kopplungsangebote.** Wird bei einem lauterkeitsrechtlich zulässigen **Kopplungsangebot** mit der bes Preiswürdigkeit des einen Angebots geworben, darf der Preis des anderen Angebots nicht verschwiegen werden oder auf Grund der Darstellung untergehen, weil damit ein unzutreffender Eindruck über die Preiswürdigkeit des gekoppelten Angebots vermittelt würde (BGH GRUR 1999, 264, 267 – *Handy für 0,00 DM*). Unzulässig ist jedoch, in der Werbung allein das Versprechen unentgeltlicher Teilleistungen oder den günstigen Preis einer Teilleistung herauszustellen, ohne gleichzeitig in klarer Zuordnung leicht erkennbar und deutlich lesbar auf das Entgelt hinzuweisen, das für den anderen Teil des Kopplungsangebots verlangt wird. Gegenüber dem herausgestellten Hinweis auf die günstige Teilleistung dürfen dabei die Angaben, aus denen sich die wirtschaftliche Belastung des Verbrauchers ergibt, nicht vollständig in den Hintergrund treten (BGH GRUR 2002, 979, 981 – *Kopplungsangebot II*; OLG Schleswig NJOZ 2003, 2944, 2945).

41 **dd) Unterschiedliche Preisangaben.** Wird ein und dieselbe Ware im selben Geschäft unterschiedlich ausgezeichnet, ohne dass darauf hingewiesen wird, liegt zwar kein Verstoß gegen die PAngV, wohl aber eine irreführende Werbung vor (§ 5 UWG Rdn 7.15). Dasselbe gilt, wenn ein anderer Preis als auf der Ware angegeben angekündigt wird (§ 5 UWG Rdn 7. 17). Für dieselbe Ware dürfen aber nicht auf einem Preisschild zwei verschiedene Preise angegeben werden. Das ist aber noch nicht der Fall bei einer Gegenüberstellung des tatsächlich verlangten

VI. Allgemeine Anford. an die Darst. der Angaben (§ 1 VI PAngV) 42–46 **§ 1 PAngV**

Endpreises und einer unverbindlichen Preisempfehlung des Herstellers (dazu § 5 UWG Rdn 7.44 ff). Ob die Preisempfehlung kartellrechtlich nach § 2 II GWB iVm Art 4 Vertikal-GVO zulässig ist (Rdn 21), ist unerheblich. Zur Werbung mit **durchgestrichenen Preisen** vgl § 5 UWG Rdn 7.67 ff. – Um „dieselbe" Ware iSd § 1 PAngV handelt es sich jedoch nicht, wenn unterschiedliche Preise für den Verzehr im Lokal und den Verkauf außer Haus oder für verschiedene Tageszeiten verlangt werden.

ee) **Telekommunikationsdienstleistungen.** Eine Werbung mit einem Minutenpreis für 42 Gespräche vom Handy ins Festnetz muss die Angabe enthalten, dass der Kunde für die Inanspruchnahme der Leistung ein Prepaid-Konto mit einem bestimmten Guthaben einrichten muss (OLG Frankfurt WRP 2005, 635 LS). Eine Werbung für **Webhosting-Dienstleistungen** muss auch über die nutzungsabhängigen Preisbestandteile bei Überschreitung des Pauschalvolumens informieren (OLG Hamburg GRUR-RR 2007, 169, 173).

ff) **Sonstiges.** Wer **Textilstoffe** nach Metern verkauft, muss den Meterpreis und darf nicht 43 den Kilopreis angeben, auch wenn er selbst die Ware zu Kilopreisen eingekauft hat (BGH GRUR 1981, 289 – *Kilopreise I*). Denn auf Grund von Kilopreisangaben kann der Kunde weder feststellen, was die von ihm benötigte Menge tatsächlich kostet, noch kann er sie mit den Meterpreisen von Mitbewerbern vergleichen. Fallen bei der Beauftragung eines **Schlüsseldienstes** nach dessen AGB bestimmte Mindestkosten an, müssen diese im Vertrag bereits vollständig beziffert werden (LG Dortmund WRP 2007, 1518).

3. Eindeutige Zuordnung, leichte Erkennbarkeit, deutliche Lesbarkeit oder sonstige gute Wahrnehmbarkeit

a) **Allgemeines.** Die nach der PAngV zu machenden Angaben müssen dem Angebot oder 44 der Werbung **eindeutig zugeordnet, leicht erkennbar und deutlich lesbar oder sonst gut wahrnehmbar sein** (§ 1 VI 2 PAngV). Diese Anforderungen können im Einzelfall auf unterschiedliche Weise erfüllt werden (BGH GRUR 2008, 84 Tz 30 – *Versandkosten*), jedoch müssen die Angaben in jedem Fall der **allgemeinen Verkehrsauffassung** entsprechen (§ 1 VI 1 PAngV). Bei Waren des täglichen Bedarfs ist auf den **durchschnittlichen Verbraucher** abzustellen. Beim Warenangebot im Internet ist dies der durchschnittliche Nutzer des Internets (BGH GRUR 2007, 159 Tz 21 – *Anbieterkennzeichnung im Internet*; BGH GRUR 2008, 84 Tz 30 – *Versandkosten*; Rohnke GRUR 2007, 381, 382).

b) **Eindeutige Zuordnung.** Das Erfordernis der **eindeutigen Zuordnung** soll sicherstellen, 45 dass der Letztverbraucher nicht im Ungewissen darüber bleibt, welcher Preis für welche Ware oder Leistung gelten soll. Es muss also für den eindeutigen **sachlichen** Zusammenhang zwischen Preisangabe und Ware oder Leistung gesorgt werden. Dieses Erfordernis kann im Einzelfall auf unterschiedliche Weise erfüllt werden (BGH GRUR 2008, 84 Tz 30 – *Versandkosten*; BGH GRUR 2010, 744 Tz 35 – *Sondernewsletter*). In jedem Fall müssen die Angaben allerdings der allgemeinen Verkehrsauffassung entsprechen. Die Notwendigkeit eindeutiger Zuordnung der Preise gilt insbes auch für die Preisauszeichnung nach § 4 PAngV. Für die Auszeichnung genügt es deswegen nicht, wenn die Preise nur in der Weise mitgeteilt werden, dass auf den Waren Buchstaben des Alphabets befestigt sind, die auf einen in den Verkaufsräumen aufgehängten Preisschlüssel hinweisen (OLG München GRUR 1983, 76).

Ein unmittelbarer **räumlicher** Bezug der Hinweise zu den Abbildungen der Waren oder ihrer 46 Beschreibung wird allerdings, anders als bei § 4 IV, durch § 1 VI 2 nicht gefordert (BGH GRUR 2008, 84 Tz 29 – *Versandkosten*; BGH GRUR 2009, 982 Tz 15 – *Dr. Clauder's Hufpflege*; OLG Stuttgart MMR 2008, 754, 755; Rohnke GRUR 2007, 381, 382). Auch eine analoge Anwendung des § 4 IV PAngV scheidet aus, da es sich dabei um eine Spezialregelung zu § 1 VI 2 PAngV handelt. – Die Zuordnung kann bspw durch einen klaren und unmissverständlichen **Sternchenhinweis** geschehen, wenn dadurch die Zuordnung der Angaben in der Werbung gewahrt bleibt und die Angaben gut lesbar und vollständig sind (BGHZ 139, 368 = GRUR 1999, 264, 267 – *Handy für 0,00 DM;* BGH GRUR 2010, 744 Tz 35 – *Sondernewsletter*). Allerdings genügt es nicht, wenn der Preis zwar im Sternchen-Hinweistext angegeben ist, aber für den Verbraucher nicht erkennbar ist, dass ihn das Sternchen zu einer Preisangabe führt, weil unklar ist, ob eine entgeltliche oder unentgeltliche Leistung beworben wird (sog **Kostenfallen im Internet;** OLG Frankfurt K&R 2009, 197, 199; OLG Frankfurt GRUR-RR 2009, 265, 267). Auch genügt es nicht, wenn die Kosten für eine Dienstleistung nur am unteren Ende einer Internetseite angegeben sind (LG Frankfurt WRP 2008, 1274 LS). Bei einem Kopplungsange-

Köhler 1477

bot, das **blickfangmäßig** den nahezu unentgeltlichen Teil des Angebots (zB Mobiltelefon; Grundgebühr) hervorhebt, müssen die auf den anderen Teil des Angebots entfallenden Preisbestandteile in der Werbung daher so dargestellt werden, dass sie der Blickfangwerbung eindeutig zugeordnet sowie leicht erkennbar und deutlich lesbar sind (BGH GRUR 2006, 164, 166 – *Aktivierungskosten II;* OLG Köln WRP 2007, 342, 345). Daran fehlt es, wenn der Hinweis an versteckter Stelle erfolgt oder nicht deutlich lesbar ist.

47 Auch erfordert § 1 VI 2 PAngV keinen unmittelbaren zeitlichen Zusammenhang zwischen Angebot und Preisangabe. Das ist insbes für das Warenangebot im **Internet** von Bedeutung: Der durchschnittliche Nutzer weiß, dass Informationen zu angebotenen Waren auf mehrere Seiten verteilt sein können, die untereinander durch Links verbunden sind (BGH GRUR 2008, 84 Tz 30 – *Versandkosten*). Er rechnet auch mit zusätzlichen Liefer- und **Versandkosten** im Versandhandel. Daher genügt es, wenn die entsprechenden Angaben **alsbald** (sowie leicht erkennbar und gut wahrnehmbar) auf einer anderen Internetseite erfolgen. Jedoch muss der Verbraucher gezwungen sein, diese Seite noch vor Einleitung des Bestellvorgangs aufzurufen. Denn er benötigt die Angaben nicht erst im Zuge der Bestellung (Abgabe eines Kaufangebots iSd § 145 BGB), sondern bereits dann, wenn er sich mit dem Angebot näher befasst (BGH GRUR 2008, 84 Tz 31 – *Versandkosten;* OLG Hamburg MMR 2008, 681, 682). Es genügt also nicht, dass die Informationen auf anderen über Links erreichbaren Seiten abrufbar sind, deren Kenntnisnahme auf dem Weg zum Vertragsschluss nicht erforderlich ist. Bei Preisangaben, die der Werbende einem Suchmaschinenbetreiber mitteilt, müssen Zusatzkosten iSd § 1 II PAngV bereits im **Suchmaschineneintrag** selbst mitgeteilt werden. Denn begibt sich der Verbraucher mittels des Links auf die Internet-Seite des Anbieters, hat er sich bereits näher mit der Angabe befasst (OLG Stuttgart MMR 2008, 754, 755). – Das Gleiche gilt für die Angabe, dass die Preise die **Umsatzsteuer** enthalten (BGH GRUR 2008, 84 Tz 34 – *Versandkosten*).

48 **c) Leichte Erkennbarkeit, deutliche Lesbarkeit oder sonstige gute Wahrnehmbarkeit. aa) Leichte Erkennbarkeit.** Der Verbraucher muss den Preis sowie sonstige Kosten oder kostenbildende Faktoren der Ware oder Leistung **leicht erkennen** können. Dieses Erfordernis bezieht sich auf das Maß an Anstrengung, das der angesprochene Letztverbraucher aufwenden muss, um den tatsächlichen Preis der Ware oder Leistung zu ermitteln. Leicht bedeutet sonach so viel wie ohne größere intellektuelle Mühe. Leichte Erkennbarkeit ist nicht gegeben, wenn die Preise oder der Hinweis auf die Umsatzsteuer gem § 1 II 1 Nr 1 PAngV lediglich in den **AGB** wiedergegeben werden, weil sie dort nicht vermutet werden (OLG Frankfurt K&R 2009, 197, 199; OLG Hamburg MMR 2008, 44, 45; LG Hanau MMR 2008, 488, 489); ferner dann, wenn die Ware selbst nicht mit dem Endpreis gezeichnet ist, dieser vielmehr erst durch einen zusätzlichen Rechenvorgang ermittelt werden muss (BGH GRUR 1999, 762, 763 – *Herabgesetzte Schlussverkaufspreise;* vgl aber die Ausnahmeregelung in § 9 II). Unbedenklich ist es allerdings, wenn bei einem Online-Reservierungssystem das System bei der erstmaligen Bezeichnung von Preisen nicht bereits den Endpreis angibt, sondern dieser erst bei der fortlaufenden Eingabe in das System ermittelt wird und der Nutzer darauf zuvor klar und unmissverständlich hingewiesen wird (BGH GRUR 2003, 889, 890 – *Internet-Reservierungssystem;* OLG Köln GRUR-RR 2005, 90).

49 **bb) Deutliche Lesbarkeit.** Das Erfordernis der **deutlichen Lesbarkeit** bezieht sich auf das Sehvermögen der angesprochenen Letztverbraucher. Es ist nicht erfüllt, wenn Schriftgröße, Schriftart oder Schriftfarbe derart gewählt sind, dass die Angaben nur mit Mühe wahrgenommen werden können.

50 **cc) Sonstige gute Wahrnehmbarkeit.** Das Erfordernis der **sonstigen guten Wahrnehmbarkeit** bezieht sich insbes auf das Umfeld, in dem die Angaben gemacht werden. So kann eine Angabe zwar an sich deutlich lesbar sein, gleichwohl aber sich der guten Wahrnehmbarkeit entziehen, wenn sich auf der gleichen (Internet-)Seite eine Fülle sonstiger Informationen befindet, die dem Verbraucher gegenüber deutlicher ins Auge stechen als die Preisangabe (vgl LG Hanau MMR 2008, 488, 489).

4. Hervorhebung der Endpreise

51 Bei einer **Aufgliederung** von Preisen sind die **Endpreise hervorzuheben** (§ 1 VI 3 PAngV). Eine Aufgliederung von Preisen liegt vor, wenn neben dem Endpreis auch **Preisbestandteile** ausgewiesen sind. Dazu gehört aber nicht die Angabe des Grundpreises iSd § 2 PAngV neben dem Endpreis (BGH GRUR 2009, 982 Tz 12 – *Dr. Clauder's Hufpflege*). – Die Hervorhebung kann optisch erfolgen (zB durch Fettdruck oder Blickfang) oder durch eine

entsprechende Bezeichnung (zB als „Endpreis") erfolgen. Durch die Angabe der Preisbestandteile kann die Preistransparenz verbessert werden, zB durch den Ausweis der Mehrwertsteuer (geboten im Falle des § 1 II Nr 1 PAngV), des Quadratmeterpreises bei Grundstücken, des Preises für Dienst- oder Handwerkerleistungen. Bei Kopplungsangeboten kann zur Vermeidung einer Irreführung des Verbrauchers eine Aufgliederung sogar notwendig sein (vgl BGH GRUR 2002, 976, 978 – *Kopplungsangebot I*). Wird aufgegliedert, so befreit dies selbstverständlich nicht von der Angabe des Endpreises nach den Maßstäben des § 1 VI 1 und 2 PAngV. Unzulässig ist es, neben der nicht hervorgehobenen Endpreisangabe eine Einzelpreisangabe (etwa den qm-Preis beim Angebot einer Immobilie) hervorzuheben (BGH GRUR 2001, 258, 259 – *Immobilienpreisangaben*). Unzulässig ist es ferner, den nach dem rechnerischen Abzug einer erwarteten staatlichen Vergünstigung sich ergebenden reduzierten Preis im Blickfang in Fettschrift zu nennen, während der vertragsrechtlich maßgebende Endpreis sich nur in kleiner Schrift bei der Sternchen-Auflösung findet (OLG Köln WRP 2010, 156 [LS]). Werden einzelne Preisbestandteile in gleicher Weise hervorgehoben wie der Endpreis, so genügt dies ebenfalls nicht den Anforderungen des § 1 VI 3 PAngV.

Grundpreis

2 (1) ¹Wer Letztverbrauchern gewerbs- oder geschäftsmäßig oder regelmäßig in sonstiger Weise Waren in Fertigpackungen, offenen Packungen oder als Verkaufseinheiten ohne Umhüllung nach Gewicht, Volumen, Länge oder Fläche anbietet, hat neben dem Endpreis auch den Preis je Mengeneinheit einschließlich der Umsatzsteuer und sonstiger Preisbestandteile (Grundpreis) in unmittelbarer Nähe des Endpreises gemäß Absatz 3 Satz 1, 2, 4 oder 5 anzugeben. ²Dies gilt auch für denjenigen, der als Anbieter dieser Waren gegenüber Letztverbrauchern unter Angabe von Preisen wirbt. ³Auf die Angabe des Grundpreises kann verzichtet werden, wenn dieser mit dem Endpreis identisch ist.

(2) Wer Letztverbrauchern gewerbs- oder geschäftsmäßig oder regelmäßig in sonstiger Weise unverpackte Waren, die in deren Anwesenheit oder auf deren Veranlassung abgemessen werden (lose Ware), nach Gewicht, Volumen, Länge oder Fläche anbietet oder als Anbieter dieser Waren gegenüber Letztverbrauchern unter Angabe von Preisen wirbt, hat lediglich den Grundpreis gemäß Absatz 3 anzugeben.

(3) ¹Die Mengeneinheit für den Grundpreis ist jeweils 1 Kilogramm, 1 Liter, 1 Kubikmeter, 1 Meter oder 1 Quadratmeter der Ware. ²Bei Waren, deren Nenngewicht oder Nennvolumen üblicherweise 250 Gramm oder Milliliter nicht übersteigt, dürfen als Mengeneinheit für den Grundpreis 100 Gramm oder Milliliter verwendet werden. ³Bei nach Gewicht oder nach Volumen angebotener loser Ware ist als Mengeneinheit für den Grundpreis entsprechend der allgemeinen Verkehrsauffassung entweder 1 Kilogramm oder 100 Gramm oder 1 Liter oder 100 Milliliter zu verwenden. ⁴Bei Waren, die üblicherweise in Mengen von 100 Liter und mehr, 50 Kilogramm und mehr oder 100 Meter und mehr abgegeben werden, ist für den Grundpreis die Mengeneinheit zu verwenden, die der allgemeinen Verkehrsauffassung entspricht. ⁵Bei Waren, bei denen das Abtropfgewicht anzugeben ist, ist der Grundpreis auf das angegebene Abtropfgewicht zu beziehen.

(4) ¹Bei Haushaltswaschmitteln kann als Mengeneinheit für den Grundpreis eine übliche Anwendung verwendet werden. ²Dies gilt auch für Wasch- und Reinigungsmittel, sofern sie einzeln portioniert sind und die Zahl der Portionen zusätzlich zur Gesamtfüllmenge angegeben ist.

§ 2 PAngV beruht auf Art 3 IV der Preisangabenrichtlinie 98/6/EG v 16. 2. 1998. Nach Art 7 IV UGP-Richtlinie gilt die darin geregelte Informationspflicht als wesentlich iSv Art 7 I UGP-Richtlinie. Den Verbrauchern soll durch die Angabe des Grundpreises im Interesse der Preisklarheit eine leichtere Übersicht über die **Preisgestaltung für vergleichbare Warenangebote** und damit eine vereinfachte Möglichkeit zum Preisvergleich verschafft werden (OLG Köln GRUR-RR 2002, 304, 305; *Jacobi* WRP 2010, 1217, 1219 f). 1

§ 2 PAngV begründet in seinem Anwendungsbereich eine **Pflicht zur doppelten Preisangabe,** und zwar zur Angabe des Endpreises gem § 1 I 1 PAngV und zur Angabe des Grundpreises. Dabei ist der Grundpreis der Preis je Mengeneinheit (§ 2 III PAngV) einschließlich Umsatzsteuer und sonstiger Preisbestandteile. Die Verpflichtung gilt für **offene** (§ 31 a FPV) und **lose** (§§ 32, 33 FPV) **Waren** sowie für **Waren in Fertigpackungen** (§ 6 FPV). 2

Der Grundpreis ist in **unmittelbarer Nähe** des Endpreises anzugeben (§ 2 I 1 PAngV). Dies ist sowohl **räumlich** als auch **zeitlich** zu verstehen (MünchKommUWG/*Ernst* § 2 PAngV 3

Rdn 9). Der Verbraucher muss in der Lage sein, beide Preise auf einen Blick wahrzunehmen (BGH GRUR 2009, 982 Tz 12 – *Dr. Clauder's Hufpflege*).

4 Einer Hervorhebung des Endpreises gem § 1 VI 3 PAngV bedarf es nicht, weil bei der Angabe von Grund- und Endpreis keine Aufgliederung der Preise vorliegt (BGH GRUR 2009, 982 Tz 12 – *Dr. Clauder's Hufpflege*). Der Verpflichtung zur Endpreisangabe kann auch durch die beispielhafte Preisangabe für eine Packung oder durch eine „von ... bis"-Angabe entsprochen werden (BGH GRUR 1991, 847, 848 – *Kilopreise II*). Für lose Waren enthält § 2 II PAngV eine den Gepflogenheiten des Handelsverkehrs entspr Sonderregelung für die Angabe des Endpreises bei Waren, die in Gegenwart oder auf Veranlassung des Kunden abgemessen werden. § 2 III und IV PAngV betreffen Einzelheiten zur Mengeneinheit.

Elektrizität, Gas, Fernwärme und Wasser

3 [1] Wer Letztverbrauchern gewerbs- oder geschäftsmäßig oder regelmäßig in sonstiger Weise Elektrizität, Gas, Fernwärme oder Wasser leitungsgebunden anbietet oder als Anbieter dieser Waren gegenüber Letztverbrauchern unter Angabe von Preisen wirbt, hat den verbrauchsabhängigen Preis je Mengeneinheit einschließlich der Umsatzsteuer und aller spezifischen Verbrauchssteuern (Arbeits- oder Mengenpreis) gemäß Satz 2 im Angebot oder in der Werbung anzugeben. [2] Als Mengeneinheit für den Arbeitspreis bei Elektrizität, Gas und Fernwärme ist 1 Kilowattstunde und für den Mengenpreis bei Wasser 1 Kubikmeter zu verwenden. [3] Wer neben dem Arbeits- oder Mengenpreis leistungsabhängige Preise fordert, hat diese vollständig in unmittelbarer Nähe des Arbeits- oder Mengenpreises anzugeben. [4] Satz 3 gilt entsprechend für die Forderungen nicht verbrauchsabhängiger Preise.

1 § 3 PAngV betrifft die Preisangabe bei **leitungsgebundenen Angeboten** von **Elektrizität, Gas, Fernwärme** und **Wasser** und der entsprechenden Werbung unter Angabe von Preisen. Die Vorschrift sieht hierfür eine Preisangabe je **Mengeneinheit** vor. Ziel der Regelung ist es, im Hinblick auf die Liberalisierung dieser Märkte **Preistransparenz für die Verbraucher** zu gewährleisten (*Völker* NJW 2000, 2787, 2789). Die Voraussetzungen des § 1 PAngV, also insbes das Vorliegen eines Angebots, müssen erfüllt sein (OLG Düsseldorf GRUR-RR 2003, 161, 162).

Handel

4 (1) Waren, die in Schaufenstern, Schaukästen, innerhalb oder außerhalb des Verkaufsraumes auf Verkaufsständen oder in sonstiger Weise sichtbar ausgestellt werden, und Waren, die vom Verbraucher unmittelbar entnommen werden können, sind durch Preisschilder oder Beschriftung der Ware auszuzeichnen.

(2) Waren, die nicht unter den Voraussetzungen des Absatzes 1 im Verkaufsraum zum Verkauf bereitgehalten werden, sind entweder nach Absatz 1 auszuzeichnen oder dadurch, dass die Behältnisse oder Regale, in denen sich die Waren befinden, beschriftet werden oder dass Preisverzeichnisse angebracht oder zur Einsichtnahme aufgelegt werden.

(3) Waren, die nach Musterbüchern angeboten werden, sind dadurch auszuzeichnen, dass die Preise für die Verkaufseinheit auf den Mustern oder damit verbundenen Preisschildern oder Preisverzeichnissen angegeben werden.

(4) Waren, die nach Katalogen oder Warenlisten oder auf Bildschirmen angeboten werden, sind dadurch auszuzeichnen, dass die Preise unmittelbar bei den Abbildungen oder Beschreibungen der Waren oder in mit den Katalogen oder Warenlisten im Zusammenhang stehenden Preisverzeichnissen angegeben werden.

(5) Auf Angebote von Waren, deren Preise üblicherweise aufgrund von Tarifen oder Gebührenregelungen bemessen werden, ist § 5 Abs. 1 und 2 entsprechend anzuwenden.

Übersicht

	Rdn
1. Überblick	1–3
2. Preisauszeichnung bei Waren, die sichtbar ausgestellt sind oder vom Verbraucher unmittelbar entnommen werden können (Abs 1)	4–6
3. Preisauszeichnung für Waren, die im Verkaufsraum bereit gehalten werden (Abs 2)	7
4. Preisauszeichnung für Waren, die nach Musterbüchern angeboten werden (Abs 3)	8

	Rdn
5. Preisauszeichnung für Waren, die im Versandhandel angeboten werden (Abs 4)	9
6. Preisauszeichnung für Waren, für die Tarife oder Gebührenregelungen gelten (Abs 5)	10

1. Überblick

§ 4 PAngV enthält teils Sonderregelungen, teils Konkretisierungen der §§ 1, 2 PAngV für den Handel mit **Waren**. (Zum Begriff der Ware vgl § 1 PAngV Rdn 4). Die Vorschrift regelt die Preisangabe für Warenangebote in geschäftlichen Situationen, in denen typischerweise der Kunde ein Vertragsangebot an den Händler richtet. Für den Verbraucher besteht hier die Gefahr, durch sein Angebot in eine vertragliche Verpflichtung zu geraten, ohne Klarheit über den später zu zahlenden Preis zu haben. Er bezieht sich mit seinem Angebot auf die Werbung des Unternehmers, in der Preise eben nicht angegeben werden müssen. Deshalb erweitert § 4 PAngV die Pflicht zur Preisangabe und begründet eine **Preisauszeichnungspflicht** für den Anbieter von Waren. 1

Normadressat ist jeder, der gewerbs- oder geschäftsmäßig oder regelmäßig in sonstiger Weise (§ 1 I 1 PAngV) Waren anbietet. Die Vorschrift betrifft also nicht nur den klassischen Einzelhandel, sondern alle sonstigen Betriebe, die Waren anbieten (BayObLG NJW 1973, 1088), einschließlich des Handels im Internet (§ 4 IV PAngV). 2

Dabei sind jedoch die **Sonderregelungen** für Gaststätten (§ 5 PAngV) und Tankstellen (§ 8 I PAngV) sowie die **Ausnahmeregelung** in § 9 VII PAngV zu beachten (zur Verfassungsmäßigkeit des § 9 VII Nr 1 vgl BVerfG NJW 2010, 2501). **Wie** die Preisauszeichnung zu erfolgen hat, ist je nach Art des Warenangebots in § 4 I–IV PAngV unterschiedlich geregelt. Eine Sonderregelung trifft § 4 V PAngV für Angebote von Waren, deren Preise üblicherweise auf Grund von Tarifen oder Gebührenregelungen bemessen werden. 3

2. Preisauszeichnung bei Waren, die sichtbar ausgestellt sind oder vom Verbraucher unmittelbar entnommen werden können (Abs 1)

In § 4 I PAngV wird die Preisauszeichnungspflicht für zwei Arten der Warenpräsentation konkretisiert, die eine besondere Anlock- und Werbewirkung haben und bei denen der Verbraucher daher zugleich mit dem Anblick der Waren ihren Preis erfahren können soll (BayObLG NJW 1973, 1088, 1089). Zum einen für „Waren, die in Schaufenstern, Schaukästen, innerhalb oder außerhalb des Verkaufsraumes auf Verkaufsständen oder in sonstiger Weise sichtbar ausgestellt werden". **Sichtbar ausgestellt** ist eine Ware nur dann, wenn sie zum Zweck der Werbung in auffallender Form zur Schau gestellt wird (BayObLG NJW 1973, 1088, 1089). **Verkaufsstände** sind Möbelstücke (Kleiderständer, Regale, Verkaufstische usw), in oder auf denen die Ware nicht bloß aufbewahrt, sondern werbewirksam („blickfangmäßig") präsentiert wird. 4

Zum anderen für „Waren, die vom Verbraucher unmittelbar entnommen werden können". Die Möglichkeit der **unmittelbaren** Entnahme besteht dann, wenn der Verbraucher die Ware ohne Hilfe des Verkaufspersonals und ohne besondere Hindernisse (zB Öffnen einer Vitrine oder einer Verkaufsverpackung) an sich nehmen kann. Hierher gehören insbes die Warenangebote in Selbstbedienungsläden. 5

Die Preisauszeichnung hat in diesen beiden Fällen durch **Preisschilder** oder **Beschriftung der Ware** zu erfolgen. Der Unternehmer hat zwischen beiden Arten der Preisauszeichnung die Wahl. Er kann sie jedoch nicht durch andere Angaben, wie etwa das Anbringen von Preisverzeichnissen, ersetzen (OLG Hamm BB 1989, 937). **Preisschilder** sind selbstständige Träger der Preisangabe (Etiketten, Anhänger), die entweder unmittelbar an der Ware befestigt sind oder sich in unmittelbarer Nähe zu ihr befinden. Sie müssen den Preis selbst angeben; verschlüsselte Angaben in Gestalt von Kennziffern oder -buchstaben genügen nicht (OLG München GRUR 1983, 76, 77). Dagegen kann ein Preisschild für eine Mehrheit von Waren (zB in einem Regal) ausreichen. Die Preisauszeichnung durch **Beschriftung** der Ware muss hingegen bei jedem einzelnen Stück erfolgen. – Die Preisauszeichnung muss den Anforderungen des § 1 VI PAngV entsprechen. Der Preis muss also aus angemessener Entfernung ohne Schwierigkeiten erkennbar sein (BayObLG NJW 1973, 1088, 1089). Der angegebene Preis muss **zutreffend** sein (§ 1 VI 1 PAngV; vgl BGH GRUR 1999, 762, 763 – *Herabgesetzte Schlussverkaufspreise*). 6

3. Preisauszeichnung für Waren, die im Verkaufsraum bereit gehalten werden (Abs 2)

7 Für Waren, die im Verkaufsraum zum Verkauf bereitgehalten werden, aber nicht unter den Voraussetzungen des § 4 I PAngV angeboten werden, sieht § 4 II PAngV eine erleichterte Form der Preisauszeichnung vor. Der Unternehmer hat die Wahl zwischen mehreren Möglichkeiten. Er kann (1) die Waren nach § 4 I PAngV auszeichnen oder (2) die Behältnisse oder Regale, in denen sich die Waren befinden, beschriften oder (3) Preisverzeichnisse anbringen oder (4) Preisverzeichnisse auslegen. Zum **Verkauf bereitgehalten** ist eine Ware, wenn sie aus der Sicht der Verbraucher sofort erworben werden kann (BGH GRUR 1973, 655 – *Möbelauszeichnung*). Das ist idR der Fall, sofern das Gegenteil nicht aus den Umständen ersichtlich ist (zB Ware, die noch nicht ausgepackt ist). **Preisverzeichnisse** sind Listen verschiedener Waren (oder Leistungen), in denen der jeweilige Preis (einschließlich sonstiger Preisangaben) angegeben ist.

4. Preisauszeichnung für Waren, die nach Musterbüchern angeboten werden (Abs 3)

8 § 4 III PAngV regelt die Preisauszeichnung für „Waren, die nach Musterbüchern angeboten werden". **Musterbücher** sind Druckerzeugnisse, die Muster (und nicht bloß Abbildungen) der jeweiligen Waren enthalten. Sie sind insbes bei Bodenbelägen, Stoffen und Textilien gebräuchlich. Die Preisauszeichnung hat in der Weise zu erfolgen, dass die Preise für die Verkaufseinheit (zB qm) auf den Mustern oder damit (körperlich fest) verbundenen Preisschildern oder Preisverzeichnissen angegeben werden.

5. Preisauszeichnung für Waren, die im Versandhandel angeboten werden (Abs 4)

9 § 4 IV PAngV regelt die Preisauszeichnung für „Waren, die nach Katalogen oder Warenlisten oder Bildschirmen angeboten werden". Damit ist insbes der **Versandhandel** gemeint. Bedeutung hat die Bestimmung vor allem für die Angebote des Versandhandels, der Buch- und Schallplattenclubs und des Neuwagenhandels (BGH GRUR 2009, 982 Tz 17 – *Dr. Clauder's Hufpflege*). Unter **Bildschirm** ist die Bildfläche zu verstehen, auf dem mit den Mitteln der elektronischen Kommunikation Warenangebote sichtbar gemacht werden. Dazu gehören nicht nur der Fernsehbildschirm, sondern auch der Computermonitor oder das Display eines Mobiltelefons. Damit wird nicht nur das Warenangebot im Fernsehen (Teleshopping; Laufbandwerbung; Split-Screen), sondern auch der gesamte **Online-Handel** mit Waren erfasst. Die Vorschrift ist aber nur auf Preise, nicht auch auf Versandkosten anwendbar (BGH GRUR 2008, 84 Tz 29 – *Versandkosten;* LG Hamburg MMR 2006, 420; *Rohnke* GRUR 2007, 381, 382); für Letztere gilt § 1 II PAngV (OLG Stuttgart MMR 2008, 754, 755). Wegen §§ 4 IV und 5 I 3 PAngV muss bei der Werbung für Telekommunikationsdienstleistungen zwischen Hörfunk- und Bildschirmwerbung unterschieden werden (BGH GRUR 2003, 971, 972 – *Telefonischer Auskunftsdienst*). Die **Preisauszeichnung** hat in der Weise zu erfolgen, dass die Preise **unmittelbar** bei den Abbildungen oder Beschreibungen der Ware oder in mit den Katalogen oder Warenlisten im Zusammenhang stehenden Preisverzeichnissen angegeben werden. – Eine analoge Anwendung der Vorschrift auf die Verpflichtung zur Grundpreisangabe nach § 2 PAngV kommt nicht in Betracht (BGH GRUR 2009, 982 Tz 17 – *Dr. Clauder's Hufpflege*).

6. Preisauszeichnung für Waren, für die Tarife oder Gebührenregelungen gelten (Abs 5)

10 Für Angebote von Waren, deren Preise üblicherweise auf Grund von Tarifen oder Gebührenregelungen bemessen werden, sind nach § 4 V PAngV die Regelungen in § 5 I und II PAngV entsprechend anzuwenden. Es sind also **Preisverzeichnisse** aufzustellen.

Leistungen

5 (1) ¹Wer Leistungen anbietet, hat ein Preisverzeichnis mit den Preisen für seine wesentlichen Leistungen oder in den Fällen des § 1 Abs. 3 mit seinen Verrechnungssätzen aufzustellen. ²Dieses ist im Geschäftslokal oder am sonstigen Ort des Leistungsangebots und, sofern vorhanden, zusätzlich im Schaufenster oder Schaukasten anzubringen. ³Ort des Leistungsangebots ist auch die Bildschirmanzeige. ⁴Wird eine Leistung über Bildschirmanzeige erbracht und nach Einheiten berechnet, ist eine gesonderte Anzeige über den Preis der fortlaufenden Nutzung unentgeltlich anzubieten.

(2) **Werden entsprechend der allgemeinen Verkehrsauffassung die Preise und Verrechnungssätze für sämtliche angebotenen Leistungen in Preisverzeichnisse aufgenommen, so sind diese zur Einsichtnahme am Ort des Leistungsangebots bereitzuhalten, wenn das Anbringen der Preisverzeichnisse wegen ihres Umfangs nicht zumutbar ist.**

(3) **Werden die Leistungen in Fachabteilungen von Handelsbetrieben angeboten, so genügt das Anbringen der Preisverzeichnisse in den Fachabteilungen.**

Übersicht

	Rdn
1. Allgemeines	1–3
a) Anwendungsbereich	1
b) Verhältnis zu anderen Normen	2
c) Normzweck	3
2. Preisverzeichnis für wesentliche Leistungen (Abs 1)	4–7
a) Grundsatz	4
b) Anforderungen an die Gestaltung des Preisverzeichnisses	5
c) Ort der Anbringung	6
d) Leistungserbringung über Bildschirmanzeige	7
3. Preisverzeichnis für sämtliche Leistungen (Abs 2)	8
4. Sonderregelungen für Fachabteilungen von Handelsbetrieben (Abs 3)	9

1. Allgemeines

a) Anwendungsbereich. Die Vorschrift gilt nur für das **Angebot von Leistungen**. Für das 1 Angebot von Waren gelten die §§ 3 und 4 PAngV. Der Begriff der **Leistungen** ist wie in § 1 PAngV zu verstehen (vgl § 1 PAngV Rdn 5). Hierzu gehören sämtliche Dienstleistungen, gleichgültig, ob es sich um gewerbliche oder freiberufliche Leistungen handelt. Daher fallen auch die Angebote zur Geldauszahlung in **Bankautomaten** in den Anwendungsbereich des § 5. Ausgenommen sind die in § 9 VIII PAngV aufgeführten Leistungen. Nicht anwendbar ist § 5 PAngV auch für die Werbung.

b) Verhältnis zu anderen Normen. Die Vorschrift verdrängt die Regelungen des § 1 2 PAngV nicht, sondern **ergänzt** sie lediglich im Hinblick auf das **Angebot** von Leistungen. § 1 PAngV bleibt daher anwendbar. Dementsprechend muss für jedes Angebot der Endpreis angegeben werden. Auch gelten generell die Grundsätze von **Preisklarheit** und **Preiswahrheit** (§ 1 VI PAngV). Für Finanzdienstleistungen (§§ 6–6 b PAngV), das Gaststättengewerbe (§ 7 PAngV) sowie Tankstellen, Parkhäuser, Garagen und Parkplätze (§ 8 PAngV) bestehen nochmals bes Regelungen, die Vorrang vor § 5 PAngV haben.

c) Normzweck. Die Vorschrift soll es dem Verbraucher ermöglichen, sich rasch einen 3 Überblick über die Preise für die angebotenen Leistungen zu verschaffen.

2. Preisverzeichnis für wesentliche Leistungen (Abs 1)

a) Grundsatz. Nach § 5 I 1 PAngV muss der Anbieter von Leistungen ein Preisverzeichnis 4 mit den Preisen für seine wesentlichen Leistungen aufstellen. Das Gleiche gilt in den Fällen des § 1 III PAngV für die Verrechnungssätze. Unter **„wesentlichen"** Leistungen sind die Leistungen zu verstehen, die erfahrungsgemäß häufig in Anspruch genommen werden. Hierfür wurden von verschiedenen Gewerbezweigen in Zusammenarbeit mit dem Bundeswirtschaftsministerium, den Preisbehörden der Länder und den beteiligten Wirtschaftskreisen **Musterpreisverzeichnisse** entwickelt, die den typischen Gegebenheiten in den jeweiligen Branchen Rechnung tragen. Sie können bei den jeweiligen IHK erfragt werden.

b) Anforderungen an die Gestaltung des Preisverzeichnisses. Die Gestaltung des Preis- 5 verzeichnisses muss den Anforderungen an die Preisklarheit und Preiswahrheit (§ 1 VI PAngV) entsprechen. Es muss also eine klare und eindeutige Zuordnung der jeweiligen Preisangabe zu der jeweiligen Leistung erfolgen. Die Angabe von „ab"-Preisen oder „von-bis"-Preisen ist daher nicht zulässig (Harte/Henning/*Völker* § 5 PAngV Rdn 5).

c) Ort der Anbringung. Nach § 5 I 2 PAngV muss das Preisverzeichnis am **Ort des** 6 **Leistungsangebots** angebracht werden. Das ist regelmäßig das Geschäftslokal des Unternehmers. Das **„Anbringen"** setzt einen Aushang voraus. Ein bloßes Bereithalten zur Einsicht reicht nicht aus, wie sich aus einem Umkehrschluss zu § 5 II PAngV ergibt. Ist ein Schaufenster oder Schaukasten vorhanden, muss dort das Preisverzeichnis zusätzlich angebracht werden. Allerdings bestehen die Pflichten aus § 5 PAngV nur während der Öffnungszeiten des Betriebs oder für die Dauer des Angebots am Ort des Leistungsangebots (BayObLG NJW 1976, 984). – Auch die **Bildschirmanzeige** (dazu § 4 Rdn 3) gilt als Ort des Leistungsangebots (§ 5 I 3 PAngV). Erfasst werden daher insbes die **Telemediendienste** iSd TMG. Im **Online-Verkehr** genügt es, wenn auf der Angebotsseite auf das Preisverzeichnis hingewiesen wird und dieses über einen Link aufgerufen werden kann.

7   d) **Leistungserbringung über Bildschirmanzeige.** Wird eine Leistung über Bildschirmanzeige (zB Online-Dienste) erbracht und nach Einheiten abgerechnet, ist nach § 5 I 4 PAngV eine gesonderte Anzeige über den Preis der fortlaufenden Nutzung unentgeltlich anzubieten. Es geht also um die Fälle, in denen der Preis der Leistung nicht von vornherein feststeht, sondern von der Dauer der Leistung abhängt. Die Verbraucher sollen erfahren können, welche Kosten für die abgelaufene Zeit angefallen sind. Dazu muss für sie eine technische Möglichkeit geschaffen werden, die Preisinformation jederzeit während der Leistungserbringung aufzurufen oder wegzuklicken. Für diese Anzeige darf kein Entgelt gefordert werden.

3. Preisverzeichnis für sämtliche Leistungen (Abs 2)

8   § 5 II PAngV befreit vom Erfordernis des Anbringens des Preisverzeichnisses am Ort des Leistungsangebots bei Vorliegen zweier Voraussetzungen. Zum einen müssen entsprechend der **allgemeinen Verkehrsauffassung** (dazu § 1 PAngV Rdn 35), also nicht nach der persönlichen Entscheidung des Betriebsinhabers, die Preise und Verrechnungseinheiten für **sämtliche** Leistungen in ein Preisverzeichnis aufgenommen worden sein. Zum anderen muss das Anbringen der Preisverzeichnisse wegen ihres Umfangs **nicht zumutbar** sein. Liegen diese Voraussetzungen vor, so genügt es, diese am Ort des Leistungsangebots zur Einsicht bereit zu halten. Das Bereithalten setzt kein Auflegen zur Einsichtnahme voraus, wie sich aus einem Umkehrschluss zu § 4 II PAngV ergibt. Es genügt, dass das Verzeichnis dem Kunden jederzeit auf Nachfrage hin sofort vorgelegt werden kann.

4. Sonderregelungen für Fachabteilungen von Handelsbetrieben (Abs 3)

9   § 5 III PAngV trifft eine Sonderregelung für Leistungsangebote in Fachabteilungen von Handelsbetrieben. Insoweit genügt es, die Preisverzeichnisse in den jeweiligen Fachabteilungen anzubringen, weil sie der Kunde auch nur dort erwartet. Ein **Handelsbetrieb** liegt dann vor, wenn der Vertrieb von Waren im Vordergrund steht. Eine **Fachabteilung** setzt voraus, dass die Leistungen des Handelsbetriebs ausschließlich in einem abgegrenzten Bereich angeboten werden. Dass in diesem Bereich zusätzlich auch dazugehörende Waren angeboten werden, ist unschädlich. **Beispiel:** Schlüssel- und Schuhreparaturdienste innerhalb eines Kaufhauses.

Kredite

6 (1) **Bei Krediten sind als Preis die Gesamtkosten als jährlicher Vomhundertsatz des Kredits anzugeben und als „effektiver Jahreszins" zu bezeichnen.**

(2) ¹Der anzugebende Vomhundertsatz gemäß Absatz 1 ist mit der in der Anlage angegebenen mathematischen Formel und nach den in der Anlage zugrunde gelegten Vorgehensweisen zu berechnen. ²Er beziffert den Zinssatz, mit dem sich der Kredit bei regelmäßigem Kreditverlauf, ausgehend von den tatsächlichen Zahlungen des Kreditgebers und des Kreditnehmers, auf der Grundlage taggenauer Verrechnung aller Leistungen abrechnen lässt. ³Es gilt die exponentielle Verzinsung auch im unterjährigen Bereich. ⁴Ist im Vertrag eine Anpassung des Sollzinssatzes oder anderer preisbestimmender Faktoren vorbehalten (§ 1 Abs. 5), sind die zum Zeitpunkt des Angebots oder der Werbung geltenden preisbestimmenden Faktoren zugrunde zu legen. ⁵Der anzugebende Vomhundertsatz ist mit der im Kreditgewerbe üblichen Genauigkeit zu berechnen.

(3) In die Berechnung des anzugebenden Vomhundertsatzes sind als Gesamtkosten die vom Kreditnehmer zu entrichtenden Zinsen und alle sonstigen Kosten einschließlich etwaiger Vermittlungskosten, die der Kreditnehmer im Zusammenhang mit dem Kreditvertrag zu entrichten hat und die dem Kreditgeber bekannt sind, mit Ausnahme folgender Kosten einzubeziehen:

1. Kosten, die vom Kreditnehmer bei Nichterfüllung seiner Verpflichtungen aus dem Kreditvertrag zu tragen sind;

2. Kosten mit Ausnahme des Kaufpreises, die vom Kreditnehmer beim Erwerb von Waren oder Dienstleistungen unabhängig davon zu tragen sind, ob es sich um ein Bar- oder Kreditgeschäft handelt;
3. Kosten für die Führung eines Kontos, auf dem sowohl Zahlungen als auch in Anspruch genommene Kreditbeträge verbucht werden, Kosten für die Verwendung eines Zahlungsauthentifizierungsinstruments, mit dem sowohl Zahlungen getätigt als auch Kreditbeträge in Anspruch genommen werden können, sowie sonstige Kosten für Zahlungsgeschäfte, es sei denn, die Kontoeröffnung ist Voraussetzung für die Kreditvergabe oder die mit dem Konto verbundenen Kosten sind weder im Kreditvertrag noch in einem anderen mit dem Verbraucher geschlossenen Vertrag klar und getrennt ausgewiesen;
4. Kosten für solche Versicherungen und für solche anderen Zusatzleistungen, die keine Voraussetzung für die Kreditvergabe oder für die Kreditvergabe zu den vorgesehenen Vertragsbedingungen sind;
5. Notarkosten;
6. Kosten für Sicherheiten bei Immobiliardarlehensverträgen im Sinne des § 503 des Bürgerlichen Gesetzbuchs.

(4) Ist eine Änderung des Zinssatzes oder sonstiger in die Berechnung des anzugebenden Vomhundertsatzes einzubeziehender Kosten vorbehalten und ist ihre zahlenmäßige Bestimmung im Zeitpunkt der Berechnung des anzugebenden Vomhundertsatzes nicht möglich, so wird bei der Berechnung von der Annahme ausgegangen, dass der Sollzinssatz und die sonstigen Kosten gemessen an der ursprünglichen Höhe fest bleiben und bis zum Ende des Kreditvertrages gelten.

(5) Erforderlichenfalls ist bei der Berechnung des anzugebenden Vomhundertsatzes von den in der Anlage niedergelegten Annahmen auszugehen.

(6) Wird die Gewährung eines Kredits allgemein von einer Mitgliedschaft oder vom Abschluss einer Versicherung abhängig gemacht, so ist dies anzugeben.

(7) ¹Bei Bauspardarlehen ist bei der Berechnung des anzugebenden Vomhundertsatzes davon auszugehen, dass im Zeitpunkt der Kreditauszahlung das vertragliche Mindestsparguthaben angespart ist. ²Von der Abschlussgebühr ist im Zweifel lediglich der Teil zu berücksichtigen, der auf den Darlehensanteil der Bausparsumme entfällt. ³Bei Krediten, die der Vor- oder Zwischenfinanzierung von Leistungen einer Bausparkasse aus Bausparverträgen dienen und deren preisbestimmende Faktoren bis zur Zuteilung unveränderbar sind, ist als Laufzeit von den Zuteilungsfristen auszugehen, die sich aus der Zielbewertungszahl für Bausparverträge gleicher Art ergeben.

Übersicht

	Rdn
I. Allgemeines	1–9
1. Inhalt der Regelung	1
2. Entstehungsgeschichte, Normzweck und Auslegung	2
3. Begriffsbestimmungen	3–8
a) Kredit	3
b) Kreditgeber	4
c) Kreditnehmer	5
d) Gesamtkosten	6
e) Sonstige Kosten	7
f) Sollzinssatz	8
4. Verhältnis zu den bürgerlichrechtlichen Informationspflichten	9
II. Angebot und Werbung für Kredite	10–12
1. Angebot	11
2. Werbung	12
III. Pflicht zur Angabe des effektiven Jahreszinses (Abs 1)	13
IV. Berechnung des effektiven Jahreszinses (Abs 2)	14
V. Sonstige Kosten als Bestandteil der Gesamtkosten (Abs 3)	15–24
1. Grundsatz	15
2. Zusammenhang zwischen Kosten und Kreditvertrag	16
3. Kenntnis des Kreditgebers	17
4. Nicht zu berücksichtigende Kosten	18–24
a) Kosten, die vom Kreditnehmer bei Nichterfüllung seiner Verpflichtungen aus dem Kreditvertrag zu tragen sind (§ 6 III Nr 1)	19

	Rdn
b) Kosten mit Ausnahme des Kaufpreises, die vom Kreditnehmer beim Erwerb von Waren oder Dienstleistungen unabhängig davon zu tragen sind, ob es sich um ein Bar- oder Kreditgeschäft handelt (§ 6 III Nr 2)	20
c) Kosten für die Führung eines Kontos, auf dem sowohl Zahlungen als auch in Anspruch genommene Kreditbeträge verbucht werden, Kosten für die Verwendung eines Zahlungsauthentifizierungsinstruments, mit dem sowohl Zahlungen getätigt als auch Kreditbeträge in Anspruch genommen werden können, sowie sonstige Kosten für Zahlungsgeschäfte, es sei denn, die Kontoeröffnung ist Voraussetzung für die Kreditvergabe oder die mit dem Konto verbundenen Kosten sind weder im Kreditvertrag noch in einem anderen mit dem Verbraucher geschlossenen Vertrag klar und getrennt ausgewiesen (§ 6 III Nr 3)	21
d) Kosten für solche Versicherungen und für solche anderen Zusatzleistungen, die keine Voraussetzung für die Kreditvergabe oder für die Kreditvergabe zu den vorgesehenen Vertragsbedingungen sind (§ 6 III Nr 4)	22
e) Notarkosten (§ 6 III Nr 5)	23
f) Kosten für Sicherheiten bei Immobiliendarlehensverträgen im Sinne des § 503 des Bürgerlichen Gesetzbuchs (§ 6 III Nr 6)	24
VI. Änderungsvorbehalt	25
VII. Bezeichnung als „effektiver Jahreszins"	26

I. Allgemeines

1. Inhalt der Regelung

1 Die Vorschrift regelt in Konkretisierung des § 1 I 1 PAngV die Preisangabenpflicht beim Angebot von Krediten und bei der Werbung für Kredite unter Angabe von Preisen (zur Werbung für Kredite vgl auch § 6a PAngV). Als **„Preis"** des Kredits sind nach § 6 I die Gesamtkosten als jährlicher Vomhundertsatz des Kredits anzugeben und als effektiver Jahreszins zu bezeichnen. Einzelheiten dazu sind in § 6 II–V PAngV sowie im Anh geregelt.

2. Entstehungsgeschichte, Normzweck und Auslegung

2 § 6 PAngV ist in Umsetzung der **Verbraucherkreditrichtlinie 2008/46/EG** durch G vom 29. 7. 2009 mit Wirkung zum **11. 6. 2010 wesentlich geändert** worden. – Zweck der Regelung ist es, eine größtmögliche **Transparenz** und **Vergleichbarkeit** der Kreditangebote zu gewährleisten, damit der Verbraucher in voller Sachkenntnis entscheiden kann (vgl Erwägungsgrund 19 Verbraucherkreditrichtlinie). Kredite bergen für den Verbraucher deswegen bes Gefahren, weil die damit verbundenen finanziellen Belastungen oft verschleiert dargestellt werden und im Einzelfall schwer zu erkennen sind. Die Auslegung hat **richtlinienkonform** am Maßstab der Verbraucherkreditrichtlinie zu erfolgen, die ihrerseits in ihrem – freilich beschränkten – Anwendungsbereich eine vollständige Harmonisierung bezweckt (vgl Art 2 II und 3 sowie Erwägungsgründe 9, 10 Verbraucherkreditrichtlinie). Eine Auslegungshilfe bieten die Gesetzesmaterialien (RegE BT-Drucks 16/11643 S 238 f; Beschlussempfehlung und Bericht des Rechtsausschusses BT-Drucks 16/13669).

3. Begriffsbestimmungen

3 **a) Kredit** Unter einem Kredit ist eine entgeltliche Finanzierungshilfe zu verstehen, die in Gestalt eines entgeltlichen Darlehens (§§ 488 ff BGB), eines entgeltlichen Zahlungsaufschubs (§ 506 I BGB) oder einer sonstigen entgeltlichen Finanzierungshilfe (§ 506 I, II BGB) erfolgen kann (vgl Art 3 lit c Verbraucherkreditrichtlinie). Der unentgeltliche Zahlungsaufschub stellt folgerichtig keinen Kredit dar (BGH WM 1990, 1307, 1308 – *Mietkauf;* BGH GRUR 1994, 311, 312 – *Finanzkaufpreis ohne Mehrkosten*). Unerheblich sind die Modalitäten der Rückzahlung, nämlich, ob Tilgung oder Zinszahlung in Raten oder auf einmal zu leisten sind (BGHZ 108, 39, 40 = GRUR 1989, 762 – *Stundungsangebote*). Als Kredit stellt sich auch ein Mietkauf dar, bei dem sich der Zahlungsaufschub deshalb als entgeltliche Stundung darstellt, weil die gezahlten Monatsraten bei Ausübung der Kaufoption nicht in voller Höhe auf den Kaufpreis angerechnet werden (BGH NJW-RR 1990, 257 – *Mietkauf*). – Vom Kreditvertrag zu unterscheiden ist der Ratenlieferungsvertrag iSd § 510 BGB, bei dem im Rahmen eines Dauerschuldverhältnisses die Zahlung in Teilbeträgen entsprechend den Teillieferungen erfolgt. Dies entspricht der Vorgabe in Art 3 lit c Verbraucherkreditrichtlinie.

b) Kreditgeber. Kreditgeber ist eine natürliche oder juristische Person, die in Ausübung ihrer gewerblichen oder selbstständigen beruflichen Tätigkeit einen Kredit gewährt oder zu gewähren verspricht (vgl Art 3 lit b Verbraucherkreditrichtlinie). Darüber hinaus ist im Hinblick auf § 1 I 1 PAngV auch jede Person als Kreditgeber anzusehen, die Kredite geschäftsmäßig oder regelmäßig in sonstiger Weise Kredite anbietet (vgl Vorb PAngV Rdn 13).

c) Kreditnehmer. Kreditnehmer sind private Letztverbraucher (vgl § 9 I Nr 1 PAngV), also alle natürlichen Personen, die bei Abschluss eines Kreditvertrages zu einem Zweck handeln, der nicht ihrer gewerblichen oder selbstständigen beruflichen Tätigkeit zugerechnet werden kann.

d) Gesamtkosten. Der Begriff der Gesamtkosten ist der Oberbegriff über die Zinsen und die sonstigen Kosten des Kredits (§ 6 III PAngV). Er umfasst alle finanziellen Verpflichtungen des Kreditnehmers, die dieser bei regelmäßigem Vertragsverlauf über die Rückzahlung des Kredits hinaus zu tragen hat (BT-Drucks 16/11 643 S 234).

e) Sonstige Kosten. Die sonstigen Kosten sind die Kosten, die zusammen mit den Zinsen die Gesamtkosten eines Kredits bilden. Sie sind in § 6 III PAngV abschließend aufgezählt. Zu den sonstigen Kosten gehören auch etwaige Vermittlungskosten. Ein **Disagio** (Abzug vom Kreditbetrag) oder **Agio** (Aufschlag auf den Kreditbetrag) ist je nach seiner Funktion den Zinsen oder den sonstigen Kosten zuzuordnen (BT-Drucks 16/11643 S 234).

f) Sollzinssatz. Sollzinssatz ist der als fester oder variabler periodischer Prozentsatz ausgedrückte Zinssatz, der auf jährlicher Basis auf die in Anspruch genommenen Kredit-Auszahlungsbeträge angewandt wird (Art 2 lit j Verbraucherkreditrichtlinie).

4. Verhältnis zu den bürgerlichrechtlichen Informationspflichten

Die vorvertraglichen Informationspflichten bei Verbraucherdarlehensverträgen usw sind in Art 247 EGBGB geregelt. Sie enthalten auch die Pflicht zur Angabe des effektiven Jahreszinses (Art 247 § 3 I Nr 3 EGBGB) und weitere Angaben, die zugleich in § 6 a PAngV geregelt sind. Daneben sind eine Reihe weiterer Angaben zu machen, die nicht oder nicht mehr in der PAngV geregelt sind. Bürgerlichrechtliche Informationspflichten und Informationspflichten aus der PAngV stehen selbstständig nebeneinander, sind aber durch entsprechende Verweise miteinander verschränkt (vgl Art 247 § 3 II EGBGB zur Berechnung der Gesamtkosten und des effektiven Jahreszinses einerseits und § 6 III Nr 6 PAngV sowie § 6 b PAngV andererseits).

II. Angebot und Werbung für Kredite

§ 6 PAngV ist im Zusammenhang mit § 1 I PAngV zu sehen. Normadressaten sind nach § 1 I PAngV alle Personen, die gewerbs- oder geschäftsmäßig oder regelmäßig in sonstiger Weise Letztverbrauchern einen Kredit anbieten oder für Kredite an Letztverbraucher unter Angabe von Preisen werben. Sie haben dann den effektiven Jahreszins anzugeben.

1. Angebot

Zum Begriff des Angebots vgl § 1 PAngV Rdn 5. Ein Angebot liegt insbes dann vor, wenn Kreditantrags- oder Kreditvertragsformulare benutzt werden. (vgl BGH GRUR 1980, 304, 305 – *Effektiver Jahreszins*). Anbieter ist, wer den Preis des Kredits gegenüber dem Letztverbraucher festsetzt oder fordert. Dabei spielt es keine Rolle, ob rechtlich der Handelnde oder ein Dritter den angebotenen Kredit gewährt. Dazu können neben den eigentlichen Kreditgebern, idR also Banken, Sparkassen, Händler, auch Kreditvermittler Anbieter sein (BGH GRUR 1980, 304, 306 – *Effektiver Jahreszins*). **Beispiel:** Wer zur Vorfinanzierung des Kaufpreises mit der Bewilligung eines Zahlungsaufschubs gegen eine 3%ige Bearbeitungsgebühr aus dem Kaufpreis wirbt, bietet einen Kredit an und ist daher zur Angabe des effektiven Jahreszinses verpflichtet. Dies gilt unabhängig davon, ob der Verkäufer den Kredit selbst gewährt oder einen Dritten als Kreditgeber einschaltet (BGHZ 108, 39 = GRUR 1989, 836 – *Stundungsangebote*).

2. Werbung

12 Zum Begriff der Werbung unter Angabe von Preisen vgl § 1 PAngV Rdn 6. Eine spezielle Regelung für die Kreditwerbung enthält § 6a PAngV. Eine Werbung unter Angabe von Preisen liegt insbes bei der Angabe von Nominalzinsen (zB p.m.), Monatsraten oder Bearbeitungsgebühren vor. **Beispiele:** Werbung eines Einzelhändlers mit einem Warenendpreis, in den mögliche Kreditkosten eingerechnet sind („Finanzkaufpreise") und zu dessen Finanzierung er die Vermittlung eines Bankdarlehens ohne Mehrkosten für den Kunden verspricht BGH GRUR 1994, 311, 312 – *Finanzkaufpreis „ohne Mehrkosten"*). – Werbung für eine Immobilie, bei der die Möglichkeit einer vermittelten Kreditfinanzierung unter Nennung der monatlichen Belastungsrate im Mittelpunkt steht. Der Verstoß gegen § 6 PAngV iVm § 4 Nr 11 UWG ist in solchen Fällen stets spürbar iSv § 3 I UWG, auch wenn eine Immobilie idR erst nach sorgfältiger Prüfung erworben wird (OLG Köln WRP 2008, 679 [LS] = OLGR Köln 2008, 353). – Werbung für eine Fahrschulausbildung mit der Möglichkeit einer Bankfinanzierung unter Angabe der monatlichen Rückzahlungsrate (LG Osnabrück WRP 2007, 1020 [LS]). – Dagegen besteht keine Preisangabenpflicht, wenn lediglich auf die Möglichkeit einer Bankfinanzierung hingewiesen wird, ohne dass Angaben zu den Kreditkosten gemacht werden (OLG Düsseldorf WRP 1988, 34).

III. Pflicht zur Angabe des effektiven Jahreszinses (Abs 1)

13 Nach § 6 I PAngV sind als Preis die Gesamtkosten des Kredits als „jährlicher Vomhundertsatz" anzugeben. An die Stelle des Endpreises iSv § 1 I 1 PAngV, der vom Kreditnehmer insgesamt für den Kredit zu bezahlen ist, tritt der jährliche Vomhundertsatz als Vergleichszahl. Dies ist der „effektive Jahreszins", der auch als solcher zu bezeichnen ist. Er beziffert den Zinssatz, mit dem sich der Kredit bei regelmäßigem Kreditverlauf, ausgehend von den tatsächlichen Zahlungen des Kreditgebers und des Kreditnehmers, auf der Grundlage taggenauer Verrechnung aller Leistungen abrechnen lässt (§ 6 II 2 PAngV). Für die Berechnung des effektiven Jahreszinses gibt § 6 II–IV PAngV nähere Anweisungen.

IV. Berechnung des effektiven Jahreszinses (Abs 2)

14 Der anzugebende Vomhundertsatz ist nach § 6 II 1 PAngV mit der in der **Anlage** angegebenen **mathematischen Formel** und nach der in der Anlage zugrunde gelegten **Vorgehensweise** zu berechnen, und zwar nach § 6 II 5 PAngV mit der im Kreditgewerbe **üblichen Genauigkeit.** Nach dem Anhang (sub 1 Anm d) ist das Rechenergebnis auf **eine Dezimalstelle** genau anzugeben. Ist die Ziffer der darauf folgenden Dezimalstelle größer oder gleich 5, so erhöht sich die Ziffer der ersten Dezimalstelle um den Wert 1. Es gilt die exponentielle Verzinsung auch im unterjährigen Bereich (§ 6 II 3 PAngV).

V. Sonstige Kosten als Bestandteil der Gesamtkosten (Abs 3)

1. Grundsatz

15 In die Berechnung der Gesamtkosten sind nach § 6 III PAngV neben den vom Kreditnehmer zu entrichtenden Zinsen auch alle sonstigen Kosten einschließlich etwaiger Vermittlungskosten, die der Kreditnehmer im Zusammenhang mit dem Kreditvertrag zu entrichten hat und die dem Kreditgeber bekannt sind, mit Ausnahme ganz bestimmter, im Einzelnen aufgeführter Kosten (Rdn 19 ff) einzubeziehen.

2. Zusammenhang zwischen Kosten und Kreditvertrag

16 Die sonstigen Kosten müssen **„im Zusammenhang mit dem Kreditvertrag"** stehen, ihre Ursache also letztlich im Kreditvertrag haben. Jedoch ist es nicht erforderlich, dass sie ihren rechtlichen Ursprung im Kreditvertrag selbst haben (BT-Drucks 16/11 643 S 234). Es muss lediglich eine im weiten Sinne bestehende Verknüpfung mit dem Kreditvertrag vorliegen. Einzubeziehen sind daher nicht nur sämtliche vorvertraglichen und vertraglichen Kosten (vgl Art 6 lit k Verbraucherkreditrichtlinie), sondern auch Kosten aus einem Vertrag, der mit dem Kreditvertrag verknüpft ist, wie etwa ein Kauf- oder ein Versicherungsvertrag. Bei entgeltlichen Finanzierungshilfen ist insbes der Barzahlungspreis in die Berechnung des effektiven Jahreszinses einzubeziehen. Weiter gehören hierher, wie ausdrücklich geregelt, Kreditvermittlungskosten, aber auch Mitgliedsbeiträge oÄ.

V. Sonstige Kosten als Bestandteil der Gesamtkosten (Abs 3)

3. Kenntnis des Kreditgebers

Anders als das frühere Recht setzt § 6 III PAngV für die Einbeziehung sonstiger Kosten voraus, **17** dass sie dem Kreditgeber bekannt sind. Damit wurde Art 3 lit g Verbraucherkreditrichtlinie Rechnung getragen. Allerdings ist nach Erwägungsgrund 20 Verbraucherkreditrichtlinie die tatsächliche Kenntnis objektiv zu beurteilen, wobei die Anforderungen an die berufliche Sorgfalt zu berücksichtigen sind. (Zum Begriff der beruflichen Sorgfalt vgl Art 2 lit h UGP-Richtlinie, zum Parallelbegriff der fachlichen Sorgfalt vgl § 2 I Nr 7 UWG.) Im Ergebnis ist daher von einer Kenntnis auszugehen, wenn vom Kreditgeber eine entsprechende Kenntnis zu erwarten ist. Davon ist bei den Kosten für Zusatzleistungen auszugehen, wenn sie nicht von den persönlichen Verhältnissen des Kreditnehmers abhängen. Von einer Kenntnis der Vermittlungsgebühren ist schon im Hinblick auf die Mitteilungspflicht aus Art 247 § 13 III EGBGB auszugehen (vgl BT-Drucks 16/11643 S 235).

4. Nicht zu berücksichtigende Kosten

Welche Kosten bei der Berechnung der Gesamtkosten nicht zu berücksichtigen sind, ist in § 6 **18** III PAngV abschließend aufgezählt.

a) Kosten, die vom Kreditnehmer bei Nichterfüllung seiner Verpflichtungen aus **19** **dem Kreditvertrag zu tragen sind (§ 6 III Nr 1).** Die Regelung entspricht dem Art 19 II 1 Verbraucherkreditrichtlinie. Unter Nichterfüllung der Verpflichtungen ist auch die nicht vollständige oder verspätete Erfüllung der Zahlungspflichten zu verstehen. Die daraus entstehenden Kosten sind insbes Verzugszinsen sowie Mahngebühren und Beitreibungskosten. Nicht erfasst sind die Zinsen aus der geduldeten Überziehung eines laufenden Kontos (§ 505 BGB).

b) Kosten mit Ausnahme des Kaufpreises, die vom Kreditnehmer beim Erwerb von **20** **Waren oder Dienstleistungen unabhängig davon zu tragen sind, ob es sich um ein Bar- oder Kreditgeschäft handelt (§ 6 III Nr 2).** Die Regelung entspricht dem Art 19 II 1 Verbraucherkreditrichtlinie. Sie bezieht sich bspw auf Maklergebühren oder Grundbuchkosten, nicht dagegen auf Notarkosten, da diese bereits in Nr 5 erfasst sind.

c) Kosten für die Führung eines Kontos, auf dem sowohl Zahlungen als auch in **21** **Anspruch genommene Kreditbeträge verbucht werden, Kosten für die Verwendung eines Zahlungsauthentifizierungsinstruments, mit dem sowohl Zahlungen getätigt als auch Kreditbeträge in Anspruch genommen werden können, sowie sonstige Kosten für Zahlungsgeschäfte, es sei denn, die Kontoeröffnung ist Voraussetzung für die Kreditvergabe oder die mit dem Konto verbundenen Kosten sind weder im Kreditvertrag noch in einem anderen mit dem Verbraucher geschlossenen Vertrag klar und getrennt ausgewiesen (§ 6 III Nr 3).** Im Grundsatz sind Kontoführungs- und ähnliche Kosten in die Berechnung der Gesamtkosten nicht einzubeziehen. Dies gilt jedoch nicht, wenn entweder die Kontoeröffnung obligatorisch für die Kreditvergabe ist oder wenn die Kontokosten nicht klar und getrennt ausgewiesen sind. Damit wird Art 19 II 2 Verbraucherkreditrichtlinie umgesetzt.

d) Kosten für solche Versicherungen und für solche anderen Zusatzleistungen, die **22** **keine Voraussetzung für die Kreditvergabe oder für die Kreditvergabe zu den vorgesehenen Vertragsbedingungen sind (§ 6 III Nr 4).** Der Begriff der Zusatzleistungen ist dem Art 247 § 8 I EGBGB entnommen. Dazu gehören insbes der Abschluss eines Versicherungsvertrags oder eines Kontoführungsvertrags. Die Kosten für solche Zusatzleistungen sind – anders als im früheren Recht – dann nicht zu berücksichtigen, wenn diese Leistungen keine Voraussetzung für die Kreditvergabe zu den vorgesehenen Vertragsbedingungen sind. Dies entspricht den Vorgaben aus Art 3 lit g Verbraucherkreditlinie.

e) Notarkosten (§ 6 III Nr 5). Notarkosten, also Gebühren und Auslagen eines Notars, die **23** der Kreditnehmer infolge des Vertragsschlusses zu entrichten hat, sind – entsprechend der Vorgabe aus Art 3 lit g Verbraucherkreditrichtlinie – nicht zu berücksichtigen. Ob sie sich im Voraus ermitteln lassen, ist unerheblich.

f) Kosten für Sicherheiten bei Immobiliardarlehensverträgen im Sinne des § 503 des **24** **Bürgerlichen Gesetzbuchs (§ 6 III Nr 6).** Diese Ausnahme bezieht sich nach ihrem klaren Wortlaut nicht auf alle Sicherheiten für einen Kredit, sondern nur auf solche, die mit einem Grundpfandrecht gesichert sind (**Immobiliardarlehensverträge** iSd § 503 I BGB). Für die Kosten sonstiger Sicherheiten verbleibt es dabei, dass sie nach § 6 III PAngV zu berücksichtigen sind, wenn sie „im Zusammenhang" mit dem Kredit stehen und dem Kreditgeber bekannt sind. Das führt zwar zu einer Ungleichbehandlung zwischen den unterschiedlichen Finanzierungsformen und damit zu einer mangelnden Vergleichbarkeit. Dies hat der Gesetzgeber jedoch in Kauf genommen, weil sie für den Kreditnehmer regelmäßig nicht als Alternativen in Betracht kommen (vgl BT-Drucks 16/13699 S 184). Die Regelung steht nicht in Widerspruch zur Verbraucherkreditrichtlinie, da diese nach Art 2 II lit a nicht anwendbar ist auf Kreditverträge, die entweder durch eine Hypothek oder eine vergleichbare Sicherheit oder durch ein Recht an unbeweglichem Vermögen gesichert sind.

VI. Änderungsvorbehalt

25   Ist im Vertrag eine Änderung des Sollzinssatzes oder anderer preisbestimmender Faktoren vorbehalten, sind nach § 6 II 4 PAngV die zum Zeitpunkt des Angebots oder der Werbung geltenden preisbestimmenden Faktoren zugrunde zu legen. Eine ergänzende Regelung enthält § 6 IV PAngV. Danach gilt: Ist eine Änderung des Sollzinssatzes oder sonstiger in die Berechnung des anzugebenden Vomhundertsatzes einzubeziehender Kosten vorbehalten und ist ihre zahlenmäßige Bestimmung im Zeitpunkt der Berechnung des anzugebenden Vomhundertsatzes nicht möglich, so wird bei der Berechnung von der Annahme ausgegangen, dass der Sollzinssatz und die sonstigen Kosten gemessen an der ursprünglichen Höhe festbleiben und bis zum Ende des Kreditvertrages gelten. Diese Regelung setzt die Vorgaben des Art 19 IV Verbraucherkreditrichtlinie um.

VII. Bezeichnung als „effektiver Jahreszins"

26   Nach § 6 I PAngV sind die Gesamtkosten des Kredits als „effektiver Jahreszins" zu bezeichnen. Die einheitliche Bezeichnung soll einer Begriffsverwirrung der Kreditnehmer entgegenwirken und damit die Transparenz und Vergleichbarkeit der Kreditangebote gewährleisten. Abkürzungen der Bezeichnung „effektiver Jahreszins" sind nicht verboten, wenn sie allgemein wie die ausgeschriebene Bezeichnung verstanden werden (BGH GRUR 1989, 59 – *Anfängl effekt Jahreszins*; ebenso OLG Koblenz WRP 1989, 677, 678 für „eff Jahreszins", weil vom Verbraucher ohne Weiteres als Abkürzung von „effektiv" erkennbar; aM insoweit OLG Düsseldorf WRP 1988, 613). Dagegen ist die Angabe „Effektivzins" mit der vorgeschriebenen Angabe „effektiver Jahreszins" nicht vereinbar (BGH GRUR 1996, 421, 422 – *Effektivzins*); ebenso wenig andere Bezeichnungen wie „Gesamtbelastung", „effektiver Zinssatz", „Effektivzins" usw (vgl Harte/Henning/*Völker* § 6 PAngV Rdn 8). Ist die vom Gesetz abweichende Bezeichnung irreführend, so erfüllt die entsprechende Werbung zugleich den Tatbestand der §§ 3 I, 5 I 2 Nr 2 UWG vgl OLG Frankfurt GRUR 1990, 58 zur Werbung mit dem Kürzel „4,9% Jeff" für die Angabe des effektiven Jahreszinses).

Werbung für Kreditverträge

6a (1) ¹**Wer gegenüber Letztverbrauchern für den Abschluss eines Kreditvertrags mit Zinssätzen oder sonstigen Zahlen, die die Kosten betreffen, wirbt, muss in klarer, verständlicher und auffallender Weise angeben:**

1. **den Sollzinssatz,**
2. **den Nettodarlehensbetrag,**
3. **den effektiven Jahreszins.**

²**Beim Sollzinssatz ist anzugeben, ob dieser gebunden oder veränderlich oder kombiniert ist und welche sonstigen Kosten der Beworbene im Falle eines Vertragsabschlusses im Einzelnen zusätzlich zu entrichten hätte.**

(2) **Die Werbung muss zusätzlich die folgenden Angaben enthalten, sofern diese vom Werbenden zur Voraussetzung für den Abschluss des beworbenen Vertrags gemacht werden:**

1. **die Vertragslaufzeit,**
2. **bei Teilzahlungsgeschäften die Sache oder Dienstleistung, den Barzahlungspreis sowie den Betrag der Anzahlung,**
3. **gegebenenfalls den Gesamtbetrag und den Betrag der Teilzahlungen.**

(3) ¹**Die in den Absätzen 1 und 2 genannten Angaben sind mit einem Beispiel zu versehen.** ²**Bei der Auswahl des Beispiels muss der Werbende von einem effektiven Jahreszins ausgehen, von dem er erwarten darf, dass er mindestens zwei Drittel der auf Grund der**

Werbung für Kreditverträge zustande kommenden Verträge zu dem angegebenen oder einem niedrigeren effektiven Jahreszins abschließen wird.

(4) Verlangt der Werbende den Abschluss eines Versicherungsvertrags oder eines Vertrags über andere Zusatzleistungen und können die Kosten für diesen Vertrag nicht im Voraus bestimmt werden, ist auf die Verpflichtung zum Abschluss dieses Vertrags klar und verständlich an gestalterisch hervorgehobener Stelle zusammen mit dem effektiven Jahreszins hinzuweisen.

Übersicht

	Rdn
1. Entstehungsgeschichte, Normzweck und Auslegung	1
2. Pflichtangaben bei der Werbung mit konkreten Zahlen (Abs 1)	2–8
a) Werbung	2
b) Werbung mit konkreten Zahlen	3
c) Pflichtangaben	4–7
aa) Sollzinssatz	5
bb) Nettodarlehensbetrag	6
cc) Effektiver Jahreszins	7
d) Form der Angaben	8
3. Zusätzliche Pflichtangaben (Abs 2)	9–12
a) Die Vertragslaufzeit	10
b) Bei Teilzahlungsgeschäften die Sache oder Dienstleistung, der Barzahlungspreis sowie der Betrag der Anzahlung	11
c) Ggf der Gesamtbetrag und der Betrag der Teilzahlungen	12
4. Pflicht zur Angabe von Beispielen (Abs 3)	13
5. Pflicht zur Angabe von vertraglichen Zusatzleistungen (Abs 4)	14

1. Entstehungsgeschichte, Normzweck und Auslegung

Die Vorschrift wurde in Umsetzung von Art 4 Verbraucherkreditrichtlinie durch G vom 29. 7. **1** 2009 mit Wirkung zum 11. 6. 2010 in die PAngV eingefügt. Sie knüpft an die Werbung für den Abschluss eines Kreditvertrages „mit Zinssätzen oder sonstigen Zahlen, die Kosten betreffen" an. Zweck der Vorschrift ist es, über den Schutz durch § 6 PAngV und die UGP-Richtlinie hinaus zu gewährleisten, dass die Verbraucher bestimmte Standardinformationen erhalten, damit sie insbesondere verschiedene Angebote miteinander vergleichen können. Die Auslegung hat unter Berücksichtigung der Gesetzesmaterialien (BT-Drucks 16/11 643 S 238) richtlinienkonform im Lichte der Verbraucherkreditrichtlinie 2008/46/EG zu erfolgen. Ergänzend ist die UGP-Richtlinie zu berücksichtigen (arg Art 4 IV Verbraucherkreditrichtlinie).

2. Pflichtangaben bei der Werbung mit konkreten Zahlen (Abs. 1)

a) Werbung. Zum Begriff der **Werbung** vgl § 1 Rdn 6. Eine Werbung für einen Kredit **2** unter Angabe von Zinssätzen oder sonstigen Zahlen, die die Kosten betreffen, liegt auch vor, wenn ein Anbieter von Immobilien die Möglichkeit einer von ihm **vermittelten Kreditfinanzierung** unter Nennung der monatlichen Belastungsrate bewirbt (OLG Köln WRP 2008, 679 LS).

b) Werbung mit konkreten Zahlen. Die Informationspflichten aus § 6 a PAngV gelten **nur 3** für die Werbung mit „Zinssätzen oder sonstigen Zahlen, die die Kosten" betreffen. Der Werbende muss also mit **konkreten Zahlen** arbeiten. Das kann etwa der effektive Jahreszins sein (Beispiel: „Finanzierung ab 0,9% effektivem Jahreszins"). Eine solche Werbung ist zwar nicht ausgeschlossen. Da aber der Beworbene durch die Angabe einer einzelnen, besonders günstigen Zahlenangabe irregeführt werden kann, muss der Werbende auch auf die weiteren Bedingungen seines Angebots hinweisen.

c) Pflichtangaben. Nach § 6 a I 1 PAngV sind – ohne dass eine bestimmte Reihenfolge **4** einzuhalten wäre (BT-Drucks 16/11643 S 238) – anzugeben:

aa) Sollzinssatz. Sollzinssatz ist nach der **Definition** in Art 3 lit j Verbraucherkreditrichtlinie **5** der als fester oder variabler periodischer Prozentsatz ausgedrückte Zinssatz, der auf jährlicher Basis auf die in Anspruch genommenen Kredit-Auszahlungsbeträge angewandt wird. Nach § 6 I 2 ist die Angabe des Sollzinssatzes dahin zu konkretisieren, ob dieser für den beworbenen Vertrag gebunden oder veränderlich oder ggf kombiniert ist. Ferner ist anzugeben, welche sonstige

Kosten (iSv § 6 II PAngV), wie zB einer Restkreditversicherung. der Beworbene im Falle eines Vertragsabschlusses im Einzelnen zusätzlich zu entrichten hätte.

6 **bb) Nettodarlehensbetrag.** Dieser Begriff ist wie in Art 247 § 3 II 2 EGBGB zu verstehen. Es ist der Höchstbetrag, auf den der Darlehensnehmer auf Grund des Darlehensvertrags Anspruch hat.

7 **cc) Effektiver Jahreszins.** Das sind die Gesamtkosten eines Kredits iSv § 6 PAngV. Dazu § 6 PAngV Rdn 6.

8 **d) Form der Angaben.** Die Angaben haben in „klarer, verständlicher und auffallender Weise" zu geschehen. **Auffallend** ist eine Information, wenn sie in besonderer Weise gegenüber anderen Informationen optisch, akustisch oder sonst wahrnehmbar hervorgehoben wird (BT-Drucks 16/10 643 S 238). Beurteilungsmaßstab ist die Wahrnehmung des angemessen gut unterrichteten, aufmerksamen und kritischen Durchschnittsverbrauchers.

3. Zusätzliche Pflichtangaben (Abs 2)

9 Nach § 6 a II PAngV sind in der Werbung bestimmte weitere Angaben zu machen, sofern sie Inhalt des beworbenen Vertrags werden sollen. Dazu gehören:

10 **a) Die Vertragslaufzeit.**

11 **b) Bei Teilzahlungsgeschäften die Sache oder Dienstleistung, der Barzahlungspreis sowie der Betrag der Anzahlung.** Die Angabe des Barzahlungspreises und des Anzahlungsbetrages ist nur in den Fällen eines entgeltlichen Zahlungsaufschubs, also bei Teilzahlungsgeschäften iSd § 506 III BGB erforderlich.

12 **c) Ggf der Gesamtbetrag und der Betrag der Teilzahlungen.** Der Gesamtbetrag ist anzugeben, soweit dies möglich ist. Daher kann bei Überziehungsmöglichkeiten diese Angabe entfallen (BT-Drucks 16/10 643 S 239).

4. Pflicht zur Angabe von Beispielen (Abs 3)

13 Nach § 6 a III 1 PAngV sind die in den Absätzen 2 und 3 genannten Angaben mit einem **Beispiel** zu versehen. Bei der Auswahl des Beispiels muss der Werbende nach § 6 a III 2 PAngV von einem effektiven Jahreszins ausgehen, von dem er erwarten darf, dass er mindestens **zwei Drittel** der auf Grund der Werbung zustande kommenden Verträge zu dem angegebenen oder einem niedrigeren effektiven Jahreszins abschließen wird. Die Regelung dient der Umsetzung von Art 4 II Verbraucherkreditlinie, der ein „repräsentatives Beispiel" verlangt. Ob diese Konkretisierung eine korrekte Umsetzung der Richtlinienvorgabe darstellt (dazu *Domle/Sperlich* BB 2010, 2069, 2070), ist ggf durch den EuGH zu klären. Die Anforderungen an den Werbenden bestimmen sich objektiv nach dem Maßstab der **beruflichen Sorgfalt,** wie sie in Art 2 lit h UGP-Richtlinie und – in Umsetzung dieser Definition – in § 2 I Nr 7 UWG definiert ist. Dabei sind die zu diesem Zeitpunkt in der Branche üblichen Konditionen zu berücksichtigen.

5. Pflicht zur Angabe von vertraglichen Zusatzleistungen (Abs 4)

14 Nach § 6 a IV PAngV treffen den Werbenden weitere Pflichten, wenn er den Abschluss eines Versicherungsvertrags oder eines Vertrags über andere Zusatzleistungen verlangt und die Kosten für diesen Vertrag nicht im Voraus bestimmt werden können. In diesem Fall ist auf die Verpflichtung zum Abschluss dieses Vertrags klar und verständlich an gestalterisch hervorgehobener Stelle zusammen mit dem effektiven Jahreszins hinzuweisen. Die Regelung dient der Umsetzung von Art 4 III Verbraucherkreditrichtlinie, der von einer „klaren, prägnanten Form an optisch hervorgehobener Stelle" spricht. Zu den Zusatzleistungen gehört ua die Kontoführung (vgl Art 247 § 8 I EGBGB).

Überziehungsmöglichkeiten

6b Bei Überziehungsmöglichkeiten im Sinne des § 504 Abs. 2 des Bürgerlichen Gesetzbuchs hat der Kreditgeber statt des effektiven Jahreszinses den Sollzinssatz pro Jahr und die Zinsbelastungsperiode anzugeben, wenn diese nicht kürzer als drei Monate ist und der Kreditgeber außer den Sollzinsen keine weiteren Kosten verlangt.

1. Entstehungsgeschichte

Die Vorschrift wurde unter Ausnutzung des durch Art 4 II lit c und Art 6 II Verbraucher- 1
kreditrichtlinie eingeräumten Gestaltungsspielraums durch G vom 29. 7. 2009 (BGBl I 2355)
mit Wirkung zum 11. 6. 2010 in die PAngV eingefügt. Sie tritt an die Stelle des § 6 IX PAngV
aF, gilt aber nicht nur für § 6 PAngV, sondern auch für § 6 a PAngV.

2. Regelungsinhalt

Der Kreditgeber hat bei Überziehungsmöglichkeiten iSd § 504 II BGB statt des effektiven 2
Jahreszinses den Sollzinssatz pro Jahr und die Zinsbelastungsperiode (Fälligkeit der Zinsen)
anzugeben. Diese Erleichterung kommt aber nur zum Tragen, wenn außer den Sollzinsen keine
weiteren Kosten (außer den allgemeinen Kontogebühren) vereinbart sind und die Zinsbelastungsperiode nicht kürzer als drei Monate ist. Eine Parallelregelung enthält Art 247 § 10 III
EGBGB.

3. Einzelfragen

Der Begriff der **„Überziehungsmöglichkeit"** ist in § 504 I BGB (früher § 493 BGB aF) 3
definiert. Es handelt sich um die in einem Vertragsverhältnis über ein laufendes Konto dem
Darlehensnehmer eingeräumte Möglichkeit, sein Konto in bestimmter Höhe zu überziehen. Es
muss sich dabei, wie sich aus § 504 I BGB ergibt, um ein Verbraucherdarlehen handeln. Eine
Überziehungsmöglichkeit **„im Sinne des § 504 Abs 2"** BGB besteht bei einer Vereinbarung,
dass nach der Auszahlung die Laufzeit höchstens drei Monate beträgt oder der Darlehensgeber
kündigen kann, ohne eine Frist einzuhalten. Auf die lediglich „geduldete Überziehung" iSv
§ 505 BGB ist § 6 b PAngV nicht anwendbar. Insoweit gelten lediglich die Informationspflichten
aus Art 247 § 17 EGBGB. Zum Begriff des **„Sollzinssatzes"** vgl § 6 a Rdn 5. Zu den **„weiteren Kosten"** gehören bsw eine Provision, deren Höhe sich nach dem Kreditrahmen oder dem
Höchstbetrag der Überziehung richtet (vgl Harte/Henning/*Völker* § 6 PAngV Rdn 32).

Gaststätten, Beherbergungsbetriebe

§ 7 (1) ¹In Gaststätten und ähnlichen Betrieben, in denen Speisen oder Getränke angeboten werden, sind die Preise in Preisverzeichnissen anzugeben. ²Die Preisverzeichnisse sind entweder auf Tischen aufzulegen oder jedem Gast vor Entgegennahme von Bestellungen und auf Verlangen bei Abrechnung vorzulegen oder gut lesbar anzubringen. ³Werden Speisen und Getränke gemäß § 4 Abs. 1 angeboten, so muss die Preisangabe dieser Vorschrift entsprechen.

(2) ¹Neben dem Eingang der Gaststätte ist ein Preisverzeichnis anzubringen, aus dem die Preise für die wesentlichen angebotenen Speisen und Getränke ersichtlich sind. ²Ist der Gaststättenbetrieb Teil eines Handelsbetriebes, so genügt das Anbringen des Preisverzeichnisses am Eingang des Gaststättenteils.

(3) In Beherbergungsbetrieben ist beim Eingang oder bei der Anmeldestelle des Betriebes an gut sichtbarer Stelle ein Verzeichnis anzubringen oder auszulegen, aus dem die Preise der im Wesentlichen angebotenen Zimmer und gegebenenfalls der Frühstückspreis ersichtlich sind.

(4) Kann in Gaststätten- und Beherbergungsbetrieben eine Telekommunikationsanlage benutzt werden, so ist der bei Benutzung geforderte Preis je Minute oder je Benutzung in der Nähe der Telekommunikationsanlage anzugeben.

(5) Die in den Preisverzeichnissen aufgeführten Preise müssen das Bedienungsgeld und sonstige Zuschläge einschließen.

Übersicht

	Rdn
1. Überblick	1
2. Preisverzeichnisse in Gaststätten und ähnlichen Betrieben (Abs 2)	2–6
a) Anwendungsbereich	2
b) Kenntlichmachung der Preisverzeichnisse	3–5
c) Inhalt der Preisverzeichnisse	6
3. Preisverzeichnisse in Beherbergungsbetrieben (Abs 3)	7–9
a) Anwendungsbereich	7

	Rdn
b) Kenntlichmachung der Preisverzeichnisse	8
c) Inhalt des Preisverzeichnisses	9
4. Benutzung von Telekommunikationsanlagen (Abs 4)	10
5. Einbeziehung von Zuschlägen (Abs 5)	11

1. Überblick

1 Die Vorschrift enthält **Spezialregelungen zu § 5 PAngV** im Hinblick auf Gaststätten und Beherbergungsbetriebe. Da diese Betriebe idR eine Vielzahl von Leistungen anbieten, soll der Verbraucher sich rasch und umfassend über das Leistungsspektrum informieren können. Die Grundanforderungen des § 1 PAngV werden davon nicht berührt. Die Regelung gilt jedoch nur für das Angebot von Leistungen, nicht auch für die Werbung. Außerdem gilt die Ausnahmeregelung in § 9 VIII PAngV im Hinblick auf Leistungen, die nicht in § 7 PAngV geregelt sind, auch für Gaststätten und Beherbergungsbetriebe.

2. Preisverzeichnisse in Gaststätten und ähnliche Betrieben (Abs 2)

2 a) **Anwendungsbereich.** Die Verpflichtung aus § 7 I 1 PAngV zur Angabe von Preisen in **Preisverzeichnissen** (dazu § 4 Rdn 7), dh in Gestalt von Speisen- und/oder Getränkekarten oder entsprechenden Auflistungen, besteht für Gaststätten und ähnliche Betriebe, in denen Speisen oder Getränke angeboten werden. Unter **Gaststätten** sind dabei in Anlehnung an § 1 I GaststättenG alle Geschäftsbetriebe zu verstehen, die im stehenden Gewerbe Getränke zum Verzehr an Ort und Stelle verabreichen (Schankwirtschaft) und/oder zubereitete Speisen zum Verzehr an Ort und Stelle verabreichen (Speisewirtschaft), sofern der Betrieb jedermann oder bestimmten Personenkreisen zugänglich ist. Unerheblich ist, ob die Gaststätte selbstständig oder als Teil eines Beherbergungsbetriebs („Hotelrestaurant") oder sonstigen Betriebs („Kaufhausgaststätte") oder nur vorübergehend („Festzeltbetrieb" usw) betrieben wird. Ähnliche Betriebe, in denen Speisen oder Getränke angeboten werden, sind Betriebe, in denen Speisen oder Getränke zum Verzehr angeboten werden, die Gäste sich aber selbst bedienen müssen oder nur an der Theke oder am Ladentisch bedient werden (zB Kioske, Imbissbuden, Kaffeeausschank in Kaffeegeschäften).

3 b) **Kenntlichmachung der Preisverzeichnisse.** Nach § 7 I 2 PAngV sind dem Betriebsinhaber mehrere Möglichkeiten eingeräumt, den Gästen die Preisverzeichnisse kenntlich zu machen. Er kann (1) das Preisverzeichnis auf Tischen auflegen oder (2) jedem Gast das Preisverzeichnis vor Entgegennahme der Bestellung und auf Verlangen bei der Abrechnung vorlegen oder (3) das Preisverzeichnis gut lesbar anbringen. Daher genügt es zB nicht, dass eine Getränkekarte in einem Lokal aufgehängt wird, diese aber von den Tischen nicht einsehbar ist (OLG München GewArch 1998, 210).

4 Bei **Gaststätten** (Rdn 2) ist nach § 7 II 1 PAngV darüber hinaus **neben dem Eingang** ein Preisverzeichnis anzubringen, aus dem die Preise für die **wesentlichen** (dazu § 5 Rdn 4) **Speisen und Getränke** ersichtlich sind. Ist der Gaststättenbetrieb Teil eines Handelsbetriebs (dazu § 5 Rdn 9), so genügt nach § 7 II 2 PAngV das Anbringen des Preisverzeichnisses am Eingang des Gaststättenbetriebs. Der Gast soll sich also über die Preise informieren können, ohne erst das Lokal betreten zu müssen. Wird ein Eintrittspreis oder ein Mindestverzehr verlangt, so ist auch darauf hinzuweisen (Harte/Henning/*Völker* § 7 PAngV Rdn 2).

5 Werden Speisen und Getränke gem § 4 I PAngV angeboten, so muss nach § 7 I 3 PAngV die Preisangabe dieser Vorschrift entsprechen. Diese Regelung erfasst insbes den Fall, dass Speisen und Getränke **sichtbar ausgestellt** werden (zB Kuchentheke im Cafe) oder vom Gast **unmittelbar entnommen** werden können (zB Brot aus dem Brotkörbchen). Es muss dann eine Preisauszeichnung durch Preisschilder oder Beschriftung der Ware erfolgen.

6 c) **Inhalt der Preisverzeichnisse.** Im Preisverzeichnis sind die Endpreise (§ 1 I PAngV) und ggf die Verkaufs- und Leistungseinheiten und die Gütebezeichnung (§ 1 I 2 PAngV), einschließlich des Bedienungsgelds und sonstiger Zuschläge, etwa für Beilagenwechsel (§ 7 V PAngV) anzugeben. Hängt der Preis vom Gewicht ab (zB bei Fischgerichten), so ist in analoger Anwendung des § 2 II PAngV der Grundpreis anzugeben.

3. Preisverzeichnisse in Beherbergungsbetrieben (Abs 3)

a) Anwendungsbereich. Nach § 7 III PAngV gelten für Preisverzeichnisse in Beherbergungsbetrieben besondere Regelungen. Unter einem **Beherbergungsbetrieb** ist ein Unternehmen zu verstehen, das gegen Entgelt Personen eine Übernachtungsmöglichkeit zur Verfügung stellt. Für die Anwendung des § 7 PAngV kommt es darauf an, ob dies gewerbs- oder geschäftsmäßig oder regelmäßig in sonstiger Weise geschieht (§ 1 I 1 PAngV). Daher können grds auch private Vermieter von Ferienwohnungen usw unter die Vorschrift fallen. Ob daneben auch ein Gaststättenbetrieb vorliegt oder nicht, ist unerheblich.

b) Kenntlichmachung der Preisverzeichnisse. Das Preisverzeichnis ist beim Eingang **oder** bei der Anmeldestelle („Rezeption") des Betriebs an gut sichtbarer Stelle anzubringen oder auszulegen. Gut sichtbar ist das Verzeichnis dann, wenn der Gast es sofort, also ohne Suchen erkennen kann.

c) Inhalt des Preisverzeichnisses. Aus dem Verzeichnis müssen die Preise der im Wesentlichen angebotenen Zimmer und ggf der Frühstückspreis ersichtlich sein. Für die Angabe der Preise gilt das in Rdn 6 Gesagte entsprechend.

4. Benutzung von Telekommunikationsanlagen (Abs 4)

Stellt der Inhaber eines Gaststätten- oder Beherbergungsbetriebs eine Telekommunikationsanlage (Telefon, Telefax, Internet) zur Verfügung, so muss er nach § 7 IV PAngV den bei der Benutzung geforderten Preis je Minute **oder** je Benutzung in der Nähe der Anlage angeben. Er ist aber nicht verpflichtet, Differenzierungen, etwa nach Orts-, Inlands- oder Auslandsgesprächen vorzunehmen. Auch die Festsetzung der Höhe des Entgelts steht ihm – innerhalb der allgemeinen Schranken – frei. Außerdem kann der Unternehmer frei darüber entscheiden, ob er Gespräche unter Mehrwertdienstenummern ermöglichen will oder nicht.

5. Einbeziehung von Zuschlägen (Abs 5)

Nach § 7 V PAngV müssen die in den Preisverzeichnissen aufgeführten Preise das Bedienungsgeld und sonstige Zuschläge einschließen. Die Vorschrift konkretisiert § 1 I PAngV. Eine Aufgliederung ist nach Maßgabe des § 1 VI 3 PAngV zulässig. Zu den sonstigen Zuschlägen gehören bspw bei Gaststätten die Kosten für das Gedeck, bei Beherbergungsbetrieben die Kosten für die Unterbringung von Haustieren.

Tankstellen, Parkplätze

8 (1) ¹An Tankstellen sind die Kraftstoffpreise so auszuzeichnen, dass sie
1. für den auf der Straße heranfahrenden Kraftfahrer,
2. auf Bundesautobahnen für den in den Tankstellenbereich einfahrenden Kraftfahrer

deutlich lesbar sind. ²Dies gilt nicht für Kraftstoffmischungen, die erst in der Tankstelle hergestellt werden.

(2) **Wer für weniger als einen Monat Garagen, Einstellplätze oder Parkplätze vermietet oder bewacht oder Kraftfahrzeuge verwahrt, hat am Anfang der Zufahrt ein Preisverzeichnis anzubringen, aus dem die von ihm geforderten Preise ersichtlich sind.**

1. Überblick

§ 8 PAngV ergänzt die Grundnorm des § 1 PAngV und enthält in Abs 1 für Tankstellen eine Spezialregelung zu § 4 I PAngV und in Abs 2 für Leistungen des Kfz-Parkplatzvermietungs- und Bewachungsgewerbes eine Spezialregelung zu § 5 PAngV.

2. Preisauszeichnungspflicht für Tankstellen

a) Allgemeines. Die Preisauszeichnungspflicht trifft den **Betreiber der Tankstelle,** also den Anbieter (iSv § 1 I 1 PAngV) von Kraftstoffen, gleichgültig ob er im eigenen oder fremden Namen (idR bei Pächtern) handelt (OLG Düsseldorf WRP 1988, 170, 172). Sie bezieht sich nur auf die **Kraftstoffpreise,** während für sonstige in der Tankstelle angebotene Waren und Leistungen die §§ 4 und 5 PAngV und ggf § 7 PAngV gelten. Unter **Kraftstoffen** sind die Stoffe zu verstehen, die unmittelbar dem Antrieb von Kraftfahrzeugen dienen (Benzin, Diesel, Autogas, ggf künftig auch Elektrizität). Die Preisangabe muss sich nach § 1 I 2 PAngV entsprechend der allgemeinen Verkehrsauffassung auf die **Verkauf seinheit** (bei Flüssigkraftstoffen ein Liter; OLG Düsseldorf WRP 1988, 170, 171) und die jeweilige **Gütebezeichnung** (Super, Diesel usw) beziehen. Auf die Zahlungsweise (bar oder nur mit codierter Kreditkarte) kommt es nicht an (OLG Karlsruhe NJWE-WbR 1996, 248, 249).

3   **b) Inhalt der Preisauszeichnungspflicht.** Die Preise (sowie die Kraftstoffsorten; OLG Düsseldorf WRP 1988, 170, 171) sind so auszuzeichnen, dass sie für den herannahenden Fahrer „deutlich lesbar" sind. Dabei ist zwischen den Fahrern auf Bundesautobahnen und den Fahrern auf sonstigen Straßen zu unterscheiden. Für Erstere gilt nach § 8 I 1 Nr 2 PAngV, dass die Preise „für den in den Tankstellenbereich einfahrenden Kraftfahrern" deutlich lesbar sein müssen, also erst dann, wenn er die Autobahnausfahrt verlässt und in den eigentlichen Tankstellenbereich einfährt. Für Letztere gilt nach § 8 I 1 Nr 2 PAngV, dass die Preisangabe schon beim Heranfahren auf der Straße deutlich lesbar sein muss. Die Angabe muss aus einer solchen Entfernung lesbar sein, die es dem Fahrer erlaubt, einen Entschluss zum Tanken zu fassen und in den Tankstellenbereich einzufahren, ohne durch plötzliche Brems- und Abbiegemanöver den Verkehrsfluss zu stören oder andere Verkehrsteilnehmer zu gefährden (vgl OLG Düsseldorf WRP 1988, 170, 172). Dafür wird idR eine Größe von **40 cm** für die Ziffern von Euro und Cent und für die Buchstaben genügen (Harte/Henning/*Völker* § 8 PAngV Rdn 5 mwN). Angaben an der Tanksäule genügen idR nicht.

3. Preisverzeichnisse im Kfz-Parkplatzvermietungs- und Bewachungsgewerbe

4   Nach § 8 II PAngV müssen Unternehmer, die für **weniger als einen Monat** Garagen, Einstellplätze oder Parkplätze **vermieten** oder **bewachen** oder Kraftfahrzeuge **verwahren,** am Anfang der Zufahrt ein **Preisverzeichnis** (dazu § 4 Rdn 7) anbringen, aus dem die von ihnen geforderten Preise ersichtlich sind. Das Preisverzeichnis kann aus einer Preistabelle und/oder einer Angabe von Verrechnungssätzen (zB „je angefangene Stunde 3 Euro") bestehen. Die Preise müssen, entsprechend den Anforderungen aus § 1VI 2 PAngV, leicht erkennbar und deutlich lesbar sein, und zwar derart, dass der Fahrer nach ihrer Kenntnisnahme den Betrieb ohne Mühen und Kosten wieder verlassen kann.

Ausnahmen

9 (1) Die Vorschriften dieser Verordnung sind nicht anzuwenden
1. auf Angebote oder Werbung gegenüber Letztverbrauchern, die die Ware oder Leistung in ihrer selbständigen beruflichen oder gewerblichen oder in ihrer behördlichen oder dienstlichen Tätigkeit verwenden; für Handelsbetriebe gilt dies nur, wenn sie sicherstellen, dass als Letztverbraucher ausschließlich die in Halbsatz 1 genannten Personen Zutritt haben, und wenn sie durch geeignete Maßnahmen dafür Sorge tragen, dass diese Personen nur die in ihrer jeweiligen Tätigkeit verwendbaren Waren kaufen;
2. auf Leistungen von Gebietskörperschaften des öffentlichen Rechts, soweit es sich nicht um Leistungen handelt, für die Benutzungsgebühren oder privatrechtliche Entgelte zu entrichten sind;
3. auf Waren und Leistungen, soweit für sie aufgrund von Rechtsvorschriften eine Werbung untersagt ist;
4. auf mündliche Angebote, die ohne Angabe von Preisen abgegeben werden;
5. auf Warenangebote bei Versteigerungen.

(2) § 1 Abs. 1 und § 2 Abs. 1 sind nicht anzuwenden auf individuelle Preisnachlässe sowie auf nach Kalendertagen zeitlich begrenzte und durch Werbung bekannt gemachte generelle Preisnachlässe.

(3) § 1 Abs. 2 ist nicht anzuwenden auf die in § 312 b Abs. 3 Nr. 1 bis 4 und 7 des Bürgerlichen Gesetzbuchs genannten Verträge.

(4) § 2 Abs. 1 ist nicht anzuwenden auf Waren, die
1. über ein Nenngewicht oder Nennvolumen von weniger als 10 Gramm oder Milliliter verfügen;
2. verschiedenartige Erzeugnisse enthalten, die nicht miteinander vermischt oder vermengt sind;

I. Überblick

3. von kleinen Direktvermarktern sowie kleinen Einzelhandelsgeschäften angeboten werden, bei denen die Warenausgabe überwiegend im Wege der Bedienung erfolgt, es sei denn, dass das Warensortiment im Rahmen eines Vertriebssystems bezogen wird;
4. im Rahmen einer Dienstleistung angeboten werden;
5. in Getränke- und Verpflegungsautomaten angeboten werden.

(5) § 2 Abs. 1 ist ferner nicht anzuwenden bei
1. Kau- und Schnupftabak mit einem Nenngewicht bis 25 Gramm;
2. kosmetischen Mitteln, die ausschließlich der Färbung oder Verschönerung der Haut, des Haares oder der Nägel dienen;
3. Parfüms und parfümierten Duftwässern, die mindestens 3 Volumenprozent Duftöl und mindestens 70 Volumenprozent reinen Äthylalkohol enthalten.

(6) Die Angabe eines neuen Grundpreises nach § 2 Abs. 1 ist nicht erforderlich bei
1. Waren ungleichen Nenngewichts oder -volumens oder ungleicher Nennlänge oder -fläche mit gleichem Grundpreis, wenn der geforderte Endpreis um einen einheitlichen Betrag herabgesetzt wird;
2. leicht verderblichen Lebensmitteln, wenn der geforderte Endpreis wegen einer drohenden Gefahr des Verderbs herabgesetzt wird.

(7) § 4 ist nicht anzuwenden
1. auf Kunstgegenstände, Sammlungsstücke und Antiquitäten im Sinne des Kapitels 97 des Gemeinsamen Zolltarifs;
2. auf Waren, die in Werbevorführungen angeboten werden, sofern der Preis der jeweiligen Ware bei deren Vorführung und unmittelbar vor Abschluss des Kaufvertrages genannt wird;
3. auf Blumen und Pflanzen, die unmittelbar vom Freiland, Treibbeet oder Treibhaus verkauft werden.

(8) § 5 ist nicht anzuwenden
1. auf Leistungen, die üblicherweise aufgrund von schriftlichen Angeboten oder schriftlichen Voranschlägen erbracht werden, die auf den Einzelfall abgestellt sind;
2. auf künstlerische, wissenschaftliche und pädagogische Leistungen; dies gilt nicht, wenn die Leistungen in Konzertsälen, Theatern, Filmtheatern, Schulen, Instituten oder dergleichen erbracht werden;
3. auf Leistungen, bei denen in Gesetzen oder Rechtsverordnungen die Angabe von Preisen besonders geregelt ist.

Übersicht

	Rdn
I. Überblick	1
II. Die Ausnahmetatbestände des § 9 I PAngV	2–6
1. Angebote und Werbung gegenüber nicht privaten Letztverbrauchern	2
2. Leistungen von Gebietskörperschaften des öffentlichen Rechts	3
3. Werbeverbote	4
4. Mündliche Angebote	5
5. Versteigerungen	6
III. Der Ausnahmetatbestand des § 9 II	7–12
1. Überblick	7
2. Ausnahme für individuelle Preisnachlässe	8
3. Ausnahme für generelle Preisnachlässe	9–12
a) Normzweck	9
b) Genereller Preisnachlass	10
c) Nach Kalendertagen zeitlich begrenzter Preisnachlass	11
d) Durch Werbung bekannt gemachter Preisnachlass	12
IV. Die sonstigen Ausnahmetatbestände (§ 9 III–VIII)	13

I. Überblick

§ 9 PAngV enthält verschiedene **Ausnahmevorschriften** von allen oder doch einzelnen Vorschriften der PAngV mit unterschiedlichem Gewicht. § 9 I schließt die Anwendbarkeit der gesamten PAngV in bestimmten Konstellationen aus. § 9 II sieht Einschränkungen der Preisangabenpflicht für individuelle und bestimmte generelle Preisnachlässe vor. § 9 III–VIII enthalten Detailregelungen.

II. Die Ausnahmetatbestände des § 9 I PAngV

1. Angebote und Werbung gegenüber nicht privaten Letztverbrauchern

2   Nach § 9 I Nr 1 PAngV besteht keine Pflicht zur Preisangabe für „**Angebote oder Werbung gegenüber Letztverbrauchern, die die Ware oder Leistung in ihrer selbstständigen beruflichen oder gewerblichen oder in ihrer behördlichen oder dienstlichen Tätigkeit verwenden.**" Diese Einschränkung stellt im Grunde nur eine Konkretisierung des Anwendungsbereichs des § 1 I 1 PAngV, aber keine echte Ausnahme dar. Sie rechtfertigt sich daraus, dass die genannten Abnehmer weniger schutzbedürftig sind als die privaten Letztverbraucher. **Handelsunternehmen** können sich nach § 9 I Nr 1 HS 2 PAngV auf diese Einschränkung jedoch nur berufen, wenn sie sicherstellen, dass als Letztverbraucher ausschließlich die in § 9 I Nr 1 HS 1 PAngV genannten Personen Zutritt haben, und wenn sie durch geeignete Maßnahmen dafür Sorge tragen, dass diese Personen nur die in ihrer jeweiligen Tätigkeit verwendbaren Waren kaufen (vgl dazu BVerfG GRUR 1999, 247, 249; BGH GRUR 1990, 617, 621 f – *Metro III*). Ob diese Regelung mit Art 12 GG und mit dem gewandelten Verbraucherleitbild vereinbar ist, erscheint fraglich. Hinzu kommt, dass die §§ 6 a und 6 b UWG 1909 nicht in das UWG 2004 übernommen wurden. Mindestens ist die Vorschrift verfassungskonform dahin auszulegen, dass das Handelsunternehmen seiner Pflicht genügt, wenn es deutlich und unmissverständlich darauf hinweist, es werde nur an Wiederverkäufer und die in § 9 I Nr 1 HS 1 PAngV genannten Personen verkaufen. Letztverbraucher, die für ihren privaten Verbrauch kaufen, sind nicht schutzwürdig. Es ist dem Handelsunternehmen nicht zuzumuten, bei den Kunden Eingangs- und Ausgangskontrollen durchzuführen. – Zur „dienstlichen Tätigkeit" gehört die Aufgabenerfüllung einer Kirchengemeinde (OLG Karlsruhe GRUR-RR 2008, 351, 352: Werbung für Kerzen für den Gottesdienst).

2. Leistungen von Gebietskörperschaften des öffentlichen Rechts

3   Nach § 9 I Nr 2 PAngV gelten die Vorschriften der PAngV nicht für **Leistungen von Gebietskörperschaften des öffentlichen Rechts** (insbes Gemeinden), soweit es sich nicht um Leistungen handelt, für die **Benutzungsgebühren oder privatrechtliche Entgelte** zu entrichten sind (zB Eintrittsgelder für kommunale Schwimmbäder; Beförderungsentgelte).

3. Werbeverbote

4   § 9 I Nr 3 PAngV befreit von der Preisangabenpflicht bei solchen Waren oder Leistungen, für die **Werbung auf Grund von Rechtsvorschriften untersagt** ist. Dazu gehören zB die Werbeverbote nach dem HWG, aber auch nach Art 1 § 1 RBerG iVm § 1 I der 2. AVO.

4. Mündliche Angebote

5   § 9 I Nr 4 befreit von der Preisangabenpflicht für **mündliche** (einschließlich fernmündliche) **Angebote,** die ohne Angabe von Preisen abgegeben werden. Zu den mündlichen Angeboten gehören auch **Werbesendungen im Hörfunk,** nicht dagegen Werbesendungen im Fernsehen (BGH GRUR 2003, 971, 972 – *Telefonischer Auskunftsdienst* unter Hinweis auf §§ 4 IV, 5 I 3 PAngV). Die Ausnahme gilt unabhängig davon, ob es sich um individuelle oder an einen größeren Personenkreis gerichtete Angebote handelt. Darauf, ob eine Preisangabe bei mündlichen Angeboten unüblich ist, kommt es nicht an (OLG Hamburg NJW-WettbR 2000, 37, 38). Das Verbot der irreführenden Werbung (§§ 3, 5 UWG) wird durch § 9 I Nr 4 allerdings nicht eingeschränkt (LG Frankfurt GRUR-RR 2003, 290, 292).

5. Versteigerungen

6   § 9 I Nr 5 befreit von der Preisangabenpflicht für Warenangebote bei **Versteigerungen,** da der zu zahlende Preis nicht von vornherein feststeht, sondern sich erst aus dem Zuschlag ergibt. Internet-Auktionen verstoßen daher nicht gegen die PAngV (*Bullinger* WRP 2000, 253, 256).

III. Der Ausnahmetatbestand des § 9 II

1. Überblick

7   § 9 II sieht Ausnahmen von der Verpflichtung zur Endpreisangabe (§ 1 I PAngV) und Grundpreisangabe (§ 2 PAngV) für **individuelle Preisnachlässe** und für **generelle, nach Kalender-**

tagen begrenzte und durch Werbung bekannt gemachte Preisnachlässe vor. Stets ist bei der Werbung mit Preissenkungen das spezielle Irreführungsverbot des § 5 IV UWG (Mondpreise) zu beachten.

2. Ausnahme für individuelle Preisnachlässe

Die Ausnahme für individuelle Preisnachlässe war bereits im früheren Recht (§ 1 I 1 PAngV aF) enthalten. Sie rechtfertigt sich daraus, dass die Höhe des zu zahlenden Preises vielfach nicht von vornherein feststeht, sondern das Ergebnis von Preisverhandlungen ist (vgl auch § 1 I 3 PAngV). **8**

3. Ausnahme für generelle Preisnachlässe

a) Normzweck. Die Regelung für generelle Preisnachlässe wurde durch die Aufhebung des RabattG und durch Einführung des UWG 2004 erforderlich, da die Rabattgewährung seit Abschaffung des RabattG und Sonderveranstaltungen nach dem UWG 2004 (früher in §§ 7, 8 UWG aF restriktiv geregelt) grds zulässig sind. Müsste nämlich der Unternehmer bei generellen Preissenkungen (zB „alles 20% billiger") jede einzelne Ware mit dem neuen, herabgesetzten Preis auszuzeichnen, so wäre dies mit einem unzumutbaren Aufwand verbunden. Außerdem könnte leicht Unsicherheit, Verwirrung und Streit entstehen, weil Verbraucher glauben könnten, sie könnten zusätzlich noch den angekündigten Preisnachlass in Anspruch nehmen. **9**

b) Genereller Preisnachlass. Erste Voraussetzung für die Privilegierung ist das Vorliegen eines **generellen** Preisnachlasses (zum Begriff des **Preisnachlasses** vgl § 4 UWG Rdn 1.92). Generell ist ein Preisnachlass, wenn er für jedermann oder doch für einen nach bestimmten Merkmalen umschriebenen Personenkreis (zB allen Inhabern von Kundenkarten; allen Personen unter 18 Jahren) gelten soll. **10**

c) Nach Kalendertagen zeitlich begrenzter Preisnachlass. Zweite Voraussetzung ist, dass es sich um eine **nach Kalendertagen zeitlich begrenzte Aktion** handelt. Daher fallen jedenfalls Preissenkungen ohne Befristung nicht unter § 9 II PAngV. Privilegiert sind Begrenzungen jedoch nur dann, wenn sie „**nach Kalendertagen**" berechnet sind. Es muss also durch Datumsangaben angegeben werden, bis zu welchem Zeitpunkt eine Preissenkung Gültigkeit haben soll. Nicht ausreichend ist eine Bezeichnung nach Wochen, Monaten oder Jahren. Nicht ausreichend ist es ferner, wenn nur der Anfangstag und nicht auch der Schlusstag der Aktion angegeben ist. Die Preissenkung muss außerdem „**zeitlich begrenzt**", dh vorübergehender und nicht endgültiger Natur sein. Was dies im Einzelfall bedeutet, ist unter Berücksichtigung der Zwecks der PAngV und der im betreffenden Wirtschaftszweig gegebenen Marktverhältnisse und Gepflogenheiten zu ermitteln. In Anlehnung an das alte Recht der Sonderveranstaltungen (§ 7 III UWG aF) dürfte im Einzelhandel eine Rabattaktion, die sich etwa auf zehn bis fünfzehn Werktage erstreckt, als ausreichend zeitlich begrenzt anzusehen sein. Bei längeren Zeiträumen kommt es darauf an, ob sachliche Gründe für die Erweiterung sprechen. Ob bei einer unangemessen langen Befristung eine Irreführung iSd § 5 vorliegen kann, ist eine Frage des Einzelfalls. **11**

d) Durch Werbung bekannt gemachter Preisnachlass. Dritte Voraussetzung ist, dass die generelle Preissenkung „**durch Werbung bekannt gemacht**" wurde. Der Verbraucher soll die Möglichkeit haben, sich rechtzeitig zu informieren und Preisvergleiche vorzunehmen. Daher müssen die angesprochenen Personen vor Beginn der Aktion auf Grund einer entspr Ankündigung in Werbeträgern (Plakate; Zeitungsanzeigen; Rundfunkwerbung; Prospekte) davon Kenntnis nehmen können. Es ist genügt also nicht, dass erst im Geschäftslokal auf die Preissenkung hingewiesen wird. **12**

IV. Die sonstigen Ausnahmetatbestände (§ 9 III–VIII)

§ 9 III PAngV enthält Ausnahmen von § 1 II PAngV für Fernunterrichtsverträge (§ 312 b III Nr 1 BGB iVm § 1 Fernunterrichtsgesetz), Verträge über die Teilzeitnutzung von Wohngebäuden (§ 312 b III Nr 2 iVm § 481 BGB), Finanzgeschäfte (§ 312 b III Nr 3 BGB), Verträge über die Veräußerung von Grundstücken, grundstücksgleichen Rechten und vergleichbaren Verträgen (§ 312 b III Nr 4 BGB) sowie Vertragsschlüsse unter Zuhilfenahme technischer Vorrichtungen (§ 312 b III Nr 7 BGB). Im Umkehrschluss folgt daraus, dass § 1 II PAngV in den Fällen des § 312 b III Nr 5 und Nr 6 BGB anwendbar bleibt (KG GRUR-RR 2009, 316, 317). § 9 IV–VI PAngV betreffen Ausnahmen vom Gebot der Grundpreisangabe gem § 2 I PAngV für bestimmte **13**

Warenarten und -mengen. § 9 VII PAngV regelt eine Ausnahme zu § 4 PAngV (zur Verfassungsmäßigkeit des § 9 VII Nr 1 vgl BVerfG NJW 2010, 2501). § 9 VIII enthält schließlich eine Ausnahme zu § 5 PAngV.

Ordnungswidrigkeiten

10 (1) Ordnungswidrig im Sinne des § 3 Abs. 1 Nr. 2 des Wirtschaftsstrafgesetzes 1954 handelt, wer vorsätzlich oder fahrlässig

1. entgegen § 1 Abs. 1 Satz 1 Preise nicht, nicht richtig oder nicht vollständig angibt,
2. entgegen § 1 Abs. 1 Satz 2 die Verkaufs- oder Leistungseinheit oder Gütebezeichnung nicht oder nicht richtig angibt, auf die sich die Preise beziehen,
3. entgegen § 1 Abs. 2 Satz 1 Nr. 1, auch in Verbindung mit Satz 3, eine Angabe nicht, nicht richtig oder nicht vollständig macht,
4. entgegen § 1 Abs. 3 Satz 1 Stundensätze, Kilometersätze oder andere Verrechnungssätze nicht richtig angibt,
5. entgegen § 1 Abs. 4 oder 6 Satz 2 Angaben nicht in der dort vorgeschriebenen Form macht,
6. entgegen § 1 Abs. 6 Satz 3 den Endpreis nicht hervorhebt oder
7. entgegen § 2 Abs. 1 Satz 1, auch in Verbindung mit Satz 2, oder § 2 Abs. 2 oder § 3 Satz 1 oder 3, auch in Verbindung mit Satz 4, eine Angabe nicht, nicht richtig oder nicht vollständig macht.

(2) Ordnungswidrig im Sinne des § 3 Abs. 1 Nr. 2 des Wirtschaftsstrafgesetzes 1954 handelt auch, wer vorsätzlich oder fahrlässig einer Vorschrift

1. des § 4 Abs. 1 bis 4 über das Auszeichnen von Waren,
2. des § 5 Abs. 1 Satz 1, 2 oder 4 oder Abs. 2, jeweils auch in Verbindung mit § 4 Abs. 5, über das Aufstellen, das Anbringen oder das Bereithalten von Preisverzeichnissen oder über das Anbieten einer Anzeige des Preises,
3. des § 6 Absatz 1 über die Angabe oder die Bezeichnung des Preises bei Krediten,
4. des § 6 Absatz 2 bis 5 oder 7 über die Berechnung des Vomhundertsatzes,
5. des § 6 Absatz 6 oder § 6 b über die Angabe von Voraussetzungen für die Kreditgewährung oder des Zinssatzes oder der Zinsbelastungsperiode,
6. des § 6 a über die Pflichtangaben oder -hinweise in der Werbung,
7. des § 7 Abs. 1 Satz 1 oder 2, Abs. 2 Satz 1, Abs. 3 oder 4 über die Angabe von Preisen oder über das Auflegen, das Vorlegen, das Anbringen oder das Auslegen eines dort genannten Verzeichnisses,
8. des § 8 Abs. 1 Satz 1 über das Auszeichnen von Kraftstoffpreisen oder
9. des § 8 Abs. 2 über das Anbringen eines Preisverzeichnisses zuwiderhandelt.

(3) Ordnungswidrig im Sinne des § 3 Abs. 1 Satz 1 Nr. 3 des Wirtschaftsstrafgesetzes 1954 handelt, wer vorsätzlich oder fahrlässig entgegen § 1 Abs. 2 Satz 1 Nr. 2 oder Satz 2, jeweils auch in Verbindung mit Satz 3, eine Angabe nicht, nicht richtig oder nicht vollständig macht.

1 Zuwiderhandlungen gegen die PAngV sind Ordnungswidrigkeiten iSd § 3 I Nr 2 WiStG, wenn vorsätzlich oder fahrlässig einer der Tatbestände des § 10 PAngV verwirklicht wird. Sie können nach § 3 II WiStG mit Geldbuße geahndet werden. Die Verfolgung geschieht von Amts wegen und liegt nach § 47 OWiG im pflichtgemäßen Ermessen der Verfolgungsbehörde. Zuständig sind die Preisbehörden der Länder (Preisbildungs- bzw -überwachungsstelle) bei den Regierungsbezirken oder im jeweiligen Wirtschaftsministerium der Bundesländer. Bei Fehlen einer gesetzlichen Regelung ist nach § 36 OWiG die fachlich zuständige oberste Landesbehörde oder die von der Landesregierung durch RechtsVO bestimmte andere Behörde oder sonstige Stelle sachlich zuständig.

Gesetz über Unterlassungsklagen bei Verbraucherrechts- und anderen Verstößen (Unterlassungsklagengesetz – UKlaG)

in der Fassung der Bekanntmachung vom 27. August 2002 (BGBl I 3422, ber S 4346, zuletzt geändert durch G v 24. 7. 2010 (BGBl I 977)

Übersicht

Abschnitt 1. Ansprüche bei Verbraucherrechts- und anderen Verstößen

§§

Unterlassungs- und Widerrufsanspruch bei Allgemeinen Geschäftsbedingungen	1
Unterlassungsanspruch bei verbraucherschutzgesetzwidrigen Praktiken	2
Unterlassungsanspruch nach dem Urheberrechtsgesetz	2 a
Anspruchsberechtigte Stellen	3
Anspruchsberechtigte Verbände nach § 2 a	3 a
Qualifizierte Einrichtungen	4
Unterlassungsanspruch bei innergemeinschaftlichen Verstößen	4 a

Abschnitt 2. Verfahrensvorschriften

Unterabschnitt 1. Allgemeine Vorschriften

Anwendung der Zivilprozessordnung und anderer Vorschriften	5
Zuständigkeit	6
Veröffentlichungsbefugnis	7

Unterabschnitt 2. Besondere Vorschriften für Klagen nach § 1

Klageantrag und Anhörung	8
Besonderheiten der Urteilsformel	9
Einwendung wegen abweichender Entscheidung	10
Wirkungen des Urteils	11

Unterabschnitt 3. Besondere Vorschriften für Klagen nach § 2

Einigungsstelle	12

Abschnitt 3. Auskunft zur Durchführung von Unterlassungsklagen

Auskunftsanspruch der anspruchsberechtigten Stellen	13
Auskunftsanspruch sonstiger Betroffener	13 a

Abschnitt 4. Außergerichtliche Schlichtung

Schlichtungsverfahren	14

Abschnitt 5. Anwendungsbereich

Ausnahme für das Arbeitsrecht	15

Abschnitt 6. Überleitungsvorschriften

Überleitungsvorschrift zur Aufhebung des AGB-Gesetzes	16

Abschnitt 1. Ansprüche bei Verbraucherrechts- und anderen Verstößen

§ 1 Unterlassungs- und Widerrufsanspruch bei Allgemeinen Geschäftsbedingungen

Wer in Allgemeinen Geschäftsbedingungen Bestimmungen, die nach den §§ 307 bis 309 des Bürgerlichen Gesetzbuchs unwirksam sind, verwendet oder für den rechtsgeschäftlichen Verkehr empfiehlt, kann auf Unterlassung und im Fall des Empfehlens auch auf Widerruf in Anspruch genommen werden.

§ 2 Unterlassungsanspruch bei verbraucherschutzgesetzwidrigen Praktiken

(1) ¹Wer in anderer Weise als durch Verwendung oder Empfehlung von Allgemeinen Geschäftsbedingungen Vorschriften zuwiderhandelt, die dem Schutz der Verbraucher dienen (Verbraucherschutzgesetze), kann im Interesse des Verbraucherschutzes auf Unterlassung in Anspruch genommen werden. ²Werden die Zuwiderhandlungen in einem geschäftlichen Betrieb von einem Angestellten oder einem Beauftragten begangen, so ist der Unterlassungsanspruch auch gegen den Inhaber des Betriebs begründet.

(2) Verbraucherschutzgesetze im Sinne dieser Vorschrift sind insbesondere

1. die Vorschriften des Bürgerlichen Rechts, die für Verbrauchsgüterkäufe, Haustürgeschäfte, Fernabsatzverträge, Teilzeit-Wohnrechteverträge, Reiseverträge, Verbraucherdarlehensverträge sowie für Finanzierungshilfen, Ratenlieferungsverträge, Darlehensvermittlungsverträge und Zahlungsdienste zwischen einem Unternehmer und einem Verbraucher gelten,
2. die Vorschriften zur Umsetzung der Artikel 5, 10 und 11 der Richtlinie 2000/31/EG des Europäischen Parlaments und des Rates vom 8. Juni 2000 über bestimmte rechtliche Aspekte der Dienste der Informationsgesellschaft, insbesondere des elektronischen Geschäftsverkehrs, im Binnenmarkt („Richtlinie über den elektronischen Geschäftsverkehr", ABl. EG Nr. L 178 S. 1),
3. das Fernunterrichtsschutzgesetz,
4. die Vorschriften des Bundes- und Landesrechts zur Umsetzung der Artikel 10 bis 21 der Richtlinie 89/552/EWG des Rates vom 3. Oktober 1989 zur Koordinierung bestimmter Rechts- und Verwaltungsvorschriften der Mitgliedstaaten über die Ausübung der Fernsehtätigkeit (ABl. EG Nr. L 298 S. 23), geändert durch die Richtlinie 97/36/EG des Europäischen Parlaments und des Rates vom 30. Juni 1997 zur Änderung der Richtlinie 89/552/EWG des Rates zur Koordinierung bestimmter Rechts- und Verwaltungsvorschriften der Mitgliedstaaten über die Ausübung der Fernsehtätigkeit (ABl. EG Nr. L 202 S. 60),
5. die entsprechenden Vorschriften des Arzneimittelgesetzes sowie Artikel 1 §§ 3 bis 13 des Gesetzes über die Werbung auf dem Gebiete des Heilwesens,
6. § 126 des Investmentgesetzes,
7. die Vorschriften des Abschnitts 6 des Wertpapierhandelsgesetzes, die das Verhältnis zwischen einem Wertpapierdienstleistungsunternehmen und einem Kunden regeln,
8. das Rechtsdienstleistungsgesetz,
9. § 37 Abs. 1 und 2, § 53 Abs. 2 und 3, §§ 54, 55 Abs. 2 und 3 sowie § 56 des Erneuerbare-Energien-Gesetzes,
10. das Wohn- und Betreuungsvertragsgesetz.

(3) Der Anspruch auf Unterlassung kann nicht geltend gemacht werden, wenn die Geltendmachung unter Berücksichtigung der gesamten Umstände missbräuchlich ist, insbesondere wenn sie vorwiegend dazu dient, gegen den Zuwiderhandelnden einen Anspruch auf Ersatz von Aufwendungen oder Kosten der Rechtsverfolgung entstehen zu lassen.

§ 2 a Unterlassungsanspruch nach dem Urheberrechtsgesetz

(1) Wer gegen § 95 b Abs. 1 des Urheberrechtsgesetzes verstößt, kann auf Unterlassung in Anspruch genommen werden.

(2) Absatz 1 gilt nicht, soweit Werke und sonstige Schutzgegenstände der Öffentlichkeit auf Grund einer vertraglichen Vereinbarung in einer Weise zugänglich gemacht werden, dass sie Mitgliedern der Öffentlichkeit von Orten und zu Zeiten ihrer Wahl zugänglich sind.

(3) § 2 Abs. 3 gilt entsprechend.

§ 3 Anspruchsberechtigte Stellen

(1) ¹Die in den §§ 1 und 2 bezeichneten Ansprüche auf Unterlassung und auf Widerruf stehen zu:

1. qualifizierten Einrichtungen, die nachweisen, dass sie in die Liste qualifizierter Einrichtungen nach § 4 oder in dem Verzeichnis der Kommission der Europäischen Gemeinschaften nach Artikel 4 der Richtlinie 98/27/EG des Europäischen Parlaments und des Rates vom 19. Mai

1998 über Unterlassungsklagen zum Schutz der Verbraucherinteressen (ABl. EG Nr. L 166 S. 51) in der jeweils geltenden Fassung eingetragen sind,
2. rechtsfähigen Verbänden zur Förderung gewerblicher oder selbständiger beruflicher Interessen, soweit sie insbesondere nach ihrer personellen, sachlichen und finanziellen Ausstattung imstande sind, ihre satzungsgemäßen Aufgaben der Verfolgung gewerblicher oder selbständiger beruflicher Interessen tatsächlich wahrzunehmen, und, bei Klagen nach § 2, soweit ihnen eine erhebliche Zahl von Unternehmern angehört, die Waren oder Dienstleistungen gleicher oder verwandter Art auf demselben Markt vertreiben und der Anspruch eine Handlung betrifft, die die Interessen ihrer Mitglieder berührt und die geeignet ist, den Wettbewerb nicht unerheblich zu verfälschen,
3. den Industrie- und Handelskammern oder den Handwerkskammern.

[2]Der Anspruch kann nur an Stellen im Sinne des Satzes 1 abgetreten werden.

(2) Die in Absatz 1 Nr. 1 bezeichneten Einrichtungen können Ansprüche auf Unterlassung und auf Widerruf nach § 1 nicht geltend machen, wenn Allgemeine Geschäftsbedingungen gegenüber einem Unternehmer (§ 14 des Bürgerlichen Gesetzbuchs) verwendet oder wenn Allgemeine Geschäftsbedingungen zur ausschließlichen Verwendung zwischen Unternehmern empfohlen werden.

§ 3a Anspruchsberechtigte Verbände nach § 2a

[1]Der in § 2a Abs. 1 bezeichnete Anspruch auf Unterlassung steht rechtsfähigen Verbänden zur nicht gewerbsmäßigen und nicht nur vorübergehenden Förderung der Interessen derjenigen zu, die durch § 95b Abs. 1 Satz 1 des Urheberrechtsgesetzes begünstigt werden. [2]Der Anspruch kann nur an Verbände im Sinne des Satzes 1 abgetreten werden.

§ 4 Qualifizierte Einrichtungen

(1) [1]Das Bundesamt für Justiz führt eine Liste qualifizierter Einrichtungen. [2]Diese Liste wird mit dem Stand zum 1. Januar eines jeden Jahres im Bundesanzeiger bekannt gemacht und der Kommission der Europäischen Gemeinschaften unter Hinweis auf Artikel 4 Abs. 2 der Richtlinie 98/27/EG des Europäischen Parlaments und des Rates vom 19. Mai 1998 über Unterlassungsklagen zum Schutz der Verbraucherinteressen (ABl. EG Nr. L 166 S. 51) zugeleitet.

(2) [1]In die Liste werden auf Antrag rechtsfähige Verbände eingetragen, zu deren satzungsmäßigen Aufgaben es gehört, die Interessen der Verbraucher durch Aufklärung und Beratung nicht gewerbsmäßig und nicht nur vorübergehend wahrzunehmen, wenn sie in diesem Aufgabenbereich tätige Verbände oder mindestens 75 natürliche Personen als Mitglieder haben, seit mindestens einem Jahr bestehen und auf Grund ihrer bisherigen Tätigkeit Gewähr für eine sachgerechte Aufgabenerfüllung bieten. [2]Es wird unwiderleglich vermutet, dass Verbraucherzentralen und andere Verbraucherverbände, die mit öffentlichen Mitteln gefördert werden, diese Voraussetzungen erfüllen. [3]Die Eintragung in die Liste erfolgt unter Angabe von Namen, Anschrift, Registergericht, Registernummer und satzungsmäßigem Zweck. [4]Sie ist mit Wirkung für die Zukunft aufzuheben, wenn

1. der Verband dies beantragt oder
2. die Voraussetzungen für die Eintragung nicht vorlagen oder weggefallen sind.

[5]Ist auf Grund tatsächlicher Anhaltspunkte damit zu rechnen, dass die Eintragung nach Satz 4 zurückzunehmen oder zu widerrufen ist, so soll das Bundesamt für Justiz das Ruhen der Eintragung für einen bestimmten Zeitraum von längstens drei Monaten anordnen. [6]Widerspruch und Anfechtungsklage haben im Fall des Satzes 5 keine aufschiebende Wirkung.

(3) [1]Entscheidungen über Eintragungen erfolgen durch einen Bescheid, der dem Antragsteller zuzustellen ist. [2]Das Bundesamt für Justiz erteilt den Verbänden auf Antrag eine Bescheinigung über ihre Eintragung in die Liste. [3]Es bescheinigt auf Antrag Dritten, die daran ein rechtliches Interesse haben, dass die Eintragung eines Verbands in die Liste aufgehoben worden ist.

(4) Ergeben sich in einem Rechtsstreit begründete Zweifel an dem Vorliegen der Voraussetzungen nach Absatz 2 bei einer eingetragenen Einrichtung, so kann das Gericht das Bundesamt für Justiz zur Überprüfung der Eintragung auffordern und die Verhandlung bis zu dessen Entscheidung aussetzen.

(5) Das Bundesministerium der Justiz wird ermächtigt, durch Rechtsverordnung, die der Zustimmung des Bundesrates nicht bedarf, die Einzelheiten des Eintragungsverfahrens, insbeson-

dere die zur Prüfung der Eintragungsvoraussetzungen erforderlichen Ermittlungen, sowie die Einzelheiten der Führung der Liste zu regeln.

§ 4a Unterlassungsanspruch bei innergemeinschaftlichen Verstößen

(1) Wer innergemeinschaftlich gegen Gesetze zum Schutz der Verbraucherinteressen im Sinne von Artikel 3 Buchstabe b der Verordnung (EG) Nr. 2006/2004 des Europäischen Parlaments und des Rates vom 27. Oktober 2004 über die Zusammenarbeit zwischen den für die Durchsetzung der Verbraucherschutzgesetze zuständigen nationalen Behörden (ABl. EU Nr. L 364 S. 1), geändert durch Artikel 16 Nr. 2 der Richtlinie 2005/29/EG des Europäischen Parlaments und des Rates vom 11. Mai 2005 (ABl. EU Nr. L 149 S. 22), verstößt, kann auf Unterlassung in Anspruch genommen werden.

(2) § 2 Abs. 3 und § 3 Abs. 1 gelten entsprechend.

Abschnitt 2. Verfahrensvorschriften

Unterabschnitt 1. Allgemeine Vorschriften

§ 5 Anwendung der Zivilprozessordnung und anderer Vorschriften

Auf das Verfahren sind die Vorschriften der Zivilprozessordnung und § 12 Abs. 1, 2 und 4 des Gesetzes gegen den unlauteren Wettbewerb anzuwenden, soweit sich aus diesem Gesetz nicht etwas anderes ergibt.

§ 6 Zuständigkeit

(1) [1]Für Klagen nach diesem Gesetz ist das Landgericht ausschließlich zuständig, in dessen Bezirk der Beklagte seine gewerbliche Niederlassung oder in Ermangelung einer solchen seinen Wohnsitz hat. [2]Hat der Beklagte im Inland weder eine gewerbliche Niederlassung noch einen Wohnsitz, so ist das Gericht des inländischen Aufenthaltsorts zuständig, in Ermangelung eines solchen das Gericht, in dessen Bezirk
1. die nach den §§ 307 bis 309 des Bürgerlichen Gesetzbuchs unwirksamen Bestimmungen in Allgemeinen Geschäftsbedingungen verwendet wurden,
2. gegen Verbraucherschutzgesetze verstoßen wurde oder
3. gegen § 95b Abs. 1 des Urheberrechtsgesetzes verstoßen wurde.

(2) [1]Die Landesregierungen werden ermächtigt, zur sachdienlichen Förderung oder schnelleren Erledigung der Verfahren durch Rechtsverordnung einem Landgericht für die Bezirke mehrerer Landgerichte Rechtsstreitigkeiten nach diesem Gesetz zuzuweisen. [2]Die Landesregierungen können die Ermächtigung durch Rechtsverordnung auf die Landesjustizverwaltungen übertragen.

(3) Die vorstehenden Absätze gelten nicht für Klagen, die einen Anspruch der in § 13 bezeichneten Art zum Gegenstand haben.

§ 7 Veröffentlichungsbefugnis

[1]Wird der Klage stattgegeben, so kann dem Kläger auf Antrag die Befugnis zugesprochen werden, die Urteilsformel mit der Bezeichnung des verurteilten Beklagten auf dessen Kosten im Bundesanzeiger, im Übrigen auf eigene Kosten bekannt zu machen. [2]Das Gericht kann die Befugnis zeitlich begrenzen.

Unterabschnitt 2. Besondere Vorschriften für Klagen nach § 1

§ 8 Klageantrag und Anhörung

(1) Der Klageantrag muss bei Klagen nach § 1 auch enthalten:
1. den Wortlaut der beanstandeten Bestimmungen in Allgemeinen Geschäftsbedingungen,
2. die Bezeichnung der Art der Rechtsgeschäfte, für die die Bestimmungen beanstandet werden.

(2) Das Gericht hat vor der Entscheidung über eine Klage nach § 1 die Bundesanstalt für Finanzdienstleistungsaufsicht (Bundesanstalt) zu hören, wenn Gegenstand der Klage

1. Bestimmungen in Allgemeinen Versicherungsbedingungen sind oder
2. Bestimmungen in Allgemeinen Geschäftsbedingungen sind, die die Bundesanstalt nach Maßgabe des Gesetzes über Bausparkassen oder des Investmentgesetzes zu genehmigen hat.

§ 9 Besonderheiten der Urteilsformel

Erachtet das Gericht die Klage nach § 1 für begründet, so enthält die Urteilsformel auch:
1. die beanstandeten Bestimmungen der Allgemeinen Geschäftsbedingungen im Wortlaut,
2. die Bezeichnung der Art der Rechtsgeschäfte, für welche die den Unterlassungsanspruch begründenden Bestimmungen der Allgemeinen Geschäftsbedingungen nicht verwendet oder empfohlen werden dürfen,
3. das Gebot, die Verwendung oder Empfehlung inhaltsgleicher Bestimmungen in Allgemeinen Geschäftsbedingungen zu unterlassen,
4. für den Fall der Verurteilung zum Widerruf das Gebot, das Urteil in gleicher Weise bekannt zu geben, wie die Empfehlung verbreitet wurde.

§ 10 Einwendung wegen abweichender Entscheidung

Der Verwender, dem die Verwendung einer Bestimmung untersagt worden ist, kann im Wege der Klage nach § 767 der Zivilprozessordnung einwenden, dass nachträglich eine Entscheidung des Bundesgerichtshofs oder des Gemeinsamen Senats der Obersten Gerichtshöfe des Bundes ergangen ist, welche die Verwendung dieser Bestimmung für dieselbe Art von Rechtsgeschäften nicht untersagt, und dass die Zwangsvollstreckung aus dem Urteil gegen ihn in unzumutbarer Weise seinen Geschäftsbetrieb beeinträchtigen würde.

§ 11 Wirkungen des Urteils

[1] Handelt der verurteilte Verwender einem auf § 1 beruhenden Unterlassungsgebot zuwider, so ist die Bestimmung in den Allgemeinen Geschäftsbedingungen als unwirksam anzusehen, soweit sich der betroffene Vertragsteil auf die Wirkung des Unterlassungsurteils beruft. [2] Er kann sich jedoch auf die Wirkung des Unterlassungsurteils nicht berufen, wenn der verurteilte Verwender gegen das Urteil die Klage nach § 10 erheben könnte.

Unterabschnitt 3. Besondere Vorschriften für Klagen nach § 2

§ 12 Einigungsstelle

Für Klagen nach § 2 gelten § 15 des Gesetzes gegen den unlauteren Wettbewerb und die darin enthaltene Verordnungsermächtigung entsprechend.

Abschnitt 3. Auskunft zur Durchführung von Unterlassungsklagen

§ 13 Auskunftsanspruch der anspruchsberechtigten Stellen

(1) Wer geschäftsmäßig Post-, Telekommunikations- oder Telemediendienste erbringt oder an der Erbringung solcher Dienste mitwirkt, hat
1. qualifizierten Einrichtungen, die nachweisen, dass sie in die Liste gemäß § 4 oder in das Verzeichnis der Kommission der Europäischen Gemeinschaften gemäß Artikel 4 der Richtlinie 98/27/EG eingetragen sind,
2. rechtsfähigen Verbänden zur Förderung gewerblicher oder selbständiger beruflicher Interessen und
3. Industrie- und Handelskammern oder den Handwerkskammern

auf deren Verlangen den Namen und die zustellungsfähige Anschrift eines Beteiligten an Post-, Telekommunikations- oder Telemediendiensten mitzuteilen, wenn diese Stellen schriftlich versichern, dass sie die Angaben zur Durchsetzung ihrer Ansprüche gemäß § 1 oder § 2 benötigen und nicht anderweitig beschaffen können.

(2) [1] Der Anspruch besteht nur, soweit die Auskunft ausschließlich anhand der bei dem Auskunftspflichtigen vorhandenen Bestandsdaten erteilt werden kann. [2] Die Auskunft darf nicht deshalb verweigert werden, weil der Beteiligte, dessen Angaben mitgeteilt werden sollen, in die Übermittlung nicht einwilligt.

(3) ¹Der Auskunftspflichtige kann von dem Anspruchsberechtigten einen angemessenen Ausgleich für die Erteilung der Auskunft verlangen. ²Der Beteiligte hat, wenn der gegen ihn geltend gemachte Anspruch nach § 1 oder § 2 begründet ist, dem Anspruchsberechtigten den gezahlten Ausgleich zu erstatten.

§ 13a Auskunftsanspruch sonstiger Betroffener

Wer von einem anderen Unterlassung der Lieferung unbestellter Sachen, der Erbringung unbestellter sonstiger Leistungen oder der Zusendung oder sonstiger Übermittlung unverlangter Werbung verlangen kann, hat die Ansprüche gemäß § 13 mit der Maßgabe, dass an die Stelle des Anspruchs nach § 1 oder § 2 sein Anspruch auf Unterlassung nach allgemeinen Vorschriften tritt.

Abschnitt 4. Außergerichtliche Schlichtung

§ 14 Schlichtungsverfahren

(1) Bei Streitigkeiten aus der Anwendung
1. der Vorschriften des Bürgerlichen Gesetzbuchs betreffend Fernabsatzverträge über Finanzdienstleistungen,
2. der §§ 491 bis 509 des Bürgerlichen Gesetzbuchs oder
3. der §§ 675c bis 676c des Bürgerlichen Gesetzbuchs und der Verordnung (EG) Nr. 924/2009 des Europäischen Parlaments und des Rates vom 16. September 2009 über grenzüberschreitende Zahlungen in der Gemeinschaft und zur Aufhebung der Verordnung (EG) Nr. 2560/2001 (ABl. L 266 vom 9. 10. 2009, S. 11)

können die Beteiligten unbeschadet ihres Rechts, die Gerichte anzurufen, die Schlichtungsstelle anrufen, die bei der Deutschen Bundesbank einzurichten ist.

(2) ¹Das Bundesministerium der Justiz regelt durch Rechtsverordnung, die nicht der Zustimmung des Bundesrates bedarf, die näheren Einzelheiten des Verfahrens der Schlichtungsstelle nach Absatz 1 und die Zusammenarbeit mit vergleichbaren Stellen zur außergerichtlichen Streitbeilegung in anderen Vertragsstaaten des Abkommens über den Europäischen Wirtschaftsraum. ²Das Verfahren ist auf die Verwirklichung des Rechts auszurichten und es muss gewährleisten, dass
1. die Schlichtungsstelle unabhängig ist und unparteiisch handelt,
2. ihre Verfahrensregelungen für Interessierte zugänglich sind und
3. die Beteiligten des Schlichtungsverfahrens rechtliches Gehör erhalten, insbesondere Tatsachen und Bewertungen vorbringen können.

³Die Rechtsverordnung regelt auch die Pflicht der Unternehmen, sich nach Maßgabe eines geeigneten Verteilungsschlüssels an den Kosten des Verfahrens zu beteiligen; das Nähere, insbesondere zu diesem Verteilungsschlüssel, regelt die Rechtsverordnung.

(3) Das Bundesministerium der Justiz wird ermächtigt, im Einvernehmen mit den Bundesministerien der Finanzen und für Wirtschaft und Technologie durch Rechtsverordnung mit Zustimmung des Bundesrates die Streitschlichtungsaufgaben nach Absatz 1 auf eine oder mehrere geeignete private Stellen zu übertragen, wenn die Aufgaben dort zweckmäßiger erledigt werden können.

Abschnitt 5. Anwendungsbereich

§ 15 Ausnahme für das Arbeitsrecht

Dieses Gesetz findet auf das Arbeitsrecht keine Anwendung.

Abschnitt 6. Überleitungsvorschriften

§ 16 Überleitungsvorschrift zur Aufhebung des AGB-Gesetzes

(1) Soweit am 1. Januar 2002 Verfahren nach dem AGB-Gesetz in der Fassung der Bekanntmachung vom 29. Juni 2000 (BGBl. I S. 946) anhängig sind, werden diese nach den Vorschriften dieses Gesetzes abgeschlossen.

(2) ¹Das beim Bundeskartellamt geführte Entscheidungsregister nach § 20 des AGB-Gesetzes steht bis zum Ablauf des 31. Dezember 2004 unter den bis zum Ablauf des 31. Dezember 2001 geltenden Voraussetzungen zur Einsicht offen. ²Die in dem Register eingetragenen Entscheidungen werden 20 Jahre nach ihrer Eintragung in das Register, spätestens mit dem Ablauf des 31. Dezember 2004 gelöscht.

(3) Schlichtungsstellen im Sinne von § 14 Abs. 1 sind auch die auf Grund des bisherigen § 29 Abs. 1 des AGB-Gesetzes eingerichteten Stellen.

(4) ¹Die nach § 22 a des AGB-Gesetzes eingerichtete Liste qualifizierter Einrichtungen wird nach § 4 fortgeführt. ²Mit Ablauf des 31. Dezember 2001 eingetragene Verbände brauchen die Jahresfrist des § 4 Abs. 2 Satz 1 nicht einzuhalten.

Einführung

Schrifttum: *Baetge,* Das Recht der Verbandsklage auf neuen Wegen, ZZP 112 (1999) 329; *Bernreuther,* Zum Vergleich von § 13 Abs. 2 Nr. 2 AGBG einerseits und § 13 Abs. 2 Nr. 2 UWG andererseits, WRP 1998, 280; *Brönneke* (Hrsg), Kollektiver Rechtsschutz im Zivilprozessrecht, 2001; *Greger,* Neue Regeln für die Verbandsklage im Verbraucherschutz- und Wettbewerbsrecht, NJW 2000, 2457; *ders,* Verbandsklage und Prozessrechtsdogmatik, ZZP 113 (2000), 399; *Hess,* Das geplante Unterlassungsklagengesetz, in Ernst/Zimmermann, Zivilrechtswissenschaft und Schuldrechtsreform, 2001, 527; *Kamlah,* Zum Konkurrenzverhältnis des UWG zum UKlaG, WRP 2006, 33; *Koch,* Die Verbandsklage in Europa, ZZP 113 (2000), 413; *Micklitz,* Verbandsklage und die EG-Richtlinie über missbräuchliche Klauseln, ZIP 1998, 937; *Rott,* Stand der grenzüberschreitenden Unterlassungsklage in Europa, ZZPInt 9 (2004), 3; *Säcker,* Die Einordnung der Verbandsklage in das System des Privatrechts, 2006; *Schaumburg,* Die neue Verbandsklage, DB 2002, 723; *E. Schmidt,* Verbraucherschützende Verbandsklagen, NJW 2002, 25; *Ulrich,* Kollektiver Verbraucherschutz durch einstweilige Verfügung, WRP 2002, 399; *Walker/Stomps,* Die bisherigen Änderungen des UKlaG insbesondere durch die UWG-Reform, ZGS 2004, 336.

I. Gegenstand und Zweck des UKlaG

Das UKlaG eröffnet zur effektiven Bekämpfung bestimmter Rechtsverletzungen die Möglichkeit der **Verbandsklage.** Es handelt sich dabei nicht um eine abschließende Regelung der Verbandsklage. Vielmehr gibt es diese auch im Wettbewerbsrecht (§ 8 III Nr 2–4 und § 10 UWG) und Kartellrecht (§§ 33 II, 34 a GWB). Wohl aber enthält das UKlaG eine eingehende Regelung des Verbandsklageverfahrens. Die Verbandsklage ergänzt den individualrechtlichen Schutz vor unwirksamen AGB und verbrauchergesetzwidrigen Praktiken. Denn der Einzelne ist vielfach nicht in der Lage oder nicht bereit, den Schutz der Gerichte in Anspruch zu nehmen. Daher sollen Verbände im Allgemeininteresse dafür sorgen, dass der Rechtsverkehr von unwirksamen AGB freigehalten wird und dass die Interessen der Verbraucher gewahrt werden (ebenso BGH WRP 2009, 1545 Tz 28). Das geschieht durch die Zuerkennung materiellrechtlicher Ansprüche auf Unterlassung und Widerruf (§§ 1, 2, 2 a). Allerdings sind die Verbände nur berechtigt, nicht aber verpflichtet, die ihnen zustehenden Ansprüche außergerichtlich und gerichtlich durchzusetzen. Der Einzelne hat keinen Anspruch darauf, dass ein Verband tätig wird. 1

II. Entstehungsgeschichte und Auslegung

Ursprünglich war die Verbandsklage im AGBG geregelt (§§ 13 ff AGBG). Die Schuldrechtsmodernisierung übernahm die materiellrechtlichen Regelungen des AGBG in das BGB (§§ 305 ff BGB) und schuf für die verfahrensrechtlichen Regelungen ein neues Gesetz, das Gesetz über Unterlassungsklagen bei Verbraucherrechts- und anderen Verstößen (Unterlassungsklagengesetz – UKlaG). Es trat am 1. 1. 2002 in Kraft (Art 9 I 3 SMG) und wurde später um einige Bestimmungen (§§ 2 a, 3 a, 4 a, 13 a) erweitert und mehrfach, zuletzt 2009, geändert. Das UKlaG dient der Umsetzung der Unterlassungsklagenrichtlinie (kodifizierte Fassung in der Richtlinie 2009/22/EG v 23. 4. 2009), der Fernabsatzrichtlinie und der Richtlinie über den elektronischen Geschäftsverkehr sowie der Durchführung der VO (EG) Nr 2006/2004. Dies ist im Wege der **richtlinien- und verordnungskonformen Auslegung** zu beachten. Für die **historische Auslegung** bedeutsam sind auch die Gesetzesmaterialien. Sie sind enthalten in der BT-Drucks 14/6040 S 274 ff (Gesetzesbegründung), der BT-Drucks 14/6857 S 39 ff (Stellungnahme des Bundesrats) und S 69 ff (Gegenäußerung der Bundesregierung) und der BT-Drucks 14/7052 S 80, 208 (Beschlussempfehlung und Bericht des BT-Rechtsausschusses). Weiterhin von 2

UKlaG § 1 1   Unterlassungs- und Widerrufsanspruch bei Allg. Geschäftsbedingungen

Bedeutung ist auch die BT-Drucks 14/2658 S 51 ff (Begründung des Gesetzentwurfs zur Änderung des AGBG zwecks Umsetzung der Fernabsatzrichtlinie und der Unterlassungsklagenrichtlinie). Auch Rspr und Schrifttum zum AGBG können, soweit keine inhaltlichen Änderungen im UKlaG erfolgt sind, weiterhin zur Auslegung herangezogen werden.

III. Aufbau

3   Das UKlaG gliedert sich in fünf Abschnitte. Der erste Abschnitt regelt die „Ansprüche bei Verbraucherrechts- und anderen Verstößen (§§ 1–4), nämlich den Inhalt der Ansprüche (§§ 1, 2, 2 a) und die Berechtigung zu ihrer Geltendmachung (§§ 3, 3 a, 4). Der zweite Abschnitt enthält „Verfahrensvorschriften" (§§ 5–12). Der dritte Abschnitt ermöglicht die „Auskunft zur Durchführung von Unterlassungsklagen" (§§ 13, 13 a). Der vierte Abschnitt ist der „außergerichtlichen Schlichtung" bei bankrechtlichen Streitigkeiten gewidmet (§ 14). Der fünfte Abschnitt schafft eine Ausnahme für das Arbeitsrecht (§ 15). Der sechste Abschnitt enthält mittlerweile bedeutungslos gewordene Überleitungsvorschriften (§ 16).

Abschnitt 1. Ansprüche bei Verbraucherrechts- und anderen Verstößen

Unterlassungs- und Widerrufsanspruch bei Allgemeinen Geschäftsbedingungen

1 Wer in Allgemeinen Geschäftsbedingungen Bestimmungen, die nach den §§ 307 bis 309 des Bürgerlichen Gesetzbuchs unwirksam sind, verwendet oder für den rechtsgeschäftlichen Verkehr empfiehlt, kann auf Unterlassung und im Fall des Empfehlens auch auf Widerruf in Anspruch genommen werden.

Übersicht

	Rdn
I. Entstehungsgeschichte und Normzweck	1
II. Anwendungsbereich	2–5
1. Vorliegen von AGB	3
2. Unwirksamkeit der AGB	4
3. Abgrenzung	5
III. Unterlassungsanspruch	6–14
1. Verletzungsunterlassungsanspruch	7–10
a) Verletzungshandlung	7–9
aa) Verwenden	8
bb) Empfehlen	9
b) Wiederholungsgefahr	10
2. Vorbeugender Unterlassungsanspruch	11
3. Anspruchsinhalt	12, 13
a) Unterlassung der Verwendung unwirksamer AGB	12
b) Unterlassung der Empfehlung unwirksamer AGB	13
4. Verhältnis zum lauterkeitsrechtlichen Unterlassungsanspruch	14
IV. Widerrufsanspruch	15–17
1. Allgemeines	15
2. Anspruchsvoraussetzungen	16
3. Anspruchsinhalt	17
V. Weitergehender allgemeiner Beseitigungsanspruch	18
VI. Verjährung und Verwirkung	19

I. Entstehungsgeschichte und Normzweck

1   Die Vorschrift geht auf § 13 I AGBG zurück, so dass sich die Rspr hierzu noch heranziehen lässt. Ihr Zweck ist es, den Rechtsverkehr von sachlich unangemessenen Klauseln in AGB freizuhalten. Insbes gilt es zu verhindern, dass sich ein rechtsunkundiger Vertragspartner, dem eine unwirksame Klausel entgegengehalten wird, von der Geltendmachung und Durchsetzung seiner Rechte abhalten lässt (BGH NJW 1981, 1511; BGH NJW 1994, 2693).

II. Anwendungsbereich

Nach § 1 kann das Verwenden oder Empfehlen von Bestimmungen in Allgemeinen Geschäftsbedingungen (AGB) untersagt werden, die nach den §§ 307–309 BGB unwirksam sind.

1. Vorliegen von AGB

Zunächst einmal muss es sich um **AGB** iSd § 305 I BGB handeln. Dies setzt eine **Vertragsbedingung,** also eine Regelung, die den Vertragsinhalt gestalten soll, voraus (BGHZ 133, 184, 187; BGH GRUR 2009, 506 Tz 11 – *Mobiltelefon*). Eine genügt dafür nicht. Ob eine (verbindliche) Vertragsbedingung oder nur eine (unverbindliche) Bitte, Empfehlung oder ein bloßer Hinweis ohne eigenständigen Regelungsgehalt vorliegt, beurteilt sich aus der Sicht des durchschnittlichen Empfängers. So stellt der Hinweis in einem Katalog „Änderungen und Irrtümer vorbehalten" und „Abbildungen ähnlich" keine AGB dar, weil damit lediglich der werbende, unverbindliche Charakter von Katalogangaben verdeutlicht wird (BGH GRUR 2009, 506 Tz 11 – *Mobiltelefon*). – Ob die AGB schriftlich abgefasst oder nur „im Kopf" des Verwenders oder seines Abschlussgehilfen gespeichert sind, ist unerheblich. Daher kann auch das handschriftliche Ausfüllen einer Leerstelle in AGB den Tatbestand einer AGB erfüllen, wenn die Absicht bestand, diesen Text mehrfach zu verwenden (BGH NJW 1999, 2180, 2181). Nicht erfasst sind **Verbraucherverträge** iSd § 310 III, sofern sie keine AGB enthalten, mögen auch nach § 310 Nr 2 und 3 BGB die §§ 307–309 BGB auf sie anwendbar sein.

2. Unwirksamkeit der AGB

Die AGB müssen nach den §§ 307–309 BGB unwirksam sein. Unerheblich ist, dass bestimmte AGB nach § 310 I und II BGB nur einer eingeschränkten Prüfung unterliegen. Für die Beurteilung der Unwirksamkeit gilt im Verbandsklageverfahren in Umkehrung zu § 305 c II BGB der Grundsatz der **kundenfeindlichsten Auslegung** (BGH NJW 2003, 1237, 1238; BGHZ 158, 149, 155 = BGH NJW 2004, 1588; BGH NJW 2008, 360 Tz 28). Auszuscheiden sind nur Auslegungsmöglichkeiten, die für die an solchen Geschäften typischerweise Beteiligten ernsthaft nicht in Betracht kommen (BGH NJW 2008, 360 Tz 28). Eine ergänzende Vertragsauslegung ist im Verbandsprozess nach § 1 ausgeschlossen. Es kommt also nicht darauf an, ob und ggf wie im Falle der Unwirksamkeit einer Klausel die dadurch entstehende Lücke im Wege ergänzender Vertragsauslegung geschlossen werden könnte (BGH NJW 2007, 1054 Tz 38–41). – Der Unwirksamkeit nach den §§ 307–309 BGB steht es gleich, wenn sich die Unwirksamkeit bereits **nach anderen Vorschriften** (§§ 134, 138 BGB; zwingendes Recht) ergibt, sofern diese zumindest die gleiche Schutzrichtung wie die §§ 307 ff BGB aufweisen (BGH NJW 1983, 1320, 1322; OLG Düsseldorf WRP 2010, 802, 806). Dazu gehören auch die Fälle, dass AGB wegen Verstoßes gegen die **zivilrechtlichen Benachteiligungsverbote** der §§ 19, 20 AGG (Allg Gleichbehandlungsgesetz) nach § 134 BGB unwirksam sind, wie in den Gesetzesmaterialien zum AGG (BT-Drucks 16/1780 S 48) ausdrücklich festgehalten ist. – Auch ist das Umgehungsverbot des § 306 a BGB anwendbar (BGH WM 2005, 874). Dagegen ist § 1 nicht auf solche AGB anwendbar, die kraft ausdrücklicher gesetzlicher Regelung (§ 310 IV BGB) von einer AGB-Kontrolle ausgenommen sind. Es sind dies Verträge auf dem Gebiet des Erb-, Familien- und Gesellschaftsrechts sowie Tarifverträge, Betriebs- und Dienstvereinbarungen (§ 310 IV 1 BGB). Auf Arbeitsverträge (§ 310 IV 2 BGB) ist § 1 ohnehin nicht anwendbar (§ 15). – Ob die AGB wirksam in den Vertrag einbezogen worden sind oder nicht, ist für die Anwendung des § 1 unerheblich; ebenso, ob AGB wegen des Vorrangs der Individualabrede nach § 305 b BGB unwirksam sind (BGH NJW 1983, 1320). – Lässt sich eine Klausel sinnvoll in einen unwirksamen und einen wirksamen Teil zerlegen, ist sie hin sichtlich des wirksamen Teils aufrechtzuerhalten (BGH NJW 1993, 1061). – **Klauseln mit Leerstellen,** die erst bei Vertragsschluss auszufüllen sind (zB Eintragung des Beginns einer Frist), sind unwirksam, wenn alle denkbaren Ausfüllungsmöglichkeiten der Klauselkontrolle nicht standhalten (BGH NJW 1992, 503). Das Gleiche gilt, wenn nur eine von mehreren Alternativen zur Wirksamkeit führt (BGH NJW 1993, 1651, 1653). Denn es ist nicht Aufgabe des Gerichts im Unterlassungsverfahren, alle denkbaren Vervollständigungskombinationen zu ermitteln. Lediglich im Vollstreckungsverfahren ist es zu berücksichtigen, wenn die konkrete Verwendung in zulässiger Weise erfolgt (BGH NJW 1993, 1651, 1653).

3. Abgrenzung

5 Die Wirksamkeit der Einbeziehung von AGB in einen Vertrag (§§ 305 II, III, 305a BGB) unterliegt nicht der Kontrolle nach § 1 (BGH NJW-RR 2003, 103, 104 = WRP 2003, 76; OLG Brandenburg NJW-RR 2001, 488). Auch kann nicht gerügt werden, dass AGB wegen ihrer Ungewöhnlichkeit nach § 305c I BGB nicht Vertragsbestandteil geworden sind (BGH NJW-RR 1987, 45; OLG Brandenburg ZMR 2004, 743); jedoch kann in diesem Falle Unwirksamkeit nach § 307 BGB vorliegen (BGH NJW 1984, 2468; Palandt/*Bassenge* § 1 Rdn 5).

III. Unterlassungsanspruch

6 Der Unterlassungsanspruch besteht nicht nur bei der tatsächlich erfolgten Verwendung oder Empfehlung unwirksamer AGB, sondern auch bei der drohenden Gefahr einer erstmaligen Verwendung oder Empfehlung. Daher ist – wie im Wettbewerbsrecht – zwischen dem „Verletzungsunterlassungsanspruch" und dem „vorbeugenden Unterlassungsanspruch" zu unterscheiden.

1. Verletzungsunterlassungsanspruch

7 **a) Verletzungshandlung.** Der Anspruch setzt voraus, dass der Schuldner in AGB Bestimmungen, die nach den §§ 307–309 BGB (oder aus sonstigen Gründen) unwirksam sind, verwendet oder dass er solche Bestimmungen für den rechtsgeschäftlichen Verkehr empfiehlt.

8 **aa) Verwenden.** Verwender ist, wer gegenüber Dritten erklärt, dass für bestimmte Verträge bestimmte AGB gelten sollen. Unerheblich ist, ob es bereits zu einem Vertragsschluss gekommen ist und ob die AGB wirksam einbezogen worden sind. Denn § 1 unterscheidet nicht zwischen Erst- und Weiterverwendung. Verwender ist daher auch, wer sich gegenüber einem Vertragspartner auf AGB beruft und Rechte daraus ableitet (BGHZ 127, 35, 37; Staudinger/*Schlosser* § 1 UKlaG Rdn 19). Wie die Erklärung erfolgt, ist unerheblich. Es kann dies zB durch öffentlichen Aushang, durch Wiedergabe auf einer Webseite, durch Aufforderung zur Angebotsabgabe, durch Vertragsangebot, durch Aufdruck auf einer Rechnung oder durch Berufung auf die AGB geschehen. – Verwender ist grds nur, wer **Vertragspartei** ist oder werden soll. Der Geschäftsherr muss sich daher das Handeln seines Vertreters oder Abschlussgehilfen zurechnen lassen. Ausnahmsweise kann auch der **Vertreter** Verwender sein, wenn er dem Vertrag von ihm selbst entworfene AGB im eigenen Interesse zu Grunde legt (BGH NJW 1981, 2351; OLG Frankfurt NJW-RR 1986, 245). Dafür reicht aber ein bloßes Provisionsinteresse (zB des Maklers oder Handelsvertreters) nicht aus.

9 **bb) Empfehlen.** Empfehler ist, wer Dritten rät, bestimmte AGB zu verwenden. Dazu soll eine Erklärung gegenüber mehr als nur einem möglichen Verwender (BGHZ 112, 204, 209 = NJW 1991, 36, 37; OLG Frankfurt OLGR 1994, 61) erforderlich sein, teilweise wird sogar eine größere Vielzahl von Adressaten gefordert (Staudinger/*Schlosser* § 1 UKlaG Rdn 33). Diese Einschränkung lässt sich aber dem Gesetz nicht entnehmen. Denn die „bes Breitenwirkungsgefahr", die das UKlaG bekämpfen soll, kann auch vorliegen, wenn die Empfehlung zunächst nur gegenüber einem möglichen Verwender erfolgt. Man denke nur an den Fall eines Großunternehmens mit Tausenden von Kunden. Dass ein Vorgehen gegen den alleinigen Verwender möglich ist, schließt ein Vorgehen gegen den Verwender nicht aus, zumal für den Unterlassungsanspruch Wiederholungsgefahr erforderlich ist. Die Empfehlung kann ausdrücklich oder konkludent, etwa durch Zusendung oder Veröffentlichung von AGB, erfolgen. Sie setzt weder eine Druckausübung durch den Empfehler noch eine tatsächliche Verwendung durch den Empfehlungsempfänger voraus. Auch müssen die AGB nicht vom Empfehler selbst aufgestellt worden sein. Die Empfehlung muss „für den rechtsgeschäftlichen Verkehr" erfolgen; eine wissenschaftliche Erörterung über die Wirksamkeit von AGB wird daher nicht erfasst (BT-Drucks 7/5422 S 10). Eine typische Erscheinungsform ist die Verbandsempfehlung. Auch der Vertrieb von Formularen oder Formularbüchern gehört dazu (BGH NJW 1993, 1061; BGH WRP 2008, 1358 Tz 12; OLG Frankfurt NJW-RR 1996, 245). Empfehler sind in diesem Fall aber nur die für den Text Verantwortlichen, also der Herausgeber und der Verfasser, nicht auch der Verleger und der Buch- oder Zeitschriftenhändler. Bei einer Mehrheit von Empfehlern ist ein Vorgehen gegen einzelne, aber auch gegen alle möglich. – Von der Empfehlung zu unterscheiden ist die Erstellung von AGB im Auftrag des Verwenders, etwa durch einen Anwalt oder Notar.

III. Unterlassungsanspruch

b) Wiederholungsgefahr. Die Wiederholungsgefahr ist, auch wenn im UKlaG (anders als 10
zB in § 8 I 1 UWG) nicht ausdrücklich gefordert, ungeschriebene weitere Voraussetzung für den
Unterlassungsanspruch (BGHZ 81, 222, 225; BGH NJW 2002, 2386; OLG Düsseldorf WRP
2010, 802, 806; OLG Köln NJW-RR 2003, 316; OLG Karlsruhe NJW-RR 2003, 778). Die
Verwendung oder Empfehlung unwirksamer AGB begründet indessen eine tatsächliche **Vermutung** der Wiederholungsgefahr. An ihre Widerlegung sind strenge Anforderungen zu stellen.
Daher reicht es nicht aus, wenn der Verwender die beanstandete Klausel ändert oder wenn er
ankündigt, er werde die Klausel nicht mehr verwenden. Vielmehr ist, wie sich auch aus der
Verweisung auf § 12 I 1 UWG in § 5 ergibt, grds die Abgabe einer **strafbewehrten Unterlassungserklärung** erforderlich (BGH NJW 2002, 2386; OLG Köln NJW-RR 2003, 316; OLG
Hamm NJW-RR 2005, 1582; einschränkend bei Vorliegen bes Umstände OLG Karlsruhe
NJW-RR 2003, 778, 779: bereits erfolgte Benachrichtigung der Kunden von der Unwirksamkeit der AGB). In ihr muss der ernstliche Wille des Schuldners zum Ausdruck kommen, die
Verletzungshandlung künftig nicht mehr vorzunehmen. Dazu gehört es, dass die Verpflichtung
unbefristet und unbedingt eingegangen wird. Zu Einzelheiten der strafbewehrten Unterlassungserklärung vgl § 8 UWG Rdn 1.38 ff und § 12 Rdn 1.101 ff. – Der Abgabe einer strafbewehrten
Unterlassungserklärung stehen gleich: die sog **Abschlusserklärung** im Falle der einstweiligen
Verfügung (§ 8 UWG Rdn 1.51); die **rechtskräftige Verurteilung** im Hauptsacheverfahren
(vgl BGH GRUR 2003, 450, 451 – *Begrenzte Preissenkung;* § 8 UWG Rdn 1.46 ff); der **gerichtliche Vergleich.**

2. Vorbeugender Unterlassungsanspruch

Der vorbeugende Unterlassungsanspruch ist – anders als in neueren Gesetzen (§ 8 I 2 UWG; 11
§ 33 I 2 GWB) – zwar im UKlaG nicht ausdrücklich vorgesehen. Er ist indessen gewohnheitsrechtlich anerkannt (OLG Saarbrücken AGBE V § 9 Nr 36). Voraussetzung des Anspruchs ist
lediglich die sog **Erstbegehungsgefahr,** nämlich die drohende Gefahr einer erstmaligen Zuwiderhandlung, im Falle des § 1 also einer erstmaligen Verwendung. Sie kann sich insbes aus einer
Berühmung oder einer **Vorbereitungshandlung** ergeben. Die Erstbegehungsgefahr wird
allerdings, anders als die Wiederholungsgefahr, nicht widerleglich vermutet, sondern ist vom
Gläubiger zu beweisen.

3. Anspruchsinhalt

a) Unterlassung der Verwendung unwirksamer AGB. Der Anspruchsverpflichtete darf 12
die unwirksamen AGB nicht mehr verwenden. Das bedeutet zweierlei: Er darf nicht mehr
erklären, dass diese AGB für künftige Verträgen gelten sollen und er darf sich bei der Abwicklung
bereits geschlossener Verträge nicht mehr auf sie berufen (BGH NJW 2002, 2386; BGH NJW
2003, 1237, 1238; vgl auch BGHZ 127, 35, 37 = NJW 1994, 2693; BGH NJW 2009, 1337
Tz 24). Um die Unterlassungspflicht zu erfüllen, kann auch ein **positives Tun** erforderlich sein.
Sind zB die AGB in einem Aushang im Geschäftslokal oder in einer Webseite enthalten, so hat
der Verwender den Aushang oder die Webseite entspr zu berichtigen. Sind die AGB in einem
Katalog enthalten, so hat der Verwender, soweit es ihm rechtlich möglich und wirtschaftlich
zumutbar ist, den Katalog zurückzurufen oder den Empfängern eine Berichtigung zukommen
zu lassen. Darüber hinaus ist der Verwender verpflichtet, die Partner der Verträge, in denen die
unwirksame AGB einbezogen sind, von der Unwirksamkeit zu **unterrichten,** soweit ihm dies
möglich (Kenntnis der Kunden und ihrer Anschrift) und zumutbar ist (aA Palandt/*Bassenge* § 1
Rdn 8). Denn solange der Kunde nicht unterrichtet ist, kann er im falschen Glauben an die
Wirksamkeit die AGB davon abgehalten werden, die ihm zustehenden gesetzlichen Rechte
geltend zu machen. Die Verwendung der unwirksamen AGB dauert insoweit fort. Dagegen kann
nicht die Vernichtung vorhandener Formulare verlangt werden (aA MünchKommZPO/*Micklitz*
UKlaG § 1 Rdn 31). – Eine **Aufbrauchsfrist** zur Verwendung vorhandener Formulare usw
kommt nicht in Betracht (BGH NJW 1982, 2311; OLG Düsseldorf WRP 2010, 802, 806).
Davon zu trennen ist die Frage nach einer **Umstellungsfrist** (vgl OLG Köln NJW-RR 2003,
316; OLG Frankfurt NJW-RR 2003, 1430), nämlich einer Frist zur Umstellung der betroffenen
Verträge. Allerdings hat es der Verwender, was bereits abgeschlossene Verträge angeht, nur zu
unterlassen, sich auf die unwirksamen Verträge zu berufen und er schuldet ggf auch die Unterrichtung der Kunden von der Unwirksamkeit der AGB. Dagegen schuldet er nicht die Umstellung auf neue AGB. Dementsprechend braucht er sich für diesen Zweck auch keine Umstellungsfrist auszubedingen.

13 **b) Unterlassung der Empfehlung unwirksamer AGB.** Der Empfehler hat es zu unterlassen, die AGB weiterhin zu empfehlen. Ist die Empfehlung in einem Formularbuch oä enthalten, trifft ihn grds eine Rückrufpflicht, soweit ihm der Rückruf rechtlich möglich und wirtschaftlich zumutbar ist.

4. Verhältnis zum lauterkeitsrechtlichen Unterlassungsanspruch

14 Die Verwendung (und die Empfehlung) unwirksamer AGB kann **zugleich** einen lauterkeitsrechtlichen Unterlassungsanspruch nach den §§ 3, 8 I 1 UWG begründen. Voraussetzung dafür ist aber das Vorliegen einer **geschäftlichen Handlung** iSd § 2 I Nr 1 UWG (dazu § 2 UWG Rdn 3 ff, 78, 85; § 4 UWG Rdn 11.156 c). Dafür genügt es auch, wenn der Verwender sich gegenüber dem Kunden auf unwirksame AGB beruft, um angebliche Rechte oder Einwendungen durchzusetzen („Rechtsverteidigung"). Die **Unlauterkeit** ergibt sich aus § 4 Nr 11 UWG, weil die Bestimmungen der §§ 307–309 BGB Marktverhaltensregelungen darstellen (vgl § 4 UWG Rdn 11.156), und ggf aus § 5 UWG. Dagegen ist § 4 Nr 2 UWG nur ausnahmsweise anwendbar (vgl § 4 UWG Rdn 2.30–2.32). Der lauterkeitsrechtliche Unterlassungsanspruch ist auch nicht durch § 1 ausgeschlossen (KG NJOZ 2005, 2570 = WRP 2005, 522 LS; OLG Jena GRUR-RR 2006, 283; KG NJW 2007, 2266, 2267; OLG Köln GRUR-RR 2007, 285; KG GRUR-RR 2008, 308, 309; *Grigoleit* NJW 2002, 1151, 1155; *Köhler* GRUR 2004, 381, 387; aA OLG Hamburg NJW 2007, 2264, 2265; *Ullmann* GRUR 2003, 817, 823 Fn 59). Denn dieser Anspruch kann – anders als der Anspruch aus § 1 – auch von betroffenen **Mitbewerbern** nach § 8 III Nr 1 UWG – geltend gemacht werden; er unterliegt auch einer anderen Verjährung (§ 11 UWG). Weitere Unterschiede ergeben sich aus den speziellen Verfahrensvorschriften des UKlaG (§§ 5 ff).

IV. Widerrufsanspruch

1. Allgemeines

15 Im Falle des **„Empfehlens"** unwirksamer AGB gibt § 1 zusätzlich zum Unterlassungsanspruch („auch") einen Anspruch auf **Widerruf**. Dabei handelt es sich um eine bes Ausprägung des sog Beseitigungsanspruchs (Rdn 18), der weder Verschulden noch Wiederholungsgefahr voraussetzt. Da es sich um einen selbstständigen Anspruch handelt, wird seine Verjährung nicht durch die Erhebung der Unterlassungsklage gehemmt.

2. Anspruchsvoraussetzungen

16 Der Anspruch setzt ein „Empfehlen" unwirksamer AGB für den rechtsgeschäftlichen Verkehr voraus (dazu Rdn 9). Ferner ist ungeschriebenes Tatbestandsmerkmal eine fortbestehende Gefahr der Verwendung („fortdauernder Störungszustand"), die von der Wiederholungsgefahr des Empfehlens zu unterscheiden ist. Für das Fortbestehen der Verwendungsgefahr spricht eine Vermutung, die jedoch widerlegt ist, wenn der Empfehler seine Empfehlung ausdrücklich oder konkludent dauerhaft aufgegeben hat, so etwa, wenn er in einer Neuauflage eines Formularbuchs die unwirksamen durch wirksame AGB ersetzt hat.

3. Anspruchsinhalt

17 Der Empfehler hat die Empfehlung zu widerrufen. Unter Widerruf ist die Rücknahme der Empfehlung zu verstehen. Der Widerruf hat als actus contrarius grds in der gleichen Weise zu erfolgen wie die Empfehlung. Ist dies nicht möglich oder nicht zumutbar, so ist für eine adäquate Kundgabe (zB im Internet oder in der Presse) zu sorgen. Ist dem Kläger nach § 7 die Befugnis zur Veröffentlichung des Unterlassungsgebots zugesprochen worden, so wird idR ein zusätzlicher Widerruf zur Störungsbeseitigung nicht erforderlich sein, falls nicht bes Gründe dafür vorliegen. Ist eine Verurteilung zum Widerruf erfolgt, gilt für die **Urteilsformel** § 9 Nr 4. Danach muss der Beklagte das Urteil in gleicher Weise bekannt geben, wie die Empfehlung verbreitet wurde. – **Vollstreckung:** § 888 ZPO.

V. Weitergehender allgemeiner Beseitigungsanspruch

18 Über den Anspruch auf Unterlassung und Widerruf hinaus besteht in analoger Anwendung des § 1004 BGB ein Anspruch auf Beseitigung einer durch die Verwendung oder Empfehlung von unwirksamen AGB eingetretenen fortdauernden Störung (aA Staudinger/*Schlosser* § 1

UKlaG Rdn 23). Eine solche fortdauernde Störung des geschäftlichen Verkehrs liegt zB vor, wenn AGB in einem Aushang oder auf einer Webseite wiedergegeben sind oder wenn im Geschäftslokal Formulare mit den AGB ausliegen. Wie der Schuldner die Störung beseitigt, ist ihm überlassen (vgl § 8 UWG Rdn 1.81 ff). Daher besteht kein Anspruch etwa auf Vernichtung noch vorrätiger Formulare von unwirksamen AGB (aA MünchKommZPO/*Micklitz* UKlaG § 1 Rdn 31). – **Vollstreckung:** §§ 887, 888 ZPO.

VI. Verjährung und Verwirkung

Die Ansprüche auf Unterlassung und Widerruf **verjähren** in den Fristen der §§ 195, 199 V. Die Frist beginnt mit der erstmaligen Verwendung oder Empfehlung der AGB. Bei der Einbeziehung in Verträge ist daher an sich nicht der Zeitpunkt des Vertragsschlusses maßgebend, sondern der Zeitpunkt, in dem die Erklärung erfolgt, dass die AGB für bestimmte Verträge gelten sollen. Allerdings stellen der Abschluss eines Vertrages unter Einbeziehung der AGB und die Berufung auf die AGB weitere Verwendungen dar, die einen neuen Unterlassungsanspruch mit neuer Verjährung begründen (iErg auch Palandt/*Bassenge* § 1 Rdn 14). Bei Dauerhandlungen (zB Aushang der AGB oder Wiedergabe auf Webseiten) beginnt die Verjährungsfrist erst mit ihrer Beendigung zu laufen. – Eine **Verwirkung** der Ansprüche aus § 1 scheidet aus, da an ihrer Durchsetzung ein öffentliches Interesse besteht (BGH NJW 1995, 1488, 1489). 19

Unterlassungsanspruch bei verbraucherschutzgesetzwidrigen Praktiken

2 (1) ¹Wer in anderer Weise als durch Verwendung oder Empfehlung von Allgemeinen Geschäftsbedingungen Vorschriften zuwiderhandelt, die dem Schutz der Verbraucher dienen (Verbraucherschutzgesetze), kann im Interesse des Verbraucherschutzes auf Unterlassung in Anspruch genommen werden. ²Werden die Zuwiderhandlungen in einem geschäftlichen Betrieb von einem Angestellten oder einem Beauftragten begangen, so ist der Unterlassungsanspruch auch gegen den Inhaber des Betriebs begründet.

(2) Verbraucherschutzgesetze im Sinne dieser Vorschrift sind insbesondere
1. die Vorschriften des Bürgerlichen Rechts, die für Verbrauchsgüterkäufe, Haustürgeschäfte, Fernabsatzverträge, Teilzeit-Wohnrechteverträge, Reiseverträge, Verbraucherdarlehensverträge sowie für Finanzierungshilfen, Ratenlieferungsverträge, Darlehensvermittlungsverträge und Zahlungsdienste zwischen einem Unternehmer und einem Verbraucher gelten,
2. die Vorschriften zur Umsetzung der Artikel 5, 10 und 11 der Richtlinie 2000/31/EG des Europäischen Parlaments und des Rates vom 8. Juni 2000 über bestimmte rechtliche Aspekte der Dienste der Informationsgesellschaft, insbesondere des elektronischen Geschäftsverkehrs, im Binnenmarkt („Richtlinie über den elektronischen Geschäftsverkehr", ABl. EG Nr. L 178 S. 1),
3. das Fernunterrichtsschutzgesetz,
4. die Vorschriften des Bundes- und Landesrechts zur Umsetzung der Artikel 10 bis 21 der Richtlinie 89/552/EWG des Rates vom 3. Oktober 1989 zur Koordinierung bestimmter Rechts- und Verwaltungsvorschriften der Mitgliedstaaten über die Ausübung der Fernsehtätigkeit (ABl. EG Nr. L 298 S. 23), geändert durch die Richtlinie 97/36/EG des Europäischen Parlaments und des Rates vom 30. Juni 1997 zur Änderung der Richtlinie 89/552/EWG des Rates zur Koordinierung bestimmter Rechts- und Verwaltungsvorschriften der Mitgliedstaaten über die Ausübung der Fernsehtätigkeit (ABl. EG Nr. L 202 S. 60),
5. die entsprechenden Vorschriften des Arzneimittelgesetzes sowie Artikel 1 §§ 3 bis 13 des Gesetzes über die Werbung auf dem Gebiete des Heilwesens,
6. § 126 des Investmentgesetzes,
7. die Vorschriften des Abschnitts 6 des Wertpapierhandelsgesetzes, die das Verhältnis zwischen einem Wertpapierdienstleistungsunternehmen und einem Kunden regeln,
8. das Rechtsdienstleistungsgesetz,
9. § 37 Abs. 1 und 2, § 53 Abs. 2 und 3, §§ 54, 55 Abs. 2 und 3 sowie § 56 des Erneuerbare-Energien-Gesetzes,
10. das Wohn- und Betreuungsvertragsgesetz.

(3) Der Anspruch auf Unterlassung kann nicht geltend gemacht werden, wenn die Geltendmachung unter Berücksichtigung der gesamten Umstände missbräuchlich ist, insbesondere wenn sie vorwiegend dazu dient, gegen den Zuwiderhandelnden einen Anspruch auf Ersatz von Aufwendungen oder Kosten der Rechtsverfolgung entstehen zu lassen.

UKlaG § 2 1, 2 Unterlassungsanspruch bei verbraucherschutzgesetzwidrigen Praktiken

Übersicht

	Rdn
I. Überblick	1
II. Verbraucherschutzgesetze	2–13
1. Begriff	2
2. Beispielskatalog des § 2 II	3–9 d
3. Weitere Verbraucherschutzgesetze	10
4. Abgrenzung zu anderen Vorschriften	11–13
a) Lauterkeitsrecht (UWG)	11–11 b
b) Kartellrecht	12
c) Datenschutzrecht	13
III. Voraussetzungen des Unterlassungsanspruchs	14–18
1. Verletzungsunterlassungsanspruch	14–17
a) Zuwiderhandlung	15
b) Wiederholungsgefahr	16
c) Verbraucherschutzinteresse	17
2. Vorbeugender Unterlassungsanspruch	18
IV. Inhalt des Unterlassungsanspruchs	19
V. Anspruchsverpflichtete und Anspruchsberechtigte	20–22
1. Anspruchsverpflichtete	20, 21
a) Handelnder	20
b) Verantwortlichkeit Dritter	21
2. Anspruchsberechtigte	22
VI. Missbräuchliche Geltendmachung des Unterlassungsanspruchs	23
VII. Verjährung und Verwirkung	24
VIII. Sonstige Ansprüche	25

I. Überblick

1 § 2 I (früher § 22 AGBG) gewährt einen Anspruch auf Unterlassung von Zuwiderhandlungen gegen Verbraucherschutzgesetze. Die Regelung ist subsidiär gegenüber § 1, wie sich aus dem klaren Wortlaut („in anderer Weise als durch Verwendung oder Empfehlung von Allgemeinen Geschäftsbedingungen") ergibt. Außerdem kann der Anspruch nur „im Interesse des Verbraucherschutzes" (Rdn 17) geltend gemacht werden.

II. Verbraucherschutzgesetze

1. Begriff

2 § 2 I 1 enthält eine Legaldefinition der Verbraucherschutzgesetze („Vorschriften, die dem Schutz der Verbraucher dienen"). Unter **Vorschriften** sind alle Rechtsnormen zu verstehen, die in Deutschland gelten (vgl Art 2 EGBGB), somit nicht nur Gesetze im förmlichen Sinne, sondern auch Gewohnheitsrecht und Verordnungen, wie zB die BGB-InfoV. Auch die Vorschriften des Gemeinschaftsrechts gehören hierher. Ob eine Vorschrift dem **Verbraucherschutz** dient, ist durch Auslegung nach dem Zweck der Regelung zu ermitteln. Der Verbraucherschutz braucht nicht der alleinige Zweck zu sein, er darf aber hinter anderen Zwecken nicht völlig zurücktreten. Erst recht genügt es nicht, dass die Vorschrift lediglich (auch) verbraucherschützende Wirkungen zeitigt (vgl BT-Drucks 14/2658 S 146; OLG Karlsruhe OLGR 2007, 1005). Die Vorschrift muss den Zweck haben, Personen in ihrer Eigenschaft als **Verbraucher** iSd § 13 BGB zu schützen. Es muss also ein Bezug zu solchen Geschäften bestehen, die eine natürliche Person zu einem Zweck abschließt, „der weder ihrer gewerblichen noch ihrer selbstständigen beruflichen Tätigkeit zugerechnet werden kann". Dazu gehören insbes solche Vorschriften, die den Schutz der Verbraucher im vorvertraglichen Bereich, insbes durch Aufstellung von tätigkeits-, produkt- oder geschäftsbezogenen Informationspflichten (LG München WRP 2007, 1516, 1517), sowie im vertraglichen Bereich, insbes durch Aufstellung von Belehrungspflichten und durch das Verbot vom Gesetz abweichender Regelungen, bezwecken. Ob die Vorschrift alle Verbraucher oder nur bestimmte Verbrauchergruppen (zB Minderjährige) schützen will, ist unerheblich. Auch der Schutz vor Diskriminierung einzelner Verbrauchergruppen durch die zivilrechtlichen Benachteiligungsverbote der §§ 19, 20 AGG (Allgemeines Gleichbehandlungsgesetz) fällt daher unter § 2.

II. Verbraucherschutzgesetze 3–10 § 2 UKlaG

2. Beispielskatalog des § 2 II

Eine nicht abschließende (arg „insbes") Aufzählung von Verbraucherschutzgesetzen enthält 3
§ 2 II Nr 1–9.

Nr 1 bezieht sich auf Vorschriften des BGB über bestimmte Vertragstypen. Im Einzelnen sind 4
dies: **(1) Verbrauchsgüterkäufe** (§§ 474 ff BGB; dazu OLG Nürnberg NJW 2005, 3000);
(2) Haustürgeschäfte (§§ 312, 312 a BGB), insbes § 312 II BGB; **(3) Fernabsatzverträge**
(§§ 312 b ff BGB), dabei kommen insbes Verstöße gegen §§ 312 c iVm Art 246 §§ 1 und 2
EGBGB und gegen § 312 e BGB iVm Art 246 § 3 EGBGB in Betracht (zur früheren Rechtslage
vgl OLG München NJW-RR 2004, 913, 914); **(4) Teilzeit-Wohnrechteverträge** (§§ 481 ff
BGB iVm § 2 BGB-InfoV); dabei kommen insbes Verstöße gegen §§ 482, 483, 484 I 3, 485 II,
486 BGB in Betracht; **(5) Reiseverträge** (§§ 651 a ff BGB); dabei kommen insbes Verstöße
gegen §§ 651 a III, V, 651 k, 651l II BGB und gegen die §§ 4 ff BGB-InfoV in Betracht;
(6) Verbraucherdarlehensverträge (§§ 491 ff BGB); dabei kommen insbes Verstöße gegen
§ 491 a BGB, § 492 BGB iVm Art 247 EGBGB, §§ 493, 496 II, III BGB in Betracht; **(7) Finanzierungshilfen** (§§ 506 ff BGB); dabei kommt insbes ein Verstoß gegen § 507 BGB in
Betracht; **(8) Ratenlieferungsverträge** (§§ 510 ff BGB); dabei kommt insbes ein Verstoß gegen
§ 510 II 3 BGB in Betracht; **(9) Darlehensvermittlungsverträge** (§§ 655 a ff BGB); dabei
kommen insbes Verstöße gegen §§ 655 b I, 655 d BGB in Betracht; **(10) Zahlungsdienste**
(§§ 675 c ff BGB); dabei kommen insbes Verstöße gegen § 675 d BGB iVm Art 248 §§ 1–18
EGBGB in Betracht.

Nr 2 bezieht sich auf Vorschriften zur Umsetzung der Art 5, 10 und 11 der **Richtlinie über** 5
den elektronischen Geschäftsverkehr. Es sind dies die §§ 312 c, 312 e BGB iVm Art 246
§§ 1, und 2 EGBGB sowie § 5 TMG (vgl BGH GRUR 2007, 722 Tz 10 – *Internet-Versicherung;*
OLG München NJW-RR 2004, 1345).

Nr 3 bezieht sich auf das **Fernunterrichtsschutzgesetz (FernUSG).** In Betracht kommt 6
ein Verstoß gegen § 3 FernUSG.

Nr 4 bezieht sich auf Vorschriften zur Umsetzung der **Fernsehrichtlinie** (nunmehr **Richt-** 7
linie über audiovisuelle Mediendienste 2010/13/EU v 10. 3. 2010). Es sind dies die §§ 7, 8
Rundfunkstaatsvertrag (RStV) sowie die §§ 4–6 **Jugendmedienschutz-Staatsvertrag**
(JMStV).

Nr 5 bezieht sich auf die verbraucherschützenden Vorschriften des **Arzneimittelgesetzes** 8
(AMG), insbes die §§ 6 a, 7, 8, 10, 11, 21 43 AMG, und auf die §§ 3–13 **Heilmittelwerbegesetz** (HWG).

Nr 6 bezieht sich auf § 126 **InvestmentG,** der das Widerrufsrecht regelt. 9

Nr 7 bezieht sich auf Regelungen im 6. Abschnitt des **WpHG,** die das Verhältnis zwischen 9a
dem Wertpapierhandelsunternehmen und dem Kunden regeln. Dazu gehören auch die Anforderungen an Informationen, die Wertpapierdienstleistungsunternehmen bei ihrer Werbung gegenüber ihren Kunden einhalten müssen (vgl § 31 II WphG und § 4 WpDVerOV für das Verhältnis
zu Privatkunden (dazu *Köhler* WM 2009, 385; *Zeidler* WM 2008, 238).

Nr 8 bezieht sich auf das **Rechtsdienstleistungsgesetz** (RDG). Dieses Gesetz enthält zu- 9b
gleich Marktverhaltensregelungen iSd § 4 Nr 11 UWG (vgl UWG § 4 Rdn 11.61 ff).

Nr 9 bezieht sich auf die §§ 37 I und II, 53 II und III, 54, 55 II und III, 56 des Erneuerbare- 9c
Energien-Gesetz (EEG).

Nr 10 bezieht sich auf das **Wohn- und Betreuungsvertragsgesetz.** 9d

3. Weitere Verbraucherschutzgesetze

Zu den **sonstigen** Verbraucherschutzgesetzen gehören alle Vorschriften, die die Verbraucher 10
vor einer Beeinträchtigung ihrer **Entscheidungsfreiheit** schützen sollen. Die wichtigsten Gruppen von Vorschriften sind: **(1)** Die verbraucherschützenden Vorschriften des **UWG,** soweit sie
auf der UGP-Richtlinie beruhen (arg Anh I Nr 11 Unterlassungsklagenrichtlinie; vgl auch
Rdn 11). **(2)** Alle spezialgesetzlichen **Werbeverbote** und **Werbebeschränkungen** zum Schutze
der Verbraucher, soweit nicht schon im Beispielskatalog des § 2 II aufgeführt, wie etwa die
Regelungen in **Art 10 Health-Claims-VO, §§ 11, 12 LFGB, § 25 WeinG. (3)** Alle spezialgesetzlichen Vorschriften über die **Informationspflichten** gegenüber Verbrauchern, insbes
Produktkennzeichnungsvorschriften (offen gelassen in OLG Düsseldorf GRUR-RR 2006,
235; wie hier LG München WRP 2007, 1516, 1517 zu § 1 Pkw-EnVKV), **Preisangabenvorschriften** (PAngV), und § 13 a Telekommunikations-KundenschutzVO (TKV); Informationspflichten der **Dienstleistungserbringer** aus der **DL-InfoV** (arg Art 42 Dienstleistungsricht-

linie IV Anh I Unterlassungsklagenrichtlinie). **(4)** Alle bürgerlichrechtlichen Vorschriften, die vertragliche oder gesetzliche Ansprüche des Unternehmers gegen den Verbraucher ausschließen oder beschränken, wie etwa § 241a I BGB, nicht dagegen die allgemeinen, also nicht nur Verbraucher schützenden Vorschriften der §§ 134, 138 BGB und des § 676h BGB (aA Palandt/*Bassenge* § 2 Rdn 11). Mit dem Unterlassungsanspruch lässt sich verhindern, dass der Unternehmer gleichwohl derartige Ansprüche geltend macht. – **Nicht** hierher gehören bürgerlichrechtliche Vorschriften, die lediglich Ansprüche des Verbrauchers gegen den Unternehmer begründen, wie zB Gewinnzusagen iSd § 661a BGB (aA Palandt/*Bassenge* § 2 Rdn 11; MünchKommZPO/*Micklitz* § 2 Rdn 32). Denn solche Normen dienen nicht dem Schutz der Entscheidungsfreiheit des Verbrauchers. Die irreführende Gewinnzusage ist bereits nach § 3 III iVm Anhang Nr 17 UWG verboten, so dass insoweit keine Schutzlücke besteht.

4. Abgrenzung zu anderen Vorschriften

11   **a) Lauterkeitsrecht (UWG).** Das UWG gehörte nach **früherer Auffassung** nicht zu den Verbraucherschutzgesetzen iSd § 2 I 1, obwohl es nach § 1 S 1 UWG auch dem Schutz der „Verbraucherinnen und Verbraucher" dient. Man sah das UWG im Verhältnis zum UKlaG als eine abschließende Regelung an und stützte sich dabei auf § 8 III UWG und § 8 V 2 UWG (vgl BT-Drucks 15/1487 S 23; § 8 UWG Rdn 5.1; *Kamlah* WRP 2006, 33). Daher konnten Wettbewerbsverstöße nur nach § 8 UWG und nicht auch nach § 2 geltend gemacht werden (27. A.; ebenso Palandt/*Bassenge* § 2 Rdn 2; aA LG München WRP 2005, 1430, 1432).

11a   Seit dem **29. 12. 2009,** dem Zeitpunkt des Inkrafttretens der (kodifizierten) Unterlassungsklagenrichtlinie 2009/22/EG, besteht indessen eine neue **Rechtslage.** Denn nach deren Art 1 II ist ein Verstoß iS dieser Richtlinie „jede Handlung, die den in Anh I aufgeführten Richtlinien in der in die innerstaatliche Rechtsordnung der Mitgliedstaaten umgesetzten Form zuwiderläuft und die in Abs 1 genannten Kollektivinteressen der Verbraucher beeinträchtigt". Zu diesen Richtlinien gehört nach Anh Nr 11 auch die UGP-Richtlinie. Daraus folgt: Die **Vorschriften des UWG,** die der **Umsetzung der UGP-Richtlinie** dienen, sind als **Verbraucherschutzgesetze** iSd § 2 I 1 anzusehen. Es sind dies jedenfalls die per-se-Verbote der Schwarzen Liste des Anh zu § 3 III UWG und die kleine Generalklausel des § 3 II UWG, darüber hinaus aber auch § 3 I iVm § 4 Nr 1–6, §§ 5, 5a, soweit sie Verbraucher schützen. Nicht erfasst sind dagegen § 3 I iVm § 6 (da die Werberichtlinie nicht im Anhang der Unterlassungsklagenrichtlinie aufgeführt ist) und § 7 (da in der UGP-Richtlinie keine Grundlage).

11b   Davon zu unterscheiden ist die Frage, ob Verstöße gegen Verbraucherschutzvorschriften zugleich Wettbewerbsverstöße sein können. Dies beantwortet sich danach, ob die betreffenden Vorschriften zugleich Marktverhaltensregelungen iSd § 4 Nr 11 UWG sind, dh „auch dazu bestimmt sind, im Interesse der Marktteilnehmer das Marktverhalten zu regeln". Ist dies, wie idR, der Fall, so sind beide Gesetze nebeneinander anwendbar (aA *Walker/Stomps* ZGS 2004, 336, 338f; *Schmidt* NJW 2002, 25, 27: Vorrang des UWG). Jedoch können die jeweiligen Ansprüche nur unter den für sie geltenden prozessrechtlichen und materiellrechtlichen Voraussetzungen (zB Verjährung) geltend gemacht werden (*Kamlah* WRP 2006, 33, 36). – Bei Wettbewerbsverstößen, die nicht zugleich Verstöße gegen Verbraucherschutzvorschriften sind, kommt nur das UWG zur Anwendung. **Beispiel** (nach LG München I WRP 2005, 1430): Werden an die Wettbewerbszentrale unerbetene Werbe-E-Mails versandt, so löst dies einen Unterlassungsanspruch zwar nicht nach § 2 aus, weil kein Verbraucherschutzgesetz verletzt wurde, wohl aber einen Unterlassungsanspruch nach § 8 I iVm §§ 3, 7 II Nr 3 UWG. Die Wettbewerbszentrale hat dementsprechend keinen Auskunftsanspruch gegen den Hostprovider aus § 13, wohl aber aus § 8 V UWG (aA LG München I WRP 2005, 1430, 1432: § 13 anwendbar).

12   **b) Kartellrecht.** Nicht zu den Verbraucherschutzgesetzen iSd § 2 I gehört das in den Art 81, 82 EG und im GWB geregelte Kartellrecht. Zwar dienen auch diese Regelungen dem Schutze nicht nur der Mitbewerber, sondern auch der sonstigen Marktteilnehmer einschließlich der Verbraucher. Indessen handelt es sich dabei ebenfalls um abschließende Regelungen, wie sich aus den §§ 33, 34a GWB ergibt.

13   **c) Datenschutzrecht.** Die **§§ 3a, 4 BDSG** sind keine Verbraucherschutzgesetze (OLG Frankfurt GRUR 2005, 785; *Wolter* CR 2003, 859, 862), weil sie zwar alle natürlichen Personen, aber nicht speziell Verbraucher schützen. Ob **§ 28 BDSG** ein Verbraucherschutzgesetz ist, wurde von der Rspr bisher offen gelassen (OLG Frankfurt GRUR 2005, 785), ist aber wohl zu bejahen.

III. Voraussetzungen des Unterlassungsanspruchs

1. Verletzungsunterlassungsanspruch

In § 2 I 1 ist der sog Verletzungsunterlassungsanspruch geregelt, der über die Zuwiderhandlung hinaus Wiederholungsgefahr voraussetzt. **14**

a) Zuwiderhandlung. Die Zuwiderhandlung gegen ein Verbraucherschutzgesetz setzt voraus, dass dessen Tatbestand rechtswidrig verwirklicht wird. Dagegen ist ein Verschulden des Handelnden nicht erforderlich. Der Handelnde kann sich daher weder auf einen Tatsachennoch auf einen Rechtsirrtum berufen. Die Zuwiderhandlung kann durch positives Tun (zB Geltendmachung eines Anspruchs), aber auch durch pflichtwidriges Unterlassen (zB einer Widerrufsbelehrung) erfolgen. **15**

b) Wiederholungsgefahr. Die Wiederholungsgefahr, also die ernstliche Gefahr einer Wiederholung desselben oder eines im Wesentlichen gleichartigen Verstoßes, ist ungeschriebenes Tatbestandsmerkmal. Sie wird widerleglich vermutet. Diese Vermutung kann grds nur durch eine **strafbewehrte Unterlassungserklärung,** nämlich durch Abgabe einer Unterlassungsverpflichtungserklärung, die durch das Versprechen einer angemessenen Vertragsstrafe für jeden Fall der Zuwiderhandlung gesichert ist (vgl § 12 I 1 UWG), ausgeräumt werden. Die Annahme dieser Erklärung durch den Gläubiger ist dazu nicht erforderlich. Zu Einzelheiten vgl § 8 UWG Rdn 1.38 ff und § 12 UWG Rdn 1.101 ff. – Der strafbewehrten Unterlassungserklärung stehen insbes gleich: die **Abschlusserklärung** nach Erlass einer einstweiligen Verfügung (§ 8 UWG Rdn 1.51); das **rechtskräftige Urteil,** sofern sich der Schuldner darauf beruft (§ 8 UWG Rdn 1.46 ff); der (vollstreckbare) gerichtliche **Vergleich.** **16**

c) Verbraucherschutzinteresse. Der Anspruch kann nach § 2 I 1 nur „im Interesse des Verbraucherschutzes" geltend gemacht werden. Damit ist der Schutz der **Kollektivinteressen** der Verbraucher gemeint, wie eine richtlinienkonforme Auslegung unter Berücksichtigung des Art 1 I der Unterlassungsklagenrichtlinie 2009/22/EG ergibt. Unter Kollektivinteressen sind nach Erwägungsgrund 3 S 2 dieser Richtlinie „die Interessen zu verstehen, bei denen es sich nicht um eine Kumulierung von Interessen durch einen Verstoß geschädigter Personen handelt". Dabei handelt es sich um eine materiellrechtliche Beschränkung des Unterlassungsanspruchs, nicht (auch) um eine Prozessvoraussetzung (hL; vgl Palandt/*Bassenge* § 2 Rdn 6; *Greger* NJW 2000, 2457, 2460). Kollektive Interessen der Verbraucher sind dann berührt, wenn der Verstoß in seinem Gewicht und seiner Bedeutung über den Einzelfall hinausreicht und eine generelle Klärung geboten erscheinen lässt (vgl BT-Drucks 14/2658 S 35; Palandt/*Bassenge* § 2 Rdn 6). Dabei sind jedoch keine strengen Anforderungen zu stellen (ebenso LG München WRP 2007, 1516, 1517). Denn eine Verfolgung des Verstoßes setzt ohnehin Wiederholungsgefahr (Rdn 16) voraus und der Verletzer hat es in der Hand, durch Abgabe einer strafbewehrten Unterlassungserklärung eine Verurteilung zu vermeiden (§ 5 iVm § 12 I 1 UWG). Daher sind lediglich Verstöße, die offensichtlich auf einem Versehen im Einzelfall beruhen, von der Verfolgung ausgeschlossen. Zur missbräuchlichen Geltendmachung des Anspruchs wegen Verfolgung sonstiger (insbes Gebühren-)Interessen vgl § 2 III (dazu Rdn 23). **17**

2. Vorbeugender Unterlassungsanspruch

Nicht ausdrücklich im UKlaG geregelt, aber gewohnheitsrechtlich anerkannt, ist der vorbeugende Unterlassungsanspruch, der lediglich die **Erstbegehungsgefahr** einer Zuwiderhandlung iSv § 2 I 1 voraussetzt. Zu Einzelheiten vgl § 8 UWG Rdn 1.15 ff. **18**

IV. Inhalt des Unterlassungsanspruchs

Es gelten die allgemeinen Grundsätze (vgl § 8 UWG Rdn 1.52 ff). **19**

V. Anspruchsverpflichtete und Anspruchsberechtigte

1. Anspruchsverpflichtete

a) Handelnder. Zur Unterlassung verpflichtet ist jeder, der den Tatbestand der Zuwiderhandlung durch positives Tun oder pflichtwidriges Unterlassen adäquat kausal und rechtswidrig verwirklicht (sog **Verletzer** oder **Störer**). Verschulden ist nicht erforderlich. **20**

b) Verantwortlichkeit Dritter. Verantwortlich ist (zusätzlich) derjenige, der für das Verhalten des Handelnden einzustehen hat. Eine solche Verantwortlichkeit kann sich insbes für juris- **21**

tische Personen und rechtsfähige Personengesellschaften beim Handeln ihrer Organe aus § 31 BGB (analog) ergeben. Darüber hinaus ordnet an § 2 I 2 an, dass der Inhaber eines Betriebs auch für Zuwiderhandlungen seiner Angestellten (zB Verkäufer) oder Beauftragten (zB Handelsvertreter) im geschäftlichen Betrieb verantwortlich ist. Die Vorschrift ist zwar nicht wort-, wohl aber inhaltsgleich mit § 8 II UWG. Zu Einzelheiten vgl § 8 UWG Rdn 2.32 ff. Die §§ 278, 831 BGB sind nicht entspr anwendbar.

2. Anspruchsberechtigte

22 Die Anspruchsberechtigten sind in § 3 abschließend aufgezählt.

VI. Missbräuchliche Geltendmachung des Unterlassungsanspruchs

23 Nach § 2 III kann der Anspruch auf Unterlassung „nicht geltend gemacht werden, wenn die Geltendmachung unter Berücksichtigung der gesamten Umstände missbräuchlich ist, insbes wenn sie vorwiegend dazu dient, gegen den Zuwiderhandelnden einen Anspruch auf Ersatz von Aufwendungen oder Kosten der Rechtsverfolgung entstehen zu lassen". Die Vorschrift ist nahezu wortgleich mit § 8 IV UWG und entspr auszulegen (vgl § 8 Rdn 4.1 ff).

VII. Verjährung und Verwirkung

24 Die **Verjährung** des Unterlassungsanspruchs richtet sich nach den §§ 195, 199 BGB (zu Einzelheiten vgl *Köhler* JZ 2005, 489). Für einen konkurrierenden wettbewerbsrechtlichen Unterlassungsanspruch gilt dagegen § 11 UWG. Eine **Verwirkung** des Unterlassungsanspruchs kommt grds nicht in Betracht, weil ein Unterlassungsanspruch nach § 2 I von vornherein nur gegeben ist, wenn dies „im Interesse des Verbraucherschutzes" ist und somit Allgemeininteressen berührt sind. Allgemeininteressen haben aber grds Vorrang vor den Individualinteressen des Handelnden (vgl BGH GRUR 2003, 448, 450 – *Gemeinnützige Wohnungsgesellschaft* zu § 3 UWG aF). Den Schutz vor missbräuchlicher Inanspruchnahme gewährleistet § 2 III.

VIII. Sonstige Ansprüche

25 Neben dem Unterlassungsanspruch besteht ein ebenfalls verschuldensunabhängiger **Beseitigungsanspruch** (zu Einzelheiten vgl § 8 UWG Rdn 1.69 ff). **Schadensersatzansprüche** aus der Verletzung von Verbraucherschutzgesetzen können nur die betroffenen Verbraucher nach Maßgabe des § 823 II BGB oder der jeweiligen Verbraucherschutzgesetze geltend machen, nicht dagegen die in § 3 I genannten „anspruchsberechtigen Stellen". Zum **Auskunftsanspruch** vgl §§ 13, 13 a.

Unterlassungsanspruch nach dem Urheberrechtsgesetz

2a (1) **Wer gegen § 95 b Abs. 1 des Urheberrechtsgesetzes verstößt, kann auf Unterlassung in Anspruch genommen werden.**

(2) **Absatz 1 gilt nicht, soweit Werke und sonstige Schutzgegenstände der Öffentlichkeit auf Grund einer vertraglichen Vereinbarung in einer Weise zugänglich gemacht werden, dass sie Mitgliedern der Öffentlichkeit von Orten und zu Zeiten ihrer Wahl zugänglich sind.**

(3) § 2 Abs. 3 gilt entsprechend.

I. Entstehungsgeschichte und Normzweck

1 Die Vorschrift wurde durch Art 3 Nr 1 des Gesetzes zur Regelung des Urheberrechts in der Informationsgesellschaft v 10. 9. 2003 (BGBl I 1774) in Umsetzung des Art 8 IV Unterabs 1 der Urheberrechtsrichtlinie 2001/29/EG v 22. 5. 2001 in das UKlaG aufgenommen. Sie knüpft an § 95 b UrhG an. Danach ist der Inhaber eines Urheber- oder Leistungsschutzrechts, der technische Maßnahmen iSd § 95 a UrhG zum Schutz gegen die Nutzung durch Dritte verwendet, verpflichtet, den Begünstigten iSd § 95 b I Nr 1–7 UrhG die zur Nutzung notwendigen Mittel zur Verfügung zu stellen. Verstößt der Rechtsinhaber gegen diese Verpflichtung, so hat nach § 95 b II UrhG jeder Begünstigte einen Anspruch darauf, dass ihm die zur Verwirklichung seiner Befugnis benötigten Mittel zur Verfügung gestellt werden. Dieser individualrechtliche Schutz wird durch den kollektivrechtlichen Schutz nach § 2 a I iVm § 3 a ergänzt. Danach haben die nach § 3 a Anspruchsberechtigten einen Anspruch auf Unterlassung eines Verstoßes gegen § 95 b

I. Allgemeines **§ 3 UKlaG**

UrhG. Die Verbandsklage dient der effektiven Durchsetzung der Ansprüche der Begünstigten. Sie soll darüber hinaus eine einheitliche Rechtspraxis fördern und eine über den Einzelfall hinausgehende Verbindlichkeit der Entscheidungen erreichen (vgl BR-Drucks 684/02 v 16. 8. 2002 S 63).

II. Einzelheiten

1. Unterlassungsanspruch

Der Anspruch aus § 2a I ist auf ein **Unterlassen** gerichtet: Der Rechtsinhaber hat es zu unterlassen, den Begünstigten die erforderlichen Mittel nicht zur Verfügung zu stellen. In Wahrheit geht es aber darum, den Rechtsinhaber zu einem positiven Tun zu verpflichten. Die Einkleidung in einen Unterlassungsanspruch soll lediglich die Einbeziehung in das UKlaG ermöglichen. Die Zwangsvollstreckung bestimmt sich nach § 890 ZPO. Das Urteil hat keine Auswirkungen auf einen Individualprozess; § 11 ist nicht analog anzuwenden. Die Geltendmachung des Unterlassungsanspruchs setzt nicht voraus, dass zuvor ein Individualanspruch nach § 95 b II UrhG geltend gemacht wurde.

2. Einschränkung

Vom Grundsatz des § 2a I macht § 2a II eine notwendige Ausnahme, weil in diesem Fall § 95 b UrhG gar nicht gilt (vgl § 95 b III UrhG).

3. Missbrauchseinwand

Nach § 2a III gilt § 2 III entspr, dh die Geltendmachung des Unterlassungsanspruchs kann unter bestimmten Voraussetzungen missbräuchlich sein (dazu näher § 2 Rdn 23).

Anspruchsberechtigte Stellen

3 (1) ¹Die in den §§ 1 und 2 bezeichneten Ansprüche auf Unterlassung und auf Widerruf stehen zu:
1. qualifizierten Einrichtungen, die nachweisen, dass sie in die Liste qualifizierter Einrichtungen nach § 4 oder in dem Verzeichnis der Kommission der Europäischen Gemeinschaften nach Artikel 4 der Richtlinie 98/27/EG des Europäischen Parlaments und des Rates vom 19. Mai 1998 über Unterlassungsklagen zum Schutz der Verbraucherinteressen (ABl. EG Nr. L 166 S. 51) in der jeweils geltenden Fassung eingetragen sind,
2. rechtsfähigen Verbänden zur Förderung gewerblicher oder selbständiger beruflicher Interessen, soweit sie insbesondere nach ihrer personellen, sachlichen und finanziellen Ausstattung imstande sind, ihre satzungsgemäßen Aufgaben der Verfolgung gewerblicher oder selbständiger beruflicher Interessen tatsächlich wahrzunehmen, und, bei Klagen nach § 2, soweit ihnen eine erhebliche Zahl von Unternehmern angehört, die Waren oder Dienstleistungen gleicher oder verwandter Art auf demselben Markt vertreiben und der Anspruch eine Handlung betrifft, die die Interessen ihrer Mitglieder berührt und die geeignet ist, den Wettbewerb nicht unerheblich zu verfälschen,
3. den Industrie- und Handelskammern oder den Handwerkskammern.

²Der Anspruch kann nur an Stellen im Sinne des Satzes 1 abgetreten werden.

(2) Die in Absatz 1 Nr. 1 bezeichneten Einrichtungen können Ansprüche auf Unterlassung und auf Widerruf nach § 1 nicht geltend machen, wenn Allgemeine Geschäftsbedingungen gegenüber einem Unternehmer (§ 14 des Bürgerlichen Gesetzbuchs) verwendet oder wenn Allgemeine Geschäftsbedingungen zur ausschließlichen Verwendung zwischen Unternehmern empfohlen werden.

I. Allgemeines

1. Anspruchsberechtigung

Da der Gesetzgeber den Schutz vor unwirksamen AGB und vor verbraucherschutzgesetzwidrigen Praktiken privatrechtlich, nämlich durch Zuerkennung von Ansprüchen iSd § 194 BGB, regelte, musste er auch festlegen, wem diese Ansprüche zustehen. In § 3 sind die anspruchsberechtigten „Stellen" (vgl § 3 I 2) **abschließend** aufgezählt. Eine Erweiterung auf sonstige Organisationen, Mitbewerber oder Verbraucher ist ausgeschlossen. Andererseits ist **jede** Organisation, die die Voraussetzungen des § 3 I 1 Nr 1, 2 oder 3 erfüllt, anspruchsberechtigt. Daher begründet ein und dieselbe Zuwiderhandlung Ansprüche einer **unbestimmten Vielzahl von Anspruchsberechtigten.** Das Verhältnis der Anspruchsberechtigten und damit der Ansprüche zueinander ist ebenso wie im UWG so auch im UKlaG nicht geregelt. Daher kann grds jede Organisation unabhängig von der anderen die Ansprüche außergerichtlich (durch Abmahnung, § 5 iVm § 12 I 1 UWG) und gerichtlich geltend machen. Insbes begründet die Klage einer Stelle keine Rechtshängigkeit, so dass eine weitere Klage einer anderen Stelle zulässig bleibt. Eine Schranke bildet nur der Missbrauchseinwand (§ 2 III). Der Verletzer kann einer mehrfachen Inanspruchnahme nur dadurch entgehen, dass er eine strafbewehrte Unterlassungserklärung (§ 5 iVm § 12 I 1 UWG) abgibt und damit die Wiederholungsgefahr beseitigt, so dass der Anspruch ex nunc auch gegenüber allen anderen Anspruchsberechtigten entfällt. Die Wiederholungsgefahr wird aber auch durch eine Abschlusserklärung oder eine rechtskräftige Verurteilung beseitigt (§ 1 Rdn 10).

2. Abtretung

2   Nach § 3 I 2 kann der Anspruch nur an Stellen iSd S 1 abgetreten werden. Die Regelung erscheint überflüssig, weil diese Stellen ohnehin ihren eigenen Anspruch haben. Sie könnte aber in zwei Fallgestaltungen Bedeutung gewinnen. Zum einen, wenn eine Stelle den Anspruch geltend machen will, „ihr" Anspruch aber verjährt ist, und sie sich deshalb einen unverjährten Anspruch einer anderen Stelle „besorgen" möchte. Indessen muss die Verjährungseinrede auch in diesem Fall durchgreifen. Zum anderen, wenn eine Stelle während des Rechtsstreits den Anspruch abgetreten hat. In diesem Falle wirkt ein rechtskräftiges Urteil auch zugunsten des Rechtsnachfolgers (§ 325 ZPO). Die Stelle, die den Anspruch erworben hat, kann dann nach Maßgabe des § 727 ZPO aus dem Urteil vorgehen, ohne selbst prozessieren zu müssen.

3. Prozessführungsbefugnis

3   Zur vergleichbaren Regelung in § 8 III Nr 2 und 3 UWG vertritt die Rspr (BGH GRUR 2005, 689, 690 – *Sammelmitgliedschaft III* = NJW-RR 2005, 1128) die Auffassung, die darin aufgestellten Voraussetzungen beträfen nicht nur die **Anspruchsberechtigung** (Aktivlegitimation), sondern **auch die Prozessführungsbefugnis** (Klagebefugnis). Diese Auffassung wird auch zu § 3 vertreten (Palandt/*Bassenge* § 3 Rdn 2; Erman/*Roloff* § 2 Rdn 1). Hierfür wird insbes ins Feld geführt, dass die Ansprüche aus §§ 1 und 2 im „öffentlichen Interesse" verliehen seien, es sich der Sache nach um eine „actio pro institutione" handele (vgl *Lindacher* ZZP 103 (1990), 397) und die Befugnis zur Geltendmachung dieser Ansprüche daher nicht dem Verhandlungsgrundsatz und der Dispositionsmaxime unterliegen dürfe. Gegen diese Sichtweise bestehen indessen Bedenken (ebenso *Balzer* NJW 1992, 2721, 2726; *Greger* NJW 2000, 2457; Staudinger/*Schlosser* BGB 2006, § 1 UKlaG Rdn 9). Nach dem klaren Wortlaut ist in § 3 nur die Anspruchsberechtigung und nicht auch die Prozessführungsbefugnis geregelt. Dem öffentlichen Interesse ist bereits durch die strengen Anforderungen an die Anspruchsberechtigung Rechnung getragen, unabhängig davon, dass die Verbände und Kammern nur als Repräsentanten von Gruppeninteressen (Verbraucher im Falle des § 3 I 1 Nr 1; Verbandsmitglieder im Falle des § 3 I Nr 2 und 3) tätig werden und nur in diesem Rahmen das Interesse am Schutz der Verbraucher und des Wettbewerbs geltend machen können. Was aber zum anderen die Geltung des Verhandlungsgrundsatzes und der Dispositionsmaxime angeht, ist dies eine notwendige Folge der Entscheidung des Gesetzgebers für eine privatrechtliche anstelle einer öffentlich-rechtlichen Regelung des Verbraucherschutzes. Es bleibt der Initiative der Verbände überlassen, ob und wie sie außergerichtlich oder gerichtlich vorgehen, und es ist Sache des Anspruchsgegners, deren Anspruchsberechtigung zu bestreiten. Auch ist nicht zu erkennen, dass die Geltung des Dispositions- und Verhandlungsgrundsatzes nachteilige Auswirkungen auf die Rechtsverfolgung haben würde. Was die **„qualifizierten Einrichtungen"** iSd § 3 I 1 Nr 1 angeht, ist der Nachweis der Eintragung in die Liste nach § 4 Voraussetzung der Anspruchsberechtigung. Ist die Eintragung erfolgt, so ist das Gericht daran gebunden. Es kann nicht von Amts wegen überprüfen, ob die Eintragung zu Recht erfolgt ist, sondern kann nach § 4 IV nur bei begründeten Zweifeln daran das Bundesverwaltungsamt zur Überprüfung der Eintragung auffordern und die Verhandlung bis zu dessen Entscheidung aussetzen. Bei den Verbänden iSd § 3 I Nr 2 ist lediglich die **Rechtsfähigkeit** als Voraussetzung der Parteifähigkeit des klagenden Verbands eine Prozessvoraussetzung. Die sonstigen Voraussetzungen betreffen ausschließlich die Anspruchsberechtigung und sind daher nur im Rahmen der Begründetheit zu prüfen (*Greger* NJW 2000, 2457, 2462; vgl § 8 UWG Rdn 3.11).
– Der praktische Unterschied der Auffassungen beschränkt sich allerdings auf das Verfahren in der Revisionsinstanz: Nach der Theorie der „Doppelprüfung" müssen die tatsächlichen Voraus-

setzungen des § 3 I 1 Nr 2 auch noch in der Revisionsinstanz vorliegen und von Amts wegen geprüft werden. Nach der hier vertretenen Auffassung kann ein Wegfall der in § 3 I 1 Nr 1 oder 2 aufgeführten Anspruchsvoraussetzungen (zB Aufhebung der Eintragung in die Liste; Verringerung der Mitgliederzahl) nach Schluss der Letzten mündlichen Tatsachenverhandlung nur im Wege der Vollstreckungsabwehrklage nach § 767 ZPO berücksichtigt werden.

II. Die Anspruchsberechtigten

1. „Qualifizierte Einrichtungen" (§ 3 I 1 Nr 1)

Hinter dem farblosen Begriff der „qualifizierten Einrichtungen" verbergen sich die **Verbrau-** 4 **cherverbände.** Die Regelung in § 3 I 1 Nr 1 entspricht § 8 III Nr 3 UWG. Zu Einzelheiten vgl § 8 UWG Rdn 3.53 ff. – Allerdings wird die Berechtigung der qualifizierten Einrichtungen zur Geltendmachung von Ansprüchen nach § 1 durch § 3 II eingeschränkt. Sie können diese Ansprüche nicht geltend machen, dh ihnen stehen die Ansprüche nicht zu, wenn AGB gegenüber Unternehmern verwendet oder zur ausschließlichen Verwendung zwischen Unternehmern empfohlen werden (dazu BGH WRP 2008, 1358 Tz 18–21). Denn insoweit sind keine Verbraucherinteressen berührt. Die Beschränkung betrifft nach hM (Palandt/*Bassenge* § 2 Rdn 14) die Prozessführungsbefugnis, nach der hier vertretenen Ansicht nur die Begründetheit der Klage. Bezieht sich die Klausel auf das Verhältnis zu Unternehmen und Verbrauchern, so besteht der Anspruch nur hins der Verwendung gegenüber Verbrauchern. Dies ist auch im Klageantrag zum Ausdruck zu bringen, um eine Teilabweisung zu vermeiden (Palandt/*Bassenge* § 2 Rdn 14).

2. Wirtschaftsverbände (§ 3 I 1 Nr 2)

Die Regelung entspricht weitgehend § 8 III Nr 2 UWG (LG Berlin WRP 2010, 1422, 5 1424). Allerdings differenziert sie zwischen den Ansprüchen nach § 1 und nach § 2. Nur für letztere gilt das an § 8 III Nr 2 UWG angelehnte Erfordernis, dass den Verbänden „eine erhebliche Anzahl von Unternehmen angehört, die Waren oder Dienstleistungen gleicher oder verwandter Art auf demselben Markt vertreiben und der Anspruch eine Handlung betrifft, die die Interessen ihrer Mitglieder berührt und die geeignet ist, den Wettbewerb nicht unerheblich zu verfälschen" (vgl auch BGH GRUR 2003, 262 – *Unterlassungsklagenberechtigung;* BGH NJW 2003, 1241; LG Köln GRUR-RR 2010, 124). Zu Einzelheiten vgl § 8 UWG Rdn 3.30 ff.

3. Industrie- und Handelskammern und Handwerkskammern (§ 3 I Nr 3)

Die Regelung entspricht § 8 III Nr 4 UWG. Zu Einzelheiten vgl § 8 UWG Rdn 3.64. In 6 der Praxis hat diese Vorschrift keine Bedeutung.

Anspruchsberechtigte Verbände nach § 2 a

3a ¹Der in § 2 a Abs. 1 bezeichnete Anspruch auf Unterlassung steht rechtsfähigen Verbänden zur nicht gewerbsmäßigen und nicht nur vorübergehenden Förderung der Interessen derjenigen zu, die durch § 95 b Abs. 1 Satz 1 des Urheberrechtsgesetzes begünstigt werden. ²Der Anspruch kann nur an Verbände im Sinne des Satzes 1 abgetreten werden.

Zur Entstehungsgeschichte vgl § 2 a Rdn 1 sowie BT-Drucks 15/387 S 36. Die Beschränkung 1 der Anspruchsberechtigung auf Verbände, die die Interessen der nach § 95 b I 1 UrhG Begünstigten nicht gewerbmäßig und nicht nur vorübergehend fördern, soll einen Missbrauch der außergerichtlichen und gerichtlichen Geltendmachung des Anspruchs aus § 2 a verhindern und seine sachgerechte Ausnutzung ermöglichen (vgl Erman/*Roloff* BGB § 3 a Rdn 2). „Gewerbsmäßig" ist die Tätigkeit, wenn sie darauf abzielt, Einnahmen zu erzielen. „Vorübergehend" ist die Tätigkeit, wenn sie nicht auf Dauer angelegt ist. Mindestzeitraum dafür ist ein Jahr (Palandt/ *Bassenge* § 3 a Rdn 1); dagegen ist nicht erforderlich, dass der Verband bereits ein Jahr tätig ist (aA Erman/*Roloff* § 3 a Rdn 2), wie dies für die Eintragung von Verbraucherverbänden in die Liste der qualifizierten Einrichtungen nach § 4 II 1 vorgeschrieben ist.

Qualifizierte Einrichtungen

4 (1) ¹Das Bundesamt für Justiz führt eine Liste qualifizierter Einrichtungen. ²Diese Liste wird mit dem Stand zum 1. Januar eines jeden Jahres im Bundesanzeiger bekannt gemacht und der Kommission der Europäischen Gemeinschaften unter Hinweis auf Artikel 4 Abs. 2 der Richtlinie 98/27/EG des Europäischen Parlaments und des Rates vom 19. Mai 1998 über Unterlassungsklagen zum Schutz der Verbraucherinteressen (ABl. EG Nr. L 166 S. 51) zugeleitet.

(2) ¹In die Liste werden auf Antrag rechtsfähige Verbände eingetragen, zu deren satzungsmäßigen Aufgaben es gehört, die Interessen der Verbraucher durch Aufklärung und Beratung nicht gewerbsmäßig und nicht nur vorübergehend wahrzunehmen, wenn sie in diesem Aufgabenbereich tätige Verbände oder mindestens 75 natürliche Personen als Mitglieder haben, seit mindestens einem Jahr bestehen und auf Grund ihrer bisherigen Tätigkeit Gewähr für eine sachgerechte Aufgabenerfüllung bieten. ²Es wird unwiderleglich vermutet, dass Verbraucherzentralen und andere Verbraucherverbände, die mit öffentlichen Mitteln gefördert werden, diese Voraussetzungen erfüllen. ³Die Eintragung in die Liste erfolgt unter Angabe von Namen, Anschrift, Registergericht, Registernummer und satzungsmäßigem Zweck. ⁴Sie ist mit Wirkung für die Zukunft aufzuheben, wenn
1. der Verband dies beantragt oder
2. die Voraussetzungen für die Eintragung nicht vorlagen oder weggefallen sind.

⁵Ist auf Grund tatsächlicher Anhaltspunkte damit zu rechnen, dass die Eintragung nach Satz 4 zurückzunehmen oder zu widerrufen ist, so soll das Bundesamt für Justiz das Ruhen der Eintragung für einen bestimmten Zeitraum von längstens drei Monaten anordnen. ⁶Widerspruch und Anfechtungsklage haben im Fall des Satzes 5 keine aufschiebende Wirkung.

(3) ¹Entscheidungen über Eintragungen erfolgen durch einen Bescheid, der dem Antragsteller zuzustellen ist. ²Das Bundesamt für Justiz erteilt den Verbänden auf Antrag eine Bescheinigung über ihre Eintragung in die Liste. ³Es bescheinigt auf Antrag Dritten, die daran ein rechtliches Interesse haben, dass die Eintragung eines Verbands in die Liste aufgehoben worden ist.

(4) Ergeben sich in einem Rechtsstreit begründete Zweifel an dem Vorliegen der Voraussetzungen nach Absatz 2 bei einer eingetragenen Einrichtung, so kann das Gericht das Bundesamt für Justiz zur Überprüfung der Eintragung auffordern und die Verhandlung bis zu dessen Entscheidung aussetzen.

(5) Das Bundesministerium der Justiz wird ermächtigt, durch Rechtsverordnung, die der Zustimmung des Bundesrates nicht bedarf, die Einzelheiten des Eintragungsverfahrens, insbesondere die zur Prüfung der Eintragungsvoraussetzungen erforderlichen Ermittlungen, sowie die Einzelheiten der Führung der Liste zu regeln.

I. Allgemeines

1 § 4 knüpft an § 3 I 1 Nr 1 an und regelt – in Umsetzung des Art 4 II der Richtlinie 98/27/EG – die Eintragung von Verbänden in die Liste der „qualifizierten Einrichtungen".

II. Zuständigkeit des Bundesverwaltungsamts

2 Die Liste wird vom Bundesverwaltungsamt geführt (§ 4 I 1). Sie wird alljährlich zum 1. Januar im Bundesanzeiger veröffentlicht und der Kommission mitgeteilt. Die Mitteilung ermöglicht es den eingetragenen Einrichtungen, bei grenzüberschreitenden Sachverhalten auch in anderen Mitgliedstaaten tätig zu werden.

III. Voraussetzungen der Eintragung

1. Antrag

3 Es muss ein Antrag gestellt werden (§ 4 II 1), und zwar von einem vertretungsberechtigten Organ des Verbandes (idR Vorstand iSd § 26 BGB). Das Fehlen eines (wirksamen) Antrags berührt allerdings nicht die Wirksamkeit der Eintragung.

2. Rechtsfähiger Verband

4 Der Verband, der die Eintragung anstrebt, muss rechtsfähig sein. Das Gesetz schreibt keine bestimmte Rechtsform vor. Da es sich jedoch um einen Verband, also um eine körperschaftlich verfasste Organisation, handeln muss, kommt praktisch nur der **eingetragene Verein** iSd § 21 BGB, nicht dagegen zB eine BGB-Gesellschaft oder eine Stiftung in Betracht. Im Verwaltungsverfahren nach § 4 ist nicht zu überprüfen, ob die Voraussetzungen für die Eintragung in das Vereinsregister (§§ 55 ff BGB) vorlagen.

3. Satzungsinhalt

Zu den satzungsmäßigen Aufgaben des Verbandes muss es gehören, die Interessen der Verbraucher durch Aufklärung und Beratung nicht gewerbsmäßig und nicht nur vorübergehend wahrzunehmen (dazu näher § 8 UWG Rdn 3.56). Auch **Antidiskriminierungsverbände** iSd § 23 I AGG (Allgemeines Gleichbehandlungsgesetz) sind nur dann eintragungsfähig, wenn sie aktiv die Aufklärung und Beratung der von ihnen vertretenen Personenkreise im Hinblick auf den Verbraucherschutz betreiben (vgl BT-Drucks 16/1780 zu § 24 Abs 4, S 49) und es sich dabei nicht um eine völlig untergeordnete Nebenaufgabe handelt.

4. Mitglieder

Der Verband muss entweder in dem betreffenden Aufgabenbereich tätige Verbände (also mindestens zwei) oder mindestens 75 natürliche Personen als Mitglieder haben (dazu näher § 8 UWG Rdn 3.58).

5. Satzungsmäßige Tätigkeit

Der Verband muss seit mindestens einem Jahr, gerechnet ab Erlangung der Rechtsfähigkeit, bestehen. Außerdem muss er auf Grund seiner bisherigen Tätigkeit die Gewähr für eine sachgerechte Aufgabenerfüllung bieten (dazu § 8 UWG Rdn 3.57). Damit soll einer Tätigkeit von sog Abmahnvereinen vorgebeugt werden.

6. Vermutung

Nach § 4 II 2 wird unwiderleglich vermutet, dass Verbraucherzentralen und andere Verbraucherverbände, die mit öffentlichen Mitteln gefördert werden, die Voraussetzungen des § 4 II 1 erfüllen. Von welcher öffentlichen Hand solche Mittel bereitgestellt werden, ist unerheblich.

IV. Wirkungen der Eintragung

Die Eintragung in die Liste begründet die Anspruchsberechtigung nach § 3 I 1 Nr 1 mit konstitutiver Wirkung. In einem Rechtsstreit hat daher das Gericht die Anspruchsberechtigung zu verneinen, wenn eine Eintragung nicht erfolgt ist, und zu bejahen, wenn eine Eintragung erfolgt ist. Nur wenn sich in einem Rechtsstreit „begründete Zweifel an dem Vorliegen der Voraussetzungen nach Abs 2 bei einer eingetragenen Einrichtung" ergeben, kann das Gericht das Bundesverwaltungsamt zur Überprüfung der Entscheidung auffordern und die Verhandlung bis zu dessen Entscheidung aussetzen (§ 4 IV). Diese Regelung trägt Art 4 I 2 der Richtlinie 98/27/EG Rechnung.

V. Aufhebung der Eintragung

Das Bundesverwaltungsamt hat die Eintragung mit Wirkung für die Zukunft aufzuheben, wenn entweder der Verband dies beantragt (§ 4 II 4 Nr 1) oder die Voraussetzungen für die Eintragung nicht vorlagen oder weggefallen sind (§ 4 II 4 Nr 2). Die Aufhebung führt zum Verlust der Anspruchsberechtigung (und – nach hM – zum Verlust der Prozessführungsbefugnis mit Folge der Unzulässigkeit der Klage). Auf den Zeitpunkt der Bekanntmachung in der Liste kommt es nicht an (OVG Münster GRUR 2004, 347, 348). Nach § 4 II 5 soll das Bundesverwaltungsamt das Ruhen der Eintragung für einen bestimmten Zeitraum anordnen, wenn auf Grund tatsächlicher Anhaltspunkte damit zu rechnen ist, dass die Eintragung nach § 4 II 4 zurückzunehmen oder zu widerrufen ist. Ist das Ruhen angeordnet, so darf das Gericht eine Klage nicht als unbegründet abweisen, sondern hat das Verfahren bis zur endgültigen Entscheidung auszusetzen (§ 4 II 5 analog).

VI. Verfahren

Das Verfahren ist ein Verwaltungsverfahren, auf das das VwVfG anwendbar ist (OVG Münster GRUR 2004, 347, 348). Das Bundesverwaltungsamt ermittelt den Sachverhalt daher von Amts wegen und bestimmt selbst Art und Umfang der Ermittlung (§ 24 VwVfG; OVG Münster GRUR 2004, 347, 348). Seine Entscheidungen über die Eintragung und ihre Aufhebung sind **Verwaltungsakte** („Bescheid" iSd § 4 III 1), die mit Widerspruch und Anfechtungsklage angreifbar sind. Letztere haben aber im Falle des § 4 II 5 keine aufschiebende Wirkung (§ 4

II 6). Das Bundesverwaltungsamt stellt seine Entscheidungen dem Antragsteller zu (§ 4 III 1). Auf Antrag erteilt es dem Verband eine Bescheinigung über die Eintragung in die Liste, die dieser zum Nachweis seiner Anspruchsberechtigung vor Gericht braucht. Auf Antrag bescheinigt es Dritten, die daran ein rechtliches Interesse haben (insbes den Anspruchsgegnern), dass die Eintragung eines Verbands in die Liste aufgehoben worden ist (§ 4 III 3). Eine **Verordnung** nach § 4 V gibt es nicht.

VII. Verfahren

12 Ergeben sich in einem Rechtsstreit begründete Zweifel an dem Vorliegen der Voraussetzungen nach § 4 II bei einer eingetragenen Einrichtung, so kann das Gericht nach § 4 IV das Bundesamt für Justiz zur Überprüfung der Eintragung auffordern und die Verhandlung bis zu dessen Entscheidung aussetzen. An das Vorliegen „begründeter Zweifel" sind allerdings strenge Anforderungen zu stellen, weil andernfalls die wirksame Durchsetzung der Ansprüche aus den §§ 1, 2 UKlaG gefährdet wäre (BGH, Urt v 4. 2. 2010 – I ZR 66/09 Tz 11 – *Gallardo Spyder*)

Unterlassungsanspruch bei innergemeinschaftlichen Verstößen

4a (1) Wer innergemeinschaftlich gegen Gesetze zum Schutz der Verbraucherinteressen im Sinne von Artikel 3 Buchstabe b der Verordnung (EG) Nr. 2006/2004 des Europäischen Parlaments und des Rates vom 27. Oktober 2004 über die Zusammenarbeit zwischen den für die Durchsetzung der Verbraucherschutzgesetze zuständigen nationalen Behörden (ABl. EU Nr. L 364 S. 1), geändert durch Artikel 16 Nr. 2 der Richtlinie 2005/29/EG des Europäischen Parlaments und des Rates vom 11. Mai 2005 (ABl. EU Nr. L 149 S. 22), verstößt, kann auf Unterlassung in Anspruch genommen werden.

(2) § 2 Abs. 3 und § 3 Abs. 1 gelten entsprechend.

I. Überblick

1 Die Vorschrift ist durch Art 4 des Gesetzes über die Durchsetzung der Verbraucherschutzgesetze bei innergemeinschaftlichen Verstößen v 21. 12. 2006 in das UKlaG eingefügt worden. Sie erweitert den Anwendungsbereich des Unterlassungsanspruchs auf innergemeinschaftliche Verstöße gegen Verbraucherschutzgesetze, regelt die Anspruchsberechtigung durch Verweisung auf § 3 I und das Missbrauchsverbot durch Verweisung auf § 2 III.

II. Unterlassungsanspruch

1. Voraussetzungen

2 Der Unterlassungsanspruch aus § 4 a I setzt einen begangenen oder drohenden innergemeinschaftlichen Verstoß gegen Gesetze zum Schutz der Verbraucherinteressen voraus. Er kann auch dann geltend gemacht werden, wenn es zu keiner Beauftragung des Gläubigers nach § 7 I VSchDG gekommen ist.

3 a) „**Gesetze zum Schutz der Verbraucherinteressen**". Es sind dies nach der Legaldefinition in Art 3 lit a VO (EG) Nr 2006/2004 „die im Anhang aufgeführten Richtlinien in der in die innerstaatliche Rechtsordnung der Mitgliedstaaten umgesetzten Form und die dort aufgeführten Verordnungen". Die praktisch wichtigsten Richtlinien sind die Richtlinie über irreführende und vergleichende Werbung (2006/114/EG), die Richtlinie über audiovisuelle Mediendienste (2010/13/EU), die Richtlinie über missbräuchliche Klauseln in Verbraucherverträgen (93/13/EWG), die Fernabsatzrichtlinie (97/7/EG), die Richtlinie über den Verbrauchsgüterkauf (1999/44/EG), die Richtlinie über den elektronischen Geschäftsverkehr (2000/31/EG) und die Richtlinie über unlautere Geschäftspraktiken (2005/29/EG).

4 b) „**Innergemeinschaftlicher Verstoß**". Dazu gehört nach der Legaldefinition in Art 3 lit b VO (EG) Nr 2006/2004 „jede Handlung oder Unterlassung, die gegen die in Buchstabe a) genannten Gesetze zum Schutz der Verbraucherinteressen verstößt und die Kollektivinteressen von Verbrauchern schädigt oder schädigen kann, die in einem anderen Mitgliedstaat oder anderen Mitgliedstaaten als dem Mitgliedstaat ansässig sind, in dem die Handlung oder die Unterlassung ihren Ursprung hatte oder stattfand, oder in dem der verantwortliche Verkäufer oder Dienstleistungserbringer niedergelassen ist, oder in dem Beweismittel oder Vermögensgegenstände betreffend die Handlung oder die Unterlassung vorhanden sind". Dadurch wird es den klagebefugten Verbänden ermöglicht, gegen Unternehmen vorzugehen, die von einem

I. Allgemeines

anderen Mitgliedstaat aus operieren oder in einem anderen Mitgliedstaat ihre Niederlassung haben (sog **„grenzüberschreitende Gesetzesverstöße"**). Der Verstoß braucht **nicht schuldhaft** begangen zu sein; er muss jedoch die **Kollektivinteressen von Verbrauchern** schädigen oder schädigen können. Kollektivinteressen sind dann berührt, wenn die Interessen mehrerer Verbraucher durch einen Verstoß geschädigt worden sind oder geschädigt werden können (vgl Art 3 lit k VO (EG) Nr 2006/2004), also nicht bloß einzelne Vertragspartner eines Lieferanten (vgl BT-Drucks 16/2930 S 26). Ein gegenüber einem einzelnen Verbraucher vorgenommener Verstoß, wie zB eine unzulässige E-Mail-Werbung, reicht aber dann aus, wenn er seiner Art nach auf Fortsetzung angelegt ist.

c) **Wiederholungs- oder Erstbegehungsgefahr.** Ungeschriebenes Tatbestandsmerkmal des Unterlassungsanspruchs ist, dass die Gefahr der Wiederholung oder der erstmaligen Begehung eines Verstoßes besteht.

d) **Anwendbares Recht.** Ob ein innergemeinschaftlicher Gesetzesverstoß vorliegt oder droht, beurteilt sich nach dem im Streitfall anwendbaren Recht. Dieses wird wiederum nach den Grundsätzen des **Internationalen Privatrechts** (insbes Art 4, 6 Rom II-VO) und, soweit anwendbar, nach dem Herkunftslandprinzip, bestimmt (vgl BGH WRP 2009, 1545 Tz 15 *ff* – *Klauseln in AGB ausländischer Luftverkehrsunternehmen*). Bei einer Briefwerbung eines deutschen Unternehmers gegenüber in Frankreich ansässigen Verbrauchern ist beispielsweise das französische Recht anzuwenden. Erfolgt die Werbung dagegen mittels E-Mail, so ist nach § 4 TMG das deutsche Recht heranzuziehen.

2. Schuldner

Schuldner des Anspruchs ist, wer nach dem anwendbaren Recht (Rdn 6) dafür verantwortlich ist. Ist auf den Gesetzesverstoß deutsches Recht anwendbar, so haftet nach § 31 BGB analog die juristische Person für das Handeln ihrer Organe und der Unternehmer nach § 2 I 2 für seine Angestellten und Beauftragten (vgl § 2 Rdn 21).

3. Gläubiger

Gläubiger des Unterlassungspruchs sind kraft der Verweisung in § 4 a II auf § 3 I die dort genannten Verbände und Kammern (dazu § 3 Rdn 4 ff). Da auch auf § 3 I 2 verwiesen ist, gilt auch die dort genannte Abtretungsregelung (dazu § 3 Rdn 2).

4. Missbräuchliche Geltendmachung des Anspruchs

Kraft der Verweisung in § 4 a II auf § 2 III gilt auch die darin enthaltene Missbrauchsregelung (dazu § 2 Rdn 23). Damit kann auch bei der Ahndung grenzüberschreitender Verstöße wirksam gegen ein unerwünschtes Abmahnwesen vorgegangen werden (BT-Drucks 16/2930 S 26).

Abschnitt 2. Verfahrensvorschriften

Unterabschnitt 1. Allgemeine Vorschriften

Anwendung der Zivilprozessordnung und anderer Vorschriften

5 **Auf das Verfahren sind die Vorschriften der Zivilprozessordnung und § 12 Abs. 1, 2 und 4 des Gesetzes gegen den unlauteren Wettbewerb anzuwenden, soweit sich aus diesem Gesetz nicht etwas anderes ergibt.**

I. Allgemeines

Ansprüche aus den §§ 1, 2 und 2 a sind bürgerlichrechtlicher Natur und daher nach den Vorschriften der ZPO gerichtlich geltend zu machen. Dies stellt § 5 klar. Für das Verfahren gelten dementsprechend die Dispositions- und die Verhandlungsmaxime (vgl Palandt/*Bassenge* § 5 Rdn 1). Es sind daher Anerkenntnisurteile möglich. Ergänzend ordnet § 5 an, dass die Abs 1 (Abmahnung und Unterwerfung), 2 (Dringlichkeit bei eV) und 4 (Streitwertherabsetzung) des § 12 UWG anzuwenden ist. Der Vorbehalt „soweit sich aus diesem Gesetz nicht etwas anderes ergibt" ist insoweit bedeutungslos.

II. Abmahnung und Unterwerfung

1. Allgemeines

2 Die Verweisung auf § 12 I 1 UWG besagt, dass die in den §§ 3, 3a genannten Gläubiger den Schuldner vor der Einleitung eines gerichtlichen Verfahrens abmahnen und ihm Gelegenheit geben sollen, den Streit durch Abgabe einer mit einer angemessenen Vertragsstrafe bewehrten Unterlassungsverpflichtung beizulegen. Die Gläubiger sind zwar zur Abmahnung materiellrechtlich nicht verpflichtet, und die Abmahnung stellt auch keine Prozessvoraussetzung dar. Jedoch riskieren sie, dass der Schuldner den Anspruch sofort anerkennt und ihnen dann nach **§ 93 ZPO** die Verfahrenskosten zur Last fallen.

2. Abmahnung

3 **a) Begriff.** Unter einer **Abmahnung** ist die Mitteilung an den Schuldner zu verstehen, dass er durch ein näher bezeichnetes Verhalten einen Gesetzesverstoß begangen hat, verbunden mit der Aufforderung, dieses Verhalten in Zukunft zu unterlassen und binnen einer bestimmten Frist eine strafbewehrte Unterlassungsverpflichtung (sog Unterwerfungserklärung) abzugeben (vgl § 12 UWG Rdn 1.3).

4 **b) Kosten.** Ist die Abmahnung berechtigt, so kann der Gläubiger nach § 5 iVm § 12 I 2 UWG dafür Ersatz der erforderlichen **Aufwendungen** verlangen (Ausnahme: § 2 III). Der Anspruchsberechtigte kann eine Kostenpauschale auch dann in voller Höhe verlangen, wenn die Abmahnung nur teilweise berechtigt war (BGHZ 177, 253 Tz 50; BGH WRP 2010, 396 Tz 39). Eine Erstattung von Anwaltskosten kommt grds nicht in Betracht, weil die anspruchsberechtigten Stellen in der Lage sein müssen, Abmahnungen ohne anwaltliche Hilfe auszusprechen.

3. Unterwerfung

5 Als Unterwerfung oder Unterwerfungserklärung wird die Abgabe einer unbedingten und unbefristeten Unterlassungsverpflichtungserklärung, die mit einem Vertragsstrafeversprechen für jeden Fall der Zuwiderhandlung gesichert ist, bezeichnet. Sie ist grds erforderlich, aber auch geeignet, die Wiederholungsgefahr zu beseitigen. Ist die Unterwerfung erfolgt, so entfällt der gesetzliche Unterlassungsanspruch nicht nur des Abmahners, sondern – da die Wiederholungsgefahr unteilbar ist – aller anspruchsberechtigten Stellen. Er wird ersetzt durch den vertraglichen Unterlassungsanspruch des Abmahners. Bei einer schuldhaften Zuwiderhandlung entsteht daraus ein Anspruch auf Zahlung der Vertragsstrafe. Zu Einzelheiten vgl § 12 Rdn 1.101 ff.

III. Verfahren der einstweiligen Verfügung

6 Der Erlass einer einstweiligen Verfügung setzt einen Verfügungsanspruch und einen Verfügungsgrund voraus. Der Verfügungsanspruch ergibt sich aus den §§ 1, 2 und 2a. Ausgenommen ist der Anspruch auf Widerruf nach § 1, weil eine einstweilige Verfügung die Entscheidung über die Hauptsache vorwegnehmen würde. Verfügungsgrund ist die Dringlichkeit der Entscheidung. Beide Voraussetzungen sind grds vom Antragsteller darzulegen und glaubhaft zu machen. Die Dringlichkeit wird jedoch auf Grund der Verweisung auf § 12 II UWG widerleglich vermutet. Zu Einzelheiten vgl § 12 UWG Rdn 3.12 ff.

IV. Streitwertherabsetzung

7 Für das Klageverfahren bedeutet die Verweisung auf § 12 IV UWG, dass eine Streitwertherabsetzung möglich ist. Zu Einzelheiten vgl § 12 UWG Rdn 5.1–5.27.

Zuständigkeit

6 (1) ¹**Für Klagen nach diesem Gesetz ist das Landgericht ausschließlich zuständig, in dessen Bezirk der Beklagte seine gewerbliche Niederlassung oder in Ermangelung einer solchen seinen Wohnsitz hat.** ²**Hat der Beklagte im Inland weder eine gewerbliche Niederlassung noch einen Wohnsitz, so ist das Gericht des inländischen Aufenthaltsorts zuständig, in Ermangelung eines solchen das Gericht, in dessen Bezirk**

1. **die nach den §§ 307 bis 309 des Bürgerlichen Gesetzbuchs unwirksamen Bestimmungen in Allgemeinen Geschäftsbedingungen verwendet wurden,**

2. gegen Verbraucherschutzgesetze verstoßen wurde oder
3. gegen § 95 b Abs. 1 des Urheberrechtsgesetzes verstoßen wurde.

(2) ¹Die Landesregierungen werden ermächtigt, zur sachdienlichen Förderung oder schnelleren Erledigung der Verfahren durch Rechtsverordnung einem Landgericht für die Bezirke mehrerer Landgerichte Rechtsstreitigkeiten nach diesem Gesetz zuzuweisen. ²Die Landesregierungen können die Ermächtigung durch Rechtsverordnung auf die Landesjustizverwaltungen übertragen.

(3) Die vorstehenden Absätze gelten nicht für Klagen, die einen Anspruch der in § 13 bezeichneten Art zum Gegenstand haben.

I. Ausschließliche Zuständigkeit des Landgerichts

1. Anwendungsbereich

Für „**Klagen nach diesem Gesetz**" besteht eine ausschließliche sachliche und örtliche Zuständigkeit der Landgerichte, dh es gilt § 40 II ZPO. Darunter fallen **Unterlassungs-** und **Widerrufsklagen** nach den §§ 1, 2 und 2a sowie **Klagen auf Aufwendungsersatz** für eine Abmahnung (arg § 5 iVm § 12 I 2 UWG) und folgerichtig auch Klagen auf Aufwendungsersatz für ein Abschlussschreiben. Weiter gehören hierher Anträge auf Erlass einer **einstweiligen Verfügung** (§ 937 ZPO) sowie Vollstreckungsgegenklagen (§§ 767, 802 ZPO). **Nicht** erfasst sind dagegen auf Grund der Ausnahmeregelung in § 6 III **Auskunftsklagen** nach den §§ 13, 13a (die Nichterwähnung des § 13a dürfte auf einem Redaktionsversehen beruhen; vgl Erman/ *Roloff* § 6 Rdn 9). Ob unter § 6 I 1 auch Ansprüche aus **strafbewehrten Unterlassungserklärungen,** insbes Vertragsstrafeansprüche, fallen, ist zw (bejahend LG München I NJW-RR 1991, 1143; Palandt/*Bassenge* § 6 Rdn 1), aber zu verneinen, weil es sich dabei um keine gesetzlichen, sondern vertragliche Ansprüche handelt. Zur entspr Fragestellung im UWG vgl § 13 UWG Rdn 2.

2. Sachliche Zuständigkeit

Die Landgerichte sind ohne Rücksicht auf den Streitwert sachlich zuständig. Funktionell sind die Kammern für Zivilsachen und nicht die Kammern für Handelssachen zuständig. Dies gilt mangels Verweisung in § 95 I Nr 5 GVG auch für AGB, die gegenüber Unternehmern verwendet werden.

3. Örtliche Zuständigkeit

Die örtliche Zuständigkeit des Landgerichts ist in § 6 I geregelt. Danach ist in erster Linie das Landgericht zuständig, in dessen Bezirk der Beklagte seine **gewerbliche Niederlassung** oder, mangels einer solchen, seinen **Wohnsitz** hat. Zum Begriff der gewerblichen Niederlassung vgl § 21 ZPO; zum Begriff des Wohnsitzes vgl §§ 7–11 BGB. Hat der Beklagte im Inland weder eine gewerbliche Niederlassung noch einen Wohnsitz, so ist nach § 6 I 2 das Gericht des inländischen **Aufenthaltsorts** zuständig. Hat der Beklagte auch keinen inländischen Aufenthaltsort, so ist im Falle des § 1 das Gericht zuständig, in dessen Bezirk die unwirksamen AGB verwendet wurden (§ 6 II 2 Nr 1), im Falle des § 2 das Gericht, in dessen Bezirk gegen Verbraucherschutzgesetze verstoßen wurde (§ 6 II 2 Nr 2) und im Falle des § 2a das Gericht, in dessen Bezirk gegen § 95 b UrhG verstoßen wurde (§ 6 II 2 Nr 3). Bei mehreren Orten, an denen eine AGB-Verwendung oder ein Verstoß gegen Verbraucherschutzgesetze oder gegen § 95 b UrhG erfolgte, gilt § 35 ZPO (Wahlrecht). Für den Fall der Empfehlung von unwirksamen AGB gilt § 6 I 2 Nr 1 entspr Ort der Verwendung oder Empfehlung ist sowohl der Ort, an dem die entspr Erklärungen abgegeben werden, als auch der Ort, an dem sie zugehen; auch insoweit gilt § 35 ZPO.

II. Konzentrationsermächtigung

Nach § 6 II 1 werden die Landesregierungen ermächtigt, durch Rechtsverordnung UKlaG-Streitigkeiten (Ausnahme: § 6 III) einem Landgericht für die Bezirke mehrerer Landgerichte zuzuweisen. Die Ermächtigung kann nach § 6 II 2 auf die Landesjustizverwaltungen übertragen werden. Von dieser Ermächtigung haben Gebrauch gemacht: *BY* (GVBl 1977, 197: Landgerichte München I, Nürnberg und Bamberg); *HE* (GVBl 1977, 122: Landgericht Frankfurt a. M.); *MV* (GVBl 1994, 514: Landgericht Rostock); *NRW* (GVBl 2002, 446: Landgerichte Düsseldorf, Dortmund und Köln); *SA* (GVBl 1994, 1313: Landgericht Leipzig).

Veröffentlichungsbefugnis

7 ¹Wird der Klage stattgegeben, so kann dem Kläger auf Antrag die Befugnis zugesprochen werden, die Urteilsformel mit der Bezeichnung des verurteilten Beklagten auf dessen Kosten im Bundesanzeiger, im Übrigen auf eigene Kosten bekannt zu machen. ²Das Gericht kann die Befugnis zeitlich begrenzen.

Übersicht

	Rdn
I. Zweck der Regelung	1
II. Voraussetzungen	2–9
1. Antrag des Klägers	2, 3
a) Klageverfahren	2
b) Antrag	3
2. Der Klage stattgebendes Urteil	4, 5
a) Obsiegen des Klägers	4
b) Urteil	5
3. Gerichtliche Entscheidung	6–8
a) Entscheidung im Urteil	6
b) Ermessensentscheidung	7
c) Streitwert und Kosten	8
4. Veröffentlichung vor Rechtskraft?	9
III. Inhalt der Entscheidung	10
IV. Bekanntmachung	11
V. Veröffentlichung ohne richterliche Gestattung?	12

I. Zweck der Regelung

1 Die Veröffentlichung hat den Zweck, eine fortdauernde Störung aus einer Zuwiderhandlung zu beseitigen. Ähnliche, aber nicht gleich lautende Regelungen enthalten § 103 UrhG und § 12 III UWG. Die praktische Bedeutung der Vorschrift ist gering im Hinblick darauf, dass eine Veröffentlichung im Bundesanzeiger kaum gelesen wird, eine Veröffentlichung in der Presse aber nur auf Kosten des Klägers möglich ist und es dazu an sich keiner Ermächtigung durch das Gericht bedarf (Rdn 12).

II. Voraussetzungen

1. Antrag des Klägers

2 **a) Klageverfahren.** Dem Wortlaut nach bezieht sich § 7 nur auf Klagen aus dem UKlaG. Der Klage steht der Antrag auf **einstweilige Verfügung** gleich. Auch im Verfügungsverfahren kann daher ein Antrag nach § 7 gestellt werden (AnwK/*Walker* § 7 Rdn 1; aA Palandt/*Bassenge* § 7 Rdn 1; Erman/*Roloff* § 7 Rdn 1). Allerdings ist im Rahmen der richterlichen Ermessensentscheidung bes streng zu prüfen, ob eine Veröffentlichung der Entscheidung erforderlich ist. Ggf ist die Befugnis zur Veröffentlichung an die Voraussetzung zu knüpfen, dass die einstweilige Verfügung durch eine Abschlusserklärung unangreifbar wird (*Lindacher* in Wolf/Lindacher/Pfeiffer AGB-Recht § 7 Rdn 6). Dagegen bezieht sich § 7 **nicht** auf eine erfolgreiche **negative Feststellungsklage** des (angeblichen) Schuldners.

3 **b) Antrag.** Der Kläger muss, spätestens in der letzten mündlichen Verhandlung, einen **Antrag** gestellt haben. Wird er nicht gestellt, so gilt § 308 I ZPO; wird er irrtümlich übergangen, so ist eine Urteilsergänzung nach § 321 ZPO möglich. Der Antrag ist zu begründen, dh es ist das Interesse an einer Urteilsbekanntmachung darzulegen, um dem Beklagten eine Erwiderung und dem Gericht eine Ermessensentscheidung zu ermöglichen.

2. Der Klage stattgebendes Urteil

4 **a) Obsiegen des Klägers.** Die Zuerkennung der Veröffentlichungsbefugnis setzt voraus, dass „der Klage stattgegeben" wird. Teilweises Obsiegen genügt. Nur dem erfolgreichen Kläger darf die Befugnis zugesprochen werden, nicht auch dem Beklagten im Falle der Klageabweisung.

5 **b) Urteil.** Das Verfahren muss mit einem **Urteil** enden. Ein Beschluss im Verfahren der einstweiligen Verfügung reicht nicht aus.

III. Inhalt der Entscheidung

3. Gerichtliche Entscheidung

a) Entscheidung im Urteil. Die Entscheidung erfolgt im Urteil und nicht etwa durch Beschluss. Sie ist zu begründen, damit überprüft werden kann, ob das Gericht die Grenzen seines Ermessens eingehalten hat (BGH NJW 1992, 1450, 1452).

b) Ermessensentscheidung. Das Gericht „kann" die Befugnis zur Bekanntmachung zusprechen. Das schließt die Befugnis ein, die Befugnis zeitlich zu beschränken (§ 7 S 2) oder sie auf einen Teil der Urteilsformel zu beschränken. Die Entscheidung liegt also im **pflichtgemäßen** Ermessen des Gerichts. Die Einhaltung der Ermessensgrenzen ist **revisibel** (vgl BGH NJW 1992, 1450, 1452). Die Entscheidung hat auf Grund einer Interessenabwägung unter Berücksichtigung des Grundsatzes der Verhältnismäßigkeit zu erfolgen. Anders als § 12 III UWG setzt § 7 nicht voraus, dass der Kläger ein „berechtigtes Interesse" an der Veröffentlichung hat. Eine Veröffentlichungsbefugnis setzt gleichwohl voraus, dass die Bekanntmachung **geeignet** und **erforderlich** ist, die eingetretene Störung durch Unterrichtung der Öffentlichkeit zu beseitigen (BGH NJW 1992, 1450, 1452; BGH WRP 2007, 977 Tz 47 – *Tankstellenhalter-Vertragswerk*). Eine Veröffentlichungsbefugnis kommt vor allem dann in Betracht, wenn der Beklagte selbst einen größeren Kundenkreis hat, der von dem Urteil berührt sein könnte, oder wenn andere Verwender gleicher AGB (BGH NJW 1992, 503, 505) oder andere Anwender verbraucherschutzwidriger Praktiken gewarnt werden sollen. Die Eignung ist zu verneinen, wenn die Urteilsformel nicht aussagekräftig ist oder sogar einen unzutreffenden Eindruck erwecken kann (BGH NJW 2003, 1237, 1241; BGHZ 124, 254, 262 = NJW 1994, 318; BGH WRP 2007, 977 Tz 47 – *Tankstellenhalter-Vertragswerk*). Die Erforderlichkeit ist zu verneinen, wenn ein Interesse der Öffentlichkeit an der Unterrichtung über die Urteilsformel nicht zu erkennen ist oder wenn ohnehin mit einer Veröffentlichung der Entscheidung oder mit ihrem Bekanntwerden in der Öffentlichkeit zu rechnen ist (vgl BGH BB 1997, 1862; BGH WRP 2007, 977 Tz 47 – *Tankstellenhalter-Vertragswerk;* Palandt/*Bassenge* § 7 Rdn 1).

c) Streitwert und Kosten. Der Antrag auf Veröffentlichungsbefugnis ist ein selbstständiger Streitgegenstand mit eigenem Streitwert (idR $1/10$ des Werts der Hauptsache; OLG Hamburg MDR 1977, 142; Erman/*Roloff* § 7 Rdn 5; Thomas/Putzo/*Hüßtege,* § 3 ZPO Rdn 158). Gibt das Gericht dem Antrag nicht statt, so gilt für die Kostenentscheidung § 92 ZPO, wobei jedoch eine Anwendung des § 92 II ZPO in Betracht kommt (AnwK/*Walker* § 7 Rdn 6; aA *Lindacher* in Wolf/Lindacher/Pfeiffer AGB-Recht § 7 Rdn 13).

4. Veröffentlichung vor Rechtskraft?

An sich braucht das Urteil **nicht rechtskräftig** zu sein, um von der Veröffentlichungsbefugnis Gebrauch zu machen (Palandt/*Bassenge* § 7 Rdn 4). Dies ergibt sich aus einem Vergleich mit den abweichenden Regelungen in § 103 I 2 UrhG und in § 12 III 4 UWG, die einen Umkehrschluss rechtfertigen. Der Gesetzgeber hatte bei Neufassung des UKlaG anlässlich der UWG-Reform 2004 gerade davon abgesehen, auf § 12 III UWG zu verweisen. Das Gericht kann jedoch im Rahmen seines Ermessens anordnen, dass der Ausspruch der Bekanntmachungsbefugnis nicht vorläufig vollstreckbar ist, somit die Veröffentlichung nicht vor Rechtskraft des Urteils erfolgen darf. Es sollte dies auch tun, sofern nicht zwingende Gründe eine Veröffentlichung schon vor Eintritt der Rechtskraft gebieten. Denn eine Veröffentlichung, die möglicherweise später berichtigt werden muss, kann die Öffentlichkeit verwirren. Mindestens muss die Bekanntmachung einen deutlichen Hinweis auf die fehlende Rechtskraft enthalten. Erfolgt eine Veröffentlichung vor Rechtskraft und wird das Urteil später aufgehoben oder abgeändert, so kann der Beklagte nach § 717 II ZPO Schadensersatz durch Berichtigung in gleicher Weise wie die Veröffentlichung verlangen (Palandt/*Bassenge* § 7 Rdn 4; AnwK/*Walker* § 7 Rdn 6). Dies gilt auch für die Veröffentlichung auf eigene Kosten in der Presse (aA *Lindacher* in Wolf/Lindacher/Pfeiffer AGB-Recht § 7 Rdn 17).

III. Inhalt der Entscheidung

Das Gericht darf dem Kläger nur die Befugnis zusprechen, die **Urteilsformel mit der Bezeichnung des verurteilten Beklagten** im Bundesanzeiger auf Kosten des Beklagten (Zwangsvollstreckungskosten, §§ 788, 91, 103 ZPO), im Übrigen auf eigene Kosten bekannt zu machen. Dazu gehören der Tatbestand und die Urteilsgründe nicht. Das Gericht kann nach § 7 S 2 die Befugnis **zeitlich beschränken.** Es ist bei seiner Ermessensentscheidung aber, anders als in § 103 II 2 UrhG und § 12 III 3 UWG, nicht an feste zeitliche Grenzen gebunden. Das

Gericht kann die Befugnis auch auf einen Teil der Urteilsformel beschränken, wenn nämlich nur der betreffende Teil für die Öffentlichkeit von Interesse ist.

IV. Bekanntmachung

11 Die Bekanntmachung im **Bundesanzeiger** auf Kosten des Beklagten ist wenig hilfreich, weil dieses Organ von Klauselverwendern, Verbrauchern und Verbänden vermutlich kaum gelesen wird (vgl Palandt/*Bassenge* § 7 Rdn 2). Von Nutzen ist daher wohl nur die Bekanntmachung in **anderen Presseerzeugnissen** (Tageszeitungen, Fachzeitschriften usw) in Form einer vom Kläger bezahlten Anzeige. Die Entscheidung begründet allerdings keinen Kontrahierungszwang für die Presseunternehmen, sofern sie keine Monopolstellung besitzen.

V. Veröffentlichung ohne richterliche Gestattung?

12 Ist dem Kläger die Bekanntmachungsbefugnis nicht zugesprochen worden, und sei es auch nur deshalb, weil er keinen entspr Antrag gestellt hat, so kann er gleichwohl auf eigene Kosten das Urteil veröffentlichen. Darin liegt grds kein Verstoß gegen § 823 I BGB (Verletzung des allgemeinen Persönlichkeitsrechts oder des Rechts am Gewerbebetrieb) oder gegen § 824 BGB (Kreditschädigung). Etwas anderes gilt, wenn die Entscheidung noch nicht rechtskräftig ist und darauf nicht klar und deutlich hingewiesen wird. – Ist der Rechtsstreit durch Abgabe einer strafbewehrten Unterlassungserklärung erledigt worden, kann der Gläubiger grds auch diese auf eigene Kosten veröffentlichen. Ein Anspruch auf Kostenerstattung besteht auch in diesem Falle nicht.

Unterabschnitt 2. Besondere Vorschriften für Klagen nach § 1

Klageantrag und Anhörung

8 (1) **Der Klageantrag muss bei Klagen nach § 1 auch enthalten:**
1. **den Wortlaut der beanstandeten Bestimmungen in Allgemeinen Geschäftsbedingungen,**
2. **die Bezeichnung der Art der Rechtsgeschäfte, für die die Bestimmungen beanstandet werden.**

(2) **Das Gericht hat vor der Entscheidung über eine Klage nach § 1 die Bundesanstalt für Finanzdienstleistungsaufsicht (Bundesanstalt) zu hören, wenn Gegenstand der Klage**
1. Bestimmungen in Allgemeinen Versicherungsbedingungen sind oder
2. Bestimmungen in Allgemeinen Geschäftsbedingungen sind, die die Bundesanstalt nach Maßgabe des Gesetzes über Bausparkassen oder des Investmentgesetzes zu genehmigen hat.

I. Fassung des Klageantrags

1. Allgemeines

1 Um der Breitenwirkung des Urteils (§§ 7, 11) Rechnung zu tragen, präzisiert § 8 I (früher § 15 II AGBG) die Anforderungen an den Klageantrag iSd § 253 II Nr 1 ZPO. Dies gilt nicht nur für Unterlassungs- und Widerrufsklagen iSd § 1, sondern in analoger Anwendung auch für den Antrag auf Erlass einer einstweiligen Verfügung und für die Feststellungsklage des Verwenders oder Empfehlers (ganz hM). Entspricht der Antrag nicht den Anforderungen, so hat das Gericht nach § 139 ZPO auf eine sachdienliche Antragstellung hinzuwirken. Kommt der Kläger dem nicht nach, ist die Klage als unzulässig abzuweisen. Haben weder das Gericht noch der Gegner die Antragsfassung beanstandet, so kann unter dem Gesichtspunkt des Anspruchs auf ein faires Verfahren eine Zurückverweisung geboten sein (vgl BGH WRP 2002, 94, 96 – *Widerruf der Erledigungserklärung*).

2. Angabe des Klauselwortlauts

2 Nach § 8 I Nr 1 muss der Klageantrag die beanstandete Klausel im Wortlaut enthalten, und zwar so, wie sie der Anspruchsgegner verwendet und nicht wie sie der Anspruchsteller formuliert (BGH NJW 1995, 1488, 1489). Ist die Klausel teilbar, so ist sie zum besseren Verständnis zwar ebenfalls im vollen Wortlaut wiederzugeben. Jedoch ist der Antrag auf den unwirksamen Teil zu beschränken, da andernfalls die Klage teilweise unbegründet ist.

3. Bezeichnung der einschlägigen Rechtsgeschäfte

Die Unwirksamkeit einer Klausel kann davon abhängen, für welche Art von Rechtsgeschäften sie verwendet wird (vgl BGH NJW 1993, 1133, 1134). Daher muss der Klageantrag nach § 8 I Nr 2 auch die „Bezeichnung der Art der Rechtsgeschäfte, für die die Bestimmungen beanstandet werden", enthalten (zur Urteilsformel vgl § 9 Nr 2). Bei einem zu weitgehenden Antrag ist die Klage teilweise unbegründet (vgl BGH NJW 1993, 1133, 1134). Sie kann sich auf alle Rechtsgeschäfte beziehen, in die der Verwender die Klausel einbeziehen will oder einbezogen hat. Soweit eine Ausgliederung aus der Gesamtheit der Verwender getätigten Geschäfte möglich ist, ist sie vorzunehmen. Wie die betreffenden Rechtsgeschäfte zu beschreiben sind, sagt das Gesetz nicht. Es ist die Bezeichnung zu wählen, die so konkret wie möglich ist (vgl OLG Köln WM 2002, 2288). Es kann die Bezeichnung des **Vertragstypus** ausreichen (zB Kaufvertrag; Mietvertrag), wenn die Klausel für alle derartigen Verträge gelten soll. Ggf sind aber weitere Einschränkungen geboten nach dem **Vertragsgegenstand** (zB Mietverträge über Wohnraum; BGH NJW 1989, 2247, 2250), nach den **Modalitäten** des Vertragsschlusses (zB Kabelanschlussverträge als Haustürgeschäfte; BGH NJW 1993, 1133, 1134) oder den **Vertragspartnern** (zB nur Verbraucher; vgl § 3 II).

II. Anhörung der Bundesanstalt für Finanzdienstleistungsaufsicht (Bundesanstalt)

Sind Gegenstand der Klage nach § 1 Allgemeine Versicherungsbedingungen (AVB) oder AGB, die die Bundesanstalt für Finanzdienstleistungsaufsicht (BaFin) nach den §§ 5 III, 8, 9 BSpKG oder nach § 43 InvestG zu genehmigen hat, hat das Gericht nach § 8 II (früher: § 16 AGBG) die Bundesanstalt vor der Entscheidung zu hören. Das Gericht soll sich den Sachverstand und die Erfahrungen der Bundesanstalt zunutze machen, zumindest aber deren Standpunkt kennen lernen. Es geht dabei aber nur um die zutreffende Beurteilung der Wirksamkeit der Klausel. Eine Anhörung hat daher nicht stattzufinden, wenn das Gericht die Klage gar keine Sachentscheidung treffen, sondern die Klage als unzulässig abweisen will oder nur über einen Antrag auf Prozesskostenhilfe zu entscheiden hat. Eine Anhörung ist aber auch dann nicht erforderlich, wenn der Streit nur die Wiederholungsgefahr und nicht die Wirksamkeit der Klausel betrifft (OLG Karlsruhe NJW-RR 2003, 778, 780). Im Verfahren der einstweiligen Verfügung kann eine Anhörung unterbleiben, wenn wegen bes Dringlichkeit eine rasche Entscheidung geboten ist. Sie ist aber bei nächster Gelegenheit (zB im Widerspruchsverfahren oder im Hauptsacheverfahren, ggf in der nächsten Instanz) nachzuholen. Die Anhörung setzt voraus, dass die Bundesanstalt ausreichend informiert ist. Das Gericht muss ihr daher alle wesentlichen Schriftsätze der Parteien, insbes die Klageschrift und die Klageerwiderung, übermitteln und sie über die Termine der mündlichen Verhandlung unterrichten, damit sie ihren Standpunkt schriftlich oder mündlich vortragen kann. Eine neuerliche Gelegenheit zur Anhörung ist zu geben, wenn neue Tatsachen vorgebracht wurden, die eine neue Beurteilung möglich machen. Das Gericht hat der Bundesanstalt auch eine Ausfertigung seiner Entscheidung zu übermitteln.

III. Stellung der Bundesanstalt im Verfahren

Die Bundesanstalt ist zu einer Stellungnahme zwar berechtigt, aber nicht verpflichtet (aA *Lindacher* in Wolf/Lindacher/Pfeiffer AGB-Recht § 8 Rdn 19). Hat das Gericht der Bundesanstalt keine Gelegenheit zur Stellungnahme gegeben, so begründet dies einen Verfahrensmangel, der jedoch durch Anhörung in der nächsten Instanz geheilt werden kann. Allerdings hat die Bundesanstalt selbst keine prozessualen Rechte. Sie kann insbes keine Anträge stellen oder Rechtsmittel einlegen.

Besonderheiten der Urteilsformel

9 Erachtet das Gericht die Klage nach § 1 für begründet, so enthält die Urteilsformel auch:
1. die beanstandeten Bestimmungen der Allgemeinen Geschäftsbedingungen im Wortlaut,
2. die Bezeichnung der Art der Rechtsgeschäfte, für welche die den Unterlassungsanspruch begründenden Bestimmungen der Allgemeinen Geschäftsbedingungen nicht verwendet oder empfohlen werden dürfen,

3. das Gebot, die Verwendung oder Empfehlung inhaltsgleicher Bestimmungen in Allgemeinen Geschäftsbedingungen zu unterlassen,
4. für den Fall der Verurteilung zum Widerruf das Gebot, das Urteil in gleicher Weise bekannt zu geben, wie die Empfehlung verbreitet wurde.

1. Allgemeines

1 Nach § 313 I Nr 4 ZPO muss das Urteil die Urteilsformel enthalten. In § 9 (früher: § 17 AGBG) wird der Inhalt der Urteilsformel präzisiert und damit der Breitenwirkung des Urteils (§§ 7, 11) und den Erfordernissen der Zwangsvollstreckung Rechnung getragen.

2. Die Anforderungen nach Nr 1 und 2

2 Nr 1 und Nr 2 entsprechen den Anforderungen an den Klageantrag (vgl § 8 Rdn 1 ff).

3. Die Anforderungen nach Nr 3

3 Nach Nr 3 hat die Urteilsformel außerdem das Gebot zu enthalten, die Verwendung **inhaltsgleicher** Bestimmungen in AGB zu unterlassen. Inhaltsgleich bedeutet Gleichartigkeit im „Kern", dh die Klausel muss im Wesentlichen denselben Inhalt haben wie die beanstandete Klausel (vgl OLG München NJW-RR 2003, 1286). Das Gebot muss sich auch auf die in Nr 2 bezeichneten Rechtsgeschäfte erstrecken. Die Regelung dient dazu, künftige Umgehungen zu verhindern, indem sie die Zwangsvollstreckung bei Verwendung inhaltsgleicher Bestimmungen ermöglicht. In der Sache rechtfertigt sie sich daraus, dass bereits der Unterlassungsanspruch inhalts- oder kerngleiche Bestimmungen erfasst (sog **Kerntheorie;** vgl § 8 UWG Rdn 1.52). Allerdings ist das Gebot von Amts wegen, also unabhängig davon auszusprechen, ob der Klageantrag sich auf inhaltsgleiche Klauseln erstreckt.

4. Die Anforderungen nach Nr 4

4 Nach Nr 4 hat die Urteilsformel im Falle der Verurteilung zum Widerruf auch das Gebot zu enthalten, „das Urteil in gleicher Weise bekannt zu geben, wie die Empfehlung verbreitet wurde". Damit eine Vollstreckung des Urteils möglich ist, muss das Gericht in der Urteilsformel angeben, in welcher Form das Urteil bekannt zu geben ist. Grundsätzlich ist die Verbreitung der Empfehlung dafür maßgebend (zB Rundschreiben an Verbandsmitglieder; vgl BGH NJW 1987, 1931, 1938). Ist dies nicht möglich oder nicht zumutbar, so hat das Gericht eine möglichst gleichwertige Form anzugeben (zB Veröffentlichung in Zeitschriften). Das Gericht muss in der Urteilsformel auch festlegen, in welchem Umfang (nur Urteilsformel oder gesamtes Urteil) das Urteil bekannt zu machen ist. Die Kosten der Bekanntmachung hat der Schuldner zu tragen.

Einwendung wegen abweichender Entscheidung

10 Der Verwender, dem die Verwendung einer Bestimmung untersagt worden ist, kann im Wege der Klage nach § 767 der Zivilprozessordnung einwenden, dass nachträglich eine Entscheidung des Bundesgerichtshofs oder des Gemeinsamen Senats der Obersten Gerichtshöfe des Bundes ergangen ist, welche die Verwendung dieser Bestimmung für dieselbe Art von Rechtsgeschäften nicht untersagt, und dass die Zwangsvollstreckung aus dem Urteil gegen ihn in unzumutbarer Weise seinen Geschäftsbetrieb beeinträchtigen würde.

I. Allgemeines

1 An sich begründet eine Änderung der höchstrichterlichen Rspr keine Einwendung iSd § 767 ZPO (BGH NJW 2002, 2940). Davon macht § 10 (früher: § 19 AGBG) eine Ausnahme, um die Breitenwirkung des Unterlassungsurteils nach § 11 zu beseitigen (vgl § 11 S 2). Die Rechtsnatur dieser Klage ist str (vgl *Lindacher* in Wolf/Lindacher/Pfeiffer AGB-Recht § 10 Rdn 3 mwN), aber für die Anwendung des § 10 bedeutungslos (Erman/*Roloff* § 10 Rdn 1 mwN). Für die Klage ist das Landgericht ausschließlich zuständig, an dem die Klage nach § 1 erhoben worden ist (vgl §§ 767, 802 ZPO iVm § 6).

II. Voraussetzungen der erfolgreichen Klage

1. Klageberechtigung

Klageberechtigt ist dem Wortlaut nach nur der „Verwender". Jedoch ist eine analoge Anwendung auf den Empfehler geboten (*Lindacher* in Wolf/Lindacher/Pfeiffer AGB-Recht § 10 Rdn 8; MünchKommZPO/*Micklitz* UKlaG § 10 Rdn 5; aA Palandt/*Bassenge* § 10 Rdn 2).

2. Verbot der Verwendung einer bestimmten Klausel

Dem Verwender muss „die Verwendung einer Bestimmung untersagt worden" sein. Es muss daher ein **Urteil nach § 1** gegen ihn ergangen sein. Dabei kann es sich auch um ein Versäumnis- oder Anerkenntnisurteil oder um einen gerichtlichen Vergleich iSd § 794 I Nr 1 ZPO (arg §§ 795, 767 ZPO) handeln. Ein Urteil in einem Individualprozess reicht nicht aus. Das Urteil muss **nicht rechtskräftig** sein (AnwK/*Walker* § 10 Rdn 4; aA Erman/*Roloff* § 10 Rdn 4 unter Hinweis auf § 11). Jedoch fehlt das Rechtsschutzbedürfnis, wenn der Schuldner dagegen bereits ein Rechtsmittel, zB Berufung, eingelegt hat. Auf Verbote, die im Verfahren der **einstweiligen Verfügung** ergangen sind, ist § 10 nicht anwendbar. Insoweit ist der Verwender auf die Rechtsbehelfe aus §§ 936, 924, 926, 927 ZPO und auf das Hauptsacheverfahren beschränkt. Hat der Verwender eine **Abschlusserklärung** abgegeben, so kann er seine Verpflichtung zwar nicht nach § 10 angreifen, wohl aber kann er sie unter den gleichen Voraussetzungen wegen Störung der Geschäftsgrundlage kündigen (§ 313 BGB; aA Palandt/*Bassenge* § 10 Rdn 3: § 314 BGB; gänzlich ablehnend Erman/*Roloff* § 10 Rdn 5). Das Gleiche gilt für eine **strafbewehrte Unterlassungserklärung**.

3. Nachträgliche abweichende höchstrichterliche Entscheidung

a) Zeitpunkt der Entscheidung. Es muss nachträglich eine Entscheidung des **BGH** oder des **GemS OGH** ergangen sein, welche die Verwendung der fraglichen Bestimmung für dieselbe Art von Rechtsgeschäften nicht untersagt. **Nachträglich** bedeutet an sich, dass die Entscheidung nach der Verkündung der Entscheidung im Erstprozess ergangen sein muss (Erman/*Roloff* § 10 Rdn 6). Indessen sind auch solche Entscheidungen zu berücksichtigen, die nach Schluss der mündlichen Verhandlung im Erstprozess (Palandt/*Bassenge* § 10 Rdn 4) ergangen sind (arg § 767 II ZPO). Darauf, ob der Beklagten Kenntnis von der höchstrichterlichen Entscheidung hatte oder zumindest hätte erlangen können (dafür *Lindacher* in Wolf/Lindacher/Pfeiffer AGB-Recht § 10 Rdn 18), kann es im Interesse der Rechtssicherheit nicht ankommen.

b) Inhalt der Entscheidung. Aus der Entscheidung muss hervorgehen, dass die Verwendung (oder Empfehlung) der Klausel „**nicht untersagt**" wird. Es muss sich um eine Sachentscheidung handeln. An sich muss die Entscheidung in einem Verfahren nach § 1 ergangen sein. Dem Verfahren nach § 1 steht eine erfolgreiche Feststellungsklage des Verwenders gleich. Eine Entscheidung in einem Individualprozess ist dagegen nicht ohne Weiteres zu berücksichtigen (so aber Palandt/*Bassenge* § 10 Rdn 4), sondern nur dann, wenn die Klausel nicht nur wegen Berücksichtigung der Umstände des Einzelfalls gebilligt worden ist (*Lindacher* in Wolf/Lindacher/Pfeiffer AGB-Recht § 10 Rdn 15).

c) Gegenstand der Entscheidung. Die Entscheidung muss eine Bestimmung in AGB zum Gegenstand haben, die für dieselbe Art von Rechtsgeschäften gilt. Die Klausel und die Art der Rechtsgeschäfte müssen nicht identisch sein mit denjenigen, die Gegenstand des Verfahrens nach § 10 sind. Vielmehr genügt „Inhaltsgleichheit", dh Übereinstimmung im „Kern".

4. Unzumutbare Beeinträchtigung durch Zwangsvollstreckung

Weitere Voraussetzung für den Erfolg der Klage nach § 10 ist, dass die Zwangsvollstreckung den Geschäftsbetrieb des Verwenders in unzumutbarer Weise beeinträchtigen würde. Der Zwangsvollstreckung steht die freiwillige Befolgung des Urteils gleich. Eine unzumutbare Beeinträchtigung kann sich insbes aus Wettbewerbsnachteilen gegenüber Mitbewerbern, die die betreffende Klausel weiterverwenden, und aus den Kosten für die Umstellung der Klausel ergeben.

Wirkungen des Urteils

11 [1]Handelt der verurteilte Verwender einem auf § 1 beruhenden Unterlassungsgebot zuwider, so ist die Bestimmung in den Allgemeinen Geschäftsbedingungen als unwirksam anzusehen, soweit sich der betroffene Vertragsteil auf die Wirkung des Unterlassungsurteils beruft. ²Er kann sich jedoch auf die Wirkung des Unterlassungsurteils nicht berufen, wenn der verurteilte Verwender gegen das Urteil die Klage nach § 10 erheben könnte.

I. Normzweck

1   Das in einem Verbandsverfahren nach § 1 erstrittene Verbot wäre an sich für einen Individualprozess zwischen Verwender und Kunden nicht präjudiziell. Müsste aber in jedem Individualprozess die Wirksamkeit der Klausel aufs Neue geprüft werden, würde das Verbandsverfahren mit seiner abstrakten Klauselkontrolle weitgehend entwertet. Der Verband könnte lediglich im Wege der Zwangsvollstreckung nach § 890 ZPO erreichen, dass eine Weiterverwendung der Klausel (einschließlich der Berufung auf sie) unterbleibt. Um eine **Breitenwirkung** des Urteils nach § 1 zu erreichen, ordnet § 11 S 1 (früher: § 21 S 1 AGBG) daher an, dass die verbotene Klausel als unwirksam anzusehen ist, „soweit sich der betroffene Vertragsteil auf die Wirkung des Unterlassungsurteils beruft". Es handelt sich um einen bes geregelten Fall der **Rechtskrafterstreckung** auf **Einrede** hin.

II. Voraussetzungen der Einrede

1. Unterlassungsurteil

2   Es muss ein **Urteil nach § 1** ergangen sein, in dem die Verwendung einer bestimmten Klausel, da unwirksam, verboten wurde. Ausreichend ist ein Anerkenntnis- oder Versäumnisurteil, da sonst der Verwender die Folgen des § 11 durch Anerkenntnis oder Säumnis verhindern könnte. Nicht dagegen genügt eine einstweilige Verfügung wegen ihres nur vorläufigen Charakters. Das Urteil muss gegen den Verwender ergangen sein, dessen Vertragspartner sich auf die Unwirksamkeit beruft. Dem Urteil nach § 1 steht ein Urteil, das die Klage des Verwenders auf Feststellung der Wirksamkeit der Klausel abweist, nicht gleich (aA Palandt/*Bassenge* § 10 Rdn 3; *Lindacher* in Wolf/Lindacher/Pfeiffer AGB-Recht § 11 Rdn 9). Das Urteil muss **rechtskräftig** sein (vgl BT-Drucks 7/5422 S 13), da sonst die Rechtssicherheit gefährdet wäre (aA *Bernreuther* WRP 1998, 280, 286). Eine analoge Anwendung des § 11 auf vertragliche Unterlassungspflichten (zB in einer strafbewehrten Unterlassungserklärung) scheidet aus, da es an einer gerichtlichen Feststellung der Unwirksamkeit fehlt. Dasselbe gilt für die Abschlusserklärung, die eine einstweilige Verfügung unangreifbar macht, sowie für einen gerichtlichen oder außergerichtlichen Vergleich.

2. Zuwiderhandlung

3   Der Verwender muss einem auf § 1 beruhenden Unterlassungsgebot zuwidergehandelt haben. Das setzt die Verwendung derselben oder einer inhaltsgleichen Klausel (arg § 9 Nr 3) voraus. Die Verwendung muss nach Rechtskraft des Urteils erfolgt sein. Dagegen ist unerheblich, ob der Vertrag, der die unwirksame Klausel enthält, vor oder nach Rechtskraft des Urteils abgeschlossen wurde (vgl BGH NJW 1981, 1511; BGHZ 127, 35, 37).

3. Geltendmachung der Einrede

4   Der Vertragspartner muss sich im Individualprozess auf die Wirkung des Unterlassungsurteils berufen. Es handelt sich dabei um eine Einrede iSd § 282 I, II ZPO. Unterlässt er dies, so muss das Gericht die Wirksamkeit der Klausel selbst überprüfen.

4. Ausschluss der Einrede

5   Der Vertragspartner kann sich nach § 11 S 2 (früher § 21 S 2 AGBG) auf die Wirkung des Unterlassungsurteils nicht berufen, wenn der verurteilte Verwender gegen das Urteil die Klage nach § 10 erheben könnte. Die Beweislast für die Voraussetzungen einer Klage nach § 10 trägt der Verwender. Dementsprechend kann das Gericht den Ausschluss der Einrede nicht von Amts wegen, sondern nur dann berücksichtigen, wenn sich der Verwender auf die Klagemöglichkeit beruft, also eine „Gegeneinrede" erhebt (Palandt/*Bassenge* § 11 Rdn 4).

Unterabschnitt 3. Besondere Vorschriften für Klagen nach § 2

Einigungsstelle

12 Für Klagen nach § 2 gelten § 15 des Gesetzes gegen den unlauteren Wettbewerb und die darin enthaltene Verordnungsermächtigung entsprechend.

Die Verweisung auf § 15 UWG bedeutet, dass Ansprüche aus § 2 außergerichtlich vor einer 1 Einigungsstelle einer IHK geltend gemacht werden können. Für die örtliche Zuständigkeit der Einigungsstellen gilt § 14 UWG entspr, nicht dagegen § 6. Nach § 15 III 2 UWG ist die Anrufung der Einigungsstelle ohne Zustimmung des Gegners möglich, weil eine Zuwiderhandlung gegen § 2 notwendigerweise Verbraucher betrifft. Die Einigungsstelle hat keine Entscheidungsbefugnis, sondern hat lediglich einen gütlichen Ausgleich anzustreben (§ 15 VI 1 UWG). Allerdings wird durch die Anrufung der Einigungsstelle die Verjährung in gleicher Weise wie durch Klageerhebung gehemmt (§ 15 IX 1 UWG). Zu Einzelheiten vgl die Kommentierung zu § 15 UWG.

Abschnitt 3. Auskunft zur Durchführung von Unterlassungsklagen

Auskunftsanspruch der anspruchsberechtigten Stellen

13 (1) Wer geschäftsmäßig Post-, Telekommunikations- oder Telemediendienste erbringt oder an der Erbringung solcher Dienste mitwirkt, hat
1. qualifizierten Einrichtungen, die nachweisen, dass sie in die Liste gemäß § 4 oder in das Verzeichnis der Kommission der Europäischen Gemeinschaften gemäß Artikel 4 der Richtlinie 98/27/EG eingetragen sind,
2. rechtsfähigen Verbänden zur Förderung gewerblicher oder selbständiger beruflicher Interessen und
3. Industrie- und Handelskammern oder den Handwerkskammern

auf deren Verlangen den Namen und die zustellungsfähige Anschrift eines Beteiligten an Post-, Telekommunikations- oder Telemediendiensten mitzuteilen, wenn diese Stellen schriftlich versichern, dass sie die Angaben zur Durchsetzung ihrer Ansprüche gemäß § 1 oder § 2 benötigen und nicht anderweitig beschaffen können.

(2) ¹Der Anspruch besteht nur, soweit die Auskunft ausschließlich anhand der bei dem Auskunftspflichtigen vorhandenen Bestandsdaten erteilt werden kann. ²Die Auskunft darf nicht deshalb verweigert werden, weil der Beteiligte, dessen Angaben mitgeteilt werden sollen, in die Übermittlung nicht einwilligt.

(3) ¹Der Auskunftspflichtige kann von dem Anspruchsberechtigten einen angemessenen Ausgleich für die Erteilung der Auskunft verlangen. ²Der Beteiligte hat, wenn der gegen ihn geltend gemachte Anspruch nach § 1 oder § 2 begründet ist, dem Anspruchsberechtigten den gezahlten Ausgleich zu erstatten.

Übersicht

	Rdn
I. Normzweck	1
II. Anspruchsverpflichtete und Anspruchsberechtigte	2, 3
1. Anspruchsverpflichtete	2
2. Anspruchsberechtigte	3
III. Anspruchsinhalt, Anspruchsvoraussetzungen und Anspruchsgrenzen	4–6
1. Anspruchsinhalt	4
2. Anspruchsvoraussetzungen	5
3. Anspruchsgrenzen	6
IV. Ausgleichsanspruch und Erstattungsanspruch	7, 8
1. Ausgleichsanspruch	7
2. Erstattungsanspruch	8
V. Verfahren	9

I. Normzweck

1 Häufig hat der Anspruchsverpflichtete nur ein Postfach, eine Telefon- oder Faxnummer oder eine Internetadresse angegeben. Die Unterlassungsansprüche nach § 1 und § 2 sind aber gerichtlich nur durchsetzbar, wenn der Anspruchsberechtigte Kenntnis von Namen und ladungsfähiger Anschrift des Anspruchsverpflichteten hat. Denn diese Angaben sind in einer Klageschrift grds zur Bezeichnung der Parteien nach § 253 II Nr 1 ZPO erforderlich (BGHZ 102, 332; BVerfG NJW 1996, 1272). Daher gibt § 13 I dem Anspruchsberechtigten einen **Anspruch auf Auskunft** gegen bestimmte Unternehmen („Diensteerbringer"), die Kenntnis von Namen und zustellungsfähiger Anschrift des Anspruchsverpflichteten haben. In § 13 II–V sind Einzelheiten geregelt. – Aus der Vorschrift kann mangels planwidriger Regelungslücke nicht im Wege der Analogie, ein Anspruch gegen Verwender von AGB auf Einsichtnahme in die AGB und auf deren Zurverfügungstellung entnommen werden (BGH ZGS 2010, 230 Tz 38).

II. Anspruchsverpflichtete und Anspruchsberechtigte

1. Anspruchsverpflichtete

2 Zur Auskunft verpflichtet ist, „wer geschäftsmäßig Post-, Telekommunikations-, Telemediendienste erbringt oder an der Erbringung solcher Dienste mitwirkt" (Diensteerbringer). Denn diese Unternehmen sind es, die dem Unterlassungsschuldner die Bezeichnungen (Postfach; Telefon- oder Faxnummer; Internet-Adresse) zur Verfügung stellen, unter denen er im Geschäftsverkehr auftritt. Zu **Postdiensten** vgl § 4 Nr 4 PostG; zu **Telekommunikationsdiensten** § 3 Nr 5 TKG; zu **Telemedien** § 2 TMG. Bei Postfachadressen ist auskunftspflichtig die Deutsche Post AG; bei Telefon- und Faxnummern die betreffende Telefongesellschaft; bei Internet-Adressen die DENIC Verwaltungs- und Betriebsgesellschaft eG, Frankfurt aM, soweit es um die Top-Level-Domain „de" und die Anschrift des Providers geht und der Provider, soweit es um die Second-Level-Domain geht. **Mitwirkende** sind nur die beteiligten Unternehmen, nicht aber die Arbeitnehmer. **Geschäftsmäßig** handelt, wer, sei es auch ohne Gewinnerzielungsabsicht, mit der Tätigkeit am Erwerbsleben teilnimmt.

2. Anspruchsberechtigte

3 Der Auskunftsanspruch steht nach § 13 I 1 nur zu: **(1) „qualifizierten Einrichtungen"** (§ 13 I Nr 1); **(2) rechtsfähigen Verbänden zur Förderung gewerblicher oder selbstständiger beruflicher Interessen** (§ 13 I Nr 2); **(3) Industrie- und Handelskammern** sowie **Handwerkskammern** (§ 13 I Nr 3).

III. Anspruchsinhalt, Anspruchsvoraussetzungen und Anspruchsgrenzen

1. Anspruchsinhalt

4 Der Anspruch ist auf die Mitteilung des Namens und der zustellungsfähigen Anschrift eines an der Erbringung von Post-, Telekommunikations- oder Telemediendiensten Beteiligten gerichtet. Die Angaben müssen es ermöglichen, eine Klageschrift zuzustellen (§ 253 II Nr 1, IV ZPO iVm § 130 Nr 1 ZPO). Unter dem Namen ist der vollständige Name des Beteiligten, also bei natürlichen Personen der Vor- und Nachname, bei juristischen Personen deren Name oder Firma, sowie deren gesetzlicher Vertreter anzugeben. –

2. Anspruchsvoraussetzungen

5 Ein Auskunftsanspruch besteht nach § 13 I nur, wenn der Anspruchsberechtigte **schriftlich versichert,** dass er die betreffenden Angaben (1) zur Durchsetzung eines Anspruchs nach § 1 oder § 2 benötigt) und (2) sich nicht anderweitig beschaffen kann. Zur Schriftform vgl § 126 BGB. Als anderweitige Beschaffungsmöglichkeit kommen insbes Handelsregister, Adressbücher und Telefonauskunftsdienste (Rückwärtssuche) in Betracht. Voraussetzung des Anspruchs ist nur die schriftliche Versicherung, nicht ihre Richtigkeit (LG München I WRP 2005, 1430, 1431). Weder der Anspruchsverpflichtete noch das Gericht brauchen die Richtigkeit nachzuprüfen. In Fällen offenkundiger Unrichtigkeit der Versicherung kann er jedoch den Missbrauchseinwand nach § 242 BGB erheben (LG München I WRP 2005, 1430, 1431; Palandt/*Bassenge* § 13 Rdn 2).

I. Entstehungsgeschichte und Normzweck § 13a UKlaG

3. Anspruchsgrenzen

Nach § 13 II 1 besteht der Auskunftsanspruch nur, „soweit die Auskunft ausschließlich anhand der bei dem Auskunftspflichtigen vorhandenen Bestandsdaten erteilt werden kann". Der Auskunftsberechtigte kann daher nicht verlangen, dass der Auskunftspflichtige die begehrten Angaben sich anderweitig, etwa anhand von Verbindungsdaten (vgl TKG § 85 I), beschafft oder ermittelt. Wird von einem „Mitwirkenden" Auskunft verlangt, beschränkt sich der Anspruch auf den bei ihm vorhandenen Datenbestand. Die Beweislast dafür, dass die Auskunft nicht anhand der vorhandenen Bestandsdaten erteilt werden kann, trägt der Auskunftspflichtige (Palandt/*Bassenge* § 13 Rdn 6). – Der Auskunftspflichtige darf nach § 13 II 2 die Auskunft nicht deshalb verweigern, weil der Beteiligte, dessen Angaben mitgeteilt werden sollen, in die Übermittlung nicht einwilligt.

IV. Ausgleichsanspruch und Erstattungsanspruch

1. Ausgleichsanspruch

Für die Erteilung der Auskunft kann der Auskunftsverpflichtete nach § 13 III 1 vom Auskunftsberechtigten einen angemessenen Ausgleich verlangen. Die tatsächlich entstandenen Kosten können daher nicht in vollem, sondern nur in angemessenem Umfang ersetzt verlangt werden. Das rechtfertigt sich daraus, dass die Auskunfterteilung auch dem öffentlichen Interesse am Verbraucherschutz und an der Durchsetzung gleicher Wettbewerbsbedingungen für alle Unternehmen dient (vgl BT-Drucks 14/6857 S 71; Palandt/*Bassenge* § 13 Rdn 8; Erman/*Roloff* § 13 Rdn 5). Bei einem geringfügigen Aufwand kann ein Ausgleich entfallen. Der Auskunftspflichtige hat wegen seines Ausgleichsanspruchs ein Zurückbehaltungsrecht nach §§ 273, 274 BGB.

2. Erstattungsanspruch

Ist der Unterlassungsanspruch nach § 1 oder § 2 begründet, dh ist dieser Anspruch gerichtlich oder außergerichtlich erfolgreich durchgesetzt, so kann der Anspruchsberechtigte vom Unterlassungsschuldner (am Diensteverkehr „Beteiligter") Erstattung des gezahlten Ausgleichs verlangen (§ 13 III 2). Mit „Ausgleich" ist der angemessene Ausgleich gemeint. Soweit die Angemessenheit gerichtlich festgestellt ist, ist dieser Betrag maßgebend; ist eine Zahlung freiwillig erfolgt, braucht der Unterlassungsschuldner nur in Höhe des angemessenen Betrages zahlen (vgl Palandt/*Bassenge* § 13 Rdn 9).

V. Verfahren

Für die gerichtliche Geltendmachung von Ansprüchen aus § 13 gelten nach § 5 grds die Vorschriften der ZPO, einschließlich der Zuständigkeitsregelungen. Denn § 6 I gilt nach § 6 III nicht für die Geltendmachung von Ansprüchen aus § 13. Wird allerdings im Gerichtsstand des § 6 I der Unterlassungsanspruch eingeklagt, so kann kraft Sachzusammenhangs daneben auch der Erstattungsanspruch nach § 13 IV 2 geltend gemacht werden (Palandt/*Bassenge* § 13 Rdn 12). Die Verweisung in § 5 auf § 12 I, II und IV UWG bezieht sich nur auf den Unterlassungsanspruch und nicht auch auf die Ansprüche aus § 13.

Auskunftsanspruch sonstiger Betroffener

13a Wer von einem anderen Unterlassung der Lieferung unbestellter Sachen, der Erbringung unbestellter sonstiger Leistungen oder der Zusendung oder sonstiger Übermittlung unverlangter Werbung verlangen kann, hat die Ansprüche gemäß § 13 mit der Maßgabe, dass an die Stelle des Anspruchs nach § 1 oder § 2 sein Anspruch auf Unterlassung nach allgemeinen Vorschriften tritt.

I. Entstehungsgeschichte und Normzweck

Die Vorschrift wurde durch Gesetz v 16. 8. 2002 (BGBl I 3165) in das UKlaG eingefügt, der bisherige S 2 wurde durch G v 29. 7. 2009 (BGBl I 2355) wurde gestrichen. Hintergrund ist, dass die genannten Unterlassungsansprüche gegen Unternehmen oder Personen, die sich hinter einer Postfach-, Fax- oder Internetadresse verstecken, nicht durchsetzbar sind (vgl dazu BT-Drucks 14/9353 S 7). Denn eine Klage ist nur zustellungsfähig, wenn darin die Parteien

„bezeichnet" sind (§ 253 II Nr 1 ZPO; BGH GRUR 2008, 263 Tz 12 – *SMS-Werbung*).). Dazu gehört aber grds die Angabe des Namens und der ladungsfähigen Anschrift (BGHZ 102, 332; BVerfG NJW 1996, 1272). Zweck des in § 13a geregelten Auskunftsanspruch gegen Diensteerbringer iSd § 13 ist es dementsprechend, den Betroffenen zu diesen Angaben zu verhelfen.

II. Anspruchsberechtigte und Anspruchsverpflichtete

1. Anspruchsberechtigte

2   Anspruchsberechtigt ist, **„wer von einem anderen Unterlassung der Lieferung unbestellter Waren, der Erbringung unbestellter Dienstleistungen oder der Zusendung oder sonstigen Übermittlung unverlangter Werbung verlangen kann"** (§ 13a), und zwar **„nach allgemeinen Vorschriften"**. Damit sind die Unterlassungsansprüche aus den §§ 3, 8 I UWG sowie den §§ 823 I, 862, 1004 BGB (Verletzung des allgemeinen Persönlichkeitsrechts oder des Rechts am eingerichteten und ausgeübten Gewerbebetrieb; Beeinträchtigung von Besitz oder Eigentum) gemeint (vgl LG Bonn MMR 2004, 767). **Anspruchsberechtigt** nach § 13a sind somit nur die betroffenen Mitbewerber (§ 8 III Nr 1 UWG iVm §§ 3, 8 UWG) und die betroffenen Marktpartner (§§ 823 I, 862, 1004 BGB). Die Regelung soll die Rechtsstellung dieser individuell berechtigen Anspruchsinhaber stärken (vgl BGH GRUR 2008, 263 Tz 11 – *SMS-Werbung*). Der Auskunftsanspruch besteht unabhängig davon, ob gleichzeitig die in § 13 I genannten Organisationen einen solchen Anspruch haben und geltend machen. Die frühere Einschränkung in § 13a S 2 (dazu BGH GRUR 2008, 263 Tz 11 – *SMS-Werbung*) ist aufgehoben worden.

2. Anspruchsverpflichtete

3   Anspruchsverpflichtet ist nach § 13a iVm § 13 I jeder, der „geschäftsmäßig Post-, Telekommunikations-, Tele- oder Mediendienste erbringt oder an der Erbringung solcher Dienste mitwirkt" (dazu § 13 Rdn 2). Eine analoge Anwendung auf sonstige Dienstleister (zB Austräger oder Verteiler von Werbematerial) scheidet aus (ebenso Palandt/*Bassenge* § 13a Rdn 2).

III. Anspruchsinhalt und Anspruchsvoraussetzungen

4   Es gelten die Regelungen in § 13 I, II mit der Maßgabe, dass an die Stelle des Anspruchs nach § 1 oder § 2 der Anspruch auf Unterlassung nach den allgemeinen Vorschriften (Rdn 2) tritt. Zu Einzelheiten vgl § 13 Rdn 4–6). Der Auskunftsanspruch ist – entgegen dem Wortlaut des § 13a S 1 – unabhängig davon gegeben, ob der Unterlassungsanspruch nach den allgemeinen Vorschriften tatsächlich besteht. Es reicht – wie bei § 13 I – aus, dass der Anspruchsberechtigten sein Bestehen schriftlich versichert. Denn § 13a folgt dem Regelungsmuster des § 13 (LG Bonn MMR 2004, 767).

IV. Ausgleichs- und Erstattungsanspruch

5   Für die Erteilung der Auskunft kann der Auskunftsverpflichtete nach § 13a iVm § 13 IV 1 vom Auskunftsberechtigten einen angemessenen Ausgleich verlangen (vgl § 13 Rdn 7). Der Erstattungsanspruch gegen den Unterlassungsschuldner ergibt sich aus § 13a iVm § 13 III 2 (vgl § 13 Rdn 8).

Abschnitt 4. Außergerichtliche Schlichtung

Schlichtungsverfahren

14 (1) Bei Streitigkeiten aus der Anwendung
1. der Vorschriften des Bürgerlichen Gesetzbuchs betreffend Fernabsatzverträge über Finanzdienstleistungen,
2. der §§ 491 bis 509 des Bürgerlichen Gesetzbuchs oder
3. der §§ 675c bis 676c des Bürgerlichen Gesetzbuchs und der Verordnung (EG) Nr. 924/2009 des Europäischen Parlaments und des Rates vom 16. September 2009 über grenzüberschreitende Zahlungen in der Gemeinschaft und zur Aufhebung der Verordnung (EG) Nr. 2560/2001 (ABl. L 266 vom 9. 10. 2009, S. 11)

III. Schlichtungsverfahren   1–3 § 14 UKlaG

können die Beteiligten unbeschadet ihres Rechts, die Gerichte anzurufen, die Schlichtungsstelle anrufen, die bei der Deutschen Bundesbank einzurichten ist.

(2) ¹Das Bundesministerium der Justiz regelt durch Rechtsverordnung, die nicht der Zustimmung des Bundesrates bedarf, die näheren Einzelheiten des Verfahrens der Schlichtungsstelle nach Absatz 1 und die Zusammenarbeit mit vergleichbaren Stellen zur außergerichtlichen Streitbeilegung in anderen Vertragsstaaten des Abkommens über den Europäischen Wirtschaftsraum. ²Das Verfahren ist auf die Verwirklichung des Rechts auszurichten und es muss gewährleisten, dass die

1. die Schlichtungsstelle unabhängig ist und unparteiisch handelt,
2. ihre Verfahrensregelungen für Interessierte zugänglich sind und
3. die Beteiligten des Schlichtungsverfahrens rechtliches Gehör erhalten, insbesondere Tatsachen und Bewertungen vorbringen können.

³Die Rechtsverordnung regelt auch die Pflicht der Unternehmen, sich nach Maßgabe eines geeigneten Verteilungsschlüssels an den Kosten des Verfahrens zu beteiligen; das Nähere, insbesondere zu diesem Verteilungsschlüssel, regelt die Rechtsverordnung.

(3) Das Bundesministerium der Justiz wird ermächtigt, im Einvernehmen mit den Bundesministerien der Finanzen und für Wirtschaft und Technologie durch Rechtsverordnung mit Zustimmung des Bundesrates die Streitschlichtungsaufgaben nach Absatz 1 auf eine oder mehrere geeignete private Stellen zu übertragen, wenn die Aufgaben dort zweckmäßiger erledigt werden können.

I. Allgemeines

§ 14 (früher § 29 AGBG) gibt für bestimmte, in Abs 1 S 1 näher bezeichnete Streitigkeiten 1
über Finanzdienstleistungen, Verbraucherdarlehensverträge und Zahlungsdienste den Beteiligten die Möglichkeit, eine Schlichtungsstelle bei der Deutschen Bundesbank oder bei anderen Stellen anzurufen. Damit wurde Art 14 Fernabsatzfinanzdienstleistungs-Richtlinie, Art 24 Verbraucherkreditlinie und Art 83 Zahlungsdiensterichtlinie umgesetzt. Zweck der 2009 neugefassten Regelung ist es, den Beteiligten eine schnelle und sachkundige Streitbeilegung zu ermöglichen und damit zugleich die Gerichte zu entlasten.

II. Schlichtungsstellen

Schlichtungsstellen sind bei der Deutschen Bundesbank einzurichten (§ 14 I). Daneben 2
können nach § 14 III iVm § 7 Schlichtungsverfahrensordnung Schlichtungsstellen bei dem Bundesverband der deutschen Banken, dem Bundesverband öffentlicher Banken (vgl NJW 2001, 2613), den Sparkassen- und Giroverbänden und dem Bundesverband der Deutschen Volksbanken und Raiffeisenkassen eingerichtet werden. Diese Verbände müssen eine Liste der an ihrem Schlichtungsverfahren teilnehmenden Unternehmen führen und in geeigneter Weise allgemein zugänglich machen.

III. Schlichtungsverfahren

Für das Schlichtungsverfahren stellt § 14 II bestimmte Grundsätze auf, die in einer Rechtsverordnung des Bundesministeriums der Justiz, nämlich der **Schlichtungsstellenverfahrensordnung** v 27. 10. 1999 idF der Bekanntmachung v 10. 7. 2002 (BGBl I 2577), zuletzt geändert durch Art 4 G v 29. 7. 2004 (BGBl I 2355), konkretisiert werden. Danach kann der Kunde seine Beschwerde bei der Geschäftsstelle der Schlichtungsstelle schriftlich unter kurzer Schilderung des Sachverhalts und unter Beifügung der zum Verständnis erforderlichen Unterlagen erheben (§ 4 I 1 SchlichtVerfO). Die Geschäftsstelle leitet die Beschwerde dem beteiligten Kreditinstitut zu, die sich dann innerhalb eines Monats dazu äußern müssen (§ 4 II 1 SchlichtVerfO). Wird der Beschwerde nicht abgeholfen, legt die Geschäftsstelle den Vorgang dem zuständigen Schlichter vor (§ 4 III SchlichtVerfO). Dieser prüft, ob er die Schlichtung ablehnen muss oder soll (§ 3 SchlichtVerfO). Greift er die Beschwerde auf, so kann er eine ergänzende Stellungnahme oder Auskunft der Beteiligten einholen, darf aber keine Beweisaufnahme durchführen (§ 5 I 1 SchlichtVerfO). Er unterbreitet nach Lage der Akten einen schriftlichen Schlichtungsvorschlag (§ 5 II 1 SchlichtVerfO), den die Beteiligten binnen sechs Wochen annehmen können (§ 5 III 1 SchlichtVerfO). Kommt es nicht zu einer Einigung, ist dies den Parteien mitzuteilen. Die Mitteilung ist als „Bescheinigung über einen erfolglosen Einigungsversuch nach § 15 a III 3

Köhler   1539

EGZPO" zu bezeichnen (§ 5 III 5 SchlichtVerfO). Das Verfahren vor der Schlichtungsstelle ist kostenfrei (§ 6 I 1 SchlichtVerfO).

Abschnitt 5. Anwendungsbereich

Ausnahme für das Arbeitsrecht

15 Dieses Gesetz findet auf das Arbeitsrecht keine Anwendung.

I. Normzweck

1   An sich unterliegen auch AGB in Arbeitsverträgen der Kontrolle nach den §§ 307–309 BGB, wie sich aus § 310 IV 2 BGB ergibt. Des Weiteren ist die Anwendung der Verbraucherschutzgesetze auf Arbeitnehmer nicht von vornherein ausgeschlossen (vgl BAG NJW 2005, 3305). Der Gesetzgeber wollte jedoch keine Zuständigkeit der ordentlichen Gerichte für arbeitsrechtliche Streitigkeiten (vgl BT-Drucks 14/7052 S 189) begründen, zumal die kollektive Wahrnehmung der Interessen der Arbeitnehmer durch die Gewerkschaften und die Betriebsräte und nicht durch Verbraucherverbände erfolgt. Daher schließt § 5 die Anwendung des UKlaG auf das Arbeitsrecht aus.

II. Anwendungsbereich

2   Maßgebend ist der Anwendungsbereich des **Arbeitsrechts** als dem Sonderrecht der **Arbeitnehmer** (zu diesem Begriff BAG NJW 2003, 3365; BAG NJW 2004, 461; *Hromadka* NJW 2003, 1847). Dem Arbeitsrecht unterliegen nicht Dienstverträge mit Personen, die keine Arbeitnehmer sind. Auf Formularverträge mit **arbeitnehmerähnliche Personen** (zu diesem Begriff BAG NJW 2003, 3365; Palandt/*Weidenkaff* Einf v § 611 BGB Rdn 9) sind die §§ 307–309 BGB anwendbar. Fraglich ist allenfalls, ob § 310 IV 2 BGB eingreift. Dies ist grds im Interesse des Schutzes der arbeitnehmerähnlichen Personen zu verneinen, da ihre kollektiven Interessen nicht durch Gewerkschaften und Betriebsräte wahrgenommen werden. Dann aber ist der Bereich des Arbeitsrechts nicht eröffnet und folglich eine Anwendung des UKlaG möglich (str).

Abschnitt 6. Überleitungsvorschriften

Überleitungsvorschrift zur Aufhebung des AGB-Gesetzes

16 (1) Soweit am 1. Januar 2002 Verfahren nach dem AGB-Gesetz in der Fassung der Bekanntmachung vom 29. Juni 2000 (BGBl. I S. 946) anhängig sind, werden diese nach den Vorschriften dieses Gesetzes abgeschlossen.

(2) ¹Das beim Bundeskartellamt geführte Entscheidungsregister nach § 20 des AGB-Gesetzes steht bis zum Ablauf des 31. Dezember 2004 unter den bis zum Ablauf des 31. Dezember 2001 geltenden Voraussetzungen zur Einsicht offen. ²Die in dem Register eingetragenen Entscheidungen werden 20 Jahre nach ihrer Eintragung in das Register, spätestens mit dem Ablauf des 31. Dezember 2004 gelöscht.

(3) Schlichtungsstellen im Sinne von § 14 Abs. 1 sind auch die auf Grund des bisherigen § 29 Abs. 1 des AGB-Gesetzes eingerichteten Stellen.

(4) ¹Die nach § 22a des AGB-Gesetzes eingerichtete Liste qualifizierter Einrichtungen wird nach § 4 fortgeführt. ²Mit Ablauf des 31. Dezember 2001 eingetragene Verbände brauchen die Jahresfrist des § 4 Abs. 2 Satz 1 nicht einzuhalten.

Verordnung über Informationspflichten für Dienstleistungserbringer (Dienstleistungs-Informationspflichten-Verordnung – DL-InfoV)[1]

Vom 12. März 2010 (BGBl I 267)

§ 1 Anwendungsbereich

(1) Diese Verordnung gilt für Personen, die Dienstleistungen erbringen, die in den Anwendungsbereich des Artikels 2 der Richtlinie 2006/123/EG des Europäischen Parlaments und des Rates vom 12. Dezember 2006 über Dienstleistungen im Binnenmarkt (ABl. L 376 vom 27. 12. 2006, S. 36) fallen.

(2) Die Verordnung findet auch Anwendung, wenn im Inland niedergelassene Dienstleistungserbringer unter Inanspruchnahme der Dienstleistungsfreiheit in einem anderen Mitgliedstaat der Europäischen Union oder einem anderen Vertragsstaat des Abkommens über den Europäischen Wirtschaftsraum tätig werden.

(3) Die Verordnung findet keine Anwendung, wenn in einem anderen Mitgliedstaat der Europäischen Union oder einem anderen Vertragsstaat des Abkommens über den Europäischen Wirtschaftsraum niedergelassene Dienstleistungserbringer unter Inanspruchnahme der Dienstleistungsfreiheit im Inland tätig werden.

(4) Die nach dieser Verordnung zur Verfügung zu stellenden Informationen sind in deutscher Sprache zu erbringen. Das gilt nicht für Informationen nach Absatz 2.

§ 2 Stets zur Verfügung zu stellende Informationen

(1) Unbeschadet weiter gehender Anforderungen aus anderen Rechtsvorschriften muss ein Dienstleistungserbringer einem Dienstleistungsempfänger vor Abschluss eines schriftlichen Vertrages oder, sofern kein schriftlicher Vertrag geschlossen wird, vor Erbringung der Dienstleistung, folgende Informationen in klarer und verständlicher Form zur Verfügung stellen:

1. seinen Familien- und Vornamen, bei rechtsfähigen Personengesellschaften und juristischen Personen die Firma unter Angabe der Rechtsform,
2. die Anschrift seiner Niederlassung oder, sofern keine Niederlassung besteht, eine ladungsfähige Anschrift sowie weitere Angaben, die es dem Dienstleistungsempfänger ermöglichen, schnell und unmittelbar mit ihm in Kontakt zu treten, insbesondere eine Telefonnummer und eine E-Mail-Adresse oder Faxnummer,
3. falls er in ein solches eingetragen ist, das Handelsregister, Vereinsregister, Partnerschaftsregister oder Genossenschaftsregister unter Angabe des Registergerichts und der Registernummer,
4. bei erlaubnispflichtigen Tätigkeiten Name und Anschrift der zuständigen Behörde oder der einheitlichen Stelle,
5. falls er eine Umsatzsteuer-Identifikationsnummer nach § 27a des Umsatzsteuergesetzes besitzt, die Nummer,
6. falls die Dienstleistung in Ausübung eines reglementierten Berufs im Sinne von Artikel 3 Absatz 1 Buchstabe a der Richtlinie 2005/36/EG des Europäischen Parlaments und des Rates vom 7. September 2005 über die Anerkennung von Berufsqualifikationen (ABl. L 255 vom 30. 9. 2005, S. 22) erbracht wird, die gesetzliche Berufsbezeichnung, den Staat, in dem sie verliehen wurde und, falls er einer Kammer, einem Berufsverband oder einer ähnlichen Einrichtung angehört, deren oder dessen Namen,
7. die von ihm gegebenenfalls verwendeten allgemeinen Geschäftsbedingungen,
8. von ihm gegebenenfalls verwendete Vertragsklauseln über das auf den Vertrag anwendbare Recht oder über den Gerichtsstand,
9. gegebenenfalls bestehende Garantien, die über die gesetzlichen Gewährleistungsrechte hinausgehen,
10. die wesentlichen Merkmale der Dienstleistung, soweit sich diese nicht bereits aus dem Zusammenhang ergeben,

---

[1] Diese Verordnung dient der Umsetzung der Richtlinie 2006/123/EG des Europäischen Parlaments und des Rates vom 12. Dezember 2006 über Dienstleistungen im Binnenmarkt (ABl. L 376 vom 27. 12. 2006, S. 36).

11. falls eine Berufshaftpflichtversicherung besteht, Angaben zu dieser, insbesondere den Namen und die Anschrift des Versicherers und den räumlichen Geltungsbereich.

(2) Der Dienstleistungserbringer hat die in Absatz 1 genannten Informationen wahlweise
1. dem Dienstleistungsempfänger von sich aus mitzuteilen,
2. am Ort der Leistungserbringung oder des Vertragsschlusses so vorzuhalten, dass sie dem Dienstleistungsempfänger leicht zugänglich sind,
3. dem Dienstleistungsempfänger über eine von ihm angegebene Adresse elektronisch leicht zugänglich zu machen oder
4. in alle von ihm dem Dienstleistungsempfänger zur Verfügung gestellten ausführlichen Informationsunterlagen über die angebotene Dienstleistung aufzunehmen.

§ 3 Auf Anfrage zur Verfügung zu stellende Informationen

(1) Unbeschadet weiter gehender Anforderungen aus anderen Rechtsvorschriften muss der Dienstleistungserbringer dem Dienstleistungsempfänger auf Anfrage folgende Informationen vor Abschluss eines schriftlichen Vertrages oder, sofern kein schriftlicher Vertrag geschlossen wird, vor Erbringung der Dienstleistung in klarer und verständlicher Form zur Verfügung stellen:
1. falls die Dienstleistung in Ausübung eines reglementierten Berufs im Sinne von Artikel 3 Absatz 1 Buchstabe a der Richtlinie 2005/36/EG des Europäischen Parlaments und des Rates vom 7. September 2005 über die Anerkennung von Berufsqualifikationen (ABl. L 255 vom 30. 9. 2005, S. 22) erbracht wird, eine Verweisung auf die berufsrechtlichen Regelungen und dazu, wie diese zugänglich sind,
2. Angaben zu den vom Dienstleistungserbringer ausgeübten multidisziplinären Tätigkeiten und den mit anderen Personen bestehenden beruflichen Gemeinschaften, die in direkter Verbindung zu der Dienstleistung stehen und, soweit erforderlich, zu den Maßnahmen, die er ergriffen hat, um Interessenkonflikte zu vermeiden,
3. die Verhaltenskodizes, denen er sich unterworfen hat, die Adresse, unter der diese elektronisch abgerufen werden können, und die Sprachen, in der diese vorliegen, und
4. falls er sich einem Verhaltenskodex unterworfen hat oder einer Vereinigung angehört, der oder die ein außergerichtliches Streitschlichtungsverfahren vorsieht, Angaben zu diesem, insbesondere zum Zugang zum Verfahren und zu näheren Informationen über seine Voraussetzungen.

(2) Der Dienstleistungserbringer stellt sicher, dass die in Absatz 1 Nummer 2, 3 und 4 genannten Informationen in allen ausführlichen Informationsunterlagen über die Dienstleistung enthalten sind.

§ 4 Erforderliche Preisangaben

(1) Der Dienstleistungserbringer muss dem Dienstleistungsempfänger vor Abschluss eines schriftlichen Vertrages oder, sofern kein schriftlicher Vertrag geschlossen wird, vor Erbringung der Dienstleistung, folgende Informationen in klarer und verständlicher Form zur Verfügung stellen:
1. sofern er den Preis für die Dienstleistung im Vorhinein festgelegt hat, diesen Preis in der in § 2 Absatz 2 festgelegten Form,
2. sofern er den Preis der Dienstleistung nicht im Vorhinein festgelegt hat, auf Anfrage den Preis der Dienstleistung oder, wenn kein genauer Preis angegeben werden kann, entweder die näheren Einzelheiten der Berechnung, anhand derer der Dienstleistungsempfänger die Höhe des Preises leicht errechnen kann, oder einen Kostenvoranschlag.

(2) Absatz 1 findet keine Anwendung auf Dienstleistungsempfänger, die Letztverbraucher sind im Sinne der Preisangabenverordnung in der Fassung der Bekanntmachung vom 18. Oktober 2002 (BGBl. I S. 4197), die zuletzt durch Artikel 6 des Gesetzes vom 29. Juli 2009 (BGBl. I S. 2355) geändert worden ist, in der jeweils geltenden Fassung.

§ 5 Verbot diskriminierender Bestimmungen

Der Dienstleistungserbringer darf keine Bedingungen für den Zugang zu einer Dienstleistung bekannt machen, die auf der Staatsangehörigkeit oder dem Wohnsitz des Dienstleistungsempfängers beruhende diskriminierende Bestimmungen enthalten. Dies gilt nicht für Unterschiede bei den Zugangsbedingungen, die unmittelbar durch objektive Kriterien gerechtfertigt sind.

§ 6 Ordnungswidrigkeiten

Ordnungswidrig im Sinne des § 146 Absatz 2 Nummer 1 der Gewerbeordnung handelt, wer vorsätzlich oder fahrlässig
1. entgegen § 2 Absatz 1, § 3 Absatz 1 oder § 4 Absatz 1 eine Information nicht, nicht richtig, nicht vollständig, nicht in der vorgeschriebenen Weise oder nicht rechtzeitig zur Verfügung stellt,
2. entgegen § 3 Absatz 2 nicht sicher stellt, dass eine dort genannte Information in jeder ausführlichen Informationsunterlage enthalten ist, oder
3. entgegen § 5 Satz 1 Bedingungen bekannt macht.

§ 7 Inkrafttreten

Diese Verordnung tritt zwei Monate nach der Verkündung in Kraft.

Vorbemerkungen

Inhaltsübersicht

	Rdn
1. DL-InfoV als Umsetzung der Dienstleistungsrichtlinie	1
2. Rechtsgrundlage und Schutzzweck der DL-InfoV	2, 3
a) Rechtsgrundlage	2
b) Schutzzweck	3
3. Grundbegriffe der DL-InfoV	4–7
a) Dienstleistung	4
b) Dienstleistungserbringer	5
c) Dienstleistungsempfänger	6
d) Reglementierter Beruf	7
4. Verhältnis der DL-InfoV zu anderen Vorschriften	8–12
a) Verhältnis zum UWG	8–10
aa) § 4 Nr 11 UWG	8
bb) § 5 a II–IV UWG	9, 10
b) Verhältnis zur PAngV	11
c) Verhältnis zu sonstigen Vorschriften	12
5. Sanktionen bei Verstößen gegen die DL-InfoV	13–16
a) Ordnungswidrigkeitenrechtliche Sanktionen	13
b) Lauterkeitsrechtliche Sanktionen	14
c) Sanktionen nach dem UKlaG	15
d) Bürgerlichrechtliche Sanktionen	16

Schrifttum: *Dahns*, Die Dienstleistungs-Informationspflichten-Verordnung, NJW-Spezial 2010, 318; *Glückert*, Die neue Dienstleistungs-Informationspflichten-Verordnung, GewArch 2010, 195; *Lindhorst*, Vorhang auf zum nächsten Akt: Die Dienstleistungs-Informationspflichten-Verordnung, MMR 2010, 145; *Lohbeck*, Neue Informationspflichten für Dienstleistungserbringer, K&R 2010, 463; *Schlachter/Ohler*, Europäische Dienstleistungsrichtlinie, 2008.

1. DL-InfoV als Umsetzung der Dienstleistungsrichtlinie

1 Die DL-InfoV dient der Umsetzung der Richtlinie 2006/123/EG über Dienstleistungen im Binnenmarkt (Dienstleistungsrichtlinie), speziell des Art 22 dieser Richtlinie. Dementsprechend ist die DL-InfoV richtlinienkonform und in Übereinstimmung mit dem sonstigen Unionsrecht auszulegen.

2. Rechtsgrundlage und Schutzzweck der DL-InfoV

2 **a) Rechtsgrundlage.** Die DL-InfoV ist eine **Rechtsverordnung.** Sie ist am 17. 5. 2010 in Kraft getreten (§ 7 DL-InfoV). Ihr Erlass beruht auf der Ermächtigungsgrundlage (Art 80 I GG) des **§ 6 c GewO** iVm § 146 II Nr 1 GewO. (In § 6 Ia GewO wird klargestellt, dass § 6 c GewO auf alle Gewerbetreibenden und sonstigen Dienstleistungserbringer iSd Art 4 Nr 2 Dienstleistungsrichtlinie Anwendung findet, deren Dienstleistungen in den Anwendungsbereich dieser Richtlinie fallen.)

3 **b) Schutzzweck.** Zweck der DL-InfoV ist es, dem Dienstleistungsempfänger die Informationen zu verschaffen, die er für eine **informierte Entscheidung** über den Abschluss und die Durchführung eines Vertrags mit einem bestimmten Dienstleistungserbringer über eine bestimmte Dienstleistung benötigt. Damit wird zugleich die Wahrnehmung der Niederlassungsfreiheit und der freie Dienstleistungsverkehr erleichtert und die hohe Qualität der Dienstleistungen gewährleistet (vgl Art 1, 22 sowie Erwägungsgrund 97 S 1 Dienstleistungsrichtlinie).

3. Grundbegriffe der DL-InfoV

4 **a) Dienstleistung.** Der Begriff der Dienstleistung ist in Art 4 Nr 1 Dienstleistungsrichtlinie definiert als „jede von Art 50 des Vertrags [jetzt: Art 57 AEUV] erfasste selbstständige Tätigkeit, die in der Regel gegen Entgelt erbracht wird.

b) Dienstleistungserbringer. Die DL-InfoV gilt nach § 1 I DL-InfoV nur für **Dienstleis-** 5
tungserbringer iSd Art 4 Nr 2 Dienstleistungsrichtlinie. Darunter fällt jede **natürliche Person,** die die Staatsangehörigkeit eines Mitgliedstaats besitzt, und jede in einem Mitgliedstaat niedergelassene **juristische Person** iSd Art 54 AEUV (= ex-Art 48 EG), die eine Dienstleistung anbietet oder erbringt. Der juristischen Person steht die rechtsfähige Personengesellschaft (§ 14 II BGB) gleich (vgl § 2 I Nr 1 DL-InfoV sowie Erwägungsgrund 38 Dienstleistungsrichtlinie).

c) Dienstleistungsempfänger. Der Begriff des Dienstleistungsempfängers ist in Art 4 Nr 3 6
Dienstleistungsrichtlinie definiert als „jede natürliche Person, die die Staatsangehörigkeit eines Mitgliedstaats besitzt oder die in den Genuss von Rechten aus gemeinschaftsrechtlichen Rechtsakten kommt, oder jede in einem Mitgliedstaat niedergelassene juristische Person im Sinne des Art 48 des Vertrags [jetzt: Art 54 AEUV], die für berufliche oder andere Zwecke eine Dienstleistung in Anspruch nimmt oder in Anspruch nehmen möchte". Letzteres ist bedeutsam, weil die Informationspflichten aus der DL-InfoV gerade gegenüber solchen Personen bestehen, die noch keinen Vertrag mit dem Dienstleistungserbringer geschlossen haben, sondern dies nur beabsichtigen.

d) Reglementierter Beruf. Unter einem reglementierten Beruf (vgl §§ 2 I Nr 6, § 3 I Nr 1 7
DL-InfoV) ist in richtlinienkonformer Auslegung nach Art 4 Nr 11 Dienstleistungsrichtlinie „eine berufliche Tätigkeit oder eine Gruppe beruflicher Tätigkeiten" iSd Art 3 I lit a Richtlinie 2005/36/EG zu verstehen (vgl auch die Definition in Art 2 lit l UGP-Richtlinie). Sie zeichnen sich dadurch aus, dass bei ihnen „die Aufnahme oder Ausübung oder eine der Arten der Ausübung direkt oder indirekt an den Besitz bestimmter Berufsqualifikationen gebunden ist" (vgl auch die Definition in Art 2 lit l UGP-Richtlinie). Eine Art der Ausübung ist nach S 1 HS 2 dieser Bestimmung „insbes die Führung einer Berufsbezeichnung, die durch rechts- oder Verwaltungsvorschriften auf Personen beschränkt ist, die über eine bestimmte Berufsqualifikation verfügen".

4. Verhältnis der DL-InfoV zu anderen Vorschriften

a) Verhältnis zum UWG. aa) § 4 Nr 11 UWG. Die DL-InfoV enthält Marktverhaltens- 8
regelungen iSd § 4 Nr 11 UWG, nämlich gesetzliche Vorschriften, auch dazu bestimmt sind, im Interesse der Marktteilnehmer, nämlich der Mitbewerber und der Dienstleistungsempfänger, das Marktverhalten zu regeln.

bb) § 5a II–IV UWG. Die Bestimmungen in § 5a II–IV UWG gehen auf Art 7 UGP- 9
Richtlinie zurück. Sie regeln dementsprechend nur das geschäftliche Handeln von Unternehmen gegenüber **Verbrauchern.** Die Dienstleistungsrichtlinie gilt dagegen im Verhältnis zu allen Dienstleistungsempfängern (Rdn 6), auch wenn diese keine Verbraucher sind. Dennoch beansprucht die Dienstleistungsrichtlinie keinen Vorrang vor der UGP-Richtlinie, sondern steht mit ihr „im Einklang" (Erwägungsgrund 32 Dienstleistungsrichtlinie). Die Informationsanforderungen aus Kap V der Dienstleistungsrichtlinie ergänzen gem Art 22 V dieser Richtlinie lediglich „die bereits im Gemeinschaftsrecht vorgesehenen Anforderungen". Dem tragen die §§ 2 I, 3 I DL-InfoV („unbeschadet weiter gehender Anforderungen aus anderen Rechtsvorschriften") Rechnung.

Die Informationsanforderungen aus der DL-InfoV ergänzen lediglich die Informationsanfor- 10
derungen aus § 5a II–IV UWG, verdrängen sie aber nicht. Darüber hinaus sind die Informationsanforderungen der DL-InfoV, soweit sie die „kommerzielle Kommunikation einschließlich Werbung und Marketing" gegenüber Verbrauchern iSd Art 7 V UGP-Richtlinie betreffen, solche iSd § 5a IV UWG.

b) Verhältnis zur PAngV. Die Preisangabenpflichten aus § 4 I DL-InfoV gelten nach der 11
ausdrücklichen Bestimmung in § 4 II DL-InfoV nicht im Verhältnis zu Letztverbrauchern iSd PAngV. In diesem Bereich gelten daher ausschließlich die Vorschriften der PAngV. Allerdings sind diese richtlinienkonform am Maßstab des Art 22 I lit i, III lit a Dienstleistungsrichtlinie auszulegen.

c) Verhältnis zu sonstigen Vorschriften. Informationsanforderungen aus anderen Vor- 12
schriften sind neben denen **aus** der DL-InfoV anzuwenden. Dazu gehören insbes §§ 5, 6 TMG; Art 246 § 1 ff EGBGB; § 4 BGB-InfoV

5. Sanktionen bei Verstößen gegen die DL-InfoV

a) Ordnungswidrigkeitenrechtliche Sanktionen. Nach § 6 DL-InfoV stellen vorsätzliche 13
oder fahrlässige Verletzungen der Informationspflichten aus § 2 I, § 3 I und II, § 4 I oder § 5 S 1 DL-InfoV Ordnungswidrigkeiten iSd § 146 II Nr 1 GewO dar.

14 **b) Lauterkeitsrechtliche Sanktionen.** Die DL-InfoV enthält Marktverhaltensregelungen iSd § 4 Nr 11 UWG (Rdn 8). Verstöße gegen die DL-InfoV können daher den Tatbestand einer Zuwiderhandlung gegen § 3 I, 4 Nr 11 UWG erfüllen und lauterkeitsrechtliche Ansprüche aus den §§ 8, 9 und 10 UWG auslösen.

15 **c) Sanktionen nach dem UKlaG.** Die DL-InfoV stellt, soweit es das Verhältnis zu Verbrauchern betrifft, eine verbraucherschützende Regelung iSd § 2 I 1 UKlaG dar. Dies ergibt sich aus Art 42 Dienstleistungsrichtlinie iVm Anh I Unterlassungsklagenrichtlinie 2009/22/EG. Verstöße gegen die DL-InfoV können daher einen Unterlassungsanspruch nach § 2 I 1 UKlG begründen, der von den in § 3 I UKlaG aufgeführten Verbänden geltend gemacht werden kann.

16 **d) Bürgerlichrechtliche Sanktionen.** Verstöße gegen die DL-InfoV können, soweit sie innerhalb eines Schuldverhältnisses aus der Aufnahme von Vertragsverhandlungen (§ 311 Ii Nr 1) BGB begangen werden, Pflichtverletzungen iSd § 241 II BGB darstellen. Aus schuldhaft begangenenen Verstößen kann sich daraus ein Anspruch aus culpa in contrahendo, gerichtet auf Schadensersatz, ggf in Gestalt der Aufhebung des Vertrages, ergeben. – Da die DL-InfoV darüber hinaus ein Schutzgesetz iSd § 823 II BGB darstellt, können sich aus einem Verstoß auch deliktsrechtliche Unterlassungs- und Schadensersatzansprüche des Dienstleistungsempfängers ergeben.

Anwendungsbereich

1 (1) Diese Verordnung gilt für Personen, die Dienstleistungen erbringen, die in den Anwendungsbereich des Artikels 2 der Richtlinie 2006/123/EG des Europäischen Parlaments und des Rates vom 12. Dezember 2006 über Dienstleistungen im Binnenmarkt (ABl. L 376 vom 27. 12. 2006, S. 36) fallen.

(2) Die Verordnung findet auch Anwendung, wenn im Inland niedergelassene Dienstleistungserbringer unter Inanspruchnahme der Dienstleistungsfreiheit in einem anderen Mitgliedstaat der Europäischen Union oder einem anderen Vertragsstaat des Abkommens über den Europäischen Wirtschaftsraum tätig werden.

(3) Die Verordnung findet keine Anwendung, wenn in einem anderen Mitgliedstaat der Europäischen Union oder einem anderen Vertragsstaat des Abkommens über den Europäischen Wirtschaftsraum niedergelassene Dienstleistungserbringer unter Inanspruchnahme der Dienstleistungsfreiheit im Inland tätig werden.

(4) Die nach dieser Verordnung zur Verfügung zu stellenden Informationen sind in deutscher Sprache zu erbringen. Das gilt nicht für Informationen nach Absatz 2.

1. Sachlicher Anwendungsbereich

1 **a) Allgemeines.** Die DL-InfoV gilt nach § 1 I DL-InfoV nur für solche Dienstleistungen, die in den Anwendungsbereich des Art 2 Dienstleistungsrichtlinie fallen. Das sind nach Art 2 I Dienstleistungsrichtlinie grds alle Dienstleistungen mit Ausnahme der in Art 2 II Dienstleistungsrichtlinie aufgeführten Tätigkeiten.

2 **b) Beispiele.** Die Dienstleistungsrichtlinie enthält keine enumerative Aufzählung der von ihr erfassten Dienstleistungen, zumal diese einem ständigen Wandel unterworfen sind. Sie begnügt sich mit Beispielen (vgl Erwägungsgrund 33), als da sind: **(1) Dienstleistungen für Unternehmen.** Dazu gehören ua Unternehmensberatung, Zertifizierungs- und Prüfungstätigkeiten, Anlagenverwaltung einschließlich Unterhaltung von Büroräumen, Werbung, Personalagenturen und Dienste von Handelsvertretern. **(2) Dienstleistungen für Unternehmen und Verbraucher.** Dazu gehören Rechts- oder Steuerberatung, Dienstleistungen des Immobilienwesens wie Tätigkeit von Immobilienmaklern, Dienstleistungen des Baugewerbes einschließlich Architektenleistungen, Handel, Veranstaltung von Messen, Vermietung von Kraftfahrzeugen, Dienste von Reisebüros. **(3) Dienstleistungen für Verbraucher.** Dazu gehören ua Dienstleistungen im Bereich des Fremdenverkehrs, Dienstleistungen im Freizeitbereich, Sportzentren und Freizeitparks, Unterstützungsdienste im Haushalt, sofern nicht unter Art 2 II Dienstleistungsrichtlinie fallend.

3 **c) Ausnahmen.** Der Katalog der Ausnahmen in Art 2 II Dienstleistungsrichtlinie umfasst ua: nicht-wirtschaftliche Dienstleistungen von allgemeinem Interesse (zB Amateursport); Finanzdienstleistungen; Dienstleistungen und Netze der elektronischen Kommunikation; Gesundheitsdienstleistungen; audiovisuelle Dienste, auch im Kino- und Filmbereich; Glücksspiele, private Sicherheitsdienste, Tätigkeit von Notaren und Gerichtsvollziehern.

2. Räumlicher Anwendungsbereich (Herkunftslandprinzip)

a) Tätigkeit von Inländern im Ausland. Die DL-InfoV gilt außerdem nach § 1 II DL-InfoV für Dienstleistungen, die im Inland niedergelassene Dienstleistungserbringer unter Inanspruchnahme der Dienstleistungsfreiheit (iSd Art 56 AEUV) in einem anderen Mitgliedstaat oder einem anderen Vertragsstaat des Europäischen Wirtschaftsraums erbringen. Das entspricht Art 30 I Dienstleistungsrichtlinie. 4

b) Tätigkeit von Ausländern im Inland. Die DL-InfoV gilt nach § 1 III DL-INfoV nicht für Dienstleistungen, die in einem anderen Mitgliedstaat oder in einem Vertragsstaat des Europäischen Wirtschaftsraums niedergelassene Dienstleistungserbringer unter Inanspruchnahme der Dienstleistungsfreiheit (iSd Art 56 AEUV) im Inland erbringen. 5

3. Sprache der Informationserbringung

Die nach der DL-InfoV zur Verfügung zu stellenden Informationen sind nach § 1 IV 1 DL-InfoV in **deutscher Sprache** zu erbringen. Dies gilt nach § 1 IV 2 DL-InfoV nicht, wenn in Deutschland niedergelassene Dienstleistungserbringer im Ausland (iSd § 1 II DL-InfoV) tätig werden. Da die DL-InfoV für die Tätigkeit von EU/EWR-Ausländern im Inland nach § 1 III DL-InfoV nicht gilt, fehlt es an einer Regelung für diesen Personenkreis. 6

Stets zur Verfügung zu stellende Informationen

2 (1) Unbeschadet weiter gehender Anforderungen aus anderen Rechtsvorschriften muss ein Dienstleistungserbringer einem Dienstleistungsempfänger vor Abschluss eines schriftlichen Vertrages oder, sofern kein schriftlicher Vertrag geschlossen wird, vor Erbringung der Dienstleistung, folgende Informationen in klarer und verständlicher Form zur Verfügung stellen:

1. seinen Familien- und Vornamen, bei rechtsfähigen Personengesellschaften und juristischen Personen die Firma unter Angabe der Rechtsform,
2. die Anschrift seiner Niederlassung oder, sofern keine Niederlassung besteht, eine ladungsfähige Anschrift sowie weitere Angaben, die es dem Dienstleistungsempfänger ermöglichen, schnell und unmittelbar mit ihm in Kontakt zu treten, insbesondere eine Telefonnummer und eine E-Mail-Adresse oder Faxnummer,
3. falls er in ein solches eingetragen ist, das Handelsregister, Vereinsregister, Partnerschaftsregister oder Genossenschaftsregister unter Angabe des Registergerichts und der Registernummer,
4. bei erlaubnispflichtigen Tätigkeiten Name und Anschrift der zuständigen Behörde oder der einheitlichen Stelle,
5. falls er eine Umsatzsteuer-Identifikationsnummer nach § 27 a des Umsatzsteuergesetzes besitzt, die Nummer,
6. falls die Dienstleistung in Ausübung eines reglementierten Berufs im Sinne von Artikel 3 Absatz 1 Buchstabe a der Richtlinie 2005/36/EG des Europäischen Parlaments und des Rates vom 7. September 2005 über die Anerkennung von Berufsqualifikationen (ABl. L 255 vom 30. 9. 2005, S. 22) erbracht wird, die gesetzliche Berufsbezeichnung, den Staat, in dem sie verliehen wurde und, falls er einer Kammer, einem Berufsverband oder einer ähnlichen Einrichtung angehört, deren oder dessen Namen,
7. die von ihm gegebenenfalls verwendeten allgemeinen Geschäftsbedingungen,
8. von ihm gegebenenfalls verwendete Vertragsklauseln über das auf den Vertrag anwendbare Recht oder über den Gerichtsstand,
9. gegebenenfalls bestehende Garantien, die über die gesetzlichen Gewährleistungsrechte hinausgehen,
10. die wesentlichen Merkmale der Dienstleistung, soweit sich diese nicht bereits aus dem Zusammenhang ergeben,
11. falls eine Berufshaftpflichtversicherung besteht, Angaben zu dieser, insbesondere den Namen und die Anschrift des Versicherers und den räumlichen Geltungsbereich.

(2) Der Dienstleistungserbringer hat die in Absatz 1 genannten Informationen wahlweise
1. dem Dienstleistungsempfänger von sich aus mitzuteilen,
2. am Ort der Leistungserbringung oder des Vertragsschlusses so vorzuhalten, dass sie dem Dienstleistungsempfänger leicht zugänglich sind,
3. dem Dienstleistungsempfänger über eine von ihm angegebene Adresse elektronisch leicht zugänglich zu machen oder

4. in alle von ihm dem Dienstleistungsempfänger zur Verfügung gestellten ausführlichen Informationsunterlagen über die angebotene Dienstleistung aufzunehmen.

Übersicht

	Rdn
1. Allgemeines	1–4
a) Überblick	1
b) Verhältnis zu sonstigen Informationspflichten	2
c) Zeitpunkt der Information	3
d) Form der Information	4
2. Die einzelnen Informationsanforderungen	5–19
a) Angabe des Namens oder der Firma (Nr 1)	5–7
b) Angabe der Anschrift und der Kontaktdaten (Nr 2)	8–10
c) Angabe der Registrierung (Nr 3)	11
d) Angabe der zuständigen Behörde bei erlaubnispflichtigen Tätigkeiten (Nr 4)	12
e) Angabe der Umsatzsteuer-Identifikationsnummer (Nr 5)	13
f) Angaben bei Ausübung eines reglementierten Berufs (Nr 6)	14
g) Angaben über verwendete AGB (Nr 7)	15
h) Angaben über Rechtswahl- und Gerichtsstandsklauseln (Nr 8)	16
i) Angaben über Garantien (Nr 9)	17
j) Angaben über wesentliche Merkmale der Dienstleistung (Nr 10)	18
k) Angaben über Berufshaftpflichtversicherung (Nr 11)	19
3. Möglichkeiten der Informationserbringung	20–24
a) Allgemeines	20
b) Mitteilung an den Dienstleistungsempfänger	21
c) Vorhaltung am Ort der Leistungserbringung oder des Vertragsschlusses	22
d) Zugang über eine Internet-Adresse	23
e) Aufnahme in ausführliche Informationsunterlagen	24

1. Allgemeines

1 **a) Überblick.** In § 2 DL-InfoV ist – von der Preisangabenpflicht nach § 4 I Nr 1 DL-InfoV abgesehen – abschließend, geregelt, welche Informationen ein Dienstleistungserbringer einem Dienstleistungsempfänger **stets** zur Verfügung zu stellen hat und auf welche Weise dies zu geschehen hat. Davon zu unterscheiden sind die Informationen, die er nur „auf Anfrage" mitzuteilen hat (§ 3 DL-InfoV).

2 **b) Verhältnis zu sonstigen Informationspflichten.** Nach § 2 I DL-InfoV besteht die Verpflichtung **„unbeschadet weiter gehender Anforderungen aus anderen Rechtsvorschriften"**. Sie ergänzt also lediglich andere, sich aus dem Unionsrecht oder dem nationalen Recht ergebenden Informationsanforderungen (dazu Vorbem Rdn 8 ff), ohne sie zu verdrängen.

3 **c) Zeitpunkt der Information.** Die in § 2 I DL-InfoV aufgeführten Informationen sind **vor dem Abschluss eines schriftlichen Vertrages, oder sofern kein schriftlicher Vertrag geschlossen wird, vor Erbringung der Dienstleistung zur Verfügung zu stellen.** Das muss **„rechtzeitig"** (arg Art 22 IV DL-Richtlinie sowie § 6 Nr 1 DL-InfoV [„nicht rechtzeitig"]) geschehen, also so zeitig, dass der Dienstleistungsempfänger sich noch entscheiden kann, ob er den schriftlichen Vertrag abschließt oder die Dienstleistung in Anspruch nimmt. Da es sich bei § 2 I DL-InfoV um kein Schriftformerfordernis iSd § 126 BGB handelt, ist unter einem schriftlichen Vertrag nur der Gegensatz zu einem mündlich oder konkludent geschlossenen Vertrag zu verstehen. Es reicht also aus, dass der Inhalt des Vertrages in Textform (vgl § 126 b BGB) vorliegt (zB bei Vertragsschluss mittels E-Mail). Bei einem (fern)mündlichen Vertragsschluss oder bei einem Vertrag, der konkludent durch Erbringung der Dienstleistung zustande kommt (vgl § 151 BGB), muss die Information jedenfalls vor Erbringung der Dienstleistung erfolgen. Nach dem Wortlaut des § 2 I DL-InfoV könnte den Dienstleistungserbringer eine unbedingte Rechtspflicht treffen, die betreffenden Informationen zur Verfügung zu stellen. Zweck der Informationspflicht ist es jedoch nur, dem Dienstleistungsempfänger eine „informierte" Entscheidung darüber zu ermöglichen, ob er von einem bestimmten Dienstleistungsanbieter eine bestimmte Dienstleistung in Anspruch nehmen möchte. Andererseits besteht für Dienstleistungserbringer, sofern nicht gesetzlich vorgesehen, kein Kontrahierungszwang. Daher ist die Bestimmung so zu verstehen, dass die Informationspflicht nur dann verletzt ist, wenn tatsächlich

ein schriftlicher Vertrag geschlossen oder die Dienstleistung erbracht wird, ohne dass zuvor die erbetene Information mitgeteilt wurde.

d) **Form der Information.** Die Informationen sind **„in klarer und verständlicher 4 Form"** nach Maßgabe des § 2 II DL-InfoV zur Verfügung zu stellen. Dabei ist auf die Sichtweise des durchschnittlich informierten, situationsadä**quat aufmerksamen und verständigen Dienstleistungsempfängers abzustellen.**

2. Die einzelnen Informationsanforderungen

a) **Angabe des Namens oder der Firma (Nr 1).** Nach § 2 I Nr 1 DL-InfoV muss der 5 Dienstleistungserbringer „seinen Familien- und Vornamen, bei rechtsfähigen Personengesellschaften und juristischen Personen die Firma unter Angabe der Rechtsform" angeben. Diese Bestimmung ist richtlinienkonform am Maßstab des Art 22 I lit a Dienstleistungsrichtlinie auszulegen. Danach muss der Name des Dienstleistungserbringers, sein Rechtsstatus und seine Rechtsform angegeben werden. Das ist deshalb bedeutsam, weil § 2 I Nr 1 DL-InfoV die Dienstleistungsrichtlinie in diesem Punkt nicht ganz korrekt umsetzt. Zweck der Angabe ist es, dem Dienstleistungsempfänger die Identifizierung des Dienstleistungserbringers zu ermöglichen, um Klarheit zu haben, wer sein (künftiger) Vertragspartner ist.

Bei **natürlichen Personen** sind der Familienname und der Vorname anzugeben. Bei mehre- 6 ren Vornamen genügt die Angabe *eines* Vornamens; allerdings muss er ausgeschrieben werden, Abkürzungen genügen also nicht. Soweit natürliche Personen Kaufmannseigenschaft (§ 1 HGB) besitzen, müssen sie eine Firma bilden (§ 29 HGB), unter der sie ihre Geschäfte betreiben und klagen und verklagt werden können (§ 17 HGB). Daher müssen sie in richtlinienkonformer Auslegung zusätzlich zu ihrem bürgerlichen Namen ihre Firma unter Einschluss der Rechtsform (zB „e.K."; vgl § 19 I HGB) angeben (vgl auch Art 7 IV lit b UGP-Richtlinie, der die Angabe des „Handelsnamens", also der Firma, verlangt). Das ist auch sachgerecht. Denn nach § 37 a I HGB muss der Kaufmann ohnehin auf allen Geschäftsbriefen, die an einen bestimmten Empfänger gerichtet sind, die Firma usw angeben.

Bei **rechtsfähigen Personengesellschaften** (vgl § 14 II BGB) und **juristischen Personen** 7 besteht die Pflicht zur Angabe der Firma und der Rechtsform nach Maßgabe der dafür geltenden Vorschriften. Allerdings dürfen und müssen nur Kaufleute eine Firma führen (§ 17 HGB), also zB nicht BGB-Gesellschaften, Partnerschaftsgesellschaften oder eingetragene Vereine. Diese müssen ihren Namen unter Hinzufügung der Rechtsform (zB „e.V."; **„GbR")** angeben.

b) **Angabe der Anschrift und der Kontaktdaten (Nr 2).** Nach § 2 I Nr 2 DL-InfoV muss 8 der Dienstleistungserbringer die Anschrift seiner Niederlassung oder, sofern keine Niederlassung besteht, eine ladungsfähige Anschrift sowie weitere Angaben, die es dem Dienstleistungsempfänger ermöglichen, schnell und unmittelbar mit ihm in Kontakt zu treten, insbes eine Telefonnummer und eine E-Mail-Adresse oder Faxnummer zur Verfügung stellen. Damit wird – überschießend – Art 22 I lit b Dienstleistungsrichtlinie umgesetzt. Dementsprechend kommt der richtlinienkonformen Auslegung bes Bedeutung zu. Soweit die Anforderungen des § 2 I Nr 2 DL-InfoV über die der Dienstleistungsrichtlinie hinausgehen, ist dies nach Art 22 V Dienstleistungsrichtlinie allerdings zulässig.

Zum Begriff der **Niederlassung** vgl § 4 III GewO, der Art 4 Nr 5 Dienstleistungsrichtlinie 9 umsetzt. Danach besteht eine Niederlassung, wenn eine selbstständige gewerbsmäßige Tätigkeit auf unbestimmte Zeit und mittels einer festen Einrichtung von dieser aus tatsächlich ausgeübt wird. Unter **„Anschrift"** und **„ladungsfähiger Anschrift"** ist die **geografische Anschrift** zu verstehen. Dazu gehört die Angabe des Orts mit Postleitzahl, der Straße und der Hausnummer, ferner des Landes, wenn die Niederlassung im Ausland besteht. Nicht ausreichend ist daher zB die bloße Angabe eines Postfachs. Verfügt der Dienstleistungserbringer über mehrere Niederlassungen oder ladungsfähige Anschriften, hat er die Wahl ob er eine oder mehrere angibt. Besitzt er keine ladungsfähige Anschrift (wie zB bei Personen ohne festen Wohnsitz), kann er seine Dienstleistung nicht anbieten, ohne gegen die Vorschrift zu verstoßen. Gibt er eine **falsche** oder nicht existierende Anschrift an, so kann dies eine irreführende Angabe über den Unternehmer iSd § 5 I 2 Nr 3 UWG sein.

Zu den Angaben, die dem Dienstleistungsempfänger eine schnelle und unmittelbare Kontakt- 10 aufnahme ermöglichen sollen, gehören **„insbesondere eine Telefonnummer und eine E-Mail-Adresse oder Faxnummer"**. Das setzt voraus, dass der Dienstleistungserbringer über derartige Einrichtungen verfügt. Daher muss er sie sich verschaffen, wenn er seine Dienstleistung ohne Rechtsverstoß anbieten will. Auch in diesem Punkt geht die DL-InfoV – in zulässiger

Weise (Art 22 V Dienstleistungsrichtlinie) – über die Anforderungen der Dienstleistungsrichtlinie hinaus. (Art 27 I 1 Dienstleistungsrichtlinie bezieht sich auf die Angabe von Kontaktdaten nach Erbringung der Dienstleistung.)

11 c) **Angabe der Registrierung (Nr 3).** Nach § 2 I Nr 3 DL-InfoV muss der Dienstleistungserbringer, falls er in ein solches eingetragen ist, das Handelsregister, Vereinsregister, Partnerschaftsregister oder Genossenschaftsregister unter Angabe des Registergerichts und der Registernummer angeben.

12 d) **Angabe der zuständigen Behörde bei erlaubnispflichtigen Tätigkeiten (Nr 4).** Nach § 2 I Nr 4 DL-InfoV muss der Dienstleistungserbringer bei erlaubnispflichtigen Tätigkeiten Name und Anschrift der **zuständigen Behörde** oder der **einheitlichen Stelle** angeben. Erlaubnispflichtig sind bspw die in §§ 33 a, 33 c, 33 d, 33 i, 34, 34 b, 34 c GewO aufgeführten Tätigkeiten, ferner die Tätigkeiten in Ausübung eines reglementierten Berufs (zB Rechtsanwalt). Welche Behörde zuständig ist, bestimmt sich nach Landesrecht. Zur „einheitlichen Stelle" vgl § 6 b GewO.

13 e) **Angabe der Umsatzsteuer-Identifikationsnummer (Nr 5).** Nach § 2 I Nr 5 DL-InfoV muss der Dienstleistungserbringer, falls er eine Umsatzsteuer-Identifikationsnummer nach § 27 a UStG besitzt, die Nummer angeben.

14 f) **Angaben bei Ausübung eines reglementierten Berufs (Nr 6).** Nach § 2 I Nr 6 DL-InfoV muss der Dienstleistungserbringer, falls er die Dienstleistung in Ausübung eines reglementierten Berufs (dazu Vorbem Rdn 7) erbringt, die gesetzliche Berufsbezeichnung (zB Rechtsanwalt), den Staat, in dem sie verliehen wurde, und, falls er einer Kammer, einem Berufsverband oder einer ähnlichen Einrichtung angehört, deren oder dessen Namen angeben.

15 g) **Angaben über verwendete AGB (Nr 7).** Nach § 2 I Nr 7 DL-InfoV muss der Dienstleistungserbringer die von ihm gegebenenfalls verwendeten allgemeinen Geschäftsbedingungen angeben. Dies gilt auch im Verhältnis zu Unternehmen. Darauf, ob diese Klauseln zivilrechtlich wirksam sind, kommt es nicht an.

16 h) **Angaben über Rechtswahl- und Gerichtsstandsklauseln (Nr 8).** Nach § 2 I Nr 8 DL-InfoV muss der Dienstleistungserbringer die gegebenenfalls von ihm verwendeten Klauseln über das auf den Vertrag anwendbare Recht oder über den Gerichtsstand angeben. Darauf, ob diese Klauseln zivilrechtlich wirksam sind, kommt es nicht an.

17 i) **Angaben über Garantien (Nr 9).** Nach § 2 I Nr 9 DL-InfoV muss der Dienstleistungserbringer gegebenenfalls bestehende Garantien, die über die gesetzlichen Gewährleistungsrechte hinausgehen, angeben. Damit wird Art 22 I lit h Dienstleistungsrichtlinie, allerdings nicht ganz korrekt, umgesetzt. Denn die Richtlinie spricht nur von einer „gesetzlich nicht vorgeschriebenen nachvertraglichen Garantie". Das ist im Wege der richtlinienkonformen Auslegung zu berücksichtigen. Es kommt also nicht darauf an, ob bei dem abzuschließenden Vertrag gesetzliche Gewährleistungsansprüche bestehen (wie zB bei Miet-, Werk- und Reiseverträgen nach den §§ 536 ff, 634 ff, 651 c ff BGB) oder nicht (wie zB beim Dienstvertrag). Als Garantie kommt daher bspw auch eine Geld-zurück-Garantie eines Repetitors beim Nichtbestehen einer Prüfung in Betracht.

18 j) **Angaben über wesentliche Merkmale der Dienstleistung (Nr 10).** Nach § 2 I Nr 10 DL-InfoV muss der Dienstleistungserbringer die wesentlichen Merkmale der Dienstleistung, soweit sich diese nicht bereits aus dem Zusammenhang ergeben, angeben. Das entspricht der Informationspflicht bei Fernabsatzverträgen aus Art 246 § 1 Nr 4 EGBGB. **Wesentlich** sind solche Merkmale, die für die Entscheidung des Dienstleistungsempfängers, einen Vertrag abzuschließen, von besonderer Bedeutung sind und deren Angabe dem Dienstleistungserbringer zumutbar ist (vgl auch Art 7 I, IV lit a UGP-Richtlinie und § 5 a II, III Nr 1 UWG und dazu Vorbem Rdn 9). „Aus dem Zusammenhang" ergeben sich solche Merkmale, wenn es sich um typische oder übliche Dienstleistungen handelt, über deren Inhalt kein Zweifel besteht. Insoweit genügt die Angabe der Berufsbezeichnung (zB Schneider, Rechtsanwalt, Kfz-Werkstätte).

19 k) **Angaben über Berufshaftpflichtversicherung (Nr 11).** Nach § 2 I Nr 11 DL-InfoV muss der Dienstleistungserbringer, falls eine Berufshaftpflicht besteht, Angaben zu dieser, insbes den Namen und die Anschrift des Versicherers und den räumlichen Geltungsbereich, machen. Dagegen besteht keine Verpflichtung zur Angabe der Höhe der abgeschlossenen Versicherung (*Glückert* GewArch 2010, 195, 196; str, vgl *Lohbeck* K & R 2010, 463, 465 mwN).

3. Möglichkeiten der Informationserbringung

a) Allgemeines. Nach § 2 II DL-InfoV hat der Dienstleistungserbringer die Wahl zwischen 20
vier Möglichkeiten, die in Abs. 1 genannten Informationen dem Dienstleistungsempfänger zur
Verfügung zu stellen. Es bleibt ihm unbenommen, mehrere dieser Möglichkeiten gleichzeitig zu
nutzen. Allerdings muss er sicherstellen, dass bei jeder der gewählten Möglichkeiten **alle** erforderlichen Informationen zur Verfügung gestellt werden. Es geht also nicht an, für die einzelnen
Informationen unterschiedliche Wege der Übermittlung zu benutzen (aA *Dahns* NJW-Spezial
2010, 318, 319).

b) Mitteilung an den Dienstleistungsempfänger. Nach § 2 II Nr 1 DL-InfoV kann der 21
Dienstleistungserbringer die Informationen dem Dienstleistungsempfänger von sich aus mitteilen. Zum Begriff des Mitteilens vgl § 3 Rdn 1. Die Mitteilung kann insbes im Zusammenhang
mit einem Vertragsangebot erfolgen.

c) Vorhaltung am Ort der Leistungserbringung oder des Vertragsschlusses. Nach § 2 22
II Nr 2 DL-InfoV kann der Dienstleistungserbringer die Informationen am Ort der Leistungserbringung oder des Vertragsschlusses vorhalten, es muss dies aber so geschehen, dass sie dem
Dienstleistungsempfänger leicht zugänglich sind. Dazu gehört bspw ein Aushang in der Werkstätte oder im Geschäftslokal, der allerdings leicht zu sehen sein muss.

d) Zugang über eine Internet-Adresse. Nach § 2 II Nr 3 DL-InfoV kann der Dienstleis- 23
tungserbringer die Informationen über eine von ihm angegebene Adresse elektronisch leicht
zugänglich machen. Die gebräuchlichste Form ist die Angabe einer Internet-Adresse.

e) Aufnahme in ausführliche Informationsunterlagen. Nach § 2 II Nr 4 DL-InfoV kann 24
der Dienstleistungserbringer die Informationen in alle von ihm dem Dienstleistungsempfänger
zur Verfügung gestellten ausführlichen Informationsunterlagen über die angebotene Dienstleistung aufnehmen. Dazu gehören gedruckte Prospekte, Kanzleibroschüren, Flyer, aber auch
Dokumente, die über eine Internet-Adresse erschliessbar sind (vgl Erwägungsgrund 96 Dienstleistungsrichtlinie).

Auf Anfrage zur Verfügung zu stellende Informationen

3 (1) Unbeschadet weiter gehender Anforderungen aus anderen Rechtsvorschriften muss
der Dienstleistungserbringer dem Dienstleistungsempfänger auf Anfrage folgende Informationen vor Abschluss eines schriftlichen Vertrages oder, sofern kein schriftlicher Vertrag
geschlossen wird, vor Erbringung der Dienstleistung in klarer und verständlicher Form zur
Verfügung stellen:
1. falls die Dienstleistung in Ausübung eines reglementierten Berufs im Sinne von Artikel 3
   Absatz 1 Buchstabe a der Richtlinie 2005/36/EG des Europäischen Parlaments und des
   Rates vom 7. September 2005 über die Anerkennung von Berufsqualifikationen (ABl. L
   255 vom 30. 9. 2005, S. 22) erbracht wird, eine Verweisung auf die berufsrechtlichen
   Regelungen und dazu, wie diese zugänglich sind,
2. Angaben zu den vom Dienstleistungserbringer ausgeübten multidisziplinären Tätigkeiten und den mit anderen Personen bestehenden beruflichen Gemeinschaften, die in
   direkter Verbindung zu der Dienstleistung stehen und, soweit erforderlich, zu den Maßnahmen, die er ergriffen hat, um Interessenkonflikte zu vermeiden,
3. die Verhaltenskodizes, denen er sich unterworfen hat, die Adresse, unter der diese elektronisch abgerufen werden können, und die Sprachen, in der diese vorliegen, und
4. falls er sich einem Verhaltenskodex unterworfen hat oder einer Vereinigung angehört,
   der oder die ein außergerichtliches Streitschlichtungsverfahren vorsieht, Angaben zu
   diesem, insbesondere zum Zugang zum Verfahren und zu näheren Informationen über
   seine Voraussetzungen.

(2) Der Dienstleistungserbringer stellt sicher, dass die in Absatz 1 Nummer 2, 3 und 4
genannten Informationen in allen ausführlichen Informationsunterlagen über die Dienstleistung enthalten sind.

Übersicht

	Rdn
1. Allgemeines	1–6
a) Abgrenzung von Grund- und Zusatzinformationen	1
b) Verhältnis zu sonstigen Informationspflichten	2
c) Erfordernis der „Anfrage"	3

		Rdn
d) Zeitpunkt der Mitteilung		4
e) Form der Mitteilung		5
f) Pflicht zur Mitteilung?		6
2. Liste der Zusatzinformationen		7–11
a) Verweisung auf berufsrechtliche Regelungen (§ 3 I Nr 1 DL-InfoV)		7
b) Angaben über multidisziplinäre Tätigkeiten und über Berufsgemeinschaften (§ 3 I Nr 2 DL-InfoV)		8, 9
aa) Angaben zu multidisziplinären Tätigkeiten		8
bb) Angaben zu beruflichen Gemeinschaften mit anderen Personen		9
c) Angaben über Verhaltenskodizes (§ 3 I Nr 3 DL-InfoV)		10
d) Angaben über Streitschlichtungsverfahren (§ 3 I Nr 4 DL-InfoV)		11
3. Aufnahme der Zusatzinformationen in alle ausführlichen Informationsunterlagen		12

1. Allgemeines

1 **a) Abgrenzung von Grund- und Zusatzinformationen.** Von den Informationen, die der Dienstleistungserbringer nach § 2 DL-InfoV **stets** zur Verfügung zu stellen hat („Grundinformationen"), zu unterscheiden sind die Informationen, die der Dienstleistungserbringer nach § 3 I DL-InfoV nur **auf Anfrage** zu erbringen hat („Zusatzinformationen"; Art 22 III Dienstleistungsrichtlinie). Bei letzteren ist davon auszugehen, dass sie nur bei einem konkreten Informationsbedürfnis des Dienstleistungsempfängers mitzuteilen sind. Nach dem Wortlaut des § 3 I DL-InfoV sind diese Informationen zwar nur „**zur Verfügung (zu) stellen**"; in richtlinienkonformer Auslegung (Art 22 III Dienstleistungsrichtlinie) der Bestimmung müssen sie aber „**mitgeteilt**" werden. Sie müssen also an den anfragenden Dienstleistungsempfänger – etwa auf dem Postweg, durch Boten, per Fax oder per E-Mail – übermittelt werden. Die Anfrage muss maW beantwortet werden. § 3 DL-InfoV wird, soweit es Preisangaben betrifft, ergänzt durch § 4 I Nr 2 DL-InfoV.

2 **b) Verhältnis zu sonstigen Informationspflichten.** Nach § 3 I DL-InfoV besteht diese Verpflichtung „**unbeschadet weiter gehender Anforderungen aus anderen Rechtsvorschriften**". Sie ergänzt also lediglich andere, sich aus dem Unionsrecht oder dem nationalen Recht ergebenden Informationsanforderungen (dazu Vorb Rdn 8 ff), ohne sie zu verdrängen.

3 **c) Erfordernis der „Anfrage".** Unter „**Anfrage**" ist jede Äußerung eines Dienstleistungsempfängers zu verstehen, aus der ein durchschnittlicher Dienstleistungserbringer entnehmen kann, dass der Dienstleistungsempfänger bestimmte Informationen zu erhalten wünscht. Das setzt eine entsprechende Konkretisierung des Wunsches voraus. Allgemein gehaltene Anfragen derart, ob es noch zusätzliche Informationen gebe, die von Interesse sein könnten, reichen nicht aus.

4 **d) Zeitpunkt der Mitteilung.** Die in § 3 I DL-InfoV aufgeführten Informationen sind „**vor Abschluss eines schriftlichen Vertrages oder, sofern kein schriftlicher Vertrag geschlossen wird, vor Erbringung der Dienstleistung**" zur Verfügung zu stellen, in richtlinienkonformer Auslegung (Rdn 1) **mitzuteilen**. Dazu gilt das zu § 2 Rdn 1 Gesagte entsprechend.

5 **e) Form der Mitteilung.** Aus § 3 I DL-InfoV ergibt sich nicht, in welcher Form (mündlich, brieflich, Fax, E-Mail usw) die Informationen zu erteilen sind. Die Informationen müssen lediglich „in klarer und verständlicher Form" zur Verfügung gestellt werden. Maßstab dafür ist der durchschnittlich informierte, aufmerksame und verständige Dienstleistungsempfänger. Allerdings wird idR eine nur eine Information in **speicherbarer** Form in Betracht kommen, damit der Dienstleistungsempfänger nicht auf sein Gedächtnis angewiesen ist.

6 **f) Pflicht zur Mitteilung?** Nach dem Wortlaut des § 3 I DL-InfoV könnte den Dienstleistungserbringer eine unbedingte Rechtspflicht zur Beantwortung der Anfrage treffen. Zweck der Informationspflicht ist es jedoch nur, dem Dienstleistungsempfänger eine „informierte" Entscheidung darüber zu ermöglichen, ob er von einem bestimmten Dienstleistungsanbieter eine bestimmte Dienstleistung in Anspruch nehmen möchte. Andererseits besteht für Dienstleistungserbringer, sofern nicht gesetzlich vorgesehen, kein Kontrahierungszwang. Daher ist die Bestimmung so zu verstehen, dass die Informationspflicht nur dann verletzt ist, wenn tatsächlich ein schriftlicher Vertrag geschlossen oder die Dienstleistung erbracht wird, ohne dass zuvor die erbetene Information mitgeteilt wurde.

2. Liste der Zusatzinformationen

a) Verweisung auf berufsrechtliche Regelungen (§ 3 I Nr 1 DL-InfoV). Falls die 7
Dienstleistung in Ausübung eines reglementierten Berufs erbracht wird, muss der Dienstleistungserbringer auf Anfrage eine Verweisung auf die entsprechenden berufsrechtlichen Regelungen, wie etwa bei Rechtsanwälten auf die BRAO und die BORA geben. Ferner muss er angeben, wie diese Regelungen zugänglich sind. Dafür wird ein Hinweis auf den Abruf dieser Regelungen im Internet ausreichen, bei Rechtsanwälten bspw auf die Internetseiten der Bundesrechtsanwaltskammer, auf denen unter der Rubrik „Berufsrecht" alle einschlägigen Vorschriften zu finden sind.

b) Angaben über multidisziplinäre Tätigkeiten und über Berufsgemeinschaften (§ 3 8
I Nr 2 DL-InfoV). aa) Angaben zu multidisziplinären Tätigkeiten. Der Dienstleistungserbringer muss auf Anfrage Angaben über die von ihm ausgeübten multidisziplinären Tätigkeiten machen. Es sind dies Tätigkeiten in mehreren Berufen (vgl dazu Art 25 Dienstleistungsrichtlinie). Soweit solche Mehrfachtätigkeiten erlaubt sind, müssen jedoch Interessenkonflikte zwischen diesen Tätigkeiten vermieden werden (vgl Art 25 II lit a Dienstleistungsrichtlinie). Dementsprechend ist der Dienstleistungserbringer auch verpflichtet, „soweit erforderlich, zu den Maßnahmen, die er ergriffen hat, um Interessenkonflikte zu vermeiden", Angaben zu machen. Bei reglementierten Berufen ist regelmäßig gesetzlich geregelt, wie Interessenkonflikte zu vermeiden sind (vgl zB § 47 BRAO).

bb) Angaben zu beruflichen Gemeinschaften mit anderen Personen. Ferner muss der 9
Dienstleistungserbringer auf Anfrage Angaben zu „den mit anderen Personen bestehenden beruflichen Gemeinschaften, die in direkter Verbindung zu der Dienstleistung stehen, und soweit erforderlich, zu den Maßnahmen, die er ergriffen hat, um Interessenkonflikte zu vermeiden" machen. Bei reglementierten Berufen ist regelmäßig gesetzlich geregelt, wie Interessenkonflikte zu vermeiden sind (vgl zB § 47 BRAO). Dann ist darauf hinzuweisen. In sonstigen Fällen muss der Dienstleistungserbringer selbst entsprechende Maßnahmen ergreifen und darüber informieren (zB dass er Informationen, die ihm der Dienstleistungsempfänger mitteilt, vertraulich behandelt).

c) Angaben über Verhaltenskodizes (§ 3 I Nr 3 DL-InfoV). Der Dienstleistungserbrin- 10
ger muss nach § 3 I Nr 3 DL-InfoV die Verhaltenskodizes (zum Begriff vgl die Definition in § 2 I Nr 5 UWG), denen er sich unterworfen hat, die Adresse, unter der diese elektronisch abgerufen werden können, also die Internet-Adresse, und die Sprachen, in der diese vorliegen, angeben. Hat er sich in Wahrheit nicht unterworfen, stellt die Angabe einen Verstoß gegen § 3 III iVm Anh Nr 1 UWG dar.

d) Angaben über Streitschlichtungsverfahren (§ 3 I Nr 4 DL-InfoV). Falls der Dienst- 11
leistungserbringer sich einem Verhaltenskodex unterworfen hat oder einer Vereinigung angehört, der oder die ein außergerichtliches Streitschlichtungsverfahren vorsieht, muss er nach § 3 I Nr 4 DL-InfoV Angaben zu diesem, insbesondere zum Zugang zum Verfahren, und zu näheren Informationen über seine Voraussetzungen machen. Außergerichtliche Streitschlichtungsverfahren existieren insbes: bei den **Kammern der freien Berufe,** bei Rechtsanwälten etwa das Schlichtungsverfahren der jeweiligen Rechtsanwaltskammer nach § 73 II Nr 3 BRAO sowie die Schlichtungsstelle nach § 191 f BRAO; bei der **Handwerkskammern** und den **Industrie- und Handelskammern** für Streitigkeiten zwischen Dienstleistungsnehmern und Mitgliedern solcher Kammern, ferner etwa für das Kfz-Gewerbe. IdR genügen Verweisungen auf darauf bezogene Internet-Seiten.

3. Aufnahme der Zusatzinformationen in alle ausführlichen Informationsunterlagen.

Nach § 3 II DL-Info muss der Dienstleistungserbringer sicherstellen, dass die in § 3 I Nrn 2, 3 12
und 4 DL-InfoV genannten Informationen in allen ausführlichen Informationsunterlagen über die Dienstleistung enthalten sind. Die Regelung geht zwar über die Anforderungen aus Art 22 III lit c S 2 Dienstleistungsrichtlinie hinaus, ist aber durch Art 22 V Dienstleistungsrichtlinie gedeckt. Zum Begriff der „ausführlichen Informationsunterlagen" vgl § 2 Rdn 24.

Erforderliche Preisangaben

4 (1) Der Dienstleistungserbringer muss dem Dienstleistungsempfänger vor Abschluss eines schriftlichen Vertrages oder, sofern kein schriftlicher Vertrag geschlossen wird, vor

Erbringung der Dienstleistung, folgende Informationen in klarer und verständlicher Form zur Verfügung stellen:

1. sofern er den Preis für die Dienstleistung im Vorhinein festgelegt hat, diesen Preis in der in § 2 Absatz 2 festgelegten Form,
2. sofern er den Preis der Dienstleistung nicht im Vorhinein festgelegt hat, auf Anfrage den Preis der Dienstleistung oder, wenn kein genauer Preis angegeben werden kann, entweder die näheren Einzelheiten der Berechnung, anhand derer der Dienstleistungsempfänger die Höhe des Preises leicht errechnen kann, oder einen Kostenvoranschlag.

(2) Absatz 1 findet keine Anwendung auf Dienstleistungsempfänger, die Letztverbraucher sind im Sinne der Preisangabenverordnung in der Fassung der Bekanntmachung vom 18. Oktober 2002 (BGBl. I S. 4197), die zuletzt durch Artikel 6 des Gesetzes vom 29. Juli 2009 (BGBl. I S. 2355) geändert worden ist, in der jeweils geltenden Fassung.

1. Allgemeines

1   In § 4 DL-InfoV sind die **Preisangabenpflichten** geregelt. Die Vorschrift setzt Art 22 I lit i, III lit a Dienstleistungsrichtlinie um. Der Verordnunggeber ist dabei allerdings von der Systematik und dem Regelungsgehalt der Dienstleistungsrichtlinie abgewichen, so dass der richtlinienkonformen Auslegung bes Bedeutung zukommt. So fehlt der in § 2 I und § 3 I DL-InfoV enthaltene Einschränkung „unbeschadet weiter gehender Anforderungen aus anderen Rechtsvorschriften". (Ein Beispiel dafür sind die Preisangabenpflichten im Reisevertragsrecht; § 4 BGB-InfoV) Auch die Begrenzung des Anwendungsbereichs der DL-InfoV auf Dienstleistungsempfänger, die keine Letztverbraucher iSd PAngV sind, und die ergänzende Verweisung in § 4 II DL-InfoV auf die PAngV; ist mit den Vorgaben der Dienstleistungsrichtlinie kaum vereinbar.

2   Zum **Zeitpunkt** der Informationserbringung vgl § 2 Rdn 3. Zur Form der Informationserbringung vgl § 2 Rdn 4.

2. Preisangaben gegenüber Dienstleistungempfängern, die keine Letztverbraucher sind

3   a) **Stets zur Verfügung stellende Informationen.** Hat der Dienstleistungserbringer den Preis für die Dienstleistung **im Vorhinein** festgelegt, so hat er nach § 4 I Nr 1 DL-InfoV diesen Preis in der in § 2 II DL-InfoV festgelegten Form anzugeben. Das ist von Bedeutung für standardisierte Dienstleistungen, die zu genau bestimmten Preisen angeboten werden (zB Friseurdienstleistungen; Dienstleistungen im Reinigungsgewerbe).

4   b) **Auf Anfrage zur Verfügung zu stellende Information.** Hat der Dienstleistungserbringer dagegen den Preis der Dienstleistung **nicht im Vorhinein** festgelegt, so hat er auf **Anfrage** den Preis der Dienstleistung oder, wenn kein genauer Preis angegeben werden kann, entweder die näheren Einzelheiten der Berechnung, anhand derer der Dienstleistungsempfänger die Höhe des Preises leicht errechnen kann, anzugeben oder einen Kostenvoranschlag (eigentlich: Kostenanschlag; vgl § 650 BGB) zu machen. Unterbleibt eine Anfrage, besteht auch keine Preisinformationspflicht aus der DL-InfoV (möglicherweise aber nach anderen Vorschriften; vgl § 5 a III Nr 3 UWG; Art 246 § 1 I Nr 7 EGBGB).

5   c) **Preis** iSd § 4 I DL-InfoV ist der **Endpreis** einschließlich der Mehrwertsteuer und sonstiger Preisbestandteile (aA *Glückert* GewArch 2010, 195, 196: Angabe des Nettopreises ausreichend). Dass die Mehrwertsteuer aus steuerlichen Gründen gesondert ausgewiesen werden muss, steht auf einem anderen Blatt.

6   d) **Einzelheiten der Preisberechnung,** die es dem Dienstleistungsempfänger ermöglichen, den genauen Preis leicht zu errechnen, sind insbes Tages-, Stunden- oder Verrechnungssätze, Kilometerpauschalen (vgl auch § 1 III PAngV).

7   e) **Kostenvoranschlag** (eigentlich: Kostenanschlag) ist die Angabe der **voraussichtlichen** Kosten der Dienstleistung. Zur bürgerlichrechtlichen Bedeutung vgl § 650 BGB.

3. Preisangaben gegenüber Letztverbrauchern

8   Nach § 4 II DL-InfoV findet Abs 1 keine Anwendung auf Dienstleistungsempfänger, die Letztverbraucher iSd PAngV sind. Dahinter steht offenbar die Erwägung, dass die PAngV den Anforderungen der Dienstleistungsrichtlinie voll entspricht. Das ist im Hinblick auf Art 22 III lit a Dienstleistungsrichtlinie (Hinweis auf Kostenvoranschlag) zu bezweifeln. Jedenfalls ist die

PAngV, soweit sie Preisangaben in Bezug auf Dienstleistungen regelt, richtlinienkonform auszulegen (vgl § 1 PAngV Rdn 27).

Verbot diskriminierender Bestimmungen

5 **[1] Der Dienstleistungserbringer darf keine Bedingungen für den Zugang zu einer Dienstleistung bekannt machen, die auf der Staatsangehörigkeit oder dem Wohnsitz des Dienstleistungsempfängers beruhende diskriminierende Bestimmungen enthalten. [2] Dies gilt nicht für Unterschiede bei den Zugangsbedingungen, die unmittelbar durch objektive Kriterien gerechtfertigt sind.**

Zugangsbedingungen sind alle Regelungen, die allgemeine Voraussetzungen für den Zugang zu Dienstleistungen aufstellen. Sie können in AGB, in Satzungen oder in öffentlich-rechtlichen Benutzungsordnungen enthalten sein. 1

Die Zugangsbedingungen dürfen nach S 1 keine **diskriminierenden** Bestimmungen enthalten, die auf der **Staatsangehörigkeit** oder dem **Wohnsitz** des Dienstleistungsempfängers beruhen. Als diskriminierend iSv S 1 ist nach Erwägungsgrund 94 S 1 Dienstleistungsrichtlinie eine Verpflichtung anzusehen, wonach lediglich Staatsangehörige eines anderen Mitgliedstaats Originaldokumente, beglaubigte Kopien, einen Staatsangehörigkeitsausweise oder beglaubigte Übersetzungen von Unterlagen vorzulegen haben, um in den Genuss bestimmter Dienstleistungen, günstigerer Bedingungen oder Preisvorteile zu kommen. 2

Ausgenommen sind nach S 2 Unterschiede bei den Zugangsbedingungen, die **unmittelbar** durch **objektive Kriterien gerechtfertigt** sind. Dazu gehören nach Erwägungsgrund 95 S 2 Dienstleistungsrichtlinie: entfernungsabhängige Zusatzkosten, technische Merkmale der Erbringung der Dienstleistung, unterschiedliche Marktbedingungen wie saisonbedingte stärkere oder geringere Nachfrage, unterschiedliche Ferienzeiten in den Mitgliedstaaten, unterschiedliche Preisgestaltung der Mitbewerber oder zusätzliche Risiken, die damit verbunden sind, dass sich die rechtlichen Rahmenbedingungen von denen des Niederlassungsmitgliedstaates unterscheiden. 3

Ordnungswidrigkeiten

6 **Ordnungswidrig im Sinne des § 146 Absatz 2 Nummer 1 der Gewerbeordnung handelt, wer vorsätzlich oder fahrlässig**
1. **entgegen § 2 Absatz 1, § 3 Absatz 1 oder § 4 Absatz 1 eine Information nicht, nicht richtig, nicht vollständig, nicht in der vorgeschriebenen Weise oder nicht rechtzeitig zur Verfügung stellt,**
2. **entgegen § 3 Absatz 2 nicht sicher stellt, dass eine dort genannte Information in jeder ausführlichen Informationsunterlage enthalten ist, oder**
3. **entgegen § 5 Satz 1 Bedingungen bekannt macht.**

Schuldhafte Verletzungen der Informationspflichten aus § 2 I, § 3 I oder § 4 I DL-InfoV stellen Ordnungswidrigkeiten iSd § 146 II Nr 1 GewO dar. (Nicht erfasst sind Verstöße gegen § 1 IV DL-InfoV). Die Begriffe **Vorsatz** und **Fahrlässigkeit** sind iSd Strafrechts (§ 15 StGB) zu verstehen. Für den Verstoß sind neben dem Täter alle Beteiligten (mittelbare Täter, Mittäter, Anstifter und Gehilfen) als **Täter** verantwortlich (§ 14 I OWiG). Zur Verantwortlichkeit von Organen vgl § 9 OWiG. Die Vollzugsorgane werden nach § 155 II GewO von den Landesregierungen oder den von ihnen bestimmten Stellen benannt.

Inkrafttreten

7 **Diese Verordnung tritt zwei Monate nach der Verkündung in Kraft.**

Die Verkündung ist im BGBl 2010 I 267 am 17. 3. 2010 erfolgt. Dementsprechend ist die DL-InfoV am 17. 5. 2010 in Kraft getreten.

Anhang. Gesetzestexte und sonstige Rechtsquellen

I. Europäisches Recht

1. Verordnung (EG) Nr. 2006/2004 des Europäischen Parlaments und des Rates vom 27. Oktober 2004 über die Zusammenarbeit zwischen den für die Durchsetzung der Verbraucherschutzgesetze zuständigen nationalen Behörden
(Verordnung über die Zusammenarbeit im Verbraucherschutz)

(ABl EG 2004 Nr L 364 S 1), geändert durch RL vom 25. November 2009
(ABl EG Nr L 337 S 11)

DAS EUROPÄISCHE PARLAMENT UND DER RAT DER EUROPÄISCHEN UNION –
gestützt auf den Vertrag zur Gründung der Europäischen Gemeinschaft, insbesondere auf Artikel 95,

auf Vorschlag der Kommission,

nach Stellungnahme des Europäischen Wirtschafts- und Sozialausschusses[1],

nach Anhörung des Ausschusses der Regionen,

gemäß dem Verfahren des Artikels 251 des Vertrags[2],

in Erwägung nachstehender Gründe:

(1) In der Entschließung des Rates vom 8. Juli 1996 zur Zusammenarbeit der Verwaltungen bei der Anwendung des Gemeinschaftsrechts im Rahmen des Binnenmarkts[3] wird bekräftigt, dass weitere Anstrengungen erforderlich sind, um die Zusammenarbeit zwischen den Verwaltungsbehörden zu verbessern. Die Mitgliedstaaten und die Kommission wurden darin aufgefordert, vorrangig die Möglichkeiten einer stärkeren Verwaltungszusammenarbeit bei der Rechtsdurchsetzung zu prüfen.

(2) Die bestehenden nationalen Durchsetzungsregelungen für die Gesetze zum Schutz der Verbraucherinteressen sind nicht an die Erfordernisse einer Durchsetzung im Binnenmarkt angepasst. Eine wirksame und effiziente Zusammenarbeit bei der Durchsetzung ist in solchen Fällen gegenwärtig nicht möglich. Diese Schwierigkeiten führen zu Hindernissen bei der Zusammenarbeit von Durchsetzungsbehörden, wenn es darum geht, innergemeinschaftliche Verstöße gegen Gesetze zum Schutz der Verbraucherinteressen festzustellen, bei derartigen Verstößen zu ermitteln und ihre Einstellung oder ihr Verbot zu erreichen. Dadurch, dass eine wirksame Durchsetzung bei diesen Transaktionen nicht gegeben ist, werden Verkäufer und Dienstleistungserbringer in die Lage versetzt, sich Durchsetzungsversuchen durch Geschäftsverlegung innerhalb der Gemeinschaft zu entziehen. Dies führt zu einer Wettbewerbsverzerrung zuungunsten von gesetzestreuen Verkäufern und Dienstleistungserbringern, die entweder im Inland oder grenzüberschreitend tätig sind. Durch die Schwierigkeiten bei der Durchsetzung bei grenzüberschreitenden Transaktionen wird auch die Bereitschaft der Verbraucher zur Annahme grenzüberschreitender Angebote beeinträchtigt und damit das Verbrauchervertrauen in den Binnenmarkt untergraben.

(3) Daher ist es angezeigt, die Zusammenarbeit zwischen den für die Durchsetzung der Gesetze zum Schutz der Verbraucherinteressen bei innergemeinschaftlichen Verstößen zuständigen Behörden zu erleichtern sowie zum reibungslosen Funktionieren des Binnenmarkts, der Qualität und Kohärenz der Durchsetzung der Gesetze zum Schutz der Verbraucherinteressen und zur Überwachung des Schutzes der wirtschaftlichen Interessen der Verbraucher beizutragen.

(4) In den Rechtsvorschriften der Gemeinschaft sind Netze für die Zusammenarbeit bei der Rechtsdurchsetzung vorgesehen, damit die Verbraucher über ihre wirtschaftlichen Interessen hinaus – nicht zuletzt, soweit es um deren Gesundheit geht – geschützt werden. Bewährte

---
[1] **Amtl. Anm.:** ABl. C 108 vom 30. 4. 2004, S. 86.
[2] **Amtl. Anm.:** Stellungnahme des Europäischen Parlaments vom 20. April 2004 (noch nicht im Amtsblatt veröffentlicht) und Beschluss des Rates vom 7. Oktober 2004.
[3] **Amtl. Anm.:** ABl. C 224 vom 1. 8. 1996, S. 3.

Verfahrensweisen sollten zwischen den mit dieser Verordnung eingerichteten Netzen und anderen Netzen ausgetauscht werden.

(5) Der Anwendungsbereich der Bestimmungen über die Amtshilfe in dieser Verordnung sollte sich auf innergemeinschaftliche Verstöße gegen Rechtsvorschriften der Gemeinschaft zum Verbraucherschutz beschränken. Dadurch, dass Verstöße auf nationaler Ebene wirksam verfolgt werden, sollte sichergestellt werden, dass nicht zwischen nationalen und innergemeinschaftlichen Transaktionen unterschieden wird. Diese Verordnung berührt nicht die Zuständigkeiten der Kommission im Zusammenhang mit Verstößen der Mitgliedstaaten gegen Gemeinschaftsrecht und es werden der Kommission mit dieser Verordnung auch keine Befugnisse für ein Vorgehen gegen innergemeinschaftliche Verstöße im Sinne dieser Verordnung übertragen.

(6) Der Schutz der Verbraucher gegen innergemeinschaftliche Verstöße erfordert die Schaffung eines gemeinschaftsweiten Netzes von Durchsetzungsbehörden und diese benötigen ein Mindestmaß gemeinsamer Ermittlungs- und Durchsetzungsbefugnisse, um diese Verordnung wirksam anzuwenden und Verkäufer und Dienstleistungserbringer davon abzuschrecken, innergemeinschaftliches Recht zu verletzen.

(7) Die Fähigkeit der zuständigen Behörden, im Informationsaustausch, bei der Erkennung und Untersuchung innergemeinschaftlicher Verstöße und im gemeinsamen Vorgehen zur Einstellung oder zum Verbot derartiger Verstöße auf gegenseitiger Basis frei zusammenzuarbeiten ist eine wesentliche Voraussetzung, um das reibungslose Funktionieren des Binnenmarkts und den Schutz der Verbraucher zu gewährleisten.

(8) Die zuständigen Behörden sollten auch von anderen, ihnen auf nationaler Ebene eingeräumten Befugnissen oder Handlungsmöglichkeiten Gebrauch machen, einschließlich der Befugnis, eine Strafverfolgung einzuleiten oder zu veranlassen, um auf ein Amtshilfeersuchen hin gegebenenfalls unverzüglich die Einstellung oder das Verbot innergemeinschaftlicher Verstöße zu bewirken.

(9) Der Informationsaustausch zwischen den zuständigen Behörden sollte einer strengstmöglichen Garantie der Vertraulichkeit und der Geheimhaltung unterliegen, damit Ermittlungen nicht beeinträchtigt werden oder der Ruf eines Verkäufers oder Dienstleistungserbringers nicht unbegründeterweise geschädigt wird. Die Richtlinie 95/46/EG des Europäischen Parlaments und des Rates vom 24. Oktober 1995 zum Schutz natürlicher Personen bei der Verarbeitung personenbezogener Daten und zum freien Datenverkehr[1] und die Verordnung (EG) Nr. 45/2001 des Europäischen Parlaments und des Rates vom 18. Dezember 2000 zum Schutz natürlicher Personen bei der Verarbeitung personenbezogener Daten durch die Organe und Einrichtungen der Gemeinschaft und zum freien Datenverkehr[2] sollten im Rahmen dieser Verordnung gelten.

(10) Die sich in Bezug auf die Rechtsdurchsetzung stellenden Herausforderungen gehen über die Grenzen der Europäischen Union hinaus, und die Interessen der Gemeinschaftsverbraucher müssen vor in Drittländern ansässigen unseriösen Geschäftemachern geschützt werden. Daher besteht Bedarf, internationale Amtshilfeabkommen mit Drittländern zur Durchsetzung der Gesetze zum Schutz der Verbraucherinteressen auszuhandeln. Diese internationalen Abkommen sollten auf Gemeinschaftsebene in den von dieser Verordnung erfassten Bereichen ausgehandelt werden, damit ein optimaler Schutz der Gemeinschaftsverbraucher und das reibungslose Funktionieren der Zusammenarbeit mit Drittländern bei der Rechtsdurchsetzung gewährleistet werden können.

(11) Es ist angebracht, auf Gemeinschaftsebene die Durchsetzungsmaßnahmen der Mitgliedstaaten bei innergemeinschaftlichen Verstößen zu koordinieren, um die Anwendung dieser Verordnung zu optimieren sowie den Standard und die Kohärenz der Durchsetzung anzuheben.

(12) Es ist angebracht, auf Gemeinschaftsebene die administrative Zusammenarbeit der Mitgliedstaaten zu koordinieren – soweit es dabei um innergemeinschaftliche Aspekte geht –, um zur besseren Anwendung der Gesetze zum Schutz der Verbraucherinteressen beizutragen. Eine entsprechende Funktion erfüllt die Gemeinschaft bereits im Rahmen des Europäischen Netzes für außergerichtliche Streitbeilegung.

---

[1] **Amtl. Anm.:** ABl. L 281 vom 23. 11. 1995, S. 31. Geändert durch die Verordnung (EG) Nr. 1882/2003 (ABl. L 284 vom 31. 10. 2003, S. 1).
[2] **Amtl. Anm.:** ABl. L 8 vom 12. 1. 2001, S. 1.

(13) Soweit die Koordination der Zusammenarbeit der Mitgliedstaaten gemäß dieser Verordnung eine finanzielle Unterstützung durch die Gemeinschaft einschließt, werden Entscheidungen über die Gewährung einer solchen Unterstützung nach den Verfahren getroffen, die im Beschluss Nr. 20/2004/EG des Europäischen Parlaments und des Rates vom 8. Dezember 2003 über einen allgemeinen Rahmen für die Finanzierung von Gemeinschaftsmaßnahmen zur Unterstützung der Verbraucherpolitik im Zeitraum 2004 bis 2007[1)], insbesondere in den Maßnahmen 5 und 10 im Anhang zu diesem Beschluss, und den Folgebeschlüssen festgelegt sind.

(14) Die Verbraucherverbände spielen bei der Information und der Aufklärung der Verbraucher sowie beim Schutz der Verbraucherinteressen, unter anderem auch bei der Beilegung von Streitfällen, eine wesentliche Rolle und sollten zur Zusammenarbeit mit den zuständigen Behörden aufgefordert werden, um die Anwendung dieser Verordnung zu fördern.

(15) Maßnahmen zur Durchführung dieser Verordnung sollten gemäß dem Beschluss 1999/468/EG des Rates vom 28. Juni 1999 zur Festlegung der Modalitäten für die Ausübung der der Kommission übertragenen Durchführungsbefugnisse[2)] erlassen werden.

(16) Die wirksame Überwachung der Anwendung dieser Verordnung und der Wirksamkeit des Verbraucherschutzes erfordert, dass die Mitgliedstaaten regelmäßig Berichte vorlegen.

(17) Diese Verordnung achtet die Grundrechte und Prinzipien, die insbesondere mit der Charta der Grundrechte der Europäischen Union[3)] anerkannt wurden. Demzufolge ist diese Verordnung in Übereinstimmung mit diesen Rechten und Prinzipien auszulegen und anzuwenden.

(18) Da das Ziel dieser Verordnung, nämlich die Zusammenarbeit zwischen den für die Durchsetzung der Verbraucherschutzgesetze verantwortlichen nationalen Behörden auf Ebene der Mitgliedstaaten nicht ausreichend erreicht werden kann, weil diese allein nicht in der Lage sind, die Zusammenarbeit und Koordinierung sicherzustellen, und dies daher besser auf Gemeinschaftsebene erreicht werden kann, kann die Gemeinschaft im Einklang mit dem in Artikel 5 des Vertrags verankerten Subsidiaritätsprinzip tätig werden. Entsprechend dem in demselben Artikel niedergelegten Verhältnismäßigkeitsprinzip geht diese Verordnung nicht über das für die Erreichung dieses Ziels erforderliche Maß hinaus –

HABEN FOLGENDE VERORDNUNG ERLASSEN:

Kapitel I. Einleitende Bestimmungen

Art. 1 Zielsetzung

Diese Verordnung regelt die Bedingungen, unter denen die zuständigen Behörden in den Mitgliedstaaten, die als für die Durchsetzung der Gesetze zum Schutz der Verbraucherinteressen verantwortlich benannt wurden, miteinander und mit der Kommission zusammenarbeiten, um im Interesse des Schutzes der wirtschaftlichen Interessen der Verbraucher zu gewährleisten, dass diese Gesetze eingehalten werden und das reibungslose Funktionieren des Binnenmarkts sichergestellt wird.

Art. 2 Anwendungsbereich

(1) Die in den Kapiteln II und III enthaltenen Bestimmungen über die Amtshilfe gelten für innergemeinschaftliche Verstöße.

(2) Diese Verordnung gilt unbeschadet der gemeinschaftlichen Regeln im Bereich des internationalen Privatrechts, insbesondere der Regeln über die Zuständigkeit der Gerichte und das anwendbare Recht.

(3) Diese Verordnung lässt die Durchführung von Maßnahmen zur strafrechtlichen und zivilrechtlichen justiziellen Zusammenarbeit in den Mitgliedstaaten unberührt, insbesondere die Tätigkeit des Europäischen Justiziellen Netzes.

(4) Die Bestimmungen dieser Verordnung lassen die Erfüllung weiter gehender Verpflichtungen der Amtshilfe durch die Mitgliedstaaten im Rahmen des Schutzes der kollektiven wirtschaftlichen Interessen der Verbraucher, einschließlich der strafrechtlichen Verfolgung, die sich aus anderen Rechtsakten, einschließlich bilateraler und multilateraler Abkommen, ergeben, unberührt.

[1)] **Amtl. Anm.:** ABl. L 5 vom 9. 1. 2004, S. 1. Geändert durch den Beschluss Nr. 786/2004/EG (ABl. L 138 vom 30. 4. 2004, S. 7).
[2)] **Amtl. Anm.:** ABl. L 184 vom 17. 7. 1999, S. 23.
[3)] **Amtl. Anm.:** ABl. C 364 vom 18. 12. 2000, S. 1.

(5) Diese Verordnung lässt die Anwendung der Richtlinie 98/27/EG des Europäischen Parlaments und des Rates vom 19. Mai 1998 über Unterlassungsklagen zum Schutz der Verbraucherinteressen[1)] unberührt.

(6) Diese Verordnung berührt nicht die gemeinschaftsrechtlichen Bestimmungen zum Binnenmarkt, insbesondere die Bestimmungen zum freien Waren- und Dienstleistungsverkehr.

(7) Diese Verordnung gilt unbeschadet der Gemeinschaftsbestimmungen über die Fernsehdienstleistungen.

Art. 3 Begriffsbestimmungen

Für die Zwecke dieser Verordnung bezeichnet der Begriff

a) „Gesetze zum Schutz der Verbraucherinteressen" die im Anhang aufgeführten Richtlinien in der in die innerstaatliche Rechtsordnung der Mitgliedstaaten umgesetzten Form und die dort aufgeführten Verordnungen;

b) „innergemeinschaftlicher Verstoß" jede Handlung oder Unterlassung, die gegen die in Buchstabe a) genannten Gesetze zum Schutz der Verbraucherinteressen verstößt und die Kollektivinteressen von Verbrauchern schädigt oder schädigen kann, die in einem anderen Mitgliedstaat oder anderen Mitgliedstaaten als dem Mitgliedstaat ansässig sind, in dem die Handlung oder die Unterlassung ihren Ursprung hatte oder stattfand, oder in dem der verantwortliche Verkäufer oder Dienstleistungserbringer niedergelassen ist, oder in dem Beweismittel oder Vermögensgegenstände betreffend die Handlung oder die Unterlassung vorhanden sind;

c) „zuständige Behörde" jede Behörde auf nationaler, regionaler oder lokaler Ebene, die spezifische Zuständigkeiten zur Durchsetzung der Gesetze zum Schutz der Verbraucherinteressen besitzt;

d) „zentrale Verbindungsstelle" die Behörde in den einzelnen Mitgliedstaaten, die mit der Koordinierung der Anwendung dieser Verordnung im jeweiligen Mitgliedstaat betraut ist;

e) „zuständiger Beamter" einen Beamten einer zuständigen Behörde, der als für die Anwendung dieser Verordnung zuständige Person benannt worden ist;

f) „ersuchende Behörde" die zuständige Behörde, die ein Amtshilfeersuchen stellt;

g) „ersuchte Behörde" die zuständige Behörde, an die ein Amtshilfeersuchen gerichtet wird;

h) „Verkäufer oder Dienstleistungserbringer" jede natürliche oder juristische Person, die in Bezug auf die Gesetze zum Schutz der Verbraucherinteressen zu Zwecken handelt, die mit ihrer gewerblichen, handwerklichen oder beruflichen Tätigkeit in Zusammenhang stehen;

i) „Marktüberwachungstätigkeiten" die Maßnahmen einer zuständigen Behörde, die dazu dienen, innergemeinschaftliche Verstöße aufzudecken, die in ihrem Hoheitsgebiet begangen worden sind;

j) „Verbraucherbeschwerde" eine durch hinreichende Beweise untermauerte Darlegung, dass ein Verkäufer oder Dienstleistungserbringer gegen die Gesetze zum Schutz der Verbraucherinteressen verstoßen hat oder verstoßen könnte;

k) „Kollektivinteressen der Verbraucher" die Interessen mehrerer Verbraucher, die durch einen Verstoß geschädigt worden sind oder geschädigt werden könnten.

Art. 4 Zuständige Behörden

(1) Jeder Mitgliedstaat benennt die zuständigen Behörden und eine zentrale Verbindungsstelle, die für die Anwendung dieser Verordnung verantwortlich ist.

(2) [1]Jeder Mitgliedstaat kann, wenn dies zur Erfüllung seiner Verpflichtungen im Rahmen dieser Verordnung erforderlich ist, andere Behörden benennen. [2]Sie können ferner Stellen benennen, die gemäß Artikel 8 Absatz 3 ein legitimes Interesse daran haben, dass innergemeinschaftliche Verstöße eingestellt oder verboten werden.

(3) Jede zuständige Behörde verfügt unbeschadet des Absatzes 4 über die zur Durchführung dieser Verordnung erforderlichen Ermittlungs- und Durchsetzungsbefugnisse und übt diese Befugnisse im Einklang mit den nationalen Rechtsvorschriften aus.

(4) Die zuständigen Behörden können die in Absatz 3 genannten Befugnisse in Einklang mit den nationalen Rechtsvorschriften wie folgt ausüben:

a) entweder unmittelbar in eigener Verantwortung oder unter Aufsicht der Justizbehörden oder

---

[1)] **Amtl. Anm.:** ABl. L 166 vom 11. 6. 1998, S. 51. Zuletzt geändert durch die Richtlinie 2002/65/EG (ABl. L 271 vom 9. 10. 2002, S. 16).

b) im Wege eines Antrags an die Gerichte, die für den Erlass der erforderlichen Entscheidung zuständig sind, gegebenenfalls auch im Wege eines Rechtsmittels, wenn der Antrag auf Erlass der erforderlichen Entscheidung keinen Erfolg hatte.

(5) Soweit die zuständigen Behörden ihre Befugnisse gemäß Absatz 4 Buchstabe b) im Wege eines Antrags an die Gerichte ausüben, sind diese Gerichte für den Erlass der erforderlichen Entscheidungen zuständig.

(6) Die in Absatz 3 genannten Befugnisse werden nur ausgeübt, wenn ein begründeter Verdacht auf einen innergemeinschaftlichen Verstoß besteht; sie umfassen zumindest das Recht,
a) relevante Unterlagen jeglicher Art und Form einzusehen, die mit dem innergemeinschaftlichen Verstoß in Zusammenhang stehen;
b) von jedermann einschlägige Auskünfte über den innergemeinschaftlichen Verstoß zu verlangen;
c) die erforderlichen Ermittlungen vor Ort durchzuführen;
d) die betreffenden Verkäufer oder Dienstleistungserbringer schriftlich aufzufordern, einen von ihnen begangenen innergemeinschaftlichen Verstoß einzustellen;
e) von dem für einen innergemeinschaftlichen Verstoß verantwortlichen Verkäufer oder Dienstleistungserbringer die Verpflichtung zu erwirken, den innergemeinschaftlichen Verstoß einzustellen, und gegebenenfalls diese schriftliche Verpflichtung zu veröffentlichen;
f) die Einstellung oder das Verbot eines innergemeinschaftlichen Verstoßes zu fordern und gegebenenfalls die entsprechenden Entscheidungen zu veröffentlichen;
g) im Fall der Nichtbeachtung einer Entscheidung von der unterlegenen beklagten Partei zu verlangen, einen bestimmten Betrag in eine öffentliche Kasse oder an einen anderen im Rahmen einzelstaatlicher Rechtsvorschriften bezeichneten Begünstigten zu zahlen.

(7) ^{1}Die Mitgliedstaaten sorgen dafür, dass die zuständigen Behörden mit den für die Durchführung dieser Verordnung angemessenen Mitteln ausgestattet sind. ^{2}Die zuständigen Beamten müssen die beruflichen Standards einhalten und angemessenen internen Verfahren oder Verhaltensregeln unterliegen, die insbesondere den Schutz natürlicher Personen bei der Verarbeitung personenbezogener Daten, ein faires Verfahren und die Wahrung der Vertraulichkeit und des Berufsgeheimnisses gemäß Artikel 13 gewährleisten.

(8) Jede zuständige Behörde macht öffentlich bekannt, welche Rechte und Pflichten ihr im Rahmen dieser Verordnung übertragen wurden und benennt die zuständigen Beamten.

Art. 5 Verzeichnisse

(1) Jeder Mitgliedstaat teilt der Kommission und den anderen Mitgliedstaaten mit, welche zuständigen Behörden, andere Behörden und Stellen, die ein legitimes Interesse daran haben, dass innergemeinschaftliche Verstöße eingestellt oder verboten werden, und welche zentrale Verbindungsstelle er benannt hat.

(2) Die Kommission veröffentlicht und aktualisiert das Verzeichnis der zentralen Verbindungsstellen und zuständigen Behörden im *Amtsblatt der Europäischen Union*.

Kapitel II. Amtshilfe

Art. 6 Informationsaustausch auf Ersuchen

(1) Auf Antrag der ersuchenden Behörde übermittelt die ersuchte Behörde gemäß Artikel 4 unverzüglich alle einschlägigen Informationen, die erforderlich sind, um festzustellen, ob ein innergemeinschaftlicher Verstoß vorliegt oder ob ein begründeter Verdacht besteht, dass ein solcher erfolgen könnte.

(2) Die ersuchte Behörde stellt gegebenenfalls mit der Unterstützung anderer Behörden entsprechende Ermittlungen an oder trifft andere notwendige oder geeignete Maßnahmen gemäß Artikel 4, um die erbetenen Informationen zu beschaffen.

(3) Auf Antrag der ersuchenden Behörde kann die ersuchte Behörde einem zuständigen Beamten der ersuchenden Behörde gestatten, die Beamten der ersuchten Behörde bei ihrer Ermittlungsarbeit zu begleiten.

(4) Die zur Durchführung der Vorschriften dieses Artikels erforderlichen Maßnahmen werden gemäß dem in Artikel 19 Absatz 2 genannten Verfahren getroffen.

Art. 7 Informationsaustausch ohne Ersuchen

(1) Wenn eine zuständige Behörde feststellt, dass ein innergemeinschaftlicher Verstoß vorliegt, oder wenn sie den begründeten Verdacht hat, dass ein derartiger Verstoß erfolgen könnte, so teilt sie dies den zuständigen Behörden anderer Mitgliedstaaten und der Kommission unverzüglich mit und liefert alle erforderlichen Informationen.

(2) Wenn eine zuständige Behörde weitere Durchsetzungsmaßnahmen im Zusammenhang mit einem innergemeinschaftlichen Verstoß trifft oder entsprechende Amtshilfeersuchen bei ihr eingehen, so informiert die zuständige Behörde die betroffenen zuständigen Behörden der anderen Mitgliedstaaten und die Kommission.

(3) Die zur Durchführung der Vorschriften dieses Artikels erforderlichen Maßnahmen werden gemäß dem in Artikel 19 Absatz 2 genannten Verfahren getroffen.

Art. 8 Durchsetzungsersuchen

(1) Auf Antrag einer ersuchenden Behörde trifft die ersuchte Behörde alle erforderlichen Durchsetzungsmaßnahmen, um unverzüglich eine Einstellung oder ein Verbot des innergemeinschaftlichen Verstoßes zu bewirken.

(2) [1] Um ihren Verpflichtungen nach Absatz 1 nachzukommen, übt die ersuchte Behörde die in Artikel 4 Absatz 6 genannten Befugnisse sowie weitere ihr durch innerstaatliche Rechtsvorschriften übertragene Befugnisse aus. [2] Die ersuchte Behörde entscheidet, gegebenenfalls mit der Unterstützung anderer Behörden, welche Durchsetzungsmaßnahmen getroffen werden, um auf verhältnismäßige, wirksame und effiziente Weise eine Einstellung oder ein Verbot des innergemeinschaftlichen Verstoßes zu bewirken.

(3) [1] Die ersuchte Behörde kann ihren Verpflichtungen nach den Absätzen 1 und 2 auch dadurch nachkommen, dass sie eine Stelle, die gemäß Artikel 4 Absatz 2 Satz 2 als Stelle benannt worden ist, die ein legitimes Interesse an der Einstellung oder dem Verbot innergemeinschaftlicher Verstöße hat, anweist, alle ihr nach innerstaatlichem Recht zur Verfügung stehenden Durchsetzungsmaßnahmen zu treffen, um die Einstellung oder das Verbot des innergemeinschaftlichen Verstoßes im Auftrag der ersuchten Behörde zu bewirken. [2] Falls diese Stelle die Einstellung oder das Verbot des innergemeinschaftlichen Verstoßes nicht unverzüglich bewirkt, bleiben die Verpflichtungen der ersuchten Behörde nach den Absätzen 1 und 2 bestehen.

(4) Die ersuchte Behörde darf die in Absatz 3 genannten Maßnahmen nur dann treffen, wenn nach Abstimmung mit der ersuchenden Behörde über die Anwendung dieser Maßnahmen sowohl die ersuchende als auch die ersuchte Behörde darin übereinstimmen, dass

– durch die Anwendung der Maßnahmen nach Absatz 3 die Einstellung oder das Verbot eines innergemeinschaftlichen Verstoßes voraussichtlich in einer mindestens ebenso effizienten und wirksamen Weise bewirkt wird wie im Fall eines Tätigwerdens der ersuchten Behörde
und
– durch die Weisung, die der nach innerstaatlichem Recht benannten Stelle erteilt wird, keine nach Artikel 13 geschützten Informationen an diese Stelle weitergegeben werden.

(5) [1] Ist die ersuchende Behörde der Auffassung, dass die in Absatz 4 genannten Bedingungen nicht erfüllt sind, so teilt sie dies der ersuchten Behörde schriftlich unter Angabe der Gründe mit. [2] Gelangen die ersuchende Behörde und die ersuchte Behörde zu keiner Übereinstimmung, so kann die ersuchte Behörde die Angelegenheit an die Kommission verweisen, die gemäß dem in Artikel 19 Absatz 2 genannten Verfahren dazu Stellung nimmt.

(6) [1] Die ersuchte Behörde kann sich bei der Durchführung der in den Absätzen 1 und 2 genannten Durchsetzungsmaßnahmen mit der ersuchenden Behörde abstimmen. [2] Die ersuchte Behörde unterrichtet die ersuchende Behörde, die zuständigen Behörden anderer Mitgliedstaaten und die Kommission unverzüglich über die getroffenen Maßnahmen und deren Wirkung in Bezug auf den innergemeinschaftlichen Verstoß sowie darüber, ob der Verstoß eingestellt wurde.

(7) Die zur Durchführung der Vorschriften dieses Artikels erforderlichen Maßnahmen werden gemäß dem in Artikel 19 Absatz 2 genannten Verfahren getroffen.

Art. 9 Koordinierung der Marktüberwachungs- und Durchsetzungstätigkeit

(1) [1] Die zuständigen Behörden koordinieren ihre Marktüberwachungs- und Durchsetzungstätigkeit. [2] Sie tauschen alle hierfür erforderlichen Informationen aus.

(2) ¹Wenn die zuständigen Behörden feststellen, dass ein innergemeinschaftlicher Verstoß die Interessen der Verbraucher in mehr als zwei Mitgliedstaaten schädigt, koordinieren die betreffenden zuständigen Behörden ihre Durchsetzungsmaßnahmen und Amtshilfeersuchen über die zentrale Verbindungsstelle. ²Insbesondere bemühen sie sich um eine gleichzeitige Durchführung von Ermittlungs- und Durchsetzungsmaßnahmen.

(3) Die zuständigen Behörden informieren die Kommission vorab über diese Koordinierung; sie können die Beamten und andere von der Kommission befugte Begleitpersonen zur Beteiligung auffordern.

(4) Die zur Durchführung der Vorschriften dieses Artikels erforderlichen Maßnahmen werden gemäß dem in Artikel 19 Absatz 2 genannten Verfahren getroffen.

Art. 10 Datenbank

(1) ¹Die Kommission unterhält eine elektronische Datenbank, in der sie alle ihr gemäß den Bestimmungen der Artikel 7, 8 und 9 zugehenden Informationen speichert und verarbeitet. ²Die Datenbank darf nur den zuständigen Behörden für Abfragen zur Verfügung gestellt werden. ³Die zuständigen Behörden werden hinsichtlich ihrer Pflichten in Bezug auf die Übermittlung von Informationen zwecks Speicherung in der Datenbank und der damit verbundenen Verarbeitung personenbezogener Daten als für die Verarbeitung Verantwortliche im Sinne des Artikels 2 Buchstabe d) der Richtlinie 95/46/EG betrachtet. ⁴Die Kommission wird hinsichtlich ihrer Pflichten nach diesem Artikel und der damit verbundenen Verarbeitung personenbezogener Daten als für die Verarbeitung Verantwortliche im Sinne des Artikels 2 Buchstabe d) der Verordnung (EG) Nr. 45/2001 betrachtet.

(2) ¹Stellt eine zuständige Behörde fest, dass sich ein von ihr gemäß Artikel 7 mitgeteilter innergemeinschaftlicher Verstoß letztlich als unbegründet erwiesen hat, so zieht sie die Mitteilung zurück; die Kommission entfernt die Informationen unverzüglich aus der Datenbank. ²Teilt eine ersuchte Behörde der Kommission gemäß Artikel 8 Absatz 6 mit, dass ein innergemeinschaftlicher Verstoß eingestellt wurde, so werden die gespeicherten Daten zu dem innergemeinschaftlichen Verstoß fünf Jahre nach der Mitteilung gelöscht.

(3) Die zur Durchführung dieses Artikels erforderlichen Maßnahmen werden gemäß dem in Artikel 19 Absatz 2 genannten Verfahren erlassen.

Kapitel III. Bedingungen für die Amtshilfe

Art. 11 Allgemeine Verantwortlichkeiten

(1) Die zuständigen Behörden erfüllen ihre Verpflichtungen gemäß dieser Verordnung so, als würden sie im Interesse der Verbraucher ihres eigenen Landes und im eigenen Interesse handeln oder auf Ersuchen einer anderen zuständigen Behörde in ihrem eigenen Land.

(2) Die Mitgliedstaaten ergreifen alle erforderlichen Maßnahmen, um über ihre zentrale Verbindungsstelle eine wirksame Koordinierung der Anwendung dieser Verordnung durch die von ihnen benannten zuständigen Behörden, anderen Behörden, Stellen, die ein legitimes Interesse an der Einstellung innergemeinschaftlicher Verstöße haben, und durch die zuständigen Gerichte zu gewährleisten.

(3) Die Mitgliedstaaten fördern die Zusammenarbeit zwischen den zuständigen Behörden und allen sonstigen Stellen, die gemäß dem innerstaatlichen Recht ein berechtigtes Interesse an der Einstellung oder dem Verbot von innergemeinschaftlichen Verstößen haben, damit mögliche innergemeinschaftliche Verstöße den zuständigen Behörden unverzüglich mitgeteilt werden.

Art. 12 Verfahren für Amtshilfeersuchen und Informationsaustausch

(1) Die ersuchende Behörde stellt sicher, dass jedes Amtshilfeersuchen ausreichende Informationen enthält, damit die ersuchte Behörde dem Ersuchen Folge leisten kann; hierzu gehören auch alle erforderlichen Beweismittel, die nur im Hoheitsgebiet der ersuchenden Behörde beschafft werden können.

(2) ¹Ersuchen werden von der ersuchenden Behörde über die zentrale Verbindungsstelle der ersuchenden Behörde an die zentrale Verbindungsstelle der ersuchten Behörde übermittelt. ²Die Ersuchen werden von der zentralen Verbindungsstelle der ersuchten Behörde unverzüglich an die entsprechende zuständige Behörde weitergeleitet.

(3) Amtshilfeersuchen und jegliche Übermittlung von Informationen erfolgen schriftlich unter Verwendung eines Standardformulars und werden auf elektronischem Wege über die in Artikel 10 vorgesehene Datenbank übermittelt.

(4) ¹Die für die Ersuchen und die Übermittlung von Informationen zu verwendenden Sprachen werden vor Einleitung des Verfahrens von den betreffenden zuständigen Behörden vereinbart. ²Kann keine Einigung erzielt werden, so werden die Ersuchen in der Amtssprache oder den Amtssprachen des Mitgliedstaats der ersuchenden Behörde und die Antworten in der Amtssprache oder den Amtssprachen des Mitgliedstaats der ersuchten Behörde übermittelt.

(5) Die auf ein Ersuchen hin übermittelten Informationen werden unmittelbar der ersuchenden Behörde und gleichzeitig den zentralen Verbindungsstellen der ersuchenden und der ersuchten Behörde übermittelt.

(6) Die zur Durchführung der Vorschriften dieses Artikels erforderlichen Maßnahmen werden gemäß dem in Artikel 19 Absatz 2 genannten Verfahren getroffen.

Art. 13 Verwendung von Informationen und Schutz personenbezogener Daten sowie des Berufs- und Geschäftsgeheimnisses

(1) Die übermittelten Informationen dürfen nur zu dem Zweck verwendet werden, die Einhaltung der Gesetze zum Schutz der Verbraucherinteressen zu gewährleisten.

(2) Die zuständigen Behörden dürfen alle ihnen übermittelten Informationen, Unterlagen, Erkenntnisse, Erklärungen, beglaubigten Kopien und Ermittlungsergebnisse in gleicher Weise als Beweismittel verwenden wie entsprechende im eigenen Land beschaffte Unterlagen.

(3) Informationen, die in jeglicher Form Personen, die eine Tätigkeit bei den zuständigen Behörden, den Gerichten, anderen Behörden und der Kommission ausüben, übermittelt werden, einschließlich Informationen, die der Kommission übermittelt und in der in Artikel 10 genannten Datenbank gespeichert werden, und durch deren Weitergabe

– der Schutz der Privatsphäre und die Integrität des Einzelnen, insbesondere gemäß den Rechtsvorschriften der Gemeinschaft über den Schutz personenbezogener Daten,
– die geschäftlichen Interessen einer natürlichen oder juristischen Person, einschließlich des geistigen Eigentums,
– Gerichtsverfahren und die Rechtsberatung
oder
– der Zweck von Untersuchungs- und Ermittlungstätigkeiten

beeinträchtigt würde, sind vertraulich zu behandeln und unterliegen der beruflichen Schweigepflicht, es sei denn, die Weitergabe der Informationen ist erforderlich, um die Einstellung oder das Verbot eines innergemeinschaftlichen Verstoßes zu bewirken und die übermittelnde Behörde stimmt der Weitergabe zu.

(4) ¹Zum Zweck der Durchführung dieser Verordnung erlassen die Mitgliedstaaten die Rechtsvorschriften, die erforderlich sind, um die Rechte und Pflichten nach den Artikeln 10, 11 und 12 der Richtlinie 95/46/EG zu beschränken, soweit dies für die Wahrung der in Artikel 13 Absatz 1 Buchstaben d) und f) jener Richtlinie genannten Interessen notwendig ist. ²Die Kommission kann die Rechte und Pflichten nach Artikel 4 Absatz 1, Artikel 11, Artikel 12 Absatz 1, den Artikeln 13 bis 17 und Artikel 37 Absatz 1 der Verordnung (EG) Nr. 45/2001 in den Fällen beschränken, in denen eine solche Beschränkung für die Wahrung der in Artikel 20 Absatz 1 Buchstaben a) und e) jener Verordnung genannten Interessen notwendig ist.

(5) Die zur Durchführung dieses Artikels erforderlichen Maßnahmen werden gemäß dem in Artikel 19 Absatz 2 genannten Verfahren erlassen.

Art. 14 Informationsaustausch mit Drittländern

(1) Erhält eine zuständige Behörde Informationen von einer Behörde eines Drittlands, so übermittelt sie diese Informationen an die betreffenden zuständigen Behörden anderer Mitgliedstaaten, sofern dies nach den bilateralen Amtshilfeabkommen mit dem betreffenden Drittland zulässig ist und die Rechtsvorschriften der Gemeinschaft über den Schutz natürlicher Personen bei der Verarbeitung personenbezogener Daten eingehalten werden.

(2) Die im Rahmen dieser Verordnung übermittelten Informationen können von einer zuständigen Behörde auch an eine Behörde eines Drittlands im Rahmen eines Amtshilfeabkommens mit dem betreffenden Drittland übermittelt werden, sofern die Einwilligung der zuständi-

gen Behörde, von der die Informationen ursprünglich stammen, eingeholt wurde und die Rechtsvorschriften der Gemeinschaft über den Schutz natürlicher Personen bei der Verarbeitung personenbezogener Daten eingehalten werden.

Art. 15 Bedingungen

(1) ¹Die Mitgliedstaaten verzichten auf jegliche Erstattung von Kosten, die bei der Durchführung dieser Verordnung entstehen. ²Allerdings haftet der Mitgliedstaat der ersuchenden Behörde gegenüber dem Mitgliedstaat der ersuchten Behörde für Kosten und Verluste, die infolge von Maßnahmen angefallen sind, die von einem Gericht hinsichtlich des Vorliegens eines innergemeinschaftlichen Verstoßes als unbegründet angesehen wurden.

(2) Eine ersuchte Behörde kann ein Ersuchen um Durchsetzungsmaßnahmen gemäß Artikel 8 nach Abstimmung mit der ersuchenden Behörde ablehnen, wenn

a) in Bezug auf denselben innergemeinschaftlichen Verstoß und gegen denselben Verkäufer oder Dienstleistungserbringer vor den Justizbehörden im Mitgliedstaat der ersuchten oder der ersuchenden Behörde bereits ein Gerichtsverfahren eingeleitet wurde oder dort ein rechtskräftiges Urteil ergangen ist,

b) sie nach den von ihr ordnungsgemäß durchgeführten Ermittlungen zu der Ansicht gelangt, dass kein innergemeinschaftlicher Verstoß vorliegt, oder

c) ihrer Ansicht nach die ersuchende Behörde keine ausreichenden Informationen gemäß Artikel 12 Absatz 1 vorgelegt hat, es sei denn, dass die ersuchte Behörde es bereits abgelehnt hat, einem Ersuchen nach Absatz 3 Buchstabe c) in Bezug auf denselben innergemeinschaftlichen Verstoß nachzukommen.

(3) Eine ersuchte Behörde kann ein Ersuchen um Informationen nach Artikel 6 ablehnen, wenn

a) sie nach Abstimmung mit der ersuchenden Behörde zu der Ansicht gelangt, dass die erbetenen Informationen von der ersuchenden Behörde nicht benötigt werden, um festzustellen, ob ein innergemeinschaftlicher Verstoß erfolgt ist oder ob ein begründeter Verdacht besteht, dass ein solcher Verstoß erfolgen könnte,

b) die ersuchende Behörde sich nicht damit einverstanden erklärt, dass die Informationen den in Artikel 13 Absatz 3 enthaltenen Bestimmungen zur Vertraulichkeit und zur beruflichen Schweigepflicht unterliegen, oder

c) in Bezug auf denselben innergemeinschaftlichen Verstoß und gegen denselben Verkäufer oder Dienstleistungserbringer von den Justizbehörden im Mitgliedstaat der ersuchten oder der ersuchenden Behörde bereits strafrechtliche Ermittlungen oder ein Gerichtsverfahren eingeleitet wurden bzw. ein rechtskräftiges Urteil ergangen ist.

(4) Eine ersuchte Behörde kann entscheiden, den in Artikel 7 erwähnten Verpflichtungen nicht nachzukommen, wenn in Bezug auf denselben innergemeinschaftlichen Verstoß und gegen denselben Verkäufer oder Dienstleistungserbringer von den Justizbehörden im Mitgliedstaat der ersuchten oder der ersuchenden Behörde bereits strafrechtliche Ermittlungen oder ein Gerichtsverfahren eingeleitet wurden bzw. ein rechtskräftiges Urteil ergangen ist.

(5) ¹Die ersuchte Behörde teilt der ersuchenden Behörde und der Kommission die Gründe für die Ablehnung der Amtshilfe mit. ²Die ersuchende Behörde kann die Angelegenheit an die Kommission verweisen, die gemäß dem in Artikel 19 Absatz 2 genannten Verfahren dazu Stellung nimmt.

(6) Die zur Durchführung der Vorschriften dieses Artikels erforderlichen Maßnahmen werden gemäß dem in Artikel 19 Absatz 2 genannten Verfahren getroffen.

Kapitel IV. Gemeinschaftstätigkeiten

Art. 16 Koordinierung der Durchsetzungstätigkeiten

(1) Soweit dies zur Verwirklichung der Ziele dieser Verordnung erforderlich ist, unterrichten die Mitgliedstaaten einander und die Kommission über ihre Tätigkeiten von gemeinschaftlichem Interesse in Bereichen wie zum Beispiel den folgenden:

a) Schulung ihrer für die Durchsetzung des Verbraucherschutzes zuständigen Beamten, einschließlich Sprachausbildung und Veranstaltung von Ausbildungsseminaren;

b) Erfassung und Klassifizierung von Verbraucherbeschwerden;
c) Aufbau sektorspezifischer Netze zuständiger Beamter;
d) Entwicklung eines Instrumentariums für Information und Kommunikation;
e) Erarbeitung von Standards, Methoden und Leitlinien für die für die Durchsetzung des Verbraucherschutzes zuständigen Beamten;
f) Beamtenaustausch.

[1] Die Mitgliedstaaten können in Zusammenarbeit mit der Kommission unter den unter den Buchstaben a) bis f) genannten Bereichen gemeinsam tätig werden. [2] Die Mitgliedstaaten erstellen in Zusammenarbeit mit der Kommission einen gemeinsamen Rahmen für die Klassifizierung von Verbraucherbeschwerden.

(2) [1] Die zuständigen Behörden können einen Beamtenaustausch zur Verbesserung der Zusammenarbeit organisieren. [2] Die zuständigen Behörden treffen die erforderlichen Maßnahmen, damit die zuständigen ausgetauschten Beamten während der Austauschmaßnahmen wirksam in die Tätigkeit der zuständigen Behörde eingebunden werden können. [3] Zu diesem Zweck sind diese Beamten im Rahmen des Austauschs befugt, die ihnen von der zuständigen Behörde des aufnehmenden Mitgliedstaats übertragenen Aufgaben im Einklang mit dessen Rechtsvorschriften auszuführen.

(3) [1] Während des Austauschs gelten für die zivil- und strafrechtliche Haftung der zuständigen Beamten dieselben Bestimmungen wie für die Beamten der zuständigen Behörde des aufnehmenden Mitgliedstaats. [2] Die zuständigen Beamten halten im Rahmen des Austauschs die beruflichen Standards ein und unterliegen internen Verhaltensregeln der zuständigen Behörde des aufnehmenden Mitgliedstaats, die insbesondere den Schutz natürlicher Personen bei der Verarbeitung personenbezogener Daten, ein faires Verfahren und die strikte Beachtung der in Artikel 13 festgelegten Vertraulichkeits- und Verschwiegenheitsbestimmungen gewährleisten.

(4) Die für die Anwendung dieses Artikels erforderlichen gemeinschaftlichen Maßnahmen, einschließlich der Vereinbarungen über die Durchführung gemeinsamer Tätigkeiten, werden gemäß dem in Artikel 19 Absatz 2 genannten Verfahren erlassen.

Art. 17 Verwaltungszusammenarbeit

(1) Soweit dies zur Verwirklichung der Ziele dieser Verordnung erforderlich ist, unterrichten die Mitgliedstaaten einander und die Kommission über ihre Tätigkeiten von gemeinschaftlichem Interesse in Bereichen wie zum Beispiel den folgenden:

a) Verbraucherinformation und -beratung,
b) Unterstützung der Tätigkeit von Verbraucherverbänden,
c) Unterstützung der Tätigkeiten von Stellen, die für die außergerichtliche Beilegung von Verbraucherstreitigkeiten zuständig sind,
d) Unterstützung des Zugangs der Verbraucher zu den Gerichten,
e) Sammlung von Statistiken, Forschungsergebnissen und anderen Informationen über Verbraucherverhalten, Verbrauchereinstellungen und Untersuchungsergebnisse.

(2) [1] Die Mitgliedstaaten können in Zusammenarbeit mit der Kommission in den unter den Buchstaben a) bis e) genannten Bereichen gemeinsam tätig werden. [2] Die Mitgliedstaaten erstellen in Zusammenarbeit mit der Kommission einen gemeinsamen Rahmen für die unter Buchstabe e) genannten Tätigkeiten.

(3) Die zur Durchführung der Bestimmungen dieses Artikels erforderlichen gemeinschaftlichen Maßnahmen, einschließlich der Vereinbarungen über die Durchführung gemeinsamer Tätigkeiten, werden gemäß dem in Artikel 19 Absatz 2 genannten Verfahren erlassen.

Art. 18 Internationale Vereinbarungen

[1] Die Gemeinschaft arbeitet in den von dieser Verordnung erfassten Bereichen mit Drittstaaten und den zuständigen internationalen Organisationen zusammen, um den Schutz der wirtschaftlichen Interessen der Verbraucher zu verbessern. [2] Die Einzelheiten der Zusammenarbeit, einschließlich der Festlegung der Einzelheiten für die Amtshilfe, können Gegenstand von Abkommen zwischen der Gemeinschaft und den betreffenden Drittstaaten sein.

Kapitel V. Schlussbestimmungen

Art. 19 Ausschussverfahren

(1) Die Kommission wird von einem Ausschuss unterstützt.

(2) Wird auf diesen Absatz Bezug genommen, so gelten die Artikel 5 und 7 des Beschlusses 1999/468/EG unter Beachtung von dessen Artikel 8. Der Zeitraum nach Artikel 5 Absatz 6 des Beschlusses 1999/468/EG wird auf drei Monate festgesetzt.

(3) Der Ausschuss gibt sich eine Geschäftsordnung.

Art. 20 Aufgaben des Ausschusses

(1) Der Ausschuss prüft alle mit der Durchführung dieser Verordnung in Verbindung stehenden Fragen, die vom Vorsitzenden entweder auf eigene Initiative oder auf Verlangen des Vertreters eines Mitgliedstaats aufgeworfen werden.

(2) Insbesondere prüft und bewertet er das Funktionieren der in der Verordnung vorgesehenen Regelungen für die Zusammenarbeit.

Art. 21 Berichte

(1) Die Mitgliedstaaten teilen der Kommission den Wortlaut der innerstaatlichen Rechtsvorschriften mit, die sie in den unter diese Verordnung fallenden Bereichen erlassen; ferner teilen sie ihr den Wortlaut der Abkommen – außer solchen, die sich auf Einzelfälle beziehen – mit, die sie in den unter diese Verordnung fallenden Bereichen schließen.

(2) [1]Die Mitgliedstaaten erstatten der Kommission alle zwei Jahre, vom Datum des Inkrafttretens dieser Verordnung an gerechnet, Bericht über die Durchführung dieser Verordnung. [2]Die Kommission macht diese Berichte der Öffentlichkeit zugänglich.

(3) Die Berichte enthalten folgende Angaben:
a) alle neuen Informationen über die Organisationsstruktur, die Befugnisse, die Ressourcen und die Verantwortlichkeiten der zuständigen Behörden,
b) alle Informationen über Entwicklungstrends, eingesetzte Mittel oder Methoden bei innergemeinschaftlichen Verstößen, insbesondere solche Informationen, die auf Mängel oder Lücken in dieser Verordnung oder in den Gesetzen zum Schutz der Verbraucherinteressen hinweisen,
c) alle Informationen über Durchsetzungsverfahren, die sich als wirksam erwiesen haben,
d) zusammenfassende Statistiken über die Tätigkeit der zuständigen Behörden, wie zum Beispiel Maßnahmen im Rahmen dieser Verordnung, eingegangene Beschwerden, Klagen zur Rechtsdurchsetzung und Urteile,
e) Zusammenfassungen wichtiger nationaler Urteile zur Auslegung der Gesetze zum Schutz der Verbraucherinteressen,
f) alle sonstigen für die Anwendung dieser Verordnung relevanten Informationen.

(4) Die Kommission unterbreitet dem Europäischen Parlament und dem Rat auf der Grundlage der Berichte der Mitgliedstaaten einen Bericht über die Anwendung dieser Verordnung.

Art. 22 Inkrafttreten

Diese Verordnung tritt am zwanzigsten Tag nach ihrer Veröffentlichung im *Amtsblatt der Europäischen Union* in Kraft. Sie gilt ab dem 29. Dezember 2005. Die Bestimmungen über die Amtshilfe in den Kapiteln II und III gelten ab dem 29. Dezember 2006.

Anhang

Von Artikel 3 Buchstabe a)[1] erfasste Richtlinien und Verordnungen

1. Richtlinie 84/450/EWG des Rates vom 10. September 1984 zur Angleichung der Rechts- und Verwaltungsvorschriften der Mitgliedstaaten über irreführende Werbung (ABl. L 250

---

[1] **Amtl. Anm.:** Die Richtlinien unter den Punkten 1, 6, 8 und 13 enthalten Sonderbestimmungen.

vom 19. 9. 1984, S. 17). Zuletzt geändert durch die Richtlinie 97/55/EG des Europäischen Parlaments und des Rates (ABl. L 290 vom 23. 10. 1997, S. 18).
2. Richtlinie 85/577/EWG des Rates vom 20. Dezember 1985 betreffend den Verbraucherschutz im Fall von außerhalb von Geschäftsräumen geschlossenen Verträgen (ABl. L 372 vom 31. 12. 1985, S. 31).
3. Richtlinie 87/102/EWG des Rates vom 22. Dezember 1986 zur Angleichung der Rechts- und Verwaltungsvorschriften der Mitgliedstaaten über den Verbraucherkredit (ABl. L 42 vom 12. 2. 1987, S. 48). Zuletzt geändert durch die Richtlinie 98/7/EG des Europäischen Parlaments und des Rates (ABl. L 101 vom 1. 4. 1998, S. 17).
4. Richtlinie 89/552/EWG des Rates vom 3. Oktober 1989 zur Koordinierung bestimmter Rechts- und Verwaltungsvorschriften der Mitgliedstaaten über die Ausübung der Fernsehtätigkeit: Artikel 10 bis 21 (ABl. L 298 vom 17. 10. 1989, S. 23). Zuletzt geändert durch die Richtlinie 97/36/EG des Europäischen Parlaments und des Rates (ABl. L 202 vom 30. 7. 1997, S. 60).
5. Richtlinie 90/314/EWG des Rates vom 13. Juni 1990 über Pauschalreisen (ABl. L 158 vom 23. 6. 1990, S. 59).
6. Richtlinie 93/13/EWG des Rates vom 5. April 1993 über missbräuchliche Klauseln in Verbraucherverträgen (ABl. L 95 vom 21. 4. 1993, S. 29). Geändert durch die Entscheidung 2002/995/EG der Kommission (ABl. L 353 vom 30. 12. 2002, S. 1).
7. Richtlinie 94/47/EG des Europäischen Parlaments und des Rates vom 26. Oktober 1994 zum Schutz der Erwerber im Hinblick auf bestimmte Aspekte von Verträgen über den Erwerb von Teilzeitnutzungsrechten an Immobilien (ABl. L 280 vom 29. 10. 1994, S. 83).
8. Richtlinie 97/7/EG des Europäischen Parlaments und des Rates vom 20. Mai 1997 über den Verbraucherschutz bei Vertragsabschlüssen im Fernabsatz (ABl. L 144 vom 4. 6. 1997, S. 19). Geändert durch die Richtlinie 2002/65/EG (ABl. L 271 vom 9. 10. 2002, S. 16).
9. Richtlinie 97/55/EG des Europäischen Parlaments und des Rates vom 6. Oktober 1997 zur Änderung der Richtlinie 84/450/EWG über irreführende Werbung zwecks Einbeziehung der vergleichenden Werbung.
10. Richtlinie 98/6/EG des Europäischen Parlaments und des Rates vom 16. Februar 1998 über den Schutz der Verbraucher bei der Angabe der Preise der ihnen angebotenen Erzeugnisse (ABl. L 80 vom 18. 3. 1998, S. 27).
11. Richtlinie 1999/44/EG des Europäischen Parlaments und des Rates vom 25. Mai 1999 zu bestimmten Aspekten des Verbrauchsgüterkaufs und der Garantien für Verbrauchsgüter (ABl. L 171 vom 7. 7. 1999, S. 12).
12. Richtlinie 2000/31/EG des Europäischen Parlaments und des Rates vom 8. Juni 2000 über bestimmte rechtliche Aspekte der Dienste der Informationsgesellschaft, insbesondere des elektronischen Geschäftsverkehrs, im Binnenmarkt („Richtlinie über den elektronischen Geschäftsverkehr") (ABl. L 178 vom 17. 7. 2000, S. 1).
13. Richtlinie 2001/83/EG des Europäischen Parlaments und des Rates vom 6. November 2001 zur Schaffung eines Gemeinschaftskodexes für Humanarzneimittel: Artikel 86 bis 100 (ABl. L 311 vom 28. 11. 2001, S. 67). Zuletzt geändert durch die Richtlinie 2004/27/EG (ABl. L 136 vom 30. 4. 2004, S. 34).
14. Richtlinie 2002/65/EG des Europäischen Parlaments und des Rates vom 23. September 2002 über den Fernabsatz von Finanzdienstleistungen an Verbraucher.
15. Verordnung (EG) Nr. 261/2004 des Europäischen Parlaments und des Rates vom 11. Februar 2004 über eine gemeinsame Regelung für Ausgleichs- und Unterstützungsleistungen für Fluggäste im Fall der Nichtbeförderung und bei Annullierung oder großer Verspätung von Flügen (ABl. L 46 vom 17. 2. 2004, S. 1).
16. Richtlinie 2005/29/EG des Europäischen Parlaments und des Rates vom 11. Mai 2005 über unlautere Geschäftspraktiken im binnenmarktinternen Geschäftsverkehr zwischen Unternehmen und Verbrauchern (ABl. L 149 vom 11. 6. 2005, S. 22).
17. Richtlinie 2002/58/EG des Europäischen Parlaments und des Rates vom 12. Juli 2002 über die Verarbeitung personenbezogener Daten und den Schutz der Privatsphäre in der elektronischen Kommunikation (Datenschutzrichtlinie für elektronische Kommunikation), Artikel 13 (ABl. L 201 vom 31. 7. 2002, S. 37).

2. Richtlinie 2006/114/EG des Europäischen Parlaments und des Rates vom 12. Dezember 2006 über irreführende und vergleichende Werbung

(ABl Nr L 376 S 21)

DAS EUROPÄISCHE PARLAMENT UND DER RAT DER EUROPÄISCHEN UNION –
gestützt auf den Vertrag zur Gründung der Europäischen Gemeinschaft, insbesondere auf Artikel 95,
auf Vorschlag der Kommission,
nach Stellungnahme des Europäischen Wirtschafts- und Sozialausschusses[1],
gemäß dem Verfahren des Artikels 251 des Vertrags[2],
in Erwägung nachstehender Gründe:

(1) Die Richtlinie 84/450/EWG des Rates vom 10. September 1984 über irreführende und vergleichende Werbung[3] ist mehrfach und in wesentlichen Punkten geändert worden[4]. Aus Gründen der Übersichtlichkeit und Klarheit empfiehlt es sich, sie zu kodifizieren.

(2) Die in den Mitgliedstaaten geltenden Vorschriften gegen irreführende Werbung weichen stark voneinander ab. Da die Werbung über die Grenzen der einzelnen Mitgliedstaaten hinausreicht, wirkt sie sich unmittelbar auf das reibungslose Funktionieren des Binnenmarktes aus.

(3) Irreführende und unzulässige vergleichende Werbung ist geeignet, zur Verfälschung des Wettbewerbs im Binnenmarkt zu führen.

(4) >Die Werbung berührt unabhängig davon, ob sie zum Abschluss eines Vertrags führt, die wirtschaftlichen Interessen der Verbraucher und der Gewerbetreibenden.

(5) Die Unterschiede zwischen den einzelstaatlichen Rechtsvorschriften über Werbung, die für Unternehmen irreführend ist, behindern die Durchführung von Werbekampagnen, die die Grenzen eines Staates überschreiten, und beeinflussen so den freien Verkehr von Waren und Dienstleistungen.

(6) Mit der Vollendung des Binnenmarktes ist das Angebot vielfältig. Da die Verbraucher und Gewerbetreibenden aus dem Binnenmarkt den größtmöglichen Vorteil ziehen können und sollen, und da die Werbung ein sehr wichtiges Instrument ist, mit dem überall in der Gemeinschaft wirksam Märkte für Erzeugnisse und Dienstleistungen erschlossen werden können, sollten die wesentlichen Vorschriften für Form und Inhalt der Werbung einheitlich sein und die Bedingungen für vergleichende Werbung in den Mitgliedstaaten harmonisiert werden. Unter diesen Umständen sollte dies dazu beitragen, die Vorteile der verschiedenen vergleichbaren Erzeugnisse objektiv herauszustellen. Vergleichende Werbung kann ferner den Wettbewerb zwischen den Anbietern von Waren und Dienstleistungen im Interesse der Verbraucher fördern.

(7) Es sollten objektive Mindestkriterien aufgestellt werden, nach denen beurteilt werden kann, ob eine Werbung irreführend ist.

(8) Vergleichende Werbung kann, wenn sie wesentliche, relevante, nachprüfbare und typische Eigenschaften vergleicht und nicht irreführend ist, ein zulässiges Mittel zur Unterrichtung der Verbraucher über ihre Vorteile darstellen. Der Begriff „vergleichende Werbung" sollte breit gefasst werden, so dass alle Arten der vergleichenden Werbung abgedeckt werden.

(9) Es sollten Bedingungen für zulässige vergleichende Werbung vorgesehen werden, soweit der vergleichende Aspekt betroffen ist, mit denen festgelegt wird, welche Praktiken der vergleichenden Werbung den Wettbewerb verzerren, die Mitbewerber schädigen und die Entscheidung der Verbraucher negativ beeinflussen können. Diese Bedingungen für zulässige vergleichende Werbung sollten Kriterien beinhalten, die einen objektiven Vergleich der Eigenschaften von Waren und Dienstleistungen ermöglichen.

---
[1] [Amtl. Anm.:] Stellungnahme vom 26. Oktober 2006 (noch nicht im Amtsblatt veröffentlicht).
[2] [Amtl. Anm.:] Stellungnahme des Europäischen Parlaments vom 12. Oktober 2006 (noch nicht im Amtsblatt veröffentlicht) und Beschluss des Rates vom 30. November 2006.
[3] [Amtl. Anm.:] ABl. L 250 vom 19. 9. 1984, S. 17. Zuletzt geändert durch die Richtlinie 2005/29/EG des Europäischen Parlaments und des Rates (ABl. L 149 vom 11. 6. 2005, S. 22).
[4] [Amtl. Anm.:] Siehe Anhang I Teil A.

(10) Werden in der vergleichenden Werbung die Ergebnisse der von Dritten durchgeführten vergleichenden Tests angeführt oder wiedergegeben, so sollten die internationalen Vereinbarungen zum Urheberrecht und die innerstaatlichen Bestimmungen über vertragliche und außervertragliche Haftung gelten.

(11) Die Bedingungen für vergleichende Werbung sollten kumulativ sein und uneingeschränkt eingehalten werden. Die Wahl der Form und der Mittel für die Umsetzung dieser Bedingungen sollte gemäß dem Vertrag den Mitgliedstaaten überlassen bleiben, sofern Form und Mittel noch nicht durch diese Richtlinie festgelegt sind.

(12) Zu diesen Bedingungen sollte insbesondere die Einhaltung der Vorschriften gehören, die sich aus der Verordnung (EG) Nr. 510/2006 des Rates vom 20. März 2006 zum Schutz von geographischen Angaben und Ursprungsbezeichnungen für Agrarerzeugnisse und Lebensmittel[1], insbesondere aus Artikel 13 dieser Verordnung, und den übrigen Gemeinschaftsvorschriften im Bereich der Landwirtschaft ergeben.

(13) Gemäß Artikel 5 der Ersten Richtlinie 89/104/EWG des Rates vom 21. Dezember 1988 zur Angleichung der Rechtsvorschriften der Mitgliedstaaten über die Marken[2] steht dem Inhaber einer eingetragenen Marke ein Ausschließlichkeitsrecht zu, das insbesondere das Recht einschließt, Dritten im geschäftlichen Verkehr die Benutzung eines identischen oder ähnlichen Zeichens für identische Produkte oder Dienstleistungen, gegebenenfalls sogar für andere Produkte, zu untersagen.

(14) Indessen kann es für eine wirksame vergleichende Werbung unerlässlich sein, Waren oder Dienstleistungen eines Mitbewerbers dadurch erkennbar zu machen, dass auf eine ihm gehörende Marke oder auf seinen Handelsnamen Bezug genommen wird.

(15) Eine solche Benutzung von Marken, Handelsnamen oder anderen Unterscheidungszeichen eines Mitbewerbers verletzt nicht das Ausschließlichkeitsrecht Dritter, wenn sie unter Beachtung der in dieser Richtlinie aufgestellten Bedingungen erfolgt und nur eine Unterscheidung bezweckt, durch die Unterschiede objektiv herausgestellt werden sollen.

(16) Personen oder Organisationen, die nach dem nationalen Recht ein berechtigtes Interesse an der Angelegenheit haben, sollten die Möglichkeit besitzen, vor Gericht oder bei einer Verwaltungsbehörde, die über Beschwerden entscheiden oder geeignete gerichtliche Schritte einleiten kann, gegen irreführende und unzulässige vergleichende Werbung vorzugehen.

(17) Die Gerichte oder Verwaltungsbehörden sollten die Befugnis haben, die Einstellung einer irreführenden oder einer unzulässigen vergleichenden Werbung anzuordnen oder zu erwirken. In bestimmten Fällen kann es zweckmäßig sein, irreführende und unzulässige vergleichende Werbung zu untersagen, noch ehe sie veröffentlicht worden ist. Das bedeutet jedoch nicht, dass die Mitgliedstaaten verpflichtet sind, eine Regelung einzuführen, die eine systematische Vorabkontrolle der Werbung vorsieht.

(18) Freiwillige Kontrollen, die durch Einrichtungen der Selbstverwaltung zur Unterbindung irreführender und unzulässiger vergleichender Werbung durchgeführt werden, können die Einleitung eines Verwaltungs- oder Gerichtsverfahrens entbehrlich machen und sollten deshalb gefördert werden.

(19) Zwar wird die Beweislast vom nationalen Recht bestimmt, die Gerichte und Verwaltungsbehörden sollten aber in die Lage versetzt werden, von Gewerbetreibenden zu verlangen, den Beweis für die Richtigkeit der von ihnen behaupteten Tatsachen zu erbringen.

(20) Die Regelung der vergleichenden Werbung ist für das reibungslose Funktionieren des Binnenmarktes erforderlich, und eine Aktion auf Gemeinschaftsebene ist daher notwendig. Eine Richtlinie ist das geeignete Instrument, da sie einheitliche allgemeine Prinzipien festlegt, es aber den Mitgliedstaaten überlässt, die Form und die geeignete Methode zu wählen, um diese Ziele zu erreichen. Sie entspricht dem Subsidiaritätsprinzip.

(21) Die vorliegende Richtlinie sollte die Verpflichtungen der Mitgliedstaaten hinsichtlich der in Anhang I Teil B genannten Fristen für die Umsetzung der dort genannten Richtlinien in innerstaatliches Recht und für die Anwendung dieser Richtlinien unberührt lassen –
HABEN FOLGENDE RICHTLINIE ERLASSEN:

---

[1] **[Amtl. Anm.:]** ABl. L 93 vom 31. 3. 2006, S. 12.
[2] **[Amtl. Anm.:]** ABl. L 40 vom 11. 2. 1989, S. 1. Geändert durch den Beschluss 92/10/EWG (ABl. L 6 vom 11. 1. 1992, S. 35).

Art. 1 [Zweck der Richtlinie]

Zweck dieser Richtlinie ist der Schutz von Gewerbetreibenden vor irreführender Werbung und deren unlauteren Auswirkungen sowie die Festlegung der Bedingungen für zulässige vergleichende Werbung.

Art. 2 [Begriffsdefinitionen]

Im Sinne dieser Richtlinie bedeutet

a) „Werbung" jede Äußerung bei der Ausübung eines Handels, Gewerbes, Handwerks oder freien Berufs mit dem Ziel, den Absatz von Waren oder die Erbringung von Dienstleistungen, einschließlich unbeweglicher Sachen, Rechte und Verpflichtungen, zu fördern;

b) „irreführende Werbung" jede Werbung, die in irgendeiner Weise – einschließlich ihrer Aufmachung – die Personen, an die sie sich richtet oder die von ihr erreicht werden, täuscht oder zu täuschen geeignet ist und die infolge der ihr innewohnenden Täuschung ihr wirtschaftliches Verhalten beeinflussen kann oder aus diesen Gründen einen Mitbewerber schädigt oder zu schädigen geeignet ist;

c) „vergleichende Werbung" jede Werbung, die unmittelbar oder mittelbar einen Mitbewerber oder die Erzeugnisse oder Dienstleistungen, die von einem Mitbewerber angeboten werden, erkennbar macht;

d) „Gewerbetreibender" jede natürliche oder juristische Person, die im Rahmen ihrer gewerblichen, handwerklichen oder beruflichen Tätigkeit handelt, und jede Person, die im Namen oder Auftrag des Gewerbetreibenden handelt;

e) „Urheber eines Kodex" jede Rechtspersönlichkeit, einschließlich einzelner Gewerbetreibender oder Gruppen von Gewerbetreibenden, die für die Formulierung und Überarbeitung eines Verhaltenskodex und/oder für die Überwachung der Einhaltung dieses Kodex durch alle diejenigen, die sich darauf verpflichtet haben, zuständig ist.

Art. 3 [Beurteilungsgrundlage]

Bei der Beurteilung der Frage, ob eine Werbung irreführend ist, sind alle ihre Bestandteile zu berücksichtigen, insbesondere in ihr enthaltene Angaben über:

a) die Merkmale der Waren oder Dienstleistungen wie Verfügbarkeit, Art, Ausführung, Zusammensetzung, Verfahren und Zeitpunkt der Herstellung oder Erbringung, die Zwecktauglichkeit, Verwendungsmöglichkeit, Menge, Beschaffenheit, die geographische oder kommerzielle Herkunft oder die von der Verwendung zu erwartenden Ergebnisse oder die Ergebnisse und wesentlichen Bestandteile von Tests der Waren oder Dienstleistungen;

b) den Preis oder die Art und Weise, in der er berechnet wird, und die Bedingungen unter denen die Waren geliefert oder die Dienstleistungen erbracht werden;

c) die Art, die Eigenschaften und die Rechte des Werbenden, wie seine Identität und sein Vermögen, seine Befähigungen und seine gewerblichen, kommerziellen oder geistigen Eigentumsrechte oder seine Auszeichnungen oder Ehrungen.

Art. 4 [Vergleichende Werbung]

Vergleichende Werbung gilt, was den Vergleich anbelangt, als zulässig, sofern folgende Bedingungen erfüllt sind:

a) Sie ist nicht irreführend im Sinne der Artikel 2 Buchstabe b, Artikel 3 und Artikel 8 Absatz 1 der vorliegenden Richtlinie oder im Sinne der Artikel 6 und 7 der Richtlinie 2005/29/EG des Europäischen Parlaments und des Rates vom 11. Mai 2005 über unlautere Geschäftspraktiken im binnenmarktinternen Geschäftsverkehr zwischen Unternehmen und Verbrauchern (Richtlinie über unlautere Geschäftspraktiken)[1)];

b) sie vergleicht Waren oder Dienstleistungen für den gleichen Bedarf oder dieselbe Zweckbestimmung;

c) sie vergleicht objektiv eine oder mehrere wesentliche, relevante, nachprüfbare und typische Eigenschaften dieser Waren und Dienstleistungen, zu denen auch der Preis gehören kann;

d) durch sie werden weder die Marken, die Handelsnamen oder andere Unterscheidungszeichen noch die Waren, die Dienstleistungen, die Tätigkeiten oder die Verhältnisse eines Mitbewerbers herabgesetzt oder verunglimpft;

[1)] **[Amtl. Anm.:]** ABl. L 149 vom 11. 6. 2005, S. 22.

e) bei Waren mit Ursprungsbezeichnung bezieht sie sich in jedem Fall auf Waren mit der gleichen Bezeichnung;

f) sie nutzt den Ruf einer Marke, eines Handelsnamens oder anderer Unterscheidungszeichen eines Mitbewerbers oder der Ursprungsbezeichnung von Konkurrenzerzeugnissen nicht in unlauterer Weise aus;

g) sie stellt nicht eine Ware oder eine Dienstleistung als Imitation oder Nachahmung einer Ware oder Dienstleistung mit geschützter Marke oder geschütztem Handelsnamen dar;

h) sie begründet keine Verwechslungsgefahr bei den Gewerbetreibenden, zwischen dem Werbenden und einem Mitbewerber oder zwischen den Warenzeichen, Warennamen, sonstigen Kennzeichen, Waren oder Dienstleistungen des Werbenden und denen eines Mitbewerbers.

Art. 5 [Sanktionsmittel; Regularien; Befugnisse]

(1) Die Mitgliedstaaten stellen im Interesse der Gewerbetreibenden und ihrer Mitbewerber sicher, dass geeignete und wirksame Mittel zur Bekämpfung der irreführenden Werbung vorhanden sind, und gewährleisten die Einhaltung der Bestimmungen über vergleichende Werbung.

Diese Mittel umfassen Rechtsvorschriften, die es den Personen oder Organisationen, die nach dem nationalen Recht ein berechtigtes Interesse am Verbot irreführender Werbung oder an der Regelung vergleichender Werbung haben, gestatten,

a) gerichtlich gegen eine solche Werbung vorzugehen
oder

b) eine solche Werbung vor eine Verwaltungsbehörde zu bringen, die zuständig ist, über Beschwerden zu entscheiden oder geeignete gerichtliche Schritte einzuleiten.

(2) Es obliegt jedem Mitgliedstaat zu entscheiden, welches der in Absatz 1 Unterabsatz 2 genannten Mittel gegeben sein soll und ob das Gericht oder die Verwaltungsbehörden ermächtigt werden sollen, vorab die Durchführung eines Verfahrens vor anderen bestehenden Einrichtungen zur Regelung von Beschwerden, einschließlich der in Artikel 6 genannten Einrichtungen, zu verlangen.

Es obliegt jedem Mitgliedstaat zu entscheiden,

a) ob sich diese Rechtsbehelfe getrennt oder gemeinsam gegen mehrere Gewerbetreibende desselben Wirtschaftssektors richten können
und

b) ob sich diese Rechtsbehelfe gegen den Urheber eines Verhaltenskodex richten können, wenn der betreffende Kodex der Nichteinhaltung rechtlicher Vorschriften Vorschub leistet.

(3) Im Rahmen der in den Absätzen 1 und 2 genannten Vorschriften übertragen die Mitgliedstaaten den Gerichten oder Verwaltungsbehörden Befugnisse, die sie ermächtigen, in Fällen, in denen sie diese Maßnahmen unter Berücksichtigung aller betroffenen Interessen und insbesondere des Allgemeininteresses für erforderlich halten,

a) die Einstellung einer irreführenden oder unzulässigen vergleichenden Werbung anzuordnen oder geeignete gerichtliche Schritte zur Veranlassung der Einstellung dieser Werbung einzuleiten,
oder

b) sofern eine irreführende oder unzulässige vergleichende Werbung noch nicht veröffentlicht ist, die Veröffentlichung aber bevorsteht, die Veröffentlichung zu verbieten oder geeignete gerichtliche Schritte einzuleiten, um das Verbot dieser Veröffentlichung anzuordnen.

Unterabsatz 1 soll auch angewandt werden, wenn kein Beweis eines tatsächlichen Verlustes oder Schadens oder der Absicht oder Fahrlässigkeit seitens des Werbenden erbracht wird.

Die Mitgliedstaaten sehen vor, dass die in Unterabsatz 1 bezeichneten Maßnahmen nach ihrem Ermessen im Rahmen eines beschleunigten Verfahrens entweder mit vorläufiger oder mit endgültiger Wirkung getroffen werden.

(4) Die Mitgliedstaaten können den Gerichten oder Verwaltungsbehörden Befugnisse übertragen, die es diesen gestatten, zur Ausräumung der fortdauernden Wirkung einer irreführenden oder unzulässigen vergleichenden Werbung, deren Einstellung durch eine rechtskräftige Entscheidung angeordnet worden ist,

a) die Veröffentlichung dieser Entscheidung ganz oder auszugsweise und in der von ihnen für angemessen erachteten Form zu verlangen;

b) außerdem die Veröffentlichung einer berichtigenden Erklärung zu verlangen.

(5) Die in Absatz 1 Unterabsatz 2 Buchstabe b genannten Verwaltungsbehörden müssen
a) so zusammengesetzt sein, dass ihre Unparteilichkeit nicht in Zweifel gezogen werden kann;
b) ausreichende Befugnisse haben, die Einhaltung ihrer Entscheidungen wirksam zu überwachen und durchzusetzen, sofern sie über die Beschwerden entscheiden;
c) in der Regel ihre Entscheidungen begründen.

(6) [1] Werden die in den Absätzen 3 und 4 genannten Befugnisse ausschließlich von einer Verwaltungsbehörde ausgeübt, sind die Entscheidungen stets zu begründen. [2] In diesem Fall sind Verfahren vorzusehen, in denen eine fehlerhafte oder unsachgemäße Ausübung der Befugnisse durch die Verwaltungsbehörde oder eine ungerechtfertigte oder unsachgemäße Unterlassung, diese Befugnisse auszuüben, von den Gerichten überprüft werden kann.

Art. 6 [Freiwillige Kontrolle]

[1] Diese Richtlinie schließt die freiwillige Kontrolle irreführender oder vergleichender Werbung durch Einrichtungen der Selbstverwaltung oder die Inanspruchnahme dieser Einrichtungen durch die in Artikel 5 Absatz 1 Unterabsatz 2 genannten Personen oder Organisationen nicht aus, unter der Bedingung, dass entsprechende Verfahren vor solchen Einrichtungen zusätzlich zu den in Artikel 5 Absatz 1 Unterabsatz 2 genannten Gerichts- oder Verwaltungsverfahren zur Verfügung stehen. [2] Die Mitgliedstaaten können diese freiwillige Kontrolle fördern.

Art. 7 [Übertragung von Befugnissen]

Die Mitgliedstaaten übertragen den Gerichten oder Verwaltungsbehörden Befugnisse, die sie ermächtigen, in den in Artikel 5 genannten Verfahren vor den Zivilgerichten oder Verwaltungsbehörden
a) vom Werbenden Beweise für die Richtigkeit von in der Werbung enthaltenen Tatsachenbehauptungen zu verlangen, wenn ein solches Verlangen unter Berücksichtigung der berechtigten Interessen des Werbenden und anderer Verfahrensbeteiligter im Hinblick auf die Umstände des Einzelfalls angemessen erscheint, und bei vergleichender Werbung vom Werbenden zu verlangen, die entsprechenden Beweise kurzfristig vorzulegen,
sowie
b) Tatsachenbehauptungen als unrichtig anzusehen, wenn der gemäß Buchstabe a verlangte Beweis nicht angetreten wird oder wenn er von dem Gericht oder der Verwaltungsbehörde für unzureichend erachtet wird.

Art. 8 [Geltungsbereich]

(1) Diese Richtlinie hindert die Mitgliedstaaten nicht daran, Bestimmungen aufrechtzuerhalten oder zu erlassen, die bei irreführender Werbung einen weiterreichenden Schutz der Gewerbetreibenden und Mitbewerber vorsehen.
Unterabsatz 1 gilt nicht für vergleichende Werbung, soweit es sich um den Vergleich handelt.
(2) Diese Richtlinie gilt unbeschadet der Rechtsvorschriften der Gemeinschaft, die auf die Werbung für bestimmte Waren und/oder Dienstleistungen anwendbar sind, sowie unbeschadet der Beschränkungen oder Verbote für die Werbung in bestimmten Medien.
(3) [1] Aus den die vergleichende Werbung betreffenden Bestimmungen dieser Richtlinie ergibt sich keine Verpflichtung für diejenigen Mitgliedstaaten, die unter Einhaltung der Vorschriften des Vertrags ein Werbeverbot für bestimmte Waren oder Dienstleistungen aufrechterhalten oder einführen, vergleichende Werbung für diese Waren oder Dienstleistungen zuzulassen; dies gilt sowohl für unmittelbar ausgesprochene Verbote als auch für Verbote durch eine Einrichtung oder Organisation, die gemäß den Rechtsvorschriften des Mitgliedstaats für die Regelung eines Handels, Gewerbes, Handwerks oder freien Berufs zuständig ist. [2] Sind diese Verbote auf bestimmte Medien beschränkt, so gilt diese Richtlinie für diejenigen Medien, die nicht unter diese Verbote fallen.
(4) Diese Richtlinie hindert die Mitgliedstaaten nicht daran, unter Einhaltung der Bestimmungen des Vertrags Verbote oder Beschränkungen für die Verwendung von Vergleichen in der Werbung für Dienstleistungen freier Berufe aufrechtzuerhalten oder einzuführen, und zwar unabhängig davon, ob diese Verbote oder Beschränkungen unmittelbar auferlegt oder von einer Einrichtung oder Organisation verfügt werden, die nach dem Recht der Mitgliedstaaten für die Regelung der Ausübung einer beruflichen Tätigkeit zuständig ist.

Art. 9 [Mitteilung]

Die Mitgliedstaaten teilen der Kommission den Wortlaut der wichtigsten innerstaatlichen Rechtsvorschriften mit, die sie auf dem unter diese Richtlinie fallenden Gebiet erlassen.

Art. 10 [Übergangsbestimmungen]

Die Richtlinie 84/450/EWG wird unbeschadet der Verpflichtungen der Mitgliedstaaten hinsichtlich der in Anhang I Teil B genannten Fristen für die Umsetzung der dort genannten Richtlinien in innerstaatliches Recht und für die Anwendung dieser Richtlinien aufgehoben.

Verweisungen auf die aufgehobene Richtlinie gelten als Verweisungen auf die vorliegende Richtlinie und sind nach Maßgabe der Entsprechungstabelle in Anhang II zu lesen.

Art. 11 [In-Kraft-Treten]

Diese Richtlinie tritt am 12. Dezember 2007 in Kraft.

Art. 12 [Geltungsbereich]

Diese Richtlinie ist an alle Mitgliedstaaten gerichtet.

Anhang I

Teil A Aufgehobene Richtlinie mit ihren nachfolgenden Änderungen

Richtlinie 84/450/EWG des Rates
(ABl. L 250 vom 19. 9. 1984, S. 17)
Richtlinie 97/55/EG des Europäischen Parlaments und des Rates
(ABl. L 290 vom 23. 10. 1997, S. 18)
Richtlinie 2005/29/EG des Europäischen Parlaments und des Rates   nur Artikel 14
(ABl. L 149 vom 11. 6. 2005, S. 22)

Teil B Fristen für die Umsetzung in innerstaatliches Recht und Anwendungsfristen

(gemäß Artikel 10)

Richtlinie	Umsetzungsfrist	Anpassungsdatum
84/450/EWG	1. Oktober 1986	–
97/55/EG	23. April 2000	–
2005/29/EG	12. Juni 2007	12. Dezember 2007

Anhang II
Entsprechungstabelle

Richtlinie 84/450/EWG	Vorliegende Richtlinie
Artikel 1	Artikel 1
Artikel 2 einleitende Worte	Artikel 2 einleitende Worte
Artikel 2 Nummer 1	Artikel 2 Buchstabe a)
Artikel 2 Nummer 2	Artikel 2 Buchstabe b)
Artikel 2 Nummer 2a	Artikel 2 Buchstabe c)
Artikel 2 Nummer 3	Artikel 2 Buchstabe d)
Artikel 2 Nummer 4	Artikel 2 Buchstabe e)
Artikel 3	Artikel 3

Richtlinie 84/450/EWG	Vorliegende Richtlinie
Artikel 3 a Absatz 1	Artikel 4
Artikel 4 Absatz 1 Unterabsatz 1 Satz 1	Artikel 5 Absatz 1 Unterabsatz 1
Artikel 4 Absatz 1 Unterabsatz 1 Satz 2	Artikel 5 Absatz 1 Unterabsatz 2
Artikel 4 Absatz 1 Unterabsatz 2	Artikel 5 Absatz 2 Unterabsatz 1
Artikel 4 Absatz 1 Unterabsatz 3	Artikel 5 Absatz 2 Unterabsatz 2
Artikel 4 Absatz 2 Unterabsatz 1 einleitende Worte	Artikel 5 Absatz 3 Unterabsatz 1 einleitende Worte
Artikel 4 Absatz 2 Unterabsatz 1 erster Gedankenstrich	Artikel 5 Absatz 3 Unterabsatz 1 Buchstabe a
Artikel 4 Absatz 2 Unterabsatz 1 zweiter Gedankenstrich	Artikel 5 Absatz 3 Unterabsatz 1 Buchstabe b
Artikel 4 Absatz 2 Unterabsatz 1 letzte Worte	Artikel 5 Absatz 3 Unterabsatz 2
Artikel 4 Absatz 2 Unterabsatz 2 einleitende Worte	Artikel 5 Absatz 3 Unterabsatz 3
Artikel 4 Absatz 2 Unterabsatz 2 erster Gedankenstrich	Artikel 5 Absatz 3 Unterabsatz 3
Artikel 4 Absatz 2 Unterabsatz 2 zweiter Gedankenstrich	Artikel 5 Absatz 3 Unterabsatz 3
Artikel 4 Absatz 2 Unterabsatz 2 letzte Worte	Artikel 5 Absatz 3 Unterabsatz 3
Artikel 4 Absatz 2 Unterabsatz 3 einleitende Worte	Artikel 5 Absatz 4 einleitende Worte
Artikel 4 Absatz 2 Unterabsatz 3 erster Gedankenstrich	Artikel 5 Absatz 4 Buchstabe a
Artikel 4 Absatz 2 Unterabsatz 3 zweiter Gedankenstrich	Artikel 5 Absatz 4 Buchstabe b
Artikel 4 Absatz 3 Unterabsatz 1	Artikel 5 Absatz 5
Artikel 4 Absatz 3 Unterabsatz 2	Artikel 5 Absatz 6
Artikel 5	Artikel 6
Artikel 6	Artikel 7
Artikel 7 Absatz 1	Artikel 8 Absatz 1 Unterabsatz 1
Artikel 7 Absatz 2	Artikel 8 Absatz 1 Unterabsatz 2
Artikel 7 Absatz 3	Artikel 8 Absatz 2
Artikel 7 Absatz 4	Artikel 8 Absatz 3
Artikel 7 Absatz 5	Artikel 8 Absatz 4
Artikel 8 Absatz 1	–
Artikel 8 Absatz 2	Artikel 9
–	Artikel 10
–	Artikel 11
Artikel 9	Artikel 12
–	Anhang I
–	Anhang II

3. Richtlinie 97/7/EG des Europäischen Parlaments und des Rates vom 20. Mai 1997 über den Verbraucherschutz bei Vertragsabschlüssen im Fernabsatz

ABl Nr L 144 S 19
zuletzt geändert durch Art 89 RL 2007/64/EG vom 13. November 2007 (ABl Nr L 319 S 1)

Übersicht

	Art.
Gegenstand	1
Definitionen	2
Ausnahmen	3
Vorherige Unterrichtung	4
Schriftliche Bestätigung der Informationen	5
Widerrufsrecht	6
Erfüllung des Vertrags	7
Zahlung mittels Karte	8
Unbestellte Waren oder Dienstleistungen	9
Beschränkungen in der Verwendung bestimmter Fernkommunikationstechniken	10
Rechtsbehelfe bei Gericht oder Verwaltungsbehörden	11
Unabdingbarkeit	12
Gemeinschaftsbestimmungen	13
Mindestklauseln	14
Durchführung	15
Unterrichtung der Verbraucher	16
Beschwerdesysteme	17
Inkrafttreten	18
Adressaten	19

Anhang 1. Kommunikationstechniken nach Artikel 2 Nummer 4
Erklärung des Rates und des Parlaments zu Artikel 6 Absatz 1
Erklärung der Kommission zu Artikel 3 Absatz 1 erster Gedankenstrich

DAS EUROPÄISCHE PARLAMENT UND DER RAT DER EUROPÄISCHEN UNION –
gestützt auf den Vertrag zur Gründung der Europäischen Gemeinschaft, insbesondere auf Artikel 100 a,

auf Vorschlag der Kommission[1)],

nach Stellungnahme des Wirtschafts- und Sozialausschusses[2)],

gemäß dem Verfahren des Artikels 189 b[3)] des Vertrags[4)], auf Grund des am 27. November 1996 vom Vermittlungsausschuss gebilligten gemeinsamen Entwurfs,

in Erwägung nachstehender Gründe:

(1) Im Rahmen der Verwirklichung der Ziele des Binnenmarkts sind geeignete Maßnahmen zu dessen schrittweiser Festigung zu ergreifen.

(2) Der freie Verkehr von Waren und Dienstleistungen betrifft nicht nur den gewerblichen Handel, sondern auch Privatpersonen. Er bedeutet für den Verbraucher, daß dieser zu den Gütern und Dienstleistungen eines anderen Mitgliedstaats zu den gleichen Bedingungen Zugang hat wie die Bevölkerung dieses Staates.

[1)] **Amtl. Anm.:** ABl. Nr. C 156 vom 23. 6. 1992, S. 14 und ABl. Nr. C 308 vom 15. 11. 1993, S. 18.
[2)] **Amtl. Anm.:** ABl. Nr. C 19 vom 25. 1. 1993, S. 111.
[3)] Nunmehr Art. 251 EGV [Nr. **9**] durch den Vertrag von Amsterdam v. 2. 10. 1997 (BGBl. 1998 II S. 386).
[4)] **Amtl. Anm.:** Stellungnahme des Europäischen Parlaments vom 26. Mai 1993 (ABl. Nr. C 176 vom 28. 6. 1993, S. 95), gemeinsamer Standpunkt des Rates vom 29. Juni 1995 (ABl. Nr. C 288 vom 30. 10. 1995, S. 1) und Beschluss des Europäischen Parlaments vom 13. Dezember 1995 (ABl. Nr. C 17 vom 22. 1. 1996, S. 51). Entscheidung des Europäischen Parlaments vom 16. Januar 1997 und Entscheidung des Rates vom 20. Januar 1997.

(3) Die Vollendung des Binnenmarkts kann für den Verbraucher besonders im grenzüberschreitenden Fernabsatz sichtbar zum Ausdruck kommen, wie dies unter anderem in der Mitteilung der Kommission an den Rat „Auf dem Weg zu einem Binnenmarkt für den Handel" festgestellt wurde. Es ist für das reibungslose Funktionieren des Binnenmarkts unabdingbar, daß der Verbraucher sich an ein Unternehmen außerhalb seines Landes wenden kann, auch wenn dieses Unternehmen über eine Filiale in dem Land verfügt, m dem der Verbraucher lebt.

(4) Mit der Einführung neuer Technologien erhalten die Verbraucher einen immer besseren Überblick über das Angebot in der ganzen Gemeinschaft und zahlreiche neue Möglichkeiten, Bestellungen zu tätigen. Einige Mitgliedstaaten haben bereits unterschiedliche oder abweichende Verbraucherschutzbestimmungen für den Fernabsatz erlassen, was negative Auswirkungen auf den Wettbewerb zwischen den Unternehmen im Binnenmarkt zur Folge hat. Es ist daher geboten, auf Gemeinschaftsebene eine Mindestzahl gemeinsamer Regeln in diesem Bereich einzuführen.

(5) Unter den Nummern 18 und 19 des Anhangs zur Entschließung des Rates vom 14. April 1975 über das erste Programm der Europäischen Wirtschaftsgemeinschaft für eine Politik zum Schutz und zur Information der Verbraucher[1] wird von der Notwendigkeit gesprochen, die Käufer von Gütern oder Dienstleistungen vor der Forderung nach Zahlung nicht bestellter Waren und vor aggressiven Verkaufsmethoden zu schützen.

(6) In der Mitteilung der Kommission an den Rat mit dem Titel „Neuer Impuls für die Verbraucherschutzpolitik", die durch die Entschließung des Rates vom 23. Juni 1986[2] gebilligt wurde, wird unter Nummer 33 erklärt, dass die Kommission Vorschläge zur Verwendung neuer Informationstechnologien unterbreiten wird, die es den Verbrauchern ermöglichen, Bestellungen an einen Lieferer von zu Hause aus zu tätigen.

(7) In der Entschließung des Rates vom 9. November 1989 über künftige Prioritäten bei der Neubelebung der Verbraucherschutzpolitik[3] wird die Kommission aufgefordert, ihre Bemühungen vor allem auf die im Anhang der Entschließung angegebenen Bereiche zu konzentrieren. In diesem Anhang werden die neuen Technologien, die den Fernabsatz ermöglichen, erwähnt. Die Kommission ist dieser Entschließung durch die Annahme eines „Dreijahresplans für die Verbraucherpolitik in der EWG (1990–1992)" nachgekommen; dieser Plan sieht die Verabschiedung einer diesbezüglichen Richtlinie vor.

(8) Die Frage, welche Sprachen bei Vertragsabschlüssen im Fernabsatz zu verwenden sind, fällt in die Zuständigkeit der Mitgliedstaaten.

(9) Der Abschluß von Verträgen im Fernabsatz ist durch die Verwendung einer oder mehrerer Fernkommunikationstechniken gekennzeichnet. Diese verschiedenen Techniken werden im Rahmen eines für den Fernabsatz organisierten Vertriebs- bzw. Dienstleistungssystems ohne gleichzeitige Anwesenheit des Lieferers oder Dienstleistungserbringers und des Verbrauchers eingesetzt. Aufgrund ihrer ständigen Weiterentwicklung können diese Techniken nicht in einer erschöpfenden Liste erfaßt werden; es ist daher notwendig, brauchbare Prinzipien auch für die wenig verwendeten unter ihnen festzulegen.

(10) Dieselbe Transaktion, die sukzessive Vorgänge oder eine Reihe von getrennten Vorgängen, die sich über einen bestimmten Zeitraum erstrecken, umfaßt, kann je nach Gesetzeslage in den Mitgliedstaaten in rechtlicher Hinsicht unterschiedlich ausgestaltet sein. Die Bestimmungen dieser Richtlinie können – vorbehaltlich der Inanspruchnahme von Artikel 14 – nicht unterschiedlich je nach den Rechtsvorschriften der Mitgliedstaaten angewandt werden. Es erscheint deshalb angebracht, daß den Bestimmungen der Richtlinie zumindest zu dem Zeitpunkt nachgekommen werden muß, zu dem der erste einer Reihe von sukzessiven Vorgängen oder der erste einer Reihe von getrennten Vorgängen erfolgt, die sich über einen bestimmten Zeitraum erstrecken und als ein Gesamtvorgang gelten können, und zwar ungeachtet, ob dieser Vorgang oder diese Reihe von Vorgängen Gegenstand eines einzigen Vertrags oder aufeinanderfolgender getrennter Verträge ist.

(11) Die Verwendung dieser Techniken darf nicht zu einer Verringerung der dem Verbraucher vermittelten Informationen führen. Es sind daher die Informationen festzulegen, die dem Verbraucher unabhängig von der verwendeten Kommunikationstechnik zwingend übermittelt werden müssen. Außerdem muß die Übermittlung dieser Informationen entsprechend den

---

[1] **Amtl. Anm.:** ABl. Nr. C 92 vom 25. 4. 1975, S. 1.
[2] **Amtl. Anm.:** ABl. Nr. C 167 vom 5. 7. 1986, S. 1.
[3] **Amtl. Anm.:** ABl. Nr. C 294 vom 22. 11. 1989, S. 1.

sonstigen einschlägigen Gemeinschaftsvorschriften erfolgen, und zwar insbesondere gemäß der Richtlinie 84/450/EWG des Rates vom 10. September 1984 über die Angleichung der Rechts- und Verwaltungsvorschriften der Mitgliedstaaten auf dem Gebiet der irreführenden Werbung[1]. Falls Ausnahmen von der Verpflichtung zur Übermittlung von Informationen gemacht werden, obliegt es dem Verbraucher, nach seiner Wahl bestimmte grundlegende Angaben wie Identität des Lieferers, wesentliche Eigenschaften und Preis der Waren oder Dienstleistungen zu verlangen.

(12) Bei Benutzung des Telefons sollte der Verbraucher zu Beginn des Gesprächs genügend Informationen erhalten, um zu entscheiden, ob er das Gespräch fortsetzen will oder nicht.

(13) Die mit Hilfe bestimmter elektronischer Technologien verbreitete Information ist häufig nicht beständig, soweit sie nicht auf einem dauerhaften Datenträger empfangen wird. Infolgedessen ist es notwendig, daß der Verbraucher rechtzeitig schriftlich Informationen erhält, die zur korrekten Ausführung des Vertrags erforderlich sind.

(14) Der Verbraucher hat in der Praxis keine Möglichkeit, vor Abschluß des Vertrags das Erzeugnis zu sehen oder die Eigenschaften der Dienstleistung im einzelnen zur Kenntnis zu nehmen. Daher sollte ein Widerrufsrecht bestehen, sofern in dieser Richtlinie nicht etwas anderes bestimmt ist. Damit es sich um mehr als ein bloß formales Recht handelt, müssen die Kosten, die, wenn überhaupt, vom Verbraucher im Fall der Ausübung des Widerrufsrechts getragen werden, auf die unmittelbaren Kosten der Rücksendung der Waren begrenzt werden. Das Widerrufsrecht berührt nicht die von den einzelstaatlichen Rechten vorgesehenen Rechte des Verbrauchers, insbesondere bei Erhalt von beschädigten Erzeugnissen oder unzulänglichen Dienstleistungen oder Erzeugnissen und Dienstleistungen, die mit der entsprechenden Beschreibung in der Aufforderung nicht übereinstimmen. Es ist Sache der Mitgliedstaaten, weitere Bedingungen und Einzelheiten für den Fall der Ausübung des Widerrufsrechts festzulegen.

(15) Ebenso ist eine Frist für die Erfüllung des Vertrags vorzusehen, wenn sie nicht bei der Bestellung festgelegt worden ist.

(16) Die Absatztechnik, die darin besteht, dem Verbraucher ohne vorherige Bestellung oder ohne ausdrückliches Einverständnis gegen Entgelt Waren zu liefern oder Dienstleistungen zu erbringen, ist als nicht zulässig anzusehen, es sei denn, es handele sich um eine Ersatzlieferung.

(17) Die in den Artikeln 8 und 10 der Europäischen Konvention zum Schutz der Menschenrechte und Grundfreiheiten vom 4. November 1950 festgelegten Prinzipien sind zu berücksichtigen. Es ist daher angezeigt, dem Verbraucher ein Recht auf den Schutz des Privatlebens, insbesondere vor Belästigungen durch gewisse besonders aufdringliche Kommunikationstechniken, zuzuerkennen und mithin die spezifischen Grenzen der Nutzung solcher Techniken genau zu bestimmen. Die Mitgliedstaaten sollten die geeigneten Maßnahmen ergreifen, um die Verbraucher, die keine Kontaktaufnahme durch bestimmte Kommunikationsmittel wünschen, auf wirksame Weise vor derartigen Kontakten zu schützen, und zwar ohne Beeinträchtigung der zusätzlichen Garantien, die dem Verbraucher aufgrund gemeinschaftlicher Regelungen über den Schutz personenbezogener Daten und der Privatsphäre zustehen.

(18) Es ist wichtig, daß die verbindlichen Grundregeln dieser Richtlinie im Einklang mit der Empfehlung 92/295/EWG der Kommission vom 7. April 1992 über Verhaltenskodizes zum Verbraucherschutz bei Vertragsabschlüssen im Fernabsatz[2] gegebenenfalls durch freiwillige Bestimmungen der betreffenden Berufszweige ergänzt werden.

(19) Im Hinblick auf einen optimalen Verbraucherschutz ist es wichtig, daß der Verbraucher in ausreichendem Umfang über die Bestimmungen dieser Richtlinie und etwaige Verhaltenskodizes auf diesem Gebiet unterrichtet wird.

(20) Die Nichteinhaltung der Bestimmungen dieser Richtlinie kann den Verbrauchern, aber auch Mitbewerbern, schaden. Es können daher Bestimmungen vorgesehen werden, die es öffentlichen Einrichtungen oder deren Vertretern oder Verbraucherverbänden, die nach dem innerstaatlichen Recht ein berechtigtes Interesse am Schutz der Verbraucher haben, oder Berufsverbänden mit berechtigtem Interesse erlauben, auf Anwendung dieser Richtlinie zu dringen.

(21) Im Hinblick auf den Verbraucherschutz ist es wichtig, die Frage grenzüberschreitender Beschwerden so bald wie möglich zu behandeln. Die Kommission hat am 14. Februar 1996 einen Aktionsplan für den Zugang der Verbraucher zum Recht und die Beilegung von Rechtsstreitigkeiten der Verbraucher im Binnenmarkt veröffentlicht. Dieser Aktionsplan umfaßt spezi-

---

[1] **Amtl. Anm.:** ABl. Nr. L 250 vom 19. 9. 1984, S. 17.
[2] **Amtl. Anm.:** ABl. Nr. L 156 vom 10. 6. 1992, S. 21.

fische Initiativen zur Förderung außergerichtlicher Verfahren. Es werden objektive Kriterien (Anhang II) vorgeschlagen, um die Verläßlichkeit jener Verfahren sicherzustellen, und es wird die Verwendung von genormten Formblättern (Anhang III) vorgesehen.

(22) Bei den neuen Technologien entzieht sich die technische Seite dem Einfluß des Verbrauchers. Es ist daher vorzusehen, daß die Beweislast dem Lieferer auferlegt werden kann.

(23) In bestimmten Fällen besteht die Gefahr, daß dem Verbraucher der in dieser Richtlinie aufgestellte Schutz entzogen wird, indem das Recht eines Drittlands zum auf den Vertrag anwendbaren Recht erklärt wird. Diese Richtlinie sollte deshalb Bestimmungen enthalten, die dies ausschließen.

(24) Ein Mitgliedstaat kann im Interesse der Allgemeinheit in seinem Hoheitsgebiet die Vermarktung bestimmter Erzeugnisse und Dienstleistungen im Rahmen von Vertragsabschlüssen im Fernabsatz untersagen. Dieses Verbot muß unter Einhaltung der Rechtsvorschriften der Gemeinschaft gehandhabt werden. Entsprechende Verbote sind insbesondere im Hinblick auf Arzneimittel im Rahmen der Richtlinie 89/552/EWG des Rates vom 3. Oktober 1989 zur Koordinierung bestimmter Rechts- und Verwaltungsvorschriften der Mitgliedstaaten über die Ausübung der Fernsehtätigkeit[1] und der Richtlinie 92/28/EWG des Rates vom 31. März 1992 über die Werbung für Humanarzneimittel[2] bereits vorgesehen –

HABEN FOLGENDE RICHTLINIE ERLASSEN:

Art. 1 Gegenstand

Gegenstand dieser Richtlinie ist die Angleichung der Rechts- und Verwaltungsvorschriften der Mitgliedstaaten über Vertragsabschlüsse im Fernabsatz zwischen Verbrauchern und Lieferern.

Art. 2 Definitionen

Im Sinne dieser Richtlinie bezeichnet der Ausdruck

1. „Vertragsabschluß im Fernabsatz" jeden zwischen einem Lieferer und einem Verbraucher geschlossenen, eine Ware oder eine Dienstleistung betreffenden Vertrag, der im Rahmen eines für den Fernabsatz organisierten Vertriebs- bzw. Dienstleistungssystems des Lieferers geschlossen wird, wobei dieser für den Vertrag bis zu dessen Abschluß einschließlich des Vertragsabschlusses selbst ausschließlich eine oder mehrere Fernkommunikationstechniken verwendet;
2. „Verbraucher" jede natürliche Person, die beim Abschluß von Verträgen im Sinne dieser Richtlinie zu Zwecken handelt, die nicht ihrer gewerblichen oder beruflichen Tätigkeit zugerechnet werden können;
3. „Lieferer" jede natürliche oder juristische Person, die beim Abschluß von Verträgen im Sinne dieser Richtlinie im Rahmen ihrer gewerblichen oder beruflichen Tätigkeit handelt;
4. „Fernkommunikationstechnik" jedes Kommunikationsmittel, das zum Abschluß eines Vertrags zwischen einem Verbraucher und einem Lieferer ohne gleichzeitige körperliche Anwesenheit der Vertragsparteien eingesetzt werden kann. Eine beispielhafte Liste der Techniken im Sinne dieser Richtlinie ist in Anhang I enthalten;
5. „Betreiber einer Kommunikationstechnik" jede natürliche oder juristische Person des öffentlichen oder privaten Rechts, deren gewerbliche oder berufliche Tätigkeit darin besteht, den Lieferern eine oder mehrere Fernkommunikationstechniken zur Verfügung zu stellen.

Art. 3 Ausnahmen

(1) Diese Richtlinie gilt nicht für Verträge, die

– Finanzdienstleistungen betreffen, die unter die Richtlinie 2002/65/EG des Europäischen Parlaments und des Rates vom 23. September 2002 über den Fernabsatz von Finanzdienstleistungen an Verbraucher und zur Änderung der Richtlinie 90/619/EWG des Rates und der Richtlinien 97/7/EG und 98/27/EG[3] fallen;
– unter Verwendung von Warenautomaten oder automatisierten Geschäftsräumen geschlossen werden;

---

[1] **Amtl. Anm.:** ABl. Nr. L 298 vom 17. 10. 1989. S. 23.
[2] **Amtl. Anm.:** ABl. Nr. L 113 vom 30. 4. 1992. S. 13.
[3] **Amtl. Anm.:** ABl. L 271 vom 9. 10. 2002, S. 16.

- mit Betreibern von Telekommunikationsmitteln aufgrund der Benutzung von öffentlichen Fernsprechern geschlossen werden;
- für den Bau und den Verkauf von Immobilien geschlossen werden oder die sonstige Rechte an Immobilien mit Ausnahme der Vermietung betreffen;
- bei einer Versteigerung geschlossen werden.

(2) Die Artikel 4, 5 und 6 sowie Artikel 7 Absatz 1 gelten nicht für
- Verträge über die Lieferung von Lebensmitteln, Getränken oder sonstigen Haushaltsgegenständen des täglichen Bedarfs, die am Wohnsitz, am Aufenthaltsort oder am Arbeitsplatz eines Verbrauchers von Händlern im Rahmen häufiger und regelmäßiger Fahrten geliefert werden;
- Verträge über die Erbringung von Dienstleistungen in den Bereichen Unterbringung, Beförderung, Lieferung von Speisen und Getränken sowie Freizeitgestaltung, wenn sich der Lieferer bei Vertragsabschluß verpflichtet, die Dienstleistungen zu einem bestimmten Zeitpunkt oder innerhalb eines genau angegebenen Zeitraums zu erbringen; ausnahmsweise kann der Lieferer sich bei Freizeitveranstaltungen unter freiem Himmel das Recht vorbehalten, Artikel 7 Absatz 2 unter besonderen Umständen nicht anzuwenden.

Art. 4 Vorherige Unterrichtung

(1) Der Verbraucher muß rechtzeitig vor Abschluß eines Vertrags im Fernabsatz über folgende Informationen verfügen:

a) Identität des Lieferers und im Fall von Verträgen, bei denen eine Vorauszahlung erforderlich ist, seine Anschrift;
b) wesentliche Eigenschaften der Ware oder Dienstleistung;
c) Preis der Ware oder Dienstleistung einschließlich aller Steuern;
d) gegebenenfalls Lieferkosten;
e) Einzelheiten hinsichtlich der Zahlung und der Lieferung oder Erfüllung;
f) Bestehen eines Widerrufsrechts, außer in den in Artikel 6 Absatz 3 genannten Fällen;
g) Kosten für den Einsatz der Fernkommunikationstechnik, sofern nicht nach dem Grundtarif berechnet;
h) Gültigkeitsdauer des Angebots oder des Preises;
i) gegebenenfalls Mindestlaufzeit des Vertrags über die Lieferung von Waren oder Erbringung von Dienstleistungen, wenn dieser eine dauernde oder regelmäßig wiederkehrende Leistung zum Inhalt hat.

(2) Die Informationen nach Absatz 1, deren kommerzieller Zweck unzweideutig erkennbar sein muß, müssen klar und verständlich auf jedwede der verwendeten Fernkommunikationstechnik angepaßte Weise erteilt werden; dabei sind insbesondere die Grundsätze der Lauterkeit bei Handelsgeschäften sowie des Schutzes solcher Personen, die nach den Gesetzen der einzelnen Mitgliedstaaten nicht geschäftsfähig sind (wie zum Beispiel Minderjährige), zu beachten.

(3) Bei Telefongesprächen mit Verbrauchern ist darüber hinaus zu Beginn des Gesprächs die Identität des Lieferers und der kommerzielle Zweck des Gesprächs ausdrücklich offenzulegen.

Art. 5 Schriftliche Bestätigung der Informationen

(1) Der Verbraucher muß eine Bestätigung der Informationen gemäß Artikel 4 Absatz 1 Buchstaben a) bis f) rechtzeitig während der Erfüllung des Vertrags, bei nicht zur Lieferung an Dritte bestimmten Waren spätestens zum Zeitpunkt der Lieferung, schriftlich oder auf einem anderen für ihn verfügbaren dauerhaften Datenträger erhalten, soweit ihm diese Informationen nicht bereits vor Vertragsabschluß schriftlich oder auf einem anderen für ihn verfügbaren dauerhaften Datenträger erteilt wurden.

Auf jeden Fall ist folgendes zu übermitteln:
- schriftliche Informationen über die Bedingungen und Einzelheiten der Ausübung des Widerrufsrechts im Sinne des Artikels 6, einschließlich der in Artikel 6 Absatz 3 erster Gedankenstrich genannten Fälle;
- die geographische Anschrift der Niederlassung des Lieferers, bei der der Verbraucher seine Beanstandungen vorbringen kann;
- Informationen über Kundendienst und geltende Garantiebedingungen;
- die Kündigungsbedingungen bei unbestimmter Vertragsdauer bzw. einer mehr als einjährigen Vertragsdauer.

(2) ¹Absatz 1 ist nicht anwendbar auf Dienstleistungen, die unmittelbar durch Einsatz einer Fernkommunikationstechnik erbracht werden, sofern diese Leistungen in einem Mal erfolgen und über den Betreiber der Kommunikationstechnik abgerechnet werden. ²Allerdings muß der Verbraucher in jedem Fall die Möglichkeit haben, die geographische Anschrift der Niederlassung des Lieferers zu erfahren, bei der er seine Beanstandungen vorbringen kann.

Art. 6 Widerrufsrecht

(1) ¹Der Verbraucher kann jeden Vertragsabschluß im Fernabsatz innerhalb einer Frist von mindestens sieben Werktagen ohne Angabe von Gründen und ohne Strafzahlung widerrufen. ²Die einzigen Kosten, die dem Verbraucher infolge der Ausübung seines Widerrufsrechts auferlegt werden können, sind die unmittelbaren Kosten der Rücksendung der Waren.

Die Frist für die Wahrnehmung dieses Rechts beginnt
– bei Waren mit dem Tag ihres Eingangs beim Verbraucher, wenn die Verpflichtungen im Sinne des Artikels 5 erfüllt sind;
– bei Dienstleistungen mit dem Tag des Vertragsabschlusses oder dem Tag, an dem die Verpflichtungen im Sinne des Artikels 5 erfüllt sind, wenn dies nach Vertragsabschluß der Fall ist, sofern damit nicht die nachstehend genannte Dreimonatsfrist überschritten wird.

¹Falls der Lieferer die Bedingungen im Sinne des Artikels 5 nicht erfüllt hat, beträgt die Frist drei Monate. ²Diese Frist beginnt
– bei Waren mit dem Tag ihres Eingangs beim Verbraucher;
– bei Dienstleistungen mit dem Tag des Vertragsabschlusses.

Werden innerhalb dieser Dreimonatsfrist die Informationen gemäß Artikel 5 übermittelt, so beginnt die Frist von sieben Werktagen gemäß Unterabsatz 1 mit diesem Zeitpunkt.

(2) ¹Übt der Verbraucher das Recht auf Widerruf gemäß diesem Artikel aus, so hat der Lieferer die vom Verbraucher geleisteten Zahlungen kostenlos zu erstatten. ²Die einzigen Kosten, die dem Verbraucher infolge der Ausübung seines Widerrufsrechts auferlegt werden können, sind die unmittelbaren Kosten der Rücksendung der Waren. ³Die Erstattung hat so bald wie möglich in jedem Fall jedoch binnen 30 Tagen zu erfolgen.

(3) Sofern die Parteien nichts anderes vereinbart haben, kann der Verbraucher das in Absatz 1 vorgesehene Widerrufsrecht nicht ausüben bei
– Verträgen zur Erbringung von Dienstleistungen, deren Ausführung mit Zustimmung des Verbrauchers vor Ende der Frist von sieben Werktagen gemäß Absatz 1 begonnen hat;
– Verträgen zur Lieferung von Waren oder Erbringung von Dienstleistungen, deren Preis von der Entwicklung der Sätze auf den Finanzmärkten, auf die der Lieferer keinen Einfluß hat, abhängt;
– Verträgen zur Lieferung von Waren, die nach Kundenspezifikation angefertigt werden oder eindeutig auf die persönlichen Bedürfnisse zugeschnitten sind oder die aufgrund ihrer Beschaffenheit nicht für eine Rücksendung geeignet sind oder schnell verderben können oder deren Verfallsdatum überschritten würde;
– Verträgen zur Lieferung von Audio- oder Videoaufzeichnungen oder Software, die vom Verbraucher entsiegelt worden sind;
– Verträgen zur Lieferung von Zeitungen, Zeitschriften und Illustrierten;
– Verträgen zur Erbringung von Wett- und Lotterie-Dienstleistungen.

(4) Die Mitgliedstaaten sehen in ihren Rechtsvorschriften folgendes vor:
– Wenn der Preis einer Ware oder einer Dienstleistung vollständig oder zum Teil durch einen vom Lieferer gewährten Kredit finanziert wird, oder
– wenn dieser Preis vollständig oder zum Teil durch einen Kredit finanziert wird, der dem Verbraucher von einem Dritten aufgrund einer Vereinbarung zwischen dem Dritten und dem Lieferer gewährt wird,

wird der Kreditvertrag entschädigungsfrei aufgelöst, falls der Verbraucher von seinem Widerrufsrecht gemäß Absatz 1 Gebrauch macht.

Die Mitgliedstaaten legen die Einzelheiten der Auflösung des Kreditvertrags fest.

Art. 7 Erfüllung des Vertrags

(1) Sofern die Parteien nichts anderes vereinbart haben, hat der Lieferer die Bestellung spätestens 30 Tage nach dem Tag auszuführen, der auf den Tag, an dem der Verbraucher dem Lieferer seine Bestellung übermittelt hat, folgt.

(2) Wird ein Vertrag vom Lieferer nicht erfüllt, weil die bestellte Ware oder Dienstleistung nicht verfügbar ist, so ist der Verbraucher davon zu unterrichten, und er muß die Möglichkeit haben, sich geleistete Zahlungen möglichst bald, in jedem Fall jedoch binnen 30 Tagen, erstatten zu lassen.

(3) ^{1}Die Mitgliedstaaten können indessen vorsehen, daß der Lieferer dem Verbraucher eine qualitätsmäßig und preislich gleichwertige Ware liefern oder eine qualitätsmäßig und preislich gleichwertige Dienstleistung erbringen kann, wenn diese Möglichkeit vor Vertragsabschluß oder in dem Vertrag vorgesehen wurde. ^{2}Der Verbraucher ist von dieser Möglichkeit in klarer und verständlicher Form zu unterrichten. ^{3}Die Kosten der Rücksendung infolge der Ausübung des Widerrufsrechts gehen in diesem Fall zu Lasten des Lieferers; der Verbraucher ist davon zu unterrichten. ^{4}In diesem Fall handelt es sich bei der Lieferung einer Ware oder der Erbringung einer Dienstleistung nicht um eine unbestellte Ware oder Dienstleistung im Sinne des Artikels 9.

Art. 8 *(gestrichen)*

Art. 9 Unbestellte Waren oder Dienstleistungen

Angesichts des in der Richtlinie 2005/29/EG des Europäischen Parlaments und des Rates vom 11. Mai 2005 über unlautere Geschäftspraktiken im binnenmarktinternen Geschäftsverkehr zwischen Unternehmen und Verbrauchern[1)] festgelegten Verbots von Praktiken bezüglich unbestellter Waren oder Dienstleistungen treffen die Mitgliedstaaten die erforderlichen Maßnahmen, um den Verbraucher von jedweder Gegenleistung für den Fall zu befreien, dass unbestellte Waren geliefert oder unbestellte Dienstleistungen erbracht wurden, wobei das Ausbleiben einer Reaktion nicht als Zustimmung gilt.

Art. 10 Beschränkungen in der Verwendung bestimmter Fernkommunikationstechniken

(1) Die Verwendung folgender Techniken durch den Lieferer bedarf der vorherigen Zustimmung des Verbrauchers:

– Kommunikation mit Automaten als Gesprächspartner (Voice-Mail-System);
– Fernkopie (Telefax).

(2) Die Mitgliedstaaten tragen dafür Sorge, daß Fernkommunikationstechniken, die eine individuelle Kommunikation erlauben, mit Ausnahme der in Absatz 1 genannten Techniken, nur dann verwendet werden dürfen, wenn der Verbraucher ihre Verwendung nicht offenkundig abgelehnt hat.

Art. 11 Rechtsbehelfe bei Gericht oder Verwaltungsbehörden

(1) Die Mitgliedstaaten sorgen im Interesse der Verbraucher für geeignete und wirksame Mittel, die die Einhaltung der Bestimmungen dieser Richtlinie gewährleisten.

(2) Die in Absatz 1 genannten Mittel schließen Rechtsvorschriften ein, wonach eine oder mehrere der folgenden, im innerstaatlichen Recht festzulegenden Einrichtungen im Einklang mit den innerstaatlichen Rechtsvorschriften die Gerichte oder die zuständigen Verwaltungsbehörden anrufen können, um die Anwendung der innerstaatlichen Vorschriften zur Umsetzung dieser Richtlinie zu erreichen:

a) Öffentliche Einrichtungen oder ihre Vertreter;
b) Verbraucherverbände, die ein berechtigtes Interesse am Schutz der Verbraucher haben;
c) Berufsverbände mit berechtigtem Interesse.

(3)

a) Die Mitgliedstaaten können bestimmen, daß der Nachweis, daß eine vorherige Unterrichtung stattfand, eine schriftliche Bestätigung erfolgte oder die Fristen eingehalten wurden und die Zustimmung des Verbrauchers erteilt wurde, dem Lieferer obliegen kann.

[1)] **Amtl. Anm.:** ABl. L 149 vom 11. 6. 2005, S. 22.

b) Die Mitgliedstaaten treffen die erforderlichen Maßnahmen, um sicherzustellen, daß die Lieferer und die Betreiber von Kommunikationstechniken, sofern sie hierzu in der Lage sind, Praktiken unterlassen, die nicht mit den gemäß dieser Richtlinie erlassenen Bestimmungen im Einklang stehen.

(4) Die Mitgliedstaaten können zusätzlich zu den Mitteln, die sie zur Gewährleistung der Einhaltung der Bestimmungen dieser Richtlinie vorsehen müssen, eine freiwillige Kontrolle der Einhaltung der Bestimmungen dieser Richtlinie durch unabhängige Einrichtungen sowie die Inanspruchnahme solcher Einrichtungen zwecks Streitschlichtung vorsehen.

Art. 12 Unabdingbarkeit

(1) Der Verbraucher kann auf die Rechte, die ihm aufgrund der Umsetzung dieser Richtlinie in innerstaatliches Recht zustehen, nicht verzichten.

(2) Die Mitgliedstaaten ergreifen die erforderlichen Maßnahmen, damit der Verbraucher den durch diese Richtlinie gewährten Schutz nicht verliert, wenn das Recht eines Drittlands als das auf den Vertrag anzuwendende Recht gewählt wurde und der Vertrag einen engen Zusammenhang mit dem Gebiet eines oder mehrerer Mitgliedstaaten aufweist.

Art. 13 Gemeinschaftsbestimmungen

(1) Die Bestimmungen dieser Richtlinie gelten, soweit es im Rahmen von Rechtsvorschriften der Gemeinschaft keine besonderen Bestimmungen gibt, die bestimmte Vertragstypen im Fernabsatz umfassend regeln.

(2) Enthalten spezifische Rechtsvorschriften der Gemeinschaft Bestimmungen, die nur gewisse Aspekte der Lieferung von Waren oder der Erbringung von Dienstleistungen regeln, dann sind diese Bestimmungen – und nicht die Bestimmungen der vorliegenden Richtlinie für diese bestimmten Aspekte der Verträge im Fernabsatz anzuwenden.

Art. 14 Mindestklauseln

[1] Die Mitgliedstaaten können in dem unter diese Richtlinie fallenden Bereich mit dem EG-Vertrag[1)] in Einklang stehende strengere Bestimmungen erfassen oder aufrechterhalten, um ein höheres Schutzniveau für die Verbraucher sicherzustellen. [2] Durch solche Bestimmungen können sie im Interesse der Allgemeinheit den Vertrieb im Fernabsatz für bestimmte Waren und Dienstleistungen, insbesondere Arzneimittel, in ihrem Hoheitsgebiet unter Beachtung des EG-Vertrags verbieten.

Art. 15 Durchführung

(1) [1] Die Mitgliedstaaten setzen die erforderlichen Rechts- und Verwaltungsvorschriften in Kraft, um dieser Richtlinie spätestens drei Jahre nach ihrem Inkrafttreten nachzukommen. [2] Sie setzen die Kommission unverzüglich davon in Kenntnis.

(2) [1] Wenn die Mitgliedstaaten Vorschriften nach Absatz 1 erlassen, nehmen sie in den Vorschriften selbst oder durch einen Hinweis bei der amtlichen Veröffentlichung auf diese Richtlinie Bezug. [2] Die Mitgliedstaaten regeln die Einzelheiten der Bezugnahme.

(3) Die Mitgliedstaaten teilen der Kommission die innerstaatlichen Rechtsvorschriften mit, die sie auf dem durch diese Richtlinie geregelten Gebiet erlassen.

(4) Spätestens vier Jahre nach Inkrafttreten dieser Richtlinie legt die Kommission dem Europäischen Parlament und dem Rat einen Bericht über die Anwendung dieser Richtlinie, gegebenenfalls verbunden mit einem Änderungsvorschlag, vor.

Art. 16 Unterrichtung der Verbraucher

Die Mitgliedstaaten sehen angemessene Maßnahmen zur Unterrichtung der Verbraucher über das zur Umsetzung dieser Richtlinie erlassene innerstaatliche Recht vor und fordern, falls angebracht, Berufsorganisationen auf, die Verbraucher über ihre Verhaltenskodizes zu unterrichten.

[1)] Veröffentlicht am 4. 6. 1997.

Art. 17 Beschwerdesysteme

[1] Die Kommission untersucht, ob wirksame Verfahren zur Behandlung von Verbraucherbeschwerden, die den Fernabsatz betreffen, geschaffen werden können. [2] Binnen zwei Jahren nach Inkrafttreten dieser Richtlinie legt die Kommission dem Europäischen Parlament und dem Rat einen Bericht über die Untersuchungsergebnisse gegebenenfalls zusammen mit Vorschlägen vor.

Art. 18 [Inkrafttreten]

Diese Richtlinie tritt am Tag ihrer Veröffentlichung[1] im Amtsblatt der Europäischen Gemeinschaften in Kraft.

Art. 19 [Adressaten]

Diese Richtlinie ist an die Mitgliedstaaten gerichtet.

Anhang I. Kommunikationstechniken nach Artikel 2 Nummer 4

- Drucksache ohne Anschrift,
- Drucksache mit Anschrift,
- vorgefertigter Standardbrief,
- Pressewerbung mit Bestellschein,
- Katalog,
- telefonische Kommunikation mit Person als Gesprächspartner,
- telefonische Kommunikation mit Automaten als Gesprächspartner (Voice-Mail-System, Audiotext),
- Hörfunk,
- Bildtelefon,
- Videotext (Mikrocomputer, Fernsehbildschirm) mit Tastatur oder Kontaktbildschirm,
- elektronische Post,
- Fernkopie (Telefax),
- Fernsehen (Teleshopping).

Anlage II. *(aufgehoben)*

Erklärung des Rates und des Parlaments zu Artikel 6 Absatz 1

Der Rat und das Parlament nehmen zur Kenntnis, daß die Kommission prüfen wird, ob es möglich und wünschenswert ist, die Berechnungsmethode für die Bedenkzeit in den derzeit geltenden Verbraucherschutzvorschriften, insbesondere der Richtlinie 85/577/EWG vom 20. Dezember 1985 betreffend den Verbraucherschutz im Falle von außerhalb von Geschäftsräumen geschlossenen Verträgen („Haustürgeschäfte")[2] zu harmonisieren.

Erklärung der Kommission zu Artikel 3 Absatz 1 erster Gedankenstrich

Die Kommission erkennt die Bedeutung des Verbraucherschutzes für Vertragsabschlüsse im Fernabsatz bei finanziellen Dienstleistungen an und hat daher ein Grünbuch „Finanzdienstleistungen – Wahrung der Verbraucherinteressen" vorgelegt. Im Lichte der Ergebnisse dieses Grünbuchs wird die Kommission prüfen, wie der Verbraucherschutz in die Finanzdienstleistungspolitik und in etwaige Rechtsvorschriften in diesem Bereich einbezogen werden kann, und erforderlichenfalls geeignete Vorschläge unterbreiten.

---

[1] Veröffentlicht am 4. 6. 1997.
[2] **Aml. Anm.:** ABl. Nr. L 372 vom 31. 12. 1985, S. 31.

4. Richtlinie 1999/44/EG des Europäischen Parlaments und des Rates vom 25. Mai 1999 zu bestimmten Aspekten des Verbrauchsgüterkaufs und der Garantien für Verbrauchsgüter

(ABl Nr L 171 S 12)

DAS EUROPÄISCHE PARLAMENT UND DER RAT DER EUROPÄISCHEN UNION –
gestützt auf den Vertrag zur Gründung der Europäischen Gemeinschaft, insbesondere auf Artikel 95, auf Vorschlag der Kommission[1],
nach Stellungnahme des Wirtschafts- und Sozialausschusses[2],
gemäß dem Verfahren des Artikels 251 des Vertrags, aufgrund des vom Vermittlungsausschuß am 18. März 1999 gebilligten gemeinsamen Entwurfs[3],
in Erwägung nachstehender Gründe:

(1) Nach Artikel 153 Absätze 1 und 3 des Vertrags leistet die Gemeinschaft durch die Maßnahmen, die sie nach Artikel 95 des Vertrags erläßt, einen Beitrag zur Erreichung eines hohen Verbraucherschutzniveaus.

(2) Der Binnenmarkt umfaßt einen Raum ohne Binnengrenzen, in dem der freie Verkehr von Waren, Personen, Dienstleistungen und Kapital gewährleistet ist. Der freie Warenverkehr betrifft nicht nur den gewerblichen Handel, sondern auch Privatpersonen. Dies bedeutet, daß es den Verbrauchern aus einem Mitgliedstaat möglich sein muß, auf der Grundlage angemessener einheitlicher Mindestvorschriften über den Kauf von Verbrauchsgütern im Hoheitsgebiet eines anderen Mitgliedstaats frei einzukaufen.

(3) Die Rechtsvorschriften der Mitgliedstaaten über den Kauf von Verbrauchsgütern weisen Unterschiede auf; dies hat zur Folge, daß die einzelstaatlichen Absatzmärkte für Verbrauchsgüter uneinheitlich sind und bei den Verkäufern Wettbewerbsverzerrungen eintreten können.

(4) Dem Verbraucher, der die Vorzüge des Binnenmarkts dadurch nutzen möchte, daß er sich Waren in einem anderen Mitgliedstaat als in seinem Wohnsitzland beschafft, fällt eine fundamentale Aufgabe bei der Vollendung des Binnenmarkts zu; es muß verhindert werden, daß neue künstliche Grenzen entstehen und die Märkte abgeschottet werden. Die Möglichkeiten der Verbraucher haben durch die neuen Kommunikationstechnologien, die einen leichten Zugang zu den Vertriebssystemen in anderen Mitgliedstaaten oder in Drittländern bieten, deutlich zugenommen. Ohne eine Mindestharmonisierung der Bestimmungen über den Verbrauchsgüterkauf könnte die Weiterentwicklung des Warenkaufs mit Hilfe der neuen Fernkommunikationstechniken behindert werden.

(5) Die Schaffung eines gemeinsamen Mindestsockels von Verbraucherrechten, die unabhängig vom Ort des Kaufs der Waren in der Gemeinschaft gelten, stärkt das Vertrauen der Verbraucher und gestattet es ihnen, die durch die Schaffung des Binnenmarkts gebotenen Vorzüge besser zu nutzen.

(6) Schwierigkeiten der Verbraucher und Konflikte mit den Verkäufern haben ihre Ursache vor allem in der Vertragswidrigkeit von Waren. Infolgedessen erweist sich eine Angleichung der einzelstaatlichen Rechtsvorschriften über den Verbrauchsgüterkauf in dieser Hinsicht als geboten. Eine solche Angleichung darf jedoch nicht die Bestimmungen und Grundsätze des innerstaatlichen Rechts über die Regelung der vertraglichen und außervertraglichen Haftung beeinträchtigen.

(7) Waren müssen vor allem vertragsgemäß sein. Der Grundsatz der Vertragsmäßigkeit kann als gemeinsames Element der verschiedenen einzelstaatlichen Rechtstraditionen betrachtet werden. Im Rahmen bestimmter einzelstaatlicher Rechtstraditionen ist es möglicherweise nicht möglich, sich allein auf diesen Grundsatz zu stützen, um ein Mindestmaß an Verbraucherschutz zu

---
[1] **Amtl. Anm.:** ABl. C 307 vom 16. 10. 1996, S. 8, und ABl. C 148 vom 14. 5. 1998, S. 12.
[2] **Amtl. Anm.:** ABl. C 66 vom 3. 3. 1997, S. 5.
[3] **Amtl. Anm.:** Stellungnahme des Europäischen Parlaments vom 10. März 1998 (ABl. C 104 vom 6. 4. 1998, S. 30), Gemeinsamer Standpunkt des Rates vom 24. September 1998 (ABl. C 333 vom 30. 10. 1998, S. 46) und Beschluß des Europäischen Parlaments vom 17. Dezember 1998 (ABl. C 98 vom 9. 4. 1999, S. 226). Beschluß des Europäischen Parlaments vom 5. Mai 1999 und Beschluß des Rates von 17. Mai 1999.

gewährleisten. Insbesondere im Rahmen solcher Rechtstraditionen könnte es nützlich sein, zusätzliche innerstaatliche Bestimmungen vorzusehen, um den Verbraucherschutz für den Fall zu gewährleisten, daß die Parteien sich entweder nicht auf spezifische Vertragsklauseln geeinigt haben oder aber Vertragsklauseln vorgesehen oder Vereinbarungen getroffen haben, aufgrund deren die Rechte des Verbrauchers unmittelbar oder mittelbar außer Kraft gesetzt oder eingeschränkt werden. Soweit sich diese Rechte aus dieser Richtlinie ergeben, sind solche Vertragsklauseln oder Vereinbarungen für den Verbraucher nicht bindend.

(8) Um die Anwendung des Grundsatzes der Vertragsmäßigkeit zu erleichtern, ist es sinnvoll, eine widerlegbare Vermutung der Vertragsmäßigkeit einzuführen, die die meisten normalen Situationen abdeckt. Diese Vermutung stellt keine Einschränkung des Grundsatzes der Vertragsfreiheit dar. In Ermangelung spezifischer Vertragsklauseln sowie im Fall der Anwendung der Mindestschutzklausel können die in dieser Vermutung genannten Elemente verwendet werden, um die Vertragswidrigkeit der Waren zu bestimmen. Die Qualität und die Leistung, die der Verbraucher vernünftigerweise erwarten kann, hängen unter anderem davon ab, ob die Güter neu oder gebraucht sind. Die in der Vermutung genannten Elemente gelten kumulativ. Ist ein bestimmtes Element aufgrund der Umstände des betreffenden Falls offenkundig unanwendbar, so behalten die übrigen Elemente der Vermutung dennoch ihre Gültigkeit.

(9) Der Verkäufer muß dem Verbraucher gegenüber unmittelbar für die Vertragsmäßigkeit der Güter haften. Dieser klassische Grundsatz ist in den Rechtsvorschriften der Mitgliedstaaten verankert. Der Verkäufer muß allerdings nach Maßgabe des innerstaatlichen Rechts den Hersteller, einen früheren Verkäufer innerhalb derselben Vertragskette oder eine andere Zwischenperson in Regreß nehmen können, es sei denn, daß er auf dieses Recht verzichtet hat. Diese Richtlinie berührt nicht den Grundsatz der Vertragsfreiheit in den Beziehungen zwischen dem Verkäufer, dem Hersteller, einem früheren Verkäufer oder einer anderen Zwischenperson. Die einzelstaatlichen Rechtsvorschriften bestimmen, gegen wen und wie der Verkäufer Regreß nehmen kann.

(10) Bei Vertragswidrigkeit eines Gutes muß der Verbraucher das Recht haben, die unentgeltliche Herstellung des vertragsgemäßen Zustands des Gutes zu verlangen, wobei er zwischen einer Nachbesserung und einer Ersatzlieferung wählen kann; andernfalls muß er Anspruch auf Minderung des Kaufpreises oder auf Vertragsauflösung haben.

(11) Zunächst kann der Verbraucher vom Verkäufer die Nachbesserung des Gutes oder eine Ersatzlieferung verlangen, es sei denn, daß diese Abhilfen unmöglich oder unverhältnismäßig wären. Ob eine Abhilfe unverhältnismäßig ist, müßte objektiv festgestellt werden. Unverhältnismäßig sind Abhilfen, die im Vergleich zu anderen unzumutbare Kosten verursachen; bei der Beantwortung der Frage, ob es sich um unzumutbare Kosten handelt, sollte entscheidend sein, ob die Kosten der Abhilfe deutlich höher sind als die Kosten einer anderen Abhilfe.

(12) In Fällen von Vertragswidrigkeit kann der Verkäufer dem Verbraucher zur Erzielung einer gütlichen Einigung stets jede zur Verfügung stehende Abhilfemöglichkeit anbieten. Die Entscheidung über die Annahme oder Ablehnung des betreffenden Vorschlags bleibt dem Verbraucher anheimgestellt.

(13) Um es dem Verbraucher zu ermöglichen, den Binnenmarkt zu nutzen und Verbrauchsgüter in einem anderen Mitgliedstaat zu erwerben, sollte empfohlen werden, daß der Hersteller von Verbrauchsgütern, die in mehreren Mitgliedstaaten verkauft werden, im Interesse des Verbrauchers dem Verbrauchsgut eine Liste mit mindestens einer Ansprechadresse in jedem Mitgliedstaat, in dem die Ware vertrieben wird, beifügt.

(14) Die Bezugnahmen auf den Zeitpunkt der Lieferung bedeuten nicht, daß die Mitgliedstaaten ihre Vorschriften über den Gefahrübergang ändern müssen.

(15) Die Mitgliedstaaten können vorsehen, daß eine dem Verbraucher zu leistende Erstattung gemindert werden kann, um der Benutzung der Ware Rechnung zu tragen, die durch den Verbraucher seit ihrer Lieferung erfolgt ist. Die Regelungen über die Modalitäten der Durchführung der Vertragsauflösung können im innerstaatlichen Recht festgelegt werden.

(16) Gebrauchte Güter können aufgrund ihrer Eigenart im allgemeinen nicht ersetzt werden. Bei diesen Gütern hat der Verbraucher deshalb in der Regel keinen Anspruch auf Ersatzlieferung. Die Mitgliedstaaten können den Parteien gestatten, für solche Güter eine kürzere Haftungsdauer zu vereinbaren.

(17) Es ist zweckmäßig, den Zeitraum, innerhalb dessen der Verkäufer für Vertragswidrigkeiten haftet, die zum Zeitpunkt der Lieferung des Gutes bestanden, zu begrenzen. Die Mitgliedstaaten

können ferner eine Frist vorsehen, innerhalb deren die Verbraucher ihre Ansprüche geltend machen können, sofern diese Frist nicht vor Ablauf von zwei Jahren ab dem Zeitpunkt der Lieferung endet. Wird in innerstaatlichen Rechtsvorschriften für den Beginn einer Frist ein anderer Zeitpunkt als die Lieferung des Gutes festgelegt, so darf die Gesamtdauer der in den innerstaatlichen Rechtsvorschriften festgelegten Frist einen Zeitraum von zwei Jahren ab dem Zeitpunkt der Lieferung nicht unterschreiten.

(18) Für den Fall einer Nachbesserung oder einer Ersatzlieferung sowie für den Fall von Verhandlungen zwischen dem Verkäufer und dem Verbraucher über eine gütliche Regelung können die Mitgliedstaaten gemäß ihren innerstaatlichen Rechtsvorschriften gegebenenfalls die Hemmung oder Unterbrechung des Zeitraums, während dessen Vertragswidrigkeiten offenbar werden müssen, und der Verjährungsfrist vorsehen.

(19) Den Mitgliedstaaten sollte die Möglichkeit eingeräumt werden, eine Frist festzusetzen, innerhalb deren die Verbraucher den Verkäufer über Vertragswidrigkeiten unterrichten müssen. Die Mitgliedstaaten können ein höheres Niveau des Verbraucherschutzes gewährleisten, indem sie keine derartige Verpflichtung einführen. In jedem Fall sollten die Verbraucher für die Unterrichtung des Verkäufers über das Vorliegen einer Vertragswidrigkeit überall in der Gemeinschaft über einen Zeitraum von mindestens zwei Monaten verfügen.

(20) Die Mitgliedstaaten sollten vorbeugende Maßnahmen ergreifen, damit eine solche Unterrichtungsfrist die Verbraucher bei grenzüberschreitenden Käufen nicht benachteiligt. Alle Mitgliedstaaten sollten die Kommission über ihre in bezug auf diese Bestimmung gewählte Lösung unterrichten. Die Kommission sollte die Auswirkungen der unterschiedlichen Anwendung dieser Bestimmung auf die Verbraucher und den Binnenmarkt beobachten. Informationen über die von einem Mitgliedstaat gewählte Lösung sollten den übrigen Mitgliedstaaten, den Verbrauchern und den Verbraucherorganisationen gemeinschaftsweit zugänglich gemacht werden. Daher sollte im *Amtsblatt der Europäischen Gemeinschaften* eine Übersicht über die Lage in allen Mitgliedstaaten veröffentlicht werden.

(21) Bei bestimmten Warengattungen ist es üblich, daß die Verkäufer oder die Hersteller auf ihre Erzeugnisse Garantien gewähren, die die Verbraucher gegen alle Mängel absichern, die innerhalb einer bestimmten Frist offenbar werden können. Diese Praxis kann zu mehr Wettbewerb am Markt führen. Solche Garantien stellen zwar rechtmäßige Marketinginstrumente dar, sollten jedoch den Verbraucher nicht irreführen. Um sicherzustellen, daß der Verbraucher nicht irregeführt wird, sollten die Garantien bestimmte Informationen enthalten, unter anderem eine Erklärung, daß die Garantie nicht die gesetzlichen Rechte des Verbrauchers berührt.

(22) Die Vertragsparteien dürfen die den Verbrauchern eingeräumten Rechte nicht durch Vereinbarung einschränken oder außer Kraft setzen, da dies den gesetzlichen Schutz aushöhlen würde. Dieser Grundsatz hat auch für Klauseln zu gelten, denen zufolge jede zum Zeitpunkt des Vertragsschlusses bestehende Vertragswidrigkeit des Verbrauchsguts bekannt war. Der dem Verbraucher aufgrund dieser Richtlinie gewährte Schutz darf nicht dadurch geschmälert werden, daß das Recht eines Nichtmitgliedstaats als das auf den betreffenden Vertrag anzuwendende Recht gewählt worden ist.

(23) Die diesbezüglichen Rechtsvorschriften und die Rechtsprechung der Mitgliedstaaten zeugen von dem zunehmenden Bemühen, den Verbrauchern ein hohes Schutzniveau zu gewährleisten. Angesichts dieser Entwicklung und der zu erwartenden Erfahrung mit der Durchführung dieser Richtlinie kann es sich als notwendig erweisen, eine stärkere Harmonisierung in Erwägung zu ziehen, die insbesondere eine unmittelbare Haftung des Herstellers für ihm zuzuschreibende Mängel vorsieht.

(24) Die Mitgliedstaaten sollten auf dem unter diese Richtlinie fallenden Gebiet strengere Bestimmungen zur Gewährleistung eines noch höheren Verbraucherschutzniveaus erlassen oder beibehalten können.

(25) Entsprechend der Empfehlung der Kommission vom 30. März 1998 betreffend die Grundsätze für Einrichtungen, die für die außergerichtliche Beilegung von Verbraucherrechtsstreitigkeiten zuständig sind,[1)] können die Mitgliedstaaten Einrichtungen schaffen, die eine unparteiische und effiziente Beschwerdebehandlung im nationalen und grenzüberschreitenden Rahmen gewährleisten und die von den Verbrauchern als Vermittler in Anspruch genommen werden können.

[1)] **Amtl. Anm.:** ABl. L 115 vom 17. 4. 1998, S. 31.

(26) Zum Schutz der Kollektivinteressen der Verbraucher ist es angebracht, diese Richtlinie in das im Anhang der Richtlinie 98/27/EG des Europäischen Parlaments und des Rates vom 19. Mai 1998 über Unterlassungsklagen zum Schutz der Verbraucherinteressen[1] enthaltene Richtlinienverzeichnis aufzunehmen –
HABEN FOLGENDE RICHTLINIE ERLASSEN:

Art. 1 Geltungsbereich und Begriffsbestimmungen

(1) Zweck dieser Richtlinie ist die Angleichung der Rechtsund Verwaltungsvorschriften der Mitgliedstaaten zu bestimmten Aspekten des Verbrauchsgüterkaufs und der Garantien für Verbrauchsgüter zur Gewährleistung eines einheitlichen Verbraucherschutz-Mindestniveaus im Rahmen des Binnenmarkts.

(2) Im Sinne dieser Richtlinie bezeichnet der Ausdruck

a) „Verbraucher" jede natürliche Person, die im Rahmen der unter diese Richtlinie fallenden Verträge zu einem Zweck handelt, der nicht ihrer beruflichen oder gewerblichen Tätigkeit zugerechnet werden kann;

b) „Verbrauchsgüter" bewegliche körperliche Gegenstände, mit Ausnahme von
- Gütern, die aufgrund von Zwangsvollstreckungsmaßnahmen oder anderen gerichtlichen Maßnahmen verkauft werden,
- Wasser und Gas, wenn sie nicht in einem begrenzten Volumen oder in einer bestimmten Menge abgefüllt sind,
- Strom;

c) „Verkäufer" jede natürliche oder juristische Person, die aufgrund eines Vertrags im Rahmen ihrer beruflichen oder gewerblichen Tätigkeit Verbrauchsgüter verkauft;

d) „Hersteller" den Hersteller von Verbrauchsgütern, deren Importeur für das Gebiet der Gemeinschaft oder jede andere Person, die sich dadurch, daß sie ihren Namen, ihre Marke oder ein anderes Kennzeichen an den Verbrauchsgütern anbringt, als Hersteller bezeichnet;

e) „Garantie" jede von einem Verkäufer oder Hersteller gegenüber dem Verbraucher ohne Aufpreis eingegangene Verpflichtung, den Kaufpreis zu erstatten, das Verbrauchsgut zu ersetzen oder nachzubessern oder in sonstiger Weise Abhilfe zu schaffen, wenn das Verbrauchsgut nicht den in der Garantieerklärung oder in der einschlägigen Werbung genannten Eigenschaften entspricht;

f) „Nachbesserung" bei Vertragswidrigkeit die Herstellung des vertragsgemäßen Zustands des Verbrauchsgutes.

(3) Die Mitgliedstaaten können festlegen, daß unter „Verbrauchsgütern" keine gebrauchten Güter zu verstehen sind, die in einer öffentlichen Versteigerung verkauft werden, bei der die Verbraucher die Möglichkeit haben, dem Verkauf persönlich beizuwohnen.

(4) Als Kaufverträge im Sinne dieser Richtlinie gelten auch Verträge über die Lieferung herzustellender oder zu erzeugender Verbrauchsgüter.

Art. 2 Vertragsmäßigkeit

(1) Der Verkäufer ist verpflichtet, dem Verbraucher dem Kaufvertrag gemäße Güter zu liefern.

(2) Es wird vermutet, daß Verbrauchsgüter vertragsgemäß sind, wenn sie

a) mit der vom Verkäufer gegebenen Beschreibung übereinstimmen und die Eigenschaften des Gutes besitzen, das der Verkäufer dem Verbraucher als Probe oder Muster vorgelegt hat;

b) sich für einen bestimmten vom Verbraucher angestrebten Zweck eignen, den der Verbraucher dem Verkäufer bei Vertragsschluß zur Kenntnis gebracht hat und dem der Verkäufer zugestimmt hat;

c) sich für die Zwecke eignen, für die Güter der gleichen Art gewöhnlich gebraucht werden;

d) eine Qualität und Leistungen aufweisen, die bei Gütern der gleichen Art üblich sind und die der Verbraucher vernünftigerweise erwarten kann, wenn die Beschaffenheit des Gutes und gegebenenfalls die insbesondere in der Werbung oder bei der Etikettierung gemachten öffentlichen Äußerungen des Verkäufers, des Herstellers oder dessen Vertreters über die konkreten Eigenschaften des Gutes in Betracht gezogen werden.

(3) Es liegt keine Vertragswidrigkeit im Sinne dieses Artikels vor, wenn der Verbraucher zum Zeitpunkt des Vertragsschlusses Kenntnis von der Vertragswidrigkeit hatte oder vernünftigerweise

---
[1] **Amtl. Anm.:** ABl. L 166 vom 11. 6. 1998, S. 51.

nicht in Unkenntnis darüber sein konnte oder wenn die Vertragswidrigkeit auf den vom Verbraucher gelieferten Stoff zurückzuführen ist.

(4) Der Verkäufer ist durch die in Absatz 2 Buchstabe d) genannten öffentlichen Äußerungen nicht gebunden, wenn er
- nachweist, daß er die betreffende Äußerung nicht kannte und vernünftigerweise nicht davon Kenntnis haben konnte,
- nachweist, daß die betreffende Äußerung zum Zeitpunkt des Vertragsschlusses berichtigt war, oder
- nachweist, daß die Kaufentscheidung nicht durch die betreffende Äußerung beeinflußt sein konnte.

(5) ¹Ein Mangel infolge unsachgemäßer Montage des Verbrauchsgutes wird der Vertragswidrigkeit gleichgestellt, wenn die Montage Bestandteil des Kaufvertrags über das Verbrauchsgut war und vom Verkäufer oder unter dessen Verantwortung vorgenommen wurde. ²Das gleiche gilt, wenn das zur Montage durch den Verbraucher bestimmte Erzeugnis vom Verbraucher montiert worden ist und die unsachgemäße Montage auf einen Mangel in der Montageanleitung zurückzuführen ist.

Art. 3 Rechte des Verbrauchers

(1) Der Verkäufer haftet dem Verbraucher für jede Vertragswidrigkeit, die zum Zeitpunkt der Lieferung des Verbrauchsgutes besteht.

(2) Bei Vertragswidrigkeit hat der Verbraucher entweder Anspruch auf die unentgeltliche Herstellung des vertragsgemäßen Zustands des Verbrauchsgutes durch Nachbesserung oder Ersatzlieferung nach Maßgabe des Absatzes 3 oder auf angemessene Minderung des Kaufpreises oder auf Vertragsauflösung in bezug auf das betreffende Verbrauchsgut nach Maßgabe der Absätze 5 und 6.

(3) Zunächst kann der Verbraucher vom Verkäufer die unentgeltliche Nachbesserung des Verbrauchsgutes oder eine unentgeltliche Ersatzlieferung verlangen, sofern dies nicht unmöglich oder unverhältnismäßig ist.
Eine Abhilfe gilt als unverhältnismäßig, wenn sie dem Verkäufer Kosten verursachen würde, die
- angesichts des Werts, den das Verbrauchsgut ohne die Vertragswidrigkeit hätte,
- unter Berücksichtigung der Bedeutung der Vertragswidrigkeit und
- nach Erwägung der Frage, ob auf die alternative Abhilfemöglichkeit ohne erhebliche Unannehmlichkeiten für den Verbraucher zurückgegriffen werden könnte,

verglichen mit der alternativen Abhilfemöglichkeit unzumutbar wären.
Die Nachbesserung oder die Ersatzlieferung muß innerhalb einer angemessenen Frist und ohne erhebliche Unannehmlichkeiten für den Verbraucher erfolgen, wobei die Art des Verbrauchsgutes sowie der Zweck, für den der Verbraucher das Verbrauchsgut benötigte, zu berücksichtigen sind.

(4) Der Begriff „unentgeltlich" in den Absätzen 2 und 3 umfaßt die für die Herstellung des vertragsgemäßen Zustands des Verbrauchsgutes notwendigen Kosten, insbesondere Versand-, Arbeits- und Materialkosten.

(5) Der Verbraucher kann eine angemessene Minderung des Kaufpreises oder eine Vertragsauflösung verlangen,
- wenn der Verbraucher weder Anspruch auf Nachbesserung noch auf Ersatzlieferung hat oder
- wenn der Verkäufer nicht innerhalb einer angemessenen Frist Abhilfe geschaffen hat oder
- wenn der Verkäufer nicht ohne erhebliche Unannehmlichkeiten für den Verbraucher Abhilfe geschaffen hat.

(6) Bei einer geringfügigen Vertragswidrigkeit hat der Verbraucher keinen Anspruch auf Vertragsauflösung.

Art. 4 Rückgriffsrechte

¹Haftet der Letztverkäufer dem Verbraucher aufgrund einer Vertragswidrigkeit infolge eines Handelns oder Unterlassens des Herstellers, eines früheren Verkäufers innerhalb derselben Vertragskette oder einer anderen Zwischenperson, so kann der Letztverkäufer den oder die Haften-

den innerhalb der Vertragskette in Regreß nehmen. ²Das innerstaatliche Recht bestimmt den oder die Haftenden, den oder die der Letztverkäufer in Regreß nehmen kann, sowie das entsprechende Vorgehen und die Modalitäten.

Art. 5 Fristen

(1) ¹Der Verkäufer haftet nach Artikel 3, wenn die Vertragswidrigkeit binnen zwei Jahren nach der Lieferung des Verbrauchsgutes offenbar wird. ²Gilt nach dem innerstaatlichen Recht für die Ansprüche nach Artikel 3 Absatz 2 eine Verjährungsfrist so endet sie nicht vor Ablauf eines Zeitraums von zwei Jahren ab dem Zeitpunkt der Lieferung.

(2) Die Mitgliedstaaten können vorsehen, daß der Verbraucher den Verkäufer zur Inanspruchnahme seiner Rechte über die Vertragswidrigkeit binnen zwei Monaten nach dem Zeitpunkt, zu dem er die Vertragswidrigkeit festgestellt hat, unterrichten muß.

¹Die Mitgliedstaaten unterrichten die Kommission über ihre bezüglich dieses Absatzes gewählte Lösung. ²Die Kommission überwacht die Auswirkungen dieser den Mitgliedstaaten eingeräumten Möglichkeit auf die Verbraucher und den Binnenmarkt.

¹Die Kommission erstellt bis zum 7. Januar 2003 einen Bericht über die von den Mitgliedstaaten bezüglich dieses Absatzes gewählte Lösung. ²Dieser Bericht wird im Amtsblatt der Europäischen Gemeinschaften veröffentlicht.

(3) Bis zum Beweis des Gegenteils wird vermutet, daß Vertragswidrigkeiten, die binnen sechs Monaten nach der Lieferung des Gutes offenbar werden, bereits zum Zeitpunkt der Lieferung bestanden, es sei denn, diese Vermutung ist mit der Art des Gutes oder der Art der Vertragswidrigkeit unvereinbar.

Art. 6 Garantien

(1) Die Garantie muß denjenigen, der sie anbietet, zu den in der Garantieerklärung und der einschlägigen Werbung angegebenen Bedingungen binden.

(2) Die Garantie muß
- darlegen, daß der Verbraucher im Rahmen der geltenden innerstaatlichen Rechtsvorschriften über den Verbrauchsgüterkauf gesetzliche Rechte hat, und klarstellen, daß diese Rechte von der Garantie nicht berührt werden;
- in einfachen und verständlichen Formulierungen den Inhalt der Garantie und die wesentlichen Angaben enthalten, die für die Inanspruchnahme der Garantie notwendig sind, insbesondere die Dauer und den räumlichen Geltungsbereich des Garantieschutzes sowie Namen und Anschrift des Garantiegebers.

(3) Auf Wunsch des Verbrauchers muß diesem die Garantie schriftlich zur Verfügung gestellt werden oder auf einem anderen dauerhaften Datenträger enthalten sein, der dem Verbraucher zur Verfügung steht und ihm zugänglich ist.

(4) Die Mitgliedstaaten, in denen das Verbrauchsgut in Verkehr gebracht wird, können, soweit dies mit den Vorschriften des Vertrags vereinbar ist, für ihr Gebiet vorschreiben, daß die Garantie in einer oder in mehreren Sprachen abzufassen ist, die der jeweilige Mitgliedstaat unter den Amtssprachen der Gemeinschaft auswählt.

(5) Werden für eine Garantie die Anforderungen der Absätze 2, 3 oder 4 nicht erfüllt, so berührt dies in keinem Fall die Gültigkeit dieser Garantie; der Verbraucher kann sie weiterhin geltend machen und ihre Einhaltung verlangen.

Art. 7 Unabdingbarkeit

(1) Vertragsklauseln oder mit dem Verkäufer vor dessen Unterrichtung über die Vertragswidrigkeit getroffene Vereinbarungen, durch welche die mit dieser Richtlinie gewährten Rechte unmittelbar oder mittelbar außer Kraft gesetzt oder eingeschränkt werden, sind für den Verbraucher gemäß dem innerstaatlichen Recht nicht bindend.

¹Im Fall gebrauchter Güter können die Mitgliedstaaten vorsehen, daß der Verkäufer und der Verbraucher sich auf Vertragsklauseln oder Vereinbarungen einigen können, denen zufolge der Verkäufer weniger lange haftet als in Artikel 5 Absatz 1 vorgesehen. ²Diese kürzere Haftungsdauer darf ein Jahr nicht unterschreiten.

(2) Die Mitgliedstaaten treffen die erforderlichen Maßnahmen, damit dem Verbraucher der durch diese Richtlinie gewährte Schutz nicht dadurch vorenthalten wird, daß das Recht eines Nichtmitgliedstaats als das auf den Vertrag anzuwendende Recht gewählt wird, sofern dieser Vertrag einen engen Zusammenhang mit dem Gebiet der Mitgliedstaaten aufweist.

Art. 8 Innerstaatliches Recht und Mindestschutz

(1) Andere Ansprüche, die der Verbraucher aufgrund innerstaatlicher Rechtsvorschriften über die vertragliche oder außervertragliche Haftung geltend machen kann, werden durch die aufgrund dieser Richtlinie gewährten Rechte nicht berührt.

(2) Die Mitgliedstaaten können in dem unter diese Richtlinie fallenden Bereich mit dem Vertrag in Einklang stehende strengere Bestimmungen erlassen oder aufrechterhalten, um ein höheres Schutzniveau für die Verbraucher sicherzustellen.

Art. 9 [Unterrichtung]

Die Mitgliedstaaten ergreifen geeignete Maßnahmen zur Unterrichtung der Verbraucher über das innerstaatliche Recht, mit dem diese Richtlinie umgesetzt wird, und rufen, falls angebracht, Berufsorganisationen dazu auf, die Verbraucher über ihre Rechte zu unterrichten.

Art. 10 *(hier nicht wiedergegeben)*

Art. 11 Umsetzung

(1) [1] Die Mitgliedstaaten setzen die Rechts- und Verwaltungsvorschriften in Kraft, die erforderlich sind, um dieser Richtlinie spätestens ab dem 1. Januar 2002 nachzukommen. [2] Sie setzen die Kommission unverzüglich davon in Kenntnis.

[1] Wenn die Mitgliedstaaten diese Vorschriften erlassen, nehmen sie in den Vorschriften selbst oder durch einen Hinweis bei der amtlichen Veröffentlichung auf diese Richtlinie Bezug. [2] Die Mitgliedstaaten regeln die Einzelheiten der Bezugnahme.

(2) Die Mitgliedstaaten teilen der Kommission den Wortlaut der innerstaatlichen Rechtsvorschriften mit, die sie auf dem unter diese Richtlinie fallenden Gebiet erlassen.

Art. 12 Überprüfung

[1] Die Kommission überprüft die Anwendung dieser Richtlinie spätestens zum 7. Juli 2006 und legt dem Europäischen Parlament und dem Rat einen Bericht vor. [2] In dem Bericht ist unter anderem zu prüfen, ob Veranlassung besteht, eine unmittelbare Haftung des Herstellers einzuführen; der Bericht ist gegebenenfalls mit Vorschlägen zu versehen.

Art. 13 Inkrafttreten

Diese Richtlinie tritt am Tag ihrer Veröffentlichung im Amtsblatt der Europäischen Gemeinschaften in Kraft.

Art. 14 [Adressat]

Diese Richtlinie ist an die Mitgliedstaaten gerichtet.

5. Richtlinie 2000/31/EG des Europäischen Parlaments und des Rates vom 8. Juni 2000 über bestimmte rechtliche Aspekte der Dienste der Informationsgesellschaft, insbesondere des elektronischen Geschäftsverkehrs, im Binnenmarkt (Richtlinie über den elektronischen Geschäftsverkehr)

(ABl Nr L 178 S 1)

DAS EUROPÄISCHE PARLAMENT UND DER RAT DER EUROPÄISCHEN UNION –
gestützt auf den Vertrag zur Gründung der Europäischen Gemeinschaft, insbesondere auf Artikel 47 Absatz 2 und die Artikel 55 und 95,
auf Vorschlag der Kommission[1],
nach Stellungnahme des Wirtschafts- und Sozialausschusses[2],
gemäß dem Verfahren des Artikels 251 des Vertrags[3]
in Erwägung nachstehender Gründe:

(1) Ziel der Europäischen Union ist es, einen immer engeren Zusammenschluß der europäischen Staaten und Völker zu schaffen, um den wirtschaftlichen und sozialen Fortschritt zu sichern. Der Binnenmarkt umfaßt nach Artikel 14 Absatz 2 des Vertrags einen Raum ohne Binnengrenzen, in dem der freie Verkehr von Waren und Dienstleistungen sowie die Niederlassungsfreiheit gewährleistet sind. Die Weiterentwicklung der Dienste der Informationsgesellschaft in dem Raum ohne Binnengrenzen ist ein wichtiges Mittel, um die Schranken, die die europäischen Völker trennen, zu beseitigen.

(2) Die Entwicklung des elektronischen Geschäftsverkehrs in der Informationsgesellschaft bietet erhebliche Beschäftigungsmöglichkeiten in der Gemeinschaft, insbesondere in kleinen und mittleren Unternehmen, und wird das Wirtschaftswachstum sowie die Investitionen in Innovationen der europäischen Unternehmen anregen; diese Entwicklung kann auch die Wettbewerbsfähigkeit der europäischen Wirtschaft stärken, vorausgesetzt, daß das Internet allen zugänglich ist.

(3) Das Gemeinschaftsrecht und die charakteristischen Merkmale der gemeinschaftlichen Rechtsordnung sind ein wichtiges Instrument, damit die europäischen Bürger und Unternehmen uneingeschränkt und ohne Behinderung durch Grenzen Nutzen aus den Möglichkeiten des elektronischen Geschäftsverkehrs ziehen können. Diese Richtlinie zielt daher darauf ab, ein hohes Niveau der rechtlichen Integration in der Gemeinschaft sicherzustellen, um einen wirklichen Raum ohne Binnengrenzen für die Dienste der Informationsgesellschaft zu verwirklichen.

(4) Es ist wichtig zu gewährleisten, daß der elektronische Geschäftsverkehr die Chancen des Binnenmarktes voll nutzen kann und daß somit ebenso wie mit der Richtlinie 89/552/EWG des Rates vom 3. Oktober 1989 zur Koordinierung bestimmter Rechts- und Verwaltungsvorschriften der Mitgliedstaaten über die Ausübung der Fernsehtätigkeit[4] ein hohes Niveau der gemeinschaftlichen Integration erzielt wird.

(5) Die Weiterentwicklung der Dienste der Informationsgesellschaft in der Gemeinschaft wird durch eine Reihe von rechtlichen Hemmnissen für das reibungslose Funktionieren des Binnenmarktes behindert, die die Ausübung der Niederlassungsfreiheit und des freien Dienstleistungsverkehrs weniger attraktiv machen. Die Hemmnisse bestehen in Unterschieden der innerstaatlichen Rechtsvorschriften sowie in der Rechtsunsicherheit hinsichtlich der auf Dienste der Informationsgesellschaft jeweils anzuwendenden nationalen Regelungen. Solange die innerstaatlichen Rechtsvorschriften in den betreffenden Bereichen nicht koordiniert und angepaßt sind, können diese Hemmnisse gemäß der Rechtsprechung des Gerichtshofes der Europäischen Gemeinschaften gerechtfertigt sein. Rechtsunsicherheit besteht im Hinblick darauf, in welchem Ausmaß die Mitgliedstaaten über Dienste aus einem anderen Mitgliedstaat Kontrolle ausüben dürfen.

---

[1] **Amtl. Anm.:** ABl. C 30 vom 5. 2. 1999, S. 4.
[2] **Amtl. Anm.:** ABl. C 169 vom 16. 6. 1999, S. 36.
[3] **Amtl. Anm.:** Stellungnahme des Europäischen Parlaments vom 6. Mai 1999 (ABl. C 279 vom 1. 10. 1999, S. 389). Gemeinsamer Standpunkt des Rates vom 28. Februar 2000 und Beschluß des Europäischen Parlaments vom 4. Mai 2000 (noch nicht im Amtsblatt veröffentlicht).
[4] **Amtl. Anm.:** ABl. L 298 vom 17. 10. 1989, S. 23. Richtlinie geändert durch die Richtlinie 97/36/EG des Europäischen Parlaments und des Rates (ABl. L 202 vom 30. 7. 1997, S. 60).

(6) In Anbetracht der Ziele der Gemeinschaft, der Artikel 43 und 49 des Vertrags und des abgeleiteten Gemeinschaftsrechts gilt es, die genannten Hemmnisse durch Koordinierung bestimmter innerstaatlicher Rechtsvorschriften und durch Klarstellung von Rechtsbegriffen auf Gemeinschaftsebene zu beseitigen, soweit dies für das reibungslose Funktionieren des Binnenmarktes erforderlich ist. Diese Richtlinie befaßt sich nur mit bestimmten Fragen, die Probleme für das Funktionieren des Binnenmarktes aufwerfen, und wird damit in jeder Hinsicht dem Subsidiaritätsgebot gemäß Artikel 5 des Vertrags gerecht.

(7) Um Rechtssicherheit zu erreichen und das Vertrauen der Verbraucher zu gewinnen, muß diese Richtlinie einen klaren allgemeinen Rahmen für den Binnenmarkt bezüglich bestimmter rechtlicher Aspekte des elektronischen Geschäftsverkehrs festlegen.

(8) Ziel dieser Richtlinie ist es, einen rechtlichen Rahmen zur Sicherstellung des freien Verkehrs von Diensten der Informationsgesellschaft zwischen den Mitgliedstaaten zu schaffen, nicht aber, den Bereich des Strafrechts als solchen zu harmonisieren.

(9) In vieler Hinsicht kann der freie Verkehr von Diensten der Informationsgesellschaft die besondere gemeinschaftsrechtliche Ausprägung eines allgemeineren Grundsatzes darstellen, nämlich des Rechts auf freie Meinungsäußerung im Sinne des Artikels 10 Absatz 1 der von allen Mitgliedstaaten ratifizierten Konvention zum Schutze der Menschenrechte und Grundfreiheiten. Richtlinien, die das Angebot von Diensten der Informationsgesellschaft betreffen, müssen daher sicherstellen, daß diese Tätigkeit gemäß jenem Artikel frei ausgeübt werden kann und nur den Einschränkungen unterliegt, die in Absatz 2 des genannten Artikels und in Artikel 46 Absatz 1 des Vertrages niedergelegt sind. Die grundlegenden Regeln und Prinzipien des einzelstaatlichen Rechts, die die freie Meinungsäußerung betreffen, sollen von dieser Richtlinie unberührt bleiben.

(10) Gemäß dem Grundsatz der Verhältnismäßigkeit sind in dieser Richtlinie nur diejenigen Maßnahmen vorgesehen, die zur Gewährleistung des reibungslosen Funktionierens des Binnenmarktes unerläßlich sind. Damit der Binnenmarkt wirklich zu einem Raum ohne Binnengrenzen für den elektronischen Geschäftsverkehr wird, muß diese Richtlinie in den Bereichen, in denen ein Handeln auf Gemeinschaftsebene geboten ist, ein hohes Schutzniveau für die dem Allgemeininteresse dienenden Ziele, insbesondere für den Jugendschutz, den Schutz der Menschenwürde, den Verbraucherschutz und den Schutz der öffentlichen Gesundheit, gewährleisten. Nach Artikel 152 des Vertrags ist der Schutz der öffentlichen Gesundheit ein wesentlicher Bestandteil anderer Gemeinschaftspolitiken.

(11) Diese Richtlinie läßt das durch Gemeinschaftsrechtsakte eingeführte Schutzniveau, insbesondere für öffentliche Gesundheit und den Verbraucherschutz, unberührt. Unter anderem bilden die Richtlinie 93/13/EWG des Rates vom 5. April 1993 über mißbräuchliche Klauseln in Verbraucherverträgen[1] und die Richtlinie 97/7/EG des Europäischen Parlaments und des Rates vom 20. Mai 1997 über den Verbraucherschutz bei Vertragsabschlüssen im Fernabsatz[2] wichtige Errungenschaften für den Verbraucherschutz im Bereich des Vertragsrechts. Jene Richtlinien gelten voll und ganz auch für die Dienste der Informationsgesellschaft. Zum Rechtsstand auf Gemeinschaftsebene, der uneingeschränkt für die Dienste der Informationsgesellschaft gilt, gehören insbesondere auch die Richtlinien 84/450/EWG des Rates vom 10. September 1984 über irreführende und vergleichende Werbung[3], die Richtlinie 87/102/EWG des Rates vom 22. Dezember 1986 zur Angleichung der Rechts- und Verwaltungsvorschriften der Mitgliedstaaten über den Verbraucherkredit[4], die Richtlinie 93/22/EWG des Rates vom 10. Mai 1993 über Wertpapierdienstleistungen[5], die Richtlinie 90/314/EWG des Rates vom 13. Juni 1990 über Pauschalreisen[6], die Richtlinie 98/6/EG des Europäischen Parlaments und des Rates vom 16. Februar 1998 über den Schutz der Verbraucher bei der Angabe der Preise der ihnen angebotenen Erzeugnisse[7], die Richtlinie 92/59/EWG des Rates vom 29. Juni 1992 über die allgemeine Produktsicherheit[8], die Richtlinie 94/47/EG des Europäischen Parlaments und des

---

[1] **Amtl. Anm.:** ABl. L 95 vom 21. 4. 1993, S. 29.
[2] **Amtl. Anm.:** ABl. L 144 vom 4. 6. 1997, S. 19.
[3] **Amtl. Anm.:** ABl. L 250 vom 19. 9. 1984, S. 17. Richtlinie geändert duch die Richtlinie 97/55/EG des Europäischen Parlaments und des Rates (ABl. L 290 vom 23. 10. 1997, S. 18).
[4] **Amtl. Anm.:** ABl. L 42 vom 12. 2. 1987, S. 48. Richtlinie zuletzt geändert durch die Richtlinie 98/7/EG des Europäischen Parlaments und des Rates (ABl. L 101 vom 1. 4. 1998, S. 17).
[5] **Amtl. Anm.:** ABl. L 141 vom 11. 6. 1993, S. 27. Richtlinie zuletzt geändert durch die Richtlinie 97/9/EG des Europäischen Parlaments und des Rates (ABl. L 84 vom 26. 3. 1997, S. 22).
[6] **Amtl. Anm.:** ABl. L 158 vom 23. 6. 1990, S. 59.
[7] **Amtl. Anm.:** ABl. L 80 vom 18. 3. 1998, S. 27.
[8] **Amtl. Anm.:** ABl. L 228 vom 11. 8. 1992, S. 24.

Rates vom 26. Oktober 1994 zum Schutz der Erwerber im Hinblick auf bestimmte Aspekte von Verträgen über den Erwerb von Teilzeitnutzungsrechten an Immobilien[1], die Richtlinie 98/27/EG des Europäischen Parlaments und des Rates vom 19. Mai 1998 über Unterlassungsklagen zum Schutz der Verbraucherinteressen[2], die Richtlinie 85/374/EWG des Rates vom 25. Juli 1985 zur Angleichung der Rechts- und Verwaltungsvorschriften der Mitgliedstaaten über die Haftung für fehlerhafte Produkte[3], die Richtlinie 1999/44/EG des Europäischen Parlaments und des Rates vom 25. Mai 1999 zu bestimmten Aspekten des Verbrauchsgüterkaufs und der Garantien für Verbrauchsgüter[4], die künftige Richtlinie des Europäischen Parlaments und des Rates über den Fernabsatz von Finanzdienstleistungen an Verbraucher, und die Richtlinie 92/28/EWG des Rates vom 31. März 1992 über die Werbung für Humanarzneimittel[5]. Die vorliegende Richtlinie sollte die im Rahmen des Binnenmarktes angenommene Richtlinie 98/43/EG des Europäischen Parlaments und des Rates vom 6. Juli 1998 zur Angleichung der Rechts- und Verwaltungsvorschriften der Mitgliedstaaten über Werbung und Sponsoring zu gunsten von Tabakerzeugnissen[6] und die Richtlinien über den Gesundheitsschutz unberührt lassen. Diese Richtlinie ergänzt die Informationserfordernisse, die durch die vorstehend genannten Richtlinien und insbesondere durch die Richtlinie 97/7/EG eingeführt wurden.

(12) Bestimmte Tätigkeiten müssen aus dem Geltungsbereich dieser Richtlinie ausgenommen werden, da gegenwärtig in diesen Bereichen der freie Dienstleistungsverkehr aufgrund der Bestimmungen des Vertrags bzw. des abgeleiteten Gemeinschaftsrechts nicht sicherzustellen ist. Dieser Ausschluß darf Maßnahmen, die zur Gewährleistung des reibungslosen Funktionierens des Binnenmarkts erforderlich sein könnten, nicht berühren. Das Steuerwesen, insbesondere die Mehrwertsteuer, die auf eine große Zahl von Diensten erhoben wird, die in den Anwendungsbereich dieser Richtlinie fallen, muß von ihrem Anwendungsbereich ausgenommen werden.

(13) Mit dieser Richtlinie sollen weder Regelungen über steuerliche Verpflichtungen festgelegt werden, noch greift sie der Ausarbeitung von Gemeinschaftsrechtsakten zu den steuerlichen Aspekten des elektronischen Geschäftsverkehrs vor.

(14) Der Schutz natürlicher Personen bei der Verarbeitung personenbezogener Daten ist ausschließlich Gegenstand der Richtlinie 95/46/EG des Europäischen Parlaments und des Rates vom 24. Oktober 1995 zum Schutz natürlicher Personen bei der Verarbeitung personenbezogener Daten und zum freien Datenverkehr[7] und der Richtlinie 97/66/EG des Europäischen Parlaments und des Rates vom 15. Dezember 1997 über die Verarbeitung personenbezogener Daten und den Schutz der Privatsphäre im Bereich der Telekommunikation[8], beide Richtlinien sind uneingeschränkt auf die Dienste der Informationsgesellschaft anwendbar. Jene Richtlinien begründen bereits einen gemeinschaftsrechtlichen Rahmen für den Bereich personenbezogener Daten, so dass diese Frage in der vorliegenden Richtlinie nicht geregelt werden muss, um das reibungslose Funktionieren des Binnenmarkts und insbesondere den freien Fluss personenbezogener Daten zwischen den Mitgliedstaaten zu gewährleisten. Die Grundsätze des Schutzes personenbezogener Daten sind bei der Umsetzung und Anwendung dieser Richtlinie uneingeschränkt zu beachten, insbesondere in Bezug auf nicht angeforderte kommerzielle Kommunikation und die Verantwortlichkeit von Vermittlern. Die anonyme Nutzung offener Netze wie des Internets kann diese Richtlinie nicht unterbinden.

(15) Die Vertraulichkeit der Kommunikation ist durch Artikel 5 der Richtlinie 97/66/EG gewährleistet. Gemäß jener Richtlinie untersagen die Mitgliedstaaten jede Art des Abfangens oder Überwachens dieser Kommunikation durch andere Personen als Sender und Empfänger, es sei denn, diese Personen sind gesetzlich dazu ermächtigt.

(16) Die Ausklammerung von Gewinnspielen aus dem Anwendungsbereich dieser Richtlinie betrifft nur Glücksspiele, Lotterien und Wetten mit einem einen Geldwert darstellenden Einsatz. Preisausschreiben und Gewinnspiele, mit denen der Verkauf von Waren oder Dienstleistungen

---

[1] **Amtl. Anm.:** ABl. L 280 vom 29. 10. 1994, S. 83.
[2] **Amtl. Anm.:** ABl. L 166 vom 11. 6. 1998, S. 51. Richtlinie geändert durch die Richtlinie 1999/44/EG (ABl. L 171 vom 7. 7. 1999, S. 12).
[3] **Amtl. Anm.:** ABl. L 210 vom 7. 8. 1985, S. 29. Richtlinie geändert durch die Richtlinie 1999/34/EG (ABl. L 141 vom 4. 6. 1999, S. 20).
[4] **Amtl. Anm.:** ABl. L 171 vom 7. 7. 1999, S. 12.
[5] **Amtl. Anm.:** ABl. L 113 vom 30. 4. 1992, S. 13.
[6] **Amtl. Anm.:** ABl. L 213 vom 30. 7. 1998, S. 9.
[7] **Amtl. Anm.:** ABl. L 281 vom 23. 11. 1995, S. 31.
[8] **Amtl. Anm.:** ABl. L 24 vom 30. 1. 1998, S. 1.

gefördert werden soll und bei denen etwaige Zahlungen nur dem Erwerb der angebotenen Waren oder Dienstleistungen dienen, werden hiervon nicht erfaßt.

(17) Das Gemeinschaftsrecht enthält in der Richtlinie 98/34/EG des Europäischen Parlaments und des Rates vom 22. Juni 1998 über ein Informationsverfahren auf dem Gebiet der Normen und technischen Vorschriften und der Vorschriften für die Dienste der Informationsgesellschaft[1] sowie in der Richtlinie 98/84/EG des Europäischen Parlaments und des Rates vom 20. November 1998 über den rechtlichen Schutz von zugangskontrollierten Diensten und von Zugangskontrolldiensten[2] bereits eine Definition der Dienste der Informationsgesellschaft. Diese Definition umfasst alle Dienstleistungen, die in der Regel gegen Entgelt im Fernabsatz mittels Geräten für die elektronische Verarbeitung (einschließlich digitaler Kompression) und Speicherung von Daten auf individuellen Abruf eines Empfängers erbracht werden. Nicht unter diese Definition fallen die Dienstleistungen, auf die in der Liste von Beispielen in Anhang V der Richtlinie 98/34/EG Bezug genommen wird und die ohne Verarbeitung und Speicherung von Daten erbracht werden.

(18) Die Dienste der Informationsgesellschaft umfassen einen weiten Bereich von wirtschaftlichen Tätigkeiten, die online vonstatten gehen. Diese Tätigkeiten können insbesondere im Online-Verkauf von Waren bestehen. Tätigkeiten wie die Auslieferung von Waren als solche oder die Erbringung von Offline-Diensten werden nicht erfaßt. Die Dienste der Informationsgesellschaft beschränken sich nicht nur auf Dienste, bei denen online Verträge geschlossen werden können, sondern erstrecken sich, soweit es sich überhaupt um eine wirtschaftliche Tätigkeit handelt, auch auf Dienste, die nicht von denjenigen vergütet werden, die sie empfangen, wie etwa Online-Informationsdienste, kommerzielle Kommunikation oder Dienste, die Instrumente zur Datensuche, zum Zugang zu Daten und zur Datenabfrage bereitstellen. Zu den Diensten der Informationsgesellschaft zählen auch Dienste, die Informationen über ein Kommunikationsnetz übermitteln, Zugang zu einem Kommunikationsnetz anbieten oder Informationen, die von einem Nutzer des Dienstes stammen, speichern. Fernsehsendungen im Sinne der Richtlinie 89/552/EWG und Radiosendungen sind keine Dienste der Informationsgesellschaft, da sie nicht auf individuellen Abruf erbracht werden. Dagegen sind Dienste, die von Punkt zu Punkt erbracht werden, wie Video auf Abruf oder die Verbreitung kommerzieller Kommunikationen mit elektronischer Post, Dienste der Informationsgesellschaft. Die Verwendung der elektronischen Post oder gleichwertiger individueller Kommunikationen zum Beispiel durch natürliche Personen außerhalb ihrer gewerblichen, geschäftlichen oder beruflichen Tätigkeit, einschließlich ihrer Verwendung für den Abschluß von Verträgen zwischen derartigen Personen, ist kein Dienst der Informationsgesellschaft. Die vertragliche Beziehung zwischen einem Arbeitnehmer und seinem Arbeitgeber ist kein Dienst der Informationsgesellschaft. Tätigkeiten, die ihrer Art nach nicht aus der Ferne und auf elektronischem Wege ausgeübt werden können, wie die gesetzliche Abschlußprüfung von Unternehmen oder ärztlicher Rat mit einer erforderlichen körperlichen Untersuchung eines Patienten, sind keine Dienste der Informationsgesellschaft.

(19) Die Bestimmung des Ortes der Niederlassung des Anbieters hat gemäß den in der Rechtsprechung des Gerichtshofs entwickelten Kriterien zu erfolgen, nach denen der Niederlassungsbegriff die tatsächliche Ausübung einer wirtschaftlichen Tätigkeit mittels einer festen Einrichtung auf unbestimmte Zeit umfaßt. Diese Bedingung ist auch erfüllt, wenn ein Unternehmen für einen festgelegten Zeitraum gegründet wird. Erbringt ein Unternehmen Dienstleistungen über eine Web-Site des Internets, so ist es weder dort niedergelassen, wo sich die technischen Mittel befinden, die diese Web-Site beherbergen, noch dort, wo die Web-Site zugänglich ist, sondern an dem Ort, an dem es seine Wirtschaftstätigkeit ausübt. In Fällen, in denen ein Anbieter an mehreren Orten niedergelassen ist, ist es wichtig zu bestimmen, von welchem Niederlassungsort aus der betreffende Dienst erbracht wird. Ist im Falle mehrerer Niederlassungsorte schwierig zu bestimmen, von welchem Ort aus ein bestimmter Dienst erbracht wird, so gilt als solcher der Ort, an dem sich der Mittelpunkt der Tätigkeiten des Anbieters in bezug auf diesen bestimmten Dienst befindet.

(20) Die Definition des Begriffs des Nutzers eines Dienstes umfaßt alle Arten der Inanspruchnahme von Diensten der Informationsgesellschaft sowohl durch Personen, die Informationen in offenen Netzen wie dem Internet anbieten, als auch durch Personen, die im Internet Informationen für private oder berufliche Zwecke suchen.

---

[1] **Amtl. Anm.:** ABl. L 204 vom 21. 7. 1998, S. 37. Richtlinie geändert durch die Richtlinie 98/48/EG (ABl. L 217 vom 5. 8. 1998, S. 18).
[2] **Amtl. Anm.:** ABl. L 320 vom 28. 11. 1998, S. 54.

(21) Eine künftige gemeinschaftliche Harmonisierung auf dem Gebiet der Dienste der Informationsgesellschaft und künftige Rechtsvorschriften, die auf einzelstaatlicher Ebene in Einklang mit dem Gemeinschaftsrecht erlassen werden, bleiben vom Geltungsbereich des koordinierten Bereichs unberührt. Der koordinierte Bereich umfaßt nur Anforderungen betreffend Online-Tätigkeiten, beispielsweise Online-Informationsdienste, Online-Werbung, Online-Verkauf und Online-Vertragsabschluß; er betrifft keine rechtlichen Anforderungen der Mitgliedstaaten bezüglich Waren, beispielsweise Sicherheitsnormen, Kennzeichnungspflichten oder Haftung für Waren, und auch keine Anforderungen der Mitgliedstaaten bezüglich der Lieferung oder Beförderung von Waren, einschließlich der Lieferung von Humanarzneimitteln. Der koordinierte Bereich umfaßt nicht die Wahrnehmung des Vorkaufsrechts durch öffentliche Behörden in bezug auf bestimmte Güter wie beispielsweise Kunstwerke.

(22) Die Aufsicht über Dienste der Informationsgesellschaft hat am Herkunftsort zu erfolgen, um einen wirksamen Schutz der Ziele des Allgemeininteresses zu gewährleisten. Deshalb muß dafür gesorgt werden, daß die zuständige Behörde diesen Schutz nicht allein für die Bürger ihres Landes, sondern für alle Bürger der Gemeinschaft sichert. Um das gegenseitige Vertrauen der Mitgliedstaaten zu stärken, muß die Verantwortlichkeit des Mitgliedstaates des Herkunftsortes der Dienste klar herausgestellt werden. Um den freien Dienstleistungsverkehr und die Rechtssicherheit für Anbieter und Nutzer wirksam zu gewährleisten, sollten die Dienste der Informationsgesellschaft zudem grundsätzlich dem Rechtssystem desjenigen Mitgliedstaates unterworfen werden, in dem der Anbieter niedergelassen ist.

(23) Diese Richtlinie zielt weder darauf ab, zusätzliche Regeln im Bereich des internationalen Privatrechts hinsichtlich des anwendbaren Rechts zu schaffen, noch befaßt sie sich mit der Zuständigkeit der Gerichte; Vorschriften des anwendbaren Rechts, die durch Regeln des Internationalen Privatrechts bestimmt sind, dürfen die Freiheit zur Erbringung von Diensten der Informationsgesellschaft im Sinne dieser Richtlinie nicht einschränken.

(24) Unbeschadet der Regel, daß Dienste der Informationsgesellschaft an der Quelle zu beaufsichtigen sind, ist es im Zusammenhang mit dieser Richtlinie gerechtfertigt, daß die Mitgliedstaaten unter den in dieser Richtlinie festgelegten Bedingungen Maßnahmen ergreifen dürfen, um den freien Verkehr für Dienste der Informationsgesellschaft einzuschränken.

(25) Nationale Gerichte, einschließlich Zivilgerichte, die mit privatrechtlichen Streitigkeiten befaßt sind, können im Einklang mit den in dieser Richtlinie festgelegten Bedingungen Maßnahmen ergreifen, die von der Freiheit der Erbringung von Diensten der Informationsgesellschaft abweichen.

(26) Die Mitgliedstaaten können im Einklang mit den in dieser Richtlinie festgelegten Bedingungen ihre nationalen strafrechtlichen Vorschriften und Strafprozeßvorschriften anwenden, um Ermittlungs- und andere Maßnahmen zu ergreifen, die zur Aufklärung und Verfolgung von Straftaten erforderlich sind, ohne diese Maßnahmen der Kommission mitteilen zu müssen.

(27) Diese Richtlinie trägt zusammen mit der künftigen Richtlinie des Europäischen Parlaments und des Rates über den Fernabsatz von Finanzdienstleistungen an Verbraucher dazu bei, einen rechtlichen Rahmen für die Online-Erbringung von Finanzdienstleistungen zu schaffen. Diese Richtlinie greift künftigen Initiativen im Bereich der Finanzdienstleistungen, insbesondere in bezug auf die Harmonisierung der Verhaltensregeln für diesen Bereich, nicht vor. Die durch diese Richtlinie geschaffene Möglichkeit für die Mitgliedstaaten, die Freiheit der Erbringung von Diensten der Informationsgesellschaft unter bestimmten Umständen zum Schutz der Verbraucher einzuschränken, erstreckt sich auch auf Maßnahmen im Bereich der Finanzdienstleistungen, insbesondere Maßnahmen zum Schutz von Anlegern.

(28) Die Verpflichtung der Mitgliedstaaten, den Zugang zur Tätigkeit eines Anbieters von Diensten der Informationsgesellschaft keiner Zulassung zu unterwerfen, gilt nicht für Postdienste, die unter die Richtlinie 97/67/EG des Europäischen Parlaments und des Rates vom 15. Dezember 1997 über gemeinsame Vorschriften für die Entwicklung des Binnenmarktes der Postdienste der Gemeinschaft und die Verbesserung der Dienstequalität[1)] fallen und in der materiellen Auslieferung ausgedruckter Mitteilungen der elektronischen Post bestehen; freiwillige Akkreditierungssysteme, insbesondere für Anbieter von Diensten für die Zertifizierung elektronischer Signaturen, sind hiervon ebenfalls nicht betroffen.

[1)] **Amtl. Anm.:** ABl. L 15 vom 21. 1. 1998, S. 14.

(29) Kommerzielle Kommunikationen sind von entscheidender Bedeutung für die Finanzierung der Dienste der Informationsgesellschaft und die Entwicklung vielfältiger neuer und unentgeltlicher Dienste. Im Interesse des Verbraucherschutzes und der Lauterkeit des Geschäftsverkehrs müssen die verschiedenen Formen kommerzieller Kommunikation, darunter Preisnachlässe, Sonderangebote, Preisausschreiben und Gewinnspiele, bestimmten Transparenzerfordernissen genügen. Diese Transparenzerfordernisse lassen die Richtlinie 97/7/EG unberührt. Diese Richtlinie ist ferner ohne Auswirkung auf die Richtlinien, die bereits im Bereich der kommerziellen Kommunikationen bestehen, insbesondere die Richtlinie 98/43/EG.

(30) Die Zusendung nicht angeforderter kommerzieller Kommunikationen durch elektronische Post kann für Verbraucher und Anbieter von Diensten der Informationsgesellschaft unerwünscht sein und das reibungslose Funktionieren interaktiver Netze beeinträchtigen. Die Frage der Zustimmung der Empfänger bestimmter Formen der nicht angeforderten kommerziellen Kommunikation ist nicht Gegenstand dieser Richtlinie, sondern ist, insbesondere in den Richtlinien 97/7/EG und 97/66/EG, bereits geregelt. In Mitgliedstaaten, die nicht angeforderte kommerzielle Kommunikationen über elektronische Post zulassen, sollten geeignete Initiativen der Branche zum Herausfiltern entsprechender Mitteilungen gefördert und erleichtert werden. Darüber hinaus müssen nicht angeforderte kommerzielle Kommunikationen auf jeden Fall klar als solche erkennbar sein, um die Transparenz zu verbessern und die Funktionsfähigkeit derartiger Filtersysteme der Branche zu fördern. Durch elektronische Post zugesandte nicht angeforderte kommerzielle Kommunikationen dürfen keine zusätzlichen Kommunikationskosten für den Empfänger verursachen.

(31) Mitgliedstaaten, die in ihrem Hoheitsgebiet niedergelassenen Diensteanbietern die Versendung nicht angeforderter kommerzieller Kommunikation mit elektronischer Post ohne vorherige Zustimmung des Empfängers gestatten, müssen dafür Sorge tragen, daß die Diensteanbieter regelmäßig sog. Robinson-Listen konsultieren, in die sich natürliche Personen eintragen können, die keine derartigen Informationen zu erhalten wünschen, und daß die Diensteanbieter diese Listen beachten.

(32) Um Hindernisse für die Entwicklung grenzüberschreitender Dienste innerhalb der Gemeinschaft zu beseitigen, die Angehörige der reglementierten Berufe im Internet anbieten könnten, muß die Wahrung berufsrechtlicher Regeln, insbesondere der Regeln zum Schutz der Verbraucher oder der öffentlichen Gesundheit, auf Gemeinschaftsebene gewährleistet sein. Zur Festlegung der für kommerzielle Kommunikation geltenden Berufsregeln sind vorzugsweise gemeinschaftsweit geltende Verhaltenskodizes geeignet. Die Erstellung oder gegebenenfalls die Anpassung solcher Regeln sollte unbeschadet der Autonomie von Berufsvereinigungen und -organisationen gefördert werden.

(33) Diese Richtlinie ergänzt gemeinschaftliche und einzelstaatliche Rechtsvorschriften für reglementierte Berufe, wobei in diesem Bereich ein kohärenter Bestand anwendbarer Regeln beibehalten wird.

(34) Jeder Mitgliedstaat hat seine Rechtsvorschriften zu ändern, in denen Bestimmungen festgelegt sind, die die Verwendung elektronisch geschlossener Verträge behindern könnten; dies gilt insbesondere für Formerfordernisse. Die Prüfung anpassungsbedürftiger Rechtsvorschriften sollte systematisch erfolgen und sämtliche Phasen bis zum Vertragsabschluß umfassen, einschließlich der Archivierung des Vertrages. Diese Änderung sollte bewirken, daß es möglich ist, elektronisch geschlossene Verträge zu verwenden. Die rechtliche Wirksamkeit elektronischer Signaturen ist bereits Gegenstand der Richtlinie 1999/93/EG des Europäischen Parlaments und des Rates vom 13. Dezember 1999 über gemeinschaftliche Rahmenbedingungen für elektronische Signaturen[1]. Die Empfangsbestätigung durch den Diensteanbieter kann darin bestehen, dass dieser die bezahlte Dienstleistung online erbringt.

(35) Diese Richtlinie läßt die Möglichkeit der Mitgliedstaaten unberührt, allgemeine oder spezifische rechtliche Anforderungen für Verträge, die auf elektronischem Wege erfüllt werden können, insbesondere Anforderungen für sichere elektronische Signaturen, aufrechtzuerhalten oder festzulegen.

(36) Die Mitgliedstaaten können Beschränkungen für die Verwendung elektronisch geschlossener Verträge in bezug auf Verträge beibehalten, bei denen die Mitwirkung von Gerichten, Behörden oder öffentliche Befugnisse ausübenden Berufen gesetzlich vorgeschrieben ist. Diese

---

[1] **Amtl. Anm.:** ABl. L 13 vom 19. 1. 2000, S. 12.

Möglichkeit gilt auch für Verträge, bei denen die Mitwirkung von Gerichten, Behörden oder öffentliche Befugnisse ausübenden Berufen erforderlich ist, damit sie gegenüber Dritten wirksam sind, und für Verträge, bei denen eine notarielle Beurkundung oder Beglaubigung gesetzlich vorgeschrieben ist.

(37) Die Verpflichtung der Mitgliedstaaten, Hindernisse für die Verwendung elektronisch geschlossener Verträge zu beseitigen, betrifft nur Hindernisse, die sich aus rechtlichen Anforderungen ergeben, nicht jedoch praktische Hindernisse, die dadurch entstehen, daß in bestimmten Fällen elektronische Mittel nicht genutzt werden können.

(38) Die Verpflichtung der Mitgliedstaaten, Hindernisse für die Verwendung elektronisch geschlossener Verträge zu beseitigen, ist im Einklang mit den im Gemeinschaftsrecht niedergelegten rechtlichen Anforderungen an Verträge zu erfüllen.

(39) Die in dieser Richtlinie in bezug auf die bereitzustellenden Informationen und die Abgabe von Bestellungen vorgesehenen Ausnahmen von den Vorschriften für Verträge, die ausschließlich durch den Austausch von elektronischer Post oder durch damit vergleichbare individuelle Kommunikation geschlossen werden, sollten nicht dazu führen, daß Anbieter von Diensten der Informationsgesellschaft diese Vorschriften umgehen können.

(40) Bestehende und sich entwickelnde Unterschiede in den Rechtsvorschriften und der Rechtsprechung der Mitgliedstaaten hinsichtlich der Verantwortlichkeit von Diensteanbietern, die als Vermittler handeln, behindern das reibungslose Funktionieren des Binnenmarktes, indem sie insbesondere die Entwicklung grenzüberschreitender Dienste erschweren und Wettbewerbsverzerrungen verursachen. Die Diensteanbieter sind unter bestimmten Voraussetzungen verpflichtet, tätig zu werden, um rechtswidrige Tätigkeiten zu verhindern oder abzustellen. Die Bestimmungen dieser Richtlinie sollten eine geeignete Grundlage für die Entwicklung rasch und zuverlässig wirkender Verfahren zur Entfernung unerlaubter Informationen und zur Sperrung des Zugangs zu ihnen bilden. Entsprechende Mechanismen könnten auf der Grundlage freiwilliger Vereinbarungen zwischen allen Beteiligten entwickelt und sollten von den Mitgliedstaaten gefördert werden. Es liegt im Interesse aller an der Erbringung von Diensten der Informationsgesellschaft Beteiligten, daß solche Verfahren angenommen und umgesetzt werden. Die in dieser Richtlinie niedergelegten Bestimmungen über die Verantwortlichkeit sollten die verschiedenen Beteiligten nicht daran hindern, innerhalb der von den Richtlinien 95/46/EG und 97/66/EG gezogenen Grenzen technische Schutz- und Erkennungssysteme und durch die Digitaltechnik ermöglichte technische Überwachungsgeräte zu entwickeln und wirksam anzuwenden.

(41) Diese Richtlinie schafft ein Gleichgewicht zwischen den verschiedenen Interessen und legt die Grundsätze fest, auf denen Übereinkommen und Standards in dieser Branche basieren können.

(42) Die in dieser Richtlinie hinsichtlich der Verantwortlichkeit festgelegten Ausnahmen decken nur Fälle ab, in denen die Tätigkeit des Anbieters von Diensten der Informationsgesellschaft auf den technischen Vorgang beschränkt ist, ein Kommunikationsnetz zu betreiben und den Zugang zu diesem zu vermitteln, über das von Dritten zur Verfügung gestellte Informationen übermittelt oder zum alleinigen Zweck vorübergehend gespeichert werden, die Übermittlung effizienter zu gestalten. Diese Tätigkeit ist rein technischer, automatischer und passiver Art, was bedeutet, daß der Anbieter eines Dienstes der Informationsgesellschaft weder Kenntnis noch Kontrolle über die weitergeleitete oder gespeicherte Information besitzt.

(43) Ein Diensteanbieter kann die Ausnahmeregelungen für die „reine Durchleitung" und das „Caching" in Anspruch nehmen, wenn er in keiner Weise mit der übermittelten Information in Verbindung steht. Dies bedeutet unter anderem, daß er die von ihm übermittelte Information nicht verändert. Unter diese Anforderung fallen nicht Eingriffe technischer Art im Verlauf der Übermittlung, da sie die Integrität der übermittelten Informationen nicht verändern.

(44) Ein Diensteanbieter, der absichtlich mit einem der Nutzer seines Dienstes zusammenarbeitet, um rechtswidrige Handlungen zu begehen, leistet mehr als „reine Durchleitung" und „Caching" und kann daher den hierfür festgelegten Haftungsausschluß nicht in Anspruch nehmen.

(45) Die in dieser Richtlinie festgelegten Beschränkungen der Verantwortlichkeit von Vermittlern lassen die Möglichkeit von Anordnungen unterschiedlicher Art unberührt. Diese können insbesondere in gerichtlichen oder behördlichen Anordnungen bestehen, die die Abstellung oder Verhinderung einer Rechtsverletzung verlangen, einschließlich der Entfernung rechtswidriger Informationen oder der Sperrung des Zugangs zu ihnen.

(46) Um eine Beschränkung der Verantwortlichkeit in Anspruch nehmen zu können, muß der Anbieter eines Dienstes der Informationsgesellschaft, der in der Speicherung von Information besteht, unverzüglich tätig werden, sobald ihm rechtswidrige Tätigkeiten bekannt oder bewußt werden, um die betreffende Information zu entfernen oder den Zugang zu ihr zu sperren. Im Zusammenhang mit der Entfernung oder der Sperrung des Zugangs hat er den Grundsatz der freien Meinungsäußerung und die hierzu auf einzelstaatlicher Ebene festgelegten Verfahren zu beachten. Diese Richtlinie läßt die Möglichkeit der Mitgliedstaaten unberührt, spezifische Anforderungen vorzuschreiben, die vor der Entfernung von Informationen oder der Sperrung des Zugangs unverzüglich zu erfüllen sind.

(47) Die Mitgliedstaaten sind nur dann gehindert, den Diensteanbietern Überwachungspflichten aufzuerlegen, wenn diese allgemeiner Art sind. Dies betrifft nicht Überwachungspflichten in spezifischen Fällen und berührt insbesondere nicht Anordnungen, die von einzelstaatlichen Behörden nach innerstaatlichem Recht getroffen werden.

(48) Diese Richtlinie läßt die Möglichkeit unberührt, daß die Mitgliedstaaten von Diensteanbietern, die von Nutzern ihres Dienstes bereitgestellte Informationen speichern, verlangen, die nach vernünftigem Ermessen von ihnen zu erwartende und in innerstaatlichen Rechtsvorschriften niedergelegte Sorgfaltspflicht anzuwenden, um bestimmte Arten rechtswidriger Tätigkeiten aufzudecken und zu verhindern.

(49) Die Mitgliedstaaten und die Kommission haben zur Ausarbeitung von Verhaltenskodizes zu ermutigen. Dies beeinträchtigt nicht die Freiwilligkeit dieser Kodizes und die Möglichkeit der Beteiligten, sich nach freiem Ermessen einem solchen Kodex zu unterwerfen.

(50) Es ist wichtig, daß die vorgeschlagene Richtlinie zur Harmonisierung bestimmter Aspekte des Urheberrechts und der verwandten Schutzrechte in der Informationsgesellschaft und die vorliegende Richtlinie innerhalb des gleichen Zeitrahmens in Kraft treten, so daß zur Frage der Haftung der Vermittler bei Verstößen gegen das Urheberrecht und verwandte Schutzrechte auf Gemeinschaftsebene ein klares Regelwerk begründet wird.

(51) Gegebenenfalls müssen die Mitgliedstaaten innerstaatliche Rechtsvorschriften ändern, die die Inanspruchnahme von Mechanismen zur außergerichtlichen Beilegung von Streitigkeiten auf elektronischem Wege behindern könnten. Diese Änderung muß bewirken, daß diese Mechanismen de facto und de jure tatsächlich wirksam funktionieren können, und zwar auch bei grenzüberschreitenden Rechtsstreitigkeiten.

(52) Die effektive Wahrnehmung der durch den Binnenmarkt gebotenen Freiheiten macht es erforderlich, den Opfern einen wirksamen Zugang zu Möglichkeiten der Beilegung von Streitigkeiten zu gewährleisten. Schäden, die in Verbindung mit den Diensten der Informationsgesellschaft entstehen können, sind durch ihre Schnelligkeit und ihre geographische Ausbreitung gekennzeichnet. Wegen dieser spezifischen Eigenheit und der Notwendigkeit, darüber zu wachen, daß die nationalen Behörden das Vertrauen, das sie sich gegenseitig entgegenbringen müssen, nicht in Frage stellen, verlangt diese Richtlinie von den Mitgliedstaaten, dafür zu sorgen, daß angemessene Klagemöglichkeiten zur Verfügung stehen. Die Mitgliedstaaten sollten prüfen, ob ein Bedürfnis für die Schaffung eines Zugangs zu gerichtlichen Verfahren auf elektronischem Wege besteht.

(53) Die Richtlinie 98/27/EG, die auf Dienste der Informationsgesellschaft anwendbar ist, sieht einen Mechanismus für Unterlassungsklagen zum Schutz kollektiver Verbraucherinteressen vor. Dieser Mechanismus trägt zum freien Verkehr von Diensten der Informationsgesellschaft bei, indem er ein hohes Niveau an Verbraucherschutz gewährleistet.

(54) Die in dieser Richtlinie vorgesehenen Sanktionen lassen andere nach einzelstaatlichem Recht vorgesehene Sanktionen oder Rechtsbehelfe unberührt. Die Mitgliedstaaten sind nicht verpflichtet, strafrechtliche Sanktionen für Zuwiderhandlungen gegen innerstaatliche Rechtsvorschriften, die aufgrund dieser Richtlinie erlassen wurden, vorzusehen.

(55) Diese Richtlinie läßt das Recht unberührt, das für die sich aus Verbraucherverträgen ergebenden vertraglichen Schuldverhältnisse gilt. Dementsprechend kann diese Richtlinie nicht dazu führen, daß dem Verbraucher der Schutz entzogen wird, der ihm von den zwingenden Vorschriften für vertragliche Verpflichtungen nach dem Recht des Mitgliedstaates, in dem er seinen gewöhnlichen Wohnsitz hat, gewährt wird.

(56) Im Hinblick auf die in dieser Richtlinie vorgesehene Ausnahme für vertragliche Schuldverhältnisse in bezug auf Verbraucherverträge ist zu beachten, daß diese Schuldverhältnisse auch

Informationen zu den wesentlichen Elementen des Vertrags erfassen; dazu gehören auch die Verbraucherrechte, die einen bestimmenden Einfluß auf die Entscheidung zum Vertragschluß haben.

(57) Nach ständiger Rechtsprechung des Gerichtshofs ist ein Mitgliedstaat weiterhin berechtigt, Maßnahmen gegen einen in einem anderen Mitgliedstaat niedergelassenen Diensteanbieter zu ergreifen, dessen Tätigkeit ausschließlich oder überwiegend auf das Hoheitsgebiet des ersten Mitgliedstaates ausgerichtet ist, wenn die Niederlassung gewählt wurde, um die Rechtsvorschriften zu umgehen, die auf den Anbieter Anwendung fänden, wenn er im Hoheitsgebiet des ersten Mitgliedstaats niedergelassen wäre.

(58) Diese Richtlinie soll keine Anwendung auf Dienste von Anbietern finden, die in einem Drittland niedergelassen sind. Angesichts der globalen Dimension des elektronischen Geschäftsverkehrs ist jedoch dafür Sorge zu tragen, daß die gemeinschaftlichen Vorschriften mit den internationalen Regeln in Einklang stehen. Die Ergebnisse der Erörterungen über rechtliche Fragen in internationalen Organisationen (unter anderem WTO, OECD, UNCITRAL) bleiben von dieser Richtlinie unberührt.

(59) Trotz der globalen Natur elektronischer Kommunikationen ist eine Koordinierung von nationalen Regulierungsmaßnahmen auf der Ebene der Europäischen Union notwendig, um eine Fragmentierung des Binnenmarktes zu vermeiden und einen angemessenen europäischen Rechtsrahmen zu schaffen. Diese Koordinierung sollte auch zur Herausbildung einer gemeinsamen und starken Verhandlungsposition in internationalen Gremien beitragen.

(60) Im Sinne der ungehinderten Entwicklung des elektronischen Geschäftsverkehrs muß dieser Rechtsrahmen klar, unkompliziert und vorhersehbar sowie vereinbar mit den auf internationaler Ebene geltenden Regeln sein, um die Wettbewerbsfähigkeit der europäischen Industrie nicht zu beeinträchtigen und innovative Maßnahmen in diesem Sektor nicht zu behindern.

(61) Damit der elektronische Markt in einem globalisierten Umfeld wirksam funktionieren kann, bedarf es einer Abstimmung zwischen der Europäischen Union und den großen nichteuropäischen Wirtschaftsräumen mit dem Ziel, die Rechtsvorschriften und Verfahren kompatibel zu gestalten.

(62) Die Zusammenarbeit mit Drittländern sollte im Bereich des elektronischen Geschäftsverkehrs intensiviert werden, insbesondere mit den beitrittswilligen Ländern, den Entwicklungsländern und den übrigen Handelspartnern der Europäischen Union.

(63) Die Annahme dieser Richtlinie hält die Mitgliedstaaten nicht davon ab, den verschiedenen sozialen, gesellschaftlichen und kulturellen Auswirkungen Rechnung zu tragen, zu denen das Entstehen der Informationsgesellschaft führt. Insbesondere darf sie nicht Maßnahmen verhindern, die die Mitgliedstaaten im Einklang mit dem Gemeinschaftsrecht erlassen könnten, um soziale, kulturelle und demokratische Ziele unter Berücksichtigung ihrer sprachlichen Vielfalt, der nationalen und regionalen Besonderheiten sowie ihres Kulturerbes zu erreichen und den Zugang der Öffentlichkeit zu der breitestmöglichen Palette von Diensten der Informationsgesellschaft zu gewährleisten und zu erhalten. Im Zuge der Entwicklung der Informationsgesellschaft muß auf jeden Fall sichergestellt werden, daß die Bürger der Gemeinschaft Zugang zu dem in einem digitalen Umfeld vermittelten europäischen Kulturerbe erhalten können.

(64) Die elektronische Kommunikation stellt für die Mitgliedstaaten ein hervorragendes Instrument zur Bereitstellung von öffentlichen Dienstleistungen in den Bereichen Kultur, Bildung und Sprache dar.

(65) Wie der Rat in seiner Entschließung vom 19. Januar 1999 über die Verbraucherdimension der Informationsgesellschaft[1)] festgestellt hat, muss dem Schutz der Verbraucher in diesem Bereich besondere Aufmerksamkeit gewidmet werden. Die Kommission wird untersuchen, in welchem Umfang die bestehenden Regeln des Verbraucherschutzes im Zusammenhang mit der Informationsgesellschaft unzulänglich sind, und gegebenenfalls die Lücken in der bestehenden Gesetzgebung sowie die Aspekte, die ergänzende Maßnahmen erforderlich machen könnten, aufzeigen. Gegebenenfalls sollte die Kommission spezifische zusätzliche Vorschläge unterbreiten, um die festgestellten Unzulänglichkeiten zu beheben –

HABEN FOLGENDE RICHTLINIE ERLASSEN:

[1)] **Amtl. Anm.:** ABl. C 23 vom 28. 1. 1999, S. 1.

Kapitel I. Allgemeine Bestimmungen

Art. 1 Zielsetzung und Anwendungsbereich

(1) Diese Richtlinie soll einen Beitrag zum einwandfreien Funktionieren des Binnenmarktes leisten, indem sie den freien Verkehr von Diensten der Informationsgesellschaft zwischen den Mitgliedstaaten sicherstellt.

(2) Diese Richtlinie sorgt, soweit dies für die Erreichung des in Absatz 1 genannten Ziels erforderlich ist, für eine Angleichung bestimmter für die Dienste der Informationsgesellschaft geltender innerstaatlicher Regelungen, die den Binnenmarkt, die Niederlassung der Diensteanbieter, kommerzielle Kommunikationen, elektronische Verträge, die Verantwortlichkeit von Vermittlern, Verhaltenskodizes, Systeme zur außergerichtlichen Beilegung von Streitigkeiten, Klagemöglichkeiten sowie die Zusammenarbeit zwischen den Mitgliedstaaten betreffen.

(3) Diese Richtlinie ergänzt das auf die Dienste der Informationsgesellschaft anwendbare Gemeinschaftsrecht und läßt dabei das Schutzniveau insbesondere für die öffentliche Gesundheit und den Verbraucherschutz, wie es sich aus Gemeinschaftsrechtsakten und einzelstaatlichen Rechtsvorschriften zu deren Umsetzung ergibt, unberührt, soweit die Freiheit, Dienste der Informationsgesellschaft anzubieten, dadurch nicht eingeschränkt wird.

(4) Diese Richtlinie schafft weder zusätzliche Regeln im Bereich des internationalen Privatrechts, noch befaßt sie sich mit der Zuständigkeit der Gerichte.

(5) Diese Richtlinie findet keine Anwendung auf

a) den Bereich der Besteuerung,
b) Fragen betreffend die Dienste der Informationsgesellschaft, die von den Richtlinien 95/46/EG und 97/66/EG erfaßt werden,
c) Fragen betreffend Vereinbarungen oder Verhaltensweisen, die dem Kartellrecht unterliegen,
d) die folgenden Tätigkeiten der Dienste der Informationsgesellschaft:
   – Tätigkeiten von Notaren oder Angehörigen gleichwertiger Berufe, soweit diese eine unmittelbare und besondere Verbindung zur Ausübung öffentlicher Befugnisse aufweisen;
   – Vertretung eines Mandanten und Verteidigung seiner Interessen vor Gericht;
   – Gewinnspiele mit einem einen Geldwert darstellenden Einsatz bei Glücksspielen, einschließlich Lotterien und Wetten.

(6) Maßnahmen auf gemeinschaftlicher oder einzelstaatlicher Ebene, die unter Wahrung des Gemeinschaftsrechts der Förderung der kulturellen und sprachlichen Vielfalt und dem Schutz des Pluralismus dienen, bleiben von dieser Richtlinie unberührt.

Art. 2 Begriffsbestimmungen

Im Sinne dieser Richtlinie bezeichnet der Ausdruck

a) „Dienste der Informationsgesellschaft" Dienste im Sinne von Artikel 1 Nummer 2 der Richtlinie 98/34/EG in der Fassung der Richtlinie 98/48/EG;
b) „Diensteanbieter" jede natürliche oder juristische Person, die einen Dienst der Informationsgesellschaft anbietet;
c) „niedergelassener Diensteanbieter" ein Anbieter, der mittels einer festen Einrichtung auf unbestimmte Zeit eine Wirtschaftstätigkeit tatsächlich ausübt; Vorhandensein und Nutzung technischer Mittel und Technologien, die zum Anbieten des Dienstes erforderlich sind, begründen allein keine Niederlassung des Anbieters;
d) „Nutzer" jede natürliche oder juristische Person, die zu beruflichen oder sonstigen Zwecken einen Dienst der Informationsgesellschaft in Anspruch nimmt, insbesondere um Informationen zu erlangen oder zugänglich zu machen;
e) „Verbraucher" jede natürliche Person, die zu Zwecken handelt, die nicht zu ihren gewerblichen, geschäftlichen oder beruflichen Tätigkeiten gehören;
f) „kommerzielle Kommunikation" alle Formen der Kommunikation, die der unmittelbaren oder mittelbaren Förderung des Absatzes von Waren und Dienstleistungen oder des Erscheinungsbilds eines Unternehmens, einer Organisation oder einer natürlichen Person dienen, die eine Tätigkeit in Handel, Gewerbe oder Handwerk oder einen reglementierten Beruf ausübt; die folgenden Angaben stellen als solche keine Form der kommerziellen Kommunikation dar:

- Angaben, die direkten Zugang zur Tätigkeit des Unternehmens bzw. der Organisation oder Person ermöglichen, wie insbesondere ein Domain-Name oder eine Adresse der elektronischen Post;
- Angaben in bezug auf Waren und Dienstleistungen oder das Erscheinungsbild eines Unternehmens, einer Organisation oder Person, die unabhängig und insbesondere ohne finanzielle Gegenleistung gemacht werden;

g) „reglementierter Beruf" alle Berufe im Sinne von Artikel 1 Buchstabe d) der Richtlinie 89/48/EWG des Rates vom 21. Dezember 1988 über eine allgemeine Regelung zur Anerkennung der Hochschuldiplome, die eine mindestens dreijährige Berufsausbildung abschließen[1], oder im Sinne von Artikel 1 Buchstabe f) der Richtlinie 92/51/EWG des Rates vom 18. Juni 1992 über eine zweite allgemeine Regelung zur Anerkennung beruflicher Befähigungsnachweise in Ergänzung zur Richtlinie 89/48/EWG[2];

h) „koordinierter Bereich" die für die Anbieter von Diensten der Informationsgesellschaft und die Dienste der Informationsgesellschaft in den Rechtssystemen der Mitgliedstaaten festgelegten Anforderungen, ungeachtet der Frage, ob sie allgemeiner Art oder speziell für sie bestimmt sind.

i) Der koordinierte Bereich betrifft vom Diensteanbieter zu erfüllende Anforderungen in bezug auf
- die Aufnahme der Tätigkeit eines Dienstes der Informationsgesellschaft, beispielsweise Anforderungen betreffend Qualifikationen, Genehmigung oder Anmeldung;
- die Ausübung der Tätigkeit eines Dienstes der Informationsgesellschaft, beispielsweise Anforderungen betreffend das Verhalten des Diensteanbieters, Anforderungen betreffend Qualität oder Inhalt des Dienstes, einschließlich der auf Werbung und Verträge anwendbaren Anforderungen, sowie Anforderungen betreffend die Verantwortlichkeit des Diensteanbieters.

ii) Der koordinierte Bereich umfaßt keine Anforderungen wie
- Anforderungen betreffend die Waren als solche;
- Anforderungen betreffend die Lieferung von Waren;
- Anforderungen betreffend Dienste, die nicht auf elektronischem Wege erbracht werden.

Art. 3 Binnenmarkt

(1) Jeder Mitgliedstaat trägt dafür Sorge, daß die Dienste der Informationsgesellschaft, die von einem in seinem Hoheitsgebiet niedergelassenen Diensteanbieter erbracht werden, den in diesem Mitgliedstaat geltenden innerstaatlichen Vorschriften entsprechen, die in den koordinierten Bereich fallen.

(2) Die Mitgliedstaaten dürfen den freien Verkehr von Diensten der Informationsgesellschaft aus einem anderen Mitgliedstaat nicht aus Gründen einschränken, die in den koordinierten Bereich fallen.

(3) Die Absätze 1 und 2 finden keine Anwendung auf die im Anhang genannten Bereiche.

(4) Die Mitgliedstaaten können Maßnahmen ergreifen, die im Hinblick auf einen bestimmten Dienst der Informationsgesellschaft von Absatz 2 abweichen, wenn die folgenden Bedingungen erfüllt sind:

a) Die Maßnahmen
 i) sind aus einem der folgenden Gründe erforderlich:
- Schutz der öffentlichen Ordnung, insbesondere Verhütung, Ermittlung, Aufklärung und Verfolgung von Straftaten, einschließlich des Jugendschutzes und der Bekämpfung der Hetze aus Gründen der Rasse, des Geschlechts, des Glaubens oder der Nationalität, sowie von Verletzungen der Menschenwürde einzelner Personen,
- Schutz der öffentlichen Gesundheit,
- Schutz der öffentlichen Sicherheit, einschließlich der Wahrung nationaler Sicherheits- und Verteidigungsinteressen,
- Schutz der Verbraucher, einschließlich des Schutzes von Anlegern;

---

[1] **Amtl. Anm.:** ABl. L 19 vom 24. 1. 1989, S. 16.
[2] **Amtl. Anm.:** ABl. L 209 vom 24. 7. 1992, S. 25. Richtlinie zuletzt geändert durch die Richtlinie 97/38/EWG der Kommission (ABl. L 184 vom 12. 7. 1997, S. 31).

ii) betreffen einen bestimmten Dienst der Informationsgesellschaft, der die unter Ziffer i) genannten Schutzziele beeinträchtigt oder eine ernsthafte und schwerwiegende Gefahr einer Beeinträchtigung dieser Ziele darstellt;

iii) stehen in einem angemessenen Verhältnis zu diesen Schutzzielen.

b) Der Mitgliedstaat hat vor Ergreifen der betreffenden Maßnahmen unbeschadet etwaiger Gerichtsverfahren, einschließlich Vorverfahren und Schritten im Rahmen einer strafrechtlichen Ermittlung,

– den in Absatz 1 genannten Mitgliedstaat aufgefordert, Maßnahmen zu ergreifen, und dieser hat dem nicht Folge geleistet oder die von ihm getroffenen Maßnahmen sind unzulänglich;

– die Kommission und den in Absatz 1 genannten Mitgliedstaat über seine Absicht, derartige Maßnahmen zu ergreifen, unterrichtet.

(5) ¹Die Mitgliedstaaten können in dringlichen Fällen von den in Absatz 4 Buchstabe b) genannten Bedingungen abweichen. ²In diesem Fall müssen die Maßnahmen so bald wie möglich und unter Angabe der Gründe, aus denen der Mitgliedstaat der Auffassung ist, daß es sich um einen dringlichen Fall handelt, der Kommission und dem in Absatz 1 genannten Mitgliedstaat mitgeteilt werden.

(6) Unbeschadet der Möglichkeit des Mitgliedstaates, die betreffenden Maßnahmen durchzuführen, muß die Kommission innerhalb kürzestmöglicher Zeit prüfen, ob die mitgeteilten Maßnahmen mit dem Gemeinschaftsrecht vereinbar sind; gelangt sie zu dem Schluß, daß die Maßnahme nicht mit dem Gemeinschaftsrecht vereinbar ist, so fordert sie den betreffenden Mitgliedstaat auf, davon Abstand zu nehmen, die geplanten Maßnahmen zu ergreifen, bzw. bereits ergriffene Maßnahmen unverzüglich einzustellen.

Kapitel II. Grundsätze

Abschnitt 1. Niederlassung und Informationspflichten

Art. 4 Grundsatz der Zulassungsfreiheit

(1) Die Mitgliedstaaten stellen sicher, daß die Aufnahme und die Ausübung der Tätigkeit eines Anbieters von Diensten der Informationsgesellschaft nicht zulassungspflichtig ist und keiner sonstigen Anforderung gleicher Wirkung unterliegt.

(2) Absatz 1 gilt unbeschadet der Zulassungsverfahren, die nicht speziell und ausschließlich Dienste der Informationsgesellschaft betreffen oder die in den Anwendungsbereich der Richtlinie 97/13/EG des Europäischen Parlaments und des Rates vom 10. April 1997 über einen gemeinsamen Rahmen für Allgemein- und Einzelgenehmigungen für Telekommunikationsdienste[1]) fallen.

Art. 5 Allgemeine Informationspflichten

(1) Zusätzlich zu den sonstigen Informationsanforderungen nach dem Gemeinschaftsrecht stellen die Mitgliedstaaten sicher, daß der Diensteanbieter den Nutzern des Dienstes und den zuständigen Behörden zumindest die nachstehend aufgeführten Informationen leicht, unmittelbar und ständig verfügbar macht:

a) den Namen des Diensteanbieters;
b) die geographische Anschrift, unter der der Diensteanbieter niedergelassen ist;
c) Angaben, die es ermöglichen, schnell mit dem Diensteanbieter Kontakt aufzunehmen und unmittelbar und effizient mit ihm zu kommunizieren, einschließlich seiner Adresse der elektronischen Post;
d) wenn der Diensteanbieter in ein Handelsregister oder ein vergleichbares öffentliches Register eingetragen ist, das Handelsregister, in das der Diensteanbieter eingetragen ist, und seine Handelsregisternummer oder eine gleichwertige in diesem Register verwendete Kennung;
e) soweit für die Tätigkeit eine Zulassung erforderlich ist, die Angaben zur zuständigen Aufsichtsbehörde;
f) hinsichtlich reglementierter Berufe:

---

[1]) **Amtl. Anm.:** ABl. L 117 vom 7. 5. 1997, S. 15.

- gegebenenfalls der Berufsverband, die Kammer oder eine ähnliche Einrichtung, dem oder der der Diensteanbieter angehört,
- die Berufsbezeichnung und der Mitgliedstaat, in der sie verliehen worden ist;
- eine Verweisung auf die im Mitgliedstaat der Niederlassung anwendbaren berufsrechtlichen Regeln und Angaben dazu, wie sie zugänglich sind;

g) in Fällen, in denen der Diensteanbieter Tätigkeiten ausübt, die der Mehrwertsteuer unterliegen, die Identifikationsnummer gemäß Artikel 22 Absatz 1 der Sechsten Richtlinie 77/388/EWG des Rates vom 17. Mai 1977 zur Harmonisierung der Rechtsvorschriften der Mitgliedstaaten über die Umsatzsteuer – Gemeinsames Mehrwertsteuersystem: einheitliche steuerpflichtige Bemessungsgrundlage[1].

(2) Zusätzlich zu den sonstigen Informationsanforderungen nach dem Gemeinschaftsrecht tragen die Mitgliedstaaten zumindest dafür Sorge, daß, soweit Dienste der Informationsgesellschaft auf Preise Bezug nehmen, diese klar und unzweideutig ausgewiesen werden und insbesondere angegeben wird, ob Steuern und Versandkosten in den Preisen enthalten sind.

Abschnitt 2. Kommerzielle Kommunikationen

Art. 6 Informationspflichten

Zusätzlich zu den sonstigen Informationsanforderungen nach dem Gemeinschaftsrecht stellen die Mitgliedstaaten sicher, daß kommerzielle Kommunikationen, die Bestandteil eines Dienstes der Informationsgesellschaft sind oder einen solchen Dienst darstellen, zumindest folgende Bedingungen erfüllen:

a) Kommerzielle Kommunikationen müssen klar als solche zu erkennen sein;
b) die natürliche oder juristische Person, in deren Auftrag kommerzielle Kommunikationen erfolgen, muß klar identifizierbar sein;
c) soweit Angebote zur Verkaufsförderung wie Preisnachlässe, Zugaben und Geschenke im Mitgliedstaat der Niederlassung des Diensteanbieters zulässig sind, müssen sie klar als solche erkennbar sein, und die Bedingungen für ihre Inanspruchnahme müssen leicht zugänglich sein sowie klar und unzweideutig angegeben werden;
d) soweit Preisausschreiben oder Gewinnspiele im Mitgliedstaat der Niederlassung des Diensteanbieters zulässig sind, müssen sie klar als solche erkennbar sein, und die Teilnahmebedingungen müssen leicht zugänglich sein sowie klar und unzweideutig angegeben werden.

Art. 7 Nicht angeforderte kommerzielle Kommunikationen

(1) Zusätzlich zu den sonstigen Anforderungen des Gemeinschaftsrechts stellen Mitgliedstaaten, die nicht angeforderte kommerzielle Kommunikation mittels elektronischer Post zulassen, sicher, daß solche kommerziellen Kommunikationen eines in ihrem Hoheitsgebiet niedergelassenen Diensteanbieters bei Eingang beim Nutzer klar und unzweideutig als solche erkennbar sind.

(2) Unbeschadet der Richtlinien 97/7/EG und 97/66/EG ergreifen die Mitgliedstaaten Maßnahmen um sicherzustellen, daß Diensteanbieter, die nicht angeforderte kommerzielle Kommunikation durch elektronische Post übermitteln, regelmäßig sog. Robinson-Listen konsultieren, in die sich natürliche Personen eintragen können, die keine derartigen kommerziellen Kommunikationen zu erhalten wünschen, und daß die Diensteanbieter diese Listen beachten.

Art. 8 Reglementierte Berufe

(1) Die Mitgliedstaaten stellen sicher, daß die Verwendung kommerzieller Kommunikationen, die Bestandteil eines von einem Angehörigen eines reglementierten Berufs angebotenen Dienstes der Informationsgesellschaft sind oder einen solchen Dienst darstellen, gestattet ist, soweit die berufsrechtlichen Regeln, insbesondere zur Wahrung von Unabhängigkeit, Würde und Ehre des Berufs, des Berufsgeheimnisses und eines lauteren Verhaltens gegenüber Kunden und Berufskollegen, eingehalten werden.

(2) Unbeschadet der Autonomie von Berufsvereinigungen und -organisationen ermutigen die Mitgliedstaaten und die Kommission die Berufsvereinigungen und -organisationen dazu, Verhaltenskodizes auf Gemeinschaftsebene aufzustellen, um zu bestimmen, welche Arten von

---

[1] **Amtl. Anm.:** ABl. L 145 vom 13. 6. 1977, S. 1. Richtlinie zuletzt geändert durch die Richtlinie 1999/85/EG (ABl. L 277 vom 28. 10. 1999, S. 34).

Informationen im Einklang mit den in Absatz 1 genannten Regeln zum Zwecke der kommerziellen Kommunikation erteilt werden können.

(3) Bei der Ausarbeitung von Vorschlägen für Gemeinschaftsinitiativen, die erforderlich werden könnten, um das Funktionieren des Binnenmarktes im Hinblick auf die in Absatz 2 genannten Informationen zu gewährleisten, trägt die Kommission den auf Gemeinschaftsebene geltenden Verhaltenskodizes gebührend Rechnung und handelt in enger Zusammenarbeit mit den einschlägigen Berufsvereinigungen und -organisationen.

(4) Diese Richtlinie findet zusätzlich zu den Gemeinschaftsrichtlinien betreffend den Zugang zu und die Ausübung von Tätigkeiten im Rahmen der reglementierten Berufe Anwendung.

Abschnitt 3. Abschluss von Verträgen auf elektronischem Weg

Art. 9 Behandlung von Verträgen

(1) [1]Die Mitgliedstaaten stellen sicher, daß ihr Rechtssystem den Abschluß von Verträgen auf elektronischem Wege ermöglicht. [2]Die Mitgliedstaaten stellen insbesondere sicher, daß ihre für den Vertragsabschluß geltenden Rechtsvorschriften weder Hindernisse für die Verwendung elektronischer Verträge bilden noch dazu führen, daß diese Verträge aufgrund des Umstandes, daß sie auf elektronischem Wege zustande gekommen sind, keine rechtliche Wirksamkeit oder Gültigkeit haben.

(2) Die Mitgliedstaaten können vorsehen, daß Absatz 1 auf alle oder bestimmte Verträge einer der folgenden Kategorien keine Anwendung findet:
a) Verträge, die Rechte an Immobilien mit Ausnahme von Mietrechten begründen oder übertragen;
b) Verträge, bei denen die Mitwirkung von Gerichten, Behörden oder öffentliche Befugnisse ausübenden Berufen gesetzlich vorgeschrieben ist;
c) Bürgschaftsverträge und Verträge über Sicherheiten, die von Personen außerhalb ihrer gewerblichen, geschäftlichen oder beruflichen Tätigkeit eingegangen werden;
d) Verträge im Bereich des Familienrechts oder des Erbrechts.

(3) [1]Die Mitgliedstaaten teilen der Kommission mit, für welche der in Absatz 2 genannten Kategorien sie Absatz 1 nicht anwenden. [2]Die Mitgliedstaaten übermitteln der Kommission alle fünf Jahre einen Bericht über die Anwendung des Absatzes 2, aus dem hervorgeht, aus welchen Gründen es ihres Erachtens weiterhin gerechtfertigt ist, auf die unter Absatz 2 Buchstabe b) fallende Kategorie Absatz 1 nicht anzuwenden.

Art. 10 Informationspflichten

(1) Zusätzlich zu den sonstigen Informationspflichten aufgrund des Gemeinschaftsrechts stellen die Mitgliedstaaten sicher, daß – außer im Fall abweichender Vereinbarungen zwischen Parteien, die nicht Verbraucher sind – vom Diensteanbieter zumindest folgende Informationen klar, verständlich und unzweideutig erteilt werden, bevor der Nutzer des Dienstes die Bestellung abgibt:
a) die einzelnen technischen Schritte, die zu einem Vertragsabschluß führen;
b) Angaben dazu, ob der Vertragstext nach Vertragsabschluß vom Diensteanbieter gespeichert wird und ob er zugänglich sein wird;
c) die technischen Mittel zur Erkennung und Korrektur von Eingabefehlern vor Abgabe der Bestellung;
d) die für den Vertragsabschluß zur Verfügung stehenden Sprachen.

(2) Die Mitgliedstaaten stellen sicher, daß – außer im Fall abweichender Vereinbarungen zwischen Parteien, die nicht Verbraucher sind – der Diensteanbieter alle einschlägigen Verhaltenskodizes angibt, denen er sich unterwirft, einschließlich Informationen darüber, wie diese Kodizes auf elektronischem Wege zugänglich sind.

(3) Die Vertragsbestimmungen und die allgemeinen Geschäftsbedingungen müssen dem Nutzer so zur Verfügung gestellt werden, daß er sie speichern und reproduzieren kann.

(4) Die Absätze 1 und 2 gelten nicht für Verträge, die ausschließlich durch den Austausch von elektronischer Post oder durch damit vergleichbare individuelle Kommunikation geschlossen werden.

Art. 11 Abgabe einer Bestellung

(1) Die Mitgliedstaaten stellen sicher, daß – außer im Fall abweichender Vereinbarungen zwischen Parteien, die nicht Verbraucher sind – im Fall einer Bestellung durch einen Nutzer auf elektronischem Wege folgende Grundsätze gelten:

– Der Diensteanbieter hat den Eingang der Bestellung des Nutzers unverzüglich auf elektronischem Wege zu bestätigen;
– Bestellung und Empfangsbestätigung gelten als eingegangen, wenn die Parteien, für die sie bestimmt sind, sie abrufen können.

(2) Die Mitgliedstaaten stellen sicher, daß – außer im Fall abweichender Vereinbarungen zwischen Parteien, die nicht Verbraucher sind – der Diensteanbieter dem Nutzer angemessene, wirksame und zugängliche technische Mittel zur Verfügung stellt, mit denen er Eingabefehler vor Abgabe der Bestellung erkennen und korrigieren kann.

(3) Absatz 1 erster Gedankenstrich und Absatz 2 gelten nicht für Verträge, die ausschließlich durch den Austausch von elektronischer Post oder durch vergleichbare individuelle Kommunikation geschlossen werden.

Abschnitt 4. Verantwortlichkeit der Vermittler

Art. 12 Reine Durchleitung

(1) Die Mitgliedstaaten stellen sicher, daß im Fall eines Dienstes der Informationsgesellschaft, der darin besteht, von einem Nutzer eingegebene Informationen in einem Kommunikationsnetz zu übermitteln oder Zugang zu einem Kommunikationsnetz zu vermitteln, der Diensteanbieter nicht für die übermittelten Informationen verantwortlich ist, sofern er

a) die Übermittlung nicht veranlaßt,
b) den Adressaten der übermittelten Informationen nicht auswählt und
c) die übermittelten Informationen nicht auswählt oder verändert.

(2) Die Übermittlung von Informationen und die Vermittlung des Zugangs im Sinne von Absatz 1 umfassen auch die automatische kurzzeitige Zwischenspeicherung der übermittelten Informationen, soweit dies nur zur Durchführung der Übermittlung im Kommunikationsnetz geschieht und die Information nicht länger gespeichert wird, als es für die Übermittlung üblicherweise erforderlich ist.

(3) Dieser Artikel läßt die Möglichkeit unberührt, daß ein Gericht oder eine Verwaltungsbehörde nach den Rechtssystemen der Mitgliedstaaten vom Diensteanbieter verlangt, die Rechtsverletzung abzustellen oder zu verhindern.

Art. 13 Caching

(1) Die Mitgliedstaaten stellen sicher, daß im Fall eines Dienstes der Informationsgesellschaft, der darin besteht, von einem Nutzer eingegebene Informationen in einem Kommunikationsnetz zu übermitteln, der Diensteanbieter nicht für die automatische, zeitlich begrenzte Zwischenspeicherung verantwortlich ist, die dem alleinigen Zweck dient, die Übermittlung der Information an andere Nutzer auf deren Anfrage effizienter zu gestalten, sofern folgende Voraussetzungen erfüllt sind:

a) Der Diensteanbieter verändert die Information nicht;
b) der Diensteanbieter beachtet die Bedingungen für den Zugang zu der Information;
c) der Diensteanbieter beachtet die Regeln für die Aktualisierung der Information, die in weithin anerkannten und verwendeten Industriestandards festgelegt sind;
d) der Diensteanbieter beeinträchtigt nicht die erlaubte Anwendung von Technologien zur Sammlung von Daten über die Nutzung der Information, die in weithin anerkannten und verwendeten Industriestandards festgelegt sind;
e) der Diensteanbieter handelt zügig, um eine von ihm gespeicherte Information zu entfernen oder den Zugang zu ihr zu sperren, sobald er tatsächliche Kenntnis davon erhält, daß die Information am ursprünglichen Ausgangsort der Übertragung aus dem Netz entfernt wurde oder der Zugang zu ihr gesperrt wurde oder ein Gericht oder eine Verwaltungsbehörde die Entfernung oder Sperrung angeordnet hat.

(2) Dieser Artikel läßt die Möglichkeit unberührt, daß ein Gericht oder eine Verwaltungsbehörde nach den Rechtssystemen der Mitgliedstaaten vom Diensteanbieter verlangt, die Rechtsverletzung abzustellen oder zu verhindern.

Art. 14 Hosting

(1) Die Mitgliedstaaten stellen sicher, daß im Fall eines Dienstes der Informationsgesellschaft, der in der Speicherung von durch einen Nutzer eingegebenen Informationen besteht, der Diensteanbieter nicht für die im Auftrag eines Nutzers gespeicherten Informationen verantwortlich ist, sofern folgende Voraussetzungen erfüllt sind:
a) Der Anbieter hat keine tatsächliche Kenntnis von der rechtswidrigen Tätigkeit oder Information, und, in bezug auf Schadenersatzansprüche, ist er sich auch keiner Tatsachen oder Umstände bewußt, aus denen die rechtswidrige Tätigkeit oder Information offensichtlich wird, oder
b) der Anbieter wird, sobald er diese Kenntnis oder dieses Bewußtsein erlangt, unverzüglich tätig, um die Information zu entfernen oder den Zugang zu ihr zu sperren.

(2) Absatz 1 findet keine Anwendung, wenn der Nutzer dem Diensteanbieter untersteht oder von ihm beaufsichtigt wird.

(3) Dieser Artikel läßt die Möglichkeit unberührt, daß ein Gericht oder eine Verwaltungsbehörde nach den Rechtssystemen der Mitgliedstaaten vom Diensteanbieter verlangt, die Rechtsverletzung abzustellen oder zu verhindern, oder daß die Mitgliedstaaten Verfahren für die Entfernung einer Information oder die Sperrung des Zugangs zu ihr festlegen.

Art. 15 Keine allgemeine Überwachungspflicht

(1) Die Mitgliedstaaten erlegen Anbietern von Diensten im Sinne der Artikel 12, 13 und 14 keine allgemeine Verpflichtung auf, die von ihnen übermittelten oder gespeicherten Informationen zu überwachen oder aktiv nach Umständen zu forschen, die auf eine rechtswidrige Tätigkeit hinweisen.

(2) Die Mitgliedstaaten können Anbieter von Diensten der Informationsgesellschaft dazu verpflichten, die zuständigen Behörden unverzüglich über mutmaßliche rechtswidrige Tätigkeiten oder Informationen der Nutzer ihres Dienstes zu unterrichten, oder dazu verpflichten, den zuständigen Behörden auf Verlangen Informationen zu übermitteln, anhand deren die Nutzer ihres Dienstes, mit denen sie Vereinbarungen über die Speicherung geschlossen haben, ermittelt werden können.

Kapitel III. Umsetzung

Art. 16 Verhaltenskodizes

(1) Die Mitgliedstaaten und die Kommission ermutigen
a) die Handels-, Berufs- und Verbraucherverbände und -organisationen, auf Gemeinschaftsebene Verhaltenkodizes aufzustellen, die zur sachgemäßen Anwendung der Artikel 5 bis 15 beitragen;
b) zur freiwilligen Übermittlung der Entwürfe für Verhaltenskodizes auf der Ebene der Mitgliedstaaten oder der Gemeinschaft an die Kommission;
c) zur elektronischen Abrufbarkeit der Verhaltenskodizes in den Sprachen der Gemeinschaft;
d) die Handels-, Berufs- und Verbraucherverbände und -organisationen, die Mitgliedstaaten und die Kommission darüber zu unterrichten, zu welchen Ergebnissen sie bei der Bewertung der Anwendung ihrer Verhaltenskodizes und von deren Auswirkungen auf die Praktiken und Gepflogenheiten des elektronischen Geschäftsverkehrs gelangen;
e) zur Aufstellung von Verhaltenskodizes zum Zwecke des Jugendschutzes und des Schutzes der Menschenwürde.

(2) [1]Die Mitgliedstaaten und die Kommission ermutigen dazu, die Verbraucherverbände und -organisationen bei der Ausarbeitung und Anwendung von ihre Interessen berührenden Verhaltenskodizes im Sinne von Absatz 1 Buchstabe a) zu beteiligen. [2]Gegebenenfalls sind Vereinigungen zur Vertretung von Sehbehinderten und allgemein von Behinderten zu hören, um deren besonderen Bedürfnissen Rechnung zu tragen.

Art. 17 Außergerichtliche Beilegung von Streitigkeiten

(1) Die Mitgliedstaaten stellen sicher, daß ihre Rechtsvorschriften bei Streitigkeiten zwischen einem Anbieter eines Dienstes der Informationsgesellschaft und einem Nutzer des Dienstes die Inanspruchnahme der nach innerstaatlichem Recht verfügbaren Verfahren zur außergerichtlichen Beilegung, auch auf geeignetem elektronischem Wege, nicht erschweren.

(2) Die Mitgliedstaaten ermutigen Einrichtungen zur außergerichtlichen Beilegung von Streitigkeiten, insbesondere in Fragen des Verbraucherrechts, so vorzugehen, daß angemessene Verfahrensgarantien für die Beteiligten gegeben sind.

(3) Die Mitgliedstaaten ermutigen Einrichtungen zur außergerichtlichen Beilegung von Streitigkeiten, die Kommission über signifikante Entscheidungen, die sie hinsichtlich der Dienste der Informationsgesellschaft erlassen, zu unterrichten und ihr alle sonstigen Informationen über Praktiken und Gepflogenheiten des elektronischen Geschäftsverkehrs zu übermitteln.

Art. 18 Klagemöglichkeiten

(1) Die Mitgliedstaaten stellen sicher, daß die nach innerstaatlichem Recht verfügbaren Klagemöglichkeiten im Zusammenhang mit Diensten der Informationsgesellschaft es ermöglichen, daß rasch Maßnahmen, einschließlich vorläufiger Maßnahmen, getroffen werden können, um eine mutmaßliche Rechtsverletzung abzustellen und zu verhindern, daß den Betroffenen weiterer Schaden entsteht.

(2) Der Anhang der Richtlinie 98/27/EG wird durch folgende Nummer ergänzt:

11. Richtlinie 2000/31/EG des Europäischen Parlaments und des Rates vom 8. Juni 2000 über bestimmte rechtliche Aspekte der Dienste der Informationsgesellschaft, insbesondere des elektronischen Geschäftsverkehrs, im Binnenmarkt (Richtlinie über den elektronischen Geschäftsverkehr) (ABl. L 178 vom 17. 7. 2000, S. 1).

Art. 19 Zusammenarbeit

(1) Die Mitgliedstaaten müssen geeignete Aufsichts- und Untersuchungsinstrumente für die wirksame Umsetzung dieser Richtlinie besitzen und stellen sicher, daß die Diensteanbieter ihnen die erforderlichen Informationen zur Verfügung stellen.

(2) Die Mitgliedstaaten arbeiten mit den anderen Mitgliedstaaten zusammen; hierzu benennen sie eine oder mehrere Verbindungsstellen, deren Anschrift sie den anderen Mitgliedstaaten und der Kommission mitteilen.

(3) Die Mitgliedstaaten kommen Amtshilfe- und Auskunftsbegehren anderer Mitgliedstaaten oder der Kommission im Einklang mit ihren innerstaatlichen Rechtsvorschriften so rasch wie möglich nach, auch auf geeignetem elektronischem Wege.

(4) Die Mitgliedstaaten richten Verbindungsstellen ein, die zumindest auf elektronischem Wege zugänglich sind und bei denen Nutzer von Diensten und Diensteanbieter

a) allgemeine Informationen über ihre vertraglichen Rechte und Pflichten sowie über die bei Streitfällen zur Verfügung stehenden Beschwerde- und Rechtsbehelfsmechanismen, einschließlich der praktischen Aspekte der Inanspruchnahme dieser Mechanismen, erhalten können;

b) Anschriften von Behörden, Vereinigungen und Organisationen erhalten können, von denen sie weitere Informationen oder praktische Unterstützung bekommen können.

(5) [1]Die Mitgliedstaaten ermutigen dazu, die Kommission über alle signifikanten behördlichen und gerichtlichen Entscheidungen, die in ihrem Hoheitsgebiet über Streitigkeiten im Zusammenhang mit Diensten der Informationsgesellschaft ergehen, sowie über die Praktiken und Gepflogenheiten des elektronischen Geschäftsverkehrs zu unterrichten. [2]Die Kommission teilt derartige Entscheidungen den anderen Mitgliedstaaten mit.

Art. 20 Sanktionen

[1]Die Mitgliedstaaten legen die Sanktionen fest, die bei Verstößen gegen die einzelstaatlichen Vorschriften zur Umsetzung dieser Richtlinie anzuwenden sind, und treffen alle geeigneten Maßnahmen, um ihre Durchsetzung sicherzustellen. [2]Die Sanktionen müssen wirksam, verhältnismäßig und abschreckend sein.

Kapitel IV. Schlussbestimmungen

Art. 21 Überprüfung

(1) Die Kommission legt dem Europäischen Parlament, dem Rat und dem Wirtschafts- und Sozialausschuß vor dem 17. Juli 2003 und danach alle zwei Jahre einen Bericht über die Anwendung dieser Richtlinie vor und unterbreitet gegebenenfalls Vorschläge für die Anpassung dieser Richtlinie an die rechtlichen, technischen und wirtschaftlichen Entwicklungen im Bereich der Dienste der Informationsgesellschaft, insbesondere in bezug auf die Verbrechensverhütung, den Jugendschutz, den Verbraucherschutz und das einwandfreie Funktionieren des Binnenmarktes.

(2) [1] Im Hinblick auf das etwaige Erfordernis einer Anpassung dieser Richtlinie wird in dem Bericht insbesondere untersucht, ob Vorschläge in bezug auf die Haftung der Anbieter von Hyperlinks und von Instrumenten zur Lokalisierung von Informationen, Verfahren zur Meldung und Entfernung rechtswidriger Inhalte („notice and take down"-Verfahren) und eine Haftbarmachung im Anschluß an die Entfernung von Inhalten erforderlich sind. [2] In dem Bericht ist auch zu untersuchen, ob angesichts der technischen Entwicklungen zusätzliche Bedingungen für die in den Artikeln 12 und 13 vorgesehene Haftungsfreistellung erforderlich sind und ob die Grundsätze des Binnenmarkts auf nicht angeforderte kommerziellen Kommunikationen mittels elektronischer Post angewendet werden können.

Art. 22 Umsetzung

(1) [1] Die Mitgliedstaaten setzen die erforderlichen Rechts- und Verwaltungsvorschriften in Kraft, um dieser Richtlinie vor dem 17. Januar 2002 nachzukommen. [2] Sie setzen die Kommission unverzüglich davon in Kenntnis.

(2) [1] Wenn die Mitgliedstaaten die in Absatz 1 genannten Vorschriften erlassen, nehmen sie in den Vorschriften selbst oder durch einen Hinweis bei der amtlichen Veröffentlichung auf diese Richtlinie Bezug. [2] Die Mitgliedstaaten regeln die Einzelheiten der Bezugnahme.

Art. 23 Inkrafttreten

Diese Richtlinie tritt am Tag ihrer Veröffentlichung[1] im Amtsblatt der Europäischen Gemeinschaften in Kraft.

Art. 24 Adressaten

Diese Richtlinie ist an die Mitgliedstaaten gerichtet.

Anhang
Ausnahmen im Rahmen von Artikel 3

Bereiche gemäß Artikel 3 Absatz 3, auf die Artikel 3 Absätze 1 und 2 keine Anwendung findet:

- Urheberrecht, verwandte Schutzrechte, Rechte im Sinne der Richtlinie 87/54/EWG[2] und der Richtlinie 96/9/EG[3] sowie gewerbliche Schutzrechte;
- Ausgabe elektronischen Geldes durch Institute, auf die die Mitgliedstaaten eine der in Artikel 8 Absatz 1 der Richtlinie 2000/46/EG[4] vorgesehenen Ausnahmen angewendet haben;
- Artikel 44 Absatz 2 der Richtlinie 85/611/EWG[5];
- Artikel 30 und Titel IV der Richtlinie 92/49/EWG[6], Titel IV der Richtlinie 92/96/EWG[7] sowie die Artikel 7 und 8 der Richtlinie 88/357/EWG[8] und Artikel 4 der Richtlinie 90/619/EWG[9];
- Freiheit der Rechtswahl für Vertragsparteien;

---

[1] Veröffentlicht am 17. 7. 2000.
[2] **Amtl. Anm.:** ABl. L 24 vom 27. 1. 1987, S. 36.
[3] **Amtl. Anm.:** ABl. L 77 vom 27. 3. 1996, S. 20.
[4] **Amtl. Anm.:** Noch nicht im Amtsblatt veröffentlicht.
[5] **Amtl. Anm.:** ABl. L 375 vom 31. 12. 1985, S. 3. Richtlinie zuletzt geändert durch die Richtlinie 95/26/EG (ABl. L 168 vom 18. 7. 1995, S. 7).
[6] **Amtl. Anm.:** ABl. L 228 vom 11. 8. 1992, S. 1. Richtlinie zuletzt geändert durch die Richtlinie 95/26/EG.
[7] **Amtl. Anm.:** ABl. L 360 vom 9. 12. 1992, S. 1. Richtlinie zuletzt geändert durch die Richtlinie 95/26/EG.
[8] **Amtl. Anm.:** ABl. L 172 vom 4. 7. 1988, S. 1. Richtlinie zuletzt geändert durch die Richtlinie 92/49/EG.
[9] **Amtl. Anm.:** ABl. L 330 vom 29. 11. 1990, S. 50. Richtlinie zuletzt geändert durch die Richtlinie 92/96/EG.

- vertragliche Schuldverhältnisse in bezug auf Verbraucherverträge;
- formale Gültigkeit von Verträgen, die Rechte an Immobilien begründen oder übertragen, sofern diese Verträge nach dem Recht des Mitgliedstaates, in dem sich die Immobilie befindet, zwingenden Formvorschriften unterliegen;
- Zulässigkeit nicht angeforderter kommerzieller Kommunikation mittels elektronischer Post.

6. Richtlinie 2002/58/EG des Europäischen Parlaments und des Rates vom 12. Juli 2002 über die Verarbeitung personenbezogener Daten und den Schutz der Privatsphäre in der elektronischen Kommunikation (Datenschutzrichtlinie für elektronische Kommunikation)

(ABl Nr L 201 S 37), zuletzt geändert durch RL vom 25. November 2009
(ABl EU Nr L 337 S 11)

Übersicht

	Art.
Geltungsbereich und Zielsetzung	1
Begriffsbestimmungen	2
Betroffene Dienste	3
Sicherheit der Verarbeitung	4
Vertraulichkeit der Kommunikation	5
Verkehrsdaten	6
Einzelgebührennachweis	7
Anzeige der Rufnummer des Anrufers und des Angerufenen und deren Unterdrückung	8
Andere Standortdaten als Verkehrsdaten	9
Ausnahmen	10
Automatische Anrufweiterschaltung	11
Teilnehmerverzeichnisse	12
Unerbetene Nachrichten	13
Technische Merkmale und Normung	14
Ausschussverfahren	14 a
Anwendung einzelner Bestimmungen der Richtlinie 95/46/EG	15
Umsetzung und Durchsetzung	15 a
Übergangsbestimmungen	16
Umsetzung	17
Überprüfung	18
Aufhebung	19
Inkrafttreten	20
Adressaten	21

DAS EUROPÄISCHE PARLAMENT UND DER RAT DER EUROPÄISCHEN UNION –
gestützt auf den Vertrag zur Gründung der Europäischen Gemeinschaft, insbesondere auf Artikel 95,
auf Vorschlag der Kommission[1],
nach Stellungnahme des Wirtschafts- und Sozialausschusses[2],
nach Anhörung des Ausschusses der Regionen,
gemäß dem Verfahren des Artikels 251 des Vertrags[3],
in Erwägung nachstehender Gründe:

(1) Die Richtlinie 95/46/EG des Europäischen Parlaments und des Rates vom 24. Oktober 1995 zum Schutz natürlicher Personen bei der Verarbeitung personenbezogener Daten und zum freien Datenverkehr[4] schreibt vor, dass die Mitgliedstaaten die Rechte und Freiheiten natürlicher Personen bei der Verarbeitung personenbezogener Daten und insbesondere ihr Recht auf Privatsphäre sicherstellen, um in der Gemeinschaft den freien Verkehr personenbezogener Daten zu gewährleisten.

(2) Ziel dieser Richtlinie ist die Achtung der Grundrechte; sie steht insbesondere im Einklang mit den durch die Charta der Grundrechte der Europäischen Union anerkannten Grundsätzen.

---

[1] **Amtl. Anm.:** ABl. C 365 E vom 19. 12. 2000, S. 223.
[2] **Amtl. Anm.:** ABl. C 123 vom 25. 4. 2001, S. 53.
[3] **Amtl. Anm.:** Stellungnahme des Europäischen Parlaments vom 13. November 2001 (noch nicht im Amtsblatt veröffentlicht), Gemeinsamer Standpunkt des Rates vom 28. Januar 2002 (ABl. C 113 E vom 14. 5. 2002, S. 39) und Beschluss des Europäischen Parlaments vom 30. Mai 2002 (noch nicht im Amtsblatt veröffentlicht). Beschluss des Rates vom 25. Juni 2002.
[4] **Amtl. Anm.:** ABl. L 281 vom 23. 11. 1995, S. 31.

Insbesondere soll mit dieser Richtlinie gewährleistet werden, dass die in den Artikeln 7 und 8 jener Charta niedergelegten Rechte uneingeschränkt geachtet werden.

(3) Die Vertraulichkeit der Kommunikation wird nach den internationalen Menschenrechtsübereinkünften, insbesondere der Europäischen Konvention zum Schutze der Menschenrechte und Grundfreiheiten, und den Verfassungen der Mitgliedstaaten garantiert.

(4) Mit der Richtlinie 97/66/EG des Europäischen Parlaments und des Rates vom 15. Dezember 1997 über die Verarbeitung personenbezogener Daten und den Schutz der Privatsphäre im Bereich der Telekommunikation[1] wurden die Grundsätze der Richtlinie 95/46/EG in spezielle Vorschriften für den Telekommunikationssektor umgesetzt. Die Richtlinie 97/66/EG muss an die Entwicklungen der Märkte und Technologien für elektronische Kommunikationsdienste angepasst werden, um den Nutzern öffentlich zugänglicher elektronischer Kommunikationsdienste unabhängig von der zugrunde liegenden Technologie den gleichen Grad des Schutzes personenbezogener Daten und der Privatsphäre zu bieten. Jene Richtlinie ist daher aufzuheben und durch die vorliegende Richtlinie zu ersetzen.

(5) Gegenwärtig werden öffentliche Kommunikationsnetze in der Gemeinschaft mit fortschrittlichen neuen Digitaltechnologien ausgestattet, die besondere Anforderungen an den Schutz personenbezogener Daten und der Privatsphäre des Nutzers mit sich bringen. Die Entwicklung der Informationsgesellschaft ist durch die Einführung neuer elektronischer Kommunikationsdienste gekennzeichnet. Der Zugang zu digitalen Mobilfunknetzen ist für breite Kreise möglich und erschwinglich geworden. Diese digitalen Netze verfügen über große Kapazitäten und Möglichkeiten zur Datenverarbeitung. Die erfolgreiche grenzüberschreitende Entwicklung dieser Dienste hängt zum Teil davon ab, inwieweit die Nutzer darauf vertrauen, dass ihre Privatsphäre unangetastet bleibt.

(6) Das Internet revolutioniert die herkömmlichen Marktstrukturen, indem es eine gemeinsame, weltweite Infrastruktur für die Bereitstellung eines breiten Spektrums elektronischer Kommunikationsdienste bietet. Öffentlich zugängliche elektronische Kommunikationsdienste über das Internet eröffnen neue Möglichkeiten für die Nutzer, bilden aber auch neue Risiken in Bezug auf ihre personenbezogenen Daten und ihre Privatsphäre.

(7) Für öffentliche Kommunikationsnetze sollten besondere rechtliche, ordnungspolitische und technische Vorschriften zum Schutz der Grundrechte und Grundfreiheiten natürlicher Personen und der berechtigten Interessen juristischer Personen erlassen werden, insbesondere im Hinblick auf die zunehmenden Fähigkeiten zur automatischen Speicherung und Verarbeitung personenbezogener Daten über Teilnehmer und Nutzer.

(8) Die von den Mitgliedstaaten erlassenen rechtlichen, ordnungspolitischen und technischen Bestimmungen zum Schutz personenbezogener Daten, der Privatsphäre und der berechtigten Interessen juristischer Personen im Bereich der elektronischen Kommunikation sollten harmonisiert werden, um Behinderungen des Binnenmarktes der elektronischen Kommunikation nach Artikel 14 des Vertrags zu beseitigen. Die Harmonisierung sollte sich auf die Anforderungen beschränken, die notwendig sind, um zu gewährleisten, dass die Entstehung und die Weiterentwicklung neuer elektronischer Kommunikationsdienste und -netze zwischen Mitgliedstaaten nicht behindert werden.

(9) Die Mitgliedstaaten, die betroffenen Anbieter und Nutzer sowie die zuständigen Stellen der Gemeinschaft sollten bei der Einführung und Weiterentwicklung der entsprechenden Technologien zusammenarbeiten, soweit dies zur Anwendung der in dieser Richtlinie vorgesehenen Garantien erforderlich ist; als Ziele zu berücksichtigen sind dabei insbesondere die Beschränkung der Verarbeitung personenbezogener Daten auf das erforderliche Mindestmaß und die Verwendung anonymer oder pseudonymer Daten.

(10) Im Bereich der elektronischen Kommunikation gilt die Richtlinie 95/46/EG vor allem für alle Fragen des Schutzes der Grundrechte und Grundfreiheiten, die von der vorliegenden Richtlinie nicht spezifisch erfasst werden, einschließlich der Pflichten des für die Verarbeitung Verantwortlichen und der Rechte des Einzelnen. Die Richtlinie 95/46/EG gilt für nicht öffentliche Kommunikationsdienste.

(11) Wie die Richtlinie 95/46/EG gilt auch die vorliegende Richtlinie nicht für Fragen des Schutzes der Grundrechte und Grundfreiheiten in Bereichen, die nicht unter das Gemeinschaftsrecht fallen. Deshalb hat sie keine Auswirkungen auf das bestehende Gleichgewicht zwischen

---

[1] **Amtl. Anm.:** ABl. L 24 vom 30. 1. 1998, S. 1.

dem Recht des Einzelnen auf Privatsphäre und der Möglichkeit der Mitgliedstaaten, Maßnahmen nach Artikel 15 Absatz 1 dieser Richtlinie zu ergreifen, die für den Schutz der öffentlichen Sicherheit, für die Landesverteidigung, für die Sicherheit des Staates (einschließlich des wirtschaftlichen Wohls des Staates, soweit die Tätigkeiten die Sicherheit des Staates berühren) und für die Durchsetzung strafrechtlicher Bestimmungen erforderlich sind. Folglich betrifft diese Richtlinie nicht die Möglichkeit der Mitgliedstaaten zum rechtmäßigen Abfangen elektronischer Nachrichten oder zum Ergreifen anderer Maßnahmen, sofern dies erforderlich ist, um einen dieser Zwecke zu erreichen, und sofern dies im Einklang mit der Europäischen Konvention zum Schutze der Menschenrechte und Grundfreiheiten in ihrer Auslegung durch die Urteile des Europäischen Gerichtshofs für Menschenrechte erfolgt. Diese Maßnahmen müssen sowohl geeignet sein als auch in einem strikt angemessenen Verhältnis zum intendierten Zweck stehen und ferner innerhalb einer demokratischen Gesellschaft notwendig sein sowie angemessenen Garantien gemäß der Europäischen Konvention zum Schutze der Menschenrechte und Grundfreiheiten entsprechen.

(12) Bei den Teilnehmern eines öffentlich zugänglichen elektronischen Kommunikationsdienstes kann es sich um natürliche oder juristische Personen handeln. Diese Richtlinie zielt durch Ergänzung der Richtlinie 95/46/EG darauf ab, die Grundrechte natürlicher Personen, insbesondere ihr Recht auf Privatsphäre, sowie die berechtigten Interessen juristischer Personen zu schützen. Aus dieser Richtlinie ergibt sich keine Verpflichtung der Mitgliedstaaten, die Richtlinie 95/46/EG auf den Schutz der berechtigten Interessen juristischer Personen auszudehnen, der im Rahmen der geltenden gemeinschaftlichen und einzelstaatlichen Rechtsvorschriften sichergestellt ist.

(13) Das Vertragsverhältnis zwischen einem Teilnehmer und einem Diensteanbieter kann zu einer regelmäßigen oder einmaligen Zahlung für den erbrachten oder zu erbringenden Dienst führen. Auch vorbezahlte Karten gelten als eine Form des Vertrags.

(14) Standortdaten können sich beziehen auf den Standort des Endgeräts des Nutzers nach geografischer Länge, Breite und Höhe, die Übertragungsrichtung, den Grad der Genauigkeit der Standortinformationen, die Identifizierung des Netzpunktes, an dem sich das Endgerät zu einem bestimmten Zeitpunkt befindet, und den Zeitpunkt, zu dem die Standortinformationen erfasst wurden.

(15) Eine Nachricht kann alle Informationen über Namen, Nummern oder Adressen einschließen, die der Absender einer Nachricht oder der Nutzer einer Verbindung für die Zwecke der Übermittlung der Nachricht bereitstellt. Der Begriff „Verkehrsdaten" kann alle Formen einschließen, in die diese Informationen durch das Netz, über das die Nachricht übertragen wird, für die Zwecke der Übermittlung umgewandelt werden. Verkehrsdaten können sich unter anderem auf die Leitwege, die Dauer, den Zeitpunkt oder die Datenmenge einer Nachricht, das verwendete Protokoll, den Standort des Endgeräts des Absenders oder Empfängers, das Netz, von dem die Nachricht ausgeht bzw. an das es gesendet wird, oder den Beginn, das Ende oder die Dauer einer Verbindung beziehen. Sie können auch das Format betreffen, in dem die Nachricht über das Netz weitergeleitet wird.

(16) Eine Information, die als Teil eines Rundfunkdienstes über ein öffentliches Kommunikationsnetz weitergeleitet wird, ist für einen potenziell unbegrenzten Personenkreis bestimmt und stellt keine Nachricht im Sinne dieser Richtlinie dar. Kann jedoch ein einzelner Teilnehmer oder Nutzer, der eine derartige Information erhält, beispielsweise durch einen Videoabruf-Dienst identifiziert werden, so ist die weitergeleitete Information als Nachricht im Sinne dieser Richtlinie zu verstehen.

(17) Für die Zwecke dieser Richtlinie sollte die Einwilligung des Nutzers oder Teilnehmers unabhängig davon, ob es sich um eine natürliche oder eine juristische Person handelt, dieselbe Bedeutung haben wie der in der Richtlinie 95/46/EG definierte und dort weiter präzisierte Begriff „Einwilligung der betroffenen Person". Die Einwilligung kann in jeder geeigneten Weise gegeben werden, wodurch der Wunsch des Nutzers in einer spezifischen Angabe zum Ausdruck kommt, die sachkundig und in freier Entscheidung erfolgt; hierzu zählt auch das Markieren eines Feldes auf einer Internet-Website.

(18) Dienste mit Zusatznutzen können beispielsweise die Beratung hinsichtlich der billigsten Tarifpakete, Navigationshilfen, Verkehrsinformationen, Wettervorhersage oder touristische Informationen umfassen.

(19) Die Anwendung bestimmter Anforderungen für die Anzeige des rufenden und angerufenen Anschlusses sowie für die Einschränkung dieser Anzeige und für die automatische Weiterschaltung zu Teilnehmeranschlüssen, die an analoge Vermittlungen angeschlossen sind, sollte in besonderen Fällen nicht zwingend vorgeschrieben werden, wenn sich die Anwendung als technisch nicht machbar erweist oder einen unangemessen hohen wirtschaftlichen Aufwand erfordert. Für die Beteiligten ist es wichtig, in solchen Fällen in Kenntnis gesetzt zu werden, und die Mitgliedstaaten müssen sie deshalb der Kommission anzeigen.

(20) Diensteanbieter sollen geeignete Maßnahmen ergreifen, um die Sicherheit ihrer Dienste, erforderlichenfalls zusammen mit dem Netzbetreiber, zu gewährleisten, und die Teilnehmer über alle besonderen Risiken der Verletzung der Netzsicherheit unterrichten. Solche Risiken können vor allem bei elektronischen Kommunikationsdiensten auftreten, die über ein offenes Netz wie das Internet oder den analogen Mobilfunk bereitgestellt werden. Der Diensteanbieter muss die Teilnehmer und Nutzer solcher Dienste unbedingt vollständig über die Sicherheitsrisiken aufklären, gegen die er selbst keine Abhilfe bieten kann. Diensteanbieter, die öffentlich zugängliche elektronische Kommunikationsdienste über das Internet anbieten, sollten die Nutzer und Teilnehmer über Maßnahmen zum Schutz ihrer zu übertragenden Nachrichten informieren, wie z. B. den Einsatz spezieller Software oder von Verschlüsselungstechniken. Die Anforderung, die Teilnehmer über besondere Sicherheitsrisiken aufzuklären, entbindet einen Diensteanbieter nicht von der Verpflichtung, auf eigene Kosten unverzüglich geeignete Maßnahmen zu treffen, um einem neuen, unvorhergesehenen Sicherheitsrisiko vorzubeugen und den normalen Sicherheitsstandard des Dienstes wiederherzustellen. Abgesehen von den nominellen Kosten, die dem Teilnehmer bei Erhalt oder Abruf der Information entstehen, beispielsweise durch das Laden einer elektronischen Post, sollte die Bereitstellung der Informationen über Sicherheitsrisiken für die Teilnehmer kostenfrei sein. Die Bewertung der Sicherheit erfolgt unter Berücksichtigung des Artikels 17 der Richtlinie 95/46/EG.

(21) Es sollten Maßnahmen getroffen werden, um den unerlaubten Zugang zu Nachrichten – und zwar sowohl zu ihrem Inhalt als auch zu mit ihnen verbundenen Daten – zu verhindern und so die Vertraulichkeit der mit öffentlichen Kommunikationsnetzen und öffentlich zugänglichen elektronischen Kommunikationsdiensten erfolgenden Nachrichtenübertragung zu schützen. Nach dem Recht einiger Mitgliedstaaten ist nur der absichtliche unberechtigte Zugriff auf die Kommunikation untersagt.

(22) Mit dem Verbot der Speicherung von Nachrichten und zugehörigen Verkehrsdaten durch andere Personen als die Nutzer oder ohne deren Einwilligung soll die automatische, einstweilige und vorübergehende Speicherung dieser Informationen insoweit nicht untersagt werden, als diese Speicherung einzig und allein zum Zwecke der Durchführung der Übertragung in dem elektronischen Kommunikationsnetz erfolgt und als die Information nicht länger gespeichert wird, als dies für die Übertragung und zum Zwecke der Verkehrsabwicklung erforderlich ist, und die Vertraulichkeit der Nachrichten gewahrt bleibt. Wenn dies für eine effizientere Weiterleitung einer öffentlich zugänglichen Information an andere Empfänger des Dienstes auf ihr Ersuchen hin erforderlich ist, sollte diese Richtlinie dem nicht entgegenstehen, dass die Information länger gespeichert wird, sofern diese Information der Öffentlichkeit auf jeden Fall uneingeschränkt zugänglich wäre und Daten, die einzelne, die Information anfordernde Teilnehmer oder Nutzer betreffen, gelöscht würden.

(23) Die Vertraulichkeit von Nachrichten sollte auch im Rahmen einer rechtmäßigen Geschäftspraxis sichergestellt sein. Falls erforderlich und rechtlich zulässig, können Nachrichten zum Nachweis einer kommerziellen Transaktion aufgezeichnet werden. Diese Art der Verarbeitung fällt unter die Richtlinie 95/46/EG. Die von der Nachricht betroffenen Personen sollten vorab von der Absicht der Aufzeichnung, ihrem Zweck und der Dauer ihrer Speicherung in Kenntnis gesetzt werden. Die aufgezeichnete Nachricht sollte so schnell wie möglich und auf jeden Fall spätestens mit Ablauf der Frist gelöscht werden, innerhalb deren die Transaktion rechtmäßig angefochten werden kann.

(24) Die Endgeräte von Nutzern elektronischer Kommunikationsnetze und in diesen Geräten gespeicherte Informationen sind Teil der Privatsphäre der Nutzer, die dem Schutz aufgrund der Europäischen Konvention zum Schutze der Menschenrechte und Grundfreiheiten unterliegt. So genannte „Spyware", „Web-Bugs", „Hidden Identifiers" und ähnliche Instrumente können ohne das Wissen des Nutzers in dessen Endgerät eindringen, um Zugang zu Informationen zu erlangen, oder die Nutzeraktivität zurückzuverfolgen und können eine ernsthafte Verletzung der

Privatsphäre dieser Nutzer darstellen. Die Verwendung solcher Instrumente sollte nur für rechtmäßige Zwecke mit dem Wissen der betreffenden Nutzer gestattet sein.

(25) Solche Instrumente, z. B. so genannte „Cookies", können ein legitimes und nützliches Hilfsmittel sein, um die Wirksamkeit von Website-Gestaltung und Werbung zu untersuchen und die Identität der an Online-Transaktionen beteiligten Nutzer zu überprüfen. Dienen solche Instrumente, z. B. „Cookies", einem rechtmäßigen Zweck, z. B. der Erleichterung der Bereitstellung von Diensten der Informationsgesellschaft, so sollte deren Einsatz unter der Bedingung zugelassen werden, dass die Nutzer gemäß der Richtlinie 95/46/EG klare und genaue Informationen über den Zweck von Cookies oder ähnlichen Instrumenten erhalten, d. h., der Nutzer muss wissen, dass bestimmte Informationen auf dem von ihm benutzten Endgerät platziert werden. Die Nutzer sollten die Gelegenheit haben, die Speicherung eines Cookies oder eines ähnlichen Instruments in ihrem Endgerät abzulehnen. Dies ist besonders bedeutsam, wenn auch andere Nutzer Zugang zu dem betreffenden Endgerät haben und damit auch zu dort gespeicherten Daten, die sensible Informationen privater Natur beinhalten. Die Auskunft und das Ablehnungsrecht können einmalig für die Nutzung verschiedener in dem Endgerät des Nutzers während derselben Verbindung zu installierender Instrumente angeboten werden und auch die künftige Verwendung derartiger Instrumente umfassen, die während nachfolgender Verbindungen vorgenommen werden können. Die Modalitäten für die Erteilung der Informationen oder für den Hinweis auf das Verweigerungsrecht und die Einholung der Zustimmung sollten so benutzerfreundlich wie möglich sein. Der Zugriff auf spezifische Website-Inhalte kann nach wie vor davon abhängig gemacht werden, dass ein Cookie oder ein ähnliches Instrument von einer in Kenntnis der Sachlage gegebenen Einwilligung abhängig gemacht wird, wenn der Einsatz zu einem rechtmäßigen Zweck erfolgt.

(26) Teilnehmerdaten, die in elektronischen Kommunikationsnetzen zum Verbindungsaufbau und zur Nachrichtenübertragung verarbeitet werden, enthalten Informationen über das Privatleben natürlicher Personen und betreffen ihr Recht auf Achtung ihrer Kommunikationsfreiheit, oder sie betreffen berechtigte Interessen juristischer Personen. Diese Daten dürfen nur für einen begrenzten Zeitraum und nur insoweit gespeichert werden, wie dies für die Erbringung des Dienstes, für die Gebührenabrechnung und für Zusammenschaltungszahlungen erforderlich ist. Jede weitere Verarbeitung solcher Daten, die der Betreiber des öffentlich zugänglichen elektronischen Kommunikationsdienstes zum Zwecke der Vermarktung elektronischer Kommunikationsdienste oder für die Bereitstellung von Diensten mit Zusatznutzen vornehmen möchte, darf nur unter der Bedingung gestattet werden, dass der Teilnehmer dieser Verarbeitung auf der Grundlage genauer, vollständiger Angaben des Betreibers des öffentlich zugänglichen elektronischen Kommunikationsdienstes über die Formen der von ihm beabsichtigten weiteren Verarbeitung und über das Recht des Teilnehmers, seine Einwilligung zu dieser Verarbeitung nicht zu erteilen oder zurückzuziehen, zugestimmt hat. Verkehrsdaten, die für die Vermarktung von Kommunikationsdiensten oder für die Bereitstellung von Diensten mit Zusatznutzen verwendet wurden, sollten ferner nach der Bereitstellung des Dienstes gelöscht oder anonymisiert werden. Diensteanbieter sollen die Teilnehmer stets darüber auf dem Laufenden halten, welche Art von Daten sie verarbeiten und für welche Zwecke und wie lange das geschieht.

(27) Der genaue Zeitpunkt des Abschlusses der Übermittlung einer Nachricht, nach dem die Verkehrsdaten außer zu Fakturierungszwecken gelöscht werden sollten, kann von der Art des bereitgestellten elektronischen Kommunikationsdienstes abhängen. Bei einem Sprach-Telefonanruf beispielsweise ist die Übermittlung abgeschlossen, sobald einer der Teilnehmer die Verbindung beendet. Bei der elektronischen Post ist die Übermittlung dann abgeschlossen, wenn der Adressat die Nachricht – üblicherweise vom Server seines Diensteanbieters – abruft.

(28) Die Verpflichtung, Verkehrsdaten zu löschen oder zu anonymisieren, sobald sie für die Übertragung einer Nachricht nicht mehr benötigt werden, steht nicht im Widerspruch zu im Internet angewandten Verfahren wie dem Caching von IP-Adressen im Domain-Namen-System oder dem Caching einer IP-Adresse, die einer physischen Adresse zugeordnet ist, oder der Verwendung von Informationen über den Nutzer zum Zwecke der Kontrolle des Rechts auf Zugang zu Netzen oder Diensten.

(29) Der Diensteanbieter kann Verkehrsdaten in Bezug auf Teilnehmer und Nutzer in Einzelfällen verarbeiten, um technische Versehen oder Fehler bei der Übertragung von Nachrichten zu ermitteln. Für Fakturierungszwecke notwendige Verkehrsdaten dürfen ebenfalls vom Diensteanbieter verarbeitet werden, um Fälle von Betrug, die darin bestehen, die elektronischen

Kommunikationsdienste ohne entsprechende Bezahlung nutzen, ermitteln und abstellen zu können.

(30) Die Systeme für die Bereitstellung elektronischer Kommunikationsnetze und -dienste sollten so konzipiert werden, dass so wenig personenbezogene Daten wie möglich benötigt werden. Jedwede Tätigkeit im Zusammenhang mit der Bereitstellung elektronischer Kommunikationsdienste, die über die Übermittlung einer Nachricht und die Fakturierung dieses Vorgangs hinausgeht, sollte auf aggregierten Verkehrsdaten basieren, die nicht mit Teilnehmern oder Nutzern in Verbindung gebracht werden können. Können diese Tätigkeiten nicht auf aggregierte Daten gestützt werden, so sollten sie als Dienste mit Zusatznutzen angesehen werden, für die die Einwilligung des Teilnehmers erforderlich ist.

(31) Ob die Einwilligung in die Verarbeitung personenbezogener Daten im Hinblick auf die Erbringung eines speziellen Dienstes mit Zusatznutzen beim Nutzer oder beim Teilnehmer eingeholt werden muss, hängt von den zu verarbeitenden Daten, von der Art des zu erbringenden Dienstes und von der Frage ab, ob es technisch, verfahrenstechnisch und vertraglich möglich ist, zwischen der einen elektronischen Kommunikationsdienst in Anspruch nehmenden Einzelperson und der an diesem Dienst teilnehmenden juristischen oder natürlichen Person zu unterscheiden.

(32) Vergibt der Betreiber eines elektronischen Kommunikationsdienstes oder eines Dienstes mit Zusatznutzen die für die Bereitstellung dieser Dienste erforderliche Verarbeitung personenbezogener Daten an eine andere Stelle weiter, so sollten diese Weitervergabe und die anschließende Datenverarbeitung in vollem Umfang den Anforderungen in Bezug auf die für die Verarbeitung Verantwortlichen und die Auftragsverarbeiter im Sinne der Richtlinie 95/46/EG entsprechen. Erfordert die Bereitstellung eines Dienstes mit Zusatznutzen die Weitergabe von Verkehrsdaten oder Standortdaten von dem Betreiber eines elektronischen Kommunikationsdienstes an einen Betreiber eines Dienstes mit Zusatznutzen, so sollten die Teilnehmer oder Nutzer, auf die sich die Daten beziehen, ebenfalls in vollem Umfang über diese Weitergabe unterrichtet werden, bevor sie in die Verarbeitung der Daten einwilligen.

(33) Durch die Einführung des Einzelgebührennachweises hat der Teilnehmer mehr Möglichkeiten erhalten, die Richtigkeit der vom Diensteanbieter erhobenen Entgelte zu überprüfen, gleichzeitig kann dadurch aber eine Gefahr für die Privatsphäre der Nutzer öffentlich zugänglicher elektronischer Kommunikationsdienste entstehen. Um die Privatsphäre des Nutzers zu schützen, müssen die Mitgliedstaaten daher darauf hinwirken, dass bei den elektronischen Kommunikationsdiensten beispielsweise alternative Funktionen entwickelt werden, die den anonymen oder rein privaten Zugang zu öffentlich zugänglichen elektronischen Kommunikationsdiensten ermöglichen, beispielsweise Telefonkarten und Möglichkeiten der Zahlung per Kreditkarte. Zu dem gleichen Zweck können die Mitgliedstaaten die Anbieter auffordern, ihren Teilnehmern eine andere Art von ausführlicher Rechnung anzubieten, in der eine bestimmte Anzahl von Ziffern der Rufnummer unkenntlich gemacht ist.

(34) Im Hinblick auf die Rufnummernanzeige ist es erforderlich, das Recht des Anrufers zu wahren, die Anzeige der Rufnummer des Anschlusses, von dem aus der Anruf erfolgt, zu unterdrücken, ebenso wie das Recht des Angerufenen, Anrufe von nicht identifizierten Anschlüssen abzuweisen. Es ist gerechtfertigt, in Sonderfällen die Unterdrückung der Rufnummernanzeige aufzuheben. Bestimmte Teilnehmer, insbesondere telefonische Beratungsdienste und ähnliche Einrichtungen, haben ein Interesse daran, die Anonymität ihrer Anrufer zu gewährleisten. Im Hinblick auf die Anzeige der Rufnummer des Angerufenen ist es erforderlich, das Recht und das berechtigte Interesse des Angerufenen zu wahren, die Anzeige der Rufnummer des Anschlusses, mit dem der Anrufer tatsächlich verbunden ist, zu unterdrücken; dies gilt besonders für den Fall weitergeschalteter Anrufe. Die Betreiber öffentlich zugänglicher elektronischer Kommunikationsdienste sollten ihre Teilnehmer über die Möglichkeit der Anzeige der Rufnummer des Anrufenden und des Angerufenen, über alle Dienste, die auf der Grundlage der Anzeige der Rufnummer des Anrufenden und des Angerufenen angeboten werden, sowie über die verfügbaren Funktionen zur Wahrung der Vertraulichkeit unterrichten. Die Teilnehmer können dann sachkundig die Funktionen auswählen, die sie zur Wahrung der Vertraulichkeit nutzen möchten. Die Funktionen zur Wahrung der Vertraulichkeit, die anschlussbezogen angeboten werden, müssen nicht unbedingt als automatischer Netzdienst zur Verfügung stehen, sondern können von dem Betreiber des öffentlich zugänglichen elektronischen Kommunikationsdienstes auf einfachen Antrag bereitgestellt werden.

(35) In digitalen Mobilfunknetzen werden Standortdaten verarbeitet, die Aufschluss über den geografischen Standort des Endgeräts des mobilen Nutzers geben, um die Nachrichtenübertragung zu ermöglichen. Solche Daten sind Verkehrsdaten, die unter Artikel 6 dieser Richtlinie fallen. Doch können digitale Mobilfunknetze zusätzlich auch in der Lage sein, Standortdaten zu verarbeiten, die genauer sind als es für die Nachrichtenübertragung erforderlich wäre und die für die Bereitstellung von Diensten mit Zusatznutzen verwendet werden, wie z.B. persönliche Verkehrsinformationen und Hilfen für den Fahrzeugführer. Die Verarbeitung solcher Daten für die Bereitstellung von Diensten mit Zusatznutzen soll nur dann gestattet werden, wenn die Teilnehmer darin eingewilligt haben. Selbst dann sollten sie die Möglichkeit haben, die Verarbeitung von Standortdaten auf einfache Weise und gebührenfrei zeitweise zu untersagen.

(36) Die Mitgliedstaaten können die Rechte der Nutzer und Teilnehmer auf Privatsphäre in Bezug auf die Rufnummernanzeige einschränken, wenn dies erforderlich ist, um belästigende Anrufe zurückzuverfolgen; in Bezug auf Rufnummernanzeige und Standortdaten kann dies geschehen, wenn es erforderlich ist, Notfalldiensten zu ermöglichen, ihre Aufgaben so effektiv wie möglich zu erfüllen. Hierzu können die Mitgliedstaaten besondere Vorschriften erlassen, um die Anbieter von elektronischen Kommunikationsdiensten zu ermächtigen, einen Zugang zur Rufnummernanzeige und zu Standortdaten ohne vorherige Einwilligung der betreffenden Nutzer oder Teilnehmer zu verschaffen.

(37) Es sollten Vorkehrungen getroffen werden, um die Teilnehmer vor eventueller Belästigung durch die automatische Weiterschaltung von Anrufen durch andere zu schützen. In derartigen Fällen muss der Teilnehmer durch einfachen Antrag beim Betreiber des öffentlich zugänglichen elektronischen Kommunikationsdienstes die Weiterschaltung von Anrufen auf sein Endgerät unterbinden können.

(38) Die Verzeichnisse der Teilnehmer elektronischer Kommunikationsdienste sind weit verbreitet und öffentlich. Das Recht auf Privatsphäre natürlicher Personen und das berechtigte Interesse juristischer Personen erfordern daher, dass die Teilnehmer bestimmen können, ob ihre persönlichen Daten – und gegebenenfalls welche – in einem Teilnehmerverzeichnis veröffentlicht werden. Die Anbieter öffentlicher Verzeichnisse sollten die darin aufzunehmenden Teilnehmer über die Zwecke des Verzeichnisses und eine eventuelle besondere Nutzung elektronischer Fassungen solcher Verzeichnisse informieren; dabei ist insbesondere an in die Software eingebettete Suchfunktionen gedacht, etwa die umgekehrte Suche, mit deren Hilfe Nutzer des Verzeichnisses den Namen und die Anschrift eines Teilnehmers allein aufgrund dessen Telefonnummer herausfinden können.

(39) Die Verpflichtung zur Unterrichtung der Teilnehmer über den Zweck bzw. die Zwecke öffentlicher Verzeichnisse, in die ihre personenbezogenen Daten aufzunehmen sind, sollte demjenigen auferlegt werden, der die Daten für die Aufnahme erhebt. Können die Daten an einen oder mehrere Dritte weitergegeben werden, so sollte der Teilnehmer über diese Möglichkeit und über den Empfänger oder die Kategorien möglicher Empfänger unterrichtet werden. Voraussetzung für die Weitergabe sollte sein, dass die Daten nicht für andere Zwecke als diejenigen verwendet werden, für die sie erhoben wurden. Wünscht derjenige, der die Daten beim Teilnehmer erhebt, oder ein Dritter, an den die Daten weitergegeben wurden, diese Daten zu einem weiteren Zweck zu verwenden, so muss entweder der ursprüngliche Datenerheber oder der Dritte, an den die Daten weitergegeben wurden, die erneute Einwilligung des Teilnehmers einholen.

(40) Es sollten Vorkehrungen getroffen werden, um die Teilnehmer gegen die Verletzung ihrer Privatsphäre durch unerbetene Nachrichten für Zwecke der Direktwerbung, insbesondere durch automatische Anrufsysteme, Faxgeräte und elektronische Post, einschließlich SMS, zu schützen. Diese Formen von unerbetenen Werbenachrichten können zum einen relativ leicht und preiswert zu versenden sein und zum anderen eine Belastung und/oder einen Kostenaufwand für den Empfänger bedeuten. Darüber hinaus kann in einigen Fällen ihr Umfang auch Schwierigkeiten für die elektronischen Kommunikationsnetze und die Endgeräte verursachen. Bei solchen Formen unerbetener Nachrichten zum Zweck der Direktwerbung ist es gerechtfertigt, zu verlangen, die Einwilligung der Empfänger einzuholen, bevor ihnen solche Nachrichten gesandt werden. Der Binnenmarkt verlangt einen harmonisierten Ansatz, damit für die Unternehmen und die Nutzer einfache, gemeinschaftsweite Regeln gelten.

(41) Im Rahmen einer bestehenden Kundenbeziehung ist es vertretbar, die Nutzung elektronischer Kontaktinformationen zuzulassen, damit ähnliche Produkte oder Dienstleistungen ange-

boten werden; dies gilt jedoch nur für dasselbe Unternehmen, das auch die Kontaktinformationen gemäß der Richtlinie 95/46/EG erhalten hat. Bei der Erlangung der Kontaktinformationen sollte der Kunde über deren weitere Nutzung zum Zweck der Direktwerbung klar und eindeutig unterrichtet werden und die Möglichkeit erhalten, diese Verwendung abzulehnen. Diese Möglichkeit sollte ferner mit jeder weiteren als Direktwerbung gesendeten Nachricht gebührenfrei angeboten werden, wobei Kosten für die Übermittlung der Ablehnung nicht unter die Gebührenfreiheit fallen.

(42) Sonstige Formen der Direktwerbung, die für den Absender kostspieliger sind und für die Teilnehmer und Nutzer keine finanziellen Kosten mit sich bringen, wie Sprach-Telefonanrufe zwischen Einzelpersonen, können die Beibehaltung eines Systems rechtfertigen, bei dem die Teilnehmer oder Nutzer die Möglichkeit erhalten, zu erklären, dass sie solche Anrufe nicht erhalten möchten. Damit das bestehende Niveau des Schutzes der Privatsphäre nicht gesenkt wird, sollten die Mitgliedstaaten jedoch einzelstaatliche Systeme beibehalten können, bei denen solche an Teilnehmer und Nutzer gerichtete Anrufe nur gestattet werden, wenn diese vorher ihre Einwilligung gegeben haben.

(43) Zur Erleichterung der wirksamen Durchsetzung der Gemeinschaftsvorschriften für unerbetene Nachrichten zum Zweck der Direktwerbung ist es notwendig, die Verwendung falscher Identitäten oder falscher Absenderadressen oder Anrufernummern beim Versand unerbetener Nachrichten zum Zweck der Direktwerbung zu untersagen.

(44) Bei einigen elektronischen Postsystemen können die Teilnehmer Absender und Betreffzeile einer elektronischen Post sehen und darüber hinaus diese Post löschen, ohne die gesamte Post oder deren Anlagen herunterladen zu müssen; dadurch lassen sich die Kosten senken, die möglicherweise mit dem Herunterladen unerwünschter elektronischer Post oder deren Anlagen verbunden sind. Diese Verfahren können in bestimmten Fällen zusätzlich zu den in dieser Richtlinie festgelegten allgemeinen Verpflichtungen von Nutzen bleiben.

(45) Diese Richtlinie berührt nicht die Vorkehrungen der Mitgliedstaaten, mit denen die legitimen Interessen juristischer Personen gegen unerbetene Direktwerbungsnachrichten geschützt werden sollen. Errichten die Mitgliedstaaten ein Register der juristischen Personen – großenteils gewerbetreibende Nutzer –, die derartige Nachrichten nicht erhalten möchten („opt-out Register"), so gilt Artikel 7 der Richtlinie 2000/31/EG des Europäischen Parlaments und des Rates vom 8. Juni 2000 über bestimmte rechtliche Aspekte der Dienste der Informationsgesellschaft, insbesondere des elektronischen Geschäftsverkehrs, im Binnenmarkt („Richtlinie über den elektronischen Geschäftsverkehr")[1] in vollem Umfang.

(46) Die Funktion für die Bereitstellung elektronischer Kommunikationsdienste kann in das Netz oder in irgendeinen Teil des Endgeräts des Nutzers, auch in die Software, eingebaut sein. Der Schutz personenbezogener Daten und der Privatsphäre des Nutzers öffentlich zugänglicher elektronischer Kommunikationsdienste sollte nicht von der Konfiguration der für die Bereitstellung des Dienstes notwendigen Komponenten oder von der Verteilung der erforderlichen Funktionen auf diese Komponenten abhängen. Die Richtlinie 95/46/EG gilt unabhängig von der verwendeten Technologie für alle Formen der Verarbeitung personenbezogener Daten. Bestehen neben allgemeinen Vorschriften für die Komponenten, die für die Bereitstellung elektronischer Kommunikationsdienste notwendig sind, auch noch spezielle Vorschriften für solche Dienste, dann erleichtert dies nicht unbedingt den technologieunabhängigen Schutz personenbezogener Daten und der Privatsphäre. Daher könnten sich Maßnahmen als notwendig erweisen, mit denen die Hersteller bestimmter Arten von Geräten, die für elektronische Kommunikationsdienste benutzt werden, verpflichtet werden, in ihren Produkten von vornherein Sicherheitsfunktionen vorzusehen, die den Schutz personenbezogener Daten und der Privatsphäre des Nutzers und Teilnehmers gewährleisten. Der Erlass solcher Maßnahmen in Einklang mit der Richtlinie 1999/5/EG des Europäischen Parlaments und des Rates vom 9. März 1999 über Funkanlagen und Telekommunikationsendeinrichtungen und die gegenseitige Anerkennung ihrer Konformität[2] gewährleistet, dass die aus Gründen des Datenschutzes erforderliche Einführung von technischen Merkmalen elektronischer Kommunikationsgeräte einschließlich der Software harmonisiert wird, damit sie der Verwirklichung des Binnenmarktes nicht entgegensteht.

(47) Das innerstaatliche Recht sollte Rechtsbehelfe für den Fall vorsehen, dass die Rechte der Benutzer und Teilnehmer nicht respektiert werden. Gegen jede – privatem oder öffentlichem

---

[1] ABl. L 178 vom 17. 7. 2000, S. 1.
[2] ABl. L 91 vom 7. 4. 1999, S. 10.

Recht unterliegende – Person, die den nach dieser Richtlinie getroffenen einzelstaatlichen Maßnahmen zuwiderhandelt, sollten Sanktionen verhängt werden.

(48) Bei der Anwendung dieser Richtlinie ist es sinnvoll, auf die Erfahrung der gemäß Artikel 29 der Richtlinie 95/46/EG eingesetzten Datenschutzgruppe aus Vertretern der für den Schutz personenbezogener Daten zuständigen Kontrollstellen der Mitgliedstaaten zurückzugreifen.

(49) Zur leichteren Einhaltung der Vorschriften dieser Richtlinie bedarf es einer Sonderregelung für die Datenverarbeitungen, die zum Zeitpunkt des Inkrafttretens der nach dieser Richtlinie erlassenen innerstaatlichen Vorschriften bereits durchgeführt werden –

HABEN FOLGENDE RICHTLINIE ERLASSEN:

Art. 1 Geltungsbereich und Zielsetzung

(1) Diese Richtlinie sieht die Harmonisierung der Vorschriften der Mitgliedstaaten vor, die erforderlich sind, um einen gleichwertigen Schutz der Grundrechte und Grundfreiheiten, insbesondere des Rechts auf Privatsphäre und Vertraulichkeit, in Bezug auf die Verarbeitung personenbezogener Daten im Bereich der elektronischen Kommunikation sowie den freien Verkehr dieser Daten und von elektronischen Kommunikationsgeräten und -diensten in der Gemeinschaft zu gewährleisten.

(2) ^{1}Die Bestimmungen dieser Richtlinie stellen eine Detaillierung und Ergänzung der Richtlinie 95/46/EG im Hinblick auf die in Absatz 1 genannten Zwecke dar. ^{2}Darüber hinaus regeln sie den Schutz der berechtigten Interessen von Teilnehmern, bei denen es sich um juristische Personen handelt.

(3) Diese Richtlinie gilt nicht für Tätigkeiten, die nicht in den Anwendungsbereich des Vertrags zur Gründung der Europäischen Gemeinschaft fallen, beispielsweise Tätigkeiten gemäß den Titeln V und VI des Vertrags über die Europäische Union, und auf keinen Fall für Tätigkeiten betreffend die öffentliche Sicherheit, die Landesverteidigung, die Sicherheit des Staates (einschließlich seines wirtschaftlichen Wohls, wenn die Tätigkeit die Sicherheit des Staates berührt) und die Tätigkeiten des Staates im strafrechtlichen Bereich.

Art. 2 Begriffsbestimmungen

Sofern nicht anders angegeben, gelten die Begriffsbestimmungen der Richtlinie 95/46/EG und der Richtlinie 2002/21/EG des Europäischen Parlaments und des Rates vom 7. März 2002 über einen gemeinsamen Rechtsrahmen für elektronische Kommunikationsnetze und -dienste („Rahmenrichtlinie")[1] auch für diese Richtlinie.

Weiterhin bezeichnet im Sinne dieser Richtlinie der Ausdruck

a) „Nutzer" eine natürliche Person, die einen öffentlich zugänglichen elektronischen Kommunikationsdienst für private oder geschäftliche Zwecke nutzt, ohne diesen Dienst notwendigerweise abonniert zu haben;

b) „Verkehrsdaten" Daten, die zum Zwecke der Weiterleitung einer Nachricht an ein elektronisches Kommunikationsnetz oder zum Zwecke der Fakturierung dieses Vorgangs verarbeitet werden;

c) „Standortdaten" Daten, die in einem elektronischen Kommunikationsnetz oder von einem elektronischen Kommunikationsdienst verarbeitet werden und die den geografischen Standort des Endgeräts eines Nutzers eines öffentlich zugänglichen elektronischen Kommunikationsdienstes angeben;

d) „Nachricht" jede Information, die zwischen einer endlichen Zahl von Beteiligten über einen öffentlich zugänglichen elektronischen Kommunikationsdienst ausgetauscht oder weitergeleitet wird. Dies schließt nicht Informationen ein, die als Teil eines Rundfunkdienstes über ein elektronisches Kommunikationsnetz an die Öffentlichkeit weitergeleitet werden, soweit die Informationen nicht mit dem identifizierbaren Teilnehmer oder Nutzer, der sie erhält, in Verbindung gebracht werden können;

e) *(aufgehoben)*

f) „Einwilligung" eines Nutzers oder Teilnehmers die Einwilligung der betroffenen Person im Sinne von Richtlinie 95/46/EG;

---

[1] ABl. L 108 vom 24. 4. 2002, S. 33.

g) „Dienst mit Zusatznutzen" jeden Dienst, der die Bearbeitung von Verkehrsdaten oder anderen Standortdaten als Verkehrsdaten in einem Maße erfordert, das über das für die Übermittlung einer Nachricht oder die Fakturierung dieses Vorgangs erforderliche Maß hinausgeht;

h) „elektronische Post" jede über ein öffentliches Kommunikationsnetz verschickte Text-, Sprach-, Ton- oder Bildnachricht, die im Netz oder im Endgerät des Empfängers gespeichert werden kann, bis sie von diesem abgerufen wird;

h) [1] „Verletzung des Schutzes personenbezogener Daten" eine Verletzung der Sicherheit, die auf unbeabsichtigte oder unrechtmäßige Weise zur Vernichtung, zum Verlust, zur Veränderung und zur unbefugten Weitergabe von bzw. zum unbefugten Zugang zu personenbezogenen Daten führt, die übertragen, gespeichert oder auf andere Weise im Zusammenhang mit der Bereitstellung öffentlich zugänglicher elektronischer Kommunikationsdienste in der Gemeinschaft verarbeitet werden.

Art. 3 Betroffene Dienste

Diese Richtlinie gilt für die Verarbeitung personenbezogener Daten in Verbindung mit der Bereitstellung öffentlich zugänglicher elektronischer Kommunikationsdienste in öffentlichen Kommunikationsnetzen in der Gemeinschaft, einschließlich öffentlicher Kommunikationsnetze, die Datenerfassungs- und Identifizierungsgeräte unterstützen.

Art. 4 Sicherheit der Verarbeitung

(1) [1]Der Betreiber eines öffentlich zugänglichen elektronischen Kommunikationsdienstes muss geeignete technische und organisatorische Maßnahmen ergreifen, um die Sicherheit seiner Dienste zu gewährleisten; die Netzsicherheit ist hierbei erforderlichenfalls zusammen mit dem Betreiber des öffentlichen Kommunikationsnetzes zu gewährleisten. [2]Diese Maßnahmen müssen unter Berücksichtigung des Standes der Technik und der Kosten ihrer Durchführung ein Sicherheitsniveau gewährleisten, das angesichts des bestehenden Risikos angemessen ist.

(1 a) Unbeschadet der Richtlinie 95/46/EG ist durch die in Absatz 1 genannten Maßnahmen zumindest Folgendes zu erreichen:

– Sicherstellung, dass nur ermächtigte Personen für rechtlich zulässige Zwecke Zugang zu personenbezogenen Daten erhalten,

– Schutz gespeicherter oder übermittelter personenbezogener Daten vor unbeabsichtigter oder unrechtmäßiger Zerstörung, unbeabsichtigtem Verlust oder unbeabsichtigter Veränderung und unbefugter oder unrechtmäßiger Speicherung oder Verarbeitung, unbefugtem oder unberechtigtem Zugang oder unbefugter oder unrechtmäßiger Weitergabe und

– Sicherstellung der Umsetzung eines Sicherheitskonzepts für die Verarbeitung personenbezogener Daten.

Die zuständigen nationalen Behörden haben die Möglichkeit, die von den Betreibern öffentlich zugänglicher elektronischer Kommunikationsdienste getroffenen Maßnahmen zu prüfen und Empfehlungen zu bewährten Verfahren im Zusammenhang mit dem mit Hilfe dieser Maßnahmen zu erreichenden Sicherheitsniveau zu abzugeben.

(2) Besteht ein besonderes Risiko der Verletzung der Netzsicherheit, muss der Betreiber eines öffentlich zugänglichen elektronischen Kommunikationsdienstes die Teilnehmer über dieses Risiko und – wenn das Risiko außerhalb des Anwendungsbereichs der vom Diensteanbieter zu treffenden Maßnahmen liegt – über mögliche Abhilfen, einschließlich der voraussichtlich entstehenden Kosten, unterrichten.

(3) Im Fall einer Verletzung des Schutzes personenbezogener Daten benachrichtigt der Betreiber der öffentlich zugänglichen elektronischen Kommunikationsdienste unverzüglich die zuständige nationale Behörde von der Verletzung.

Ist anzunehmen, dass durch die Verletzung personenbezogener Daten die personenbezogenen Daten, oder Teilnehmer oder Personen in ihrer Privatsphäre, beeinträchtigt werden, so benachrichtigt der Betreiber auch den Teilnehmer bzw. die Person unverzüglich von der Verletzung.

[1]Der Anbieter braucht die betroffenen Teilnehmer oder Personen nicht von einer Verletzung des Schutzes personenbezogener Daten zu benachrichtigen, wenn er zur Zufriedenheit der zuständigen Behörde nachgewiesen hat, dass er geeignete technische Schutzmaßnahmen getrof-

---

[1] Absatzzählung amtlich.

fen hat und dass diese Maßnahmen auf die von der Sicherheitsverletzung betroffenen Daten angewendet wurden. ²Diese technischen Schutzmaßnahmen verschlüsseln die Daten für alle Personen, die nicht befugt sind, Zugang zu den Daten zu haben.

Unbeschadet der Pflicht des Betreibers, den betroffenen Teilnehmer und die Person zu benachrichtigen, kann die zuständige nationale Behörde, wenn der Betreiber den Teilnehmer bzw. die Person noch nicht über die Verletzung des Schutzes personenbezogener Daten benachrichtigt hat, diesen nach Berücksichtigung der wahrscheinlichen nachteiligen Auswirkungen der Verletzung zur Benachrichtigung auffordern.

¹In der Benachrichtigung des Teilnehmers bzw. der Person werden mindestens die Art der Verletzung des Schutzes personenbezogener Daten und die Kontaktstellen, bei denen weitere Informationen erhältlich sind, genannt und Maßnahmen zur Begrenzung der möglichen nachteiligen Auswirkungen der Verletzung des Schutzes personenbezogener Daten empfohlen. ²In der Benachrichtigung der zuständigen nationalen Behörde werden zusätzlich die Folgen der Verletzung des Schutzes personenbezogener Daten und die vom Betreiber nach der Verletzung vorgeschlagenen oder ergriffenen Maßnahmen dargelegt.

(4) ¹Vorbehaltlich technischer Durchführungsmaßnahmen nach Absatz 5 können die zuständigen nationalen Behörden Leitlinien annehmen und gegebenenfalls Anweisungen erteilen bezüglich der Umstände, unter denen die Benachrichtigung seitens der Betreiber über eine Verletzung des Schutzes personenbezogener Daten erforderlich ist, sowie bezüglich des Formates und der Verfahrensweise für die Benachrichtigung. ²Sie müssen auch in der Lage sein zu überwachen, ob die Betreiber ihre Pflichten zur Benachrichtigung nach diesem Absatz erfüllt haben, und verhängen, falls dies nicht der Fall ist, geeignete Sanktionen.

¹Die Betreiber führen ein Verzeichnis der Verletzungen des Schutzes personenbezogener Daten, das Angaben zu den Umständen der Verletzungen, zu deren Auswirkungen und zu den ergriffenen Abhilfemaßnahmen enthält, wobei diese Angaben ausreichend sein müssen, um den zuständigen nationalen Behörden die Prüfung der Einhaltung der Bestimmungen des Absatzes 3 zu ermöglichen. ²Das Verzeichnis enthält nur die zu diesem Zweck erforderlichen Informationen.

(5) ¹Zur Gewährleistung einer einheitlichen Anwendung der in den Absätzen 2, 3 und 4 vorgesehenen Maßnahmen kann die Kommission nach Anhörung der Europäischen Agentur für Netz- und Informationssicherheit (ENISA), der gemäß Artikel 29 der Richtlinie 95/46/EG eingesetzten Gruppe für den Schutz von Personen bei der Verarbeitung personenbezogener Daten und des Europäischen Datenschutzbeauftragten technische Durchführungsmaßnahmen in Bezug auf Umstände, Form und Verfahren der in diesem Artikel vorgeschriebenen Informationen und Benachrichtigungen erlassen. ²Beim Erlass dieser Maßnahmen bezieht die Kommission alle relevanten Interessengruppen mit ein, um sich insbesondere über die besten verfügbaren technischen und wirtschaftlichen Mittel zur Durchführung dieses Artikels zu informieren.

Diese Maßnahmen zur Änderung nicht wesentlicher Bestimmungen dieser Richtlinie durch Ergänzung werden nach dem in Artikel 14a Absatz 2 genannten Regelungsverfahren mit Kontrolle erlassen.

Art. 5 Vertraulichkeit der Kommunikation

(1) ¹Die Mitgliedstaaten stellen die Vertraulichkeit der mit öffentlichen Kommunikationsnetzen und öffentlich zugänglichen Kommunikationsdiensten übertragenen Nachrichten und der damit verbundenen Verkehrsdaten durch innerstaatliche Vorschriften sicher. ²Insbesondere untersagen sie das Mithören, Abhören und Speichern sowie andere Arten des Abfangens oder Überwachens von Nachrichten und der damit verbundenen Verkehrsdaten durch andere Personen als die Nutzer, wenn keine Einwilligung der betroffenen Nutzer vorliegt, es sei denn, dass diese Personen gemäß Artikel 15 Absatz 1 gesetzlich dazu ermächtigt sind. ³Diese Bestimmung steht – unbeschadet des Grundsatzes der Vertraulichkeit – der für die Weiterleitung einer Nachricht erforderlichen technischen Speicherung nicht entgegen.

(2) Absatz 1 betrifft nicht das rechtlich zulässige Aufzeichnen von Nachrichten und der damit verbundenen Verkehrsdaten, wenn dies im Rahmen einer rechtmäßigen Geschäftspraxis zum Nachweis einer kommerziellen Transaktion oder einer sonstigen geschäftlichen Nachricht geschieht.

(3) ¹Die Mitgliedstaaten stellen sicher, dass die Speicherung von Informationen oder der Zugriff auf Informationen, die bereits im Endgerät eines Teilnehmers oder Nutzers gespeichert

sind, nur gestattet ist, wenn der betreffende Teilnehmer oder Nutzer auf der Grundlage von klaren und umfassenden Informationen, die er gemäß der Richtlinie 95/46/EG u. a. über die Zwecke der Verarbeitung erhält, seine Einwilligung gegeben hat. ²Dies steht einer technischen Speicherung oder dem Zugang nicht entgegen, wenn der alleinige Zweck die Durchführung der Übertragung einer Nachricht über ein elektronisches Kommunikationsnetz ist oder wenn dies unbedingt erforderlich ist, damit der Anbieter eines Dienstes der Informationsgesellschaft, der vom Teilnehmer oder Nutzer ausdrücklich gewünscht wurde, diesen Dienst zur Verfügung stellen kann.

Art. 6 Verkehrsdaten

(1) Verkehrsdaten, die sich auf Teilnehmer und Nutzer beziehen und vom Betreiber eines öffentlichen Kommunikationsnetzes oder eines öffentlich zugänglichen Kommunikationsdienstes verarbeitet und gespeichert werden, sind unbeschadet der Absätze 2, 3 und 5 des vorliegenden Artikels und des Artikels 15 Absatz 1 zu löschen oder zu anonymisieren, sobald sie für die Übertragung einer Nachricht nicht mehr benötigt werden.

(2) ¹Verkehrsdaten, die zum Zwecke der Gebührenabrechnung und der Bezahlung von Zusammenschaltungen erforderlich sind, dürfen verarbeitet werden. ²Diese Verarbeitung ist nur bis zum Ablauf der Frist zulässig, innerhalb deren die Rechnung rechtlich angefochten oder der Anspruch auf Zahlung geltend gemacht werden kann.

(3) ¹Der Betreiber eines öffentlich zugänglichen elektronischen Kommunikationsdienstes kann die in Absatz 1 genannten Daten zum Zwecke der Vermarktung elektronischer Kommunikationsdienste oder zur Bereitstellung von Diensten mit Zusatznutzen im dazu erforderlichen Maß und innerhalb des dazu oder zur Vermarktung erforderlichen Zeitraums verarbeiten, sofern der Teilnehmer oder der Nutzer, auf den sich die Daten beziehen, zuvor seine Einwilligung gegeben hat. ²Der Nutzer oder der Teilnehmer hat die Möglichkeit, seine Einwilligung zur Verarbeitung der Verkehrsdaten jederzeit zu widerrufen.

(4) Der Diensteanbieter muss dem Teilnehmer oder Nutzer mitteilen, welche Arten von Verkehrsdaten für die in Absatz 2 genannten Zwecke verarbeitet werden und wie lange das geschieht; bei einer Verarbeitung für die in Absatz 3 genannten Zwecke muss diese Mitteilung erfolgen, bevor um Einwilligung ersucht wird.

(5) Die Verarbeitung von Verkehrsdaten gemäß den Absätzen 1, 2, 3 und 4 darf nur durch Personen erfolgen, die auf Weisung der Betreiber öffentlicher Kommunikationsnetze und öffentlich zugänglicher Kommunikationsdienste handeln und die für Gebührenabrechnungen oder Verkehrsabwicklung, Kundenanfragen, Betrugsermittlung, die Vermarktung der elektronischen Kommunikationsdienste oder für die Bereitstellung eines Dienstes mit Zusatznutzen zuständig sind; ferner ist sie auf das für diese Tätigkeiten erforderliche Maß zu beschränken.

(6) Die Absätze 1, 2, 3 und 5 gelten unbeschadet der Möglichkeit der zuständigen Gremien, in Einklang mit den geltenden Rechtsvorschriften für die Beilegung von Streitigkeiten, insbesondere Zusammenschaltungs- oder Abrechnungsstreitigkeiten, von Verkehrsdaten Kenntnis zu erhalten.

Art. 7 Einzelgebührennachweis

(1) Die Teilnehmer haben das Recht, Rechnungen ohne Einzelgebührennachweis zu erhalten.

(2) Die Mitgliedstaaten wenden innerstaatliche Vorschriften an, um das Recht der Teilnehmer, Einzelgebührennachweise zu erhalten, und das Recht anrufender Nutzer und angerufener Teilnehmer auf Vertraulichkeit miteinander in Einklang zu bringen, indem sie beispielsweise sicherstellen, dass diesen Nutzern und Teilnehmern genügend andere, den Schutz der Privatsphäre fördernde Methoden für die Kommunikation oder Zahlungen zur Verfügung stehen.

Art. 8 Anzeige der Rufnummer des Anrufers und des Angerufenen und deren Unterdrückung

(1) ¹Wird die Anzeige der Rufnummer des Anrufers angeboten, so muss der Diensteanbieter dem anrufenden Nutzer die Möglichkeit geben, die Rufnummernanzeige für jeden Anruf einzeln auf einfache Weise und gebührenfrei zu verhindern. ²Dem anrufenden Teilnehmer muss diese Möglichkeit anschlussbezogen zur Verfügung stehen.

(2) Wird die Anzeige der Rufnummer des Anrufers angeboten, so muss der Diensteanbieter dem angerufenen Teilnehmer die Möglichkeit geben, die Anzeige der Rufnummer eingehender Anrufe auf einfache Weise und für jede vertretbare Nutzung dieser Funktion gebührenfrei zu verhindern.

(3) Wird die Anzeige der Rufnummer des Anrufers angeboten und wird die Rufnummer vor der Herstellung der Verbindung angezeigt, so muss der Diensteanbieter dem angerufenen Teilnehmer die Möglichkeit geben, eingehende Anrufe, bei denen die Rufnummernanzeige durch den anrufenden Nutzer oder Teilnehmer verhindert wurde, auf einfache Weise und gebührenfrei abzuweisen.

(4) Wird die Anzeige der Rufnummer des Angerufenen angeboten, so muss der Diensteanbieter dem angerufenen Teilnehmer die Möglichkeit geben, die Anzeige seiner Rufnummer beim anrufenden Nutzer auf einfache Weise und gebührenfrei zu verhindern.

(5) [1]Absatz 1 gilt auch für aus der Gemeinschaft kommende Anrufe in Drittländern. [2]Die Absätze 2, 3 und 4 gelten auch für aus Drittländern kommende Anrufe.

(6) Wird die Anzeige der Rufnummer des Anrufers und/oder des Angerufenen angeboten, so stellen die Mitgliedstaaten sicher, dass die Betreiber öffentlich zugänglicher elektronischer Kommunikationsdienste die Öffentlichkeit hierüber und über die in den Absätzen 1, 2, 3 und 4 beschriebenen Möglichkeiten unterrichten.

Art. 9 Andere Standortdaten als Verkehrsdaten

(1) [1]Können andere Standortdaten als Verkehrsdaten in Bezug auf die Nutzer oder Teilnehmer von öffentlichen Kommunikationsnetzen oder öffentlich zugänglichen Kommunikationsdiensten verarbeitet werden, so dürfen diese Daten nur im zur Bereitstellung von Diensten mit Zusatznutzen erforderlichen Maß und innerhalb des dafür erforderlichen Zeitraums verarbeitet werden, wenn sie anonymisiert wurden oder wenn die Nutzer oder Teilnehmer ihre Einwilligung gegeben haben. [2]Der Diensteanbieter muss den Nutzern oder Teilnehmern vor Einholung ihrer Einwilligung mitteilen, welche Arten anderer Standortdaten als Verkehrsdaten verarbeitet werden, für welche Zwecke und wie lange das geschieht, und ob die Daten zum Zwecke der Bereitstellung des Dienstes mit Zusatznutzen an einen Dritten weitergegeben werden. [3]Die Nutzer oder Teilnehmer können ihre Einwilligung zur Verarbeitung anderer Standortdaten als Verkehrsdaten jederzeit zurückziehen.

(2) Haben die Nutzer oder Teilnehmer ihre Einwilligung zur Verarbeitung von anderen Standortdaten als Verkehrsdaten gegeben, dann müssen sie auch weiterhin die Möglichkeit haben, die Verarbeitung solcher Daten für jede Verbindung zum Netz oder für jede Übertragung einer Nachricht auf einfache Weise und gebührenfrei zeitweise zu untersagen.

(3) Die Verarbeitung anderer Standortdaten als Verkehrsdaten gemäß den Absätzen 1 und 2 muss auf das für die Bereitstellung des Dienstes mit Zusatznutzen erforderliche Maß sowie auf Personen beschränkt werden, die im Auftrag des Betreibers des öffentlichen Kommunikationsnetzes oder öffentlich zugänglichen Kommunikationsdienstes oder des Dritten, der den Dienst mit Zusatznutzen anbietet, handeln.

Art. 10 Ausnahmen

Die Mitgliedstaaten stellen sicher, dass es transparente Verfahren gibt, nach denen der Betreiber eines öffentlichen Kommunikationsnetzes und/oder eines öffentlich zugänglichen elektronischen Kommunikationsdienstes

a) die Unterdrückung der Anzeige der Rufnummer des Anrufers vorübergehend aufheben kann, wenn ein Teilnehmer beantragt hat, dass böswillige oder belästigende Anrufe zurückverfolgt werden; in diesem Fall werden nach innerstaatlichem Recht die Daten mit der Rufnummer des anrufenden Teilnehmers vom Betreiber des öffentlichen Kommunikationsnetzes und/oder des öffentlich zugänglichen elektronischen Kommunikationsdienstes gespeichert und zur Verfügung gestellt;
b) die Unterdrückung der Anzeige der Rufnummer des Anrufers aufheben und Standortdaten trotz der vorübergehenden Untersagung oder fehlenden Einwilligung durch den Teilnehmer oder Nutzer verarbeiten kann, und zwar anschlussbezogen für Einrichtungen, die Notrufe bearbeiten und dafür von einem Mitgliedstaat anerkannt sind, einschließlich Strafverfolgungsbehörden, Ambulanzdiensten und Feuerwehren, zum Zwecke der Beantwortung dieser Anrufe.

Art. 11 Automatische Anrufweiterschaltung

Die Mitgliedstaaten stellen sicher, dass jeder Teilnehmer die Möglichkeit hat, auf einfache Weise und gebührenfrei die von einer dritten Partei veranlasste automatische Anrufweiterschaltung zum Endgerät des Teilnehmers abzustellen.

Art. 12 Teilnehmerverzeichnisse

(1) Die Mitgliedstaaten stellen sicher, dass die Teilnehmer gebührenfrei und vor Aufnahme in das Teilnehmerverzeichnis über den Zweck bzw. die Zwecke von gedruckten oder elektronischen, der Öffentlichkeit unmittelbar oder über Auskunftsdienste zugänglichen Teilnehmerverzeichnissen, in die ihre personenbezogenen Daten aufgenommen werden können, sowie über weitere Nutzungsmöglichkeiten aufgrund der in elektronischen Fassungen der Verzeichnisse eingebetteten Suchfunktionen informiert werden.

(2) [1]Die Mitgliedstaaten stellen sicher, dass die Teilnehmer Gelegenheit erhalten festzulegen, ob ihre personenbezogenen Daten – und ggf. welche – in ein öffentliches Verzeichnis aufgenommen werden, sofern diese Daten für den vom Anbieter des Verzeichnisses angegebenen Zweck relevant sind, und diese Daten prüfen, korrigieren oder löschen dürfen. [2]Für die Nicht-Aufnahme in ein der Öffentlichkeit zugängliches Teilnehmerverzeichnis oder die Prüfung, Berichtigung oder Streichung personenbezogener Daten aus einem solchen Verzeichnis werden keine Gebühren erhoben.

(3) Die Mitgliedstaaten können verlangen, dass eine zusätzliche Einwilligung der Teilnehmer eingeholt wird, wenn ein öffentliches Verzeichnis anderen Zwecken als der Suche nach Einzelheiten betreffend die Kommunikation mit Personen anhand ihres Namens und gegebenenfalls eines Mindestbestands an anderen Kennzeichen dient.

(4) [1]Die Absätze 1 und 2 gelten für Teilnehmer, die natürliche Personen sind. [2]Die Mitgliedstaaten tragen im Rahmen des Gemeinschaftsrechts und der geltenden einzelstaatlichen Rechtsvorschriften außerdem dafür Sorge, dass die berechtigten Interessen anderer Teilnehmer als natürlicher Personen in Bezug auf ihre Aufnahme in öffentliche Verzeichnisse ausreichend geschützt werden.

Art. 13 Unerbetene Nachrichten

(1) Die Verwendung von automatischen Anruf- und Kommunikationssystemen ohne menschlichen Eingriff (automatische Anrufmaschinen), Faxgeräten oder elektronischer Post für die Zwecke der Direktwerbung darf nur bei vorheriger Einwilligung der Teilnehmer oder Nutzer gestattet werden.

(2) Ungeachtet des Absatzes 1 kann eine natürliche oder juristische Person, wenn sie von ihren Kunden im Zusammenhang mit dem Verkauf eines Produkts oder einer Dienstleistung gemäß der Richtlinie 95/46/EG deren elektronische Kontaktinformationen für elektronische Post erhalten hat, diese zur Direktwerbung für eigene ähnliche Produkte oder Dienstleistungen verwenden, sofern die Kunden klar und deutlich die Möglichkeit erhalten, eine solche Nutzung ihrer elektronischen Kontaktinformationen zum Zeitpunkt ihrer Erhebung und bei jeder Übertragung gebührenfrei und problemlos abzulehnen, wenn der Kunde diese Nutzung nicht von vornherein abgelehnt hat.

(3) Die Mitgliedstaaten ergreifen geeignete Maßnahmen, um sicherzustellen, dass außer in den in den Absätzen 1 und 2 genannten Fällen unerbetene Nachrichten zum Zwecke der Direktwerbung, die entweder ohne die Einwilligung der betreffenden Teilnehmer oder Nutzer erfolgen oder an Teilnehmer oder Nutzer gerichtet sind, die keine solchen Nachrichten erhalten möchten, nicht gestattet sind; welche dieser Optionen gewählt wird, wird im innerstaatlichen Recht geregelt, wobei berücksichtigt wird, dass beide Optionen für den Teilnehmer oder Nutzer gebührenfrei sein müssen.

(4) Auf jeden Fall verboten ist die Praxis des Versendens elektronischer Nachrichten zu Zwecken der Direktwerbung, bei der die Identität des Absenders, in dessen Auftrag die Nachricht übermittelt wird, verschleiert oder verheimlicht wird, bei der gegen Artikel 6 der Richtlinie 2000/31/EG verstoßen wird oder bei der keine gültige Adresse vorhanden ist, an die der Empfänger eine Aufforderung zur Einstellung solcher Nachrichten richten kann, oder in denen der Empfänger aufgefordert wird, Websites zu besuchen, die gegen den genannten Artikel verstoßen.

(5) ¹Die Absätze 1 und 3 gelten für Teilnehmer, die natürliche Personen sind. ²Die Mitgliedstaaten stellen im Rahmen des Gemeinschaftsrechts und der geltenden nationalen Rechtsvorschriften außerdem sicher, dass die berechtigten Interessen anderer Teilnehmer als natürlicher Personen in Bezug auf unerbetene Nachrichten ausreichend geschützt werden.

(6) ¹Unbeschadet etwaiger Verwaltungsvorschriften, die unter anderem gemäß Artikel 15 a Absatz 2 erlassen werden können, stellen die Mitgliedstaaten sicher, dass natürliche oder juristische Personen, die durch Verstöße gegen die aufgrund dieses Artikels erlassenen nationalen Vorschriften beeinträchtigt werden und ein berechtigtes Interesse an der Einstellung oder dem Verbot solcher Verstöße haben, einschließlich der Anbieter elektronischer Kommunikationsdienste, die ihre berechtigten Geschäftsinteressen schützen wollen, gegen solche Verstöße gerichtlich vorgehen können. ²Die Mitgliedstaaten können auch spezifische Vorschriften über Sanktionen festlegen, die gegen Betreiber elektronischer Kommunikationsdienste zu verhängen sind, die durch Fahrlässigkeit zu Verstößen gegen die aufgrund dieses Artikels erlassenen nationalen Vorschriften beitragen.

Art. 14 Technische Merkmale und Normung

(1) Bei der Durchführung der Bestimmungen dieser Richtlinie stellen die Mitgliedstaaten vorbehaltlich der Absätze 2 und 3 sicher, dass keine zwingenden Anforderungen in Bezug auf spezifische technische Merkmale für Endgeräte oder sonstige elektronische Kommunikationsgeräte gestellt werden, die deren Inverkehrbringen und freien Vertrieb in und zwischen den Mitgliedstaaten behindern können.

(2) Soweit die Bestimmungen dieser Richtlinie nur mit Hilfe spezifischer technischer Merkmale elektronischer Kommunikationsnetze durchgeführt werden können, unterrichten die Mitgliedstaaten die Kommission darüber gemäß der Richtlinie 98/34/EG des Europäischen Parlaments und des Rates vom 22. Juni 1998 über ein Informationsverfahren auf dem Gebiet der Normen und technischen Vorschriften und der Vorschriften für die Dienste der Informationsgesellschaft[1].

(3) Erforderlichenfalls können gemäß der Richtlinie 1999/5/EG und dem Beschluss 87/95/EWG des Rates vom 22. Dezember 1986 über die Normung auf dem Gebiet der Informationstechnik und der Telekommunikation[2] Maßnahmen getroffen werden, um sicherzustellen, dass Endgeräte in einer Weise gebaut sind, die mit dem Recht der Nutzer auf Schutz und Kontrolle der Verwendung ihrer personenbezogenen Daten vereinbar ist.

Art. 14a Ausschussverfahren

(1) Die Kommission wird von dem durch Artikel 22 der Richtlinie 2002/21/EG (Rahmenrichtlinie) eingesetzten Kommunikationsausschuss unterstützt.

(2) Wird auf diesen Absatz Bezug genommen, so gelten Artikel 5a Absätze 1 bis 4 und Artikel 7 des Beschlusses 1999/468/EG unter Beachtung von dessen Artikel 8.

(3) Wird auf diesen Absatz Bezug genommen, so gelten Artikel 5a Absätze 1, 2, 4 und 6 und Artikel 7 des Beschlusses 1999/468/EG unter Beachtung von dessen Artikel 8.

Art. 15 Anwendung einzelner Bestimmungen der Richtlinie 95/46/EG

(1) ¹Die Mitgliedstaaten können Rechtsvorschriften erlassen, die die Rechte und Pflichten gemäß Artikel 5, Artikel 6, Artikel 8 Absätze 1, 2, 3 und 4 sowie Artikel 9 dieser Richtlinie beschränken, sofern eine solche Beschränkung gemäß Artikel 13 Absatz 1 der Richtlinie 95/46/EG für die nationale Sicherheit, (d. h. die Sicherheit des Staates), die Landesverteidigung, die öffentliche Sicherheit sowie die Verhütung, Ermittlung, Feststellung und Verfolgung von Straftaten oder des unzulässigen Gebrauchs von elektronischen Kommunikationssystemen in einer demokratischen Gesellschaft notwendig, angemessen und verhältnismäßig ist. ²Zu diesem Zweck können die Mitgliedstaaten unter anderem durch Rechtsvorschriften vorsehen, dass Daten aus den in diesem Absatz aufgeführten Gründen während einer begrenzten Zeit aufbewahrt werden. ³Alle in diesem Absatz genannten Maßnahmen müssen den allgemeinen Grundsätzen des Gemeinschaftsrechts einschließlich den in Artikel 6 Absätze 1 und 2 des Vertrags über die Europäische Union niedergelegten Grundsätzen entsprechen.

---

[1] ABl. L 204 vom 21. 7. 1998, S. 37. Richtlinie geändert durch die Richtlinie 98/48/EG (ABl. L 217 vom 5. 8. 1998, S. 18).
[2] ABl. L 36 vom 7. 2. 1987. Beschluss zuletzt geändert durch die Beitrittsakte von 1994.

(1 a) Absatz 1 gilt nicht für Daten, für die in der Richtlinie 2006/24/EG des Europäischen Parlaments und des Rates vom 15. März 2006 über die Vorratsspeicherung von Daten, die bei der Bereitstellung öffentlich zugänglicher elektronischer Kommunikationsdienste oder öffentlicher Kommunikationsnetze erzeugt oder verarbeitet werden[1], eine Vorratsspeicherung zu den in Artikel 1 Absatz 1 der genannten Richtlinie aufgeführten Zwecken ausdrücklich vorgeschrieben ist.

(1 b) [1]Die Anbieter richten nach den gemäß Absatz 1 eingeführten nationalen Vorschriften interne Verfahren zur Beantwortung von Anfragen über den Zugang zu den personenbezogenen Daten der Nutzer ein. [2]Sie stellen den zuständigen nationalen Behörden auf Anfrage Informationen über diese Verfahren, die Zahl der eingegangenen Anfragen, die vorgebrachten rechtlichen Begründungen und ihrer Antworten zur Verfügung.

(2) Die Bestimmungen des Kapitels III der Richtlinie 95/46/EG über Rechtsbehelfe, Haftung und Sanktionen gelten im Hinblick auf innerstaatliche Vorschriften, die nach der vorliegenden Richtlinie erlassen werden, und im Hinblick auf die aus dieser Richtlinie resultierenden individuellen Rechte.

(3) Die gemäß Artikel 29 der Richtlinie 95/46/EG eingesetzte Datenschutzgruppe nimmt auch die in Artikel 30 jener Richtlinie festgelegten Aufgaben im Hinblick auf die von der vorliegenden Richtlinie abgedeckten Aspekte, nämlich den Schutz der Grundrechte und der Grundfreiheiten und der berechtigten Interessen im Bereich der elektronischen Kommunikation wahr.

Art. 15 a Umsetzung und Durchsetzung

(1) [1]Die Mitgliedstaaten legen fest, welche Sanktionen, gegebenenfalls einschließlich strafrechtlicher Sanktionen, bei einem Verstoß gegen die innerstaatlichen Vorschriften zur Umsetzung dieser Richtlinie zu verhängen sind, und treffen die zu deren Durchsetzung erforderlichen Maßnahmen. [2]Die vorgesehenen Sanktionen müssen wirksam, verhältnismäßig und abschreckend sein und können für den gesamten Zeitraum einer Verletzung angewendet werden, auch wenn die Verletzung in der Folge abgestellt wurde. [3]Die Mitgliedstaaten teilen der Kommission diese Vorschriften bis zum 25. Mai 2011 mit und melden ihr unverzüglich etwaige spätere Änderungen, die diese Vorschriften betreffen.

(2) Unbeschadet etwaiger gerichtlicher Rechtsbehelfe stellen die Mitgliedstaaten sicher, dass die zuständige nationale Behörde und gegebenenfalls andere nationale Stellen befugt sind, die Einstellung der in Absatz 1 genannten Verstöße anzuordnen.

(3) Die Mitgliedstaaten stellen sicher, dass die zuständigen nationalen Regulierungsbehörden und gegebenenfalls andere nationale Stellen über die erforderlichen Untersuchungsbefugnisse und Mittel verfügen, einschließlich der Befugnis, sämtliche zweckdienliche Informationen zu erlangen, die sie benötigen, um die Einhaltung der gemäß dieser Richtlinie erlassenen innerstaatlichen Rechtsvorschriften zu überwachen und durchzusetzen.

(4) Zur Gewährleistung einer wirksamen grenzübergreifenden Koordinierung der Durchsetzung der gemäß dieser Richtlinie erlassenen innerstaatlichen Rechtsvorschriften und zur Schaffung harmonisierter Bedingungen für die Erbringung von Diensten, mit denen ein grenzüberschreitender Datenfluss verbunden ist, können die zuständigen nationalen Regulierungsbehörden Maßnahmen erlassen.

[1]Die nationalen Regulierungsbehörden übermitteln der Kommission rechtzeitig vor dem Erlass solcher Maßnahmen eine Zusammenfassung der Gründe für ein Tätigwerden, der geplanten Maßnahmen und der vorgeschlagenen Vorgehensweise. [2]Die Kommission kann hierzu nach Anhörung der ENISA und der gemäß Artikel 29 der Richtlinie 95/46/EG eingesetzten Gruppe für den Schutz von Personen bei der Verarbeitung personenbezogener Daten Kommentare oder Empfehlungen abgeben, insbesondere um sicherzustellen, dass die vorgesehenen Maßnahmen ein ordnungsmäßiges Funktionieren des Binnenmarktes nicht beeinträchtigen. [3]Die nationalen Regulierungsbehörden tragen den Kommentaren oder Empfehlungen der Kommission weitestgehend Rechnung, wenn sie die Maßnahmen beschließen.

---

[1] ABl. L 105 vom 13. 4. 2006, S. 54.

Art. 16 Übergangsbestimmungen

(1) Artikel 12 gilt nicht für Ausgaben von Teilnehmerverzeichnissen, die vor dem Inkrafttreten der nach dieser Richtlinie erlassenen innerstaatlichen Vorschriften bereits in gedruckter oder in netzunabhängiger elektronischer Form produziert oder in Verkehr gebracht wurden.

(2) Sind die personenbezogenen Daten von Teilnehmern von Festnetz- oder Mobil-Sprachtelefondiensten in ein öffentliches Teilnehmerverzeichnis gemäß der Richtlinie 95/46/EG und gemäß Artikel 11 der Richtlinie 97/66/EG aufgenommen worden, bevor die nach der vorliegenden Richtlinie erlassenen innerstaatlichen Rechtsvorschriften in Kraft treten, so können die personenbezogenen Daten dieser Teilnehmer in der gedruckten oder elektronischen Fassung, einschließlich Fassungen mit Umkehrsuchfunktionen, in diesem öffentlichen Verzeichnis verbleiben, sofern die Teilnehmer nach Erhalt vollständiger Informationen über die Zwecke und Möglichkeiten gemäß Artikel 12 nicht etwas anderes wünschen.

Art. 17 Umsetzung

(1) [1]Die Mitgliedstaaten setzen vor dem 31. Oktober 2003 die Rechtsvorschriften in Kraft, die erforderlich sind, um dieser Richtlinie nachzukommen. [2]Sie setzen die Kommission unverzüglich davon in Kenntnis.
[1]Wenn die Mitgliedstaaten diese Vorschriften erlassen, nehmen sie in den Vorschriften selbst oder durch einen Hinweis bei der amtlichen Veröffentlichung auf diese Richtlinie Bezug. [2]Die Mitgliedstaaten regeln die Einzelheiten der Bezugnahme.

(2) Die Mitgliedstaaten teilen der Kommission den Wortlaut der innerstaatlichen Rechts-Vorschriften mit, die sie auf dem unter diese Richtlinie fallenden Gebiet erlassen, sowie aller späteren Änderungen dieser Vorschriften.

Art. 18 Überprüfung

[1]Die Kommission unterbreitet dem Europäischen Parlament und dem Rat spätestens drei Jahre nach dem in Artikel 17 Absatz 1 genannten Zeitpunkt einen Bericht über die Durchführung dieser Richtlinie und ihre Auswirkungen auf die Wirtschaftsteilnehmer und Verbraucher, insbesondere in Bezug auf die Bestimmungen über unerbetene Nachrichten, unter Berücksichtigung des internationalen Umfelds. [2]Hierzu kann die Kommission von den Mitgliedstaaten Informationen einholen, die ohne unangemessene Verzögerung zu liefern sind. [3]Gegebenenfalls unterbreitet die Kommission unter Berücksichtigung der Ergebnisse des genannten Berichts, etwaiger Änderungen in dem betreffenden Sektor sowie etwaiger weiterer Vorschläge, die sie zur Verbesserung der Wirksamkeit dieser Richtlinie für erforderlich hält, Vorschläge zur Änderung dieser Richtlinie.

Art. 19 Aufhebung

Die Richtlinie 97/66/EG wird mit Wirkung ab dem in Artikel 17 Absatz 1 genannten Zeitpunkt aufgehoben.

Verweisungen auf die aufgehobene Richtlinie gelten als Verweisungen auf die vorliegende Richtlinie.

Art. 20 Inkrafttreten

Diese Richtlinie tritt am Tag ihrer Veröffentlichung[1)] im Amtsblatt der Europäischen Gemeinschaften in Kraft.

Art. 21 Adressaten

Diese Richtlinie ist an alle Mitgliedstaaten gerichtet.

[1)] Veröffentlicht am 31. 7. 2002.

7. Richtlinie 2005/29/EG des Europäischen Parlaments und des Rates vom 11. Mai 2005 über unlautere Geschäftspraktiken von Unternehmen gegenüber Verbrauchern im Binnenmarkt und zur Änderung der Richtlinie 84/450/EWG des Rates, der Richtlinien 97/7/EG, 98/27/EG und 2002/65/EG des Europäischen Parlaments und des Rates sowie der Verordnung (EG) Nr. 2006/2004 des Europäischen Parlaments und des Rates
(Richtlinie über unlautere Geschäftspraktiken)

(ABl EG 2005 Nr L 149 S 22, ber ABl 2009 Nr L 253 S 18)

DAS EUROPÄISCHE PARLAMENT UND DER RAT DER EUROPÄISCHEN UNION –

gestützt auf den Vertrag zur Gründung der Europäischen Gemeinschaft, insbesondere auf Artikel 95,

auf Vorschlag der Kommission,

nach Stellungnahme des Europäischen Wirtschafts- und Sozialausschusses[1],

gemäß dem Verfahren des Artikels 251 des Vertrags[2], in Erwägung nachstehender Gründe:

(1) Nach Artikel 153 Absatz 1 und Absatz 3 Buchstabe a des Vertrags hat die Gemeinschaft durch Maßnahmen, die sie nach Artikel 95 erlässt, einen Beitrag zur Gewährleistung eines hohen Verbraucherschutzniveaus zu leisten.

(2) Gemäß Artikel 14 Absatz 2 des Vertrags umfasst der Binnenmarkt einen Raum ohne Binnengrenzen, in dem der freie Verkehr von Waren und Dienstleistungen sowie die Niederlassungsfreiheit gewährleistet sind. Die Entwicklung der Lauterkeit des Geschäftsverkehrs innerhalb dieses Raums ohne Binnengrenzen ist für die Förderung grenzüberschreitender Geschäftstätigkeiten wesentlich.

(3) Die Rechtsvorschriften der Mitgliedstaaten in Bezug auf unlautere Geschäftspraktiken unterscheiden sich deutlich voneinander, wodurch erhebliche Verzerrungen des Wettbewerbs und Hemmnisse für das ordnungsgemäße Funktionieren des Binnenmarktes entstehen können. Im Bereich der Werbung legt die Richtlinie 84/450/EWG des Rates vom 10. September 1984 über irreführende und vergleichende Werbung[3] Mindestkriterien für die Angleichung der Rechtsvorschriften im Bereich der irreführenden Werbung fest, hindert die Mitgliedstaaten jedoch nicht daran, Vorschriften aufrechtzuerhalten oder zu erlassen, die einen weiterreichenden Schutz der Verbraucher vorsehen. Deshalb unterscheiden sich die Rechtsvorschriften der Mitgliedstaaten im Bereich der irreführenden Werbung erheblich.

(4) Diese Unterschiede führen zu Unsicherheit darüber, welche nationalen Regeln für unlautere Geschäftspraktiken gelten, die die wirtschaftlichen Interessen der Verbraucher schädigen, und schaffen viele Hemmnisse für Unternehmen wie Verbraucher. Diese Hemmnisse verteuern für die Unternehmen die Ausübung der Freiheiten des Binnenmarkts, insbesondere, wenn Unternehmen grenzüberschreitend Marketing-, Werbe- oder Verkaufskampagnen betreiben wollen. Auch für Verbraucher schaffen solche Hemmnisse Unsicherheit hinsichtlich ihrer Rechte und untergraben ihr Vertrauen in den Binnenmarkt.

(5) In Ermangelung einheitlicher Regeln auf Gemeinschaftsebene könnten Hemmnisse für den grenzüberschreitenden Dienstleistungs- und Warenverkehr oder die Niederlassungsfreiheit im Lichte der Rechtsprechung des Gerichtshofs der Europäischen Gemeinschaften gerechtfertigt sein, sofern sie dem Schutz anerkannter Ziele des öffentlichen Interesses dienen und diesen Zielen angemessen sind. Angesichts der Ziele der Gemeinschaft, wie sie in den Bestimmungen des Vertrags und im sekundären Gemeinschaftsrecht über die Freizügigkeit niedergelegt sind, und in Übereinstimmung mit der in der Mitteilung der Kommission „Folgedokument zum Grünbuch

---

[1] ABl. C 108 vom 30. 4. 2004, S. 81.
[2] Stellungnahme des Europäischen Parlaments vom 20. April 2004 (ABl. C 104 E vom 30. 4. 2004, S. 260), Gemeinsamer Standpunkt des Rates vom 15. November 2004 (ABl. C 38 E vom 15. 2. 2005, S. 1) und Standpunkt des Europäischen Parlaments vom 24. Februar 2005 (noch nicht im Amtsblatt veröffentlicht). Beschluss des Rates vom 12. April 2005.
[3] ABl. L 250 vom 19. 9. 1984, S. 17. Richtlinie geändert durch die Richtlinie 97/55/EG des Europäischen Parlaments und des Rates (ABl. L 290 vom 23. 10. 1997, S. 18).

über kommerzielle Kommunikationen im Binnenmarkt" genannten Politik der Kommission auf dem Gebiet der kommerziellen Kommunikation sollten solche Hemmnisse beseitigt werden. Diese Hemmnisse können nur beseitigt werden, indem in dem Maße, wie es für das ordnungsgemäße Funktionieren des Binnenmarktes und im Hinblick auf das Erfordernis der Rechtssicherheit notwendig ist, auf Gemeinschaftsebene einheitliche Regeln, die ein hohes Verbraucherschutzniveau gewährleisten, festgelegt und bestimmte Rechtskonzepte geklärt werden.

(6) Die vorliegende Richtlinie gleicht deshalb die Rechtsvorschriften der Mitgliedstaaten über unlautere Geschäftspraktiken einschließlich der unlauteren Werbung an, die die wirtschaftlichen Interessen der Verbraucher unmittelbar und dadurch die wirtschaftlichen Interessen rechtmäßig handelnder Mitbewerber mittelbar schädigen. Im Einklang mit dem Verhältnismäßigkeitsprinzip schützt diese Richtlinie die Verbraucher vor den Auswirkungen solcher unlauteren Geschäftspraktiken, soweit sie als wesentlich anzusehen sind, berücksichtigt jedoch, dass die Auswirkungen für den Verbraucher in manchen Fällen unerheblich sein können. Sie erfasst und berührt nicht die nationalen Rechtsvorschriften in Bezug auf unlautere Geschäftspraktiken, die lediglich die wirtschaftlichen Interessen von Mitbewerbern schädigen oder sich auf ein Rechtsgeschäft zwischen Gewerbetreibenden beziehen; die Mitgliedstaaten können solche Praktiken, falls sie es wünschen, unter uneingeschränkter Wahrung des Subsidiaritätsprinzips im Einklang mit dem Gemeinschaftsrecht weiterhin regeln. Diese Richtlinie erfasst und berührt auch nicht die Bestimmungen der Richtlinie 84/450/EWG über Werbung, die für Unternehmen, nicht aber für Verbraucher irreführend ist, noch die Bestimmungen über vergleichende Werbung. Darüber hinaus berührt diese Richtlinie auch nicht die anerkannten Werbe- und Marketingmethoden wie rechtmäßige Produktplatzierung, Markendifferenzierung oder Anreize, die auf rechtmäßige Weise die Wahrnehmung von Produkten durch den Verbraucher und sein Verhalten beeinflussen können, die jedoch seine Fähigkeit, eine informierte Entscheidung zu treffen, nicht beeinträchtigen.

(7) Diese Richtlinie bezieht sich auf Geschäftspraktiken, die in unmittelbarem Zusammenhang mit der Beeinflussung der geschäftlichen Entscheidungen des Verbrauchers in Bezug auf Produkte stehen. Sie bezieht sich nicht auf Geschäftspraktiken, die vorrangig anderen Zielen dienen, wie etwa bei kommerziellen, für Investoren gedachten Mitteilungen, wie Jahresberichten und Unternehmensprospekten. Sie bezieht sich nicht auf die gesetzlichen Anforderungen in Fragen der guten Sitten und des Anstands, die in den Mitgliedstaaten sehr unterschiedlich sind. Geschäftspraktiken wie beispielsweise das Ansprechen von Personen auf der Straße zu Verkaufszwecken können in manchen Mitgliedstaaten aus kulturellen Gründen unerwünscht sein. Die Mitgliedstaaten sollten daher im Einklang mit dem Gemeinschaftsrecht in ihrem Hoheitsgebiet weiterhin Geschäftspraktiken aus Gründen der guten Sitten und des Anstands verbieten können, auch wenn diese Praktiken die Wahlfreiheit des Verbrauchers nicht beeinträchtigen. Bei der Anwendung dieser Richtlinie, insbesondere der Generalklauseln, sollten die Umstände des Einzelfalles umfassend gewürdigt werden.

(8) Diese Richtlinie schützt unmittelbar die wirtschaftlichen Interessen der Verbraucher vor unlauteren Geschäftspraktiken von Unternehmen gegenüber Verbrauchern. Sie schützt somit auch mittelbar rechtmäßig handelnde Unternehmen vor Mitbewerbern, die sich nicht an die Regeln dieser Richtlinie halten, und gewährleistet damit einen lauteren Wettbewerb in dem durch sie koordinierten Bereich. Selbstverständlich gibt es andere Geschäftspraktiken, die zwar nicht den Verbraucher schädigen, sich jedoch nachteilig für die Mitbewerber und gewerblichen Kunden auswirken können. Die Kommission sollte sorgfältig prüfen, ob auf dem Gebiet des unlauteren Wettbewerbs über den Regelungsbereich dieser Richtlinie hinausgehende gemeinschaftliche Maßnahmen erforderlich sind, und sollte gegebenenfalls einen Gesetzgebungsvorschlag zur Erfassung dieser anderen Aspekte des unlauteren Wettbewerbs vorlegen.

(9) Diese Richtlinie berührt nicht individuelle Klagen von Personen, die durch eine unlautere Geschäftspraxis geschädigt wurden. Sie berührt ferner nicht die gemeinschaftlichen und nationalen Vorschriften in den Bereichen Vertragsrecht, Schutz des geistigen Eigentums, Sicherheit und Gesundheitsschutz im Zusammenhang mit Produkten, Niederlassungsbedingungen und Genehmigungsregelungen, einschließlich solcher Vorschriften, die sich im Einklang mit dem Gemeinschaftsrecht auf Glücksspiele beziehen, sowie die Wettbewerbsregeln der Gemeinschaft und die nationalen Rechtsvorschriften zur Umsetzung derselben. Die Mitgliedstaaten können somit unabhängig davon, wo der Gewerbetreibende niedergelassen ist, unter Berufung auf den Schutz der Gesundheit und der Sicherheit der Verbraucher in ihrem Hoheitsgebiet für Geschäftspraktiken Beschränkungen aufrechterhalten oder einführen oder diese Praktiken verbieten, beispiels-

weise im Zusammenhang mit Spirituosen, Tabakwaren und Arzneimitteln. Für Finanzdienstleistungen und Immobilien sind aufgrund ihrer Komplexität und der ihnen inhärenten ernsten Risiken detaillierte Anforderungen erforderlich, einschließlich positiver Verpflichtungen für die betreffenden Gewerbetreibenden. Deshalb lässt diese Richtlinie im Bereich der Finanzdienstleistungen und Immobilien das Recht der Mitgliedstaaten unberührt, zum Schutz der wirtschaftlichen Interessen der Verbraucher über ihre Bestimmungen hinauszugehen. Es ist nicht angezeigt, in dieser Richtlinie die Zertifizierung und Angabe des Feingehalts von Artikeln aus Edelmetall zu regeln.

(10) Es muss sichergestellt werden, dass diese Richtlinie insbesondere in Fällen, in denen Einzelvorschriften über unlautere Geschäftspraktiken in speziellen Sektoren anwendbar sind auf das geltende Gemeinschaftsrecht abgestimmt ist. Diese Richtlinie ändert daher die Richtlinie 84/450/EWG, die Richtlinie 97/7/EG des Europäischen Parlaments und des Rates vom 20. Mai 1997 über den Verbraucherschutz bei Vertragsabschlüssen im Fernabsatz[1], die Richtlinie 98/27/EG des Europäischen Parlaments und des Rates vom 19. Mai 1998 über Unterlassungsklagen zum Schutz der Verbraucherinteressen[2] und die Richtlinie 2002/65/EG des Europäischen Parlaments und des Rates vom 23. September 2002 über den Fernabsatz von Finanzdienstleistungen an Verbraucher[3]. Diese Richtlinie gilt dementsprechend nur insoweit, als keine spezifischen Vorschriften des Gemeinschaftsrechts vorliegen, die spezielle Aspekte unlauterer Geschäftspraktiken regeln, wie etwa Informationsanforderungen oder Regeln darüber, wie dem Verbraucher Informationen zu vermitteln sind. Sie bietet den Verbrauchern in den Fällen Schutz, in denen es keine spezifischen sektoralen Vorschriften auf Gemeinschaftsebene gibt, und untersagt es Gewerbetreibenden, eine Fehlvorstellung von der Art ihrer Produkte zu wecken. Dies ist besonders wichtig bei komplexen Produkten mit einem hohen Risikograd für die Verbraucher, wie etwa bestimmten Finanzdienstleistungen. Diese Richtlinie ergänzt somit den gemeinschaftlichen Besitzstand in Bezug auf Geschäftspraktiken, die den wirtschaftlichen Interessen der Verbraucher schaden.

(11) Das hohe Maß an Konvergenz, das die Angleichung der nationalen Rechtsvorschriften durch diese Richtlinie hervorbringt, schafft ein hohes allgemeines Verbraucherschutzniveau. Diese Richtlinie stellt ein einziges generelles Verbot jener unlauteren Geschäftspraktiken auf, das wirtschaftliche Verhalten des Verbrauchers beeinträchtigen. Sie stellt außerdem Regeln über aggressive Geschäftspraktiken auf, die gegenwärtig auf Gemeinschaftsebene nicht geregelt sind.

(12) Durch die Angleichung wird die Rechtssicherheit sowohl für Verbraucher als auch für Unternehmen beträchtlich erhöht. Sowohl die Verbraucher als auch die Unternehmen werden in die Lage versetzt, sich an einem einzigen Rechtsrahmen zu orientieren, der auf einem klar definierten Rechtskonzept beruht, das alle Aspekte unlauterer Geschäftspraktiken in der EU regelt. Dies wird zur Folge haben, dass die durch die Fragmentierung der Vorschriften über unlautere, die wirtschaftlichen Interessen der Verbraucher schädigende Geschäftspraktiken verursachten Handelshemmnisse beseitigt werden und die Verwirklichung des Binnenmarktes in diesem Bereich ermöglicht wird.

(13) Zur Erreichung der Ziele der Gemeinschaft durch die Beseitigung von Hemmnissen für den Binnenmarkt ist es notwendig, die in den Mitgliedstaaten existierenden unterschiedlichen Generalklauseln und Rechtsgrundsätze zu ersetzen. Das durch diese Richtlinie eingeführte einzige, gemeinsame generelle Verbot umfasst daher unlautere Geschäftspraktiken, die das wirtschaftliche Verhalten der Verbraucher beeinträchtigen. Zur Förderung des Verbrauchervertrauens sollte das generelle Verbot für unlautere Geschäftspraktiken sowohl außerhalb einer vertraglichen Beziehung zwischen Gewerbetreibenden und Verbrauchern als auch nach Abschluss eines Vertrags und während dessen Ausführung gelten. Das generelle Verbot wird durch Regeln über die beiden bei weitem am meisten verbreiteten Arten von Geschäftspraktiken konkretisiert, nämlich die irreführenden und die aggressiven Geschäftspraktiken.

(14) Es ist wünschenswert, dass der Begriff der irreführenden Praktiken auch Praktiken, einschließlich irreführender Werbung, umfasst, die den Verbraucher durch Täuschung davon abhalten, eine informierte und deshalb effektive Wahl zu treffen. In Übereinstimmung mit dem Recht und den Praktiken der Mitgliedstaaten zur irreführenden Werbung unterteilt diese Richtlinie irreführende Praktiken in irreführende Handlungen und irreführende Unterlassungen. Im

---

[1] ABl. L 144 vom 4. 6. 1997, S. 19. Richtlinie geändert durch die Richtlinie 2002/65/EG (ABl. L 271 vom 9. 10. 2002, S. 16).
[2] ABl. L 166 vom 11. 6. 1998, S. 51. Richtlinie zuletzt geändert durch die Richtlinie 2002/65/EG.
[3] ABl. L 271 vom 9. 10. 2002, S. 16.

Hinblick auf Unterlassungen legt diese Richtlinie eine bestimmte Anzahl von Basisinformationen fest, die der Verbraucher benötigt, um eine informierte geschäftliche Entscheidung treffen zu können. Solche Informationen müssen nicht notwendigerweise in jeder Werbung enthalten sein, sondern nur dann, wenn der Gewerbetreibende zum Kauf auffordert; dieses Konzept wird in dieser Richtlinie klar definiert. Die in dieser Richtlinie vorgesehene vollständige Angleichung hindert die Mitgliedstaaten nicht daran, in ihren nationalen Rechtsvorschriften für bestimmte Produkte, zum Beispiel Sammlungsstücke oder elektrische Geräte, die wesentlichen Kennzeichen festzulegen, deren Weglassen bei einer Aufforderung zum Kauf rechtserheblich wäre. Mit dieser Richtlinie wird nicht beabsichtigt, die Wahl für die Verbraucher einzuschränken, indem die Werbung für Produkte, die anderen Produkten ähneln, untersagt wird, es sei denn, dass diese Ähnlichkeit eine Verwechslungsgefahr für die Verbraucher hinsichtlich der kommerziellen Herkunft des Produkts begründet und daher irreführend ist. Diese Richtlinie sollte das bestehende Gemeinschaftsrecht unberührt lassen, das den Mitgliedstaaten ausdrücklich die Wahl zwischen mehreren Regelungsoptionen für den Verbraucherschutz auf dem Gebiet der Geschäftspraktiken lässt. Die vorliegende Richtlinie sollte insbesondere Artikel 13 Absatz 3 der Richtlinie 2002/58/EG des Europäischen Parlaments und des Rates vom 12. Juli 2002 über die Verarbeitung personenbezogener Daten und den Schutz der Privatsphäre in der elektronischen Kommunikation[1)] unberührt lassen.

(15) Legt das Gemeinschaftsrecht Informationsanforderungen in Bezug auf Werbung, kommerzielle Kommunikation oder Marketing fest, so werden die betreffenden Informationen im Rahmen dieser Richtlinie als wesentlich angesehen. Die Mitgliedstaaten können die Informationsanforderungen in Bezug auf das Vertragsrecht oder mit vertragsrechtlichen Auswirkungen aufrechterhalten oder erweitern, wenn dies aufgrund der Mindestklauseln in den bestehenden gemeinschaftlichen Rechtsakten zulässig ist. Eine nicht erschöpfende Auflistung solcher im Besitzstand vorgesehenen Informationsanforderungen ist in Anhang II enthalten. Aufgrund der durch diese Richtlinie eingeführten vollständigen Angleichung werden nur die nach dem Gemeinschaftsrecht vorgeschriebenen Informationen als wesentlich für die Zwecke des Artikels 7 Absatz 5 dieser Richtlinie betrachtet. Haben die Mitgliedstaaten auf der Grundlage von Mindestklauseln Informationsanforderungen eingeführt, die über das hinausgehen, was im Gemeinschaftsrecht geregelt ist, so kommt das Vorenthalten dieser Informationen einem irreführenden Unterlassen nach dieser Richtlinie nicht gleich. Die Mitgliedstaaten können demgegenüber, sofern dies nach den gemeinschaftsrechtlichen Mindestklauseln zulässig ist, im Einklang mit dem Gemeinschaftsrecht strengere Bestimmungen aufrechterhalten oder einführen, um ein höheres Schutzniveau für die individuellen vertraglichen Rechte der Verbraucher zu gewährleisten.

(16) Die Bestimmungen über aggressive Handelspraktiken sollten solche Praktiken einschließen, die die Wahlfreiheit des Verbrauchers wesentlich beeinträchtigen. Dabei handelt es sich um Praktiken, die sich der Belästigung, der Nötigung, einschließlich der Anwendung von Gewalt, und der unzulässigen Beeinflussung bedienen.

(17) Es ist wünschenswert, dass diejenigen Geschäftspraktiken, die unter allen Umständen unlauter sind, identifiziert werden, um größere Rechtssicherheit zu schaffen. Anhang I enthält daher eine umfassende Liste solcher Praktiken. Hierbei handelt es sich um die einzigen Geschäftspraktiken, die ohne eine Beurteilung des Einzelfalls anhand der Bestimmungen der Artikel 5 bis 9 als unlauter gelten können. Die Liste kann nur durch eine Änderung dieser Richtlinie abgeändert werden.

(18) Es ist angezeigt, alle Verbraucher vor unlauteren Geschäftspraktiken zu schützen; der Gerichtshof hat es allerdings bei seiner Rechtsprechung im Zusammenhang mit Werbung seit dem Erlass der Richtlinie 84/450/EWG für erforderlich gehalten, die Auswirkungen auf einen fiktiven typischen Verbraucher zu prüfen. Dem Verhältnismäßigkeitsprinzip entsprechend und um die wirksame Anwendung der vorgesehenen Schutzmaßnahmen zu ermöglichen, nimmt diese Richtlinie den Durchschnittsverbraucher, der angemessen gut unterrichtet und angemessen aufmerksam und kritisch ist, unter Berücksichtigung sozialer, kultureller und sprachlicher Faktoren in der Auslegung des Gerichtshofs als Maßstab, enthält aber auch Bestimmungen zur Vermeidung der Ausnutzung von Verbrauchern, deren Eigenschaften sie für unlautere Geschäftspraktiken besonders anfällig machen. Richtet sich eine Geschäftspraxis speziell an eine besondere Verbrauchergruppe wie z. B. Kinder, so sollte die Auswirkung der Geschäftspraxis aus der Sicht eines Durchschnittsmitglieds dieser Gruppe beurteilt werden. Es ist deshalb angezeigt, in die Liste

---

[1)] ABl. L 201 vom 31. 7. 2002, S. 37.

der Geschäftspraktiken, die unter allen Umständen unlauter sind, eine Bestimmung aufzunehmen, mit der an Kinder gerichtete Werbung zwar nicht völlig untersagt wird, mit der Kinder aber vor unmittelbaren Kaufaufforderungen geschützt werden. Der Begriff des Durchschnittsverbrauchers beruht dabei nicht auf einer statistischen Grundlage. Die nationalen Gerichte und Verwaltungsbehörden müssen sich bei der Beurteilung der Frage, wie der Durchschnittsverbraucher in einem gegebenen Fall typischerweise reagieren würde, auf ihre eigene Urteilsfähigkeit unter Berücksichtigung der Rechtsprechung des Gerichtshofs verlassen.

(19) Sind Verbraucher aufgrund bestimmter Eigenschaften wie Alter, geistige oder körperliche Gebrechen oder Leichtgläubigkeit besonders für eine Geschäftspraxis oder das ihr zugrunde liegende Produkt anfällig und wird durch diese Praxis voraussichtlich das wirtschaftliche Verhalten nur dieser Verbraucher in einer für den Gewerbetreibenden vernünftigerweise vorhersehbaren Art und Weise wesentlich beeinflusst, muss sichergestellt werden, dass diese entsprechend geschützt werden, indem die Praxis aus der Sicht eines Durchschnittsmitglieds dieser Gruppe beurteilt wird.

(20) Es ist zweckmäßig, die Möglichkeit von Verhaltenskodizes vorzusehen, die es Gewerbetreibenden ermöglichen, die Grundsätze dieser Richtlinie in spezifischen Wirtschaftsbranchen wirksam anzuwenden. In Branchen, in denen es spezifische zwingende Vorschriften gibt, die das Verhalten von Gewerbetreibenden regeln, ist es zweckmäßig, dass aus diesen auch die Anforderungen an die berufliche Sorgfalt in dieser Branche ersichtlich sind. Die von den Urhebern der Kodizes auf nationaler oder auf Gemeinschaftsebene ausgeübte Kontrolle hinsichtlich der Beseitigung unlauterer Geschäftspraktiken könnte die Inanspruchnahme der Verwaltungsbehörden oder Gerichte unnötig machen und sollte daher gefördert werden. Mit dem Ziel, ein hohes Verbraucherschutzniveau zu erreichen, könnten Verbraucherverbände informiert und an der Ausarbeitung von Verhaltenskodizes beteiligt werden.

(21) Personen oder Organisationen, die nach dem nationalen Recht ein berechtigtes Interesse geltend machen können, müssen über Rechtsbehelfe verfügen, die es ihnen erlauben, vor Gericht oder bei einer Verwaltungsbehörde, die über Beschwerden entscheidet oder geeignete gerichtliche Schritte einleiten kann, gegen unlautere Geschäftspraktiken vorzugehen. Zwar wird die Beweislast vom nationalen Recht bestimmt, die Gerichte und Verwaltungsbehörden sollten aber in die Lage versetzt werden, von Gewerbetreibenden zu verlangen, dass sie den Beweis für die Richtigkeit der von ihnen behaupteten Tatsachen erbringen.

(22) Es ist notwendig, dass die Mitgliedstaaten Sanktionen für Verstöße gegen diese Richtlinie festlegen und für deren Durchsetzung sorgen. Die Sanktionen müssen wirksam, verhältnismäßig und abschreckend sein.

(23) Da die Ziele dieser Richtlinie, nämlich durch Angleichung der Rechts- und Verwaltungsvorschriften der Mitgliedstaaten über unlautere Geschäftspraktiken die durch derartige Vorschriften verursachten Handelshemmnisse zu beseitigen und ein hohes gemeinsames Verbraucherschutzniveau zu gewährleisten, auf Ebene der Mitgliedstaaten nicht ausreichend erreicht werden können und daher besser auf Gemeinschaftsebene zu erreichen sind, kann die Gemeinschaft im Einklang mit dem in Artikel 5 des Vertrags niedergelegten Subsidiaritätsprinzip tätig werden. Entsprechend dem in demselben Artikel genannten Verhältnismäßigkeitsprinzip geht diese Richtlinie nicht über das für die Beseitigung der Handelshemmnisse und die Gewährleistung eines hohen gemeinsamen Verbraucherschutzniveaus erforderliche Maß hinaus.

(24) Diese Richtlinie sollte überprüft werden um sicherzustellen, dass Handelshemmnisse für den Binnenmarkt beseitigt und ein hohes Verbraucherschutzniveau erreicht wurden. Diese Überprüfung könnte zu einem Vorschlag der Kommission zur Änderung dieser Richtlinie führen, der eine begrenzte Verlängerung der Geltungsdauer der Ausnahmeregelung des Artikels 3 Absatz 5 vorsehen und/oder Änderungsvorschläge zu anderen Rechtsvorschriften über den Verbraucherschutz beinhalten könnte, in denen die von der Kommission im Rahmen der verbraucherpolitischen Strategie der Gemeinschaft eingegangene Verpflichtung zur Überprüfung des Besitzstands zur Erreichung eines hohen gemeinsamen Verbraucherschutzniveaus zum Ausdruck kommt.

(25) Diese Richtlinie achtet die insbesondere in der Charta der Grundrechte der Europäischen Union anerkannten Grundrechte und Grundsätze –

HABEN FOLGENDE RICHTLINIE ERLASSEN:

Kapitel 1. Allgemeine Bestimmungen

Art. 1 Zweck der Richtlinie

Zweck dieser Richtlinie ist es, durch Angleichung der Rechts- und Verwaltungsvorschriften der Mitgliedstaaten über unlautere Geschäftspraktiken, die die wirtschaftlichen Interessen der Verbraucher beeinträchtigen, zu einem reibungslosen Funktionieren des Binnenmarkts und zum Erreichen eines hohen Verbraucherschutzniveaus beizutragen.

Art. 2 Definitionen

Im Sinne dieser Richtlinie bezeichnet der Ausdruck

a) „Verbraucher" jede natürliche Person, die im Geschäftsverkehr im Sinne dieser Richtlinie zu Zwecken handelt, die nicht ihrer gewerblichen, handwerklichen oder beruflichen Tätigkeit zugerechnet werden können;

b) „Gewerbetreibender" jede natürliche oder juristische Person, die im Geschäftsverkehr im Sinne dieser Richtlinie im Rahmen ihrer gewerblichen, handwerklichen oder beruflichen Tätigkeit handelt, und jede Person, die im Namen oder Auftrag des Gewerbetreibenden handelt;

c) „Produkt" jede Ware oder Dienstleistung, einschließlich Immobilien, Rechte und Verpflichtungen;

d) „Geschäftspraktiken von Unternehmen gegenüber Verbrauchern" (nachstehend auch „Geschäftspraktiken" genannt) jede Handlung, Unterlassung, Verhaltensweise oder Erklärung, kommerzielle Mitteilung einschließlich Werbung und Marketing eines Gewerbetreibenden, die unmittelbar mit der Absatzförderung, dem Verkauf oder der Lieferung eines Produkts an Verbraucher zusammenhängt;

e) „wesentliche Beeinflussung des wirtschaftlichen Verhaltens des Verbrauchers" die Anwendung einer Geschäftspraxis, um die Fähigkeit des Verbrauchers, eine informierte Entscheidung zu treffen, spürbar zu beeinträchtigen und damit den Verbraucher zu einer geschäftlichen Entscheidung zu veranlassen, die er andernfalls nicht getroffen hätte;

f) „Verhaltenskodex" eine Vereinbarung oder ein Vorschriftenkatalog, die bzw. der nicht durch die Rechts- und Verwaltungsvorschriften eines Mitgliedstaates vorgeschrieben ist und das Verhalten der Gewerbetreibenden definiert, die sich in Bezug auf eine oder mehrere spezielle Geschäftspraktiken oder Wirtschaftszweige auf diesen Kodex verpflichten;

g) „Urheber eines Kodex" jede Rechtspersönlichkeit, einschließlich einzelner Gewerbetreibender oder Gruppen von Gewerbetreibenden, die für die Formulierung und Überarbeitung eines Verhaltenskodex und/oder für die Überwachung der Einhaltung dieses Kodex durch alle diejenigen, die sich darauf verpflichtet haben, zuständig ist;

h) „berufliche Sorgfalt" der Standard an Fachkenntnissen und Sorgfalt, bei denen billigerweise davon ausgegangen werden kann, dass der Gewerbetreibende sie gegenüber dem Verbraucher gemäß den anständigen Marktgepflogenheiten und/oder dem allgemeinen Grundsatz von Treu und Glauben in seinem Tätigkeitsbereich anwendet;

i) „Aufforderung zum Kauf" jede kommerzielle Kommunikation, die die Merkmale des Produkts und den Preis in einer Weise angibt, die den Mitteln der verwendeten kommerziellen Kommunikation angemessen ist und den Verbraucher dadurch in die Lage versetzt, einen Kauf zu tätigen;

j) „unzulässige Beeinflussung" die Ausnutzung einer Machtposition gegenüber dem Verbraucher zur Ausübung von Druck, auch ohne die Anwendung oder Androhung von körperlicher Gewalt, in einer Weise, die die Fähigkeit des Verbrauchers zu einer informierten Entscheidung wesentlich einschränkt;

k) „geschäftliche Entscheidung" jede Entscheidung eines Verbrauchers darüber, ob, wie und unter welchen Bedingungen er einen Kauf tätigen, eine Zahlung insgesamt oder teilweise leisten, ein Produkt behalten oder abgeben oder ein vertragliches Recht im Zusammenhang mit dem Produkt ausüben will, unabhängig davon, ob der Verbraucher beschließt, tätig zu werden oder ein Tätigwerden zu unterlassen;

l) „reglementierter Beruf" eine berufliche Tätigkeit oder eine Reihe beruflicher Tätigkeiten, bei der die Aufnahme oder Ausübung oder eine der Arten der Ausübung direkt oder indirekt durch Rechts- oder Verwaltungsvorschriften an das Vorhandensein bestimmter Berufsqualifikationen gebunden ist.

Art. 3 Anwendungsbereich

(1) Diese Richtlinie gilt für unlautere Geschäftspraktiken im Sinne des Artikels 5 von Unternehmen gegenüber Verbrauchern vor, während und nach Abschluss eines auf ein Produkt bezogenen Handelsgeschäfts.

(2) Diese Richtlinie lässt das Vertragsrecht und insbesondere die Bestimmungen über die Wirksamkeit, das Zustandekommen oder die Wirkungen eines Vertrags unberührt.

(3) Diese Richtlinie lässt die Rechtsvorschriften der Gemeinschaft oder der Mitgliedstaaten in Bezug auf die Gesundheits- und Sicherheitsaspekte von Produkten unberührt.

(4) Kollidieren die Bestimmungen dieser Richtlinie mit anderen Rechtsvorschriften der Gemeinschaft, die besondere Aspekte unlauterer Geschäftspraktiken regeln, so gehen die Letzteren vor und sind für diese besonderen Aspekte maßgebend.

(5) Die Mitgliedstaaten können für einen Zeitraum von sechs Jahren ab dem 12. Juni 2007 in dem durch diese Richtlinie angeglichenen Bereich nationale Vorschriften beibehalten, die restriktiver oder strenger sind als diese Richtlinie und zur Umsetzung von Richtlinien erlassen wurden und die Klauseln über eine Mindestangleichung enthalten. Diese Maßnahmen müssen unbedingt erforderlich sein, um sicherzustellen, dass die Verbraucher auf geeignete Weise vor unlauteren Geschäftspraktiken geschützt werden und müssen zur Erreichung dieses Ziels verhältnismäßig sein. Im Rahmen der nach Artikel 18 vorgesehenen Überprüfung kann gegebenenfalls vorgeschlagen werden, die Geltungsdauer dieser Ausnahmeregelung um einen weiteren begrenzten Zeitraum zu verlängern.

(6) Die Mitgliedstaaten teilen der Kommission unverzüglich die auf der Grundlage von Absatz 5 angewandten nationalen Vorschriften mit.

(7) Diese Richtlinie lässt die Bestimmungen über die Zuständigkeit der Gerichte unberührt.

(8) Diese Richtlinie lässt alle Niederlassungs- oder Genehmigungsbedingungen, berufsständischen Verhaltenskodizes oder andere spezifische Regeln für reglementierte Berufe unberührt, damit die strengen Integritätsstandards, die die Mitgliedstaaten den in dem Beruf tätigen Personen nach Maßgabe des Gemeinschaftsrechts auferlegen können, gewährleistet bleiben.

(9) Im Zusammenhang mit „Finanzdienstleistungen" im Sinne der Richtlinie 2002/65/EG und Immobilien können die Mitgliedstaaten Anforderungen stellen, die im Vergleich zu dem durch diese Richtlinie angeglichenen Bereich restriktiver und strenger sind.

(10) Diese Richtlinie gilt nicht für die Anwendung der Rechts- und Verwaltungsvorschriften der Mitgliedstaaten in Bezug auf die Zertifizierung und Angabe des Feingehalts von Artikeln aus Edelmetall.

Art. 4 Binnenmarkt

Die Mitgliedstaaten dürfen den freien Dienstleistungsverkehr und den freien Warenverkehr nicht aus Gründen, die mit dem durch diese Richtlinie angeglichenen Bereich zusammenhängen, einschränken.

Kapitel 2. Unlautere Geschäftspraktiken

Art. 5 Verbot unlauterer Geschäftspraktiken

(1) Unlautere Geschäftspraktiken sind verboten.

(2) Eine Geschäftspraxis ist unlauter, wenn

a) sie den Erfordernissen der beruflichen Sorgfaltspflicht widerspricht und

b) sie in Bezug auf das jeweilige Produkt das wirtschaftliche Verhalten des Durchschnittsverbrauchers, den sie erreicht oder an den sie sich richtet oder des durchschnittlichen Mitglieds einer Gruppe von Verbrauchern, wenn sich eine Geschäftspraxis an eine bestimmte Gruppe von Verbrauchern wendet, wesentlich beeinflusst oder dazu geeignet ist, es wesentlich zu beeinflussen.

(3) Geschäftspraktiken, die voraussichtlich in einer für den Gewerbetreibenden vernünftigerweise vorhersehbaren Art und Weise das wirtschaftliche Verhalten nur einer eindeutig identifizierbaren Gruppe von Verbrauchern wesentlich beeinflussen, die aufgrund von geistigen oder

körperlichen Gebrechen, Alter oder Leichtgläubigkeit im Hinblick auf diese Praktiken oder die ihnen zugrunde liegenden Produkte besonders schutzbedürftig sind, werden aus der Perspektive eines durchschnittlichen Mitglieds dieser Gruppe beurteilt. Die übliche und rechtmäßige Werbepraxis, übertriebene Behauptungen oder nicht wörtlich zu nehmende Behauptungen aufzustellen, bleibt davon unberührt.

(4) Unlautere Geschäftspraktiken sind insbesondere solche, die
a) irreführend im Sinne der Artikel 6 und 7
oder
b) aggressiv im Sinne der Artikel 8 und 9 sind.

(5) Anhang I enthält eine Liste jener Geschäftspraktiken, die unter allen Umständen als unlauter anzusehen sind. Diese Liste gilt einheitlich in allen Mitgliedstaaten und kann nur durch eine Änderung dieser Richtlinie abgeändert werden.

Abschnitt 1. Irreführende Geschäftspraktiken

Art. 6 Irreführende Handlungen

(1) Eine Geschäftspraxis gilt als irreführend, wenn sie falsche Angaben enthält und somit unwahr ist oder wenn sie in irgendeiner Weise, einschließlich sämtlicher Umstände ihrer Präsentation, selbst mit sachlich richtigen Angaben den Durchschnittsverbraucher in Bezug auf einen oder mehrere der nachstehend aufgeführten Punkte täuscht oder ihn zu täuschen geeignet ist und ihn in jedem Fall tatsächlich oder voraussichtlich zu einer geschäftlichen Entscheidung veranlasst, die er ansonsten nicht getroffen hätte:
a) das Vorhandensein oder die Art des Produkts;
b) die wesentlichen Merkmale des Produkts wie Verfügbarkeit, Vorteile, Risiken, Ausführung, Zusammensetzung, Zubehör, Kundendienst und Beschwerdeverfahren, Verfahren und Zeitpunkt der Herstellung oder Erbringung, Lieferung, Zwecktauglichkeit, Verwendung, Menge, Beschaffenheit, geografische oder kommerzielle Herkunft oder die von der Verwendung zu erwartenden Ergebnisse oder die Ergebnisse und wesentlichen Merkmale von Tests oder Untersuchungen, denen das Produkt unterzogen wurde;
c) den Umfang der Verpflichtungen des Gewerbetreibenden, die Beweggründe für die Geschäftspraxis und die Art des Vertriebsverfahrens, die Aussagen oder Symbole jeder Art, die im Zusammenhang mit direktem oder indirektem Sponsoring stehen oder sich auf eine Zulassung des Gewerbetreibenden oder des Produkts beziehen;
d) der Preis, die Art der Preisberechnung oder das Vorhandensein eines besonderen Preisvorteils;
e) die Notwendigkeit einer Leistung, eines Ersatzteils, eines Austauschs oder einer Reparatur;
f) die Person, die Eigenschaften oder die Rechte des Gewerbetreibenden oder seines Vertreters, wie Identität und Vermögen, seine Befähigungen, seinen Status, seine Zulassung, Mitgliedschaften oder Beziehungen sowie gewerbliche oder kommerzielle Eigentumsrechte oder Rechte an geistigem Eigentum oder seine Auszeichnungen und Ehrungen;
g) die Rechte des Verbrauchers einschließlich des Rechts auf Ersatzlieferung oder Erstattung gemäß der Richtlinie 1999/44/EG des Europäischen Parlaments und des Rates vom 25. Mai 1999 zu bestimmten Aspekten des Verbrauchsgüterkaufs und der Garantien für Verbrauchsgüter[1]) oder die Risiken, denen er sich möglicherweise aussetzt.

(2) Eine Geschäftspraxis gilt ferner als irreführend, wenn sie im konkreten Fall unter Berücksichtigung aller tatsächlichen Umstände einen Durchschnittsverbraucher zu einer geschäftlichen Entscheidung veranlasst oder zu veranlassen geeignet ist, die er ansonsten nicht getroffen hätte, und Folgendes beinhaltet:
a) jegliche Art der Vermarktung eines Produkts, einschließlich vergleichender Werbung, die eine Verwechslungsgefahr mit einem anderen Produkt, Warenzeichen, Warennamen oder anderen Kennzeichen eines Mitbewerbers begründet;
b) die Nichteinhaltung von Verpflichtungen, die der Gewerbetreibende im Rahmen von Verhaltenskodizes, auf die er sich verpflichtet hat, eingegangen ist, sofern

---
[1]) ABl. L 171 vom 7. 7. 1999, S. 12.

i) es sich nicht um eine Absichtserklärung, sondern um eine eindeutige Verpflichtung handelt, deren Einhaltung nachprüfbar ist, und

ii) der Gewerbetreibende im Rahmen einer Geschäftspraxis darauf hinweist, dass er durch den Kodex gebunden ist.

Art. 7 Irreführende Unterlassungen

(1) Eine Geschäftspraxis gilt als irreführend, wenn sie im konkreten Fall unter Berücksichtigung aller tatsächlichen Umstände und der Beschränkungen des Kommunikationsmediums wesentliche Informationen vorenthält, die der durchschnittliche Verbraucher je nach den Umständen benötigt, um eine informierte geschäftliche Entscheidung zu treffen, und die somit einen Durchschnittsverbraucher zu einer geschäftlichen Entscheidung veranlasst oder zu veranlassen geeignet ist, die er sonst nicht getroffen hätte.

(2) Als irreführende Unterlassung gilt es auch, wenn ein Gewerbetreibender wesentliche Informationen gemäß Absatz 1 unter Berücksichtigung der darin beschriebenen Einzelheiten verheimlicht oder auf unklare, unverständliche, zweideutige Weise oder nicht rechtzeitig bereitstellt oder wenn er den kommerziellen Zweck der Geschäftspraxis nicht kenntlich macht, sofern er sich nicht unmittelbar aus den Umständen ergibt, und dies jeweils einen Durchschnittsverbraucher zu einer geschäftlichen Entscheidung veranlasst oder zu veranlassen geeignet ist, die er ansonsten nicht getroffen hätte.

(3) Werden durch das für die Geschäftspraxis verwendete Kommunikationsmedium räumliche oder zeitliche Beschränkungen auferlegt, so werden diese Beschränkungen und alle Maßnahmen, die der Gewerbetreibende getroffen hat, um den Verbrauchern die Informationen anderweitig zur Verfügung zu stellen, bei der Entscheidung darüber, ob Informationen vorenthalten wurden, berücksichtigt.

(4) Im Falle der Aufforderung zum Kauf gelten folgende Informationen als wesentlich, sofern sie sich nicht unmittelbar aus den Umständen ergeben:

a) die wesentlichen Merkmale des Produkts in dem für das Medium und das Produkt angemessenen Umfang;

b) Anschrift und Identität des Gewerbetreibenden, wie sein Handelsname und gegebenenfalls Anschrift und Identität des Gewerbetreibenden, für den er handelt;

c) der Preis einschließlich aller Steuern und Abgaben oder in den Fällen, in denen der Preis aufgrund der Beschaffenheit des Produkts vernünftigerweise nicht im Voraus berechnet werden kann, die Art der Preisberechnung sowie gegebenenfalls alle zusätzlichen Fracht-, Liefer- oder Zustellkosten oder in den Fällen, in denen diese Kosten vernünftigerweise nicht im Voraus berechnet werden können, die Tatsache, dass solche zusätzliche Kosten anfallen können;

d) die Zahlungs-, Liefer- und Leistungsbedingungen sowie das Verfahren zum Umgang mit Beschwerden, falls sie von den Erfordernissen der beruflichen Sorgfalt abweichen;

e) für Produkte und Rechtsgeschäfte, die ein Rücktritts- oder Widerrufsrecht beinhalten, das Bestehen eines solchen Rechts.

(5) Die im Gemeinschaftsrecht festgelegten Informationsanforderungen in Bezug auf kommerzielle Kommunikation einschließlich Werbung oder Marketing, auf die in der nicht erschöpfenden Liste des Anhangs II verwiesen wird, gelten als wesentlich.

Abschnitt 2. Aggressive Geschäftspraktiken

Art. 8 Aggressive Geschäftspraktiken

Eine Geschäftspraxis gilt als aggressiv, wenn sie im konkreten Fall unter Berücksichtigung aller tatsächlichen Umstände die Entscheidungs- oder Verhaltensfreiheit des Durchschnittsverbrauchers in Bezug auf das Produkt durch Belästigung, Nötigung, einschließlich der Anwendung körperlicher Gewalt, oder durch unzulässige Beeinflussung tatsächlich oder voraussichtlich erheblich beeinträchtigt und dieser dadurch tatsächlich oder voraussichtlich dazu veranlasst wird, eine geschäftliche Entscheidung zu treffen, die er andernfalls nicht getroffen hätte.

Art. 9 Belästigung, Nötigung und unzulässige Beeinflussung

Bei der Feststellung, ob im Rahmen einer Geschäftspraxis die Mittel der Belästigung, der Nötigung, einschließlich der Anwendung körperlicher Gewalt, oder der unzulässigen Beeinflussung eingesetzt werden, ist abzustellen auf:

a) Zeitpunkt, Ort, Art oder Dauer des Einsatzes;
b) die Verwendung drohender oder beleidigender Formulierungen oder Verhaltensweisen;
c) die Ausnutzung durch den Gewerbetreibenden von konkreten Unglückssituationen oder Umständen von solcher Schwere, dass sie das Urteilsvermögen des Verbrauchers beeinträchtigen, worüber sich der Gewerbetreibende bewusst ist, um die Entscheidung des Verbrauchers in Bezug auf das Produkt zu beeinflussen;
d) belastende oder unverhältnismäßige Hindernisse nichtvertraglicher Art, mit denen der Gewerbetreibende den Verbraucher an der Ausübung seiner vertraglichen Rechte zu hindern versucht, wozu auch das Recht gehört, den Vertrag zu kündigen oder zu einem anderen Produkt oder einem anderen Gewerbetreibenden zu wechseln;
e) Drohungen mit rechtlich unzulässigen Handlungen.

Kapitel 3. Verhaltenskodizes

Art. 10 Verhaltenskodizes

Diese Richtlinie schließt die Kontrolle – die von den Mitgliedstaaten gefördert werden kann – unlauterer Geschäftspraktiken durch die Urheber von Kodizes und die Inanspruchnahme solcher Einrichtungen durch die in Artikel 11 genannten Personen oder Organisationen nicht aus, wenn entsprechende Verfahren vor solchen Einrichtungen zusätzlich zu den Gerichts- oder Verwaltungsverfahren gemäß dem genannten Artikel zur Verfügung stehen.

Die Inanspruchnahme derartiger Kontrolleinrichtungen bedeutet keineswegs einen Verzicht auf einen Rechtsbehelf vor einem Gericht oder einer Verwaltungsbehörde gemäß Artikel 11.

Kapitel 4. Schlussbestimmungen

Art. 11 Durchsetzung

(1) Die Mitgliedstaaten stellen im Interesse der Verbraucher sicher, dass geeignete und wirksame Mittel zur Bekämpfung unlauterer Geschäftspraktiken vorhanden sind, um die Einhaltung dieser Richtlinie durchzusetzen.

Diese Mittel umfassen Rechtsvorschriften, die es Personen oder Organisationen, die nach dem nationalen Recht ein berechtigtes Interesse an der Bekämpfung unlauterer Geschäftspraktiken haben, einschließlich Mitbewerbern, gestatten,

a) gerichtlich gegen solche unlauteren Geschäftspraktiken vorzugehen
und/oder
b) gegen solche unlauteren Geschäftspraktiken ein Verfahren bei einer Verwaltungsbehörde einzuleiten, die für die Entscheidung über Beschwerden oder für die Einleitung eines geeigneten gerichtlichen Verfahrens zuständig ist.

Jedem Mitgliedstaat bleibt es vorbehalten zu entscheiden, welcher dieser Rechtsbehelfe zur Verfügung stehen wird und ob das Gericht oder die Verwaltungsbehörde ermächtigt werden soll, vorab die Durchführung eines Verfahrens vor anderen bestehenden Einrichtungen zur Regelung von Beschwerden, einschließlich der in Artikel 10 genannten Einrichtungen, zu verlangen. Diese Rechtsbehelfe stehen unabhängig davon zur Verfügung, ob die Verbraucher sich im Hoheitsgebiet des Mitgliedstaats, in dem der Gewerbetreibende niedergelassen ist, oder in einem anderen Mitgliedstaat befinden.

Jedem Mitgliedstaat bleibt vorbehalten zu entscheiden,

a) ob sich diese Rechtsbehelfe getrennt oder gemeinsam gegen mehrere Gewerbetreibende desselben Wirtschaftssektors richten können
und
b) ob sich diese Rechtsbehelfe gegen den Urheber eines Verhaltenskodex richten können, wenn der betreffende Kodex der Nichteinhaltung rechtlicher Vorschriften Vorschub leistet.

(2) Im Rahmen der in Absatz 1 genannten Rechtsvorschriften übertragen die Mitgliedstaaten den Gerichten oder Verwaltungsbehörden Befugnisse, die sie ermächtigen, in Fällen, in denen sie diese Maßnahmen unter Berücksichtigung aller betroffenen Interessen und insbesondere des öffentlichen Interesses für erforderlich halten,

a) die Einstellung der unlauteren Geschäftspraktiken anzuordnen oder ein geeignetes gerichtliches Verfahren zur Anordnung der Einstellung der betreffenden unlauteren Geschäftspraxis einzuleiten,

oder

b) falls die unlautere Geschäftspraxis noch nicht angewandt wurde, ihre Anwendung jedoch bevorsteht, diese Praxis zu verbieten oder ein geeignetes gerichtliches Verfahren zur Anordnung des Verbots dieser Praxis einzuleiten, auch wenn kein tatsächlicher Verlust oder Schaden bzw. Vorsatz oder Fahrlässigkeit seitens des Gewerbetreibenden nachweisbar ist.

Die Mitgliedstaaten sehen ferner vor, dass die in Unterabsatz 1 genannten Maßnahmen im Rahmen eines beschleunigten Verfahrens mit

– vorläufiger Wirkung

oder

– endgültiger Wirkung getroffen werden können, wobei jedem Mitgliedstaat vorbehalten bleibt zu entscheiden, welche dieser beiden Möglichkeiten gewählt wird.

Außerdem können die Mitgliedstaaten den Gerichten oder Verwaltungsbehörden Befugnisse übertragen, die sie ermächtigen, zur Beseitigung der fortdauernden Wirkung unlauterer Geschäftspraktiken, deren Einstellung durch eine rechtskräftige Entscheidung angeordnet worden ist,

a) die Veröffentlichung dieser Entscheidung ganz oder auszugsweise und in der von ihnen für angemessen erachteten Form zu verlangen;

b) außerdem die Veröffentlichung einer berichtigenden Erklärung zu verlangen.

(3) Die in Absatz 1 genannten Verwaltungsbehörden müssen

a) so zusammengesetzt sein, dass ihre Unparteilichkeit nicht in Zweifel gezogen werden kann;

b) über ausreichende Befugnisse verfügen, um die Einhaltung ihrer Entscheidungen über Beschwerden wirksam überwachen und durchsetzen zu können;

c) in der Regel ihre Entscheidungen begründen.

Werden die in Absatz 2 genannten Befugnisse ausschließlich von einer Verwaltungsbehörde ausgeübt, so sind die Entscheidungen stets zu begründen. In diesem Fall sind ferner Verfahren vorzusehen, in denen eine fehlerhafte oder unsachgemäße Ausübung der Befugnisse durch die Verwaltungsbehörde oder eine fehlerhafte oder unsachgemäße Nichtausübung dieser Befugnisse von den Gerichten überprüft werden kann.

Art. 12 Gerichte und Verwaltungsbehörden: Begründung von Behauptungen

Die Mitgliedstaaten übertragen den Gerichten oder Verwaltungsbehörden Befugnisse, die sie ermächtigen, in den in Artikel 11 vorgesehenen Verfahren vor den Zivilgerichten oder Verwaltungsbehörden

a) vom Gewerbetreibenden den Beweis der Richtigkeit von Tatsachenbehauptungen im Zusammenhang mit einer Geschäftspraxis zu verlangen, wenn ein solches Verlangen unter Berücksichtigung der berechtigten Interessen des Gewerbetreibenden und anderer Verfahrensbeteiligter im Hinblick auf die Umstände des Einzelfalls angemessen erscheint, und

b) Tatsachenbehauptungen als unrichtig anzusehen, wenn der gemäß Buchstabe a verlangte Beweis nicht angetreten wird oder wenn er von dem Gericht oder der Verwaltungsbehörde für unzureichend erachtet wird.

Art. 13 Sanktionen

Die Mitgliedstaaten legen die Sanktionen fest, die bei Verstößen gegen die nationalen Vorschriften zur Umsetzung dieser Richtlinie anzuwenden sind, und treffen alle geeigneten Maßnahmen, um ihre Durchsetzung sicherzustellen. Diese Sanktionen müssen wirksam, verhältnismäßig und abschreckend sein.

Art. 14 Änderung der Richtlinie 84/450/EWG
(nicht abgedruckt)

Art. 15 Änderung der Richtlinien 97/7/EG und 2002/65/EG
(nicht abgedruckt)

Art. 16 Änderung der Richtlinie 98/27/EG und der Verordnung (EG) Nr. 2006/2004
(nicht abgedruckt)

Art. 17 Information
Die Mitgliedstaaten treffen angemessene Maßnahmen, um die Verbraucher über die nationalen Bestimmungen zur Umsetzung dieser Richtlinie zu informieren, und regen gegebenenfalls Gewerbetreibende und Urheber von Kodizes dazu an, die Verbraucher über ihre Verhaltenskodizes zu informieren.

Art. 18 Änderung
(1) Die Kommission legt dem Europäischen Parlament und dem Rat spätestens am 12. Juni 2011 einen umfassenden Bericht über die Anwendung dieser Richtlinie, insbesondere von Artikel 3 Absatz 9, Artikel 4 und Anhang I, den Anwendungsbereich einer weiteren Angleichung und die Vereinfachung des Gemeinschaftsrechts zum Verbraucherschutz sowie, unter Berücksichtigung des Artikels 3 Absatz 5, über Maßnahmen vor, die auf Gemeinschaftsebene ergriffen werden müssen, um sicherzustellen, dass ein angemessenes Verbraucherschutzniveau beibehalten wird. Dem Bericht wird erforderlichenfalls ein Vorschlag zur Änderung dieser Richtlinie oder anderer einschlägiger Teile des Gemeinschaftsrechts beigefügt.

(2) Das Europäische Parlament und der Rat streben gemäß dem Vertrag danach, binnen zwei Jahren nach Vorlage eines Vorschlags der Kommission nach Absatz 1 geeignete Maßnahmen zu treffen.

Art. 19 Umsetzung
Die Mitgliedstaaten erlassen und veröffentlichen bis zum 12. Juni 2007 die Rechts- und Verwaltungsvorschriften, die erforderlich sind, um dieser Richtlinie nachzukommen. Sie setzen die Kommission davon und von allen späteren Änderungen unverzüglich in Kenntnis.

Sie wenden diese Vorschriften ab dem 12. Dezember 2007 an. Wenn die Mitgliedstaaten diese Vorschriften erlassen, nehmen sie in den Vorschriften selbst oder durch einen Hinweis bei der amtlichen Veröffentlichung auf diese Richtlinie Bezug. Die Mitgliedstaaten regeln die Einzelheiten der Bezugnahme.

Art. 20 Inkrafttreten
Diese Richtlinie tritt am Tag nach ihrer Veröffentlichung im *Amtsblatt der Europäischen Union* in Kraft.

Art. 21 Adressaten
Diese Richtlinie ist an die Mitgliedstaaten gerichtet.

Anhang I
Geschäftspraktiken, die unter allen Umständen als unlauter gelten

Irreführende Geschäftspraktiken
1. Die Behauptung eines Gewerbetreibenden, zu den Unterzeichnern eines Verhaltenskodex zu gehören, obgleich dies nicht der Fall ist.
2. Die Verwendung von Gütezeichen, Qualitätskennzeichen oder Ähnlichem ohne die erforderliche Genehmigung.
3. Die Behauptung, ein Verhaltenskodex sei von einer öffentlichen oder anderen Stelle gebilligt, obgleich dies nicht der Fall ist.

4. Die Behauptung, dass ein Gewerbetreibender (einschließlich seiner Geschäftspraktiken) oder ein Produkt von einer öffentlichen oder privaten Stelle bestätigt, gebilligt oder genehmigt worden sei, obwohl dies nicht der Fall ist, oder die Aufstellung einer solchen Behauptung, ohne dass den Bedingungen für die Bestätigung, Billigung oder Genehmigung entsprochen wird.
5. Aufforderung zum Kauf von Produkten zu einem bestimmten Preis, ohne dass darüber aufgeklärt wird, dass der Gewerbetreibende hinreichende Gründe für die Annahme hat, dass er nicht in der Lage sein wird, dieses oder ein gleichwertiges Produkt zu dem genannten Preis für einen Zeitraum und in einer Menge zur Lieferung bereitzustellen oder durch einen anderen Gewerbetreibenden bereitstellen zu lassen, wie es in Bezug auf das Produkt, den Umfang der für das Produkt eingesetzten Werbung und den Angebotspreis angemessen wäre (Lockangebote).
6. Aufforderung zum Kauf von Produkten zu einem bestimmten Preis und dann
    a) Weigerung, dem Verbraucher den beworbenen Artikel zu zeigen,
       oder
    b) Weigerung, Bestellungen dafür anzunehmen oder innerhalb einer vertretbaren Zeit zu liefern,
       oder
    c) Vorführung eines fehlerhaften Exemplars in der Absicht, stattdessen ein anderes Produkt abzusetzen („bait-and-switch"-Technik).
7. Falsche Behauptung, dass das Produkt nur eine sehr begrenzte Zeit oder nur eine sehr begrenzte Zeit zu bestimmten Bedingungen verfügbar sein werde, um so den Verbraucher zu einer sofortigen Entscheidung zu verleiten, so dass er weder Zeit noch Gelegenheit hat, eine informierte Entscheidung zu treffen.
8. Verbrauchern, mit denen der Gewerbetreibende vor Abschluss des Geschäfts in einer Sprache kommuniziert hat, bei der es sich nicht um eine Amtssprache des Mitgliedstaats handelt, in dem der Gewerbetreibende niedergelassen ist, wird eine nach Abschluss des Geschäfts zu erbringende Leistung zugesichert, diese Leistung wird anschließend aber nur in einer anderen Sprache erbracht, ohne dass der Verbraucher eindeutig hierüber aufgeklärt wird, bevor er das Geschäft tätigt.
9. Behauptung oder anderweitige Herbeiführung des Eindrucks, ein Produkt könne rechtmäßig verkauft werden, obgleich dies nicht der Fall ist.
10. Den Verbrauchern gesetzlich zugestandene Rechte werden als Besonderheit des Angebots des Gewerbetreibenden präsentiert.
11. Es werden redaktionelle Inhalte in Medien zu Zwecken der Verkaufsförderung eingesetzt und der Gewerbetreibende hat diese Verkaufsförderung bezahlt, ohne dass dies aus dem Inhalt oder aus für den Verbraucher klar erkennbaren Bildern und Tönen eindeutig hervorgehen würde (als Information getarnte Werbung). Die Richtlinie 89/552/EWG[1)] bleibt davon unberührt.
12. Aufstellen einer sachlich falschen Behauptung über die Art und das Ausmaß der Gefahr für die persönliche Sicherheit des Verbrauchers oder seiner Familie für den Fall, dass er das Produkt nicht kauft.
13. Werbung für ein Produkt, das einem Produkt eines bestimmten Herstellers ähnlich ist, in einer Weise, die den Verbraucher absichtlich dazu verleitet, zu glauben, das Produkt sei von jenem Hersteller hergestellt worden, obwohl dies nicht der Fall ist.
14. Einführung, Betrieb oder Förderung eines Schneeballsystems zur Verkaufsförderung, bei dem der Verbraucher die Möglichkeit vor Augen hat, eine Vergütung zu erzielen, die hauptsächlich durch die Einführung neuer Verbraucher in ein solches System und weniger durch den Verkauf oder Verbrauch von Produkten zu erzielen ist.
15. Behauptung, der Gewerbetreibende werde demnächst sein Geschäft aufgeben oder seine Geschäftsräume verlegen, obwohl er dies keineswegs beabsichtigt.
16. Behauptung, Produkte könnten die Gewinnchancen bei Glücksspielen erhöhen.
17. Falsche Behauptung, ein Produkt könne Krankheiten, Funktionsstörungen oder Missbildungen heilen.

[1)] Richtlinie 89/552/EWG des Rates vom 3. Oktober 1989 zur Koordinierung bestimmter Rechts- und Verwaltungsvorschriften der Mitgliedstaaten über die Ausübung der Fernsehtätigkeit (ABl. L 298 vom 17. 10. 1989, S. 23). Geändert durch die Richtlinie 97/36/EG des Europäischen Parlaments und des Rates (ABl. L 202 vom 30. 7. 1997, S. 60).

18. Erteilung sachlich falscher Informationen über die Marktbedingungen oder die Möglichkeit, das Produkt zu finden, mit dem Ziel, den Verbraucher dazu zu bewegen, das Produkt zu weniger günstigen Bedingungen als den normalen Marktbedingungen zu kaufen.
19. Es werden Wettbewerbe und Preisausschreiben angeboten, ohne dass die beschriebenen Preise oder ein angemessenes Äquivalent vergeben werden.
20. Ein Produkt wird als „gratis", „umsonst", „kostenfrei" oder Ähnliches beschrieben, obwohl der Verbraucher weitere Kosten als die Kosten zu tragen hat, die im Rahmen des Eingehens auf die Geschäftspraktik und für die Abholung oder Lieferung der Ware unvermeidbar sind.
21. Werbematerialien wird eine Rechnung oder ein ähnliches Dokument mit einer Zahlungsaufforderung beigefügt, die dem Verbraucher den Eindruck vermitteln, dass er das beworbene Produkt bereits bestellt hat, obwohl dies nicht der Fall ist.
22. Fälschliche Behauptung oder Erweckung des Eindrucks, dass der Händler nicht für die Zwecke seines Handels, Geschäfts, Gewerbes oder Berufs handelt, oder fälschliches Auftreten als Verbraucher.
23. Erwecken des fälschlichen Eindrucks, dass der Kundendienst im Zusammenhang mit einem Produkt in einem anderen Mitgliedstaat verfügbar sei als demjenigen, in dem das Produkt verkauft wird.

Aggressive Geschäftspraktiken

24. Erwecken des Eindrucks, der Verbraucher könne die Räumlichkeiten ohne Vertragsabschluss nicht verlassen.
25. Nichtbeachtung der Aufforderung des Verbrauchers bei persönlichen Besuchen in dessen Wohnung, diese zu verlassen bzw. nicht zurückzukehren, außer in Fällen und in den Grenzen, in denen dies nach dem nationalen Recht gerechtfertigt ist, um eine vertragliche Verpflichtung durchzusetzen.
26. Kunden werden durch hartnäckiges und unerwünschtes Ansprechen über Telefon, Fax, E-Mail oder sonstige für den Fernabsatz geeignete Medien geworben, außer in Fällen und in den Grenzen, in denen ein solches Verhalten nach den nationalen Rechtsvorschriften gerechtfertigt ist, um eine vertragliche Verpflichtung durchzusetzen. Dies gilt unbeschadet des Artikels 10 der Richtlinie 97/7/EG sowie der Richtlinien 95/46/EG[1)] und 2002/58/EG.
27. Aufforderung eines Verbrauchers, der eine Versicherungspolice in Anspruch nehmen möchte, Dokumente vorzulegen, die vernünftigerweise nicht als relevant für die Gültigkeit des Anspruchs anzusehen sind, oder systematische Nichtbeantwortung einschlägiger Schreiben, um so den Verbraucher von der Ausübung seiner vertraglichen Rechte abzuhalten.
28. Einbeziehung einer direkten Aufforderung an Kinder in eine Werbung, die beworbenen Produkte zu kaufen oder ihre Eltern oder andere Erwachsene zu überreden, die beworbenen Produkte für sie zu kaufen. Diese Bestimmung gilt unbeschadet des Artikels 16 der Richtlinie 89/552/EWG über die Ausübung der Fernsehtätigkeit.
29. Aufforderung des Verbrauchers zur sofortigen oder späteren Bezahlung oder zur Rücksendung oder Verwahrung von Produkten, die der Gewerbetreibende geliefert, der Verbraucher aber nicht bestellt hat (unbestellte Waren oder Dienstleistungen); ausgenommen hiervon sind Produkte, bei denen es sich um Ersatzlieferungen gemäß Artikel 7 Absatz 3 der Richtlinie 97/7/EG handelt.
30. Ausdrücklicher Hinweis gegenüber dem Verbraucher, dass Arbeitsplatz oder Lebensunterhalt des Gewerbetreibenden gefährdet sind, falls der Verbraucher das Produkt oder die Dienstleistung nicht erwirbt.
31. Erwecken des fälschlichen Eindrucks, der Verbraucher habe bereits einen Preis gewonnen, werde einen Preis gewinnen oder werde durch eine bestimmte Handlung einen Preis oder einen sonstigen Vorteil gewinnen, obwohl:
    – es in Wirklichkeit keinen Preis oder sonstigen Vorteil gibt,
      oder
    – die Möglichkeit des Verbrauchers, Handlungen in Bezug auf die Inanspruchnahme des Preises oder eines sonstigen Vorteils vorzunehmen, in Wirklichkeit von der Zahlung eines Betrags oder der Übernahme von Kosten durch den Verbraucher abhängig gemacht wird.

[1)] Richtlinie 95/46/EG des Europäischen Parlaments und des Rates vom 24. Oktober 1995 zum Schutz natürlicher Personen bei der Verarbeitung personenbezogener Daten und zum freien Datenverkehr (ABl. L 281 vom 23. 11. 1995, S. 31). Geändert durch die Verordnung (EG) Nr. 1882/2003 (ABl. L 284 vom 31. 10. 2003, S. 1).

Anhang II
Bestimmungen des Gemeinschaftsrechts zur Regelung der Bereiche Werbung und kommerzielle Kommunikation

Artikel 4 und 5 der Richtlinie 97/7/EG

Artikel 3 der Richtlinie 90/314/EWG des Rates vom 13. Juni 1990 über Pauschalreisen[1]

Artikel 3 Absatz 3 der Richtlinie 94/47/EG des Europäischen Parlaments und des Rates vom 26. Oktober 1994 zum Schutz der Erwerber im Hinblick auf bestimmte Aspekte von Verträgen über den Erwerb von Teilzeitnutzungsrechten an Immobilien[2]

Artikel 3 Absatz 4 der Richtlinie 98/6/EG des Europäischen Parlaments und des Rates vom 16. Februar 1998 über den Schutz der Verbraucher bei der Angabe der Preise der ihnen angebotenen Erzeugnisse[3]

Artikel 86 bis 100 der Richtlinie 2001/83/EG des Europäischen Parlaments und des Rates vom 6. November 2001 zur Schaffung eines Gemeinschaftskodexes für Humanarzneimittel[4]

Artikel 5 und 6 der Richtlinie 2000/31/EG des Europäischen Parlaments und des Rates vom 8. Juni 2000 über bestimmte rechtliche Aspekte der Dienste der Informationsgesellschaft, insbesondere des elektronischen Geschäftsverkehrs, im Binnenmarkt („Richtlinie über den elektronischen Geschäftsverkehr")[5]

Artikel 1 Buchstabe d der Richtlinie 98/7/EG des Europäischen Parlaments und des Rates vom 16. Februar 1998 zur Änderung der Richtlinie 87/102/EWG des Rates zur Angleichung der Rechts- und Verwaltungsvorschriften der Mitgliedstaaten über den Verbraucherkredit[6]

Artikel 3 und 4 der Richtlinie 2002/65/EG

Artikel 1 Nummer 9 der Richtlinie 2001/107/EG des Europäischen Parlaments und des Rates vom 21. Januar 2002 zur Änderung der Richtlinie 85/611/EWG des Rates zur Koordinierung der Rechts- und Verwaltungsvorschriften betreffend bestimmte Organismen für gemeinsame Anlagen in Wertpapieren (OGAW) zwecks Festlegung von Bestimmungen für Verwaltungsgesellschaften und vereinfache Prospekte[7]

Artikel 12 und 13 der Richtlinie 2002/92/EG des Europäischen Parlaments und des Rates vom 9. Dezember 2002 über Versicherungsvermittlung[8]

Artikel 36 der Richtlinie 2002/83/EG des Europäischen Parlaments und des Rates vom 5. November 2002 über Lebensversicherungen[9]

Artikel 19 der Richtlinie 2004/39/EG des Europäischen Parlaments und des Rates vom 21. April 2004 über Märkte für Finanzinstrumente[10]

Artikel 31 und 43 der Richtlinie 92/49/EWG des Rates vom 18. Juni 1992 zur Koordinierung der Rechts- und Verwaltungsvorschriften für die Direktversicherung (mit Ausnahme der Lebensversicherung)[11] (Dritte Richtlinie Schadenversicherung)

Artikel 5, 7 und 8 der Richtlinie 2003/71/EG des Europäischen Parlaments und des Rates vom 4. November 2003 betreffend den Prospekt, der beim öffentlichen Angebot von Wertpapieren oder bei deren Zulassung zum Handel zu veröffentlichen[12]

---

[1] ABl. L 158 vom 23. 6. 1990, S. 59.
[2] ABl. L 280 vom 29. 10. 1994, S. 83.
[3] ABl. L 80 vom 18. 3. 1998, S. 27.
[4] ABl. L 311 vom 28. 11. 2001, S. 67. Richtlinie zuletzt geändert durch die Richtlinie 2004/27/EG (ABl. L 136 vom 30. 4. 2004, S. 34).
[5] ABl. L 178 vom 17. 7. 2000, S. 1.
[6] ABl. L 101 vom 1. 4. 1998, S. 17.
[7] ABl. L 41 vom 13. 2. 2002, S. 20.
[8] ABl. L 9 vom 15. 1. 2003, S. 3.
[9] ABl. L 345 vom 19. 12. 2002, S. 1. Richtlinie geändert durch die Richtlinie 2004/66/EG des Rates (ABl. L 168 vom 1. 5. 2004, S. 35).
[10] ABl. L 145 vom 30. 4. 2004, S. 1.
[11] ABl. L 228 vom 11. 8. 1992, S. 1. Richtlinie zuletzt geändert durch die Richtlinie 2002/87/EG des Europäischen Parlaments und des Rates (ABl. L 35 vom 11. 2. 2003, S. 1).
[12] ABl. L 345 vom 31. 12. 2003, S. 64.

8. Verordnung (EG) Nr. 1924/2006 des Europäischen Parlaments und des Rates vom 20. Dezember 2006 über nährwert- und gesundheitsbezogene Angaben über Lebensmittel

(ABl Nr L 404 S 9, gesamte Vorschrift ber ABl 2007 Nr L 12 S 3, ber ABl 2008 Nr L 86 S 34, ber ABl 2009 Nr L 198 S 87) zuletzt geänd mWv 2. März 2010 durch Art 1 ÄndVO (EU) 116/2010 vom 9. Februar 2010 (ABl Nr L 37 S 16)

DAS EUROPÄISCHE PARLAMENT UND DER RAT DER EUROPÄISCHEN UNION –

gestützt auf den Vertrag zur Gründung der Europäischen Gemeinschaft, insbesondere auf Artikel 95,

auf Vorschlag der Kommission,

nach Stellungnahme des Europäischen Wirtschafts- und Sozialausschusses[1],

gemäß dem Verfahren des Artikels 251 des Vertrags[2],

in Erwägung nachstehender Gründe:

(1) Zunehmend werden Lebensmittel in der Gemeinschaft mit nährwert- und gesundheitsbezogenen Angaben gekennzeichnet, und es wird mit diesen Angaben für sie Werbung gemacht. Um dem Verbraucher ein hohes Schutzniveau zu gewährleisten und ihm die Wahl zu erleichtern, sollten die im Handel befindlichen Produkte, einschließlich der eingeführten Produkte, sicher sein und eine angemessene Kennzeichnung aufweisen. Eine abwechslungsreiche und ausgewogene Ernährung ist eine Grundvoraussetzung für eine gute Gesundheit, und einzelne Produkte sind im Kontext der gesamten Ernährung von relativer Bedeutung.

(2) Unterschiede zwischen den nationalen Bestimmungen über solche Angaben können den freien Warenverkehr behindern und ungleiche Wettbewerbsbedingungen schaffen. Sie haben damit eine unmittelbare Auswirkung auf das Funktionieren des Binnenmarktes. Es ist daher notwendig, Gemeinschaftsregeln für die Verwendung von nährwert- und gesundheitsbezogenen Angaben über Lebensmittel zu erlassen.

(3) Die Richtlinie 2000/13/EG des Europäischen Parlaments und des Rates vom 20. März 2000 zur Angleichung der Rechtsvorschriften der Mitgliedstaaten über die Etikettierung und Aufmachung von Lebensmitteln sowie die Werbung hierfür[3] enthält allgemeine Kennzeichnungsbestimmungen. Mit der Richtlinie 2000/13/EG wird allgemein die Verwendung von Informationen untersagt, die den Käufer irreführen können oder den Lebensmitteln medizinische Eigenschaften zuschreiben. Mit der vorliegenden Verordnung sollten die allgemeinen Grundsätze der Richtlinie 2000/13/EG ergänzt und spezielle Vorschriften für die Verwendung von nährwert- und gesundheitsbezogenen Angaben bei Lebensmitteln, die als solche an den Endverbraucher abgegeben werden sollen, festgelegt werden.

(4) Diese Verordnung sollte für alle nährwert- und gesundheitsbezogenen Angaben gelten, die in kommerziellen Mitteilungen, u. a. auch in allgemeinen Werbeaussagen über Lebensmittel und in Werbekampagnen wie solchen, die ganz oder teilweise von Behörden gefördert werden, gemacht werden. Auf Angaben in nichtkommerziellen Mitteilungen, wie sie z. B. in Ernährungsrichtlinien oder -empfehlungen von staatlichen Gesundheitsbehörden und -stellen oder in nichtkommerziellen Mitteilungen und Informationen in der Presse und in wissenschaftlichen Veröffentlichungen zu finden sind, sollte sie jedoch keine Anwendung finden. Diese Verordnung sollte ferner auf Handelsmarken und sonstige Markennamen Anwendung finden, die als nährwert- oder gesundheitsbezogene Angabe ausgelegt werden können.

(5) Allgemeine Bezeichnungen, die traditionell zur Angabe einer Eigenschaft einer Kategorie von Lebensmitteln oder Getränken verwendet werden, die Auswirkungen auf die menschliche

---

[1] **Amtl. Anm.:** ABl. C 110 vom 30. 4. 2004, S. 18.
[2] **Amtl. Anm.:** Stellungnahme des Europäischen Parlaments vom 26. Mai 2005 (ABl. C 117 E vom 18. 5. 2006, S. 187), Gemeinsamer Standpunkt des Rates vom 8. Dezember 2005 (ABl. C 80 E vom 4. 4. 2006, S. 43) und Standpunkt des Europäischen Parlaments vom 16. Mai 2006 (noch nicht im Amtsblatt veröffentlicht). Beschluss des Rates vom 12. Oktober.
[3] **Amtl. Anm.:** ABl. L 109 vom 6. 5. 2000, S. 29. Zuletzt geändert durch die Richtlinie 2003/89/EG (ABl. L 308 vom 25. 11. 2003, S. 15).

Gesundheit haben könnte, wie z. B. „Digestif" oder „Hustenbonbon", sollten von der Anwendung dieser Verordnung ausgenommen werden.

(6) Nährwertbezogene Angaben mit negativen Aussagen fallen nicht unter den Anwendungsbereich dieser Verordnung; Mitgliedstaaten, die nationale Regelungen für negative nährwertbezogene Angaben einzuführen gedenken, sollten dies der Kommission und den anderen Mitgliedstaaten gemäß der Richtlinie 98/34/EG des Europäischen Parlaments und des Rates vom 22. Juni 1998 über ein Informationsverfahren auf dem Gebiet der Normen und technischen Vorschriften und der Vorschriften für die Dienste der Informationsgesellschaft[1]) mitteilen.

(7) Auf internationaler Ebene hat der Codex Alimentarius 1991 allgemeine Leitsätze für Angaben und 1997 Leitsätze für die Verwendung nährwertbezogener Angaben verabschiedet. Die Codex-Alimentarius-Kommission hat 2004 eine Änderung des letztgenannten Dokuments verabschiedet. Dabei geht es um die Aufnahme gesundheitsbezogener Angaben in die Leitsätze von 1997. Die in den Codex-Leitsätzen vorgegebenen Definitionen und Bedingungen werden entsprechend berücksichtigt.

(8) Die in der Verordnung (EG) Nr. 2991/94 des Rates vom 5. Dezember 1994 mit Normen für Streichfette[2]) vorgesehene Möglichkeit, für Streichfette die Angabe „fettarm" zu verwenden, sollte so bald wie möglich an die Bestimmungen dieser Verordnung angepasst werden. Zwischenzeitlich gilt die Verordnung (EG) Nr. 2991/94 für die darin erfassten Erzeugnisse.

(9) Es gibt eine Vielzahl von Nährstoffen und anderen Substanzen – unter anderem Vitamine, Mineralstoffe einschließlich Spurenelementen, Aminosäuren, essenzielle Fettsäuren, Ballaststoffe, verschiedene Pflanzen- und Kräuterextrakte und andere – mit ernährungsbezogener oder physiologischer Wirkung, die in Lebensmitteln vorhanden und Gegenstand entsprechender Angaben sein können. Daher sollten allgemeine Grundsätze für alle Angaben über Lebensmittel festgesetzt werden, um ein hohes Verbraucherschutzniveau zu gewährleisten, dem Verbraucher die notwendigen Informationen für eine sachkundige Entscheidung zu liefern und gleiche Wettbewerbsbedingungen für die Lebensmittelindustrie zu schaffen.

(10) Lebensmittel, die mit entsprechenden Angaben beworben werden, können vom Verbraucher als Produkte wahrgenommen werden, die gegenüber ähnlichen oder anderen Produkten, denen solche Nährstoffe oder andere Stoffe nicht zugesetzt sind, einen nährwertbezogenen, physiologischen oder anderweitigen gesundheitlichen Vorteil bieten. Dies kann den Verbraucher zu Entscheidungen veranlassen, die die Gesamtaufnahme einzelner Nährstoffe oder anderer Substanzen unmittelbar in einer Weise beeinflussen, die den einschlägigen wissenschaftlichen Empfehlungen widersprechen könnte. Um diesem potenziellen unerwünschten Effekt entgegenzuwirken, wird es für angemessen erachtet, gewisse Einschränkungen für Produkte, die solche Angaben tragen, festzulegen. In diesem Zusammenhang sind Faktoren wie das Vorhandensein von bestimmten Substanzen in einem Produkt oder das Nährwertprofil eines Produkts ein geeignetes Kriterium für die Entscheidung, ob das Produkt Angaben tragen darf. Die Verwendung solcher Kriterien auf nationaler Ebene ist zwar für den Zweck gerechtfertigt, dem Verbraucher sachkundige Entscheidungen über seine Ernährung zu ermöglichen, könnte jedoch zu Behinderungen des innergemeinschaftlichen Handels führen und sollte daher auf Gemeinschaftsebene harmonisiert werden. Gesundheitsbezogene Information und Kommunikation zur Unterstützung von Botschaften der nationalen Behörden oder der Gemeinschaft über die Gefahren des Alkoholmissbrauchs sollten nicht von dieser Verordnung erfasst werden.

(11) Durch die Anwendung des Nährwertprofils als Kriterium soll vermieden werden, dass die nährwert- und gesundheitsbezogenen Angaben den Ernährungsstatus eines Lebensmittels verschleiern und so den Verbraucher irreführen können, wenn diesen bemüht ist, durch ausgewogene Ernährung eine gesunde Lebensweise anzustreben. Die in dieser Verordnung vorgesehenen Nährwertprofile sollten einzig dem Zweck dienen, festzulegen, unter welchen Voraussetzungen solche Angaben gemacht werden dürfen. Sie sollten sich auf allgemein anerkannte wissenschaftliche Nachweise über das Verhältnis zwischen Ernährung und Gesundheit stützen. Die Nährwertprofile sollten jedoch auch Produktinnovationen ermöglichen und die Verschiedenartigkeit der Ernährungsgewohnheiten und -traditionen sowie den Umstand, dass einzelne Produkte eine bedeutende Rolle im Rahmen der Gesamternährung spielen können, berücksichtigen.

(12) Bei der Festlegung von Nährwertprofilen sollten die Anteile verschiedener Nährstoffe und Substanzen mit ernährungsbezogener Wirkung oder physiologischer Wirkung, insbesondere

---
[1]) **Amtl. Anm.:** ABl. L 204 vom 21. 7. 1998, S. 37. Zuletzt geändert durch die Beitrittsakte von 2003.
[2]) **Amtl. Anm.:** ABl. L 316 vom 9. 12. 1994, S. 2.

solcher wie Fett, gesättigte Fettsäuren, trans-Fettsäuren, Salz/Natrium und Zucker, deren übermäßige Aufnahme im Rahmen der Gesamternährung nicht empfohlen wird, sowie mehrfach und einfach ungesättigte Fettsäuren, verfügbare Kohlenhydrate außer Zucker, Vitamine, Mineralstoffe, Proteine und Ballaststoffe, berücksichtigt werden. Bei der Festlegung der Nährwertprofile sollten die verschiedenen Lebensmittelkategorien sowie der Stellenwert und die Rolle dieser Lebensmittel in der Gesamternährung berücksichtigt werden, und den verschiedenen Ernährungsgewohnheiten und Konsummustern in den Mitgliedstaaten sollte gebührende Beachtung geschenkt werden. Ausnahmen von der Anforderung, etablierte Nährwertprofile zu berücksichtigen, können für bestimmte Lebensmittel oder Lebensmittelkategorien je nach ihrer Rolle und ihrer Bedeutung für die Ernährung der Bevölkerung erforderlich sein. Dies würde eine komplexe technische Aufgabe bedeuten und die Verabschiedung entsprechender Maßnahmen sollte daher der Kommission übertragen werden, wobei den Empfehlungen der Europäischen Behörde für Lebensmittelsicherheit Rechnung zu tragen ist.

(13) Die in der Richtlinie 2002/46/EG des Europäischen Parlaments und des Rates vom 10. Juni 2002 über die Angleichung der Rechtsvorschriften der Mitgliedstaaten über Nahrungsergänzungsmittel[1] definierten Nahrungsergänzungsmittel, die in flüssiger Form dargereicht werden und mehr als 1,2% vol. Alkohol enthalten, gelten nicht als Getränke im Sinne dieser Verordnung.

(14) Es gibt eine Vielzahl von Angaben, die derzeit bei der Kennzeichnung von Lebensmitteln und der Werbung hierfür in manchen Mitgliedstaaten gemacht werden und sich auf Stoffe beziehen, deren positive Wirkung nicht nachgewiesen wurde bzw. zu denen derzeit noch keine ausreichende Einigkeit in der Wissenschaft besteht. Es muss sichergestellt werden, dass für Stoffe, auf die sich eine Angabe bezieht, der Nachweis einer positiven ernährungsbezogenen Wirkung oder physiologischen Wirkung erbracht wird.

(15) Um zu gewährleisten, dass die Angaben der Wahrheit entsprechen, muss die Substanz, die Gegenstand der Angabe ist, im Endprodukt in einer ausreichenden Menge vorhanden bzw. im umgekehrten Fall nicht vorhanden oder ausreichend reduziert sein, um die behauptete ernährungsbezogene Wirkung oder physiologische Wirkung zu erzeugen. Die Substanz sollte zudem in einer für den Körper verwertbaren Form verfügbar sein. Außerdem sollte – falls sachgerecht – eine wesentliche Menge der Substanz, die für die behauptete ernährungsbezogene Wirkung oder physiologische Wirkung verantwortlich ist, durch den Verzehr einer vernünftigerweise anzunehmenden Menge des Lebensmittels bereitgestellt werden.

(16) Es ist wichtig, dass Angaben über Lebensmittel vom Verbraucher verstanden werden können und es ist angezeigt, alle Verbraucher vor irreführenden Angaben zu schützen. Der Gerichtshof der Europäischen Gemeinschaften hat es allerdings in seiner Rechtsprechung in Fällen im Zusammenhang mit Werbung seit dem Erlass der Richtlinie 84/450/EWG des Rates vom 10. September 1984 über irreführende und vergleichende Werbung[2] für erforderlich gehalten, die Auswirkungen auf einen fiktiven typischen Verbraucher zu prüfen. Entsprechend dem Grundsatz der Verhältnismäßigkeit und im Interesse der wirksamen Anwendung der darin vorgesehenen Schutzmaßnahmen nimmt diese Verordnung den normal informierten, aufmerksamen und verständigen Durchschnittsverbraucher unter Berücksichtigung sozialer, kultureller und sprachlicher Faktoren nach der Auslegung des Gerichtshofs als Maßstab, zielt mit ihren Bestimmungen jedoch darauf ab, die Ausnutzung von Verbrauchern zu vermeiden, die aufgrund bestimmter Charakteristika besonders anfällig für irreführende Angaben sind. Richtet sich eine Angabe speziell an eine besondere Verbrauchergruppe wie z. B. Kinder, so sollte die Auswirkung der Angabe aus der Sicht eines Durchschnittsmitglieds dieser Gruppe beurteilt werden. Der Begriff des Durchschnittsverbrauchers beruht dabei nicht auf einer statistischen Grundlage. Die nationalen Gerichte und Verwaltungsbehörden müssen sich bei der Beurteilung der Frage, wie der Durchschnittsverbraucher in einem gegebenen Fall typischerweise reagieren würde, auf ihre eigene Urteilsfähigkeit unter Berücksichtigung der Rechtsprechung des Gerichtshofs verlassen.

(17) Eine wissenschaftliche Absicherung sollte der Hauptaspekt sein, der bei der Verwendung nährwert- und gesundheitsbezogener Angaben berücksichtigt wird, und die Lebensmittelunternehmer, die derartige Angaben verwenden, sollten diese auch begründen. Eine Angabe sollte

---

[1] **Amtl. Anm.:** ABl. L 183 vom 12. 7. 2002, S. 51. Geändert durch die Richtlinie 2006/37/EG der Komission (ABl. L 94 vom 1. 4. 2006, S. 32).
[2] **Amtl. Anm.:** ABl. L 250 vom 19. 9. 1984, S. 17. Zuletzt geändert durch die Richtlinie 2005/29/EG des Europäischen Parlaments und des Rates (ABl. L 149 vom 11. 6. 2005, S. 22).

wissenschaftlich abgesichert sein, wobei alle verfügbaren wissenschaftlichen Daten berücksichtigt und die Nachweise abgewogen werden sollten.

(18) Eine nährwert- oder gesundheitsbezogene Angabe sollte nicht gemacht werden, wenn sie den allgemein akzeptierten Ernährungs- und Gesundheitsgrundsätzen zuwiderläuft oder wenn sie zum übermäßigen Verzehr eines Lebensmittels verleitet oder diesen gutheißt oder von vernünftigen Ernährungsgewohnheiten abbringt.

(19) Angesichts des positiven Bildes, das Lebensmitteln durch nährwert- und gesundheitsbezogene Angaben verliehen wird, und der potenziellen Auswirkung solcher Lebensmittel auf Ernährungsgewohnheiten und die Gesamtaufnahme an Nährstoffen sollte der Verbraucher in die Lage versetzt werden, den Nährwert insgesamt zu beurteilen. Daher sollte die Nährwertkennzeichnung obligatorisch und bei allen Lebensmitteln, die gesundheitsbezogene Angaben tragen, umfassend sein.

(20) Die Richtlinie 90/496/EWG des Rates vom 24. September 1990 über die Nährwertkennzeichnung von Lebensmitteln[1]) enthält allgemeine Vorschriften für die Nährwertkennzeichnung von Lebensmitteln. Nach der genannten Richtlinie sollte die Nährwertkennzeichnung zwingend vorgeschrieben sein, wenn auf dem Etikett, in der Aufmachung oder in der Werbung, mit Ausnahme allgemeiner Werbeaussagen, eine nährwertbezogene Angabe gemacht wurde. Bezieht sich eine nährwertbezogene Angabe auf Zucker, gesättigte Fettsäuren, Ballaststoffe oder Natrium, so sind die Angaben der in Artikel 4 Absatz 1 der Richtlinie 90/496/EWG definierten Gruppe 2 zu machen. Im Interesse eines hohen Verbraucherschutzniveaus sollte diese Pflicht, die Angaben der Gruppe 2 zu liefern, entsprechend für gesundheitsbezogene Angaben, mit Ausnahme allgemeiner Werbeaussagen, gelten.

(21) Es sollte eine Liste zulässiger nährwertbezogener Angaben und der spezifischen Bedingungen für ihre Verwendung erstellt werden, beruhend auf den Verwendungsbedingungen für derartige Angaben, die auf nationaler und internationaler Ebene vereinbart sowie in Gemeinschaftsvorschriften festgelegt wurden. Für jede Angabe, die als für den Verbraucher gleich bedeutend mit einer in der oben genannten Aufstellung aufgeführten nährwertbezogenen Angabe angesehen wird, sollten die in dieser Aufstellung angegebenen Verwendungsbedingungen gelten. So sollten beispielsweise für Angaben über den Zusatz von Vitaminen und Mineralstoffen wie „mit …", „mit wieder hergestelltem Gehalt an …", „mit Zusatz von …", „mit … angereichert" die Bedingungen gelten, die für die Angabe „Quelle von …" festgelegt wurden. Die Liste sollte zur Berücksichtigung des wissenschaftlichen und technischen Fortschritts regelmäßig aktualisiert werden. Außerdem müssen bei vergleichenden Angaben dem Endverbraucher gegenüber die miteinander verglichenen Produkte eindeutig identifiziert werden.

(22) Die Bedingungen für die Verwendung von Angaben wie „laktose-" oder „glutenfrei", die an eine Verbrauchergruppe mit bestimmten Gesundheitsstörungen gerichtet sind, sollten in der Richtlinie 89/398/EWG des Rates vom 3. Mai 1989 zur Angleichung der Rechtsvorschriften der Mitgliedstaaten über Lebensmittel, die für eine besondere Ernährung bestimmt sind[2]), geregelt werden. Überdies bietet die genannte Richtlinie die Möglichkeit, bei für den allgemeinen Verzehr bestimmten Lebensmitteln auf ihre Eignung für diese Verbrauchergruppen hinzuweisen, sofern die Bedingungen für einen solchen Hinweis erfüllt sind. Bis die Bedingungen für solche Hinweise auf Gemeinschaftsebene festgelegt worden sind, können die Mitgliedstaaten einschlägige nationale Maßnahmen beibehalten oder erlassen.

(23) Gesundheitsbezogene Angaben sollten für die Verwendung in der Gemeinschaft nur nach einer wissenschaftlichen Bewertung auf höchstmöglichem Niveau zugelassen werden. Damit eine einheitliche wissenschaftliche Bewertung dieser Angaben gewährleistet ist, sollte die Europäische Behörde für Lebensmittelsicherheit solche Bewertungen vornehmen. Der Antragsteller sollte auf Antrag Zugang zu seinem Dossier erhalten, um sich über den jeweiligen Stand des Verfahrens zu informieren.

(24) Neben die Ernährung betreffenden gibt es zahlreiche andere Faktoren, die den psychischen Zustand und die Verhaltensfunktion beeinflussen können. Die Kommunikation über diese Funktionen ist somit sehr komplex, und es ist schwer, in einer kurzen Angabe bei der Kennzeichnung von Lebensmitteln und in der Werbung hierfür eine umfassende, wahrheits-

---

[1]) **Amtl. Anm.:** ABl. L 276 vom 6. 10. 1990, S. 40. Zuletzt geändert durch die Richtlinie 2003/120/EG der Kommission (ABl. L 333 vom 20. 12. 2003, S. 51).
[2]) **Amtl. Anm.:** ABl. L 186 vom 30. 6. 1989, S. 27. Zuletzt geändert durch die Verordnung (EG) Nr. 1882/2003 des Europäischen Parlaments und des Rates (ABl. L 284 vom 31. 10. 2003, S. 1).

gemäße und bedeutungsvolle Aussage zu vermitteln. Daher ist es angebracht, bei der Verwendung von Angaben, die sich auf psychische oder verhaltenspsychologische Wirkungen beziehen, einen wissenschaftlichen Nachweis zu verlangen.

(25) Im Lichte der Richtlinie 96/8/EG der Kommission vom 26. Februar 1996 über Lebensmittel für kalorienarme Ernährung zur Gewichtsverringerung[1], in der festgelegt ist, dass die Kennzeichnung und die Verpackung der Erzeugnisse sowie die Werbung hierfür keine Angaben über Dauer und Ausmaß der aufgrund ihrer Verwendung möglichen Gewichtsabnahme enthalten dürfen, wird es als angemessen betrachtet, diese Einschränkung auf alle Lebensmittel auszudehnen.

(26) Andere gesundheitsbezogene Angaben als Angaben über die Reduzierung eines Krankheitsrisikos sowie die Entwicklung und die Gesundheit von Kindern, die sich auf allgemein anerkannte wissenschaftliche Nachweise stützen, sollten einer anderen Art von Bewertung und Zulassung unterzogen werden. Es ist daher erforderlich, nach Konsultation der Europäischen Behörde für Lebensmittelsicherheit eine Gemeinschaftsliste solcher zulässiger Angaben zu erstellen. Ferner sollten zur Förderung der Innovation diejenigen gesundheitsbezogenen Angaben, die auf neuen wissenschaftlichen Nachweisen beruhen, einem beschleunigten Zulassungsverfahren unterzogen werden.

(27) Zur Anpassung an den wissenschaftlichen und technischen Fortschritt sollte die vorstehend erwähnte Liste umgehend geändert werden, wann immer dies nötig ist. Eine solche Überarbeitung ist eine Durchführungsmaßnahme technischer Art, deren Erlass der Kommission übertragen werden sollte, um das Verfahren zu vereinfachen und zu beschleunigen.

(28) Die Ernährung ist einer von vielen Faktoren, die das Auftreten bestimmter Krankheiten beim Menschen beeinflussen. Andere Faktoren wie Alter, genetische Veranlagung, körperliche Aktivität, Konsum von Tabak und anderen Drogen, Umweltbelastungen und Stress können ebenfalls das Auftreten von Krankheiten beeinflussen. Daher sollten für Angaben, die sich auf die Verringerung eines Krankheitsrisikos beziehen, spezifische Kennzeichnungsvorschriften gelten.

(29) Damit sichergestellt ist, dass gesundheitsbezogene Angaben wahrheitsgemäß, klar, verlässlich und für den Verbraucher bei der Entscheidung für eine gesunde Ernährungsweise hilfreich sind, sollte die Formulierung und Aufmachung gesundheitsbezogener Angaben bei der Stellungnahme der Europäischen Behörde für Lebensmittelsicherheit und in anschließenden Verfahren berücksichtigt werden.

(30) In manchen Fällen kann die wissenschaftliche Risikobewertung allein nicht alle Informationen bereitstellen, die für eine Risikomanagemententscheidung erforderlich sind. Andere legitime Faktoren, die für die zu prüfende Frage relevant sind, sollten daher ebenfalls berücksichtigt werden.

(31) Im Sinne der Transparenz und zur Vermeidung wiederholter Anträge auf Zulassung bereits bewerteter Angaben sollte die Kommission ein öffentliches Register mit den Listen solcher Angaben erstellen und laufend aktualisieren.

(32) Zur Förderung von Forschung und Entwicklung in der Agrar- und Lebensmittelindustrie sind die Investitionen, die von Innovatoren bei der Beschaffung von Informationen und Daten zur Unterstützung eines Antrags auf Zulassung nach dieser Verordnung getätigt werden, zu schützen. Dieser Schutz sollte jedoch befristet werden, um die unnötige Wiederholung von Studien und Erprobungen zu vermeiden und den kleinen und mittleren Unternehmen (KMU), selten die finanzielle Kapazität zur Durchführung von Forschungstätigkeiten besitzen, den Zugang zur Verwendung von Angaben zu erleichtern.

(33) KMU bedeuten für die europäische Lebensmittelindustrie einen erheblichen Mehrwert, was die Qualität und die Bewahrung unterschiedlicher Ernährungsgewohnheiten betrifft. Zur Erleichterung der Umsetzung dieser Verordnung sollte die Europäische Behörde für Lebensmittelsicherheit rechtzeitig insbesondere den KMU geeignete technische Anweisungen und Hilfsmittel anbieten.

(34) Angesichts der besonderen Eigenschaften von Lebensmitteln, die solche Angaben tragen, sollten den Überwachungsstellen neben den üblichen Möglichkeiten zusätzliche Instrumente zur Verfügung gestellt werden, um eine effiziente Überwachung dieser Produkte zu ermöglichen.

(35) Es sind angemessene Übergangsmaßnahmen erforderlich, damit sich die Lebensmittelunternehmer an die Bestimmungen dieser Verordnung anpassen können.

---

[1] **Amtl. Anm.:** ABl. L 55 vom 6. 3. 1996, S. 22.

(36) Da das Ziel dieser Verordnung, nämlich das ordnungsgemäße Funktionieren des Binnenmarkts für nährwert- und gesundheitsbezogene Angaben sicherzustellen und gleichzeitig ein hohes Verbraucherschutzniveau zu bieten, auf Ebene der Mitgliedstaaten nicht ausreichend verwirklicht werden kann und daher besser auf Gemeinschaftsebene zu verwirklichen ist, kann die Gemeinschaft im Einklang mit dem in Artikel 5 des Vertrags niedergelegten Subsidiaritätsgrundsatz tätig werden. Entsprechend dem in demselben Artikel genannten Verhältnismäßigkeitsprinzip geht diese Verordnung nicht über das zur Erreichung dieses Ziels erforderliche Maß hinaus.

(37) Die zur Durchführung dieser Verordnung erforderlichen Maßnahmen sollten gemäß dem Beschluss 1999/468/EG des Rates vom 28. Juni 1999 zur Festlegung der Modalitäten für die Ausübung der der Kommission übertragenen Durchführungsbefugnisse[1)] erlassen werden –

HABEN FOLGENDE VERORDNUNG ERLASSEN:

Kapitel I
Gegenstand, Anwendungsbereich und Begriffsbestimmungen

Art. 1 Gegenstand und Anwendungsbereich

(1) Mit dieser Verordnung werden die Rechts- und Verwaltungsvorschriften der Mitgliedstaaten über nährwert- und gesundheitsbezogene Angaben harmonisiert, um das ordnungsgemäße Funktionieren des Binnenmarkts zu gewährleisten und gleichzeitig ein hohes Verbraucherschutzniveau zu bieten.

(2) Diese Verordnung gilt für nährwert- und gesundheitsbezogene Angaben, die in kommerziellen Mitteilungen bei der Kennzeichnung und Aufmachung von oder bei der Werbung für Lebensmittel gemacht werden, die als solche an den Endverbraucher abgegeben werden sollen. [1] Auf nicht vorverpackte Lebensmittel (einschließlich Frischprodukte wie Obst, Gemüse oder Brot), die dem Endverbraucher oder Einrichtungen zur Gemeinschaftsverpflegung zum Kauf angeboten werden, und auf Lebensmittel, die entweder an der Verkaufsstelle auf Wunsch des Käufers verpackt oder zum sofortigen Verkauf fertig verpackt werden, finden Artikel 7 und Artikel 10 Absatz 2 Buchstaben a und b keine Anwendung. [2] Einzelstaatliche Bestimmungen können angewandt werden, bis gegebenenfalls Gemeinschaftsmaßnahmen zur Änderung nicht wesentlicher Bestimmungen dieser Verordnung, auch durch Ergänzung, nach dem in Artikel 25 Absatz 3 genannten Regelungsverfahren mit Kontrolle erlassen werden.

Diese Verordnung gilt auch für Lebensmittel, die für Restaurants, Krankenhäuser, Schulen, Kantinen und ähnliche Einrichtungen zur Gemeinschaftsverpflegung bestimmt sind.

(3) Handelsmarken, Markennamen oder Phantasiebezeichnungen, die in der Kennzeichnung, Aufmachung oder Werbung für ein Lebensmittel verwendet werden und als nährwert- oder gesundheitsbezogene Angabe aufgefasst werden können, dürfen ohne die in dieser Verordnung vorgesehenen Zulassungsverfahren verwendet werden, sofern der betreffenden Kennzeichnung, Aufmachung oder Werbung eine nährwert- oder gesundheitsbezogene Angabe beigefügt ist, die dieser Verordnung entspricht.

(4) [1] Im Fall allgemeiner Bezeichnungen, die traditionell zur Angabe einer Eigenschaft einer Kategorie von Lebensmitteln oder Getränken verwendet werden und die auf Auswirkungen auf die menschliche Gesundheit hindeuten könnten, kann auf Antrag der betroffenen Lebensmittelunternehmer eine Ausnahme von Absatz 3, die eine Änderung nicht wesentlicher Bestimmungen dieser Verordnung durch Ergänzung bewirkt, nach dem in Artikel 25 Absatz 3 genannten Regelungsverfahren mit Kontrolle erlassen werden. [2] Der Antrag ist an die zuständige nationale Behörde eines Mitgliedstaats zu richten, die ihn unverzüglich an die Kommission weiterleitet. [3] Die Kommission erlässt und veröffentlicht Regeln, nach denen Lebensmittelunternehmer derartige Anträge stellen können, um sicherzustellen, dass der Antrag in transparenter Weise und innerhalb einer vertretbaren Frist bearbeitet wird.

(5) Diese Verordnung gilt unbeschadet der folgenden Bestimmungen des Gemeinschaftsrechts:
a) Richtlinie 89/398/EWG und Richtlinien, die über Lebensmittel erlassen werden, die für besondere Ernährungszwecke bestimmt sind;

[1)] **Amtl. Anm.:** ABl. L 184 vom 17. 7. 1999, S. 23.

b) Richtlinie 80/777/EWG des Rates vom 15. Juli 1980 zur Angleichung der Rechtsvorschriften der Mitgliedstaaten über die Gewinnung von und den Handel mit natürlichen Mineralwässern[1)];
c) Richtlinie 98/83/EG des Rates vom 3. November 1998 über die Qualität von Wasser für den menschlichen Gebrauch[2)];
d) Richtlinie 2002/46/EG.

Art. 2 Begriffsbestimmungen

(1) Für die Zwecke dieser Verordnung

a) gelten für „Lebensmittel", „Lebensmittelunternehmer", „Inverkehrbringen" und „Endverbraucher" die Begriffsbestimmungen in Artikel 2 und Artikel 3 Nummern 3, 8 und 18 der Verordnung (EG) Nr. 178/2002 des Europäischen Parlaments und des Rates vom 28. Januar 2002 zur Festlegung der allgemeinen Grundsätze und Anforderungen des Lebensmittelrechts, zur Errichtung der Europäischen Behörde für Lebensmittelsicherheit und zur Festlegung von Verfahren zur Lebensmittelsicherheit[3)];
b) gilt für „Nahrungsergänzungsmittel" die Begriffsbestimmung der Richtlinie 2002/46/EG;
c) gelten für „Nährwertkennzeichnung", „Eiweiß", „Kohlenhydrat", „Zucker", „Fett", „gesättigte Fettsäuren", „einfach ungesättigte Fettsäuren", „mehrfach ungesättigte Fettsäuren" und „Ballaststoffe" die Begriffsbestimmungen der Richtlinie 90/496/EWG;
d) gilt für „Kennzeichnung" die Begriffsbestimmung in Artikel 1 Absatz 3 Buchstabe a der Richtlinie 2000/13/EG.

(2) Ferner bezeichnet der Ausdruck

1. „Angabe" jede Aussage oder Darstellung, die nach dem Gemeinschaftsrecht oder den nationalen Vorschriften nicht obligatorisch ist, einschließlich Darstellungen durch Bilder, grafische Elemente oder Symbole in jeder Form, und mit der erklärt, suggeriert oder auch nur mittelbar zum Ausdruck gebracht wird, dass ein Lebensmittel besondere Eigenschaften besitzt;
2. „Nährstoff" ein Protein, ein Kohlenhydrat, ein Fett, einen Ballaststoff, Natrium, eines der im Anhang der Richtlinie 90/496/EWG aufgeführten Vitamine und Mineralstoffe, sowie jeden Stoff, der zu einer dieser Kategorien gehört oder Bestandteil eines Stoffes aus einer dieser Kategorien ist;
3. „andere Substanz" einen anderen Stoff als einen Nährstoff, der eine ernährungsbezogene Wirkung oder eine physiologische Wirkung hat;
4. „nährwertbezogene Angabe" jede Angabe, mit der erklärt, suggeriert oder auch nur mittelbar zum Ausdruck gebracht wird, dass ein Lebensmittel besondere positive Nährwerteigenschaften besitzt, und zwar aufgrund
   a) der Energie (des Brennwerts), die es
      i) liefert,
      ii) in vermindertem oder erhöhtem Maße liefert oder
      iii) nicht liefert, und/oder
   b) der Nährstoffe oder anderen Substanzen, die es
      i) enthält,
      ii) in verminderter oder erhöhter Menge enthält oder
      iii) nicht enthält;
5. „gesundheitsbezogene Angabe" jede Angabe, mit der erklärt, suggeriert oder auch nur mittelbar zum Ausdruck gebracht wird, dass ein Zusammenhang zwischen einer Lebensmittelkategorie, einem Lebensmittel oder einem seiner Bestandteile einerseits und der Gesundheit andererseits besteht;
6. „Angabe über die Reduzierung eines Krankheitsrisikos" jede Angabe, mit der erklärt, suggeriert oder auch nur mittelbar zum Ausdruck gebracht wird, dass der Verzehr einer Lebensmittelkategorie, eines Lebensmittels oder eines Lebensmittelbestandteils einen Risikofaktor für die Entwicklung einer Krankheit beim Menschen deutlich senkt;
7. „Behörde" die Europäische Behörde für Lebensmittelsicherheit, die durch die Verordnung (EG) Nr. 178/2002 eingesetzt wurde.

[1)] **Amtl. Anm.:** ABl. L 229 vom 30. 8. 1980, S. 1. Zuletzt geändert durch die Verordnung (EG) Nr. 1882/2003.
[2)] **Amtl. Anm.:** ABl. L 330 vom 5. 12. 1998, S. 32. Geändert durch die Verordnung (EG) Nr. 1882/2003.
[3)] **Amtl. Anm.:** ABl. L 31 vom 1. 2. 2002, S. 1. Zuletzt geändert durch die Verordnung (EG) Nr. 575/2006 der Komission (ABl. L 100 vom 8. 4. 2006, S. 3).

Kapitel II. Allgemeine Grundsätze

Art. 3 Allgemeine Grundsätze für alle Angaben

Nährwert- und gesundheitsbezogene Angaben dürfen bei der Kennzeichnung und Aufmachung von Lebensmitteln, die in der Gemeinschaft in Verkehr gebracht werden, bzw. bei der Werbung hierfür nur verwendet werden, wenn sie der vorliegenden Verordnung entsprechen.

Unbeschadet der Richtlinien 2000/13/EG und 84/450/EWG dürfen die verwendeten nährwert- und gesundheitsbezogenen Angaben

a) nicht falsch, mehrdeutig oder irreführend sein;
b) keine Zweifel über die Sicherheit und/oder die ernährungsphysiologische Eignung anderer Lebensmittel wecken;
c) nicht zum übermäßigen Verzehr eines Lebensmittels ermutigen oder diesen wohlwollend darstellen;
d) nicht erklären, suggerieren oder auch nur mittelbar zum Ausdruck bringen, dass eine ausgewogene und abwechslungsreiche Ernährung generell nicht die erforderlichen Mengen an Nährstoffen liefern kann; bei Nährstoffen, von denen eine ausgewogene und abwechslungsreiche Ernährung keine ausreichenden Mengen liefern kann, können unter Beachtung der in Mitgliedstaaten vorliegenden besonderen Umstände abweichende Regelungen, einschließlich der Bedingungen für ihre Anwendung zur Änderung nicht wesentlicher Bestimmungen dieser Verordnung durch Ergänzung nach dem in Artikel 25 Absatz 3 genannten Regelungsverfahren mit Kontrolle erlassen werden;
e) nicht – durch eine Textaussage oder durch Darstellungen in Form von Bildern, grafischen Elementen oder symbolischen Darstellungen – auf Veränderungen bei Körperfunktionen Bezug nehmen, die beim Verbraucher Ängste auslösen oder daraus Nutzen ziehen könnten.

Art. 4 Bedingungen für die Verwendung nährwert- und gesundheitsbezogener Angaben

(1) ¹Bis zum 19. Januar 2009 legt die Kommission spezifische Nährwertprofile, einschließlich der Ausnahmen, fest, denen Lebensmittel oder bestimmte Lebensmittelkategorien entsprechen müssen, um nährwert- oder gesundheitsbezogene Angaben tragen zu dürfen, sowie die Bedingungen für die Verwendung von nährwert- oder gesundheitsbezogenen Angaben bei Lebensmitteln oder Lebensmittelkategorien in Bezug auf die Nährwertprofile. ²Diese Maßnahmen zur Änderung nicht wesentlicher Bestimmungen dieser Verordnung durch Ergänzung werden nach dem in dem in Artikel 25 Absatz 3 genannten Regelungsverfahren mit Kontrolle erlassen.

Die Nährwertprofile für Lebensmittel und/oder bestimmte Lebensmittelkategorien werden insbesondere unter Berücksichtigung folgender Faktoren festgelegt:

a) der Mengen bestimmter Nährstoffe und anderer Substanzen, die in dem betreffenden Lebensmittel enthalten sind, wie z. B. Fett, gesättigte Fettsäuren, trans-Fettsäuren, Zucker und Salz/Natrium;
b) der Rolle und der Bedeutung des Lebensmittels (oder der Lebensmittelkategorie) und seines (oder ihres) Beitrags zur Ernährung der Bevölkerung allgemein oder gegebenenfalls bestimmter Risikogruppen, einschließlich Kindern;
c) der gesamten Nährwertzusammensetzung des Lebensmittels und des Vorhandenseins von Nährstoffen, deren Wirkung auf die Gesundheit wissenschaftlich anerkannt ist.

Die Nährwertprofile stützen sich auf wissenschaftliche Nachweise über die Ernährung und ihre Bedeutung für die Gesundheit.

Bei der Festlegung der Nährwertprofile fordert die Kommission die Behörde auf, binnen zwölf Monaten sachdienliche wissenschaftliche Ratschläge zu erarbeiten, die sich auf folgende Kernfragen konzentrieren:

i) ob Nährwertprofile für Lebensmittel generell und/oder für Lebensmittelkategorien erarbeitet werden sollten
ii) die Auswahl und Ausgewogenheit der zu berücksichtigenden Nährstoffe
iii) die Wahl der Referenzqualität/Referenzbasis für Nährwertprofile
iv) den Berechnungsansatz für die Nährwertprofile
v) die Durchführbarkeit und die Erprobung eines vorgeschlagenen Systems.

Bei der Festlegung der Nährwertprofile führt die Kommission Anhörungen der Interessengruppen, insbesondere von Lebensmittelunternehmern und Verbraucherverbänden, durch.

Nährwertprofile und die Bedingungen für ihre Verwendung, die eine Änderung nicht wesentlicher Bestimmungen dieser Verordnung durch Ergänzung bewirken, werden zur Berücksichtigung maßgeblicher wissenschaftlicher Entwicklungen nach Anhörung der Interessengruppen, insbesondere von Lebensmittelunternehmern und Verbraucherverbänden, nach dem in Artikel 25 Absatz 3 genannten Regelungsverfahren mit Kontrolle aktualisiert.

(2) Abweichend von Absatz 1 sind nährwertbezogene Angaben zulässig,

a) die sich auf die Verringerung von Fett, gesättigten Fettsäuren, trans-Fettsäuren, Zucker und Salz/Natrium beziehen, ohne Bezugnahme auf ein Profil für den/die konkreten Nährstoff(e), zu dem/denen die Angabe gemacht wird, sofern sie den Bedingungen dieser Verordnung entsprechen;

b) wenn ein einziger Nährstoff das Nährstoffprofil übersteigt, sofern in unmittelbarer Nähe der nährwertbezogenen Angabe auf derselben Seite und genau so deutlich sichtbar wie diese ein Hinweis auf diesen Nährstoff angebracht wird. Dieser Hinweis lautet: „Hoher Gehalt an [... 1)]".

(3) Getränke mit einem Alkoholgehalt von mehr als 1,2 Volumenprozent dürfen keine gesundheitsbezogenen Angaben tragen.

Bei Getränken mit einem Alkoholgehalt von mehr als 1,2 Volumenprozent sind nur nährwertbezogene Angaben zulässig, die sich auf einen geringen Alkoholgehalt oder eine Reduzierung des Alkoholgehalts oder eine Reduzierung des Brennwerts beziehen.

(4) In Ermangelung spezifischer Gemeinschaftsbestimmungen über nährwertbezogene Angaben zu geringem Alkoholgehalt oder dem reduzierten bzw. nicht vorhandenen Alkoholgehalt oder Brennwert von Getränken, die normalerweise Alkohol enthalten, können nach Maßgabe der Bestimmungen des Vertrags die einschlägigen einzelstaatlichen Regelungen angewandt werden.

(5) Maßnahmen zur Bestimmung anderer als der in Absatz 3 genannten Lebensmittel oder Kategorien von Lebensmitteln, bei denen die Verwendung nährwert oder gesundheitsbezogener Angaben eingeschränkt oder verboten werden soll, und zur Änderung nicht wesentlicher Bestimmungen dieser Verordnung können im Licht wissenschaftlicher Nachweise nach dem in Artikel 25 Absatz 3 genannten Regelungsverfahren mit Kontrolle erlassen werden.

Art. 5 Allgemeine Bedingungen

(1) Die Verwendung nährwert- und gesundheitsbezogener Angaben ist nur zulässig, wenn die nachstehenden Bedingungen erfüllt sind:

a) Es ist anhand allgemein anerkannter wissenschaftlicher Nachweise nachgewiesen, dass das Vorhandensein, das Fehlen oder der verringerte Gehalt des Nährstoffs oder der anderen Substanz, auf die sich die Angabe bezieht, in einem Lebensmittel oder einer Kategorie von Lebensmitteln eine positive ernährungsbezogene Wirkung oder physiologische Wirkung hat.

b) Der Nährstoff oder die andere Substanz, für die die Angabe gemacht wird,

　i) ist im Endprodukt in einer gemäß dem Gemeinschaftsrecht signifikanten Menge oder, wo einschlägige Bestimmungen nicht bestehen, in einer Menge vorhanden, die nach allgemein anerkannten wissenschaftlichen Nachweisen geeignet ist, die behauptete ernährungsbezogene Wirkung oder physiologische Wirkung zu erzielen, oder

　ii) ist nicht oder in einer verringerten Menge vorhanden, was nach allgemein anerkannten wissenschaftlichen Nachweisen geeignet ist, die behauptete ernährungsbezogene Wirkung oder physiologische Wirkung zu erzielen.

c) Soweit anwendbar, liegt der Nährstoff oder die andere Substanz, auf die sich die Angabe bezieht, in einer Form vor, die für den Körper verfügbar ist.

d) Die Menge des Produkts, deren Verzehr vernünftigerweise erwartet werden kann, liefert eine gemäß dem Gemeinschaftsrecht signifikante Menge des Nährstoffs oder der anderen Substanz, auf die sich die Angabe bezieht, oder, wo einschlägige Bestimmungen nicht bestehen, eine signifikante Menge, die nach allgemein anerkannten wissenschaftlichen Nachweisen geeignet ist, die behauptete ernährungsbezogene Wirkung oder physiologische Wirkung zu erzielen.

e) Die besonderen Bedingungen in Kapitel III bzw. Kapitel IV, soweit anwendbar, sind erfüllt.

---

1) **Amtl. Anm.:** Name des Nährstoffs, der das Nährstoffprofil übersteigt.

(2) Die Verwendung nährwert- oder gesundheitsbezogener Angaben ist nur zulässig, wenn vom durchschnittlichen Verbraucher erwartet werden kann, dass er die positive Wirkung, wie sie in der Angabe dargestellt wird, versteht.

(3) Nährwert- und gesundheitsbezogene Angaben müssen sich gemäß der Anweisung des Herstellers auf das verzehrfertige Lebensmittel beziehen.

Art. 6 Wissenschaftliche Absicherung von Angaben

(1) Nährwert- und gesundheitsbezogene Angaben müssen sich auf allgemein anerkannte wissenschaftliche Nachweise stützen und durch diese abgesichert sein.

(2) Ein Lebensmittelunternehmer, der eine nährwert- oder gesundheitsbezogene Angabe macht, muss die Verwendung dieser Angabe begründen.

(3) Die zuständigen Behörden der Mitgliedstaaten können einen Lebensmittelunternehmer oder eine Person, die ein Produkt in Verkehr bringt, verpflichten, alle einschlägigen Angaben zu machen und Daten vorzulegen, die die Übereinstimmung mit dieser Verordnung belegen.

Art. 7 Nährwertkennzeichnung

[1] Die Verpflichtung, bei einer nährwertbezogenen Angabe auch Angaben im Sinne der Richtlinie 90/496/EWG zu machen, und die entsprechenden Modalitäten gelten sinngemäß für gesundheitsbezogene Angaben mit Ausnahme produktübergreifender Werbeaussagen. [2] Jedoch handelt es sich dabei um die Angaben der in Artikel 4 Absatz 1 der Richtlinie 90/496/EWG definierten Gruppe 2.

Zusätzlich sind – sofern anwendbar – für Stoffe, die Gegenstand einer nährwert- oder gesundheitsbezogenen Angabe sind und nicht in der Nährwertkennzeichnung erscheinen, die jeweiligen Mengen in demselben Sichtfeld in unmittelbarer Nähe dieser Nährwertkennzeichnung gemäß Artikel 6 der Richtlinie 90/496/EWG anzugeben.

Im Falle von Nahrungsergänzungsmitteln ist die Nährwertkennzeichnung gemäß Artikel 8 der Richtlinie 2002/46/EG anzugeben.

Kapitel III. Nährwertbezogene Angaben

Art. 8 Besondere Bedingungen

(1) Nährwertbezogene Angaben dürfen nur gemacht werden, wenn sie im Anhang aufgeführt sind und den in dieser Verordnung festgelegten Bedingungen entsprechen.

(2) [1] Änderungen des Anhangs werden nach dem in Artikel 25 Absatz 3 genannten Regelungsverfahren mit Kontrolle, gegebenenfalls nach Anhörung der Behörde, erlassen. [2] Gegebenenfalls bezieht die Kommission Interessengruppen, insbesondere Lebensmittelunternehmer und Verbraucherverbände, ein, um die Wahrnehmung und das Verständnis der betreffenden Angaben zu bewerten.

Art. 9 Vergleichende Angaben

(1) [1] Unbeschadet der Richtlinie 84/450/EWG ist ein Vergleich nur zwischen Lebensmitteln derselben Kategorie und unter Berücksichtigung einer Reihe von Lebensmitteln dieser Kategorie zulässig. [2] Der Unterschied in der Menge eines Nährstoffs und/oder im Brennwert ist anzugeben, und der Vergleich muss sich auf dieselbe Menge des Lebensmittels beziehen.

(2) Vergleichende nährwertbezogene Angaben müssen die Zusammensetzung des betreffenden Lebensmittels mit derjenigen einer Reihe von Lebensmitteln derselben Kategorie vergleichen, deren Zusammensetzung die Verwendung einer Angabe nicht erlaubt, darunter auch Lebensmittel anderer Marken.

Kapitel IV. Gesundheitsbezogene Angaben

Art. 10 Spezielle Bedingungen

(1) Gesundheitsbezogene Angaben sind verboten, sofern sie nicht den allgemeinen Anforderungen in Kapitel II und den speziellen Anforderungen im vorliegenden Kapitel entsprechen,

gemäß dieser Verordnung zugelassen und in die Liste der zugelassenen Angaben gemäß den Artikeln 13 und 14 aufgenommen sind.

(2) Gesundheitsbezogene Angaben dürfen nur gemacht werden, wenn die Kennzeichnung oder, falls diese Kennzeichnung fehlt, die Aufmachung der Lebensmittel und die Lebensmittelwerbung folgende Informationen tragen:

a) einen Hinweis auf die Bedeutung einer abwechslungsreichen und ausgewogenen Ernährung und einer gesunden Lebensweise,
b) Informationen zur Menge des Lebensmittels und zum Verzehrmuster, die erforderlich sind, um die behauptete positive Wirkung zu erzielen,
c) gegebenenfalls einen Hinweis an Personen, die es vermeiden sollten, dieses Lebensmittel zu verzehren, und
d) einen geeigneten Warnhinweis bei Produkten, die bei übermäßigem Verzehr eine Gesundheitsgefahr darstellen könnten.

(3) Verweise auf allgemeine, nichtspezifische Vorteile des Nährstoffs oder Lebensmittels für die Gesundheit im Allgemeinen oder das gesundheitsbezogene Wohlbefinden sind nur zulässig, wenn ihnen eine in einer der Listen nach Artikel 13 oder 14 enthaltene spezielle gesundheitsbezogene Angabe beigefügt ist.

(4) Gegebenenfalls werden nach dem in Artikel 25 Absatz 2 genannten Verfahren und, falls erforderlich, nach der Anhörung der Interessengruppen, insbesondere von Lebensmittelunternehmern und Verbraucherverbänden, Leitlinien für die Durchführung dieses Artikels angenommen.

Art. 11 Nationale Vereinigungen von Fachleuten der Bereiche Medizin, Ernährung oder Diätetik und karitative medizinische Einrichtungen

Fehlen spezifische Gemeinschaftsvorschriften über Empfehlungen oder Bestätigungen von nationalen Vereinigungen von Fachleuten der Bereiche Medizin, Ernährung oder Diätetik oder karitativen gesundheitsbezogenen Einrichtungen, so können nach Maßgabe der Bestimmungen des Vertrags einschlägige nationale Regelungen angewandt werden.

Art. 12 Beschränkungen der Verwendung bestimmter gesundheitsbezogener Angaben

Die folgenden gesundheitsbezogenen Angaben sind nicht zulässig:

a) Angaben, die den Eindruck erwecken, durch Verzicht auf das Lebensmittel könnte die Gesundheit beeinträchtigt werden;
b) Angaben über Dauer und Ausmaß der Gewichtsabnahme;
c) Angaben, die auf Empfehlungen von einzelnen Ärzten oder Vertretern medizinischer Berufe und von Vereinigungen, die nicht in Artikel 11 genannt werden, verweisen.

Art. 13 Andere gesundheitsbezogene Angaben als Angaben über die Reduzierung eines Krankheitsrisikos sowie die Entwicklung und die Gesundheit von Kindern

(1) In der in Absatz 3 vorgesehenen Liste genannte gesundheitsbezogene Angaben, die

a) die Bedeutung eines Nährstoffs oder einer anderen Substanz für Wachstum, Entwicklung und Körperfunktionen,
b) die psychischen Funktionen oder Verhaltensfunktionen oder
c) unbeschadet der Richtlinie 96/8/EG die schlank machenden oder gewichtskontrollierenden Eigenschaften des Lebensmittels oder die Verringerung des Hungergefühls oder ein verstärktes Sättigungsgefühl oder eine verringerte Energieaufnahme durch den Verzehr des Lebensmittels

beschreiben oder darauf verweisen, dürfen gemacht werden, ohne den Verfahren der Artikel 15 bis 19 zu unterliegen, wenn sie

i) sich auf allgemein anerkannte wissenschaftliche Nachweise stützen und
ii) vom durchschnittlichen Verbraucher richtig verstanden werden.

(2) Die Mitgliedstaaten übermitteln der Kommission spätestens am 31. Januar 2008 Listen von Angaben gemäß Absatz 1 zusammen mit den für sie geltenden Bedingungen und mit Hinweisen auf die entsprechende wissenschaftliche Absicherung.

(3) Nach Anhörung der Behörde verabschiedet die Kommission nach dem in Artikel 25 Absatz 3 genannten Regelungsverfahren mit Kontrolle spätestens am 31. Januar 2010 als Änderung nicht wesentlicher Bestimmungen dieser Verordnung durch Ergänzung eine Gemeinschaftsliste zulässiger Angaben gemäß Absatz 1 sowie alle für die Verwendung dieser Angaben notwendigen Bedingungen.

(4) Änderungen an der in Absatz 3 genannten Liste, die auf allgemein anerkannten wissenschaftlichen Nachweisen beruhen, und zur Änderung nicht wesentlicher Elemente dieser Verordnung durch Ergänzung werden nach Anhörung der Behörde auf eigene Initiative der Kommission oder auf Antrag eines Mitgliedstaats nach dem in Artikel 25 Absatz 3 genannten Regelungsverfahren mit Kontrolle erlassen.

(5) Weitere Angaben, die auf neuen wissenschaftlichen Nachweisen beruhen und/oder einen Antrag auf den Schutz geschützter Daten enthalten, werden nach dem Verfahren des Artikels 18 in die in Absatz 3 genannte Liste aufgenommen, mit Ausnahme der Angaben über die Entwicklung und die Gesundheit von Kindern, die nach dem Verfahren der Artikel 15, 16, 17 und 19 zugelassen werden.

Art. 14 Angaben über die Verringerung eines Krankheitsrisikos sowie Angaben über die Entwicklung und die Gesundheit von Kindern

(1) Ungeachtet des Artikels 2 Absatz 1 Buchstabe b der Richtlinie 2000/13/EG können die folgenden Angaben gemacht werden, wenn sie nach dem Verfahren der Artikel 15, 16, 17 und 19 der vorliegenden Verordnung zur Aufnahme in eine Gemeinschaftsliste zulässiger Angaben und aller erforderlichen Bedingungen für die Verwendung dieser Angaben zugelassen worden sind:
 a) Angaben über die Verringerung eines Krankheitsrisikos,
 b) Angaben über die Entwicklung und die Gesundheit von Kindern.

(2) Zusätzlich zu den allgemeinen Anforderungen dieser Verordnung und den spezifischen Anforderungen in Absatz 1 muss bei Angaben über die Verringerung eines Krankheitsrisikos die Kennzeichnung oder, falls diese Kennzeichnung fehlt, die Aufmachung der Lebensmittel und die Lebensmittelwerbung außerdem eine Erklärung dahin gehend enthalten, dass die Krankheit, auf die sich die Angabe bezieht, durch mehrere Risikofaktoren bedingt ist und dass die Veränderung eines dieser Risikofaktoren eine positive Wirkung haben kann oder auch nicht.

Art. 15 Beantragung der Zulassung

(1) Bei Bezugnahme auf diesen Artikel ist ein Antrag auf Zulassung nach Maßgabe der nachstehenden Absätze zu stellen.

(2) Der Antrag wird der zuständigen nationalen Behörde eines Mitgliedstaats zugeleitet.
 a) Die zuständige nationale Behörde
   i) bestätigt den Erhalt eines Antrags schriftlich innerhalb von 14 Tagen nach Eingang. In der Bestätigung ist das Datum des Antragseingangs zu vermerken;
   ii) informiert die Behörde unverzüglich und
   iii) stellt der Behörde den Antrag und alle vom Antragsteller ergänzend vorgelegten Informationen zur Verfügung.
 b) Die Behörde
   i) unterrichtet die Mitgliedstaaten und die Kommission unverzüglich über den Antrag und stellt ihnen den Antrag sowie alle vom Antragsteller ergänzend vorgelegten Informationen zur Verfügung;
   ii) stellt die in Absatz 3 Buchstabe g genannte Zusammenfassung des Antrags der Öffentlichkeit zur Verfügung.

(3) Der Antrag muss Folgendes enthalten:
 a) Name und Anschrift des Antragstellers;
 b) Bezeichnung des Nährstoffs oder der anderen Substanz oder des Lebensmittels oder der Lebensmittelkategorie, wofür die gesundheitsbezogene Angabe gemacht werden soll, sowie die jeweiligen besonderen Eigenschaften;
 c) eine Kopie der Studien einschließlich – soweit verfügbar – unabhängiger und nach dem Peer-Review-Verfahren erstellter Studien zu der gesundheitsbezogenen Angabe sowie alle

sonstigen verfügbaren Unterlagen, aus denen hervorgeht, dass die gesundheitsbezogene Angabe die Kriterien dieser Verordnung erfüllt;

d) gegebenenfalls einen Hinweis, welche Informationen als eigentumsrechtlich geschützt einzustufen sind, zusammen mit einer entsprechenden nachprüfbaren Begründung;

e) eine Kopie anderer wissenschaftlicher Studien, die für die gesundheitsbezogene Angabe relevant sind;

f) einen Vorschlag für die Formulierung der gesundheitsbezogenen Angabe, deren Zulassung beantragt wird, gegebenenfalls einschließlich spezieller Bedingungen für die Verwendung;

g) eine Zusammenfassung des Antrags.

(4) Nach vorheriger Anhörung der Behörde legt die Kommission nach dem in Artikel 25 Absatz 2 genannten Verfahren Durchführungsvorschriften zum vorliegenden Artikel, einschließlich Vorschriften zur Erstellung und Vorlage des Antrags, fest.

(5) Um den Lebensmittelunternehmern, insbesondere den KMU, bei der Vorbereitung und Stellung eines Antrags auf wissenschaftliche Bewertung behilflich zu sein, stellt die Kommission in enger Zusammenarbeit mit der Behörde geeignete technische Anleitungen und Hilfsmittel bereit.

Art. 16 Stellungnahme der Behörde

(1) [1] Bei der Abfassung ihrer Stellungnahme hält die Behörde eine Frist von fünf Monaten ab dem Datum des Eingangs eines gültigen Antrags ein. [2] Wenn die Behörde beim Antragsteller zusätzliche Informationen gemäß Absatz 2 anfordert, wird diese Frist um bis zu zwei Monate nach dem Datum des Eingangs der vom Antragsteller übermittelten Informationen verlängert.

(2) Die Behörde – oder über sie eine nationale zuständige Behörde – kann gegebenenfalls den Antragsteller auffordern, die Unterlagen zum Antrag innerhalb einer bestimmten Frist zu ergänzen.

(3) Zur Vorbereitung ihrer Stellungnahme überprüft die Behörde, ob

a) die gesundheitsbezogene Angabe durch wissenschaftliche Nachweise abgesichert ist;

b) die Formulierung der gesundheitsbezogenen Angabe den Kriterien dieser Verordnung entspricht.

(4) Wird in der Stellungnahme die Zulassung der Verwendung der gesundheitsbezogenen Angabe befürwortet, so muss sie außerdem folgende Informationen enthalten:

a) Name und Anschrift des Antragstellers;

b) Bezeichnung des Nährstoffs oder der anderen Substanz oder des Lebensmittels oder der Lebensmittelkategorie, wofür die gesundheitsbezogene Angabe gemacht werden soll, sowie die jeweiligen besonderen Eigenschaften;

c) einen Vorschlag für die Formulierung der gesundheitsbezogenen Angabe, gegebenenfalls einschließlich der speziellen Bedingungen für ihre Verwendung;

d) gegebenenfalls Bedingungen für die oder Beschränkungen der Verwendung des Lebensmittels und/oder zusätzliche Erklärungen oder Warnungen, die die gesundheitsbezogene Angabe auf dem Etikett oder bei der Werbung begleiten sollten.

(5) Die Behörde übermittelt der Kommission, den Mitgliedstaaten und dem Antragsteller ihre Stellungnahme einschließlich eines Berichts mit der Beurteilung der gesundheitsbezogenen Angabe, einer Begründung ihrer Stellungnahme und über die Informationen, auf denen ihre Stellungnahme beruht.

(6) Die Behörde veröffentlicht ihre Stellungnahme gemäß Artikel 38 Absatz 1 der Verordnung (EG) Nr. 178/2002.

Der Antragsteller bzw. Vertreter der Öffentlichkeit können innerhalb von 30 Tagen nach dieser Veröffentlichung gegenüber der Kommission Bemerkungen dazu abgeben.

Art. 17 Gemeinschaftszulassung

(1) [1] Innerhalb von zwei Monaten nach Erhalt der Stellungnahme der Behörde legt die Kommission dem in Artikel 23 Absatz 2 genannten Ausschuss einen Entwurf für eine Entscheidung über die Listen der zugelassenen gesundheitsbezogenen Angaben vor, wobei die Stellungnahme der Behörde, alle einschlägigen Bestimmungen des Gemeinschaftsrechts und andere für den jeweils zu prüfenden Sachverhalt relevante legitime Faktoren berücksichtigt werden.

²Stimmt der Entwurf der Entscheidung nicht mit der Stellungnahme der Behörde überein, so erläutert die Kommission die Gründe für die Abweichung.

(2) Jeder Entwurf für eine Entscheidung zur Änderung der Listen der zugelassenen gesundheitsbezogenen Angaben enthält die in Artikel 16 Absatz 4 genannten Informationen.

(3) Die endgültige Entscheidung über den Antrag zur Änderung nicht wesentlicher Bestimmungen dieser Verordnung durch Ergänzung wird nach dem in Artikel 25 Absatz 3 genannten Regelungsverfahren mit Kontrolle getroffen.

In den Fällen, in denen die Kommission auf das Ersuchen eines Antragstellers um den Schutz geschützter Daten hin beabsichtigt, die Verwendung der Angabe zugunsten des Antragstellers einzuschränken, gilt jedoch Folgendes:

a) Eine Entscheidung über die Zulassung der Angabe wird nach dem in Artikel 25 Absatz 2 genannten Regelungsverfahren getroffen. In solchen Fällen wird die erteilte Zulassung nach fünf Jahren ungültig.
b) Vor Ablauf der fünf Jahre legt die Kommission, falls die Angabe immer noch den Anforderungen dieser Verordnung entspricht, einen Entwurf von Maßnahmen zur Änderung nicht wesentlicher Bestimmungen dieser Verordnung durch Ergänzung zur Zulassung der Angabe ohne Einschränkung ihrer Verwendung vor; über diesen Entwurf wird nach dem in Artikel 25 Absatz 3 genannten Regelungsverfahren mit Kontrolle entschieden.

(4) Die Kommission unterrichtet den Antragsteller unverzüglich über die Entscheidung und veröffentlicht die Einzelheiten dieser Entscheidung im Amtsblatt der Europäischen Union.

(5) Gesundheitsbezogene Angaben, die in den Listen nach den Artikeln 13 und 14 enthalten sind, können von jedem Lebensmittelunternehmer unter den für sie geltenden Bedingungen verwendet werden, wenn ihre Verwendung nicht nach Artikel 21 eingeschränkt ist.

(6) Die Erteilung der Zulassung schränkt die allgemeine zivil- und strafrechtliche Haftung eines Lebensmittelunternehmens für das betreffende Lebensmittel nicht ein.

Art. 18 Angaben gemäß Artikel 13 Absatz 5

(1) Ein Lebensmittelunternehmer, der eine gesundheitsbezogene Angabe zu verwenden beabsichtigt, die nicht in der in Artikel 13 Absatz 3 vorgesehenen Liste aufgeführt ist, kann die Aufnahme der Angabe in diese Liste beantragen.

(2) ¹Der Aufnahmeantrag ist bei der zuständigen nationalen Behörde eines Mitgliedstaats einzureichen, die den Eingang des Antrags innerhalb von 14 Tagen nach Eingang schriftlich bestätigt. ²In der Bestätigung ist das Datum des Eingangs des Antrags anzugeben. ³Der Antrag muss die in Artikel 15 Absatz 2 aufgeführten Daten und eine Begründung enthalten.

(3) ¹Der gültige Antrag, der gemäß den in Artikel 15 Absatz 5 genannten Anweisungen erstellt wurde, sowie alle vom Antragsteller übermittelten Informationen werden unverzüglich der Behörde für eine wissenschaftliche Bewertung sowie der Kommission und den Mitgliedstaaten zur Kenntnisnahme übermittelt. ²Die Behörde gibt ihre Stellungnahme innerhalb einer Frist von fünf Monaten ab dem Datum des Eingangs des Antrags ab. ³Diese Frist kann um bis zu einem Monat verlängert werden, falls es die Behörde für erforderlich erachtet, zusätzliche Informationen vom Antragsteller anzufordern. ⁴In diesem Fall übermittelt der Antragsteller die angeforderten Informationen binnen 15 Tagen ab dem Datum des Erhalts der Anfrage der Behörde.

Das Verfahren des Artikels 16 Absatz 3 Buchstaben a und b, Absatz 5 und Absatz 6 findet sinngemäß Anwendung.

(4) Gibt die Behörde nach der wissenschaftlichen Bewertung eine Stellungnahme zu Gunsten der Aufnahme der betreffenden Angabe in die in Artikel 13 Absatz 3 vorgesehene Liste ab, so entscheidet die Kommission binnen zwei Monaten nach Eingang der Stellungnahme der Behörde, und nachdem sie die Mitgliedstaaten konsultiert hat, über den Antrag, wobei sie die Stellungnahme der Behörde, alle einschlägigen Vorschriften des Gemeinschaftsrechts und sonstige für die betreffende Angelegenheit relevante legitime Faktoren berücksichtigt.

(5) Gibt die Behörde eine Stellungnahme ab, in der die Aufnahme der betreffenden Angabe in die in Absatz 4 genannte Liste nicht befürwortet wird, wird nach dem in Artikel 25 Absatz 3 genannten Regelungsverfahren mit Kontrolle eine Entscheidung über die Verwendung zur Änderung nicht wesentlicher Bestimmungen dieser Verordnung durch Ergänzung getroffen.

In den Fällen, in denen die Kommission auf das Ersuchen eines Antragstellers um den Schutz geschützter Daten hin vorschlägt, die Verwendung der Angabe zugunsten des Antragstellers einzuschränken, gilt jedoch Folgendes:
a) Eine Entscheidung über die Zulassung der Angabe wird nach dem in Artikel 25 Absatz 2 genannten Regelungsverfahren getroffen. In solchen Fällen wird die erteilte Zulassung nach fünf Jahren ungültig.
b) Vor Ablauf der fünf Jahre legt die Kommission, falls die Angabe immer noch den Bedingungen dieser Verordnung entspricht, einen Entwurf von Maßnahmen zur Änderung nicht wesentlicher Bestimmungen dieser Verordnung durch Ergänzung zur Zulassung der Angabe ohne Einschränkung ihrer Verwendung vor; über diesen Entwurf wird nach dem in Artikel 25 Absatz 3 genannten Regelungsverfahren mit Kontrolle entschieden.

Art. 19 Änderung, Aussetzung und Widerruf von Zulassungen

(1) [1]Der Antragsteller/Nutzer einer Angabe, die in einer der Listen nach den Artikeln 13 und 14 aufgeführt ist, kann eine Änderung der jeweils einschlägigen Liste beantragen. [2]Das Verfahren der Artikel 15 bis 18 findet sinngemäß Anwendung.

(2) Die Behörde legt auf eigene Initiative oder auf Antrag eines Mitgliedstaats oder der Kommission eine Stellungnahme darüber vor, ob eine in einer der Listen nach den Artikeln 13 und 14 aufgeführte gesundheitsbezogene Angabe immer noch den Bedingungen dieser Verordnung entspricht.

[1]Sie übermittelt ihre Stellungnahme unverzüglich der Kommission, den Mitgliedstaaten und gegebenenfalls dem ursprünglichen Antragsteller, der die Verwendung der betreffenden Angabe beantragt hat. [2]Die Behörde veröffentlicht ihre Stellungnahme gemäß Artikel 38 Absatz 1 der Verordnung (EG) Nr. 178/2002.

Der Antragsteller/Nutzer bzw. ein Vertreter der Öffentlichkeit kann innerhalb von 30 Tagen nach dieser Veröffentlichung gegenüber der Kommission Bemerkungen dazu abgeben.

[1]Die Kommission prüft die Stellungnahme der Behörde sowie alle eingegangenen Bemerkungen so bald wie möglich. [2]Gegebenenfalls wird die Zulassung nach dem Verfahren der Artikel 17 und 18 abgeändert, ausgesetzt oder widerrufen.

Kapitel V. Allgemeine und Schlussbestimmungen

Art. 20 Gemeinschaftsregister

(1) Die Kommission erstellt und unterhält ein Gemeinschaftsregister der nährwert- und gesundheitsbezogenen Angaben über Lebensmittel, nachstehend „Register" genannt.

(2) Das Register enthält Folgendes:
a) die nährwertbezogenen Angaben und die Bedingungen für ihre Verwendung gemäß dem Anhang;
b) gemäß Artikel 4 Absatz 5 festgelegte Einschränkungen;
c) die zugelassenen gesundheitsbezogenen Angaben und die Bedingungen für ihre Verwendung nach Artikel 13 Absätze 3 und 5, Artikel 14 Absatz 1, Artikel 19 Absatz 2, Artikel 21, Artikel 24 Absatz 2 und Artikel 28 Absatz 6 sowie die innerstaatlichen Maßnahmen nach Artikel 23 Absatz 3;
d) eine Liste abgelehnter gesundheitsbezogener Angaben und die Gründe für ihre Ablehnung.

Gesundheitsbezogene Angaben, die aufgrund geschützter Daten zugelassen wurden, werden in einen gesonderten Anhang des Registers aufgenommen, zusammen mit folgenden Informationen:
1. Datum der Zulassung der gesundheitsbezogenen Angabe durch die Kommission und Name des ursprünglichen Antragstellers, dem die Zulassung erteilt wurde;
2. die Tatsache, dass die Kommission die gesundheitsbezogene Angabe auf der Grundlage geschützter Daten und mit Einschränkung der Verwendung zugelassen hat;
3. in den in Artikel 17 Absatz 3 Unterabsatz 2 und Artikel 18 Absatz 5 Unterabsatz 2 genannten Fällen die Tatsache, dass die gesundheitsbezogene Angabe auf begrenzte Zeit zugelassen ist.

(3) Das Register wird veröffentlicht.

Art. 21 Datenschutz

(1) Die wissenschaftlichen Daten und anderen Informationen in dem in Artikel 15 Absatz 3 vorgeschriebenen Antrag dürfen während eines Zeitraums von fünf Jahren ab dem Datum der Zulassung nicht zugunsten eines späteren Antragstellers verwendet werden, es sei denn, dieser nachfolgende Antragsteller hat mit dem früheren Antragsteller vereinbart, dass solche Daten und Informationen verwendet werden können, vorausgesetzt,

a) die wissenschaftlichen Daten und anderen Informationen wurden vom ursprünglichen Antragsteller zum Zeitpunkt des ursprünglichen Antrags als geschützt bezeichnet und
b) der ursprüngliche Antragsteller hatte zum Zeitpunkt des ursprünglichen Antrags ausschließlichen Anspruch auf die Nutzung der geschützten Daten und
c) die gesundheitsbezogene Angabe hätte ohne die Vorlage der geschützten Daten durch den ursprünglichen Antragsteller nicht zugelassen werden können.

(2) Bis zum Ablauf des in Absatz 1 genannten Zeitraums von fünf Jahren hat kein nachfolgender Antragsteller das Recht, sich auf von einem vorangegangenen Antragsteller als geschützt bezeichnete Daten zu beziehen, sofern und solange die Kommission nicht darüber entscheidet, ob eine Angabe ohne die von dem vorangegangenen Antragsteller als geschützt bezeichneten Daten in die in Artikel 14 oder gegebenenfalls in Artikel 13 vorgesehene Liste aufgenommen werden könnte oder hätte aufgenommen werden können.

Art. 22 Nationale Vorschriften

Die Mitgliedstaaten dürfen unbeschadet des Vertrags, insbesondere seiner Artikel 28 und 30, den Handel mit Lebensmitteln oder die Werbung für Lebensmittel, die dieser Verordnung entsprechen, nicht durch die Anwendung nicht harmonisierter nationaler Vorschriften über Angaben über bestimmte Lebensmittel oder über Lebensmittel allgemein einschränken oder verbieten.

Art. 23 Notifizierungsverfahren

(1) Hält ein Mitgliedstaat es für erforderlich, neue Rechtsvorschriften zu erlassen, so teilt er der Kommission und den übrigen Mitgliedstaaten die in Aussicht genommenen Maßnahmen mit einer schlüssigen Begründung mit, die diese rechtfertigen.

(2) Die Kommission hört den mit Artikel 58 Absatz 1 der Verordnung (EG) Nr. 178/2002 eingesetzten Ständigen Ausschuss für die Lebensmittelkette und Tiergesundheit (nachstehend „Ausschuss" genannt) an, sofern sie dies für nützlich hält oder ein Mitgliedstaat es beantragt, und nimmt zu den in Aussicht genommenen Maßnahmen Stellung.

(3) Der betroffene Mitgliedstaat kann die in Aussicht genommenen Maßnahmen sechs Monate nach der Mitteilung nach Absatz 1 und unter der Bedingung treffen, dass er keine gegenteilige Stellungnahme der Kommission erhalten hat.

[1] Ist die Stellungnahme der Kommission ablehnend, so entscheidet die Kommission nach dem in Artikel 25 Absatz 2 genannten Verfahren vor Ablauf der in Unterabsatz 1 des vorliegenden Absatzes genannten Frist, ob die in Aussicht genommenen Maßnahmen durchgeführt werden dürfen. [2] Die Kommission kann bestimmte Änderungen an den vorgesehenen Maßnahmen verlangen.

Art. 24 Schutzmaßnahmen

(1) Hat ein Mitgliedstaat stichhaltige Gründe für die Annahme, dass eine Angabe nicht dieser Verordnung entspricht oder dass die wissenschaftliche Absicherung nach Artikel 6 unzureichend ist, so kann er die Verwendung der betreffenden Angabe in seinem Hoheitsgebiet vorübergehend aussetzen.

Er unterrichtet die übrigen Mitgliedstaaten und die Kommission und begründet die Aussetzung.

(2) Eine Entscheidung hierüber wird gegebenenfalls nach Einholung einer Stellungnahme der Behörde nach dem in Artikel 25 Absatz 2 genannten Verfahren getroffen.

Die Kommission kann dieses Verfahren auf eigene Initiative einleiten.

(3) Der in Absatz 1 genannte Mitgliedstaat kann die Aussetzung beibehalten, bis ihm die in Absatz 2 genannte Entscheidung notifiziert wurde.

Art. 25 Ausschussverfahren

(1) Die Kommission wird vom Ausschuss unterstützt.

(2) Wird auf diesen Absatz Bezug genommen, so gelten die Artikel 5 und 7 des Beschlusses 1999/468/EG unter Beachtung von dessen Artikel 8.

Der Zeitraum nach Artikel 5 Absatz 6 des Beschlusses 1999/468/EG wird auf drei Monate festgesetzt.

(3) Wird auf diesen Absatz Bezug genommen, so gelten Artikel 5a Absätze 1 bis 4 und Artikel 7 des Beschlusses 1999/468/EG unter Beachtung von dessen Artikel 8.

Art. 26 Überwachung

Um die wirksame Überwachung von Lebensmitteln mit nährwert- oder gesundheitsbezogenen Angaben zu erleichtern, können die Mitgliedstaaten die Hersteller oder die Personen, die derartige Lebensmittel in ihrem Hoheitsgebiet in Verkehr bringen, verpflichten, die zuständige Behörde über das Inverkehrbringen zu unterrichten und ihr ein Muster des für das Produkt verwendeten Etiketts zu übermitteln.

Art. 27 Bewertung

[1] Spätestens am 19. Januar 2013 legt die Kommission dem Europäischen Parlament und dem Rat einen Bericht über die Anwendung dieser Verordnung vor, insbesondere über die Entwicklung des Markts für Lebensmittel, für die nährwert- oder gesundheitsbezogene Angaben gemacht werden, und darüber, wie die Angaben von den Verbrauchern verstanden werden; gegebenenfalls fügt sie diesem Bericht einen Vorschlag für Änderungen bei. [2] Der Bericht umfasst auch eine Beurteilung der Auswirkungen dieser Verordnung auf die Wahl der Ernährungsweise und der möglichen Auswirkungen auf Übergewicht und nicht übertragbare Krankheiten.

Art. 28 Übergangsmaßnahmen

(1) [1] Lebensmittel, die vor dem Beginn der Anwendung dieser Verordnung in Verkehr gebracht oder gekennzeichnet wurden und dieser Verordnung nicht entsprechen, dürfen bis zu ihrem Mindesthaltbarkeitsdatum, jedoch nicht länger als bis zum 31. Juli 2009 weiter in Verkehr gebracht werden. [2] Unter Berücksichtigung von Artikel 4 Absatz 1 dürfen Lebensmittel bis 24 Monate nach Annahme der entsprechenden Nährwertprofile und der Bedingungen für ihre Verwendung in Verkehr gebracht werden.

(2) Produkte mit bereits vor dem 1. Januar 2005 bestehenden Handelsmarken oder Markennamen, die dieser Verordnung nicht entsprechen, dürfen bis zum 19. Januar 2022 weiterhin in den Verkehr gebracht werden; danach gelten die Bestimmungen dieser Verordnung.

(3) Nährwertbezogene Angaben, die in einem Mitgliedstaat vor dem 1. Januar 2006 gemäß den einschlägigen innerstaatlichen Vorschriften verwendet wurden und nicht im Anhang aufgeführt sind, dürfen bis zum 19. Januar 2010 unter der Verantwortung von Lebensmittelunternehmern verwendet werden; dies gilt unbeschadet der Annahme von Schutzmaßnahmen gemäß Artikel 24.

(4) Nährwertbezogene Angaben in Form von Bildern, Grafiken oder Symbolen, die den allgemeinen Grundsätzen dieser Verordnung entsprechen, jedoch nicht im Anhang aufgeführt sind, und die entsprechend den durch einzelstaatliche Bestimmungen oder Vorschriften aufgestellten besonderen Bedingungen und Kriterien verwendet werden, unterliegen folgenden Bestimmungen:

a) Die Mitgliedstaaten übermitteln der Kommission spätestens bis zum 31. Januar 2008 diese nährwertbezogenen Angaben und die anzuwendenden einzelstaatlichen Bestimmungen oder Vorschriften zusammen mit den wissenschaftlichen Daten zu deren Absicherung;
b) Die Kommission fasst nach dem in Artikel 25 Absatz 3 genannten Regelungsverfahren mit Kontrolle einen Beschluss über die Verwendung solcher Angaben zur Änderung nicht wesentlicher Bestimmungen dieser Verordnung.

Nährwertbezogene Angaben, die nicht nach diesem Verfahren zugelassen wurden, können bis zu zwölf Monate nach Erlass des Beschlusses weiter verwendet werden.

(5) Gesundheitsbezogene Angaben im Sinne des Artikels 13 Absatz 1 Buchstabe a dürfen ab Inkrafttreten dieser Verordnung bis zur Annahme der in Artikel 13 Absatz 3 genannten Liste unter der Verantwortung von Lebensmittelunternehmern verwendet werden, sofern die Angaben

dieser Verordnung und den einschlägigen einzelstaatlichen Vorschriften entsprechen; dies gilt unbeschadet der Annahme von Schutzmaßnahmen gemäß Artikel 24.

(6) Für gesundheitsbezogene Angaben, die nicht unter Artikel 13 Absatz 1 Buchstabe a und Artikel 14 Absatz 1 Buchstabe a fallen und unter Beachtung der nationalen Rechtsvorschriften vor dem Inkrafttreten dieser Verordnung verwendet wurden, gilt Folgendes:

a) Gesundheitsbezogene Angaben, die in einem Mitgliedstaat einer Bewertung unterzogen und zugelassen wurden, werden nach folgendem Verfahren zugelassen:
  i) Die Mitgliedstaaten übermitteln der Kommission spätestens bis zum 31. Januar 2008 die betreffenden Angaben sowie den Bericht mit der Bewertung der zur Absicherung der Angaben vorgelegten wissenschaftlichen Daten;
  ii) nach Anhörung der Behörde fasst die Kommission nach dem in Artikel 25 Absatz 3 genannten Regelungsverfahren mit Kontrolle einen Beschluss über die gesundheitsbezogenen Angaben, die auf diese Weise zugelassen wurden, zur Änderung nicht wesentlicher Bestimmungen dieser Verordnung durch Ergänzung.

Gesundheitsbezogene Angaben, die nicht nach diesem Verfahren zugelassen wurden, dürfen bis zu sechs Monate nach Erlass des Beschlusses weiter verwendet werden.

b) Gesundheitsbezogene Angaben, die keiner Bewertung in einem Mitgliedstaat unterzogen und nicht zugelassen wurden, dürfen weiterhin verwendet werden, sofern vor dem 19. Januar 2008 ein Antrag nach dieser Verordnung gestellt wird; gesundheitsbezogene Angaben, die nicht nach diesem Verfahren zugelassen wurden, dürfen bis zu sechs Monate nach einer Entscheidung im Sinne des Artikels 17 Absatz 3 weiter verwendet werden.

Art. 29 Inkrafttreten

Diese Verordnung tritt am zwanzigsten Tag nach ihrer Veröffentlichung[1] im Amtsblatt der Europäischen Union in Kraft.

Sie gilt ab dem 1. Juli 2007.

Diese Verordnung ist in allen ihren Teilen verbindlich und gilt unmittelbar in jedem Mitgliedstaat.

Anhang
Nährwertbezogene Angaben und Bedingungen für ihre Verwendung

Energiearm

Die Angabe, ein Lebensmittel sei energiearm, sowie jede Angabe, die für den Verbraucher voraussichtlich dieselbe Bedeutung hat, ist nur zulässig, wenn das Produkt im Falle von festen Lebensmitteln nicht mehr als 40 kcal (170 kJ)/100 g oder im Falle von flüssigen Lebensmitteln nicht mehr als 20 kcal (80 kJ)/100 ml enthält. Für Tafelsüßen gilt ein Grenzwert von 4 kcal (17 kJ) pro Portion, die der süßenden Wirkung von 6 g Saccharose (ca. 1 Teelöffel Zucker) entspricht.

Energiereduziert

Die Angabe, ein Lebensmittel sei energiereduziert, sowie jegliche Angabe, die für den Verbraucher voraussichtlich dieselbe Bedeutung hat, ist nur zulässig, wenn der Brennwert um mindestens 30% verringert ist; dabei sind die Eigenschaften anzugeben, die zur Reduzierung des Gesamtbrennwerts des Lebensmittels führen.

Energiefrei

Die Angabe, ein Lebensmittel sei energiefrei, sowie jegliche Angabe, die für den Verbraucher voraussichtlich dieselbe Bedeutung hat, ist nur zulässig, wenn das Produkt nicht mehr als 4 kcal (17 kJ)/100 ml enthält. Für Tafelsüßen gilt ein Grenzwert von 0,4 kcal (1,7 kJ) pro Portion, die der süßenden Wirkung von 6 g Saccharose (ca. 1 Teelöffel Zucker) entspricht.

---

[1] Veröffentlicht am 30. 12. 2006.

Fettarm

Die Angabe, ein Lebensmittel sei fettarm, sowie jegliche Angabe, die für den Verbraucher voraussichtlich dieselbe Bedeutung hat, ist nur zulässig, wenn das Produkt im Fall von festen Lebensmitteln nicht mehr als 3 g Fett/100 g oder nicht mehr als 1,5 g Fett/100 ml im Fall von flüssigen Lebensmitteln enthält (1,8 g Fett pro 100 ml bei teilentrahmter Milch).

Fettfrei/ohne Fett

Die Angabe, ein Lebensmittel sei fettfrei/ohne Fett, sowie jegliche Angabe, die für den Verbraucher voraussichtlich dieselbe Bedeutung hat, ist nur zulässig, wenn das Produkt nicht mehr als 0,5 g Fett pro 100 g oder 100 ml enthält. Angaben wie „X % fettfrei" sind verboten.

Arm an gesättigten Fettsäuren

Die Angabe, ein Lebensmittel sei arm an gesättigten Fettsäuren, sowie jegliche Angabe, die für den Verbraucher voraussichtlich dieselbe Bedeutung hat, ist nur zulässig, wenn die Summe der gesättigten Fettsäuren und der trans-Fettsäuren bei einem Produkt im Fall von festen Lebensmitteln 1,5 g/100 g oder 0,75 g/100 ml im Fall von flüssigen Lebensmitteln nicht übersteigt; in beiden Fällen dürfen die gesättigten Fettsäuren und die trans-Fettsäuren insgesamt nicht mehr als 10% des Brennwerts liefern.

Frei von gesättigten Fettsäuren

Die Angabe, ein Lebensmittel sei frei von gesättigten Fettsäuren, sowie jegliche Angabe, die für den Verbraucher voraussichtlich dieselbe Bedeutung hat, ist nur zulässig, wenn die Summe der gesättigten Fettsäuren und der trans-Fettsäuren 0,1 g je 100 g bzw. 100 ml nicht übersteigt.

Zuckerarm

Die Angabe, ein Lebensmittel sei zuckerarm, sowie jegliche Angabe, die für den Verbraucher voraussichtlich dieselbe Bedeutung hat, ist nur zulässig, wenn das Produkt im Fall von festen Lebensmitteln nicht mehr als 5 g Zucker pro 100 g oder im Fall von flüssigen Lebensmitteln 2,5 g Zucker pro 100 ml enthält.

Zuckerfrei

Die Angabe, ein Lebensmittel sei zuckerfrei, sowie jegliche Angabe, die für den Verbraucher voraussichtlich dieselbe Bedeutung hat, ist nur zulässig, wenn das Produkt nicht mehr als 0,5 g Zucker pro 100 g bzw. 100 ml enthält.

Ohne Zuckerzusatz

Die Angabe, einem Lebensmittel sei kein Zucker zugesetzt worden, sowie jegliche Angabe, die für den Verbraucher voraussichtlich dieselbe Bedeutung hat, ist nur zulässig, wenn das Produkt keine zugesetzten Mono- oder Disaccharide oder irgendein anderes wegen seiner süßenden Wirkung verwendetes Lebensmittel enthält. Wenn das Lebensmittel von Natur aus Zucker enthält, sollte das Etikett auch den folgenden Hinweis enthalten: „ENTHÄLT VON NATUR AUS ZUCKER".

Natriumarm/Kochsalzarm

Die Angabe, ein Lebensmittel sei natrium-/kochsalzarm, sowie jegliche Angabe, die für den Verbraucher voraussichtlich dieselbe Bedeutung hat, ist nur zulässig, wenn das Produkt nicht mehr als 0,12 g Natrium oder den gleichwertigen Gehalt an Salz pro 100 g bzw. 100 ml enthält. Bei anderen Wässern als natürlichen Mineralwässern, die in den Geltungsbereich der Richtlinie 80/777/EWG fallen, darf dieser Wert 2 mg Natrium pro 100 ml nicht übersteigen.

Sehr Natriumarm/Kochsalzarm

Die Angabe, ein Lebensmittel sei sehr natrium-/salzarm[1], sowie jegliche Angabe, die für den Verbraucher voraussichtlich dieselbe Bedeutung hat, ist nur zulässig, wenn das Produkt nicht mehr als 0,04 g Natrium oder den entsprechenden Gehalt an Salz pro 100 g bzw. 100 ml enthält. Für natürliche Mineralwässer und andere Wässer darf diese Angabe nicht verwendet werden.

Natriumfrei oder Kochsalzfrei

Die Angabe, ein Lebensmittel sei natriumfrei oder kochsalzfrei, sowie jegliche Angabe, die für den Verbraucher voraussichtlich dieselbe Bedeutung hat, ist nur zulässig, wenn das Produkt nicht mehr als 0,005 g Natrium oder den gleichwertigen Gehalt an Salz pro 100 g enthält.

Ballaststoffquelle

Die Angabe, ein Lebensmittel sei eine Ballaststoffquelle, sowie jegliche Angabe, die für den Verbraucher voraussichtlich dieselbe Bedeutung hat, ist nur zulässig, wenn das Produkt mindestens 3 g Ballaststoffe pro 100 g oder mindestens 1,5 g Ballaststoffe pro 100 kcal enthält.

Hoher Ballaststoffgehalt

Die Angabe, ein Lebensmittel habe einen hohen Ballaststoffgehalt, sowie jegliche Angabe, die für den Verbraucher voraussichtlich dieselbe Bedeutung hat, ist nur zulässig, wenn das Produkt mindestens 6 g Ballaststoffe pro 100 g oder mindestens 3 g Ballaststoffe pro 100 kcal enthält.

Proteinquelle

Die Angabe, ein Lebensmittel sei eine Proteinquelle, sowie jegliche Angabe, die für den Verbraucher voraussichtlich dieselbe Bedeutung hat, ist nur zulässig, wenn auf den Proteinanteil mindestens 12% des gesamten Brennwerts des Lebensmittels entfallen.

Hoher Proteingehalt

Die Angabe, ein Lebensmittel habe einen hohen Proteingehalt, sowie jegliche Angabe, die für den Verbraucher voraussichtlich dieselbe Bedeutung hat, ist nur zulässig, wenn auf den Proteinanteil mindestens 20% des gesamten Brennwerts des Lebensmittels entfallen.

[Name des Vitamins/der Vitamine] und/oder [Name des Mineralstoffs/der Mineralstoffe]-Quelle

Die Angabe, ein Lebensmittel sei eine Vitaminquelle oder Mineralstoffquelle, sowie jegliche Angabe, die für den Verbraucher voraussichtlich dieselbe Bedeutung hat, ist nur zulässig, wenn das Produkt mindestens eine gemäß dem Anhang der Richtlinie 90/496/EWG signifikante Menge oder eine Menge enthält, die den gemäß Artikel 6 der Verordnung (EG) Nr. 1925/2006 des Europäischen Parlaments und des Rates vom 20. Dezember 2006 über den Zusatz von Vitaminen und Mineralstoffen sowie bestimmten anderen Stoffen zu Lebensmitteln[2] zugelassenen Abweichungen entspricht.

Hoher [Name des Vitamins/der Vitamine] und/oder [Name des Mineralstoffs/der Mineralstoffe]-Gehalt

Die Angabe, ein Lebensmittel habe einen hohen Vitamingehalt und/oder Mineralstoffgehalt, sowie jegliche Angabe, die für den Verbraucher voraussichtlich dieselbe Bedeutung hat, ist nur zulässig, wenn das Produkt mindestens das Doppelte des unter „[NAME DES VITAMINS/DER VITAMINE] und/oder [NAME DES MINERALSTOFFS/DER MINERALSTOFFE]-Quelle" genannten Werts enthält.

---

[1] Richtig wohl: „natrium-/kochsalzarm".
[2] ABl. L 404 vom 30. 12. 2006, S. 26.

Enthält [Name des Nährstoffs oder der anderen Substanz]

Die Angabe, ein Lebensmittel enthalte einen Nährstoff oder eine andere Substanz, für die in dieser Verordnung keine besonderen Bedingungen vorgesehen sind, sowie jegliche Angabe, die für den Verbraucher voraussichtlich dieselbe Bedeutung hat, ist nur zulässig, wenn das Produkt allen entsprechenden Bestimmungen dieser Verordnung und insbesondere Artikel 5 entspricht. Für Vitamine und Mineralstoffe gelten die Bedingungen für die Angabe „Quelle von".

Erhöhter [Name des Nährstoffs]-Anteil

Die Angabe, der Gehalt an einem oder mehreren Nährstoffen, die keine Vitamine oder Mineralstoffe sind, sei erhöht worden, sowie jegliche Angabe, die für den Verbraucher voraussichtlich dieselbe Bedeutung hat, ist nur zulässig, wenn das Produkt die Bedingungen für die Angabe „Quelle von" erfüllt und die Erhöhung des Anteils mindestens 30% gegenüber einem vergleichbaren Produkt ausmacht.

Reduzierter [Name des Nährstoffs]-Anteil

Die Angabe, der Gehalt an einem oder mehreren Nährstoffen sei reduziert worden, sowie jegliche Angabe, die für den Verbraucher voraussichtlich dieselbe Bedeutung hat, ist nur zulässig, wenn die Reduzierung des Anteils mindestens 30% gegenüber einem vergleichbaren Produkt ausmacht; ausgenommen sind Mikronährstoffe, für die ein 10%iger Unterschied im Nährstoffbezugswert gemäß der Richtlinie 90/496/EWG akzeptabel ist, sowie Natrium oder der entsprechende Gehalt an Salz, für das ein 25%iger Unterschied akzeptabel ist.

Leicht

Die Angabe, ein Produkt sei „leicht", sowie jegliche Angabe, die für den Verbraucher voraussichtlich dieselbe Bedeutung hat, muss dieselben Bedingungen erfüllen wie die Angabe „reduziert"; die Angabe muss außerdem mit einem Hinweis auf die Eigenschaften einhergehen, die das Lebensmittel „leicht" machen.

Von Natur aus/Natürlich

Erfüllt ein Lebensmittel von Natur aus die in diesem Anhang aufgeführte(n) Bedingung(en) für die Verwendung einer nährwertbezogenen Angabe, so darf dieser Angabe der Ausdruck „von Natur aus/natürlich" vorangestellt werden.

Quelle von Omega-3-Fettsäuren

Die Angabe, ein Lebensmittel sei eine Quelle von Omega-3-Fettsäuren, sowie jegliche Angabe, die für den Verbraucher voraussichtlich dieselbe Bedeutung hat, ist nur zulässig, wenn das Produkt mindestens 0,3 g Alpha-Linolensäure pro 100 g und pro 100 kcal oder zusammengenommen mindestens 40 mg Eicosapentaensäure und Docosahexaenoidsäure pro 100 g und pro 100 kcal enthält.

Mit einem hohen Gehalt an Omega-3-Fettsäuren

Die Angabe, ein Lebensmittel habe einen hohen Gehalt an Omega-3-Fettsäuren, sowie jegliche Angabe, die für den Verbraucher voraussichtlich dieselbe Bedeutung hat, ist nur zulässig, wenn das Produkt mindestens 0,6 g Alpha- Linolensäure pro 100 g und pro 100 kcal oder zusammengenommen mindestens 80 mg Eicosapentaensäure und Docosahexaenoidsäure pro 100 g und pro 100 kcal enthält.

Mit einem hohen Gehalt an einfach ungesättigten Fettsäuren

Die Angabe, ein Lebensmittel habe einen hohen Gehalt an einfach ungesättigten Fettsäuren, sowie jegliche Angabe, die für den Verbraucher voraussichtlich dieselbe Bedeutung hat, ist nur zulässig, wenn mindestens 45% der im Produkt enthaltenen Fettsäuren aus einfach ungesättigten Fettsäuren stammen und sofern die einfach ungesättigten Fettsäuren über 20% der Energie des Produktes liefern.

Mit einem hohen Gehalt an mehrfach ungesättigten Fettsäuren

Die Angabe, ein Lebensmittel habe einen hohen Gehalt an mehrfach ungesättigten Fettsäuren, sowie jegliche Angabe, die für den Verbraucher voraussichtlich dieselbe Bedeutung hat, ist nur zulässig, wenn mindestens 45% der im Produkt enthaltenen Fettsäuren aus mehrfach ungesättigten Fettsäuren stammen und sofern die mehrfach ungesättigten Fettsäuren über 20% der Energie des Produktes liefern.

Mit einem hohen Gehalt an ungesättigten Fettsäuren

Die Angabe, ein Lebensmittel habe einen hohen Gehalt an ungesättigten Fettsäuren, sowie jegliche Angabe, die für den Verbraucher voraussichtlich dieselbe Bedeutung hat, ist nur zulässig, wenn mindestens 70% der Fettsäuren im Produkt aus ungesättigten Fettsäuren stammen und sofern die ungesättigten Fettsäuren über 20% der Energie des Produktes liefern.

9. Richtlinie 2010/13/EU des Europäischen Parlaments und des Rates vom 10. März 2010 zur Koordinierung bestimmter Rechts- und Verwaltungsvorschriften der Mitgliedstaaten über die Bereitstellung audiovisueller Mediendienste (Richtlinie über audiovisuelle Mediendienste)

(kodifizierte Fassung)
(ABl. Nr. L 95 S. 1)

DAS EUROPÄISCHE PARLAMENT UND DER RAT DER EUROPÄISCHEN UNION –

gestützt auf den Vertrag über die Arbeitsweise der Europäischen Union, insbesondere auf Artikel 53 Absatz 1 und Artikel 62,

auf Vorschlag der Europäischen Kommission,

gemäß dem ordentlichen Gesetzgebungsverfahren[1],

in Erwägung nachstehender Gründe:

(1) Die Richtlinie 89/552/EWG des Europäischen Parlaments und des Rates vom 3. Oktober 1989 zur Koordinierung bestimmter Rechts- und Verwaltungsvorschriften der Mitgliedstaaten über die Bereitstellung audiovisueller Mediendienste (Richtlinie über audiovisuelle Mediendienste)[2] wurde mehrfach und erheblich geändert[3]. Aus Gründen der Klarheit und der Übersichtlichkeit empfiehlt es sich, die genannte Richtlinie zu kodifizieren.

(2) Grenzüberschreitende audiovisuelle Mediendienste, die mit Hilfe unterschiedlicher Technologien realisiert werden, sind eines der Mittel zur Verfolgung der Ziele der Union. Bestimmte Maßnahmen sind erforderlich, die den Übergang von den nationalen Märkten zu einem gemeinsamen Markt für die Herstellung und Verbreitung von Programmen sichern und die unbeschadet der Funktion der audiovisuellen Mediendienste, das Allgemeininteresse zu wahren, faire Wettbewerbsbedingungen gewährleisten.

(3) Der Europarat hat das Europäische Übereinkommen über das grenzüberschreitende Fernsehen angenommen.

(4) In Anbetracht der neuen Übertragungstechniken für audiovisuelle Mediendienste sollte ein Rechtsrahmen für die Ausübung der Fernsehtätigkeit den Auswirkungen des Strukturwandels, der Verbreitung der Informations- und Kommunikationstechnologien (IKT) und den technologischen Entwicklungen auf die Geschäftsmodelle und insbesondere auf die Finanzierung des kommerziellen Rundfunks Rechnung tragen und sollte optimale Wettbewerbsbedingungen und Rechtssicherheit für die Informationstechnologien sowie die Unternehmen und Dienste im Bereich der Medien in Europa sowie für die Achtung der kulturellen und sprachlichen Vielfalt sicherstellen.

(5) Audiovisuelle Mediendienste sind gleichermaßen Kultur- und Wirtschaftsdienste. Ihre immer größere Bedeutung für die Gesellschaften, die Demokratie – vor allem zur Sicherung der Informationsfreiheit, der Meinungsvielfalt und des Medienpluralismus –, die Bildung und die Kultur rechtfertigt die Anwendung besonderer Vorschriften auf diese Dienste.

(6) Nach Artikel 167 Absatz 4 des Vertrags über die Arbeitsweise der Europäischen Union trägt die Union bei ihrer Tätigkeit aufgrund anderer Bestimmungen dieses Vertrags den kulturellen Aspekten Rechnung, um insbesondere die Vielfalt ihrer Kulturen zu wahren und zu fördern.

(7) In seinen Entschließungen vom 1. Dezember 2005[4] und 4. April 2006[5] zur Doha-Runde und zu den WTO-Ministerkonferenzen fordert das Europäische Parlament, grundlegende öf-

---

[1] Standpunkt des Europäischen Parlaments vom 20. Oktober 2009 (noch nicht im Amtsblatt veröffentlicht) und Beschluss des Rates vom 15. Februar 2010.
[2] ABl. L 298 vom 17. 10. 1989, S. 23. Der ursprüngliche Titel des Rechtsaktes lautete: „Richtlinie 89/552/EWG des Rates vom 3. Oktober 1989 zur Koordinierung bestimmter Rechts- und Verwaltungsvorschriften der Mitgliedstaaten über die Ausübung der Fernsehtätigkeit".
[3] Siehe Anhang I Teil A.
[4] ABl. C 285 E vom 22. 11. 2006, S. 126.
[5] ABl. C 293 E vom 2. 12. 2006, S. 155.

fentliche Dienste wie audiovisuelle Dienste von der Liberalisierung im Rahmen der Verhandlungsrunde des Allgemeinen Übereinkommens über den Handel mit Dienstleistungen (GATS) auszunehmen. In seiner Entschließung vom 27. April 2006[1] unterstützt das Europäische Parlament das Unesco-Übereinkommen zum Schutz und zur Förderung der Vielfalt kultureller Ausdrucksformen, wo es insbesondere heißt, „dass kulturelle Aktivitäten, Güter und Dienstleistungen sowohl eine wirtschaftliche als auch eine kulturelle Natur haben, da sie Träger von Identitäten, Werten und Sinn sind, und daher nicht so behandelt werden dürfen, als hätten sie nur einen kommerziellen Wert". Mit dem Beschluss 2006/515/EG des Rates vom 18. Mai 2006 über den Abschluss des Übereinkommens zum Schutz und zur Förderung der Vielfalt kultureller Ausdrucksformen[2] wird das Unesco-Übereinkommen im Namen der Gemeinschaft angenommen. Das Übereinkommen ist am 18. März 2007 in Kraft getreten. Mit der vorliegenden Richtlinie werden die Grundsätze des Unesco- Übereinkommens gewahrt.

(8) Es ist unerlässlich, dass die Mitgliedstaaten dafür Sorge tragen, dass Handlungen unterbleiben, die den freien Fluss von Fernsehsendungen beeinträchtigen bzw. die Entstehung beherrschender Stellungen begünstigen könnten, welche zu Beschränkungen des Pluralismus und der Freiheit der Fernsehinformation sowie der Information in ihrer Gesamtheit führen würden.

(9) Diese Richtlinie lässt bestehende oder künftige Rechtsangleichungsmaßnahmen der Union unberührt, mit denen insbesondere zwingenden Erfordernissen zum Schutz der Verbraucher, der Lauterkeit des Handelsverkehrs und des Wettbewerbs entsprochen werden soll.

(10) Traditionelle audiovisuelle Mediendienste – wie das Fernsehen – und neu aufkommende audiovisuelle Mediendienste auf Abruf bieten erhebliche Beschäftigungsmöglichkeiten in der Union, vor allem in kleinen und mittleren Unternehmen, und regen Wirtschaftswachstum und Investitionstätigkeit an. In Anbetracht der Bedeutung gleicher Wettbewerbsbedingungen und eines echten europäischen Marktes für audiovisuelle Mediendienste sollten die Grundsätze des Binnenmarkts wie der freie Wettbewerb und Gleichbehandlung respektiert werden, um Transparenz und Vorhersehbarkeit in den Märkten für audiovisuelle Mediendienste zu gewährleisten und niedrige Zutrittsschranken zu erreichen.

(11) Um Wettbewerbsverzerrungen zu vermeiden, die Rechtssicherheit zu verbessern, zur Vollendung des Binnenmarkts beizutragen und die Entstehung eines einheitlichen Informationsraums zu erleichtern, ist es notwendig, auf alle audiovisuellen Mediendienste – sowohl Fernsehprogramme (d. h. lineare audiovisuelle Mediendienste) als auch audiovisuelle Mediendienste auf Abruf (d. h. nichtlineare audiovisuelle Mediendienste) – zumindest bestimmte gemeinsame Grundvorschriften anzuwenden.

(12) Die Kommission hat am 15. Dezember 2003 eine Mitteilung über die Zukunft der europäischen Regulierungspolitik im audiovisuellen Bereich angenommen, in der sie betont, dass die Regulierungspolitik in diesem Sektor jetzt und auch in Zukunft bestimmte Interessen der Allgemeinheit wie kulturelle Vielfalt, Recht auf Information, Medienpluralismus, Jugendschutz und Verbraucherschutz wahren sowie Bewusstseinsbildung und Medienkompetenz der Allgemeinheit fördern muss.

(13) Mit der Entschließung des Rates und der im Rat vereinigten Vertreter der Regierungen der Mitgliedstaaten vom 25. Januar 1999 über den öffentlich-rechtlichen Rundfunk[3] wird bekräftigt, dass für die Erfüllung des Auftrags der öffentlich-rechtlichen Rundfunkanstalten weiterhin der technologische Fortschritt genutzt werden muss. Der europäische Markt für audiovisuelle Mediendienste zeichnet sich durch die Koexistenz privater und öffentlich-rechtlicher Anbieter audiovisueller Mediendienste aus.

(14) Die Kommission hat die Initiative „i2010 – europäische Informationsgesellschaft" ergriffen, um Wachstum und Beschäftigung in der Informationsgesellschaft und in den Medien zu fördern. Dies ist eine umfassende Strategie, deren Ziel darin besteht, vor dem Hintergrund der Konvergenz von Diensten der Informationsgesellschaft und Mediendiensten, -netzen und -geräten die Produktion europäischer Inhalte, die Entwicklung der digitalen Wirtschaft und die Nutzung von IKT durch Modernisierung und Einsatz sämtlicher Instrumente der EU-Politik (Rechtsvorschriften, Forschung und Partnerschaften mit der Industrie) zu fördern. Die Kommission hat sich vorgenommen, einheitliche Rahmenbedingungen für den Binnenmarkt im Bereich der Dienste der Informationsgesellschaft und der Mediendienste durch Modernisierung des

---

[1] ABl. C 296 E vom 6. 12. 2006, S. 104.
[2] ABl. L 201 vom 25. 7. 2006, S. 15.
[3] ABl. C 30 vom 5. 2. 1999, S. 1.

Rechtsrahmens für audiovisuelle Dienste zu schaffen. Das Ziel der i2010-Initiative wird grundsätzlich dadurch erreicht, dass man es der Industrie ermöglicht, bei nicht mehr als absolut erforderlicher Regulierung zu wachsen, und es kleinen neu gegründeten Unternehmen, die in der Zukunft für Wohlstand und Beschäftigung sorgen werden, ermöglicht, in einem freien Markt zu florieren, Neuerungen einzuführen und Arbeitsplätze zu schaffen.

(15) Das Europäische Parlament hat am 4. September 2003[1], am 22. April 2004[2] und am 6. September 2005[3] Entschließungen verabschiedet, die grundsätzlich das Konzept der Einführung von Grundvorschriften für alle audiovisuellen Mediendienste und von zusätzlichen Vorschriften für Fernsehprogramme unterstützen.

(16) Die vorliegende Richtlinie verbessert die Wahrung der Grundrechte und trägt den in der Charta der Grundrechte der Europäischen Union[4], insbesondere in Artikel 11, anerkannten Grundrechten und Grundsätzen vollständig Rechnung. In dieser Hinsicht werden die Mitgliedstaaten durch diese Richtlinie in keiner Weise in der Anwendung ihrer Verfassungsvorschriften über die Pressefreiheit und die Meinungsfreiheit in den Medien eingeschränkt.

(17) Diese Richtlinie sollte die Verpflichtungen der Mitgliedstaaten unberührt lassen, die sich aus der Anwendung der Richtlinie 98/34/EG des Europäischen Parlaments und des Rates vom 22. Juni 1998 über ein Informationsverfahren auf dem Gebiet der Normen und technischen Vorschriften und der Vorschriften für die Dienste der Informationsgesellschaft[5] ergeben. Dementsprechend sollten Entwürfe einzelstaatlicher Maßnahmen für abrufbare audiovisuelle Mediendienste, die strenger oder ausführlicher als die zur bloßen Umsetzung der Richtlinie 2007/65/EG des Europäischen Parlaments und des Rates vom 11. Dezember 2007 zur Änderung der Richtlinie 89/552/EWG des Rates zur Koordinierung bestimmter Rechts- und Verwaltungsvorschriften der Mitgliedstaaten über die Ausübung der Fernsehtätigkeit[6] erforderlichen Maßnahmen sind, den verfahrensbezogenen Pflichten nach Artikel 8 der Richtlinie 98/34/EG unterliegen.

(18) Die Richtlinie 2002/21/EG des Europäischen Parlaments und des Rates vom 7. März 2002 über einen gemeinsamen Rechtsrahmen für elektronische Kommunikationsnetze und -dienste[7] lässt nach ihrem Artikel 1 Absatz 3 die von der Union oder den Mitgliedstaaten getroffenen Maßnahmen zur Verfolgung von Zielen, die im Interesse der Allgemeinheit liegen, insbesondere in Bezug auf die Regulierung von Inhalten und die audiovisuelle Politik, unberührt.

(19) Die vorliegende Richtlinie berührt nicht die Zuständigkeit der Mitgliedstaaten und ihrer Behörden für die Organisation – einschließlich der gesetzlichen oder behördlichen Zulassungen oder der Besteuerung – und die Finanzierung der Sendungen sowie die Programminhalte. Eigenständige kulturelle Entwicklungen in den Mitgliedstaaten und die Bewahrung der kulturellen Vielfalt in der Union bleiben deshalb wie bisher möglich.

(20) Durch diese Richtlinie sollten die Mitgliedstaaten weder verpflichtet noch ermuntert werden, neue Lizenz- oder Genehmigungsverfahren im Bereich audiovisueller Mediendienste einzuführen.

(21) Für die Zwecke dieser Richtlinie sollte der Begriff der audiovisuellen Mediendienste lediglich die entweder als Fernsehprogramm oder auf Abruf bereitgestellten audiovisuellen Mediendienste erfassen, bei denen es sich um Massenmedien handelt, das heißt, die für den Empfang durch einen wesentlichen Teil der Allgemeinheit bestimmt sind und bei dieser eine deutliche Wirkung entfalten könnten. Er sollte nur Dienstleistungen im Sinne des Vertrags über die Arbeitsweise der Europäischen Union erfassen, also alle Arten wirtschaftlicher Tätigkeiten, auch die öffentlich-rechtlicher Unternehmen, sich jedoch nicht auf vorwiegend nichtwirtschaftliche Tätigkeiten erstrecken, die nicht mit Fernsehsendungen im Wettbewerb stehen, wie z. B. private Internetseiten und Dienste zur Bereitstellung oder Verbreitung audiovisueller Inhalte, die von privaten Nutzern für Zwecke der gemeinsamen Nutzung und des Austauschs innerhalb von Interessengemeinschaften erstellt werden.

---

[1] Entschließung des Europäischen Parlaments zu Fernsehen ohne Grenzen (ABl. C 76 E vom 25. 3. 2004, S. 453).
[2] Entschließung des Europäischen Parlaments zu Gefahren der Verletzung des Rechts auf freie Meinungsäußerung und Informationsfreiheit (Artikel 11 Absatz 2 der Charta der Grundrechte) in der EU, vor allem in Italien (ABl. C 104 E vom 30. 4. 2004, S. 1026).
[3] Entschließung des Europäischen Parlaments zu der Anwendung der Artikel 4 und 5 der Richtlinie 89/552/EWG „Fernsehen ohne Grenzen" – in der Fassung der Richtlinie 97/36/EG – im Zeitraum 2001–2002 (ABl. C 193 E vom 17. 8. 2006, S. 117).
[4] ABl. C 364 vom 18. 12. 2000, S. 1.
[5] ABl. L 204 vom 21. 7. 1998, S. 37.
[6] ABl. L 332 vom 18. 12. 2007, S. 27.
[7] ABl. L 108 vom 24. 4. 2002, S. 33.

(22) Für die Zwecke dieser Richtlinie sollte der Begriff der audiovisuellen Mediendienste die Massenmedien in ihrer informierenden, unterhaltenden und die breite Öffentlichkeit bildenden Funktion erfassen, einschließlich der audiovisuellen kommerziellen Kommunikation, aber alle Formen privater Korrespondenz, z. B. an eine begrenzte Anzahl von Empfängern versandte elektronische Post, ausschließen. Die Begriffsbestimmung sollte alle Dienste ausschließen, deren Hauptzweck nicht die Bereitstellung von Programmen ist, d. h. bei denen audiovisuelle Inhalte lediglich eine Nebenerscheinung darstellen und nicht Hauptzweck der Dienste sind. Dazu zählen beispielsweise Internetseiten, die lediglich zu Ergänzungszwecken audiovisuelle Elemente enthalten, z. B. animierte grafische Elemente, kurze Werbespots oder Informationen über ein Produkt oder nichtaudiovisuelle Dienste. Aus diesen Gründen sollten ferner folgende Dienste von dem Anwendungsbereich dieser Richtlinie ausgenommen sein: Glücksspiele mit einem einen Geldwert darstellenden Einsatz, einschließlich Lotterien, Wetten und andere Gewinnspiele, sowie Online-Spiele und Suchmaschinen, jedoch nicht Sendungen mit Gewinnspielen oder Glücksspielen.

(23) Für die Zwecke dieser Richtlinie sollte sich der Begriff „audiovisuell" auf bewegte Bilder mit oder ohne Ton beziehen; er sollte somit Stummfilme erfassen, nicht aber Tonübertragungen oder Hörfunkdienste. Der Hauptzweck eines audiovisuellen Mediendienstes ist zwar die Bereitstellung von Sendungen, die Definition eines solchen Dienstes sollte aber auch textgestützte Inhalte umfassen, die diese Sendungen begleiten, wie z. B. Untertitel oder elektronische Programmführer. Eigenständige textgestützte Dienste sollten nicht in den Anwendungsbereich dieser Richtlinie fallen; die Freiheit der Mitgliedstaaten, solche Dienste auf einzelstaatlicher Ebene in Einklang mit dem Vertrag über die Arbeitsweise der Europäischen Union zu regeln, sollte unberührt bleiben.

(24) Ein typisches Merkmal der Abrufdienste ist, dass sie „fernsehähnlich" sind, d. h. dass sie auf das gleiche Publikum wie Fernsehsendungen ausgerichtet sind und der Nutzer aufgrund der Art und Weise des Zugangs zu diesen Diensten vernünftigerweise einen Regelungsschutz im Rahmen dieser Richtlinie erwarten kann. Angesichts dieser Tatsache sollte zur Vermeidung von Diskrepanzen bei der Dienstleistungsfreiheit und beim Wettbewerb der Begriff „Sendung" unter Berücksichtigung der Entwicklungen auf dem Gebiet der Fernsehsendungen dynamisch ausgelegt werden.

(25) Der Begriff der redaktionellen Verantwortung ist grundlegend für die Bestimmung der Rolle des Mediendiensteanbieters und damit des Begriffs der audiovisuellen Mediendienste. Die Mitgliedstaaten können einzelne Aspekte der Definition der redaktionellen Verantwortung, insbesondere den Begriff der „wirksamen Kontrolle", bei der Annahme der Maßnahmen zur Umsetzung dieser Richtlinie näher bestimmen. Die in der Richtlinie 2000/31/EG des Europäischen Parlaments und des Rates vom 8. Juni 2000 über bestimmte rechtliche Aspekte der Dienste der Informationsgesellschaft, insbesondere des elektronischen Geschäftsverkehrs, im Binnenmarkt („Richtlinie über den elektronischen Geschäftsverkehr")[1] vorgesehenen Haftungsausschlüsse sollten von der vorliegenden Richtlinie unberührt bleiben.

(26) Für die Zwecke dieser Richtlinie sollte der Begriff „Mediendiensteanbieter" natürliche oder juristische Personen ausschließen, die Sendungen, für welche die redaktionelle Verantwortung bei Dritten liegt, lediglich weiterleiten.

(27) Zu den Fernsehprogrammen zählen derzeit insbesondere analoges und digitales Fernsehen, Live Streaming, Webcasting und der zeitversetzte Videoabruf („Near-video-on-demand"), während beispielsweise Video-on-demand ein audiovisueller Mediendienst auf Abruf ist. Im Allgemeinen sollten für Fernsehprogramme oder einzelne Fernsehsendungen, die zusätzlich als audiovisuelle Mediendienste auf Abruf von demselben Mediendiensteanbieter angeboten werden, die Anforderungen dieser Richtlinie mit der Erfüllung der Anforderungen für die Fernsehausstrahlung, d. h. die lineare Übertragung, als erfüllt gelten. Wenn jedoch verschiedene Arten von Diensten, bei denen es sich um eindeutig unterscheidbare Dienste handelt, parallel angeboten werden, so sollte diese Richtlinie auf jeden dieser Dienste Anwendung finden.

(28) Elektronische Ausgaben von Zeitungen und Zeitschriften sollten nicht in den Anwendungsbereich dieser Richtlinie fallen.

(29) Alle Kriterien eines audiovisuellen Mediendienstes gemäß seiner Definition und gemäß den Erläuterungen in den Erwägungsgründen 21 bis 28 sollten gleichzeitig erfüllt sein.

(30) Bei Fernsehprogrammen sollte der Begriff des zeitgleichen Empfangs auch den quasi-zeitgleichen Empfang erfassen, da aus technischen Gründen, die durch den Übertragungsvorgang

---

[1] ABl. L 178 vom 17. 7. 2000, S. 1.

bedingt sind, bei der kurzen zeitlichen Verzögerung, die zwischen der Übertragung und dem Empfang der Sendung liegt, Schwankungen auftreten können.

(31) Ein umfassender Begriff der audiovisuellen kommerziellen Kommunikation sollte in dieser Richtlinie festgelegt werden, der jedoch nicht Beiträge im Dienst der Öffentlichkeit und kostenlos gesendete Spendenaufrufe zu wohltätigen Zwecken umfassen sollte.

(32) Für die Zwecke dieser Richtlinie sollte der Begriff „europäische Werke" definiert werden, unbeschadet der Möglichkeit der Mitgliedstaaten, diese Definition unter Einhaltung des Unionsrechts und unter Berücksichtigung der Ziele dieser Richtlinie für Mediendiensteanbieter, die ihrer Rechtshoheit unterworfen sind, zu präzisieren.

(33) Das Herkunftslandprinzip sollte als Kernbestandteil dieser Richtlinie angesehen werden, da es für die Schaffung des Binnenmarkts unverzichtbar ist. Dieses Prinzip sollte für alle audiovisuellen Mediendienste gelten, um für die Mediendiensteanbieter die zur Entwicklung neuer Geschäftsmodelle und zur Einführung dieser Dienste erforderliche Rechtssicherheit zu schaffen. Es ist außerdem die Voraussetzung für den freien Informationsfluss und den freien Verkehr audiovisueller Programme innerhalb des Binnenmarkts.

(34) Zur Förderung einer starken, wettbewerbsfähigen und integrierten europäischen audiovisuellen Industrie und zur Stärkung des Medienpluralismus in der gesamten Union sollte jeweils nur ein Mitgliedstaat für einen Anbieter audiovisueller Mediendienste zuständig sein und sollte der Informationspluralismus ein grundlegendes Prinzip der Union sein.

(35) Mit der Festlegung einer Reihe praxisbezogener Kriterien soll erschöpfend geregelt werden, dass nur ein bestimmter Mitgliedstaat für einen Mediendiensteanbieter im Zusammenhang mit der Erbringung der unter diese Richtlinie fallenden Dienstleistungen zuständig ist. Unter Berücksichtigung der Rechtsprechung des Gerichtshofs der Europäischen Union und zur Vermeidung eines Rechtshoheitsvakuums in bestimmten Fällen ist es allerdings angebracht, das Niederlassungskriterium im Sinne der Artikel 49 bis 55 des Vertrags über die Arbeitsweise der Europäischen Union als entscheidendes Kriterium zur Bestimmung der Rechtshoheit eines Mitgliedstaats heranzuziehen.

(36) Die Verpflichtung des Sendestaats, die Einhaltung des durch diese Richtlinie koordinierten nationalen Rechts sicherzustellen, reicht nach dem Unionsrecht aus, um den freien Verkehr von Fernsehsendungen zu gewährleisten, ohne dass eine zweite Kontrolle aus den gleichen Gründen in jedem der Empfangsstaaten stattfinden muss. Der Empfangstaat kann jedoch ausnahmsweise und unter besonderen Bedingungen die Weiterverbreitung von Fernsehsendungen vorübergehend aussetzen.

(37) Beschränkungen der freien Erbringung audiovisueller Mediendienste auf Abruf sollten nur gemäß Bedingungen und Verfahren möglich sein, die den bereits durch Artikel 3 Absätze 4, 5 und 6 der Richtlinie 2000/31/EG festgelegten Bedingungen und Verfahren entsprechen.

(38) Die technologische Entwicklung, insbesondere bei den digitalen Satellitenprogrammen, macht eine Anpassung der ergänzenden Kriterien notwendig, damit eine sinnvolle Regulierung und eine wirksame Umsetzung möglich ist und die Marktteilnehmer eine tatsächliche Verfügungsgewalt über die Inhalte der audiovisuellen Mediendienste erhalten.

(39) Da diese Richtlinie nur Dienste betrifft, die für die allgemeine Öffentlichkeit in der Union bestimmt sind, sollte sie nur für audiovisuelle Mediendienste gelten, die mit handelsüblichen Verbraucherendgeräten unmittelbar oder mittelbar von der Allgemeinheit in einem oder mehreren Mitgliedstaaten empfangen werden können. Die Bestimmung des Begriffs „handelsübliche Verbraucherendgeräte" sollte den zuständigen nationalen Behörden überlassen werden.

(40) In den Artikeln 49 bis 55 des Vertrags über die Arbeitsweise der Europäischen Union ist das grundlegende Recht der Niederlassungsfreiheit verankert. Daher sollten die Mediendiensteanbieter im Allgemeinen frei wählen können, in welchem Mitgliedstaat sie sich niederlassen wollen. Der Gerichtshof hat auch hervorgehoben: „Der Vertrag verbietet es einem Unternehmen, das keine Dienste in dem Mitgliedstaat anbietet, in dem es ansässig ist, nämlich nicht, die Dienstleistungsfreiheit auszuüben"[1].

---

[1] Urteil vom 5. Juni 1997, VT4 Ltd./Vlaamse Gemeenschap, Rechtssache C-56/96, Slg. 1997, I-3143, Randnr. 22, und Urteil vom 9. März 1999, Centros/Erhvervs- og Selskabsstyrelsen, Rechtssache C-212/97, Slg. 1999, I-1459; siehe auch Urteil vom 10. September 1996, Kommission/Königreich Belgien, Rechtssache C-11/95, Slg. 1996, I-4115, und Urteil vom 29. Mai 1997, Paul Denuit, Rechtssache C-14/96, Slg. 1997, I-2785.

(41) Die Mitgliedstaaten sollten in der Lage sein, in den durch diese Richtlinie koordinierten Bereichen für die ihrer Rechtshoheit unterliegenden Mediendiensteanbieter detailliertere oder strengere Vorschriften anzuwenden, und gleichzeitig dafür Sorge tragen, dass diese Vorschriften im Einklang mit den allgemeinen Grundsätzen des Unionsrechts stehen. Zum Umgang mit Situationen, in denen ein der Rechtshoheit eines Mitgliedstaats unterworfener Fernsehveranstalter Fernsehsendungen erbringt, die ganz oder größtenteils auf das Gebiet eines anderen Mitgliedstaats ausgerichtet sind, böte sich die Verpflichtung der Mitgliedstaaten zur Zusammenarbeit untereinander, und – im Falle der Umgehung – eine Kodifizierung der einschlägigen Rechtsprechung des Gerichtshofs[1], in Kombination mit einem effizienteren Verfahren als Lösung an, die den Bedenken der Mitgliedstaaten gerecht wird, ohne die ordnungsgemäße Anwendung des Herkunftslandprinzips in Frage zu stellen. Der Begriff der im Allgemeininteresse liegenden Bestimmungen ist vom Gerichtshof in seiner Rechtsprechung zu den Artikeln 43 und 49 EG-Vertrag (jetzt Artikel 49 und 56 des Vertrags über die Arbeitsweise der Europäischen Union) entwickelt worden und umfasst unter anderem Bestimmungen über den Verbraucherschutz, den Jugendschutz und die Kulturpolitik. Der Mitgliedstaat, der um Zusammenarbeit ersucht, sollte dafür Sorge tragen, dass die einschlägigen einzelstaatlichen Bestimmungen objektiv notwendig sind, auf nichtdiskriminierende Weise angewandt werden und verhältnismäßig sind.

(42) Ein Mitgliedstaat kann bei der einzelfallbezogenen Beurteilung, ob eine Sendung eines in einem anderen Mitgliedstaat niedergelassenen Mediendiensteanbieters ganz oder größtenteils auf sein Gebiet ausgerichtet ist, Indikatoren heranziehen wie die Herkunft der Fernsehwerbe- und/oder Abonnementeinnahmen, die Hauptsprache des Dienstes oder das Vorhandensein von Sendungen oder kommerzieller Kommunikation, die sich spezifisch an die Öffentlichkeit des Empfängerstaats richten.

(43) Unbeschadet des Herkunftslandprinzips gestattet diese Richtlinie den Mitgliedstaaten die Ergreifung von Maßnahmen, die eine Einschränkung der freien Erbringung von Fernsehdiensten bedeuten, allerdings nur nach den in dieser Richtlinie festgelegten Bedingungen und Verfahren. Der Gerichtshof betont jedoch in seiner ständigen Rechtsprechung, dass Einschränkungen der Dienstleistungsfreiheit, ebenso wie alle Ausnahmen von einem Grundsatz des Vertrags restriktiv auszulegen sind[2].

(44) Die Kommission hat in ihrer Mitteilung an das Europäische Parlament und den Rat über Bessere Rechtsetzung für Wachstum und Arbeitsplätze in der Europäischen Union betont, „dass sorgfältig analysiert wird, welcher Regulierungsansatz angezeigt ist und insbesondere, ob Rechtsvorschriften für den jeweiligen Sektor oder die jeweilige Themenstellung vorzuziehen sind, oder ob Alternativen wie Koregulierung oder Selbstregulierung in Erwägung gezogen werden sollten". Außerdem zeigt die Erfahrung, dass sowohl Koregulierungs- als auch Selbstregulierungsinstrumente, die in Einklang mit den unterschiedlichen Rechtstraditionen der Mitgliedstaaten angewandt werden, eine wichtige Rolle bei der Gewährleistung eines hohen Verbraucherschutzes spielen können. Die Maßnahmen zur Erreichung der im öffentlichen Interesse liegenden Ziele im Bereich der neuen audiovisuellen Mediendienste sind wirksamer, wenn sie mit der aktiven Unterstützung der Diensteanbieter selbst ergriffen werden. Die Selbstregulierung stellt somit eine Art freiwillige Initiative dar, die Wirtschaftsteilnehmern, Sozialpartnern, Nichtregierungsorganisationen oder Vereinigungen die Möglichkeit gibt, untereinander und füreinander gemeinsame Leitlinien festzulegen.

Die Mitgliedstaaten sollten gemäß ihren unterschiedlichen Rechtstraditionen die Rolle anerkennen, die eine wirksame Selbstregulierung als Ergänzung zu den bestehenden Gesetzgebungs- und Gerichts- und/oder Verwaltungsverfahren spielen kann, sowie ihren wertvollen Beitrag zur Verwirklichung der Ziele dieser Richtlinie. Die Selbstregulierung sollte jedoch, obwohl sie eine ergänzende Methode zur Durchführung bestimmter Vorschriften dieser Richtlinie sein könnte, die Verpflichtung des nationalen Gesetzgebers nicht ersetzen. Koregulierung, in ihrer Minimalform, schafft eine rechtliche Verbindung zwischen Selbstregulierung und dem nationalen Gesetzgeber gemäß den Rechtstraditionen der Mitgliedstaaten. Bei der Koregulierung sollten weiterhin staatliche Eingriffsmöglichkeiten für den Fall vorgesehen werden, dass ihre Ziele nicht erreicht

---

[1] Urteil Centros/Erhvervs- og Selskabsstyrelsen a. a. O., Urteil vom 3. Dezember 1974, Van Binsbergen/Bestuur van de Bedrijfsvereniging, Rechtssache C-33/74, Slg. 1974, 1299; Urteil vom 5. Oktober 1994, TV 10 SA/Commissariaat voor de MEDIA, Rechtssache C-23/93, Slg. 1994, I-4795, Randnr. 21.
[2] Urteil vom 9. März 2000, Kommission/Belgien, Rechtssache C-355/98, Slg. 2000, I-1221, Randnr. 28; Urteil vom 19. Januar 1999, Calfa, Rechtssache C-348/96, Slg. 1999, I-11, Randnr. 23.

werden. Unbeschadet der förmlichen Verpflichtungen der Mitgliedstaaten bezüglich der Umsetzung fördert diese Richtlinie die Nutzung der Koregulierung und der Selbstregulierung. Das sollte die Mitgliedstaaten aber weder dazu verpflichten, Regelungen zur Koregulierung und/oder Selbstregulierung festzulegen, noch beeinträchtigt oder gefährdet dies die gegenwärtigen Koregulierungs- und/oder Selbstregulierungsinitiativen, die in den Mitgliedstaaten bereits bestehen und gut funktionieren.

(45) Aufgrund der Besonderheiten audiovisueller Mediendienste, insbesondere ihres Einflusses auf die Meinungsbildung der Menschen, müssen die Nutzer genau wissen, wer für den Inhalt dieser Dienste verantwortlich ist. Es ist daher wichtig, dass die Mitgliedstaaten gewährleisten, dass die Nutzer jederzeit leicht und unmittelbar Zugang zu Informationen über den Mediendiensteanbieter haben. Die Mitgliedstaaten legen die praktischen Einzelheiten fest, wie dies unbeschadet sonstiger einschlägiger Bestimmungen des Unionsrechts erreicht werden soll.

(46) Das Recht von Menschen mit Behinderungen und älteren Menschen auf Teilnahme am sozialen und kulturellen Leben der Union und ihre Integration ist untrennbar mit der Bereitstellung zugänglicher audiovisueller Mediendienste verbunden. Die Mittel, um die Zugänglichkeit zu erreichen, sollten unter anderem Gebärdensprache, Untertitelung, Audiobeschreibung und leicht verständliche Menüführung umfassen.

(47) Die „Medienkompetenz" bezieht sich auf die notwendigen Fähigkeiten und Kenntnisse sowie das nötige Verständnis für eine wirksame und sichere Nutzung der Medien durch die Verbraucher. Medienkompetente Menschen sind in der Lage, fundierte Entscheidungen zu treffen, das Wesen von Inhalt und Dienstleistungen zu verstehen und das gesamte Spektrum der durch die neuen Kommunikationstechnologien gebotenen Möglichkeiten zu nutzen. Sie sind in der Lage, sich und ihre Familien besser vor schädlichen oder anstößigen Inhalten zu schützen. Daher sollte die Entwicklung der Medienkompetenz in allen Gesellschaftsschichten gefördert werden, und die dabei erzielten Fortschritte sollten genau beobachtet werden. Die Empfehlung des Europäischen Parlaments und des Rates vom 20. Dezember 2006 über den Schutz Minderjähriger und den Schutz der Menschenwürde und über das Recht auf Gegendarstellung im Zusammenhang mit der Wettbewerbsfähigkeit des europäischen Industriezweiges der audiovisuellen Dienste und Online-Informationsdienste[1] enthält bereits eine Reihe möglicher Maßnahmen zur Förderung der Medienkompetenz, wie z. B. eine ständige Fortbildung von Lehrern und Ausbildern, spezifische Internetschulungen schon für sehr kleine Kinder, auch unter Einbeziehung der Eltern, oder die Organisation nationaler, an die Bürger gerichteter Informationskampagnen in allen Kommunikationsmedien, um Informationen über eine verantwortungsvolle Nutzung des Internets bereitzustellen.

(48) Fernsehveranstalter können ausschließliche Fernsehübertragungsrechte für Ereignisse, die von großem Interesse für die Öffentlichkeit sind, erwerben. Gleichzeitig muss jedoch unbedingt der Pluralismus durch die Vielfalt der Nachrichten und Programme in der Union gefördert und den in der Charta der Grundrechte der Europäischen Union, insbesondere in Artikel 11, anerkannten Grundrechten und Grundsätzen Rechnung getragen werden.

(49) Es ist von entscheidender Bedeutung, dass die Mitgliedstaaten in der Lage sind, Maßnahmen zu ergreifen, um das Recht auf Informationen zu schützen und der Öffentlichkeit breiten Zugang zur Fernsehberichterstattung über nationale oder nichtnationale Ereignisse von erheblicher gesellschaftlicher Bedeutung zu verschaffen, wie die Olympischen Spiele, die Fußballweltmeisterschaft und die Fußballeuropameisterschaft. Zu diesem Zweck steht es den Mitgliedstaaten weiterhin frei, mit dem Unionsrecht vereinbare Maßnahmen zu ergreifen, mit denen die Ausübung ausschließlicher Senderechte für solche Ereignisse durch die ihrer Rechtshoheit unterliegenden Fernsehveranstalter geregelt werden soll.

(50) Es sollten innerhalb eines Unionsrahmens Vorkehrungen getroffen werden, damit etwaige Rechtsunsicherheit und Marktstörungen vermieden werden und der freie Verkehr für Fernsehdienste mit der Notwendigkeit, einer möglichen Umgehung der zum Schutz eines rechtmäßigen allgemeinen Interesses erlassenen Maßnahmen zu begegnen, in Einklang gebracht wird.

(51) Es ist insbesondere angezeigt, Bestimmungen für die Ausübung der ausschließlichen Senderechte festzulegen, die Fernsehveranstalter möglicherweise für Ereignisse erworben haben, die für die Gesellschaft in einem anderen Mitgliedstaat als demjenigen, dessen Rechtshoheit die Veranstalter unterliegen, von erheblicher Bedeutung sind. Um dem spekulativen Erwerb von

---

[1] ABl. L 378 vom 27. 12. 2006, S. 72.

Rechten zur Umgehung einzelstaatlicher Maßnahmen zu begegnen, ist es erforderlich, diese Bestimmungen auf Verträge anzuwenden, die nach der Veröffentlichung der Richtlinie 97/36/EG des Europäischen Parlaments und des Rates[1] geschlossen wurden und die Ereignisse betreffen, die nach dem Zeitpunkt der Umsetzung der genannten Richtlinie stattfinden. Werden Verträge, die der Veröffentlichung der genannten Richtlinie vorausgehen, erneuert, so gelten sie als neue Verträge.

(52) Ereignisse von „erheblicher gesellschaftlicher Bedeutung" im Sinne dieser Richtlinie sollten bestimmten Kriterien genügen, d. h., es sollten herausragende Ereignisse sein, die von Interesse für die breite Öffentlichkeit in der Union, in einem bestimmten Mitgliedstaat oder in einem bedeutenden Teil eines bestimmten Mitgliedstaats sind und die im Voraus von einem Veranstalter organisiert werden, der kraft Gesetzes befugt ist, die Rechte an diesen Ereignissen zu veräußern.

(53) Im Sinne dieser Richtlinie bezeichnet der Begriff „frei zugängliche Fernsehsendung" die Ausstrahlung eines der Öffentlichkeit zugänglichen Programms auf einem öffentlichen oder privaten Kanal, ohne dass neben den in dem betreffenden Mitgliedstaat überwiegend anzutreffenden Arten der Gebührenentrichtung für das Fernsehen (beispielsweise Fernsehgebühren und/oder Grundgebühren für einen Kabelanschluss) eine weitere Zahlung zu leisten ist.

(54) Den Mitgliedstaaten steht es frei, gegenüber audiovisuellen Mediendiensten aus Drittländern, die die Bedingungen des Artikels 2 nicht erfüllen, alle Maßnahmen zu ergreifen, die sie für angemessen erachten, sofern sie mit dem Unionsrecht und den völkerrechtlichen Verpflichtungen der Union in Einklang stehen.

(55) Zur vollständigen und angemessenen Wahrung des Grundrechts auf Information und der Zuschauerinteressen in der Union sollten die Inhaber ausschließlicher Fernsehübertragungsrechte für Ereignisse, die von großem Interesse für die Öffentlichkeit sind, anderen Fernsehveranstaltern unter fairen, zumutbaren und diskriminierungsfreien Bedingungen das Recht auf Verwendung von kurzen Auszügen für allgemeine Nachrichtensendungen gewähren, wobei jedoch den ausschließlichen Rechten angemessen Rechnung zu tragen ist. Solche Bedingungen sollten rechtzeitig vor dem Ereignis, das von großem Interesse für die Öffentlichkeit ist, mitgeteilt werden, damit andere Interessenten genügend Zeit haben, dieses Recht auszuüben. Ein Fernsehveranstalter sollte in die Lage versetzt werden, dieses Recht im Einzelfall durch einen Vermittler ausüben zu lassen, der speziell in seinem Namen handelt. Solche kurzen Auszüge können für EU-weite Ausstrahlungen durch alle Kanäle, einschließlich Sportkanälen, verwendet werden und sollten nicht länger als 90 Sekunden dauern. Das Recht auf Zugang zu kurzen Auszügen sollte nur dann grenzüberschreitend gelten, wenn dies erforderlich ist. Daher sollte ein Fernsehveranstalter zunächst bei einem in dem gleichen Mitgliedstaat ansässigen Fernsehveranstalter, der ausschließliche Rechte für das Ereignis von großem Interesse für die Öffentlichkeit besitzt, um Zugang ersuchen.

Unter den Begriff „allgemeine Nachrichtensendungen" sollte nicht die Zusammenstellung kurzer Auszüge für Unterhaltungssendungen fallen. Das Herkunftslandprinzip sollte sowohl für den Zugang zu den kurzen Auszügen als auch für deren Übertragung gelten. In grenzüberschreitenden Fällen bedeutet dies, dass die verschiedenen Rechtsvorschriften nacheinander Anwendung finden sollten. Zunächst sollte – für den Zugang zu den kurzen Auszügen – das Recht des Mitgliedstaats gelten, in dem der Fernsehveranstalter ansässig ist, der das Ausgangssignal bereitstellt (d. h. Zugang gewährt). Dies ist in der Regel der Mitgliedstaat, in dem das betreffende Ereignis stattfindet. Hat ein Mitgliedstaat ein gleichwertiges System für den Zugang zu dem Ereignis eingerichtet, so sollte in jedem Fall das Recht dieses Mitgliedstaats gelten. Danach sollte für die Übertragung der kurzen Auszüge das Recht des Mitgliedstaats gelten, in dem der Fernsehveranstalter ansässig ist, der die kurzen Auszüge überträgt.

(56) Die Anforderungen dieser Richtlinie für den Zugang zu Ereignissen von großem Interesse für die Öffentlichkeit zum Zwecke der Kurzberichterstattung sollten die Richtlinie 2001/29/EG des Europäischen Parlaments und des Rates vom 22. Mai 2001 zur Harmonisierung bestimmter Aspekte des Urheberrechts und der verwandten Schutzrechte in der Informationsgesellschaft[2] und die einschlägigen internationalen Übereinkünfte auf dem Gebiet des Urheberrechts und verwandter Schutzrechte unberührt lassen. Die Mitgliedstaaten sollten den Zugang zu Ereignissen von großem Interesse für die Öffentlichkeit erleichtern, indem sie Zugang zu dem

---

[1] ABl. L 202 vom 30. 7. 1997, S. 60.
[2] ABl. L 167 vom 22. 6. 2001, S. 10.

Sendesignal des Fernsehveranstalters im Sinne der vorliegenden Richtlinie gewähren. Sie können dafür jedoch andere gleichwertige Mittel im Sinne der vorliegenden Richtlinie wählen. Hierzu zählt unter anderem die Gewährung des Zugangs zum Ort des Ereignisses vor der Gewährung des Zugangs zum Sendesignal. Die Fernsehveranstalter sollten nicht daran gehindert werden, detailliertere Vereinbarungen zu schließen.

(57) Es sollte sichergestellt werden, dass die Praxis der Mediendiensteanbieter, ihre direkt ausgestrahlten Nachrichtensendungen nach der direkten Ausstrahlung im Abrufmodus anzubieten, möglich ist, ohne dass die einzelnen Sendungen angepasst (d. h. die kurzen Auszüge herausgeschnitten) werden müssen. Diese Möglichkeit sollte auf die Bereitstellung der identischen Fernsehsendung im Abrufmodus durch denselben Mediendiensteanbieter beschränkt werden, so dass sie nicht dazu genutzt werden kann, neue Geschäftsmodelle von Abrufdiensten auf der Grundlage kurzer Auszüge zu schaffen.

(58) Audiovisuelle Mediendienste auf Abruf unterscheiden sich von Fernsehprogrammen darin, welche Auswahl- und Steuerungsmöglichkeiten der Nutzer hat und welche Auswirkungen sie auf die Gesellschaft haben[1]. Deshalb ist es gerechtfertigt, für audiovisuelle Mediendienste auf Abruf weniger strenge Vorschriften zu erlassen, so dass sie nur den Grundvorschriften dieser Richtlinie unterliegen sollten.

(59) Die Verfügbarkeit schädlicher Inhalte im Bereich der audiovisuellen Mediendienste gibt Anlass zur Sorge für den Gesetzgeber, die Medienbranche und Eltern. Gerade im Zusammenhang mit neuen Plattformen und neuen Produkten werden hier neue Herausforderungen entstehen. Vorschriften zum Schutz der körperlichen, geistigen und sittlichen Entwicklung Minderjähriger sowie zur Wahrung der Menschenwürde in allen audiovisuellen Mediendiensten, einschließlich der audiovisuellen kommerziellen Kommunikation sind daher erforderlich.

(60) Etwaige Maßnahmen zum Schutz der körperlichen, geistigen und sittlichen Entwicklung Minderjähriger und zur Wahrung der Menschenwürde sollten sorgfältig gegen das in der Charta der Grundrechte der Europäischen Union verankerte Grundrecht auf Meinungsfreiheit abgewogen werden. Ziel dieser Maßnahmen, wie z. B. Verwendung von persönlichen Identifizierungskennzahlen (PIN-Codes), Filtersystemen oder Kennzeichnungen, sollte daher die Gewährleistung eines angemessenen Schutzes der körperlichen, geistigen und sittlichen Entwicklung Minderjähriger und des Schutzes der Menschenwürde, insbesondere in Bezug auf audiovisuelle Mediendienste auf Abruf, sein. In der Empfehlung über den Schutz Minderjähriger und den Schutz der Menschenwürde und über das Recht auf Gegendarstellung wurde bereits die Bedeutung von Filtersystemen und Kennzeichnungen anerkannt; sie enthält ferner mehrere mögliche Maßnahmen zugunsten Minderjähriger wie die systematische Bereitstellung eines wirksamen, aktualisierbaren und leicht nutzbaren Filtersystems für Nutzer, sobald diese einen Internetzugang abonnieren, oder die Ausstattung des Zugangs zu kinderspezifischen Internetdiensten mit einem automatischen Filtersystem.

(61) Mediendiensteanbieter, die der Rechtshoheit der Mitgliedstaaten unterstehen, sollten in jedem Fall dem Verbot der Verbreitung von Kinderpornografie gemäß dem Rahmenbeschluss 2004/68/JI des Rates vom 22. Dezember 2003 zur Bekämpfung der sexuellen Ausbeutung von Kindern und der Kinderpornografie[2] unterliegen.

(62) Die Bestimmungen dieser Richtlinie zum Schutz der körperlichen, geistigen und sittlichen Entwicklung Minderjähriger und dem Schutz der Menschenwürde erfordern nicht notwendigerweise, dass zur Durchführung der Maßnahmen zum Schutz dieser Interessen eine vorherige Prüfung audiovisueller Mediendienste durch öffentliche Einrichtungen stattfinden muss.

(63) Eine Koordinierung ist erforderlich, um Personen und Industrien, die kulturelle Fernsehprogramme herstellen, die Aufnahme und Ausübung der Tätigkeit zu erleichtern.

(64) Mindestanforderungen für alle öffentlichen oder privaten Fernsehprogramme in der Union im Hinblick auf europäische audiovisuelle Produktionen sind ein Mittel zur Förderung der Herstellung, der unabhängigen Hersteller und der Verbreitung in den vorgenannten Industrien und ergänzen andere Instrumente, die bereits vorgeschlagen wurden oder noch vorgeschlagen werden, um dasselbe Ziel zu fördern.

---

[1] Urteil vom 2. Juni 2005, Mediakabel BV/Commissariaat voor de MEDIA, Rechtssache C-89/04, Slg. 2005, I-4891.
[2] ABl. L 13 vom 20. 1. 2004, S. 44.

(65) Es ist daher notwendig, die Bildung von Märkten für Fernsehproduktionen in den Mitgliedstaaten zu begünstigen, die groß genug sind, um die erforderlichen Investitionen zu amortisieren, indem nicht nur gemeinsame Regeln zur Öffnung der nationalen Märkte eingeführt werden, sondern auch im Rahmen des praktisch Durchführbaren und mit angemessenen Mitteln darauf geachtet wird, dass europäische Produktionen einen Hauptanteil der Sendezeit in den Fernsehprogrammen der Mitgliedstaaten haben. Um die Einhaltung dieser Regeln bzw. die Verfolgung dieser Ziele zu ermöglichen, sollten die Mitgliedstaaten der Kommission einen Bericht über die Durchführung der in dieser Richtlinie enthaltenen Bestimmungen über die Anteile an der Sendezeit, die europäischen Werken und unabhängigen Produktionen vorbehalten sind, unterbreiten. Bei der Berechnung dieses Anteils sollte die besondere Lage Griechenlands und Portugals berücksichtigt werden. Die Kommission sollte diese Berichte den übrigen Mitgliedstaaten zur Kenntnis bringen, gegebenenfalls zusammen mit einer Stellungnahme, in der insbesondere den gegenüber den Vorjahren erzielten Fortschritten, dem Anteil von Erstausstrahlungen bei der Programmgestaltung, den besonderen Gegebenheiten bei neuen Fernsehveranstaltern sowie der besonderen Lage der Länder mit niedriger audiovisueller Produktionskapazität oder begrenztem Sprachraum Rechnung getragen wird.

(66) Es ist wichtig, zur Verwirklichung der Ziele dieser Richtlinie nach angemessenen und in Einklang mit dem Unionsrecht stehenden Instrumenten und Verfahren zu suchen, um geeignete Maßnahmen zur Förderung der Tätigkeit und der Entwicklung der Produktion und des Vertriebs europäischer audiovisueller Werke, insbesondere in den Ländern mit niedriger Produktionskapazität oder begrenztem Sprachraum, zu ergreifen.

(67) Die Anteile an europäischen Werken müssen unter Berücksichtigung der wirtschaftlichen Gegebenheiten erreicht werden. Zur Erreichung dieses Zieles ist daher ein Stufenplan erforderlich.

(68) Durch die Zusage, im Rahmen des praktisch Durchführbaren einen bestimmten Anteil der Sendezeit für unabhängige, außerhalb der Fernsehveranstalter hergestellte Produktionen vorzusehen, wird die Entsendung neuer Quellen für Fernsehproduktionen gefördert, insbesondere von kleinen und mittleren Unternehmen. Damit werden neue Gelegenheiten und Absatzmöglichkeiten für schöpferische Begabungen, die kulturschaffenden Berufe und die im Kulturbereich tätigen Arbeitnehmer eröffnet.

(69) Audiovisuelle Mediendienste auf Abruf besitzen das Potenzial, Fernsehprogramme teilweise zu ersetzen. Sie sollten daher im Rahmen des praktisch Durchführbaren die Produktion und Verbreitung europäischer Werke vorantreiben und damit einen aktiven Beitrag zur Förderung der kulturellen Vielfalt leisten. Diese Unterstützung für europäische Werke könnte zum Beispiel in einem finanziellen Beitrag solcher Dienste zur Produktion europäischer Werke und zum Erwerb von Rechten an europäischen Werken, einem Mindestanteil europäischer Werke in Katalogen von Video auf Abruf oder in der attraktiven Präsentation europäischer Werke bei elektronischen Programmführern bestehen. Es ist wichtig, die Anwendung der Bestimmungen über die Förderung europäischer Werke und Werke unabhängiger Produzenten durch die audiovisuellen Mediendienste regelmäßig zu überprüfen. Bei der in dieser Richtlinie vorgesehenen Berichterstattung sollten die Mitgliedstaaten insbesondere auch auf den finanziellen Anteil solcher Dienste an der Produktion europäischer Werke und am Erwerb von Rechten an europäischen Werken, den Anteil europäischer Werke an den Katalogen audiovisueller Mediendienste sowie die tatsächliche Nutzung der von solchen Diensten angebotenen europäischen Werke eingehen.

(70) Bei der Umsetzung des Artikels 16 sollten die Mitgliedstaaten die Fernsehveranstalter darin bestärken, einen angemessenen Anteil europäischer Koproduktionen und nichteinheimischer europäischer Werke zu berücksichtigen.

(71) Bei der Festlegung, was unter dem in Artikel 17 genannten Begriff „Hersteller, die von den Fernsehveranstaltern unabhängig sind" zu verstehen ist, sollten die Mitgliedstaaten insbesondere Kriterien wie das Eigentum an der Produktionsgesellschaft, den Umfang der demselben Fernsehveranstalter gelieferten Sendungen und das Eigentum an sekundären Rechten angemessen berücksichtigen.

(72) Sender, die sämtliche Programme in einer anderen als einer Sprache der Mitgliedstaaten ausstrahlen, sollten nicht unter die Artikel 16 und 17 der vorliegenden Richtlinie fallen. Macht eine solche Sprache oder machen solche Sprachen jedoch einen wesentlichen, aber nicht

ausschließlichen Anteil an der Sendezeit eines Senders aus, sollten die Artikel 16 und 17 nicht für diesen Anteil der Sendezeit gelten.

(73) Einzelstaatliche Bestimmungen über die Unterstützung der Entwicklung der europäischen Produktion können angewandt werden, sofern sie dem Unionsrecht entsprechen.

(74) Das Ziel der Unterstützung der audiovisuellen Produktion in Europa kann innerhalb der Mitgliedstaaten im Rahmen der Organisation ihrer Mediendiensteanbieter auch dadurch angestrebt werden, dass für bestimmte Mediendiensteanbieter ein öffentlich-rechtlicher Auftrag festgeschrieben wird, einschließlich der Verpflichtung, einen wesentlichen Beitrag zu den Investitionen in europäische Produktionen zu leisten.

(75) Mediendiensteanbieter, Programmgestalter, Produzenten, Autoren und andere Fachleute sollten dazu ermutigt werden, detailliertere Konzepte und Strategien mit dem Ziel zu entwickeln, europäische audiovisuelle Spielfilme für ein internationales Publikum zu konzipieren.

(76) Es sollte gewährleistet werden, dass Kinospielfilme nur in den zwischen Rechteinhabern und Mediendiensteanbietern vereinbarten Zeiträumen übertragen werden.

(77) Die Frage der Sperrfristen für die Ausstrahlung von Kinospielfilmen ist in erster Linie im Rahmen von Vereinbarungen zwischen den beteiligten Parteien oder Branchenvertretern zu regeln.

(78) Um eine aktive Politik zugunsten einer bestimmten Sprache zu ermöglichen, muss es den Mitgliedstaaten freistehen, ausführlichere oder strengere Bestimmungen festzulegen, die insbesondere an Sprachkriterien ausgerichtet sind, sofern diese Bestimmungen mit dem Unionsrecht vereinbar sind und insbesondere nicht für die Weiterverbreitung von Sendungen aus anderen Mitgliedstaaten gelten.

(79) Das Angebot an audiovisuellen Mediendiensten auf Abruf steigert die Wahlmöglichkeiten des Verbrauchers. Detaillierte Bestimmungen über die audiovisuelle kommerzielle Kommunikation erscheinen daher für audiovisuelle Mediendienste auf Abruf weder gerechtfertigt noch aus technischer Sicht sinnvoll. Dennoch sollten bei jeglicher audiovisueller kommerzieller Kommunikation nicht nur die Kennzeichnungsvorschriften, sondern auch qualitative Grundvorschriften beachtet werden, damit die anerkannten ordnungspolitischen Ziele erreicht werden können.

(80) Wie die Kommission bereits in ihrer Mitteilung zu Auslegungsfragen in Bezug auf bestimmte Aspekte der Bestimmungen der Richtlinie „Fernsehen ohne Grenzen" über die Fernsehwerbung[1] festgestellt hat, sind durch die Entwicklung neuer Werbetechniken und Marketingkonzepte neue wirksame Möglichkeiten für die audiovisuelle kommerzielle Kommunikation im traditionellen Fernsehen entstanden, das auf diese Weise unter gleichen Voraussetzungen im Wettbewerb mit innovativen Abrufdiensten besser bestehen kann.

(81) Aufgrund der wirtschaftlichen und technologischen Entwicklung haben die Nutzer eine immer größere Auswahl, damit aber auch eine größere Verantwortung bei der Nutzung audiovisueller Mediendienste. Damit die Ziele des Allgemeininteresses angemessen verwirklicht werden können, sollten etwaige Vorschriften eine ausreichende Flexibilität in Bezug auf Fernsehprogramme zulassen. Der Trennungsgrundsatz sollte auf Fernsehwerbung und Teleshopping beschränkt werden und die Produktplatzierung sollte unter bestimmten Voraussetzungen erlaubt werden – sofern ein Mitgliedstaat nicht etwas anderes beschließt. Produktplatzierung, die den Charakter von Schleichwerbung hat, sollte jedoch verboten bleiben. Der Einsatz neuer Werbetechniken sollte durch den Trennungsgrundsatz nicht ausgeschlossen werden.

(82) Abgesehen von den Praktiken, die unter die vorliegende Richtlinie fallen, gilt die Richtlinie 2005/29/EG des Europäischen Parlaments und des Rates vom 11. Mai 2005 über unlautere Geschäftspraktiken im binnenmarktinternen Geschäftsverkehr zwischen Unternehmen und Verbrauchern[2] für unlautere Geschäftspraktiken, darunter auch für irreführende und aggressive Praktiken in audiovisuellen Mediendiensten. Überdies sollte die Richtlinie 2003/33/EG des Europäischen Parlaments und des Rates vom 26. Mai 2003 zur Angleichung der Rechts- und Verwaltungsvorschriften der Mitgliedstaaten über Werbung und Sponsoring zugunsten von Tabakerzeugnissen[3], die Werbung und Sponsoring für Zigaretten und andere Tabakerzeugnisse in Printmedien, Diensten der Informationsgesellschaft und in Hörfunksendungen verbietet,

---

[1] ABl. C 102 vom 28. 4. 2004, S. 2.
[2] ABl. L 149 vom 11. 6. 2005, S. 22.
[3] ABl. L 152 vom 20. 6. 2003, S. 16.

unbeschadet der vorliegenden Richtlinie im Hinblick auf die besonderen Merkmale audiovisueller Mediendienste gelten. Artikel 88 Absatz 1 der Richtlinie 2001/83/EG des Europäischen Parlaments und des Rates vom 6. November 2001 zur Schaffung eines Gemeinschaftskodexes für Humanarzneimittel[1], der die Öffentlichkeitswerbung für bestimmte Arzneimittel verbietet, gilt, wie in Absatz 5 des genannten Artikels vorgesehen und unbeschadet des Artikels 21 der vorliegenden Richtlinie. Ferner sollte die vorliegende Richtlinie die Verordnung (EG) Nr. 1924/2006 des Europäischen Parlaments und des Rates vom 20. Dezember 2006 über nährwert- und gesundheitsbezogene Angaben über Lebensmittel[2] unberührt lassen.

(83) Um sicherzustellen, dass die Interessen der Verbraucher als Zuschauer umfassend und angemessen geschützt werden, ist es wesentlich, dass die Fernsehwerbung einer Reihe von Mindestnormen und Kriterien unterworfen wird und die Mitgliedstaaten das Recht behalten, ausführlichere oder strengere Bestimmungen und in bestimmten Fällen unterschiedliche Bedingungen für die ihrer Rechtshoheit unterworfenen Fernsehveranstalter einzuführen.

(84) Die Mitgliedstaaten sollten unter Einhaltung des Unionsrechts in Bezug auf Sendungen, die ausschließlich für ihr eigenes Hoheitsgebiet bestimmt sind und weder unmittelbar noch mittelbar in einem oder mehreren anderen Mitgliedstaaten empfangen werden können, andere Bedingungen für die Platzierung der Werbung und andere Grenzen für den Umfang der Werbung vorsehen können, um diese Art von Sendungen zu erleichtern.

(85) In Anbetracht der zunehmenden Möglichkeiten für die Zuschauer, durch den Einsatz neuer Technologien wie persönlicher digitaler Videorecorder und der zunehmenden Auswahl an Fernsehkanälen Werbung zu umgehen, sind detaillierte Vorschriften über Werbeeinschübe zum Schutz der Zuschauer nicht notwendig. Obwohl die zulässige Werbedauer pro Stunde nicht erhöht werden sollte, sollte die vorliegende Richtlinie den Fernsehveranstaltern eine größere Flexibilität im Hinblick auf Werbeeinschübe einräumen, sofern dadurch nicht der Zusammenhang der Sendungen in Frage gestellt wird.

(86) Diese Richtlinie dient der Wahrung des besonderen Charakters des europäischen Fernsehens, in dem Werbung vorzugsweise zwischen den Sendungen gezeigt wird, und beschränkt deshalb die Möglichkeiten der Unterbrechung von Kinospielfilmen und Fernsehfilmen sowie bestimmter anderer Sendungskategorien, die eines speziellen Schutzes bedürfen.

(87) Es sollte eine Beschränkung bei Fernsehwerbespots und Teleshoppingspots auf 20% Werbezeit pro voller Stunde, anwendbar auch auf die Hauptsendezeiten, festgelegt werden. Der Begriff „Fernsehwerbespot" sollte als Fernsehwerbung im Sinne des Artikels 1 Absatz 1 Buchstabe i mit einer Dauer von nicht mehr als 12 Minuten aufgefasst werden.

(88) Audiovisuelle kommerzielle Kommunikation für Zigaretten und Tabakwaren sollte ganz verboten werden, einschließlich indirekter Formen der audiovisuellen kommerziellen Kommunikation, die zwar nicht direkt das Tabakerzeugnis erwähnen, aber das Verbot der audiovisuellen kommerziellen Kommunikation für Zigaretten und Tabakwaren durch Benutzung von Markennamen, Symbolen oder anderen Kennzeichen von Tabakerzeugnissen oder von Unternehmen, die bekanntermaßen oder hauptsächlich solche Erzeugnisse herstellen bzw. verkaufen, zu umgehen suchen.

(89) Ferner ist es erforderlich, jede audiovisuelle kommerzielle Kommunikation für Arzneimittel und ärztliche Behandlungen zu untersagen, die in dem Mitgliedstaat, dessen Rechtshoheit der Mediendiensteanbieter unterworfen ist, nur auf ärztliche Verordnung erhältlich sind, und die Fernsehwerbung für alkoholische Erzeugnisse strengen Kriterien zu unterwerfen.

(90) Schleichwerbung in der audiovisuellen kommerziellen Kommunikation wird von dieser Richtlinie wegen ihrer nachteiligen Auswirkungen auf die Verbraucher verboten. Das Verbot von Schleichwerbung in der audiovisuellen kommerziellen Kommunikation sollte nicht für die rechtmäßige Produktplatzierung im Rahmen dieser Richtlinie gelten, sofern die Zuschauer angemessen auf das Bestehen einer Produktplatzierung hingewiesen werden. Dies kann dadurch erfolgen, dass darauf hingewiesen wird, dass in der gegebenen Sendung gerade eine Produktplatzierung stattfindet, beispielsweise durch ein neutrales Logo.

(91) Produktplatzierung ist eine Tatsache in Kinospielfilmen und audiovisuellen Fernsehproduktionen. Um gleiche Wettbewerbsbedingungen zu schaffen und damit die Wettbewerbsfähigkeit der europäischen Medien zu verbessern, sind Regelungen für die Produktplatzierung

---

[1] ABl. L 311 vom 28. 11. 2001, S. 67.
[2] ABl. L 404 vom 30. 12. 2006, S. 9.

erforderlich. Die Definition des Begriffs „Produktplatzierung" durch diese Richtlinie sollte alle Formen audiovisueller kommerzieller Kommunikation erfassen, die darin besteht, gegen Entgelt oder eine ähnliche Gegenleistung ein Produkt, eine Dienstleistung oder die entsprechende Marke einzubeziehen bzw. darauf Bezug zu nehmen, so dass diese innerhalb einer Sendung erscheinen. Die kostenlose Bereitstellung von Waren oder Dienstleistungen wie Produktionshilfen oder Preise sollte nur als Produktplatzierung gelten, wenn die betreffenden Waren oder Dienstleistungen von bedeutendem Wert sind. Für Produktplatzierung sollten die gleichen qualitativen Vorschriften und Beschränkungen gelten wie für audiovisuelle kommerzielle Kommunikation. Das entscheidende Kriterium zur Unterscheidung zwischen „Sponsoring" und „Produktplatzierung" ist der Umstand, dass bei der Produktplatzierung der Hinweis auf ein Produkt in die Handlung der Sendung eingebaut ist, weshalb die Definition in Artikel 1 Absatz 1 Buchstabe m das Wort „innerhalb" enthält. Hinweise auf Sponsoren dagegen können während einer Sendung gezeigt werden, sind aber nicht Teil der Handlung.

(92) Produktplatzierung sollte grundsätzlich verboten sein. Ausnahmen auf der Grundlage einer Positivliste sind jedoch angemessen für bestimmte Arten von Sendungen. Ein Mitgliedstaat sollte die Möglichkeit haben, diese Ausnahmen ganz oder teilweise abzulehnen, beispielsweise indem er die Produktplatzierung nur in Sendungen gestattet, die nicht ausschließlich in seinem Hoheitsgebiet produziert wurden.

(93) Darüber hinaus sollten Sponsoring und Produktplatzierung verboten sein, sofern sie den Inhalt von Sendungen in der Weise beeinflussen, dass die redaktionelle Verantwortung und Unabhängigkeit des Mediendiensteanbieters beeinträchtigt wird. Dies ist bei Themenplatzierung der Fall.

(94) Im Einklang mit den Pflichten, die den Mitgliedstaaten durch den Vertrag über die Arbeitsweise der Europäischen Union auferlegt sind, sind sie verantwortlich für die wirksame Durchführung dieser Richtlinie. Es steht ihnen frei, die geeigneten Instrumente entsprechend ihren Rechtstraditionen und etablierten Strukturen und insbesondere die Form ihrer zuständigen unabhängigen Regulierungsstellen zu wählen, damit sie ihre Maßnahmen zur Umsetzung dieser Richtlinie unparteiisch und transparent durchführen können. Insbesondere sollten die von den Mitgliedstaaten gewählten Instrumente einen Beitrag zur Förderung des Medienpluralismus leisten.

(95) Eine enge Zusammenarbeit zwischen den zuständigen Regulierungsstellen der Mitgliedstaaten und der Kommission ist notwendig, um die ordnungsgemäße Anwendung dieser Richtlinie sicherzustellen. In gleichem Maße ist die enge Zusammenarbeit zwischen den Mitgliedstaaten und zwischen den Regulierungsstellen der Mitgliedstaaten von besonderer Bedeutung in Bezug auf die Wirkung, die die in einem Mitgliedstaat niedergelassenen Fernsehveranstalter möglicherweise auf einen anderen Mitgliedstaat haben. Sind im innerstaatlichen Recht Zulassungsverfahren vorgesehen und ist mehr als ein Mitgliedstaat betroffen, so ist es wünschenswert, dass die jeweiligen zuständigen Stellen vor der Erteilung der betreffenden Zulassungen Verbindung miteinander aufnehmen. Diese Zusammenarbeit sollte sich auf alle Bereiche erstrecken, die durch die vorliegende Richtlinie koordiniert werden.

(96) Es ist erforderlich, darauf hinzuweisen, dass es sich bei Eigenwerbung um eine besondere Form der Werbung handelt, bei der der Veranstalter seine eigenen Produkte, Dienstleistungen, Programme oder Sender vertreibt. Insbesondere Trailer, die aus Programmauszügen bestehen, sollten als Programm gelten.

(97) Die tägliche Sendezeit für Hinweise eines Fernsehveranstalters im Zusammenhang mit seinen eigenen Programmen und Begleitmaterialien, die unmittelbar auf diese Programme zurückgehen, oder für Beiträge im Dienst der Öffentlichkeit und für kostenlose Spendenaufrufe zu Wohlfahrtszwecken sollte nicht in die maximale tägliche oder stündliche Sendezeit für Werbung und Teleshopping einbezogen werden.

(98) Zur Vermeidung von Wettbewerbsverzerrungen sollte diese Ausnahmeregelung auf Ankündigungen zu Produkten unter der doppelten Bedingung beschränkt werden, dass es sich um Begleitmaterialien handelt und dass diese unmittelbar auf die betreffenden Programme zurückgehen. Der Begriff Begleitmaterialien bezieht sich auf Produkte, die speziell dazu bestimmt sind, den Zuschauern die volle oder interaktive Nutzung der betreffenden Programme zu ermöglichen.

(99) Im Hinblick auf die Entwicklung des Teleshopping, das von wirtschaftlicher Bedeutung für die Marktteilnehmer insgesamt und ein originärer Absatzmarkt für Güter und Dienstleistungen in der Union ist, ist es wichtig, durch den Erlass geeigneter Vorschriften hinsichtlich Form und Inhalt der Sendungen ein hohes Maß an Verbraucherschutz zu gewährleisten.

(100) Es ist wichtig, dass die zuständigen einzelstaatlichen Behörden bei der Überwachung der Anwendung der einschlägigen Vorschriften in der Lage sind, bei Sendern, die nicht ausschließlich für Teleshopping bestimmt sind, zwischen der Sendezeit für Teleshopping-Spots, Werbespots und anderen Formen der Werbung einerseits und der Sendezeit für Teleshopping-Fenster andererseits unterscheiden zu können. Es ist daher notwendig und ausreichend, dass jedes Fenster eindeutig durch optische und akustische Mittel zumindest zu Beginn und am Ende des Fensters gekennzeichnet wird.

(101) Diese Richtlinie sollte für Sender, die ohne herkömmliche Programmelemente wie Nachrichten, Sportsendungen, Spielfilme, Dokumentarfilme und Bühnenwerke ausschließlich für Teleshopping und Eigenwerbung bestimmt sind, allein für die Zwecke dieser Richtlinie und unbeschadet der Einbeziehung solcher Sender in den Geltungsbereich anderer Rechtsakte der Union, gelten.

(102) Wenngleich die Fernsehveranstalter normalerweise darauf achten müssen, dass Tatsachen und Ereignisse in den Sendungen korrekt dargestellt werden, sollten ihnen dennoch klare Verpflichtungen in Bezug auf das Recht auf Gegendarstellung oder gleichwertige Maßnahmen auferlegt werden, damit gewährleistet ist, dass jeder, der durch eine Tatsachenbehauptung im Rahmen einer Fernsehsendung in seinen berechtigten Interessen verletzt wurde, seine Rechte wirksam geltend machen kann

(103) Das Recht auf Gegendarstellung ist ein geeignetes Rechtsmittel bei Fernsehsendungen und könnte auch im Online-Umfeld angewandt werden. Die Empfehlung über den Schutz Minderjähriger und den Schutz der Menschenwürde und über das Recht auf Gegendarstellung enthält bereits geeignete Leitlinien für die Umsetzung von Maßnahmen im innerstaatlichen Recht oder in der innerstaatlichen Praxis zur ausreichenden Gewährleistung des Rechts auf Gegendarstellung oder gleichwertiger Abhilfemaßnahmen im Zusammenhang mit Online-Medien.

(104) Da die Ziele dieser Richtlinie, nämlich die Schaffung eines Raums für audiovisuelle Mediendienste ohne innere Grenzen bei gleichzeitiger Sicherstellung eines hohen Schutzniveaus für Ziele allgemeinen Interesses, insbesondere der Schutz von Minderjährigen und der menschlichen Würde sowie die Förderung der Rechte der Menschen mit Behinderungen, auf Ebene der Mitgliedstaaten nicht ausreichend verwirklicht werden können und daher wegen des Umfangs und der Wirkungen dieser Richtlinie besser auf Unionsebene zu verwirklichen sind, kann die Union im Einklang mit dem in Artikel 5 des Vertrags über die Europäische Union niedergelegten Subsidiaritätsprinzip tätig werden. Entsprechend dem in demselben Artikel genannten Grundsatz der Verhältnismäßigkeit geht diese Richtlinie nicht über das zur Erreichung dieser Ziele erforderliche Maß hinaus.

(105) Diese Richtlinie lässt die Verpflichtungen der Mitgliedstaaten hinsichtlich der in Anhang I Teil B genannten Fristen für die Umsetzung der dort genannten Richtlinien in innerstaatliches Recht unberührt –

HABEN FOLGENDE RICHTLINIE ERLASSEN:

Kapitel I. Begriffsbestimmungen

Art. 1 [Definitionen]

(1) Für die Zwecke dieser Richtlinie bezeichnet der Ausdruck

a) „audiovisueller Mediendienst"

 i) eine Dienstleistung im Sinne der Artikel 56 und 57 des Vertrags über die Arbeitsweise der Europäischen Union, für die ein Mediendiensteanbieter die redaktionelle Verantwortung trägt und deren Hauptzweck die Bereitstellung von Sendungen zur Information, Unterhaltung oder Bildung der allgemeinen Öffentlichkeit über elektronische Kommunikationsnetze im Sinne des Artikels 2 Buchstabe a der Richtlinie 2002/21/EG ist. Bei diesen audiovisuellen Mediendiensten handelt es sich entweder um Fernsehprogramme gemäß der Definition unter Buchstabe e des vorliegenden Absatzes oder um audiovisuelle Mediendienste auf Abruf gemäß der Definition unter Buchstabe g des vorliegenden Absatzes,

 ii) die audiovisuelle kommerzielle Kommunikation;

b) „Sendung" eine Abfolge von bewegten Bildern mit oder ohne Ton, die Einzelbestandteil eines von einem Mediendiensteanbieter erstellten Sendeplans oder Katalogs ist und deren

Form und Inhalt mit der Form und dem Inhalt von Fernsehprogrammen vergleichbar sind. Beispiele für Sendungen sind unter anderem Spielfilme, Sportberichte, Fernsehkomödien, Dokumentarfilme, Kindersendungen und Originalfernsehspiele;

c) „redaktionelle Verantwortung" die Ausübung einer wirksamen Kontrolle sowohl hinsichtlich der Zusammenstellung der Sendungen als auch hinsichtlich ihrer Bereitstellung entweder anhand eines chronologischen Sendeplans im Falle von Fernsehsendungen oder mittels eines Katalogs im Falle von audiovisuellen Mediendiensten auf Abruf. Die redaktionelle Verantwortung begründet nicht zwangsläufig eine rechtliche Haftung nach innerstaatlichem Recht für die bereitgestellten Inhalte oder Dienste;

d) „Mediendiensteanbieter" die natürliche oder juristische Person, die die redaktionelle Verantwortung für die Auswahl der audiovisuellen Inhalte des audiovisuellen Mediendienstes trägt und bestimmt, wie diese gestaltet werden;

e) „Fernsehprogramm" (d. h. ein linearer audiovisueller Mediendienst) einen audiovisuellen Mediendienst, der von einem Mediendiensteanbieter für den zeitgleichen Empfang von Sendungen auf der Grundlage eines Sendeplans bereitgestellt wird;

f) „Fernsehveranstalter" einen Mediendiensteanbieter, der Fernsehprogramme bereitstellt;

g) „audiovisueller Mediendienst auf Abruf" (d. h. ein nichtlinearer audiovisueller Mediendienst) einen audiovisuellen Mediendienst, der von einem Mediendiensteanbieter für den Empfang zu dem vom Nutzer gewählten Zeitpunkt und auf dessen individuellen Abruf hin aus einem vom Mediendiensteanbieter festgelegten Programmkatalog bereitgestellt wird;

h) „audiovisuelle kommerzielle Kommunikation" Bilder mit oder ohne Ton, die der unmittelbaren oder mittelbaren Förderung des Absatzes von Waren und Dienstleistungen oder des Erscheinungsbilds natürlicher oder juristischer Personen, die einer wirtschaftlichen Tätigkeit nachgehen, dienen. Diese Bilder sind einer Sendung gegen Entgelt oder eine ähnliche Gegenleistung oder als Eigenwerbung beigefügt oder darin enthalten. Zur audiovisuellen kommerziellen Kommunikation zählen unter anderem Fernsehwerbung, Sponsoring, Teleshopping und Produktplatzierung;

i) „Fernsehwerbung" jede Äußerung bei der Ausübung eines Handels, Gewerbes, Handwerks oder freien Berufs, die im Fernsehen von einem öffentlich-rechtlichen oder privaten Veranstalter oder einer natürlichen Person entweder gegen Entgelt oder eine ähnliche Gegenleistung oder als Eigenwerbung gesendet wird mit dem Ziel, den Absatz von Waren oder die Erbringung von Dienstleistungen, einschließlich unbeweglicher Sachen, Rechte und Verpflichtungen, gegen Entgelt zu fördern;

j) „Schleichwerbung in der audiovisuellen kommerziellen Kommunikation" die Erwähnung oder Darstellung von Waren, Dienstleistungen, dem Namen, der Marke oder den Tätigkeiten eines Herstellers von Waren oder eines Erbringers von Dienstleistungen in Sendungen, wenn sie vom Mediendiensteanbieter absichtlich zu Werbezwecken vorgesehen ist und die Allgemeinheit über ihren eigentlichen Zweck irreführen kann. Eine Erwähnung oder Darstellung gilt insbesondere dann als beabsichtigt, wenn sie gegen Entgelt oder eine ähnliche Gegenleistung erfolgt;

k) „Sponsoring" jeden Beitrag von nicht im Bereich der Bereitstellung von audiovisuellen Mediendiensten oder in der Produktion von audiovisuellen Werken tätigen öffentlichen oder privaten Unternehmen oder natürlichen Personen zur Finanzierung von audiovisuellen Mediendiensten oder Sendungen mit dem Ziel, ihren Namen, ihre Marke, ihr Erscheinungsbild, ihre Tätigkeiten oder ihre Leistungen zu fördern;

l) „Teleshopping" Sendungen direkter Angebote an die Öffentlichkeit für den Absatz von Waren oder die Erbringung von Dienstleistungen, einschließlich unbeweglicher Sachen, Rechte und Verpflichtungen, gegen Entgelt;

m) „Produktplatzierung" jede Form audiovisueller kommerzieller Kommunikation, die darin besteht, gegen Entgelt oder eine ähnliche Gegenleistung ein Produkt, eine Dienstleistung oder die entsprechende Marke einzubeziehen bzw. darauf Bezug zu nehmen, so dass diese innerhalb einer Sendung erscheinen;

n) „europäische Werke"
  i) Werke aus den Mitgliedstaaten,
  ii) Werke aus europäischen Drittländern, die Vertragsparteien des Europäischen Übereinkommens über grenzüberschreitendes Fernsehen des Europarates sind, sofern diese Werke die Voraussetzungen nach Absatz 3 erfüllen,

iii) Werke, die im Rahmen der zwischen der Union und Drittländern im audiovisuellen Bereich geschlossenen Abkommen in Koproduktion hergestellt werden und die den in den einzelnen Abkommen jeweils festgelegten Voraussetzungen entsprechen.

(2) Die Anwendung des Absatzes 1 Buchstabe n Ziffern ii und iii setzt voraus, dass in dem betreffenden Drittland keine diskriminierenden Maßnahmen gegen Werke aus den Mitgliedstaaten bestehen.

(3) Werke im Sinne von Absatz 1 Buchstabe n Ziffern i und ii sind Werke, die im Wesentlichen in Zusammenarbeit mit in einem oder mehreren der in den genannten Bestimmungen genannten Staaten ansässigen Autoren und Arbeitnehmern geschaffen wurden und eine der drei folgenden Voraussetzungen erfüllen:

 i) sie sind von einem oder mehreren in einem bzw. mehreren dieser Staaten ansässigen Hersteller(n) geschaffen worden;
 ii) ihre Herstellung wird von einem oder mehreren in einem bzw. mehreren dieser Staaten ansässigen Hersteller(n) überwacht und tatsächlich kontrolliert;
 iii) der Beitrag von Koproduzenten aus diesen Staaten zu den Gesamtproduktionskosten beträgt mehr als die Hälfte, und die Koproduktion wird nicht von einem bzw. mehreren außerhalb dieser Staaten niedergelassenen Hersteller(n) kontrolliert.

(4) Werke, die keine europäischen Werke im Sinne des Absatzes 1 Buchstabe n sind, jedoch im Rahmen von bilateralen Koproduktionsabkommen zwischen Mitgliedstaaten und Drittländern hergestellt werden, werden als europäische Werke betrachtet, sofern die Koproduzenten aus der Union einen mehrheitlichen Anteil der Gesamtproduktionskosten tragen und die Herstellung nicht von einem oder mehreren außerhalb des Hoheitsgebiets der Mitgliedstaaten niedergelassenen Hersteller(n) kontrolliert wird.

Kapitel II. Allgemeine Bestimmungen

Art. 2 [Rechtskonformität]

(1) Jeder Mitgliedstaat sorgt dafür, dass alle audiovisuellen Mediendienste, die von seiner Rechtshoheit unterworfenen Mediendiensteanbietern übertragen werden, den Vorschriften des Rechtssystems entsprechen, die auf für die Allgemeinheit bestimmte audiovisuelle Mediendienste in diesem Mitgliedstaat anwendbar sind.

(2) Für die Zwecke dieser Richtlinie unterliegen diejenigen Mediendiensteanbieter der Rechtshoheit eines Mitgliedstaats,
a) die gemäß Absatz 3 in diesem Mitgliedstaat niedergelassen sind oder
b) auf die Absatz 4 anwendbar ist.

(3) Für die Zwecke dieser Richtlinie gilt ein Mediendiensteanbieter in folgenden Fällen als in einem Mitgliedstaat niedergelassen:
a) der Mediendiensteanbieter hat seine Hauptverwaltung in diesem Mitgliedstaat, und die redaktionellen Entscheidungen über den audiovisuellen Mediendienst werden in diesem Mitgliedstaat getroffen;
b) wenn ein Mediendiensteanbieter seine Hauptverwaltung in einem Mitgliedstaat hat, die Entscheidungen über den audiovisuellen Mediendienst jedoch in einem anderen Mitgliedstaat getroffen werden, gilt er als in dem Mitgliedstaat niedergelassen, in dem ein wesentlicher Teil des mit der Bereitstellung des audiovisuellen Mediendienstes betrauten Personals tätig ist. Ist ein wesentlicher Teil des mit der Bereitstellung des audiovisuellen Mediendienstes betrauten Personals in jedem dieser Mitgliedstaaten tätig, so gilt der Mediendiensteanbieter als in dem Mitgliedstaat niedergelassen, in dem er seine Hauptverwaltung hat. Ist ein wesentlicher Teil des erforderlichen mit der Bereitstellung des audiovisuellen Mediendienstes betrauten Personals in keinem dieser Mitgliedstaaten tätig, so gilt der Mediendiensteanbieter als in dem Mitgliedstaat niedergelassen, in dem er zuerst mit seiner Tätigkeit nach Maßgabe des Rechts dieses Mitgliedstaats begonnen hat, sofern eine dauerhafte und tatsächliche Verbindung mit der Wirtschaft dieses Mitgliedstaats weiter besteht;
c) wenn ein Mediendiensteanbieter seine Hauptverwaltung in einem Mitgliedstaat hat, die Entscheidungen über den audiovisuellen Mediendienst jedoch in einem Drittland getroffen werden, oder wenn der umgekehrte Fall vorliegt, gilt er als in dem betreffenden Mitgliedstaat

niedergelassen, wenn ein wesentlicher Teil des mit der Bereitstellung des audiovisuellen Mediendienstes betrauten Personals in diesem Mitgliedstaat tätig ist.

(4) Mediendiensteanbieter, auf die Absatz 3 nicht anwendbar ist, gelten in folgenden Fällen als Anbieter, die der Rechtshoheit eines Mitgliedstaats unterliegen:
a) sie nutzen eine in diesem Mitgliedstaat gelegene Satelliten- Bodenstation für die Aufwärtsstrecke;
b) sie nutzen zwar keine in diesem Mitgliedstaat gelegene Satelliten-Bodenstation für die Aufwärtsstrecke, aber eine diesem Mitgliedstaat gehörende Übertragungskapazität eines Satelliten.

(5) Kann die Frage, welcher Mitgliedstaat die Rechtshoheit ausübt, nicht nach den Absätzen 3 und 4 entschieden werden, so liegt die Zuständigkeit bei dem Mitgliedstaat, in dem der Mediendiensteanbieter gemäß den Artikeln 49 bis 55 des Vertrags über die Arbeitsweise der Europäischen Union niedergelassen ist.

(6) Diese Richtlinie gilt nicht für audiovisuelle Mediendienste, die ausschließlich zum Empfang in Drittländern bestimmt sind und die nicht unmittelbar oder mittelbar von der Allgemeinheit mit handelsüblichen Verbraucherendgeräten in einem oder mehreren Mitgliedstaaten empfangen werden.

Art. 3 [Freier Empfang]

(1) Die Mitgliedstaaten gewährleisten den freien Empfang und behindern nicht die Weiterverbreitung von audiovisuellen Mediendiensten aus anderen Mitgliedstaaten in ihrem Hoheitsgebiet aus Gründen, die Bereiche betreffen, die durch diese Richtlinie koordiniert sind.

(2) Bei Fernsehprogrammen können die Mitgliedstaaten vorübergehend von Absatz 1 abweichen, wenn die folgenden Bedingungen erfüllt sind:
a) mit einem Fernsehprogramm aus einem anderen Mitgliedstaat wird in offensichtlicher, ernster und schwerwiegender Weise gegen Artikel 27 Absatz 1 oder Absatz 2 und/oder Artikel 6 verstoßen;
b) der Fernsehveranstalter hat während der vorangegangen zwölf Monate bereits mindestens zweimal gegen die in Buchstabe a genannten Vorschriften verstoßen;
c) der betreffende Mitgliedstaat hat dem Fernsehveranstalter und der Kommission schriftlich die behaupteten Verstöße sowie die für den Fall erneuter Verstöße beabsichtigten Maßnahmen mitgeteilt;
d) die Konsultationen mit dem Mitgliedstaat, der die Sendung verbreitet, und der Kommission haben innerhalb von 15 Tagen ab der unter Buchstabe c genannten Mitteilung zu keiner gütlichen Regelung geführt, und es kommt zu einem erneuten Verstoß.

[1] Die Kommission trifft innerhalb einer Frist von zwei Monaten ab dem Zeitpunkt der Mitteilung der Maßnahmen durch den Mitgliedstaat eine Entscheidung über die Vereinbarkeit der Maßnahmen mit dem Unionsrecht. [2] Im Fall einer negativen Entscheidung muss der betreffende Mitgliedstaat die beanstandeten Maßnahmen unverzüglich beenden.

(3) Absatz 2 lässt die Anwendung entsprechender Verfahren, rechtlicher Abhilfemaßnahmen oder Sanktionen bezüglich der betreffenden Verstöße in dem Mitgliedstaat, dessen Rechtshoheit der Fernsehveranstalter unterworfen ist, unberührt.

(4) Bei audiovisuellen Mediendiensten auf Abruf können die Mitgliedstaaten Maßnahmen ergreifen, um bezüglich eines bestimmten Dienstes von Absatz 1 abzuweichen, wenn die folgenden Bedingungen erfüllt sind:
a) Die Maßnahmen
  i) sind aus einem der folgenden Gründe erforderlich:
   – Schutz der öffentlichen Ordnung, insbesondere Verhütung, Ermittlung, Aufklärung und Verfolgung von Straftaten, einschließlich des Jugendschutzes und der Bekämpfung der Hetze aus Gründen der Rasse, des Geschlechts, des Glaubens oder der Nationalität, sowie von Verletzungen der Menschenwürde einzelner Personen,
   – Schutz der öffentlichen Gesundheit,
   – Schutz der öffentlichen Sicherheit, einschließlich der Wahrung nationaler Sicherheits- und Verteidigungsinteressen,
   – Schutz der Verbraucher, einschließlich des Schutzes von Anlegern;

ii) betreffen einen bestimmten audiovisuellen Mediendienst auf Abruf, der die unter Ziffer i genannten Schutzziele beeinträchtigt oder eine ernsthafte und schwerwiegende Gefahr einer Beeinträchtigung dieser Ziele darstellt;
   iii) stehen in einem angemessenen Verhältnis zu diesen Schutzzielen;
b) der Mitgliedstaat hat vor Ergreifen der betreffenden Maßnahmen unbeschadet etwaiger Gerichtsverfahren, einschließlich Vorverfahren und Schritten im Rahmen einer strafrechtlichen Ermittlung
   i) den Mitgliedstaat, dessen Rechtshoheit der Mediendiensteanbieter unterworfen ist, aufgefordert, Maßnahmen zu ergreifen, und dieser hat keine derartigen Maßnahmen ergriffen oder die von ihm getroffenen Maßnahmen sind unzulänglich,
   ii) die Kommission und den Mitgliedstaat, dessen Rechtshoheit der Mediendiensteanbieter unterworfen ist, über seine Absicht, derartige Maßnahmen zu ergreifen, unterrichtet.

(5) ^{1}Die Mitgliedstaaten können in dringenden Fällen von den in Absatz 4 Buchstabe b festgelegten Bedingungen abweichen. ^{2}In diesem Fall müssen die Maßnahmen unverzüglich und unter Angabe der Gründe, aus denen der Mitgliedstaat der Auffassung ist, dass es sich um einen dringenden Fall handelt, der Kommission und dem Mitgliedstaat, dessen Rechtshoheit der Mediendiensteanbieter unterworfen ist, mitgeteilt werden.

(6) ^{1}Unbeschadet der Möglichkeit des Mitgliedstaats, die betreffenden Maßnahmen durchzuführen, prüft die Kommission innerhalb kürzestmöglicher Zeit, ob die in den Absätzen 4 und 5 genannten Maßnahmen mit dem Unionsrecht vereinbar sind. ^{2}Gelangt sie zu dem Schluss, dass die Maßnahmen nicht mit dem Unionsrecht vereinbar sind, so fordert sie den betreffenden Mitgliedstaat auf, davon Abstand zu nehmen, die geplanten Maßnahmen zu ergreifen, bzw. bereits ergriffene Maßnahmen unverzüglich einzustellen.

Art. 4 [Strengere Bestimmungen]

(1) Die Mitgliedstaaten können Mediendiensteanbieter, die ihrer Rechtshoheit unterworfen sind, verpflichten, strengeren oder ausführlicheren Bestimmungen in den von dieser Richtlinie koordinierten Bereichen nachzukommen, sofern diese Vorschriften im Einklang mit dem Unionsrecht stehen.

(2) ^{1}In Fällen, in denen ein Mitgliedstaat
a) sein Recht nach Absatz 1 in Anspruch genommen hat, um im Allgemeininteresse liegende ausführlichere oder strengere Bestimmungen zu erlassen, und
b) zu dem Schluss gelangt, dass ein der Rechtshoheit eines anderen Mitgliedstaats unterworfener Fernsehveranstalter Fernsehprogramme erbringt, die ganz oder vorwiegend auf sein Gebiet ausgerichtet sind,

kann er sich mit dem Mitgliedstaat, dessen Rechtshoheit der Fernsehveranstalter unterworfen ist, in Verbindung setzen, um für auftretende Schwierigkeiten eine beiderseits zufrieden stellende Lösung zu finden. ^{2}Auf begründetes Ersuchen des erstgenannten Mitgliedstaats fordert der Mitgliedstaat, dessen Rechtshoheit der Fernsehveranstalter unterworfen ist, diesen auf, die betreffenden im Allgemeininteresse liegenden Bestimmungen einzuhalten. ^{3}Der Mitgliedstaat, dessen Rechtshoheit der Fernsehveranstalter unterworfen ist, unterrichtet den erstgenannten Mitgliedstaat binnen zwei Monaten über die im Anschluss an das Ersuchen erzielten Ergebnisse. ^{4}Jeder der beiden Mitgliedstaaten kann den gemäß Artikel 29 eingesetzten Kontaktausschuss um Prüfung des Falles ersuchen.

(3) Der erstgenannte Mitgliedstaat kann gegen den betreffenden Fernsehveranstalter angemessene Maßnahmen ergreifen, wenn er zu dem Schluss gelangt, dass
a) die aufgrund der Anwendung des Absatzes 2 erzielten Ergebnisse nicht zufrieden stellend sind und
b) der betreffende Fernsehveranstalter sich in dem Mitgliedstaat, dessen Rechtshoheit er unterworfen ist, niedergelassen hat, um die strengeren Bestimmungen in den von dieser Richtlinie erfassten Bereichen, denen er unterliegen würde, wenn er im erstgenannten Mitgliedstaat niedergelassen wäre, zu umgehen.

Diese Maßnahmen müssen objektiv erforderlich sein, auf nichtdiskriminierende Weise angewandt werden sowie verhältnismäßig zur Erreichung der damit verfolgten Ziele sein.

(4) Ein Mitgliedstaat darf Maßnahmen gemäß Absatz 3 nur ergreifen, wenn die folgenden Voraussetzungen erfüllt sind:

a) der betreffende Mitgliedstaat hat der Kommission und dem Mitgliedstaat, in dem der Fernsehveranstalter niedergelassen ist, seine Absicht mitgeteilt, derartige Maßnahmen zu ergreifen, und die Gründe dargelegt, auf die er seine Beurteilung stützt;
b) die Kommission hat entschieden, dass die Maßnahmen mit dem Unionsrecht vereinbar sind und dass insbesondere die Beurteilungen des Mitgliedstaats, der die Maßnahmen nach den Absätzen 2 und 3 trifft, zutreffend begründet sind.

(5) Die Kommission trifft ihre Entscheidung innerhalb von drei Monaten nach der Mitteilung gemäß Absatz 4 Buchstabe a. Entscheidet die Kommission, dass die Maßnahmen mit dem Unionsrecht nicht vereinbar sind, so darf der betreffende Mitgliedstaat die geplanten Maßnahmen nicht ergreifen.

(6) Die Mitgliedstaaten sorgen mit geeigneten Mitteln im Rahmen ihrer Rechtsvorschriften dafür, dass die jeweils ihrer Rechtshoheit unterworfenen Mediendiensteanbieter die Bestimmungen dieser Richtlinie tatsächlich einhalten.

(7) [1]Die Mitgliedstaaten fördern Regelungen zur Koregulierung und/oder Selbstregulierung auf nationaler Ebene in den durch diese Richtlinie koordinierten Bereichen in dem nach ihrem jeweiligen Rechtssystem zulässigen Maße. [2]Diese Regelungen müssen derart gestaltet sein, dass sie von den Hauptbeteiligten in den betreffenden Mitgliedstaaten allgemein anerkannt werden und dass eine wirksame Durchsetzung gewährleistet ist.

(8) [1]Die Richtlinie 2000/31/EG findet Anwendung, soweit in der vorliegenden Richtlinie nichts anderes vorgesehen ist. [2]Im Falle einer Kollision zwischen einer Bestimmung der Richtlinie 2000/31/EG und einer Bestimmung der vorliegenden Richtlinie sind die Bestimmungen der vorliegenden Richtlinie maßgeblich, sofern in der vorliegenden Richtlinie nichts anderes vorgesehen ist.

Kapitel III. Bestimmungen für alle audiovisuellen Mediendienste

Art. 5 [Informationszugang]

Die Mitgliedstaaten stellen sicher, dass die ihrer Rechtshoheit unterworfenen Anbieter audiovisueller Mediendienste den Empfängern eines Dienstes mindestens die nachstehend aufgeführten Informationen leicht, unmittelbar und ständig zugänglich machen:

a) den Namen des Mediendiensteanbieters;
b) die geografische Anschrift, unter der der Mediendiensteanbieter niedergelassen ist;
c) Angaben, die es ermöglichen, mit dem Mediendiensteanbieter schnell Kontakt aufzunehmen und unmittelbar und wirksam mit ihm zu kommunizieren, einschließlich seiner E-Mail-Adresse oder seiner Internetseite;
d) gegebenenfalls die zuständigen Regulierungs- oder Aufsichtsstellen.

Art. 6 [Diskriminierungsverbote]

Die Mitgliedstaaten sorgen mit angemessenen Mitteln dafür, dass die audiovisuellen Mediendienste, die von den ihrer Rechtshoheit unterworfenen Mediendiensteanbietern bereitgestellt werden, nicht zu Hass aufgrund von Rasse, Geschlecht, Religion oder Staatsangehörigkeit aufstacheln.

Art. 7 [Hörgeschädigte und Sehbehinderte]

Die Mitgliedstaaten bestärken die ihrer Rechtshoheit unterliegenden Mediendiensteanbieter darin, ihre Dienste schrittweise für Hörgeschädigte und Sehbehinderte zugänglich zu machen.

Art. 8 [Sendezeiten für Kinospielfilme]

Die Mitgliedstaaten sorgen dafür, dass die ihrer Rechtshoheit unterworfenen Mediendiensteanbieter Kinospielfilme nicht zu anderen als den mit den Rechteinhabern vereinbarten Zeiten übertragen.

Art. 9 [Audiovisuelle kommerzielle Kommunikation]

(1) Die Mitgliedstaaten sorgen dafür, dass die audiovisuelle kommerzielle Kommunikation, die von den ihrer Rechtshoheit unterworfenen Mediendiensteanbietern bereitgestellt wird, folgenden Anforderungen genügt:

a) audiovisuelle kommerzielle Kommunikation muss leicht als solche zu erkennen sein. Schleichwerbung in der audiovisuellen kommerziellen Kommunikation ist verboten;
b) in der audiovisuellen kommerziellen Kommunikation dürfen keine Techniken der unterschwelligen Beeinflussung eingesetzt werden;
c) audiovisuelle kommerzielle Kommunikation darf nicht
   i) die Menschenwürde verletzen;
   ii) Diskriminierungen aufgrund von Geschlecht, Rasse oder ethnischer Herkunft, Staatsangehörigkeit, Religion oder Glauben, Behinderung, Alter oder sexueller Ausrichtung beinhalten oder fördern;
   iii) Verhaltensweisen fördern, die die Gesundheit oder Sicherheit gefährden;
   iv) Verhaltensweisen fördern, die den Schutz der Umwelt in hohem Maße gefährden;
d) jede Form der audiovisuellen kommerziellen Kommunikation für Zigaretten und andere Tabakerzeugnisse ist untersagt;
e) audiovisuelle kommerzielle Kommunikation für alkoholische Getränke darf nicht speziell an Minderjährige gerichtet sein und darf nicht den übermäßigen Genuss solcher Getränke fördern;
f) audiovisuelle kommerzielle Kommunikation für Arzneimittel und medizinische Behandlungen, die in dem Mitgliedstaat, dessen Rechtshoheit der Mediendiensteanbieter unterworfen ist, nur auf ärztliche Verordnung erhältlich sind, ist untersagt;
g) audiovisuelle Kommunikation darf nicht zur körperlichen oder seelischen Beeinträchtigung Minderjähriger führen. Daher darf sie keine direkten Aufrufe zum Kaufen oder Mieten von Waren oder Dienstleistungen an Minderjährige richten, die deren Unerfahrenheit und Leichtgläubigkeit ausnutzen, Minderjährige nicht unmittelbar dazu auffordern, ihre Eltern oder Dritte zum Kauf der beworbenen Ware oder Dienstleistung zu bewegen, nicht das besondere Vertrauen ausnutzen, das Minderjährige zu Eltern, Lehrern und anderen Vertrauenspersonen haben, und Minderjährige nicht ohne berechtigten Grund in gefährlichen Situationen zeigen.

(2) Die Mitgliedstaaten und die Kommission bestärken die Anbieter von Mediendiensten darin, Verhaltenskodizes für unangebrachte audiovisuelle kommerzielle Kommunikation zu entwickeln, die Kindersendungen begleitet oder darin enthalten ist und Lebensmittel und Getränke betrifft, die Nährstoffe oder Substanzen mit ernährungsbezogener oder physiologischer Wirkung enthalten, insbesondere solche wie Fett, Transfettsäuren, Salz/Natrium und Zucker, deren übermäßige Aufnahme im Rahmen der Gesamternährung nicht empfohlen wird.

Art. 10 [Gesponserte audiovisuelle Mediendienste]

(1) Gesponserte audiovisuelle Mediendienste oder Sendungen müssen folgenden Anforderungen genügen:
a) ihr Inhalt und – bei Fernsehsendungen – ihr Programmplatz dürfen keinesfalls so beeinflusst werden, dass die redaktionelle Verantwortung und Unabhängigkeit des Mediendiensteanbieters beeinträchtigt wird;
b) sie dürfen nicht unmittelbar zu Kauf, Miete oder Pacht von Waren oder Dienstleistungen anregen, insbesondere nicht durch spezielle verkaufsfördernde Hinweise auf diese Waren oder Dienstleistungen;
c) die Zuschauer müssen eindeutig auf das Bestehen einer Sponsoring-Vereinbarung hingewiesen werden. Gesponserte Sendungen sind – beispielsweise durch den Namen, das Firmenemblem und/oder ein anderes Symbol des Sponsors, etwa einen Hinweis auf seine Produkte oder Dienstleistungen oder ein entsprechendes unterscheidungskräftiges Zeichen – in angemessener Weise zum Beginn, während und/oder zum Ende der Sendung eindeutig zu kennzeichnen.

(2) Audiovisuelle Mediendienste oder Sendungen dürfen nicht von Unternehmen gesponsert werden, deren Haupttätigkeit die Herstellung oder der Verkauf von Zigaretten und anderen Tabakerzeugnissen ist.

(3) Beim Sponsoring von audiovisuellen Mediendiensten oder Sendungen durch Unternehmen, deren Tätigkeit die Herstellung oder den Verkauf von Arzneimitteln und medizinischen Behandlungen umfasst, darf für den Namen oder das Erscheinungsbild des Unternehmens geworben werden, nicht jedoch für bestimmte Arzneimittel oder medizinische Behandlungen, die in dem Mitgliedstaat, dessen Rechtshoheit der Mediendiensteanbieter unterworfen ist, nur auf ärztliche Verordnung erhältlich sind.

(4) [1]Nachrichtensendungen und Sendungen zur politischen Information dürfen nicht gesponsert werden. [2]Die Mitgliedstaaten können sich dafür entscheiden, das Zeigen von Sponsorenlogos in Kindersendungen, Dokumentarfilmen und Sendungen religiösen Inhalts zu untersagen.

Art. 11 [Produktplatzierung]

(1) Die Absätze 2, 3 und 4 gelten nur für Sendungen, die nach dem 19. Dezember 2009 produziert werden.

(2) Produktplatzierung ist untersagt.

(3) Sofern die Mitgliedstaaten nichts anderes beschließen, ist Produktplatzierung abweichend von Absatz 2 in folgenden Fällen zulässig:
 a) in Kinofilmen, Filmen und Serien für audiovisuelle Mediendienste, Sportsendungen und Sendungen der leichten Unterhaltung;
 b) wenn kein Entgelt geleistet wird, sondern lediglich bestimmte Waren oder Dienstleistungen wie Produktionshilfen und Preise im Hinblick auf ihre Einbeziehung in eine Sendung kostenlos bereitgestellt werden.

Die Abweichung nach Buchstabe a gilt nicht für Kindersendungen.

Sendungen, die Produktplatzierung enthalten, müssen mindestens alle folgenden Anforderungen erfüllen:
 a) ihr Inhalt und – bei Fernsehsendungen – ihr Programmplatz dürfen keinesfalls so beeinflusst werden, dass die redaktionelle Verantwortung und Unabhängigkeit des Mediendiensteanbieters beeinträchtigt wird;
 b) sie dürfen nicht unmittelbar zu Kauf, Miete bzw. Pacht von Waren oder Dienstleistungen auffordern, insbesondere nicht durch spezielle verkaufsfördernde Hinweise auf diese Waren oder Dienstleistungen;
 c) sie dürfen das betreffende Produkt nicht zu stark herausstellen;
 d) die Zuschauer müssen eindeutig auf das Bestehen einer Produktplatzierung hingewiesen werden. Sendungen mit Produktplatzierung sind zu Sendungsbeginn und -ende sowie bei Fortsetzung einer Sendung nach einer Werbeunterbrechung angemessen zu kennzeichnen, um jede Irreführung des Zuschauers zu verhindern.

In Ausnahmefällen können die Mitgliedstaaten von den Anforderungen des Buchstabens d absehen, sofern die betreffende Sendung weder vom Mediendiensteanbieter selbst noch von einem mit dem Mediendiensteanbieter verbundenen Unternehmen produziert oder in Auftrag gegeben wurde.

(4) Sendungen dürfen unter keinen Umständen die folgenden Produktplatzierungen enthalten:
 a) Produktplatzierung zugunsten von Zigaretten oder Tabakerzeugnissen oder zugunsten von Unternehmen, deren Haupttätigkeit die Herstellung oder der Verkauf von Zigaretten und anderen Tabakerzeugnissen ist;
 b) Produktplatzierung zugunsten bestimmter Arzneimittel oder medizinischer Behandlungen, die in dem Mitgliedstaat, dessen Rechtshoheit der Mediendiensteanbieter unterworfen ist, nur auf ärztliche Verordnung erhältlich sind.

Kapitel IV. Sonderbestimmungen für audiovisuelle Mediendienste auf Abruf

Art. 12 [Schutz Minderjähriger bei „on demand"-Diensten]

Die Mitgliedstaaten ergreifen angemessene Maßnahmen, um zu gewährleisten, dass audiovisuelle Mediendienste auf Abruf, die von ihrer Rechtshoheit unterworfenen Mediendiensteanbietern bereitgestellt werden und die die körperliche, geistige oder sittliche Entwicklung von Minderjährigen ernsthaft beeinträchtigen könnten, nur so bereitgestellt werden, dass sichergestellt ist, dass sie von Minderjährigen üblicherweise nicht gehört oder gesehen werden können.

Art. 13 [Förderung europäischer Werke]

(1) [1]Die Mitgliedstaaten sorgen im Rahmen des praktisch Durchführbaren und mit angemessenen Mitteln dafür, dass audiovisuelle Mediendienste auf Abruf, die von ihrer Rechtshoheit unterworfenen Mediendiensteanbietern bereitgestellt werden, die Produktion europäischer Werke und den Zugang hierzu fördern. [2]Diese Förderung könnte sich unter anderem auf den

finanziellen Beitrag solcher Dienste zu der Produktion europäischer Werke und zum Erwerb von Rechten an europäischen Werken oder auf den Anteil und/oder die Herausstellung europäischer Werke in dem von diesem audiovisuellen Mediendienst auf Abruf angebotenen Programmkatalog beziehen.

(2) Die Mitgliedstaaten berichten der Kommission spätestens am 19. Dezember 2011 und anschließend alle vier Jahre über die Durchführung des Absatzes 1.

(3) Auf der Grundlage der von den Mitgliedstaaten übermittelten Informationen und einer unabhängigen Studie erstattet die Kommission dem Europäischen Parlament und dem Rat über die Anwendung des Absatzes 1 Bericht und trägt dabei der Marktlage und den technischen Entwicklungen sowie dem Ziel der kulturellen Vielfalt Rechnung.

Kapitel V. Bestimmungen über ausschließliche Rechte an und Kurzberichterstattung in Fernsehsendungen

Art. 14 [Ausschließlichkeitsklausel]

(1) [1]Jeder Mitgliedstaat kann im Einklang mit dem Unionsrecht Maßnahmen ergreifen, mit denen sichergestellt werden soll, dass die seiner Rechtshoheit unterworfenen Fernsehveranstalter nicht Ereignisse, denen der betreffende Mitgliedstaat eine erhebliche gesellschaftliche Bedeutung beimisst, auf Ausschließlichkeitsbasis in der Weise übertragen, dass einem bedeutenden Teil der Öffentlichkeit in dem Mitgliedstaat die Möglichkeit vorenthalten wird, das Ereignis im Wege direkter oder zeitversetzter Berichterstattung in einer frei zugänglichen Fernsehsendung zu verfolgen. [2]Falls ein Mitgliedstaat entsprechende Maßnahmen ergreift, so erstellt er dabei eine Liste der nationalen und nichtnationalen Ereignisse, denen er eine erhebliche gesellschaftliche Bedeutung beimisst. [3]Er trägt dafür auf eindeutige und transparente Weise rechtzeitig Sorge. [4]Dabei legt der betreffende Mitgliedstaat auch fest, ob diese Ereignisse im Wege direkter Gesamt- oder Teilberichterstattung oder, sofern im öffentlichen Interesse aus objektiven Gründen erforderlich oder angemessen, im Wege zeitversetzter Gesamt- oder Teilberichterstattung verfügbar sein sollen.

(2) [1]Die Mitgliedstaaten teilen der Kommission unverzüglich alle Maßnahmen mit, die sie gemäß Absatz 1 getroffen haben oder in Zukunft treffen werden. [2]Die Kommission prüft binnen drei Monaten nach der Mitteilung, ob die Maßnahmen mit dem Unionsrecht vereinbar sind, und teilt sie den anderen Mitgliedstaaten mit. [3]Sie holt die Stellungnahme des mit Artikel 29 eingesetzten Kontaktausschusses ein. [4]Sie veröffentlicht die getroffenen Maßnahmen unverzüglich im Amtsblatt der Europäischen Union; mindestens einmal jährlich veröffentlicht sie eine konsolidierte Liste der von den Mitgliedstaaten getroffenen Maßnahmen.

(3) Die Mitgliedstaaten stellen im Rahmen des innerstaatlichen Rechts durch geeignete Maßnahmen sicher, dass die ihrer Rechtshoheit unterworfenen Fernsehveranstalter die von ihnen nach dem 18. Dezember 2007 erworbenen ausschließlichen Rechte nicht in der Weise ausüben, dass einem bedeutenden Teil der Öffentlichkeit in einem anderen Mitgliedstaat die Möglichkeit vorenthalten wird, die von diesem anderen Mitgliedstaat gemäß den Absätzen 1 und 2 bezeichneten Ereignisse als direkte Gesamt- oder Teilberichterstattung oder, sofern im öffentlichen Interesse aus objektiven Gründen erforderlich oder angemessen, als zeitversetzte Gesamt- oder Teilberichterstattung in einer frei zugänglichen Fernsehsendung zu verfolgen, wie dies von dem anderen Mitgliedstaat gemäß Absatz 1 festgelegt worden ist.

Art. 15 [Zugang der Fernsehveranstalter]

(1) Die Mitgliedstaaten sorgen dafür, dass jeder Fernsehveranstalter, der in der Union niedergelassen ist, zum Zwecke der Kurzberichterstattung einen fairen, angemessenen und diskriminierungsfreien Zugang zu Ereignissen hat, die von großem öffentlichen Interesse sind und die von einem der Rechtshoheit der Mitgliedstaaten unterworfenen Fernsehveranstalter exklusiv übertragen werden.

(2) Wenn ein anderer Fernsehveranstalter, der in demselben Mitgliedstaat niedergelassen ist wie der um Zugang ersuchende Fernsehveranstalter, ausschließliche Rechte für das Ereignis von großem Interesse für die Öffentlichkeit erworben hat, muss der Zugang bei diesem Fernsehveranstalter beantragt werden.

(3) Die Mitgliedstaaten sorgen dafür, dass dieser Zugang garantiert ist, indem sie es den Fernsehveranstaltern erlauben, frei kurze Ausschnitte aus dem Sendesignal des übertragenden

Fernsehveranstalters auszuwählen, wobei die Fernsehveranstalter dabei aber zumindest ihre Quelle angeben müssen, sofern dies nicht aus praktischen Gründen unmöglich ist.

(4) Als Alternative zu Absatz 3 kann ein Mitgliedstaat ein gleichwertiges System einrichten, das den Zugang mit anderen Mitteln unter fairen, angemessenen und diskriminierungsfreien Bedingungen ermöglicht.

(5) Kurze Ausschnitte werden ausschließlich für allgemeine Nachrichtensendungen verwendet und dürfen in audiovisuellen Mediendiensten auf Abruf nur verwendet werden, wenn die gleiche Sendung von demselben Mediendiensteanbieter zeitversetzt angeboten wird.

(6) [1] Unbeschadet der Absätze 1 bis 5 sorgen die Mitgliedstaaten nach Maßgabe ihres Rechtssystems und im Einklang mit ihren Gepflogenheiten dafür, dass die Modalitäten und Bedingungen für die Bereitstellung solcher kurzen Ausschnitte näher festgelegt werden, insbesondere hinsichtlich etwaiger Kostenerstattungsregelungen, der Höchstlänge der kurzen Ausschnitte und der Fristen für ihre Übertragung. [2] Wird eine Kostenerstattung vorgesehen, so darf sie die unmittelbar mit der Gewährung des Zugangs verbundenen zusätzlichen Kosten nicht übersteigen.

Kapitel VI. Förderung der Verbreitung und Herstellung von Fernsehprogrammen

Art. 16 [Sendung von europäischen Werken]

(1) [1] Die Mitgliedstaaten tragen im Rahmen des praktisch Durchführbaren und mit angemessenen Mitteln dafür Sorge, dass die Fernsehveranstalter den Hauptanteil ihrer Sendezeit, die nicht auf Nachrichten, Sportberichten, Spielshows, Werbeleistungen, Videotextleistungen und Teleshopping entfallen, der Sendung von europäischen Werken vorbehalten. [2] Dieser Anteil soll unter Berücksichtigung der Verantwortung der Rundfunkveranstalter gegenüber ihrem Publikum in den Bereichen Information, Bildung, Kultur und Unterhaltung schrittweise anhand geeigneter Kriterien erreicht werden.

(2) Kann der Anteil gemäß Absatz 1 nicht erreicht werden, so darf dieser nicht niedriger als der Anteil sein, der 1988 in dem betreffenden Mitgliedstaat im Durchschnitt festgestellt wurde.

Im Falle Griechenlands und Portugals wird das Jahr 1988 jedoch durch das Jahr 1990 ersetzt.

(3) Die Mitgliedstaaten übermitteln der Kommission alle zwei Jahre ab 3. Oktober 1991 einen Bericht über die Durchführung des vorliegenden Artikels und des Artikels 17.

Dieser Bericht enthält insbesondere eine statistische Übersicht, aus der hervorgeht, inwieweit jedes der Rechtshoheit des betreffenden Mitgliedstaats unterworfene Fernsehprogramm den im vorliegenden Artikel und in Artikel 17 genannten Anteil erreicht hat, aus welchen Gründen dieser Anteil in jedem einzelnen Fall nicht erzielt werden konnte und welche Maßnahmen zur Erreichung dieses Anteils getroffen oder vorgesehen sind.

[1] Die Kommission bringt diese Berichte – gegebenenfalls zusammen mit einer Stellungnahme – den übrigen Mitgliedstaaten und dem Europäischen Parlament zur Kenntnis. [2] Sie trägt dafür Sorge, dass der vorliegende Artikel und Artikel 17 gemäß den Bestimmungen des Vertrags über die Arbeitsweise der Europäischen Union durchgeführt werden. [3] In ihrer Stellungnahme kann die Kommission insbesondere den gegenüber den Vorjahren erzielten Fortschritten, dem Anteil von Erstausstrahlungen bei der Programmgestaltung, den besonderen Gegebenheiten bei den neuen Fernsehveranstaltern sowie der besonderen Lage der Länder mit niedriger audiovisueller Produktionskapazität oder begrenztem Sprachraum Rechnung tragen.

Art. 17 [Sendung europäischer Werke von unabhängigen Herstellern]

[1] Die Mitgliedstaaten tragen im Rahmen des praktisch Durchführbaren und mit angemessenen Mitteln dafür Sorge, dass Fernsehveranstalter mindestens 10% ihrer Sendezeit, die nicht auf Nachrichten, Sportberichten, Spielshows oder Werbeleistungen, Videotextleistungen und Teleshopping entfallen, oder alternativ nach Wahl des Mitgliedstaats mindestens 10% ihrer Haushaltsmittel für die Programmgestaltung der Sendung europäischer Werke von Herstellern vorbehalten, die von den Fernsehveranstaltern unabhängig sind. [2] Dieser Anteil ist unter Berücksichtigung der Verantwortung der Fernsehveranstalter gegenüber ihrem Publikum in den Bereichen Information, Bildung, Kultur und Unterhaltung schrittweise anhand geeigneter Kriterien zu erreichen. [3] Dazu muss ein angemessener Anteil neueren Werken vorbehalten bleiben, d. h. Werken, die innerhalb eines Zeitraums von fünf Jahren nach ihrer Herstellung ausgestrahlt werden.

Art. 18 [Fernsehsendungen für lokales Publikum]

Dieses Kapitel gilt nicht für Fernsehsendungen, die sich an ein lokales Publikum richten und die nicht an ein nationales Fernsehnetz angeschlossen sind.

Kapitel VII. Fernsehwerbung und Teleshopping

Art. 19 [Erkennbarkeit]

(1) [1] Fernsehwerbung und Teleshopping müssen als solche leicht erkennbar und vom redaktionellen Inhalt unterscheidbar sein. [2] Unbeschadet des Einsatzes neuer Werbetechniken müssen Fernsehwerbung und Teleshopping durch optische und/oder akustische und/oder räumliche Mittel eindeutig von anderen Sendungsteilen abgesetzt sein.

(2) Einzeln gesendete Werbespots und Teleshopping-Spots müssen, außer bei der Übertragung von Sportveranstaltungen, die Ausnahme bilden.

Art. 20 [Werbeunterbrechung]

(1) Die Mitgliedstaaten sorgen dafür, dass durch in laufende Sendungen eingefügte Fernsehwerbung oder Teleshopping-Spots der Zusammenhang der Sendungen unter Berücksichtigung der natürlichen Sendungsunterbrechungen sowie der Dauer und Art der betreffenden Sendung nicht beeinträchtigt wird und die Rechte von Rechteinhabern nicht verletzt werden.

(2) [1] Die Übertragung von Fernsehfilmen (mit Ausnahme von Serien, Reihen und Dokumentarfilmen), Kinospielfilmen und Nachrichtensendungen darf für jeden programmierten Zeitraum von mindestens 30 Minuten einmal für Fernsehwerbung und/oder Teleshopping unterbrochen werden. [2] Die Übertragung von Kindersendungen darf für jeden programmierten Zeitraum von mindestens 30 Minuten höchstens einmal für Fernsehwerbung und/oder Teleshopping unterbrochen werden, jedoch nur, wenn die Gesamtdauer der Sendung nach dem Sendeplan mehr als 30 Minuten beträgt. [3] Die Übertragung von Gottesdiensten darf nicht durch Fernsehwerbung oder Teleshopping unterbrochen werden.

Art. 21 [Teleshopping für Arzneimittel]

Teleshopping für Arzneimittel, die einer Genehmigung für das Inverkehrbringen im Sinne der Richtlinie 2001/83/EG unterliegen, sowie Teleshopping für ärztliche Behandlungen ist untersagt.

Art. 22 [Werbung und Teleshopping für alkoholische Getränke]

Fernsehwerbung und Teleshopping für alkoholische Getränke müssen folgenden Kriterien entsprechen:

a) sie dürfen nicht speziell an Minderjährige gerichtet sein und insbesondere nicht Minderjährige beim Alkoholgenuss darstellen;
b) es darf keinerlei Verbindung zwischen einer Verbesserung der physischen Leistung und Alkoholgenuss oder dem Führen von Kraftfahrzeugen und Alkoholgenuss hergestellt werden;
c) es darf nicht der Eindruck erweckt werden, Alkoholgenuss fördere sozialen oder sexuellen Erfolg;
d) sie dürfen nicht eine therapeutische, stimulierende, beruhigende oder konfliktlösende Wirkung von Alkohol suggerieren;
e) Unmäßigkeit im Genuss alkoholischer Getränke darf nicht gefördert oder Enthaltsamkeit oder Mäßigung nicht negativ dargestellt werden;
f) die Höhe des Alkoholgehalts von Getränken darf nicht als positive Eigenschaft hervorgehoben werden.

Art. 23 [Werbeanteil]

(1) Der Anteil von Fernsehwerbespots und Teleshopping- Spots an der Sendezeit darf innerhalb einer vollen Stunde 20% nicht überschreiten.

(2) Absatz 1 gilt nicht für Hinweise des Fernsehveranstalters auf eigene Sendungen und auf Begleitmaterialien, die direkt von diesen Sendungen abgeleitet sind, Sponsorenhinweise und die Produktplatzierung.

Art. 24 [Teleshopping-Fenster]

Teleshopping-Fenster müssen optisch und akustisch klar als solche gekennzeichnet sein und eine Mindestdauer von 15 Minuten ohne Unterbrechung haben.

Art. 25 [Geltung für Spartensender]

Die Bestimmungen dieser Richtlinie gelten entsprechend für reine Werbe- und Teleshopping-Fernsehkanäle sowie für Fernsehkanäle, die ausschließlich der Eigenwerbung dienen.

Kapitel IV sowie die Artikel 20 und 23 gelten jedoch nicht für solche Kanäle.

Art. 26 [Lokale Fernsehprogramme]

Unbeschadet des Artikels 4 können die Mitgliedstaaten für Fernsehprogramme, die ausschließlich für ihr eigenes Hoheitsgebiet bestimmt sind und weder unmittelbar noch mittelbar in einem oder mehreren anderen Mitgliedstaaten öffentlich empfangen werden können, unter Einhaltung des Unionsrechts andere als die in Artikel 20 Absatz 2 und in Artikel 23 festgelegten Bedingungen vorsehen.

Kapitel VIII. Schutz Minderjähriger bei Fernsehprogrammen

Art. 27 [Schutz Minderjähriger]

(1) Die Mitgliedstaaten ergreifen angemessene Maßnahmen, um zu gewährleisten, dass Sendungen von Fernsehveranstaltern, die ihrer Rechtshoheit unterworfen sind, keinerlei Programme enthalten, die die körperliche, geistige und sittliche Entwicklung von Minderjährigen ernsthaft beeinträchtigen können, insbesondere solche, die Pornographie oder grundlose Gewalttätigkeiten zeigen.

(2) Die Maßnahmen gemäß Absatz 1 gelten auch für andere Programme, die die körperliche, geistige und sittliche Entwicklung von Minderjährigen beeinträchtigen können, es sei denn, es wird durch die Wahl der Sendezeit oder durch sonstige technische Maßnahmen dafür gesorgt, dass diese Sendungen von Minderjährigen im Sendebereich üblicherweise nicht gesehen oder gehört werden.

(3) Werden derartige Programme in unverschlüsselter Form gesendet, so sorgen die Mitgliedstaaten dafür, dass ihre Ausstrahlung durch akustische Zeichen angekündigt oder durch optische Mittel während der gesamten Sendung kenntlich gemacht wird.

Kapitel IX. Recht auf Gegendarstellung bei Fernsehprogrammen

Art. 28 [Recht auf Gegendarstellung]

(1) [1]Unbeschadet der übrigen von den Mitgliedstaaten erlassenen zivil-, verwaltungs- oder strafrechtlichen Bestimmungen muss jede natürliche oder juristische Person, deren berechtigte Interessen – insbesondere Ehre und Ansehen – aufgrund der Behauptung falscher Tatsachen in einem Fernsehprogramm beeinträchtigt worden sind, unabhängig von ihrer Nationalität ein Recht auf Gegendarstellung oder gleichwertige Maßnahmen beanspruchen können. [2]Die Mitgliedstaaten sorgen dafür, dass die tatsächliche Ausübung des Rechts auf Gegendarstellung oder gleichwertige Maßnahmen nicht durch Auferlegung unbilliger Bestimmungen oder Bedingungen behindert wird. [3]Die Gegendarstellung muss innerhalb einer angemessenen Frist nach Eingang des begründeten Antrags zu einer Zeit und in einer Weise gesendet werden, die der Sendung, auf die sich der Antrag bezieht, angemessen sind.

(2) Das Recht auf Gegendarstellung oder gleichwertige Maßnahmen gelten in Bezug auf alle Fernsehveranstalter, die der Rechtshoheit eines Mitgliedstaats unterworfen sind.

(3) [1]Die Mitgliedstaaten treffen die erforderlichen Maßnahmen zur Ausgestaltung dieses Rechts oder dieser Maßnahmen und legen das Verfahren zu deren Wahrnehmung fest. [2]Sie sorgen insbesondere dafür, dass die Frist für die Wahrnehmung des Rechts auf Gegendarstellung oder gleichwertiger Maßnahmen ausreicht und dass die Vorschriften so festgelegt werden, dass dieses Recht oder diese Maßnahmen von den natürlichen oder juristischen Personen, deren Wohnsitz oder Niederlassung sich in einem anderen Mitgliedstaat befindet, in angemessener Weise wahrgenommen werden können.

(4) Der Antrag auf Gegendarstellung oder gleichwertige Maßnahmen kann abgelehnt werden, wenn die in Absatz 1 genannten Voraussetzungen für eine solche Gegendarstellung nicht vorliegen, die Gegendarstellung eine strafbare Handlung beinhaltet, ihre Sendung den Fernsehveranstalter zivilrechtlich haftbar machen würde oder wenn sie gegen die guten Sitten verstößt.

(5) Bei Streitigkeiten über die Wahrnehmung des Rechts auf Gegendarstellung oder gleichwertiger Maßnahmen ist eine gerichtliche Nachprüfung zu ermöglichen.

Kapitel X. Kontaktausschuss

Art. 29 [Kontaktausschuss]

(1) [1]Es wird ein Kontaktausschuss bei der Kommission eingesetzt. [2]Dieser Ausschuss setzt sich aus Vertretern der zuständigen Behörden der Mitgliedstaaten zusammen. [3]Den Vorsitz führt ein Vertreter der Kommission; der Ausschuss tagt auf Initiative des Vorsitzenden oder auf Antrag der Delegation eines Mitgliedstaats.

(2) Der Kontaktausschuss hat folgende Aufgaben:
a) er erleichtert die tatsächliche Umsetzung dieser Richtlinie durch regelmäßige Konsultationen über praktische Probleme im Zusammenhang mit der Anwendung der Richtlinie, insbesondere von deren Artikel 2, sowie über alle anderen Fragen, die einen Gedankenaustausch zweckdienlich erscheinen lassen;
b) er gibt von sich aus oder auf Antrag der Kommission Stellungnahmen zur Anwendung dieser Richtlinie durch die Mitgliedstaaten ab;
c) er ist das Forum für einen Gedankenaustausch über die Themen, die in den von den Mitgliedstaaten gemäß Artikel 16 Absatz 3 vorzulegenden Berichten behandelt werden sollen und über die Methodologie dieser Berichte;
d) er erörtert das Ergebnis der regelmäßigen Konsultationen, die zwischen der Kommission und Vertretern der Fernsehveranstalter, der Produzenten, der Verbraucher, der Hersteller, der Diensteanbieter, der Gewerkschaften und der Kunstschaffenden stattfinden;
e) er erleichtert den Informationsaustausch zwischen den Mitgliedstaaten und der Kommission über die Lage und die Entwicklung bei den Ordnungstätigkeiten in Bezug auf die audiovisuellen Mediendienste, wobei die Politik der Union im audiovisuellen Bereich sowie relevante Entwicklungen im technischen Bereich berücksichtigt werden;
f) er prüft die Entwicklungen auf dem betreffenden Sektor, die einen Gedankenaustausch zweckdienlich erscheinen lassen.

Kapitel XI.
Zusammenarbeit zwischen den Regulierungsstellen der Mitgliedstaaten

Art. 30 [Informationsaustausch]

Die Mitgliedstaaten ergreifen geeignete Maßnahmen, um sich gegenseitig und der Kommission, insbesondere über ihre zuständigen unabhängigen Regulierungsstellen, die Informationen zu übermitteln, die für die Anwendung dieser Richtlinie und insbesondere der Artikel 2, 3 und 4 notwendig sind.

Kapitel XII. Schlussbestimmungen

Art. 31 [Konkurrenzen]

In Bereichen, die nicht durch diese Richtlinie koordiniert werden, bleiben die Rechte und Verpflichtungen der Mitgliedstaaten, die sich aus den in den Bereichen Telekommunikation und Fernsehen bestehenden Übereinkommen ergeben, von dieser Richtlinie unberührt.

Art. 32 [Innerstaatliche Rechtsvorschriften]

Die Mitgliedstaaten teilen der Kommission den Wortlaut der wichtigsten innerstaatlichen Rechtsvorschriften mit, die sie auf dem unter diese Richtlinie fallenden Gebiet erlassen.

Art. 33 [Kommissionsbericht]

Spätestens am 19. Dezember 2011 und anschließend alle drei Jahre übermittelt die Kommission dem Europäischen Parlament, dem Rat und dem Europäischen Wirtschafts- und Sozialausschuss einen Bericht über die Anwendung dieser Richtlinie und macht erforderlichenfalls Vorschläge zu ihrer Anpassung an die Entwicklungen im Bereich der audiovisuellen Mediendienste, und zwar insbesondere im Lichte neuerer technologischer Entwicklungen, der Wettbewerbsfähigkeit dieses Sektors und des Niveaus der Medienkompetenz in allen Mitgliedstaaten.

In diesem Bericht ist ferner die Frage der Fernsehwerbung bei oder in Kindersendungen zu untersuchen und insbesondere daraufhin zu bewerten, ob die quantitativen und qualitativen Bestimmungen dieser Richtlinie das geforderte Maß an Schutz gewährleistet haben.

Art. 34 [Aufhebung der Richtlinie 89/552/EWG]

Die Richtlinie 89/552/EWG, in der Fassung der in Anhang I Teil A aufgeführten Richtlinien, wird unbeschadet der Verpflichtungen der Mitgliedstaaten hinsichtlich der in Anhang I Teil B genannten Fristen für die Umsetzung der dort genannten Richtlinien in innerstaatliches Recht aufgehoben.

Verweisungen auf die aufgehobene Richtlinie gelten als Verweisungen auf die vorliegende Richtlinie und sind nach Maßgabe der Entsprechungstabelle in Anhang II zu lesen.

Art. 35 [Inkrafttreten]

Diese Richtlinie tritt am zwanzigsten Tag nach ihrer Veröffentlichung[1] im *Amtsblatt der Europäischen Union* in Kraft.

Art. 36 [Adressaten]

Diese Richtlinie ist an die Mitgliedstaaten gerichtet.

Anhang I

Teil A. Aufgehobene Richtlinie mit ihren nachfolgenden Änderungen (gemäß Artikel 34)

Richtlinie 89/552/EWG des Rates
(ABl. L 298 vom 17. 10. 1989, S. 23).

Richtlinie 97/36/EG des Europäischen Parlaments
und des Rates
(ABl. L 202 vom 30. 7. 1997, S. 60).

Richtlinie 2007/65/EG des Europäischen Parlaments   Nur Artikel 1
und des Rates
(ABl. L 332 vom 18. 12. 2007, S. 27).

Teil B. Fristen für die Umsetzung in innerstaatliches Recht (gemäß Artikel 34)

Richtlinie	Frist für die Umsetzung
89/552/EWG	3. Oktober 1991
97/36/EG	31. Dezember 1998
2007/65/EG	19. Dezember 2009

Anhang II. Entsprechungstabelle

(nicht abgedruckt)

---

[1] Veröffentlicht am 15. 4. 2010.

II. Deutsches Recht

10. Gesetz über den Verkehr mit Arzneimitteln (Arzneimittelgesetz – AMG)

In der Fassung der Bekanntmachung vom 12. Dezember 2005 (BGBl I 3394) zuletzt geändert durch Gesetz vom 28. 9. 2009 (BGBl I 3172)

– Auszug –

Inhaltsübersicht

Erster Abschnitt. Zweck des Gesetzes und Begriffsbestimmungen, Anwendungsbereich §§

Zweck des Gesetzes	1
Arzneimittelbegriff	2
Stoffbegriff	3
Sonstige Begriffsbestimmungen	4
Ausnahmen vom Anwendungsbereich	4 a
Sondervorschriften für neuartige Therapien	4 b

Zweiter Abschnitt. Anforderungen an die Arzneimittel

Verbot bedenklicher Arzneimittel	5
Ermächtigung zum Schutz der Gesundheit	6
Verbot von Arzneimitteln zu Dopingzwecken im Sport	6 a
Radioaktive und mit ionisierenden Strahlen behandelte Arzneimittel	7
Verbote zum Schutz vor Täuschung	8
Der Verantwortliche für das Inverkehrbringen	9
Kennzeichnung	10
Packungsbeilage	11
Fachinformation	11 a
Ermächtigung für die Kennzeichnung, die Packungsbeilage und die Packungsgrößen	12

Dritter Abschnitt. Herstellung von Arzneimitteln

§§ 13–20 d nicht abgedruckt

Vierter Abschnitt. Zulassung der Arzneimittel

Zulassungspflicht	21
Genehmigung von Gewebezubereitungen	21 a

§§ 22–74 nicht abgedruckt

Vierzehnter Abschnitt. Informationsbeauftragter, Pharmaberater

Informationsbeauftragter	74 a
Sachkenntnis	75
Pflichten	76

Erster Abschnitt. Zweck des Gesetzes und Begriffsbestimmungen, Anwendungsbereich

§ 1 Zweck des Gesetzes

Es ist der Zweck dieses Gesetzes, im Interesse einer ordnungsgemäßen Arzneimittelversorgung von Mensch und Tier für die Sicherheit im Verkehr mit Arzneimitteln, insbesondere für die Qualität, Wirksamkeit und Unbedenklichkeit der Arzneimittel nach Maßgabe der folgenden Vorschriften zu sorgen.

Arzneimittelgesetz

§ 2 Arzneimittelbegriff

(1) Arzneimittel sind Stoffe oder Zubereitungen aus Stoffen,
1. die zur Anwendung im oder am menschlichen oder tierischen Körper bestimmt sind und als Mittel mit Eigenschaften zur Heilung oder Linderung oder zur Verhütung menschlicher oder tierischer Krankheiten oder krankhafter Beschwerden bestimmt sind oder
2. die im oder am menschlichen oder tierischen Körper angewendet oder einem Menschen oder einem Tier verabreicht werden können, um entweder
   a) die physiologischen Funktionen durch eine pharmakologische, immunologische oder metabolische Wirkung wiederherzustellen, zu korrigieren oder zu beeinflussen oder
   b) eine medizinische Diagnose zu erstellen.

(2) Als Arzneimittel gelten
1. Gegenstände, die ein Arzneimittel nach Absatz 1 enthalten oder auf die ein Arzneimittel nach Absatz 1 aufgebracht ist und die dazu bestimmt sind, dauernd oder vorübergehend mit dem menschlichen oder tierischen Körper in Berührung gebracht zu werden,
1a. tierärztliche Instrumente, soweit sie zur einmaligen Anwendung bestimmt sind und aus der Kennzeichnung hervorgeht, dass sie einem Verfahren zur Verminderung der Keimzahl unterzogen worden sind,
2. Gegenstände, die, ohne Gegenstände nach Nummer 1 oder 1 a zu sein, dazu bestimmt sind, zu den in Absatz 1 bezeichneten Zwecken in den tierischen Körper dauernd oder vorübergehend eingebracht zu werden, ausgenommen tierärztliche Instrumente,
3. Verbandstoffe und chirurgische Nahtmaterialien, soweit sie zur Anwendung am oder im tierischen Körper bestimmt und nicht Gegenstände der Nummer 1, 1 a oder 2 sind,
4. Stoffe und Zubereitungen aus Stoffen, die, auch im Zusammenwirken mit anderen Stoffen oder Zubereitungen aus Stoffen, dazu bestimmt sind, ohne am oder im tierischen Körper angewendet zu werden, die Beschaffenheit, den Zustand oder die Funktion des tierischen Körpers erkennen zu lassen oder der Erkennung von Krankheitserregern bei Tieren zu dienen.

(3) Arzneimittel sind nicht
1. Lebensmittel im Sinne des § 2 Abs. 2 des Lebensmittel- und Futtermittelgesetzbuches,
2. kosmetische Mittel im Sinne des § 2 Abs. 5 des Lebensmittel- und Futtermittelgesetzbuches,
3. Tabakerzeugnisse im Sinne des § 3 des Vorläufigen Tabakgesetzes,
4. Stoffe oder Zubereitungen aus Stoffen, die ausschließlich dazu bestimmt sind, äußerlich am Tier zur Reinigung oder Pflege oder zur Beeinflussung des Aussehens oder des Körpergeruchs angewendet zu werden, soweit ihnen keine Stoffe oder Zubereitungen aus Stoffen zugesetzt sind, die vom Verkehr außerhalb der Apotheke ausgeschlossen sind,
5. Biozid-Produkte nach § 3 b des Chemikaliengesetzes,
6. Futtermittel im Sinne des § 3 Nr. 11 bis 15 des Lebensmittel- und Futtermittelgesetzbuches,
7. Medizinprodukte und Zubehör für Medizinprodukte im Sinne des § 3 des Medizinproduktegesetzes, es sei denn, es handelt sich um Arzneimittel im Sinne des § 2 Abs. 1 Nr. 2,
8. Organe im Sinne des § 1 a Nr. 1 des Transplantationsgesetzes, wenn sie zur Übertragung auf menschliche Empfänger bestimmt sind.

(3 a) Arzneimittel sind auch Erzeugnisse, die Stoffe oder Zubereitungen aus Stoffen sind oder enthalten, die unter Berücksichtigung aller Eigenschaften des Erzeugnisses unter eine Begriffsbestimmung des Absatzes 1 fallen und zugleich unter die Begriffsbestimmung eines Erzeugnisses nach Absatz 3 fallen können.

(4) ¹Solange ein Mittel nach diesem Gesetz als Arzneimittel zugelassen oder registriert oder durch Rechtsverordnung von der Zulassung oder Registrierung freigestellt ist, gilt es als Arzneimittel. ²Hat die zuständige Bundesoberbehörde die Zulassung oder Registrierung eines Mittels mit der Begründung abgelehnt, dass es sich um kein Arzneimittel handelt, so gilt es nicht als Arzneimittel.

§ 3 Stoffbegriff

Stoffe im Sinne dieses Gesetzes sind
1. chemische Elemente und chemische Verbindungen sowie deren natürlich vorkommende Gemische und Lösungen,

2. Pflanzen, Pflanzenteile, Pflanzenbestandteile, Algen, Pilze und Flechten in bearbeitetem oder unbearbeitetem Zustand,
3. Tierkörper, auch lebender Tiere, sowie Körperteile, -bestandteile und Stoffwechselprodukte von Mensch oder Tier in bearbeitetem oder unbearbeitetem Zustand,
4. Mikroorganismen einschließlich Viren sowie deren Bestandteile oder Stoffwechselprodukte.

§ 4 Sonstige Begriffsbestimmungen

(1) Fertigarzneimittel sind Arzneimittel, die im Voraus hergestellt und in einer zur Abgabe an den Verbraucher bestimmten Packung in den Verkehr gebracht werden oder andere zur Abgabe an Verbraucher bestimmte Arzneimittel, bei deren Zubereitung in sonstiger Weise ein industrielles Verfahren zur Anwendung kommt oder die, ausgenommen in Apotheken, gewerblich hergestellt werden. Fertigarzneimittel sind nicht Zwischenprodukte, die für eine weitere Verarbeitung durch einen Hersteller bestimmt sind.

(2) Blutzubereitungen sind Arzneimittel, die aus Blut gewonnene Blut-, Plasma- oder Serumkonserven, Blutbestandteile oder Zubereitungen aus Blutbestandteilen sind oder als Wirkstoffe enthalten.

(3) [1]Sera sind Arzneimittel im Sinne des § 2 Absatz 1, die Antikörper, Antikörperfragmente oder Fusionsproteine mit einem funktionellen Antikörperbestandteil als Wirkstoff enthalten und wegen dieses Wirkstoffs angewendet werden. [2]Sera gelten nicht als Blutzubereitungen im Sinne des Absatzes 2 oder als Gewebezubereitungen im Sinne des Absatzes 30.

(4) Impfstoffe sind Arzneimittel im Sinne des § 2 Abs. 1, die Antigene oder rekombinante Nukleinsäuren enthalten und die dazu bestimmt sind, bei Mensch oder Tier zur Erzeugung von spezifischen Abwehr- und Schutzstoffen angewendet zu werden und, soweit sie rekombinante Nukleinsäuren enthalten, ausschließlich zur Vorbeugung oder Behandlung von Infektionskrankheiten bestimmt sind.

(5) Allergene sind Arzneimittel im Sinne des § 2 Abs. 1, die Antigene oder Haptene enthalten und dazu bestimmt sind, bei Mensch oder Tier zur Erkennung von spezifischen Abwehr- oder Schutzstoffen angewendet zu werden (Testallergene) oder Stoffe enthalten, die zur antigenspezifischen Verminderung einer spezifischen immunologischen Überempfindlichkeit angewendet werden (Therapieallergene).

(6) Testsera sind Arzneimittel im Sinne des § 2 Abs. 2 Nr. 4, die aus Blut, Organen, Organteilen oder Organsekreten gesunder, kranker, krank gewesener oder immunisatorisch vorbehandelter Lebewesen gewonnen werden, spezifische Antikörper enthalten und die dazu bestimmt sind, wegen dieser Antikörper verwendet zu werden, sowie die dazu gehörenden Kontrollsera.

(7) Testantigene sind Arzneimittel im Sinne des § 2 Abs. 2 Nr. 4, die Antigene oder Haptene enthalten und die dazu bestimmt sind, als solche verwendet zu werden.

(8) Radioaktive Arzneimittel sind Arzneimittel, die radioaktive Stoffe sind oder enthalten und ionisierende Strahlen spontan aussenden und die dazu bestimmt sind, wegen dieser Eigenschaften angewendet zu werden, als radioaktive Arzneimittel gelten auch für die Radiomarkierung anderer Stoffe vor der Verabreichung hergestellte Radionuklide (Vorstufen) sowie die zur Herstellung von radioaktiven Arzneimitteln bestimmten Systeme mit einem fixierten Mutterradionuklid, das ein Tochterradionuklid bildet (Generatoren).

(9) Arzneimittel für neuartige Therapien sind Gentherapeutika, somatische Zelltherapeutika oder biotechnologisch bearbeitete Gewebeprodukte nach Artikel 2 Absatz 1 Buchstabe a der Verordnung (EG) Nr. 1394/ 2007 des Europäischen Parlaments und des Rates vom 13. November 2007 über Arzneimittel für neuartige Therapien und zur Änderung der Richtlinie 2001/83/ EG und der Verordnung (EG) Nr. 726/2004 (ABl. L 324 vom 10. 12. 2007, S. 121).

(10) Fütterungsarzneimittel sind Arzneimittel in verfütterungsfertiger Form, die aus Arzneimittel-Vormischungen und Mischfuttermitteln hergestellt werden und die dazu bestimmt sind, zur Anwendung bei Tieren in den Verkehr gebracht zu werden.

(11) Arzneimittel-Vormischungen sind Arzneimittel, die ausschließlich dazu bestimmt sind, zur Herstellung von Fütterungsarzneimitteln verwendet zu werden. Sie gelten als Fertigarzneimittel.

(12) Die Wartezeit ist die Zeit, die bei bestimmungsgemäßer Anwendung des Arzneimittels nach der letzten Anwendung des Arzneimittels bei einem Tier bis zur Gewinnung von Lebens-

Arzneimittelgesetz § 4 AMG 10

mitteln, die von diesem Tier stammen, zum Schutz der öffentlichen Gesundheit einzuhalten ist und die sicherstellt, dass Rückstände in diesen Lebensmitteln die gemäß der Verordnung (EWG) Nr. 2377/90 des Rates vom 26. Juni 1990 zur Schaffung eines Gemeinschaftsverfahrens für die Festsetzung von Höchstmengen für Tierarzneimittelrückstände in Nahrungsmitteln tierischen Ursprungs (ABl. EG Nr. L 224 S. 1) festgelegten zulässigen Höchstmengen für pharmakologisch wirksame Stoffe nicht überschreiten.

(13) [1]Nebenwirkungen sind die beim bestimmungsgemäßen Gebrauch eines Arzneimittels auftretenden schädlichen unbeabsichtigten Reaktionen. [2]Schwerwiegende Nebenwirkungen sind Nebenwirkungen, die tödlich oder lebensbedrohend sind, eine stationäre Behandlung oder Verlängerung einer stationären Behandlung erforderlich machen, zu bleibender oder schwerwiegender Behinderung, Invalidität, kongenitalen Anomalien oder Geburtsfehlern führen; für Arzneimittel, die zur Anwendung bei Tieren bestimmt sind, sind schwerwiegend auch Nebenwirkungen, die ständig auftretende oder lang anhaltende Symptome hervorrufen. [3]Unerwartete Nebenwirkungen sind Nebenwirkungen, deren Art, Ausmaß oder Ausgang von der Packungsbeilage des Arzneimittels abweichen. [4]Die Sätze 1 bis 3 gelten auch für die als Folge von Wechselwirkungen auftretenden Nebenwirkungen.

(14) Herstellen ist das Gewinnen, das Anfertigen, das Zubereiten, das Be- oder Verarbeiten, das Umfüllen einschließlich Abfüllen, das Abpacken, das Kennzeichnen und die Freigabe.

(15) Qualität ist die Beschaffenheit eines Arzneimittels, die nach Identität, Gehalt, Reinheit, sonstigen chemischen, physikalischen, biologischen Eigenschaften oder durch das Herstellungsverfahren bestimmt wird.

(16) Eine Charge ist die jeweils aus derselben Ausgangsmenge in einem einheitlichen Herstellungsvorgang oder bei einem kontinuierlichen Herstellungsverfahren in einem bestimmten Zeitraum erzeugte Menge eines Arzneimittels.

(17) Inverkehrbringen ist das Vorrätighalten zum Verkauf oder zu sonstiger Abgabe, das Feilhalten, das Feilbieten und die Abgabe an andere.

(18) Der pharmazeutische Unternehmer ist bei zulassungs- oder registrierungspflichtigen Arzneimitteln der Inhaber der Zulassung oder Registrierung. Pharmazeutischer Unternehmer ist auch, wer Arzneimittel unter seinem Namen in den Verkehr bringt, außer in den Fällen des § 9 Abs. 1 Satz 2.

(19) Wirkstoffe sind Stoffe, die dazu bestimmt sind, bei der Herstellung von Arzneimitteln als arzneilich wirksame Bestandteile verwendet zu werden oder bei ihrer Verwendung in der Arzneimittelherstellung zu arzneilich wirksamen Bestandteilen der Arzneimittel zu werden.

(20) *[aufgehoben]*

(21) Xenogene Arzneimittel sind zur Anwendung im oder am Menschen bestimmte Arzneimittel, die lebende tierische Gewebe oder Zellen sind oder enthalten.

(22) Großhandel mit Arzneimitteln ist jede berufs- oder gewerbsmäßige zum Zwecke des Handeltreibens ausgeübte Tätigkeit, die in der Beschaffung, der Lagerung, der Abgabe oder Ausfuhr von Arzneimitteln besteht, mit Ausnahme der Abgabe von Arzneimitteln an andere Verbraucher als Ärzte, Zahnärzte, Tierärzte oder Krankenhäuser.

(23) [1]Klinische Prüfung bei Menschen ist jede am Menschen durchgeführte Untersuchung, die dazu bestimmt ist, klinische oder pharmakologische Wirkungen von Arzneimitteln zu erforschen oder nachzuweisen oder Nebenwirkungen festzustellen oder die Resorption, die Verteilung, den Stoffwechsel oder die Ausscheidung zu untersuchen, mit dem Ziel, sich von der Unbedenklichkeit oder Wirksamkeit der Arzneimittel zu überzeugen. [2]Satz 1 gilt nicht für eine Untersuchung, die eine nichtinterventionelle Prüfung ist. [3]Nichtinterventionelle Prüfung ist eine Untersuchung, in deren Rahmen Erkenntnisse aus der Behandlung von Personen mit Arzneimitteln anhand epidemiologischer Methoden analysiert werden; dabei folgt die Behandlung einschließlich der Diagnose und Überwachung nicht einem vorab festgelegten Prüfplan, sondern ausschließlich der ärztlichen Praxis; soweit es sich um ein zulassungspflichtiges oder nach § 21a Absatz 1 genehmigungspflichtiges Arzneimittel handelt, erfolgt dies ferner gemäß den in der Zulassung oder der Genehmigung festgelegten Angaben für seine Anwendung.

(24) Sponsor ist eine natürliche oder juristische Person, die die Verantwortung für die Veranlassung, Organisation und Finanzierung einer klinischen Prüfung bei Menschen übernimmt.

(25) ¹Prüfer ist in der Regel ein für die Durchführung der klinischen Prüfung bei Menschen in einer Prüfstelle verantwortlicher Arzt oder in begründeten Ausnahmefällen eine andere Person, deren Beruf auf Grund seiner wissenschaftlichen Anforderungen und der seine Ausübung voraussetzenden Erfahrungen in der Patientenbetreuung für die Durchführung von Forschungen am Menschen qualifiziert. ²Wird eine Prüfung in einer Prüfstelle von mehreren Prüfern vorgenommen, so ist der verantwortliche Leiter der Gruppe der Hauptprüfer. ³Wird eine Prüfung in mehreren Prüfstellen durchgeführt, wird vom Sponsor ein Prüfer als Leiter der klinischen Prüfung benannt.

(26) Homöopathisches Arzneimittel ist ein Arzneimittel, das nach einem im Europäischen Arzneibuch oder, in Ermangelung dessen, nach einem in den offiziell gebräuchlichen Pharmakopöen der Mitgliedstaaten der Europäischen Union beschriebenen homöopathischen Zubereitungsverfahren hergestellt worden ist. Ein homöopathisches Arzneimittel kann auch mehrere Wirkstoffe enthalten.

(27) Ein mit der Anwendung des Arzneimittels verbundenes Risiko ist

a) jedes Risiko im Zusammenhang mit der Qualität, Sicherheit oder Wirksamkeit des Arzneimittels für die Gesundheit der Patienten oder die öffentliche Gesundheit, bei zur Anwendung bei Tieren bestimmten Arzneimitteln für die Gesundheit von Mensch oder Tier,

b) jedes Risiko unerwünschter Auswirkungen auf die Umwelt.

(28) Das Nutzen-Risiko-Verhältnis umfasst eine Bewertung der positiven therapeutischen Wirkungen des Arzneimittels im Verhältnis zu dem Risiko nach Absatz 27 Buchstabe a, bei zur Anwendung bei Tieren bestimmten Arzneimitteln auch nach Absatz 27 Buchstabe b.

(29) Pflanzliche Arzneimittel sind Arzneimittel, die als Wirkstoff ausschließlich einen oder mehrere pflanzliche Stoffe oder eine oder mehrere pflanzliche Zubereitungen oder eine oder mehrere solcher pflanzlichen Stoffe in Kombination mit einer oder mehreren solcher pflanzlichen Zubereitungen enthalten.

(30) ¹Gewebezubereitungen sind Arzneimittel, die Gewebe im Sinne von § 1a Nr. 4 des Transplantationsgesetzes sind oder aus solchen Geweben hergestellt worden sind. ²Menschliche Samen- und Eizellen, einschließlich imprägnierter Eizellen (Keimzellen), und Embryonen sind weder Arzneimittel noch Gewebezubereitungen.

(31) Rekonstitution eines Fertigarzneimittels zur Anwendung beim Menschen ist die Überführung in seine anwendungsfähige Form unmittelbar vor seiner Anwendung gemäß den Angaben der Packungsbeilage oder im Rahmen der klinischen Prüfung nach Maßgabe des Prüfplans.

(32) ¹Verbringen ist jede Beförderung in den, durch den oder aus dem Geltungsbereich des Gesetzes. ²Einfuhr ist die Überführung von unter das Arzneimittelgesetz fallenden Produkten aus Drittstaaten, die nicht Vertragsstaaten des Abkommens über den Europäischen Wirtschaftsraum sind, in den zollrechtlich freien Verkehr.

(33) Anthroposophisches Arzneimittel ist ein Arzneimittel, das nach der anthroposophischen Menschen- und Naturerkenntnis entwickelt wurde, nach einem im Europäischen Arzneibuch oder, in Ermangelung dessen, nach einem in den offiziell gebräuchlichen Pharmakopöen der Mitgliedstaaten der Europäischen Union beschriebenen homöopathischen Zubereitungsverfahren oder nach einem besonderen anthroposophischen Zubereitungsverfahren hergestellt worden ist und das bestimmt ist, entsprechend den Grundsätzen der anthroposophischen Menschen- und Naturerkenntnis angewendet zu werden.

§ 4a Ausnahmen vom Anwendungsbereich

¹Dieses Gesetz findet keine Anwendung auf

1. Arzneimittel, die unter Verwendung von Krankheitserregern oder auf biotechnischem Wege hergestellt werden und zur Verhütung, Erkennung oder Heilung von Tierseuchen bestimmt sind,
2. die Gewinnung und das Inverkehrbringen von Keimzellen zur künstlichen Befruchtung bei Tieren,
3. Gewebe, die innerhalb eines Behandlungsvorgangs einer Person entnommen werden, um auf diese ohne Änderung ihrer stofflichen Beschaffenheit rückübertragen zu werden.

²Satz 1 Nr. 1 gilt nicht für § 55.

§ 4 b Sondervorschriften für Arzneimittel für neuartige Therapien

(1) ¹Für Arzneimittel für neuartige Therapien, die im Geltungsbereich dieses Gesetz
1. als individuelle Zubereitung für einen einzelnen Patienten ärztlich verschrieben,
2. nach spezifischen Qualitätsnormen nicht routinemäßig hergestellt und
3. in einer spezialisierten Einrichtung der Krankenversorgung unter der fachlichen Verantwortung eines Arztes angewendet

werden, finden der Vierte und Siebte Abschnitt dieses Gesetzes keine Anwendung. ²Die übrigen Vorschriften des Gesetzes sowie Artikel 14 Absatz 1 und Artikel 15 Absatz 1 bis 6 der Verordnung (EG) Nr. 1394/2007 gelten entsprechend mit der Maßgabe, dass die dort genannten Amtsaufgaben und Befugnisse entsprechend den ihnen nach diesem Gesetz übertragenen Aufgaben von der zuständigen Behörde oder der zuständigen Bundesoberbehörde wahrgenommen werden und an die Stelle des Inhabers der Zulassung im Sinne dieses Gesetzes oder des Inhabers der Genehmigung für das Inverkehrbringen im Sinne der Verordnung (EG) Nr. 1394/2007 der Inhaber der Genehmigung nach Absatz 3 Satz 1 tritt.

(2) Nicht routinemäßig hergestellt im Sinne von Absatz 1 Satz 1 Nummer 2 werden insbesondere Arzneimittel,
1. die in geringem Umfang hergestellt werden, und bei denen auf der Grundlage einer routinemäßigen Herstellung Abweichungen im Verfahren vorgenommen werden, die für einen einzelnen Patienten medizinisch begründet sind, oder
2. die noch nicht in ausreichender Anzahl hergestellt worden sind, so dass die notwendigen Erkenntnisse für ihre umfassende Beurteilung noch nicht vorliegen.

(3) ¹Arzneimittel nach Absatz 1 Satz 1 dürfen nur an andere abgegeben werden, wenn sie durch die zuständige Bundesoberbehörde genehmigt worden sind. ²§ 21 a Absatz 2 bis 8 gilt entsprechend. ³Können die erforderlichen Angaben und Unterlagen nach § 21 a Absatz 2 Nummer 6 nicht erbracht werden, kann der Antragsteller die Angaben und Unterlagen über die Wirkungsweise, die voraussichtliche Wirkung und mögliche Risiken beifügen. ⁴Der Inhaber der Genehmigung hat der zuständigen Bundesoberbehörde in bestimmten Zeitabständen, die die zuständige Bundesoberbehörde durch Anordnung festlegt, über den Umfang der Herstellung und über die Erkenntnisse für die umfassende Beurteilung des Arzneimittels zu berichten. ⁵Die Genehmigung ist zurückzunehmen, wenn nachträglich bekannt wird, dass eine der Voraussetzungen von Absatz 1 Satz 1 nicht vorgelegen hat; sie ist zu widerrufen, wenn eine der Voraussetzungen nicht mehr gegeben ist. ⁶§ 22 Absatz 4 gilt entsprechend.

(4) ¹Über Anfragen zur Genehmigungspflicht eines Arzneimittels für neuartige Therapien entscheidet die zuständige Behörde im Benehmen mit der zuständigen Bundesoberbehörde. ²§ 21 Absatz 4 gilt entsprechend.

Zweiter Abschnitt. Anforderungen an die Arzneimittel

§ 5 Verbot bedenklicher Arzneimittel

(1) Es ist verboten, bedenkliche Arzneimittel in den Verkehr zu bringen oder bei einem anderen Menschen anzuwenden.

(2) Bedenklich sind Arzneimittel, bei denen nach dem jeweiligen Stand der wissenschaftlichen Erkenntnisse der begründete Verdacht besteht, dass sie bei bestimmungsgemäßem Gebrauch schädliche Wirkungen haben, die über ein nach den Erkenntnissen der medizinischen Wissenschaft vertretbares Maß hinausgehen.

§ 6 Ermächtigung zum Schutz der Gesundheit

(1) ¹Das Bundesministerium für Gesundheit und Soziale Sicherung (Bundesministerium) wird ermächtigt, durch Rechtsverordnung mit Zustimmung des Bundesrates die Verwendung bestimmter Stoffe, Zubereitungen aus Stoffen oder Gegenstände bei der Herstellung von Arzneimitteln vorzuschreiben, zu beschränken oder zu verbieten, und das Inverkehrbringen und die Anwendung von Arzneimitteln, die nicht nach diesen Vorschriften hergestellt sind, zu untersagen, soweit es zur Risikovorsorge oder zur Abwehr einer unmittelbaren oder mittelbaren Gefährdung der Gesundheit von Mensch oder Tier durch Arzneimittel geboten ist. ²Die Rechtsverordnung nach Satz 1 wird vom Bundesministerium für Verbraucherschutz, Ernährung und

Landwirtschaft im Einvernehmen mit dem Bundesministerium erlassen, soweit es sich um Arzneimittel handelt, die zur Anwendung bei Tieren bestimmt sind.

(2) Die Rechtsverordnung nach Absatz 1 ergeht im Einvernehmen mit dem Bundesministerium für Umwelt, Naturschutz und Reaktorsicherheit, soweit es sich um radioaktive Arzneimittel und um Arzneimittel handelt, bei deren Herstellung ionisierende Strahlen verwendet werden.

§ 6 a Verbot von Arzneimitteln zu Dopingzwecken im Sport

(1) Es ist verboten, Arzneimittel zu Dopingzwecken im Sport in den Verkehr zu bringen, zu verschreiben oder bei anderen anzuwenden.

(2) ¹Absatz 1 findet nur Anwendung auf Arzneimittel, die Stoffe der im Anhang des Übereinkommens gegen Doping (Gesetz vom 2. März 1994 zu dem Übereinkommen vom 16. November 1989 gegen Doping, BGBl. 1994 II S. 334) aufgeführten Gruppen verbotenen Wirkstoffen oder Stoffe enthalten, die zur Verwendung bei den dort aufgeführten verbotenen Methoden bestimmt sind, sofern das Doping bei Menschen erfolgt oder erfolgen soll. ²In der Packungsbeilage und in der Fachinformation dieser Arzneimittel ist folgender Warnhinweis anzugeben: „Die Anwendung des Arzneimittels [Bezeichnung des Arzneimittels einsetzen] kann bei Dopingkontrollen zu positiven Ergebnissen führen." ³Kann aus dem Fehlgebrauch des Arneimittels zu Dopingzwecken eine Gesundheitsgefährdung folgen, ist dies zusätzlich anzugeben. ⁴Satz 2 findet keine Anwendung auf Arzneimittel, die nach einer homöopathischen Verfahrenstechnik hergestellt worden sind.

(2 a) ¹Es ist verboten, Arzneimittel und Wirkstoffe, die im Anhang zu diesem Gesetz genannte Stoffe sind oder enthalten, in nicht geringer Menge zu Dopingzwecken im Sport zu besitzen, sofern das Doping bei Menschen erfolgen soll. ²Das Bundesministerium bestimmt im Einvernehmen mit dem Bundesministerium des Innern nach Anhörung von Sachverständigen durch Rechtsverordnung mit Zustimmung des Bundesrates die nicht geringe Menge der in Satz 1 genannten Stoffe. ³Das Bundesministerium wird ermächtigt, im Einvernehmen mit dem Bundesministerium des Innern nach Anhörung von Sachverständigen durch Rechtsverordnung mit Zustimmung des Bundesrates

1. weitere Stoffe in den Anhang dieses Gesetzes aufzunehmen, die zu Dopingzwecken im Sport geeignet sind, hierfür in erheblichem Umfang angewendet werden und deren Anwendung bei nicht therapeutischer Bestimmung gefährlich ist, und
2. die nicht geringe Menge dieser Stoffe zu bestimmen.

⁴Durch Rechtsverordnung nach Satz 3 können Stoffe aus dem Anhang dieses Gesetzes gestrichen werden, wenn die Voraussetzungen des Satzes 3 Nr. 1 nicht mehr vorliegen.

(3) Das Bundesministerium wird ermächtigt, im Einvernehmen mit dem Bundesministerium des Innern durch Rechtsverordnung mit Zustimmung des Bundesrates weitere Stoffe oder Zubereitungen aus Stoffen zu bestimmen, auf die Absatz 1 Anwendung findet, soweit dies geboten ist, um eine unmittelbare oder mittelbare Gefährdung der Gesundheit des Menschen durch Doping im Sport zu verhüten.

§ 7 Radioaktive und mit ionisierenden Strahlen behandelte Arzneimittel

(1) Es ist verboten, radioaktive Arzneimittel oder Arzneimittel, bei deren Herstellung ionisierende Strahlen verwendet worden sind, in den Verkehr zu bringen, es sei denn, dass dies durch Rechtsverordnung nach Absatz 2 zugelassen ist.

(2) ¹Das Bundesministerium wird ermächtigt, im Einvernehmen mit dem Bundesministerium für Umwelt, Naturschutz und Reaktorsicherheit durch Rechtsverordnung mit Zustimmung des Bundesrates das Inverkehrbringen radioaktiver Arzneimittel oder bei der Herstellung von Arzneimitteln die Verwendung ionisierender Strahlen zuzulassen, soweit dies nach dem jeweiligen Stand der wissenschaftlichen Erkenntnisse zu medizinischen Zwecken geboten und für die Gesundheit von Mensch oder Tier unbedenklich ist. ²In der Rechtsverordnung können für die Arzneimittel der Vertriebsweg bestimmt sowie Angaben über die Radioaktivität auf dem Behältnis, der äußeren Umhüllung und der Packungsbeilage vorgeschrieben werden. ³Die Rechtsverordnung wird vom Bundesministerium für Verbraucherschutz, Ernährung und Landwirtschaft im Einvernehmen mit dem Bundesministerium und dem Bundesministerium für Umwelt, Naturschutz und Reaktorsicherheit erlassen, soweit es sich um Arzneimittel handelt, die zur Anwendung bei Tieren bestimmt sind.

§ 8 Verbote zum Schutz vor Täuschung

(1) Es ist verboten, Arzneimittel oder Wirkstoffe herzustellen oder in den Verkehr zu bringen, die
1. durch Abweichung von den anerkannten pharmazeutischen Regeln in ihrer Qualität nicht unerheblich gemindert sind,
1a. hinsichtlich ihrer Identität oder Herkunft falsch gekennzeichnet sind (gefälschte Arzneimittel, gefälschte Wirkstoffe) oder
2. in anderer Weise mit irreführender Bezeichnung, Angabe oder Aufmachung versehen sind. Eine Irreführung liegt insbesondere dann vor, wenn
    a) Arzneimitteln eine therapeutische Wirksamkeit oder Wirkungen oder Wirkstoffen eine Aktivität beigelegt werden, die sie nicht haben,
    b) fälschlich der Eindruck erweckt wird, dass ein Erfolg mit Sicherheit erwartet werden kann oder dass nach bestimmungsgemäßem oder längerem Gebrauch keine schädlichen Wirkungen eintreten,
    c) zur Täuschung über die Qualität geeignete Bezeichnungen, Angaben oder Aufmachungen verwendet werden, die für

die Bewertung des Arzneimittels oder Wirkstoffs mitbestimmend sind.

(2) Es ist verboten, Arzneimittel in den Verkehr zu bringen, deren Verfalldatum abgelaufen ist.

§ 9 Der Verantwortliche für das Inverkehrbringen

(1) ¹Arzneimittel, die im Geltungsbereich dieses Gesetzes in den Verkehr gebracht werden, müssen den Namen oder die Firma und die Anschrift des pharmazeutischen Unternehmers tragen. ²Dies gilt nicht für Arzneimittel, die zur klinischen Prüfung bei Menschen bestimmt sind.

(2) ¹Arzneimittel dürfen im Geltungsbereich dieses Gesetzes nur durch einen pharmazeutischen Unternehmer in den Verkehr gebracht werden, der seinen Sitz im Geltungsbereich dieses Gesetzes, in einem anderen Mitgliedstaat der Europäischen Union oder in einem anderen Vertragsstaat des Abkommens über den Europäischen Wirtschaftsraum hat. ²Bestellt der pharmazeutische Unternehmer einen örtlichen Vertreter, entbindet ihn dies nicht von seiner rechtlichen Verantwortung.

§ 10 Kennzeichnung

(1) ¹Fertigarzneimittel, die Arzneimittel im Sinne des § 2 Abs. 1 oder Abs. 2 Nr. 1 und nicht zur klinischen Prüfung bei Menschen bestimmt oder nach § 21 Abs. 2 Nr. 1a oder 1b von der Zulassungspflicht freigestellt sind, dürfen im Geltungsbereich dieses Gesetzes nur in den Verkehr gebracht werden, wenn auf den Behältnissen und, soweit verwendet, auf den äußeren Umhüllungen in gut lesbarer Schrift, allgemeinverständlich, in deutscher Sprache und auf dauerhafte Weise und in Übereinstimmung mit den Angaben nach § 11a angegeben sind
1. der Name oder die Firma und die Anschrift des pharmazeutischen Unternehmers und, soweit vorhanden, der Name des von ihm benannten örtlichen Vertreters,
2. die Bezeichnung des Arzneimittels, gefolgt von der Angabe der Stärke und der Darreichungsform, und soweit zutreffend, dem Hinweis, dass es zur Anwendung für Säuglinge, Kinder oder Erwachsene bestimmt ist, es sei denn, dass diese Angaben bereits in der Bezeichnung enthalten sind,
3. die Zulassungsnummer mit der Abkürzung „Zul.-Nr.",
4. die Chargenbezeichnung, soweit das Arzneimittel in Chargen in den Verkehr gebracht wird, mit der Abkürzung „Ch.-B.", soweit es nicht in Chargen in den Verkehr gebracht werden kann, das Herstellungsdatum,
5. die Darreichungsform,
6. der Inhalt nach Gewicht, Rauminhalt oder Stückzahl,
7. die Art der Anwendung,
8. die Wirkstoffe nach Art und Menge und sonstige Bestandteile nach der Art, soweit dies durch Auflage der zuständigen Bundesoberbehörde nach § 28 Abs. 2 Nr. 1 angeordnet oder durch Rechtsverordnung nach § 12 Abs. 1 Nr. 4, auch in Verbindung mit Abs. 2, oder nach § 36 Abs. 1 vorgeschrieben ist; bei Arzneimitteln zur parenteralen oder zur topischen Anwendung, einschließlich der Anwendung am Auge, alle Bestandteile nach der Art,

8a. bei gentechnologisch gewonnenen Arzneimitteln der Wirkstoff und die Bezeichnung des bei der Herstellung verwendeten gentechnisch veränderten Mikroorganismus oder die Zellinie,
9. das Verfalldatum mit dem Hinweis „verwendbar bis",
10. bei Arzneimitteln, die nur auf ärztliche, zahnärztliche oder tierärztliche Verschreibung abgegeben werden dürfen, der Hinweis „Verschreibungspflichtig", bei sonstigen Arzneimitteln, die nur in Apotheken an Verbraucher abgegeben werden dürfen, der Hinweis „Apothekenpflichtig",
11. bei Mustern der Hinweis „Unverkäufliches Muster",
12. der Hinweis, dass Arzneimittel unzugänglich für Kinder aufbewahrt werden sollen, es sei denn, es handelt sich um Heilwässer,
13. soweit erforderlich besondere Vorsichtsmaßnahmen für die Beseitigung von nicht verwendeten Arzneimitteln oder sonstige besondere Vorsichtsmaßnahmen, um Gefahren für die Umwelt zu vermeiden;
14. Verwendungszweck bei nicht verschreibungspflichtigen Arzneimitteln.

²Sofern die Angaben nach Satz 1 zusätzlich in einer anderen Sprache wiedergegeben werden, müssen in dieser Sprache die gleichen Angaben gemacht werden. ³Ferner ist Raum für die Angabe der verschriebenen Dosierung vorzusehen; dies gilt nicht für die in Absatz 8 Satz 3 genannten Behältnisse und Ampullen und für Arzneimittel, die dazu bestimmt sind, ausschließlich durch Angehörige der Heilberufe angewendet zu werden. ⁴Arzneimittel, die nach einer homöopathischen Verfahrenstechnik hergestellt werden und nach § 25 zugelassen sind, sind zusätzlich mit einem Hinweis auf die homöopathische Beschaffenheit zu kennzeichnen. ⁵Weitere Angaben, die nicht durch eine Verordnung der Europäischen Gemeinschaft vorgeschrieben oder bereits nach einer solchen Verordnung zulässig sind, sind zulässig, soweit sie mit der Anwendung des Arzneimittels im Zusammenhang stehen, für die gesundheitliche Aufklärung der Patienten wichtig sind und den Angaben nach § 11 a nicht widersprechen.

(1 a) Bei Arzneimitteln, die nicht mehr als drei Wirkstoffe enthalten, muss die internationale Kurzbezeichnung der Weltgesundheitsorganisation angegeben werden oder, soweit eine solche nicht vorhanden ist, die gebräuchliche Kurzbezeichnung; dies gilt nicht, wenn in der Angabe nach Absatz 1 Satz 1 Nr. 2 die Bezeichnung des Wirkstoffes nach Absatz 1 Satz 1 Nr. 8 enthalten ist.

(1 b) ¹Bei Arzneimitteln, die zur Anwendung bei Menschen bestimmt sind, ist die Bezeichnung des Arzneimittels auf den äußeren Umhüllungen auch in Blindenschrift anzugeben. ²Die in Absatz 1 Satz 1 Nr. 2 genannten sonstigen Angaben zur Darreichungsform und zu der Personengruppe, für die das Arzneimittel bestimmt ist, müssen nicht in Blindenschrift aufgeführt werden; dies gilt auch dann, wenn diese Angaben in der Bezeichnung enthalten sind. ³Satz 1 gilt nicht für Arzneimittel,
1. die dazu bestimmt sind, ausschließlich durch Angehörige der Heilberufe angewendet zu werden oder
2. die in Behältnissen von nicht mehr als 20 Milliliter Rauminhalt oder einer Inhaltsmenge von nicht mehr als 20 Gramm in Verkehr gebracht werden.

(2) Es sind ferner Warnhinweise, für die Verbraucher bestimmte Aufbewahrungshinweise und für die Fachkreise bestimmte Lagerhinweise anzugeben, soweit dies nach dem jeweiligen Stand der wissenschaftlichen Erkenntnisse erforderlich oder durch Auflagen der zuständigen Bundesoberbehörde nach § 28 Abs. 2 Nr. 1 angeordnet oder durch Rechtsverordnung vorgeschrieben ist.

(3) Bei Sera ist auch die Art des Lebewesens, aus dem sie gewonnen sind, bei Virusimpfstoffen das Wirtssystem, das zur Virusvermehrung gedient hat, anzugeben.

(4) ¹Bei Arzneimitteln, die in das Register für homöopathische Arzneimittel eingetragen sind, sind anstelle der Angaben nach Absatz 1 Satz 1 Nr. 1 bis 14 und außer dem deutlich erkennbaren Hinweis „Homöopathisches Arzneimittel" die folgenden Angaben zu machen:
1. Ursubstanzen nach Art und Menge und der Verdünnungsgrad; dabei sind die Symbole aus den offiziell gebräuchlichen Pharmakopöen zu verwenden; die wissenschaftliche Bezeichnung der Ursubstanz kann durch einen Phantasienamen ergänzt werden,
2. Name und Anschrift des pharmazeutischen Unternehmers und, soweit vorhanden, seines örtlichen Vertreters,
3. Art der Anwendung,

4. Verfalldatum; Absatz 1 Satz 1 Nr. 9 und Absatz 7 finden Anwendung,
5. Darreichungsform,
6. der Inhalt nach Gewicht, Rauminhalt oder Stückzahl,
7. Hinweis, dass Arzneimittel unzugänglich für Kinder aufbewahrt werden sollen, weitere besondere Vorsichtsmaßnahmen für die Aufbewahrung und Warnhinweise, einschließlich weiterer Angaben, soweit diese für eine sichere Anwendung erforderlich oder nach Absatz 2 vorgeschrieben sind,
8. Chargenbezeichnung,
9. Registrierungsnummer mit der Abkürzung „Reg.-Nr." und der Angabe „Registriertes homöopathisches Arzneimittel, daher ohne Angabe einer therapeutischen Indikation",
10. der Hinweis an den Anwender, bei während der Anwendung des Arzneimittels fortdauernden Krankheitssymptomen medizinischen Rat einzuholen,
11. bei Arzneimitteln, die nur in Apotheken an Verbraucher abgegeben werden dürfen, der Hinweis „Apothekenpflichtig",
12. bei Mustern der Hinweis „Unverkäufliches Muster".

²Satz 1 gilt entsprechend für Arzneimittel, die nach § 38 Abs. 1 Satz 3 von der Registrierung freigestellt sind; Absatz 1 b findet keine Anwendung.

(4 a) ¹Bei traditionellen pflanzlichen Arzneimitteln nach § 39 a müssen zusätzlich zu den Angaben in Absatz 1 folgende Hinweise aufgenommen werden:

1. Das Arzneimittel ist ein traditionelles Arzneimittel, das ausschließlich auf Grund langjähriger Anwendung für das Anwendungsgebiet registriert ist, und
2. der Anwender sollte bei fortdauernden Krankheitssymptomen oder beim Auftreten anderer als der in der Packungsbeilage erwähnten Nebenwirkungen einen Arzt oder eine andere in einem Heilberuf tätige qualifizierte Person konsultieren.

²An die Stelle der Angabe nach Absatz 1 Satz 1 Nr. 3 tritt die Registrierungsnummer mit der Abkürzung „Reg.-Nr.".

(5) ¹Bei Arzneimitteln, die zur Anwendung bei Tieren bestimmt sind, gelten die Absätze 1 und 1 a mit der Maßgabe, dass anstelle der Angaben nach Absatz 1 Satz 1 Nummer 1 bis 14 und Absatz 1 a die folgenden Angaben zu machen sind:

1. Bezeichnung des Arzneimittels, gefolgt von der Angabe der Stärke, der Darreichungsform und der Tierart, es sei denn, dass diese Angaben bereits in der Bezeichnung enthalten sind; enthält das Arzneimittel nur einen Wirkstoff, muss die internationale Kurzbezeichnung der Weltgesundheitsorganisation angegeben werden oder, soweit eine solche nicht vorhanden ist, die gebräuchliche Bezeichnung, es sei denn, dass die Angabe des Wirkstoffs bereits in der Bezeichnung enthalten ist,
2. die Wirkstoffe nach Art und Menge und sonstige Bestandteile nach der Art, soweit dies durch Auflage der zuständigen Bundesoberbehörde nach § 28 Absatz 2 Nummer 1 angeordnet oder durch Rechtsverordnung nach § 12 Absatz 1 Nummer 4 auch in Verbindung mit Absatz 2 oder nach § 36 Absatz 1 vorgeschrieben ist,
3. die Chargenbezeichnung,
4. die Zulassungsnummer mit der Abkürzung „Zul.-Nr.",
5. der Name oder die Firma und die Anschrift des pharmazeutischen Unternehmers und, soweit vorhanden, der Name des von ihm benannten örtlichen Vertreters,
6. die Tierarten, bei denen das Arzneimittel angewendet werden soll,
7. die Art der Anwendung,
8. die Wartezeit, soweit es sich um Arzneimittel handelt, die zur Anwendung bei Tieren bestimmt sind, die der Gewinnung von Lebensmitteln dienen,
9. das Verfalldatum entsprechend Absatz 7,
10. soweit erforderlich, besondere Vorsichtsmaßnahmen für die Beseitigung von nicht verwendeten Arzneimitteln,
11. der Hinweis, dass Arzneimittel unzugänglich für Kinder aufbewahrt werden sollen, weitere besondere Vorsichtsmaßnahmen für die Aufbewahrung und Warnhinweise, einschließlich weiterer Angaben, soweit diese für eine sichere Anwendung erforderlich oder nach Absatz 2 vorgeschrieben sind,
12. der Hinweis „Für Tiere",
13. die Darreichungsform,
14. der Inhalt nach Gewicht, Rauminhalt oder Stückzahl,

15. bei Arzneimitteln, die nur auf tierärztliche Verschreibung abgegeben werden dürfen, der Hinweis „Verschreibungspflichtig", bei sonstigen Arzneimitteln, die nur in Apotheken an den Verbraucher abgegeben werden dürfen, der Hinweis „Apothekenpflichtig",
16. bei Mustern der Hinweis „Unverkäufliches Muster".

²Arzneimittel zur Anwendung bei Tieren, die in das Register für homöopathische Arzneimittel eingetragen sind, sind mit dem deutlich erkennbaren Hinweis „Homöopathisches Arzneimittel" zu versehen; anstelle der Angaben nach Satz 1 Nummer 2 und 4 sind die Angaben nach Absatz 4 Satz 1 Nummer 1, 9 und 10 zu machen. ³Die Sätze 1 und 2 gelten entsprechend für Arzneimittel, die nach § 38 Absatz 1 Satz 3 oder nach § 60 Absatz 1 von der Registrierung freigestellt sind. ⁴Bei traditionellen pflanzlichen Arzneimitteln zur Anwendung bei Tieren ist anstelle der Angabe nach Satz 1 Nummer 4 die Registrierungsnummer mit der Abkürzung „Reg.-Nr." zu machen; ferner sind die Hinweise nach Absatz 4a Satz 1 Nummer 1 und entsprechend der Anwendung bei Tieren nach Nummer 2 anzugeben. ⁵Die Angaben nach Satz 1 Nummer 13 und 14 brauchen, sofern eine äußere Umhüllung vorhanden ist, nur auf der äußeren Umhüllung zu stehen.

(6) Für die Bezeichnung der Bestandteile gilt Folgendes:
1. Zur Bezeichnung der Art sind die internationalen Kurzbezeichnungen der Weltgesundheitsorganisation oder, soweit solche nicht vorhanden sind, gebräuchliche wissenschaftliche Bezeichnungen zu verwenden; das Bundesinstitut für Arzneimittel und Medizinprodukte bestimmt im Einvernehmen mit dem Paul-Ehrlich-Institut und dem Bundesamt für Verbraucherschutz und Lebensmittelsicherheit die zu verwendenden Bezeichnungen und veröffentlicht diese in einer Datenbank nach § 67a;
2. Zur Bezeichnung der Menge sind Maßeinheiten zu verwenden; sind biologische Einheiten oder andere Angaben zur Wertigkeit wissenschaftlich gebräuchlich, so sind diese zu verwenden.

(7) Das Verfalldatum ist mit Monat und Jahr anzugeben.

(8) ¹Durchdrückpackungen sind mit dem Namen oder der Firma des pharmazeutischen Unternehmers, der Bezeichnung des Arzneimittels, der Chargenbezeichnung und dem Verfalldatum zu versehen. ²Auf die Angabe von Namen und Firma eines Parallelimporteurs kann verzichtet werden. ³Bei Behältnissen von nicht mehr als 10 Milliliter Nennfüllmenge und bei Ampullen, die nur eine einzige Gebrauchseinheit enthalten, brauchen die Angaben nach den Absätzen 1, 1a, 2 und 5 nur auf den äußeren Umhüllungen gemacht zu werden; jedoch müssen sich auf den Behältnissen und Ampullen mindestens die Angaben nach Absatz 1 Satz 1 Nummer 2, 4, 6, 7, 9 sowie nach den Absätzen 3 und 5 Satz 1 Nummer 1, 3, 7, 9, 12, 14 befinden; es können geeignete Abkürzungen verwendet werden. ⁴Satz 3 findet auch auf andere kleine Behältnisse als die dort genannten Anwendung, sofern in Verfahren nach § 25b abweichende Anforderungen an kleine Behältnisse zugrunde gelegt werden.

(8a) ¹Bei Frischplasmazubereitungen und Zubereitungen aus Blutzellen müssen mindestens die Angaben nach Absatz 1 Satz 1 Nummer 1, 2, ohne die Angabe der Stärke, Darreichungsform und der Personengruppe, Nummer 3, 4, 6, 7 und 9 gemacht sowie die Bezeichnung und das Volumen der Antikoagulans- und, soweit vorhanden, der Additivlösung, die Lagertemperatur, die Blutgruppe und bei allogenen Zubereitungen aus roten Blutkörperchen zusätzlich die Rhesusformel, bei Thrombozytenkonzentraten und autologen Zubereitungen aus roten Blutkörperchen zusätzlich der Rhesusfaktor angegeben werden. ²Bei autologen Blutzubereitungen muss zusätzlich die Angabe „Nur zur Eigenbluttransfusion" gemacht und bei autologen und gerichteten Blutzubereitungen zusätzlich ein Hinweis auf den Empfänger gegeben werden.

(8b) ¹Bei Gewebezubereitungen müssen mindestens die Angaben nach Absatz 1 Satz 1 Nummer 1 und 2 ohne die Angabe der Stärke, der Darreichungsform und der Personengruppe, Nummer 3 oder die Genehmigungsnummer mit der Abkürzung „Gen.-Nr.", Nummer 4, 6 und 9 sowie die Angabe „Biologische Gefahr" im Falle festgestellter Infektiosität gemacht werden. ²Bei autologen Gewebezubereitungen müssen zusätzlich die Angabe „Nur zur autologen Anwendung" gemacht und bei autologen und gerichteten Gewebezubereitungen zusätzlich ein Hinweis auf den Empfänger gegeben werden.

(9) ¹Bei den Angaben nach den Absätzen 1 bis 5 dürfen im Verkehr mit Arzneimitteln übliche Abkürzungen verwendet werden. ²Die Firma nach Absatz 1 Nr. 1 darf abgekürzt werden, sofern das Unternehmen aus der Abkürzung allgemein erkennbar ist.

(10) ¹Für Arzneimittel, die zur Anwendung bei Tieren und zur klinischen Prüfung oder zur Rückstandsprüfung bestimmt sind, finden Absatz 5 Satz 1 Nummer 1, 3, 5, 7, 8, 13 und 14

Arzneimittelgesetz § 11 AMG 10

sowie die Absätze 8 und 9, soweit sie sich hierauf beziehen, Anwendung. ²Diese Arzneimittel sind soweit zutreffend mit dem Hinweis „Zur klinischen Prüfung bestimmt" oder „Zur Rückstandsprüfung bestimmt" zu versehen. ³Durchdrückpackungen sind mit der Bezeichnung, der Chargenbezeichnung und dem Hinweis nach Satz 2 zu versehen.

(11) ¹Aus Fertigarzneimitteln entnommene Teilmengen, die zur Anwendung bei Menschen bestimmt sind, dürfen nur mit einer Kennzeichnung abgegeben werden, die mindestens den Anforderungen nach Absatz 8 Satz 1 entspricht. ²Absatz 1 b findet keine Anwendung.

§ 11 Packungsbeilage

(1) ¹Fertigarzneimittel, die Arzneimittel im Sinne des § 2 Abs. 1 oder Abs. 2 Nr. 1 sind und die nicht zur klinischen Prüfung oder Rückstandsprüfung bestimmt oder nach § 21 Abs. 2 Nr. 1 a oder Nr. 1 b von der Zulassungspflicht freigestellt sind, dürfen im Geltungsbereich dieses Gesetzes nur mit einer Packungsbeilage in den Verkehr gebracht werden, die die Überschrift „Gebrauchsinformation" trägt sowie folgende Angaben in der nachstehenden Reihenfolge allgemein verständlich in deutscher Sprache, in gut lesbarer Schrift und in Übereinstimmung mit den Angaben nach § 11 a enthalten muss:

1. zur Identifizierung des Arzneimittels:
    a) die Bezeichnung des Arzneimittels, § 10 Abs. 1 Satz 1 Nr. 2 und Abs. 1 a finden entsprechende Anwendung,
    b) die Stoff- oder Indikationsgruppe oder die Wirkungsweise;
2. die Anwendungsgebiete;
3. eine Aufzählung von Informationen, die vor der Einnahme des Arzneimittels bekannt sein müssen:
    a) Gegenanzeigen,
    b) entsprechende Vorsichtsmaßnahmen für die Anwendung,
    c) Wechselwirkungen mit anderen Arzneimitteln oder anderen Mitteln, soweit sie die Wirkung des Arzneimittels beeinflussen können,
    d) Warnhinweise, insbesondere soweit dies durch Auflage der zuständigen Bundesoberbehörde nach § 28 Abs. 2 Nr. 2 angeordnet oder durch Rechtsverordnung nach § 12 Abs. 1 Nr. 3 vorgeschrieben ist;
4. die für eine ordnungsgemäße Anwendung erforderlichen Anleitungen über
    a) Dosierung,
    b) Art der Anwendung,
    c) Häufigkeit der Verabreichung, erforderlichenfalls mit Angabe des genauen Zeitpunkts, zu dem das Arzneimittel verabreicht werden kann oder muss,
    sowie, soweit erforderlich und je nach Art des Arzneimittels,
    d) Dauer der Behandlung, falls diese festgelegt werden soll,
    e) Hinweise für den Fall der Überdosierung, der unterlassenen Einnahme oder Hinweise auf die Gefahr von unerwünschten Folgen des Absetzens,
    f) die ausdrückliche Empfehlung, bei Fragen zur Klärung der Anwendung den Arzt oder Apotheker zu befragen;
5. die Nebenwirkungen; zu ergreifende Gegenmaßnahmen sind, soweit dies nach dem jeweiligen Stand der wissenschaftlichen Erkenntnisse erforderlich ist, anzugeben; den Hinweis, dass der Patient aufgefordert werden soll, dem Arzt oder Apotheker jede Nebenwirkung mitzuteilen, die in der Packungsbeilage nicht aufgeführt ist;
6. einen Hinweis auf das auf der Verpackung angegebene Verfalldatum sowie
    a) Warnung davor, das Arzneimittel nach Ablauf dieses Datums anzuwenden,
    b) soweit erforderlich besondere Vorsichtsmaßnahmen für die Aufbewahrung und die Angabe der Haltbarkeit nach Öffnung des Behältnisses oder nach Herstellung der gebrauchsfertigen Zubereitung durch den Anwender,
    c) soweit erforderlich Warnung vor bestimmten sichtbaren Anzeichen dafür, dass das Arzneimittel nicht mehr zu verwenden ist,
    d) vollständige qualitative Zusammensetzung nach Wirkstoffen und sonstigen Bestandteilen sowie quantitative Zusammensetzung nach Wirkstoffen unter Verwendung gebräuchlicher Bezeichnungen für jede Darreichungsform des Arzneimittels, § 10 Abs. 6 findet Anwendung,
    e) Darreichungsform und Inhalt nach Gewicht, Rauminhalt oder Stückzahl für jede Darreichungsform des Arzneimittels,

f) Name und Anschrift des pharmazeutischen Unternehmers und, soweit vorhanden, seines örtlichen Vertreters,

g) Name und Anschrift des Herstellers oder des Einführers, der das Fertigarzneimittel für das Inverkehrbringen freigegeben hat;

7. bei einem Arzneimittel, das unter anderen Bezeichnungen in anderen Mitgliedstaaten der Europäischen Union nach den Artikeln 28 bis 39 der Richtlinie 2001/83/EG des Europäischen Parlaments und des Rates zur Schaffung eines Gemeinschaftskodexes für Humanarzneimittel vom 6. November 2001 (ABl. EG Nr. L 311 S. 67), geändert durch die Richtlinien 2004/27/EG (ABl. EU Nr. L 136 S. 34) und 2004/24/EG vom 31. März 2004 (ABl. EU Nr. L 136 S. 85), für das Inverkehrbringen genehmigt ist, ein Verzeichnis der in den einzelnen Mitgliedstaaten genehmigten Bezeichnungen;

8. das Datum der letzten Überarbeitung der Packungsbeilage.

[2] Erläuternde Angaben zu den in Satz 1 genannten Begriffen sind zulässig. [3] Sofern die Angaben nach Satz 1 in der Packungsbeilage zusätzlich in einer anderen Sprache wiedergegeben werden, müssen in dieser Sprache die gleichen Angaben gemacht werden. [4] Satz 1 gilt nicht für Arzneimittel, die nach § 21 Abs. 2 Nr. 1 einer Zulassung nicht bedürfen. [5] Weitere Angaben, die nicht durch eine Verordnung der Europäischen Gemeinschaft vorgeschrieben oder bereits nach einer solchen Verordnung zulässig sind, sind zulässig, soweit sie mit der Anwendung des Arzneimittels im Zusammenhang stehen, für die gesundheitliche Aufklärung der Patienten wichtig sind und den Angaben nach § 11a nicht widersprechen. [6] Bei den Angaben nach Satz 1 Nr. 3 Buchstabe a bis d ist, soweit dies nach dem jeweiligen Stand der wissenschaftlichen Erkenntnisse erforderlich ist, auf die besondere Situation bestimmter Personengruppen, wie Kinder, Schwangere oder stillende Frauen, ältere Menschen oder Personen mit spezifischen Erkrankungen einzugehen; ferner sind, soweit erforderlich, mögliche Auswirkungen der Anwendung auf die Fahrtüchtigkeit oder die Fähigkeit zur Bedienung bestimmter Maschinen anzugeben.

(1 a) Ein Muster der Packungsbeilage und geänderter Fassungen ist der zuständigen Bundesoberbehörde unverzüglich zu übersenden, soweit nicht das Arzneimittel von der Zulassung oder Registrierung freigestellt ist.

(2) Es sind ferner in der Packungsbeilage Hinweise auf Bestandteile, deren Kenntnis für eine wirksame und unbedenkliche Anwendung des Arzneimittels erforderlich ist, und für die Verbraucher bestimmte Aufbewahrungshinweise anzugeben, soweit dies nach dem jeweiligen Stand der wissenschaftlichen Erkenntnisse erforderlich oder durch Auflage der zuständigen Bundesoberbehörde nach § 28 Abs. 2 Nr. 2 angeordnet oder durch Rechtsverordnung vorgeschrieben ist.

(2 a) Bei radioaktiven Arzneimitteln gilt Absatz 1 entsprechend mit der Maßgabe, dass die Vorsichtsmaßnahmen aufzuführen sind, die der Verwender und der Patient während der Zubereitung und Verabreichung des Arzneimittels zu ergreifen haben, sowie besondere Vorsichtsmaßnahmen für die Entsorgung des Transportbehälters und nicht verwendeter Arzneimittel.

(3) [1] Bei Arzneimitteln, die in das Register für homöopathische Arzneimittel eingetragen sind, gilt Absatz 1 entsprechend mit der Maßgabe, dass die in § 10 Abs. 4 vorgeschriebenen Angaben, ausgenommen die Angabe der Chargenbezeichnung, des Verfalldatums und des bei Mustern vorgeschriebenen Hinweises, zu machen sind sowie der Name und die Anschrift des Herstellers anzugeben sind, der das Fertigarzneimittel für das Inverkehrbringen freigegeben hat, soweit es sich dabei nicht um den pharmazeutischen Unternehmer handelt. [2] Satz 1 gilt entsprechend für Arzneimittel, die nach § 38 Abs. 1 Satz 3 von der Registrierung freigestellt sind.

(3 a) Bei Sera gilt Absatz 1 entsprechend mit der Maßgabe, dass auch die Art des Lebewesens, aus dem sie gewonnen sind, bei Virusimpfstoffen das Wirtssystem, das zur Virusvermehrung gedient hat, und bei Arzneimitteln aus humanem Blutplasma zur Fraktionierung das Herkunftsland des Blutplasmas anzugeben ist.

(3 b) [1] Bei traditionellen pflanzlichen Arzneimitteln nach § 39a gilt Absatz 1 entsprechend mit der Maßgabe, dass bei den Angaben nach Absatz 1 Satz 1 Nr. 2 anzugeben ist, dass das Arzneimittel ein traditionelles Arzneimittel ist, das ausschließlich auf Grund langjähriger Anwendung für das Anwendungsgebiet registriert ist. [2] Zusätzlich ist in die Packungsbeilage der Hinweis nach § 10 Abs. 4a Satz 1 Nr. 2 aufzunehmen.

(3 c) Der Inhaber der Zulassung hat dafür zu sorgen, dass die Packungsbeilage auf Ersuchen von Patientenorganisationen bei Arzneimitteln, die zur Anwendung bei Menschen bestimmt sind, in Formaten verfügbar ist, die für blinde und sehbehinderte Personen geeignet sind.

Arzneimittelgesetz § 11 AMG 10

(3 d) ¹Bei Heilwässern können unbeschadet der Verpflichtungen nach Absatz 2 die Angaben nach Absatz 1 Satz 1 Nr. 3 Buchstabe b, Nr. 4 Buchstabe e und f, Nr. 5, soweit der dort angegebene Hinweis vorgeschrieben ist, und Nr. 6 Buchstabe c entfallen. ²Ferner kann bei Heilwässern von der in Absatz 1 vorgeschriebenen Reihenfolge abgewichen werden.

(4) ¹Bei Arzneimitteln, die zur Anwendung bei Tieren bestimmt sind, gilt Absatz 1 mit der Maßgabe, dass anstelle der Angaben nach Absatz 1 Satz 1 die folgenden Angaben nach Maßgabe von Absatz 1 Satz 2 und 3 in der nachstehenden Reihenfolge allgemein verständlich in deutscher Sprache, in gut lesbarer Schrift und in Übereinstimmung mit den Angaben nach § 11 a gemacht werden müssen:

1. Name und Anschrift des pharmazeutischen Unternehmers, soweit vorhanden seines örtlichen Vertreters, und des Herstellers, der das Fertigarzneimittel für das Inverkehrbringen freigegeben hat;
2. Bezeichnung des Arzneimittels, gefolgt von der Angabe der Stärke und Darreichungsform; die gebräuchliche Bezeichnung des Wirkstoffes wird aufgeführt, wenn das Arzneimittel nur einen einzigen Wirkstoff enthält und sein Name ein Phantasiename ist; bei einem Arzneimittel, das unter anderen Bezeichnungen in anderen Mitgliedstaaten der Europäischen Union nach den Artikeln 31 bis 43 der Richtlinie 2001/82/EG des Europäischen Parlaments und des Rates zur Schaffung eines Gemeinschaftskodexes für Tierarzneimittel vom 6. November 2001 (ABl. EG Nr. L 311 S. 1), geändert durch die Richtlinie 2004/28/EG (ABl. EU Nr. L 136 S. 58), für das Inverkehrbringen genehmigt ist, ein Verzeichnis der in den einzelnen Mitgliedstaaten genehmigten Bezeichnungen;
3. Anwendungsgebiete;
4. Gegenanzeigen und Nebenwirkungen, soweit diese Angaben für die Anwendung notwendig sind; können hierzu keine Angaben gemacht werden, so ist der Hinweis „keine bekannt" zu verwenden; der Hinweis, dass der Anwender oder Tierhalter aufgefordert werden soll, dem Tierarzt oder Apotheker jede Nebenwirkung mitzuteilen, die in der Packungsbeilage nicht aufgeführt ist;
5. Tierarten, für die das Arzneimittel bestimmt ist, Dosierungsanleitung für jede Tierart, Art und Weise der Anwendung, soweit erforderlich Hinweise für die bestimmungsgemäße Anwendung;
6. Wartezeit, soweit es sich um Arzneimittel handelt, die zur Anwendung bei Tieren bestimmt sind, die der Gewinnung von Lebensmitteln dienen; ist die Einhaltung einer Wartezeit nicht erforderlich, so ist dies anzugeben;
7. besondere Vorsichtsmaßnahmen für die Aufbewahrung;
8. besondere Warnhinweise, insbesondere soweit dies durch Auflage der zuständigen Bundesoberbehörde angeordnet oder durch Rechtsverordnung vorgeschrieben ist;
9. soweit dies nach dem jeweiligen Stand der wissenschaftlichen Erkenntnisse erforderlich ist, besondere Vorsichtsmaßnahmen für die Beseitigung von nicht verwendeten Arzneimitteln oder sonstige besondere Vorsichtsmaßnahmen, um Gefahren für die Umwelt zu vermeiden.

²Das Datum der letzten Überarbeitung der Packungsbeilage ist anzugeben. ³Bei Arzneimittel-Vormischungen sind Hinweise für die sachgerechte Herstellung der Fütterungsarzneimittel und Angaben über die Dauer der Haltbarkeit der Fütterungsarzneimittel aufzunehmen. ⁴Weitere Angaben sind zulässig, soweit sie mit der Anwendung des Arzneimittels im Zusammenhang stehen, für den Anwender oder Tierhalter wichtig sind und den Angaben nach § 11a nicht widersprechen. ⁵Bei Arzneimitteln zur Anwendung bei Tieren, die in das Register für homöopathische Arzneimittel eingetragen sind, oder die nach § 38 Absatz 1 Satz 3 oder nach § 60 Absatz 1 von der Registrierung freigestellt sind, gelten die Sätze 1, 2 und 4 entsprechend mit der Maßgabe, dass die in § 10 Absatz 4 vorgeschriebenen Angaben mit Ausnahme der Angabe der Chargenbezeichnung, des Verfalldatums und des bei Mustern vorgeschriebenen Hinweises zu machen sind. ⁶Bei traditionellen pflanzlichen Arzneimitteln zur Anwendung bei Tieren ist zusätzlich zu den Hinweisen nach Absatz 3 b Satz 1 ein der Anwendung bei Tieren entsprechender Hinweis nach § 10 Absatz 4 a Satz 1 Nummer 2 anzugeben.

(5) ¹Können die nach Absatz 1 Satz 1 Nr. 3 Buchstabe a und c sowie Nr. 5 vorgeschriebenen Angaben nicht gemacht werden, so ist der Hinweis „keine bekannt" zu verwenden. ²Werden auf der Packungsbeilage weitere Angaben gemacht, so müssen sie von den Angaben nach den Absätzen 1 bis 4 deutlich abgesetzt und abgegrenzt sein.

10 AMG § 11a

Gesetzestexte

(6) ¹Die Packungsbeilage kann entfallen, wenn die nach den Absätzen 1 bis 4 vorgeschriebenen Angaben auf dem Behältnis oder auf der äußeren Umhüllung stehen. ²Absatz 5 findet entsprechende Anwendung.

(7) ¹Aus Fertigarzneimitteln entnommene Teilmengen, die zur Anwendung bei Menschen bestimmt sind, dürfen nur zusammen mit einer Ausfertigung der für das Fertigarzneimittel vorgeschriebenen Packungsbeilage abgegeben werden. ²Absatz 6 Satz 1 gilt entsprechend. ³Abweichend von Satz 1 müssen bei der im Rahmen einer Dauermedikation erfolgenden regelmäßigen Abgabe von aus Fertigarzneimitteln entnommenen Teilmengen in neuen, patientenindividuell zusammengestellten Blistern Ausfertigungen der für die jeweiligen Fertigarzneimittel vorgeschriebenen Packungsbeilagen erst dann erneut beigefügt werden, wenn sich diese gegenüber den zuletzt beigefügten geändert haben.

§ 11a Fachinformation

(1) ¹Der pharmazeutische Unternehmer ist verpflichtet, Ärzten, Zahnärzten, Tierärzten, Apothekern und, soweit es sich nicht um verschreibungspflichtige Arzneimittel handelt, anderen Personen, die die Heilkunde oder Zahnheilkunde berufsmäßig ausüben, für Fertigarzneimittel, die der Zulassungspflicht unterliegen oder von der Zulassung freigestellt sind, Arzneimittel im Sinne des § 2 Abs. 1 oder Abs. 2 Nr. 1 und für den Verkehr außerhalb der Apotheken nicht freigegeben sind, auf Anforderung eine Gebrauchsinformation für Fachkreise (Fachinformation) zur Verfügung zu stellen. ²Diese muss die Überschrift „Fachinformation" tragen und folgende Angaben in gut lesbarer Schrift in Übereinstimmung mit der im Rahmen der Zulassung genehmigten Zusammenfassung der Merkmale des Arzneimittels und in der nachstehenden Reihenfolge enthalten:
1. die Bezeichnung des Arzneimittels, gefolgt von der Stärke und der Darreichungsform;
2. qualitative und quantitative Zusammensetzung nach Wirkstoffen und den sonstigen Bestandteilen, deren Kenntnis für eine zweckgemäße Verabreichung des Mittels erforderlich ist, unter Angabe der gebräuchlichen oder chemischen Bezeichnung; § 10 Abs. 6 findet Anwendung;
3. Darreichungsform;
4. klinische Angaben:
    a) Anwendungsgebiete,
    b) Dosierung und Art der Anwendung bei Erwachsenen und, soweit das Arzneimittel zur Anwendung bei Kindern bestimmt ist, bei Kindern,
    c) Gegenanzeigen,
    d) besondere Warn- und Vorsichtshinweise für die Anwendung und bei immunologischen Arzneimitteln alle besonderen Vorsichtsmaßnahmen, die von Personen, die mit immunologischen Arzneimitteln in Berührung kommen und von Personen, die diese Arzneimittel Patienten verabreichen, zu treffen sind, sowie von dem Patienten zu treffenden Vorsichtsmaßnahmen, soweit dies durch Auflagen der zuständigen Bundesoberbehörde nach § 28 Abs. 2 Nr. 1 Buchstabe a angeordnet oder durch Rechtsverordnung vorgeschrieben ist,
    e) Wechselwirkungen mit anderen Arzneimitteln oder anderen Mitteln, soweit sie die Wirkung des Arzneimittels beeinflussen können,
    f) Verwendung bei Schwangerschaft und Stillzeit,
    g) Auswirkungen auf die Fähigkeit zur Bedienung von Maschinen und zum Führen von Kraftfahrzeugen,
    h) Nebenwirkungen,
    i) Überdosierung: Symptome, Notfallmaßnahmen, Gegenmittel;
5. pharmakologische Eigenschaften:
    a) pharmakodynamische Eigenschaften,
    b) pharmakokinetische Eigenschaften,
    c) vorklinische Sicherheitsdaten;
6. pharmazeutische Angaben:
    a) Liste der sonstigen Bestandteile,
    b) Hauptinkompatibilitäten,
    c) Dauer der Haltbarkeit und, soweit erforderlich, die Haltbarkeit bei Herstellung einer gebrauchsfertigen Zubereitung des Arzneimittels oder bei erstmaliger Öffnung des Behältnisses,

Arzneimittelgesetz § 11 a AMG 10

   d) besondere Vorsichtsmaßnahmen für die Aufbewahrung,
   e) Art und Inhalt des Behältnisses,
   f) besondere Vorsichtsmaßnahmen für die Beseitigung von angebrochenen Arzneimitteln oder der davon stammenden Abfallmaterialien, um Gefahren für die Umwelt zu vermeiden;
7. Inhaber der Zulassung;
8. Zulassungsnummer;
9. Datum der Erteilung der Zulassung oder der Verlängerung der Zulassung;
10. Datum der Überarbeitung der Fachinformation.

³Weitere Angaben, die nicht durch eine Verordnung der Europäischen Gemeinschaft vorgeschrieben oder bereits nach dieser Verordnung zulässig sind, sind zulässig, wenn sie mit der Anwendung des Arzneimittels im Zusammenhang stehen und den Angaben nach Satz 2 nicht widersprechen; sie müssen von den Angaben nach Satz 2 deutlich abgesetzt und abgegrenzt sein. ⁴Satz 1 gilt nicht für Arzneimittel, die nach § 21 Abs. 2 einer Zulassung nicht bedürfen oder nach einer homöopathischen Verfahrenstechnik hergestellt sind.

(1 a) Bei Sera ist auch die Art des Lebewesens, aus dem sie gewonnen sind, bei Virusimpfstoffen das Wirtssystem, das zu Virusvermehrung gedient hat, und bei Arzneimitteln aus humanem Blutplasma zur Fraktionierung das Herkunftsland des Blutplasmas anzugeben.

(1 b) Bei radioaktiven Arzneimitteln sind ferner die Einzelheiten der internen Strahlungsdosimetrie, zusätzliche detaillierte Anweisungen für die extemporane Zubereitung und die Qualitätskontrolle für diese Zubereitung sowie, soweit erforderlich, die Höchstlagerzeit anzugeben, während der eine Zwischenzubereitung wie ein Eluat oder das gebrauchsfertige Arzneimittel seinen Spezifikationen entspricht.

(1 c) ¹Bei Arzneimitteln, die zur Anwendung bei Tieren bestimmt sind, muss die Fachinformation unter der Nummer 4 „klinische Angaben" folgende Angaben enthalten:
   a) Angabe jeder Zieltierart, bei der das Arzneimittel angewendet werden soll,
   b) Angaben zur Anwendung mit besonderem Hinweis auf die Zieltierarten,
   c) Gegenanzeigen,
   d) besondere Warnhinweise bezüglich jeder Zieltierart,
   e) besondere Warnhinweise für den Gebrauch, einschließlich der von der verabreichenden Person zu treffenden besonderen Sicherheitsvorkehrungen,
   f) Nebenwirkungen (Häufigkeit und Schwere),
   g) Verwendung bei Trächtigkeit, Eier- oder Milcherzeugung,
   h) Wechselwirkungen mit anderen Arzneimitteln und andere Wechselwirkungen,
   i) Dosierung und Art der Anwendung,
   j) Überdosierung: Notfallmaßnahmen, Symptome, Gegenmittel, soweit erforderlich,
   k) Wartezeit für sämtliche Lebensmittel, einschließlich jener, für die keine Wartezeit besteht.
²Die Angaben nach Absatz 1 Satz 2 Nr. 5 Buchstabe c entfallen.

(1 d) Bei Arzneimitteln, die nur auf ärztliche, zahnärztliche oder tierärztliche Verschreibung abgegeben werden dürfen, ist auch den Hinweis „Verschreibungspflichtig", bei Betäubungsmitteln der Hinweis „Betäubungsmittel", bei sonstigen Arzneimitteln, die nur in Apotheken an Verbraucher abgegeben werden dürfen, der Hinweis „Apothekenpflichtig" anzugeben; bei Arzneimitteln, die einen Stoff oder eine Zubereitung nach § 48 Absatz 1 Satz 1 Nummer 3 enthalten, ist eine entsprechende Angabe zu machen.

(1 e) Für Zulassungen von Arzneimitteln nach § 24 b können Angaben nach Absatz 1 entfallen, die sich auf Anwendungsgebiete, Dosierungen oder andere Gegenstände eines Patents beziehen, die zum Zeitpunkt des Inverkehrbringens noch unter das Patentrecht fallen.

(2) ¹Der pharmazeutische Unternehmer ist verpflichtet, die Änderungen der Fachinformation, die für die Therapie relevant sind, den Fachkreisen in geeigneter Form zugänglich zu machen. ²Die zuständige Bundesoberbehörde kann, soweit erforderlich, durch Auflage bestimmen, in welcher Form die Änderungen allen oder bestimmten Fachkreisen zugänglich zu machen sind.

(3) Ein Muster der Fachinformation und geänderter Fassungen ist der zuständigen Bundesoberbehörde unverzüglich zu übersenden, soweit nicht das Arzneimittel von der Zulassung freigestellt ist.

(4) ¹Die Verpflichtung nach Absatz 1 Satz 1 kann bei Arzneimitteln, die ausschließlich von Angehörigen der Heilberufe verabreicht werden, auch durch Aufnahme der Angaben nach

Absatz 1 Satz 2 in der Packungsbeilage erfüllt werden. ²Die Packungsbeilage muss mit der Überschrift „Gebrauchsinformation und Fachinformation" versehen werden.

§ 12 Ermächtigung für die Kennzeichnung, die Packungsbeilage und die Packungsgrößen

(1) Das Bundesministerium wird ermächtigt, im Einvernehmen mit dem Bundesministerium für Wirtschaft und Arbeit durch Rechtsverordnung mit Zustimmung des Bundesrates
1. die Vorschriften der §§ 10 bis 11 a auf andere Arzneimittel und den Umfang der Fachinformation auf weitere Angaben auszudehnen,
2. vorzuschreiben, dass die in den §§ 10 und 11 genannten Angaben dem Verbraucher auf andere Weise übermittelt werden,
3. für bestimmte Arzneimittel oder Arzneimittelgruppen vorzuschreiben, dass Warnhinweise, Warnzeichen oder Erkennungszeichen auf
   a) den Behältnissen, den äußeren Umhüllungen, der Packungsbeilage oder
   b) der Fachinformation anzubringen sind,
4. vorzuschreiben, dass bestimmte Bestandteile nach der Art auf den Behältnissen und den äußeren Umhüllungen anzugeben sind oder auf sie in der Packungsbeilage hinzuweisen ist,

soweit es geboten ist, um einen ordnungsgemäßen Umgang mit Arzneimitteln und deren sachgerechte Anwendung im Geltungsbereich dieses Gesetzes sicherzustellen und um eine unmittelbare oder mittelbare Gefährdung der Gesundheit von Mensch oder Tier zu verhüten, die infolge mangelnder Unterrichtung eintreten könnte.

(1 a) Das Bundesministerium wird ferner ermächtigt, durch Rechtsverordnung mit Zustimmung des Bundesrates für Stoffe oder Zubereitungen aus Stoffen bei der Angabe auf Behältnissen und äußeren Umhüllungen oder in der Packungsbeilage oder in der Fachinformation zusammenfassende Bezeichnungen zuzulassen, soweit es sich nicht um wirksame Bestandteile handelt und eine unmittelbare oder mittelbare Gefährdung der Gesundheit von Mensch oder Tier infolge mangelnder Unterrichtung nicht zu befürchten ist.

(1 b) Das Bundesministerium wird ferner ermächtigt, im Einvernehmen mit dem Bundesministerium für Wirtschaft und Arbeit durch Rechtsverordnung mit Zustimmung des Bundesrates
1. die Kennzeichnung von Ausgangsstoffen, die für die Herstellung von Arzneimitteln bestimmt sind, und
2. die Kennzeichnung von Arzneimitteln, die zur klinischen Prüfung bestimmt sind,

zu regeln, soweit es geboten ist, um eine unmittelbare oder mittelbare Gefährdung der Gesundheit von Mensch oder Tier zu verhüten, die infolge mangelnder Kennzeichnung eintreten könnte.

(2) ¹Soweit es sich um Arzneimittel handelt, die zur Anwendung bei Tieren bestimmt sind, tritt in den Fällen des Absatzes 1, 1 a, 1 b oder 3 an die Stelle des Bundesministeriums das Bundesministerium für Verbraucherschutz, Ernährung und Landwirtschaft, das die Rechtsverordnung jeweils im Einvernehmen mit dem Bundesministerium erlässt. ²Die Rechtsverordnung nach Absatz 1, 1 a oder 1 b ergeht im Einvernehmen mit dem Bundesministerium für Umwelt, Naturschutz und Reaktorsicherheit, soweit es sich um radioaktive Arzneimittel und um Arzneimittel handelt, bei deren Herstellung ionisierende Strahlen verwendet werden, oder in den Fällen des Absatzes 1 Nr. 3 Warnhinweise, Warnzeichen oder Erkennungszeichen im Hinblick auf Angaben nach § 10 Abs. 1 Satz 1 Nr. 13 oder Absatz 5 Satz 1 Nummer 10, § 11 Abs. 4 Satz 1 Nr. 9 oder § 11 a Abs. 1 Satz 2 Nr. 6 Buchstabe f vorgeschrieben werden.

(3) ¹Das Bundesministerium wird ferner ermächtigt, durch Rechtsverordnung ohne Zustimmung des Bundesrates zu bestimmen, dass Arzneimittel nur in bestimmten Packungsgrößen in den Verkehr gebracht werden dürfen und von den pharmazeutischen Unternehmern auf den Behältnissen oder, soweit verwendet, auf den äußeren Umhüllungen entsprechend zu kennzeichnen sind. ²Die Bestimmung dieser Packungsgrößen erfolgt für bestimmte Wirkstoffe und berücksichtigt die Anwendungsgebiete, die Anwendungsdauer und die Darreichungsform. ³Bei der Bestimmung der Packungsgrößen ist grundsätzlich von einer Dreiteilung auszugehen:
1. Packungen für kurze Anwendungsdauer oder Verträglichkeitstests,
2. Packungen für mittlere Anwendungsdauer,
3. Packungen für längere Anwendungsdauer.

Vierter Abschnitt. Zulassung der Arzneimittel

§ 21 Zulassungspflicht

(1) ¹Fertigarzneimittel, die Arzneimittel im Sinne des § 2 Abs. 1 oder Abs. 2 Nr. 1 sind, dürfen im Geltungsbereich dieses Gesetzes nur in den Verkehr gebracht werden, wenn sie durch die zuständige Bundesoberbehörde zugelassen sind oder wenn für sie die Kommission der Europäischen Gemeinschaften oder der Rat der Europäischen Union eine Genehmigung für das Inverkehrbringen gemäß Artikel 3 Abs. 1 oder 2 der Verordnung (EG) Nr. 726/2004 des Europäischen Parlaments und des Rates vom 31. März 2004 zur Festlegung von Gemeinschaftsverfahren für die Genehmigung und Überwachung von Human- und Tierarzneimitteln und zur Errichtung einer Europäischen Arzneimittel-Agentur (ABl. EU Nr. L 136 S. 1) auch in Verbindung mit der Verordnung (EG) Nr. 1901/2006 des Europäischen Parlaments und des Rates vom 12. Dezember 2006 über Kinderarzneimittel und zur Änderung der Verordnung (EWG) Nr. 1768/92, der Richtlinien 2001/20/EG und 2001/83/EG sowie der Verordnung (EG) Nr. 726/2004 (ABl. L 378 vom 27. 12. 2006, S. 1) oder der Verordnung (EG) Nr. 1394/2007 erteilt hat. ²Das gilt auch für Arzneimittel, die keine Fertigarzneimittel und zur Anwendung bei Tieren bestimmt sind, sofern sie nicht an pharmazeutische Unternehmer abgegeben werden sollen, die eine Erlaubnis zur Herstellung von Arzneimitteln besitzen.

(2) Einer Zulassung bedarf es nicht für Arzneimittel, die

1. zur Anwendung bei Menschen bestimmt sind und auf Grund nachweislich häufiger ärztlicher oder zahnärztlicher Verschreibung in den wesentlichen Herstellungsschritten in einer Apotheke in einer Menge bis zu hundert abgabefertigen Packungen an einem Tag im Rahmen des üblichen Apothekenbetriebs hergestellt werden und zur Abgabe im Rahmen der bestehenden Apothekenbetriebserlaubnis bestimmt sind,

1a. Arzneimittel sind, bei deren Herstellung Stoffe menschlicher Herkunft eingesetzt werden und die entweder zur autologen oder gerichteten, für eine bestimmte Person vorgesehene Anwendung bestimmt sind oder auf Grund einer Rezeptur für einzelne Personen hergestellt werden, es sei denn, es handelt sich um Arzneimittel im Sinne von § 4 Absatz 4,

1b. andere als die in Nummer 1a genannten Arzneimittel sind und für Apotheken, denen für einen Patienten eine Verschreibung vorliegt, aus im Geltungsbereich dieses Gesetzes zugelassenen Arzneimitteln

   a) als Zytostatikazubereitung oder für die parenterale Ernährung sowie in anderen medizinisch begründeten besonderen Bedarfsfällen, sofern es für die ausreichende Versorgung des Patienten erforderlich ist und kein zugelassenes Arzneimittel zur Verfügung steht, hergestellt werden oder

   b) als Blister aus unveränderten Arzneimitteln hergestellt werden oder

   c) in unveränderter Form abgefüllt werden,

1c. zur Anwendung bei Menschen bestimmt sind, antivirale oder antibakterielle Wirksamkeit haben und zur Behandlung einer bedrohlichen übertragbaren Krankheit, deren Ausbreitung eine sofortige und das übliche Maß erheblich überschreitende Bereitstellung von spezifischen Arzneimitteln erforderlich macht, aus Wirkstoffen hergestellt werden, die von den Gesundheitsbehörden des Bundes oder der Länder oder von diesen benannten Stellen für diese Zwecke bevorratet wurden, soweit ihre Herstellung in einer Apotheke zur Abgabe im Rahmen der bestehenden Apothekenbetriebserlaubnis oder zur Abgabe an andere Apotheken erfolgt,

1d. Gewebezubereitungen sind, die der Pflicht zur Genehmigung nach den Vorschriften des § 21a Abs. 1 unterliegen,

1e. Heilwässer, Bademoore oder andere Peloide sind, die nicht im Voraus hergestellt und nicht in einer zur Abgabe an den Verbraucher bestimmten Packung in den Verkehr gebracht werden, oder die ausschließlich zur äußeren Anwendung oder zur Inhalation vor Ort bestimmt sind,

1f. medizinische Gase sind und die für einzelne Personen aus im Geltungsbereich dieses Gesetzes zugelassenen Arzneimitteln durch Abfüllen und Kennzeichnen in Unternehmen, die nach § 50 zum Einzelhandel mit Arzneimitteln außerhalb von Apotheken befugt sind, hergestellt werden,

1g. als Therapieallergene für einzelne Patienten auf Grund einer Rezeptur hergestellt werden,

2. zur klinischen Prüfung bei Menschen bestimmt sind,

3. Fütterungsarzneimittel sind, die bestimmungsgemäß aus Arzneimittel-Vormischungen hergestellt sind, für die eine Zulassung nach § 25 erteilt ist,
4. für Einzeltiere oder Tiere eines bestimmten Bestandes in Apotheken oder in tierärztlichen Hausapotheken unter den Voraussetzungen des Absatzes 2 a hergestellt werden,
5. zur klinischen Prüfung bei Tieren oder zur Rückstandsprüfung bestimmt sind oder
6. unter den in Artikel 83 der Verordnung (EG) Nr. 726/2004 genannten Voraussetzungen kostenlos für eine Anwendung bei Patienten zur Verfügung gestellt werden, die an einer zu einer schweren Behinderung führenden Erkrankung leiden oder deren Krankheit lebensbedrohend ist, und die mit einem zugelassenen Arzneimittel nicht zufrieden stellend behandelt werden können; dies gilt auch für die nicht den Kategorien des Artikels 3 Absatz 1 oder 2 der Verordnung (EG) Nr. 726/2004 zugehörigen Arzneimitteln; Verfahrensregelungen werden in einer Rechtsverordnung nach § 80 bestimmt.

(2 a) [1] Arzneimittel, die für den Verkehr außerhalb von Apotheken nicht freigegebene Stoffe und Zubereitungen aus Stoffen enthalten, dürfen nach Absatz 2 Nr. 4 nur hergestellt werden, wenn für die Behandlung ein zugelassenes Arzneimittel für die betreffende Tierart oder das betreffende Anwendungsgebiet nicht zur Verfügung steht, die notwendige arzneiliche Versorgung der Tiere sonst ernstlich gefährdet wäre und eine unmittelbare oder mittelbare Gefährdung der Gesundheit von Mensch und Tier nicht zu befürchten ist. [2] Die Herstellung von Arzneimitteln gemäß Satz 1 ist nur in Apotheken zulässig. [3] Satz 2 gilt nicht für das Zubereiten von Arzneimitteln aus einem Fertigarzneimittel und arzneilich nicht wirksamen Bestandteilen sowie für das Mischen von Fertigarzneimitteln zum Zwecke der Immobilisation von Zoo-, Wild- und Gehegetieren. [4] Als Herstellen im Sinne des Satzes 1 gilt nicht das Umfüllen, Abpacken oder Kennzeichnen von Arzneimitteln in unveränderter Form, soweit
1. keine Fertigarzneimittel in für den Einzelfall geeigneten Packungsgrößen im Handel verfügbar sind oder
2. in sonstigen Fällen das Behältnis oder jede andere Form der Arzneimittelverpackung, die unmittelbar mit dem Arzneimittel in Berührung kommt, nicht beschädigt wird.

[5] Die Sätze 1 bis 4 gelten nicht für registrierte oder von der Registrierung freigestellte homöopathische Arzneimittel, die, soweit sie zur Anwendung bei Tieren bestimmt sind, die der Gewinnung von Lebensmitteln dienen, ausschließlich Wirkstoffe enthalten, die in Anhang II der Verordnung (EWG) Nr. 2377/90 aufgeführt sind.

(3) [1] Die Zulassung ist vom pharmazeutischen Unternehmer zu beantragen. [2] Für ein Fertigarzneimittel, das in Apotheken oder sonstigen Einzelhandelsbetrieben auf Grund einheitlicher Vorschriften hergestellt und unter einer einheitlichen Bezeichnung an Verbraucher abgegeben wird, ist die Zulassung vom Herausgeber der Herstellungsvorschrift zu beantragen. [3] Wird ein Fertigarzneimittel für mehrere Apotheken oder sonstige Einzelhandelsbetriebe hergestellt und soll es unter deren Namen und unter einer einheitlichen Bezeichnung an Verbraucher abgegeben werden, so hat der Hersteller die Zulassung zu beantragen.

(4) Die zuständige Bundesoberbehörde entscheidet ferner unabhängig von einem Zulassungsantrag nach Absatz 3 auf Antrag einer zuständigen Landesbehörde über die Zulassungspflicht eines Arzneimittels.

§ 21 a Genehmigung von Gewebezubereitungen

(1) [1] Gewebezubereitungen, die nicht mit industriellen Verfahren be- oder verarbeitet werden und deren wesentliche Be- oder Verarbeitungsverfahren in der Europäischen Union hinreichend bekannt und deren Wirkungen und Nebenwirkungen aus dem wissenschaftlichen Erkenntnismaterial ersichtlich sind, dürfen im Geltungsbereich dieses Gesetzes nur in den Verkehr gebracht werden, wenn sie abweichend von der Zulassungspflicht nach § 21 Abs. 1 von der zuständigen Bundesoberbehörde genehmigt worden sind. [2] Dies gilt auch im Hinblick auf Gewebezubereitungen, deren Be- oder Verarbeitungsverfahren neu, aber mit einem bekannten Verfahren vergleichbar sind. [3] Satz 1 gilt entsprechend für Blutstammzellzubereitungen, die zur autologen oder gerichteten, für eine bestimmte Person vorgesehenen Anwendung bestimmt sind. [4] Die Genehmigung umfasst die Verfahren für die Gewinnung, Verarbeitung und Prüfung, die Spenderauswahl und die Dokumentation für jeden Verfahrensschritt sowie die quantitativen und qualitativen Kriterien für Gewebezubereitungen. [5] Insbesondere sind die kritischen Verarbeitungsverfahren daraufhin zu bewerten, dass die Verfahren die Gewebe nicht klinisch unwirksam oder schädlich für die Patienten machen.

Arzneimittelgesetz § 21a AMG 10

(1a) Einer Genehmigung nach Absatz 1 bedarf es nicht für Gewebezubereitungen, die zur klinischen Prüfung bei Menschen bestimmt sind.

(2) ¹Dem Antrag auf Genehmigung sind vom Antragsteller folgende Angaben und Unterlagen beizufügen:
1. der Name oder die Firma und die Anschrift des Verarbeiters,
2. die Bezeichnung der Gewebezubereitung,
3. die Anwendungsgebiete sowie die Art der Anwendung und bei Gewebezubereitungen, die nur begrenzte Zeit angewendet werden sollen, die Dauer der Anwendung,
4. Angaben über die Gewinnung und Laboruntersuchung der Gewebe sowie über die Be- oder Verarbeitung, Konservierung, Prüfung und Lagerung der Gewebezubereitung,
5. die Art der Haltbarmachung, die Dauer der Haltbarkeit und die Art der Aufbewahrung,
6. eine Beschreibung der Funktionalität und der Risiken der Gewebezubereitung,
7. Unterlagen über die Ergebnisse von mikrobiologischen, chemischen und physikalischen Prüfungen sowie die zur Ermittlung angewandten Methoden, soweit diese Unterlagen erforderlich sind, sowie
8. alle für die Bewertung des Arzneimittels zweckdienlichen Angaben und Unterlagen.

²§ 22 Absatz 4 gilt entsprechend.

(3) ¹Für die Angaben nach Absatz 2 Nr. 3 kann wissenschaftliches Erkenntnismaterial eingereicht werden, das auch in nach wissenschaftlichen Methoden aufbereitetem medizinischen Erfahrungsmaterial bestehen kann. ²Hierfür kommen Studien des Herstellers der Gewebezubereitung, Daten aus Veröffentlichungen oder nachträgliche Bewertungen der klinischen Ergebnisse der hergestellten Gewebezubereitungen in Betracht.

(4) ¹Die zuständige Bundesoberbehörde hat eine Entscheidung über den Antrag auf Genehmigung innerhalb einer Frist von fünf Monaten zu treffen. ²Wird dem Antragsteller Gelegenheit gegeben, Mängeln abzuhelfen, so werden die Fristen bis zur Behebung der Mängel oder bis zum Ablauf der für die Behebung gesetzten Frist gehemmt. ³Die Hemmung beginnt mit dem Tag, an dem dem Antragsteller die Aufforderung zur Behebung der Mängel zugestellt wird.

(5) ¹Die zuständige Bundesoberbehörde erteilt die Genehmigung schriftlich unter Zuteilung einer Genehmigungsnummer. ²Sie kann die Genehmigung mit Auflagen verbinden. ³§ 28 findet entsprechende Anwendung.

(6) Die zuständige Bundesoberbehörde darf die Genehmigung nur versagen, wenn
1. die vorgelegten Unterlagen unvollständig sind,
2. die Gewebezubereitung nicht dem Stand der wissenschaftlichen Erkenntnisse entspricht oder
3. die Gewebezubereitung nicht die vorgesehene Funktion erfüllt oder das Nutzen-Risiko-Verhältnis ungünstig ist.

(7) ¹Der Antragsteller oder nach der Genehmigung der Inhaber der Genehmigung hat der zuständigen Bundesoberbehörde unter Beifügung entsprechender Unterlagen unverzüglich Anzeige zu erstatten, wenn sich Änderungen in den Angaben und Unterlagen nach Absatz 2 und 3 ergeben. ²Im Falle einer Änderung in den Unterlagen nach Absatz 3 darf die Änderung erst vollzogen werden, wenn die zuständige Bundesoberbehörde zugestimmt hat.

(8) ¹Die Genehmigung ist zurückzunehmen, wenn nachträglich bekannt wird, dass einer der Versagungsgründe nach Absatz 6 Nr. 2 und 3 vorgelegen hat. ²Sie ist zu widerrufen, wenn einer dieser Versagungsgründe nachträglich eingetreten ist. ³In beiden Fällen kann auch das Ruhen der Genehmigung befristet angeordnet werden. ⁴Vor einer Entscheidung nach den Sätzen 1 bis 3 ist der Inhaber der Genehmigung zu hören, es sei denn, dass Gefahr im Verzuge ist. ⁵Ist die Genehmigung zurückgenommen oder widerrufen oder ruht die Genehmigung, so darf die Gewebezubereitung nicht in den Verkehr gebracht und nicht in den Geltungsbereich dieses Gesetzes verbracht werden.

(9) ¹Abweichend von Absatz 1 bedürfen Gewebezubereitungen, die in einem Mitgliedstaat der Europäischen Union oder in einem anderen Vertragsstaat des Abkommens über den Europäischen Wirtschaftsraum in den Verkehr gebracht werden dürfen, bei ihrem erstmaligen Verbringen in den Geltungsbereich dieses Gesetzes einer Bescheinigung der zuständigen Bundesoberbehörde. ²Vor der Erteilung der Bescheinigung hat die zuständige Bundesoberbehörde zu prüfen, ob die Be- oder Verarbeitung der Gewebezubereitungen den Anforderungen an die Entnahme- und Verarbeitungsverfahren, einschließlich der Spenderauswahlverfahren und der Laboruntersuchungen, sowie die quantitativen und qualitativen Kriterien für die Gewebezube-

reitungen den Anforderungen dieses Gesetzes und seiner Verordnungen entsprechen. ³Die zuständige Bundesoberbehörde hat die Bescheinigung zu erteilen, wenn sich die Gleichwertigkeit der Anforderungen nach Satz 2 aus der Genehmigungsbescheinigung oder einer anderen Bescheinigung der zuständigen Behörde des Herkunftslandes ergibt und der Nachweis über die Genehmigung in dem Mitgliedstaat der Europäischen Union oder dem anderen Vertragsstaat des Abkommens über den Europäischen Wirtschaftsraum vorgelegt wird. ⁴Eine Änderung in den Anforderungen nach Satz 2 ist der zuständigen Bundesoberbehörde rechtzeitig vor einem weiteren Verbringen in den Geltungsbereich dieses Gesetzes anzuzeigen. ⁵Die Bescheinigung ist zurückzunehmen, wenn eine der Voraussetzungen nach Satz 2 nicht vorgelegen hat; sie ist zu widerrufen, wenn eine der Voraussetzungen nach Satz 2 nachträglich weggefallen ist.

Vierzehnter Abschnitt. Informationsbeauftragter, Pharmaberater

§ 74a Informationsbeauftragter

(1) ¹Wer als pharmazeutischer Unternehmer Fertigarzneimittel, die Arzneimittel im Sinne des § 2 Abs. 1 oder Abs. 2 Nr. 1 sind, in den Verkehr bringt, hat eine Person mit der erforderlichen Sachkenntnis und der zur Ausübung ihrer Tätigkeit erforderlichen Zuverlässigkeit zu beauftragen, die Aufgabe der wissenschaftlichen Information über die Arzneimittel verantwortlich wahrzunehmen (Informationsbeauftragter). ²Der Informationsbeauftragte ist insbesondere dafür verantwortlich, dass das Verbot des § 8 Abs. 1 Nr. 2 beachtet wird und die Kennzeichnung, die Packungsbeilage, die Fachinformation und die Werbung mit dem Inhalt der Zulassung oder der Registrierung oder, sofern das Arzneimittel von der Zulassung oder Registrierung freigestellt ist, mit den Inhalten der Verordnungen über die Freistellung von der Zulassung oder von der Registrierung nach § 36 oder § 39 Abs. 3 übereinstimmen. ³Satz 1 gilt nicht für Personen, soweit sie nach § 13 Abs. 2 Satz 1 Nr. 1, 2, 3 oder 5 keiner Herstellungserlaubnis bedürfen. ⁴Andere Personen als in Satz 1 bezeichnet dürfen eine Tätigkeit als Informationsbeauftragter nicht ausüben.

(2) ¹Der Nachweis der erforderlichen Sachkenntnis als Informationsbeauftragter wird erbracht durch das Zeugnis über eine nach abgeschlossenem Hochschulstudium der Humanmedizin, der Humanbiologie, der Veterinärmedizin, der Pharmazie, der Biologie oder der Chemie abgelegte Prüfung und eine mindestens zweijährige Berufserfahrung oder durch den Nachweis nach § 15. ²Der Informationsbeauftragte kann gleichzeitig Stufenplanbeauftragter sein.

(3) ¹Der pharmazeutische Unternehmer hat der zuständigen Behörde den Informationsbeauftragten unter Vorlage der Nachweise über die Anforderungen nach Absatz 2 und jeden Wechsel vorher mitzuteilen. ²Bei einem unvorhergesehenen Wechsel des Informationsbeauftragten hat die Mitteilung unverzüglich zu erfolgen.

§ 75 Sachkenntnis

(1) ¹Pharmazeutische Unternehmer dürfen nur Personen, die die in Absatz 2 bezeichnete Sachkenntnis besitzen, beauftragen, hauptberuflich Angehörige von Heilberufen aufzusuchen, um diese über Arzneimittel im Sinne des § 2 Abs. 1 oder Abs. 2 Nr. 1 fachlich zu informieren (Pharmaberater). ²Satz 1 gilt auch für eine fernmündliche Information. ³Andere Personen als in Satz 1 bezeichnet dürfen eine Tätigkeit als Pharmaberater nicht ausüben.

(2) Die Sachkenntnis besitzen

1. Apotheker oder Personen mit einem Zeugnis über eine nach abgeschlossenem Hochschulstudium der Pharmazie, der Chemie, der Biologie, der Human- oder der Veterinärmedizin abgelegte Prüfung,
2. Apothekerassistenten sowie Personen mit einer abgeschlossenen Ausbildung als technische Assistenten in der Pharmazie, der Chemie, der Biologie, der Human- oder Veterinärmedizin
3. Pharmareferenten.

(3) Die zuständige Behörde kann eine abgelegte Prüfung oder abgeschlossene Ausbildung als ausreichend anerkennen, die einer der Ausbildungen der in Absatz 2 genannten Personen mindestens gleichwertig ist.

§ 76 Pflichten

(1) ¹Der Pharmaberater hat, soweit er Angehörige der Heilberufe über einzelne Arzneimittel fachlich informiert, die Fachinformation nach § 11a vorzulegen. ²Er hat Mitteilungen von Angehörigen der Heilberufe über Nebenwirkungen und Gegenanzeigen oder sonstige Risiken bei Arzneimitteln schriftlich aufzuzeichnen und dem Auftraggeber schriftlich mitzuteilen.

(2) Soweit der Pharmaberater vom pharmazeutischen Unternehmer beauftragt wird, Muster von Fertigarzneimitteln an die nach § 47 Abs. 3 berechtigten Personen abzugeben, hat er über die Empfänger von Mustern sowie über Art, Umfang und Zeitpunkt der Abgabe von Mustern Nachweise zu führen und auf Verlangen der zuständigen Behörde vorzulegen.

11. Gesetz über Medizinprodukte (Medizinproduktegesetz – MPG)[1, 2, 3]

In der Fassung der Bekanntmachung vom 7. August 2002[4]
(BGBl I 3146), zuletzt geänd mWv 30. 7. 2010 durch G v. 24. 7. 2010 (BGBl I 983)

Erster Abschnitt. Zweck, Anwendungsbereich des Gesetzes, Begriffsbestimmungen

§ 1 Zweck des Gesetzes

Zweck dieses Gesetzes ist es, den Verkehr mit Medizinprodukten zu regeln und dadurch für die Sicherheit, Eignung und Leistung der Medizinprodukte sowie die Gesundheit und den erforderlichen Schutz der Patienten, Anwender und Dritter zu sorgen.

§ 2 Anwendungsbereich des Gesetzes

(1) [1]Dieses Gesetz gilt für Medizinprodukte und deren Zubehör. [2]Zubehör wird als eigenständiges Medizinprodukt behandelt.

(2) [1]Dieses Gesetz gilt auch für das Anwenden, Betreiben und Instandhalten von Produkten, die nicht als Medizinprodukte in Verkehr gebracht wurden, aber mit der Zweckbestimmung eines Medizinproduktes im Sinne der Anlagen 1 und 2 der Medizinprodukte-Betreiberverordnung eingesetzt werden. [2]Sie gelten als Medizinprodukte im Sinne dieses Gesetzes.

(3) [1]Dieses Gesetz gilt auch für Produkte, die dazu bestimmt sind, Arzneimittel im Sinne des § 2 Abs. 1 des Arzneimittelgesetzes zu verabreichen. [2]Werden die Medizinprodukte nach Satz 1 so in den Verkehr gebracht, dass Medizinprodukt und Arzneimittel ein einheitliches, miteinander verbundenes Produkt bilden, das ausschließlich zur Anwendung in dieser Verbindung bestimmt und nicht wiederverwendbar ist, gilt dieses Gesetz nur insoweit, als das Medizinprodukt die Grundlegenden Anforderungen nach § 7 erfüllen muss, die sicherheits- und leistungsbezogene Produktfunktionen betreffen. [3]Im Übrigen gelten die Vorschriften des Arzneimittelgesetzes.

(4) Die Vorschriften des Atomgesetzes, der Strahlenschutzverordnung, der Röntgenverordnung und des Strahlenschutzvorsorgegesetzes, des Chemikaliengesetzes, der Gefahrstoffverordnung sowie die Rechtsvorschriften über Geheimhaltung und Datenschutz bleiben unberührt.

(4 a) Dieses Gesetz gilt auch für Produkte, die vom Hersteller sowohl zur Verwendung entsprechend den Vorschriften über persönliche Schutzausrüstungen der Richtlinie 89/686/EWG des Rates vom 21. Dezember 1989 zur Angleichung der Rechtsvorschriften der Mitgliedstaaten für persönliche Schutzausrüstungen (ABl. L 399 vom 30. 12. 1989, S. 18) als auch der Richtlinie 93/42/EWG des Rates vom 14. Juni 1993 über Medizinprodukte (ABl. L 169 vom 12. 7. 1993, S. 1) bestimmt sind.

(5) Dieses Gesetz gilt nicht für

1. Arzneimittel im Sinne des § 2 Abs. 1 Nr. 2 des Arzneimittelgesetzes,
2. kosmetische Mittel im Sinne des § 2 Absatz 5 des Lebensmittel-, Bedarfsgegenstände- und Futtermittelgesetzbuchs,
3. menschliches Blut, Produkte aus menschlichem Blut, menschliches Plasma oder Blutzellen menschlichen Ursprungs oder Produkte, die zum Zeitpunkt des Inverkehrbringens Bluterzeugnisse, -plasma oder -zellen dieser Art enthalten, soweit es sich nicht um Medizinprodukte nach § 3 Nr. 3 oder § 3 Nr. 4 handelt,

---

[1] Die Änderungen durch Art 1 G v 29. 7. 2009 (BGBl S 2326) treten teilweise schon am 1. 8. 2009 in Kraft.
[2] Die Änderungen durch Art 6 G v 29. 7. 2009 (BGBl S 2326) treten erst. am 1. 1. 2013 in Kraft und sind im Text noch nicht berücksichtigt.
[3] Dieses Gesetz dient der Umsetzung
– der Richtlinie 90/385/EWG des Rates vom 20. Juni 1990 zur Angleichung der Rechtsvorschriften der Mitgliedstaaten über aktive implantierbare medizinische Geräte (ABl. EG Nr. L 189 S. 17), zuletzt geändert durch die Richtlinie 93/68/EWG (ABl. EG Nr. L 220 S. 1),
– der Richtlinie 93/42/EWG des Rates vom 14. Juni 1993 über Medizinprodukte (ABl. EG Nr. L 169 S. 1), zuletzt geändert durch die Richtlinie 2001/104/EG (ABl. EG Nr. L 6 S. 50) und
– der Richtlinie 98/79/EWG des Europäischen Parlaments und des Rates vom 27. Oktober 1998 über In-vitro-Diagnostika (ABl. EG Nr. L 331 S. 1).
[4] Neubekanntmachung des MPG v. 2. 8. 1994 (BGBl I S 1963) in der ab 1. 1. 2002 geltenden Fassung.

Medizinproduktegesetz § 3 MPG 11

4. Transplantate oder Gewebe oder Zellen menschlichen Ursprungs und Produkte, die Gewebe oder Zellen menschlichen Ursprungs enthalten oder aus solchen Geweben oder Zellen gewonnen wurden, soweit es sich nicht um Medizinprodukte nach § 3 Nr. 4 handelt,
5. Transplantate oder Gewebe oder Zellen tierischen Ursprungs, es sei denn, ein Produkt wird unter Verwendung von abgetötetem tierischen Gewebe oder von abgetöteten Erzeugnissen hergestellt, die aus tierischen Geweben gewonnen wurden, oder es handelt sich um Medizinprodukte nach § 3 Nr. 4.

§ 3 Begriffsbestimmungen

1. Medizinprodukte sind alle einzeln oder miteinander verbunden verwendeten Instrumente, Apparate, Vorrichtungen, Software, Stoffe und Zubereitungen aus Stoffen oder andere Gegenstände einschließlich der vom Hersteller speziell zur Anwendung für diagnostische oder therapeutische Zwecke bestimmten und für ein einwandfreies Funktionieren des Medizinproduktes eingesetzten Software, die vom Hersteller zur Anwendung für Menschen mittels ihrer Funktionen zum Zwecke
    a) der Erkennung, Verhütung, Überwachung, Behandlung oder Linderung von Krankheiten,
    b) der Erkennung, Überwachung, Behandlung, Linderung oder Kompensierung von Verletzungen oder Behinderungen,
    c) der Untersuchung, der Ersetzung oder der Veränderung des anatomischen Aufbaus oder eines physiologischen Vorgangs oder
    d) der Empfängnisregelung
    zu dienen bestimmt sind und deren bestimmungsgemäße Hauptwirkung im oder am menschlichen Körper weder durch pharmakologisch oder immunologisch wirkende Mittel noch durch Metabolismus erreicht wird, deren Wirkungsweise aber durch solche Mittel unterstützt werden kann.
2. Medizinprodukte sind auch Produkte nach Nummer 1, die einen Stoff oder eine Zubereitung aus Stoffen enthalten oder auf die solche aufgetragen sind, die bei gesonderter Verwendung als Arzneimittel im Sinne des § 2 Abs. 1 des Arzneimittelgesetzes angesehen werden können und die in Ergänzung zu den Funktionen des Produktes eine Wirkung auf den menschlichen Körper entfalten können.
3. Medizinprodukte sind auch Produkte nach Nummer 1, die als Bestandteil einen Stoff enthalten, der gesondert verwendet als Bestandteil eines Arzneimittels oder Arzneimittel aus menschlichem Blut oder Blutplasma im Sinne des Artikels 1 der Richtlinie 2001/83/EG des Europäischen Parlaments und des Rates vom 6. November 2001 zur Schaffung eines Gemeinschaftskodexes für Humanarzneimittel (ABl. L 311 vom 28. 11. 2001, S. 67), die zuletzt durch die Verordnung (EG)Nr. 1394/2007 (ABl. L 324 vom 10. 12. 2007, S. 121) geändert worden ist, betrachtet werden und in Ergänzung zu dem Produkt eine Wirkung auf den menschlichen Körper entfalten kann.
4. In-vitro-Diagnostikum ist ein Medizinprodukt, das als Reagenz, Reagenzprodukt, Kalibriermaterial, Kontrollmaterial, Kit, Instrument, Apparat, Gerät oder System einzeln oder in Verbindung miteinander nach der vom Hersteller festgelegten Zweckbestimmung zur In-vitro-Untersuchung von aus dem menschlichen Körper stammenden Proben einschließlich Blut- und Gewebespenden bestimmt ist und ausschließlich oder hauptsächlich dazu dient, Informationen zu liefern
    a) über physiologische oder pathologische Zustände oder
    b) über angeborene Anomalien oder
    c) zur Prüfung auf Unbedenklichkeit oder Verträglichkeit bei den potentiellen Empfängern oder
    d) zur Überwachung therapeutischer Maßnahmen.
    Probenbehältnisse gelten als In-vitro-Diagnostika. Probenbehältnisse sind luftleere oder sonstige Medizinprodukte, die von ihrem Hersteller speziell dafür gefertigt werden, aus dem menschlichen Körper stammende Proben unmittelbar nach ihrer Entnahme aufzunehmen und im Hinblick auf eine In-vitro-Untersuchung aufzubewahren. Erzeugnisse für den allgemeinen Laborbedarf gelten nicht als In-vitro-Diagnostika, es sei denn, sie sind auf Grund ihrer Merkmale nach der vom Hersteller festgelegten Zweckbestimmung speziell für In-vitro-Untersuchungen zu verwenden.

5. In-vitro-Diagnostikum zur Eigenanwendung ist ein In-vitro-Diagnostikum, das nach der vom Hersteller festgelegten Zweckbestimmung von Laien in der häuslichen Umgebung angewendet werden kann.
6. Neu im Sinne dieses Gesetzes ist ein In-vitro-Diagnostikum, wenn
   a) ein derartiges Medizinprodukt für den entsprechenden Analyten oder anderen Parameter während der vorangegangenen drei Jahre innerhalb des Europäischen Wirtschaftsraums nicht fortwährend verfügbar war oder
   b) das Verfahren mit einer Analysetechnik arbeitet, die innerhalb des Europäischen Wirtschaftraums während der vorangegangenen drei Jahre nicht fortwährend in Verbindung mit einem bestimmten Analyten oder anderen Parameter verwendet worden ist.
7. Als Kalibrier- und Kontrollmaterial gelten Substanzen, Materialien und Gegenstände, die von ihrem Hersteller vorgesehen sind zum Vergleich von Messdaten oder zur Prüfung der Leistungsmerkmale eines In-vitro-Diagnostikums im Hinblick auf die bestimmungsgemäße Anwendung. Zertifizierte internationale Referenzmaterialien und Materialien, die für externe Qualitätsbewertungsprogramme verwendet werden, sind keine In-vitro-Diagnostika im Sinne dieses Gesetzes.
8. Sonderanfertigung ist ein Medizinprodukt, das nach schriftlicher Verordnung nach spezifischen Auslegungsmerkmalen eigens angefertigt wird und zur ausschließlichen Anwendung bei einem namentlich benannten Patienten bestimmt ist. Das serienmäßig hergestellte Medizinprodukt, das angepasst werden muss, um den spezifischen Anforderungen des Arztes, Zahnarztes oder des sonstigen beruflichen Anwenders zu entsprechen, gilt nicht als Sonderanfertigung.
9. Zubehör für Medizinprodukte sind Gegenstände, Stoffe sowie Zubereitungen aus Stoffen, die selbst keine Medizinprodukte nach Nummer 1 sind, aber vom Hersteller dazu bestimmt sind, mit einem Medizinprodukt verwendet zu werden, damit dieses entsprechend der von ihm festgelegten Zweckbestimmung des Medizinproduktes angewendet werden kann. Invasive, zur Entnahme von Proben aus dem menschlichen Körper zur In-vitro-Untersuchung bestimmte Medizinprodukte sowie Medizinprodukte, die zum Zwecke der Probenahme in unmittelbaren Kontakt mit dem menschlichen Körper kommen, gelten nicht als Zubehör für In-vitro-Diagnostika.
10. Zweckbestimmung ist die Verwendung, für die das Medizinprodukt in der Kennzeichnung, der Gebrauchsanweisung oder den Werbematerialien nach den Angaben des in Nummer 15 genannten Personenkreises bestimmt ist.
11. Inverkehrbringen ist jede entgeltliche oder unentgeltliche Abgabe von Medizinprodukten an andere. Erstmaliges Inverkehrbringen ist die erste Abgabe von neuen oder als neu aufbereiteten Medizinprodukten an andere im Europäischen Wirtschaftsraum. Als Inverkehrbringen nach diesem Gesetz gilt nicht
    a) die Abgabe von Medizinprodukten zum Zwecke der klinischen Prüfung,
    b) die Abgabe von In-vitro-Diagnostika für Leistungsbewertungsprüfungen,
    c) die erneute Abgabe eines Medizinproduktes nach seiner Inbetriebnahme an andere, es sei denn, dass es als neu aufbereitet oder wesentlich verändert worden ist.

    Eine Abgabe an andere liegt nicht vor, wenn Medizinprodukte für einen anderen aufbereitet und an diesen zurückgegeben werden.
12. Inbetriebnahme ist der Zeitpunkt, zu dem das Medizinprodukt dem Endanwender als ein Erzeugnis zur Verfügung gestellt worden ist, das erstmals entsprechend seiner Zweckbestimmung im Europäischen Wirtschaftsraum angewendet werden kann. Bei aktiven implantierbaren Medizinprodukten gilt als Inbetriebnahme die Abgabe an das medizinische Personal zur Implantation.
13. Ausstellen ist das Aufstellen oder Vorführen von Medizinprodukten zum Zwecke der Werbung.
14. Die Aufbereitung von bestimmungsgemäß keimarm oder steril zur Anwendung kommenden Medizinprodukten ist die nach deren Inbetriebnahme zum Zwecke der erneuten Anwendung durchgeführte Reinigung, Desinfektion und Sterilisation einschließlich der damit zusammenhängenden Arbeitsschritte sowie die Prüfung und Wiederherstellung der technisch-funktionellen Sicherheit.
15. Hersteller ist die natürliche oder juristische Person, die für die Auslegung, Herstellung, Verpackung und Kennzeichnung eines Medizinproduktes im Hinblick auf das erstmalige Inverkehrbringen im eigenen Namen verantwortlich ist, unabhängig davon, ob diese Tätigkeiten von dieser Person oder stellvertretend für diese von einer dritten Person ausgeführt

werden. Die dem Hersteller nach diesem Gesetz obliegenden Verpflichtungen gelten auch für die natürliche oder juristische Person, die ein oder mehrere vorgefertigte Medizinprodukte montiert, abpackt, behandelt, aufbereitet, kennzeichnet oder für die Festlegung der Zweckbestimmung als Medizinprodukt im Hinblick auf das erstmalige Inverkehrbringen im eigenen Namen verantwortlich ist. Dies gilt nicht für natürliche oder juristische Personen, die – ohne Hersteller im Sinne des Satzes 1 zu sein – bereits in Verkehr gebrachte Medizinprodukte für einen namentlich genannten Patienten entsprechend ihrer Zweckbestimmung montieren oder anpassen.

16. Bevollmächtigter ist die im Europäischen Wirtschaftsraum niedergelassene natürliche oder juristische Person, die vom Hersteller ausdrücklich dazu bestimmt wurde, im Hinblick auf seine Verpflichtungen nach diesem Gesetz in seinem Namen zu handeln und den Behörden und zuständigen Stellen zur Verfügung zu stehen.
17. Fachkreise sind Angehörige der Heilberufe, des Heilgewerbes oder von Einrichtungen, die der Gesundheit dienen, sowie sonstige Personen, soweit sie Medizinprodukte herstellen, prüfen, in der Ausübung ihres Berufes in den Verkehr bringen, implantieren, in Betrieb nehmen, betreiben oder anwenden.
18. Harmonisierte Normen sind solche Normen von Vertragsstaaten des Abkommens über den Europäischen Wirtschaftsraum, die den Normen entsprechen, deren Fundstellen als „harmonisierte Norm" für Medizinprodukte im Amtsblatt der Europäischen Union veröffentlicht wurden. Die Fundstellen der diesbezüglichen Normen werden vom Bundesinstitut für Arzneimittel und Medizinprodukte im Bundesanzeiger bekannt gemacht. Den Normen nach den Sätzen 1 und 2 sind die Medizinprodukte betreffenden Monografien des Europäischen Arzneibuches, deren Fundstellen im Amtsblatt der Europäischen Union veröffentlicht und die als Monografien des Europäischen Arzneibuches, Amtliche deutsche Ausgabe, im Bundesanzeiger bekannt gemacht werden, gleichgestellt.
19. Gemeinsame Technische Spezifikationen sind solche Spezifikationen, die In-vitro-Diagnostika nach Anhang II Listen A und B der Richtlinie 98/79/EG des Europäischen Parlaments und des Rates vom 27. Oktober 1998 über In-vitro-Diagnostika (ABl. EG Nr. L 331 S. 1) in der jeweils geltenden Fassung betreffen und deren Fundstellen im Amtsblatt der Europäischen Union veröffentlicht und im Bundesanzeiger bekannt gemacht wurden. In diesen Spezifikationen werden Kriterien für die Bewertung und Neubewertung der Leistung, Chargenfreigabekriterien, Referenzmethoden und Referenzmaterialien festgelegt.
20. Benannte Stelle ist eine für die Durchführung von Prüfungen und Erteilung von Bescheinigungen im Zusammenhang mit Konformitätsbewertungsverfahren nach Maßgabe der Rechtsverordnung nach § 37 Abs. 1 vorgesehene Stelle, die der Kommission der Europäischen Union und den Vertragsstaaten des Abkommens über den Europäischen Wirtschaftsraum von einem Vertragsstaat des Abkommens über den Europäischen Wirtschaftsraum benannt worden ist.
21. Medizinprodukte aus Eigenherstellung sind Medizinprodukte einschließlich Zubehör, die in einer Gesundheitseinrichtung hergestellt und angewendet werden, ohne dass sie in den Verkehr gebracht werden oder die Voraussetzungen einer Sonderanfertigung nach Nummer 8 erfüllen.
22. In-vitro-Diagnostika aus Eigenherstellung sind In-vitro-Diagnostika, die in Laboratorien von Gesundheitseinrichtungen hergestellt werden und in diesen Laboratorien oder in Räumen in unmittelbarer Nähe zu diesen angewendet werden, ohne dass sie in den Verkehr gebracht werden. Für In-vitro-Diagnostika, die im industriellen Maßstab hergestellt werden, sind die Vorschriften über Eigenherstellung nicht anwendbar. Die Sätze 1 und 2 sind entsprechend anzuwenden auf in Blutspendeeinrichtungen hergestellte In-vitro-Diagnostika, die der Prüfung von Blutzubereitungen dienen, sofern sie im Rahmen der arzneimittelrechtlichen Zulassung der Prüfung durch die zuständige Behörde des Bundes unterliegen.
23. Sponsor ist eine natürliche oder juristische Person, die die Verantwortung für die Veranlassung, Organisation und Finanzierung einer klinischen Prüfung bei Menschen oder einer Leistungsbewertungsprüfung von In-vitro-Diagnostika übernimmt.
24. Prüfer ist in der Regel ein für die Durchführung der klinischen Prüfung bei Menschen in einer Prüfstelle verantwortlicher Arzt oder in begründeten Ausnahmefällen eine andere Person, deren Beruf auf Grund seiner wissenschaftlichen Anforderungen und der seine Ausübung voraussetzenden Erfahrungen in der Patientenbetreuung für die Durchführung von Forschungen am Menschen qualifiziert. Wird eine Prüfung in einer Prüfstelle von mehreren Prüfern vorgenommen, so ist der verantwortliche Leiter der Gruppe der Haupt-

prüfer. Wird eine Prüfung in mehreren Prüfstellen durchgeführt, wird vom Sponsor ein Prüfer als Leiter der klinischen Prüfung benannt. Die Sätze 1 bis 3 gelten für genehmigungspflichtige Leistungsbewertungsprüfungen von In-vitro-Diagnostika entsprechend.
25. Klinische Daten sind Sicherheits- oder Leistungsangaben, die aus der Verwendung eines Medizinproduktes hervorgehen. Klinische Daten stammen aus folgenden Quellen:
    a) einer klinischen Prüfung des betreffenden Medizinproduktes oder
    b) klinischen Prüfungen oder sonstigen in der wissenschaftlichen Fachliteratur wiedergegebenen Studien über ein ähnliches Produkt, dessen Gleichartigkeit mit dem betreffenden Medizinprodukt nachgewiesen werden kann, oder
    c) veröffentlichten oder unveröffentlichten Berichten über sonstige klinische Erfahrungen entweder mit dem betreffenden Medizinprodukt oder einem ähnlichen Produkt, dessen Gleichartigkeit mit dem betreffenden Medizinprodukt nachgewiesen werden kann.
26. Einführer im Sinne dieses Gesetzes ist jede in der Europäischen Gemeinschaft ansässige natürliche oder juristische Person, die ein Medizinprodukt aus einem Drittstaat in der Europäischen Gemeinschaft in Verkehr bringt.

Zweiter Abschnitt. Anforderungen an Medizinprodukte und deren Betrieb

§ 4 Verbote zum Schutz von Patienten, Anwendern und Dritten

(1) Es ist verboten, Medizinprodukte in den Verkehr zu bringen, zu errichten, in Betrieb zu nehmen, zu betreiben oder anzuwenden, wenn
1. der begründete Verdacht besteht, dass sie die Sicherheit und die Gesundheit der Patienten, der Anwender oder Dritter bei sachgemäßer Anwendung, Instandhaltung und ihrer Zweckbestimmung entsprechender Verwendung über ein nach den Erkenntnissen der medizinischen Wissenschaften vertretbares Maß hinausgehend unmittelbar oder mittelbar gefährden oder
2. das Datum abgelaufen ist, bis zu dem eine gefahrlose Anwendung nachweislich möglich ist.

(2) ^{1}Es ist ferner verboten, Medizinprodukte in den Verkehr zu bringen, wenn sie mit irreführender Bezeichnung, Angabe oder Aufmachung versehen sind. ^{2}Eine Irreführung liegt insbesondere dann vor, wenn
1. Medizinprodukten eine Leistung beigelegt wird, die sie nicht haben,
2. fälschlich der Eindruck erweckt wird, dass ein Erfolg mit Sicherheit erwartet werden kann oder dass nach bestimmungsgemäßem oder längerem Gebrauch keine schädlichen Wirkungen eintreten,
3. zur Täuschung über die in den Grundlegenden Anforderungen nach § 7 festgelegten Produkteigenschaften geeignete Bezeichnungen, Angaben oder Aufmachungen verwendet werden, die für die Bewertung des Medizinproduktes mitbestimmend sind.

§ 5 Verantwortlicher für das erstmalige Inverkehrbringen

^{1}Verantwortlicher für das erstmalige Inverkehrbringen von Medizinprodukten ist der Hersteller oder sein Bevollmächtigter. ^{2}Werden Medizinprodukte nicht unter der Verantwortung des Bevollmächtigten in den Europäischen Wirtschaftsraum eingeführt, ist der Einführer Verantwortlicher. ^{3}Der Name oder die Firma und die Anschrift des Verantwortlichen müssen in der Kennzeichnung oder Gebrauchsanweisung des Medizinproduktes enthalten sein.

§ 6 Voraussetzungen für das Inverkehrbringen und die Inbetriebnahme

(1) ^{1}Medizinprodukte, mit Ausnahme von Sonderanfertigungen, Medizinprodukten aus Eigenherstellung, Medizinprodukten gemäß § 11 Abs. 1 sowie Medizinprodukten, die zur klinischen Prüfung oder In-vitro-Diagnostika, die für Leistungsbewertungszwecke bestimmt sind, dürfen in Deutschland nur in den Verkehr gebracht oder in Betrieb genommen werden, wenn sie mit einer CE-Kennzeichnung nach Maßgabe des Absatzes 2 Satz 1 und des Absatzes 3 Satz 1 versehen sind. ^{2}Über die Beschaffenheitsanforderungen hinausgehende Bestimmungen, die das Betreiben oder das Anwenden von Medizinprodukten betreffen, bleiben unberührt.

(2) ^{1}Mit der CE-Kennzeichnung dürfen Medizinprodukte nur versehen werden, wenn die Grundlegenden Anforderungen nach § 7, die auf sie unter Berücksichtigung ihrer Zweckbestimmung anwendbar sind, erfüllt sind und ein für das jeweilige Medizinprodukt vorgeschriebenes

Konformitätsbewertungsverfahren nach Maßgabe der Rechtsverordnung nach § 37 Abs. 1 durchgeführt worden ist. ²Zwischenprodukte, die vom Hersteller spezifisch als Bestandteil für Sonderanfertigungen bestimmt sind, dürfen mit der CE-Kennzeichnung versehen werden, wenn die Voraussetzungen des Satzes 1 erfüllt sind. ³Hat der Hersteller seinen Sitz nicht im Europäischen Wirtschaftsraum, so darf das Medizinprodukt zusätzlich zu Satz 1 nur mit der CE-Kennzeichnung versehen werden, wenn der Hersteller einen einzigen für das jeweilige Medizinprodukt verantwortlichen Bevollmächtigten im Europäischen Wirtschaftsraum benannt hat.

(3) ¹Gelten für das Medizinprodukt zusätzlich andere Rechtsvorschriften als die dieses Gesetzes, deren Einhaltung durch die CE-Kennzeichnung bestätigt wird, so darf der Hersteller das Medizinprodukt nur dann mit der CE-Kennzeichnung versehen, wenn auch diese anderen Rechtsvorschriften erfüllt sind. ²Steht dem Hersteller auf Grund einer oder mehrerer weiterer Rechtsvorschriften während einer Übergangszeit die Wahl der anzuwendenden Regelungen frei, so gibt er mit der CE-Kennzeichnung an, dass dieses Medizinprodukt nur den angewandten Rechtsvorschriften entspricht. ³In diesem Fall hat der Hersteller in den dem Medizinprodukt beiliegenden Unterlagen, Hinweisen oder Anleitungen die Nummern der mit den angewandten Rechtsvorschriften umgesetzten Richtlinien anzugeben, unter denen sie im Amtsblatt der Europäischen Union veröffentlicht sind. ⁴Bei sterilen Medizinprodukten müssen diese Unterlagen, Hinweise oder Anleitungen ohne Zerstörung der Verpackung, durch welche die Sterilität des Medizinproduktes gewährleistet wird, zugänglich sein.

(4) Die Durchführung von Konformitätsbewertungsverfahren lässt die zivil- und strafrechtliche Verantwortlichkeit des Verantwortlichen nach § 5 unberührt.

§ 7 Grundlegende Anforderungen

(1) Die Grundlegenden Anforderungen sind für aktive implantierbare Medizinprodukte die Anforderungen des Anhangs 1 der Richtlinie 90/385/EWG des Rates vom 20. Juni 1990 zur Angleichung der Rechtsvorschriften der Mitgliedstaaten über aktive implantierbare medizinische Geräte (ABl. L 189 vom 20. 7. 1990, S. 17), die zuletzt durch Artikel 1 der Richtlinie 2007/47/EG (ABl. L 247 vom 21. 9. 2007, S. 21) geändert worden ist, für In-vitro-Diagnostika die Anforderungen des Anhangs I der Richtlinie 98/79/EG und für die sonstigen Medizinprodukte die Anforderungen des Anhangs I der Richtlinie 93/42/EWG des Rates vom 14. Juni 1993 über Medizinprodukte (ABl. L 169 vom 12. 7. 1993, S. 1), die zuletzt durch Artikel 2 der Richtlinie 2007/47/EG (ABl. L 247 vom 21. 9. 2007, S. 21) geändert worden ist, in den jeweils geltenden Fassungen.

(2) Besteht ein einschlägiges Risiko, so müssen Medizinprodukte, die auch Maschinen im Sinne des Artikels 2 Buchstabe a der Richtlinie 2006/42/EG des Europäischen Parlaments und des Rates vom 17. Mai 2006 über Maschinen (ABl. L 157 vom 9. 6. 2006, S. 24) sind, auch den grundlegenden Gesundheits- und Sicherheitsanforderungen gemäß Anhang I der genannten Richtlinie entsprechen, sofern diese grundlegenden Gesundheits- und Sicherheitsanforderungen spezifischer sind als die Grundlegenden Anforderungen gemäß Anhang I der Richtlinie 93/42/EWG oder gemäß Anhang 1 der Richtlinie 90/385/EWG.

(3) Bei Produkten, die vom Hersteller nicht nur als Medizinprodukt, sondern auch zur Verwendung entsprechend den Vorschriften über persönliche Schutzausrüstungen der Richtlinie 89/686/EWG bestimmt sind, müssen auch die einschlägigen grundlegenden Gesundheits- und Sicherheitsanforderungen dieser Richtlinie erfüllt werden.

§ 8 Harmonisierte Normen, Gemeinsame Technische Spezifikationen

(1) Stimmen Medizinprodukte mit harmonisierten Normen oder ihnen gleichgestellten Monografien des Europäischen Arzneibuches oder Gemeinsamen Technischen Spezifikationen, die das jeweilige Medizinprodukt betreffen, überein, wird insoweit vermutet, dass sie die Bestimmungen dieses Gesetzes einhalten.

(2) ¹Die Gemeinsamen Technischen Spezifikationen sind in der Regel einzuhalten. ²Kommt der Hersteller in hinreichend begründeten Fällen diesen Spezifikationen nicht nach, muss er Lösungen wählen, die dem Niveau der Spezifikationen zumindest gleichwertig sind.

§ 9 CE-Kennzeichnung

(1) ¹Die CE-Kennzeichnung ist für aktive implantierbare Medizinprodukte gemäß Anhang 9 der Richtlinie 90/385/EWG, für In-vitro-Diagnostika gemäß Anhang X der Richtlinie 98/79/

EG und für die sonstigen Medizinprodukte gemäß Anhang XII der Richtlinie 93/42/EWG zu verwenden. ²Zeichen oder Aufschriften, die geeignet sind, Dritte bezüglich der Bedeutung oder der graphischen Gestaltung der CE-Kennzeichnung in die Irre zu leiten, dürfen nicht angebracht werden. ³Alle sonstigen Zeichen dürfen auf dem Medizinprodukt, der Verpackung oder der Gebrauchsanweisung des Medizinproduktes angebracht werden, sofern sie die Sichtbarkeit, Lesbarkeit und Bedeutung der CE-Kennzeichnung nicht beeinträchtigen.

(2) Die CE-Kennzeichnung muss von der Person angebracht werden, die in den Vorschriften zu den Konformitätsbewertungsverfahren gemäß der Rechtsverordnung nach § 37 Abs. 1 dazu bestimmt ist.

(3) ¹Die CE-Kennzeichnung nach Absatz 1 Satz 1 muss deutlich sichtbar, gut lesbar und dauerhaft auf dem Medizinprodukt und, falls vorhanden, auf der Handelspackung sowie auf der Gebrauchsanweisung angebracht werden. ²Auf dem Medizinprodukt muss die CE-Kennzeichnung nicht angebracht werden, wenn es zu klein ist, seine Beschaffenheit dies nicht zulässt oder es nicht zweckmäßig ist. ³Der CE-Kennzeichnung muss die Kennnummer der Benannten Stelle hinzugefügt werden, die an der Durchführung des Konformitätsbewertungsverfahrens nach den Anhängen 2, 4 und 5 der Richtlinie 90/385/EWG, den Anhängen II, IV, V und VI der Richtlinie 93/42/EWG sowie den Anhängen III, IV, VI und VII der Richtlinie 98/79/EG beteiligt war, das zur Berechtigung zur Anbringung der CE-Kennzeichnung geführt hat. ⁴Bei Medizinprodukten, die eine CE-Kennzeichnung tragen müssen und in sterilem Zustand in den Verkehr gebracht werden, muss die CE-Kennzeichnung auf der Steril-Verpackung und gegebenenfalls auf der Handelspackung angebracht sein. ⁵Ist für ein Medizinprodukt ein Konformitätsbewertungsverfahren vorgeschrieben, das nicht von einer Benannten Stelle durchgeführt werden muss, darf der CE-Kennzeichnung keine Kennnummer einer Benannten Stelle hinzugefügt werden.

§ 10 Voraussetzungen für das erstmalige Inverkehrbringen und die Inbetriebnahme von Systemen und Behandlungseinheiten sowie für das Sterilisieren von Medizinprodukten

(1) ¹Medizinprodukte, die eine CE-Kennzeichnung tragen und die entsprechend ihrer Zweckbestimmung innerhalb der vom Hersteller vorgesehenen Anwendungsbeschränkungen zusammengesetzt werden, um in Form eines Systems oder einer Behandlungseinheit erstmalig in den Verkehr gebracht zu werden, müssen keinem Konformitätsbewertungsverfahren unterzogen werden. ²Wer für die Zusammensetzung des Systems oder der Behandlungseinheit verantwortlich ist, muss in diesem Fall eine Erklärung nach Maßgabe der Rechtsverordnung nach § 37 Abs. 1 abgeben.

(2) Enthalten das System oder die Behandlungseinheit Medizinprodukte oder sonstige Produkte, die keine CE-Kennzeichnung nach Maßgabe dieses Gesetzes tragen, oder ist die gewählte Kombination von Medizinprodukten nicht mit deren ursprünglicher Zweckbestimmung vereinbar, muss das System oder die Behandlungseinheit einem Konformitätsbewertungsverfahren nach Maßgabe der Rechtsverordnung nach § 37 Abs. 1 unterzogen werden.

(3) ¹Wer Systeme oder Behandlungseinheiten gemäß Absatz 1 oder 2 oder andere Medizinprodukte, die eine CE-Kennzeichnung tragen, für die der Hersteller eine Sterilisation vor ihrer Verwendung vorgesehen hat, für das erstmalige Inverkehrbringen sterilisiert, muss dafür nach Maßgabe der Rechtsverordnung nach § 37 Abs. 1 ein Konformitätsbewertungsverfahren durchführen und eine Erklärung abgeben. ²Dies gilt entsprechend, wenn Medizinprodukte, die steril angewendet werden, nach dem erstmaligen Inverkehrbringen aufbereitet und an andere abgegeben werden.

(4) ¹Medizinprodukte, Systeme und Behandlungseinheiten gemäß der Absätze 1 und 3 sind nicht mit einer zusätzlichen CE-Kennzeichnung zu versehen. ²Wer Systeme oder Behandlungseinheiten nach Absatz 1 zusammensetzt oder diese sowie Medizinprodukte nach Absatz 3 sterilisiert, hat dem Medizinprodukt nach Maßgabe des § 7 die nach den Nummern 11 bis 15 des Anhangs 1 der Richtlinie 90/385/EWG, nach den Nummern 13.1, 13.3, 13.4 und 13.6 des Anhangs I der Richtlinie 93/42/EWG oder den Nummern 8.1, 8.3 bis 8.5 und 8.7 des Anhangs I der Richtlinie 98/79/EG erforderlichen Informationen beizufügen, die auch die von dem Hersteller der Produkte, die zu dem System oder der Behandlungseinheit zusammengesetzt wurden, mitgelieferten Hinweise enthalten müssen.

Medizinproduktegesetz §§ 11, 12   MPG 11

§ 11 Sondervorschriften für das Inverkehrbringen und die Inbetriebnahme

(1) ¹Abweichend von den Vorschriften des § 6 Abs. 1 und 2 kann die zuständige Bundesoberbehörde auf begründeten Antrag das erstmalige Inverkehrbringen oder die Inbetriebnahme einzelner Medizinprodukte, bei denen die Verfahren nach Maßgabe der Rechtsverordnung nach § 37 Abs. 1 nicht durchgeführt wurden, in Deutschland befristet zulassen, wenn deren Anwendung im Interesse des Gesundheitsschutzes liegt. ²Die Zulassung kann auf begründeten Antrag verlängert werden.

(2) ¹Medizinprodukte dürfen nur an den Anwender abgegeben werden, wenn die für ihn bestimmten Informationen in deutscher Sprache abgefasst sind. ²In begründeten Fällen kann eine andere für den Anwender des Medizinproduktes leicht verständliche Sprache vorgesehen oder die Unterrichtung des Anwenders durch andere Maßnahmen gewährleistet werden. ³Dabei müssen jedoch die sicherheitsbezogenen Informationen in deutscher Sprache oder in der Sprache des Anwenders vorliegen.

(3) Regelungen über die Verschreibungspflicht von Medizinprodukten können durch Rechtsverordnung nach § 37 Abs. 2, Regelungen über die Vertriebswege von Medizinprodukten durch Rechtsverordnung nach § 37 Abs. 3 getroffen werden.

(3 a) In-vitro-Diagnostika zur Erkennung von HIV-Infektionen dürfen nur an
1. Ärzte,
2. ambulante und stationäre Einrichtungen im Gesundheitswesen, Großhandel und Apotheken,
3. Gesundheitsbehörden des Bundes, der Länder, der Gemeinden und Gemeindeverbände

abgegeben werden.

(4) Durch Rechtsverordnung nach § 37 Abs. 4 können Regelungen für Betriebe und Einrichtungen erlassen werden, die Medizinprodukte in Deutschland in den Verkehr bringen oder lagern.

§ 12 Sonderanfertigungen, Medizinprodukte aus Eigenherstellung, Medizinprodukte zur klinischen Prüfung oder für Leistungsbewertungszwecke, Ausstellen

(1) ¹Sonderanfertigungen dürfen nur in den Verkehr gebracht oder in Betrieb genommen werden, wenn die Grundlegenden Anforderungen nach § 7, die auf sie unter Berücksichtigung ihrer Zweckbestimmung anwendbar sind, erfüllt sind und das für sie vorgesehene Konformitätsbewertungsverfahren nach Maßgabe der Rechtsverordnung nach § 37 Abs. 1 durchgeführt worden ist. ²Der Verantwortliche nach § 5 ist verpflichtet, der zuständigen Behörde auf Anforderung eine Liste der Sonderanfertigungen vorzulegen. ³Für die Inbetriebnahme von Medizinprodukten aus Eigenherstellung nach § 3 Nr. 21 und 22 finden die Vorschriften des Satzes 1 entsprechende Anwendung.

(2) ¹Medizinprodukte, die zur klinischen Prüfung bestimmt sind, dürfen zu diesem Zwecke an Ärzte, Zahnärzte oder sonstige Personen, die auf Grund ihrer beruflichen Qualifikation zur Durchführung dieser Prüfungen befugt sind, nur abgegeben werden, wenn bei aktiven implantierbaren Medizinprodukten die Anforderungen der Nummer 3.2 Satz 1 und 2 des Anhangs 6 der Richtlinie 90/385/EWG und bei sonstigen Medizinprodukten die Anforderungen der Nummer 3.2 des Anhangs VIII der Richtlinie 93/42/EWG erfüllt sind. ²Der Sponsor der klinischen Prüfung muss die Dokumentation nach Nummer 3.2 des Anhangs 6 der Richtlinie 90/385/EWG mindestens 15 Jahre und die Dokumentation nach Nummer 3.2 des Anhangs VIII der Richtlinie 93/42/EWG mindestens fünf und im Falle von implantierbaren Produkten mindestens 15 Jahre nach Beendigung der Prüfung aufbewahren.

(3) ¹In-vitro-Diagnostika für Leistungsbewertungsprüfungen dürfen zu diesem Zwecke an Ärzte, Zahnärzte oder sonstige Personen, die auf Grund ihrer beruflichen Qualifikation zur Durchführung dieser Prüfungen befugt sind, nur abgegeben werden, wenn die Anforderungen der Nummer 3 des Anhangs VIII der Richtlinie 98/79/EG erfüllt sind. ²Der Sponsor der Leistungsbewertungsprüfung muss die Dokumentation nach Nummer 3 des Anhangs VIII der Richtlinie 98/79/EG mindestens fünf Jahre nach Beendigung der Prüfung aufbewahren.

(4) ¹Medizinprodukte, die nicht den Voraussetzungen nach § 6 Abs. 1 und 2 oder § 10 entsprechen, dürfen nur ausgestellt werden, wenn ein sichtbares Schild deutlich darauf hinweist, dass sie nicht den Anforderungen entsprechen und erst erworben werden können, wenn die Übereinstimmung hergestellt ist. ²Bei Vorführungen sind die erforderlichen Vorkehrungen zum

Schutz von Personen zu treffen. ³Nach Satz 1 ausgestellte In-vitro-Diagnostika dürfen an Proben, die von einem Besucher der Ausstellung stammen, nicht angewendet werden.

§ 13 Klassifizierung von Medizinprodukten, Abgrenzung zu anderen Produkten

(1) ¹Medizinprodukte mit Ausnahme der In-vitro-Diagnostika und der aktiven implantierbaren Medizinprodukte werden Klassen zugeordnet. ²Die Klassifizierung erfolgt nach den Klassifizierungsregeln des Anhangs IX der Richtlinie 93/42/EWG.

(2) Bei Meinungsverschiedenheiten zwischen dem Hersteller und einer Benannten Stelle über die Anwendung der vorgenannten Regeln hat die Benannte Stelle der zuständigen Bundesoberbehörde die Angelegenheit zur Entscheidung vorzulegen.

(3) Die zuständige Bundesoberbehörde entscheidet ferner auf Antrag einer zuständigen Behörde oder des Herstellers über die Klassifizierung einzelner Medizinprodukte oder über die Abgrenzung von Medizinprodukten zu anderen Produkten.

(4) ¹Die zuständige Behörde übermittelt alle Entscheidungen über die Klassifizierung von Medizinprodukten und zur Abgrenzung von Medizinprodukten zu anderen Produkten an das Deutsche Institut für Medizinische Dokumentation und Information zur zentralen Verarbeitung und Nutzung nach § 33 Abs. 1 Satz 1. ²Dies gilt für Entscheidungen der zuständigen Bundesoberbehörde nach Absatz 2 und 3 entsprechend.

§ 14 Errichten, Betreiben, Anwenden und Instandhalten von Medizinprodukten

¹Medizinprodukte dürfen nur nach Maßgabe der Rechtsverordnung nach § 37 Abs. 5 errichtet, betrieben, angewendet und in Stand gehalten werden. ²Sie dürfen nicht betrieben und angewendet werden, wenn sie Mängel aufweisen, durch die Patienten, Beschäftigte oder Dritte gefährdet werden können.

Dritter Abschnitt. Benannte Stellen und Bescheinigungen

§ 15 Benennung und Überwachung der Stellen, Anerkennung und Beauftragung von Prüflaboratorien

(1) ¹Das Bundesministerium für Gesundheit teilt dem Bundesministerium für Wirtschaft und Technologie die von der zuständigen Behörde für die Durchführung von Aufgaben im Zusammenhang mit der Konformitätsbewertung nach Maßgabe der Rechtsverordnung nach § 37 Abs. 1 benannten Stellen und deren Aufgabengebiete mit, die von diesem an die Kommission der Europäischen Gemeinschaften und die anderen Vertragsstaaten des Abkommens über den Europäischen Wirtschaftsraum weitergeleitet werden. ²Bei der zuständigen Behörde kann ein Antrag auf Benennung als Benannte Stelle gestellt werden. ³Voraussetzung für die Benennung ist, dass die Befähigung der Stelle zur Wahrnehmung ihrer Aufgaben sowie die Einhaltung der Kriterien des Anhangs 8 der Richtlinie 90/385/EWG, des Anhangs XI der Richtlinie 93/42/EWG oder des Anhangs IX der Richtlinie 98/79/EG entsprechend den Verfahren, für die sie benannt werden soll, durch die zuständige Behörde in einem Benennungsverfahren festgestellt wurden. ⁴Von den Stellen, die den Kriterien entsprechen, welche in den zur Umsetzung der einschlägigen harmonisierten Normen erlassenen einzelstaatlichen Normen festgelegt sind, wird angenommen, dass sie den einschlägigen Kriterien entsprechen. ⁵Die Benennung kann unter Auflagen erteilt werden und ist zu befristen. ⁶Erteilung, Ablauf, Rücknahme, Widerruf und Erlöschen der Benennung sind dem Bundesministerium für Gesundheit unverzüglich anzuzeigen.

(2) ¹Die zuständige Behörde überwacht die Einhaltung der in Absatz 1 für Benannte Stellen festgelegten Verpflichtungen und Anforderungen. ²Sie trifft die zur Beseitigung festgestellter Mängel oder zur Verhütung künftiger Verstöße notwendigen Anordnungen. ³Die Überwachung der Benannten Stellen, die an der Durchführung von Konformitätsbewertungsverfahren für Medizinprodukte, die ionisierende Strahlen erzeugen oder radioaktive Stoffe enthalten, beteiligt sind, wird insoweit im Auftrag des Bundes durch die Länder ausgeführt. ⁴Die zuständige Behörde kann von der Benannten Stelle und ihrem mit der Leitung und der Durchführung von Fachaufgaben beauftragten Personal die zur Erfüllung ihrer Überwachungsaufgaben erforderlichen Auskünfte und sonstige Unterstützung verlangen; sie ist befugt, die Benannte Stelle bei Überprüfungen zu begleiten. ⁵Ihre Beauftragten sind befugt, zu den Betriebs- und Geschäftszeiten Grundstücke und Geschäftsräume sowie Prüflaboratorien zu betreten und zu besichtigen und die

Vorlage von Unterlagen insbesondere über die Erteilung der Bescheinigungen und zum Nachweis der Erfüllung der Anforderungen des Absatzes 1 Satz 2 zu verlangen. [6]Das Betretungsrecht erstreckt sich auch auf Grundstücke des Herstellers, soweit die Überwachung dort erfolgt. [7]§ 26 Abs. 4 und 5 gilt entsprechend.

(3) Stellen, die der Kommission der Europäischen Gemeinschaften und den anderen Mitgliedstaaten der Europäischen Gemeinschaften auf Grund eines Rechtsaktes des Rates oder der Kommission der Europäischen Gemeinschaften von einem Vertragsstaat des Abkommens über den Europäischen Wirtschaftsraum mitgeteilt wurden, sind Benannten Stellen nach Absatz 1 gleichgestellt.

(4) Die deutschen Benannten Stellen werden mit ihren jeweiligen Aufgaben und ihrer Kennnummer von der zuständigen Behörde auf ihrer Internetseite bekannt gemacht.

(5) [1]Soweit eine Benannte Stelle zur Erfüllung ihrer Aufgaben Prüflaboratorien beauftragt, muss sie sicherstellen, dass diese die Kriterien des Anhangs 8 der Richtlinie 90/385/EWG, des Anhangs XI der Richtlinie 93/42/EWG oder des Anhangs IX der Richtlinie 98/79/EG entsprechend den Verfahren, für die sie beauftragt werden sollen, erfüllen. [2]Die Erfüllung der Mindestkriterien ist in einem Anerkennungsverfahren durch die zuständige Behörde festzustellen.

§ 15a Benennung und Überwachung von Konformitätsbewertungsstellen für Drittstaaten

(1) [1]Mit der Benennung als Konformitätsbewertungsstelle für Drittstaaten ist eine natürliche oder juristische Person oder eine rechtsfähige Personengesellschaft befugt, Aufgaben der Konformitätsbewertung im Bereich der Medizinprodukte für den oder die genannten Drittstaaten im Rahmen des jeweiligen Abkommens der Europäischen Gemeinschaft mit dritten Staaten oder Organisationen nach Artikel 228 des EG-Vertrages (Drittland-Abkommen) wahrzunehmen. [2]§ 15 Absatz 1 und 2 gilt entsprechend.

(2) Grundlage für die Benennung als Konformitätsbewertungsstelle für Drittstaaten ist ein von der zuständigen Behörde durchgeführtes Benennungsverfahren, mit dem die Befähigung der Stelle zur Wahrnehmung ihrer Aufgaben gemäß den entsprechenden sektoralen Anforderungen der jeweiligen Abkommen festgestellt wird.

(3) [1]Die Benennung als Konformitätsbewertungsstelle für Drittstaaten kann unter Auflagen erteilt werden und ist zu befristen. [2]Erteilung, Ablauf, Rücknahme, Widerruf und Erlöschen der Benennung sind dem Bundesministerium für Gesundheit sowie den in den jeweiligen Abkommen genannten Institutionen unverzüglich anzuzeigen.

§ 16 Erlöschen, Rücknahme, Widerruf und Ruhen der Benennung

(1) [1]Die Benennung erlischt mit Fristablauf, mit der Einstellung des Betriebs der Benannten Stelle oder durch Verzicht. [2]Die Einstellung oder der Verzicht sind der zuständigen Behörde unverzüglich schriftlich mitzuteilen.

(2) [1]Die zuständige Behörde nimmt die Benennung zurück, soweit nachträglich bekannt wird, dass eine Benannte Stelle bei der Benennung nicht die Voraussetzungen für eine Benennung erfüllt hat; sie widerruft die Benennung, soweit die Voraussetzungen für eine Benennung nachträglich weggefallen sind. [2]An Stelle des Widerrufs kann das Ruhen der Benennung angeordnet werden.

(3) In den Fällen der Absätze 1 und 2 ist die bisherige Benannte Stelle verpflichtet, alle einschlägigen Informationen und Unterlagen der Benannten Stelle zur Verfügung zu stellen, mit der der Hersteller die Fortführung der Konformitätsbewertungsverfahren vereinbart.

(4) [1]Die zuständige Behörde teilt das Erlöschen, die Rücknahme und den Widerruf unverzüglich dem Bundesministerium für Gesundheit sowie den anderen zuständigen Behörden in Deutschland unter Angabe der Gründe und der für notwendig erachteten Maßnahmen mit. [2]Das Bundesministerium für Gesundheit unterrichtet darüber unverzüglich das Bundesministerium für Wirtschaft und Technologie, das unverzüglich die Kommission der Europäischen Gemeinschaften und die anderen Vertragsstaaten des Abkommens über den Europäischen Wirtschaftsraum unterrichtet. [3]Erlöschen, Rücknahme und Widerruf einer Benennung sind von der zuständigen Behörde auf deren Internetseite bekannt zu machen.

(5) Die Absätze 1, 2 und 4 gelten für Konformitätsbewertungsstellen für Drittstaaten entsprechend.

§ 17 Geltungsdauer von Bescheinigungen der Benannten Stellen

(1) ¹Soweit die von einer Benannten Stelle im Rahmen eines Konformitätsbewertungsverfahrens nach Maßgabe der Rechtsverordnung nach § 37 Abs. 1 erteilte Bescheinigung eine begrenzte Geltungsdauer hat, kann die Geltungsdauer auf Antrag um jeweils höchstens fünf Jahre verlängert werden. ²Sollte diese Benannte Stelle nicht mehr bestehen oder andere Gründe den Wechsel der Benannten Stelle erfordern, kann der Antrag bei einer anderen Benannten Stelle gestellt werden.

(2) ¹Mit dem Antrag auf Verlängerung ist ein Bericht einzureichen, der Angaben darüber enthält, ob und in welchem Umfang sich die Beurteilungsmerkmale für die Konformitätsbewertung seit der Erteilung oder Verlängerung der Konformitätsbescheinigung geändert haben. ²Soweit nichts anderes mit der Benannten Stelle vereinbart wurde, ist der Antrag spätestens sechs Monate vor Ablauf der Gültigkeitsfrist zu stellen.

§ 18 Einschränkung, Aussetzung und Zurückziehung von Bescheinigungen, Unterrichtungspflichten

(1) ¹Stellt eine Benannte Stelle fest, dass die Voraussetzungen zur Ausstellung einer Bescheinigung vom Hersteller nicht oder nicht mehr erfüllt werden oder die Bescheinigung nicht hätte ausgestellt werden dürfen, schränkt sie unter Berücksichtigung des Grundsatzes der Verhältnismäßigkeit die ausgestellte Bescheinigung ein, setzt sie aus oder zieht sie zurück, es sei denn, dass der Verantwortliche durch geeignete Abhilfemaßnahmen die Übereinstimmung mit den Voraussetzungen gewährleistet. ²Die Benannte Stelle trifft die erforderlichen Maßnahmen unverzüglich.

(2) Vor der Entscheidung über eine Maßnahme nach Absatz 1 ist der Hersteller von der Benannten Stelle anzuhören, es sei denn, dass eine solche Anhörung angesichts der Dringlichkeit der zu treffenden Entscheidung nicht möglich ist.

(3) Die Benannte Stelle unterrichtet
1. unverzüglich das Deutsche Institut für Medizinische Dokumentation und Information über alle ausgestellten, geänderten, ergänzten und, unter Angabe der Gründe, über alle abgelehnten, eingeschränkten, zurückgezogenen, ausgesetzten und wiedereingesetzten Bescheinigungen; § 25 Abs. 5 und 6 gilt entsprechend,
2. unverzüglich die für sie zuständige Behörde in Fällen, in denen sich ein Eingreifen der zuständigen Behörde als erforderlich erweisen könnte,
3. auf Anfrage die anderen Benannten Stellen oder die zuständigen Behörden über ihre Bescheinigungen und stellt zusätzliche Informationen, soweit erforderlich, zur Verfügung,
4. auf Anfrage Dritte über Angaben in Bescheinigungen, die ausgestellt, geändert, ergänzt, ausgesetzt oder widerrufen wurden.

(4) Das Deutsche Institut für Medizinische Dokumentation und Information unterrichtet über eingeschränkte, verweigerte, ausgesetzte, wieder eingesetzte und zurückgezogene Bescheinigungen elektronisch die für den Verantwortlichen nach § 5 zuständige Behörde, die zuständige Behörde des Bundes, die Kommission der Europäischen Gemeinschaften, die anderen Vertragsstaaten des Abkommens über den Europäischen Wirtschaftsraum und gewährt den Benannten Stellen eine Zugriffsmöglichkeit auf diese Informationen.

Vierter Abschnitt. Klinische Bewertung, Leistungsbewertung, klinische Prüfung, Leistungsbewertungsprüfung

§ 19 Klinische Bewertung, Leistungsbewertung

(1) ¹Die Eignung von Medizinprodukten für den vorgesehenen Verwendungszweck ist durch eine klinische Bewertung anhand von klinischen Daten nach § 3 Nummer 25 zu belegen, soweit nicht in begründeten Ausnahmefällen andere Daten ausreichend sind. ²Die klinische Bewertung schließt die Beurteilung von unerwünschten Wirkungen sowie die Annehmbarkeit des in den Grundlegenden Anforderungen der Richtlinien 90/385/EWG und 93/42/EWG genannten Nutzen-/Risiko-Verhältnisses ein. ³Die klinische Bewertung muss gemäß einem definierten und methodisch einwandfreien Verfahren erfolgen und gegebenenfalls einschlägige harmonisierte Normen berücksichtigen.

Medizinproduktegesetz § 20 MPG 11

(2) ¹Die Eignung von In-vitro-Diagnostika für den vorgesehenen Verwendungszweck ist durch eine Leistungsbewertung anhand geeigneter Daten zu belegen. ²Die Leistungsbewertung ist zu stützen auf

1. Daten aus der wissenschaftlichen Literatur, die die vorgesehene Anwendung des Medizinproduktes und die dabei zum Einsatz kommenden Techniken behandeln, sowie einen schriftlichen Bericht, der eine kritische Würdigung dieser Daten enthält, oder
2. die Ergebnisse aller Leistungsbewertungsprüfungen oder sonstigen geeigneten Prüfungen.

§ 20 Allgemeine Voraussetzungen zur klinischen Prüfung

(1) ¹Mit der klinischen Prüfung eines Medizinproduktes darf in Deutschland erst begonnen werden, wenn die zuständige Ethik-Kommission diese nach Maßgabe des § 22 zustimmend bewertet und die zuständige Bundesoberbehörde diese nach Maßgabe des § 22a genehmigt hat. ²Bei klinischen Prüfungen von Medizinprodukten mit geringem Sicherheitsrisiko kann die zuständige Bundesoberbehörde von einer Genehmigung absehen. ³Das Nähere zu diesem Verfahren wird in einer Rechtsverordnung nach § 37 Absatz 2a geregelt. ⁴Die klinische Prüfung eines Medizinproduktes darf bei Menschen nur durchgeführt werden, wenn und solange

1. die Risiken, die mit ihr für die Person verbunden sind, bei der sie durchgeführt werden soll, gemessen an der voraussichtlichen Bedeutung des Medizinproduktes für die Heilkunde ärztlich vertretbar sind,
1a. ein Sponsor oder ein Vertreter des Sponsors vorhanden ist, der seinen Sitz in einem Mitgliedstaat der Europäischen Union oder in einem anderen Vertragsstaat des Abkommens über den Europäischen Wirtschaftsraum hat,
2. die Person, bei der sie durchgeführt werden soll, ihre Einwilligung hierzu erteilt hat, nachdem sie durch einen Arzt, bei für die Zahnheilkunde bestimmten Medizinprodukten auch durch einen Zahnarzt, über Wesen, Bedeutung und Tragweite der klinischen Prüfung aufgeklärt worden ist und mit dieser Einwilligung zugleich erklärt, dass sie mit der im Rahmen der klinischen Prüfung erfolgenden Aufzeichnung von Gesundheitsdaten und mit der Einsichtnahme zu Prüfungszwecken durch Beauftragte des Auftraggebers oder der zuständigen Behörde einverstanden ist,
3. die Person, bei der sie durchgeführt werden soll, nicht auf gerichtliche oder behördliche Anordnung in einer Anstalt verwahrt ist,
4. sie in einer geeigneten Einrichtung und von einem angemessen qualifizierten Prüfer durchgeführt und von einem entsprechend qualifizierten und spezialisierten Arzt, bei für die Zahnheilkunde bestimmten Medizinprodukten auch von einem Zahnarzt, oder einer sonstigen entsprechend qualifizierten und befugten Person geleitet wird, die mindestens eine zweijährige Erfahrung in der klinischen Prüfung von Medizinprodukten nachweisen können,
5. soweit erforderlich, eine dem jeweiligen Stand der wissenschaftlichen Erkenntnisse entsprechende biologische Sicherheitsprüfung oder sonstige für die vorgesehene Zweckbestimmung des Medizinproduktes erforderliche Prüfung durchgeführt worden ist,
6. soweit erforderlich, die sicherheitstechnische Unbedenklichkeit für die Anwendung des Medizinproduktes unter Berücksichtigung des Standes der Technik sowie der Arbeitsschutz- und Unfallverhütungsvorschriften nachgewiesen wird,
7. die Prüfer über die Ergebnisse der biologischen Sicherheitsprüfung und der Prüfung der technischen Unbedenklichkeit sowie die voraussichtlich mit der klinischen Prüfung verbundenen Risiken informiert worden sind,
8. ein dem jeweiligen Stand der wissenschaftlichen Erkenntnisse entsprechender Prüfplan vorhanden ist und
9. für den Fall, dass bei der Durchführung der klinischen Prüfung ein Mensch getötet oder der Körper oder die Gesundheit eines Menschen verletzt oder beeinträchtigt wird, eine Versicherung nach Maßgabe des Absatzes 3 besteht, die auch Leistungen gewährt, wenn kein anderer für den Schaden haftet.

(2) ¹Eine Einwilligung nach Absatz 1 Nr. 2 ist nur wirksam, wenn die Person, die sie abgibt,

1. geschäftsfähig und in der Lage ist, Wesen, Risiken, Bedeutung und Tragweite der klinischen Prüfung einzusehen und ihren Willen hiernach zu bestimmen, und
2. die Einwilligung selbst und schriftlich erteilt hat.

²Eine Einwilligung kann jederzeit widerrufen werden.

(3) ¹Die Versicherung nach Absatz 1 Nr. 9 muss zugunsten der von der klinischen Prüfung betroffenen Person bei einem in Deutschland zum Geschäftsbetrieb befugten Versicherer genommen werden. ²Ihr Umfang muss in einem angemessenen Verhältnis zu den mit der klinischen Prüfung verbundenen Risiken stehen und auf der Grundlage der Risikoabschätzung so festgelegt werden, dass für jeden Fall des Todes oder der dauernden Erwerbsunfähigkeit einer von der klinischen Prüfung betroffenen Person mindestens 500 000 Euro zur Verfügung stehen. ³Soweit aus der Versicherung geleistet wird, erlischt ein Anspruch auf Schadensersatz.

(4) Auf eine klinische Prüfung bei Minderjährigen finden die Absätze 1 bis 3 mit folgender Maßgabe Anwendung:
1. Das Medizinprodukt muss zum Erkennen oder zum Verhüten von Krankheiten bei Minderjährigen bestimmt sein.
2. Die Anwendung des Medizinproduktes muss nach den Erkenntnissen der medizinischen Wissenschaft angezeigt sein, um bei dem Minderjährigen Krankheiten zu erkennen oder ihn vor Krankheiten zu schützen.
3. Die klinische Prüfung an Erwachsenen darf nach den Erkenntnissen der medizinischen Wissenschaft keine ausreichenden Prüfergebnisse erwarten lassen.
4. Die Einwilligung wird durch den gesetzlichen Vertreter oder Betreuer abgegeben. Sie ist nur wirksam, wenn dieser durch einen Arzt, bei für die Zahnheilkunde bestimmten Medizinprodukten auch durch einen Zahnarzt, über Wesen, Bedeutung und Tragweite der klinischen Prüfung aufgeklärt worden ist. Ist der Minderjährige in der Lage, Wesen, Bedeutung und Tragweite der klinischen Prüfung einzusehen und seinen Willen hiernach zu bestimmen, so ist auch seine schriftliche Einwilligung erforderlich.

(5) Auf eine klinische Prüfung bei Schwangeren oder Stillenden finden die Absätze 1 bis 4 mit folgender Maßgabe Anwendung: Die klinische Prüfung darf nur durchgeführt werden, wenn
1. das Medizinprodukt dazu bestimmt ist, bei schwangeren oder stillenden Frauen oder bei einem ungeborenen Kind Krankheiten zu verhüten, zu erkennen, zu heilen oder zu lindern,
2. die Anwendung des Medizinproduktes nach den Erkenntnissen der medizinischen Wissenschaft angezeigt ist, um bei der schwangeren oder stillenden Frau oder bei einem ungeborenen Kind Krankheiten oder deren Verlauf zu erkennen, Krankheiten zu heilen oder zu lindern oder die schwangere oder stillende Frau oder das ungeborene Kind vor Krankheiten zu schützen,
3. nach den Erkenntnissen der medizinischen Wissenschaft die Durchführung der klinischen Prüfung für das ungeborene Kind keine unvertretbaren Risiken erwarten lässt und
4. die klinische Prüfung nach den Erkenntnissen der medizinischen Wissenschaft nur dann ausreichende Prüfergebnisse erwarten lässt, wenn sie an schwangeren oder stillenden Frauen durchgeführt wird.

§ 21 Besondere Voraussetzungen zur klinischen Prüfung

Auf eine klinische Prüfung bei einer Person, die an einer Krankheit leidet, zu deren Behebung das zu prüfende Medizinprodukt angewendet werden soll, findet § 20 Abs. 1 bis 3 mit folgender Maßgabe Anwendung:
1. Die klinische Prüfung darf nur durchgeführt werden, wenn die Anwendung des zu prüfenden Medizinproduktes nach den Erkenntnissen der medizinischen Wissenschaft angezeigt ist, um das Leben des Kranken zu retten, seine Gesundheit wiederherzustellen oder sein Leiden zu erleichtern.
2. Die klinische Prüfung darf auch bei einer Person, die geschäftsunfähig oder in der Geschäftsfähigkeit beschränkt ist, durchgeführt werden. Sie bedarf der Einwilligung des gesetzlichen Vertreters. Daneben bedarf es auch der Einwilligung des Vertretenen, wenn er in der Lage ist, Wesen, Bedeutung und Tragweite der klinischen Prüfung einzusehen und seinen Willen hiernach zu bestimmen.
3. Die Einwilligung des gesetzlichen Vertreters ist nur wirksam, wenn dieser durch einen Arzt, bei für die Zahnheilkunde bestimmten Medizinprodukten auch durch einen Zahnarzt, über Wesen, Bedeutung und Tragweite der klinischen Prüfung aufgeklärt worden ist. Auf den Widerruf findet § 20 Abs. 2 Satz 2 Anwendung. Der Einwilligung des gesetzlichen Vertreters bedarf es so lange nicht, als eine Behandlung ohne Aufschub erforderlich ist, um das Leben des Kranken zu retten, seine Gesundheit wiederherzustellen oder sein Leiden zu erleichtern, und eine Erklärung über die Einwilligung nicht herbeigeführt werden kann.

4. Die Einwilligung des Kranken oder des gesetzlichen Vertreters ist auch wirksam, wenn sie mündlich gegenüber dem behandelnden Arzt, bei für die Zahnheilkunde bestimmten Medizinprodukten auch gegenüber dem behandelnden Zahnarzt, in Gegenwart eines Zeugen abgegeben wird, der auch bei der Information der betroffenen Person einbezogen war. Der Zeuge darf keine bei der Prüfstelle beschäftigte Person und kein Mitglied der Prüfgruppe sein. Die mündlich erteilte Einwilligung ist schriftlich zu dokumentieren, zu datieren und von dem Zeugen zu unterschreiben.

§ 22 Verfahren bei der Ethik-Kommission

(1) [1]Die nach § 20 Absatz 1 Satz 1 erforderliche zustimmende Bewertung der Ethik-Kommission ist vom Sponsor bei der nach Landesrecht für den Prüfer zuständigen unabhängigen interdisziplinär besetzten Ethik-Kommission zu beantragen. [2]Wird die klinische Prüfung von mehreren Prüfern durchgeführt, so ist der Antrag bei der für den Hauptprüfer oder Leiter der klinischen Prüfung zuständigen unabhängigen Ethik-Kommission zu stellen. [3]Bei multizentrischen klinischen Prüfungen genügt ein Votum. [4]Das Nähere zur Bildung, Zusammensetzung und Finanzierung der Ethik-Kommission wird durch Landesrecht bestimmt. [5]Der Sponsor hat der Ethik- Kommission alle Angaben und Unterlagen vorzulegen, die diese zur Bewertung benötigt. [6]Zur Bewertung der Unterlagen kann die Ethik-Kommission eigene wissenschaftliche Erkenntnisse verwerten, Sachverständige beiziehen oder Gutachten anfordern. [7]Sie hat Sachverständige beizuziehen oder Gutachten anzufordern, wenn es sich um eine klinische Prüfung bei Minderjährigen handelt und sie nicht über eigene Fachkenntnisse auf dem Gebiet der Kinderheilkunde, einschließlich ethischer und psychosozialer Fragen der Kinderheilkunde, verfügt. [8]Das Nähere zum Verfahren wird in einer Rechtsverordnung nach § 37 Absatz 2 a geregelt.

(2) Die Ethik-Kommission hat die Aufgabe, den Prüfplan und die erforderlichen Unterlagen, insbesondere nach ethischen und rechtlichen Gesichtspunkten, zu beraten und zu prüfen, ob die Voraussetzungen nach § 20 Absatz 1 Satz 4 Nummer 1 bis 4 und 7 bis 9 sowie Absatz 4 und 5 und nach § 21 erfüllt werden.

(3) Die zustimmende Bewertung darf nur versagt werden, wenn
1. die vorgelegten Unterlagen auch nach Ablauf einer dem Sponsor gesetzten angemessenen Frist zur Ergänzung unvollständig sind,
2. die vorgelegten Unterlagen einschließlich des Prüfplans, der Prüferinformation und der Modalitäten für die Auswahl der Probanden nicht dem Stand der wissenschaftlichen Erkenntnisse entsprechen, insbesondere die klinische Prüfung ungeeignet ist, den Nachweis der Unbedenklichkeit, Leistung oder Wirkung des Medizinproduktes zu erbringen, oder
3. die in § 20 Absatz 1 Satz 4 Nummer 1 bis 4 und 7 bis 9 sowie Absatz 4 und 5 und die in § 21 genannten Anforderungen nicht erfüllt sind.

(4) [1]Die Ethik-Kommission hat eine Entscheidung über den Antrag nach Absatz 1 innerhalb einer Frist von 60 Tagen nach Eingang der erforderlichen Unterlagen zu übermitteln. [2]Sie unterrichtet zusätzlich die zuständige Bundesoberbehörde über die Entscheidung.

§ 22 a Genehmigungsverfahren bei der Bundesoberbehörde

(1) [1]Die nach § 20 Absatz 1 Satz 1 erforderliche Genehmigung ist vom Sponsor bei der zuständigen Bundesoberbehörde zu beantragen. [2]Der Antrag muss, jeweils mit Ausnahme der Stellungnahme der beteiligten Ethik-Kommission, bei aktiven implantierbaren Medizinprodukten die Angaben nach Nummer 2.2 des Anhangs 6 der Richtlinie 90/385/EWG und bei sonstigen Medizinprodukten die Angaben nach Nummer 2.2 des Anhangs VIII der Richtlinie 93/42/EWG enthalten. [3]Zusätzlich hat der Sponsor alle Angaben und Unterlagen vorzulegen, die die zuständige Bundesoberbehörde zur Bewertung benötigt. [4]Die Stellungnahme der Ethik-Kommission ist nachzureichen. [5]Das Nähere zum Verfahren wird in einer Rechtsverordnung nach § 37 Absatz 2 a geregelt.

(2) Die zuständige Bundesoberbehörde hat die Aufgabe, den Prüfplan und die erforderlichen Unterlagen insbesondere nach wissenschaftlichen und technischen Gesichtspunkten zu prüfen, ob die Voraussetzungen nach § 20 Absatz 1 Satz 4 Nummer 1, 5, 6 und 8 erfüllt werden.

(3) Die Genehmigung darf nur versagt werden, wenn
1. die vorgelegten Unterlagen auch nach Ablauf einer dem Sponsor gesetzten angemessenen Frist zur Ergänzung unvollständig sind,

2. das Medizinprodukt oder die vorgelegten Unterlagen, insbesondere die Angaben zum Prüfplan einschließlich der Prüferinformation, nicht dem Stand der wissenschaftlichen Erkenntnisse entsprechen, insbesondere die klinische Prüfung ungeeignet ist, den Nachweis der Unbedenklichkeit, Leistung oder Wirkung des Medizinproduktes zu erbringen, oder
3. die in § 20 Absatz 1 Satz 4 Nummer 1, 5, 6 und 8 genannten Anforderungen nicht erfüllt sind.

(4) ¹Die Genehmigung gilt als erteilt, wenn die zuständige Bundesoberbehörde dem Sponsor innerhalb von 30 Tagen nach Eingang der Antragsunterlagen keine mit Gründen versehenen Einwände übermittelt. ²Wenn der Sponsor auf mit Gründen versehene Einwände den Antrag nicht innerhalb einer Frist von 90 Tagen entsprechend abgeändert hat, gilt der Antrag als abgelehnt.

(5) Nach einer Entscheidung der zuständigen Bundesoberbehörde über den Genehmigungsantrag oder nach Ablauf der Frist nach Absatz 4 Satz 2 ist das Einreichen von Unterlagen zur Mängelbeseitigung ausgeschlossen.

(6) ¹Die zuständige Bundesoberbehörde unterrichtet die zuständigen Behörden über genehmigte und abgelehnte klinische Prüfungen und Bewertungen der Ethik-Kommission und informiert die zuständigen Behörden der anderen Vertragsstaaten des Europäischen Wirtschaftsraums und die Europäische Kommission über abgelehnte klinische Prüfungen. ²Die Unterrichtung erfolgt automatisch über das Informationssystem des Deutschen Instituts für Medizinische Dokumentation und Information. ³§ 25 Absatz 5 und 6 gilt entsprechend.

(7) ¹Die für die Genehmigung einer klinischen Prüfung zuständige Bundesoberbehörde unterrichtet die zuständige Ethik-Kommission, sofern ihr Informationen zu anderen klinischen Prüfungen vorliegen, die für die Bewertung der von der Ethik-Kommission begutachteten Prüfung von Bedeutung sind; dies gilt insbesondere für Informationen über abgebrochene oder sonst vorzeitig beendete Prüfungen. ²Dabei unterbleibt die Übermittlung personenbezogener Daten; ferner sind Betriebs- und Geschäftsgeheimnisse dabei zu wahren. ³Absatz 6 Satz 2 und 3 gilt entsprechend.

§ 22 b Rücknahme, Widerruf und Ruhen der Genehmigung oder der zustimmenden Bewertung

(1) ¹Die Genehmigung nach § 22 a ist zurückzunehmen, wenn bekannt wird, dass ein Versagungsgrund nach § 22 a Absatz 3 bei der Erteilung vorgelegen hat. ²Sie ist zu widerrufen, wenn nachträglich Tatsachen eintreten, die die Versagung nach § 22 a Absatz 3 Nummer 2 oder Nummer 3 rechtfertigen würden. ³In den Fällen des Satzes 1 kann auch das Ruhen der Genehmigung befristet angeordnet werden.

(2) ¹Die zuständige Bundesoberbehörde kann die Genehmigung widerrufen, wenn die Gegebenheiten der klinischen Prüfung nicht mit den Angaben im Genehmigungsantrag übereinstimmen oder wenn Tatsachen Anlass zu Zweifeln an der Unbedenklichkeit oder der wissenschaftlichen Grundlage der klinischen Prüfung geben. ²In diesem Fall kann auch das Ruhen der Genehmigung befristet angeordnet werden.

(3) ¹Vor einer Entscheidung nach den Absätzen 1 und 2 ist dem Sponsor Gelegenheit zur Stellungnahme innerhalb einer Frist von einer Woche zu geben. ²§ 28 Absatz 2 Nummer 1 des Verwaltungsverfahrensgesetzes gilt entsprechend. ³Ordnet die zuständige Bundesoberbehörde den Widerruf, die Rücknahme oder das Ruhen der Genehmigung mit sofortiger Wirkung an, so übermittelt sie diese Anordnung unverzüglich dem Sponsor. ⁴Widerspruch und Anfechtungsklage haben keine aufschiebende Wirkung.

(4) Ist die Genehmigung einer klinischen Prüfung zurückgenommen oder widerrufen oder ruht sie, so darf die klinische Prüfung nicht fortgesetzt werden.

(5) ¹Die zustimmende Bewertung durch die zuständige Ethik-Kommission ist zurückzunehmen, wenn die Ethik-Kommission nachträglich Kenntnis erlangt, dass ein Versagungsgrund nach § 22 Absatz 3 vorgelegen hat; sie ist zu widerrufen, wenn die Ethik-Kommission nachträglich Kenntnis erlangt, dass
1. die Anforderungen an die Eignung des Prüfers und der Prüfstelle nicht gegeben sind,
2. keine ordnungsgemäße Probandenversicherung besteht,
3. die Modalitäten für die Auswahl der Prüfungsteilnehmer nicht dem Stand der medizinischen Erkenntnisse entsprechen, insbesondere die klinische Prüfung ungeeignet ist, den Nachweis der Unbedenklichkeit, Leistung oder Wirkung des Medizinproduktes zu erbringen,

Medizinproduktegesetz §§ 22 c–23 a **MPG 11**

4. die Voraussetzungen für die Einbeziehung von Personen nach § 20 Absatz 4 und 5 oder § 21 nicht gegeben sind.

²Die Absätze 3 und 4 gelten entsprechend. ³Die zuständige Ethik-Kommission unterrichtet unter Angabe von Gründen unverzüglich die zuständige Bundesoberbehörde und die anderen für die Überwachung zuständigen Behörden.

(6) ¹Wird die Genehmigung einer klinischen Prüfung zurückgenommen, widerrufen oder das Ruhen einer Genehmigung angeordnet, so informiert die zuständige Bundesoberbehörde die zuständigen Behörden und die Behörden der anderen betroffenen Mitgliedstaaten des Europäischen Wirtschaftsraums über die getroffene Maßnahme und deren Gründe. ²§ 22 a Absatz 6 Satz 2 und 3 gilt entsprechend.

§ 22 c Änderungen nach Genehmigung von klinischen Prüfungen

(1) Der Sponsor zeigt jede Änderung der Dokumentation der zuständigen Bundesoberbehörde an.

(2) Beabsichtigt der Sponsor nach Genehmigung der klinischen Prüfung eine wesentliche Änderung, so beantragt er unter Angabe des Inhalts und der Gründe der Änderung

1. bei der zuständigen Bundesoberbehörde eine Begutachtung und
2. bei der zuständigen Ethik-Kommission eine Bewertung

der angezeigten Änderungen.

(3) Als wesentlich gelten insbesondere Änderungen, die

1. sich auf die Sicherheit der Probanden auswirken können,
2. die Auslegung der Dokumente beeinflussen, auf die die Durchführung der klinischen Prüfung gestützt wird, oder
3. die anderen von der Ethik-Kommission beurteilten Anforderungen beeinflussen.

(4) ¹Die Ethik-Kommission nimmt innerhalb von 30 Tagen nach Eingang des Änderungsantrags dazu Stellung. ²§ 22 Absatz 4 Satz 2 gilt entsprechend.

(5) ¹Stimmt die Ethik-Kommission dem Antrag zu und äußert die zuständige Bundesoberbehörde innerhalb von 30 Tagen nach Eingang des Änderungsantrages keine Einwände, so kann der Sponsor die klinische Prüfung nach dem geänderten Prüfplan durchführen. ²Im Falle von Auflagen muss der Sponsor diese beachten und die Dokumentation entsprechend anpassen oder seinen Änderungsantrag zurückziehen. ³§ 22 a Absatz 6 gilt entsprechend. ⁴Für Rücknahme, Widerruf und Ruhen der Genehmigung der Bundesoberbehörde nach Satz 1 findet § 22 b entsprechende Anwendung.

(6) Werden wesentliche Änderungen auf Grund von Maßnahmen der zuständigen Bundesoberbehörde an einer klinischen Prüfung veranlasst, so informiert die zuständige Bundesoberbehörde die zuständigen Behörden und die zuständigen Behörden der anderen betroffenen Vertragsstaaten des Abkommens über den Europäischen Wirtschaftsraum über die getroffene Maßnahme und deren Gründe. § 22 a Absatz 6 Satz 2 und 3 gilt entsprechend.

§ 23 Durchführung der klinischen Prüfung

Neben den §§ 20 bis 22 c gelten für die Durchführung klinischer Prüfungen von aktiven implantierbaren Medizinprodukten auch die Bestimmungen der Nummer 2.3 des Anhangs 7 der Richtlinie 90/385/EWG und für die Durchführung klinischer Prüfungen von sonstigen Medizinprodukten die Bestimmungen der Nummer 2.3 des Anhangs X der Richtlinie 93/42/EWG.

§ 23 a Meldungen über Beendigung oder Abbruch von klinischen Prüfungen

(1) Innerhalb von 90 Tagen nach Beendigung einer klinischen Prüfung meldet der Sponsor der zuständigen Bundesoberbehörde die Beendigung der klinischen Prüfung.

(2) Beim Abbruch der klinischen Prüfung verkürzt sich diese Frist auf 15 Tage. In der Meldung sind alle Gründe für den Abbruch anzugeben.

(3) Der Sponsor reicht der zuständigen Bundesoberbehörde innerhalb von zwölf Monaten nach Abbruch oder Abschluss der klinischen Prüfung den Schlussbericht ein.

(4) ¹Im Falle eines Abbruchs der klinischen Prüfung aus Sicherheitsgründen informiert die zuständige Bundesoberbehörde alle zuständigen Behörden, die Behörden der Mitgliedstaaten des

Europäischen Wirtschaftsraums und die Europäische Kommission. ²§ 22 a Absatz 6 Satz 2 und 3 gilt entsprechend.

§ 23 b Ausnahmen zur klinischen Prüfung

Die §§ 20 bis 23 a sind nicht anzuwenden, wenn eine klinische Prüfung mit Medizinprodukten durchgeführt wird, die nach den §§ 6 und 10 die CE-Kennzeichnung tragen dürfen, es sei denn, diese Prüfung hat eine andere Zweckbestimmung des Medizinproduktes zum Inhalt oder es werden zusätzlich invasive oder andere belastende Untersuchungen durchgeführt.

§ 24 Leistungsbewertungsprüfung

¹Auf Leistungsbewertungsprüfungen von In-vitro-Diagnostika sind die §§ 20 bis 23 b entsprechend anzuwenden, wenn

1. eine invasive Probenahme ausschließlich oder in erheblicher zusätzlicher Menge zum Zwecke der Leistungsbewertung eines In-vitro-Diagnostikums erfolgt oder
2. im Rahmen der Leistungsbewertungsprüfung zusätzlich invasive oder andere belastende Untersuchungen durchgeführt werden oder
3. die im Rahmen der Leistungsbewertung erhaltenen Ergebnisse für die Diagnostik verwendet werden sollen, ohne dass sie mit etablierten Verfahren bestätigt werden können.

²In den übrigen Fällen ist die Einwilligung der Person, von der die Proben entnommen werden, erforderlich, soweit das Persönlichkeitsrecht oder kommerzielle Interessen dieser Person berührt sind.

Fünfter Abschnitt. Überwachung und Schutz vor Risiken

§ 25 Allgemeine Anzeigepflicht

(1) Wer als Verantwortlicher im Sinne von § 5 Satz 1 und 2 seinen Sitz in Deutschland hat und Medizinprodukte mit Ausnahme derjenigen nach § 3 Nr. 8 erstmalig in den Verkehr bringt, hat dies vor Aufnahme der Tätigkeit unter Angabe seiner Anschrift der zuständigen Behörde anzuzeigen; dies gilt entsprechend für Betriebe und Einrichtungen, die Medizinprodukte, die bestimmungsgemäß keimarm oder steril zur Anwendung kommen, ausschließlich für andere aufbereiten.

(2) Wer Systeme oder Behandlungseinheiten nach § 10 Abs. 1 zusammensetzt oder diese sowie Medizinprodukte nach § 10 Abs. 3 sterilisiert und seinen Sitz in Deutschland hat, hat der zuständigen Behörde unter Angabe seiner Anschrift vor Aufnahme der Tätigkeit die Bezeichnung sowie bei Systemen oder Behandlungseinheiten die Beschreibung der betreffenden Medizinprodukte anzuzeigen.

(3) Wer als Verantwortlicher nach § 5 Satz 1 und 2 seinen Sitz in Deutschland hat und In-vitro-Diagnostika erstmalig in Verkehr bringt, hat der zuständigen Behörde unter Angabe seiner Anschrift vor Aufnahme der Tätigkeit anzuzeigen:

1. die die gemeinsamen technologischen Merkmale und Analyten betreffenden Angaben zu Reagenzien, Medizinprodukten mit Reagenzien und Kalibrier- und Kontrollmaterialien sowie bei sonstigen In-vitro-Diagnostika die geeigneten Angaben,
2. im Falle der In-vitro-Diagnostika gemäß Anhang II der Richtlinie 98/79/EG und der In-vitro-Diagnostika zur Eigenanwendung alle Angaben, die eine Identifizierung dieser In-vitro-Diagnostika ermöglichen, die analytischen und gegebenenfalls diagnostischen Leistungsdaten gemäß Anhang I Abschnitt A Nr. 3 der Richtlinie 98/79/EG, die Ergebnisse der Leistungsbewertung sowie Angaben zu Bescheinigungen,
3. bei einem „neuen In-vitro-Diagnostikum" im Sinne von § 3 Nr. 6 zusätzlich die Angabe, dass es sich um ein „neues In-vitro-Diagnostikum" handelt.

(4) Nachträgliche Änderungen der Angaben nach den Absätzen 1 bis 3 sowie eine Einstellung des Inverkehrbringens sind unverzüglich anzuzeigen.

(5) ¹Die zuständige Behörde übermittelt die Daten gemäß den Absätzen 1 bis 4 dem Deutschen Institut für Medizinische Dokumentation und Information zur zentralen Verarbeitung und Nutzung nach § 33. ²Dieses unterrichtet auf Anfrage die Kommission der Europäischen Gemeinschaften und die anderen Vertragsstaaten des Abkommens über den Europäischen Wirtschaftsraum über Anzeigen nach den Absätzen 1 bis 4.

(6) Näheres zu den Absätzen 1 bis 5 regelt die Rechtsverordnung nach § 37 Abs. 8.

Medizinproduktegesetz § 26 MPG 11

§ 26 Durchführung der Überwachung

(1) ¹Betriebe und Einrichtungen mit Sitz in Deutschland, in denen Medizinprodukte hergestellt, klinisch geprüft, einer Leistungsbewertungsprüfung unterzogen, verpackt, ausgestellt, in den Verkehr gebracht, errichtet, betrieben, angewendet oder Medizinprodukte, die bestimmungsgemäß keimarm oder steril zur Anwendung kommen, aufbereitet werden, unterliegen insoweit der Überwachung durch die zuständigen Behörden. ²Dies gilt auch für Sponsoren und Personen, die die in Satz 1 genannten Tätigkeiten geschäftsmäßig ausüben, sowie für Personen und Personenvereinigungen, die Medizinprodukte für andere sammeln.

(2) ¹Die zuständige Behörde trifft die zur Beseitigung festgestellter oder zur Verhütung künftiger Verstöße notwendigen Maßnahmen. ²Sie prüft in angemessenem Umfang unter besonderer Berücksichtigung möglicher Risiken, ob die Voraussetzungen zum Inverkehrbringen, zur Inbetriebnahme, zum Errichten, Betreiben und Anwenden erfüllt sind. ³Sie kann bei hinreichenden Anhaltspunkten für eine unrechtmäßige CE-Kennzeichnung oder eine von dem Medizinprodukt ausgehende Gefahr verlangen, dass der Verantwortliche im Sinne von § 5 das Medizinprodukt von einem Sachverständigen überprüfen lässt. ⁴Satz 2 gilt entsprechend für die Überwachung von klinischen Prüfungen, Leistungsbewertungsprüfungen und der Aufbereitung von Medizinprodukten, die bestimmungsgemäß keimarm oder steril zur Anwendung kommen. ⁵Bei einem In-vitro-Diagnostikum nach § 3 Nr. 6 kann sie zu jedem Zeitpunkt innerhalb von zwei Jahren nach der Anzeige nach § 25 Abs. 3 und in begründeten Fällen die Vorlage eines Berichts über die Erkenntnisse aus den Erfahrungen mit dem neuen In-vitro-Diagnostikum nach dessen erstmaligem Inverkehrbringen verlangen.

(2a) Die zuständigen Behörden müssen über die zur Erfüllung ihrer Aufgaben notwendige personelle und sachliche Ausstattung verfügen sowie für eine dem allgemeinen anerkannten Stand der Wissenschaft und Technik entsprechende regelmäßige Fortbildung der überwachenden Mitarbeiter sorgen.

(2b) Die Einzelheiten zu den Absätzen 2 und 2a, insbesondere zur Durchführung und Qualitätssicherung der Überwachung, regelt eine allgemeine Verwaltungsvorschrift nach § 37a.

(3) ¹Die mit der Überwachung beauftragten Personen sind befugt,
1. Grundstücke, Geschäftsräume, Betriebsräume, Beförderungsmittel und zur Verhütung drohender Gefahr für die öffentliche Sicherheit und Ordnung auch Wohnräume zu den üblichen Geschäftszeiten zu betreten und zu besichtigen, in denen eine Tätigkeit nach Absatz 1 ausgeübt wird; das Grundrecht der Unverletzlichkeit der Wohnung (Artikel 13 des Grundgesetzes) wird insoweit eingeschränkt,
2. Medizinprodukte zu prüfen, insbesondere hierzu in Betrieb nehmen zu lassen, sowie Proben zu entnehmen,
3. Unterlagen über die Entwicklung, Herstellung, Prüfung, klinische Prüfung, Leistungsbewertungsprüfung oder Erwerb, Aufbereitung, Lagerung, Verpackung, Inverkehrbringen und sonstigen Verbleib der Medizinprodukte sowie über das im Verkehr befindliche Werbematerial einzusehen und hieraus in begründeten Fällen Abschriften oder Ablichtungen anzufertigen,
4. alle erforderlichen Auskünfte, insbesondere über die in Nummer 3 genannten Betriebsvorgänge, zu verlangen.

²Für Proben, die nicht bei dem Verantwortlichen nach § 5 entnommen werden, ist eine angemessene Entschädigung zu leisten, soweit nicht ausdrücklich darauf verzichtet wird.

(4) ¹Wer der Überwachung nach Absatz 1 unterliegt, hat Maßnahmen nach Absatz 3 Satz 1 Nr. 1 bis 3 zu dulden und die beauftragten Personen sowie die sonstigen in der Überwachung tätigen Personen bei der Erfüllung ihrer Aufgaben zu unterstützen. ²Dies beinhaltet insbesondere die Verpflichtung, diesen Personen die Medizinprodukte zugänglich zu machen, erforderliche Prüfungen zu gestatten, hierfür benötigte Mitarbeiter und Hilfsmittel bereitzustellen, Auskünfte zu erteilen und Unterlagen vorzulegen.

(5) Der im Rahmen der Überwachung zur Auskunft Verpflichtete kann die Auskunft auf solche Fragen verweigern, deren Beantwortung ihn selbst oder einen seiner in § 383 Abs. 1 Nr. 1 bis 3 der Zivilprozessordnung bezeichneten Angehörigen der Gefahr strafrechtlicher Verfolgung oder eines Verfahrens nach dem Gesetz über Ordnungswidrigkeiten aussetzen würde.

(6) ¹Sachverständige, die im Rahmen des Absatzes 2 prüfen, müssen die dafür notwendige Sachkenntnis besitzen. ²Die Sachkenntnis kann auch durch ein Zertifikat einer von der zuständigen Behörde akkreditierten Stelle nachgewiesen werden.

(7) Die zuständige Behörde unterrichtet auf Anfrage das Bundesministerium für Gesundheit sowie die zuständigen Behörden der anderen Vertragsstaaten des Abkommens über den Europäischen Wirtschaftsraum über durchgeführte Überprüfungen, deren Ergebnisse sowie die getroffenen Maßnahmen.

§ 27 Verfahren bei unrechtmäßiger und unzulässiger Anbringung der CE-Kennzeichnung

(1) ¹Stellt die zuständige Behörde fest, dass die CE-Kennzeichnung auf einem Medizinprodukt unrechtmäßig angebracht worden ist, ist der Verantwortliche nach § 5 verpflichtet, die Voraussetzungen für das rechtmäßige Anbringen der CE-Kennzeichnung nach Weisung der zuständigen Behörde zu erfüllen. ²Werden diese Voraussetzungen nicht erfüllt, so hat die zuständige Behörde das Inverkehrbringen dieses Medizinproduktes einzuschränken, von der Einhaltung bestimmter Auflagen abhängig zu machen, zu untersagen oder zu veranlassen, dass das Medizinprodukt vom Markt genommen wird. ³Sie unterrichtet davon die übrigen zuständigen Behörden in Deutschland und das Bundesministerium für Gesundheit, das die Kommission der Europäischen Gemeinschaften und die anderen Vertragsstaaten des Abkommens über den Europäischen Wirtschaftsraum hiervon unterrichtet.

(2) ¹Trägt ein Produkt unzulässigerweise die CE-Kennzeichnung als Medizinprodukt, trifft die zuständige Behörde die erforderlichen Maßnahmen nach Absatz 1 Satz 2. ²Absatz 1 Satz 3 gilt entsprechend.

§ 28 Verfahren zum Schutz vor Risiken

(1) Die nach diesem Gesetz zuständige Behörde trifft alle erforderlichen Maßnahmen zum Schutz der Gesundheit und zur Sicherheit von Patienten, Anwendern und Dritten vor Gefahren durch Medizinprodukte, soweit nicht das Atomgesetz oder eine darauf gestützte Rechtsverordnung für Medizinprodukte, die ionisierende Strahlen erzeugen oder radioaktive Stoffe enthalten, für die danach zuständige Behörde entsprechende Befugnisse vorsieht.

(2) ¹Die zuständige Behörde ist insbesondere befugt, Anordnungen, auch über die Schließung des Betriebs oder der Einrichtung, zu treffen, soweit es zur Abwehr einer drohenden Gefahr für die öffentliche Gesundheit, Sicherheit oder Ordnung geboten ist. ²Sie kann das Inverkehrbringen, die Inbetriebnahme, das Betreiben, die Anwendung der Medizinprodukte sowie den Beginn oder die weitere Durchführung der klinischen Prüfung oder der Leistungsbewertungsprüfung untersagen, beschränken oder von der Einhaltung bestimmter Auflagen abhängig machen oder den Rückruf oder die Sicherstellung der Medizinprodukte anordnen. ³Sie unterrichtet hiervon die übrigen zuständigen Behörden in Deutschland, die zuständige Bundesoberbehörde und das Bundesministerium für Gesundheit.

(3) ¹Stellt die zuständige Behörde fest, dass CE-gekennzeichnete Medizinprodukte oder Sonderanfertigungen die Gesundheit oder Sicherheit von Patienten, Anwendern oder Dritten oder deren Eigentum gefährden können, auch wenn sie sachgemäß installiert, in Stand gehalten oder ihrer Zweckbestimmung entsprechend angewendet werden und trifft sie deshalb Maßnahmen mit dem Ziel, das Medizinprodukt vom Markt zu nehmen oder das Inverkehrbringen oder die Inbetriebnahme zu verbieten oder einzuschränken, teilt sie diese umgehend unter Angabe von Gründen dem Bundesministerium für Gesundheit zur Einleitung eines Schutzklauselverfahrens nach Artikel 7 der Richtlinie 90/385/EWG, Artikel 8 der Richtlinie 93/42/EWG oder Artikel 8 der Richtlinie 98/79/EG mit. ²In den Gründen ist insbesondere anzugeben, ob die Nichtübereinstimmung mit den Vorschriften dieses Gesetzes zurückzuführen ist auf

1. die Nichteinhaltung der Grundlegenden Anforderungen,
2. eine unzulängliche Anwendung harmonisierter Normen oder Gemeinsamer Technischer Spezifikationen, sofern deren Anwendung behauptet wird, oder
3. einen Mangel der harmonisierten Normen oder Gemeinsamen Technischen Spezifikationen selbst.

(4) ¹Die zuständige Behörde kann veranlassen, dass alle, die einer von einem Medizinprodukt ausgehenden Gefahr ausgesetzt sein können, rechtzeitig in geeigneter Form auf diese Gefahr hingewiesen werden. ²Eine hoheitliche Warnung der Öffentlichkeit ist zulässig, wenn bei Gefahr im Verzug andere ebenso wirksame Maßnahmen nicht oder nicht rechtzeitig getroffen werden können.

(5) Maßnahmen nach Artikel 14b der Richtlinie 93/42/EWG und Artikel 13 der Richtlinie 98/79/EG trifft das Bundesministerium für Gesundheit durch Rechtsverordnung nach § 37 Abs. 6.

§ 29 Medizinprodukte-Beobachtungs- und -Meldesystem

(1) ¹Die zuständige Bundesoberbehörde hat, soweit nicht eine oberste Bundesbehörde im Vollzug des Atomgesetzes oder der auf Grund dieses Gesetzes erlassenen Rechtsverordnungen zuständig ist, zur Verhütung einer Gefährdung der Gesundheit oder der Sicherheit von Patienten, Anwendern oder Dritten die bei der Anwendung oder Verwendung von Medizinprodukten auftretenden Risiken, insbesondere Nebenwirkungen, wechselseitige Beeinflussung mit anderen Stoffen oder Produkten, Gegenanzeigen, Verfälschungen, Funktionsfehler, Fehlfunktionen und technische Mängel zentral zu erfassen, auszuwerten und zu bewerten. ²Sie hat die zu ergreifenden Maßnahmen zu koordinieren, insbesondere, soweit sie alle schwerwiegenden unerwünschten Ereignisse während klinischer Prüfungen oder Leistungsbewertungsprüfungen von In-vitro-Diagnostika oder folgende Vorkommnisse betreffen:

1. jede Funktionsstörung, jeden Ausfall oder jede Änderung der Merkmale oder der Leistung eines Medizinproduktes sowie jede Unsachgemäßheit der Kennzeichnung oder Gebrauchsanweisung, die direkt oder indirekt zum Tod oder zu einer schwerwiegenden Verschlechterung des Gesundheitszustandes eines Patienten oder eines Anwenders oder einer anderen Person geführt haben oder hätten führen können,
2. jeden Grund technischer oder medizinischer Art, der auf Grund der in Nummer 1 genannten Ursachen durch die Merkmale und die Leistungen eines Medizinproduktes bedingt ist und zum systematischen Rückruf von Medizinprodukten desselben Typs durch den Hersteller geführt hat.

³§ 26 Abs. 2 Satz 3 findet entsprechende Anwendung. ⁴Die zuständige Bundesoberbehörde teilt das Ergebnis der Bewertung der zuständigen Behörde mit, die über notwendige Maßnahmen entscheidet. ⁵Die zuständige Bundesoberbehörde übermittelt Daten aus der Beobachtung, Sammlung, Auswertung und Bewertung von Risiken in Verbindung mit Medizinprodukten an das Deutsche Institut für Medizinische Dokumentation und Information zur zentralen Verarbeitung und Nutzung nach § 33. ⁶Näheres regelt die Rechtsverordnung nach § 37 Abs. 8.

(2) ¹Soweit dies zur Erfüllung der in Absatz 1 aufgeführten Aufgaben erforderlich ist, dürfen an die danach zuständigen Behörden auch Name, Anschrift und Geburtsdatum von Patienten, Anwendern oder Dritten übermittelt werden. ²Die nach Absatz 1 zuständige Behörde darf die nach Landesrecht zuständige Behörde auf Ersuchen über die von ihr gemeldeten Fälle und die festgestellten Erkenntnisse in Bezug auf personenbezogene Daten unterrichten. ³Bei der Zusammenarbeit nach Absatz 3 dürfen keine personenbezogenen Daten von Patienten übermittelt werden. ⁴Satz 3 gilt auch für die Übermittlung von Daten an das Informationssystem nach § 33.

(3) ¹Die Behörde nach Absatz 1 wirkt bei der Erfüllung der dort genannten Aufgaben mit den Dienststellen der anderen Vertragsstaaten des Abkommens über den Europäischen Wirtschaftsraum und der Kommission der Europäischen Gemeinschaften, der Weltgesundheitsorganisation, den für die Gesundheit und den Arbeitsschutz zuständigen Behörden anderer Staaten, den für die Gesundheit, den Arbeitsschutz, den Strahlenschutz und das Mess- und Eichwesen zuständigen Behörden der Länder und den anderen fachlich berührten Bundesoberbehörden, Benannten Stellen in Deutschland, den zuständigen Trägern der gesetzlichen Unfallversicherung, dem Medizinischen Dienst des Spitzenverbandes Bund der Krankenkassen, den einschlägigen Fachgesellschaften, den Herstellern und Vertreibern sowie mit anderen Stellen zusammen, die bei der Durchführung ihrer Aufgaben Risiken von Medizinprodukten erfassen. ²Besteht der Verdacht, dass ein Zwischenfall durch eine elektromagnetische Einwirkung eines anderen Gerätes als ein Medizinprodukt verursacht wurde, ist das Bundesamt für Post und Telekommunikation zu beteiligen.

(4) Einzelheiten zur Durchführung der Aufgaben nach § 29 regelt der Sicherheitsplan nach § 37 Abs. 7.

§ 30 Sicherheitsbeauftragter für Medizinprodukte

(1) Wer als Verantwortlicher nach § 5 Satz 1 und 2 seinen Sitz in Deutschland hat, hat unverzüglich nach Aufnahme der Tätigkeit eine Person mit der zur Ausübung ihrer Tätigkeit

erforderlichen Sachkenntnis und der erforderlichen Zuverlässigkeit als Sicherheitsbeauftragten für Medizinprodukte zu bestimmen.

(2) ¹Der Verantwortliche nach § 5 Satz 1 und 2 hat, soweit er nicht ausschließlich Medizinprodukte nach § 3 Nr. 8 erstmalig in den Verkehr bringt, der zuständigen Behörde den Sicherheitsbeauftragten sowie jeden Wechsel in der Person unverzüglich anzuzeigen. ²Die zuständige Behörde übermittelt die Daten nach Satz 1 an das Deutsche Institut für Medizinische Dokumentation und Information zur zentralen Verarbeitung und Nutzung nach § 33.

(3) ¹Der Nachweis der erforderlichen Sachkenntnis als Sicherheitsbeauftragter für Medizinprodukte wird erbracht durch
1. das Zeugnis über eine abgeschlossene naturwissenschaftliche, medizinische oder technische Hochschulausbildung oder
2. eine andere Ausbildung, die zur Durchführung der unter Absatz 4 genannten Aufgaben befähigt,

und eine mindestens zweijährige Berufserfahrung. ²Die Sachkenntnis ist auf Verlangen der zuständigen Behörde nachzuweisen.

(4) ¹Der Sicherheitsbeauftragte für Medizinprodukte hat bekannt gewordene Meldungen über Risiken bei Medizinprodukten zu sammeln, zu bewerten und die notwendigen Maßnahmen zu koordinieren. ²Er ist für die Erfüllung von Anzeigepflichten verantwortlich, soweit sie Medizinprodukterisiken betreffen.

(5) Der Sicherheitsbeauftragte für Medizinprodukte darf wegen der Erfüllung der ihm übertragenen Aufgaben nicht benachteiligt werden.

§ 31 Medizinprodukteberater

(1) ¹Wer berufsmäßig Fachkreise fachlich informiert oder in die sachgerechte Handhabung der Medizinprodukte einweist (Medizinprodukteberater), darf diese Tätigkeit nur ausüben, wenn er die für die jeweiligen Medizinprodukte erforderliche Sachkenntnis und Erfahrung für die Information und, soweit erforderlich, für die Einweisung in die Handhabung der jeweiligen Medizinprodukte besitzt. ²Dies gilt auch für die fernmündliche Information.

(2) Die Sachkenntnis besitzt, wer
1. eine Ausbildung in einem naturwissenschaftlichen, medizinischen oder technischen Beruf erfolgreich abgeschlossen hat und auf die jeweiligen Medizinprodukte bezogen geschult worden ist oder
2. durch eine mindestens einjährige Tätigkeit, die in begründeten Fällen auch kürzer sein kann, Erfahrungen in der Information über die jeweiligen Medizinprodukte und, soweit erforderlich, in der Einweisung in deren Handhabung erworben hat.

(3) ¹Der Medizinprodukteberater hat der zuständigen Behörde auf Verlangen seine Sachkenntnis nachzuweisen. ²Er hält sich auf dem neuesten Erkenntnisstand über die jeweiligen Medizinprodukte, um sachkundig beraten zu können. ³Der Auftraggeber hat für eine regelmäßige Schulung des Medizinprodukteberaters zu sorgen.

(4) Der Medizinprodukteberater hat Mitteilungen von Angehörigen der Fachkreise über Nebenwirkungen, wechselseitige Beeinflussungen, Fehlfunktionen, technische Mängel, Gegenanzeigen, Verfälschungen oder sonstige Risiken bei Medizinprodukten schriftlich aufzuzeichnen und unverzüglich dem Verantwortlichen nach § 5 Satz 1 und 2 oder dessen Sicherheitsbeauftragten für Medizinprodukte schriftlich zu übermitteln.

Sechster Abschnitt. Zuständige Behörden, Rechtsverordnungen, sonstige Bestimmungen

§ 32 Aufgaben und Zuständigkeiten der Bundesoberbehörden im Medizinproduktebereich

(1) Das Bundesinstitut für Arzneimittel und Medizinprodukte ist insbesondere zuständig für
1. die Aufgaben nach § 29 Absatz 1 und 3,
2. die Bewertung hinsichtlich der technischen und medizinischen Anforderungen und der Sicherheit von Medizinprodukten, es sei denn, dass dieses Gesetz anderes vorschreibt oder andere Bundesoberbehörden zuständig sind,

3. Genehmigungen von klinischen Prüfungen und Leistungsbewertungsprüfungen nach den §§ 22a und 24,
4. Entscheidungen zur Abgrenzung und Klassifizierung von Medizinprodukten nach § 13 Absatz 2 und 3,
5. Sonderzulassungen nach § 11 Absatz 1 und
6. die Beratung der zuständigen Behörden, der Verantwortlichen nach § 5, von Sponsoren und Benannten Stellen.

(2) ¹Das Paul-Ehrlich-Institut ist zuständig für die Aufgaben nach Absatz 1, soweit es sich um in Anhang II der Richtlinie 98/79/EG genannte In-vitro-Diagnostika handelt, die zur Prüfung der Unbedenklichkeit oder Verträglichkeit von Blut- oder Gewebespenden bestimmt sind oder Infektionskrankheiten betreffen. ²Beim Paul-Ehrlich-Institut kann ein fachlich unabhängiges Prüflabor eingerichtet werden, das mit Benannten Stellen und anderen Organisationen zusammenarbeiten kann.

(3) Die Physikalisch-Technische Bundesanstalt ist zuständig für die Sicherung der Einheitlichkeit des Messwesens in der Heilkunde und hat
1. Medizinprodukte mit Messfunktion gutachterlich zu bewerten und, soweit sie nach § 15 dafür benannt ist, Baumusterprüfungen durchzuführen.
2. Referenzmessverfahren, Normalmessgeräte und Prüfhilfsmittel zu entwickeln und auf Antrag zu prüfen und
3. die zuständigen Behörden und Benannten Stellen wissenschaftlich zu beraten.

§ 33 Datenbankgestütztes Informationssystem, Europäische Datenbank

(1) ¹Das Deutsche Institut für Medizinische Dokumentation und Information richtet ein Informationssystem über Medizinprodukte zur Unterstützung des Vollzugs dieses Gesetzes ein und stellt den für die Medizinprodukte zuständigen Behörden des Bundes und der Länder die hierfür erforderlichen Informationen zur Verfügung. ²Es stellt die erforderlichen Daten für die Europäische Datenbank im Sinne von Artikel 10b der Richtlinie 90/385/EWG, Artikel 14a der Richtlinie 93/42/EWG und Artikel 12 der Richtlinie 98/79/EG zur Verfügung. ³Eine Bereitstellung dieser Informationen für nicht-öffentliche Stellen ist zulässig, soweit dies die Rechtsverordnung nach § 37 Abs. 8 vorsieht. ⁴Für seine Leistungen kann es Entgelte verlangen. ⁵Diese werden in einem Entgeltkatalog festgelegt, der der Zustimmung des Bundesministeriums für Gesundheit bedarf.

(2) Im Sinne des Absatzes 1 hat das dort genannte Institut insbesondere folgende Aufgaben:
1. zentrale Verarbeitung und Nutzung von Informationen nach § 25 Abs. 5, auch in Verbindung mit § 18 Abs. 3, § 22a–23a und 24,
2. zentrale Verarbeitung und Nutzung von Basisinformationen der in Verkehr befindlichen Medizinprodukte,
3. zentrale Verarbeitung und Nutzung von Daten aus der Beobachtung, Sammlung, Auswertung und Bewertung von Risiken in Verbindung mit Medizinprodukten,
4. Informationsbeschaffung und Übermittlung von Daten an Datenbanken anderer Mitgliedstaaten und Institutionen der Europäischen Gemeinschaften und anderer Vertragsstaaten des Abkommens über den Europäischen Wirtschaftsraum, insbesondere im Zusammenhang mit der Erkennung und Abwehr von Risiken in Verbindung mit Medizinprodukten,
5. Aufbau und Unterhaltung von Zugängen zu Datenbanken, die einen Bezug zu Medizinprodukten haben.

(3) Das in Absatz 1 genannte Institut ergreift die notwendigen Maßnahmen, damit Daten nur dazu befugten Personen übermittelt werden oder diese Zugang zu diesen Daten erhalten.

§ 34 Ausfuhr

(1) Auf Antrag eines Herstellers oder Bevollmächtigten stellt die zuständige Behörde für die Ausfuhr eine Bescheinigung über die Verkehrsfähigkeit des Medizinproduktes in Deutschland aus.

(2) Medizinprodukte, die einem Verbot nach § 4 Abs. 1 unterliegen, dürfen nur ausgeführt werden, wenn die zuständige Behörde des Bestimmungslandes die Einfuhr genehmigt hat, nachdem sie von der zuständigen Behörde über die jeweiligen Verbotsgründe informiert wurde.

§ 35 Kosten

[1] Für Amtshandlungen nach diesem Gesetz und den zur Durchführung dieses Gesetzes erlassenen Rechtsverordnungen sind Kosten (Gebühren und Auslagen) nach Maßgabe der Rechtsverordnung nach § 37 Abs. 9 zu erheben. [2] Soweit das Bundesministerium für Gesundheit von der Ermächtigung keinen Gebrauch macht, werden die Landesregierungen ermächtigt, entsprechende Vorschriften zu erlassen. [3] Das Verwaltungskostengesetz findet Anwendung.

§ 36 Zusammenarbeit der Behörden und Benannten Stellen im Europäischen Wirtschaftsraum und der Europäischen Kommission

Die für die Durchführung des Medizinprodukterechts zuständigen Behörden und Benannten Stellen arbeiten mit den zuständigen Behörden und Benannten Stellen der anderen Vertragsstaaten des Abkommens über den Europäischen Wirtschaftsraum und der Europäischen Kommission zusammen und erteilen einander die notwendigen Auskünfte, um eine einheitliche Anwendung der zur Umsetzung der Richtlinien 90/385/EWG, 93/42/EWG und 98/79/EG erlassenen Vorschriften zu erreichen.

§ 37 Verordnungsermächtigungen

(1) Das Bundesministerium für Gesundheit wird ermächtigt, zur Umsetzung von Rechtsakten der Europäischen Gemeinschaften durch Rechtsverordnung[1] die Voraussetzungen für die Erteilung der Konformitätsbescheinigungen, die Durchführung der Konformitätsbewertungsverfahren und ihre Zuordnung zu Klassen von Medizinprodukten sowie Sonderverfahren für Systeme und Behandlungseinheiten zu regeln.

(2) [1] Das Bundesministerium für Gesundheit wird ermächtigt, durch Rechtsverordnung für Medizinprodukte, die

1. die Gesundheit des Menschen auch bei bestimmungsgemäßer Anwendung unmittelbar oder mittelbar gefährden können, wenn sie ohne ärztliche oder zahnärztliche Überwachung angewendet werden, oder
2. häufig in erheblichem Umfang nicht bestimmungsgemäß angewendet werden, wenn dadurch die Gesundheit von Menschen unmittelbar oder mittelbar gefährdet wird,

die Verschreibungspflicht vorzuschreiben. [2] In der Rechtsverordnung nach Satz 1 können weiterhin Abgabebeschränkungen geregelt werden.

(2 a) [1] Das Bundesministerium für Gesundheit wird ermächtigt, durch Rechtsverordnung Regelungen zur ordnungsgemäßen Durchführung der klinischen Prüfung und der genehmigungspflichtigen Leistungsbewertungsprüfung sowie der Erzielung dem wissenschaftlichen Erkenntnisstand entsprechender Unterlagen zu treffen. [2] In der Rechtsverordnung können insbesondere Regelungen getroffen werden über

1. Aufgaben und Verantwortungsbereiche des Sponsors, der Prüfer oder anderer Personen, die die klinische Prüfung durchführen oder kontrollieren, einschließlich von Anzeige-, Dokumentations- und Berichtspflichten insbesondere über schwerwiegende unerwünschte Ereignisse, die während der Prüfung auftreten und die Sicherheit der Studienteilnehmer oder die Durchführung der Studie beeinträchtigen könnten,
2. Aufgaben und Verfahren bei Ethik-Kommissionen einschließlich der einzureichenden Unterlagen, auch mit Angaben zur angemessenen Beteiligung von Frauen und Männern als Prüfungsteilnehmerinnen und Prüfungsteilnehmer, der Unterbrechung, Verlängerung oder Verkürzung der Bearbeitungsfrist und der besonderen Anforderungen an die Ethik-Kommissionen bei klinischen Prüfungen nach § 20 Absatz 4 und 5 sowie nach § 21,
3. die Aufgaben der zuständigen Behörden und das behördliche Genehmigungsverfahren einschließlich der einzureichenden Unterlagen, auch mit Angaben zur angemessenen Beteiligung von Frauen und Männern als Prüfungsteilnehmerinnen und Prüfungsteilnehmer und der Unterbrechung oder Verlängerung oder Verkürzung der Bearbeitungsfrist, das Verfahren zur Überprüfung von Unterlagen in Betrieben und Einrichtungen sowie die Voraussetzungen und das Verfahren für Rücknahme, Widerruf und Ruhen der Genehmigung oder Untersagung einer klinischen Prüfung,
4. die Anforderungen an die Prüfeinrichtung und an das Führen und Aufbewahren von Nachweisen,

---

[1] Siehe die MedizinprodukteVO.

5. die Übermittlung von Namen und Sitz des Sponsors und des verantwortlichen Prüfers und nicht personenbezogener Angaben zur klinischen Prüfung von der zuständigen Behörde an eine europäische Datenbank,
6. die Art und Weise der Weiterleitung von Unterlagen und Ausfertigung der Entscheidungen an die zuständigen Behörden und die für die Prüfer zuständigen Ethik-Kommissionen bestimmt werden,
7. Sonderregelungen für Medizinprodukte mit geringem Sicherheitsrisiko.

(3) Das Bundesministerium für Gesundheit wird ermächtigt, durch Rechtsverordnung Vertriebswege für Medizinprodukte vorzuschreiben, soweit es geboten ist, die erforderliche Qualität des Medizinproduktes zu erhalten oder die bei der Abgabe oder Anwendung von Medizinprodukten notwendigen Erfordernisse für die Sicherheit des Patienten, Anwenders oder Dritten zu erfüllen.

(4) ^{1}Das Bundesministerium für Gesundheit wird ermächtigt, durch Rechtsverordnung Regelungen für Betriebe oder Einrichtungen zu erlassen (Betriebsverordnungen), die Medizinprodukte in Deutschland in den Verkehr bringen oder lagern, soweit es geboten ist, um einen ordnungsgemäßen Betrieb und die erforderliche Qualität, Sicherheit und Leistung der Medizinprodukte sicherzustellen sowie die Sicherheit und Gesundheit der Patienten, der Anwender und Dritter nicht zu gefährden. ^{2}In der Rechtsverordnung können insbesondere Regelungen getroffen werden über die Lagerung, den Erwerb, den Vertrieb, die Information und Beratung sowie die Einweisung in den Betrieb einschließlich Funktionsprüfung nach Installation und die Anwendung der Medizinprodukte. ^{3}Die Regelungen können auch für Personen getroffen werden, die die genannten Tätigkeiten berufsmäßig ausüben.

(5) Das Bundesministerium für Gesundheit wird ermächtigt, durch Rechtsverordnung
1. Anforderungen an das Errichten, Betreiben, Anwenden und Instandhalten von Medizinprodukten festzulegen, Regelungen zu treffen über die Einweisung der Betreiber und Anwender, die sicherheitstechnischen Kontrollen, Funktionsprüfungen, Meldepflichten und Einzelheiten der Meldepflichten von Vorkommnissen und Risiken, das Bestandsverzeichnis und das Medizinproduktebuch sowie weitere Anforderungen festzulegen, soweit dies für das sichere Betreiben und die sichere Anwendung oder die ordnungsgemäße Instandhaltung notwendig ist,
1a. Anforderungen an die sichere Aufbereitung von bestimmungsgemäß keimarm oder steril zur Anwendung kommenden Medizinprodukten festzulegen und Regelungen zu treffen über
    a) zusätzliche Anforderungen an Aufbereiter, die Medizinprodukte mit besonders hohen Anforderungen an die Aufbereitung aufbereiten,
    b) die Zertifizierung von Aufbereitern nach Buchstabe a,
    c) die Anforderungen an die von der zuständigen Behörde anerkannten Konformitätsbewertungsstellen, die Zertifizierungen nach Buchstabe b vornehmen,
2.
    a) Anforderungen an das Qualitätssicherungssystem beim Betreiben und Anwenden von In-vitro-Diagnostika festzulegen,
    b) Regelungen zu treffen über
        aa) die Feststellung und die Anwendung von Normen zur Qualitätssicherung, die Verfahren zur Erstellung von Richtlinien und Empfehlungen, die Anwendungsbereiche, Inhalte und Zuständigkeiten, die Beteiligung der betroffenen Kreise sowie
        bb) Umfang, Häufigkeit und Verfahren der Kontrolle sowie die Anforderungen an die für die Kontrolle zuständigen Stellen und das Verfahren ihrer Bestellung und
    c) festzulegen, dass die Normen, Richtlinien und Empfehlungen oder deren Fundstellen vom Bundesministerium für Gesundheit im Bundesanzeiger bekannt gemacht werden,
3. zur Gewährleistung der Messsicherheit von Medizinprodukten mit Messfunktion diejenigen Medizinprodukte mit Messfunktion zu bestimmen, die messtechnischen Kontrollen unterliegen, und zu bestimmen, dass der Betreiber, eine geeignete Stelle oder die zuständige Behörde messtechnische Kontrollen durchzuführen hat, sowie Vorschriften zu erlassen über den Umfang, die Häufigkeit und das Verfahren von messtechnischen Kontrollen, die Voraussetzungen, den Umfang und das Verfahren der Anerkennung und Überwachung mit der Durchführung messtechnischer Kontrollen betrauter Stellen sowie die Mitwirkungspflichten des Betreibers eines Medizinproduktes mit Messfunktion bei messtechnischen Kontrollen.

(6) Das Bundesministerium für Gesundheit wird ermächtigt, durch Rechtsverordnung ein bestimmtes Medizinprodukt oder eine Gruppe von Medizinprodukten aus Gründen des Gesundheitsschutzes und der Sicherheit oder im Interesse der öffentlichen Gesundheit gemäß Artikel 30 des EG-Vertrages zu verbieten oder deren Bereitstellung zu beschränken oder besonderen Bedingungen zu unterwerfen.

(7) [1]Das Bundesministerium für Gesundheit wird ermächtigt, durch Rechtsverordnung zur Durchführung der Aufgaben im Zusammenhang mit dem Medizinprodukte-Beobachtungs- und -Meldesystem nach § 29 einen Sicherheitsplan für Medizinprodukte zu erstellen. [2]In diesem werden insbesondere die Aufgaben und die Zusammenarbeit der beteiligten Behörden und Stellen sowie die Einschaltung der Hersteller und Bevollmächtigten, Einführer, Inverkehrbringer und sonstiger Händler, der Anwender und Betreiber, der Kommission der Europäischen Gemeinschaften sowie der anderen Vertragsstaaten des Abkommens über den Europäischen Wirtschaftsraum näher geregelt und die jeweils zu ergreifenden Maßnahmen bestimmt. [3]In dem Sicherheitsplan können ferner Einzelheiten zur Risikobewertung und deren Durchführung, Mitwirkungspflichten der Verantwortlichen nach § 5 Satz 1 und 2, sonstiger Händler, der Anwender, Betreiber und Instandhalter, Einzelheiten des Meldeverfahrens und deren Bekanntmachung, Melde-, Berichts-, Aufzeichnungs- und Aufbewahrungspflichten, Prüfungen und Produktionsüberwachungen, Einzelheiten der Durchführung von Maßnahmen zur Risikoabwehr und deren Überwachung sowie Informationspflichten, -mittel und -wege geregelt werden. [4]Ferner können in dem Sicherheitsplan Regelungen zu personenbezogenen Daten getroffen werden, soweit diese im Rahmen der Risikoabwehr erfasst, verarbeitet und genutzt werden.

(8) [1]Das Bundesministerium für Gesundheit wird ermächtigt, zur Gewährleistung einer ordnungsgemäßen Erhebung, Verarbeitung und Nutzung von Daten nach § 33 Abs. 1 und 2 durch Rechtsverordnung[1] Näheres zu regeln, auch hinsichtlich der Art, des Umfangs und der Anforderungen an Daten. [2]In dieser Rechtsverordnung können auch die Gebühren für Handlungen dieses Institutes festgelegt werden.

(9) [1]Das Bundesministerium für Gesundheit wird ermächtigt, durch Rechtsverordnung die gebührenpflichtigen Tatbestände nach § 35 zu bestimmen und dabei feste Sätze oder Rahmensätze vorzusehen. [2]Die Gebührensätze sind so zu bemessen, dass der mit den Amtshandlungen verbundene Personal- und Sachaufwand abgedeckt ist. [3]In der Rechtsverordnung kann bestimmt werden, dass eine Gebühr auch für eine Amtshandlung erhoben werden kann, die nicht zu Ende geführt worden ist, wenn die Gründe hierfür von demjenigen zu vertreten sind, der die Amtshandlung veranlasst hat.

(10) Das Bundesministerium für Gesundheit wird ermächtigt, durch Rechtsverordnung Regelungen zur Erfüllung von Verpflichtungen aus zwischenstaatlichen Vereinbarungen oder zur Durchführung von Rechtsakten des Rates oder der Kommission der Europäischen Gemeinschaften, die Sachbereiche dieses Gesetzes betreffen, insbesondere sicherheitstechnische und medizinische Anforderungen, die Herstellung und sonstige Voraussetzungen des Inverkehrbringens, des Betreibens, des Anwendens, des Ausstellens, insbesondere Prüfungen, Produktionsüberwachung, Bescheinigungen, Kennzeichnung, Aufbewahrungs- und Mitteilungspflichten, behördliche Maßnahmen sowie Anforderungen an die Benennung und Überwachung von Benannten Stellen, zu treffen.

(11) [1]Die Rechtsverordnungen nach den Absätzen 1 bis 10 ergehen mit Zustimmung des Bundesrates und im Einvernehmen mit dem Bundesministerium für Wirtschaft und Technologie. [2]Sie ergehen im Einvernehmen mit dem Bundesministerium für Umwelt, Naturschutz und Reaktorsicherheit, soweit der Strahlenschutz betroffen ist oder es sich um Medizinprodukte handelt, bei deren Herstellung radioaktive Stoffe oder ionisierende Strahlen verwendet werden, und im Einvernehmen mit dem Bundesministerium für Arbeit und Soziales, soweit der Arbeitsschutz betroffen ist, und im Einvernehmen mit dem Bundesministerium des Innern, soweit der Datenschutz betroffen ist.

(12) [1]Die Rechtsverordnungen nach den Absätzen 6 und 10 bedürfen nicht der Zustimmung des Bundesrates bei Gefahr im Verzug oder wenn ihr unverzügliches Inkrafttreten zur Durchführung von Rechtsakten der Organe der Europäischen Gemeinschaft erforderlich ist. [2]Die Rechtsverordnungen nach den Absätzen 1 bis 3 können ohne Zustimmung des Bundesrates erlassen werden, wenn unvorhergesehene gesundheitliche Gefährdungen dies erfordern. [3]Soweit

---

[1] Siehe die MedizinprodukteVO.

die Rechtsverordnung nach Absatz 9 Kosten von Bundesbehörden betrifft, bedarf sie nicht der Zustimmung des Bundesrates. ⁴Die Rechtsverordnungen nach den Sätzen 1 und 2 bedürfen nicht des Einvernehmens mit den jeweils beteiligten Bundesministerien. ⁵Sie treten spätestens sechs Monate nach ihrem Inkrafttreten außer Kraft. ⁶Ihre Geltungsdauer kann nur mit Zustimmung des Bundesrates verlängert werden. ⁷Soweit der Strahlenschutz betroffen ist, bleibt Absatz 11 unberührt.

§ 37 a Allgemeine Verwaltungsvorschriften

Die Bundesregierung erlässt mit Zustimmung des Bundesrates die zur Durchführung dieses Gesetzes erforderlichen allgemeinen Verwaltungsvorschriften insbesondere zur Durchführung und Qualitätssicherung der Überwachung, zur Sachkenntnis der mit der Überwachung beauftragten Personen, zur Ausstattung, zum Informationsaustausch und zur Zusammenarbeit der Behörden.

Siebter Abschnitt. Sondervorschriften für den Bereich der Bundeswehr

§ 38 Anwendung und Vollzug des Gesetzes

(1) Dieses Gesetz findet auf Einrichtungen, die der Versorgung der Bundeswehr mit Medizinprodukten dienen, entsprechende Anwendung.

(2) Im Bereich der Bundeswehr obliegt der Vollzug dieses Gesetzes und die Überwachung den jeweils zuständigen Stellen und Sachverständigen der Bundeswehr.

§ 39 Ausnahmen

(1) ¹Schreiben die Grundlegenden Anforderungen nach § 7 die Angabe des Verfalldatums vor, kann diese bei Medizinprodukten entfallen, die an die Bundeswehr abgegeben werden. ²Das Bundesministerium der Verteidigung stellt sicher, dass Qualität, Leistung und Sicherheit der Medizinprodukte gewährleistet sind ³Satz 1 gilt entsprechend für Medizinprodukte, die zum Zweck des Zivil- und Katastrophenschutzes an die zuständigen Behörden des Bundes oder der Länder abgegeben werden. ⁴Die zuständigen Behörden stellen sicher, dass Qualität, Leistung und Sicherheit der Medizinprodukte gewährleistet sind.

(2) Das Bundesministerium der Verteidigung kann für seinen Geschäftsbereich im Einvernehmen mit dem Bundesministerium für Gesundheit und, soweit der Arbeitsschutz betroffen ist, im Einvernehmen mit dem Bundesministerium für Arbeit und Soziales in Einzelfällen Ausnahmen von diesem Gesetz und auf Grund dieses Gesetzes erlassenen Rechtsverordnungen zulassen, wenn Rechtsakte der Europäischen Gemeinschaften dem nicht entgegenstehen und dies zur Durchführung der besonderen Aufgaben gerechtfertigt ist und der Schutz der Gesundheit gewahrt bleibt.

Achter Abschnitt. Straf- und Bußgeldvorschriften

§ 40 Strafvorschriften

(1) Mit Freiheitsstrafe bis zu drei Jahren oder mit Geldstrafe wird bestraft, wer
1. entgegen § 4 Abs. 1 Nr. 1 ein Medizinprodukt in den Verkehr bringt, errichtet, in Betrieb nimmt, betreibt oder anwendet,
2. entgegen § 6 Abs. 1 Satz 1 ein Medizinprodukt, das den Vorschriften der Strahlenschutzverordnung oder der Röntgenverordnung unterliegt oder bei dessen Herstellung ionisierende Strahlen verwendet wurden, in den Verkehr bringt oder in Betrieb nimmt,
3. entgegen § 6 Abs. 2 Satz 1 in Verbindung mit einer Rechtsverordnung nach § 37 Abs. 1 ein Medizinprodukt, das den Vorschriften der Strahlenschutzverordnung oder der Röntgenverordnung unterliegt oder bei dessen Herstellung ionisierende Strahlen verwendet wurden, mit der CE-Kennzeichnung versieht oder
4. entgegen § 14 Satz 2 ein Medizinprodukt betreibt oder anwendet.

(2) Der Versuch ist strafbar.

(3) ¹In besonders schweren Fällen ist die Strafe Freiheitsstrafe von einem Jahr bis zu fünf Jahren. ²Ein besonders schwerer Fall liegt in der Regel vor, wenn der Täter durch eine der in Absatz 1 bezeichneten Handlungen

1. die Gesundheit einer großen Zahl von Menschen gefährdet,
2. einen anderen in die Gefahr des Todes oder einer schweren Schädigung an Körper oder Gesundheit bringt oder
3. aus grobem Eigennutz für sich oder einen anderen Vermögensvorteile großen Ausmaßes erlangt.

(4) Handelt der Täter in den Fällen des Absatzes 1 fahrlässig, so ist die Strafe Freiheitsstrafe bis zu einem Jahr oder Geldstrafe.

§ 41 Strafvorschriften

Mit Freiheitsstrafe bis zu einem Jahr oder mit Geldstrafe wird bestraft, wer
1. entgegen § 4 Abs. 2 Satz 1 in Verbindung mit Satz 2 ein Medizinprodukt in den Verkehr bringt,
2. entgegen § 6 Abs. 1 Satz 1 ein Medizinprodukt, das nicht den Vorschriften der Strahlenschutzverordnung oder der Röntgenverordnung unterliegt oder bei dessen Herstellung ionisierende Strahlen nicht verwendet wurden, in den Verkehr bringt oder in Betrieb nimmt,
3. entgegen § 6 Abs. 2 Satz 1 in Verbindung mit einer Rechtsverordnung nach § 37 Abs. 1 ein Medizinprodukt, das nicht den Vorschriften der Strahlenschutzverordnung oder der Röntgenverordnung unterliegt oder bei dessen Herstellung ionisierende Strahlen nicht verwendet wurden, mit der CE-Kennzeichnung versieht,
4. entgegen § 20 Absatz 1 Satz 1 oder Satz 4 Nummer 1 bis 6 oder Nummer 9, jeweils auch in Verbindung mit § 20 Absatz 4 oder Absatz 5 oder § 21 Nummer 1 oder entgegen § 22b Absatz 4 mit einer klinischen Prüfung beginnt, eine klinische Prüfung durchführt oder eine klinische Prüfung fortsetzt,
5. entgegen § 24 Satz 1 in Verbindung mit § 20 Absatz 1 Satz 1 oder Satz 4 Nummer 1 bis 6 oder Nummer 9, jeweils auch in Verbindung mit § 20 Absatz 4 oder Absatz 5, oder entgegen § 24 Satz 1 in Verbindung mit § 22b Absatz 4 mit einer Leistungsbewertungsprüfung beginnt, eine Leistungsbewertungsprüfung durchführt oder eine Leistungsbewertungsprüfung fortsetzt oder
6. einer Rechtsverordnung nach § 37 Abs. 2 Satz 2 zuwiderhandelt, soweit sie für einen bestimmten Tatbestand auf diese Strafvorschrift verweist.

§ 42 Bußgeldvorschriften

(1) Ordnungswidrig handelt, wer eine der in § 41 bezeichneten Handlungen fahrlässig begeht.

(2) Ordnungswidrig handelt, wer vorsätzlich oder fahrlässig
1. entgegen § 4 Abs. 1 Nr. 2 ein Medizinprodukt in den Verkehr bringt, errichtet, in Betrieb nimmt, betreibt oder anwendet,
2. entgegen § 9 Abs. 3 Satz 1 eine CE-Kennzeichnung nicht richtig oder nicht in der vorgeschriebenen Weise anbringt,
3. entgegen § 10 Abs. 1 Satz 2 oder Abs. 3 Satz 1, auch in Verbindung mit Satz 2, jeweils in Verbindung mit einer Rechtsverordnung nach § 37 Abs. 1, eine Erklärung nicht, nicht richtig, nicht vollständig oder nicht rechtzeitig abgibt,
4. entgegen § 10 Abs. 4 Satz 2 einem Medizinprodukt eine Information nicht beifügt,
5. entgegen § 11 Absatz 2 Satz 1 oder Absatz 3 a ein Medizinprodukt abgibt,
6. entgegen § 12 Abs. 1 Satz 1 in Verbindung mit einer Rechtsverordnung nach § 37 Abs. 1 eine Sonderanfertigung in den Verkehr bringt oder in Betrieb nimmt,
7. entgegen § 12 Abs. 2 Satz 1 oder Abs. 3 Satz 1 ein Medizinprodukt abgibt,
8. entgegen § 12 Abs. 4 Satz 1 ein Medizinprodukt ausstellt,
9. entgegen § 12 Abs. 4 Satz 3 ein In-vitro-Diagnostikum anwendet,
10. entgegen § 20 Abs. 1 Satz 4 Nr. 7 oder 8, jeweils auch in Verbindung mit § 21 Nr. 1, eine klinische Prüfung durchführt,
11. entgegen § 25 Abs. 1 Satz 1, Abs. 2, 3 oder 4 oder § 30 Abs. 2 Satz 1 eine Anzeige nicht, nicht richtig, nicht vollständig oder nicht rechtzeitig erstattet,
12. entgegen § 26 Abs. 4 Satz 1 eine Maßnahme nicht duldet oder eine Person nicht unterstützt,
13. entgegen § 30 Abs. 1 einen Sicherheitsbeauftragten nicht oder nicht rechtzeitig bestimmt,
14. entgegen § 31 Abs. 1 Satz 1, auch in Verbindung mit Satz 2, eine Tätigkeit ausübt,

15. entgegen § 31 Abs. 4 eine Mitteilung nicht, nicht richtig, nicht vollständig oder nicht in der vorgeschriebenen Weise aufzeichnet oder nicht oder nicht rechtzeitig übermittelt oder
16. einer Rechtsverordnung nach § 37 Abs. 1, 2a, 3, 4 Satz 1 oder 3, Abs. 5 Nr. 1, 2 Buchstabe a oder b Doppelbuchstabe bb oder Nr. 3, Abs. 7 oder 8 Satz 1 oder einer vollziehbaren Anordnung auf Grund einer solchen Rechtsverordnung zuwiderhandelt, soweit die Rechtsverordnung für einen bestimmten Tatbestand auf diese Bußgeldvorschrift verweist.

(3) Die Ordnungswidrigkeit kann mit einer Geldbuße bis zu fünfundzwanzigtausend Euro geahndet werden.

§ 43 Einziehung

[1] Gegenstände, auf die sich eine Straftat nach § 40 oder § 41 oder eine Ordnungswidrigkeit nach § 42 bezieht, können eingezogen werden. [2] § 74a des Strafgesetzbuches und § 23 des Gesetzes über Ordnungswidrigkeiten sind anzuwenden.

Neunter Abschnitt. Übergangsbestimmungen

§ 44 Übergangsbestimmungen

(1) [1] Medizinprodukte mit Verfalldatum, die vor dem 30. Juni 2007 zum Zweck des Zivil- und Katastrophenschutzes an die zuständigen Behörden des Bundes oder der Länder oder zur Durchführung ihrer besonderen Aufgaben an die Bundeswehr abgegeben wurden, dürfen auch nach Ablauf des Verfalldatums angewendet werden. [2] Die zuständigen Behörden stellen sicher, dass Qualität, Leistung und Sicherheit der Medizinprodukte gewährleistet sind.

(2) [1] Auf Medizinprodukte im Sinne des § 3 Nr. 3 sind die Vorschriften dieses Gesetzes ab dem 13. Juni 2002 anzuwenden. [2] Medizinprodukte nach § 3 Nr. 3 dürfen noch bis zum 13. Dezember 2005 nach den am 13. Dezember 2000 in Deutschland geltenden Vorschriften in Deutschland erstmalig in Verkehr gebracht werden. [3] Das weitere Inverkehrbringen und die Inbetriebnahme der danach erstmalig in Verkehr gebrachten Medizinprodukte ist bis zum 13. Dezember 2007 zulässig.

(3) Die Vorschriften des § 14 sowie der Rechtsverordnung nach § 37 Abs. 5 gelten unabhängig davon, nach welchen Vorschriften die Medizinprodukte erstmalig in den Verkehr gebracht wurden.

(4) Für klinische Prüfungen nach § 20 und Leistungsbewertungsprüfungen nach § 24 des Medizinproduktegesetzes, mit denen vor dem 20. März 2010 begonnen wurde, sind die §§ 19 bis 24 des Medizinproduktegesetzes in der Fassung der Bekanntmachung vom 7. August 2002 (BGBl. I S. 3146), das zuletzt durch Artikel 1 des Gesetzes vom 14. Juni 2007 (BGBl. I S. 1066) geändert worden ist, weiter anzuwenden.

(5) Für klinische Prüfungen und Leistungsbewertungsprüfungen nach Absatz 4 ist ab dem 21. März 2010 die Medizinprodukte-Sicherheitsplanverordnung vom 24. Juni 2002 (BGBl. I S. 2131), die zuletzt durch Artikel 3 des Gesetzes vom 14. Juni 2007 (BGBl. I S. 1066) geändert worden ist, in der jeweils geltenden Fassung entsprechend anzuwenden, die sie durch Artikel 3 des Gesetzes vom 29. Juli 2009 (BGBl. I S. 2326) erhält.

12. Gesetz über die Werbung auf dem Gebiete des Heilwesens (Heilmittelwerbegesetz – HWG)

In der Fassung der Bekanntmachung vom 19. Oktober 1994 (BGBl I 3068), zuletzt geändert durch Gesetz vom 26. 4. 2006 (BGBl I 984)

Übersicht

	§§
Anwendungsbereich	1
Fachkreise	2
Unzulässigkeit irreführender Werbung	3
Unzulässigkeit von Werbung für zulassungspflichtige Arzneimittel	3 a
Inhaltliche Anforderungen	4
Werbung für andere Arzneimittel	4 a
Werbung für homöopathische Arzneimittel	5
Werbung mit wissenschaftlichen Veröffentlichungen	6
Verbot von Werbegaben	7
Werbeverbote für Versandhandel und Teleshopping	8
Werbeverbot für Fernbehandlung	9
Werbeverbote für verschreibungspflichtige Arzneimittel und Psychopharmaka	10
Verbote für Werbung außerhalb der Fachkreise	11
Weitere Werbeverbote	12
Werbeverbote für ausländische Unternehmen	13
Straftaten	14
Ordnungswidrigkeiten	15
Einziehung von verbotenem Werbematerial	16
Fortgeltung anderer Rechtsnormen	17
Übergangsvorschrift	18
Anlage (zu § 12)	

§ 1 [Anwendungsbereich]

(1) Dieses Gesetz findet Anwendung auf die Werbung für

1. Arzneimittel im Sinne des § 2 des Arzneimittelgesetzes,
1a. Medizinprodukte im Sinne des § 3 des Medizinproduktegesetzes,
2. andere Mittel, Verfahren, Behandlungen und Gegenstände, soweit sich die Werbeaussage auf die Erkennung, Beseitigung oder Linderung von Krankheiten, Leiden, Körperschäden oder krankhaften Beschwerden bei Mensch oder Tier bezieht, sowie operative plastisch-chirurgische Eingriffe, soweit sich die Werbeaussage auf die Veränderung des menschlichen Körpers ohne medizinische Notwendigkeit bezieht.

(2) [1]Andere Mittel im Sinne des Absatzes 1 Nr. 2 sind kosmetische Mittel im Sinne des § 4 des Lebensmittel- und Bedarfsgegenständegesetzes. [2]Gegenstände im Sinne des Absatzes 1 Nr. 2 sind auch Gegenstände zur Körperpflege im Sinne des § 5 Abs. 1 Nr. 4 des Lebensmittel- und Bedarfsgegenständegesetzes.

(3) Eine Werbung im Sinne dieses Gesetzes ist auch das Ankündigen oder Anbieten von Werbeaussagen, auf die dieses Gesetz Anwendung findet.

(4) Dieses Gesetz findet keine Anwendung auf die Werbung für Gegenstände zur Verhütung von Unfallschäden.

(5) Das Gesetz findet keine Anwendung auf den Schriftwechsel und die Unterlagen, die nicht Werbezwecken dienen und die zur Beantwortung einer konkreten Anfrage zu einem bestimmten Arzneimittel erforderlich sind.

(6) Das Gesetz findet ferner keine Anwendung beim elektronischen Handel mit Arzneimitteln auf das Bestellformular und die dort aufgeführten Angaben, soweit diese für eine ordnungsgemäße Bestellung notwendig sind.

§ 2 [Fachkreise]

Fachkreise im Sinne dieses Gesetzes sind Angehörige der Heilberufe oder des Heilgewerbes, Einrichtungen, die der Gesundheit von Mensch oder Tier dienen, oder sonstige Personen, soweit sie mit Arzneimitteln, Medizinprodukten, Verfahren, Behandlungen, Gegenständen oder anderen Mitteln erlaubterweise Handel treiben oder sie in Ausübung ihres Berufes anwenden.

§ 3 [Unzulässigkeit irreführender Werbung]

¹Unzulässig ist eine irreführende Werbung. ²Eine Irreführung liegt insbesondere dann vor,
1. wenn Arzneimitteln, Medizinprodukten, Verfahren, Behandlungen, Gegenständen oder anderen Mitteln eine therapeutische Wirksamkeit oder Wirkungen beigelegt werden, die sie nicht haben,
2. wenn fälschlich der Eindruck erweckt wird, dass
    a) ein Erfolg mit Sicherheit erwartet werden kann,
    b) bei bestimmungsgemäßem oder längerem Gebrauch keine schädlichen Wirkungen eintreten,
    c) die Werbung nicht zu Zwecken des Wettbewerbs veranstaltet wird,
3. wenn unwahre oder zur Täuschung geeignete Angaben
    a) über die Zusammensetzung oder Beschaffenheit von Arzneimitteln, Medizinprodukten, Gegenständen oder anderen Mitteln oder über die Art und Weise der Verfahren oder Behandlungen oder
    b) über die Person, Vorbildung, Befähigung oder Erfolge des Herstellers, Erfinders oder der für sie tätigen oder tätig gewesenen Personen

gemacht werden.

§ 3 a [Unzulässigkeit von Werbung für zulassungspflichtige Arzneimittel]

¹Unzulässig ist eine Werbung für Arzneimittel, die der Pflicht zur Zulassung unterliegen und die nicht nach den arzneimittelrechtlichen Vorschriften zugelassen sind oder als zugelassen gelten. ²Satz 1 findet auch Anwendung, wenn sich die Werbung auf Anwendungsgebiete oder Darreichungsformen bezieht, die nicht von der Zulassung erfasst sind.

§ 4 [Inhaltliche Anforderungen]

(1) ¹Jede Werbung für Arzneimittel im Sinne des § 2 Abs. 1 oder Abs. 2 Nr. 1 des Arzneimittelgesetzes muss folgende Angaben enthalten:
1. den Namen oder die Firma und den Sitz des pharmazeutischen Unternehmers,
2. die Bezeichnung des Arzneimittels,
3. die Zusammensetzung des Arzneimittels gemäß § 11 Abs. 1 Satz 1 Nr. 6 Buchstabe d des Arzneimittelgesetzes,
4. die Anwendungsgebiete,
5. die Gegenanzeigen,
6. die Nebenwirkungen,
7. Warnhinweise, soweit sie für die Kennzeichnung der Behältnisse und äußeren Umhüllungen vorgeschrieben sind,
7a. bei Arzneimitteln, die nur auf ärztliche, zahnärztliche oder tierärztliche Verschreibung abgegeben werden dürfen, den Hinweis „Verschreibungspflichtig",
8. die Wartezeit bei Arzneimitteln, die zur Anwendung bei Tieren bestimmt sind, die der Gewinnung von Lebensmitteln dienen.

²Eine Werbung für traditionelle pflanzliche Arzneimittel, die nach dem Arzneimittelgesetz registriert sind, muss folgenden Hinweis enthalten: „Traditionelles pflanzliches Arzneimittel zur Anwendung bei ... [spezifiziertes Anwendungsgebiet/spezifizierte Anwendungsgebiet[e] ausschließlich auf Grund langjähriger Anwendung".

(1 a) Bei Arzneimitteln, die nur einen arzneilich wirksamen Bestandteil enthalten, muss der Angabe nach Absatz 1 Nr. 2 die Bezeichnung dieses Bestandteils mit dem Hinweis: „Wirkstoff:" folgen; dies gilt nicht, wenn in der Angabe nach Absatz 1 Nr. 2 die Bezeichnung des Wirkstoffs enthalten ist.

(2) ¹Die Angaben nach den Absätzen 1 und 1 a müssen mit denjenigen übereinstimmen, die nach § 11 oder § 12 des Arzneimittelgesetzes für die Packungsbeilage vorgeschrieben sind. ²Können die in § 11 Abs. 1 Satz 1 Nr. 3 Buchstabe a und c und Nr. 5 des Arzneimittelgesetzes vorgeschriebenen Angaben nicht gemacht werden, so können sie entfallen.

(3) ¹Bei einer Werbung außerhalb der Fachkreise ist der Text „Zu Risiken und Nebenwirkungen lesen Sie die Packungsbeilage und fragen Sie Ihren Arzt oder Apotheker" gut lesbar und von den übrigen Werbeaussagen deutlich abgesetzt und abgegrenzt anzugeben. ²Bei einer Werbung für Heilwässer tritt an die Stelle der Angabe „die Packungsbeilage" die Angabe „das Etikett" und bei einer Werbung für Tierarzneimittel an die Stelle „Ihren Arzt" die Angabe „den Tierarzt". ³Die Angaben nach Absatz 1 Nr. 1, 3, 5 und 6 können entfallen. ⁴Satz 1 findet keine Anwendung auf Arzneimittel, die für den Verkehr außerhalb der Apotheken freigegeben sind, es sei denn, dass in der Packungsbeilage oder auf dem Behältnis Nebenwirkungen oder sonstige Risiken angegeben sind.

(4) Die nach Absatz 1 vorgeschriebenen Angaben müssen von den übrigen Werbeaussagen deutlich abgesetzt, abgegrenzt und gut lesbar sein.

(5) ¹Nach einer Werbung in audiovisuellen Medien ist der nach Absatz 3 Satz 1 oder 2 vorgeschriebene Text einzublenden, der im Fernsehen vor neutralem Hintergrund gut lesbar wiederzugeben und gleichzeitig zu sprechen ist, sofern nicht die Angabe dieses Textes nach Absatz 3 Satz 4 entfällt. ²Die Angaben nach Absatz 1 können entfallen.

(6) ¹Die Absätze 1, 1a, 3 und 5 gelten nicht für eine Erinnerungswerbung. ²Eine Erinnerungswerbung liegt vor, wenn ausschließlich mit der Bezeichnung eines Arzneimittels oder zusätzlich mit dem Namen, der Firma, der Marke des pharmazeutischen Unternehmers oder dem Hinweis: „Wirkstoff:" geworben wird.

§ 4a [Werbung für andere Arzneimittel]

(1) Unzulässig ist es, in der Packungsbeilage eines Arzneimittels für andere Arzneimittel oder andere Mittel zu werben.

(2) Unzulässig ist es auch, außerhalb der Fachkreise für die im Rahmen der vertragsärztlichen Versorgung bestehende Verordnungsfähigkeit eines Arzneimittels zu werben.

§ 5 [Werbung für homöopathische Arzneimittel]

Für homöopathische Arzneimittel, die nach dem Arzneimittelgesetz registriert oder von der Registrierung freigestellt sind, darf mit der Angabe von Anwendungsgebieten nicht geworben werden.

§ 6 [Werbung mit wissenschaftlichen Veröffentlichungen]

Unzulässig ist eine Werbung, wenn

1. Gutachten oder Zeugnisse veröffentlicht oder erwähnt werden, die nicht von wissenschaftlich oder fachlich hierzu berufenen Personen erstattet worden sind und nicht die Angabe des Namens, Berufes und Wohnortes der Person, die das Gutachten erstellt oder das Zeugnis ausgestellt hat, sowie den Zeitpunkt der Ausstellung des Gutachtens oder Zeugnisses enthalten,
2. auf wissenschaftliche, fachliche oder sonstige Veröffentlichungen Bezug genommen wird, ohne dass aus der Werbung hervorgeht, ob die Veröffentlichung das Arzneimittel, das Verfahren, die Behandlung, den Gegenstand oder ein anderes Mittel selbst betrifft, für die geworben wird, und ohne dass der Name des Verfassers, der Zeitpunkt der Veröffentlichung und die Fundstelle genannt werden,
3. aus der Fachliteratur entnommene Zitate, Tabellen oder sonstige Darstellungen nicht wortgetreu übernommen werden.

§ 7 [Verbot von Werbegaben]

(1) ¹Es ist unzulässig, Zuwendungen und sonstige Werbegaben (Waren oder Leistungen) anzubieten, anzukündigen oder zu gewähren oder als Angehöriger der Fachkreise anzunehmen, es sei denn, dass

1. es sich bei den Zuwendungen oder Werbegaben um Gegenstände von geringem Wert, die durch eine dauerhafte und deutlich sichtbare Bezeichnung des Werbenden oder des beworbenen Produktes oder beider gekennzeichnet sind, oder um geringwertige Kleinigkeiten handelt;
2. die Zuwendungen oder Werbegaben in
   a) einem bestimmten oder auf bestimmte Art zu berechnenden Geldbetrag oder

Heilmittelwerbegesetz §§ 8–11 HWG 12

b) einer bestimmten oder auf bestimmte Art zu berechnenden Menge gleicher Ware gewährt werden;
Zuwendungen oder Werbegaben nach Buchstabe a sind für Arzneimittel unzulässig, soweit sie entgegen den Preisvorschriften gewährt werden, die aufgrund des Arzneimittelgesetzes gelten; Buchstabe b gilt nicht für Arzneimittel, deren Abgabe den Apotheken vorbehalten ist
3. die Zuwendungen oder Werbegaben nur in handelsüblichem Zubehör zur Ware oder in handelsüblichen Nebenleistungen bestehen; als handelsüblich gilt insbesondere eine im Hinblick auf den Wert der Ware oder Leistung angemessene teilweise oder vollständige Erstattung oder Übernahme von Fahrtkosten für Verkehrsmittel des öffentlichen Personennahverkehrs, die im Zusammenhang mit dem Besuch des Geschäftslokals oder des Orts der Erbringung der Leistung aufgewendet werden;
4. die Zuwendungen oder Werbegaben in der Erteilung von Auskünften oder Ratschlägen bestehen oder
5. es sich um unentgeltlich an Verbraucherinnen und Verbraucher abzugebende Zeitschriften handelt, die nach ihrer Aufmachung und Ausgestaltung der Kundenwerbung und den Interessen der verteilenden Person dienen, durch einen entsprechenden Aufdruck auf der Titelseite diesen Zweck erkennbar machen und in ihren Herstellungskosten geringwertig sind (Kundenzeitschriften).

² Werbegaben für Angehörige der Heilberufe sind unbeschadet des Satzes 1 nur dann zulässig, wenn sie zur Verwendung in der ärztlichen, tierärztlichen oder pharmazeutischen Praxis bestimmt sind. ³ § 47 Abs. 3 des Arzneimittelgesetzes bleibt unberührt.

(2) Absatz 1 gilt nicht für Zuwendungen im Rahmen ausschließlich berufsbezogener wissenschaftlicher Veranstaltungen, sofern diese einen vertretbaren Rahmen nicht überschreiten, insbesondere in bezug auf den wissenschaftlichen Zweck der Veranstaltung von untergeordneter Bedeutung sind und sich nicht auf andere als im Gesundheitswesen tätige Personen erstrecken.

(3) Es ist unzulässig, für die Entnahme oder sonstige Beschaffung von Blut-, Plasma- oder Gewebespenden zur Herstellung von Blut- und Gewebeprodukten und anderen Produkten zur Anwendung bei Menschen mit der Zahlung einer finanziellen Zuwendung oder Aufwandsentschädigung zu werben.

§ 8 [Werbeverbote für Versandhandel und Teleshopping]

Unzulässig ist die Werbung, Arzneimittel im Wege des Teleshopping oder bestimmte Arzneimittel im Wege der Einzeleinfuhr nach § 73 Abs. 2 Nr. 6a oder § 73 Abs. 3 des Arzneimittelgesetzes zu beziehen.

§ 9 [Werbeverbot für Fernbehandlung]

Unzulässig ist eine Werbung für die Erkennung oder Behandlung von Krankheiten, Leiden, Körperschäden oder krankhaften Beschwerden, die nicht auf eigener Wahrnehmung an dem zu behandelnden Menschen oder Tier beruht (Fernbehandlung).

§ 10 [Werbeverbote für verschreibungspflichtige Arzneimittel und Psychopharmaka]

(1) Für verschreibungspflichtige Arzneimittel darf nur bei Ärzten, Zahnärzten, Tierärzten, Apothekern und Personen, die mit diesen Arzneimitteln erlaubterweise Handel treiben, geworben werden.

(2) Für Arzneimittel, die dazu bestimmt sind, bei Menschen die Schlaflosigkeit oder psychische Störungen zu beseitigen oder die Stimmungslage zu beeinflussen, darf außerhalb der Fachkreise nicht geworben werden.

§ 11 [Verbote für Werbung außerhalb der Fachkreise]

(1) ¹ Außerhalb der Fachkreise darf für Arzneimittel, Verfahren, Behandlungen, Gegenstände oder andere Mittel nicht geworben werden
1. mit Gutachten, Zeugnissen, wissenschaftlichen oder fachlichen Veröffentlichungen sowie mit Hinweisen darauf,
2. mit Angaben, dass das Arzneimittel, das Verfahren, die Behandlung, der Gegenstand oder das andere Mittel ärztlich, zahnärztlich, tierärztlich oder anderweitig fachlich empfohlen oder geprüft ist oder angewendet wird,
3. mit der Wiedergabe von Krankengeschichten sowie mit Hinweisen darauf,

4. mit der bildlichen Darstellung von Personen in der Berufskleidung oder bei der Ausübung der Tätigkeit von Angehörigen der Heilberufe, des Heilgewerbes oder des Arzneimittelhandels,
5. mit der bildlichen Darstellung
    a) von Veränderungen des menschlichen Körpers oder seiner Teile durch Krankheiten, Leiden oder Körperschäden,
    b) der Wirkung eines Arzneimittels, eines Verfahrens, einer Behandlung, eines Gegenstandes oder eines anderen Mittels durch vergleichende Darstellung des Körperzustandes oder des Aussehens vor und nach der Anwendung,
    c) des Wirkungsvorganges eines Arzneimittels, eines Verfahrens, einer Behandlung, eines Gegenstandes oder eines anderen Mittels am menschlichen Körper oder an seinen Teilen,
6. mit fremd- oder fachsprachlichen Bezeichnungen, soweit sie nicht in den allgemeinen deutschen Sprachgebrauch eingegangen sind,
7. mit einer Werbeaussage, die geeignet ist, Angstgefühle hervorzurufen oder auszunutzen,
8. durch Werbevorträge, mit denen ein Feilbieten oder eine Entgegennahme von Anschriften verbunden ist,
9. mit Veröffentlichungen, deren Werbezweck mißverständlich oder nicht deutlich erkennbar ist,
10. mit Veröffentlichungen, die dazu anleiten, bestimmte Krankheiten, Leiden, Körperschäden oder krankhafte Beschwerden beim Menschen selbst zu erkennen und mit den in der Werbung bezeichneten Arzneimitteln, Gegenständen, Verfahren, Behandlungen oder anderen Mitteln zu behandeln, sowie mit entsprechenden Anleitungen in audiovisuellen Medien,
11. mit Äußerungen Dritter, insbesondere mit Dank-, Anerkennungs- oder Empfehlungsschreiben, oder mit Hinweisen auf solche Äußerungen,
12. mit Werbemaßnahmen, die sich ausschließlich oder überwiegend an Kinder unter 14 Jahren richten,
13. mit Preisausschreiben, Verlosungen oder anderen Verfahren, deren Ergebnis vom Zufall abhängig ist,
14. durch die Abgabe von Mustern oder Proben von Arzneimitteln oder durch Gutscheine dafür,
15. durch die nicht verlangte Abgabe von Mustern oder Proben von anderen Mitteln oder Gegenständen oder durch Gutscheine dafür.
²Für Medizinprodukte gilt Satz 1 Nr. 6 bis 9, 11 und 12 entsprechend.
(2) Außerhalb der Fachkreise darf für Arzneimittel zur Anwendung bei Menschen nicht mit Angaben geworben werden, die nahe legen, dass die Wirkung des Arzneimittels einem anderen Arzneimittel oder einer anderen Behandlung entspricht oder überlegen ist.

§ 12 [Weitere Werbeverbote]

(1) ¹Außerhalb der Fachkreise darf sich die Werbung für Arzneimittel und Medizinprodukte nicht auf die Erkennung, Verhütung, Beseitigung oder Linderung der in Abschnitt A der Anlage zu diesem Gesetz aufgeführten Krankheiten oder Leiden bei Menschen beziehen, die Werbung für Arzneimittel außerdem nicht auf die Erkennung, Verhütung, Beseitigung oder Linderung der in Abschnitt B dieser Anlage aufgeführten Krankheiten oder Leiden beim Tier. ²Abschnitt A Nr. 2 der Anlage findet keine Anwendung auf die Werbung für Medizinprodukte.

(2) ¹Die Werbung für andere Mittel, Verfahren, Behandlungen oder Gegenstände außerhalb der Fachkreise darf sich nicht auf die Erkennung, Beseitigung oder Linderung dieser Krankheiten oder Leiden beziehen. ²Dies gilt nicht für die Werbung für Verfahren oder Behandlungen in Heilbädern, Kurorten und Kuranstalten.

§ 13 [Werbeverbote für ausländische Unternehmen]

Die Werbung eines Unternehmens mit Sitz außerhalb des Geltungsbereichs dieses Gesetzes ist unzulässig, wenn nicht ein Unternehmen mit Sitz oder eine natürliche Person mit gewöhnlichem Aufenthalt im Geltungsbereich dieses Gesetzes oder in einem anderen Mitgliedstaat der Europäischen Gemeinschaften oder in einem anderen Vertragsstaat des Abkommens über den Europäischen Wirtschaftsraum, die nach diesem Gesetz unbeschränkt strafrechtlich verfolgt werden kann, ausdrücklich damit betraut ist, die sich aus diesem Gesetz ergebenden Pflichten zu übernehmen.

§ 14 [Straftaten]

Wer dem Verbot der irreführenden Werbung (§ 3) zuwiderhandelt, wird mit Freiheitsstrafe bis zu einem Jahr oder mit Geldstrafe bestraft.

§ 15 [Ordnungswidrigkeiten]

(1) Ordnungswidrig handelt, wer vorsätzlich oder fahrlässig

1. entgegen § 3 a eine Werbung für ein Arzneimittel betreibt, das der Pflicht zur Zulassung unterliegt und das nicht nach den arzneimittelrechtlichen Vorschriften zugelassen ist oder als zugelassen gilt,
2. eine Werbung betreibt, die die nach § 4 vorgeschriebenen Angaben nicht enthält oder entgegen § 5 mit der Angabe von Anwendungsgebieten wirbt,
3. in einer nach § 6 unzulässigen Weise mit Gutachten, Zeugnissen oder Bezugnahmen auf Veröffentlichungen wirbt,
4. entgegen § 7 Abs. 1 und 3 eine mit Zuwendungen oder sonstigen Werbegaben verbundene Werbung betreibt,
4a. entgegen § 7 Abs. 1 als Angehöriger der Fachkreise eine Zuwendung oder sonstige Werbegabe annimmt,
5. entgegen § 8 eine dort genannte Werbung betreibt,
6. entgegen § 9 für eine Fernbehandlung wirbt,
7. entgegen § 10 für die dort bezeichneten Arzneimittel wirbt,
8. auf eine durch § 11 verbotene Weise außerhalb der Fachkreise wirbt,
9. entgegen § 12 eine Werbung betreibt, die sich auf die in der Anlage zu § 12 aufgeführten Krankheiten oder Leiden bezieht,
10. eine nach § 13 unzulässige Werbung betreibt.

(2) Ordnungswidrig handelt ferner, wer fahrlässig dem Verbot der irreführenden Werbung (§ 3) zuwiderhandelt.

(3) Die Ordnungswidrigkeit nach Absatz 1 kann mit einer Geldbuße bis zu fünfzigtausend Euro, die Ordnungswidrigkeit nach Absatz 2 mit einer Geldbuße bis zu zwanzigtausend Euro geahndet werden.

§ 16 [Einziehung von verbotenem Werbematerial]

[1] Werbematerial und sonstige Gegenstände, auf die sich eine Straftat nach § 14 oder eine Ordnungswidrigkeit nach § 15 bezieht, können eingezogen werden. [2] § 74 a des Strafgesetzbuches und § 23 des Gesetzes über Ordnungswidrigkeiten sind anzuwenden.

§ 17 [Fortgeltung anderer Rechtsnormen]

Das Gesetz gegen den unlauteren Wettbewerb bleibt unberührt.

§ 18 [Übergangsvorschrift]

Werbematerial, das den Vorschriften des § 4 nicht entspricht, jedoch den Vorschriften des Gesetzes in der bis zum 10. September 1998 geltenden Fassung, darf noch bis zum 31. März 1999 verwendet werden.

Anlage (zu § 12)

Krankheiten und Leiden, auf die sich die Werbung gemäß § 12 nicht beziehen darf

A. Krankheiten und Leiden beim Menschen
  1. Nach dem Infektionsschutzgesetz vom 20. Juli 2000 (BGBl. I S. 1045) meldepflichtige Krankheiten oder durch meldepflichtige Krankheitserreger verursachte Infektionen,
  2. bösartige Neubildungen,
  3. Suchtkrankheiten, ausgenommen Nikotinabhängigkeit,
  4. krankhafte Komplikationen der Schwangerschaft, der Entbindung und des Wochenbetts.
B. Krankheiten und Leiden beim Tier
  1. Nach der Verordnung über anzeigepflichtige Tierseuchen und der Verordnung über meldepflichtige Tierkrankheiten in ihrer jeweils geltenden Fassung anzeige- oder meldepflichtige Seuchen oder Krankheiten,
  2. bösartige Neubildungen,
  3. bakterielle Eutererkrankungen bei Kühen, Ziegen und Schafen,
  4. Kolik bei Pferden und Rindern.

13. Lebensmittel-, Bedarfsgegenstände- und Futtermittelgesetzbuch (Lebensmittel- und Futtermittelgesetzbuch – LFGB)

In der Fassung der Bekanntmachung vom 24. Juli 2009 (BGBl I S 2205), geändert durch Gesetz vom 3. 8. 2009 (BGBl I 2630)

– Auszug –

Inhaltsübersicht

Abschnitt 1. Allgemeine Bestimmungen

- § 1 Zweck des Gesetzes
- § 2 Begriffsbestimmungen
- § 3 Weitere Begriffsbestimmungen
- § 4 Vorschriften zum Geltungsbereich

Abschnitt 2. Verkehr mit Lebensmitteln

- § 5 Verbote zum Schutz der Gesundheit
- § 6 Verbote für Lebensmittel-Zusatzstoffe
- § 7 Ermächtigungen für Lebensmittel-Zusatzstoffe
- § 8 Bestrahlungsverbot und Zulassungsermächtigung
- § 9 Pflanzenschutz- oder sonstige Mittel
- § 10 Stoffe mit pharmakologischer Wirkung
- § 11 Vorschriften zum Schutz vor Täuschung
- § 12 Verbot der krankheitsbezogenen Werbung
- § 13 Ermächtigungen zum Schutz der Gesundheit und vor Täuschung
- § 14 Weitere Ermächtigungen
- § 15 Deutsches Lebensmittelbuch
- § 16 Deutsche Lebensmittelbuch-Kommission

Abschnitt 3. Verkehr mit Futtermitteln

- § 17 Verbote
- § 18 Verfütterungsverbot und Ermächtigungen
- § 19 Verbote zum Schutz vor Täuschung
- § 20 Verbot der krankheitsbezogenen Werbung
- § 21 Weitere Verbote sowie Beschränkungen
- § 22 Ermächtigungen zum Schutz der Gesundheit
- § 23 Weitere Ermächtigungen
- § 24 Gewähr für die handelsübliche Reinheit und Unverdorbenheit
- § 25 Mitwirkung bestimmter Behörden

Abschnitt 4. Verkehr mit kosmetischen Mitteln

- § 26 Verbote zum Schutz der Gesundheit
- § 27 Vorschriften zum Schutz vor Täuschung
- § 28 Ermächtigungen zum Schutz der Gesundheit
- § 29 Weitere Ermächtigungen

Abschnitt 5. Verkehr mit sonstigen Bedarfsgegenständen

- § 30 Verbote zum Schutz der Gesundheit
- § 31 Übergang von Stoffen auf Lebensmittel
- § 32 Ermächtigungen zum Schutz der Gesundheit
- § 33 Vorschriften zum Schutz vor Täuschung

Abschnitt 6. Gemeinsame Vorschriften für alle Erzeugnisse

- § 34 Ermächtigungen zum Schutz der Gesundheit
- § 35 Ermächtigungen zum Schutz vor Täuschung und zur Unterrichtung
- § 36 Ermächtigungen für betriebseigene Kontrollen und Maßnahmen
- § 37 Weitere Ermächtigungen

Abschnitt 7. Überwachung

§§ 38–49 *(nicht abgedruckt)*

Abschnitt 8. Monitoring

§§ 50–52 *(nicht abgedruckt)*

Abschnitt 9. Verbringen in das und aus dem Inland

§ 53 Verbringungsverbote
§ 54 Bestimmte Erzeugnisse aus anderen Mitgliedstaaten oder anderen Vertragsstaaten des Abkommens über den Europäischen Wirtschaftsraum
§ 55 Mitwirkung von Zollstellen
§ 56 Ermächtigungen
§ 57 Ausfuhr; sonstiges Verbringen aus dem Inland

Abschnitt 10. Straf- und Bußgeldvorschriften

§ 58 Strafvorschriften
§ 59 Strafvorschriften
§ 60 Bußgeldvorschriften
§ 61 Einziehung
§ 62 Ermächtigungen

Abschnitt 11. Schlussbestimmungen

§§ 63–73 *(nicht abgedruckt)*

Abschnitt 1. Allgemeine Bestimmungen

§ 1 Zweck des Gesetzes

(1) Zweck des Gesetzes ist es,
1. vorbehaltlich des Absatzes 2 bei Lebensmitteln, Futtermitteln, kosmetischen Mitteln und Bedarfsgegenständen den Schutz der Verbraucherinnen und Verbraucher durch Vorbeugung gegen eine oder Abwehr einer Gefahr für die menschliche Gesundheit sicherzustellen,
2. vor Täuschung beim Verkehr mit Lebensmitteln, Futtermitteln, kosmetischen Mitteln und Bedarfsgegenständen zu schützen,
3. die Unterrichtung der Wirtschaftsbeteiligten und
   a) der Verbraucherinnen und Verbraucher beim Verkehr mit Lebensmitteln, kosmetischen Mitteln und Bedarfsgegenständen,
   b) der Verwenderinnen und Verwender beim Verkehr mit Futtermitteln
   sicherzustellen,
4. a) bei Futtermitteln
      aa) den Schutz von Tieren durch Vorbeugung gegen eine oder Abwehr einer Gefahr für die tierische Gesundheit sicherzustellen,
      bb) vor einer Gefahr für den Naturhaushalt durch in tierischen Ausscheidungen vorhandene unerwünschte Stoffe, die ihrerseits bereits in Futtermitteln vorhanden gewesen sind, zu schützen,
   b) durch Futtermittel die tierische Erzeugung so zu fördern, dass
      aa) die Leistungsfähigkeit der Nutztiere erhalten und verbessert wird und
      bb) die von Nutztieren gewonnenen Lebensmittel und sonstigen Produkte den an sie gestellten qualitativen Anforderungen, auch im Hinblick auf ihre Unbedenklichkeit für die menschliche Gesundheit, entsprechen.

(2) Zweck dieses Gesetzes ist es, den Schutz der menschlichen Gesundheit im privaten häuslichen Bereich durch Vorbeugung gegen eine oder Abwehr einer Gefahr, die von Erzeugnissen ausgeht oder ausgehen kann, sicherzustellen, soweit dies in diesem Gesetz angeordnet ist.

(3) Dieses Gesetz dient ferner der Umsetzung und Durchführung von Rechtsakten der Europäischen Gemeinschaft, die Sachbereiche dieses Gesetzes betreffen, wie durch ergänzende Regelungen zur Verordnung (EG) Nr. 178/2002 des Europäischen Parlaments und des Rates vom 28. Januar 2002 zur Festlegung der allgemeinen Grundsätze und Anforderungen des Lebensmittelrechts, zur Errichtung der Europäischen Behörde für Lebensmittelsicherheit und zur

Lebensmittel- und Futtermittelgesetzbuch § 2 LFGB 13

Festlegung von Verfahren zur Lebensmittelsicherheit (ABl. L 31 vom 1. 2. 2002, S. 1), die zuletzt durch die Verordnung (EG) Nr. 202/2008 (ABl. L 60 vom 5. 3. 2008, S. 17) geändert worden ist.

§ 2 Begriffsbestimmungen

(1) Erzeugnisse sind Lebensmittel, einschließlich Lebensmittel-Zusatzstoffe, Futtermittel, kosmetische Mittel und Bedarfsgegenstände.

(2) Lebensmittel sind Lebensmittel im Sinne des Artikels 2 der Verordnung (EG) Nr. 178/2002.

(3) [1] Lebensmittel-Zusatzstoffe sind Stoffe mit oder ohne Nährwert, die in der Regel weder selbst als Lebensmittel verzehrt noch als charakteristische Zutat eines Lebensmittels verwendet werden und die einem Lebensmittel aus technologischen Gründen beim Herstellen oder Behandeln zugesetzt werden, wodurch sie selbst oder ihre Abbau- oder Reaktionsprodukte mittelbar oder unmittelbar zu einem Bestandteil des Lebensmittels werden oder werden können. [2] Den Lebensmittel-Zusatzstoffen stehen gleich

1. Stoffe mit oder ohne Nährwert, die üblicherweise weder selbst als Lebensmittel verzehrt noch als charakteristische Zutat eines Lebensmittels verwendet werden und die einem Lebensmittel aus anderen als technologischen Gründen beim Herstellen oder Behandeln zugesetzt werden, wodurch sie selbst oder ihre Abbau- oder Reaktionsprodukte mittelbar oder unmittelbar zu einem Bestandteil des Lebensmittels werden oder werden können; ausgenommen sind Stoffe, die natürlicher Herkunft oder den natürlichen chemisch gleich sind und nach allgemeiner Verkehrsauffassung überwiegend wegen ihres Nähr-, Geruchs- oder Geschmackswertes oder als Genussmittel verwendet werden,
2. Mineralstoffe und Spurenelemente sowie deren Verbindungen außer Kochsalz,
3. Aminosäuren und deren Derivate,
4. Vitamine A und D sowie deren Derivate.

[3] Als Lebensmittel-Zusatzstoffe gelten nicht

1. Stoffe, die nicht selbst als Zutat eines Lebensmittels verzehrt werden, jedoch aus technologischen Gründen während der Be- oder Verarbeitung von Lebensmitteln verwendet werden und unbeabsichtigte, technisch unvermeidbare Rückstände oder Abbau- oder Reaktionsprodukte von Rückständen in gesundheitlich unbedenklichen Anteilen im für die Verbraucherin oder den Verbraucher bestimmten Lebensmittel hinterlassen können, die sich technologisch nicht auf dieses Lebensmittel auswirken (Verarbeitungshilfsstoffe),
2. zur Verwendung in Lebensmitteln bestimmte Aromen, ausgenommen künstliche Aromastoffe im Sinne des Artikels 1 Absatz 2 Buchstabe b Unterbuchstabe iii der Richtlinie 88/388/EWG des Rates vom 22. Juni 1988 zur Angleichung der Rechtsvorschriften der Mitgliedstaaten über Aromen zur Verwendung in Lebensmitteln und über Ausgangsstoffe für ihre Herstellung (ABl. L 184 vom 15. 7. 1988, S. 61, L 345 vom 14. 12. 1988, S. 29), die zuletzt durch die Verordnung (EG) Nr. 1882/2003 (ABl. L 284 vom 31. 10. 2003, S. 1) geändert worden ist,
3. Pflanzenschutzmittel im Sinne des Pflanzenschutzgesetzes.

(4) Futtermittel sind Futtermittel im Sinne des Artikels 3 Nummer 4 der Verordnung (EG) Nr. 178/2002.

(5) [1] Kosmetische Mittel sind Stoffe oder Zubereitungen aus Stoffen, die ausschließlich oder überwiegend dazu bestimmt sind, äußerlich am Körper des Menschen oder in seiner Mundhöhle zur Reinigung, zum Schutz, zur Erhaltung eines guten Zustandes, zur Parfümierung, zur Veränderung des Aussehens oder dazu angewendet zu werden, den Körpergeruch zu beeinflussen. [2] Als kosmetische Mittel gelten nicht Stoffe oder Zubereitungen aus Stoffen, die zur Beeinflussung der Körperformen bestimmt sind.

(6) [1] Bedarfsgegenstände sind

1. Materialien und Gegenstände im Sinne des Artikels 1 Absatz 2 der Verordnung (EG) Nr. 1935/2004 des Europäischen Parlaments und des Rates vom 27. Oktober 2004 über Materialien und Gegenstände, die dazu bestimmt sind, mit Lebensmitteln in Berührung zu kommen und zur Aufhebung der Richtlinien 80/590/EWG und 89/109/EWG (ABl. EU Nr. L 338 S. 4),

2. Packungen, Behältnisse oder sonstige Umhüllungen, die dazu bestimmt sind, mit kosmetischen Mitteln in Berührung zu kommen,
3. Gegenstände, die dazu bestimmt sind, mit den Schleimhäuten des Mundes in Berührung zu kommen,
4. Gegenstände, die zur Körperpflege bestimmt sind,
5. Spielwaren und Scherzartikel,
6. Gegenstände, die dazu bestimmt sind, nicht nur vorübergehend mit dem menschlichen Körper in Berührung zu kommen, wie Bekleidungsgegenstände, Bettwäsche, Masken, Perücken, Haarteile, künstliche Wimpern, Armbänder,
7. Reinigungs- und Pflegemittel, die für den häuslichen Bedarf oder für Bedarfsgegenstände im Sinne der Nummer 1 bestimmt sind,
8. Imprägnierungsmittel und sonstige Ausrüstungsmittel für Bedarfsgegenstände im Sinne der Nummer 6, die für den häuslichen Bedarf bestimmt sind,
9. Mittel und Gegenstände zur Geruchsverbesserung in Räumen, die zum Aufenthalt von Menschen bestimmt sind.

²Bedarfsgegenstände sind nicht Gegenstände, die nach § 2 Absatz 2 des Arzneimittelgesetzes als Arzneimittel gelten, nach § 3 des Medizinproduktegesetzes Medizinprodukte oder Zubehör für Medizinprodukte oder nach § 3 b des Chemikaliengesetzes Biozid-Produkte sind, sowie nicht die in Artikel 1 Absatz 3 der Verordnung (EG) Nr. 1935/2004 genannten Materialien und Gegenstände, Überzugs- und Beschichtungsmaterialien und Wasserversorgungsanlagen.

§ 3 Weitere Begriffsbestimmungen

Im Sinne dieses Gesetzes sind:

1. Inverkehrbringen: Inverkehrbringen im Sinne des Artikels 3 Nummer 8 der Verordnung (EG) Nr. 178/2002; für kosmetische Mittel, Bedarfsgegenstände und mit Lebensmitteln verwechselbare Produkte gilt Artikel 3 Nummer 8 der Verordnung (EG) Nr. 178/2002 entsprechend,
2. Herstellen: das Gewinnen, einschließlich des Schlachtens oder Erlegens lebender Tiere, deren Fleisch als Lebensmittel zu dienen bestimmt ist, das Herstellen, das Zubereiten, das Be- und Verarbeiten und das Mischen,
3. Behandeln: das Wiegen, Messen, Um- und Abfüllen, Stempeln, Bedrucken, Verpacken, Kühlen, Gefrieren, Tiefgefrieren, Auftauen, Lagern, Aufbewahren, Befördern sowie jede sonstige Tätigkeit, die nicht als Herstellen oder Inverkehrbringen anzusehen ist,
4. Verbraucherin oder Verbraucher: Endverbraucher im Sinne des Artikels 3 Nummer 18 der Verordnung (EG) Nr. 178/2002, im Übrigen diejenige, an die oder derjenige, an den ein kosmetisches Mittel oder ein Bedarfsgegenstand zur persönlichen Verwendung oder zur Verwendung im eigenen Haushalt abgegeben wird, wobei Gewerbetreibende, soweit sie ein kosmetisches Mittel oder einen Bedarfsgegenstand zum Verbrauch innerhalb ihrer Betriebsstätte beziehen, der Verbraucherin oder dem Verbraucher gleichstehen,
5. Verzehren: das Aufnehmen von Lebensmitteln durch den Menschen durch Essen, Kauen, Trinken sowie durch jede sonstige Zufuhr von Stoffen in den Magen,
6. Lebensmittelunternehmen: Lebensmittelunternehmen im Sinne des Artikels 3 Nummer 2 der Verordnung (EG) Nr. 178/2002,
7. Lebensmittelunternehmerin oder Lebensmittelunternehmer: Lebensmittelunternehmer im Sinne des Artikels 3 Nummer 3 der Verordnung (EG) Nr. 178/2002,
8. Auslösewert: Grenzwert für den Gehalt an einem gesundheitlich nicht erwünschten Stoff, der in oder auf einem Lebensmittel enthalten ist, bei dessen Überschreitung Untersuchungen vorgenommen werden müssen, um die Ursachen für das Vorhandensein des jeweiligen Stoffs mit dem Ziel zu ermitteln, Maßnahmen zu seiner Verringerung oder Beseitigung einzuleiten,
9. mit Lebensmitteln verwechselbare Produkte: Produkte, die zwar keine Lebensmittel sind, bei denen jedoch auf Grund ihrer Form, ihres Geruchs, ihrer Farbe, ihres Aussehens, ihrer Aufmachung, ihrer Kennzeichnung, ihres Volumens oder ihrer Größe vorhersehbar ist, dass sie von den Verbraucherinnen und Verbrauchern, insbesondere von Kindern, mit Lebensmitteln verwechselt werden und deshalb zum Mund geführt, gelutscht oder geschluckt werden, wodurch insbesondere die Gefahr des Erstickens, der Vergiftung, der Perforation oder des Verschlusses des Verdauungskanals entstehen kann; ausgenommen sind Arzneimittel, die einem Zulassungs- oder Registrierungsverfahren unterliegen,

10. Futtermittelunternehmen: Futtermittelunternehmen im Sinne des Artikels 3 Nummer 5 der Verordnung (EG) Nr. 178/2002, auch soweit sich deren Tätigkeit auf Futtermittel bezieht, die zur oralen Tierfütterung von nicht der Lebensmittelgewinnung dienenden Tieren bestimmt sind,
11. Futtermittelunternehmerin oder Futtermittelunternehmer: Futtermittelunternehmer im Sinne des Artikels 3 Nummer 6 der Verordnung (EG) Nr. 178/2002, auch soweit sich deren Verantwortung auf Futtermittel bezieht, die zur oralen Tierfütterung von nicht der Lebensmittelgewinnung dienenden Tieren bestimmt sind,
12. Einzelfuttermittel: einzelne Stoffe, mit Futtermittel-Zusatzstoffen oder ohne Futtermittel-Zusatzstoffe, die dazu bestimmt sind, in unverändertem, zubereitetem, bearbeitetem oder verarbeitetem Zustand an Tiere verfüttert zu werden; ausgenommen sind Stoffe, die überwiegend dazu bestimmt sind, zu anderen Zwecken als zur Tierernährung verwendet zu werden; den Einzelfuttermitteln stehen einzelne Stoffe gleich, die zur Verwendung als Trägerstoffe für Vormischungen bestimmt sind,
13. Mischfuttermittel: Stoffe in Mischungen, mit Futtermittel-Zusatzstoffen oder ohne Futtermittel-Zusatzstoffe, die dazu bestimmt sind, in unverändertem, zubereitetem, bearbeitetem oder verarbeitetem Zustand an Tiere verfüttert zu werden; ausgenommen sind Stoffe, die überwiegend dazu bestimmt sind, zu anderen Zwecken als zur Tierernährung verwendet zu werden,
14. Diätfuttermittel: Mischfuttermittel, die dazu bestimmt sind, den besonderen Ernährungsbedarf der Tiere zu decken, bei denen insbesondere Verdauungs-, Resorptions- oder Stoffwechselstörungen vorliegen oder zu erwarten sind,
15. Futtermittel-Zusatzstoffe: Futtermittelzusatzstoffe im Sinne des Artikels 2 Absatz 2 Buchstabe a der Verordnung (EG) Nr. 1831/2003 des Europäischen Parlaments und des Rates vom 22. September 2003 über Zusatzstoffe zur Verwendung in der Tierernährung (ABl. EU Nr. L 268 S. 29, 2004 Nummer L 192 S. 34, 2007 Nummer L 98 S. 29), die durch die Verordnung (EG) Nr. 378/2005 der Kommission vom 4. März 2005 (ABl. EU Nr. L 59 S. 8) geändert worden ist,
16. Vormischungen: Vormischungen im Sinne des Artikels 2 Absatz 2 Buchstabe e der Verordnung (EG) Nr. 1831/2003,
17. unerwünschte Stoffe: Stoffe – außer Tierseuchenerregern –, die in oder auf Futtermitteln enthalten sind und
    a) als Rückstände in von Nutztieren gewonnenen Lebensmitteln oder sonstigen Produkten eine Gefahr für die menschliche Gesundheit darstellen,
    b) eine Gefahr für die tierische Gesundheit darstellen,
    c) vom Tier ausgeschieden werden und als solche eine Gefahr für den Naturhaushalt darstellen oder
    d) die Leistung von Nutztieren oder als Rückstände in von Nutztieren gewonnenen Lebensmitteln oder sonstigen Produkten die Qualität dieser Lebensmittel oder Produkte nachteilig beeinflussen
    können,
18. Mittelrückstände: Rückstände an Pflanzenschutzmitteln im Sinne des Pflanzenschutzgesetzes, Vorratsschutzmitteln oder Schädlingsbekämpfungsmitteln, soweit sie in Rechtsakten der Europäischen Gemeinschaft im Anwendungsbereich dieses Gesetzes aufgeführt sind und die in oder auf Futtermitteln vorhanden sind,
19. Naturhaushalt: Seine Bestandteile Boden, Wasser, Luft, Klima, Tiere und Pflanzen sowie das Wirkungsgefüge zwischen ihnen,
20. Nutztiere: Tiere einer Art, die üblicherweise zum Zweck der Gewinnung von Lebensmitteln oder sonstigen Produkten gehalten wird, sowie Pferde,
21. Aktionsgrenzwert: Grenzwert für den Gehalt an einem unerwünschten Stoff, bei dessen Überschreitung Untersuchungen vorgenommen werden müssen, um die Ursachen für das Vorhandensein des unerwünschten Stoffs mit dem Ziel zu ermitteln, Maßnahmen zu seiner Verringerung oder Beseitigung einzuleiten.

§ 4 Vorschriften zum Geltungsbereich

(1) Die Vorschriften dieses Gesetzes
1. für Lebensmittel gelten auch für lebende Tiere, die der Gewinnung von Lebensmitteln dienen, soweit dieses Gesetz dies bestimmt,

2. für Lebensmittel-Zusatzstoffe gelten auch für die ihnen nach § 2 Absatz 3 Satz 2 oder auf Grund des Absatzes 3 Nummer 2 gleichgestellten Stoffe,
3. für kosmetische Mittel gelten auch für Mittel zum Tätowieren einschließlich vergleichbarer Stoffe und Zubereitungen aus Stoffen, die dazu bestimmt sind, zur Beeinflussung des Aussehens in oder unter die menschliche Haut eingebracht zu werden und dort, auch vorübergehend, zu verbleiben,
4. und der auf Grund dieses Gesetzes erlassenen Rechtsverordnungen gelten nicht für Erzeugnisse im Sinne des Weingesetzes – ausgenommen die in § 1 Absatz 2 des Weingesetzes genannten Erzeugnisse –; sie gelten jedoch, soweit das Weingesetz oder auf Grund des Weingesetzes erlassene Rechtsverordnungen auf Vorschriften dieses Gesetzes oder der auf Grund dieses Gesetzes erlassenen Rechtsverordnungen verweisen.

(2) In Rechtsverordnungen nach diesem Gesetz können

1. Gaststätten, Einrichtungen zur Gemeinschaftsverpflegung sowie Gewerbetreibende, soweit sie in § 2 Absatz 2, 5 und 6 genannte Erzeugnisse zum Verbrauch innerhalb ihrer Betriebsstätte beziehen, der Verbraucherin oder dem Verbraucher gleichgestellt werden,
2. weitere als in den §§ 2 und 3 genannte Begriffsbestimmungen oder davon abweichende Begriffsbestimmungen vorgesehen werden, soweit dadurch der Anwendungsbereich dieses Gesetzes nicht erweitert wird.

(3) Das Bundesministerium für Ernährung, Landwirtschaft und Verbraucherschutz (Bundesministerium) wird ermächtigt, im Einvernehmen mit dem Bundesministerium für Wirtschaft und Technologie durch Rechtsverordnung mit Zustimmung des Bundesrates, soweit es zur Erfüllung der in § 1 Absatz 1 Nummer 1, auch in Verbindung mit Absatz 3, genannten Zwecke erforderlich ist,

1. andere Gegenstände und Mittel des persönlichen oder häuslichen Bedarfs, von denen bei bestimmungsgemäßem oder vorauszusehendem Gebrauch auf Grund ihrer stofflichen Zusammensetzung, insbesondere durch toxikologisch wirksame Stoffe oder durch Verunreinigungen, gesundheitsgefährdende Einwirkungen auf den menschlichen Körper ausgehen können, den Bedarfsgegenständen,
2. bestimmte Stoffe oder Gruppen von Stoffen, auch nur für bestimmte Verwendungszwecke, den Lebensmittel-Zusatzstoffen

gleichzustellen.

Abschnitt 2. Verkehr mit Lebensmitteln

§ 5 Verbote zum Schutz der Gesundheit

(1) ¹Es ist verboten, Lebensmittel für andere derart herzustellen oder zu behandeln, dass ihr Verzehr gesundheitsschädlich im Sinne des Artikels 14 Absatz 2 Buchstabe a der Verordnung (EG) Nr. 178/2002 ist. ²Unberührt bleiben

1. das Verbot des Artikels 14 Absatz 1 in Verbindung mit Absatz 2 Buchstabe a der Verordnung (EG) Nr. 178/2002 über das Inverkehrbringen gesundheitsschädlicher Lebensmittel und
2. Regelungen in Rechtsverordnungen auf Grund des § 13 Absatz 1 Nummer 3 und 4, soweit sie für den privaten häuslichen Bereich gelten.

(2) Es ist ferner verboten,

1. Stoffe, die keine Lebensmittel sind und deren Verzehr gesundheitsschädlich im Sinne des Artikels 14 Absatz 2 Buchstabe a der Verordnung (EG) Nr. 178/2002 ist, als Lebensmittel in den Verkehr zu bringen,
2. mit Lebensmitteln verwechselbare Produkte für andere herzustellen, zu behandeln oder in den Verkehr zu bringen.

§ 6 Verbote für Lebensmittel-Zusatzstoffe

(1) Es ist verboten

1. bei dem Herstellen oder Behandeln von Lebensmitteln, die dazu bestimmt sind, in den Verkehr gebracht zu werden,
   a) nicht zugelassene Lebensmittel-Zusatzstoffe unvermischt oder in Mischungen mit anderen Stoffen zu verwenden,

b) Ionenaustauscher zu benutzen, soweit dadurch nicht zugelassene Lebensmittel-Zusatzstoffe in die Lebensmittel gelangen,
c) Verfahren zu dem Zweck anzuwenden, nicht zugelassene Lebensmittel-Zusatzstoffe in den Lebensmitteln zu erzeugen,
2. Lebensmittel in den Verkehr zu bringen, die entgegen dem Verbot der Nummer 1 hergestellt oder behandelt sind oder einer nach § 7 Absatz 1 oder 2 Nummer 1 oder 5 erlassenen Rechtsverordnung nicht entsprechen,
3. Lebensmittel-Zusatzstoffe oder Ionenaustauscher, die bei dem Herstellen oder Behandeln von Lebensmitteln nicht verwendet werden dürfen, für eine solche Verwendung oder zur Verwendung bei dem Herstellen oder Behandeln von Lebensmitteln durch die Verbraucherin oder den Verbraucher in den Verkehr zu bringen.

(2) ¹Absatz 1 Nummer 1 Buchstabe a findet keine Anwendung auf Enzyme und Mikroorganismenkulturen. ²Absatz 1 Nummer 1 Buchstabe c findet keine Anwendung auf Stoffe, die bei einer allgemein üblichen küchenmäßigen Zubereitung von Lebensmitteln entstehen.

§ 7 Ermächtigungen für Lebensmittel-Zusatzstoffe

(1) Das Bundesministerium wird ermächtigt, im Einvernehmen mit dem Bundesministerium für Wirtschaft und Technologie durch Rechtsverordnung mit Zustimmung des Bundesrates, soweit es unter Berücksichtigung technologischer, ernährungsphysiologischer oder diätetischer Erfordernisse mit den in § 1 Absatz 1 Nummer 1 oder 2, jeweils auch in Verbindung mit Absatz 3, genannten Zwecken vereinbar ist,
1. Lebensmittel-Zusatzstoffe allgemein oder für bestimmte Lebensmittel oder für bestimmte Verwendungszwecke zuzulassen,
2. Ausnahmen von den Verboten des § 6 Absatz 1 zuzulassen.

(2) Das Bundesministerium wird ferner ermächtigt, im Einvernehmen mit dem Bundesministerium für Wirtschaft und Technologie durch Rechtsverordnung mit Zustimmung des Bundesrates, soweit es zur Erfüllung der in § 1 Absatz 1 Nummer 1 oder 2, jeweils auch in Verbindung mit Absatz 3, genannten Zwecks erforderlich ist,
1. Höchstmengen für den Gehalt an Lebensmittel-Zusatzstoffen oder deren Umwandlungsprodukten in Lebensmitteln sowie Reinheitsanforderungen für Lebensmittel-Zusatzstoffe oder für Ionenaustauscher festzusetzen,
2. Mindestmengen für den Gehalt an Lebensmittel-Zusatzstoffen in Lebensmitteln festzusetzen,
3. Vorschriften über das Herstellen, das Behandeln oder das Inverkehrbringen von Ionenaustauschern zu erlassen,
4. bestimmte Enzyme oder Mikroorganismenkulturen von der Regelung des § 6 Absatz 2 Satz 1 auszunehmen,
5. die Verwendung bestimmter Ionenaustauscher bei dem Herstellen von Lebensmitteln zu verbieten oder zu beschränken.

§ 8 Bestrahlungsverbot und Zulassungsermächtigung

(1) Es ist verboten,
1. bei Lebensmitteln eine nicht zugelassene Bestrahlung mit ultravioletten oder ionisierenden Strahlen anzuwenden,
2. Lebensmittel in den Verkehr zu bringen, die entgegen dem Verbot der Nummer 1 oder einer nach Absatz 2 erlassenen Rechtsverordnung bestrahlt sind.

(2) Das Bundesministerium wird ermächtigt, im Einvernehmen mit den Bundesministerien für Bildung und Forschung und für Umwelt, Naturschutz und Reaktorsicherheit durch Rechtsverordnung mit Zustimmung des Bundesrates,
1. soweit es mit den Zwecken des § 1 Absatz 1 oder 2, jeweils auch in Verbindung mit Absatz 3, vereinbar ist, eine solche Bestrahlung allgemein oder für bestimmte Lebensmittel oder für bestimmte Verwendungszwecke zuzulassen,
2. soweit es zur Erfüllung der in § 1 Absatz 1 oder 2, jeweils auch in Verbindung mit Absatz 3, genannten Zwecke erforderlich ist, bestimmte technische Verfahren für zugelassene Bestrahlungen vorzuschreiben.

§ 9 Pflanzenschutz- oder sonstige Mittel

(1) ¹Es ist verboten, Lebensmittel in den Verkehr zu bringen,
1. wenn in oder auf ihnen Pflanzenschutzmittel im Sinne des Pflanzenschutzgesetzes, Düngemittel im Sinne des Düngemittelgesetzes, andere Pflanzen- oder Bodenbehandlungsmittel, Biozid-Produkte im Sinne des Chemikaliengesetzes, soweit sie dem Vorratsschutz, der Schädlingsbekämpfung oder dem Schutz von Lebensmitteln dienen (Pflanzenschutz- oder sonstige Mittel) oder deren Umwandlungs- oder Reaktionsprodukte vorhanden sind, die nach Absatz 2 Nummer 1 Buchstabe a festgesetzte Höchstmengen überschreiten,
2. wenn in oder auf ihnen Pflanzenschutzmittel im Sinne des Pflanzenschutzgesetzes vorhanden sind, die nicht zugelassen sind oder die bei den Lebensmitteln oder deren Ausgangsstoffen nicht angewendet werden dürfen,
3. die den Anforderungen nach Artikel 18 Absatz 1, auch in Verbindung mit Artikel 20 Absatz 1, der Verordnung (EG) Nr. 396/2005 des Europäischen Parlaments und des Rates vom 23. Februar 2005 über Höchstgehalte an Pestizidrückständen in oder auf Lebens- und Futtermitteln pflanzlichen und tierischen Ursprungs und zur Änderung der Richtlinie 91/414/EWG des Rates (ABl. L 70 vom 16. 3. 2005, S. 1), die zuletzt durch die Verordnung (EG) Nr. 256/2009 (ABl. L 81 vom 27. 3. 2009, S. 3) geändert worden ist, nicht entsprechen.

²Satz 1 Nummer 2 gilt nicht, soweit für die dort genannten Mittel Höchstmengen nach Absatz 2 Nummer 1 Buchstabe a festgesetzt sind.

(2) Das Bundesministerium wird ermächtigt, im Einvernehmen mit dem Bundesministerium für Wirtschaft und Technologie durch Rechtsverordnung mit Zustimmung des Bundesrates,
1. soweit es zur Erfüllung der in § 1 Absatz 1 Nummer 1 oder 2, jeweils auch in Verbindung mit Absatz 3, genannten Zwecke erforderlich ist,
    a) für Pflanzenschutz- oder sonstige Mittel oder deren Umwandlungs- und Reaktionsprodukte Höchstmengen festzusetzen, die in oder auf Lebensmitteln beim Inverkehrbringen nicht überschritten sein dürfen,
    b) das Inverkehrbringen von Lebensmitteln, bei denen oder bei deren Ausgangsstoffen bestimmte Stoffe als Pflanzenschutz- oder sonstige Mittel angewendet worden sind, zu verbieten,
    c) Maßnahmen zur Entwesung, Entseuchung oder Entkeimung von Räumen oder Geräten, in denen oder mit denen Lebensmittel hergestellt, behandelt oder in den Verkehr gebracht werden, von einer Genehmigung oder Anzeige abhängig zu machen sowie die Anwendung bestimmter Mittel, Geräte oder Verfahren bei solchen Maßnahmen vorzuschreiben, zu verbieten oder zu beschränken,
2. soweit es mit den in § 1 Absatz 1 Nummer 1 oder Nummer 2, jeweils auch in Verbindung mit Absatz 3, genannten Zwecken vereinbar ist, Ausnahmen von dem Verbot
    a) des Absatzes 1 Satz 1 Nummer 2 oder
    b) des Absatzes 1 Satz 1 Nummer 3 oder des Artikels 18 Absatz 1 der Verordnung (EG) Nr. 396/2005
    zuzulassen.

§ 10 Stoffe mit pharmakologischer Wirkung

(1) ¹Es ist verboten, vom Tier gewonnene Lebensmittel in den Verkehr zu bringen, wenn in oder auf ihnen Stoffe mit pharmakologischer Wirkung oder deren Umwandlungsprodukte vorhanden sind, die
1. nach Artikel 5 Unterabsatz 2 der Verordnung (EWG) Nummer 2377/90 des Rates vom 26. Juni 1990 zur Schaffung eines Gemeinschaftsverfahrens für die Festsetzung von Höchstmengen für Tierarzneimittelrückstände in Nahrungsmitteln tierischen Ursprungs (ABl. L 224 vom 18. 8. 1990, S. 1), die zuletzt durch die Verordnung (EG) Nr. 582/2009 (ABl. L 175 vom 4. 7. 2009, S. 5) geändert worden ist, bei den dort genannten Tieren nicht angewendet werden dürfen,
2. nach Artikel 2 oder 4 der Verordnung (EWG) Nummer 2377/90 festgesetzte Höchstmengen überschreiten,
3. nach Absatz 4 Nummer 1 Buchstabe a festgesetzte Höchstmengen überschreiten,
4. nicht als Arzneimittel zur Anwendung bei dem Tier, von dem die Lebensmittel gewonnen werden, zugelassen oder registriert sind oder, ohne entsprechende Zulassung oder Regis-

trierung, nicht auf Grund sonstiger arzneimittelrechtlicher Vorschriften angewendet werden dürfen,
5. a) nicht als Futtermittel-Zusatzstoffe für das Tier, von dem die Lebensmittel stammen, zugelassen sind,
   b) als Futtermittel-Zusatzstoffe, die für das Tier, von dem die Lebensmittel stammen, zugelassen sind, im Rahmen der Zulassung festgesetzte Höchstmengen überschreiten oder, sofern solche Höchstmengen im Rahmen der Zulassung nicht festgesetzt worden sind, in nicht zulässigen Gehalten verfüttert worden sind.

²Satz 1 Nummer 4 und 5 gilt nicht, soweit
1. für die Stoffe mit pharmakologischer Wirkung oder deren Umwandlungsprodukte
   a) Höchstmengen hinsichtlich des jeweiligen Lebensmittels nach Absatz 4 Nummer 1 Buchstabe a festgesetzt sind und diese nicht überschritten werden oder
   b) nach Artikel 2 oder Artikel 4 der Verordnung (EWG) Nummer 2377/90 festgesetzte Höchstmengen nicht überschritten werden,
2. die Stoffe mit pharmakologischer Wirkung in Anhang II der Verordnung (EWG) Nummer 2377/90 für die Tierart, von der das Lebensmittel gewonnen worden ist, aufgeführt sind und die für diese dort festgelegten sonstigen Vorschriften eingehalten sind oder die in Anhang II der Verordnung (EWG) Nummer 2377/90 aufgeführten Stoffe auf Grund sonstiger arzneimittelrechtlicher Vorschriften angewendet werden dürfen.

(2) Es ist ferner verboten, lebende Tiere im Sinne des § 4 Absatz 1 Nummer 1 in den Verkehr zu bringen, wenn in oder auf ihnen Stoffe mit pharmakologischer Wirkung oder deren Umwandlungsprodukte vorhanden sind, die
1. nach Artikel 5 Unterabsatz 2 der Verordnung (EWG) Nummer 2377/90 bei den dort genannten Tieren nicht angewendet werden dürfen,
2. nicht als Arzneimittel zur Anwendung bei dem lebenden Tier im Sinne des § 4 Absatz 1 Nummer 1 zugelassen oder registriert sind oder, ohne entsprechende Zulassung oder Registrierung, nicht auf Grund sonstiger arzneimittelrechtlicher Vorschriften angewendet werden dürfen,
3. a) nicht als Futtermittel-Zusatzstoffe für das Tier, vom dem die Lebensmittel gewonnen werden, zugelassen sind,
   b) als Futtermittel-Zusatzstoffe, die für das Tier, von dem die Lebensmittel gewonnen werden, zugelassen sind, in nicht zulässigen Gehalten verfüttert worden sind.

(3) Sind Stoffe mit pharmakologischer Wirkung, die als Arzneimittel zugelassen oder registriert sind oder als Futtermittel-Zusatzstoffe zugelassen sind, einem lebenden Tier zugeführt worden, so dürfen
1. von dem Tier Lebensmittel
2. von dem Tier gewonnene Lebensmittel nur in den Verkehr gebracht werden,
   wenn die festgesetzten Wartezeiten eingehalten worden sind.

(4) Das Bundesministerium wird ermächtigt, durch Rechtsverordnung mit Zustimmung des Bundesrates,
1. soweit es zur Erfüllung der in § 1 Absatz 1 Nummer 1 oder 2, jeweils auch in Verbindung mit Absatz 3, genannten Zwecke erforderlich ist,
   a) für Stoffe mit pharmakologischer Wirkung oder deren Umwandlungsprodukte Höchstmengen festzusetzen, die in oder auf Lebensmitteln beim Inverkehrbringen nicht überschritten sein dürfen,
   b) bestimmte Stoffe mit pharmakologischer Wirkung, ausgenommen Stoffe, die als Futtermittel-Zusatzstoffe in den Verkehr gebracht oder verwendet werden dürfen, von der Anwendung bei Tieren ganz oder für bestimmte Verwendungszwecke oder innerhalb bestimmter Wartezeiten auszuschließen und zu verbieten, dass entgegen solchen Vorschriften gewonnene Lebensmittel oder für eine verbotene Anwendung bestimmte Stoffe in den Verkehr gebracht werden,
   c) bestimmte Stoffe oder Gruppen von Stoffen, ausgenommen Stoffe, die als Einzelfuttermittel oder Mischfuttermittel oder Futtermittel-Zusatzstoffe in den Verkehr gebracht oder verwendet werden dürfen, den Stoffen mit pharmakologischer Wirkung gleichzustellen, sofern Tatsachen die Annahme rechtfertigen, dass diese Stoffe in von Tieren gewonnene Lebensmittel übergehen,

2. soweit es zur Erfüllung der in § 1 Absatz 1 Nummer 1 oder 2, jeweils auch in Verbindung mit Absatz 3, genannten Zwecke erforderlich ist, die Regelungen des Absatzes 1 auf andere als die im einleitenden Satzteil des Absatzes 1 Satz 1 genannten Lebensmittel ganz oder teilweise zu erstrecken,
3. soweit es mit den in § 1 Absatz 1 Nummer 1 oder 2 genannten Zwecken vereinbar ist, Ausnahmen von dem Verbot des Absatzes 3 zuzulassen.

(5) Sobald und soweit ein Bescheid nach § 41 Absatz 2 Satz 1 oder 2, auch in Verbindung mit Absatz 4, ergangen ist, sind die Absätze 1 bis 3 nicht mehr anzuwenden.

§ 11 Vorschriften zum Schutz vor Täuschung

(1) [1]Es ist verboten, Lebensmittel unter irreführender Bezeichnung, Angabe oder Aufmachung in den Verkehr zu bringen oder für Lebensmittel allgemein oder im Einzelfall mit irreführenden Darstellungen oder sonstigen Aussagen zu werben. [2]Eine Irreführung liegt insbesondere dann vor, wenn

1. bei einem Lebensmittel zur Täuschung geeignete Bezeichnungen, Angaben, Aufmachungen, Darstellungen oder sonstige Aussagen über Eigenschaften, insbesondere über Art, Beschaffenheit, Zusammensetzung, Menge, Haltbarkeit, Ursprung, Herkunft oder Art der Herstellung oder Gewinnung verwendet werden,
2. einem Lebensmittel Wirkungen beigelegt werden, die ihm nach den Erkenntnissen der Wissenschaft nicht zukommen oder die wissenschaftlich nicht hinreichend gesichert sind,
3. zu verstehen gegeben wird, dass ein Lebensmittel besondere Eigenschaften hat, obwohl alle vergleichbaren Lebensmittel dieselben Eigenschaften haben,
4. einem Lebensmittel der Anschein eines Arzneimittels gegeben wird.

(2) Es ist ferner verboten,

1. andere als dem Verbot des Artikels 14 Absatz 1 in Verbindung mit Absatz 2 Buchstabe b der Verordnung (EG) Nr. 178/2002 unterliegende Lebensmittel, die für den Verzehr durch den Menschen ungeeignet sind, in den Verkehr zu bringen,
2. a) nachgemachte Lebensmittel,
   b) Lebensmittel, die hinsichtlich ihrer Beschaffenheit von der Verkehrsauffassung abweichen und dadurch in ihrem Wert, insbesondere in ihrem Nähr- oder Genusswert oder in ihrer Brauchbarkeit nicht unerheblich gemindert sind oder
   c) Lebensmittel, die geeignet sind, den Anschein einer besseren als der tatsächlichen Beschaffenheit zu erwecken,

ohne ausreichende Kenntlichmachung in den Verkehr zu bringen.

§ 12 Verbot der krankheitsbezogenen Werbung

(1) Es ist verboten, beim Verkehr mit Lebensmitteln oder in der Werbung für Lebensmittel allgemein oder im Einzelfall

1. Aussagen, die sich auf die Beseitigung, Linderung oder Verhütung von Krankheiten beziehen,
2. Hinweise auf ärztliche Empfehlungen oder ärztliche Gutachten,
3. Krankengeschichten oder Hinweise auf solche,
4. Äußerungen Dritter, insbesondere Dank-, Anerkennungs- oder Empfehlungsschreiben, soweit sie sich auf die Beseitigung oder Linderung von Krankheiten beziehen, sowie Hinweise auf solche Äußerungen,
5. bildliche Darstellungen von Personen in der Berufskleidung oder bei der Ausübung der Tätigkeit von Angehörigen der Heilberufe, des Heilgewerbes oder des Arzneimittelhandels,
6. Aussagen, die geeignet sind, Angstgefühle hervorzurufen oder auszunutzen,
7. Schriften oder schriftliche Angaben, die dazu anleiten, Krankheiten mit Lebensmitteln zu behandeln,

zu verwenden.

(2) [1]Die Verbote des Absatzes 1 gelten nicht für die Werbung gegenüber Angehörigen der Heilberufe, des Heilgewerbes oder der Heilhilfsberufe. [2]Die Verbote des Absatzes 1 Nummer 1 und 7 gelten nicht für diätetische Lebensmittel, soweit nicht das Bundesministerium durch Rechtsverordnung mit Zustimmung des Bundesrates etwas anderes bestimmt.

(3) Artikel 14 Absatz 1 der Verordnung (EG) Nr. 1924/2006 des Europäischen Parlaments und des Rates vom 20. Dezember 2006 über nährwert- und gesundheitsbezogene Angaben über Lebensmittel (ABl. L 404 vom 30. 12. 2006, S. 9, L 12 vom 18. 1. 2007, S. 3, L 86 vom 28. 3. 2008, S. 34), die zuletzt durch die Verordnung (EG) Nr. 109/2008 (ABl. L 39 vom 13. 2. 2008, S. 14) geändert worden ist, über die Verwendung von Angaben über die Verringerung eines Krankheitsrisikos bleibt unberührt.

§ 13 Ermächtigungen zum Schutz der Gesundheit und vor Täuschung

(1) Das Bundesministerium wird ermächtigt, in den Fällen der Nummern 1 und 2 im Einvernehmen mit dem Bundesministerium für Wirtschaft und Technologie, durch Rechtsverordnung mit Zustimmung des Bundesrates, soweit es zur Erfüllung der in § 1 Absatz 1 Nummer 1, in den Fällen der Nummer 3, soweit diese zu Regelungen über das Herstellen oder Behandeln ermächtigt, und Nummer 4 auch zur Erfüllung der in Absatz 2, stets jeweils auch in Verbindung mit Absatz 3, genannten Zwecke erforderlich ist,

1. bei dem Herstellen oder Behandeln von Lebensmitteln
   a) die Verwendung bestimmter Stoffe, Gegenstände oder Verfahren zu verbieten oder zu beschränken,
   b) die Anwendung bestimmter Verfahren vorzuschreiben,
2. für bestimmte Lebensmittel Anforderungen an das Herstellen, das Behandeln oder das Inverkehrbringen zu stellen,
3. das Herstellen, das Behandeln oder das Inverkehrbringen von
   a) bestimmten Lebensmitteln,
   b) lebenden Tieren im Sinne des § 4 Absatz 1 Nummer 1
   von einer amtlichen Untersuchung abhängig zu machen,
4. vorzuschreiben, dass bestimmte Lebensmittel nach dem Gewinnen amtlich zu untersuchen sind,
5. das Herstellen oder das Behandeln von bestimmten Stoffen, die im Sinne des Artikels 14 Absatz 2 Buchstabe a der Verordnung (EG) Nr. 178/2002 gesundheitsschädlich sind, in Lebensmittelunternehmen sowie das Verbringen in diese zu verbieten oder zu beschränken,
6. für bestimmte Lebensmittel Warnhinweise, sonstige warnende Aufmachungen oder Sicherheitsvorkehrungen vorzuschreiben,
7. vorbehaltlich des Absatzes 5 Satz 1 Nummer 2 Auslösewerte für einen gesundheitlich nicht erwünschten Stoff, der in oder auf einem Lebensmittel enthalten ist, festzusetzen.

(2) Lebensmittel, die entgegen einer nach Absatz 1 Nummer 1 erlassenen Rechtsverordnung hergestellt oder behandelt sind, dürfen nicht in den Verkehr gebracht werden.

(3) ¹Das Bundesministerium wird ferner ermächtigt, durch Rechtsverordnung mit Zustimmung des Bundesrates, soweit es zur Erfüllung der in § 1 Absatz 1 Nummer 1 oder 2, jeweils auch in Verbindung mit Absatz 3, genannten Zwecke erforderlich ist

1. vorzuschreiben, dass der Gehalt der Lebensmittel an den in Rechtsverordnungen nach § 7 Absatz 1 Nummer 1 zugelassenen Zusatzstoffen und die Anwendung der in Rechtsverordnungen nach § 8 Absatz 2 Nummer 1 zugelassenen Behandlung oder Bestrahlung kenntlich zu machen sind und dabei die Art der Kenntlichmachung zu regeln,
2. Vorschriften über die Kenntlichmachung der in oder auf Lebensmitteln vorhandenen Stoffe im Sinne der §§ 9 und 10 zu erlassen.

²Rechtsverordnungen nach Satz 1 Nummer 2 bedürfen des Einvernehmens mit dem Bundesministerium für Wirtschaft und Technologie.

(4) Das Bundesministerium wird weiter ermächtigt, im Einvernehmen mit dem Bundesministerium für Wirtschaft und Technologie durch Rechtsverordnung mit Zustimmung des Bundesrates, soweit es zur Erfüllung der in § 1 Absatz 1 Nummer 2, auch in Verbindung mit Absatz 3, genannten Zwecke erforderlich ist,

1. vorzuschreiben, dass
   a) Lebensmittel unter bestimmten Bezeichnungen nur in den Verkehr gebracht werden dürfen, wenn sie bestimmten Anforderungen an die Herstellung, Zusammensetzung oder Beschaffenheit entsprechen,
   b) Lebensmittel, die bestimmten Anforderungen an die Herstellung, Zusammensetzung oder Beschaffenheit nicht entsprechen oder sonstige Lebensmittel von bestimmter Art oder Beschaffenheit nicht, nur unter ausreichender Kenntlichmachung oder nur unter be-

stimmten Bezeichnungen, sonstigen Angaben oder Aufmachungen in den Verkehr gebracht werden dürfen, und die Einzelheiten hierfür zu bestimmen,
  c) Lebensmittel unter bestimmten zur Irreführung geeigneten Bezeichnungen, Angaben oder Aufmachungen nicht in den Verkehr gebracht werden dürfen und dass für sie mit bestimmten zur Irreführung geeigneten Darstellungen oder sonstigen Aussagen nicht geworben werden darf,
  d) Lebensmittel, bei denen bestimmte Verfahren angewendet worden sind, nur unter bestimmten Voraussetzungen in den Verkehr gebracht werden dürfen,
  e) Lebensmitteln zur vereinfachten Feststellung ihrer Beschaffenheit bestimmte Indikatoren zugesetzt werden müssen,
  f) Lebensmittel nur in bestimmten Einheiten in den Verkehr gebracht werden dürfen,
  g) bestimmten Lebensmitteln bestimmte Angaben, insbesondere über die Anwendung von Stoffen oder über die weitere Verarbeitung der Erzeugnisse, beizufügen sind,
2. zu verbieten, dass Gegenstände oder Stoffe, die bei dem Herstellen oder dem Behandeln von Lebensmitteln nicht verwendet werden dürfen, für diese Zwecke hergestellt oder in den Verkehr gebracht werden, auch wenn die Verwendung nur für den eigenen Bedarf des Abnehmers erfolgen soll.

(5) ^{1}Das Bundesministerium für Umwelt, Naturschutz und Reaktorsicherheit wird ermächtigt, durch Rechtsverordnung mit Zustimmung des Bundesrates, soweit es zur Erfüllung der in § 1 Absatz 1 Nummer 1, auch in Verbindung mit Absatz 3, genannten Zwecke erforderlich ist,
1. das Inverkehrbringen von Lebensmitteln, die einer Einwirkung durch Verunreinigungen der Luft, des Wassers oder des Bodens ausgesetzt waren, zu verbieten oder zu beschränken,
2. Auslösewerte für einen gesundheitlich nicht erwünschten Stoff, der in oder auf einem Lebensmittel, das einer Einwirkung durch Verunreinigungen der Luft, des Wassers oder des Bodens ausgesetzt war, enthalten ist, festzusetzen.

^{2}Rechtsverordnungen nach Satz 1 bedürfen des Einvernehmens mit dem Bundesministerium und dem Bundesministerium für Wirtschaft und Technologie.

§ 14 Weitere Ermächtigungen

(1) Das Bundesministerium wird ermächtigt, durch Rechtsverordnung mit Zustimmung des Bundesrates, soweit dies zur Erfüllung der in § 1 Absatz 1 Nummer 1 oder 2, in den Fällen der Nummern 3 und 6 auch zur Erfüllung der in Absatz 2, stets jeweils auch in Verbindung mit Absatz 3, genannten Zwecke erforderlich ist,

1. das Inverkehrbringen von vom Tier gewonnenen Lebensmitteln davon abhängig zu machen, dass sie von einer Genusstauglichkeitsbescheinigung, von einer vergleichbaren Urkunde oder von sonstigen Dokumenten begleitet werden sowie Inhalt, Form und Ausstellung dieser Urkunden oder Dokumente zu regeln,
2. das Herstellen, das Behandeln, das Inverkehrbringen oder das Erwerben von vom Tier gewonnenen Lebensmitteln von einer Kennzeichnung, amtlichen Kennzeichnung oder amtlichen Anerkennung oder das Inverkehrbringen von natürlichen Mineralwässern von einer amtlichen Anerkennung abhängig zu machen sowie Inhalt, Art und Weise und das Verfahren einer solchen Kennzeichnung, amtlichen Kennzeichnung oder amtlichen Anerkennung zu regeln,
3. die Voraussetzungen zu bestimmen, unter denen vom Tier gewonnene Lebensmittel als mit infektiösem Material verunreinigt anzusehen sind, sowie die erforderlichen Maßnahmen, insbesondere die Sicherstellung und unschädliche Beseitigung zu regeln,
4. zu bestimmen, unter welchen Voraussetzungen milchwirtschaftliche Unternehmen bestimmte Bezeichnungen führen dürfen,
5. vorzuschreiben, dass Sendungen bestimmter Lebensmittel aus anderen Mitgliedstaaten oder anderen Vertragsstaaten des Abkommens über den Europäischen Wirtschaftsraum, auch während der Beförderung, daraufhin überprüft oder untersucht werden können, ob sie von den vorgeschriebenen Urkunden begleitet werden und den Vorschriften dieses Gesetzes, der auf Grund dieses Gesetzes erlassenen Rechtsverordnungen oder der unmittelbar geltenden Rechtsakte der Europäischen Gemeinschaft im Anwendungsbereich dieses Gesetzes entsprechen,
6. das Verfahren für die amtliche Untersuchung nach § 13 Absatz 1 Nummer 3 und 4 zu regeln.

(2) Das Bundesministerium wird ferner ermächtigt, durch Rechtsverordnung mit Zustimmung des Bundesrates, soweit dies zur Erfüllung der in § 1 Absatz 1 Nummer 1, auch in Verbindung mit Absatz 3, genannten Zwecke erforderlich ist,

1. und sofern die Voraussetzungen für eine Regelung durch Rechtsverordnungen nach § 13 Absatz 1 oder § 34 Absatz 1 dieses Gesetzes oder nach § 38 des Infektionsschutzgesetzes nicht erfüllt sind, Vorschriften zu erlassen, die eine einwandfreie Beschaffenheit der Lebensmittel von ihrer Herstellung bis zur Abgabe an die Verbraucherin oder den Verbraucher sicherstellen und dabei auch zu bestimmen, welche gesundheitlichen oder hygienischen Anforderungen lebende Tiere im Sinne des § 4 Absatz 1 Nummer 1, die Lebensmittelunternehmen oder die dort beschäftigten Personen hinsichtlich der Gewinnung bestimmter Lebensmittel erfüllen müssen, um eine nachteilige Beeinflussung dieser Lebensmittel zu vermeiden,
2. und sofern die Voraussetzungen für eine Regelung durch Rechtsverordnung nach § 79 Absatz 1 Nummer 1, Absatz 2 oder 3 in Verbindung mit § 17 Absatz 1 Nummer 11 und 14 und Absatz 3 Nummer 4 und 5 des Tierseuchengesetzes nicht erfüllt sind, vorzuschreiben, dass und in welcher Weise Räume, Anlagen oder Einrichtungen, in denen lebende Tiere im Sinne des § 4 Absatz 1 Nummer 1 gehalten werden, gereinigt, desinfiziert oder sonst im Hinblick auf die Einhaltung hygienischer Anforderungen behandelt werden müssen sowie die Führung von Nachweisen zu regeln,
3. vorzuschreiben, dass über die Reinigung, die Desinfektion oder sonstige Behandlungsmaßnahmen im Hinblick auf die Einhaltung der hygienischen Anforderungen von Räumen, Anlagen, Einrichtungen oder Beförderungsmitteln, in denen Lebensmittel hergestellt, behandelt oder in den Verkehr gebracht werden, Nachweise zu führen sind,
4. das Nähere über Art, Form und Inhalt der Nachweise nach den Nummern 2 und 3 sowie über die Dauer ihrer Aufbewahrung zu regeln,
5. das Verfahren für die Überwachung der Einhaltung der hygienischen Anforderungen nach Nummer 1 zu regeln.

(3) Das Bundesministerium wird weiter ermächtigt, im Einvernehmen mit dem Bundesministerium für Wirtschaft und Technologie durch Rechtsverordnung mit Zustimmung des Bundesrates, soweit dies zur Erfüllung der in § 1 Absatz 1 Nummer 1, 2 oder 3 Buchstabe a, jeweils auch in Verbindung mit Absatz 3, genannten Zwecke erforderlich ist, Vorschriften über die Werbung für Säuglingsanfangsnahrung und Folgenahrung zu erlassen.

§ 15 Deutsches Lebensmittelbuch

(1) Das Deutsche Lebensmittelbuch ist eine Sammlung von Leitsätzen, in denen Herstellung, Beschaffenheit oder sonstige Merkmale von Lebensmitteln, die für die Verkehrsfähigkeit der Lebensmittel von Bedeutung sind, beschrieben werden.

(2) Die Leitsätze werden von der Deutschen Lebensmittelbuch-Kommission unter Berücksichtigung des von der Bundesregierung anerkannten internationalen Lebensmittelstandards beschlossen.

(3) ¹Die Leitsätze werden vom Bundesministerium im Einvernehmen mit dem Bundesministerium für Wirtschaft und Technologie veröffentlicht. ²Die Veröffentlichung von Leitsätzen kann aus rechtlichen oder fachlichen Gründen abgelehnt oder rückgängig gemacht werden.

§ 16 Deutsche Lebensmittelbuch-Kommission

(1) Die Deutsche Lebensmittelbuch-Kommission wird beim Bundesministerium gebildet.

(2) ¹Das Bundesministerium beruft im Einvernehmen mit dem Bundesministerium für Wirtschaft und Technologie die Mitglieder der Kommission aus den Kreisen der Wissenschaft, der Lebensmittelüberwachung, der Verbraucherschaft und der Lebensmittelwirtschaft in zahlenmäßig gleichem Verhältnis. ²Das Bundesministerium bestellt den Vorsitzenden der Kommission und seine Stellvertreter und erlässt nach Anhörung der Kommission eine Geschäftsordnung.

(3) ¹Die Kommission soll über die Leitsätze grundsätzlich einstimmig beschließen. ²Beschlüsse, denen nicht mehr als drei Viertel der Mitglieder der Kommission zugestimmt haben, sind unwirksam. ³Das Nähere regelt die Geschäftsordnung.

Abschnitt 3. Verkehr mit Futtermitteln

§ 17 Verbote

(1) ¹Es ist verboten, Futtermittel derart herzustellen oder zu behandeln, dass bei ihrer bestimmungsgemäßen und sachgerechten Verfütterung die von der Lebensmittelgewinnung dienenden Tieren für andere gewonnenen Lebensmittel
1. die menschliche Gesundheit beeinträchtigen können,
2. für den Verzehr durch den Menschen ungeeignet sind.

²Die Verbote des Artikels 15 Absatz 1 in Verbindung mit Absatz 2 der Verordnung (EG) Nr. 178/2002 über das
1. Inverkehrbringen,
2. Verfüttern an der Lebensmittelgewinnung dienende Tiere

von nicht sicheren Futtermitteln bleiben unberührt.

(2) Es ist ferner verboten,
1. Futtermittel
    a) für andere derart herzustellen oder zu behandeln, dass sie bei bestimmungsgemäßer und sachgerechter Verwendung geeignet sind, die tierische Gesundheit zu schädigen,
    b) derart herzustellen oder zu behandeln, dass sie bei bestimmungsgemäßer und sachgerechter Verwendung geeignet sind,
        aa) die Qualität der von Nutztieren gewonnenen Lebensmittel oder sonstigen Produkte zu beeinträchtigen,
        bb) durch in tierischen Ausscheidungen vorhandene unerwünschte Stoffe, die ihrerseits bereits in Futtermitteln enthalten gewesen sind, den Naturhaushalt zu gefährden,
2. Futtermittel in den Verkehr zu bringen, wenn sie bei bestimmungsgemäßer und sachgerechter Verwendung geeignet sind,
    a) die Gesundheit von Tieren, die nicht der Lebensmittelgewinnung dienen, zu schädigen,
    b) die Qualität der von Nutztieren gewonnenen Lebensmittel oder sonstigen Produkte zu beeinträchtigen,
    c) durch in tierischen Ausscheidungen vorhandene unerwünschte Stoffe, die ihrerseits bereits in Futtermitteln enthalten gewesen sind, den Naturhaushalt zu gefährden,
3. Futtermittel zu verfüttern, die geeignet sind,
    a) die Gesundheit von Tieren, die nicht der Lebensmittelgewinnung dienen, zu schädigen,
    b) die Qualität der von Nutztieren gewonnenen Lebensmittel oder sonstigen Produkte zu beeinträchtigen,
    c) durch in tierischen Ausscheidungen vorhandene unerwünschte Stoffe, die ihrerseits bereits in Futtermitteln enthalten gewesen sind, den Naturhaushalt zu gefährden.

§ 18 Verfütterungsverbot und Ermächtigungen

(1) ¹Das Verfüttern von Fetten aus Gewebe warmblütiger Landtiere und von Fischen sowie von Mischfuttermitteln, die diese Einzelfuttermittel enthalten, an Nutztiere, soweit es sich um Wiederkäuer handelt, ist verboten. ²Das Verbot des Satzes 1 gilt nicht für Milch und Milcherzeugnisse. ³Vorschriften über die Verfütterung von Speise- und Küchenabfällen bleiben unberührt. ⁴Unberührt bleiben auch die Verfütterungsverbote nach der Verordnung (EG) Nr. 999/2001 des Europäischen Parlaments und des Rates vom 22. Mai 2001 mit Vorschriften zur Verhütung, Kontrolle und Tilgung bestimmter transmissibler spongiformer Enzephalopathien (ABl. EG Nr. L 147 S. 1) in der jeweils geltenden Fassung.

(2) Abweichend von tierseuchenrechtlichen Vorschriften über das innergemeinschaftliche Verbringen und die Ausfuhr dürfen Futtermittel im Sinne des Absatzes 1 nicht nach
1. anderen Mitgliedstaaten verbracht oder
2. Vertragsstaaten des Abkommens über den Europäischen Wirtschaftsraum oder andere Drittländer ausgeführt

werden.

(3) Das Bundesministerium wird ermächtigt, durch Rechtsverordnung mit Zustimmung des Bundesrates,

1. soweit es zur Erfüllung der in § 1 Absatz 1 Nummer 1 oder Nummer 4 oder Absatz 2, jeweils auch in Verbindung mit Absatz 3, genannten Zwecke erforderlich ist, die Verbote der Absätze 1 und 2 auf andere als die in Absatz 1 Satz 1 genannten Futtermittel oder Tiere ganz oder teilweise zu erstrecken, oder
2. soweit es mit den in § 1 Absatz 1 Nummer 1 oder Nummer 4 oder Absatz 2, jeweils auch in Verbindung mit Absatz 3, genannten Zwecken vereinbar ist, Ausnahmen von den Verboten der Absätze 1 und 2 zuzulassen.

§ 19 Verbote zum Schutz vor Täuschung

(1) ¹Es ist verboten, Futtermittel unter irreführender Bezeichnung, Angabe oder Aufmachung in den Verkehr zu bringen oder für Futtermittel allgemein oder im Einzelfall mit irreführenden Darstellungen oder sonstigen Aussagen zu werben. ²Eine Irreführung liegt insbesondere dann vor, wenn

1. einem Futtermittel Wirkungen beigelegt werden, die ihm nach den Erkenntnissen der Wissenschaft nicht zukommen oder die wissenschaftlich nicht hinreichend gesichert sind,
2. einem Futtermittel der Anschein eines Arzneimittels gegeben wird,
3. zu verstehen gegeben wird, dass ein Futtermittel besondere Eigenschaften hat, obwohl alle vergleichbaren Futtermittel dieselben Eigenschaften haben,
4. bei einem Futtermittel zur Täuschung geeignete Bezeichnungen, Angaben, Aufmachungen, Darstellungen oder sonstige Aussagen über Eigenschaften, insbesondere über Art, Beschaffenheit, Zusammensetzung, Menge, Haltbarkeit, Ursprung, Herkunft oder Art der Herstellung oder Gewinnung verwendet werden.

(2) Es ist ferner verboten,
1. nachgemachte Futtermittel,
2. Futtermittel, die hinsichtlich ihrer Beschaffenheit von der Verkehrsauffassung abweichen und dadurch in ihrem Wert, insbesondere ihrem Futterwert, oder in ihrer Brauchbarkeit nicht unerheblich gemindert sind oder
3. Futtermittel, die geeignet sind, den Anschein einer besseren als der tatsächlichen Beschaffenheit zu erwecken,

ohne ausreichende Kenntlichmachung in den Verkehr zu bringen.

§ 20 Verbot der krankheitsbezogenen Werbung

(1) Es ist verboten, beim Verkehr mit Futtermitteln, ausgenommen Diätfuttermittel, oder in der Werbung für sie allgemein oder im Einzelfall Aussagen zu verwenden, die sich
1. auf die Beseitigung oder Linderung von Krankheiten oder
2. auf die Verhütung solcher Krankheiten, die nicht Folge mangelhafter Ernährung sind,

beziehen.

(2) Das Verbot nach Absatz 1 Nummer 2 bezieht sich nicht auf Aussagen über Futtermittel, soweit diese Aussagen der Zweckbestimmung dieser Stoffe entsprechen.

§ 21 Weitere Verbote sowie Beschränkungen

(1) Diätfuttermittel dürfen nur zu einem durch Rechtsverordnung auf Grund von Ermächtigungen nach diesem Abschnitt festgesetzten Verwendungszweck in den Verkehr gebracht werden.

(2) Einzelfuttermittel, die unter die im Anhang der Richtlinie 82/471/EWG des Rates vom 30. Juni 1982 über bestimmte Erzeugnisse für die Tierernährung (ABl. EG Nr. L 213 S. 8), zuletzt geändert durch die Richtlinie 2004/116/EG der Kommission vom 23. Dezember 2004 (ABl. EU Nr. L 379 S. 81), aufgeführten Erzeugnisgruppen fallen, dürfen nur in den Verkehr gebracht werden, wenn sie durch Rechtsverordnung auf Grund von Ermächtigungen nach diesem Abschnitt zugelassen sind.

(3) ¹Soweit in Satz 2 nichts anderes bestimmt ist, dürfen Futtermittel,
1. bei deren Herstellen oder Behandeln
   a) ein Futtermittel-Zusatzstoff der in Artikel 6 Absatz 1 Buchstabe e der Verordnung (EG) Nr. 1831/2003 genannten Kategorie der Kokzidiostatika und Histomonostatika oder
   b) ein Futtermittel-Zusatzstoff einer anderen als der in Artikel 6 Absatz 1 Buchstabe e der Verordnung (EG) Nr. 1831/2003 genannten Kategorie
verwendet worden ist,

2. die einer durch
   a) eine Rechtsverordnung nach § 23 Nummer 1 Buchstabe a,
   b) eine Rechtsverordnung nach § 23 Nummer 1 Buchstabe b,
   c) eine Rechtsverordnung nach § 23 Nummer 3,
   d) eine Rechtsverordnung nach § 23 Nummer 12
   festgesetzten Anforderung nicht entsprechen, oder
3. die den Anforderungen nach Artikel 18 Absatz 1, auch in Verbindung mit Artikel 20 Absatz 1, der Verordnung (EG) Nr. 396/ 2005 nicht entsprechen,

nicht in Verkehr gebracht und nicht verfüttert werden. ²Satz 1 Nummer 1 gilt nicht, wenn der verwendete Futtermittel-Zusatzstoff durch einen unmittelbar geltenden Rechtsakt der Europäischen Gemeinschaft zugelassen ist und der verwendete Futtermittel-Zusatzstoff oder das Futtermittel einer im Rahmen dieses unmittelbar geltenden Rechtsaktes oder in der Verordnung (EG) Nr. 1831/2003 festgesetzten Anforderung entspricht, sofern eine solche Anforderung dort festgesetzt worden ist. ³Abweichend von Satz 1 dürfen Futtermittel in den Fällen des Satzes 1

1. Nummer 2 Buchstabe b und
2. Nummer 2 Buchstabe c, soweit ein nach § 23 Nummer 3 festgesetzter Mindestgehalt unterschritten wird,

verfüttert werden. ⁴Das Bundesministerium wird ermächtigt, durch Rechtsverordnung mit Zustimmung des Bundesrates, soweit es mit den in § 1 Absatz 1 Nummer 1, 2 oder Nummer 4, jeweils auch in Verbindung mit Absatz 3, genannten Zwecken vereinbar ist,

1. abweichend von Satz 1 Nummer 2 Buchstabe a und b die Abgabe von Futtermitteln in bestimmten Fällen oder zu bestimmten Zwecken zuzulassen und, soweit erforderlich, von einer Genehmigung abhängig zu machen,
2. Ausnahmen von dem Verbot des Satzes 1 Nummer 3 oder Artikels 18 Absatz 1 der Verordnung (EG) Nr. 396/2005 zuzulassen.

(4) Vormischungen dürfen nicht in den Verkehr gebracht werden, wenn sie einer durch Rechtsverordnung auf Grund von Ermächtigungen nach diesem Abschnitt festgesetzten Anforderung nicht entsprechen.

(5) Einzelfuttermittel oder Mischfuttermittel dürfen im Übrigen nicht in den Verkehr gebracht werden, wenn sie einer durch Rechtsverordnung auf Grund von Ermächtigungen nach diesem Abschnitt festgesetzten Anforderung nicht entsprechen.

§ 22 Ermächtigungen zum Schutz der Gesundheit

Das Bundesministerium wird ermächtigt, durch Rechtsverordnung mit Zustimmung des Bundesrates, soweit es zur Erfüllung der in § 1 Absatz 1 Nummer 1, auch in Verbindung mit Absatz 3, genannten Zwecke erforderlich ist, bei dem Herstellen oder dem Behandeln von Futtermitteln die Verwendung bestimmter Stoffe oder Verfahren vorzuschreiben, zu verbieten oder zu beschränken.

§ 23 Weitere Ermächtigungen

Das Bundesministerium wird ermächtigt, durch Rechtsverordnung mit Zustimmung des Bundesrates, soweit es zur Erfüllung der in § 1 Absatz 1 Nummer 2, 3 Buchstabe b oder Nummer 4, in den Fällen der Nummer 1 Buchstabe a und der Nummern 13 bis 15 auch zur Erfüllung der in Absatz 1 Nummer 1, jeweils auch in Verbindung mit Absatz 3, genannten Zwecke erforderlich ist,

1. den Höchstgehalt an
   a) unerwünschten Stoffen,
   b) Mittelrückständen
   festzusetzen,
2. Aktionsgrenzwerte für unerwünschte Stoffe festzusetzen,
3. den Gehalt oder den Höchstgehalt an Futtermittel-Zusatzstoffen in Einzelfuttermitteln oder Mischfuttermitteln festzusetzen,
4. Verwendungszwecke für Diätfuttermittel festzusetzen,
5. bestimmte Futtermittel
   a) allgemein,
   b) für bestimmte Zwecke oder

c) für bestimmte Verwendungszwecke zuzulassen,
6. Futtermittel-Zusatzstoffe für bestimmte andere Futtermittel zuzulassen, soweit Futtermittel-Zusatzstoffe nach anderen Vorschriften einer Zulassung bedürfen,
7. Stoffe, die zur Verhütung bestimmter, verbreitet auftretender Krankheiten von Tieren bestimmt sind, als Futtermittel-Zusatzstoffe zuzulassen,
8. vorzuschreiben, dass bestimmte Stoffe als Einzelfuttermittel oder Mischfuttermittel nicht in den Verkehr gebracht und nicht verfüttert werden dürfen,
9. das Herstellen, das Verfüttern, das Inverkehrbringen oder die Verwendung von bestimmten Futtermitteln oder die Verwendung von Stoffen für die Herstellung von Futtermitteln
   a) zu verbieten,
   b) zu beschränken,
   c) von einer Zulassung abhängig zu machen sowie die Voraussetzungen und das Verfahren für die Zulassung einschließlich des Ruhens der Zulassung zu regeln,
   d) von Anforderungen an bestimmte Futtermittel hinsichtlich ihrer Auswirkungen auf andere Futtermittel und die tierische Erzeugung abhängig zu machen, insbesondere hinsichtlich ihrer Wirksamkeit, Reinheit, Haltbarkeit, Zusammensetzung und technologischen Beschaffenheit, ihres Gehaltes an bestimmten Inhaltsstoffen, ihres Energiewertes, ihrer Beschaffenheit oder ihrer Zusammensetzung,
10. für bestimmte Einzelfuttermittel oder Mischfuttermittel eine Wartezeit festzusetzen und vorzuschreiben, dass innerhalb dieser Wartezeit tierische Produkte als Lebensmittel nicht gewonnen werden dürfen,
11. Anforderungen an
    a) Futtermittel-Zusatzstoffe oder Vormischungen hinsichtlich ihrer Auswirkungen auf die Einzelfuttermittel oder Mischfuttermittel und die tierische Erzeugung, insbesondere hinsichtlich ihrer Wirksamkeit, Reinheit, Haltbarkeit, Zusammensetzung und technologischen Beschaffenheit,
    b) Einzelfuttermittel oder Mischfuttermittel hinsichtlich ihres Gehaltes an bestimmten Inhaltsstoffen, ihres Energiewertes, ihrer Beschaffenheit und ihrer Zusammensetzung festzusetzen,
12. bei dem Herstellen oder Behandeln von Futtermitteln die Verwendung bestimmter Stoffe oder Gegenstände oder die Anwendung bestimmter Verfahren vorzuschreiben, zu verbieten, zu beschränken oder von einer Zulassung abhängig zu machen,
13. die hygienischen Anforderungen zu erlassen, die eine einwandfreie Beschaffenheit der Futtermittel von ihrer Herstellung bis zur Verfütterung sicherstellen,
14. Anforderungen an die Beschaffenheit und Ausstattung von Räumen, Anlagen und Behältnissen zu stellen, in denen Futtermittel hergestellt oder behandelt werden,
15. die Ausstattung, Reinigung oder Desinfektion der in Nummer 14 bezeichneten Räume, Anlagen oder Behältnisse, der zur Beförderung von Futtermitteln dienenden Transportmittel, der bei einer solchen Beförderung benutzten Behältnisse und Gerätschaften und der Ladeplätze sowie die Führung von Nachweisen über die Reinigung und Desinfektion zu regeln,
16. das Verwenden von Gegenständen, die dazu bestimmt sind, bei dem Herstellen, Behandeln, Inverkehrbringen oder Verfüttern von Futtermitteln verwendet zu werden und dabei mit Futtermitteln in Berührung zu kommen oder auf diese einwirken, zu verbieten oder zu beschränken, wenn zu befürchten ist, dass gesundheitlich nicht unbedenkliche Anteile eines Stoffs in ein Futtermittel übergehen.

§ 24 Gewähr für die handelsübliche Reinheit und Unverdorbenheit

¹ Macht der Veräußerer bei der Abgabe von Futtermitteln keine Angaben über die Beschaffenheit, so übernimmt er damit die Gewähr für die handelsübliche Reinheit und Unverdorbenheit. ² Futtermittel gelten insbesondere nicht als von handelsüblicher Reinheit, wenn sie einer nach § 23 Nummer 1 Buchstabe a erlassenen Rechtsverordnung nicht entsprechen.

§ 25 Mitwirkung bestimmter Behörden

Das Bundesministerium wird ermächtigt, durch Rechtsverordnung, die nicht der Zustimmung des Bundesrates bedarf, soweit es zur Erfüllung der in § 1 Absatz 1 Nummer 1 oder 4, jeweils auch in Verbindung mit Absatz 3, genannten Zwecke erforderlich ist, die Mitwirkung des

Bundesamtes für Verbraucherschutz und Lebensmittelsicherheit oder des Bundesinstitutes für Risikobewertung sowie Art und Umfang dieser Mitwirkung bei der in Rechtsakten der Europäischen Gemeinschaft vorgesehenen

1. Aufnahme eines Futtermittels in einen Anhang eines Rechtsaktes der Europäischen Gemeinschaft,
2. Festsetzung eines Verwendungszwecks für Futtermittel,
3. Durchführung gemeinschaftlicher Untersuchungs- oder Erhebungsprogramme

zu regeln.

Abschnitt 4. Verkehr mit kosmetischen Mitteln

§ 26 Verbote zum Schutz der Gesundheit

^{1}Es ist verboten,

1. kosmetische Mittel für andere derart herzustellen oder zu behandeln, dass sie bei bestimmungsgemäßem oder vorauszusehendem Gebrauch geeignet sind, die Gesundheit zu schädigen,
2. Stoffe oder Zubereitungen aus Stoffen, die bei bestimmungsgemäßem oder vorauszusehendem Gebrauch geeignet sind, die Gesundheit zu schädigen, als kosmetische Mittel in den Verkehr zu bringen.

^{2}Der bestimmungsgemäße oder vorauszusehende Gebrauch beurteilt sich insbesondere unter Heranziehung der Aufmachung der in Satz 1 genannten Mittel, Stoffe und Zubereitungen aus Stoffen, ihrer Kennzeichnung, soweit erforderlich, der Hinweise für ihre Verwendung und der Anweisungen für ihre Entfernung sowie aller sonstigen, die Mittel, die Stoffe oder die Zubereitungen aus Stoffen begleitenden Angaben oder Informationen seitens des Herstellers oder des für das Inverkehrbringen der kosmetischen Mittel Verantwortlichen.

§ 27 Vorschriften zum Schutz vor Täuschung

(1) ^{1}Es ist verboten, kosmetische Mittel unter irreführender Bezeichnung, Angabe oder Aufmachung in den Verkehr zu bringen oder für kosmetische Mittel allgemein oder im Einzelfall mit irreführenden Darstellungen oder sonstigen Aussagen zu werben. ^{2}Eine Irreführung liegt insbesondere dann vor, wenn

1. einem kosmetischen Mittel Wirkungen beigelegt werden, die ihm nach den Erkenntnissen der Wissenschaft nicht zukommen oder die wissenschaftlich nicht hinreichend gesichert sind,
2. durch die Bezeichnung, Angabe, Aufmachung, Darstellung oder sonstige Aussage fälschlich der Eindruck erweckt wird, dass ein Erfolg mit Sicherheit erwartet werden kann,
3. zur Täuschung geeignete Bezeichnungen, Angaben, Aufmachungen, Darstellungen oder sonstige Aussagen über
    a) die Person, Vorbildung, Befähigung oder Erfolge des Herstellers, Erfinders oder der für sie tätigen Personen,
    b) Eigenschaften, insbesondere über Art, Beschaffenheit, Zusammensetzung, Menge, Haltbarkeit, Herkunft oder Art der Herstellung
   verwendet werden,
4. ein kosmetisches Mittel für die vorgesehene Verwendung nicht geeignet ist.

(2) Die Vorschriften des Gesetzes über die Werbung auf dem Gebiete des Heilwesens bleiben unberührt.

§ 28 Ermächtigungen zum Schutz der Gesundheit

(1) Das Bundesministerium wird ermächtigt, im Einvernehmen mit dem Bundesministerium für Wirtschaft und Technologie durch Rechtsverordnung mit Zustimmung des Bundesrates, soweit es zur Erfüllung der in § 1 Absatz 1 Nummer 1, auch in Verbindung mit Absatz 3, genannten Zwecke erforderlich ist,

1. Anforderungen an die mikrobiologische Beschaffenheit bestimmter kosmetischer Mittel zu stellen,
2. für kosmetische Mittel Vorschriften zu erlassen, die den in § 32 Absatz 1 Nummer 1 bis 5 und 8 für Bedarfsgegenstände vorgesehenen Regelungen entsprechen.

(2) Kosmetische Mittel, die einer nach Absatz 1 Nummer 1 oder nach Absatz 1 Nummer 2 in Verbindung mit § 32 Absatz 1 Nummer 1 bis 4 Buchstabe a oder Nummer 5 erlassenen Rechtsverordnung nicht entsprechen, dürfen nicht in den Verkehr gebracht werden.

(3) ^{1} Das Bundesministerium wird ermächtigt, im Einvernehmen mit dem Bundesministerium für Wirtschaft und Technologie durch Rechtsverordnung mit Zustimmung des Bundesrates, soweit es für eine medizinische Behandlung bei gesundheitlichen Beeinträchtigungen, die auf die Einwirkung von kosmetischen Mitteln zurückgehen können, erforderlich ist,

1. vorzuschreiben, dass von dem Hersteller oder demjenigen, der das kosmetische Mittel in den Verkehr bringt, dem Bundesamt für Verbraucherschutz und Lebensmittelsicherheit bestimmte Angaben über das kosmetische Mittel, insbesondere Angaben zu seiner Identifizierung, über seine Verwendungszwecke, über die in dem kosmetischen Mittel enthaltenen Stoffe und deren Menge sowie jede Veränderung dieser Angaben mitzuteilen sind, und die Einzelheiten über Form, Inhalt, Ausgestaltung und Zeitpunkt der Mitteilungen zu bestimmen,
2. zu bestimmen, dass das Bundesamt für Verbraucherschutz und Lebensmittelsicherheit die Angaben nach Nummer 1 an die von den Ländern zu bezeichnenden medizinischen Einrichtungen, die Erkenntnisse über die gesundheitlichen Auswirkungen kosmetischer Mittel sammeln und auswerten und bei Stoff bezogenen gesundheitlichen Beeinträchtigungen durch Beratung und Behandlung Hilfe leisten (Informations- und Behandlungszentren für Vergiftungen), weiterleiten kann,
3. zu bestimmen, dass die Informations- und Behandlungszentren für Vergiftungen dem Bundesamt für Verbraucherschutz und Lebensmittelsicherheit über Erkenntnisse auf Grund ihrer Tätigkeit berichten, die für die Beratung bei und die Behandlung von Stoff bezogenen gesundheitlichen Beeinträchtigungen von allgemeiner Bedeutung sind.

^{2} Die Angaben nach Satz 1 Nummer 1 und 2 sind vertraulich zu behandeln und dürfen nur zu dem Zweck verwendet werden, Anfragen zur Behandlung von gesundheitlichen Beeinträchtigungen zu beantworten. ^{3} In Rechtsverordnungen nach Satz 1 Nummer 1 und 2 können nähere Bestimmungen über die vertrauliche Behandlung und die Zweckbindung nach Satz 2 erlassen werden.

§ 29 Weitere Ermächtigungen

(1) Das Bundesministerium wird ermächtigt, im Einvernehmen mit dem Bundesministerium für Wirtschaft und Technologie durch Rechtsverordnung mit Zustimmung des Bundesrates, soweit es zur Erfüllung der in § 1 Absatz 1 Nummer 1 oder 2, jeweils auch in Verbindung mit Absatz 3, genannten Zwecke erforderlich ist,

1. vorzuschreiben, dass von dem Hersteller oder dem Einführer bestimmte Angaben, insbesondere über das Herstellen, das Inverkehrbringen oder die Zusammensetzung kosmetischer Mittel, über die hierbei verwendeten Stoffe, über die Wirkungen von kosmetischen Mitteln sowie über die Bewertungen, aus denen sich die gesundheitliche Beurteilung kosmetischer Mittel ergibt, und über den für die Bewertung Verantwortlichen für die für die Überwachung des Verkehrs mit kosmetischen Mitteln zuständigen Behörden bereitgehalten werden müssen sowie den Ort und die Einzelheiten über die Art und Weise des Bereithaltens zu bestimmen,
2. vorzuschreiben, dass der Hersteller oder der Einführer den für die Überwachung des Verkehrs mit kosmetischen Mitteln zuständigen Behörden bestimmte Angaben nach Nummer 1 mitzuteilen hat,
3. bestimmte Anforderungen und Untersuchungsverfahren, nach denen die gesundheitliche Unbedenklichkeit kosmetischer Mittel zu bestimmen und zu beurteilen ist, festzulegen und das Herstellen, das Behandeln und das Inverkehrbringen von kosmetischen Mitteln hiervon abhängig zu machen,
4. vorzuschreiben, dass der Hersteller oder der Einführer bestimmte Angaben über
    a) die mengenmäßige oder inhaltliche Zusammensetzung kosmetischer Mittel oder
    b) Nebenwirkungen kosmetischer Mittel auf die menschliche Gesundheit

auf geeignete Art und Weise der Öffentlichkeit leicht zugänglich zu machen hat, soweit die Angaben nicht Betriebs- oder Geschäftsgeheimnisse betreffen.

(2) Das Bundesministerium wird ferner ermächtigt, im Einvernehmen mit dem Bundesministerium für Wirtschaft und Technologie durch Rechtsverordnung mit Zustimmung des Bundesrates, soweit es

1. zur Erfüllung der in § 1 Absatz 1 Nummer 2, auch in Verbindung mit Absatz 3, genannten Zwecke erforderlich ist, vorzuschreiben, dass kosmetische Mittel unter bestimmten zur Irreführung geeigneten Bezeichnungen, Angaben oder Aufmachungen nicht in den Verkehr gebracht werden dürfen und dass für sie mit bestimmten zur Irreführung geeigneten Darstellungen oder sonstigen Aussagen nicht geworben werden darf,
2. zur Erfüllung der in § 1 Absatz 1 Nummer 1, 2 oder 3 Buchstabe a, jeweils auch in Verbindung mit Absatz 3, genannten Zwecke erforderlich ist, das Inverkehrbringen von kosmetischen Mitteln zu verbieten oder zu beschränken.

Abschnitt 5. Verkehr mit sonstigen Bedarfsgegenständen

§ 30 Verbote zum Schutz der Gesundheit

Es ist verboten,

1. Bedarfsgegenstände für andere derart herzustellen oder zu behandeln, dass sie bei bestimmungsgemäßem oder vorauszusehendem Gebrauch geeignet sind, die Gesundheit durch ihre stoffliche Zusammensetzung, insbesondere durch toxikologisch wirksame Stoffe oder durch Verunreinigungen, zu schädigen,
2. Gegenstände oder Mittel, die bei bestimmungsgemäßem oder vorauszusehendem Gebrauch geeignet sind, die Gesundheit durch ihre stoffliche Zusammensetzung, insbesondere durch toxikologisch wirksame Stoffe oder durch Verunreinigungen, zu schädigen, als Bedarfsgegenstände in den Verkehr zu bringen,
3. Bedarfsgegenstände im Sinne des § 2 Absatz 6 Satz 1 Nummer 1 bei dem Herstellen oder Behandeln von Lebensmitteln so zu verwenden, dass die Bedarfsgegenstände geeignet sind, bei der Aufnahme der Lebensmittel die Gesundheit zu schädigen.

§ 31 Übergang von Stoffen auf Lebensmittel

(1) Es ist verboten, Materialien oder Gegenstände im Sinne des § 2 Absatz 6 Satz 1 Nummer 1, die den in Artikel 3 Absatz 1 der Verordnung (EG) Nr. 1935/2004 festgesetzten Anforderungen an ihre Herstellung nicht entsprechen, als Bedarfsgegenstände zu verwenden oder in den Verkehr zu bringen.

(2) ¹Das Bundesministerium wird ermächtigt, durch Rechtsverordnung mit Zustimmung des Bundesrates, soweit es zur Erfüllung der in § 1 Absatz 1 Nummer 1 oder 2, jeweils auch in Verbindung mit Absatz 3, genannten Zwecke erforderlich ist,

1. vorzuschreiben, dass Materialien oder Gegenstände als Bedarfsgegenstände im Sinne des § 2 Absatz 6 Satz 1 Nummer 1 nur so hergestellt werden dürfen, dass sie unter den üblichen oder vorhersehbaren Bedingungen ihrer Verwendung keine Stoffe auf Lebensmittel oder deren Oberfläche in Mengen abgeben, die geeignet sind,
    a) die menschliche Gesundheit zu gefährden,
    b) die Zusammensetzung oder Geruch, Geschmack oder Aussehen der Lebensmittel zu beeinträchtigen,
2. für bestimmte Stoffe in Bedarfsgegenständen festzulegen, ob und in welchen bestimmten Anteilen die Stoffe auf Lebensmittel übergehen dürfen.

²Materialien oder Gegenstände, die den Anforderungen des Satzes 1 Nummer 2 nicht entsprechen, dürfen nicht als Bedarfsgegenstände im Sinne des § 2 Absatz 6 Satz 1 Nummer 1 verwendet oder in den Verkehr gebracht werden.

(3) Es ist verboten, Lebensmittel, die unter Verwendung eines in Absatz 1 genannten Bedarfsgegenstandes hergestellt oder behandelt worden sind, als Lebensmittel in den Verkehr zu bringen.

§ 32 Ermächtigungen zum Schutz der Gesundheit

(1) Das Bundesministerium wird ermächtigt, im Einvernehmen mit dem Bundesministerium für Wirtschaft und Technologie durch Rechtsverordnung mit Zustimmung des Bundesrates, soweit es zur Erfüllung der in § 1 Absatz 1 Nummer 1, auch in Verbindung mit Absatz 3, genannten Zwecke erforderlich ist,

1. die Verwendung bestimmter Stoffe, Stoffgruppen oder Stoffgemische bei dem Herstellen oder Behandeln von bestimmten Bedarfsgegenständen zu verbieten oder zu beschränken,

2. vorzuschreiben, dass für das Herstellen bestimmter Bedarfsgegenstände oder einzelner Teile von ihnen nur bestimmte Stoffe verwendet werden dürfen,
3. die Anwendung bestimmter Verfahren bei dem Herstellen von bestimmten Bedarfsgegenständen zu verbieten oder zu beschränken,
4. Höchstmengen für Stoffe festzusetzen, die
    a) aus bestimmten Bedarfsgegenständen auf Verbraucherinnen oder Verbraucher einwirken oder übergehen können oder
    b) die beim Herstellen, Behandeln oder Inverkehrbringen von bestimmten Bedarfsgegenständen in oder auf diesen vorhanden sein dürfen,
5. Reinheitsanforderungen für bestimmte Stoffe festzusetzen, die bei dem Herstellen bestimmter Bedarfsgegenstände verwendet werden,
6. Vorschriften über die Wirkungsweise von Bedarfsgegenständen im Sinne des § 2 Absatz 6 Satz 1 Nummer 1 zu erlassen,
7. vorzuschreiben, dass bestimmte Bedarfsgegenstände im Sinne des § 2 Absatz 6 Satz 1 Nummer 3 bis 6 nur in den Verkehr gebracht werden dürfen, wenn bestimmte Anforderungen an ihre mikrobiologische Beschaffenheit eingehalten werden,
8. beim Verkehr mit bestimmten Bedarfsgegenständen Warnhinweise, sonstige warnende Aufmachungen, Sicherheitsvorkehrungen oder Anweisungen für das Verhalten bei Unglücksfällen vorzuschreiben.

(2) Bedarfsgegenstände, die einer nach Absatz 1 Nummer 1 bis 4 Buchstabe a, Nummer 5 oder 6 erlassenen Rechtsverordnung nicht entsprechen, dürfen nicht in den Verkehr gebracht werden.

§ 33 Vorschriften zum Schutz vor Täuschung

(1) Es ist verboten, Materialien oder Gegenstände im Sinne des § 2 Absatz 6 Satz 1 Nummer 1 unter irreführender Bezeichnung, Angabe oder Aufmachung in den Verkehr zu bringen oder beim Verkehr mit solchen Bedarfsgegenständen hierfür allgemein oder im Einzelfall mit irreführenden Darstellungen oder sonstigen Aussagen zu werben.

(2) Das Bundesministerium wird ermächtigt, im Einvernehmen mit dem Bundesministerium für Wirtschaft und Technologie durch Rechtsverordnung mit Zustimmung des Bundesrates, soweit es zur Erfüllung der in § 1 Absatz 1 Nummer 2, auch in Verbindung mit Absatz 3, genannten Zwecke erforderlich ist, vorzuschreiben, dass andere als in Absatz 1 genannte Bedarfsgegenstände nicht unter irreführender Bezeichnung, Angabe oder Aufmachung in den Verkehr gebracht werden dürfen oder für solche Bedarfsgegenstände allgemein oder im Einzelfall nicht mit irreführenden Darstellungen oder sonstigen Aussagen geworben werden darf und die Einzelheiten dafür zu bestimmen.

Abschnitt 6. Gemeinsame Vorschriften für alle Erzeugnisse

§ 34 Ermächtigungen zum Schutz der Gesundheit

[1]Das Bundesministerium wird ermächtigt, im Einvernehmen mit dem Bundesministerium für Wirtschaft und Technologie durch Rechtsverordnung mit Zustimmung des Bundesrates, soweit es zur Erfüllung der in § 1 Absatz 1 Nummer 1, auch in Verbindung mit Absatz 3, genannten Zwecke erforderlich ist, das Herstellen, das Behandeln, das Verwenden oder, vorbehaltlich des § 13 Absatz 5 Satz 1, das Inverkehrbringen von bestimmten Erzeugnissen
1. zu verbieten sowie die hierfür erforderlichen Maßnahmen, insbesondere die Sicherstellung und unschädliche Beseitigung, zu regeln,
2. zu beschränken sowie die hierfür erforderlichen Maßnahmen vorzuschreiben; hierbei kann insbesondere vorgeschrieben werden, dass die Erzeugnisse nur von bestimmten Betrieben oder unter Einhaltung bestimmter gesundheitlicher Anforderungen hergestellt, behandelt oder in den Verkehr gebracht werden dürfen,
3. von einer Zulassung, einer Registrierung oder einer Genehmigung abhängig zu machen,
4. von einer Anzeige abhängig zu machen,
5. die Voraussetzungen und das Verfahren für die Zulassung, die Registrierung und die Genehmigung nach Nummer 3 einschließlich des Ruhens der Zulassung, der Registrierung oder der Genehmigung zu regeln,

6. das Verfahren für die Anzeige nach Nummer 4 und für die Überprüfung bestimmter Anforderungen des Erzeugnisses zu regeln sowie die Maßnahmen zu regeln, die zu ergreifen sind, wenn das Erzeugnis den Anforderungen dieses Gesetzes oder der auf Grund dieses Gesetzes erlassenen Rechtsverordnungen nicht entspricht,
7. von dem Nachweis bestimmter Fachkenntnisse abhängig zu machen; dies gilt auch für die Durchführung von Bewertungen, aus denen sich die gesundheitliche Beurteilung eines Erzeugnisses ergibt.

²In einer Rechtsverordnung nach Satz 1 Nummer 5 oder 6 kann bestimmt werden, dass die zuständige Behörde für die Durchführung eines Zulassungs-, Genehmigungs-, Registrierungs- oder Anzeigeverfahrens das Bundesamt für Verbraucherschutz und Lebensmittelsicherheit ist.

§ 35 Ermächtigungen zum Schutz vor Täuschung und zur Unterrichtung

Das Bundesministerium wird ermächtigt, im Einvernehmen mit dem Bundesministerium für Wirtschaft und Technologie durch Rechtsverordnung mit Zustimmung des Bundesrates, soweit es zur Erfüllung der in § 1 Absatz 1 Nummer 2 oder 3, jeweils auch in Verbindung mit Absatz 3, genannten Zwecke erforderlich ist,

1. Inhalt, Art und Weise und Umfang der Kennzeichnung von Erzeugnissen bei deren Inverkehrbringen oder Behandeln zu regeln und dabei insbesondere
    a) die Angabe der Bezeichnung, der Masse oder des Volumens sowie
    b) Angaben über
        aa) den Inhalt, insbesondere über die Zusammensetzung, die Beschaffenheit, Inhaltsstoffe oder Energiewerte,
        bb) den Hersteller, den für das Inverkehrbringen Verantwortlichen, die Anwendung von Verfahren, den Zeitpunkt oder die Art und Weise der Herstellung, die Haltbarkeit, die Herkunft, die Zubereitung, den Verwendungszweck oder, für bestimmte Erzeugnisse, eine Wartezeit
    vorzuschreiben,
2. für bestimmte Erzeugnisse vorzuschreiben, dass
    a) sie nur in Packungen, Behältnissen oder sonstigen Umhüllungen, auch verschlossen oder von bestimmter Art, in den Verkehr gebracht werden dürfen und dabei die Art oder Sicherung eines Verschlusses zu regeln,
    b) an den Vorratsgefäßen oder ähnlichen Behältnissen, in denen Erzeugnisse feilgehalten oder sonst zum Verkauf vorrätig gehalten werden, der Inhalt anzugeben ist,
    c) für sie bestimmte Lagerungsbedingungen anzugeben sind,
3. für bestimmte Erzeugnisse Vorschriften über das Herstellen oder das Behandeln zu erlassen,
4. für bestimmte Erzeugnisse duldbare Abweichungen bei bestimmten vorgeschriebenen Angaben festzulegen.

§ 36 Ermächtigungen für betriebseigene Kontrollen und Maßnahmen

¹Das Bundesministerium wird ermächtigt, im Einvernehmen mit dem Bundesministerium für Wirtschaft und Technologie durch Rechtsverordnung mit Zustimmung des Bundesrates, soweit es zur Erfüllung der in § 1 Absatz 1 Nummer 1 oder 4 Buchstabe a Doppelbuchstabe aa, auch in Verbindung mit Absatz 3, genannten Zwecke erforderlich ist,

1. vorzuschreiben, dass Betriebe, die bestimmte Erzeugnisse herstellen, behandeln oder in den Verkehr bringen, bestimmte betriebseigene Kontrollen und Maßnahmen sowie Unterrichtungen oder Schulungen von Personen in der erforderlichen Hygiene durchzuführen und darüber Nachweise zu führen haben, sowie dass Betriebe bestimmten Prüfungs- und Mitteilungspflichten unterliegen,
2. das Nähere über Art, Umfang und Häufigkeit der betriebseigenen Kontrollen und Maßnahmen nach Nummer 1 sowie die Auswertung und Mitteilung der Kontrollergebnisse zu regeln,
3. das Nähere über Art, Form und Inhalt der Nachweise nach Nummer 1 sowie über die Dauer ihrer Aufbewahrung zu regeln,
4. vorzuschreiben, dass Betriebe, die bestimmte Erzeugnisse herstellen, behandeln oder in den Verkehr bringen, oder von diesen Betrieben beauftragte Labors, bei der Durchführung mikrobiologischer Untersuchungen im Rahmen der betriebseigenen Kontrollen nach Nummer 1 bestimmtes Untersuchungsmaterial aufzubewahren und der zuständigen Behörde auf

Verlangen auszuhändigen haben sowie die geeignete Art und Weise und die Dauer der Aufbewahrung und die Verwendung des ausgehändigten Untersuchungsmaterials zu regeln. ²Satz 1 gilt entsprechend für Lebensmittelunternehmen, in denen lebende Tiere im Sinne des § 4 Absatz 1 Nummer 1 gehalten werden. ³Eine Mitteilung auf Grund einer Rechtsverordnung nach Satz 1 Nummer 2 oder eine Aushändigung von Untersuchungsmaterial auf Grund einer Rechtsverordnung nach Satz 1 Nummer 4 darf nicht zur strafrechtlichen Verfolgung des Mitteilenden oder Aushändigenden oder für ein Verfahren nach dem Gesetz über Ordnungswidrigkeiten gegen den Mitteilenden oder Aushändigenden verwendet werden.

§ 37 Weitere Ermächtigungen

(1) Das Bundesministerium wird ermächtigt, im Einvernehmen mit dem Bundesministerium für Wirtschaft und Technologie durch Rechtsverordnung mit Zustimmung des Bundesrates, soweit es zur Erfüllung der in § 1 Absatz 1 Nummer 1, 2 oder 4, jeweils auch in Verbindung mit Absatz 3, genannten Zwecke erforderlich ist,

1. vorzuschreiben, dass Betriebe, die bestimmte Erzeugnisse herstellen, behandeln, in den Verkehr bringen oder verwenden, anerkannt, zugelassen oder registriert sein müssen sowie das Verfahren für die Anerkennung, Zulassung oder Registrierung einschließlich des Ruhens der Anerkennung oder Zulassung zu regeln,
2. die Voraussetzungen festzulegen, unter denen eine Anerkennung, Zulassung oder Registrierung zu erteilen ist.

(2) In der Rechtsverordnung nach Absatz 1 Nummer 2 können an das Herstellen, das Behandeln, das Inverkehrbringen oder das Verwenden des jeweiligen Erzeugnisses Anforderungen insbesondere über

1. die bauliche Gestaltung der Anlagen und Einrichtungen, insbesondere hinsichtlich der für die betroffene Tätigkeit einzuhaltenden hygienischen Anforderungen,
2. die Gewährleistung der von den betroffenen Betrieben nach der Anerkennung, Zulassung, Registrierung oder Zertifizierung einzuhaltenden Vorschriften dieses Gesetzes und der auf Grund dieses Gesetzes erlassenen Rechtsverordnungen,
3. die Einhaltung der Vorschriften über den Arbeitsschutz,
4. das Vorliegen der im Hinblick auf die betroffene Tätigkeit erforderlichen Zuverlässigkeit der Betriebsinhaberin oder des Betriebsinhabers oder der von der Betriebsinhaberin oder vom Betriebsinhaber bestellten verantwortlichen Person,
5. die im Hinblick auf die betroffene Tätigkeit erforderliche Sachkunde der Betriebsinhaberin oder des Betriebsinhabers oder der von der Betriebsinhaberin oder vom Betriebsinhaber bestellten verantwortlichen Person,
6. die Anfertigung von Aufzeichnungen und ihre Aufbewahrung

festgelegt werden.

Abschnitt 9. Verbringen in das und aus dem Inland

§ 53 Verbringungsverbote

(1) ¹Erzeugnisse und mit Lebensmitteln verwechselbare Produkte, die nicht den im Inland geltenden Bestimmungen dieses Gesetzes, der auf Grund dieses Gesetzes erlassenen Rechtsverordnungen und der unmittelbar geltenden Rechtsakte der Europäischen Gemeinschaft im Anwendungsbereich dieses Gesetzes entsprechen, dürfen nicht in das Inland verbracht werden. ²Dies gilt nicht für die Durchfuhr unter zollamtlicher Überwachung. ³Das Verbot nach Satz 1 steht der zollamtlichen Abfertigung nicht entgegen, soweit sich aus den auf § 56 gestützten Rechtsverordnungen über das Verbringen der in Satz 1 genannten Erzeugnisse oder der mit Lebensmitteln verwechselbaren Produkte nichts anderes ergibt.

(2) Das Bundesministerium wird ermächtigt, im Einvernehmen mit dem Bundesministerium der Finanzen durch Rechtsverordnung mit Zustimmung des Bundesrates, soweit es zur Erfüllung der in § 1 genannten Zwecke erforderlich oder mit diesen Zwecken vereinbar ist, abweichend von Absatz 1 Satz 1 das Verbringen von bestimmten Erzeugnissen oder von mit Lebensmitteln verwechselbaren Produkten in das Inland zuzulassen sowie die Voraussetzungen und das Verfahren hierfür einschließlich der Festlegung mengenmäßiger Beschränkungen zu regeln und

dabei Vorschriften nach § 56 Absatz 1 Satz 1 Nummer 2 und Satz 2 zu erlassen; § 56 Absatz 1 Satz 3 gilt entsprechend.

§ 54 Bestimmte Erzeugnisse aus anderen Mitgliedstaaten oder anderen Vertragsstaaten des Abkommens über den Europäischen Wirtschaftsraum

(1) ¹Abweichend von § 53 Absatz 1 Satz 1 dürfen Lebensmittel, kosmetische Mittel oder Bedarfsgegenstände, die

1. in einem anderen Mitgliedstaat der Europäischen Union oder einem anderen Vertragsstaat des Abkommens über den Europäischen Wirtschaftsraum rechtmäßig hergestellt oder rechtmäßig in den Verkehr gebracht werden oder
2. aus einem Drittland stammen und sich in einem Mitgliedstaat der Europäischen Union oder einem anderen Vertragsstaat des Abkommens über den Europäischen Wirtschaftsraum rechtmäßig im Verkehr befinden,

in das Inland verbracht und hier in den Verkehr gebracht werden, auch wenn sie den in der Bundesrepublik Deutschland geltenden Vorschriften für Lebensmittel, kosmetische Mittel oder Bedarfsgegenstände nicht entsprechen. ²Satz 1 gilt nicht für die dort genannten Erzeugnisse, die

1. den Verboten des § 5 Absatz 1 Satz 1, des § 26 oder des § 30, des Artikels 14 Absatz 2 Buchstabe a der Verordnung (EG) Nr. 178/2002 oder des Artikels 3 Absatz 1 Buchstabe a der Verordnung (EG) Nr. 1935/2004 nicht entsprechen oder
2. anderen zum Zweck des § 1 Absatz 1 Nummer 1, auch in Verbindung mit Absatz 3, erlassenen Rechtsvorschriften nicht entsprechen, soweit nicht die Verkehrsfähigkeit der Erzeugnisse in der Bundesrepublik Deutschland nach Absatz 2 durch eine Allgemeinverfügung des Bundesamtes für Verbraucherschutz und Lebensmittelsicherheit im Bundesanzeiger bekannt gemacht worden ist.

(2) ¹Allgemeinverfügungen nach Absatz 1 Satz 2 Nummer 2 werden vom Bundesamt für Verbraucherschutz und Lebensmittelsicherheit im Einvernehmen mit dem Bundesamt für Wirtschaft und Ausfuhrkontrolle erlassen, soweit nicht zwingende Gründe des Gesundheitsschutzes entgegenstehen. ²Sie sind von demjenigen zu beantragen, der als Erster die Erzeugnisse in das Inland zu verbringen beabsichtigt. ³Bei der Beurteilung der gesundheitlichen Gefahren eines Erzeugnisses sind die Erkenntnisse der internationalen Forschung sowie bei Lebensmitteln die Ernährungsgewohnheiten in der Bundesrepublik Deutschland zu berücksichtigen. ⁴Allgemeinverfügungen nach Satz 1 wirken zugunsten aller Einführer der betreffenden Erzeugnisse aus Mitgliedstaaten der Europäischen Gemeinschaft oder anderen Vertragsstaaten des Abkommens über den Europäischen Wirtschaftsraum.

(3) ¹Dem Antrag sind eine genaue Beschreibung des Erzeugnisses sowie die für die Entscheidung erforderlichen verfügbaren Unterlagen beizufügen. ²Über den Antrag ist in angemessener Frist zu entscheiden. ³Sofern innerhalb von 90 Tagen eine endgültige Entscheidung über den Antrag noch nicht möglich ist, ist der Antragsteller über die Gründe zu unterrichten.

(4) Weichen Lebensmittel von den Vorschriften dieses Gesetzes oder der auf Grund dieses Gesetzes erlassenen Rechtsverordnungen ab, sind die Abweichungen angemessen kenntlich zu machen, soweit dies zum Schutz der Verbraucherinnen oder Verbraucher erforderlich ist.

§ 55 Mitwirkung von Zollstellen

(1) ¹Das Bundesministerium der Finanzen und die von ihm bestimmten Zollstellen wirken bei der Überwachung des Verbringens von Erzeugnissen und von mit Lebensmitteln verwechselbaren Produkten in das Inland oder die Europäische Union, aus dem Inland oder bei der Durchfuhr mit. ²Eine nach Satz 1 zuständige Behörde kann

1. Sendungen von Erzeugnissen und von mit Lebensmitteln verwechselbaren Produkten sowie deren Beförderungsmittel, Behälter, Lade- und Verpackungsmittel bei dem Verbringen in das oder aus dem Inland oder bei der Durchfuhr zur Überwachung anhalten,
2. den Verdacht von Verstößen gegen Verbote und Beschränkungen dieses Gesetzes, der nach diesem Gesetz erlassenen Rechtsverordnungen oder der unmittelbar geltenden Rechtsakte der Europäischen Gemeinschaft im Anwendungsbereich dieses Gesetzes, der sich bei der Abfertigung ergibt, den nach § 38 Absatz 1 Satz 1 zuständigen Behörden mitteilen,
3. in den Fällen der Nummer 2 anordnen, dass die Sendungen von Erzeugnissen und von mit Lebensmitteln verwechselbaren Produkten auf Kosten und Gefahr des Verfügungsberechtigten einer für die Überwachung jeweils zuständigen Behörde vorgeführt werden.

(2) Wird bei der Überwachung nach Absatz 1 festgestellt, dass ein Futtermittel nicht zum freien Verkehr abgefertigt werden soll, stellen die Zollstellen, soweit erforderlich im Benehmen mit den für die Futtermittelüberwachung zuständigen Behörden, dem Verfügungsberechtigten eine Bescheinigung mit Angaben über die Art der durchgeführten Kontrollen und deren Ergebnisse aus.

(3) ¹Das Bundesministerium der Finanzen regelt im Einvernehmen mit dem Bundesministerium durch Rechtsverordnung ohne Zustimmung des Bundesrates die Einzelheiten des Verfahrens nach Absatz 1. ²Es kann dabei insbesondere Pflichten zu Anzeigen, Anmeldungen, Auskünften und zur Leistung von Hilfsdiensten bei der Durchführung von Überwachungsmaßnahmen sowie zur Duldung der Einsichtnahme in Geschäftspapiere und sonstige Unterlagen und zur Duldung von Besichtigungen und von Entnahmen unentgeltlicher Muster und Proben vorsehen. ³Soweit Rechtsverordnungen nach § 13 Absatz 5 Satz 1 betroffen sind, bedürfen die Rechtsverordnungen nach Satz 1 auch des Einvernehmens mit dem Bundesministerium für Umwelt, Naturschutz und Reaktorsicherheit.

§ 56 Ermächtigungen

(1) ¹Das Bundesministerium wird ermächtigt, im Einvernehmen mit dem Bundesministerium der Finanzen durch Rechtsverordnung mit Zustimmung des Bundesrates, soweit es zur Erfüllung der in § 1 Absatz 1 Nummer 1 oder Nummer 4 oder Absatz 2, stets jeweils auch in Verbindung mit Absatz 3, genannten Zwecke erforderlich ist, das Verbringen von Erzeugnissen, einschließlich lebender Tiere im Sinne des § 4 Absatz 1 Nummer 1, in das Inland oder die Europäische Union, in eine Freizone, in ein Freilager oder in ein Zolllager

1. auf Dauer oder vorübergehend zu verbieten oder zu beschränken,
2. abhängig zu machen von
    a) der Tauglichkeit bestimmter Lebensmittel zum Genuss für den Menschen,
    b) der Registrierung, Erlaubnis, Anerkennung, Zulassung oder Bekanntgabe von Betrieben oder Ländern, in denen die Erzeugnisse hergestellt oder behandelt werden, und die Einzelheiten dafür festzulegen,
    c) von einer Zulassung, einer Registrierung, einer Genehmigung oder einer Anzeige sowie die Voraussetzungen und das Verfahren für die Zulassung, die Registrierung, die Genehmigung und die Anzeige einschließlich des Ruhens der Zulassung, der Registrierung oder der Genehmigung zu regeln,
    d) der Anmeldung oder Vorführung bei der zuständigen Behörde und die Einzelheiten dafür festzulegen,
    e) einer Dokumenten- oder Nämlichkeitsprüfung oder einer Warenuntersuchung und deren Einzelheiten, insbesondere deren Häufigkeit und Verfahren, festzulegen sowie Vorschriften über die Beurteilung im Rahmen solcher Untersuchungen zu erlassen,
    f) der Begleitung durch
        aa) eine Genusstauglichkeitsbescheinigung oder durch eine vergleichbare Urkunde oder durch Vorlage zusätzlicher Bescheinigungen sowie Inhalt, Form, Ausstellung und Bekanntgabe dieser Bescheinigungen oder Urkunde zu regeln,
        bb) Nachweise über die Art des Herstellens, der Zusammensetzung oder der Beschaffenheit sowie das Nähere über Art, Form und Inhalt der Nachweise, über das Verfahren ihrer Erteilung oder die Dauer ihrer Geltung und Aufbewahrung zu regeln,
    g) von einer Kennzeichnung, amtlichen Kennzeichnung oder amtlichen Anerkennung sowie Inhalt, Art und Weise und das Verfahren einer solchen Kennzeichnung, amtlichen Kennzeichnung oder amtlichen Anerkennung zu regeln,
    h) der Beibringung eines amtlichen Untersuchungszeugnisses oder einer amtlichen Gesundheitsbescheinigung oder der Vorlage einer vergleichbaren Urkunde,
    i) der Vorlage einer, auch amtlichen, oder der Begleitung durch eine, auch amtliche, Bescheinigung und deren Verwendung über Art, Umfang oder Ergebnis durchgeführter Überprüfungen und dabei das Nähere über Art, Form und Inhalt der Bescheinigung, über das Verfahren ihrer Erteilung oder die Dauer ihrer Geltung und Aufbewahrung zu regeln,
    j) der Dauer einer Lagerung oder dem Verbot oder der Erlaubnis der zuständigen Behörde zur Beförderung zwischen zwei Lagerstätten sowie der Festlegung bestimmter Lagerungszeiten und von Mitteilungspflichten über deren Einhaltung sowie über den Verbleib der Erzeugnisse und dabei das Nähere über Art, Form und Inhalt der Mitteilungspflichten zu regeln,

²In Rechtsverordnungen nach Satz 1 kann vorgeschrieben werden, dass
1. die Dokumenten- und Nämlichkeitsprüfung sowie die Warenuntersuchung in oder bei einer Grenzkontrollstelle oder Grenzeingangsstelle oder von einer oder unter Mitwirkung einer Zolldienststelle,
2. die Anmeldung oder Vorführung in oder bei einer Grenzkontrollstelle oder Grenzeingangsstelle

vorzunehmen sind. ³Soweit die Einhaltung von Rechtsverordnungen nach § 13 Absatz 5 Satz 1 betroffen ist, tritt an die Stelle des Bundesministeriums das Bundesministerium für Umwelt, Naturschutz und Reaktorsicherheit im Einvernehmen mit den in § 13 Absatz 5 Satz 2 genannten Bundesministerien.

(2) Das Bundesministerium wird ferner ermächtigt, im Einvernehmen mit dem Bundesministerium der Finanzen durch Rechtsverordnung mit Zustimmung des Bundesrates, soweit es zur Erfüllung der in § 1 genannten Zwecke erforderlich ist,
1. Vorschriften zu erlassen über die zollamtliche Überwachung von Erzeugnissen oder deren Überwachung durch die zuständige Behörde bei dem Verbringen in das Inland,
2. Vorschriften zu erlassen über die Maßnahmen, die zu ergreifen sind, wenn zum Verbringen in das Inland bestimmte Erzeugnisse unmittelbar geltenden Rechtsakten der Europäischen Gemeinschaft, diesem Gesetz oder einer auf Grund dieses Gesetzes erlassenen Rechtsverordnung nicht entsprechen,
3. die Anforderungen an die Beförderung von Erzeugnissen bei dem Verbringen in das Inland zu regeln,
4. vorzuschreiben, dass Betriebe, die bestimmte Erzeugnisse in das Inland verbringen, bestimmte betriebseigene Kontrollen und Maßnahmen sowie Unterrichtungen oder Schulungen von Personen in der Lebensmittelhygiene durchzuführen und darüber Nachweise zu führen haben, sowie bestimmten Prüfungs- und Mitteilungspflichten unterliegen,
5. vorzuschreiben, dass über das Verbringen bestimmter Erzeugnisse in das Inland oder über
   a) die Reinigung,
   b) die Desinfektion oder
   c) sonstige Behandlungsmaßnahmen im Hinblick auf die Einhaltung der hygienischen Anforderungen
   von Räumen, Anlagen, Einrichtungen oder Beförderungsmitteln, in denen Erzeugnisse in das Inland verbracht werden, Nachweise zu führen sind,
6. Vorschriften zu erlassen über Umfang und Häufigkeit der Kontrollen nach Nummer 4 sowie das Nähere über Art, Form und Inhalt der Nachweise nach Nummer 5 und über die Dauer ihrer Aufbewahrung zu regeln,
7. die hygienischen Anforderungen festzusetzen, unter denen bestimmte Lebensmittel in das Inland verbracht werden dürfen,
8. das Verfahren für die Überwachung der Einhaltung von gesundheitlichen, insbesondere hygienischen Anforderungen beim Verbringen von Lebensmitteln in das Inland zu regeln.

(3) ¹In der Rechtsverordnung nach Absatz 1 Satz 1 kann angeordnet werden, dass bestimmte Erzeugnisse, einschließlich lebender Tiere im Sinne des § 4 Absatz 1 Nummer 1, nur über bestimmte Zollstellen, Grenzkontrollstellen, Grenzein- oder -übergangsstellen oder andere amtliche Stellen in das Inland verbracht werden dürfen und solche Stellen von einer wissenschaftlich ausgebildeten Person geleitet werden. ²Das Bundesamt für Verbraucherschutz und Lebensmittelsicherheit gibt die in Satz 1 genannten Stellen im Einvernehmen mit dem Bundesministerium der Finanzen im Bundesanzeiger bekannt, soweit diese Stellen nicht im Amtsblatt der Europäischen Union bekannt gegeben sind oder nicht in Rechtsakten der Europäischen Gemeinschaft eine Bekanntgabe durch die Europäische Kommission vorgesehen ist. ³Das Bundesministerium der Finanzen kann die Erteilung des Einvernehmens nach Satz 2 auf Mittelbehörden seines Geschäftsbereichs übertragen.

(4) Das Bundesministerium wird ferner ermächtigt, im Einvernehmen mit dem Bundesministerium der Finanzen durch Rechtsverordnung mit Zustimmung des Bundesrates, soweit es zur Erfüllung der in § 1 Absatz 1 Nummer 1 oder 4, jeweils auch in Verbindung mit Absatz 3, genannten Zwecke erforderlich ist,
1. die Durchfuhr von Erzeugnissen, einschließlich lebender Tiere im Sinne des § 4 Absatz 1 Nummer 1, oder von mit Lebensmitteln verwechselbaren Produkten sowie deren Lagerung in Freilagern, in Lagern in Freizonen oder in Zolllagern abhängig zu machen von

a) einer Erlaubnis der zuständigen Behörde und dabei das Nähere über Art, Form und Inhalt der Erlaubnis, über das Verfahren ihrer Erteilung oder die Dauer ihrer Geltung und Aufbewahrung zu regeln,
b) Anforderungen an die Beförderung und Lagerung im Inland,
c) dem Verbringen aus dem Inland, auch innerhalb bestimmter Fristen, über bestimmte Grenzkontrollstellen und die Einzelheiten hierfür festzulegen,
d) einer Kontrolle bei dem Verbringen aus dem Inland unter Mitwirkung einer Zollstelle,
e) einer zollamtlichen Überwachung oder einer Überwachung durch die zuständige Behörde,
f) einer Anerkennung der Freilager, der Lager in Freizonen oder der Zolllager durch die zuständige Behörde dabei das Nähere über Art, Form und Inhalt der Anerkennung, über das Verfahren ihrer Erteilung oder die Dauer ihrer Geltung zu regeln,
2. für die Durchfuhr Vorschriften nach Absatz 1 oder 2 zu erlassen.

§ 57 Ausfuhr; sonstiges Verbringen aus dem Inland

(1) Für die Ausfuhr und Wiederausfuhr von kosmetischen Mitteln, Bedarfsgegenständen und mit Lebensmitteln verwechselbaren Produkten gilt Artikel 12 der Verordnung (EG) Nr. 178/2002 mit der Maßgabe, dass an die Stelle der dort genannten Anforderungen des Lebensmittelrechts die für diese Erzeugnisse und die für mit Lebensmitteln verwechselbaren Produkte geltenden Vorschriften dieses Gesetzes, der auf Grund dieses Gesetzes erlassenen Rechtsverordnungen und der unmittelbar geltenden Rechtsakte der Europäischen Gemeinschaft im Anwendungsbereich dieses Gesetzes treten.

(2) ¹Es ist verboten, Futtermittel auszuführen, die
1. wegen ihres Gehalts an unerwünschten Stoffen nach § 17 nicht hergestellt, behandelt, in den Verkehr gebracht oder verfüttert werden dürfen,
2. einer durch Rechtsverordnung nach § 23 Nummer 1 Buchstabe a festgesetzten Anforderung nicht entsprechen.

²Abweichend von Satz 1 dürfen dort genannte Futtermittel, die eingeführt worden sind, nach Maßgabe des Artikels 12 der Verordnung (EG) Nr. 178/2002 wieder ausgeführt werden.

(3) Lebensmittel, Einzelfuttermittel oder Mischfuttermittel, die vor der Ausfuhr behandelt worden sind und im Fall von Lebensmitteln höhere Gehalte an Rückständen von Pflanzenschutz- oder sonstigen Mitteln als durch Rechtsverordnung nach § 9 Absatz 2 Nummer 1 Buchstabe a oder im Fall von Einzelfuttermitteln oder Mischfuttermitteln höhere Gehalte an Mittelrückständen als durch Rechtsverordnung nach § 23 Nummer 1 Buchstabe b festgesetzt aufweisen, dürfen in einen Staat, der der Europäischen Union nicht angehört, nur verbracht werden, sofern nachgewiesen wird, dass
1. das Bestimmungsland eine besondere Behandlung mit den Mitteln verlangt, um die Einschleppung von Schadorganismen in seinem Hoheitsgebiet vorzubeugen, oder
2. die Behandlung notwendig ist, um die Erzeugnisse während des Transports nach dem Bestimmungsland und der Lagerung in diesem Land vor Schadorganismen zu schützen.

(4) Erzeugnisse und mit Lebensmitteln verwechselbare Produkte, die nach Maßgabe des Absatzes 1 oder 2 den Vorschriften dieses Gesetzes, der auf Grund dieses Gesetzes erlassenen Rechtsverordnungen oder der unmittelbar geltenden Rechtsakte der Europäischen Gemeinschaft im Anwendungsbereich dieses Gesetzes nicht entsprechen, müssen von Erzeugnissen, die für das Inverkehrbringen im Inland oder in anderen Mitgliedstaaten bestimmt sind, getrennt gehalten und kenntlich gemacht werden.

(5) Für Erzeugnisse und für mit Lebensmitteln verwechselbare Produkte, die zur Lieferung in einen anderen Mitgliedstaat bestimmt sind, gilt Artikel 12 der Verordnung (EG) Nr. 178/2002 mit der Maßgabe, dass an die Stelle der dort genannten Anforderungen des Lebensmittelrechts die für diese Erzeugnisse und die für mit Lebensmitteln verwechselbaren Produkte geltenden Vorschriften dieses Gesetzes, der auf Grund dieses Gesetzes erlassenen Rechtsverordnungen und der unmittelbar geltenden Rechtsakte der Europäischen Gemeinschaft im Anwendungsbereich dieses Gesetzes treten.

(6) Die Vorschriften dieses Gesetzes und der auf Grund dieses Gesetzes erlassenen Rechtsverordnungen finden mit Ausnahme der §§ 5 und 17 Absatz 1 Satz 1 Nummer 1 und der §§ 26 und 30 auf Erzeugnisse, die für die Ausrüstung von Seeschiffen bestimmt sind, keine Anwendung.

(7) ¹Das Bundesministerium wird ermächtigt, durch Rechtsverordnung mit Zustimmung des Bundesrates
1. weitere Vorschriften dieses Gesetzes sowie auf Grund dieses Gesetzes erlassene Rechtsverordnungen auf Erzeugnisse, die für die Ausrüstung von Seeschiffen bestimmt sind, für anwendbar zu erklären, soweit es zur Erfüllung der in § 1 genannten Zwecke erforderlich ist,
2. abweichende oder zusätzliche Vorschriften für Erzeugnisse zu erlassen, die für die Ausrüstung von Seeschiffen bestimmt sind, soweit es mit den in § 1 genannten Zwecken vereinbar ist,
3. soweit es zur Erfüllung der in § 1 genannten Zwecke erforderlich ist,
   a) die Registrierung von Betrieben, die Seeschiffe ausrüsten, vorzuschreiben,
   b) die Lagerung von Erzeugnissen, die für die Ausrüstung von Seeschiffen bestimmt sind, in Freilagern, in Lagern in Freizonen oder in Zolllagern abhängig zu machen von
      aa) einer Erlaubnis der zuständigen Behörde und dabei das Nähere über Art, Form und Inhalt der Erlaubnis, über das Verfahren ihrer Erteilung oder die Dauer ihrer Geltung und Aufbewahrung zu regeln,
      bb) Anforderungen an die Beförderung und Lagerung im Inland,
      cc) dem Verbringen aus dem Inland, auch innerhalb bestimmter Fristen, über bestimmte Grenzkontrollstellen und die Einzelheiten hierfür festzulegen,
      dd) einer Kontrolle bei dem Verbringen aus dem Inland unter Mitwirkung einer Zollstelle,
      ee) einer zollamtlichen Überwachung oder einer Überwachung durch die zuständige Behörde,
      ff) einer Anerkennung der Freilager, der Lager in Freizonen oder der Zolllager durch die zuständige Behörde und dabei das Nähere über Art, Form und Inhalt der Anerkennung, über das Verfahren ihrer Erteilung oder die Dauer ihrer Geltung zu regeln,
   c) für Erzeugnisse, die für die Ausrüstung von Seeschiffen bestimmt sind, Vorschriften nach § 56 Absatz 1 oder 2 zu erlassen.

²Soweit Rechtsverordnungen nach § 13 Absatz 5 Satz 1 betroffen sind, tritt an die Stelle des Bundesministeriums das Bundesministerium für Umwelt, Naturschutz und Reaktorsicherheit im Einvernehmen mit dem Bundesministerium.

(8) Das Bundesministerium wird ferner ermächtigt, durch Rechtsverordnung mit Zustimmung des Bundesrates,
1. soweit es zur Erfüllung der in § 1 genannten Zwecke erforderlich ist, das Verbringen von
   a) lebenden Tieren im Sinne des § 4 Absatz 1 Nummer 1,
   b) Erzeugnissen oder
   c) mit Lebensmitteln verwechselbaren Produkten
   aus dem Inland zu verbieten oder zu beschränken,
2. soweit es zur Erleichterung des Handelsverkehrs beiträgt und die in § 1 genannten Zwecke nicht entgegenstehen, bei der Ausfuhr von Erzeugnissen bestimmten Betrieben auf Antrag eine besondere Kontrollnummer zu erteilen, wenn die Einfuhr vom Bestimmungsland von der Erteilung einer solchen Kontrollnummer abhängig gemacht wird und die zuständige Behörde den Betrieb für die Ausfuhr in dieses Land zugelassen hat, sowie die Voraussetzungen und das Verfahren für die Erteilung der besonderen Kontrollnummer zu regeln.

(9) Die Vorschrift des § 18 Absatz 2 bleibt unberührt.

Abschnitt 10. Straf- und Bußgeldvorschriften

§ 58 Strafvorschriften

(1) Mit Freiheitsstrafe bis zu drei Jahren oder mit Geldstrafe wird bestraft, wer
1. entgegen § 5 Absatz 1 Satz 1 ein Lebensmittel herstellt oder behandelt,
2. entgegen § 5 Absatz 2 Nummer 1 einen Stoff als Lebensmittel in den Verkehr bringt,
3. entgegen § 5 Absatz 2 Nummer 2 ein mit Lebensmitteln verwechselbares Produkt herstellt, behandelt oder in den Verkehr bringt,
4. entgegen § 10 Absatz 1 Satz 1 Nummer 1, 2, 4 oder 5, auch in Verbindung mit einer Rechtsverordnung nach Absatz 4 Nummer 2, § 10 Absatz 1 Satz 1 Nummer 3 in Verbindung mit einer Rechtsverordnung nach § 10 Absatz 4 Nummer 1 Buchstabe a oder entgegen § 10 Absatz 3 Nummer 2 ein Lebensmittel in den Verkehr bringt,

5. entgegen § 10 Absatz 2 ein Tier in den Verkehr bringt,
6. entgegen § 10 Absatz 3 Nummer 1 Lebensmittel von einem Tier gewinnt,
7. entgegen § 13 Absatz 2 in Verbindung mit einer Rechtsverordnung nach Absatz 1 Nummer 1 ein Lebensmittel in den Verkehr bringt,
8. entgegen § 17 Absatz 1 Satz 1 Nummer 1 ein Futtermittel herstellt oder behandelt,
9. entgegen § 18 Absatz 1 Satz 1, auch in Verbindung mit einer Rechtsverordnung nach Absatz 3 Nummer 1, ein Futtermittel verfüttert,
10. entgegen § 18 Absatz 2, auch in Verbindung mit einer Rechtsverordnung nach Absatz 3 Nummer 1, ein Futtermittel verbringt oder ausführt,
11. entgegen
    a) § 26 Satz 1 Nummer 1 ein kosmetisches Mittel herstellt oder behandelt oder
    b) § 26 Satz 1 Nummer 2 einen Stoff oder eine Zubereitung aus Stoffen als kosmetisches Mittel in den Verkehr bringt,
12. entgegen § 28 Absatz 2 ein kosmetisches Mittel in den Verkehr bringt, das einer Rechtsverordnung nach § 28 Absatz 1 Nummer 2 in Verbindung mit § 32 Absatz 1 Nummer 1, 2 oder 3 nicht entspricht,
13. entgegen § 30 Nummer 1 einen Bedarfsgegenstand herstellt oder behandelt,
14. entgegen § 30 Nummer 2 einen Gegenstand oder ein Mittel als Bedarfsgegenstand in den Verkehr bringt,
15. entgegen § 30 Nummer 3 einen Bedarfsgegenstand verwendet,
16. entgegen § 32 Absatz 2 in Verbindung mit einer Rechtsverordnung nach Absatz 1 Nummer 1, 2 oder 3 einen Bedarfsgegenstand in den Verkehr bringt,
17. einer vollziehbaren Anordnung nach § 39 Absatz 2 Satz 1, die der Durchführung eines in § 39 Absatz 7 bezeichneten Verbots dient, zuwiderhandelt oder
18. einer Rechtsverordnung nach § 10 Absatz 4 Nummer 1 Buchstabe b, § 13 Absatz 1 Nummer 1 oder 2, § 22, § 32 Absatz 1 Nummer 1, 2 oder 3, jeweils auch in Verbindung mit § 28 Absatz 1 Nummer 2, oder § 34 Satz 1 Nummer 1 oder 2 oder einer vollziehbaren Anordnung auf Grund einer solchen Rechtsverordnung zuwiderhandelt, soweit die Rechtsverordnung für einen bestimmten Tatbestand auf diese Strafvorschrift verweist.

(2) Ebenso wird bestraft, wer gegen die Verordnung (EG) Nr. 178/2002 des Europäischen Parlaments und des Rates vom 28. Januar 2002 zur Festlegung der allgemeinen Grundsätze und Anforderungen des Lebensmittelrechts, zur Errichtung der Europäischen Behörde für Lebensmittelsicherheit und zur Festlegung von Verfahren zur Lebensmittelsicherheit (ABl. L 31 vom 1. 2. 2002, S. 1), die zuletzt durch die Verordnung (EG) Nr. 202/2008 (ABl. L 60 vom 5. 3. 2008, S. 17) geändert worden ist, verstößt, indem er

1. entgegen Artikel 14 Absatz 1 in Verbindung mit Absatz 2 Buchstabe a ein Lebensmittel in den Verkehr bringt oder
2. entgegen Artikel 15 Absatz 1 in Verbindung mit Absatz 2 Spiegelstrich 1, soweit sich dieser auf die Gesundheit des Menschen bezieht, ein Futtermittel in den Verkehr bringt oder verfüttert.

(3) Ebenso wird bestraft, wer

1. einer unmittelbar geltenden Vorschrift in Rechtsakten der Europäischen Gemeinschaft zuwiderhandelt, die inhaltlich einem in Absatz 1 Nummer 1 bis 17 genannten Gebot oder Verbot entspricht, soweit eine Rechtsverordnung nach § 62 Absatz 1 Nummer 1 für einen bestimmten Tatbestand auf diese Strafvorschrift verweist oder
2. einer anderen als in Absatz 2 genannten unmittelbar geltenden Vorschrift in Rechtsakten der Europäischen Gemeinschaft zuwiderhandelt, die inhaltlich einer Regelung entspricht, zu der die in Absatz 1 Nummer 18 genannten Vorschriften ermächtigen, soweit eine Rechtsverordnung nach § 62 Absatz 1 Nummer 1 für einen bestimmten Straftatbestand auf diese Strafvorschrift verweist.

(4) Der Versuch ist strafbar.

(5) ¹In besonders schweren Fällen ist die Strafe Freiheitsstrafe von sechs Monaten bis zu fünf Jahren. ²Ein besonders schwerer Fall liegt in der Regel vor, wenn der Täter durch eine der in Absatz 1, 2 oder 3 bezeichneten Handlungen

1. die Gesundheit einer großen Zahl von Menschen gefährdet,
2. einen anderen in die Gefahr des Todes oder einer schweren Schädigung an Körper oder Gesundheit bringt oder

3. aus grobem Eigennutz für sich oder einen anderen Vermögensvorteile großen Ausmaßes erlangt.

(6) Wer eine der in Absatz 1, 2 oder 3 bezeichneten Handlungen fahrlässig begeht, wird mit Freiheitsstrafe bis zu einem Jahr oder mit Geldstrafe bestraft.

§ 59 Strafvorschriften

(1) Mit Freiheitsstrafe bis zu einem Jahr oder mit Geldstrafe wird bestraft, wer

1. entgegen § 6 Absatz 1 Nummer 1 in Verbindung mit einer Rechtsverordnung nach § 7 Absatz 1 Nummer 1 einen nicht zugelassenen Lebensmittel-Zusatzstoff verwendet, Ionenaustauscher benutzt oder ein Verfahren anwendet,
2. entgegen § 6 Absatz 1 Nummer 2 in Verbindung mit einer Rechtsverordnung nach § 7 Absatz 1 Nummer 1 oder Absatz 2 Nummer 1 oder 5 ein Lebensmittel in den Verkehr bringt,
3. entgegen § 6 Absatz 1 Nummer 3 in Verbindung mit einer Rechtsverordnung nach § 7 Absatz 1 Nummer 1 oder Absatz 2 Nummer 5 einen Lebensmittel-Zusatzstoff oder Ionenaustauscher in den Verkehr bringt,
4. entgegen § 8 Absatz 1 Nummer 1 in Verbindung mit einer Rechtsverordnung nach Absatz 2 Nummer 1 eine nicht zugelassene Bestrahlung anwendet,
5. entgegen § 8 Absatz 1 Nummer 2 in Verbindung mit einer Rechtsverordnung nach Absatz 2 ein Lebensmittel in den Verkehr bringt,
6. entgegen § 9 Absatz 1 Satz 1 Nummer 1 in Verbindung mit einer Rechtsverordnung nach Absatz 2 Nummer 1 Buchstabe a oder entgegen § 9 Absatz 1 Satz 1 Nummer 2 oder Nummer 3 ein Lebensmittel in den Verkehr bringt,
7. entgegen § 11 Absatz 1 Satz 1 ein Lebensmittel unter einer irreführenden Bezeichnung, Angabe oder Aufmachung in den Verkehr bringt oder mit einer irreführenden Darstellung oder Aussage wirbt,
8. entgegen § 11 Absatz 2 Nummer 1 ein Lebensmittel in den Verkehr bringt,
9. entgegen § 11 Absatz 2 Nummer 2 ein Lebensmittel ohne ausreichende Kenntlichmachung in den Verkehr bringt,
10. entgegen § 17 Absatz 1 Satz 1 Nummer 2 ein Futtermittel herstellt oder behandelt,
11. entgegen
    a) § 19 Absatz 1 Satz 1 ein Futtermittel unter einer irreführenden Bezeichnung, Angabe oder Aufmachung in den Verkehr bringt oder mit einer irreführenden Darstellung oder Aussage wirbt oder
    b) § 19 Absatz 2 ein Futtermittel ohne ausreichende Kenntlichmachung in den Verkehr bringt,
12. entgegen § 21 Absatz 3 Satz 1 Nummer 1 Buchstabe a ein Futtermittel in den Verkehr bringt oder verfüttert,
13. entgegen § 27 Absatz 1 Satz 1 ein kosmetisches Mittel unter einer irreführenden Bezeichnung, Angabe oder Aufmachung in den Verkehr bringt oder mit einer irreführenden Darstellung oder Aussage wirbt,
14. entgegen § 28 Absatz 2 ein kosmetisches Mittel in den Verkehr bringt, das einer Rechtsverordnung nach § 28 Absatz 1 Nummer 1 oder 2 in Verbindung mit § 32 Absatz 1 Nummer 4 Buchstabe a oder Nummer 5 nicht entspricht,
15. entgegen § 31 Absatz 1 oder 2 Satz 2 ein Material oder einen Gegenstand als Bedarfsgegenstand verwendet oder in den Verkehr bringt,
16. entgegen § 31 Absatz 3 ein Lebensmittel in den Verkehr bringt,
17. entgegen § 32 Absatz 2 in Verbindung mit einer Rechtsverordnung nach Absatz 1 Nummer 4 Buchstabe a oder Nummer 5, einen Bedarfsgegenstand in den Verkehr bringt,
18. entgegen § 33 Absatz 1 ein Material oder einen Gegenstand unter einer irreführenden Bezeichnung, Angabe oder Aufmachung in den Verkehr bringt oder mit einer irreführenden Darstellung oder Aussage wirbt,
19. entgegen § 53 Absatz 1 Satz 1 in Verbindung mit
    a) § 17 Absatz 1 Satz 1 Nummer 1 Futtermittel,
    b) § 26 Satz 1 ein kosmetisches Mittel, einen Stoff oder eine Zubereitung,
    c) § 30 einen Bedarfsgegenstand, einen Gegenstand oder ein Mittel oder
    d) Artikel 14 Absatz 2 Buchstabe a der Verordnung (EG) Nr. 178/2002 ein gesundheitsschädliches Lebensmittel
    in das Inland verbringt,

20. einer vollziehbaren Anordnung nach § 41 Absatz 2 Satz 1, Absatz 3 oder 6 Satz 1 oder 3 zuwiderhandelt oder
21. einer Rechtsverordnung nach
    a) § 7 Absatz 2 Nummer 1, 3 oder 5, § 8 Absatz 2 Nummer 2, § 9 Absatz 2 Nummer 1 Buchstabe b, § 13 Absatz 1 Nummer 3, 4, 5 oder 6, Absatz 3 Satz 1 oder Absatz 4 Nummer 1 Buchstabe a, b oder c oder Nummer 2, § 29 Absatz 1 Nummer 3, § 31 Absatz 2 Satz 1, § 32 Absatz 1 Nummer 4 Buchstabe b, auch in Verbindung mit § 28 Absatz 1 Nummer 2, § 32 Absatz 1 Nummer 7, § 33 Absatz 2, § 34 Satz 1 Nummer 3 oder 4, § 56 Absatz 1 Satz 1 Nummer 1 oder Absatz 4 Nummer 2 in Verbindung mit Absatz 1 Satz 1 Nummer 1 oder § 57 Absatz 7 Satz 1 Nummer 3 Buchstabe c in Verbindung mit § 56 Absatz 1 Satz 1 Nummer 1 oder
    b) § 13 Absatz 5 Satz 1 Nummer 1
    oder einer vollziehbaren Anordnung auf Grund einer solchen Rechtsverordnung zuwiderhandelt, soweit die Rechtsverordnung für einen bestimmten Tatbestand auf diese Strafvorschrift verweist.

(2) Ebenso wird bestraft, wer
1. gegen die Verordnung (EG) Nr. 178/2002 verstößt, indem er
   a) entgegen Artikel 14 Absatz 1 in Verbindung mit Absatz 2 Buchstabe b ein Lebensmittel in den Verkehr bringt oder
   b) entgegen Artikel 15 Absatz 1 in Verbindung mit Absatz 2 Spiegelstrich 2 ein Futtermittel in den Verkehr bringt oder verfüttert,
2. entgegen Artikel 19 der Verordnung (EG) Nr. 396/2005 des Europäischen Parlaments und des Rates vom 23. Februar 2005 über Höchstgehalte an Pestizidrückständen in oder auf Lebens- und Futtermitteln pflanzlichen und tierischen Ursprungs und zur Änderung der Richtlinie 91/414/EWG des Rates (ABl. L 70 vom 16. 3. 2005, S. 1), die zuletzt durch die Verordnung (EG) Nr. 256/2009 (ABl. L 81 vom 27. 3. 2009, S. 3) geändert worden ist, ein Erzeugnis, soweit es sich dabei um ein Lebensmittel handelt, verarbeitet oder mit einem anderen Erzeugnis, soweit es sich dabei um ein Lebensmittel handelt, mischt oder
3. gegen die Verordnung (EG) Nr. 1924/2006 des Europäischen Parlaments und des Rates vom 20. Dezember 2006 über nährwert- und gesundheitsbezogene Angaben über Lebensmittel (ABl. L 404 vom 30. 12. 2006, S. 9, L 12 vom 18. 1. 2007, S. 3, L 86 vom 28. 3. 2008, S. 34), die zuletzt durch die Verordnung (EG) Nr. 109/2008 (ABl. L 39 vom 13. 2. 2008, S. 14) verstößt, indem er entgegen Artikel 3 Unterabsatz 1 in Verbindung mit
   a) Artikel 3 Unterabsatz 2 Buchstabe a bis c, d Satz 1 oder Buchstabe e,
   b) Artikel 4 Absatz 3,
   c) Artikel 5 Absatz 1 Buchstabe a bis d oder Absatz 2,
   d) Artikel 8 Absatz 1,
   e) Artikel 9 Absatz 2,
   f) Artikel 10 Absatz 1, 2 oder Absatz 3 oder
   g) Artikel 12
   eine nährwert- oder gesundheitsbezogene Angabe bei der Kennzeichnung oder Aufmachung eines Lebensmittels oder bei der Werbung verwendet.

(3) Ebenso wird bestraft, wer
1. einer unmittelbar geltenden Vorschrift in Rechtsakten der Europäischen Gemeinschaft zuwiderhandelt, die inhaltlich einem in Absatz 1 Nummer 1 bis 19 bezeichneten Gebot oder Verbot entspricht, soweit eine Rechtsverordnung nach § 62 Absatz 1 Nummer 1 für einen bestimmten Tatbestand auf diese Strafvorschrift verweist oder
2. einer anderen als in Absatz 2 genannten unmittelbar geltenden Vorschrift in Rechtsakten der Europäischen Gemeinschaft zuwiderhandelt, die inhaltlich einer Regelung entspricht, zu der die in
   a) Absatz 1 Nummer 21 Buchstabe a genannten Vorschriften ermächtigen, soweit eine Rechtsverordnung nach § 62 Absatz 1 Nummer 1 für einen bestimmten Straftatbestand auf diese Strafvorschrift verweist,
   b) Absatz 1 Nummer 21 Buchstabe b genannten Vorschriften ermächtigen, soweit eine Rechtsverordnung nach § 62 Absatz 2 für einen bestimmten Straftatbestand auf diese Strafvorschrift verweist.

§ 60 Bußgeldvorschriften

(1) Ordnungswidrig handelt, wer eine der in
1. § 59 Absatz 1 Nummer 8 oder Absatz 2 Nummer 1,
2. § 59 Absatz 1 Nummer 1 bis 7, 9 bis 21, Absatz 2 Nummer 2 oder Nummer 3 oder Absatz 3

bezeichneten Handlungen fahrlässig begeht.

(2) Ordnungswidrig handelt, wer vorsätzlich oder fahrlässig
1. entgegen § 12 Absatz 1 eine Aussage, einen Hinweis, eine Krankengeschichte, eine Äußerung Dritter, eine bildliche Darstellung, eine Schrift oder eine schriftliche Angabe verwendet,
2. entgegen § 17 Absatz 2 Nummer 1 Futtermittel herstellt oder behandelt,
3. entgegen § 17 Absatz 2 Nummer 2 Futtermittel in den Verkehr bringt,
4. entgegen § 17 Absatz 2 Nummer 3 Futtermittel verfüttert,
5. entgegen § 20 Absatz 1 eine dort genannte Angabe verwendet,
6. entgegen § 21 Absatz 1 in Verbindung mit einer Rechtsverordnung nach § 23 Nummer 4 Diätfuttermittel in den Verkehr bringt,
7. entgegen § 21 Absatz 2 in Verbindung mit einer Rechtsverordnung nach § 23 Nummer 5 Einzelfuttermittel in den Verkehr bringt,
8. entgegen § 21 Absatz 3 Satz 1 Nummer 1 Buchstabe b oder Nummer 3 ein Futtermittel in den Verkehr bringt oder verfüttert,
9. , 10. (weggefallen)
11. entgegen § 21 Absatz 3 Satz 1 Nummer 2 Buchstabe a in Verbindung mit einer Rechtsverordnung nach § 23 Nummer 1 Buchstabe a Futtermittel in den Verkehr bringt oder verfüttert,
12. entgegen § 21 Absatz 3 Satz 1 Nummer 2 Buchstabe b in Verbindung mit einer Rechtsverordnung nach § 23 Nummer 1 Buchstabe b Futtermittel in den Verkehr bringt,
13. entgegen § 21 Absatz 3 Satz 1 Nummer 2 Buchstabe c in Verbindung mit einer Rechtsverordnung nach § 23 Nummer 3 Futtermittel in den Verkehr bringt oder verfüttert,
14. entgegen § 21 Absatz 3 Satz 1 Nummer 2 Buchstabe d in Verbindung mit einer Rechtsverordnung nach § 23 Nummer 12 Futtermittel in den Verkehr bringt oder verfüttert,
15. (weggefallen)
16. entgegen § 21 Absatz 4 in Verbindung mit einer Rechtsverordnung nach § 23 Nummer 11 Buchstabe a eine Vormischung in den Verkehr bringt,
17. entgegen § 21 Absatz 5 in Verbindung mit einer Rechtsverordnung nach § 23 Nummer 11 Buchstabe b Einzelfuttermittel oder Mischfuttermittel in den Verkehr bringt,
18. entgegen § 32 Absatz 2 in Verbindung mit einer Rechtsverordnung nach Absatz 1 Nummer 6 einen Bedarfsgegenstand in den Verkehr bringt,
19. entgegen § 44 Absatz 1 eine Maßnahme nach § 42 Absatz 2 Nummer 1 oder 2 oder eine Probenahme nach § 43 Absatz 1 Satz 1 nicht duldet oder eine in der Überwachung tätige Person nicht unterstützt,
20. entgegen § 44 Absatz 2 Satz 1 eine Auskunft nicht, nicht richtig, nicht vollständig oder nicht rechtzeitig erteilt,
21. entgegen § 44 Absatz 3 Satz 1 eine Information nicht, nicht richtig, nicht vollständig oder nicht rechtzeitig übermittelt,
22. entgegen § 44 Absatz 4 Satz 1 oder Satz 2 oder Absatz 5 Satz 1 oder Satz 2 die zuständige Behörde nicht, nicht richtig, nicht vollständig oder nicht rechtzeitig unterrichtet,
23. entgegen § 51 Absatz 3 Satz 2 eine dort genannte Maßnahme oder die Entnahme einer Probe nicht duldet oder eine in der Durchführung des Monitorings tätige Person nicht unterstützt,
24. in anderen als den in § 59 Absatz 1 Nummer 19 bezeichneten Fällen entgegen § 53 Absatz 1 Satz 1 ein Erzeugnis in das Inland verbringt,
25. entgegen § 57 Absatz 2 Satz 1 Nummer 2 in Verbindung mit einer Rechtsverordnung nach § 23 Nummer 1 Buchstabe a ein Futtermittel ausführt,
26. einer Rechtsverordnung nach
    a) § 13 Absatz 4 Nummer 1 Buchstabe d, e, f oder g, § 14 Absatz 1 Nummer 1, 3 oder 5, Absatz 2 oder 3, § 23 Nummer 5 bis 10 oder Nummer 12 bis 16, § 28 Absatz 3 Satz 1 Nummer 1 oder 3, § 29 Absatz 1 Nummer 1, 2 oder 4 oder Absatz 2, § 32 Absatz 1 Nummer 8, auch in Verbindung mit § 28 Absatz 1 Nummer 2, § 34 Satz 1 Nummer 7,

§ 35 Nummer 1, § 36 Satz 1, auch in Verbindung mit Satz 2, § 37 Absatz 1, § 46 Absatz 2 oder § 47 Absatz 1 Nummer 2 oder

b) § 9 Absatz 2 Nummer 1 Buchstabe c, § 14 Absatz 1 Nummer 2 oder 4, § 35 Nummer 2 oder 3, § 46 Absatz 1 Satz 1 Nummer 5 oder Absatz 3 Satz 1, § 55 Absatz 3 Satz 1 oder 2, § 56 Absatz 1 Satz 1 Nummer 2, Absatz 2, 3 Satz 1 oder Absatz 4 Nummer 1 oder 2 in Verbindung mit Absatz 1 Satz 1 Nummer 2 oder Absatz 2, oder § 57 Absatz 7 Satz 1 Nummer 1, 2 oder 3 Buchstabe a, b oder c in Verbindung mit § 56 Absatz 1 Satz 1 Nummer 2 oder Absatz 2 oder § 57 Absatz 8 Nummer 1

oder einer vollziehbaren Anordnung auf Grund einer solchen Rechtsverordnung zuwiderhandelt, soweit die Rechtsverordnung für einen bestimmten Tatbestand auf diese Bußgeldvorschrift verweist.

(3) Ordnungswidrig handelt, wer

1. gegen die Verordnung (EG) Nr. 178/2002 verstößt, indem er vorsätzlich oder fahrlässig
   a) entgegen Artikel 15 Absatz 1 in Verbindung mit Absatz 2 Spiegelstrich 1, soweit sich dieser auf die Gesundheit des Tieres bezieht, ein Futtermittel in den Verkehr bringt oder verfüttert,
   b) entgegen Artikel 18 Absatz 2 Unterabsatz 2 oder Absatz 3 Satz 1 ein System oder Verfahren nicht, nicht richtig oder nicht vollständig einrichtet,
   c) entgegen Artikel 18 Absatz 3 Satz 2 eine Information nicht, nicht richtig, nicht vollständig oder nicht rechtzeitig zur Verfügung stellt,
   d) entgegen Artikel 19 Absatz 1 Satz 1 ein Verfahren nicht, nicht vollständig oder nicht rechtzeitig einleitet,
   e) entgegen Artikel 19 Absatz 3 Satz 1 oder Artikel 20 Absatz 3 Satz 1 eine Mitteilung nicht, nicht richtig, nicht vollständig oder nicht rechtzeitig macht,
   f) entgegen Artikel 19 Absatz 3 Satz 2 oder Artikel 20 Absatz 3 Satz 2 die Behörde nicht, nicht richtig oder nicht vollständig unterrichtet oder
   g) entgegen Artikel 20 Absatz 1 Satz 1 ein Verfahren nicht oder nicht rechtzeitig einleitet oder die Behörde nicht, nicht richtig oder nicht vollständig unterrichtet oder
2. vorsätzlich oder fahrlässig entgegen Artikel 19 der Verordnung (EG) Nr. 396/2005 ein Erzeugnis, soweit es sich dabei um ein Futtermittel handelt, verarbeitet oder mit einem anderen Erzeugnis mischt.

(4) Ordnungswidrig handelt, wer vorsätzlich oder fahrlässig

1. einer unmittelbar geltenden Vorschrift in Rechtsakten der Europäischen Gemeinschaft zuwiderhandelt, die inhaltlich einem in Absatz 2
   a) Nummer 1 bis 18, 24 oder 25 bezeichneten Gebot oder Verbot entspricht, soweit eine Rechtsverordnung nach § 62 Absatz 1 Nummer 2 Buchstabe a für einen bestimmten Tatbestand auf diese Bußgeldvorschrift verweist,
   b) Nummer 19, 20, 21, 22 oder 23 bezeichneten Gebot oder Verbot entspricht, soweit eine Rechtsverordnung nach § 62 Absatz 1 Nummer 2 Buchstabe b für einen bestimmten Tatbestand auf diese Bußgeldvorschrift verweist, oder
2. einer anderen als in Absatz 3 genannten unmittelbar geltenden Vorschrift in Rechtsakten der Europäischen Gemeinschaft zuwiderhandelt, die inhaltlich einer Regelung entspricht, zu der die in Absatz 2
   a) Nummer 26 Buchstabe a genannten Vorschriften ermächtigen, soweit eine Rechtsverordnung nach § 62 Absatz 1 Nummer 2 Buchstabe a für einen bestimmten Tatbestand auf diese Bußgeldvorschrift verweist,
   b) Nummer 26 Buchstabe b genannten Vorschriften ermächtigen, soweit eine Rechtsverordnung nach § 62 Absatz 1 Nummer 2 Buchstabe b für einen bestimmten Tatbestand auf diese Bußgeldvorschrift verweist.

(5) Die Ordnungswidrigkeit kann

1. in den Fällen des Absatzes 1 Nummer 1 mit einer Geldbuße bis zu fünfzigtausend Euro,
2. in den Fällen des Absatzes 1 Nummer 2, des Absatzes 2 Nummer 1 bis 18, 24, 25 und 26 Buchstabe a, des Absatzes 3 Nummer 1 Buchstabe a, b oder Buchstabe c sowie des Absatzes 4 Nummer 1 Buchstabe a und Nummer 2 Buchstabe a mit einer Geldbuße bis zu zwanzigtausend Euro,
3. in den übrigen Fällen mit einer Geldbuße bis zu zehntausend Euro

geahndet werden.

§ 61 Einziehung

¹Gegenstände, auf die sich eine Straftat nach § 58 oder § 59 oder eine Ordnungswidrigkeit nach § 60 bezieht, können eingezogen werden. ²§ 74a des Strafgesetzbuches und § 23 des Gesetzes über Ordnungswidrigkeiten sind anzuwenden.

§ 62 Ermächtigungen

(1) Das Bundesministerium wird ermächtigt, soweit dies zur Durchsetzung der Rechtsakte der Europäischen Gemeinschaft erforderlich ist, durch Rechtsverordnung ohne Zustimmung des Bundesrates die Tatbestände zu bezeichnen, die

1. als Straftat nach § 58 Absatz 3 oder § 59 Absatz 3 Nummer 1 oder 2 Buchstabe a zu ahnden sind oder
2. als Ordnungswidrigkeit nach
   a) § 60 Absatz 4 Nummer 1 Buchstabe a oder Nummer 2 Buchstabe a oder
   b) § 60 Absatz 4 Nummer 1 Buchstabe b oder Nummer 2 Buchstabe b
   geahndet werden können.

(2) Das Bundesministerium für Umwelt, Naturschutz und Reaktorsicherheit wird ermächtigt, soweit dies zur Durchsetzung der Rechtsakte der Europäischen Gemeinschaft erforderlich ist, durch Rechtsverordnung ohne Zustimmung des Bundesrates die Tatbestände zu bezeichnen, die als Straftat nach § 59 Absatz 3 Nummer 2 Buchstabe b zu ahnden sind.

Abschnitt 11. Schlussbestimmungen

§§ 63–73 *(nicht abgedruckt)*

14. Staatsvertrag über den Schutz der Menschenwürde und den Jugendschutz in Rundfunk und Telemedien (Jugendmedienschutz-Staatsvertrag – JMStV)

10. September 2002
zuletzt geändert durch Vierzehnten Rundfunkänderungsstaatsvertrag vom 10. 6. 2010

Das Land Baden-Württemberg,
der Freistaat Bayern, das Land Berlin,
das Land Brandenburg,
die Freie Hansestadt Bremen,
die Freie und Hansestadt Hamburg,
das Land Hessen,
das Land Mecklenburg-Vorpommern,
das Land Niedersachsen,
das Land Nordrhein-Westfalen,
das Land Rheinland-Pfalz,
das Saarland,
der Freistaat Sachsen,
das Land Sachsen-Anhalt,
das Land Schleswig-Holstein und
der Freistaat Thüringen
schließen nachstehenden Staatsvertrag:

Übersicht

I. Abschnitt. Allgemeine Vorschriften

	§§
Zweck des Staatsvertrages	1
Geltungsbereich	2
Begriffsbestimmungen	3
Unzulässige Angebote	4
Entwicklungsbeeinträchtigende Angebote	5
Jugendschutz in der Werbung und im Teleshopping	6
Jugendschutzbeauftragte	7

II. Abschnitt. Vorschriften für Rundfunk

Festlegung der Sendezeit	8
Ausnahmeregelungen	9
Programmankündigungen und Kennzeichnung	10

III. Abschnitt. Vorschriften für Telemedien

Jugendschutzprogramme, Zugangssysteme	11
Kennzeichnung	12

IV. Abschnitt. Verfahren für Anbieter mit Ausnahme des öffentlich-rechtlichen Rundfunks

Anwendungsbereich	13
Kommission für Jugendmedienschutz	14
Mitwirkung der Gremien der Landesmedienanstalten	15
Zuständigkeit der KJM	16
Verfahren der KJM	17
„jugendschutz.net"	18
Einrichtungen der Freiwilligen Selbstkontrolle	19

V. Abschnitt. Vollzug für Anbieter mit Ausnahme des öffentlich-rechtlichen Rundfunks

Aufsicht	20
Auskunftsansprüche	21
Revision zum Bundesverwaltungsgericht	22

VI. Abschnitt. Ahndung von Verstößen der Anbieter mit Ausnahme des öffentlich-rechtlichen Rundfunks

Strafbestimmung 23
Ordnungswidrigkeiten 24

VII. Abschnitt. Schlussbestimmungen

Änderung sonstiger Staatsverträge 25
Geltungsdauer, Kündigung 26
Notifizierung 27
In-Kraft-Treten, Neubekanntmachung 28

I. Abschnitt. Allgemeine Vorschriften

§ 1 Zweck des Staatsvertrages

Zweck des Staatsvertrages ist der einheitliche Schutz der Kinder und Jugendlichen vor Angeboten in elektronischen Informations- und Kommunikationsmedien, die deren Entwicklung oder Erziehung beeinträchtigen oder gefährden, sowie der Schutz vor solchen Angeboten in elektronischen Informations- und Kommunikationsmedien, die die Menschenwürde oder sonstige durch das Strafgesetzbuch geschützte Rechtsgüter verletzen.

§ 2 Geltungsbereich

(1) Dieser Staatsvertrag gilt für Rundfunk und Telemedien im Sinne des Rundfunkstaatsvertrages.

(2) Das Telemediengesetz und die für Telemedien anwendbaren Bestimmungen des Rundfunkstaatsvertrages bleiben unberührt.

§ 3 Begriffsbestimmungen

Im Sinne dieses Staatsvertrages sind

1. „Angebote" Inhalte im Rundfunk oder Inhalte von Telemedien im Sinne des Rundfunkstaatsvertrages,
2. „Anbieter" Rundfunkveranstalter oder Anbieter von Telemedien.

§ 4 Unzulässige Angebote

(1) [1] Unbeschadet strafrechtlicher Verantwortlichkeit sind Angebote unzulässig, wenn sie

1. Propagandamittel im Sinne des § 86 des Strafgesetzbuches darstellen, deren Inhalt gegen die freiheitliche demokratische Grundordnung oder den Gedanken der Völkerverständigung gerichtet ist,
2. Kennzeichen verfassungswidriger Organisationen im Sinne des § 86 a des Strafgesetzbuches verwenden,
3. zum Hass gegen Teile der Bevölkerung oder gegen eine nationale, rassische, religiöse oder durch ihr Volkstum bestimmte Gruppe aufstacheln, zu Gewalt- oder Willkürmaßnahmen gegen sie auffordern oder die Menschenwürde anderer dadurch angreifen, dass Teile der Bevölkerung oder eine vorbezeichnete Gruppe beschimpft, böswillig verächtlich gemacht oder verleumdet werden,
4. eine unter der Herrschaft des Nationalsozialismus begangene Handlung der in § 6 Abs. 1 des Völkerstrafgesetzbuches bezeichneten Art in einer Weise, die geeignet ist, den öffentlichen Frieden zu stören, leugnen oder verharmlosen, den öffentlichen Frieden in einer die Würde der Opfer verletzenden Weise dadurch stören, dass die nationalsozialistische Gewalt- und Willkürherrschaft gebilligt, verherrlicht oder gerechtfertigt wird,
5. grausame oder sonst unmenschliche Gewalttätigkeiten gegen Menschen in einer Art schildern, die eine Verherrlichung oder Verharmlosung solcher Gewalttätigkeiten ausdrückt oder die das Grausame oder Unmenschliche des Vorgangs in einer die Menschenwürde verletzenden Weise darstellt; dies gilt auch bei virtuellen Darstellungen,
6. als Anleitung zu einer in § 126 Abs. 1 des Strafgesetzbuches genannten rechtswidrigen Tat dienen,
7. den Krieg verherrlichen,

8. gegen die Menschenwürde verstoßen, insbesondere durch die Darstellung von Menschen, die sterben oder schweren körperlichen oder seelischen Leiden ausgesetzt sind oder waren, wobei ein tatsächliches Geschehen wiedergegeben wird, ohne dass ein berechtigtes Interesse gerade für diese Form der Darstellung oder Berichterstattung vorliegt; eine Einwilligung ist unbeachtlich,
9. Kinder oder Jugendliche in unnatürlich geschlechtsbetonter Körperhaltung darstellen; dies gilt auch bei virtuellen Darstellungen,
10. pornografisch sind und Gewalttätigkeiten, sexuelle Handlungen von, an oder vor Personen unter achtzehn Jahren oder sexuelle Handlungen von Menschen mit Tieren zum Gegenstand haben; dies gilt auch bei virtuellen Darstellungen, oder
11. in den Teilen B und D der Liste nach § 18 des Jugendschutzgesetzes aufgenommen sind oder mit einem in dieser Liste aufgenommenen Werk ganz oder im Wesentlichen inhaltsgleich sind.

[2] In den Fällen der Nummern 1 bis 4 1. Alternative und 6 gilt § 86 Abs. 3 des Strafgesetzbuches, im Falle der Nummer 5 § 131 Abs. 3 des Strafgesetzbuches entsprechend.

(2) [1] Unbeschadet strafrechtlicher Verantwortlichkeit sind Angebote ferner unzulässig, wenn sie
1. in sonstiger Weise pornografisch sind,
2. in den Teilen A und C der Liste nach § 18 des Jugendschutzgesetzes aufgenommen sind oder mit einem in dieser Liste aufgenommenen Werk ganz oder im Wesentlichen inhaltsgleich sind, oder
3. offensichtlich geeignet sind, die Entwicklung von Kindern und Jugendlichen oder ihre Erziehung zu einer eigenverantwortlichen und gemeinschaftsfähigen Persönlichkeit unter Berücksichtigung der besonderen Wirkungsform des Verbreitungsmediums schwer zu gefährden.

[2] In Telemedien sind Angebote abweichend von Satz 1 zulässig, wenn der Anbieter sicherstellt, dass sie nur Erwachsenen zugänglich gemacht werden.

(3) Nach Aufnahme eines Angebotes in die Liste nach § 18 des Jugendschutzgesetzes wirken die Verbote nach Absatz 1 und 2 auch nach wesentlichen inhaltlichen Veränderungen bis zu einer Entscheidung durch die Bundesprüfstelle für jugendgefährdende Medien.

§ 5 Entwicklungsbeeinträchtigende Angebote

(1) [1] Sofern Anbieter Angebote, die geeignet sind, die Entwicklung von Kindern oder Jugendlichen oder ihre Erziehung zu einer eigenverantwortlichen und gemeinschaftsfähigen Persönlichkeit zu beeinträchtigen, verbreiten oder zugänglich machen, haben sie dafür Sorge zu tragen, dass Kinder oder Jugendliche der betroffenen Altersstufen sie üblicherweise nicht wahrnehmen. [2] Die Altersstufen sind:
1. ab 6 Jahren,
2. ab 12 Jahren,
3. ab 16 Jahren,
4. ab 18 Jahren.

[3] Die Altersstufe „ab 0 Jahre" kommt für offensichtlich nicht entwicklungsbeeinträchtigende Angebote in Betracht. [4] Bei Angeboten, die Inhalte periodischer Druckerzeugnisse in Text oder Bild wiedergeben, können gegen den Anbieter erst dann Maßnahmen ergriffen werden, wenn eine anerkannte Einrichtung der Freiwilligen Selbstkontrolle oder die Kommission für Jugendmedienschutz (KJM) festgestellt hat, dass das Angebot entwicklungsbeeinträchtigend ist.

(2) [1] Angebote können entsprechend der Altersstufen gekennzeichnet werden. [2] Die Kennzeichnung muss die Altersstufe sowie die Stelle, die die Bewertung vorgenommen hat, eindeutig erkennen lassen. [3] Anbieter können ihre Angebote einer nach § 19 anerkannten Einrichtung der Freiwilligen Selbstkontrolle zur Bewertung oder Bestätigung ihrer Bewertung vorlegen. [4] Durch die KJM bestätigte Altersbewertungen von anerkannten Einrichtungen der Freiwilligen Selbstkontrolle sind von den obersten Landesjugendbehörden für die Freigabe und Kennzeichnung inhaltsgleicher oder im Wesentlichen inhaltsgleicher Angebote nach dem Jugendschutzgesetz zu übernehmen; für die Prüfung durch die KJM gilt § 20 Abs. 3 Satz 1 und Abs. 5 Satz 2 entsprechend.

(3) ¹Die Kennzeichnung von Angeboten, die den Zugang zu Inhalten vermitteln, die gemäß §§ 7 ff. des Telemediengesetzes nicht vollständig in den Verantwortungsbereich des Anbieters fallen, insbesondere weil diese von Nutzern in das Angebot integriert werden oder das Angebot durch Nutzer verändert wird, setzt voraus, dass der Anbieter die Einbeziehung oder den Verbleib von Inhalten im Gesamtangebot verhindert, die geeignet sind, die Entwicklung von Kindern oder Jugendlichen, die das Alter der gekennzeichneten Altersstufe noch nicht erreicht haben, zu beeinträchtigen. ²Der Nachweis, dass ausreichende Schutzmaßnahmen ergriffen wurden, gilt als erbracht, wenn sich der Anbieter dem Verhaltenskodex einer anerkannten Einrichtung der Freiwilligen Selbstkontrolle unterwirft.

(4) ¹Altersfreigaben nach § 14 Abs. 2 des Jugendschutzgesetzes sind für die Bewertung zu übernehmen. ²Es sind die Kennzeichen der Selbstkontrollen nach dem Jugendschutzgesetz zu verwenden. ³Satz 1 gilt entsprechend für Angebote, die mit den bewerteten Angeboten im Wesentlichen inhaltsgleich sind.

(5) Der Anbieter kann seiner Pflicht aus Absatz 1 dadurch entsprechen, dass er
1. durch technische oder sonstige Mittel die Wahrnehmung des Angebots durch Kinder oder Jugendliche der betroffenen Altersstufe unmöglich macht oder wesentlich erschwert oder
2. die Zeit, in der die Angebote verbreitet oder zugänglich gemacht werden, so wählt, dass Kinder oder Jugendliche der betroffenen Altersstufe üblicherweise die Angebote nicht wahrnehmen.

(6) ¹Ist eine entwicklungsbeeinträchtigende Wirkung im Sinne von Absatz 1 auf Kinder oder Jugendliche anzunehmen, erfüllt der Anbieter seine Verpflichtung nach Absatz 1, wenn das Angebot nur zwischen 23 Uhr und 6 Uhr verbreitet oder zugänglich gemacht wird. ²Wenn eine entwicklungsbeeinträchtigende Wirkung auf Kinder oder Jugendliche unter 16 Jahren zu befürchten ist, erfüllt der Anbieter seine Verpflichtung nach Absatz 1, wenn das Angebot nur zwischen 22 Uhr und 6 Uhr verbreitet oder zugänglich gemacht wird. ³Bei der Wahl der Zeit zur Verbreitung des Angebots und des Umfelds für Angebote der Altersstufe „ab 12 Jahren" ist dem Wohl jüngerer Kinder Rechnung zu tragen.

(7) Ist eine entwicklungsbeeinträchtigende Wirkung im Sinne von Absatz 1 nur auf Kinder unter 12 Jahren zu befürchten, erfüllt der Anbieter von Telemedien seine Verpflichtung nach Absatz 1, wenn das Angebot getrennt von für diese Kinder bestimmten Angeboten verbreitet wird oder abrufbar ist.

(8) Absatz 1 gilt nicht für Nachrichtensendungen, Sendungen zum politischen Zeitgeschehen im Rundfunk und vergleichbare Angebote bei Telemedien, es sei denn, es besteht offensichtlich kein berechtigtes Interesse gerade an dieser Form der Darstellung oder Berichterstattung.

§ 6 Jugendschutz in der Werbung und im Teleshopping

(1) ¹Werbung für indizierte Angebote ist nur unter den Bedingungen zulässig, die auch für die Verbreitung des Angebotes selbst gelten. ²Die Liste der jugendgefährdenden Medien (§ 18 des Jugendschutzgesetzes) darf nicht zum Zwecke der Werbung verbreitet oder zugänglich gemacht werden. ³Bei Werbung darf nicht darauf hingewiesen werden, dass ein Verfahren zur Aufnahme eines Angebotes oder eines inhaltsgleichen Trägermediums in die Liste nach § 18 des Jugendschutzgesetzes anhängig ist oder gewesen ist.

(2) Werbung darf Kinder und Jugendliche weder körperlich noch seelisch beeinträchtigen, darüber hinaus darf sie nicht
1. direkte Aufrufe zum Kaufen oder Mieten von Waren oder Dienstleistungen an Minderjährige enthalten, die deren Unerfahrenheit und Leichtgläubigkeit ausnutzen,
2. Kinder und Jugendliche unmittelbar auffordern, ihre Eltern oder Dritte zum Kauf der beworbenen Waren oder Dienstleistungen zu bewegen,
3. das besondere Vertrauen ausnutzen, das Kinder oder Jugendliche zu Eltern, Lehrern und anderen Vertrauenspersonen haben, oder
4. Kinder oder Minderjährige ohne berechtigten Grund in gefährlichen Situationen zeigen.

(3) Werbung, deren Inhalt geeignet ist, die Entwicklung von Kindern oder Jugendlichen zu einer eigenverantwortlichen und gemeinschaftsfähigen Persönlichkeit zu beeinträchtigen, muss getrennt von Angeboten erfolgen, die sich an Kinder oder Jugendliche richten.

(4) Werbung, die sich auch an Kinder oder Jugendliche richtet oder bei der Kinder oder Jugendliche als Darsteller eingesetzt werden, darf nicht den Interessen von Kindern oder Jugendlichen schaden oder deren Unerfahrenheit ausnutzen.

(5) Werbung für alkoholische Getränke darf sich weder an Kinder oder Jugendliche richten noch durch die Art der Darstellung Kinder und Jugendliche besonders ansprechen oder diese beim Alkoholgenuss darstellen.

(6) [1]Die Absätze 1 bis 5 gelten für Teleshopping und Sponsoring entsprechend. [2]Teleshopping darf darüber hinaus Kinder oder Jugendliche nicht dazu anhalten, Kauf- oder Miet- bzw. Pachtverträge für Waren oder Dienstleistungen zu schließen.

§ 7 Jugendschutzbeauftragte

(1) [1]Wer länderübergreifendes Fernsehen veranstaltet, hat einen Jugendschutzbeauftragten zu bestellen. [2]Gleiches gilt für geschäftsmäßige Anbieter von allgemein zugänglichen Telemedien, die entwicklungsbeeinträchtigende oder jugendgefährdende Inhalte enthalten, sowie für Anbieter von Suchmaschinen.

(2) Anbieter von Telemedien mit weniger als 50 Mitarbeitern oder nachweislich weniger als zehn Millionen Zugriffen im Monatsdurchschnitt eines Jahres sowie Veranstalter, die nicht bundesweit verbreitetes Fernsehen veranstalten, können auf die Bestellung verzichten, wenn sie sich einer Einrichtung der Freiwilligen Selbstkontrolle anschließen und diese zur Wahrnehmung der Aufgaben des Jugendschutzbeauftragten verpflichten sowie entsprechend Absatz 3 beteiligen und informieren.

(3) [1]Der Jugendschutzbeauftragte ist Ansprechpartner für die Nutzer und berät den Anbieter in Fragen des Jugendschutzes. [2]Er ist vom Anbieter bei Fragen der Herstellung, des Erwerbs, der Planung und der Gestaltung von Angeboten und bei allen Entscheidungen zur Wahrung des Jugendschutzes angemessen und rechtzeitig zu beteiligen und über das jeweilige Angebot vollständig zu informieren. [3]Er kann dem Anbieter eine Beschränkung oder Änderung von Angeboten vorschlagen. [4]Der Anbieter hat wesentliche Informationen über den Jugendschutzbeauftragten leicht erkennbar, unmittelbar erreichbar und ständig verfügbar zu halten. [5]Sie müssen insbesonder Namen, Anschrift und Daten enthalten, die eine schnelle elektronische Kontaktaufnahme und unmittelbare Kommunikation mit ihm ermöglichen.

(4) [1]Der Jugendschutzbeauftragte muss die zur Erfüllung seiner Aufgaben erforderliche Fachkunde besitzen. [2]Er ist in seiner Tätigkeit weisungsfrei. [3]Er darf wegen der Erfüllung seiner Aufgaben nicht benachteiligt werden. [4]Ihm sind die zur Erfüllung seiner Aufgaben notwendigen Sachmittel zur Verfügung zu stellen. [5]Er ist unter Fortzahlung seiner Bezüge soweit für seine Aufgaben erforderlich von der Arbeitsleistung freizustellen.

(5) Die Jugendschutzbeauftragten der Anbieter sollen in einen regelmäßigen Erfahrungsaustausch eintreten.

II. Abschnitt. Vorschriften für Rundfunk

§ 8 Festlegung der Sendezeit

(1) Die in der Arbeitsgemeinschaft der öffentlich-rechtlichen Rundfunkanstalten der Bundesrepublik Deutschland (ARD) zusammengeschlossenen Landesrundfunkanstalten, das Zweite Deutsche Fernsehen (ZDF), die KJM oder von dieser hierfür anerkannte Einrichtungen der Freiwilligen Selbstkontrolle können jeweils in Richtlinien oder für den Einzelfall für Filme, auf die das Jugendschutzgesetz keine Anwendung findet, zeitliche Beschränkungen vorsehen, um den Besonderheiten der Ausstrahlung von Filmen im Fernsehen, vor allem bei Fernsehserien, gerecht zu werden.

(2) Für sonstige Sendeformate können die in Absatz 1 genannten Stellen im Einzelfall zeitliche Beschränkungen vorsehen, wenn deren Ausgestaltung nach Thema, Themenbehandlung, Gestaltung oder Präsentation in einer Gesamtbewertung geeignet ist, Kinder oder Jugendliche in ihrer Entwicklung und Erziehung zu beeinträchtigen.

§ 9 Ausnahmeregelungen

(1) [1]Auf Antrag des Intendanten kann das jeweils zuständige Organ der in der ARD zusammengeschlossenen Landesrundfunkanstalten, des Deutschlandradios und des ZDF sowie auf Antrag eines privaten Rundfunkveranstalters die KJM oder eine von dieser hierfür anerkannte Einrichtung der Freiwilligen Selbstkontrolle jeweils in Richtlinien oder für den Einzelfall von § 5 Abs. 4 in Verbindung mit § 5 Abs. 6 abweichen, wenn die Altersfreigabe nach § 14 Abs. 2

des Jugendschutzgesetzes länger als zehn Jahre zurückliegt oder das Angebot für die geplante Sendezeit bearbeitet wurde.

(2) ¹Die Landesmedienanstalten können für digital verbreitete Programme des privaten Fernsehens durch übereinstimmende Satzungen festlegen, unter welchen Voraussetzungen ein Rundfunkveranstalter seine Verpflichtung nach § 5 erfüllt, indem er diese Sendungen nur mit einer allein für diese verwandten Technik verschlüsselt oder vorsperrt. ²Der Rundfunkveranstalter hat sicherzustellen, dass die Freischaltung durch den Nutzer nur für die Dauer der jeweiligen Sendung oder des jeweiligen Films möglich ist. ³Die Landesmedienanstalten bestimmen in den Satzungen nach Satz 1, insbesondere welche Anforderungen an die Verschlüsselung und Vorsperrung von Sendungen zur Gewährleistung eines effektiven Jugendschutzes zu stellen sind.

§ 10 Programmankündigungen und Kennzeichnung

(1) § 5 Abs. 6 und 7 gilt für unverschlüsselte und nicht vorgesperrte Programmankündigungen mit Bewegtbildern entsprechend.

(2) ¹Die Kennzeichnung entwicklungsbeeinträchtigender Sendungen erfolgt durch optische oder akustische Mittel zu Beginn der Sendung. ²Ist eine entwicklungsbeeinträchtigende Wirkung auf Kinder oder Jugendliche unter 16 Jahren anzunehmen, muss die Sendung durch akustische Zeichen angekündigt oder durch optische Mittel während der gesamten Sendung als ungeeignet für die entsprechende Altersstufe kenntlich gemacht werden. ³Die in der ARD zusammengeschlossenen Landesrundfunkanstalten, das ZDF, das Deutschlandradio und die KJM legen im Benehmen mit den obersten Landesjugendbehörden einheitliche Kennzeichen fest.

III. Abschnitt. Vorschriften für Telemedien

§ 11 Jugendschutzprogramme, Zugangssysteme

(1) ¹Der Anbieter von Telemedien kann den Anforderungen nach § 5 Abs. 5 Nr. 1 dadurch genügen, dass
1. Angebote, die geeignet sind, die Entwicklung und Erziehung von Kindern und Jugendlichen zu beeinträchtigen, für ein geeignetes Jugendschutzprogramm programmiert werden oder
2. durch ein geeignetes Zugangssystem der Zugang nur Personen ab einer bestimmten Altersgruppe eröffnet wird.

²Zugangsvermittler (Diensteanbieter im Sinne von § 2 Nr. 1 des Telemediengesetzes, die aufgrund eines zivilrechtlichen Vertrages mit Hilfe von Telekommunikationsdiensten nach § 3 Nr. 24 des Telekommunikationsgesetzes den Zugang zur Nutzung fremder Telemedien vermitteln) haben ihren Vertragspartnern ein anerkanntes Jugendschutzprogramm nach Satz 1 Nr. 1 leicht auffindbar anzubieten. ³Dies gilt nicht gegenüber ausschließlich selbstständigen oder gewerblichen Vertragspartnern, sofern Jugendschutzbelange nicht berührt sind.

(2) ¹Jugendschutzprogramme müssen einen dem jeweiligen Stand der Technik entsprechenden, nach den Altersstufen gemäß § 5 Abs. 1 Satz 2 differenzierten Zugang ermöglichen oder vergleichbar geeignet sein. ²Unabhängig vom jeweiligen Stand der Technik sind Jugendschutzprogramme nur dann geeignet, wenn sie
1. auf der Grundlage einer vorhandenen Anbieterkennzeichnung einen altersdifferenzierten Zugang zu Angeboten aus dem Geltungsbereich dieses Staatsvertrages ermöglichen,
2. eine hohe Zuverlässigkeit bei der Erkennung aller Angebote bieten, die geeignet sind, die Entwicklung von Kindern und Jugendlichen aller Altersstufen im Sinne von § 5 Abs. 1 Satz 1 zu beeinträchtigen, und
3. es dem Nutzer ermöglichen, im Rahmen eines altersdifferenzierten Zugangs zu Angeboten festzulegen, inwieweit im Interesse eines höheren Schutzniveaus unvermeidbare Zugangsbeschränkungen hingenommen werden.

(3) ¹Jugendschutzprogramme nach Absatz 1 Nr. 1 müssen zur Anerkennung ihrer Eignung vorgelegt werden. ²Die zuständige Landesmedienanstalt trifft ihre Entscheidung durch die KJM. ³Zuständig ist die Landesmedienanstalt, bei der der Antrag auf Anerkennung gestellt ist. ⁴Ein Jugendschutzprogramm gilt als anerkannt, wenn eine anerkannte Einrichtung der Freiwilligen Selbstkontrolle ein Jugendschutzprogramm positiv beurteilt und die KJM das Jugendschutzprogramm nicht innerhalb von vier Monaten nach Mitteilung der Beurteilung durch die Freiwillige

Selbstkontrolle beanstandet hat; für die Prüfung durch die KJM gilt § 20 Abs. 5 Satz 2 entsprechend. ⁵Die Anerkennung kann ganz oder teilweise widerrufen werden, wenn die Voraussetzungen für die Anerkennung nachträglich entfallen sind oder der Anbieter eines Jugendschutzprogramms keine Vorkehrungen zur Anpassung an den jeweiligen Stand der Technik ergreift.

(4) ¹Zugangssysteme, die den Zugang zu Inhalten nach § 4 Abs. 2 eröffnen, müssen gewährleisten, dass eine Volljährigkeitsprüfung über eine persönliche Identifizierung erfolgt und beim einzelnen Nutzungsvorgang nur identifizierte und altersgeprüfte Personen Zugang erhalten. ²Soweit der Zugang zu anderen Inhalten eröffnet wird, ist bei der Ausgestaltung der Grad der Entwicklungsbeeinträchtigung nach § 5 Abs. 1 besonders zu berücksichtigen.

§ 12 Kennzeichnung

¹Für Telemedien muss die Kennzeichnung so umgesetzt werden, dass Jugendschutzprogramme diese Kennzeichnung zur Umsetzung eines altersdifferenzierten Zugangs nutzen können. ²Die anerkannten Einrichtungen der Freiwilligen Selbstkontrolle, die KJM, die in der ARD zusammengeschlossenen Landesrundfunkanstalten, das ZDF und das Deutschlandradio legen im Benehmen mit den obersten Landesjugendbehörden einheitliche Kennzeichen und technische Standards für deren Auslesbarkeit fest.

IV. Abschnitt. Verfahren für Anbieter mit Ausnahme des öffentlich-rechtlichen Rundfunks

§ 13 Anwendungsbereich

Die §§ 14 bis 21 sowie § 24 Abs. 4 Satz 6 gelten nur für länderübergreifende Angebote.

§ 14 Kommission für Jugendmedienschutz

(1) ¹Die zuständige Landesmedienanstalt überprüft die Einhaltung der für die Anbieter geltenden Bestimmungen nach diesem Staatsvertrag. ²Sie trifft entsprechend den Bestimmungen dieses Staatsvertrages die jeweiligen Entscheidungen.

(2) ¹Zur Erfüllung der Aufgaben nach Absatz 1 wird die Kommission für Jugendmedienschutz (KJM) gebildet. ²Diese dient der jeweils zuständigen Landesmedienanstalt als Organ bei der Erfüllung ihrer Aufgaben nach Absatz 1. ³Auf Antrag der zuständigen Landesmedienanstalt kann die KJM auch mit nichtländerübergreifenden Angeboten gutachtlich befasst werden. ⁴Absatz 5 bleibt unberührt.

(3) ¹Die KJM besteht aus 12 Sachverständigen. ²Hiervon werden entsandt
1. sechs Mitglieder aus dem Kreis der Direktoren der Landesmedienanstalten, die von den Landesmedienanstalten im Einvernehmen benannt werden,
2. vier Mitglieder von den für den Jugendschutz zuständigen obersten Landesbehörden,
3. zwei Mitglieder von der für den Jugendschutz zuständigen obersten Bundesbehörde.

³Für jedes Mitglied ist entsprechend Satz 2 ein Vertreter für den Fall seiner Verhinderung zu bestimmen. ⁴Die Amtsdauer der Mitglieder oder stellvertretenden Mitglieder beträgt fünf Jahre. ⁵Wiederberufung ist zulässig. ⁶Mindestens vier Mitglieder und stellvertretende Mitglieder sollen die Befähigung zum Richteramt haben. ⁷Den Vorsitz führt ein Direktor einer Landesmedienanstalt.

(4) Der KJM können nicht angehören Mitglieder und Bedienstete der Institutionen der Europäischen Union, der Verfassungsorgane des Bundes und der Länder, Gremienmitglieder und Bedienstete von Landesrundfunkanstalten der ARD, des ZDF, des Deutschlandradios, des Europäischen Fernsehkulturkanals „ARTE" und der privaten Rundfunkveranstalter oder Anbieter von Telemedien sowie Bedienstete von an ihnen unmittelbar oder mittelbar im Sinne von § 28 des Rundfunkstaatsvertrages beteiligten Unternehmen.

(5) ¹Es können Prüfausschüsse gebildet werden. ²Jedem Prüfausschuss muss mindestens jeweils ein in Absatz 3 Satz 2 Nr. 1 bis 3 aufgeführtes Mitglied der KJM oder im Falle seiner Verhinderung dessen Vertreter angehören. ³Die Prüfausschüsse entscheiden jeweils bei Einstimmigkeit anstelle der KJM. ⁴Zu Beginn der Amtsperiode der KJM wird die Verteilung der Prüfverfahren von der KJM festgelegt. ⁵Das Nähere ist in der Geschäftsordnung der KJM festzulegen.

(6) ¹Die Mitglieder der KJM sind bei der Erfüllung ihrer Aufgaben nach diesem Staatsvertrag an Weisungen nicht gebunden. ²Die Regelung zur Vertraulichkeit nach § 24 des Rundfunk-

staatsvertrages gilt auch im Verhältnis der Mitglieder der KJM zu anderen Organen der Landesmedienanstalten.

(7) ¹Die Mitglieder der KJM haben Anspruch auf Ersatz ihrer notwendigen Aufwendungen und Auslagen. ²Näheres regeln die Landesmedienanstalten durch übereinstimmende Satzungen.

§ 15 Mitwirkung der Gremien der Landesmedienanstalten

(1) ¹Die KJM unterrichtet die Vorsitzenden der Gremien der Landesmedienanstalten fortlaufend über ihre Tätigkeit. ²Sie bezieht die Gremienvorsitzenden in grundsätzlichen Angelegenheiten, insbesondere bei der Erstellung von Satzungs- und Richtlinienentwürfen, ein.

(2) ¹Die nach Landesrecht zuständigen Organe der Landesmedienanstalten erlassen übereinstimmende Satzungen und Richtlinien zur Durchführung dieses Staatsvertrages. ²Sie stellen hierbei das Benehmen mit den nach § 19 anerkannten Einrichtungen der Freiwilligen Selbstkontrolle, den in der ARD zusammengeschlossenen Landesrundfunkanstalten und dem ZDF her und führen mit diesen und der KJM einen gemeinsamen Erfahrungsaustausch in der Anwendung des Jugendmedienschutzes durch.

§ 16 Zuständigkeit der KJM

¹Die KJM ist zuständig für die abschließende Beurteilung von Angeboten nach diesem Staatsvertrag. ²Sie ist unbeschadet der Befugnisse von anerkannten Einrichtungen der Freiwilligen Selbstkontrolle nach diesem Staatsvertrag im Rahmen des Satzes 1 insbesondere zuständig für

1. die Überwachung der Bestimmungen dieses Staatsvertrages,
2. die Anerkennung von Einrichtungen der Freiwilligen Selbstkontrolle und die Rücknahme oder den Widerruf der Anerkennung,
3. die Festlegung der Sendezeit nach § 8,
4. die Festlegung von Ausnahmen nach § 9,
5. die Prüfung und Genehmigung einer Verschlüsselungs- und Vorsperrungstechnik,
6. die Herstellung des Benehmens nach § 10 Abs. 2 und § 12,
7. die Anerkennung von Jugendschutzprogrammen und für die Rücknahme oder den Widerruf der Anerkennung,
8. die Stellungnahme zu Indizierungsanträgen bei der Bundesprüfstelle für jugendgefährdende Medien und für Anträge bei der Bundesprüfstelle auf Indizierung und
9. die Entscheidung über Ordnungswidrigkeiten nach diesem Staatsvertrag.

§ 17 Verfahren der KJM

(1) ¹Die KJM wird von Amts wegen tätig; auf Antrag einer Landesmedienanstalt oder einer obersten Landesjugendbehörde hat sie ein Prüfverfahren einzuleiten. ²Sie fasst ihre Beschlüsse mit der Mehrheit ihrer gesetzlichen Mitglieder, bei Stimmengleichheit entscheidet die Stimme des Vorsitzenden. ³Die Beschlüsse sind zu begründen. ⁴In der Begründung sind die wesentlichen tatsächlichen und rechtlichen Gründe mitzuteilen. ⁵Die Beschlüsse der KJM sind gegenüber den anderen Organen der zuständigen Landesmedienanstalt bindend. ⁶Sie sind deren Entscheidungen zugrunde zu legen.

(2) Die KJM soll mit der Bundesprüfstelle für jugendgefährdende Medien und den obersten Landesjugendbehörden zusammenarbeiten und einen regelmäßigen Informationsaustausch pflegen.

(3) ¹Die KJM erstattet den Gremien der Landesmedienanstalten, den für den Jugendschutz zuständigen obersten Landesjugendbehörden und der für den Jugendschutz zuständigen obersten Bundesbehörde erstmalig zwei Jahre nach ihrer Konstituierung und danach alle zwei Jahre einen Bericht über die Durchführung der Bestimmungen dieses Staatsvertrages. ²In dem Bericht ist die Dauer der Verfahren darzustellen.

§ 18 „jugendschutz.net"

(1) ¹Die durch die obersten Landesjugendbehörden eingerichtete gemeinsame Stelle Jugendschutz aller Länder („jugendschutz.net") ist organisatorisch an die KJM angebunden. ²Die Stelle „jugendschutz.net" wird von den Landesmedienanstalten und den Ländern gemeinsam finanziert. ³Die näheren Einzelheiten der Finanzierung dieser Stelle durch die Länder legen die für den Jugendschutz zuständigen Minister der Länder in einem Statut durch Beschluss fest. ⁴Das Statut regelt auch die fachliche und haushaltsmäßige Unabhängigkeit der Stelle.

(2) „jugendschutz.net" unterstützt die KJM und die obersten Landesjugendbehörden bei deren Aufgaben.

(3) [1] „jugendschutz.net" überprüft die Angebote der Telemedien. [2] Daneben nimmt „jugendschutz.net" auch Aufgaben der Beratung und Schulung bei Telemedien wahr.

(4) [1] Bei Verstößen gegen Bestimmungen dieses Staatsvertrages weist „jugendschutz.net" den Anbieter hierauf hin und informiert die KJM. [2] Bei Verstößen von Mitgliedern einer anerkannten Einrichtung der Freiwilligen Selbstkontrolle erfolgt der Hinweis zunächst an diese Einrichtung.

§ 19 Einrichtungen der Freiwilligen Selbstkontrolle

(1) Einrichtungen Freiwilliger Selbstkontrolle können für Rundfunk und Telemedien gebildet werden.

(2) Anerkannte Einrichtungen der Freiwilligen Selbstkontrolle überprüfen im Rahmen ihres satzungsgemäßen Aufgabenbereichs die Einhaltung der Bestimmungen dieses Staatsvertrages sowie der hierzu erlassenen Satzungen und Richtlinien bei ihnen angeschlossenen Anbietern.

(3) Eine Einrichtung ist als Einrichtung der Freiwilligen Selbstkontrolle im Sinne dieses Staatsvertrages anzuerkennen, wenn

1. die Unabhängigkeit und Sachkunde ihrer benannten Prüfer gewährleistet ist und dabei auch Vertreter aus gesellschaftlichen Gruppen berücksichtigt sind, die sich in besonderer Weise mit Fragen des Jugendschutzes befassen,
2. eine sachgerechte Ausstattung durch eine Vielzahl von Anbietern sichergestellt ist,
3. Vorgaben für die Entscheidungen der Prüfer bestehen, die in der Spruchpraxis einen wirksamen Kinder- und Jugendschutz zu gewährleisten geeignet sind,
4. eine Verfahrensordnung besteht, die den Umfang der Überprüfung, bei Veranstaltern auch die Vorlagepflicht, sowie mögliche Sanktionen regelt und eine Möglichkeit der Überprüfung der Entscheidungen auch auf Antrag von landesrechtlich bestimmten Trägern der Jugendhilfe vorsieht,
5. gewährleistet ist, dass die betroffenen Anbieter vor einer Entscheidung gehört werden, die Entscheidung schriftlich begründet und den Beteiligten mitgeteilt wird und
6. eine Beschwerdestelle eingerichtet ist.

(4) [1] Die zuständige Landesmedienanstalt trifft die Entscheidung durch die KJM. [2] Zuständig ist die Landesmedienanstalt des Landes, in dem die Einrichtung der Freiwilligen Selbstkontrolle ihren Sitz hat. [3] Ergibt sich danach keine Zuständigkeit, so ist diejenige Landesmedienanstalt zuständig, bei der der Antrag auf Anerkennung gestellt wurde. [4] Die Einrichtung legt der KJM die für die Prüfung der Anerkennungsvoraussetzungen erforderlichen Unterlagen vor. [5] Einrichtungen der Freiwilligen Selbstkontrolle, die zum 1. Januar 2010 aufgrund einer bestehenden Vereinbarung nach § 14 Abs. 6 Satz 1 des Jugendschutzgesetzes tätig sind, gelten als anerkannt, soweit es die freiwillige Alterskennzeichnung von im Wesentlichen unveränderbaren Spielprogrammen und für das Kino produzierten Filmen betrifft, wenn diese Spielprogramme und Filme zum Herunterladen im Internet angeboten werden. [6] Die jeweilige Einrichtung zeigt die Aufnahme ihrer Tätigkeit nach Satz 5 der KJM an.

(5) [1] Erfüllt eine nach Absatz 4 anerkannte Einrichtung der Freiwilligen Selbstkontrolle die Aufgaben nach diesem Staatsvertrag im Einzelfall nicht, kann die zuständige Landesmedienanstalt durch die KJM Beanstandungen aussprechen. [2] Die Anerkennung kann ganz oder teilweise widerrufen oder mit Auflagen verbunden werden, wenn Voraussetzungen für die Anerkennung nicht oder nicht mehr vorliegen oder sich die Spruchpraxis der Einrichtung nicht im Einklang mit dem geltenden Jugendschutzrecht befindet. [3] Die nach Landesrecht zuständigen Organe der Landesmedienanstalten entwickeln hierzu Verfahrenskriterien. [4] Eine Entschädigung für Vermögensnachteile durch den Widerruf der Anerkennung wird nicht gewährt.

(6) Die anerkannten Einrichtungen der Freiwilligen Selbstkontrolle sollen sich über die Anwendung dieses Staatsvertrages abstimmen.

V. Abschnitt. Vollzug für Anbieter mit Ausnahme des öffentlich-rechtlichen Rundfunks

§ 20 Aufsicht

(1) Stellt die zuständige Landesmedienanstalt fest, dass ein Anbieter gegen die Bestimmungen dieses Staatsvertrages verstoßen hat, trifft sie die erforderlichen Maßnahmen gegenüber dem Anbieter.

(2) Für Veranstalter von Rundfunk trifft die zuständige Landesmedienanstalt durch die KJM entsprechend den landesrechtlichen Regelungen die jeweilige Entscheidung.

(3) ¹Tritt die KJM an einen Rundfunkveranstalter mit dem Vorwurf heran, er habe gegen Bestimmungen dieses Staatsvertrages verstoßen, und weist der Veranstalter nach, dass er die Sendung vor ihrer Ausstrahlung einer anerkannten Einrichtung der Freiwilligen Selbstkontrolle im Sinne dieses Staatsvertrages vorgelegt und deren Vorgaben beachtet hat, so sind Maßnahmen durch die KJM im Hinblick auf die Einhaltung der Bestimmungen zum Jugendschutz durch den Veranstalter, mit Ausnahme von Verstößen gegen § 4 Abs. 1, nur dann zulässig, wenn die Entscheidung oder die Unterlassung einer Entscheidung der anerkannten Einrichtung der Freiwilligen Selbstkontrolle die rechtlichen Grenzen des Beurteilungsspielraums überschreitet. ²Bei nichtvorlagefähigen Sendungen ist vor Maßnahmen bei behaupteten Verstößen gegen den Jugendschutz, mit Ausnahme von Verstößen gegen § 4 Abs. 1, durch die KJM die anerkannte Einrichtung der Freiwilligen Selbstkontrolle, der der Rundfunkveranstalter angeschlossen ist, zu befassen; Satz 1 gilt entsprechend. ³Für Entscheidungen nach den §§ 8 und 9 gilt Satz 1 entsprechend.

(4) Für Anbieter von Telemedien trifft die zuständige Landesmedienanstalt durch die KJM entsprechend § 59 Abs. 2 bis 4 des Rundfunkstaatsvertrages unter Beachtung der Regelungen zur Verantwortlichkeit nach den §§ 7 bis 10 des Telemediengesetzes die jeweilige Entscheidung.

(5) ¹Gehört ein Anbieter von Telemedien einer anerkannten Einrichtung der Freiwilligen Selbstkontrolle im Sinne dieses Staatsvertrages an oder unterwirft er sich ihren Statuten, so ist bei behaupteten Verstößen gegen den Jugendschutz, mit Ausnahme von Verstößen gegen § 4 Abs. 1, durch die KJM zunächst diese Einrichtung mit den behaupteten Verstößen zu befassen. ²Maßnahmen nach Absatz 1 gegen den Anbieter durch die KJM sind nur dann zulässig, wenn die Entscheidung oder die Unterlassung einer Entscheidung der anerkannten Einrichtung der Freiwilligen Selbstkontrolle die rechtlichen Grenzen des Beurteilungsspielraums überschreitet. ³Bei Verstößen gegen § 4 haben Widerspruch und Anfechtungsklage des Anbieters von Telemedien keine aufschiebende Wirkung.

(6) ¹Zuständig ist die Landesmedienanstalt des Landes, in dem die Zulassung des Rundfunkveranstalters erteilt wurde oder der Anbieter von Telemedien seinen Sitz, Wohnsitz oder in Ermangelung dessen seinen ständigen Aufenthalt hat. ²Ergibt sich danach keine Zuständigkeit oder bei Gefahr in Verzug für unaufschiebbare Maßnahmen, ist diejenige Landesmedienanstalt zuständig, in deren Bezirk der Anlass für die Amtshandlung hervortritt.

§ 21 Auskunftsansprüche

(1) Ein Anbieter von Telemedien ist verpflichtet, der KJM Auskunft über die Angebote und über die zur Wahrung des Jugendschutzes getroffenen Maßnahmen zu geben und ihr auf Anforderung den unentgeltlichen Zugang zu den Angeboten zu Kontrollzwecken zu ermöglichen.

(2) ¹Der Abruf oder die Nutzung von Angeboten im Rahmen der Aufsicht, der Ahndung von Verstößen oder der Kontrolle ist unentgeltlich. ²Anbieter haben dies sicherzustellen. ³Der Anbieter darf seine Angebote nicht gegen den Abruf oder die Kenntnisnahme durch die zuständige Stelle sperren oder den Abruf oder die Kenntnisnahme erschweren.

§ 22 Revision zum Bundesverwaltungsgericht

In einem gerichtlichen Verfahren kann die Revision zum Bundesverwaltungsgericht auch darauf gestützt werden, dass das angefochtene Urteil auf der Verletzung der Bestimmungen dieses Staatsvertrages beruhe.

VI. Abschnitt. Ahndung von Verstößen der Anbieter mit Ausnahme des öffentlich-rechtlichen Rundfunks

§ 23 Strafbestimmung

[1] Mit Freiheitsstrafe bis zu einem Jahr oder mit Geldstrafe wird bestraft, wer entgegen § 4 Abs. 2 Satz 1 Nr. 3 und Satz 2 Angebote verbreitet oder zugänglich macht, die offensichtlich geeignet sind, die Entwicklung von Kindern und Jugendlichen oder ihre Erziehung zu einer eigenverantwortlichen und gemeinschaftsfähigen Persönlichkeit unter Berücksichtigung der besonderen Wirkungsform des Verbreitungsmediums schwer zu gefährden. [2] Handelt der Täter fahrlässig, so ist die Freiheitsstrafe bis zu 6 Monate oder die Geldstrafe bis zu 180 Tagessätze.

§ 24 Ordnungswidrigkeiten

(1) Ordnungswidrig handelt, wer als Anbieter vorsätzlich oder fahrlässig
1. Angebote verbreitet oder zugänglich macht, die
   a) entgegen § 4 Abs. 1 Satz 1 Nr. 1 Propagandamittel im Sinne des Strafgesetzbuches darstellen,
   b) entgegen § 4 Abs. 1 Satz 1 Nr. 2 Kennzeichen verfassungswidriger Organisationen verwenden,
   c) entgegen § 4 Abs. 1 Satz 1 Nr. 3 zum Hass gegen Teile der Bevölkerung oder gegen eine nationale, rassische, religiöse oder durch Volkstum bestimmte Gruppe aufstacheln, zu Gewalt- oder Willkürmaßnahmen gegen sie auffordern oder die Menschenwürde anderer dadurch angreifen, dass Teile der Bevölkerung oder eine vorbezeichnete Gruppe beschimpft, böswillig verächtlich gemacht oder verleumdet werden,
   d) entgegen § 4 Abs. 1 Satz 1 Nr. 4 1. Alternative eine unter der Herrschaft des Nationalsozialismus begangene Handlung der in § 6 Abs. 1 des Völkerstrafgesetzbuches bezeichneten Art in einer Weise, die geeignet ist, den öffentlichen Frieden zu stören, leugnen oder verharmlosen,
   e) entgegen § 4 Abs. 1 Satz 1 Nr. 4 2. Alternative den öffentlichen Frieden in einer die Würde der Opfer verletzenden Weise dadurch stören, dass die nationalsozialistische Gewalt- und Willkürherrschaft gebilligt, verherrlicht oder gerechtfertigt wird,
   f) entgegen § 4 Abs. 1 Satz 1 Nr. 5 grausame oder sonst unmenschliche Gewalttätigkeiten gegen Menschen in einer Art schildern, die eine Verherrlichung oder Verharmlosung solcher Gewalttätigkeiten ausdrückt oder die das Grausame oder Unmenschliche des Vorgangs in einer die Menschenwürde verletzenden Weise darstellt; dies gilt auch bei virtuellen Darstellungen,
   g) entgegen § 4 Abs. 1 Satz 1 Nr. 6 als Anleitung zu einer in § 126 Abs. 1 des Strafgesetzbuches genannten rechtswidrigen Tat dienen,
   h) entgegen § 4 Abs. 1 Satz 1 Nr. 7 den Krieg verherrlichen,
   i) entgegen § 4 Abs. 1 Satz 1 Nr. 8 gegen die Menschenwürde verstoßen, insbesondere durch die Darstellung von Menschen, die sterben oder schweren körperlichen oder seelischen Leiden ausgesetzt sind oder waren, wobei ein tatsächliches Geschehen wiedergegeben wird, ohne dass ein berechtigtes Interesse gerade für diese Form der Darstellung oder Berichterstattung vorliegt,
   j) entgegen § 4 Abs. 1 Satz 1 Nr. 9 Kinder oder Jugendliche in unnatürlich geschlechtsbetonter Körperhaltung darstellen; dies gilt auch bei virtuellen Darstellungen,
   k) entgegen § 4 Abs. 1 Satz 1 Nr. 10 pornografisch sind und Gewalttätigkeiten, sexuelle Handlungen von, an oder vor Personen unter achtzehn Jahren oder sexuelle Handlungen von Menschen mit Tieren zum Gegenstand haben; dies gilt auch bei virtuellen Darstellungen, oder
   l) entgegen § 4 Abs. 1 Satz 1 Nr. 11 in den Teilen B und D der Liste nach § 18 des Jugendschutzgesetzes aufgenommen sind oder mit einem in dieser Liste aufgenommenen Werk ganz oder im Wesentlichen inhaltsgleich sind.
2. entgegen § 4 Abs. 2 Satz 1 Nr. 1 und Satz 2 Angebote verbreitet oder zugänglich macht, die in sonstiger Weise pornografisch sind,
3. entgegen § 4 Abs. 2 Satz 1 Nr. 2 und Satz 2 Angebote verbreitet oder zugänglich macht, die in den Teilen A und C der Liste nach § 18 des Jugendschutzgesetzes aufgenommen sind

oder mit einem in dieser Liste aufgenommenen Werk ganz oder im Wesentlichen inhaltsgleich sind,
4. entgegen § 5 Abs. 1 Angebote verbreitet oder zugänglich macht, die geeignet sind, die Entwicklung von Kindern oder Jugendlichen zu einer eigenverantwortlichen und gemeinschaftsfähigen Persönlichkeit zu beeinträchtigen, ohne dafür Sorge zu tragen, dass Kinder oder Jugendliche der betroffenen Altersstufen sie üblicherweise nicht wahrnehmen, es sei denn, dass der Anbieter von Telemedien die von ihm angebotenen Inhalte durch ein von einer anerkannten Einrichtung der Freiwilligen Selbstkontrolle zur Verfügung gestelltes Klassifizierungssystem gekennzeichnet, die Kennzeichnung dokumentiert und keine unzutreffenden Angaben gemacht hat,
5. entgegen § 5 Abs. 2 wiederholt sein Angebot mit einer offenbar zu niedrigen Altersstufe bewertet oder kennzeichnet,
6. entgegen § 6 Abs. 1 Satz 1 und Abs. 6 Werbung oder Teleshopping für indizierte Angebote verbreitet oder zugänglich macht,
7. entgegen § 6 Abs. 1 Satz 2 und Abs. 6 die Liste der jugendgefährdenden Medien verbreitet oder zugänglich macht,
8. entgegen § 6 Abs. 1 Satz 3 und Abs. 6 einen dort genannten Hinweis gibt,
9. Werbung entgegen § 6 Abs. 2 bis 5 oder Teleshopping oder Sponsoring entgegen § 6 Abs. 6 verbreitet,
10. entgegen § 7 Abs. 1 keinen Jugendschutzbeauftragten bestellt,
11. entgegen § 7 Abs. 3 Satz 4 und 5 nicht die wesentlichen Informationen über den Jugendschutzbeauftragten leicht erkennbar, unmittelbar erreichbar und ständig verfügbar hält,
12. Sendeformate entgegen Sendezeitbeschränkungen nach § 8 Abs. 2 verbreitet,
13. Sendungen entgegen der nach § 5 Abs. 4 zu übernehmenden Altersfreigabe verbreitet, ohne dass die KJM oder eine hierfür anerkannte Einrichtung der Freiwilligen Selbstkontrolle die Eignung zur Entwicklungsbeeinträchtigung gemäß § 9 Abs. 1 Satz 1 abweichend beurteilte,
14. entgegen § 10 Abs. 1 Programmankündigungen mit Bewegtbildern außerhalb der geeigneten Sendezeit und unverschlüsselt verbreitet,
15. entgegen § 10 Abs. 2 Sendungen verbreitet, ohne ihre Ausstrahlung durch akustische Zeichen anzukündigen oder durch optische Mittel während der gesamten Sendung kenntlich zu machen,
16. entgegen einer vollziehbaren Anordnung durch die zuständige Aufsichtsbehörde nach § 20 Abs. 1 nicht tätig wird,
17. entgegen § 21 Abs. 1 seiner Auskunftspflicht nicht nachkommt oder
18. entgegen § 21 Abs. 2 Satz 3 Angebote gegen den Abruf durch die zuständige Aufsichtsbehörde sperrt.

(2) Ordnungswidrig handelt ferner, wer vorsätzlich im Rahmen eines Verfahrens zur Anerkennung einer Einrichtung der Freiwilligen Selbstkontrolle nach § 19 Abs. 4 falsche Angaben macht.

(3) Die Ordnungswidrigkeit kann mit einer Geldbuße bis zu 500 000 Euro geahndet werden.

(4) ¹Zuständige Verwaltungsbehörde im Sinne des § 36 Abs. 1 Nr. 1 des Gesetzes über Ordnungswidrigkeiten ist die zuständige Landesmedienanstalt. ²Zuständig ist in den Fällen des Absatzes 1 und des Absatzes 2 Nr. 1 die Landesmedienanstalt des Landes, in dem die Zulassung des Rundfunkveranstalters erteilt wurde oder der Anbieter von Telemedien seinen Sitz, Wohnsitz oder in Ermangelung dessen seinen ständigen Aufenthalt hat. ³Ergibt sich danach keine Zuständigkeit, so ist diejenige Landesmedienanstalt zuständig, in deren Bezirk der Anlass für die Amtshandlung hervortritt. ⁴Zuständig ist im Falle des Absatzes 2 Nr. 2 die Landesmedienanstalt des Landes, in dem die Einrichtung der Freiwilligen Selbstkontrolle ihren Sitz hat. ⁵Ergibt sich danach keine Zuständigkeit, so ist diejenige Landesmedienanstalt zuständig, bei der der Antrag auf Anerkennung gestellt wurde. ⁶Die zuständige Landesmedienanstalt trifft die Entscheidungen durch die KJM.

(5) ¹Über die Einleitung eines Verfahrens hat die zuständige Landesmedienanstalt die übrigen Landesmedienanstalten unverzüglich zu unterrichten. ²Soweit ein Verfahren nach dieser Bestimmung in mehreren Ländern eingeleitet wurde, stimmen sich die beteiligten Behörden über die Frage ab, welche Behörde das Verfahren fortführt.

(6) ¹Die zuständige Landesmedienanstalt kann bestimmen, dass Beanstandungen nach einem Rechtsverstoß gegen Regelungen dieses Staatsvertrages sowie rechtskräftige Entscheidungen in

einem Ordnungswidrigkeitsverfahren nach Absatz 1 oder 2 von dem betroffenen Anbieter in seinem Angebot verbreitet oder in diesem zugänglich gemacht werden. ²Inhalt und Zeitpunkt der Bekanntgabe sind durch die zuständige Landesmedienanstalt nach pflichtgemäßem Ermessen festzulegen.

(7) Die Verfolgung der in Absatz 1 und 2 genannten Ordnungswidrigkeiten verjährt in sechs Monaten.

VII. Abschnitt. Schlussbestimmungen

§ 25 Änderung sonstiger Staatsverträge

(nicht abgedruckt)

§ 26 Geltungsdauer, Kündigung

(1) ¹Dieser Staatsvertrag gilt für unbestimmte Zeit. ²Er kann von jedem der vertragschließenden Länder zum Schluss des Kalenderjahres mit einer Frist von einem Jahr gekündigt werden. ³Die Kündigung kann erstmals zum 31. Dezember 2008 erfolgen. ⁴Das Vertragsverhältnis kann hinsichtlich § 20 Abs. 3 und 5 erstmals zum 31. Dezember 2008 mit einer halbjährlichen Frist zum Jahresende gesondert gekündigt werden. ⁵Wird der Staatsvertrag zu diesem Zeitpunkt nicht gekündigt, kann die Kündigung mit gleicher Frist jeweils zu einem zwei Jahre späteren Zeitpunkt erfolgen. ⁶Die Kündigung ist gegenüber dem Vorsitzenden der Ministerpräsidentenkonferenz schriftlich zu erklären. ⁷Die Kündigung eines Landes lässt das Vertragsverhältnis unter den übrigen Ländern unberührt, jedoch kann jedes der übrigen Länder das Vertragsverhältnis binnen einer Frist von drei Monaten nach Eingang der Kündigungserklärung zum gleichen Zeitpunkt kündigen.

(2) Für die Kündigung der in § 25 geänderten Staatsverträge sind die dort vorgesehenen Kündigungsvorschriften maßgebend.

§ 27 Notifizierung

Änderungen dieses Staatsvertrages unterliegen der Notifizierungspflicht gemäß der Richtlinie 98/48/EG des Europäischen Parlaments und des Rates vom 20. Juli 1998 zur Änderung der Richtlinie 98/34/EG über ein Informationsverfahren auf dem Gebiet der Normen und technischen Vorschriften.

§ 28 In-Kraft-Treten, Neubekanntmachung

(1) ¹Dieser Staatsvertrag tritt am 1. April 2003 in Kraft. ²Sind bis zum 31. März 2003 nicht alle Ratifikationsurkunden bei der Staats- oder Senatskanzlei des Vorsitzenden der Ministerpräsidentenkonferenz hinterlegt, wird der Staatsvertrag gegenstandslos.

(2) Die Staats- oder Senatskanzlei des Vorsitzenden der Ministerpräsidentenkonferenz teilt den Ländern die Hinterlegung der Ratifikationsurkunden mit.

(3) Die Staats- und Senatskanzleien der Länder werden ermächtigt, den Wortlaut des Rundfunkstaatsvertrages, des ZDF-Staatsvertrages, des Deutschlandradio-Staatsvertrages und des Mediendienste-Staatsvertrages in der Fassung, die sich aus § 25 ergibt, bekannt zu machen.

15. Telemediengesetz – TMG[1]

Vom 26. Februar 2007 (BGBl I 179),
zuletzt geändert durch Gesetz[2] vom 31. 5. 2010 (BGBl I 692)

Abschnitt 1. Allgemeine Bestimmungen

§ 1 Anwendungsbereich

(1) [1]Dieses Gesetz gilt für alle elektronischen Informations- und Kommunikationsdienste, soweit sie nicht Telekommunikationsdienste nach § 3 Nr. 24 des Telekommunikationsgesetzes, die ganz in der Übertragung von Signalen über Telekommunikationsnetze bestehen, telekommunikationsgestützte Dienste nach § 3 Nr. 25 des Telekommunikationsgesetzes oder Rundfunk nach § 2 des Rundfunkstaatsvertrages sind (Telemedien). [2]Dieses Gesetz gilt für alle Anbieter einschließlich der öffentlichen Stellen unabhängig davon, ob für die Nutzung ein Entgelt erhoben wird.

(2) Dieses Gesetz gilt nicht für den Bereich der Besteuerung.

(3) Das Telekommunikationsgesetz und die Pressegesetze bleiben unberührt.

(4) Die an die Inhalte von Telemedien zu richtenden besonderen Anforderungen ergeben sich aus dem Staatsvertrag für Rundfunk und Telemedien (Rundfunkstaatsvertrag).

(5) Dieses Gesetz trifft weder Regelungen im Bereich des internationalen Privatrechts noch regelt es die Zuständigkeit der Gerichte.

(6) Die besonderen Bestimmungen dieses Gesetzes für audiovisuelle Mediendienste auf Abruf gelten nicht für Dienste, die

1. ausschließlich zum Empfang in Drittländern bestimmt sind und
2. nicht unmittelbar oder mittelbar von der Allgemeinheit mit handelsüblichen Verbraucherendgeräten in einem Staat innerhalb des Geltungsbereichs der Richtlinie 89/552/EWG des Rates vom 3. Oktober 1989 zur Koordinierung bestimmter Rechts- und Verwaltungsvorschriften der Mitgliedstaaten über die Ausübung der Fernsehtätigkeit (ABl. L 298 vom 17. 10. 1989, S. 23), die zuletzt durch die Richtlinie 2007/65/EG (ABl. L 332 vom 18. 12. 2007, S. 27) geändert worden ist, empfangen werden.

§ 2 Begriffsbestimmungen

[1]Im Sinne dieses Gesetzes

1. ist Diensteanbieter jede natürliche oder juristische Person, die eigene oder fremde Telemedien zur Nutzung bereithält oder den Zugang zur Nutzung vermittelt; bei audiovisuellen Mediendiensten auf Abruf ist Diensteanbieter jede natürliche oder juristische Person, die die Auswahl und Gestaltung der angebotenen Inhalte wirksam kontrolliert,
2. ist niedergelassener Diensteanbieter jeder Anbieter, der mittels einer festen Einrichtung auf unbestimmte Zeit Telemedien geschäftsmäßig anbietet oder erbringt; der Standort der technischen Einrichtung allein begründet keine Niederlassung des Anbieters,
3. ist Nutzer jede natürliche oder juristische Person, die Telemedien nutzt, insbesondere um Informationen zu erlangen oder zugänglich zu machen,
4. sind Verteildienste Telemedien, die im Wege einer Übertragung von Daten ohne individuelle Anforderung gleichzeitig für eine unbegrenzte Anzahl von Nutzern erbracht werden,

---

[1] Gemäß Art. 5 des Gesetz zur Vereinheitlichung von Vorschriften über bestimmte elektronische Informations- und Kommunikationsdienste vom 26. 2. 2007 (BGBl. I 179) gilt folgendes:
Artikel 5 Inkrafttreten, Außerkrafttreten. Dieses Gesetz tritt an dem Tag in Kraft, an dem der Neunte Rundfunkänderungsstaatsvertrag der Länder in Kraft tritt. Gleichzeitig treten das Teledienstegesetz vom 22. Juli 1997 (BGBl. I S. 1870), zuletzt geändert durch Artikel 12 Abs. 15 des Gesetzes vom 10. November 2006 (BGBl. I S. 2553) und das Teledienstedatenschutzgesetz vom 22. Juli 1997 (BGBl. I S. 1870, 1871), geändert durch Artikel 3 und 4 Abs. 2 des Gesetzes vom 14. Dezember 2001 (BGBl. I S. 3721), außer Kraft. Das Bundesministerium für Wirtschaft und Technologie gibt das Datum des Inkrafttretens dieses Gesetzes im Bundesgesetzblatt bekannt.
[2] Dieses Gesetz dient der Umsetzung der Richtlinie 2007/65/EG des Europäischen Parlaments und des Rates vom 11. Dezember 2007 zur Änderung der Richtlinie 89/552/EWG des Rates zur Koordinierung bestimmter Rechts- und Verwaltungsvorschriften der Mitgliedstaaten über die Ausübung der Fernsehtätigkeit (neuer Titel: „Richtlinie 89/552/EWG des Europäischen Parlaments und des Rates vom 3. Oktober 1989 zur Koordinierung bestimmter Rechts- und Verwaltungsvorschriften der Mitgliedstaaten über die Bereitstellung audiovisueller Mediendienste – Richtlinie über audiovisuelle Mediendienste –"), (ABl. L 332 vom 18. 12. 2007, S. 27).

Telemediengesetz   §§ 2a, 3   TMG 15

5. ist kommerzielle Kommunikation jede Form der Kommunikation, die der unmittelbaren oder mittelbaren Förderung des Absatzes von Waren, Dienstleistungen oder des Erscheinungsbilds eines Unternehmens, einer sonstigen Organisation oder einer natürlichen Person dient, die eine Tätigkeit im Handel, Gewerbe oder Handwerk oder einen freien Beruf ausübt; die Übermittlung der folgenden Angaben stellt als solche keine Form der kommerziellen Kommunikation dar:
   a) Angaben, die unmittelbaren Zugang zur Tätigkeit des Unternehmens oder der Organisation oder Person ermöglichen, wie insbesondere ein Domain-Name oder eine Adresse der elektronischen Post,
   b) Angaben in Bezug auf Waren und Dienstleistungen oder das Erscheinungsbild eines Unternehmens, einer Organisation oder Person, die unabhängig und insbesondere ohne finanzielle Gegenleistung gemacht werden.
   ²Einer juristischen Person steht eine Personengesellschaft gleich, die mit der Fähigkeit ausgestattet ist, Rechte zu erwerben und Verbindlichkeiten einzugehen.
6. sind „audiovisuelle Mediendienste auf Abruf" Telemedien mit Inhalten, die nach Form und Inhalt fernsehähnlich sind und die von einem Diensteanbieter zum individuellen Abruf zu einem vom Nutzer gewählten Zeitpunkt und aus einem vom Diensteanbieter festgelegten Inhaltekatalog bereitgestellt werden.

§ 2a Europäisches Sitzland

(1) ¹Innerhalb des Geltungsbereichs der Richtlinie 2000/31/EG des Europäischen Parlaments und des Rates vom 8. Juni 2000 über bestimmte rechtliche Aspekte der Dienste der Informationsgesellschaft, insbesondere des elektronischen Geschäftsverkehrs, im Binnenmarkt (ABl. EG Nr. L 178 vom 17. 7. 2000, S. 1) bestimmt sich das Sitzland des Diensteanbieters danach, wo dieser seine Geschäftstätigkeit tatsächlich ausübt. ²Dies ist der Ort, an dem sich der Mittelpunkt der Tätigkeiten des Diensteanbieters im Hinblick auf ein bestimmtes Telemedienangebot befindet.

(2) Innerhalb des Geltungsbereichs der Richtlinie 89/552/EWG bestimmt sich bei audiovisuellen Mediendiensten auf Abruf das Sitzland des Diensteanbieters
   a) nach dem Ort der Hauptniederlassung, sofern dort die wirksame Kontrolle über den audiovisuellen Mediendienst ausgeübt wird, und
   b) nach dem Ort, in dem ein wesentlicher Teil des mit der Bereitstellung des audiovisuellen Mediendienstes betrauten Personals tätig ist, sofern die wirksame Kontrolle über den audiovisuellen Mediendienst nicht in dem Mitgliedstaat der Europäischen Union oder einem Drittland ausgeübt wird, an dem sich der Ort der Hauptniederlassung befindet; lässt sich nicht feststellen, dass ein wesentlicher Teil des mit der Bereitstellung des audiovisuellen Mediendienstes betrauten Personals an einem bestimmten Ort befindet, bestimmt sich das Sitzland nach dem Ort der Hauptniederlassung.

(3) Liegen die Voraussetzungen nach Absatz 2 Buchstabe a oder b nicht vor, bestimmt sich innerhalb des Geltungsbereichs der Richtlinie 89/552/EWG das Sitzland des Diensteanbieters nach dem Ort, an dem er zuerst mit seiner Tätigkeit nach Maßgabe des Rechts dieses Landes begonnen hat, sofern eine dauerhafte und tatsächliche Verbindung mit der Wirtschaft dieses Landes weiter besteht.

(4) Anbieter von audiovisuellen Mediendiensten auf Abruf, bei denen nach den Absätzen 2 und 3 kein Sitzland innerhalb des Geltungsbereichs der Richtlinie 89/552/EWG festgestellt werden kann, unterliegen dem deutschen Recht, sofern sie
   a) eine in Deutschland gelegene Satelliten-Bodenstation für die Aufwärtsstrecke oder
   b) eine Deutschland gehörende Übertragungskapazität eines Satelliten nutzen.

§ 3 Herkunftslandprinzip

(1) In der Bundesrepublik Deutschland nach § 2a niedergelassene Diensteanbieter und ihre Telemedien unterliegen den Anforderungen des deutschen Rechts auch dann, wenn die Telemedien in einem anderen Staat innerhalb des Geltungsbereichs der Richtlinien 2000/31/EG und 89/552/EWG geschäftsmäßig angeboten oder erbracht werden.

(2) ¹Der freie Dienstleistungsverkehr von Telemedien, die in der Bundesrepublik Deutschland von Diensteanbietern geschäftsmäßig angeboten oder erbracht werden, die in einem anderen

Staat innerhalb des Geltungsbereichs der Richtlinien 2000/31/EG und 89/552/EWG niedergelassen sind, wird nicht eingeschränkt. ²Absatz 5 bleibt unberührt.

(3) Von den Absätzen 1 und 2 bleiben unberührt
1. die Freiheit der Rechtswahl,
2. die Vorschriften für vertragliche Schuldverhältnisse in Bezug auf Verbraucherverträge,
3. gesetzliche Vorschriften über die Form des Erwerbs von Grundstücken und grundstücksgleichen Rechten sowie der Begründung, Übertragung, Änderung oder Aufhebung von dinglichen Rechten an Grundstücken und grundstücksgleichen Rechten,
4. das für den Schutz personenbezogener Daten geltende Recht.

(4) Die Absätze 1 und 2 gelten nicht für
1. die Tätigkeit von Notaren sowie von Angehörigen anderer Berufe, soweit diese ebenfalls hoheitlich tätig sind,
2. die Vertretung von Mandanten und die Wahrnehmung ihrer Interessen vor Gericht,
3. die Zulässigkeit nicht angeforderter kommerzieller Kommunikationen durch elektronische Post,
4. Gewinnspiele mit einem einen Geldwert darstellenden Einsatz bei Glücksspielen, einschließlich Lotterien und Wetten,
5. die Anforderungen an Verteildienste,
6. das Urheberrecht, verwandte Schutzrechte, Rechte im Sinne der Richtlinie 87/54/EWG des Rates vom 16. Dezember 1986 über den Rechtsschutz der Topographien von Halbleitererzeugnissen (ABl. EG Nr. L 24 S. 36) und der Richtlinie 96/9/EG des Europäischen Parlaments und des Rates vom 11. März 1996 über den rechtlichen Schutz von Datenbanken (ABl. EG Nr. L 77 S. 20) sowie für gewerbliche Schutzrechte,
7. die Ausgabe elektronischen Geldes durch Institute, die gemäß Artikel 8 Abs. 1 der Richtlinie 2000/46/EG des Europäischen Parlaments und des Rates vom 18. September 2000 über die Aufnahme, Ausübung und Beaufsichtigung der Tätigkeit von E-Geld-Instituten (ABl. EG Nr. L 275 S. 39) von der Anwendung einiger oder aller Vorschriften dieser Richtlinie und von der Anwendung der Richtlinie 2000/12/EG des Europäischen Parlaments und des Rates vom 20. März 2000 über die Aufnahme und Ausübung der Tätigkeit der Kreditinstitute (ABl. EG Nr. L 126 S. 1) freigestellt sind,
8. Vereinbarungen oder Verhaltensweisen, die dem Kartellrecht unterliegen,
9. die von den §§ 12, 13a bis 13c, 55a, 83, 110a bis 110d, 111b und 111c des Versicherungsaufsichtsgesetzes und der Versicherungsberichterstattungs-Verordnung erfassten Bereiche, die Regelungen über das auf Versicherungsverträge anwendbare Recht sowie für Pflichtversicherungen.

(5) ¹Das Angebot und die Erbringung von Telemedien durch einen Diensteanbieter, der in einem anderen Staat im Geltungsbereich der Richtlinien 2000/31/EG oder 89/552/EWG niedergelassen ist, unterliegen abweichend von Absatz 2 den Einschränkungen des innerstaatlichen Rechts, soweit dieses dem Schutz
1. der öffentlichen Sicherheit und Ordnung, insbesondere im Hinblick auf die Verhütung, Ermittlung, Aufklärung, Verfolgung und Vollstreckung von Straftaten und Ordnungswidrigkeiten, einschließlich des Jugendschutzes und der Bekämpfung der Hetze aus Gründen der Rasse, des Geschlechts, des Glaubens oder der Nationalität sowie von Verletzungen der Menschenwürde einzelner Personen sowie die Wahrung nationaler Sicherheits- und Verteidigungsinteressen,
2. der öffentlichen Gesundheit,
3. der Interessen der Verbraucher, einschließlich des Schutzes von Anlegern,

vor Beeinträchtigungen oder ernsthaften und schwerwiegenden Gefahren dient und die auf der Grundlage des innerstaatlichen Rechts in Betracht kommenden Maßnahmen in einem angemessenen Verhältnis zu diesen Schutzzielen stehen. ²Für das Verfahren zur Einleitung von Maßnahmen nach Satz 1 – mit Ausnahme von gerichtlichen Verfahren einschließlich etwaiger Vorverfahren und der Verfolgung von Straftaten einschließlich der Strafvollstreckung und von Ordnungswidrigkeiten – sehen Artikel 3 Abs. 4 und 5 der Richtlinie 2000/31/EG sowie Artikel 2a Absatz 4 und 5 der Richtlinie 85/552/EWG Konsultations- und Informationspflichten vor.

Abschnitt 2. Zulassungsfreiheit und Informationspflichten

§ 4 Zulassungsfreiheit
Telemedien sind im Rahmen der Gesetze zulassungs- und anmeldefrei.

§ 5 Allgemeine Informationspflichten
(1) Diensteanbieter haben für geschäftsmäßige, in der Regel gegen Entgelt angebotene Telemedien folgende Informationen leicht erkennbar, unmittelbar erreichbar und ständig verfügbar zu halten:
1. den Namen und die Anschrift, unter der sie niedergelassen sind, bei juristischen Personen zusätzlich die Rechtsform, den Vertretungsberechtigten und, sofern Angaben über das Kapital der Gesellschaft gemacht werden, das Stamm- oder Grundkapital sowie, wenn nicht alle in Geld zu leistenden Einlagen eingezahlt sind, der Gesamtbetrag der ausstehenden Einlagen,
2. Angaben, die eine schnelle elektronische Kontaktaufnahme und unmittelbare Kommunikation mit ihnen ermöglichen, einschließlich der Adresse der elektronischen Post,
3. soweit der Dienst im Rahmen einer Tätigkeit angeboten oder erbracht wird, die der behördlichen Zulassung bedarf, Angaben zur zuständigen Aufsichtsbehörde,
4. das Handelsregister, Vereinsregister, Partnerschaftsregister oder Genossenschaftsregister, in das sie eingetragen sind, und die entsprechende Registernummer,
5. soweit der Dienst in Ausübung eines Berufs im Sinne von Artikel 1 Buchstabe d der Richtlinie 89/48/EWG des Rates vom 21. Dezember 1988 über eine allgemeine Regelung zur Anerkennung der Hochschuldiplome, die eine mindestens dreijährige Berufsausbildung abschließen (ABl. EG Nr. L 19 S. 16), oder im Sinne von Artikel 1 Buchstabe f der Richtlinie 92/51/EWG des Rates vom 18. Juni 1992 über eine zweite allgemeine Regelung zur Anerkennung beruflicher Befähigungsnachweise in Ergänzung zur Richtlinie 89/48/EWG (ABl. EG Nr. L 209 S. 25, 1995 Nr. L 17 S. 20), zuletzt geändert durch die Richtlinie 97/38/EG der Kommission vom 20. Juni 1997 (ABl. EG Nr. L 184 S. 31), angeboten oder erbracht wird, Angaben über
   a) die Kammer, welcher die Diensteanbieter angehören,
   b) die gesetzliche Berufsbezeichnung und den Staat, in dem die Berufsbezeichnung verliehen worden ist,
   c) die Bezeichnung der berufsrechtlichen Regelungen und dazu, wie diese zugänglich sind,
6. in Fällen, in denen sie eine Umsatzsteueridentifikationsnummer nach § 27a des Umsatzsteuergesetzes oder eine Wirtschafts-Identifikationsnummer nach § 139c der Abgabenordnung besitzen, die Angabe dieser Nummer,
7. bei Aktiengesellschaften, Kommanditgesellschaften auf Aktien und Gesellschaften mit beschränkter Haftung, die sich in Abwicklung oder Liquidation befinden, die Angabe hierüber.

(2) Weitergehende Informationspflichten nach anderen Rechtsvorschriften bleiben unberührt.

§ 6 Besondere Informationspflichten bei kommerziellen Kommunikationen
(1) Diensteanbieter haben bei kommerziellen Kommunikationen, die Telemedien oder Bestandteile von Telemedien sind, mindestens die folgenden Voraussetzungen zu beachten:
1. Kommerzielle Kommunikationen müssen klar als solche zu erkennen sein.
2. Die natürliche oder juristische Person, in deren Auftrag kommerzielle Kommunikationen erfolgen, muss klar identifizierbar sein.
3. Angebote zur Verkaufsförderung wie Preisnachlässe, Zugaben und Geschenke müssen klar als solche erkennbar sein, und die Bedingungen für ihre Inanspruchnahme müssen leicht zugänglich sein sowie klar und unzweideutig angegeben werden.
4. Preisausschreiben oder Gewinnspiele mit Werbecharakter müssen klar als solche erkennbar und die Teilnahmebedingungen leicht zugänglich sein sowie klar und unzweideutig angegeben werden.

(2) [1]Werden kommerzielle Kommunikationen per elektronischer Post versandt, darf in der Kopf- und Betreffzeile weder der Absender noch der kommerzielle Charakter der Nachricht verschleiert oder verheimlicht werden. [2]Ein Verschleiern oder Verheimlichen liegt dann vor, wenn die Kopf- und Betreffzeile absichtlich so gestaltet sind, dass der Empfänger vor Einsicht-

nahme in den Inhalt der Kommunikation keine oder irreführende Informationen über die tatsächliche Identität des Absenders oder den kommerziellen Charakter der Nachricht erhält.

(3) Die Vorschriften des Gesetzes gegen den unlauteren Wettbewerb bleiben unberührt.

Abschnitt 3. Verantwortlichkeit

§ 7 Allgemeine Grundsätze

(1) Diensteanbieter sind für eigene Informationen, die sie zur Nutzung bereithalten, nach den allgemeinen Gesetzen verantwortlich.

(2) [1]Diensteanbieter im Sinne der §§ 8 bis 10 sind nicht verpflichtet, die von ihnen übermittelten oder gespeicherten Informationen zu überwachen oder nach Umständen zu forschen, die auf eine rechtswidrige Tätigkeit hinweisen. [2]Verpflichtungen zur Entfernung oder Sperrung der Nutzung von Informationen nach den allgemeinen Gesetzen bleiben auch im Falle der Nichtverantwortlichkeit des Diensteanbieters nach den §§ 8 bis 10 unberührt. [3]Das Fernmeldegeheimnis nach § 88 des Telekommunikationsgesetzes ist zu wahren.

§ 8 Durchleitung von Informationen

(1) [1]Diensteanbieter sind für fremde Informationen, die sie in einem Kommunikationsnetz übermitteln oder zu denen sie den Zugang zur Nutzung vermitteln, nicht verantwortlich, sofern sie
1. die Übermittlung nicht veranlasst,
2. den Adressaten der übermittelten Informationen nicht ausgewählt und
3. die übermittelten Informationen nicht ausgewählt oder verändert haben. [2]Satz 1 findet keine Anwendung, wenn der Diensteanbieter absichtlich mit einem Nutzer seines Dienstes zusammenarbeitet, um rechtswidrige Handlungen zu begehen.

(2) Die Übermittlung von Informationen nach Absatz 1 und die Vermittlung des Zugangs zu ihnen umfasst auch die automatische kurzzeitige Zwischenspeicherung dieser Informationen, soweit dies nur zur Durchführung der Übermittlung im Kommunikationsnetz geschieht und die Informationen nicht länger gespeichert werden, als für die Übermittlung üblicherweise erforderlich ist.

§ 9 Zwischenspeicherung zur beschleunigten Übermittlung von Informationen

[1]Diensteanbieter sind für eine automatische, zeitlich begrenzte Zwischenspeicherung, die allein dem Zweck dient, die Übermittlung fremder Informationen an andere Nutzer auf deren Anfrage effizienter zu gestalten, nicht verantwortlich, sofern sie
1. die Informationen nicht verändern,
2. die Bedingungen für den Zugang zu den Informationen beachten,
3. die Regeln für die Aktualisierung der Informationen, die in weithin anerkannten und verwendeten Industriestandards festgelegt sind, beachten,
4. die erlaubte Anwendung von Technologien zur Sammlung von Daten über die Nutzung der Informationen, die in weithin anerkannten und verwendeten Industriestandards festgelegt sind, nicht beeinträchtigen und
5. unverzüglich handeln, um im Sinne dieser Vorschrift gespeicherte Informationen zu entfernen oder den Zugang zu ihnen zu sperren, sobald sie Kenntnis davon erhalten haben, dass die Informationen am ursprünglichen Ausgangsort der Übertragung aus dem Netz entfernt wurden oder der Zugang zu ihnen gesperrt wurde oder ein Gericht oder eine Verwaltungsbehörde die Entfernung oder Sperrung angeordnet hat.

[2]§ 8 Abs. 1 Satz 2 gilt entsprechend.

§ 10 Speicherung von Informationen

[1]Diensteanbieter sind für fremde Informationen, die sie für einen Nutzer speichern, nicht verantwortlich, sofern
1. sie keine Kenntnis von der rechtswidrigen Handlung oder der Information haben und ihnen im Falle von Schadensersatzansprüchen auch keine Tatsachen oder Umstände bekannt sind, aus denen die rechtswidrige Handlung oder die Information offensichtlich wird, oder

2. sie unverzüglich tätig geworden sind, um die Information zu entfernen oder den Zugang zu ihr zu sperren, sobald sie diese Kenntnis erlangt haben.

²Satz 1 findet keine Anwendung, wenn der Nutzer dem Diensteanbieter untersteht oder von ihm beaufsichtigt wird.

Abschnitt 4. Datenschutz

§ 11 Anbieter-Nutzer-Verhältnis

(1) Die Vorschriften dieses Abschnitts gelten nicht für die Erhebung und Verwendung personenbezogener Daten der Nutzer von Telemedien, soweit die Bereitstellung solcher Dienste

1. im Dienst- und Arbeitsverhältnis zu ausschließlich beruflichen oder dienstlichen Zwecken oder
2. innerhalb von oder zwischen nicht öffentlichen Stellen oder öffentlichen Stellen ausschließlich zur Steuerung von Arbeits- oder Geschäftsprozessen erfolgt.

(2) Nutzer im Sinne dieses Abschnitts ist jede natürliche Person, die Telemedien nutzt, insbesondere um Informationen zu erlangen oder zugänglich zu machen.

(3) Bei Telemedien, die überwiegend in der Übertragung von Signalen über Telekommunikationsnetze bestehen, gelten für die Erhebung und Verwendung personenbezogener Daten der Nutzer nur § 15 Absatz 8 und § 16 Absatz 2 Nummer 4.

§ 12 Grundsätze

(1) Der Diensteanbieter darf personenbezogene Daten zur Bereitstellung von Telemedien nur erheben und verwenden, soweit dieses Gesetz oder eine andere Rechtsvorschrift, die sich ausdrücklich auf Telemedien bezieht, es erlaubt oder der Nutzer eingewilligt hat.

(2) Der Diensteanbieter darf für die Bereitstellung von Telemedien erhobene personenbezogene Daten für andere Zwecke nur verwenden, soweit dieses Gesetz oder eine andere Rechtsvorschrift, die sich ausdrücklich auf Telemedien bezieht, es erlaubt oder der Nutzer eingewilligt hat.

(3) Soweit nichts anderes bestimmt ist, sind die jeweils geltenden Vorschriften für den Schutz personenbezogener Daten anzuwenden, auch wenn die Daten nicht automatisiert verarbeitet werden.

§ 13 Pflichten des Diensteanbieters

(1) ¹Der Diensteanbieter hat den Nutzer zu Beginn des Nutzungsvorgangs über Art, Umfang und Zwecke der Erhebung und Verwendung personenbezogener Daten sowie über die Verarbeitung seiner Daten in Staaten außerhalb des Anwendungsbereichs der Richtlinie 95/46/EG des Europäischen Parlaments und des Rates vom 24. Oktober 1995 zum Schutz natürlicher Personen bei der Verarbeitung personenbezogener Daten und zum freien Datenverkehr (ABl. EG Nr. L 281 S. 31) in allgemein verständlicher Form zu unterrichten, sofern eine solche Unterrichtung nicht bereits erfolgt ist. ²Bei einem automatisierten Verfahren, das eine spätere Identifizierung des Nutzers ermöglicht und eine Erhebung oder Verwendung personenbezogener Daten vorbereitet, ist der Nutzer zu Beginn dieses Verfahrens zu unterrichten. ³Der Inhalt der Unterrichtung muss für den Nutzer jederzeit abrufbar sein.

(2) Die Einwilligung kann elektronisch erklärt werden, wenn der Diensteanbieter sicherstellt, dass

1. der Nutzer seine Einwilligung bewusst und eindeutig erteilt hat,
2. die Einwilligung protokolliert wird,
3. der Nutzer den Inhalt der Einwilligung jederzeit abrufen kann und
4. der Nutzer die Einwilligung jederzeit mit Wirkung für die Zukunft widerrufen kann.

(3) ¹Der Diensteanbieter hat den Nutzer vor Erklärung der Einwilligung auf das Recht nach Absatz 2 Nr. 4 hinzuweisen. ²Absatz 1 Satz 3 gilt entsprechend.

(4) ¹Der Diensteanbieter hat durch technische und organisatorische Vorkehrungen sicherzustellen, dass

1. der Nutzer die Nutzung des Dienstes jederzeit beenden kann,

2. die anfallenden personenbezogenen Daten über den Ablauf des Zugriffs oder der sonstigen Nutzung unmittelbar nach deren Beendigung gelöscht oder in den Fällen des Satzes 2 gesperrt werden,
3. der Nutzer Telemedien gegen Kenntnisnahme Dritter geschützt in Anspruch nehmen kann,
4. die personenbezogenen Daten über die Nutzung verschiedener Telemedien durch denselben Nutzer getrennt verwendet werden können,
5. Daten nach § 15 Abs. 2 nur für Abrechnungszwecke zusammengeführt werden können und
6. Nutzungsprofile nach § 15 Abs. 3 nicht mit Angaben zur Identifikation des Trägers des Pseudonyms zusammengeführt werden können.

²An die Stelle der Löschung nach Satz 1 Nr. 2 tritt eine Sperrung, soweit einer Löschung gesetzliche, satzungsmäßige oder vertragliche Aufbewahrungsfristen entgegenstehen.

(5) Die Weitervermittlung zu einem anderen Diensteanbieter ist dem Nutzer anzuzeigen.

(6) ¹Der Diensteanbieter hat die Nutzung von Telemedien und ihre Bezahlung anonym oder unter Pseudonym zu ermöglichen, soweit dies technisch möglich und zumutbar ist. ²Der Nutzer ist über diese Möglichkeit zu informieren.

(7) ¹Der Diensteanbieter hat dem Nutzer nach Maßgabe von § 34 des Bundesdatenschutzgesetzes auf Verlangen Auskunft über die zu seiner Person oder zu seinem Pseudonym gespeicherten Daten zu erteilen. ²Die Auskunft kann auf Verlangen des Nutzers auch elektronisch erteilt werden.

§ 14 Bestandsdaten

(1) Der Diensteanbieter darf personenbezogene Daten eines Nutzers nur erheben und verwenden, soweit sie für die Begründung, inhaltliche Ausgestaltung oder Änderung eines Vertragsverhältnisses zwischen dem Diensteanbieter und dem Nutzer über die Nutzung von Telemedien erforderlich sind (Bestandsdaten).

(2) Auf Anordnung der zuständigen Stellen darf der Diensteanbieter im Einzelfall Auskunft über Bestandsdaten erteilen, soweit dies für Zwecke der Strafverfolgung, zur Gefahrenabwehr durch die Polizeibehörden der Länder, zur Erfüllung der gesetzlichen Aufgaben der Verfassungsschutzbehörden des Bundes und der Länder, des Bundesnachrichtendienstes oder des Militärischen Abschirmdienstes oder des Bundeskriminalamtes im Rahmen seiner Aufgabe zur Abwehr von Gefahren des internationalen Terrorismus oder zur Durchsetzung der Rechte am geistigen Eigentum erforderlich ist.

§ 15 Nutzungsdaten

(1) ¹Der Diensteanbieter darf personenbezogene Daten eines Nutzers nur erheben und verwenden, soweit dies erforderlich ist, um die Inanspruchnahme von Telemedien zu ermöglichen und abzurechnen (Nutzungsdaten). ²Nutzungsdaten sind insbesondere
1. Merkmale zur Identifikation des Nutzers,
2. Angaben über Beginn und Ende sowie des Umfangs der jeweiligen Nutzung und
3. Angaben über die vom Nutzer in Anspruch genommenen Telemedien.

(2) Der Diensteanbieter darf Nutzungsdaten eines Nutzers über die Inanspruchnahme verschiedener Telemedien zusammenführen, soweit dies für Abrechnungszwecke mit dem Nutzer erforderlich ist.

(3) ¹Der Diensteanbieter darf für Zwecke der Werbung, der Marktforschung oder zur bedarfsgerechten Gestaltung der Telemedien Nutzungsprofile bei Verwendung von Pseudonymen erstellen, sofern der Nutzer dem nicht widerspricht. ²Der Diensteanbieter hat den Nutzer auf sein Widerspruchsrecht im Rahmen der Unterrichtung nach § 13 Abs. 1 hinzuweisen. ³Diese Nutzungsprofile dürfen nicht mit Daten über den Träger des Pseudonyms zusammengeführt werden.

(4) ¹Der Diensteanbieter darf Nutzungsdaten über das Ende des Nutzungsvorgangs hinaus verwenden, soweit sie für Zwecke der Abrechnung mit dem Nutzer erforderlich sind (Abrechnungsdaten). ²Zur Erfüllung bestehender gesetzlicher, satzungsmäßiger oder vertraglicher Aufbewahrungsfristen darf der Diensteanbieter die Daten sperren.

(5) ¹Der Diensteanbieter darf an andere Diensteanbieter oder Dritte Abrechnungsdaten übermitteln, soweit dies zur Ermittlung des Entgelts und zur Abrechnung mit dem Nutzer erforderlich ist. ²Hat der Diensteanbieter mit einem Dritten einen Vertrag über den Einzug des Entgelts

geschlossen, so darf er diesem Dritten Abrechnungsdaten übermitteln, soweit es für diesen Zweck erforderlich ist. ³Zum Zwecke der Marktforschung anderer Diensteanbieter dürfen anonymisierte Nutzungsdaten übermittelt werden. ⁴§ 14 Abs. 2 findet entsprechende Anwendung.

(6) Die Abrechnung über die Inanspruchnahme von Telemedien darf Anbieter, Zeitpunkt, Dauer, Art, Inhalt und Häufigkeit bestimmter von einem Nutzer in Anspruch genommener Telemedien nicht erkennen lassen, es sei denn, der Nutzer verlangt einen Einzelnachweis.

(7) ¹Der Diensteanbieter darf Abrechnungsdaten, die für die Erstellung von Einzelnachweisen über die Inanspruchnahme bestimmter Angebote auf Verlangen des Nutzers verarbeitet werden, höchstens bis zum Ablauf des sechsten Monats nach Versendung der Rechnung speichern. ²Werden gegen die Entgeltforderung innerhalb dieser Frist Einwendungen erhoben oder diese trotz Zahlungsaufforderung nicht beglichen, dürfen die Abrechnungsdaten weiter gespeichert werden, bis die Einwendungen abschließend geklärt sind oder die Entgeltforderung beglichen ist.

(8) ¹Liegen dem Diensteanbieter zu dokumentierende tatsächliche Anhaltspunkte vor, dass seine Dienste von bestimmten Nutzern in der Absicht in Anspruch genommen werden, das Entgelt nicht oder nicht vollständig zu entrichten, darf er die personenbezogenen Daten dieser Nutzer über das Ende des Nutzungsvorgangs sowie die in Absatz 7 genannte Speicherfrist hinaus nur verwenden, soweit dies für Zwecke der Rechtsverfolgung erforderlich ist. ²Der Diensteanbieter hat die Daten unverzüglich zu löschen, wenn die Voraussetzungen nach Satz 1 nicht mehr vorliegen oder die Daten für die Rechtsverfolgung nicht mehr benötigt werden. ³Der betroffene Nutzer ist zu unterrichten, sobald dies ohne Gefährdung des mit der Maßnahme verfolgten Zweckes möglich ist.

§ 15 a Informationspflicht bei unrechtmäßiger Kenntniserlangung von Daten

Stellt der Diensteanbieter fest, dass bei ihm gespeicherte Bestands- oder Nutzungsdaten unrechtmäßig übermittelt worden oder auf sonstige Weise Dritten unrechtmäßig zur Kenntnis gelangt sind, und drohen schwerwiegende Beeinträchtigungen für die Rechte oder schutzwürdigen Interessen des betroffenen Nutzers, gilt § 42 a des Bundesdatenschutzgesetzes entsprechend.

Abschnitt 5. Bußgeldvorschriften

§ 16 Bußgeldvorschriften

(1) Ordnungswidrig handelt, wer absichtlich entgegen § 6 Abs. 2 Satz 1 den Absender oder den kommerziellen Charakter der Nachricht verschleiert oder verheimlicht.

(2) Ordnungswidrig handelt, wer vorsätzlich oder fahrlässig

1. entgegen § 5 Abs. 1 eine Information nicht, nicht richtig oder nicht vollständig verfügbar hält,
2. entgegen § 13 Abs. 1 Satz 1 oder 2 den Nutzer nicht, nicht richtig, nicht vollständig oder nicht rechtzeitig unterrichtet,
3. einer Vorschrift des § 13 Abs. 4 Satz 1 Nr. 1 bis 4 oder 5 über eine dort genannte Pflicht zur Sicherstellung zuwiderhandelt,
4. entgegen § 14 Abs. 1 oder § 15 Abs. 1 Satz 1 oder Abs. 8 Satz 1 oder 2 personenbezogene Daten erhebt oder verwendet oder nicht oder nicht rechtzeitig löscht oder
5. entgegen § 15 Abs. 3 Satz 3 ein Nutzungsprofil mit Daten über den Träger des Pseudonyms zusammenführt.

(3) Die Ordnungswidrigkeit kann mit einer Geldbuße bis zu fünfzigtausend Euro geahndet werden.

16. Gesetz über den Ladenschluss[1]

In der Fassung der Bekanntmachung vom 2. Juni 2003 (BGBl I 744)
zuletzt geändert durch Gesetz vom 31. 10. 2006 (BGBl I 2407)

Übersicht

Erster Abschnitt. Begriffsbestimmungen §§

Verkaufsstellen	1
Begriffsbestimmungen	2

Zweiter Abschnitt. Ladenschlusszeiten

Allgemeine Ladenschlusszeiten	3
Apotheken	4
Zeitungen und Zeitschriften	5
Tankstellen	6
(weggefallen)	7
Verkaufsstellen auf Personenbahnhöfen	8
Verkaufsstellen auf Flughäfen und in Fährhäfen	9
Kur- und Erholungsorte	10
Verkauf in ländlichen Gebieten an Sonntagen	11
Verkauf bestimmter Waren an Sonntagen	12
(weggefallen)	13
Weitere Verkaufssonntage	14
Sonntagsverkauf am 24. Dezember	15
(weggefallen)	16

Dritter Abschnitt. Besonderer Schutz der Arbeitnehmer

Arbeitszeit an Sonn- und Feiertagen	17

Vierter Abschnitt. Bestimmungen für einzelne Gewerbezweige und für den Marktverkehr

(weggefallen)	18, 18a
Marktverkehr	19
Sonstiges gewerbliches Feilhalten	20

Fünfter Abschnitt. Durchführung des Gesetzes

Auslage des Gesetzes, Verzeichnisse	21
Aufsicht und Auskunft	22
Ausnahmen im öffentlichen Interesse	23

---

[1] Gilt nur noch bis zur Änderung der Ladenöffnungszeiten durch die Länder. Bislang haben die Länder Baden-Württemberg, Berlin, Brandenburg, Bremen, Hamburg, Hessen, Niedersachsen, Nordrhein-Westfalen, Rheinland-Pfalz, Saarland, Sachsen, Sachsen-Anhalt, Schleswig-Holstein und Thüringen entsprechende Vorschriften erlassen:
– Gesetz über die Ladenöffnung in Baden-Württemberg (LadÖG) v. 14. 2. 2007 (GBl. S. 135)
– Bayern: Ladenschlussverordnung (LSchlV) v. 21. 5. 2003 (GVBl. S. 340)
– Berliner Ladenöffnungsgesetz (BerlLadÖffG) v. 14. 11. 2006 (GVBl. S. 1046)
– Brandenburgisches Ladenöffnungsgesetz (BbgLÖG) v. 27. 11. 2006 (GVBl. S. 158)
– Bremisches Ladenschlussgesetz v. 22. 3. 2007 (Brem.GBl. S. 221)
– Hamburgisches Gesetz zur Regelung der Ladenöffnungszeiten (Ladenöffnungsgesetz) v. 22. 12. 2006 (HmbGVBl. S. 611)
– Hessisches Ladenöffnungsgesetz (HLöG) v. 23. 11. 2006 (GVBl. I S. 606)
– Gesetz über die Ladenöffnungszeiten für das Land Mecklenburg-Vorpommern (Ladenöffnungsgesetz – LöffG M-V) v. 18. 6. 2007 (GVOBl. M-V S. 226)
– Niedersächsisches Gesetz über Ladenöffnungs- und Verkaufszeiten (NLöffVZG) v. 8. 3. 2007 (Nds. GVBl. S. 111)
– Gesetz zur Regelung der Ladenöffnungszeiten (Ladenöffnungsgesetz – LÖG NRW) v. 16. 11. 2006 (GV. NRW S. 516)
– Ladenöffnungsgesetz Rheinland-Pfalz (LadÖffnG) v. 21. 11. 2006 (GVBl. S. 351)
– Gesetz zur Regelung der Ladenöffnungszeiten (Ladenöffnungsgesetz – LÖG Saarland) v. 15. 11. 2006 (Amtsbl. 1974)
– Sächsisches Gesetz über die Ladenöffnungszeiten (Sächsisches Ladenöffnungsgesetz – SächsLadÖG) v. 16. 3. 2007 (SächsGVBl. S. 42)
– Gesetz über die Ladenöffnungszeiten im Land Sachsen-Anhalt (Ladenöffnungszeitengesetz Sachsen-Anhalt – LÖffzeitG LSA) v. 22. 11. 2006 (GVBl. LSA S. 528)
– Schleswig-Holstein Gesetz über die Ladenöffnungszeiten (Ladenöffnungszeitengesetz – LÖffZG) v. 29. 11. 2006 (GVOBl. Schl.-H. S. 243)
– Thüringer Ladenöffnungsgesetz (ThürLadÖffG) v. 24. 11. 2006 (GVBl. S. 541).

Sechster Abschnitt. Straftaten und Ordnungswidrigkeiten

Ordnungswidrigkeiten	24
Straftaten	25
(weggefallen)	26

Siebenter Abschnitt. Schlussbestimmungen

Vorbehalt für die Landesgesetzgebung	27
Bestimmung der zuständigen Behörden	28
(weggefallen)	29, 30
(Inkrafttreten, Außerkrafttreten)	31

Erster Abschnitt. Begriffsbestimmungen

§ 1 Verkaufsstellen

(1) Verkaufsstellen im Sinne dieses Gesetzes sind
1. Ladengeschäfte aller Art, Apotheken, Tankstellen und Bahnhofsverkaufsstellen,
2. sonstige Verkaufsstände und -buden, Kioske, Basare und ähnliche Einrichtungen, falls in ihnen ebenfalls von einer festen Stelle aus ständig Waren zum Verkauf an jedermann feilgehalten werden. Dem Feilhalten steht das Zeigen von Mustern, Proben und ähnlichem gleich, wenn Warenbestellungen in der Einrichtung entgegengenommen werden,
3. Verkaufsstellen von Genossenschaften.

(2) Zur Herbeiführung einer einheitlichen Handhabung des Gesetzes kann das Bundesministerium für Arbeit und Soziales im Einvernehmen mit dem Bundesministerium für Wirtschaft und Technologie durch Rechtsverordnung mit Zustimmung des Bundesrates bestimmen, welche Einrichtungen Verkaufsstellen gemäß Absatz 1 sind.

§ 2 Begriffsbestimmungen

(1) Feiertage im Sinne dieses Gesetzes sind die gesetzlichen Feiertage.

(2) Reisebedarf im Sinne dieses Gesetzes sind Zeitungen, Zeitschriften, Straßenkarten, Stadtpläne, Reiselektüre, Schreibmaterialien, Tabakwaren, Schnittblumen, Reisetoilettenartikel, Filme, Tonträger, Bedarf für Reiseapotheken, Reiseandenken und Spielzeug geringeren Wertes, Lebens- und Genussmittel in kleineren Mengen sowie ausländische Geldsorten.

Zweiter Abschnitt. Ladenschlusszeiten

§ 3 Allgemeine Ladenschlusszeiten

[1] Verkaufsstellen müssen zu folgenden Zeiten für den geschäftlichen Verkehr mit Kunden geschlossen sein:
1. an Sonn- und Feiertagen,
2. montags bis samstags bis 6 Uhr und ab 20 Uhr,
3. am 24. Dezember, wenn dieser Tag auf einen Werktag fällt, bis 6 Uhr und ab 14 Uhr.

[2] Verkaufsstellen für Bäckerwaren dürfen abweichend von Satz 1 den Beginn der Ladenöffnungszeit an Werktagen auf 5.30 Uhr vorverlegen. [3] Die beim Ladenschluss anwesenden Kunden dürfen noch bedient werden.

§ 4 Apotheken

(1) [1] Abweichend von den Vorschriften des § 3 dürfen Apotheken an allen Tagen während des ganzen Tages geöffnet sein. [2] An Werktagen während der allgemeinen Ladenschlusszeiten (§ 3) und an Sonn- und Feiertagen ist nur die Abgabe von Arznei-, Krankenpflege-, Säuglingspflege- und Säuglingsnährmitteln, hygienischen Artikeln sowie Desinfektionsmitteln gestattet.

(2) [1] Die nach Landesrecht zuständige Verwaltungsbehörde hat für eine Gemeinde oder für benachbarte Gemeinden mit mehreren Apotheken anzuordnen, dass während der allgemeinen Ladenschlusszeiten (§ 3) abwechselnd ein Teil der Apotheken geschlossen sein muss. [2] An den geschlossenen Apotheken ist an sichtbarer Stelle ein Aushang anzubringen, der die zur Zeit

offenen Apotheken bekanntgibt. ³Dienstbereitschaft der Apotheken steht der Offenhaltung gleich.

§ 5 Zeitungen und Zeitschriften

Abweichend von den Vorschriften des § 3 dürfen Kioske für den Verkauf von Zeitungen und Zeitschriften an Sonn- und Feiertagen von 11 bis 13 Uhr geöffnet sein.

§ 6 Tankstellen

(1) Abweichend von den Vorschriften des § 3 dürfen Tankstellen an allen Tagen während des ganzen Tages geöffnet sein.

(2) An Werktagen während der allgemeinen Ladenschlusszeiten (§ 3) und an Sonn- und Feiertagen ist nur die Abgabe von Ersatzteilen für Kraftfahrzeuge, soweit dies für die Erhaltung oder Wiederherstellung der Fahrbereitschaft notwendig ist, sowie die Abgabe von Betriebsstoffen und von Reisebedarf gestattet.

§ 7 *(weggefallen)*

§ 8 Verkaufsstellen auf Personenbahnhöfen

(1) ¹Abweichend von den Vorschriften des § 3 dürfen Verkaufsstellen auf Personenbahnhöfen von Eisenbahnen und Magnetschwebebahnen, soweit sie den Bedürfnissen des Reiseverkehrs zu dienen bestimmt sind, an allen Tagen während des ganzen Tages geöffnet sein, am 24. Dezember jedoch nur bis 17.00 Uhr. ²Während der allgemeinen Ladenschlusszeiten ist der Verkauf von Reisebedarf zulässig.

(2) Das Bundesministerium für Verkehr, Bau und Stadtentwicklung wird ermächtigt, im Einvernehmen mit dem Bundesministerium für Wirtschaft und Technologie durch Rechtsverordnung mit Zustimmung des Bundesrates Ladenschlusszeiten für die Verkaufsstellen auf Personenbahnhöfen vorzuschreiben, die sicherstellen, dass die Dauer der Offenhaltung nicht über das von den Bedürfnissen des Reiseverkehrs geforderte Maß hinausgeht; es kann ferner die Abgabe von Waren in den genannten Verkaufsstellen während der allgemeinen Ladenschlusszeiten (§ 3) auf bestimmte Waren beschränken.

(2 a) Die Landesregierungen werden ermächtigt, durch Rechtsverordnung zu bestimmen, dass in Städten mit über 200 000 Einwohnern zur Versorgung der Berufspendler und der anderen Reisenden mit Waren des täglichen Ge- und Verbrauchs sowie mit Geschenkartikeln
1. Verkaufsstellen auf Personenbahnhöfen des Schienenfernverkehrs und
2. Verkaufsstellen innerhalb einer baulichen Anlage, die einen Personenbahnhof des Schienenfernverkehrs mit einem Verkehrsknotenpunkt des Nah- und Stadtverkehrs verbindet,

an Werktagen von 6 bis 22 Uhr geöffnet sein dürfen; sie haben dabei die Größe der Verkaufsfläche auf das für diesen Zweck erforderliche Maß zu begrenzen.

(3) Für Apotheken bleibt es bei den Vorschriften des § 4.

§ 9 Verkaufsstellen auf Flughäfen und in Fährhäfen

(1) ¹Abweichend von den Vorschriften des § 3 dürfen Verkaufsstellen auf Flughäfen an allen Tagen während des ganzen Tages geöffnet sein, am 24. Dezember jedoch nur bis 17 Uhr. ²An Werktagen während der allgemeinen Ladenschlusszeiten (§ 3) und an Sonn- und Feiertagen ist nur die Abgabe von Reisebedarf an Reisende gestattet.

(2) Das Bundesministerium für Verkehr, Bau und Stadtentwicklung wird ermächtigt, im Einvernehmen mit dem Bundesministerium für Wirtschaft und Technologie durch Rechtsverordnung mit Zustimmung des Bundesrates Ladenschlusszeiten für die in Absatz 1 genannten Verkaufsstellen vorzuschreiben und die Abgabe von Waren näher zu regeln.

(3) Die Landesregierungen werden ermächtigt, durch Rechtsverordnung abweichend von Absatz 1 Satz 2 zu bestimmen, dass auf internationalen Verkehrsflughäfen und in internationalen Fährhäfen Waren des täglichen Ge- und Verbrauchs sowie Geschenkartikel an Werktagen während der allgemeinen Ladenschlusszeiten (§ 3) und an Sonn- und Feiertagen auch an andere Personen als an Reisende abgegeben werden dürfen; sie haben dabei die Größe der Verkaufsflächen auf das für diesen Zweck erforderliche Maß zu begrenzen.

§ 10 Kur- und Erholungsorte

(1) ¹Die Landesregierungen können durch Rechtsverordnung bestimmen, dass und unter welchen Voraussetzungen und Bedingungen in Kurorten und in einzeln aufzuführenden Ausflugs-, Erholungs- und Wallfahrtsorten mit besonders starkem Fremdenverkehr Badegegenstände, Devotionalien, frische Früchte, alkoholfreie Getränke, Milch und Milcherzeugnisse im Sinne des § 4 Abs. 2 des Milch- und Fettgesetzes in der im Bundesgesetzblatt Teil III, Gliederungsnummer 7842–1, veröffentlichten bereinigten Fassung, Süßwaren, Tabakwaren, Blumen und Zeitungen sowie Waren, die für diese Orte kennzeichnend sind, abweichend von den Vorschriften des § 3 Abs. 1 Nr. 1 an jährlich höchstens 40 Sonn- und Feiertagen bis zur Dauer von acht Stunden verkauft werden dürfen. ²Sie können durch Rechtsverordnung die Festsetzung der zugelassenen Öffnungszeiten auf andere Stellen übertragen. ³Bei der Festsetzung der Öffnungszeiten ist auf die Zeit des Hauptgottesdienstes Rücksicht zu nehmen.

(2) In den nach Absatz 1 erlassenen Rechtsverordnungen kann die Offenhaltung auf bestimmte Ortsteile beschränkt werden.

§ 11 Verkauf in ländlichen Gebieten an Sonntagen

Die Landesregierungen oder die von ihnen bestimmten Stellen können durch Rechtsverordnung bestimmen, dass und unter welchen Voraussetzungen und Bedingungen in ländlichen Gebieten während der Zeit der Feldbestellung und der Ernte abweichend von den Vorschriften des § 3 alle oder bestimmte Arten von Verkaufsstellen an Sonn- und Feiertagen bis zur Dauer von zwei Stunden geöffnet sein dürfen, falls dies zur Befriedigung dringender Kaufbedürfnisse der Landbevölkerung erforderlich ist.

§ 12 Verkauf bestimmter Waren an Sonntagen

(1) Das Bundesministerium für Arbeit und Soziales bestimmt im Einvernehmen mit dem Bundesministerium für Wirtschaft und Technologie und für Ernährung, Landwirtschaft und Verbraucherschutz durch Rechtsverordnung mit Zustimmung des Bundesrates, dass und wie lange an Sonn- und Feiertagen abweichend von der Vorschrift des § 3 Abs. 1 Nr. 1 Verkaufsstellen für die Abgabe von Milch und Milcherzeugnissen im Sinne des § 4 Abs. 2 des Milch- und Fettgesetzes in der im Bundesgesetzblatt Teil III, Gliederungsnummer 7842–1, veröffentlichten bereinigten Fassung, Bäcker- und Konditorwaren, frischen Früchten, Blumen und Zeitungen geöffnet sein dürfen.

(2) ¹In den nach Absatz 1 erlassenen Rechtsverordnungen kann die Offenhaltung auf bestimmte Sonn- und Feiertage oder Jahreszeiten sowie auf bestimmte Arten von Verkaufsstellen beschränkt werden. ²Eine Offenhaltung am 2. Weihnachts-, Oster- und Pfingstfeiertag soll nicht zugelassen werden. ³Die Lage der zugelassenen Öffnungszeiten wird unter Berücksichtigung der Zeit des Hauptgottesdienstes von den Landesregierungen oder den von ihnen bestimmten Stellen durch Rechtsverordnung festgesetzt.

§ 13 (weggefallen)

§ 14 Weitere Verkaufssonntage

(1) ¹Abweichend von der Vorschrift des § 3 Abs. 1 Nr. 1 dürfen Verkaufsstellen aus Anlass von Märkten, Messen oder ähnlichen Veranstaltungen an jährlich höchstens vier Sonn- und Feiertagen geöffnet sein. ²Diese Tage werden von den Landesregierungen oder den von ihnen bestimmten Stellen durch Rechtsverordnung freigegeben.

(2) ¹Bei der Freigabe kann die Offenhaltung auf bestimmte Bezirke und Handelszweige beschränkt werden. ²Der Zeitraum, während dessen die Verkaufsstellen geöffnet sein dürfen, ist anzugeben. ³Er darf fünf zusammenhängende Stunden nicht überschreiten, muss spätestens um 18 Uhr enden und soll außerhalb der Zeit des Hauptgottesdienstes liegen.

(3) ¹Sonn- und Feiertage im Dezember dürfen nicht freigegeben werden. ²In Orten, für die eine Regelung nach § 10 Abs. 1 Satz 1 getroffen ist, dürfen Sonn- und Feiertage nach Absatz 1 nur freigegeben werden, soweit die Zahl dieser Tage zusammen mit den nach § 10 Abs. 1 Nr. 1 freigegebenen Sonn- und Feiertagen 40 nicht übersteigt.

§ 15 Sonntagsverkauf am 24. Dezember

Abweichend von der Vorschrift des § 3 Abs. 1 Nr. 1 dürfen, wenn der 24. Dezember auf einen Sonntag fällt,

1. Verkaufsstellen, die gemäß § 12 oder den hierauf gestützten Vorschriften an Sonn- und Feiertagen geöffnet sein dürfen,
2. Verkaufsstellen, die überwiegend Lebens- und Genussmittel feilhalten,
3. alle Verkaufsstellen für die Abgabe von Weihnachtsbäumen

während höchstens drei Stunden bis längstens 14 Uhr geöffnet sein.

§ 16 (weggefallen)

Dritter Abschnitt. Besonderer Schutz der Arbeitnehmer

§ 17 Arbeitszeit an Sonn- und Feiertagen

(1) In Verkaufsstellen dürfen Arbeitnehmer an Sonn- und Feiertagen nur während der ausnahmsweise zugelassenen Öffnungszeiten (§§ 4 bis 15 und die hierauf gestützten Vorschriften) und, falls dies zur Erledigung von Vorbereitungs- und Abschlussarbeiten unerlässlich ist, während insgesamt weiterer 30 Minuten beschäftigt werden.

(2) Die Dauer der Beschäftigungszeit des einzelnen Arbeitnehmers an Sonn- und Feiertagen darf acht Stunden nicht überschreiten.

(2 a) [1] In Verkaufsstellen, die gemäß § 10 oder den hierauf gestützten Vorschriften an Sonn- und Feiertagen geöffnet sein dürfen, dürfen Arbeitnehmer an jährlich höchstens 22 Sonn- und Feiertagen beschäftigt werden. [2] Ihre Arbeitszeit an Sonn- und Feiertagen darf vier Stunden nicht überschreiten.

(3) [1] Arbeitnehmer, die an Sonn- und Feiertagen in Verkaufsstellen gemäß §§ 4 bis 6, 8 bis 12, 14 und 15 und den hierauf gestützten Vorschriften beschäftigt werden, sind, wenn die Beschäftigung länger als drei Stunden dauert, an einem Werktag derselben Woche ab 13 Uhr, wenn sie länger als sechs Stunden dauert, an einem ganzen Werktag derselben Woche von der Arbeit freizustellen; mindestens jeder dritte Sonntag muss beschäftigungsfrei bleiben. [2] Werden sie bis zu drei Stunden beschäftigt, so muss jeder zweite Sonntag oder in jeder zweiten Woche ein Nachmittag ab 13 Uhr beschäftigungsfrei bleiben. [3] Statt an einem Nachmittag darf die Freizeit am Sonnabend oder Montagvormittag bis 14 Uhr gewährt werden. [4] Während der Zeiten, zu denen die Verkaufsstelle geschlossen sein muss, darf die Freizeit nicht gegeben werden.

(4) Arbeitnehmerinnen und Arbeitnehmer in Verkaufsstellen können verlangen, in jedem Kalendermonat an einem Samstag von der Beschäftigung freigestellt zu werden.

(5) Mit dem Beschicken von Warenautomaten dürfen Arbeitnehmer außerhalb der Öffnungszeiten, die für die mit dem Warenautomaten in räumlichem Zusammenhang stehende Verkaufsstelle gelten, nicht beschäftigt werden.

(6) (weggefallen)

(7) Das Bundesministerium für Arbeit und Soziales wird ermächtigt, zum Schutze der Arbeitnehmer in Verkaufsstellen vor übermäßiger Inanspruchnahme ihrer Arbeitskraft oder sonstiger Gefährdung ihrer Gesundheit durch Rechtsverordnung mit Zustimmung des Bundesrates zu bestimmen,

1. dass während der ausnahmsweise zugelassenen Öffnungszeiten (§§ 4 bis 16 und die hierauf gestützten Vorschriften) bestimmte Arbeitnehmer nicht oder die Arbeitnehmer nicht mit bestimmten Arbeiten beschäftigt werden dürfen,
2. dass den Arbeitnehmern für Sonn- und Feiertagsarbeit über die Vorschriften des Absatzes 3 hinaus ein Ausgleich zu gewähren ist,
3. dass die Arbeitnehmer während der Ladenschlusszeiten an Werktagen (§ 3 Abs. 1 Nr. 2, §§ 5, 6, 8 bis 10, und die hierauf gestützten Vorschriften) nicht oder nicht mit bestimmten Arbeiten beschäftigt werden dürfen.

(8) [1] Das Gewerbeaufsichtsamt kann in begründeten Einzelfällen Ausnahmen von den Vorschriften der Absätze 1 bis 5 bewilligen. [2] Die Bewilligung kann jederzeit widerrufen werden.

(9) Die Vorschriften der Absätze 1 bis 8 finden auf pharmazeutisch vorgebildete Arbeitnehmer in Apotheken keine Anwendung.

Vierter Abschnitt. Bestimmungen für einzelne Gewerbezweige und für den Marktverkehr

§§ 18 und 18a (weggefallen)

§ 19 Marktverkehr

(1) Während der allgemeinen Ladenschlusszeiten (§ 3) dürfen auf behördlich genehmigten Groß- und Wochenmärkten Waren zum Verkauf an den letzten Verbraucher nicht feilgehalten werden; jedoch kann die nach Landesrecht zuständige Verwaltungsbehörde in den Grenzen einer gemäß §§ 10 bis 15 oder den hierauf gestützten Vorschriften zulässigen Offenhaltung der Verkaufsstellen einen geschäftlichen Verkehr auf Groß- und Wochenmärkten zulassen.

(2) Am 24. Dezember dürfen nach 14 Uhr Waren auch im sonstigen Marktverkehr nicht feilgehalten werden.

(3) Im Übrigen bleibt es bei den Vorschriften der §§ 64 bis 71a der Gewerbeordnung, insbesondere bei den auf Grund des § 69 Abs. 1 Satz 1 der Gewerbeordnung festgesetzten Öffnungszeiten für Messen, Ausstellungen und Märkte.

§ 20 Sonstiges gewerbliches Feilhalten

(1) [1]Während der allgemeinen Ladenschlusszeiten (§ 3) ist auch das gewerbliche Feilhalten von Waren zum Verkauf an jedermann außerhalb von Verkaufsstellen verboten; dies gilt nicht für Volksbelustigungen, die den Vorschriften des Titels III der Gewerbeordnung unterliegen und von der nach Landesrecht zuständigen Behörde genehmigt worden sind, sowie für das Feilhalten von Tageszeitungen an Werktagen. [2]Dem Feilhalten steht das Zeigen von Mustern, Proben und ähnlichem gleich, wenn dazu Räume benutzt werden, die für diesen Zweck besonders bereitgestellt sind, und dabei Warenbestellungen entgegengenommen werden.

(2) Soweit für Verkaufsstellen gemäß §§ 10 bis 15 oder den hierauf gestützten Vorschriften Abweichungen von den Ladenschlusszeiten des § 3 zugelassen sind, gelten diese Abweichungen unter denselben Voraussetzungen und Bedingungen auch für das Feilhalten gemäß Absatz 1.

(2a) Die nach Landesrecht zuständige Verwaltungsbehörde kann abweichend von den Vorschriften der Absätze 1 und 2 Ausnahmen für das Feilhalten von leichtverderblichen Waren und Waren zum sofortigen Verzehr, Gebrauch oder Verbrauch zulassen, sofern dies zur Befriedigung örtlich auftretender Bedürfnisse notwendig ist und diese Ausnahmen im Hinblick auf den Arbeitsschutz unbedenklich sind.

(3) Die Vorschriften des § 17 Abs. 1 bis 3 gelten entsprechend.

(4) Das Bundesministerium für Arbeit und Soziales kann durch Rechtsverordnung mit Zustimmung des Bundesrates zum Schutze der Arbeitnehmer vor übermäßiger Inanspruchnahme ihrer Arbeitskraft oder sonstiger Gefährdung ihrer Gesundheit Vorschriften, wie in § 17 Abs. 7 genannt, erlassen.

Fünfter Abschnitt. Durchführung des Gesetzes

§ 21 Auslage des Gesetzes, Verzeichnisse

(1) Der Inhaber einer Verkaufsstelle, in der regelmäßig mindestens ein Arbeitnehmer beschäftigt wird, ist verpflichtet,
1. einen Abdruck dieses Gesetzes und der auf Grund dieses Gesetzes erlassenen Rechtsverordnungen mit Ausnahme der Vorschriften, die Verkaufsstellen anderer Art betreffen, an geeigneter Stelle in der Verkaufsstelle auszulegen oder auszuhängen,
2. ein Verzeichnis über Namen, Tag, Beschäftigungsart und -dauer der an Sonn- und Feiertagen beschäftigten Arbeitnehmer und über die diesen gemäß § 17 Abs. 3 als Ersatz für die Beschäftigung an diesen Tagen gewährte Freizeit zu führen; dies gilt nicht für die pharmazeutisch vorgebildeten Arbeitnehmer in Apotheken. Die Landesregierungen können durch Rechtsverordnung eine einheitliche Form für das Verzeichnis vorschreiben.

(2) Die Verpflichtung nach Absatz 1 Nr. 2 obliegt auch den in § 20 genannten Gewerbetreibenden.

§ 22 Aufsicht und Auskunft

(1) Die Aufsicht über die Ausführung der Vorschriften dieses Gesetzes und der auf Grund dieses Gesetzes erlassenen Vorschriften üben, soweit es sich nicht um Wochenmärkte (§ 19) handelt, die nach Landesrecht für den Arbeitsschutz zuständigen Verwaltungsbehörden aus; ob und inwieweit andere Dienststellen an der Aufsicht beteiligt werden, bestimmen die obersten Landesbehörden.

(2) Auf die Befugnisse und Obliegenheiten der in Absatz 1 genannten Behörden finden die Vorschriften des § 139 b der Gewerbeordnung entsprechend Anwendung.

(3) Die Inhaber von Verkaufsstellen und die in § 20 genannten Gewerbetreibenden sind verpflichtet, den Behörden, denen auf Grund des Absatzes 1 die Aufsicht obliegt, auf Verlangen
1. die zur Erfüllung der Aufgaben dieser Behörden erforderlichen Angaben wahrheitsgemäß und vollständig zu machen,
2. das Verzeichnis gemäß § 21 Abs. 1 Nr. 2, die Unterlagen, aus denen Namen, Beschäftigungsart und -zeiten der Arbeitnehmer sowie Lohn- und Gehaltszahlungen ersichtlich sind, und alle sonstigen Unterlagen, die sich auf die nach Nummer 1 zu machenden Angaben beziehen, vorzulegen oder zur Einsicht einzusenden. Die Verzeichnisse und Unterlagen sind mindestens bis zum Ablauf eines Jahres nach der letzten Eintragung aufzubewahren.

(4) Die Auskunftspflicht nach Absatz 3 Nr. 1 obliegt auch den in Verkaufsstellen oder beim Feilhalten gemäß § 20 beschäftigten Arbeitnehmern.

§ 23 Ausnahmen im öffentlichen Interesse

(1) [1]Die obersten Landesbehörden können in Einzelfällen befristete Ausnahmen von den Vorschriften der §§ 3 bis 15 und 19 bis 21 dieses Gesetzes bewilligen, wenn die Ausnahmen im öffentlichen Interesse dringend nötig werden. [2]Die Bewilligung kann jederzeit widerrufen werden. [3]Die Landesregierungen werden ermächtigt, durch Rechtsverordnung die zuständigen Behörden abweichend von Satz 1 zu bestimmen. [4]Sie können diese Ermächtigung auf oberste Landesbehörden übertragen.

(2) Das Bundesministerium für Arbeit und Soziales kann im Einvernehmen mit dem Bundesministerium für Wirtschaft und Technologie durch Rechtsverordnung mit Zustimmung des Bundesrates Vorschriften über die Voraussetzungen und Bedingungen für die Bewilligung von Ausnahmen im Sinne des Absatzes 1 erlassen.

Sechster Abschnitt. Straftaten und Ordnungswidrigkeiten

§ 24 Ordnungswidrigkeiten

(1) Ordnungswidrig handelt, wer vorsätzlich oder fahrlässig
1. als Inhaber einer Verkaufsstelle oder als Gewerbetreibender im Sinne des § 20
   a) einer Vorschrift des § 17 Abs. 1 bis 3 über die Beschäftigung an Sonn- und Feiertagen, die Freizeit oder den Ausgleich,
   b) einer Vorschrift einer Rechtsverordnung nach § 17 Abs. 7 oder § 20 Abs. 4, soweit sie für einen bestimmten Tatbestand auf diese Bußgeldvorschrift verweist,
   c) einer Vorschrift des § 21 Abs. 1 Nr. 2 über Verzeichnisse oder des § 22 Abs. 3 Nr. 2 über die Einsicht, Vorlage oder Aufbewahrung der Verzeichnisse,
2. als Inhaber einer Verkaufsstelle
   a) einer Vorschrift der §§ 3, 4 Abs. 1 Satz 2, des § 6 Abs. 2, des § 9 Abs. 1 Satz 2, des § 17 Abs. 5, oder einer nach § 4 Abs. 2 Satz 1, § 8 Abs. 2, § 9 Abs. 2 oder nach § 10 oder § 11 erlassenen Rechtsvorschrift über die Ladenschlusszeiten,
   b) einer sonstigen Vorschrift einer Rechtsverordnung nach § 10 oder § 11, soweit sie für einen bestimmten Tatbestand auf diese Bußgeldvorschrift verweist,
   c) der Vorschrift des § 21 Abs. 1 Nr. 1 über Auslagen und Aushänge,
3. als Gewerbetreibender im Sinne des § 19 oder des § 20 einer Vorschrift des § 19 Abs. 1, 2 oder des § 20 Abs. 1, 2 über das Feilhalten von Waren im Marktverkehr oder außerhalb einer Verkaufsstelle oder
4. einer Vorschrift des § 22 Abs. 3 Nr. 1 oder Abs. 4 über die Auskunft

zuwiderhandelt.

(2) Die Ordnungswidrigkeit nach Absatz 1 Nr. 1 Buchstabe a und b kann mit einer Geldbuße bis zu zweitausendfünfhundert Euro, die Ordnungswidrigkeit nach Absatz 1 Nr. 1 Buchstabe c und Nr. 2 bis 4 mit einer Geldbuße bis zu fünfhundert Euro geahndet werden.

§ 25 Straftaten

Wer vorsätzlich als Inhaber einer Verkaufsstelle oder als Gewerbetreibender im Sinne des § 20 eine der in § 24 Abs. 1 Nr. 1 Buchstaben a und b bezeichneten Handlungen begeht und dadurch vorsätzlich oder fahrlässig Arbeitnehmer in ihrer Arbeitskraft oder Gesundheit gefährdet, wird mit Freiheitsstrafe bis zu sechs Monaten oder mit Geldstrafe bis zu 180 Tagessätzen bestraft.

§ 26 *(weggefallen)*

Siebenter Abschnitt. Schlussbestimmungen

§ 27 Vorbehalt für die Landesgesetzgebung

Unberührt bleiben die landesrechtlichen Vorschriften, durch die der Gewerbebetrieb und die Beschäftigung von Arbeitnehmern in Verkaufsstellen an anderen Festtagen als an Sonn- und Feiertagen beschränkt werden.

§ 28 Bestimmung der zuständigen Behörden

Soweit in diesem Gesetz auf die nach Landesrecht zuständige Verwaltungsbehörde verwiesen wird, bestimmt die Landesregierung durch Verordnung, welche Behörden zuständig sind.

§§ 29 und 30 *(weggefallen)*

§ 31 (Inkrafttreten, Außerkrafttreten)

17. EG-Verbraucherschutzdurchsetzungsgesetz – VSchDG

Vom 21. Dezember 2006 (BGBl I 3367),
zuletzt geändert durch Verordnung vom 1. 9. 2010 (BGBl I 1259)

Abschnitt 1. Allgemeine Bestimmungen

§ 1 Anwendungsbereich

(1) Dieses Gesetz dient der Durchführung der Verordnung (EG) Nr. 2006/2004 des Europäischen Parlaments und des Rates vom 27. Oktober 2004 über die Zusammenarbeit zwischen den für die Durchsetzung der Verbraucherschutzgesetze zuständigen nationalen Behörden (ABl. Nr. L 364 vom 9. 12. 2004, S. 1), die zuletzt durch Artikel 3 der Richtlinie 2009/136/EG (ABl. L 337 vom 18. 12. 2009, S. 11) geändert worden ist.

(2) Unberührt von den Vorschriften dieses Gesetzes bleiben die Zuständigkeiten und Befugnisse nach

1. den Rechtsvorschriften, die zur Umsetzung oder Durchführung der im Anhang der Verordnung (EG) Nr. 2006/2004 genannten Rechtsakte der Europäischen Gemeinschaft erlassen sind, oder
2. dem in Nummer 15 des Anhanges der Verordnung (EG) Nr. 2006/2004 genannten unmittelbar geltenden Rechtsakt der Europäischen Gemeinschaft und den zu seiner Durchführung erlassenen Rechtsvorschriften.

(3) Die Befugnisse nach diesem Gesetz gelten nicht, soweit in anderen Rechtsvorschriften entsprechende oder weitergehende Regelungen vorgesehen sind.

§ 2 Zuständige Behörde

Für die Durchführung der Verordnung (EG) Nr. 2006/2004 sind zuständig

1. das Bundesamt für Verbraucherschutz und Lebensmittelsicherheit im Falle eines Verdachtes eines innergemeinschaftlichen Verstoßes gegen die zur Umsetzung oder Durchführung
   a) der in den Nummern 1 bis 3, 5 bis 9, 11, 12, 14 und 16 des Anhanges der Verordnung (EG) Nr. 2006/2004 genannten Rechtsakte erlassenen Rechtsvorschriften,
   b) sonstiger Rechtsakte der Europäischen Gemeinschaften erlassenen Rechtsvorschriften, soweit die Rechtsakte in den Anwendungsbereich der Verordnung (EG) Nr. 2006/2004 einbezogen worden sind und dem Bundesamt für Verbraucherschutz und Lebensmittelsicherheit die Zuständigkeit durch Rechtsverordnung nach § 12 Abs. 1 übertragen worden ist,
2. die Bundesanstalt für Finanzdienstleistungsaufsicht in Fällen der Nummer 1 Buchstabe a, soweit es sich um den Verdacht eines innergemeinschaftlichen Verstoßes
   a) eines Unternehmens handelt, das eine Erlaubnis nach § 5 Abs. 1, § 105 Abs. 2 oder § 112 Abs. 2 des Versicherungsaufsichtsgesetzes besitzt und der Aufsicht der Bundesanstalt für Finanzdienstleistungsaufsicht untersteht, oder
   b) eines Kredit- oder Finanzdienstleistungsinstitutes handelt, das eine Erlaubnis nach § 32 Abs. 1 Satz 1 des Kreditwesengesetzes besitzt,
   und der Verdacht des innergemeinschaftlichen Verstoßes sich auf eine Tätigkeit bezieht, die von der Erlaubnis umfasst ist,
3. das Luftfahrt-Bundesamt im Falle eines Verdachtes eines innergemeinschaftlichen Verstoßes gegen den in der Nummer 15 des Anhanges der Verordnung (EG) Nr. 2006/2004 genannten Rechtsakt und die zu seiner Durchführung erlassenen Rechtsvorschriften,
4. die nach Landesrecht zuständige Behörde in Fällen der Nummer 1 Buchstabe a, soweit es sich um den Verdacht eines innergemeinschaftlichen Verstoßes eines Unternehmens handelt, das eine Erlaubnis nach § 5 Abs. 1 oder § 112 Abs. 2 des Versicherungsaufsichtsgesetzes besitzt und der Aufsicht einer zuständigen Landesbehörde untersteht, und der Verdacht des innergemeinschaftlichen Verstoßes sich auf eine Tätigkeit bezieht, die von der Erlaubnis umfasst ist,

5. vorbehaltlich der Nummer 1 Buchstabe b die nach Landesrecht zuständige Behörde in den übrigen Fällen.

§ 3 Zentrale Verbindungsstelle

(1) Das Bundesamt für Verbraucherschutz und Lebensmittelsicherheit ist – auch in Fällen des § 2 Nr. 2 bis 5 – Zentrale Verbindungsstelle im Sinne des Artikels 3 Buchstabe d der Verordnung (EG) Nr. 2006/2004.

(2) ¹Die Zentrale Verbindungsstelle berichtet den für den Verbraucherschutz zuständigen obersten Landesbehörden jährlich, erstmals zum 31. Dezember 2007, umfassend und in anonymisierter Form über die im Zusammenhang mit diesem Gesetz empfangenen und weitergeleiteten Ersuchen um Amtshilfe und Informationsaustausch. ²Dazu gehören insbesondere Klagen und Urteile, die im Zusammenhang mit einem Verdacht eines innergemeinschaftlichen Verstoßes gegen Gesetze zum Schutz der Verbraucherinteressen erhoben worden oder ergangen sind.

Abschnitt 2. Durchsetzung der Gesetze zum Schutz der Verbraucherinteressen

§ 4 Aufgaben der zuständigen Behörden

Die zuständige Behörde wird tätig
1. auf Ersuchen einer zuständigen Behörde eines anderen Mitgliedstaates der Europäischen Union nach Artikel 6 oder 8 der Verordnung (EG) Nr. 2006/2004,
2. zur Erfüllung der Aufgaben nach den Artikeln 7 und 9 der Verordnung (EG) Nr. 2006/2004.

§ 5 Befugnisse der zuständigen Behörde

(1) ¹Die zuständige Behörde trifft die notwendigen Maßnahmen, die zur Feststellung, Beseitigung oder Verhütung innergemeinschaftlicher Verstöße gegen Gesetze zum Schutz der Verbraucherinteressen erforderlich sind. ²Sie kann insbesondere
1. den verantwortlichen Verkäufer oder Dienstleistungserbringer im Sinne des Artikels 3 Buchstabe h der Verordnung (EG) Nr. 2006/2004 (Verkäufer oder Dienstleister) verpflichten, einen festgestellten innergemeinschaftlichen Verstoß zu beseitigen oder künftige Verstöße zu unterlassen,
2. von dem Verkäufer oder Dienstleister alle erforderlichen Auskünfte innerhalb einer zu bestimmenden angemessenen Frist verlangen,
3. von Personen, die geschäftsmäßig Postdienste, Telekommunikationsdienste oder Telemediendienste erbringen oder an der Erbringung solcher Dienste mitwirken, die Mitteilung des Namens und der zustellungsfähigen Anschrift eines Beteiligten an Postdiensten, Telekommunikationsdiensten oder Telemediendiensten innerhalb einer zu bestimmenden angemessenen Frist verlangen, soweit diese Auskunft ausschließlich anhand der bei dem Auskunftspflichtigen vorhandenen Bestandsdaten erteilt werden kann,
4. Ausdrucke elektronisch gespeicherter Daten verlangen,
5. die zur Durchsetzung der Befugnisse nach Absatz 2 erforderlichen Anordnungen treffen.

³Im Fall des Satzes 2 Nr. 3 bestimmt sich die Entschädigung der zur Auskunft Verpflichteten in entsprechender Anwendung des § 23 Abs. 2 des Justizvergütungs- und -entschädigungsgesetzes vom 5. Mai 2004 (BGBl. I S. 718) in der jeweils geltenden Fassung.

(2) ¹Soweit es zur Durchführung der Verordnung (EG) Nr. 2006/2004 und dieses Gesetzes erforderlich ist, sind die für die Feststellung eines innergemeinschaftlichen Verstoßes zuständigen Personen der zuständigen Behörde befugt,
1. alle erforderlichen Datenträger des Verkäufers oder Dienstleisters, insbesondere Aufzeichnungen, Vertrags- und Werbeunterlagen, einzusehen sowie hieraus Abschriften, Auszüge, Ausdrucke oder Kopien anzufertigen oder zu verlangen,
2. Grundstücke und Betriebsräume sowie die dazugehörigen Geschäftsräume des Verkäufers oder Dienstleisters während der üblichen Betriebs- oder Geschäftszeit zu betreten, soweit es zur Wahrnehmung der Befugnisse nach Nummer 1 erforderlich ist.

²Soweit es zur Durchführung der Verordnung (EG) Nr. 2006/2004 erforderlich ist, sind auch Personen der für die Durchführung der Verordnung (EG) Nr. 2006/2004 zuständigen Behörden der Mitgliedstaaten der Europäischen Union berechtigt, in Begleitung der nach diesem Gesetz

für die Feststellung eines innergemeinschaftlichen Verstoßes zuständigen Personen der zuständigen Behörde, Grundstücke und Betriebsräume sowie die dazugehörigen Geschäftsräume des Verkäufers oder Dienstleisters während der üblichen Betriebs- oder Geschäftszeit zu betreten.

(3) ¹Der nach Absatz 1 Satz 2 Nr. 2 zur Auskunft Verpflichtete kann die Auskunft auf solche Fragen verweigern, deren Beantwortung ihn selbst oder einen der in § 383 Abs. 1 Nr. 1 bis 3 der Zivilprozessordnung bezeichneten Angehörigen der Gefahr strafrechtlicher Verfolgung oder eines Verfahrens nach dem Gesetz über Ordnungswidrigkeiten aussetzen würde. ²Er ist über sein Recht zur Auskunftsverweigerung zu belehren.

(4) ¹Eine Entscheidung nach Absatz 1 Satz 2 Nr. 1 kann von der zuständigen Behörde innerhalb von drei Monaten, nachdem diese bestandskräftig geworden ist, im Bundesanzeiger oder elektronischen Bundesanzeiger[1] bekannt gemacht werden, soweit dies zur Vermeidung eines künftigen innergemeinschaftlichen Verstoßes erforderlich ist. ²Personenbezogene Daten dürfen nur bekannt gemacht werden, soweit das Informationsinteresse der Öffentlichkeit das schutzwürdige Interesse des Betroffenen am Ausschluss des Informationszuganges überwiegt oder der Betroffene eingewilligt hat. ³Die zuständige Behörde hat von der Bekanntmachung abzusehen, soweit eine vergleichbare Veröffentlichung durch den Verkäufer oder Dienstleister erfolgt. ⁴Die Sätze 1 bis 3 gelten entsprechend, soweit sich der Verkäufer oder Dienstleister zur Vermeidung einer Entscheidung der Behörde nach Absatz 1 Satz 2 Nr. 1 verpflichtet hat, den innergemeinschaftlichen Verstoß einzustellen.

(5) Stellen sich die von der zuständigen Behörde an die Öffentlichkeit gegebenen Informationen im Nachhinein als falsch oder die zugrunde liegenden Umstände als unrichtig wiedergegeben heraus, so hat die zuständige Behörde die Öffentlichkeit hierüber in der gleichen Art und Weise zu unterrichten, in der sie die betreffenden Informationen zuvor bekannt gegeben hat, soweit ein Betroffener hieran ein berechtigtes Interesse hat und dies beantragt.

§ 6 Duldungs- und Mitwirkungspflichten

¹Der Verkäufer oder Dienstleister, die nach Gesetz oder Satzung zu deren Vertretung berufenen Personen und die von ihnen bestellten Vertreter sowie die Eigentümer und sonstigen nutzungsberechtigten Personen der in § 5 Abs. 2 Satz 1 Nr. 2 bezeichneten Grundstücke, Betriebs- und Geschäftsräume sind verpflichtet, die Maßnahmen nach

1. § 5 Abs. 2 zu dulden und
2. die für die Feststellung eines innergemeinschaftlichen Verstoßes zuständigen Personen der zuständigen Behörde bei der Erfüllung ihrer Aufgaben zu unterstützen. ²Insbesondere sind die in Satz 1 genannten Personen verpflichtet, auf Verlangen der zuständigen Behörde Räume zu öffnen.

§ 7 Beauftragung Dritter

(1) ¹Die nach § 2 Nr. 1 oder 2 zuständige Behörde soll, bevor sie eine Maßnahme nach § 5 Abs. 1 Satz 2 Nr. 1 erlässt, eine in § 3 Abs. 1 Satz 1 Nr. 1 bis 3 des Unterlassungsklagengesetzes oder in § 8 Abs. 3 Nr. 2 bis 4 des Gesetzes gegen den unlauteren Wettbewerb genannte Stelle (beauftragter Dritter) nach Maßgabe der Absätze 2 und 3 beauftragen, nach § 4 a des Unterlassungsklagengesetzes, auch in Verbindung mit § 8 Abs. 5 Satz 2 zweiter Halbsatz des Gesetzes gegen den unlauteren Wettbewerb, auf das Abstellen innergemeinschaftlicher Verstöße hinzuwirken. ²Der beauftragte Dritte handelt im eigenen Namen.

(2) ¹Unbeschadet der Anforderungen des Artikels 8 Abs. 4 und 5 der Verordnung (EG) Nr. 2006/2004 ist eine Beauftragung nur zulässig, soweit der beauftragte Dritte

1. hinreichende Gewähr für die ordnungsgemäße Erfüllung der Aufgabe bietet und
2. in die Beauftragung einwilligt.

²Kommt die zuständige Behörde zu der Überzeugung, dass die ordnungsgemäße Erfüllung der Aufgaben nicht mehr gewährleistet ist, so ist die Beauftragung ohne Entschädigung zu widerrufen.

(3) ¹Die nach § 2 Nr. 1 oder 2 zuständige Behörde kann Rahmenvereinbarungen über eine allgemeine Beauftragung nach Absatz 1 unter Beachtung des Absatzes 2 abschließen und den danach beauftragten Dritten nach Artikel 4 Abs. 2 Satz 2 der Verordnung (EG) Nr. 2006/2004 benennen. ²Eine Rahmenvereinbarung bedarf der Genehmigung der zuständigen obersten

---

[1] Amtlicher Hinweis: http://www.ebundesanzeiger.de

Bundesbehörde, zu deren Geschäftsbereich die nach § 2 Nr. 1 oder 2 zuständige Behörde gehört. ³Die Rahmenvereinbarung ist im Bundesanzeiger oder elektronischen Bundesanzeiger[1] bekannt zu machen.

(4) ¹Die Landesregierungen werden ermächtigt, für ihre Behörden durch Rechtsverordnung den Absätzen 1 bis 3 entsprechende Regelungen zu erlassen. ²Die Landesregierungen sind befugt, die Ermächtigung nach Satz 1 durch Rechtsverordnung ganz oder teilweise auf andere Behörden des Landes zu übertragen.

§ 8 Außenverkehr

Die Befugnis zum Verkehr mit der Kommission der Europäischen Gemeinschaften und den mit der Durchführung der Verordnung (EG) Nr. 2006/2004 befassten Behörden anderer Mitgliedstaaten der Europäischen Union wird der Zentralen Verbindungsstelle übertragen.

Abschnitt 3. Bußgeldvorschriften, Vollstreckung, Kosten

§ 9 Bußgeldvorschriften

(1) Ordnungswidrig handelt, wer vorsätzlich oder fahrlässig
1. einer vollziehbaren Anordnung nach § 5 Abs. 1 Satz 2 Nr. 2 bis 4 zuwiderhandelt oder
2. entgegen § 6 Satz 1 Nr. 1 oder 2 eine Maßnahme nicht duldet oder eine zuständige oder beauftragte Person nicht unterstützt.

(2) Die Ordnungswidrigkeit kann mit einer Geldbuße bis zu zehntausend Euro geahndet werden.

(3) Verwaltungsbehörden im Sinne des § 36 Abs. 1 Nr. 1 des Gesetzes über Ordnungswidrigkeiten sind im Rahmen ihrer jeweiligen Zuständigkeit die in § 2 Nr. 1, 2 oder 3 genannten Behörden, soweit das Gesetz durch diese Behörden ausgeführt wird.

§ 10 Vollstreckung

¹Die zuständige Behörde kann ihre Anordnungen nach den für die Vollstreckung von Verwaltungsmaßnahmen geltenden Vorschriften durchsetzen. ²Die Höhe des Zwangsgeldes für Entscheidungen nach § 5 Abs. 1 Satz 2 Nr. 1 beträgt für jeden Einzelfall höchstens zweihundertfünfzigtausend Euro.

§ 11 Kosten

(1) Die zuständige Behörde erhebt für Amtshandlungen nach diesem Gesetz oder der Verordnung (EG) Nr. 2006/2004 kostendeckende Gebühren und Auslagen.

(2) ¹Soweit die Kosten der nach § 2 Nr. 2 zuständigen Behörde nicht durch Gebühren und Auslagen nach Absatz 1, gesonderte Erstattung nach Satz 2 oder sonstige Einnahmen gedeckt werden, sind sie nach Maßgabe des Absatzes 3 auf die Unternehmen und Kredit- oder Finanzdienstleistungsinstitute, die von § 2 Nr. 2 Buchstabe a und b erfasst sind, umzulegen. ²Die Kosten, die der zuständigen Behörde durch eine auf Grund des § 5 vorgenommene Besichtigung oder Prüfung entstehen, sind von den Betroffenen der Behörde gesondert zu erstatten und ihr auf Verlangen vorzuschießen. ³Zu den Kosten nach Satz 2 gehören auch die Kosten, mit denen die zuständige Behörde von der Deutschen Bundesbank und anderen Behörden, die im Rahmen solcher Maßnahmen für die zuständige Behörde tätig werden, belastet wird, sowie die Kosten für den Einsatz eigener Mitarbeiter. ⁴Auf diese Kosten ist § 15 Abs. 2 des Finanzdienstleistungsaufsichtsgesetzes entsprechend anzuwenden.

(3) ¹Die nach Absatz 2 Satz 1 umzulegenden Kosten sind in die Umlage einzubeziehen, die nach § 16 des Finanzdienstleistungsaufsichtsgesetzes in Verbindung mit der auf Grund des § 16 Abs. 2 Satz 1, auch in Verbindung mit Satz 4, des Finanzdienstleistungsaufsichtsgesetzes erlassenen Rechtsverordnung erhoben wird. ²Dabei sind Unternehmen nach § 2 Nr. 2 Buchstabe a dem Aufsichtsbereich des Versicherungswesens, Kredit- oder Finanzdienstleistungsinstitute nach § 2 Nr. 2 Buchstabe b dem Aufsichtsbereich des Kredit- und Finanzdienstleistungswesens zuzuordnen.

---

[1] Amtlicher Hinweis: http://www.ebundesanzeiger.de

(4) Das Bundesministerium für Ernährung, Landwirtschaft und Verbraucherschutz, das Bundesministerium der Finanzen und das Bundesministerium für Verkehr, Bau und Stadtentwicklung werden jeweils für ihren Geschäftsbereich ermächtigt, durch Rechtsverordnung ohne Zustimmung des Bundesrates die gebührenpflichtigen Tatbestände und die Gebührensätze zu bestimmen und dabei feste Sätze oder Rahmensätze vorzusehen sowie Regelungen über Erhöhungen, Ermäßigungen und Befreiungen für bestimmte Arten von Amtshandlungen vorzusehen und den Zeitpunkt des Entstehens und der Erhebung der Gebühr näher zu bestimmen, soweit dieses Gesetz durch die in § 2 Nr. 1, 2 oder 3 genannten Behörden ausgeführt wird.

(5) Die nach Absatz 4 zuständigen Bundesministerien können jeweils die Ermächtigung zum Erlass der Rechtsverordnung nach Absatz 4 durch Rechtsverordnung ohne Zustimmung des Bundesrates auf die zu ihrem Geschäftsbereich gehörende zuständige Behörde nach § 2 Nr. 1, 2 oder 3 übertragen.

(6) Für die Amtshandlungen der nach Landesrecht zuständigen Behörden werden die Bestimmungen nach Absatz 4 durch Landesrecht getroffen.

Abschnitt 4. Anpassung an geändertes Gemeinschaftsrecht

§ 12 Ermächtigung zur Anpassung

(1) Das Bundesministerium für Ernährung, Landwirtschaft und Verbraucherschutz wird ermächtigt, durch Rechtsverordnung ohne Zustimmung des Bundesrates dem Bundesamt für Verbraucherschutz und Lebensmittelsicherheit die Zuständigkeit für die Durchführung der Verordnung (EG) Nr. 2006/2004 zu übertragen, soweit weitere Rechtsakte der Europäischen Gemeinschaft in den Anwendungsbereich der Verordnung (EG) Nr. 2006/2004 einbezogen worden sind.

(2) Das Bundesministerium für Ernährung, Landwirtschaft und Verbraucherschutz wird ferner ermächtigt, durch Rechtsverordnung ohne Zustimmung des Bundesrates
1. Verweisungen auf Vorschriften der Verordnung (EG) Nr. 2006/2004 in diesem Gesetz zu ändern, soweit es zur Anpassung an Änderungen dieser Vorschriften erforderlich ist,
2. Vorschriften dieses Gesetzes zu streichen oder in ihrem Wortlaut einem verbleibenden Anwendungsbereich anzupassen, soweit sie durch den Erlass entsprechender Vorschriften in Verordnungen der Europäischen Gemeinschaft unanwendbar geworden sind.

Abschnitt 5. Rechtsbehelfe bei Verwaltungsmaßnahmen

§ 13 Zulässigkeit, Zuständigkeit

(1) [1]Gegen eine Entscheidung nach
1. § 5 Abs. 1 Satz 2 Nr. 1, Abs. 4 oder 5 oder
2. § 10 oder § 11, soweit eine Entscheidung nach diesen Vorschriften in einem sachlichen Zusammenhang mit einer Entscheidung nach Nummer 1 steht, der zuständigen Behörde ist die Beschwerde zulässig. [2]Im Übrigen bleiben die Vorschriften über Rechtsbehelfe bei Verwaltungsmaßnahmen unberührt.

(2) [1]Die zuständige Behörde hat einer Entscheidung im Sinne des Absatzes 1 Satz 1 eine Rechtsbehelfsbelehrung entsprechend § 59 der Verwaltungsgerichtsordnung beizufügen. [2]§ 58 der Verwaltungsgerichtsordnung gilt entsprechend.

(3) Die Beschwerde ist nur zulässig, wenn der Antragsteller geltend macht, durch die Entscheidung im Sinne des Absatzes 1 Satz 1 oder deren Ablehnung oder Unterlassung in seinen Rechten verletzt zu sein; sie kann auch auf neue Tatsachen und Beweismittel gestützt werden.

(4) [1]Über die Beschwerde entscheidet ausschließlich das für den Sitz der zuständigen Behörde zuständige Landgericht. [2]§ 36 der Zivilprozessordnung gilt entsprechend.

§ 14 Aufschiebende Wirkung, Anordnung der sofortigen Vollziehung

(1) Die Beschwerde hat aufschiebende Wirkung.

(2) Die zuständige Behörde kann die sofortige Vollziehung der Entscheidung anordnen, soweit dies im öffentlichen Interesse geboten ist.

(3) ¹Die Anordnung nach Absatz 2 kann bereits vor der Einreichung der Beschwerde getroffen werden. ²Die Anordnung ist zu begründen.

(4) Auf Antrag kann das Beschwerdegericht die aufschiebende Wirkung ganz oder teilweise wiederherstellen, soweit
1. die Voraussetzungen für die Anordnung nach Absatz 2 nicht vorgelegen haben oder nicht mehr vorliegen,
2. ernstliche Zweifel an der Rechtmäßigkeit der angefochtenen Entscheidung bestehen oder
3. die Vollziehung für den Betroffenen eine unbillige, nicht durch überwiegende öffentliche Interessen gebotene Härte zur Folge hätte.

(5) ¹Der Antrag nach Absatz 4 ist schon vor Einreichung der Beschwerde zulässig. ²Die Tatsachen, auf die der Antrag gestützt wird, sind vom Antragsteller glaubhaft zu machen. ³Ist die Entscheidung der zuständigen Behörde schon vollzogen, kann das Beschwerdegericht auch die Aufhebung der Vollziehung anordnen. ⁴Die Wiederherstellung und die Anordnung der aufschiebenden Wirkung können von der Leistung einer Sicherheit oder von anderen Auflagen abhängig gemacht werden. ⁵Sie können auch befristet werden.

(6) ¹Entscheidungen nach Absatz 4 können jederzeit geändert oder aufgehoben werden. ²Jeder Beteiligte kann die Änderung oder Aufhebung wegen veränderter oder im ursprünglichen Verfahren ohne Verschulden nicht geltend gemachter Umstände beantragen.

(7) ¹Das Beschwerdegericht entscheidet über einen Antrag nach Absatz 4 oder 6 durch Beschluss. ²Der Beschluss kann ohne mündliche Verhandlung ergehen.

(8) Für das Ende der aufschiebenden Wirkung der Beschwerde gilt § 80b Abs. 1 der Verwaltungsgerichtsordnung entsprechend.

(9) In dringenden Fällen kann der Vorsitzende entscheiden.

§ 15 Frist und Form

(1) ¹Die Beschwerde ist binnen einer Frist von einem Monat bei der zuständigen Behörde schriftlich einzureichen. ²Die Frist beginnt mit der Zustellung der Entscheidung der Behörde. ³Es genügt, wenn die Beschwerde innerhalb der Frist bei dem Beschwerdegericht eingeht.

(2) ¹Die Beschwerde muss den Antragsteller, den Antragsgegner und den Gegenstand des Beschwerdebegehrens bezeichnen. ²Die angefochtene Entscheidung soll in Urschrift oder in Abschrift beigefügt werden.

(3) ¹Die Beschwerde ist zu begründen. ²Die Frist für die Beschwerdebegründung beträgt einen Monat; sie beginnt mit der Einlegung der Beschwerde und kann auf Antrag von dem Vorsitzenden des Beschwerdegerichts verlängert werden.

(4) Die Beschwerdebegründung muss enthalten
1. die Erklärung, inwieweit die Entscheidung angefochten und ihre Abänderung oder Aufhebung beantragt wird,
2. die Angabe der Tatsachen und Beweismittel, auf die sich die Beschwerde stützt.

(5) Die Beschwerdeschrift und die Beschwerdebegründung müssen durch einen bei einem deutschen Gericht zugelassenen Rechtsanwalt oder Rechtslehrer an einer deutschen Hochschule im Sinne des Hochschulrahmengesetzes mit Befähigung zum Richteramt unterzeichnet sein.

§ 16 Beteiligte am Beschwerdeverfahren

An dem Verfahren vor dem Beschwerdegericht sind beteiligt
1. der Beschwerdeführer,
2. die zuständige Behörde,
3. Personen und Personenvereinigungen, deren Interessen durch die Entscheidung erheblich berührt werden und die das Beschwerdegericht auf ihren Antrag zu dem Verfahren beigeladen hat; Interessen der Verbraucherzentralen und anderer Verbraucherverbände, die mit öffentlichen Mitteln gefördert werden, werden auch dann erheblich berührt, wenn sich die Entscheidung auf eine Vielzahl von Verbrauchern auswirkt und dadurch die Interessen der Verbraucher insgesamt erheblich berührt werden.

§ 17 Anwaltszwang

¹Vor dem Beschwerdegericht müssen die Beteiligten sich durch einen bei einem deutschen Gericht zugelassenen Rechtsanwalt oder Rechtslehrer an einer deutschen Hochschule im Sinne des Hochschulrahmengesetzes mit Befähigung zum Richteramt als Bevollmächtigten vertreten lassen. ²Die zuständige Behörde kann sich auch durch Beamte oder Angestellte mit Befähigung zum Richteramt sowie Diplomjuristen im höheren Dienst vertreten lassen.

§ 18 Mündliche Verhandlung

(1) Das Beschwerdegericht entscheidet über die Beschwerde auf Grund mündlicher Verhandlung; mit Einverständnis der Beteiligten kann ohne mündliche Verhandlung entschieden werden.

(2) Sind die Beteiligten in dem Verhandlungstermin trotz rechtzeitiger Benachrichtigung nicht erschienen oder gehörig vertreten, so kann gleichwohl in der Sache verhandelt und entschieden werden.

§ 19 Untersuchungsgrundsatz

(1) ¹Das Beschwerdegericht erforscht den Sachverhalt von Amts wegen; die Beteiligten sind dabei heranzuziehen. ²Es ist an das Vorbringen und an die Beweisanträge der Beteiligten nicht gebunden.

(2) Behörden sind zur Vorlage von Urkunden oder Akten, zur Übermittlung elektronischer Dokumente und zu Auskünften verpflichtet.

(3) Der Vorsitzende hat darauf hinzuwirken, dass Formfehler beseitigt, unklare Anträge erläutert, sachdienliche Anträge gestellt, ungenügende tatsächliche Angaben ergänzt, ferner alle für die Feststellung und Beurteilung des Sachverhalts wesentlichen Erklärungen abgegeben werden.

(4) ¹Das Beschwerdegericht kann den Beteiligten aufgeben, sich innerhalb einer zu bestimmenden Frist über aufklärungsbedürftige Punkte zu äußern, Beweismittel zu bezeichnen und in ihren Händen befindliche Urkunden sowie andere Beweismittel vorzulegen. ²Bei Versäumung der Frist kann nach Lage der Sache ohne Berücksichtigung der nicht beigebrachten Unterlagen entschieden werden.

§ 20 Beschwerdeentscheidung

(1) ¹Das Beschwerdegericht entscheidet durch Beschluss nach seiner freien, aus dem Gesamtergebnis des Verfahrens gewonnenen Überzeugung. ²Der Beschluss darf nur auf Tatsachen und Beweismittel gestützt werden, zu denen die Beteiligten sich äußern konnten. ³Das Beschwerdegericht kann hiervon abweichen, soweit Beigeladenen aus wichtigen Gründen, insbesondere zur Wahrung von Betriebs- oder Geschäftsgeheimnissen, Akteneinsicht nicht gewährt und der Akteninhalt aus diesen Gründen auch nicht vorgetragen worden ist. ⁴Dies gilt nicht für solche Beigeladene, die an dem streitigen Rechtsverhältnis derart beteiligt sind, dass die Entscheidung auch ihnen gegenüber nur einheitlich ergehen kann.

(2) Für die Beschwerdeentscheidung gelten § 113 Abs. 1, 3 bis 5 und § 114 der Verwaltungsgerichtsordnung entsprechend.

(3) Der Beschluss ist zu begründen und mit einer Rechtsmittelbelehrung den Beteiligten zuzustellen.

§ 21 Akteneinsicht

(1) ¹Die in § 16 Nr. 1 und 2 bezeichneten Beteiligten können die Akten des Beschwerdegerichts einsehen und sich durch die Geschäftsstelle auf ihre Kosten Ausfertigungen, Auszüge und Abschriften erteilen lassen. ²§ 299 Abs. 3 der Zivilprozessordnung gilt entsprechend.

(2) ¹Einsicht in Vorakten, Beiakten, Gutachten und Auskünfte sind nur mit Zustimmung der Stellen zulässig, denen die Akten gehören oder die die Äußerung eingeholt haben. ²Die zuständige Behörde hat die Zustimmung zur Einsicht in ihre Unterlagen zu versagen, soweit dies aus wichtigen Gründen, insbesondere zur Wahrung von Betriebs- oder Geschäftsgeheimnissen, geboten ist. ³Wird die Einsicht abgelehnt oder ist sie unzulässig, dürfen diese Unterlagen der Entscheidung nur insoweit zugrunde gelegt werden, als ihr Inhalt vorgetragen worden ist. ⁴Das Beschwerdegericht kann die Offenlegung von Tatsachen oder Beweismitteln, deren Geheimhaltung aus wichtigen Gründen, insbesondere zur Wahrung von Betriebs- oder Geschäftsgeheimnissen, verlangt wird, nach Anhörung des von der Offenlegung Betroffenen durch Beschluss

anordnen, soweit es für die Entscheidung auf diese Tatsachen oder Beweismittel ankommt, andere Möglichkeiten der Sachaufklärung nicht bestehen und nach Abwägung aller Umstände des Einzelfalles die Bedeutung der Sache das Interesse des Betroffenen an der Geheimhaltung überwiegt. ⁵Der Beschluss ist zu begründen. ⁶In dem Verfahren nach Satz 4 muss sich der Betroffene nicht anwaltlich vertreten lassen.

(3) Den in § 16 Nr. 3 bezeichneten Beteiligten soll das Beschwerdegericht nach Anhörung des Verfügungsberechtigten Akteneinsicht in gleichem Umfang gewähren.

§ 22 Geltung von Vorschriften des Gerichtsverfassungsgesetzes und der Zivilprozessordnung

Im Verfahren vor dem Beschwerdegericht gelten ergänzend, soweit nichts anderes bestimmt ist,

1. die Vorschriften der §§ 169 bis 197 des Gerichtsverfassungsgesetzes über Öffentlichkeit und Sitzungspolizei, Gerichtssprache, Beratung und Abstimmung;
2. die Vorschriften der Zivilprozessordnung, insbesondere über Ausschließung und Ablehnung eines Richters, über Prozessbevollmächtigte und Beistände, über die Zustellung von Amts wegen, über Ladungen, Termine und Fristen, über die Anordnung des persönlichen Erscheinens der Parteien, über die Verbindung mehrerer Prozesse, über die Erledigung des Zeugen- und Sachverständigenbeweises sowie über die sonstigen Arten des Beweisverfahrens, über die Wiedereinsetzung in den vorigen Stand gegen die Versäumung einer Frist, entsprechend.

§ 23 Einstweilige Anordnung

(1) ¹Auf Antrag kann das Beschwerdegericht, auch schon vor Beschwerdeerhebung, eine einstweilige Anordnung in Bezug auf den Streitgegenstand treffen, wenn die Gefahr besteht, dass durch eine Veränderung des bestehenden Zustands die Verwirklichung eines Rechts des Antragstellers vereitelt oder wesentlich erschwert werden könnte. ²Einstweilige Anordnungen sind auch zur Regelung eines vorläufigen Zustands in Bezug auf ein streitiges Rechtsverhältnis zulässig, wenn diese Regelung, vor allem bei dauernden Rechtsverhältnissen, um wesentliche Nachteile abzuwenden oder drohende Gewalt zu verhindern oder aus anderen Gründen nötig erscheint.

(2) ¹Für den Erlass einstweiliger Anordnungen ist das Beschwerdegericht zuständig. ²§ 14 Abs. 6, 7 und 9 gilt entsprechend.

(3) Für den Erlass einstweiliger Anordnungen gelten die §§ 920, 921, 923, 926, 928 bis 932, 938, 939, 941 und 945 der Zivilprozessordnung entsprechend.

(4) Die Absätze 1 bis 3 gelten nicht für die Fälle des § 14.

§ 24 Rechtsbeschwerde

(1) Gegen die in der Hauptsache erlassenen Beschlüsse der Landgerichte findet die Rechtsbeschwerde an den Bundesgerichtshof statt, wenn das Landgericht die Rechtsbeschwerde zugelassen hat.

(2) Die Rechtsbeschwerde ist zuzulassen, wenn

1. eine Rechtsfrage von grundsätzlicher Bedeutung zu entscheiden ist oder
2. die Fortbildung des Rechts oder die Sicherung einer einheitlichen Rechtsprechung eine Entscheidung des Bundesgerichtshofs erfordert.

(3) ¹Über die Zulassung oder Nichtzulassung der Rechtsbeschwerde ist in der Entscheidung des Landgerichts zu befinden. ²Die Nichtzulassung ist zu begründen.

(4) Einer Zulassung zur Einlegung der Rechtsbeschwerde gegen Entscheidungen des Beschwerdegerichts bedarf es nicht, wenn einer der folgenden Mängel des Verfahrens vorliegt und gerügt wird:

1. das beschließende Gericht war nicht vorschriftsmäßig besetzt,
2. bei der Entscheidung hat ein Richter mitgewirkt, der von der Ausübung des Richteramtes kraft Gesetzes ausgeschlossen oder wegen Besorgnis der Befangenheit mit Erfolg abgelehnt war,
3. einem Beteiligten war das rechtliche Gehör versagt,
4. ein Beteiligter im Verfahren war nicht nach Vorschrift des Gesetzes vertreten, soweit er nicht der Führung des Verfahrens ausdrücklich oder stillschweigend zugestimmt hat,

5. die Entscheidung ist auf Grund einer mündlichen Verhandlung ergangen, bei der die Vorschriften über die Öffentlichkeit des Verfahrens verletzt worden sind, oder
6. die Entscheidung ist nicht mit Gründen versehen.

§ 25 Nichtzulassungsbeschwerde

(1) Die Nichtzulassung der Rechtsbeschwerde kann selbständig durch Nichtzulassungsbeschwerde angefochten werden.

(2) ¹Über die Nichtzulassungsbeschwerde entscheidet der Bundesgerichtshof durch Beschluss, der zu begründen ist. ²Der Beschluss kann ohne mündliche Verhandlung ergehen.

(3) ¹Die Nichtzulassungsbeschwerde ist binnen einer Frist von einem Monat schriftlich bei dem Landgericht einzulegen. ²Die Frist beginnt mit der Zustellung der anzufechtenden Entscheidung.

(4) Für die Nichtzulassungsbeschwerde gelten § 14 Abs. 1, § 15 Abs. 2, 3, 4 Nr. 1 und Abs. 5, die §§ 16, 17, 21 und 22 Nr. 2 dieses Gesetzes sowie die §§ 192 bis 197 des Gerichtsverfassungsgesetzes über die Beratung und Abstimmung entsprechend.

(5) ¹Wird die Rechtsbeschwerde nicht zugelassen, so wird die Entscheidung des Landgerichts mit der Zustellung des Beschlusses des Bundesgerichtshofes rechtskräftig. ²Wird die Rechtsbeschwerde zugelassen, so beginnt mit der Zustellung des Beschlusses des Bundesgerichtshofes der Lauf der Beschwerdefrist.

§ 26 Beschwerdeberechtigte, Form und Frist

(1) Die Rechtsbeschwerde steht den am Beschwerdeverfahren Beteiligten zu.

(2) Die Rechtsbeschwerde kann nur darauf gestützt werden, dass die Entscheidung auf einer Verletzung des Rechts beruht; die §§ 546 und 547 der Zivilprozessordnung gelten entsprechend.

(3) ¹Die Rechtsbeschwerde ist binnen einer Frist von einem Monat schriftlich bei dem Landgericht einzulegen. ²Die Frist beginnt mit der Zustellung der angefochtenen Entscheidung.

(4) Der Bundesgerichtshof ist an die in der angefochtenen Entscheidung getroffenen tatsächlichen Feststellungen gebunden, außer wenn in Bezug auf diese Feststellungen zulässige und begründete Rechtsbeschwerdegründe vorgebracht sind.

(5) Für die Rechtsbeschwerde gelten im Übrigen § 14 Abs. 1, § 15 Abs. 2, 3, 4 Nr. 1 und Abs. 5, die §§ 16 bis 18 sowie die §§ 20 bis 22 entsprechend.

§ 27 Kostentragung und -festsetzung

¹Im Beschwerdeverfahren und im Rechtsbeschwerdeverfahren kann das Gericht anordnen, dass die Kosten, die zur zweckentsprechenden Erledigung der Angelegenheit notwendig waren, von einem Beteiligten ganz oder teilweise zu erstatten sind, wenn dies der Billigkeit entspricht. ²Hat ein Beteiligter Kosten durch ein unbegründetes Rechtsmittel oder durch grobes Verschulden veranlasst, so sind ihm die Kosten aufzuerlegen. ³Im Übrigen gelten die Vorschriften der Zivilprozessordnung über das Kostenfestsetzungsverfahren und die Zwangsvollstreckung aus Kostenfestsetzungsbeschlüssen entsprechend.

§ 28 Abhilfe bei Verletzung des Anspruchs auf rechtliches Gehör

(1) ¹Auf die Rüge eines durch eine gerichtliche Entscheidung beschwerten Beteiligten ist das Verfahren fortzuführen, wenn
1. ein Rechtsmittel oder ein anderer Rechtsbehelf gegen die Entscheidung nicht gegeben ist und
2. das Gericht den Anspruch dieses Beteiligten auf rechtliches Gehör in entscheidungserheblicher Weise verletzt hat. ²Gegen eine der Endentscheidung vorausgehende Entscheidung findet die Rüge nicht statt.

(2) ¹Die Rüge ist innerhalb von zwei Wochen nach Kenntnis von der Verletzung des rechtlichen Gehörs zu erheben; der Zeitpunkt der Kenntniserlangung ist glaubhaft zu machen. ²Nach Ablauf eines Jahres seit Bekanntgabe der angegriffenen Entscheidung kann die Rüge nicht mehr erhoben werden. ³Formlos mitgeteilte Entscheidungen gelten mit dem dritten Tage nach Aufgabe zur Post als bekannt gegeben. ⁴Die Rüge ist schriftlich oder zur Niederschrift des Urkundsbeamten der Geschäftsstelle bei dem Gericht zu erheben, dessen Entscheidung angegriffen wird.

⁵Die Rüge muss die angegriffene Entscheidung bezeichnen und das Vorliegen der in Absatz 1 Satz 1 Nr. 2 genannten Voraussetzungen darlegen.

(3) Den übrigen Beteiligten ist, soweit erforderlich, Gelegenheit zur Stellungnahme zu geben.

(4) ¹Ist die Rüge nicht statthaft oder nicht in der gesetzlichen Form oder Frist erhoben, so ist sie als unzulässig zu verwerfen. ²Ist die Rüge unbegründet, weist das Gericht sie zurück. ³Die Entscheidung ergeht durch unanfechtbaren Beschluss. ⁴Der Beschluss soll kurz begründet werden.

(5) ¹Ist die Rüge begründet, so hilft ihr das Gericht ab, indem es das Verfahren fortführt, soweit dies auf Grund der Rüge geboten ist. ²Das Verfahren wird in die Lage zurückversetzt, in der es sich vor dem Schluss der mündlichen Verhandlung befand. ³Im schriftlichen Verfahren tritt an die Stelle des Schlusses der mündlichen Verhandlung der Zeitpunkt, bis zu dem Schriftsätze eingereicht werden können. ⁴Für den Ausspruch des Gerichts ist § 343 der Zivilprozessordnung anzuwenden.

(6) § 149 Abs. 1 Satz 2 der Verwaltungsgerichtsordnung ist entsprechend anzuwenden.

III. Sonstige Rechtsquellen

18. ZAW-Richtlinien redaktionell gestaltete Anzeigen

(Fassung vom Januar 2003)[1]

Anzeigen in Druckschriften (zB Zeitungen und Zeitschriften), die wie redaktionelle Mitteilungen gestaltet sind und nicht erkennen lassen, dass sie gegen Entgelt abgedruckt sind, erwecken beim unvoreingenommenen Leser den Eindruck unabhängiger redaktioneller Berichterstattung, während sie in Wirklichkeit Anzeigen darstellen. Wegen ihres irreführenden Charakters verstoßen sie gegen die Grundsätze lauterer Werbung und gefährden das Ansehen und die Unabhängigkeit der redaktionellen Arbeit; sie sind daher auch presserechtlich untersagt. Wahrheit und Klarheit der Werbung fordern die klare Unterscheidbarkeit von redaktionellem Text und Werbung.

Der Zentralverband der deutschen Werbewirtschaft stellt daher fest:

Ziffer 1: Nicht erkennbarer Anzeigencharakter

Eine Anzeige in einem Druckwerk, die durch ihre Anordnung, Gestaltung oder Formulierung wie ein Beitrag des redaktionellen Teils erscheint, ohne den Anzeigencharakter, dh den Charakter einer entgeltlichen Veröffentlichung, für den flüchtigen Durchschnittsleser erkennen zu lassen, ist irreführend gegenüber Lesern und unlauter gegenüber Mitbewerbern.

Ziffer 2: Kenntlichmachen einer Anzeige durch Gestaltung und Anordnung

Der Charakter als Anzeige kann durch eine vom redaktionellen Teil deutlich abweichende Gestaltung – Bild, Grafik, Schriftart und -grade, Layout und ähnliche Merkmale – und durch die Anordnung des Beitrages im Gesamtbild oder Gesamtzusammenhang einer Druckseite kenntlich gemacht werden.

Ziffer 3: Kennzeichnungspflicht als Anzeige bei Verwechslungsgefahr

Hat der Verleger eines Druckwerks oder der für den Anzeigenteil Verantwortliche für eine Veröffentlichung ein Entgelt erhalten, gefordert oder sich versprechen lassen und reichen die in Ziffer 2 genannten Elemente nicht aus, den Anzeigencharakter der Veröffentlichung für den flüchtigen Durchschnittsleser erkennbar werden zu lassen, ist diese Veröffentlichung deutlich mit dem Wort „Anzeige" zu kennzeichnen.

Ziffer 4: Beurteilung der Gestaltung, Anordnung und Text einer Anzeige durch den flüchtigen Durchschnittsleser

Die Frage, wann Anordnung, Gestaltung und Text einer Anzeige die Pflicht zu ihrer zusätzlichen Kennzeichnung begründet, beurteilt sich nach den Umständen des Einzelfalls. Maßgebend ist hierbei der Eindruck, den ein nicht völlig unbeachtlicher Teil der Leser, an die sich die Druckschrift richtet, bei ungezwungener Auffassung gewinnt. Ferner ist die Verwechslungsfähigkeit vom Standpunkt eines flüchtigen Lesers aus zu beurteilen. An die Aufmerksamkeit des Lesers, seine Erfahrung und Sachkunde ist ein Durchschnittsmaßstab anzulegen. Insgesamt ist daher der Gesamteindruck entscheidend, den die Anzeige bei ungezwungener Gesamtwürdigung durch den flüchtigen Durchschnittsleser macht. Dabei sind die Einzelelemente der Gestaltung, der Anordnung und des Textes der Anzeige zu berücksichtigen.

Ziffer 5: Beurteilung des Hinweises „Anzeige" durch den flüchtigen Durchschnittsleser

Eine deutliche Kennzeichnung liegt dann vor, wenn der Hinweis „Anzeige" – gemessen an dem Gesamt-Erscheinungsbild der Anzeige – durch Plazierung, Schriftart, -grad und -stärke den

---

[1] Der Abdruck erfolgt mit freundlicher Genehmigung des Zentralverbandes der Deutschen Werbewirtschaft ZAW E. V.

Durchschnittsleser bereits bei flüchtiger Betrachtung auf den Anzeigencharakter der Veröffentlichung aufmerksam macht.

Ob im Einzelfall eine redaktionell gestaltete Anzeige, die nach den vorgenannten Grundsätzen der Kennzeichnungspflicht unterliegt, in ausreichender Weise durch die Hinzufügung des Wortes „Anzeige" bezeichnet ist, beurteilt sich nach der ungezwungenen Gesamtwürdigung eines flüchtigen Durchschnittslesers.

Ziffer 6: Hinweis an anderer Stelle nicht ausreichend

Ein Hinweis lediglich im Impressum oder an anderer Stelle genügt nicht zur Kennzeichnung des Werbecharakters einer Anzeige. Genügend ist stets nur die unmittelbare Kennzeichnung.

Ziffer 7: Firmenbezeichnung nicht ausreichend

Die namentliche Nennung des werbenden Unternehmers, seiner Erzeugnisse oder Leistungen im redaktionell gestalteten werbenden Text genügt für sich allein nicht zur Kennzeichnung des Werbecharakters.

Ziffer 8: Verbot anderer Begriffe als „Anzeige"

Die Worte „PR-Anzeige", „PR-Mitteilung", „Public Relations", „Public-Relations-Reportage", „Werbereportage", „Verbraucherinformation" und ähnliche Ausdrücke genügen nicht zur Kennzeichnung des Werbecharakters, wenn nicht die Entgeltlichkeit der Veröffentlichung bereits aus anderen Merkmalen hervorgeht.

Ziffer 9: Verbot von redaktionellen Zugaben

Redaktionelle Beiträge in Bild und Text außerhalb des Anzeigenteils einer Druckschrift, die
a) als zusätzliche Gegenleistung des Verlegers im Zusammenhang mit der Erteilung eines Anzeigenauftrages angeboten, gefordert oder veröffentlicht werden,
b) dabei in Form günstiger Beurteilung oder mit dem Anschein der Objektivität den Anzeigenauftraggeber, seine Erzeugnisse, Leistungen oder Veranstaltungen erwähnen und
c) hierdurch dem Erwerbsstreben dienen, ohne diese Absicht erkennen zu lassen,

sind unlauter. Diese Kopplungsangebote sind daher verboten.

Zentralverband der deutschen Werbewirtschaft e. V. (ZAW)

19. Wettbewerbsrichtlinien der Versicherungswirtschaft

Stand 1. September 2006

Die Verbände der Versicherungswirtschaft, nämlich der
- Gesamtverband der Deutschen Versicherungswirtschaft e. V. (GDV) und
- Verband der privaten Krankenversicherung e. V. (PKV)

haben mit den Verbänden des Versicherungsaußendienstes, nämlich dem
- Bundesverband der Assekuranzführungskräfte e. V. (VGA)
- Bundesverband Deutscher Versicherungskaufleute e. V. (BVK)

zur/zum
- Förderung der Sicherstellung des Leistungswettbewerbs zwischen den Versicherern und zwischen den Vermittlern
- Förderung und Sicherstellung eines lauteren Geschäftsgebarens
- Schutz des Verbrauchers vor unlauterem Wettbewerbsverhalten
- Gewährleistung der Qualität der Vermittlung und Beratung

die folgenden Richtlinien formuliert.

Diese Richtlinien beruhen auf den Anschauungen der beteiligten Wirtschaftskreise und geben darüber Auskunft, was im Vorsorge- und Versicherungsbereich als gute Sitten gilt. Sie konkretisieren somit das allgemeine Wettbewerbsrecht für Versicherungsunternehmen und Versicherungsvermittler.

Als Versicherungsvermittler gelten Versicherungsvertreter und Versicherungsmakler. Als Versicherungsvertreter gelten die selbstständigen Vertreter im Sinne der §§ 84, 92 HGB und die Angestellten im Außendienst.

Allgemeiner Teil

A. Allgemeine Grundsätze des Wettbewerbs

1. Fairer Leistungswettbewerb/Datenschutz

Der Wettbewerb in der Versicherungswirtschaft beruht auf dem Leistungsprinzip und darf nur sachlich mit ehrlichen und anständigen Mitteln geführt werden.

Die datenschutzrechtlichen Bestimmungen sind einzuhalten.

2. Sicherung des Vertrauens in die Versicherungswirtschaft und Wahrung der guten kaufmännischen Sitten

Da die Versicherungswirtschaft auf Vertrauen angewiesen ist, muss im Wettbewerb alles vermieden werden, was geeignet sein könnte, dieses Vertrauen zu stören, insbesondere einen falschen Eindruck über Leistung und Gegenleistung hervorzurufen.

Die Versicherungsunternehmen und die Vermittler haben untereinander sowie gegenüber Dritten, insbesondere gegenüber dem Verbraucher, darauf zu achten, dass die guten kaufmännischen Sitten und damit das Ansehen der gesamten Versicherungswirtschaft und des einzelnen Berufsangehörigen gewahrt bleiben.

3. Verbot der Verunglimpfung

Im Wettbewerb haben unwahre oder herabsetzende Äußerungen über andere Versicherungsunternehmen, Versicherungsvermittler oder Konkurrenzprodukte zu unterbleiben.

Wer im Wettbewerb solche oder andere unrichtige Behauptungen, die Konkurrenzunternehmen oder -vermittler schädigen können, aufstellt oder verbreitet, kann sich nicht nur Unterlassungs- und Schadenersatzansprüchen aussetzen, sondern auch strafbar machen.

4. Verantwortlichkeit der Vorstände

Die Vorstände der Versicherungsunternehmen sind für die Führung des Wettbewerbs verantwortlich. Ihnen obliegt damit auch die Aufsicht über die Werbung der Vertreter, insbesondere über Inhalt und Gestaltung der Werbemittel.

B. Grundsätze für die Zusammenarbeit mit Versicherungsvermittlern

5. Gebot der Zuverlässigkeit, der Vertrauenswürdigkeit und der fachlichen Eignung

Versicherungsvermittler müssen die erforderliche Zuverlässigkeit, Vertrauenswürdigkeit und die notwendigen Fachkenntnisse besitzen. Hinsichtlich der Zuverlässigkeit wird insbesondere auf die jeweils gültigen Anordnungen der Aufsichtsbehörde sowie die Richtlinien der Auskunftsstelle über den Versicherungs-/Bausparkassenaußendienst und Versicherungsmakler in Deutschland e. V. (AVAD) verwiesen. Die notwendigen Fachkenntnisse können hauptberufliche Vermittler z. B. durch die Qualifikation zum „Versicherungsfachmann/-fachfrau (BWV)" nachweisen. Darüber hinaus sind die weiteren rechtlichen Rahmenbedingungen zu beachten.

I. Pflichten bei der Anwerbung von Vermittlern

6. Anwerbung von Vertretern

Bei der Anwerbung von Vertretern dürfen keine irreführenden Angaben gemacht, insbesondere keine günstigeren Vertragsbedingungen, Verdienst- oder Aufstiegsmöglichkeiten vorgespiegelt werden als tatsächlich geboten werden oder geboten werden können. Die in Aussicht gestellten Möglichkeiten sollen jedem Bewerber bei normalen Leistungen, nicht nur in Einzelfällen unter besonders günstigen Voraussetzungen, erreichbar sein.

Bei der Anwerbung sind Aussagen wie „Fachkenntnisse nicht erforderlich" ohne Hinweis auf eine sorgfältige Einarbeitung unzulässig. Außerdem muss erkennbar sein, ob hauptberufliche oder nebenberufliche Vertreter gesucht werden.

Eine Anwerbung von Vertretern liegt auch vor, wenn dritte Personen um Bekanntgabe geeigneter Bewerber gebeten werden.

7. Nicht belegt

8. Abwerbung von Vertretern

Es ist unzulässig, Vertreter durch unlautere Mittel abzuwerben. Unlauter ist insbesondere:
– die Verleitung zu einer vertragswidrigen Übernahme einer zusätzlichen Vertretung;
– eine planmäßige Abwerbung, die eine nachhaltige Schädigung eines Mitbewerbers bezweckt oder eine Existenzgefährdung des Mitbewerbers billigend in Kauf nimmt;
– die Herabsetzung eines Mitbewerbers oder seiner Konkurrenzprodukte zum Zwecke der Abwerbung;
– die Abwerbung mit unwahren Äußerungen.

9. Auskunftserteilung und Führungszeugnis

Mit hauptberuflichen Vermittlern darf vorbehaltlich weitergehender gesetzlicher Anforderungen grundsätzlich erst zusammengearbeitet werden, wenn
a) eine Auskunft bei der AVAD eingeholt ist;
b) ein lückenloser Lebenslauf und ein Führungszeugnis neuen Datums im Original vorliegt;
c) ein Auszug aus dem Gewerbezentralregister neuen Datums im Original vorliegt;
d) sich hiernach unter Berücksichtigung der einschlägigen Bestimmungen der Aufsichtsbehörde und der Auskünfte der AVAD keine Bedenken gegen die Verpflichtung ergeben;
e) eine Registrierung erfolgt ist, sofern eine solche gesetzlich vorgeschrieben ist.

Das Gleiche gilt, wenn ein nebenberuflicher Vermittler künftig hauptberuflich tätig werden soll.

Soweit die angeforderten Nachweise auch nach Setzung einer Frist von sechs Wochen nicht vorgelegt werden, sollte eine bereits im Vertrauen auf die Vorlage eingegangene Zusammenarbeit beendet werden.

Bei mehrstufigen Vermittlungsverhältnissen haben die Versicherungsunternehmen mit den mit ihnen unmittelbar zusammenarbeitenden Vermittlern zu vereinbaren, dass diese die Zuverlässigkeit sämtlicher nachgeordneter Vertriebsmitarbeiter gemäß vorstehenden Anforderungen überprüfen.

Bei nebenberuflichen Vermittlern, deren Tätigkeit erheblich wird, ist nach pflichtgemäßem Ermessen zu prüfen, ob die Vorlage eines polizeilichen Führungszeugnisses verlangt werden soll.

10. Verbot des Abschlusses von Vertreterverträgen mit Mitgliedern der Vorstände der Versicherungsunternehmen

Es ist unzulässig, Vertreterverträge mit Mitgliedern des Vorstandes von Versicherungsunternehmen abzuschließen.

11. Verbot des Abschlusses von Vertreterverträgen mit Versicherungsmaklern

Die Verbindung der Tätigkeiten von Versicherungsmakler und Versicherungsvertreter bringt die Gefahr von Interessenkollisionen und einer Täuschung der Versicherungsnehmer mit sich. Die Tätigkeiten sind deshalb ihrer Aufgabenstellung nach miteinander unvereinbar. Dieser Unvereinbarkeit widerspricht es, Vertreterverträge mit Versicherungsmaklern oder mit juristischen Personen oder Personenvereinigungen abzuschließen, auf die Versicherungsmakler unmittelbar oder mittelbar einen maßgeblichen Einfluss ausüben.

12. Verbot des Abschlusses von Vertreterverträgen mit Angehörigen der rechts- und steuerberatenden Berufe

Rechtsanwälte, Notare, Patentanwälte, Rechtsbeistände, Wirtschaftsprüfer, Steuerberater, Steuerbevollmächtigte, vereidigte Buchprüfer, beratende Ingenieure, Lohnsteuerhilfevereine und andere Personen, bei denen ein rechtliches Hindernis der Übernahme der Vermittlertätigkeit entgegensteht, dürfen nicht als Vertreter verpflichtet oder als Gelegenheitsvermittler gewonnen werden; Provisionen dürfen ihnen nicht in Aussicht gestellt oder gezahlt werden. Dasselbe gilt für Maßnahmen, die lediglich eine Umgehung dieses Verbotes bewirken sollen, z. B. durch Verpflichtung der Ehegatten von Angehörigen der genannten Berufe.

13. Nicht belegt

14. Keine öffentlichen Provisionszusagen an Anschriftenvermittler

Es ist unzulässig, öffentlich für den Nachweis von Versicherungsinteressenten eine Vergütung zuzusagen. Den Versicherungsunternehmen ist jedoch das Ansprechen des eigenen Versicherungsnehmerkreises und die Zusage an die Mitglieder dieses Kreises, für den Anschriftennachweis bei Zustandekommen eines Versicherungsvertrages eine geringe Vergütung zu zahlen, gestattet.

15. Nicht belegt

16. Verpflichtung auf diese Wettbewerbsrichtlinien

Diese Richtlinien sind den Vermittlern in zweckentsprechender Form zur Kenntnis zu bringen. Die Vertreter sind zu verpflichten, sie in ihrer jeweiligen Fassung zu beachten.

II. Pflichten bei der Bewerbung eines hauptberuflichen Vermittlers

17. Angaben über persönliche und berufliche Verhältnisse

Wer sich um eine hauptberufliche Tätigkeit als Versicherungsvermittler bewirbt (Bewerber), muss über seine persönlichen und beruflichen Verhältnisse, soweit diese für das Vermittlungsverhältnis von Interesse sind, vollständige und wahre Angaben machen.

Juristische Personen oder Personengesellschaften sowie die nicht unter ihrem bürgerlichen Namen auftretenden Personen müssen bei der Bewerbung um eine Vermittlungtätigkeit sowohl die sämtlichen Firmeninhaber bzw. Gesellschafter als auch die sämtlichen mit der Geschäftsführung betrauten Personen namhaft machen und auch über deren persönliche und berufliche Verhältnisse, soweit diese für das Vermittlungsverhältnis von Interesse sind, vollständige und wahre Angaben machen.

18. Nachweis der beruflichen Tätigkeit

Die Bewerber müssen ihre bisherige berufliche Tätigkeit lückenlos nachweisen.

19. Anderweitige vertragliche Bindungen

Bewerber, die schon als selbstständige Vertreter eines oder mehrerer anderer Versicherungsunternehmen oder Vermittler tätig sind, müssen außerdem eine Erklärung darüber abgeben, für welche Versicherungsunternehmen sie bereits tätig sind und ob ihnen die Übernahme der erstrebten weiteren Vertretung vertraglich gestattet ist.

Bewerber, deren Familienangehörige für andere Versicherungsunternehmen oder Vermittler tätig sind und mit dem Bewerber in Wohn- oder Bürogemeinschaft leben, müssen dem Versicherungsunternehmen oder Vermittler hierüber unaufgefordert Auskunft geben.

20. Nicht belegt

21. Nicht belegt

C. Grundsätze für das Verhalten im Wettbewerb

I. Wahrheit und Klarheit im Wettbewerb

22. Allgemeine Anforderungen an die Werbung

Die Werbung, insbesondere durch Werbeschriften, Werbeanzeigen oder sonstige Werbemittel, muss eindeutig, klar verständlich und wahrheitsgetreu sein; Übertreibungen sind zu vermeiden. Es ist unzulässig, etwas, das in der Versicherungswirtschaft selbstverständlich ist, als Besonderheit eines Unternehmens herauszustellen.

Dies gilt auch für die Angaben der Vermittler über ihre persönlichen und beruflichen Verhältnisse, insbesondere über die ihnen übertragenen Befugnisse.

In allen Werbemedien sollen Monat und Jahr des Erscheinens soweit möglich angegeben werden.

23. Täuschungsverbot

Es ist unzulässig, Versicherungsinteressenten, Versicherungsnehmer oder Versicherte über die Prämienverpflichtungen, Obliegenheiten, Leistungsansprüche oder andere wesentliche Bedingungen des Versicherungsvertrages zu täuschen oder in einem erkennbaren Irrtum zu halten. Insbesondere darf weder mündlich noch schriftlich behauptet oder der Anschein erweckt werden, dass ein uneingeschränkter Versicherungsschutz geboten wird, wenn die Versicherungsbedingungen oder Tarife Einschränkungen irgendwelcher Art vorsehen.

Tarifliche Höchstleistungen dürfen nur in Zusammenhang mit den in den Bedingungen festgelegten Voraussetzungen genannt werden.

Wer sich im Wettbewerb fremder Äußerungen (z.B. aus den Medien) bedient, macht sich diese zu Eigen und ist für sie wie für eigene Äußerungen verantwortlich.

Die Versicherungsnehmer müssen auf alle Vertragsänderungen, die ihre Rechte und Pflichten berühren, in unmissverständlicher Form hingewiesen werden. Ihre Zustimmung darf nicht durch Täuschung oder Ausnutzung eines Irrtums erlangt werden.

Es ist unzulässig, mit Schlagworten wie „Konkurrenzlose Versicherung", „Versicherung zu Selbstkosten", „Versicherung unter Selbstkosten", „Kostenlose Versicherung" oder „Kostenlose Vermittlung" zu werben.

Vertreter dürfen nicht als Makler auftreten; Makler dürfen nicht als Vertreter auftreten.

24. Firmenwahrheit

Die Firmierung der Versicherungsunternehmen und der selbstständigen Vermittler soll den Geschäftsgegenstand klar, vollständig und richtig erkennen lassen. Die Firmierung von Einzelkaufleuten muss insbesondere einen Hinweis auf die Eintragung im Handelsregister als Kaufmann/-frau enthalten. Unzulässig ist eine Firmierung, die über die wirtschaftliche Funktion, insbesondere die Vermittlereigenschaft, täuschen kann.

Soweit Versicherungsvermittler z. B. Bezeichnungen wie Versicherungsdienst, Versicherungsstelle bzw. Versicherungskanzlei führen, ist ein klarstellender Vermittlerzusatz erforderlich.

25. Anonymer Wettbewerb

Versicherungsvertragsunterlagen müssen die Firma und Anschrift des Versicherungsunternehmens (Risikoträger) durch den Druck oder in sonstiger Weise deutlich an leicht auffindbarer Stelle erkennen lassen. Hinweise auf die Konzernzugehörigkeit können zusätzlich aufgenommen werden.

Vertreter müssen die Firma des von ihnen vertretenen Versicherungsunternehmens nennen und sich jederzeit, z. B. durch einen Ausweis oder eine Visitenkarte, als Vertreter dieses Versicherungsunternehmens legitimieren können. Makler müssen im Wettbewerb bei der Vermittlung von konkreten Versicherungsangeboten den jeweiligen Risikoträger nennen.

Selbstständige Vermittler müssen im Schriftverkehr darüber hinaus ihre Firma bzw. ihren bürgerlichen Namen mit mindestens einem voll ausgeschriebenen Vornamen angeben. In Versicherungsvertragsunterlagen muss die Firma bzw. der Name der selbstständigen Vertreter gegenüber der Firma des vertretenen Versicherungsunternehmens untergeordnet werden. In Werbemedien darf der Name bzw. die Firma des Vertreters gegenüber dem Namen des Unternehmens nicht im Vordergrund stehen.

26. Titel und Berufsbezeichnung

Es ist unzulässig, Titel oder Berufsbezeichnungen zu verleihen oder zu führen, sofern hierdurch ein falscher Eindruck über die Aufgaben, Zuständigkeiten, Vollmachten oder fachliche Qualifikationen hervorgerufen werden könnte.

Die Vertreter dürfen im Geschäftsverkehr nur die ihnen aufgrund des Vertretungsverhältnisses ausdrücklich verliehenen Titel führen.

Titel und Amts- oder Berufsbezeichnungen aus einer früheren Tätigkeit dürfen im Geschäftsverkehr nur geführt werden, wenn sie als solche erkennbar sind und nicht in der Absicht gebraucht werden, sich hierdurch einen sachlich ungerechtfertigten Wettbewerbsvorteil zu verschaffen.

Vermittler, die irreführende Titel oder Bezeichnungen führen, und Versicherungsunternehmen, die ein solches Verhalten dulden, müssen den hierdurch erweckten falschen Anschein in seinen Folgen gegen sich gelten lassen.

27. Redaktionelle Werbung

Redaktionelle Werbung ist ohne Kennzeichnung als Anzeige unzulässig. Dies gilt auch für fachliche Veröffentlichungen, die zu Wettbewerbszwecken verwendet werden. Diese sind außerdem sachlich zu halten.

II. Belästigende/Bezug nehmende Werbung

28. Belästigende Werbung

Unlauter handelt, wer Versicherungsinteressenten oder Versicherungsnehmer unzumutbar belästigt.

29. Werbung mit der eigenen Leistung/Vergleichende Werbung

Die Werbung soll sich auf das Hervorkehren der eigenen Leistung in sachlicher und positiver Form beschränken.

Vergleichende Werbung ist darüber hinaus nur in den vom allgemeinen Wettbewerbsrecht gezogenen Grenzen zulässig. Sie muss wahr, sachlich und vollständig sein, darf für den Vergleich wesentliche Tatsachen nicht unterdrücken und hat Leistungs- und Beitragsunterschiede in sachlicher Form und Aufmachung anhand nachprüfbarer Tatsachen darzustellen.

Der Verbraucher darf durch die vergleichende Werbung nicht irregeführt werden. Die Möglichkeit einer solchen Irreführung besteht angesichts der sehr unterschiedlichen Produktgestaltung der einzelnen Unternehmen und damit verbundenen Bedingungs- und Tarifvielfalt in der Versicherungswirtschaft in besonderem Maße. Deshalb darf in der Werbung, insbesondere in Werbeschriften, Werbeanzeigen oder sonstigen Werbemedien, auf Tarife, Bedingungen oder Kosten von anderen Versicherungsunternehmen, auf Durchschnittsdaten der Versicherungswirtschaft und auf fremde Leistungs- und Beitragsvergleiche nur Bezug genommen werden, wenn die Voraussetzungen für einen echten Leistungs- bzw. Beitragsvergleich objektiv gegeben sind. Aus den gleichen Gründen ist bei Hinweisen auf die Rechtsform der Versicherungsunternehmen sowie auf deren Organisationsaufbau und dadurch bedingte Kosten besonders darauf zu achten, dass die vorgenannten Voraussetzungen erfüllt sind.

30. Nicht belegt

31. Hinweise auf versicherungsfremde Bindungen

Es ist unzulässig, sich Empfehlungen von Behörden, Körperschaften, Berufs- oder Wirtschaftsorganisationen oder sonstigen Stellen außerhalb der Versicherungswirtschaft durch Täuschung oder in einer sonst gegen die guten Sitten verstoßenden Weise zu beschaffen und sie zu verwenden, sich auf Empfehlungen mit irreführendem Inhalt zu berufen oder bei der Verwendung von Empfehlungen den Eindruck zu erwecken, als bestehe eine Erwartung oder ein Zwang der empfehlenden Stelle zu einem Versicherungsabschluss. Der Hinweis auf versicherungsfremde Bindungen eines Versicherungsunternehmens politischer, berufsständischer, gewerkschaftlicher, religiöser oder ähnlicher Art ist nur zulässig, wenn die behauptete Bindung nachweisbar besteht.

III. Verbot der Ausnutzung fremden Ansehens

32. Keine Werbung mit Persönlichkeiten des politischen Lebens

Mit Persönlichkeiten aus dem politischen Leben sollte bei gleichzeitiger Ausnutzung staatlicher Autorität nicht geworben werden.

33. Veranlassung von Dank- und Empfehlungsschreiben

Unzulässig ist es, Versicherungsnehmer, Versicherte, Geschädigte oder deren Angehörige zu Danksagungen und Empfehlungsschreiben zu veranlassen.

34. Veröffentlichung von Gutachten

Gutachten, Zertifizierungen oder ähnliche Bewertungen sollen zu Werbezwecken nur veröffentlicht oder erwähnt werden, wenn sie von wissenschaftlich oder sachlich hierzu berufenen Personen erstellt worden sind. Gleichzeitig sind Name, Beruf und Anschrift des Sachverständigen oder des Verfassers bzw. die Quelle anzugeben.

35. Nicht belegt

36. Keine Werbung mit der Versicherungsaufsicht

Es ist unzulässig, mit dem Bestehen der Versicherungsaufsicht als Besonderheit eines Unternehmens zu werben.

IV. Versicherungsberatung

37. Zulässigkeitsvoraussetzungen

Die Vermittler dürfen in Versicherungsangelegenheiten nur dann beraten, wenn zwischen ihrer Beratung und der Versicherungsvermittlung ein unmittelbarer Zusammenhang besteht. Dieser ist nur gegeben, wenn die Vermittler die Versicherungsinteressenten, Versicherungsnehmer oder Versicherten im Rahmen ihrer Vermittlertätigkeit über den Abschluss eines neuen oder die Ausführung eines bestehenden Versicherungsvertrages beraten.

Soweit die Versicherungsberatung zulässig ist, muss für alle Beteiligten stets offenkundig sein, dass sie durch geschäftlich interessierte Vermittler namentlich genannter Versicherungsunternehmen erfolgt. Die Vermittler dürfen sich nicht „Versicherungsberater" oder „Versicherungstreuhänder" nennen oder ähnliche Bezeichnungen bzw. Abkürzungen verwenden. Auch Doppelbezeichnungen wie „Versicherungsberater und -vermittler" sind nicht zulässig.

Die vorstehenden Grundsätze gelten entsprechend für die Beratung in Steuerangelegenheiten.

Versicherungsberater ist und darf sich nur nennen, wer nach Artikel 1 § 1 Absatz 1 Rechtsberatungsgesetz vom zuständigen Amtsgerichts- oder Landgerichtspräsidenten seines zuständigen Wohnsitzes als Versicherungsberater zugelassen ist. Ein zugelassener Versicherungsberater darf keine Versicherungsverträge vermitteln.

38. Werbung mit Hinweisen auf die Versicherungsberatung

Die Vertreter dürfen nicht mit besonderen Hinweisen auf die mit der Ausübung ihres Berufes naturgemäß verbundene Beratung werben. Hiermit würde nämlich die falsche Vorstellung erweckt, es werde mit der Beratung etwas Besonderes angeboten, was von anderen Vertretern nicht erwartet werden kann.

39. Beratung in Sozialversicherungsfragen

Im Bereich der Personenversicherung darf in sozialversicherungsrechtlichen Fragen nur beraten werden, wenn die Beratung mit einem angestrebten Versicherungsabschluss unmittelbar zusammenhängt. Bei werbenden Hinweisen auf eine sozialversicherungsrechtliche Beratung muss der unmittelbare Zusammenhang der angekündigten Beratung mit dem angestrebten Abschluss von Versicherungsverträgen deutlich werden. Es darf nicht der Eindruck erweckt werden, als werde die Beratung im Auftrag eines Sozialversicherungsträgers, einer berufsständischen Kammer oder einer sonstigen amtlichen oder halbamtlichen Stelle erteilt.

V. Besonderheiten und Verbote

40. Vergabe und Annahme von Zuwendungen

Mitarbeiter von Versicherungsunternehmen und Vermittler dürfen anderen Personen keine Zuwendungen, Geschenke oder sonstige Vorteile für diese oder für einen Dritten anbieten, versprechen oder gewähren, die geeignet sind, geschäftliche Entscheidungen in unlauterer Weise zu beeinflussen.

Mitarbeiter von Versicherungsunternehmen und Vermittler dürfen keine Zuwendungen, Geschenke oder sonstige Vorteile für sich oder für einen Dritten fordern, sich versprechen lassen oder annehmen, die geeignet sind, geschäftliche Entscheidungen in unlauterer Weise zu beeinflussen.

41. Verbot von Sondervergütungen (u. a. Provisionsabgabe) und Begünstigungsverträge

Auch nach Wegfall von Rabattgesetz und Zugabeverordnung am 25. Juli 2001 gelten die Anordnungen des Reichsaufsichtsamtes für das Versicherungswesen vom 8. März 1934 (Ranz. Nr. 58) und 5. Juni 1934 (Ranz. Nr. 129) sowie die Verordnung des Bundesaufsichtsamtes für das Versicherungswesen vom 17. August 1982 (BGBl. I, S. 1243) über Sondervergütungen und Begünstigungsverträge weiter.

42. Gewährung von Darlehen

Bei der Gewährung von Darlehen durch Versicherungsunternehmen sind Versicherungsverträge zu beachten, die bei anderen Versicherungsunternehmen im Zeitpunkt der Darlehensgewährung bestehen. Mit diesem Grundsatz steht es nicht in Widerspruch, wenn das Darlehen gewährende oder ein ihm nahe stehendes Versicherungsunternehmen verlangt, dass es an den bestehenden Versicherungsverträgen des Darlehensnehmers angemessen beteiligt wird. Unlauter ist es hingegen, wenn ein Darlehensnehmer gezwungen wird, von dem besitzenden Versicherungsunternehmen die vorzeitige Aufhebung eines noch auf längere Zeit bestehenden Versicherungsvertrages zu verlangen. Im Zusammenhang mit solchen Darlehensgeschäften sind keine Versicherungsabschlüsse mit Dritten (z. B. Mietern, Lieferanten, Abnehmern oder Arbeitnehmern) anzustreben. Dem Darlehen gewährenden Versicherungsunternehmen ist es nicht verwehrt, zu seiner Sicherheit einen vollen Versicherungsschutz zu verlangen.

Wird zur Sicherung eines Darlehens ein Lebensversicherungsvertrag geschlossen, so darf die Versicherungssumme das Darlehen nicht in sittenwidriger Weise übersteigen. Deshalb sollte die Versicherungssumme nicht höher als das Darlehen nebst Zinsen für ein Jahr sein. Unter dieses Verbot fallen nicht

a) langfristige, nach Geschäftsplänen der Lebensversicherungsunternehmen erfolgende Darlehensgeschäfte, bei denen entweder das Lebensversicherungsunternehmen selbst der Darlehensgeber ist oder bei denen aktuariell festgelegt ist, in welcher Weise das Darlehen beschafft und unter welchen Bedingungen es gegeben wird;
b) im Grundbuch gesicherte Darlehen an Versicherungsnehmer seitens ihres Lebensversicherungsunternehmens.

43. Unzulässigkeit der Ausspannung

Es ist unzulässig, in fremde Versicherungsbestände mit unlauteren Mitteln einzudringen.

44. Zeitschriftenversicherung

Die Vermittlung und der Abschluss von Versicherungsverträgen darf mit der Lieferung periodischer Druckschriften nur nach Maßgabe der aufsichtsbehördlichen Anordnungen verbunden werden.

45. Nicht belegt

46. Nicht belegt

47. Erhebung von Nebenkosten

Versicherungsunternehmen und Vermittler dürfen nur die vertraglich vereinbarten Nebenkosten erheben.

Besonderer Teil

A. Lebensversicherung

I. Ausspannung von Versicherungen

48. Unzulässigkeit der Ausspannung

Eine Ausspannung liegt vor, wenn ein Versicherungsunternehmen oder der für das Unternehmen Handelnde in der Absicht, eine Versicherung abzuschließen oder zu vermitteln, vorsätzlich jemanden dazu veranlasst, ein anderwärts bestehendes Versicherungsverhältnis vorzeitig zu lösen. Da die Ausspannung in der Lebensversicherung für die versicherten Personen in der Regel mit Nachteilen verbunden ist, soll diese unterbleiben. Die Ausspannung mit unlauteren Mitteln oder auf unlautere Weise ist unzulässig. Eine unzulässige Ausspannung liegt insbesondere vor, wenn eine nach den Umständen erforderliche Aufklärung über die mit der Vertragsbeendigung verbundenen Nachteile unterblieben ist.

49. Nicht belegt
50. Nicht belegt
51. Verfahren in Ausspannungsfällen

Behauptet ein Versicherungsunternehmen unter Darlegung eines bestimmten Sachverhalts eine unzulässige Ausspannung oder einen Ausspannungsversuch, soll das von dieser Behauptung betroffene Versicherungsunternehmen dazu binnen Monatsfrist nach Aufforderung eingehend Stellung nehmen. Einigen sich die Versicherungsunternehmen nicht, soll unter Einschaltung des GDV eine gütliche Beilegung versucht werden, bevor ein ordentliches Gericht angerufen wird.

52. Rückgängigmachung der Ausspannung

Ist eine unzulässige Ausspannung erfolgt, soll das zweite Versicherungsunternehmen dem Versicherungsnehmer unter Hinweis auf die Unzweckmäßigkeit der Aufgabe der Versicherung das Anerbieten machen, die neue Versicherung bis zur Höhe der ausgespannten Summe aufzuheben und den dafür gezahlten Beitrag abzüglich des geschäftsplanmäßigen Risikobeitrages zu erstatten.

II. Besondere Vorschriften für die Werbung

53. Angaben zur Überschussbeteiligung

Die Darstellung und Erläuterung zur Überschussbeteiligung muss im Einklang mit den aufsichtsbehördlichen Anordnungen und Verwaltungsgrundsätzen stehen.

54.–63. Nicht belegt

B. Krankenversicherung

I. Ausspannung von Versicherungen

64. Werbung von Versicherungsverträgen

Aufgabe der Werbung ist es in erster Linie, dafür zu sorgen, dass unversicherte oder nicht ausreichend versicherte Wagnisse Versicherungsschutz erhalten.

65. Unzulässigkeit der Ausspannung

Eine Ausspannung liegt vor, wenn ein Versicherungsunternehmen oder der für das Unternehmen Handelnde in der Absicht, eine Versicherung abzuschließen oder zu vermitteln, vorsätzlich jemanden dazu veranlasst, ein anderwärts bestehendes Versicherungsverhältnis vorzeitig zu lösen. Da die Ausspannung in der Krankenversicherung für die versicherten Personen in der Regel mit Nachteilen verbunden ist, soll diese unterbleiben.

Die Ausspannung mit unlauteren Mitteln oder auf unlautere Weise ist unzulässig. Eine unzulässige Ausspannung liegt insbesondere vor, wenn gegen nachstehende Bestimmungen verstoßen wird:

a) Aufklärung über die mit der Vertragsbeendigung verbundenen Nachteile
   Beabsichtigt ein Versicherter, zu einem anderen Versicherungsunternehmen zu wechseln, so ist der Antragsteller auch auf mögliche Nachteile (insbesondere höheres Eintrittsalter, Wartezeiten, Risikozuschläge, Verlust von gesetzlichem Beitragszuschlag und Alterungsrückstellung) hinzuweisen. Außerdem wird auf die im Antrag enthaltene diesbezügliche Aufklärung verwiesen.
b) Verschweigen anzeigepflichtiger Tatbestände seitens des Vermittlers
   Der Vermittler handelt unlauter, wenn er bei Ausfüllung des Antrages die ihm durch den Antragsteller mitgeteilten anzeigepflichtigen Umstände nicht vollständig angibt.

66., 67. Nicht belegt

II. Behandlung von Freigabeanträgen

68. Verpflichtung zur Freigabe

Wird eine Krankenversicherung beim ersten Versicherungsunternehmen gekündigt, um eine gleichartige bzw. gleichwertige Versicherung (vgl. Nr. 69 Abs. 1) bei einem zweiten Versicherungsunternehmen abzuschließen, so gilt Folgendes:
- a) Hat die Versicherung beim ersten Versicherungsunternehmen zum Zeitpunkt des Ausscheidens des Versicherten noch nicht drei Jahre bestanden, so ist das zweite Versicherungsunternehmen zur Freigabe verpflichtet, wenn
  - aa) der Versicherungsvertrag bei ihm unter Verletzung der Bestimmungen gegen den unlauteren Wettbewerb zustande gekommen ist und
  - bb) ein schriftlicher Freigabeantrag des Versicherten vorgelegt wird, worin dieser das erste Versicherungsunternehmen mit der Führung von Freigabeverhandlungen beauftragt. Aus dem Freigabeantrag muss der Tatbestand eines Verstoßes gemäß Nr. 68 Abs. 1 a) aa) ersichtlich sein.
- b) Hat die Versicherung beim ersten Versicherungsunternehmen zum Zeitpunkt des Ausscheidens des Versicherten mindestens drei Jahre bestanden, so ist das zweite Versicherungsunternehmen zur Freigabe unabhängig von der Sach- und Rechtslage verpflichtet, wenn der Versicherte im Freigabeantrag die schriftliche Erklärung abgibt, dass er seine bisherige Versicherung fortsetzen will.

Auf die Frist ist eine bei dem ersten Versicherungsunternehmen dem Versicherungsvertrag unmittelbar vorangegangene Versicherung im Vertrag eines anderen oder eine Anwartschaftsversicherung anzurechnen.

Diese Regelungen gelten für beim ersten Versicherungsunternehmen mitversicherte Personen auch, soweit eine Teilkündigung erfolgt ist.

Sie finden auf Kollektivrahmenverträge Anwendung, die nicht einem vorübergehenden Zweck dienen, wenn der Versicherte beim ersten Versicherungsunternehmen in einem Einzel- oder Kollektivrahmenvertrag versichert war. Dasselbe gilt für Sammelinkassoverträge.

69. Umfang der Freigabe

Nach der Freigabeverpflichtung gemäß Nr. 68 sind aufzuheben:
- a) Krankheitskosten-Vollversicherungen,
- b) Teilversicherungen, soweit beim ersten Versicherungsunternehmen ein gleichartiger bzw. bei der Krankenhaustagegeld- und/oder Krankentagegeldversicherung ein gleichwertiger Versicherungsschutz bestand. Als gleichartig gegenüber einer Krankenhauskostenversicherung gilt auch eine Krankenhaustagegeldversicherung.

70. Verfahren der Freigabe

Der Freigabeantrag muss innerhalb von vier Monaten nach Eingang der Kündigung beim ersten Versicherungsunternehmen dem zweiten Versicherungsunternehmen zugegangen sein. Um den Versicherten vor der Abgabe gegensätzlicher Erklärungen zu bewahren, ist es dem zweiten Versicherungsunternehmen nicht gestattet, ihn zur Rücknahme des Freigabeantrages zu veranlassen.

Das zweite Versicherungsunternehmen hat binnen eines Monats nach Zugang des Freigabeantrages seine Entscheidung bekannt zu geben. Liegen die Voraussetzungen zur Freigabe vor, so hat es innerhalb derselben Frist die Versicherung rückwirkend ab Beginn aufzuheben. Gezahlte Beiträge und Gebühren sind dem Versicherungsnehmer ohne Abzug – abgesehen von der Verrechnung gewährter Versicherungsleistungen – zurückzugewähren.

Das zweite Versicherungsunternehmen ist verpflichtet, ein etwa eingeleitetes Mahnverfahren sofort nach Eingang des Freigabeantrages bis zum Abschluss der Freigabeverhandlungen ruhen zu lassen.

Wird die Freigabe mit Recht verweigert, so muss das erste Versicherungsunternehmen eine form- und fristgerechte Kündigung des Versicherungsnehmers gegen sich gelten lassen, die vor Stellung des Freigabeantrages ausgesprochen worden ist.

Wird dem Freigabeantrag erst zu einem Zeitpunkt stattgegeben, nachdem der Vertrag mit dem ersten Versicherungsunternehmen infolge der Kündigung bereits beendet ist, so ist dieses verpflichtet, die bisherige Versicherung wiederherzustellen.

III. Aufgeschobener technischer Beginn

71. Verträge mit aufgeschobenem technischen Beginn

In der Krankenversicherung sind Verträge unzulässig, wenn die Versicherung erst später als sechs Monate nach Vertragsabschluss beginnen soll.

Schlussbestimmungen

72. Nicht belegt

73. Verfahren

Meinungsverschiedenheiten bei der Anwendung dieser Richtlinien sollen gütlich beigelegt werden. Soweit erforderlich, stellen die beteiligten Verbände ihre Dienste hierfür zur Verfügung.

74. Besonderheiten der Transportversicherung

Wegen der traditionellen Eigenarten in der Struktur des Transportversicherungsmarktes lassen sich einzelne Vorschriften der Richtlinien nicht ohne Berücksichtigung dieser Struktur praktizieren. Aus dem gleichen Grund wurde davon abgesehen, diesen allgemeinen Richtlinien spezielle Vorschriften für die Transportversicherung anzufügen.

75. Nicht belegt

76. Geltung

Diese Wettbewerbsrichtlinien gelten ab 1. September 2006.

20. Amtliche Begründung zum Entwurf eines Gesetzes gegen den unlauteren Wettbewerb – UWG

BT-Drucks. 15/1487 S. 12

A. Ziel des Gesetzes

Dieses Gesetz dient einer umfassenden Reform des Gesetzes gegen den unlauteren Wettbewerb (UWG). Das deutsche Lauterkeitsrecht ist nicht mehr zeitgemäß und im internationalen Vergleich in einzelnen Bereichen besonders restriktiv. Durch das vorliegende Gesetz wird eine grundlegende Modernisierung ermöglicht.

I. Anlass für eine Reform des Gesetzes gegen den unlauteren Wettbewerb

Bereits in der 14. Legislaturperiode ist die Liberalisierung des Werberechts als vordringlich erkannt und vorangetrieben worden. Die ersten Schritte dazu waren die Aufhebung des Rabattgesetzes und der Zugabeverordnung. Bereits im Vorfeld dieser Reform war abzusehen, dass sie allein noch nicht zu der gewünschten weitgehenden Liberalisierung führen würde, da ein großer Teil der Beschränkungen für Werbeformen nicht in den aufgehobenen Sondergesetzen, sondern im UWG selbst verankert war. Dabei richtete sich das Hauptaugenmerk zu Beginn vor allem auf die Regelungen über Schlussverkäufe und andere Sonderveranstaltungen.

Neben diese Kritik an einer unvollständigen Liberalisierung im nationalen Bereich traten Überlegungen der Europäischen Kommission, das Lauterkeitsrecht oder jedenfalls bestimmte Teile davon auf Ebene der Europäischen Gemeinschaft zu harmonisieren. Beide Aspekte haben die Bundesregierung veranlasst, beim Bundesministerium der Justiz eine Arbeitsgruppe Unlauterer Wettbewerb einzusetzen. Ihr gehören neben Experten aus Rechtswissenschaft und Praxis Vertreter der Spitzenverbände der Industrie, des Handels und des Handwerks, der Verbraucher und der Gewerkschaften an.

Die Aufgabe der Arbeitsgruppe war zum einen, die Auswirkungen der Aufhebung von Rabattgesetz und Zugabeverordnung auf den Markt und dessen Entwicklung zu beobachten, um – falls erforderlich – ergänzende Maßnahmen vorzuschlagen. Zum anderen sollte die Arbeitsgruppe Konzepte für die Fortentwicklung des europäischen Lauterkeitsrechts und für eine europakonforme Modernisierung des Gesetzes gegen den unlauteren Wettbewerb entwerfen. Ein Schwerpunkt der Arbeit war zunächst die Ermittlung rechtstatsächlicher Grundlagen für die Gesetzgebung. Mit dieser Zielrichtung sind für das Bundesministerium der Justiz zwei Gutachten erstellt worden, ein Gutachten von Professor Karl-Heinz Fezer (Universität Konstanz) zur Modernisierung des Gesetzes gegen den unlauteren Wettbewerb und ein Gutachten von Professor Gerhard Schricker und Frau Dr. Frauke Henning-Bodewig (Max-Planck-Institut für Geistiges Eigentum, Wettbewerbs- und Steuerrecht, München) über Elemente für eine Harmonisierung des europäischen Lauterkeitsrechts.

Die Mitglieder der Arbeitsgruppe Professor Helmut Köhler (Universität München), Professor Joachim Bornkamm, Richter am Bundesgerichtshof, und Frau Dr. Frauke Henning-Bodewig haben dankenswerterweise von sich aus den Vorschlag für eine Richtlinie zum Lauterkeitsrecht und eine UWG-Reform erarbeitet und für die Diskussion der Arbeitsgruppe zur Verfügung gestellt.

II. Ergebnisse der Arbeitsgruppe Unlauterer Wettbewerb

Die Arbeitsgruppe hat sich in insgesamt neun Sitzungen unter anderem mit der Entwicklung und Diskussion von Regelungsvorschlägen für ein reformiertes UWG befasst. Neben den genannten Gutachten sind eine Reihe weiterer schriftlicher Stellungnahmen und Formulierungsvorschläge von einzelnen Mitgliedern der Arbeitsgruppe in die Erörterungen und in den vorliegenden Gesetzentwurf eingeflossen. Die Punkte, die die Arbeitsgruppe übereinstimmend als reformbedürftig identifiziert hat, wie zum Beispiel das Recht der Sonderveranstaltungen (§§ 7 und 8 UWG a. F.), sind in den Gesetzentwurf aufgenommen worden. Andere Punkte sind erörtert worden, ohne dass die unterschiedlichen Meinungen, die hierzu in der Arbeitsgruppe bestanden, in der Diskussion zu einer Übereinstimmung hätten gebracht werden können.

III. Europäische Rechtsentwicklung

Die europäische Rechtsentwicklung war bei der Vorbereitung dieses Gesetzentwurfs eine wichtige Richtschnur. In den Organen der Europäischen Gemeinschaft werden derzeit zwei lauterkeitsrechtliche Vorhaben erörtert.

Dabei handelt es sich zum einen um den nach Befassung des Europäischen Parlaments geänderten Vorschlag für eine Verordnung über Verkaufsförderung im Binnenmarkt, der von der Bundesregierung und auch den meisten anderen Mitgliedstaaten abgelehnt wird.

Zum anderen wird die Kommission als Folgemaßnahme zu ihrem Grünbuch zum Verbraucherschutz in der Europäischen Union in Kürze einen Entwurf für eine Rahmenrichtlinie vorlegen, der den Vorstellungen der Bundesregierung mehr entgegenkommt. In Einzelfragen wird aber auch bei diesem Projekt noch erheblicher Verhandlungsbedarf bestehen. Wie und vor allem in welchem Zeitrahmen sich dieses Projekt entwickelt, ist bis jetzt nicht voraussehbar. Es scheint jedoch unwahrscheinlich, dass es ein deutsches Reformvorhaben einholen oder überholen könnte.

Wegen dieser Unwägbarkeiten kann der Ausgang der Brüsseler Vorhaben vor einer Reform des deutschen UWG nicht abgewartet werden.

IV. Grundzüge der Reform

1. Inhaltliche Schwerpunkte

Die vorgeschlagene Reform des Lauterkeitsrechts wird zu einer schlankeren europaverträglichen Fassung des UWG führen. Die Reform enthält folgende materielle Schwerpunkte:

- Der Verbraucher wird als Schutzsubjekt erstmals ausdrücklich im Gesetz erwähnt. Dadurch wird die Rechtsprechung zum geltenden UWG aufgenommen und gleichzeitig eine Forderung der Verbraucherverbände erfüllt.
- Die Generalklausel als Kernstück des geltenden UWG (§ 1) bleibt als § 3 („Verbot unlauteren Wettbewerbs") erhalten. Sie wird durch einen nicht abschließenden Katalog von Beispielsfällen ergänzt, der sowohl durch die Rechtsprechung seit langem gefestigte Fallgruppen aufnimmt als auch aktuelle Probleme aufgreift. Die gewählte Konstruktion führt dazu, dass das UWG transparenter wird, ohne dass gleichzeitig die Möglichkeit, neu auftretende Problemfälle im Wege der richterlichen Rechtsfortbildung zu lösen, verbaut wird.
- Die Reglementierung der Sonderveranstaltungen wird ersatzlos aufgehoben. Bestimmungen über Schlussverkäufe, Jubiläumsverkäufe und Räumungsverkäufe fallen ganz weg. Diese Sonderveranstaltungen unterliegen jedoch dem in § 5 geregelten Verbot der irreführenden Werbung. Allgemein gilt außerdem die Vermutung, dass die Werbung mit einer Preissenkung dann irreführend ist, wenn der als ursprünglicher Preis angegebene Preis nicht für eine angemessene Zeit gefordert wurde.
- Unter bestimmten Voraussetzungen wird den Verbänden ein Gewinnabschöpfungsanspruch zugestanden. Dadurch soll sichergestellt werden, dass sich unlautere Werbung, die den Verbraucher übervorteilt, nicht lohnt.

2. Übersicht über die Änderungen

UWG (bisherige Fassung)	UWG (neue Fassung)
§ 1	§ 3 (und §§ 8, 9)
§ 2	§ 6 (unverändert)
§ 3	§ 5 (und §§ 8, 9)
§ 4	§ 16 Abs. 1

UWG (bisherige Fassung)	UWG (neue Fassung)
§ 5	§ 5 Abs. 3
§ 6	–
§ 6 a	–
§ 6 b	–
§ 6 c	§ 16 Abs. 2
§ 7	–
§ 8	–
§ 13	§§ 8, 9
§ 13 a	–
§ 14	§ 4 Nr. 8
§ 15	–
§ 17	§ 17 (weitgehend unverändert)
§ 18	§ 18 (weitgehend unverändert)
§ 19	–
§ 20	§ 19
§ 20 a	§ 17 Abs. 6, § 18 Abs. 4, § 19 Abs. 5
§ 21	§ 11 (weitgehend unverändert)
§ 22	§ 17 Abs. 5, § 18 Abs. 3, § 19 Abs. 4
§ 23	§ 12 Abs. 3
§ 23 a	§ 12 Abs. 4 (weitgehend unverändert)
§ 23 b	–
§ 24	§ 14 (weitgehend unverändert)
§ 25	§ 12 Abs. 2 (weitgehend unverändert)
§ 27	§ 13 (weitgehend unverändert)
§ 27 a	§ 15 (weitgehend unverändert)
§ 30	§ 22

3. Neue Regelungen

Neu in das UWG aufgenommen wird die Regelung des § 1 als Schutzzweckbestimmung. Geschützt werden insbesondere die Angebotsfreiheit der Wettbewerber und die Entscheidungsfreiheit der Verbraucher. Hierdurch wird vor allem auch die Stellung, die dem Verbraucher im Rahmen des Lauterkeitsrechts zukommt, unterstrichen. Das UWG schützt nämlich auf Grund eines von der Rechtsprechung angenommenen Funktionswandels nicht nur den Mitbewerber, sondern ebenso den Verbraucher (z. B. Urteil des BGH GRUR 1999, 751 ff. [Güllepumpen] m. w. N.). Gleichzeitig wird an der von der Rechtsprechung entwickelten Schutzzweck-Trias festgehalten, wonach das UWG die Mitbewerber, die Verbraucher und Belange der Allgemeinheit schützt (vgl. BGHZ 140, 134 ff. (138); BGH NJW 2000, 864; BVerfG WRP 2001, 1160 ff.; BVerfG GRUR 2002, 455 ff.).

Entsprechend neuerer Gesetzgebungstechnik sind in § 2 Definitionen dem eigentlichen Regelungstext vorangestellt.

Eine wichtige Neuerung ist die Aufnahme eines Beispielskatalogs der unlauteren Wettbewerbshandlungen in § 4. Hierdurch wird die Generalklausel des § 3 näher erläutert. An dem bisherigen Prinzip, unlauteres Handeln im Wettbewerb durch eine Generalklausel zu untersagen, wird damit auch nach der Reform festgehalten, da sich dieses Prinzip des deutschen Lauterkeitsrechts bewährt hat.

Im Bereich der Rechtsfolgen wird in § 10 ein Gewinnabschöpfungsanspruch eingeführt. Dadurch soll sichergestellt werden, dass sich unlautere Werbung, die den Verbraucher übervorteilt, nicht lohnt.

4. Beibehaltene und geänderte Regelungen

Die Regelung des bisherigen § 2 UWG a. F. über die vergleichende Werbung wird unverändert zu § 6. Die geltende Verjährungsregelung des § 21 UWG a. F. wird weitgehend unverändert in § 11 übernommen. Die Gerichtsstandsregelung des § 24 UWG a. F. wird zu § 13, die Zuständigkeitsregelung des § 27 UWG a. F. wird zu § 14 und die Regelung des § 27 a UWG a. F. über das Verfahren bei den Einigungsstellen wird mit geringfügigen Änderungen zu § 15. Die Regelung des § 4 UWG a. F. über strafbare Werbung wird zu § 16 Abs. 1, die Vorschrift des § 6 c UWG a. F. über progressive Kundenwerbung wird zu § 16 Abs. 2 und der Schutz von Geschäfts- und Betriebsgeheimnissen findet sich weitgehend unverändert in den neuen Vorschriften der §§ 17 bis 19 (entsprechend den §§ 17, 18, 20 und 20 a der alten Fassung).

Änderungen – neben der unter 3. dargestellten Neukonzeption der Generalklausel – ergeben sich vor allem bei der Regelung der irreführenden Werbung, § 3 a. F. Der neue § 5 fasst die bestehenden Regelungen zur irreführenden Werbung zusammen und erweitert sie um eine Regelung zur Preiswerbung sowie zu den so genannten Lockvogelangeboten.

Im Bereich der Sanktionen werden die Regelungen neu strukturiert. Im geltenden Recht sind Anspruchsgrundlagen (§§ 1, 3, 7, 8, 13 Abs. 1 UWG a. F.) und Anspruchsberechtigung (§ 13 Abs. 2 UWG a. F.) in verschiedenen Vorschriften geregelt, andererseits werden aber verschiedene Anspruchsarten (Unterlassungs- und Schadensersatzanspruch) in einer Vorschrift genannt. Nach der neuen Systematik werden die verschiedenen Ansprüche in jeweils einzelne Vorschriften gefasst und die Anspruchsberechtigten in der gleichen Vorschrift benannt. Damit sind die zentralen Anspruchsgrundlagen der §§ 8 und 9 leicht auffindbar und aus sich heraus verständlich. In der Sache fällt die Anspruchsberechtigung des nur abstrakt betroffenen Mitbewerbers weg; im Übrigen bleibt der Kreis der Anspruchsberechtigten nach § 8 Abs. 3 derselbe wie nach § 13 Abs. 2 UWG a. F.

5. Weggefallene Regelungen

a) Recht der Sonderveranstaltungen

Das in den §§ 7 und 8 UWG a. F. geregelte Recht der Sonderveranstaltungen ist gerade nach der Aufhebung von Rabattgesetz und Zugabeverordnung oft als übriggebliebenes Liberalisierungshemmnis angesehen worden. Die Arbeitsgruppe Unlauterer Wettbewerb hat sich intensiv mit der Frage befasst, ob und wie das Sonderveranstaltungsrecht abgeschafft werden sollte. Sie war sich sehr schnell darin einig, dass die §§ 7 und 8 UWG a. F. in der jetzigen Form nicht mehr aufrechterhalten werden können. Länger diskutiert wurde aber die Frage, ob für bestimmte Konstellationen Auffangregelungen notwendig seien, nämlich zur

– Vermeidung einer Irreführung der Verbraucher über den Umfang und den Zeitraum der vorherigen Preisbemessung, verbunden mit einem entsprechenden Auskunftsanspruch und gegebenenfalls mit einer Anpassung der Beweislast und zur
– Verhinderung von Missbräuchen bei Räumungsverkäufen, insbesondere durch spätere Fortsetzung des Geschäftsbetriebes.

Die Erörterungen der Arbeitsgruppe zu diesen Punkten haben kein einheitliches Meinungsbild ergeben.

Der Entwurf hat die Erörterungen in der Arbeitsgruppe in der Weise aufgenommen, dass Werbeaktionen, die nach geltendem Recht als Sonderveranstaltungen unzulässig waren, ohne Beschränkungen zulässig werden. Die Preissenkung des gesamten Warenangebots unabhängig von der Zugehörigkeit zu einem bestimmten Sortiment wird damit zulässig. Die Beschränkungen der bestehenden Schlussverkäufe werden sowohl im Hinblick auf den Zeitrahmen als auch im Hinblick auf das Sortiment abgeschafft. Gleichzeitig wird die Werbung mit dem Begriff „Schlussverkauf" freigegeben, wobei allerdings eine irreführende Verwendung verboten bleibt. Der Anregung, den Begriff „Schlussverkauf" als Kennzeichen für die nach geltendem Recht vorgesehenen Schlussverkaufszeiten zu reservieren, wurde nicht gefolgt, da die beabsichtigte weitgehende Liberalisierung damit nicht erreicht werden kann und für den Verbraucher eine eher weniger überschaubare Situation entsteht, wenn es zwar noch „Schlussverkäufe" gibt, diese aber von der festgelegten Zeitspanne abgesehen voraussetzungslos und damit qualitativ von anderen Rabattaktionen nicht abgrenzbar sind.

Als Ausgleich für diese weitgehende Freigabe der Preiswerbung wird in § 5 Abs. 4 ein Korrektiv geschaffen, das zu einer Erhöhung der Preistransparenz führt.

Im Bereich der Jubiläumsverkäufe und der Räumungsverkäufe erfolgt keine spezielle Regelung. Gerade mit Blick auf Räumungsverkäufe wegen Geschäftsaufgabe wird jedoch zum Teil die Beibehaltung von restriktiven Regelungen einschließlich der Kontrollbefugnisse der zuständigen amtlichen Berufsvertretung gefordert. Auf Grund der Liberalisierung des Sonderveranstaltungsrechts besteht jedoch Anlass zu der Annahme, dass sich die Missbrauchsgefahr in diesem Bereich stark verringert, da die Händler jederzeit die Möglichkeit haben werden, durch legale Sonderveranstaltungen ihre Lager zu räumen. Im Übrigen bietet das allgemeine Verbot irreführender Werbung insoweit einen ausreichenden Schutz vor Missbräuchen, als eine Werbung für Räumungsverkäufe wegen Geschäftsaufgabe, der in Wahrheit keine Geschäftsaufgabe zu Grunde liegt, gegen das Irreführungsverbot des § 5 verstößt.

b) Rücktrittsrecht bei unwahren und irreführenden Werbeangaben

Das in § 13 a UWG a. F. geregelte Rücktrittsrecht bei strafbarer irreführender Werbung hat in der Praxis keine Bedeutung erlangt und soll deshalb ersatzlos gestrichen werden. In der Arbeitsgruppe ist allerdings ausführlich und kontrovers die Frage erörtert worden, ob die Möglichkeiten des Verbrauchers, sich von einem infolge von unlauterem Wettbewerbshandeln zustande gekommenen Vertrag zu lösen, nicht im Gegenteil erweitert werden sollten. Insbesondere aus Sicht eines verstärkten Verbraucherschutzes wurde ein allgemeines Vertragsauflösungsrecht des Abnehmers gefordert. Dabei ging es in erster Linie um die Frage, ob beziehungsweise in welchen Fällen ein solches Recht neben die schuldrechtlichen Möglichkeiten zur Vertragsauflösung treten sollte.

Im Ergebnis verzichtet der Entwurf auf die Einführung einer solchen zusätzlichen Sanktion. Maßgeblich dafür ist, dass jedenfalls zum jetzigen Zeitpunkt keine Fallkonstellationen erkennbar sind, in denen der Verbraucher gegen sein schutzwürdiges Interesse an der Erfüllung eines unlauter zustande gekommenen Vertrages festgehalten würde. Neben den schuldrechtlichen Möglichkeiten der Lösung des Vertrages ist dabei auch das von der Rechtsprechung entwickelte Durchführungsverbot (BGH GRUR 1994, 126 ff.) in die Gesamtwürdigung einbezogen worden.

Im Einzelnen ist besonders der enge Zusammenhang zwischen den Regelungen zur irreführenden Werbung, dem Gewährleistungsrecht und den weiteren verbraucherschützenden Bestimmungen des Bürgerlichen Gesetzbuchs (BGB) zu berücksichtigen. Durch das Schuldrechtsmodernisierungsgesetz vom 26. November 2001 (BGBl. I S. 3138) wurde das Gewährleistungsrecht grundlegend umgestaltet. So kann nach § 434 Abs. 1 Satz 3 BGB ein Sachmangel auch dann vorliegen, wenn die Sache nicht die Eigenschaften hat, die der Käufer nach den öffentlichen Äußerungen des Verkäufers, des Herstellers oder seines Gehilfen insbesondere in der Werbung erwarten kann. Dies wird in Fällen der irreführenden Werbung gemäß § 5 regelmäßig der Fall sein. Die Gewährleistungsrechte bei Sachmängeln sind aber an bestimmte Voraussetzungen und Fristen gebunden. Dieses abgestimmte Regelungskonzept wäre gestört, wenn man im UWG ein allgemeines Vertragsauflösungsrecht normieren würde. Ähnliche Konkurrenzprobleme gäbe es beispielsweise auch im Reisevertragsrecht gemäß den §§ 651 a ff. BGB. Auch in den meisten Fällen belästigender Werbung besteht für den Verbraucher die Möglichkeit, sich nach den Regeln über Fernabsatz- und über Haustürgeschäfte vom Vertrag zu lösen (§§ 312 und 312 d BGB). Diese Widerrufsmöglichkeiten knüpfen jedoch an die besondere Vertriebsform an und lassen sich mit einem allgemeinen Vertragsauflösungsrecht nicht vereinbaren.

Auch das neue Rechtsinstitut der Gewinnabschöpfung stärkt die Stellung der Verbraucher erheblich und lässt eine Erweiterung der Rücktrittsrechte nicht geboten erscheinen.

c) Sonstige Regelungen

Die überflüssig gewordenen Vorschriften der §§ 6, 6 a und 6 b UWG a. F. über den Insolvenzwarenverkauf, den Verkauf durch Großhändler an Verbraucher und den Kaufscheinhandel werden gestrichen. Die Vorschriften gehen letztlich von einem überholten Verbraucherleitbild aus. Über die Irreführung hinaus besteht keine Notwendigkeit mehr, die Werbung mit dem Hinweis, bestimmte Ware stamme aus einer Insolvenzmasse, oder die Werbung damit, der Anbieter sei Hersteller oder Großhändler, oder die Ausgabe von Berechtigungsscheinen gesondert zu regeln. Der Straftatbestand der geschäftlichen Verleumdung in § 15 a. F. konnte wegfallen, da die Vorschrift neben § 187 Strafgesetzbuch (StGB) keinen nennenswerten eigenen Anwendungsbereich hat.

§ 19 UWG a. F. konnte wegfallen, da sich die Schadensersatzpflicht bei dem nach den §§ 17 und 18 strafbaren Verhalten (Verrat von Betriebs- und Geschäftsgeheimnissen und Verwertung von Vorlagen) bereits aus allgemeinen Vorschriften, insbesondere § 823 BGB, ergibt.

§ 23 Abs. 1 UWG a. F. ermöglichte die Veröffentlichung von Strafurteilen wegen geschäftlicher Verleumdung unter bestimmten Umständen. Auf Grund der Streichung des entsprechenden Straftatbestandes konnte diese Regelung entfallen.

Die Vorschrift des § 23 b UWG a. F., die eine Sonderregelung zur Streitwertbemessung in wettbewerbsrechtlichen Streitigkeiten enthielt, kann entfallen, da sie neben der Regelung des § 23 a UWG a. F., die weitgehend unverändert in § 12 Abs. 4 übernommen wird, keinen nennenswerten eigenständigen Anwendungsbereich hat.

V. Umsetzung von Artikel 13 der EU-Datenschutzrichtlinie für elektronische Kommunikation

Artikel 13 der Richtlinie 2002/58/EG des Europäischen Parlaments und des Rates vom 12. Juli 2002 über die Verarbeitung personenbezogener Daten und den Schutz der Privatsphäre in der elektronischen Kommunikation (Datenschutzrichtlinie für elektronische Kommunikation, ABl. EG Nr. L 201 vom 31. Juli 2002) bezweckt den Schutz der Privatsphäre der Betroffenen vor unverlangt auf elektronischem Wege zugesandter Werbung. Das entsprechende Verbot wurde bereits nach geltendem Recht unter dem Aspekt der belästigenden Werbung aus § 1 UWG hergeleitet. Eine Umsetzung der Richtlinienbestimmung auch im neuen UWG ist daher angezeigt. Sie erfolgt im Einzelnen in § 7.

VI. Gesetzgebungskompetenz, Auswirkungen auf das Preisniveau und Auswirkungen von gleichstellungspolitischer Bedeutung

Die Gesetzgebungskompetenz des Bundes ergibt sich aus Artikel 73 Nr. 9 des Grundgesetzes und, was die Strafnormen in Kapitel 4 angeht, aus Artikel 74 Abs. 1 Nr. 1 des Grundgesetzes.

Es ist zur Wahrung der Rechtseinheit (Artikel 72 Abs. 2 GG) erforderlich, im Bereich des Rechts des unlauteren Wettbewerbs bundeseinheitliche Strafnormen vorzusehen. Das Gesetz dient, wie auch das geltende Gesetz gegen den unlauteren Wettbewerb, dem Schutz der in § 1 genannten Personenkreise vor unlauterem Wettbewerb. Dieser Schutz wird neben den zivilrechtlichen Rechtsfolgen in besonders gravierenden Fällen durch strafrechtliche Bestimmungen sichergestellt. Unterschiedliche Regelungen dazu in verschiedenen Bundesländern würden zu einer unzumutbaren Rechtszersplitterung und damit zu einem Schutzdefizit gerade bei besonders schwerwiegenden Verletzungen führen. Das gilt umso mehr als Wettbewerbsverletzungen in vielen Fällen nicht lokal oder regional begrenzt wirken, sondern den länderübergreifenden Rechts- und Wirtschaftsverkehr betreffen. Neben der Wahrung der Rechtseinheit dienen die einheitlichen Strafbestimmungen auch der Wahrung der Wirtschaftseinheit, da eine unterschiedliche Eingriffsschwelle strafrechtlicher Bestimmungen zu Wettbewerbsverzerrungen zwischen den Bundesländern führen würde.

Die vorgeschlagenen Regelungen führen zu einer Liberalisierung des Wettbewerbs. Zusätzliche Kosten für die werbetreibenden Unternehmen und damit verbundene Auswirkungen auf das Preisniveau, insbesondere das Verbraucherpreisniveau, sind unter diesen Umständen nicht zu erwarten.

Auswirkungen von gleichstellungspolitischer Bedeutung sind nicht zu erwarten.

B. Zu den einzelnen Vorschriften

Zu § 1 (Zweck des Gesetzes)

Durch die Beschreibung des Schutzzweckes in § 1 wird klargestellt, dass die Marktteilnehmer, insbesondere die Verbraucher und die Mitbewerber, durch das UWG gleichermaßen und gleichrangig geschützt werden. Zugleich schützt das UWG auch das Interesse der Allgemeinheit an der Erhaltung eines unverfälschten und damit funktionsfähigen Wettbewerbs.

Diese Schutzzwecktrias ist, nachdem das UWG zunächst als reiner Individualschutz der einzelnen Mitbewerber aufgefasst wurde, auch nach bisherigem Recht durch die Rechtsprechung anerkannt (vgl. BGHZ 140, 134 ff. (138); BGH NJW 2000, 864; BVerfG WRP 2001, 1160 ff.; BVerfG GRUR 2002, 455 ff.).

Der eigentliche Zweck des UWG liegt darin, das Marktverhalten der Unternehmen im Interesse der Marktteilnehmer, insbesondere der Mitbewerber und der Verbraucher und damit zugleich das Interesse der Allgemeinheit an einem unverfälschten Wettbewerb zu regeln. Das Recht geht insoweit von einem integrierten Modell eines gleichberechtigten Schutzes der Mitbewerber, der Verbraucher und der Allgemeinheit aus. Der Schutz sonstiger Allgemeininteressen ist weiterhin nicht Aufgabe des Wettbewerbsrechts.

Der Begriff der Unlauterkeit löst den bisher in § 1 UWG verwandten Begriff der guten Sitten ab. Ein Grund hierfür ist, dass der Maßstab der guten Sitten antiquiert wirkt, weil er den Wettbewerber unnötig mit dem Makel der Unsittlichkeit belastet. Durch die Verwendung des Begriffs der Unlauterkeit wird zudem die Kompatibilität mit dem Gemeinschaftsrecht verbessert, welches diesen Begriff in vielen Vorschriften verwendet. Unlauter sind alle Handlungen, die den anständigen Gepflogenheiten in Handel, Gewerbe, Handwerk oder selbständiger beruflicher Tätigkeit zuwiderlaufen.

Zu § 2 (Definitionen)

In der Vorschrift werden nur die wesentlichen Begriffe des Gesetzes definiert.

Zu Absatz 1

Zu Nummer 1

Der Begriff der Wettbewerbshandlung ist der Zentralbegriff des UWG. Die Anwendung des Wettbewerbsrechts setzt voraus, dass eine Wettbewerbshandlung vorliegt. Dementsprechend ist bei der Beurteilung der Frage, ob ein Verhalten lauter oder unlauter ist, stets die Frage logisch vorgeordnet, ob überhaupt ein wettbewerblicher Tatbestand gegeben ist. Er umfasst nicht nur die eigene Absatzförderung, sondern auch das Handeln von Personen, die den Wettbewerb eines fremden Unternehmens fördern wollen, sowie Handlungen im Nachfragewettbewerb. Nicht erforderlich ist das Vorliegen eines konkreten Wettbewerbsverhältnisses, so dass auch Unternehmer mit Monopolstellung erfasst werden.

Zu Nummer 2

Der Begriff des Marktteilnehmers erfasst als Oberbegriff sowohl die Mitbewerber als auch die Verbraucher. Daneben sollen aber auch die sonstigen Marktteilnehmer erfasst werden. Unter diesen Begriff fallen diejenigen Marktteilnehmer, die weder Mitbewerber noch Verbraucher sind. Dabei kann es sich sowohl um natürliche als auch um juristische Personen handeln. Erfasst werden unter anderem Unternehmer, soweit sie für den Verbrauch im Rahmen ihrer gewerblichen oder selbständigen beruflichen Tätigkeit Waren erwerben oder Dienstleistungen in Anspruch nehmen.

Zu Nummer 3

Die Einordnung als Mitbewerber setzt ein konkretes Wettbewerbsverhältnis zwischen dem Zuwiderhandelnden oder einem Dritten und dem benachteiligten Unternehmen voraus. Dieses liegt dann vor, wenn zwischen den Vorteilen, die jemand durch eine Maßnahme für sein

Unternehmen oder das eines Dritten zu erreichen sucht und den Nachteilen, die ein anderer dadurch erleidet, eine Wechselbeziehung in dem Sinne besteht, dass der eigene Wettbewerb gefördert und der fremde Wettbewerb beeinträchtigt werden kann. Die Unternehmen stehen in der Regel dann miteinander im Wettbewerb, wenn sie den gleichen Abnehmerkreis bzw. Lieferantenkreis haben. Es kann aber auch zwischen Unternehmern verschiedener Wirtschaftsstufen ein konkretes Wettbewerbsverhältnis bestehen. Dies wird immer dann zu bejahen sein, wenn ein Hersteller oder Großhändler sich nicht auf seine Wirtschaftsstufe beschränkt, sondern seine Ware direkt an den Endverbraucher absetzt. Entsprechend der bisherigen Rechtslage genügt auch weiterhin ein mittelbares Wettbewerbsverhältnis (vgl. im Einzelnen Baumbach/Hefermehl, Wettbewerbsrecht, 22. Auflage, Einl. UWG Rn. 226). Daher können insbesondere auch Unternehmer verschiedener Branchen durch eine Wettbewerbshandlung in eine wettbewerbliche Beziehung zueinander treten, ohne dass der Absatz der beiderseitigen ungleichartigen Waren beeinträchtigt wird. Das Wettbewerbsverhältnis wird in diesem Fall durch die konkrete Handlung begründet, so beispielsweise unter dem Aspekt der Behinderung, wenn ein Unternehmen für Kaffee als Geschenk mit dem Hinweis „statt Blumen Onko-Kaffee" wirbt (vgl. BGH GRUR 1972, 553).

Zu Nummer 4

Durch die Definition des Begriffs Nachrichten wird Artikel 2 Buchstabe d der Datenschutzrichtlinie für elektronische Kommunikation (ABl. EG Nr. L 201/37 vom 31. Juli 2002) umgesetzt. Die Definition ist erforderlich, da Artikel 13 der Richtlinie – unerbetene Nachrichten – im folgenden § 7 umgesetzt wird. Der Begriff des elektronischen Kommunikationsdienstes erfasst im wesentlichen die Sprachtelefonie, Faxgeräte und die elektronische Post einschließlich SMS.

Zu Absatz 2

Durch Absatz 2 wird hinsichtlich des Verbraucherbegriffs und des Unternehmerbegriffs auf die Definitionen im BGB verwiesen.

Zu § 3 (Verbot unlauteren Wettbewerbs)

Die Vorschrift des § 3 enthält entsprechend § 1 UWG a. F. ein allgemeines Verbot des unlauteren Wettbewerbs („Generalklausel"). Ein solches allgemein gehaltenes Verbot ist deshalb sinnvoll, weil der Gesetzgeber nicht alle denkbaren Fälle unlauteren Handelns im Einzelnen regeln kann. Auch soll der Rechtsanwender die Möglichkeit haben, neuartige Wettbewerbsmaßnahmen sachgerecht zu beurteilen. Zudem kann dadurch den sich wandelnden Anschauungen und Wertmaßstäben in der Gesellschaft besser Rechnung getragen werden. Wie bislang auch wird es weiterhin Aufgabe der Rechtsprechung sein, im Einzelnen zu konkretisieren, welche Handlungsweisen als unlauter anzusehen sind. Gegenüber der bisherigen Rechtslage wird dies dadurch erleichtert, dass in § 4 die Generalklausel durch einen Beispielskatalog präzisiert wird.

Voraussetzung ist zunächst, dass eine in § 2 Nr. 1 definierte Wettbewerbshandlung vorliegt. Dieses Tatbestandsmerkmal grenzt das Wettbewerbsrecht vom allgemeinen Deliktsrecht ab. Entsprechend den Ausführungen zu § 1 ist der Gegenstand des UWG als ein Wettbewerbsgesetz nicht allgemein das Handeln eines Unternehmers im geschäftlichen Verkehr. Der Maßstab des Lauterkeitsrechts ist nur an das marktbezogene Verhalten eines Unternehmers anzulegen.

Die Formulierung „zum Nachteil" soll zum Ausdruck bringen, dass die Lauterkeit im Wettbewerb nicht um ihrer selbst Willen geschützt wird, sondern nur insoweit, als die Wettbewerbsmaßnahmen tatsächlich geeignet sind, zu einer Beeinträchtigung geschützter Interessen der Marktteilnehmer zu führen.

Die Verfälschung des Wettbewerbs muss darüber hinaus „nicht unerheblich" sein. Damit soll zum Ausdruck kommen, dass die Wettbewerbsmaßnahme von einem gewissen Gewicht für das Wettbewerbsgeschehen und die Interessen der geschützten Personenkreise sein muss. Dies bedeutet indes nicht, dass dadurch unlautere Wettbewerbshandlungen zu einem beachtlichen Teil legalisiert werden. Vielmehr soll die Verfolgung von lediglich Bagatellfällen ausgeschlossen werden. Dementsprechend ist die Schwelle auch nicht zu hoch anzusetzen.

Eine zum Teil weitergehende Einschränkung der Verfolgung nicht erheblicher Wettbewerbsverstöße erfolgt nach bisherigem Recht über die Regelung der Klagebefugnis in § 13 Abs. 2 UWG a. F., wonach die Klagebefugnis der abstrakten Mitbewerber sowie der Wirtschaftsverbände voraussetzt, dass der Anspruch eine Handlung betrifft, die geeignet ist, den Wettbewerb auf diesem Markt wesentlich zu beeinträchtigen. Verbraucherverbände können bislang Ansprüche auf der Grundlage von § 1 UWG a. F. nur geltend machen, wenn wesentliche Belange der Verbraucher berührt sind. Diese Einschränkung der Klagebefugnis wird durch die allgemeine Bagatellgrenze entbehrlich.

Unter der Verfälschung des Wettbewerbs ist von vornherein nicht eine Verfälschung des Wettbewerbs als Institution der Marktwirtschaft zu verstehen. Maßstab sind vielmehr die Wirkungen wettbewerbswidrigen Verhaltens auf das Marktgeschehen. Die Feststellung, ob ein Wettbewerbsverstoß geeignet ist, den Wettbewerb nicht unerheblich zu verfälschen, setzt eine nach objektiven und subjektiven Momenten unter Berücksichtigung aller Umstände des Einzelfalls zu treffende Wertung voraus. In diese Wertung sind neben der Art und Schwere des Verstoßes die zu erwartenden Auswirkungen auf den Wettbewerb sowie der Schutzzweck des Wettbewerbsrechts einzubeziehen. Eine nicht unerhebliche Verfälschung kann demnach auch bei Verstößen mit nur geringen Auswirkungen für den Marktteilnehmer im Einzelfall vorliegen, wenn durch das Verhalten eine Vielzahl von Marktteilnehmern betroffen ist oder eine nicht unerhebliche Nachahmungsgefahr besteht.

Zu § 4 (Beispiele unlauteren Wettbewerbs)

Die Aufzählung von Beispielstatbeständen hat typische Unlauterkeitshandlungen zum Gegenstand. Hierdurch wird das Ziel verfolgt, die Generalklausel zu präzisieren und dadurch eine größere Transparenz zu schaffen. Nachdem nicht alle denkbaren Fälle unlauteren Handelns geregelt werden können, sind die Beispielsfälle nicht abschließend. Bei der Bewertung, ob eine Unlauterkeit vorliegt, kommt es jeweils darauf an, ob die Wettbewerbshandlung geeignet ist, die im Einzelnen genannten Merkmale zu erfüllen. Nicht entscheidend ist, ob es tatsächlich zu einer Beeinträchtigung gekommen ist. Durch die Beschränkung des Verweises auf die Unlauterkeit im Sinne von § 3 ist klargestellt, dass die Handlung nur dann unzulässig ist, wenn auch die weiteren Tatbestandsvoraussetzungen des § 3 vorliegen.

Zu Nummer 1

Der Tatbestand der Nummer 1 soll alle Handlungen erfassen, die die Entscheidungsfreiheit der Verbraucher und sonstigen Marktteilnehmer durch Ausübung von Druck oder durch sonstige unangemessene unsachliche Beeinflussung beeinträchtigen. Dazu können auch Maßnahmen der Wertreklame gehören, wenn sie bezwecken, die Rationalität der Verbraucherentscheidung auszuschalten. Durch das Kriterium der Unangemessenheit wird der Tatsache Rechnung getragen, dass der Versuch einer gewissen unsachlichen Beeinflussung der Werbung nicht fremd und auch nicht per se unlauter ist. Erfasst werden sollen auch Handlungen im Verhältnis zweier Unternehmer auf verschiedenen Wirtschaftsstufen.

Zu Nummer 2

Der Tatbestand der Nummer 2 soll Verbraucher, die sich in Ausnahmesituationen wie Angst oder einer sonstigen Zwangslage befinden, schützen. Außerdem sollen besonders schutzbedürftige Verbraucherkreise, wie insbesondere Kinder und Jugendliche, aber auch sprach- und geschäftsungewandte Mitbürger, vor einer Ausnutzung ihrer Unerfahrenheit geschützt werden. Erfasst werden sollen auch Fälle im Vorfeld von konkreten Verkaufsförderungsmaßnahmen, so etwa, wenn Daten von Kindern oder Jugendlichen zu Werbezwecken erhoben werden.

Zu Nummer 3

Der Tatbestand der Nummer 3 enthält das Verbot der verdeckten Werbung. Die getarnte Werbung – auch Schleichwerbung genannt – ist im Recht der elektronischen Medien verboten, so für den Bereich des Rundfunks in § 7 Abs. 6 des Staatsvertrages über den Rundfunk im vereinten Deutschland in der Fassung des am 1. Juli 2002 in Kraft getretenen 6. Rundfunkänderungsstaatsvertrages, für den Bereich der Mediendienste in § 10 Abs. 4 Nr. 1 des Mediendienste-Staatsvertrages in der Fassung des 6. Rundfunkänderungsstaatsvertrages sowie in § 7 Nr. 1 des Teledienstegesetzes vom 22. Juli 1997 (BGBl. I S. 1870, zuletzt geändert durch Artikel 1 des Gesetzes vom 14. Dezember 2001, BGBl. I S. 3721). Durch die Regelung wird das medienrechtliche Schleichwerbungsverbot ausdrücklich auf alle Formen der Werbung ausgedehnt. Daneben wird auch die Tarnung sonstiger Wettbewerbshandlungen erfasst. Hierzu zählt beispielsweise die Gewinnung von Adressen unter Verschweigen einer kommerziellen Absicht.

Zu Nummer 4

Durch den Tatbestand der Nummer 4 soll dem speziellen Informationsbedarf der Abnehmer bei Verkaufsförderungsmaßnahmen Rechnung getragen werden. Verkaufsförderungsmaßnahmen wie Preisnachlässe, Zugaben und Werbegeschenke haben eine hohe Attraktivität für den Kunden. Hieraus resultiert eine nicht unerhebliche Missbrauchsgefahr, und zwar dergestalt, dass durch eine Werbung mit solchen Maßnahmen die Kaufentscheidung beeinflusst wird, oft jedoch, zum Beispiel bei Kundenbindungssystemen, hohe Hürden für die Inanspruchnahme des Vorteils aufgestellt werden. Die Regelung entspricht der für Mediendienste geltenden Vorschrift des § 10 Abs. 4 Nr. 3 des Mediendienste-Staatsvertrages sowie der für Teledienste geltenden Bestimmung des § 7 Nr. 3 des Teledienstegesetzes. Da eine unterschiedliche Behandlung des elektronischen Geschäftsverkehrs in diesen Fällen nicht sachgerecht ist, wurde die Regelung auf das allgemeine Lauterkeitsrecht übertragen.

Zu Nummer 5

Durch den Tatbestand der Nummer 5 wird das Transparenzgebot bei Preisausschreiben und Gewinnspielen mit Werbecharakter entsprechend den Verkaufsförderungsmaßnahmen in Nummer 4 geregelt, da insoweit ein vergleichbares Missbrauchspotenzial besteht. Die Regelung entspricht den bislang schon für den Bereich der elektronischen Medien geltenden Bestimmungen, so für die Mediendienste § 10 Abs. 4 Nr. 4 des Mediendienste-Staatsvertrages und für Teledienste § 7 Nr. 4 des Teledienstegesetzes. Nicht vom Transparenzgebot erfasst sind die tatsächlichen Gewinnchancen, da die Ungewissheit hierüber zum Charakter eines Preisausschreibens bzw. eines Gewinnspiels gehören kann. Zudem ist es einem Unternehmen häufig nicht möglich, die Gewinnchancen anzugeben, da diese in der Regel von der im Vorfeld ungewissen Anzahl der Mitspieler abhängen werden. Im Hinblick auf das in Nummer 6 geregelte Kopplungsverbot fehlt es insoweit meist an einer soliden Berechnungsgrundlage.

Zu Nummer 6

In Übereinstimmung mit der Rechtsprechung zu § 1 UWG a. F. ist es nach dem Tatbestand der Nummer 6 wettbewerbswidrig, wenn die Teilnahme an einem Preisausschreiben oder Gewinnspiel in irgendeiner Form mit dem Warenabsatz oder der Inanspruchnahme einer Dienstleistung verkoppelt wird (vgl. BGH GRUR 2002, 976 ff.). Die Wettbewerbswidrigkeit wird dadurch begründet, dass die Maßnahme darauf abzielt, die Spiellust auszunutzen und das Urteil des Verbrauchers hierdurch zu trüben. Keine Dienstleistung im Sinne dieser Vorschrift ist die Übermittlung der Erklärung, mit der am Gewinnspiel oder am Preisausschreiben teilgenommen wird. Indes liegt eine Verkopplung mit der Inanspruchnahme einer Dienstleistung grundsätzlich auch dann vor, wenn der Verbraucher, will er am Preisausschreiben oder am Gewinnspiel teilnehmen, eine Mehrwertdiensterufnummer anrufen muss, da in diesem Falle eine über den Basistarif für die Übermittlung hinausgehende Zahlung erforderlich wird. Eine andere Beurteilung ist nach dem Sinn und Zweck der Vorschrift dann denkbar, wenn die Kosten für die Mehrwertdiensterufnummer die üblichen Übermittlungskosten nicht übersteigen. Darüber hinaus wird eine Verkopplung regelmäßig dann nicht anzunehmen sein, wenn es alternativ die Möglichkeit der Teilnahme gibt, ohne dass eine Ware gekauft oder eine Dienstleistung in Anspruch genommen werden muss. Nachdem die sonstigen Marktteilnehmer mit Blick auf deren Erfahrungen im Geschäftsverkehr als weniger schutzbedürftig anzusehen sind, ist diese Fallgruppe auf die Teilnahme von Verbrauchern beschränkt.

Nicht erfasst werden vom Tatbestand der Nummer 6 Fälle, in denen man ein Gewinnspiel oder ein Preisausschreiben gar nicht veranstalten kann, ohne dass der Kauf der Ware oder die Inanspruchnahme der Dienstleistung erforderlich ist. Dies gilt etwa im Falle eines in einer

Zeitschrift abgedruckten Preisrätsels. Gerade bei Printmedien ist diese Form der Wertreklame seit längerem im Markt eingeführt und kann schon deshalb nicht generell als unlauter angesehen werden. Dies schließt indes eine Bewertung als unlauter im Einzelfall nicht aus, so etwa, wenn die Kaufentscheidung durch unangemessen hohe Gewinne unsachgemäß beeinflusst wird.

Zu Nummer 7

Der Tatbestand der Nummer 7 betrifft die Fälle der Geschäftsehrverletzungen. Erfasst hiervon sind in Abgrenzung zu Nummer 8 Meinungsäußerungen, so dass bei der Beurteilung einer kritischen Äußerung das Grundrecht der Meinungsfreiheit (Artikel 5 Abs. 1 des Grundgesetzes) zu beachten ist. Vom Anwendungsbereich erfasst sein werden daher vor allem Fälle der Schmähkritik, in denen der Mitbewerber pauschal und ohne erkennbaren sachlichen Bezug abgewertet wird.

Zu Nummer 8

In Abgrenzung zum Tatbestand der Nummer 7 betrifft die Fallgruppe der Nummer 8 Tatsachenbehauptungen. Die Regelung entspricht § 14 UWG a. F.

Zu Nummer 9

Im Tatbestand der Nummer 9 ist die Fallgruppe des wettbewerbsrechtlichen Leistungsschutzes geregelt. Der Schutz der Leistungen ist durch eine Reihe von Spezialgesetzen, von denen das Patentgesetz und das Urheberrechtsgesetz hervorzuheben sind, gewährleistet. Aus der gesetzlichen Anerkennung besonderer ausschließlicher Rechte für technische und nichttechnische geistige Schöpfungen folgt zwingend, dass die wirtschaftliche Betätigung des Einzelnen außerhalb der geschützten Sonderbereiche frei sein soll. Durch die Regelung des wettbewerbsrechtlichen Leistungsschutzes soll die grundsätzliche Nachahmungsfreiheit nicht in Frage gestellt werden. Das bloße Nachahmen eines nicht unter Sonderrechtsschutz stehenden Arbeitsergebnisses ist daher auch künftig nicht unlauter. Die Nachahmung einer fremden Leistung wird nur unter besonderen, die Wettbewerbswidrigkeit begründenden Umständen wettbewerbswidrig sein. In den Fallgruppen Buchstabe a bis c werden die wichtigsten Fälle genannt, wobei diese Aufzählung – entsprechend der allgemeinen Regelungsstruktur der Beispielstatbestände – nicht abschließend sein kann. Im Einzelnen gilt hier Folgendes:

a) Die erste Fallgruppe erfasst die Fälle der vermeidbaren Herkunftstäuschung. Danach handelt wettbewerbswidrig, wer ein fremdes Erzeugnis durch Übernahme von Merkmalen, mit denen der Verkehr eine betriebliche Herkunftsvorstellung verbindet, nachahmt und sein Erzeugnis in den Verkehr bringt, wenn er nicht im Rahmen des Möglichen und Zumutbaren alles Erforderliche getan hat, um eine Irreführung des Verkehrs möglichst auszuschließen. Dies setzt eine gewisse wettbewerbliche Eigenart des Vorbilds, das nachgeahmt worden ist, voraus, da der Verkehr andernfalls nicht auf die Herkunft achtet.

b) Die zweite Fallgruppe betrifft Fälle der Rufausbeutung und der Rufbeeinträchtigung. Hiervon wird insbesondere dann auszugehen sein, wenn der Verkehr mit einer Ware bestimmte Herkunfts- und Gütevorstellungen verbindet und so durch die Nachahmung der gute Ruf der fremden Ware ausgenutzt wird.

c) Die dritte Fallgruppe betrifft die Fälle der unredlichen Kenntniserlangung, in denen sich der Nachahmer die erforderlichen Kenntnisse durch Erschleichung eines fremden Betriebsgeheimnisses oder durch Vertrauensbruch verschafft hat.

Zu Nummer 10

Der Tatbestand der Nummer 10 bezieht sich auf die so genannte individuelle Mitbewerberbehinderung. Die weite, generalklauselartige Fassung stellt sicher, dass alle Erscheinungsformen des Behinderungswettbewerbs einbezogen werden, einschließlich des Boykotts, des Vernichtungswettbewerbs, aber auch z. B. des Missbrauchs von Nachfragemacht zur Ausschaltung von Mitbewerbern. Erfasst werden sollen somit auch Handlungen im Verhältnis zweier Unternehmer auf verschiedenen Wirtschaftsstufen. Durch das Tatbestandsmerkmal des gezielten Handelns wird klargestellt, dass eine Behinderung von Mitbewerbern als bloße Folge des Wettbewerbs nicht ausreicht, um den Tatbestand zu verwirklichen. Die Rechtsprechung hat in der Vergangenheit bereits typische Formen des unlauteren Behinderungswettbewerbs herausgearbeitet. Ihre Aufgabe wird es weiterhin sein, die Abgrenzung von den kartellrechtlichen Behinderungstatbeständen, die das Vorliegen von Marktmacht voraussetzen, vorzunehmen. Entsprechendes gilt für die so genannte allgemeine Marktbehinderung, die zwar nicht als Beispielstatbestand aufgeführt ist, aber – entsprechend des nicht abschließenden Charakters der Beispielstatbestände – gleichwohl unter die Generalklausel des § 3 fallen kann.

Zu Nummer 11

Der Tatbestand der Nummer 11 betrifft die Fälle des Wettbewerbsverstoßes durch Rechtsbruch. Es ist allerdings mit Blick auf den Schutzzweck nicht Aufgabe des Wettbewerbsrechts, Gesetzesverstöße generell zu sanktionieren. Daher ist die Vorschrift so gefasst, das nicht jede Wettbewerbshandlung, die auf dem Verstoß gegen eine gesetzliche Vorschrift beruht, wettbewerbswidrig ist. Vielmehr wurde eine Beschränkung danach vorgenommen, dass der verletzten Norm zumindest eine sekundäre Schutzfunktion zu Gunsten des Wettbewerbs zukommen muss. Es wird dementsprechend nur ein Verstoß gegen solche Normen erfasst, die zumindest auch das Marktverhalten im Interesse der Marktbeteiligten regeln. Dies entspricht der neueren Rechtsprechung zu § 1 UWG a. F. (vgl. BGH GRUR 2002, 825).

Die vorgenommene Einschränkung schließt nicht aus, dass auch Verstöße gegen Marktzutrittsregelungen vom Tatbestand erfasst sein können. Dies gilt jedenfalls dann, wenn die Marktzutrittsregelung eine auf die Lauterkeit des Wettbewerbs bezogene Schutzfunktion hat und somit auch zugleich das Marktverhalten regelt. Hiervon ist insbesondere bei Vorschriften auszugehen, die als Voraussetzung für die Ausübung bestimmter Tätigkeiten den Nachweis besonderer fachlicher Fähigkeiten fordern.

Zu § 5 (Irreführende Werbung)

Die Vorschrift regelt das Verbot der irreführenden Werbung. Verboten sind in der Werbung alle Angaben geschäftlicher Art, die zu Wettbewerbszwecken im geschäftlichen Verkehr gemacht werden und geeignet sind, einen nicht unerheblichen Teil der betroffenen Verkehrskreise über das Angebot irrezuführen und Fehlvorstellungen von maßgeblicher Bedeutung für den Kaufentschluss hervorzurufen.

Die Reichweite eines Irreführungsverbotes hängt in erster Linie von dem seiner Interpretation zu Grunde gelegten Verbraucherleitbild ab. Der Anwendungsbereich ist um so größer, je stärker die Schutzbedürftigkeit von Minderheiten gegen – auch entfernte – Irreführungsgefahren betont wird. Er ist um so geringer, je mehr auf den Verständnishorizont durchschnittlicher oder gar informierter Verbraucher abgestellt wird. In seiner neueren Rechtsprechung zu den bisherigen §§ 1 und 3 UWG geht der BGH in Anlehnung an die Rechtsprechung des Europäischen Gerichtshofes zu den einschlägigen gemeinschaftsrechtlichen Regelungen inzwischen vom Leitbild eines durchschnittlich informierten und verständigen Verbrauchers aus, der das Werbeverhalten mit einer der Situation angemessenen Aufmerksamkeit verfolgt (vgl. BGH WRP 2000, 517 sowie NJW 2001, 3262). Dieses Verbraucherleitbild liegt auch der Regelung des § 5 zu Grunde, nachdem der Gesetzgeber bereits bei der Regelung der Aufhebung des Rabattgesetzes und der Zugabeverordnung von einem entsprechenden Verbraucherleitbild ausgegangen ist.

Zu Absatz 1

Durch den Verweis auf § 3 wird sichergestellt, dass das Irreführungsverbot nur zum Tragen kommt, wenn gleichzeitig die übrigen Voraussetzungen des § 3 erfüllt sind. Hierdurch wird insbesondere die Verfolgung von Bagatellverstößen ausgeschlossen.

Zu Absatz 2

Die Darstellung der Kriterien, die bei der Beurteilung einer Werbung als irreführend zu berücksichtigen sind, wurde gegenüber § 3 UWG a. F. verändert. Der Wortlaut entspricht im Wesentlichen der Regelung in Artikel 3 Abs. 1 der Richtlinie 84/450/EWG des Rates über irreführende und vergleichende Werbung vom 10. September 1984 (ABl. EG Nr. L 250/17, geändert durch die Richtlinie vom 6. Oktober 1997, ABl. EG Nr. L 290/18).

Ein Sonderproblem der irreführenden Werbung ist die Frage, inwieweit im Verschweigen einer Tatsache eine irreführende Angabe liegen kann. Grundsätzlich gilt nach der Rechtsprechung zum bisherigen UWG, dass im Verschweigen einer Tatsache dann eine irreführende Angabe liegt, wenn für den Werbenden eine Aufklärungspflicht besteht. Eine solche Pflicht kann, wenn sie sich nicht schon aus Gesetz, Vertrag oder vorangegangenem Tun ergibt, im Wettbewerb nicht schlechthin angenommen werden, da der Verkehr nicht ohne weiteres die Offenlegung aller, insbesondere auch der weniger vorteilhaften Eigenschaften einer Ware oder Leistung erwartet. Wohl aber kann sich eine Aufklärungspflicht aus der besonderen Bedeutung ergeben, die der verschwiegenen Tatsache nach der Auffassung des Verkehrs für den Kaufentschluss zukommt, so dass das Verschweigen geeignet ist, das Publikum in relevanter Weise irrezuführen, also seine Entschließung zu beeinflussen (vgl. im Einzelnen Baumbach/Hefermehl a. a. O., UWG § 3 Rn. 48 sowie insbesondere für die Fallgruppe der Kopplungsangebote BGHZ 151, 84 ff.). Dieser von der Rechtsprechung entwickelte Maßstab wird durch Satz 2 ausdrücklich in das Gesetz übernommen.

Die Frage steht in einem engen Zusammenhang mit der Regelung von Informationspflichten im UWG. Zur Verbesserung des Verbraucherschutzes im Wettbewerb wurde zum Teil in der Arbeitsgruppe Unlauterer Wettbewerb die Forderung erhoben, eine generelle Regelung zu Informationspflichten in das UWG aufzunehmen. Der Gesetzentwurf enthält Informationspflichten bei Verkaufsförderungsmaßnahmen einschließlich Preisausschreiben und Gewinnspielen (vgl. § 4 Nr. 4 und 5). Dies folgt – wie in der Begründung zu der entsprechenden Bestimmung im Einzelnen dargelegt – aus dem erhöhten Informationsbedarf der Verbraucher bei diesen Formen der Wertreklame. Die Regelung weiterer Informationspflichten im UWG erscheint dagegen nicht erforderlich.

Seitens der Befürworter von weiteren Informationspflichten wird zur Begründung eines weitergehenden Regelungsbedarfs ein Paradigmenwechsel im Lauterkeitsrecht angeführt. Dieser Wechsel soll darin liegen, dass die generellen Verbote durch Informationspflichten ersetzt werden. Eine Lockerung des Wettbewerbsrechts sei indes nur dann vertretbar, wenn der Abnehmer ausreichend informiert werde. Diese Überlegungen liegen auch dem von der Europäischen Kommission vorgelegten geänderten Vorschlag für eine Verordnung des Europäischen Parlaments und des Rates über Verkaufsförderung im Binnenmarkt vom 25. Oktober 2002 (KOM 2002, 585 endg.) zu Grunde. Der Gesetzentwurf trägt diesem Grundsatz insoweit Rechnung, als mit Blick auf die Aufhebung des Rabattgesetzes und der Zugabeverordnung für diese Formen der Wertreklame in § 4 Nr. 4 Informationspflichten geregelt werden. Im Übrigen findet jedoch kein Paradigmenwechsel durch eine generelle Aufhebung von Verboten statt, weshalb es nicht gerechtfertigt wäre, die Unternehmen mit weitergehenden Informationspflichten zu belasten.

Dies gilt um so mehr, als nach dem vorliegenden Entwurf auch das Verschweigen von Tatsachen im Einzelfall eine irreführende Werbung darstellen kann. Daneben können über den Rechtsbruchtatbestand Fälle erfasst werden, in denen der Unternehmer gegen in anderen Gesetzen geregelte Informationspflichten verstößt.

Zu Absatz 3

Die erste Alternative entspricht § 3 Satz 2 UWG a. F. In der zweiten Alternative ist die Regelung des § 5 UWG a. F. aufgenommen.

Zu Absatz 4

Durch diese Regelung soll das Irreführungsverbot für die Fallgruppe der Werbung mit einer Preissenkung präzisiert werden. Die Regelung erfolgt im Zusammenhang mit der Aufhebung des in § 7 Abs. 1 UWG a. F. geregelten Verbots von Sonderveranstaltungen. Eine Werbung mit einer Preissenkung ist an sich wettbewerbseigen, da es dem Interesse eines jeden Unternehmers entspricht, eine Preissenkung öffentlich bekannt zu machen. Die Preissenkungswerbung hat indes ein hohes Irreführungspotenzial, da der Eindruck vermittelt wird, es handele sich um ein besonders günstiges Angebot. Daher sind Missbräuche vor allem dergestalt denkbar, dass zuvor sog. Mondpreise gefordert wurden, um kurz darauf mit einer Preissenkung werben zu können. Eine Irreführung liegt daher in der Regel dann vor, wenn der ursprüngliche Preis nur für eine kurze Zeit gefordert wurde. Im Einzelfall kann aber auch eine andere Bewertung denkbar sein, wobei es Sache des Unternehmers ist, die Vermutung zu entkräften.

Die in Satz 2 geregelte Beweislastumkehr dient der besseren Durchsetzung der Vorschrift in der Praxis. Nachdem der Kläger in der Regel keinen Zugang zu den maßgeblichen Informationen hat, wäre er im Streitfall selten in der Lage, den Beweis für die Zeitdauer, in der der ursprüngliche Preis gefordert wurde, zu erbringen. Ursprünglicher Preis im Sinne der Vorschrift ist der Preis, der unmittelbar vor der Ankündigung der Preissenkung gefordert wurde.

Zu Absatz 5

Die Bestimmung präzisiert das Irreführungsverbot hinsichtlich der Vorratsmenge. Wird im Handel für den Verkauf bestimmter Waren öffentlich geworben, so erwartet der Verbraucher, dass die angebotenen Waren zu dem angekündigten oder nach den Umständen zu erwartenden Zeitpunkt in einer solchen Menge vorhanden sind, dass die zu erwartende Nachfrage gedeckt ist. Besteht kein angemessener Warenvorrat, so wird der Verbraucher irregeführt und gegebenenfalls veranlasst, andere Waren zu kaufen. Dies wird durch Satz 1 klargestellt.

Satz 2 enthält eine widerlegliche Vermutung, dass ein angemessener Warenvorrat dann nicht gegeben ist, wenn der Vorrat nicht die Nachfrage von zwei Tagen deckt. Die Länge dieses Zeitraums entzieht sich zwar einer schematischen Betrachtung, aber gleichwohl ist im Regelfall davon auszugehen, dass eine Irreführung bei Unterschreitung dieser Frist vorliegt. Im Einzelfall ist jedoch eine andere Bewertung denkbar, so etwa bei einer unerwarteten außergewöhnlich hohen Nachfrage, bei unvorhergesehenen Lieferschwierigkeiten, die der Unternehmer nicht zu vertreten hat oder wenn es sich um ein Produkt handelt, das er im Verhältnis zu seiner üblichen Produktpalette nicht gleichermaßen bevorraten konnte.

Satz 3 stellt klar, dass die Regelung auch bei einer Werbung für eine Dienstleistung entsprechende Anwendung findet.

Zu § 6 (Vergleichende Werbung)

Die Vorschrift entspricht § 2 UWG a. F.

Zu § 7 (Unzumutbare Belästigungen)

Die Vorschrift regelt das Verbot der unzumutbaren Belästigung. Hierunter fallen solche Handlungen, die bereits wegen der Art und Weise unabhängig von ihrem Inhalt als Belästigung empfunden werden. Die Belästigung besteht darin, dass die Wettbewerbshandlung den Empfängern aufgedrängt wird.

Zu Absatz 1

Durch den Verweis auf § 3 wird sichergestellt, dass das Verbot der unzumutbaren Belästigungen nur zum Tragen kommt, wenn gleichzeitig die übrigen Voraussetzungen des § 3 erfüllt sind. Voraussetzung ist demnach auch hier eine Wettbewerbshandlung. Der Tatbestand ist indes nicht auf Werbung beschränkt. So können hierunter beispielsweise auch Aufforderungen zur Abgabe von Meinungsäußerungen fallen, wenn hierfür eine Mehrwertdiensterufnummer gewählt werden muss. Das Tatbestandsmerkmal der Unzumutbarkeit trägt dem Umstand Rechnung, dass nicht jede geringfügige Belästigung ausreichen kann. Mit Blick auf die vielfältigen Erscheinungsformen von belästigenden Wettbewerbshandlungen ist die Schwelle indes nicht zu hoch anzusetzen. Erfasst werden sollen die Fälle, in denen sich die Belästigung zu einer solchen Intensität verdichtet hat, dass sie von einem großen Teil der Verbraucher als unerträglich empfunden wird.

Zu Absatz 2

Diese generalklauselartige Umschreibung der unzumutbaren Belästigung in Absatz 1 wird durch die in Absatz 2 genannten Fallgruppen für den Bereich der Werbung nicht abschließend konkretisiert. Darüber hinaus wird von der Rechtsprechung zu klären sein, ob und inwieweit andere Werbeformen eine belästigende Werbung darstellen können.

Durch die konkretisierenden Fallgruppen Nummer 2 bis 4 wird Artikel 13 der Datenschutzrichtlinie für elektronische Kommunikation umgesetzt. Die Richtlinie enthält in Artikel 13

Abs. 1 und 4 ein per se Verbot für bestimmte Werbeformen, während nach der hier vorgenommenen Regelung nur dann eine Unzulässigkeit vorliegt, wenn der Wettbewerb nicht nur unerheblich verfälscht wird. Diese Einschränkung steht indes nicht im Widerspruch zum europäischen Recht. Zum einen wird insbesondere mit Blick auf die Nachahmungsgefahr bei solchen Werbeformen in der Regel eine nicht nur unerhebliche Verfälschung des Wettbewerbs vorliegen. Zum anderen kann in solchen Fällen für den Verbraucher unabhängig von einer nicht unerheblichen Wettbewerbsverfälschung ein Unterlassungsanspruch des Empfängers gemäß § 823 Abs. 1 und § 1004 BGB bestehen. Soweit danach gleichwohl bei Bagatellfällen eine Rechtsverfolgung ausscheidet, ist diese aus Gründen der Verhältnismäßigkeit nicht geboten.

Zu Nummer 1

Durch die Fallgruppe Nummer 1 wird der allgemeine Grundsatz geregelt, dass jedenfalls dann eine unzumutbare Belästigung vorliegt, wenn gegen den erkennbaren Willen des Empfängers geworben wird. Hierunter fällt beispielsweise die Werbewurfsendung, wenn der Empfänger durch einen Aufkleber am Briefkasten deutlich gemacht hat, dass er eine solche Werbung nicht wünscht. Nachdem die Fallgruppen in Absatz 2 nicht abschließend sind, bedeutet dies nicht im Umkehrschluss, dass jede Werbung zulässig ist, wenn kein entgegenstehender Wille erkennbar ist. Dies gilt vor allem außerhalb der Fallgruppen Nummer 2 bis 4 für Fälle, in denen der Empfänger einen entgegenstehenden Willen gar nicht erkennbar machen kann, etwa bei dem Ansprechen auf öffentlichen Straßen oder bei der Zusendung unbestellter Waren.

Zu Nummer 2

In der Fallgruppe Nummer 2 wird unter Ausnutzung des durch Artikel 13 Abs. 3 der Richtlinie eröffneten Spielraums für die Fälle der individuellen Telefonwerbung, soweit sie sich an Verbraucher richtet, entsprechend der Regelung der Fallgruppe Nummer 3 die so genannte Opt-in-Lösung gewählt. Dies entspricht der derzeitigen Rechtsprechung zu § 1 UWG a. F., wonach gegenüber Privatpersonen die Werbung durch unerbetene telefonische Anrufe grundsätzlich als wettbewerbswidrig erachtet wird, es sei denn, dass der Angerufene zuvor ausdrücklich seine Einwilligung erklärt hat, zu Werbezwecken angerufen zu werden (vgl. im Einzelnen Baumbach/Hefermehl a. a. O., UWG § 1 Rn. 67). Die Einschränkung der Telefonwerbung gegenüber Privatpersonen ist gerechtfertigt, weil mit einem Anruf ein erheblicher Eingriff in die Individualsphäre des Anschlussinhabers verbunden ist. Dieser wird veranlasst, das Gespräch zunächst anzunehmen und wegen der Ungewissheit über den Zweck des Anrufs meist genötigt, sich auf das Gespräch einzulassen, z. B. eine Werbung zur Kenntnis zu nehmen, bevor er sich entscheiden kann, ob er das Gespräch fortsetzen will oder nicht. Gerade weil sich der Anschlussinhaber gegen das Eindringen in seine Privatsphäre nicht von vornherein wehren kann, ist schon das Anrufen als solches wegen Belästigung anstößig.

Auch im gewerblichen Bereich oder bei der Ausübung eines selbständigen Berufes sind telefonische Anrufe zu Werbezwecken nicht ohne weiteres hinzunehmen, da sie mit Blick auf die Störung der beruflichen Tätigkeit ebenfalls als belästigend empfunden werden können. Anders als beim Verbraucher kann die Interessenlage hier jedoch anders sein, wenn der Anruf im konkreten Interessenbereich des Angerufenen liegt. Daher wird in Übereinstimmung mit der bisherigen Rechtsprechung die Telefonwerbung auch bei einem vermuteten Einverständnis als zulässig erachtet (vgl. Köhler/Piper, UWG, 3. Auflage, § 1 Rn. 153 ff.).

Zu Nummer 3

Die Fallgruppe Nummer 3 lehnt sich an den Wortlaut von Artikel 13 Abs. 1 der Richtlinie an. Es entspricht schon bisher einer weitgehend gesicherten Rechtsprechung, dass eine Werbung mittels Faxgeräten oder elektronischer Post wettbewerbswidrig ist, es sei denn es liegt eine Einwilligung des Adressaten vor (vgl. im Einzelnen die Nachweise bei Baumbach/Hefermehl a. a. O., UWG § 1 Rn. 69b und 70a sowie bei Köhler/Piper a. a. O., § 1 Rn. 161 f. und Rn. 167 f.).

Gemäß Artikel 13 Abs. 5 der Richtlinie ist diese Regelung nur dann zwingend, wenn der Adressat der Werbung eine natürliche Person ist, also nicht, wenn sich die Werbung an eine juristische Person richtet. Diese Werbeformen haben aber gerade im geschäftlichen Bereich einen stark belästigenden Charakter. Daher wird von der in der Richtlinie eröffneten Möglichkeit der Differenzierung kein Gebrauch gemacht.

Zu Nummer 4

Die Fallgruppe Nummer 4 lehnt sich im Wesentlichen an den Wortlaut von Artikel 13 Abs. 4 der Richtlinie an. Das Transparenzgebot soll die Durchsetzung der Ansprüche gegen den Werbenden erleichtern. Der Adressat muss jederzeit die Möglichkeit haben, die Einstellung der Nachrichten zu verlangen. Dies gilt auch dann, wenn er einmal – wie in den Fallgruppen Nummer 2 und 3 vorausgesetzt – seine Einwilligung erklärt hat. Weitere Voraussetzung ist, dass für die Aufforderung zur Einstellung solcher Nachrichten nur die Kosten für den Basistarif für die Übermittlung einer solchen Erklärung anfallen. Diese Voraussetzung ist dann nicht erfüllt, wenn eine Mehrwertdiensterufnummer angerufen werden muss.

Zu Absatz 3

Absatz 3 regelt die Zulässigkeit von Werbung mittels elektronischer Post ohne ausdrückliche Einwilligung des Empfängers. Die Regelung stellt somit einen Ausnahmetatbestand zu Absatz 2 Nr. 3 dar. Hierdurch wird Artikel 13 Abs. 2 der Richtlinie umgesetzt. Danach kann die Person, wenn sie von ihren Kunden im Zusammenhang mit dem Verkauf eines Produktes oder einer Dienstleistung gemäß der Richtlinie 95/46/EG des Europäischen Parlaments und des Rates deren elektronische Kontaktinformationen für elektronische Post erhalten hat, diese zur Direktwerbung für eigene ähnliche Produkte oder Dienstleistungen verwenden. Dies gilt allerdings nur, sofern die Kunden klar und deutlich die Möglichkeit erhalten, eine solche Nutzung ihrer elektronischen Kontaktinformationen bei deren Erhebung und bei jeder Übertragung problemlos abzulehnen. Der Kunde kann diese Nutzung auch von vornherein ablehnen. Weitere Voraussetzung ist, dass für die Aufforderung zur Einstellung der Nutzung nur die Kosten für den Basistarif für die Übermittlung einer solchen Erklärung anfallen. Diese Voraussetzung ist dann nicht erfüllt, wenn eine Mehrwertdiensterufnummer angerufen werden muss.

Zu § 8 (Beseitigung und Unterlassung)

Im Bereich der Rechtsfolgen wird an dem bewährte System der Durchsetzung des Lauterkeitsrechts mit Hilfe von zivilrechtlichen Ansprüchen festgehalten. Es bedarf auch in Zukunft keiner Behörde, die das Lauterkeitsrecht durchsetzt. Die zivilrechtlichen Rechtsfolgen werden entsprechend der bisherigen Regelungsstruktur in den Fällen, in denen ein besonders hohes Gefährdungspotenzial besteht, durch Strafvorschriften ergänzt.

Die Regelungen zu den zivilrechtlichen Rechtsfolgen sind sowohl hinsichtlich der Klagebefugnis als auch hinsichtlich der Anspruchsgrundlagen abschließend. Dies hat zur Folge, dass das UWG entsprechend der bisherigen Rechtslage weiterhin kein Schutzgesetz im Sinne des § 823 Abs. 2 BGB ist. Etwas anderes gilt nur für die Strafbestimmungen der §§ 16 bis 19, da insoweit keine erschöpfende Regelung der zivilrechtlichen Rechtsfolgen erfolgt.

Von einem Teil der Mitglieder der Arbeitsgruppe wurde vorgeschlagen, in das UWG auch individuelle Ansprüche des Verbrauchers aufzunehmen. Dies folge bereits zwingend daraus, dass der Verbraucher nunmehr auch durch den Gesetzgeber ausdrücklich als Schutzsubjekt anerkannt werde.

Diesem Anliegen trägt der Gesetzentwurf aus folgenden Gründen nicht Rechnung: Das Lauterkeitsrecht enthält, auch wenn durch diese Reform eine Liberalisierung – insbesondere im Bereich der Sonderveranstaltungen – erfolgt, sehr hohe Anforderungen an das Verhalten der Unternehmer im Wettbewerb. Die Anerkennung von individuellen Rechten des Verbrauchers bei Verstößen gegen das UWG würde dieses hohe Schutzniveau, welches gerade auch im Interesse des Verbrauchers besteht, iErgebnis in Frage stellen. Der Unternehmer müsste bei Beibehaltung des materiellen Schutzniveaus jederzeit mit einer Vielzahl von Klagen von Verbrauchern wegen eines (angeblichen) Verstoßes gegen das UWG rechnen. Dies würde zu sehr hohen Belastungen für die Wirtschaft führen und hätte einen erheblichen Standortnachteil zur Folge. Diese Belastungen ließen sich nur dadurch auf ein für die Wirtschaft akzeptables Maß verringern, dass man das Schutzniveau absenkt und dadurch das Prozessrisiko für die Unternehmen verringert.

Amtliche Begründung BT-Drucks. 15/1487 20

Zu Absatz 1

Absatz 1 regelt die Anspruchsgrundlage des Beseitigungs- und des Unterlassungsanspruchs. Der Beseitigungsanspruch war bislang im UWG nicht erwähnt, jedoch als Ergänzung und Weiterführung zum Unterlassungsanspruch gewohnheitsrechtlich anerkannt (vgl. Köhler/Piper a. a. O., vor § 13 Rn. 33 m. w. N.). Die nunmehr ausdrückliche Regelung erfolgt lediglich zur Klarstellung. Eine Änderung der Voraussetzungen sowie des Inhalts und des Umfangs des Beseitigungsanspruchs ist nicht bezweckt. Voraussetzung ist demnach die Herbeiführung eines fortdauernden Störungszustandes, wobei die von dem Zustand ausgehenden Störungen rechtswidrig sein müssen. Inhaltlich ist der Anspruch entsprechend der Regelung in § 1004 BGB durch den Grundsatz der Verhältnismäßigkeit begrenzt. Es sind nur solche Maßnahmen geschuldet, die geeignet und erforderlich sind, die noch vorhandene Störung zu beseitigen und die dem Schuldner zumutbar sind.

Durch Satz 2 ist klargestellt, dass der Unterlassungsanspruch auch bei einer Erstbegehungsgefahr gegeben sein kann.

Zu Absatz 2

Die Regelung entspricht § 13 Abs. 4 UWG a. F. Die Zurechnung des Verhaltens eines Mitarbeiters oder Beauftragten gilt allerdings nicht allgemein, sondern nur bei Ansprüchen nach § 8. Für die Ansprüche nach den §§ 9 f. gelten die allgemeinen Bestimmungen, insbesondere die §§ 31 und 831 BGB.

Zu Absatz 3

Absatz 3 regelt, wer zur Geltendmachung von Ansprüchen auf Unterlassung und Beseitigung berechtigt (aktivlegitimiert) ist. Die Vorschrift lehnt sich an § 13 Abs. 2 UWG a. F. an, wobei zum Teil Ergänzungen vorgenommen wurden. Im Einzelnen:

Zu Nummer 1

In Nummer 1 wird die Anspruchsberechtigung des Mitbewerbers im Sinne der derzeitigen Rechtsprechung zum unmittelbar Verletzten ausdrücklich geregelt. Dafür entfällt die Anspruchsberechtigung des Gewerbetreibenden, die in § 13 Abs. 2 Nr. 1 UWG a. F. geregelt war. Diese nur abstrakt betroffenen Mitbewerber haben kein schutzwürdiges Eigeninteresse an der Geltendmachung von Abwehransprüchen, da ihnen die Möglichkeit offen steht, einen anspruchsberechtigten Wirtschafts- oder Verbraucherverband zur Bekämpfung des Wettbewerbsverstoßes einzuschalten.

Zu Nummer 2

Nummer 2 regelt die Anspruchsberechtigung der Wirtschaftsverbände. Eine Übernahme des bei den Verbraucherverbänden praktizierten Listensystems erfolgt nicht. Ein Listensystem würde voraussetzen, dass die dort eingetragenen Verbände generell zur Erhebung von Unterlassungsklagen ermächtigt sind. Bei Verbraucherverbänden ist dies der Fall, wenn sie die erforderliche Zahl von Mitgliedern haben und sich allgemein dem Verbraucherschutz widmen. Bei Verbänden zum Schutz gewerblicher oder selbständiger beruflicher Interessen hängt die Klagebefugnis aber vor allem davon ab, dass ihnen eine erhebliche Zahl von Unternehmern angehören, die Waren oder Dienstleistungen gleicher oder verwandter Art auf demselben Markt vertreiben. Der Begriff der erheblichen Zahl ist nach allgemeiner Ansicht nicht wörtlich zu verstehen. Es kommt vielmehr darauf an, dass dem Verband Unternehmer angehören, die auf dem in Rede stehenden sachlichen und räumlichen Markt nach Anzahl und Gewicht ein gemeinsames Interesse der Angehörigen der betroffenen Branche repräsentieren (vgl. BGH WRP 2000, 389 ff.). Ob dies im konkreten Fall vorliegt, erschließt sich den zuständigen Gerichten häufig erst nach einer Gesamtbeurteilung sämtlicher Umstände des Einzelfalles. Die Eintragung in eine beim Bundesverwaltungsamt geführte allgemeine Liste könnte eine solche Prüfung nicht ersetzen. In Abänderung zur bisherigen Regelung wird der Begriff des Gewerbetreibenden durch den Begriff des Unternehmers ersetzt. Dies erfolgt zur sprachlichen Anpassung der Regelung an § 14 BGB, wobei eine inhaltliche Änderung damit nicht verbunden ist.

Die bisherige Einschränkung, dass die Handlung geeignet sein muss, den Wettbewerb auf diesem Markt wesentlich zu beeinträchtigen, konnte entfallen, nachdem die Verfolgung von Bagatellfällen bereits durch § 3 ausgeschlossen ist.

Zu Nummer 3

Nummer 3 regelt die Anspruchsberechtigung der Verbraucherverbände. Die bisherige Einschränkung, dass der Anspruch eine Handlung betreffen muss, durch die wesentliche Belange der Verbraucher berührt werden, kann entfallen. Soweit bei einem Wettbewerbsverstoß Belange der Verbraucher nicht berührt sind, besteht von vornherein kein Interesse an einer Klage. Die Verfolgung von Bagatellverstößen ist bereits durch § 3 ausgeschlossen. Eventuelle Missbräuche durch die Ausweitung der Klagebefugnis können durch Absatz 4 vermieden werden.

Zu Nummer 4

Die Regelung der Anspruchsberechtigung der Industrie- und Handelskammern und der Handwerkskammern entspricht § 13 Abs. 2 Nr. 4 UWG a. F. Die besondere Erwähnung dieser Kammern bedeutet indes nicht, dass sonstige öffentlichrechtlich verfasste Berufskammern von der Klagebefugnis ausgeschlossen sind. Für diese gilt vielmehr Nummer 2.

Zu Absatz 4

Die Regelung entspricht im Wesentlichen § 13 Abs. 5 UWG a. F.

Zu Absatz 5

Die Regelung in Satz 1 entspricht § 13 Abs. 7 UWG a. F. Die Änderungen in Satz 1 dienen der Verbesserung der Lesbarkeit der Vorschrift. Durch Satz 2 soll klargestellt werden, dass die Regelungen zu den zivilrechtlichen Rechtsfolgen sowohl hinsichtlich der Klagebefugnis als auch hinsichtlich der Anspruchsgrundlagen abschließend sind. Ein Wettbewerbsverstoß kann daher nicht über das Unterlassungsklagegesetz geltend gemacht werden.

Zu § 9 (Schadensersatz)

§ 9 ist die Anspruchsgrundlage für die Schadensersatzansprüche der Mitbewerber. Das bisherige Recht geht auf die Möglichkeit, bei Wettbewerbsverstößen Schadensersatz zu verlangen, nur an wenigen Stellen ein. Aus diesen Vorschriften folgt insgesamt, dass Verstöße gegen die Verbote des UWG auch Schadensersatzansprüche des Verletzten nach sich ziehen können. Dementsprechend erfolgt keine Änderung der Rechtslage. Klargestellt wird, dass der Schadensersatzanspruch Verschulden voraussetzt. Ein vorsätzliches Handeln liegt nicht schon dann vor, wenn der Zuwiderhandelnde sämtliche Tatsachen, aus denen sich die Unlauterkeit seines Verhaltens ergibt, kennt. Vielmehr setzt Vorsatz auch das Bewusstsein der Unlauterkeit voraus. Die Haftung für Dritte folgt den allgemeinen Vorschriften, insbesondere den §§ 31, 831 BGB. Der Umfang des Schadensersatzanspruches richtet sich nach den §§ 249 ff. BGB.

Das in Satz 2 geregelte Presseprivileg war bislang nach dem Wortlaut des § 13 Abs. 6 Nr. 1 Satz 2 UWG a. F. auf Verstöße gegen das Irreführungsverbot beschränkt. Eine Ausdehnung auf Zuwiderhandlungen gegen andere Vorschriften des UWG ist streitig (vgl. Baumbach/Hefermehl a. a. O. § 13 UWG Rn. 58). Durch die Regelung soll nunmehr die Beschränkung des Haftungsprivilegs aufgehoben werden. Dies entspricht dem Geist der Pressegesetzgebung. Das Privileg gilt nur für periodische Druckschriften, also für Zeitungen, Zeitschriften und sonstige, auf wiederkehrendes, nicht notwendig regelmäßiges Erscheinen angelegte Druckwerke. Es erstreckt sich auf alle verantwortlichen Personen. Auf das Privileg kann sich indes nicht berufen, wer selbst aktiv den Inhalt einer Anzeige mitgestaltet hat. Dies ist vor allem in Fällen der Eigenwerbung anzunehmen.

Zu § 10 (Gewinnabschöpfung)

Mit der Regelung eines Gewinnabschöpfungsanspruches werden die zivilrechtlichen Anspruchsgrundlagen wegen eines Verstoßes gegen das UWG mit dem Ziel einer weiteren Verbesserung der Durchsetzung des Lauterkeitsrechts erweitert. Das bisherige Recht hat Durchsetzungsdefizite bei den so genannten Streuschäden. Hierunter versteht man die Fallkonstellation, in der durch wettbewerbswidriges Verhalten eine Vielzahl von Abnehmern geschädigt wird, die Schadenshöhe im Einzelnen jedoch gering ist. Häufig vorkommende Fallgruppen dieser Art sind insbesondere die Einziehung geringer Beträge ohne Rechtsgrund, Vertragsschlüsse auf Grund irreführender Werbung, gefälschte Produkte sowie so genannte Mogelpackungen. Bleibt der Schaden im Bagatellbereich, so sieht der Betroffene regelmäßig von einer Rechtsverfolgung ab, weil der Aufwand und die Kosten hierfür in keinem Verhältnis zu seinem Schaden stehen. Mitbewerbern steht ein Schadensersatzanspruch in diesen Fällen nicht zwangsläufig zu. Daher sind Fälle denkbar, in denen der Zuwiderhandelnde den – bis zum Erlass einer einstweiligen Verfügung auf Unterlassung erzielten – Gewinn behalten darf. Diese Rechtsdurchsetzungslücke soll durch die Regelung in § 10 geschlossen werden.

Zu Absatz 1

Absatz 1 regelt die Anspruchsgrundlage des Gewinnabschöpfungsanspruchs. Der Tatbestand setzt eine vorsätzliche Zuwiderhandlung sowie eine Gewinnerzielung auf Kosten einer Vielzahl von Abnehmern voraus.

Eine Verpflichtung zur Zahlung des Gewinns bei einer fahrlässigen Zuwiderhandlung wäre nicht gerechtfertigt. Ein fahrlässiges Handeln ist in der Regel schon dann gegeben, wenn der Handelnde bei Anwendung der erforderlichen Sorgfalt die Unlauterkeit seines Verhaltens hätte erkennen können, der Irrtum somit vermeidbar war. Wer in Kenntnis des Sachverhalts wettbewerbswidrig handelt, der handelt grundsätzlich auch schuldhaft (vgl. Baumbach/Hefermehl a. a. O. Einl. UWG Rn. 142). Fahrlässig handelt insbesondere auch, wer sich in einem Grenzbereich wettbewerbsrechtlicher Zulässigkeit bzw. Unzulässigkeit bewegt und deshalb mit einer abweichenden Beurteilung seines zumindest bedenklichen Verhaltens rechnen muss (vgl. BGH GRUR 1999, 924 ff.). Würde man den Gewinnabschöpfungsanspruch auch in diesen Fällen zuerkennen, so müsste jeder Unternehmer, der sich in diesem Grenzbereich bewegt, damit rechnen, den Gewinn zu verlieren. Der Unternehmer wäre häufig einem nicht unerheblichen Prozessrisiko ausgesetzt. Ein solches Prozessrisiko ist in den Fällen, in denen ein Mitbewerber durch das wettbewerbswidrige Verhalten einen echten Schaden erleidet, gerechtfertigt. Dies gilt indes nicht beim Gewinnabschöpfungsanspruch. Im Gegensatz zum Schadensersatzanspruch dient der Gewinnabschöpfungsanspruch nicht dem individuellen Schadensausgleich. Der Abnehmer, der durch das wettbewerbswidrige Verhalten Nachteile erlitten hat, erhält den Anspruch gerade nicht. Vielmehr sollen die Fälle erfasst werden, in denen die Geschädigten den Anspruch nicht geltend machen. Der Anspruch dient demnach weniger dem Interessenausgleich sondern vielmehr einer wirksamen Abschreckung. Um mit Blick auf das erwähnte Prozessrisiko unangemessene Belastungen für die Wirtschaft zu vermeiden, erscheint es gerechtfertigt, dass in den Fällen der fahrlässigen Zuwiderhandlung der Abschreckungsgedanke zurücktritt.

Durch die wettbewerbswidrige Handlung muss der Zuwiderhandelnde zudem einen Gewinn auf Kosten einer Vielzahl von Abnehmern erzielt haben, wobei unter den Begriff des Abnehmers nicht nur die Verbraucher sondern alle Marktteilnehmer fallen. Dadurch wird deutlich, dass sich die Sanktionswirkung des Gewinnabschöpfungsanspruches nur gegen besonders gefährliche unlautere Handlungen richtet, nämlich solche mit Breitenwirkung, die tendenziell eine größere Anzahl von Abnehmern betreffen können. Zugleich werden individuelle Wettbewerbsverstöße von dem Abschöpfungsanspruch ausgenommen, etwa die Irreführung anlässlich eines einzelnen Verkaufsgesprächs. In solchen Fällen wäre die Gewinnabschöpfung als Sanktion verfehlt. Die tatbestandliche Anknüpfung an einen größeren Personenkreis als Voraussetzung einer zusätzlichen Sanktion ist im UWG auch nicht systemfremd. So sanktionieren die bisherigen § 4 und § 6c UWG (künftig § 16) Verhaltensweisen, deren besondere Gefährlichkeit gerade daraus resultiert, dass eine größere Anzahl von Verbrauchern von dem Wettbewerbsverstoß betroffen sein kann.

Durch das Merkmal auf Kosten wird klargestellt, dass der Tatbestand nur dann greift, wenn der Gewinnerzielung unmittelbar ein Vermögensnachteil der Abnehmer gegenübersteht. Dazu genügt jede wirtschaftliche Schlechterstellung. Bei der Bestimmung der wirtschaftlichen Schlechterstellung ist die vom Zuwiderhandelnden erbrachte Gegenleistung zu berücksichtigen. An einem Vermögensnachteil wird es demnach grundsätzlich dann fehlen, wenn der vom Zuwiderhandelnden erzielte Preis völlig angemessen ist und der Abnehmer auch keinen sonstigen Nachteil, beispielsweise in Form von Aufwendungen, die ohne die unlautere Wettbewerbshandlung nicht angefallen wären, erlitten hat.

Die Gegenleistung hat indes dann außer Betracht zu bleiben, wenn die Abnehmer hieran kein Interesse haben, mithin eine aufgedrängte Bereicherung vorliegt.

Aktivlegitimiert sind die nach § 8 Abs. 3 Nr. 2 bis 4 zur Geltendmachung eines Unterlassungsanspruchs Berechtigten. Mit Blick auf den Sanktionscharakter ist eine Aktivlegitimation des Mitbewerbers (vgl. § 8 Abs. 3 Nr. 1) nicht angemessen.

Die Höhe des Anspruches bemisst sich nach dem durch den Wettbewerbsverstoß auf Kosten der Abnehmer erzielten Gewinn. Der Gewinn errechnet sich aus den Umsatzerlösen abzüglich der Herstellungskosten der erbrachten Leistungen sowie abzüglich eventuell angefallener Betriebskosten. Gemeinkosten und sonstige betriebliche Aufwendungen, die auch ohne das wettbewerbswidrige Verhalten angefallen wären, sind nicht abzugsfähig. Ist die Höhe des Gewinns streitig, so gilt die Vorschrift des § 287 ZPO.

Zu Absatz 2

Die Vorschrift regelt das Verhältnis des Gewinnabschöpfungsanspruchs zu den individuellen Ersatzansprüchen. Dabei stellt die Regelung klar, dass die individuellen Schadenersatzansprüche der Abnehmer, aber auch der Mitbewerber, vorrangig zu befriedigen sind. Der Gewinnabschöpfungsanspruch soll gerade verhindern, dass dem Unternehmer der aus dem Wettbewerbsverstoß erzielte Gewinn verbleibt. Soweit jedoch dieser Gewinn durch die Befriedigung der Ansprüche der Abnehmer ausgeglichen ist, ist die zu schließende Schutzlücke nicht mehr gegeben. Entsprechend sind die nach § 9 erbrachten Schadensersatzleistungen oder die Leistungen zur Erfüllung der auf Grund der Zuwiderhandlung entstandenen Ansprüche der Abnehmer bei der Berechnung des Gewinns abzuziehen. Gleiches gilt für Zahlungen auf Grund staatlicher Sanktionen wie zum Beispiel Geldstrafen. Nicht abzugsfähig sind jedoch Kosten der auf Grund der Zuwiderhandlung geführten Rechtsstreitigkeiten, da ansonsten der Zuwiderhandelnde einen Anreiz hätte, sich auf kostenträchtige Prozesse einzulassen.

Satz 2 berücksichtigt die Fallkonstellation, dass der Unternehmer nach erfolgter Befriedigung des Gewinnabschöpfungsanspruchs Ansprüche der Mitbewerber oder der Abnehmer befriedigt oder staatliche Sanktionen erfüllt. Da es nicht darauf ankommen kann, in welcher Reihenfolge die Ansprüche gestellt werden, ist konsequenterweise der abgeführte Gewinn in Höhe der nach Abführung geleisteten Zahlungen auf diese Forderungen herauszugeben. Im Rahmen der Zwangsvollstreckung kann dies über § 767 ZPO geltend gemacht werden.

Zu Absatz 3

Die Fallkonstellation, dass mehrere Berechtigte den Anspruch geltend machen, lässt sich mit Hilfe der Vorschriften des BGB zur Gesamtgläubigerschaft lösen. Nachdem der abgeführte Gewinn letztlich auf Grund der Regelung von Absatz 4 nicht den Anspruchsberechtigten verbleibt, sondern der Staatskasse zukommt, dürfte der Fall, dass es nicht zu einer Einigung der Anspruchsberechtigten darüber kommt, wer den Anspruch geltend macht, allerdings selten vorkommen. Gleichwohl ist eine Regelung auch nicht von vornherein entbehrlich.

Zu Absatz 4

Die Vorschrift bestimmt, dass der abgeschöpfte Gewinn letztlich dem Bundeshaushalt zukommt. Würde der Gewinn bei den Anspruchsberechtigten verbleiben, bestünde die Gefahr, dass der Anspruch aus dem letztlich sachfremden Motiv der Einnahmeerzielung heraus geltend gemacht würde. Für die Frage einer etwaigen Anspruchsverfolgung sollte aber entscheidend sein, ob durch die unlautere Wettbewerbshandlung die Interessen der Abnehmer erheblich beeinträchtigt werden.

Der Alternativvorschlag, die Gelder einer Stiftung zur Verfügung zu stellen, die die Interessen des Verbraucherschutzes fördert, ist zumindest derzeit problematisch. Die Errichtung einer Stiftung bringt einen nicht unerheblichen Verwaltungsaufwand mit sich. Nachdem der Umfang der Gewinnabschöpfung nicht abzusehen ist, kann nicht entschieden werden, ob sich dieser Aufwand lohnt. Da die Arbeit der Verbraucherschutzverbände zum Teil ohnehin aus öffentlichen Mitteln finanziert wird, ist es angemessen, dass die Gelder dem Bundeshaushalt zufließen.

Satz 2 entspricht der in Absatz 2 Satz 2 getroffenen Regelung. Durch die Auskunfts- und Rechenschaftspflicht in Satz 3 soll die Abwicklung zwischen der zuständigen Stelle des Bundes und den zur Geltendmachung des Gewinnabschöpfungsanspruchs Berechtigten erleichtert werden. Die Rechenschaftslegung richtet sich nach § 259 BGB.

Zu Absatz 5

Die Pflicht zur Herausgabe des abgeführten Gewinns an den Bundeshaushalt macht es erforderlich, eine zuständige Stelle des Bundes für die Abwicklung der Ansprüche zu bestimmen. Durch die Verordnungsermächtigung soll die Auswahl der Bundesregierung übertragen werden.

Zu § 11 (Verjährung)

Zu Absatz 1

Die Regelung der Verjährung lehnt sich an § 21 Abs. 1 UWG a. F. an. Abweichend hiervon beginnt die Verjährung allerdings auch bei grob fahrlässiger Unkenntnis von den anspruchsbegründenden Umständen oder der Person des Schuldners in dem Zeitpunkt, in dem der Anspruchsberechtigte davon hätte Kenntnis erlangen können. Dies entspricht der allgemeinen Regelung in § 199 Abs. 1 Nr. 2 BGB.

Zu Absatz 2

Die Regelung entspricht dem bisherigen § 21 Abs. 2 UWG a. F., ergänzt um eine Regelung zum Gewinnabschöpfungsanspruch.

Zu § 12 (Anspruchsdurchsetzung, Veröffentlichungsbefugnis, Streitwertherabsetzung)

Zu Absatz 1

In Absatz 1 ist das von der Rechtsprechung entwickelte Rechtsinstitut der Abmahnung und Unterwerfung geregelt sowie auch ausdrücklich der Aufwendungsersatzanspruch erwähnt. Die Abmahnung ist ein Mittel zur außergerichtlichen Streitbeilegung in Wettbewerbssachen, das sich in der Praxis ungefähr seit dem Jahre 1960 entwickelt hat und durch das heute der größte Teil der Wettbewerbsstreitigkeiten erledigt wird. Man versteht hierunter die Mitteilung eines Anspruchsberechtigten an einen Verletzer, dass er sich durch eine genau bezeichnete Handlung wettbewerbswidrig verhalten habe, verbunden mit der Aufforderung, dieses Verhalten in Zukunft zu unterlassen und binnen einer bestimmten Frist eine strafbewehrte Unterwerfungserklärung abzugeben. Kommt der Abgemahnte dieser Aufforderung nach, so hat sich der Streit außergerichtlich erledigt, da der abmahnende Teil durch eine Unterwerfungserklärung des Verletzers wirksam gegen eine Wiederholung des fraglichen Wettbewerbsverstoßes geschützt ist. Durch das Erfordernis des Sollens wird klargestellt, dass keine echte Rechtspflicht zur Abmahnung besteht. Wird eine mögliche und zumutbare Abmahnung unterlassen, riskiert der Kläger jedoch, dass er die Kosten zu tragen hat, wenn der Beklagte den Anspruch sofort anerkennt (vgl. § 93 ZPO).

Durch die Normierung der Kostentragungspflicht des Zuwiderhandelnden wird die Rechtsprechung nachvollzogen, die über die Regeln der Geschäftsführung ohne Auftrag einen Aufwendungsersatzanspruch des Abmahnenden hergeleitet hat. Der Aufwendungsersatzanspruch besteht indes nur bei berechtigten Abmahnungen. Er umfasst nur die erforderlichen Aufwendungen, wozu nicht in jedem Fall die Kosten der Einschaltung eines Rechtsanwalts gehören. Gerade bei den gemäß § 8 Abs. 3 Nr. 2 bis 4 zur Geltendmachung eines Unterlassungsanspruchs Berechtigten ist regelmäßig von einer Personal- und Sachausstattung auszugehen, die es ermöglicht, bei Fällen mittleren Schwierigkeitsgrades ohne einen Rechtsanwalt die Ansprüche außergerichtlich geltend zu machen.

Zu Absatz 2

Die Regelung entspricht im Wesentlichen § 25 UWG a. F. Es wird klargestellt, dass der Antragsteller den Verfügungsgrund nicht glaubhaft machen muss. Die Eilbedürftigkeit bzw. Dringlichkeit wird in Wettbewerbssachen vermutet.

Zu Absatz 3

Die Regelung lehnt sich an § 23 Abs. 2 UWG a. F. an. Im Gegensatz zur bisherigen Rechtslage setzt die Veröffentlichung ein berechtigtes Interesse der obsiegenden Partei voraus, da sich aus der Veröffentlichung erhebliche Nachteile für die unterliegende Partei ergeben können. Die Entscheidung trifft das Gericht nach pflichtgemäßem Ermessen. Dabei sind die durch die Veröffentlichung bzw. Nichtveröffentlichung entstehenden Vorteile der einen und Nachteile der anderen Partei abzuwägen.

Zu Absatz 4

Die Regelung zur Streitwertherabsetzung entspricht weitgehend § 23 a UWG a. F. Es erfolgen lediglich redaktionelle Anpassungen.

Zu § 13 (Funktionelle Zuständigkeit)

Die Regelung entspricht im Wesentlichen § 27 UWG a. F. Es wird klargestellt, dass die Zuständigkeit der Kammer für Handelssachen – wie in anderen Fällen – entsprechend der Regelung in den §§ 95 ff. GVG einen Antrag voraussetzt. Die bisher geregelte Ausnahme von der Zuständigkeit der Kammer für Handelssachen bei Ansprüchen nach § 13 a UWG ist nicht mehr erforderlich, da diese Vorschrift ersatzlos entfällt.

Zu § 14 (Örtliche Zuständigkeit)

Die Vorschrift entspricht § 24 UWG a. F. Bei den genannten Gerichtsständen handelt es sich um ausschließliche Gerichtsstände.

Zu § 15 (Einigungsstellen)

Die Vorschrift entspricht im Wesentlichen § 27 a UWG a. F. Die bisher in § 27 a Abs. 5 UWG geregelten Zwangsbefugnisse sollen jedoch ersatzlos entfallen, da Zwangsbefugnisse dem Wesen der Einigungsstelle als Mittel der außergerichtlichen Streitschlichtung widersprechen. Bei den weiteren Änderungen handelt es sich mit Ausnahme des Absatzes 2 um redaktionelle Anpassungen, die auf Grund der Neufassung des UWG erforderlich geworden sind. Die Regelungen zur Besetzung der Einigungsstellen in Absatz 2 sind schlanker gestaltet worden. Verzichtet wurde auf die Möglichkeit der Ausschließung und Ablehnung von Mitgliedern der Einigungsstelle. Nachdem eine Partei eine Einigung jederzeit ablehnen kann, bedarf es dieses Schutzes nicht.

Zu § 16 (Strafbare Werbung)

Die Strafbestimmungen im UWG stellen eine Ausnahme von der grundsätzlich deliktsrechtlichen Ausgestaltung des Lauterkeitsrechts dar. Die zivilrechtliche Verfolgung von Wettbewerbsverstößen hat sich in der Praxis als ausreichend effektiv bewährt. Es gibt indes besonders gefährliche Verhaltensweisen, die nicht zuletzt aus Gründen der Spezial- und Generalprävention eine strafrechtliche Sanktion erfordern. Die zivilrechtliche Verfolgung sowie die strafrechtliche Ahndung können dann parallel laufen, da bei Erfüllung des objektiven Tatbestandes der folgenden Strafbestimmungen ein Wettbewerbsverstoß gemäß § 4 Nr. 11 vorliegen dürfte.

§ 16 regelt besonders gefährliche Formen der Werbung. Die Gefährlichkeit ergibt sich insbesondere daraus, dass eine Vielzahl von Abnehmern betroffen ist.

Amtliche Begründung

Zu Absatz 1

Absatz 1 greift die Regelung des § 4 UWG a. F. auf. Die Neufassung folgt der Neuregelung der irreführenden Werbung. Grundvoraussetzung für die Erfüllung des Tatbestandes ist das Vorliegen einer irreführenden Werbung im Sinne von § 5, wobei entsprechend der bisherigen Regelung nur Fälle der Irreführung durch unwahre Angaben erfasst werden. Hinzu kommen muss, dass die Werbung in öffentlichen Bekanntmachungen oder in Mitteilungen, die für einen größeren Kreis von Personen bestimmt sind, veröffentlicht wurde.

Der subjektive Tatbestand erfordert neben Vorsatz die Absicht, den Anschein eines besonders günstigen Angebots hervorzurufen.

Auch wenn bei Vorliegen der Voraussetzungen in vielen Fällen zugleich der Tatbestand des Betruges gemäß § 263 StGB erfüllt sein wird, so hat die Vorschrift gleichwohl eine insoweit eigenständige Bedeutung, als Absatz 1 den Eintritt eines Vermögensschadens nicht voraussetzt (vgl. auch BGH WRP 2002, 1432).

Zu Absatz 2

Die Regelung der Schneeballsysteme entspricht im Wesentlichen § 6 c UWG a. F. Im Gegensatz zur bisherigen Regelung wurde der geschützte Personenkreis, der bislang alle Nichtkaufleute umfasst, auf Verbraucher beschränkt, weil nur insoweit ein erhebliches Gefährdungspotenzial vorliegt.

Zu § 17 (Verrat von Geschäfts- und Betriebsgeheimnissen)

Die Regelung des wettbewerbsrechtlichen Geheimnisschutzes hat gegenüber der bisherigen Rechtslage keine wesentliche Änderung erfahren. Die Absätze 1 bis 3 entsprechen § 17 Abs. 1 bis 3 UWG a. F. In Absatz 4 ist die Liste der Regelbeispiele für besonders schwere Fälle um die Fallgruppe des gewerbsmäßigen Handelns erweitert. Absatz 5 entspricht § 22 Abs. 1 UWG a. F. und Absatz 6 entspricht § 20 a UWG a. F.

Zu § 18 (Verwertung von Vorlagen)

Absatz 1 entspricht § 18 Abs. 1 UWG a. F., Absatz 3 entspricht § 22 Abs. 1 UWG a. F., Absatz 4 entspricht § 20 a UWG a. F.

In Absatz 2 wird eine Versuchstrafbarkeit eingeführt, um Wertungswidersprüche zu der Regelung in § 19 zu vermeiden, die bereits Handlungen im Vorfeld des Versuchsstadiums unter Strafe stellt.

Zu § 19 (Verleiten und Erbieten zum Verrat)

Die Absätze 1 bis 3 entsprechen § 20 Abs. 1 bis 3 UWG a. F. Die Formulierung wurde allerdings etwas stärker an die Grundnorm des § 30 des Strafgesetzbuches angelehnt. Absatz 4 entspricht § 22 Abs. 1 UWG a. F., Absatz 5 entspricht § 20 a UWG a. F.

Zu § 20 (Änderungen anderer Rechtsvorschriften)

Die Vorschrift regelt die Folgeänderungen, die auf Grund der Neufassung des UWG notwendig sind.

Zu Absatz 1

Zu Nummer 1

§ 3 Abs. 1 des Lebensmittelspezialitätengesetzes verweist hinsichtlich der Aktivlegitimation auf § 13 Abs. 2 UWG a. F. Daher ist der Verweis an die Änderung der Paragraphenfolge im UWG anzupassen. Die inhaltlich vorgenommenen Ergänzungen der Regelung der Aktivlegitimation können entsprechend auf das Lebensmittelspezialitätengesetz übertragen werden.

Zu Nummer 2

Durch die Änderung dieses Verweises in § 3 Abs. 4 des Lebensmittelspezialitätengesetzes wird die Verjährungsregelung an die Neufassung der Verjährung im BGB durch das Schuldrechtsmodernisierungsgesetz vom 26. November 2001 (BGBl. I S. 3138) angepasst, was bislang versehentlich unterblieben ist.

Zu Absatz 2

In § 95 Abs. 1 Nr. 5 des Gerichtsverfassungsgesetzes ist die Ausnahmeregelung hinsichtlich der Ansprüche der letzten Verbraucher aus § 13a UWG zu streichen, da diese Vorschrift ersatzlos entfallen ist.

Zu Absatz 3

§ 374 Abs. 1 Nr. 7 der Strafprozessordnung regelt die Privatklagebefugnis bei Straftaten gegen das Gesetz gegen den unlauteren Wettbewerb. Diese Verweisungen sind an die geänderten Paragraphen anzupassen.

Zu Absatz 4

Zu Nummer 1

Die Änderung des § 3 Abs. 1 Nr. 2 des Unterlassungsklagegesetzes stellt klar, dass Wirtschaftsverbände befugt sein sollen, AGB-Kontrollverfahren nach § 1 des Unterlassungsklagegesetzes durchzuführen. Dies stand nach der bis zum 29. Juni 2000 geltenden Rechtslage (§ 13 Abs. 2 Nr. 2 AGBG a. F.) außer Zweifel. Durch die zwischenzeitlich erfolgte Einfügung der „Missbrauchsklausel" des bisherigen § 13 Abs. 2 Nr. 2 UWG sollte einem Missbrauch der Klagebefugnis begegnet werden (zum Verständnis der Norm und zur Gesetzgebungsgeschichte siehe BGH WRP 2003, 87 ff.). Die Änderung stellt – im Sinne der soeben zitierten Entscheidung – klar, dass eine Beschneidung der Klagebefugnis insoweit nicht beabsichtigt war. Im Übrigen ist ein Missbrauch größeren Ausmaßes bei der AGB-Kontrolle nicht zu befürchten, weil meist schwierige rechtliche Prüfungen der jeweiligen Klauselwerke erforderlich sind und deshalb ein standardisiertes „Abmahnen" ausscheidet (siehe auch Bernreuther, WRP 1998, 280, 288). In Abänderung zur bisherigen Regelung wird daneben der Begriff des Gewerbetreibenden durch den Begriff des Unternehmers ersetzt. Dies erfolgt zur sprachlichen Anpassung der Regelung an § 14 BGB, wobei eine inhaltliche Änderung damit nicht verbunden ist.

Zu Nummer 2

Durch die Regelung werden an Stelle von §§ 23a, 23b und 25 UWG die Vorschriften des § 12 Abs. 1, 2 und 4 für anwendbar erklärt.

§ 12 Abs. 1 regelt das Recht der wettbewerblichen Abmahnung und der aus einer berechtigten Abmahnung erwachsenden Kostenerstattungsansprüche. Dieses Rechtsinstitut galt schon bislang auch für Verfahren nach dem Unterlassungsklagegesetz (siehe Palandt-Bassenge, BGB-Kommentar, 62. Auflage 2003, § 5 UKlaG Rn. 2 ff.) und wird jetzt durch die Bezugnahme auf § 12 Abs. 1 ausdrücklich kodifiziert.

§ 12 Abs. 2 entspricht § 25 UWG a. F., weshalb hiermit eine inhaltliche Änderung des Unterlassungsklagegesetzes nicht verbunden ist. Wie bisher wird die Dringlichkeit einer einstweiligen Verfügung auch in Verfahren nach dem Unterlassungsklagegesetz widerleglich vermutet.

§ 12 Abs. 4 entspricht § 23a UWG a. F. Im Verfahrensrecht des unlauteren Wettbewerbs soll künftig auf die Streitwertvorschrift des § 23b UWG a. F. verzichtet werden, da die Vorschrift neben § 23a UWG a. F. keinen nennenswerten eigenständigen Anwendungsbereich hat. Diese Beurteilung hat auch Gültigkeit für das Verfahren nach dem Unterlassungsklagegesetz, weshalb die Vorschrift künftig auch hier nicht mehr anwendbar sein soll. Deshalb ist der Verweis ersatzlos zu streichen.

Zu Nummer 3

Die Gesetzesänderung stellt klar, dass die Regelungen in § 9 Nr. 2 und 3 UKlaG über Besonderheiten der Urteilsformel für Klagen nach § 1 UKlaG nicht nur für den Fall der Verwendung, sondern auch für die Empfehlung unwirksamer Allgemeiner Geschäftsbedingungen gelten. Bei der Auslassung handelte es sich um ein Redaktionsversehen; ein sachlicher Grund für eine Ungleichbehandlung von Verwendung und Empfehlung besteht nicht (siehe auch die Erläuterungen zur wortgleichen Vorläufernorm des § 17 AGBG in MünchKommBGB Micklitz, 4. Auflage 2001, § 17 AGBG Rn. 3 und 4).

Zu Nummer 4

Es handelt sich um eine redaktionelle Folgeänderung, weil das Verfahren vor den Einigungsstellen statt wie bislang in § 27 a UWG a. F. nunmehr in § 15 geregelt ist.

Zu Absatz 5

Zu Nummer 1

§ 55 Abs. 2 Nr. 3, § 128 Abs. 1 und § 135 Abs. 1 des Markengesetzes verweisen hinsichtlich der Aktivlegitimation auf die bisherige Regelung des § 13 Abs. 2 UWG a. F. Daher ist der Verweis an die Änderung der Paragraphenfolge im UWG anzupassen. Die inhaltlich vorgenommenen Ergänzungen der Regelung der Aktivlegitimation können entsprechend auf das Markengesetz übertragen werden.

Zu Nummer 2

§ 141 des Markengesetzes verweist hinsichtlich der örtlichen Zuständigkeit auf die Regelung des UWG. Der Verweis ist an die Änderung der Paragraphenfolge im UWG anzupassen.

Zu Absatz 6

§ 301 Abs. 2 des Strafgesetzbuches verweist hinsichtlich der Strafantragsbefugnis in den Fällen der Bestechlichkeit und Bestechung im geschäftlichen Verkehr auf die Regelungen der Aktivlegitimation des UWG. Daher ist der Verweis an die Änderung der Paragraphenfolge im UWG anzupassen. Die inhaltlich vorgenommenen Ergänzungen der Regelung der Aktivlegitimation können entsprechend auf das Strafgesetzbuch übertragen werden.

Zu Absatz 7

Zu Nummer 1

§ 9 Abs. 1 des Rindfleischetikettierungsgesetzes verweist hinsichtlich der Aktivlegitimation auf § 13 Abs. 2 UWG a. F. Daher ist der Verweis an die Änderung der Paragraphenfolge im UWG anzupassen. Die inhaltlich vorgenommenen Ergänzungen der Regelung der Aktivlegitimation können entsprechend auf das Rindfleischetikettierungsgesetz übertragen werden.

Zu Nummer 2

Durch die Änderung dieses Verweises in § 9 Abs. 4 des Rindfleischetikettierungsgesetzes wird die Verjährungsregelung an die Neufassung der Verjährung im BGB durch das Schuldrechtsmodernisierungsgesetz vom 26. November 2001 (BGBl. I S. 3138) angepasst, was bislang versehentlich unterblieben ist.

Zu Absatz 8

§ 1 der Unterlassungsklagenverordnung verweist auf die Verordnungsermächtigung des § 13 Abs. 7 UWG a. F. Daher ist der Verweis an die Änderung der Paragraphenfolge im UWG anzupassen.

Zu § 21 (Rückkehr zum einheitlichen Verordnungsrang)

Die Vorschrift regelt die so genannte Entsteinerungsklausel, wonach die in diesem Gesetz geänderte Vorschrift der Unterlassungsklagenverordnung weiterhin auf der Grundlage der einschlägigen Verordnungsermächtigungen geändert werden kann.

Zu § 22 (Inkrafttreten, Außerkrafttreten)

Die Vorschrift regelt das Inkrafttreten des neuen Gesetzes sowie das gleichzeitige Außerkrafttreten des bisherigen UWG.

21. Amtliche Begründung zum Entwurf eines Ersten Gesetzes zur Änderung des Gesetzes gegen den unlauteren Wettbewerb

BT-Drucks. 16/10145 S. 13

A. Allgemeiner Teil

I. Ziel des Gesetzes

Das Gesetz dient der Umsetzung der Richtlinie 2005/29/EG des Europäischen Parlaments und des Rates vom 11. Mai 2005 über unlautere Geschäftspraktiken im binnenmarktinternen Geschäftsverkehr zwischen Unternehmen und Verbrauchern und zur Änderung der Richtlinie 84/450/EWG des Rates, der Richtlinien 97/7/EG, 98/27/EG und 2002/65/EG des Europäischen Parlaments und des Rates sowie der Verordnung (EG) Nr. 2006/2004 des Europäischen Parlaments und des Rates (Richtlinie über unlautere Geschäftspraktiken), ABl. EG Nr. L 149 S. 22, in das deutsche Recht. In der Richtlinie ist vorgesehen, dass sie bis zum 12. Juni 2007 umzusetzen ist.

II. Grundzüge der Richtlinie

1. Anwendungsbereich

Der Anwendungsbereich der Richtlinie wird durch ihren Artikel 3 bestimmt. Danach gilt sie für unlautere, in der deutschen Sprachfassung als Geschäftspraktiken (an anderer Stelle der Richtlinie auch als Geschäftspraxis) bezeichnete geschäftliche Handlungen im Verhältnis zwischen Unternehmen und Verbrauchern. Ihr Zweck besteht nach Artikel 1 darin, durch Angleichung der Rechts- und Verwaltungsvorschriften der Mitgliedstaaten über unlauteres Verhalten von Marktteilnehmern, das die wirtschaftlichen Interessen der Verbraucher beeinträchtigt, zu einem reibungslosen Funktionieren des Binnenmarktes und zum Erreichen eines hohen Verbraucherschutzniveaus beizutragen. Mittelbar schützt die Richtlinie nach Erwägungsgrund 8 damit auch rechtmäßig handelnde Unternehmer vor solchen Mitbewerbern, die sich nicht an die Regeln der Richtlinie halten, und gewährleistet so den fairen Wettbewerb in dem durch sie harmonisierten Bereich. Innerhalb ihres Anwendungsbereichs zielt die Richtlinie auf eine vollständige Rechtsangleichung (Vollharmonisierung). Die Mitgliedstaaten dürfen den von ihr vorgegebenen Schutzstandard im harmonisierten Bereich weder unter- noch überschreiten. Dies folgt aus der Formulierung von Artikel 1 der Richtlinie und ist auch den Erwägungsgründen 6, 8, 11, 12, 13 und 15 der Richtlinie zu entnehmen.

Allerdings nimmt die Richtlinie Teilbereiche der Beziehungen zwischen Unternehmen und Verbrauchern aus ihrem Anwendungsbereich aus. Nach Artikel 3 Abs. 2 der Richtlinie gilt sie nicht für den Bereich des Vertragsrechts und lässt insbesondere Bestimmungen über das Zustandekommen, die Wirksamkeit und die Wirkungen von Verträgen unberührt. Nicht erfasst werden nach Artikel 3 Abs. 3 der Richtlinie außerdem Rechtsvorschriften der Gemeinschaft oder der Mitgliedstaaten zu Gesundheits- und Sicherheitsaspekten.

2. Wesentlicher Inhalt

Die Richtlinie enthält im ersten Artikel die Zweckbestimmung, in Artikel 2 Definitionen, in Artikel 3 die Regelung ihres Anwendungsbereichs und in Artikel 4 eine Binnenmarktklausel.

Zentrale Norm ist eine Generalklausel. Unlautere geschäftliche Handlungen sind nach Artikel 5 Abs. 1 der Richtlinie generell verboten. Artikel 5 Abs. 2 bestimmt unter Anknüpfung an die Verletzung von Sorgfaltspflichten und das Verständnis eines Durchschnittsverbrauchers auf allgemeine Weise, was unlauter ist. Etwas konkreter werden in Artikel 5 Abs. 4 der Richtlinie Verhaltensweisen genannt, die „insbesondere" unlauter sind, nämlich sowohl irreführende als auch aggressive geschäftliche Handlungen. Artikel 5 Abs. 5 der Richtlinie verweist auf einen Anhang I, der 31 im Einzelnen beschriebene irreführende und aggressive Verhaltensweisen aufführt, die unter allen Umständen unlauter und damit verboten sind (Verbote ohne Wertungsvorbehalt).

Die Regelung der Irreführung in Artikel 6 und 7 der Richtlinie unterscheidet zwischen irreführenden Handlungen und Unterlassungen. Aggressive geschäftliche Handlungen bestehen nach Artikel 8 der Richtlinie in der Belästigung, Nötigung oder unzulässigen Beeinflussung. Artikel 9 der Richtlinie enthält hierzu einige Kriterien.

Artikel 10 der Richtlinie enthält eine Regelung zur freiwilligen Selbstkontrolle der Wirtschaft durch Verhaltenskodizes.

Artikel 11 bis 13 der Richtlinie betreffen ihre Durchsetzung. Die Mitgliedstaaten haben danach sicherzustellen, dass zur Einhaltung der Richtlinie und der Bekämpfung unlauterer Verhaltensweisen geeignete und wirksame Mittel vorhanden sind. Sanktionen bei Verstößen gegen das Lauterkeitsrecht müssen nach Artikel 13 der Richtlinie wirksam, verhältnismäßig und abschreckend sein.

Artikel 14 bis 16 der Richtlinie ändern bereits bestehende gemeinschaftsrechtliche Regelungen im Bereich des Lauterkeitsrechts. Artikel 17 der Richtlinie sieht vor, dass die Mitgliedstaaten angemessene Maßnahmen zur Information der Verbraucher über die Umsetzung der Richtlinie zu treffen haben. Artikel 18 der Richtlinie sieht zur Vorbereitung künftiger Änderungen des Gemeinschaftsrechts eine Evaluierung der Anwendung der Richtlinie vor. Artikel 19 der Richtlinie legt die Frist für ihre Umsetzung fest und Artikel 20 der Richtlinie bestimmt den Zeitpunkt ihres Inkrafttretens. Danach ist die Richtlinie am 12. Juni 2005 in Kraft getreten.

III. Grundzüge des geltenden Rechts

Das Gesetz gegen den unlauteren Wettbewerb (UWG) ist im Jahr 2004 reformiert worden (BGBl. I S. 1414). Dabei hat der Gesetzgeber im Vorgriff auf den Erlass der jetzt umzusetzenden Richtlinie bereits einen großen Teil der Richtlinienvorschriften umgesetzt. Der Anwendungsbereich des UWG ist jedoch weiter. Denn das Gesetz dient nach § 1 UWG zwar – wie die Richtlinie – auch dem Schutz der Verbraucher. Seit jeher schützt das UWG aber auch und gerade Mitbewerber und sonstige Marktteilnehmer (§ 1 Satz 1 UWG) sowie das Interesse der Allgemeinheit an einem unverfälschten Wettbewerb (§ 1 Satz 2 UWG).

Inhaltlich wird der Anwendungsbereich des UWG durch das Erfordernis einer Wettbewerbshandlung begrenzt, die geeignet sein muss, den Wettbewerb zum Nachteil des in den Schutzbereich einbezogenen Personenkreises (Verbraucher, Mitbewerber und sonstige Marktteilnehmer) nicht nur unerheblich zu beeinträchtigen (§ 3 UWG). Nach § 2 Abs. 1 Nr. 1 UWG ist Wettbewerbshandlung jede Handlung mit dem Ziel, zugunsten des eigenen oder eines fremden Unternehmens den Absatz oder den Bezug von Waren oder die Erbringung oder den Bezug von Dienstleistungen, einschließlich unbeweglicher Sachen, Rechte und Verpflichtungen, zu fördern.

Da mit der Reform des UWG Teile der Umsetzung der erst danach erlassenen Richtlinie vorweggenommen worden sind, ist der Aufbau des Gesetzes ähnlich wie der der Richtlinie. Auf die Zweckbestimmung in § 1 UWG folgt in § 2 UWG ein Definitionskatalog. Es schließt sich in § 3 UWG das als Generalklausel gefasste Verbot unlauterer Wettbewerbshandlungen an, welches in § 4 UWG durch einen Katalog von Beispielsfällen konkretisiert wird. § 5 UWG regelt die irreführende Werbung, § 6 UWG die vergleichende Werbung und § 7 UWG unzumutbare Belästigungen. Die §§ 8 bis 11 UWG bilden die Grundlage für das zivilrechtliche Anspruchssystem zur Durchsetzung lauterkeitsrechtlicher Verbote. Die §§ 12 bis 15 UWG enthalten verfahrensrechtliche Regelungen und die §§ 16 bis 19 UWG ergänzen die zivilrechtlichen Ansprüche durch Strafvorschriften.

IV. Umsetzungsbedarf

Obwohl der Gesetzgeber bei der Reform des UWG bereits die damals zu erwartenden gemeinschaftsrechtlichen Vorgaben berücksichtigt hat, weicht das geltende Recht zum Teil von der Richtlinie ab, weil diese erst nach dem Erlass des UWG verabschiedet worden ist. Änderungsbedarf besteht auch im Hinblick darauf, dass die jetzt umzusetzende Richtlinie im Gegensatz zu früheren Rechtsinstrumenten der Gemeinschaft nicht nur eine Mindestharmonisierung, sondern eine vollständige Rechtsangleichung (Vollharmonisierung) vorsieht. Soweit also das Schutzniveau des UWG über das der Richtlinie hinausgeht oder dahinter zurück bleibt, bedarf das Gesetz der Anpassung an die Richtlinie, soweit nicht Bereichsausnahmen oder andere Ausnahmen greifen.

Dem Gesetzgeber steht die Wahl der Form und Mittel bei der Umsetzung von Richtlinien frei. Hierauf hat Deutschland in einer Erklärung zu der umzusetzenden Richtlinie am 18. April 2005 im Rat hingewiesen (Ratsdokument Nr. 7860/05 ADD 3 vom 13. April 2005). Daher kann und sollte der deutsche Gesetzgeber daran festhalten, die speziell das Lauterkeitsrecht betreffenden Vorschriften des Mitbewerberschutzes und des Verbraucherschutzes in einem einheitlichen Gesetz zusammenzufassen. Dieser integrierte Ansatz trägt dem Umstand Rechnung, dass das Verhalten von Unternehmen am Markt im Prinzip unteilbar ist. Denn durch ein unlauteres Verhalten werden Verbraucher und Mitbewerber im Regelfall gleichermaßen geschädigt. Sowohl Verbraucher als auch Mitbewerber erwarten daher die Einhaltung bestimmter Regeln der Lauterkeit im Geschäftsverkehr. Diese Regeln sollten – möglichst durch denselben Rechtsakt – sowohl Verbraucher als auch Mitbewerber vor unlauterem Marktverhalten schützen.

Im Einzelnen ist der Umsetzungsbedarf wie folgt zu beurteilen.

1. Artikel 1 (Zweck der Richtlinie)

Der in Artikel 1 der Richtlinie normierte Schutzzweck wird von der Schutzzweckbestimmung des § 1 UWG bereits mit umfasst.

Nach ihrem Artikel 1 bezweckt die Richtlinie den Schutz von Verbrauchern vor unlauteren, in der deutschen Sprachfassung der Richtlinie als Geschäftspraktiken (in anderen Artikeln auch als Geschäftspraxis) bezeichneten geschäftlichen Handlungen, welche die wirtschaftlichen Interessen der Verbraucher beeinträchtigen. Ferner soll sie zum reibungslosen Funktionieren des Binnenmarktes und zum Erreichen eines hohen Verbraucherschutzniveaus beitragen.

Da § 1 UWG den Schutz von Verbraucherinnen und Verbrauchern vor unlauterem Wettbewerb ausdrücklich nennt, liegt bereits eine richtlinienkonforme Schutzzweckbestimmung vor. Dabei ist es unschädlich, dass das UWG darüber hinaus auch Mitbewerber, sonstige Marktteilnehmer und gewisse Interessen der Allgemeinheit schützt. Denn der insoweit weitere Schutzbereich des UWG ist nicht Regelungsgegenstand der Richtlinie; für den Bereich des Mitbewerberschutzes und des Schutzes der Allgemeinheit enthält sie keine Vorgaben.

Der binnenmarktbezogene Teil der Schutzzweckbestimmung der Richtlinie bedarf seiner Natur nach nicht der Übernahme in das innerstaatliche Recht.

Somit besteht hinsichtlich der Schutzzweckbestimmung insgesamt kein Umsetzungsbedarf. Es erscheint lediglich eine terminologische Anpassung in § 1 Satz 1 UWG angezeigt (Ersetzung des Begriffs „Wettbewerbshandlungen" durch „geschäftliche Handlungen").

2. Artikel 2 (Definitionen)

Artikel 2 der Richtlinie enthält Definitionen, die nicht vollständig mit den Definitionen des § 2 UWG übereinstimmen.

a) Buchstabe a

Der Verbraucherbegriff in Artikel 2 Buchstabe a der Richtlinie stimmt mit der Definition des § 13 des Bürgerlichen Gesetzbuchs (BGB), auf den § 2 Abs. 2 UWG verweist, zwar nicht wörtlich, aber der Sache nach überein.

Nach der Richtlinie ist „Verbraucher" jede natürliche Person, die im Geschäftsverkehr zu Zwecken handelt, die nicht ihrer gewerblichen, handwerklichen oder beruflichen Tätigkeit zugerechnet werden können.

Nach § 13 BGB ist „Verbraucher" jede natürliche Person, die ein Rechtsgeschäft zu einem Zweck abschließt, der weder ihrer gewerblichen noch ihrer selbständigen beruflichen Tätigkeit zugerechnet werden kann.

Da § 13 BGB nicht jede berufliche Tätigkeit, sondern nur Rechtsgeschäfte zu selbständigen beruflichen Zwecken vom Verbraucherschutz ausnimmt, ist der deutsche Verbraucherbegriff umfassender als der der Richtlinie. Nach geltendem Recht kommt deshalb auch derjenige in den Genuss verbraucherschützender Vorschriften, der zur Ausübung seines Berufs beispielsweise einen Beförderungsvertrag abschließt oder ein Arbeitsgerät erwirbt – so etwa der Angestellte, der zu einer Fortbildungsveranstaltung reist, oder der Lehrer, der zur Ausübung seines Berufs einen Computer anschafft. Die Privilegierung dieser Personengruppe gegenüber gewerblich Handelnden ist mit dem Gemeinschaftsrecht vereinbar, weil die in der Richtlinie festgelegten Lauterkeitsstandards nur für den in der Richtlinie selbst definierten Personenkreis gelten, durch den der Anwendungsbereich der Richtlinie mit bestimmt wird. Außerhalb dieses Anwendungsbereichs sind die Mitgliedstaaten in den Schranken des sonstigen Gemeinschaftsrechts in der Ausgestaltung ihres innerstaatlichen Rechts frei, weshalb verbraucherschützende Regelungen für Personen, die nicht unter den Verbraucherbegriff der Richtlinie fallen, beibehalten werden können.

Deshalb kann der dem Bürgerlichen Gesetzbuch entlehnte Verbraucherbegriff im UWG beibehalten werden. Dies geschieht durch eine entsprechende Verweisung in § 2 Abs. 2 UWG-E.

b) Buchstabe b

In Artikel 2 Buchstabe b der Richtlinie wird der Begriff des Gewerbetreibenden definiert. Diese Definition erfasst auch unselbständige berufliche Tätigkeiten und Personen, die im Namen oder Auftrag des Gewerbetreibenden handeln. Der Begriff ist daher weiter als der bisher im UWG verwendete Begriff des Unternehmers im Sinne des § 14 BGB. Es besteht somit Umsetzungsbedarf.

Die Umsetzung erfolgt in § 2 Abs. 1 Nr. 6 UWG-E.

c) Buchstabe c

Artikel 2 Buchstabe c der Richtlinie enthält eine Definition des Begriffs „Produkt" und versteht darunter jede Ware oder Dienstleistung einschließlich Immobilien, Rechten und Verpflichtungen. Der Begriff „Produkt" ist damit identisch mit dem Begriff „Ware oder Dienstleistung", der in dem geltenden UWG eingeführt ist (vgl. § 4 Nr. 6, 8 und 9; § 6 Abs. 1 und 2; § 7 Abs. 3 Nr. 1 und 2; § 8 Abs. 3 Nr. 2 UWG). Auch das Markengesetz verwendet den Begriff „Ware oder Dienstleistung". Demgegenüber ist der Oberbegriff „Produkt" dem deutschen Wettbewerbsrecht fremd. Im Interesse einer einheitlichen Terminologie und weil der Begriff „Produkt" nicht zur weiteren Präzisierung beiträgt, soll dieser nicht in das UWG übernommen werden.

d) Buchstabe d

Artikel 2 Buchstabe d der Richtlinie definiert den Begriff „Geschäftspraktiken", durch den der sachliche Anwendungsbereich der Richtlinie vorgegeben wird. An anderer Stelle der Richtlinie wird auch das Wort „Geschäftspraxis" verwendet. Dem steht im geltenden Recht der Begriff „Wettbewerbshandlung" gegenüber, der in § 2 Abs. 1 Nr. 1 UWG-E durch den Begriff „geschäftliche Handlung" ersetzt werden soll (vgl. dazu die Ausführungen im Besonderen Teil der Begründung zu Artikel 1 Nr. 2 Buchstabe a Doppelbuchstabe aa).

In § 2 Abs. 1 Nr. 1 UWG-E muss die Definition der „geschäftlichen Handlung" zudem durch Austausch des subjektiven Merkmals der Wettbewerbsförderungsabsicht gegen objektive Kriterien an Artikel 2 Buchstabe d der Richtlinie angepasst werden. Außerdem ist zu berücksichtigen, dass die Richtlinie nach ihrem Artikel 3 Abs. 1 auch für geschäftliche Handlungen während und nach einem Geschäftsabschluss gilt.

Die Umsetzung erfolgt in § 2 Abs. 1 Nr. 1 UWG-E.

e) Buchstabe e

Artikel 2 Buchstabe e der Richtlinie definiert die „wesentliche Beeinflussung des wirtschaftlichen Verhaltens des Verbrauchers". Um die Schwelle festzulegen, bei deren Überschreiten ein Verhalten als unlautere geschäftliche Handlung unzulässig ist, stellt die Richtlinie darauf ab, ob dadurch die Fähigkeit des Verbrauchers, sich auf Grund von Informationen zu entscheiden, spürbar beeinträchtigt wird und der Verbraucher damit zu einer geschäftlichen Entscheidung veranlasst werden soll, die er andernfalls nicht getroffen hätte. Diese Schwelle weicht im Wortlaut von der bisherigen Erheblichkeitsschwelle des § 3 UWG ab. Da nicht auszuschließen ist, dass damit auch eine inhaltliche Abweichung verbunden sein könnte, soll diese Regelung durch eine Änderung und Ergänzung der Generalklausel (§ 3 Abs. 2 i. V. m. § 3 Abs. 1 UWG-E) berücksichtigt werden.

f) Buchstaben f und g

Artikel 2 Buchstabe f der Richtlinie definiert den Begriff „Verhaltenskodex". Dieser ist dem deutschen Lauterkeitsrecht bisher fremd. Da die Richtlinie in ihrem Artikel 6 Abs. 2 Buchstabe b die Nichteinhaltung von Verhaltenskodizes als irreführend einstuft, besteht Umsetzungsbedarf. Der Begriff „Verhaltenskodex" soll übernommen werden. Die Umsetzung erfolgt in § 2 Abs. 1 Nr. 5 UWG-E.

Artikel 2 Buchstabe g der Richtlinie definiert den Begriff „Urheber eines Kodexes". Dieser Begriff ist dem deutschen Lauterkeitsrecht ebenfalls fremd. Er wird allerdings im Gesetz gegen den unlauteren Wettbewerb an keiner Stelle benötigt, so dass auch kein Umsetzungsbedarf besteht.

g) Buchstabe h

Der in Artikel 2 Buchstabe h der Richtlinie definierte Begriff „berufliche Sorgfalt" bildet eine der beiden Voraussetzungen, nach denen sich die Unlauterkeit von geschäftlichen Handlungen bestimmt (Artikel 5 Abs. 2 Buchstabe a der Richtlinie). Es besteht daher Umsetzungsbedarf.

Die Umsetzung erfolgt in § 2 Abs. 1 Nr. 7 UWG-E.

h) Buchstabe i

Artikel 2 Buchstabe i der Richtlinie definiert den Begriff „Aufforderung zum Kauf". Diesen Begriff verwendet die Richtlinie in Artikel 7 Abs. 4 als Anknüpfungspunkt für Informationen, bei deren Vorenthaltung eine Irreführung durch Unterlassen anzunehmen ist. Er ist dem deutschen Lauterkeitsrecht bisher fremd, so dass es einer Umsetzung bedarf. Diese erfolgt in § 5 a Abs. 3 UWG-E (vgl. die Ausführungen im Besonderen Teil der Begründung zu Artikel 1 Nr. 6).

i) Buchstabe j

Artikel 2 Buchstabe j der Richtlinie definiert den Begriff „unzulässige Beeinflussung". Diese besteht in der „Ausnutzung einer Machtposition gegenüber dem Verbraucher zur Ausübung von Druck, auch ohne die Anwendung oder Androhung von körperlicher Gewalt, in einer Weise, die die Fähigkeit des Verbrauchers zu einer informierten Entscheidung wesentlich einschränkt". Insoweit besteht kein Umsetzungsbedarf, da § 4 Nr. 1 UWG diese Fallgestaltung bereits hinreichend abdeckt. Denn die Ausnutzung einer Machtposition zur Ausübung von Druck ist regelmäßig auch unangemessen im Sinne des § 4 Nr. 1 UWG. Die Überlegenheit kann wirtschaftlicher, intellektueller oder physischer Art sein. Erforderlich ist eine überlegene Stellung des Unternehmers unabhängig davon, ob sie auf seiner wirtschaftlichen oder intellektuellen Überlegenheit oder auf beruflichen, politischen, verbandsrechtlichen, familiären oder sonstigen Bindungen beruht.

j) Buchstabe k

Artikel 2 Buchstabe k der Richtlinie definiert, was unter einer „geschäftlichen Entscheidung" zu verstehen ist. Dieser Begriff ist aus sich heraus verständlich, so dass es keiner Umsetzung bedarf. Auf die vorstehenden Ausführungen unter A. IV. 2. e wird Bezug genommen.

k) Buchstabe l

Artikel 2 Buchstabe l der Richtlinie definiert den Begriff „reglementierter Beruf". Diese Definition ist nur für Artikel 3 Abs. 8 der Richtlinie von Bedeutung, wonach alle Niederlassungs- und Genehmigungsbedingungen, berufsständische Verhaltenskodizes oder andere spezifische Regeln für reglementierte Berufe unberührt bleiben. Dies löst keinen Umsetzungsbedarf aus.

3. Artikel 3 (Anwendungsbereich)

Artikel 3 der Richtlinie bestimmt ihren Anwendungsbereich. Die Bestimmung zeigt zugleich den Gestaltungsspielraum auf, der dem Gesetzgeber für die innerstaatliche Rechtsetzung bleibt.

a) Absatz 1

Soweit Artikel 3 Abs. 1 der Richtlinie den Anwendungsbereich auf das Verhältnis zwischen Unternehmen und Verbrauchern beschränkt, ist dieser enger als der Anwendungsbereich des UWG.

Soweit die Richtlinie nach dieser Vorschrift nicht nur für ein Verhalten vor Vertragsabschluss gilt, sondern darüber hinaus auch für geschäftliche Handlungen während und nach dem Geschäftsabschluss, ist ihr Anwendungsbereich weiter als der des UWG.

b) Absatz 2

Nach Absatz 2 des Artikels bleibt das Vertragsrecht als solches von der Richtlinie unberührt.

c) Absatz 3

Nach Absatz 3 des Artikels gilt die Richtlinie nicht für Rechtsvorschriften der Gemeinschaft oder der Mitgliedstaaten, welche sich auf Gesundheits- oder Sicherheitsaspekte der Waren oder Dienstleistungen beziehen.

d) Absatz 4

Nach Absatz 4 des Artikels und Erwägungsgrund 10 der Richtlinie gehen gemeinschaftsrechtliche Rechtsakte, die besondere Aspekte unlauterer geschäftlicher Handlungen regeln, den Bestimmungen der Richtlinie vor. Hierzu zählen
- die Richtlinie 2006/114/EG des Europäischen Parlaments und des Rates vom 12. Dezember 2006 über irreführende und vergleichende Werbung (kodifizierte Fassung), ABl. EG Nr. L 376 S. 21,
- die Richtlinie 97/7/EG des Europäischen Parlaments und des Rates vom 20. Mai 1997 über den Verbraucherschutz bei Vertragsabschlüssen im Fernabsatz, ABl. EG Nr. L 144 S. 19,
- die Richtlinie 98/27/EG des Europäischen Parlaments und des Rates vom 19. Mai 1998 über Unterlassungsklagen zum Schutz der Verbraucherinteressen, ABl. EG Nr. L 166 S. 51, und
- die Richtlinie 2002/65/EG des Europäischen Parlaments und des Rates vom 23. September 2002 über den Fernabsatz von Finanzdienstleistungen an Verbraucher und zur Änderung der Richtlinie 90/619/EWG des Rates und der Richtlinien 97/7/EG und 98/27/EG, ABl. EG Nr. L 271 S. 16.

Diese Aufzählung ist nicht abschließend. Spezielle Aspekte unlauterer geschäftlicher Handlungen regeln auch
- die Richtlinie 89/552/EWG des Europäischen Parlaments und des Rates vom 3. Oktober 1989 zur Koordinierung bestimmter Rechts- und Verwaltungsvorschriften der Mitgliedstaaten über die Bereitstellung audiovisueller Mediendienste (Richtlinie über audiovisuelle Mediendienste), ABl. EG Nr. L 332 S. 27,

sowie verschiedene vertragsbezogene Richtlinien wie
- die Richtlinie 2008/.../EG des Europäischen Parlaments und des Rates vom 7. April 2008 über Verbraucherkreditverträge und zur Aufhebung der Richtlinie 87/102/EWG des Rates,
- die Richtlinie 90/314/EWG des Rates vom 13. Juni 1990 über Pauschalreisen, ABl. EG Nr. L 158 S. 59,
- die Richtlinie 94/47/EG des Europäischen Parlaments und des Rates vom 26. Oktober 1994 zum Schutz der Erwerber im Hinblick auf bestimmte Aspekte von Verträgen über den Erwerb von Teilzeitnutzungsrechten an Immobilien, ABl. EG Nr. L 280 S. 83,
- die Richtlinie 1999/44/EG des Europäischen Parlaments und des Rates vom 25. Mai 1999 zu bestimmten Aspekten des Verbrauchsgüterkaufs und der Garantien für Verbrauchsgüter, ABl. EG Nr. L 171 S. 12,
- die Richtlinie 2000/31/EG des Europäischen Parlaments und des Rates vom 8. Juni 2000 über bestimmte rechtliche Aspekte der Dienste der Informationsgesellschaft, insbesondere des elektronischen Geschäftsverkehrs, im Binnenmarkt (Richtlinie über den elektronischen Geschäftsverkehr), ABl. EG Nr. L 178 S. 1, und
- die Richtlinie 2002/58/EG des Europäischen Parlaments und des Rates vom 12. Juli 2002 über die Verarbeitung personenbezogener Daten und den Schutz der Privatsphäre in der

elektronischen Kommunikation (Datenschutzrichtlinie für elektronische Kommunikation), ABl. EG Nr. L 201 S. 37.

Die innerstaatlichen Rechtsvorschriften, die zur Umsetzung dieser Richtlinien erlassen worden sind, müssen grundsätzlich beibehalten werden.

e) Absätze 5, 6 und 9

Nach Absatz 5 des Artikels können die Mitgliedstaaten überdies in dem durch die Richtlinie angeglichenen Bereich für einen Zeitraum von sechs Jahren ab dem 12. Juni 2007 restriktivere oder strengere Vorschriften beibehalten, die sie zur Umsetzung von Richtlinien mit Mindestangleichungsklauseln erlassen haben.

Nach einer Mitteilung der Kommission an die Bundesregierung vom 21. Dezember 2006 handelt es sich dabei um

– die vorstehend näher bezeichnete Richtlinie 89/552/EWG über audiovisuelle Mediendienste,
– die Richtlinie 98/6/EG des Europäischen Parlaments und des Rates vom 16. Februar 1998 über den Schutz der Verbraucher bei der Angabe der Preise der ihnen angebotenen Erzeugnisse, ABl. EG Nr. L 80 S. 27,
– die vorstehend näher bezeichnete Richtlinie 97/7/EG über den Verbraucherschutz bei Vertragsabschlüssen im Fernabsatz,
– die Richtlinie 85/577/EWG des Rates vom 20. Dezember 1985 betreffend den Verbraucherschutz im Falle von außerhalb von Geschäftsräumen geschlossenen Verträgen, ABl. EG Nr. L 372 S. 31,
– die vorstehend näher bezeichnete Richtlinie 94/47/EG über Teilzeitnutzungsrechte an Immobilien und
– die vorstehend näher bezeichnete Richtlinie 90/314/EWG über Pauschalreisen.

Nach Absatz 6 des Artikels teilen die Mitgliedstaaten der Europäischen Kommission unverzüglich ihre innerstaatlichen Rechtsvorschriften mit, die sie auf Grund des Absatzes 5 anwenden.

Außerdem dürfen die Mitgliedstaaten nach Artikel 3 Abs. 9 der Richtlinie im Zusammenhang mit „Finanzdienstleistungen" im Sinne der bereits erwähnten Richtlinie 2002/65/EG und im Zusammenhang mit Immobilien restriktivere und strengere Anforderungen an geschäftliche Handlungen stellen.

Im Ergebnis wirken sich diese Übergangsregelungen auf die Umsetzung der Richtlinie nicht aus, weil es im deutschen Recht keine Vorschriften gibt, welche die umzusetzende Richtlinie berühren, über die Mindeststandards der von der Europäischen Kommission mitgeteilten Richtlinien hinausgehen und die restriktiver oder strenger sind als die umzusetzende Richtlinie.

(1) Artikel 10 Abs. 1 der erwähnten Richtlinie 89/552/EWG über audiovisuelle Mediendienste schreibt vor, dass Fernsehwerbung und Teleshopping als solche klar erkennbar und durch optische und/oder akustische Mittel eindeutig von anderen Programmteilen getrennt sein müssen. Dies betrifft den Anwendungsbereich der hier umzusetzenden Richtlinie insofern, als Anhang I Nr. 11 Werbung, die als Information getarnt wird, als unter allen Umständen unlauter einstuft. Im deutschen Recht finden sich die der Richtlinie 89/552/EWG entsprechenden Regelungen in § 7 des Staatsvertrags für Rundfunk und Telemedien (Rundfunkstaatsvertrag RStV) vom 31. August 1991, zuletzt geändert durch Artikel 1 des Neunten Staatsvertrags zur Änderung rundfunkrechtlicher Staatsverträge vom 31. Juli bis 10. Oktober 2006 (GBl. BW 2007 S. 111). Da sie nicht über das Gemeinschaftsrecht hinausgehen, liegt kein Fall von Artikel 3 Abs. 5 der umzusetzenden Richtlinie vor.

(2) Die erwähnte Haustürgeschäfterichtlinie 85/577/EWG berührt den Anwendungsbereich der hier umzusetzenden Richtlinie. Sie ist in den §§ 312, 312a, 355 bis 357 BGB umgesetzt worden. Artikel 4 der Haustürgeschäfterichtlinie enthält Regelungen über die Pflicht zur Belehrung des Verbrauchers über sein Widerrufsrecht und hat damit einen Bezug zu Artikel 6 Abs. 1 Buchstabe g der umzusetzenden Richtlinie. Die Regelungen gehen aber nicht über das in der Haustürgeschäfterichtlinie vorgesehene Maß hinaus, so dass sich Artikel 3 Abs. 5 der vorliegend umzusetzenden Richtlinie nicht auswirkt. Artikel 5 der Haustürgeschäfterichtlinie bestimmt die Widerrufsfrist und ist durch § 355 Abs. 1 Satz 2 BGB umgesetzt worden. Danach beträgt die Widerrufsfrist zwei Wochen, während es nach der Haustürgeschäfterichtlinie mindestens sieben Tage sind. Das Umsetzungsgesetz ist damit zwar strenger als die Richtlinie. Da es dabei jedoch

nicht um Informationspflichten geht, sondern um die Ausgestaltung materiellen Vertragsrechts, fällt die Regelung nicht in den Anwendungsbereich der hier umzusetzenden Richtlinie, so dass Artikel 3 Abs. 5 dieser Richtlinie nicht greift.

(3) Die Artikel 4, 5 und 6 der erwähnten Fernabsatzrichtlinie 97/7/EG berühren den Anwendungsbereich der hier umzusetzenden Richtlinie insofern, als Artikel 4 der Fernabsatzrichtlinie Informationspflichten vorsieht, die vor Abschluss eines Vertrags im Fernabsatz zu erfüllen sind. Artikel 5 der Fernabsatzrichtlinie betrifft die schriftliche Bestätigung der Informationen gemäß Artikel 4 Abs. 1 Buchstabe a bis f der Fernabsatzrichtlinie. Artikel 6 der Fernabsatzrichtlinie regelt das Widerrufsrecht. Die Umsetzung dieser Regelungen ist in § 312 c BGB (Unterrichtung des Verbrauchers bei Fernabsatzverträgen) in Verbindung mit § 1 der Verordnung über Informations- und Nachweispflichten nach bürgerlichem Recht (BGB-Informationspflichten-Verordnung, BGB-InfoV) sowie in § 312 d BGB (Widerrufs- und Rückgaberecht bei Fernabsatzverträgen) in Verbindung mit § 355 Abs. 1 Satz 2 BGB erfolgt. Dabei geht die Zweiwochenfrist des § 355 Abs. 1 Satz 2 BGB über die Vorgabe der Richtlinie hinaus. Denn Artikel 6 Abs. 1 der Fernabsatzrichtlinie sieht eine Frist von mindestens sieben Werktagen vor. Dies führt jedoch nicht zur Anwendbarkeit von Artikel 3 Abs. 5 der hier umzusetzenden Richtlinie.

(4) Die erwähnte Pauschalreiserichtlinie 90/314/EWG berührt den Anwendungsbereich der vorliegend umzusetzenden Richtlinie wegen der dort geregelten Informationspflichten. Die Umsetzung der Pauschalreiserichtlinie ist in den §§ 651 a bis 651 m BGB und in den §§ 4 bis 11 BGB-InfoV vorgenommen worden. Für Artikel 3 Abs. 5 der umzusetzenden Richtlinie kommt es vor allem auf Artikel 4 Abs. 5 der Pauschalreiserichtlinie an. Danach ist der Reiseveranstalter verpflichtet, dem Reisenden eine erhebliche Preiserhöhung mitzuteilen, wenn er sich vor Reisebeginn zu einer solchen gezwungen sieht. Diese Bestimmung ist durch § 651 a Abs. 5 BGB umgesetzt worden, wobei eine erhebliche Preiserhöhung gegeben ist, wenn eine Erhöhung um mehr als 5% vorgenommen wird. Dies stellt allerdings nur eine Konkretisierung dar und geht insoweit nicht über den Mindestschutz der Pauschalreiserichtlinie hinaus. Deshalb sind die Voraussetzungen von Artikel 3 Abs. 5 der hier umzusetzenden Richtlinie nicht erfüllt.

(5) Artikel 3 der erwähnten Teilzeitnutzungsrechterichtlinie 94/47/EG sieht Informationspflichten vor, welche der Verkäufer einer Immobilie einem Interessenten auf Wunsch schriftlich zu erteilen hat. Die schuldrechtliche Umsetzung dieses Artikels ist in § 482 BGB (Prospektpflicht bei Teilzeit-Wohnrechteverträgen) in Verbindung mit § 2 BGB-InfoV erfolgt. Das Umsetzungsgesetz geht aber nicht über die Richtlinie hinaus, weshalb Artikel 3 Abs. 5 der hier umzusetzenden Richtlinie nicht greift.

(6) Nach Artikeln 3 bis 6 der erwähnten Richtlinie 98/6/EG über den Schutz der Verbraucher bei der Angabe der Preise der ihnen angebotenen Erzeugnisse ist bei bestimmten Produkten nicht nur der Endpreis, sondern auch der Preis je Maßeinheit (sog. Grundpreis, z. B. Preis pro Liter oder Kilogramm) anzugeben. Diese Vorgabe hat der deutsche Gesetzgeber in § 2 der Preisangabenverordnung (PAngV) umgesetzt und damit die nach § 1 Abs. 1 Satz 1 PAngV bestehende Pflicht zur Angabe des Endpreises ergänzt. Da dies nicht über die Anforderungen der vorgenannten Richtlinie hinaus geht, sind auch die Voraussetzungen von Artikel 3 Abs. 5 der hier umzusetzenden Richtlinie nicht erfüllt. Es besteht auch insoweit kein gesetzgeberischer Handlungsbedarf.

f) Absatz 7

Nach ihrem Artikel 3 Abs. 7 lässt die Richtlinie die gerichtlichen Zuständigkeiten in den Mitgliedstaaten unberührt. Umsetzungsbedarf besteht insoweit nicht.

g) Absatz 8

Nach ihrem Artikel 3 Abs. 8 lässt die Richtlinie auch „alle Niederlassungs- oder Genehmigungsbedingungen, berufsständische Verhaltenskodizes oder andere spezifische Regeln für reglementierte Berufe" unberührt. Auf die vorstehenden Ausführungen unter A. IV. 2. k zu Artikel 2 Buchstabe I der Richtlinie wird Bezug genommen.

4. Artikel 4 (Binnenmarkt)

Nach Artikel 4 der Richtlinie dürfen die Mitgliedstaaten „den freien Dienstleistungsverkehr und den freien Warenverkehr nicht aus Gründen, die mit dem durch diese Richtlinie angeglichenen Bereich zusammenhängen, einschränken". Hierbei handelt es sich um eine Wiederholung der im primären Gemeinschaftsrecht verankerten Waren- und Dienstleistungsfreiheit, die auch außerhalb der hier umzusetzenden Richtlinie zu beachten ist, ohne dass dies einer sekundärrechtlichen Bekräftigung bedarf. Es besteht kein Umsetzungsbedarf.

5. Artikel 5 (Verbot unlauterer Geschäftspraktiken)

Artikel 5 enthält die zentrale Generalklausel der Richtlinie.

a) Absätze 1 und 2

Nach Artikel 5 Abs. 1 der Richtlinie sind unlautere geschäftliche Handlungen verboten. Nach Absatz 2 desselben Artikels ist eine geschäftliche Handlung unlauter, wenn sie der „beruflichen Sorgfaltspflicht" widerspricht und in Bezug auf die angebotenen Waren oder Dienstleistungen das wirtschaftliche Verhalten eines Durchschnittsverbrauchers, an den sie sich richtet oder den sie erreicht, oder das wirtschaftliche Verhalten des durchschnittlichen Mitglieds einer bestimmten Verbrauchergruppe, an die sie sich wendet, wesentlich beeinflusst oder zumindest dazu geeignet ist.

Da es sich bei dieser Vorschrift um ein wesentliches Element des Richtlinienkonzepts handelt, besteht Umsetzungsbedarf insbesondere mit Blick auf eine Klarstellung gegenüber Marktteilnehmern aus anderen Mitgliedstaaten der Europäischen Union.

Die Umsetzung erfolgt in § 3 Abs. 1 und 2 UWG-E.

Allerdings dürften mit dieser Umsetzung keine wesentlichen Änderungen gegenüber der bisherigen Rechtslage verbunden sein. Hinsichtlich beruflicher Sorgfaltspflichten wurde im Rahmen der Reform des UWG von 2004 bereits in der Begründung zum Regierungsentwurf zu § 1 UWG klargestellt, dass alle Handlungen unlauter sind, „die den anständigen Gepflogenheiten in Handel, Gewerbe, Handwerk oder selbständiger beruflicher Tätigkeit zuwiderlaufen" (Begründung zum Regierungsentwurf des UWG, BT-Drucksache 15/1487, S. 16). Auch die Rechtsprechung berücksichtigt bestehende Gepflogenheiten im Rahmen der gebotenen Gesamtwürdigung einer Wettbewerbshandlung. Hinsichtlich der Maßgeblichkeit des Durchschnittsverbrauchers entspricht das geltende Recht ebenfalls bereits den Vorgaben der Richtlinie (vgl. Begründung zum Regierungsentwurf des UWG, BT-Drucksache 15/1487, S. 19).

b) Absatz 3

Nach Artikel 5 Abs. 3 der Richtlinie werden geschäftliche Handlungen, die für den Unternehmer vorhersehbar das wirtschaftliche Verhalten nur einer eindeutig identifizierbaren Verbrauchergruppe, die besonders schutzbedürftig erscheint, wesentlich beeinflussen, „aus der Perspektive eines durchschnittlichen Mitglieds dieser Gruppe beurteilt".

Schon nach der zweiten Alternative in Artikel 5 Abs. 2 Buchstabe b der Richtlinie ist auf das Verständnis des durchschnittlichen Mitglieds einer bestimmten Verbrauchergruppe abzustellen, wenn sich der Unternehmer mit seiner geschäftlichen Handlung gezielt an eine solche Gruppe wendet. Artikel 5 Abs. 3 der Richtlinie geht aber noch darüber hinaus, weil auch dann auf das durchschnittliche Mitglied einer bestimmten Gruppe besonders schutzbedürftiger Verbraucher abzustellen ist, wenn die geschäftliche Handlung zwar nicht auf diese Verbrauchergruppe abzielt, es für den Unternehmer aber vorhersehbar ist, dass seine geschäftliche Handlung das wirtschaftliche Verhalten gerade dieser Verbraucher beeinflussen wird.

Die Umsetzung von Artikel 5 Abs. 3 der Richtlinie erfolgt in § 3 Abs. 2 Satz 3 UWG-E i. V. m. § 3 Abs. 1 UWG-E.

c) Absatz 4

Nach Artikel 5 Abs. 4 der Richtlinie sind unlautere geschäftliche Handlungen insbesondere solche, die irreführend im Sinne der Artikel 6 und 7 der Richtlinie oder aggressiv im Sinne der

Artikel 8 und 9 der Richtlinie sind. Die Vorschrift löst neben der erforderlichen Umsetzung der Artikel 6 bis 9 keinen eigenen gesetzgeberischen Handlungsbedarf aus.

d) Absatz 5

Artikel 5 Abs. 5 der Richtlinie verweist auf Anhang I, der eine Liste jener geschäftlichen Handlungen enthält, die unter allen Umständen, d. h. auch dann als unlauter anzusehen und damit unzulässig sind, wenn die Erheblichkeitsschwelle im Sinne einer spürbaren Beeinträchtigung von Verbraucherinteressen nicht überschritten wird. Da das UWG keinen vergleichbaren Katalog von Verboten ohne Wertungsvorbehalt enthält, sieht der Entwurf vor, das Gesetz durch einen entsprechenden Anhang zu ergänzen.

Allerdings wird Nummer 26 des Anhangs I der Richtlinie nicht im Anhang des Gesetzes, sondern in § 7 Abs. 2 Nr. 1 UWG-E umgesetzt. Dies entspricht dem Sachzusammenhang mit § 7 Abs. 2 Nr. 2 und Nr. 3 UWG. Im Übrigen bedarf Nummer 26 des Anhangs I der Richtlinie in dem Umfang keiner Umsetzung, in dem die dort genannten geschäftlichen Handlungen bereits in § 7 Abs. 2 Nr. 2 und Nr. 3 UWG als unter allen Umständen unlauter und damit unzulässig qualifiziert werden (vgl. dazu die Ausführungen im Besonderen Teil der Begründung zu Artikel 1 Nr. 8).

6. Artikel 6 (Irreführende Handlungen)

Artikel 6 der Richtlinie regelt irreführende Handlungen und wird in Artikel 7 der Richtlinie durch eine Regelung zum Unterlassen ergänzt. Bei Erfüllung eines einschlägigen Tatbestands ist die geschäftliche Handlung nach Artikel 5 Abs. 4 Buchstabe a der Richtlinie unlauter und damit nach Artikel 5 Abs. 1 der Richtlinie verboten. Die vergleichbare Regelung im deutschen Recht enthält bisher § 5 UWG i. V. m. der Generalklausel des § 3 UWG. Diese Generalklausel verbietet eine unlautere Wettbewerbshandlung für den Fall, dass sie geeignet ist, den Wettbewerb zum Nachteil der Mitbewerber, der Verbraucher oder der sonstigen Marktteilnehmer nicht nur unerheblich zu beeinträchtigen. Diese Erheblichkeitsschwelle steht im Einklang mit den Vorgaben der Richtlinie. Denn auch nach Artikel 6 Abs. 1 der Richtlinie in Verbindung mit Artikel 5 Abs. 2 Buchstabe b und Abs. 3 der Richtlinie ist eine Irreführung nur dann relevant, wenn sie geeignet ist, einen Durchschnittsverbraucher zu einer bestimmten geschäftlichen Entscheidung zu veranlassen, die er sonst nicht getroffen hätte.

Ungeachtet dieser Übereinstimmung sieht der Entwurf aber gleichwohl in § 3 Abs. 2 UWG-E eine Konkretisierung der Erheblichkeitsschwelle für geschäftliche Handlungen (einschließlich Unterlassungen) vor, die den Wettbewerb zum Nachteil von Verbrauchern beeinträchtigen. Dort wird in Anknüpfung an das vom Europäischen Gerichtshof entwickelte Verbraucherleitbild auch klargestellt, dass es für die Erheblichkeitsschwelle maßgeblich darauf ankommt, ob die zu beurteilende geschäftliche Handlung geeignet ist, das wirtschaftliche Verhalten eines Durchschnittsverbrauchers wesentlich zu beeinflussen (vgl. dazu die Ausführungen im Besonderen Teil der Begründung zu Artikel 1 Nr. 3).

In einem Punkt ist Artikel 6 der Richtlinie allerdings weiter gefasst als die vergleichbare Vorschrift des § 5 UWG. Während sich nämlich § 5 UWG nur auf Werbung bezieht, können unter Artikel 6 der Richtlinie auch andere irreführende geschäftliche Handlungen subsumiert werden (z. B. irreführende Angaben über das Bestehen oder die Höhe einer Forderung).

Die insoweit erforderliche Anpassung des Gesetzes erfolgt in den §§ 5 und 5 a UWG-E.

a) Absatz 1

Nach Artikel 6 Abs. 1 der Richtlinie sind sowohl unwahre als auch sachlich richtige Angaben, die dennoch zur Täuschung geeignet sind, lauterkeitsrechtlich nur relevant, wenn sie geeignet sind, einen Durchschnittsverbraucher zu einer wirtschaftlichen Entscheidung zu veranlassen, die er sonst nicht getroffen hätte. Ein solches Erfordernis ist in § 5 Abs. 1 UWG bisher nicht ausdrücklich genannt. Nach dem Entwurf sollen entsprechende Anforderungen jedoch in § 3 Abs. 2 UWG-E in Verbindung mit Absatz 1 im Zusammenhang mit der Erheblichkeitsschwelle geregelt werden. Die Rechsprechung geht schon heute davon aus, dass irreführende Wettbewerbshandlungen nur relevant sind, wenn sie geeignet sind, das Marktverhalten der Gegenseite zu beeinflussen, vor allem also auch die Entscheidung von Verbrauchern, eine bestimmte Ware zu kaufen oder eine Dienstleistung in Anspruch zu nehmen. Wird dieses Relevanzerfordernis – wie beabsichtigt – im UWG im Rahmen der Generalklausel normiert, braucht es nicht an anderer Stelle wiederholt zu werden, weil die Regelung in diesem Fall für alle unlauteren geschäftlichen Handlungen zum Nachteil von Verbrauchern gilt.

Außerdem muss das UWG im Hinblick auf einzelne Tatbestandsmerkmale der Irreführung an Artikel 6 Buchstabe a bis g der Richtlinie angepasst werden, was in § 5 Abs. 1 Nr. 1 bis 7 UWG-E geschehen soll.

b) Absatz 2

Artikel 6 Abs. 2 der Richtlinie regelt zwei besondere Fallgruppen irreführender geschäftlicher Handlungen, nämlich das Herbeiführen einer Verwechslungsgefahr mit Konkurrenzprodukten und deren Bezeichnungen sowie die Nichteinhaltung von Verpflichtungen aus einem Verhaltenskodex.

(1) Buchstabe a. Nach Artikel 6 Abs. 2 Buchstabe a der Richtlinie gilt die Vermarktung von Waren oder Dienstleistungen einschließlich jeder Art der vergleichenden Werbung als irreführend, wenn dadurch eine Verwechslungsgefahr mit den Waren oder Dienstleistungen einschließlich ihrer Bezeichnungen oder mit Marken oder anderen Kennzeichen eines Mitbewerbers begründet wird. Verwandte Vorschriften enthält das geltende Recht zum einen in § 4 Nr. 9 Buchstabe a UWG und zum anderen in § 5 Abs. 2 Nr. 1 UWG.

Nach § 4 Nr. 9 Buchstabe a UWG handelt unlauter, wer Waren oder Dienstleistungen anbietet, die eine Nachahmung der Waren oder Dienstleistungen eines Mitbewerbers sind, wenn er dabei eine vermeidbare Täuschung der Abnehmer über die betriebliche Herkunft herbeiführt. Dabei handelt es sich um den im deutschen Lauterkeitsrecht seit jeher anerkannten ergänzenden wettbewerbsrechtlichen Leistungsschutz. Dieser schließt neben der genannten vermeidbaren Herkunftstäuschung auch die unangemessene Ausnutzung oder Beeinträchtigung der Wertschätzung einer nachgeahmten Ware oder Dienstleistung (§ 4 Nr. 9 Buchstabe b UWG) sowie das unredliche Erlangen der für die Nachahmung erforderlichen Kenntnisse oder Unterlagen (§ 4 Nr. 9 Buchstabe c UWG) ein. Ein solches Verhalten ist zwar auch als unlautere Einwirkung auf die angesprochenen Verkehrskreise anzusehen. Anknüpfungspunkt für die Unlauterkeit ist hier aber die Ausbeutung des guten Rufs eines von einem Mitbewerber geschaffenen Leistungsergebnisses. Die Rechtsprechung hat daraus den Schluss gezogen, dass von den Mitbewerbern des Nachahmers grundsätzlich nur der Hersteller des Originals, also derjenige, der das Produkt in eigener Verantwortung herstellt oder von einem Dritten herstellen lässt und über das Inverkehrbringen entscheidet, anspruchsberechtigt ist (BGH GRUR 2005, 519, 520 – Vitamin-Zell-Komplex). Dieser Regelungsgehalt des § 4 Nr. 9 UWG wird von Artikel 6 Abs. 2 Buchstabe a der Richtlinie nicht berührt. Denn die Richtlinie betrifft die Irreführung der Verbraucher, die mit der Verwechslung von Waren oder Dienstleistungen oder diesbezüglicher Kennzeichen einhergehen kann. Aspekte des Leistungsschutzes enthält diese Regelung hingegen nicht. Damit liegt § 4 Nr. 9 UWG außerhalb des Anwendungsbereichs der Richtlinie, weshalb diese Vorschrift unverändert bleiben kann.

Nach § 5 Abs. 2 Nr. 1 UWG, der zur Umsetzung der Richtlinie neu gefasst wird (vgl. dazu die Ausführungen im Besonderen Teil der Begründung zu Artikel 1 Nr. 5 Buchstabe b), sind bei der Beurteilung der Irreführung auch Angaben über die Merkmale der Waren oder Dienstleistungen zu berücksichtigen. Dazu zählt u. a. die betriebliche Herkunft. Diese Vorschrift steht in Konkurrenz zu den Rechten, die dem Inhaber einer Marke oder Unternehmensbezeichnung (Name, Firma, besondere Geschäftsbezeichnung) im Falle der Verletzung dieser Rechte nach § 12 BGB und §§ 14 und 15 Markengesetz zustehen. Denn Marken und Unternehmensbezeichnungen sind Hinweise auf die betriebliche Herkunft.

Die höchstrichterliche Rechtsprechung versteht dieses Konkurrenzverhältnis im Sinne eines Vorrangs zugunsten des Markenrechts. Das lauterkeitsrechtliche Irreführungsverbot wird danach im Regelfall durch den im Markengesetz vorgesehenen kennzeichenrechtlichen Schutz verdrängt (BGHZ 149, 191, 195 f – „shell.de"). Dies bedeutet, dass wettbewerbsrechtliche Ansprüche nach geltendem Recht in der Regel ausscheiden, wenn der Verkehr durch die Verwendung eines fremden Kennzeichens irregeführt wird. Etwas anderes gilt nur dann, wenn das Kennzeichen über den Hinweis auf die betriebliche Herkunft hinaus weitere Informationen vermittelt, d. h. wenn die Herkunftsangabe nicht nur identifiziert, sondern darüber hinaus besondere Gütevorstellungen erweckt, die der Verkehr mit der fraglichen Bezeichnung verbindet. Dahinter steht die

Erwägung, dass in einem solchen Fall nicht nur das Individualinteresse des Inhabers verletzt wird, sondern auch das Allgemeininteresse, insbesondere das Interesse der Verbraucher, die mit dem Kennzeichen eine Vorstellung besonderer Güte verbinden.

Artikel 6 Abs. 2 Buchstabe a der Richtlinie sieht einen solchen Vorrang zugunsten des Markenrechts nicht vor. Auch ist zweifelhaft, ob diese Bestimmung ausschließlich Fallkonstellationen betrifft, bei denen über den Hinweis auf die betriebliche Herkunft hinaus weitere Informationen vermittelt werden. Es bleibt der Rechtsprechung überlassen, das Verhältnis zwischen kennzeichenrechtlichen und lauterkeitsrechtlichen Ansprüchen im Lichte der Neufassung des Gesetzes weiter zu konkretisieren.

Die Umsetzung erfolgt in § 5 Abs. 2 UWG-E.

(2) Buchstabe b. .Irreführend ist nach Artikel 6 Abs. 2 Buchstabe b der Richtlinie auch die Nichteinhaltung eines den Unternehmer bindenden Verhaltenskodexes, sofern der Unternehmer auf diese Bindung hingewiesen hat. Dem UWG ist diese Fallgruppe bisher unbekannt, weshalb § 5 Abs. 1 Satz 2 Nr. 6 UWG-E eine entsprechende Regelung vorsieht.

7. Artikel 7 (Irreführende Unterlassungen)

Artikel 7 der Richtlinie enthält eine ausführliche Regelung der Irreführung durch Unterlassen. Im UWG findet sich dazu bisher nur ein Satz (§ 5 Abs. 2 Satz 2 UWG). Angesichts der zahlreichen Details der gemeinschaftsrechtlichen Regelung erscheint eine entsprechende Ergänzung des UWG geboten.

a) Absatz 1

Nach Artikel 7 Abs. 1 der Richtlinie gilt eine geschäftliche Handlung als irreführend, wenn zum einen dem Verbraucher eine für seine geschäftliche Entscheidung wesentliche Information „vorenthalten" wird und dies zum anderen geeignet ist, einen Durchschnittsverbraucher zu einer geschäftlichen Entscheidung zu veranlassen, die er sonst nicht getroffen hätte. Nach dem Entwurf ist vorgesehen, das tatbestandliche Element der Vorenthaltung einer wesentlichen Information in § 5a Abs. 2 UWG-E ausdrücklich zu regeln.

Der Aspekt der Veranlassung zu einer geschäftlichen Entscheidung, die sonst nicht getroffen worden wäre, bedarf dagegen in dieser Vorschrift keiner ausdrücklichen Erwähnung. Schon heute geht die Rechtsprechung davon aus, dass irreführende Wettbewerbshandlungen nur relevant sind, wenn sie geeignet sind, das Marktverhalten der Gegenseite zu beeinflussen, vor allem also auch die Entscheidung von Verbrauchern, eine bestimmte Ware zu kaufen oder eine Dienstleistung in Anspruch zu nehmen. Der Entwurf sieht darüber hinaus aber auch vor, dieses Relevanzerfordernis im Rahmen der Generalklausel zu berücksichtigen. Die Umsetzung erfolgt insoweit in § 3 Abs. 2 Satz 1 i. V. m. § 3 Abs. 1 UWG-E. Diese für alle unlauteren geschäftlichen Handlungen zum Nachteil von Verbrauchern geltende Regelung erfasst auch Fälle einer Irreführung durch Vorenthaltung von wesentlichen Informationen.

b) Absatz 2

Irreführend sind nach Artikel 7 Abs. 2 der Richtlinie auch das Verheimlichen wesentlicher Informationen, das Bereitstellen wesentlicher Informationen, wenn dies auf unklare, unverständliche, zweideutige Weise oder nicht rechtzeitig erfolgt, sowie das Nichtkenntlichmachen des kommerziellen Zwecks einer geschäftlichen Handlung. Diese Merkmale werden auch von dem Begriff des Vorenthaltens im Sinne von Artikel 7 Abs. 1 der Richtlinie erfasst, so dass mit der Umsetzung des Artikel 7 Abs. 1 zugleich auch Artikel 7 Abs. 2 der Richtlinie mit umgesetzt ist.

c) Absatz 3

Artikel 7 Abs. 3 der Richtlinie bestimmt, dass räumliche und zeitliche Beschränkungen sowie Maßnahmen, die der Unternehmer getroffen hat, um den Verbrauchern die Informationen anderweitig zur Verfügung zu stellen, bei der Entscheidung darüber, ob Informationen vorenthalten wurden, berücksichtigt werden müssen. Bereits nach Artikel 7 Abs. 1 der Richtlinie sind Beschränkungen des Kommunikationsmittels sowie alle tatsächlichen Umstände entsprechend zu berücksichtigen. Mit der Umsetzung von Artikel 7 Abs. 1 wird daher zugleich auch Artikel 7 Abs. 3 der Richtlinie umgesetzt.

Amtliche Begründung BT-Drucks. 16/10145 21

d) Absatz 4

Artikel 7 Abs. 4 der Richtlinie betrifft Fälle, in denen Waren oder Dienstleistungen in einer dem verwendeten Mittel der kommerziellen Kommunikation angemessenen Weise so angeboten werden, dass ein Durchschnittsverbraucher in der Lage versetzt wird, einen Geschäftsabschluss zu tätigen. Für diese Fallgruppe, die als „Aufforderung zum Kauf" bezeichnet wird, sind in mehreren Unterabsätzen Informationen aufgelistet, die als „wesentlich" anzusehen sind, sofern sie sich nicht unmittelbar aus den Umständen ergeben.

Diese ergänzende Regelung soll in § 5 a Abs. 3 UWG-E umgesetzt werden.

e) Absatz 5

Nach Artikel 7 Abs. 5 der Richtlinie gelten darüber hinaus auch solche Informationen als „wesentlich", zu denen die im Anhang II der Richtlinie nicht abschließend aufgelisteten gemeinschaftsrechtlichen Rechtsakte Informationsanforderungen vorsehen.

Die Umsetzung dieser Bestimmung erfolgt in § 5 a Abs. 4 UWG-E.

8. Artikel 8 und 9
(Aggressive Geschäftspraktiken; Belästigung, Nötigung und unzulässige Beeinflussung)

Nach Artikel 8 der Richtlinie gelten geschäftliche Handlungen als aggressiv, wenn sie in Bezug auf bestimmte Waren oder Dienstleistungen „die Entscheidungs- oder Verhaltensfreiheit des Durchschnittsverbrauchers ... durch Belästigung, Nötigung, einschließlich der Anwendung körperlicher Gewalt, oder durch unzulässige Beeinflussung" tatsächlich oder voraussichtlich erheblich beeinträchtigen und der Verbraucher dadurch „tatsächlich oder voraussichtlich dazu veranlasst wird, eine geschäftliche Entscheidung zu treffen, die er andernfalls nicht getroffen hätte". Artikel 9 der Richtlinie enthält hierzu weitere Kriterien. In Betracht kommen als maßgebliche Faktoren Zeitpunkt und Ort sowie Art und Dauer der Einflussnahme, die Verwendung drohender oder beleidigender Formulierungen, die Ausnutzung konkreter Unglückssituationen, Drohungen mit dem Ziel, den Verbraucher an der Ausübung seiner vertraglichen Rechte zu hindern, sowie die Drohung mit rechtlich unzulässigen Handlungen.

Im geltenden Recht wird diese Art der Beeinflussung mit Hilfe von Beispielstatbeständen in § 4 Nr. 1 und Nr. 2 UWG geregelt. Gemäß Nummer 1 handelt unlauter, wer Wettbewerbshandlungen vornimmt, die geeignet sind, die Entscheidungsfreiheit der Verbraucher oder sonstigen Marktteilnehmer durch Ausübung von Druck oder durch sonstigen unangemessenen unsachlichen Einfluss zu beeinträchtigen. Nummer 2 fasst die Fälle der Ausnutzung der geschäftlichen Unerfahrenheit, insbesondere von Kindern und Jugendlichen, der Leichtgläubigkeit, der Angst oder einer Zwangslage von Verbrauchern zusammen. Der Sache nach stimmt diese Regelung mit dem Verbot nach Artikel 8 der Richtlinie in Verbindung mit der Definition des Begriffs „unzulässige Beeinflussung" in Artikel 2 Buchstabe j der Richtlinie überein (vgl. die vorstehenden Ausführungen unter A IV. 2. i). Belästigung und Nötigung als besondere Erscheinungsformen der unzulässigen Beeinflussung werden durch § 4 UWG bei richtlinienkonformer Auslegung dieser Vorschrift hinreichend erfasst. Deshalb erscheint eine Änderung oder Ergänzung des Gesetzes in diesem Zusammenhang entbehrlich.

9. Artikel 10 (Verhaltenskodizes)

Artikel 10 der Richtlinie enthält eine Regelung zur freiwilligen Selbstkontrolle der Wirtschaft durch Verhaltenskodizes. Danach soll es einerseits möglich sein, Verhaltenskodizes zur Kontrolle unlauterer geschäftlicher Handlungen einzusetzen. Den in Artikel 11 der Richtlinie genannten Personen und Organisationen muss jedoch andererseits der Rechtsweg zu den Gerichten und der Zugang zu Verwaltungsverfahren freistehen.

Das geltende Recht schließt eine freiwillige Selbstkontrolle der Wirtschaft nicht aus und eröffnet nach § 15 UWG darüber hinaus auch die Möglichkeit, Einigungsstellen der Industrie- und Handelskammern anzurufen. Im Bereich der Werbung findet eine freiwillige Selbstkontrolle beispielsweise durch den Deutschen Werberat statt. Der Rechtsweg wird dadurch im Einzelfall nicht ausgeschlossen. Besonderer gesetzgeberischer Maßnahmen bedarf es in dieser Hinsicht nicht.

10. Artikel 11 bis 13
(Durchsetzung; Gerichte und Verwaltungsbehörden: Begründung von Behauptungen; Sanktionen)

Artikel 11 bis 13 der Richtlinie betreffen ihre Durchsetzung, deren konkrete Ausgestaltung weitgehend den Mitgliedstaaten überlassen bleibt.

Nach Artikel 11 Abs. 1 der Richtlinie haben die Mitgliedstaaten sicherzustellen, dass zur Einhaltung der Richtlinie geeignete und wirksame Mittel zur Bekämpfung unlauterer geschäftlicher Handlungen zur Verfügung stehen. Die bei Wettbewerbsverstößen zur Anwendung kommenden Sanktionen müssen nach Artikel 13 der Richtlinie „wirksam, verhältnismäßig und abschreckend" sein. Es bleibt aber nach Artikel 11 Abs. 1 Unterabsatz 3 der Richtlinie den Mitgliedstaaten überlassen zu entscheiden, ob sie für die Bekämpfung von Rechtsverstößen zivilrechtliche, strafrechtliche oder verwaltungsrechtliche Maßnahmen einsetzen. Auch eine Kombination ist möglich.

Das deutsche Recht sieht in den §§ 8 bis 10 UWG zivilrechtliche Ansprüche vor, die gerichtlich nach den Vorschriften der Zivilprozessordnung durchgesetzt werden können. Unter bestimmten Voraussetzungen ist nach den §§ 16 bis 19 UWG auch eine strafrechtliche Verfolgung nach der Strafprozessordnung möglich. Diese Sanktionssysteme, die sich in der Praxis bewährt haben, erfüllen die Anforderungen der Richtlinie, so dass es keiner weiteren Umsetzungsmaßnahmen bedarf.

Das gilt auch insoweit, als die Mitgliedstaaten nach Artikel 11 Abs. 1 Unterabsatz 2 der Richtlinie vorsehen müssen, dass Personen oder Organisationen, die ein berechtigtes Interesse an der Bekämpfung unlauterer geschäftlicher Handlungen haben, gegen solche Praktiken gerichtlich vorgehen können. Diesem Erfordernis wird durch die den Mitbewerbern, Verbänden, qualifizierten Einrichtungen, Industrie- und Handelskammern und Handwerkskammern nach § 8 Abs. 3 UWG eingeräumten Klagebefugnisse Rechnung getragen. Die Richtlinie enthält nach ihrem Erwägungsgrund 9 keine Regelungen zu individuellen Klagerechten von Personen, die durch unlautere geschäftliche Handlungen geschädigt worden sind. Um die Richtlinie umsetzen zu können, brauchen deshalb im UWG keine besonderen individuellen Klagerechte für Verbraucher geschaffen zu werden. Der Gesetzentwurf belässt es deshalb insoweit beim gegenwärtig geltenden Rechtszustand.

Das UWG genügt auch hinsichtlich der Beweisregelung in Artikel 12 der Richtlinie den gemeinschaftsrechtlichen Anforderungen. Artikel 12 Buchstabe a der Richtlinie sieht für Tatsachenbehauptungen, die im Zusammenhang mit geschäftlichen Handlungen stehen, eine Beweislastumkehr für den Fall vor, dass dies „unter Berücksichtigung der berechtigten Interessen des Gewerbetreibenden und anderer Verfahrensbeteiligter im Hinblick auf die Umstände des Einzelfalls angemessen erscheint". Erwägungsgrund 21 geht in diesem Zusammenhang allerdings davon aus, dass Beweislastfragen grundsätzlich vom innerstaatlichen Recht bestimmt werden. Danach verbleibt den Mitgliedstaaten ein weiter Beurteilungsspielraum, so dass es ausreichend erscheint, dass § 5 Abs. 4 Satz 2 UWG und Nummer 5 Satz 2 des Anhangs zu § 3 Abs. 3 UWG-E derartige Regelungen enthalten. Hinzu kommt, dass die Rechtsprechung auch dann Beweiserleichterungen angenommen hat, wenn der Anspruchsteller entschuldbar über die tatsächlichen Verhältnisse im Ungewissen war.

11. Artikel 14 bis 16 (Änderung anderer Richtlinien)

Artikel 14 bis 16 der Richtlinie betreffen die Änderung anderer Richtlinien sowie einer Verordnung.

a) Artikel 14 (Änderung der Richtlinie 84/450/EWG)

Artikel 14 der Richtlinie enthält Änderungen der Richtlinie 84/450/EWG des Rates vom 10. September 1984 über irreführende und vergleichende Werbung. Diese ist inzwischen außer Kraft getreten. Sie war mehrfach und in wesentlichen Punkten geändert worden. Aus Gründen der Übersichtlichkeit und Klarheit wurde sie nunmehr durch die weiter oben näher bezeichnete Richtlinie 2006/114/EG über irreführende und vergleichende Werbung (kodifizierte Fassung) ersetzt. Die Richtlinie 2006/114/EG enthält auch alle Änderungen der Richtlinie 84/450/EWG, die diese durch die vorliegend umzusetzende Richtlinie erfahren hat. Die umzusetzende

Richtlinie hat die Richtlinie 84/450/EWG allerdings nur in zwei Punkten so geändert, dass eine Umsetzung erforderlich ist:

– Artikel 3a Buchstabe d der Richtlinie 84/450/EWG wurde durch die umzusetzende Richtlinie zu Buchstabe h, wodurch noch kein Umsetzungsbedarf begründet wird. Allerdings wurde auch das Tatbestandsmerkmal „Verwechslungen" durch das der „Verwechslungsgefahr" ersetzt. Die erforderliche Umsetzung erfolgt in § 6 Abs. 2 Nr. 3 UWG-E.
– Artikel 3a Abs. 2 der Richtlinie 84/450/EWG, der den Vergleich bei Sonderangeboten betraf, ist auf Grund der vorliegend umzusetzenden Richtlinie entfallen, auch wenn sich dies aus dem Normtext nur unzureichend ergibt. Es folgt aber eindeutig daraus, dass auch Artikel 4 der Richtlinie 2006/114/EG in diesem Zusammenhang keine Regelung für Sonderangebote mehr enthält.

Diese Rechtsänderung ist auf Grund des Gebots der Vollharmonisierung dadurch umzusetzen, dass § 6 Abs. 3 UWG, durch den Artikel 3a Abs. 2 der Richtlinie 84/450/EWG umgesetzt worden war, wieder aufgehoben wird.

b) Artikel 15 (Änderung der Richtlinien 97/7/EG und 2002/65/EG)

Artikel 15 der Richtlinie enthält Änderungen der weiter oben näher bezeichneten Richtlinie 97/7/EG über den Verbraucherschutz bei Vertragsabschlüssen im Fernabsatz und der weiter oben näher bezeichneten Richtlinie 2002/65/EG über den Fernabsatz von Finanzdienstleistungen an Verbraucher. Danach sind Verbraucher von Gegenleistungen für unbestellte Waren oder Dienstleistungen freizustellen. Das Bürgerliche Gesetzbuch enthält hierzu in § 241a eine für Schuldverhältnisse allgemein geltende Regelung, welche auch die in den vorgenannten Richtlinien geregelten Fälle erfasst. Es besteht kein weiterer Umsetzungsbedarf.

c) Artikel 16 (Änderung der Richtlinie 98/27/EG und der Verordnung (EG) Nr. 2006/2004)

Artikel 16 Nr. 1 der Richtlinie hat Nummer 1 des Anhangs der weiter oben näher bezeichneten Richtlinie 98/27/EG über Unterlassungsklagen zum Schutz der Verbraucherinteressen geändert und Artikel 16 Nr. 2 der Richtlinie hat den Anhang der Verordnung (EG) Nr. 2006/2004 des Europäischen Parlaments und des Rates vom 27. Oktober 2004 über die Zusammenarbeit zwischen den für die Durchsetzung der Verbraucherschutzgesetze zuständigen nationalen Behörden (Verordnung über die Zusammenarbeit im Verbraucherschutz), ABl. EG Nr. L 364 S. 1, durch Anfügung einer neuen Nummer 16 ergänzt.

Zu Nummer 1 des Anhangs der Richtlinie 98/27/EG besteht kein besonderer Umsetzungsbedarf, weil in dieser Bestimmung lediglich die Verweisung auf die inzwischen durch Artikel 10 der weiter oben näher bezeichneten Richtlinie 2006/114/EG über irreführende und vergleichende Werbung (kodifizierte Fassung) aufgehobene Richtlinie 84/450/EWG des Rates vom 10. September 1984 zur Angleichung der Rechts- und Verwaltungsvorschriften der Mitgliedstaaten über irreführende Werbung dadurch aktualisiert worden ist, dass Nummer 1 des Anhangs nunmehr auf die vorliegend umzusetzende Richtlinie verweist. In der Sache wird die Richtlinie 98/27/EG dadurch umgesetzt, dass für alle Verstöße gegen die Normen zur Umsetzung der Richtlinie 2005/29/EG die §§ 8ff. UWG gelten.

Die Ergänzung des Anhangs der vorgenannten Verordnung (EG) Nr. 2006/2004 über die Zusammenarbeit im Verbraucherschutz durch Anfügung einer weiteren Nummer, in der auf die vorliegend umzusetzende Richtlinie verwiesen wird, ist bereits im Gesetz über die Durchsetzung der Verbraucherschutzgesetze bei innergemeinschaftlichen Verstößen vom 21. Dezember 2006 (BGBl. I S. 3367) berücksichtigt worden, so dass auch insoweit kein weiterer gesetzgeberischer Handlungsbedarf besteht.

12. Artikel 17 (Information)

Nach Artikel 17 der Richtlinie haben die Mitgliedstaaten die Verbraucherschaft über die in Umsetzung der Richtlinie erlassenen Rechtsvorschriften angemessen zu informieren. Ferner sollen Gewerbetreibende und die Urheber von Verhaltenskodizes dazu angeregt werden, die Verbraucher über ihre Kodizes zu informieren. Beides begründet keinen gesetzgeberischen Handlungsbedarf.

13. Artikel 18 (Änderung)

Artikel 18 der Richtlinie verpflichtet die Europäische Kommission dazu, dem Europäischen Parlament und dem Rat spätestens am 12. Juni 2011 einen umfassenden Bericht über die Anwendung der Richtlinie vorzulegen. Dies dient der Vorbereitung einer eventuellen künftigen Änderung oder Ergänzung des Gemeinschaftsrechts. Da der Bericht von der Europäischen Kommission vorzulegen ist, stehen die Mitgliedstaaten insoweit nicht in der Pflicht.

14. Artikel 19 (Umsetzung)

Die Mitgliedstaaten sind nach Artikel 19 der Richtlinie gehalten, diese bis zum 12. Juni 2007 umzusetzen.

V. Gesetzgebungszuständigkeit

Für den Bereich des gewerblichen Rechtsschutzes besteht nach Artikel 73 Nr. 9 des Grundgesetzes (GG) eine ausschließliche Gesetzgebungskompetenz des Bundes.

VI. Gesetzesfolgenabschätzung

Mit der Novellierung des UWG wird der Schutz von Verbrauchern durch das Lauterkeitsrecht auf ein gemeinschaftsrechtlich vorgegebenes Durchschnittsniveau festgelegt, bei dem der Durchschnittsverbraucher den entscheidenden Maßstab bildet. Die Wirtschaft muss sich auf die umsetzungsbedingt höhere Regelungsdichte der neuen Vorschriften einstellen. Beispielsweise müssen bereits laufende Werbekampagnen oder bereits entworfene Marketingkonzepte darauf überprüft werden, ob sie mit den zahlreichen Einzelregelungen des neuen Rechts noch im Einklang stehen. Das kann vorübergehend zu gewissen Kostensteigerungen führen. Auswirkungen auf das Preisniveau, insbesondere das Verbraucherpreisniveau, sind aber nicht zu erwarten.

VII. Auswirkungen auf die öffentlichen Haushalte

Durch die Gesetzesänderungen entstehen keine zusätzlichen Kosten für die öffentlichen Haushalte. Die Umsetzung der Richtlinie betrifft ausschließlich zivil- und handelsrechtliche Vorschriften. Ein behördlicher Vollzug findet nicht statt. Da lediglich bereits bestehende Regelungen ergänzt werden, ist nicht mit einem erheblichen Anstieg von Rechtsstreitigkeiten zu rechnen.

VIII. Auswirkungen von gleichstellungspolitischer Bedeutung

Auswirkungen von gleichstellungspolitischer Bedeutung sind nicht zu erwarten, da Verbraucherinnen und Verbraucher lauterkeitsrechtlich nicht unterschiedlich behandelt werden.

IX. Bürokratiekosten

Der Entwurf schafft keine neuen Informationspflichten im Sinne des Gesetzes zur Errichtung eines nationalen Normenkontrollrats (NKR-Gesetz).

X. Vereinbarkeit mit europäischem Recht

Das Gesetz ist mit dem Recht der Europäischen Union vereinbar.

B. Besonderer Teil

Zu Artikel 1. Änderung des Gesetzes gegen den unlauteren Wettbewerb

Zu Nummer 1 (§ 1)

Die in § 1 UWG-E enthaltene Zweckbestimmung des Gesetzes verwendet den Begriff „geschäftliche Handlung", der damit als zentraler Begriff des UWG-E hervorgehoben werden soll. Er ersetzt den Begriff „Wettbewerbshandlung". Dieser deckt nicht zweifelsfrei das ab, was er im Hinblick auf die Richtlinie erfassen soll. Denn Handlungen während und nach Vertragsschluss haben nicht notwendigerweise etwas mit Wettbewerb zu tun.

Der in der Richtlinie verwendete Begriff „geschäftliche Praxis" oder gar „Praktiken" wird nicht übernommen, weil ihm in der deutschen Sprache eine abwertende Bedeutung zukommt. Im UWG muss demgegenüber ein neutralerer Begriff verwendet werden, weil es neben den unlauteren auch die lauterkeitsrechtlich nicht zu beanstandenden geschäftlichen Handlungen gibt.

Zu Nummer 2 (§ 2)

Zu Buchstabe a Doppelbuchstabe aa (§ 2 Abs. 1 Nr. 1)

In § 2 Abs. 1 Nr. 1 UWG-E wird der Begriff „geschäftliche Handlung" definiert. Um zum Ausdruck zu bringen, dass als geschäftliche Handlung gleichermaßen ein positives Tun wie auch ein Unterlassen in Betracht kommen, wird nicht der an sich ausreichende herkömmliche Begriff „Handlung" verwendet, sondern die umfassender erscheinende Formulierung „Verhalten" eingeführt.

Voraussetzung für das Vorliegen einer geschäftlichen Handlung ist nach § 2 Abs. 1 Nr. 1 des Entwurfs u. a., dass das Verhalten einer Person mit der Förderung des Absatzes oder dem Bezug von Waren oder Dienstleistungen oder dem Abschluss oder der Durchführung eines Vertrages hierüber in einem objektiven Zusammenhang steht. Die bisher in § 2 Abs. 1 Nr. 1 enthaltene Regelung, wonach es darauf ankam, dass eine Handlung „mit dem Ziel" der Förderung des Absatzes bzw. der Förderung der anderen o. g. Unternehmensaktivitäten vorgenommen wird, war durch einen finalen Zurechnungszusammenhang gekennzeichnet, der mit Artikel 2 Buchstabe d der Richtlinie kaum mehr zu vereinbaren wäre. Durch den Begriff des objektiven Zusammenhangs wird nun zum einen sichergestellt, das alle am Verhältnis von Unternehmen zu Verbrauchern anknüpfenden lauterkeitsrechtlichen Fallgruppen unter Beachtung der neuen europarechtlichen Vorgaben vom UWG erfasst werden. Zum anderen ist aber auch gewährleistet, dass der Begriff der geschäftlichen Handlung – wie der bisherige Begriff der Wettbewerbshandlung – alle lauterkeitsrechtlichen Fallgruppen erfasst, die das Verhältnis von Unternehmen zu Unternehmen betreffen. Das UWG wird, insoweit über die Artikel 1 und 3 Abs. 1 der Richtlinie hinausgehend, wie bisher alle geschäftlichen Handlungen erfassen, welche die Interessen von Mitbewerbern und sonstigen Marktteilnehmern beeinträchtigen.

Zu den auch weiterhin in den Schutzbereich des UWG fallenden Konstellationen, die das Verhältnis „Unternehmen zu Unternehmen" betreffen, gehören namentlich die Fälle horizontaler Behinderung nach § 4 Nr. 10 UWG. Absatz- und Werbebehinderungen, Betriebsstörungen (wie Betriebsspionage), unberechtigte Abmahnungen und andere unzulässige, unlautere Verhaltensweisen eines Unternehmens gegenüber einem Mitbewerber haben in der Regel keine unmittelbaren Auswirkungen auf den Absatz oder auf den Bezug von Waren und Dienstleistungen. Zwischen diesen Praktiken und dem Absatz oder dem Bezug von Waren und Dienstleistungen besteht aber ein objektiver Zusammenhang. Denn der Absatz von Waren oder der Bezug von Waren und Dienstleistungen wird durch derartige Verhaltensweisen regelmäßig – gegebenenfalls mit einer gewissen zeitlichen Verzögerung – zugunsten des unlauter handelnden Unternehmens beeinflusst.

Weltanschauliche, wissenschaftliche, redaktionelle oder verbraucherpolitische Äußerungen von Unternehmen oder anderen Personen unterfallen weiterhin nicht dem UWG, soweit sie in keinem objektiven Zusammenhang mit dem Absatz von Waren und den anderen o. g. Unternehmensaktivitäten stehen. Das gilt etwa für redaktionelle Äußerungen oder eine Reichweitenforschung (Forschung über Medienkontakte). Dienen sie nur der Information der Leserschaft oder der die Anonymität der befragten Personen wahrenden Markt- und Meinungsforschung, fehlt es an einem objektiven Zusammenhang zum Warenabsatz, so dass eine geschäftliche Handlung nicht vorliegt. Sponsoring und Image-Werbung können nach wie vor in den Anwendungsbereich des UWG fallen. Dies wird durch die Erwähnung des Sponsorings in § 5 Abs. 1 Satz 2 Nr. 4 UWG-E verdeutlicht und steht im Einklang mit Erwägungsgrund 7 der Richtlinie, wonach es auf den Zusammenhang mit der Beeinflussung der geschäftlichen Entscheidung des Verbrauchers ankommt. Image-Werbung kann eine geschäftliche Handlung sein, sofern sie objektiv geeignet ist, eine solche Entscheidung zu beeinflussen. Dabei müssen alle Umstände des Einzelfalles umfassend gewürdigt werden.

In Umsetzung von Artikel 3 Abs. 1 der Richtlinie wird in § 2 Abs. 1 Nr. 1 UWG-E klargestellt, dass geschäftliche Handlungen vor, während und nach Geschäftsabschluss in den Anwendungsbereich des Gesetzes fallen. Aus diesem Grund wird in der Definition der geschäftlichen Handlung jetzt auch die Durchführung eines Vertrags ausdrücklich erwähnt. Damit ist die bisherige Rechtsprechung überholt, die aus dem Merkmal „Absatzförderung" geschlossen hatte, eine Wettbewerbshandlung sei im Regelfall mit dem Vertragsabschluss beendet und umfasse nur ausnahmsweise auch Handlungen nach Vertragsschluss, wenn es der Unternehmer von vornherein auf Kundentäuschung abgesehen hatte.

Insgesamt kommt in der Definition der geschäftlichen Handlung in § 2 Abs. 1 Nr. 1 der auch weiterhin geltende, umfassende Schutzzweck des UWG zum Ausdruck, der sich gleichermaßen auf Mitbewerber, Verbraucher und sonstige Marktteilnehmer erstreckt. Zwar schützt die Richtlinie unmittelbar nur die wirtschaftlichen Interessen von Verbrauchern. Im Erwägungsgrund 8 der Richtlinie wird jedoch eingeräumt, dass sie mittelbar auch rechtmäßig handelnde Unternehmen vor Mitbewerbern schützt, die sich nicht an die Regeln des lauteren Wettbewerbs halten. Im Übrigen verwehrt es die Richtlinie dem nationalen Gesetzgeber nicht, über den Regelungsbereich der Richtlinie hinausgehende lauterkeitsrechtliche Bestimmungen zu erlassen, die das Verhältnis der Unternehmen zu ihren Mitbewerbern betreffen. Sie zwingt mithin nicht zu einer Aufgabe der bewährten allgemeinen Schutzzwecktrias des deutschen Rechts.

Zu Buchstabe a Doppelbuchstabe bb (§ 2 Abs. 1 Nr. 4)

Die Änderung ist durch die Erweiterung des Definitionskatalogs bedingt.

Zu Buchstabe a Doppelbuchstabe cc (§ 2 Abs. 1 Nr. 5 bis 7)

Die Definition des Begriffs „Verhaltenskodex" in § 2 Abs. 1 Nr. 5 UWG-E lehnt sich an den Wortlaut von Artikel 2 Buchstabe f der Richtlinie an. Die Legaldefinition ist erforderlich, um ein richtlinienkonformes Verständnis der Regelung des § 5 Abs. 1 Satz 2 Nr. 6 UWG-E sicher zu stellen.

In § 2 Abs. 1 Nr. 6 UWG-E wird der Sache nach die Definition des „Gewerbetreibenden" aus Artikel 2 Buchstabe b der Richtlinie übernommen. Statt des Wortes „Gewerbetreibender" wird jedoch der Begriff „Unternehmer" verwendet. Der Begriff „Gewerbetreibender" ist für eine Übernahme nicht geeignet, da er mit der Definition des Gewerbetreibenden in Artikel 2 Buchstabe b der Richtlinie nicht übereinstimmt. Die Definition erfasst nämlich nicht nur gewerbliche, sondern auch handwerkliche und berufliche Tätigkeiten. Der Begriff „Unternehmer" wird bereits im UWG verwendet. Allerdings erfordert die Umsetzung des Artikels 2 Buchstabe b der Richtlinie, diesen Begriff nunmehr nicht mehr entsprechend § 14 BGB, sondern gemäß der Richtlinie zu definieren. Dementsprechend bedarf es zusätzlich zu der Einführung der Definition (§ 2 Abs. 1 Nr. 6 UWG-E) auch einer Anpassung des § 2 Abs. 2 UWG.

Die Definition der „fachlichen Sorgfalt" in § 2 Abs. 1 Nr. 7 UWG-E entspricht der Definition der „beruflichen Sorgfalt" in Artikel 2 Buchstabe h der Richtlinie. Dabei wurde der Begriff „berufliche Sorgfalt" durch den besser geeigneten Begriff „fachliche Sorgfalt" ersetzt. Ein Beruf kann nach den Begriffsbestimmungen des deutschen Rechts nur von einer natürlichen Person ausgeübt werden, die Sorgfaltspflichten im Sinne der Richtlinie sollen aber auch juristische Personen treffen. Zur Vermeidung uneinheitlicher Begriffsbildungen im Zivil- und Handelsrecht empfiehlt es sich deshalb, die in der englischen und französischen Sprachfassung verwendeten Begriffe „professional diligence" (englisch) bzw. „diligence professionnelle" (französisch) zum Zweck der Richtlinienumsetzung als „fachliche Sorgfalt" zu übersetzen.

Zu Buchstabe b (§ 2 Abs. 2)

Da der Begriff des Unternehmers nunmehr in § 2 Abs. 1 Nr. 6 UWG-E definiert wird, entfällt insoweit die Verweisung auf die Definition des Bürgerlichen Gesetzbuchs in § 2 Abs. 2 UWG-E. Dort soll nur noch für den Verbraucherbegriff auf das Bürgerliche Gesetzbuch verwiesen werden.

Amtliche Begründung BT-Drucks. 16/10145

Zu Nummer 3 (§ 3)

Die Generalklausel des § 3 UWG soll neu gefasst werden.

§ 3 Abs. 1 UWG-E enthält eine Neufassung der bisherigen lauterkeitsrechtlichen Generalklausel. Dabei wurde das unklare Merkmal der Beeinträchtigung des Wettbewerbs zum Nachteil von Marktteilnehmern zugunsten der Einführung des Merkmals der Beeinträchtigung ihrer Interessen aufgegeben. Damit wird der sachliche und sprachliche Gleichklang zu den Regelungen in § 1 Satz 2 UWG, § 4 Nr. 11 UWG und § 8 Abs. 3 Nr. 2 UWG hergestellt.

Die Regelung ersetzt ferner das sperrige Tatbestandsmerkmal der „nicht nur unerheblichen" Beeinträchtigung durch das Merkmal „Spürbarkeit", das auch in der Definition der wesentlichen Beeinflussung des Verbraucherverhaltens in Artikel 2 Buchstabe e der Richtlinie enthalten ist.

Die Generalklausel wird in § 3 UWG-E durch einen zweiten Absatz ergänzt, der der Umsetzung von Artikel 5 Abs. 2 und 3 der Richtlinie dient (vgl. die Ausführungen im Allgemeinen Teil der Begründung unter A. IV. 5. Buchstaben a und b).

Im ersten Satz des § 3 Abs. 2 UWG-E wird Artikel 5 Abs. 2 Buchstabe a und b der Richtlinie insoweit umgesetzt, als dieser bestimmt, dass eine geschäftliche Handlung unlauter ist, wenn sie den Erfordernissen der beruflichen Sorgfaltspflicht widerspricht und sie das wirtschaftliche Verhalten des Verbrauchers wesentlich beeinflussen kann. Dabei wird die Definition der „wesentlichen Beeinflussung des wirtschaftlichen Verhaltens des Verbrauchers" gemäß Artikel 2 Buchstabe e der Richtlinie berücksichtigt.

Beim zweiten Satz des § 3 Abs. 2 UWG-E geht es um die Umsetzung von Artikel 5 Abs. 2 Buchstabe b der Richtlinie insoweit, als dort bestimmt wird, dass es für die Beurteilung einer geschäftlichen Handlung, die sich an eine bestimmte Verbrauchergruppe wendet, auf das vom Europäischen Gerichtshof entwickelte und vom Bundesgerichtshof in ständiger Rechtsprechung verwendete Verbraucherleitbild des informierten, verständigen und angemessen aufmerksamen Durchschnittsverbrauchers ankommt, und bei einer geschäftlichen Handlung, die sich an eine bestimmte Verbrauchergruppe wendet, auf ein durchschnittliches Mitglied dieser Gruppe abzustellen ist.

Beim dritten Satz des § 3 Abs. 2 UWG-E geht es um die Klarstellung, dass auf das durchschnittliche Mitglied einer bestimmten Gruppe besonders schutzbedürftiger Verbraucher abzustellen ist, wenn die geschäftliche Handlung zwar nicht auf diese Verbrauchergruppe abzielt, es für den Unternehmer aber vorhersehbar war, dass seine geschäftliche Handlung das wirtschaftliche Verhalten gerade dieser Verbraucher beeinflussen werde.

§ 3 Abs. 3 UWG-E schließlich verweist auf einen Anhang mit einer Liste geschäftlicher Handlungen gegenüber Verbrauchern, die ohne Rücksicht auf die nach der lauterkeitsrechtlichen Generalklausel sonst maßgebliche Erheblichkeitsschwelle des § 3 Abs. 1 und 2 UWG-E stets unzulässig sind (Verbote ohne Wertungsvorbehalt); auf die spürbare Beeinträchtigung von Verbraucherinteressen kommt es dabei nicht an. Hierbei handelt es sich um eine Ausnahme von dem sonst geltenden Grundsatz der einheitlichen Anwendung des Gesetzes auf Mitbewerber, Verbraucher und sonstige Marktteilnehmer. Die Ausnahme ist gerechtfertigt, weil die auf Artikel 5 Abs. 5 der Richtlinie in Verbindung mit deren Anhang I zurückgehende Regelung aus Gründen des Verbraucherschutzes besonders streng ausgefallen ist. Es wäre nicht gerechtfertigt, den kaufmännischen Verkehr mit derart starren Regeln zu belasten.

Hinsichtlich der Einzelheiten wird auf die Ausführungen im Besonderen Teil der Begründung zu Artikel 1 Nr. 12 verwiesen.

Zu Nummer 4 (§ 4)

Zu Buchstabe a

Die Angabe „im Sinne von § 3" wird gestrichen, weil sie den unzutreffenden Eindruck erweckt, § 3 UWG definiere den Begriff der Unlauterkeit. Tatsächlich ergeben sich aus § 3 UWG und künftig § 3 UWG-E aber nur die Voraussetzungen, bei deren Vorliegen eine unlautere Handlung unzulässig ist. Die Bestimmungen der §§ 4 bis 7 UWG einschließlich des Anhangs zu § 3 Abs. 3 UWG-E enthalten sodann einen Katalog von Beispielen unlauteren Verhaltens.

Zu Buchstabe b

Die Änderung ist eine Folge der Einführung des Begriffs „geschäftliche Handlung".

Zu Buchstabe c

§ 4 Nr. 2 UWG wird neu gefasst. Die Vorschrift wird um die Begriffe „geistige und körperliche Gebrechen" sowie „das Alter" ergänzt. Damit soll dem Umstand Rechnung getragen werden, dass Artikel 5 Abs. 3 der Richtlinie diese Begriffe ausdrücklich nennt. Zwar enthält diese Richtlinienbestimmung lediglich einen Maßstab, anhand dessen geschäftliche Handlungen beurteilt werden sollen, und keinen Tatbestand, bei dessen Vorliegen eine unlautere Handlung gegeben ist. Die ausdrückliche Erwähnung besonders schutzbedürftiger Gruppen verdeutlicht aber, dass deren Schutz vor unlauteren geschäftlichen Handlungen ein besonderes Anliegen der Richtlinie ist. Daher soll dieser Schutz ausdrücklich normiert werden.

Die Streichung der Wörter „insbesondere von Kindern und Jugendlichen" hat keine inhaltliche Änderung des § 4 Nr. 2 UWG zur Folge. Sie ist vielmehr erforderlich, um zu verhindern, dass dem Begriff des Kindes an zwei Stellen des Gesetzes eine unterschiedliche Bedeutung beigemessen wird. Der Begriff des Kindes in Nr. 28 des Anhangs zu § 3 Abs. 3 UWG-E ist gemeinschaftsrechtlicher Natur. Die Verwendung desselben Wortes in § 4 Nr. 2 UWG wäre aber mit der Gefahr verbunden, dass die Regelung an beiden Stellen nach deutschem Recht ausgelegt wird. Um dies von vornherein auszuschließen, soll die Verwendung dieses Wortes hier vermieden werden.

Zu Buchstabe d

Die Änderung ist eine Folge der Einführung des Begriffs „geschäftliche Handlung".

Zu Nummer 5 (§ 5 Abs. 1, 2 und 5)

Zu Buchstabe a

Die Überschrift des § 5 UWG-E wird weiter gefasst als in § 5 UWG, weil die Vorschrift auch irreführende geschäftliche Handlungen betrifft, bei denen es sich nicht um Werbung handelt.

Zu Buchstabe b

Bei der in den §§ 5 und 5 a UWG-E geregelten Irreführung handelt es sich um eine der wichtigsten Fallgruppen des unlauteren Wettbewerbs. Der Entwurf unterscheidet hierbei zwischen der Irreführung durch aktives Tun, die in § 5 UWG-E geregelt wird, und der Irreführung durch Unterlassen, die in § 5 a UWG-E weitaus detaillierter als bisher geregelt wird.

Zu § 5 Abs. 1 Satz 1

Die Neufassung des § 5 Abs. 1 und 2 UWG dient der Umsetzung von Artikel 6 der Richtlinie. Abweichend vom geltenden Recht knüpft das Gesetz dabei nicht mehr an den Begriff der Werbung an, sondern an den der geschäftlichen Handlung im Sinne des § 2 Abs. 1 Nr. 1 UWG-E. Die Reichweite der Irreführungstatbestände wird damit an den in Übereinstimmung mit den Vorgaben der Richtlinie erweiterten Anwendungsbereich des Gesetzes angepasst. Soweit davon auch der Mitbewerberschutz betroffen ist, steht dem die weiter oben näher bezeichnete Richtlinie 2006/114/EG über irreführende und vergleichende Werbung (kodifizierte Fassung) nicht entgegen. Denn nach deren Artikel 8 sind die Mitgliedstaaten nicht gehindert, insoweit weiterreichende Vorschriften zu erlassen oder aufrecht zu erhalten.

§ 5 Abs. 1 Satz 1 UWG-E enthält den allgemeinen Grundsatz, dass unlauter handelt, wer eine irreführende geschäftliche Handlung vornimmt. Dabei wird nicht zwischen geschäftlichen Handlungen zum Nachteil von Verbrauchern, für welche die Richtlinie gilt, und solchen zum Nachteil von Mitbewerbern oder sonstigen Marktteilnehmern unterschieden. Es gilt vielmehr der in § 2 Abs. 1 Nr. 1 UWG-E definierte einheitliche Begriff der geschäftlichen Handlung, der auch der lauterkeitsrechtlichen Generalklausel des § 3 Abs. 1 und 2 UWG-E zu Grunde liegt.

Im Ergebnis ähnlich wie bisher hängt die Unzulässigkeit einer nach § 5 Abs. 1 Satz 1 UWG-E in Verbindung mit § 3 Abs. 1 UWG-E unlauteren geschäftlichen Handlung nach dem Gesetzentwurf von ihrer Eignung ab, die Interessen der Mitbewerber, Verbraucher oder sonstigen Marktteilnehmer spürbar zu beeinträchtigen. Diese Erheblichkeitsschwelle beschränkt die Relevanz der Irreführungstatbestände auf geschäftliche Handlungen, die von einem gewissen Gewicht für das Marktgeschehen sind. Sie gilt bei geschäftlichen Handlungen gegenüber Verbrauchern nach § 3 Abs. 2 UWG-E mit der Maßgabe, dass es für die spürbare Beeinträchtigung von Verbraucherinteressen darauf ankommt, ob die Irreführung einen Durchschnittsverbraucher zu einer geschäftlichen Handlung veranlassen kann, die er ansonsten nicht getroffen hätte.

Zu § 5 Abs. 1 Satz 2

Nach § 5 Abs. 1 Satz 2 UWG-E ist eine geschäftliche Handlung irreführend, wenn sie unwahre oder zur Täuschung geeignete Angaben enthält. Zur Täuschung „geeignet" sind naturgemäß auch Angaben, die tatsächlich zu einer Täuschung führen. In dem Entwurf wird diese Fallgestaltung – anders als in der Richtlinie – nicht ausdrücklich erwähnt, weil es sich denknotwendig um einen Unterfall der Eignung zur Täuschung handelt, der von diesem Tatbestandsmerkmal mit erfasst wird.

Die in § 5 Abs. 1 Satz 2 Nr. 1 bis 7 UWG-E im Einzelnen aufgezählten Bestandteile einer geschäftlichen Handlung, die bei der Beurteilung, ob eine Irreführung vorliegt, zu berücksichtigen sind (Bezugspunkte der Irreführung), dienen der Umsetzung von Artikel 6 Abs. 1 Buchstabe a bis g und Absatz 2 Buchstabe b der Richtlinie. Dabei unterscheidet das Gesetz nicht zwischen den Bezugspunkten der Irreführung nach Artikel 6 Abs. 1 und nach Artikel 6 Abs. 2 der Richtlinie. Da die Eingangssätze beider Absätze des Artikels nur sprachlich, nicht aber auch inhaltlich voneinander abweichen, kann auf diese Unterscheidung im UWG verzichtet werden.

Der Katalog der Bezugspunkte der Irreführung in § 5 Abs. 1 Satz 2 UWG-E ist entsprechend der Richtlinie formuliert.

Wie schon zu § 5 Abs. 1 Satz 1 UWG-E ausgeführt, hat nicht jede unwahre Angabe im Sinne des § 5 Abs. 1 Satz 2 UWG-E zwangsläufig auch die Unzulässigkeit der geschäftlichen Handlung zur Folge. Vielmehr gilt auch hier die Erheblichkeitsschwelle des § 3 Abs. 1 UWG-E, so dass es darauf ankommt, ob die Interessen der in den Schutzbereich einbezogenen Marktteilnehmer spürbar beeinträchtigt werden. Diese Einschränkung deckt sich auch mit den gemeinschaftsrechtlichen Vorgaben der weiter oben näher bezeichnete Richtlinie 2006/114/EG über irreführende und vergleichende Werbung (kodifizierte Fassung). Denn auch nach Artikel 2 Buchstabe b jener Richtlinie hängt die Unzulässigkeit irreführender Werbung davon ab, dass sie wegen der ihr innewohnenden Täuschung geeignet ist, das wirtschaftliche Verhalten der Personen, an die sie sich richtet oder die von ihr erreicht werden, zu beeinflussen oder aus demselben Grund geeignet ist, einen Mitbewerber zu schädigen.

Zu § 5 Abs. 1 Satz 2 Nr. 1

§ 5 Abs. 1 Satz 2 Nr. 1 UWG-E regelt Angaben, welche die angebotenen Waren oder Dienstleistungen selbst betreffen. Diese Nummer enthält entsprechend Artikel 6 Abs. 1 Buchstabe b der Richtlinie nunmehr einen klarstellenden Hinweis, dass als Bezugspunkte der Irreführung nur „wesentliche" Merkmale der Ware oder Dienstleistung in Betracht kommen. Im Übrigen werden aus Artikel 6 Abs. 1 Buchstabe b der Richtlinie die Merkmale „Vorteile", „Risiken", „Zubehör", „Kundendienst" und „Beschwerdeverfahren" übernommen. In Abgrenzung zu den in § 5 Abs. 1 Satz 2 Nr. 7 UWG-E geregelten Garantie- und Gewährleistungsrechten erfassen die Merkmale „Kundendienst" und „Beschwerdeverfahren" neben Angaben des Unternehmers über den klassischen Kundendienst – wie beispielsweise der Werbung mit einem Vorortservice – auch alle anderen nachvertraglichen Serviceleistungen wie beispielsweise die Kundenbetreuung über eine „Hotline" beim Vertrieb technisch komplexer Erzeugnisse.

Darüber hinaus ist eine Anpassung des § 5 Abs. 1 Satz 2 Nr. 1 UWG-E an die Richtlinie nicht erforderlich. Denn der Begriff „Verfügbarkeit der Waren und Dienstleistungen" in § 5 Abs. 1 Satz 2 Nr. 1 UWG-E ist inhaltlich mit dem in Artikel 6 Abs. 1 Buchstabe a der Richtlinie verwendeten Begriff „Vorhandensein des Produkts" identisch.

Zu § 5 Abs. 1 Satz 2 Nr. 2

§ 5 Abs. 1 Satz 2 Nr. 2 UWG-E regelt Angaben über den Preis sowie die Bedingungen, unter denen die Waren geliefert oder Dienstleistungen erbracht werden und entspricht inhaltlich im Wesentlichen dem geltenden Recht. Dem bisher in § 5 Abs. 2 Nr. 2 UWG verwendeten Merkmal „Anlass des Verkaufs" wird das aus Artikel 6 Abs. 1 Buchstabe d der Richtlinie übernommene Merkmal „Vorhandensein eines besonderen Preisvorteils" hinzugefügt. Die bisher schon unter dem Gesichtspunkt der Irreführung über den Anlass des Verkaufs behandelten Fälle der Werbung mit Scheininsolvenz-, Scheinsonder- oder Scheinräumungsverkäufen sind allerdings regelmäßig, wenn auch nicht ausschließlich, mit einer Täuschung über das Vorhandensein eines besonderen Preisvorteils verbunden, so dass sich diese beiden Bezugspunkte der Irreführung überschneiden. Das neue Merkmal bietet aber Raum für andere Fälle, in denen die angesprochenen Verkehrskreise etwa aus den Umständen, unter denen eine Ware oder Dienstleistung angeboten wird, unberechtigterweise auf das Vorhandensein eines besonderen Preisvorteils schließen.

Zu § 5 Abs. 1 Satz 2 Nr. 3

§ 5 Abs. 1 Satz 2 Nr. 3 UWG-E regelt wie schon das geltende Recht unwahre oder zur Irreführung geeignete Angaben, welche die Person und die geschäftlichen Verhältnisse des Unternehmers betreffen, der die geschäftliche Handlung vornimmt. Die Vorschrift wird in Anlehnung an Artikel 6 Abs. 1 Buchstabe f der Richtlinie neu gefasst. Allerdings wird der Begriff „kommerzielle oder gewerbliche Eigentumsrechte" nicht in das UWG übernommen, weil er neben den umfassenderen Begriffen „Vermögen" und „Rechte des geistigen Eigentums" entbehrlich erscheint. Zur Klarstellung werden jedoch aus Artikel 6 Abs. 1 Buchstabe c der Richtlinie die Merkmale „Beweggründe" für die geschäftliche Handlung und „Art des Vertriebs" übernommen.

Zu § 5 Abs. 1 Satz 2 Nr. 4

§ 5 Abs. 1 Satz 2 Nr. 4 UWG-E fasst die Verwendung von Symbolen und Aussagen zusammen, die entweder mit direktem oder indirektem Sponsoring zu tun haben oder auf eine Zulassung des Unternehmers oder seiner Waren oder Dienstleistungen hinweisen. Mit der Vorschrift wird Artikel 6 Abs. 1 Buchstabe c der Richtlinie umgesetzt.

Zu § 5 Abs. 1 Satz 2 Nr. 5

§ 5 Abs. 1 Satz 2 Nr. 5 UWG-E übernimmt wörtlich die Regelung aus Artikel 6 Abs. 1 Buchstabe e der Richtlinie. Die Übernahme der Merkmale „Notwendigkeit einer Leistung, eines Ersatzteils, eines Austauschs oder einer Reparatur" ist angezeigt, da diese in dem bisherigen Katalog nicht enthalten sind. Einzelne geschäftliche Handlungen, durch die der unrichtige Eindruck vermittelt wird, eine bestimmte Leistung oder Reparatur sei notwendig, mögen zwar auch unter dem Gesichtspunkt der Ausnutzung der geschäftlichen Unerfahrenheit von Verbrauchern nach § 4 Nr. 2 UWG-E als unlauter anzusehen sein. Denn diese Bestimmung dient ebenso wie § 5 Abs. 1 Satz 2 Nr. 5 UWG-E dem Schutz vor unnötigen oder übertreuerten Anschaffungen. Aber bei § 4 Nr. 2 UWG-E steht der Schutz besonders schutzwürdiger Verbraucher – wie etwa der Minderjährigen – im Vordergrund, während § 5 Abs. 1 Satz 2 Nr. 5 UWG-E für alle Adressaten von geschäftlichen Handlungen gilt.

Zu § 5 Abs. 1 Satz 2 Nr. 6

§ 5 Abs. 1 Satz 2 Nr. 6 UWG-E stuft unwahre oder zur Täuschung geeignete Angaben über die Einhaltung eines Verhaltenskodexes im Sinne des § 2 Abs. 1 Nr. 5 UWG-E als irreführende geschäftliche Handlung ein. Voraussetzung ist – in Übereinstimmung mit Artikel 6 Abs. 2 Buchstabe b der Richtlinie –, dass sich der Unternehmer auf die Einhaltung des Kodexes verpflichtet hatte und dass er sich bei der geschäftlichen Handlung auf seine daraus folgende Bindung beruft.

Zu § 5 Abs. 1 Satz 2 Nr. 7

§ 5 Abs. 1 Satz 2 Nr. 7 UWG-E betrifft unwahre oder zur Täuschung geeignete Angaben über Rechte bei Leistungsstörungen, insbesondere Rechte aus Garantieversprechen und Gewährleistungsrechte. Die Vorschrift setzt Artikel 6 Abs. 1 Buchstabe g der Richtlinie um.

Zu § 5 Abs. 2

§ 5 Abs. 2 UWG-E dient der Umsetzung von Artikel 6 Abs. 2 Buchstabe a der Richtlinie. Auf die Ausführungen im Allgemeinen Teil der Begründung unter A. IV. 6. b (1) wird verwiesen. Fragen des Anwendungsbereichs des § 5 Abs. 2 UWG-E und des Verhältnisses dieser Regelung zu den Vorschriften des § 4 Nr. 9 UWG und des § 5 Abs. 1 Satz 2 Nr. 1 UWG-E bleiben einer Klärung durch die Rechtsprechung vorbehalten.

Zu Buchstabe c

§ 5 Abs. 5 UWG ist aufzuheben. Die Anwendungsbereiche des § 5 Abs. 5 UWG und der Nummer 5 des Anhangs I der Richtlinie überschneiden sich. Eine Beibehaltung des § 5 Abs. 5

UWG widerspräche dem Richtliniengebot einer Vollharmonisierung. Nummer 5 des Anhangs I der Richtlinie regelt nämlich geschäftliche Handlungen, die ohne Rücksicht auf die nach der lauterkeitsrechtlichen Generalklausel sonst maßgebliche Erheblichkeitsschwelle des § 3 Abs. 1 UWG-E stets unzulässig sind, wenn sie gegenüber Verbrauchern vorgenommen werden. Hingegen ist nach § 5 Abs. 5 UWG die Erheblichkeitsschwelle maßgeblich. Im Übrigen würde eine Doppelregelung zu Abgrenzungsschwierigkeiten und Rechtsunsicherheit führen.

Allerdings wird der in § 5 Abs. 5 UWG bisher vorgesehene Mindestzeitraum für die Bevorratung von zwei Tagen in abgewandelter Form im Rahmen einer Beweislastregel als Nummer 5 Satz 2 in den Anhang zu § 3 Abs. 3 UWG-E übernommen, was dem in Artikel 12 Buchstabe a der Richtlinie vorgesehenen Beweiserleichterungsgebot zugunsten von Verbrauchern entspricht. Insoweit wird auf die Ausführungen im Allgemeinen Teil der Begründung unter A. IV. 10. a. E. und im Besonderen Teil der Begründung zu Artikel 1 Nr. 12 zu Nummer 5 des Anhangs Bezug genommen.

Zu Nummer 6 (§ 5 a)

§ 5 a UWG-E betrifft die Irreführung durch Unterlassen und dient der Umsetzung von Artikel 7 der Richtlinie.

Zu § 5 a Abs. 1

§ 5 a Abs. 1 UWG-E tritt an die Stelle des bisherigen § 5 Abs. 2 Satz 2 UWG.

Absatz 1 gilt für alle Marktteilnehmer und übernimmt den Wortlaut des bisherigen § 5 Abs. 2 Satz 2 UWG. Dabei wird das bisherige Merkmal „Bedeutung für die Entscheidung zum Vertragsschluss" im Hinblick auf die Erstreckung der Regelung auf nachvertragliche geschäftliche Handlungen durch das Tatbestandsmerkmal „Bedeutung für die geschäftliche Entscheidung" ersetzt.

Zu § 5 a Abs. 2

§ 5 a Abs. 2 bis 4 UWG-E gelten dagegen nur für Waren- und Dienstleistungsangebote gegenüber Verbrauchern. Dabei handelt es sich um eine Ausnahme von dem sonst geltenden Grundsatz der einheitlichen Anwendung des Gesetzes auf Mitbewerber, Verbraucher und sonstige Marktteilnehmer. Die Ausnahme ist geboten, um den kaufmännischen Verkehr nicht mit Informationsanforderungen zu belasten, die in erster Linie dem Verbraucherschutz dienen.

Nach § 5 a Abs. 2 UWG-E ist es unlauter, dem Verbraucher Informationen vorzuenthalten, die im konkreten Fall unter Berücksichtigung aller Umstände einschließlich der Beschränkungen des Kommunikationsmittels für seine Fähigkeit wesentlich sind, eine an Informationen ausgerichtete geschäftliche Entscheidung treffen zu können. In Übereinstimmung mit Artikel 7 Abs. 2 der Richtlinie erfasst § 5 a Abs. 2 UWG-E damit auch Fälle des Verheimlichens wesentlicher Informationen, des Bereitstellens wesentlicher Informationen, wenn dies auf unklare, unverständliche, zweideutige Weise oder nicht rechtzeitig erfolgt, sowie des Nichtkenntlichmachens des kommerziellen Zwecks einer geschäftlichen Handlung.

In Übereinstimmung mit Artikel 7 Abs. 1 und 3 der Richtlinie trägt die Regelung auch dem Umstand Rechnung, dass die Möglichkeiten zur Vermittlung von Informationen in räumlicher oder zeitlicher Hinsicht beschränkt sein können. Solche Beschränkungen sind bei der Beurteilung der Frage zu berücksichtigen, ob das Unterbleiben der Information wettbewerbsrechtlich relevant ist. Dabei ist auch zu berücksichtigen, ob Maßnahmen getroffen worden sind, um die Information anderweitig zur Verfügung zu stellen.

Nach § 3 Abs. 2 UWG-E ist es darüber hinaus erforderlich, dass die im Sinne des § 5 a Abs. 2 UWG-E vorenthaltenen Informationen auch geeignet sind, den Verbraucher zu einer geschäftlichen Entscheidung zu veranlassen, die er sonst nicht getroffen hätte.

Zu § 5 a Abs. 3

§ 5 a Abs. 3 UWG-E enthält zur Umsetzung von Artikel 7 Abs. 4 der Richtlinie eine nicht abschließende Liste von Informationen, die im vorstehenden Sinne so wesentlich sind, dass der Unternehmer von sich aus, d. h. nicht erst auf Nachfrage hin zur Verfügung stellen muss. Es handelt sich um Informationen, deren Vorenthaltung in aller Regel eine Irreführung darstellt. Allerdings scheidet eine solche Irreführung dann aus, wenn sich die betreffenden Tatsachen bereits unmittelbar aus den Umständen ergeben.

Der Entwurf vermeidet den in Artikel 7 Abs. 4 verwendeten und in Artikel 2 Buchstabe i der Richtlinie definierten Begriff „Aufforderung zum Kauf", weil dieser Ausdruck terminologische Abgrenzungsprobleme zum deutschen Vertragsrecht zur Folge hätte. Nach den Rechtsbegriffen des deutschen Zivil- und Handelsrechts beträfe eine „Aufforderung zum Kauf" nur Kaufverträge (§§ 433 ff. BGB), während sich aus der Definition des im Gesetzentwurf ebenfalls nicht verwendeten Begriffs „Produkt" in Artikel 2 Buchstabe c der Richtlinie eindeutig ergibt, dass die Vorschriften im Allgemeinen auch für Dienstleistungen gelten sollen. Darüber hinaus könnte der Begriff „Auffordern" den unzutreffenden Eindruck erwecken, es gehe in diesen Fällen darum, durch eine invitatio ad offerendum schon unmittelbar zum Vertragsabschluss aufzufordern. In diesem engen Sinne ist die Auflistung der für die geschäftliche Entscheidung des Verbrauchers wesentlichen Informationen aber nicht gemeint. Der Entwurf umschreibt deshalb in § 5 a Abs. 3 UWG-E, um was es der Sache nach geht, dass nämlich Waren oder Dienstleistungen in einer dem verwendeten Mittel der kommerziellen Kommunikation angemessenen Weise so angeboten werden, dass ein Durchschnittsverbraucher in die Lage versetzt wird, einen Geschäftsabschluss zu tätigen.

Bei richtlinienkonformer Auslegung kommt es für die Frage, ob ein solches Waren- oder Dienstleistungsangebot vorliegt, im Wesentlichen darauf an, ob der Verbraucher auf Grund der mitgeteilten Angaben (Preis, Waren- oder Dienstleistungsmerkmale) die Möglichkeit hat, eine auf den Erwerb der Ware oder die Inanspruchnahme der Dienstleistung gerichtete Willenserklärung abzugeben. Deshalb ist der Tatbestand des § 5 a Abs. 3 UWG-E nicht nur bei einer invitatio ad offerendum oder gar einem rechtlich bindenden Vertragsangebot im Sinne des § 145 BGB erfüllt, sondern bei jeder Erklärung des Unternehmers, auf Grund derer sich der Verbraucher zum Erwerb einer bestimmten Ware oder zur Inanspruchnahme einer bestimmten Dienstleistung entschließen kann. Nur bei bloßer Aufmerksamkeitswerbung wird dies im Allgemeinen nicht der Fall sein.

Die einzelnen Informationsanforderungen, die beim Vorliegen der Voraussetzungen des § 5 a Abs. 3 UWG-E gelten, sind aus Artikel 7 Abs. 4 Buchstabe a bis e der Richtlinie übernommen. Damit erfährt das geltende Recht eine wesentliche Ergänzung. Denn bisher sind besondere Informationsanforderungen nur in § 4 Nr. 5 und 6 UWG für Preisausschreiben und Gewinnspiele ausdrücklich vorgesehen. Im Übrigen ist es der Rechtsprechung überlassen worden aufzuzeigen, welche Informationen im konkreten Einzelfall so wesentlich sind, dass der Unternehmer sie von sich aus zu offenbaren hat. Diese Frage ist danach beurteilt worden, welche Umstände nach der Verkehrsauffassung für das Publikum so bedeutsam sind, dass es ohne Hinweis darauf in einem für die geschäftliche Entscheidung wesentlichen Punkt getäuscht wird.

Da der Katalog der Informationsanforderungen nach der Richtlinie nicht abschließend ist, kann es im Einzelfall erforderlich sein, noch andere Umstände mitzuteilen, die für eine Beurteilung der Ware oder Dienstleistung wesentlich erscheinen. Dies ergibt sich zwar nicht unmittelbar aus Artikel 7 Abs. 4 der Richtlinie. Da aber die Liste der im Anhang II der Richtlinie aufgeführten gemeinschaftsrechtlichen Rechtsakte, in denen wesentliche Informationspflichten enthalten sind, nach der ausdrücklichen Regelung in Artikel 7 Abs. 5 der Richtlinie nicht erschöpfend ist, kann dies für die durch Artikel 7 Abs. 4 der Richtlinie für den Fall der „Aufforderung zum Kauf" vorgesehenen Informationsanforderungen kaum anders sein.

Im Einzelnen gelten folgende Umstände als wesentlich und dürfen deshalb dem Verbraucher nicht vorenthalten werden:

Zu § 5 a Abs. 3 Nr. 1

Nach § 5 a Abs. 3 Nr. 1 UWG-E, durch den Artikel 7 Abs. 4 Buchstabe a der Richtlinie umgesetzt wird, gelten als wesentlich alle wesentlichen Merkmale der Ware oder Dienstleistung. Anzugeben sind diese – der Vorgabe der Richtlinie entsprechend – allerdings nur in dem für das Mittel der kommerziellen Kommunikation und die Ware oder Dienstleistung angemessenen Umfang. Damit wird erreicht, dass die Informationsanforderungen insbesondere bei geringwertigen Gegenständen des täglichen Bedarfs auf ein angemessenes Maß beschränkt werden.

Zu § 5 a Abs. 3 Nr. 2

Nach § 5 a Abs. 3 Nr. 2 UWG-E, durch den Artikel 7 Abs. 4 Buchstabe b der Richtlinie umgesetzt wird, gelten als wesentlich die Identität und Anschrift des Unternehmers, gegebenenfalls auch die Identität und Anschrift des Unternehmers, für den er handelt. Die Regelung gilt allgemein für alle Fälle des Angebots von Waren und Dienstleistungen gegenüber Verbrauchern. Daneben gelten ähnliche Informationspflichten, die in besonderen Vorschriften wie § 312 c Abs. 1 Satz 1 und Abs. 2 Satz 1 BGB in Verbindung mit § 1 Abs. 1 Nr. 1 und Nr. 2, Abs. 4 Satz 1 Nr. 1 BGB-InfoV und in den §§ 15 a und 15 b der Gewerbeordnung geregelt sind. Verstöße gegen diese marktverhaltensregelnden Normen werden als Rechtsbruch lauterkeitsrechtlich schon durch § 4 Nr. 11 UWG erfasst. Der Anwendungsbereich der in den anderen Gesetzen getroffenen Regelungen ist jedoch enger als § 5 a Abs. 3 Nr. 2 UWG-E, weshalb die hier vorgeschlagene Regelung im Interesse einer vollständigen Umsetzung der Richtlinie notwendig erscheint.

Zu § 5 a Abs. 3 Nr. 3

Nach § 5 a Abs. 3 Nr. 3 UWG-E, durch den Artikel 7 Abs. 4 Buchstabe c der Richtlinie umgesetzt wird, gelten als wesentlich auch Preisangaben, gegebenenfalls mit zusätzlichen Fracht-, Liefer- oder Zustellkosten. Bei Preisen, die nicht im Voraus berechnet werden können, ist die Art der Preisberechnung wesentlich.

Gemäß § 1 Abs. 1 PAngV gibt es bereits eine Regelung zur Endpreisangabe gegenüber Letztverbrauchern, zu denen auch Gewerbetreibende gehören, die für den eigenen Bedarf kaufen. Bei Fernabsatzverträgen ist nach § 1 Abs. 2 Nr. 2 PAngV auch anzugeben, welche zusätzlichen Liefer- und Versandkosten anfallen. Bei Leistungsangeboten kommt nach § 1 Abs. 3 PAngV die Angabe von Verrechnungssätzen (Stundensätzen, Kilometersätzen) in Betracht. Da es sich um marktverhaltensregelnde Vorschriften handelt, erfüllen Verstöße dagegen schon heute den lauterkeitsrechtlichen Rechtsbruchtatbestand des § 4 Nr. 11 UWG. Die in § 5 a Abs. 3 Nr. 3 UWG-E vorgeschlagene Regelung erscheint aber geboten, um die Bedeutung hervorzuheben, die vorenthaltenen Preisangaben für das Lauterkeitsrecht zukommt.

Zu § 5 a Abs. 3 Nr. 4

Nach § 5 a Abs. 3 Nr. 4 UWG-E, durch den Artikel 7 Abs. 4 Buchstabe d der Richtlinie umgesetzt wird, sind wesentliche Informationen auch Zahlungs-, Liefer- und Leistungsbedingungen, soweit sie von Erfordernissen der fachlichen Sorgfalt abweichen. Gleiches gilt für den Umgang mit Beschwerden. Der Beschwerdebegriff entspricht dem in § 5 Abs. 1 Satz 2 Nr. 1 UWG-E verwendeten Begriff des Beschwerdeverfahrens.

Zu § 5 a Abs. 3 Nr. 5

Nach § 5 a Abs. 3 Nr. 5 UWG-E, durch den Artikel 7 Abs. 4 Buchstabe e der Richtlinie umgesetzt wird, ist auch die Information über das Bestehen eines Rechts zum Rücktritt oder Widerruf als wesentlich anzusehen. Dabei kommt es anders als bei den nach § 5 a Abs. 3 Nr. 4 UWG-E als wesentlich geltenden Zahlungs-, Liefer- und Leistungsbedingungen nicht auf eine Abweichung von bestimmten Erfordernissen der fachlichen Sorgfalt an. Angaben über das Bestehen eines Rechts zum Rücktritt oder Widerruf sind stets erforderlich. Die Regelung dient vor allem der Klarstellung. Denn nach geltendem Recht muss der Verbraucher schon nach § 355 BGB über ein bestehendes Widerrufsrecht belehrt werden, so dass eine unterbliebene ebenso wie eine falsche oder unzureichende Belehrung auch nach § 4 Nr. 11 UWG unlauter ist.

Zu § 5 a Abs. 4

§ 5 a Abs. 4 UWG-E stuft auch solche Informationen als wesentlich im Sinne des Absatzes 2 dieser Vorschrift ein, die auf Grund europäischen Rechts für kommerzielle Kommunikation einschließlich Werbung und Marketing maßgeblich sind. Dies sind zunächst Informationsanforderungen, die sich aus Rechtsvorschriften zur Umsetzung der in Anhang II der Richtlinie zusammengestellten 14 weiteren Richtlinien ergeben. Nach Artikel 7 Abs. 5 der Richtlinie ist diese Zusammenstellung aber nicht erschöpfend. Deshalb soll § 5 a Abs. 4 UWG insbesondere auch für Informationsanforderungen auf Grund von Bestimmungen gelten, durch welche die in Anhang II der Richtlinie aufgeführten Regelungen ersetzt worden sind oder künftig ersetzt werden. Es sind aber darüber hinaus auch alle sonstigen gemeinschaftsrechtlichen Rechtsakte zu beachten, aus denen sich derartige Anforderungen ergeben.

Da der Beispielskatalog des Anhangs II der Richtlinie ohnehin nicht abschließend ist, wird darauf verzichtet, das UWG durch einen entsprechenden zweiten Anhang zu ergänzen. Es bleibt stattdessen der Rechtsprechung überlassen, die Informationspflichten näher zu bestimmen, die sich im Einzelfall aus den gemeinschaftsrechtlichen Rechtsakten und gegebenenfalls deren Umsetzung oder Ausführung ergeben.

Absatz 4 des § 5a UWG-E ist nicht auf Waren- und Dienstleistungsangebote im Sinne des Absatzes 3 dieser Vorschrift beschränkt, sondern gilt für alle geschäftlichen Handlungen gegenüber Verbrauchern. Darüber hinaus werden Verstöße gegen marktverhaltensregelnde gesetzliche Informationspflichten – wie schon bisher – auch unter dem Gesichtspunkt des Rechtsbruchs nach § 4 Nr. 11 UWG zu würdigen sein. Soweit es dadurch zu Überschneidungen der Anwendungsbereiche kommt, ist dies unschädlich und kann deshalb in Kauf genommen werden.

Im Einzelnen geht es im Anhang II der Richtlinie um folgende Regelungen:
- Vorschriften zur kommerziellen Kommunikation in Artikel 4 und 5 der im Allgemeinen Teil der Begründung unter A. IV. 3. d bereits näher bezeichneten Richtlinie 97/7/EG über den Verbraucherschutz bei Vertragsabschlüssen im Fernabsatz. Artikel 4 jener Richtlinie regelt die vor Abschluss eines Vertrags im Fernabsatz zu erfüllenden Informationspflichten, Artikel 5 deren schriftliche Bestätigung. Die Umsetzung ist in § 312c BGB (Unterrichtung des Verbrauchers bei Fernabsatzverträgen) in Verbindung mit § 1 BGB-InfoV erfolgt; für den Versicherungsbereich erfolgte die Umsetzung in der Verordnung über Informationspflichten bei Versicherungsverträgen (WG-Informationspflichtenverordnung – WGInfoV);
- die im Allgemeinen Teil der Begründung unter A. IV. 3. d bereits näher bezeichnete Pauschalreiserichtlinie 90/314/EWG, nach deren Artikel 3 Abs. 1 Beschreibungen einer Pauschalreise durch den Veranstalter oder Vermittler, die Preise und die übrigen Vertragsbedingungen keine irreführenden Angaben enthalten dürfen. Artikel 3 Abs. 2 jener Richtlinie enthält besondere Anforderungen für den Prospekt. Die Vorgaben sind durch § 4 BGB-InfoV umgesetzt worden;
- die Informationspflichten in Artikel 3 Abs. 3 der im Allgemeinen Teil der Begründung unter A. IV. 3. d bereits näher bezeichneten Teilzeitnutzungsrechterichtlinie 94/47/EG, deren schuldrechtsbezogene Umsetzung in § 482 BGB (Prospektpflicht bei Teilzeit-Wohnrechteverträgen) in Verbindung mit § 2 BGB-InfoV erfolgt ist;
- die im Allgemeinen Teil der Begründung unter A. IV. 3. e bereits näher bezeichnete Richtlinie 98/6/EG über den Schutz der Verbraucher bei der Angabe der Preise der ihnen angebotenen Erzeugnisse, nach deren Artikel 3 Abs. 4 bei der Werbung für bestimmte grundpreisfähige Produkte nicht nur die Angabe des Endpreises vorgeschrieben ist, sondern auch der Preis je Maßeinheit. Diese Vorgabe ist in § 2 PAngV umgesetzt worden;
- Werbevorschriften im Titel VIII der Richtlinie 2001/83/EG des Europäischen Parlaments und des Rates vom 6. November 2001 zur Schaffung eines Gemeinschaftskodexes für Humanarzneimittel, ABl. EG Nr. L 311 S. 67. Dieser Gemeinschaftskodex regelt die Herstellung, das Inverkehrbringen, den Vertrieb und den Einsatz von Humanarzneimitteln. Die Umsetzung ist durch die Vorschriften des Heilmittelwerbegesetzes (HWG) erfolgt;
- die in Artikel 5 und 6 der bereits im Allgemeinen Teil der Begründung unter A. IV. 3. d näher bezeichneten Richtlinie 2000/31/EG über den elektronischen Geschäftsverkehr vorgesehenen allgemeinen und besonderen Informationspflichten, die in den §§ 5 und 6 des Telemediengesetzes (TMG) geregelt sind;
- die in Artikel 1 Buchstabe d der im Allgemeinen Teil der Begründung unter A. IV. 3. d bereits näher bezeichneten Richtlinie 98/7/EG zur Änderung der Richtlinie 87/102/EWG zur Angleichung der Rechts- und Verwaltungsvorschriften der Mitgliedstaaten über den Verbraucherkredit vorgeschriebene Information. Diese Vorgabe wurde inzwischen durch Artikel 4 der Richtlinie 2008/.../EG des Europäischen Parlaments und des Rates vom 7. April 2008 ersetzt. Die Umsetzung ist bisher in § 6 Abs. 1 PAngV erfolgt;
- die in Artikel 3 und 4 der im Allgemeinen Teil der Begründung unter A. IV. 3. d bereits näher bezeichneten Richtlinie 2002/65/EG über den Fernabsatz von Finanzdienstleistungen an Verbraucher enthaltenen Anforderungen an die Unterrichtung des Verbrauchers vor Abschluss eines solchen Fernabsatzvertrags. Die Umsetzung ist in § 312c Abs. 1 BGB in Verbindung mit § 1 BGB-InfoV erfolgt;
- die Informationspflichten gegenüber den Anlegern nach Artikel 1 Nr. 9 der Richtlinie 2001/107/EG des Europäischen Parlaments und des Rates vom 21. Januar 2002 zur Änderung der Richtlinie 85/611/EWG des Rates zur Koordinierung der Rechts- und Verwaltungsvorschriften betreffend bestimmte Organismen für gemeinsame Anlagen in Wertpapieren (OGAW) zwecks Festlegung von Bestimmungen für Verwaltungsgesellschaften und vereinfachte Pros-

pekte, ABl. EG Nr. L 41 S. 20. Diese Richtlinienvorgabe ist in § 42 des Investmentgesetzes (InvG) umgesetzt worden;
– die in Artikel 12 und 13 der Richtlinie 2002/92/EG des Europäischen Parlaments und des Rates vom 9. Dezember 2002 über Versicherungsvermittlung, ABl. EG Nr. L 9 S. 3, vorgesehenen Informationspflichten sind in den §§ 42 b bis 42 d des Gesetzes zur Neuregelung des Versicherungsvermittlerrechts umgesetzt worden;
– die in Artikel 36 der Richtlinie 2002/83/EG des Europäischen Parlaments und des Rates vom 5. November 2002 über Lebensversicherungen, ABl. EG Nr. L 345 S. 1, vorgeschriebenen Informationen, die dem Versicherungsnehmer vor Abschluss eines Versicherungsvertrags und während der Vertragsdauer zu erteilen sind. Die Umsetzung ist in der Verordnung über Informationspflichten bei Versicherungsverträgen (WG-Informationspflichtenverordnung – WG-InfoV) erfolgt;
– gemeinschaftsrechtliche Vorgaben aus Artikel 19 der Richtlinie 2004/39/EG des Europäischen Parlaments und des Rates vom 21. April 2004 über Märkte für Finanzinstrumente, zur Änderung der Richtlinien 85/611/EWG und 93/6/EWG des Rates und der Richtlinie 2000/12/EG des Europäischen Parlaments und des Rates und zur Aufhebung der Richtlinie 93/22/EWG des Rates, ABl. EG Nr. L 145 S. 1. Die Umsetzung ist in den §§ 34 und 34 a des Wertpapierhandelsgesetzes erfolgt;
– die in Artikel 31 und 43 der Richtlinie 92/49/EWG des Rates vom 18. Juni 1992 zur Koordinierung der Rechts- und Verwaltungsvorschriften für die Direktversicherung (mit Ausnahme der Lebensversicherung) sowie zur Änderung der Richtlinien 73/239/EWG und 88/357/EWG, ABl. EG Nr. L 228 S. 1, vorgesehenen Informationen, die dem Versicherungsnehmer vor Vertragsschluss zu erteilen sind. Die Umsetzung ist in der Verordnung über Informationspflichten bei Versicherungsverträgen (WG-Informationspflichtenverordnung – WG-InfoV) erfolgt;
– Vorgaben aus Artikel 5, 7 und 8 der Richtlinie 2003/71/EG des Europäischen Parlaments und des Rates vom 4. November 2003 betreffend den Prospekt, der beim öffentlichen Angebot von Wertpapieren oder bei deren Zulassung zum Handel zu veröffentlichen ist, und zur Änderung der Richtlinie 2001/34/EG, ABl. EG Nr. L 345 S. 64, die im Hinblick auf die Informationspflichten durch die §§ 5 bis 8 und des 12 Wertpapierprospektgesetzes (WpPG), umgesetzt worden sind.

Zu Nummer 7 (§ 6)

Zu Buchstabe a) aa)

Die Angabe „im Sinne von § 3" in § 6 Abs. 2 UWG ist aus denselben Gründen zu streichen wie in § 4 UWG (vgl. dazu die Ausführungen im Besonderen Teil der Begründung zu Artikel 1 Nr. 4 Buchstabe a).

Zu Buchstabe a) bb)

Das Tatbestandsmerkmal „Verwechslungen" in § 6 Abs. 2 Nr. 3 UWG-E wird durch das der „Gefahr von Verwechslungen" ersetzt. Damit wird Artikel 14 Nr. 3 der Richtlinie umgesetzt (vgl. hierzu die Ausführungen im Allgemeinen Teil der Begründung unter A. IV. 11. a, 1. Spiegelstrich).

Zu Buchstabe a) cc)

Der Ausdruck „die Wertschätzung" in § 6 Abs. 2 Nr. 4 UWG wird durch den Begriff „Ruf" ersetzt. Der in Artikel 3 a Buchstabe g der Richtlinie 84/450/EG über irreführende und vergleichende Werbung und Artikel 4 Buchstabe f der Richtlinie 2006/114/EG über irreführende und vergleichende Werbung jeweils verwendete Begriff „Ruf" (Normtext: ... die Werbung „... nutzt den Ruf einer Marke, eines Handelsnamens oder anderer Unterscheidungszeichen eines Mitbewerbers oder der Ursprungsbezeichnung von Konkurrenzerzeugnissen nicht in unlauterer Weise aus") unterliegt einer europäischen Begriffsbildung. Innerstaatlich sollte eine eigene Begriffsbildung unterbleiben. Wenn aber im Rahmen der Umsetzung das Wort „Ruf" durch den aus den §§ 14 Abs. 2 Nr. 3 und § 15 Abs. 3 des Markengesetzes übernommenen Begriff „Wertschätzung" ersetzt wird, besteht die Gefahr einer solchen einzelstaatlichen Begriffsbildung. Dies sollte vermieden werden, weil nicht gesichert ist, dass beide Begriffe inhaltlich auch das Gleiche bedeuteten. Denn der europäische Gesetzgeber unterscheidet die Begriffe, und zwar nicht nur in der deutschen, sondern auch in der französischen und der englischen Sprachfassung.

Für den Begriff „Wertschätzung", der in Artikel 4 Nr. 4 Buchstabe a sowie Artikel 5 Nr. 2 und Nr. 5 der Ersten Richtlinie des Rates vom 21. Dezember 1988 zur Angleichung der Rechtsvorschriften der Mitgliedstaaten über die Marken (89/104/EWG), ABl. EG Nr. L 40 S. 1, berichtigt in ABl. EG Nr. L 159 S. 60, vorkommt, werden in der französischen und der englischen Sprachfassung die Ausdrücke „la renommee" bzw. „the repute" verwendet. Für den Begriff „Ruf" aus der vorgenannten Richtlinie über irreführende und vergleichende Werbung (84/450/EWG bzw. 2006/114/EG) verwenden dagegen die französische und die englische Sprachfassung die Ausdrücke „la notoriete" bzw. „the reputation".

Zu Buchstabe b

§ 6 Abs. 3 UWG ist aufzuheben. Dies dient der Umsetzung von Artikel 14 Nr. 3 der Richtlinie (vgl. hierzu die Ausführungen im Allgemeinen Teil der Begründung unter A. IV. 11. a, 2. Spiegelstrich).

Zu Nummer 8 (§ 7)

Zu § 7 Abs. 1

Die Ersetzung des Wortes „unlauter" in § 7 Abs. 1 Satz 1 UWG durch das Wort „unzulässig" in § 7 Abs. 1 UWG-E dient der Klarstellung, dass die Bagatellklausel des § 3 Abs. 1 UWG-E nicht neben § 7 UWG-E anwendbar ist. Die Unzumutbarkeit in § 7 Abs. 1 Satz 1 UWG-E ist eine spezielle Bagatellschwelle, die bereits eine umfassende Wertung ermöglicht und erfordert. Eine Doppelregelung durch nachgeschaltete Prüfung gemäß der allgemeinen Erheblichkeitsschwelle des § 3 Abs. 1 UWG-E wäre nicht sinnvoll. Wird im Wege wertender Betrachtung festgestellt, dass eine geschäftliche Handlung einen Marktteilnehmer unzumutbar belästigt, ist diese ohne weitere Wertungsmöglichkeiten unzulässig und damit verboten.

§ 7 Abs. 1 Satz 2 UWG-E stellt klar, dass § 7 Abs. 1 Satz 1 UWG-E insbesondere für Werbung gilt, bei der erkennbar ist, dass der angesprochene Marktteilnehmer diese nicht wünscht. Diese Regelung betrifft solche Sachverhalte, die bisher Gegenstand des § 7 Abs. 2 Nr. 1 UWG waren, künftig aber nicht mehr von § 7 Abs. 2 Nr. 1 UWG-E erfasst werden (vgl. hierzu die nachstehenden Ausführungen zu § 7 Abs. 2 UWG-E und § 7 Abs. 2 Nr. 1 UWG-E).

Zu § 7 Abs. 2

§ 7 Abs. 2 UWG-E enthält Anwendungsfälle der unzumutbaren Belästigung. Diese Bestimmung verweist lediglich auf die Rechtsfolge und nicht den Rechtsgrund des § 7 Abs. 1 Satz 1 UWG-E; die in § 7 Abs. 1 Satz 1 UWG-E enthaltene Bagatellschwelle der Unzumutbarkeit ist nicht auf die Sachverhalte des § 7 Abs. 2 UWG-E anwendbar. Dies wird durch die Verwendung des Wortes „stets" in § 7 Abs. 2 UWG-E klargestellt. Liegt also ein Tatbestand des § 7 Abs. 2 UWG-E vor, ist ohne Wertungsmöglichkeit von einer unzumutbaren Belästigung und damit der Unzulässigkeit der geschäftlichen Handlung auszugehen. Anhang I der Richtlinie enthält ebenfalls einen Katalog solcher geschäftlichen Handlungen, die unter allen Umständen als unzulässig anzusehen sind. Da dieser Katalog abschließend ist und die Richtlinie eine Vollharmonisierung vorsieht, darf § 7 Abs. 2 UWG-E keine zusätzlichen oder strengeren Tatbestände ohne Wertungsmöglichkeiten enthalten, es sei denn, die Richtlinie lässt dies ausdrücklich zu.

Letzteres trifft auf § 7 Abs. 2 Nr. 2 UWG zu. Diese Bestimmung weicht von Nummer 26 des Anhangs I der Richtlinie insoweit ab, als danach bereits der erste unerwünschte, d. h. ohne vorherige Zustimmung vorgenommene Werbeanruf unzulässig ist (als „Opt-in"-System bezeichnet, vgl. Regierungsentwurf eines Gesetzes gegen den unlauteren Wettbewerb, BT-Drucksache 15/1487, S. 21), während von Nummer 26 des Anhangs I der Richtlinie nur „hartnäckiges und unerwünschtes Ansprechen über Telefon" usw. erfasst wird. Die insoweit strengere Regelung ist jedoch zulässig. Denn sie beruht auf Artikel 13 Abs. 3 der vorstehend näher bezeichneten Datenschutzrichtlinie für elektronische Kommunikation 2002/58/EG. Diese Bestimmung bleibt nach der ausdrücklichen Regelung in Nummer 26 des Anhangs I der Richtlinie unberührt. Hinzu kommt, dass es den Mitgliedstaaten nach Artikel 13 Abs. 3 der genannten Richtlinie 2002/58/EG frei steht, entweder ein „Opt-in"-System wie im UWG oder ein „Opt-out"-System einzuführen, wobei Werbeanrufe nur im zweiten Fall erst dann unzulässig sind, wenn der Angerufene (anlässlich des Erstanrufs oder durch seine Aufnahme in eine sogenannte „Robinson-Liste") es ausdrücklich abgelehnt hat, zu Werbezwecken angerufen zu werden. Die vorliegend umzusetzende Richtlinie hat dieses Wahlrecht nicht eingeschränkt. Nach Erwägungsgrund 14 der Richtlinie findet keine Vollharmonisierung statt, soweit das Gemeinschaftsrecht den Mitgliedstaaten für den Verbraucherschutz bei geschäftlichen Handlungen die Wahl zwischen mehreren Regelungsoptionen lässt. In diesem Zusammenhang wird in dem Erwägungsgrund sogar ausdrücklich auf Artikel 13 Abs. 3 der vorgenannten Richtlinie 2002/58/EG Bezug genommen. Entsprechendes gilt auch für die Nummern 3 und 4 des § 7 Abs. 2 UWG, mit denen die Absätze 1 und 4 von Artikel 13 der vorgenannten Richtlinie 2002/58/EG umgesetzt worden sind (vgl. Regierungsentwurf eines Gesetzes gegen den unlauteren Wettbewerb, BT-Drucksache 15/1487, S. 21).

Etwas anderes gilt dagegen für § 7 Abs. 2 Nr. 1 UWG, der so nicht beibehalten werden kann. Denn einen § 7 Abs. 2 Nr. 1 UWG entsprechenden Tatbestand, wonach völlig unabhängig vom verwendeten Kommunikationsmittel jede erkennbar unerwünschte Werbung unzulässig ist, enthält Anhang I der Richtlinie nicht. Nummer 26 des Anhangs I der Richtlinie ist vielmehr auf solche Medien der Kommunikation beschränkt, die für den Fernabsatz geeignet sind, und fordert darüber hinaus ein hartnäckiges Ansprechen. Ausnahmen von dem Vollharmonisierungsgebot gelten aber, wie dargestellt, nur für die Kommunikationsmittel Telefon, Telefax und elektronische Post.

Auch Erwägungsgrund 7 der Richtlinie rechtfertigt es nicht, § 7 Abs. 2 Nr. 1 UWG in vollem Umfang aufrechtzuerhalten. Zwar sind nach diesem Erwägungsgrund die Mitgliedstaaten darin frei, geschäftliche Handlungen aus Gründen der guten Sitten und des Anstands zu verbieten, auch wenn diese geschäftlichen Handlungen die Wahlfreiheit des Verbrauchers nicht beeinträchtigen. Der Erwägungsgrund nennt dabei das Ansprechen von Personen auf der Straße zu Verkaufszwecken als Beispiel einer geschäftlichen Handlung, die in manchen Mitgliedstaaten aus kulturellen Gründen unerwünscht sein könne. Jedoch heißt es im Erwägungsgrund 7 auch, dass „bei der Anwendung der Richtlinie, insbesondere der Generalklauseln", die „Umstände des Einzelfalls umfassend gewürdigt werden" sollten. § 7 Abs. 2 UWG-E erlaubt eine solche umfassende Würdigung aber gerade nicht, da die dort aufgeführten geschäftlichen Handlungen stets ohne weitere Wertungsmöglichkeit unzulässig sind. Hingegen ermöglicht und gebietet es § 7 Abs. 1 UWG-E, im Rahmen der Beurteilung, ob eine unzumutbare Belästigung vorliegt, eine umfassende Wertung des Einzelfalls vorzunehmen. Die bisher von § 7 Abs. 2 Nr. 1 UWG erfassten und über den Anwendungsbereich der Nummer 26 des Anhangs I hinausgehenden Sachverhalte wie das Ansprechen in der Öffentlichkeit oder die „Scheibenwischerwerbung" können daher richtlinienkonform nur von § 7 Abs. 1 UWG erfasst werden.

Um in allen Nummern des § 7 Abs. 2 UWG klarzustellen, dass schon eine einzige Handlung eine unzumutbare Belästigung darstellen und zur Unzulässigkeit der Werbung führen kann, werden in dem Entwurf die zahlreichen bisher verwendeten Pluralformen weitgehend durch Singularformen ersetzt. In der Sache ist damit keine Änderung gegenüber dem bisherigen Rechtszustand verbunden.

Zu § 7 Abs. 2 Nr. 1

Durch § 7 Abs. 2 Nr. 1 UWG-E wird der bisherige Anwendungsbereich des § 7 Abs. 2 Nr. 1 UWG zur Umsetzung von Nummer 26 des Anhangs I der Richtlinie auf den danach vorgegebenen Anwendungsbereich begrenzt (vgl. dazu auch die vorstehende Begründung zu § 7 Abs. 2 UWG-E). Anders als Nummer 26 des Anhangs I der Richtlinie gilt Nummer 1 des § 7 Abs. 2 UWG-E aber nur für Werbung mit solchen für den Fernabsatz geeigneten Mitteln der Kommunikation, die nicht von den beiden nachfolgenden Nummern 2 und 3 des § 7 Abs. 2 UWG-E erfasst werden. Fernkommunikationsmittel im Sinne der ersten Nummer sind damit weder Telefon noch Telefax noch elektronische Post, sondern insbesondere Briefe, Prospekte und Kataloge. Soweit Nummer 26 des Anhangs I der Richtlinie die Fernkommunikationsmittel Telefon, Telefax und E-Mail regelt, enthalten die Nummern 2 und 3 des § 7 Abs. 2 UWG bereits entsprechende, zulässigerweise strengere innerstaatliche Vorschriften, so dass insoweit kein zusätzlicher Umsetzungsbedarf besteht. Soweit sich der bisherige § 7 Abs. 2 Nr. 1 UWG auf Sachverhalte bezog, die von dem neuen § 7 Abs. 2 Nr. 1 UWG-E nicht mehr erfasst werden, ist die Unzulässigkeit der geschäftlichen Handlung künftig nach § 7 Abs. 1 Satz 2 UWG-E in Verbindung mit Satz 1 desselben Absatzes zu beurteilen. Im Ergebnis sind die betroffenen Sachverhalte damit genauso zu beurteilen wie bisher.

Zu § 7 Abs. 2 Nr. 2, 3 und 4

§ 7 Abs. 2 Nr. 2 UWG-E regelt die Werbung mit einem Telefonanruf, d. h. Mitteilungen durch Sprachtelefonie. Die bei Mobiltelefonen bestehende Möglichkeit, durch SMS- und MMS-Dienste Texte und Bilder übertragen zu lassen, fällt unter § 7 Abs. 2 Nr. 3 UWG-E. Die Zulässigkeitsvoraussetzungen für Werbeanrufe gegenüber einem Verbraucher werden dahingehend präzisiert, dass es einer ausdrücklichen vorherigen Einwilligung des Verbrauchers bedarf, so dass ein stillschweigendes Einverständnis, auf das nur auf Grund des sonstigen Verhaltens des Verbrauchers geschlossen werden kann, nicht ausreicht. Für Werbeanrufe gegenüber sonstigen Marktteilnehmern genügt weiterhin eine zumindest mutmaßliche Einwilligung. Das Erfordernis der vorherigen ausdrückliche Einwilligung soll auch für die in § 7 Abs. 2 Nr. 3 UWG-E geregelte Werbung mit Anrufmaschinen, Faxgeräten oder elektronischer Post gelten. Allerdings ist für elektronische Post die Ausnahmeregelung des § 7 Abs. 3 UWG zu beachten. Danach liegt keine unzumutbare Belästigung vor, wenn ein Unternehmer im Zusammenhang mit dem Verkauf einer Ware oder Dienstleistung von dem Kunden dessen elektronische Postadresse erhalten hat, der Unternehmer die Adresse zur Direktwerbung für eigene ähnliche Waren oder Dienstleistungen verwendet, der Kunde der Verwendung nicht widersprochen hat und bei Erhebung der Adresse und bei jeder Verwendung klar und deutlich darauf hingewiesen wird, dass er der Verwendung jederzeit widersprechen kann, ohne dass hierfür andere als die Übermittlungskosten nach den Basistarifen entstehen. Diese auf der Richtlinie 2002/58/EG über die Verarbeitung personenbezogener Daten und den Schutz der Privatsphäre in der elektronischen Kommunikation (Datenschutzrichtlinie für elektronische Kommunikation) beruhende Regelung bleibt unverändert.

Zu Nummer 9 (§ 8 Abs. 1)

In § 8 Abs. 1 UWG-E wird die Bezugnahme auf das Verbot unzulässiger geschäftlicher Handlungen geändert, damit alle Fälle des § 3 UWG-E einschließlich des Absatzes 3 dieser Vorschrift eindeutig erfasst sind. Ferner bedarf es wegen der Unabhängigkeit des § 7 UWG-E von der Generalklausel des § 3 UWG-E auch einer Verweisung auf jene Vorschrift.

Zu Nummer 10 (§ 9 Satz 1)

In § 9 Satz 1 UWG-E wird die Bezugnahme auf das Verbot unzulässiger geschäftlicher Handlungen geändert, damit alle Fälle des § 3 UWG-E einschließlich des Absatzes 3 dieser Vorschrift eindeutig erfasst sind. Ferner bedarf es wegen der Unabhängigkeit des § 7 UWG-E von der Generalklausel des § 3 UWG-E auch einer Verweisung auf jene Vorschrift.

Zu Nummer 11 (§ 10 Abs. 1)

In § 10 Abs. 1 UWG-E wird die Bezugnahme auf das Verbot unzulässiger geschäftlicher Handlungen geändert, damit alle Fälle des § 3 UWG-E einschließlich des Absatzes 3 dieser Vorschrift eindeutig erfasst sind. Ferner bedarf es wegen der Unabhängigkeit des § 7 UWG-E von der Generalklausel des § 3 UWG-E auch einer Verweisung auf jene Vorschrift.

Zu Nummer 12 (Anhang zu § 3 Abs. 3)

Der Anhang, auf den § 3 Abs. 3 UWG-E verweist, entspricht im Wesentlichen dem Anhang I der Richtlinie, auf den in Artikel 5 Abs. 5 der Richtlinie verwiesen wird. In beiden Anhängen werden diejenigen irreführenden und aggressiven geschäftlichen Handlungen aufgeführt, die unter allen Umständen unlauter und stets unzulässig sind. Die Nummern 1 bis 24 des Anhangs zu § 3 Abs. 3 UWG-E betreffen irreführende, die Nummern 25 bis 30 aggressive geschäftliche Handlungen.

Die Reihenfolge der aufgelisteten geschäftlichen Handlungen entspricht der Reihenfolge, in der die geschäftlichen Handlungen im Anhang I der Richtlinie aufgeführt sind. Eine Ausnahme macht der Entwurf nur für die letzte Nummer des Anhangs I der Richtlinie (Nummer 31), weil es sich bei den dort geregelten Gewinnzusagen nicht um aggressive, sondern um irreführende geschäftliche Handlungen handelt. Diese geschäftlichen Handlungen werden deshalb an anderer Stelle des Anhangs (Nummer 17) im Zusammenhang mit irreführenden geschäftlichen Handlungen geregelt.

Die im Anhang zu § 3 Abs. 3 UWG-E aufgelisteten Einzeltatbestände gelten nur für geschäftliche Handlungen, die sich unmittelbar an Verbraucher richten. Nach Erwägungsgrund 17 der Richtlinie dient ihr Anhang I dem Zweck, Verhaltensweisen, die unter allen Umständen als unlauter einzustufen sind, leichter identifizieren zu können, um auf diese Weise die Rechtssicherheit zu erhöhen. Entsprechend dem auf den Verbraucherschutz ausgerichteten Schutzzweck der Richtlinie orientiert sich auch der Anhang zu § 3 Abs. 3 UWG-E daran festzulegen, welche geschäftlichen Handlungen zum Nachteil von Verbrauchern stets unzulässig sind.

Es handelt sich um per se Verbote ohne Relevanzprüfung, so dass es nicht mehr auf eine Beurteilung des Einzelfalls ankommt (Verbote ohne Wertungsvorbehalt). Praktische Bedeutung gewinnt dies bei unlauteren Verhaltensweisen, welche die Erheblichkeitsschwelle des § 3 Abs. 1 und 2 UWG-E nicht überschreiten. Solche Verhaltensweisen sind gleichwohl unzulässig, wenn sie gegen die Verbotstatbestände des Anhangs zu § 3 Abs. 3 UWG-E oder gegen § 7 UWG-E verstoßen. Allerdings gilt auch hier stets der allgemeine Grundsatz der Verhältnismäßigkeit, weshalb es auch künftig Fallgestaltungen geben kann, bei denen ein nach § 3 Abs. 3 UWG-E oder § 7 UWG-E unlauteres Verhalten gleichwohl keine wettbewerbsrechtlichen Sanktionen auslöst.

Auf geschäftliche Handlungen, die den Wettbewerb nicht zumindest auch zum Nachteil von Verbrauchern beeinträchtigen, treffen die dem Anhang zu Grunde liegenden Wertungen nicht in gleicher Weise zu. Deshalb ist der Anhang zu § 3 Abs. 3 UWG-E bei derartigen geschäftlichen Handlungen nicht anwendbar, und es bleibt bei der Anwendung der lauterkeitsrechtlichen Erheblichkeitsschwelle des § 3 Abs. 1 UWG-E.

Die einzelnen Tatbestände des Anhangs entsprechen inhaltlich den umzusetzenden Nummern des Anhangs I der Richtlinie. Soweit einzelne Formulierungen im Anhang des UWG-E von der deutschen Sprachfassung der Richtlinie abweichen, beruht dies auf der Notwendigkeit, die Ausdrucksweise mit den Definitionen des § 2 UWG-E, mit der rechtlichen Terminologie des Lauterkeitsrechts und mit den an die Verwendung der deutschen Sprache ganz allgemein zu stellenden Anforderungen in Einklang zu bringen.

Im Einzelnen ist Folgendes zu bemerken:

Zu Anhang Nr. 1

Nach Nummer 1 des Anhangs (als Umsetzung der Nummer 1 des Anhangs I der Richtlinie) ist die unwahre Angabe des Unternehmers, er habe einen bestimmten Verhaltenskodex im Sinne des § 2 Abs. 1 Nr. 5 UWG-E unterzeichnet, unzulässig. Es braucht dabei nicht ausdrücklich behauptet zu werden, die dort verankerten Standards würden eingehalten. Denn der Verkehr erwartet dies auch schon auf Grund der bloßen Bezugnahme auf die Unterzeichnereigenschaft. Damit steht die Regelung im Einklang mit der Rechtsprechung zur Werbung mit bestimmten Normen.

Zu Anhang Nr. 2

Unzulässig nach Nummer 2 des Anhangs (als Umsetzung der Nummer 2 des Anhangs I der Richtlinie) ist die nicht autorisierte Verwendung von Güte- und Qualitätszeichen. Die Erfüllung des Irreführungstatbestands hängt nicht davon ab, ob die angebotenen Waren oder Dienstleistungen die durch das Zeichen verbürgte Qualität aufweisen. Der Vorwurf knüpft allein an die Behauptung an, zu den autorisierten Zeichennehmern zu gehören.

Zu Anhang Nr. 3

Nach Nummer 3 des Anhangs (als Umsetzung der Nummer 3 des Anhangs I der Richtlinie) ist die unwahre Angabe unzulässig, eine öffentliche oder andere Stelle habe einen bestimmten Verhaltenskodex im Sinne des § 2 Abs. 1 Nr. 5 UWG-E gebilligt. Denn damit wird über eine wesentliche Eigenschaft dieser von der Wirtschaft eingegangenen Selbstverpflichtung getäuscht.

Zu Anhang Nr. 4

Nach Nummer 4 des Anhangs (als Umsetzung der Nummer 4 des Anhangs I der Richtlinie) ist auch die unwahre Angabe unzulässig, eine geschäftliche Handlung des Unternehmers oder eine von ihm angebotene Ware oder Dienstleistung sei von einer öffentlichen oder privaten Stelle genehmigt, bestätigt oder sonst gebilligt worden. Denn für die geschäftliche Entscheidung des Verbrauchers haben derartige Angaben einen besonderen Stellenwert, der sich daraus ergibt, dass Genehmigungen, Zulassungen und Zertifikate eine besondere Güte des Unternehmens oder seines Waren- oder Dienstleistungsangebots vermuten lassen.

Zu Anhang Nr. 5

Nach Nummer 5 Satz 1 des Anhangs (als Umsetzung der Nummer 5 des Anhangs I der Richtlinie) sind Lockangebote unzulässig, bei denen Waren oder Dienstleistungen zu einem bestimmten Preis angeboten werden, ohne dass der Unternehmer darüber aufklärt, hinreichende Gründe für die Annahme zu haben, dass er nicht in der Lage sein werde, diese oder gleichartige Waren oder Dienstleistungen (in der Sprache der Richtlinie: „ein gleichwertiges Produkt") zu diesem Preis für einen angemessenen Zeitraum in angemessener Menge vorhalten zu können. In Abgrenzung zu der folgenden Nummer 6 des Anhangs ist der Begriff „gleichartige Waren oder Dienstleistungen" eng auszulegen. Eine solche Gleichartigkeit liegt nur vor, wenn die Waren oder Dienstleistungen tatsächlich gleichwertig und aus Sicht des Verbrauchers austauschbar sind. Dabei können auch subjektive Gesichtspunkte, wie der Wunsch nach Erwerb eines bestimmten Markenprodukts, eine Rolle spielen.

Nummer 5 Satz 2 des Anhangs regelt die Darlegungs- und Beweislastverteilung hinsichtlich der Angemessenheit des nach Nummer 5 Satz 1 maßgeblichen Zeitraums. Danach obliegt es dem Unternehmer, die Angemessenheit des Zeitraums der Bevorratung darzulegen und zu beweisen, wenn der von ihm angenommene Bevorratungszeitraum zwei Tage unterschreitet. Damit wird der in der aufgehobenen Vorschrift des § 5 Abs. 5 UWG enthaltene Bevorratungszeitraum von zwei Tagen übernommen, soweit diese Zwei-Tages-Frist auch dort schon als Darlegungs- und Beweislastregelung zu verstehen war. Die Vorgaben der Richtlinie und das Prinzip der Vollharmonisierung fordern eine Aufgabe der so verstandenen Zwei-Tages-Frist nicht. Denn die Beweislast wird nach Erwägungsgrund 21 der Richtlinie vom innerstaatlichen Recht bestimmt. Außerdem entspricht die Beweisumkehr in Nummer 5 Satz 2 des Anhangs dem in Artikel 12 der Richtlinie vorgesehenen Beweiserleichterungsgebot zugunsten von Verbrauchern.

Zu Anhang Nr. 6

Nach Nummer 6 des Anhangs (als Umsetzung der Nummer 6 des Anhangs I der Richtlinie) sind Lockangebote unzulässig, die darauf abzielen, andere als die beworbenen Waren oder Dienstleistungen abzusetzen. Anders als nach Nummer 5 kommt es hier nicht darauf an, welche Vorstellungen sich der Unternehmer von der Verfügbarkeit der beworbenen Waren oder Dienstleistungen gemacht hat oder hätte machen müssen. Die Unlauterkeit wird durch den Vorwurf begründet, der Unternehmer habe es von vornherein darauf abgesehen, andere als die beworbenen Leistungen zu erbringen. Unerheblich ist, ob es sich bei den beworbenen Leistungen um Sonderangebote handelt.

Zu Anhang Nr. 7

Nach Nummer 7 des Anhangs (als Umsetzung der Nummer 7 des Anhangs I der Richtlinie) ist die unwahre Angabe unzulässig, bestimmte Waren oder Dienstleistungen seien, allgemein oder zu bestimmten Bedingungen, nur für einen begrenzten Zeitraum verfügbar, um den Verbraucher auf diese Weise zu einer sofortigen geschäftlichen Entscheidung zu veranlassen. Es handelt sich um Fälle der Ausübung psychologischen Kaufzwangs durch übertriebenes Anlocken. Da der für die geschäftliche Entscheidung maßgebliche Zeitdruck objektiv nicht besteht, wird dem Verbraucher die Möglichkeit genommen, auf Grund einer zutreffenden Information zu entscheiden (in Nummer 7 des Anhangs I der Richtlinie in Anlehnung an den Ausdruck „informed decision" der englischen Sprachfassung als „informierte Entscheidung" bezeichnet).

Zu Anhang Nr. 8

Wenn der Unternehmer mit dem Verbraucher vor Abschluss des Geschäfts in einer anderen als der Amtssprache am Ort seiner Niederlassung kommuniziert hat, ist es nach Nummer 8 des Anhangs (als Umsetzung der Nummer 8 des Anhangs I der Richtlinie) unzulässig, für die Erbringung von Kundendienstleistungen eine davon abweichende Sprache zu verwenden, ohne den Verbraucher vor Geschäftsabschluss darüber aufgeklärt zu haben. Die Irreführung besteht in der enttäuschten Erwartung des Verbrauchers, auch die Kundendienstleistungen würden in der von der Landessprache des Unternehmers abweichenden, vor dem Abschluss des Geschäfts verwendeten Sprache erbracht. Nicht erfasst ist der Fall, dass das Geschäft in der Landessprache des Unternehmers angebahnt worden ist, dann aber in einer anderen Sprache abgewickelt wird.

Hier bedarf es einer Unterscheidung danach, ob die Leistung in einer dem Verbraucher geläufigen oder in einer dritten Sprache erbracht wird, weshalb für ein Verbot ohne Wertungsvorbehalt kein Raum ist.

Aus der englischen („after-sales Service") und der französischen Textfassung („Service apresvente") der Richtlinie ergibt sich unmissverständlich, dass es bei dieser Bestimmung allein um Kundendienstleistungen, also nachvertragliche Serviceleistungen geht.

Zu Anhang Nr. 9

Nach Nummer 9 des Anhangs (als Umsetzung der Nummer 9 des Anhangs I der Richtlinie) sind unwahre Angaben und das Erwecken des unzutreffenden Eindrucks über die Verkehrsfähigkeit von Waren oder Dienstleistungen unzulässig. Dies betrifft vor allem Waren und Dienstleistungen, deren Besitz, bestimmungsgemäße Benutzung oder Entgegennahme gegen ein gesetzliches Verbot verstößt, wie dies z. B. beim Fehlen der Betriebserlaubnis für ein technisches Gerät der Fall sein kann.

Zu Anhang Nr. 10

Unzulässig ist es nach Nummer 10 des Anhangs (als Umsetzung der Nummer 10 des Anhangs I der Richtlinie), in Bezug auf ein Waren- oder Dienstleistungsangebot bestimmte Rechte als Besonderheit hervorzuheben, die nach der Gesetzeslage ohnehin bestehen.

Zu Anhang Nr. 11

Nach Nummer 11 des Anhangs (als Umsetzung der Nummer 11 des Anhangs I der Richtlinie) ist Werbung unzulässig, bei der es sich um eine als redaktionelle Information getarnte entgeltliche Verkaufsförderungsmaßnahme handelt. Der Unternehmer darf redaktionelle Inhalte nicht für Verkaufsförderung einsetzen, die er finanziert, wenn sich dies weder aus dem Inhalt noch aus der Art der Darstellung ergibt. Die Regelung entspricht dem presserechtlichen Gebot der Trennung von Werbung und redaktionellem Teil. Sie gilt nicht nur für Printmedien, sondern auch für alle elektronischen Medien, insbesondere Hörfunk, Fernsehen und Telemedien und auch für redaktionelle Beiträge im Internet. Erfasst wird auch „product placement", wenn für die Einbeziehung der Ware oder Dienstleistung in einen redaktionellen Kontext ein Entgelt gefordert wird und dem Erkennbarkeitsgebot nicht genügt wird. Denn eine solche Tarnung der Verkaufsförderungsabsicht trägt dazu bei, Verbraucher dazu zu veranlassen, ihre an sich kritische Haltung gegenüber Werbebotschaften abzulegen. Dadurch wird ihnen die Möglichkeit genommen, sich auf den kommerziellen Charakter der Mitteilung einzustellen und entsprechend darauf zu reagieren. Die Regelung entspricht den Grundsätzen, welche die Rechtsprechung zu getarnter Werbung und „produet placement" entwickelt hat.

Nach Nummer 11 Satz 2 des Anhangs I der Richtlinie bleibt die weiter oben näher bezeichnete Richtlinie 89/552/EWG zur Koordinierung bestimmter Rechts- und Verwaltungsvorschriften der Mitgliedstaaten über die Bereitstellung audiovisueller Mediendienste (Richtlinie über audiovisuelle Mediendienste) von Nummer 11 Satz 1 des Anhangs I der Richtlinie unberührt. Damit hat der Richtliniengeber Artikel 3 Abs. 4 der hier umzusetzenden Richtlinie Rechnung getragen, wonach Rechtsvorschriften der Gemeinschaft, die besondere Aspekte unlauterer geschäftlicher Handlungen regeln und mit Bestimmungen der Richtlinie kollidieren, diesen vorgehen und für diese besonderen Aspekte maßgebend sind. Nummer 11 Satz 2 des Anhangs I der Richtlinie braucht deshalb nicht in deutsches Recht umgesetzt zu werden, weil ohne Weiteres der allgemeine Rechtsgrundsatz gilt, dass speziellere Regelungen den allgemeinen vorgehen (lex specialis derogat legi generali).

Zu Anhang Nr. 12

Nach Nummer 12 des Anhangs (als Umsetzung der Nummer 12 des Anhangs I der Richtlinie) ist es unzulässig, dem Verbraucher vorzutäuschen, ihm oder seiner Familie drohe für den Fall des Nichterwerbs der Ware oder der Nichtinanspruchnahme der Dienstleistung eine bestimmte Gefahr. Es handelt sich um geschäftliche Handlungen, bei denen das Gefühl der Angst ausgenutzt wird. Dies ist unlauter, weil dadurch die rationalen Erwägungen des Verbrauchers verdrängt werden.

Zu Anhang Nr. 13

Nach Nummer 13 des Anhangs (als Umsetzung der Nummer 13 des Anhangs I der Richtlinie) ist es unzulässig, für eine Ware oder Dienstleistung zu werben, die der Ware oder Dienstleistung eines anderen Anbieters ähnlich ist, wenn der Unternehmer damit die Absicht verfolgt, über die betriebliche Herkunft zu täuschen. Die Regelung steht neben § 4 Nr. 9 Buchstabe a UWG und dem Irreführungstatbestand des § 5 Abs. 1 Satz 2 Nr. 1 und Abs. 2 UWG-E. Anknüpfungspunkt für die Irreführung ist allerdings – der Vorgabe der Richtlinie entsprechend – ausschließlich die Ähnlichkeit der Ware oder Dienstleistung. Anders als die genannten Vorschriften betrifft die Regelung deshalb nicht die Irreführung durch die Verwendung verwechslungsfähiger Kennzeichen. Im Übrigen wird der Tatbestand dieser Nummer nur erfüllt, wenn die Täuschung über die betriebliche Herkunft beabsichtigt ist.

Zu Anhang Nr. 14

Nach Nummer 14 des Anhangs (als Umsetzung der Nummer 14 des Anhangs I der Richtlinie) sind die Einführung, das Betreiben und die Förderung sogenannter Schneeball- und Pyramidensysteme unzulässig. Dass von Nummer 14 anders als nach der deutschen Textfassung der Richtlinie nicht nur Schneeball-, sondern auch Pyramidensysteme erfasst sind, folgt aus anderen Sprachfassungen (z. B. der englischen Fassung mit dem Ausdruck „a pyramid promotional scheme" und der französischen Fassung mit dem Ausdruck „un Systeme de promotion pyramidale").

Schneeballsysteme sind solche Verkaufsförderungsmaßnahmen, bei denen der Veranstalter zunächst mit einem von ihm unmittelbar geworbenen Erstkunden und dann mit den durch dessen Vermittlung geworbenen weiteren Kunden Verträge abschließt. Pyramidensysteme sind Verkaufsförderungsmaßnahmen, bei denen der unmittelbar vom Veranstalter geworbene Erstkunde selbst gleichlautende Verträge mit anderen Verbrauchern schließt.

Solche Wettbewerbssysteme sind schon nach der allgemeinen Vorschrift des § 4 Nr. 2 UWG unlauter, weil die Chancen, neue Kunden zu werben, wegen des progressiven Charakters des Systems sinken, was unerfahrene oder leichtfertige Verbraucher nicht erkennen. Nach § 16 Abs. 2 UWG können derartige Verkaufsförderungsmaßnahmen auch strafbar sein.

Zu Anhang Nr. 15

Nach Nummer 15 des Anhangs (als Umsetzung der Nummer 15 des Anhangs I der Richtlinie) ist die unwahre Angabe unzulässig, der Unternehmer werde demnächst sein Geschäft aufgeben oder die Geschäftsräume verlegen. Die Unlauterkeit besteht in der Herbeiführung der irrigen Vorstellung, der Unternehmer werde seine Warenbestände aus Anlass der Geschäftsaufgabe oder der Verlegung seiner Geschäftsräume zu besonders günstigen Konditionen abgeben. Dabei kommt es nicht darauf an, ob der Unternehmer im Hinblick auf die angebliche Geschäftsaufgabe oder Verlegung seiner Geschäftsräume mit besonders günstigen Angeboten geworben hat.

Zu Anhang Nr. 16

Durch Nummer 16 des Anhangs (als Umsetzung der Nummer 16 des Anhangs I der Richtlinie) soll der Vertrieb von Waren oder Dienstleistungen verhindert werden, die angeblich die Gewinnchancen eines Glücksspiels erhöhen können. Der Begriff des Glücksspiels ist gemeinschaftsrechtlich auszulegen. Es dürfte sich um Spiele handeln, bei denen der Gewinn vom Zufall abhängt und die Aussicht auf einen Gewinn anders als bei Wettbewerben, Preisausschreiben und Gewinnspielen einen geldwerten Einsatz voraussetzt.

Zu Anhang Nr. 17

Die Nummern 17 und 20 des Anhangs (als Umsetzung der Nummern 31 und 19 des Anhangs I der Richtlinie) stehen im Zusammenhang mit den Transparenzklauseln des § 4 Nr. 5 und Nr. 6 UWG. Durch Nummer 17 soll verhindert werden, dass der Verbraucher zur Teilnahme an Wettbewerben oder Preisausschreiben veranlasst wird, bei denen entweder die beschriebenen Preise von vornherein nicht gewonnen werden können, weil sie nicht vergeben werden, oder bei denen der Preis oder Vorteil jedenfalls von einer Geldzahlung oder einer Kostenübernahme abhängt. Der Unterschied zwischen Nummer 17 und Nummer 20 besteht darin, dass dem Verbraucher im ersten Fall der Eindruck vermittelt wird, dass ihm ein Gewinn oder sonstiger Vorteil schon sicher sei, während ihm in den Fällen der Nummer 20 eine Gewinnchance vorgetäuscht wird.

Durch derartige Verhaltensweisen verstößt der Unternehmer zugleich gegen das nach § 4 Nr. 5 UWG bestehende Gebot, die Teilnahmebedingungen von Preisausschreiben und Gewinnspielen klar und eindeutig anzugeben, und gegen das nach § 4 Nr. 6 UWG bestehende Verbot, Preisausschreiben oder Gewinnspiele vom Erwerb einer Ware oder Dienstleistung abhängig zu machen. Dieses Transparenzgebot und Koppelungsverbot können neben dem Anhang zu § 3 Abs. 3 UWG-E beibehalten werden. Denn sowohl mangelnde Transparenz von Teilnahmebedingungen als auch eine Koppelung von Gewinnen mit dem Waren- oder Dienstleistungsabsatz widersprechen den nach der Richtlinie zu beachtenden Erfordernissen der fachlichen Sorgfalt und sind darüber hinaus auch geeignet, das wirtschaftliche Verhalten der Verbraucher wesentlich zu beeinflussen.

Zu Anhang Nr. 18

Nach Nummer 18 des Anhangs (als Umsetzung der Nummer 17 des Anhangs I der Richtlinie) sind unwahre Angaben unzulässig, mit denen behauptet wird, eine Ware oder Dienstleistung könne Krankheiten oder Funktionsstörungen heilen oder Missbildungen beseitigen. Dieses Verhalten fällt zugleich unter den Tatbestand des § 5 Abs. 1 Satz 2 Nr. 1 UWG-E, wonach u. a. auch unwahre Angaben über die Zwecktauglichkeit einer Ware oder Dienstleistung irreführend sind.

Zu Anhang Nr. 19

Nummer 19 des Anhangs (als Umsetzung der Nummer 18 des Anhangs I der Richtlinie) regelt einen Sonderfall der Irreführung über die Preiswürdigkeit eines Angebots. Nach dieser Regelung sind Angaben unzulässig, mit denen über Marktbedingungen und Bezugsmöglichkeiten getäuscht wird, um die angebotenen Waren oder Dienstleistungen zu Marktbedingungen abzusetzen, die für den Unternehmer günstiger als die allgemein üblichen sind.

Zu Anhang Nr. 20

Nummer 20 des Anhangs (als Umsetzung der Nummer 19 des Anhangs I der Richtlinie) verbietet es, ein Gewinnspiel oder Preisausschreiben überhaupt anzubieten, wenn dahinter nicht auch die Absicht steht, einen Preis oder ein angemessenes Äquivalent zu vergeben. Durch derartige Verhaltensweisen verstößt der Unternehmer zugleich gegen das nach § 4 Nr. 5 UWG bestehende Gebot, die Teilnahmebedingungen von Preisausschreiben und Gewinnspielen klar und eindeutig anzugeben. Dieses Transparenzgebot kann aber neben dem Anhang zu § 3 Abs. 3 UWG-E beibehalten werden. Denn mangelnde Transparenz von Teilnahmebedingungen widerspricht den nach der Richtlinie zu beachtenden Erfordernissen der fachlichen Sorgfalt und ist darüber hinaus auch geeignet, das wirtschaftliche Verhalten der Verbraucher wesentlich zu beeinflussen.

Zu Anhang Nr. 21

Nach Nummer 21 des Anhangs (als Umsetzung der Nummer 20 des Anhangs I der Richtlinie) dürfen Waren oder Dienstleistungen nicht als kostenlos angeboten werden, wenn der Abnehmer gleichwohl Kosten zu tragen hat, welche die Kosten übersteigen, die unvermeidbar mit dem Eingehen auf das Angebot oder der Inanspruchnahme der angebotenen Leistung verbunden sind. Die Regelung betrifft einen Sonderfall der Irreführung über die Berechnung des Preises im Sinne des § 5 Abs. 1 Satz 2 Nr. 2 UWG-E.

Zu Anhang Nr. 22

Nach Nummer 22 des Anhangs (als Umsetzung der Nummer 21 des Anhangs I der Richtlinie) sind Werbebotschaften unter Beifügung einer Rechnung unzulässig, wenn damit der unrichtige Eindruck erweckt wird, es liege bereits eine Bestellung vor. Denn damit werden mittelbar das Bestehen eines Vertragsverhältnisses und eine daraus folgende Zahlungspflicht vorgetäuscht. Die Regelung erfasst auch rechnungsähnlich aufgemachte Angebotsschreiben, die auch nach § 4 Nr. 3 UWG unlauter sind. Nummer 22 ist jedoch insoweit weiter gefasst, als es – anders als nach der bisherigen Rechtsprechung – nicht darauf ankommt, ob es sich bei der Übersendung der Rechnung oder des rechnungsähnlich aufgemachten Angebots um ein von Anfang an auf Täuschung angelegtes Gesamtkonzept handelt, um von Folgeverträgen zu profitieren.

Zu Anhang Nr. 23

Nach Nummer 23 des Anhangs (als Umsetzung der Nummer 22 des Anhangs I der Richtlinie) sind unwahre Angaben zur Verschleierung unternehmerischen Handelns unzulässig. Dies kommt z. B. in Betracht, wenn wahrheitswidrig behauptet wird, der Vertrieb einer Ware oder einer angebotenen Dienstleistung diene sozialen oder humanitären Zwecken.

Zu Nummer 24

Nach Nummer 24 des Anhangs (als Umsetzung der Nummer 23 des Anhangs I der Richtlinie) ist die unwahre Angabe unzulässig, für eine Ware oder Dienstleistung sei in einem anderen Mitgliedstaat als dem des Warenverkaufs oder der Dienstleistung ein Kundendienst verfügbar. Hier geht es vor allem um Irreführungen im grenzüberschreitenden Rechtsverkehr.

Zu Anhang Nr. 25

Nach Nummer 25 des Anhangs (als Umsetzung der Nummer 24 des Anhangs I der Richtlinie) ist es unzulässig, einen Verbraucher dadurch unter Druck zu setzen, dass ihm der – falsche oder gar zutreffende – Eindruck vermittelt wird, er könne die Geschäftsräume erst verlassen, wenn er sich auf einen Geschäftsabschluss einlässt. Unerheblich ist dabei, ob sich der Unternehmer zugleich wegen Nötigung nach § 240 StGB strafbar macht.

Zu Anhang Nr. 26

Umgekehrt ist es nach Nummer 26 des Anhangs (als Umsetzung der Nummer 25 des Anhangs I der Richtlinie) unzulässig, wenn der Unternehmer den Verbraucher in der Wohnung aufsucht und sich der Aufforderung widersetzt, diese zu verlassen oder nicht dorthin zurück zu kehren. Dieses Verhalten stellt regelmäßig auch einen Verstoß gegen § 4 Nr. 1 und Nr. 11 UWG dar und kann als Hausfriedensbruch nach § 123 StGB oder Nötigung nach § 240 StGB strafbar sein. Wie bei Nummer 25 kommt es aber nicht darauf an, ob die Schwelle zur Strafbarkeit erreicht wird. Eine Ausnahme von diesem Verbotstatbestand gilt für Besuche, die der Durchsetzung vertraglicher Rechte des Unternehmers dienen und deshalb rechtlich nicht zu beanstanden sind. Dies kommt z. B. in Betracht, wenn den Verbraucher eine vertragliche Mitwirkungspflicht trifft, die das Aufsuchen seiner Wohnung erforderlich macht.

Zu Anhang Nr. 27

Nach Nummer 27 des Anhangs (als Umsetzung der Nummer 27 des Anhangs I der Richtlinie) ist es unzulässig, den Verbraucher von der Geltendmachung seiner Rechte aus einem Versicherungsverhältnis dadurch abzuhalten, dass ihm Unterlagen abverlangt werden, die zum Nachweis des Anspruchs nicht erforderlich sind, oder dass seine Leistungsbegehren oder sonstige Schreiben ignoriert werden. Leistungsverweigerungen dieser Art waren, da es sich um nachvertragliches Verhalten handelt, im UWG bisher nicht geregelt.

Zu Anhang Nr. 28

Nach Nummer 28 des Anhangs (als Umsetzung der Nummer 28 des Anhangs I der Richtlinie) sind Werbeangebote unzulässig, mit denen Kinder unmittelbar zum Erwerb von Waren oder zur Inanspruchnahme von Dienstleistungen aufgefordert werden. Gleiches gilt für die Aufforderung, Kinder mögen ihre Eltern oder andere Erwachsene dazu veranlassen, die Leistungen für die Kinder zu beziehen. Der Begriff „Kind" ist gemeinschaftsrechtlich auszulegen. Er kann also nicht vom deutschen Rechtsverständnis her ausgelegt werden. Seine Definition bleibt der Rechtsprechung vorbehalten.

Von Nummer 28 werden auch geschäftliche Handlungen erfasst, die schon nach § 4 Nr. 2 UWG unlauter sind. Allerdings ist der Anwendungsbereich von Nummer 28 weiter, weil es anders als nach § 4 Nr. 2 UWG nicht darauf ankommt, ob der Unternehmer die geschäftliche Unerfahrenheit der Kinder ausnutzt.

Nach Nummer 28 Satz 2 des Anhangs I der Richtlinie gilt Satz 1 dieser Nummer unbeschadet der inzwischen aufgehobenen Bestimmung des Artikel 16 der Richtlinie 89/552/EWG zur Koordinierung bestimmter Rechts- und Verwaltungsvorschriften der Mitgliedstaaten über die Ausübung der Fernsehtätigkeit. An die Stelle der aufgehobenen Bestimmung ist aber die inhaltsgleiche Regelung des Artikel 3 e Buchstabe g der weiter oben näher bezeichneten Richtlinie 89/552/EWG zur Koordinierung bestimmter Rechts- und Verwaltungsvorschriften der Mitgliedstaaten über die Bereitstellung audiovisueller Mediendienste (Richtlinie über audiovisuelle Mediendienste) getreten. Nummer 28 Satz 2 des Anhangs I der hier umzusetzenden Richtlinie trägt Artikel 3 Abs. 4 dieser Richtlinie Rechnung, wonach Rechtsvorschriften der Gemeinschaft, die besondere Aspekte unlauterer geschäftlicher Handlungen regeln und mit Bestimmungen der Richtlinie kollidieren, diesen vorgehen und für diese besonderen Aspekte maßgebend

Anlage 3. Stellungnahme des Bundesrates BT-Drucks. 16/10145 21

sind. Nummer 28 Satz 2 des Anhangs I der Richtlinie braucht deshalb nicht in deutsches Recht umgesetzt zu werden, weil ohne Weiteres der allgemeine Rechtsgrundsatz gilt, dass speziellere Regelungen den allgemeinen vorgehen (lex specialis derogat legi generali).

Zu Anhang Nr. 29

Nach Nummer 29 des Anhangs (als Umsetzung der Nummer 29 des Anhangs I der Richtlinie) ist die Aufforderung zur sofortigen oder späteren Bezahlung, Rücksendung oder Verwahrung unbestellter Waren als aggressive geschäftliche Handlung unzulässig. Die Unlauterkeit ergibt sich zum einen daraus, dass der Eindruck erweckt wird, es bestünden bereits vertragliche Beziehungen. Zum anderen wird der Umstand ausgenutzt, dass es einem Verbraucher unangenehm oder lästig sein kann, einmal erhaltene Sachen zurück zu geben. Die Kundenwerbung durch das Vortäuschen einer vertraglichen Beziehung wird als Verschleierung des Werbecharakters der geschäftlichen Handlung auch durch § 4 Nr. 3 UWG erfasst. Die Zusendung nicht bestellter Gegenstände ist ausnahmsweise rechtmäßig, wenn es sich um Ersatzleistungen nach den Vorschriften über Vertragsabschlüsse im Fernabsatz handelt. Da allerdings Ersatzlieferungsklauseln zu Lasten von Verbrauchern in Allgemeinen Geschäftsbedingungen in der Regel unwirksam sind, hat die Ausnahme kaum praktische Bedeutung.

Zu Anhang Nr. 30

Nach Nummer 30 des Anhangs (als Umsetzung der Nummer 30 des Anhangs I der Richtlinie) ist die ausdrückliche Angabe unzulässig, Arbeitsplatz oder Lebensunterhalt des Unternehmers seien gefährdet, wenn es nicht zum Geschäftsabschluss komme. Ein solches Verhalten ist auch jetzt schon nach § 4 Nr. 1 UWG wegen der unzulässigen Ausübung moralischen Drucks unlauter. Denn der Verbraucher sieht sich u. U. mit dem moralischen Vorwurf mangelnder Hilfsbereitschaft oder fehlender Solidarität konfrontiert. Allerdings sind derartige Auswirkungen für die Erfüllung des Verbotstatbestands der Nummer 30 nicht erforderlich.

Zu Artikel 2. Bekanntmachungserlaubnis

Durch Artikel 2 wird dem Bundesministerium der Justiz die Befugnis erteilt, das Gesetz gegen den unlauteren Wettbewerb in der durch dieses Gesetz geänderten Fassung neu bekannt zu machen.

Zu Artikel 3. Inkrafttreten

Die Vorschrift regelt das Inkrafttreten des Gesetzes.

Anlage 2. Stellungnahme des Nationalen Normenkontrollrates

Der Nationale Normenkontrollrat hat den o. g. Gesetzentwurf auf Bürokratiekosten, die durch Informationspflichten begründet werden, geprüft.

Mit dem Gesetz werden keine Informationspflichten für die Wirtschaft, die Verwaltung und Bürgerinnen und Bürger eingeführt, geändert oder aufgehoben. Es entstehen keine neuen Bürokratiekosten für Wirtschaft, Verwaltung und Bürgerinnen und Bürger.

Der Nationale Normenkontrollrat hat im Rahmen seines gesetzlichen Prüfauftrages daher keine Bedenken gegen das Regelungsvorhaben.

Anlage 3. Stellungnahme des Bundesrates

Der Bundesrat hat in seiner 846. Sitzung am 4. Juli 2008 beschlossen, zu dem Gesetzentwurf gemäß Artikel 76 Abs. 2 des Grundgesetzes wie folgt Stellung zu nehmen:

1. Zum Gesetzentwurf allgemein

Der Bundesrat begrüßt die Umsetzung der Richtlinie durch Integration in das Gesetz gegen den unlauteren Wettbewerb unter Beibehaltung von dessen Konzeption. Er bedauert, dass der Gesetzentwurf von der im Diskussionsentwurf vom 8. Mai 2007 und im Referentenentwurf vom 27. Juli 2007 verfolgten Linie einer möglichst schlanken Umsetzung der Richtlinie unter weitestgehender Beibehaltung der Formulierungen des UWG abweicht. Er bittet, die Abweichungen zum bisherigen Konzept des UWG im weiteren Gesetzgebungsverfahren zu überprüfen und möglichst zurückzuführen.

Begründung:

Ziel des Diskussionsentwurfs und des Referentenentwurfs war es, die durch die Richtlinienumsetzung erforderlichen Änderungen möglichst schlank in das von der Richtlinie teilweise abweichende Konzept des deutschen Gesetzes gegen den unlauteren Wettbewerb zu integrieren. Davon weicht der nun vorliegende Gesetzentwurf in weiten Bereichen ab. Er orientiert sich wesentlich näher am Richtlinientext und übernimmt die Formulierungen der Richtlinie teilweise wörtlich.

Dies gilt beispielsweise für die Einführung der „geschäftlichen Handlung" statt der „Wettbewerbshandlung" als zentralen Begriff, für die Neufassung der Generalklausel in § 3 UWG-E, für die Regelung zur Verwechslungsgefahr im Zusammenhang mit Marken oder Kennzeichen in § 5 Abs. 2 UWG-E oder für die Übernahme von Nummer 26 des Anhangs I zur Richtlinie in § 7 Abs. 2 Nr. 1 UWG-E.

Diese und weitere Änderungen dienen zwar einer näheren Angleichung an die Richtlinie, beinhalten aber die Gefahr von Brüchen und Widersprüchen zum bewährten System des erst 2004 umfassend reformierten Gesetzes gegen den unlauteren Wettbewerb, ohne dass diese intensiv unter Beteiligung der Praxis diskutiert werden konnte. Auch sollten Änderungen des relativ jungen Gesetzes im Interesse der Anwender nur soweit vorgenommen werden, als sie unbedingt notwendig sind. Dies gilt um so mehr, als der Gesetzentwurf manche, durch die Neukonzeption aufgetretenen Fragen nicht entscheidet, sondern der Klärung durch die Rechtsprechung überlässt. Diese Punkte sollten im weiteren Gesetzgebungsverfahren nochmals erörtert werden.

2. Zu Artikel 1 Nr. 4 Buchstabe c (§ 4 Nr. 2 UWG)

In Artikel 1 Nr. 4 Buchstabe c § 4 Nr. 2 sind vor dem Wort „geeignet" die Wörter „darauf gerichtet oder" einzufügen.

Begründung:

Beim Schutz besonders leicht beeinflussbarer oder wehrloser Verbrauchergruppen sollte neben der objektiven Eignung auch die Zielrichtung des geschäftlichen Handelns maßgeblich sein. Entscheidend für den Schutz besonderer Verbrauchergruppen ist nach Artikel 5 Abs. 2 Buchstabe b der Richtlinie 2005/29/EG die nach objektiven Kriterien zu ermittelnde Zielrichtung des geschäftlichen Handelns. Dies wird durch die vorgeschlagenen Änderungen klargestellt.

3. Zu Artikel 1 Nr. 5 Buchstabe b (§ 5 Abs. 2 UWG)

Der Bundesrat bittet, im weiteren Verlauf des Gesetzgebungsverfahrens zu prüfen, ob die Regelung in § 5 Abs. 2 UWG-E notwendig ist und bejahendenfalls wie das Verhältnis zum Kennzeichenrecht und zu § 4 Nr. 9 UWG und § 5 Abs. 1 Satz 2 Nr. 1 UWG-E klargestellt werden kann.

Begründung:

Die Vorschrift soll Artikel 6 Abs. 2 Buchstabe a der Richtlinie 2005/29/EG umsetzen. Der Referentenentwurf hat mit ausführlicher Begründung den Bedarf einer Anpassung des Gesetzestextes an diese Bestimmung der Richtlinie verneint (Begründung des Referentenentwurfs S. 29 bis 31). Die nun erfolgte Umsetzung durch § 5 Abs. 2 UWG-E wirft nicht nur die Frage des Verhältnisses zu den Regelungen in § 4 Nr. 9 UWG und § 5 Abs. 1 Satz 2 Nr. 1 UWG-E auf, sondern betrifft insbesondere auch das umstrittene Verhältnis zwischen kennzeichenrechtlichen und lauterkeitsrechtlichen Ansprüchen. Nach der Entwurfsbegründung (BR-Drs. 345/08, S. 30, 47) soll die Klärung beider Fragen der Rechtsprechung überlassen bleiben.

Wenn der Gesetzgeber nunmehr anders als zuvor die Notwendigkeit der Umsetzung von Artikel 6 Abs. 2 Buchstabe a der Richtlinie in einer eigenen Vorschrift bejaht, sieht er offensicht-

Amtliche Begründung

lich die bestehenden Regelungen nicht mehr als ausreichend an. Dann sollte er dieses Verhältnis aber auch zum Ausdruck bringen. Auch besteht die Gefahr, dass die Fassung von § 5 Abs. 2 UWG-E dahin gehend verstanden werden kann, dass der nach bisherigem Recht von der Rechtsprechung grundsätzlich anerkannte Vorrang des Kennzeichenrechts nicht mehr gelten soll. Auch dazu sollte sich der Gesetzgeber, wenn er eine Neufassung vornimmt, äußern.

4. Zu Artikel 1 Nr. 6 (§ 5 a Abs. 4 UWG)

Der Bundesrat bittet, im weiteren Verlauf des Gesetzgebungsverfahrens zu prüfen, ob die mit § 5 a Abs. 4 UWG-E für den Rechtsanwender verbundene problematische Rechtsunsicherheit dadurch vermieden werden kann, dass die Vorschrift anders gefasst und durch einen Anhang 2 zum Gesetz ergänzt wird.

Begründung:

In Umsetzung von Artikel 7 Abs. 5 der Richtlinie 2005/29/EG benennt § 5 a Abs. 4 UWG-E Informationspflichten, die jedenfalls als wesentlich gelten. Er verzichtet aber auf die Übernahme der nicht erschöpfenden Liste von im Gemeinschaftsrecht festgelegten Informationsanforderungen in Anhang II zur Richtlinie.

Im Vergleich zur Fassung des Referentenentwurfs stellt die Vorschrift insofern eine Verbesserung dar, als nicht mehr pauschal auf „die im Gemeinschaftsrecht festgelegten Informationsanforderungen" verwiesen wird, sondern auf gemeinschaftsrechtliche Verordnungen und das nationale Umsetzungsrecht bei Richtlinien. Gleichwohl ist der Umfang der Informationspflichten, deren Verletzung nach dieser Vorschrift zwingend eine unlautere geschäftliche Handlung darstellt, nicht absehbar. Gerade die Begründung des Gesetzentwurfs gegen eine Übernahme des Anhangs II der Richtlinie in das Gesetz, der Anhang II sei nicht abschließend und unterliege zudem einem ständigen Wechsel (BR-Drs. 345/08, S. 52 f.), macht die Problematik für den Rechtsanwender deutlich. Während der Gesetzgeber die Bestimmung der Informationspflichten der Rechtsprechung überlässt, wird den Normadressaten das Risiko aufgebürdet, sich unlauter zu verhalten und abgemahnt zu werden.

Zumindest die unmittelbar geltenden gemeinschaftsrechtlichen Verordnungen – wobei der Begriff „Verordnungen der Europäischen Gemeinschaft" möglicherweise für den Adressaten klarer wäre – sollten in einem Anhang 2 zum Gesetz aufgeführt werden. Insoweit erscheinen die in der Entwurfsbegründung gegen eine Auflistung vorgebrachten Argumente nicht durchgreifend.

Hinsichtlich der innerstaatlichen Informationspflichten, die in Umsetzung gemeinschaftsrechtlicher Richtlinien geschaffen wurden, könnte die Vorschrift in Anlehnung und gleichzeitig in Abgrenzung zu § 4 Nr. 11 UWG neu formuliert werden.

5. Zu Artikel 1 Nr. 8 (§ 7 Abs. 2 Nr. 2 UWG)

In Artikel 1 Nr. 8 § 7 Abs. 2 Nr. 2 sind nach den Wörtern „vorherige ausdrückliche Einwilligung" die Wörter „in Textform" einzufügen.

Begründung:

In § 7 Abs. 2 Nr. 2 erste Alternative UWG-E greift die Bundesregierung ihre Änderungsvorschläge aus dem Referentenentwurf des Bundesministeriums der Justiz für ein Gesetz zur Bekämpfung unerlaubter Telefonwerbung (Stand: 13. März 2008) auf, wonach eine Telefonwerbung gegenüber einem Verbraucher nur erlaubt ist, wenn der Verbraucher dieser vorher und ausdrücklich zugestimmt hat. Damit soll klargestellt werden, dass der Verbraucher seine Einwilligung ausdrücklich, d. h. nicht lediglich konkludent, und zeitlich vor dem Anruf erklärt haben muss.

Dieser Änderungsvorschlag ist nicht durch die Notwendigkeit zur Umsetzung von EU-Richtlinienvorgaben veranlasst. Sofern jedoch im Zuge dieser UWG-Novellierung auch gesetzliche Anforderungen für die Einwilligung des Verbrauchers normiert werden sollen, die gegenwärtig zur Bekämpfung der unlauteren Telefonwerbung diskutiert werden, ist es aus Gründen des Verbraucherschutzes erforderlich, für die Einwilligung die Textform gemäß § 126 b BGB zu fordern. Dies sorgt für mehr Rechtsklarheit und -sicherheit, da Gegenstand und Reichweite der vom Verbraucher erteilten Einwilligung auf einem Dokument nachzuweisen sind. Es dient auch dem verbesserten Verbraucherschutz, wenn sich ein Unternehmer nicht mehr auf eine mündlich erteilte Einwilligung zum Werbeanruf berufen kann. Bisher ist eine Umgehung des Verbots unlauterer Telefonwerbung denkbar, indem der Verbraucher – ohne seine Einwilligung – per Telefon angesprochen und überredet wird, mündlich sein Einverständnis zu weiteren Werbeanrufen zu erklären. Damit belästigende Telefonwerbung nicht zur Legalisierung derselben ausgenutzt werden kann, ist daher die Textform für eine wirksame Einwilligung des Verbrauchers zu fordern.

6. Zu Artikel 1 Nr. 12 (Nummer 6 des Anhangs zu § 3 Abs. 3 UWG)

In Artikel 1 Nr. 12 Anhang zu § 3 Abs. 3 sind in Nummer 6 die Wörter „etwas Fehlerhaftes" durch die Wörter „eine fehlerhafte Ausführung der Ware oder Dienstleistung" zu ersetzen.

Begründung:

Die vorgeschlagene Neuformulierung bringt das Gewünschte klarer zum Ausdruck und ist für den Normadressaten, der die Entwurfsbegründung nicht kennt, verständlicher.

7. Zu Artikel 1 Nr. 12 (Nummer 28 des Anhangs zu § 3 Abs. 3 UWG)

Der Bundesrat bittet, im weiteren Verlauf des Gesetzgebungsverfahrens zu prüfen, wie der Begriff „Kinder" in Nummer 28 des Anhangs zu § 3 Abs. 3 UWG-E näher bestimmt werden kann.

Begründung:

Der Referentenentwurf ging davon aus, dass Kinder Personen sind, die noch nicht 14 Jahre alt sind. Mangels einer Definition des Begriffs „Kinder" in der Richtlinie 2005/29/EG sei auf die Begriffsbestimmung im Jugendschutzgesetz zurückzugreifen (S. 60 der Begründung des Referentenentwurfs). Der Gesetzentwurf führt dagegen aus, dass der Begriff „Kind" gemeinschaftsrechtlich auszulegen sei. Es könne also nicht vom deutschen Rechtsverständnis ausgegangen werden. Seine Definition bleibe der Rechtsprechung vorbehalten (BR-Drs. 345/08, S. 69).

Damit wird das Risiko unlauteren Verhaltens auf den Normadressaten verlagert, ohne ihm auch nur einen Anhaltspunkt zu geben, was erwartet wird. Solange eine anderweitige gemeinschaftsrechtliche Auslegung nicht bekannt ist, sollte daher die nationale Auslegung Maßstab sein.

8. Zu Artikel 1 Nr. 12 (Anhang zu § 3 Abs. 3 UWG)

Der Bundesrat bittet, im weiteren Verlauf des Gesetzgebungsverfahrens die Nummerierung der unzulässigen Wettbewerbshandlungen in der Anlage zu § 3 Abs. 3 UWG-E übereinstimmend mit der Nummerierung in Anhang I zur Richtlinie zu fassen.

Begründung:

Der Anhang zu § 3 Abs. 3 UWG-E entspricht im Wesentlichen dem Anhang I der Richtlinie und führt die geschäftlichen Handlungen auf, die gegenüber Verbrauchern stets unzulässig sind. Er übernimmt auch die Reihenfolge des Anhangs I der Richtlinie, allerdings mit zwei Ausnahmen: Nummer 31 des Anhangs I zur Richtlinie ist Nummer 17 des Anhangs zu § 3 Abs. 3 UWG-E, wodurch die Nummern 17 bis 26 im Anhang zum Gesetz jeweils eine um eins höhere Ordnungsnummer haben als im Anhang I zur Richtlinie. Zum anderen wurde Nummer 26 des Anhangs I der Richtlinie nicht in den Anhang zu § 3 Abs. 3 UWG-E übernommen, sondern durch eine Änderung von § 7 Abs. 2 Nr. 1 UWG umgesetzt. Dadurch haben die Nummern 27 bis 30 im Anhang zu § 3 Abs. 3 UWG-E wieder dieselben Ordnungsziffern wie in der Anlage I zur Richtlinie.

Für das Vorziehen von Nummer 31 des Anhangs I der Richtlinie gibt es systematische Gründe. Aus systematischen Gründen spräche allerdings auch viel dafür, thematisch vergleichbare Sachkomplexe wie die Nummern 16, 17 und 20 oder 12 und 30 oder 22 und 29 räumlich zusammenzufassen.

Für einen strikten Gleichlauf der Nummerierung in Gesetz und Richtlinie sprechen aber wesentlich gewichtigere Gründe: Gerade weil die einzelnen unzulässigen Handlungen nicht immer wörtlich übernommen wurden, erleichtert eine übereinstimmende Nummerierung wesentlich den Vergleich zwischen den beiden Fassungen. Hinzu kommt, dass im Fall einer gerichtlichen Auseinandersetzung auch eine europarechtskonforme Auslegung erfolgen kann und im Falle von Entscheidungen des Europäischen Gerichtshofs ein Divergieren der Nummerierung misslich und auch fehlerträchtig ist. Schließlich sollte bei Nummer 26 redaktionell vermerkt werden, dass diese unzulässige geschäftliche Handlung in § 7 Abs. 2 Nr. 1 UWG-E erfasst ist, damit für den Normadressaten, dem die Entwurfsbegründung nicht vorliegt, klar ist, wo die Umsetzung von Nummer 26 des Anhangs I zur Richtlinie erfolgt ist.

Anlage 4. Gegenäußerung der Bundesregierung

Zu Nummer 1 (Zum Gesetzentwurf allgemein)

Die Bundesregierung hat sich bei ihren Vorschlägen zur Umsetzung der Richtlinie an deren Vorgaben orientiert, zugleich aber durch die Einfügung der Vorschriften in das Gesetz gegen den unlauteren Wettbewerb dessen Systematik gewahrt. So wird auf der einen Seite eine weitgehende Annäherung der lauterkeitsrechtlichen Vorschriften aller Mitgliedstaaten der Europäischen Union erreicht und auf der anderen Seite eine Abkehr von der bewährten Schutzzwecktrias des deutschen Lauterkeitsrechts vermieden.

Zu Nummer 2 (Artikel 1 Nr. 4 Buchstabe c [§ 4 Nr. 2 UWG-E])

Die Bundesregierung möchte in diesem Punkt an der Formulierung des Entwurfs und des geltenden Rechts festhalten. Soweit bei Handlungen, die nach § 4 Nr. 2 UWG unlauter sind, ein finales Element eine Rolle spielt, wird dieses durch die unveränderte Beibehaltung des Verbs „auszunutzen" am Ende der Vorschrift hinreichend deutlich zum Ausdruck gebracht. Im Übrigen kommt es nach der in Artikel 2 Buchstabe d der Richtlinie enthaltenen Definition des Begriffs der „Geschäftspraktiken im Geschäftsverkehr zwischen Unternehmen und Verbrauchern" – anders als bisher – auf eine Wettbewerbsabsicht nicht mehr an.

Zu Nummer 3 (Artikel 1 Nr. 5 Buchstabe b [§ 5 Abs. 2 UWG-E])

Die Bundesregierung hat sich bei der von ihr vorgeschlagenen Umsetzung des Artikels 6 Abs. 2 Buchstabe a der Richtlinie in § 5 Abs. 2 UWG-E an den Vorgaben der Richtlinie orientiert. Dabei hat sie berücksichtigt, dass § 4 Nr. 9 Buchstabe a UWG für Fälle der Produktnachahmung bereits eine Regelung trifft. § 5 Abs. 2 UWG-E hat jedoch – in Übereinstimmung mit der dort umzusetzenden Vorschrift des Artikels 6 Abs. 2 Buchstabe a der Richtlinie – insoweit einen anderen Anwendungsbereich, als die Herkunftstäuschung für die Produktvermarktung allgemein und damit auch für Fallgestaltungen geregelt wird, in denen eine Produktnachahmung zu verneinen ist. Da sich beide Regelungen dennoch teilweise überschneiden, wird deren Verhältnis zueinander im Einzelfall durch die Rechtsprechung zu klären sein, wobei es sich als notwendig erweisen kann, in ständiger Rechtsprechung bisher vertretene Grundsätze zu modifizieren. Die Bundesregierung hält das Nebeneinander der in § 5 Abs. 1 Satz 2 Nr. 1 UWG-E für den Fall der Irreführung über die betriebliche Herkunft von Waren oder Dienstleistungen getroffenen Regelung und der Vorschrift des § 5 Abs. 2 UWG-E ebenfalls für sachlich gerechtfertigt, um Fallgestaltungen abzudecken, die von § 5 Abs. 2 UWG-E nicht erfasst werden. Dies trifft auf geschäftliche Handlungen zu, mit denen in anderer Weise als durch die Begründung der Gefahr einer Verwechslung von Waren oder Dienstleistungen über die betriebliche Herkunft getäuscht wird. Das kann beispielsweise der Fall sein, wenn jemand zur Kennzeichnung eines Produkts, das für sich gesehen nicht mit anderen Waren oder Dienstleistungen verwechselt werden kann, eine Marke verwendet, die für einen Mitbewerber nur im Ausland, aber (noch) nicht im Inland geschützt ist. In diesem Fall kann nämlich der unzutreffende Eindruck entstehen, das Produkt stamme aus dem ausländischen Betrieb des Mitbewerbers.

Zu Nummer 4 (Artikel 1 Nr. 6 [§ 5 a Abs. 4 UWG-E])

Die Bundesregierung möchte an der Formulierung des Entwurfs, der keinen weiteren Anhang vorsieht, festhalten. Die nach dem Recht der Europäischen Union maßgeblichen Informationsanforderungen unterliegen Änderungen und werden fortentwickelt. Ein diesbezüglicher weiterer Anhang müsste häufig geändert werden und wäre, solange dies nicht geschehen ist, seinerseits teilweise irreführend. Hinzu kommt, dass europäische Verordnungen ohne innerstaatliche Umsetzungsmaßnahmen unmittelbar anwendbar sind.

Zu Nummer 5 (Artikel 1 Nr. 8 [§ 7 Abs. 2 Nr. 2 UWG-E])

Die Bundesregierung wird im weiteren Gesetzgebungsverfahren prüfen, ob und inwieweit Änderungsbedarf besteht, um die Novellierung des UWG zur Umsetzung der Richtlinie über unlautere Geschäftspraktiken und den Entwurf eines Gesetzes zur Bekämpfung unerlaubter Telefonwerbung und zur Verbesserung des Verbraucherschutzes bei besonderen Vertriebsformen aufeinander abzustimmen.

Zu Nummer 6 (Artikel 1 Nr. 12 [Nummer 6 des Anhangs zu § 3 Abs. 3 UWG-E])

Die Bundesregierung stimmt dem Vorschlag des Bundesrates zu, die Wörter „etwas Fehlerhaftes" in Nummer 6 des Anhangs zu § 3 Abs. 3 UWG-E durch die Wörter „eine fehlerhafte Ausführung der Ware oder Dienstleistung" zu ersetzen.

Zu Nummer 7 (Artikel 1 Nr. 12 [Nummer 28 des Anhangs zu § 3 Abs. 3 UWG-E])

Die Bundesregierung möchte an der Formulierung des Entwurfs festhalten. Sie plädiert dafür, im gegenwärtigen Zeitpunkt Festlegungen zu vermeiden, weil die umzusetzende Richtlinie den in Nummer 28 des Anhangs I verwendeten Begriff „Kinder" nicht näher bestimmt und es hierzu im europäischen und deutschen Recht auch sonst keine einheitliche allgemeine Begriffsbestimmung gibt.

Zu Nummer 8 (Artikel 1 Nr. 12 [Anhang zu § 3 Abs. 3 UWG-E])

Die Bundesregierung möchte an der Formulierung des Entwurfs einschließlich der Struktur des Anhangs zu § 3 Abs. 3 UWG-E festhalten. Sie sieht keine Möglichkeit, eine vollständige Übereinstimmung dieses Anhangs mit Anhang I der Richtlinie herzustellen. Denn aus Gründen des Sachzusammenhangs ist Nummer 26 des Anhangs I der Richtlinie, die für hartnäckiges und unerwünschtes Ansprechen über Telefon, Fax, E-Mail oder sonstige für den Fernabsatz geeignete Medien ein Verbot ohne Wertungsvorbehalt enthält, in § 7 Abs. 2 UWG-E umzusetzen. Damit entfällt zwangsläufig im Anhang zu § 3 Abs. 3 UWG-E eine Nummer. Die Bundesregierung möchte auch die von der Richtlinie abweichende Umstellung der letzten Nummer des Anhangs I der Richtlinie im Anhang zu § 3 Abs. 3 UWG-E beibehalten, weil deren Standort im Anhang I der Richtlinie grob systemwidrig ist. Im Übrigen ist festzustellen, dass ungeachtet dieser Abweichungen immerhin noch zwei Drittel der Nummern beider Anhänge miteinander übereinstimmen.

22. Gesetz gegen den unlauteren Wettbewerb 1909

Vom 7. Juni 1909
(RGBl S 499), aufgehoben durch Gesetz vom 3. 7. 2004 (BGBl I 1414)[1]

§ 1 Wer im geschäftlichen Verkehre zu Zwecken des Wettbewerbes Handlungen vornimmt, die gegen die guten Sitten verstoßen, kann auf Unterlassung und Schadensersatz in Anspruch genommen werden.

§ 2 (1) Vergleichende Werbung ist jede Werbung, die unmittelbar oder mittelbar einen Mitbewerber oder die von einem Mitbewerber angebotene Waren oder Dienstleistungen erkennbar macht.

(2) Vergleichende Werbung verstößt gegen die guten Sitten im Sinne von § 1, wenn der Vergleich

1. sich nicht auf Waren oder Dienstleistungen für den gleichen Bedarf oder dieselbe Zweckbestimmung bezieht;
2. nicht objektiv auf eine oder mehrere wesentliche, relevante, nachprüfbare und typische Eigenschaften oder den Preis dieser Waren oder Dienstleistungen bezogen ist;
3. im geschäftlichen Verkehr zu Verwechslungen zwischen dem Werbenden und einem Mitwerber oder zwischen den von diesen angebotenen Waren oder Dienstleistungen oder den von ihnen verwendeten Kennzeichen führt;
4. die Wertschätzung des von einem Mitbewerber verwendeten Kennzeichens in unlauterer Weise ausnutzt oder beeinträchtigt;
5. die Waren, Dienstleistungen, Tätigkeiten oder persönlichen oder geschäftlichen Verhältnisse eines Mitbewerbers herabsetzt oder verunglimpft oder
6. eine Ware oder Dienstleistung als Imitation oder Nachahmung einer unter einem geschützten Kennzeichen vertriebenen Ware oder Dienstleistung darstellt.

(3) Bezieht sich der Vergleich auf ein Angebot mit einem besonderen Preis oder anderen besonderen Bedingungen, so sind der Zeitpunkt des Endes des Angebots und, wenn dieses noch nicht gilt, der Zeitpunkt des Beginns des Angebots eindeutig anzugeben. Gilt das Angebot nur so lange, wie die Waren oder Dienstleistungen verfügbar sind, so ist darauf hinzuweisen.

§ 3 Wer im geschäftlichen Verkehr zu Zwecken des Wettbewerbs über geschäftliche Verhältnisse, insbesondere über die Beschaffenheit, den Ursprung, die Herstellungsart oder die Preisbemessung einzelner Waren oder gewerblicher Leistungen oder des gesamten Angebots, über Preislisten, über die Art des Bezugs oder die Bezugsquelle von Waren, über den Besitz von Auszeichnungen, über den Anlaß oder den Zweck des Verkaufs oder über die Menge der Vorräte irreführende Angaben macht, kann auf Unterlassung der Angaben in Anspruch genommen werden. Angaben über geschäftliche Verhältnisse im Sinne des Satzes 1 sind auch Angaben im Rahmen vergleichender Werbung.

§ 4 (1) Wer in der Absicht, den Anschein eines besonders günstigen Angebots hervorzurufen, in öffentlichen Bekanntmachungen oder in Mitteilungen, die für einen größeren Kreis von Personen bestimmt sind, über geschäftliche Verhältnisse, insbesondere über die Beschaffenheit, den Ursprung, die Herstellungsart oder die Preisbemessung von Waren oder gewerblichen Leistungen, über die Art des Bezugs oder die Bezugsquelle von Waren, über den Besitz von Auszeichnungen, über den Anlaß oder den Zweck des Verkaufs oder über die Menge der Vorräte wissentlich unwahre und zur Irreführung geeignete Angaben macht, wird mit Freiheitsstrafe bis zu zwei Jahren oder mit Geldstrafe bestraft. Angaben über geschäftliche Verhältnisse im Sinne des Satzes 1 sind auch Angaben im Rahmen vergleichender Werbung.

(2) Werden die im Absatz 1 bezeichneten unrichtigen Angaben in einem geschäftlichen Betriebe von einem Angestellten oder Beauftragten gemacht, so ist der Inhaber oder Leiter des Betriebs neben dem Angestellten oder Beauftragten strafbar, wenn die Handlung mit seinem Wissen geschah.

---
[1] Einl UWG Rdn 19.

§ 5 Im Sinne der Vorschriften der §§ 3, 4 sind den dort bezeichneten Angaben bildliche Darstellungen und sonstige Veranstaltungen gleichzuachten, die darauf berechnet und geeignet sind, solche Angaben zu ersetzen.

§ 6 (1) Wird in öffentlichen Bekanntmachungen oder in Mitteilungen, die für einen größeren Kreis von Personen bestimmt sind, der Verkauf von Waren angekündigt, die aus einer Konkursmasse stammen, aber nicht mehr zum Bestande der Konkursmasse gehören, so ist dabei jede Bezugnahme auf die Herkunft der Waren aus einer Konkursmasse verboten.

(2) Ordnungswidrig handelt, wer vorsätzlich oder fahrlässig entgegen Absatz 1 in der Ankündigung von Waren auf deren Herkunft aus einer Konkursmasse Bezug nimmt. Die Ordnungswidrigkeit kann mit einer Geldbuße bis zu fünftausend Euro geahndet werden.

§ 6 a (1) Wer im geschäftlichen Verkehr mit dem letzten Verbraucher im Zusammenhang mit dem Verkauf von Waren auf seine Eigenschaft als Hersteller hinweist, kann auf Unterlassung in Anspruch genommen werden, es sei denn, daß er

1. ausschließlich an den letzten Verbraucher verkauft oder
2. an den letzten Verbraucher zu den seinen Wiederverkäufern oder gewerblichen Verbrauchern eingeräumten Preisen verkauft oder
3. unmißverständlich darauf hinweist, daß die Preise beim Verkauf an den letzten Verbraucher höher liegen als beim Verkauf an Wiederverkäufer oder gewerbliche Verbraucher, oder dies sonst für den letzten Verbraucher offenkundig ist.

(2) Wer im geschäftlichen Verkehr mit dem letzten Verbraucher im Zusammenhang mit dem Verkauf von Waren auf seine Eigenschaft als Großhändler hinweist, kann auf Unterlassung in Anspruch genommen werden, es sei denn, daß er überwiegend Wiederverkäufer oder gewerbliche Verbraucher beliefert und die Voraussetzungen des Absatzes 1 Nr. 2 oder Nr. 3 erfüllt.

§ 6 b Wer im geschäftlichen Verkehr zu Zwecken des Wettbewerbs an letzte Verbraucher Berechtigungsscheine, Ausweise oder sonstige Bescheinigungen zum Bezug von Waren ausgibt oder gegen Vorlage solcher Bescheinigungen Waren verkauft, kann auf Unterlassung in Anspruch genommen werden, es sei denn, daß die Bescheinigungen nur zu einem einmaligen Einkauf berechtigen und für jeden Einkauf einzeln ausgegeben werden.

§ 6 c Wer es im geschäftlichen Verkehr selbst oder durch andere unternimmt, Nichtkaufleute zur Abnahme von Waren, gewerblichen Leistungen oder Rechten durch das Versprechen zu veranlassen, sie würden entweder von dem Veranlasser selbst oder von einem Dritten besondere Vorteile erlangen, wenn sie andere zum Abschluss gleichaltiger Geschäfte veranlassen, die ihrerseits nach der Art dieser Werbung derartige Vorteile für eine entsprechende Werbung weitere Abnehmer erlangen sollen, wird mit Freiheitsstrafe bis zu zwei Jahren oder mit Geldstrafe bestraft.

§ 6 d *(aufgehoben)*

§ 6 e *(aufgehoben)*

§ 7 (1) Wer Verkaufsveranstaltungen im Einzelhandel, die außerhalb des regelmäßigen Geschäftsverkehrs stattfinden, der Beschleunigung des Warenabsatzes dienen und den Eindruck der Gewährung besonderer Kaufvorteile hervorrufen (Sonderveranstaltungen), ankündigt oder durchführt, kann auf Unterlassung in Anspruch genommen werden.

(2) Eine Sonderveranstaltung im Sinne des Absatzes 1 liegt nicht vor, wenn einzelne nach Güte oder Preis gekennzeichnete Waren angeboten werden und diese Angebote sich in den regelmäßigen Geschäftsbetrieb des Unternehmens einfügen (Sonderangebote).

(3) Absatz 1 ist nicht anzuwenden auf Sonderveranstaltungen für die Dauer von zwölf Werktagen

1. beginnend am letzten Montag im Januar und am letzten Montag im Juli, in denen Textilien, Bekleidungsgegenstände, Schuhwaren, Lederwaren oder Sportartikel zum Verkauf gestellt werden (Winter- und Sommerschlußverkäufe),

2. zur Feier des Bestehens eines Unternehmens im selben Geschäftszweig nach Ablauf von jeweils 25 Jahren (Jubiläumsverkäufe).

§§ 7 a bis 7 d *(aufgehoben)*

§ 8 (1) Ist die Räumung eines vorhandenen Warenvorrats
1. infolge eines Schadens, der durch Feuer, Wasser, Sturm oder ein vom Veranstalter nicht zu vertretendes vergleichbares Ereignis verursacht wurde oder
2. vor Durchführung eines nach den baurechtlichen Vorschriften anzeige- oder genehmigungspflichtigen Umbauvorhabens

den Umständen nach unvermeidlich (Räumungszwangslage), so können, soweit dies zur Behebung der Räumungszwangslage erforderlich ist, Räumungsverkäufe auch außerhalb der Zeiträume des § 7 Abs. 3 für die Dauer von höchstens zwölf Werktagen durchgeführt werden. Bei der Ankündigung eines Räumungsverkaufs nach Satz 1 ist der Anlaß für die Räumung des Warenvorrats anzugeben.

(2) Räumungsverkäufe wegen Aufgabe des gesamten Geschäftsbetriebs können auch außerhalb der Zeiträume des § 7 Abs. 3 für die Dauer von höchstens 24 Werktagen durchgeführt werden, wenn der Veranstalter mindestens drei Jahre vor Beginn keinen Räumungsverkauf wegen Aufgabe eines Geschäftsbetriebs gleicher Art durchgeführt hat, es sei denn, daß besondere Umstände vorliegen, die einen Räumungsverkauf vor Ablauf dieser Frist rechtfertigen. Absatz 1 Satz 2 ist entsprechend anzuwenden.

(3) Räumungsverkäufe nach Absatz 1 Satz 1 Nr. 1 sind spätestens eine Woche, Räumungsverkäufe nach Absatz 1 Satz 1 Nr. 2 und nach Absatz 2 spätestens zwei Wochen vor ihrer erstmaligen Ankündigung bei der zuständigen amtlichen Berufsvertretung von Handel, Handwerk und Industrie anzuzeigen. Die Anzeige muß enthalten:
1. den Grund des Räumungsverkaufs,
2. den Beginn und das Ende sowie den Ort des Räumungsverkaufs,
3. Art, Beschaffenheit und Menge der zu räumenden Waren,
4. im Falle eines Räumungsverkaufs nach Absatz 1 Nr. 2 die Bezeichnung der Verkaufsfläche, die von der Baumaßnahme betroffen ist,
5. im Falle eines Räumungsverkaufs nach Absatz 2 die Dauer der Führung des Geschäftsbetriebs.

Der Anzeige sind Belege für die den Grund des Räumungsverkaufs bildenden Tatsachen beizufügen, im Falle eines Räumungsverkaufs nach Absatz 1 Nr. 2 auch eine Bestätigung der Baubehörde über die Zulässigkeit des Bauvorhabens.

(4) Zur Nachprüfung der Angaben sind die amtlichen Berufsvertretungen von Handel, Handwerk und Industrie sowie die von diesen bestellten Vertrauensmänner befugt. Zu diesem Zweck können sie die Geschäftsräume des Veranstalters während der Geschäftszeiten betreten. Die Einsicht in die Akten und die Anfertigung von Abschriften oder Ablichtungen ist jedem gestattet.

(5) Auf Unterlassung der Ankündigung oder Durchführung des gesamten Räumungsverkaufs kann in Anspruch genommen werden, wer
1. den Absätzen 1 bis 4 zuwiderhandelt,
2. nur für den Räumungsverkauf beschaffte Waren zum Verkauf stellt (Vor- und Nachschieben von Waren).

(6) Auf Unterlassung kann ferner in Anspruch genommen werden, wer
1. den Anlaß für den Räumungsverkauf mißbräuchlich herbeigeführt hat oder in anderer Weise von den Möglichkeiten eines Räumungsverkaufs mißbräuchlich Gebrauch macht,
2. mittelbar oder unmittelbar den Geschäftsbetrieb, dessen Aufgabe angekündigt worden war, fortsetzt oder als Veranstalter des Räumungsverkaufs vor Ablauf von zwei Jahren am selben Ort oder in benachbarten Gemeinden einen Handel mit den davon betroffenen Warengattungen aufnimmt, es sei denn, daß besondere Umstände vorliegen, die die Fortsetzung oder Aufnahme rechtfertigen,
3. im Falle eines Räumungsverkaufs nach Absatz 1 Nr. 2 vor der vollständigen Beendigung der angezeigten Baumaßnahme auf der davon betroffenen Verkaufsfläche einen Handel fortsetzt.

§§ 9 bis 12 *(aufgehoben)*

§ 13 (1) Wer den §§ 4, 6, 6c zuwiderhandelt, kann auf Unterlassung in Anspruch genommen werden.

(2) In den Fällen der §§ 1, 3, 4, 6 bis 6c, 7 und 8 kann der Anspruch auf Unterlassung geltend gemacht werden

1. von Gewerbetreibenden, die Waren oder gewerbliche Leistungen gleicher oder verwandter Art auf demselben Markt vertreiben, soweit der Anspruch eine Handlung betrifft, die geeignet ist, den Wettbewerb auf diesem Markt wesentlich zu beeinträchtigen,
2. von rechtsfähigen Verbänden zur Förderung gewerblicher Interessen, soweit ihnen eine erhebliche Zahl von Gewerbetreibenden angehört, die Waren oder gewerbliche Leistungen gleicher oder verwandter Art auf demselben Markt vertreiben, soweit sie insbesondere nach ihrer personellen, sachlichen und finanziellen Ausstattung imstande sind, ihre satzungsgemäßen Aufgaben der Verfolgung gewerblicher Interessen tatsächlich wahrzunehmen, und soweit der Anspruch eine Handlung betrifft, die geeignet ist, den Wettbewerb auf diesem Markt wesentlich zu beeinträchtigen,
3. von qualifizierten Einrichtungen, die nachweisen, dass sie in die Liste qualifizierter Einrichtungen nach § 4 des Unterlassungsklagengesetzes oder in dem Verzeichnis der Kommission der Europäischen Gemeinschaften nach Artikel 4 der Richtlinie 98/27/EG des Europäischen Parlaments und des Rates vom 9. Mai 1998 über Unterlassungsklagen zum Schutz der Verbraucherinteressen (ABl EG Nr. L 166 S. 51) eingetragen sind. Im Falle des § 1 können diese Verbände den Anspruch auf Unterlassung nur geltend machen, soweit der Anspruch eine Handlung betrifft, durch die wesentliche Belange der Verbraucher berührt werden,
4. von den Industrie- und Handelskammern oder den Handwerkskammern.

(3) *(aufgehoben)*

(4) Werden in den in den Absatz 2 genannten Fällen die Zuwiderhandlungen in einem geschäftlichen Betrieb von einem Angestellten oder Beauftragten begangen, so ist der Unterlassungsanspruch auch gegen den Inhaber des Betriebs begründet.

(5) Der Anspruch auf Unterlassung kann nicht geltend gemacht werden, wenn die Geltendmachung unter Berücksichtigung der gesamten Umstände mißbräuchlich ist, insbesondere wenn sie vorwiegend dazu dient, gegen den Zuwiderhandelnden einen Anspruch auf Ersatz von Aufwendungen oder Kosten der Rechtsverfolgung entstehen zu lassen.

(6) Zum Ersatz des durch die Zuwiderhandlung entstehenden Schadens ist verpflichtet:

1. wer im Falle des § 3 wußte oder wissen mußte, daß die von ihm gemachten Angaben irreführend sind. Gegen Redakteure, Verleger, Drucker oder Verbreiter von periodischen Druckschriften kann der Anspruch auf Schadensersatz nur geltend gemacht werden, wenn sie wußten, daß die von ihnen gemachten Angaben irreführend waren;
2. wer den §§ 6 bis 6c, 7, 8 vorsätzlich oder fahrlässig zuwiderhandelt.

(7) § 13 des Unterlassungsklagengesetzes und die darin enthaltene Verordnungsermächtigung gelten mit der Maßgabe entsprechend, dass an die Stelle von § 3 Abs. 1 Nr. 1 und 3 des Unterlassungsklagengesetzes § 13 Abs. 2 Nr. 3 und 4 dieses Gesetzes, an die Stelle von § 3 Abs. 1 Nr. 2 des Unterlassungsklagengesetzes § 13 Abs. 2 Nr. 2 dieses Gesetzes und an die Stelle der in den §§ 1 und 2 des Unterlassungsklagengesetzes geregelten Unterlassungsansprüche die in § 13 Abs. 2 dieses Gesetzes bestimmten Unterlassungsansprüche treten.

§ 13a (1) Ist der Abnehmer durch eine unwahre und zur Irreführung geeignete Werbeangabe im Sinne von § 4, die für den Personenkreis, an den sie sich richtet, für den Abschluß von Verträgen wesentlich ist, zur Abnahme bestimmt worden, so kann er von dem Vertrag zurücktreten. Geht die Werbung mit der Angabe von einem Dritten aus, so steht dem Abnehmer das Rücktrittsrecht nur dann zu, wenn der andere Vertragsteil die Unwahrheit der Angabe und ihre Eignung zur Irreführung kannte oder kennen mußte oder sich die Werbung mit dieser Angabe durch eigene Maßnahmen zu eigen gemacht hat.

(2) Der Rücktritt muß dem anderen Vertragsteil gegenüber unverzüglich erklärt werden, nachdem der Abnehmer von den Umständen Kenntnis erlangt hat, die sein Rücktrittsrecht begründen. Das Rücktrittsrecht erlischt, wenn der Rücktritt nicht vor dem Ablauf von sechs Monaten nach dem Abschluß des Vertrages erklärt wird. Es kann nicht im voraus abbedungen werden.

(3) Die Folgen des Rücktritts bestimmen sich bei beweglichen Sachen nach §§ 312 f und 357 Abs. 1 Satz 1 und Abs. 2 des Bürgerlichen Gesetzbuchs. Die Geltendmachung weiteren Schadens ist nicht ausgeschlossen. Geht die Werbung von einem Dritten aus, so trägt im Verhältnis zwischen dem anderen Vertragsteil und dem Dritten dieser den durch den Rücktritt des Abnehmers entstandenen Schaden allein, es sei denn, daß der andere Vertragsteil die Zuwiderhandlung kannte.

§ 14 (1) Wer zu Zwecken des Wettbewerbes über das Erwerbsgeschäft eines anderen, über die Person des Inhabers oder Leiters des Geschäfts, über die Waren oder gewerblichen Leistungen eines anderen Tatsachen behauptet oder verbreitet, die geeignet sind, den Betrieb des Geschäfts oder den Kredit des Inhabers zu schädigen, ist, sofern die Tatsachen nicht erweislich wahr sind, dem Verletzten zum Ersatze des entstandenen Schadens verpflichtet. Der Verletzte kann auch den Anspruch geltend machen, daß die Behauptung oder Verbreitung der Tatsachen unterbleibe.
(2) Handelt es sich um vertrauliche Mitteilungen und hat der Mitteilende oder der Empfänger der Mitteilung an ihr ein berechtigtes Interesse, so ist der Anspruch auf Unterlassung nur zulässig, wenn die Tatsachen der Wahrheit zuwider behauptet oder verbreitet sind. Der Anspruch auf Schadensersatz kann nur geltend gemacht werden, wenn der Mitteilende die Unrichtigkeit der Tatsachen kannte oder kennen mußte.
(3) Die Vorschrift des § 13 Abs. 4 findet entsprechende Anwendung.

§ 15 (1) Wer wider besseres Wissen über das Erwerbsgeschäft eines anderen, über die Person des Inhabers oder Leiters des Geschäfts, über die Waren oder gewerblichen Leistungen eines anderen Tatsachen der Wahrheit zuwider behauptet oder verbreitet, die geeignet sind, den Betrieb des Geschäfts zu schädigen, wird mit Freiheitsstrafe bis zu einem Jahre oder mit Geldstrafe bestraft.
(2) Werden die in Absatz 1 bezeichneten Tatsachen in einem geschäftlichen Betriebe von einem Angestellten oder Beauftragten behauptet oder verbreitet, so ist der Inhaber des Betriebs neben dem Angestellten oder Beauftragten strafbar, wenn die Handlung mit seinem Wissen geschah.

§ 16 *(aufgehoben)*

§ 17 (1) Mit Freiheitsstrafe bis zu drei Jahren oder mit Geldstrafe wird bestraft, wer als Angestellter, Arbeiter oder Lehrling eines Geschäftsbetriebs ein Geschäfts- oder Betriebsgeheimnis, das ihm vermöge des Dienstverhältnisses anvertraut worden oder zugänglich geworden ist, während der Geltungsdauer des Dienstverhältnisses unbefugt an jemand zu Zwecken des Wettbewerbs, aus Eigennutz, zugunsten eines Dritten oder in der Absicht, dem Inhaber des Geschäftsbetriebs Schaden zuzufügen, mitteilt.
(2) Ebenso wird bestraft, wer zu Zwecken des Wettbewerbs, aus Eigennutz, zugunsten eines Dritten oder in der Absicht, dem Inhaber des Geschäftsbetriebs Schaden zuzufügen,
1. sich ein Geschäfts- oder Betriebsgeheimnis durch
   a) Anwendung technischer Mittel,
   b) Herstellung einer verkörperten Wiedergabe des Geheimnisses oder
   c) Wegnahme einer Sache, in der das Geheimnis verkörpert ist,
   unbefugt verschafft oder sichert oder
2. ein Geschäfts- oder Betriebsgeheimnis, das er durch eine der in Absatz 1 bezeichneten Mitteilungen oder durch eine eigene oder fremde Handlung nach Nummer 1 erlangt oder sich sonst unbefugt verschafft oder gesichert hat, unbefugt verwertet oder jemandem mitteilt.
(3) Der Versuch ist strafbar.
(4) In besonders schweren Fällen ist die Strafe Freiheitsstrafe bis zu fünf Jahren oder Geldstrafe. Ein besonders schwerer Fall liegt in der Regel vor, wenn der Täter bei der Mitteilung weiß, daß das Geheimnis im Ausland verwertet werden soll, oder wenn er es selbst im Ausland verwertet.

§ 18 Mit Freiheitsstrafe bis zu zwei Jahren oder mit Geldstrafe wird bestraft, wer die ihm im geschäftlichen Verkehr anvertrauten Vorlagen oder Vorschriften technischer Art, insbesondere Zeichnungen, Modelle, Schablonen, Schnitte, Rezepte, zu Zwecken des Wettbewerbes oder aus Eigennutz unbefugt verwertet oder an jemand mitteilt.

§ 19 Zuwiderhandlungen gegen die Vorschriften der §§ 17, 18 verpflichten außerdem zum Ersatze des entstandenen Schadens. Mehrere Verpflichtete haften als Gesamtschuldner.

§ 20 (1) Wer zu Zwecken des Wettbewerbes oder aus Eigennutz jemand zu einem Vergehen gegen die §§ 17 oder 18 zu verleiten sucht oder das Erbieten eines anderen zu einem solchen Vergehen annimmt, wird mit Freiheitsstrafe bis zu zwei Jahren oder mit Geldstrafe bestraft.

(2) Ebenso wird bestraft, wer zu Zwecken des Wettbewerbes oder aus Eigennutz sich zu einem Vergehen gegen die §§ 17 oder 18 erbietet oder sich auf das Ansinnen eines anderen zu einem solchen Vergehen bereit erklärt.

(3) § 31 des Strafgesetzbuches gilt entsprechend.

§ 20 a Bei Straftaten nach den §§ 17, 18 und 20 gilt § 5 Nr. 7 des Strafgesetzbuches entsprechend.

§ 21 (1) Die in diesem Gesetze bezeichneten Ansprüche auf Unterlassung oder Schadensersatz verjähren in sechs Monaten von dem Zeitpunkt an, in welchem der Anspruchsberechtigte von der Handlung und von der Person des Verpflichteten Kenntnis erlangt, ohne Rücksicht auf diese Kenntnis in drei Jahren von der Begehung der Handlung an.

(2) Für die Ansprüche auf Schadensersatz beginnt der Lauf der Verjährung nicht vor dem Zeitpunkt, in welchem ein Schaden entstanden ist.

§ 22 (1) Die Tat wird, mit Ausnahme der in den §§ 4 und 6 c bezeichneten Fälle, nur auf Antrag verfolgt. Dies gilt in den Fällen der §§ 17, 18 und 20 nicht, wenn die Strafverfolgungsbehörde wegen des besonderen öffentlichen Interesses an der Strafverfolgung ein Einschreiten von Amts wegen für geboten hält.

(2) *(aufgehoben)*

§ 23 (1) Wird in den Fällen des § 15 auf Strafe erkannt, so ist auf Antrag des Verletzten anzuordnen, daß die Verurteilung auf Verlangen öffentlich bekannt gemacht wird.

(2) Ist auf Grund einer der Vorschriften dieses Gesetzes auf Unterlassung Klage erhoben, so kann in dem Urteile der obsiegenden Partei die Befugnis zugesprochen werden, den verfügenden Teil des Urteils innerhalb bestimmter Frist auf Kosten der unterliegenden Partei öffentlich bekannt zu machen.

(3) Die Art der Bekanntmachung ist im Urteil zu bestimmen.

§ 23 a Bei der Bemessung des Streitwerts für Ansprüche auf Unterlassung von Zuwiderhandlungen gegen die §§ 1, 3, 4, 6, 6 a bis 6 c, 7, 8 ist es wertmindernd zu berücksichtigen, wenn die Sache nach Art und Umfang einfach gelagert ist oder eine Belastung einer der Parteien mit den Prozeßkosten nach dem vollen Streitwert angesichts ihrer Vermögens- und Einkommensverhältnisse nicht tragbar erscheint.

§ 23 b (1) Macht in bürgerlichen Rechtsstreitigkeiten, in denen durch Klage ein Anspruch auf Grund dieses Gesetzes geltend gemacht wird, eine Partei glaubhaft, daß die Belastung mit den Prozeßkosten nach dem vollen Streitwert ihre wirtschaftliche Lage erheblich gefährden würde, so kann das Gericht auf ihren Antrag anordnen, daß die Verpflichtung dieser Partei zur Zahlung von Gerichtskosten sich nach einem ihrer Wirtschaftslage angepaßten Teil des Streitwerts bemißt. Das Gericht kann die Anordnung davon abhängig machen, daß die Partei außerdem glaubhaft macht, daß die von ihr zu tragenden Kosten des Rechtsstreits weder unmittelbar noch mittelbar von einem Dritten übernommen werden. Die Anordnung hat zur Folge, daß die begünstigte Partei die Gebühren ihres Rechtsanwalts ebenfalls nur nach diesem Teil des Streitwerts zu entrichten hat. Soweit ihr Kosten des Rechtsstreits auferlegt werden oder soweit sie diese übernimmt, hat sie die von dem Gegner entrichteten Gerichtsgebühren und die Gebühren seines Rechtsanwalts nur nach dem Teil des Streitwerts zu erstatten. Soweit die außergerichtlichen Kosten dem Gegner auferlegt oder von ihm übernommen werden, kann der Rechtsanwalt der begünstigten Partei seine Gebühren von dem Gegner nach dem für diesen geltenden Streitwert beitreiben.

(2) Der Antrag nach Absatz 1 kann vor der Geschäftsstelle des Gerichts zur Niederschrift erklärt werden. Er ist vor der Verhandlung zur Hauptsache anzubringen. Danach ist er nur zulässig, wenn der angenommene oder festgesetzte Streitwert später durch das Gericht heraufgesetzt wird. Vor der Entscheidung über den Antrag ist der Gegner zu hören.

§ 24 (1) Für Klagen auf Grund dieses Gesetzes ist das Gericht zuständig, in dessen Bezirk der Beklagte seine gewerbliche Niederlassung oder in Ermangelung einer solchen seinen Wohnsitz hat. Für Personen, die im Inland weder eine gewerbliche Niederlassung noch einen Wohnsitz haben, ist das Gericht des inländischen Aufenthaltsorts zuständig.

(2) Für Klagen auf Grund dieses Gesetzes ist außerdem nur das Gericht zuständig, in dessen Bezirk die Handlung begangen ist. Satz 1 gilt für Klagen, die von den in § 13 Abs. 2 Nr. 1 bis 4 genannten Gewerbetreibenden, Verbänden oder Kammern erhoben werden, nur dann, wenn der Beklagte im Inland weder eine gewerbliche Niederlassung noch einen Wohnsitz hat.

§ 25 Zur Sicherung der in diesem Gesetze bezeichneten Ansprüche auf Unterlassung können einstweilige Verfügungen erlassen werden, auch wenn die in den §§ 935, 940 der Zivilprozeßordnung bezeichneten Voraussetzungen nicht zutreffen.

§ 26 *(aufgehoben)*

§ 27 (1) Bürgerliche Rechtsstreitigkeiten, in denen ein Anspruch auf Grund dieses Gesetzes geltend gemacht wird, gehören, sofern in erster Instanz die Landgerichte zuständig sind, vor die Kammern für Handelssachen; ausgenommen sind Rechtsstreitigkeiten, in denen ein letzter Verbraucher einen Anspruch aus § 13a geltend macht, der nicht aus einem beiderseitigen Handelsgeschäft nach § 95 Abs. 1 Nr. 1 des Gerichtsverfassungsgesetzes herrührt.

(2) Die Landesregierungen werden ermächtigt, durch Rechtsverordnung für die Bezirke mehrerer Landgerichte eines von ihnen als Gericht für Wettbewerbsstreitsachen zu bestimmen, wenn dies der Rechtspflege in Wettbewerbsstreitsachen, insbesondere der Sicherung einer einheitlichen Rechtsprechung, dienlich ist. Die Landesregierungen können diese Ermächtigung auf die Landesjustizverwaltungen übertragen.

(3) *(aufgehoben)*

(4) *(aufgehoben)*

§ 27a (1) Die Landesregierungen errichten bei Industrie- und Handelskammern Einigungsstellen zur Beilegung von bürgerlichen Rechtsstreitigkeiten, in denen ein Anspruch auf Grund dieses Gesetzes geltend gemacht wird (Einigungsstellen).

(2) Die Einigungsstellen sind für den Fall ihrer Anrufung durch einen letzten Verbraucher oder einen in § 13 Abs. 2 Nr. 3 genannten Verbraucherverband mit einem Rechtskundigen, der die Befähigung zum Richteramt nach dem Deutschen Richtergesetz hat, als Vorsitzendem und einer gleichen Anzahl von Gewerbetreibenden und Verbrauchern als Beisitzern, im übrigen mit dem Vorsitzenden und mindestens zwei sachverständigen Gewerbetreibenden als Beisitzern zu besetzen. Der Vorsitzende soll auf dem Gebiete des Wettbewerbsrechts erfahren sein. Die Beisitzer werden von dem Vorsitzenden für den jeweiligen Streitfall aus einer alljährlich für das Kalenderjahr aufzustellenden Liste der Beisitzer berufen. Die Berufung soll im Einvernehmen mit den Parteien erfolgen. Für die Ausschließung und Ablehnung von Mitgliedern der Einigungsstelle sind §§ 41 bis 43 und § 44 Abs. 2 bis 4 der Zivilprozeßordnung entsprechend anzuwenden. Über das Ablehnungsgesuch entscheidet das für den Sitz der Einigungsstelle zuständige Landgericht (Kammer für Handelssachen oder, falls es an einer solchen fehlt, Zivilkammer).

(3) Die Einigungsstellen können bei bürgerlichen Rechtsstreitigkeiten aus den §§ 13 und 13a von jeder Partei zu einer Aussprache mit dem Gegner über den Streitfall angerufen werden, soweit die Wettbewerbshandlungen den geschäftlichen Verkehr mit dem letzten Verbraucher betreffen. Bei sonstigen bürgerlichen Rechtsstreitigkeiten aus den §§ 13 und 13a können die Einigungsstellen angerufen werden, wenn der Gegner zustimmt.

(4) Für die Zuständigkeit der Einigungsstellen ist § 24 entsprechend anzuwenden.

(5) Der Vorsitzende der Einigungsstelle kann das persönliche Erscheinen der Parteien anordnen. Gegen eine unentschuldigt ausbleibende Partei kann die Einigungsstelle ein Ordnungsgeld

festsetzen. Gegen die Anordnung des persönlichen Erscheinens und gegen die Festsetzung des Ordnungsgeldes findet die sofortige Beschwerde nach den Vorschriften der Zivilprozeßordnung an das für den Sitz der Einigungsstelle zuständige Landgericht (Kammer für Handelssachen oder, falls es an einer solchen fehlt, Zivilkammer) statt.

(6) Die Einigungsstelle hat einen gütlichen Ausgleich anzustreben. Sie kann den Parteien einen schriftlichen, mit Gründen versehenen Einigungsvorschlag machen. Der Einigungsvorschlag und seine Begründung dürfen nur mit Zustimmung der Parteien veröffentlicht werden.

(7) Kommt ein Vergleich zustande, so muß er in einem besonderen Schriftstück niedergelegt und unter Angabe des Tages seines Zustandekommens von den Mitgliedern der Einigungsstelle, welche in der Verhandlung mitgewirkt haben, sowie von den Parteien unterschrieben werden. Aus einem vor der Einigungsstelle geschlossenen Vergleich findet die Zwangsvollstreckung statt; § 797 a der Zivilprozeßordnung ist entsprechend anzuwenden.

(8) Die Einigungsstelle kann, wenn sie den geltend gemachten Anspruch von vornherein für unbegründet oder sich selbst für unzuständig erachtet, die Einleitung von Einigungsverhandlungen ablehnen.

(9) Durch die Anrufung der Einigungsstelle wird die Verjährung in gleicher Weise wie durch Klageerhebung gehemmt. Kommt ein Vergleich nicht zustande, so ist der Zeitpunkt, zu dem das Verfahren beendet ist, von der Einigungsstelle festzustellen. Der Vorsitzende hat dies den Parteien mitzuteilen.

(10) Ist ein Rechtsstreit der in Absatz 3 Satz 1 bezeichneten Art ohne vorherige Anrufung der Einigungsstelle anhängig gemacht worden, so kann das Gericht auf Antrag den Parteien unter Anberaumung eines neuen Termins aufgeben, vor diesem Termin die Einigungsstelle zur Herbeiführung eines gütlichen Ausgleichs anzurufen. In dem Verfahren über den Antrag auf Erlaß einer einstweiligen Verfügung ist diese Anordnung nur zulässig, wenn der Gegner zustimmt. Absatz 8 ist nicht anzuwenden. Ist ein Verfahren vor der Einigungsstelle anhängig, so ist eine erst nach Anrufung der Einigungsstelle erhobene Klage des Antragsgegners auf Feststellung, daß der geltend gemachte Anspruch nicht bestehe, nicht zulässig.

(11) Die Landesregierungen werden ermächtigt, die zur Durchführung der vorstehenden Bestimmungen und zur Regelung des Verfahrens vor den Einigungsstellen erforderlichen Vorschriften zu erlassen, insbesondere über die Aufsicht über die Einigungsstellen, über ihre Besetzung unter angemessener Beteiligung der nicht den Industrie- und Handelskammern angehörenden Gewerbetreibenden (§ 2 Abs. 2 bis 6 des Gesetzes zur vorläufigen Regelung des Rechts der Industrie- und Handelskammern vom 18. Dezember 1956 – Bundesgesetzbl. I S. 920) und über die Vollstreckung von Ordnungsgeldern, sowie Bestimmungen über die Erhebung von Auslagen durch die Einigungsstelle zu treffen. Bei der Besetzung der Einigungsstellen sind die Vorschläge der für ein Bundesland errichteten, mit öffentlichen Mitteln geförderten Verbraucherzentralen zur Bestimmung der in Absatz 2 Satz 1 genannten Verbraucher zu berücksichtigen.

§ 28 *(aufgehoben)*

§ 29 *(aufgehoben)*

§ 30 (1) Dieses Gesetz tritt am 1. Oktober 1909 in Kraft.

(2) Mit diesem Zeitpunkte tritt das Gesetz zur Bekämpfung des unlauteren Wettbewerbes vom 27. Mai 1896 (Reichsgesetzbl. S. 145) außer Kraft.

Fundstellenverzeichnis für Entscheidungen des Europäischen Gerichtshofs (EuGH)

Dat.	RS	Slg	GRUR Int	GRUR	WRP	NJW	Name der Entscheidung
1962 6. 4.	13/61	62, 97	62, 307				Kledingverkoopbedrijf de Geus en Uitdenbogerd/Bosch und N. V. Maatschappij tot Voortzetting van de Zaken der Firma Willem van Rijn
1966 13. 7.	56/64 und 58/64	66, 321	66, 580				Consten und Grundig/Kommission
1970 18. 3.	43/69	70, 127					Bilger/Jehle
1971 25. 11.	22/71	71, 949	72, 495				Béguelin/S. A. G. L. Import Export
1973 6. 2.	48/72	73, 77	73, 640				Brasserie de Haecht/Wilkin und Janssen
1974 11. 7.	8/74	74, 837	74, 467			75, 515	Staatswissenschaft/Dassonville
1975 20. 2.	12/74	75, 181	77, 25			75, 1622	Kommission/Deutschland (Sekt/Weinbrand)
1976 22. 6. 30. 11.	119/75 21/76	76, 1039 76, 1735	76, 402			77, 493	Terrapin Overseas Ltd./Terranova Industrie Handelskwerkerij G. J. Bier/Mines de Potasse d Alsace
1977 25. 10. 14. 12.	26/76 59/77	77, 1875 77, 2359	78, 254			78, 1106	Metro SB-Großmärkte/Kommission Ets. A. de Bloos/Bouyer
1978 23. 5.	102/77	78, 1139	78, 291				Hoffmann La Roche/Centrafarm
1979 13. 2. 20. 2. 5. 4.	85/76 120/78 148/78	79, 461 79, 649 79, 1629	79, 468			79, 1766	Hoffmann-La Roche/Kommission Rewe/Bundesmonopolverwaltung für Branntwein Ratti
1980 11. 12. 16. 12.	31/80 27/80	80, 3775 80, 3839	81, 315			81,1148	L Oréal/De Nieuwe Amck Fietje
1981 20. 1. 17. 6. 14. 7. 17. 12.	55/80 und 57/80 113/80 155/80 279/80	81, 147 81, 1625 81, 1993 81, 3305	81, 229 82, 117			81, 1143 81, 2634 81, 1885	Musik Vertrieb membran und K-tel, International/GEMA Kommission/Irland S. Oebel J. Webb
1982 2. 3. 5. 5. 10. 11. 6. 10. 15. 12.	6/81 15/81 261/81 283/81 286/81	82, 707 82, 1409 82, 3961 82, 4575	82, 439 83, 648			83, 1257 83, 1256	Industrie Diensten/Beeler Handelmaatschappij Gaston Schul Duane Expediteur/Inspecteur der Invoerrechten en Accijnzen Roosendaal Rau Lebensmittelwerke/De Smedt CILFIT und Lanificio di Gavardo/Ministero della Sanitá Oosthoek s Uitgeversmaatschappij

Fundstellenverzeichnis EuGH   1984–1993

Dat.	RS	Slg	GRUR Int	GRUR	WRP	NJW	Name der Entscheidung
1984							
7. 2.	238/82	84, 523				85, 542	Duphar u. a./Niederlande
13. 3.	16/83	84, 1299	84, 291	84, 343		84, 1291	Prantl
6. 9.	177/83	84, 3651	85, 110		85, 141		Th. Kohl/Ringelhahn & Rennet und Ringelhahn
1985							
7. 2.	240/83	85, 53					Procureur de la République/Association de défense de brûleurs d huiles usagées
11. 7.	60 und 61/84	85, 2605	86, 194	86, 114		86, 1421	Cinéthèque/FNCF
1986							
28. 1.	161/84	86, 353	86, 193				Pronuptia de Paris/Pronuptia de Paris I. Schillgalis
26. 2.	152/84	86, 723				86, 2178	Marshall/Health Authority
22. 10.	75/84	86, 3021	88, 237				Metro SB-Großmärkte/Kommission
4. 12.	179/85	86, 3879	87, 414				Kommission/Deutschland („pétillant de raisan")
1987							
12. 3.	178/84	87, 1227	87, 404	87, 245		87, 1133	Kommission/Deutschland (Reinheitsgebot für Bier)
21. 5.	249/85	87, 2345	87, 585			87, 2153	Albako/Bundesanstalt für landwirtschaftliche Marktordnung
8. 10.	80/86	87, 3969					K. Nijmegen
1988							
14. 7.	407/85	88, 4233				88, 2169	3 Glocken und Kritzinger/USL
20. 9.	302/86	88, 4607				89, 3084	Kommission/Dänemark (Getränkepfandflaschen)
1989							
2. 2.	247/87	89, 229				89, 1428	Kommission/Deutschland (Reinheitsgebot für Fleischerzeugnisse (Wurst))
2. 2.	C-186/87	89, 195					Cowan/Trésor public
7. 3.	217/87	89, 617				89, 2185	Schumacher/Hauptzollamt Frankfurt am Main-Ost
11. 5.	76/86	89, 1021				89, 2184	Kommission/Deutschland (Verkehrsverbot für Milchersatzstoffe)
22. 6.	103/88	89, 1839				90, 3071	Fratelli Constanzo/Stadt Mailand
13. 12.	C-322/88	89, 4407					Salvatore Grimaldi/Fonds des maladies professionelles
1990							
7. 3.	C-326/88	90, I-667	90, 955		93, 578		GB-Inno-BM/Confédération des commerces luxembourgeois
8. 11.	C-231/89	90, I-4003					Gmurzynska-Bscher/Oberfinanzdirektion Köln
13. 11.	C-269/89	90, I-4169					Bonfait
13. 12.	C-238/89	90, I-4827	91, 215		91, 562	91, 1406	Pall Corp/P. J. Dalhausen & Co.
1991							
16. 4.	C-347/89	91, I-1763				91, 2951	Freistaat Bayern/Eurim Pharma
19. 11.	C-6/90 und C-9/90	91, I-5357				92, 165	Francovich u. a./Italien
13. 12.	C-18/88	91, I-5941					Régie des télégraphes et des téléphones/GB-Inno-BM
1992							
16. 1.	C-373/90	92, I-131			92, 233		Ermittlungsverfahren gegen X
4. 6.	C-13/91 und C-113/90	92, I-3617					M. Debus
10. 11.	C-3/91	92, I-5529	93, 76				Exportur SA/LOR und Confiserie du Tech
1993							
18. 5.	C-126/91	93, I-2361	93, 763	93, 747	93, 615	93, 3187	Schutzverband/Yves Rocher
13. 10.	C-93/92	93, I-5009					CMC Motorradcenter/Pelin Baskiciogullari

1994–1996 Fundstellenverzeichnis EuGH

Dat.	RS	Slg	GRUR Int	GRUR	WRP	NJW	Name der Entscheidung
24. 11.	C-267/91 und C-268/91	93, I-6097	94, 56	94, 296	94, 99	94, 121	Keck und Mithouard
30. 11.	C-317/91	93, I-6227	94, 168	94, 286	94, 294		Deutsche Renault/Audi
15. 12.	C-292/92	93, I-6787	94, 170	94, 299	94, 297	94, 781	Hünermund u. a./Landesapothekenkammer Baden-Württemberg

1994

Dat.	RS	Slg	GRUR Int	GRUR	WRP	NJW	Name der Entscheidung
13. 1.	C-376/92	94, I-15	94, 429	94, 300		94, 643	Metro SB-Großmärkte/Cartier
2. 2.	C-315/92	94, I-317	94, 231	94, 303	94, 380	94, 1207	Verband sozialer Wettbewerb/Clinique
24. 3.	C-275/92	94, I-1039				94, 2013	Her Majesty s Customs und Exise/Schindler
2. 6.	C-69/93 und C-258/93	94, I-2355				94, 2141	Punto Casa/Sindaco del Comune di Capena
2. 6.	C-401/92 und C-402/92	94, I-2199				94, 2141	Tankstation t Heukskevof und J. B. E. Boermans
22. 6.	C-9/93	94, I-2789	94, 614			95, 3244	IHT Internationale Heiztechnik und Danzinger/Ideal Standard und Wabco Standard GmbH
14. 7.	C-91/92	94, I-3325	94, 954			94, 2473	Faccini Dori/Recrep
10. 11.	C-320/93	94, I-5243					Ortscheit/Eurim-Pharma Arzneimittel

1995

Dat.	RS	Slg	GRUR Int	GRUR	WRP	NJW	Name der Entscheidung
9. 2.	C-384/93	95, I-179	95, 496		95, 470		Société d Importation Edouard Leclerc-Siplex/TF 1 Publicité und MG Publicité
10. 5.	C-384/93	95, I-1141	95, 900			95, 2541	Alpine Investments/Minister van Financién
29. 6.	C-391/92	95, I-1621					Kommission/Griechenland (Säuglingsnahrung)
29. 6.	C-456/93	95, I-1737	95, 903			WettbR 96, 39	Zentrale zur Bekämpfung unlauteren Wettbewerbs/Langguth
6. 7.	C-470/93	95, I-1923	95, 804		95, 677	95, 3243	Verein gegen Unwesen im Handel und Gewerbe Köln/Mars
11. 8.	C-63/94	95, I-2467				96, 1735	Groupement National des Négociants en Pomme de Terre de Belgique/ITM Belgium und Vocarex
19. 10.	C-128/94	95, I-3389				96, 113	Hönig/Stadt Stockach
24. 10.	C-70/93	95, I-3439	96, 147				BMW/ALD
24. 10.	C-266/93	95, I-3477	96, 150				Bundeskartellamt/Volkswagen und V. A. G. Leasing GmbH
26. 10.	C-51/94	95, I-3599					Kommission/Deutschland

1996

Dat.	RS	Slg	GRUR Int	GRUR	WRP	NJW	Name der Entscheidung
15. 2.	C-309/94	96, I-677					Nissan u. a./Dupasquier
5. 3.	C-46/93	96, I-1029				96, 1267	Brasserie du Pêcheur/Deutschland
7. 3.	C-192/94	96, I-1281				96, 1401	El Corte Inglés/Blàzques Rivere
11. 7.	C-71/94, C-72/94 und C-73/94	96, I-3603	96, 311		96, 867	97, 1632	Eurim Pharm Arzneimittel/Beiersdorf u. a.
11. 7.	C-232/94	96, I-3671	96, 1151		96, 874		
11. 7.	C-427/93 und C-429/93 und C-436/93	96, I-3545	96, 1144		96, 880	97, 1627	Bristol-Myers Squibb u. a./Paranova
8. 10.	C-178/94, C-179/94, C-188/94, C-189/94 und C-190/94	96, I-4845				96, 3141	Dillenkofer/Deutschland
17. 10.	C-283/94, C-291/94 und C-292/94	96, I-5063			97, 119		Denkavit International u. a./Bundesamt für Finanzen
26. 11.	C-313/94	96, I-6039	97, 546		97, 546	WettbR 97, 154	Graffione/Fransa
5. 12.	C-267/95, C-268/95	96, I-6285	97, 250			WettbR 97, 135	Merck/Prime Crown und Bucham/Europharm
2. 12.	C-3/95	96, I-6511					Broede/Sandker

Fundstellenverzeichnis EuGH 1997–2002

Dat.	RS	Slg	GRUR Int	GRUR	WRP	NJW	Name der Entscheidung
1997							
5. 6.	C-41/96	97, I-3123	97, 907		97, 841	97, 2667	V. A. G. Händlerbeirat/SYD-Consult
26. 6.	C-368/95	97, I-3689	97, 829		97, 706	WettbR 97, 211	Vereinigte Familiapress/Bauer Verlag
9. 7.	C-34/96, C-35/96, C-36/96	97, I-3843	97, 913		98, 145	WettbR 98, 1	Konsumentenombudsmannen/De Agostini und TV-Shop
17. 7.	C-17/96	97, I-4617					Badische Erfrischungsgetränke/Baden-Württemberg
9. 12.	C-265/95	97, I-6959				98, 1931	Kommission/Frankreich (Straßenblockade)
18. 12.	C-129/96	97, I-7411					Inter-Environnement Wallonie/Région wallonne
1998							
28. 4.	C-158/96	98, I-1931				98, 1771	Kohl/Union des caisses de maladie
14. 7.	C-385/96	98, I-4431	98, 793				H. J. Goerres
14. 7.	C-389/96	98, I-4473				99, 203	Aher-Waggon/Deutschland
16. 7.	C-210/96	98, I-4657	98, 795		98, 848	98, 3183	Gut Springenheide/OKD Steinfurt
17. 11.	C-70/97	98, I-7183	99, 257				Kruidvat/Kommission
1999							
28. 1.	C-303/97	99, I-513	99, 345		99, 307	99, 2430	Verbraucherschutzverein/Sektkellerei Kessler
4. 3.	C-87/97	99, I-1301	99, 443		99, 486	WettbR 99, 155	Gorgonzola/Cambozola
28. 10.	C-6/98	99, I-7599			99, 1260	00, 2657	ARD/PRO Sieben
2000							
13. 1.	C-220/98		00, 354		00, 289	00, 1173	Estée Lauder/Lancaster
13. 1.	C-254/98				00, 293		Schutzberband/TK Heimdienst Sass
3. 2.	C-228/98	00, I-577					Charalampos Dounias/Ypourgio Oikonomikon
9. 3.	C-355/98	00, I-1221					Kommission/Belgien
9. 3.	C-358/98	00, I-1255					Kommission/Italien
23. 5.	C-58/99	00, I-3811					Kommission/Italien
8. 6.	C-264/99	00, I-4417					Kommission/Italien
11. 7.	C-473/98	00, I-5681					Kemikalieinspektionen/Toolex Alpha AB
26. 9.	C-23/99	00, I-7653	01, 57				Kommission/Frankreich
26. 9.	C-225/98	00, I-7445				00, 3629	Kommission/Frankreich
12. 10.	C-3/99	00, I-8749					Cidrerie Ruwet/Cidre Stassen u. a.
12. 10.	C-314/98	00, I-8633					Snellers Auto s/Algemeen Directeur van de Dienst Wegverkeer
16. 11.	C-217/99	00, I-10251					Kommission/Belgien
14. 12.	C-55/99	00, I-11499					Kommission/Frankreich
2001							
25. 1.	C-398/98	01, I-7915					Kommission/Griechenland
8. 3.	C-405/98	01, I-1795	01, 553				Konsumentombudsmannen/Gourmet International
8. 3.	C-68/99	01, I-1865				02, 58	Kommission/Deutschland
15. 3.	C-165/98	01, I-2189					Strafverfahren gegen André Mazzoleni u. a.
31. 5.	C-283/99	01, I-4363					Kommission/Italien
14. 6.	C-84/00	02, I-4553					Kommission/Frankreich
21. 6.	C-30/99						Kommission/Irland
26. 6.	C-70/99	02, I-4845					Kommission/Portugal
4. 7.	C-447/99	01, I-5203					Kommission/Italien
12. 7.	C-368/98	01, I-5363					Vanbraekel u. a.
12. 7.	C-157/99	01, I-5473				01, 3391	Smits und Peerbooms
25. 10.	C-493/99	01, I-8163					Kommission/Deutschland
25. 10.	C-49/98, C-50/98	01, I-7831				01, 3769	Kommission/Deutschland
25. 10.	C-112/99		02, 50				Toshiba/Katun
22. 11.	C-53/00	01, I-9067					Ferring/ACOSS
29. 11.	C-17/00	01, I-9445					François De Coster/Collège des bourgmestre et échevins de Watermael-Boitsfort
2002							
24. 1.	C-164/99	02, I-787					Portugaia Construções Ld
7. 2.	C-279/00	02, I-1425					Kommission/Italien
19. 2.	C-295/00	02, I-1737					Kommission/Italien

2003, 2004 Fundstellenverzeichnis EuGH

Dat.	RS	Slg	GRUR Int	GRUR	WRP	NJW	Name der Entscheidung
23. 4.	C-443/99	02, I-3703	02, 745		02, 673	02, 2858	Merck, Sharp & Dohme
6. 6.	C-360/00	02, I-5089		02, 689	02, 816	02, 2858	Land Hessen/G. Ricordi & Co. Bühnen- und Musikverlag GmbH – La Bohème
25. 6.	C-66/00	02, I-5917	02, 849	02, 1052	02, 932		Bigi (Parmesan)
11. 7.	C-294/00	02, I-6515			02, 918		Gräbner/Paracelsus
3. 10.	C-136/00	02, I-8147					Rolf Dieter Danner
8. 10.	C-190/02	02, I-8300					Viacom Outdoor/Giotto Immobilier
5. 11.	C-325/00	02, I-9977	02, 1021		02, 1420	02, 3609	CMA-Gütezeichen
12. 11.	C-206/01	02, I-10273	03, 229	03, 55	02, 1415		Arsenal Football Club plc/Reed
2003							
9. 1.	C-292/00	03, I-389	03, 353	03, 240	03, 370		Davidoff/Gofkid
21. 1.	C-318/00	03, I-905	03, 453				Bacardi-Martini SAS und Cellier des Dauphins/Football Company Ltd
6. 2.	C-92/01	03, I-1291					Stylianakis/Dimosio
6. 2.	C-245/00	03, I-1251	03, 529	03, 325		03, 3400	SENA/NOS
13. 2.	C-131/01	03, I-1659	03, 629	04, 852			Kommission/Italienische Republik
6. 3.	C-6/02	03, I-2389	03, 543				Kommission der EG/Französische Republik
11. 3.	C-40/01	03, I-2439		03, 425			Ansul/Ajax
20. 3.	C-291/00	03, I-2799	03, 533	03, 422			Arthur/Arthur et Félicie
8. 4.	C-244/00	03, I-3051	03, 643	03, 512	03, 623	03, 2895	Van Doren + Q. GmbH/Lifestyle sports + sportswear Handelsgesellschaft mbH u. a. – stüssy
8. 4.	C-53/01, C-54/01, C-55/01	03, I-3161	03, 632	03, 514	03, 627	03, 2597	Linde/Winward, Rado
8. 4.	C-44/01	03, I-3095	03, 742	03, 533	03, 3095	03, 2443	Pippig Augenoptik/Harttauer
10. 4.	C-305/00	03, I-3225		03, 868		03, 2895	Christian Schulin/Saatgut
6. 5.	C-104/01	03, I-3793	04, 886	03, 604	03, 735	04, 354	Libertel/Benelux Merkenbureau
13. 5.	C-385/99	03, I-4509				03, 2298	V. G. Müller-Fauré/Onderlinge Waarborgmaatschappij OZ Zorgverzekeringen UA u. E. E. M. van Riet/Onderlinge Waarborgmaatschappij ZAO Zorgverzekeringen
20. 5.	C-469/00	03, I-5033		03, 609		03, 3465	Grana padano – Ravil SARL/Belon import SARL
20. 5.	C-108/01	03, I-5121		03, 616		03, 3465	Prosciutto di Parma/Asta Stores Ltd.
12. 6.	C-234/01	03, I-5933					Gerritse/Finanzamt Neukölln-Nord
17. 6.	C-383/01	03, I-6065					De Danske Bilimportører/Skatteministeriet, Told- og Skattestyrelsen
19. 6.	C-420/01	03, L-6445	03, 826				Kommission/Italien
26. 6.	C-234/01	03, I-6445					Försäkringsaktiebolaget Skandia (publ u. Ola) Christina Kik/HABM – „KIK"
9. 9.	C-361/01 P		04, 35				
9. 9.	C-198/01		04, 40			04, 351	CONSOTEIO Industrie Fiammigeri/Autorità à Garante della Concorrenza e del Mercat – „CIF"
18. 9.	C-292/01	03, I-9449					Ramstedt/Riksskatteverket
18. 9.	C-338/ 00P	03, I-9189	04, 45				Volkswagen/Kommission der EG
18. 10.	C-433/02	03, I-12191	03, 1011				Kommission/Belgien
23. 10.	C-191/01 P	03, I-12447	03, 12447	04, 146			Wrigley/HABM-„Doublemint"
23. 10.	C-408/01		04, 124	04, 58			Adidas/Fitnessworld
23. 10.	C-245/01	03, I-12489	04, 242				RTL/Niedersächsische Landesmedienanstalt für privaten Rundfunk
23. 10.	C-115/02	03, I-12705	04, 39			05, 167	Administration des douanes et droit indirect/ Rioglass SA
18. 11.	C-216/01	03, I-13617	04, 131		04, 131		Budejovick Budvar/Ammersin-„American Bud"
23. 11.	C-221/00	03, I-1007	03, 536				Kommission/Österreich (Gesundheitsbezogene Angaben)
23. 11.	C-421/00, C-426/00 und C-16/01	03, I-1065	03, 540				Sterbenz und Haug
27. 11.	C-283/01		04, 126	04, 54			Shield Mark/Kist
27. 11.	C-34/01 bis C-38/01	03, I-14243					
11. 12.	C-322/01	03, I-14887	04, 418	04, 174	04, 205	04, 131	Deutscher Apothekenverband/Doc Morris
11. 12.	C-127/00	03, I-14781		04, 225			Hässle AB/ratiopharm „Omeprazd"
2004							
6. 1.	C-2/01P und C-3/01P	04, I-23	04, 508	04, 710			Bundesverband der Arzneimittel-Importeure u. a./Kommission

Fundstellenverzeichnis EuGH 2005

Dat.	RS	Slg	GRUR Int	GRUR	WRP	NJW	Name der Entscheidung
7. 1.	C-100/02	04, I-691	04, 320	04, 234		04, 1441	Gerolsteiner/Putsch
7. 1.	C-60/02	04, I-651	04, 317	04, 501			Landesgericht Eisenstadt/Strafverfahren gegen X/Straffreie Rolex-Plagiate
12. 2.	C-218/01		04, 413	04, 428	04, 475		Henkel KG aA
12. 2.	C-265/00		04, 410	04, 680			Campina Melkunie BV/Benelux-Merkenbureau – „BIOMILD"
12. 2.	C-363/99	04, I-1619	04, 500	04, 674			Koninklijke UPN Nederland NV/Benelux-Merkenbureau – „Postkentoor"
11. 3.	C-182/01	04, I-2263	04, 621	04, 587			Saatgut/Jäger
25. 3.	C-71/02	04, I-3025	04, 626	04, 965	04, 599	04, 3550	Herbert Karner Industrie-Auktionen/Troostwijk – „Industrie Auktionen"
28. 4.	C-3/03P	04, I-3657	04, 843	05, 597			Matratzen Concord/Harmonisierungsamt für den Binnenmarkt
29. 4.	C-473/01 P und C-474/01P	04, I-5173	04, 639				Procter & Gamble/HABM – „Dreidimensionale Tablettenform III"
29. 4.	C-456/01 P und C-457/01P	04, I-5089	04, 631	04, 957	04, 722		Henkel/Harmonisierungsamt für den Binnenmarkt – „Dreidimensionale Tablettenform I"
29. 4.	C-418/01	04, I-5039	04, 644	04, 524	04, 717	04, 2725	IMS/Health
29. 4.	C-468/ 01P bis C-472/01P	04, I-5141	04, 635				Procter & Gamble/HABM – „Dreidimensionale Tablettenform II"
29. 4.	C-371/02	04, I-5791	04, 629	04, 682	04, 728		Björnekulla Fruktindustrier AB/Procordia Food AB – „Bostongurka"
17. 6.	C-255/03		04, 849				Kommission/Belgien – „Wallonisches Qualitätszeichen"
13. 7.	C-429/02	04, I-6613	04, 941	05, 268	04, 1156		Bacardi France/SI Télévision française
13. 7.	C-262/02	04, I-6569	05, 39	05, 268		04, 2957	Kommission der Europäischen Gemeinschaften/Französische Republik
15. 7.	C-239/02	04, I-7007	04, 1016				Douwe Egberts/Westrom Pharma u. a.
16. 9.	C-329/ 02P	04, I-8317	05, 44	04, 943			SAT 1/HABM – „SAT 2"
16. 9.	C-404/02	04, I-8499	05, 42	04, 946			Nichols/Registrar of Trade Marks
7. 10.	C-136/ 02P	04, I-9165	05, 135				Mag. Instrument/HABM – „Maglite"
12. 10.	C-106/ 03P	04, I-9573	05, 221	05, 516			Vedial SA/Harmonisierungsamt für den Binnenmarkt
14. 10.	C-336/02	04, I-9801		05, 236			Saatgut/Brangewitz GmbH
19. 10.	C-31/03	04, I-1000	05, 219	05, 139			Pharmacia Italia SpA/DPMA
21. 10.	C-64/02P	04, I-10031	05, 224	04, 1027			HABM/Erpo Möbelwerk – „Prinzip der Bequemlichkeit"
21. 10.	C-447/ 02P	04, I-10107	05, 227	05, 597			KWA Saat/Harmonisierungsamt für den Binnenmarkt
9. 11.	C-203/02	04, I-10415	05, 247	05, 244			BHB Ltd/William Hill Organization Ltd – „BHB Pferdewetten"
9. 11.	C-46/02	04, I-10365	05, 244				Fixtures Marketing/Oy Veikhaus Ab – „FIXTURES MARKETING III"
9. 11.	C-338/02	04, I-10497	05, 243	05, 252			Fixtures Marketing Ltd/Svenska Spel AB – „Fixtures Fußballspielpläne I"
9. 11.	C-444/02	04, I-10549	05, 239	05, 254			Fixtures Marketing Ltd/OPAP – „Fixtures Fußballspielpläne II"
16. 11.	C-245/02		05, 231	05, 153			Anheuser-Busch/Budvar
30. 11.	C-16/03	04, I-11313	05, 314	05, 507			Peak Holding
2005							
13. 1.	C-145/02	05, I-51					
17. 2.	C-250/03	05, I-1267				05, 963	Giorgio Emanuele Mauri/Ministero della Giustizia
17. 2.	C-134/03	05, I-1167		05, 509		05, 1101	Gilette Company/LA-Laboratories Viacom Outdoor
26. 5.	C-20/03	05, I-4133				05, 2977	Ambulanter Verkauf von Zeitschriftenabonnements
2. 6.	C-89/04	05, I-4891				05, 3056	Mediakabel/Commissariaat voor de Media
9. 6.	C-211/03, C-299/03, C-316/03 bis C-318/03	05, I-5141			05, 863		HLH Warenvertriebs GmbH, Orthica BV
30. 6.	C-286/04	05, I-5797	05, 823	06, 352			Eurocermex SA/Harmonisierungsamt – „Eurocermex"
7. 7.	C-418/02	05, I-5873	05, 827	05, 764	05, 1154		Praktiker Bau- und Heimwerkermärkte AG
12. 7.	C-154/04 und C-155/04	05, I-6451			05, 1142		Alliance for Natural Health

2006–2009 Fundstellenverzeichnis EuGH

Dat.	RS	Slg	GRUR Int	GRUR	WRP	NJW	Name der Entscheidung
14. 7.	C-40/03 P	05, I-6811					Rica Foods
21. 7.	C-231/03	05, I-7287					Consorzio Aziende Metano/Cingia de Botti
8. 9.	C-40/04	05, I-7755				06, 204	Yonemoto
6. 10.	C-120/04	05, I-8551	06, 37	05, 1042	05, 1505		THOMSON LIFE
18. 10.	C-405/03	05, I-8735	06, 40	06, 146		06, 359	Class International/Colgate-Palmolive
20. 10.	C-264/03	05, I-8831					Kommission/Frankreich
10. 11.	C-432/03	05, I-9665					Kommission/Portugal
24. 11.	C-366/04	05, I-10139					Schwarz/Stadt Salzburg
2006							
10. 1.	C-147/04	06, I-245					De Groot en Slot Allium u. a./Ministre de l Économie, des Finances et de l'Industrie ua
12. 1.	C-173/04 P	06, I-551	06, 226	06, 233			Deutsche SiSi-Werke/Harmonisierungsamt für Binnenmarkt – Standbeutel
12. 1.	C-361/04 P	06, I-643	06, 229	06, 237			Claude Ruiz-Picasso/Harmonisierungsamt für den Binnenmarkt PICASSO
23. 2.	C-59/05	06, I-2147	06, 399	06, 345			Siemens/VIPA
9. 3.	C-421/04	06, I-2304	06, 502	06, 411			Matratzen Concord/Hukla
23. 3.	C-206/04 P	06, I-2717	06, 504	06, 413			Muelhens/Harmonisierungsamt für den Binnenmarkt ZIRH/SIR
30. 3.	C-259/04	06, I-3089	06, 594	06, 416			Elizabeth Florence Emanuel/Continental Shèlf 128 Ltd. – ELIZABETH EMANUEL
30. 3.	C-451/03	06, I-2941					Servizi Ausiliari Dottori Commercialisti/Calafiori
6. 4.	C-410/04	06, I-3303				06, 1578	ANAV
16. 5.	C-372/04	06, I-4326					Watts/Bedford Primary Care Trust
14. 9.	C-386/04	06, I-8203				06, 3765	Centro di Musicologia Walter Stauffer/Finanzamt München
19. 9.	C-356/04	06, I-8501	07, 826	07, 69	06, 1348		LIDL Belgium/Colruyt
2007							
6. 3.	C-338/04; C-359/04; C-360/04	07, I-1891			07, 525	07, 1515	Placanica
19. 4.	C-381/05	07, I-3115	07, 588	07, 511			De Landtsheer Emmanuel/Comité Interprofessionnel du Vin de Champagne (CHAMPAGNERBIER)
12. 6.	C-334/05 P	07, I-4529	07, 833	07, 700			HABM/Shaker – Limoncello/LIMONCHELO
14. 6.	C-246/05	07, I-4673	07, 836	07, 702	07, 939		Häupl/Lidl Stiftung & Co. KG – Le Chef DE CUSINE
20. 9.	C-371/06	07, I-7709	08, 42	07, 970	07, 1331		Benetton/G-Star
18. 10.	C-195/06	07, I-8817	08, 132				KommAustria/ORF (Quiz-Express)
8. 11.	C-374/05	07, I-9517	08, 224	08, 267	08, 205		Gintec/VSW
8. 11.	C-143/06	07, I-9623		08, 264	08, 201		Ludwigs-Apotheke München/Juers Pharma
2008							
26. 2.	C-132/05	08, I-957	08, 731	08, 524			Kommission/Deutschland (Parmesan)
13. 3.	C-285/06	08, I-1501	08, 737	08, 528			Schneider/Rheinland-Pfalz (Réserve)
12. 6.	C-533/06	08, I-4231	08, 825	08, 698			O2/H3G
11. 9.	C-141/07	08, I-6935				08, 3693	Kommission/Deutschland (deutsches ApoG)
16. 9.	C-468/06 bis C-478/06	08, I-7139	09, 228				Sot. Lelos kai Sia EE u. a./GlaxoSmithKline AEVE Farmakeftikon Proïonton
9. 10.	C-304/07	08, I-7565	08, 1027	08, 1077			Directmedia/Albert-Ludwigs-Universität Freiburg
16. 10.	C-298/07	08, I-7841				08, 3553	vbz/deutsche internet versicherung
27. 11.	C-252/07	08, I-8823	09, 319	09, 56			Intel Corporation/CPM United Kingdom
22. 12.	C-276/05	08, I-10479		09, 154			Wellcome/Paranova
9. 12.	C-442/07	08, I-9223	09, 324	09, 156			Radetzky-Orden/BKFR
11. 12.	C-52/07	08, I-9275	09, 316	09, 421			TV 4/STIM
18. 12.	C-16/06 P	08, I-10053	09, 397				Les Editions Albert René Sàrl/Harmonisierungsamt für den Binnenmarkt – MOBELIX/OBELIX
2009							
15. 1.	C-495/07	09, I-137		09, 410			Silberquelle/Maselli
15. 1.	C-140/07	09, I-41		09, 511			Hecht-Pharma/Gewerbeaufsichtsamt Lüneburg
20. 1.	C-240/07	09, I-263	09, 404	09, 393			Sony Music Entertainment/Falcon Neue Medien Vertrieb

Fundstellenverzeichnis EuGH 2010

Dat.	RS	Slg	GRUR Int	GRUR	WRP	NJW	Name der Entscheidung
12. 2.	C-93/08	09, I-903	09, 407	09, 482			Schenker/Valsts ienemumu dienests
12. 2.	C-39/08, C-43/08			09, 667			Bild.T-Online.de u. ZVS
19. 2.	C-557/07	09, I-1227	09, 711	09, 579		09, 2875	LSG/Tele2
19. 2.	C-62/08	09, I-1279		09, 1156			UDV/Brandtraders
5. 3.	C-545/07	09, I-1627	09, 501	09, 572			Apis-Hristovich/Lakorda
23. 4.	C-59/08	09, I-3421	09, 716	09, 593	09, 938	09, 3709	Copad/Dior
23. 4.	C-261/07, C-299/07	09, I-2949	09, 852	09, 599	09, 722	09, 3224	VTB/Total Belgium u. Galatea/Sanoma
23. 4.	C-533/07	09, I-3327	09, 848	09, 753		09, 1865	Falco Privatstiftung u. a./Weller Linhorst
30. 4.	C-27/08	09, I-3785		09, 790	09, 728		BIOS Naturprodukte
19. 5.	C-171/07, C-172/07	09, I-4174			09, 797	09, 2112	„DocMorris"
11. 6.	C-529/07	09, I-4893	09, 914	09, 763			Lindt & Sprüngli/Franz Hauswirth
18. 6.	C-487/07	09, I-5185	09, 1010	09, 756	09, 930		L'Oréal/Bellure
2. 7.	C-32/08	09, I-5611	09, 1018	09, 867			FEIA/Cul de Sac
2. 7.	C-302/08	09, I-5671	09, 1017	09, 870			Davidoff/Bundesfinanzdirektion Südost
2. 7.	C-343/07	09, I-5491		09, 961			Bavaria/Bayerischer Brauerbund – BAVARIA
16. 7.	C-5/08	09, I-6569	10, 35	09, 1041			Infopaq International A/S/Danske Dagblades Forening
16. 7.	C-202/08 P und C 208/08 P	09, I-6933	10, 45				American Clothing Associates NV/HABM
20. 7.	C-343/07			09, 961			Bayerisches Bier
3. 9.	C-498/07	09, I-7371	10, 129				Aceites del Sur-Coosur SA/Koipe Corporación SL
3. 9.	C-498/07	09, I-7315					Pia Messner/Stefan Krüger
8. 9.	C-42/07	09, I-7633				09, 3221	Bwin Int Ltd/Dep de Jogos da Santa Casa da Misericórdia de Lisboa
8. 9.	C-478/07	09, I-7721	10, 401	10, 143			Budejovicky Budvar/Ammersin GmbH (American Bud II)
10. 9.	C-366/08	09, I-8439			09, 1496		Zentrale/Darbo – "zuckerarme Konfitüre"
10. 9.	C-446/07	09, I-8041	10, 410	10, 151			Alberto Severi/Regione Emilia-Romagna (Salami Felino-Art)
6. 10.	C-301/07	09, I-9429	10, 134	09, 1158	10, 92		PAGO/Tirolmilch
15. 10.	C-324/08		10, 135	09, 1159			Makro u. a./Diesel
9. 12.	C-494/08 P		10, 500	10, 534			PRANAHAUS
2010							
14. 1.	C-304/08		10, 221	10, 244	10, 232	10, 1867	Plus Warenhandelsgesellschaft
21. 1.	C-398/08 P		10, 225	10, 228	10, 364		Audi – „Vorsprung durch Technik"
25. 2.	C-408/08 P		10, 506	10, 931			Lancôme – COLOR EDITION
4. 3.	C-316/07				10, 1338		Sportwetten
23. 3.	C-236/08 – C-238/08		10, 385	10, 445		10, 2029	Google und Google France
25. 3.	C-278/08		10, 398	10, 451			BergSpechte/trekking.at Reisen
26. 3.	C-91/09		10, 859	10, 641			Eis.de/BBY Vertriebsgesellschaft (Bananabay)
15. 4.	C-511/08					10, 1941	Heinrich Heine GmbH/Verbraucherzentrale
15. 4.	C-518/08		10, 588	10, 526			Gala-Salvador Dalí u. VEGAP/ADAGP u. a.
15. 4.	C-38/09		10, 591				Ralf Schräder/CPVO
3. 6.	C-127/09		10, 713	10, 723	10, 865		Coty Prestige Lancaster Group/Simex Trading
3. 6.	C-569/08		10, 849	10, 733			Internetportal und Marketing/Richard Schlicht
24. 6.	C-51/09 P		10, 857	10, 933			BARBARA BECKER
6. 7.	C-428/08		10, 843				Monsanto Technology LLC/Cefetra BV
8. 7.	C-558/07		10, 861	10, 841	10, 1350		Portakabin/Primakabin
29. 7.	C-214/09 P		10, 869	10, 1012	10, 1131		Anheuser Busch/HABM (BUDWEISER)
2. 9.	C-254/09 P				10, 1368		Calvin Klein/„CK CREACIONES KENYA"
8. 9.	C-316/07, C-358/07 – C-360/07, C-409/07 und C-410/07				10, 1338		Markus Stoß ua/Wetteraukreis ua
14. 9.	C-48/09 P			10, 1008	10, 1359		Lego
14. 9.	C-550/07 P				10, 1374		Akzo Nobel

Fundstellenverzeichnis für Entscheidungen des Bundesgerichtshofs

Dat.	AktZ	BGHZ	LM, Nr. zu §	GRUR	WRP	NJW	Schlagwort
1950							
19. 12.	I ZR 62/50	1, 31	2, § 24 WZG	51, 159		51, 272	Störche
1951							
22. 1.	IV ZR 172/50		1, § 1922 BGB			51, 229	Lichtspieltheater
26. 1.	I ZR 19/50		1, § 14 UWG	51, 283		51, 352	Möbelbezugsstoffe
16. 2.	I ZR 73/50	1, 194	1, § 10 PatG	51, 314		51, 561	Motorblock
5. 3.	I ZR 40/50	1, 241	1, § 8 WZG	51, 324		51, 521	Piekfein
16. 3.	I ZR 76/50		1, § 16 UWG	51, 410		51, 520	Luppy
20. 4.	I ZR 103/50			51, 412			Graphia
15. 6.	V ZR 86/50		2, § 242 Ba BGB			51, 836	Kalisalz
15. 6.	I ZR 59/50	2, 387	3, § 6 PatG			51, 712	Mülltonnen
19. 6.	I ZR 77/50	2, 394	3, § 24 WZG	52, 35		51, 843	Widia/Ardia
5. 10.	I ZR 74/50	3, 193	1, § 343 BGB	52, 141		52, 101	Tauchpumpe
25. 10.	3 StR 549/51	2, 79 (St)	1, § 286 StGB	52, 235		52, 34/673	Schneeballsystem
26. 10.	I ZR 8/51	3, 270	5, § 1 UWG	52, 410		52, 660	Constanze I
9. 11.	I ZR 32/51	3, 339	2, § 1 UWG	52, 193		52, 221	Rasierklingen
9. 11.	I ZR 107/50		4, § 1 UWG	52, 239		52, 222	Farina
13. 11.	I ZR 111/50	3, 365	5, § 6 PatG	52, 562		52, 302	Gummisohle
13. 11.	I ZR 44/51		3, § 1 UWG	52, 416		52, 223	Dauerdose
23. 11.	I ZR 24/51		2, Art 5 MRV 78			52, 344	Brauereidarlehen
30. 11.	I ZR 9/50	4, 96	3, § 16 UWG	52, 511			Farina/Urkölsch
30. 11.	V ZR 13/51						Ufa-Film
11. 12.	I ZR 21/51	4, 167	2, § 16 UWG	52, 418		52, 503	DUZ
1952							
18. 1.	I ZR 87/51		16, § 812 BGB			52, 417	Nadelfabrikanten
22. 1.	I ZR 68/51	5, 1	1, § 25 WZG	52, 516		52, 784	Hummel-Figuren I
22. 1.	IV ZB 82/51	4, 323	1, § 16 VerschG			52, 579	
7. 2.	3 StR 331/51	2, 139 (St)	2, § 266 StGB			52, 392/673	Schneeballsystem
8. 2.	I ZR 63/51	5, 71	2, Art 5 MRG 56			52, 500	Kundenschutzklausel
13. 2.	II ZR 88/51	5, 126	3, Art V 9 c MRV 78			52, 502	Columbus-Kaffee
15. 2.	I ZR 135/51		5, § 24 WZG	52, 419			Gumax
22. 2.	I ZR 117/51	5, 189	4, § 24 WZG	52, 577		52, 665	Zwilling
4. 3.	I ZR 91/51						Goerner-Quell
8. 4.	I ZR 80/51		7, § 1 UWG	52, 582			Sprechstunden
9. 5.	I ZR 128/51	6, 137	1, § 1 WZG	53, 34		52, 1055	Lockwell
13. 5.	1 StR 670/51	2, 396 (St)				52, 898	Sub-Post-Ingenieur
14. 5.	II ZR 256/51		12, § 1 UWG			52, 1056	St.-Brauerei
16. 5.	I ZR 143/51		6, § 24 WZG	52, 521			Minimax
20. 5.	I ZR 168/51		11, § 1 UWG	53, 37		52, 1056	Schlachtergenossenschaft
27. 5.	1 StR 382/51	2, 370 (St)	1, § 24 WZG (St)			52, 898	Faber-Castell
30. 5.	II ZR 144/51						Maßmieder
19. 6.	III ZR 295/51	7, 30	1, § 616 BGB			52, 1249	Laderampe
11. 7.	I ZR 129/51		3, § 31 WZG	53, 40			Goldzack
11. 7.	I ZR 155/51		8, § 3 UWG				Pico
28. 11.	I ZR 21/52	8, 142	4, § 823 (Ai) BGB	53, 130		53, 297	Schwarze Listen
16. 12.	I ZR 39/52	8, 202	4, § 31 WZG	53, 175		53, 188	Kabel-Kennstreifen
17. 12.	II ZR 55/52		2, MRV 78			53, 579	Werbeauftrag
1953							
15. 1.	IV ZR 76/52	8, 318				53, 577	Pazifist
27. 1.	I ZR 55/52		5, § 16 UWG	53, 252			Weyland & Hoever
30. 1.	I ZR 88/52	8, 387	4, § 16 UWG	53, 290		53, 900	Fernsprechnummer
7. 2.	2 StR 341/52	4, 44 (St)				53, 592	Blindenware
5. 3.	5 StR 734/52	4, 94 (St)					Schulspeisung
17. 3.	I ZR 118/52			53, 293			Fleischbezug
30. 3.	IV ZR 176/52		6, § 16 UWG	53, 446			Verein d. Steuerberater
20. 5.	I ZR 52/52	10, 22	1, § 13 PatG	53, 385		53, 1260	Konservendosen I
3. 6.	II ZR 236/52		3, Art V MRG 56			53, 1426	Bierlieferung
9. 6.	I ZR 97/51	10, 196	7, § 16 UWG	54, 271		53, 1348	Dun-Europa
17. 6.	VI ZR 51/52	10, 104	9, § 1004 BGB				
25. 6.	3 StR 80/53	5, 12 (St)				53, 1802	HeilmittelwerbeVO
3. 7.	I ZR 91/52	10, 211	2, § 11 WZG	53, 486		53, 1626	Nordona
6. 10.	I ZR 220/52		1, Art II KRG 1	54, 111			Repassiermaschine
9. 10.	I ZR 115/52			54, 192			Dreikern/Dreiring
20. 10.	I ZR 134/52		8, § 16 UWG	54, 70			Rohrbogen

Fundstellenverzeichnis BGH 1954, 1955

Dat.	AktZ	BGHZ	LM, Nr. zu §	GRUR	WRP	NJW	Schlagwort
26. 10.	I ZR 156/52						
28. 10.	II ZR 149/52	10, 385					Kalkstein
30. 10.	I ZR 147/52			54, 123			Auto-Fox
30. 10.	I ZR 94/52	11, 129	5, § 25 WZG	54, 121		54, 390	Zählkassetten
6. 11.	I ZR 97/52	11, 135	1, § 22 a LUG	54, 216		54, 305	Schallplatte
13. 11.	I ZR 79/52		16, § 1 UWG	54, 163		54, 388	Bierlieferungsverträge
21. 11.	VI ZR 91/52		15, § 1 UWG			54, 147	Innungsboykott
8. 12.	ZR 192/52	11, 214	9, § 16 UWG	54, 195		54, 388	KfA
15. 12.	5 StR 238/53					54, 320	Nordmark
15. 12.	I ZR 146/52	11, 286	4, § 1 ZugbVO	54, 167		54, 475	Kundenzeitschrift
15. 12.	I ZR 168/53	11, 260	2, § 1 ZugbVO	54, 174		54, 469	Kunststoff-Figuren I
15. 12.	I ZR 167/53	11, 274	3, § 1 ZugbVO	54, 170		54, 472	Orbis
19. 12.	VI ZR 330/52	12, 72					Hamburger Bauzuschuss

1954

Dat.	AktZ	BGHZ	LM, Nr. zu §	GRUR	WRP	NJW	Schlagwort
22. 1.	I ZR 200/52		18, § 1 UWG	54, 274			Goldwell
26. 1.	I ZR 192/52			54, 331			Alpha
23. 2.	I ZR 265/52		3, § 14 UWG	54, 333			Molkereizeitung
3. 3.	VI ZR 303/52						
12. 3.	I ZR 201/52		19, § 1 UWG	54, 337			Radschutz
16. 3.	I ZR 179/52	13, 33	6, Art 5 MRV 78	54, 342		54, 917	Warenkredit
30. 3.	I ZR 153/52		7, § 24 WZG	54, 346			Strahlenkranz
31. 3.	VI ZR 138/52						
9. 4.	5 StR 503/53						Schlachtermeister
30. 4.	I ZR 245/52			54, 404			Fachmann
4. 5.	I ZR 149/52	13, 210	20, § 1 UWG	54, 391		54, 1238	Prallmühle
11. 5.	I ZR 178/52	13, 244	10, § 3 UWG	55, 37		54, 1566	Cupresa/Kunstseide
25. 5.	I ZR 211/53	13, 334		55, 197		54, 1404	Leserbriefe
11. 6.	I ZR 174/52	14, 15	5, § 31 WZG	55, 91		54, 1565	Römer
18. 6.	I ZR 158/52			55, 95			Buchgemeinschaft
25. 6.	I ZR 7/53		8, § 24 WZG	54, 457			Irus/Urus
6. 7.	I ZR 167/52	14, 155	11, § 16 UWG	55, 42		54, 1681	Farina/rote Blume
6. 7.	I ZR 38/53	14, 163	12, § 1004 BGB	55, 97		54, 1682	Constanze II
13. 7.	V ZR 166/52	14, 294	21, § 1 UWG			54, 1483	Kirchenstiftung
13. 7.	I ZR 14/53	14, 286	12, § 16 UWG	55, 150		54, 1931	Farina-Belgien
14. 7.	I ZR 240/52						Händlerrabatt
12. 10.	I ARZ 233/54			55, 101		54, 1932	Blitzableiter
22. 10.	I ZR 46/53	15, 107	7, § 15 WZG	55, 299		55, 137	Koma
16. 11.	I ZR 180/53		1, § 17 UWG	55, 402		55, 463	Anreißgerät
16. 11.	I ZR 12/53		24, § 1 UWG	55, 342		55, 546	Holländische Obstbäume
26. 11.	I ZR 266/52	15, 249		55, 201			Cosima Wagner
30. 11.	I ZR 143/52	15, 338		55, 351		55, 382	Gema
3. 12.	I ZR 262/52	15, 356	23, § 1 UWG	55, 346		55, 377	Progr. Kundenwerbung
18. 12.	II ZR 76/54	16, 7	1, § 138 (Cf) BGB		55, 192	55, 337	Rückkehrverbot
18. 12.	II ZR 222/53	16, 59	1. ZwangskartG			55, 384	Zwangskartell
21. 12.	I ZR 54/53		11, § 3 UWG	55, 409		55, 379	Vampyrette
21. 12.	I ZR 36/53	16, 82	6, § 25 WZG	55, 406		55, 380	Wickelsterne

1955

Dat.	AktZ	BGHZ	LM, Nr. zu §	GRUR	WRP	NJW	Schlagwort
11. 1.	I ZR 16/53		22, § 1 UWG	55, 411	55, 43		Zahl 55
18. 1.	I ZR 142/53		10, § 24 WZG	55, 415	55, 50	55, 543	Arctuvan/Artesan
18. 1.	I ZR 102/53		15, § 3 UWG	55, 251	55, 64		Silberal
25. 1.	I ZR 15/53	16, 172	2, § 1 KO	55, 388	55, 196	55, 628	Düko-Geheimverfahren
28. 1.	I ZR 88/53		1, § 823 (Ag) BGB	55, 390	55, 196		Spezialpresse
15. 2.	I ZR 86/53	16, 296	7, § 25 WZG	55, 418	55, 80	55, 630	rote Herzwandvase
25. 2.	I ZR 124/53		14, § 16 UWG	55, 481	55, 98		Hamburger Kinderstube
25. 2.	I ZR 107/53		1, § 4 WZG	55, 421	55, 104		Forellenbild
15. 3.	I ZR 111/53		2, § 17 UWG	55, 424			Möbelpaste
18. 3.	I ZR 144/53	17, 41	3, § 17 UWG 25, § 1 UWG	55, 468		55, 829	Kokillenguss
19. 4.	I ZR 172/53						Reiseschreibmaschine
26. 4.	I ZR 21/53		2, AHKG 8	55, 479			Repassiernadel
10. 5.	I ZR 91/53		1, § 16 UWG	55, 484	55, 193	55, 1152	Luxor/Luxus
10. 5.	I ZR 120/53	17, 209	9, § 12 BGB	55, 490	55, 165	55, 1151	Heynemann
10. 5.	I ZR 177/53		5, § 16 UWG	55, 487	55, 162		Alpha
18. 5.	I ZR 8/54	17, 266	3, § 15 LitUrhG	55, 492		55, 1276	Magnettonband
24. 5.	I ZR 138/53			56, 212			Wirtschaftsarchiv
7. 6.	I ZR 64/53	18, 1	3, Art 1 AHKG	55, 575		55, 1435	Hückel
24. 6.	I ZR 178/53	17, 376	1, § 27 LitUrhG	55, 549		55, 1356	Betriebsfeiern
24. 6.	I ZR 88/54	18, 44	12, §§ 11, 15 LitUrhG			55, 1433	Photokopien
28. 6.	I ZR 81/54		12, § 24 WZG 8, § 31 WZG	55, 579	55, 218	55, 1555	Sunpearl

1956 Fundstellenverzeichnis BGH

Dat.	AktZ	BGHZ	LM, Nr. zu §	GRUR	WRP	NJW	Schlagwort
5. 7.	I ZR 205/53						Sprechstunden II
8. 7.	I ZR 52/54		26, § 1 UWG	55, 541	55, 206		Bestattungswerbung (-institut)
11. 7.	II ZR 96/54			57, 44			Firmenhandel
12. 7.	I ZR 31/54		6, § 13 PatG	55, 535			Zählwerkegetriebe
20. 9.	I ZR 194/53	18, 175	27, § 1 UWG 13, § 11 LitUrhG	55, 598	55, 280	55, 1753	Matern (Werbeidee)
23. 9.	5 StR 110/55	8, 221 (St)	12, MRVO (BrZ) 78, Art 5		56, 21	56, 68	Zementindustrie
25. 10.	I ZR 200/53	18, 319	4, § 1 LitUrhG	56, 88		55, 1918	Bebauungsplan
28. 10.	I ZR 188/54		12, § 123 BGB	56, 93	56, 17		Bioglutan
11. 11.	I ZR 157/53	19, 23	1, §§ 9, 5 WZG	56, 172	56, 73	56, 591	Magirus
11. 11.	I ZR 176/53	19, 72	11, MRVO (BrZ) 78, Art 5	56, 118	56, 110	56, 341	Gesangbuch
18. 11.	V ZR 47/54	19, 130	26, § 1004 BGB 8/9/ 10 MRVO (BrZ) 78, Art 5		56, 76	56, 548	Grabpflege
18. 11.	I ZR 208/53		10, § 15 WZG	56, 179	56, 135	56, 54	Ettal-Flasche
24. 11.	5 StR 311/55	8, 360 (St)				56, 431	Epithelan
29. 11.	I ZR 4/54		11, § 15 WZG	56, 183	56, 171	56, 54	Drei-Punkt Farben
30. 11.	VI ZR 100/54		29, § 549 ZPO			56, 711	Warnungen öffentlicher Körperschaften
13. 12.	I ZR 20/54		3, Art 1 §§ 1, 3 RechtsberatG	57, 425		56, 591	Ratgeber
13. 12.	I ZR 86/54		16, § 3 UWG	56, 270	56, 127	56, 589	Rügenwalder Teewurst
20. 12.	I ZR 24/54	19, 299	30, § 1 UWG	56, 216	56, 105	56, 339	Bad Ems
1956							
10. 1.	I ZR 14/55		2, § 241 BGB	56, 238	56, 238		Westfalen-Zeitung
17. 1.	I ZR 98/54		4, § 1 RechtsberatG 1, § 327 LAG			56, 749	LA-Sachen
20. 1.	I ZR 146/53	19, 367	2, § 4 WZG 12, § 25 WZG 12, § 31 WZG	56, 219	56, 199	56, 828	W5
27. 1.	I ZR 146/54	19, 392	31, § 1 UWG	56, 223	56, 99	56, 588/ 1318	Anzeigenblatt (Freiburger Wochenbericht)
31. 1.	I ZR 74/55		17, § 3 UWG	56, 187	56, 108		English-Lavender
10. 2.	I ZR 61/54		25, § 1004 BGB	56, 227	56, 316		Reisebüro
16. 2.	II ZR 141/54		1, § 324 BGB	57, 83			Wasserzähler
17. 2.	I ZR 57/54		33, § 1 UWG	56, 273	56, 162		Drahtverschluss
28. 2.	I ZR 84/54	20, 119	8, § 89 BGB			56, 746	Fischwirtschaft
2. 3.	I ZR 161/54		18, § 3 UWG	56, 276	56, 164	56, 910	Desinfektionsapparat
13. 3.	I ZR 49/54			57, 426			Getränkeindustrie
13. 3.	I ZR 132/54		1, § 138 BGB			56, 1065	Schlepper
16. 3.	I ZR 62/55		1, § 12 PatG	56, 265	56, 246		Rheinmetall Borsig I
16. 3.	I ZR 162/54		31 a, § 1 UWG 6, § 1 LUG	56, 284	56, 185		Rheinmetall Borsig II
19. 3.	II ZR 25/55		1, Int PrivR		56, 166		Importagent
20. 3.	I ZR 162/55		3, § 2 ZugbVO	56, 279	56, 167	56, 911	Olivin
27. 3.	I ZR 73/54						Union-Verlag
10. 4.	1 StR 526/55	9, 114 (St)	1, MRG (AmZ) 56		56, 227	56, 959	Brotpreis
10. 4.	I ZR 165/54		27, § 1004 BGB	57, 84	57, 156		Einbrand-Flasche
13. 4.	I ZR 41/54		16, § 16 UWG	56, 321	56, 221		Synochem
4. 5.	I ZR 194/54		2, ADSp-Allg		56, 228	56, 1201/ 1714	ADSp
4. 5.	I ZR 55/54		14, § 31 WZG	56, 376	56, 219	56, 1920	Berliner Illustrierte
8. 5.	I ZR 62/54	20, 345	1, § 823 BGB	56, 427		56, 1554	Dahlke
11. 5.	VI ZR 209/55		2, § 823 (Bd) BGB				Presse
15. 5.	I ZR 148/54		19, § 3 UWG	56, 550	56, 251		Tiefenfurter Bauernbrot
25. 5.	VI ZR 66/55	21, 1	1, § 138 BGB		56, 287	56, 1201	Aufnahmezwang
5. 6.	I ZR 4/55		35, § 1 UWG	57, 23	56, 244	56, 1556	Bünder-Glas
8. 6.	I ZR 175/54		6, § 1 ZugbVO	57, 40	56, 305	56, 1559	Puppenservice
12. 6.	I ZR 130/54					56, 1918	Kreiszeichen
15. 6.	I ZR 71/54	21, 66	16, § 24 WZG	57, 25	56, 279	56, 1557	Hausbücherei
15. 6.	I ZR 149/54		14, § 12 BGB	57, 87	56, 302	56, 1713	Meisterbrand
15. 6.	I ZR 105/54	21, 85	17, § 16 UWG	57, 29	56, 275	56, 1559	Spiegel
22. 6.	I ZR 152/54			57, 274	56, 249		nach Maß
29. 6.	I ZR 129/54		36, § 1 UWG	56, 553	57, 257		Coswig
29. 6.	I ZR 176/54		2, § 23 UWG 16, § 25 WZG	56, 558	57, 24		Regensburger Karmelitengeist
3. 7.	I ZR 137/54	21, 182	14, § 25 WZG 3, § 4 WZG	57, 88		56, 1595	Ihr Funkberater
10. 7.	I ZR 106/54			57, 428			Bücherdienst
11. 7.	1 StR 306/55	9, 319 (St)	1, § 2 WiStG			56, 1568	Hausbrandkohle
13. 7.	I ZR 18/55						Pschorr

Fundstellenverzeichnis BGH 1957

Dat.	AktZ	BGHZ	LM, Nr. zu §	GRUR	WRP	NJW	Schlagwort
13. 7.	I ZR 137/55	21, 266	15, § 25 WZG	57, 37	56, 333	56, 1676	Uhrrohwerk
13. 7.	I ZR 75/54		17, § 24 WZG	57, 34	57, 122		Hadef
2. 10.	I ZR 9/54	22, 1	3, Art 12 EGBGB	57, 215		57, 140	Flava-Erdgold
4. 10.	II ZR 121/55	21, 370	1, § 25 BGB			56, 1793	Vereinsstrafe
5. 10.	I ZR 94/54		39, § 1 UWG	57, 123	57, 9		Lowitz
12. 10.	I ZR 12/56						Vereinigte Uhrenfabriken
12. 10.	I ZR 34/56		4, § 14 UWG	57, 93	57, 19		Jugendfilmverleih
12. 10.	I ZR 171/54		15, § 31 WZG	57, 339		57, 142	Tropostasin
16. 10.	I ZR 2/55		40, § 1 UWG	57, 219	57, 7		Westenberg
23. 10.	I ZR 76/54		22, § 3 UWG	57, 128	57, 74	57, 182	Steinhäger
23. 10.	I ZR 8/55		13, § 15 WZG	57, 125	57, 49		Troika
25. 10.	I ZR 18/56	22, 88		57, 195		56, 1873	Indrohag
29. 10.	II ZR 79/55	22, 90	1. Allg. Geschäfts-bedingungen			57, 17	Fabrikneue Möbel
30. 10.	I ZR 199/55		15, § 12 BGB	57, 342			Underberg
30. 10.	I ZR 225/55		7, § 1 ZugVO	57, 378	57, 54	57, 219	Bilderschecks
7. 11.	V ZR 39/56		6, Art V MRG 56		57, 28		Siedlungsgenossenschaft
16. 11.	I ZR 69/55		5, § 5 RechtsberatG	57, 226	57, 154	57, 301	Sprechsaal II
16. 11.	I ZR 150/54	22, 167	42, § 1 UWG	57, 131	57, 117	57, 59	Arzneifertigwaren
23. 11.	I ZR 104/55		16, § 31 WZG	57, 222	57, 239	57, 343	Sultan
23. 11.	I ZR 41/55						Doppelt gebrannt
27. 11.	I ZR 57/55	22, 209	2, § 2 KUG	57, 291		57, 220	Europapost
4. 12.	I ZR 106/55		20, § 3 UWG	57, 348	57, 73		Klasen-Möbel
11. 12.	I ZR 93/55		3, § 11 WZG	57, 350	57, 236		Raiffeisensymbol
11. 12.	I ZR 61/55		3, § 1 WZG	57, 224	57, 210	57, 462	Ex. Odor/Odorex
14. 12.	I ZR 105/55	22, 347		57, 387			Clemens Laar
17. 12.	II ZR 202/55						Wäschereibetrieb
18. 12.	I ZR 40/55						Rundschreiben
21. 12.	I ZR 68/55		17, § 31 WZG	57, 228	57, 275		Astrawolle

1957

Dat.	AktZ	BGHZ	LM, Nr. zu §	GRUR	WRP	NJW	Schlagwort
8. 1.	VIII ZR 225/56		3, § 536 BGB	58, 45	57, 207		Bäckerei
8. 1.	I ZR 58/55		18, § 25 WZG	57, 275	57, 184	57, 909	Star-Revue
8. 1.	I ZR 65/55			58, 141		57, 1919	Spiegel der Woche
15. 1.	I ZR 190/55		30, § 1004 BGB	57, 278	57, 273	57, 827	Evidur
15. 1.	I ZR 39/55		14, § 15 WZG	57, 231		57, 910	Pertussin I
15. 1.	I ZR 56/55		22, § 24 WZG	57, 352			Pertussin II
22. 1.	I ZR 191/55			57, 280			Kassa-Preis
25. 1.	I ZR 5/56		8, § 1 ZugVO	57, 380	57, 142	57, 749	Kunststoffiguren II
25. 1.	I ZR 158/55		21, § 16 UWG	57, 281	57, 180		Karo-As
25. 1.	I ZR 45/55						
25. 1.	I ZR 66/56						
28. 1.	I ZR 88/55		21, § 3 UWG	57, 285	57, 173		Erstes Kulmbacher
29. 1.	I ZR 53/55	23, 184	44, § 1 UWG	57, 355	57, 288	57, 949	Spalttabletten
5. 2.	I ZR 168/55			57, 287			Plasticummännchen
8. 2.	I ZR 157/55		23, § 3 UWG	57, 358	57, 171		Kölnisch Eis
19. 2.	I ZR 13/55			57, 488			MHZ
22. 2.	I ZR 68/56	23, 365	47, § 1 UWG	57, 365	57, 134	57, 748	Suwa
22. 2.	I ZR 205/55		43, § 1 UWG	57, 363	57, 139		Sunil
22. 2.	I ZR 123/55		11, § 823 (Aj) BGB	57, 360	57, 300		Phylax-Apparate
15. 3.	I ZR 72/55		5, § 4 WZG	57, 430			Havanna
15. 3.	I ZR 7/56		18, § 31 WZG	57, 433	57, 241		St. Hubertus
29. 3.	I ZR 107/55		17, § 25 WZG	57, 369	57, 306		Rosa-Weiß-Packung
2. 4.	I ZR 29/56		25, § 3 UWG	57, 372	57, 201		2 DRP
2. 4.	VI ZR 9/56	24, 72	2, § 823 (Ah) BGB			57, 1146	Krankenpapiere
2. 4.	I ZR 58/56		5, § 47 PatG	57, 336		57, 591 L	Rechnungslegung
5. 4.	I ZR 151/55		6, § 1 WZG	58, 78	57, 367	57, 1837	Stolper Jungchen
5. 4.	I ZR 127/55		25, § 24 WZG	57, 435			Estarin
16. 4.	I ZR 115/56		26, § 3 UWG	57, 600	57, 227		Westfalenblatt
17. 4.	IV ZR 2/57						Verlagsdruckerei
26. 4.	I ZR 220/55		46, § 1 UWG 24, § 3 UWG	57, 491	57, 259		Wellaform
26. 4.	I ZR 35/57			57, 506			Doppel Export
30. 4.	VIII ZR 201/56	24, 165				57, 988	Schuhgeschäft
2. 5.	4 StR 119–120/56	10, 269 (St)	2, § 12 UWG – Sts	58, 25		57, 1243	Vorzimmer
10. 5.	I ZR 33/56		5, § 1 WZG	57, 499			Wipp
10. 5.	I ZR 234/55	24, 200	12, § 823 (Ai) BGB	57, 494		57, 1315	Spätheimkehrer
14. 5.	I ZR 165/55	24, 257	19, § 31 WZG	57, 553	57, 304	57, 1557	Tintenkuli
14. 5.	I ZR 94/55	24, 238	15, § 12 BGB	57, 547	57, 265		tabu I
14. 5.	I ZR 50/56		17, § 12 BGB	57, 550	57, 264		tabu II
21. 5.	I ZR 19/56		1, PBefG	57, 558	57, 294	57, 1319	Bayern-Expreß
28. 5.	I ZR 231/55		20, § 25 WZG	57, 603	57, 308		Taschenstreifen
31. 5.	I ZR 93/56		24, § 16 UWG	57, 561	57, 269		REI-Chemie

1958 Fundstellenverzeichnis BGH

Dat.	AktZ	BGHZ	LM, Nr. zu §	GRUR	WRP	NJW	Schlagwort
31. 5.	I ZR 163/55		32, § 1004 BGB	58, 30	57, 330	57, 1676	Außenleuchte
18. 6.	I ZR 89/56		13, Art 5 MRVO 78	57, 545		57, 1318 57, 1558	Schraubstock
28. 6.	I ZR 230/55		48, § 1 UWG	58, 32			Haferschleim
10. 7.	4 StR 5/57	10, 358 (St)	3, § 12 UWG	58, 27		57, 1604	Beschaffungsstelle
12. 7.	I ZR 8/56		3, ArzneimittelVO	57, 606	57, 291		Heiltee
12. 7.	I ZR 4/56		49, § 1 UWG	58, 35	57, 327		Fundstelle
12. 7.	I ZR 52/55		20, § 823 (Bf) BGB	58, 86	57, 361	57, 1762	Ei-fein
24. 7.	I ZR 21/56		18, § 12 BGB	58, 189	58, 17	58, 17	Zeiß
17. 9.	I ZR 105/56		30, § 3 UWG	58, 39	57, 332	57, 1676	Rosenheimer Gummimäntel
20. 9.	I ZR 14/56		26, § 16 UWG	58, 90	58, 22	57, 1761	Hähnel
27. 9.	I ZR 140/56		18, § 15 WZG	58, 81	58, 116		Thymopppect
15. 10.	I ZR 103/56		1, § 5 Geschm-MG	58, 97	58, 122		Gartensessel
22. 10.	I ZR 96/56	25, 369	53, § 1 UWG	58, 233	58, 60	58, 300	mit dem feinen Whipp
25. 10.	I ZR 38/56		20, § 12 BGB	58, 339			Technika
25. 10.	I ZR 136/56		4, § 11 WZG	58, 185		58, 383	Wyeth
29. 10.	I ZR 116/56		19, § 12 BGB	58, 143	58, 46	58, 217	Schwardmann
29. 10.	I ZR 108/56		22, § 31 WZG	58, 604	58, 118		Wella-Perla
29. 10.	I ZR 192/56		3, § 254 ZPO	58, 149			Bleicherde
12. 11.	I ZR 44/56		55, § 1 UWG	58, 343	58, 206		Bohnergerät
15. 11.	I ZR 83/56	26, 52	27, § 16 UWG	58, 354	58, 243	58, 459	Sherlock Holmes
18. 11.	GSSt 2/57	11, 67 (St)				58, 228	Erotische Literatur
22. 11.	I ZR 144/56		6, § 260 BGB	58, 346	58, 210	58, 377	Spitzenmuster
22. 11.	I ZR 152/56		11, § 9 PatG	58, 179	58, 155		Resin
3. 12.	I ZR 157/56		9, § 794 ZPO	58, 359	58, 318		Sarex
6. 12.	5 StR 408/57	11, 85 (St)	2, HeilmWVO	58, 238		58, 19	Schlankheitsmittel
10. 12.	I ZR 175/56		1, GWB Allg	58, 240	58, 88	58, 589	Waldbaur (Markenschokolade)
10. 12.	I ZR 208/55		2, GWB Allg	58, 247		58, 591	Verlagserzeugnisse
12. 12.	BVerwG I C 68/55			58, 200			Sonderveranstaltung
20. 12.	I ZR 112/56		1, § 11 UWG	58, 294			Essenzlimonaden
1958							
7. 1.	I ZR 73/57		2, § 18 UWG	58, 297	58, 213	58, 671	Petromax
14. 1.	I ZR 40/57		57, § 1 UWG	58, 351	58, 138	58, 789	Deutschlanddecke
31. 1.	I ZR 182/56		31, § 3 UWG	58, 455	58, 151	58, 789	Federkernmatratze
31. 1.	I ZR 178/56		8, § 1 WZG	58, 544	58, 221		Colonia
4. 2.	I ZR 23/57		21, § 12 BGB	58, 302			Lego
4. 2.	I ZR 48/57		58, § 1 UWG	58, 402	58, 144		Lili-Marleen
14. 2.	I ZR 151/56	26, 349	12, § 847 BGB	58, 408		58, 827	Herrenreiter
14. 2.	I ZR 3/57		4, § 5 WZG	58, 393	58, 154		Ankerzeichen
25. 2.	I ZR 15/57		3, MRVO (BrZ) 96	58, 459	58, 684		Schneideautomat
28. 2.	I ZR 185/56		60, § 1 UWG	58, 485	58, 237	58, 1235	Odol
28. 2.	I ZR 129/56	27, 1	33, § 3 UWG	58, 444	58, 140; 58, 178	58, 866	Emaillelack
25. 3.	I ZR 38/57		1, § 9a UWG	58, 395	58, 185	58, 945	Sonderveranstaltung I (Hähnchen)
1. 4.	I ZR 49/57		1, § 16 KUG	58, 500		58, 1587	Mecki-Igel
18. 4.	I ZR 10/57		5, § 5 WZG	58, 437	58, 278		Tricoline
18. 4.	I ZR 158/56		61, § 1 UWG	58, 487	58, 202	58, 1140	Antibiotica
22. 4.	I ZR 67/57	27, 264	68, § 1 UWG	58, 549	58, 269	58, 1486	Programmheft
25. 4.	I ZR 97/57		6, § 14 UWG	58, 448	58, 208	58, 1043	Blanko-Verordnungen
25. 4.	I ZR 84/57		34, § 3 UWG	58, 492	58, 239		Eis-Pralinen
29. 4.	I ZR 56/57		65, § 1 UWG	59, 31	58, 302	58, 2112	Feuerzeug
3. 5.	I ZR 26/57		62, § 1 UWG	58, 553	58, 238	58, 1486	Saugrohr
20. 5.	I ZR 104/57		ZahnheilkundeG	59, 35	58, 242	58, 2112	Zahnprothetiker
20. 5.	I ZR 57/56		7 Art V MRG 56	58, 567	58, 284		Sursum Corda
20. 5.	VI ZR 104/57	27, 284		58, 615		58, 1344	Tonbandaufnahme I
30. 5.	I ZR 21/57	27, 351		58, 562		58, 1585	Candida-Schrift
30. 5.	I ZR 134/56	27, 369	2, § 1 RabG	58, 555	58, 276	58, 1349	Elektrogeräte I
30. 5.	V ZR 280/56		14, § 139 BGB			58, 1772	Nante
6. 6.	I ZR 78/57		6, § 5 WZG	58, 606	58, 311		Kronenmarke
6. 6.	I ZR 33/57	28, 1	37, § 3 UWG	59, 38	58, 337	58, 1819	Buchgemeinschaft II
27. 6.	I ZR 76/57		30, § 28 WZG	58, 610	58, 314		Zahnrad
27. 6.	I ZR 109/56	28, 54	76, § 1 UWG	58, 557		58, 1347	Direktabsatz
8. 7.	I ZR 68/57						4711
9. 7.	KAR 1/58		1, § 87 GWB	58, 617	58, 285	58, 1395	Abitz I
11. 7.	I ZR 85/57		5, § 11 WZG	59, 25	58, 338	58, 1726	Triumph
11. 7.	I ZR 187/56		30, § 16 UWG	59, 45	59, 54	58, 1777	Deutsche Illustrierte
23. 9.	I ZR 101/57		23, § 31 WZG	59, 130	59, 120		Vorrasur/Nachrasur
26. 9.	I ZR 87/57		2, ZahnheilkG	59, 84	59, 27	58, 2112	Dentist

Fundstellenverzeichnis BGH 1959

Dat.	AktZ	BGHZ	LM, Nr. zu §	GRUR	WRP	NJW	Schlagwort
7. 10.	I ZR 69/57	28, 203	2, Vorbem § 253 ZPO	59, 152	59, 191	59, 388	Berliner Eisbein
7. 10.	I ZR 62/57		71, § 1 UWG	59, 138	59, 21	59, 195	Italienische Note
8. 10.	KZR 1/58	28, 208	1, § 15 GWB	58, 621	58, 344	58, 1868	Farina/4711
21. 10.	I ZR 74/57						Vereinigte Westfalenztg.
28. 10.	I ZR 114/57		22, § 12 BGB	59, 87	59, 58		Bierhaus Fischl
4. 11.	I ZR 91/57		1, BliWVG	59, 143	59, 23		Blindenseife
11. 11.	I ZR 152/57	28, 320	25, § 31 WZG	59, 182	59, 93	59, 675	Quick
11. 11.	I ZR 179/57		77, § 1 UWG	59, 277		59, 675	Künstlerpostkarten
14. 11.	I ZR 167/57		24, § 31 WZG	59, 134	59, 95		Calciduran
21. 11.	I ZR 115/57		75, § 1 UWG	59, 244	59, 83		Versandbuchhandlung
21. 11.	I ZR 61/57	28, 387		59, 240	59, 79	59, 576	Nelkenstecklinge
24. 11.	KRB 2/58	28, 397 12, 148 (St)	1, § 38 GWB (StS)	59, 151	59, 123	59, 252	Verdingungskartell
25. 11.	I ZR 15/58		7, § 1 LUG	59, 251	59, 163		Einheitsfahrschein
5. 12.	IV ZR 95/58		23, § 12 BGB				Gedenktafel
9. 12.	VI ZR 199/57	29, 65	16, § 823 (Ai) BGB	59, 282		59, 479	Stromunterbrechung
9. 12.	I ZR 112/57	29, 62	23, § 25 WZG	59, 289	59, 122	59, 882	Rosenthal-Vase
19. 12.	I ZR 176/57		2, § 96 GWB	59, 293	59, 193	59, 575	Bremsmotoren
19. 12.	I ZR 153/57	59, 331	14, § 823 BGB	59, 331		59, 934 L	Dreigroschenroman

1959

Dat.	AktZ	BGHZ	LM, Nr. zu §	GRUR	WRP	NJW	Schlagwort
7. 1.	2 StR 434/58	12, 335 (St)	2, BierStG			59, 995	Süßbier I
20. 1.	I ZR 116/57			59, 604			Sarotti
21. 1.	KRB 11/58	12, 333 (St)	1, § 82 GWB	59, 338	59, 127	59, 587	Nullpreis I
21. 1.	KRB 12/58	12, 295 (St)	1, § 41 GWB	59, 339	59, 126	59, 586	Bußgeld
23. 1.	I ZR 158/57		3, § 1 RabG	59, 326	59, 185		Kaffeeversandhandel
23. 1.	I ZR 14/58			59, 365			Englisch-Lavendel
23. 1.	I ZR 130/58		78, § 1 UWG	59, 285	59, 81		Bienenhonig
27. 1.	I ZR 185/55			60, 200			Abitz II
6. 2.	I ZR 50/57		79, § 1 UWG	59, 367	59, 178		Ernst Abbé
24. 2.	I ZR 54/58		4, § 1 RabG	59, 329	59, 188	59, 1182	Teilzahlungskauf
25. 2.	KZR 2/58	29, 344	1, § 27 GWB	59, 340	59, 154	59, 880	Sanifa
3. 3.	I ZR 7/58			60, 124			Füllhalterclip
17. 3.	I ZR 21/58		26, § 31 WZG	59, 360	59, 189		Elektrotechnik
18. 3.	IV ZR 182/58	30, 7	3, § 823 (Ah) BGB	59, 430	59, 234	59, 1269	Caterina Valente
8. 4.	KRB 1/59						Bauaufträge
13. 4.	II ZR 39/58		1, § 18 HGB	59, 375	59, 180		Doktortitel
14. 4.	VIII ZR 29/58	30, 74	1, Montanunionsvertrag			59, 1176	Kohlenverkauf
21. 4.	I ZR 189/57			59, 599			Teekanne
23. 4.	VII ZR 2/58	30, 89	12, § 1041 ZPO		59, 242	59, 1438	Flugplatz
5. 5.	I ZR 47/57						Elektrogeräte II
8. 5.	I ZR 4/58		28, § 25 WZG	59, 420			Opal-Ekopal
8. 5.	I ZR 16/58		24, § 25 WZG	59, 423	59, 239		Fußballstiefel
15. 5.	VI ZR 98/58			60, 135	59, 304		Druckaufträge
5. 6.	I ZR 63/58		38, § 16 UWG	59, 484	59, 273	59, 1678	Condux
9. 6.	VIII ZR 61/58		2, § 138 (Cc) BGB		59, 250	59, 1423	Kabelbruch
11. 6.	II ZR 106/57		19, Art V MR-VO (BrZ) 78		59, 245	59, 1679	Tankstelle
15. 6.	KAR 1/59	30, 186	4, § 96 GWB	59, 494	59, 243	59, 1435	Markenschokolade II
25. 6.	II ZB 6/59	30, 288	2, § 24 HGB			59, 2255	Eduard X.
26. 6.	I ZR 81/58		81, § 1 UWG	59, 488	59, 269		Konsumgenossenschaft
30. 6.	I ZR 31/58	30, 357	25, § 25 WZG	60, 83	60, 318	59, 2256	Nährbier
7. 7.	I ZR 101/58		39, § 16 UWG	59, 541	59, 276	59, 2015	Nussknacker
10. 7.	I ZR 103/57			59, 497			Cadbury
10. 7.	I ZR 105/57						Nescafé
10. 7.	I ZR 8/58			59, 613			Lesezirkel
13. 7.	I ZR 96/58		11, § 1 ZugbVO	59, 544/606	59, 348	59, 2213	Modenschau
18. 9.	I ZR 118/57			60, 33			Zamek
25. 9.	I ZR 41/59		3, § 18 HGB	60, 93	60, 225	59, 2209	Martinsberg
2. 10.	I ZR 126/58		40 a, § 16 UWG	60, 137	60, 23	60, 39	Astra
7. 10.	KRB 3/59		3, § 38 GWB	60, 303		59, 2213	Nullpreis II
9. 10.	I ZR 78/58		86/87, § 1 UWG	60, 144	60, 17	60, 37	Bambi
13. 10.	I ZR 58/58		38, § 24 WZG	60, 126	59, 351		Sternbild
16. 10.	I ZR 90/58		31, § 31 WZG	60, 130			Sunpearl II
20. 10.	VIII ZR 127/58		1, § 18 GWB	60, 349	60, 52	60, 41	Bierbezugsvereinbarung
20. 10.	VIII ZR 136/58		10, § 241 BGB	60, 307	60, 52		Bierbezugsvertrag

1960, 1961 Fundstellenverzeichnis BGH

Dat.	AktZ	BGHZ	LM, Nr. zu §	GRUR	WRP	NJW	Schlagwort
26. 10.	KZR 2/59	31, 105	1, § 1 GWB 1, § 106 GWB	60, 304	60, 84	60, 145/	Gasglühkörper
27. 10.	I ZR 55/58		3, § 355 ZPO	60, 232		60, 145	Feuerzeug
27. 10.	I ZR 76/58		40, § 24 WZG	60, 183	60, 163	60, 628	Kosaken-Kaffee
27. 10.	I ZR 94/58		1, BierStG	60, 240	60, 127	60, 339	Süßbier II
3. 11.	I ZR 120/58		90 a, § 1 UWG	60, 193	60, 13	60, 284	Frachtenrückvergütung
11. 11.	KZR 1/59	31, 162	1, § 92 GWB	60, 350		60, 93	Malzflocken
19. 11.	II ZR 73/59						Berufsboxerverband
24. 11.	I ZR 88/58		41, § 24 WZG	60, 186	60, 79	60, 628	Arctos
24. 11.	1 StR 439/59	13, 333 (St)		60, 294		60, 207	Kaltfließpreßverfahren
27. 11.	I ZR 24/58		91, § 1 UWG	60, 244	60, 72		Simili-Schmuck
4. 12.	I ZR 135/58		8, § 259 BGB	60, 247	60, 55		Krankenwagen
18. 12.	I ZR 62/58		41/42, § 16 UWG	60, 372	60, 249		Kodak
18. 12.	I ZR 127/58			60, 261			Hörgeräte
18. 12.	I ZR 154/58	31, 374	3, MMA	60, 235		60, 1103	Toscanella
22. 12.	VI ZR 175/58	31, 308	6, Art 5 GG	60, 449		60, 476	Alte Herren

1960

Dat.	AktZ	BGHZ	LM, Nr. zu §	GRUR	WRP	NJW	Schlagwort
5. 1.	I ZR 100/58		10, § 13 UWG	60, 379	60, 161		Zentrale
8. 1.	I ZR 7/59		8, § 14 UWG	60, 331	60, 157		Schleuderpreise
12. 1.	I ZR 52/59			60, 382			Verbandsstoffe
12. 1.	I ZR 30/58		49, § 1004 BGB	60, 500		60, 672	Plagiatsvorwurf
22. 1.	I ZR 41/58		5, § 15 LUG	60, 340		60, 771	Tonbandgeräte
14. 1.	KRB 12/59	32, 123 14, 55 (St)		60, 353	60, 112	60, 723	Kohlenpreise
26. 1.	I ZR 5/59			60, 296			Reiherstieg
2. 2.	I ZR 137/58		10, § 1 LUG	60, 346		60, 768	Naher Osten
26. 2.	I ZR 159/58	32, 103	29, § 12 BGB	60, 490	60, 191	60, 1008	Vogeler
26. 2.	I ZR 166/58			60, 384			Mampe Halb u. Halb I
4. 3.	I ZR 43/59		30, § 12 BGB	60, 550	60, 285		Promonta
29. 3.	I ZR 145/58			61, 237			TOK-Band
29. 3.	I ZR 89/58	32, 133	11, § 1 WZG	61, 33	60, 314	60, 1450	Drei-Tannen
29. 3.	I ZR 109/58		18, § 6 PatG	60, 423		60, 1154	Kreuzbodenventilsäcke
8. 4.	I ZR 24/59		10, § 1 UWG	60, 431	60, 155	60, 1294	Kfz-Nummernschilder
25. 4.	III ZR 55/59	32, 208	7, Art 14 GG			60, 1149	Fahrendes Kaufhaus
13. 5.	I ZR 33/59			60, 434			Volksfeuerbestattung
17. 5.	VI ZR 90/59		5, § 823 (Bd) BGB	60, 505			Inseratensperre
17. 5.	I ZR 34/59		3, § 18 UWG	60, 554	60, 227	60, 2000	Handstrickverfahren
20. 5.	I ZR 93/59		95, § 1 UWG	60, 558	60, 235	60, 1853	Eintritt in Kundenbestellung
31. 5.	I ZR 53/58	33, 1	6, § 2 LitUrhG	60, 619		60, 2051	Schallplatten-Künstlerlizenz
31. 5.	I ZR 64/58	33, 20	4, § 2 LitUrhG	60, 614		60, 2043	Figaros Hochzeit
31. 5.	I ZR 87/58	33, 38	7, § 2 LitUrhG	60, 627		60, 2048	Rundfunk-Künstlerlizenz
31. 5.	I ZR 16/59		39, § 3 UWG	60, 563	60, 238	60, 1856	Sektwerbung
10. 6.	I ZR 86/58		6, § 1 RabattG	60, 495	60, 280		WIR-Rabatt
28. 6.	I ZR 13/59		40, § 3 UWG	60, 567	60, 268		Kunstglas
1. 7.	I ZR 72/59		5, § 17 UWG	61, 40	60, 241	60, 1999	Wurftaubenpresse
9. 8.	1 StR 675/59		1, § 70 OWiG			60, 2110	Staatskasse
7. 9.	I ZR 56/59			61, 241			Socsil
20. 9.	I ZR 77/59	33, 163	7, § 339 BGB	61, 307	61, 26	60, 2332	Krankenwagen II
20. 10.	KVR 1/59	33, 222	1, § 103 GWB 2, § 106 GWB	61, 200	61, 20	61, 170	RWE
7. 11.	KRZ 1/60	33, 259	1, 2, § 26 GWB	61, 142	61, 22	61, 172/	Molkereigenossenschaft
15. 11.	I ZR 58/57		98, § 1 UWG	61, 85	61, 43		Pfiffikus-Dose
17. 11.	I ZR 78/59		99, § 1 UWG	61, 189	61, 79	61, 508	Rippenstreckmetall I
17. 11.	I ZR 110/59	34, 1	28, § 15 WZG	61, 181		61, 508	Mon Chéri I
22. 11.	I ZR 163/58		1, § 6 WeinG	61, 477	61, 218	61, 1160	Forster Jesuitengarten
1. 12.	I ZR 6/59		41, § 3 UWG	61, 193	61, 152		Medaillenwerbung
2. 12.	I ZR 35/59		42, § 3 UWG	61, 284	61, 120	61, 825	Buchgemeinschaft III
9. 12.	I ZR 98/60		12, § 1 WZG	61, 232			Hobby
15. 12.	KVR 1/60	34, 42		61, 247	61, 128	61, 673	Buchprüfer
15. 12.	KVR 2/60	34, 47	1, § 73 GWB	61, 203	61, 130	61, 403	IG Bergbau
15. 12.	KZR 2/60	34, 53	3, § 87 GWB	61, 301		61, 405	Apotheke
19. 12.	I ZR 14/59		11, § 13 UWG	61, 288	61, 113		Zahnbürsten
19. 12.	I ZR 39/59		30, § 15 WZG	61, 280	61, 167		Tosca
19. 12.	I ZR 57/59	34, 91	45, § 16 UWG	61, 294	61, 192	61, 668	ESDE

1961

Dat.	AktZ	BGHZ	LM, Nr. zu §	GRUR	WRP	NJW	Schlagwort
3. 1.	I ZR 118/59			61, 244			„natürlich in Revue"
20. 1.	I ZR 79/59		44, § 3 UWG	61, 356	61, 158	61, 826	Pressedienst
20. 1.	I ZR 110/59		3, § 321 ZPO	61, 283	61, 229	61, 829	Mon Chéri II
23. 1.	III ZR 8/60	34, 188	18, Art 14 (Cf) GG			61, 968	Rezeptsammelstelle

Fundstellenverzeichnis BGH 1962

Dat.	AktZ	BGHZ	LM, Nr. zu §	GRUR	WRP	NJW	Schlagwort
27. 1.	I ZR 95/59		9, § 5 WZG	61, 343	61, 226		Messmer Tee
30. 1.	III ZR 221/59						
7. 2.	I ZR 123/59		45, § 3 UWG	61, 361	61, 154		Hautleim
13. 2.	I ZR 134/59	34, 264	13, § 1 ZugbVO	61, 588	61, 162	61, 1207	Einpfennig-Süßwaren
17. 2.	I ZR 115/59	34, 299	34, § 31 WZG	61, 347	61, 248	61, 1018	Almglocke
20. 2.	II ZR 139/59		3, § 5 RechtsberatG	61, 418		61, 1113	Rechtsschutzversicherung
24. 2.	I ZR 15/60		13, § 1 WZG	61, 413		61, 1206	Dolex
24. 2.	I ZR 83/59	34, 320	46, § 24 WZG	61, 354	61, 228	61, 1017	Vitasulfal
3. 3.	I ZR 83/60		7, § 1 RabG	61, 367	61, 223		Schlepper
7. 3.	I ZR 2/60	34, 345	44, Art 7 ff. EG BGB	61, 420	61, 254	61, 1205	Cuypers
7. 3.	I ZR 22/60			62, 241			Lutin
10. 3.	I ZR 142/59		47, § 3 UWG	61, 425	61, 188		Möbelhaus des Handwerks
17. 3.	I ZR 26/60		104, § 1 UWG	61, 482	61, 212	61, 1308	Spritzgussmaschine
22. 3.	VIII ZR 98/60		6, § 536 BGB	61, 437			Eisdiele
14. 4.	I ZR 7/60			61, 485			Fleischereimaschinen
14. 4.	I ZR 150/59		48, § 3 UWG	61, 538	61, 214	61, 1526	Feldstecher
25. 4.	I ZR 31/60			61, 535			arko
12. 5.	I ZR 12/60		49, § 3 UWG	61, 541	61, 217		Buschbohne
16. 5.	I ZR 175/58			62, 34			Torsana
26. 5.	I ZR 177/60		1, NRW-Gemeindeordnung	62, 159			Blockeis I
23. 6.	I ZR 124/60		3, § 9a UWG	62, 36	61, 277		Sonderangebot
23. 6.	I ZR 132/60		108, § 1 UWG	61, 581	61, 343		Hummelfiguren II
23. 6.	I ZR 105/59		2, FernsprechO	61, 630	61, 318	61, 1860	Fernsprechbuch
23. 6.	I ZR 1/60		106, § 1 UWG	62, 42	61, 275	61, 1768	SdVeranstaltung II
27. 6.	I ZR 13/60		50, § 3 UWG	61, 545	61, 240		Plastic-Folien
27. 6.	I ZR 135/59			61, 544			Hühnergegacker
30. 6.	I ZR 39/60	35, 329	12, Art 30 EGBGB 111, § 1 UWG	62, 243	62, 13	62, 37	Kindersaugflasche
30. 6.	I ZR 3/60		49, § 16 UWG	62, 91	61, 347	61, 1919	Jenaer Glas
30. 6.	I ZR 49/60			61, 644			DEA-Erzeugnisse
4. 7.	I ZR 102/59		5, § 551 Ziff 7 ZPO 3, § 5 GeschmMG	61, 640	61, 352	61, 1815	Straßenleuchte
14. 7.	I ZR 40/60		109, § 1 UWG	62, 45	61, 307	61, 1916	Betonzusatzmittel
14. 7.	I ZR 44/59	35, 341	1, § 7 GeschmMG	62, 144	62, 51	61, 2107	Buntstreifensatin I
19. 9.	VI ZR 259/60	35, 363	18, § 847 BGB	62, 105		61, 2059 62, 736	Ginsengwurzel
22. 9.	V ZB 16/61	35, 378	3, § 874 BGB			61, 2157	Tankstelle
26. 9.	I ZR 55/60		51/52, § 3 UWG	62, 97	62, 93	62, 40	Tafelwasser
28. 9.	KRB 1/61			62, 53			Baupreisabsprache
3. 10.	VI ZR 238/60	35, 396					Merkantiler Minderwert
24. 10.	VI ZR 204/60	36, 77	13, § 823 (Ah) BGB	62, 108		62, 32	Waffenhändler
26. 10.	KZR 1/61	36, 91	1, § 98 GWB	62, 263	62, 60	62, 196	Gummistrümpfe
26. 10.	KZR 3/61	36, 105	9, § 566 ZPO	62, 154	62, 94	62, 247/391	Speditionswerbung
27. 10.	I ZR 140/60		35, § 31 WZG	62, 195	62, 49		Palettenbildzeichen
10. 11.	I ZR 78/60		5, § 23 KunstUrhG	62, 211			Hochzeitsbild
21. 11.	1 StR 424/61	16, 367 (St)	57, § 263 StGB			62, 312	Melkmaschine
21. 11.	VI ZR 73/61		9, Art 5 GG	62, 153		62, 152	Bund der Vertriebenen
23. 11.	KZR 5/60		10, Art 1 MRVO (BrZ) 78	62, 599	62, 100	62, 392	DEA-Tankstelle
28. 11.	I ZR 127/60			62, 360			Trockenrasierer I
6. 12.	V ZR 186/60		5, § 1090 BGB	62, 198	62, 140	62, 486	Franziskaner
19. 12.	I ZR 117/60		112, § 1 UWG	62, 254	62, 163	62, 629	Fußball-Programmheft
19. 12.	I ZR 115/60		53, § 3 UWG	62, 249	62, 165	62, 587	Schaumweinwerbung naturrein
22. 12.	I ZR 58/60		14, § 1 ZugVO	62, 415	62, 200		Glockenpackung
22. 12.	I ZR 110/60		59, § 1004 BGB;	62, 315	62, 128		Dt. Miederwoche
22. 12.	I ZR 152/59	36, 252		62, 310	62, 331	62, 1103	Gründerbildnis

1962

Dat.	AktZ	BGHZ	LM, Nr. zu §	GRUR	WRP	NJW	Schlagwort
5. 1.	I ZR 107/60			62, 409			Wandsteckdose
5. 1.	VI ZR 72/61		16, § 823 (Ah) BGB	62, 324		62, 1004	Doppelmörder
9. 1.	I ZR 142/60			62, 299			form-strip
26. 1.	I ZR 84/60			62, 411			Watti
1. 2.	KRB 2/61	36, 357 17, 112 (St)	2, § 82 GWB	62, 653			Brauerbund
6. 2.	VI ZR 193/61		4, § 824 BGB	62, 382	62, 175	62, 731	Konstruktionsbüro
15. 2.	KVR 1/61	36, 370	2, § 16 GWB	62, 423	62, 207	62, 1010	Rollfilme
15. 2.	KRB 3/61			62, 479			Stukkateure
20. 2.	1 StR 496/61		58, § 263 StGB			62, 973	Bauausschreibung
23. 2.	I ZR 114/60			62, 354			Furniergitter

1963 Fundstellenverzeichnis BGH

Dat.	AktZ	BGHZ	LM, Nr. zu §	GRUR	WRP	NJW	Schlagwort
27. 2.	I ZR 118/60	37, 1	1, § 3 KUG	62, 470		62, 1295	AKI
8. 3.	KZR 8/61	37, 30	116, § 1 UWG	62, 426	62, 306	62, 1105	Selbstbedienungsgroßhandel
9. 3.	I ZR 149/60		50, § 16 UWG	62, 419	62, 366		Leona
13. 3.	I ZR 18/61		16, § 47 PatG	62, 401			Kreubodenventilsäcke III
16. 3.	I ZR 144/60			63, 34	63, 62		Werkstatt und Betrieb
23. 3.	I ZR 138/60		115, § 1 UWG	62, 461	62, 233		Film-Werbeveranstaltung
26. 3.	II ZR 151/60		13, § 138 BGB (Cb)	62, 466	62, 247	62, 1099	Festgeldanlage
27. 4.	I ZB 4/61	37, 107		62, 456		62, 1247	Germataler Sprudel
11. 5.	I ZR 158/60		33, § 25 WZG	62, 459	62, 261		Lichtkuppeln
24. 5.	KZR 4/61		51, § 24 WZG	62, 537	62, 334	62, 1567	Radkappe
24. 5.	KZR 10/61	37, 160	83, § 13 GVG	62, 601		62, 1508	Prüfungsverband
25. 5.	I ZR 181/60		61, § 1004 BGB	62, 650	62, 330	62, 1390	Weinetikettierung
29. 5.	I ZR 132/60		17, § 47 PatG	62, 509		62, 507	Dia-Rähmchen II
5. 6.	VI ZR 236/61	37, 187	62, § 1004 BGB	62, 652		62, 1438/ 1813	Eheversprechen
7. 6.	KZR 6/60	37, 194	4, § 1 GWB	63, 43	62, 373	62, 1955	SPAR
15. 6.	I ZR 15/61			62, 522			Ribana
22. 6.	I ZR 27/61		33, § 15 WZG	62, 647	62, 372		Strumpf-Zentrale
13. 7.	VI ZR 200/61			62, 537			Radkappe
13. 7.	I ZR 23/61		55, § 3 UWG	63, 36	62, 364		Fichtennadelextrakt
13. 7.	I ZR 43/61		56, § 3 UWG	63, 270	62, 404	62, 2149	Bärenfang
27. 9.	KZR 6/61	38, 90	3, § 16 GWB	63, 86	63, 53	63, 293	Grote-Revers
2. 10.	VI ZR 253/61		2, § 11 PresseG	63, 83		63, 151	Staatskarossen
12. 10.	I ZR 99/61		14, § 1 WZG	63, 263	63, 180	63, 348	Formfit
16. 10.	I ZR 162/60		34, § 253 ZPO	63, 218	63, 28		Mampe Halb u. Halb II
16. 10.	KZR 2/62		9, § 26 GWB 57, § 3 UWG	63, 142	63, 169		Original-Ersatzteile
16. 10.	KZR 11/61			63, 207			Kieselsäure
26. 10.	I ZR 21/61		119, § 1 UWG	63, 152	63, 87		Rotaprint
30. 10.	I ZR 128/61		117, § 1 UWG	63, 197	63, 50	63, 107	Zahnprothesenpflegemittel
5. 11.	I ZR 39/61	38, 200	19, § 823 (Ai) BGB	63, 255		63, 531	Kindernähmaschinen
27. 11.	I ZR 55/61		58, § 3 UWG	63, 203	63, 131		Vollreinigung
6. 12.	KZR 4/62	38, 306	5, § 1 GWB 113, § 1 HGB	63, 382	63, 177	63, 646	Bonbonniere
6. 12.	KZR 1/62		5, § 1027 ZPO	63, 331		63, 646	Basaltlava
7. 12.	I ZR 68/61		15, § 1 ZugVO	63, 322	63, 140	63, 537	Mal- und Zeichenschule
18. 12.	VI ZR 220/61		20, § 823 (Ai) BGB	63, 277	63, 183	63, 484	Maris
21. 12.	I ZR 47/61	38, 391	6, § 17 UWG	63, 367	63, 138	63, 856	Industrieböden
1963							
4. 1.	I b ZR 95/61		120, § 1 UWG	63, 423	63, 198	63, 855	coffeinfrei
7. 1.	VII ZR 149/61	39, 1	16, § 667 BGB	63, 320	63, 136	63, 649	Ladeneinrichtung
14. 1.	I b ZB 29/62		8, § 4 WZG	63, 469	63, 215		Nola
18. 1.	I ZR 149/61		59, § 3 UWG	63, 371	63, 129	63, 536	Wäschestärkemittel
23. 1.	I b ZR 78/61		50, Art 7 ff. EG BGB	63, 473		63, 1543	Filmfabrik Köpenick
30. 1.	I b ZR 118/61		19, § 242 (Cc) BGB	63, 478	63, 247		Bleiarbeiter
30. 1.	I ZR 96/61		5, § 1 GschmG	63, 328			Fahrradschutzbleche
30. 1.	I b ZR 183/61			63, 482			Hollywood-Duftschaumbad
8. 2.	I b ZR 132/61					65, 97	Kaugummikugeln
8. 2.	I b ZR 76/61		52, § 16 UWG	63, 378	63, 211	63, 1004	Deutsche Zeitung
27. 2.	I b ZR 141/61		1, Heilmittel-Werbe-VO	63, 536	63, 203	63, 1673	Iris
27. 2.	I b ZR 180/61		122, § 1 UWG	63, 485	63, 206		Micky-Maus-Orangen
5. 3.	VI ZR 55/62	39, 124	11, Art 5 GG	63, 490		63, 902/ 1403	Fernsehansagerin
5. 3.	VI ZR 61/62		10, Art 5 GG			63, 904/ 1404	Hauptdrahtzieher
6. 3.	I b ZB 2/62		10, § 5 WZG	63, 524			Digesta
6. 3.	I b ZB 13/62		11, § 5 WZG	63, 572	63, 216		Certo
8. 3.	I b ZR 87/61	39, 220	2, § 6 WZG	63, 527		63, 1541	Waldes-Koh-i-noor
15. 3.	I b ZR 98/61		32, § 12 BGB	64, 38	63, 345	63, 2267	Dortmund grüßt
22. 3.	I b ZR 161/61		1, § 12 RabattG 13, § 13 UWG	63, 438	63, 242		Fotorabatt
27. 3.	I b ZR 129/61	39, 306	11, § 1 LitUrhG	63, 633	63, 302	63, 1877	Rechenschieber
3. 4.	I b ZR 162/61		53, § 16 UWG	63, 430	63, 244		Erdener Treppchen
9. 4.	VI ZR 54/62		3, § 11 RPresseG	63, 638		63, 1155	Geisterreigen
18. 4.	KRB 1/62	39, 351 18, 352 (St)	3, § 82 GWB	63, 643		63, 1558	Bußgeldbescheid
24. 4.	I b ZR 2/62		15, § 1 WZG	63, 533			Windboy
24. 4.	I b ZR 109/61		14, § 13 UWG	63, 434	63, 240		Reiseverkäufer

Fundstellenverzeichnis BGH   1964

Dat.	AktZ	BGHZ	LM, Nr. zu §	GRUR	WRP	NJW	Schlagwort
3. 5.	I b ZR 119/61		37, § 17 WZG	63, 622			Sunkist
3. 5.	I b ZR 93/61		60, § 3 UWG	63, 539	63, 276		echt skai
3. 5.	I b ZB 30/62	39, 266	12, § 5 WZG	63, 626		63, 2122	Sunsweet
10. 5.	I b ZB 24/62		13, § 5 WZG	63, 630			Polymar
24. 5.	I b ZR 62/62	39, 352	125, § 1 UWG	63, 575	63, 299	63, 1742	Vortragsabend
29. 5.	I b ZR 155/61		127, § 1 UWG	63, 578	63, 330	63, 2021	Sammelbesteller
6. 6.	KVR 1/62	39, 370	4, § 16 GWB	64, 99	63, 311	63, 2115	Osco Parat
14. 6.	KZR 5/62	40, 135	5, § 16 GWB 18, § 264 ZPO	64, 154	63, 402	64, 152	Trockenrasierer II
19. 6.	I b ZR 7/62		14, § 5 WZG	64, 26			Milburan
19. 6.	I b ZR 15/62		2, § 12 RabattG	64, 88	63, 306		Verona-Gerät
26. 6.	VIII ZR 2/62		2, MRG (AmZ) Art I, V	64, 105			Astra
2. 7.	VI ZR 251/62		5, § 824 BGB	64, 162		63, 1871	Elektronen-Orgeln
10. 7.	I b ZR 21/62		4, § 18 UWG	64, 31	63, 333	63, 2120	Petromax II
10. 7.	I b ZR 214/62		12, Art 5 GG	64, 77	63, 393	64, 29	Blinkfüer
12. 7.	I b ZR 174/61		128, § 1 UWG	64, 82			Lesering
12. 7.	I b ZR 187/61			63, 589			Lady Rose
18. 9.	I b ZR 21/62		9, § 4 WZG	64, 136	64, 28		Schweizer Käse
27. 9.	I b ZR 24/62		61, § 3 UWG	64, 144	63, 400	64, 157	Sintex
27. 9.	I b ZR 27/62		54, § 16 UWG	64, 71	64, 60		Kaffeekanne
9. 10.	I b ZR 50/62		130, § 1 UWG	64, 146	64, 14	64, 352	Genossenschaftliche Rückvergütung
9. 10.	I b ZR 46/62		41, § 31 WZG	64, 140	63, 415		Odol Flasche
9. 10.	I b ZR 28/62			64, 208	64, 237	64, 818	Fernsehinterview
23. 10.	I b ZB 40/62	41, 187	11, § 4 WZG 16, § 1 WZG	64, 454	64, 213	64, 1370	Palmolive
24. 10.	KVR 3/62	41, 42	1, § 3 GWB	64, 334	64, 167	64, 925	Fensterglas I
30. 10.	I b ZR 42/62			64, 33	64, 85		Bodenbeläge
30. 10.	I b ZR 72/62		134, § 1 UWG	64, 210	64, 85		Landwirtschaftsausstellung
6. 11.	I b ZR 37/62	41, 55	139, § 1 UWG	64, 621	64, 208	64, 920	Klemmbausteine I
6. 11.	I b ZR 41/62 und 40/63		132, § 1 UWG	64, 215	64, 49	64, 351	Milchfahrer
8. 11.	I b ZR 25/62		15, § 13 WZG	64, 263	64, 171		Unterkunde
27. 11.	I b ZR 49/62		2, § 21 UWG	64, 218	64, 128	64, 493	Düngekalkhandel
27. 11.	I b ZR 60/62			64, 274	64, 248		Möbelrabatt
29. 11.	I b ZR 71/62		63, § 3 UWG	64, 269	64, 128	64, 447	Grobdesin
29. 11.	I b ZR 33/62		5, § 3 UWG	64, 314	64, 131	64, 819	Kiesbaggerei
5. 12.	KVR 1/63	41, 61	1, § 75 GWB	64, 339	64, 165	64, 929	Zigaretten
5. 12.	KZR 9/62		20, § 1025 ZPO	64, 405			Mikrophos
13. 12.	I b ZR 212/62		138, § 1 UWG	64, 389	64, 125		Fußbekleidung
20. 12.	I b ZR 104/62	40, 391	10, Art. 12 EGBGB	64, 316	64, 122	64, 969	Stahlexport
1964							
10. 1.	I b ZR 78/62		140, § 1 UWG	64, 320	64, 161	64, 917	Maggi
22. 1.	VIII ZR 274/62		5, § 138 (Bc) BGB				
22. 1.	I b ZR 92/62	41, 84	55, § 24 WZG	64, 372		64, 972	Maja
23. 1.	KZR 2/63	41, 194	4, § 87 GWB	64, 693	64, 388	64, 1518	Apothekerkammer
5. 2.	I b ZR 70/62		42, § 31 WZG	64, 376			Eppeleinsprung
21. 2.	I b ZR 108/62		141, § 1 UWG	64, 392		64, 1181	Weizenkeimöl
21. 2.	I b ZR 115/63		1, BrotG	64, 325	64, 204		Toastschnitten
4. 3.	I b ZR 118/62			65, 39			Ahlborn
10. 3.	VI ZR 83/62		4, § 11 RPresseG	64, 562		64, 1132	Uhren-Weiß
13. 3.	I b ZR 117/62		16, § 1 ZugbVO	64, 509		64, 1274	Wagenwaschplatz
13. 3.	I b ZR 119/62		10, § 4 WZG	64, 381			WKS-Möbel
13. 3.	I b ZR 120/62		76a, § 3 UWG	64, 397	64, 239		Damenmäntel
16. 3.	I b ZR 121/62		5, § 16 WZG	64, 385	64, 420		Kaffeetafelrunde
16. 3.	I b ZR 129/62		9, § 11 WZG	64, 458			Düssel
17. 3.	I a ZR 193/63	42, 340	51, § 322 ZPO	65, 327		65, 689	Gliedermaßstäbe
2. 4.	KZR 10/62	41, 271	5, § 315 BGB	64, 515	64, 424	64, 1617	Werkmilchabzug
2. 4.	KZR 7/63						Milchkaufpreis
24. 4.	I b ZR 73/63	41, 314	3, § 24 UWG	64, 567	64, 250	64, 1369	Lavamat I
3. 6.	I b ZB 4/63	42, 44	17, § 1 WZG	65, 33	64, 386	64, 2252	Scholl
3. 6.	I b ZR 49/63		6, § 16 GWB	64, 629	64, 315	64, 1955	Grauer Markt
3. 6.	I b ZR 140/62		18, § 1 WZG	65, 86		64, 2409	Schwarzer Kater
10. 6.	I b ZR 128/62	42, 134	142, § 1 UWG 66, § 3 UWG	65, 96	64, 370	64, 2247	20% unter dem empfohlenen Richtpreis
10. 6.	VIII ZR 262/63		25, § 581 BGB		64, 314	64, 2203	
16. 6.	I a ZR 198/63		15, § 4 SaatgutG	64, 682		64, 1722	Climax
25. 6.	KZR 4/63		1, § 368 n RVO	65, 110	64, 410	64, 2208	Eu-med
1. 7.	KZR 12/63		7, § 1 GWB 9, § 274 Abs. 2 Nr. 3 ZPO	65, 260		64, 2343	Flussspat
3. 7.	I b ZR 179/62		65, § 3 UWG	64, 686	64, 349		Glockenpackung II
8. 7.	I b ZR 177/62			67, 490	67, 444		Pudelzeichen

1965 Fundstellenverzeichnis BGH

Dat.	AktZ	BGHZ	LM, Nr. zu §	GRUR	WRP	NJW	Schlagwort
8. 7.	I b ZB 7/63	42, 151	12, § 4 WZG	65, 146	64, 415	64, 2410	Rippenstreckmetall II
30. 9.	I b ZR 65/63			65, 198			Küchenmaschine
1. 10.	KZR 5/64		1, § 20 GWB	65, 160	65, 268	65, 499	Abbauhammer
6. 10.	VI ZR 176/63	42, 210	25, § 823 (Ai) BGH 16, § 50 ZPO			65, 29	Gewerkschaft
9. 10.	I b ZR 149/62			65, 309			gemafrei
13. 10.	VI ZR 167/63		75, § 1004 BGB		65, 31	65, 35	Lüftungsanlage
13. 10.	VI ZR 130/63		7, § 824 BGB			65, 36	Schwacke-Bericht
21. 10.	I b ZR 22/63			65, 665			Carla
4. 11.	I b ZR 3/63		18, § 13 UWG	65, 155	65, 110	65, 251	Werbefahrer
13. 11.	I b ZB 11/63	42, 307	16, § 5 WZG 2, § 41 h PatG	65, 183	65, 231	65, 498	derma
20. 11.	KZR 3/64	42, 318	11, § 26 GWB	65, 267	65, 117	65, 500	Rinderbesamung I
20. 11.	I b ZR 15/63			65, 310			Speisekartoffeln
27. 11.	I b ZR 23/63		144, § 1 UWG	65, 313	65, 104		Umsatzauskunft
27. 11.	KVR 3/63		1, § 104 GWB		65, 265		Zeitgleiche Summenmessung
4. 12.	I b ZR 38/63		146, § 1 UWG	65, 315	65, 95	65, 678	Werbewagen
9. 12.	I b ZR 29/63		68, § 3 UWG	65, 317	65, 152	65, 630	Kölnisch Wasser
9. 12.	I b ZR 181/62		41, § 823 (Bf) BGB	65, 690		65, 2007	Facharzt
9. 12.	I b ZR 24/63		69, § 3 UWG	65, 431		65, 748	Wickel
18. 12.	I b ZR 51/64		145, § 1 UWG	65, 361	65, 102	65, 630	Taxi-Bestellung
1965							
14. 1.	KZR 9/63			65, 381			Weinbrand
15. 1.	I b ZR 44/63		5, § 291 BGB 2, § 22 KUG	65, 495		65, 1374	Wie uns die Anderen sehen
15. 1.	I b ZR 46/63			65, 363			Fertigbrei
19. 1.	1 Str 497/64	20, 143 (St)	11, § 161 StGB 38, § 266 StGB			65, 770/ 1088	Auslieferungslager
22. 1.	I b ZR 109/63		70, § 3 UWG	65, 368	65, 148	65, 1077	Kaffee C
26. 1.	VI ZR 204/63		16, Art. 5 GG	65, 256			Gretna Green
27. 1.	I b ZR 5/63			65, 540			Hudson
5. 2.	I b ZR 30/63	43, 140	83 b, § 1 UWG 71, § 3 UWG	65, 365	65, 146	65, 967	Lavamat II
12. 2.	I b ZR 42/63		149, § 1 UWG	65, 373	65, 139		Blockeis II
19. 2.	I b ZR 45/63		150, § 1 UWG 19, § 13 UWG	65, 485	65, 140		Versehrtenbetrieb
19. 2.	I b ZR 6/63		10, § 41 p PatG	65, 502		65, 1332	Gaselan
24. 2.	I b ZR 48/63			65, 438			Sinnbild und Maßstab
24. 2.	IV ZR 81/64	43, 245	33, § 12 BGB	65, 377		65, 859	GDP
26. 2.	I b ZR 51/63	43, 278	151, § 1 UWG	65, 489	65, 223	65, 1325	Kleenex
26. 2.	I b ZR 37/63		152, § 1 UWG	65, 542	65, 257	65, 1329	OMO
12. 3.	KZR 4/64			65, 616			Esslinger Wolle
12. 3.	KZR 8/63			65, 440			Milchboykott
17. 3.	I b ZR 58/63		56, § 16 UWG	66, 38		65, 1856	Centra
24. 3.	2 StR 541/64	20, 210 (St)	4, § 12 UWG			65, 1340	Schmiergelder
2. 4.	I b ZR 71/63		156, § 1 UWG	65, 607	65, 326	65, 1661	Funkmietwagen
7. 4.	I b ZR 32/63		158, § 1 UWG	66, 45	65, 367	65, 1963	Markenbenzin
7. 4.	I b ZR 1/64		73, § 3 UWG	65, 676	65, 331	65, 2150	Nevada-Skibindung
7. 4.	I b ZR 86/63		72, § 3 UWG	65, 610	65, 329		Diplom-Ingenieur
8. 4.	KVR 2/64	43, 307	3, § 3 GWB	65, 558	65, 235	65, 1379	Linoleum
14. 4.	I b ZR 80/63		18, Art. 5 GG	65, 547	65, 298		Zonenbericht
14. 4.	I b ZR 92/63		45, § 31 WZG	66, 30	65, 261		Konservenzeichen I
14. 4.	I b ZR 72/63	43, 359	154, § 1 UWG	65, 612	65, 253	65, 1527	Warnschild
12. 5.	I b ZR 22/64		46, § 31 WZG	65, 665	65, 401	65, 1859	Liquiderma
12. 5.	I b ZR 59/63			65, 670			Basoderm
17. 5.	KVR 1/64		1, § 5 GWB		65, 403	65, 2153	Zement
19. 5.	I b ZR 36/63	44, 16	74, § 3 UWG	65, 681	65, 371	65, 1853	de Paris
21. 5.	I b ZR 106/63		155, § 1 UWG	66, 47	65, 369	65, 1662	Indicator
21. 5.	I b ZR 121/63		7, § 1 GschmG	66, 97	65, 375		Zündaufsatz
9. 6.	I b ZR 89/63			66, 150			Kim I
24. 6.	KZR 7/64	44, 279	2, § 25 GWB 2, § 94 GWB	66, 392	66, 58	65, 2249	Brotkrieg
25. 6.	I b ZB 1/64	44, 60	17, § 5 WZG	65, 672	65, 301	65, 1591	Agyn
7. 7.	I b ZR 9/64		56 a, § 16 UWG	66, 267			White Horse
9. 7.	I b ZR 70/63			65, 601			roter Punkt
9. 7.	I b ZR 83/63		17, Art. 30 EGBGB	66, 104		65, 1664	Pilsner Brauereien
14. 7.	I b ZR 81/64		17, § 1 ZugbVO	66, 214	65, 438		Einführungsangebot
17. 9.	I b ZR 11/64	44, 208	159, § 1 UWG			66, 393	Novo-Petrin
29. 9.	I b ZR 88/63		5, Arzneimittel-VO	66, 35			multikord
29. 9.	I b ZR 100/63		18, § 1 ZugbVO	66, 338			Drogisten-Illustrierte
6. 10.	I b ZR 4/64		75, § 3 UWG	66, 92	66, 24	66, 48	Bleistiftabsätze

Fundstellenverzeichnis BGH 1966

Dat.	AktZ	BGHZ	LM, Nr. zu §	GRUR	WRP	NJW	Schlagwort
13. 10.	I b ZR 111/63	44, 288	161, § 1 UWG	66, 503	66, 134	66, 542	Apfel–Madonna
13. 10.	I b ZR 93/63			66, 152			Nitrolingual
28. 10.	KRB 3/65	44, 358 20, 333 (St)	1, § 25 GWB	66, 394	66, 211	66, 460	Niedrigpreisgeschäft
10. 11.	I b ZR 101/63		35, § 12 BGB	66, 623	66, 30	66, 343	Kupferberg
10. 11.	I b ZR 112/63		76, § 3 UWG	66, 211	66, 28		Ölfilter
19. 11.	I b ZR 122/63		162, § 1 UWG	66, 263	66, 139		Bau–Chemie
24. 11.	I b ZR 103/63		48, § 31 WZG	66, 259	66, 145		Napoléon I
24. 11.	I b ZR 4/64	45, 131	50, § 31 WZG 14, § 4 WZG	66, 676	66, 254	66, 1122	Shortening
25. 11.	KZR 11/64		8, § 1 GWB	66, 277	66, 169	66, 252	Nachfolger
1. 12.	I b ZB 155/63		85, § 1004 BGB	66, 272	66, 61		Arztschreiber
16. 12.	KZR 1/65			66, 399			Arzneispezialitäten
22. 12.	I b ZR 119/63	45, 1	163, § 1 UWG 4 a, LadenschlussG	66, 323	66, 257	66, 828	Ratio

1966

Dat.	AktZ	BGHZ	LM, Nr. zu §	GRUR	WRP	NJW	Schlagwort
5. 1.	I b ZR 23/65	45, 115	83 c, § 3 UWG	66, 327	66, 172	66, 977	Richtpreiswerbung I
10. 1.	VII ZR 58/64						Kreditschutzsystem
11. 1.	I a ZR 135/63			66, 386			Wärmeschreiber II
11. 1.	VI ZR 175/64		28, § 823 (Ai) BGB	66, 386	66, 215		Warentest
12. 1.	I b ZR 5/64	44, 372	58, § 24 WZG	66, 375	66, 262	66, 823	Messmer–Tee II
27. 1.	KZR 8/64		5, § 35 GWB	66, 344	66, 270	66, 975	Glühlampenkartell
27. 1.	KRB 2/65	45, 313 21, 18 (St)	2, § 12 OWiG	66, 456	66, 266	66, 842	Klinker
28. 1.	I b ZR 29/64		25, § 242 (Cc) BGB	66, 427	66, 270		Prince Albert
9. 2.	I b ZR 13/64		49, § 31 WZG	66, 681			Laternenflasche
9. 2.	I b ZR 24/64		77, § 3 UWG	66, 333	66, 179	66, 982	Richtpreiswerbung II
16. 2.	I b ZR 16/64		14, RabattG	66, 382	66, 184	66, 975	Jubiläum
25. 2.	I b ZR 7/64	45, 173	19, § 5 WZG	66, 432	66, 277	66, 1314	Epigran I
9. 3.	I b ZB 2/65		15, § 4 WZG	66, 436	66, 310		Vita–Malz
16. 3.	I b ZB 11/64		20, § 5 WZG	66, 493	66, 338		Lili
23. 3.	I b ZR 120/63	46, 130	179 a, § 1 UWG	67, 298	67, 49	67, 495	Modess
23. 3.	VIII ZR 295/63					66, 1117	Alleinverkauf
23. 3.	I b ZR 28/64		80, § 3 UWG	66, 445	66, 340		Glutamal
15. 4.	I b ZR 85/64		16, § 4 WZG	66, 495	66, 369	66, 1560	Uniplast
20. 4.	I b ZR 42/64		166, § 1 UWG	66, 509	66, 280		Assekuranz
20. 4.	1 b ZR 40/64			66, 515			Kukident
28. 4.	III ZR 199/63						Gleiche Wettbewerbsbedingungen
11. 5.	I b ZB 8/65	45, 246	21, § 5 WZG	66, 499	66, 372	66, 1563	Merck
18. 5.	I b ZR 60/64		167, § 1 UWG	66, 564	66, 312	66, 1558	Hausverbot
20. 5.	KZR 10/64		3, § 91 GWB	66, 576	66, 348		Zimcofot
3. 6.	I b ZR 79/64			66, 615			King Size
8. 6.	I b ZR 74/64		11, § 11 ZWG	67, 89	67, 16	66, 2208	Rose
10. 6.	KZR 4/65		3, § 25 GWB	67, 210	66, 356	66, 1919	Flaschenbier
15. 6.	I b ZR 72/64		169, § 1 UWG	67, 30	66, 375		Rum–Verschnitt
21. 6.	VI ZR 261/64	45, 296		66, 693	66, 383	66, 1617	Höllenfeuer
21. 6.	VI ZR 266/64		9, § 824 BGB	66, 633	66, 380	66, 2010	Teppichkehrmaschine
24. 6.	I b ZR 45/64		81, § 3 UWG	66, 686	66, 354	66, 1559	Richtpreiswerbung III
24. 6.	I b ZR 32/64			66, 617	66, 397		Saxophon
29. 6.	I b ZR 99/64			67, 100	67, 264		Edeka–Schloss Export
30. 6.	KZR 5/65	46, 74	7, § 16 GWB	67, 158	67, 54	67, 343	Schallplatten I
13. 7.	I b ZR 80/64		168, § 1 UWG	67, 36	66, 400		Rollkostenzuschüsse
13. 7.	1 b ZB 6/65	46, 152	22, § 5 WZG 54, § 31 WZG 31 a, § 5 WZG	67, 246	66, 400	67, 1182	Vitapur
15. 7.	KZR 3/65	46, 168	2, § 28 GWB	67, 43	66, 403	66, 2291 67, 829	Bauindustrie
16. 9.	VI ZR 268/64		9, § 23 KUG	67, 205		66, 2353	Vor unserer eigenen Tür
5. 10.	I b ZR 136/64		170, § 1 UWG	67, 104	67, 21		Stubenhändler
11. 10.	2 BvR 179, 477/ 476/64				67, 46	67, 339	Gebühren
18. 10.	VI ZR 29/65						Warentest
19. 10.	I b ZR 10/65			67, 253		67, 1178	Conny
19. 10.	I b ZR 156/64		172, § 1 UWG	67, 138	67, 26	67, 46	Streckenwerbung
19. 10.	I b ZB 9/65		6, § 13 WZG	67, 94	67, 23		Stute
21. 10.	I b ZR 104/64		171, § 1 UWG	67, 202	67, 60		Gratisverlosung
21. 10.	I b ZR 138/64		83, § 3 UWG	67, 143	67, 63		Ewiglicht
25. 10.	KZR 7/65	46, 365	3, 4, 5, § 20 GWB	67, 378	67, 208		Schweißbolzen
26. 10.	I b ZR 126/64		178, § 1 UWG	67, 360	67, 184		Maßkleidung
26. 10.	I b ZR 140/64		2, § 7 GschmG	67, 533		67, 499	Myoplastik
4. 11.	I b ZR 161/64			67, 199			Napoléon II

Dat.	AktZ	BGHZ	LM, Nr. zu §	GRUR	WRP	NJW	Schlagwort
4. 11.	I b ZR 77/65		1, § 72 UrhG	67, 315	67, 212	67, 723	skai-cubana
11. 11.	I b ZR 91/64		25, § 826 (Gd) BGB	67, 304	67, 90	67, 413	Siroset
15. 11.	VI ZR 65/65						Kritik
18. 11.	I b ZR 12/65		23, § 5 WZG	67, 292	67, 94		Zwillingspackung
18. 11.	I b ZR 16/65		24, § 5 WZG 7, § 16 WZG	67, 355			Rabe
30. 11.	I b ZR 111/64		175, § 1 UWG	67, 308	67, 126		Backhilfsmittel
2. 12.	I b ZR 147/64		15, § 1 + 2 RabG	67, 371	67, 96	67, 391	BSW I
14. 12.	I b ZR 125/64	46, 305	14. LebMG	67, 362	67, 216	67, 675	Spezialsalz
16. 12.	I b ZB 11/65		25, § 5 WZG 57, § 31 WZG	67, 294		67, 1188	Triosorbin
21. 12.	I b ZR 146/64		176, § 1 UWG	67, 428		67, 873	Anwaltsberatung

1967

Dat.	AktZ	BGHZ	LM, Nr. zu §	GRUR	WRP	NJW	Schlagwort
11. 1.	I b ZR 63/65			68, 431			Unfallversorgung
18. 1.	I b ZR 64/65		16, RabG	67, 433	67, 186	67, 1182	Schrankwand
24. 1.	I b ZR 19/65		3, KäseVO	67, 495	67, 269		Samo
27. 1.	I b ZR 21/65			67, 254	67, 274		Waschkugel
1. 2.	I b ZR 3/65		179, § 1 UWG	67, 430		67, 1420	Grabsteinaufträge I
10. 2.	I b ZR 72/65		19, § 1 ZugabeVO	67, 530	67, 222		Fahrschule
15. 2.	I b ZR 4/65			67, 256			stern
16. 2.	I a ZR 114/64		6, 7, SaatgutG	67, 419			Favorit
22. 2.	I b ZR 32/65	47, 259	180, § 1 UWG	67, 592	67, 271	67, 1509	gesunder Genuss
22. 2.	I b ZR 1/65		20, § 1 ZugabeVO	67, 665	67, 276		Fernsehprogramm
8. 3.	I b ZR 37/65			67, 664			Baugeld
15. 3.	I b ZR 25/65		181, § 1 UWG	67, 596	67, 311		Kuppelmuffenverbindung
15. 3.	I b ZR 160/64		17, Art. 10.1 GG	67, 611	68, 15		Jägermeister I
22. 3.	I b ZR 88/65		86, § 3 UWG	67, 600	67, 315		Rhenodur I
22. 3.	I b ZR 38/65		184, § 1 UWG	68, 44	67, 357		Schwerbeschädigtenbetrieb
5. 4.	I b ZB 13/65		58, § 31 WZG	67, 660	67, 361	67, 1470	Sirax
5. 4.	I b R 80/65			67, 482			WKS-Möbel II
25. 4.	VI ZR 208/65		20, § 824 BGB	67, 540			Nächte der Birgit Malmström
26. 4.	I b ZR 45/65		26, § 826 BGB	67, 526	67, 319		Hörmittelhändler
26. 4.	I b ZR 22/65		17, RabattG	68, 95	67, 367		Büchereinachlass
3. 5.	I b ZR 18/65		59, § 31 WZG	67, 485	67, 396		badedas
3. 5.	I b ZR 57/65			68, 53			Probetube
5. 5.	KZR 1/66		6, § 20 GWB	67, 670	67, 436	67, 1715	Fischbearbeitungsmaschine
5. 5.	KVR 1/65		2, § 17 GWB	67, 613	67, 436		Dixan
9. 5.	I b ZR 59/65	48, 12	5, § 5 RechtsberatG			67, 1558	Preisbindungsüberwachung – Treuhand
24. 5.	I b ZR 213/62				68, 50		Spielautomat
31. 5.	I b ZR 119/65		183, § 1 UWG	68, 49	68, 54		Zentralschlossanlagen
7. 6.	I b ZR 34/65		185, § 1 UWG	68, 382	67, 363		Favorit II
8. 6.	KZR 2/66			67, 676			Gymnastiksandale
8. 6.	KZR 5/66		13, § 26 GWB	68, 159	67, 399		Rinderbesamung II
21. 6.	I b ZR 159/64		87, § 3 UWG 13, § 26 GWB	68, 200	67, 440		Acrylglas
21. 6.	VIII ZR 26/63	48, 118	6, § 480 BGB			67, 1903	Trevira
21. 6.	I b ZR 8/66			68, 148			Zwillingsfrischbeutel
23. 6.	I b ZR 54/66		42, § 25 WZG	68, 371	68, 18		Maggi
23. 6.	I b ZR 18/66		7, § 13 WZG	67, 681			D-Tracetten
5. 7.	I b ZR 20/66		33, § 3 ZPO	68, 106	67, 405	67, 2402	Ratio-Markt I
12. 7.	I b ZR 47/65		43, § 25 WZG	68, 581	68, 57		Blunazit
20. 9.	I b ZR 105/65		59, § 16 UWG	68, 212	68, 95	68, 349	Hellige
20. 9.	I b ZB 13/66			68, 59			Golden Toast
4. 10.	I b ZR 14/66		8, § 16 WZG	68, 365	68, 62		praliné
11. 10.	I b ZR 144/65		2, § 413 BGB	68, 329		68, 392	Der kleine Tierfreund
18. 10.	I b ZR 81/65		60, § 31 WZG	68, 256			Zwillingskaffee
25. 10.	I b ZR 62/65		44, § 25 WZG	68, 419	68, 97		feuerfest I
25. 10.	I b ZR 159/65		189, § 1 UWG	68, 425	68, 103		feuerfest II
27. 10.	I b ZR 140/65		88, § 3 UWG	68, 209			Lengede
3. 11.	VI ZR 65/66			57, 222	57, 239	57, 543	Südkurier
9. 11.	KZR 7/66	49, 40	14, § 26 GWB	68, 268	68, 68	68, 400	Jägermeister II
9. 11.	KZR 10/65		2, § 34 GWB	68, 219	68, 64	68, 403	Getränkebezug
9. 11.	KZR 10/66	49, 33	3, § 94 GWB	68, 218	68, 66	68, 351	Kugelschreiber
9. 11.	KZR 9/65			68, 272			Trockenrasierer III
15. 11.	I b ZR 70/65		90, § 3 UWG	68, 433		68, 279	Westfalenblatt II
15. 11.	I b ZR 137/65		11, § 824 BGB	68, 205			Teppichreinigung
15. 11.	I b ZR 119/66		58, § 16 UWG	68, 259	68, 180		NZ
15. 11.	I b ZR 39/66		6, § 23 UWG	68, 437	68, 180		Westfalen-Blatt III
1. 12.	I b ZR 131/66		1, § 31 a WZG	68, 333	68, 183	68, 593	Faber

Fundstellenverzeichnis BGH 1968, 1969

Dat.	AktZ	BGHZ	LM, Nr. zu §	GRUR	WRP	NJW	Schlagwort
15. 12.	KZR 6/66		53, § 242 BGB	68, 654	68, 184		Shell-Tankstelle
20. 12.	I b ZR 127/65		191, § 1 UWG	68, 314	68, 188		fix und clever
20. 12.	I b ZR 141/65		12, § 824 BGB	68, 262	68, 190	68, 644	Fälschung
20. 12.	I b ZR 75/65		18, RabattG	68, 266	68, 106		BSW II
20. 12.	IX (IV) ZR 167/66						Textilzeitung

1968

Dat.	AktZ	BGHZ	LM, Nr. zu §	GRUR	WRP	NJW	Schlagwort
10. 1.	I b ZR 149/65		61, § 31 WZG	68, 367	68, 193		Corrida
10. 1.	I b ZR 43/66	50, 1	196, § 1 UWG	68, 645	68, 282	68, 1419	Pelzversand
31. 1.	I b ZR 48/66		193, § 1 UWG	68, 387			Spezialreinigung
5. 2.	KVR 1/67	49, 367	4, 5, § 36 GWB	68, 659	68, 222	68, 1037	Fensterglas II
7. 2.	I b ZR 6/66		21, § 1 ZugabeVO	68, 649	68, 196		Rocroni-Ascher
14. 2.	I b ZB 6/66		62, § 31 WZG	68, 414	68, 285		Fe
21. 2.	I b ZR 60/66		91, § 3 UWG	68, 440	68, 288	68, 1088	Luftfahrt-Fachzeitschrift
21. 2.	I b ZR 11/66			69, 222		69, 28	Le Galion
23. 2.	I b ZR 148/65	49, 325	194, § 1 UWG	68, 443	68, 199	68, 746	40% können Sie sparen
29. 2.	I a ZR 49/65	49, 331	9, SaatgutG	68, 195		68, 1042	Voran
14. 3.	KVR 4/67			68, 710	68, 325	68, 1723	Fahrlehrer-Verband
20. 3.	I ZR 44/66	50, 133		68, 552		68, 1773	Mephisto
27. 3.	I ZR 163/65		6, § 12 UWG	68, 587	68, 292	68, 1572	Bierexport
10. 4.	I ZR 15/66	50, 77	63, § 31 WZG	68, 550	68, 298	68, 1183	Poropan
30. 4.	I ZR 20/66			68, 600			Ratio-Markt II
30. 4.	I ZR 96/66			68, 603			Ratio-Markt III
30. 4.	I ZR 92/67			72, 428	72, 140		Bilderpunkte
3. 5.	I ZR 66/66	50, 125	195, § 1 UWG	68, 591	68, 327	68, 1474	Pulverbehälter
15. 5.	I ZR 63/66	50, 169	92, § 3 UWG	68, 595	68, 440	68, 1521	Wiederverkäufer
15. 5.	I ZR 17/66		197, § 1 UWG	68, 648	68, 297		Farbbildangebot
15. 5.	I ZR 105/66			68, 698			Rekordspritzen
22. 5.	I ZB 12/67	50, 219	17, § 4 WZG	68, 694	68, 400	68, 1628/2188	Polyestra
22. 5.	I ZB 3/67		64, § 31 WZG	69, 40	68, 367	68, 2191	Pentavenon
29. 5.	I ZR 85/67	50, 207	1, DVO/RabattG	68, 707	68, 330	68, 1523	Rheinkaffee
5. 6.	I ZB 5/67		8, § 8 WZG	69, 43		68, 2188	Marpin
14. 6.	I ZR 79/66			68, 697			SR
26. 6.	I ZR 55/66		12, § 11 UWG	69, 48	68, 443	68, 1827	Alcacyl
26. 6.	I ZR 24/66		199, § 1 UWG	69, 190	68, 369		halazon
27. 6.	KVR 3/67	50, 357	4, § 75 GWB	69, 99	69, 65	68, 2316	ZVN
3. 7.	I ZR 45/66		93, § 3 UWG	69, 277			Whisky
4. 7.	III ZR 146/65						Bevorzugung
12. 7.	I ZR 70/66		198, § 1 UWG	69, 51	68, 332		Glassteine
12. 7.	I ZR 111/66			68, 702			Hamburger Volksbank
9. 10.	I ZR 75/66		22, § 1 ZugabeVO	69, 299	69, 26	69, 134	Probierpaket
16. 10.	BVerfG 1 BvR 241/66			69, 137			Aktion Rumpelkammer
17. 10.	KVR 5/67	51, 21	3, § 17 GWB	69, 308	69, 68	69, 323	Signal
17. 10.	KZR 11/66		8, § 20 GWB	69, 409			Metallrahmen
22. 10.	KVR 5/68		5, § 75 GWB	69, 240	69, 72	69, 133	Filtertüten I
30. 10.	I ZR 52/66	51, 41	200, § 1 UWG	69, 186	69, 108	69, 46	Reprint
30. 10.	I ZR 115/66		68, § 31 WZG	69, 601			Candahar
8. 11.	I ZR 104/66			69, 538			Rheumalind
14. 11.	KZR 3/68		5, § 38 BGB	69, 242	69, 111	69, 316	Landessportbund
14. 11.	KVR 1/68	51, 61	1, § 62 GWB	69, 429	69, 151	69, 748	Taxiflüge
14. 11.	KZR 1/68	51, 263	9, § 20 GWB	69, 493		69, 1247	Silobehälter
27. 11.	I ZR 138/66		45, § 25 WZG	69, 541			Grüne Vierkantflasche
4. 12.	I ZR 17/67		201, § 1 UWG	69, 283	69, 113		Schornsteinauskleidung
5. 12.	KVR 2/68	51, 163	4, § 15 GWB(L)	69, 496	69, 232	69, 1024	Farbumkehrfilme
6. 12.	I ZR 88/67			69, 620	69, 492		Auszeichnungspreis
18. 12.	I ZR 113/66	51, 236	28, Art. 5 GG	69, 287	69, 193	69, 744	Stuttgarter Wochenblatt I
18. 12.	I ZB 3/68		18, § 4 WZG	69, 345	69, 149		red white
18. 12.	I ZR 130/66		203, § 1 UWG	69, 292			Buntstreifensatin II
18. 12.	I ZR 85/65			70, 250			Hummel III

1969

Dat.	AktZ	BGHZ	LM, Nr. zu §	GRUR	WRP	NJW	Schlagwort
14. 1.	VI ZR 196/67		359, § 823 (Ai) BGB	69, 304			Kredithaie
15. 1.	I ZR 52/67	51, 295	94, § 3 UWG	69, 280	69, 197	69, 976	Scotch Whisky
15. 1.	I ZR 8/68		19, RabG	69, 362	69, 200		Rabatt für branchenfremde Wiederverkäufer
22. 1.	I ZR 49/67			69, 295	69, 154	69, 690	Goldener Oktober
28. 1.	VI ZR 232/67		36, § 823 (AH) BGB	69, 368			Unternehmensberater
30. 1.	X ZR 66/67		54, Art. 7 ff. EGBGB	69, 487			Ihagee
5. 2.	I ZR 134/66		5, ParÜb	69, 357	69, 235		Sihl
12. 2.	I ZR 30/67	51, 330	66, § 31 WZG 62, § 24 WZG	69, 348		69, 980	Anker Export

1932

1970 Fundstellenverzeichnis BGH

Dat.	AktZ	BGHZ	LM, Nr. zu §	GRUR	WRP	NJW	Schlagwort
12. 2.	I ZR 137/66			69, 413	69, 341		Angélique II
21. 2.	I ZR 40/67		67, § 31 WZG	69, 355			Kim II
26. 2.	I ZR 108/67		95, § 3 UWG	69, 415	69, 239		Kaffeerösterei
26. 2.	I ZR 133/67		12, § 16 WZG	69, 274	69, 343		Mokka-Express
27. 2.	KVR 5/68	51, 371		69, 499	69, 278	69, 1027	Filtertüten II
27. 2.	KZR 3/68		2, § 1029 ZPO	69, 501		69, 978	Fruchtsäfte
3. 3.	KVR 6/68	52, 65	16, § 26 GWB	69, 629	69, 373	69, 1716	Sportartikelmesse II
7. 3.	I ZR 116/67			69, 418			Standesbeamte
7. 3.	I ZR 36/67			70, 138			Alemite
7. 3.	I ZR 41/67		97, § 3 UWG	69, 546	69, 375		med
12. 3.	I ZR 79/67		96, § 3 UWG	69, 422	69, 241		Kaltverzinkung
12. 3.	I ZR 32/67			69, 681			Kochendwassergerät
28. 3.	I ZR 33/67		206, § 1 UWG	69, 474	69, 378	69, 1293/ 1810	Bierbezug I
2. 4.	I ZR 47/67		205, § 1 UWG	69, 607	69, 345	69, 1534	Recrin
16. 4.	I ZR 59–60/67		22, § 13 UWG	69, 479	69, 280	69, 2046	Colle de Cologne
17. 4.	KZR 15/68	52, 55	10, § 20 GWB	69, 560	69, 347	69, 1810	Frischhaltegefäß
23. 4.	I ZR 129/67			70, 302			Hoffmanns Katze
30. 4.	I ZR 27/67		38, § 15 WZG	69, 683	69, 283		Isolierte Hand
30. 4.	I ZR 122/67			69, 686			Roth-Händle
13. 5.	I ZB 3/66	52, 274	20, §§ 1, 4 WZG	70, 75		70, 139	Streifenmuster
13. 5.	I ZB 1/68		20, § 4 WZG	70, 77			Ovalumrandung
14. 5.	I ZB 7/68	52, 337	29, §§ 5, 15 WZG	70, 80	70, 108	70, 563	Dolan
20. 5.	VI ZR 256/67		13, § 824 BGB	69, 555			Cellulitis
21. 5.	I ZR 131/66		69, § 31 WZG	69, 690	69, 443		Faber
30. 5.	I ZR 90/67			70, 31			Heinzelmännchen
4. 6.	I ZR 115/67		64, § 25 WZG	69, 694	69, 408	69, 1485	Brillant
9. 6.	VII ZR 49/67		1, § 624 BGB	69, 698	69, 411	69, 1662	Stationärvertrag
20. 6.	VI ZR 234/67		37, § 823 (Ai) BGB	69, 624	70, 15	70, 187	Hormoncreme
25. 6.	I ZR 15/67	52, 216	5, § 133 (D) BGB	69, 611	70, 64	69, 2083	Champagner-Weizenbier III
25. 6.	I ZR 26/68		2, Dt-franz. Abk ü. d. Schutz v. Herkunftsangaben	69, 615	69, 486	69, 2087	Champi-Krone
26. 6.	X ZR 52/66		25, § 9 PatG	69, 677			Rüben-Verladeeinrichtung
27. 6.	I ZR 125/67		13, § 11 WZG	69, 604	69, 489		Slip
2. 7.	I ZR 118/67			69, 618		69, 61	Kunststoffzähne
10. 7.	KZR 12/68			69, 701			Auto-Lok
17. 9.	I ZR 131/67			70, 528			Migrol
17. 9.	I ZR 35/68	52, 302	98, § 3 UWG	70, 33	69, 446	69, 2143	Lockvogel
1. 10.	I ZB 10/68		28, § 5 WZG	70, 85	70, 111		Herba
2. 10.	KZR 10/68		27, § 138 (Rb) BGB	70, 195	70, 113	70, 279	Bierbezug II
8. 10.	I ZR 7/68	52, 365	27, § 5 WZG	70, 27		70, 141	Ein-Tannen-Zeichen
8. 10.	I ZR 149/67	52, 359	40, § 675 BGB	70, 87	69, 483	70, 35	Muschi-Blix
15. 10.	I ZR 3/68	52, 393	24, § 13 UWG	70, 189	70, 20	70, 243/ 604	Fotowettbewerb
22. 10.	I ZR 47/68		62, § 16 UWG	70, 141	70, 140	70, 605	Europharma
29. 10.	I ZR 63/68	53, 339	100, § 3 UWG	70, 461	70, 254	70, 1364	Euro-Spirituosen
10. 11.	II ZR 273/67	53, 65		70, 320		70, 704	Doktor-Firma
20. 11.	KZR 1/69	53, 76		70, 322	70, 174	70, 858	Schallplatten II
21. 11.	I ZR 135/67		63, § 16 UWG	70, 315		70, 997	Napoléon III
26. 11.	I ZR 34/68		207, § 1 UWG	70, 179	70, 217	70, 562	Lohnsteuerzahler
28. 11.	I ZR 38/66		1, § 1 HeilmittelwerbeG	70, 420		70, 513	DRT-Methode
28. 11.	I ZR 139/67		38, § 823 (Ai) BGB			70, 378	Sportkommission
3. 12.	I ZR 151/67		208, § 1 UWG	70, 182		70, 471	Bierfahrer
9. 12.	KZR 4/69		4, § 27 GWB	70, 198	70, 115		Grossisten-Verband
10. 12.	I ZR 20/69		106, § 1004 BGB	70, 254		70, 557	Remington
17. 12.	I ZR 23/68		209, § 1 UWG	70, 244	70, 117		Spritzgussengel
17. 12.	I ZR 152/67			70, 465			Prämixe

1970

Dat.	AktZ	BGHZ	LM, Nr. zu §	GRUR	WRP	NJW	Schlagwort
7. 1.	I ZB 6/68		18, § 41 p PatG	70, 311		70, 611	Samos
30. 1.	KZR 3/69		41, § 551 Nr. 1 ZPO	70, 200			Tonbandgeräte-Importeur
30. 1.	I ZR 48/68		14, § 16 WZG	70, 305	70, 178		Löscafé
13. 2.	I ZR 51/68		29, § 242 (Cc) BGB	70, 308			Duraflex
26. 2.	KZR 17/68		28, § 138 (Bb) BGB			70, 855	Tankstellenverwalter
26. 2.	KVR 2/69	53, 298		70, 374	70, 259	70, 1040	Tennisbälle
26. 2.	KZR 5/69	53, 304		70, 482	70, 256	70, 1139	Diskothek
27. 2.	I ZR 52/68			70, 416			Turpo
13. 3.	I ZR 108/68		99, § 3 UWG	70, 467		70, 1186	Vertragswerkstatt
17. 3.	VI ZR 151/68		38, § 847 BGB	70, 370		70, 1077	Nachtigall
20. 3.	I ZR 54/68		64, § 16 UWG	70, 479	70, 262	70, 1365	Treppchen

Fundstellenverzeichnis BGH   1971

Dat.	AktZ	BGHZ	LM, Nr. zu §	GRUR	WRP	NJW	Schlagwort
20. 3.	I ZR 7/69		43, § 15 WZG	70, 552			Felina-Britta
3. 4.	I ZR 117/68		101, § 3 UWG	70, 609	70, 267		regulärer Preis
3. 4.	I ZR 67/698		211, § 1 UWG	70, 422	70, 264		Tauchkühler
9. 4.	KZR 7/69	54, 145	29, § 138 (Bb) BGB	71, 42	70, 384	70, 2157	Biesenkate
9. 4.	KRB 2/69	23, 246 (St)		70, 572	70, 269	70, 1317	context
10. 4.	I ZR 121/68		38, § 12 BGB	70, 481	70, 271	70, 1270	Weserklause
24. 4.	I ZR 69/68		20, RabattG	70, 563	70, 310	70, 1365	Beiderseitige Rabattverstöße
24. 4.	I ZR 105/68		214, § 1 UWG	70, 510	70, 308		Fußstützen
29. 4.	I ZR 123/68		102, § 3 UWG	70, 425	70, 306		Melitta-Kaffee
29. 4.	I ZR 30/68	55, 1	40, § 823 (Ai) BGB	71, 46	70, 388	70, 2060	Bubi Scholz
8. 5.	I ZR 19/69		213, § 1 UWG	70, 513	70, 389		Mini-Car
15. 5.	I ZR 50/68		103, § 3 UWG	70, 515	70, 312	70, 1543	Selbstbedienung
22. 5.	I ZR 125/68		104, § 3 UWG	70, 517	70, 354		Kölsch-Bier
29. 5.	I ZR 49/68		215, § 1 UWG	70, 521	70, 435		gema-frei II
29. 5.	I ZR 25/69		216, § 1 UWG	70, 557	71, 66	70, 1457	Erotik in der Ehe
19. 6.	I ZR 72/68		105, § 3 UWG	71, 29	70, 357	70, 2105	Deutscher Sekt
19. 6.	I ZR 115/68	54, 188		70, 523	70, 305	70, 1738	Telefonwerbung I
26. 6.	I ZR 14/69		217, § 1 UWG	70, 558		70, 1967	Sanatorium I
8. 7.	KVR 1/70	54, 227		71, 230	71, 22	71, 35	Zigaretten-Automaten
16. 9.	VIII ZR 239/68		Nr. 30 zu § 138 (Bb) BGB			70, 2017	Kopplung
18. 9.	I ZR 123/69		219, § 1 UWG	71, 322	70, 437	70, 2245	Lichdi-Center
25. 9.	I ZR 47/69		220, § 1 UWG	71, 119	71, 67	70, 2294	Branchenverzeichnis
25. 9.	I ZR 72/69			71, 121	71, 24		Gummischutzmittelautomaten
30. 9.	I ZR 57/69			71, 361	71, 172		Vierfarbkugelschreiber
1. 10.	KVR 2/70	54, 311		71, 125	71, 69	71, 37	Gummiartikel
7. 10.	VIII ZR 202/68		31, § 138 (Bb) BGB		71, 22	70, 2243	Zur Laterne
9. 10.	I ZR 23/69		108, § 3 UWG	71, 255	71, 120		Plym-Gin
23. 10.	I ZR 89/69		8, § 32 ZPO	71, 153	71, 26	71, 323	Tampax
28. 10.	I ZR 51/69		221, § 1 UWG	71, 162	71, 29	71, 190	Diagnose-Zentrum
28. 10.	I ZR 39/69		226, § 1 UWG	71, 223	71, 261		clix-Mann
29. 10.	KZR 3/70		4, § 22 GWB	71, 171	71, 122		Hamburger Volksbühne
29. 10.	KZR 9/69			71, 272			Blitzgeräte
13. 11.	I ZR 49/69		224, § 1 UWG	71, 164		71, 378	Discount-Geschäft
16. 11.	KVR 5/70	55, 40	2, §§ 62, 64 GWB	71, 273	71, 125	71, 510	Chamotte
27. 11.	I ZR 89/68		225, § 1 UWG	71, 159	71, 173	71, 379	Motoryacht
4. 12.	I ZR 96/69		203, § 1 UWG	71, 168	71, 219	71, 237	Ärztekammer
17. 12.	KRB 1/70	55, 104 24, 54 (St)	1, § 1 GWB-StS	71, 276	71, 128		Teerfarben

1971

Dat.	AktZ	BGHZ	LM, Nr. zu §	GRUR	WRP	NJW	Schlagwort
22. 1.	I ZR 76/69		227, § 1 UWG	71, 259	71, 222	71, 804	W. A. Z.
26. 1.	VI ZR 95/70		41, § 847 BGB	72, 97		71, 698/801	Liebestropfen
30. 1.	I ZR 48/68		14, § 16 WZG				Löscafé
19. 2.	I ZR 97/69		228, § 1 UWG	71, 358	71, 224		Textilspitzen
26. 2.	I ZR 67/69		15, § 16 WZG	71, 251	71, 312	71, 458	Oldtimer
3. 3.	KZR 5/70	55, 381		71, 326	71, 315	71, 879	Ufa-Musikverlage
5. 3.	I ZR 101/69		67, § 24 ZWG	71, 305	71, 320		Konservenzeichen II
10. 3.	I ZR 73/69			71, 516	71, 264		Brockhaus Enzyklopädie
10. 3.	I ZR 109/69		3, HMWG	71, 585	71, 469	71, 1889	Spezialklinik
12. 3.	I ZR 119/69	56, 18	229, § 1 UWG	71, 317	71, 226	71, 1216	Grabsteinaufträge II
12. 3.	I ZR 115/69		110, § 3 UWG	71, 313	71, 266		Bocksbeutelflasche
19. 3.	I ZR 102/69		47, § 25 WZG	72, 122	72, 314		Schablonen
26. 3.	I ZR 128/69		232, § 1 UWG	71, 477	71, 269	71, 2025	Stuttgarter Wochenblatt II
26. 3.	I ZR 84/69		15, § 11 WZG	71, 309			Zamek II
30. 3.	I ZR 130/69		231, § 1 UWG	71, 320	71, 272		Schlankheitskur
2. 4.	I ZR 22/70		111, § 3 UWG	71, 365	71, 274		Wörterbuch
2. 4.	I ZB 3/70		30, § 5 WZG	71, 577	71, 419		Raupentin
2. 4.	I ZR 41/70		66, § 16 UWG	71, 517	71, 323	71, 1522	Swops
27. 4.	VI ZR 171/69		113, § 1004 BGB	71, 417	71, 368	71, 1359	Haus auf Teneriffa
29. 4.	KVR 1/71	56, 155	1, § 68 GWB	71, 527	71, 421	71, 1937	Bankenverband
18. 5.	VI ZR 220/69			71, 591			Sabotage
28. 5.	I ZR 35/70		22, § 1 WZG	71, 409	71, 972		Stallmeister
16. 6.	I ZR 11/70		6, § 9 a UWG	72, 125	72, 517		Sonderveranstaltung III
16. 6.	KZR 11/70		4, § 138 (Cc) BGB	72, 718	71, 422		Stromversorgung für US-Streitkräfte
19. 6.	I ZR 31/68			71, 355			Epigran II
21. 6.	KZR 8/70	56, 327	234, § 1 UWG; 19, § 26 GWB	72, 40	71, 472	71, 2027	Verbandszeitschrift (Feld und Wald I)
25. 6.	I ZR 68/70		3. Branntweinmonopol G	71, 580			Johannisbeersaft

1972 Fundstellenverzeichnis BGH

Dat.	AktZ	BGHZ	LM, Nr. zu §	GRUR	WRP	NJW	Schlagwort
1. 7.	KZR 16/70		12, § 315 BGB				Elektrizitätsversorgung
2. 7.	I ZR 43/70		234a, § 1 UWG	71, 582	71, 369	71, 1749	Kopplung im Kaffeehandel
7. 7.	I ZR 23/70		116, § 3 UWG	72, 360	72, 77		Kunststoffglas
7. 7.	I ZR 38/70		9, § 8 WZG	71, 573		71, 1936	Nocado
13. 7.	KZR 10/70		18, § 26 GWB	72, 44	71, 475		Ostmüller
17. 9.	I ZR 142/69		236, § 1 UWG	72, 127	72, 38		Formulare
30. 9.	KZR 13/70		21, § 26 GWB	72, 379	72, 131	72, 483	Leasing
30. 9.	KZR 12/70		20, § 26 GWB	72, 377	71, 517	72, 486	IATA
1. 10.	I ZR 51/70		114, § 3 UWG	72, 129	71, 519	72, 104	Der meistgekaufte der Welt
8. 10.	I ZR 12/70	57, 116	235, § 1 UWG	72, 189	71, 520	72, 102	Wandsteckdose II
8. 10.	I ZR 143/69		4, HWG	72, 138	71, 523	72, 342	Präparat 28
15. 10.	I ZR 25/70		48, § 25 WZG	72, 546	72, 193		Trainingsanzug
22. 10.	I ZR 36/70		115, § 3 UWG	72, 132	71, 525		Spezialzucker
29. 10.	I ZR 19/71	57, 217	1, § 6 b UWG	72, 135	71, 527	72, 105	Kunden-Einkaufsdienst
5. 11.	I ZR 85/69		5, HWG	72, 372	72, 79	72, 339	Pflanzensäfte
9. 11.	VI ZR 57/70		115, § 1004 BGB	72, 435			Grundstücksgesellschaft
19. 11.	I ZR 69/70		238, § 1 UWG	72, 364	72, 83	72, 291	Mehrwert-Fahrten
19. 11.	I ZR 72/70		69, § 24 WZG	72, 180	72, 309	72, 198	Cheri
26. 11.	I ZB 8/71		23, § 4 WZG	72, 357	72, 134	72, 255	euromarin
30. 11.	VI ZR 115/70	57, 325	44, § 823 [Ah] BGB	72, 666		72, 431	Freispruch
3. 12.	I ZR 46/69		237, § 1 UWG	72, 367	72, 85	72, 203	Besichtigungsreisen
3. 12.	I ZR 137/69			72, 709			Patentmark
10. 12.	I ZR 65/70		7, § 23 UWG	72, 550	72, 252		Spezialsalz II
17. 12.	I ZR 79/70		74, § 31 WZG	72, 549	72, 313	72, 318	Messinetta
15. 12.	2 StR 566/71	24, 272 (St)	5, § 4 UWG	72, 479	72, 136	72, 136	Vorführgeräte
1972							
4. 1.	I ZR 104/70					72, 1132	Optiker
10. 1.	III ZR 202/66		43, § 847 BGB	72, 383			Bundesbahn-Amtmann
12. 1.	I ZR 84/70		239, § 1 UWG	72, 555	72, 137		Kaufausweis I
12. 1.	I ZR 60/70		240, § 1 UWG	72, 553	72, 195		Statt Blumen Onko-Kaffee
14. 1.	I ZR 95/70			72, 427			Mitgliederwerbung
20. 1.	I ZR 18/70	58, 93	6, § 18 GWB	72, 496	72, 197	72, 581	Güterumschlag
20. 1.	KZR 34/71		33, § 138 [Bb] BGB				Eiskremerzeugnisse
4. 2.	I ZR 104/70		3. HeilpraktikerG			72, 1132	Augenoptiker
18. 2.	I ZR 82/70		241, § 1 UWG	72, 558	72, 198		Teerspritzmaschinen
18. 2.	I ZB 6/70			73, 361			San Remo
3. 3.	I ZB 7/70		31, § 5 WZG	72, 600	72, 403		Lewapur
24. 3.	I ZR 130/70		24, § 1 ZugVO	72, 611	72, 254		Cognac-Portionierer
21. 4.	I ZR 100/70		4. ZahnheilkundeG			72, 1518	Zahnheilkunde
26. 4.	27 W (pat) 645/69				72, 371		Filigran
28. 4.	I ZR 140/69	58, 341	6, HWG	72, 663	72, 365	72, 1519	Vibrationsmassagekissen
5. 5.	I ZR 124/70		243, § 1 UWG	72, 603	72, 366	72, 1275	Kunden-Einzelbeförderung
26. 5.	I ZR 8/71		3, SteuerberatungsG	72, 607	72, 431	72, 1470	Steuerbevollmächtigter I
26. 5.	I ZR 123/70		21, RabattG	73, 272	72, 429	72, 1467	Fahrschul-Rabatt
26. 5.	I ZR 44/71			73, 363	72, 578	72, 2123	Baader
30. 5.	VI ZR 6/71	59, 30	42, § 823 [Ai]	73, 90		72, 1366	Demonstrationsschaden
30. 5.	VI ZR 174/72		18, § 824 BGB			72, 1571	
30. 5.	VI ZR 139/70		43, § 823 [Ai] BGB				Memoiren
31. 5.	KVR 2/71	59, 42		72, 715		72, 1369	Strom-Tarif
31. 5.	KZR 43/71		10, § 1041 Abs. 1 Ziff. 2 ZPO	73, 97	72, 522		Eiskonfekt
9. 6.	I ZR 27/71		2. LadenschlussG	72, 609	72, 369	72, 1469	Feierabend-Vergnügen
14. 6.	VIII ZR 14/71		34, § 138 [Bb] BGB			72, 1459	Bierbezugsvertrag
16. 6.	I ZR 154/70	59, 72	3, § 218 BGB	72, 721	73, 326	72, 1460	Kaffeewerbung
20. 6.	VI ZR 26/71	59, 76	16, § 824 BGB	72, 722	73, 327	72, 1658	Geschäftsaufgabe
21. 6.	I ZR 140/70			73, 201			Trollinger
26. 6.	KZR 64/71		7, § 18 GWB		72, 433	72, 1712	Großkücheneinrichtungen
30. 6.	I ZR 16/71		25, § 13 UWG	73, 78	72, 525	72, 1988	Verbraucherverband
30. 6.	I ZR 1/71		249, § 1 UWG	73, 203	73, 19	72, 2303	Badische Rundschau
7. 7.	I ZR 96/71		118, § 3 UWG	73, 206	73, 21	72, 2125	Skibindungen
7. 7.	I ZR 136/70		3. LadenschlussG	73, 144	72, 527	72, 2087	Mischbetrieb
7. 7.	I ZR 67/70			73, 265			Charme + Chic
22. 9.	I ZR 73/71			73, 530			Crailsheimer Stadtblatt
22. 9.	I ZR 19/72		250, § 1 UWG	73, 208	73, 23		Neues aus der Medizin
22. 9.	I ZR 104/71		247, § 1 UWG	73, 81	72, 529	72, 2124	Gewinnübermittlung
28. 9.	KVR 3/71	59, 294		73, 274	73, 24	73, 243	Original-VW-Ersatzteile
29. 9.	I ZR 101/71		252, § 1 UWG	73, 146	73, 27		Flughafen-Zubringerdienst

1935

Fundstellenverzeichnis BGH 1973

Dat.	AktZ	BGHZ	LM, Nr. zu §	GRUR	WRP	NJW	Schlagwort
6. 10.	I ZR 138/71		251, § 1 UWG	73, 212	73, 85		Minicar-Nummerierung
6. 10.	I ZR 54/71	59, 317	254, § 1 UWG	73, 210	73, 29	73, 42	Telexwerbung
11. 10.	I ZB 1/71		6, § 10 WZG	73, 523	73, 86		Fleischer-Fachgeschäft
11. 10.	I ZR 142/71		253, § 1 UWG	73, 268	73, 31	73, 43	Verbraucher-Briefumfrage
11. 10.	I ZR 38/71			73, 532			Millionen trinken ...
13. 10.	I ZR 68/71			74, 340			Privat-Handelsschule
20. 10.	I ZR 125/71		4, LadSchlG	74, 31	73, 145	73, 246	Perserteppiche
20. 10.	I ZR 147/71			73, 314			Gentry
25. 10.	I ZA 1/72			73, 491			Akteneinsicht XIII
25. 10.	I ZR 22/71		119, § 3 UWG	73, 534	73, 88	73, 93	Mehrwert II
26. 10.	KZR 54/71		22, § 26 GWB	73, 277	73, 149	73, 280	Ersatzteile für Registrierkassen
3. 11.	I ZR 106/71		9, SonderveranstaltungsAO	73, 653	73, 466	73, 1607	Ferienpreis
6. 11.	KZR 63/71		12, § 20 GWB	73, 331			Nahtverlegung
6. 11.	KRB 1/72		5, § 25 GWB	73, 218	73, 32	73, 94	Wetterschutzanzüge
6. 11.	KZR 65/71			78, 319			Gaststättengrundstück
8. 11.	I ZR 25/71		26, § 13 UWG	73, 370	73, 91		Tabac
10. 11.	I ZR 60/71		120, § 3 UWG	73, 371	73, 93	73, 279	Gesamtverband
14. 11.	VI ZR 102/71		46, § 823 [Ah] BGB	73, 550			„halbseiden"
17. 11.	I ZR 71/71		256, § 1 UWG	73, 474	73, 152/208	73, 621	Preisausschreiben
17. 11.	I ZB 15/71			73, 467			Praemix
24. 11.	I ZR 94/71		8, SonderveranstaltungsAO	73, 416	73, 94		Porzellanumtausch
24. 11.	I ZR 157/71			73, 270			Der sanfte Bitter
14. 12.	II ZR 141/71		17, § 138 [Cb] BGB	73, 382		73, 363	„Schiffsmakler"
15. 12.	I ZR 45/71			73, 538			Idee-Kaffee II
20. 12.	I ZR 34/71			73, 541			contact + graphic
20. 12.	I ZR 1/72			73, 539			product-contact

1973

Dat.	AktZ	BGHZ	LM, Nr. zu §	GRUR	WRP	NJW	Schlagwort
12. 1.	I ZR 103/71			73, 477			Für den Osterkauf
19. 1.	I ZR 39/71	60, 168	257, § 1 UWG	73, 478		73, 800	Modeneuheit
19. 1.	I ZB 1/72	60, 159	32, § 5 WZG	73, 316	73, 399	73, 652	Smarty
26. 1.	I ZR 21/72		121, § 3 UWG	73, 418	73, 210	73, 652	Das goldene A
26. 1.	I ZR 152/71		122, § 3 UWG	73, 320	73, 212	73, 652	Buchhaltungskraft
2. 2.	I ZR 85/71	60, 185	44, § 15 WZG	73, 468	73, 401	73, 1079	Cinzano
16. 2.	I ZR 74/71	60, 206	67, § 16 UWG	73, 375	73, 213	73, 622	Miss Petite
16. 2.	I ZR 160/71	60, 296	48, § 823 [Ah] BGB	73, 552	73, 329	73, 1119	Briefwerbung
23. 2.	I ZR 117/71		40, § 767 ZPO	73, 429	73, 216	73, 803	Idee-Kaffee
23. 2.	I ZR 70/71			73, 426	73, 261	73, 802	Medizin-Duden
2. 3.	I ZR 5/72			73, 384	73, 263	73, 901	Goldene Armbänder
2. 3.	I ZR 16/72		25, § 1 ZugabeVO	74, 402	73, 330		Service-Set
2. 3.	I ZR 11/73		33, § 5 WZG	73, 605	73, 405		Anginetten
7. 3.	I ZR 24/72		126, § 3 UWG	73, 481	73, 406		Weingeist
14. 3.	IV ZR 172/72						
15. 3.	KZR 11/72	60, 312	13, § 20 GWB	74, 40		73, 1238/2109	Bremsrolle
16. 3.	I ZR 154/71		260, § 1 UWG	73, 483	73, 335		Betriebsspionage
16. 3.	I ZR 20/72		259, § 1 UWG	73, 591	73, 333	73, 1972	Schatzjagd
23. 3.	I ZR 9/72			73, 486			Bayerische Bank
23. 3.	I ZR 33/72		125, § 3 UWG	73, 594	73, 407		Ski-Sicherheitsbindung
23. 3.	2 StR 390/72		2, EG OWiG 1, § 33 OWiG 1968			73, 1511	Laurentiuskapelle
4. 5.	I ZR 11/72		261, § 1 UWG	74, 97	73, 410		Spielautomaten II
11. 5.	I ZR 123/71		44, § 823 [C] BGB	74, 105		73, 1460	Kollo-Schlager
11. 5.	I ZB 2/71				73, 411		Gyromat
17. 5.	KVR 2/72	61, 1		73, 489	73, 415	73, 1236	Änderung gebundener Preise
18. 5.	I ZR 31/72		262, § 1 UWG	73, 655	73, 467	73, 1371	Möbelauszeichnung
18. 5.	I ZR 12/72		68, § 16 UWG	73, 661	73, 576	73, 2152	Metrix
23. 5.	VII ZR 12/72						Werbeagentur
25. 5.	VII ZR 49/71			74, 284			Bastel-Wettbewerb I
25. 5.	I ZR 94/72			74, 280			Divi-Einkaufszentren
25. 5.	I ZR 27/72		263, § 1 UWG	74, 156	74, 21	74, 45	Geld-Gewinnspiel
31. 5.	KZR 48/71		10, § 1041 I Ziff. 2 ZPO				
8. 6.	I ZR 6/72		71, § 24 WZG	74, 84			Trumpf
13. 6.	I ZR 61/72		10, SonderveranstaltungsAO	73, 658	73, 470	73, 1608	Probierpreis
13. 6.	I ZR 65/72		22, RabattG	74, 345	74, 23	74, 46	Geballtes Bunt
4. 7.	VIII ZR 156/72						

1974 Fundstellenverzeichnis BGH

Dat.	AktZ	BGHZ	LM, Nr. zu §	GRUR	WRP	NJW	Schlagwort
5. 7.	KVR 3/72		4, § 99 GWB		73, 584		Fernost-Schifffahrtskonferenzen
5. 7.	VII ZR 12/73	61, 118		74, 286			Bastel-Wettbewerb II
6. 7.	I ZR 129/71			74, 162			„etirex"
12. 7.	KRB 2/72			74, 102			Rohrlieferungen
13. 7.	I ZR 30/72		49, § 25 WZG	74, 337	73, 471	73, 1840	Stonsdorfer
13. 7.	I ZR 101/72			74, 53	73, 520	73, 1837	Nebelscheinwerfer
24. 9.	KZR 2/73						Platzschutz
28. 9.	I ZR 80/72		128, § 3 UWG	74, 225	74, 27		Lager-Hinweiswerbung
28. 9.	I ZR 136/71		3, § 21 UWG		74, 30	73, 2285	Brünova
28. 9.	I ZB 10/72			74, 93	74, 25	73, 2201	Räuber
16. 10.	I ZR 112/72			74, 349			KKB/LKB
19. 10.	I ZB 3/73		76, § 31 WZG	74, 220	74, 32	74, 143	Club-Pilsener
22. 10.	KZR 22/72		24, § 26 GWB	74, 168	74, 36	74, 141	Büro-Maschinen
22. 10.	KZR 3/73			74, 283		74, 901/1556	Rheinelektra
26. 10.	I ZR 67/72		72, § 24 WZG	74, 276	74, 142	74, 142	King
26. 10.	I ZR 112/72			74, 349			KKB
27. 10.	KZR 9/71						Flughafenunternehmen
2. 11.	I ZR 111/72		268, § 1 UWG	74, 729	74, 200		Sweepstake
2. 11.	I ZR 13/72		127, § 3 UWG	74, 158	74, 38		Rhenodur II
6. 11.	VI ZR 197/71				74, 38		
9. 11.	I ZR 126/72			74, 158	74, 40	74, 140	Clipper
16. 11.	I ZR 98/72		1, § 6a UWG	74, 474	74, 85	74, 460	Großhandelshaus
16. 11.	I ZR 129/72						Füllanzeigen
19. 11.	II ZR 52/72						Glashandel
23. 11.	I ZR 59/72		2, § 414 ZPO				Provence
30. 11.	I ZB 14/72		35, § 5 V WZG	74, 279	74, 144	74, 279	ERBA
11. 12.	X ZR 14/70	62, 29	8, § 823 [Ag] BGB	74, 290	74, 145	74, 315	Maschinenfester Strumpf
14. 12.	I ZR 36/72				74, 149	74, 461	Campagne
14. 12.	I ZR 26/71		11, §§ 1, 2 SonderveranstaltungsAO	74, 341		74, 461	
21. 12.	I ZR 37/73			74, 344	74, 264		Intermarkt
21. 12.	I ZR 161/71		7, § 249 BGB	74, 351	74, 152		Frisiersalon
21. 12.	I ZR 100/72			74, 394	74, 202		Verschlusskapselprämie
21. 12.	IV ZR 158/72	62, 71					IATA
21. 12.	I ZR 54/72						Probierprämie
1974							
18. 1.	I ZR 13/73		23, RBerG	74, 396	74, 204	74, 537	Unfallhelfer-Ring II
18. 1.	I ZR 3/73		36, § 5 WZG	74, 465	74, 266		Lomapect
23. 1.	I ZR 14/73		26, § 1 ZugabeVO	75, 199	74, 617		Senf-Henkelglas
23. 1.	I ZB 12/72		9, PVÜ	74, 777	74, 267	74, 1049	Lemonsoda
8. 2.	I ZB 5/71		77, § 31 WZG	74, 467		74, 749	Sieben-Schwaben-Motiv
20. 2.	VIII ZR 198/72		2, PreisauszVO	74, 416	74, 270	74, 859	Tagespreis
22. 2.	I ZR 106/72		269, § 1 UWG	74, 477	74, 271		Hausagentur
5. 3.	VI ZR 89/73		51, § 847 BGB	75, 794			Todesgift
8. 3.	I ZB 6/73	62, 212	25, § 1 WZG	74, 657	74, 393	74, 1196	Concentra
8. 3.	I ZR 26/73						Brunnen
29. 3.	I ZR 15/73		27, § 13 UWG	75, 75	74, 394/547	74, 1141	Wirtschaftsanzeigen public-relations
18. 4.	KZR 6/73					74, 1903	Flughafen
26. 4.	I ZR 8/73		273, § 1 UWG	74, 733	74, 397	74, 1333	Schilderverkauf
26. 4.	I ZR 19/73		130, § 3 UWG	74, 665	74, 487	74, 1559	Germany
3. 5.	I ZR 52/73		271, § 1 UWG	74, 666	74, 400	74, 1244	Reparaturversicherung
3. 5.	I ZB 4/73			74, 659			Porotex
10. 5.	I ZR 46/73		272, § 1 UWG 25, § 1 RechtsberG	75, 23		74, 1244	Ersatzwagenvermietung
10. 5.	I ZR 80/73		69, § 16 UWG	74, 735	74, 403		Pharmamedan
10. 5.	I ZB 2/73		24, § 4 WZG	74, 661	74, 405		St. Pauli-Nachrichten
14. 5.	VI ZR 48/73		14, § 249 [D] BGB	75, 150	74, 489	74, 1503	Prüfzeichen
17. 5.	KZR 2/72						Elektrizitätsgenossenschaft
20. 5.	I ZR 107/72			75, 491	75, 150		Schräger Dienstag
30. 5.	VI ZR 174/72		18, § 824 BGB	75, 89		74, 1470	Brüning-Memoiren I
30. 5.	I ZR 199/72		85, § 546 Abs. 1 ZPO	75, 94		74, 1470	Brüning-Memoiren II
31. 5.	I ZR 28/73		74, § 24 WZG	75, 135	75, 151	75, 496	Kim-Mohr
31. 5.	I ZR 50/73		50, § 25 WZG	75, 67	74, 619	74, 1511	Kroatzbeere
4. 6.	VI ZR 68/73		35, Art. 5 GG	74, 797		74, 1371	Fiete Schulze
14. 6.	I ZR 77/73		1, § 26 WZG	74, 781	74, 550	74, 1708	Sweden
14. 6.	I ZR 104/73		274, § 1 UWG	75, 26	74, 547	74, 1559	Colgate
18. 6.	VI ZR 16/73		36, Art. 5 GG	75, 208	74, 547	74, 1762	Deutschland-Stiftung
19. 6.	I ZR 20/73				76, 370		Ovalpuderdose
28. 6.	I ZR 62/72		131, § 3 UWG	75, 78	74, 552	74, 1822	Preisgegenüberstellung

Fundstellenverzeichnis BGH 1975

Dat.	AktZ	BGHZ	LM, Nr. zu §	GRUR	WRP	NJW	Schlagwort
2. 7.	VI ZR 121/73		52, § 823 [Ah] BGB	75, 561		74, 1947	Nacktaufnahmen
3. 7.	I ZR 91/73		23, RabattG	75, 320	74, 623	74, 1906	Werbegeschenke
3. 7.	I ZR 65/73		2, § 14 GeschmMG	75, 85	74, 620		Clarissa
9. 7.	VI ZR 112/73		14, § 138 ZPO	75, 36		74, 1710	Arbeits-Realitäten
12. 7.	I ZR 92/73		132, § 3 UWG	75, 262	75, 34	75, 120	10-DM-Schein
19. 9.	KZR 14/73		25, § 26 GWB 7, § 38 GWB StS	75, 326	74, 673	74, 2236	Wartungsvertrag
4. 10.	I ZR 75/73		31, § 242 [Cc] BGB	75, 69	74, 675	74, 2282	Marbon
4. 10.	I ZR 81/73		70, § 16 UWG	75, 269	75, 35		Chepromin
10. 10.	KZR 1/74		14, § 20 GWB	75, 206	75, 155		KunststoffschaumBahnen
11. 10.	I ZR 72/73		275, § 1 UWG	75, 375	75, 104	75, 119	Kaufausweis II
18. 10.	I ZR 118/73			75, 257			Buddelei
25. 10.	I ZR 94/73		134, § 3 UWG	75, 141	75, 39	75, 215	Unschlagbar
25. 10.	I ZR 8/74		276, § 1 UWG	75, 553	75, 37		Preisgarantie
12. 11.	I ZR 43/73			75, 144			Vorsaison-Preis
12. 11.	I ZR 111/73		25, RabattG	75, 203	75, 105	75, 215	Buchbeteiligungszertifikate
22. 11.	I ZR 23/74		278, § 1 UWG	75, 264	75, 212	75, 689	Werbung am Unfallort I
22. 11.	I ZR 50/74		277, § 1 UWG	75, 266	75, 213	75, 691	Werbung am Unfallort II
29. 11.	I ZR 117/73		135, § 3 UWG	75, 377	75, 215		Verleger von Tonträgern
2. 12.	II ZR 78/72	63, 282		76, 43	75, 218	75, 771	Deutscher Sportbund
6. 12.	I ZR 110/73			75, 434			BOUCHET
20. 12.	I ZR 4/74			75, 442	75, 150		Vaasbüttel
20. 12.	I ZR 12/74			75, 441			Passion
1975							
17. 1.	I ZR 62/74		78, § 31 WZG	75, 312	75, 223		Bi Ba
24. 1.	I ZR 85/73		136, § 3 UWG	75, 380	75, 296		Die Oberhessische
29. 1.	KRB 4/74	63, 389 26, 56		76, 37	75, 225	75, 788	Aluminiumhalbzeug
31. 1.	I ZR 14/74		18, § 11 WZG	75, 258	75, 228		Importvermerk
7. 2.	I ZR 42/73						Bauhausverlosung
7. 2.	I ZR 103/73		279, § 1 UWG	75, 315	75, 231	75, 923	Metacolor
7. 2.	I ZB 1/74		7, § 10 WZG	75, 368	75, 234		Elzym
21. 2.	I ZR 18/74		79, § 31 WZG	75, 370	75, 298		Protesan
21. 2.	I ZR 46/74			76, 100			MARS
24. 2.	KZR 3/74		6, §§ 34, 18 GWB	75, 498		75, 1170	Werkstück-Verbindungsmaschinen
24. 2.	KZR 5/74		15, §§ 1, 18 GWB	75, 387	75, 354		Kundenschutzzusage
28. 2.	I ZR 101/73		1, UrhG/ÄndG	76, 317			Unsterbliche Stimmen
28. 2.	I ZR 42/74		4, § 6 b UWG	75, 382	75, 299	75, 877	Kaufausweis III
14. 3.	I ZR 71/73		26, § 1 WZG	75, 487	75, 357	75, 1223	WMF-Mondmännchen
3. 4.	KVR 1/74		1, § 37 a GWB	76, 266	75, 355	75, 1282	Polyester Grundstoffe
4. 4.	KZR 6/74	64, 232		76, 153	75, 525	75, 1223	Krankenhaus-Zuschussversicherung
4. 4.	KAR 1/75	64, 342		75, 610	75, 664	75, 1840	Abschleppaufträge
15. 4.	VI ZR 93/73	64, 178		75, 502		75, 1161	Porno-Schriften
21. 4.	II ZR 60/74						Flugasche
23. 4.	I ZR 3/74		280, § 1 UWG	76, 305	75, 436		Baumaschinen
16. 5.	I ZR 6/74		27, § 1 ZWG	75, 550	75, 439		Drahtbewehrter Gummischlauch
21. 5.	I ZR 43/74			75, 658			Sonnenhof
22. 5.	KZR 9/74	65, 147		76, 323	76, 37	76, 194	Thermalquelle
23. 5.	I ZR 39/74			75, 555	75, 441	75, 1361	Speiseeis
23. 5.	I ZR 56/74		13, SonderveranstaltungsAO	75, 661	75, 528		Strumpfhose
30. 5.	I ZR 37/74			75, 604	76, 35		Effecten-Spiegel
30. 5.	I ZR 45/74		28, § 1 ZugabeVO	76, 314	75, 721		Büro-Service-Vertrag
3. 6.	VI ZR 123/74		137, § 1004 BGB	76, 210	75, 227	75, 1882	Der Geist von Oberzell
4. 6.	I ZR 58/74		282, § 1 UWG	76, 32	75, 530		Präsentation
11. 6.	I ZR 90/74		137, § 3 UWG	76, 96	75, 729	75, 107	Gelegenheitsanzeigen
19. 6.	KVR 2/74	65, 30		76, 40	75, 665	75, 1837	Zementverkauf Niedersachsen II
19. 6.	KVR 3/74				76, 550		Kabinettartikel
19. 6.	KZR 10/74					75, 2065	Grenzmengenabkommen
27. 6.	I ZR 81/74		72, § 16 UWG	75, 606	75, 668	75, 1927	IFA
27. 6.	I ZR 97/74		283, § 1 UWG	76, 427	75, 724		Einfirmenvertreter
4. 7.	I ZR 115/73		7, § 17 UWG	76, 367	75, 727	76, 193	Ausschreibungsunterlagen
4. 7.	I ZR 27/74	65, 68	284, § 1 UWG	76, 248	75, 672	76, 51	Vorspannangebot
11. 7.	I ZR 77/74		75, § 24 WZG	75, 353	75, 731		Colorboy
11. 7.	I ZR 78/74			75, 664	76, 40		Idee-Kaffee III
11. 7.	I ZR 95/74			76, 195			Treffpunkt Mocca Press
19. 9.	I ZB 3/74		82, § 31 WZG	76, 143	75, 723		Biovital
23. 9.	KZR 11/74			76, 204			Eiskonfekt II

1976 Fundstellenverzeichnis BGH

Dat.	AktZ	BGHZ	LM, Nr. zu §	GRUR	WRP	NJW	Schlagwort
23. 9.	KZR 14/74			76, 101	75, 733		EDV-Zubehör
26. 9.	I ZR 72/74		138, § 3 UWG	76, 146	75, 735		Kaminisolierung
26. 9.	I ZB 4/74			75, 658		76, 107	Kim/KING
24. 10.	I ZR 34/74		26, RabattG	76, 259	76, 42		3 Wochen reisen – 2 Wochen zahlen
24. 10.	I ZR 59/74		139, § 3 UWG	76, 197	76, 44		Herstellung und Vertrieb
31. 10.	I ZR 114/73			76, 145		76, 496	Terranova/Terrapin I
31. 10.	I ZR 89/74		73, § 16 UWG	76, 254	76, 46		Management-Seminare
7. 11.	I ZR 128/74		42, § 12 BGB	76, 379	76, 102		KSB
7. 11.	I ZR 31/74		30, § 1 ZugabeVO	76, 316	76, 155		Besichtigungsreisen II
7. 11.	I ZR 84/74						Besichtigungsreisen III
14. 11.	I ZB 9/74		28, § 1 WZG	76, 355	76, 231	76, 1027	P-tronics
14. 11.	I ZR 48/75		1, § 9 UWG	76, 250	76, 104	76, 1262	Preisgegenüberstellung II
20. 11.	KZR 1/75		27, § 26 WZG	76, 206	76, 156	76, 801	Rossignol
20. 11.	KVR 1/75	65, 269	2, § 23 GWB	76, 327	76, 107	76, 243	Zementmahlanlage
5. 12.	I ZR 122/74			76, 256	76, 162		Rechenscheibe
5. 12.	I ZB 3/75			76, 587			Happy
9. 12.	VI ZR 157/73	65, 325		76, 268	76, 166	76, 620	Warentest II
16. 12.	VI ZR 53/74						
19. 12.	I ZR 120/74		286, § 1 UWG		76, 172	76, 520	Versandhandels-Preisausschreiben

1976

Dat.	AktZ	BGHZ	LM, Nr. zu §	GRUR	WRP	NJW	Schlagwort
9. 1.	I ZR 71/74		43, § 12 BGB	76, 311			Sternhaus
9. 1.	I ZR 24/75		2, § 9 UWG	76, 702	76, 174		Sparpreis
16. 1.	I ZR 32/75		287, § 1 UWG	76, 308	76, 233	76, 753	Unicef-Grußkarten
23. 1.	I ZR 69/74			76, 356			Boxin
23. 1.	I ZR 95/75		29, § 13 UWG	76, 370	76, 235		Lohnsteuerhilfevereine I
30. 1.	I ZR 108/74		288, § 1 UWG	76, 372	76, 237		Möbelentwürfe
3. 2.	VI ZR 23/72			77, 114	76, 240	76, 799	VUS
6. 2.	I ZR 125/74			76, 430		76, 1154	Fencheltee
6. 2.	I ZR 127/74		289, § 1 UWG	76, 375	76, 304		Raziol
13. 2.	I ZR 1/75		35, § 242 [Be] BGB	78, 52	76, 306		Fernschreibverzeichnis
20. 2.	I ZR 64/74		290, § 1 UWG	76, 434	76, 308		Merkmalklötze
24. 2.	KZR 15/74		3, § 92 GWB	77, 267	76, 536		Fotokopiergerät
24. 2.	KVR 3/75		29, § 26 GWB	76, 711	76, 675		Bedienungsgroßhändler
12. 3.	I ZR 9/75						Globetrotter
12. 3.	I ZR 15/75			76, 698			MAHAG
22. 3.	GSZ 1/75	66, 229		76, 658	76, 463	76, 1797	Studentenversicherung
22. 3.	GSZ 2/75	67, 81		77, 51	76, 678	76, 1941	Auto-Analyzer
26. 3.	I ZR 65/74	66, 159	5, LadenschlussG	76, 438	76, 466	76, 964	Tag der offenen Tür
6. 4.	VI ZR 246/74	66, 182		76, 651		76, 1198	Der Fall Bittenbinder
7. 5.	I ZR 27/75		27, § 1 I RabattG	77, 264	76, 538		Miniaturgolf
12. 5.	KZR 14/75		28, § 26 II GWB	76, 600	76, 467	76, 2302	Augenoptiker
12. 5.	KZR 17/75		7, § 34 GWB	76, 603	76, 543	76, 1743	Automatenaufstellvertrag
14. 5.	I ZR 29/73			76, 643			Interglas
19. 5.	I ZR 35/75		292, § 1 UWG	76, 699	76, 606		Die 10 Gebote heute
19. 5.	I ZR 62/75		140, § 3 UWG	76, 596	76, 469	76, 2214	Aluminiumrolläden
19. 5.	I ZR 81/75		44, § 12 BGB	76, 644	76, 609		Kyffhäuser
11. 6.	I ZR 55/75		293, § 1 UWG	76, 635	76, 546	76, 1635	Sonderberater in Bausachen
22. 6.	X ZR 44/74		10, § 823 [Ag] BGB	76, 715	76, 682	76, 2162	Spritzgießmaschine
24. 6.	I ZR 25/75		295, § 1 UWG	77, 157	76, 551	76, 1977	Filmzusendung
30. 6.	I ZR 86/74		31, § 1 ZugabeVO	76, 704	76, 553	76, 2165	Messbecher
30. 6.	I ZR 119/74		294, § 1 UWG	76, 637	76, 555	76, 2013	Rustikale Brettchen
30. 6.	I ZR 10/76						Opalglasscheibe
30. 6.	I ZR 31/75		32, § 1 ZugabeVO	77, 38	76, 685		Grüne Salatschale
30. 6.	I ZR 150/75		296, § 1 UWG	77, 110	76, 557	77, 1397	Kochbuch
30. 6.	VIII ZR 267/75				76, 611		Adressenmaterial
30. 6.	I ZR 82/74						Frühstückskörbchen
1. 7.	KZR 34/75			77, 49			BMW-Direkthändler
3. 7.	KVR 4/75	67, 104		77, 169	76, 688	76, 2259	Vitamin-B-12
7. 7.	I ZR 85/75		297, § 1 UWG	77, 36	76, 694	76, 2301	Arztpraxismiete
7. 7.	I ZR 113/75		74, § 16 UWG	77, 165	76, 695		Parkhotel
7. 7.	I ZR 17/75						Gabe
14. 10.	KZR 36/75	68, 6			77, 330	77, 804	Fertigbeton
15. 10.	I ZR 23/75			77, 159			Ostfriesische Tee-Gesellschaft
3. 11.	I ZB 11/75		2, § 17 UWG	77, 488	77, 94		DIN-geprüft
12. 11.	I ZR 45/75		75, § 16 I UWG	77, 226	77, 95		Wach und Schließ
19. 11.	I ZR 46/75			77, 229			WSV-Kurier
26. 11.	I ZR 86/75		143, § 3 UWG	77, 494	77, 173		Dermatex
30. 11.	X ZR 81/72	68, 90				77, 1194	Kunststoffhohlprofil
3. 12.	I ZR 34/75		298, § 1 UWG	77, 257	77, 177	77, 631	Schaufensteraktion

Fundstellenverzeichnis BGH 1977

Dat.	AktZ	BGHZ	LM, Nr. zu §	GRUR	WRP	NJW	Schlagwort
3. 12.	I ZR 151/75		141, § 3 UWG	77, 503	77, 180		Datenzentrale
3. 12.	I ZB 4/75		83, § 31 WZG	77, 218	77, 176		MERCOL
7. 12.	VI ZR 272/75		32, § 823 [Eh] BGB			77, 626	Editorial I
8. 12.	I ZR 18/75		57, § 253 ZPO	77, 260	77, 186	77, 1060	Friedrich Karl Sprudel
13. 12.	I ZR 1/75		35, § 242 [Be] BGB				
16. 12.	KVR 5/75		6, § 25 GWB		77, 480		Architektengebühren
16. 12.	KVR 2/76	68, 23		77, 269	77, 253	77, 675	Valium
17. 12.	I ZR 26/75		301, § 1 UWG	77, 608	77, 260	77, 1060	Feld und Wald II
17. 12.	I ZR 77/75		299, § 1 UWG	77, 619	77, 183	77, 1242	Eintrittsgeld
1977							
14. 1.	I ZR 170/75		84, § 31 WZG	77, 491	77, 264		ALLSTAR
18. 1.	KZR 4/74					77, 1103	Autoanalyzer II
18. 1.	KVR 3/76		16, § 16 GWB	77, 506			Briefmarkenalben
21. 1.	I ZR 49/75			77, 602			Trockenrasierer
21. 1.	I ZR 68/75			77, 547			Kettenkerze
28. 1.	I ZR 109/75		302, § 1 UWG	77, 614			Gebäudefassade
1. 2.	VI ZR 204/74			77, 801			Halsabschneider
2. 2.	VIII ZR 320/75	67, 389		77, 498	77, 391	77, 714	Aussteuer-Sortimente
4. 2.	I ZR 129/75			80, 173			Martin
11. 2.	I ZR 39/75			77, 666	77, 484		Einbauleuchten
11. 2.	I ZR 17/76		308, § 1 UWG	77, 727	77, 566	77, 2075	Kaffee-Verlosung I
18. 2.	I ZR 112/75		8, § 17 UWG	77, 539	77, 332	77, 1062	Prozessrechner
25. 2.	I ZR 165/75	68, 132	76, § 16 UWG	77, 543	77, 394	77, 951	Der 7. Sinn
4. 3.	I ZR 117/75			78, 54	77, 569		Preisauskunft
4. 3.	I ZR 122/75		14, Sonderveranstaltungs AO	77, 791	77, 399		Filialeröffnung
11. 3.	I ZR 101/75		305, § 1 UWG	77, 668	77, 400		WAZ-Anzeiger
3. 5.	VI ZR 36/74	68, 331		77, 674		77, 1288	Abgeordnetenbestechung
3. 5.	VI ZR 24/75		9, § 32 ZPO		77, 487	77, 1590	„profil"
6. 5.	I ZR 114/75		146, § 3 UWG	78, 55	77, 570		Quellwasser
13. 5.	I ZR 115/75		19, § 5 VII WZG	77, 672	77, 572	77, 2211	Weltweit-Club
13. 5.	I ZR 177/75	68, 383	19, § 11 WZG		77, 490	77, 1453	Doppelkamp
20. 5.	I ZR 17/76		52, § 3 ZPO	77, 748	77, 568		Kaffee-Verlosung II
20. 5.	I ZB 6/76		8, § 10 WZG	77, 664	77, 574		CHURRASCO
1. 6.	KZR 3/76	69, 59	30, § 26 II GWB	77, 744	77, 700	77, 2121	Badebetrieb
1. 6.	KRB 3/76	69, 398 27, 196 (St)				77, 1784	Brotindustrie
3. 6.	I ZR 114/73		77, § 16 UWG	77, 719	77, 635	77, 1587	Terranova/Terrapin II
3. 6.	I ZR 152/75		147, § 3 UWG	77, 729	77, 575		Synthetik-Wildleder
3. 6.	I ZB 8/76		26, § 4 II WZG	77, 717	77, 578		Cokies
3. 6.	I ZB 11/76		9, § 13 WZG	77, 789	77, 577		Tribol/Liebol
14. 6.	VI ZR 111/75	69, 181		77, 745		77, 1681	Heimstättengemeinschaft
24. 6.	I ZR 98/75						Modellwechsel
28. 6.	KVR 2/77						Autoruf-Genossenschaft
29. 6.	I ZR 186/76			77, 805	77, 704	77, 2313	Klarsichtverpackung
6. 7.	I ZR 174/75		15, Sonderveranstaltungs AO	77, 794	77, 706		Geburtstagswerbung I
13. 7.	I ZR 136/75		76, §§ 24, 16 WZG	77, 789	77, 708		Tina-Spezialversand
23. 9.	I ZR 156/75		148, § 3 UWG	78, 57	77, 781		Förderanlagen
28. 9.	I ZB 4/76	70, 143	40, § 5 VII WZG	78, 294		78, 1198	Orbizin
14. 10.	KRB 1/76			77, 739			Doppelmandat
14. 10.	I ZB 10/76		85, § 31 WZG	78, 170	78, 41		FAN
14. 10.	I ZR 160/75		33, § 1 Zugabe-VO	78, 182	78, 119		Kinder-Freifahrt
14. 10.	I ZR 119/76		21, § 339 BGB	78, 192	78, 38		Hamburger Brauch
14. 10.	I ZR 143/75		150, § 3 UWG	78, 255	78, 874		Sanatoriumswerbung
18. 10.	VI ZR 171/76		60, § 823 [Ah] BGB	78, 258			Schriftsachverständiger
21. 10.	I ZB 8/76		31, §§ 1, 2 RabG	78, 315	78, 204		Auszeichnungspreis II
21. 10.	I ZB 1/77		1, § 9 II WZG				Verlängerungsgebühr
25. 10.	VI ZR 166/75						
26. 10.	2 StR 432/77					78, 173	
4. 11.	I ZR 39/76		7, § 9 a UWG	78, 112	78, 382	78, 756	Inventur
4. 11.	I ZR 11/76		30, §§ 1, 2 RabG	78, 185	78, 197	78, 542	Taschenrechnerpackung
4. 11.	I ZR 24/76		32, §§ 1, 2 RabG	78, 375	78, 442		Spitzensportlernachlass
11. 11.	I ZR 14/76			78, 180	78, 126		Lohnsteuerhilfevereine II
11. 11.	I ZR 179/75	70, 18	2, § 6 a UWG	78, 173	78, 43	78, 267	Metro
15. 11.	VI ZR 101/76	70, 39	21, § 824 BGB	78, 187	78, 129		Alkoholtest
25. 11.	I ZR 63/76		149, § 3 UWG	78, 252	78, 199		Kaffee-Hörfunk-Werbung
1. 12.	KZR 5/76		9, § 34 GWB	78, 320	78, 207	78, 823	Belüftungsgitter
1. 12.	KZR 6/76		8, § 34 GWB		78, 202	78, 822	Bierbezugsbindung „Püff"
1. 12.	KVR 4/76		11, § 18 GWB	78, 488	78, 799		Brauerei-Darlehen
2. 12.	I ZR 143/75		150, § 3 UWG	78, 251	78, 209	78, 822	Euro-Sport
7. 12.	VIII ZR 101/76	70, 79				78, 585	Praxisräume

1978, 1979 Fundstellenverzeichnis BGH

Dat.	AktZ	BGHZ	LM, Nr. zu §	GRUR	WRP	NJW	Schlagwort
9. 12.	I ZR 21/76		5, § 6 b UWG	78, 311		78, 1525	BSW III
9. 12.	I ZR 59/76		6, § 6 b UWG	78, 370			BSW IV
20. 12.	I ZR 1/76		151, § 3 UWG	78, 249	78, 210		Kreditvermittlung
1978							
23. 1.	I ZR 104/76		152, § 3 UWG	78, 368	78, 362		Gemmologe DGemG
3. 2.	I ZR 163/76			78, 536	78, 535		B. u. W.-Spedition
10. 2.	I ZB 19/76						SPAR
10. 2.	I ZR 149/75		52, § 823 BGB	78, 364	78, 364	78, 2548	Golfrasenmäher
14. 2.	X ZR 19/76	71, 86	11, § 823 [Ag] BGB	78, 492		78, 1377	Fahrradgepäckträger II
15. 2.	I ZR 141/76		17, SonderveranstaltungsAO	78, 372	78, 368	78, 1055	Farbbilder
21. 2.	KVR 4/77	71, 102	5 a, § 24 GWB	78, 439	78, 800	78, 1320	Kfz-Kupplungen
21. 2.	KZR 7/76		8, § 15 GWB	78, 445	78, 371	78, 2095	„4 zum Preis von 3"
21. 2.	KZR 6/77	70, 331		78, 378	78, 370	78, 1001	Gabelstaplerverleih
24. 2.	I ZR 79/76		34, § 1 ZugabeVO	78, 485	78, 443	78, 1856	Gruppenreisen
28. 2.	VI ZR 246/76		147, § 13 GVG	78, 448		78, 1860	Umgehungsgründung
10. 3.	I ZR 127/76		3, § 6 a UWG	78, 477	78, 445		Groß- und Einzelhandel
6. 4.	I ZR 94/77			79, 804	78, 811		Falschmeldung
11. 4.	KRB 1/77	71, 348 28, 53 (St)					Labor-Inserat
11. 4.	KZR 1/77		12, § 18 GWB	78, 489	78, 447		Gaststättenverpachtung
21. 4.	I ZR 115/76		1, § 1 SpeiseVO	78, 605			Eiskalte Schlürfer
21. 4.	I ZR 165/76		35, § 1 ZugabeVO	78, 547	78, 537		Automatentruhe
28. 4.	I ZR 157/76		314, § 1 UWG	79, 55	78, 806	78, 2598	Tierbuch
30. 5.	VI ZR 117/76			78, 551	78, 715	78, 1797	Ungeist der Sympathie (Terroranschlag)
30. 5.	KZR 8/76						Fertighäuser
30. 5.	KZR 12/77	71, 367	6, § 87 GWB	78, 658		78, 2096	Pankreaplex I
2. 6.	I ZR 137/76		2, PreisangabenVO	79, 61	78, 877		Schäfer-Shop
7. 6.	I ZR 125/76		20, § 11 I Nr. 4 WZG	78, 647	78, 813		TIGRESS
9. 6.	I ZR 67/76		41, § 5 WZG	78, 642	78, 814		SILVA
13. 6.	I ZR 14/76						BMW-Direkthändler III
20. 6.	VI ZR 66/77		62, §§ 823, 824 BGB			79, 265	Fehlmeldungen
23. 6.	I ZR 149/76				79, 193		Sanatorium II
23. 6.	I ZR 2/77		27, § 4 WZG	78, 591	78, 817		KABE
7. 7.	I ZR 169/76		155, § 3 UWG	78, 649	78, 658		Elbe-Markt
7. 7.	I ZR 38/77		156, §§ 3, 1 UWG	78, 652	78, 656		mini-Preis
18. 9.	KZR 17/77		31, § 26 II GWB	79, 69	79, 439	78, 107	Fassbierpflegekette
18. 9.	KZR 21/77			79, 124	79, 116		Objektschutz
25. 9.	X ZR 17/78			78, 726			Unterlassungsvollstreckung
29. 9.	I ZR 122/76		158, § 3 UWG	79, 116	79, 881		Superhit
29. 9.	I ZR 107/77			79, 121	79, 883	79, 217	Verjährungsunterbrechung
10. 10.	KZR 10/77		32, § 26 II GWB	79, 177	79, 35		Zeitschriften-Grossisten
20. 10.	I ZR 160/76		316, § 1 UWG	79, 119	79, 443		Modeschmuck
20. 10.	I ZR 5/77		20, SonderveranstaltungsAO	79, 402	79, 753	79, 2561	direkt ab LKW
27. 10.	I ZR 96/76						„Nur-Beleg"
31. 10.	KVR 7/77		3, § 62 GWB	79, 180			Air-Conditioning
31. 10.	KVR 3/77		4, § 24 GWB	79, 328		79, 2563	Weichschaum-Rohstoffe
31. 10.	KZR 5/77					80, 183	Metzeler Schaum
3. 11.	I ZR 90/77		311, § 1 UWG	79, 157	79, 117		Kindergarten-Malwettbewerb
14. 11.	X ZR 11/75		6, § 406 ZPO	79, 271		79, 720	Schaumstoffe
14. 11.	KZR 24/77	72, 371	2, § 100 GWB	79, 263		79, 490	Butaris
8. 12.	I ZR 56/77		19, SonderveranstaltungsAO	79, 406	79, 195	79, 1205	Mords-Preis-Gaudi
8. 12.	I ZR 57/77			79, 474	79, 197		10-Jahres Jubiläum
12. 12.	KZR 15/77		12, § 34 GWB				Genossenschaftsinstitut
12. 12.	KVR 6/77	73, 65	3, § 24 GWB	79, 256		79, 918	Strom und Gas
12. 12.	KZR 16/77					79, 1208	Bundeswehrheime
15. 12.	I ZR 40/77		319, § 1 UWG	79, 409	79, 360		Lippische Rundschau
19. 12.	VI ZR 137/77			79, 418		79, 647	Telefongespräch
1979							
17. 1.	KZR 1/78		34, § 26 II 2 GWB	79, 560	79, 445	79, 2152	Fernsehgeräte I (Nordmende)
17. 1.	VIII ZR 262/77		44, § 138 [Bb] BGB			72, 865	Tanzcafé
19. 1.	I ZR 166/76		12, § 823 [Ag] BGB	79, 332	79, 361	79, 916	Brombeerleuchte
19. 1.	I ZR 152/76						Fettglasur
24. 1.	VIII ZR 56/78		17, § 536 BGB	79, 431	79, 365	79, 1404	Konkurrenzschutz
26. 1.	I ZR 18/77		7, § 6 b UWG	79, 411	79, 298	79, 1890	Metro II

1941

Fundstellenverzeichnis BGH   1979

Dat.	AktZ	BGHZ	LM, Nr. zu §	GRUR	WRP	NJW	Schlagwort
26. 1.	I ZR 112/78		159, § 3 UWG	79, 415	79, 448	79, 1166	Cantil-Flasche
31. 1.	I ZR 21/77		318, § 1 UWG	79, 321	79, 300	79, 2611	Verkauf unter Einstandspreis (Mineralwasser)
6. 2.	VI ZR 46/77		53, § 823 [Ai] BGB	79, 425	79, 536	79, 2203	Fußballspieler
7. 2.	VIII ZR 279/77	73, 259				79, 1206	Barsortimenter
9. 2.	I ZB 23/77						Torch I
12. 2.	KVR 3/79						Valium II
16. 2.	I ZB 8/77		43, § 5 WZG	79, 468	79, 450		audio 1
23. 2.	I ZR 27/77			79, 637	79, 705	79, 2610	White Christmas
2. 3.	I ZB 3/77		44, § 5 VII WZG	79, 551	79, 451		lamod
2. 3.	I ZR 29/77			79, 568			Feuerlöschgerät
2. 3.	I ZR 46/77		79, § 16 UWG	79, 642	79, 629		Billich
6. 3.	KZR 12/78		11, § 34 GWB	79, 488	79, 453	79, 2247	Püff II
6. 3.	KZR 4/78			79, 650		80, 185	Erbauseinandersetzung
6. 3.	KRB 2/78			79, 649	79, 709		Möbelpreis
7. 3.	I ZR 45/77	74, 1	78, § 16 UWG	79, 470	79, 534	79, 2311	RBB/RBT
7. 3.	I ZR 89/79		36, § 1 ZugabeVO	79, 482	79, 456	80, 884	Briefmarken-Auktion
13. 3.	KVR 1/77		7, § 17 GWB	79, 490		79, 1411	Sammelrevers 74
13. 3.	KVR 8/77	74, 172		79, 653		79, 2105	Pfaff
13. 3.	KZR 23/77			79, 657		79, 1605	Ausscheidungsvereinbarung
13. 3.	KZR 25/77						IATA
13. 3.	KZR 4/77		33, § 26 GWB	79, 493	79, 458	79, 1412	Bücherbeschaffung
16. 3.	I ZR 39/77		320, § 1 UWG	79, 553	79, 460		Luxus-Ferienhäuser
23. 3.	I ZB 18/77		14, PVÜ	79, 549	79, 462	80, 521	Mepiral
23. 3.	I ZR 50/70		46, § 12 BGB	79, 564	79, 462	80, 280	Metallzeitung
6. 4.	I ZR 35/77		160, § 3 UWG	79, 716	79, 639		Kontinent-Möbel
6. 4.	I ZR 94/77		23, § 824 BGB	79, 804	79, 636	79, 2197	Falschmeldung
11. 4.	I ZR 118/77	74, 215	8, § 6 b UWG	79, 644	79, 539	79, 1889	Kaufscheinwerbung
7. 5.	II ZB 3/79					80, 127	Henrich
8. 5.	KVR 1/78	74, 359		79, 796	79, 707	79, 2401	Paritätische Beteiligung
8. 5.	KVR 13/78		35, § 26 II GWB	79, 792	79, 642	79, 2515	Modelbauartikel II
21. 5.	I ZR 117/77		17, § 1 GeschmMG	79, 705			Notizklötze
21. 5.	I ZR 109/77		7, HWG	79, 646		79, 1937	Klosterfrau-Melissengeist
25. 5.	I ZR 132/77	75, 7	46, § 15 WZG 52, § 25 WZG	79, 853	79, 780	79, 2400	Lila
25. 5.	I ZB 13/76		45, § 5 VII WZG	79, 707	79, 647		Haller I
29. 5.	KVR 2/78	74, 322		79, 790	79, 709	79, 2613	Organische Pigmente
29. 5.	KVR 4/78	79, 327			80, 35	79, 2517	Wohnanlage
1. 6.	I ZR 48/77						HSB
22. 6.	I ZR 70/77		322, § 1 UWG	79, 779	79, 711		Wert-Coupons
26. 6.	KZR 7/78		36, § 26 GWB	79, 731		79, 2154	Markt-Renner
26. 6.	KZR 25/78		7, § 38 BGB	79, 788	79, 782	80, 186	Anwaltverein
26. 6.	VI ZR 108/78		7, § 18 GWB	79, 732		79, 2205	Fußballtor
26. 6.	KZR 15/78						Metallhütte
29. 6.	I ZB 24/77	75, 150	47, § 5 WZG	80, 52		80, 593	Contiflex
29. 6.	I ZR 65/76						Münzautomatenhersteller
6. 7.	I ZR 55/79			79, 807			Schlumpfserie
6. 7.	I ZR 96/77		163, § 3 UWG	80, 60	79, 853	80, 886	„10 Häuser erwarten Sie"
13. 7.	I ZR 128/77		161, § 3 UWG	79, 781	79, 715	79, 2245	„radikal gesenkte Preise"
13. 7.	I ZR 138/77		323, § 1 UWG	79, 859	79, 784	80, 700	Hausverbot II
13. 7.	I ZB 25/77		46, § 5 WZG	79, 856	79, 782		Flexiole
18. 9.	VI ZR 140/78			80, 67	80, 68		Verfolgungsschicksal
24. 9.	KZR 14/78		32, § 9 PatG		80, 196		Fullplastverfahren
24. 9.	KZR 16/78						„robbe-Modellsport"
24. 9.	KZR 20/78		37, § 26 GWB	80, 125			Modellbauartikel II
28. 9.	I ZB 2/78		29, § 4 WZG	80, 173	79, 855	80, 1279	Fürstenthaler
28. 9.	I ZR 69/77		164, § 3 UWG	80, 108	80, 72	80, 288	„... unter empf. Preis"
28. 9.	I ZR 125/75		325, § 1 UWG	80, 110	80, 74		Torch
28. 9.	I ZR 139/77		22, SonderveranstaltungsAO	80, 112		80, 342	Sensationelle Preissenkungen
28. 9.	I ZR 146/77	75, 172	80, § 16 UWG	80, 114	80, 70	80, 522	Concordia
5. 10.	I ZR 133/77		8, HMWG	80, 119	80, 76	80, 639	Ginseng
5. 10.	I ZR 140/77		13, § 14 UWG	80, 116		80, 941	Textildrucke
19. 10.	I ZB 5/78		30, § 4 II 1 WZG	80, 106		80, 1391	Prazepamin
23. 10.	KZR 19/78		38, § 266 BGB	80, 180	80, 78	80, 941	Fernsehgeräte II
23. 10.	KZR 21/78		10, § 32 ZPO	80, 130		80, 1224	BMW-Importe
23. 10.	KVR 3/78		5, § 24 GWB	80, 253	80, 136	80, 1389	Zementmahlanlage II
23. 10.	KZR 22/78		10, § 15 GWB	80, 249		80, 1046	Berliner Musikschule
9. 11.	I ZR 24/78		329, § 1 UWG	80, 241	80, 253	80, 1843	Rechtsschutzbedürfnis
9. 11.	I ZR 162/77		327, § 1 UWG	80, 176	80, 139		Fährbetrieb
13. 11.	KZR 1/79		326, § 1 UWG	80, 242	80, 200		Denkzettel-Aktion
23. 11.	I ZR 60/77		328, § 1 UWG	80, 296	80, 325		Konfektions-Stylist
27. 11.	VI ZR 148/78		67, § 823 (AH)	80, 259		80, 994	Wahlkampfillustrierte

1980 Fundstellenverzeichnis BGH

Dat.	AktZ	BGHZ	LM, Nr. zu §	GRUR	WRP	NJW	Schlagwort
30. 11.	I ZR 148/77		166, § 3 UWG	80, 299	80, 327		Keller-Geister
30. 11.	I ZR 1/78			80, 302	80, 483		Rohstoffgehaltsangabe in Versandhandelsanzeige
7. 12.	I ZR 157/77		4, § 2 UrhG				
11. 12.	KZR 25/79			80, 329			Rote Liste
14. 12.	I ZR 29/78		332, § 1 UWG	80, 790	80, 392	80, 1690	Werbung am Unfallort III
14. 12.	I ZR 36/78		331, § 1 UWG	80, 246		80, 1337	praxiseigenes Zahnersatzlabor
14. 12.	I ZR 44/78		82, § 16 UWG	80, 247	80, 537		Capital-Service
18. 12.	KVR 2/79	76, 55		80, 734	80, 394	80, 1381	Anzeigenmarkt
18. 12.	KZR 16/79						Vertriebsbindung
19. 12.	I ZR 130/77			80, 235	80, 141		Play-family
19. 12.	I ZB 4/78		48, § 5 WZG	80, 289			Trend
1980							
16. 1.	I ZR 25/78		335, § 1 UWG	80, 304	80, 328	80, 1388	Effektiver Jahreszins
23. 1.	II ZR 30/79			81, 428			Unternehmensbetreuung
25. 1.	I ZR 10/78		167, § 3 UWG	80, 307	80, 330		Preisgegenüberstellung III
5. 2.	VI ZR 174/78		69, § 823 [Ah] BGB	80, 309	80, 401	80, 1685	Straßen- und Autolobby
5. 2.	KZR 13/79		12, § 140 BGB	80, 807	80, 538	80, 2517	Spielautomat
8. 2.	I ZR 145/76		333, § 1 UWG	80, 793	80, 485		Wein-Wiege Aktion
8. 2.	I ZR 159/77						Dugena/Eduscho
8. 2.	I ZR 22/78		23, SonderveranstaltungsAO	80, 724	80, 255	80, 1793	Grand Prix
8. 2.	I ZR 58/78		24, SonderveranstaltungsAO	80, 722	80, 540		Einmalige Gelegenheit
8. 2.	X ZR 46/78			81, 422			Orion Swiss
12. 2.	KVR 3/79	76, 142	10, § 22 GWB	80, 742	80, 259	80, 1164	Valium II
12. 2.	KZR 7/79		17, § 20 GWB	80, 750	80, 403	80, 1338	Pankreaplex II
12. 2.	KZR 8/79	77, 1	15, § 34 GWB	80, 747	80, 485	80, 1529	Preisblätter II
27. 2.	I ZR 155/77		334, § 1 UWG	80, 800	80, 404	80, 2354	Schwerbeschädigtenhilfe e. V.
27. 2.	I ZR 8/78		337, § 1 UWG	80, 797	80, 541		Topfit Boonekamp
27. 2.	I ZR 41/78		336, § 1 UWG	80, 855		80, 910	Innenarchitektur
27. 2.	I ZR 64/78		168, § 3 UWG	80, 794	80, 406		Bundeszentrale für Fälschungsbekämpfung
24. 3.	KZR 17/79		14, § 34 GWB	80, 809	80, 547	81, 343	Schlossbrauerei
25. 3.	KZR 9/79		1, § 38 a GWB	80, 805	80, 545	81, 2574	Probier-Preis-Aktion
25. 3.	KZR 10/79		2, § 273 ZPO	80, 875	80, 544	80, 1848	Beweisantritt
26. 3.	I ZR 1/80		34, § 719 ZPO	80, 755	80, 551		Acrylstern
15. 4.	VI ZR 76/79		68, § 823 [Ah] BGB	80, 813		80, 1790	Familienname
22. 4.	KZR 20/79		22, § 1 GWB	80, 866	80, 616		Sortimentsabgrenzung
22. 4.	KZR 4/79		23, § 1 GWB	80, 940	80, 551	80, 2813	Taxi-Besitzer-Vereinigung
9. 5.	I ZR 76/78		339, § 1 UWG	80, 858	80, 617	80, 2018	Asbestimporte
6. 6.	I ZR 97/78		171, § 3 UWG	81, 71	81, 18		Lübecker Marzipan
13. 6.	I ZR 96/78		24, § 91 ZPO	80, 1074		81, 224	Aufwendungsersatz
18. 6.	VIII ZR 185/79		55, § 459 BGB			80, 2127	„fabrikneu"
24. 6.	KVR 6/79	77, 366	6, § 3 GWB	80, 1080	80, 689	81, 119	Kanalguss
24. 6.	KVR 5/79	77, 279	11, § 22 GWB	80, 1012	80, 686	80, 2583	Hydrostatischer Antrieb
24. 6.	KZR 12/79		8, § 554 b ZPO			81, 55	
27. 6.	I ZB 5/79		49, § 5 WZG	80, 1075		81, 637 L	Frisium
27. 6.	I ZR 123/78		1, BäckereiArbeitszeitG		81, 138		Backwaren-Nachttransporte
27. 6.	I ZR 70/78			81, 66			„MAN/G-mann"
4. 7.	I ZR 56/78		9, § 6 WZG	81, 53			Arthrexforte
4. 7.	I ZR 120/78		8, § 9 a UWG	80, 1000	80, 621		10-Jahres-Jubiläum II
8. 7.	VI ZR 177/78	78, 24		80, 1090		80, 2807	Das Medizin-Syndikat I
8. 7.	VI ZR 158/78		70, § 823 (A) BGB	80, 1099		80, 2810	Das Medizin-Syndikat II
8. 7.	VI ZR 159/78	78, 9		80, 1105		80, 2801	Das Medizin-Syndikat III
8. 7.	VI ZR 176/78	78, 22		81, 80		80, 2813	Das Medizin-Syndikat IV
10. 7.	III ZR 160/78	78, 41		80, 1007	81, 27	80, 270	Innerörtliche reine Reklamefahrten
11. 7.	I ZR 105/78		170, § 3 UWG	81, 69	81, 21		Alterswerbung für Filialen
14. 7.	KRB 6/79						markt-intern Informationsdienste
26. 9.	I ZR 19/78		23, § 11 WZG	81, 57		81, 233 L	„Jena"
26. 9.	I ZR 69/78		17, § 16 WZG	81, 60			Sitex
1. 10.	I ZR 142/78		172, § 3 VWG	81, 137	81, 86		Tapetenpreisempfehlung
1. 10.	I ZR 174/78		18, § 16 GWB	81, 277			Biene Maja
7. 10.	KZR 25/79	78, 190	7, § 25 GWB	81, 208	81, 88	81, 634	Rote Liste
7. 10.	KZR 8/80				81, 202		Stellenanzeige
10. 10.	I ZR 121/78		343, § 1 UWG	81, 202	81, 91		RAMA-Mädchen
10. 10.	I ZR 108/78		26, SonderveranstaltungsAO	81, 284	81, 141		Pelz-Festival

Fundstellenverzeichnis BGH   1981

Dat.	AktZ	BGHZ	LM, Nr. zu §	GRUR	WRP	NJW	Schlagwort
17. 10.	I ZR 132/78		340, § 1 UWG	81, 140	81, 23		Flughafengebühr
17. 10.	I ZR 8/79		344, § 1 UWG	81, 282	81, 203		Apothekenbotin
17. 10.	I ZR 185/79		345, § 1 UWG	81, 280	81, 205		Apothekenbegünstigung
24. 10.	I ZR 74/78		173, § 3 UWG	81, 206	81, 93		4 Monate Preisschutz
24. 10.	I ZR 114/78		27, Sonderveranstal-tungsAO	81, 279	81, 143		„Nur drei Tage"
4. 11.	KRB 3/80						ARA
7. 11.	I ZR 160/78	79, 99	7, LadenschlussG	81, 424	81, 207	81, 1514	Tag der offenen Tür II
14. 11.	I ZR 134/78			81, 142			Kräutermeister
14. 11.	I ZR 138/78		341, § 1 UWG	81, 286	81, 265		Goldene Karte I
14. 11.	I ZR 181/78		34, § 1 II RabattG	81, 290	81, 267		Goldene Karte II
14. 11.	I ZR 23/79		346, § 1 UWG	81, 289	81, 209	81, 1272	Kilopreise
28. 11.	I ZR 182/78		17, § 945 ZPO	81, 295	81, 269	81, 2579	Fotoartikel
2. 12.	KVR 1/80	79, 62	12, § 22 GWB	81, 365	81, 310	81, 1786	Strebausbauanlagen
2. 12.	KZR 5/80		36, § 839 [K] BGB	81, 292	81, 270	81, 636	Heil- und Kostenpläne
5. 12.	I ZR 179/78		13, § 242 (Cb) BGB	81, 447	81, 319	81, 1955	Abschlussschreiben
12. 12.	I ZR 158/78		354, §§ 1, 3 UWG	81, 654	81, 454	81, 2413	Testpreiswerbung
19. 12.	I ZR 157/78			81, 435			„56 Pfund abgenommen"
1981							
16. 1.	I ZR 29/79	79, 390	11, StberG	81, 596	81, 380	81, 2519	Apotheken-Steuerberatungsgesellschaft
16. 1.	I ZR 140/78		19, § 16 WZG	81, 362			Aus der Kurfürst- Quelle
20. 1.	VI ZR 162/79		65, Art. 5 GG	81, 437		81, 1089	Der Aufmacher I
20. 1.	VI ZR 163/79		73, § 823 (Ak) BGB	81, 441		81, 1366	Der Aufmacher II
23. 1.	I ZR 30/79	79, 239	342, § 1 UWG	81, 428	81, 317	81, 873	Unternehmensbetreuung
23. 1.	I ZR 48/79		351, § 1 UWG	81, 517	81, 514	81, 2252	Rollhocker
27. 1.	KVR 4/80	80, 43	11, § 15 GWB	81, 605	81, 314	81, 2052	Garant-Lieferprogramm
28. 1.	IV b ZR 581/80	79, 265				81, 914	Vierte Partei
30. 1.	I ZR 144/79		1, KaffeeVO	81, 433	81, 384		Monte-Maro
13. 2.	I ZR 63/79		31, § 13 I UWG	81, 529	81, 385	81, 1616	Rechtsberatungsanschein
13. 2.	I ZR 111/78			81, 535			Wirtschaftsprüfervorbehalt
27. 2.	I ZR 75/79		347, § 1 UWG	81, 655	81, 456		Laienwerbung für Makleraufträge
27. 2.	I ZR 78/79		83, § 16 UWG	81, 591	81, 517		Gigi-Modelle
13. 3.	V ZR 35/80						Vertragsbruch
20. 3.	I ZR 1/79		174, § 3 UWG	81, 656			Schlangenzeichen
20. 3.	I ZR 10/79		352, § 1 UWG	81, 658	81, 457	81, 2304	Preisvergleich
24. 3.	KZR 2/80		43, § 26 II GWB	81, 610		81, 2355	SB-Verbrauchermarkt
24. 3.	KZR 18/80			81, 612	81, 460		Fernsicht
3. 4.	I ZR 72/79		20, § 16 WZG	81, 592			Champione du Monde
3. 4.	I ZR 41/80		348, § 1 UWG	81, 665	81, 573	81, 2008	Knochenbrecherin
10. 4.	I ZR 162/79		175, § 3 UWG	81, 666	81, 518		Ungarische Salami
28. 4.	VI ZR 80/79		2, Bay. BerufsO f. Ärzte			81, 2017	Orthopäde
5. 5.	VI ZR 184/79			81, 616		81, 2117	Abgeordnetenprivileg
5. 5.	KZR 9/80						Ganser-Dahlke
13. 5.	I ZR 144/79		176, § 3 UWG	81, 670	81, 575		Gemeinnützig
22. 5.	I ZR 85/79		349, § 1 UWG	81, 746	81, 576		Ein-Groschen-Werbeaktion
22. 5.	I ZB 3/80		32, § 4 II Nr. 1 WZG	82, 49			Insulin-Semitard
22. 5.	I ZB 7/80		31, § 4 WZG	81, 910			Der größte Biermark der Welt
26. 5.	KZR 16/80		12, § 15 GWB	81, 836	82, 87		Bundeswehrheime
26. 5.	KZR 22/80	80, 371	44, § 26 GWB	81, 752	81, 520	81, 2701	Privatgleisanschluss
26. 5.	KZR 25/80			81, 675			Brunnenhof
26. 5.	KZR 26/80		6, § 99 GWB	81, 838	82, 145		Gruppenpauschalreise
26. 5.	KRB 1/81						Ölbrenner II
26. 5.	KZR 31/80						Pilskate
15. 6.	VIII ZR 166/80	81, 46	6, § 549 BGB			81, 2246	Tankstelle
16. 6.	KVZ 3/80	81, 53	1, § 74 GWB	81, 640	81, 578	81, 2460	Levis Jeans-Supermarkt
19. 6.	I ZR 100/79			81, 823	82, 207	81, 2811	Ecclesia-Versicherungsdienst
19. 6.	I ZR 107/79		350, § 1 UWG	81, 748	81, 580		Leserstrukturanalyse
22. 6.	KVR 5/80						Tonolli-Blei- und Silberhütte Braubach
22. 6.	KVR 7/80	81, 56	1, § 44 GWB	81, 762	81, 633	81, 2699	Transportbeton – Sauerland
26. 6.	I ZR 71/79		355, § 1 UWG	81, 827	81, 636	81, 2752	Vertragswidriger Testkauf
26. 6.	I ZR 73/79	81, 75	32, Art. 9 GG	81, 846		81, 2402	Rennsport-Gemeinschaft
30. 6.	KZR 11/80		26, § 26 II GWB	81, 767 82, 744	81, 638	81, 2357	Belieferungsunwürdige Verkaufsstätten I
30. 6.	KZR 19/80			81, 917			adidas

Dat.	AktZ	BGHZ	LM, Nr. zu §	GRUR	WRP	NJW	Schlagwort
3. 7.	I ZR 84/79	81, 291	358, § 1 UWG	82, 53	82, 17	82, 335	Bäckerfachzeitschrift
3. 7.	I ZR 127/79	81, 130	357, § 1 UWG	81, 831	82, 19	81, 2517	Grippewerbung
10. 7.	I ZR 77/79		3, § 9 UWG	81, 833	81, 643	81, 2754	Alles 20% billiger
10. 7.	I ZR 96/79	81, 247	356, § 1 UWG	81, 835	81, 642	81, 2573	Getarnte Werbung I
10. 7.	I ZR 124/79		53, § 3 UWG	82, 51			Rote-Punkt-Garantie
16. 9.	VIII ZR 161/80			81, 919			Vertraglich vereinbarter Konkurrenzschutz
18. 9.	I ZR 11/80		80, § 24 WZG	82, 111	82, 214		Original-Maraschino
22. 9.	KVR 8/80	81, 322	45, § 26 GWB	82, 60	82, 147	82, 46	Original-VW-Ersatzteile II
29. 9.	KVR 2/80	82, 1	10, §§ 24 I, 22 I GWB	82, 126	82, 203	82, 337	Straßenverkaufszeitungen
2. 10.	I ZR 116/79		28, SonderveranstaltungsAO	82, 56	82, 22		Sommerpreis
7. 10.	III ZR 229/80	82, 21					Tagespreis
16. 10.	I ZB 10/80 (BPatG)		33, § 4 II Nr. 1 WZG				Zahl 17
16. 10.	I ZR 45/80		11, HWG	82, 124	82, 211	82, 702	Vegetative Dystonie
23. 10.	I ZR 62/79		11, § 2 UrhG	82, 305			Büromöbelprogramm
30. 10.	I ZR 93/79		56, Art 5 GG	82, 234	82, 259	82, 637	Großbanken-Restquoten
30. 10.	I ZR 149/77		181, § 3 UWG	82, 423	82, 405		Schlossdoktor/ Klosterdoktor
30. 10.	I ZR 156/79	82, 138	359, § 1 UWG	82, 118	82, 88	82, 236	Kippdeckeldose
30. 10.	I ZR 7/80	82, 152	48, §§ 15, 24 WZG	82, 115	82, 217 L		Öffnungshinweis
3. 11.	KZR 33/80					82, 2000	Holzpaneele
6. 11.	I ZR 164/69		182, § 3 UWG	82, 374	82, 266		Ski-Auslaufmodelle
6. 11.	I ZR 158/79		363, § 1 UWG	82, 311	82, 264	82, 1331	Berufsordnung für Heilpraktiker
13. 11.	I ZR 2/80		364, § 1 UWG	82, 239	82, 319		Allgemeine Deutsche Steuerberatungsgesellschaft
13. 11.	I ZR 40/80		365, § 1 UWG	82, 236	82, 268	82, 825	Realkredite
24. 11.	X ZR 7/80	82, 299		82, 301		82, 1154	Kunststoffhohlprofil II
24. 11.	VI ZR 164/79			82, 181			Tonbandaufnahme II
24. 11.	X ZR 36/80	82, 310		82, 286			Fersenabstützvorrichtung
27. 11.	I ZR 194/79			82, 417	82, 321		Ranger
1. 12.	KRB 3/79		25, § 1 GWB	82, 244			Mixbeton
1. 12.	KRB 5/79	82, 332 30, 270 (St)	24, § 1 GWB	82, 248	82, 322	82, 938	Baustoffhändler
1. 12.	VI ZR 200/80		76, § 823 (Ah) BGB	82, 183		82, 635	Rudimente der Fäulnis
1. 12.	KZR 37/80	82, 238	47, § 26 GWB	82, 187	82, 324	82, 644	Dispositionsrecht
4. 12.	I ZR 9/80		4, § 9 UWG	82, 241	82, 218	82, 1393	Sonderangebot in der Karenzzzeit
11. 12.	I ZR 150/79		366, § 1 UWG	82, 313	82, 326	82, 1330	Rezeptsammlung für Apotheker
17. 12.	X ZR 71/80	82, 369	5, § 18 UWG	82, 225		82, 937	Straßendecke II
18. 12.	I ZR 198/79		184, § 3 UWG	82, 242	82, 270		Anforderungsschecks für Barauszahlungen
18. 12.	I ZR 34/80	82, 375	154, § 13 GVG	82, 425		82, 2117	Brillen-Selbstabgabestellen I
18. 12.	I ZR 116/80						Brillen-Selbstabgabestellen II
1982							
9. 1.	I ZR 180/79			82, 229			Klix/Klick
15. 1.	V ZR 50/81	83, 12	25, § 91 ZPO			82, 1598	Erledigung der Hauptsache
27. 1.	I ZR 61/80	83, 52	84, § 16 UWG	82, 431	82, 407	82, 2255	POINT
9. 2.	VI ZR 123/80		77, § 823 (Ah) BGB	82, 318		82, 1805	Schwarzer Filz
10. 2.	I ZR 65/80		185, § 3 UWG	82, 491	82, 409		Möbel-Haus
16. 2.	KVR 1/81			82, 439	82, 456		Münchener Anzeigenblätter
18. 2.	I ZR 23/80			82, 563	82, 459		Betonklinker
25. 2.	I ZR 175/79			82, 433	82, 460	82, 2125	Kinderbeiträge
25. 2.	I ZR 4/80			82, 419			Noris
4. 3.	I ZR 30/80			82, 493	82, 411	82, 1877	Sonnenring
4. 3.	I ZR 19/80			82, 489	82, 518	82, 2774	Korrekturflüssigkeit
11. 3.	I ZR 39/78			82, 495	82, 463		Domgarten-Brand
11. 3.	I ZR 71/80		186, § 3 UWG	82, 437	82, 413	82, 1596	Test Gut
11. 3.	I ZR 58/80		89, § 31 WZG	82, 420			BBC/DDC
23. 3.	KZR 18/81	82, 234	13, § 15 GWB		82, 578	82, 2067	Mendener Hof
23. 3.	KZR 5/81	83, 251	1, § 15 PatG				Veräußerungsmittel
23. 3.	KZR 28/80	83, 238	48, § 26 GWB	82, 576	82, 520	82, 1759	Meierei-Zentrale

Fundstellenverzeichnis BGH   1983

Dat.	AktZ	BGHZ	LM, Nr. zu §	GRUR	WRP	NJW	Schlagwort
22. 4.	I ZR 66/80			82, 677	82, 632	83, 171	Unentgeltliche Übernahme der Preisauszeichnung
29. 4.	I ZR 111/80			82, 564	82, 570		Elsässer Nudeln
29. 4.	I ZR 70/80			82, 613	82, 573	82, 2317	Buchgemeinschafts- Mitgliedsausweis
6. 5.	I ZR 94/80			82, 672			Aufmachung von Qualitätsseifen
6. 5.	I ZR 102/80			82, 679	82, 575	83, 45	Planungsbüro
13. 5.	I ZR 40/80						Form-Möbel
13. 5.	I ZR 205/80			82, 688	82, 634	83, 167	Seniorenpass
18. 5.	KZR 15/81	84, 125	19, § 34 GWB	82, 635	82, 640	82, 2871	Vertragszweck
18. 5.	KVR 6/81	84, 118	7, § 3 GWB	82, 585	82, 524	82, 2319	RUV
18. 5.	KVR 3/81		4, § 5 GWB	82, 581	82, 637		Steinbruchunternehmen
19. 5.	I ZR 122/80	84, 130		82, 615	82, 526	82, 2502	Flughafen-Verkaufsstellen
27. 5.	I ZR 49/80			82, 618	82, 576	82, 2605	Klinik-Prospekt
27. 5.	I ZR 35/80			82, 681	82, 642		Skistiefel
8. 6.	VI ZR 139/80	84, 237		82, 627		83, 1194	Satirisches Gedicht
9. 6.	I ZR 87/80			82, 684	82, 645	82, 2606	Arzneimittel- Preisangaben
9. 6.	I ZR 96/80			82, 737	83,16	83, 169	Eröffnungsrabatt
22. 6.	VI ZR 251/80		78, § 823 (Ah) BGB	82, 631		82, 2246	Klinikdirektoren
22. 6.	VI ZR 225/80		79, § 823 (Ah) BGB	82, 633	83, 21	82, 2248	Geschäftsführer
24. 6.	I ZR 62/80		49, § 31 WZG	82, 611			Prodont
24. 6.	I ZR 108/80			82, 685	82, 648		Ungarische Salami II
29. 6.	KVR 5/81	84, 320	2, § 72 GWB	82, 691	83, 88	82, 2775	Anzeigenraum
29. 6.	KZR 19/81	84, 322	20, § 34 GWB	82, 638		82, 2872	Laterne
29. 6.	KVR 7/81						Braun/Almo
8. 7.	I ZR 110/80		84, § 24 WZG	83, 177			Aqua King
22. 9.	VIII ZR 215/79			83, 41			Butterreinfett
28. 9.	KVR 8/81		9, § 23 GWB	83, 38	83, 89	83, 818	Zeitungsverlag
29. 9.	I ZR 88/80	85, 84	380, § 1 UWG	83, 120	83, 145	83, 569	ADAC-Verkehrsrechtsschutz
29. 9.	I ZR 25/80		194, § 3 UWG	83, 32	83, 203		Stangenglas I
7. 10.	I ZR 93/80		378, § 1 UWG	83, 34	83, 205		Bestellschreiben
7. 10.	I ZR 120/80		38, § 1 ZugabeVO	83, 127	83, 91	83, 941	Vertragsstrafe- versprechen
14. 10.	I ZR 81/81			83, 129	83, 207	83, 1061	Mischverband
19. 10.	KZR 31/81		3, § 100 GWB	83, 78	83, 93		Erzeugerbetrieb
9. 11.	KZR 5/82					83, 2261	Insertionsverträge
9. 11.	KZR 26/81		22, § 34 GWB	83, 138	83, 152	83, 1493	Ingenieur-Vertrag
11. 11.	I ZR 126/80		381, § 1 UWG	83, 130	83, 154	83, 993	Lohnsteuerhilfe- Bundesverband
11. 11.	I ZB 15/81		34, § 4 WZG	83, 243			BEKA Robusta
19. 11.	I ZR 99/80		383, § 1 UWG	83, 179	83, 209	84, 239	Stapel-Automat
25. 11.	I ZR 130/80			83, 182	83, 261	83, 2382	Concordia-Uhren
25. 11.	I ZR 145/80		195, § 3 UWG	83, 245	83, 260		„naturrot"
2. 12.	I ZR 121/80		12, § 9a UWG	83, 186	83, 264	83, 1060	Wiederholte Unterwerfung I
2. 12.	I ZR 106/80		379, § 1 UWG	83, 184	83, 266		Eine Fülle von Sonderangeboten
9. 12.	I ZR 133/80	86, 90	385, § 1 UWG	83, 247	83, 268	83, 1431	Rolls-Royce
16. 12.	I ZR 163/80		387, § 1 UWG	83, 374	83, 387	83, 1737	Spendenbitte
16. 12.	I ZR 155/80			83, 443	83, 385	83, 1558	Kfz-Endpreis

1983

Dat.	AktZ	BGHZ	LM, Nr. zu §	GRUR	WRP	NJW	Schlagwort
20. 1.	I ZR 13/81		384, § 1 UWG	83, 249	83, 328	83, 2085	Apothekenwerbung
20. 1.	I ZR 183/80	86, 277	388, § 1 UWG	83, 333	83, 337	83, 2087	Grippewerbung II
20. 1.	I ZR 167/80		386, § 1 UWG	83, 332	83, 330	83, 1431	Hausfrauenkredite
25. 1.	KVZ 1/82			83, 198		83, 1911	Auskunftsbescheid
27. 1.	I ZR 141/80		39, § 1 ZugabeVO	83, 252	83, 335	83, 1328	Diners-Club
27. 1.	I ZR 160/80			83, 262	83, 339	83, 1184	UWE
27. 1.	I ZR 177/80		390, § 1 UWG	83, 377	83, 484		Brombeer Muster
27. 1.	I ZR 179/80		196, § 3 UWG	83, 335			Trainingsgerät
2. 2.	I ZR 191/80		199, § 3 UWG	83, 254	83, 390	83, 1327	Nachhilfeunterricht
2. 2.	I ZR 199/80		197, § 3 UWG	83, 256	83, 389		Sauerteig
10. 2.	I ZR 170/80		382, § 1 UWG	83, 257	83, 391		bis zu 40%
17. 2.	I ZR 194/80		38, § 13 UWG	83, 379	83, 395	83, 1559	Geldmafiosi
17. 2.	I ZR 203/80		395, § 1 UWG	83, 393	83, 393	83, 2634	Novodigal/temagin
24. 2.	I ZR 16/81		7, SchlussverkaufsVO	83, 383	83, 400	84, 176	Stündlich neue Angebote
24. 2.	I ZR 207/80			83, 467	83, 398	83, 2195	Photokina
8. 3.	KZR 1/82		50, § 26 GWB	83, 396	83, 401		Modellbauartikel III
17. 3.	I ZR 198/80		397, § 1 UWG	83, 448	83, 487	84, 175	Sonderangebote außerhalb der Karenzzeit
14. 4.	I ZR 173/80		16, HWG	83, 595	83, 551	83, 2633	Grippewerbung III
21. 4.	I ZR 15/81		203, § 3 UWG	83, 582	83, 553	83, 2505	Tonbandgerät

1984 Fundstellenverzeichnis BGH

Dat.	AktZ	BGHZ	LM, Nr. zu §	GRUR	WRP	NJW	Schlagwort
21. 4.	I ZR 28/81		17, HWG	83, 597	83, 608	83, 2636	Kneipp-Pflanzensaft
21. 4.	I ZR 30/81		391, § 1 UWG	83, 451	83, 403	83, 2447	Ausschank unter Eichstrich I
21. 4.	I ZR 201/80			83, 602	83, 609	83, 2143	Vertragsstraferückzahlung
28. 4.	I ZR 202/80		392, § 1 UWG	83, 585	83, 611		Gewindeschneidemaschine
28. 4.	I ZR 52/81			83, 764			Haller II
5. 5.	I ZR 46/81		205, § 3 UWG	83, 650	83, 613		Kamera
5. 5.	I ZR 47/81		393, § 1 UWG	83, 651	83, 615	83, 2381 (L)	Feingoldgehalt
5. 5.	I ZR 49/81		204, § 3 UWG	83, 512	83, 489		Heilpraktikerkolleg
11. 5.	I ZR 64/81		210, § 3 UWG	84, 467	84, 62		Das unmögliche Möbelhaus
11. 5.	I ZR 68/81		394, § 1 UWG	83, 587	83, 663	83, 2144	Letzte Auftragsbestätigung
19. 5.	I ZR 55/81		211, § 3 UWG	83, 588	83, 555	84, 1106	Überall Westfalenblatt
19. 5.	I ZR 77/81		212, § 3 UWG	83, 777	83, 665	84, 52	Möbelkatalog
1. 6.	I ZR 103/81		18, HWG	83, 599	83, 617	83, 2637	Ginseng-Präparate
1. 6.	I ZR 78/81		79, § 242 (Ba) BGB	84, 72	84, 14		Vertragsstrafe für versuchte Vertreterabwerbung
9. 6.	I ZR 73/81		12, § 239 ZPO	83, 775	83, 667	84, 668	Ärztlicher Arbeitskreis
9. 6.	I ZR 106/81		207, § 3 UWG	83, 654	83, 668		Kofferschaden
23. 6.	I ZR 75/81		400, § 1 UWG	83, 658	83, 556	83, 2705	Hersteller – Preisempfehlung in Kfz-Händlerwerbung
23. 6.	I ZR 109/81		208, § 3 UWG	83, 661	83, 559	83, 2703	Sie sparen 4000,– DM
30. 6.	I ZR 164/80			83, 682	83, 672		Fach-Tonband-Kassetten
30. 6.	I ZR 96/81			83, 768			Capri-Sonne
7. 7.	I ZR 113/81		401, § 1 UWG	83, 665	83, 674	83, 2707	qm-Preisangaben
7. 7.	I ZR 119/81		213, § 3 UWG	83, 779	83, 675	84, 174 (L)	Schuhmarkt
14. 7.	I ZR 67/81		402, § 1 UWG	83, 781	83, 619	84, 51	Buchklub-Vorspannangebot
22. 9.	I ZR 166/81		403, § 1 UWG	84, 129	84, 134		shop-in-the-shop I
22. 9.	I ZR 108/81		405, § 1 UWG	84, 376	84, 254		Johannisbeer-Konzentrat
4. 10.	KVR 2/82	88, 273	12, §§ 23, 24, 70 GWB	84, 227	84, 17	84, 2886	Elbe-Wochenblatt
4. 10.	KVR 3/82	88, 284	14, §§ 22 II, 24 GWG	84, 150	84, 64, 192	84, 2700	Gemeinschaftsunternehmen für Mineralölprodukte
6. 10.	I ZR 39/83		409, § 1 UWG	84, 204	84, 136	84, 1618	Verkauf unter Einstandspreis II
13. 10.	I ZB 3/82		35, § 4 WZG				„Msi" Data Corp
13. 10.	I ZR 138/81		406, § 1 UWG	84, 282	84, 256		Telekonverter
20. 10.	I ZR 130/81		412, § 1 UWG	84, 283	84, 258		Erbenberatung
25. 10.	KZR 27/82		4, § 91 GWB	84, 296	84, 193	84, 1355	Vereins-Schiedsklausel
27. 10.	I ZR 146/81		404, § 1 UWG	84, 210	84, 194		AROSTAR
27. 10.	I ZR 148/81			84, 378	84, 376		Hotel Krone
27. 10.	I ZR 151/81		214, § 3 UWG	84, 212	84, 139		unechter Einzelpreis
27. 10.	III ZR 126/82	89, 1		84, 473		84, 2220	Abwrackfonds
8. 11.	I BvR 1249/81			84, 276	84, 128		PrAngVO
10. 11.	I ZR 107/81		9, SchlussverkaufsVO	84, 285	84, 196	84, 1687	WSV
10. 11.	I ZR 125/81		51, § 15 WZG	84, 530		84, 1295 84, 2036 (Anm. Reich)	Valium-Roche
10. 11.	I ZR 158/81		407, § 1 UWG	84, 453	84, 259		Hemdblusenkleid
15. 11.	VI ZR 251/82		83, § 823 (Ah) BGB	84, 231		84, 1102	Wahlkampfrede
17. 11.	I ZR 5/81	89, 78	408, § 1 UWG	84, 291	84, 261	84, 1406	Heilpraktikerwerbung III
17. 11.	I ZR 168/81		52, § 15 WZG	84, 352		84, 1298	Ceramix
22. 11.	KVR 2/83		12, § 38 GWB	84, 230	84, 142	84, 1354	Freistellungsmissbrauch
22. 11.	KZR 22/82	89, 88	12, § 96 GWB	84, 295	84, 198	84, 1464	Stangenlademagazine
22. 11.	KZR 29/83						Geschäftsraum Miete
23. 11.	VIII ZR 333/82			84, 298			Bierlieferungs- Nachfolgerklausel
24. 11.	I ZR 192/81		410, § 1 UWG	84, 214	84, 199	85, 62	Copy-Charge
24. 11.	I ZR 124/81		50, § 15 WZG	84, 354			Tina Spezial Versand II
1. 12.	I ZR 164/81		411, § 1 UWG	84, 292	84, 262	84, 1407	„THX"-Injektionen
8. 12.	I ZR 118/81		216, § 3 UWG	84, 455	84, 316		Französischer Brandy
8. 12.	I ZR 183/81	89, 178		84, 382	84, 264	84, 791	Anwaltsberatung
8. 12.	I ZR 189/81		9, LSchlG	84, 361	84, 202	84, 872	Hausfrauen-Info-Abend
13. 12.	KRB 3/83		10, § 38 GWB-StS	84, 379	84, 318		Bieter- und Arbeitsgemeinschaft
20. 12.	VI ZR 94/82	89, 198		84, 301	84, 377	84, 1104	Aktionärversammlung

1984

Dat.	AktZ	BGHZ	LM, Nr. zu §	GRUR	WRP	NJW	Schlagwort
19. 1.	I ZR 194/81		89, § 16 UWG	84, 545	84, 380	86, 56	Schamotte-Einsätze
26. 1.	I ZR 195/81		15, § 198 BGB	84, 820	84, 678	85, 1023	Intermarkt II

Fundstellenverzeichnis BGH 1984

Dat.	AktZ	BGHZ	LM, Nr. zu §	GRUR	WRP	NJW	Schlagwort
26. 1.	I ZR 227/81		222, 223, 224, § 3 UWG	84, 457	84, 382		„Deutsche Heilpraktikerschaft"
2. 2.	I ZR 4/82		414, § 1 UWG	84, 461	84, 321	85, 60	Kundenboykott
2. 2.	I ZR 190/81		413, § 1 UWG	84, 463	84, 386	85, 327	Mitmacher-Tour
2. 2.	I ZR 219/81			84, 465			Natursaft
7. 2.	VI ZR 193/82	90, 114	85, § 823 (Ah) BGB	84, 474		84, 1607	Bundesbahnplanungsvorhaben
9. 2.	I ZR 11/82		88, § 16 UWG	84, 471	84, 323		Gabor/Caber
16. 2.	I ZR 22/82				84, 388		Werbung eines Immobilienhändlers
22. 2.	I ZR 13/82		1, AMPreisVO	84, 748	84, 538	86, 1544	Apothekerspannen
22. 2.	I ZR 202/81		14, § 9a UWG	84, 590	84, 389	85, 3075	„Sonderangebote auf 3000 qm"
1. 3.	I ZR 8/82	90, 232	24, SteuerberatG	84, 540	84, 391	84, 2705	Lohnsteuerberatung I
1. 3.	I ZR 48/82		217, § 3 UWG	84, 737	84, 540		Ziegelfertigstürze
15. 3.	I ZR 74/82		218, § 3 UWG	84, 593	84, 394		adidas-Sportartikel
20. 3.	KVR 12/83		2, § 37 a GWB	84, 680	84, 463		Kaufmarkt
20. 3.	KZR 11/83						Strohgau-Wochenjournal
29. 3.	I ZR 41/82		15, § 9a UWG	84, 664	84, 396		Winterpreis
29. 3.	I ZR 69/82		219, § 3 UWG	84, 596	84, 398		Vorratskauf
29. 3.	KZR 28/83			84, 753			Heizkessel-Nachbau
4. 4.	I ZR 25/82			84, 597			vitra programm
4. 4.	I ZR 9/82		416, § 1 UWG	84, 665	84, 399	85, 1623	Werbung in Schulen
4. 4.	I ZR 222/81			84, 823			Charterfluggesellschaften
10. 4.	KZR 6/83		23, § 24 GWB	84, 610	84, 401		Kalktransporte
10. 4.	KZR 14/83						Korkschrot
10. 4.	KVR 8/83		4, § 62 II GWB	84, 607			Coop/Supermagazin
12. 4.	I ZR 45/82		42, § 683 BGB	84, 691	84, 405	84, 2525	Anwaltsabmahnung
12. 4.	I ZR 14/82						Steuerberaterkammer/ berufswidrige Gemeinschaftswerbung
17. 4.	VI ZR 246/82	91, 117	63, § 823 (Ai) BGB	84, 684	84, 465	84, 1956	„Mordoro"
15. 5.	KVR 11/83	91, 178	3, § 11 GWB	84, 682	84, 468	84, 2697	Wettbewerbsregeln
17. 5.	I ZR 5/82		52, § 5 WZG	84, 813			Ski-Delial
17. 5.	I ZR 73/82		36, Art 1 GG	84, 907	84, 681		Frischzellenkosmetik
22. 5.	VI ZR 105/82	91, 233	164, § 1004 BGB	84, 688	84, 470	84, 1886	AEG-Aktionär
23. 5.	I ZB 6/83	91, 262	9, § 10 WZG	84, 815		85, 2760	Indorektal
23. 5.	I ZR 140/82		220, § 3 UWG	84, 740	84, 542	84, 2365	Anerkannter Kfz-Sachverständiger
29. 5.	KZR 28/83						Stadler Kessel
20. 6.	I ZR 61/82		30, § 1 WZG	85, 41			REHAB
20. 6.	I ZR 60/82			84, 872			Wurstmühle
26. 6.	I ZR 73/79		32, Art 1 GG				Rennsportgemeinschaft
28. 6.	I ZR 93/82	92, 30	5, HdwO	85, 56	84, 684	84, 2883	Bestellter Kfz-Sachverständiger
5. 7.	I ZR 88/82		221, § 3 UWG	84, 741	84, 601		patented
9. 7.	KRB 1/84	92, 84	2, § 31 OWiG 75	84, 753	84, 544	84, 2372	Submissionsabsprache
12. 7.	I ZR 2/82		26, § 11 WZG	85, 46			IDEE-Kaffee
12. 7.	I ZR 123/82		32, § 315 BGB	85, 155		85, 191	Vertragsstrafe bis zu
12. 7.	I ZR 37/82		418, § 1 UWG	85, 58	85, 274	85, 1032	Mischverband II
12. 7.	I ZR 49/82		90, § 16 UWG	85, 72	84, 1549	85, 741	Consilia
20. 9.	I ZB 9/83		37, § 4 WZG	85, 383			BMW-Niere
2. 10.	KVR 5/83	92, 223	15, § 22 GWB	85, 311	85, 327	85, 1626	Gruner + Jahr-Zeit
2. 10.	KZR 17/82						Leichtmetallheizkörper
11. 10.	I ZB 14/83		53, § 5 WZG	85, 385			FLUOSOL
11. 10.	I ZR 137/82		11, § 6 b UWG	85, 292	85, 296	85, 916	Codekarte
17. 10.	I ZR 187/82		227, § 3 UWG	85, 140			Größtes Teppichhaus der Welt
25. 10.	I ZR 129/82		38, RabattG	85, 392		85, 975	Sparpackung
6. 11.	KVR 13/83		16, § 22 GWB	85, 318	85, 490	86, 846	Favorit
6. 11.	KZR 20/83		51, § 26 GWB	85, 321		86, 49	Kreditvermittlung
8. 11.	I ZR 206/80			85, 396			5 Sterne Programm
8. 11.	I ZR 128/82		424, § 1 UWG	85, 876		86, 381	Tchibo/Rolex I
22. 11.	I ZR 164/82		420, § 1 UWG	85, 305		85, 1397	THX-Krebsvorsorge
22. 11.	I ZR 101/82		91, § 16 UWG	85, 389	85, 550	86, 57	Familienname
22. 11.	I ZR 98/82		422, § 1 UWG	85, 881		85, 1624	Bliestal-Spiegel
29. 11.	I ZR 158/82	93, 96	423, § 1 UWG	85, 550		86, 379	Dimple
13. 12.	I ZR 107/82		135, § 256 ZPO	85, 571		86, 1815	Feststellungsinteresse
13. 12.	I ZR 71/83		425, § 1 UWG	85, 555			Abschleppseile
19. 12.	I ZR 148/82		19, § 945 ZPO	85, 397			Fotoartikel II
19. 12.	I ZR 133/82		10, § 17 UWG	85, 294	85, 365		Füllanlage
19. 12.	I ZR 79/83		421, § 1 UWG	85, 445			Amazonas
19. 12.	I ZR 181/82	93, 177	426, § 1 UWG	85, 447		85, 3018	Provisionsweitergabe

1985 Fundstellenverzeichnis BGH

Dat.	AktZ	BGHZ	GRUR	WRP	NJW	NJW-RR	Schlagwort
1985							
15. 1.	KZR 17/83		85, 986				Guten Tag Apotheke
17. 1.	I ZR 107/83		85, 926		85, 2762		topfitz/topfit
17. 1.	I ZR 172/82		85, 461	85, 338			Gefa/Gewa
22. 1.	KZR 4/84		85, 468	85, 340			Ideal-Standard
22. 1.	KZR 35/83		85, 394	85, 264	85, 2135		Technics
22. 1.	VI ZR 28/83		85, 398		85, 1617		Nacktfoto
24. 1.	I ZR 22/83		85, 973	85, 546			„DIN 2093"
24. 1.	I ZR 173/81		85, 450	85, 342			Benzinverbrauch
24. 1.	I ZR 16/83		85, 929	85, 690	85, 2949		Späterer Preis
29. 1.	VI ZR 130/83		85, 470		85, 1620		Mietboykott
29. 1.	X ZR 54/83	93, 327	85, 472		85, 1693		Thermotransformator
1. 2.	V ZR 244/83				85, 2423		Unterwerfungserklärung
12. 2.	VI ZR 225/83		86, 188		85, 1621		Türkeiflug
14. 2.	I ZR 20/83		85, 937	85, 404	85, 2021		Vertragsstrafe bis zu II
28. 2.	I ZR 7/83		85, 886	85, 406 85, 482 (Anm)			Cocktail-Getränk
28. 2.	I ZR 174/82		85, 883	85, 691			Abwehrblatt
7. 3.	I ZR 34/83		85, 975	85, 693	86, 318		Sparkassenverkaufsaktion
12. 3.	X ZR 3/84		85, 520	85, 407			Konterhauben-Schrumpfsystem
21. 3.	I ZR 190/82		85, 566	85, 410			Hydair
28. 3.	I ZR 111/82	94, 218	85, 970	85, 621, 626	86, 432		Shamrock I
28. 3.	I ZR 127/82		85, 978	85, 624, 626	86, 434		Shamrock II
28. 3.	I ZR 42/83		85, 936	85, 483	85, 2194 (LS)		Sanatorium II
3. 4.	I ZR 101/83		86, 325	85, 548			Peters
3. 4.	I ZB 17/84		85, 1052				LECO
3. 4.	I ZR 29/83		86, 79				Mietrechtsberatung
18. 4.	I ZR 155/83		85, 980	85, 484	85, 2333		Tennisschuhe
18. 4.	I ZB 4/84		85, 1053				ROAL
18. 4.	I ZR 220/83		85, 983	85, 628	85, 2950		Kraftfahrzeug-Rabatt
23. 4.	KRB 7/84						Sportartikelhandel
23. 4.	KVR 4/84		85, 933	85, 552		86, 1256	Schulbuch-Preisbindung
23. 4.	KRB 8/84						Nordmende
23. 4.	KRB 6/84						
24. 4.	I ZR 130/84		86, 93				Berufungssumme
2. 5.	I ZR 200/83		85, 932	85, 486	85, 2332		Veralteter Test
2. 5.	I ZB 8/84		85, 1055			86, 219	Datenverarbeitungsprogramm als „Ware"
2. 5.	I ZR 47/83		85, 939	85, 1118	86, 2701		Kalkulationshilfe
9. 5.	I ZR 52/83	94, 276	85, 1041		86, 192		Inkasso-Programm
9. 5.	I ZR 99/83		85, 1059	85, 555	85, 2895		Vertriebsbindung
5. 5.	I ZR 25/83		85, 1065	85, 141	86, 127		Erfüllungsgehilfe
23. 5.	I ZR 31/83		86, 81				Hilfsdienst für Rechtsanwälte
23. 5.	I ZR 18/83		85, 1063	85, 694		86, 33	Landesinnungsmeister
5. 6.	I ZR 127/83		86, 245				India-Gewürze
5. 6.	I ZR 77/83		86, 72				Tabacco d Harar
5. 6.	I ZR 151/83		86, 168				Darcy
25. 6.	KVR 3/84		86, 180	86, 26		86, 525	Edelstahlbestecke
25. 6.	KZR 31/84		86, 91	85, 705	86, 58		Preisabstandsklausel
4. 7.	I ZR 54/83		86, 316	85, 696			Urselters
4. 7.	I ZR 147/83		86, 1064	85, 698			Heilpraktikerbezeichnung
9. 7.	KZR 7/84		86, 87	85, 700			Preisbindungs-Treuhänder-Empfehlung
9. 7.	KZR 8/84		85, 988	85, 631		86, 336	Heizwerk
9. 7.	VI ZR 214/83	95, 212	86, 190		85, 2644		Wehrmachtsoffizier
11. 7.	I ZR 63/83		85, 982	85, 704	86, 319		Großer Werbeaufwand
11. 7.	I ZR 145/83		85, 1066		86, 133		Ausschlussfrist
26. 9.	I ZR 85/83		86, 252				Sportschuhe
26. 9.	I ZR 86/83		86, 248		87, 127		Sporthosen
26. 9.	I ZR 181/83		86, 253	86, 82		86, 196	Zentis/Säntis
1. 10.	KVR 6/84	96, 69	86, 556	86, 192	86, 1874		Mischwerke
10. 10.	I ZR 240/83		86, 318	86, 146		86, 395	Verkaufsfahrten
10. 10.	I ZR 135/83		86, 74	86, 142	86, 435 (LS)		Shamrock III
10. 10.	I ZR 170/83				86, 1432		
24. 10.	I ZR 209/83		86, 315			86, 396	COMBURTEST
29. 10.	KVR 1/84		86, 393	86, 198			Philip Morris/Rothmans
7. 11.	I ZR 105/83		86, 320	86, 201	86, 1347		Wettbewerbsverein I
7. 11.	I ZB 12/84		86, 380			86, 914	RE-WA-MAT
14. 11.	I ZR 168/83		86, 322	86, 202		86, 526	Unterschiedliche Preisankündigung

Fundstellenverzeichnis BGH   1986

Dat.	AktZ	BGHZ	GRUR	WRP	NJW	NJW-RR	Schlagwort
28. 11.	I ZR 152/83		86, 538			86, 783	Ola
1. 12.	KVR 2/84						Schwarzbuntzüchter
3. 12.	VI ZR 160/84		86, 330		86, 981		Wartentest III
5. 12.	I ZR 161/83		86, 322	86, 203		86, 584	Modemacher
10. 12.	KZR 2/85		86, 332	86, 204		86, 583	AIKIDO-Verband
10. 12.	KZR 22/85	96, 337	86, 397	86, 261	86, 1877	86, 589	Abwehrblatt II
12. 12.	I ZR 1/84		86, 402	86, 265	86, 2761		Fürstenberg
18. 12.	I ZR 122/83		86, 475	86, 267			Fernschreibkennung
18. 12.	I ZR 216/83		86, 469	86, 322	86, 2575		Stangenglas II
1986							
30. 1.	I ZR 170/83		86, 545	86, 373	86, 1432		Weichwährungsflugscheine
4. 2.	KZR 18/84				86, 2210 (L)		Schaumstoffplatten
4. 2.	KZR 33/84		86, 478	86, 375			Herstellerpreiswerbung
4. 2.	KRB 11/85		86, 561	86, 464	87, 266		Brancheninformationsdienst Augen-optik
6. 2.	I ZR 243/83		86, 673	86, 377		86, 1041	Beschlagprogramm
6. 2.	I ZR 98/84		86, 895	86, 541		87, 160	Notenstichbilder
20. 2.	I ZR 153/83		86, 668		86, 3025		Gebührendifferenz IV
20. 2.	I ZR 202/83		86, 618	86, 465		86, 973	Vorsatz-Fensterflügel
20. 2.	I ZR 149/83		86, 615	86, 324	86, 2836		Reimportierte Kraftfahrzeuge
20. 2.	I ZR 153/83				86, 3025		Gebührendifferenz II
27. 2.	I ZR 210/83		86, 547	86, 379	86, 2053		Handzettelwerbung
27. 2.	I ZR 7/84		86, 548	86, 654		86, 841	Dachsteinwerbung
6. 3.	I ZR 218/83		86, 621	86, 380		86, 840	Taxen-Farbanstrich
6. 3.	I ZR 14/84		86, 676	86, 467		86, 972	Bekleidungswerk
11. 3.	KVR 2/85		86, 743	86, 543			Kaufhof/Metro
11. 3.	KRB 7/85						Aktenvermerke
11. 3.	KRB 8/85						Bußgeldhaftung
11. 3.	KZR 28/84						Rassehunde-Zuchtverband
11. 3.	KRB 10/85						Angebotsliste
11. 3.	KZR 26/84						Verband für Deutsches Hundewesen
13. 3.	I ZR 27/84		86, 678	86, 469	86, 1041		Wettbewerbsverein II
20. 3.	I ZR 13/84		86, 812	86, 547	87, 1082		Gastrokritiker
20. 3.	I ZR 10/84		86, 542		86, 3139		King II
20. 3.	I ZR 228/83		86, 622	86, 381			Umgekehrte Versteigerung
10. 4.	GemS OGB 1/85	97, 312	86, 685		86, 2359		Orthopädische Hilfsmittel
15. 4.	KVR 3/85	97, 317	86, 750	86, 596	86, 2954		E-H-Partner Vertrag
15. 4.	KVR 6/85		86, 755	86, 600		86, 880	Wegenutzungsrecht
15. 4.	KVR 1/85		86, 747	86, 550		86, 1298	Taxigenossenschaft
17. 4.	I ZR 18/84		86, 892				Gaucho
17. 4.	I ZR 213/83		86, 739				Anwaltsschriftsatz
24. 4.	I ZR 56/84		87, 45	86, 603			Sommerpreiswerbung
24. 4.	I ZR 127/84		86, 814				Whisky-Mischgetränke
28. 4.	II ZR 254/85		86, 763	86, 606	86, 2944		Praxisverkauf
7. 5.	I ZB 9/85		86, 893				Stelzer-Motor
7. 5.	I ZR 119/84		86, 819		87, 124		Zeitungsbestellkarte
7. 5.	I ZR 95/84		86, 816	86, 660	87, 125		Widerrufsbelehrung bei Teilzahlungskauf
7. 5.	VIII ZR 238/85		86, 679	86, 663	86, 2435		Adressenverlag
15. 5.	I ZR 25/84		86, 820			86, 1428	Probe-Jahrbuch
15. 5.	I ZR 32/85	98, 65	86, 822	86, 608	86, 3084		Lakritz-Konfekt
22. 5.	I ZR 11/85		87, 49	87, 166	87, 437		Cola-Test
22. 5.	I ZR 72/84		86, 898			86, 1484	Frank der Tat
27. 5.	KZR 38/85		86, 758	86, 665		86, 1300	Annahmeerklärung
27. 5.	VI ZR 169/85		86, 683		86, 2503		Ostkontakte
27. 5.	KZR 8/83						Pronuptia
27. 5.	KZR 32/84		86, 910	86, 666			Spielkarten
27. 5.	KVR 7/84		86, 826				Donau-Kurier
3. 6.	VI ZR 102/85	98, 94	86, 759	86, 669	86, 2951		BMW
4. 6.	I ZR 43/84		87, 52	87, 101		87, 102	Tomatenmark
4. 6.	I ZR 29/85		86, 823		86, 3201		Fernsehzuschauer-Forschung
4. 6.	I ZB 5/85		86, 895				OCM
10. 6.	VI ZR 154/84			87, 381			Zeugenaussage
12. 6.	I ZR 52/84		86, 902	87, 21		87, 163	Angstwerbung
12. 6.	I ZR 70/84		88, 319	86, 671	87, 438		Video-Rent
19. 6.	I ZR 54/84		87, 116	87, 22	87, 60		Kommunaler Bestattungswirtschaftsbetrieb I
19. 6.	I ZR 53/84		87, 119	87, 25	87, 62		Kommunaler Bestattungswirtschaftsbetrieb II
19. 6.	I ZR 65/84		87, 54	86, 672			Aufklärungspflicht des Abgemahnten
26. 6.	I ZR 103/84		86, 903	86, 674	87, 63		Küchencenter
3. 7.	I ZR 77/85		87, 182	87, 30		87, 230	Stoll

1987 Fundstellenverzeichnis BGH

Dat.	AktZ	BGHZ	GRUR	WRP	NJW	NJW-RR	Schlagwort
9. 7.	GSZ 1/86				87, 50		
10. 7.	I ZR 203/84		87, 63	87, 103	87, 324		Kfz-Preisgestaltung
10. 7.	I ZR 59/84		86, 905		87, 329		Innungskrankenkassenwesen
18. 9.	I ZR 179/84			87, 105	87, 1200		Aussageprotokollierung
18. 9.	I ZR 82/84		87, 124	87, 168	87, 324		„echt versilbert"
1. 10.	I ZR 126/84		87, 171	87, 242			Schlussverkaufswerbung
1. 10.	I ZR 80/84		87, 185	87, 239		87, 352	Rabattkarte
9. 10.	I ZR 158/84		87, 125	87, 169		87, 288	Berühmung
9. 10.	I ZR 138/84	98, 330	87, 172	87, 446	87, 1323		Unternehmungsberatungsgesellschaft I
9. 10.	I ZR 16/85	98, 337	87, 176	87, 450	87, 1326		Unternehmungsberatungsgesellschaft II
14. 10.	VI ZR 10/86		87, 128				NENA
16. 10.	I ZR 157/84		87, 365	87, 375		87, 735	Gemologisches Institut
21. 10.	KZR 28/85		87, 178	87, 310		87, 485	Guten Tag Apotheke II
21. 10.	I ZR 169/84						Busreise nach London
23. 10.	I ZR 169/84						Verstöße gegen PersonenbeförderungsG
6. 11.	I ZR 208/84	99, 69	87, 302	87, 313	87, 956		Unternehmeridentität I
6. 11.	I ZR 196/84		87, 292				KLINT
18. 11.	KVR 1/86			87, 316			Baumarkt-Statistik
18. 11.	KZR 41/85		87, 304	87, 106	87, 954		Aktion Rabattverstoß
20. 11.	I ZR 156/84		87, 241	87, 318			Arztinterview
20. 11.	I ZR 160/84		87, 360			87, 750	Werbepläne
25. 11.	VI ZR 269/85		87, 187	87, 376			ANTISEPTICA
25. 11.	VI ZR 57/86		87, 189		87, 1400		Veröffentlichungsbefugnis beim Ehrenschutz
4. 12.	I ZR 170/84		87, 243	87, 320	87, 908		Alles frisch
10. 12.	I ZR 136/84		87, 180	87, 379	87, 1021		Ausschank unter Eichstrich II
10. 12.	I ZR 213/84		87, 301	87, 378			6 Punkt Schrift
10. 12.	I ZR 15/85		87, 903		87, 2678		Le Corbusier-Möbel
16. 12.	KZR 25/85		87, 459	87, 381			Belieferungsunwürdige Verkaufsstätten II
18. 12.	I ZR 111/84	99, 244	87, 520				Chanel No. 5 I
18. 12.	I ZR 67/85		87, 524				Chanel No. 5 II
1987							
13. 1.	VI ZR 45/86		87, 316				Türkeiflug II
15. 1.	I ZR 112/84	99, 314	87, 367	87, 455	87, 1084		Einrichtungs-Pass
15. 1.	I ZR 215/84		87, 532	87, 606		87, 932	Zollabfertigung
22. 1.	I ZR 211/84		87, 371	87, 461		87, 877	Kabinettwein
22. 1.	I ZR 230/85	99, 340	87, 402	87, 459	87, 2680		Parallelverfahren
5. 2.	I ZR 100/86		87, 373	87, 462	87, 1834		Rentenberechnungsaktion
5. 2.	I ZR 56/85	100, 26	87, 525		87, 2164		Litaflex
10. 2.	KZR 43/85	100, 51	87, 438		87, 2016		Handtuchspender
10. 2.	KZR 31/85		88, 73	87, 608	87, 2931		Importvereinbarung
10. 2.	KZR 6/86		87, 393	87, 612	87, 3197		Freundschaftswerbung
12. 2.	I ZR 70/85		87, 364	87, 466			Vier-Streifen-Schuh
12. 2.	I ZR 54/85		87, 444	87, 463	87, 2087		Laufende Buchführung
16. 2.	II ZR 285/86	100, 75	87, 747		87, 2081		Gleichnamigkeit mit Firmenstifter
17. 2.	VI ZR 77/86		87, 397	87, 550		87, 754	Insiderwissen
10. 3.	VI ZR 244/85		87, 464		87, 2667		BND-Interna
10. 3.	VI ZR 144/86		87, 468	87, 616	87, 2223		Warentest IV
12. 3.	I ZR 71/85		87, 704			87, 1081	Warenzeichenlexika
12. 3.	I ZR 40/85		87, 534	87, 553		87, 991	McHappy-Tag
12. 3.	I ZR 31/85		87, 710	87, 620	87, 3005		Schutzrechtsüberwachung
19. 3.	I ZR 98/85		87, 647	87, 554		87, 1521	Briefentwürfe
19. 3.	I ZR 23/85		87, 822			87, 1147	Panda Bär
24. 3.	KVR 10/85		87, 745	87, 722	87, 2868		Frischemärkte
24. 3.	VI ZR 217/86				87, 3120		Verjährungshemmung
24. 3.	KZR 39/85		88, 159				SABA-Primus
25. 3.	I ZR 61/85		87, 835	87, 622		87, 1445	Lieferbereitschaft
26. 3.	VII ZR 70/86						Vertragsstrafenklausel
2. 4.	I ZR 27/85		87, 711	87, 667		87, 1389	Camel-Tours
2. 4.	I ZR 220/85					87, 1118	Leasing
9. 4.	I ZR 201/84		87, 535	87, 625		87, 1059	Wodka Woronoff
9. 4.	I ZR 44/85		87, 568	87, 627	87, 3138		Gegenangriff
30. 4.	I ZR 39/85		87, 707			87, 1442	Ankündigungsrecht I
30. 4.	I ZR 237/85		87, 823			87, 1443	Ankündigungsrecht II
30. 4.	I ZR 8/85		87, 648	87, 555		87, 3253	Anwalts-Eilbrief
30. 4.	I ZR 95/85		88, 311	87, 670		87, 1179	Beilagen-Werbung
7. 5.	I ZR 250/85		88, 396			88, 332	Archivvertrag
7. 5.	I ZR 195/85		88, 318			87, 1117	Verbreitungsgebiet
7. 5.	I ZR 141/85		87, 638	87, 629	87, 2929		Deutsche Heilpraktiker
7. 5.	I ZR 112/85					87, 1447	Aktion Heizung 83

Fundstellenverzeichnis BGH   1988

Dat.	AktZ	BGHZ	GRUR	WRP	NJW	NJW-RR	Schlagwort
12. 5.	VI ZR 195/86				87, 2225		
13. 5.	I ZR 68/85		88, 68		87, 767		Lesbarkeit I
13. 5.	I ZR 86/85		88, 70	88, 96	88, 768		Lesbarkeit II
13. 5.	I ZR 85/85		88, 71				Lesbarkeit III
13. 5.	I ZR 75/85		87, 938			87, 1522	Videorechte
13. 5.	I ZR 79/85		87, 640/919	87, 557	87, 3251		Wiederholte Unterwerfung II
26. 5.	KVR 3/86		88, 226	88, 157		88, 227	[Niederrheinische] Anzeigenblätter
26. 5.	KZR 13/85	101, 72	87, 829		88, 772		Krankentransporte
26. 5.	KVR 4/86	101, 100	87, 928		87, 3007		Gekoppelter Kartenverkauf
27. 5.	I ZR 153/85		87, 748	87, 724	87, 3196		Getarnte Werbung II
27. 5.	I ZR 121/85		87, 839	88, 591	87, 2930		Professorentitel in der Arzneimittelwerbung
4. 6.	I ZR 117/85				88, 1022		Kabelfernsehen II
4. 6.	I ZR 109/85		88, 453	88, 25	88, 644		Ein Champagner unter den Mineralwässern
24. 6.	I ZR 74/85		87, 714	87, 726	87, 3003		Schuldenregulierung
30. 6.	KZR 12/86		87, 926	88, 97		88, 50	Taxi-Preisgestaltung
30. 6.	KZR 7/86					88, 39	Gas-Zug
2. 7.	I ZR 167/85		88, 38	88, 99		88, 99	Leichenaufbewahrung
9. 7.	I ZR 147/85		87, 825	87, 28		87, 1444	Helopyrin
9. 7.	I ZR 120/85		87, 916	88, 28	87, 3006		Gratis-Sehtest
9. 7.	I ZR 161/85		87, 834		88, 262		Data-Tax-Control
9. 7.	I ZR 140/85		87, 832	88, 593	87, 3132		Konkurrenzschutzklausel
13. 7.	II ZR 188/86		87, 850		87, 3081		US-Broker
22. 9.	KZR 21/86						Interfunk
22. 9.	KVR 5/86		88, 323	88, 160		88, 484	Gruner + Jahr/Zeit II
8. 10.	I ZR 182/85		88, 382	88, 356		88, 620	Schelmenmarkt
8. 10.	I ZB 2/86		88, 820			88, 166	OIL OF OLAZ
8. 10.	I ZR 184/85		88, 130	88, 101		88, 225	Verkaufsreisen I
8. 10.	I ZR 44/86		88, 321	88, 236	88, 492		Zeitwertgarantie
13. 10.	VI ZR 83/87		88, 399		88, 1016		Tonbandmitschnitt
15. 10.	I ZR 96/85		88, 296		88, 1847		„Gema-Vermutung IV"
15. 10.	I ZR 180/85			88, 237		88, 677	In unserem Haus muss alles schmecken
15. 10.	I ZR 212/86						Bau-Kommerz
19. 10.	II ZR 43/87				88, 552		Gewerkschaftsfremde Liste
22. 10.	I ZB 9/86		88, 211		88, 1674		Wie hammas denn
22. 10.	I ZB 8/86	102, 88	88, 377		88, 1672		Apropos Film I
22. 10.	I ZR 247/85		88, 402	88, 358	88, 1589		Mit Verlogenheit zum Geld
28. 10.	I ZR 165/85		88, 635	88, 440		88, 553	Grundcommerz
28. 10.	I ZR 5/86		88, 213		88, 1388		Griffband
5. 11.	I ZR 186/85		88, 315	88, 295		88, 676	Pelzausverkauf
5. 11.	I ZB 11/86	102, 163	88, 306		88, 913		Hörzeichen
5. 11.	I ZR 212/85		88, 313	88, 359		88, 554	Auto F. GmbH
10. 11.	KZR 18/86						Abrechnungsstelle für Apothekenleistungen
10. 11.	KZR 15/86	101, 100	88, 327	88, 296	88, 2175		Cartier-Uhren
10. 11.	KVR 7/86	102, 180	88, 392	88, 361	88, 1850		Singener Wochenblatt
12. 11.	I ZR 200/85		88, 316	88, 299		88, 552	Räumungsverkaufsunterlagen
12. 11.	I ZR 19/86		88, 638			88, 877	Hauers-Auto-Zeitung
12. 11.	I ZR 97/86		88, 316	88, 365	88, 1847		Fertighaus
26. 11.	I ZR 178/85		88, 310	88, 239	88, 2243		Sonntagsvertrieb
26. 11.	I ZR 123/85		88, 307			88, 676	Gaby
26. 11.	I ZB 1/87		88, 379/821			88, 1124	RIGIDITE
10. 12.	I ZR 213/85		88, 384				Immobilien-Anzeige
10. 12.	I ZR 221/85		88, 308	88, 366		88, 809	Informationsdienst
17. 12.	I ZR 190/85		88, 459	88, 368		88, 810	Teilzahlungsankündigung
17. 12.	I ZR 206/85		88, 458			89, 235	Ärztehaus
1988							
28. 1.	I ZR 219/86		88, 461	88, 369		88, 1000	Radio-Recorder
28. 1.	I ZB 2/87		88, 542			88, 932	ROYALE
28. 1.	I ZR 21/86	103, 171	88, 560	88, 443	88, 1912		Christoppphorus-Stiftung
28. 1.	I ZR 34/86		88, 385	88, 371		88, 876	Wäsche-Kennzeichnungsbänder
3. 2.	I ZR 222/85	103, 203	88, 614	88, 522	88, 1670		Btx-Werbung
3. 2.	I ZR 183/85		88, 764	88, 525			Krankenkassen-Fragebogen
11. 2.	I ZR 201/86		88, 483	88, 446	88, 1466		„AGIAV"/Gerichtsstand
11. 2.	I ZR 24/86		88, 545			88, 808	Ansprechpartner
11. 2.	I ZR 117/86		88, 623	88, 527		89, 550	Betriebsärztlicher Dienst
23. 2.	KVR 2/87		88, 640	88, 533	89, 226		Reparaturbetrieb
23. 2.	KZR 17/86		89, 142			88, 1069	Sonderungsverfahren
23. 2.	KZR 20/86		88, 642	88, 529		88, 1502	Opel-Blitz
25. 2.	I ZR 116/85				88, 1752		AOK-Mitgliederwerbung

1989 Fundstellenverzeichnis BGH

Dat.	AktZ	BGHZ	GRUR	WRP	NJW	NJW-RR	Schlagwort
3. 3.	I ZR 69/86	103, 349	88, 838	88, 598	88, 2244		Kfz-Versteigerung
10. 3.	I ZR 217/85	103, 355	88, 624	88, 601	88, 2538		Buchführungs- und Steuerstelle
10. 3.	I ZR 72/86		88, 636	88, 604		88, 1068	Golddarm
17. 3.	I ZR 98/86		88, 619	88, 605		88, 1067	Lieferantenwechsel
30. 3.	I ZR 40/86		88, 561	88, 608	88, 1907		Verlagsverschulden
30. 3.	I ZR 101/86		88, 629	89, 11	88, 1978		Konfitüre
30. 3.	I ZR 209/86		88, 699	88, 652	88, 2471		qm-Preisangaben II
30. 3.	I ZR 17/86		88, 767	88, 607		89, 429	Ernährungsbroschüre
14. 4.	I ZR 99/86		88, 690		89, 383		Kristallfiguren
14. 4.	I ZR 35/86		88, 620	88, 654		88, 1122	Vespa-Roller
21. 4.	I ZR 136/86	104, 185	88, 823	88, 722	88, 3152		Entfernung von Kontrollnummern I
21. 4.	I ZR 82/86		88, 700	89, 13	88, 2468		Messpuffer
21. 4.	I ZR 129/86		88, 787	89, 16	89, 106		Nichtigkeitsfolgen der Preisangaben-VO
28. 4.	I ZR 27/87		88, 785	89, 84	88, 3267		Örtliche Zuständigkeit
3. 5.	KZR 17/87	104, 246	88, 779	88, 657	88, 2737		neuform-Bereich
3. 5.	KZR 4/87		88, 782	89, 85		88, 1187	Gema-Wertungsverfahren
5. 5.	I ZR 179/86		88, 826	88, 725	88, 3154		Entfernung von Kontrollnummern II
5. 5.	I ZR 151/86		88, 716	89, 90		88, 1066	Aufklärungspflicht gegenüber Verbänden
5. 5.	I ZR 124/86		88, 831	88, 660			Rückkehrpflicht
19. 5.	I ZR 170/86		88, 832	88, 663		88, 1443	Benzinwerbung
19. 5.	I ZR 52/86		88, 918	88, 662		88, 1444	Wettbewerbsverein III
26. 5.	I ZR 227/86		88, 776	88, 665	88, 2469		„PPC"
26. 5.	I ZR 238/86			89, 366			Entfernung von Kontrollnummern IV
1. 6.	I ZR 22/86		88, 907				Hufeisen-Uhren
1. 6.	I ZR 49/87	104, 316	90, 385	88, 728	88, 2953		Frischzellenbehandlungen
1. 6.	I ZR 83/87			89, 369		89, 360	Entfernung von Kontrollnummern III
15. 6.	I ZR 51/87	104, 384	88, 841	88, 730	88, 2954		Fachkrankenhaus
15. 6.	I ZR 211/86		90, 218	89, 91	89, 391		Verschenktexte
7. 7.	I ZR 36/87		88, 829	88, 668		88, 1309	Verkaufsfahrten II
7. 7.	I ZR 230/87	105, 89	88, 834	88, 609	88, 3156		Schilderwald
14. 7.	I ZR 140/87		88, 836	88, 733	88, 3157		Durchgestrichener Preis
14. 7.	I ZR 184/86		88, 916	88, 734		88, 1441	Pkw-Schleichbezug
29. 9.	I ZR 57/87		89, 110	89, 155		89, 357	Synthesizer
29. 9.	I ZR 218/86					89, 101	Brillenpreise
6. 10.	III ZR 94/87				89, 584		Haustürgeschäft
13. 10.	I ZR 15/87		89, 106		89, 384		Oberammergauer Passionsspiele II
20. 10.	I ZR 238/87		91, 546	89, 163	89, 712		. . . aus Altpapier
20. 10.	I ZR 5/88		89, 59	89, 159		89, 233	Anfängl. effekt. Jahreszinssatz
20. 10.	I ZR 219/87	105, 277	91, 548	89, 160		89, 711	Umweltengel
25. 10.	KVR 1/87		89, 220	89, 229		89, 485	Lüsterbehangsteine
25. 10.	KRB 4/88						markt-intern-Dienst
27. 10.	I ZR 29/87		90, 371	89, 468		89, 356	Preiskampf
27. 10.	I ZR 47/87		89, 211	89, 471		89, 301	shop in the shop II
3. 11.	X ZB 12/86		89, 103				Verschlussvorrichtung für Gießpfannen
3. 11.	I ZR 12/87		89, 116	89, 472		89, 297	Nachtbackverbot
3. 11.	I ZR 242/86	105, 374	89, 68	89, 476	89, 456		Präsentbücher
3. 11.	I ZR 231/86		89, 113	89, 232		89, 428	Mietwagen – Testfahrt
9. 11.	I ZR 96/86					89, 299	St. Petersquelle
9. 11.	I ZR 230/86		89, 115	89, 480		89, 426	Mietwagen – Mitfahrt
24. 11.	I ZR 118/87		89, 213	89, 375		89, 618	Gesamtes Angebot
24. 11.	I ZR 144/86		93, 53	89, 482		89, 301	Lesbarkeit IV
24. 11.	I ZR 200/87		93, 60	89, 304		89, 425	Komplettpreis
1. 12.	I ZR 190/87					89, 746	Künstlerverträge
1. 12.	I ZB 10/87		89, 420			89, 870	„KSÜD"
1. 12.	I ZR 160/86	106, 101	89, 440	89, 377	89, 1804		Dresdner Stollen I
1. 12.	I ZB 5/87		89, 264			89, 695	REYNOLDS R1/EREINTZ
14. 12.	I ZR 131/86		89, 218	89, 484		89, 484	Werbeteam-Rabatt
14. 12.	I ZR 235/86					89, 481	
14. 12.	I ZB 6/87		89, 349			89, 691	Roth-Händle –Kentucky/Cenduggy
20. 12.	VI ZR 95/88		89, 222	89, 305			Filmbesprechung
20. 12.	VI ZR 182/88	106, 229	89, 225	89, 308	89, 902		Handzettel – Wurfsendung

1989

Dat.	AktZ	BGHZ	GRUR	WRP	NJW	NJW-RR	Schlagwort
19. 1.	I ZR 223/86		89, 350			89, 692	Abbo/Abo
19. 1.	I ZR 217/86		90, 361			89, 690	Kronenthaler
26. 1.	I ZR 18/88		89, 446	89, 486	89, 2063		Preisauszeichnung
26. 1.	I ZB 8/88		89, 425			89, 703	Superplanar
26. 1.	I ZB 4/88		89, 421		89, 264		Conductor
2. 2.	I ZR 150/86		89, 425			89, 941	Herzsymbol
2. 2.	I ZR 183/86		89, 449	89, 717		89, 808	Maritim
16. 2.	I ZR 72/87		89, 516	89, 488		89, 937	Vermögensberater

Fundstellenverzeichnis BGH 1989

Dat.	AktZ	BGHZ	GRUR	WRP	NJW	NJW-RR	Schlagwort
16. 2.	I ZR 76/87		89, 445	89, 491	89, 1545		Professorenbezeichnung in der Arztwerbung
21. 2.	KZR 3/88		89, 701	89, 722		89, 1310	Frankiermaschine
21. 2.	VI ZR 18/88		89, 539	89, 789	89, 1923		Warentest V
21. 2.	KZR 7/88	107, 40	89, 430	89, 493	89, 2325		Krankentransportbestellung
23. 2.	I ZR 18/87		89, 432	89, 496		89, 941	Kachelofenbauer
23. 2.	I ZB 11/87	107, 71	89, 347		89, 1931		Microtonic
23. 2.	I ZR 138/86		89, 366	90, 28		89, 744	Wirtschaftsmagazin
2. 3.	I ZR 7/87		89, 422			89, 1126	FLASH
2. 3.	I ZR 70/87		89, 606	89, 501		89, 939	Unverbindliche Preisempfehlung
2. 3.	I ZR 234/86		89, 447	89, 500		89, 943	Geschäftsfortführung nach Ausverkauf
9. 3.	I ZR 189/86	107, 117	90, 221		90, 52		Forschungskosten
9. 3.	I ZR 153/86		89, 510			89, 1000	Teekanne II
9. 3.	I ZR 54/87		90, 390				Friesenhaus
15. 3.	VIII ZR 62/88		89, 534				Reinigungsbetrieb
16. 3.	I ZR 30/87		89, 437	89, 508	89, 2125		Erbensucher
16. 3.	I ZR 241/86		89, 434	89, 504		89, 811	Gewinnspiel
16. 3.	I ZR 56/87		89, 673	89, 568		89, 1060	Zahnpasta
30. 3.	I ZR 85/87	107, 136		89, 572	89, 2327		Bioäquivalenz-Werbung
30. 3.	I ZR 21/87		89, 668	89, 513	89, 2326		Generikum Preisvergleich
30. 3.	I ZB 6/88	107, 129	89, 506				Widerspruchsunterzeichnung
30. 3.	I ZR 33/87		89, 609	89, 570		89, 1122	Fotoapparate
6. 4.	I ZR 43/87		89, 508			89, 1002	CAMPIONE del MONDO
6. 4.	I ZR 59/87		89, 602	89, 577		89, 1261	Die echte Alternative
13. 4.	I ZR 62/87		89, 624	89, 579	89, 2329		Kuranstalt
13. 4.	I ZR 147/87		89, 612	89, 582		89, 1125	Nur wenige Tage im SB-Warenhaus
20. 4.	I ZR 40/87			90, 97			Konkurrenzverbot
20. 4.	I ZR 26/88		89, 848	89, 519		89, 1124	Kaffeepreise
26. 4.	I ZR 125/87		89, 608	89, 584		89, 1123	Raumausstattung
26. 4.	I ZR 172/87		89, 601	89, 585	89, 2324		Institutswerbung
26. 4.	I ZR 105/87		90, 49	90, 99		89, 1437	Rückkehrpflicht II
11. 5.	I ZR 132/87		89, 697	89, 654		89, 1314	Vertrauensgarantie
11. 5.	I ZR 141/87			89, 655		89, 1263	Konkursvermerk
11. 5.	I ZR 91/87		89, 603	89, 587		89, 1120	Kommunaler Bestattungswirtschaftsbetrieb III
17. 5.	I ZR 181/87		89, 626	89, 590		89, 1201	Festival Europäischer Musik
17. 5.	I ZR 151/87		89, 669	90, 165		89, 1306	Zahl nach Wahl
1. 6.	I ZR 152/87		89, 856	90, 229		89, 1388	Commerzbau
1. 6.	I ZR 81/87		89, 773	89, 657		89, 1312	Mitarbeitervertretung
1. 6.	I ZR 60/87		89, 611	89, 591	89, 2256		Bearbeitungsgebühr
8. 6.	I ZR 135/87	107, 384	95, 668	90, 231	90, 1986		Emil Nolde
8. 6.	I ZR 178/87		89, 753	90, 169	89, 2820		Telefonwerbung II
8. 6.	I ZR 233/87		89, 855	90, 235		89, 1382	Teilzahlungskauf II
8. 6.	I ZB 17/88		89, 666			89, 1128	Sleepover
15. 6.	I ZR 183/87	108, 39	89, 762/836	90, 239	89, 3016		Stundungsangebote
15. 6.	I ZR 158/87		89, 838	90, 237		89, 1515	Lohnsteuerhilfeverein III
22. 6.	I ZR 126/87		89, 832	90, 321		89, 1383	Schweizer Außenseiter
22. 6.	I ZR 171/87		89, 835	90, 245		89, 1438	Rückkehrpflicht III
22. 6.	I ZR 39/87	108, 89	89, 760	90, 242	89, 3014		Titelschutzanzeige
22. 6.	I ZR 120/87		89, 758	90, 319		89, 1313	Gruppenprofil
29. 6.	I ZR 88/87		89, 754	89, 794		89, 1308	Markenqualität
29. 6.	I ZR 180/87		89, 757	89, 799	89, 3013		Haustürgeschäft Mc Bacon
29. 6.	I ZR 166/87		89, 827	90, 246		89, 1385	Werbeverbot für Heilpraktiker
6. 7.	I ZR 111/87		89, 828	90, 248	90, 185		Maklerzuschrift auf Chiffreanzeige
6. 7.	I ZR 234/87		90, 274			89, 1516	Klettverschluss
11. 7.	VI ZR 255/88		89, 781			90, 1058	Wassersuche
13. 7.	I ZR 157/87		90, 39				Taurus
13. 7.	I ZR 160/87		89, 830	90, 250	90, 1991		Impressumspflicht
21. 9.	I ZR 34/88		90, 37	90, 170		90, 295	Quelle
21. 9.	I ZR 27/88		90, 463	90, 254		90, 534	Firmenrufnummer
5. 10.	I ZR 89/89		90, 50	90, 260	90, 1046		Widerrufsbelehrung bei Vorauszahlung
5. 10.	I ZR 201/87					90, 173	Beförderungsauftrag
5. 10.	I ZR 119/88		90, 282	90, 102		90, 480	REVUE-Carat
5. 10.	I ZR 56/89		90, 282	90, 255		90, 102	Wettbewerbsverein IV
10. 10.	KZR 22/88		90, 474	90, 263	90, 1531		Neugeborenentransporte
12. 10.	I ZR 29/88		90, 373	90, 270	90, 1529		Schönheits-Chirurgie
12. 10.	I ZR 155/87		90, 44	90, 266		90, 296	Annoncen-Avis
12. 10.	I ZR 80/88						N-Spray
12. 10.	I ZR 228/87		90, 1010	90, 268		90, 360	Klinikpackung
19. 10.	I ZR 22/88		90, 68	90, 274		90, 480	VOGUE-Ski
19. 10.	I ZR 193/87		90, 52	90, 273		90, 228	Ortsbezeichnung
19. 10.	I ZR 63/88		90, 381	90, 276	90, 1905		Antwortpflicht des Abgemahnten

1990 Fundstellenverzeichnis BGH

Dat.	AktZ	BGHZ	GRUR	WRP	NJW	NJW-RR	Schlagwort
25. 10.	VIII ZR 345/88	109, 127	90, 46	90, 278	90, 181		Heizgeräte-Vertrieb
26. 10.	I ZR 242/87	109, 153		90, 282	90, 578		Anwaltswahl durch Mieterverein
26. 10.	I ZR 216/87					90, 361	Programmbearbeitung
26. 10.	I ZR 13/88		93, 63	90, 286		90, 424	Bonusring
3. 11.	I ZB 20/88		90, 360			90, 503	Apropos Film II
8. 11.	I ZR 55/88		90, 280	90, 288		90, 359	Telefonwerbung III
8. 11.	I ZR 102/88		90, 367			90, 335	alpi/Alba Moda
8. 11.	I ZR 255/88		90, 378	90, 327	90, 1179		Meister-Aktuell
16. 11.	I ZR 107/87		90, 377	90, 409		90, 423	RDM
30. 11.	I ZR 170/83		90, 459				Weichwährungsflugscheine II
30. 11.	I ZR 55/87		90, 617	90, 488	90, 1294		Metro III
30. 11.	I ZR 191/87	92, 329	90, 613			90, 538	AjS-Schriftenreihe
7. 12.	I ZR 3/88		90, 375	90, 624		90, 479	Steuersparmodell
7. 12.	I ZR 62/88		90, 542	90, 670	90, 1906		Aufklärungspflicht des Unterwerfungsschuldners
7. 12.	I ZR 237/87		90, 534	90, 622		90, 561	Abruf-Coupon
7. 12.	I ZR 139/87		90, 50			90, 562	Widerrufsbelehrung bei Vorauszahlung
14. 12.	I ZR 17/88	109, 364	90, 601	90, 500	90, 1605		Benner
14. 12.	I ZR 37/88				90, 1366		Rückkehrpflicht IV
14. 12.	I ZR 1/88		90, 364			90, 618	Baelz

1990

Dat.	AktZ	BGHZ	GRUR	WRP	NJW	NJW-RR	Schlagwort
25. 1.	I ZR 83/88		90, 453			90, 1192	L-Thyroxin
25. 1.	I ZR 19/87	110, 156	90, 522	90, 672	91, 287		HBV-Familien- und Wohnungsrechtsschutz
25. 1.	I ZR 182/88					90, 678	Buchführungshelfer
25. 1.	I ZR 133/88		90, 465	90, 414		90, 807	mehr als . . .% sparen
1. 2.	I ZR 108/88		90, 461	90, 411		90, 744	Dresdner Stollen II
1. 2.	I ZR 45/88		90, 609	90, 680		90, 757	Monatlicher Ratenzuschlag
1. 2.	I ZR 161/87		90, 532	90, 701		90, 1186	Notarieller Festpreis
22. 2.	I ZR 201/88		90, 1028	90, 819		90, 1255	incl MwSt II
22. 2.	I ZR 146/88		90, 1027	90, 818		90, 1254	incl MwSt I
22. 2.	I ZR 50/88		90, 528	90, 683		90, 1128	Rollen-Clips
22. 2.	I ZR 78/88	110, 278	90, 611	90, 626	90, 3199		Werbung im Programm
1. 3.	VII ZR 159/89	110, 308			90, 1732		Haustürgeschäft
8. 3.	I ZR 65/88		90, 681			90, 1194	Schwarzer Krauser
8. 3.	I ZR 239/87		90, 1032	90, 688		91, 494	Krankengymnastik
8. 3.	I ZR 116/88		90, 530	90, 685	90, 3147		Unterwerfung durch Fernschreiben
15. 3.	KVR 4/88	110, 371	90, 702	90, 821	90, 2815		Sportübertragungen
15. 3.	I ZR 95/88		90, 1018	90, 694		90, 1130	Fernmeldeanlagen
15. 3.	I ZR 53/88		90, 1016	90, 692		90, 1011	Sprachkurs
15. 3.	I ZR 120/88					90, 1257	Mietkauf
22. 3.	I ZB 2/89		90, 517			90, 1254	SMARTWARE
22. 3.	I ZR 43/88		90, 711	90, 696		90, 1127	Telefonnummer 4711
29. 3.	I ZR 74/88		90, 607	90, 699		90, 1376	Meister-Kaffee
29. 3.	I ZR 76/88		90, 606	90, 750	90, 2317		Belegkrankenhaus
5. 4.	I ZB 7/89	111, 134	91, 838		90, 3083		IR-Marke FE
5. 4.	I ZR 41/88		90, 693	90, 754		90, 1189	Fahrrad-Schlussverkaufswerbung
5. 4.	I ZR 19/88		90, 604	90, 752	91, 752		Dr. S.-Arzneimittel
26. 4.	I ZR 198/88	111, 182	90, 678			91, 38	Herstellerkennzeichen auf Unfallwagen
26. 4.	I ZR 99/88		90, 687	91, 16	90, 2469		Anzeigenpreis II
26. 4.	I ZR 71/88	111, 188	90, 685	90, 830	90, 2468		Anzeigenpreis I
26. 4.	I ZR 58/89		90, 1052			90, 1322	Streitwertbemessung
26. 4.	I ZR 127/88		90, 1012	91, 19		90, 1184	Pressehaftung I
8. 5.	KZR 23/88		90, 1047	91, 23		90, 1190	Nora-Kunden-Rückvergütung
10. 5.	I ZR 218/88		90, 1026	91, 26		90, 1317	Keine WSV-Angebote
14. 5.	AnwZ (B) 12/90				90, 2130		Eigenmächtige Fachanwaltsbezeichnung
23. 5.	I ZR 211/88		90, 1022			90, 1374	Importeurwerbung
23. 5.	I ZR 176/88		90, 1035	91, 76		90, 1187	Urselters II
31. 5.	I ZR 285/88		90, 1051	91, 27	90, 1390		Vertragsstrafe ohne Obergrenze
31. 5.	I ZB 6/89		91, 535				IR-Marke ST
31. 5.	I ZR 228/88		90, 1039	91, 79	90, 3204		Anzeigenauftrag
7. 6.	I ZR 207/88		90, 1015	91, 82	90, 3144		Order-Karte
7. 6.	I ZR 206/88		91, 859		90, 2316		Leserichtung bei Pflichtangaben
7. 6.	I ZR 298/88		90, 1042	91, 83		90, 1318	Datacolor
21. 6.	I ZR 303/88		90, 1020	91, 94	90, 3265		Freizeitveranstaltung
21. 6.	I ZR 258/88		90, 1024	91, 92			Lohnsteuerhilfeverein IV
21. 6.	I ZB 11/89		91, 136		91, 1424		NEW MAN
21. 6.	I ZR 240/169		90, 1041	91, 90		91, 1451	Fortbildungskassetten
28. 6.	I ZR 287/88		90, 1038		90, 3149		Haustürgeschäft
5. 7.	I ZR 148/88		91, 76	91, 97	91, 297		Abschlusserklärung

Fundstellenverzeichnis BGH   1991

Dat.	AktZ	BGHZ	GRUR	WRP	NJW	NJW-RR	Schlagwort
5. 7.	I ZR 217/88		90, 1029	91, 29		90, 1256	incl MwSt III
5. 7.	I ZR 164/88		90, 1053	91, 100	91, 493		Versäumte Meinungsumfrage
12. 7.	I ZR 236/88		91, 138		91, 296		Flacon
12. 7.	I ZR 237/88		91, 139			91, 112	Duft-Flacon
12. 7.	I ZR 62/89		91, 53	91, 102	91, 1759		Kreishandwerkerschaft I
12. 7.	I ZR 278/88				91, 1759		Kreishandwerkerschaft II
7. 9.	I ZR 220/90		91, 159		90, 1117		Zwangsvollstreckungseinstellung
27. 9.	I ZR 213/89		91, 150	91, 154		91, 426	Laienwerbung für Kreditkarten
27. 9.	I ZR 87/89		91, 153	91, 151	91, 1350		Pizza & Pasta
4. 10.	I ZR 39/89		91, 550	91, 159	91, 1229		Zaunlasur
4. 10.	I ZR 106/88		91, 215			91, 298	Emilio Adani
4. 10.	I ZR 299/88		91, 540	91, 157		91, 363	Gebührenausschreibung
11. 10.	I ZR 8/89		91, 155	91, 162		91, 364	Rialto
11. 10.	I ZR 10/89		91, 552	91, 163		91, 428	TÜV-Prüfzeichen
11. 10.	I ZR 35/89		91, 254	91, 216	91, 1114		Unbestimmter Unterlassungsantrag
18. 10.	I ZR 292/88	112, 317	91, 459		91, 1355		Silenta
18. 10.	I ZR 113/89	112, 311	91, 542	91, 219	91, 701		Biowerbung mit Fahrpreiserstattung
18. 10.	I ZR 283/88		91, 223		91, 1485		Finnischer Schmuck
24. 10.	XII ZR 112/89		91, 157			91, 934	Johanniter-Bier
8. 11.	I ZR 48/89		91, 462			91, 809	Wettbewerbsrichtlinien der Privatwirtschaft
15. 11.	I ZR 30/89		91, 323	91, 221		91, 680	incl MwSt IV
15. 11.	I ZR 254/88		91, 332		91, 1109		Lizenzmangel
15. 11.	I ZR 245/88		91, 319			91, 558	HURRICANE
15. 11.	I ZR 22/89	113, 11	91, 462	91, 294	91, 1054		Kauf im Ausland
22. 11.	I ZR 14/89		91, 393	91, 222	91, 1353		Ott International
22. 11.	I ZR 50/89		91, 329	91, 225		91, 560	Family-Karte
29. 11.	I ZR 13/89	113, 82	91, 464	91, 228	91, 3212		Salomon
29. 11.	I ZR 241/88		91, 545	91, 227	91, 1228		Tageseinnahme für Mitarbeiter
6. 12.	I ZR 27/89		91, 331	91, 383	91, 1352		Ärztliche Allgemeine
6. 12.	I ZR 297/88	113, 115	91, 609	91, 295	91, 3214		SL
6. 12.	I ZR 249/88		91, 317	91, 231		91, 539	MEDICE
6. 12.	I ZR 25/89		91, 401	91, 381	91, 1183		Erneute Vernehmung
13. 12.	I ZR 103/89		91, 554	91, 385		91, 751	Bilanzbuchhalter
13. 12.	I ZR 31/89		91, 324	91, 236		91, 561	Finanz- und Vermögensberater
13. 12.	I ZB 9/89		91, 521				La PERLA
1991							
17. 1.	I ZR 117/89		91, 472	91, 387		91, 752	Germania
24. 1.	I ZR 133/89	113, 282	91, 764	91, 470		91, 2087	Telefonwerbung IV
24. 1.	I ZR 60/89		91, 607			91, 863	VISPER
31. 1.	I ZR 71/89		92, 48			91, 1321	frei Öl
7. 2.	I ZR 140/89		91, 468	91, 564		91, 1060	Preisgarantie II
7. 2.	I ZR 104/89		91, 614	91, 391		91, 1257	Eigenvertriebssystem
21. 2.	I ZR 106/89		92, 66	91, 473		91, 1061	Königl-Bayerische Weisse
28. 2.	I ZR 94/89		91, 680			91, 1136	Porzellanmanufaktur
28. 2.	I ZR 110/89		91, 475	91, 477		91, 1063	Caren Pfleger
7. 3.	I ZR 148/89		91, 556	91, 482		91, 1190	Leasing Partner
7. 3.	I ZR 127/89		91, 848			91, 1391	Rheumalind II
12. 3.	KVR 1/90	114, 40			91, 3152		Verbandszeichen
12. 3.	KZR 26/89		91, 868				Einzelkostenerstattung
14. 3.	I ZR 55/89	114, 82	91, 616	91, 484	91, 2151		Motorboot-Fachzeitschrift
21. 3.	I ZR 111/89	114, 105	91, 863	91, 568	91, 3218		Avon
21. 3.	I ZR 151/89		91, 679	91, 573		91, 1135	Fundstellenangabe
21. 3.	I ZR 158/89		92, 523	91, 575	91, 2211		Betonsteinelemente
8. 4.	II ZR 259/90				91, 2023		„A"
11. 4.	I ZR 131/89		91, 556	91, 486			Yves Rocher
11. 4.	I ZR 82/89		91, 684			91, 1138	Verbandsausstattung I
11. 4.	I ZR 166/89		91, 685	91, 578		91, 1192	Zirka-Preisangabe
11. 4.	I ZR 175/89		91, 682	91, 579	91, 2636		Kaffeekauf
11. 4.	I ZR 196/89		91, 768	91, 581		91, 1139	Fahrschulunterricht
18. 4.	I ZR 176/89		91, 760			91, 1066	Jenny/Jennifer
25. 4.	I ZR 283/89		91, 843			91, 1512	Testfotos
25. 4.	I ZR 134/90		91, 772		91, 3029		Anzeigenrubrik I
25. 4.	I ZR 192/89		91, 774		91, 3030		Anzeigenrubrik II
25. 4.	I ZR 232/89				91, 3038		Fehlender Tatbestand
2. 5.	I ZR 184/89		91, 112			91, 1266	pulpwash
2. 5.	I ZR 227/89		91, 769			91, 1258	Honoraranfrage
2. 5.	I ZR 258/89		92, 70	91, 642		91, 1392	„40% weniger Fett"
16. 5.	I ZR 207/89		91, 701	93, 465	92, 747		Fachliche Empfehlung I
16. 5.	I ZR 218/89		91, 929	93, 467	92, 749		Fachliche Empfehlung II
16. 5.	I ZR 1/90		91, 780	91, 645		91, 1260	TRANSATLANTISCHE
23. 5.	I ZR 286/89		91, 914	93, 91		92, 232	Kastanienmuster
23. 5.	I ZR 172/89		91, 933	91, 648		91, 1324	One for Two

1992 Fundstellenverzeichnis BGH

Dat.	AktZ	BGHZ	GRUR	WRP	NJW	NJW-RR	Schlagwort
23. 5.	I ZR 265/89		91, 847	91, 759		91, 1511	Kilopreise II
23. 5.	I ZR 294/89		91, 862	91, 649		91, 1191	Rückfahrkarte
29. 5.	I ZR 204/89		91, 852	93, 95		91, 1512	Aquavit
29. 5.	I ZR 284/89	114, 354	91, 860	93, 469	92, 751		Katovit
6. 6.	I ZR 234/89		91, 921	91, 708		91, 1445	Sahnesiphon
6. 6.	I ZR 291/89		91, 847	91, 652	91, 2706		Nebenkosten
12. 6.	VIII ZR 178/90			92, 27		91, 1524	Freizeitveranstaltung II
20. 6.	I ZR 277/89		92, 61	91, 654		91, 1318	Preisvergleichsliste
20. 6.	I ZR 13/90		91, 873	91, 777		91, 1467	Eidesstattliche Versicherung
27. 6.	I ZR 279/89	115, 57	91, 936	91, 711	92, 42		Goldene Kundenkarte
27. 6.	I ZR 22/90	115, 62	91, 901	91, 779	92, 3150		Horoskop-Kalender
4. 7.	I ZB 9/90		91, 839		92, 629		Z-TECH
4. 7.	I ZR 16/90			91, 715	92, 750		Chelat-Infusionstherapie
4. 7.	I ZR 2/90	115, 105	91, 917	91, 660	91, 2641		Anwaltswerbung
11. 7.	I ZR 33/90		92, 117	91, 789	92, 369		IEC-Publikation
11. 7.	I ZR 31/90		92, 116	91, 719		92, 37	Topfgucker-Scheck
11. 7.	I ZR 23/90		92, 123	91, 785			Kachelofenbauer
11. 7.	I ZR 5/90		91, 850	91, 717		92, 38	Spielzeug-Autorennbahn
8. 8.	I ZR 141/91		91, 943	91, 721	92, 376		Einstellungsbegründung
26. 9.	I ZR 177/89		92, 45	92, 29		92, 172	Cranpool
26. 9.	I ZR 149/89	115, 210	92, 176	92, 93	92, 429		Abmahnkostenverjährung
26. 9.	I ZR 189/91		92, 65	92, 32		92, 189	Fehlender Vollstreckungsschutzantrag I
10. 10.	I ZR 136/89		92, 130	92, 96		92, 175	Bally/BALL
24. 10.	I ZR 287/89		92, 106			92, 174	Barbarossa
24. 10.	I ZR 271/89		92, 121	92, 101		92, 367	Dr. Stein . . . GmbH
7. 11.	I ZR 180/89				92, 838		Frachtprüfer
7. 11.	I ZR 272/89		92, 108			92, 431	Oxygenol
12. 11.	KZR 18/90		92, 191	92, 237			Amtsanzeiger
14. 11.	I ZR 24/90		92, 110	92, 309	92, 695		dipa/dib
14. 11.	I ZR 15/91				92, 983		Greifbare Gesetzwidrigkeit I
21. 11.	I ZR 263/89		92, 72	92, 103	92, 648		quattro
28. 11.	I ZR 297/89		92, 203			92, 998	Roter mit Genever
5. 12.	I ZR 53/90		92, 316	92, 309	92, 1109		Postwurfsendung
5. 12.	I ZR 63/90		92, 171	92, 165		92, 427	Vorgetäuschter Vermittlungsauftrag
5. 12.	I ZR 11/90		92, 175	92, 307		92, 430	Ausübung der Heilkunde
1992							
16. 1.	I ZR 20/90		92, 404	92, 311		92, 618	Systemunterschiede
16. 1.	I ZR 84/90		92, 318	92, 314		92, 617	Jubiläumsverkauf
23. 1.	I ZR 62/90		92, 320	92, 376		92, 1894	„R. S. A."/„Cape"
23. 1.	I ZR 129/90		92, 463	92, 378		92, 807	Anzeigenplazierung
30. 1.	I ZR 54/90		92, 314			92, 806	Opium
30. 1.	I ZR 113/90	117, 115	92, 448	92, 466	92, 2700		Pullovermuster
13. 2.	I ZR 79/90		92, 450	92, 380	92, 2231		Beitragsrechnung
20. 2.	I ZR 68/90	117, 230	92, 465	92, 472	92, 1689		Rent-o-mat
20. 2.	I ZR 32/90		92, 406	92, 409		92, 804	Beschädigte Verpackung I
27. 2.	I ZR 103/90		92, 547	92, 759		92, 1128	Morgenpost
27. 2.	I ZR 35/90		92, 474	92, 757	92, 2235		Btx-Werbung II
12. 3.	I ZR 58/90		92, 527	92, 474		92, 936	Plagiatsvorwurf II
12. 3.	I ZR 110/90		92, 550	92, 474		92, 935	ac-pharma II
19. 3.	I ZR 64/90	117, 353	92, 518	92, 550	92, 2089		Ereignis-Sponsorwerbung
19. 3.	I ZR 104/90		92, 521	92, 480	92, 1889		Grüne Woche
19. 3.	I ZR 122/90		92, 627	92, 557		92, 1065	Pajero
26. 3.	I ZR 166/90		93, 53		92, 3093		Ausländischer Inserent
2. 4.	I ZR 131/90	118, 1		92, 482			Ortspreis
2. 4.	I ZR 146/90		92, 552	92, 557		92, 1069	Stundung ohne Aufpreis
2. 4.	I ZR 217/90		92, 860	93, 765		92, 1392	Bauausschreibungen
9. 4.	I ZR 171/90		92, 561	92, 560		92, 1068	Unbestimmter Unterlassungsantrag II
9. 4.	I ZR 240/90	118, 53	92, 525	92, 561	92, 2358		Professorenbezeichnung in der Arztwerbung
9. 4.	I ZR 173/90		92, 855	92, 692	92, 3040		Gutscheinübersendung
30. 4.	I ZR 287/90		92, 617	92, 638	92, 1958		Briefkastenwerbung
7. 5.	I ZR 176/90		92, 621	92, 644		92, 1192	Glücksball-Festival
7. 5.	I ZR 119/90		92, 618	92, 640	92, 2765		Pressehaftung II
7. 5.	I ZR 163/90		92, 619	92, 642		92, 1067	Klemmbausteine II
14. 5.	I ZR 204/90		92, 622	92, 646	92, 2419		Verdeckte Laienwerbung
14. 5.	I ZB 12/90		93, 43	93, 9		92, 1255	Römigberg
21. 5.	I ZR 9/91		93, 62	92, 693		92, 1453	Kilopreise III
21. 5.	I ZR 141/90		92, 856	92, 695	92, 1318		Kilopreise IV
11. 6.	I ZR 161/90		92, 857	92, 696		92, 1394	Teilzahlungspreis I
11. 6.	I ZR 226/90		92, 625	92, 697	92, 2969		Therapeutische Äquivalenz
17. 6.	I ZR 177/90		92, 871		92, 2967		Femovan
17. 6.	I ZR 221/90		92, 873	93, 473	92, 2964		Pharma-Werbespot
17. 6.	I ZR 107/90	119, 20	93, 55	92, 700	92, 2753		Tchibo/Rolex II

Fundstellenverzeichnis BGH 1993

Dat.	AktZ	BGHZ	GRUR	WRP	NJW	NJW-RR	Schlagwort
25. 6.	I ZR 136/90		92, 858	92, 768		92, 1318	Clementinen
25. 6.	I ZR 60/91		92, 707	92, 770	92, 3304		Erdgassteuer
25. 6.	I ZR 120/90			92, 706	92, 3037		Haftungsbeschränkung bei Anwälten
2. 7.	I ZR 215/90		92, 874	92, 773	92, 2965		Hyanit
2. 7.	I ZR 250/90		92, 865	92, 776		92, 1454	Volksbank
23. 9.	I ZR 150/90	119, 225	93, 399	93, 234	93, 196		Überörtliche Anwaltssozietät
23. 9.	I ZR 224/90		93, 157	93, 99	93, 333		„Dauernd billig"
23. 9.	I ZR 248/90		93, 156		93, 667		Vertragsauslegung
23. 9.	I ZR 251/90	119, 237	93, 151	93, 101	93, 918		Universitätsemblem
23. 9.	I ZB 3/92	119, 246	93, 420	93, 382	93, 148		Rechtswegprüfung I
6. 10.	KZR 21/91		93, 137			93, 550	Zinssubvention
8. 10.	I ZR 205/90			93, 106		93, 225	EWG-Baumusterprüfung
8. 10.	I ZR 220/90		93, 572			93, 746	Fehlende Lieferfähigkeit
15. 10.	I ZR 259/90		93, 118		93, 787		Corvaton/Corvasal
22. 10.	I ZR 284/90		93, 127	93, 108		93, 226	Teilzahlungspreis II
22. 10.	IX ZR 36/92		93, 415	93, 308			Straßenverengung
29. 10.	I ZR 264/90	120, 103	93, 404	93, 175	93, 459		Columbus
29. 10.	I ZR 306/90		93, 397	93, 178	93, 363		Trockenbau
29. 10.	I ZR 89/91		93, 403		93, 787		Bronchocedin
10. 11.	KVR 26/91			93, 474			Taxigenossenschaft II
19. 11.	I ZR 254/90	120, 228	93, 692	93, 383	93, 852		Guldenburg
19. 11.	I ZR 61/91		93, 483	93, 312		93, 496	Unentgeltliche Partnervermittlung
19. 11.	I ZR 63, 191		93, 569	93, 388	93, 1709		Camcorder
26. 11.	I ZR 108/91		93, 563	93, 390		93, 870	Neu nach Umbau
26. 11.	I ZR 261/90		93, 837		93, 1135		Lohnsteuerberatung II
3. 12.	I ZR 276/90	120, 320	93, 980	93, 314	93, 1010		Tariflohn-Unterschreitung
3. 12.	I ZR 132/91			93, 239	93, 1069		Sofortige Beziehbarkeit
10. 12.	I ZR 262/90		93, 488	93, 318	93, 1466		Verschenktexte II
10. 12.	I ZR 19/91			93, 694		93, 553	apetito/apitta
10. 12.	I ZR 186/90	121, 13		93, 240	93, 721		Fortsetzungszusammenhang
17. 12.	I ZR 3/91	121, 58	93, 476		93, 1714		Zustellungswesen
17. 12.	I ZR 61/91			93, 243		93, 423	Versandhandelspreis I
17. 12.	I ZR 73/91	121, 52		93, 392	93, 1013		Widerrufsbelehrung
1993							
14. 1.	I ZR 301/90		93, 756	93, 697		93, 617	Mild-Abkommen
14. 1.	I ZB 24/91	121, 126	93, 667	93, 394	93, 1659		Rechtswegprüfung II
19. 1.	KZR 1/92		93, 696		93, 1653		Flaschenkästen
19. 1.	KVR 95/91		93, 592		93, 1944		Herstellerleasing
20. 1.	I ZR 250/91			94, 310	94, 1224		Anzeigen-Einführungspreis
21. 1.	I ZR 25/91	121, 157	93, 767	93, 701	93, 1465		Zappelfisch
21. 1.	I ZR 43/91		93, 675	93, 703	93, 1331		Kooperationspartner
4. 2.	I ZR 319/90			93, 396	93, 1991		Maschinenbeseitigung
4. 2.	I ZR 42/91	121, 242	93, 556	93, 399	93, 2873		TRIANGLE
18. 2.	I ZR 14/91		93, 561	93, 476		93, 868	Produktinformation
18. 2.	I ZR 219/91		93, 565	93, 478		93, 936	Faltenglätter
4. 3.	I ZR 15/91		93, 679	94, 167	93, 1993		PS-Werbung I
4. 3.	I ZR 65/91		93, 576			93, 1129	Datatel
11. 3.	I ZR 264/91		94, 191			93, 1002	Asterix-Persiflagen
18. 3.	I ZR 178/91	122, 71	93, 574		93, 2236		Decker
1. 4.	I ZR 70/91	122, 172	93, 998	93, 764	93, 2685		Verfügungskosten
1. 4.	I ZR 85/91		93, 579			93, 934	Römer GmbH
1. 4.	I ZR 136/91		93, 677	93, 480		93, 1000	Bedingte Unterwerfung
22. 4.	I ZR 52/91	122, 262	93, 757	93, 625	93, 1989		Kollektion „Holiday"
22. 4.	I ZR 75/91		93, 761	93, 619		93, 1063	Makler-Privatangebot
29. 4.	I ZR 92/91		93, 774	93, 758	93, 2937		Hotelgutschein
6. 5.	I ZR 123/91		93, 923	93, 705		93, 1065	Pic Nic
6. 5.	I ZR 183/91		93, 837	93, 745	93, 2938		Lohnsteuerberatung II
6. 5.	I ZR 144/92		93, 926	93, 762	93, 2993		Apothekenzeitschriften
13. 5.	I ZB 8/91		93, 744			93, 1131	MICRO CHANNEL
13. 5.	I ZR 113/91		93, 769	93, 755		93, 1319	Radio Stuttgart
27. 5.	I ZR 115/91		93, 920	93, 752		93, 1263	Emilio Adani II
27. 5.	I ZB 7/91		93, 746	94, 385		93, 1512	Premiere
3. 6.	I ZR 147/91		93, 760	93, 623		93, 1194	Provisionsfreies Maklerangebot
3. 6.	I ZB 6/91		93, 832	93, 769		93, 1389	Piesporter Goldtröpfchen
3. 6.	I ZB 9/91		93, 825		93, 3139		DOS
16. 6.	I ZR 140/91		93, 912		93, 1322		Funkzentrale
16. 6.	I ZR 167/91					93, 1451	BINA
16. 6.	I ZB 14/91	123, 30	93, 969		93, 2942		Indorektal II
24. 6.	I ZR 187/91		93, 913			93, 1387	KOWOG
1. 7.	I ZR 194/91		93, 972			93, 1452	Sana/Schosana
1. 7.	I ZR 299/91		93, 984	93, 761	93, 2869		Geschäftsraumwerbung
8. 7.	I ZR 174/91	123, 157	93, 917	93, 741	93, 2680		Abrechnungssoftware für Zahnärzte
8. 7.	I ZR 202/91			94, 59	93, 747	93, 2868	Empfangsbestätigung

1994 Fundstellenverzeichnis BGH

Dat.	AktZ	BGHZ	GRUR	WRP	NJW	NJW-RR	Schlagwort
14. 7.	I ZR 189/91		94, 57	93, 749	93, 3060		Geld-zurück-Garantie
30. 9.	I ZR 54/91		94, 146	94, 37	94, 45		Vertragsstrafebemessung
30. 9.	I ZB 16/91		94, 120		94, 196		EUROCONSULT
30. 9.	I ZB 17/91						EUROINVEST
7. 10.	I ZR 284/91		94, 638	94, 31	94, 53		Fehlende Planmäßigkeit
7. 10.	I ZR 293/91	123, 330	94, 126	94, 28	93, 3329		Folgeverträge I
7. 10.	I ZR 317/91			94, 34	94, 194		Geschäftsfortführung nach Ausverkauf II
14. 10.	I ZR 131/89		94, 306	94, 33		94, 232	Yves Rocher II
14. 10.	I ZR 218/91		94, 222	94, 101		94, 301	Flaschenpfand
14. 10.	I ZR 40/93		94, 220	94, 104	94, 456		PS-Werbung II
28. 10.	I ZR 246/91		94, 230	94, 108	94, 388		Euroscheck-Differenzzahlung
28. 10.	I ZR 247/91		94, 228	94, 106		94, 362	Importwerbung
4. 11.	I ZR 320/91		94, 224	94, 179	94, 584		Teilzahlungspreis III
11. 11.	I ZR 225/91		94, 527	94, 169	94, 728		Werbeagent
11. 11.	I ZR 315/91		94, 311	94, 177		94, 302	Finanzkaufpreis „ohne Mehrkosten"
25. 11.	I ZR 259/91	124, 230	94, 219	94, 175	94, 730		Warnhinweis
25. 11.	I ZR 281/91	124, 224		94, 172	94, 786		GmbH-Zahnbehandlungsangebot
9. 12.	I ZR 276/91		94, 304	94, 181	94, 751		Zigarettenwerbung in Jugendzeitschriften
9. 12.	I ZB 23/91	124, 289	94, 366	94, 245		94, 693	rigidite II
9. 12.	I ZB 1/92		94, 370	94, 249	94, 1218		rigidite III
16. 12.	I ZR 277/91		94, 307	94, 256		94, 619	Mozzarella I
16. 12.	I ZR 210/91		94, 310	94, 260		94, 622	Mozzarella II
16. 12.	I ZR 231/91		94, 288	94, 252	94, 1068		Malibu
16. 12.	I ZR 285/91		94, 380	94, 262	94, 1071		Lexikothek (Telefonwerbung III)
1994							
20. 1.	I ZR 250/91		94, 390	94, 310	94, 1224		Anzeigen-Einführungspreis
20. 1.	I ZR 267/91		94, 363	94, 299	94, 1216		Holzhandelsprogramm
20. 1.	I ZR 283/91	125, 1	94, 383	94, 303	94, 1658		Genossenschaftsprivileg
20. 1.	I ZR 10/92		94, 389	94, 311		94, 501	Versandhandelspreis II
27. 1.	I ZR 191/91		94, 374	94, 237	94, 3040		Kerlone VB
27. 1.	I ZR 234/91		94, 376	94, 240	94, 3040		Mexitil
27. 1.	I ZR 276/91		94, 385	94, 305		95, 255	Streitwertherabsetzung
27. 1.	I ZR 326/91			94, 387	94, 2289		Indizienkette
27. 1.	I ZR 1/92		94, 387	94, 313		94, 814	Back-Frites
27. 1.	I ZR 65/92		94, 372	94, 242	94, 3040		Sermion
3. 2.	I ZR 282/91		94, 519	94, 533	94, 2030		Grand Marnier
3. 2.	I ZR 321/91		94, 441	94, 398		94, 872	Kosmetikstudio
3. 2.	I ZR 54/92		94, 456	94, 393		94, 871	Prescriptives
8. 2.	VI ZR 286/93		94, 394		94, 1281		Bilanzanalyse
10. 2.	I ZR 316/91		94, 454	94, 529		94, 874	Schlankheitswerbung
10. 2.	I ZR 16/92		94, 443	94, 504	94, 2096		Versicherungsvermittlung im öffentlichen Dienst
10. 2.	I ZR 79/92	125, 91	94, 808	94, 495	94, 1954		Markenverunglimpfung I
24. 2.	I ZR 230/91		94, 905	94, 616		94, 1255	Schwarzwald-Sprudel
24. 2.	I ZR 59/92		94, 516	94, 506		94, 1001	Auskunft über Notdienste
24. 2.	I ZR 74/92		94, 447	94, 511		94, 728	Sistierung von Aufträgen
10. 3.	I ZR 36/92		94, 639	94, 515		94, 941	Pinguin-Apotheke
10. 3.	I ZR 51/92		94, 445	94, 400	94, 1536		Beipackzettel
10. 3.	I ZR 166/92	125, 54	94, 656	94, 540		94, 942	Stofftragetasche
17. 3.	I ZR 304/91		94, 530	94, 543	94, 3248		Beta
24. 3.	I ZR 62/92		94, 523	94, 531		94, 941	Ölbrennermodelle
24. 3.	I ZR 152/92		94, 635	94, 516		94, 944	Pulloverbeschriftung
24. 3.	I ZR 42/93	125, 322	94, 630	94, 519	94, 1958		Cartier-Armreif
14. 4.	I ZR 12/92			94, 859	95, 785		GmbH-Werbung für ambulante ärztliche Leistungen
14. 4.	I ZR 123/92		94, 640	94, 524		94, 1196	Ziegelvorhangfassade
21. 4.	I ZR 271/91		94, 642	94, 527		94, 1067	Chargennummer
21. 4.	I ZR 291/91		94, 512	94, 621		94, 1070	Simmenthal
21. 4.	I ZR 22/92		94, 652	94, 536	94, 2765		Virion
21. 4.	I ZR 31/92	125, 382	94, 794	94, 750	94, 2607		Rolling Stones
28. 4.	I ZR 68/92		94, 743	94, 610	94, 2152		Zinsgünstige Finanzierung durch Herstellerbank
28. 4.	I ZR 107/92		94, 839	94, 605			Kontraindikationen
28. 4.	I ZR 5/92		94, 730	94, 747		94, 1127	VALUE
5. 5.	I ZR 57/92		94, 736	94, 613	94, 2288		Intraurbane Sozietät
5. 5.	I ZR 168/92		94, 818	94, 597	94, 2028		Schriftliche Voranmeldung
26. 5.	I ZR 33/92		94, 908	94, 743		94, 1460	WIR IM SÜDWESTEN
26. 5.	I ZR 85/92	126, 145	94, 831	94, 737	94, 2548		Verbandsausstattung II
26. 5.	I ZR 108/92			94, 862		95, 42	Bio-Tabletten
26. 5.	I ZB 4/94			94, 763	94, 2363		Greifbare Gesetzwidrigkeit II
9. 6.	I ZR 272/91	126, 208	94, 732	94, 599		94, 1323	McLaren

Fundstellenverzeichnis BGH   1995

Dat.	AktZ	BGHZ	GRUR	WRP	NJW	NJW-RR	Schlagwort
9. 6.	I ZR 91/92		94, 830	94, 732		94, 1327	Zielfernrohr
9. 6.	I ZR 116/62		94, 828	94, 615		94, 1126	Unipor-Ziegel
16. 6.	I ZR 66/92		95, 422			94, 1480	Kanzleieröffnungsanzeige
16. 6.	I ZR 67/92		94, 825	94, 608	94, 2284		Strafverteidigungen
23. 6.	I ZR 15/92	126, 287	94, 844	94, 822	94, 2820		Rotes Kreuz
23. 6.	I ZR 73/92	126, 270	94, 832	94, 818	95, 137		Zulassungsnummer
23. 6.	I ZR 106/92	126, 266		94, 765	94, 2298		Vollmachtsnachweis
23. 6.	I ZB 7/92		94, 805			94, 1531	Alphaferon
30. 6.	I ZR 40/92		94, 841	94, 739	94, 2827		Suchwort
30. 6.	I ZR 56/92		94, 827	94, 730		94, 1326	Tageszulassungen
30. 6.	I ZR 167/92		94, 820	94, 728		94, 1385	Produktinformation II
7. 7.	I ZR 30/92		94, 846	94, 810	94, 3107		Parallelverfahren II
7. 7.	I ZR 63/92	126, 368	94, 849	94, 733	94, 2765		Fortsetzungsverbot II
7. 7.	I ZR 104/93		94, 821	94, 814	94, 2953		Preisrätselgewinnauslobung I
7. 7.	I ZR 162/92		94, 823	94, 816	94, 2954		Preisrätselgewinnauslobung II
27. 9.	I ZR 156/93		96, 70	96, 11	96, 317		Sozialversicherungsfreigrenze
29. 9.	I ZR 114/84		95, 50			95, 424	Indorektal/Indohexal
29. 9.	I ZR 76/92		95, 60	95, 9		95, 306	Napoléon IV
29. 9.	I ZR 138/92		95, 122	95, 104	95, 724		Laienwerbung für Augenoptiker
29. 9.	I ZR 172/92		95, 68	95, 89	95, 324		Schlüssel-Funddienst
13. 10.	I ZR 96/92		95, 65	95, 11		95, 493	Produktionsstätte
13. 10.	I ZR 99/92		95, 54	95, 13		95, 358	Nicoline
19. 10.	I ZR 130/92		95, 57	95, 92	95, 871		Markenverunglimpfung II
19. 10.	I ZR 156/92		95, 47	95, 18		95, 306	Rosaroter Elefant
19. 10.	I ZR 187/92		95, 169	95, 290		95, 495	Kosten des Verfügungsverfahrens bei Antragsrücknahme
19. 10.	I ZB 10/92		95, 48			95, 494	Metoproloc
3. 11.	I ZR 71/92	127, 262	95, 117	95, 96	95, 2724		NEUTREX
3. 11.	I ZR 82/92		95, 163	95, 102	95, 462		Fahrtkostenerstattung
3. 11.	I ZR 122/92		95, 62			95, 304	Betonerhaltung
10. 11.	I ZR 147/92		95, 751	95, 302	95, 870		Schlussverkaufswerbung II
10. 11.	I ZR 201/92		95, 125	95, 183	95, 873		Editorial
10. 11.	I ZR 216/92		95, 270	95, 186		95, 301	Dubioses Geschäftsgebaren
17. 11.	I ZR 136/92		95, 505	95, 600		95, 873	APISERUM
17. 11.	I ZR 193/92		95, 165	95, 192		95, 428	Kosmetikset
1. 12.	I ZR 128/92		95, 127	95, 304			Schornsteinaufsätze
1. 12.	I ZR 139/92		95, 167	95, 300	95, 715		Kosten bei unbegründeter Abmahnung
8. 12.	I ZR 189/92		95, 220/492			95, 613	Telefonwerbung V
8. 12.	I ZR 192/92		95, 156	95, 307		95, 357	Garant-Möbel
15. 12.	I ZR 121/92		95, 216	95, 320	95, 1677		Oxygenol II
15. 12.	I ZR 154/92		95, 223	95, 310	95, 1617		Pharma-Hörfunkwerbung
1995							
19. 1.	I ZR 197/92		95, 354	95, 398		95, 676	Rügenwalder Teewurst II
19. 1.	I ZR 209/92		95, 419	95, 386	95, 1615		Knoblauchkapseln
19. 1.	I ZR 41/93		96, 213	95, 475	95, 2352		Sterbegeldversicherung
26. 1.	I ZR 39/93		95, 358	95, 389		95, 1361	Folgeverträge II
2. 2.	I ZR 13/93		95, 274	95, 392	95, 1893		Dollar-Preisangaben
2. 2.	I ZR 16/93		95, 349	95, 393	95, 1420		Objektive Schadensberechnung
2. 2.	I ZR 31/93			95, 591		95, 808	Gewinnspiel II
9. 2.	I ZR 35/93		95, 353	95, 485	95, 1755		Super-Spar-Fahrkarten
9. 2.	I ZR 44/93		95, 742	95, 487	95, 1964		Arbeitsplätze bei uns
9. 2.	I ZB 21/92		97, 366		95, 1752		quattro II
21. 2.	I ZR 33/93		95, 765				Kfz-Vertragshändler
23. 2.	I ZR 15/93		95, 424	95, 489		95, 810	Abnehmerverwarnung
23. 2.	I ZR 75/93		95, 427	95, 493	95, 1965		Schwarze Liste
23. 2.	I ZR 36/94		95, 427	95, 495	95, 1756		Zollangaben
9. 3.	I ZR 157/93		95, 494	95, 594	95, 2358		Pressemitteilung über Lohnsteuerberatung
23. 3.	I ZR 221/92		95, 515	95, 605		95, 871	2 für 1-Vorteil
23. 3.	I ZR 92/93		95, 601	95, 691	95, 2168		Bahnhofs-Verkaufsstellen
30. 3.	I ZR 23/93		95, 763	95, 810	95, 2925		30% Ermäßigung
30. 3.	I ZR 60/93		95, 507	95, 615		95, 1002	City-Hotel
30. 3.	I ZR 84/93		95, 603	95, 693	95, 2558		Räumungsverkauf an Sonntagen
4. 4.	KZR 34/93		95, 690	95, 624	95, 2293		Hitlisten-Platten
5. 4.	I ZR 59/93		95, 610	95, 596	95, 3124		Neues Informationssystem
5. 4.	I ZR 67/93		95, 518	95, 608	95, 2170		Versäumte Klagenhäufung
5. 4.	I ZR 133/93		95, 605	95, 696	95, 2355		Franchise-Nehmer
25. 4.	VI ZR 272/94		95, 621		95, 1956		Grundstücksnachbarn
27. 4.	I ZR 11/93		95, 608	95, 603		95, 1069	Beschädigte Verpackung II
27. 4.	I ZR 77/93		95, 616	95, 699	95, 2561		Fahrtkostenerstattung II
27. 4.	I ZR 116/93		95, 612	95, 701	95, 3054		Sauerstoff-Mehrschritt-Therapie

1996 Fundstellenverzeichnis BGH

Dat.	AktZ	BGHZ	GRUR	WRP	NJW	NJW-RR	Schlagwort
11. 5.	I ZR 107/93		95, 604	95, 695	95, 2588		Vergoldete Visitenkarten
18. 5.	I ZR 91/93		95, 592	95, 688	95, 2486		Busengrapscher
18. 5.	I ZR 178/93						Anhängigkeit des Berufungsverfahrens
18. 5.	I ZR 99/93		95, 583	95, 706		95, 1251	MONTANA
18. 5.	I ZB 22/94				95, 2295		Remailing I
22. 6.	I ZR 153/93		95, 760	95, 824	95, 2988		Frischkäsezubereitung
22. 6.	I ZR 198/94			96, 194		WettbR 96, 18	Goldkrone
23. 6.	I ZR 161/93		95, 761	95, 813			Paketpunktsystem
25. 6.	I ZR 137/93		95, 892	95, 1026	95, 3187		Verbraucherservice
29. 6.	I ZR 24/93		95, 754	95, 910			Altenburger Spielkarten
6. 7.	I ZR 4/93	130, 182	95, 817	96, 6	96, 122		Legehennenhaltung
6. 7.	I ZR 58/93	130, 205	95, 744	95, 923	95, 3177		Feuer, Eis & Dynamit I
6. 7.	I ZR 2/94		95, 750	95, 930	95, 3182		Feuer, Eis & Dynamit II
6. 7.	I ZR 110/93		95, 595	95, 682	95, 2490		Kinderarbeit
6. 7.	I ZR 239/93	130, 196	95, 598	95, 679	95, 2488		Ölverschmutzte Ente
6. 7.	I ZR 180/94		95, 600	95, 686	95, 2492		H. I. V. POSITIVE
12. 7.	I ZR 85/93		95, 697	95, 815	96, 122		FUNNY PAPER
12. 7.	I ZR 140/93	130, 276	95, 825	95, 918	95, 2985		Torres
12. 7.	I ZR 176/93	130, 288	95, 678	95, 820	95, 2788		Kurze Verjährungsfrist
27. 9.	I ZR 156/93		96, 70	96, 11	96, 317		Sozialversicherungsfreigrenze
12. 10.	I ZR 191/93			96, 13	96, 260		Spielzeugautos
18. 10.	I ZR 126/93	131, 90	96, 217	96, 197	96, 391		Anonymisierte Mitgliederliste
18. 10.	I ZR 227/93		96, 71	96, 98		96, 162	Produktinformation III
18. 10.	I ZR 4/94		96, 292	96, 194		96, 362	Aknemittel
24. 10.	KVR 17/94			96, 295	96, 595		Backofenmarkt
25. 10.	I ZR 255/93		96, 208	96, 100	96, 660		Telefax-Werbung
2. 11.	IX ZR 141/94		96, 104				Unterlassungsverfügung ohne Strafandrohung
9. 11.	I ZR 212/93		96, 290	96, 199	96, 723		Wegfall der Wiederholungsgefahr I
9. 11.	I ZR 220/95		96, 78	96, 107	96, 78		Umgehungsprogramm
16. 11.	I ZR 175/93			96, 202			Widerrufsbelehrung II
16. 11.	I ZR 25/94			96, 204			Widerrufsbelehrung III
16. 11.	I ZR 177/93			96, 292	96, 457		Ausbildungsverträge
16. 11.	I ZR 229/93		96, 379	96, 284		96, 554	Wegfall der Wiederholungsgefahr II
16. 11.	I ZB 14/95				96, 25		Remailing II
30. 11.	I ZR 194/93		96, 372	96, 210		96, 419	Zulassungsnummer II
30. 11.	I ZR 233/93		96, 363	96, 286		96, 616	Saustarke Angebote
30. 11.	IX ZR 115/94		96, 812		96, 397		Unterlassungsurteil gegen Sicherheitsleistung
14. 12.	I ZR 213/93			96, 290	96, 1135		Umweltfreundliches Bauen
14. 12.	I ZR 240/93		96, 210/368	96, 279		96, 616	Vakuumpumpen

1996

Dat.	AktZ	BGHZ	GRUR	WRP	NJW	NJW-RR	Schlagwort
16. 1.	XI ZR 57/95	132, 1	96, 375	96, 426	96, 929		Telefonwerbung als Haustürgeschäft
16. 1.	XI ZR 116/95	131, 385		96, 422	96, 926		Widerruf bei Darlehensvertrag
18. 1.	I ZR 15/94		96, 365,	96, 288	96, 852		Tätigkeitsschwerpunkte
1. 2.	I ZR 50/94		96, 502	96, 721		96, 1190	Energiekosten-Preisvergleich
8. 2.	I ZR 216/93		96, 422	96, 541	96, 1672		J. C. Winter
8. 2.	I ZR 147/94		96, 421	96, 720	96, 1759		Effektivzins
15. 2.	I ZR 1/94		96, 778	96, 889		96, 1188	Stumme Verkäufer
15. 2.	I ZR 9/94		96, 910	96, 729	96, 2161		Der meistverkaufte Rasierer Europas
15. 2.	I ZR 10/94		96, 510	96, 737	96, 1965		Unfallersatzwagentarife
29. 2.	I ZR 6/94		96, 796	96, 734	96, 3341		Setpreis
7. 3.	I ZR 33/94		96, 798	96, 894		96, 1320	Lohnentwesungen
14. 3.	I ZR 53/94		96, 791	96, 892	96, 2580		Editorial II
19. 3.	KZR 1/95		96, 808	96, 905	96, 2656		Pay-TV-Durchleitung
28. 3.	I ZR 11/94		96, 508	96, 710		96, 805	Uhren-Applikation
28. 3.	I ZR 39/94		96, 781	96, 713		96, 1196	Verbrauchsmaterialien
28. 3.	I ZR 14/96		96, 512	96, 743	96, 1970		Fehlender Vollstreckungsschutzantrag II
25. 4.	I ZR 58/94		96, 995	97, 328	96, 2866		Übergang des Vertragsstrafeversprechens
25. 4.	I ZR 82/94			96, 1102	96, 3280		Großimporteur
25. 4.	I ZR 106/94		96, 917	96, 897	96, 2308		Internationale Sozietät
2. 5.	I ZR 99/94		96, 806	96, 1018	96, 3077		HerzASS
2. 5.	I ZR 108/94		96, 983	97, 549			Dauertiefpreise
2. 5.	I ZR 152/94		96, 983	96, 1097	96, 3153		Preistest
9. 5.	I ZR 107/94		96, 800	96, 899	96, 2729		EDV-Geräte
23. 5.	I ZR 76/94		96, 985	96, 1156	96, 3419		PVC-frei
23. 5.	I ZR 122/94			96, 1099		97, 104	Testfotos II
7. 6.	I ZR 103/94		96, 802	96, 1032	96, 3083		Klinik
7. 6.	I ZR 114/94		96, 786	96, 1020	96, 2577		Blumenverkauf an Tankstellen

Fundstellenverzeichnis BGH 1997

Dat.	AktZ	BGHZ	GRUR	WRP	NJW	NJW-RR	Schlagwort
13. 6.	I ZR 114/93		96, 789	96, 1024	96, 3081		Laborbotendienst
13. 6.	I ZR 102/94		97, 136	96, 1149	96, 799		Laborärzte
20. 6.	I ZR 113/94		96, 793	96, 1027	96, 3078		Fertiglesebrillen
24. 6.	NotZ 35/95		96, 908	96, 1105	96, 2733		Notarwerbung mit Logo
2. 7.	KZR 20/91		96, 920	96, 1038	96, 3212		Fremdleasingboykott II
11. 7.	I ZR 183/93		97, 145	96, 1153	96, 3278		Preisrätselgewinnauslobung IV
11. 7.	I ZR 79/94		96, 804	96, 1034	96, 3276		Preisrätselgewinnauslobung III
19. 9.	I ZR 72/94		97, 304	97, 179		97, 424	Energiekostenpreisvergleich II
19. 9.	I ZR 124/94		97, 229	97, 183	97, 464		Beratungskompetenz
19. 9.	I ZR 130/94		97, 139	97, 24		97, 235	Organgenhaut
19. 9.	I ZR 76/95		97, 141	97, 83	97, 588		Kompetenter Fachhändler
26. 9.	I ZR 265/95	133, 316	97, 382	97, 312	97, 1702		Altunterwerfung I
26. 9.	I ZR 194/95	133, 331	97, 386	97, 318	97, 1706		Altunterwerfung II
1. 10.	VI ZR 206/95		97, 125		97, 1152		Bob Dylan
10. 10.	I ZR 129/94		97, 313	97, 325	97, 2180		Architektenwettbewerb
17. 10.	I ZR 153/94		97, 308	97, 300		97, 741	Wärme fürs Leben
17. 10.	I ZR 159/94		97, 306	97, 302		97, 680	Naturkind
22. 10.	KZR 19/95	134, 1	97, 774	97, 186	97, 574		Stromeinspeisung II
24. 10.	III ZR 127/91	134, 30		97, 27	97, 123		Brasserie du Pêcheur
7. 11.	I ZR 138/94		97, 472	97, 429	97, 1780		Irrtum vorbehalten
7. 11.	I ZR 183/94		97, 227	97, 182		97, 423	Aussehen mit Brille
14. 11.	I ZR 162/94		97, 479	97, 431	97, 1782		Münzangebot
14. 11.	I ZR 164/94		97, 476	97, 439		97, 800	Geburtstagswerbung II
21. 11.	I ZR 149/94		97, 468	97, 1093	97, 1928		NetCom
28. 11.	I ZR 184/94		97, 473	97, 434	97, 1304		Versierter Ansprechpartner
28. 11.	I ZR 197/94		97, 767	97, 735		97, 1133	Brillenpreise II
5. 12.	I ZR 140/94		97, 666	97, 724		97, 1192	Umweltfreundliche Reinigungsmittel
5. 12.	I ZR 157/94		97, 311	97, 310		97, 614	Yellow Phone
5. 12.	I ZR 203/94		97, 539	97, 709		97, 1130	Kfz-Waschanlagen
12. 12.	I ZR 7/94		97, 537	97, 721		97, 931	Lifting-Creme

1997

Dat.	AktZ	BGHZ	GRUR	WRP	NJW	NJW-RR	Schlagwort
14. 1.	KZR 36/96		97, 543	97, 776	97, 2182		Kölsch-Vertrag
16. 1.	I ZR 225/94		97, 669	97, 731	97, 2817		Euromint
16. 1.	I ZR 9/95	134, 250	97, 459		97, 1363		CB-infobank I
20. 1.	II ZR 105/96				97, 1069		Genossenschaftsmodell
23. 1.	I ZR 238/93		97, 541	97, 711		97, 934	Produktinterview
23. 1.	I ZR 29/94		97, 681	97, 715	97, 2757		Produktwerbung
23. 1.	I ZR 226/94		97, 380	97, 437	97, 1370		Füllanzeigen
30. 1.	I ZR 20/94		97, 927	97, 846		WettbR 98, 25	Selbsthilfeeinrichtung der Beamten
6. 2.	I ZR 234/94		97, 758	97, 946		97, 1193	Selbsternannter Sachverständiger
20. 2.	I ZR 187/94		97, 903	97, 1081	97, 2952		GARONOR
20. 2.	I ZR 12/95		97, 907	97, 843		97, 1401	Emil-Grünbär-Club
27. 2.	I ZR 217/94		97, 478	97, 441		97, 801	Haustürgeschäft II
27. 2.	I ZR 5/95		97, 933			WettbR 97, 229	EP
11. 3.	KZR 44/95		97, 482	97, 555	97, 2954		Magic Print
11. 3.	KVR 39/95	135, 74	97, 677	97, 771	97, 1911		NJW auf CD-ROM
11. 3.	KZR 2/96		97, 770	97, 779	97, 2200		Gasdurchleitung
13. 3.	I ZR 34/95		97, 665	97, 719		97, 950	Schwerpunktgebiete
20. 3.	I ZR 241/94		97, 672	97, 727		97, 1131	Sonderpostenhändler
20. 3.	I ZR 246/94		97, 754	97, 748	97, 2739		grau/magenta
10. 4.	I ZR 65/92		97, 629	97, 742	97, 2449		Sermion II
10. 4.	I ZR 178/94		97, 661	97, 751			B. Z./Berliner Zeitung
10. 4.	I ZR 242/94	135, 183	97, 899	97, 1189	97, 3443		Vernichtungsanspruch
10. 4.	I ZR 3/95		97, 909	97, 1059		97, 1468	Branchenbuch-Nomenklatur
17. 4.	I ZR 219/94		97, 925	97, 1064	97, 3236		Ausgeschiedener Sozius
22. 4.	XI ZR 191/96			97, 783	97, 2314		Sittenwidriges Schneeballsystem
24. 4.	I ZR 210/94		97, 920	97, 1176	98, 76		Automatenaufsteller
24. 4.	I ZR 233/94		97, 902	97, 1181	97, 3315		FTOS
24. 4.	I ZR 44/95	135, 278	98, 155	97, 1184	97, 3313		POWER POINT
30. 4.	I ZR 196/94		97, 912	97, 1048	97, 2679		Die Besten I
30. 4.	I ZR 154/95		97, 914	97, 1051	97, 2681		Die Besten II
30. 4.	I ZR 30/95		97, 934	97, 1179			50% Sonder-AfA
6. 5.	KVR 9/96	135, 323	97, 784	97, 964	97, 3173		Gaspreis
15. 5.	I ZR 10/95		97, 761	97, 940	97, 604		Politikerschelte
26. 5.	AnwZ (B) 64/96			97, 1074	97, 2682		Forderungseinzug
26. 5.	AnwZ (B) 65/96			97, 1072	97, 2842		Versicherungsberatung
5. 6.	I ZR 38/95	136, 11	97, 749	97, 952	97, 2948		L Orange
5. 6.	I ZR 69/95		98, 489	98, 42		98, 835	Unbestimmter Unterlassungsantrag III
12. 6.	I ZR 39/95		97, 922	97, 1075	97, 3238		Rechtsanwalt ist Minister
12. 6.	I ZR 36/95		98, 167	98, 48	98, 1078		Restaurantführer
17. 6.	VI ZR 114/96		97, 942	98, 391	97, 2593		PC-Drucker-Test

1998 Fundstellenverzeichnis BGH

Dat.	AktZ	BGHZ	GRUR	WRP	NJW	NJW-RR	Schlagwort
19. 6.	I ZR 16/95	136, 111	97, 916	97, 1054	97, 3302		Kaffeebohne
19. 6.	I ZR 46/95		97, 929	97, 1062	97, 3376		Herstellergarantie
19. 6.	I ZR 72/95		98, 170	97, 1070		98, 111	Händlervereinigung
26. 6.	I ZR 192/94		97, 756	97, 983			Kessler-Hochgewächs
26. 6.	I ZR 14/95		98, 165	98, 51		98, 253	RBB
26. 6.	I ZR 53/95		98, 498	98, 117	98, 815		Fachliche Empfehlung III
26. 6.	I ZR 56/95		97, 845	97, 1091		97, 1402	Immo-Data
10. 7.	I ZR 42/95		97, 896	97, 1079		97, 1404	Mecki-Igel II
10. 7.	I ZR 51/95			98, 181	98, 818		Warentests für Arzneimittel
10. 7.	I ZR 62/95		98, 483	98, 296		98, 617	Der M.-Marktpackt aus
10. 7.	I ZR 201/95		98, 486	98, 301		98, 616	Geburtstags-Angebot
17. 7.	I ZR 40/95		97, 937	97, 1067	97, 3087		Sekundenschnell
17. 7.	I ZR 77/95		97, 936	97, 1175	98, 1796		Naturheilmittel
17. 7.	I ZR 58/95		98, 407	98, 306	98, 1792		TIAPRIDAL
23. 7.	VIII ZR 130/96	136, 295		97, 1096	97, 3304		Benetton I
23. 7.	VIII ZR 134/96				97, 3309		Benetton II
18. 9.	I ZR 71/95		98, 471	98, 164	98, 1144		Modenschau im Salvatorkeller
18. 9.	I ZR 119/95		98, 475	98, 162		98, 401	Erstcoloration
25. 9.	I ZR 84/95		98, 500	98, 388		98, 1201	Skibindungsmontage
2. 10.	I ZR 94/95		98, 961	98, 312	98, 820		Lebertran I
2. 10.	I ZR 130/95		98, 495	98, 499	98, 1797		Lebertran II
9. 10.	I ZR 92/95		98, 487	98, 172	98, 822		Professorenbezeichnung in der Arztwerbung III
9. 10.	I ZR 95/95		98, 412	98, 373		98, 694	Analgin
9. 10.	I ZR 122/95		98, 417	98, 175	98, 1148		Verbandsklage in Prozeßstandschaft
23. 10.	I ZR 98/95		98, 1043	98, 294		98, 1198	GS-Zeichen
23. 10.	I ZR 123/95		98, 169			98, 833	Auto '94
30. 10.	I ZR 185/95		98, 591	98, 502		98, 693	Monopräparate
30. 10.	I ZR 127/95		98, 949	98, 598	98, 1953		D-Netz-Handtelefon
6. 11.	I ZR 102/95		98, 477	98, 377		98, 1048	Trachtenjanker
6. 11.	I ZB 17/95			98, 495		98, 1261	Today
13. 11.	I ZR 159/95		98, 943	98, 381		98, 1119	Farbkennnummern
26. 11.	I ZR 109/95		98, 415	98, 383		WettbR 98, 241	Wirtschaftsregister
26. 11.	I ZR 148/95		98, 419	98, 386	98, 1227		Gewinnspiel im Ausland
4. 12.	I ZR 125/96		98, 493	98, 505		98, 691	Gelenknahrung
4. 12.	I ZR 143/95		98, 502	98, 489	98, 1152		Umtauschrecht I
18. 12.	I ZR 79/95		98, 568		98, 2144		Beatles-Doppel-CD

1998

Dat.	AktZ	BGHZ	GRUR	WRP	NJW	NJW-RR	Schlagwort
15. 1.	I ZB 20/97		98, 744	98, 624	98, 2743		Kassenrechtsstreit über Mitgliederwerbung
15. 1.	I ZR 244/95		98, 585	98, 487		98, 1118	Lagerverkauf
15. 1.	I ZR 282/95		98, 1010	98, 877		98, 1651	WINCAD
22. 1.	I ZR 177/95		98, 587	98, 512	98, 1399		Bilanzanalyse Pro 7
22. 1.	I ZR 18/96		98, 963	98, 864	98, 3342		Verlagsverschulden II
5. 2.	I ZR 151/95		98, 735	98, 724		98, 1199	Rubbelaktion
5. 2.	I ZR 211/95	138, 55	98, 824	98, 718	98, 2208		Testpreis-Angebot
12. 2.	I ZR 110/96		98, 951	98, 861	98, 3349		Die große deutsche Tages- und Wirtschaftszeitung
12. 2.	I ZR 241/95		98, 696	98, 604	98, 2045		Rolex-Uhr mit Diamanten
12. 2.	I ZR 5/96				98, 3205		Gewillkürte Prozeßstandschaft
19. 2.	I ZR 120/95		98, 947	98, 595		98, 831	AZUBI 94
19. 2.	I ZR 138/95		98, 1034	98, 978		98, 1499	Makalu
5. 3.	I ZR 13/96	138, 143	98, 830	98, 732	98, 3773		Les-Paul-Gitarren
5. 3.	I ZR 185/95		98, 958	98, 741		98, 1421	Verbandsinteresse
5. 3.	I ZR 202/95		98, 953	98, 743	98, 2439		Altunterwerfung III
5. 3.	I ZR 229/95		98, 1039	98, 973	98, 3203		Fotovergrößerungen
17. 3.	KZR 30/96		98, 1049	98, 783		98, 1730	Bahnhofsbuchhandel
19. 3.	I ZR 173/95		98, 959	98, 983	98, 3412		Neurotrat forte
19. 3.	I ZR 264/95		98, 1045	98, 739		98, 1571	Brennwertkessel
26. 3.	I ZR 222/95		99, 256	98, 857		98, 1497	1000,– DM Umwelt-Bonus
26. 3.	I ZR 231/95		98, 1037	98, 727		98, 1420	Schmuck-Set
2. 4.	I ZR 4/96		98, 835	98, 729	98, 2553		Zweigstellenverbot
23. 4.	I ZR 2/96		99, 69	98, 1065	98, 3561		Preisvergleichsliste II
30. 4.	I ZR 268/95	138, 349	99, 161	98, 1181	98, 3781		MAC Dog
30. 4.	I ZR 40/96		98, 955	98, 867		98, 1574	Flaschenpfand II
7. 5.	I ZR 214/95		99, 177	98, 1168	99, 137		umgelenkte Auktionskunden
7. 5.	I ZR 85/96		98, 1041	98, 1068	98, 3350		Verkaufsveranstaltung in Aussiedlerwohnheim
12. 5.	KZR 23/96		99, 276	99, 101		99, 189	Depotkosmetik
12. 5.	KZR 25/96			99, 203			Hochwertige Kosmetikartikel
12. 5.	KZR 18/97		98, 1047	98, 777		98, 1508	Subunternehmervertrag
14. 5.	I ZR 10/96		98, 945	98, 854	98, 2531		Co-Verlagsvereinbarung

Fundstellenverzeichnis BGH 1999

Dat.	AktZ	BGHZ	GRUR	WRP	NJW	NJW-RR	Schlagwort
14. 5.	I ZR 116/96		99, 259	99, 98	99, 497		Klärung vermögensrechtlicher Ansprüche
14. 5.	I ZB 17/98		99, 88	98, 1076	98, 3418		Ersatzkassen-Telefonwerbung
28. 5.	I ZR 275/95		99, 183	98, 1171	99, 287		Ha-Ra/HARIVA
25. 6.	I ZR 62/96		98, 956	98, 976	98, 3563		Titelschutzanzeigen für Dritte
25. 6.	I ZR 75/96		98, 1046	98, 982		98, 1573	Geburtstagswerbung III
2. 7.	I ZR 54/96		99, 251	98, 998			Warsteiner I
2. 7.	I ZR 55/96	139, 138	99, 252	98, 1002	98, 3489		Warsteiner II
2. 7.	I ZR 66/96		99, 270	99, 181	99, 217		Umtauschrecht II
2. 7.	I ZR 77/96		99, 272	99, 183		99, 404	Die Luxusklasse zum Nulltarif
9. 7.	I ZR 72/96		99, 179	98, 1071	98, 3414		Patientenwerbung
20. 8.	I ZB 38/98				98, 3784		
17. 9.	I ZR 117/96		99, 515	99, 424	99, 1398		Bonusmeilen
8. 10.	I ZR 187/97	139, 368	99, 264	99, 90	99, 214		Handy für 0,00 DM
8. 10.	I ZR 7/97		99, 261	99, 94	99, 211		Handy-Endpreis
8. 10.	I ZR 72/97			99, 505			Nur 1 Pfennig
8. 10.	I ZR 94/97			99, 509		WettbR 99, 25	Handy für 1 DM
8. 10.	I ZR 107/97			99, 512			Aktivierungskosten
8. 10.	I ZR 147/97			99, 517			„Am Telefon nicht süß sein?"
15. 10.	I ZR 69/96	139, 378	99, 501	99, 414	99, 948		Vergleichen Sie
29. 10.	I ZR 163/96		99, 507	99, 657		99, 982	Teppichpreiswerbung
5. 11.	I ZB 50/98		99, 520	99, 439	99, 1786		Abrechnungsprüfung
12. 11.	I ZR 105/96		99, 267	99, 176		99, 767	Verwaltungsstellenleiter
12. 11.	I ZR 173/96		99, 594	99, 650		99, 1490	Holsteiner Pferd
26. 11.	I ZR 179/96		99, 504	99, 501	99, 1784		Implantatbehandlungen
3. 12.	I ZR 119/96	140, 134	99, 1128	99, 643	99, 2737		Hormonpräparate
3. 12.	I ZR 63/96		99, 757	99, 839	99, 2190		Auslaufmodelle I
3. 12.	I ZR 74/96		99, 760	99, 842	99, 2193		Auslaufmodelle II
3. 12.	I ZR 112/96		99, 748	99, 824	99, 2444		Steuerberaterwerbung auf Fachmessen
10. 12.	I ZR 100/96	140, 183	99, 325	99, 417	99, 1964		Elektronische Pressearchive
10. 12.	I ZR 137/96		99, 512	99, 315	99, 865		Optometrische Leistungen
10. 12.	I ZR 141/96		99, 509	99, 421	99, 1332		Vorratslücken
1999							
14. 1.	I ZR 149/96		99, 992	99, 931		99, 1344	BIG PACK
14. 1.	I ZR 203/96		99, 751	99, 816		99, 984	Güllepumpen
14. 1.	I ZR 2/97		99, 934	99, 912		99, 1131	Weinberater
21. 1.	I ZR 135/96		99, 522	99, 544	99, 1337		Datenbankabgleich
28. 1.	I ZR 192/96		99, 755	99, 828		00, 117	Altkleider Wertgutscheine
4. 2.	I ZR 71/97		99, 1011	99, 924		00, 340	Werbebeilage
11. 2.	I ZR 18/97		99, 1014	99, 920	99, 3406		Verkaufsschütten vor Apotheken
25. 2.	I ZR 4/97		99, 762	99, 845	99, 2195		Herabgesetzte Schlussverkaufspreise
16. 3.	I ZR 76/98			99, 660			Einverständnis mit Telefonwerbung
18. 3.	I ZR 33/97		99, 936	99, 918		99, 1418	Hypotonietee
25. 3.	I ZR 190/96		99, 600	99, 821			Haarfärbemittel
25. 3.	I ZR 77/97		99, 1100	99, 1141		00, 631	Generika-Werbung
15. 4.	I ZR 83/97		99, 1097	99, 1133		99, 1563	Preissturz ohne Ende
22. 4.	I ZR 159/96		99, 1007	99, 915		99, 1565	Vitalkost
22. 4.	I ZR 108/97		00, 73	99, 1145	00, 870		Tierheilpraktiker
27. 4.	KZR 35/97		00, 95	99, 1175		00, 733	Feuerwehrgeräte
27. 4.	KZR 54/97			99, 1031	99, 941		Sitzender Krankentransport
6. 5.	I ZR 199/96	141, 329	99, 923	99, 831	99, 2898		Tele-Info-CD
6. 5.	I ZR 5/97					WettbR 99, 249	Telfonbuch-CD
20. 5.	I ZR 31/97		99, 1119	99, 1159		00, 634	RUMMS!
20. 5.	I ZR 40/97		99, 1009	99, 1136	99, 3414		Notfalldienst für Privatpatienten
20. 5.	I ZR 42/97		99, 1102				Privatärztlicher Bereitschaftsdienst
20. 5.	I ZR 54/97		99, 1104	99, 1139	99, 3416		ärztlicher Hotelservice
20. 5.	I ZR 66/97		99, 1116	99, 1163	00, 73		Wir dürfen nicht feiern
17. 6.	I ZR 213/96		99, 1106	99, 1031		00, 338	Rollstuhlnachbau
17. 6.	I ZR 149/97		00, 239	00, 92			Last-Minute-Reise
24. 6.	I ZR 164/97				99, 3269		
8. 7.	I ZR 118/97		00, 235	00, 168	00, 586		Werbung am Unfallort IV
15. 7.	I ZR 130/96		99, 1113	99, 1022		WettbR 99, 217	Außenseiteranspruch I
15. 7.	I ZR 204/96		99, 1017	99, 1035	99, 3638		Kontrollnummernbeseitigung
15. 7.	I ZR 14/97	142, 192	99, 1109	99, 1026	99, 3034		Entfernung der Herstellungsnummer
15. 7.	I ZR 44/97		99, 1122	99, 1151	99, 3267		EG-Neuwagen I
22. 7.	KZR 13/97		00, 340	99, 1283	00, 866		Kartenlesegerät
19. 8.	I ZR 225/97		99, 1125	99, 1155	99, 3491		EG-Neuwagen II
19. 8.	I ZR 145/98						
15. 7.	I ZR 204/96		99, 1017	99, 1035	99, 3638		Kontrollnummernbeseitigung
15. 9.	I ZR 131/97		00, 436	00, 383		00, 1417	Ehemalige Herstellerpreisempfehlung

2000 Fundstellenverzeichnis BGH

Dat.	AktZ	BGHZ	GRUR	WRP	NJW	NJW-RR	Schlagwort
28. 9.	KZR 18/98		00, 344	00, 89	00, 206		Beteiligungsverbot für Schilderpräger
6. 10.	I ZR 46/97		00, 237	00, 170	00, 864		Giftnotruf-Box
6. 10.	I ZR 92/97		00, 616	00, 514		00, 1204	Auslaufmodelle III
6. 10.	I ZR 242/97					WettbR 00, 232	Handy „fast geschenkt" für 0,49 DM
20. 10.	I ZR 86/97		00, 727	00, 628		00, 1138	Lorch Premium
20. 10.	I ZR 95/97			00, 546		00, 922	Stülpkarton
20. 10.	I ZR 167/97		00, 619	00, 517		00, 1490	Orient-Teppichmuster
10. 11.	I ZR 121/97		00, 613	00, 506	00, 1789		Klinik Sanssouci
10. 11.	I ZR 212/97		00, 546	00, 502	00, 2742		Johanniskraut-Präparat
24. 11.	I ZR 171/97		00, 731	00, 633	00, 1639		Sicherungsschein
24. 11.	I ZR 189/97		00, 438	00, 389	00, 1792		Gesetzeswiederholende Unterlassungsanträge
1. 12.	I ZR 130/96	143, 232	00, 724	00, 734	00, 2504		Außenseiteranspruch II
1. 12.	I ZR 49/97	143/214	00, 709	00, 746	00, 2195		Marlene Dietrich
1. 12.	I ZR 226/97		00, 715	00, 754	00, 2201		Der blaue Engel
8. 12.	I ZR 101/97		00, 521	00, 493			Modulgerüst
8. 12.	I ZR 254/95					01, 48	
15. 12.	I ZR 159/97		00, 337	00, 386		00, 704	Preisknaller

2000

Dat.	AktZ	BGHZ	GRUR	WRP	NJW	NJW-RR	Schlagwort
13. 1.	I ZR 253/97		00, 914	00, 1129	00, 2821		Tageszulassung II
13. 1.	I ZR 271/97		00, 918	00, 1138		00, 1351	Null-Tarif
13. 1.	I ZR 223/97		00, 506	00, 535		00, 856	ATTACHE/TISSERAND
18. 1.	KVR 23/98			00, 397	00, 1288		Tariftreueerklärung II
20. 1.	I ZR 196/97			00, 1135		00, 1290	Ambulanter Schlussverkauf
20. 1.	I ZB 50/97		00, 894	00, 1166		01, 38	Micro-PUR
20. 1.	I ZB 32/97		00, 883	00, 1152		01, 116	PAPAGALLO
27. 1.	I ZR 241/97		00, 818	00, 722	00, 2677		Telefonwerbung VI
27. 1.	I ZB 47/97		00, 895	00, 1301		00, 1427	EWING
27. 1.	I ZB 39/97		00, 892	00, 1299		01, 181	MTS
10. 2.	I ZR 97/98		00, 528	00, 510		00, 1284	L-Carnitin
10. 2.	I ZB 37/97		00, 720	00, 739		00, 1484	Unter Uns
17. 2.	I ZR 239/97		00, 820	00, 724		00, 1136	Space Fidelity Peep Show
17. 2.	I ZR 254/97		00, 911	00, 1248	00, 3001		Computerwerbung
17. 2.	I ZB 33/97		00, 882	00, 1140	00, 3355	00, 1647	Bücher für eine bessere Welt
24. 2.	I ZB 13/98		00, 722	00, 741		00, 1352	LOGO
24. 2.	I ZR 168/97		00, 1028	00, 1148		01, 114	Ballermann
14. 3.	KZR 15/98			00, 759	00, 3426		Zahnersatz aus Manila
14. 3.	KZB 34/99		00, 736	00, 636	00, 2749		Hörgeräteakustik
14. 3.	KZR 8/99						
16. 3.	I ZR 214/97		00, 734	00, 730	00, 2277		Rechtsbetreuende Verwaltungshilfe
16. 3.	I ZR 229/97			00, 1131			Lieferstörung
16. 3.	I ZB 43/97		00, 886	01, 37		01, 1049	Bayer/BeiChem
30. 3.	I ZR 289/97		00, 729	00, 727	00, 2108		Sachverständigenbeauftragung
30. 3.	I ZB 41/97		00, 1038	00, 1161		00, 1708	Kornkammer
6. 4.	I ZR 294/97		01, 178	00, 1397	01, 896		Impfstoffversand an Ärzte
6. 4.	I ZR 67/98		01, 82	00, 1263	01, 441	00, 1710	Neu in Bielefeld I
6. 4.	I ZR 76/98	144, 165	00, 1089	00, 1269	00, 3566		Missbräuchliche Mehrfachverfolgung
6. 4.	I ZR 114/98		01, 84	00, 1266		00, 1644	Neu in Bielefeld II
6. 4.	I ZR 75/98						
13. 4.	I ZB 6/98		01, 56	00, 1290			Likörflasche
13. 4.	I ZR 282/97			00, 703	00, 1243		Mattscheibe
13. 4.	I ZR 290/97					00, 1633	
13. 4.	I ZR 220/97		01, 54	00, 1296	00, 3716		SUBWAY/Subwear
27. 4.	I ZR 236/97		00, 875	00, 1142			Davidoff
27. 4.	I ZR 292/97		00, 822	00, 1127	00, 3000		Steuerberateranzeige
27. 4.	I ZR 287/97		00, 1093	00, 1275		01, 36	Fachverband
4. 5.	I ZR 256/97	144, 232	01, 51	00, 1407	00, 3783		Parfumflakon
9. 5.	KZR 1/99			00, 757			Aussetzungszwang
9. 5.	KZR 28/98		00, 1108	00, 762		00, 1286	Designer-Polstermöbel
11. 5.	I ZR 28/98	144, 255	00, 1076	00, 1116	00, 3351	01, 184	Abgasemissionen
11. 5.	I ZB 22/98		01, 162	01, 35		01, 253	Rational Software Corporation
11. 5.	I ZR 193/97		00, 879	00, 1280			stüssy
24. 5.	I ZR 222/97		01, 78	00, 1402	01, 73		Falsche Herstellerpreisempfehlung
24. 5.	I ZR 80/98					01, 170	Internationaler Straßengüterverkehr
8. 6.	I ZB 12/98		00, 1031	00, 1155		00, 1707	Carl Link
8. 6.	I ZR 269/97		01, 181	01, 28	01, 1791		Dentalästhetika
15. 6.	I ZB 4/98		01, 161	01, 33		01, 255	Buchstabe „K"
15. 6.	I ZR 90/98		01, 251	01, 153		01, 405	Messerkennzeichnung
15. 6.	I ZR 231/97		00, 872		01, 228		Schiedsstellenanrufung
15. 6.	I ZR 202/98						
15. 6.	I ZR 193/98						
29. 6.	I ZR 122/98		01, 256	01, 144	01, 753		Gebührenvereinbarung

Fundstellenverzeichnis BGH   2001

Dat.	AktZ	BGHZ	GRUR	WRP	NJW	NJW-RR	Schlagwort
29. 6.	I ZR 128/98		01, 80	00, 1394		01, 327	ad-hoc-Meldung
29. 6.	I ZR 155/98		00, 1106	00, 1278	01, 153		Möbel-Umtauschrecht
29. 6.	I ZR 29/98		00, 907	00, 1258		01, 620	Filialleiterfehler
29. 6.	I ZR 59/98		00, 1080	00, 1121	00, 2745		Verkürzter Versorgungsweg
29. 6.	I ZR 155/98			00, 1278			Möbel-Umtauschrecht
6. 7.	I ZR 21/98		01, 158	01, 41			Drei-Streifen-Kennzeichnung
6. 7.	I ZR 243/97		01, 85	00, 1404	00, 3645		Altunterwerfung IV
6. 7.	I ZR 244/97	145, 7	01, 153	00, 1309	00, 3571		OEM-Version
13. 7.	I ZR 49/98				01, 448	01, 681	Haftungsumfang des Frachtführers
13. 7.	I ZR 156/98					00, 1631	
13. 7.	I ZR 219/98		00, 1023	00, 1312		01, 182	3-Speichen-Felgenrad
13. 7.	I ZR 203/97		00, 1084	00, 1253		01, 32	Unternehmenskennzeichnung
10. 8.	I ZR 126/98		01, 73	00, 1284		00, 1640	Stich den Buben
10. 8.	I ZR 283/97		00, 1032	00, 1293		01, 179	EQUI 00
8. 9.	I ZB 21/99		01, 87	00, 1303			Sondenernährung
21. 9.	I ZR 216/98		01, 352	01, 394	01, 3411		Kompressionsstrümpfe
21. 9.	I ZR 143/98		01, 164	01, 165		01, 1192	Wintergarten
21. 9.	I ZB 35/98		01, 240	01, 157		01, 252	SWISS ARMY
21. 9.	I ZR 12/98		01, 176	00, 1410	01, 1794		Myalgien
28. 9.	I ZR 201/98		01, 358	01, 258		01, 624	Rückgaberecht I
28. 9.	I ZR 141/98		01, 255	01, 151		01, 407	Augenarztanschreiben
5. 10.	I ZR 1/98		01, 448	01, 539	01, 3192	01, 1188	Kontrollnummernbeseitigung II
5. 10.	I ZR 166/98	145, 279	01, 344	01, 273	01, 1868		DB Immobilienfonds
5. 10.	I ZR 224/98		01, 354	01, 255	01, 2089		Verbandsklage gegen Vielfachabnehmer
5. 10.	I ZR 210/98		01, 258	01, 146	01, 522		Immobilienpreisangaben
5. 10.	I ZR 237/98		01, 260	01, 148	01, 371		Vielfachabmahner
19. 10.	I ZR 89/98		01, 422	01, 549		01, 978	ZOCOR
19. 10.	I ZR 225/98		01, 443	01, 534		01, 824	Viennetta
19. 10.	I ZB 62/98		01, 337	01, 408		01, 1050	EASYPRESS
19. 10.	I ZR 176/00				01, 230		
26. 10.	I ZR 117/98						
26. 10.	I ZR 144/98						
26. 10.	I ZR 180/98		01, 453	01, 400	01, 3414	01, 684	TCM-Zentrum
26. 10.	I ZB 3/98		01, 239	01, 31			Zahnpastastrang
2. 11.	I ZR 154/98						
2. 11.	I ZR 246/98	145, 366	01, 329	01, 276	01, 2173		Gemeinkostenanteil
9. 11.	I ZR 167/98		01, 529	01, 531		01, 1406	Herz-Kreislauf-Studie
9. 11.	I ZR 185/98		01, 348	01, 397		01, 851	Beratungsstelle im Nahbereich
16. 11.	I ZB 36/98		01, 734	01, 690			Jeanshosentasche
16. 11.	I ZR 34/98		01, 507	01, 694		01, 827	EVIAN/REVIAN
16. 11.	I ZR 186/98		01, 446	01, 392		01, 686	1-Pfennig-Farbbild
21. 11.	KVR 21/99			01, 410			Treuhanderwerb
21. 11.	KVR 16/99		01, 364	01, 280		01, 762	Minderheitsbeteiligung im Zeitschriftenhandel
21. 11.	KVZ 28/99		01, 367				Einspeisesperre
23. 11.	I ZR 78/98						
23. 11.	I ZR 195/98		01, 350				OP-Lampen
23. 11.	I ZR 130/98						
23. 11.	I ZB 34/98		01, 735	01, 692			Test it
23. 11.	I ZB 15/98		01, 334	01, 261			Gabelstapler
23. 11.	I ZB 46/98			01, 269			Rado-Uhr
23. 11.	I ZB 18/98		Int 01, 462	01, 265			Stabtaschenlampen
23. 11.	I ZR 93/98		01, 242	01, 160		01, 975	Classe E
7. 12.	I ZR 260/98			01, 1171			Eusovit
7. 12.	I ZR 146/98		01, 755	01, 804			Telefonkarte
7. 12.	I ZR 179/98			01, 699	01, 2548		Impfstoffe
7. 12.	I ZR 158/98		01, 450	01, 542	01, 3414	01, 1329	Franzbranntwein-Gel
14. 12.	I ZR 181/99		01, 846	01, 926	01, 3707		Metro V
14. 12.	I ZB 39/98		01, 732	01, 807			BAUMEISTER-HAUS
14. 12.	I ZB 25/98		01, 418				Montre
14. 12.	I ZR 147/98		01, 752	01, 688			Eröffnungswerbung
14. 12.	I ZB 27/98			01, 405		01, 980	SWATCH
14. 12.	I ZB 26/98		01, 416	01, 403		01, 980	OMEGA
19. 12.	X ZB 14/00	146, 202			01, 1492		Divergenzvorlage
2001							
18. 1.	I ZR 175/98		01, 1164	01, 931			Buendgens
25. 1.	I ZR 53/99		01, 1181	01, 1068		02, 326	Telefonwerbung für Blindenwaren
25. 1.	I ZR 287/98		01, 764	01, 809	01, 2878		Musikproduktionsvertrag
25. 1.	I ZR 323/98	146, 318	01, 758	01, 702	01, 2622		Trainingsvertrag
25. 1.	I ZR 120/98		01, 420	01, 546		01, 1047	SPA
1. 2.	I ZB 51/98		01, 1046	01, 1084			GENESCAN

Dat.	AktZ	BGHZ	GRUR	WRP	NJW	NJW-RR	Schlagwort
1. 2.	I ZB 55/98		01, 1047	01, 1080			LOCAL PRESENCE, GLOBAL POWER
15. 2.	I ZR 232/98		01, 1161	01, 1207			CompuNet/ComNet
15. 2.	I ZR 333/98		01, 503	01, 946		01, 1119	Sitz-Liegemöbel
22. 2.	I ZR 227/00		01, 754				Zentrum für Implantologie
22. 2.	I ZR 194/98		01, 1158	02, 1160			Dorf MÜNSTERLAND I
1. 3.	I ZR 211/98	147, 56	01, 1050	01, 1188	02, 372		Tagesschau
1. 3.	I ZR 205/98		01, 1054	01, 1193			Tagesreport
1. 3.	I ZB 54/98		01, 1042	01, 1205			REICH UND SCHOEN
1. 3.	I ZR 57/98		01, 1154	01, 1198			Farbmarke violettfarben
1. 3.	I ZB 42/98		01, 1151	01, 1082			marktfrisch
1. 3.	I ZR 300/98	147, 71	02, 84	01, 923	01, 2087		Anwaltswerbung II
5. 3.	I ZR 58/00						
6. 3.	KZR 32/98		01, 849				Remailing-Angebot
6. 3.	KVR 18/99		01, 861	01, 935		01, 1261	Werra Rundschau
6. 3.	KZR 37/99	147, 81	01, 857	01, 812	01, 2541		Kabel-Hausverteilanlagen
6. 3.	KVZ 20/00						
15. 3.	I ZR 163/98		01, 1156	01, 1312			Der Grüne Punkt
15. 3.	I ZR 337/98			02, 71	01, 2886		Anwaltsrundschreiben
15. 3.	5 StR 454/00				01, 2102		
21. 3.	KVR 16/99		01, 364	01, 280		01, 762	Minderheitsbeteiligung im Zeitschriftenhandel
29. 3.	I ZR 263/98		02, 57	01, 1326	02, 221		Adalat
5. 4.	I ZR 32/99						
5. 4.	I ZR 78/00			01, 1359			Packungsbeilage
5. 4.	I ZR 168/98		02, 171	01, 1315			Marlboro-Dach
5. 4.	I ZR 132/98		01, 1139	01, 1345	02, 603		Gesamtvertrag privater Rundfunk
5. 4.	I ZR 39/99		01, 851	01, 1185		02, 1191	Rückgaberecht II
19. 4.	I ZR 238/98		02, 190			02, 612	DIE PROFIS
19. 4.	I ZR 46/99		02, 81	02, 81	01, 3193		Anwalts- und Steuerkanzlei
19. 4.	I ZR 283/98	147, 244	01, 826	01, 940	01, 2402		Barfuß ins Bett
25. 4.	X ZR 50/99						
26. 4.	I ZR 212/98		02, 167	01, 1320			Bit/Bud
26. 4.	I ZR 314/98	147, 296	01, 1178	01, 1073		01, 1547	Gewinn-Zertifikat
3. 5.	I ZR 18/99		02, 65	01, 1447			Ichthyol
3. 5.	I ZR 153/99		02, 91	01, 1174			Spritzgießwerkzeuge
3. 5.	I ZR 318/98		02, 182	02, 74		02, 329	Das Beste jeden Morgen
8. 5.	KVZ 23/00						
8. 5.	KVR 12/99	147, 325	02, 99	01, 1218	01, 3782		Ost-Fleisch
17. 5.	I ZR 251/99	148, 13	01, 1038	01, 1305	01, 3265		ambiente.de
17. 5.	I ZR 216/99	148, 1	01, 1061	01, 1286	01, 3262		Mitwohnzentrale.de
17. 5.	I ZR 189/99		01, 1177	01, 1164		02, 834	Feststellungsinteresse II
17. 5.	I ZB 60/98		01, 1043	01, 1202			Gute Zeiten – Schlechte Zeiten
17. 5.	I ZR 187/98		02, 59	01, 1211			ISCO
17. 5.	I ZR 291/98	148, 26	01, 841	01, 918			Entfernung der Herstellungsnummer II
31. 5.	I ZR 82/99		02, 180	01, 1179		02, 608	Weit-Vor-Winter-Schlussverkauf
31. 5.	I ZR 106/99		01, 1174	01, 1076	02, 66	01, 1483	Berührungsaufgabe
7. 6.	I ZR 198/98						
7. 6.	I ZR 210/97						
7. 6.	I ZR 81/98						
7. 6.	I ZR 157/98		02, 287	02, 94	02, 442		Widerruf der Erledigungserklärung
7. 6.	I ZB 20/99		01, 1150	01, 1310			LOOK
7. 6.	I ZR 115/99		02, 177	01, 1182	01, 3710		Jubiläumsschnäppchen
7. 6.	I ZR 21/99		01, 1036	01, 1231	01, 3789	02, 617	Kauf auf Probe
12. 6.	X ZB 10/01	148, 55		01, 1227			Ehrenamtlicher Beisitzer
21. 6.	I ZR 27/99		02, 176	02, 89			Auto Magazin
21. 6.	I ZR 245/98		02, 153	02, 96	02, 1053	02, 255	Kinderhörspiele
21. 6.	I ZR 69/99		02, 75	01, 1291		02, 38	„SOOOO … BIILIG!"?
21. 6.	I ZR 197/00		01, 1170	01, 1166	01, 3408		Optometrische Leistungen II
28. 6.	I ZA 2/00						
28. 6.	I ZR 1/99		02, 64	01, 1445			INDIVIDUELLE
28. 6.	I ZR 121/99		02, 95	01, 1300		02, 249	Preisempfehlung bei Alleinvertrieb
28. 6.	I ZB 58/98		01, 1153	01, 1201			anti KALK
3. 7.	KZR 11/00						
3. 7.	KZR 31/99		02, 554	01, 1331			Festbeträge
3. 7.	KZR 10/00		02, 97	01, 1224		02, 180	Nachvertragliche Konzessionsabgabe II
5. 7.	I ZR 311/98	148, 221	02, 248	02, 214	02, 896		SPIEGEL-CD-ROM
5. 7.	I ZR 335/98		02, 246	02, 219	02, 964		Scanner
5. 7.	I ZB 8/99		02, 261	02, 91			AC
5. 7.	I ZR 104/99		01, 1166	01, 1301		01, 1693	Fernflugpreise
11. 7.	1 StR 576//00				01, 3718		
11. 7.	1 StR 576/00				01, 3718		

Fundstellenverzeichnis BGH 2002

Dat.	AktZ	BGHZ	GRUR	WRP	NJW	NJW-RR	Schlagwort
12. 7.	I ZR 100/99		02, 340	02, 330		02, 467	Fabergé
12. 7.	I ZR 89/99		02, 72	01, 1441	02, 376		Preisgegenüberstellung im Schaufenster
12. 7.	I ZR 40/99		02, 86	01, 1294			Laubhefter
12. 7.	I ZR 261/98		02, 77	02, 85	02, 964	02, 108	Rechenzentrum
19. 9.	I ZB 6/99		02, 538	02, 452			Grün eingefärbte Prozessorengehäuse
19. 9.	I ZB 3/99		02, 427	02, 450			Farbmarke gelb/grün
19. 9.	I ZR 343/98		02, 282	02, 105			Bildagentur
19. 9.	I ZR 54/96		02, 160	01, 1450			Warsteiner III
11. 10.	I ZR 168/99		02, 616	02, 544			Verbandsausstattungsrecht
11. 10.	I ZB 5/99		02, 540	02, 455			OMEPRAZOK
11. 10.	I ZR 172/99		02, 269	02, 323	02, 1500	02, 395	Sportwetten-Genehmigung
18. 10.	I ZR 22/99		02, 618	02, 532		02, 832	Meißner Dekor
18. 10.	I ZR 193/99		02, 550	02, 527	02, 1718		Elternbriefe
18. 10.	I ZR 91/99		02, 280	02, 221	02, 669		Rücktrittsfrist
25. 10.	I ZR 51/99						
25. 10.	I ZR 29/99		02, 717	02, 679	02, 2039		Vertretung der Anwalts-GmbH
8. 11.	I ZR 139/99		02, 626	02, 705		02, 1407	IMS
8. 11.	I ZR 124/99		02, 548	02, 524		02, 1193	Mietwagenkostenersatz
8. 11.	I ZR 199/99		02, 275	02, 207			Noppenbahnen
15. 11.	I ZR 74/99						
15. 11.	I ZR 75/99					02, 1075	
15. 11.	I ZR 275/99		02, 271	02, 211	02, 962		Hörgeräteversorgung
22. 11.	I ZR 138/99	149, 191	02, 622	02, 694	02, 2031		shell.de
22. 11.	I ZR 111/99		02, 542	02, 534			BIG
6. 12.	I ZR 136/99		02, 814	02, 987			Festspielhaus
6. 12.	I ZR 316/98		02, 996	02, 964	02, 2877		Bürgeranwalt
6. 12.	I ZR 101/99		02, 993	02, 970	02, 2879		Wie bitte?!
6. 12.	I ZR 214/99		02, 985	02, 952	02, 2880		WISO
6. 12.	I ZR 14/99		02, 987	02, 956	02, 2882		Wir Schuldenmacher
6. 12.	I ZR 284/00	149, 247	02, 360	02, 434	02, 1200		„H. I. V. POSITIVE" II
6. 12.	I ZR 11/99				02, 2884		ohne Gewähr
11. 12.	KZR 13/00		02, 647	02, 550		02, 1405	Sabet/Massa
11. 12.	KZR 5/00		02, 461	02, 457	02, 2952	02, 763	Privater Pflegedienst
11. 12.	KZB 12/01		02, 464	02, 333	02, 1351		LDL-Behandlung
13. 12.	I ZR 164/99		02, 722	02, 684		02, 1039	Haflinger Hengstfohlen
13. 12.	I ZR 44/99		02, 602	02, 715			Musikfragmente
13. 12.	I ZR 41/99		02, 332	02, 442	02, 1713		Klausurerfordernis
20. 12.	I ZR 80/99						
20. 12.	I ZR 188/98						
20. 12.	I ZR 60/99		02, 809	02, 982		02, 1617	FRÜHSTÜCKS-DRINK I
20. 12.	I ZR 135/99		02, 812	02, 985		02, 1617	FRÜHSTÜCKS-DRINK II
20. 12.	I ZR 15/98		02, 713	02, 980	02, 2250		Zeitlich versetzte Mehrfachverfolgung
20. 12.	I ZR 215/98		02, 715	02, 977	02, 3473	02, 1122	Scanner-Werbung
20. 12.	I ZR 227/99		02, 637	02, 676	02, 2038		Werbefinanzierte Telefongespräche
20. 12.	I ZR 78/99		02, 342	02, 326		02, 610	ASTRA/ESTRA-PUREN
2002							
17. 1.	I ZR 290/99		02, 426	02, 542		02, 685	Champagner bekommen, Sekt bezahlen
17. 1.	I ZR 215/99		02, 828	02, 973	02, 2781		Lottoschein
17. 1.	I ZR 161/99		02, 633	02, 828		02, 982	Hormonersatztherapie
17. 1.	I ZR 241/99	149, 371	02, 357	02, 320	02, 1494		Missbräuchliche Mehrfachabmahnung
24. 1.	I ZR 102/99	150, 6	02, 605	02, 712	02, 2394		Verhüllter Reichstag
24. 1.	I ZR 156/99		02, 544	02, 537		02, 829	BANK 24
5. 2.	KZR 3/01	149, 391	02, 644	02, 709	02, 2176		Jugendnachtfahrten
7. 2.	I ZR 289/99		02, 820	02, 1054		02, 1332	Bremszangen
7. 2.	I ZR 304/99	150, 32	02, 532	02, 552	02, 3248		Unikatrahmen
7. 2.	I ZR 258/98		02, 613	02, 547	02, 2584		GERRI/KERRY Spring
21. 2.	I ZR 230/99		02, 898	02, 1066	02, 3551		defacto
21. 2.	I ZR 281/99		02, 902	02, 1050	02, 2642		Vanity-Nummer
21. 2.	I ZR 140/99		02, 709	02, 947	02, 3175	02, 1119	Entfernung der Herstellungsnummer III
21. 2.	I ZR 265/99		02, 629	02, 1058		02, 1261	Blendsegel
27. 2.	I ZB 23/01					02, 1070	
28. 2.	I ZR 177/99	150, 82	02, 967	02, 1148	02, 3332		Hotel Adlon
28. 2.	I ZB 10/99		02, 816	02, 1073		02, 1617	BONUS II
28. 2.	I ZR 195/99		02, 703	02, 700	02, 2093		VOSSIUS & PARTNER
28. 2.	I ZR 318/99		02, 839	02, 2312			Videofilmverwertung
14. 3.	I ZB 16/99		02, 884	02, 1069			B-2 alloy
14. 3.	I ZR 238/99		02, 901	02, 1064	02, 3174		Domicil
14. 3.	I ZR 279/99		02, 636	02, 688	02, 2175		Sportwetten
28. 3.	I ZR 235/99		02, 917	02, 1169	02, 3539	02, 1401	Düsseldorfer Stadtwappen
28. 3.	I ZR 283/99		02, 725	02, 682		02, 1041	Haar-Transplantationen

Dat.	AktZ	BGHZ	GRUR	WRP	NJW	NJW-RR	Schlagwort
11. 4.	I ZR 231/99		02, 958	02, 1177		02, 1568	Technische Liefer- bedingungen
11. 4.	I ZR 225/99		02, 1003	02, 1136		02, 1466	Gewinnspiel im Radio
11. 4.	I ZR 306/99		02, 720	02, 832	02, 2391		Postfachanschrift
11. 4.	I ZR 317/99		02, 706	02, 691	02, 2096		vossius.de
11. 4.	I ZB 6/02						
11. 4.	I ZR 185/99						
16. 4.	KZR 5/01		02, 915	02, 1082			Wettbewerbsverbot im Realteilungs-vertrag
18. 4.	I ZR 72/99		02, 1074	02, 1286			Original Oettinger
18. 4.	I ZB 23/99		02, 970	02, 1071			Zahl „1"
18. 4.	I ZB 22/99						
25. 4.	I ZR 272/99		02, 982	02, 1138	02, 3399		„DIE STEINZEIT IST VORBEI!"
25. 4.	I ZR 296/99		02, 824	02, 1075		02, 1613	Teilunterwerfung
25. 4.	I ZR 250/00	150, 343	02, 825	02, 943	02, 2645		Elektroarbeiten
2. 5.	I ZR 250/00		02, 1079	02, 1293			TIFFANY II
2. 5.	I ZR 45/01	150, 377	02, 1046	02, 1173		02, 1617	Faxkarte
2. 5.	I ZR 300/99		02, 972	02, 1156			FROMMIA
8. 5.	I ZB 4/00		02, 1067	02, 1152			DKV/OKV
8. 5.	I ZR 28/00			02, 1077		02, 1433	„Vergleichsverhandlungen"
8. 5.	I ZR 98/00	151, 15	02, 799	02, 990	02, 3246		Stadtbahnfahrzeug
6. 6.	I ZR 108/00		02, 1083	02, 1279		02, 1563	1, 2, 3 im Sauseschritt
6. 6.	I ZR 307/99		02, 1091	02, 1267		02, 1615	Bodensee-Tafelwasser
6. 6.	I ZR 45/00		02, 1000	02, 1133	02, 3401		Testbestellung
6. 6.	I ZR 79/00		02, 795	02, 993		02, 1565	Titelexklusivität
13. 6.	I ZB 1/00		02, 1070	02, 1281			Bar jeder Vernunft
13. 6.	I ZR 71/01		02, 979	02, 1259	02, 3405		Kopplungsangebot II
13. 6.	I ZR 312/99		02, 1072	02, 1284		02, 1562	SYLT-Kuh
13. 6.	I ZR 173/0	151, 84	02, 976	02, 1256	02, 3403		Kopplungsangebot I
13. 6.	I ZR 1/00	151, 92	02, 961	02, 1181	02, 3549		Mischtonmeister
13. 6.	I ZR 72/01						
27. 6.	I ZR 19/00		02, 1095	02, 1430		02, 1686	Telefonische Vorratsanfrage
27. 6.	I ZR 103/00		03, 436	03, 384		03, 623	Feldenkrais
27. 6.	I ZR 86/00		02, 1093		02, 3408	02, 1560	Kontostandsauskunft
4. 7.	I ZR 81/00						
4. 7.	I ZR 313/99		03, 982	02, 1304	02, 3541		Hotelvideoanlagen
4. 7.	I ZR 38/00		02, 1088	02, 1269			Zugabenbündel
4. 7.	I ZR 55/00		02, 1085	02, 1263	02, 3396		Belehrungszusatz
9. 7.	KZR 30/00	151, 274	03, 77	02, 1426	02, 3779		Fernwärme für Börnsen
9. 7.	KVR 1/01	151, 260	02, 1005		02, 3545		Stellenmarkt für Deutschland
9. 7.	KZR 13/01						
11. 7.	I ZR 35/00			02, 1053	02, 1273	02, 1687	Aspirin
11. 7.	I ZB 24/99			02, 1077	02, 1290		BWC
11. 7.	I ZR 285/99			02, 1050	02, 1302	02, 3473	Zeitungsbericht als Tagesereignis
11. 7.	I ZR 255/00	151, 300	02, 963	02, 1296	02, 3393		Elektronischer Pressespiegel
11. 7.	I ZR 219/99		02, 1059	02, 1163		02, 1685	Zantac/Zantic
11. 7.	I ZR 34/01	151, 286	02, 910	02, 1141	02, 3469		Muskelaufbaupräparate
11. 7.	I ZR 273/99						
11. 7.	I ZR 219/01				03, 589		
11. 7.	I ZR 198/99						
15. 8.	I ZA 1/01				02, 3410		
15. 8.	3 StR 11/02			02, 1532	02, 3415		Kaffeefahrten
15. 8.	I ZB 14/00						
24. 9.	KZR 38/99		03, 542	03, 1244		03, 834	Vorleistungspflicht
24. 9.	KZR 34/01		03, 257	03, 277			Wertgutscheine für Asylbewerber
24. 9.	KZR 4/01		03, 167	03, 73	03, 752		Kommunaler Schilderprägebetrieb
24. 9.	KVR 15/01	152, 84	03, 169	03, 77	03, 748		Fährhafen Puttgarden
24. 9.	KZR 10/01			03, 86	03, 347		Salvatorische Klausel
24. 9.	KVR 8/01	152, 97	03, 80	02, 1436	03, 205		Konditionenanpassung
26. 9.	I ZR 44/00	152, 153	03, 349	03, 374	03, 819		Anwalts-Hotline
26. 9.	I ZR 101/00		03, 255	03, 389		03, 478	Anlagebedingter Haarausfall
26. 9.	I ZR 89/00		03, 247	03, 275		03, 260	THERMAL BAD
26. 9.	I ZR 293/99		03, 164	03, 262	03, 586		Altautoverwertung
26. 9.	I ZR 102/00						
2. 10.	I ZR 90/00		03, 444	03, 637	03, 2680		„Ersetzt"
2. 10.	I ZB 27/00		03, 546	03, 655		03, 1042	TURBO-TABS
2. 10.	I ZR 177/00		03, 162	03, 72		03, 174	Progona
10. 10.	I ZR 16/00						
10. 10.	I ZR 235/00		03, 428	03, 647			BIG BERTHA
10. 10.	I ZR 180/00		03, 234	03, 393		03, 917	EROC III
10. 10.	I ZR 193/00		03, 173	03, 83	03, 664		Filmauswertungspflicht
10. 10.	I ZB 7/02						
16. 10.	IV ZR 307/01			03, 76		03, 103	Ersetzung unwirksamer Versicherungs-bedingungen
24. 10.	I ZR 3/00	152, 233	03, 416	03, 758	03, 2014		CPU-Klausel

Fundstellenverzeichnis BGH   2003

Dat.	AktZ	BGHZ	GRUR	WRP	NJW	NJW-RR	Schlagwort
24. 10.	I ZR 100/00		03, 361	03, 1224		03, 1039	Sparvorwahl
24. 10.	I ZR 50/00		03, 163	03, 273	03, 894		Computerwerbung II
31. 10.	I ZR 138/00		03, 519	03, 751		03, 914	Knabberbärchen
31. 10.	I ZR 60/00		03, 353	03, 505		03, 544	Klinik mit Belegärzten
31. 10.	I ZR 207/00	152, 268	03, 242	03, 380			Dresdner Christstollen
31. 10.	I ZR 132/00		03, 252	03, 266			Widerrufsbelehrung IV
7. 11.	I ZR 276/99		03, 628	03, 747			Klosterbrauerei
7. 11.	I ZR 64/00		03, 356	03, 500		03, 618	Präzisionsmessgeräte
7. 11.	I ZR 202/00		03, 340	03, 534		03, 1403	Mitsubishi
7. 11.	I ZR 175/00	152, 316	03, 328		03, 1609	03, 549	Sender Felsberg
12. 11.	KZR 11/01	152, 347	03, 633	03, 765			Ausrüstungsgegenstände für Feuerlöschzüge
12. 11.	KVR 5/02	152, 361	03, 363	03, 770	03, 1736		Wal*Mart
12. 11.	KZR 16/00		03, 250	03, 270		03, 1622	Massenbriefsendungen aus dem Ausland
14. 11.	I ZR 137/00		03, 446	03, 509			Preisempfehlung für Sondermodelle
14. 11.	I ZR 134/00		03, 243	03, 268		03, 327	Zulassungsnummer III
14. 11.	I ZR 199/00		03, 231	03, 279	03, 665		Staatsbibliothek
28. 11.	I ZR 204/00		03, 712	03, 889		03, 1040	Goldbarren
28. 11.	I ZR 110/00		03, 249	03, 379		03, 404	Preis ohne Monitor
28. 11.	I ZR 168/00	153, 69	03, 228		03, 668		P-Vermerk
5. 12.	I ZR 115/00		03, 540	03, 745	03, 1814		Stellenanzeige
5. 12.	I ZB 19/00		03, 342	03, 519	03, 1867		Winnetou
5. 12.	I ZR 91/00	153, 131	03, 332	03, 521	03, 1669	03, 620	Abschlussstück
5. 12.	I ZB 25/02				03, 1127		
12. 12.	I ZR 124/00		03, 447	03, 503	03, 2989	03, 1038	Bricanyl II
12. 12.	I ZR 141/00		03, 434	03, 531		03, 911	Pulmicort
12. 12.	I ZR 133/00		03, 336	03, 528		03, 475	Beloc
12. 12.	I ZR 131/00		03, 338	03, 526		03, 477	Bricanyl I
12. 12.	I ZR 221/00		03, 359	03, 496			Pflegebett
12. 12.	I ZB 29/02			03, 391	03, 901		Auswärtiger Rechtsanwalt I
19. 12.	I ZR 297/99		03, 699	03, 994			Eterna
19. 12.	I ZB 24/02		03, 549		03, 1194		Arzneimittelversandhandel
19. 12.	I ZR 119/00		03, 453	03, 642		03, 833	Verwertung von Kundenlisten
19. 12.	I ZR 160/00		03, 450	03, 511		03, 984	Begrenzte Preissenkung
19. 12.	I ZB 21/00		03, 343	03, 517			Buchstabe „Z"
2003							
16. 1.	I ZR 51/02		03, 454	03, 514		03, 831	Sammelmitgliedschaft
16. 1.	I ZB 34/02					03, 645	
16. 1.	I ZR 18/00		03, 786	03, 998	03, 3708	03, 1279	Innungsprogramm
16. 1.	I ZR 130/02						Innungsprogramm
23. 1.	I ZR 171/00		03, 440	03, 644	03, 1869		Winnetous Rückkehr
23. 1.	I ZR 18/01		03, 433	03, 653		03, 910	Cartier-Ring
30. 1.	I ZR 136/99		03, 792				Festspielhaus II
30. 1.	I ZR 142/00		03, 624	03, 886			Kleidersack
13. 2.	I ZR 41/00		03, 800	03, 1111		03, 1267	Schachcomputerkatalog
13. 2.	I ZR 281/01		03, 545	03, 756		03, 916	Hotelfoto
13. 2.	I ZB 23/02		03, 456	03, 516	03, 1257		Kosten einer Schutzschrift
18. 2.	KVR 24/01	154, 21		03, 1131	03, 3055		Verbundnetz II
18. 2.	X ZB 43/02	154, 32					
18. 2.	X ZB 44/02						
24. 2.	X ZB 12/02	154, 95					
27. 2.	I ZR 253/00	154, 105	03, 538	03, 743	03, 1671		Gesamtpreisangebot
27. 2.	I ZR 25/01		03, 448	03, 640			Gemeinnützige Wohnungsgesellschaft
27. 2.	I ZB 22/02	154, 102	03, 548	03, 658	03, 1531		Rechtsbeschwerde I
13. 3.	I ZR 122/00		03, 880	03, 1228	03, 3562		City Plus
13. 3.	I ZR 143/00		03, 886	03, 1103	03, 3046		Erbenermittler
13. 3.	I ZR 290/00		03, 622	03, 891	03, 1932		Abonnementvertrag
13. 3.	I ZR 212/00		03, 626	03, 742	03, 2096		Umgekehrte Versteigerung II
13. 3.	I ZR 146/00						
20. 3.	I ZR 60/01		03, 963	03, 1353		03, 1483	AnitVir/Anti Virus
20. 3.	I ZR 117/00	154, 260	03, 956	03, 1235	03, 3633		Gies-Adler
20. 3.	I ZB 1/02		03, 708				Schlüsselanhänger
20. 3.	I ZB 2/02						
20. 3.	I ZB 29/01		03, 705	03, 992	03, 2534		Euro-Billy
20. 3.	I ZB 27/01		03, 707	03, 990	03, 2535		DM-Tassen
20. 3.	I ZR 225/00			03, 981		03, 1056	Kommissionsagenturvertrag
3. 4.	I ZR 222/00		03, 889	03, 1222	03, 3055		Internet-Reservierungssystem
3. 4.	I ZR 1/01	154, 342	03, 716	03, 896	03, 2317		Reinigungsarbeiten
3. 4.	I ZR 203/00		03, 631	03, 883		03, 1123	L-Glutamin
3. 4.	X ZR 37/02		03, 639	03, 755		03, 913	Kosten des Patentanwalts
8. 4.	KZR 39/99		03, 809	03, 988	03, 2684		Konkurrenzschutz für Schilderpräger
8. 4.	KZR 3/02		03, 637	03, 899	03, 2682		„1 Riegel extra"

2003 Fundstellenverzeichnis BGH

Dat.	AktZ	BGHZ	GRUR	WRP	NJW	NJW-RR	Schlagwort
10. 4.	I ZR 276/00		03, 973	03, 1338		03, 1551	Tupperwareparty
10. 4.	I ZR 291/00		03, 890	03, 1217	03, 3197		Buchclub-Kopplungsangebot
10. 4.	I ZB 36/02		03, 725	03, 894	03, 2027		Auswärtiger Rechtsanwalt II
8. 5.	I ZB 40/02		03, 724	03, 895		03, 1075	Rechtsbeschwerde II
8. 5.	I ZR 287/02		03, 973	03, 1111		03, 1687	Lohnsteuerhilfeverein
15. 5.	I ZR 292/00		03, 969	03, 1350		03, 1685	Ausschreibung von Vermessungsleistungen
15. 5.	I ZR 277/00		03, 900	03, 1238	03, 3274		Feststellungsinteresse III
15. 5.	I ZR 214/00		03, 892	03, 1220		03, 1482	Alt Luxemburg
15. 5.	I ZR 217/00		03, 798	03, 1107		03, 1288	Sanfte Schönheitschirurgie
20. 5.	KZR 29/02						
20. 5.	KZR 19/02			03, 1448		03, 1635	Apollo-Optik
20. 5.	KZR 27/02		03, 1062	03, 1454		03, 1624	Preisbindung durch Franchisegeber II
22. 5.	I ZR 8/01		03, 1057	03, 1428	03, 3632		Einkaufsgutschein
22. 5.	I ZB 32/02						
22. 5.	I ZR 185/00		03, 804	03, 1101	03, 2988		Foto-Aktion
22. 5.	I ZB 38/02			03, 1000		03, 1293	Prozeßgebühr beim Kostenwiderspruch
3. 6.	X ZR 215/01		03, 896	03, 1129			Chirurgische Instrumente
5. 6.	I ZR 192/00		03, 1035	03, 1460	04, 594		Hundertwasser-Haus
5. 6.	I ZB 43/02						
24. 6.	KVR 14/01	155, 214		03, 1248	03, 3776		HABET/Lekkerland
24. 6.	KZR 32/01		03, 893	03, 1122	03, 3345	03, 1348	Schülertransporte
24. 6.	KZR 32/02	155, 189	03, 807	03, 1118	03, 2525		Buchpreisbindung
24. 6.	KZR 18/01		03, 979	03, 1125			Wiederverwendbare Hilfsmittel
26. 6.	I ZB 11/03						
26. 6.	I ZR 296/00	155, 273	03, 897	03, 1215	03, 2978		maxem.de
26. 6.	I ZR 269/00				03, 3058		
26. 6.	I ZR 176/01	155, 257	03, 876	03, 1135	03, 2828		Sendeformat
3. 7.	I ZB 21/01		04, 331	04, 351		04, 477	Westie-Kopf
3. 7.	I ZR 66/01						
3. 7.	I ZR 211/01	155, 301	03, 971	03, 1347	03, 3343		Telefonischer Auskunftsdienst
3. 7.	I ZB 36/01		03, 901	03, 1233			MAZ
3. 7.	I ZR 297/00		03, 899	03, 1116	03, 3270	03, 1278	Olympiasiegerin
3. 7.	I ZB 30/00		03, 903	03, 1115			Katzenstreu
3. 7.	I ZR 270/01		03, 903	03, 1138	03, 2834	03, 3202	ABC der Naturheilkunde
17. 7.	I ZB 13/03					03, 1507	
17. 7.	I ZR 295/00	156, 1		03, 1458			Hinreichende Individualisierung
17. 7.	I ZR 259/00		03, 985	03, 1341	03, 3406	04, 639	Paperboy
17. 7.	I ZR 256/00		03, 878	03, 1231		03, 1402	Vier Ringe über Audi
17. 7.	I ZB 10/01		03, 882	03, 1226			Lichtenstein
17. 7.	I ZB 42/00						
28. 8.	I ZB 5/03		04, 76	04, 103			turkey & corn
28. 8.	I ZB 26/01		04, 77	04, 1445			PARK & BIKE
28. 8.	I ZR 257/00	156, 112	03, 1040	03, 1431		04, 130	Kinder
28. 8.	I ZB 6/03		03, 1050	03, 1429			Cityservice
28. 8.	I ZB 1/03		03, 1068	03, 1443		04, 41	Computerfax
28. 8.	I ZB 5/00		03, 1067	03, 1444			BachBlüten Ohrkerze
28. 8.	I ZR 9/01		03, 1044	03, 1436		03, 1546	Kelly
28. 8.	I ZR 293/00		03, 1047	03, 1439		03, 1548	Kellogg s/Kelly s
4. 9.	I ZR 32/01		04, 72				Coenzym Q 10
4. 9.	I ZR 23/01	156, 126	04, 151	04, 227		04, 251	Farbmarkenverletzung I
4. 9.	I ZR 44/01		04, 154	04, 232		04, 256	Farbmarkenverletzung II
16. 9.	X ZB 12/03				04, 292		
24. 9.	X ZR 234/00		04, 73				Filterstäube
2. 10.	I ZR 150/01	156, 250	04, 244	04, 339	04, 1163		Marktführerschaft
2. 10.	I ZR 76/01		04, 70		04, 290	04, 335	Preisbrecher
2. 10.	I ZR 252/01		04, 162	04, 225	04, 439		Mindestverzinsung
2. 10.	I ZR 117/01		04, 247	04, 337		04, 547	Krankenkassenzulassung
9. 10.	I ZR 65/00		04, 512	04, 610		04, 1112	Leysieffer
9. 10.	I ZR 167/01		04, 164	04, 221	04, 440		Arztwerbung im Internet
21. 10.	X ZB 10/03						
23. 10.	I ZR 64/01		04, 346	04, 485	04, 1099		Rechtsanwaltsgesellschaft
23. 10.	I ZB 45/02	156, 335	04, 264	04, 235	04, 506		Euro-Einführungsrabatt
23. 10.	I ZR 193/97		04, 156	04, 243		04, 254	stüssy II
30. 10.	I ZR 176/01		04, 271				Tatbestandsberichtigung
30. 10.	I ZR 236/97		04, 235	04, 360	04, 600		Davidoff II
30. 10.	I ZR 59/00					04, 935	Produktvermarktung
30. 10.	I ZB 9/01		04, 510	04, 766			S100
30. 10.	I ZB 8/01						
4. 11.	KZB 8/03						
4. 11.	KRB 20/03			04, 625	04, 1539		Frankfurter Kabelkartell
4. 11.	KZR 16/02	156, 379	04, 255	04, 376	04, 1875	04, 1178	Strom und Telefon I
4. 11.	KZR 38/02		04, 259	04, 382	04, 1875		Strom und Telefon II

Fundstellenverzeichnis BGH 2004

Dat.	AktZ	BGHZ	GRUR	WRP	NJW	NJW-RR	Schlagwort
4. 11.	KZR 2/02		04, 351	04, 374		04, 689	Depotkosmetik im Internet
13. 11.	I ZR 187/01		04, 420	04, 615		04, 916	Kontrollbesuch
13. 11.	I ZR 141/02		04, 251	04, 348	04, 854		Hamburger Auktionatoren
13. 11.	I ZR 40/01		04, 249	04, 345	04, 852		Umgekehrte Versteigerung im Internet
13. 11.	I ZR 103/01		04, 241	04, 357		04, 765	GeDIOS
13. 11.	I ZR 184/01		04, 240	04, 355		04, 548	MIDAS/medAS
20. 11.	I ZR 104/01		04, 253	04, 487	04, 847		Rechtsberatung durch Automobilclub
20. 11.	I ZR 151/01	157, 55	04, 602	04, 896	04, 2083		20 Minuten Köln
20. 11.	I ZR 120/00			04, 746			Zeitung zum Sonntag
20. 11.	I ZB 15/98		04, 502	04, 752			Gabelstapler II
20. 11.	I ZB 18/98		04, 506	04, 755			Stabtaschenlampen II
20. 11.	I ZB 46/98		04, 505	04, 761			
20. 11.	I ZB 48/98		04, 507	04, 749			Transformatorengehäuse
27. 11.	I ZR 79/01		04, 514	04, 758			Telekom
27. 11.	I ZR 148/01		04, 239	04, 353		04, 550	DONLINE
27. 11.	I ZR 94/01		04, 246	04, 343		04, 616	Mondpreise?
4. 12.	I ZB 19/03		04, 444	04, 619		04, 119	Arzneimittelsubstitution?
4. 12.	I ZB 38/00		04, 329	04, 492		04, 617	Käse in Blütenform
9. 12.	X ZB 14/03			04, 503			Kosten des Nachprüfungsverfahrens
11. 12.	I ZR 68/01		04, 350	04, 350			Pyrex
11. 12.	I ZR 74/01		04, 344	04, 481		04, 687	Treue-Punkte
11. 12.	I ZR 83/01		04, 343	04, 483		04, 615	Playstation
11. 12.	I ZR 50/01		04, 605	04, 735	04, 2235		Dauertiefpreise
18. 12.	I ZB 18/03		04, 448	04, 495		04, 856	Auswärtiger Rechtsanwalt IV
18. 12.	I ZR 84/01		04, 349	04, 496			Einkaufsgutschein II
18. 12.	I ZB 21/03		04, 447			04, 855	Auswärtiger Rechtsanwalt III
2004							
15. 1.	I ZR 121/01		04, 600	04, 763		04, 1116	d-c-fix/CD-FIX
15. 1.	I ZR 160/01						
15. 1.	I ZR 180/01		04, 435	04, 490		04, 906	FrühlingsgeFlüge
15. 1.	I ZR 135/00		04, 669	04, 1057			Musikmehrkanaldienst
29. 1.	I ZR 132/01		04, 437	04, 606		04, 980	Fortfall einer Herstellerpreisempfehlung
29. 1.	I ZR 163/01		04, 427	04, 613		04, 1118	Computergehäuse
5. 2.	I ZR 90/01		04, 522	04, 608	05, 66	04, 841	Zeitschriftenabonnement im Internet
5. 2.	I ZR 87/02		04, 520	04, 603		04, 978	Telefonwerbung für Zusatzeintrag
5. 2.	I ZR 171/01	158, 26	04, 607	04, 739	04, 1951		Genealogie der Düfte
9. 2.	X ZB 44/03	158, 43		04, 498	04, 2092		„Hochdruck-Wassernebellöschanlage"
10. 2.	KZR 14/02		04, 527	04, 621	04, 2237	04, 839	Galoppennübertragung
10. 2.	KZR 7/02						Verbindung von Telefonnetzen
19. 2.	I ZR 76/02		04, 613	04, 904	04, 2521		Schlauchbeutel
19. 2.	I ZR 172/01		04, 594	04, 909		04, 1042	Ferrari-Pferd
19. 2.	I ZR 82/01		04, 967	04, 769	04, 1793		kurt-biedenkopf.de
4. 3.	I ZR 221/01	158, 174	04, 696	04, 1017	04, 2080		Direktansprache am Arbeitsplatz I
4. 3.	I ZR 50/03		04, 622				Begriff der Kennzeichenstreitsache
4. 3.	I ZR 244/01		04, 767	04, 1184			Verteilung des Vergütungsaufkommens
11. 3.	I ZR 161/01						
11. 3.	I ZR 304/01	158, 236	04, 860	04, 1287	04, 3102		Internet-Versteigerung
11. 3.	I ZR 62/01		04, 615	04, 775	04, 1651		Partnerschafts-Kurzbezeichnung
11. 3.	I ZR 81/01		04, 517	04, 731	04, 1655		E-Mail-Werbung
25. 3.	I ZB 28/03		04, 623	04, 777		04, 857	Unterbevollmächtigter I
25. 3.	I ZR 130/01		04, 775	04, 1037		04, 1268	EURO 2000
25. 3.	I ZR 289/01		04, 598	04, 907		04, 1114	Kleiner Feigling
25. 3.	I ZR 23/02		04, 623	04, 777		04, 857	Unterbevollmächtigter
30. 3.	KZR 24/02		04, 616	04, 778		04, 1185	Wegfall der Freistellung
30. 3.	KZR 1/03	158, 334	04, 706	04, 1181	04, 2375		Der Oberhammer
1. 4.	I ZR 23/02		04, 947	04, 1364		04, 1687	Gazoz
1. 4.	I ZR 227/01		04, 699	04, 1160	04, 2593		Ansprechen in der Öffentlichkeit
1. 4.	I ZR 317/01	158, 343	04, 693	04, 899	04, 2158		Schöner Wetten
22. 4.	I ZR 189/01		04, 778	04, 1173		04, 1412	URLAUB DIREKT
22. 4.	I ZB 16/03		04, 771	04, 1179			Ersttagssammelblätter
22. 4.	I ZB 15/03		04, 770	04, 1177			Abgewandelte Verkehrszeichen
22. 4.	I ZR 303/01		04, 704	04, 1021	04, 2385		Verabschiedungsschreiben
22. 4.	I ZR 21/02		04, 701	04, 1029		04, 1619	Klinikpackung II
22. 4.	I ZR 174/01		04, 938	04, 1497	05, 151		Comic-Übersetzungen III
29. 4.	I ZR 233/01		04, 790	04, 1032			Gegenabmahnung
29. 4.	I ZB 26/02	159, 57	04, 683	04, 1040			Farbige Arzneimittelkapsel
29. 4.	I ZR 191/01		04, 779	04, 1046			Zwilling/Zweibrüder
6. 5.	I ZR 265/01		04, 799	04, 1163		04, 1267	Lebertrankapseln
6. 5.	I ZB 27/03		04, 886	04, 1169		04, 1500	Auswärtiger Rechtsanwalt im Berufungsverfahren
6. 5.	I ZR 223/01		04, 783	04, 1043		04, 1413	NEURO-VIBOLEX/ NEURO-FIBRAFLEX

Dat.	AktZ	BGHZ	GRUR	WRP	NJW	NJW-RR	Schlagwort
6. 5.	I ZR 275/01		04, 793	04, 1024	04, 3122		Sportlernahrung II
6. 5.	I ZR 197/03		04, 712	04, 1051	04, 3188		PEE-WEE
6. 5.	I ZR 2/03		04, 789	04, 903	04, 2448		Selbstauftrag
11. 5.	KZR 37/02		04, 763	04, 1053			Nachbauvergütung
13. 5.	I ZR 261/01		04, 882	04, 1277			Honigwein
13. 5.	I ZR 264/00			04, 1035	04, 1484		Rotpreis-Revolution
18. 5.	X ZB 7/04	159, 186					
9. 6.	I ZR 31/02		04, 868	04, 1361			Dorf MÜNSTERLAND II
9. 6.	I ZR 70/02		04, 939	04, 1175			Klemmhebel
9. 6.	I ZR 187/02		04, 960	04, 1359		04, 1557	500 DM-Gutschein für Autokauf
9. 6.	I ZR 13/02		05, 160	05, 106		05, 123	SIM-Lock I
17. 6.	I ZR 284/01		04, 786	04, 1165		04, 1487	Größter Online-Dienst
17. 6.	I ZR 136/01		05, 148	05, 230	05, 596		Oceano Mare
24. 6.	I ZR 308/01		04, 949	04, 1285			Regiopost/Regional Post
24. 6.	I ZR 26/02		04, 877	04, 1272	04, 3032		Werbeblocker
24. 6.	I ZR 44/02		05, 162	05, 222			SodaStream
8. 7.	I ZR 25/02		04, 855	04, 1293		04, 1629	Hundefigur
8. 7.	I ZR 142/02		04, 961	04, 1479	05, 67		Grundeintrag Online
13. 7.	KZR 17/03		05, 177	05, 109		05, 49	Sparberaterin I
13. 7.	KZR 40/02	160, 67	04, 966	04, 1372		05, 269	Standard-Spundfass
13. 7.	KZR 10/03		05, 62	04, 1378			CITROËN
13. 7.	KVR 2/03		04, 1048	04, 1369			Sanacorp/ANZAG
15. 7.	I ZR 37/01		05, 163	05, 219		05, 548	Aluminiumräder
15. 7.	I ZR 142/01		04, 941	04, 1498			Metallbett
22. 7.	I ZR 204/01		04, 865	04, 1281		04, 1491	Mustang
22. 7.	I ZR 288/01		04, 1037	04, 1481			Johanniskraut
22. 7.	I ZR 135/01		05, 262	05, 338	05, 1198		soco.de
11. 8.	XII ZR 101/01						
12. 8.	I ZB 6/04		04, 1062	04, 1490			Mitwirkender Patentanwalt
12. 8.	I ZR 98/02		04, 958	04, 1366	04, 3322		Verwarnung aus Kennzeichenrecht
12. 8.	I ZB 1/04		05, 257	05, 217		05, 685	Bürogebäude
12. 8.	I ZB 19/01		05, 158	05, 211			Stabtaschenlampe „MAGLITE"
9. 9.	I ZR 93/02		05, 443	05, 485	05, 1050		Ansprechen in der Öffentlichkeit II
9. 9.	I ZR 65/02		05, 430	05, 488	05, 1196		mho.de
9. 9.	I ZB 5/04		05, 84	04, 1492		04, 1724	Unterbevollmächtigter II
30. 9.	I ZR 261/02		05, 433	05, 598	05, 1266		Telekanzlei
30. 9.	I ZR 89/02		05, 436	05, 602	05, 1268		Steuerberater-Hotline
30. 9.	I ZR 30/04			05/126			„Erledigung der Hauptsache in der Rechtsmittelinstanz"
30. 9.	I ZR 14/02		05, 172	05, 207		05, 342	Stresstest
30. 9.	I ZR 207/02		05, 52			05, 121	Topinasaal
5. 10.	KVR 14/03	160, 321	04, 1045	04, 1502	04, 3711		Staubsaugerbeutelmarkt
7. 10.	I ZB 20/04				05, 513		Zuständigkeit nach Rücknahme des Mahnantrags
7. 10.	I ZR 91/02		05, 427	05, 616		05, 631	Lila-Schokolade
13. 10.	I ZR 163/02		05, 431	05, 493	05, 1435		HOTEL MARITIME
13. 10.	I ZR 277/01		04, 1039	04, 1486	05, 603	05, 46	SB-Beschriftung
13. 10.	I ZR 181/02		05, 264	05, 213	05, 601		Das Telefon-Sparbuch
13. 10.	I ZR 66/02		05, 61	05, 97		05, 185	CompuNet/ComNet II
13. 10.	I ZB 10/02		05, 258	05, 99			Roximycin
13. 10.	I ZB 4/02		05, 326				il Padrone/Il Portone
13. 10.	I ZR 49/03		05, 48	05, 112		05, 191	man spricht deutsch
13. 10.	I ZR 245/01		05, 55	05, 104			GEDIOS Corporation
28. 10.	I ZR 326/01		05, 166	05, 88		05, 685	Puppenausstattungen
28. 10.	I ZR 59/02		05, 176	05, 94			Nur bei Lotto
11. 11.	I ZR 72/02		05, 522	05/742		05, 839	Sammelmitgliedschaft II
11. 11.	I ZR 182/02		05, 355	05, 330	05, 968		Testamentsvollstreckung durch Steuerberater
11. 11.	I ZR 213/01		05, 353	05, 333	05, 969		Testamentsvollstreckung durch Banken
11. 11.	I ZR 156/02		05, 171	05, 205			Ausschreibung von Ingenieurleistungen
25. 11.	I ZB 16/04		05, 272	05, 1015		05, 363	Umsatzsteuererstattung
25. 11.	I ZR 145/02	161, 161	05, 502	05, 624	05, 1656		Götterdämmerung
25. 11.	I ZR 49/02		05, 320	05, 359			Kehraus
2. 12.	I ZR 92/02		05, 357	05, 500	05, 978		Pro Fide Catholica
2. 12.	I ZR 30/02	161, 204	05, 349	05, 476		05, 983	Klemmbausteine III
2. 12.	I ZR 273/01		05, 348	05, 336	05, 1888		Bestellnummernübernahme
2. 12.	I ZB 4/04		05, 271	05, 224			Unterbevollmächtigter III
2. 12.	I ZR 207/01		05, 687	05, 893	05, 2315		weltonline.de
2. 12.	I ZB 8/04		05, 578	05, 889			LOKMAUS
16. 12.	I ZB 12/02		05, 417	05, 490			BerlinCard
16. 12.	I ZR 69/02		05, 517	05, 614	05, 1503		Literaturhaus
16. 12.	I ZR 222/02		05, 438	05, 480			Epson-Tinte
16. 12.	I ZR 177/02		05, 419	05, 605		05, 915	Räucherkate
16. 12.	I ZB 23/04			05, 505	05, 2017	05, 725	Baseball-Caps

Fundstellenverzeichnis BGH 2005

Dat.	AktZ	BGHZ	GRUR	WRP	NJW	NJW-RR	Schlagwort
21. 12.	KVR 26/03			05, 302		05, 474	Deutsche Post/trans-o-flex
21. 12.	KVZ 3/04		05, 524			05, 769	Fristverlängerung

2005

Dat.	AktZ	BGHZ	GRUR	WRP	NJW	NJW-RR	Schlagwort
20. 1.	I ZR 29/02		05, 581	05, 881		05, 914	The Colour of Elegance
20. 1.	I ZR 96/02		05, 442	05, 474		05, 684	Direkt ab Werk
20. 1.	I ZR 34/02		05, 423	05, 496			Staubsaugerfiltertüten
20. 1.	I ZB 31/03		05, 515	05, 620			FERROSIL
20. 1.	I ZR 255/02		05, 448	05, 508		05, 650	SIM-Lock II
27. 1.	I ZR 202/02		05, 520	05, 738	05, 1644		Optimale Interessenvertretung
27. 1.	I ZR 146/02		05, 689	05, 1007		05, 1128	Sammelmitgliedschaft III
27. 1.	I ZR 119/02		05, 670	05, 1018	05, 2698		WirtschaftsWoche
3. 2.	I ZR 45/03		05, 414	05, 610			Russisches Schaumgebäck
3. 2.	I ZR 159/02		05, 583	05, 896	05, 2856		Lila-Postkarte
22. 2.	KZR 28/03			05, 628	05, 1660		Bezugsbindung
22. 2.	KZR 2/04		05, 609	05, 747			Sparberaterin II
24. 2.	I ZR 128/02		05, 604	05, 739	05, 2458		Fördermittelberatung
24. 2.	I ZR 101/02	162, 246	05, 519	05, 735	05, 1788		Vitamin-Zell-Komplex
24. 2.	I ZB 2/04		05, 513	05, 744			MEY/Ella May
24. 2.	I ZR 161/02		05, 871	05, 1164		05, 1350	Seicom
3. 3.	I ZR 117/02		05, 599	05, 876	05, 2085		Traumcabrio
3. 3.	I ZB 24/04			05, 753		05, 922	Zweigniederlassung
3. 3.	I ZR 111/02		05, 860	05, 1263		05, 1403	Fash 2000
3. 3.	I ZR 133/02		05, 505	05, 622	05, 1581		Atlanta
24. 3.	I ZR 131/02		05, 600	05, 878		05, 1126	Handtuchklemmen
7. 4.	I ZR 314/02		05, 690	05, 886	05, 2229		Internet-Versandhandel
7. 4.	I ZR 140/02		05, 603	05, 874	05, 2012		Kündigungshilfe
7. 4.	I ZR 221/02		05, 864	05, 1248	05, 3357	05, 1489	Meißner Dekor II
21. 4.	I ZR 190/02		05, 607	05, 884	05, 2707		Optometrische Leistungen III
21. 4.	I ZR 1/02		05, 940	05, 1538		05, 1707	Marktstudien
21. 4.	I ZR 201/02		05, 1059	05, 1508	05, 3718		Quersubventionierung von Laborgemeinschaften
4. 5.	I ZR 127/02		05, 692	05, 1009	05, 2550		„statt"-Preis
19. 5.	I ZR 262/02		05, 957	05, 1530		06, 326	Champagner Bratbirne
19. 5.	I ZR 285/02	163, 109	05, 937	05, 1542	05, 3354		Der Zauberberg
19. 5.	I ZR 299/02	163, 119	05, 757	05, 1177	05, 2708		PRO-Verfahren
2. 6.	I ZR 252/02		06, 164	06, 84		06, 257	Aktivierungskosten II
2. 6.	I ZR 215/02		05, 875	05, 1240	05, 3422		Diabetesteststreifen
2. 6.	I ZR 246/02		05, 768	05, 1011			DIESEL
9. 6.	I ZR 279/02		05, 1061	05, 1511	05, 3716		Telefonische Gewinnauskunft
9. 6.	I ZR 231/01		06, 158	06, 90	06, 146		segnitz.de
23. 6.	I ZR 263/02		06, 143	06, 117		06, 184	Catwalk
23. 6.	I ZR 288/02		06, 159	06, 238		06, 412	hufeland.de
23. 6.	I ZR 227/02		05, 854	05, 1173	05, 3576		Karten-Grundsubstanz
23. 6.	I ZR 194/02	163, 265	05, 778	05, 1161	05, 2705		Atemtest
7. 7.	I ZB 35/04		05, 971	05, 1250		06, 48	Schutzfristüberwachung
7. 7.	I ZR 253/02		05, 877	05, 1242	05, 3287		Werbung mit Testergebnis
7. 7.	I ZR 115/01		05, 959	05, 1525	06, 617	05, 1703	FACTS II
15. 7.	GSZ 1/04	164/1	05, 882	05, 1408, 1550	05, 3141		Unberechtigte Schutzrechtsverwarnung
21. 7.	I ZR 293/02		05, 1047	05, 1527		05, 1628	OTTO
21. 7.	I ZR 312/02		06, 56	06, 96		06, 117	BOSS-Club
21. 7.	I ZR 170/02		05, 960	05, 1412		05, 1562	Friedhofsruhe
21. 7.	I ZR 94/02		05, 1067	05, 1515	06, 800		Konsumentenbefragung
21. 7.	I ZR 318/02		05, 873	05, 1246			Star Entertainment
21. 7.	I ZR 172/04		05, 886	05, 1251		06, 356	Glücksbon-Tage
21. 7.	I ZR 290/02	164, 37	05, 857	05, 1267	05, 3216		HIT BILANZ
28. 7.	I ZB 20/05		05, 1041	05, 1532			Altmuster
13. 9.	X ZB 30/04		05, 1072	05, 1546		05, 1662	Auswärtiger Rechtsanwalt V
15. 9.	I ZB 10/03		06, 150	06, 241			NORMA
15. 9.	I ZR 151/02		06, 346	06, 467	06, 1978		Jeans II
22. 9.	I ZR 28/03		06, 161	06, 69		06, 409	Zeitschrift mit Sonnenbrille
22. 9.	I ZR 55/02	164, 153	06, 75	06, 67	06, 149		Artenschutz
22. 9.	I ZB 40/03		06, 60	06, 92			coccodrillo
22. 9.	I ZR 266/02		06, 136	06, 274	06, 615		Pressefotos
22. 9.	I ZR 188/02	164, 139	05, 1044	05, 1521		06, 114	Dentale Abformmasse
6. 10.	I ZR 322/02			06, 587			Noblesse
6. 10.	I ZB 20/03		06, 152	06, 102		06, 260	GALLUP
6. 10.	I ZB 37/05		06, 168	06, 106	06, 775		Unberechtigte Abmahnung
6. 10.	I ZR 266/02		06, 136	05, 274	06, 615		Pressefotos
6. 10.	I ZR 322/02		06, 419	05, 587		06, 834	Noblesse
20. 10.	I ZR 21/05		06, 439	06, 237		06, 501	Geltendmachung der Abmahnkosten
20. 10.	I ZR 10/03		06, 82	06, 79	06, 381		Betonstahl
20. 10.	I ZR 112/03		06, 77	06, 72	06, 225		Schulfotoaktion

2006, 2007 Fundstellenverzeichnis BGH

Dat.	AktZ	BGHZ	GRUR	WRP	NJW	NJW-RR	Schlagwort
3. 11.	I ZR 29/03		06, 329	06, 470		06, 691	Gewinnfahrzeug mit Fremdemblem
3. 11.	I ZR 311/02		06, 493	05, 765		06, 1132	Michel-Nummern
17. 11.	I ZR 300/02		06, 243	06, 354		06, 474	MEGA SALE

2006

Dat.	AktZ	BGHZ	GRUR	WRP	NJW	NJW-RR	Schlagwort
19. 1.	I ZR 217/03		06, 433	06, 579	06, 1432		Unbegründete Abnehmerverwarnung
19. 1.	I ZR 5/03		06, 319	06, 476	07, 679		Alpensinfonie
19. 1.	I ZR 151/02		06, 346	06, 467	06, 1978		Jeans II
19. 1.	I ZR 98/02		06, 432	06, 468		06, 832	Verwarnung aus Kennzeichenrecht II
26. 1.	I ZR 121/03		06, 429	06, 584	06, 2630	06, 1044	Schlank-Kapseln
26. 1.	I ZR 83/03		06, 428	06, 741	06, 1804		Abschleppkosten-Inkasso
7. 2.	KZR 33/04	166, 154	06, 773	06, 1113	06, 2627		Probeabonnement
9. 2.	I ZR 73/02		06, 426	06, 577	06, 1665		Direktansprache am Arbeitsplatz II
9. 2.	I ZR 124/03		06, 875	06, 1109	06, 2764		Rechtsanwalts-Ranglisten
23. 2.	I ZR 245/02		06, 511	06, 582	06, 1739		Umsatzsteuererstattungs-Modell
23. 2.	I ZR 164/03		06, 517	06, 747		06, 1046	Blutdruckmessungen
23. 2.	I ZR 27/03	166, 233	06, 504	06, 749		06, 1049	Parfümtestkäufe
23. 2.	I ZR 272/02	166, 253	06, 421	06, 590		06, 1118	Markenparfümverkäufe
16. 3.	I ZR 103/03		06, 778	06, 1023			Sammelmitgliedschaft IV
16. 3.	I ZR 92/03		06, 879	06, 1027		06, 1378	Flüssiggastank
30. 3.	I ZR 24/03	167, 91	06, 513	06, 736	06, 2630		Arzneimittelwerbung im Internet
30. 3.	I ZR 144/03		06, 596	06, 888	06, 2120		10% billiger
6. 4.	I ZR 272/02		06, 598	06, 891	06, 2481		Zahnarztbriefbogen
6. 4.	I ZR 125/03		06, 776	06, 885	06, 2479		Werbung für Klingeltöne
27. 4.	I ZR 126/03		06, 1044	06, 1511	06, 3424		Kundendatenprogramm
27. 4.	I ZR 109/03		06, 594	06, 898		06, 982	SmartKey
27. 4.	I ZR 162/03		06, 863	06, 1233			ex works
11. 5.	I ZR 206/02		06, 780	06, 882		06, 1273	Insolvenzwarenverkauf
11. 5.	I ZR 250/03		06, 872	06, 1117	06, 3358		Kraftfahrzeuganhänger mit Werbeschildern
18. 5.	I ZR 116/03		06, 873	06, 1118			Brillenwerbung
18. 5.	I ZR 183/03	168, 28	07, 65	06, 1513	07, 153		Impuls
1. 6.	I ZR 268/03		06, 955	06, 1221	06, 3569		Gebührenvereinbarung II
1. 6.	I ZR 167/03		07, 164	07, 67	06, 3781		Telefax-Werbung II
1. 6.	I ZR 143/03		07, 165	06, 1223	06, 3568		Erbenermittler als Rechtsbeistand
23. 6.	I ZR 288/02		06, 159	06, 238		06, 412	hufeland.de
29. 6.	I ZR 171/03		07, 162	07, 177		07, 335	Mengenausgleich in Selbstentsorgergemeinschaft
6. 7.	I ZR 145/03		06, 949	06, 1370	06, 3203		Kunden werben Kunden
6. 7.	I ZR 175/03	168, 266	06, 848	06, 1243	06, 3644		Vergaberichtlinien
13. 7.	I ZR 241/03		06, 1042	06, 1502	06, 3490		Kontaktanzeigen
13. 7.	I ZR 234/03		06, 953	06, 1505		07, 36	Warnhinweis II
13. 7.	I ZR 222/03		07, 161	07, 66		07, 337	dentalästhetika II
20. 7.	I ZR 185/03		07, 137	07, 88		07, 342	Bodenrichtwertsammlung
20. 7.	I ZR 228/03		07, 159	06, 1507	06, 3633		Anbieterkennzeichnung im Internet
21. 9.	I ZR 201/03		07, 259	07, 76	07, 682		solingen.info
21. 9.	I ZR 270/03		07, 339	07, 313			Stufenleitern
21. 9.	I ZR 6/04		07, 431	07, 533	07, 1524		Steckverbindergehäuse
28. 9.	I ZR 261/03		07, 500	07, 663	07, 1712		Sächsischer Ausschreibungsdienst
5. 10.	I ZR 277/03	169, 193	07, 168	07, 78	07, 684		kinski-klaus.de
5. 10.	I ZR 7/04		07, 245	07, 174	07, 569		Schulden Hulp
26. 10.	I ZR 182/04	169, 340	07, 139	07, 83	07, 689		Rücktritt des Finanzministers
26. 10.	I ZR 33/04		07, 247	07, 303	07, 919		Regenwaldprojekt I
26. 10.	I ZR 97/04		07, 251	07, 308	07, 922		Regenwaldprojekt II
26. 10.	I ZR 37/04	169, 295	07, 235	07, 186			Goldhase
9. 11.	I ZB 28/06		07, 535	07, 641	07, 1819		Gesamtzufriedenheit
16. 11.	I ZR 191/03		07, 607	07, 775			Telefonwerbung für „Individualverträge"
16. 11.	I ZR 218/03		07, 610	07, 778			Sammelmitgliedschaft V
23. 11.	I ZR 276/03		07, 631	07, 783	07, 3645		Abmahnaktion
7. 12.	I ZR 271/03		07, 603	07, 769			UVP
7. 12.	I ZR 166/03		07, 605	07, 772		07, 1522	Umsatzzuwachs
14. 12.	I ZR 34/04		07, 693	07, 986		07, 1530	Archivfotos
14. 12.	I ZR 11/04		07, 705	07, 960			Aufarbeitung von Fahrzeugkomponenten
21. 12.	I ZB 17/06		07, 629	07, 781	07, 3645		Zugang des Abmahnschreibens

2007

Dat.	AktZ	BGHZ	GRUR	WRP	NJW	NJW-RR	Schlagwort
11. 1.	I ZR 96/04	171, 73	07, 800	07, 951	07, 2999	07, 1155	Außendienstmitarbeiter
11. 1.	I ZR 198/04		07, 795	07, 1076		08, 124	Handtaschen
11. 1.	I ZR 87/04		07, 805	07, 1085	07, 3002		Irreführender Kontoauszug
23. 1.	I ZB 42/06		07, 726	07, 957		07, 1561	Auswärtiger Rechtsanwalt VI
25. 1.	I ZR 22/04	171, 89	07, 780	07, 1090		07, 1637	Pralinenform
25. 1.	I ZR 133/04		07, 802	07, 1082		07, 1335	Testfotos III

Fundstellenverzeichnis BGH 2008

Dat.	AktZ	BGHZ	GRUR	WRP	NJW	NJW-RR	Schlagwort
25. 1.	I ZB 58/06			07, 1104		07, 863	Verputzarbeiten
8. 2.	I ZR 71/04		07, 592	07, 958			bodo Blue Night
8. 2.	I ZR 77/04		07, 784	07, 1095		07, 1262	AIDOL
8. 2.	I ZR 59/04	171, 104	07, 811	07, 1207	07, 2633		grundke.de
15. 2.	I ZR 63/04		07, 882	07, 1197			Parfümtester
15. 2.	I ZR 114/04	171, 151	07, 871	07, 1219	08, 757		Wagenfeld-Leuchte
1. 3.	I ZR 51/04		07, 809	07, 1088		07, 1338	Krankenhauswerbung
21. 3.	I ZR 184/03		07, 896	07, 1181			Eigenpreisvergleich
21. 3.	I ZR 66/04		07, 875	07, 1184			Durchfuhr von Originalware
29. 3.	I ZR 80/04		07, 502	07, 665 07, 1108			Tonträger aus Drittstaaten
29. 3.	I ZR 152/04		07, 807	07, 955	07, 2334		Fachanwälte
29. 3.	I ZR 164/04		07, 987	07, 1341			Änderung der Voreinstellung I
29. 3.	I ZR 122/04		07, 1079	07, 1346			Bundesdruckerei
19. 4.	I ZR 35/04	172, 119	07, 708	07, 964	07, 2636		Internet-Versteigerung II
19. 4.	I ZR 57/05		07, 981	07, 1337	08, 231		150% Zinsbonus
19. 4.	I ZR 92/04		07, 994	07, 1356	08, 300		Gefälligkeit
26. 4.	I ZR 190/04		07, 723	07, 797			Internet-Versicherung
26. 4.	I ZR 34/05	172, 165	07, 995	07, 1354	08, 301		Schuldnachfolge
26. 4.	I ZR 120/04		07, 991	07, 1351	07, 3573		Weltreiterspiele
3. 5.	I ZR 19/05		07, 978	07, 1334	07, 3570		Rechtsberatung durch Haftpflichtversicherer
24. 5.	I ZR 130/04	172, 268	07, 685	07, 989	08, 755		Gedichttiteliste I
24. 5.	I ZR 130/04		07, 688	07, 993			Gedichttiteliste II
24. 5.	I ZR 42/04		07, 691	07, 996	08, 757		Staatsgeschenk
24. 5.	I ZR 104/04		07, 984	07, 1455			Gartenliege
24. 5.	I ZB 37/04		08, 71	08, 107			Fronthaube
24. 5.	I ZB 66/06		07, 973	07, 1459			Rado-Uhr III
14. 6.	I ZR 173/04		07, 1075	07, 1472			STILNOX
28. 6.	I ZR 49/04	173, 57	07, 884	07, 1200		08, 57	Cambridge Institute
28. 6.	I ZR 153/04		08, 186	08, 220			Telefonaktion
28. 6.	I ZR 132/04		08, 258	08, 232			INTERCONNECT/ T-Inter-Connect
12. 7.	I ZR 18/04	173, 188	07, 890	07, 1173	08, 758		Jugendgefährdende Medien bei eBay
12. 7.	I ZR 147/04	173, 217	08, 156	08, 102			Aspirin II
12. 7.	I ZB 148/04	173, 230	08, 160	08, 226			CORDARONE
12. 7.	I ZR 82/05		08, 183	08, 214			Tony Taler
19. 7.	I ZR 93/04	173, 269	07, 877	07, 1187			Windsor Estate
19. 7.	I ZR 137/04		07, 888	07, 1193			Euro Telekom
19. 7.	I ZR 191/04		08, 263	08, 355	08, 1236		SMS-Werbung
13. 9.	I ZR 33/05		08, 254	08, 236			THE HOME STORE
20. 9.	I ZR 88/05		08, 189	08, 224			Suchmaschineneintrag
20. 9.	I ZR 94/04		07, 1066	07, 1466			Kinderzeit
20. 9.	I ZR 6/05		07, 1071	07, 1461		08, 1140	Kinder II
20. 9.	I ZR 88/05		08, 189	08, 224			Suchmaschineneintrag
20. 9.	I ZR 171/04		08, 443	08, 666		08, 851	Saugeinlagen
4. 10.	I ZR 22/05		08, 532	08, 782	08, 1595		Umsatzsteuerhinweis
4. 10.	I ZR 143/04		08, 84	08, 98	08, 1384		Versandkosten
4. 10.	I ZR 182/05		08, 442	08, 659	08, 1388		Fehlerhafte Preisauszeichnung
18. 10.	I ZR 162/04		08, 616	08, 802			AKZENTA
18. 10.	I ZR 24/05		08, 614	08, 794			ACERBON
18. 10.	I ZR 102/05		08, 534	08, 771	08, 1882		ueber18.de
25. 10.	I ZR 18/05		08, 505	08, 797			TUC-Salzcracker
25. 10.	I ZB 22/04		08, 510	08, 791		08, 854	Milchschnitte
8. 11.	I ZR 172/05		08, 360	08, 249	08, 1001		EURO und Schwarzgeld
8. 11.	I ZR 60/05		08, 530	08, 777	08, 1888		Nachlass bei der Selbstbeteiligung
8. 11.	I ZR 192/06			08, 780			Hagelschaden
22. 11.	I ZR 183/04		08, 262	08, 219	08, 855		Direktansprache am Arbeitsplatz III
22. 11.	I ZR 77/05		08, 625	08, 924			Fruchtextrakt
6. 12.	I ZR 169/04		08, 628	08, 930			Imitationswerbung
6. 12.	I ZR 184/05		08, 726	08, 936		08, 1212	Duftvergleich mit Markenparfüm
6. 12.	I ZB 16/07		08, 639	08, 947	08, 2040		Kosten eines Abwehrschreibens
13. 12.	I ZR 89/05		08, 707	08, 944		08, 1215	Micardis
13. 12.	I ZR 71/05		08, 727	08, 1085		08, 1214	Schweißmodulgenerator
13. 12.	I ZB 26/05		08, 714	08, 1092			idw
13. 12.	I ZB 39/05		08, 719	08, 1098			Idw Informationsdienst Wissenschaft
20. 12.	I ZR 205/04		08, 275	08, 356			Versandhandel mit Arzneimitteln
20. 12.	I ZR 51/05		08, 729	08, 928			Werbung für Telefondienstleistungen
20. 12.	I ZR 42/05	175, 135	08, 693	08, 1121	08, 2345		TV-Total
2008							
10. 1.	I ZR 38/05		08, 621	08, 785			AKADEMIKS
10. 1.	I ZR 196/05		08, 724	08, 1069	08, 2509		Urlaubsgewinnspiel
10. 1.	I ZR 67/05		08, 790	08, 1234			Baugruppe

2008 Fundstellenverzeichnis BGH

Dat.	AktZ	BGHZ	GRUR	WRP	NJW	NJW-RR	Schlagwort
30. 1.	I ZB 8/07		08, 447	08, 675	08, 1389		Treuebonus
30. 1.	I ZR 134/05		08, 801	08, 1189	08, 2923		Hansen-Bau
30. 1.	I ZR 131/05		08, 786	08, 1229			Mulitfunktionsgeräte
14. 2.	I ZR 207/05	175, 238	08, 438	08, 661	08, 2044		ODDSET
14. 2.	I ZR 69/04		08, 413	08, 669		08, 711	Bayrisches Bier
14. 2.	I ZR 162/05		08, 803	08, 1192			HEITEC
14. 2.	I ZR 55/05		08, 796	08, 1200		08, 1364	Hollister
14. 2.	I ZR 135/05		08, 933	08, 1227	08, 2716		Schmiermittel
21. 2.	I ZB 24/05		08, 710	08, 1087			VISAGE
21. 2.	I ZR 142/05		08, 815	08, 1180	08, 2590		Buchführungsbüro
4. 3.	KZR 36/05			08, 1376		08, 1491	Post-Wettannahmestelle
4. 3.	KVR 21/07	176, 1		08, 823		08, 996	Soda-Club II
13. 3.	I ZB 20/07		08, 640	08, 951		08, 1093	Kosten der Schutzschrift III
13. 3.	I ZR 95/05		08, 1014	08, 1335			Amlodipin
13. 3.	I ZB 53/05		08, 900	08, 1338			SPA II
13. 3.	I ZR 151/05		08, 912	08, 1353		09, 184	Metrosex
19. 3.	I ZR 225/06			08, 938			Entwendete Datensätze
19. 3.	I ZR 166/05		08, 984	08, 1440	08, 3784		St. Gottfried
3. 4.	I ZB 46/05		08, 1000	08, 1432			Käse in Blütenform II
3. 4.	I ZB 73/07		08, 837	08, 1112			Münchner Weißwurst
3. 4.	I ZB 61/07		08, 903	08, 1342			SIERRA ANTIGUO
3. 4.	I ZR 49/05		08, 1002	08, 1434		09, 536	Schuhpark
10. 4.	I ZB 98/07		08, 1027	08, 1438			Cigarettenpackung
10. 4.	I ZB 14/07		08, 1029	08, 1454	08, 3220		Nachweis der Sicherheitsleistung
10. 4.	I ZR 167/05		09, 60	08, 1544		09, 53	LOTTOCARD
10. 4.	I ZR 227/05		08, 1097	08, 1517	08, 3714	09, 120	Namensklau im Internet
10. 4.	I ZR 164/05	176, 116	08, 611	08, 940			audison
24. 4.	I ZB 21/06		08, 1093	08, 1428		08, 1569	Marlene-Dietrich-Bildnis
24. 4.	I ZR 159/05		08, 1099	08, 1520	08, 3716		afilias.de
24. 4.	I ZB 72/07		08, 1126	08, 1550			Weisse Flotte
24. 4.	I ZR 30/05		08, 1087	08, 1557		09, 338	Lefax/Lefaxin
30. 4.	I ZR 73/05		08, 702	08, 1104		08, 1136	Internet-Versteigerung III
30. 4.	I ZB 4/07		08, 731	08, 1110			alphaCAM
30. 4	I ZB 25/08		08, 732	08, 1113			Tegeler Floristik
30. 4.	I ZR 123/05		08, 793	08, 1196			Rillenkoffer
8. 5.	I ZR 83/06		08, 928	08, 1188	08, 2651		Abmahnkostenersatz
8. 5.	I ZR 88/06		08, 929	08, 1225	08, 2849		Vertragsstrafeneinforderung
29. 5.	I ZR 75/05		08, 816	08, 1178	08, 2850		Ernährungsberatung
29. 5.	I ZB 55/05		08, 909	08, 1345			Pantogast
29. 5.	I ZB 54/05		08, 905	08, 1349			Pantohexal
29. 5.	I ZR 189/05		08, 1121	08, 1560	08, 3711		Freundschaftswerbung im Internet
30. 5.	1 StR 166/07	52, 227 (St)	08, 818	08, 1071			Strafbare Werbung im Versandhandel
5. 6.	I ZR 4/06		08, 807	08, 1175	08, 2672		Millionen-Chance
5. 6.	I ZR 169/05		08, 798	08, 1202	08, 2653		POST I
5. 6.	I ZR 108/05			08, 1206			City Post
5. 6.	I ZR 96/07		08, 1124	08, 1524	08, 3782	09, 82	Zerknitterte Zigarettenschachtel
5. 6.	I ZR 223/05			08, 1527			Schau mal Dieter
5. 6.	I ZR 208/05		08, 1089	08, 1554		09, 335	KLACID PRO
26. 6.	I ZR 112/05		08, 834	08, 1209		08, 1255	HMB-Kapseln
26. 6.	I ZR 61/05		08, 830	08, 1213			L-Carnitin II
26. 6.	I ZR 190/05		08, 917	08, 1319		09, 114	EROS
26. 6.	I ZR 221/05		08, 915	08, 1326	08, 2995		40 Jahre Garantie
26. 6.	I ZR 170/05		08, 1115	08, 1510		08, 1726	ICON
3. 7.	I ZR 145/05	177, 150	08, 810	08, 1182			Kommunalversicherer
3. 7.	I ZR 204/05		08, 1081	08, 1565		09, 764	Musical Starlights
16. 7.	VIII ZR 348/06	177, 253	08, 1010	09, 56	08, 3055		PayBack
17. 7.	I ZR 75/06		08, 923	08, 1328	08, 2997		Faxanfrage im Autohandel
17. 7.	I ZR 197/05		08, 925	08, 1330	08, 2999		FC Troschenreuth
17. 7.	I ZR 133/07		08, 922	08, 1333		08, 1623	In-vitro-Diagnostika
17. 7.	I ZR 109/05	177, 319	08, 989	08, 1371	09, 765		Sammlung Ahlers
17. 7.	I ZR 206/05		08, 993	08, 1445		08, 1574	Kopierstationen
17. 7.	I ZR 219/05		08, 996	08, 1449	08, 3565		Clone-CD
17. 7.	I ZR 160/05		09, 71	09, 45			Sammelaktion für Schoko-Riegel
17. 7.	I ZR 139/05		09, 73	09, 48			Telefonieren für 0 Cent!
17. 7.	I ZR 168/05		09, 181	09, 182	09, 1882		Kinderwärmekissen
31. 7.	I ZR 158/05		08, 1102 09, 413	08, 1530 09, 334			Haus & Grund I
31. 7.	I ZR 171/05		08, 1104 09, 413	08, 1532 09, 334			Haus & Grund II
31. 7.	I ZR 21/06		08, 1108	08, 1537			Haus & Grund III
14. 8.	KVR 54/07			08, 1456			Lottoblock
11. 9.	I ZR 120/06		08, 1114	08, 1508			Räumungsfinale
11. 9.	I ZR 74/06	178, 63	09, 173	09, 177	09, 1504		bundesligakarten.de

Fundstellenverzeichnis BGH 2009

Dat.	AktZ	BGHZ	GRUR	WRP	NJW	NJW-RR	Schlagwort
11. 9.	I ZR 58/06		09, 418	09, 304		09, 470	Fußpilz
2. 10.	I ZR 227/05		08, 1097	08, 1517	08, 3714	09, 120	Namensklau im Internet
2. 10.	I ZR 51/06		09, 75	09, 51		09, 110	Priorin
2. 10.	I ZR 48/06		09, 416	09, 432			Küchentiefstpreis-Garantie
2. 10.	I ZR 6/06		09, 407	09, 319		09, 542	Whistling for a train
2. 10.	I ZB 96/07		09, 191	09, 67		09, 556	Auswärtiger Rechtsanwalt VII
2. 10.	I ZB 111/07		09, 523	09, 69		09, 859	Zurückweisungsantrag nach Rechtsmittelbegründung
2. 10.	I ZR 220/05		08, 1118	08, 1513		09, 50	MobilPlus-Kapseln
2. 10.	I ZR 18/06		09, 53	09, 80		09, 274	PC
2. 10.	I ZB 30/08			09, 75			Kürzung der Verfahrensgebühr
9. 10.	I ZR 126/06		09, 79	09, 76			Gebäckpresse
9. 10.	I ZR 100/04		09, 509	09, 625		09, 620	Schoenenberger Artischockensaft
14. 10.	KVR 30/08	178, 203		09, 330	09, 1611		Faber/Basalt
23. 10.	I ZB 48/07		09, 669	09, 815			POST II
23. 10.	I ZR 11/06		09, 608	09, 734	09, 1756		raule.de
23. 10.	I ZR 197/06		09, 692	09, 811	09, 1886		Sammelmitgliedschaft VI
23. 10.	I ZR 121/07			09, 435			Edelmetallankauf
5. 11.	I ZR 55/06		09, 690	09, 809		09, 1135	XtraPac
5. 11.	I ZR 39/06		09, 766	09, 831			Stofffähnchen
11. 11.	KVR 18/08			09, 455		09, 694	Werhahn/Norddeutsche Mischwerke
11. 11.	KZR 43/07			09, 746			Neue Trift
11. 11.	KVR 17/08		09, 424	09, 208	09, 1753		Bau und Hobby
20. 11.	I ZR 94/02		09, 179	09, 187		09, 473	Konsumentenbefragung II
20. 11.	I ZR 122/06		09, 788	09, 951	09, 2541		20% auf alles
20. 11.	I ZR 112/06		09, 403	09, 308	09, 770		Metall auf Metall
20. 11.	I ZR 62/06		09, 480	09, 462	09, 1353		Kopierläden II
26. 11.	VIII ZR 200/05	179, 27			09, 427		Quelle
4. 12.	I ZB 31/08		09, 700	09, 846			Integrierte Versorgung
4. 12.	I ZR 100/06		09, 413	09, 300		09, 531	Erfokol-Kapseln
4. 12.	I ZB 48/08		09, 778	09, 813			Willkommen im Leben
4. 12.	I ZR 3/06		09, 871	09, 967			Ohrclips
4. 12.	I ZR 49/06		09, 939	09, 1008		09, 1499	Mambo No. 5
10. 12.	KZR 54/08		09, 698		09, 1751		Subunternehmervertrag II
18. 12.	I ZR 23/06		09, 395	09, 313	09, 774		Klingeltöne für Mobiltelefone
18. 12.	I ZR 63/06		09, 515	09, 445			Motorradreiniger
18. 12.	I ZB 83/08		09, 427	09, 307			ATOZ II
18. 12.	I ZB 32/06		09, 427	09, 637	09, 921		Mehrfachverstoß gegen Unterlassungstitel
18. 12.	I ZB 118/07		09, 519	09, 634		09, 995	Holzfasermembranspinnanlage
18. 12.	I ZR 200/06		09, 772	09, 971			Augsburger Puppenkiste
18. 12.	I ZB 68/08		09, 794	09, 996	09, 2308		Auskunft über Tintenpatronen
2009							
15. 1.	I ZB 30/06		09, 411	09, 439		09, 534	STREETBALL
15. 1.	I ZR 123/06		09, 878	09, 1082		09, 1496	Fräsautomat
15. 1.	I ZR 141/06		09, 881	09, 1089			Überregionaler Krankentransport
15. 1.	I ZR 57/07		09, 841	09, 1139			Cybersky
22. 1.	I ZR 125/07		09, 498	09, 451	09, 2400		Bananabay
22. 1.	I ZR 30/07		09, 500	09, 435	09, 2382		Beta Layout
22. 1.	I ZR 139/07		09, 502	09, 441	09, 2384		Pcb
22. 1.	I ZR 31/06		09, 875	09, 950	09, 2749		Jeder 100. Einkauf gratis
22. 1.	I ZB 52/08		09, 952	09, 960			DeutschlandCard
22. 1.	I ZB 34/08		09, 949	09, 963			My World
22. 1.	I ZB 115/07	180, 72	09, 890	09, 999			Urteilsverfügung
22. 1.	I ZR 247/03		09, 840	09, 1127	09, 2960		Le-Corbusier-Möbel II
22. 1.	I ZR 19/07		09, 942	09, 1274			Motezuma
4. 2.	VIII ZR 32/08	179, 319	09, 506	09, 628	09, 1337		Mobiltelefon
5. 2.	I ZR 167/06		09, 484	09, 616		09, 757	METROBUS
5. 2.	I ZR 119/06		09, 876	09, 1086		09, 1493	Änderung der Voreinstellung II
5. 2.	I ZR 124/07		09, 990	09, 1098			Metoprolol
10. 2.	KVR 67/07	180, 323				09, 1635	Gaslieferverträge
19. 2.	I ZR 135/06		09, 685	09, 803	09, 2388		ahd.de
19. 2.	I ZR 195/06	180, 77	09, 783	09, 956			UHU
26. 2.	I ZR 106/06		09, 606	09, 611		09, 691	Buchgeschenk vom Standesamt
26. 2.	I ZR 28/06		09, 603	09, 613	09, 1420		Versicherungsvertreter
26. 2.	I ZR 219/06		09, 888	09, 1080	09, 2747		Thermoroll
26. 2.	I ZR 222/06		09, 883	09, 1092		09, 1553	MacDent
26. 2.	I ZR 163/06		09, 982	09, 1247	09, 3095		Dr. Clauder s Hufpflege
26. 2.	I ZR 142/06		09, 1046	09, 1404			Kranhäuser
3. 3.	KZR 82/07			09, 1254		10, 392	Reisestellenkarte
11. 3.	I ZR 114/06	180, 134	09, 597	09, 730	09, 1960		Halzband
11. 3.	I ZR 194/06		09, 1064	09, 1229	10, 612		Geld-zurück-Garantie II
11. 3.	I ZR 8/07			09, 1269	09, 3032		Wer wird Millionär?

2009 Fundstellenverzeichnis BGH

Dat.	AktZ	BGHZ	GRUR	WRP	NJW	NJW-RR	Schlagwort
26. 3.	I ZR 44/06		09, 660	09, 847		09, 1053	Resellervertrag
26. 3.	I ZR 213/06	180, 355	09, 984	09, 1240		10, 181	Festbetragsfestsetzung
26. 3.	I ZR 153/06	180, 344	09, 946	09, 1278		10,186	Reifen Progressiv
26. 3.	I ZR 99/07		09, 1082	09, 1385		10, 397	DeguSmiles & more
2. 4.	I ZR 78/06		09, 672	09, 824		09, 1130	OSTSEE-POST
2. 4.	I ZR 209/06		09, 678	09, 839			POST/RegioPost
2. 4.	I ZB 8/06		09, 780	09, 820		09, 1126	Ivadal
2. 4.	I ZB 94/06		09, 954	09, 1250			Kinder III
2. 4.	I ZR 144/06		09, 1069	09, 1374 und 09, 1509		09,1703	Knoblauchwürste
2. 4.	I ZR 199/06		09, 1073	09, 1372		10, 53	Ausbeinmesser
7. 4.	KVR 347/08			09, 1391		10, 51	Versicherergemeinschaft
22. 4.	I ZR 216/06		09, 845	09, 1001	09, 3511		Internet-Videorecorder
22. 4.	I ZR 176/06		09, 1080	09, 1369	09, 3365		Auskunft der IHK
22. 4.	I ZR 5/07	181, 1	09, 1052	09, 1412		10, 612	Seeing is Believing
22. 4.	I ZR 14/07		09, 1180	09, 1510			0,00 Grundgebühr
30. 4.	I ZR 191/05		09, 852			09, 1558	Elektronischer Zolltarif
30. 4.	I ZR 45/07		09, 972	09, 1235			Lorch Premium II
30. 4.	I ZR 42/07	181, 77	09, 1162	09, 1526			DAX
30. 4.	I ZR 66/07		09, 1183	09, 1501			Räumungsverkauf wegen Umbau
30. 4.	I ZR 68/07		09, 1185	09, 1503			Totalausverkauf
30. 4.	I ZR 117/07		09, 1189	09, 1517		10, 399	Blutspendedienst
6. 5.	I KZR 39/06	180, 312	09, 694	09, 858		09, 1047	Orange-Book-Standard
14. 5.	I ZR 98/06	181, 98	09, 856	09, 1129	09, 3722		Tripp-Trapp-Stuhl
14. 5.	I ZR 231/06		09, 1055	09, 1533			airdsl
14. 5.	I ZR 82/07		09, 1186	09, 1505			Mecklenburger Obstbrände
14. 5.	I ZR 179/07		09, 886	09, 1513	09, 3368		Die clevere Alternative
20. 5.	I ZR 220/06		09, 970	09, 1095		09, 1650	Versicherungsberater
20. 5.	I ZB 107/08		09, 994	09, 1102			Vierlinden
20. 5.	I ZB 53/08		09, 992	09, 1104			Schuhverzierung
20. 5.	I ZR 239/06		09, 864	09, 1143	09, 3509		CAD-Software
20. 5.	I ZR 218/07		09, 980	09, 1246	09, 2958		E-Mail-Werbung II
28. 5.	I ZR 124/06		10, 80	10, 94		10, 339	LIKEaBIKE
10. 6.	I ZR 37/07		10, 167	10, 100			Unrichtige Aufsichtsbehörde
10. 6.	I ZR 226/06		10, 62	10, 120		10, 620	Nutzung von Musik für Werbezwecke
18. 6.	I ZR 47/07		10, 156	10, 266		10, 462	EIFEL-ZEITUNG
18. 6.	I ZR 224/06		10, 247	10, 237	10, 618		Solange der Vorrat reicht
23. 6.	KZR 21/08			09, 1402		10, 618	Entega
23. 6.	KZR 58/07		10, 84	09, 1551		10, 615	Gratiszeitung Hallo
2. 7.	I ZR 147/06		09, 969	09, 1227	09, 3097		Winteraktion
2. 7.	I ZR 146/07	181, 373	09, 1096	09, 1388	09, 3303		Mescher weis
9. 7.	I ZR 13/07		09, 977	09, 1076	09, 3097		Brillenversorgung
9. 7.	I ZB 88/07		10, 138	10, 260			ROCHER-Kugel
9. 7.	I ZR 64/07		10, 158	10, 238		10, 616	FIFA-WM-Gewinnspiel
9. 7.	I ZR 193/06		10, 169	10, 247			CE-Kennzeichnung
16. 7.	I ZR 223/06		09, 988	09, 1100			Arzneimittelpräsentation im Internet
16. 7.	I ZR 56/07		09, 1075	09, 1377		09, 1633	Betriebsbeobachtung
16. 7.	I ZR 140/07		10, 251	10, 245			Versandkosten bei Froogle I
16. 7.	I ZR 50/07		10, 248	10, 370			Kamerakauf im Internet
16. 7.	I ZB 53/07	182, 325	10, 231	10, 377			Legostein
29. 7.	I ZR 166/06		09, 1077	09, 1380	09, 3242		Finanz-Sanierung
29. 7.	I ZB 83/08		10, 270	10, 269			ATOZ III
29. 7.	I ZR 102/07		10, 235	10, 381			AIDA/AIDU
29. 7.	I ZR 169/07		10, 239	10, 384			BTK
29. 7.	I ZR 87/07		10, 237	10, 390			Zoladex
29. 7.	I ZR 77/07		10, 349	10, 518	10, 1968		EKW-Steuerberater
13. 8.	I ZB 43/08			09, 1561			Talking to Addison
17. 9.	Xa ZR 2/08	182, 245	09, 1142	09, 1394		10, 110	MP3-Player-Import
17. 9.	I ZR 217/07		10, 355	10, 649			Testfundstelle
17. 9.	I ZR 103/07		10, 365	10, 531			Quersubventionierung von Laborgemeinschaften II
1. 10.	I ZR 134/07		10, 161	10, 252			Gib mal Zeitung
1. 10.	I ZR 94/07		10, 343	10, 527	10, 2213		Oracle
7. 10.	I ZR 216/07		10, 257	10, 258			Schubladenverfügung
7. 10.	I ZR 38/07	182, 337	09, 1148	09, 1561	10, 771		Talking to Addison
7. 10.	I ZR 109/06		09, 1167	09, 1520			Partnerprogramm
7. 10.	I ZR 150/07		10, 346	10, 644			Rufumleitung
22. 10.	I ZR 73/07		10, 352	10, 636			Hier spiegelt sich Erfahrung
22. 10.	I ZR 58/07		10, 454	10, 640			Klassenlotterie
29. 10.	I ZR 168/06		10, 57	10, 123			Scannertarif
29. 10.	I ZR 180/07		10, 455	10, 746			Stumme Verkäufer II
29. 10.	I ZR 65/07		10, 546	10, 780		10, 855	Der strauchelnde Liebling
12. 11.	I ZR 160/07		10, 530	10, 784			Regio-Vertrag

1979

Fundstellenverzeichnis BGH 2010

Dat.	AktZ	BGHZ	GRUR	WRP	NJW	NJW-RR	Schlagwort
12. 11.	I ZR 210/07		10, 542	10, 761	10, 2139		Tierarzneimittelversand
12. 11.	I ZB 101/08		10, 367	10, 657	10, 1882		Auswärtiger Rechtsanwalt VIII
12. 11.	I ZR 183/07		10, 642	10, 764		10, 851	WM-Marken
12. 11.	I ZR 166/07		10, 616	10, 922		10, 1276	marions-kochbuch.de
19. 11.	I ZR 186/07		10, 160	10, 250		10, 767	Quizalofop
19. 11.	I ZR 141/07		10, 658	10, 757		10, 1191	Paketpreisvergleich
19. 11.	I ZR 128/07		10, 620	10, 933			Film-Einzelbilder
19. 11.	I ZB 76/08		10, 637	10, 888			Farbe gelb
19. 11.	I ZR 142/07		10, 729	10, 1046			MIXI
2. 12.	I ZR 44/07		10, 646	10, 893			OFFROAD
2. 12.	I ZR 152/07		10, 654	10, 876			Zweckbetrieb
10. 12.	I ZR 46/07	183, 309	10, 253	10, 241		10, 554	Fischdosendeckel
10. 12.	I ZR 195/07		10, 649	10, 1017			Preisnachlass für Vorratsware
10. 12.	I ZR 189/07		10, 754	10, 869			Golly Telly
10. 12.	I ZR 149/07		10, 744	10, 1023			Sondernewsletter
2010							
14. 1.	I ZR 138/07		10, 259	10, 374			Zimtkapseln
14. 1.	I ZB 32/09		10, 640	10, 891			hey!
14. 1.	I ZR 88/08		10, 726	10, 1039			Opel-Blitz II
14. 1.	I ZR 92/08		10, 838	10, 1043			DDR-Logo
14. 1.	I ZR 82/08						CCCP
21. 1.	I ZR 23/07		10, 359	10, 522		10, 610	Vorbeugen mit Coffein!
21. 1.	I ZR 47/09		10, 354	10, 525	10, 1208		Kräutertee
21. 1.	I ZR 176/07			10, 539			Neues vom Wixxer
21. 1.	I ZR 206/07		10, 828	10, 1154			DiSC
4. 2.	I ZR 66/09		10, 852	10, 1143			Gallardo Spyder
4. 2.	I ZR 51/08		10, 835	10, 1165		10, 1273	POWER BALL
4. 2.	I ZR 30/08		10, 1038	10, 1169			„Geschäftsgebühr für Abschlussschreiben"
11. 2.	I ZR 154/08			10, 759			Firmenbestandteil „Bundes-"
11. 2.	I ZR 85/08		10, 847	10, 1146			Ausschreibung in Bulgarien
11. 2.	I ZR 178/08		10, 822	10, 1174	10, 2661		Half-Life 2
25. 2.	I ZB 19/08		10, 833	10, 1159			Malteserkreuz II
25. 2.	I ZB 18/08		10, 859	10, 1162			Malteserkreuz III
11. 3.	I ZR 123/08		10, 936	10, 1246			Espressomaschine
11. 3.	I ZR 27/08		10, 939	10, 1249	10, 3239		Telefonwerbung nach Unternehmenswechsel
11. 3.	I ZR 18/08		10, 920	10, 1268			Klingeltöne für Mobiltelefon II
11. 3.	I ZB 39/09						Buchstabe T mit Strich
18. 3.	I ZR 158/07		10, 536	10, 750			Modulgerüst II
18. 3.	I ZR 203/08			10, 761			Darstellung als Imitation
18. 3.	I ZB 37/09			10, 776			„unzuständiges Gericht"
18. 3.	I ZR 172/08		10, 1024	10, 1390			Master of Science Kieferorthopädie
18. 3.	I ZR 16/08						Versandkosten bei Froogle II
25. 3.	I ZB 116/08		10, 662	10, 777	10, 1883		„Vollstreckung von Ordnungsmittelbeschlüssen im Ausland"
25. 3.	I ZR 197/08		10, 944	10, 1399			braunkohle-nein.de
25. 3.	I ZR 47/08		10, 1004	10, 1403			Autobahnmaut
25. 3.	I ZR 68/09						Freier Architekt
25. 3.	I ZR 122/08						Werbung des Nachrichtensenders
31. 3.	I ZR 174/07		10, 738	10, 880			Peek & Cloppenburg
31. 3.	I ZR 27/09			10, 902			„Streitwert eines Besichtigungsanspruchs"
31. 3.	I ZB 62/09		10, 825	10, 1149			Marlene-Dietrich-Bildnis II
31. 3.	I ZR 75/08		10, 1022	10, 1388			Ohne 19% Mehrwertsteuer
31. 3.	I ZR 36/08			10, 1397			Verbraucherzentrale
31. 3.	I ZR 34/08						Gewährleistungsausschluss im Internet
15. 4.	I ZR 145/08						Femur-Teil
22. 4.	I ZR 29/09						Grabmahlwerbung
22. 4.	I ZR 17/05						Pralinenform II
22. 4.	I ZR 17/09			10, 880			„Simply the Best!"
22. 4.	I ZR 89/08		10, 718	10, 896			Verlängerte Limousinen
29. 4.	I ZR 68/08		10, 623	10, 927			Restwertbörse
29. 4.	I ZR 69/08		10, 628	10, 916	10, 2731		Vorschaubilder
29. 4.	I ZR 23/08		10, 652	10, 872	10, 2521		Costa del Sol
29. 4.	I ZR 202/07		10, 749	10, 1030		10, 1343	Erinnerungswerbung im Internet
29. 4.	I ZR 66/08						Holzhocker
29. 4.	I ZR 3/09						JOOP!
29. 4.	I ZR 99/08						Preiswerbung ohne Umsatzsteuer
29. 4.	I ZR 39/08						Session-ID
12. 5.	I ZR 121/08		10, 633	10, 912	10, 2061		Sommer unseres Lebens
12. 5.	I ZR 185/07		10, 756	10, 1020			One Touch Ultra

Dat.	AktZ	BGHZ	GRUR	WRP	NJW	NJW-RR	Schlagwort
12. 5.	I ZR 214/07						Rote Briefkästen
19. 5.	I ZR 177/07		10, 855	10, 07			Folienrollos
19. 5.	I ZR 140/08						Vollmachtsnachweis
19. 5.	I ZR 71/08						Untersetzer
19. 5.	I ZR 158/08						Markenheftchen
10. 6.	I ZR 42/08						Praxis Aktuell
24. 6.	I ZR 182/08		10, 850	10, 1139			Brillenversorgung II
24. 6.	I ZR 166/08		10, 1026	10, 1393			Photodynamische Therapie
24. 6.	I ZB 40/09		10, 1034	10, 1399			LIMES LOGISTIK
24. 6.	I ZB 115/08						TOOOR!
1. 7.	I ZR 19/08		10, 942	10, 1243		10, 1407	Ginkgo-Extrakt
1. 7.	I ZB 35/09		10, 935	10, 1254			Die Vision
22. 7.	I ZR 139/08						Kinderhochstühle im Internet
9. 9.	I ZR 193/07						UNSER DANKESCHÖN FÜR SIE
9. 9.	I ZR 72/08						Sparen Sie beim Medikamentenkauf!
9. 9.	I ZR 98/08						Bonuspunkte
9. 9.	I ZR 26/08						Gas-Heizkessel
6. 10.	I ZR 90/08						Mundspüllösung

Fälleverzeichnis

Fette Zahlen bedeuten Paragraphen bzw Artikel.
Die mageren Zahlen bezeichnen vor dem Punkt das Kapitel und nach dem Punkt die Randnummer.
Paragraphen ohne Gesetzesangaben sind solche des UWG.

1 Riegel extra 4 1.66, 1.118; **5** 8.17
0,00 Grundgebühr 4 1.109; **5** 2.98, 7.33, 7.35; **5 a** 29; **8** 4.10, 4.14, 4.17; **12** 2.23; **PAngV Vorb** 5 f, 11; **PAngV 1** 19
1-Pfennig-Farbbild 4 11.143
10 Häuser erwarten sie 5 5.24
1000,– DM Umwelt-Bonus Einl 6.13; **4** 1.100, 1.114 f, 13.31 f, 13.43, 13.47; **5** 1.54
10-DM-Schein 5 1.70, 7.72
10-Jahres-Jubiläum 5 7.20
10% billiger 4 10.184, 10.185, 10.191, 12.14, 12.15 f
150% Zinsbonus 2 39; **4** 1.50, 1.90, 1.155, 6.4, 6.6 a; **5** 7.43
2 für 1-Vorteil 4 1.124
20% auf alles 3 151; **5** 7.74 a
20% unter dem empfohlenen Richtpreis 4 10.159; **5** 2.92, 7.49 f, 7.60
20 Minuten Köln Einl 6.13; **4** 1.85, 1.145, 12.2 f, 12.7, 12.12 a, 12.17, 12.20, 12.23 f
4 Monate Preisschutz 4 11.143; **5** 2.118, 7.92
4 zum Preis von 3 4 1.66, 1.118, 11.12
40% können Sie sparen 4 10.142, 10.153; **5** 7.66; **6** 2
40% weniger Fett 5 2.108, 2.203, 4.38; **12** 2.82, 2.87
40 Jahre Garantie 5 7.144 a; **8** 4.17
50% Sonder-AfA 2 96 b f.; **8** 3.38 a, 3.42, 3.66
500 DM-Gutschein für Autokauf 1 49; **4** 1.113, 11.142, 12.3, **PAngV 1** 6

Abgasemissionen 1 2; **2** 36; **3** 67, 96, 103; **4** 10.201, 11.1, 11.3, 11.5, 11.36, 11.37, 11.39, 11.144 f, 13.53; **12** 2.35, 2.39
Abgeordnetenbestechung 8 1.96, 1.109
Abitz II 3 104; **9** 1.17
Abmahnaktion 9 1.14, 1.29
Abmahnkostenersatz 9 1.29; **12** 1.93, 3.73
Abmahnkostenverjährung 9 4.5; **11** 1.16; **12** 1.87, 1.90, 1.92
Abnehmerverwarnung 4 10.169 f, 10.177, 10.179, 10.180 a; **5** 5.131; **8** 1.71, 1.88; **9** 1.19, 1.35
Abrechnungsprüfung 12 2.8
Abrechnungs-Software für Zahnärzte 4 13.14, 13.17 f, 13.22, 13.24, 13.32, 13.35; **12** 2.6 f
Abruf-Coupon 12 1.157
Abschleppkosten-Inkasso 2 19; **4** 11.69, 13.18, 13.21 f, 13.28
Abschleppseile 4 11.31; **5** 4.6, 4.69
Abschlusserklärung 12 2.33, 3.69, 3.74
Abschlussschreiben eines Rechtsanwalts 11 1.38, 11.52; **12** 3.73
Abschlussstück 1 29; **4** 9.9, 9.10, 10.77
Abwehrblatt I Einl 6.17; **4** 13.61
Abwehrblatt II Einl 6.17; **4** 10.18, 10.186 f, 10.206, 12.15; **8** 1.3
Achterdiek 5 2.82
Acrylglas 5 2.75

ADAC-Verkehrsrechtsschutz 2 24; **4** 11.45, 12.14
ad-hoc-Meldung 2 49; **4** 10.9, 10.25, 12.6, 12.17, 12.19
ad-hoc-Mitteilungen 2 49
Adidas (EuGH) Einl 3.11; **4** 7.9 a
adidas-Sportartikel 5 8.3; **8** 1.34; **12** 1.124, 2.37, 2.43 f
AEG Vampyrette 5 6.20
AEG-Aktionär 8 1.5
AEG-Telefunken (EuGH) 4 10.65
afilias.de 4 10.87 f., 10.94
AGIA V Einl 5.54
ahd.de 2 96 h; **4** 10.10 f, 10.86–10.92, 10.94
Ahlborn 5 4.26
AIDOL 4 10.31
Aikido-Verband 4 10.218
AjS-Schriftenreihe 11 2.19, 2.26
AKADEMIKS 4 10.7, 10.84 a
AKI 4 13.5; **12** 2.5
Aknemittel 4 3.22, 3.27 b, 3.35 b, 3.37
Aktion Rabattverstoß Einl 6.14; **8** 4.20; **11** 2.41
Aktion Rumpelkammer 2 41; **3** 79, 81
Aktionärsversammlung 8 1.101, 1.110
Aktivierungskosten I 3 108; **12** 2.46
Aktivierungskosten II 4 1.110, 4.16; **12** 2.23 a, 2.43; **PAngV Vorb** 6; **PAngV 1** 46
AKZO (EuGH) 4 10.206
ALF 4 9.6
Alkoholtest 9 1.32, 2.10; **12** 2.19
Alles frisch 4 6.13
Allgemeine Deutsche Steuerberatungsgesellschaft 5 5.102, 5.104
ALLSTAR 9 4.13
Alpensinfonie 9 4.11
Alpine Investments (EuGH) Einl 3.34 ff; **5** 1.42; **7** 120 f
Alt Luxemburg 4 9.39; **9** 4.11
Altautoverwertung 4 11.4, 11.47, 13.14, 13.33, 13.35, 13.44, 13.52, 13.56
Altberliner 9 1.19
Alte Herren 8 1.104
Alterswerbung für Filialen 5 5.65 f; **8** 1.59 f, 1.65
Altunterwerfung I 12 1.161, 1.162, 1.164
Altunterwerfung II 12 1.129, 1.160
Altunterwerfung III 12 1.103, 1.113, 1.158
Altunterwerfung IV 12 1.113, 1.161, 1.164
Aluminiumräder 4 9.9, 10.13; **6** 46, 54
Aluminiumrolläden 5 6.23
Am Telefon nicht süß sein? 12 2.44
ambiente.de 4 10.87, 10.99; **8** 2.13, 2.18
Ambulanter Schlussverkauf 3 124, 133, 135
AMC/ATC 6 4, 161 f
Amolodipin 4 11.135
Amtsanzeiger 4 10.206, 12.2, 12.14, 12.22; **12** 2.39, 2.70
Anbieterkennzeichnung im Internet 4 11.163, 11.169; **PAngV 1** 35, 44

Fälleverzeichnis

fette Zahlen = §§ bzw. Artikel

Änderung der Voreinstellung 2 35, 72, 81 f;
   3 146; 4 10.3 f, 10.14;, 10.24 ff, 10.27 a, 11.12,;
   5 2.6; 12 2.23 a
Änderung der Voreinstellung II 4 10.3, 10.18
Anerkannter Kfz-Sachverständiger 5 2.168,
   5.144, 5.159
Anfängl Effekt Jahreszins PAngV 6 26
Anforderungsscheck für Barauszahlungen
   5 2.94; 11 2.3
Angélique II 2 96 e
Angstwerbung 4 2.51, 2.54, 2.56
Ankündigungsrecht I 5 6.34
Ankündigungsrecht II 5 6.34
Anlagebedingter Haarausfall 4 11.133
Annoncen-Avis 4 10.187, 12.5, 12.12, 12.28
Anonymisierte Mitgliederliste 8 3.9, 3.66
Anreißgerät 17 22, 59
Anschriftenliste 12 2.23 f
Ansprechen in der Öffentlichkeit I 7 44, 50, 63 ff
Ansprechen in der Öffentlichkeit II 7 20, 22, 27,
   47, 64 ff; 12 2.35, 2.37
Ansprechpartner 4 7.16, 10.44
Antibiotica 4 10.212
Antragsrecht 17 69
Antwortpflicht des Abgemahnten 9 1.5; 12 1.20,
   1.61 ff, 2.32
Anwalts- und Steuerkanzlei 1 29, 35; 5 1.8, 1.57
Anwaltsabmahnung 8 3.46, 4.1; 12 1.90, 1.93,
   1.97, 1.97 b
Anwaltsberatung I 4 10.104, 10.113; 9 1.26; 11
   2.11
Anwaltsdienste bei eBay 4 11.85 f, 11.96, 11.102 a
Anwaltseilbrief 12 1.152 f, 1.155, 6.5
Anwaltshotline 4 11.8, 11.60, 11.70, 11.140
Anwaltsrundschreiben 4 11.96 f
Anwaltsverein 4 10.218; 8 3.46
Anwaltswahl durch Mieterverein 2 60; 4 10.40
Anwaltswerbung I 4 11.93 f; 8 1.34; 12 2.39
Anwaltswerbung II 4 11.85 f, 11.89, 11.92 ff
Anzeigenauftrag 4 3.34; 8 2.33, 2.41, 2.45, 2.47
Anzeigenblatt im Briefkasten 1 2; 7 109
Anzeigenmarkt 4 12.20
Anzeigenplatzierung 2 65; 4 3.27 c; 12 2.37
Anzeigenpreis I Einl 6.17; 4 10.186 f, 10.189,
   10.191, 10.193, 10.206, 12.14 ff, 12.22, 12.27;
   11 2.7, 2.9
Anzeigenpreis II 4 10.185, 10.187, 10.189, 10.206,
   12.14, 12.27; 8 1.17, 1.23; 9 1.35; 12 2.113
Anzeigenrubrik I 8 1.36, 1.52, 2.45; 12 2.29, 2.37,
   2.46, 2.50
AOK-Mitgliederwerbung 12 2.2
Apfel-Madonna 4 9.7, 10.185
Apothekenbegünstigung 4 11.77
Apothekenbotin 4 11.77
Apotheken-Steuerberatungsgesellschaft 11 2.33;
   12 2.17
Apothekenwerbung 4 11.77, 11.116
Apothekenzeitschriften 12 2.18, 2.55
Aquavit 5 2.67, 2.103, 2.108, 2.169, 2.173, 2.179,
   2.181, 2.189, 4.3; 12 2.28, 2.84 f, 2.87
Aragonesa (EuGH) Einl 3.33
Arbeitsplätze bei uns 4 1.221, 1.237
Architektur 3 90
Architektenwettbewerb 4 10.202, 11.53, 11.139,
   13.27; 8 2.2, 2.5, 2.12 f, 2.18, 3.33
Arctos 9 1.19, 5.16; 11 2.20

Arctuvan 5 2.85
ARD- 1 4 9.44; 5 1.78; 11 1.5
arko Einl 1.20
AROSTAR 4 10.84 a, 10.85; 11 2.43
Arsenal Football Club plc/Reed (EuGH) 5 1.80
Artenschutz 3 103; 4 1.48 f, 1.50, 1.219 f, 1.224,
   1.233, 1.240
Arthur/Arthur et Félicie (EuGH) 5 1.52
Arzneimittelpräsentation im Internet 4 11.133 a,
   11.135
Arzneimittelsubstitution 12 2.3
Arzneimittelversandhandel 12 2.3
Arzneimittelversorgung 12 2.3
Arzneimittelwerbung im Internet Einl 5.6, 5.8,
   5.22, 5.37, 5.43, 5.51, 5.54; 4 1.271; 5 1.31 b; 14
   15, 16
Ärztehaus 5 5.25, 5.29
Ärztekammer 4 12.25, 13.6, 13.13, 13.32, 13.47
Arztinterview 4 3.35 c, 11.112
Ärztlicher Arbeitskreis 8 3.56 f
Ärztlicher Hotelservice 4 11.112
Arztschreiber 8 1.100
Arztwerbung 4 11.105
Arztwerbung im Internet 4 11.87, 11.105 ff,
   11.111
Asbestimporte 4 10.187
Assekuranz 4 10.46; 8 1.25
Astrawolle 11 2.31
Atemtest 3 107, 149; 4 11.18, 11.20, 11.50 f, 11.52,
   11.54, 11.146; 3 Anh 18.2
ATTACHÉ/TISSERAND 1 24
Aufklärungspflicht des Abgemahnten 12 1.11,
   1.61 ff, 1.65 f, 1.174
Aufklärungspflicht des Unterwerfungs-
   schuldners 12 1.67
Aufklärungspflicht gegenüber Verbänden
   9 1.11; 12 1.11, 1.62 f, 1.66
Augenarztanschreiben 4 11.21; 8 2.6; 12 2.36
... aus Altpapier 4 1.235; 5 1.54, 4.29, 4.165, 4.171
Ausbeinmesser 4 9.24, 9.28, 9.43, 9.44, 9.49
Ausgeschiedener Sozius 4 11.101; 5 1.8, 1.10,
   2.76
Auskunft der IHK 3 65, 65 a, 65 b; 4 13.36, 13.37,
   13.43; 9 1.7
Auskunft über Notdienste 4 13.17, 13.25, 13.37,
   13.39
Auskunft über Tintenpatronen 9 4.31; 12 6.22
Ausländischer Inserent 2 68; 8 1.18, 1.27, 1.38,
   2.10; 9 2.3
Auslaufmodelle I 5 1.39, 2.113, 4.60; 5 a 9, 10, 12,
   14
Auslaufmodelle II 5 1.39, 2.113; 5 a 10
Auslaufmodelle III 5 a 14; 12 2.38
Ausrüstungsgegenstände für Feuerlöscher
   4 13.27, 13.30 f, 13.50
Ausschank unter Eichstrich I 5 2.6, 7.138
Ausschank unter Eichstrich II 2 72, 81 a; 4 1.280;
   5 2.6 f, 4.86, 7.138; 10 6
Ausschreibung in Bulgarien Einl 5.28, 5.5 f, 5.14,
   5.16, 5.20, 5.28, 5.34, 5.44; 12 2.23 f
Ausschreibung von Ingenieurleistungen 8 2.14;
   12 2.39
Ausschreibung von Vermessungsleistungen
   4 11.4, 11.139; 8 2.13, 2.14
Ausschreibungsunterlagen 8 1.88; 9 4.2, 4.4 f,
   4.16, 4.24

magere Zahlen = Randnummern **Fälleverzeichnis**

Aussehen mit Brille **4** 10.153, 10.157; **5** 2.131, 2.136; **6** 2, 92
Außendienstmitarbeiter **2** 46, 53; **3** 105 f, **4** 10.7, 10.9 ff, 10.36 f, 10.63, 10.107, 10.109, 10.111
Außenleuchte **5** 2.123 f; **5 a** 9
Außenseiteranspruch II **4** 10.36, 10.63 ff, 10.109
Aussetzung wegen Parallelverfahren **12** 2.101
Aussteuersortimente **5** 7.139
Austriatrans II **4** 10.27 b
Ausübung der Heilkunde **4** 11.78
Auswärtiger Rechtsanwalt IV **12** 1.93, 1.97
Auto '94 **2** 64; **4** 3.20; **11** 1.40; **12** 2.37
Auto F GmbH **8** 1.18, 1.20, 1.28; **9** 1.14; **11** 1.48; **12** 1.66
Auto-Analyzer **4** 13.16; **12** 2.6 f
Autobus-Linienverkehr **4** 10.27 b
Automatenaufsteller **4** 1.66, 10.33, 10.36, 10.36 a
AZUBI '94 **2** 64 f; **4** 3.27 c

Bäckerfachzeitschrift **3** 100, 102, 150; **4** 12.2, 12.5, 12.7 f, 12.20, 12.25
Back-Frites **5** 4.38; **12** 1.121
Backhilfsmittel **11** 2.5, 2.7 ff
Bad Ems **4** 13.22, 13.25, 13.37, 13.39
Badische Rundschau **2** 68; **8** 1.28
Baelz **5** 5.122
Bahnhofs-Verkaufsstellen **4** 11.57, 11.144; **8** 2.5 b, 2.8, 2.10
Bambi **4** 10.82; **9** 1.17
Bärenfang **5** 3.5 f, 3.17, 3.23 f; **8** 2.51; **12** 2.72 f, 2.93, 6.8
Barthold **3** 86
Bauausschreibungen **4** 8.11, 8.21 f
Bau-Chemie **4** 10.33, 10.103 ff, 10.112 f
Baugeld **5** 4.88
Baugruppe **4** 9.8, 9.28
Bauindustrie **4** 10.185
Baumaschinen **4** 10.113; **9** 1.26
Baustoffhändler **16** 19
Bayerische Bank **5** 5.100
BBC/DDC **8** 1.60; **9** 4.27 f; **12** 2.109
Beanstandung durch Apothekerkammer **12** 2.38
Bearbeitungsgebühr **5** 4.88, 7.118
Bedienungsanweisung **4** 9.6
Bedingte Unterwerfung **4** 11.135; **5** 3.9; **12** 1.101, 1.125, 1.129, 1.160, 2.20, 2.65, 2.71; **15** 30
Beförderungsauftrag **4** 10.162
Begrenzte Preissenkung **8** 1.38, 1.50; **12** 1.85, 2.33; UKlaG **1** 10
Behinderung der Jagdausübung **12** 2.128, 6.12
Beiderseitiger Rabattverstoß **9** 1.15; **11** 2.40
Beilagen-Werbung **5** 8.3
Beipackzettel **4** 3.22, 3.27, 3.35 b, 3.37; **8** 2.10
Beitragsrechnung **1** 29; **2** 51, 71; **4** 3.50; **5** 1.54, 7.138; **8** 3.57; **12** 2.72
Bekleidungswerk **5** 6.18; **8** 3.46
Belegkrankenhaus **5** 5.28
Belehrungszusatz **4** 11.170 f
Belgapom (EuGH) Einl 3.23
Benetton I **4** 1.231, 7.18
Benetton-Werbung II **3** 6, 67, 73, 78, 82, 95, 100; **4** 1.37, 1.441.230; **7** 19
Benzinverbrauch **5** 4.191; **5 a** 9
Benzinwerbung **2** 49; **5** 4.69; **8** 3.56, 3.58; **11** 1.26

Beratungskompetenz **4** 10.152; **5** 3.19, 3.23, 7.59, 7.75; **6** 193; **12** 2.91, 2.96
Beratungsstelle im Nahbereich **4** 11.60, 11.71; **8** 1.8 a, 3.33
Berlin-Butter II (EuGH) Einl 3.5
Berliner Eisbein Einl 7.26
BERTHA **4** 10.84 a
Berufungssumme **12** 5.3, 5.14
Berührung **8** 1.15, 1.18, 1.20, 1.27; **11** 1.48; **12** 3.55 f
Berührungsaufgabe **4** 11.135; **8** 1.7, 1.15, 1.18 ff, 1.26 a f; **12** 2.32
Beschädigte Verpackung I **4** 10.66; **5** 3.5 f, 3.9; **12** 2.37, 2.65, 2.71 f
Beschädigte Verpackung II **4** 10.66; **11** 1.29, 1.31, 1.46
Beschlagprogramm **4** 9.23 f, 9.29, 9.36, 9.66; **9** 4.7; **12** 2.41
Besichtigungsreisen II **6** 93
Bestattungswerbung **3** 101; **7** 43, 58 **11** 2.3
Bestellschreiben **4** 10.27
Bestellnummernübernahme **4** 9.5, 9.53; **6** 46, 127, 151, 153 ff
Bestellschreiben **4** 10.27 a
Bestellter Kfz-Sachverständiger **5** 5.144
Beta Einl 5.8, 5.42; **4** 1.271; **14** 14
Beta Layout **4** 9.53, 10.13, 10.24, 10.25, 10.31 b, 10.82; **6** 86
Beteiligungsverbot für Schilderpräger **4** 10.117 f, 10.119 c, 10.121, 10.122, 10.127
Betoneisenmaschine **5** 2.85
Betonklinker **5** 2.111, 4.25
Betonstahl **3** 149; **4** 11.18, 11.118, 11.146, 11.149 a
Betonsteinelemente Einl 5.2; **4** 9.15, 9.34, 9.37, 9.62 f; **9** 4.11
Betonzusatzmittel **2** 50, 54 f, 57; **4** 7.5, 7.16, 7.21 f, 8.2, 8.15; **5** 2.160; **6** 2, 60; **11** 2.8
Betriebsbeobachtung **4** 10.3 a, 10.41, 10.163, 10.164; **17** 8, 52
Betriebsspionage **4** 10.164 f; Vor **17–19** 4
Betriebssystem **4** 10.33; **12** 2.41
Biene Maja **12** 2.44
Bienenhonig **4** 1.201, 1.204
Bier (EuGH) Einl 3.29, 3.32
Bierbezug I **4** 10.33, 10.107, 11.29
Bierbezugsvertrag **4** 10.108
Bierbezugsverträge **8** 1.87
Bierfahrer **4** 10.27, 10.44, 10.113; **9** 1.26
BIG BERTHA **4** 10.84, 10.84 a
Big-Pack **5** 1.78
Bilanzanalyse **8** 1.35
Bilanzanalyse Pro 7 **4** 8.25, 10.171; **8** 1.35, 1.110, 1.113, 1.115, 1.117; **12** 1.69
Bilanzbuchhalter **5** 2.94
Bioäquivalenz-Werbung **6** 191; **11** 2.5; **12** 2.32, 3.74, 6.4
Bio-Tabletten **2** 64 f; **4** 3.27, 3.28; **5** 1.61, 1.65
Biowerbung mit Fahrpreiserstattung **4** 1.221
bis zu 40% **5** 7.66, 7.101
Bit/Bud **4** 9.9; **5** 1.78
Blanko-Verordnungen **4** 8.18; **8** 1.5, 1.78, 1.98, 1.106
Bleiarbeiter **11** 2.20 ff, 2.35
Bleicherde **9** 4.32
Bleistiftabsätze **4** 7.18, 7.26; **5** 2.100, 2.160; **6** 60
Blendsegel **4** 9.6, 9.8, 9.23, 9.43, 9.68, 9.78

1985

Fälleverzeichnis

fette Zahlen = §§ bzw. Artikel

Bliestal-Spiegel 3 150; 4 12.5, 12.7 f, 12.22
Blockeis I 4 13.18
Blockeis II 4 13.14, 13.18, 13.31, 13.56
Blumenverkauf an Tankstellen 4 11.51, 11.57, 11.144
Blunazit 4 9.66; 12 2.83
Blutdruckmessungen 4 11.11; 8 3.7, 3.9; 12 2.2, 2.3 a, 2.3
Blutspendedienst 2 38, 96 h; 4 11.132, 11.133 a, 11.135
BMW 3 44; 4 7.8, 7.9 a, 10.79
BMW/deenik (EuGH) 6 33, 45
Bocksbeutel (EuGH) Einl 3.32; 5 1.32, 2.53
Bocksbeutelflasche 5 1.32, 1.73, 2.53, 2.69, 2.105, 2.207
Bodenbeläge 5 2.43, 5.83
Bodensee-Tafelwasser 4 11.124; 5 1.45, 1.56, 4.37 b
Bohnergerät 4 10.140
Bonusmeilen 4 1.140, 4.17; 8 4.21
Börsenjournalist 4 8.19
BOSS Zigaretten Einl 5.8, 5.43
BOUCHET 11 2.20 f; 12 2.55
Branchen- und Telexverzeichnisse 16 2, 18
Branchenbuch-Nomenklatur 2 68, 96 g; 8 2.13
Branchenverzeichnis 2 36; 8 1.23, 2.45
Brasserie du Pecheur (EuGH) Einl 3.15
Bremszangen 4 9.22, 9.24 f, 9.28, 9.41, 9.46, 9.49, 9.66, 9.89
Brennwertkessel 8 1.34, 1.38, 1.40; 12 2.32, 2.48
Bricanyl II 4 10.62, 11.119
Briefentwürfe 9 4.2, 4.5, 4.15, 4.26
Briefkastenwerbung 3 108; 7 105, 107
Briefwerbung 7 114 f
Brillant 11 2.19, 2.35 f
Brillenpreise I 4 11.143; 8 1.43; PAngV 1 15
Brillenpreise II 3 129; 4 11.143; 5 7.3; 12 2.46; PAngV Vorb 2; PAngV 1 15
Brillen-Selbstabgabestellen 2 24; 3 150; 4 13.14, 13.16, 13.22, 13.24, 13.30, 13.32, 13.35; 8 1.58 f; 12 2.6
Brillenversorgung 4 1.104, 11.6 a, 11.74, 11.79; 8 1.8 a, 1.43; 12 2.40
Brillenversorgung II 4 1.7, 1.21, 1.24, 1.26, 1.49 ff, 1.58, 1.63, 1.188, 1.190 f
Brillenwerbung 8 3.43
Brockhaus Enzyklopädie 5 2.94
Brombeerleuchte 4 10.170, 10.180 a, 10.181; 9 1.19, 1.22
Brombeermuster 4 9.62
Bronchocedin 4 11.135
Brückenlegepanzer II 12 2.33
Brüning-Memoiren I Einl 7.27; 4 8.13, 8.18
Brünova 8 1.96; 9 4.42; 11 1.3, 1.8 f, 1.19 f, 1.31 f, 1.34, 1.46
BTK 9 1.29, 1.42 ff
Btx-Werbung I 3 100
Btx-Werbung II 12 2.27, 2.32
Bubi Scholz Einl 7.22
Buchclub-Kopplungsangebot 1 35; 4 1.49, 1.103, 1.113, 1.117; 5 2.98, 7.32, 7.33, 7.35, 7.36; 12 2.44
Büchereinachlass 4 13.27; 8 3.5
Büchergemeinschaft II 5 2.67
Buchführungsbüro 4 11.71
Buchgemeinschaft II 5 4.228; 8 2.43 f

Buchgeschenk vom Standesamt Einl 7.8 f; 3 158; 4 3.12, 11.27, 13.32, 13.44 f, 13.47, 13.54
Buchhaltungskraft 5 4.146
Buchpreisbindung 4 1.133, 11.13, 11.23, 11.141, 13.27; 8 2.14
Buchpreis-Kopplungsangebot 12 2.32, 2.48
Buet (EuGH) Einl 3.27, 3.29 f; 1 25; 7 39, 41
Bünder Glas 4 7.16, 10.106; 11 2.7, 2.39
Bundesdruckerei 2 97 a, 98; 5 2.57, 2.178 a f, 2.180, 3.12, 5.92 a; 8 3.27; 12 2.71, 2.76
bundesligakarten.de 4 3.51, 10.36 f.
Bundeszentrale für Fälschungsbekämpfung 5 5.96
Buntstreifensatin I 4 9.54, 9.67
Buntstreifensatin II 4 9.48; 9 4.7, 4.13
Bürgeranwalt 4 11.67
Büromöbelprogramm 4 9.29, 9.80
Busengrapscher 3 73, 78, 100; 4 1.41

CAD-Software 9 1.43
Cambridge Institute 2 97 a; 5 1.79, 1.84, 4.203
Camel-Tours 4 10.101
Campagne 4 1.200; 5 7.12; 7 57
Cantil-Flasche 11 2.34
Carrera 9 3.1 f, 3.4 f
Cartier-Armreif 4 9.6, 9.85; 8 1.88, 1.91, 3.6; 9 1.9, 4.2 ff, 4.15, 4.18, 4.24 f, 4.31 ff, 4.37, 4.40
Cartier-Ring 9 4.14, 4.25, 4.31 f
Cassis de Dijon (EuGH) Einl 3.17, 3.19, 3.21, 3.27; 5 1.28
Caterina Valente 3 46
Catwalk 9 1.39 a, 1.42, 1.43, 1.44
CB-infobank I 4 9.6, 9.7
Cefallone 12 2.55
CE-Kennzeichnung 4 11.125
Cellulitis 4 8.13
Champagner bekommen, Sekt bezahlen 4 10.77
Champagner-Weizenbier 8 3.50
Champi-Krone 11 2.19, 2.22
Championne du Monde 9 4.30
Chanel No 5 (I) 4 10.180 a; 9 1.19, 3.2, 3.4 f
Chanel No 5 II 12 2.19
Chargennummer 4 10.67, 11.123
Charterfluggesellschaften 2 30; 4 10.153; 6 17
Cheri 12 2.18
Chinaherde 4 10.172, 10.180 a; 5 5.129, 9 1.22
Chris Revue 4 1.273
Cidrerie Ruwet/Cidre Stassen (EuGH) 5 1.54
CILFIT (EuGH) Einl 3.8, 3.11
Cinzano 5 4.81
CITY-POST 5 2.92 a
Clarissa 9 1.43
Classe E 4 10.86; 11 2.43
Clementinen 5 8.3; 8 1.37
Cliff Richard 8 1.20
Clinique (EuGH) Einl 3.12, 3.21, 3.27, 3.29, 3.32, 3.42; 4 11.123; 5 1.16
Clipper 4 11.51; 5 7.3; PAngV 1 16
clix-Mann 9 1.19
Clone-CD 8 1.38
Cocktail-Getränk Einl 3.16
coffeinfrei 4 9.31, 9.44
Cola-Test 6 56, 91
Colgate 4 12.18 f
Colle de Cologne Einl 7.26; 2 36; 4 10.167 f; 8 3.37; 12 1.70, 1.72

magere Zahlen = Randnummern **Fälleverzeichnis**

Collins/Imtrat (EuGH) Einl 3.2
Colonia **2** 36; **8** 3.37
Comic-Übersetzungen II **11** 2.21
Computerwerbung I **3** Anh 5.3; **5** 2.95, 2.99, 7.23, 8.4, 8.6 f, 8.9
Computerwerbung II **3** Anh 5.3; **1** 24; **5** 1.57, 2.95, 2.99, 8.1, 8.6 f, 8.9
comtes/ComTel **8** 1.35; **11** 2.22
Consilia **11** 2.14, 2.19
Constanze I Einl 7.16, 7.22, 7.24, 7.29, 7.31; **5** 2.38; **8** 1.15, 1.33
Constanze II **2** 66; **8** 1.5, 1.38, 1.44, 1.78; **9** 2.2
Copy-Charge Einl 7.29; **4** 7.18, 7.21, 10.119 a, 10.119 e, 10.125; **8** 1.34; **12** 1.116, 1.120
Corbeau (EuGH) **4** 13.56
CORDARONE **4** 10.84 f
Costa del Sol **4** 11.6 c, 11.157 a, 11.172 c; PAngV Vor 5, 8, 11; PAngV **1** 19
Costa/Enel (EuGH) Einl 3.1
Coswig **4** 9.30; **8** 1.88
Courage (EuGH) Einl 6.3, 6.13; **4** 10.22, 13.59; **9** 1.10
Co-Verlagsvereinbarung Einl 5.5, 5.8, 5.42, 7.8 f; **3** 157
Crailsheimer Stadtblatt **4** 13.18, 13.31 f, 13.35, 13.42, 13.47; **12** 2.7
Cranpool **11** 2.18, 2.20, 2.25, 2.35
Cupresa **12** 4.7
Cupresa-Kunstseide **2** 96 f; **5** 2.67, 2.71, 4.7, 4.10, 4.153, 4.160; **8** 3.38 a
Cybersky **8** 1.26, 2.17

Dachsteinwerbung **4** 10.145, 10.149; **5** 2.62; **6** 52, 77
Damenmäntel **5** 6.23, 7.106
Dampffrisierstab I **9** 1.39, 4.17, 4.31 ff; **12** 2.63
Dampffrisierstab II (EuGH) **9** 4.33, 4.38; **12** 2.63
Dan aktuell **6** 108, 110
darbo **1** 26 f
Darstellung als Imitation **6** 189
Das Beste jeden Morgen **1** 29, 35; **4** 1.243 ff, 10.148; **5** 1.57, 2.38, 2.42, 2.150, 2.159, 4.46, 4.181, 4.189; **12** 2.71, 2.74; **16** 9
Das goldene A **4** 1.76, 6.14
Das Medizinsyndikat II **9** 1.7, 2.3
Das Medizin-Syndikat IV **4** 8.13
Das unmögliche Möbelhaus **12** 2.36, 2.71 f
Dassonville (EuGH) Einl 3.17 f; **5** 1.28
Datacolor **9** 9.25 ff; **11** 2.14, 2.26, 2.30; **11** 2.25
Datatel **11** 2.33, 2.35; **12** 2.15
Datenbankabgleich **8** 1.12; **9** 4.32; **12** 1.135, 2.15
Datenzentrale **5** 5.44, 5.46; **11** 2.23
Dauerdose **4** 10.140, 10.142, 10.149; **5** 2.113; **5 a** 9; **6** 2
Dauernd billig **12** 2.113
Dauertiefpreise **1** 35; **4** 10.145, 10.150 f; **5** 7.65, 7.99, 7.134; **6** 135; **12** 2.44 (= Preisvergleich II)
Davidoff I **1** 29; **4** 7.9, 10.13, 10.77, 10.80
Davidoff II **4** 7.9 a, 10.80, 10.90
Davidoff/Gofkid (EuGH) **4** 10.13, 10.80
DAX **9** 9.34 a, 9.38, 9.6, 9.9, 9.10, 9.13
de Agostini (EuGH) Einl 3.23, 3.25, 3.27, 3.36, 3.52, 5.23; **7** 120
DeguSmiles & more **4** 1.116, 1.188, 11.135

De Landtsheer (EuGH) Einl 1.9; **1** 28; **2** 91, 96 f, , 106 a; **4** 9.16, 10.137; **6** 5, 10, 11, 13, 17, 43, 45, 50, 74 ff, 84, 98, 165
Delhaize et Le Lion (EuGH) Einl 3.12
Demonstrationsschaden Einl 7.24, 7.33
Denkzettelaktion Einl 6.16, 7.31; **4** 10.117, 10.119 d, 10.120, 10.122, 10.125
dentalästhetika I **4** 11.105, 11.110, 11.113 f, 11.135; **8** 2.13, 2.18, 3.33; **12** 2.44
dentalästhetika II **12** 2.23
Depotkosmetik **4** 10.211, 10.216
Der 13. Sinn **4** 13.5
Der 7. Sinn **12** 2.5
Der blaue Engel **9** 1.36 a
Der Fall Bittenbinder **8** 1.104; **9** 2.9 f
Der große Schuh-Markt E **5** 2.147
Der größte Biermarkt der Welt **5** 5.33
Der M Markt packt aus **8** 1.33; **12** 1.123
Der meistgekaufte der Welt **1** 29; **5** 4.48, 5.77
Der meistverkaufte Europas Einl 3.30; **1** 29; **5** 2.67, 2.69, 2.150, 4.48, 5.71, 5.77; **12** 2.76
Der meistverkaufte Rasierer Europas **5** 2.108, 2.203
Der Oberhammer **4** 1.119
Der sanfte Bitter **4** 7.13, 10.148, 10.153, 10.155 Der Superhit **5** 7.26
DERMATEX **5** 4.18; **5 a** 9; **11** 2.39
Detektionseinrichtung I **12** 2.20
Detektionseinrichtung II **4** 10.174, 10.180 a
Deutsche Heilpraktiker **5** 5.36, 5.102
Deutsche Heilpraktikerschaft **5** 5.36, 5.97; **11** 2.37
Deutsche Miederwoche **12** 4.7
Deutscher Sekt **5** 2.94
Deutscher Sportbund **4** 10.218
Deutschland-Stiftung **4** 3.32, 7.8; **9** 2.2
DFDS Torline Einl 5.54
Diabeteststeststreifen **3** 149; **4** 11.44, 11.49, 11.74
Dia-Duplikate **9** 1.36, 1.43
Dia-Rähmchen II **9** 1.46
Dia-Rähmchen III **12** 2.99
Die Besten I **2** 64 f; **4** 3.1, 3.27 f, 3.30; **6** 67, 97
Die Besten II **2** 64 f; **4** 3.22, 3.27 f, 3.30; **6** 67
Die clevere Alternative **4** 11.6 c, 11.49, 11.82; **8** 1.43
Die große deutsche Tages und Wirtschaftszeitung **4** 11.6 c; **5** 2.42, 2.48, 2.138, 2.147, 2.150, 5.71
Die Luxusklasse zum Nulltarif **12** 2.23 a, 2.40
Die Oberhessische **5** 2.148, 5.100
DIE „STEINZEIT" IST VORBEI! **1** 36; **4** 7.13 f, 10.137, 10.153, 10.157; **5** 2.131, 2.136; **6** 13, 46, 55, 79, 80, 84, 85, 91, 172
Die Zauberflöte **4** 9.6, 9.7
DIMPLE **2** 95, 111; **4** 10.79; **8** 1.23
DIN 2093 **5** 4.69
Dior (EuGH) **4** 9.15
Diplom-Ingenieur **5** 5.139
Diplom-Wirtschaftsjurist/in (FH) **12** 2.2
Direkt ab Werk **5** 7.133; **8** 1.43
Direktabsatz **5** 5.21
Direktansprache am Arbeitsplatz I **4** 10.112; **7** 146, 175; **9** 4.11; **12** 2.35, 2.36, 2.37, 2.38
Direktansprache am Arbeitsplatz II **3** 65, 102; **4** 10.103 f; **7** 146, 175; **8** 2.36; **9** 1.5, 4.11; **12** 2. 2. 35

1987

Fälleverzeichnis

fette Zahlen = §§ bzw. Artikel

Direktansprache am Arbeitsplatz III **3** 65; **4** 10.112; **7** 175
Direktverkäufe **4** 1.20, 10.185
Dirro-Ofen **6** 2
Discount-Geschäft **5** 7.99, 7.134; **12** 2.91, 2.93
Divi **6** 56
DKV/OKV **1** 29
D-Netz-Handtelefon **5** 2.169, 2.171, 2.180, 2.187, 8.4
DocMorris (EuGH) Einl 3.14, 3.17 f, 3.21 ff, 3.25
Doktor-Firma **5** 5.137 f
Doktortitel **5** 5.137
Dollar-Preisangaben **5** 7.2, 7.4; PAngV **1** 39
Domgarten-Brand Einl 5.5, 5.9, 5.11, 5.14, 5.18, 7.2
Dr. Clauder's Hufpflege PAngV **1** 6, 26, 33, 46, 51; **2** 3 f; **4** 9
Dr. R's Vitaminprogramm **3** 83
Dr S-Arzneimittel **1** 29; **5** 2.214, 5.138; **11** 2.33
Dr St . . . Nachfolger **5** 5.138
Dr Stein . . . GmbH **5** 5.137 f
Drahtverschluss **4** 10.107
Dresdner Christstollen **12** 2.46
Dresdner Stollen I **12** 2.79 f, 2.86 f
Dresdner Stollen II **12** 2.79 f, 2.86 f
Druckaufträge Einl 7.5; **4** 8.2, 8.9, 8.12, 8.22; **8** 1.107
Druckbalken **9** 4.44
Druckertest Einl 7.30; **6** 197, 200 ff
Dubioses Geschäftsgebaren **2** 64, 66; **3** 83; **4** 7.10, 8.11
Dücko Vor 17–19 **5**; **17** 13, 62
Duftvergleich mit Markenparfum **6** 186, 188; **12** 2.45
Dun -Europa **5** 1.83, 2.57, 2.124
Düngekalkhandel **11** 1.11, 1.26
Duraflex **11** 2.19, 2.22
Durchgestrichener Preis **5** 7.70; PAngV **1** 37
Düssel **5** 4.218

Ebony (EuGH) **1** 22; **5** 2.19; **6** 9
Ecclesia-Versicherungsdienst **2** 24; **4** 10.153, 10.156, 13.18, 13.41; **5** 5.87; **12** 2.7
echt skai **5** 2.111, 4.70 f; **8** 1.77, 1.88
Echt versilbert **5** 4.31, 4.71
Edeka-Schloss-Export **5** 6.24
Edis (EuGH) Einl 3.11
Editorial I **4** 1.273, 3.25; **5** 2.169, 2.171, 2.180, 2.187
Editorial II **4** 1.209, 3.21 a, 3.25
EDV-Geräte **5** 8.4, 8.9, 8.22; **8** 1.28, 1.33, 1.36 f, 1.52; **12** 2.71; **14** 2
Effektiver Jahreszins **5** 7.3; PAngV **1** 5; **6** 11
Effektivzins **4** 11.143; **12** 2.37; PAngV **6** 26
EG-Neuwagen I **2** 96 d; **5** 1.21, 1.29, 1.39, 2.113, 2.196, 2.213, 4.63 f; **5 a** 9, 10, 11, 19
EG-Neuwagen II **5** 1.21, 1.29, 1.39, 2.113, 2.196, 2.213, 4.63 f; **5 a** 11, 19
Ehemalige Herstellerpreisempfehlung **4** 10.159; **5** 2.111, 7.49, 7.51, 7.55 f; **6** 82
Eheversprechen **8** 1.103
Ei-fein **5** 2.122, 4.17; **9** 1.13
Eigenpreisvergleich **5** 7, 67; **6** 58, 117, 122, 127, 154 ff
Ein Champagner unter den Mineralwässern Einl 5.5, 5.8, 5.14; **2** 111

Ein gesunder Genuss **5** 4.189
Einbauleuchten **4** 9.4, 9.50
Einfirmenvertreter **4** 10.17
Einführungsangebot **4** 10.187; **5** 7.102
Einkaufsgutschein I **1** 32; **4** 1.122, 1.125 f; **5** 7.7
Einkaufsgutschein II **5** 7.7; **12** 2.32 f
Einpfennig-Süßwaren **11** 2.3
Einrichtungs-Pass **5** 7.51
Einstweilige Verfügung ohne Strafandrohung **12** 3.61 f, 3.78, 3.83
Eintritt in Kundenbestellung **4** 10.52
Eintrittsgeld Einl 6.13; **4** 1.69, 10.60, 10.134, 11.30
Eis-Pralinen **5** 2.91, 2.201, 4.21, 4.160
EKW-Steuerberater **4** 7.6, 11.87, 11.92, 11.94, 11.104
Elbe-Markt **5** 7.23, 7.25; **12** 2.45
Elektroarbeiten Einl 7.7; **1** 2, 43; **4** 10.11 f, 10.44, 11.4, 11.5, 11.44, 11.47, 11.49, 11.73, 12.1, 13.11 ff, 13.52, 13.54, 13.56, 13.58
Elektronische Pressearchive **4** 9.6, 9.7, 9.86, 10.42, 11.40
Elektrotechnik **5** 2.122
Elsässer Nudeln **1** 29; **5** 2.183
Elternbriefe **1** 29, 33, 35; **4** 13.6, 13.22, 13.25, 13.30, 13.32, 13.37 ff, 13.42, 13.45, 13.47; **5** 1.57, 2.90, 2.102, 2.106, 3.13 f; **12** 2.71, 2.73 ff, 2.76
Emaillelack **5** 2.85, 4.25
E-Mail-Werbung I **7** 134, 179, 200; **8** 1.53, 3.4; **11** 1.19 E-Mail-Werbung II Einl 7.38; **1** 39; **2** 97 a; **7** 14, 129, 199; **8** 3.4
Emil-Grünbär-Klub **2** 64, 96 g; **4** 1.273, 3.20, 3.25; **5** 2.14; **8** 3.35
Emilio Adani I **5** 2.179; **12** 2.67
Emilio Adani II **5** 2.103, 2.173, 2.179; **12** 2.80, 2.82, 2.85
Empfangsbestätigung **4** 11.171
Energiekosten-Preisvergleich I **4** 3.27, 3.35 b; **6** 2; **8** 1.54; **9** 4.11
Energiekosten-Preisvergleich II **5** 2.69, 2.88; **6** 2
Entfernung der Herstellungsnummer I **4** 10.64 f, 10.67 f, 11.123
Entfernung der Herstellungsnummer II **4** 10.65, 10.67, 11.123; **8** 1.88, 1.91; **9** 1.15, 1.30 ff, 4.1 f, 4.5, 4.11 f, 4.14 ff, 4.18, 4.25, 4.29, 4.32, 4.37, 4.40; **11** 1.29
Entfernung der Herstellungsnummer III **4** 10.64, 10.67; **8** 1.77, 1.87 f, 1.92; **9** 4.3, 4.14, 4.20; **12** 2.23
Entfernung von Kontrollnummern I **5** a 9
Entfernung von Kontrollnummern II **2** 96 e; **4** 10.64, 10.68
Entfernung von Kontrollnummern IV **4** 10.64
Entec 2500 **2** 96 a
Entwendete Datensätze mit Kontruktionsbezeichnungen **9** 146 ff
EP **8** 3.30, 3.43
Epson-Tinte **5** 4.119, 4.121
Erbenberatung **2** 24, 40
Erbenermittler **4** 11.62 f, 11.64 a, 11.65 a, 11.70, 11.85; **5** 2.212; **12** 2.40, 2.44, 2.46
Erbenermittler als Rechtsbeistand **4** 11.85
Erbensucher **4** 11.62, 11.65 a, 11.70
Erdener Treppchen **11** 2.21; **12** 2.39
Erdgassteuer **2** 57, 64; **12** 2.73
Ereignis-Sponsorwerbung **4** 3.47 b f; **12** 2.7

magere Zahlen = Randnummern **Fälleverzeichnis**

Erfokol-Kapseln 4 11.136, 11.146, 11.149 b; **12** 1.99
Erfüllungsgehilfe 12 1.152 f
Erinnerungswerbung im Internet 4 11.6 a, 11.6 c, 11.135; **12** 2.40, 2.43 f
Erklärung des Klägers Im Rechtsstreit 4 1.124
Erledigung der Hauptsache in der Rechtsmittelinstanz 12 2.31
Ernährungsberatung 4 11.21, 11.74
Ernährungsbroschüre 4 11.77
Erneute Vernehmung 12 2.69
Ernst Abbe 8 1.33 f, 1.39 a
Eröffnungsrabatt 4 1.69, 10.134 ff
Eröffnungswerbung 1 49; **4** 10.35, 10.137, 10.146, 10.148, 10.153, 10.157, 12.7; **5** 2.43, 2.132; **6** 13, 79, 80, 84, 91, 170
EROS 4 10.11, 10.84 ff
Erotik in der Ehe 7 88
Ersatzkassen-Telefonwerbung 12 12.3
Ersatzteile für Registrierkassen 4 10.119 b
Ersatzwagenvermietung 5 4.149
Ersetzt 4 7.23; **6** 52, 71, 83, 127, 144, 146, 155, 163
Ersetzung unwirksamer Versicherungsbedingungen 2 70; **4** 1.280, 11.156 c
Erstcoloration 4 1.76, 12.17
Erstes Kulmbacher 5 2.70, 2.207, 2.215, 2.217, 4.230, 5.68, 5.82; **11** 2.34
Essenzlimonaden **5** 4.15
Espressomaschine 5 4.122 b
Estée Lauder/Lancaster (EuGH) Einl 3.12; **5** 1.37, 1.52 f, 3.2
etirex **12** 2.53
Eucrin 5 2.85
EU-MED 4 13.25
EUROCONSULT 5 4.49, 5.107 f
Euro-Einführungsrabatt 12 6.3, 6.12, 6.16
euromarin 5 4.49, 5.107, 5.111
Euromint 5 3.17 f, 4.49, 5.107 f; **8** 3.16; **12** 2.75
Europapokalheimspiele 4 9.38
EURO und Schwarzgeld 9 4.5, 4.8; **12** 2.20
Euro-Spirituosen 4 10.152; **5** 3.23, 4.49, 5.99, 5.102, 5.107, 5.110; **6** 193; **12** 2.91, 2.93
Euro-Sport 5 4.49, 5.107
Eurowings Luftverkehr (EuGH) Einl 3.34
Eusovit 4 11.135; **5** 4.183, 4.185
Evidur 5 4.193; **8** 1.77, 1.88, 1.100
EWG-Baumusterprüfung 4 13.17, 13.22, 13.33
Ewiglicht 5 2.201
Exdirektor 9 1.22

Facharzt Einl 7.26
Fachhochschuljurist 12 2.8
Fachkrankenhaus 5 5.28
Fachliche Empfehlung II 12 2.37, 2.48, 2.106, 2.110, 6.3, 6.7, 6.12
Fachliche Empfehlung III 4 11.135; **5** 1.73; **8** 3.39 f, 3.65 f
Fachmann 4 7.26
Fachverband 8 3.46, 3.49, 3.66
Fährhafen Puttgarden 8 1.84
Fahrradgepäckträger II 4 10.180 a, 10.181; **9** 1.12, 1.22, 3.2, 3.7; **11** 1.21, 1.49, 1.52
Fahrschule 5 2.73
Fahrschul-Rabatt 4 13.32
Fahrschulunterricht 4 11.81

Falsche Herstellerpreisempfehlung 2 98, 106 c f.; **5** 2.97, 2.107, 2.200, 2.209, 4.139, 7.58; **8** 4.13, 4.15 f; **9** 1.23; **12** 2.55
Falschmeldung 9 1.32, 2.10; **12** 4.20
Falschparker-Strafzettel 3 100
Fälschung 4 7.16, 7.21 f
Faltenglätter 4 3.22, 3.29; **12** 2.39, 2.46
Familiapress (EuGH) Einl 3.21, 3.27; **4** 1.170, 6.3
Familie Schölermann 8 1.35
Familiennamen 11 2.22
Familienzeitschrift 8 1.3
Familienzeitung 4 10.116
Farbbildangebot 4 3.15; **7** 53, 55
Farbbilder 5 7.127
Farbmarkenverletzung II 8 1.52
Farina Belgien Einl 7.26
Favorit II 4 3.21 a, 7.22, 11.156 b; **5** 2.90; **11** 2.7
Faxanfrage im Autohandel 2 15, 139; **5** 2.32; **6** 63; **7** 33, 129, 181, 185 ff
Faxkarte 9 4.11, 4.43 ff, 4.46; **12** 2.115
FC Troschenreuth 2 15, 139; **5** 2.32; **6** 63; **7** 33, 129, 181, 187, 200
Federkernmatratzen 5 7.144
FEDETAB (EuGH) 17 7
Fehlende Lieferfähigkeit 4 8.19 ff
Fehlende Planmäßigkeit 4 11.57, 11.121
Fehlender Vollstreckungsschutzantrag 12 6.18
Fehlerhafte Preisauszeichnung 3 147 a; **4** 11.143; **5** 7.17; **PAngV 1** 36
Feierabend-Vergnügen 4 11.144
Feingoldgehalt 5 4.30 f
Feld und Wald I Einl 6.17; **1** 2; **2** 24, 58; **4** 12.25
Feld und Wald II 1 2; **4** 12.25
Feldenkrais 4 8.13; **12** 2.23
Feldstecher 5 3.5, 4.47, 4.85; **12** 2.29, 4.7 f
Femovan 4 11.135
Fensterglas Einl 1.14
Fernflugpreise 3 124, 129, 132, 147 a; **4** 11.19, 11.58 a; **5** 1.56, 7.4, 7.111 a; **12** 2.72 f; **15** 29; **PAngV Vorb** 17; **PAngV 1** 12, 16, 18
Fernmeldeanlagen 4 11.179
Fernschreibverzeichnisse 5 4.135; **9** 4.7, 4.13 f, 4.16, 4.19 f, 4.22, 4.26; **12** 2.64
Fernsehinterview 2 4; **4** 10.151
Fernsehzuschauerforschung 4 11.45, 13.55
Fernsprechnummer Einl 7.18, 7.22
Fernwärme für Börnsen 4 1.103, 1.119, 10.121, 13.31, 13.42 ff; **5** 7.32
Fersenabstützvorrichtung 9 1.42, 1.44, 3.5
Fertigbrei 5 2.42, 2.46, 2.140, 2.151, 2.153
Fertiglesebrillen 4 11.117; **5** 1.39, 2.113; **12** 2.46; **5 a** 9
Festbetragsfestsetzung 4 11.6 c, 11.133, 11.134, 11.135
Festspielhaus 1 29
Feststellungsinteresse I 4 10.167; **12** 1.70, 1.72, 1.74, 2.20, 2.22 f
Feststellungsinteresse II 12 2.18
Feststellungsinteresse III 12 2.18
Feuer Eis & Dynamit I 2 51; **3** 87 f; **4** 1.273, 3.1 ff, 3.42 ff, 3.46; **9** 1.19, 1.23; **12** 2.37, 2.55, 2.110, 6.3
Feuer Eis & Dynamit II 4 3.3 f; **5** 1.67
Fichtennadelextrakt 5 2.69, 2.91, 2.201, 2.207
Fiete Schulze 8 1.97
FIFA WM-Gewinnspiel 4 5.3, 5.5, 5.7, 5.9, 5.13 ff
Figaros Hochzeit 4 9.22

1989

Fälleverzeichnis

fette Zahlen = §§ bzw. Artikel

Filialleiterfehler **5** 7.2, 8.4, 8.21; **8** 1.36, 1.52 ff, 1.56, 2.32 f, 2.52; **9** 4.11; **12** 2.36, 2.55
Filmbesprechung Einl 7.16
Filmvorführung **4** 1.162
Film-Werbeveranstaltung **4** 1.261 f, 3.14
Filmzusendung **7** 89
Finanzkaufpreis „ohne Mehrkosten" **4** 11.143; **12** 1.90; **PAngV 6** 3, 12
Finanz-Sanierung **3** 149; **4** 11.70
Finnischer Schmuck **4** 9.85; **8** 3.6; **9** 1.9
Fiona Shevill Einl 5.40
Firmenbestandteil „Bundes-" **5** 2.75
Firmenrufnummer **4** 13.18, 13.22, 13.25, 13.28; **8** 2.12
Fischdosendeckel **4** 8.25; **8** 1.110, 1.115 f, **12** 2.44, 6.4
fix und clever **2** 66; **4** 13.25
Flacon **12** 2.37
Flaschenpfand I **4** 11.18, 11.53, 11.57, 11.143; **5** 7.3; **PAngV Vorb** 2; **1** 2, 12
Flaschenpfand II **3** 147 a; **PAngV 1** 12
Flava-Erdgold **5** 2.61
Fleischbezug **2** 56; **6** 2
Fleischereimaschinen **5** 5.59
Flughafengebühr **4** 11.143; **5** 7.4; **PAngV 1** 18, 34
Flughafen-Verkaufsstellen **4** 11.144
Fluglotsen Einl 7.16, 7.27
Flüssiggastank **4** 10.36, 11.43; **8** 2.20, 2.31, 2.53; **12** 2.32, 2.48
FNCE (EuGH) **4** 13.59
Focus Online **8** 2.5 b, 2.17, 2.26 f
Folgeverträge I **1** 2; **2** 72; **3 Anh** 22.2; **4** 3.50; **5** 2.6, 4.86, 7.138
Folgeverträge II Einl 2.30; **2** 72; **3 Anh** 22.2; **4** 3.50; **5** 2.6, 7.138; **8** 3.43
Folienrollos **12** 2.15 f, 3.77, 6.4, 3.73
Förderanlagen **6** 2
Fördermittelberatung **4** 11.63, 11.65 f
form-strip **4** 9.48
Formulare **4** 9.66
Formunwirksamer Lizenzvertrag **9** 1.42 ff, 3.4 f
Forschungskosten **9** 3.1 f; **11** 1.20, 1.31, 1.46; **17** 53
Fortbildungs-Kassetten **4** 11.135
Fortfall einer Herstellerpreisempfehlung **5** 2.169
Fortsetzungsverbot **12** 3.80, 3.84
Fortsetzungszusammenhang **8** 3.34, 4.8 f, 4.12; **11** 1.22; **12** 1.10, 1.121, 1.148, 1.150 ff
Foto-Aktion **4** 1.76, 1.147, 1.149, 1.153 f; **5** 7.23, 8.1
Fotoapparate **3 Anh** 5.5; **5** 8.3, 8.14
Fotoartikel I **12** 3.83
Fotorabatt **8** 2.44, 2.47
Fotovergrößerungen **2** 106 d; **5** 1.10; **8** 1.28, 1.37, 1.53; **14** 18
Fotowettbewerb Einl 7.22; **8** 4.1; **12** 1.5, 1.77, 1.97 a
Frachtenrückvergütung **11** 2.7; **12** 2.18
Franchise-Nehmer **8** 2.32 ff, 2.41, 2.45, 2.47, 2.52
Francovich (EuGH) Einl 3.2
Frank der Tat **2** 65; **3** 83
Franziskaner **4** 10.57
Fraport-Manila-Skandal **4** 7.19, 8.13, 8.16
Fräsautomat **2** 54; **4** 10.7, 10.9, 10.10, 10.169, 10.170, 10.176, 10.178

frei öl **5** 4.220; **12** 2.76, 2.87
Freiburger Wochenbericht **4** 12.21
Freizeitveranstaltung **4** 3.14
Fremdleasingboykott II **4** 10.19
Freundschaftswerbung **4** 12.10
Freundschaftswerbung im Internet **12** 2.23
Friedhofsruhe **4** 1.50, 11.24, 13.42, 13.47
Friedrich Karl Sprudel **12** 2.39, 2.44
Frischkäsezubereitung **4** 11.127
Frisiersalon **9** 4.5; **12** 2.60
FROMMIA **5** 4.214
Fruchtextrakt **4** 11.146, 11.149 b; **8** 1.39 a
FrühlingsGeFlüge **3** 108, 147 a; **4** 11.142; **5** 2.87; **8** 3.52; **PAngV Vorb** 2; **PAngV 1** 18
FRÜHSTÜCKS-DRINK I **1** 29 **4** 9.43
FRÜHSTÜCKS-DRINK II **1** 29
Führen mehrerer Fachanwaltsbezeichnungen **4** 11.98
Füllanlage **9** 1.47
Füllanzeigen **5** 1.8, 4.144
Fundstelle **4** 7.26
Fundstellenangabe **5** 4.258; **6** 210 f
Funkmietwagen **4** 10.161 f
Funkuhr II **4** 10.180 a
FUNNY PAPER **2** 21, 23, 30, 96 f; **4** 8.12, 9.52, 10.166; **8** 3.27, 3.29; **12** 1.74, 2.20
Für'n Appel und n'Ei **5** 1.57
Furniergitter **9** 4.21
Fürstenthaler **5** 4.207
Fürst zu Schwarzburg Weinhandelsgesellschaft mbH **5** 5.141
Fußball-Programmheft **2** 24, 28
Fußballtor **3 Anh** 2.2; **9** 3.4
Fußbekleidung **2** 96 f
Fußpilz **4** 9.16; **5** 2.99 a; **6** 98
Fußstützen **4** 9.42, 9.54

Gabelstapler I **4** 9.10
Gabelstapler II **4** 9.10
Gabriele Wyeth **5** 2.208
Gaby **9** 4.11
Gallardo Spyder **3** 8 a, 8 e; **4** 1.2, 11.6 a, 11.131 a; **5 a** 56; **UKlaG 4** 12
Gambelli (EuGH) Einl 3.34, 3.36; **4** 11.178
Garant **4** 1.68
Gartenliege **4** 9.2, 9.24, 9.26, 9.28, 9.41, 9.43, 9.49; **5** 4.254
Gasdurchleitung **8** 1.84
Gaslieferverträge **12** 2.39
Gasparone II **9** 3.2, 3.7
Gastrokritiker **2** 51, 64, 66; **3** 82 f; **4** 7.10, 7.18 f, 7.26, 8.11; **5** 2.14; **12** 2.34
GB-INNO (EuGH) Einl 3.27, 5.3; **5** 1.46, 2.95, 3.2
Gebäckpresse **4** 9.4, 9.8, 9.24., 9.41 a f, 9. 69; **8** 1.8 a, 1.43
Gebäudefassade **3** 104; **4** 9.30 f, 9.44; **8** 1.72, 1.78; **12** 2.54
Gebhard (EuGH) Einl 3.36; **5** 1.41
Gebührenausschreibung **4** 10.202, 11.21; **8** 2.18; **12** 2.5
Gebührenvereinbarung I **4** 11.139; **11** 2.3
Gebührenvereinbarung II **4** 11.139
Geburtstagswerbung II **8** 3.42 b
Gefälligkeit **4** 11.72; **8** 2.33, 2.47, 2.51
Gefärbte Jeans **9** 1.19, 4.4

magere Zahlen = Randnummern

Fälleverzeichnis

Geffroy (EuGH) **1** 27
Gegenabmahnung **4** 10.84, 10.84 a, 10.166; **12** 1.74, 1.75, 1.90
Gegenangriff **8** 1.110, 1.114; **12** 2.15, 2.16, 2.105
Geisterregen **9** 2.9
Geistheiler **4** 11.133
Gekoppelter Kartenverkauf **4** 1.119
Geld-Gewinnspiel **4** 1.170
Geldmafiosi **2** 64; **8** 3.18
Geld-zurück-Garantie I **4** 1.122, 1.127; **5** 7.88, 7.147; **8** 1.15, 1.23; **11** 1.48
Geld-zurück-Garantie II **4** 1.85, 1.90, 1.99, 1.111, 1.122, 1.128, 4.2, 4.5, 4.6 f, 4.9 f, 4.12, 4.14, 4.16 f; **12** 1.99
Gelenk-Nahrung **4** 11.136
Geltendmachung der Abmahnkosten **12** 1.92
gemafrei **2** 96 e
GEMA-Vermutung I **9** 4.5, 4.8, 4.13, 4.17
Gemeinkostenanteil **9** 1.36, 1.41, 1.43, 1.45, 1.49 f.; **10** 7
Gemeinnützig **5** 5.86
Gemeinnützige Wohnungsgesellschaft **5** 2.212, 5.86; **11** 1.21, 2.33, UKlaG 24
Gemmologe DgemG **5** 5.155
Gemologisches Institut **5** 5.27
Genealogie der Düfte **3** Anh 14.4; **6** 1, 46, 55, 79, 81, 84 f, 109, 170, 181
Generika-Werbung **4** 1.217, 1.221 7.19 ff, 10.137 f, 10.146, 10.153; **6** 19, 23, 35, 37, 76, 80; **8** 3.24
Generikum-Preisvergleich **6** 2, 167
Germany **5** 2.105
Gerolsteiner/Putsch **3** 44
Gesamtpreisangebot **4** 1.99, 1.103, 1.105, 1.108; **5** 2.98, 7.32, 7.33, 7.34, 7.35, 7.38
Gesamtverband **2** 40, 57; **5** 2.28, 5.38
Gesamtzufriedenheit **12** 2.3
Gesangbuch **4** 10.117, 10.119 b, 10.208
Geschäftsaufgabe Einl 7.27; **9** 2.3
Geschäftsführer **4** 8.13, 8.16; **8** 1.97
Geschäftsgebühr für Abschlussschreiben **12** 3.73
Geschäftsraumwerbung **4** 11.143; PAngV Vorb 20
Gesetzeswiederholende Unterlassungsanträge **2** 106 c; **8** 3.35, 3.38, 3.38 a, 3.40; **12** 2.35, 2.38, 2.40
Gesunder Genuss **4** 1.243 f
Getarnte Werbung I **4** 3.20, 3.21 a, 3.35 b
Getarnte Werbung II **5** 6.38, 7.140; **12** 1.146 f
Gewährleistungsausschluss im Internet **3** 8 e; **4** 11.17, 11.156 c ff
Gewerkschaftsbeitritt **4** 10.218
Gewinnfahrzeug mit Fremdemblem **4** 7.9 a, 9.9; **8** 3.22
Gewinnspiel **4** 1.172, 6.11
Gewinnspiel I **4** 1.162; **5** 2.94
Gewinnspiel II **3** 133; **4** 1.162
Gewinnspiel im Ausland Einl 5.5, 5.9, 5.11 ff; **8** 3.50
Gewinnspiel im Radio **4** 1.101, 1.162, 3.40, 6.1, 6.15 ff
Gewinnübermittlung **4** 6.14; **7** 53, 56
Gewinn-Zertifikat **1** 2; **2** 73; **4** 1.280, 6.1; **5** 4.86; **12** 2.35
Gib mal Zeitung **1** 36; **6** 9, 103 f, 106, 116 f, 126, 129, 131 ff, 135, 139, 150, 153, 155 f, 161, 165, 172 ff

Giftnotruf-Box **1** 2; **3** 108; **4** 11.2
Gilette **6** 33
Gintec/Verband sozialer Wettbewerb **4** 11.133 a, 11.135
Givane **6** 9
Glassteine **8** 2.22
Gliedermaßstäbe **12** 2.115
Globetrotter **11** 2.22
Glockenpackung II **5** 2.122 f
Glücksbon-Tage **12** 2.113
Glühlampenkartell **11** 1.6
Glutamal **5** 2.80, 2.105, 2.124, 2.207, 4.4; **11** 2.34
Glykolwein **4** 13.28
GmbH-Werbung für ambulante ärztliche Leistungen **4** 11.113 f; **8** 2.8, 2.12, 2.18
GmbH-Zahnbehandlungsangebot **4** 11.75
Golddarm **4** 11.136
Golden Products **16** 51
Goldene Armbänder **12** 1.90, 1.94, 2.17, 3.73
Goldene Karte I **4** 1.172; **9** 1.19, 4.26
Goldener Oktober **1** 2; **3** 150; **4** 12.17 ff
Golfrasenmäher **4** 10.68; **11** 2.9
Golly Telly **4** 11.35 d, 11.125, 11.146; **9** 1.15
Google und Google France (EuGH) **4** 10.77, 10.81 f; **6** 33, 86
Gourmet International Products (EuGH) Einl 3.25
Grabsteinaufträge I **3** 129; **7** 27, 43, 58; **8** 4.21; **11** 2.39
Grabsteinaufträge II **1** 2; **7** 43
Grabsteinwerbung **3** 58, 90, 94
Grabsteinwerbung II **6** 91; **7** 2, 58
Grand Marnier Einl 3.30; **5** 1.29
Graphia **5** 2.108, 5.64
Gratis-Sehtest **5** 2.119
grau/magenta **4** 9.11, 9.31, 9.55; **5** 1.72, 4.210, 4.220, 4.223
Greifbare Gesetzwidrigkeit II **12** 2.32
Grippewerbung III **11** 2.34
Grobdesin **5** 1.73, 2.112, 2.201; **5 a** 9
Groenveld (EuGH) **5** 1.31
Großbanken-Restquoten **2** 66; **4** 7.5, 7.10, 7.16, 7.26, 8.2
Großer Werbeaufwand **4** 10.147, 10.153 f; **6** 91, 178
Großhandelshaus **8** 1.58, 1.67; PAngV Vorb 19
Großimporteur **5** 2.108, 7.120; **8** 3.39, 3.43
Großmarkt-Werbung I **3** 59, 79 f, 90, 93 f
Größter Online-Dienst **5** 2.150, 2.159, 4.115, 5.71, 5.72, 5.81, 5.109
Größtes Teppichhaus der Welt **5** 2.152, 2.214, 3.6, 3.23, 5.73, 5.75; **11** 2.25; **12** 2.71, 2.91, 2.94
Gründerbildnis Einl 7.3, 7.6 f, 7.26 f; **4** 8.9; **5** 5.59; **11** 1.8 ff; **12** 2.37, 2.39
Gruner + Jahr/Zeit II **4** 12.4
Gruppenprofil **4** 1.116; **12** 1.166, 1.170
GS-Zeichen **5** 2.169, 4.257; **8** 1.45; **12** 1.108; **3** Anh 4.5
Guldenburg **4** 13.5 ff, 13.32; **12** 2.5
Güllepumpen Einl 7.2, 7.7; **4** 9.3, 9.14, 9.28, 9.46 a, 9.66, 9.70, 9.80, 9.87 f; **8** 1.77; **11** 1.2, 1.12, 1.21 f, 1.49
Gut Springenheide (EuGH) Einl 3.29; **1** 22, 38; **5** 1.22, 1.44, 1.47 ff, 2.87, 3.2, 3.16; **6** 23; **12** 2.71, 2.76

Fälleverzeichnis

fette Zahlen = §§ bzw. Artikel

Guten Tag-Apotheke II **4** 11.116; **12** 2.7
Gutscheinübersendung **7** 78, 91

Haar-Transplantationen **4** 11.114
Hackethal **3** 82; **4** 11.112
Haferschleim **5** 2.91, 2.201, 4.20
Haftungsbeschränkung bei Anwälten **12** 2.36, 2.44
Hagelschaden **4** 1.50, 1.252, 11.50, 11.179
Hähnel **5** 2.57, 5.6
halbseiden **8** 1.110, 1.114, 1.116
Halsabschneider **4** 7.19
Halzband **8** 2.5, 2.5 c, 2.5 d ff, 2.6, 2.14 a, 2.33, 2.47; **9** 1.17
Hamburger Auktionatoren **4** 1.263; **8** 3.38 a, 3.40
Hamburger Brauch **12** 1.41, 1.144
Hamburger Volksbank **5** 2.148, 5.100
Handelsvertreter-Provision **12** 5.3 f
Händlervereinigung **2** 106 c f; **8** 3.7, 3.40 f, 3.42, 3.42 b, 3.50
Handstrickverfahren **9** 3.2, 4.7; **17** 52, 58, 64
Handtaschen **2** 110; **4** 9.2 b f, 9.4 a, 9.24, 9.26, 9.34, 9.34 b, 9.37, 9.42 ff, 9.53, 9.55, 9.59, 9.63 f, 9.69, 9.89; **6** 55 a
Handtuchklemmen **4** 9.6, 9.8, 9.24, 9.26, 9.41 a, 9.43, 9.49
Handy „fast geschenkt" für 0,49 DM; PAngV **1** 19; **12** 2.23 a
Handy für 0,00 DM **4** 1.87, 1.105, 10.35; **5** 1.54, 2.95, 2.98, 3.15, 4.117, 7.27, 7.33, 7.39, 7.116, 8.6; **5 a** 2, 29; PAngV Vorb 17; **1** 6, 12, 18 f, 40, 46
Handy-Endpreis **1** 34; **4** 11.143; **5** 1.54; **5 a** 2, 29; PAngV **1** 19
Handzettelwerbung **4** 10.24, 10.29, 10.33
Handzettel-Wurfsendung **7** 36, 104, 111
Happy Digits **4** 1.169, 2.2; **7** 134, 188
Ha-Ra/HARIVA **4** 9.29
Harz (EuGH) **3** 22
Haus & Grund III **8** 1.38
Hausagentur **4** 7.5, 7.26; **8** 1.23
Hausfrauen-Info-Abend **4** 11.144
Haustürgeschäft I **8** 3.34
Haustürgeschäft II **2** 106 a; **8** 3.38 a
Hausverbot I **4** 10.161 Hausverbot II **3** 92; **4** 10.161, 10.163; **12** 2.39
Hautleim **5** 4.3 f, 4.8, 4.45
HBV-Familien- und Wohnungsrechtsschutz Einl 7.8; **2** 61; **3** 156 f; **4** 10.24, 10.33, 10.40, 12.13; **8** 1.58 f
HBM-Kapseln **4** 11.50 a
Hecht-Pharma **4** 11.147
Heilmittelvertrieb **4** 11.78
Heilpraktikerbezeichnung **5** 5.148
Heilpraktikerkolleg **5** 5.50
Heilpraktikerwerbung III **4** 11.135
Heilquellen-Naturbrunnen **5** 2.122
Heimstättengemeinschaft **8** 1.103, 1.110, 1.113
Heizgeräte-Vertrieb **4** 11.170
Heizkraftwerke **4** 11.69
Hellegold **6** 2
Hemdblusenkleid **4** 9.27, 9.32, 9.67, 9.76
Henkel **4** 9.10
Herabgesetzte Schlussverkaufspreise **3** 124, 129; **4** 11.142 f; **5** 7.3; **8** 1.41; PAngV Vorb 2; PAngV **1** 36, 48; **4** 6

Herrenreiter **9** 1.36 a
Herstellergarantie **5** 7.146; **8** 1.33
Herstellerkennzeichen auf Unfallwagen **8** 1.18
Hersteller-Preisempfehlung in Kfz-Händlerwerbung PAngV Vorb 20; PAngV **1** 18, 21
Herstellung und Vertrieb **5** 6.18
HerzASS **4** 11.135
Herz-Kreislauf-Studie **9** 2.3; **12** 2.40
Hier spiegelt sich Erfahrung **5** 2.155, 3.25; **6** 88
Hilfsmittellieferungsvertrag **4** 13.8; **12** 2.1, 2.3
Hitlisten-Platten **4** 10.207, 12.2
H. I. V. POSITIVE I **2** 68; **3** 73, 78, 100
H. I. V. POSITIVE II **1** 2, 6, 44; **3** 73, 100, 117, 122, 135; **4** 1.37, 1.44, 1.220; **9** 2.3
HLH Warenvertrieb **4** 11.147
HMB-Kapseln **4** 11.147
Holländische Obstbäume Einl 1.20; **8** 1.39
Höllenfeuer Einl 7.24, 7.26, 7.29
Hollywood Duftschaumbad **5** 2.38
Holsteiner Pferd **4** 13.30, 13.43 f, 13.46; **12** 2.71 f
Hölterhoff (EuGH) **4** 10.81; **6** 33
Holzhocker **5 a** 56
Honoraranfrage **4** 10.202, 11.2, 11.139, 13.27; **8** 2.18; **12** 2.7
Hörfunkrechte **4** 9.38
Hörgeräteakustik **4** 13.8; **12** 2.1, 2.3
Hörmittelhändler **4** 10.121 a
Hormonersatztherapie **2** 51; **4** 7.5, 7.16, 8.15, 8.19; **5** 1.7, 1.66, 2.33, 2.62, 2.80, 2.160; **6** 23, 24, 29, 30, 60, 88, 103, 119, 170, 171
Hormonpräparate **1** 2; **3** 103, 108; **4** 11.2, 11.134 a f; **11** 2.6 f, 2.9, 2.12
Hotelfoto **12** 1.121
HOTEL MARITIME Einl 5.8, 5.50, 5.51, 5.54; **14** 16
Hühnergegacker **5** 2.53, 2.54, 2.100, 4.17
Hummelfiguren II **4** 9.48
Hünermund (EuGH) Einl 3.23, 3.25
Hyanit **4** 11.135
Hydrokultur Einl 7.19
Hypotonietee **4** 11.135

ICON **4** 9.2 b, 9.3, 9.16, 9.24, 9.34, 9.63, 9.68 f
Ideal-Standard **3** 65 c; **4** 10.118, 10.119 a, 10.119 cf,
Idee-Kaffee II **5** 2.135
Idee-Kaffee III **5** 2.135
IEC-Publikation **5** 4.69; **9** 4.11, 4.20; **12** 2.107
Illegaler Fellhandel **4** 8.13, 8.16
Imitationswerbung **4** 9.5, 10.77; **6** 31, 34, 46, 55 a, 59 f, 79, 84 f, 89, 183, 188, 190, 194
Immobilienpreisangaben **2** 97 a, 106 d; **3** 117, 122, 124, 132 f 135, 147 a; **4** 11.19, 11.143; **8** 3.41; PAngV **1** 51
Immobilienwertgutachten **9** 1.29
Impfstoffversand an Ärzte **4** 11.116, 11.135; **8** 3.49, 4.21 ff
Implantatbehandlungen **4** 11.113, 11.135; **8** 1.55, 2.2, 2.13, 2.18
Importeurwerbung PAngV Vorb 20
Importwerbung **5** 2.187; **5 a** 18
Impressumspflicht **4** 11.167
Impuls **4** 10.31
Incl. MwSt. I **5** 8.6, 7.110
Incl. MwSt. II **5** 2.108, 2.203, 7.110
Incl. MwSt. III **5** 7.110

magere Zahlen = Randnummern **Fälleverzeichnis**

Incl. MwSt. **IV 5** 7.110
Indeta **4** 1.214
Indicator **7** 89 f
Indizienkette **3** 104
Indorektal/Indohexal **9** 1.36, 4.11, 4.28
Industrieböden **17** 12, 52 f, 62, 64
Informationsdienst **4** 9.66
Information über Behandlungsmethoden **4** 11.84, 11.105, 11.107 f
Inkasso-Programm **12** 6.4; **17** 7 a
Innenarchitektur **5** 5.151
Innungskrankenkassenwesen **4** 13.39; **5** 2.29; **6** 65; **12** 2.7
Insiderwissen **8** 1.104
Integrierte Versorgung **12** 2.3
Inter-Environnement Wallonie/Région wallone (EuGH) Einl 3.12; **3** 22
Interessenschwerpunkt „Sportrecht" **1** 3; **4** 11.85, 11.87, 11.89, 11.95
Intermarkt I **5** 7.26 f
Intermarkt II Einl 7.3; **9** 1.42, 1.12; **11** 1.2, 1.4, 1.7, 1.21 f, 1.31, 1.46
Intermodal Transports Einl 3.8
Internetportal und Marketing (EuGH) Einl 3.11
Internet-Reservierungsdienst **5** 4.119 f; PAngV **1** 18, 48; **1** 36
Internet-Sportwetten vor 2008 **4** 11.6 c; **12** 2.23 f
Internet-Versandhandel **5** 8.18
Internet-Versicherung **4** 11.169; UKlaG **2** 5
Internet-Versteigerung I **4** 11.23; **5** 4.212 b, 4.238; **8** 2.14, 2.17, 2.28
Internet-Versteigerung II **8** 2.14, 2.17; **12** 2.40
Internet-Versteigerung III **2** 30 a; **8** 1.36, 2.5 a f, 2.14, 2.17; **12** 2.37, 2.39, 2.44, 2.46, 2.106, 6.4
Internet-Videorecorder **2** 96, 96 a f., 97 a; **4** 11.6 a, 11.6 c, 11.35 d, 11.180; **8** 1.8 a, 1.43, 2.20
Internetwerbung von Zahnärzten **4** 1.269, 1.272, 11.33, 11.84, 11.88, 11.105, 11.107 f
Invertan **5** 4.79
In-Vitro-Diagnostika **4** 11.125
Irische Souvenirs (EuGH) Einl 3.33
Irreführender Kontoauszug **2** 31, 35, 44, 72, 78, 81 a; **5** 2.6 f, 4.91
Irrtum vorbehalten **4** 11.171
ISDN-Kongress **4** 13.24
Italienische Note **4** 10.60, 10.73
Ivadal **4** 10.84 f, 10.86

Jacubowski **3** 86
Jeans I **4** 9.6, 9.8, 9.23, 9.24, 9.27, 9.33, 9.41 a f
Jeans II **4** 9.8
Jeder 100. Einkauf gratis **4** 1.50, 1.86, 1.90, 1.95, 1.98, 1.147, 1.155, 1.161, 1.168, 6.2 a, 6.5, 6.6 a; **8** 1.43
Jena **5** 4.232
Jenaer Glas **9** 4.8; **12** 4.7
Johannisbeerkonzentrat **5** 2.85
Johanniskraut **4** 11.152
Johanniskraut-Präparat **8** 4.21
Jubiläum **5** 7.85
Jubiläumsschnäppchen **12** 2.36 f, 2.39
Jubiläumsverkauf **8** 1.10 f, 1.39 a, 1.41
Jugendfilmverleih **4** 8.20
Jugendgefährdende Medien bei eBay **2** 12; **3** 65 b; **4** 11.35 d, 11.179 f; **8** 2.5 a ff,2.4, 2.14 a, 2.16, 2.18, 2.28

JUS-Steuerberatungsgesellschaft **5** 2.214, 5.150; **11** 2.30, 2.33 f; **12** 2.109

Kabinettwein **3** Anh 5.5; **5** 8.3, 8.13 f, 8.21; **8** 1.25, 1.28
Kachelofenbauer I **4** 11.79; **5** 5.132; **8** 1.25, 1.27
Kachelofenbauer II **4** 11.19, 11.79; **5** 5.132
Kaffee C **5** 2.113, 2.1202 3.26, 4.19; **12** 2.95
Kaffee-Hörfunk-Werbung **4** 1.2445 2.135
Kaffeebohne **3** 59, 82; **4** 7.18, 7.21, 7.26, 8.11
Kaffeefahrten **4** 3.14; **16** 8, 18 a
Kaffeepreise **5** 7.70
Kaffeerösterei **5** 2.39, 2.41, 2.152, 5.70, 5.74, 5.77
Kaffee-Verlosung I **4** 1.172 6.13
Kaffee-Verlosung II **12** 5.3, 5.6
Kaffeewerbung **11** 1.18
Kaltverzinkung **5** 2.80, 2.90, 4.45
Kamera **5** 8.3, 8.14; **12** 2.93
Kamerakauf im Internet PangV Vor **1** 6, 9, 13; **1** 5, 25 f; **3** 8 g, 36, 48; **4** 11.142 f; **5** 4.122, 4.265, 7.136; **5 a** 55
Kaminisolierung **5** 7.144
Kanzlei für Arbeitsrecht **4** 11.90
Kanzleibezeichnung **4** 11.85, 11.100
Kanzleieröffnungsanzeige **4** 11.95
Kartenlesegerät **4** 10.119 e, 10.120 f, 13.11, 13.23, 13.30, 13.41; **5** 1.8, 2.4
Kassa-Preis **5** 7.41
Kastanienmuster **3** 104; **4** 9.68, 9.84; **9** 1.35, 1.43, 3.2
Katovit **12** 2.45
Kauf auf Probe **12** 2.20
Kauf im Ausland Einl 5.5, 5.7, 5.12 f, 5.20; **4** 1.271
Kaufmarkt **4** 10.187
Kaufpreis je nur 1,– DM **12** 2.46
Kaugummikugeln **4** 10.167 f, 10.181; **9** 1.22; **12** 1.69 f, 1.72
Keck und Mithouard (EuGH) Einl 3.17, 3.20 ff; **4** 1.124; **5** 1.30, 1.38, 1.41 f
Kessler Hochgewächs **5** 4.40
Kettenkerzen **4** 9.23
Ketten-Mafia **4** 8.16
Kfz-Endpreis **4** 11.143; PAngV **1** 18
Kfz-Nummernschilder **4** 10.28; **7** 64, 69
Kfz-Versteigerung **3** 44; **4** 1.200;
Kfz-Waschanlagen **6** 2, 79
Kiesbaggerei **5** 2.148, 5.100
Kieselsäure Vor 17–19 1; **17** 5
Kilopreise I **4** 11.143; PAngV **1** 43
Kilopreise II **4** 11.143; **5** 7.4; PAngV **2** 4
Kilopreise III **4** 11.143; **12** 2.110, 6.3; PAngV Vorb 6
Kilopreise IV **4** 11.143; **5** 7.4
Kinderarbeit **1** 11; **2** 4, 50, 68; **3** 59, 82 f, 100; **4** 1.221, 1.231; **8** 1.20; **9** 2.3
Kinderbeiträge **4** 13.33; **12** 2.6
Kinder-Freifahrt **8** 3.34
Kindergarten-Malwettbewerb **4** 1.75, 2.38; **11** 2.5, 2.7
Kinderhörspiele **12** 2.23 a
Kindernähmaschinen Einl 7.4, 7.26; **4** 10.170, 10.172, 10.180 ff; **5** 5.129; **8** 1.112; **9** 1.22
Kindersaugflaschen Einl 5.4 f, 5.18, 5.25, 5.48; **14** 15
Kinderwärmekissen **12** 1.145 b

1993

Fälleverzeichnis

fette Zahlen = §§ bzw. Artikel

Kippdeckeldose 4 11.120; 5 7.139
Klarsichtpackung Einl 7.22; 4 10.180 a
Klasen-Möbel 5 2.122, 5.13, 6.18, 6.24
Klassenlotterie 8 4.14; 12 2.44, 6.4
Klauseln in AGB ausländischer Luftverkehrsunternehmen UKlaG 4 a 6
Kleenex 1 2; 3 103, 150; 4 12.11, 12.18 f
Kleiderbügel 9 4.20, 4.31
Kleidersack 4 1.188, 1.191, 11.135; 8 2.4, 2.6, 2.10, 2.13
Klemmbausteine I Einl 5.14; 4 9.56
Klemmbausteine II 4 9.23, 9.56
Klemmbausteine III 4 9.4, 9.41, 9.51, 9.53, 9.55 ff, 9.73, 9.76, 10.82
Klinik 5 5.30
Klinik mit Belegärzten 4 10.142, 10.148 f, 10.152, 11.134 f
Klinik Sanssouci 4 11.112 f; 8 2.12, 2.18
Klinikdirektoren 4 8.16; 8 1.97, 1.104
Klinikpackung I 4 10.61, 11.77
Klinik-Packung II 4 11.77
Klinikwerbung im Internet 4 1.272, 11.108, 11.111, 11.114
Klosterbrauerei 5 1.45, 1.56, 1.58, 2.53, 2.169, 2.181 f, 2.198, 2.216 f, 5.55, 5.67, 5.68; 8 1.55; 11 2.21, 2.25, 2.34
Klosterfrau Melissengeist 4 11.135
Knochenbrecherin 2 24, 4 11.78
Knoblauch-Extrakt-Pulver-Kapsel Einl 3.33; 4 11.147
Knoblauchwürste 4 9.23, 9.43, 9.43 a, 9.44, 9.45, 9.69
Kofferschaden 5 2.61, 7.143; 5 a 26
Kohl/Ringelhan und Rennett 5 1.33
Kollektion „Holiday" 9 1.35, 1.36 b, 1.39 a, 1.48
Kollo-Schlager 4 3.37
Kölnisch Wasser 5 2.183
Kölsch-Bier 5 2.86
Kombinationsanzeige 4 11.91
KommAustria 4 3.5 c
Kommission/Deutschland (EugH) Einl 3.18, 3.23, 3.33
Kommission/Vereinigtes Königreich (EuGH) 1 28
Kommunaler Bestattungswirtschaftsbetrieb I 4 13.6, 13.14, 13.31 ff, 13.43, 13.45, 13.47; 12 2.7
Kommunaler Bestattungswirtschaftsbetrieb II 4 13.37, 13.39
Kommunaler Bestattungswirtschaftsbetrieb III 4 13.45
Kommunaler Schilderprägebetrieb 4 13.30 f, 13.43, 13.61
Kommunalversicherer 2 24; 4 11.12, 11.15, 11.180 a, 13.60; 8 2.6, 2.16; 9 1.17
Kompetenter Fachhändler 5 5.15; 12 2.29
Kompressionsstrümpfe 4 11.77, 11.79; 12 2.23
Konditionenanpassung 4 1.68
Konfektions-Stylist 4 10.111; 17 12, 62
Konfektionswatte 6 2
Konfitüre 5 7.1
Königl-Bayerische Weisse 5 1.59, 2.38 f, 2.104, 2.108, 2.111, 2.135, 2.181, 2.182, 2.209, 5.57; 12 2.76, 2.80 ff, 2.87
Konkurrenzschutz für Schilderpräger 4 13.30
Konkursvermerk 5 1.39, 2.113, 6.4; 5 a 9, 10, 16
Konkursverwalter 8 1.110, 1.113 f

Konstruktionsbüro 9 4.25
Konsumentenbefragung 3 65 a; 4 11.135
Konsumgenossenschaften 2 37; 6 2
Kontaktanzeigen 2 95, 96 b f., 97 a; 3 44, 65 a; 4 11.179
Kontinent-Möbel 5 1.59, 2.104, 5.108, 5.112
Kontostandsauskunft 2 72, 78; 5 2.6, 4.86, 4.91
Kontrollnummernbeseitigung I 4 10.66; 8 1.33; 11 2.41; 12 2.35, 2.37, 2.39, 2.45, 2.55
Kontrollnummernbeseitigung II 2 96 d f.; 4 10.64 f
Konzernpreise II 6 78
Kooperationspartner 2 29; 8 3.27
Kopienversanddienst 4 9.7
Kopplung im Kaffeehandel 5 7.38; 9 1.15, 11 2.39 f
Kopplungsangebot I 1 29; 4 1.49, 1.86 f, 1.89, 1.92, 1.100 f, 1.103, 1.105, 1.113, 6.1; 5 2.90, 2.98, 7.5, 7.32, 7.33, 7.34, 7.35, 7.40; 5 a 2, 29; PAngV 1 51
Kopplungsangebot II 1 29; 3 147 a; 4 1.87, 1.89, 1.117, 11.143; 5 2.98, 7.5, 7.32, 7.33, 7.35, 7.39; 5 a 2, 29; PAngV 1 40
Korrekturflüssigkeit 9 1.29, 1.32 ff, 4.26; 12 1.87
Kosaken-Kaffee 11 2.20, 2.31
Kosmetikstudio 2 64; 4 3.20, 3.22, 3.27, 3.27 b f, 3.32; 8 2.10, 2.32; 12 2.106
Kosten bei unbegründeter Abmahnung 12 1.11, 1.63
Kosten des Verfügungsverfahrens bei Antragsrücknahme 12 3.68
Kosten der Schutzschrift I 12 3.40 f
Kosten der Schutzschrift II 12 3.41
Kosten der Schutzschrift III 12 3.41
Kosten eines Abwehrschreibens 12 1.78 a, 3.40
KOWOG 11 2.14, 2.18 ff, 2.21, 2.25 f
K-Rabatt-Sparmarken 12 1.152
Kraftfahrzeuganhänger mit Werbeschildern 4 11.41
Kraftfahrzeugnummernschilder 7 20, 22, 27
Kraft-Wärme-Kopplung I 8 1.2, 1.75; 11 1.6
Krankengymnastik 5 5.154
Krankenhauswerbung 4 11.134 f; 8 3.9, 3.30, 3.35, 3.38, 3.42 a
Krankenhauszusatzversicherung 8 1.3
Krankenkassen-Fragebogen 4 10.141, 10.149, 10.153, 10.158; 11 2.14
Krankenkassenzulassung 4 11.11, 13.9, 13.58; 12 2.3 a
Krankenpapiere 8 1.5
Krankentransportbestellung Einl 6.17; 4 10.18, 10.25, 13.27, 13.30, 13.47, 13.49, 13.61
Krankentransporte 4 10.18, 10.210, 13.16, 13.20, 13.47, 13.49; 12 2.7
Krankenwagen I 9 4.37
Krankenwagen II 12 1.148 f
Kraus (EuGH) Einl 3.36
Kräutertee 12 1.16, 1.80, 1.97 a
Kredithaie 4 7.8, 7.10
Kreditvermittlung 5 2.155, 3.25; 12 2.91, 2.94
Kreishandwerkerschaft I 4 13.14, 13.35
Kreishandwerkerschaft II 8 1.20
Kreiskrankenhaus Bad Neustadt 12 2.3 a
Kreuzbodenventilsäcke II 9 1.43
Kreuzbodenventilsäcke III 9 1.36, 1.43
Kristallfiguren 4 9.10, 9.66, 9.80 f; 8 1.77; 12 2.41

magere Zahlen = Randnummern

Fälleverzeichnis

Kronenthaler **8** 3.22
Küchen-Center **5** 2.217, 5.44 f; **11** 2.33
Küchenmaschine **8** 1.33, 1.40; **9** 1.19
Küchentiefstpreis-Garantie **4** 1.114, 1.123, 1.131 f, 9.62 10.25, 10.185, 10.187, 10.191, 10.192, 10.220, 12.1, 12.3, 12.14, 12.15, 12.16; **8** 3.5, 3.6, 3.28
Küken Einl 7.22
Kundenanschriften **4** 10.41; **17** 4 a, 12, 34
Kundenboykott Einl 7.31; **2** 64; **3** 82; **4** 7.18, 10.117 f, 10.119 a, 10.119 c, 10.124 f; **11** 2.9
Kundendatenprogramm **4** 10.106, 11.173; **Vor 17–19** 2; **17** 4, 8, 10 ff, 36, 43, 52, 59, 65
Kunden-Einzelbeförderung **4** 1.50
Kunden werben Kunden **4** 1.48, 1.116, 1.201 ff, 1.209, 1.212 f, , 11.134 f
Kundenzeitschrift **8** 2.4
Kündigungshilfe **4** 1.50, 10.33, 10.39
Kunstglas **5** 2.111, 2.205 f, 4.3, 4.153 ff
Kunststoffglas **5** 4.156 f; **12** 2.73
Künstlerpostkarten **7** 27, 43, 56, 84
Kunststoffhohlprofil I **9** 3.2, 3.7
Kunststoffhohlprofil II **9** 1.36, 1.44, 3.2, 3.4 f
Kunststoffschaum-Bahnen **17** 7
Kunststoffzähne **4** 9.66, 9.75, 9.78
Kupferberg **11** 1.3, 2.13, 2.20 f, 2.26, 2.30; **12** 4.7
Kuppelmuffenverbindung **3** 104; **4** 7.5, 7.26, 8.2, 10.148 f; **5** 2.60
Kurze Verjährungsfrist **8** 1.45; **11** 1.2, 1.15, 1.49; **12** 1.103, 1.113

Laborärzte **4** 11.32
Laborbotendienst **4** 11.32
Ladbrokes Betting & Company (EuGH) Einl 3.34, 3.36
Lademulden **4** 11.18
Laderampe Einl 7.18
Lady Rose **5** 2.123, 4.223
Lager-Hinweiswerbung **5** 5.32, 7.107; **8** 1.40; **12** 2.44
Laienwerbung für Augenoptiker Einl 2.29; **3** 108, 129, 133; **4** 1.192, 1.201; **8** 3.43
Laienwerbung für Kreditkarten **3** 103; **4** 1.192, 1.200 f, 1.204, 1.210
Laienwerbung für Maklerauträge **3** 103; **4** 1.200 f, 1.204 f
Lakritz-Konfekt **5** 2.203 f, 4.148 ff
Landesinnungsmeister **4** 13.40
Landessportbund **4** 10.218
Landwirtschaftsausstellung **2** 54; **4** 13.36, 13.43, 13.46
Länger frische Vollmilch **6** 18, 193
Langguth (EuGH) **5** 3.2
Last-Minute-Reise **5** 2.167, 2.169, 2.174, 2.189, 3.5, 3.17, 6.2; **12** 2.71, 2.75 f
Laubhefter **4** 9.28, 9.49, 9.89; **5** 4.254; **12** 2.35 f, 2.39, 2.41, 2.46, 2.106
Laufende Buchführung **5** 3.6, 4.141; **8** 3.64; **12** 2.72
Lavamat I **5** 2.124; **8** 3.16; **14** 4
Lavamat II **5** 2.39, 2.41, 2.43, 2.45, 2.124, 2.130; **6** 85
L-Carnitin **1** 29
L-Carnitin II **4** 11.147
Lebertran I **4** 11.135; **8** 3.38 a f

Lebertran II **4** 11.135
Lebertrankapseln **4** 11.133 a, 11.135
Leclerc-Siplec (EuGH) Einl 3.23, 3.25; **4** 10.65
Le-Corbusier-Möbel **4** 9.7, 9.59, 9.64
Legehennenhaltung **3** 100; **4** 11.37; **8** 3.24
Leichenaufbewahrung **4** 13.22, 13.27; **8** 1.40
Leitsätze **4** 9.7
Leserbriefe **8** 1.5
Lesering **12** 2.52
Lesezirkel II **12** 2.29
Les-Paul-Gitarren **4** 9.7, 9.9, 9.26, 9.55, 9.59, 9.64, 9.69, 9.83
Letzte Auftragsbestätigung **3** 104
Lexikothek **7** 43, 45, 47, 51, 54, 130, 133, 143, 147, 153
L-Glutamin **4** 11.135 f
Libertel (EuGH) **1** 22, 25, 43
Lichdi-Center **1** 44; **4** 6.12
LIDL Belgium/Colruyt (EuGH) 6 10, 11, 23, 25, 97, 98, 101, 107, 111, 116, 117, 118, 121, 126, 132, 135
Lieferantenwechsel **4** 10.49
Lieferbereitschaft **4** 10.50, 10.161; **5** 8.3
Lieferstörung **5** 3.27; **12** 2.35, 2.44
Lifting-Creme **1** 22, 25; **4** 11.136; **5** 1.73, 2.214, 4.186; **8** 4.21; **11** 2.33
Lifting-Creme (EuGH) Einl 3.29; **1** 22, 25; **4** 10.148; **5** 1.19, 4.181; **12** 2.76
Liga Portuguesa Einl 3.34; **4** 11.137 d, 11.178
LIKEaBIKE **4** 9.1, 9.8, 9.16, 9.23 ff, 9.28, 9.33, 9.34 b, 9.43, 9.46 a, 9.49, 9.69; **6** 55 a
Lila-Postkarte **4** 7.9 f, 7.9 d, 7.18
Linde (EuGH) **5** 1.53
Linde, Winward u Rado (EuGH) **4** 9.10
Lindes Verkaufshelfer **6** 2
Lindt und Sprüngli **4** 10.84 f
Linhart/Biffl (EuGH) **5** 1.53
Literaturhaus **4** 10.95
Lizenzanalogie **9** 1.34, 1.43
Lloyd/Loints (EuGH) **1** 22, 25; **5** 1.54 f
Lockvogel **4** 10.196; **5** 7.25, 7.26, 8.1
Loendersloot/Ballantine **4** 10.68
Lohnentwesungen **2** 50 f, 55; **8** 2.38
Lohnsteuerhilfe-Bundesverband **8** 3.56, 3.66
Lohnsteuerhilfeverein **8** 3.27
Lohnsteuerhilfevereine I **2** 21, 24, 28
Lohnsteuerhilfevereine II **2** 24
Lorch Premium I **5** 1.73, 4.42
Lorch Premium II **4** 11.124; **5** 4.40
L'Oréal (EuGH) **4** 7.9 a f, 9.5, 10.80 f; **6** 10 f, 16 f, 32 ff, 37 ff, 43, 54, 55 a, 95, 102, 150, 153 f, 156, 163 f, 182, 184 ff, 189 f, 192, 194; **6** 10 f, 16 f, 32 ff, 45, 50, 52, 54, 55 a, 59, 95, 102, 150, 153 f, 156, 163 f, 182, 184 f, 186, 189 f, 192, 194
Löscafé **8** 1.25
Lottoschein **1** 29, 36; **2** 96 f, 98, 106 a; **4** 7.14, 10.153; **6** 13, 46, 77, 99, 172, 174
Lübecker Marzipan **5** 1.59, 2.104, 2.183
Ludwigs-Apotheke/Juers Pharma **4** 11.135
Luftfahrt-Fachzeitschrift **5** 2.152
Luftfahrt-Zeitschrift **5** 5.75
Luftfrachtsendungen **5** 3.23
Lüftungsanlage **8** 1.98
Luisi und Carbone (EuGH) Einl 3.34
Luxemburger Wort **4** 8.20
Luxus-Ferienhäuser PAngV **1** 16

1995

Fälleverzeichnis

fette Zahlen = §§ bzw. Artikel

MacDent **4** 11.107
MAC Dog **4** 7.9, 9.9, 10.76 f, 10.79; **5** 1.78; **11** 1.5, 2.19, 2.21
Makalu **4** 10.84 a, 10.85; **11** 2.14, 2.19, 2.26
Makler-Privatangebot **2** 18; **5** 6.39, 7.141; **8** 3.34; **12** 2.90
Mampe **6** 2
Mampe Halb und Halb I **2** 4, 56
Mampe Halb und Halb II **4** 10.53; **8** 1.18, 1.23
Manfredi Einl 6.3, 6.13; **4** 10.22; **9** 1.10
MAN/G-man **11** 2.35
Marbon **11** 2.25, 2.27
Maresi-Etiketten-Wetten **4** 6.13
marions-kochbuch.de **8** 2.20
Maris Einl 7.16, 7.24
Maritim **11** 2.14, 2.19, 2.21 f, 2.25 f, 2.28
Markenbenzin **5** 4.80
Markenparfümverkäufe **12** 2.23, 2.29, 2.113; **9** 4.11
Markenqualität **5** 4.79 f
Markenverband-Deschauer **4** 1.69, 10.134
Markenverunglimpfung I **4** 7.9 d, 10.79
Markenverunglimpfung II **4** 7.8, 7.9 d
marktfrisch **5** 4.73
Marktführerschaft **5** 1.57, 2.67, 2.75, 2.87, 3.10 ff, 4.136, 4.142, 5.83; **12** 2.65, 2.71, 2.73 f, 2.76
markt-intern Einl 7.29; **3** 82 f, 94; **4** 10.123
Marktstudien **4** 10.36, 10.63
Marleasing (EuGH) **3** 71
Marlene Dietrich **8** 1.5; **9** 1.36 a
Mars **4** 6.1
Mars Einl (EuGH) 3.21, 3.27, 3.30; **1** 28; **5** 3.2
Maschenfester Strumpf **4** 10.170, 10.180 a; **9** 1.17, 1.19
Maschinenbeseitigung **2** 30; **4** 10.164 f; **8** 1.71, 1.79
Massenbriefsendungen aus dem Ausland **4** 11.150
Maßkleidung **5** 2.94
Maßnahmen der Mitgliederwerbung **12** 2.2 f, 2.7 f
Master of Science Kieferorthopädie **4** 11.107, 11.109; **5** 2.202 f, 5.140
Mattscheibe **2** 64, 69, 96 e
McBacon **4** 6.12 f
McHappy-Tag **4** 1.221
Mc Laren **2** 111; **4** 10.79
Mecki-Igel III **4** 10.169, 10.172; **9** 1.19
Mecklenburger Obstbrände **4** 7.6, 7.16, 8.6 f, 8.11, 8.13; **11** 1.26, 1.44
med **5** 2.112, 4.190
Medaillenwerbung **5** 2.67, 2.71, 3.5, 5.160
MEGA SALE **8** 4.3, 4.10, 4.13 f, 4.25
mehr als …% sparen **5** 7.70
mehr als jede andere führende Handzahnbürste **6** 18
Mehrwert II **5** 2.142, 7.93; **6** 91
Meißner Dekor I Einl 5.4, 7.2; **8** 2.2 f, 2.11 f, 2.16; **9** 1.3 f, 1.40; **11** 1.2
Meißner Dekor II **8** 2.41, 2.45
Meistbegünstigungsvereinbarung **9** 4.5, 4.15, 4.18
Meister-Kaffee **5** 3.8; **12** 2.65
Melitta-Kaffee **5** 2.47, 2.122, 2.139, 2.143
Mengenausgleich in Selbstentsorgergemeinschaft **4** 11.5, 11.35 b, 11.35 c, 11.154

Merkmalklötze **4** 9.46, 9.48, 9.69
Mescher weis **12** 2.16, 3.74, 3.77
Messerkennzeichnung **4** 9.25, 9.30 f, 9.42 ff, 9.69
Messmer-Tee II **5** 1.83; **9** 1.34, 1.36, 1.39 a, 1.42 f, 4.7
Messpuffer **5** 2.81
Metallbett **4** 9.4 a, 9.40, 9.43, 9.63, 9.70, 9.85, 9.87
Metro (BVerG) Einl 3.9, **3** 90
Metro I **4** 10.130, 11.144
Metro III **8** 1.38; PAngV **9** 2
Metro V **8** 3.9
Metroporol **4** 11.135
Metro-Post **3** 44
Metrosex **8** 1.23 a, 1.25, 1.26
Michel Debus (EuGH) Einl 3.33
Michelin **2** 92
Michel-Nummern **4** 9.7, 9.30, 9.38; **8** 2.21
Mietboykott Einl 7.31; **4** 10.128 f
Mietkauf PAngV **6** 3
Mietwagenkostenersatz **1** 29; **4** 1.250, 10.24, 10.33, 10.35, 10.37 ff, 10.45 ff, 11.30
Mietwagen-Mitfahrt **4** 10.162; **12** 2.17
Mietwagen-Testfahrt **4** 10.161 f
Migrol **5** 1.10, 1.76, 4.223
Mikrofilmanlage **12** 2.18, 2.68
Milchboykott **4** 10.117, 10.124, 10.129
Milcherzeugnisse (EuGH) Einl 3.32
Milchfahrer **4** 10.44; **9** 1.26; **12** 2.4; **17** 59, 64
Milchstreik **4** 10.128
Mild-Abkommen **4** 1.243 f
Millionen-Chance **3** 8, 8 d, 36, 53; **4** 0.7, 1.91, 6.4
Millionen trinken **5** 2.124, 4.230
Mindestverzinsung **1** 33, 35; **5** 1.48, 1.57, 1.59, 2.102, 2.106, 2.169, 2.212, 4.92, 4.95; **12** 2.72
Miniaturgolf PAngV Vorb 19
Minimax **4** 10.72
mini-Preis **12** 2.45
Mischbetrieb **4** 11.144
Mischverband I **8** 3.44, 3.56, 3.58
Mischverband II **8** 3.44, 3.56, 3.58, 4.21; PAngV Vorb 6
Miss Petite **9** 1.21, 1.36 a, 1.42, 4.7, 4.18
Missbräuchliche Mehrfachabmahnung **1** 50; **8** 4.2, 4.3, 4.7, 4.16, 4.19; **12** 1.4 f, 1.14, 1.76, 1.81 f, 1.87, 1.90 f, 1.97 a, 1.102
Missbräuchliche Mehrfachverfolgung **1** 50; **8** 1.56, 3.22, 4.2, 4.10 f, 4.14 f, 4.16, 4.18, 4.24
Mit Verlogenheit zum Geld **4** 8.13
Mitgliederwerbung **2** 40
Mitsubishi **1** 29
Mitwohnzentrale.de **1** 29; **4** 10.6, 10.9 ff, 10.25, 10.30 f, 10.95; **5** 1.57, 4.103, 4.109, 5.85
Möbelauszeichnung PAngV **4** 7
Möbelentwürfe **4** 10.36, 10.107
Möbel-Haus **5** 5.24; **12** 2.71
Möbelhaus des Handwerks **5** 2.90
Möbelklassiker **8** 1.18, 2.13, 2.17
Möbelprogramm **4** 9.29
Möbelrabatt **8** 1.11, 1.39
Möbel-Umtauschrecht **5** 1.57
Möbelwachspaste **17** 4, 9
Mobiltelefon UKlaG **1** 3
Modemacher **5** 2.128
Modeneuheit **4** 9.67, 9.76; **9** 1.39 a, 1.49, 4.7; **12** 2.33, 2.108

magere Zahlen = Randnummern   **Fälleverzeichnis**

Modenschau im Salvatorkeller **2** 65; **4** 3.27 c, 3.32; **11** 1.25; **12** 1.145 b, 1.148 f, 1.151, 2.37, 2.39
Modeschmuck **4** 9.23
Modess **11** 2.43
Modulgerüst I **4** 9.3, 9.28, 9.36, 9.46 f, 9.49 f, 9.56, 9.58 f, 9.61 f, 9.69, 9.77; **8** 2.5 f, 2.31; **12** 2.100
Modulgerüst II **12** 2.100
Mogulanlage **9** 1.44
Molkereigenossenschaft **4** 10.218
Molkereizeitung **4** 7.16, 8.2; **5** 2.98
Mon Cherie II **8** 1.59; **12** 2.109
Monatlicher Ratenzuschlag **2** 72, 78; **5** 2.70, 7.42
Mondpreise? **5** 3.19, 3.23, 7.45, 7.48, 7.51, 7.55, 7.61, 7.77; **12** 2.89, 2.91, 2.93
Monopräparate **8** 1.29, 1.43
Monumenta Germaniae Historica Einl 5.59; **9** 1.36, 4.13 f, 4.19, 4.21, 4.28
Mordoro **4** 7.9 d; **9** 3.2
Motorboot-Fachzeitschrift **1** 49; **4** 12.2, 12.11 ff, 12.28
Motorjacht **4** 7.21, 8.23
Mozzarella I **8** 3.25, 3.30
Mülltonnen Einl 7.26
Multi Cable Transit (EuGH) Einl 3.31, 3.33; **4** 9.16
multikord **12** 2.53
Münzangebot **2** 106 c; **4** 11.143; **8** 3.38 ff, 3.42 a; PAngV 1 35
Münzautomatenhersteller **5** 7.2 a
Musical-Gala **12** 2.106
Muskelaufbaupräparate **4** 11.135, 11.153
Myalgien **12** 2.44

Nachlass bei der Selbstbeteiligung **4** 1.49 f, 1.252, 1.256, 11.50; **8** 2.5, 2.5 a; **11** 2.9; **12** 2.44
nach Maß **5** 4.190
Nacht & Tag **5** a 9
Nachtbackverbot **4** 11.145
Napoleon III **11** 2.22, 2.24, 2.35
Naturheilmittel **4** 11.135
Naturkind **4** 11.136; **5** 4.51 f, 4.54
natürlich in Revue **4** 9.30, 9.43 e, 9.66
naturrot **5** 4.7; **12** 2.72
Natursaft **5** 4.52
Nebelscheinwerfer **9** 4.33
Nebenkosten **4** 11.143; **5** 7.3; PAngV Vorb 17; PAngV 1 12, 18
Nederlandsche Banden-Industrie Michelin (EuGH) **4** 1.101
Nelkenstecklinge **4** 9.35, 9.66, 10.185
Neu in Bielefeld I **2** 12; **8** 2.8, 2.16, 2.19, 2.36, 4.10, 4.13, 4.15, 4.16, 4.24; **9** 1.4
Neu in Bielefeld II **5** 7.126; **9** 4.11, 4.26; **12** 2.55
Neu nach Umbau **2** 96 d f.; **5** 4.59, 7.113; **8** 3.38 a; **12** 2.72
Neu zum Gebrauchtpreis PAngV Vorb 20
Neues aus der Medizin **8** 1.10, 1.39, 2.10, 2.32, 2.45, 2.52, 2.56; **12** 2.15
Neues Informationssystem **5** 2.169, 4.61
Neugeborenentransporte **4** 10.117, 10.119 b; **9** 1.19
NEURO-VIBOLEX/NEURO-FIBRALEX **11** 2.15
NEUTREX **4** 10.84 a, 10.85
Nevada-Skibindungen **5** 4.81

Nichtigkeitsfolgen der Preisangabenverordnung **12** 3.80
Nicola **4** 10.162; **11** 2.41
Nicoline **8** 3.22
Nissan (EuGH) Einl 3.30, 3.32, 3.42; **5** 1.16 f, 2.191, 4.64; **5** a 19
Noblesse **9** 1.47 f., 4.18
Noppenbahnen **4** 9.33, 9.41 a, 9.46 ff, 9.49
Notarwerbung II **4** 11.86, 11.103
Notarieller Festpreis **5** 7.90; **12** 2.71
Notenstichbilder **4** 9.7, 9.70, 9.75
Notfalldienst für Privatpatienten **4** 11.21, 11.105, 11.112; **8** 3.33
Notizklötze **4** 9.23
Novodigal/temagin **4** 11.135
Null-Tarif **5** 7.118
Nur bei Lotto **2** 27; **8** 3.27
N. V. Nederlandsche Banden-Industrie Michelin **4** 1.134

O2 und O2 **6** 16 c ff, 32 f, 34, 36, 39, 64 ff, 89, 143 ff
Objektive Schadensberechnung **9** 1.35, 1.41 f, 1.46, 4.13, 4.27 f
ODDSET **3** 70, 91; **4** 11.24, 11.178
Odol **5** 2.94, 3.26; **12** 2.95
Oebel (EuGH) Einl 3.16
Öffnungshinweis **5** a 20
Ohne 19% Mehrwertsteuer **3** 8 b; **4** 0.7, 1.7, 1.126, 1.129, 1.131; 10.185
Ohrclips Einl 7.7; **2** 21, 23, 30 a; **6** 31, 32, 54 f, 55 a, 161; **12** 2.91
Ölbrennermodelle **5** 4.173
Ölfilter **5** 6.24
Ölverschmutzte Ente **2** 50; **3** 87; **4** 1.221
Omeprazol **6** 9
One Touch Ultra **4** 11.125
Oosthoek (EuGH) Einl 3.31 OP-Lampen **6** 4, 52, 114, 147
Optimale Interessenvertretung **2** 97 a, 106 d; **4** 11.24, 11.85, 11.87, 11.88, 11.93, 11.95; **14** 18
Optometrische Leistungen I **4** 11.78
Optometrische Leistungen II **4** 11.78
Optometrische Leistungen III **4** 11.78
Oracle **4** 9.5; **6** 31, 55 a, 149, 188 f, 191, 192; **9** 4.1, 4.2; **12** 2.97, 2.99
Orangenhaut **4** 3.27, 3.27 a+b, 3.35, 3.35 b
Orderkarte **4** 11.170
Ordnungsmittelandrohung **12** 3.37 a, 3.29
Organisationsverschulden **12** 6.4, 6.6
Orient-Teppichmuster Einl 3.30; **1** 29, 35; **2** 96, 106 c; **4** 10.148; **5** 1.57, 2.87 f; **6** 23; **8** 3.38 a ff; **12** 2.37, 2.39
Original Oettinger **5** 2.183
Original-Ersatzteile **5** 6.26
Original-Maraschino **5** 2.146, 5.57
Orthopädische Hilfsmittel **12** 2.2
Örtliche Zuständigkeit **14** 2
Ostflüchtlinge **8** 1.110
Ostfriesische Teegesellschaft **5** 2.215, 2.217, 4.23; **11** 2.34
Ostkontakte **9** 2.2
OSTSEE-POST **5** 2.92 a, 4.216; **12** 2.23 a
ÖTV Einl 7.16
Ovalpuderdose **4** 9.15, 9.25, 9.27, 9.35, 9.48
Oxygenol **8** 3.22; **12** 2.119
Ozon **11** 2.22

1997

Fälleverzeichnis

fette Zahlen = §§ bzw. Artikel

Pajero **8** 1.19, 1.22
Paketpreisvergleich **5** 7.63; **6** 116 f, 119 f
Pall/Dahlhausen (EuGH) Einl 3.10, 3.27, 3.32, 3.42; **5** 1.16, 1.28 f, 1.34, 1.46, 3.2
Pankreaplex **17** 12
Paperboy **1** 11; **4** 1.277, 9.7, 9.38, 10.73; **5** 2.186; **12** 2.35, 2.44; **12** 2.35, 2.44
Parallelverfahren I **12** 2.20, 2.105
Parallelverfahren II **11** 1.45; **12** 2.20, 3.3
Parfümtestkäufe **9** 4.11, 4.31
Partnerprogramm **8** 2.19, 2.33 f, 2.37, 2.41 2.43 ff, 2.47
Partnerschafts-Kurzbezeichnung **4** 11.60, 11.95
partner with the best **4** 9.22
Passion **12** 2.76
Patentanwaltshonorar (EuGH) Einl 5.53
patented **1** 29
Patentgebührenüberwachung **4** 11.64 a, 11.65 a, 11.70
Patientenwerbung **4** 11.108
Payback **7** 134, 137, 139, 141, 183, 185, 188; **12** 1.99
Peek & Cloppenburg **5** 4.244; **9** 1.19
PEE-WEE **5** 5.63
Pelzversand **4** 3.27, 7.10, 7.21, 8.2
Perserteppiche **4** 11.144
Pertussin Einl 5.11; **8** 1.99; **12** 4.7
Peters **12** 6.4
Petromax I **17** 8, 61, 65
Petromax II **4** 9.62; **17** 7 a, 12, 52, 61, 62
Pfiffikus-Dose **4** 9.22, 10.140; **6** 2, 91; **12** 2.91
Pflegebett **4** 9.8, 9.23, 9.25, 9.41, 9.65
Pharmahörfunkwerbung **4** 11.135
Pharmakartell **1** 3, 44; **3** 59, 83, 85; **4** 7.15, 7.18 ff, 8.2; **6** 9, 173
Pharmamedan **8** 1.59 f; **9** 1.21; **12** 2.55
Pharmawerbespot **4** 11.134
Philip Morris (EuGH) **4** 13.59
Philips/Remington (EuGH) **4** 9.10
Photokina Einl 7.4, 7.16, 7.26
Phylax-Apparate Einl 7.16, 7.29
Piageme I (EuGH) **1** 27
Piageme II (EuGH) **1** 27
Piek-fein **5** 1.85; **8** 1.39
Petra di Solln **5** 2.123
Pinguin-Apotheke **7** 75
Pippig Augenoptik/Hartlauer (EuGH) Einl 3.42 f; **1** 22, 473 152; **5** 1.14, 1.16, 1.56; **6** 9, 10, 11, 21, 23, 25, 26, 27, 43, 49, 50, 97, 118, 119, 120, 121, 125, 167, 177, 180
Pizza & Pasta **9** 1.19, 4.26
PKW-Schleichbezug Einl 5.5; **2** 96 e; **4** 3.51; **11** 2.7
Placanica **4** 11.178
Plagiatsvorwurf I **8** 1.78, 1.106
Plagiatsvorwurf II **4** 8.25; **8** 1.102; **12** 2.51, 2.53 f, 2.107, 4.7, 4.13, 4.17, 4.51, 4.53 f
Planungsmappe **9** 1.13, 1.30, 1.36, 1.39, 4.41
Plastic-Folien **5** 2.75, 4.27
Plastikkorb **9** 3.2
Playstation **4** 1.1032.26, 2.28; **5** 2.79, 2.98, 7.32, 7.33, 7.35, 7.40, 8.7
Plus Warenhandelsgesellschaft (EuGH) Einl 3.37, 3.62 f; **3** 8, 8 b; **3 Anh** 0.4, 28.2; **4** 0.7, 1.91, 1.101, 1.112, 1.166, 4.5, 5.3, 6.2 a, 6.4, 10.3 a; UKlaG 28.2

Plym-Gin **5** 2.123
POINT **2** 96 e; **12** 2.5
Politikerschelte **2** 50 f; **3** 65 a; **4** 1.221, 1.231, 11.135; **5** 1.66; **8** 3.34
Polizeichef **4** 7.28, 8.13
Polyurethan **17** 7
Porzellanmanufaktur **5** 5.66, 5.73; **12** 2.26, 2.80 f
POST I **5** 2.92 a
POST/RegioPost **5** 4.252
Postfachanschrift **4** 11.158, 11.163, 11.170
Post-Wettannahmestelle **4** 11.137 b f
Postwurfsendung **7** 108
PPC **11** 2.13 f, 2.19, 2.22 ff, 2.28; **12** 2.37
Prallmühle Einl 7.26
Prämixe Einl 7.29; **2** 37, 71; **4** 7.26; **11** 2.12
Präsentation **7** 53, 55
Praxis Aktuell **5** 2.55, 2.58
Praxiseigenes Zahnarztlabor **4** 11.79
Präzisionsmessgeräte **4** 9.60 ff, 9.70, 9.74; **17** 4 f, 7 f, 11 f, 59
Preis ohne Monitor **1** 29, 35; **5** 1.57, 2.95, 2.98 f, 7.36
Preisauskunft **5** 7.75; **9** 4.5; **12** 2.91
Preisausschreiben **4** 6.1, 6.11
Preisauszeichnung **5** 7.70
Preisbindung durch Franchisegeber I **5** 8.17; **9** 4.5, 4.13, 4.20, 4.37
Preisbindung durch Franchisegeber II **5** 8.17
Preisbrecher **8** 4.17
Preisempfehlung bei Alleinvertrieb **5** 7.53
Preisempfehlung für Sondermodelle **5** 7.49, 7.51, 7.55, 7.59; **8** 1.53; **9** 4.11
Preisgarantie I **4** 10.143; **5** 7.88
Preisgarantie II **4** 10.143; **5** 7.88
Preisgegenüberstellung I **5** 3.23, 7.74, 7.81, 7.83; **12** 2.93
Preisgegenüberstellung III **5** 7.87, 7.131
Preisgegenüberstellung im Schaufenster **6** 167, 170, 172, 174, 177, 178; **12** 2.39
Preiskampf **4** 10.184, 10.187, 10.191, 12.11, 12.14, 12.16; **5** 7.89; **11** 2.7
Preisknaller **5** 7.67, 7.83; **8** 1.28, 1.36, 1.52 f
Preisrätselgewinnauslobung I **4** 3.4, 3.20, 3.26
Preisrätselgewinnauslobung II **4** 3.4, 3.26; **12** 2.17
Preisrätselgewinnauslobung III **2** 106 c; **4** 3.20, 3.26; **8** 3.38 a, 3.40
Preisrätselgewinnauslobung IV **4** 3.26; **8** 3.40
Preissturz ohne Ende **8** 1.15, 1.20, 1.23
Preistest **4** 10.143; **5** 2.90, 7.65
Preisvergleich I **2** 60
Preisvergleich II **4** 10.143, 10.146 f, 10.150 f; **5** 7.65
Preisvergleichsliste I **6** 177; **9** 4.11; **11** 1.15, 1.21 f, 1.38; **12** 1.67, 1.121 f, 2.55, 2.69
Preisvergleichsliste II **2** 96 d; **6** 2, 4, 52, 64, 70, 117, 132 f, 136, 197, 211
Pressebericht in eigener Sache **4** 7.10
Pressedienst **5** 3.23 f, 5.157; **8** 1.40
Pressefotos **9** 1.42, 1.43; **12** 2.113
Pressehaftung I **2** 68; **4** 7.10, 7.16, 7.21, 7.26; **8** 2.10; **9** 1.17, 1.29, 1.32, 2.3, 2.10 f; **12** 1.87, 2.57
Pressehaftung II **5** 2.92; **8** 1.20 f, 2.10; **9** 2.3; **12** 2.23
Presseinformation I **4** 3.35 b

magere Zahlen = Randnummern

Fälleverzeichnis

presserecht.de **4** 11.90 ff; **5** 5.149
Prince Albert **11** 2.20, 2.22, 2.27, 2.31
Priorin **4** 11.136
Privatärztlicher Bereitschaftsdienst **4** 11.112
Private Vorsorge bei Arbeitslosigkeit **7** 125, 140, 143
Probeabonnement Einl 6.13; **2** 114 f, 131; **3** 44, 101; **4** 1.34, 1.118, 10.18, 10.42, 10.45, 10.127, 10.203, 10.207, 11.12, 11.30, 12.12; **5** 5.165 f; **10** 6
Probe-Jahrbuch **4** 12.17
Probierpreis **4** 10.155; **11** 2.3
Product Placement **4** 3.1
Produktinformation I **4** 3.35 a; **8** 2.10
Produktinformation II **4** 3.22, 3.28, 3.30, 3.35 b; **8** 2.10
Produktinformation III **4** 3.35 b, 3.37; **8** 2.10
Produkt-Interview **4** 3.20, 3.27, 3.28, 3.29, 3.30, 3.35 a ff, 3.37; **8** 3.38 a f
Produktionsstätte **5** 2.183
Produktwerbung **2** 96 f; **8** 3.38 a f, 4.21
Professorenbezeichnung in der Arztwerbung I **5** 5.140; **12** 2.44 f, 2.50, 2.89
Professorenbezeichnung in der Arztwerbung II **5** 5.140; **8** 1.36, 1.52; **12** 2.106, 6.8
Professorenbezeichnung in der Arztwerbung III **5** 5.140
Professorentitel in der Arzneimittelwerbung **5** 5.140
profil **14** 14 f
Progona **4** 11.18
Progressive Kundenwerbung **16** 33, 38
Prospekthalter **4** 9.6, 9.12
Provisionsfreies Maklerangebot **5** 6.39, 7.141
Provisionsweitergabe durch Lebensversicherungsmakler **4** 10.162; **11** 2.41
Prozessrechner Einl 7.7; **9** 1.36, 1.39;**11** 1.11; **12** 2.57; **17** 10 f, 13, 17, 23, 53, 58
Prüfungsverband **4** 10.218
Prüfzeichen **5** 1.12
PS-Werbung I **4** 11.121
PS-Werbung II **3** 100, 102; **4** 11.121
Pudelzeichen **11** 2.22, 2.43
Pulloverbeschriftung **8** 1.91; **9** 4.2, 4.5, 4.18
Pullovermuster **3** 104; **4** 9.68
Pulverbehälter **4** 9.28, 9.31, 9.80
Punto Casa (EuGH) Einl 3.23
Puppenausstattungen **4** 9.23, 9.41 a ff, 9.45 f, 9.69; **8** 3.22
PVC-frei **5** 2.69, 2.108, 2.203, 4.171
Pyrex **4** 1.100; **12** 2.33

Quelle Einl 3.13
Quersubventionierung von Laborgemeinschaften **4** 1.50 1.116, 1.188, 10.190; **12** 2.92
Quizalofop **4** 11.50 a, 11.148
qm-Preisangaben I **4** 11.143; PAngV 1 9, 15
qm-Preisangaben II **4** 11.53, 11.143; **9** 1.19; PAngV 1 9

Radikal gesenkte Preise **5** 7.92
Radio Stuttgart **12** 2.32
Radio von hier **4** 9.22
Radio-Recorder **4** 10.66; **5 a** 22
Radkappe **5** 6.25
Radschutz **4** 7.16; **8** 1.85, 1.87; **12** 2.52, 4.7

Raiffeisensymbol **5** 4.217
Ramschware **6** 90
Ratio **4** 11.144
Raubkopien **9** 1.43
Rauchen schadet der Gesundheit **3** 82, 93
Räucherkate **4** 9.9, 10.77
Raumausstattung **5** 2.38, 2.138
Räumschild **8** 2.12, 2.17 f
Räumungsfinale **4** 4.9, 4.11; **5** 2.92, 6.6
Räumungsverkauf an Sonntagen **4** 11.53
Räumungsverkauf wegen Umbau **5** 6.6
Räumzange **17** 10
RDM **5** 7.141
Rechenscheibe **12** 2.15, 2.17
Rechenzentrum **4** 11.72; **5** 1.8, 1.42, 2.212, 3.12, 4.146; **8** 3.33; **12** 2.40, 2.71
Rechnungslegung **9** 4.19, 4.21
Rechtsanwalt als Minister **4** 11.101
Rechtsanwaltsgesellschaft **4** 11.60
Rechtsanwalts-Ranglisten **2** 64 ff; **4** 3.23; **6** 17, 59, 64, 67; **8** 2.13, 2.14
Rechtsberatung durch Automobilclub **3** 129, 149; **4** 11.58 a, 11.62 f
Rechtsberatung durch Autoversicherer **4** 2.23
Rechtsberatung durch Haftpflichtversicherer **2** 96, 96 b f., 97 a; **4** 2.42, 11.63, 11.64, 11.156 e, 11.170; **8** 3.17, 3.18, 3.19, 3.21, 3.22, 3.28
Rechtsberatungsanschein **2** 29, 106 a; **8** 3.27, 3.38 a
Rechtsbeschwerde I **12** 3.38 f, 3.42 f
Rechtsbeschwerde II **12** 2.34
Rechtsbetreuende Verwaltungshilfe **4** 11.70
Rechtskraft der Feststellung **12** 2.115
Rechtsschutzbedürfnis **8** 1.10, 1.13; **12** 1.121, 1.158, 2.15 ff, 2.18
Rechtsweg **12** 2.9
Rechtswegprüfung I **12** 2.9
Regensburger Karmelitengeist **12** 4.7
Regenwaldprojekt I **4** 11.48 f, 1.50, 1.103, 1.224, 1.228, 1.240 f; **5** 2,180, 4.175 f, 4.178; **12** 2.93
Regenwaldprojekt II **4** 1.49, 1.227 f, 1.240 f; **5** 3.23, 4.178
Regulärer Preis **5** 7.128
REHAB **12** 2.20
REI-Chemie **8** 1.100; **12** 4.7
Reimportierte Kraftfahrzeuge **2** 37; **5** 4.63 f
Reinheitsgebot (EuGH) **1** 28; **5** 2.92
Reinigungsarbeiten **12** 2.23 f, 2.29, 2.107
Reisebüro **4** 13.47
Reisebüro Broede (EuGH) **5** 1.41
Reisen zu großen Sportveranstaltungen **4** 4.13
Reiseverkäufer **8** 2.47, 2.51
Remailing I **4** 13.9, 13.23; **12** 2.5
Remailing-Angebot **9** 4.4; **12** 2.55
Remington **8** 1.98
Rentenberater **2** 96 e
Reparaturversicherung **2** 36; **6** 2; **8** 1.77, 1.87, 2.31
Reprint **4** 9.35, 9.70, 9.75
Resellervertrag **9** 1.42, 1.43, 1.44
Restaurantführer **2** 64; **4** 7.10, 8.11; **9** 1.7, 2.3
Restwertbörse **9** 1.18, 1.43, 3.2, 3.5, 4.11, 4.41
Rezeptsammlung für Apotheker **4** 11.77
RG Dun & Co **5** 5.6
Rheinmetall-Borsig II **4** 9.62; **8** 1.87
Rhenodur I **5** 4.3 f, 4.8, 4.45, 4.156, 4.159; **12** 2.73

Fälleverzeichnis

fette Zahlen = §§ bzw. Artikel

Rheumalind II **5** 2.214, 3.26, 4.159, 4.183, 4.185; **11** 2.33 f; **12** 2.91, 2.95
Ribana **11** 2.26
Richtpreiswerbung I **4** 10.159; **5** 7.47, 7.50, 7.51 f, 7.57, 7.73
Richtpreiswerbung II **4** 10.159; **5** 7.51
Richtpreiswerbung III **5** 7.51, 7.53
Rillenkoffer **4** 9.6, 9.9, 9.29, 9.41, 9.69
Rippenstreckmetall **5** 2.160; **12** 4.7
Robelco/Robelco (EuGH) **4** 7.9
Rohrpostanlage **4** 1.72
Rohstoffgehaltsangabe in Versandhandelsanzeige **4** 11.130
Rollen-Clips **4** 9.50, 9.77
Rollhocker **4** 9.7, 9.49, 9.87; **5** 4.254; **9** 1.8, 1.36 b, 4.7; **12** 2.41
Rolling Stones (EuGH) Einl 3.1 f, 3.10
Rollkostenzuschüsse **4** 13.33
Rollstühle **12** 2.2
Rollstuhlnachbau **4** 9.3, 9.28, 9.41, 9.49; **5** 4.254; **9** 4.19; **12** 2.64
Römer **5** 1.75
Römer GmbH **8** 1.36, 1.52
Römerquelle II **4** 3.1, 3.45
Rosaroter Elefant **4** 9.23
Rosenheimer Gummimäntel **5** 2.71, 2.189, 4.233
Rotaprint **4** 9.37, 9.44, 9.46
Rote Briefkästen **5** 2.92 a
Roter mit Genever **5** 3.17; **12** 3.80 f
Rotes Kreuz **8** 1.28; **11** 2.33; **12** 2.39, 2.113
Rotpreis-Revolution Einl 5.6, 5.7
Rubbelaktion **4** 1.76, , 1.170, 6.1, 6.12 f
Rückkehrgebot **4** 11.83
Rückkehrpflicht I **4** 11.83
Rückkehrpflicht II **4** 11.83
Rückkehrpflicht III **4** 11.83; **12** 2.40
Rückkehrpflicht IV **4** 11.83
Rügenwalder Teewurst II **5** 1.79 a, 4.205; **12** 2.71
Rufumleitung **4** 10.2, 10.3 a, 10.9 ff, 10.27 b
Rum-Verschnitt **4** 10.145, 10.149; **5** 2.112, 4.5, 4.16
Russisches Schaumgebäck **4** 10.84 a
Rustikale Brettchen **1** 2; **4** 1.88

Sabotage **2** 40
Sachverständigenbeauftragung **4** 11.64 a, 11.65 a, 11.70
Sahnesiphon **5** 4.193; **9** 1.30 f, 4.13, 4.18
Salami II **5** 2.123
Salomon **4** 10.79, 10.84 a
SAM Einl 3.13
Sammelaktion für Schoko-Riegel **3** 147 a; **4** 2.24, 2.27, 2.29, 2.31, 2.33 f; PAngV Vorb **5**; **3** Anh 28.3, 28.9
Sammelbesteller **4** 1.194, 11.82
Sammelmitgliedschaft I **8** 3.43
Sammelmitgliedschaft II **8** 3.43
Sammelmitgliedschaft III **8** 3.7, 3.9, 3.34, 3.43, 3.48; UKlaG **3**
Sammelmitgliedschaft IV **8** 3.35, 3.38 a
Sammelmitgliedschaft V **8** 3.9, 3.35, 3.38, 3.38 a, 3.42 a f
Sammelmitgliedschaft VI **8** 3.40, 3.42 a
Sanatorium I **8** 1.33; **12** 1.148
Sanatorium II **4** 11.135
Sanatoriumswerbung **4** 11.108, 11.114, 11.135

Sanfte Schönheitschirurgie **4** 11.74, 11.105, 11.108, 11.110 f; **8** 2.12, 2.18; **12** 2.23, 2.35
Sanifa **4** 10.217 f
Satzungsregeln eines Vereins **4** 11.29
Sauerstoff-Mehrschritt-Therapie Einl 3.30; **4** 11.135, **5** 2.67, 5.136
Sauerteig **5** 2.86
Saugeinlagen **5** 2.38, 2.178 a, 2.180; **6** 46, 71, 168, 170 f.; **12** 2.23
Saustarke Angebote **5** 7.38
Saxophon **4** 9.3, 9.54, 9.65, 10.185
SB-Beschriftung **4** 10.72
scai-cubana **4** 9.3 f
Scanner-Werbung **1** 29; **5** 1.57, 2.70, 2.90, 2.107, 4.139; **8** 4.8, 4.14, 4.16, 4.25; **12** 2.71
Schachcomputerkatalog **2** 51; **5** 2.78, 2.90, 2.150, 2.212
Schaden durch Gegendarstellung **12** 3.83
Schatzjagd **4** 6.13 f
Schaufensteraktion **4** 10.60, 10.134
Schelmenmarkt **4** 11.18, 11.51, 11.53, 11.144; **8** 1.42; **9** 1.19
Schilderpräger im Landratsamt Einl 6.17; **4** 10.18, 13.30, 13.44, 13.61; **12** 2.39
Schilderverkauf **2** 24; **4** 13.18, 13.22, 13.32, 13.44, 13.50, 13.56; **12** 2.7
Schilderwald **5** 7.70
Schindler (EuGH) Einl 3.34
Schirmbar **6** 172
Schlankheitskur **3** 46; **7** 53, 55
Schlankheitswerbung **8** 2.10; **9** 2.3
Schlankkapseln **9** 2.3
Schlauchbeutel **5** 2.188, 2.200
Schleuderpreise **4** 10.121 a, 10.185, 10.191
Schlüssel-Funddienst **5** 7.140
Schlussverkaufswerbung I **5** 2.67, 2.71, 2.108, 2.202 f; **8** 2.10; **12** 2.37, 2.87
Schmiermittel **9** 1.35; **12** 2.113
Schmuck-Set **4** 1.76; **5** 1.54, 2.88
Schockwerbung **1** 19; **3** 58, 65 a, 67, 73, 78, 82 ff, 94, 100; **4** 1.217, 1.222, 1.230, 10.123, 10.147; **7** 19
Schoenenberger Artischockensaft Einl 3.23.; **4** 11.132 ff
Schöner Wetten **2** 64 f; **4** 1.277, 11.178; **8** 2.13, 2.14, 2.25, 2.27
Schönheits-Chirurgie **2** 51, 64; **4** 3.31; **8** 2.12, 2.18
Schräger Dienstag **5** 7.25
Schriftliche Voranmeldung **7** 43, 51, 54
Schriftsachverständiger **4** 8.15; **8** 1.104
Schubladenverfügung **12** 1.16, 1.82 a
Schuhmarkt **5** 2.48, 2.138, 2.155, 3.25, 5.33; **12** 2.94
Schuhpark **8** 1.32, 2.31, 2.53
Schulden HULP Einl 5.6; **4** 11.62 f, 11.64 a, 11.65 a
Schuldenregulierung **4** 11.70
Schuldnachfolge **8** 1.32, 2.31, 2.53
Schulfotoaktion **4** 1.50, 1.63, 11.179, 11.180
Schutzrechtsüberwachung **4** 11.70
Schwardmann **11** 2.30
Schwarze Liste **4** 8.18 f, 8.25, 8.27; **8** 1.91, 2.35; **9** 4.2 f, 4.5, 4.12, 4.15
Schwarze Listen Einl 7.16, 7.29; **4** 7.26
Schwarzwald-Sprudel **4** 10.84 a; **5** 4.37 a

magere Zahlen = Randnummern **Fälleverzeichnis**

Schweißmodulgenerator **17** 11, 52, 64
Schwerpunktgebiete **8** 1.43
Scotch-Whisky **5** 2.112, 4.3, 4.5
Screen-Scraping **4** 10.121 a, 10.125
Sehtest **5** 7.118
seican **4** 10.89
Sektkellerei Kessler (EuGH) Einl 3.29; **1** 22; **5** 1.22, 1.53, 4.40
Sektwerbung **5** 2.189, 2.214, 5.59, 5.62, 5.66; **11** 2.33; **12** 2.109
Sekundenschnell **8** 1.33; **12** 1.121 ff
Selbstauftrag **9** 1.29; **12** 1.93
Selbstbedienung **5** 5.35
Selbsternannter Sachverständiger **5** 5.144; **8** 3.43; **12** 2.91
Selbsthilfeeinrichtung der Beamten **5** 5.87
Selbstzahler **12** 2.6
Sendeformat **4** 9.22, 9.85
Senioren-Pass **4** 13.31; **12** 1.153
Setpreis **5** 7.31, 7.72; **12** 2.35, 2.37, 2.39 **SFEI (EuGH) 4** 13.59
Shamrock II **4** 10.82
Shamrock III **4** 10.84 a, 10.85; **11** 2.43
Shareware-Version **5** a 9, 25
shell.de **4** 10.77, 10.89 f, 10.93, 10.96 ff, 10.101; **5** 1.77, 2.55, 4.210; **8** 1.35; **9** 1.18
Sherlock Holmes **2** 29; **11** 2.22 f
Shevill Einl 5.54
shop-in-the-shop I **4** 10.103 f; **12** 1.85, 1.90
Shop in the Shop II **5** 5.4, 5.23
Sicherungsschein **2** 73; **4** 2.42, 11.170, 11.172 c
Siemens **4** 9.5; **6** 10, 11, 55 f, 127, 153, 154, 155, 158
Sie sparen 4000 DM **5** 7.51; **PAngV 1** 21
Silberal **5** 2.58, 2.90, 4.31, 4.161
Silberdistel **4** 9.6, 9.7
Sinnbild und Maßstab **5** 2.149
Sintex **5** 2.85
Sistierung von Aufträgen **4** 10.36, 10.107; **9** 1.22
Sitex **11** 2.20 f, 2.26, 2.30, 2.36; **12** 2.39, 2.43, 2.53 f
Sittenwidriges Schneeballsystem **3** 157
Sitzender Krankentransport **4** 10.117, 10.119 a, 10.119 c, 10.121, 10.122, 10.127
Ski-Auslaufmodelle **5** 2.44, 2.49; **5** a 9, 13
Skibindungen **5** 2.187; **5** a 9
Skibindungsmontage **4** 1.36, 1.51, 10.35
Ski-Sicherheitsbindung **5** 2.39, 2.41, 2.155, 3.25, 4.84 f; **12** 2.94
Skistiefel **5** 8.3, 8.14
SL **4** 10.13, 10.82
SMS-Werbung UKlaG 13 a 1, 2; **8** 5.2
SodaStream **4** 7.9 a, 10.72
Sofortige Beziehbarkeit **5** 1.39, 2.71, 4.98; **5** a 9
Solange der Vorrat reicht **4** 4.9, 4.12; **12** 2.37
Sommer unseres Lebens **8** 2.5 b, 2.5 e, 2.14, 2.17
Sommerpreis **3** 44
Sommerpreiswerbung **5** 2.94, 7.130; **5** a 9, 13; **8** 1.11, 1.13, 1.18, 1.22; **12** 2.15
Sondenernährung **12** 2.3
Sonderberater in Bausachen **4** 11.82
Sondernewsletter **5** 7.39; **12** 1.96 b, 1.99, **PAngV Vorb 6, 11; 1** 11 ff, 19, 45 f
Sonderpostenhändler **5** 2.114; **12** 2.46
Sonnenhof **5** 2.94, 4.42
Sonnenring **5** 7.3; **PAngV 1** 4 f

SOOO ... BILLIG!? **4** 10.138, 10.146, 10.153, 10.157; **5** 2.34; **6** 13, 17, 46, 53, 55, 79, 81, 97, 170; **12** 2.36
Sozialversicherungsfreigrenze **8** 3.33
SPA **5** 2.183; **8** 1.70, 1.95
Space Fidelity Peep-Show **4** 1.761.105, 1.147, 1.170, 6.13; **5** 1.57; **12** 2.89, 2.91
Sparberaterin II **4** 7.13, 7.20; **12** 2.37
Sparen Sie beim Medikamentenkauf **4** 11.138
Sparkassenverkaufsaktion **4** 13.41
Sparpackung **5** 7.31
Sparvorwahl **1** 29; **5** 1.57, 2.90; **12** 2.71, 2.74
Späte Urteilsbegründung **12** 3.13, 3.15, 3.16
späterer Preis **5** 7.102
Spätheimkehrer Einl 7.16, 7.22, 7.29, 7.31; **9** 2.3
Speiseeis **4** 10.107
Speisekartoffeln **4** 10.44
Spendenbitte **2** 41
Spezial Zucker **5** 4.7, 4.24, 4.78
Spezialreinigung **5** 2.91, 4.199
Spezialsalz I **4** 11.136; **5** 4.78; **12** 4.6 f, 4.17
Spezialsalz II **5** 4.78; **8** 1.33, 1.38, 1.39 a; **12** 4.7
Spiegel-CD-ROM **8** 1.52; **9** 1.18 f, 1.42
Spielautomaten **4** 10.180 a
Spielbankaffaire **8** 1.35
Spielzeug-Autorennbahn **5** 2.150
Spielzeugautos **12** 2.35
Spitzenmuster **9** 4.20
Sponsoring **3** 94; **4** 11.86 ff, 11.95
Sportheim **9** 1.19
Sporthosen **8** 2.20
Sportkommission Einl 7.22; **2** 40
Sportlernahrung II **5** 2.85; **8** 4.21; **12** 2.71
Sportübertragungen **4** 9.38
Sportwetten **4** 10.44, 11.176, 11.178
Sportwetten-Genehmigung **4** 11.4, 11.18, 11.20, 11.44, 11.50, 11.53, 11.178; **9** 1.19
Sprachkurs **4** 11.170
Sprechstunden **4** 10.33; **5** 5.89; **6** 2, 87
Spritzgießmaschine **4** 10.172, 10.180 a
Spritzgießwerkzeuge **4** 10.106; **17** 41, 59, 64
Spritzgussengel **4** 9.48
Spritzgussmaschine **4** 10.103, 10.106 f, 10.110, 10.113; **9** 1.26
St Hubertus **12** 1.135
St Petersquelle **12** 2.36, 2.44
Staatliche Kurverwaltung Bad Ems **5** 2.29
Staatskarossen **9** 2.5
Stabtaschenlampe II **4** 9.10
Stadt Geldern **8** 2.14; **9** 2.3
Stadtwerke Uelzen **2** 92
Stahlexport Einl 5.11, 5.14; **4** 7.16; **14** 14 f, 17
Stambuk **3** 86; **4** 3.28, 11.84, 11.105
Standesbeamte **4** 13.22
Stangenglas I **5** 2.82, 2.214 f, 2.217; **11** 2.25; **12** 2.72, 2.74
Stangenglas II **5** 2.82, 2.206, 4.155
Stapel-Automat **12** 2.100; **17** 11 f, 52, 54, 58 f, 64
Stadt Geldern **8** 2.14, 2.17; **9** 2.3
Stahlexport **4** 7.16, 10.44
Statt Blumen ONKO-Kaffee **2** 96 a f.; **6** 52, 77, 91; **8** 3.38 a
„statt"-Preis **12** 2.35, 2.37, 2.39, 2.44, 2.37, 3.74
Staubsaugerfiltertüten **4** 9.9, 10.77
Steckverbindergehäuse **4** 9.83; **9** 1.36 b, 1.41, 1.45 f, 148 ff.

2001

Fälleverzeichnis
fette Zahlen = §§ bzw. Artikel

Stehen (EuGH) Einl 3.16
Steinhäger 5 2.111
Stellenanzeige 2 50, 96 h; 4 1.231, 11.70
Sterbegeldversicherung 4 13.13 f, 13.52,13.58
Sternbild 4 10.82; 5 2.122; 8 1.15
Steuerberaterwerbung auf Fachmessen 4 10.45; 8 3.33; 12 2.5
Steuereinrichtung 9 1.43
Steuerhinterziehung 8 1.110
Steuersparmodell 2 94, 96 ff., 98
Stich den Buben 4 7.9, 10.77, 10.83; 5 1.79 f, 2.55, 4.42, 4.203 f, 4.208, 5.24, 5.39; 12 2.71
Stiefeleisenpresse 17 8
Stofftragetasche 4 11.116
Stolper Jungchen 5 4.206
Stonsdorfer 5 4.231
Störche 11 2.21
Strafbare Werbung im Versandhandel Einl 7.5; 16 9, 18 a, 19, 29
Straßen- und Autolobby 2 24, 40; 8 3.16
Straßendecke II 17 7; 18 2, 9, 11
Straßenverengung 8 1.72; 12 3.62, 3.83, 6.7
Streckenwerbung 2 96 h; 11 2.10
Streitwertbemessung 12 5.3, 5.6, 5.8, 5.18, 5.24
Streitwertherabsetzung 8 3.48; 12 5.18, 5.24
Stresstest 5 2.63; 6 1, 24, 29, 46, 99, 104, 106, 129, 132, 133, 135, 137, 139
Strom und Telefon I 4 1.119, 11.4, 11.47 13.56
Strom und Telefon II 4 11.4, 11.47, 13.56
Stromunterbrechung I Einl 7.16, 7.18 f, 7.22, 7.24
Stubenhändler 4 10.33
Studenten-Versicherung 4 13.16; 12 2.6
Stufenleitern 4 9.6, 9.9 f, 9.24, 9.28, 9.33, 9.41, 9.41 a f, 9.45, 9.49, 9.80
Stumme Verkäufer 4 1.90, 1.104, 12.24
Stumme Verkäufer II 4 1.3, 1.7, 1.24, 1.26, 1.51, 1.90, 1.103, 12.1, 12.3, 12.7, 12.11, 12.24
Stundung ohne Aufpreis 12 2.23 a, 2.48, 2.107
Stundungsangebote 4 11.143; 5 7.4; PAngV 6 3, 11
Stuttgarter Wochenblatt I 1 44; 3 150; 4 12.21
Stuttgarter Wochenblatt II 3 150
Subunternehmervertrag 4 10.103
Suchmaschineneintrag 7 15, 125, 163 ff; 169
Suchwort 2 68; 4 10.167; 9 2.3
Südkurier 9 2.9
Süßbier Einl 7.23; 5 4.36
SUWA 1 2; 4 12.11, 12.19
SWATCH 4 9.10
Sweepstake 4 1.162; 5 2.94; 8 3.44
Synthesizer 4 10.66, 10.68 ; 5 a 22
Synthetik-Wildleder 5 4.158
Systemunterschiede 5 2.144, 2.150; 8 1.18, 1.20
Sistierung von Aufträgen 4 10.36, 10.107
SZENE 5 1.78

Tabac 8 2.10
Tafelwasser 5 4.74
Tag der offenen Tür I 4 11.144
Tag der offenen Tür II 4 11.35 b, 11.51 11.144
Tageseinnahmen für Mitarbeiter 4 1.221
Tagespreis PAngV Vorb 2
Tagesreport 8 1.24
Tagesschau 4 10.77; 5 1.78
Tageszulassung II 5 2.169, 2.180, 2.188, 4.62

Tageszulassungen 4 1.6
Tampax Einl 5.7 ff; 4 8.20; 5 3.26; 12 2.95
Tankstellenhalter-Vertragswerk UKlaG 7 7
Tapetenpreisempfehlung 5 7.49, 7.51 f, 7.73; PAngV 1 21
Tariflohnüberschreitung 12 2.39
Tariflohnunterschreitung 4 11.38; 5 3.23; 12 2.39
Taschenbuch-Lizenz 12 2.39
Taxen-Farbanstrich 4 11.161
Tchibo/Rolex I 2 101, 110; 4 9.26 f, 9.41, 9.54 f, 9.59, 9.83
Tchibo/Rolex II 4 9.83; 9 1.35, 1.36 b f, 1.39 f, 1.42 f, 4.28; 12 2.56 f, 2.90
TCM-Zentrum 4 11.134 f; 8 1.33, 1.39 a; 12 2.36, 2.39, 2.43
Teerspritzmaschinen 4 7.14, 10.48, 10.72; 8 1.72, 1.96, 3.14; 9 4.5, 4.25, 4.42; 11 1.17
Teigwaren (EuGH) Einl 3.32
Teilunterwerfung 12 1.118, 1.131, 1.172
Teilzahlungsankündigung 5 1.54, 2.90, 7.43; 5 a 23
Teilzahlungspreis I 4 11.143; PAngV Vorb 18
Teilzahlungspreis II 4 11.143; 5 1.54, 2.81, 7.42, 7.94; PAngV Vorb 18
Teilzahlungspreis III 4 11.143; PAngV Vorb 18; PAngV 1 19
Telefax-Werbung I 7 179, 192, 194
Telefax-Werbung II 7 179, 194; 8 4.8
Telefonaktion 3 117, 122, 135; 151; 4 11.104; 8 1.43, 2.8, 2.33, 2.47; 12 2.23, 2.29, 2.113
Telefonieren für 0 Cent! 5 7.34 a; PAngV 1 9, 11 ff., 19
Telefonische Vorratsanfrage 5 8.1; 12 2.37
Telefonische Gewinnauskunft 4 5.7, 5.9, 5.11, 5.13, 6.6; 8 2.20
Telefonischer Auskunftsdienst 4 9, 11.4, 11.52, 11.142 ff, 11.172; 5 7.3 f; 9 5; PAngV Vorb 2; PAngV 1 4 f., 7, 9
Telefonkarte 4 9.89; 12 2.23
Telefonwerbung I 1 2; 3 129; 7 2, 27, 43, 125
Telefonwerbung II 7 125, 130, 133, 135, 148, 150 f, 153 f
Telefonwerbung III 7 125, 148, 150 ff
Telefonwerbung IV 7 125, 133, 147, 165, 169, 172.
Telefonwerbung V 7 125, 130, 133, 135, 143, 147 f,157
Telefonwerbung VI 7 122, 125, 130, 137, 140 f, 143
Telefonwerbung für Blindenwaren 1 2; 3 44, 71, 96 f, 100, 102; 7 122, 125, 157, 164 f, 171, 174
Telefonwerbung für „Individualverträge" 3 11; 7 15, 163, 165, 168, 180; 12 2.35, 2.40
Telefonwerbung für Zusatzeintrag 7 162, 164, 166 f, 169
Telefonwerbung nach Unternehmenswechsel 4 1.250, 10.44; 7 1, 163 ff, 169
Tele-Info-CD 4 9.7, 9.10, 9.22, 9.24, 9.30, 9.34, 9.43, 9.51, 9.53, 9.55, 9.66, 9.69, 9.80 ff, 10.98; 8 1.8 a, 1.77, 1.87, 1.92; 9 1.18 f
Telekanzlei 4 11.139; 8 4.12
Telekonverter 4 9.50
Teleskopzylinder 9 3.2, 3.5
Telex-Werbung 7 27
Temperaturwächter 11 2.13 ff, 2.18, 2.21, 2.24 f, 2.29

magere Zahlen = Randnummern

Fälleverzeichnis

Tennisschuhe 5 8.3
Teppichkehrmaschine Einl 7.27, 7.30; 4 7.8, 7.16
Teppichpreiswerbung 5 7.67, 7.83, 7.86
Teppichreinigung 2 40
Test gut 5 4.258, 4.261; 5 a 9; 6 212
Testamentsvollstreckung durch Steuerberater 4 11.49, 11.62 f, 11.64 a, 11.65
Testamentsvollstreckung durch Banken 4 11.65
Testbestellung 4 1.76, 1.113
Testfotos I 4 10.161, 10.163; 12 2.70
Testfotos II 2 51; 4 10.163
Testfotos III 4 10.163
Testfundstelle 12 1.20, 1.117 f, 1.120 a, 1.143
Testpreis-Angebot Einl 3.13; 3 66; 5 2.157; 6 2, 4, 43, 91, 179; 8 1.39 a
Testpreiswerbung 4 10.159; 5 7.87, 7.123
Tetra Pak (EuGH) 4 10.206
Textildrucke 4 8.27; 8 2.33
Textilspitzen 4 10.106, 10.113, 10.115; 9 1.26
The Colour of Elégance 4 10.7, 10.84, 10.84 a, 10.85
The Institute of the Motors Industry (EuGH) 6 9
Therapeutische Äquivalenz 3 44, 58 f, 67, 82, 94 f; 4 7.18; 6 2, 54; 12 2.36, 2.44, 2.116
THERMAL BAD 5 1.57, 2.102, 2.106, 2.112, 3.14, 4.7
Thermoroll 3 8, 8 f, 151; 5 2.20, 2.107 a, 2.169, 2.181, 2.186, 5.122; 4 1.83
Thermotransformator 9 4.33
THX–Injektionen 4 11.135
THX–Krebsvorsorge 4 11.135
TIAPRIDAL 4 11.18, 11.50, 11.147
Tiefenfurter Bauernbrot 5 2.117, 4.153
Tierärztlicher Nachtdienst II 3 86; 4 11.105
Tierarztwerbung 4 11.105, 11.111
Tierbuch 4 10.194
Tiergerechte Aufzucht 4 11.118, 11.126; 5 4.35
Tier- und Artenschutz 1 3, 19, 42, 44; 3 67; 4 1.217, 1.222, 1.236, 1.240, , 7.18
Tierheilpraktiker 5 2.69, 2.108, 2.203, 5.148
't Heukske und Boermans (EuGH) Einl 3.23
Titelexklusivität 4 10.109; 9 1.36 a f.; 12 2.18
Titelschutzanzeigen für Dritte 4 11.64 a, 11.70
TOK-Band 4 8.2, 10.140; 6 2, 88; 11 2.9
Tolbutamid 9 1.35, 1.42, 1.44
Tomatenmark 5 8.3; 12 2.36
Tonbandaufnahme I 8 1.5
Tonbandgerät 5 8.14
Tony Taler 3 Anh 28.13, 28.18; 4 1.48, 1.50, 1.63, 1.75, 2.38
Topfgucker-Scheck 8 1.19, 1.27
Topfit Boonekamp 4 1.243 f; 5 4.181, 4.189; 11 2.33 f
Torch 4 10. 58, 10.84 a; 11 2.43
Torsana 2 96 e; 4 7.26, 8.15; 8 1.105; 11 2.12
Toshiba Europe (EuGH) 1 24, 30; 4 7.23; 5 1.53 a, 2.33; 6 3, 9 ff 17, 43, 45, 50, 52, 60, 71, 83, 127, 146, 151, 153 ff, 158, 162
Total und Sanoma 3 Anh 0.4, 28.2
Totalausverkauf 5 6.6, 6.6 d
Trachtenjanker 4 9.24, 9.43 f, 9.72, 9.76, 9.78
Trainingsanzug 4 9.48
Trainingsgerät 11 2.9 f
Trainingsvertrag 11 1.22; 12 1.148 ff, 6.12
Traumcabrio 4 6.1, 6.10, 6.11

Treffpunkt Mocca Press 5 4.19
Treuebonus 12 2.3, 2.7
Treue-Punkte 4 1.100, 1.113,; 5 7.32, 7.38, 7.40, 8.7
TREVIRA 5 1.71
TRIANGLE 8 1.13, 1.70, 1.72; 9 1.19; 12 2.15, 2.29, 2.37, 2.51 f, 2.101, 2.103
Tripp-Trapp-Stuhl 9 1.40, 1.46, 1.48 ff
Triumph 5 4.223
Trockenbau 4 11.79; 5 5.133
Trockenrasierer II 12 2.28
Trumpf 12 2.55
Tupperwareparty 4 9.11, 9.22, 9.30, 9.37, 9.42 a, 9.53 f
TÜV-Prüfzeichen 5 2.71, 2.108, 4.257
TV Movie 4 6.18
Tylosin 8 1.35, 1.39 a, 2.31

ueber18.de 8 2.18, 2.27
Überall Westfalen-Blatt 5 4.137
Übergang des Vertragsstrafeversprechens 12 1.137
Überlassungsanspruch 17 36
Überregionaler Krankentransport 4 11.6 c, 11.49, 11.58 a, 11.83 a
UHU 12 2.23
Umgehungsprogramm 9 4.2, 4.18
Umgekehrte Versteigerung I 1 295 6.12
Umgekehrte Versteigerung II 1 29, 36; 3 67; 4 1.265; 5 1.57, 2.87, 7.12
Umgekehrte Versteigerung im Internet 4 1.263, 1.265 f; 5 1.57, 2.87
Umgelenkte Auktionskunden 4 1.264, 1.267
Umsatzauskunft 9 4.7, 4.12, 4.18, 4.26
Umsatzsteuererstattungsmodell 4 1.50
Umsatzsteuerhinweis 3 147 a; 4 11.172; 5 4.122, 7.108 a; 12 2.37; PAngV Vor 10; 1 24, 25
Umsatzzuwachs 6 103, 104, 106, 135, 137, 193; 12 2.23, 2.29
Umweltengel 4 1.235; 5 1.54, 4.165, 4.167, 4.171
Umweltfreundliches Bauen 4 1.235; 5 2.90, 4.160, 4.164; 5 a 10
Umweltfreundliche Reinigungsmittel 4 1.235; 5 4.165, 4.169
Unbegründete Abnehmerverwarnung Einl 7.26; 4 10.176, 10.176 a, 10.178, 10.179, 10.180
Unbegründeter Konkursantrag 4 7.26
Unberechtigte Abmahnung 12 1.75
Unberechtigte Schutzrechtsverwarnung Einl 7.26, 7.34; 4 10.171, 10.174, 10.175, 10.180 f; 5 5.129, 8 1.112; 12 1.69, 1.70, 1.72
Unbestimmter Klageantrag I 12 2.36
Unbestimmter Klageantrag II 12 2.39
Unbestimmter Unterlassungsantrag I 2 96; 12 2.35, 2.37 ff, 2.105
Unbestimmter Unterlassungsantrag II 12 2.37, 2.39, 2.105 f
Unbestimmter Unterlassungsantrag III 2 64, 106 c f; 4 3.27 c, 3.28; 8 3.38 f, 3.40 ff, 3.45, 3.48, 4.1; 12 2.35, 2.39, 2.44, 2.46
Underberg 2 96 e; 8 1.18
Unechter Einzelpreis 4 1.62; 5 7.31
Unentgeltliche Übernahme der Preisauszeichnung 4 1.68, 10.130, 10.134
Unfallversorgung 5 5.53
UNICEF-Grußkarten 2 24; 4 1.221

Fälleverzeichnis

fette Zahlen = §§ bzw. Artikel

Unilever/Smithkline Beecham (EuGH) 4 11.123
UNIPLAST 8 1.67
Unipor-Ziegel 4 1.235; 5 4.165, 4.169
Universitätsemblem 8 3.18, 3.22; 11 2.14, 2.18 ff, 2.25 f
Unschlagbar 5 2.39, 2.41, 2.45, 2.47, 2.134, 2.139
UNSER DANKESCHÖN FÜR SIE 4 1.116, 11.135, 11.138
... unter empf Preis 4 10.159; 5 7.49, 7.51; PAngV 1 21
Unterkunde 8 1.39, 2.44 f
Unterlassungsklagenberechtigung UKlaG 3 5
Unterlassungsurteil gegen Sicherheitsleistung 4 10.170, 10.172, 10.180 a
Unternehmenskennzeichnung 5 2.42; 8 3.35
Unternehmensberater 8 1.97
Unternehmensberatungsgesellschaft I Einl 5.8, 5.50, 5.59; 4 11.71, 11.72; 12 1.153
Unternehmensberatungsgesellschaft II 4 11.71, 11.72
Unternehmenskennzeichnung 5 2.58; 8 3.35
Unterschiedliche Preisankündigung 5 7.13, 7.17
Unterwerfung durch Fernschreiben 12 1.104, 1.171, 2.32 f, 3.75, 5.17
Unverb. Preisempfehlung 5 7.111
Urlaubsgewinnspiel 4 4.17, 5.7, 5.14
Urselters I 5 4.13, 5.92
Urselters II 5 4.13; 9 1.19; 12 2.71
Urteilsverfügung 12 3.29, 3.37 a, 6.7
UVP 5 7.50, 7.57

Vaasbüttel 5 4.257
VAG-Händlerbeirat/SYD-Consult (EuGH) 4 10.65
Vakuumpumpen 4 9.3, 9.28, 9.36, 9.42, 9.54, 9.64 ff, 9.68 f, 9.80; 8 1.77; 11 2.14
Vanity-Nummer 1 29; 4 10.6, 10.9, 10.100, 11.87 ff, 11.92, 11.95 ff
Venostasin 5 2.85
Verabschiedungsschreiben 4 10.32, 10.33, 10.41, 10.42; 8 2.6
Veralteter Test 5 4.260; 6 212
Verbandsausstattung I 8 3.46, 3.48
Verbandsausstattung II 8 3.46
Verbandsinteresse 12 5.6, 5.8, 5.24
Verbandsklage gegen Vielfachabmahner 4 10.166 f, 11.4, 11.60; 8 4.11; 12 1.69
Verbandsklage in Prozessstandschaft 8 3.22, 3.37, 3.39, 3.42 a
Verbandsstoffe 7 84, 90
Verbandszeichen 5 4.81
Verbandszeitschrift 3 150
Verbauvorrichtung 12 2.103
Verbraucher-Briefumfrage 2 50; 4 3.16; 7 55, 60
Verbraucherschutzverband gegen Ersatzkasse 12 2.7
Verbraucherverband 5 2.39, 2.139, 2.142; 8 3.49, 3.56 f
Verbrauchsmaterialien 4 9.50; 6 155, 191
Verdeckte Laienwerbung Einl 3.30 f; 3 103; 4 1.197, 1.200 f, 1.204, 1.213, 12.11
Verein gegen Unwesen .../Darbo (EuGH) 5 1.53, 4.53
Verein gegen Unwesen .../Mars (EuGH) 5 1.35, 1.46
Verfolgungsverjährung 11 1.18; 12 6.20

Vergleichen Sie 1 47; 4 7.13, 7.20, 10.153; 6 4, 56, 71, 98, 100, 132, 136, 168, 170, 177, 178
Vergoldete Visitenkarten 8 3.30
Verjährungsunterbrechung 8 1.16; 11 1.3, 1.39
Verkauf unter Einstandspreis I 4 10.10, 10.185, 10.187, 10.191, 12.14 f
Verkauf unter Einstandspreis II 2 96 e; 3 150; 4 10.185 ff, 10.204, 12.15
Verkaufsfahrten I 4 1.261, 3.14
Verkaufsfahrten II 4 1.172, 1.2611.268, 3.14; 8 2.10
Verkaufsreisen 4 1.261, 3.14
Verkaufsschütten vor Apotheken 3 90, 91; 4 11.77, 11.116
Verkaufsveranstaltung in Aussiedlerwohnheim 4 1.113; 7 49 ff
Verkürzter Versorgungsweg 4 11.74, 11.79
Verlagsverschulden I 8 2.43; 12 1.152 f
Verlagsverschulden II 12 1.153
Verleger von Tonträgern 2 57; 5 2.91, 5.38; 12 2.71
Vermessungsleistungen 4 11.23; 8 2.13 f
Vermögensberater 4 3.19, 3.20, 3.24, 7.22, 10.144, 10.153; 5 5.135; 11 2.7, 2.11
Veröffentlichung von Anwalts-Ranglisten 3 68, 96; 4 3.3 f, 3.20, 3.23, 3.28 f, 8.10, 8.13; 6 97
Veröffentlichungsbefugnis beim Ehrenschutz 12 2.51, 4.5, 4.17 ff
Verona-Gerät 8 2.4, 2.45
Versandbuchhandlung 4 10.124; 11 2.11
Versandhandel mit Arzneimitteln Einl 5.54, 5.59; 4 11.147, 11.153
Versandhandelspreisausschreiben 4 1.172, 6.1, 6.11
Versandkosten 3 147 a; 4 11.143; 5 4.122, 7.108 a, 7.136; 12 2,35, 2.40; PAngV Vorb 1, 2, 5; 1 25, 26, 35, 38, 44 ff.; 4 9
Versandkosten bei Froogle I PAnGV Vorb 6, 10 f, 13; 1 24, 33; 4 11.142 f; 5 4.122 b, 7.136 a
Versandkosten bei Froogle II 5 4.122, 4.122 b, 7.136 f; PAngV 1 26
Versäumte Meinungsumfrage 12 2.74, 2.76
Verschenktexte II 12 2.78
Verschlusskapsel-Prämie 4 1.179
Verschweigen der Wiederverkaufsabsicht 3 157
Versehrten-Betrieb 8 3.34
Versicherungsberater 4 11.30, 11.61; 5 2.91, 4.151 a
Versicherungsuntervertreter 17 4, 8, 9, 12, 14, 36, 43, 51, 52, 59
Versicherungsvermittlung im öffentlichen Dienst 4 1.196, 1.200; 8 1.38, 1.42
Versierter Ansprechpartner 2 64; 4 7.10, 11.95, 11.102
Vertragsstrafe bis zu ... I 8 1.34; 12 1.116, 1.139, 1.142
Vertragsstrafe bis zu ... II 12 1.116, 1.143
Vertragsstrafe für versuchte Vertreterabwerbung 12 1.138 f, 1.145 b, 1.149, 1.151
Vertragsstrafe ohne Obergrenze 12 1.116, 1.143
Vertragsstrafebemessung 12 1.138 f, 1.142, 6.12
Vertragsstraferückzahlung 12 1.129, 1.163
Vertragsstrafeversprechen 8 1.10; 12 1.101, 1.129, 1.139, 1.160
Vertragswerkstatt 5 6.31
Vertragswidriger Testkauf 4 10.161

magere Zahlen = Randnummern

Fälleverzeichnis

Vertretung der Anwalts-GmbH 4 11.60; 8 1.8 a, 1.11, 1.33, 1.43, 3.33
Verwaltungsstellenleiter 4 13.24, 13.30, 13.36, 13.39, 13.43, 13.45, 13.58
Verwarnung aus Kennzeichenrecht I 4 10.171, 10.172, 10.174, 10.176
Verwarnung aus Kennzeichenrecht II Einl 7.26; 4 10.180 f; 9 1.19
Verwertung von Kundenlisten 8 2.33, 2.47, 2.54; 17 12, 34, 36
Vespa-Roller 4 9.15, 9.85; 8 3.6
Vielfachabmahner 2 94, 96, 96 b ff., 97 a, 106 c f.; 8 3.38, 3.38 a, 3.40, 4.2, 4.10, 4.12, 4.24
Viennetta 4 9.25, 9.43 c, 9.44
Vieraugengespräch 4 10.107
Vier-Streifen-Schuh 9 1.30, 1.34, 1.36, 1.39, 4.13, 4.26
VISPER 8 1.23
Vitalkost 4 1.245, 2.51, 2.53 f, 11.136
Vitamin-B- 12 4 12.4
Vitaminmangel 5 4.184
Vitamin-Zell-Komplex Einl 5.54, 5.59; 2 27; 4 9.2, 9.19, 9.69, 9.80, 9.83, 9.85; 8 3.27 f; 12 2.15;
Vitasulfal 9 4.7
vitra programm 4 9.27
VOGUE-Ski 5 4.223
Volkacher Madonna 8 1.97
Volkszählung 4 11.42
Vollmachtsnachweis 12 1.16, 1.27 ff, 1.93, 1.94
Vollreinigung 5 4.199
von Colson und Kamann (EuGH) Einl 3.13; 3 22
Vorbeugen mit Coffein 4 11.136
Vorentwurf II 8 1.96; 9 4.42; **11** 1.17
Vorführgeräte 16 14
Vorgetäuschter Vermittlungsauftrag Einl 3.30, 3.32; 4 1.6 ; 5 a 18
Vorratslücken 1 50; 5 8.4, 8.9; 8 1.36, 1.52, 1.56, 3.13, 3.66, 4.2 f, 4.17; 12 2.44
Vorsatz-Fensterflügel 2 96 d f.; 6 2
Vorschaubilder 7 134
Vorspannangebot 1 2
VOSSIUS & PARTNER 5 1.10, 1.83, 4.223, 4.245
vossius.de 4 10.90 ff; 5 4.104, 4.109 f; 9 1.18, 4.26
VSW/Clinique (EuGH) 5 1.16, 1.29, 1.36, 1.46, 3.1 f
VTB Total und Sanoma (EugH) Einl 3.63 a; 4 1.91
VUS 8 2.9 f; 12 2.17, 2.33, 2.37, 2.43

Wagenfeld-Leuchte 12 1.131
Wahlkampfillustrierte 8 2.10
Wal*Mart 4 10.206 f, 12.2, 12.15; **11** 2.4, 2.9
Wandsteckdose II Einl 7.4; 9 1.41, 4.7
Warenproben in Apotheken 4 11.116, 13.28
Warentest für Arzneimittel 4 11.135; 8 3.39
Warentest II Einl 7.22 f; 2 60; 4 8.15; 6 195, 197, 198, 202, 204, 206, 207, 208; 8 1.97, 1.103
Warentest III 6 195, 204, 205, 209; 9 1.32, 2.10
Warentest IV 4 11.31; 6 198, 201 f, 206
Warentest V 6 197, 198, 202, 204
Wärme fürs Leben 4 9.22, 9.24 f, 9.30, 9.43 e, 10.74
Warnhinweis I 4 11.117; 8 2.45

Warnhinweis II 3 137; 4 1.48, 1.50, 11.117
Warnschild 4 10.162
Warsteiner I 5 4.203
Warsteiner II 4 10.83; 5 1.79, 2.183, 4.203 f
Warsteiner III 1 29, 35; 4 10.77; 5 1.57, 1.79, 2.183, 4.203 f
Wäsche-Kennzeichnungsbänder 4 9.42
Watti 5 2.94, 4.11
W. A. Z. 2 69; 4 10.104; **11** 2.4, 2.6 f, 2.11 f
WAZ-Anzeiger 4 12.27
Wegfall der Wiederholungsgefahr I 8 1.33, 1.36, 1.52; 12 1.116, 1.123
Wegfall der Wiederholungsgefahr II Einl 3.16, 3.31; 8 1.33, 1.36, 1.52; 12 1.123
Weigerungsverbot 4 10.217
Weinberater 4 10.41
Weinbrand 8 1.110
Weingeist 5 2.71, 4.16
Weit-Vor-Winterschluss-Verkauf 8 1.33; 12 1.131 ff
Weizenkeimöl 2 54; 4 3.35, 7.5, 7.16, 7.26; 6 179; 9 1.15, 1.22, 1.35
Weltreiterspiele 5 1.26 b, 8.5 a; 3 Anh 6.6
Werbebeilage 5 8.1, 8.3, 8.5, 8.9 f, 8.16; 9 1.19 f; 10 1
Werbeblocker Einl 7.25, 7.26, 7.4; **1** 10; **2** 95, 96 b ff, 111; 4 10.6, 10.11, 10.23, 10.48, 10.71, 10.73, 12.3, 12.7, 12.8
Werbefahrer 8 1.39, 2.40
Werbefinanzierte Telefongespräche 4 1.192, 1.201, 1.203; 7 122, 125, 133, 143, 177
Werbefotos 4 9.7, 11.40
Werbegeschenke 2 24
Werbeidee 2 96 e; 4 9.23
Werbeverbot für Apotheker 4 11.76, 11.108, 11.115 f
Werbeverbot für Heilpraktiker 4 11.32
Werbeveranstaltung mit Filmvorführung 4 3.42
Werbewagen 1 2; 7 2, 27, 64, 69, 71
Werbung am Unfallort I 4 2.60; 7 27, 73
Werbung am Unfallort II 4 2.60; 7 27, 73
Werbung am Unfallort III 4 2.60; 7 27, 73
Werbung am Unfallort IV 4 2.60; 7 27, 50, 66, 73
Werbung an Schulen 4 1.61 ff
Werbung einer Zahnarzt-GmbH 3 91; 4 11.105, 11.107, 11.110, 11.114; 8 2.14 f
Werbung für Klingeltöne 1 32; 4 2.23, 2.26, 2.27, 2.29, 2.33; 12 2.37
Werbung für Telefondienstleistungen 4 1.107; 5 7.34 a; PAngV 1 12 f.
Werbung im Programm 4 3.20, 3.23, 3.39 f, 6.11, 6.16 ff, 13.22 f, 13.25, 13.53 f, 13.57; **12** 2.7
Werbung in Schulen 4, 11.27, 13.38 f, 13.42 f; **7** 92
Werbung mit Testergebnis 2 39 f, 50, 89; 5 2.78, 4.264; 6 212
Werkstatt und Betrieb 5 2.152, 4.135, 5.72, 5.73
Westfalen-Blatt I 4 12.29; 5 2.41, 2.67, 2.139, 2.147, 2.149
Westfalen-Blatt II 5 4.57, 4.137, 5.72, 7.84
Westfalen-Blatt III 12 4.7
Westfalenzeitung 8 1.14
Wettbewerbsrichtlinie der Privatwirtschaft 3 46; 4 10.45, 11.30; 5 5.166
Wettbewerbsverbot in Realteilungsvertrag 12 2.23, 3.21
Wettbewerbsverein I 8 3.49, 4.1

Fälleverzeichnis

fette Zahlen = §§ bzw. Artikel

Wettbewerbsverein III **8** 4.9
Wettbewerbsverein IV **5** 2.94, 7.142; **8** 3.30, 3.34, 3.45, 3.48 f, 3.57, 4.9, 4.12; **12** 1.98
Whisky-Mischgetränk **12** 1.116, 1.128
Whistling for a train **9** 1.42 f.
White Horse **5** 1.10, 4.221, 4.223; **11** 2.33
Wickel **5** 6.30
Wickelsterne **11** 2.35
Widerruf der Erledigungserklärung **5** 7.39; **12** 2.23, 2.23 a, 2.32, 2.44
Widerrufsbelehrung I **4** 11.170 f
Widerrufsbelehrung II **4** 11.170; **5** 7.140
Widerrufsbelehrung III **4** 11.170; **5** 7.140
Widerrufsbelehrung IV **4** 11.170
Widerrufsbelehrung bei Teilzahlungskauf **2** 72; **4** 1.280, 2.42, 11.170; **5** 2.6, 7.42, 7.140
Widia/Ardia **8** 1.7
Wie bitte? **4** 11.64 a, 11.67
Wie uns die anderen sehen **9** 1.17
Wiederholte Unterwerfung I **8** 1.11;**12** 1.116, 1.166, 1.168, 1.177
Wiederholte Unterwerfung II **12** 1.61, 1.63, 1.66, 1.166 f, 1.175
Wiederverkäufer **5** 6.29
Wiederverwendbare Hilfsmittel **12** 2.3 a, 2.9
Wiener Stadtrundfahrten **4** 11.1
WINCAD **12** 3.80
Windsor Estate **9** 4.11, 4.26
Windsurfing Chiemsee (EuGH) **1** 22
Winteraktion **4** 1.188, 1.191
Winterpreis **3** 44
Wir dürfen nicht feiern **8** 3.43, 3.46, 3.48, 3.65, 4.12
Wir Schuldenmacher **2** 51, 64, 69; **4** 11.63, 11.67, 11.182
Wirtschaftsanzeigen – public relations **4** 3.21 a; **12** 2.45
Wirtschaftsarchiv Einl 7.16
Wirtschaftsprüfervorbehalt **9** 4.19 f
Wirtschaftsregister Einl 7.8; **2** 73; **3** Anh 22.2; **4** 3.50; **5** 7.138; **8** 1.71, 1.88, 3.5
WISO **4** 11.63, 11.64 a, 11.67; **12** 2.46
WM Marken **3** 23, 90; **4** 10.10 f, 10.13, 10.84 f; **5** 2.55
Wodka „Woronoff" **5** 2.103, 2.173, 2.183; **12** 2.83, 2.87
Wolfganger Trachtenstube **5** 5.100
World Trading System **16** 51
Wörterbuch **5** 2.48, 2.138, 2.147
Wouters **4** 11.84
Wunderbaum **4** 9.66, 9.85
Wurftaubenpresse **4** 9.60; **12** 2.42; **17** 4 f, 52, 63 f

XtraPac **5** 7.34 b; **5 a** 29

Yves Rocher (EuGH) Einl 3.16, 3.22, 3.27, 3.30; **5** 3.2, 7.72

Zahl nach Wahl **4** 11.170
Zahnbürsten **4** 8.2; **5** 2.117; **6** 2; **8** 2.55; **9** 4.30; **11** 2.6; **12** 2.64
Zahnarztbriefbogen **4** 11.8; **8** 3.33, 4.23; **12** 2.5
Zahnarztsuchservice **4** 11.107
Zahnersatz aus Manila **4** 10.121, 13.39, 13.43; **8** 1.8 a; **12** 2.3 a
Zahnpasta **4** 11.123; **8** 3.38 a
Zahnprothesen-Pflegemittel **4** 10.24, 10.29, 10.33, 10.41, 12.18; **9** 1.19
Zauberkünstler **2** 29; **8** 3.27
Zaunlasur **4** 1.235; **5** 4.165, 4.173; **12** 1.85, 1.90
Zeitlich versetzte Mehrfachverfolgung **8** 4.16 ff
Zeitschrift mit Sonnenbrille **4** 1.48 ff, 1.103, 1.105, 1.113 ff, 2.7, 2.27, 2.29, 2.31, 11.12
Zeitschriften-Gewinnspiel (EuGH) Einl 3.21
Zeitungsbestellkarte **4** 11.170
Zeitungswerbung durch Apotheker **4** 11.116
Zeitung zum Sonntag **4** 12.3, 12.23
Zentrale **8** 3.3, 3.25, 4.22; **12** 2.17, 2.114
Zentralschlossanlagen **8** 1.19
zero intern **4** 11.156 c
Zerkleinerungsvorrichtung **9** 1.39
Ziegelfertigstütze **5** 2.58, 4.82; **5 a** 24
Ziegelvorhangfassade **4** 11.31
Zielfernrohr **5** 7.144 a
Zigarettenwerbung in Jugendzeitschriften **4** 11.136; **8** 3.30; **12** 2.106
Zimtkapseln **4** 11.147
Zinssubvention **4** 1.51, 11.12
Zirka-Preisangabe **4** 11.143; **5** 7.4; PAngV **1** 4
ZOCOR **8** 1.35
Zoladex **9** 1.39 a, 1.45 ff
Zollabfertigung **4** 10.27 a
Zollangaben **3** 108; **4** 11.121
Zonenbericht Einl 7.24
Zugabenbündel **8** 1.84; **12** 2.36, 2.37
Zugang des Abmahnschreibens **12** 1.29, 1.33 f, 1.35 f, 3.72
Zulassungsnummer I **4** 11.148
Zulassungsnummer II **4** 11.148
Zulassungsnummer III **4** 11.148
Zwangsvollstreckungseinstellung **12** 6.18
Zweckbetrieb **3** 65 a, 99; **4** 0.6, 11.6 f, 11.6 c, 11.33, 11.35 a, 11.35 c, 11.39, 11.44, 13.59 f
Zweigstellenverbot **4** 11.8, 11.60, 11.71; **8** 3.33
Zwilling **5** 4.219; **11** 2.23, 2.33; **12** 6.4

Sachverzeichnis

Fette Zahlen bedeuten Paragraphen bzw Artikel.
Die mageren Zahlen bezeichnen vor dem Punkt das Kapitel, nach dem Punkt die Randnummern.
Paragraphen ohne Gesetzesangaben sind solche des UWG.

Abfangen von Kunden 4 10.25
Abgabe, unentgeltliche 4 12.17 ff
– Erprobungszweck **4** 12.18 f
– Presseerzeugnisse **4** 12.20 ff
Abgabenordnung 16 30
Abhängigkeit
– rechtliche **4** 6.9
– tatsächliche **4** 6.10
Abholpreis 5 7.94
Abmahnung Einl 2.14, 2.20, 2.25, 2.32; **12** 1.3 ff, 3.35; **UKlaG 3** 1; **5** 2 ff
– Aufklärungspflicht des Abgemahnten **12** 1.61 ff
– berechtigte **3** 100, 154; **4** 11.18; **12** 1.44, 1.68, 1.80 ff, 1.87; **UKlaG 5** 4
– Darlegungs- und Beweislast **12** 1.31 ff
– Dritte **12** 1.54 ff
– E-Mail **12** 1.23 a, 1.30, 1.35 a
– Entbehrlichkeit **12** 1.43 ff
– Frist **12** 1.19 ff
– Form **12** 1.22 ff
– Gegenabmahnung **12** 1.75
– Kosten **12** 1.2, 1.77 ff, 1.92 ff, 2.50; **13** 2; **14** 4
– mehrfache – **8** 4.4, 4.17, 4.19, 3.3; **12** 1.65 ff, 1.176
– Missbrauch **8** 4.5 ff; **12** 1.76
– Rechtsnatur **12** 1.10
– Telefax **12** 1.29 b
– unbegründete – **12** 1.42, 1.63, 1.68 ff
– unberechtigte – **Einl** 7.35; **4** 10.166 ff; **12** 1.68 ff, 3.41; s auch Schutzrechtsverwarnung
– – Ansprüche des Abgemahnten **4** 10.168
– – Gegenabmahnung **4** 10.166
– – Kenntnis des Abmahners **4** 10.167
– – verfahrensrechtliches Privileg **4** 10.166 f
– zweite Abmahnung **12** 1.36, 1.97 a
– Zugang **12** 1.29 ff, 3.72
Abmahnverein 8 4.1
Abmahnverhältnis 8 4.6; **9** 1.2; **11** 1.16; **12** 1.61
Abnehmer 2 31, 56, 89, 96 d f, 97 a, 99, 106 a, 106 d, 143; **3** 7, 145; **5** 1.8; **9** 1.22, 4.27 f; **10** 4, 9, 11
– Gewinnerzielung zu Lasten der **10** 6, 9 ff
– Vielzahl **10** 1, 3, 6, 12
Abnehmerverwarnung 4 10.175 ff, 10.180 a f; s auch Schutzrechtsverwarnung
– Erfolgsort **Einl** 5.17
Abonnementvertrag 7 110
Absatz und Bezug von Waren oder Dienstleistungen 2 25
Absatzbehinderung 4 10.24 ff; s auch Behinderung, gezielte
– kundenbezogene – **4** 10.24 ff
– produktbezogene – **4** 10.48 ff
– vertriebsbezogene – **4** 10.55 ff
Absatzbezogene Regelung s Regelung, absatzbezogene
Absatzgeschäfte 5 2.17 ff

Absatzmittler ; **3 Anh** 13.4; **4** 1.20, 1.215, 1.238, 9.86, 10.60; **17** 61
Absatzwettbewerb 2 38, 96 h, 97 a; **4** 1.20, 10.133
Abschlusserklärung Einl 2.25; **8** 1.39, 1.51, 4.15, 4.18, 5.5; **11** 1.41; **12** 2.16, 2.33, 2.118, 3.1, 3.69 ff, 3.74 ff; **UKlaG 3** 1; **7** 2; **10** 3; **11** 2
– Form **12** 3.75
– Inhalt **12** 3.74
– Wirkung **8** 1.51; **12** 3.77
– Zugang **12** 3.76
Abschlussschreiben 8 4.23; **11** 1.52; **12** 3.69 ff; **13** 2, 4; **UKlaG 6** 1
– Funktion **12** 3.70
– Inhalt **12** 3.71
– Zugang **12** 3.72
– Kosten **12** 3.73
Abschlussverfahren Einl 2.25; **12** 3.69 ff
Absicht 4 3.2; **16** 17
Absicht, dem Geschäftsinhaber Schaden zuzufügen 17 27
Absprachen bei Ausschreibungen 4 11.174
abstraktes Wettbewerbsverhältnis s Wettbewerbsverhältnis, abstraktes
Abtretung 8 3.17 ff; **UKlaG 3** 2
– Gewinnabschöpfungsanspruch **10** 17
– Schadensersatzanspruch **9** 1.2
– Unterlassungsanspruch **8** 3.18 ff
– Verbot **4** 11.60
Abwehr 2 85 f; **4** 7.22, 10.104, 10.124, 10.193; **11** 2.4 ff; s auch Einwendung
– Berechtigung **11** 2.8
– gegnerischer Rechte **4** 1.287 ff
– Grenzen **11** 2.9
– Lage **6** 176; **11** 2.5
– Kosten **12** 1.78 a
– Notwendigkeit **11** 2.7
– unberechtigte Abmahnung **12** 1.69 f, 1.78 a
– Zweck **11** 2.6
Abwehranspruch s auch Beseitigungsanspruch und Unterlassungsanspruch
– bürgerlichrechtlicher – **6** 203 ff; **7** 201; **8** 1.5 ff; **UKlaG 5** 1
– Schuldner **8** 2.1 ff, 2.30; **UKlaG 4 a** 7
– wettbewerbsrechtlicher – **8** 1.1 ff
Abwerbung
– Arbeitskräfte/Mitarbeiter **1** 11; **2** 15, 39, 96 h; **4** 10.103 ff; **7** 146, 175; **9** 1.26; **11** 2.11
– – Absicht der Mitbewerberbehinderung **4** 10.105
– – Ausbeutung des Mitbewerbers **4** 10.106
– – Doppelbeschäftigung **4** 10.111
– – Missbrauch eines Vertrauensverhältnisses **4** 10.110
– – Mittel und Methoden **4** 10.107
– – unangemessene unsachliche Beeinflussung **4** 10.107 ff
– Kunden **4** 10.32 ff
– Versicherungsnehmer **4** 10.47

2007

Sachverzeichnis

fette Zahlen = §§ bzw. Artikel

Abwertung von Mitbewerbern s Mitbewerber, Herabsetzung und Verunglimpfung
Access-Provider 8 2.29
Ad-hoc-Meldung 1 49; **5** 5.114 b ff
Adelstitel 5 5.141
Adressbuchschwindel 1 33; **Einl** 2.15; **4** 3.50; **10** 3
ad word 4 10.13, 10.25, 10.31 b, 10.82; **6** 86
Affiliates 8 2.45, 2.5 b
Agentur Einl 5.55; **2** 56; **5** 5.18, 5.49
ähnliche Waren oder Dienstleistungen 7 205
Akademie 5 5.95
Aktiengesetz 4 11.159; **8** 2.45; **17** 59
Aktivlegitimation s Anspruchsberechtigung
Aleatorische Werbung s Werbung, aleatorische
Alleinimporteur 2 96 c; **4** 9.85
Alleinstellungswerbung 4 10.95, **5** 1.17, 2.28 f, 2.31 ff, 2.125, 2.137 ff, 4.47, 5.69 ff, 5.99 f; **6** 18, 55
– Beweislast **5** 2.155, 3.25; **12** 2.94
– vergleichende – **5** 2.156
Allgemeine Geschäftsbedingungen Einl 2.29, 5.32, 5.54; **2** 76, 78, 85 f, 88, 129; **3** 53; **4** 11.17, 11.29, 11.156 a ff; **5** 7.142; **7** 51, 137 ff; **15** 6; **UKlaG 1** 1, 18; **2** 1; **3** 1, 4; **6** 2 f; **7** 7; **8** 4; **9** 3; **10** 6; **13** 1; **15** 1
– Bezugnahme in der Werbung **5 a** 26 f
Allgemeine Marktbehinderung s Marktbehinderung
Allgemeiner Vergleich 4 10.137 ff; s Vergleich, allgemeiner und Werbung, vergleichende
Allgemeines Gleichbehandlungsgesetz 3 80; **4** 10.210, 11.156, 11.16; **8** 3.56; **UKlaG 1** 4; **2** 2; **4** 5
Allgemeines Persönlichkeitsrecht s Persönlichkeitsrecht
Allgemeininteresse 1 4, 8, 40 ff, 48 ff; **2** 27, 57, 97; **3** 117, 132, 156; **5** 1.9; **7** 120; **12** 3.15
– Verwirkungseinwand **11** 2.32 f
Allgemeinwerbung 7 33
Altautoentsorgung/-verwertung 4 13.35, 13.44
Alter 3 17
Alterswerbung s Traditionswerbung
Ambush Marketing 4 10.13, 10.74
Amtliche Informationen 4 13.25, 13.45
Amtliche Verzeichnisse, Eigenart 4 9.30
Amtsblatt 4 12.26; **8** 3.62
– Anzeigenveröffentlichung im – **4** 13.35
Amtshaftung 15 10
Amtswalter 4 13.27; **17** 14, 62
Amtszustellung s Zustellung
Analyst 4 3.48
Anbieten 2 24, 111; **4** 9.39, 9.80, 9.87; **PAngV 1** 5
Anbieter 3 8; s Marktteilnehmer
Androhung von Ordnungsmitteln s Ordnungsmittel, Androhung
Anerkenntnis 8 5.5; **9** 1.2; **11** 1.38; **12** 1.8
– als Alternative zur Unterwerfung **12** 1.112 b f
– Kostenentscheidung **12** 1.9, 2.118
Anerkenntnisurteil 12 1.112 b f; **UKlaG 5** 1; **10** 3; **11** 2
Anerkennungsschreiben s Empfehlungsschreiben
Anfechtung Einl 7.10, 130; **10** 10, 13; **12** 1.165; **16** 29
Angabe 5 2.23 ff
– Begriff **5** 2.25 ff

– Form **5** 2.37 ff
– irreführende – **1** 26 f; **2** 49, 72, 78, 81 a, 121; **5** 2.64 ff; **16** 8 ff
– mehrdeutige – **5** 2.111, 2.204
– unklare – **5** 2.112
– unvollständige – **5** 2.113 f
unzureichende **3** 141
– zutreffende – **5** 2.202 ff
Angebot, besonders günstiges 16 17 f
Angemessenheit s Verhältnismäßigkeit
Angestelltenprämie 4 1.173
Angestellter 2 121; **16** 21
Angst 4 1.226, 1.243, 2.16
Angstwerbung 4 1. 2. 43, 2.51 ff
Anhang zu § 3 III (Schwarze Liste) 3 Anh 0.1 ff
Anhängigkeit der Hauptsache 12 3.3 f
Anlehnung an einen fremden Ruf 6 54
Anlockeffekt 4 1.89, 1.104, 1.161; **5** 2.177, 2.192 f, 2.196
Anlocken, übertriebenes 4 1.49, 1.125, 10.35
anonyme elektronische Werbung 7 208 ff
Anpreisungen 5 2.30 ff
Anreißen s Belästigung, unzumutbare
Anruf s Telefonanruf
Anrufmaschine Einl 3.54; **7** 97 f, 128, 179 ff, 190 ff
Anschein eines besonderes günstiges Angebot 16 17
Anscheinsbeweis 10 14; **12** 2.90, 6.8
Anschwärzung Einl 2.6; **1** 13; **2** 96 h, 109; **3** 75, 144; **4** 7.5, 8.1 ff, 10.179 f; **5** 2.26; **6** 29 f, 53, 165; **8** 3.6; **9** 1.9; **11** 2.12
– Nichterweislichkeit der Wahrheit **4** 8.20
– Tatsachenbehauptung **4** 3.28, 7.5, 7.15 f, 8.13
– – Behauptung oder Verbreitung **4** 8.18
– – Eignung zur Geschäfts- oder Kreditschädigung **4** 8.19
– – unberechtigte Schutzrechtsverwarnung **4** 8.14
– – Vorwurf rechtswidrigen oder unlauteren Verhaltens **4** 8.16
– – Wissenschaftliche Arbeiten **4** 8.15
Ansprechen
– Geschäftsräume **7** 72
– hartnäckiges und unerwünschtes **7** 101 f
– Jahrmärkte und Messen **7** 71
– Kinder **7** 76
– Öffentlichkeit **7** 63 ff; **12** 2.37
– räumlicher Nähe zum Mitbewerber **4** 10.29
– Unfallort **7** 73
Anspruchsberechtigung 1 13, 50; **3** 3, 109; **4** 7.27, 9.85 ff; **8** 3.4 ff, 5.2; **10** 17; **UKlaG 3** 3; **4 a** 1
– Industrie und Handelskammern **8** 3.64
– Mitbewerber **2** 91; **8** 3.26 ff
– qualifizierte Einrichtungen **3** 126; **8** 3.52 ff; **UKlaG 3 a** 1
– Verbände zur Förderung gewerblicher Interessen **8** 3.30 ff
Anspruchshäufung s Klagehäufung
Anspruchsmehrheit 8 3.3
Anstalt 5 5.7
anständige Markgepflogenheiten 2 115, 128, 131; **3** 36, 40 ff, 43 ff, 101
Anständigkeit 3 46
Anstandsgefühl 1 11; **3** 100 ff
Anstiftung Einl 5.9; **4** 11.22, 13.30; **8** 2.4; **9** 1.3; **17** 3 ff

magere Zahlen = Randnummern

Sachverzeichnis

Antidiskriminierungsverbände 4 11.16; 8 3.56; UKlaG 4 5
Antiquitätenhändler 2 139
Anvertraut 17 16
Anwalt s Rechtsanwalt
Anwaltliche Versicherung s Versicherung, anwaltliche
Anwaltliches Werbeverbot s Werbeverbot
Anwaltswerbung 4 3.47
Anwaltszwang s Postulationsfähigkeit
Anwerbung fremder Mitarbeiter oder Beauftragter 2 36; s auch Abwerbung
Anzapfen Einl 4.17, 6.13; 4 1.67 ff, 10.130 ff
Anzeige 2 57, 68; 3 85; 4 3.21
Anzeigenauftrag 2 67; 4 3.23
Anzeigenblätter 4 3.25, 3.28, 12.22
Anzeigengeschäft 2 68; 5 1.61 b; 9 2.3, 2.12
Anzeigenmarkt 2 96 e; 4 12.15, 12.20, 12.28; 5 4.138
AOK 4 10.119 b, 13.24 f, 13.35; 12 2.3
Apotheke 5 5.8
Apothekenbetriebsordnung 4 11.76
Apothekengesetz 4 11.76
Apotheker 2 50; 4 1.172, 1.151, 1.187; 12 2.7
– Tätigkeitsbeschränkungen 4 11.76 f
– Werbebeschränkungen 4 11.115
– Werbeträger 4 11.116
Appell an soziale Verantwortung 4 1.223, 232 ff
Approbation 4 11.73
Arbeiten, wissenschaftliche 4 8.15
Arbeitgeber 4 1.63, 1.196; 7 175; 8 2.54, 9 1.26; 12 2.4
Arbeitnehmer 1 56; 2 89, 140, 142; 7 146, 175; 8 2.40; 12 2.4; UKlaG 13 2; 15 1 f
Arbeitnehmererfindungsgesetz 17 59
Arbeitnehmerschutz 1 41, 47; 3 84, 97
Arbeitnehmerschutzvorschriften 4 11.38
arbeitsgerichtliche Streitigkeit s Rechtsweg
Arbeitsgruppe Unlauterer Wettbewerb Einl 2.10
Arbeitsplatz 2 121
– Aufsuchen am – 4 10.112; s auch Abwerbung
– Telefonanruf am – 4 10.112; s auch Abwerbung
– Werbung am – 4 1.196; s auch Laienwerbung
Arbeitsplatzgefährdung 3 Anh 30.1 ff
Arbeitsplatzwerbung 4 1.196; s auch Laienwerbung
Arbeitsverhältnis 2 140; 12 2.4; 17 51
Arbeitsvertrag 2 140; 4 10.115; 17 7 a
Architekt 5 5.151; 8 3.33
– als Unternehmer 2 29
Arglist 3 157; 16 29
Arzneimittel 1 30; 3 120; 3 Anh 18.1, 18.4; 4 11.147; 5 5.8; 6 98; 12 2.3
Arzneimittelgesetz 4 11.119, 11.147, 11.153, 11.160; 5 1.73, 4.182, 5.8; 16 30; UKlaG 2 8
ArzneimittelpreisVO 4 11.138
Arzt 5 5.146 f; 8 2.6, 2.18
– Tätigkeitsbeschränkungen 4 11.73 ff
– Werbung 4 11.105 ff; 8 2.18
– – Irreführungsverbot 4 11.109
– – Sachlichkeitsgebot 4 11.108
– – Werbeträger 4 11.110 f
– – Zulässige Informationen 4 11.107
Ärztehaus 5 5.29
Ästhetische Merkmale, Eigenart 4 9.2748, 9.76
auf Kosten eines anderen 9 3.2

Aufbrauchsfrist 8 1.58 ff; 12 1.130, 2.109, 2.127, 3.30, 3.42; UKlaG 1 12
Auffangtatbestand 4 1.5, 1.7, 1.23; 3 32, 37, 53; 7 23
Aufforderung zu einer Liefer- oder Bezugssperre s Boykott
Aufforderung zum Kauf 3 Anh 5.2, 6.5, 28.3 ff; 5 8.4 b; 5 a 3, 30; PAngV Vorb 10; PAngV 1 5
Aufführungen 4 9.22
Aufhebungsverfahren 8 3.60; 12 2.10, 3.52, 3.58, 3.68, 3.83
Aufkaufen von Konkurrenzware 4 10.49
Aufklärungs- und Informationspflichten 4 1.63 ff, 11.117, 11.156 ff, 11.170 ff; 5 2.61, 8.3; 5 a 3 ff, 10, 30 ff
– Irreführung durch Unterlassen 5 1.26 a f
– spezialgesetzliche –5 2.60
– Zeitpunkt 4 5.14
Auflage 3 87; 5 4.135 ff
Aufmerksamkeitswerbung 1 15; 2 15, 47 50; 3 74, 82; 3 Anh 11.3, 20.2; 4 1.217, 1.231, 3.47 b; 6 62; s auch Werbung
Aufnahmezwang 4 10.217 ff; s auch Kontrahierungszwang
– bürgerlichrechtlicher – 4 10.218
– kartellrechtlicher – 4 10.217
– wettbewerbsrechtlicher – 4 10.219
Auftragsmanipulation 4 10.27
Auftragsvergabe s Vergabe
Aufwendungsersatz 3 106; 8 3.15, 4.8
– bei missbräuchlicher Abmahnung 8 4.6, 12 1.80 f; UKlaG 6 1
Augenschein s Beweismittel
Auktion 4 1.263, 1.267; s auch Versteigerung
Ausbeutung 4 10.13, 10.200; 6 156, 161, 182, 192; 9 4.2; s auch Leistungsschutz, ergänzender und Nachahmung
Ausforschungsbeweis 12 2.67
Auskunft 12 2.63, 2.112, 6.22
– amtliche – 4 13.37; 5 3.18; 12 2.66, 2.75, 3.21; 16 19
– neutrale – 4 3.48
– Verbände und Kammern 5 3.17
Auskunftsanspruch 6 1; 8 2.35, 3.14, 5.1 ff; 9 4.1 ff, 4.43 ff; 17 51; UKlaG 2 25, 116; 13 3 ff; 13 a 1 ff
– Durchsetzung 9 4.35 ff
– Drittauskunft 9 4.25
– Eidesstattliche Versicherung 9 4.36 ff
– Erfüllung 9 4.29 f
– Ergänzung 9 4.33
– Grenzen 9 4.12 ff
– Mitteilung von Kontrolltatsachen 9 4.14
– Rechnungslegung 9 4.6 ff, 4.31
– Rechtsgrundlage 9
– selbstständiger – 9 4.2 f; 12 5.15
– Umfang 9 4.11 ff
– unselbstständiger – 9 4.4 ff; 12 2.99
– Verfügungsanspruch 12 3.10
– Verjährung 11 1.17
– Voraussetzungen 9 4.8 ff
– Wirtschaftsprüfervorbehalt 9 4.13, 4.19 ff; 12 2.64, 2.112
– Zumutbarkeit der Auskunfterteilung 9 4.15
Auskunftsklage 9 4.42; 11 1.17; 12 2.60 ff; 14 4; UKlaG 6 1
– Antragsformulierung 12 2.64

2009

Sachverzeichnis

fette Zahlen = §§ bzw. Artikel

– Bestimmtheits- und Konkretisierungsgebot **12** 2.61
– Ergänzungs- und Offenbarungsanspruch **12** 2.63
– Erledigung der Hauptsache **12** 2.62
– Streitwert **12** 5.15
Auskunftsvergleich 6 71, 128, 139
– s auch Vergleich und Werbung, vergleichende
Ausländisches Recht Einl 4.1 ff; **17** 3 c
– Kosten für Gutachten **12** 2.126
Auslandswettbewerb Einl 5.14
Auslaufmodell, Hinweis auf 5 a 12 ff
Auslegung Einl 7.1; **1** 6, 8; **2** 91, 95, 121 f; **3** 21 ff, 108, 121 f, 152; **12** 6.4; **PAngV Vorb** 7; **PAngV 6** 2; **6 a** 1; **UKlaG Einl** 2; **1** 4
– Definitionen in § 2 2 2
– Gemeinschaftsrecht **Einl** 3.11 ff
– Konkurrenz **4** 11.18
– richtlinienkonforme – **Einl** 3.13; **1** 30; **2** 9, 75, 128, 134; **3** 26, 33, 44, 57, 59; **2** 43; **3** 21 ff; **3 Anh** 0.3; **4** 0.5, 2.3; **6** 4, 9 ff; **7** 7 ff, 136; **UKlaG Einl** 4
– verfassungskonforme – **3** 23; **4** 11.84
Ausnutzen 4 2.17 f, 2.20 ff
– amtlicher Beziehungen zum Wettbewerb **4** 13.44 ff
– Angst **4** 2.51 ff
– fremder Einrichtungen **4** 10.27
– fremder Werbung **4** 10.74
– Gefühle **7** 58
– Leichtgläubigkeit **3 Anh** 28.5, 28.17; **4** 2.5
– Marktstellung **4** 1.68
– Rechtsunkenntnis **4** 2.42 ff
– Spiellust **4** 6.2
– Vertragsbruch s Vertragsbruch, Ausnutzen
– Unerfahrenheit **4** 2.23 ff
– Wertschätzung **4** 9.52 f
– Zwangslage **4** 2.57
Ausreißer 3 124; **6** 141; **7** 27, 29, 105, 173
Ausrufen 7 70
Ausschließlichkeitsbindung 4 10.56, 10.121
Ausschließlichkeitsrecht, Verwarnung aus s Schutzrechtsverwarnung
Außergerichtliche Maßnahmen s Abmahnung
Außergerichtlicher Vergleich 12 2.130
Äußerung 5 2.16 ff, 2.27, 2.35; **6** 60 ff
– Dritter **5** 2.160 ff
– geschäftsschädigende – **Einl** 7.29
– getarnte – **4** 3.18 ff
– privilegierte – **8** 1.112 ff
– verfahrensbezogene – **8** 1.110 ff
– Zweck **6** 62
Aussetzung des Verfahrens 12 2.101 ff
– Anhängigkeit eines Löschungsverfahrens **12** 2.102
– Einstweilige Verfügung **12** 3.28
– Wettbewerbsstreitigkeiten **12** 2.102
Aussiedler 4 1.113, 2.25, 2.40
Ausspannen s Abwerbung
Ausspielung 4 11.176 ff; **16** 51
Austauschbarkeit von Waren oder Dienstleistungen s Bedarfsmarktkonzept
Austauschverhältnis Einl 1.10
Australien Einl 4.1
Ausweichklausel (Art 41 I EGBGB) Einl 5.20
Auswendiglernen, systematisches 17 47
Auswirkungsprinzip Einl 5.6
Auszeichnungen 3 Anh 2.1 f; **5** 5.158 ff
automatische Anrufmaschine s Anrufmaschine
Automobilclub 4 11.68

Autorität
– Bezugnahme auf – **5** 5.91 ff
– Druck durch – **4** 1.61 ff
– Missbrauch von – **4** 13.42
Bäckerei-Arbeitszeitgesetz 4 11.145
Bagatellklausel Einl 2.22 b; **3** 108 ff, 112 ff, 133; **4** 0.4, 11.131 a, 11.156 f; **5** 2.121; **6** 20; **8** 3.52; **PAngV Vorb** 6
Bait-and-Switch-Technik 3 Anh 6.1 ff
Bank, Bankier 5 5.16; **PAngV 6** 11
Banner-Werbung 4 1.269, 1.273, 4.17; **7** 93; s auch Internet-Werbung
Basisverträge Einl 7.9; **3** 158
Baurechtliche Vorschriften s Vorschriften, öffentlich-rechtliche
Bausparkasse 5 5.20
Baustoffe 5 4.25
Beauftragter 8 2.41 ff; s auch Mitarbeiter
– Begriff **8** 2.41 ff
– Beweislast **8** 2.51
– Mehrstufigkeit des Auftragsverhältnisses **8** 2.43
Beauftragung Dritter 12 7.10 ff
Beauftragung, Rechtsnatur 8 2.44
Bedarfsgegenstände 5 4.25 ff
Bedarfsmarktkonzept 2 106 a; **8** 3.35
Bedeutungswandel 5 2.110, 2.205 f, 4.152 ff, 4.228 ff, 5.101
Bedingung 3 Anh 4.4; **16** 41
Beförderungsentgelt PAngV 9 3
Beeinflussung, unangemessene unsachliche s Einfluss, unangemessener unsachlicher
Beeinflussungsverbot 4 3.38
Beeinträchtigen der Wertschätzung s Wertschätzung
Begehungsgefahr 8 1.9 ff; s auch Erstbegehungsgefahr und Wiederholungsgefahr
Begehungsort 5 5.32, 5.5, 5.54, 5.59; **14** 13 ff
Begleitgutachten 12 2.86
Behandlungsgebiet 4 11.107
Behauptung s Tatsachenbehauptung
Behinderung, gezielte Einl 5.14, 5.16; **1** 13; **2** 111; **4** 1.114, 1.186, 7.6, 8.7, 9.41, 9.63 ff, 9.75, 10.1 ff, 11.92; **7** 95, 195; **8** 3.6; **12** 1.71; **17** 52
– Abwerbung **4** 10.103 ff
– – Absicht der Mitbewerberbehinderung **4** 10.105
– – Ausbeutung des Mitbewerbers **4** 10.106
– – Doppelbeschäftigung
– – Missbrauch eines Vertrauensverhältnisses **4** 10.110
– – Mittel und Methoden **4** 10.107
– – unangemessene unsachliche Beeinflussung **4** 10.109
– Begriff **4** 10.6 ff
– Betriebsstörung **4** 10.160 ff
– Kennzeichenverwendung **4** 10.76 ff
– kundenbezogene – **4** 10.24 ff
– – Auftragsmanipulation **4** 10.27
– – Ausnutzung fremder Einrichtungen **4** 10.27
– – Gewalt- und Druckausübung **4** 10.26
– – Kündigungshilfe **4** 10.39
– – Lizenzgeschäft **4** 10.82
– – Methoden **4** 10.15 ff
– – Nachahmung fremder Werbung **4** 10.74
– – Nachfrage **4** 10.69

magere Zahlen = Randnummern

Sachverzeichnis

– – Erwerb von nicht benötigten Waren und sonstigen Wirtschaftsgütern **4** 10.69
– – Liefersperre **4** 10.70
– Preisunterbietung **4** 9.65
– produktbezogene – **4** 10.48 ff
– – Aufkaufen von Konkurrenzware **4** 10.49
– – Eintritt in Kundenbestellung **4** 10.52
– – Einwirkung auf Waren oder Dienstleistungen **4** 10.48
– – Inzahlungnahme gebrauchter Ware **4** 10.51
– – Unterschieben anderer Ware **4** 10.53
– – Vertrieb von Produktnachahmungen **4** 10.54
– vertriebsbezogene – **4** 10.55 ff
– Werbung **4** 10.71 ff
– – Ausnutzen fremder Werbung **4** 10.74
– – Ausschaltung fremder Werbung **4** 10.71
– – Beeinträchtigung fremder Werbung **4** 10.73
– – Beseitigung und Schwächung fremder Kennzeichen **4** 10.72
– – Gegenwerbung **4** 10.75
– Zeichenerwerb **4** 10.84 f
Behinderungsverbot Einl 6.17
Behinderungswettbewerb 2 108 ff
Beihilfe Einl 1.42, 5.9; **4** 11.22, 11.113, 11.179, 13.26, 13.30, 13.59; **8** 2.4, 2.16, 2.49; **16** 34
Beihilfenrecht 4 11.180 a
Beispielstatbestände 3 63, 65 ff, 137; **3 Anh** 0.4, 0.7, 0.12; **4** 0.1 ff
Beiträge, wissenschaftliche 5 2.161
Bekanntheit
– als Voraussetzung der Herkunftstäuschung **4** 9.41 a ff
– als Voraussetzung der lauterkeitsrechtlichen Verwechslungsgefahr **5** 4.238
Bekanntmachung 12 4.1 ff
– öffentliche **16** 13; **UKlaG 7** 10 ff
– Urteil s Urteilsbekanntmachung
Bekanntmachungsbefugnis 12 4.4 ff; s auch Urteilsbekanntmachung; **UKlaG 7** 9, 12
– berechtigtes Interesse **12** 4.7
Belästigung, unzumutbare 1 20, 30; **2** 139; **3** 5; **3 Anh** 29.1 ff; **4** 1.5, 1.57, 1.201, 1.203, 1.230, 1.278; **7** 1 ff
– anonyme elektronische Werbung **7** 208 ff
– Ansprechen
– – Geschäftsräume **7** 72
– – hartnäckiger und unerwünschter **7** 101
– – Jahrmärkte und Messen **7** 71
– – Kinder **7** 76
– – Öffentlichkeit **7** 63 ff
– – Unfallort **7** 73
– Briefkastenwerbung **7** 103 ff
– – Gratisblätter **7** 109
– – Postwurfsendung **7** 108
– – Zeitungsbeilagen **7** 110
– Briefwerbung **7** 112 ff
– E-Mail-Werbung **7** 196 ff
– Einwilligung **7** 51, 69, 90, 132 ff, 147 ff, 161 ff, 185 ff
– Haustürwerbung **7** 38 ff
– – Ausnutzung persönlicher Beziehungen **7** 57
– – Besuchsankündigung **7** 54 ff
– – Gefühlsausnutzung **7** 58
– – Provokation **7** 55
– – Täuschung **7** 60
– – Werbekolonnen **7** 59

– Internet **7** 93
– Meinungsumfragen **7** 74
– Push-Dienst **7** 93
– Scheibenwischerwerbung **7** 117
– Schulen und Behörden **7** 92
– SMS-/MMS-Werbung **7** 196 ff
– Telefaxwerbung **7** 179 ff
– Telefonwerbung **7** 118 ff
– – Anruf **7** 127 f
– – Anrufmaschinen **7** 190
– – umgekehrte **7** 176
– – Werbung **7** 129 ff
– – werbefinanzierte Telefongespräche **7** 177
– Verteilen von Werbematerial **7** 75
– Zusenden unbestellter Waren **7** 77 ff
– – Ankündigung **7** 89
– – geringwertige Waren **7** 81
Belgien Einl 4.2
Belobigungen 4 3.18; **5** 2.167; s auch Auszeichnungen
Benachteiligungsverbot, zivilrechtliches
4 1.130, 10.210, 11.157; **UKlaG 1** 4
Benrather Tankstellen-Fall 4 10.197
Berechtigungsanfrage 4 10.169, 10.172; **5** 5.131 a; **5 a** 25
Bereicherung, Wegfall 9 3.6; **10** 7
Bereicherungsanspruch 4 9.84; **9** 3.1 ff; **10** 7; **17** 55
– Inhalt und Umfang **9** 3.4 ff
– Wegfall der Bereicherung **9** 3.6
– Wertersatzpflicht **9** 3.5
Bernstein 5 4.44
Berufliche Sorgfalt 2 128; **3** 10, 36; **3 Anh** 27.2; **PAngV 6** 17
Berufsausübungsregelung 3 90; **4** 11.33, 11.80 ff, 11.84 ff
Berufsbezeichnungen 5 5.135 ff
– Akademische Grade **5** 5.136
– – Diplomingenieure **5** 5.139 ff
– – Doktortitel **5** 5.137 ff
– – Professorentitel **5** 5.136
– Anwalt **5** 5.149
– Architekt **5** 5.151
– Arzt **5** 5.146 f
– gesetzlich geschützte **5** 5.145 ff
– Handwerk **5** 5.132 ff
– Heilpraktiker **5** 5.148
– Ingenieur **5** 5.151, 5.152
– Kaufmann **5** 5.153
– Krankengymnastik **5** 5.154
– Krankenpfleger **5** 5.153
– Meister **5** 5.153
– Sachverständiger **5** 5.142
– Steuerberater **5** 5.150
– Tierarzt **5** 5.146
– Wirtschaftsprüfer **5** 5.150
– Zahnarzt **5** 5.146
Berufsfreiheit Einl 3.14; **3** 39, 90 f; **4** 9.3, 11.30, 11.76, 11.105, 11.110, 11.115; **5** 1.62 ff, 2.212, 5.154
– freie Berufswahl **Einl** 1.45
Berufsgericht, berufsgerichtliches Verfahren
12 2.17; s auch Rechtsweg
Berufskammer s Industrie- und Handelskammer
Berufsordnung
– Apotheker **4** 11.76, 11.115

2011

Sachverzeichnis

fette Zahlen = §§ bzw. Artikel

– Ärzte **4** 11.105 ff
– Rechtsanwälte **4** 11.85, 11.162
Berufssportler 2 29
Berufung 12 3.39, 3.43, 3.59, 3.73 f; **14** 2
– Bindung an Tatsachen der ersten Instanz **12** 2.69
Berühmung 8 1.18 ff, 1.27; **11** 1.3, 1.48; **12** 1.51, 1.74; **UKlaG 1** 11
Beschaffenheit 5 1.68
Beschaffungstätigkeit der öffentlichen Hand 4 11.180, 13.27
Beschäftigungsverbot 4 10.113; **9** 1.26; **12** 3.9
Beschluss 12 3.23 f, 3.46, 5.4, 5.27
Beschwerde 12 3.38, 5.4, 5.27, 7.9; **15** 19, 33
– sofortige **12** 6.13; **15** 28
Beseitigungsanspruch 4 8.25, 9.81, 10.97; **6** 208; **7** 29; **8** 1.69 ff, 2.53; **12** 2.24, 2.54, 3.31, 5.19; **16** 49; **17** 65; **19** 17; **UKlaG 1** 18
– Entstehung **11** 1.19
– Inhalt **8** 1.80 ff
– Schuldner **8** 2.1 ff
– Verfügungsanspruch **12** 3.9
– Verjährung **11** 1.34, 1.36
– Voraussetzungen **8** 1.76 ff
Beseitigungsklage 12 2.51 ff
– Antragsformulierung **12** 2.54
– Bestimmtheitsgebot **12** 2.52
– Konkretisierungsgebot **12** 2.53
– Streitwert **12** 5.13
Besichtigungsanspruch 9 4.43 ff; **17** 51
– Voraussetzungen **9** 4.44 ff
Besitz 7 36
Besitzer 9 4.44
Besitzstand 11 2.24 ff
Besonderes öffentliches Interesse (§ 376 StPO) 16 25; **17** 71
Besonders günstiges Angebot s Angebot, besonders günstiges
Bestattungsunternehmen 4 13.35, 13.37, 13.45; **12** 2.7
Bestechung, Bestechlichkeit Einl 1.35, 4.17, 5.17; **4** 11.174; **17** 47
Bestimmen 8 2.6
Bestimmtheitsgebot 3 58; **12** 2.52, 2.61, 2.106; 3.6
– verfassungsrechtliches – **16** 11
Besuchsankündigung; 7 54; s auch Haustürwerbung
– Provokation **7** 55
– schriftliche – **7** 54
– telefonische – **7** 54
Betriebsbezogenheit Einl 7.22 ff
Betriebsgeheimnis s auch Geheimnisverrat
– Begriff **17** 4 ff
– Geheimhaltungsinteresse **12** 2.42; **17** 9
– Geheimhaltungspflicht **17** 16
– Geheimhaltungswille **17** 10
– Offenkundigkeit, fehlende **17** 6 ff
– Vermögenswert **Vor §§ 17–19** 1 ff
Betriebsinterne Handlungen s Handlung
Betriebsrat 4 1.63
Betriebsspionage 4 10.164 f; **Vor §§ 17–19** 6; **17** 29 ff
– Rechtsfolgen **17** 51 ff
– Täter **17** 37
– Tathandlung **17** 29 ff
– Tatmittel **17** 32 ff

Betriebsstörung 4 10.160 ff
– physische oder psychische Einwirkungen **4** 10.160
– Testmaßnahmen **4** 10.161
Betriebsverfassungsgesetz 17 59
Betrug 16 2, 30, 51; **17** 47
Beweis 12 2.65 ff
Beweisantrag 12 2.67, 2.76, 4.7
Beweisaufnahme 5 3.3; **9** 1.43; **12** 2.67 ff, 5.3; **15** 23
– Ablehnung der **12** 2.68
– erneute **12** 2.69
Beweiserhebung 12 2.67 ff
Beweisermittlungsantrag 12 2.67
Beweislast s Darlegungs- und Beweislast
Beweismittel 5 3.16 ff; **12** 2.66, 2.70 ff, 2.76
– Augenschein **12** 3.21
– Parteivernehmung **12** 2.66 f
– Sachverständiger **5** 3.16; **12** 2.66, 3.21
– Urkunde **12** 2.66, 3.21
– Verwertung **12** 2.70
– Zeuge **12** 2.66, 3.21
Beweiswürdigung 12 2.67, 2.87, 2.91
Bezeichnungen, geschäftliche 4 7.23; **5** 1.82; **6** 146
Bezug von privat, Irreführung über 3 Anh 23.1; **5** 6.38 ff
Bezug von Waren oder Dienstleistungen s Absatz und Bezug
Bezugspunkte der Irreführung 5 1.25 a f, 1.91 ff
Bezugssperre 4 1.34, 10.121, 10.214 ff; s auch Boykott und Liefersperre
BGB-Gesellschaft s Gesellschaft bürgerlichen Rechts
BGB-Informationspflichtenverordnung s Informationspflichten-Verordnung
Bier 5 4.36
Bindung des Gerichts an Klageantrag 12 2.107
Bindungswirkung (§ 17 a I GVG) 12 2.1, 2.113, 3.80
Binnenmarkt Einl 1.42; 3.63; **1** 42; **6** 11
„**bio-**" **5** 4.65 ff
Blickfangwerbung 5 2.93 ff; **PAngV 1** 46
Blindenware 16 17
Blindenwarenvertriebsgesetz 4 1.237
Blockade Einl 7.33
Blogger 3 3.41; **4** 3.41
Blockheizkraftwerk 4 13.43
BOKraft 4 11.161
Bonuspunkt 4 6.6
Börse 5 5.7
Boykott Einl 7.31; **4** 7.21, 10.116 ff; **6** 181; **7** 30
– Abwehrhandlung **4** 10.124; **11** 2.11
– Aufforderung zu einer Liefer- oder Bezugssperre **4** 10.116, 10.119
– Bestimmtheit der Adressaten und Verrufenen **4** 10.120
– Beteiligte **4** 10.117
– Erfolgsort **Einl** 5.16
– Gerichtsstand **14** 17
– geschäftliche Handlung **2** 96 h; **4** 10.118, 13.36 ff
– Verrufer **4** 10.117 f
Boykottähnliche Maßnahme 4 10.121 a
Boykottverbot Einl 6.16; **4** 10.19, 10.127 ff
– bürgerlichrechtliches – **4** 10.128 f
– kartellrechtliches – **4** 10.126

magere Zahlen = Randnummern

Sachverzeichnis

Branchenangehörigkeit, unterschiedliche **2** 96 b f
Brandstiftung 4 10.16
Branntwein Einl 1.31; **5** 4.36, 4.40
Briefbogenwerbung 4 11.101
Briefkastenwerbung 7 103 ff
Briefumfrage Einl 3.16; **4** 3.16
Briefwerbung Einl 5.34; **7** 112 ff; **UKlaG 4 a** 6
Brunnen 5 4.13 a
Buchführung 5 4.146
Buchgemeinschaft 2 96 e
Buchhaltung 5 4.146
Buchpreisbindungsgesetz 4 1.133, 11.13, 11.141; **12** 1.99 a
Bulgarien Einl 4.3
„**Bundes**" **5** 5.92 a
Bundesamt für Verbraucherschutz und Lebensmittelsicherheit 8 3.1; **12** 7.2
Bundesrechtsanwaltsordnung 4 3.47 d, 11.59 f, 11.85 f, 11.162
Bundesverband Deutscher Zeitungsverleger 4 1.209
Bundesverwaltungsamt 8 3.12, 3.54, 3.61; **10** 1; **UKlaG 4** 2, 9 ff
Bürgerliches Recht, Verhältnis zum UWG **Einl** 7.1 ff
Bußgeld 10 13; **20** 1 ff
Butter 5 4.36

CE-Kennzeichnung 3 Anh 2.2
Center s Zentrale, Zentrum
Characters 4 9.22
China Einl 4.4
class action s Sammelklagen
cold calling s Telefonwerbung
commercial practise s Geschäftspraxis
Community-Shopping s Powershopping
Computerprogramm 3 Anh 16.5; **12** 2.41; **17** 8, 12, 57; **18** 10
cookies 4 3.16
Corporate Governance Kodex s Deutscher Corporate Governance Kodex
culpa in contrahendo s Verschulden bei Vertragsverhandlungen
Cybersquatting s Domain-Grabbing

Dänemark Einl 4.5
Darlegungs- und Beweislast 2 30 a; **2** 144; **3** 134; **5** 1.18, 1.92, 3.19 ff; **8** 2.51, 3.66; **11** 2.25; **12** 2.89 ff
– Allein- und Spitzenstellungswerbung **5** 3.25, 3.28; **12** 2.94
– Anscheinsbeweis **10** 14; **12** 2.90
– Bagatellklausel **3** 48 ff
– Beweiserleichterung **5** 3.23 ff; **12** 2.91 ff
– Eigenpreisgegenüberstellung **5** 1.89
– Einwilligung **7** 134
– ergänzender Leistungsschutz **4** 9.78
– fachlich umstrittene Behauptung **5** 3.26; **12** 2.95
– Gewinnabschöpfungsanspruch **10** 14
– innerbetriebliche Vorgänge **5** 3.24; **12** 2.92
– irreführende Werbung **5** 1.13 ff, 1.17 ff
– Missbrauch **8** 4.23
– Mitarbeiter und Beauftragte **8** 2.51
– Preisangaben **12** 2.93

– Preisgegenüberstellung **5** 7.59, 7.69, 7.75, 7.79 f, 7.82
– Presseprivileg **9** 2.17
– Prozessführungsbefugnis **8** 3.65 f
– Räumungsverkauf **5** 3.27
– Rechtsmissbrauch **8** 4.25
– redaktionelle Werbung **4** 3.37
– Umkehr **5** 3.25, 7.69, 7.73, 7.75 ff, **12** 2.91
– Umsatzangaben **12** 2.93
– vergleichende Werbung **6** 193 ff; **12** 2.96
– Verschulden **12** 6.8
– Warenvorrat, Irreführung über **3 Anh** 5.4 ff; **5** 8.12, 8.15
– Werbeaussagen **12** 2.91
– Widerrufsanspruch **8** 1.107 ff
– Vergleich **4** 10.152
– Zugang der Abmahnung **12** 1.29 ff
– Zuwiderhandlung gegen Unterlassungstitel **12** 6.8
Daseinsvorsorge 4 13.6; s auch Öffentliche Hand
Daten 4 9.22; **17** 5
Datenerhebung 4 2.2, 2.41
Datenschutzbeauftragter 4 11.65
Datenschutzrecht 4 11.42; **UKlaG 2** 13
Datenschutzrichtlinie s Richtlinie, Datenschutz
Datenvernichtung 4 10.16
Dauerhandlung s Handlung, fortgesetzte
deep links 1 11; **4** 10.73; **5** 2.186, 4.123 ff; **8** 2.27; s auch Links und Internet-Werbung
Demoskopische Untersuchung s Meinungsforschungsgutachten
DENIC 4 10.78, 10.97, 10.99; **8** 2.18; **UKlaG 13** 2
Detektivkosten 12 2.124
Deutlichkeitsgebot 4 11.171; s auch Transparenzgebot
„**deutsch**" **5** 4.83 ff
Deutscher Corporate Governance Kodex 5 5.163
Deutscher Direktmarketing-Verband eV 7 115
Deutscher Schutzverband gegen Wirtschaftskriminalität Einl 2.30
Dialer 4 11.163
Dienstbarkeit 4 10.57
– Sperr-Dienstbarkeit **4** 10.69
Dienstleistung Einl 3.35; **2** 34 ff, 37 ff, 39 ff, 76 ff, **3 Anh** 4.2; **4** 6.8, 9.21 ff; **6** 94; **PAngV 1** 4
– Zulassungspflicht für **4** 11.150
Dienstleistungserbringer 4 11.142
Dienstleistungsverträge 4 11.172 b
Dienstleistungsfreiheit Einl 1.42, 3.36 ff, 5.22; **5** 1.41 ff, 2.213; **7** 20
– Beschränkungen **Einl** 3.36
Dienstleistungsrichtlinie 4 11.6 c, 11.84; **PAngV Vor** 12
Dienstleistungstest s Warentest
Dienstleistungsvergleich 4 10.141; **6** 45, 97; s auch Werbung, vergleichende
Dienstleistungsvorrat 5 8.18 ff
DIN 5 2.120, 4.69
Diplomingenieur s Ingenieur
Direktpreis 5 7.96
Direktvertrieb 3 Anh 14.4, 30.1; **7** 38, 45, 47; **16** 43
Direktwerbung 7 184 f, 202 ff
Disclaimer Einl 5.8, 5.43; **14** 16
Discountpreis 5 7.97 ff; **12** 2.93
Diskothek 2 96 e

2013

Sachverzeichnis

fette Zahlen = §§ bzw. Artikel

Diskriminierung 4 1.134, 10.208 ff
– Begriff **4** 10.208
– Bewertungsmaßstäbe **4** 10.210 f
Diskriminierungsverbot Einl 3.14; **4** 10.210, 11.156
dolus directus, dolus eventualis s Verschulden, Vorsatz
Domain 4 10.87 ff; **5** 4.103 ff; **8** 2.18; **9** 4.26
– Allgemeinbegriffe als – **4** 10.95
– Anmeldung und Eintragung **4** 10.87, 10.94 ff
– Gattungsbegriff als Domainname **4** 10.30
Domain-Grabbing 2 23; **4** 10.59, 10.94
Domain-Vergabestelle 8 2.18
Doppelbeschäftigung 4 10.111
Doppelfunktionalität Einl 5.50
Doppelkontrolle, Grundsatz 4 10.18
Double-opt-in-Verfahren 7 189
Dreifache Schadensberechnung s Schadensberechnung
Dringlichkeit 12 3.12 ff
– Auswirkung eines Antrags auf Fristverlängerung **12** 3.16
– Beendeter Verstoß **12** 3.17
– Nachweis **12** 3.13, 3.15
– Vermutung **12** 3.15 ff; **UKlaG 5** 6
– – beendeter Verstoß **12** 3.18
– – früherer Verstoß **12** 3.19
– – Verbände **12** 3.17; **UKlaG 5** 1
– Wiederaufleben **12** 3.19
Drittabmahnung s Abmahnung, Dritte
Drittauskunft 9 4.2 f, 4.14, 4.25, 4.40; **12** 2.99
Drittbezichtigung 9 4.24
Drittunterwerfung s Unterwerfungserklärung, Drittunterwerfung
Drogerie 5 5.10
Drohung 3 137; **4** 1.28 ff; **19** 4
Druck 4 1.14, 1.25 ff, 10.17; s auch Kaufzwang
– autoritärer **4** 1.61 ff
– moralischer **3 Anh** 30.1; **4** 1.73 ff
– psychischer **4** 1.29, 10.17
– wirtschaftlicher **4** 1.64 ff
– – auf Unternehmen **4** 1.27, 1.66
– – auf Verbraucher **4** 1.26
Drücker s Werbekolonnen
Druckschriften 9 2.5, 2.13
– fliegender Gerichtsstand **14** 15
drugstore s Drogerie
Duldung 4 11.112; **11** 2.14, 2.19
Duldungsanschein 11 2.19 f, 2.23, 2.28
Durchschnittsverbraucher 1 22 ff; **3** 13 f; **3 Anh** 21.2, 25.2; **6** 23, 77, 79, 104, 165; s auch Verbraucher und Verbraucherleitbild
– aufmerksamer – **1** 35, **2** 132; **5** 1.46 ff; **PAngV** 6 a 8
– empfindlicher – **1** 37
– Feststellung der Auffassung des – **1** 38
– flüchtiger – **5** 1.57
– informierter – **1** 34
– verständiger – **1** 36, **5** 1.46 ff
Durchsetzungsverbot s Fruchtziehungsverbot

ebay-Handel 2 18, 23
„echt" 5 4.70 f
Eckpreis 5 7.101
e-commerce s Geschäftsverkehr, elektronischer

e-commerce-Richtlinie s Richtlinie, elektronischer Geschäftsverkehr
„effektiv", effektiver Jahreszins, Effektivzins PAngV 6 9
effective competition Einl 1.13
Effektivitätsgrundsatz, gemeinschaftsrechtlicher 4 13.59
Ehrungen s Auszeichnungen
Ei 5 2.122, 4.17
Eichgesetz 4 11.120
Eigenart, wettbewerbliche 4 9.10, 9.24 ff
– ästhetische Merkmale **4** 9.27
– Entfallen **4** 9.26, 9.71
– Entstehen **4** 9.25
– Erscheinungsformen **4** 9.27 ff
– Feststellung **4** 9.33
– Herkunftshinweis **4** 9.31
– Kennzeichnung **4** 9.30
– Programm **4** 9.29
– technische Merkmale **4** 9.28
Eigenhaftung des Repräsentanten 8 2.20
Eigennutz 17 25; **18** 12, 15; **19** 8, 14
Eigenpreisgegenüberstellung 5 1.89; s auch Preisgegenüberstellung
Eigenpreisvergleich 6 122, 127, 160; **12** 2.93
Eigenschaften 6 125 ff
Eigenschaftsvergleich 6 55 a f, 102 ff; s auch Vergleich und Werbung, vergleichende
– Beweislast **6** 193
– Darstellung einer Ware als Imitation oder Nachahmung **6** 186 ff
– Herabsetzung und Verunglimpfung **6** 165 ff
– Herbeiführung von Verwechslungen **6** 142 ff
– Nachprüfbarkeit **6** 132 ff
– Objektivität **6** 116 ff
– Typizität der Eigenschaft **6** 139 ff
Eigentum 1 20; **4** 11.40; **7** 36, 40, 111, 195; **UKlaG 13** a 2
Eigentumsfreiheit, Eigentumsgarantie Einl 1.45; **3** 93; **5** 2.212
Eigenvergleich 6 58, 78
Eignung zur Irreführung 3 Anh 13.7; **5** 1.14, 1.20, 1.25 b, 1.42, 2.65, 2.67, 2.169, 3.2, 3.2, 3.10; **6** 116, **16** 9, 16; s auch Irreführungsgefahr
Eilbedürftigkeit s Dringlichkeit
Eilverfahren s Verfügung, einstweilige
Einfluss, unangemessener und unsachlicher 2 48; **3** 137; **4** 1.45 ff
Einführungspreis 5 7.102 f
Eingerichteter und ausgeübter Gewerbebetrieb s Unternehmen, Recht am
Einigungsamt 15 1; s auch Industrie- und Handelskammer
Einigungsstelle s Industrie- und Handelskammer
Einigungsstellenverordnung 15 Anh
Einigungsvorschlag 15 25; s auch Industrie- und Handelskammer, Einigungsstelle
Einkaufspreis 5 7.104 ff
Einkaufsvorteile 4 10.133, 10.136
Einrichtung, qualifizierte 2 60; **3** 108, 128; **8** 3.52 ff; **UKlaG 3** 3 f; **4** 1; **13** 3
– Aufhebung der Eintragung **8** 3.60
– ausländische **8** 3.62 f
– Eintragungsvoraussetzungen **8** 3.55 ff
– Mitglieder **8** 3.58
– Satzungszweck **8** 3.56 ff

magere Zahlen = Randnummern

Sachverzeichnis

– Tätigkeit **8** 3.57
– Vermutung **8** 3.59
Einschieben in fremde Serie 4 9.56 ff
**Einstweilige Einstellung der Zwangs-
vollstreckung** s Zwangsvollstreckung
Einstweilige Verfügung s Verfügung, einstweilige
Eintragungsofferten 16 15; s auch Adressbuch-
schwindel
Eintritt in Kundenbestellung 4 10.52
Einwendung 4 11.156; **8** 3.3, 4.10; **9** 2.10, 4.42 ff;
11 2.1 ff; **12** 2.17
– Abwehr **11** 2.4 ff
– – Berechtigung **11** 2.8
– – Grenzen **11** 2.9
– – Lage **11** 2.5
– – Notwendigkeit **11** 2.7
– – Zweck **11** 2.6
– Einwilligung **11** 2.2
– Üblichkeit **11** 2.3
– Verwirkung **11** 2.13 ff
– – Auskunftsanspruch **9** 4.42
– – Bereicherungsanspruch **11** 2.16
– – Grenzen **11** 2.33 f
– – Interessenabwägung **5** 2.216; **11** 2.29 ff
– – Irreführung **5** 2.214 ff
– – Markenrecht **11** 2.17
– – Schadensersatzanspruch **11** 2.15
– – Unterlassungsanspruch **5** 2.214 ff; **11** 2.14
– – Voraussetzungen **11** 2.18 ff
– – – Duldungsanschein **11** 2.19 f, 2.23, 2.28
– – – Interessenabwägung **11** 2.29
– – – Untätigbleiben des Verletzten **11** 2.19
– – – wertvoller Besitzstand **11** 2.24 ff
– – Wahrnehmung berechtigter Interessen **11** 2.12
– wegen abweichender Entscheidung **UKlaG** 10
Einwilligung 3 Anh 2.5; **7** 46, 51, 69, 90, 97, 126,
128, 132 ff, 142 ff, 161 ff, 185 ff; **11** 2.2; **12** 2.27;
15 14; **17** 21, 36; **20** 2, 4 ff
– Allgemeine Geschäftsbedingungen **7** 137 ff
– ausdrückliche **7** 148, 185 ff
– Begriff **7** 132
– elektronische **7** 134
– Feststellung **7** 135
– konkludente **7** 149
– mutmaßliche **7** 90, 119, 163 ff
– Rechtsnatur **7** 134
– des Verletzten **11** 2.2
– Wirksamkeit **7** 136
Einzelgespräch s Privatgespräch
Einzelhändler 2 96 e; **8** 2.45, 3.39
Einzelpreis PAngV 1 21
Einziehung 16 27
elektronische Post, Werbung s E-Mail-Werbung
Elektrowaren 5 4.26
„**Elterninfos" 4** 13.45
E-Mail-Werbung 7 196 ff; **14** 16; s auch Internet-
Werbung
– Ausnahmeregelungen **7** 202 ff
– Bedeutung **7** 198
– Funktionsweise **7** 197
– Gerichtsstand **14** 16
Emnid 12 2.77; s. auch Meinungsforschungsinstitut
Empfehlung, amtliche 4 13.25, 13.28, 13.38 ff
**Empfehlungen der Stiftung Warentest zur
„Werbung mit Testergebnissen" 6** 210, 213
Empfehlungsschreiben 5 2.163 f

Endpreis 5 7.108 ff; **PAngV 1** 1, 4, 6, 9, 12, 15 ff,
18 ff, 20 f, 27, 33, 38, 41, 48, 51; **2** 2 ff; **5** 2; **6** 12 f;
7 6
– Hervorhebung **PAngV 1** 14
Endurteil s Urteil
entgangener Gewinn s Gewinn, entgangener
Entscheidungsfreiheit 1 17 ff; **3** 74 ff;
4 1.1 ff, 1.19 ff; **7** 3, 10, 36, 53 f, 89, 143; **9** 1.10;
UKlaG 2 10
Erbenermittler 4 11.70, 11.85
Erbengemeinschaft 8 2.49 f
Erfahrungsgüter 1 35
Erfahrungswissen, Ermittlung 5 3.10 ff; **17** 59
Erfolgsabwendungspflicht s Garantenpflicht
Erfolgsort Einl 5.4, 5.15; **14** 14
Erfüllungsgehilfe 8 2.23; **12** 1.153 ff
Erfüllungsort Einl 5.53
Erfüllungssurrogat 10 13
ergänzender Leistungsschutz s Leistungsschutz,
ergänzender
Ergänzungsanspruch 12 2.63
Erheblichkeitsschwelle s Bagatellklausel
erhebliche Willensschwäche 4 2.20
erkennbar unerwünschte Werbung 7 35
Erkennbarkeit des Mitbewerbers s Mitbewerber,
Erkennbarkeit
Erklärungspflicht, prozessuale **5** 3.23; **12** 2.91
Erlassvertrag 9 1.2; **11** 2.13
Erledigung der Hauptsache 11 1.53; **12** 2.31 ff,
2.62, 2.117
– erledigendes Ereignis **12** 2.33
– Erledigungserklärung **12** 1.107 f, 2.23, 2.31 f, 3.38
– – einseitige **12** 2.32
– – übereinstimmende **12** 2.31
– Kostenentscheidung **12** 2.34
– Streitwert **12** 5.17
Ermächtigung 2 19; **10** 17; **8** 3.22; **9** 2.7, 2.9; **13** 5;
UKlaG 6 4
Eröffnungspreis 5 7.112 ff
Erpressung 4 1.36, 10.17; **17** 47
Ersatzteile 4 9.50, 10.13; **5** 6.23 f; **6** 57, 114; **17** 7
erstattungsfähige Kosten s Kosten
Erstbegehungsgefahr 8 1.7, 1.10, 1.17 ff, 2.5 b,
2.20, 2.31, 2.38, 2.53; **9** 2.3; **11** 1.3, 1.19; **14** 14;
17 64; **12** 2.113, 5.6; **UKlaG 1** 11; **2** 18; **4 a** 5
– Feststellung **8** 1.17 ff
– Wegfall **8** 1.26 ff
Erste 5 5.81
Erzeugnisse 4 9.22; **6** 3, 11, 16 f, 45, 50, 66, 83, 93,
95, 102, 119, 153; **9** 1.43; **17** 7; **PAngV Vor** 11
EuGVVO Einl 5.51 ff; **8** 3.50; **14** 1
„**Euro-" 5** 4.49, 5.107 ff
Europäische Menschenrechtskonvention 3 86
Eventualantrag s Hilfsantrag
Exit-Pop-up-Fenster 7 93; s auch Pop-up-Fenster

Fabrik 5 5.8 ff
„**fabrikneu" 5** 4.61 ff
Fabrikpreis 1 1.05 ff
Fachanwaltsbezeichnung 4 11.98 ff; **5** 5.149 a
Fachgeschäft 5 5.15
fachliche Sorgfalt 2 126 ff; **3** 36 ff, 40 f; **3 Anh**
27.2; **4** 1.174 b
Fachzeitschrift 2 58; **4** 12.25, 12.28
Factoring 4 11.69
Fahrlässigkeit s Verschulden

2015

Sachverzeichnis

fette Zahlen = §§ bzw. Artikel

Fahrlehrergesetz 4 11.81, 11.142
Fahrschule 5 4.147
faires Verfahren 12 2.23, 2.35; s auch rechtliches Gehör
Falschmeldung 9 1.32, 2.10
Faltblätter 4 11.111
Faschingsumzug 4 11.116
Fernabsatzrichtlinie s Richtlinie, Fernabsatz
Fernabsatzvertrag PAngV Vor 13; **PAngV 1** 24
Fernmeldeanlagengesetz 4 11.179
Fernsehrichtlinie s Richtlinie, Fernsehtätigkeit
Fernsehwerbung Einl 5.23, 5.8; **3 Anh** 11.7; **4** 1.170, 3.5 c; **5** 2.99 a; s auch Werbung
Fertigpackungsverordnung 4 11.127; **5** 4.34; **PAngV 2** 1
Festsetzungsverfahren 12 6.9 ff
Feststellungsinteresse 11 1.40; **12** 2.18, 2.55
– negatives **12** 2.20
Feststellungsklage 9 1.35; **11** 1.31, 1.34; **12** 2.18 ff., 2.55 ff; **15** 30
– Gerichtsstand **14** 3
– negative **9** 2.9; **11** 1.45; **15** 27, 34; **12** 1.74, 2.20, 3.3, 3.16, 3.42, 3.74, 3.77, 3.84; **15** 30; **UKlaG 7** 2
– Rechtskraft **12** 2.115
– Rechtsschutzbedürfnis **12** 2.18 ff
– Streitwert **12** 5.14
Filmkritik 2 66; s auch Kritik
„Finanz-" 5 5.17 f
Finanzierung 5 4.88 ff; **8** 3.48
Finanzierungshilfen UKlaG 2 4
Finnland Einl 4.6
Firma 4 11.60; **9** 1.12; s auch Namensschutz, Namensrecht
Fisch 5 4.37
Fitnessstudio 2 24
Fleisch 5 4.18, 4.37
fliegender Gerichtsstand s Gerichtsstand
Flughafengebühr PAngV Vor 16
Folgeverträge Einl 7.8, **3** 155 ff; 3155 ff
Förderung 2 14, 46 f, 54 f, 67 ff; **3** 140
– des Absatzes oder des Bezugs von Waren oder Dienstleistungen **2** 14 f, 34 ff, 37 ff, 45 ff, 74, 77, 81 a, 99
– fremden Wettbewerbs **2** 196 g
Fördermittelberater 4 11.63, 11.65
Förderungsabsicht 2 46, 65 f; **8** 2.12
Forderungsinkasso 4 11.69
Formalbeleidigung 4 7.19
Formate 4 9.22
Formmarke 4 9.10
fortgesetzte Handlung s Fortsetzungszusammenhang
Fortschrittsvergleich 4 10.140; **6** 2, 140; s auch Werbung, vergleichende
Fortsetzungszusammenhang 8 3.34, 4.12; **11** 1.22, 33 f; **12** 1.148 ff, 6.4
fortwirkende Irreführung s Irreführung, Fortwirkung
forum shopping 12 3.16 a
Fotografieren in Geschäftsräumen 4 10.163
Fragen, gestützte **12** 2.81
Frames/Framing 5 4.125; **8** 2.27; s auch Internet-Werbung
Franchisenehmer 8 2.19, 2.45; **17** 61; s auch Absatzmittler
Frankreich Einl 4.7

Freier Beruf 4 10.33, 11.49; **8** 3.27; **12** 1.104
Freiheitsberaubung 4 1.28, 10.16
Freiheitsstrafe 16 24, 45; **17** 66
Freizeitveranstaltung 4 3.14; s auch Kaffeefahrt
Freizügigkeit Einl 1.45
„frisch gepresst" 3 Anh 2.3; **5** 4.72 ff
Fristsetzung zur Klageerhebung 12 3.44 f
Fristverlängerung 11 1.44; **12** 3.16
Fruchtziehungsverbot 4 9.60
„führend" 5 5.83
Führungskraft, Haftung 8 2.19
Füllanzeige 5 4.144
Funktionseinheit/Funktionsidentität von Waren oder Dienstleistungen 4 9.50; **6** 98

Garantenstellung 16 21
Garantie 4 1.99, 1.123, 4.7; **5** 7.144 ff
– Langzeitgarantie **5** 7.144 a
– Preisgarantie **5** 7.88 ff
– Werksgarantie **5 a** 17
Gattungsbegriff als Domainname 4 10.30
Gebrauchsmusterrecht, -gesetz 9 4.35
– Anwendbarkeit von § 12 II UWG **12** 3.15
– Schadensberechnung **9** 1.36
– Zuweisungsgehalt **9** 3.2
Gebrechen, geistige oder körperliche **3** 17
Gebührenerzielungsinteresse 8 4.12
Gebührenstreitwert s Streitwert
Gebührenunterschreitung 8 2.18
Gefahr, Werbung mit 3 Anh 12.3
Gefährdungshaftung 12 3.78
Gefahrstoffverordnung 4 11.122
gefühlsbezogene Werbung s Werbung, gefühlsbezogene
Gegenabmahnung 4 10.183, 10.166; **12** 1.74 f, 2.118
Gegenanzeige 9 1.32, 2.10
Gegendarstellung 6 209; **9** 2.5 ff, 2.10; **12** 4.7
– Durchsetzung **9** 2.9
– Inhalt und Umfang **9** 2.7
Gegenwerbung 4 10.75; s auch Werbebehinderung
Geheimhaltungsinteresse 5 3.24; **12** 2.42, 2.92
Geheimnisverrat Einl 2.9; **4** 11.173; **9** 4.14, 4.18, 4.20; **Vor §§ 17–19** 7; **17** 4, 9, 11, 14 ff; **12** 2.4; **19** 4, 12
– Rechtsfolgen **17** 51 ff
– Täter **17** 14
– Tathandlung **17** 18 ff
– Tatobjekt **17** 15 ff
– Tatzeitraum **17** 22
– Verleiten und Erbieten zum **19** 1 ff
Geheimnisverwertung Vor §§ 17–19 7; **17** 40 ff
– Rechtsfolgen **17** 51 ff
– Täter **17** 49
– Tathandlung **17** 40 ff
Gehilfe s Beihilfe
Geistiges Eigentum s Schutzrechte
Geldstrafe 10 13; **16** 24, 45; **17** 66
Geld-zurück-Garantie 5 7.147
Geldzuwendung 4 1.100, 1.122, 1.92; s auch Preisnachlass
Geltendmachung von Ansprüchen 2 73, 86 184 f; **4** 7.27, 10.173, 11.65; **UKlaG 2** 23; **4 a** 9
Gemeinde 4 11.47; **12** 2.7
Gemeinderechtliche Vorschriften s Vorschriften, kommunalrechtliche

magere Zahlen = Randnummern

Gemeinschaftsrecht Einl 2.24, 3.1; **17** 3 b; **PAngV Vorb** 17 f
Genehmigung, behördliche **3 Anh** 2.4; **4** 11.50; **7** 92
Genehmigungsvorbehalt 4 11.112
Generalklausel 6 19; **7** 4
– Auffangfunktion **3** 64 ff
– Konkretisierung **3** 63 ff; **3 Anh** 0.4
– – Gemeinschaftsrecht **3** 69 ff
– – Grundgesetz **3** 72 ff
– – Richter **3** 67 f
Gentechnik 4 11.149
geografische Herkunftsangaben s Herkunftsangaben, geografische
geografische Zusätze s Zusatz, geografischer
„geprüft" 5 5.155 ff
Gerichtsentscheidung, Rechtsnormqualität **4** 11.26
Gerichtskundige Tatsachen s offenkundige Tatsachen
Gerichtsstand Einl 2.9, 5.51, 5.59; **8** 4.23; **12** 2.13; **14** 1 ff
– Aufenthaltsort **14** 12
– Begehungsort **14** 13 ff
– fliegender – **Einl** 2.9; **14** 15
– Niederlassung **14** 6 ff
– Vereinbarung **Einl** 5.38; **13** 4
– Wahlrecht des Klägers **14** 1
– Wohnsitz **14** 11
Gerichtsverfassungsgesetz 9 2.9; **13** 1, 3 f; **14** 4; **17** 21, 51
Gesamtgläubigerschaft 8 3.3
geschäftliche Bezeichnungen s Bezeichnungen, geschäftliche
geschäftliche Entscheidung Einl 3.57; **2** 130; **4** 1.15 ff; **7** 3, 10, 95 a; **PAngV 1** 26
geschäftliche Handlung 2 3 ff, 41, 94, 96, 102; **3** 24 ff, 28 f, 35, 55 ff, 61 f; **5** 2.1 ff; **7** 16 ff
– bei und nach Vertragsschluss **2** 70 ff
– Funktion **2** 3
– menschenverachtende **4** 1.144 ff
– objektiver Zusammenhang **2** 34 ff
– und Geschäftspraktiken **2** 7 ff
– unternehmerinterne **2** 36
– unzulässige **3 Anh** 1.1
– zur Förderung fremder Unternehmen **2** 17 ff, 55 ff
geschäftliche Relevanz 3 10 ff, 25, 48 ff, 108 ff; **4** 1.17, 1.82 ff, 2.19, 3.12, 4.18, 5.15, 6.19, 11.58 a; **5** 2.20 f, 2.169 ff; **5 a** 7, 37, 55
geschäftliche Unerfahrenheit s Unerfahrenheit, geschäftliche
Geschäftsabschluss, vor, bei, nach 2 31 ff, 129 f; **5** 2.5 ff; **7** 130
Geschäftsbesorgungsvertrag 4 10.107
Geschäftsführung ohne Auftrag 4 10.168, 10.183, 10.221; **7** 85 f, 157, 194; **9** 4.7; **11** 2.8; **12** 1.73, 1.86, 1.90 f; **17** 56
Geschäftsgeheimnis 1 10; **4** 10.41; **9** 1.9, 1.36 b, 4.44; **17** 4 a, 12, 36, 55 f; s Betriebsgeheimnis
Geschäftsgrundlage 12 1.161 ff
Geschäftspraktiken, Geschäftspraxis Einl 3.58; **2** 7, 43 ff, 48, 74 f, 141; **3 Anh** 0.9; s auch Richtlinie über unlautere Geschäftspraktiken
– aggressive **Einl** 3.62; **3** 8; **3 Anh** 0.4
– irreführende **Einl** 3.62; **5** 1.23, 1.25 ff; **3 Anh** 0.4
– unlautere **Einl** 3.61; **1** 5, 15, 23; **PAngV Vorb** 10

Sachverzeichnis

Geschäftsschädigung 4 7.2, 7.16, 8.19
Geschäftsverkehr, elektronischer **Einl** 3.46 ff, 5.22; **2** 141; **PAngV Vorb** 13; **UKlaG 2** 6
Geschäftszeitenregelung 4 11.144
Geschenk s Werbegeschenk
geschmacklose Werbung, s Werbung, geschmacklose
Geschmacksmusterrecht, Geschmacksmustergesetz 4 9.8, 9.56, 9.76, 11.40; **9** 4.35
– Schadensberechnung **9** 1.36
– Zuweisungsgehalt **9** 3.2
Gesellschaft als Unternehmer 2 125
Gesellschaft bürgerlichen Rechts 2 135; **8** 2.19, 2.21, 2.49 f, 3.27; **9** 1.6
Gesellschafter 8 2.21, 2.45, 2.50; **17** 60
Gesetz gegen jugendgefährdende Schriften 4 11.180
Gesetz gegen Wettbewerbsbeschränkungen s Kartellgesetz
Gesetz zum Schutz der Jugend in der Öffentlichkeit 4 11.180
Gesetzesänderung 12 2.32
– Auswirkung auf Irreführung **5** 2.92
– Auswirkung auf Unterlassungsanspruch **8** 1.8 a
– Auswirkung auf Wiederholungsgefahr **8** 1.43
Gesetzgebungsakt 4 13.29
gesetzliche Vorschrift s Rechtsnorm
Gespräch, belauschtes **12** 2.70
Gesundheitswerbung 4 1.235, 1.242 ff; **5** 4.180 ff; **11** 2.34
– Beweislast **5** 3.26, 3.28
Getarnte Werbung s Werbung, getarnte
Getränke 5 4.13 ff
Gewähren von Vorteilen **16** 40
Gewährleistungsrechte s Sachmängelhaftung
Gewaltanwendung 4 10.16
Gewaltdarstellung 4 1.43
Gewerbebetrieb Einl 7.14 ff; **14** 7
– eingerichteter und ausgeübter – s Unternehmen, Recht am
Gewerbefreiheit Einl 2.1
Gewerbeordnung 4 11.82; **7** 43
Gewerbetreibender Einl 3.60; **6** 144; **7** 51, 89, 122, 195; **8** 3.42, 4.1; **14** 7; **17** 14
Gewerkschaft Einl 1.49, 7.32; **2** 24, 61; **4** 10.40; **7** 160
Gewinn 10 7 ff; **11** 2.26
– Berechnung **10** 7, 13
– Beweislast **10** 14
– entgangener **9** 1.35 ff; s auch Schaden
Gewinnabschöpfungsanspruch Einl 2.15, 2.20; **4** 11.54; **16** 49
– Abführung an Bundeshaushalt **10** 21 ff
– Abgrenzung zu anderen Rechtsinstituten **10** 1, 5
– Abtretung **10** 17
– Anspruchsberechtigung und -verpflichtung **10** 16 ff
– Aufwendungsersatz bei Mehrfachgeltendmachung **10** 24
– Auskunft und Rechnungslegung **10** 15, 22
– Einwand des Rechtsmissbrauchs **10** 19
– Entstehung **11** 1.19
– Entstehungsgeschichte **10** 1
– Funktion, Normzweck, Rechtsnatur **10** 3 ff
– Rückerstattungsanspruch **10** 20
– Tatbestandsvoraussetzungen **10** 6 ff

2017

Sachverzeichnis

fette Zahlen = §§ bzw. Artikel

– Verjährung **11** 1.1, 1.36
– Verfall **16** 27
Gewinnchance 3 Anh 16.1; **4** 1.99, 1.101, 1.162, 6.11
Gewinnerzielungsabsicht 2 24; **4** 13.18;
– fehlende **5** 5.86
Gewinnspiel 3 141 f; **3 Anh** 17.1; **4** 1.86, 1.99, 1.101, 1.112, 1.155 ff, 6.1 ff., 6.1; **7** 135, 141; s auch Werbung, aleatorische
Gewinnspielteilnahme 7 141
Gewinnspielwerbung, irreführende 3 Anh 17.1 ff
Gewinnzusage 4 1.160, 1.173; **UKlaG 2** 10
Gewissensfreiheit s Glaubensfreiheit
Gewohnheitsrecht, Rechtsnormqualität 4 11.24
GfK s Meinungsforschungsinstitut
GFM-GETAS s Meinungsforschungsinstitut
Glaubhaftmachung 9 2.9; **12** 3.21
Gläubigermehrheit 8 3.2; **10** 18
Gleichheitsgrundsatz 3 80; s auch Diskriminierungsverbot
Glücksspiel 3 Anh 16.1 ff; **4** 1.158, 6.6, 11.137 b; siehe auch Werbung, aleatorische
– Gewinnchancen bei **3 Anh** 16.1 ff
– strafbares **4** 11.176
Glücksspielautomat 4 11.178; **8** 3.39; **17** 7
Glücksspielstaatsvertrag (GlüStV) **4** 11.137, 11.137 b ff., 11.178
GmbH-Gesetz 4 11.173 b, 11.164; **17** 59, 62
Gold- und Silberwaren 5 4.30 f
Gran-Canaria-Fälle Einl 5.20
Gratisabgabe 5 7.115 ff
Gratisangebote 3 Anh 21.1 ff
Gratisblätter 7 109
Griechenland Einl 4.8
Großbritannien Einl 4.9
Großhandel, Großhändler 2 96 e; **5** 5.21; **8** 2.10
– Vortäuschen des Bezugs vom **5** 6.28 ff
Großhandelspreis 5 7.119 ff
Großhändlerwerbung Einl 2.12; **5** 1.3, 6.28 ff
Großmarkt 5 5.22
Grundfreiheiten Einl 1.42, 3.12; **4** 9.16, 11.50; **7** 7
– Dienstleistungsfreiheit **Einl** 1.42, 3.36, 5.22; **5** 1.41, 2.213
– Warenverkehrsfreiheit **5** 1.21, 1.28 ff, 2.213, 3.1, 5.126; **5 a** 19
Grundpreis PAngV 2 1
Grundrechte Einl 1.45, 3.12; **2** 51, 63; **3** 21, 68, 72 ff; **4** 0.5, 3.3, 7.18, 13.48 ff; **7** 22, 113, 143
– Berufsfreiheit **Einl** 1.34, 1.45, 3.14; **3** 90 f; **5** 1.62 ff, 2.212, 5.154; **4** 9.3, 11.30, 11.76, 11.105, 11.110, 11.115; **8** 3.33
– Eigentumsfreiheit **Einl** 1.45; **3** 93; **5** 2.212
– Glaubens- und Gewissensfreiheit **3** 81
– Handlungsfreiheit **Einl** 1.34; **3** 79; **5** 2.212
– Kunstfreiheit **2** 51; **3** 87 f; **4** 7.18; **5** 1.67, 2.212
– Meinungsfreiheit **Einl** 1.34, 1.45, 7.29; **2** 56; **3** 68 ff; **4** 1.37, 1.222, 7.1, 7.18, 10.123, 11.135; **5** 1.65 ff, 2.212
– Menschenwürde **3** 65, 73 ff; **4** 1.37, 1.40 ff, 1.144 ff, 7.19
– Pressefreiheit **Einl** 7.29; **3** 82 ff, **4** 7.18, 10.123; **5** 1.65 ff, 2.212
Gruppenbezeichnung 6 90
Gruppenfreistellungsverordnung Einl 6.3; **Vor §§ 17–19** 4
Gruppenversicherung 4 10.40

GS-Zeichen 3 Anh 2.2; **5** 4.257; s auch Prüfung, amtliche
Gutachterausschuss für Wettbewerbsfragen Einl 2.36
Gutschein 4 1.100, 1.122; **5** 7.142; **7** 91; s auch Zugabe
Gütesiegel 3 Anh 2.1 ff; **5** 2.165
Gütezeichen 3 Anh 2.1 ff; **5** 4.45

Hamburger Brauch 12 1.41, 1.139, 1.142
Handel 5 5.13
Handelsbrauch 4 1.71, 1.119; **7** 171
Handelsgesetzbuch 4 11.165; **5** 5.6; **7** 90; **8** 2.21, 2.31, 2.49, 2.53; **9** 4.21; **11** 1.7, 2.33; **17** 14, 43, 59, 61 f
Handelsvertreter 4 11.46, 1.172 f, 10.41 f, 10.104, 10.108 a, 10.111 f, 10.119 b; **7** 62; **8** 2.45; **10** 16; **17** 14, 43, 61
Handelsvertretervertrag 4 10.107
Händlerbehinderung 4 10.50; s auch Behinderung, produktbezogene
Händlermarke 5 6.22
Handlung 2 5
– betriebsinterne **2** 36
– fortgesetzte s Fortsetzungszusammenhang
– geschäftsmäßige (RBerG) **4** 11.66
– hoheitliche **2** 19
– nach Vertragsschluss **2** 70 ff
– private **2** 18
– unvertretbare **12** 6.22
Handlungsfreiheit Einl 1.34; **3** 79 ff; **5** 2.212
Handlungsort Einl 5.4, 5.6 f, 5.17 f, 5.45, 5.54, 15; **14** 14
Handwerk 4 11.49; **5** 4.195 ff, 5.12, 5.132 ff; **6** 59, 65
– Tätigkeitsbeschränkungen **4** 11.79
Handwerksinnung 8 3.33
Handwerkskammer Einl 2.6, 2.35; **8** 3.2, 3.43, 3.64, 5.2
Handwerksordnung 5 5.12, 5.132 ff, 5.153
Harmonisierungsfunktion 3 36
Hauptgeschäft 5 5.23
Hauptsacheverfahren 8 4.15
Haupt- und Hilfsantrag 12 2.24, 2.47 f
Haus 5 5.24 f; **7** 35
Hausbesuch 3 Anh 26.1; **4** 1.81, 1.203, 1.286; **7** 39, 42 ff, 143; s auch Haustürwerbung
Hausfriedensbruch 3 Anh 26.1; **17** 47
Haushaltsvorschriften 4 13.55
Haustürwerbung 7 38 ff
– Bedeutung **7** 38
– Bewertung **7** 41 ff
– Einverständnis **7** 51
– Fallgruppen **7** 52 ff
Headhunter/Headhunting 4 10.103, 10.112; **7** 30; s auch Abwerbung
Hehlerei 4 11.179
Heilmittelwerbegesetz 4 1.116, 1.130, 1.150, 1.167, 2.12, 2.54, 3.31, 11.133; **5** 1.73, 2.166, 4.182; **16** 30; **PAngV 9** 4
Heilmittelwerbung 4 1.245, 2.12, 3.31; **3 Anh** 18.1
Heilpraktiker 5 5.36, 5.148
– Tätigkeitsbeschränkungen **4** 11.78
Heilpraktikergesetz 4 11.78
Heilwirkung 3 Anh 18.5; **5** 4.181 ff

2018

magere Zahlen = Randnummern   **Sachverzeichnis**

Hemmung der Verjährung s Verjährung, Hemmung
Herabsetzung 3 143; s Mitbewerber, Herabsetzung
Herbeiführung von Verwechslungen 6 142 ff
Herkunftsangaben
– Angaben über die betriebliche Herkunft **5** 2.109, 4.217 ff
– Angaben über die geografische Herkunft **5** 1.79, 1.84, 2.109, 2.183 f, 4.201 ff; **6** 146; **17** 71
– – Monopolisierung **4** 10.83; **5** 2.92 a
– personenbezogene **5** 4.205
Herkunftshinweis 4 9.31
Herkunftslandprinzip Einl 3.40, 3.47, 3.52, 3.65; 5.19, 5.21 ff; **4** 1.270, 11.26; **7** 184; **8** 2.25; **14** 16
Herkunftstäuschung 4 9.41 ff, 9.72; s auch Täuschung
– Begriff **4** 9.42
– unmittelbare **4** 9.43
– Vermeidbarkeit **4** 9.45 ff.
– – ästhetische Erzeugnisse und Kennzeichnungen **4** 9.48
– – kompatible Erzeugnisse **4** 9.50
– – technische Erzeugnisse **4** 9.49
Herstellen 4 9.80
– einer verkörperten Wiedergabe des Geheimnisses **17** 34
Hersteller 2 27, 96 e f; **4** 9.68, 9.87; **5** 6.16 ff
Herstellerbehinderung 4 10.49; s auch Behinderung, produktbezogene
Herstellergarantie Einl 3.26; **4** 10.66; **5** 7.146
Herstellerpreisempfehlung s Preisempfehlung
Herstellerverwarnung 4 10.171, 10.173, 10.177 f, 10.180; s auch Schutzrechtsverwarnung
Herstellerwerbung Einl 2.6, 2.12; **5** 1.3, 6.14 ff
Herstellungskennzeichen, Beseitigung 4 10.67
Hilfsantrag, s auch Haupt- und Hilfsantrag
– echter **12** 2.48
– unechter **12** 2.47
Hilfstätigkeit der öffentlichen Verwaltung 4 13.44
Hinterhaltsmarke 4 10.86
Hinweispflicht des Gerichts **12** 2.23; s auch Rechtliches Gehör
Höchstpreis 5 7.135
Höchstpreisvorschriften 4 11.140
Hoheitliche Befugnisse, Missbrauch 4 13.42
Hoheitliche Handlung 2 19; s Handlung
Hoheitliche Maßnahmen, Doppelnatur 4 13.11; **5** 2.4
Homepage 7 129, 187; **8** 2.27; **14** 16; s auch Internet und Internet-Werbung
Horizontalverhältnis 1 9, 39, 45; **2** 32, 42; **4** 10.21; **5** 2.6; **9** 1.3, 1.9, 1.10
– Behinderung **4** 10.21
Host-Provider 8 2.28
Hotel 4 13.37
Hydrasystem s Kundenwerbung, progressive
Hyperlink 4 1.209, 1.269, 1.277, 1.279, 9.38
– s Links und Internet-Werbung

Idealverein 2 24, 28 f; **4** 11.45; **7** 160, 187, 200; **8** 3.27, 3.55
Idee, Leistungsschutz **4** 9.23
IfD/Allensbach s Meinungsforschungsinstitut
im Interesse der Marktteilnehmer 4 11.35

Imagetransfer 4 9.53, 10.82; **6** 153, 192; **9** 3.2
Imagewerbung s Aufmerksamkeitswerbung
Imitation s Nachahmung
Immobilien 5 4.97 ff; **8** 3.41; **PAngV 1** 4
Importieren 4 9.80
Individualwerbung 7 33
Industrie- und Handelskammer Einl 2.6, 2.34; **8** 3.2, 3.43; **12** 5.10, 7.12
– Anspruchsberechtigung **8** 3.64
– Einigungsstelle **11** 1.42; **12** 2.17, 3.28; **15** 1 ff
– – Anrufung **12** 3.28; **15** 11 ff, 30 f
– – Besetzung **15** 5
– – Kosten **15** 28 f
– – Verfahren **12** 2.17; **15** 10 ff
– – Vergleich **12** 6.2; **15** 26 ff
– – Zuständigkeit **15** 6 ff
– – – richterliche Anordnung **15** 7
– – – Parteivereinbarung **15** 8
– – – örtliche **15** 9
– – – sachliche **15** 6
Informationelle Selbstbestimmung, Recht auf 4 1.213
Informationsfreiheit Einl 7.38; **5** 2.212
– negative Einl 7.38; **7** 22, 143
Informationspflichten Einl 3.48; **4** 1.109 f, 11.6 a, 11.117, 11.156 ff, 11.170 ff; **5** 2.61, 8.3; **5 a** 3 ff, 10, 30 ff; **7** 119, 210; **PAngV 6** 9
Informationspflichten-Verordnung 4 11.156, 11.163, 11.172; **5 a** 41 ff, 48; **PAngV Vorb** 12
informierte Entscheidung 3 50; **6** 22
Infratest s Meinungsforschungsinstitut
Ingenieur 5 5.139, 5.151, 5.152; **8** 3.33
Inkassostelle 4 13.35
Inklusivpreis s Endpreis
Inländerdiskriminierung Einl 3.16
inline-links 8 2.27; s auch Links und Internet-Werbung
Innungskrankenkasse s Krankenkasse
„**Insbesondere"-Zusatz 12** 2.44, 2.46
Insolvenz 8 2.31; **12** 2.98 f; **Vor §§ 17–19** 5
– Aufklärungspflicht bei **5 a** 16
– Unterlassungskläger und -beklagter **12** 2.97 ff
Insolvenzverwalter 8 2.19, 2.31, 2.42 2.50; **Vor §§ 17–19** 5; **17** 62, 70
Insolvenzwarenverkauf 5 6.3 f
Institut 5 5.26 f
Interessen, wettbewerbsrechtlich geschützte
– Allgemeinheit **1** 40 ff; s auch Allgemeininteresse
– Mitbewerber **1** 9 ff
– sonstige Marktteilnehmer **1** 14 ff
– Verbraucher **1** 14 ff
Interessenabwägung Einl 7.24; **4** 7.16, 7.21, 8.23, 9.45, 10.66, 10.178 ff; **5** 2.197 ff, 2.198 ff; **6** 157, 182, 206; **7** 22, 174; **8** 4.11; **9** 2.10, 4.1, 4.15, 4.24; **11** 2.29; **17** 53 f, 59 fd
Interessentheorie 12 2.2
„**international" 5** 4.48 f, 5.106
Internet Einl 3.34; 5.8, **4** 1.266 f, 3.41, 4.16 f, 9.38, 11.88, 11.163, 11.178; **PAngV 1** 12
– Begehungsort **14** 16
– Irreführung **5** 4.102 ff
Internet-Domain s Domain
Internet-Werbung 4 1.269 ff, 9.38; **5** 4.102 ff, 5.81; **7** 93
– Herkunftslandprinzip **4** 1.270

2019

Sachverzeichnis

fette Zahlen = §§ bzw. Artikel

– Marktortprinzip **4** 1.271
– Trennungsgebot **4** 1.273
– Verantwortlichkeit **4** 1.279
INTERNIC/Network Solutions 4 10.87
Interstitials 4 1.269, 1.278; **7** 93; s auch Internet-Werbung
Interview 4 3.35 c ff, 3.44
Investment 5 5.19
invitatio ad offerendum 4 1.44
Inzahlungnahme gebrauchter Ware 4 10.51
Irland Einl 4.10
Irreführung 4 1.105 f, 1.127, 1.139, 1.149, 1.162, 1.210, 1.228, 1.241, 1.255, 1.262, 1.267, 2.44, 3.28, 10.38; **5**; **5 a**; **Vorb PAngV** 6
– Anlass des Verkaufs **5** 6.1 ff
– Beweisfragen **5** 3.1 ff
– Bezugsart und Bezugsquelle **3 Anh** 19.4; **5** 6.13 ff
– Bezugspunkte **5** 1.25 a ff, 1.91 ff
– Fortwirkung **5** 2.122 ff
– Geschäftliche Verhältnisse **5** 5.1 ff
– – Auszeichnungen und Ehrungen **5** 5.158 ff
– – Mitarbeiter **5** 5.157
– – Qualifikation **5** 5.132 ff, 6.37
– – Unternehmensbezeichnung **5** 5.3 ff
– – Unternehmenseigenschaften **5** 5.54 ff
– gewerblicher Charakter **5** 6.38 ff
– Großhandel **5** 6.28 ff
– Händlereigenschaft **5** 6.31 ff
– Herstellereigenschaft **5** 6.19 ff
– Leistungsmerkmale **5** 2.174 ff
– – ambivalente **5** 2.176, 2.189 ff
– – negative **5** 2.175
– – positive **5** 2.174, 2.179
– Marktbedingungen **3 Anh** 19.3
– Preis **5** 4.171 f, 7.1 ff
– – Preisschaukelei **5** 7.12 ff
– – Preisspaltung **5** 7.14 ff
– produktbezogene – **5** 4.1 ff
– – Eigenschaften und Güte **5** 4.45 ff
– – stoffliche Substanz **5** 4.3 ff
– – Zwecktauglichkeit **5** 4.180 ff
– Übertreibung **5** 2.134 ff
– Unterlassen **4** 1.106, 1.228; **5** 1.95 f, 2.60 f; **5 a** 1 ff
– Verkehrsfähigkeit **3 Anh** 9.1
– Vermögen **5** 5.114 a ff
– Verpflichtungen **5** 5.114 a ff
– Vertragsbedingungen **5** 7.137 ff
– Vertragshändler, Vertragswerkstatt **5** 6.35 f
– Vorrat von Waren oder Dienstleistungen **5** 8.1 ff
Irreführungsgefahr 5 3.6, 8.5; **8** 2.6; **11** 2.33 f; **12** 2.72 ff; **16** 9
Irreführungsquote 5 1.59, 2.101 ff, 2.172 f, 3.6
Irreführungsrichtlinie s Richtlinie, irreführende Werbung
Irreführungsverbot Einl 2.12; **3 Anh** 18.1; **4** 1.243; 11.109, 11.166; **5**; **6** 23, 114 f, 119, 121 f; s auch Werbung, irreführende
– Adressaten **5** 2.10 ff
– Entwicklung **5** 1.1 ff
– Schutzzweck **5** 1.7 ff
Irrtum
– Rechtsirrtum **4** 11.53; **8** 1.42; **9** 1.19, 17
– Tatbestandsirrtum **16** 19
– Tatsachenirrtum **4** 11.52
– Verbotsirrtum **4** 11.54; **16** 19
Italien Einl 4.11

Jahreszins, effektiver PAngV 6 1, 9 ff, 26; **6 a** 7
Japan Einl 4.12
Jubiläumsverkauf 5 6.6 b f, 6.7
Jugendliche 3 Anh 28.5; **4** 1.96, 1.113, 1.141, 1.169, 1.225, 2.12, 2.24 ff, 2.27 ff
– als Absatzhelfer **4** 2.37 f
Jugendmedienschutz-Staatsvertrag Einl 3.53; **4** 1.43, 2.12, 2.39, 11.180
Jugendschutzbeauftragter 4 11.65
Jugendschutzgesetz 4 11.180
Juristische Person 8 2.19 f, 2.22, 2.43, 2.48; **9** 1.6; 10 6; **12** 6.6
– des öffentlichen Rechts **8** 3.33
– des Privatrechts **8** 3.32
Justizprüfungsamt 4 13.43

Kaffee 5 4.19, 37
Kaffeefahrt Einl 5.20; **4** 1.31, 1.75, 1.78, 2.57, 3.14
Kakao 5 4.37
Kammer für Handelssachen s Zuständigkeit, funktionelle
Kampfpreisunterbietung als Abwehrmaßnahme 4 10.193; s auch Preisunterbietung
Kanzlei 5 5.50; **14** 18
Kapitalanlage 5 4.88 ff, 4.92 ff
Kapitalgesellschaft 8 2.21, 3.27
Karikatur 5 2.129
Kartellbehörde 8 4.20; **10** 3
Kartellverbot Einl 6.3, 6.6, 6.14; **4** 10.205
Käse 5 4.37
Kassenärztliche Vereinigung 12 2.3, 2.7 f
Katalogpreis s Listenpreis
Kaufberechtigung 4 3.51, 10.63
Kaufkraftwettbewerb 2 97
Kaufmann 5 6.151
Kaufscheinhandel Einl 2.6; **5** 1.3
Kaufzwang 4 1.32, 1.59, 1.76 f, 1.88, 3.14, 6.12 f
Kausalität 9 1.13 f
– Gewinn **10** 7
– Schaden **9** 1.44
Kenntnis vom Lauterkeitsverstoß **3** 104 ff
– Inhalt und Umfang **4** 11.51 ff; **11** 1.24 ff; **12** 3.15
– Wissenszurechung **11** 1.27
Kennzeichen 4 7.23 f, 9.11; **6** 146 ff, 151 ff, 184; **11** 2.25; s auch Marke
– Beseitigung und Schwächung fremder **4** 10.72
– Herabsetzung **4** 7.23 f
– irreführende – **5** 1.74 a f
– Schutz **4** 10.78 ff, **5** 1.75 ff
Kennzeichenverwendung, Behinderung durch 4 10.76 ff
Kennzeichnung, Eigenart 4 9.30
Kernbereich, Unterlassungstitel 12 6.4
Kerntheorie 8 1.28, 1.36 f, 1.52 ff; **12** 2.29, 6.4
Kettenanstiftung 19 7
Kettenbrief 4 11.176; **16** 33, 35, 37
Keyword 4 10.25, 10.31; **6** 86
Keyword Advertising 4 1.274, 10.25, 10.31 b; **8** 10.31
Kfz
– Händler **PAngV Vorb** 18; **PAngV 1** 18
– Parkplatzvermietungs- und Bewachungsgewerbe **PAngV 8** 4
– Sachverständiger **5** 2.168
– Zulassungsstelle **4** 13.24, 13.43, 13.49, 13.49

magere Zahlen = Randnummern

Sachverzeichnis

Kinder 3 Anh 28.1 ff; **4** 11.75, 1.96,1.113, 1.141, 1.169, 1.225, 1.238, 2.12, 2.22 ff, 2.27 ff; **7** 76
– als Absatzhelfer **3 Anh** 28.13 ff; **4** 2.37 f
– Kaufaufforderung **3 Anh** 28.2 ff
– Kaufappell **3 Anh** 28.8, 28.11, 28.13 ff
Kinofilme 4 3.42 ff
Kirche 2 61; **12** 2.7
Klageänderung 8 1.72; **12** 2.26 ff, 2.46
– einseitige Erledigungserklärung **12** 2.32
– Sachdienlichkeit **12** 2.28
Klageantrag 4 9.89, **5** 8.21; **8** 1.54; **12** 2.23, 2.35 ff; **17** 64; **UKlaG 8** 1 ff
– Auslegung **12** 2.37, 39
– Bestimmtheit **12** 2.36 ff, 2.52, 2.61
– – Geheimhaltungsinteresse **12** 2.42
– – Gesetzeswiederholung **12** 2.40
– – Konkretisierungsgebot **12** 2.43 ff, 2.53, 2.61
– Bindung des Gerichts **12** 2.107
– Formulierung
– – Auskunft und Rechungslegung **12** 2.64
– – Beseitigung **12** 2.54
– – Schadensersatz **12** 2.59
– – Unterlassung **12** 2.37 ff, 2.50
– gesetzeswiederholender **12** 2.40
– unbestimmter **11** 1.40; **12** 2.36 ff
Klagebefugnis 8 3.8 ff, 4.3; **12** 2.24
– fehlende – **8** 4.9; **12** 2.105
– Wegfall der – **12** 2.33, 2.98
Klageerhebung, Fristsetzung zur 12 3.44 ff
– unterbliebene Hauptsacheklage **12** 3.47 ff
Klagehäufung
– alternative **12** 2.23
– Gerichtsstand **14** 3
– objektive – **12** 2.24
– subjektive – **12** 2.25
– Zuständigkeit der Kammer für Handelssachen **13** 4
Klagenspaltung 8 4.14
Klagerücknahme 12 1.109, 2.20, 2.30, 2.46, 6.16
Kliniken 4 11.114; s auch Krankenhaus
Klinikprivileg 4 11.114
Koalitionsfreiheit Einl 1.45
Kolleg 5 5.50
kollektive Herabsetzung s Mitbewerber, Herabsetzung
Kollektivschutz 5 1.9; **8** 3.4
Kollisionsrecht Einl 5.1 ff
kommerzielle Mitteilung Einl 3.58; **2** 14; **3 Anh** 0.9
kommunalrechtliche Vorschriften s Vorschriften, kommunalrechtliche
Kommunikation, kommerzielle Einl 3.49 ff; **2** 14; **3 Anh** 28.11; **4** 3.5 c; **PAngV Vorb** 10
Komparativ s Spitzengruppenstellung
Komplementarität gegenübergestellter Leistungen 6 57
konkretes Wettbewerbsverhältnis s Wettbewerbsverhältnis, konkretes
Konkretisierungsgebot 12 2.43 ff, 2.53, 2.61
Konkurrent s Mitbewerber
Konkurrentenschutz 1 2, 12; **5** 1.7
Konkurswarenverkauf s Insolvenzwarenverkauf
Konsumentensouveränität 1 17
Konstruktionsleiter 4 9.87
Kontinent 5 5.112
Kontostandsauskunft 5 4.91
Kontrahierungszwang 4; 9 1.27

Kontrollmaßstäbe 7 138
Kontrollnummernbeseitigung 4 10.64 ff, 10.68
– Aufklärungspflicht **5 a** 22
– Irreführung durch **4** 10.66
Kontrollnummernsystem; s auch Vertriebsbindungssystem
– Zulässigkeit **4** 10.65
Kontrollpflicht des Schuldners **12** 6.7
Konzentrationsermächtigung 13 5; **UKlaG** II
Konzernunternehmen 8 4.16 ff; **17** 14
Kopplungsangebot 4 1.86, 1.89, 1.99 ff, 6.8, 12.27; **5** 1.86, 2.98, 7.32 ff; **PAngV 1** 40, 47, 51
– machtbedingtes **4** 1.102
– Transparenzgebot **4** 4.111; **5** 7.33 ff
– Werttransparenz **5** 7.34 a
– Zulässigkeit **4** 1.103 ff
Kopplungsverbot 4 1.103, 1.116, 1.88, 3.40, 6.4, 6.6 ff
– Ausnahmen **4** 6.15 ff
Korea Einl 4.13
Körperverletzung 4 10.16
Kosmetikverordnung 4 11.123, 11.166
Kosten 12 2.116 ff
– Abmahnung **12** 1.77 ff
– Auskunft **8** 5.5
– Detektiv **12** 2.124
– Einigungsstelle, Anrufung **15** 28 f
– Meinungsumfrage **12** 2.125
– Patentanwalt **12** 2.121
– Privatgutachten **12** 2.126
– Schutzschrift **12** 3.41
– sonstige **PAngV 6** 6, 15 ff
– Testkauf **12** 2.123
– Urteilsbekanntmachung **12** 4.14
– Verkehrsanwalt **12** 2.122
– Zwangsvollstreckung **12** 6.19
Kostenbelastungsinteresse 4 13
Kostenentscheidung 11 1.53; **12** 2.32, 2.34, 2.88, 2.116 ff, 3.35, 3.58; **15** 28 f
– Anerkenntnis **12** 1.9, 2.118
– Erledigung der Hauptsache **12** 2.117
– Rücknahme des Verfügungsantrags **12** 3.6
– Teilunterliegen **12** 2.116
– Zwangsvollstreckung **12** 6.19
Kostenvergleich 12 2.129
Kostenwiderspruch s Widerspruchsverfahren
Krankengymnastik 5 5.154
Krankenhaus 5 5.28, 5.30 f
Krankenkasse Einl 7.15; **4** 1.63, 1.151, 7.26, 10.45, 10.149, 10.153, 10.157, 11.11, 11.143, 13.9, 13.39, 13.41, 13.43, 13.45
– gesetzliche **2** 40; **12** 2.3, 2.7 f; **PAngV 1** 15
– private **12** 2.3, 47
Krankenpfleger 5 5.153
Krankentransportunternehmen 4 13.47, 13.49
Krankenversicherung 7 50, 156 a; **12** 2.3
Kredit 5 4.88 ff, 5.17 f; **PAngV 6** 1 ff
Kreditgeber als Unternehmer **2** 56
Kreditgefährdung 4 7.8; s Geschäftsschädigung
Kreditvermittler 5 5.18; **PAngV 6** 11
Kreditwesengesetz 5 5.17, 5.20
Kreuzfahrt 5 4.44
Kritik Einl 7.30; **4** 13.40; **6** 53
– Abwehrhandlung **11** 2.11
Kunden 2 89, 96 d; **4** 10.208
– Abfangen von **4** 10.25 ff

Sachverzeichnis

fette Zahlen = §§ bzw. Artikel

– Abwerben von **4** 10.32 ff, 10.44
Kundenbeförderung, kostenlose 4 1.86
Kundenbindungssystem 4 1.135 ff, 4.2
– Sogwirkung **4** 1.138, 1.141
Kundendienstleistungen 3 Anh 8.1 ff, 24.1; **5** 6.36
Kundenfang 4 1.1, 1.32 ff, 10.14
Kundenschutzklausel 4 10.103
Kundenwerbung 2 69
– progressive **3** 157; **3** Anh 14.1 ff; **4** 1.198, 1.214, 11.173; **16** 3, 31 ff
Kundenzeitschrift 4 3.25, 12.21
Kundenzufriedenheitsanalyse 7 130
Kündigung des Unterwerfungsvertrages 12 1.161
Kündigungshilfe 4 10.33, 10.39, 10.47
Kunst 5 4.157 ff
Künstliche Erzeugnisse 5 4.7 f
Kunstfreiheit 2 51; **3** 87 f; **4** 3.46, 7.18; **5** 1.67, 2.212

Lächerlichmachen des Mitbewerbers 4 7.9 d, 7.14, 7.26; s auch Mitbewerber, Herabsetzung und Verunglimpfung
Ladenschlussgesetz 1 47; **3** 107; **4** 11.35 b, 11.54, 11.144 ff
Ladungsfrist 12 3.25
Lager 5 5.32
Laienwerber 4 1.198 ff, 3.15; **3** Anh 14.2; **6** 65; **8** 2.45
Laienwerbung 2 62; **3** 103; **4** 1.192 ff, 12.11, 13.41; **5** 2.20; **7** 57, 155, 201; **16** 3, 42; **3** Anh 28.13
– verdeckte Einl 3.30 f, **4** 1.197, 1.213
Land- und Forstwirtschaft 2 29
Landespressegesetz s Pressegesetz
Landkreis 4 10.192; **12** 2.7
Last-Minute-Reisen 5 2.176, 2.189 ff, 6.2
Leasing PAngV 1 4
Lebenserfahrung des Richters 5 3.3 ff; **12** 2.71, 2.74, 2.90
Lebensmittelwerbung 4 1.168
Lebensmittel- und Bedarfsgegenständegesetz 5 1.73, 4.3, 4.51 ff; **16** 30
Lebensmittel-Kennzeichnungsverordnung 4 11.124; **5** 4.33, 4.87
Lebensunterhaltsgefährdung 3 Anh 30.1 ff
Leder 5 4.27
Leichtgläubigkeit 3 17; **4** 1.2 g, 1.83 ff, 2.5, 2.9, 2.12, 2.14, 2.23 ff, 2.48 ff; s auch Unerfahrenheit, geschäftliche
Leiharbeitsunternehmen 7 173
Leinen 5 4.9
Leistung PAngV 1 1, 4, 7; **5** 1 ff; s auch Dienstleistung
Leistungsklage 8 5.6; **9** 4.35; **12** 2.18 ff, 2.56 ff; **15** 30
– Rechtskraft **12** 2.115
– Rechtsschutzbedürfnis **12** 2.18, 2.20
Leistungsschutz, ergänzender Einl 145; **4** 9.1 ff; **5** 1.72; **12** 3.9 f; **17** 52; s auch Nachahmung
– Ausnutzung der Wertschätzung **4** 9.52 f
– Behinderung **4** 9.63 ff, 9.75 ff
– – ästhetische Erzeugnisse **4** 9.76
– – technische Erzeugnisse **4** 9.77
– Beweislast **4** 9.78
– Gesamtwürdigung **4** 9.69

– Dauer **4** 9.70 ff
– Rufausbeutung **4** 9.54 ff
– Verhältnis zum Sonderrechtsschutz **4** 9.6 ff
– – Geschmacksmusterschutz **4** 9.8
– – Markenrecht **4** 9.9
– – Urheberrecht **4** 9.7
Leistungsstörungen 5 1.68
Leistungsübernahme 8 2.27; **9** 1.47 f, 4.7; s auch Nachahmung
– fast identische **4** 9.36
– nachschaffende **4** 9.37
– unmittelbare **4** 9.35
Leistungsverweigerungsrecht 8 2.7; **11** 1.47
Leistungswettbewerb 1 3, 5, 44; **4** 11.88, 1.221, 1.225, 3.20, 12.4, 12.24, 13.14; **6** 2
Leseranalyse 4 4.141
Letztverbraucher Einl 7.3; **4** 11.142, 13.33; **5** 1.7; PAngV Vorb 11 f; 17 ff; **PAngV 1** 1 ff; **2** 1 ff; **6a** 1 ff; **9** 2; s auch Verbraucher
Liefer- und Versandkosten s Versandkosten
Liefer- und Zahlungsbedingungen 6 112
Lieferant 12 6.7
Liefersperre 4 10.19, 10.70, 10.121, 10.129, 10.208, 10.214 ff, s auch Bezugssperre und Boykott
Lieferunfähigkeit 12 2.93
Limonade 5 4.15
Links 4 1.277, , 3.21 a, 3.41, 4.16, 9.38, 11.163, 11.169; **8** 2.25, 2.27 f; **PAngV 1** 26, 35, 47; s auch Internet-Werbung
Listenpreis 5 7.60 f
Lizenz 3 Anh 2.4
– Vergabe **2** 23, 96 e
– Vertrag **3** Anh 13.6; **5** 1.80 f; **9** 1.42 ff; **11** 2.2; Vor §§ 17–19 **4**
Lizenzanalogie s Lizenzgebühr
Lizenzgeber 2 110
Lizenzgebühr, fiktive 9 1.34, 1.38, 1.41 ff; s auch Schaden
– Berechnung **9** 1.43
– Ermittlung **9** 4.27
– Zu- und Abschläge **9** 1.44
Lockanruf 7 128
Lockvogelangebot, -werbung 3 Anh 5.1 ff; **4** 10.196; **5** 7.22 ff, 8.1 ff
Lohnsteuerhilfeverein 2 24, 40; **4** 10.95, 11.104; **6** 212
Löschung einer Marke **12** 3.9
– Anspruch auf **11** 2.43
– Antrag auf Einwilligung **12** 2.54
– Verfahren **12** 2.103
Los-Kennzeichnungsverordnung 4 11.128; **5** 4.34
loss leaders s Lockvogelangebot
Lotterie 3 Anh 16.4; **4** 11.176 ff; **16** 51
Lotto 3 Anh 16.5; **5** 4.148
Luftverkehrsdiensteverordnung PAngV Vor 16
Luxemburg Einl 4.14

Machtmissbrauch Einl 6.5, 6.17; **4** 1.34, 2.11
Made in Germany 5 4.84
Makler 3 Anh 23.1; **7** 170; **8** 3.38 a; **PAngV 1** 2, 9, 18
Maklereigenschaft, Verschweigen der **5** 6.41
Mandat 4 11.96 ff; **9** 1.29; **12** 3.9
Mangelndes Urteilsvermögen 4 2.29

magere Zahlen = Randnummern

Sachverzeichnis

Margenpreis 5 7.101
Marke 4 7.23 f, 9.11, 10.58; **6** 146
– Anmeldung einer – als unternehmerische Tätigkeit **2** 23
– dreidimensionale – s Formmarke
– Eintragung
– – Rechtsmissbrauch **11** 2.42
– – Spekulationszweck **4** 10.86
– irreführende – **5** 1.74 a f
– Verwässerung **Einl** 7.37
– Zuweisungsgehalt **9** 3.2
Markenparodie 4 7.9 d
Markenrecht, Markengesetz Einl 2.9, 7.37; **2** 21, 46; **3 Anh** 13.3, 13.8; **4** 7.9, 7.23, 9.9 ff, 10.13, 10.76 ff, 10.93, 11.14; **5** 1.76 ff, 2.39 f, 4.202 f; **6** 34 ff, 142 ff; **8** 2.37; **9** 4.35; **11** 2.17; **12** 3.14; **13** 4; **14** 4; **16** 30
– Schadensberechnung **9** 1.36
– Vorrang **4** 7.9, 9.9; **5** 1.77 f, 4.209 ff; 4.240; **6** 32; **11** 1.5
Markenschädigung 4 7.24, 10.188, 10.204
Markenverband eV Einl 2.38
Markenware 5 4.79 ff; **6** 67, 177; **PAngV Vorb** 18
Marketing 2 16; **7** 201
Markt 5 5.33
– relevanter **2** 106 a; **5** 5.75 ff; **8** 3.38 ff
– – räumlich **2** 106 c
– – sachlich **2** 106 a
– – zeitlich **2** 107, 106
Marktabgrenzung 2 106 f; **4** 12.4; **8** 3.38 f
marktbeherrschende Stellung, Missbrauch Einl 1.14, 1.42, 6.4; **4** 10.22, 13.31; **12** 4.16
Marktbehinderung Einl 5.34, 6.17, **1** 49; **3** 65, 150; **4** 1.115, 1.132, 1.143, 1.153, 1.170 f, 1.214, 10.2, 10.12, 12.1 ff
– Begriff **4** 12.3
– Fallgruppen **4** 12.13 ff
Marktbeobachtungspflicht 11 1.28; **12** 3.15
Marktbezug Einl 1.3, 5.44; **2** 34 ff, 70; **4** 11.36 ff; **5** 2.3 f
Marktentwirrungskosten 9 1.32; s auch Marktverwirrung und Schaden
– fiktive **9** 1.33
Marktgegenseite Einl 1.13 ff; **5** 1.7 f
Marktgepflogenheiten 2 128, 131; **3** 44 ff
– anständige **3** 44 ff; **3 Anh** 27.2; **PAngV 1** 27
Marktmacht 3 127; **4** 1.69, 1.102, 1.119
Marktmachtkontrolle s Missbrauch, Marktmacht
Marktortprinzip Einl 5.5 ff, 5.21 ff; **4** 1.208, 11.178; **12** 7.1
Marktschreierei 7 70
Marktstörung s Marktbehinderung
Marktstörungsabgabe Einl 4.22; **10** 1
Marktstrukturkontrolle 4 12.2
Marktteilnehmer 1 14, 24, 30, 39, 45, 48 f; **2** 35, 89; **3** 8; **12** 2.71 ff
– sonstige **2** 32, 43, 75, 129, 133, 135, 140; **3 Anh** 13.1, 27.5; **12** 2.71
Marktuntersuchung 7 60
Marktverhalten 2 74; **3 Anh** 3.2; **4** 11.33 ff; **6** 78; **17** 12
– Abgrenzung **4** 11.36 ff
– Begriff **4** 11.34
Marktverhaltensregelung Einl 5.34; **3** 8 e, 45 f, 65 ff; **3 Anh** 18.1; **4** 9.4, 11.33 ff, 13.54, 13.57; **7** 126; **8** 2.16; **9** 1.15; **PAngV Vorb** 5

– absatzbezogene **4** 11.138 ff
– berufsbezogene **4** 11.59 ff
– geschäftsbezogene **4** 11.156 ff
– produktbezogene **4** 11.117 ff
– strafrechtliche **4** 11.173 ff
Marktversagen 10 4, **10** 10
Marktverwirrungsschaden 9 1.30 ff; s auch Schaden
– verbleibender **9** 1.34
Marktwirtschaft Einl 1.46 ff
Marktzutrittsregelung 4 11.44 ff, 13.52
– Vorschriften mit Doppelfunktion **4** 11.49 ff
„med" **5** 4.190
Medien 3 Anh 11.1 f; **8** 2.10
– Kritik durch – s Kritik
– Rechtsberatung durch **4** 11.67
– Verantwortlichkeit **5** 1.61 a f; **8** 2.25 ff
Mediendiensteanbieter s Telediensteanbieter
Mediendienste, audiovisuelle Einl 5.23, 5.42; **3** 11.7, 28.17 ff; **3 Anh** 11.7, 28.1, 28.5, 28.17 f; **4** 1.247, 2.3, 3.5 c, 3.43, 11.6 c; **UKlaG 2** 7
Mediendienste-Staatsvertrag Einl 3.53; **4** 1.206, 11.168
Medienkritik 2 66
Medienrecht 4 1.43, 2.12, 2.7, 3.47 c
Medienunternehmen 2 63 ff; **3 Anh** 11.3, 11.8
Medizinproduktegesetz 4 11.125
mehrdeutige Angaben 3 Anh 21.4; **5** 2.111 f, 2.202
Mehrerlösabschöpfung 10 13; s auch Gewinnabschöpfung
Mehrfachabmahnung 8 3.3, 4.2, 4.19; **12** 1.65 ff
Mehrfachklagen 8 4.2, 4.14, 4.15 a f
Mehrfachverfolgung 8 3.25, 4.16 f, 4.25
Mehrwertdiensterufnummer 4 6.8; **7** 211
Meinungsäußerung s Äußerung
Meinungsforschungsgutachten 5 3.16; **12** 2.75 ff
– Auswahl des Sachverständigen **12** 2.77
– Anforderungen **12** 86
– Beweiswürdigung **12** 2.87
– Eignung zur Förderung des Wettbewerbs **12** 2.86
– Fragestellung **12** 2.78 ff
– Kosten **12** 2.88, 2.125
– Splitbefragung **12** 2.83
– Zulässigkeit **12** 2.76
Meinungsforschungsinstitut 12 2.77
Meinungsfreiheit Einl 1.34, 1.45, 7.29; **2** 56; **3** 57, 85 ff; **4** 7.1, 7.18, 10.123; **5** 1.65 ff, 2.212; **6** 173
Meinungsumfrage 2 50; s Meinungsforschungsgutachten
– zur Produktwerbung **5** 2.162; **7** 74
Meistbegünstigungsklausel 4 1.68, 10.131 f
Meister 5 5.153
menschenverachtende Werbung s Werbung, menschenverachtende
Menschenwürde 3 65, 73 ff; **4** 1.37, 1.40 ff, 1.144 ff, 7.19
Messe 7 71, 187
Messwesen 4 11.121
Meta-Tag 4 10.31; **5** 4.126; **8** 2.27; s auch Internet-Werbung
Methode, geschäftliche 4 9.23
Mieterverein 2 60; **4** 11.68
Mietwagen 5 4.149
Milch 5 4.37
minderwertig 6 179

Sachverzeichnis

fette Zahlen = §§ bzw. Artikel

Mindestangleichungsklausel PAngV Vor 11, 13
Mindesthaltbarkeitsdatum 5 4.87; **5 a** 24
Mindestpreisvorschriften 4 11.139
Mineral- und Tafelwasserverordnung 4 11.124; **5** 4.37 a
Mineralwasser 5 4.13 ff, 4.37 a
Mischverband 8 3.56
Missbrauch
– Autorität **4** 13.42
– Klagebefugnis **12** 2.24
– Hoheitsbefugnis **4** 13.43
– marktbeherrschende Stellung **Einl** 1.42, 6.4, 18; **4** 1.34, 1.119, 9.13, 10.22; **12** 4.16
– Marktmacht **Einl** 6.9; **4** 1.16, 1.90, 10.136
– Nachfragemacht **4** 10.130 ff
– privater Beziehungen **4** 1.206
– Unterlassungsanspruch **8** 4.1 ff, 4.10 ff
– – Gebührenerzielungsinteresse **8** 4.12
– – Kostenbelastungsinteresse **8** 4.13
– Vertragsstrafeanspruch **12** 1.164
– Vertrauen/Vertrauensverhältnis **4** 1.61, 10.110, 13.36 ff
missbräuchliche Geltendmachung von Abwehransprüchen s Rechtsmissbrauch
Missbrauchsaufsicht Einl 1.40, 6.5
Mitarbeiter 2 36, 41, 55, 119 ff, 124; **4** 1.183 ff, 8.27; **6** 66, 88, 107; **7** 173, 175; **8** 2.24, 2.32 ff, 2.39 f, 2.43, 2.47, 2.52; **9** 2.2; **11** 1.26, 2.11; **12** 6.7 f; **16** 21; **17** 12; **20** 3
– Abwerbung s Abwerbung
Mitbewerber 1 1, 9 ff, 45 ff; **2** 44, 52, 90 ff, 101 ff 109, 122;; **3** 8, 75, 117 ff, 143, 146, 152, 159; **3 Anh** 13.2; **4** 1.2, 1.20, 1.114, 1.131, 7.11, 7.27, 8.12, 8.24, 9.85 f, 10.5, 10.79, 10.220; **6** 72 ff; **12** 2.3, 2.5, 2.94, 2.98, 5.6; **14** 18; **17** 7 a; **UKlaG 1** 14
– Anspruchsberechtigung **8** 3.26 ff
– Erkennbarkeit **6** 79 ff
– mittelbare **6** 84 ff
– – unmittelbare **6** 83
– Herabsetzung und Verunglimpfung **4** 7.1 ff, 7.12 ff, 7.19, 8.6, 10.37, 10.199; **6** 165 ff; **8** 3.6
– – Begriffe **4** 7.12; **6** 166 ff
– – Erscheinungsformen **4** 7.14
– – Feststellung **4** 7.13
– – Gegenstand **4** 7.23 ff
– – kollektive **4** 7.11
– – Tatsachenbehauptung **4** 7.15 ff
– – Voraussetzungen **6** 170 ff
Mitbewerberschutz 6 55 a; s auch Konkurrentenschutz
– individueller **1** 12
– kollektiver **1** 13
Mitglied 5 5.34; **8** 2.50, 3.35
Mitgliederwerbung 2 40; **12** 2.3, 2.7 f; s auch Werbung
Mitgliedschaft 4 11.107; 8 3.42 a, 3.43 f
Mitstörer s Störer
Mittäter 4 13.30; **8** 2.4 f, 2.5 c, 2.6; **9** 1.3; **16** 34; **20** 3
Mittelbare Verbandszugehörigkeit 8 3.43
Mitteilung 9 4,14; **17** 19, 42
Mitteilungen für einen größeren Personenkreis 16 14
Mitverschulden 9 1.22, 3.7
MMS-Werbung 7 196 ff; s auch E-Mail-Werbung und SMS-Werbung

Modeerzeugnisse, Nachahmung 4 9.67
Modellwechsel, Hinweis auf bevorstehenden 5 a 12 ff
Modeneuheiten 4 9.76; **12** 2.33, 2.108
Mogelpackung 5 7.139; **10** 10
Monopol 2 44; **4** 13.43; **5** 2.92 a
Moralischer Druck s Druck, moralischer
Multi-Level-Marketing 3 Anh 14.4; **4** 1.199, 1.215; **16** 43
multi-state-Wettbewerb Einl 5.8 f; 5.39
Musterberufsordnung des Deutschen Ärztetages 4 11.73 f
Musterbuch PAngV 4 8

Nachahmung 2 110; **3 Anh** 13.3; **4** 9.34 ff; **6** 31, 55 a, 182 ff; **8** 3.6; **9** 1.48; **11** 2.25; **17** 52; s auch Leistungsschutz, ergänzender
– Behinderung **4** 9.63 ff, 9.75 ff
– fremder Werbung **4** 9.22, 9.24, 9.43, 10.74
– Gesamtwürdigung **4** 9.69
– Handlungsort **Einl** 5.18
– Leistungsübernahme **4** 9.35 ff
– Modeerzeugnisse **4** 9.67
– Preisunterbietung **4** 9.65 f
– Schadensersatz **12** 2.64
– systematische – einer Vielzahl von Erzeugnissen **4** 9.66
– unzulässige **12** 2.41
– Werbeslogan **4** 9.43 e
– Wettbewerbsbezug **4** 9.18 ff
Nachahmungsfreiheit, Grundsatz 4 9.3, 9.51
Nachahmungsgefahr 3 129 ff; **4** 12.3, 12.11 f; **12** 5.6
Nachbearbeiten 7 152
Nachfasspflicht 12 3.70
Nachfragebehinderung s auch Behinderung, gezielte
– Erwerb von nicht benötigten Waren und sonstigen Wirtschaftsgütern **4** 10.69
– Liefersperre **4** 10.70
Nachfrager 3 8; s Marktteilnehmer
Nachfragemacht, Missbrauch 4 10.130 ff
Nachfragevergleich s Auskunftsvergleich
Nachfragewettbewerb Einl 1.7, 5.5; **2** 38, 96 h; **4** 1.20, 10.133; **8** 3.37
Nachkauf 4 9.58
Nachlassverwalter als Unternehmer **2** 125
Nachricht 2 112; **7** 183 ff, 209
nachschaffende Leistungsübernahme s Leistungsübernahme, nachschaffende
Nachschieben von Waren 5 6.10
Nachtbackverbot 4 11.145
Nachteil 2 44; **3** 2, 3, 55, 109, 111, 129; **6** 169; **7** 141; **10** 9
Nährwert-Kennzeichnungsverordnung 4 11.129; **5** 4.34, 4.37
Namensrecht 4 7.8, 10.93 f; **9** 1.36 a
„Natur-", „natur" **5** 4.50 ff
Naturalherstellung 4 10.221; **9** 1.24 ff; s auch Schadensersatz
– tatsächliche Maßnahmen **9** 1.25; **12** 3.11
– Unterlassen **9** 1.26
– Vertragsschluss **9** 1.27
Naturalrabatt 3 Anh 21.4; **4** 1.122, 1.130; s auch Preisnachlass
„natürlich", „naturrein" **1** 26 f; **5** 4.50 ff

magere Zahlen = Randnummern

Naturkind 5 4.52
Nebenzweckprivileg 2 24, 28; **4** 11.45
negative Feststellungsklage s Feststellungsklage, negative
Nettopreis 5 7.124 f; **PAngV 1** 2
Network Information Centers (NIC) 4 10.87
Network-Provider 8 2.29
„**neu**" **5** 4.57 ff, 5.118
Neubeginn der Verjährung, s Verjährung, Neubeginn
Neueröffnung 5 4.59
newcomer 9 166; **12** 3.15
Nichtkaufleute 16 36
Niederlande Einl 4.15
Niederlassung 14 8; **15** 9
Norm s DIN
Normalpreis 5 7.126
Normen 6 22 ff; **7** 7 ff; Verstoß gegen s auch Rechtsbruch
– außerwettbewerbliche **4** 11.6
– wertneutrale und wertbezogene **4** 11.2
Normvollzugskonkurrenz 4 11.19 ff.
Norwegen Einl 4.16
Notar 4 3.48, 11.103
notarielle Unterwerfung 12 1.112 d
Notdienst 4 13.37
Nötigung 3 Anh 25.1, 26.1, 30.1; **4** 1.9 ff, 1.26 f, 1.32 f, 10.197, 1.125; **17** 47
Notwehr 4 7.22
Novel-Food-VO 4 11.149 b

objektive Klagehäufung s Klagehäufung
objektiver Zusammenhang 2 15, 34 ff, 43, 45, 52 f, 77 ff, 80 ff
Obst 5 4.20
offenkundige Tatsachen 5 3.8; **12** 2.65, 2.71
öffentliche Auftragsvergabe s Vergabe
Öffentliche Hand 2 19, 28, 59; **4** 1.174, 2.14, 12.1, 13.1 ff; **7** 30; **10** 11; **12** 2.5 ff; **PAngV Vorb** 20; **UKlaG 4** 8
– Ausnutzung amtlicher Beziehungen zum Wettbewerb **4** 13.44
– Ausnutzung amtlicher Einflussmöglichkeiten **4** 13.46
– Ausnutzung öffentlicher Ressourcen **4** 13.47
– Autoritätsmissbrauch **4** 13.42
– Beschaffungstätigkeit **4** 13.27
– Bestandsgefährdung des Wettbewerbs durch **4** 13.35
– Doppelnatur und Doppelkontrolle hoheitlicher Maßnahmen **4** 13.11 ff; **5** 2.3
– Erwerbswirtschaftliche Betätigung **4** 13.18
– geschäftliche Handlung **4** 13.17 ff
– – amtliche Informationen **4** 13.25
– – Beschaffungstätigkeit **4** 13.27
– – erwerbswirtschaftliche Betätigung **4** 13.18
– – hoheitliche Betätigung **4** 13.19 ff
– Gefährdung des Wettbewerbsbestands **4** 13.35
– Gesetzgebungsakt **4** 13.29
– Gleichbehandlungsgrundsatz **4** 13.31, 13.49
– Handlungsformen **4** 13.3
– Hoheitliche Betätigung **4** 13.19 ff
– – Handeln ohne Außenwirkung **4** 13.20
– – Handeln in Erfüllung gesetzlicher Vorgaben **4** 13.31

– – Handeln in Erfüllung öffentlicher Aufgaben **4** 13.22
– Leistungserbringung **4** 13.23
– – Abgabe von Waren und Dienstleistungen **4** 13.24
– – Amtliche Informationen **4** 13.25
– Marktbeherrschende Stellung **4** 13.31
– Monopolstellung **4** 13.43
– Normverstoß **4** 13.48 ff
– Organisationsformen **4** 13.2
– Preisunterbietung/Preisüberbietung **4** 13.32
– Verdrängungsabsicht **4** 13.34
– Verstoß gegen Verwaltungsgrundsätze **4** 13.50
– Vertrauensmissbrauch **4** 13.36 ff
– Zweckentfremdung öffentlicher Mittel **4** 13.33
Öffentliche Unternehmen s Öffentliche Hand
Öffentlich-rechtliche Streitigkeit s Rechtsweg
Offertenblätter 4 12.21
„**öko**", „**ökologisch**" **5** 4.77
Ökostrom 5 4.28, 4.77 a
Online-Werbung s Internet-Werbung
Opt-out-Klausel 7 188
Ordentliche Gerichtsbarkeit 12 2.1
Ordnungsgeld 10 1.39, 13; **11** 1.39; **15** 19; **20** 8
Ordnungsmittel 9 4.23
– Androhung **12** 1.112 d, 2.110, 3.6, 3.32, 6.3
– Antrag **12** 2.49
– Festsetzung **12** 6.9 ff
Ordnungswidrigkeit 7 126. 178 a f; **9** 4.23 f; **12** 7.8; **20** 2 ff; **PAngV 10** 1
ordre public Einl 5.25
Organhaftung 8 2.19 ff; **9** 1.6, 2.3
Organisationsmängel 8 2.22
Organisationsverschulden s Verschulden
„**original**" **5** 4.70 f
Österreich Einl 4.17

Panikkauf 4 2.53
Parallelimport 5 a 18 ff; **6** 26, 97
Pariser Verbandsübereinkunft Einl 5.2; **4** 9.15
Parteien 2 61; **9** 4.5, 4.8
Parteivernehmung 12 2.66 f
Parteizustellung s Zustellung
Partywerbung 4 1.195; s auch Laienwerbung
Patentanmeldung 5 5.119 f; **17** 7
Patentanwalt 12 2.121
Patentrecht, Patentgesetz 4 9.12, 9.77, 11.40; **17** 7
– Anwendbarkeit von § 12 II UWG **12** 3.14
– Schadensberechnung **9** 1.36, 1.47
pauschale Herabsetzung s Mitbewerber, Herabsetzung und Verunglimpfung
Pauschalreiserichtlinie 4 11.6 c; **PAngV Vor** 15
Perlaine 5 4.12
Per-se-Verbote 3 30; **3 Anh** 0.4, 0.6, 0.10, 5.8, 18.2; **6** 20; **7** 32, 124, 208
Personenbeförderungsgesetz 4 11.83
personenbezogene Herkunftsangaben s Herkunftsangaben, personenbezogene
Personengesellschaft Einl 7.18; **2** 125; **8** 2.21, 3.27, 2.43, 2.48; **9** 1.6, **10** 6; **12** 6.12
Personenverkehrsfreiheit Einl 1.42
Persönlichkeitsrecht, allgemeines **Einl** 7.3 f, 7.17; **4** 3.8, 7.8, 7.28, 8.9, 9.4, 11.43; **7** 14, 36, 111, 119, 195, 199; **9** 1.36 a, 2.3, 2.5, 2.10
– Zuweisungsgehalt **9** 3.2

2025

Sachverzeichnis

fette Zahlen = §§ bzw. Artikel

Pflanzenschutzmittel 4 11.148
physische Gewalt s Gewaltanwendung
physischer Zwang s Zwang, physischer
Pinganruf 7 128
PKW-EnVKV 3 148; 4 11.131 a; **UKlaG** 2 10
Planmäßigkeit eines Gesetzesverstoßes 4 11.55
Polen Einl 4.18
Pop-Down-Fenster 4 10.73
Pop-up-Fenster 4 1.278, 10.73; 7 93; s auch Internet-Werbung
Portugal Einl 4.19
Pornografische Schriften 4 1.43
Post, elektronische s E-Mail-Werbung
Postgesetz 4 11.150
Postulationsfähigkeit 12 3.6, 3.38, 3.53
Postwurfsendungen 7 108
Powershopping 4 1.200, 1.266
Präjudizialität, Präjudizien 3 67; 7 49 f; 12 2.115
Prämie 4 1.207; 16 42
– Wert 4 1.208 f.
Prävention 9 1.41; 10 3; 20 1
Praxiserfahrung 4 11.107
Preis- und Konditionenbindungen Einl 6.6, 6.15
– Verlagserzeugnisse 5 7.122
Preisangabe
– Dienstleistungen **PAngV** 1 4; **PAngV** 5 1
– Einzelpreise **PAngV** 1 21
– Endpreis **PAngV** 1 1, 16 ff, 51
– Fertigpackung **PAngV** 2 2
– Gebietskörperschaften **PAngV** 9 2
– Grundpreis **PAngV** 2 1
– Handelsunternehmen **PAngV** 9 2
– Hörfunk **PAngV** 9 5
– Kredite **PAngV** 6 1 ff
– mündliche Angebote **PAngV** 9 5
– Musterbuch **PAngV** 4 8
– Preisauszeichnungspflicht **PAngV** 4 1, 8.2 f
– Preisbestandteile **PAngV** 1 1, 17, 19, 25, 51
– Preisklarheit und Preiswahrheit **PAngV** 1 11, 34 ff, 52
– Preisersparnis **PAngV** 1 21; 9 8 ff; s auch Preisnachlass
– Preisvergleich **PAngV** 1 22
– Preisverzeichnis **PAngV** 4 7; 5 4 ff; 7 2 ff; 8 4
– Telekommunikationsanlagen **PAngV** 7 10
– Waren **PAngV** 1 4; 4 1
– Werbeverbot **PAngV** 9 4
– Versandhandel **PAngV** 1 38; 4 9
– Versteigerungen **PAngV** 9 6
Preisangabenrichtlinie 4 11.6 c; **PAngV Vor** 11, 13
Preisangabenverordnung 4 1.65, 11.142 ff; 5 7.3 ff
– Anwendungsbereich **Vorb PAngV** 17 ff
– – persönlicher **Vorb PAngV** 17 ff
– – sachlicher **Vorb PAngV** 21
– Ausnahmen **PAngV** 9 1 ff
– Letztverbraucher **Vorb PAngV** 19
– Preisbestandteile **PAngV** 1 1, 17, 19, 25, 51
– Schutzzweck **Vorb PAngV** 2
– Zuwiderhandlungen **PAngV** 10 1
Preisangabenvorschriften 4 11.141 ff; **UKlaG** 2 10; s auch Preisangabenverordnung
Preisausschreiben 3 141; 3 Anh 16.1, 17.1, 20.1, 20.3; 4 1.118 f, 6.1; s auch Werbung, aleatorische
– spezialgesetzliches Verbot 4 1.167

Preisauszeichnungspflicht PAngV 4 1; 8 2 f
Preisbestandteil 5 7.31; 6 111; **PAngV** 1 1, 17, 19, 25, 51
Preisbindung Einl 6.5 f; 4 1.66, 1.133, 10.42, 10.184, 10.203 f, 10.212; 14 17
Preisdiskriminierung 4 10.212 f; s auch Diskriminierung
– Verdrängungsabsicht 4 10.213
Preisempfehlung 4 10.159; 5 7.44 ff; 6 82; **PAngV** 1 21, 41
Preisersparnis PAngV 1 21; 9 8 ff
Preisgarantie s Garantie
Preisgegenüberstellung Einl 3.31; 5 7.44 ff; 6 177
– Eigenpreisgegenüberstellung 5 7.67 ff
Preislistentreue 4 10.198, 10.212; 5 7.61 a
Preisnachlass 4 1.100, 1.121 ff; 5 7.5 ff; **PAngV** 9 7 ff
– genereller – **PAngV** 9 9 ff
– individueller – **PAngV** 9 8
Preisrätselgewinnauslobung 4 3.26; s auch Werbung, aleatorische, redaktionelle
Preisschaukelei 5 7.12 ff, 7.71 ff
Preissenkung, vorgetäuschte 4 10.195
Preissuchmaschine, Werbung in 5 4.122 b, 7.136 a
Preistransparenz 4 1.65; 5 7.34 a
Preisunterbietung Einl 6.17; 4 1.99, 9.65, 10.3, 10.9, 10.15, 10.184 ff, 12.14 ff, 13.32 ff
– Kampfpreisunterbietung 4 10.193
– Markenschädigung 4 10.204
– öffentliche Hand 4 13.32
– Unterschreitung der Selbstkosten 4 10.190
– Verdrängungsabsicht 4 10.192
– Verstoß gegen Preisrecht 4 10.202
– Vertragsbruch 4 10.203
Preisvergleich 4 10.143, 10.154, 10.159; 5 4.145, 7.62 ff; 6 2, 27, 111 ff, 177 ff; **PAngV** 1 22
– Objektivität 6 120 ff
Preisverschleierung 4 1.88
Preisverzeichnis PAngV 4 7; 5 4 ff; 7 2 ff; 8 4
Preisvorschriften 4 11.138 ff
Preiswahrheit und -klarheit 4 11.140, 11.142; 5 7.1 ff; **PAngV** 1 11, 34 ff; 5 2
Presse 4 6.15 ff
– Verantwortlichkeit 5 1.61 a f; 9 2.1 ff
– – Abwehransprüche 9 2.2 ff
– – Schadensersatzansprüche 9 2.11 ff
Pressefreiheit Einl 7.29; 2 68; 3 82 ff, 4 3.28, 7.15 f, 7.18, 10.123, 10.125, 11.102, 11.112, 12.20, 12.22; 5 1.65 ff, 2.212; 9 2.1
Pressegesetz 4 11.167; 9 2.5; 16 22
Pressehaftung 9 1.17; 16 22
Pressemarkt, Besonderheiten 4 12.20
Presseprivileg 9 2.11 ff
Privatautonome Regelungen 4 11.29
Privatautonomie 4 1.5
Privatbrief 7 114
Private 2 62; 6 65
private Handlung s Handlung und geschäftliche Handlung
private Krankenkasse s Krankenkasse, private
private label s Händlermarke
Privatgespräch 5 2.15
Privatgutachten 12 2.88
Privatklage Einl 4.6; 16 25; 17 67, 72 f; 18 17 f

2026

magere Zahlen = Randnummern

Sachverzeichnis

Privatsphäre Einl 3.54; **3** 120; **4** 1.10, 1.54, 1.201, 10.112; **7** 47, 63, 104, 141 ff, 159 f, 138 ff, 184, 202; **9** 1.10; **17** 5
Probierpreis 5 7.127
product placement 3 Anh 11.3; **4** 3.43 ff; **7** 94; s auch Werbung, getarnte
– Kinofilme **4** 3.46
– Rundfunk **4** 3.45
produktbezogene Regelungen s Regelungen, produktbezogene
Produktionsvorschriften 4 11.37
Produktkennzeichnungsvorschriften 4 11.118 ff; UKlaG **2** 10; s auch Regelungen, produktbezogene
Produktnachahmung s Nachahmung
Produktplatzierung s product placement
Produktwerbung 3 82; **4** 1.217, 4.17; **6** 62; **7** 74; s auch Werbung
Professorentitel 5 5.136
Programm, Eigenart 4 9.29
progressive Kundenwerbung s Kundenwerbung, progressive
Provider s Telediensteanbieter
Provokation eines Hausbesuchs 7 55
provozierter Wettbewerbsverstoß 11 2.41
Proxy-Cache-Server 8 2.29
Prozessführungsbefugnis s Klagebefugnis
Prozesskostenhilfe 11 1.43
Prozessstandschaft 8 3.22 ff; **12** 2.119; **14** 3
Prozesstrennung 12 2.9
prozessuale Erklärungspflicht s Erklärungspflicht, prozessuale
prozessualer Anspruch s Streitgegenstand
Prozessurteil s Urteil
Prozessvergleich 12 2.128
Prüfung, amtliche **5** 4.256 f; **12** 5.24
Prüfungspflicht 4 3.35 c, 3.36; **8** 2.5 e, 2.10, 2.13, 2.17 f; **9** 2.3, 2.12
„PS" **4** 11.121
psychischer Kaufzwang s Kaufzwang
publizistischer Anlass 4 3.27 c
Push-Dienst 7 93; s auch Internet-Werbung
PVÜ s Pariser Verbandsübereinkunft
Pyramidensystem 3 Anh 14.1 ff; **16** 32

Qualifikation s Berufsbezeichnungen
qualifizierte Einrichtung s Einrichtung, qualifizierte
Qualitätskennzeichen 3 Anh 2.1 ff
Qualitätsvergleich 4 10.155; **6** 179; s auch Werbung, vergleichende
Quellwasser 5 4.13 ff

Rabatt s Preisnachlass
Rabattgesetz Einl 2.8 f, 2.12; **1** 30; **4** 1.88 f, 1.125, 1.201 f, 1.209; **5** 7.5; **PAngV 1** 23; **9** 9
Rabattverbot 4 1.133
Randnutzung einer Verwaltungseinrichtung 4 13.32, 13.47
Radioübertragung 4 9.38
Rationalität Einl 2.4; **3 Anh** 12.1; **4** 1.38, 1.49, 1.59, 1.89, 1.104, 1.125, 1.138, 1.147, 1.161, 1.168
Räumungsverkauf 4 4.11; **5** 6.6 b, 6.8 ff
Rechnungslegungsanspruch 9 4.6 ff; **10** 14 f; s auch Auskunftsanspruch

Rechte des Verbrauchers, Werbung 5 2.115 a; **3 Anh** 10.1
rechtliches Gehör 12 2.23, 2.35, 2.44, 2.65, 2.70, 3.26, 6.11
rechtmäßiges Alternativverhalten 9 1.15
Rechtsanwalt 5 5.149; **8** 3.33
– als Unternehmer **2** 65
– Tätigkeitsbeschränkungen **4** 11.59 ff
– Werbeverbote **4** 11.85 ff
Rechtsausübung, unzulässige **11** 1.44, 1.52, 1.54; s auch Rechtsmissbrauch
Rechtsbeistand 4 11.85
Rechtsberatung 4 11.59 ff
– durch Forderungsinkasso **4** 11.69
– durch Medien **4** 11.67
– durch Vereine **4** 11.68
Rechtsdienstleistungsgesetz 4 11.61 ff
Rechtsbruch 3 65 a, 147; **4** 10.6, 1.110, 1.130, 1.150, 1.167, 1.247, 1.256, 1.268, 2.45, 11.1 ff; **5** 5.3; **7** 61; **8** 3.6; **9** 1.19; **17** 52; **Vorb PAngV** 5
– Erfolgsort **Einl** 5.17
Rechtserwerb
– missbräuchlicher **4** 10.95
– unredlicher **11** 2.43
Rechtsgrundlage 8 2.25; **9** 2.5, 4.1, 4.5, 4.7
Rechtsirrtum s Irrtum
Rechtskraft 12 2.23, 2.35, 2.113 ff, 3.6, 6.22
Rechtsmissbrauch Einl 5.8; **4** 10.85 f **8** 4.1 ff; **10** 19; **11** 1.52, 2.37; **12** 3.26; **14** 1
– Adressaten **8** 4.24
– Beweislast **8** 4.25
– Gebührenerzielungsinteresse **8** 4.12
– Inanspruchnahme eines bestimmten Gerichtsstands **14** 1
– Kostenbelastungsinteresse **8** 4.13
– Mehrfachabmahnungen **8** 4.19
– Mehrfachklagen **8** 4.15 ff
– provozierter Wettbewerbsverstoß **11** 2.41
– Rechtserwerb **4** 10.95
– Rechtsnatur **8** 4.3 f
– sachfremde Erwägungen **8** 4.20
– – diskriminierende Auswahl des Verletzers **8** 4.21
– – Fremdbestimmung **8** 4.22
– – Wettbewerberbehinderung **8** 4.20
– unclean hands **11** 2.38 ff
– – Begriff **11** 2.38
– – Berücksichtigung beim Schadensersatzanspruch **11** 2.40
– – Zulässigkeit **11** 2.39
– Wechsel der Rechtsauffassung **11** 2.42
Rechtsmittelstreitwert s Streitwert
Rechtsnachfolger als Schuldner der Vertragsstrafe 12 1.137
Rechtsnorm 4 11.24 ff
– ausländische **4** 11.25
Rechtsschutzbedürfnis 4 8.25; **8** 1.13, 1.72; **12** 2.15 ff, 2.105, 3.12, 3.45
– Feststellungsklage **12** 2.18 f
– negative Feststellungsklage **12** 2.20 ff
– Unterlassungsklage **12** 2.15 ff
Rechtsunkenntnis 4 2.42 ff
– Ausnutzung **4** 2.42 ff, 11.170
Rechtsverfolgungskosten 9 1.29, 1.39 a; **12** 3.35; **15** 29; s auch Schaden
Rechtsverteidigung 4 1.290; **10** 7
Rechtswahlvereinbarung Einl 5.19

2027

Sachverzeichnis

fette Zahlen = §§ bzw. Artikel

Rechtsweg 4 13.4, 13.8, 13.12; **9** 2.9, 4.31; **12** 2.1 ff; **17** 51
Redaktionelle Beiträge 2 64 ff; s auch Werbung, redaktionelle
redaktionelle Inhalte 3 Anh 11.1 ff
redaktionelle Werbung s Werbung, redaktionelle
Regelfrist und Dringlichkeit **12** 3.15
Regelstreitwert s Streitwert
Regelung s auch Marktverhaltensregelung
– absatzbezogene **4** 11.138 ff
– berufsbezogene **4** 11.59 ff.
– geschäftsbezogene **4** 11.156 ff
– produktbezogene **4** 11.117 ff
– Verkaufsmodalitäten (Art 28 EG) **Einl** 3.23 ff, **4** 6.3
– warenbezogene (Art 28 EG) **Einl** 3.21
regulärer Preis 5 7.128
Reimport s Parallelimport
Reisegewerbe 5 6.41 a; **7** 49, 60
Reiseveranstalter 8 2.10; **PAngV 1** 18
relevanter Markt s Markt
Relevanz, geschäftliche **4** 1.82 ff, 2.19, 3.12, 4.19, 5.15, 6.19, 11.58 a; **5** 2.169 ff; **4** 3 f, 4.139, 5.67; **6** 20, 131; s auch Geschäftliche Relevanz
– mittelbare **5** 2.194 ff
Relevanzklausel 3 10 ff, 48 ff, 108 ff, 133; **4** 2.19, 5.15; **6** 20; **8** 3.26, 3.52
Repräsentantenhaftung s Organhaftung
Residenzpflicht 4 11.60
reverse engineering 17 8
Revision 5 3.15; **8** 3.7, 3.9, 3.11; **12** 1.110, 2.23 ff, 2.105, 3.39, 3.42; **14** 2
Rezeptsammelstelle 4 11.77
Richtigstellung 9 1.32, 2.4, 2.10
Richtlinie (EG) **Einl** 3.38 ff
– Datenschutz (2002/58/EG) **Einl** 2.13, 3.39, 3.54 ff; **1** 8, 15; **2** 1, 112, 141; **7** 8, 97, 123 f, 147, 158, 182 ff
– elektronischer Geschäftsverkehr (2000/31/EG) **Einl** 3.46 ff; **2** 1, 14, 134, 141; **3 Anh** 16.4; **4** 1.85, 1.91, 1.110, 1.224, 3.5 b, 4.1, 5.1, 5.4; **5 a** 46; **7** 8, 183, 208; **PAngV Vorb** 13; **PAngV 1** 24; **UKlaG 2** 5
– Etikettierung (2000/13/EG) **5** 1.43, 4.37 b, 4.38, 4.40 a, 4.53 f, 4.182 a
– Fernabsatz (97/7/EG) **2** 141; **5 a** 41; **7** 8, 79 f, 122, 124, 182 f; **PAngV Vor** 12
– Fernabsatz von Finanzdienstleistungen (2002/65/EG) **5 a** 48; **7** 8, 79, 122, 183; **UKlaG 14** 1
– Fernsehtätigkeit (89/552/EWG idF 97/36/EG) **Einl** 3.39 ff, 5.23; **3 Anh** 11.7, 28.5, 28.17; **4** 1.170
– Finanzinstrumentemärkte (2004/39/EG) **5 a** 52
– Gemeinschaftskodex für Humanarzneimittel (2001/83/EG) **5** 1.43; **5 a** 45
– irreführende Werbung (84/450/EG) **Einl** 2.13, 2.24, 3.39, 3.41 ff; **1** 2; **5** 1.12, 1.13 ff; **6** 3, 6 f, 12, 55 a, 142
– irreführende und vergleichende Werbung (2006/114/EG) **Einl** 3.41 ff; **1** 2, 5, 8 f, 43 f; **2** 15; **3** 22, 152; **3** 152; **3 Anh** 13.4; **5** 1.12, 1.13 ff, 1.24, 1.26, 2.21, 2.23, 2.62, 2.171; 3.20 ff; **6** 7, 9 ff, 32, 34, 43, 55 a, 59, 95 f, 142 ff, 165, 193; **UKlaG 4 a** 3
– kosmetische Mittel (76/768/EWG) **5** 1.43
– Lebensversicherungen (2002/83/EG) **5 a** 51
– Pauschalreise (90/314/EWG) **5 a** 42
– Preisangaben (98/6/EG) **5 a** 44
– Schadenversicherung (92/49/EWG) **5 a** 53
– Teilzeitnutzungsrechte (94/47/EG) **5 a** 43
– unlautere Geschäftspraktiken (2005/29/EG) **Einl** 2.24, 3.56 ff; **1** 5, 8, 15, 23; **2** 2, 7 ff, 31 ff, 74 ff, 113 ff, 128, 141; **3** 3 f, 10, 34, 37, 60, 65 a, 71; **4** 0.1, 6.4, 9.16; **5** 1.6, 1.8, 1.12 f, 1.14, 1.19, 1.23 ff, 1.31 a f, 1.54, 1.59 a f, 1.68, 1.85, 1.89, 1.91, 2.8, 2.23, 2.36, **5 a** 19; **6** 6, 8, 55 a, 142; **7** 9, 79; **9** 1.10; **PAngV Vorb** 9
– Unterlassungsklagen zum Schutz der Verbraucherinteressen (98/27/EG) **Einl** 3.65 ff; **8** 3.52
– Verbraucherkredit (87/102/EWG) **5 a** 47
– vergleichende Werbung (97/55/EG) **Einl** 3.41 ff; **5** 1.4, 1.13, 3.21; **6** 1 ff
– Versicherungsvermittlung (2002/92/EG) **5 a** 50
– ZAW-Richtlinie **5** 4.141
Richtlinien für das Strafverfahren und das Bußgeldverfahren 16 25; **17** 71
richtlinienkonforme Auslegung Einl 3.13, 3.64; **3** 22, 26, 33, 57, 59, 71, 112; **3 Anh** 15.3; **4** 0.5, 2.3 ff, 4.4; **6** 9, 111, 146, 184; **7** 136, 186
Robinson-Liste 7 107, 113, 115, 206
Rückerstattungsanspruch s Gewinnabschöpfung
Rücktritt 4 10.39; **19** 16
Rücktrittsrecht Einl 2.9; **4** 1.289, 10.143; **7** 39; **16** 29
Rückwerbung 4 10.104; **11** 2.11
Rufanlehnung 6 54; s auch Rufausbeutung
Rufausbeutung und -beeinträchtigung 4 9.53 ff, 9.59, 10.82; **6** 148 ff; s auch Wertschätzung
– auf Grund Waren- oder Dienstleistungsverwechslung **4** 9.54
– Einschieben in fremde Serie **4** 9.56
– ohne Waren- oder Dienstleistungsverwechslung **4** 9.55
Rufbeeinträchtigung s Wertschätzung
Rufnummern-Provider 8 2.25; s auch Teledienstanbieter
Rufschädigung Einl 4.30; **4** 7.14, 10.204; **9** 1.39 a; **12** 2.50
Rufübertragung s Imagetransfer
Rumänien Einl 4.20
Rundfunk 9 2.13; **17** 7
– Anstalt **Einl** 5.8; **2** 96 e; **4** 6.15 ff; **12** 2.7
– Vorschriften **4** 13.57
Rundfunkfreiheit 4 1.126, 3.39, 6.16, 10.73, 13.57; s auch Meinungsfreiheit, Pressefreiheit
Rundfunk-Staatsvertrag Einl 3.53; **4** 1.247, 3.5 c, 3.7 f, 13.57
Russland Einl 4.21

Sachbefugnis s Anspruchsberechtigung
Sachbeschädigung Einl 7.5; **4** 10.16
Sachkunde des Richters s Lebenserfahrung
sachliches Interesse des Angerufenen 7 164 ff; s auch Einwilligung, mutmaßliche
Sachlichkeitsgebot 6 117
– Anwaltswerbung **4** 11.88 ff
– Apothekerwerbung **4** 11.115
– Arztwerbung **4** 11.105 ff
– Klinikwerbung **4** 11.114
– Rechtsanwaltswerbung **4** 11.87 ff
Sachmängelhaftung Einl 7.12; **5** 1.68; **10** 10, 13
Sachurteil s Urteil

magere Zahlen = Randnummern

Sachverzeichnis

Sachverständiger 5 3.28, 5.142 ff; **6** 135 ff; **9** 1.29, 1.48, 4.31, 4.45; **15** 23, 28; **17** 21
– Auswahl **12** 2.77
– Beweismittel **5** 3.16; **12** 2.66, 3.21
– Gutachten **12** 2.70
Saft 5 4.15
Saisonschlussverkäufe 5 6.6 b, 6.6 d
sales promotion s Verkaufsförderung
Salz 5 4.39
Sammelbestellung 4 1.63, 1.194; s auch Laienwerbung
Sammelklage 10 4
Sanktionsregelungen 4 11.7 ff, 11.182 ff
– Beihilfenrecht **4** 11.180 a
– Buchpreisbindungsgesetz **4** 11.13
– Kartellrecht **4** 11.12
– Markenrecht **4** 11.14
– Sozialrecht **4** 11.11
– Unterlassungsklagengesetz **4** 11.17
– Vergaberecht **4** 11.15
Satire 5 2.130
Satzung, Rechtsnormqualität 4 11.24
Schaden 9 1.23 ff; **10** 3
– dreifache Berechnung **4** 9.83; **9** 1.36 ff; **10** 7, 9; **12** 2.18; **17** 58
– – Auskunftsanspruch **9** 4.26 ff
– – Lizenzanalogie **9** 1.42 ff
– – Berechnung **9** 1.43
– – – Ermittlung **9** 4.27
– – – Zu- und Abschläge **9** 1.44
– – Verletzergewinn **9** 1.45 ff
– – – Ermittlung **9** 4.28
– – – Kostendeckungsbeitrag **9** 1.35, 1.50
– – – Vermengungsverbot **9** 1.39 a
– entgangener Gewinn **9** 1.35
– Entstehung **11** 1.29 f
– Entwicklung, Feststellungsinteresse **12** 2.18, 2.55
– Folgen **11** 1.32
– Marktverwirrungsschaden **9** 1.30 ff
– Naturalherstellung **9** 1.24 ff
– Schätzung **12** 2.58
Schadeneinheit, Grundsatz 11 1.31
Schadenersatzanspruch Einl 2.20, 4.28, 5.8, 5.40, 6.14; **4** 1.35, 8.26, 9.82 f, 10.98, 10.180 a, 10.221, 11.18; **6** 209; **9** 1.1 ff; **12** 1.87 ff, 3.37 a; **16** 49; **17** 58 ff; **19** 18
– Abgrenzung zur Gewinnabschöpfung **10** 1, 3
– Einstweilige Verfügung **12** 3.11, 3.78 ff
– – Umfang **12** 3.83 ff
– – – Voraussetzungen **12** 3.79 ff
– Entstehung **11** 1.19
– Gläubiger **9** 1.8 ff
– Inhalt und Umfang s Schaden
– Marktortprinzip **Einl** 5.8
– Presseprivileg **9** 2.11 ff
– Schuldner **9** 1.3 ff
– unvorhersehbare Folgen **11** 1.32
– Verjährung **11** 1.29 ff, 1.35
– Verwirkung **11** 2.15
Schadensersatzklage 12 2.55 ff, 4.3
– Antragsformulierung **12** 2.59
– Feststellungsklage **12** 2.55 ff
– Gerichtsstand **14** 3
– Leistungsklage **12** 2.56
– – unbezifferte **12** 2.57, 2.59
Schadenszufügungsabsicht 17 27

Schadenszurechnung s Zurechnung
Schätzpreis 5 7.129
Scheibenwischerwerbung 7 37, 117
Scheininsolvenzverkauf und -räumungsverkauf
s Sonderveranstaltungen, Insolvenzwarenverkauf, Räumungsverkauf
Schenkkreis 16 35, 37
Schiedsgericht 15 3
Schiedsrichterfunktion des Verbrauchers 1 17; **4** 1.2
Schiedsvereinbarung, Schiedsvertrag 12 2.10; **15** 3
Schilderprägeunternehmen 4 13.43
Schlechterfüllung 5 2.6 f
Schleichbezug 4 3.51, 10.63 f
Schleichwerbung 4 3.5 c, 3.7, 3.30, 3.38, 3.43 ff; s auch Werbung, getarnte
Schlussverkäufe s Sonderveranstaltungen
Schmähkritik Einl 7.30; **4** 7.1, 7.19; **6** 172, 202
Schneeballsystem Einl 4.7; **3 Anh** 14.1 ff; **16** 32. 33 a
Schnupperpreis s Probierpreis
Schockwerbung 4 1.231, s auch Werbung, menschenverachtende
schöpferische Eigentümlichkeit s Eigenart
Schubladenverfügung 12 1.58 f, 1.82 a, 3.16 a
Schuldenregulierung 4 11.65, 11.70
Schulen, Werbung in 7 92
Schulverwaltung 4 1.63, 13.42; **7** 92
Schutzfunktion, wettbewerbsbezogene 4 11.3
Schutzgesetz (§ 823 II BGB) Einl 7.5; **1** 39; **4** 7.8, 11.182; **8** 2.15; **9** 1.10; **11** 1.9; **5** 1.10; **16** 29, 50; **17** 53, 63; **Vorb PAngV** 7
Schutzklausel (Art 40 III EGBGB) Einl 5.26
Schutzrecht 4 11.180
Schutzrechte 1 10; **5** 4.179, 5.113 ff; **12** 2.33
– Geschmacks- und Gebrauchsmuster **4** 9.4, 9.6 ff, 9.56, 9.29, 9.67, 9.76, 10.180; **5** 5.121; **9** 1.36
– Marke **4** 10.76 f., 10.101 f.; **5** 5.122, 5.127; **9** 1.36
– Patent **4** 9.4, 9.6, 9.12, 9.56, 9.77, 11.40; **5** 5.117 f, 5.124 ff; **9** 1.36; **12** 2.121
– Urheberrecht **Einl** 3.37, 3.56; **4** 3.37, 9.4, 9.6 f., 9.23, 9.86, 10.82, 10.169, 10.180, 11.40; **5** 5.123; **9** 1.36; **12** 3.15
Schutzrechtsverwarnung
– irreführende **5** 2.15, 5.113 ff, 5.129 ff; **5 a** 25
– unberechtigte **Einl** 7.34; **4** 8.14, 10.169 ff; **9** 1.19, 1.22; **11** 1.8; **12** 1.70
– – Abnehmerverwarnung **4** 10.176, 10.179, 10.181; **5** 5.129, 5.131
– – Herstellerverwarnung **4** 10.178
– – Rechtswidrigkeit **4** 10.172
Schutzschranken, markenrechtliche 5 4.216, 4.240, 4.250 ff
Schutzschrift 12 3.40 f
– Kostenerstattung **12** 3.41
Schutzverband gegen Unwesen in der Wirtschaft eV Einl 2.31
Schutzzwecke 1 1 ff, 45 ff; **3** 68, 84, 96 ff; **5** 1.8 ff; **PAngV Vorb** 2
Schwarze Liste 3 24 ff; **3** 24; **3 Anh** 0.1 ff
Schweden Einl 4.22
Schweigen s Verschweigen
Schweiz Einl 4.23
Schwimmbäder PAngV 9 3
Screen-Scraping 4 9.38, 10.121 a, 10.125, 10.160

2029

Sachverzeichnis

fette Zahlen = §§ bzw. Artikel

Screensplitting 4 3.38
Seide 5 4.10
Selbstbedienungsgeschäft 5 5.35
Selbstbezichtigung 9 4.23
Selbsthilfe 3 Anh 26.2; **9** 2.10
Selbstkosten, Verkauf unter s Verkauf unter Einstandspreis
Selbstläufersystem 16 35
Selbstverständlichkeit 3 Anh 10.1; **5** 2.115 ff; **5 a** 23
Selbstzahlerstelle 4 13.35
selektive Vertriebsbindungssysteme s Vertriebsbindungssysteme, selektive
Sendungen 4 3.47 c, 9.22; **7** 108
Sequestration 12 1.48 f, 3.9, 3.31, 3.61 f
separate Gewinnchancen 3 Anh 16.1 ff
Sicherheit, Werbung mit persönlicher 3 Anh 12.1 ff
Sicherheitsleistung 9 4.46; **12** 3.33, 3.56
Sichern 17 31
Sicherungsschein 4 11.172 c
Sichverschaffen 17 30
Sittenwidrigkeit Einl 4.20, 7.7; **3** 3, 104, 108, 129; **4** 10.115
sklavische Nachahmung s Leistungsschutz, ergänzender
Slamming 7 95
Spamming 7 198
Slowakei Einl 4.24
Slowenien Einl 4.25
SMS-Werbung 7 128, 196 ff
sofortiges Anerkenntnis s Anerkenntnis
Sommerpreis 5 7.130
Sommerschlussverkauf s. Saisonschlussverkauf
Sonderangebot 3 Anh 7.3 f; **5** 7.19 ff
Sonderveranstaltungen Einl 2.6 ff, 2.12; **5** 6.5 ff, 7.8 ff; **PAngV 9** 9, 11
– Insolvenzwarenverkauf **Einl** 2.6, 2.12; **5** 1.2, 1.88, 6.3 f
– Jubiläumsverkauf **5** 6.7, 7.8, 7.10
– Räumungsverkauf **3 Anh** 15.1 ff; **5** 6.8 ff, 7.8, 7.11
– Sommer- und Winterschlussverkauf **5** 6.6 d, 7.8 f
– zeitliche Begrenzung **4** 4.11; **5** 6.6 ff
Sorgfaltsmaßstab s Verschulden
soziales Engagement, Werbung **4** 1.229, **5** 4.175 f
sozialgerichtliche Streitigkeit s Rechtsweg
Sozialrecht 4 11.11, 13.58
Spanien Einl 4.26
Sparkasse 4 3.30, 13.2, 13.38; **5** 5.20; **PAngV 6** 11
Spekulationszweck bei Zeicheneintragung 4 10.86; **11** 2.43
Spendenwerbung 2 41; s auch Werbung
Sperr-Dienstbarkeit 4 10.69
Sperrzeichen s Behinderung, Zeichenerwerb
spezial 5 4.78
Spezialgeschäft s Fachgeschäft
Spezialist 4 11.100, 11.107
Spielverordnung (SpielV) 4 11.178
Spionage s Betriebsspionage
Spirituosen 5 4.16
Spitzengruppenstellungswerbung 5 2.139 ff, 5.74
– Beweislastumkehr **5** 3.25
– bestimmter Artikel **5** 2.146
– Komparativ **5** 2.142 ff
– Ortsname **5** 2.148
– positiv **5** 2.145
– Preishinweis **5** 2.152
– Superlativ **5** 2.140 f
– Unternehmensgröße **5** 2.152
Spitzenstellungswerbung s Alleinstellungswerbung, Spitzengruppenstellungswerbung
Splitbefragung s Meinungsforschungsgutachten
Sponsoring 4 1.48, 1.239, 3.47 a ff, 11.116
Sprache für Kundendienstleistungen 3 Anh 8.1 ff
Sprudel 5 4.13 a
Spürbarkeit Einl 5.8; **3** 10 ff, 48 ff, 108 ff; s auch Bagatellklausel, Relevanz
„**staatlich**" **5** 5.92
Staatsangehörigkeit Einl 5.13
städtisch 5 5.93
Stachelschwein 6 175
Standesregeln 4 11.32 f
Starwerbung 4 1.61
Statt-Preis 5 7.131 f
Stellenanzeige 4 9.24
– als Rechtsberatung **4** 11.70
– wettbewerbsrechtliche Eigenart **4** 9.24
Stellungnahme, amtliche **4** 13.25, 13.28
Steuerberater 4 1.187, 11.104; **5** 4.150, 5.150; **8** 3.33
– Tätigkeitsbeschränkungen **4** 11.71 f
– Unternehmer **2** 29
– Werbeverbote **4** 11.104
Steuervorschriften 4 11.39
Stiftung Warentest 5 4.258 ff; **6** 196; 204, 210, 212
– Empfehlungen zur Werbung mit Untersuchungsergebnissen **6** 213
Stoffbezeichnungen 5 4.32 ff
Störer Einl 5.9; **4** 11.22, 11.113; **8** 2.2 f, 2.11 ff; **9** 1.4; **12** 2.17, 6.21
– Akzessorietätserfordernis **8** 2.12
– Begriff **8** 2.11 ff
– Prüfungspflicht **8** 2.13, 2.16
Störungsbeseitigung, vorläufige **12** 3.11; s auch Beseitigungsanspruch
Strafanzeige, Drohung mit 4 10.17
Strafbewehrte Unterlassungserklärung s Unterlassungserklärung
Strafgesetzbuch 16 30, 51
Strafmonopol 10 3
Strafrecht Einl 2.21; **4** 11.173 ff, 11.185; **Vor §§ 17–19** 7
Strafverfahren 12 2.17
Strafverfolgung 9 4.24; **16** 25, 46; **Vor 17–19** 7; **17** 67 ff; **18** 16; **19** 15
Straßen- und Wegerecht 4 11.41
Streik Einl 7.32
Streitgegenstand 9 1.37; **11** 1.46; **12** 2.17, 2.23 f, 2.46 ff, 2.113, 3.6
Streitgenossenschaft 8 4.16; **10** 18; s auch Klagehäufung
Streitwert 12 5.2 ff
– Arten **12** 5.2
– Auskunftsklage **12** 5.15
– Bemessung **12** 5.3
– Beseitigungsklage **12** 5.13
– Erledigung der Hauptsache **12** 5.17
– Festsetzung des Gebührenstreitwerts **12** 5.4
– Feststellungsklage **12** 5.14
– Minderung **12** 5.18 ff; s auch Streitwertherabsetzung
– Unterlassungsklage **12** 5.5 ff

magere Zahlen = Randnummern

– – Kammern **12** 5.10
– – Mehrheit von Klagen **12** 5.11
– – Mitbewerber **12** 5.6
– – Verbände zur Förderung gewerblicher Interessen **12** 5.8
– – Verbraucherverbände **12** 5.9
– Verfügungsverfahren **12** 5.12
– Vollstreckungsverfahren **12** 5.16
Streitwertherabsetzung 12 5.18 ff; **UKlaG 5** 7
– Anwendungsbereich **12** 5.19 f
– Entscheidung **12** 5.25 ff
– Rechtsmittel **12** 5.27
– Umfang **12** 5.23
– Voraussetzungen **12** 5.21 ff
– Zweck **12** 5.18
Streudelikte Einl 5.8
Streuschäden 10 3
Strom 2 39; **5** 4.28; **PAngV 1** 18
Strukturvertrieb 3 Anh 14.4; **8** 2.19; s auch Multi-Level-Marketing
Studio 5 5.51
Stufenklage 9 4.41; **10** 15; **11** 1.40; **12** 2.18, 2.59 f
subjektive Klagehäufung s Klagehäufung
subliminale Werbung s Werbung, subliminale
Subordinationstheorie 12 2.2
Subsidiarität
– Gewinnabschöpfungsanspruch **10** 13
– Marke **4** 10.101
– Recht am Unternehmen **Einl** 7.27; **4** 7.8
Substituierbarkeit s Bedarfsmarktkonzept
Subvention 4 13.26, 13.28, 13.32, 13.59
Suchdienst 5 4.134
Suchgüter 1 35
Suchmaschine 6 159; **8** 2.5 b
– Einflussnahme auf **4** 10.31
– Eintrag **4** 1.273; s auch Internet-Werbung
– Preiswerbung **5** 4.122 b, 7.136 a
Suggestivfragen 12 2.79
Superlativwerbung 5 2.140 f
Süßigkeiten 5 4.21 f
Systemvergleich 4 10.142; s auch Werbung, vergleichende

Tabakprodukt-Verordnung 4 11.131
Tabaksteuergesetz 4 11.138
Tabakwerbung 4 11.136
Tageszeitungen 4 12.23 f
Tarnung
– Anzeigen **4** 3.21
– Werbung s Werbung, getarnte
Täterschaft 4 13.60; **8** 2.4 ff
– Betriebsspionage **17** 37
– Geheimnisverrat **17** 14
– progressive Kundenwerbung **16** 34
– strafbare Werbung **16** 20 ff
– Vorlagenverwertung **18** 14
Tätigkeit, selbstständige berufliche **2** 18, 22, 29, 120, 134
Tätigkeitsschwerpunkt
– Arzt **4** 11.107
– Notar **4** 11.103
– Rechtsanwalt **4** 11.99
Tatsache, offenkundige **5** 3.8; **12** 2.65
Tatsachenbehauptung Einl 7.29; **4** 3.28, 7.5, 7.15 ff, 8.2 ff, 8.13 ff, 11.92; **5** 2.25 ff; **6** 133, 204; **9** 2.7; **12** 2.67

Tatsachenirrtum s Irrtum
Täuschung 2 72, 96 h; **3** Anh 7.1, 13.5 ff.; **4** 10.27, 10.198; **6** 144; **7** 60, 136; **10** 3; **11** 2.2, 2.7; **17** 47
– Herkunftstäuschung **4** 9.41 ff
Technik 4 9.23; **5** 5.51
technische Merkmale, Eigenart 4 9.28
technische Mittel 17 33
technische Regeln 4 11.31
Tee 5 4.23
Teilnahmebedingungen 4 5.9 ff
Teilnahmeberechtigung 4 1.164, 5.10
Teilnehmer 8 2.6; **16** 34; s auch Täterschaft
Teilunterliegen 12 2.116
Teilunterwerfung 12 1.125 ff
Teilzahlungspreis 5 7.41
Teilzeit-Wohnrechtsvertrag 4 11.163
Telediensteanbieter, Verantwortlichkeit 8 2.25 ff
– Access- und Network-Provider **8** 2.29
– eigene Informationen **8** 2.26 f
– fremde Informationen **8** 2.28
Telefaxwerbung 7 179 ff
Telefonanruf 3.15; 10.112; **7** 118 ff
– am Arbeitsplatz **4** 10.112
– werbefinanzierter – **7** 122 ff, 143, 177
Telefonwerbung Einl 2.22 e; **4** 13.41; **7** 118 ff
– Einwilligung **7** 132 ff
– gegenüber sonstigen Marktteilnehmern **7** 120 ff, 132, 158 ff
– gegenüber Verbrauchern **7** 125, 132, 142 ff
– umgekehrte **7** 176
Telekommunikationsanlagen PAngV 7 1
Telemediengesetz Einl 3.50; **4** 1.273, 3.41, 11.169
Teleshopping Einl 3.51; **3** Anh 11.7; **4** 1.43, 1.247, 2.12, 3.5 f, 3.38, 11.137; **PAngV 4** 9; **4** 1.170
Tennisplatzbetreiber 2 24
Terminbestimmung 12 3.25; **15** 19
Testamentsvollstrecker 2 125; **4** 11.65; **8** 2.50; **17** 14
Testbeobachtung 12 2.70
Testergebnisse Einl 7.30; **5** 4.258 ff; **6** 210 ff
Testhinweiswerbung 5 4.258 ff; **6** 210 f
Testkauf 4 10.161 ff; **11** 2.41; **12** 2.70
– Kosten **4** 10.161; **6** 27; **12** 2.123
Testmaßnahmen 4 10.161 ff; **11** 2.41
Testpreis s Probierpreis
Tests, vergleichende **6** 195 ff
Testwerbung 5 4.258 ff; **6** 210 ff
Textilerzeugnisse 5 4.9 ff, 4.43
Textilkennzeichnungsgesetz 4 11.130
Tief(st)preis 5 5.84, 7.133 ff
Tierarzt 5 5.146
Tierschutzvorschriften 4 11.37
Tierschutzwerbung 4 1.236
Titel 8 4.23; **12** 3.36, 6.2, 6.21 ff
Titelfortfall 12 6.14 ff
– nach Ordnungsmittelfestsetzung **12** 6.17
– nach Zuwiderhandlung **12** 6.16
– vor Zuwiderhandlung **12** 6.15
Titelmerchandising 13 7
Titelschutzanzeige 4 11.70; **8** 1.24
Todesfall 7 58
Toilettenpapier 4 7.26; **5** 4.29
Tonbandaufnahme 12 2.70
Top-Level-Domain 4 10.87 ff; s auch Domain
Touristik 5 4.151
Traditionswerbung 5 2.182, 5.55 ff

Sachverzeichnis

fette Zahlen = §§ bzw. Artikel

Transparenzgebot 4 1.111, 1.163, 4.1 ff; **5** 7.33 ff
– Allgemeine Geschäftsbedingungen **7** 137 ff
– Bedingungen der Inanspruchnahme **4** 4.9 ff; **5** 7.34 a
– Beweislast **4** 4.18
– Gewinnspiele und Preisausschreiben **4** 5.1 ff
– Kopplungsangebote **4** 4.14; **5** 7.33 ff
– Kundenbindungssystem **4** 4.2, 4.14
– Tatbestand **4** 4.7 ff
– Teilnahmebedingungen **4** 5.13
– Verkaufsförderungsmaßnahmen **4** 4.1 ff
– Zeitpunkt **4** 4.17
Trennungsgebot 4 1.273, 3.38 f
Treu und Glauben 2 128, 131; **3** 40, 43, 44, 101; **3** Anh 27.2; **5** 3.23; **9** 4.1 ff, 4.25, 4.32; **11** 2.13 f; **12** 2.91
Treuepflicht 17 54, 59
Treueprogramme 4 1.135 s auch Kundenbindungssystem
Treuerabatt 4 1.134
Treuhand 5 5.52
Treuhänder 8 2.50
TRIPS-Übereinkommen Einl 5.2; **4** 9.15; **17** 3 a
Tschechien Einl 4.27
Türkei Einl 4.28
TÜV s Prüfung, amtliche

übereinstimmende Erledigungserklärung s Erledigung der Hauptsache
Übermittlungskosten 4 6.8; **7** 207 f, 211
Übernahme von Beiträgen Dritter 4 3.22
Überrumpelung 4 1.81; **7** 10, 39, 41, 45, 50, 54
Überrumpelungsgefahr 7 10, 67, 159, 164
Übertreibungen 4 3.28; **5** 2.26, 2.125 ff, 5.80; **6** 85
– Irreführung **5** 2.134 ff
– Kaufappell **5** 2.132
– Maßstäbe **5** 2.128 ff
übertriebenes Anlocken s Anlocken, übertriebenes
Ubiquitätsprinzip Einl 5.15
UKlaG 2 88; **7** 119, 138; **8** 2.37, 3.4, 2.10, 3.12, 3.53 ff, 4.1, 5.1 ff; **10** 1; **15** 8, 11; s auch Unterlassungsklage, Unterlassungsklagengesetz
Ukraine Einl 4.29
Umgehungsverbot 4 11.102, 11.112
umgekehrte Versteigerung s Versteigerung, umgekehrte
Umkehr der Beweislast s Darlegungs- und Beweislast
Umsatz 6 103, 106; **9** 1.35; **10** 7; **11** 2.26
Umsatzsteuer PAngV 1 1, 15, 25, 47
Umschuldung s Finanzierung
Umweltschutzvorschriften 4 11.3, 11.37
Umweltschutzwerbung 4 1.235; **5** 4.163 ff
Umweltzeichen 5 4.172 ff
unangemessener unsachlicher Einfluss s Einfluss, unangemessener, unsachlicher
Unangemessenheit 4 1.46, 9.51; s auch Einfluss, unangemessener, unsachlicher
unberechtigte Abmahnung, s Abmahnung, unberechtigte
unbestellte Waren und Dienstleistungen s Zusenden unbestellter Waren
unbefugt 17 21, 36, 43, 47; **18** 7
unclean hands 11 2.38 ff; s auch Rechtsmissbrauch
– Begriff **11** 2.38

– Berücksichtigung beim Schadensersatzanspruch **11** 2.40
– Zulässigkeit **11** 2.39
unentgeltliche Abgabe von Waren und Dienstleistungen 4 12.17 ff
– Abdruck von Anzeigen **4** 12.28
– Erprobungszweck **4** 12.18 f
– Presseleistungen **4** 12.20 ff, 12.29
Unerfahrenheit, geschäftliche **3** Anh 28.1 f; **4** 2.5, 2.23 ff
Unfallort, Ansprechen am – **7** 73
Unfallversorgung 5 5.20
Ungarn Einl 4.30
UNICEF 2 24; **4** 1.240
Unionsrecht Einl 1.3, 1.5, 3.1; **1** 15, 22, 141; **3** 68 ff; 7 39, 120 f, 181; **4** 10.3 a, 11.24, 11.58 a; **PAngV Vor** 9
Unklarheitenregel 7 138
unlautere Geschäftspraktiken s Geschäftspraktiken
Unlauterkeit 3 63 ff; **6** 19 f 95 ff
unmittelbar Verletzter s Anspruchsberechtigung
Unmittelbare Leistungsübernahme s Leistungsübernahme und Nachahmung
Unrechtsbewusstsein 9 1.17; **16** 19
Unrechtsgewinnabschöpfung s Gewinnabschöpfung
unredliche Erlangung von Kenntnissen und Unterlagen 4 9.60 ff, 9.74
– strafbares Verhalten **4** 9.61
– Täuschung und Vertrauensbrauch **4** 9.62
Untätigkeit des Verletzten 11 2.19
Untereinstandspreisverkauf s Verkauf unter Einstandspreis
Unterlassen 2 12; **9** 1.17; **8** 2.5 ff; **9** 1.26; **17** 19
Unterlassen, Irreführung durch Einl 2.22 c, 3.50; **4** 1.106, 1.228, 5.5, 10.108, 11.157; **5** 1.95 f, 2.60 f; **5 a** 1 ff; **6** 25
Unterlassung 12 2.99
Unterlassungsanspruch Einl 5.8, 5.41; **3** 128; **4** 8.25, 9.80, 10.97, 11.18; **6** 208; **8** 1.7 ff, 1.30 ff, 2.19, 2.33, 2.52 f; **12** 1.80, 1.135 f, 2.115; **16** 49; **17** 64; **19** 17; **UKlaG 1** 6
– Einstweilige Verfügung **12** 3.8
– Entstehung **11** 1.19
– gesetzlicher **12** 2.115
– Marktortprinzip **Einl** 5.8
– Missbrauch **8** 4.1 ff
– Schuldner **8** 2.1 ff
– Umfang **5** 8.21; **8** 1.52 ff
– Verjährung **11** 1.4, 1.15, 1.18, 1.36, 1.48
– vertraglicher **12** 2.15
– Verwirkung **5** 2.214 ff; **11** 2.14
– Voraussetzungen **8** 1.30 ff
– vorbeugender **4** 1.182; **8** 1.15 ff, 1.28; **11** 1.3; **12** 1.6
Unterlassungserklärung 6 208; **7** 119; **8** 1.39, 2.35; **11** 1.38, 1.47; **12** 1.12, 4.17 f; **15** 25 f; s auch Unterwerfungserklärung
Unterlassungsgebot, zeitliche Begrenzung 12 2.108 ff; **17** 64; s auch Aufbrauchsfrist
Unterlassungsklage 12 2.35 ff, 2.51 f
– Antragsformulierung **12** 2.50
– Bekanntmachungsbefugnis **12** 4.4
– Gerichtsstand **14** 3
– Klageantrag **12** 2.35 f
– Rechtskraft **12** 2.113

magere Zahlen = Randnummern

– Rechtsschutzbedürfnis **12** 2.15 ff
– Streitwert **12** 5.5
– Verwendung unbestimmter Begriffe **12** 2.36 ff
Unterlassungsklagengesetz Einl 3.66; **4** 11.17; **7** 119, 138; **8** 2.37, 3.4, 3.10, 3.12, 3.17, 3.21, 3.30, 3.53, 4.1, 5.1 ff; **10** 1; **12** 1.1, 2.102, 3.14; **15** 8
– Anwendbarkeit von § 12 II UWG **12** 3.14
– qualifizierte Einrichtungen **8** 3.53 ff
Unterlassungsklagen-Richtlinie s Richtlinie, Unterlassungsklagen
Unterlassungstitel statt Unterwerfung 12 1.112 a
Unterlassungsvertrag 9 4.11; **11** 1.15; **12** 1.10, 1.113 ff
– Inhalt **12** 1.121 ff
Unternehmen 2 20 ff, 56 ff; **6** 78; **8** 2.47
– Inhaber **2** 120; **8** 2.48 ff
– öffentliches **4** 13.1
– Recht am **Einl** 7.14 ff; **4** 3.8, 7.8, 8.9, 10.23, 10.168, 10.172; **6** 206; **7** 14, 119, 199; **8** 4.6; **9** 1.16, 3.2; **12** 1.72
– – Schutzbereich **Einl** 7.21 ff
– – Eingriffe **Einl** 7.22 ff; **17** 53
– Verjährung **11** 1.8
Unternehmensbezeichnung, irreführende 5 5.3 ff
Unternehmensbezogener Vergleich 4 10.144, 10.156; **6** 97; s auch Vergleich, allgemeiner und Werbung, vergleichende
Unternehmensdelikt 16 4
Unternehmensinhaber 8 2.48
Unternehmensnachfolge 8 2.31, 3.20
Unternehmensübergang 8 2.53
Unternehmensverbände 2 57 f
Unternehmer Einl 7.20; **2** 8, 20, 81 ff, 93
– Gesellschaft **2** 120
– Legaldefinition **2** 118 ff
Unterschieben anderer Ware 4 10.53
unterschwellige Werbung s Werbung, subliminale
Unterwerfung unter die sofortige Zwangsvollstreckung 12 1.112 d
Unterwerfungserklärung Einl 2.25; **8** 1.34; **11** 1.38; **12** 1.9, 1.16 ff, 1.37 ff, 1.101 ff, 1.113, 2.15, 2.20 f, 2.33, 2.98, 3.1, 3.35, 3.42, 3.45, 3.56, 3.69, 3.77, 4.6, 5.6, 6.2
– Ablehnung **12** 1.120
– bedingte **12** 1.125 f
– befristete **12** 1.127, 1.132
– Drittunterwerfung **12** 1.166 ff
– Form **12** 1.103 ff
– im Prozess **12** 1.107 ff
– nach Rechtskraft **12** 1.110 a f
– ohne Anerkennung einer Rechtspflicht **12** 1.111 ff
– Teilunterwerfung **12** 1.125 ff
– Verweigerung **12** 1.40 ff
– unter Vorbehalt **12** 1.129
– Zugang **12** 1.119
– zur Unzeit **12** 1.110 b
Unterwerfungsvertrag 8 4.6; **12** 1.67, 1.101 ff
– Anfechtung **12** 1.165
– Beendigung **12** 1.160 ff
unverbindliche Herstellerpreisangabe PAngV 1 21
unverfälschter Wettbewerb s Wettbewerb, unverfälschter
Unvollständige Angaben s Angaben, unvollständige

Unwahr 6 171
– Angabe **16** 10 ff
– Behauptung **4** 11.92
unzumutbare Belästigung s Belästigung, unzumutbare
Urheberrecht, Urheberrechtsgesetz 4 9.7, 11.40; **6** 41; **9** 4.3; **17** 12; **18** 10; **8** 1.35, 2.37; **9** 4.35; **12** 1.1, 1.79; **17** 57
– Anwendbarkeit von § 12 II UWG **12** 3.14
– Schadensberechnung **9** 1.36
– Zuweisungsgehalt **9** 3.2
Urkunde 9 4.11; **12** 2.34, 2.66, 3.21; **UKlaG 7** 7
Urteil 8 2.55; **12** 2.105 ff, 3.25 ff
– Aufbrauchsfrist **12** 2.109, 3.30
– Bestimmtheitserfordernis **12** 2.106
– Bindung an Antrag **12** 2.107
– Endurteil **3** 3.29, 3.42
– Rechtskraft **12** 2.113 f
– Veröffentlichung **12** 2.29, 2.51, 2.54, 3.30, 4.1 ff; **UKlaG 7** 9
– zeitliche Begrenzung **12** 2.108
Urteilsbekanntmachung 12 3.30, 4.1 ff; **17** 64
– Anordnung **12** 4.10
– Anspruch **12** 4.17 ff
– Anwendungsbereich **12** 4.3
– Art und Umfang **12** 4.13
– Ausübung **12** 4.16
– Bekanntmachungsbefugnis **12** 4.4 ff
– Kosten **12** 4.14
– unbefugte **12** 4.20
– Zweck **12** 4.2
Urteilsformel 8 2.55; **12** 2.106, 2.113, 4.12 f, 6.4; **17** 64; **UKlaG 1** 17; **7** 10; **9** 1 ff
USA Einl 4.31

Vanity-Rufnummern 4 10.100
Veranlassen zur Abnahme von Waren oder Leistungen 16 36
Veranstalter 16 34
Verantwortlichkeit Einl 3.52; **4** 11.21 f; **8** 1.1 ff
– fremdes Verhalten **8** 2.19 ff
– Medien- und Teledienstanbieter **8** 2.25 ff
– Mehrheit von Schuldnern **8** 2.30
– Mitarbeiter und Beauftragte **8** 2.32 ff
– Störer **8** 2.11 ff
– Verletzer **8** 2.2 ff
Verband, Verbände Einl 2.28 ff; **4** 7.27, 9.86, 10.220; **5** 5.36 ff; **9** 1.11; **12** 2.98, 3.17, 5.8, 5.24; **17** 52; **UKlaG 3 a** 1
– gewerbliche **8** 3.30 ff
– – Angehörigkeit von Verbrauchern **8** 3.44
– – Ausstattung **8** 3.45 ff
– – Fähigkeit zur Wahrnehmung der satzungsmäßigen Aufgaben **8** 3.45 ff
– – Mitgliedsunternehmen **2** 57 f; **8** 3.35 ff
– – Mittelbare Verbandsangehörigkeit **8** 3.43
– – Rechtsfähigkeit **8** 3.31 ff; **UKlaG 3** 3
– – Tätigkeit **8** 3.38 ff
– – Verbandszweck **8** 3.34 ff
– Verbraucherverband s Einrichtung, qualifizierte
Verbandsklage, UKlaG Einf 1 f; Streitwert **12** 5.7 ff
Verbotsgesetz (§ 134 BGB) Einl 7.8; **3** 156; **4** 11.184; **16** 50; **Vorb PAngV** 7
Verbraucher
– Abgrenzung **2** 18
– Aufmerksamkeit **1** 27, 35

2033

Sachverzeichnis

fette Zahlen = §§ bzw. Artikel

– Begriff **Einl** 3.59; **2** 133 ff; **12** 2.71 ff
– – gemeinschaftsrechtlicher **2** 141
– – funktionaler **2** 137
– – marktbezogener **2** 139
– – objektiver **2** 138
– Beweislast **2** 144
– Empfindlichkeit **1** 37
– Informiertheit **1** 26, 34
– Verständigkeit **1** 28, 36
Verbraucherbefragung s Verkehrsbefragung
Verbraucherkreditrichtlinie PAngV Vor 4 , 14
Verbraucherleitbild Einl 2.13, 3.27; **1** 21 ff; **4** 1.89, 1.201, 1.209, 6.13 f, 13.41; **5** 1.54 ff, 2.87 ff, 7.27 f; **16** 11
– Gemeinschaftsrechtliches **1** 22 ff; **5** 1.46 ff
– Minderheit **1** 33
– Zielgruppe **1** 32
Verbraucherschutz Einl 3.29, **1** 14 ff
Verbraucherschutzdurchsetzungsgesetz 8 3.1; **12** 7.1 ff
Verbraucherschutzgesetze Einl 3.69, 4.3; **4** 11.17, 11.157 a; **12** 7.1 ff
Verbraucherverband 2 60; **12** 2.3, 3.17; s auch Einrichtung, qualifizierte
Verbraucherzentrale Bundesverband Einl 2.32; **8** 3.58
Verbreitung s Tatsachenbehauptung
Verdeckte Laienwerbung s Laienwerbung, verdeckte
Verdrängungsabsicht Einl 1.90; **4** 1.119, 1.131, 9.68, 10.9, 10.189 ff, 10.213, 13.34
Vereinigungsfreiheit s Koalitionsfreiheit
Vereinsrecht 4 11.45
Vereinssatzung s Satzung
Verfahrensaufnahme 12 2.100
Verfahrensunterbrechung 12 2.97 ff
– Aussetzung **12** 2.101 f
– Insolvenz
– – Unterlassungsbeklagter **12** 2.99
– – Unterlassungskläger **12** 2.98
Verfall 10 13; **16** 27; **20** 7 f
Verfassungsbeschwerde 12 3.43
Verfassungskonforme Auslegung 3 23, 58 f; **PAngV 9** 2
Verfassungsrecht s Grundgesetz
Verfügbarkeit von Waren oder Dienstleistungen s Warenvorrat
Verfügung, einstweilige Einl 4.18; **4** 7.10, 7.21, 10.108 a, 10.113, 10.175 f; **8** 1.51, 1.62, 1.68, 4.15, 4.18, 5.6; **9** 2.9, 4.35; **11** 1.41; **12** 2.10, 2.17, 2.21 f, 2.30, 2.34, 2.88, 3.1; **15** 30; **UKlaG 5** 6; **6** 1; **7** 2; **10** 3
– Abschlussverfahren **12** 3.69 ff
– Anhängigkeit der Hauptsache **12** 3.3 f
– Aufhebung
– – unterbliebene Hauptsacheklage **12** 3.47 ff
– – veränderte Umstände **12** 3.52 ff
– Erlass **12** 3.22, 2.118
– – durch Beschluss **12** 3.23 f
– – durch Urteil **12** 3.25 ff
– Fristsetzung zur Klageerhebung **12** 3.44 ff
– Gerichtsstand **14** 3
– Neuerlass **12** 3.39
– Rechtsbehelfe
– – des Antragstellers **12** 3.38 f
– – – Berufung **12** 3.39

– – – Beschwerde **12** 3.38
– – des Antragsgegners **12** 3.40 ff
– – – Berufung **12** 3.43
– – – Widerspruch **12** 3.42
– Schadensersatz **12** 3.78 ff
– – Umfang **12** 3.83 ff
– – Voraussetzungen **12** 3.79 ff
– Schutzschrift **12** 3.40 f
– – Kostenerstattung **12** 3.41
– Streitwert **12** 5.12
– Verfügungsanspruch **12** 3.7 ff
– Verfügungsantrag **12** 3.6
– Vollstreckung **12** 3.36
– Vollziehung **12** 3.56, 3.61 ff
– vorherige Erhebung der Hauptsacheklage **12** 3.20
– Wirkung **12** 3.36 f
– Verjährungshemmung **12** 3.37
– Vollstreckungstitel **12** 3.36
– Vollziehung **12** 3.61 ff
– – erneute **12** 3.66
– – Fristbeginn **12** 3.67
– – Fristversäumung **12** 3.68
– – Parteizustellung **12** 3.62 f
– Zuständigkeit **12** 3.2 ff
Verfügungsanspruch 12 2.21 f, 3.7 ff, 3.56
– Auskunftsanspruch **12** 3.10
– Beseitigungsanspruch **12** 3.9
– Unterlassungsanspruch **12** 3.8
– Widerrufsanspruch **12** 3.9
Verfügungsantrag 12 1.75, 3.6, 3.41, 3.45, 3.50; s auch Verfügung, einstweilige
Verfügungsgrund 12 3.12 ff, 3.56
– Auswirkung eines Antrags auf Fristverlängerung **12** 3.16
– beendeter Verstoß **12** 3.18
– Nachweis **12** 3.13, 3.15
– Vermutung **12** 3.13
– – beendeter Verstoß **12** 3.18
– – früherer Verstoß **12** 3.19
– – Verbände **12** 3.17
– Wiederaufleben **12** 3.19
Verfügungsverfahren s Verfügung, einstweilige
Vergabe 3 Anh 2.3; **4** 13.18, 13.27
Vergaberecht 4 11.15, 11.180 a, 13.60; **8** 2.6
Vergehen 16 24, 45
Vergleich 6 43 ff; **12** 2.127 ff, 6.2 f; **15** 26 ff; s auch Werbung, vergleichende
– allgemeiner **4** 10.137 ff; **6** 13
– – Abgrenzung zu anderen Werbeformen **4** 10.138
– – Arten **4** 10.139 ff
– – Beweislast **4** 10.152; **6** 193
– – Nachprüfbarkeit **4** 10.150
– – Wahrheit **4** 10.148
– – Verhältnis zur irreführenden Werbung **4** 10.158 f
– – Vollständigkeit **4** 10.149
– – Zulässigkeit **4** 10.145 ff
– – Aufforderung zum – **6** 56
– – Eigenschaften **6** 102 ff, 125 ff
– – – Nachprüfbarkeit **6** 132 ff
– – – Objektivität **6** 116 ff
– – – Relevanz **6** 131
– – – Typizität **6** 139 ff
– – – Wesentlichkeit **6** 129 ff
– – Erkennbarkeit der Mitbewerber **6** 79 ff
– – – mittelbare **6** 84 ff
– – – unmittelbare **6** 83

magere Zahlen = Randnummern

– Preis **6** 111 ff
– unternehmensbezogener **4** 10.144; **6** 14 ff
– Waren oder Dienstleistungen für den gleichen Bedarf oder dieselbe Zweckbestimmung **6** 96 ff
– Wegfall der Wiederholungsgefahr **12** 1.50 a
Vergleichende Waren und Dienstleistungstests s Warentest
Vergleichende Werbung s Vergleich und Werbung, vergleichende
Verhaltenskodex 2 113 ff; **3 Anh** 1.1 ff, 3.1 ff; **5** 5.163 ff
Verhältnismäßigkeit, Grundsatz **Einl** 1.45, 3.13 f, 3.27, 3.30, 3.33; **1** 11, 22; **3** 30, 43, 85 ff; **3 Anh** 0.10; **4** 1.76, 3.29, 7.21, 8.23, 10.11, 10.113, 10.122 f, 10.147, 11.64 a, 11.84, 13.35; **5** 1.28, 2.211 ff, 5.68; **6** 11, 125; **8** 1.55, 1.88, 1.99 ff, 3.33, 4.10; **9** 1.26, 4.12; **11** 2.34; **12** 2.52; **17** 65
– Aufbrauchsfrist **8** 1.58 ff
– Verhängung von Ordnungsmitteln **12** 6.12
Verhältnisse, geschäftliche **6** 180; **12** 2.94; **16** 8
– Irreführung **5** 5.1 ff
Verhandlung, mündliche **12** 2.86, 2.108, 3.6, 3.12, 3.23 ff, 3.40 ff; **15** 20
Verjährung UKlaG **1** 19; **2** 24
– Ansprüche aus Abmahnverhältnis **11** 1.16
– Ansprüche auf Auskunft und Rechnungslegung **9** 4.42; **11** 1.17
– Ansprüche aus BGB **11** 1.8 ff
– – § 687 II **11** 1.14
– – § 812 ff **11** 1.13
– – § 823 **11** 1.8
– – § 823 II **11** 1.9
– – § 824 **11** 1.10
– – § 826 **11** 1.11
– – vertragliche und quasivertragliche – **11** 1.15
– Ansprüche aus GWB **Einl** 6.19; **11** 1.6
– Ansprüche aus MarkenG **11** 1.5
– Ansprüche aus Namens- oder Firmenrechtsverletzung **11** 1.7
– Ansprüche aus UWG
– – § 8 (Unterlassung, Beseitigung) **8** 1.93, 1.96; **11** 1.3, 1.34, 1.48
– – § 9 (Schadensersatz) **11** 1.3, 1.29, 1.35, 1.49
– – – Kenntnis **11** 1.30
– – – Schadenseinheit **11** 1.31
– – – Schadensentstehung **11** 1.29
– – § 10 (Gewinnabschöpfung) **11** 1.1, 1.3, 1.36
– Beginn **11** 1.18 ff
– – Dauerhandlung **11** 1.21
– – Einzelhandlung **11** 1.20
– – fortgesetzte Handlung **11** 1.22
– – Kenntnis
– – – Begriff **11** 1.25
– – – Umfang **11** 1.26
– – – Wissenszurechnung **11** 1.27
– ergänzender Leistungsschutz **4** 9.88
– Fristen **11** 1.18
– Geheimnisverrat **17** 67
– Hemmung **11** 1.40 ff; **12** 3.37; **15** 34
– – Anrufung der Einigungsstelle **11** 1.42
– – Antrag auf Erlass einer Einstweilige Verfügung **11** 1.41
– – Klageerhebung **11** 1.40
– – Schweben von Verhandlungen **11** 1.44
– – Veranlassung der Bekanntgabe des erstmaligen Antrags auf Prozesskostenhilfe **11** 1.43

– Neubeginn **11** 1.37 f
– – Anerkenntnis **11** 1.38
– – Vollstreckungshandlung **11** 1.39
– Normzweck **11** 1.2
– progressive Kundenwerbung **16** 47
– Strafbare Werbung **16** 26
– Unkenntnis, grob fahrlässige **11** 1.28
– unzulässige Rechtsausübung **11** 1.52
– Vereinbarungen über **11** 1.50
– Verzicht auf Einrede der **11** 1.51; **12** 2.17
– Wirkung **11** 1.47 ff
– Zwangsvollstreckung **12** 6.20
Verjährungsfrist s Verjährung, Fristen
Verkauf unter Einstandspreis Einl 4.7, 6.5; **4** 10.21, 10.187, 10.207, 12.14 ff, 12.2.; **5** 7.104; s auch Preisunterbietung
Verkauf unter Selbstkosten 4 1.131, 10.187; 12.14 f
Verkaufsfahrt s Kaffeefahrt
Verkaufsförderer 4 1.174 ff
Verkaufsförderung Einl 2.13, 3.37; **4** 1.84 ff, 1.135, 1.137; **5** 7.5 ff
– Inanspruchnahme **4** 4.9 ff
– Transparenzgebot **4** 4.7 ff
Verkaufsförderungsmaßnahmen 3 53
Verkaufspreis PAngV **1** 21
Verkaufsreise s Kaffeefahrt
Verkaufsschütten 4 11.116
Verkaufsverlosung 4 6.6
Verkehr, geschäftlicher 2 4; **4** 10.93, 10.96; **12** 2.37, 2.39 f, 2.90; **16** 1, 5 f, 35; **18** 8, 11 f, 14; PAngV **Vorb** 1
Verkehrsanwalt 12 2.122
Verkehrsauffassung 4 11.143; **5** 2.67 ff, 3.1 ff; **6** 145, 147; **7** 171; **12** 2.65, 2.71 ff; **PAngV 1** 20, 34 f, 44
– Ermittlung **5** 2.108 ff
– Feststellung
– – durch Auskünfte **12** 2.75
– – durch Meinungsforschungsgutachten **12** 2.76 ff
– – ohne Beweiserhebung **12** 2.71 f
– – Revisibilität **12** 2.74
– Maßstab **5** 2.69 ff
– Prüfung **5** 2.74
Verkehrsbefragung 1 38; **5** 3.16; **12** 2.71; s auch Meinungsforschungsgutachten
Verkehrsfähigkeit 3 Anh 9.1 ff; **5** 4.87
Verkehrsförderung 3 Anh 11.3, 20.2
Verkehrskreis Einl 5.34; **4** 1.41, 1.159, 7.9 a, 7.12 f, 7.21, 8.13, 8.19, 9.11, 9.22 ff; **5** 2.75 ff; **6** 89, 98, 135, 144; **12** 2.71 f
Verkehrspflichten, wettbewerbsrechtliche **2** 12; **8** 2.5 a ff
Verkehrssicherungspflicht 4 11.117
Verkehrssitte 7 171
Verkehrssitten, Rechtsnormqualität **4** 11.29
Verkehrsvorschriften 4 11.41
Verlagswesen 5 4.128 ff
Verleiten zum Vertragsbruch s Vertragsbruch, Verleiten zum
Verletzer 8 2.2 ff, 4.21
Verletzergewinn 9 1.38, 1.45 ff; s auch Schaden
– Ermittlung **9** 4.28
– Kostendeckungsbeitrag **9** 1.45 a
Verletzerkette 9 1.35, 1.50
Verletzungshandlung 9 1.12, 4.11; **12** 2.23 f

Sachverzeichnis   fette Zahlen = §§ bzw. Artikel

– kerngleiche **8** 1.36 ff, 1.52; **12** 1.123, 2.37, 2.43 f, 2.113, 6.4
– konkrete **12** 2.36, 2.43, 2.46, 2.113
Verletzungsunterlassungsanspruch s Unterlassungsanspruch
Vermarktungsbeschränkungen 4 11.6 c
Vermarktungsverbot 4 11.6 c, 11.146 ff
Vermeidbarkeit der Herkunftstäuschung s Herkunftstäuschung, Vermeidbarkeit
Vermieter 3 Anh 26.2; **8** 2.10; **PAngV 7** 7
Vermögensnachteil 10 9; **12** 3.78
Vermögensverwaltung 2 29
Veröffentlichung, Urteil s Urteilsbekanntmachung
Veröffentlichungsanspruch s Urteilsbekanntmachung
Veröffentlichungsbefugnis s Urteilsbekanntmachung
Verordnung (EG) **Einl** 3.37
– Nr 1493/1999 **5** 4.40
– Nr 44/2001 **14** 1
– Nr 6/2002 **4** 9.8
– Nr 178/2002 **5** 1.44
– Nr 400/2002 **5** 6.37
– Nr 753/2002 **5** 4.40
– Nr 1/2003 **Einl** 6.3
– Nr 1829/2003 **4** 11.149
– Nr 510/2006 **5** 1.44
– Nr 1924/2006 **5** 1.44, 4.40 b
– Nr 1234/2007 **5** 1.44, 4.40
– Nr 479/2008 **5** 4.40
– Nr 555/2008 **5** 4.40 c
– Nr 1008/2008 **5** 7.111 a
– Nr 607/2009 **5** 1.44, 4.40 a
– Nr 436/2009 **5** 4.40 c
– Nr 606/2009 **5** 4.40 c
– Vorschlag einer – über Verkaufsförderung im Binnenmarkt **Einl** 2.13, 3.57; **4** 4.5, 5.5, 6.4
Verpackungsverordnung 4 11.154; s auch Fertigpackungsverordnung
Verrat s Geheimnisverrat
Verrichtungsgehilfe 8 2.23; **9** 1.7
Verrufer s Boykott
Versandhandel PAngV 1 38, 47; **4** 9
Versandkosten 4 4.14, 11.145; **5** 4.122, 7.136; **PAngV 1** 26
Verschleierung s auch Werbung, getarnte
– Identität des Werbenden **7** 3, 210
– Werbecharakter **4** 3.10; **5** 2.23
– – Adressgewinnung **4** 3.16
– – Hausbesuch **4** 3.15
– – Verkaufsveranstaltung **4** 3.14
Verschulden 6 205; **9** 1.17 ff; **11** 2.21; **12** 1.152, 6.5 ff
– bei Vertragsverhandlungen **Einl** 7.13; **4** 10.180 a; **9** 1.10; **10** 10
– Beweislast **12** 6.8
– Fahrlässigkeit **9** 1.17; **11** 1.28; **12** 3.15; **20** 2
– Mitverschulden **9** 1.22 ff, 3.7
– nachfolgendes – **9** 1.21
– Presseprivileg **9** 2.11 ff
– Sorgfaltsmaßstab **12** 6.7
– Organisationsverschulden **12** 6.6
– Vorsatz **4** 11.22; **9** 1.17; **10** 6; **16** 16, 44; **17** 23, 38; **18** 15; **19** 8; **20** 2
– Zurechnung **12** 6.6
Verschweigen 5 2.59 f, 2.100, 2.170; **5 a** 8 f, 28; **16** 12; s auch Irreführung durch Unterlassen

Versicherung, anwaltliche und eidesstattliche **12** 3.21
– Anspruch auf Abgabe **9** 4.36 ff
Versicherungsberater 5 2.91, 4.151 a
Versicherungspolice 3 Anh 27.1 ff
Versicherungsvermittler 5 4.151 a
Versicherungswirtschaft
– Abwerben von Versicherungsnehmern **4** 10.46
– Kündigungshilfe **4** 10.47
– Wettbewerbsrichtlinien **4** 10.44 ff; **5** 2.166
Versteigerung Einl 6.15; **4** 1.263 ff; **5** 4.127; **PAngV 9** 6
– Schätzpreis **5** 7.129
– umgekehrte **4** 1.263, 1.265 f
Versuch 16 45; **17** 28, 39, 50; **18** 1; **19** 4
Verteilen von Werbematerial 7 75
Vertikalvereinbarung 4 1.118
Vertikalverhältnis Einl 1.10, 3.57; **1** 14, 39; **2** 32, 42, 44, 89; **3** 57, 159; **4** 1.2, 1.20, 1.34, 10.20; **5** 1.7, 2.15, 2.30; **7** 119; **8** 3.4; **9** 1.10
– Behinderung **4** 10.20
Vertrag, Rechtsnormqualität 4 11.29
Vertragliche Rechte 3 Anh 27.2
Vertragsangebot 1 78
Vertragsbedingungen 5 7.137 ff; **UKlagG 1** 3; s auch Allgemeine Geschäftsbedingungen
Vertragsbezogene Informationspflichten s Aufklärungs- und Informationspflichten
Vertragsbruch Einl 4.18; **2** 96 h; **3** 70; **4** 1.252, 9.40, 10.203; s auch Vertragsverletzung
– Ausnutzen **4** 9.40, 10.109, 10.111
– geschäftliche Handlung **2** 72
– Verleiten zum – **4** 1.249, 10.36, 10.63, 10.107; **9** 1.22; **17** 62
Vertragshändler 5 6.28; **8** 2.45; **17** 61; s auch Absatzmittler
Vertragsstrafe 8 1.34, 1.39; **9** 4.23; **10** 13; **12** 1.138 ff, 2.128
– Haftung für Erfüllungsgehilfen **12** 1.153 ff
– Herabsetzung **12** 1.145
– Höhe **12** 1.139 ff
– – absolute **12** 1.140 f
– – relative **12** 1.142 ff
– Klage auf Zahlung **12** 2.18, 2.24; **13** 2, 4; **14** 4
– Rechtsmissbrauch **12** 1.164
– Verjährung **11** 1.15
– Verschulden **12** 1.152
– Verwirkung der Vertragsstrafe **12** 1.152
– zugunsten Dritter **12** 1.146 f
– Zusammenfassung von Einzelverstößen **12** 1.148 ff
Vertragsverletzung 2 72, 81; **4** 10.42 ff, 11.29
Vertrauensmissbrauch 4 13.36 ff
Vertrauensschutz 4 11.18; **9** 1.19; **11** 2.20
Vertrauensverhältnis, Missbrauch 4 10.110
Vertraulichkeit 4 8.22
Vertreiben von Waren oder Dienstleistungen 8 3.37
Vertreter 2 121; **7** 37 f; **8** 2.19; **9** 1.6; **11** 1.27
– gesetzlicher **2** 55; **8** 2.31, 2.42, 2.45, 2.50; **11** 1.27
Vertreterbesuch 7 42 ff, 130, 171; s auch Haustürwerbung
Vertriebsbehinderung s Behinderung, betriebsbezogene
Vertriebsbindungssystem, selektives **4** 10.63 ff; **9** 4.18
Vertriebsverbot 4 9.80, 11.151 ff; **9** 1.15

magere Zahlen = Randnummern

Sachverzeichnis

Verunglimpfung s Mitbewerber, Herabsetzung und Verunglimpfung
Verwaltungsakt 4 11.20, 11.28; **8** 3.54, 3.60; **12** 7.8
Verwaltungsbehörde Einl 2.24, 3.67
– abweichende Normauslegung durch **4** 11.18
– Normvollzug durch **4** 11.19
Verwaltungsgrundsätze 4 13.50
Verwaltungsrecht, Konkurrenz zum UWG **4** 11.185
Verwaltungsrichtlinie 4 11.27
Verwaltungsverfahren 4 11.50
Verwarnung aus Ausschließlichkeitsrecht s Schutzrechtsverwarnung
Verwechslung 4 9.54; **6** 142 ff
– Gegenstand der **6** 145 ff
Verwechslungsgefahr 3 Anh 13.3; **4** 9.16, 9.42, 9.43 b, 10.91; **5** 1.85 f, 4.215, 4.221, 4.236, 4.238, 4.244 f; **6** 36 f, 55 a, 142 ff
Verwechslungsschutz, lauterkeitsrechtlicher **5** 4.236 ff
verweisende Verbrauchervorstellung 5 2.112, 4.5
Verweisung 8 5.1; **10** 18; **12** 3.27; **13** 3; **14** 1 ff
Verwendungsbeschränkung 5 a 21
Verwertung von Beweismitteln 12 2.70
Verwertung von Geheimnissen s Geheimnisverwertung
Verwertung von Vorlagen s Vorlagenverwertung
Verwirkung 11 2.13 ff
– Auskunftsanspruch **9** 4.42
– Bereicherungsanspruch **11** 2.16
– Grenzen **11** 2.33
– Interessenabwägung **5** 2.216; **11** 2.29 ff
– Irreführung **5** 2.214 ff
– Markenrecht **11** 2.17
– Schadensersatzanspruch **11** 2.15
– Unterlassungsanspruch **5** 2.214 ff; **11** 2.14
– Voraussetzungen **11** 2.18 ff
– – Duldungsanschein **11** 2.20, 2.23, 2.28
– – Interessenabwägung **11** 2.29
– – Untätigbleiben des Verletzten **11** 2.19
– – wertvoller Besitzstand **11** 2.24 ff
Verzeichnisse 4 9.30; **5** 4.132 ff; 7187
Verzicht 11 1.51; **12** 3.74
– Rechtsschutzbedürfnis trotz – **12** 2.17
– Schadensersatzanspruch **9** 1.2
Videothek 4 11.144; **5** 5.53
Virales Marketing 4 3.41; **7** 201
Viskose 5 4.11
Vollendung 16 23; **17** 28
Vollgarantie 5 7.145
Vollmacht, Nachweis bei Abmahnung **12** 1.25 ff
Vollstreckbarkeit, vorläufige **12** 3.34, 3.57, 4.15
Vollstreckungsabwehrklage 10 13; **12** 1.110 a
Vollstreckungshandlung, Neubeginn der Verjährung **11** 1.39
Vollstreckungsklausel 15 26
Vollstreckungsverjährung s Verjährung
Vollziehung der einstweiligen Verfügung s Verfügung, einstweilige
Vorabentscheidungsverfahren Einl 3.7 ff
Vorbenutzung eines Zeichens **11** 2.43
Vorbereitungshandlung Einl 5.11; **2** 30, 36; **4** 3.47, 9.39, 12.11, 13.20; **Vor §§ 17–19 7**; **19** 2, 10 ff

vorbeugender Unterlassungsanspruch s Unterlassungsanspruch, vorbeugender
Vorfeldthese Einl 6.17; **4** 12.2
vorformulierte Einwilligungserklärung 7 137
Vorhaltung von Ware s Warenvorrat
Vorgehen, missbräuchliches 8 4.15 a
Vorlagenverwertung 18 1 ff
– Rechtsfolgen **18** 16 ff
– Täter **18** 14
– Tathandlung **18** 4 ff
– Tatobjekt **18** 8 ff
– Tatzeitraum **18** 13
Vorlagepflicht Einl 3.7 ff
vorläufige Vollstreckbarkeit s Vollstreckbarkeit, vorläufige
Vorrang des Gemeinschaftsrechts s Gemeinschaftsrecht, Vorrang
Vorrang des Markenrechts s Markenrecht, Markengesetz Vorrang
Vorratshaltung s Warenvorrat
Vorsatz s Verschulden
Vorschriften, öffentlich-rechtliche **4** 13.51 ff
– baurechtliche **4** 11.48
– haushaltsrechtliche **4** 13.55
– kommunalrechtliche **4** 11.47, 13.56
– rundfunkrechtliche **4** 13.57; s auch Rundfunk-Staatsvertrag
– sozialrechtliche **4** 13.58
Vorspiegelung von Verdienstmöglichkeit 4 3.17
Vorsprungserzielung 4 11.57 f
Vortäuschen 4 3.21, 3.48 ff; s auch Werbung, getarnte
– Abnahme und Zahlungspflicht **4** 3.49 f
– Bezug von Privat **5** 6.38 ff
– Kaufberechtigung **4** 10.63
– neutraler Auskunft **4** 3.48
– neutraler Berichterstattung **4** 3.23
– objektiver Berichterstattung **4** 3.27 ff
Vorteil 16 11, 17, 40
– besonderer **16** 38 ff
Vorteilsabschöpfung Einl 6.5; **4** 11.12; **10** 3; s auch Gewinnabschöpfung
Vorteilsannahme 4 11.175
Vorteilsgewährung 4 11.175
Vorwegnahme der Hauptsache 12 3.20

während der Geltungsdauer des Dienstverhältnisses 17 22
Wahrheit, Nichterweislichkeit **4** 8.20
Wahrnehmung berechtigter Interessen 4 7.22; **6** 205; **11** 2.12; s auch Einwendung
Ware 2 39; **4** 6.8, 9.21 ff; **6** 93; **8** 3.36; **PAngV 1** 7
– unbestellte **Einl** 7.38; **7** 77 ff, 84
Warenartenvergleich 4 10.140; s auch Werbung, vergleichende
Waren- und Dienstleistungsangebot s Aufforderung zum Kauf
Warenprobe 4 11.116, 12.18
Warentest Einl 7.30; **6** 195 ff
– Beurteilungsspielraum **6** 201
– Neutralität **6** 198
– objektive der Untersuchung **6** 199
– sachkundige Untersuchung **6** 200
– Werbung mit Testergebnissen **6** 210 ff
Warenverkehrsfreiheit Einl 1.42, 3.14, 3.17 ff; **5** 1.21, 1.28 ff, 2.213, 3.1, 5.126; **5 a** 19; **7** 120

Sachverzeichnis

fette Zahlen = §§ bzw. Artikel

- Rechtfertigungsgründe **Einl** 3.27 ff
- Regelung **Einl** 3.21 ff
Warenvorrat 5 8.1 ff
- Angemessenheit **5** 8.10 ff
- Fristen **5** 8.12 ff
- Irreführung über **3 Anh** 5.1 ff; **5** 8.1 ff
- Verfügbarkeit von Dienstleistungen **3 Anh** 5.1 ff; **5** 8.19 f
- Vorhaltung von Ware **5** 8.8 f
Warenzeichen s Marke und Kennzeichen
Wärme 2 39
Warnhinweis 4 2.55, 11.117, 11.131
Warnung
- Abwehrhandlung **11** 2.11
- amtliche – **4** 13.25, 13.28
Watte 5 4.11
Web-Bug 4 3.16
Webhosting, Angabe nutzungsabhängiger Preisbestandteile **5** 4.118; **PAngV 1** 42
Wegfall der Bereicherung; s Bereicherung, Wegfall und Bereichungsanspruch
Wegfall der Wiederholungsgefahr s Wiederholungsgefahr
Wegnahme 17 35
Weinbezeichnungen 5 4.40 ff
Weingesetz 4 11.137; **5** 1.73, 4.41
Weingut 5 5.40 ff
Werbeagentur 8 2.10, 2.45; **12** 6.7
Werbeaussage 4 1.107, 1.224, 2.54 f, 3.18, 3.42, 7.14, 10.138, 11.87, 11.108, 11.115, 11.133; **11** 2.25, s auch Tatsachenbehauptung
- Auslegung **5** 2.100
- Beweislast **12** 2.91
Werbebehinderung 4 10.71 ff; s auch Behinderung, gezielte
- Ausnutzen fremder Werbung **4** 10.74
- Ausschaltung fremder Werbung **4** 10.71
- Beeinträchtigung fremder Werbung **4** 10.73
- Beseitigung und Schwächung fremder Kennzeichen **4** 10.72
- Gegenwerbung **4** 10.75
- Nachahmung fremder Werbung **4** 10.74
Werbebeschränkungen Einl 3.23; **4** 11.84, 11.132 ff
Werbeblocker 4 10.73
Werbebrief 4 3.19, 11.116; **7** 114 f
werbefinanzierte Telefongespräche 7 177
Werbegeschenk 3 Anh 21.2; **4** 1.94, 1.145, 1.154, 1.162, 2.30, 11.116; **7** 84
Werbekolonnen 7 59
Werbematerialien 3 Anh 22.1 ff; **4** 3.5 a, 7.14
Werbeprämie 4 1.192, 1.207, 1.212
Werberat Einl 2.8
Werberichtlinie 4 11.6 c
Werbeslogan 4 9.22, 9.24, 9.30, 9.43 e
Werbetafel 4 11.116; **12** 2.51
Werbeträger 4 11.88, 11.110 ff, 11.115; **PAngV 9** 12
Werbeträgeranalyse 5 4.140
Werbeveranstaltungen 4 1.162, 1.257 ff
Werbeverbot Einl 3.51; **4** 1.44, 1.202, 1.245, 2.39, 11.84 ff, 13.28; **8** 2.6; **PAngV 9** 4
- Ärzte und Zahnärzte **4** 11.105 ff
- Kinder und Jugendliche **4** 2.39
- Notare **4** 11.103
- Rechtsanwälte **4** 11.85 ff
- Steuerberater und Wirtschaftsprüfer **4** 11.104 ff

Werbezusendung, unerwünschte s Ware, unbestellte
Werbung 2 15; **5** 2.12 ff; **6** 59 ff; **7** 42, 97, 99; **PAngV 9** 12
- aleatorische – **4** 1.86, 1.147, 1.155 ff, 1.266, 2.34
- – Gewinnspiel **4** 1.86, 1.101, 1.112, 1.155 ff, 5.8, 6.6, 11.176
- – Glücksspiel **4** 11.176 ff
- – Kopplung mit Warenabsatz **4** 6.1 ff
- – – Abhängigkeit **4** 6.9 ff
- – – naturgemäße Verbindung **4** 6.15 ff
- – Preisausschreiben **4** 1.86, 1.101, 1.155 ff, 5.7, 6.6
- – Teilnahmebedingungen **4** 5.1 ff, 5.9 ff
- Aufmerksamkeitswerbung **2** 50; **3** 74, 82
- auf Trägermedien **7** 94
- Begriff **5** 2.12; **6** 59 ff
- Begriff und Zulässigkeit nach § 43 b BRAO **4** 11.86 ff
- belästigende **7** 1 ff; s auch Belästigung
- berufswidrige **4** 11.105
- durch Dritte **5** 2.19 ff
- elektronische, anonyme **7** 93 ff, 196 ff; s auch E-Mail-Werbung
- erlösbezogene **4** 1.239
- gefühlsbetonte **1** 19; **4** 1.48, 1.221; **5** 1.86
- gefühlsbezogene **4** 1.217 ff
- geschmacklose **4** 1.37
- getarnte **3 Anh** 11.1 ff; **4** 3.18 ff; **8** 2.10
- – Anzeigen **4** 3.21
- – Gutachten und fachliche Äußerungen **4** 3.18
- – Internet **4** 3.41
- – Kinofilme **4** 3.42
- – Medien- und Teledienste **4** 3.41
- – Presse **4** 3.20 ff
- – product placement **4** 3.43 ff
- – Rundfunk **4** 3.38 ff
- – Übernahme von Beiträgen Dritter **4** 3.22
- – Vortäuschen neutraler Berichterstattung **4** 3.23 ff
- – Werbematerial **4** 3.19
- herstellungsbezogene **4** 1.237
- im Internet **7** 93
- in Schulen und Behörden **7** 92
- irreführende – **Einl** 2.6, 3.42; **3** 151; **4** 0.1, 1.267, 3.51, 8.8, 9.5, 10.95, 10.137, 10.158 ff, 11.136, 11.173; **5**
- – Adressaten **5** 2.7 ff
- – Auskunftsantrag **12** 2.64
- – Begriff **5** 1.14
- – Beweisfragen **5** 3.1 ff
- – Unterlassungsantrag **12** 2.50
- menschenverachtende **4** 1.37 ff
- mittelbare **4** 11.112
- produktbezogene **4** 1.234 ff
- räumliche Nähe zum Mitbewerber **4** 10.29
- redaktionelle **3 Anh** 11.1 ff; **4** 3.20 ff; **5** 2.23
- – Beweisfragen **4** 3.37
- subliminale **4** 1.246 ff
- strafbare **16** 7 ff
- mit Testergebnissen **6** 210 ff
- unerwünschte **7** 35 ff
- vergleichende **4** 1.211, 1.229, 7.7, 8.8; **5** 2.62 ff; **6** 1 ff; **8** 3.6
- – Begriff **6** 43 ff
- ohne erkennbare Bezugnahme auf Mitbewerber **4** 10.137 ff; s auch allgemeiner Vergleich
- versteckte **4** 1.186, 11.96

magere Zahlen = Randnummern

Sachverzeichnis

– vertriebsbezogene **4** 1.238
Werk 5 5.42 f
Werksgarantie 5 a 17
Werkstoffe s Baustoffe
wertbezogene Normen s Normen und Rechtsbruch
Wertersatz 9 3.5; s auch Bereicherungsanspruch
Wertreklame s Verkaufsförderung
Wertschätzung
– Ausnutzen oder Beeinträchtigen **4** 9.51 ff, 9.59, 9.73
– Begriff **4** 9.51 ff; **6** 150 ff, 166
Werturteil 4 3.28, 7.17 ff, 8.2, 8.13, 8.16, 11.93; **5** 2.28; **6** 132 f, 172
Wettbewerb Einl 1.1 ff
– Eignung zur Förderung des Wettbewerbs **2** 46
– Förderung fremden Wettbewerbs **2** 969
– Förderungsabsicht **2** 6, 46, 53, 64 ff
– Fortschrittsfunktion **4** 9.3
– Handeln zu Zwecken des – **2** 4, 24, 48; **5** 2.1 ff; **17** 24; **18** 15; **19** 8, 14
– Marktbezug **Einl** 1.3
– potenzieller **Einl** 1.20; **2** 98
– Unternehmensbezug **Einl** 1.4
– unverfälschter **1** 40 ff
– – Begriff **1** 43
– Verhaltensprozess **Einl** 1.18
– Volkswirtschaftsbezug **Einl** 1.2
– Wesen **Einl** 1.5 ff
– wirtschaftspolitische Konzeption **Einl** 1.11 ff
wettbewerbliche Eigenart s Eigenart, wettbewerbliche
Wettbewerbsabsicht Einl 7.7, 7.19, 10.118; **2** 46, 64 ff; **4** 7.19; **5** 2.1; **6** 203
Wettbewerbsbeschränkung Einl 1.7, 1.15, 1.41, 2.9, 4.28, 4.30, 6.3, 6.5, 6.12; **4** 0.5, 1.118, 12.2
Wettbewerbsfreiheit Einl 1.7, 1.15, 1.26 ff, 1.46
– Einschränkungen **Einl** 1.30 ff
– Sicherung **Einl** 1.33
Wettbewerbshandlung 2 5 f, 31, 46, 54, 70 ff, 81; **4** 0.1, 1.1, 1.45, 1.2802.1, 3.1, 3.10, 11.2
Wettbewerbsordnung Einl 1.35 ff
wettbewerbsrechtliche Einwendung s Einwendung
wettbewerbsrechtliche Relevanz s Relevanz
wettbewerbsrechtlicher Leistungsschutz s Leistungsschutz
Wettbewerbsregeln 2 114; **3 Anh** 3.1; **4** 11.30; **5** 5.163 ff
Wettbewerbsrichtlinien der Versicherungswirtschaft s Versicherungswirtschaft, Wettbewerbsrichtlinie
Wettbewerbsstatut Einl 5.1
Wettbewerbsverbot 4 10.42, 10.103, 10.107, 11.46
Wettbewerbsverbote 2 83
Wettbewerbsverhältnis Einl 1.9; **6** 74 f; **14** 18
– abstraktes **2** 94, 96 f; **8** 3.35
– konkretes **2** 44, 90, 94 ff, 97 ff, 106 ff, 108 ff; **4** 7.9 b, 7.11, 10.79; **8** 3.27; **9** 1.3
– potenzielles **4** 9.19
Wettbewerbsverstoß 8 4.14
Wettbewerbsverzerrung Einl 3.16, 5.14; **4** 13.31; **5** 1.8
Wettbewerbsvorsprung Einl 4.27; **4** 1.196, 3.16, 9.67, 9.75, 10.7, 10.113, 10.133, 10.136, 11.3, 11.36, 11.39 ff, 11.57; **Vor §§ 17–19** 6

Wettbewerbszentrale s Zentrale zur Bekämpfung des unlauteren Wettbewerbs
Widerklage 11 2.39; **12** 2.20
– Gerichtsstand **14** 1, 3
Widerrufsanspruch 8 1.95 ff; **11** 1.3; **12** 2.53 f, 3.9, 6.22 f; s auch Beseitigungsanspruch
Widerrufsrecht Einl 7.11; **4** 11.170; **7** 40, 66, 119; **9** 1.10
– Belehrungspflicht **4** 11.170 ff
– fehlerhafte Belehrung **5** 7.140
– unterlassene Belehrung **4** 11.170
– Täuschung über – **2** 72
Widerspruch 7 115, 206 f; **11** 1.41; **12** 3.42
– Information über Widerspruchsrecht **7** 207
Widerspruchsverfahren 12 2.15, 3.16, 3.42, 3.66
Wiederholungsgefahr 8 1.10 ff, 1.32 ff; **12** 1.123 ff, 5.6, 5.16; **6** 208; **8** 2.53
– Erledigung bei Wegfall **8** 1,4; **12** 1.107 ff, 2.33
– Vermutung **8** 1.33 ff; **12** 2.89
– Wegfall **8** 1.38 ff, 2.20; **12** 1.102 ff, 1.115, 1.166 ff, 2.20, 2.33 f, 2.114, 3.45, 3.77
– – Einstweilige Verfügung **8** 1.51
– – Unterlassungsurteil **8** 1.46 ff
– – Vergleich **8** 1.50 a
Willensbildung, freie 1 19
Willensschwäche 4, 2.20
Winterschlussverkauf s. Sonderveranstaltungen
Wirkungsaussagen 3 Anh 18.1 ff; **5** 4.180 ff
Wirtschaftsprüfer 4 1.187, 11.104; **5** 5.150; **12** 2.63
Wirtschaftsprüfervorbehalt 9 4.13, 4.19 ff; **10** 15; **12** 2.64, 2.112
– Auswahl und Bezahlung des Wirtschaftsprüfers **9** 4.21
– Durchführung **9** 4.22
– Voraussetzungen **9** 4.20 ff
Wirtschaftsstufen, unterschiedliche 2 96 d
Wirtschaftsverfassung Einl 1.42 ff
wissenschaftliche Arbeiten s Arbeiten, wissenschaftliche
wissenschaftliche Beiträge s Beiträge, wissenschaftliche
Wissenschaftsfreiheit 2 51; **3** 87 ff; **5** 2.212
Wissensvertreter, Wissenszurechnung 11 1.27; **12** 3.15
Wolle 5 4.12
workable competition Einl 1.13 ff

Zahlungsaufforderung Einl 5.36; **3 Anh** 22.1 ff; ; **4** 1.282, 3.5 a, 3.49; **7** 79, 87 **Zahlungsaufschub 4** 11.143; **PAngV 6** 3
Zahlungsdienstleistungen 4 11.172 e
Zahnarzt 5 5.146; **8** 3.33
– Tätigkeitsbeschränkungen **4** 11.75
– Werbeverbot **4** 11.105 ff
Zahnarztsuchservice 4 11.107
Zahnheilkundegesetz 4 11.75
Zahnhygiene 4 13.42
Zauberkünstler 2 29
Zeitablauf, gewerbliche Schutzrechte 12 2.33
zeitliche Beschränkung eines Angebots 3 Anh 7.1 ff; **4** 4.11; **5** 6.6 a
Zeitungen, unentgeltliche Abgabe 4 12.24
Zeitungsanzeige Einl 5.34; **4** 1.105, 4.17, 7.10, 7.21, 11.90 f, 11.103, 11.111
Zeitungsbeilagenwerbung 7 110

2039

Sachverzeichnis

fette Zahlen = §§ bzw. Artikel

Zentralausschuss der Werbewirtschaft Einl 2.37
Zentrale zur Bekämpfung des unlauteren Wettbewerbs Einl 2.29; **12** 1.98; **15** 2
Zentrale, Zentrum 5 5.23, 5.44 ff
Zertifikate 3 Anh 2.2; **5** 2.120; 4.257
Zeuge 12 2.66, 3.21; **15** 23; **17** 21
Zeugnisse 5 2.167
Zins PAngV 6 6 ff; **9** 1.44, 3.5
„Zoll" 4 11.121
zu Gunsten eines Dritten 17 26
zu Lasten der Abnehmer s Abnehmer, Gewinnerzielung zu Lasten
zu Zwecken des Wettbewerbs s Wettbewerb, Handeln zu Zwecken
Zucker 5 4.24
Zugabe 3 Anh 28.9; **4** 1.88, 1.99 f, 1.122, 2.31; **5** 7.5 ff; s auch Kopplungsangebot
– Wertgrenze **4** 1.80 f
Zugabeverordnung Einl 2.8 f, 2.12; **1** 30; **4** 1.88 f; **5** 7.5
Zugang der Abmahnung 12 1.29 ff
Zugangskontrolldienstschutzgesetz 4 11.155
Zumutbarkeit s Belästigung, unzumutbare
Zuordnungstheorie 12 2.2
Zurechnung 2 12, 136; **8** 2.38 ff; **9** 1.12 ff; **11** 1.27
Zusammenarbeit im Verbraucherschutz Einl 3.67 ff; **12** 7.1
Zusammenhangsklagen 12 2.4
Zusatz
– denaturierender **5** 4.156 ff
– einschränkender **12** 2.45
– geografischer **5** 5.98 ff
– – „deutsch" **5** 5.101 ff
– – „Euro" **5** 5.107 ff
– – „insbesondere" **12** 2.44, 2.46
– – International **5** 5.106
Zusenden unbestellter Waren 3 Anh 22.2, 29.1 ff; **7** 83 ff
– Ankündigung der Zusendung **7** 89
– Bewertung **7** 87
– Einverständnis **7** 90
– geringwertige Waren **7** 84
– Rücksendung **7** 86
Zuständigkeit 12 2.11 ff, 3.48, 3.54
– ausschließliche **12** 2.4; **13** 2
– Einigungsstelle **15** 6 ff
– Einstweilige Verfügung **12** 3.2 ff
– Festsetzungsverfahren **12** 6.10
– funktionelle **12** 2.14; **13** 3 ff

– internationale **Einl** 5.28 ff; **12** 2.11
– örtliche **12** 2.13; **14** 1 ff
– – Aufenthaltsort **14** 12
– – Begehungsort **14** 13 ff
– – fliegender Gerichtsstand **Einl** 2.9; **14** 15
– – Niederlassung **14** 8
– – Vereinbarung **Einl** 5.58; **13** 4
– – Wahlrecht des Klägers **14** 1
– – Wohnsitz **14** 11
– sachliche – **12** 2.12; **13** 1 ff
– Streitwert **12** 5.2
– Vereinbarung über **Einl** 5.36
Zustellung 11 1.40 f; **12** 3.37, 3.62 ff
– Heilung von Zustellungsmängeln **12** 3.64
– Parteizustellung **12** 3.62 f, 3.83
Zuweisungsgehalt 9 3.2
Zuwiderhandlung 8 2.3, 2.8, 2.38
– gegen Unterlassungserklärung **12** 1.157 ff
– gegen Unterlassungstitel **12** 6.4 ff
– gegen gesetzliche Vorschrift **4** 11.50 ff
Zwang 7 136, 185; **11** 2.2; s auch Gewaltanwendung und Kaufzwang
– physischer **4** 1.19
Zwangslage 4 1.33, 1.81, 2.2, 2.4, 2.16, 2.57 ff; **7** 10, 73, 76; s auch Kaufzwang
Zwangsmittel 12 6.22
Zwangsvollstreckung 8 2.56; **12** 2.17, 2.120, 6.1 ff; **15** 26; **Vor §§ 17–19** 5
– Abgabe einer Willenserklärung **12** 6.23
– Androhung von Ordnungsmitteln **12** 6.3
– Ausübung der Veröffentlichungsbefugnis **12** 4.16
– Einstweilige Einstellung **12** 3.36, 3.43, 6.18
– Ersatzvornahme **8** 1.72
– Handlungen **12** 6.21 f
– – unvertretbare – **12** 6.22
– – vertretbare – **12** 6.21
– Kosten **12** 6.19, 4.14
– Streitwert **12** 5.16
– Unterlassungstitel **12** 6.2 ff
– – Verschulden **12** 6.5 ff
– – – Beweislast **12** 6.8
– – – Maßstab **12** 6.7
– – – Zuwiderhandlung **12** 6.4
– Verjährung **11** 1.18; **12** 6.20
– Vollziehung der Einstweiligen Verfügung **12** 3.61 ff
Zweckentfremdung öffentlicher Mittel 4 13.33; s auch öffentliche Hand
Zweigniederlassung Einl 5.33; **5** 5.23; **14** 8 ff
Zweite Abmahnung s Abmahnung